CHARLES F. STANLEY

BIBLIA
PRINCIPIOS DE VIDA

DEDICADA A:

POR:

FECHA:

BIBLIA

PRINCIPIOS DE VIDA

CHARLES F. STANLEY

EDITOR GENERAL

REINA-VALERA 1960

GRUPO NELSON

Una división de Thomas Nelson Publishers

Desde 1798

NASHVILLE DALLAS MÉXICO DF. RÍO DE JANEIRO BEIJING

Publicado en Nashville, Tennessee, Estados Unidos de América.
Grupo Nelson, Inc. es una subsidiaria que pertenece
completamente a Thomas Nelson, Inc.
Grupo Nelson es una marca registrada de Thomas Nelson, Inc.
www.gruponelson.com

Título en inglés: *The Charles F. Stanley Life Principles Bible*

Publicado por Thomas Nelson, Inc.

Editora general: *Graciela Lelli*
Asistente editorial: *Gretchen Abernathy*
Edición revisada por Ministerios En Contacto
Adaptación del diseño al español: *Grupo Nivel Uno, Inc.*

Impreso en Estados Unidos de América

10 11 12 13 RRD 9 8 7 6 5 4 3 2 1

TABLA DE CONTENIDO

ANTIGUO TESTAMENTO

NUEVO TESTAMENTO

ABREVIATURAS

Las abreviaturas de los libros bíblicos usados en las notas y los artículos:

AT = Antiguo Testamento
NT = Nuevo Testamento

1 Co	1 Corintios	NT	1277
1 Cr	1 Crónicas	AT	451
1 Jn	1 Juan	NT	1450
1 P	1 Pedro	NT	1436
1 R.	1 Reyes	AT	378
1 S	1 Samuel	AT	302
1 Ti	1 Timoteo	NT	1378
1 Ts	1 Tesalonicenses	NT	1363
2 Co	2 Corintios	NT	1299
2 Cr	2 Crónicas	AT	482
2 Jn	2 Juan	NT	1457
2 P	2 Pedro	NT	1444
2 R.	2 Reyes	AT	415
2 S	2 Samuel	AT	345
2 Ti	2 Timoteo	NT	1386
2 Ts	2 Tesalonicenses	NT	1371
3 Jn	3 Juan	NT	1458
Abd	Abdías	AT	1001
Am.	Amós	AT	991
Ap	Apocalipsis	NT	1462
Cnt.	Cantares	AT	752
Col.	Colosenses	NT	1355
Dn	Daniel	AT	949
Dt	Deuteronomio	AT	189
Ec.	Eclesiastés	AT	740
Ef.	Efesios	NT	1331
Esd.	Esdras	AT	524
Est	Ester	AT	556
Éx	Éxodo	AT	62
Ez.	Ezequiel	AT	895
Fil	Filipenses	NT	1344
Flm	Filemón	NT	1399
Gá	Gálatas	NT	1318
Gn	Génesis	AT	1
Hab	Habacuc	AT	1018
Hag	Hageo	AT	1029
Hch	Hechos	NT	1209
Heb	Hebreos	NT	1402
Is	Isaías	AT	761
Jer	Jeremías	AT	822
Jl	Joel	AT	985
Jn	Juan	NT	1174
Job	Job	AT	567
Jon	Jonás	AT	1003
Jos	Josué	AT	233
Jud	Judas	NT	1459
Jue	Jueces	AT	265
Lc.	Lucas	NT	1129
Lm	Lamentaciones	AT	886
Lv	Levítico	AT	111
Mal.	Malaquías	AT	1046
Mat	Mateo	AT	1055
Mi	Miqueas	AT	1008
Mr	Marcos	NT	1101
Nah	Nahum	AT	1015
Neh	Nehemías	AT	537
Nm	Números	AT	143
Os	Oseas	AT	971
Pr	Proverbios	AT	707
Ro	Romanos	NT	1253
Rt.	Rut	AT	296
Sal	Salmos	AT	606
Sof	Sofonías	AT	1025
Stg	Santiago	NT	1424
Tit	Tito	NT	1395
Zac.	Zacarías	AT	1034

SÍMBOLOS

➤ Un puntero al lado del texto bíblico indica que al pie de página o en la página siguiente se encuentra la Lección de vida correspondiente.

* Un asterisco al lado de una porción de texto bíblico resaltado indica una promesa de la Biblia (algunos de los cuales incluyen una Lección de vida). Véase el Índice de promesas en la página xxxi.

Bienvenido a
La Biblia Principios de vida del Dr. Charles F. Stanley

Querido amigo,

Cuando yo era un muchacho, tuve la oportunidad de pasar dos semanas muy importantes e intensamente edificantes con mi abuelo. Él fue un hombre piadoso que amó al Señor con todo su corazón, y aunque no había recibido una educación formal, tenía una sabiduría tremenda y un conocimiento práctico de los principios de la Palabra de Dios. Una de las primeras lecciones que me dio fue esta: «Obedece a Dios y deja las consecuencias en sus manos. Sin importar qué te mande hacer, hazlo y confía en Él sobre el resultado». Este es un principio por el cual he aprendido a vivir cada día. No hay nada demasiado grande para Dios. Él está por encima y sobre todas las cosas. Él es soberano, omnipotente y omnipresente. Mis necesidades más grandes son plenamente satisfechas en Él.

La segunda lección que me enseñó fue que leyera mi Biblia todos los días. Tras su muerte, recibí su Biblia personal y supe en el mismo instante que fue puesta en mis manos, que él había vivido lo que predicó. Cada una de sus páginas estaba gastada por el uso, y la mayoría llevaban las marcas de un estudio bíblico profundo. Con el paso de los años, he llegado a entender que la Palabra de Dios me suministra la sabiduría y la visión clara que necesito en cada situación. No puedo y jamás podré enfrentar algo que le quede grande a Dios y a los principios que nos ha dejado escritos en la Santa Biblia.

La vida cristiana es una aventura maravillosa, llena de nuevas situaciones, de buenos tiempos y también de retos difíciles. A través de todo esto, la Palabra de Dios es nuestro recurso más grande para recibir entendimiento, sabiduría, esperanza y guía. Cada problema que enfrentamos tiene su solución en la Palabra de Dios. Donde haya necesidad de consuelo, paz o ánimo, Él los provee. Para hallar su sabiduría, no existe sustituto alguno al pasar tiempo a solas con Él en oración y el estudio de sus Escrituras. Cada año, recibo incontables cartas de personas que preguntan si existe alguna manera para que ellos conozcan la voluntad de Dios para sus vidas. La respuesta es afirmativa, pero antes que Él nos revele esto, necesitamos llegar a conocerlo, así como la manera como piensa, actúa y demuestra su amor por nosotros.

La *Biblia Principios de vida* fue escrita para suministrar un entendimiento poderoso de los principios escritos en la Palabra de Dios. Estas lecciones las he aprendido personalmente durante mis cincuenta años de ministerio, y es mi oración que se conviertan en principios que Dios usará en su vida para enseñarle más acerca de Él mismo y acercarle más a su corazón. Nada en esta vida puede reemplazar una relación personal con Jesucristo. Ésta es la esencia misma del mensaje de Dios para cada uno de nosotros. Si queremos conocerlo, necesitamos llegar a conocer a su Hijo.

Los diversos recursos y ayudas que se incluyen en esta Biblia no están diseñados como un sustituto para el estudio bíblico personal. Más bien, su propósito es servir como señales a lo largo de su propio recorrido aun más profundo en la Palabra de Dios. Puede orar y pedirle al Señor que abra su corazón a su Palabra para que entienda sus principios y aprenda cómo aplicarlos a su vida. Todos ellos han pasado la prueba del tiempo.

En esta herramienta, he resaltado muchos de los principios más cruciales para que usted pueda crecer en su fe y aprender a confiar en Dios en cada área de su vida. Por medio de rendir nuestras vidas a Él y pedirle que nos enseñe sus verdades, podemos poner en práctica los principios de vida que nos ha dado. También podemos aprender a vivir una vida de éxito espiritual y evitar las trampas y las desviaciones que conducen a la ineficacia, la congoja y la decepción. Las metas más grandes de Dios para su vida son que usted lo conozca y que viva su vida comprometido a Él.

A lo largo de esta Biblia, usted encontrará varios recursos diseñados para ayudarle a sacar el máximo provecho de su tiempo en el estudio de la Palabra de Dios:

- **Introducciones** a cada uno de los 66 libros de la Biblia que ofrecen información útil del contexto histórico y dirigen su atención a los Principios de vida más importantes que se encuentran en cada uno.
- **Principios de vida,** son treinta principios presentados por el Dr. Charles F. Stanley que destacan los fundamentos más importantes contenidos en la Biblia para la vida cristiana práctica. Están enfocados en temas trascendentales como el desarrollo de nuestra intimidad con Dios, la oración, la obediencia, cómo enfrentar la adversidad, y muchos temas más.
- **Lo que la Biblia dice acerca de,** una sección cuyos artículos brindan revelación bíblica sobre una amplia variedad de temas de interés especial para todos los creyentes en Cristo: la guía del Espíritu Santo, el proceso de crecimiento espiritual, cómo experimentar el perdón, cómo escuchar a Dios, y muchos más.
- **Respuestas a preguntas de la vida** se enfoca en los numerosos retos que enfrentamos en nuestra fe cristiana al tratar de vivir para Dios en un mundo que, a menudo, es hostil a nuestro crecimiento en la gracia. ¿Cómo manejamos los celos o el resentimiento, o cómo pensamos con la mente de Dios sobre una situación difícil? Aquí encontrará la respuesta a este tipo de preguntas.
- **Ejemplos de vida** resalta sustancialmente las vidas de muchos de los siervos escogidos por Dios que figuran como protagonistas en la Biblia, con un enfoque especial en descubrir de qué manera pueden animarnos y ayudarnos sus experiencias.
- **Lecciones de vida** ofrece más de 2.500 apreciaciones de versículos y pasajes de la Biblia, recalcando la naturaleza práctica y personal de la Palabra de Dios para nosotros.
- **Promesas de Dios** resalta más de 300 de las promesas del Señor para su pueblo, promesas cuyo propósito es animarnos, fortalecernos y llenarnos de esperanza.
- **Índice de los Principios de vida** e **Índice de Promesas,** ubicados al comienzo de la Biblia, le ofrecen una manera conveniente de estudiar los principios y las promesas de Dios en todo el Antiguo y Nuevo Testamento.

Al leer la santa Palabra de Dios, le animo a que lo haga estando provisto de cuaderno y lápiz, para que pueda llevar un registro con las horas y fechas de su interacción con el Señor. A medida que Él le vaya mostrando verdades nuevas, apúntelas. Si le da convicción sobre algún pecado o actitud, póngalo por escrito y escriba su oración confesando ese asunto específico. Si le da un momento de gozo, consigne su alabanza por escrito. Si tiene preguntas, escríbalas también y pídale al Espíritu Santo que le enseñe la verdad de Dios para cada situación. Además, le convendrá usar otras ayudas bíblicas como diccionarios y comentarios, a fin de aclarar pasajes difíciles. No trate de leer secciones extensas de la Biblia de un solo golpe; siéntese y medite en un versículo o en la porción de un versículo. Asegúrese también de pedirle al Espíritu Santo que le ayude a entender lo que significa para usted ese versículo y cómo hacer una aplicación práctica del mismo.

Si encuentra una promesa, una ayuda, un requisito o un mandamiento que sienta que Él le esté dando, anótelo en su diario. Si hace esto fielmente, día tras día, empezará a pensar como Dios piensa. Empezará a utilizar «la mente de Cristo», la cual la Biblia declara que usted tiene (1 Co 2.16). También empezará a ver la vida desde la perspectiva divina, ayudándole a entender cómo necesita vivir cada día. Cuanto más aprenda acerca de Dios, más se enriquecerá su vida mediante el conocimiento de su Palabra.

Al rendir su vida al Señor y seguir los principios de la obediencia, usted estará en la ruta que conduce a grandes bendiciones y recompensas. Tendrá la capacidad de vivir una vida liberada totalmente, libre del pecado y llena de la bondad, la gracia y la misericordia de Dios. Cuando usted obedece a Dios, puede anticipar que Él le revelará cosas nuevas y emocionantes. Nunca olvide que la clave para cruzar con éxito cualquier puente es *fe y obediencia*. Jesús dijo: «El que tiene mis mandamientos, y los guarda, ése es el que me ama; y el que me ama, será amado por mi Padre, y yo le amaré, y me manifestaré a él» (Jn 14.21). El acto de entender la Palabra de Dios y obedecerlo es producto del crecimiento y la intimidad personales con el Señor. Cuanto más se acerque a Él, más conocerá acerca de Él. Esto es lo que hace tan emocionante la jornada y la exploración de su verdad. Usted tiene la garantía de que el Señor le revelará más de Sí mismo y de su bondad a medida que madura en su relación con Él. Además, Él derramará sus bendiciones sobre su vida hasta que rebose de gozo, paz y bondad, y yo creo que a medida que usted vaya poniendo en práctica sus principios, disfrutará la vida abundante que Jesús tanto anhela darle (Jn 10.10).

Es mi oración que usted no solamente descubra el tesoro del amor y la verdad infinitos de Dios, sino que camine en la luz de su bondad todos los días de su vida. No existe más que una manera de lograrlo, y es conociendo a Dios a través de la oración y el estudio de su Palabra.

Charles F. Stanley

ÍNDICE DE PRINCIPIOS DE VIDA

PRINCIPIO DE VIDA 1

Nuestra intimidad con Dios, que es su prioridad para nosotros, determina el impacto que causen nuestras vidas. Gn 1.26, p. 4

LO QUE LA BIBLIA DICE ACERCA DE

RESPUESTAS A PREGUNTAS DE LA VIDA

EJEMPLOS DE VIDA

Continúa en la página siguiente

PRINCIPIO DE VIDA 1

Continúa de la página anterior

LECCIONES DE VIDA

PRINCIPIO DE VIDA 2

Obedezcamos a Dios y dejemos las consecuencias en sus manos. Éx 19.5, p. 84

LO QUE LA BIBLIA DICE ACERCA DE

RESPUESTAS A PREGUNTAS DE LA VIDA

Continúa en la página siguiente

PRINCIPIO DE VIDA 2

Continúa de la página anterior

EJEMPLOS DE VIDA

Noé: Obediente y seco, Gn 6.22, p. 11
Aarón: Un compromiso fatal, Lv 8.2, 3, p. 120
Baruc: Su vida preservada como recompensa, Jer 45.1–5, p. 877
Sadrac, Mesac y Abed-nego: De cara al fuego, Dn 3.19–29, p. 954
Amós: La obediencia sin concesiones, Am 7.14, 15, p. 993
Mateo: Dejarlo todo atrás, Mt 9.9–13, p. 1068
María: Una mujer de fe, Lc 1.31–38, p. 1131
Onésimo: Cómo hacer frente a lo más difícil, Flm 13, p. 1400

LECCIONES DE VIDA

- Gn 3.1
- Gn 3.8
- Gn 3.10
- Gn 3.12
- Gn 17.23
- Éx 1.17, 20
- Éx 4.12
- Éx 5.22
- Éx 8.15
- Éx 9.12
- Éx 16.4
- Éx 19.5
- Éx 23.22
- Éx 32.34
- Lv 1.17
- Lv 9.24
- Nm 11.5
- Nm 12.14
- Nm 20.12
- Nm 33.55
- Dt 3.26
- Dt 10.12
- Dt 28.3,4
- Dt 29.19
- Jos 22.22
- Jos 23.13
- Jue 2.2, 3
- 1 S 10.22
- 1 S 15.9
- 1 R 8.18
- 2 Cr 1.1
- Neh 4.1
- Est 6.1
- Sal 5.4
- Dn 3.15
- Mt 6.32
- Mt 10.28
- Hch 4.19
- Hch 12.5
- Hch 14.22
- Hch 23.11
- Ro 13.14
- 1 Co 15.58
- Flm 10,12
- He 11.13
- Stg 1.22
- 1 P 4.19

PRINCIPIO DE VIDA 3

La Palabra de Dios es ancla inconmovible en las tormentas. Nm 23.19, p. 172

LO QUE LA BIBLIA DICE ACERCA DE

La manera como Dios nos habla, Éx 31.18, p. 100
La importancia de cultivar un espíritu de discernimiento, Dt 6, p. 199
El valor inmenso de la meditación, 2 S 7.18–29, p. 355
Atar a Satanás, Mt 16.19, p. 1081
La importancia de las Escrituras, 2 Ti 3.16, 17, p. 1390

RESPUESTAS A PREGUNTAS DE LA VIDA

¿Cómo puedo saber que escucho la voz de Dios y no algo distinto? 1 S 3, p. 307
¿Qué pasos debo seguir para escuchar lo que Dios dice? 2 R 7.1, p. 428
¿Cómo puedo obtener sabiduría de Dios? Pr 2.1–7, p. 709
¿Dónde puedo encontrar un buen consejo? Pr 13.10, p. 720
¿Qué piensa Dios de mí? Ro 3.21–26, p. 1258
¿Qué significa ser conformados a la verdad? Ro 8.29, p. 1265
¿Cómo puedo comprender correctamente la verdad de Dios? 1 Co 2.9, 10, p. 1280
¿Cómo puedo combatir mis temores? 2 Ti 1.7, p. 1388
¿Cómo puedo reclamar las promesas de Dios? He 10.23, p. 1413
¿Cómo puedo enriquecer mi tiempo a solas con Dios? Stg 4.8, p. 1428

EJEMPLOS DE VIDA

Esdras: Comprometido a aplicar la Palabra de Dios, Esd 7.10, p. 532
El rey Joacim: La Palabra de Dios permanece, Jer 36.20–32, p. 868
Habacuc: Confiar en Dios en las tinieblas, Hab 3.17–19, p. 1020
Josué: Un retrato del Mesías, Zac 6.9–13, p. 1039

Continúa en la página siguiente

Principio de vida 3

Continúa de la página anterior

Lecciones de vida

Principio de vida 4

Estar conscientes de la presencia de Dios nos da energías para desempeñar nuestro trabajo. Dt 20.1, p. 218

Lo que la Biblia dice acerca de

Respuestas a preguntas de la vida

Ejemplos de vida

Continúa en la página siguiente

PRINCIPIO DE VIDA 4

Continúa de la página anterior

LECCIONES DE VIDA

- Gn 2.15
- Éx 28.3
- Dt 3.20
- Dt 7.17
- Dt 8.18
- Dt 20.1
- Jos 1.5
- Jos 3.10
- 2 R 1.10
- 2 R 2.21
- 1 Cr 15.26
- Sal 100.2
- Pr 16.3
- Pr 20.4
- Ec 9.10
- Ec 10.18
- Jer 48.10
- Hag 2.4
- Mr 3.14
- Mr 6.31
- Mr 13.34
- Hch 1.5
- Hch 1.8
- 1 Co 15.10
- 1 Co 4.7
- 1 Co 15.58
- 2 Co 2.7
- 2 Co 6.10
- Col 3.23
- Col 4.7
- Col 4.14
- Col 4.17

PRINCIPIO DE VIDA 5

Dios no nos demanda que entendamos su voluntad, sino que la obedezcamos aunque nos parezca poco razonable. Jos 3.8, p. 238

LO QUE LA BIBLIA DICE ACERCA DE

Cómo controlar nuestro enojo, Is 64.9, p. 818

RESPUESTAS A PREGUNTAS DE LA VIDA

¿Qué significa ser libre en Cristo? Jn 8.1–36, p. 1188

¿Por qué es tan importante perdonar a los demás? Ef 4.31, 32, p. 1339

EJEMPLOS DE VIDA

Gedeón: Las circunstancias pueden ser confirmación, Jue 6.36–40, p. 277

María: Una mujer de fe, Lc 1.31–38, p. 1131

Simeón: Completo en los brazos de Dios, Lc 2.25–35, p. 1133

LECCIONES DE VIDA

- Gn 3.1
- Gn 3.8
- Gn 12.7
- Gn 15.6
- Gn 17.23
- Gn 18.14
- Gn 22.5
- Éx 2.8–10
- Éx 4.12
- Éx 8.15
- Éx 10.11
- Éx 12.5,6,11
- Éx 16.4
- Éx 16.8
- Lv 1.17
- Lv 12.7
- Lv 15.31
- Nm 2.2
- Nm 9.23
- Dt 19.5
- Jos 3.8
- Jos 6.5
- Jos 8.2
- Jos 17.4
- Jos 23.13
- 1 S 1.5
- 1 S 1.18
- 1 S 10.22
- 1 S 10.27
- 1 S 15.9
- 1 S 24.6
- 1 S 26.10
- 1 R 8.18
- 1 R 17.9
- 2 R 3.7
- 2 R 5.12
- Job 26.7
- Job 40.8
- Job 42.10
- Sal 13.1
- Sal 30.11
- Is 55.9
- Jer 13.1
- Jer 32.17
- Ez 8.3
- Hab 1.13
- Mr 3.21
- Mr 13.13
- Mr 16.8
- Lc 24.45
- Jn 4.10
- Jn 7.5
- Jn 16.33
- Jn 18.11
- 2 Co 1.9
- 2 Co 5.7
- He 11.6
- Ap 2.9, 10

PRINCIPIO DE VIDA 6

Cosechamos lo que sembramos, más de lo que sembramos, después de sembrarlo. Jue 2.1–4, p. 268

LO QUE LA BIBLIA DICE ACERCA DE

La práctica prohibida del ocultismo, Dt 18.9–22, p. 212

El peligro mortal de la ira, 1 S 18.6–15, p. 328

Cómo Dios juzga y recompensa nuestro trabajo, Ap 22.12, p. 1485

RESPUESTAS A PREGUNTAS DE LA VIDA

¿Por qué Dios nos dice que huyamos del mal? Dt 19.19, 20, p. 214

¿Qué tan importante es que establezcamos metas? Fil 3.11–14, p. 1350

¿Se encargará Dios realmente de todas mis necesidades? Fil 4.19, p. 1352

Continúa en la página siguiente

PRINCIPIO DE VIDA 6

Continúa de la página anterior

EJEMPLOS DE VIDA

David: Competente con el paso del tiempo, 1 S 17.48–51, p. 326

Nabucodonosor: Una lección de humildad, Dn 4.30–37, p. 956

Tíquico: Mensajero amado, Ef 6.21, p. 1343

LECCIONES DE VIDA

■ Gn 2.20	■ Gn 25.18	■ 2 S 16.21	■ 1 Cr 21.14	■ Pr 20.4	■ Mt 7.12
■ Gn 3.16-19	■ Nm 11.34	■ 2 S 19.4	■ 2 Cr 21.19	■ Pr 26.27	■ Lc 20.47
■ Gn 4.11, 12	■ Nm 12.14	■ 2 S 21.1	■ 2 Cr 24.21	■ Is 14.24	■ 1 Co 5.5
■ Gn 4.23	■ Nm 15.30	■ 1 R 2.32	■ Est 2.10	■ Dn 7.25	■ 1 Co 5.11
■ Gn 8.1	■ Jue 2.2,3	■ 1 R 12.15	■ Job 21.7	■ Os 8.7	■ Gá 6.7
■ Gn 17.5	■ Rut 1.16	■ 2 R 17.14	■ Job 36.11	■ Abd 15	■ 1 Ti 5.24
■ Gn 19.9	■ 1 S 25.21	■ 1 Cr 9.1	■ Sal 73.13	■ Hag 2.19	■ 2 Jn 8
■ Gn 19.29			■ Pr 11.30		■ Ap 2.23

PRINCIPIO DE VIDA 7

Los momentos sombríos durarán solo el tiempo necesario para que Dios lleve a cabo su propósito en nosotros. 1 S 30.1–6, p. 342

LO QUE LA BIBLIA DICE ACERCA DE

El propósito de la adversidad, 2 Cr 20.29, 30, p. 504

Cómo Dios limita nuestra adversidad, Job 1.12—2.6, p. 569

El proceso de crecimiento espiritual, Jer 18.1–6, p. 846

RESPUESTAS A PREGUNTAS DE LA VIDA

¿Nos envía Dios la adversidad? Gn 39.20, p. 48

¿Cómo puede un Dios bueno permitir el sufrimiento en la vida del creyente? Jl 1.19, p. 987

¿Cómo trata Dios nuestra desobediencia? Jon 2, p. 1006

¿Cómo me enseña Dios a perseverar? 2 Ts 1.3–5, p. 1373

¿Cómo manejo una prueba difícil que yo no provoqué? 1 P 1.6, 7, p. 1438

EJEMPLOS DE VIDA

José: Esperanza y confianza, Gn 40, p. 50

Moisés: El patrón de Dios para el éxito, Éx 3.1–4, p. 66

Ezequiel: Vio huesos secos cobrando vida, Ez 37.1–14, p. 938

LECCIONES DE VIDA

■ Gn 6.18	■ Éx 13.21	■ 1 S 1.18	■ Job 7.17,18	■ Sal 44.22	■ Lc 12.6
■ Gn 12.10	■ Éx 14.2	■ 1 S 9.16	■ Job 16.19, 20	■ Sal 55.6	■ Jn 11.37
■ Gn 21.16	■ Éx 15.18	■ 1 S 30.1	■ Job 23.10	■ Sal 66.10	■ Hch 27.20
■ Gn 22.1	■ Éx 17.7	■ 1 S 31.9	■ Job 29.2	■ Sal 74.1	■ Ro 5.3, 4
■ Gn 32.31	■ Éx 33.19	■ 1 R 14.5	■ Job 34.12	■ Sal 119.105	■ 2 Co 1.3, 4
■ Gn 39.2	■ Lv 14.35	■ 1 R 19.18	■ Job 36.15	■ Ec 7.14	■ 2 Co 1.9
■ Gn 39.21	■ Nm 21.2	■ 2 R 11.17	■ Job 42.8	■ Is 10.25	■ 2 Co 4.16
■ Gn 41.1	■ Dt 2.7	■ 1 Cr 21.16	■ Job 42.12	■ Is 41.17	■ 2 Ts 1.7,8
■ Gn 41.46	■ Dt 8.2	■ 2 Cr 26.16	■ Job 42.17	■ Is 43.20	■ Stg 1.2
■ Gn 42.5	■ Dt 8.16	■ 2 Cr 36.23	■ Sal 10.1	■ Is 45.15	■ Stg 1.3
■ Gn 50.20	■ Jos 11.23	■ Est 9.22	■ Sal 13.1	■ Is 49.15	■ 1 P 1.8
■ Éx 5.9	■ Jue 2.22	■ Job 5.7	■ Sal 18.18	■ Is 50.10	■ 1 P 5.10
■ Éx 5.22	■ Rt 1.21	■ Job 7.11	■ Sal 22.1	■ Miq 7.8	

PRINCIPIO DE VIDA 8

Libremos nuestras batallas de rodillas y siempre obtendremos la victoria. 2 S 15.31, p. 366

LO QUE LA BIBLIA DICE ACERCA DE

RESPUESTAS A PREGUNTAS DE LA VIDA

EJEMPLOS DE VIDA

LECCIONES DE VIDA

- Gn 20.17
- Gn 24.12
- Gn 30.2
- Nm 14.19
- Dt 4.7
- Jos 10.12
- Jue 5.21
- 1 S 1.10
- 2 S 12.4
- 2 S 15.31
- 1 R 19.4
- 2 R 19.20
- 1 Cr 5.20
- 2 Cr 14.11
- 2 Cr 16.12
- Esd 8.31
- Neh 1.4
- Neh 4.4
- Est 4.16
- Job 26.14
- Sal 20.7
- Mt 7.7
- Mt 18.20
- Mr 14.35
- Hch 4.31
- Hch 16.25
- Ef 3.10
- 2 Ti 1.3
- He 4.16
- He 5.7

PRINCIPIO DE VIDA 9

Confiar en Dios quiere decir ver más allá de lo que podemos, hacia lo que Dios ve. 2 R 6.17, p. 424

LO QUE LA BIBLIA DICE ACERCA DE

Continúa en la página siguiente

Principio de vida 9

Continúa de la página anterior

Respuestas a preguntas de la vida

¿Por qué Dios no responde más rápidamente mis oraciones? Gn 45.25—46.4, p. 57

¿Puedo confiar realmente en que Dios proveerá lo que necesito? Éx 16.1–14, p. 80

¿Cómo puedo mantener mi mirada puesta en Dios, no en los obstáculos? Nm 14.8, 9, p. 161

¿Es «la prueba del vellón» una buena señal para descubrir la voluntad de Dios? Jue 6.36–40, p. 278

¿Qué función cumple la fe en lograr cosas grandes para Dios? 1 S 17.23–37, p. 325

¿Cómo se pueden manejar los celos y la envidia? Sal 37.1–8, p. 632

¿Cómo puedo alabar a Dios cuando la vida no marcha bien? Lm 3.37–41, p. 892

¿Cómo puedo vencer la ansiedad? Mt 6.25–34, p. 1065

¿Cómo manejo las dudas que me asedian? Lc 24.38, p. 1172

¿Por qué tengo todavía el impulso de pecar? Gá 5.16, 17, p. 1326

¿Se encargará Dios realmente de todas mis necesidades? Fil 4.19, p. 1352

¿Cómo puedo llegar a contar con la compañía del Espíritu Santo en mi vida? Col 2.6, 7, p. 1359

¿Cómo puedo ser la clase de persona fiel que Dios honra? He 6.11, 12, p. 1408

¿Cómo puede Dios usar a una persona imperfecta como yo? 1 Jn 4.7–21, p. 1454

Ejemplos de vida

Sara: Risas y más risas hasta la cuna, Gn 18.9–15, p. 21

Caleb: Un perfil de audacia, Jos 14.6–12, p. 253

Nehemías: Atrévase a creer, Neh 4.7–21, p. 544

El predicador: Lo costoso no siempre es valioso, Ec 2.1–11, p. 743

Habacuc: Confiar en Dios en las tinieblas, Hab 3.17–19, p. 1020

El centurión: Una confesión valerosa, Mr 15.39, p. 1125

Simeón: Completo en los brazos de Dios, Lc 2.25–35, p. 1133

Tomás: De la duda a la fe, Jn 20.24–29, p. 1206

Silas: Un cántico de victoria, Hch 16.24–34, p. 1236

Lecciones de vida

■ Gn 6.22
■ Gn 12.7
■ Gn 12.18
■ Gn 15.6
■ Gn 17.5
■ Gn 17.23
■ Gn 22.5
■ Gn 31.42
■ Éx 2.8–10
■ Éx 3.19
■ Éx 4.2
■ Éx 14.2
■ Éx 14.13
■ Éx 15.22, 23
■ Éx 17.7
■ Éx 21.33
■ Lv 8.35
■ Nm 11.28
■ Nm 13.28
■ Nm 13.30
■ Nm 14.9
■ Jos 8.2
■ 1 S 1.18
■ 1 S 13.8
■ 1 S 13.14
■ 1 S 17.33
■ 1 S 22.3
■ 1 R 5.12
■ 1 R 8.18
■ 1 R 14.5
■ 2 R 6.17
■ Est 2.23
■ Job 3.25
■ Job 4.4, 5
■ Job 13.15
■ Job 17.15
■ Job 19.23
■ Job 21.22
■ Job 26.7
■ Job 40.8
■ Job 42.10
■ Sal 1.3
■ Sal 1.5
■ Sal 7.17
■ Sal 9.7
■ Sal 13.1
■ Sal 22.1
■ Sal 23.6
■ Sal 27.1
■ Sal 34.7
■ Sal 55.6
■ Is 12.2
■ Is 55.9
■ Jer 29.11
■ Dn 2.16
■ Dn 3.28
■ Hab 3.18
■ Mt 14.27
■ Mr 5.19
■ Mr 14.10
■ Mr 16.8
■ Mr 16.11
■ Lc 1.30
■ Lc 1.37
■ Lc 24.25
■ Jn 4.10
■ Jn 6.6
■ Jn 11.14, 15
■ Jn 16.33
■ Jn 18.11
■ Jn 20.29
■ Hch 10.28
■ Hch 11.18
■ Ro 4.20
■ Ro 4.21
■ Ro 8.18
■ Ro 8.28
■ 1 Co 2.12
■ 2 Co 5.7
■ 2 Co 7.1
■ Fil 4.8
■ Flm 14
■ He 11.13
■ 1 P 4.19

PRINCIPIO DE VIDA 10

Si es necesario, Dios moverá cielo y tierra para mostrarnos su voluntad. 2 Cr 20.12, p. 501

LO QUE LA BIBLIA DICE ACERCA DE

La importancia de cultivar un espíritu de discernimiento, Dt 6, p. 199

Cómo buscar la guía de Dios, Sal 27.11–14, p. 624

Cómo nos guía el Espíritu Santo, Jn 16.13, p. 1201

RESPUESTAS A PREGUNTAS DE LA VIDA

¿En qué nos beneficia el ayuno? Neh 1.1–4, p. 538

¿Por qué a veces no oigo a Dios cuando Él habla? Jer 22.21, p. 850

¿Cómo puedo comprender correctamente la verdad de Dios? 1 Co 2.9, 10, p. 1280

EJEMPLOS DE VIDA

Juan el Bautista: Un hombre con discernimiento, Mr 1.1–11, p. 1104

LECCIONES DE VIDA

- Gn 3.15
- Gn 6.22
- Gn 8.1
- Gn 15.1
- Éx 2.8–10
- Éx 9.16
- Lv 24.12
- Nm 8.4
- Nm 17.8
- Dt 32.36
- Jos 14.9
- 1 S 3.7
- 1 S 6.9
- 1 S 16.3
- 1 S 23.9, 10
- 2 R 4.2
- 2 R 4.17
- 2 R 8.5
- 1 Cr 10.13, 14
- 2 Cr 20.12
- Est 8.8
- Sal 32.9
- Sal 148.8
- Pr 19.21
- Ec 8.5
- Is 20.2
- Is 30.21
- Is 45.19
- Is 64.4
- Jer 29.13
- Jer 44.4
- Ez 24.24
- Mal 4.5
- Mt 1.20
- Mr 2.22
- Lc 7.30
- Hch 4.31
- Hch 5.20
- Hch 9.4
- Hch 12.9
- Ro 12.2
- 1 Co 2.9, 10
- 1 Co 2.12
- Ap 10.7

PRINCIPIO DE VIDA 11

Dios asume toda la responsabilidad en cuanto a nuestras necesidades, si lo obedecemos. Job 42.7–17, p. 604

LO QUE LA BIBLIA DICE ACERCA DE

La vida más allá de las deudas, 2 R 4.1–7, p. 420

La aventura de la obediencia, Is 30.21, p. 785

La confianza que tenemos en Dios, Lm 3.21–26, p. 891

RESPUESTAS A PREGUNTAS DE LA VIDA

¿Puedo confiar realmente en que Dios proveerá lo que necesito? Éx 16.1–14, p. 80

¿Qué lugar debe ocupar el dinero en mi vida? Éx 20.2–6, p. 87

¿Cómo debo reaccionar ante los obstáculos y el fracaso? Jos 7.6–15, p. 245

¿Por qué a veces no oigo a Dios cuando Él habla? Jer 22.21, p. 850

¿Qué importancia tiene la obediencia en la vida de un cristiano maduro? Jer 42.1–6, p. 873

¿Cómo puedo vencer la ansiedad? Mt 6.25–34, p. 1065

¿Cómo puedo aprender a tener contentamiento? 1 Ti 6.7, 8, p. 1383

EJEMPLOS DE VIDA

Noemí: Sembrar en medio del sufrimiento, Rt 1.17–22, p. 299

El predicador: Lo costoso no siempre es valioso, Ec 2.1–11, p. 743

Juan el Bautista: Un hombre con discernimiento, Mr 1.1–11, p. 1104

Continúa en la página siguiente

PRINCIPIO DE VIDA 11

Continúa de la página anterior

LECCIONES DE VIDA

- Gn 2.20
- Gn 3.1
- Gn 3.8
- Gn 17.23
- Gn 22.5
- Éx 1.17, 20
- Éx 4.12
- Éx 5.22
- Éx 8.15
- Éx 9.12
- Éx 10.11
- Éx 14.2
- Éx 14.13
- Éx 14.14
- Éx 16.4
- Éx 16.8
- Éx 23.22
- Éx 33.14
- Lv 1.17
- Lv 9.24
- Nm 7.5
- Nm 11.5
- Nm 11.28
- Nm 14.24
- Nm 33.55
- Dt 18.1
- Dt 19.5
- Jos 5.12
- Jos 23.13
- Jue 7.2
- Jue 7.7
- 1 S 10.22
- 1 S 15.9
- 2 S 15.25
- 2 R 4.44
- 2 R 11.2
- 1 Cr 22.13
- Job 42.10
- Job 42.12
- Sal 1.3
- Sal 5.4
- Sal 91.5
- Sal 112.2
- Ec 4.6
- Is 25.4
- Jer 7.23
- Ez 2.1, 2
- Os 4.10
- Jl 2.11
- Hag 1.13
- Mt 6.4
- Mt 6.32
- Mt 7.24
- Mt 10.42
- Hch 9.11
- Hch 18.9, 10
- 1 Co 9.17
- 1 Co 12.11
- 1 Ts 5.24
- Jud 6, 7
- Ap 2.3

PRINCIPIO DE VIDA 12

La paz con Dios es fruto de nuestra unidad con Él. Sal 4.8, p. 610

LO QUE LA BIBLIA DICE ACERCA DE

La expiación, Lv 6.6, 7, p. 117

El valor inmenso de la meditación, 2 S 7.18–29, p. 355

Confianza en tiempos de ansiedad, Sal 46.1–11, p. 640

Dios como nuestro consolador, Jer 8.18, p. 834

Su identidad en Cristo, He 3.1, p. 1405

RESPUESTAS A PREGUNTAS DE LA VIDA

¿Qué debo hacer cuando me siento lejos de Dios? Jue 6.1–10, p. 274

¿Qué dice la Biblia al que se siente solo? 1 S 12.22, p. 316

¿Cómo puedo hallar renovación y restauración? Sal 23.2–4, p. 623

¿Qué aspecto tiene el amor de Dios? Cnt 8.6, 7, p. 759

¿Cómo puedo tener la paz de Dios? Is 26.3, p. 781

¿Cómo puedo realmente conocer a Dios? Os 6.6, p. 979

¿Cómo puedo perseverar en mi fe durante los tiempos difíciles? Sof 3.17, p. 1028

¿Cómo puedo saber si mi adoración agrada a Dios? Jn 4.5–26, p. 1180

¿Qué piensa Dios de mí? Ro 3.21–26, p. 1258

¿Existe un límite para el perdón de Dios? 1 Co 6.9–11, p. 1283

EJEMPLOS DE VIDA

Los magos: Alabanza abundante y con pasión, Mt 2.1–12, p. 1058

Jesús: ¿Ejemplo o sacrificio? Mt 26.39, p. 1095

Nicodemo: Contaminado, pero intachable, Jn 3.1–21, p. 1178

María de Betania: Una vida consagrada a Dios, Jn 12.1–8, p. 1194

LECCIONES DE VIDA

- Gn 2.25
- Gn 4.26
- Lv 26.12
- Dt 12.18
- Jos 21.44
- 2 R 6.15
- 1 Cr 22.9
- Job 23.12
- Job 25.4
- Sal 4.8
- Sal 17.8
- Sal 46.10
- Sal 57.7
- Sal 78.52, 53
- Sal 81.13, 16
- Sal 92.2
- Sal 103.1
- Sal 133.1
- Is 26.12
- Is 57.21
- Jer 6.14
- Mi 5.3-5
- Mt 10.34
- Jn 14.27
- Hch 9.31
- Hch 11.23
- Ro 5.1
- Ro 15.13
- Gá 5.22, 23
- Fil 4.7
- 2 Ts 3.16
- He 13.20, 21
- Stg 3.17

Principio de vida 13

Escuchar a Dios es esencial para andar con Él. Sal 81.8, p. 664

Lo que la Biblia dice acerca de

La manera como Dios nos habla, Éx 31.18, p. 100
Cómo escuchar nos evita el dolor, Jos 7.1–13, p. 244
El valor inmenso de la meditación, 2 S 7.18–29, p. 355
El deseo de Dios de comunicarse con nosotros, Sal 139.1–24, p. 702
Principios para la intercesión eficaz, Stg 5.15, 16, p. 1430

Respuestas a preguntas de la vida

¿Qué puedo hacer para ejercer una función espiritual de mayor responsabilidad? Éx 3.3–9, p. 67
¿Cómo capta Dios nuestra atención? Dt 4.32–40, p. 196
¿Cómo puedo saber que escucho la voz de Dios y no algo distinto? 1 S 3, p. 307
¿Cómo puedo escuchar activamente al Señor? 1 R 19.11–13, p. 409
¿Qué pasos debo seguir para escuchar lo que Dios dice? 2 R 7.1, p. 428
¿Cómo difiere mi conciencia de la guía del Espíritu Santo? Ro 2.14, 15, p. 1256
¿Qué tan importante es que establezcamos metas? Fil 3.11–14, p. 1350
¿Cómo puedo enriquecer mi tiempo a solas con Dios? Stg 4.8, p. 1428

Ejemplos de vida

Samuel: Cómo aprender a oír la voz de Dios, 1 S 3.1–10, p. 306
El rey Salomón: Todos necesitamos la sabiduría de Dios, Pr 3.5, 6, p. 711

Lecciones de vida

■ Gn 5.24	■ Jos 5.14	■ 2 R 20.17	■ Sal 62.5	■ Ez 3.10
■ Gn 6.8	■ Jue 1.1	■ 2 Cr 14.2, 4	■ Sal 77.10	■ Ez 8.3
■ Éx 3.2	■ 1 S 3.10	■ 2 Cr 33.10	■ Sal 95.7, 8	■ Dn 9.3
■ Éx 15.26	■ 2 S 2.1	■ 2 Cr 35.22	■ Sal 143.8	■ Sof 1.7
■ Nm 1.1	■ 2 S 5.19	■ Est 3.4	■ Pr 7.13, 14	■ Mt 7.29
■ Nm 7.89	■ 2 S 5.23	■ Job 33.14	■ Is 28.29	■ Mt 28.4, 5
■ Nm 9.8	■ 1 R 8.58	■ Job 38.1	■ Jer 22.21	■ Mr 4.9
■ Dt 5.24	■ 1 R 22.5	■ Sal 16.7	■ Jer 33.3	■ Lc 5.16
■ Jos 1.1	■ 2 R 14.10	■ Sal 31.3	■ Lm 3.25	■ Hch 10.28

Principio de vida 14

Dios actúa a favor de quienes esperan en Él. Is 64.4, p. 816

Lo que la Biblia dice acerca de

El proceso de crecimiento espiritual, Jer 18.1–6, p. 846
El amor que nunca deja de ser, 1 Co 13.1–13, p. 1292

Respuestas a preguntas de la vida

¿Qué debo hacer si siento la necesidad de actuar precipitadamente? Neh 2.1–8, p. 540
¿Cómo puedo convertirme en una influencia piadosa en los demás? Ez 22.30, p. 918
¿Cómo me enseña Dios a perseverar? 2 Ts 1.3–5, p. 1373

Continúa en la página siguiente

Principio de vida 14

Continúa de la página anterior

Ejemplos de vida

Abraham: El hombre perseverante, Gn 21.1–3, p. 25
José: Esperanza y confianza, Gn 40, p. 50
Simeón: Completo en los brazos de Dios, Lc 2.25–35, p. 1133

Lecciones de vida

■ Gn 2.20	■ Dt 1.30	■ 2 S 4.8	■ Sal 25.4, 5	■ Is 30.18	■ Hag 2.19
■ Gn 8.1	■ Dt 31.8	■ 2 S 5.23	■ Sal 36.5	■ Is 37.20	■ Mt 28.6
■ Gn 17.17	■ Jue 1.8	■ 1 R 9.3	■ Sal 40.1	■ Is 38.14	■ Mr 9.24
■ Gn 22.14	■ Rt 3.18	■ 1 R 16.30	■ Sal 46.10	■ Is 64.4	■ 1 Co 7.8
■ Gn 41.1	■ 1 S 1.10	■ 1 R 18.43	■ Sal 62.5	■ Jer 27.22	■ Gá 1.1
■ Éx 2.23, 24	■ 1 S 13.8	■ 2 R 6.33	■ Sal 77.10	■ Lm 3.25	■ Stg 5.7
■ Éx 3.9	■ 1 S 22.2	■ 2 R 24.20	■ Sal 123.2	■ Ez 34.15	■ 2 P 3.4
■ Éx 5.22	■ 1 S 26.10	■ Est 9.1	■ Sal 130.5	■ Ez 39.22	■ 2 P 3.8
■ Éx 8.23	■ 2 S 2.1	■ Job 30.20	■ Ec 3.1	■ Dn 3.28	
	■ 2 S 3.1	■ Job 42.8	■ Is 25.9	■ Dn 10.13	

Principio de vida 15

El quebrantamiento es el requisito de Dios para que seamos útiles al máximo. Jer 15.19, p. 842

Lo que la Biblia dice acerca de

Los beneficios de la oración y el ayuno, Est 4.16, p. 561
Cuánto aborrece Dios la soberbia humana, Pr 16.18, p. 725
Cómo manejar los sentimientos de culpa, Is 44.9–11, p. 799
Dios como nuestro consolador, Jer 8.18, p. 834
El quebrantamiento: El camino a la bendición, Jl 2.12–20, p. 989
Cómo Dios usa la adversidad para captar nuestra atención, Hch 9.1–20, p. 1222

Respuestas a preguntas de la vida

¿Cómo puedo verme libre de culpa? Lv 5.5, p. 114
¿Cómo debo reaccionar ante los obstáculos y el fracaso? Jos 7.6–15, p. 245
¿Qué debo hacer cuando me siento lejos de Dios? Jue 6.1–10, p. 274
¿Cómo contribuir al cambio de la situación moral y espiritual de mi nación? 2 Cr 7.14, p. 488
¿Cómo puedo ayudar a una persona a restaurar su comunión con Dios? Ez 36.16–38, p. 936
¿Cómo trata Dios nuestra desobediencia? Jon 2, p. 1006
¿Qué significa librar la batalla espiritual? Ro 7.15–25, p. 1263

Ejemplos de vida

David: Un caso de estudio sobre arrepentimiento, 2 S 12.1–14, p. 360
Uzías: La ruina del orgullo, 2 Cr 26.16–23, p. 510
David: El gozo del perdón, Sal 32.1–11, p. 628
Isaías: El encuentro que le cambió la vida, Is 6.1–8, p. 766
Gomer: ¿Qué es lo que ella quería? Os 2.14, p. 973
Marta: Podemos adorar mientras trabajamos, Jn 11.19–44, p. 1193
Pablo: Fortaleza en la debilidad, 2 Co 12.7, p. 1315
Juan Marcos: Aprendamos a terminar bien, Col 4.10, p. 1360

Continúa en la página siguiente

PRINCIPIO DE VIDA 15

Continúa de la página anterior

LECCIONES DE VIDA

- Gn 12.10
- Gn 15.13, 14
- Gn 25.21
- Gn 39.2
- Éx 5.9
- Jue 13.3
- Rt 1.21
- 1 S 1.10
- 1 S 1.18
- 2 Cr 26.16
- Job 42.17
- Sal 113.7, 8
- Sal 126.5
- Is 40.29
- Is 41.17
- Is 42.3
- Is 51.12
- Is 64.8
- Jer 18.6
- Zac 1.17
- Jn 20.12
- Hch 8.4
- Hch 9.4
- Ro 9.20
- 2 Co 12.9
- He 11.27
- He 12.6
- Stg 1.2
- Stg 1.3
- Stg 4.10
- Ap 2.9, 10

PRINCIPIO DE VIDA 16

Todo lo que adquirimos fuera de la voluntad de Dios termina convirtiéndose en cenizas. Ez 25.6, 7, p. 922

LO QUE LA BIBLIA DICE ACERCA DE

El peligro mortal de la ira, 1 S 18.6–15, p. 328

La vida más allá de las deudas, 2 R 4.1–7, p. 420

RESPUESTAS A PREGUNTAS DE LA VIDA

¿Qué lugar debe ocupar el dinero en mi vida? Éx 20.2–6, p. 87

¿Cómo define Dios el pecado? Jer 2.12–17, p. 826

¿Cómo puedo aprender a tener contentamiento? 1 Ti 6.7, 8, p. 1383

EJEMPLOS DE VIDA

Faraón: Un caso serio de corazón endurecido, Éx 3.19, 20, p. 68

LECCIONES DE VIDA

- Gn 3.1
- Gn 3.12
- Gn 6.18
- Gn 11.4
- Gn 16.4
- Gn 19.24
- Gn 19.36
- Gn 25.34
- Gn 41.16
- Éx 3.11, 12
- Nm 11.34
- Nm 12.2
- Jue 7.2
- Jue 8.27
- 1 S 4.13
- 1 S 12.21
- 1 S 18.8
- 1 S 22.18
- 2 S 2.10
- 2 S 16.3
- 2 S 18.18
- 1 R 1.5
- 2 R 8.18
- Sal 49.20
- Sal 73.22
- Sal 106.15
- Pr 23.4, 5
- Ec 2.11
- Ec 2.17
- Jer 2.11
- Jer 8.9
- Abd 3
- Mr 14.10
- 2 Co 3.5
- 1 Ti 1.19
- He 2.3
- Stg 4.2
- 3 Jn 9
- Ap 6.17

PRINCIPIO DE VIDA 17

De rodillas somos más altos y más fuertes. Dn 6.10, 11, p. 962

LO QUE LA BIBLIA DICE ACERCA DE

Cómo orar con autoridad, 1 R 18.20–40, p. 407

Cómo sobrellevar eficazmente una carga de oración, Neh 1, p. 541

Una oración que transforma la vida, Col 1.9–12, p. 1357

RESPUESTAS A PREGUNTAS DE LA VIDA

¿Por qué Dios no responde más rápidamente mis oraciones? Gn 45.25—46.4, p. 57

¿Qué autoridad tiene nuestra oración? 2 Cr 20.1–30, p. 500

Continúa en la página siguiente

Principio de vida 17

Continúa de la página anterior

Respuestas a preguntas de la vida

¿Cómo afecta mi relación con el Señor lo que oigo de su parte? Sal 79.13, p. 663
¿Cómo puedo renovar y avivar mi vida de oración? Jer 33.1–3, p. 863
¿Cómo puedo aprender a orar eficazmente? Dn 9.1–23, p. 966
¿Cómo me preparo para la batalla espiritual? Ef 6.13–18, p. 1342
¿Qué significa «orar sin cesar»? 1 Ts 5.17, p. 1368

Ejemplos de vida

Esteban: Imitando a su Salvador, Hch 7.59, 60, p. 1220
Silas: Un cántico de victoria, Hch 16.24–34, p. 1236

Lecciones de vida

■ Gn 24.12	■ 2 Cr 16.12	■ Sal 115.3	■ Mt 18.20	■ Ef 3.14	■ He 4.16
■ Gn 30.2	■ Esd 8.31	■ Dn 9.3	■ Lc 6.12	■ Fil 4.6	■ Stg 5.17
■ Nm 14.19	■ Neh 4.4	■ Dn 9.18	■ Hch 4.31	■ Col 4.2	■ 1 P 1.6, 7
■ Dt 4.7	■ Job 26.14	■ Mt 7.7	■ Hch 12.5	■ 1 Ti 2.8	■ 1 Jn 5.14
■ Jue 5.21	■ Sal 86.7	■ Mt 14.23		■ He 4.15	■ Ap 8.5

Principio de vida 18

Como hijos del Dios soberano, jamás somos víctimas de nuestras circunstancias. Os 3.4, 5, p. 976

Lo que la Biblia dice acerca de

El deseo de Dios de comunicarse con nosotros, Sal 139.1–24, p. 702
El origen, la obra y el destino de Satanás, Ez 28.12–19, p. 927

Respuestas a preguntas de la vida

¿Nos envía Dios la adversidad? Gn 39.20, p. 48
¿Cómo puedo ser valiente en las tribulaciones? 1 S 17.12–54, p. 323
¿Cómo obtengo fuerzas para perseverar ante la oposición espiritual? Esd 4, p. 529
¿Cómo puedo perseverar en mi fe durante los tiempos difíciles? Sof 3.17, p. 1028

Ejemplos de vida

Sara: Risas y más risas hasta la cuna, Gn 18.9–15, p. 21
Ciro: Un instrumento de Dios, Esd 1.1–4, p. 525
Los amigos de Job: Elocuentes pero equivocados, Job 42.7–9, p. 602
Jonás: A dónde huiremos de Dios, si está en todas partes, Jon 1.1–3, p. 1004
Rode: Gozo en la oración, Hch 12.12–17, p. 1230

Lecciones de vida

■ Gn 4.16	■ Gn 41.46	■ Nm 13.28	■ 1 S 1.10	■ 2 Cr 20.20	■ Sal 1.5
■ Gn 12.10	■ Gn 50.20	■ Nm 14.18	■ 1 S 1.18	■ Esd 6.12	■ Sal 9.10
■ Gn 16.9	■ Éx 7.17	■ Nm 20.21	■ 1 S 30.1	■ Job 4.7	■ Sal 27.1
■ Gn 32.31	■ Lv 14.35	■ Dt 1.27	■ 2 R 19.7	■ Job 20.4, 5	■ Sal 31.15
■ Gn 39.21	■ Nm 11.14	■ Rt 1.21	■ 1 Cr 21.14	■ Job 29.2	■ Sal 42.22

Continúa en la página siguiente

PRINCIPIO DE VIDA 17

Continúa de la página anterior

LECCIONES DE VIDA

- Sal 74.1
- Is 41.10
- Is 45.6, 7
- Lc 13.3
- Jn 19.11
- Hch 2.23
- Ro 8.18
- Ro 8.28
- Ro 11.33
- Fil 1.12
- 2 Ti 1.7
- 1 P 1.3

PRINCIPIO DE VIDA 19

Todo aquello a lo que nos aferremos, lo perderemos. Am 6.6, 7, p. 996

RESPUESTAS A PREGUNTAS DE LA VIDA

¿Qué lugar debe ocupar el dinero en mi vida? Éx 20.2–6, p. 87

¿Cómo manejo la tentación que lleva al orgullo? 1 Cr 28.9, p. 478

LECCIONES DE VIDA

- Gn 3.1
- Gn 3.12
- Gn 6.18
- Gn 11.4
- Gn 19.36
- Gn 41.16
- Éx 3.11, 12
- Nm 11.5
- Nm 11.34
- Nm 12.2
- Jue 20.46
- 1 S 2.29
- 1 S 4.13
- 1 S 18.8
- 1 S 22.18
- 2 S 2.10
- 2 S 3.9
- Esd 1.6
- Pr 23.4, 5
- Ec 2.11
- Ec 5.15
- Am 6.6, 7
- Mt 6.21
- Mt 6.24
- Mt 8.34
- Jn 5.6
- 1 Ti 6.9
- Ap 3.16
- Ap 6.17
- Ap 9.6

PRINCIPIO DE VIDA 20

Las decepciones son inevitables; el desánimo es por elección nuestra. Hab 3.17–19, p. 1022

LO QUE LA BIBLIA DICE ACERCA DE

Su identidad en Cristo, He 3.1, p. 1405

RESPUESTAS A PREGUNTAS DE LA VIDA

¿Cómo puedo superar el desánimo? Jer 29.11, p. 857

¿Cómo puedo alabar a Dios cuando la vida no marcha bien? Lm 3.37–41, p. 892

¿Por qué Dios permite que enfrentemos pruebas y tribulaciones? Dn 6, p. 960

EJEMPLOS DE VIDA

Josué: La necesidad de ser valientes, Jos 3, p. 237

Job: La decisión de confiar, Job 19.25, 26, p. 585

Ezequiel: Vio huesos secos cobrando vida, Ez 37.1–14, p. 938

LECCIONES DE VIDA

- Gn 12.10
- Gn 39.2
- Gn 41.46
- Éx 5.9
- Éx 6.9
- Nm 13.28
- Rt 1.21
- 1 R 8.18
- 1 R 19.4
- 1 R 19.5
- Esd 3.3
- Neh 6.15, 16
- Sal 18.18
- Sal 27.13
- Sal 42.11
- Ec 2.17
- Ec 12.1
- 1 Co 16.9
- 2 Co 2.14
- 2 Ti 3.12

PRINCIPIO DE VIDA 21

La obediencia siempre trae bendición consigo. Lc 11.28, p. 1150

LO QUE LA BIBLIA DICE ACERCA DE

La práctica prohibida del ocultismo, Dt 18.9–22, p. 212
La aventura de la obediencia, Is 30.21, p. 785
Contristar al Espíritu Santo, Ef 4.30, p. 1338
Cómo Dios juzga y recompensa nuestro trabajo, Ap 22.12, p. 1485

RESPUESTAS A PREGUNTAS DE LA VIDA

¿Cómo puedo llegar a ser un hijo de Dios más obediente? Gn 12.1–4, p. 16
¿Qué puedo hacer para ejercer una función espiritual de mayor responsabilidad? Éx 3.3–9, p. 67
¿Cómo puedo mantener mi mirada puesta en Dios, no en los obstáculos? Nm 14.8, 9, p. 161
¿Cómo confrontar los tiempos de adversidad? 1 Cr 22.13, p. 473
¿Qué importancia tiene la obediencia en la vida de un cristiano maduro? Jer 42.1–6, p. 873
¿Cómo puedo convertirme en un cristiano más obediente? Dn 1, p. 950
¿Debería diezmar cuando paso por dificultades económicas? Mal 3.8–12, p. 1049
¿Tengo alguna función en la comunicación de la verdad de Dios a otros? Mt 28.19, 20, p. 1099
¿Qué significa ser libre en Cristo? Jn 8.1–36, p. 1188
¿Cómo puedo ser la clase de persona fiel que Dios honra? He 6.11, 12, p. 1408
¿Cómo puedo reclamar las promesas de Dios? He 10.23, p. 1413

EJEMPLOS DE VIDA

Faraón: Un caso serio de corazón endurecido, Éx 3.19, 20, p. 68
Débora: Una madre en Israel, Jue 4—5, p. 273
Josías: Comprometido a seguir al Señor, 2 R 23.1–25, p. 448
Mardoqueo: No se inclinó ante ningún hombre, Est 3.1–6, p. 559
Baruc: Su vida preservada como recompensa, Jer 45.1–5, p. 877
Pedro: Dispuesto a cambiar, Mt 16.13–19, p. 1079

LECCIONES DE VIDA

■ Gn 2.20
■ Gn 3.1
■ Gn 4.7
■ Gn 12.1
■ Gn 12.7
■ Gn 17.23
■ Gn 18.19
■ Gn 22.18
■ Gn 24.1
■ Gn 24.7
■ Gn 26.28
■ Gn 28.8, 9
■ Éx 1.17, 20
■ Éx 4.12
■ Éx 5.22
■ Éx 16.4
■ Éx 19.5
■ Éx 20.12
■ Lv 1.3
■ Lv 8.35
■ Lv 15.31
■ Nm 9.23
■ Nm 11.5
■ Nm 11.28
■ Nm 14.24
■ Nm 15.39
■ Nm 16.28
■ Nm 20.12
■ Nm 22.12
■ Dt 5.24
■ Dt 5.29
■ Dt 6.5
■ Dt 6.18
■ Dt 11.14
■ Dt 23.12
■ Dt 28.3, 4
■ Dt 30.3
■ Jos 23.13
■ Jos 24.24
■ Jue 9.4
■ Jue 13.22
■ Jue 16.20
■ Jue 17.13
■ Rt 3.10
■ Rt 4.15
■ 1 S 1.20
■ 1 S 26.10
■ 1 S 30.20
■ 2 S 6.3
■ 2 S 6.13
■ 2 S 7.21
■ 1 R 17.17
■ 2 R 4.2
■ 2 R 4.17
■ 2 R 5.12
■ 2 R 18.7
■ 1 Cr 5.26
■ 1 Cr 14.12
■ 1 Cr 15.13
■ 2 Cr 15.7
■ 2 Cr 20.25
■ 2 Cr 31.21
■ Neh 3.5
■ Neh 8.17
■ Est 2.10
■ Est 8.8
■ Job 1.10
■ Job 36.11
■ Job 42.12
■ Sal 1.3
■ Sal 66.18
■ Sal 72.17
■ Sal 81.10
■ Sal 81.13, 16
■ Sal 88.3
■ Sal 112.2
■ Pr 11.17
■ Is 1.5
■ Is 3.10
■ Is 28.29
■ Is 55.2
■ Jer 5.12
■ Jer 23.3
■ Jer 38.20
■ Ez 3.27
■ Ez 13.19
■ Ez 15.8
■ Nah 1.9
■ Nah 2.13
■ Hab 1.13
■ Sof 1.12
■ Zac 8.9
■ Mal 3.16
■ Mt 10.42
■ Lc 1.45
■ Lc 11.28
■ Jn 13.17
■ Hch 7.9, 10
■ 1 Ti 6.6
■ He 12.11
■ 2 P 2.9
■ 1 Jn 1.4
■ 2 Jn 8
■ Ap 2.9, 10
■ Ap 22.14

PRINCIPIO DE VIDA 22

Andar en el Espíritu es obedecer las indicaciones iniciales del Espíritu. Hch 10.19, p. 1226

LO QUE LA BIBLIA DICE ACERCA DE

Cómo nos guía el Espíritu Santo, Jn 16.13, p. 1201

Contristar al Espíritu Santo, Ef 4.30, p. 1338

RESPUESTAS A PREGUNTAS DE LA VIDA

¿Cómo puedo llegar a ser un hijo de Dios más obediente? Gn 12.1–4, p. 16

¿Cuáles son las características de un hombre piadoso? Mt 1.18–25, p. 1057

¿Cómo difiere mi conciencia de la guía del Espíritu Santo? Ro 2.14, 15, p. 1256

¿Cómo puedo llegar a contar con la compañía del Espíritu Santo en mi vida? Col 2.6, 7, p. 1359

EJEMPLOS DE VIDA

El rey Asuero: Un espíritu intranquilo, Est 6.1–10, p. 563

Tíquico: Mensajero amado, Ef 6.21, p. 1343

LECCIONES DE VIDA

■ Gn 3.12	■ Lv 8.35	■ Jos 23.13	■ 1 Cr 12.18	■ Ec 11.4	■ 1 Co 2.12
■ Gn 12.7	■ Nm 1.1	■ 1 S 3.7	■ 2 Cr 32.3	■ Jer 26.2	■ Gá 5.22, 23
■ Gn 17.23	■ Nm 7.89	■ 1 S 10.22	■ Esd 1.5	■ Mr 2.22	■ Ef 5.18
■ Éx 4.12	■ Nm 9.23	■ 1 S 11.6	■ Neh 2.12	■ Lc 4.1	■ Col 2.6
■ Éx 8.15	■ Nm 11.28	■ 1 S 16.13	■ Neh 7.5	■ Hch 1.8	■ 1 Ti 1.19
■ Éx 10.11	■ Nm 16.28	■ 1 R 8.58	■ Job 33.14	■ Hch 2.38	■ 1 Ti 4.15
■ Éx 16.4	■ Dt 5.24	■ 1 R 17.9	■ Job 40.8	■ Hch 10.19	■ He 5.14
■ Lv 1.17	■ Jos 7.21		■ Sal 63.6	■ Hch 16.6, 7	■ He13.20,21
				■ Ro 3.23	■ 2 Jn 8

PRINCIPIO DE VIDA 23

Jamás podremos superar a Dios en generosidad. 2 Co 9.8, p. 1310

LO QUE LA BIBLIA DICE ACERCA DE

Cómo define Dios la riqueza, 1 Cr 29.12, p. 480

La miopía espiritual en el dar con generosidad, Hag 1.2–11, p. 1031

Diezmos y ofrendas, Mal 3.8–12, p. 1050

RESPUESTAS A PREGUNTAS DE LA VIDA

¿Qué lugar debe ocupar el dinero en mi vida? Éx 20.2–6, p. 87

¿Considera Dios la lealtad un atributo importante en su pueblo? Rt 1.16, 17, p. 298

¿Debería diezmar cuando paso por dificultades económicas? Mal 3.8–12, p. 1049

EJEMPLOS DE VIDA

Mateo: Dejarlo todo atrás, Mt 9.9–13, p. 1068

Zaqueo: La vida que cuenta, Lc 19.1–10, p. 1163

LECCIONES DE VIDA

■ Gn 11.4	■ Éx 25.2	■ Nm 18.20	■ 1 S 2.21	■ 1 Cr 29.3	■ Sal 54.6	■ Lc 14.14
■ Gn 13.8	■ Lv 1.3	■ Dt 15.7	■ 2 S 7.8	■ 1 Cr 29.14	■ Sal 108.12	■ 2 Co 9.7
■ Gn 31.42	■ Lv 27.30	■ Dt 15.11	■ 2 S 7.16	■ 2 Cr 25.9	■ Sal 109.27	■ 2 Co 9.8
■ Gn 48.11	■ Nm 14.11	■ Dt 16.17	■ 2 S 9.7	■ Esd 2.69	■ Mt 6.4	■ 2 Co 9.15
		■ Jue 11.24	■ 1 Cr 17.1	■ Neh 10.38	■ Mt 6.32	■ Fil 4.19

PRINCIPIO DE VIDA 24

Vivir la vida cristiana es permitir al Señor Jesús vivir su vida en y por medio de nosotros. Gá 2.20, p. 1322

LO QUE LA BIBLIA DICE ACERCA DE

Cómo la adversidad revela nuestros puntos fuertes y débiles, Jue 6.11–24, p. 276
Cómo controlar nuestro enojo, Is 64.9, p. 818
La verdadera religión, Mi 6.8, p. 1012
Amar a quienes es difícil amar, Mt 5.44, p. 1064
Crecer en nuestra fe, Lc 18.1–8, p. 1160
El crecimiento espiritual, 2 P 1.2–12, p. 1447

RESPUESTAS A PREGUNTAS DE LA VIDA

¿Qué significa vivir en el temor del Señor? Lv 25.17, p. 139
¿Cómo se pueden manejar los celos y la envidia? Sal 37.1–8, p. 632
¿Cómo puedo confrontar a un creyente que ha caído espiritualmente? Ez 16.2, p. 909
¿Cómo evito quemarme sirviendo en la obra de Dios? Zac 4.6–9, p. 1037
¿Cuándo y cómo soy lleno(a) del Espíritu Santo? Hch 2.4, p. 1211
¿Qué significa librar la batalla espiritual? Ro 7.15–25, p. 1263
¿Qué valor podría encontrar en la debilidad? 2 Co 12.9, p. 1314
¿Por qué tengo todavía el impulso de pecar? Gá 5.16, 17, p. 1326
¿Qué es el fruto del Espíritu y cómo crece en mí? Gá 5.22, 23, p. 1327
¿Cómo puedo superar los sentimientos de soledad? 2 Ti 4.9–22, p. 1392

EJEMPLOS DE VIDA

Jeremías: Compasión dolorosa por el perdido, Jer 14.17, p. 838
Jesús: ¿Ejemplo o sacrificio? Mt 26.39, p. 1095
Judas: Decir «Maestro» no basta, Jn 18.3, p. 1202
Esteban: Imitando a su Salvador, Hch 7.59, 60, p. 1220

LECCIONES DE VIDA

■ Gn 2.25
■ Éx 7.5
■ Éx 21.36
■ Éx 22.28
■ Lv 8.35
■ Lv 18.4
■ Lv 19.10
■ Lv 22.21
■ 1 S 10.9
■ Job 1.1
■ Is 26.12
■ Is 30.1
■ Mi 4.2
■ Mi 6.8
■ Zac 10.12
■ Mt 7.24
■ Jn 10.10
■ Jn 15.4
■ Jn 15.11
■ Hch 2.38
■ Gá 2.20
■ Ef 2.10
■ Fil 1.9
■ Fil 1.10
■ Col 1.10
■ Col 2.6
■ Col 3.2
■ 1 Ts 2.11
■ 1 P 1.15
■ 1 P 3.4
■ 1 P 3.15
■ 2 P 1.3
■ 2 P 1.4
■ Ap 1.12, 13

PRINCIPIO DE VIDA 25

Dios nos bendice para que nosotros podamos bendecir a otros. Ef 4.28, p. 1336

LO QUE LA BIBLIA DICE ACERCA DE

Cómo define Dios la riqueza, 1 Cr 29.12, p. 480
Los beneficios de la oración y el ayuno, Est 4.16, p. 561
Nuestro mejor amigo en la vida, Cnt 5.16, p. 758
La responsabilidad de rendir cuentas a otros, 2 Co 5.10, p. 1304

RESPUESTAS A PREGUNTAS DE LA VIDA

¿Qué aspecto tiene el amor de Dios? Cnt 8.6, 7, p. 759
¿Tengo alguna función en la comunicación de la verdad de Dios a otros? Mt 28.19, 20, p. 1099
¿Qué herramientas ha provisto Dios para ayudarme a compartir mi fe? Mr 16.15, p. 1126

Continúa en la página siguiente

PRINCIPIO DE VIDA 25

Continúa de la página anterior

EJEMPLOS DE VIDA

Bernabé: Siempre con una palabra de ánimo, 1 Co 9.6, p. 1287

LECCIONES DE VIDA

■ Gn 1.22	■ Rt 2.15	■ Pr 17.5	■ Hch 9.4
■ Gn 30.27	■ 1 S 30.6	■ Ec 4.9, 10	■ Hch 11.29
■ Gn 33.11	■ 1 R 2.6, 9	■ Ec 5.19	■ Hch 27.25
■ Gn 48.11	■ Sal 37.3	■ Is 58.6	■ Ef 4.28
■ Nm 10.29	■ Sal 70.4	■ Ez 22.30	■ 1 Ti 6.18
■ Nm 22.12	■ Sal 106.3	■ Zac 8.13	■ 2 Ti 1.6
■ Dt 15.7	■ Pr 3.27	■ Mt 10.8	■ Stg 2.15, 16
		■ Lc 12.48	■ 1 P 3.7

PRINCIPIO DE VIDA 26

La adversidad es un puente que nos conduce a una relación más profunda con Dios. Fil 3.10, 11, p. 1348

LO QUE LA BIBLIA DICE ACERCA DE

El propósito de la adversidad, 2 Cr 20.29, 30, p. 504

Cómo Dios usa la adversidad para captar nuestra atención, Hch 9.1–20, p. 1222

RESPUESTAS A PREGUNTAS DE LA VIDA

¿Cómo puedo recobrar la valentía en tiempos de adversidad? Jos 1.6–9, p. 235

¿Qué papel tiene Satanás en nuestra adversidad? Job 2.4–7, p. 570

¿Dónde está Dios cuando sufrimos? Is 63.9, p. 814

¿Por qué Dios permite que enfrentemos pruebas y tribulaciones? Dn 6, p. 960

¿Existe un límite para el perdón de Dios? 1 Co 6.9–11, p. 1283

¿Cómo manejo una prueba difícil que yo no provoqué? 1 P 1.6, 7, p. 1438

EJEMPLOS DE VIDA

Joel: El profeta del avivamiento, Jl 2.13, p. 990

Pablo: Fortaleza en la debilidad, 2 Co 12.7, p. 1315

LECCIONES DE VIDA

■ Gn 6.18	■ Jos 11.23	■ Job 12.13	■ Is 29.24	■ 2 Co 1.3, 4
■ Gn 12.10	■ Jue 2.22	■ Job 16.19, 20	■ Is 30.20	■ 2 Co 1.9
■ Gn 22.1	■ 1 S 1.18	■ Job 29.2	■ Is 38.17	■ 2 Co 11.29
■ Gn 32.31	■ 1 S 8.6	■ Job 36.15	■ Is 41.17	■ 2 Co 12.7
■ Gn 39.2	■ 1 S 30.6	■ Job 42.8	■ Is 51.12	■ Ef 6.10
■ Gn 41.46	■ 2 S 4.9	■ Job 42.12	■ Lm 3.31, 32	■ Fil 1.12
■ Gn 42.5	■ 2 S 10.12	■ Sal 10.1	■ Lm 4.17	■ Fil 3.10, 11
■ Gn 50.20	■ 1 R 19.18	■ Sal 13.1	■ Os 5.15	■ 1 Ts 1.6
■ Éx 5.9	■ 2 R 11.17	■ Sal 35.27	■ Os 7.14	■ 1 Ts 2.2
■ Éx 17.7	■ 2 Cr 20.20	■ Sal 46.1, 2	■ Sof 2.3	■ 1 Ts 4.11
■ Éx 33.19	■ 2 Cr 26.16	■ Sal 57.1	■ Mr 13.13	■ 2 Ti 1.12
■ Nm 14.9	■ 2 Cr 28.22	■ Sal 66.10	■ Lc 12.6	■ 2 Ti 3.12
■ Nm 21.2	■ Esd 4.23	■ Sal 96.1	■ Jn 11.37	■ 2 Ti 4.17
■ Dt 8.2	■ Est 9.22	■ Sal 107.19	■ Hch 21.32	■ Stg 5.11
■ Dt 8.16	■ Job 1.20	■ Sal 119.67	■ Hch 22.14	■ 1 P 1.6, 7
■ Dt 26.11	■ Job 5.7	■ Ec 7.14	■ Hch 27.20	■ 1 P 4.12
■ Jos 1.9	■ Job 10.20	■ Is 9.13	■ Ro 5.3, 4	

PRINCIPIO DE VIDA 27

No hay nada como la oración para ahorrar tiempo. 2 Ts 3.1, p. 1376

LO QUE LA BIBLIA DICE ACERCA DE

Cómo pedir a Dios cosas específicas, 1 R 3.5–14, p. 384

Cómo buscar la guía de Dios, Sal 27.11–14, p. 624

Una oración que transforma la vida, Col 1.9–12, p. 1357

RESPUESTAS A PREGUNTAS DE LA VIDA

¿Qué significa estar sentados delante del Señor? 2 S 7.18–29, p. 353

¿Qué pasos debo seguir para escuchar lo que Dios dice? 2 R 7.1, p. 428

¿En qué nos beneficia el ayuno? Neh 1.1–4, p. 538

¿Qué puedo hacer ante el enojo o la amargura de otra persona? Pr 14.10, p. 722

¿Se encargará Dios realmente de todas mis necesidades? Fil 4.19, p. 1352

¿Qué significa «orar sin cesar»? 1 Ts 5.17, p. 1368

LECCIONES DE VIDA

■ Gn 13.4	■ 2 R 19.4	■ Sal 6.9	■ Os 4.6	■ Hch 3.6
■ Gn 19.29	■ 2 R 20.5	■ Sal 35.24	■ Os 7.7	■ Hch 4.13
■ Gn 24.26	■ 1 Cr 4.10	■ Sal 65.5	■ Mt 7.7	■ Gá 4.6
■ Gn 24.50	■ 2 Cr 20.3	■ Sal 106.15	■ Mt 14.23	■ Ef 3.16
■ Éx 3.19	■ 2 Cr 33.12, 13	■ Sal 109.4	■ Mr 1.35	■ 2 Ts 3.1
■ Éx 32.13	■ Neh 1.4	■ Sal 115.3	■ Mr 9.24	■ He 4.15
■ Jos 7.5	■ Neh 1.8	■ Sal 123.2	■ Lc 4.13	■ Stg 1.5
■ Jos 9.19	■ Neh 2.4	■ Is 33.2	■ Lc 6.12	■ Stg 4.2
■ 2 S 12.4	■ Job 26.14	■ Is 55.6		■ 1 Jn 5.14

PRINCIPIO DE VIDA 28

Ningún creyente ha sido llamado a transitar solitario en su peregrinaje de fe. He 10.24, 25, p. 1416

LO QUE LA BIBLIA DICE ACERCA DE

La necesidad de amistad cristiana, 1 S 20, p. 330

Amar a quienes es difícil amar, Mt 5.44, p. 1064

La responsabilidad de rendir cuentas a otros, 2 Co 5.10, p. 1304

Cómo rendirnos cuentas unos a otros, Gá 6.1–5, p. 1329

La importancia de dar ánimo, 1 Ts 3.1–10, p. 1366

RESPUESTAS A PREGUNTAS DE LA VIDA

¿Considera Dios la lealtad un atributo importante en su pueblo? Rt 1.16, 17, p. 298

¿Cómo obtengo fuerzas para perseverar ante la oposición espiritual? Esd 4, p. 529

EJEMPLOS DE VIDA

Rut: Leal hasta el final, Rt 4.13–22, p. 301

Natán: El valor del consejero piadoso, 2 S 12.1–14, p. 359

Bernabé: Siempre con una palabra de ánimo, 1 Co 9.6, p. 1287

LECCIONES DE VIDA

■ Gn 2.18	■ Éx 18.8	■ Nm 32.15	■ Dt 3.20	■ Jos 23.6	■ Rt 2.10
■ Gn 2.20	■ Éx 18.23	■ Dt 1.13	■ Dt 7.17	■ Jue 6.16	■ 1 S 12.23
■ Éx 17.12	■ Lv 23.2	■ Dt 1.38	■ Dt 31.6	■ Rt 1.6	

Continúa en la página siguiente

PRINCIPIO DE VIDA 28

Continúa de la página anterior

LECCIONES DE VIDA

■ 1 S 18.1	■ Neh 2.18	■ Sal 122.1	■ Am 8.5	■ Ro 12.5	■ Col 3.16
■ 1 S 20.12	■ Job 2.11	■ Sal 124.1, 3	■ Mal 3.16	■ Ro 15.2	■ 2 Ts 1.3
■ 1 S 23.16	■ Job 10.20	■ Sal 133.1	■ Mr 2.5	■ Ro 15.30	■ 2 Ts 3.5
■ 1 S 30.6	■ Sal 3.2	■ Sal 141.5	■ Mr 4.17	■ 1 Co 1.10	■ 2 Ti 2.2
■ 2 S 1.26	■ Sal 9.10	■ Pr 12.25	■ Hch 2.42	■ 1 Co 12.7	■ Fil 1, 2
■ 1 R 2.3	■ Sal 10.14	■ Pr 15.22	■ Hch 4.31	■ 1 Co 13.9	■ He 3.13
■ 1 R 8.66	■ Sal 26.12	■ Ec 4.9, 10	■ Hch 11.29	■ 1 Co 14.12	■ He10.24,25
■ 1 R 19.18	■ Sal 43.3	■ Cnt 1.4	■ Hch 13.2	■ Ef 4.16	■ Stg 5.16
■ 1 Cr 22.19	■ Sal 68.6	■ Is 37.4	■ Hch 27.25	■ Ef 6.18	

PRINCIPIO DE VIDA 29

Aprendemos más en nuestras experiencias por el valle de lágrimas que en las de la cumbre del éxito. Stg 5.10, p. 1432

LO QUE LA BIBLIA DICE ACERCA DE

Cómo la adversidad revela nuestros puntos fuertes y débiles, Jue 6.11–24, p. 276

Cómo la adversidad revela nuestro nivel de fe, Mr 4.35–41, p. 1108

RESPUESTAS A PREGUNTAS DE LA VIDA

¿Cómo puedo manejar las críticas durante tiempos de adversidad? Job 2.7–10, p. 571

¿Es Satanás el causante de toda nuestra adversidad? Job 13.15, p. 582

¿Dónde está Dios cuando sufrimos? Is 63.9, p. 814

¿Cómo puedo ayudar a una persona a restaurar su comunión con Dios? Ez 36.16–38, p. 936

¿Cómo puede un Dios bueno permitir el sufrimiento en la vida del creyente? Jl 1.19, p. 987

¿Qué puedo hacer si mis sentimientos pasan del desánimo a la desesperanza? Hab 3.17–19, p. 1021

¿Qué valor podría encontar en la debilidad? 2 Co 12.9, p. 1314

EJEMPLOS DE VIDA

Moisés: El patrón de Dios para el éxito, Éx 3.1–4, p. 66

LECCIONES DE VIDA

■ Gn 12.10	■ Nm 14.9	■ 1 S 30.20	■ Sal 25.4, 5	■ Hch 27.20
■ Gn 21.16	■ Dt 2.7	■ 2 S 4.9	■ Sal 66.10	■ Ro 5.3, 4
■ Gn 32.31	■ Dt 8.2	■ 2 R 11.17	■ Ec 7.14	■ 2 Co 1.3, 4
■ Gn 39.2	■ Dt 8.16	■ 2 Cr 26.16	■ Is 29.24	■ 2 Co 1.9
■ Gn 41.1	■ Jos 11.23	■ 2 Cr 28.22	■ Is 41.17	■ Fil 1.29
■ Gn 41.46	■ Jue 2.22	■ Esd 4.23	■ Is 43.20	■ 1 Ts 3.3
■ Gn 42.5	■ Rt 1.21	■ Job 5.7	■ Is 49.15	■ Stg 1.2
■ Gn 50.20	■ 1 S 1.18	■ Job 16.19, 20	■ Lc 12.6	■ Stg 1.3
■ Éx 5.9	■ 1 S 17.37	■ Job 29.2	■ Lc 22.31	■ Stg 5.10
■ Éx 17.7	■ 1 S 30.1	■ Job 42.12	■ Jn 11.37	■ 1 Jn 4.20
■ Lv 14.35				

PRINCIPIO DE VIDA 30

El deseo ferviente por el regreso del Señor nos mantiene viviendo productivamente. Ap 22.12, p. 1488

LO QUE LA BIBLIA DICE ACERCA DE

Cómo Dios juzga y recompensa nuestro trabajo, Ap 22.12, p. 1485

LECCIONES DE VIDA

- Gn 45.7
- Éx 28.3
- Sal 58.11
- Ec 9.10
- Is 62.11
- Mal 3.16
- Mt 25.13
- Mr 13.23
- Mr 13.34
- Lc 12.37
- Lc 21.34
- Jn 5.29
- Jn 15.16
- 1 Ts 3.13
- 1 Ts 5.2
- 1 Ts 5.4
- 1 Ts 5.6
- 2 Ts 1.7, 8
- 2 Ts 3.10
- 1 Ti 4.1, 2
- 1 Ti 6.12
- He 6.12
- 2 P 3.12
- Jud 18
- Ap 16.15
- Ap 22.12
- Ap 22.20

* *Índice de Promesas*

* Promesas bíblicas preciosas han sido resaltadas y señaladas con un asterisco en el texto bíblico. El siguiente índice le ayudará a ubicar las promesas según el tema. *

Promesas para su familia

... PARA SUS DESCENDIENTES
Génesis 22.17, 18
Deuteronomio 1.11

... PARA SUS HIJOS
Josué 14.9

... PARA UNA HERENCIA
Josué 14.9
Efesios 1.11

Promesas para la provisión

... DE NUESTRAS NECESIDADES
Salmo 23.1
Mateo 6.33
Mateo 7.11
Filipenses 4.19

... DURANTE LA SIEMBRA Y LA COSECHA
Génesis 8.22
Levítico 26.3, 4
Salmo 126.5, 6
Eclesiastés 11.1
Isaías 61.11
Ezequiel 37.26
Ezequiel 47.12
Amós 9.13
2 Corintios 9.6
Gálatas 6.9

Promesas para obedecer

... LA VOZ DE DIOS
Génesis 22.17, 18
Éxodo 15.26

... LA PALABRA ESCRITA DE DIOS
Levítico 26.3, 4
Deuteronomio 7.9
Josué 1.8
Josué 14.9
1 Reyes 2.3
1 Crónicas 22.13
Salmo 119.165
Isaías 1.19, 20
Isaías 66.2
1 Juan 3.22
Apocalipsis 1.3

... CON LEALTAD
2 Crónicas 16.9
Salmo 37.4
Mateo 6.33
Efesios 6.2, 3

... CON UN CORAZÓN PURO
Salmo 84.11
Lucas 6.35

... AL CONVERTIRSE DEL PECADO
2 Crónicas 7.14
1 Juan 2.17

Promesas para la salvación

... POR LIBERACIÓN
Génesis 45.7, 8
Números 21.8
2 Samuel 22.26–28
Salmo 72.4
Ezequiel 34.12
Romanos 8.32
Romanos 11.26, 27

... POR CRISTO
Éxodo 12.13
Levítico 17.11
1 Samuel 14.6
1 Crónicas 28.9
Isaías 43.25
Isaías 45.22
Jeremías 3.22
Ezequiel 11.19, 20
Oseas 14.4
Joel 2.32
Zacarías 9.16
Mateo 1.21
Mateo 10.32
Mateo 16.18
Mateo 16.25
Marcos 8.35
Lucas 5.32
Lucas 9.56
Lucas 11.9
Juan 3.16
Juan 4.14
Juan 5.24
Juan 6.37
Juan 7.37, 38
Juan 8.36
Juan 10.10
Juan 10.27, 28
Hechos 26.16b, 18
Romanos 5.10
Romanos 6.23
Romanos 10.9
2 Corintios 5.17
Efesios 5.14
1 Tesalonicenses 5.9
Hebreos 7.25
Hebreos 9.28
1 Pedro 2.6
1 Juan 1.7
1 Juan 1.9
1 Juan 5.4

... DE NUESTROS ENEMIGOS
Deuteronomio 28.7
1 Samuel 17.47

Promesas para la salvación

Isaías 51.7, 8 **... POR LA DEFENSA DE DIOS** Josué 23.10 Job 5.15, 16 Salmo 20.6 Isaías 35.4 Zacarías 8.13 **... POR LA MISERICORDIA DE DIOS** 2 Crónicas 30.9 Salmo 100.5 Isaías 55.7 Jonás 4.2	Sofonías 3.17 Marcos 13.20 **... DEL MAL** Salmo 121.7 Malaquías 3.6 **... EN LA ADVERSIDAD** Isaías 41.10 Isaías 43.2 **... POR LA FE** Habacuc 2.4 Marcos 8.35 Lucas 18.17	Juan 1.12 Juan 11.25, 26 Juan 12.46 Hechos 10.43 1 Timoteo 2.15 Santiago 5.15 1 Pedro 1.4, 5 **... POR EL ARREPENTIMIENTO** 2 Crónicas 7.14 Isaías 55.7 Lucas 15.7 2 Pedro 3.9

Promesas para la liberación

... EN LA ADVERSIDAD Génesis 45.7, 8 Ester 4.14 Salmo 41.1 Salmo 50.15 Salmo 65.3 Isaías 41.10 Isaías 43.1 Isaías 43.2 Jeremías 15.11	**... EN EL DESIERTO** Éxodo 2.24, 25 Jueces 3.9 **... DE SUS ENEMIGOS** Génesis 3.15 2 Reyes 17.39 Ester 9.1 Salmo 34.19 Salmo 72.4 Jeremías 1.8	Jeremías 15.11 **... POR LA SALVACIÓN** Salmo 91.14 Oseas 13.14 1 Tesalonicenses 1.10 Hebreos 2.16 **... POR LA JUSTICIA** Ezequiel 3.21 Daniel 6.16 Abdías 17

Promesas de la presencia de Dios

... QUE SIEMPRE PERMANECE Éxodo 33.14 Números 6.24-26 Isaías 24.23 Isaías 41.10 Isaías 43.1 Isaías 43.2 Ezequiel 48.35 Daniel 6.26 Habacuc 2.14 Hageo 1.13 Hageo 2.5 Zacarías 2.10 Mateo 28.20	Lucas 24.49 2 Corintios 6.16 Hebreos 13.5 Santiago 4.8 **... POR LA INTIMIDAD** Deuteronomio 32.36 1 Crónicas 28.9 Cantares 2.16 Cantares 7.10 Cantares 8.7 Oseas 2.19 **... COMO NUESTRO PADRE** 1 Samuel 12.22 1 Crónicas 28.9 Lucas 12.32	**... CUANDO LE BUSCAMOS A ÉL** 1 Crónicas 28.9 Esdras 8.22 Salmo 145.18 Hebreos 11.6 **... CUANDO ÉL NOS ESCUCHA** Éxodo 2.24, 25 Salmo 4.3 Salmo 10.17 Salmo 145.18 Isaías 65.24 1 Juan 5.15

Promesas para la paz

... EN LA PRESENCIA DE DIOS Números 6.24-26 **... EN FUERZA** 1 Crónicas 12.18 Salmo 29.11	**... AL OBEDECER LA PALABRA DE DIOS** Salmo 119.165 Isaías 32.17 Filipenses 4.9	**... AL CONFIARLE A DIOS** Isaías 26.3 Jeremías 29.11 Ezequiel 37.26 **... PARA LA SANIDAD** Isaías 57.19

PROMESAS DE LAS BENDICIONES DE DIOS

... POR GENERACIONES
Génesis 22.17, 18
Deuteronomio 7.9
Salmo 67.7

... DE PAZ
Números 6.24-26

... EN LA ADVERSIDAD
Jueces 5.31
Lucas 6.35
1 Pedro 4.14

... DE ABUNDANCIA PARA LA VIDA
2 Samuel 7.28, 29
Salmo 37.4
Proverbios 10.22
Malaquías 3.10
Mateo 6.33
Mateo 7.11
Juan 15.7
Efesios 1.11

... EN SANIDAD
Éxodo 15.26

PROMESAS QUE LE CONSERVAN

... CON VIDA
Job 10.12
Salmo 16.11
Salmo 138.7
Proverbios 19.23
Eclesiastés 7.17
Isaías 25.8
Isaías 26.19
Amós 5.14

... CON PROTECCIÓN
Deuteronomio 28.7
Salmo 5.12
Salmo 48.14
Isaías 41.10
Isaías 43.1
Isaías 43.2
Joel 3.16
Efesios 6.13
2 Tesalonicenses 3.3

... CON SANIDAD
Éxodo 15.26
2 Crónicas 7.14
Salmo 34.19
Isaías 57.19
Oseas 6.1
Santiago 5.15

... POR LA ESPERANZA
Job 5.15, 16
Salmo 31.24
Salmo 48.14
Salmo 55.22
Jeremías 29.11

... POR EL DESCANSO
Éxodo 33.14
Jueces 5.31
Rut 2.12
1 Reyes 8.56
Jeremías 6.16
Mateo 11.28
2 Tesalonicenses 1.6, 7
Hebreos 4.9

... CON GRACIA
2 Crónicas 30.9
Nehemías 9.17
Salmo 84.11

... POR LA RESTAURACIÓN
Deuteronomio 32.36
2 Samuel 16.12
2 Crónicas 7.14
Job 19.25, 26
Isaías 25.8
Isaías 65.17
Joel 2.25
Jonás 2.6
Sofonías 3.9
Marcos 4.22

... POR LA MISERICORDIA
Esdras 3.11
Nehemías 9.17
Isaías 49.13
Lamentaciones 3.22, 23
Lamentaciones 3.31, 32
Oseas 2.19
Oseas 10.12
Joel 2.13
Jonás 2.6
Miqueas 7.18, 19
Lucas 1.50

... POR EL GOZO
Salmo 16.11
Salmo 126.5, 6
Eclesiastés 2.26

... POR EL FAVOR
Job 10.12
Salmo 5.12
Salmo 84.11

... POR EL CONSUELO
Isaías 49.13

PROMESAS PARA EL ÉXITO

... POR LA PROSPERIDAD
Josué 1.8
1 Reyes 2.3
1 Crónicas 22.13
Nehemías 2.20

... AL OBEDECER
Josué 1.8
1 Reyes 2.2–3

... POR LA RECOMPENSA
Rut 2.12
Salmo 37.4
1 Corintios 3.14
Colosenses 3.24
1 Pedro 5.4
Apocalipsis 22.12

... CON LAS RIQUEZAS
1 Samuel 2.7, 8

Promesas cuando está esperando

... A LA MISERICORDIA
Isaías 30.18
Isaías 64.4
Hebreos 9.28

... A LA FUERZA
Isaías 40.31
Nahum 1.7

Promesas para la fuerza

... A LOS HIJOS DE DIOS
2 Crónicas 16.9
Salmo 20.6
Salmo 29.11
Miqueas 5.4
Habacuc 3.19

... EN LA ADVERSIDAD
Salmo 31.24
Salmo 41.1
Salmo 50.15
Salmo 138.7
Isaías 35.4
Nahum 1.7
Marcos 10.27
2 Corintios 12.9

... CUANDO ESTAMOS ESPERANDO
Isaías 40.31

Promesas de la Palabra de Dios

... ÉL LO HARÁ
Números 23.19
Mateo 5.18
Mateo 24.35
2 Corintios 1.20
Hebreos 12.26

... ÉL BENDICE
2 Samuel 7.28, 29
1 Reyes 8.56
Hechos 20.32

... ÉL NO CAUSARÁ DAÑO
Oseas 11.9

... ÉL PROTEGERÁ
Hebreos 13.5

Promesas de Cristo

... TENEMOS UN PASTOR
1 Pedro 5.4
Apocalipsis 7.16, 17

... TENEMOS UN SALVADOR
Lucas 1.31, 32

... LA SALVACIÓN
Éxodo 12.13
Levítico 17.11
1 Samuel 14.6
1 Crónicas 28.9
Isaías 43.25
Isaías 45.22
Jeremías 3.22
Ezequiel 11.19, 20
Oseas 14.4
Joel 2.32
Zacarías 9.16
Malaquías 4.2
Mateo 1.21
Mateo 10.32
Mateo 16.18
Mateo 16.25
Marcos 8.35
Lucas 5.32
Lucas 9.56
Lucas 11.9
Juan 3.16
Juan 4.14
Juan 5.24
Juan 6.37
Juan 7.37, 38
Juan 8.36
Juan 10.10
Juan 10.27, 28
Hechos 26.16b, 18
Romanos 5.10
Romanos 6.23
Romanos 10.9
2 Corintios 5.17
Efesios 5.14
1 Tesalonicenses 5.9
Hebreos 7.25
Hebreos 9.28
1 Pedro 2.6
1 Juan 1.7
1 Juan 1.9
1 Juan 5.4

... AL SERVIRLE A CRISTO
Juan 12.26
2 Timoteo 1.12
Colosenses 3.24

... POR LA SANTIFICACIÓN
Daniel 11.35
Hechos 20.32
Filipenses 1.6
Colosenses 1.21, 22
1 Tesalonicenses 5.24
Hebreos 12.10

... DE LA SEGUNDA VENIDA DE CRISTO
Isaías 33.17
Isaías 66.18
Miqueas 4.3
Zacarías 14.9
Mateo 26.64
Mateo 28.20
Juan 14.2, 3
Hechos 1.11
Santiago 5.8
1 Pedro 5.4
Apocalipsis 22.12

... LA VIDA ETERNA EN EL CIELO
Mateo 19.29
1 Corintios 9.25
1 Corintios 13.12
1 Corintios 15.49
Gálatas 3.29
Gálatas 6.8
Filipenses 3.20, 21
Colosenses 3.4
1 Tesalonicenses 4.14
1 Timoteo 4.8
2 Timoteo 2.11–13
Hebreos 11.16
1 Pedro 1.4, 5
2 Pedro 1.4
2 Pedro 3.13
1 Juan 2.17
1 Juan 2.25
Apocalipsis 2.7
Apocalipsis 3.5
Apocalipsis 7.16
Apocalipsis 14.13
Apocalipsis 20.6
Apocalipsis 21.4

Promesas del Espíritu Santo

... CUANDO CAMINAMOS EN EL ESPÍRITU Romanos 8.1 2 Corintios 4.16 Gálatas 5.16 Gálatas 6.8 ... PARA DIRECCIÓN Salmo 18.28 Salmo 48.14 Proverbios 3.5, 6 Proverbios 16.9 Marcos 1.17	Juan 8.12 Juan 16.13 ... CUANDO ORAMOS EN EL ESPÍRITU Romanos 8.26 ... CUANDO ESTAMOS LLENOS DEL ESPÍRITU Ezequiel 36.27 Ezequiel 39.29 Ezequiel 43.7 Joel 2.28 Hageo 2.5 Zacarías 12.10	Lucas 24.49 Hechos 2.38 ... EN LA SABIDURÍA, EL CONOCIMIENTO Y LA REVELACIÓN Eclesiastés 2.26 Daniel 2.20-22 Daniel 12.3 Amós 3.7 Lucas 21.15 Filipenses 3.15 Santiago 1.5

Promesas para la tentación

... CUANDO SOMOS TENTADOS 1 Corintios 6.14 1 Corintios 10.13 Gálatas 5.16	Santiago 1.12 Santiago 4.7 2 Pedro 1.4 2 Pedro 1.10 2 Pedro 2.9	... CUANDO VENCEMOS 1 Corintios 9.25 Apocalipsis 2.7 Apocalipsis 3.5

Promesas de la fe

... CUANDO CREEMOS Jeremías 17.7, 8 Mateo 17.20 Mateo 18.19 Marcos 9.23 Marcos 11.24 Lucas 17.6	Juan 14.12 Juan 20.29 Hechos 10.43 1 Juan 5.4 ... EN LA ADVERSIDAD Jeremías 31.16 Mateo 17.20	... COMO DE UN NIÑO Marcos 10.15 Lucas 18.17 ... A LOS HUMILDES Isaías 66.2 Mateo 23.12 Marcos 10.15 1 Pedro 5.6

Promesas de justicia

... PARA LA SALVACIÓN Salmo 65.3 ... PARA LOS AFLIGIDOS Salmo 72.4 Salmo 140.12 ... PARA EL PUEBLO DE DIOS Salmo 96.10 Isaías 30.18 Daniel 7.27	Sofonías 2.3 Sofonías 3.5 Hebreos 6.10 ... A LOS MALVADOS 1 Samuel 2.30 Proverbios 3.33 Eclesiastés 12.14 Nahum 1.3 Romanos 16.20	... POR CRISTO Génesis 49.10 Isaías 9.7 Isaías 16.5 Jeremías 23.5 ... AL MUNDO Isaías 11.6 Hechos 17.31

Promesas de la protección de Dios

... COMO NUESTRA DEFENSA Josué 23.10 1 Samuel 14.6 1 Samuel 17.47 2 Samuel 22.26–28 2 Reyes 6.16 Salmo 5.12 Proverbios 30.5, 6	Jeremías 20.11 1 Corintios 1.7, 8 Efesios 6.13 ... COMO NUESTRO REFUGIO Rut 2.12 Salmo 9.9 Isaías 11.10 Isaías 41.10	Isaías 43.1 Isaías 43.2 ... COMO NUESTRA SEGURIDAD 2 Samuel 7.10 Salmo 48.14 Salmo 55.22 Salmo 119.165

Antiguo Testamento

EL PRIMER LIBRO DE MOISÉS LLAMADO

GÉNESIS

La palabra griega *Génesis* significa «origen, fuente, generación o comienzo». El título original hebreo, *Bereshith*, quiere decir «en el principio». Así pues, Génesis nos habla del comienzo de muchas cosas, incluyendo el universo físico, la humanidad, el pecado, la muerte y el asombroso plan de Dios para redimirnos.

La primera parte de Génesis se centra en el comienzo del pecado y su propagación en el mundo, culminando en un diluvio devastador. En esta primera parte del libro vemos a Dios creando, una y otra vez, al llamar a la existencia a distintos elementos de nuestro universo. Después Dios «define» lo que ha creado, una vez más por medio de su palabra. Al nombrar las cosas, Dios les da una identidad, un propósito y una definición. Por último, Él afirma y bendice lo que ha hecho, sellando la verdad de su creación por medio de su palabra hablada.

¿Qué significa esto para usted y para mí hoy? Significa que Dios le creó con un propósito especial. Le llamó a la existencia mucho antes de su concepción en el vientre de su madre. Le «llamó» —le definió y le dio talentos, dones y sueños específicos. Dios ha continuado llamándole durante toda su vida, dándole guía, dirección y protección. Ésta es la verdad acerca de quién es usted como su hijo amado que ha nacido de nuevo, y que ha sido salvado por su gracia para siempre.

La segunda parte de Génesis se concentra en los tratos de Dios con un hombre, Abraham, a través de quién promete traer salvación y bendición al mundo. Él y sus descendientes aprendieron por experiencia personal que siempre es mejor confiar en el Señor en tiempos de hambre y de abundancia, de bendición y de cautiverio. Desde Abraham hasta José, pasando por Isaac y Jacob, Dios promete empezar a manifestarse a una nación grande que habría de poseer una tierra grande.

Tema: Génesis nos da un sólido armazón para entender todo el panorama de la Biblia. Este libro de los comienzos nos presenta a Dios y su santidad, su justicia, su gracia y misericordia para con su creación; el pecado del hombre; y el plan de Dios para la redención desde que este plan comienza a revelarse a través de Abraham y su descendencia.

Autor: Moisés.

Fecha: Génesis comienza con la creación, y termina con la muerte de José, la que se produjo probablemente alrededor del siglo diecinueve antes de Cristo.

Estructura: La estructura literaria de Génesis se compone de once unidades diferentes, cada una indicada por la presencia de la palabra «generaciones». Las once partes son: (1) La creación (1.1—2.3); (2) El cielo y la tierra (2.4—4.26); (3) Adán (5.1—6.8); (4) Noé (6.9—9.29); (5) Los hijos de Noé (10.1—11.9); (6) Sem (11.10–26); (7) Taré (11.27—25.11); (8) Ismael (25.12–18); (9) Isaac (25.19—35.29); (10) Esaú (36.1—37.1); (11) Jacob (37.2—50.26).

A medida que lea Génesis, fíjese en los principios de vida que juegan un papel importante en este libro:

1. Nuestra intimidad con Dios, que es su prioridad para nosotros, determina el impacto que causen nuestras vidas. *Véase Génesis 1.26; 15.1–6; páginas 2, 18.*

9. Confiar en Dios quiere decir ver más allá de lo que podemos, hacia lo que Dios ve. *Véase Génesis 17.5; página 20.*

26. La adversidad es un puente que nos conduce a una relación más profunda con Dios. *Véase Génesis 50.20; página 61.*

La creación

1 EN el principio creó Dios los cielos y la tierra.
2 Y la tierra estaba desordenada y vacía, y las tinieblas estaban sobre la faz del abismo, y el Espíritu de Dios se movía sobre la faz de las aguas.
3 Y dijo Dios: Sea la luz;[a] y fue la luz.
4 Y vio Dios que la luz era buena; y separó Dios la luz de las tinieblas.
5 Y llamó Dios a la luz Día, y a las tinieblas llamó Noche. Y fue la tarde y la mañana un día.
6 Luego dijo Dios: Haya expansión en medio de las aguas, y separe las aguas de las aguas.
7 E hizo Dios la expansión, y separó las aguas que estaban debajo de la expansión, de las aguas que estaban sobre la expansión. Y fue así.
8 Y llamó Dios a la expansión Cielos.[b] Y fue la tarde y la mañana el día segundo.
9 Dijo también Dios: Júntense las aguas que están debajo de los cielos en un lugar, y descúbrase lo seco. Y fue así.
10 Y llamó Dios a lo seco Tierra, y a la reunión de las aguas llamó Mares. Y vio Dios que era bueno.
11 Después dijo Dios: Produzca la tierra hierba verde, hierba que dé semilla; árbol de fruto que dé fruto según su género, que su semilla esté en él, sobre la tierra. Y fue así.
12 Produjo, pues, la tierra hierba verde, hierba que da semilla según su naturaleza, y árbol que da fruto, cuya semilla está en él, según su género. Y vio Dios que era bueno.
13 Y fue la tarde y la mañana el día tercero.
14 Dijo luego Dios: Haya lumbreras en la expansión de los cielos para separar el día de la noche; y sirvan de señales para las estaciones, para días y años,
15 y sean por lumbreras en la expansión de los cielos para alumbrar sobre la tierra. Y fue así.
16 E hizo Dios las dos grandes lumbreras; la lumbrera mayor para que señorease en el día, y la lumbrera menor para que señorease en la noche; hizo también las estrellas.
17 Y las puso Dios en la expansión de los cielos para alumbrar sobre la tierra,
18 y para señorear en el día y en la noche, y para separar la luz de las tinieblas. Y vio Dios que era bueno.
19 Y fue la tarde y la mañana el día cuarto.
20 Dijo Dios: Produzcan las aguas seres vivientes, y aves que vuelen sobre la tierra, en la abierta expansión de los cielos.
21 Y creó Dios los grandes monstruos marinos, y todo ser viviente que se mueve, que las aguas produjeron según su género, y toda ave alada según su especie. Y vio Dios que era bueno.
22 Y Dios los bendijo, diciendo: Fructificad y multiplicaos, y llenad las aguas en los mares, y multiplíquense las aves en la tierra.
23 Y fue la tarde y la mañana el día quinto.
24 Luego dijo Dios: Produzca la tierra seres vivientes según su género, bestias y serpientes y animales de la tierra según su especie. Y fue así.
25 E hizo Dios animales de la tierra según su género, y ganado según su género, y todo animal que se arrastra sobre la tierra según su especie. Y vio Dios que era bueno.
26 Entonces dijo Dios: Hagamos al hombre a nuestra imagen,[c] conforme a nuestra semejanza; y señoree en los peces del mar, en las aves de los cielos, en las bestias, en toda la tierra, y en todo animal que se arrastra sobre la tierra.
27 Y creó Dios al hombre a su imagen, a imagen de Dios lo creó; varón y hembra los creó.[d]
28 Y los bendijo Dios,[e] y les dijo: Fructificad y multiplicaos; llenad la tierra, y sojuzgadla, y señoread en los peces del mar, en las aves de los cielos, y en todas las bestias que se mueven sobre la tierra.
29 Y dijo Dios: He aquí que os he dado toda planta que da semilla, que está sobre toda la tierra, y todo árbol en que hay fruto y que da semilla; os serán para comer.

a. 1.3 2 Co 4.6. **b. 1.6-8** 2 P 3.5. **c. 1.26** 1 Co 11.7. **d. 1.27** Mt 19.4; Mr 10.6. **e. 1.27-28** Gn 5.1-2.

LECCIONES DE VIDA

1.1— En el principio creó Dios los cielos y la tierra.

El Señor pronunció las palabras que dieron existencia a los cielos y a la tierra; antes de eso *nada* existía, sino sólo Dios. Únicamente Él puede crear algo de la nada (He 11.3). Piense en todo lo que sucedió aquel primer día —en cómo Él puso a todo el universo en acción por su poder. ¿Por qué razón? El Señor formó al mundo y todo lo que hay en él, para su propia gloria y para tener una relación de amor con nosotros. A través de la creación, Dios nos muestra quién es Él y lo que puede hacer.

1.16 — E hizo Dios las dos grandes lumbreras.

Notemos que ya había luz mucho antes que existieran el sol, la luna y las estrellas (Gn 1.3). La Palabra de Dios enseña claramente que Él es «la luz del mundo» (Jn 8.12), y que incluso cuando estos cuerpos celestiales desaparezcan, «Dios el Señor los iluminará» (Ap 22.5). Ellos son temporales; Él es eterno. Fuimos hechos para tener una relación íntima con Dios, y Él traerá luz a nuestra vida si se lo permitimos.

1.22 — Y Dios los bendijo.

La naturaleza de Dios es «bendecir» a las criaturas vivientes que Él crea. Dios siempre quiere lo mejor para ellas, y para nosotros.

1.26 — Entonces dijo Dios: Hagamos al hombre a nuestra imagen, conforme a nuestra semejanza.

Cuando Dios nos creó, nos hizo semejantes a Él. ¿Por qué razón? Para que tuviéramos la capacidad de tener una relación estrecha y personal con Él, y de esa manera poder servirle y glorificarle. Nuestra intimidad con Dios es su prioridad para nosotros, por lo que la profundidad de nuestra relación con Él determina el impacto que causen nuestras vidas.

Lo que la Biblia dice acerca de **El Espíritu Santo y la Trinidad**

Gn 1.1, 2

Observe detalladamente Génesis 1.1, 2, y verá que la Biblia se refiere a «Dios» y al «Espíritu de Dios» sin hacer la más mínima distinción entre ambos. Usa los dos términos de manera intercambiable. ¿Se ha preguntado alguna vez por qué?

¡Porque los dos son uno! Ésta es la primera alusión a la doctrina de la Trinidad en las Escrituras.

Un poco más adelante, en el relato de la creación, encontramos una segunda referencia a la Trinidad: «Entonces dijo Dios: Hagamos al hombre a nuestra imagen, conforme a nuestra semejanza» (Gn 1.26). Ahora bien, ¿con quién hablaba Dios? A quienquiera que se refiera, él (o ellos) tuvo (tuvieron) un papel clave en el proceso de la creación: «Hagamos (*nosotros*, plural) al hombre». ¿Y quién era este misterioso *nosotros*? Los únicos otros seres que vivían entonces eran ángeles y animales, y la Biblia no da ninguna indicación de que éstos tuvieran algún papel en el proceso de la creación.

Por fortuna, justo en el siguiente versículo, Dios aclara a quién se refirió: «Y creó Dios al hombre a su imagen, a imagen de Dios lo creó; varón y hembra los creó» (Gn 1.27). Dios no creó a Adán y Eva a imagen de ángeles o animales; los creó conforme a su propia imagen. Por tanto, el sujeto plural de Génesis 1.26 tiene que referirse exclusivamente a Dios; o sea, a Dios Padre, Dios Hijo y Dios Espíritu Santo. Hay un solo Dios, pero Él se expresa a través de las tres personas de la Trinidad.

En la unidad eterna de la Trinidad, los miembros de la Deidad siempre han disfrutado de una profunda, rica e inquebrantable relación de amor entre ellos. Cuando Dios nos creó, quiso compartir en alguna medida esa comunión; por eso fuimos creados a su imagen. Al crearnos para reflejar su naturaleza, hizo posible que pudiéramos desarrollar una profunda e íntima relación con Él.

Por esta verdad llegamos a la esencia de lo que el Señor quiso al crearnos: Nuestra intimidad con Dios, que es su prioridad para nosotros, determina el impacto que causen nuestras vidas. Por tanto, cuanto más nos acerquemos a Él, más positivo y duradero será el impacto que podremos tener sobre este mundo.

Dios nos creó a su imagen.

Para un estudio más a fondo, véase el Índice de Principios de vida:

1. *Nuestra intimidad con Dios, que es su prioridad para nosotros, determina el impacto que causen nuestras vidas.*

PRINCIPIO DE VIDA 1

NUESTRA INTIMIDAD CON DIOS, QUE ES SU PRIORIDAD PARA NOSOTROS, DETERMINA EL IMPACTO QUE CAUSEN NUESTRAS VIDAS.

GN 1.26

Una de nuestras mayores necesidades es saber que somos amados. Cada uno de nosotros debe tener la certeza, en lo más profundo de su corazón, de que alguien nos ama, de que alguien se preocupa por nosotros y desea lo mejor para nosotros.

Así nos hizo Dios. Él quiere que sepamos que nos ama a cada uno con una intensidad que excede a lo expresable con palabras.

Dios creó a los seres humanos teniendo en mente una relación, primero con Él, y luego con otros. Pero no podremos amar plenamente a los demás hasta que hayamos experimentado personalmente el amor de Dios. Experimentamos su amor cuando nos rendimos voluntariamente a su llamado de ser nuestro Salvador, Señor y Amigo.

Hay, al menos, tres razones para que Dios procure nuestra entrega:

- *Él nos ama y desea nuestra comunión y adoración.*

Mientras no le demos todo a Dios, no podremos conocerle plenamente ni experimentar del todo su amor. Cuando nos rendimos a Él, lo tenemos todo de Él.

- *Él quiere que nuestro servicio a Él sea eficaz y fructífero.*

Cuanto más conozcamos y amemos a Jesús, más eficaz será nuestro servicio. Cuanto más nos acerquemos a Dios, más impacto tendrán nuestras vidas. Cuanto más alimentemos nuestra relación con el Señor, más importante y positiva será la huella que dejemos.

- *Él espera hasta tener la libertad para bendecirnos.*

Dios es omnipotente, pero no violará sus propios principios. Nos acerca a Él para que podamos experimentar su amor y su perdón. El Señor nos pide nuestra entrega voluntaria para poder darnos sus mejores bendiciones.

Entonces, ¿por qué nos resistimos? Sabiendo todo esto, ¿por qué nos resistimos a rendirnos a Él?

El orgullo es la razón principal que les impide a las personas rendirse al Señor. Piensan que saben más que Dios y que pueden manejar sus vidas mejor que Él,

Dios creó a los seres humanos teniendo en mente una relación, primero con Él, y luego con otros.

por lo que le mantienen a una distancia prudencial.

Otros no se rinden porque tienen miedo de lo que Dios hará (o no) con ellos. Piensan que si le dan el control, Él les obligará a hacer justo aquello que los hará más desdichados.

Otros se niegan a rendirse a Cristo porque creen la mentira de Satanás, que les dice que Dios es condenatorio y que les castigará por sus errores.

¡Todo esto es completamente falso! Dios tiene *siempre* en mente lo mejor para nosotros. Nunca nos negará algo bueno si nos sometemos de buena gana a su voluntad (Ro 8.32). Él nos dice: «Porque yo sé los pensamientos que tengo acerca de vosotros, dice Jehová, pensamientos de paz, y no de mal, para daros el fin que esperáis» (Jer 29.11).

Lo único razonable es rendirse a Dios, porque cuando lo hacemos nos acercamos más a Él —su prioridad para nosotros— y empezamos a tener un impacto en este mundo.

Alcance su destino. Anne Graham Lotz le comentó en cierta ocasión a un entrevistador las muchas pruebas que había enfrentado en los últimos años, entre ellas las serias enfermedades de sus padres y la batalla de su hijo contra el cáncer. Al final ella llegó al punto donde lo único que anheló tener fue a Jesús. «Denme sólo a Jesús», declaró.

Anne había entendido que si tenía una relación personal, íntima, con el Salvador del universo, entonces todos los problemas que enfrentara los encararía Él con ella, y Dios traería una dulce determinación y paz a su corazón.

¿Es este el clamor de su corazón? ¿Quiere usted conocer al Salvador y vivir en la plenitud de su bendición cada día? Puede hacerlo. David escribió: «Los que buscan a Jehová no tendrán falta de ningún bien» (Sal 34.10).

Cuando usted aceptó a Jesús como su Salvador, el Señor no sólo le perdonó, sino que también le convirtió en una nueva criatura, ya no alejada de Dios, sino capaz de acercarse a Él.

Si usted se ha alejado de su devoción al Salvador y siente como si se apartara cada día más de su relación con el Señor, ore entonces para que Él le acerque una vez más. Dios conoce sus debilidades, y si usted le dice que asuma el control de su vida, Él vendrá a usted con poder trayendo luz y esperanza a su situación, no importa lo oscura y desesperada que parezca (Is 55.6, 7).

Pídale a Dios que le acerque una vez más a Él.

Para un estudio más a fondo, véase el Índice de Principios de vida.

30 Y a toda bestia de la tierra, y a todas las aves de los cielos, y a todo lo que se arrastra sobre la tierra, en que hay vida, toda planta verde les será para comer. Y fue así.

➤ 31 Y vio Dios todo lo que había hecho, y he aquí que era bueno en gran manera. Y fue la tarde y la mañana el día sexto.

2 FUERON, pues, acabados los cielos y la tierra, y todo el ejército de ellos.

➤ 2 Y acabó Dios en el día séptimo la obra que hizo; y reposó el día séptimo de toda la obra que hizo.[a]

3 Y bendijo Dios al día séptimo, y lo santificó,[b] porque en él reposó de toda la obra que había hecho en la creación.

El hombre en el huerto del Edén

4 Éstos son los orígenes de los cielos y de la tierra cuando fueron creados, el día que Jehová Dios hizo la tierra y los cielos,

5 y toda planta del campo antes que fuese en la tierra, y toda hierba del campo antes que naciese; porque Jehová Dios aún no había hecho llover sobre la tierra, ni había hombre para que labrase la tierra,

6 sino que subía de la tierra un vapor, el cual regaba toda la faz de la tierra.

7 Entonces Jehová Dios formó al hombre del polvo de la tierra, y sopló en su nariz aliento de vida, y fue el hombre un ser viviente.[c]

8 Y Jehová Dios plantó un huerto en Edén, al oriente; y puso allí al hombre que había formado.

9 Y Jehová Dios hizo nacer de la tierra todo árbol delicioso a la vista, y bueno para comer; también el árbol de vida[d] en medio del huerto, y el árbol de la ciencia del bien y del mal.

10 Y salía de Edén un río para regar el huerto, y de allí se repartía en cuatro brazos.

11 El nombre del uno era Pisón; éste es el que rodea toda la tierra de Havila, donde hay oro;

12 y el oro de aquella tierra es bueno; hay allí también bedelio y ónice.

13 El nombre del segundo río es Gihón; éste es el que rodea toda la tierra de Cus.

14 Y el nombre del tercer río es Hidekel; éste es el que va al oriente de Asiria. Y el cuarto río es el Éufrates.

15 Tomó, pues, Jehová Dios al hombre, y lo puso en el huerto de Edén, para que lo labrara y lo guardase. ➤

16 Y mandó Jehová Dios al hombre, diciendo: De todo árbol del huerto podrás comer;

17 mas del árbol de la ciencia del bien y del mal no comerás; porque el día que de él comieres, ciertamente morirás.

18 Y dijo Jehová Dios: No es bueno que el hombre esté solo; le haré ayuda idónea para él. ➤

19 Jehová Dios formó, pues, de la tierra toda bestia del campo, y toda ave de los cielos, y las trajo a Adán para que viese cómo las había de llamar; y todo lo que Adán llamó a los animales vivientes, ése es su nombre.

20 Y puso Adán nombre a toda bestia y ave de los cielos y a todo ganado del campo; mas para Adán no se halló ayuda idónea para él. ➤

21 Entonces Jehová Dios hizo caer sueño profundo sobre Adán, y mientras éste dormía, tomó una de sus costillas, y cerró la carne en su lugar.

22 Y de la costilla que Jehová Dios tomó del hombre, hizo una mujer, y la trajo al hombre.

23 Dijo entonces Adán: Esto es ahora hueso de mis huesos y carne de mi carne; ésta será llamada Varona,[1] porque del varón[2] fue tomada.

1 Heb. *Ishshah*. **2** Heb. *Ish*.

a. 2.2 He 4.4, 10. **b. 2.2-3** Éx 20.11. **c. 2.7** 1 Co 15.45. **d. 2.9** Ap 2.7; 22.2, 14.

LECCIONES DE VIDA

➤ ***1.31 — Y vio Dios todo lo que había hecho, y he aquí que era bueno en gran manera.***

Todo lo que Dios creó no sólo fue «bueno», sino «muy bueno». La creación es evidencia de que hay un plan; hay leyes y principios que guían su actividad. Para que funcione de la manera como lo hace, tiene que haber una mente más grande que todo lo que existe. Todo el bien que vemos a nuestro alrededor no es más que un rebosamiento del generoso corazón de Dios (Stg 1.17).

➤ ***2.2 — Y acabó Dios en el día séptimo la obra que hizo; y reposó el día séptimo de toda la obra que hizo.***

*D*ios no «reposó» de su obra porque estuviera cansado y necesitara recuperar fuerzas, sino porque había terminado su creación y quería darnos un modelo a seguir. El reposo es parte de su bendición.

➤ ***2.15 — Tomó, pues, Jehová Dios al hombre, y lo puso en el huerto de Edén, para que lo labrara y lo guardase.***

*D*ios dio al hombre trabajo que hacer antes de que el pecado entrara en el mundo. Adán se sentía estimulado para trabajar, porque sabía que Dios estaba presente, exactamente como lo está con nosotros.

➤ ***2.18 — Y dijo Jehová Dios: No es bueno que el hombre esté solo; le haré ayuda idónea para él.***

*D*ios nos hizo para relacionarnos, tanto con Él como con otras personas. Podemos contar con Él para satisfacer nuestra necesidad de una relación personal profunda.

➤ ***2.20 — para Adán no se halló ayuda idónea para él.***

*P*asó un tiempo considerable entre el momento en que Dios dijo que le daría una ayuda a Adán, y el momento en que creó a Eva. Puede que tengamos que esperar por las bendiciones de Dios, ¡pero siempre vale la pena!

24 Por tanto, dejará el hombre a su padre y a
su madre, y se unirá a su mujer, y serán una
sola carne.[e]
25 Y estaban ambos desnudos, Adán y su
mujer, y no se avergonzaban.

Desobediencia del hombre

3 PERO la serpiente[a] era astuta, más que
todos los animales del campo que Jehová
Dios había hecho; la cual dijo a la mujer:
¿Conque Dios os ha dicho: No comáis de todo
árbol del huerto?
2 Y la mujer respondió a la serpiente: Del fruto de los árboles del huerto podemos comer;
3 pero del fruto del árbol que está en medio
del huerto dijo Dios: No comeréis de él, ni le
tocaréis, para que no muráis.
4 Entonces la serpiente dijo a la mujer: No
moriréis;
5 sino que sabe Dios que el día que comáis de
él, serán abiertos vuestros ojos, y seréis como
Dios, sabiendo el bien y el mal.
6 Y vio la mujer que el árbol era bueno para
comer, y que era agradable a los ojos, y árbol
codiciable para alcanzar la sabiduría; y tomó
de su fruto, y comió; y dio también a su marido, el cual comió así como ella.
7 Entonces fueron abiertos los ojos de ambos,
y conocieron que es taban desnudos; entonces cosieron hojas de higuera, y se hicieron
delantales.
8 Y oyeron la voz de Jehová Dios que se paseaba en el huerto, al aire del día; y el hombre
y su mujer se escondieron de la presencia de
Jehová Dios entre los árboles del huerto.
9 Mas Jehová Dios llamó al hombre, y le dijo:
¿Dónde estás tú?
10 Y él respondió: Oí tu voz en el huerto, y
tuve miedo, porque estaba desnudo; y me
escondí.
11 Y Dios le dijo: ¿Quién te enseñó que estabas desnudo? ¿Has comido del árbol de que yo
te mandé no comieses?
12 Y el hombre respondió: La mujer que me
diste por compañera me dio del árbol, y yo
comí.
13 Entonces Jehová Dios dijo a la mujer: ¿Qué
es lo que has hecho? Y dijo la mujer: La serpiente me engañó,[b] y comí.
14 Y Jehová Dios dijo a la serpiente: Por cuanto esto hiciste, maldita serás entre todas las
bestias y entre todos los animales del campo; sobre tu pecho andarás, y polvo comerás
todos los días de tu vida.
15 Y pondré enemistad entre ti y la mujer,
y entre tu simiente y la simiente suya; ésta
te herirá en la cabeza, y tú le herirás en el
calcañar.
16 A la mujer dijo: Multiplicaré en gran manera los dolores en tus preñeces; con dolor darás
a luz los hijos; y tu deseo será para tu marido,[1]
y él se enseñoreará de ti.

1 O, *tu voluntad será sujeta a tu marido.*

e. 2.24 Mt 19.5; Mr 10.7-8; 1 Co 6.16; Ef 5.31

a. 3.1 Ap 12.9; 20.2. **b. 3.13** 2 Co 11.3.

LECCIONES DE VIDA

➤ *2.25 — Adán y su mujer… no se avergonzaban.*

La intención de Dios para con nosotros ha sido siempre que tengamos una intimidad sin límites con Él, sin barreras entre nosotros. El pecado destruyó esa intimidad, pero Jesús nos reconcilia con Dios y hace posible la relación con Él. Cuando le veamos en el cielo, nuestra relación será restaurada del todo (1 Jn 3.2).

➤ *3.1 — la serpiente… dijo a la mujer: ¿Conque Dios os ha dicho: No comáis de todo árbol del huerto?*

Satanás empieza a menudo sus tentaciones cuestionando los mandamientos de Dios, y diciendo que la obediencia no es realmente necesaria. ¡No caiga en su trampa! Nos hacemos un gran daño a nosotros mismos cuando creemos que tendremos mayores bendiciones si hacemos lo que nos gusta, en vez de obedecer a Dios. La obediencia *es* necesaria, y siempre trae bendiciones.

➤ *3.8 — Y oyeron la voz de Jehová Dios que se paseaba en el huerto, al aire del día; y el hombre y su mujer se escondieron de la presencia de Jehová Dios entre los árboles del huerto.*

El pecado fractura nuestra relación con Dios y con los demás. Crea una dolorosa distancia emocional, y destruye el íntimo compañerismo del que el Señor ha querido que disfrutemos. Dios nos creó para que interactuáramos con Él y tuviéramos una íntima relación con Él. Dios desea que caminemos con Él cada día, disfrutando de la rica comunión que nos ofrece.

➤ *3.10 — Y él respondió: Oí tu voz en el huerto, y tuve miedo, porque estaba desnudo; y me escondí.*

Antes de pecar, a Adán le encantaba oír la voz del Señor; después que pecó, esa misma voz le daba miedo y le hacía esconderse. Pero es imposible esconderse de Dios (He 4.13).

➤ *3.12 — Y el hombre respondió: La mujer que me diste por compañera me dio del árbol, y yo comí.*

El pecado nos empuja a culpar a otros de nuestra desobediencia e insensatez, pero Dios nos hace personalmente responsables de lo que hacemos.

➤ *3.15 — Y pondré enemistad entre ti y la mujer, y entre tu simiente y la simiente suya; ésta te herirá en la cabeza, y tú le herirás en el calcañar.*

Dios tiene un plan. Desde el comienzo del tiempo dirigió la historia hacia la cruz, donde Cristo restauraría a pecadores como nosotros a un abundante compañerismo con Él (Ro 5.15; 1 Co 15.22).

➤ *3.16–19 — A la mujer dijo… Y al hombre dijo…*

Adán y Eva descubrieron muy pronto que cosechamos lo que sembramos, más de lo que sembramos, después de sembrarlo. Dios siempre cumple sus promesas y sus advertencias.

17 Y al hombre dijo: Por cuanto obedeciste a
la voz de tu mujer, y comiste del árbol de que
te mandé diciendo: No comerás de él; maldita
será la tierra por tu causa; con dolor comerás
de ella todos los días de tu vida.
18 Espinos y cardos te producirá,[c] y comerás
plantas del campo.
19 Con el sudor de tu rostro comerás el pan
hasta que vuelvas a la tierra, porque de ella
fuiste tomado; pues polvo eres, y al polvo
volverás.
20 Y llamó Adán el nombre de su mujer,
Eva,[1] por cuanto ella era madre de todos los
vivientes.
21 Y Jehová Dios hizo al hombre y a su mujer
túnicas de pieles, y los vistió.
22 Y dijo Jehová Dios: He aquí el hombre es
como uno de nosotros, sabiendo el bien y el
mal; ahora, pues, que no alargue su mano, y
tome también del árbol de la vida,[d] y coma, y
viva para siempre.
23 Y lo sacó Jehová del huerto del Edén, para
que labrase la tierra de que fue tomado.
24 Echó, pues, fuera al hombre, y puso al
oriente del huerto de Edén querubines, y una
espada encendida que se revolvía por todos
lados, para guardar el camino del árbol de
la vida.

Caín y Abel

4 CONOCIÓ Adán a su mujer Eva, la cual
concibió y dio a luz a Caín, y dijo: Por
voluntad de Jehová he adquirido[2] varón.
2 Después dio a luz a su hermano Abel. Y Abel
fue pastor de ovejas, y Caín fue labrador de
la tierra.
3 Y aconteció andando el tiempo, que Caín
trajo del fruto de la tierra una ofrenda a
Jehová.
4 Y Abel trajo también de los primogénitos de sus ovejas, de lo más gordo de ellas.
Y miró Jehová con agrado a Abel y a su
ofrenda;[a]
5 pero no miró con agrado a Caín y a la ofrenda suya. Y se ensañó Caín en gran manera, y
decayó su semblante.
6 Entonces Jehová dijo a Caín: ¿Por qué
te has ensañado, y por qué ha decaído tu
semblante?
7 Si bien hicieres, ¿no serás enaltecido? y si
no hicieres bien, el pecado está a la puerta;
con todo esto, a ti será su deseo, y tú te enseñorearás de él.[3]
8 Y dijo Caín a su hermano Abel: Salgamos
al campo. Y aconteció que estando ellos en
el campo, Caín se levantó contra su hermano
Abel, y lo mató.[b]
9 Y Jehová dijo a Caín: ¿Dónde está Abel tu
hermano? Y él respondió: No sé. ¿Soy yo acaso guarda de mi hermano?
10 Y él le dijo: ¿Qué has hecho? La voz de la
sangre de tu hermano clama a mí desde la
tierra.
11 Ahora, pues, maldito seas tú de la tierra,
que abrió su boca para recibir de tu mano la
sangre de tu hermano.
12 Cuando labres la tierra, no te volverá a
dar su fuerza; errante y extranjero serás en
la tierra.
13 Y dijo Caín a Jehová: Grande es mi castigo
para ser soportado.
14 He aquí me echas hoy de la tierra, y de
tu presencia me esconderé, y seré errante y
extranjero en la tierra; y sucederá que cualquiera que me hallare, me matará.
15 Y le respondió Jehová: Ciertamente cualquiera que matare a Caín, siete veces será
castigado. Entonces Jehová puso señal en
Caín, para que no lo matase cualquiera que
le hallara.
16 Salió, pues, Caín de delante de Jehová, y
habitó en tierra de Nod,[4] al oriente de Edén.
17 Y conoció Caín a su mujer, la cual concibió
y dio a luz a Enoc; y edificó una ciudad, y llamó el nombre de la ciudad del nombre de su
hijo, Enoc.

---

1 El nombre en hebreo se asemeja a la palabra que se usa para *viviente*. **2** Heb. *qanah*, adquirir. **3** O, *a ti será sujeto*. **4** Esto es, *Errante*.

c. 3.17-18 He 6.8. **d. 3.22** Ap 22.14. **a. 4.4** He 11.4.
b. 4.8 Mt 23.35; Lc 11.51; 1 Jn 3.12.

LECCIONES DE VIDA

➤ ***4.7 — Si bien hicieres, ¿no serás enaltecido? y si no hicieres bien, el pecado está a la puerta.***

Dios le dijo a Caín que la obediencia siempre trae bendición, pero éste permitió que su ira lo llevara a cometer un pecado terrible.

➤ ***4.11, 12 — Ahora, pues, maldito seas... Cuando labres la tierra, no te volverá a dar su fuerza; errante y extranjero serás en la tierra.***

Caín, al igual que sus padres antes que él, aprendió de una manera dolorosa que cosechamos lo que sembramos, más de lo que sembramos, después de sembrarlo.

➤ ***4.16 — Salió, pues, Caín de delante de Jehová.***

¡Qué triste el comentario de que Caín «salió de delante de Jehová»! Aunque fuimos creados para vivir en la presencia de Dios, podemos elegir, como hizo Caín, seguir nuestro propio camino, fuera del compañerismo con Dios.

18 Y a Enoc le nació Irad, e Irad engendró a
Mehujael, y Mehujael engendró a Metusael, y
Metusael engendró a Lamec.
19 Y Lamec tomó para sí dos mujeres; el nombre de la una fue Ada, y el nombre de la otra,
Zila.
20 Y Ada dio a luz a Jabal, el cual fue padre de
los que habitan en tiendas y crían ganados.
21 Y el nombre de su hermano fue Jubal, el
cual fue padre de todos los que tocan arpa y
flauta.
22 Y Zila también dio a luz a Tubal-caín, artífice de toda obra de bronce y de hierro; y la hermana de Tubal-caín fue Naama.
➤ 23 Y dijo Lamec a sus mujeres:
Ada y Zila, oíd mi voz;
Mujeres de Lamec, escuchad mi dicho:
Que un varón mataré por mi herida,
Y un joven por mi golpe.
24 Si siete veces será vengado Caín,
Lamec en verdad setenta veces siete lo
será.
25 Y conoció de nuevo Adán a su mujer, la cual
dio a luz un hijo, y llamó su nombre Set:[1] Porque Dios (dijo ella) me ha sustituido otro hijo
en lugar de Abel, a quien mató Caín.
➤ 26 Y a Set también le nació un hijo, y llamó su
nombre Enós. Entonces los hombres comenzaron a invocar el nombre de Jehová.

Los descendientes de Adán
(1 Cr 1.1-4)

5 ÉSTE es el libro de las generaciones de
Adán. El día en que creó Dios al hombre,
a semejanza de Dios lo hizo.
2 Varón y hembra los creó;[a] y los bendijo,[b] y
llamó el nombre de ellos Adán, el día en que
fueron creados.
3 Y vivió Adán ciento treinta años, y engendró
un hijo a su semejanza, conforme a su imagen,
y llamó su nombre Set.
4 Y fueron los días de Adán después que
engendró a Set, ochocientos años, y engendró
hijos e hijas.
5 Y fueron todos los días que vivió Adán novecientos treinta años; y murió.
6 Vivió Set ciento cinco años, y engendró a
Enós.
7 Y vivió Set, después que engendró a Enós,
ochocientos siete años, y engendró hijos e hijas.
8 Y fueron todos los días de Set novecientos
doce años; y murió.
9 Vivió Enós noventa años, y engendró a Cainán.
10 Y vivió Enós, después que engendró a Cainán, ochocientos quince años, y engendró
hijos e hijas.
11 Y fueron todos los días de Enós novecientos cinco años; y murió.
12 Vivió Cainán setenta años, y engendró a
Mahalaleel.
13 Y vivió Cainán, después que engendró
a Mahalaleel, ochocientos cuarenta años, y
engendró hijos e hijas.
14 Y fueron todos los días de Cainán novecientos diez años; y murió.
15 Vivió Mahalaleel sesenta y cinco años, y
engendró a Jared.
16 Y vivió Mahalaleel, después que engendró
a Jared, ochocientos treinta años, y engendró
hijos e hijas.
17 Y fueron todos los días de Mahalaleel ochocientos noventa y cinco años; y murió.
18 Vivió Jared ciento sesenta y dos años, y
engendró a Enoc.
19 Y vivió Jared, después que engendró a Enoc,
ochocientos años, y engendró hijos e hijas.
20 Y fueron todos los días de Jared novecientos sesenta y dos años; y murió.
21 Vivió Enoc sesenta y cinco años, y engendró a Matusalén.
22 Y caminó Enoc con Dios, después que
engendró a Matusalén, trescientos años, y
engendró hijos e hijas.
23 Y fueron todos los días de Enoc trescientos
sesenta y cinco años.
24 Caminó, pues, Enoc con Dios,[c] y desapare- ➤
ció, porque le llevó Dios.

[1] Esto es, *sustitución*.
a. 5.2 Mt 19.4; Mr 10.6. **b. 5.1-2** Gn 1.27-28.
c. 5.24 He 11.5; Jud 14.

LECCIONES DE VIDA

➤ ***4.23 — Que un varón mataré por mi herida, y un joven por mi golpe.***

Cuando no queremos arrepentirnos de nuestro pecado, suceden cosas malas. El pecado de Adán y Eva condujo a tener un hijo asesino; el descendiente de Caín, Lamec, mató a un hombre por una simple herida que éste le causó y, en vez de arrepentirse, lo celebraba.

➤ ***4.26 — Entonces los hombres comenzaron a invocar el nombre de Jehová.***

Dios quiere que acudamos a Él cada momento del día, no sólo para pedirle cosas, sino aun más para simplemente pasar tiempo con Él.

➤ ***5.24 — Caminó, pues, Enoc con Dios, y desapareció, porque le llevó Dios.***

Enoc caminó con Dios durante 300 años y después, en vez de morir, fue llevado a la presencia de Dios. ¿Por qué razón? Porque «agradó a Dios» (He 11.5). Lo mismo sucedió con Elías, quien «subió al cielo en un torbellino» (2 R 2.11). ¿Sugiere eso que podemos ser salvos por nuestras buenas obras y por nuestra obediencia? Claro que no. La Escritura es clara: Enoc, Elías y todos los devotos santos del Antiguo Testamento «alcanzaron buen testimonio mediante la fe» (He 11.39). Aunque no vivieron para ver el sacrificio de Cristo en la cruz y su resurrección, estuvieron «mirándolo de lejos, y creyéndolo, y saludándolo, y confesando que eran extranjeros y peregrinos sobre la tierra» (He 11:13).

25 Vivió Matusalén ciento ochenta y siete
años, y engendró a Lamec.
26 Y vivió Matusalén, después que engendró
a Lamec, setecientos ochenta y dos años, y
engendró hijos e hijas.
27 Fueron, pues, todos los días de Matusalén
novecientos sesenta y nueve años; y murió.
28 Vivió Lamec ciento ochenta y dos años, y
engendró un hijo;
29 y llamó su nombre Noé,[1] diciendo: Éste
nos aliviará de nuestras obras y del trabajo de
nuestras manos, a causa de la tierra que Jehová maldijo.
30 Y vivió Lamec, después que engendró
a Noé, quinientos noventa y cinco años, y
engendró hijos e hijas.
31 Y fueron todos los días de Lamec setecientos setenta y siete años; y murió.
32 Y siendo Noé de quinientos años, engendró
a Sem, a Cam y a Jafet.

La maldad de los hombres

6 ACONTECIÓ que cuando comenzaron los
hombres a multiplicarse sobre la faz de la
tierra, y les nacieron hijas,
2 que viendo los hijos de Dios que las hijas de
los hombres eran hermosas, tomaron para sí
mujeres, escogiendo entre todas.
3 Y dijo Jehová: No contenderá mi espíritu
con el hombre para siempre, porque ciertamente él es carne; mas serán sus días ciento
veinte años.
4 Había gigantes en la tierra en aquellos
días,[a] y también después que se llegaron los
hijos de Dios a las hijas de los hombres, y les
engendraron hijos. Éstos fueron los valientes que desde la antigüedad fueron varones
de renombre.
5 Y vio Jehová que la maldad de los hombres
era mucha en la tierra, y que todo designio de
los pensamientos del corazón de ellos era de
continuo solamente el mal.
➤ 6 Y se arrepintió Jehová de haber hecho hombre en la tierra, y le dolió en su corazón.
7 Y dijo Jehová: Raeré de sobre la faz de la
tierra a los hombres que he creado, desde el
hombre hasta la bestia, y hasta el reptil y las
aves del cielo; pues me arrepiento de haberlos hecho.
8 Pero Noé halló gracia ante los ojos de ➤
Jehová.[b]

Noé construye el arca

9 Éstas son las generaciones de Noé: Noé,
varón justo,[c] era perfecto en sus generaciones;
con Dios caminó Noé.
10 Y engendró Noé tres hijos: a Sem, a Cam
y a Jafet.
11 Y se corrompió la tierra delante de Dios, y
estaba la tierra llena de violencia.
12 Y miró Dios la tierra, y he aquí que estaba
corrompida; porque toda carne había corrompido su camino sobre la tierra.
13 Dijo, pues, Dios a Noé: He decidido el fin
de todo ser, porque la tierra está llena de violencia a causa de ellos; y he aquí que yo los
destruiré con la tierra.
14 Hazte un arca de madera de gofer; harás
aposentos en el arca, y la calafatearás con
brea por dentro y por fuera.
15 Y de esta manera la harás: de trescientos
codos la longitud del arca, de cincuenta codos
su anchura, y de treinta codos su altura.
16 Una ventana harás al arca, y la acabarás a
un codo de elevación por la parte de arriba; y
pondrás la puerta del arca a su lado; y le harás
piso bajo, segundo y tercero.
17 Y he aquí que yo traigo un diluvio de aguas
sobre la tierra, para destruir toda carne en que
haya espíritu de vida debajo del cielo; todo lo
que hay en la tierra morirá.
18 Mas estableceré mi pacto contigo, y entra- ➤
rás en el arca tú, tus hijos, tu mujer, y las mujeres de tus hijos contigo.
19 Y de todo lo que vive, de toda carne, dos de
cada especie meterás en el arca, para que tengan vida contigo; macho y hembra serán.
20 De las aves según su especie, y de las bestias según su especie, de todo reptil de la tierra según su especie, dos de cada especie
entrarán contigo, para que tengan vida.
21 Y toma contigo de todo alimento que se
come, y almacénalo, y servirá de sustento
para ti y para ellos.

1 Esto es, *Consuelo*, o *Descanso*.
a. 6.4 Nm 13.33. **b. 6.5-8** Mt 24.37; Lc 17.26. **c. 6.9** 2 P 2.5.

LECCIONES DE VIDA

➤ ***6.6 — Y se arrepintió Jehová de haber hecho hombre en la tierra, y le dolió en su corazón.***

Nuestro pecado aflige al Creador porque atenta contra su misma naturaleza. Dios siempre juzgará el pecado; no puede simplemente ignorarlo.

➤ ***6.8 — Pero Noé halló gracia ante los ojos de Jehová.***

¿Por qué halló Noé «gracia» ante los ojos de Jehová? El versículo siguiente nos lo dice: «Noé, varón justo, era perfecto en sus generaciones; con Dios caminó Noé». Nosotros, también, podemos hallar gracia, siendo siempre obedientes a Dios.

➤ ***6.18 — Mas estableceré mi pacto contigo, y entrarás en el arca.***

Aun cuando castiga, Dios muestra su misericordia. Obra con misericordia para salvar las vidas, incluso cuando tiene que actuar conforme a su santidad para quitar la vida.

➢ 22 Y lo hizo así Noé;[d] hizo conforme a todo lo
que Dios le mandó.

El diluvio

7 DIJO luego Jehová a Noé: Entra tú y toda
tu casa en el arca; porque a ti he visto
justo delante de mí en esta generación.
2 De todo animal limpio tomarás siete parejas, macho y su hembra; mas de los animales que no son limpios, una pareja, el macho
y su hembra.
3 También de las aves de los cielos, siete parejas, macho y hembra, para conservar viva la
especie sobre la faz de la tierra.
4 Porque pasados aún siete días, yo haré llover sobre la tierra cuarenta días y cuarenta
noches; y raeré de sobre la faz de la tierra a
todo ser viviente que hice.
5 E hizo Noé conforme a todo lo que le mandó Jehová.
6 Era Noé de seiscientos años cuando el diluvio de las aguas vino sobre la tierra.
7 Y por causa de las aguas del diluvio entró
Noé al arca,[a] y con él sus hijos, su mujer, y las
mujeres de sus hijos.
8 De los animales limpios, y de los animales
que no eran limpios, y de las aves, y de todo
lo que se arrastra sobre la tierra,
9 de dos en dos entraron con Noé en el arca;
macho y hembra, como mandó Dios a Noé.
10 Y sucedió que al séptimo día las aguas del
diluvio vinieron sobre la tierra.
11 El año seiscientos de la vida de Noé, en
el mes segundo, a los diecisiete días del mes,
aquel día fueron rotas todas las fuentes del
grande abismo, y las cataratas de los cielos
fueron abiertas,[b]
12 y hubo lluvia sobre la tierra cuarenta días
y cuarenta noches.
13 En este mismo día entraron Noé, y Sem,
Cam y Jafet hijos de Noé, la mujer de Noé,
y las tres mujeres de sus hijos, con él en el
arca;
14 ellos, y todos los animales silvestres según
sus especies, y todos los animales domestica-
dos según sus especies, y todo reptil que se
arrastra sobre la tierra según su especie, y
toda ave según su especie, y todo pájaro de
toda especie.
15 Vinieron, pues, con Noé al arca, de dos en
dos de toda carne en que había espíritu de
vida.
16 Y los que vinieron, macho y hembra de
toda carne vinieron, como le había mandado
Dios; y Jehová le cerró la puerta.

Ejemplos de vida

NOÉ

Obediente y seco

GN 6.22

Nada hacía pensar que se acercaba una tormenta. Sin embargo, como Noé le creyó a Dios, se preparó para el diluvio que Dios prometió. Seguramente sus amigos se burlaron de él, pero construyó el arca (Gn 6.9-22).

La obediencia es la piedra angular de nuestra fe en Dios. Así como la obediencia de Noé le trajo la bendición y la recompensa de Dios, la desobediencia de sus coetáneos los llevó a la destrucción. En el momento del diluvio, la salvación física de la humanidad recayó en Noé y en su disposición a ser usado por Dios.

El arca simplemente anticipaba la salvación eterna del pecado, la cual está a nuestro alcance por medio de Jesucristo. Así como la fe de Noé lo salvó a él y a su familia, también nuestra fe nos salva hoy. Somos salvos por gracia mediante la fe, no por buenas obras (Ef 2.8, 9). La construcción del arca no acercó a Noé más a Dios, pero sí su obediencia y su fe. El haberlo mantenido seco y salvo fue secundario.

Para un estudio más a fondo, véase el Índice de Principios de vida:

2. *Obedezcamos a Dios y dejemos las consecuencias en sus manos.*

17 Y fue el diluvio cuarenta días sobre la tierra; y las aguas crecieron, y alzaron el arca, y
se elevó sobre la tierra.
18 Y subieron las aguas y crecieron en gran
manera sobre la tierra; y flotaba el arca sobre
la superficie de las aguas.

d. 6.22 He 11.7. **a. 7.7** Mt 24.38-39; Lc 17.27.
b. 7.11 2 P 3.6.

LECCIONES DE VIDA

➢ ***6.22 — Y lo hizo así Noé; hizo conforme a todo lo que Dios le mandó.***

Noé mostró su carácter justo al hacer exactamente lo que Dios le había mandado, aun cuando construir el arca debió parecer una ridiculez a sus vecinos. Sin embargo, confiar en Dios quiere decir ver más allá de lo que podemos, hacia lo que Dios ve. Por ser Noé obediente, Dios le salvó la vida.

19 Y las aguas subieron mucho sobre la tierra;
y todos los montes altos que había debajo de
todos los cielos, fueron cubiertos.
20 Quince codos más alto subieron las aguas,
después que fueron cubiertos los montes.
21 Y murió toda carne que se mueve sobre la
tierra, así de aves como de ganado y de bestias, y de todo reptil que se arrastra sobre la
tierra, y todo hombre.
22 Todo lo que tenía aliento de espíritu de
vida en sus narices, todo lo que había en la
tierra, murió.
23 Así fue destruido todo ser que vivía sobre
la faz de la tierra, desde el hombre hasta la
bestia, los reptiles, y las aves del cielo; y fueron raídos de la tierra, y quedó solamente
Noé, y los que con él estaban en el arca.
24 Y prevalecieron las aguas sobre la tierra
ciento cincuenta días.
➤ 8 Y se acordó Dios de Noé, y de todos
los animales, y de todas las bestias que
estaban con él en el arca; e hizo pasar Dios
un viento sobre la tierra, y disminuyeron las
aguas.
2 Y se cerraron las fuentes del abismo y las
cataratas de los cielos; y la lluvia de los cielos fue detenida.
3 Y las aguas decrecían gradualmente de
sobre la tierra; y se retiraron las aguas al cabo
de ciento cincuenta días.
4 Y reposó el arca en el mes séptimo, a los
diecisiete días del mes, sobre los montes de
Ararat.
5 Y las aguas fueron decreciendo hasta el mes
décimo; en el décimo, al primero del mes, se
descubrieron las cimas de los montes.
6 Sucedió que al cabo de cuarenta días abrió
Noé la ventana del arca que había hecho,
7 y envió un cuervo, el cual salió, y estuvo yendo y volviendo hasta que las aguas se
secaron sobre la tierra.
8 Envió también de sí una paloma, para ver
si las aguas se habían retirado de sobre la faz
de la tierra.
9 Y no halló la paloma donde sentar la planta de su pie, y volvió a él al arca, porque las
aguas estaban aún sobre la faz de toda la tierra. Entonces él extendió su mano, y tomándola, la hizo entrar consigo en el arca.
10 Esperó aún otros siete días, y volvió a
enviar la paloma fuera del arca.
11 Y la paloma volvió a él a la hora de la tarde; y he aquí que traía una hoja de olivo en el
pico; y entendió Noé que las aguas se habían
retirado de sobre la tierra.
12 Y esperó aún otros siete días, y envió la
paloma, la cual no volvió ya más a él.
13 Y sucedió que en el año seiscientos uno
de Noé, en el mes primero, el día primero del
mes, las aguas se secaron sobre la tierra; y
quitó Noé la cubierta del arca, y miró, y he
aquí que la faz de la tierra estaba seca.
14 Y en el mes segundo, a los veintisiete días
del mes, se secó la tierra.
15 Entonces habló Dios a Noé, diciendo:
16 Sal del arca tú, y tu mujer, y tus hijos, y las
mujeres de tus hijos contigo.
17 Todos los animales que están contigo de
toda carne, de aves y de bestias y de todo reptil que se arrastra sobre la tierra, sacarás contigo; y vayan por la tierra, y fructifiquen y
multiplíquense sobre la tierra.
18 Entonces salió Noé, y sus hijos, su mujer, y
las mujeres de sus hijos con él.
19 Todos los animales, y todo reptil y toda ave,
todo lo que se mueve sobre la tierra según sus
especies, salieron del arca.
20 Y edificó Noé un altar a Jehová, y tomó ≺
de todo animal limpio y de toda ave limpia, y
ofreció holocausto en el altar.
21 Y percibió Jehová olor grato; y dijo Jehová
en su corazón: No volveré más a maldecir la
tierra por causa del hombre; porque el intento del corazón del hombre es malo desde su
juventud; ni volveré más a destruir todo ser
viviente, como he hecho.
22 Mientras la tierra permanezca, no cesarán *
la sementera y la siega, el frío y el calor, el ≺
verano y el invierno, y el día y la noche.

Pacto de Dios con Noé

9 BENDIJO Dios a Noé y a sus hijos, y les
dijo: Fructificad y multiplicaos, y llenad
la tierra.[a]

a. 9.1 Gn 1.28.

LECCIONES DE VIDA

➤ ***8.1 — Y se acordó Dios de Noé… e hizo pasar Dios un viento sobre la tierra, y disminuyeron las aguas.***

Dios siempre se acuerda de su pueblo, no sólo para recordar su existencia o sus nombres, sino además para tener misericordia de ellos… aunque ellos tengan que esperar por Él para actuar.

➤ ***8.20 — Y edificó Noé un altar a Jehová… ofreció holocausto en el altar.***

Lo primero que hizo Noé tras abandonar el arca fue hacer preparativos para adorar a Dios. Si queremos crecer en nuestra relación con el Señor, también hemos de hacer de la adoración una prioridad.

➤ ***8.22 — Mientras la tierra permanezca, no cesarán la sementera y la siega, el frío y el calor, el verano y el invierno, y el día y la noche.***

Las promesas de Dios significan la diferencia entre la vida y la muerte. Aunque la situación se presente muy sombría, podemos descansar en su fiel Palabra.

2 El temor y el miedo de vosotros estarán
sobre todo animal de la tierra, y sobre toda
ave de los cielos, en todo lo que se mueva
sobre la tierra, y en todos los peces del mar;
en vuestra mano son entregados.
3 Todo lo que se mueve y vive, os será para
mantenimiento: así como las legumbres y
plantas verdes, os lo he dado todo.
4 Pero carne con su vida, que es su sangre, no
comeréis.[b]
5 Porque ciertamente demandaré la sangre
de vuestras vidas; de mano de todo animal la
demandaré, y de mano del hombre; de mano
del varón su hermano demandaré la vida del
hombre.
➤ 6 El que derramare sangre de hombre,[c] por el
hombre su sangre será derramada; porque a
imagen de Dios es hecho el hombre.[d]
7 Mas vosotros fructificad y multiplicaos;[e]
procread abundantemente en la tierra, y multiplicaos en ella.
8 Y habló Dios a Noé y a sus hijos con él,
diciendo:
9 He aquí que yo establezco mi pacto con
vosotros, y con vuestros descendientes después de vosotros;
10 y con todo ser viviente que está con vosotros; aves, animales y toda bestia de la tierra que está con vosotros, desde todos los que
salieron del arca hasta todo animal de la tierra.
11 Estableceré mi pacto con vosotros, y no
exterminaré ya más toda carne con aguas de
diluvio, ni habrá más diluvio para destruir la
tierra.
➤ 12 Y dijo Dios: Ésta es la señal del pacto que
yo establezco entre mí y vosotros y todo ser
viviente que está con vosotros, por siglos
perpetuos:
13 Mi arco he puesto en las nubes, el cual será
por señal del pacto entre mí y la tierra.
14 Y sucederá que cuando haga venir nubes
sobre la tierra, se dejará ver entonces mi arco
en las nubes.
15 Y me acordaré del pacto mío, que hay entre
mí y vosotros y todo ser viviente de toda carne; y no habrá más diluvio de aguas para destruir toda carne.
16 Estará el arco en las nubes, y lo veré, y me
acordaré del pacto perpetuo entre Dios y todo
ser viviente, con toda carne que hay sobre la
tierra.
17 Dijo, pues, Dios a Noé: Ésta es la señal del
pacto que he establecido entre mí y toda carne que está sobre la tierra.

Embriaguez de Noé

18 Y los hijos de Noé que salieron del arca
fueron Sem, Cam y Jafet; y Cam es el padre
de Canaán.
19 Estos tres son los hijos de Noé, y de ellos
fue llena toda la tierra.
20 Después comenzó Noé a labrar la tierra, y
plantó una viña;
21 y bebió del vino, y se embriagó, y estaba ➤
descubierto en medio de su tienda.
22 Y Cam, padre de Canaán, vio la desnudez
de su padre, y lo dijo a sus dos hermanos que
estaban afuera.
23 Entonces Sem y Jafet tomaron la ropa, y la
pusieron sobre sus propios hombros, y andando hacia atrás, cubrieron la desnudez de su
padre, teniendo vueltos sus rostros, y así no
vieron la desnudez de su padre.
24 Y despertó Noé de su embriaguez, y supo lo
que le había hecho su hijo más joven,
25 y dijo:
Maldito sea Canaán;
Siervo de siervos será a sus hermanos.
26 Dijo más:
Bendito por Jehová mi Dios sea Sem,
Y sea Canaán su siervo.
27 Engrandezca Dios a Jafet,
Y habite en las tiendas de Sem,
Y sea Canaán su siervo.
28 Y vivió Noé después del diluvio trescientos
cincuenta años.
29 Y fueron todos los días de Noé novecientos
cincuenta años; y murió.

Los descendientes de los hijos de Noé
(1 Cr 1.5-23)

10 ÉSTAS son las generaciones de los
hijos de Noé: Sem, Cam y Jafet, a quienes nacieron hijos después del diluvio.

b. 9.4 Lv 7.26-27; 17.10-4; 19.26; Dt 12.16, 23; 15.23.
c. 9.6 Éx 20.13. **d. 9.6** Gn 1.26. **e. 9.7** Gn 1.28.

LECCIONES DE VIDA

➤ ***9.6 — El que derramare sangre de hombre, por el hombre su sangre será derramada; porque a imagen de Dios es hecho el hombre.***

El asesinato es un delito terrible porque Dios hizo al hombre a su imagen. El asesinato manifiesta un absoluto desprecio por Dios y por la vida que Él le ha dado a la humanidad. Jesús enfatizó más tarde que tratar a otros con intención maliciosa y falta de perdón es un delito igual (Mt 5.22).

➤ ***9.12 — Y dijo Dios: Esta es la señal del pacto que yo establezco entre mí y vosotros y todo ser viviente.***

Cuando Dios hace una promesa, no quiere que la olvidemos. Por tanto, nos da alguna señal o garantía para recordarnos su promesa.

➤ ***9.21 — y bebió del vino, y se embriagó, y estaba descubierto en medio de su tienda.***

Hasta las personas rectas e intachables, como Noé, cometen insensateces y pecan. Pero la misericordia de Dios es tan grande que nos llama al arrepentimiento, para que podamos una vez más disfrutar de la plenitud de nuestra relación con Él y de su bendición.

2 Los hijos de Jafet: Gomer, Magog, Madai, Javán, Tubal, Mesec y Tiras.

3 Los hijos de Gomer: Askenaz, Rifat y Togarma.

4 Los hijos de Javán: Elisa, Tarsis, Quitim y Dodanim.

5 De éstos se poblaron las costas, cada cual según su lengua, conforme a sus familias en sus naciones.

6 Los hijos de Cam: Cus, Mizraim, Fut y Canaán.

7 Y los hijos de Cus: Seba, Havila, Sabta, Raama y Sabteca. Y los hijos de Raama: Seba y Dedán.

8 Y Cus engendró a Nimrod, quien llegó a ser el primer poderoso en la tierra.

9 Éste fue vigoroso cazador delante de Jehová; por lo cual se dice: Así como Nimrod, vigoroso cazador delante de Jehová.

10 Y fue el comienzo de su reino Babel, Erec, Acad y Calne, en la tierra de Sinar.

11 De esta tierra salió para Asiria, y edificó Nínive, Rehobot, Cala,

12 y Resén entre Nínive y Cala, la cual es ciudad grande.

13 Mizraim engendró a Ludim, a Anamim, a Lehabim, a Naftuhim,

14 a Patrusim, a Casluhim, de donde salieron los filisteos, y a Caftorim.

15 Y Canaán engendró a Sidón su primogénito, a Het,

16 al jebuseo, al amorreo, al gergeseo,

17 al heveo, al araceo, al sineo,

18 al arvadeo, al zemareo y al hamateo; y después se dispersaron las familias de los cananeos.

19 Y fue el territorio de los cananeos desde Sidón, en dirección a Gerar, hasta Gaza; y en dirección de Sodoma, Gomorra, Adma y Zeboim, hasta Lasa.

20 Éstos son los hijos de Cam por sus familias, por sus lenguas, en sus tierras, en sus naciones.

21 También le nacieron hijos a Sem, padre de todos los hijos de Heber, y hermano mayor de Jafet.

22 Los hijos de Sem fueron Elam, Asur, Arfaxad, Lud y Aram.

23 Y los hijos de Aram: Uz, Hul, Geter y Mas.

24 Arfaxad engendró a Sala, y Sala engendró a Heber.

25 Y a Heber nacieron dos hijos: el nombre del uno fue Peleg,[1] porque en sus días fue repartida la tierra; y el nombre de su hermano, Joctán.

26 Y Joctán engendró a Almodad, Selef, Hazarmavet, Jera,

27 Adoram, Uzal, Dicla,

28 Obal, Abimael, Seba,

29 Ofir, Havila y Jobab; todos éstos fueron hijos de Joctán.

30 Y la tierra en que habitaron fue desde Mesa en dirección de Sefar, hasta la región montañosa del oriente.

31 Éstos fueron los hijos de Sem por sus familias, por sus lenguas, en sus tierras, en sus naciones.

32 Éstas son las familias de los hijos de Noé por sus descendencias, en sus naciones; y de éstos se esparcieron las naciones en la tierra después del diluvio.

La torre de Babel

11 TENÍA entonces toda la tierra una sola lengua y unas mismas palabras.

2 Y aconteció que cuando salieron de oriente, hallaron una llanura en la tierra de Sinar, y se establecieron allí.

3 Y se dijeron unos a otros: Vamos, hagamos ladrillo y cozámoslo con fuego. Y les sirvió el ladrillo en lugar de piedra, y el asfalto en lugar de mezcla.

4 Y dijeron: Vamos, edifiquémonos una ciudad y una torre, cuya cúspide llegue al cielo; y hagámonos un nombre, por si fuéremos esparcidos sobre la faz de toda la tierra.

5 Y descendió Jehová para ver la ciudad y la torre que edificaban los hijos de los hombres.

6 Y dijo Jehová: He aquí el pueblo es uno, y todos éstos tienen un solo lenguaje; y han comenzado la obra, y nada les hará desistir ahora de lo que han pensado hacer.

7 Ahora, pues, descendamos, y confundamos allí su lengua, para que ninguno entienda el habla de su compañero.

8 Así los esparció Jehová desde allí sobre la faz de toda la tierra, y dejaron de edificar la ciudad.

9 Por esto fue llamado el nombre de ella Babel, porque allí confundió[2] Jehová el lenguaje de toda la tierra, y desde allí los esparció sobre la faz de toda la tierra.

Los descendientes de Sem
(1 Cr 1. 24-27)

10 Éstas son las generaciones de Sem: Sem, de edad de cien años, engendró a Arfaxad, dos años después del diluvio.

1 Esto es, *División*. **2** Compárese la palabra hebrea *balal*, confundir.

LECCIONES DE VIDA

➤ ***11.4 — Y dijeron: Vamos, edifiquémonos una ciudad y una torre, cuya cúspide llegue al cielo; y hagámonos un nombre.***

Dios siempre se opone al orgullo, por dondequiera que éste se asome. Si queremos avanzar en el reino de Dios, no hemos de esforzarnos por labrarnos un nombre para nosotros mismos, sino humillarnos ante el Señor y exaltarle (1 P 5.6).

11 Y vivió Sem, después que engendró a
Arfaxad, quinientos años, y engendró hijos
e hijas.
12 Arfaxad vivió treinta y cinco años, y engendró a Sala.
13 Y vivió Arfaxad, después que engendró
a Sala, cuatrocientos tres años, y engendró
hijos e hijas.
14 Sala vivió treinta años, y engendró a
Heber.
15 Y vivió Sala, después que engendró a
Heber, cuatrocientos tres años, y engendró
hijos e hijas.
16 Heber vivió treinta y cuatro años, y engendró a Peleg.
17 Y vivió Heber, después que engendró a
Peleg, cuatrocientos treinta años, y engendró
hijos e hijas.
18 Peleg vivió treinta años, y engendró a Reu.
19 Y vivió Peleg, después que engendró a Reu,
doscientos nueve años, y engendró hijos e
hijas.
20 Reu vivió treinta y dos años, y engendró
a Serug.
21 Y vivió Reu, después que engendró a Serug,
doscientos siete años, y engendró hijos e
hijas.
22 Serug vivió treinta años, y engendró a
Nacor.
23 Y vivió Serug, después que engendró a
Nacor, doscientos años, y engendró hijos e
hijas.
24 Nacor vivió veintinueve años, y engendró
a Taré.
25 Y vivió Nacor, después que engendró a
Taré, ciento diecinueve años, y engendró hijos
e hijas.
26 Taré vivió setenta años, y engendró a
Abram, a Nacor y a Harán.

Los descendientes de Taré

27 Éstas son las generaciones de Taré: Taré
engendró a Abram, a Nacor y a Harán; y
Harán engendró a Lot.
28 Y murió Harán antes que su padre Taré
en la tierra de su nacimiento, en Ur de los
caldeos.
29 Y tomaron Abram y Nacor para sí mujeres;
el nombre de la mujer de Abram era Sarai, y
el nombre de la mujer de Nacor, Milca, hija de
Harán, padre de Milca y de Isca.
30 Mas Sarai era estéril, y no tenía hijo.
31 Y tomó Taré a Abram su hijo, y a Lot hijo
de Harán, hijo de su hijo, y a Sarai su nuera,
mujer de Abram su hijo, y salió con ellos de Ur
de los caldeos, para ir a la tierra de Canaán; y
vinieron hasta Harán, y se quedaron allí.
32 Y fueron los días de Taré doscientos cinco
años; y murió Taré en Harán.

Dios llama a Abram

12 PERO Jehová había dicho a Abram: Vete
de tu tierra y de tu parentela, y de la casa
de tu padre, a la tierra que te mostraré.[a]
2 Y haré de ti una nación grande, y te bendeciré, y engrandeceré tu nombre, y serás
bendición.
3 Bendeciré a los que te bendijeren, y a los
que te maldijeren maldeciré; y serán benditas
en ti todas las familias de la tierra.[b]
4 Y se fue Abram, como Jehová le dijo; y Lot
fue con él. Y era Abram de edad de setenta y
cinco años cuando salió de Harán.
5 Tomó, pues, Abram a Sarai su mujer, y a
Lot hijo de su hermano, y todos sus bienes
que habían ganado y las personas que habían
adquirido en Harán, y salieron para ir a tierra
de Canaán; y a tierra de Canaán llegaron.
6 Y pasó Abram por aquella tierra hasta el
lugar de Siquem, hasta el encino de More; y el
cananeo estaba entonces en la tierra.
7 Y apareció Jehová a Abram, y le dijo: A tu
descendencia daré esta tierra.[c] Y edificó allí
un altar a Jehová, quien le había aparecido.
8 Luego se pasó de allí a un monte al oriente de
Bet-el, y plantó su tienda, teniendo a Bet-el al
occidente y Hai al oriente; y edificó allí altar a
Jehová, e invocó el nombre de Jehová.
9 Y Abram partió de allí, caminando y yendo
hacia el Neguev.

a. 12.1 Hch 7.2-3; He 11.8. **b. 12.3** Gá 3.8.
c. 12.7 Hch 7.5; Gá 3.16.

LECCIONES DE VIDA

➤ ***12.1 — Vete de tu tierra y de tu parentela, y de la casa de tu padre, a la tierra que te mostraré.***

Dios siempre asocia a la obediencia con la bendición, aun cuando no especifique todos los detalles de lo que pueda ser esa bendición.

➤ ***12.2,3 — Y haré de ti una nación grande, y te bendeciré, y engrandeceré tu nombre, y serás bendición… y serán benditas en ti todas las familias de la tierra.***

Dios cumplió su promesa a Abram, tanto a través de la nación de Israel como de su descendiente, Jesucristo (Mt 1.1; Lc 3.23, 24). A través de Cristo, cualquier persona en cualquier país del mundo tiene la oportunidad de ser bendecida con una relación con Dios (Hch 3.25, 26; Gá 3.7, 8; Ap 5.9; 7.9, 10). Si bien Abram nunca pudiera haber imaginado la manera tan maravillosa en que Dios cumpliría este pacto, él siempre confió en el Señor, es por eso que Gálatas 3.6 declara: «Así Abraham creyó a Dios, y le fue contado por justicia».

➤ ***12.7 — Y apareció Jehová a Abram.***

El Señor apareció a Abram sólo después de que éste obedeció a su voz al dejar Ur y viajar a Canaán. A medida que aumentaba la fe de Abram, más aumentaban los detalles de la promesa de Dios a él.

RESPUESTAS A PREGUNTAS DE LA VIDA

¿Cómo puedo llegar a ser un hijo de Dios más obediente?

GN 12.1-4

La *obediencia* es una característica muy importante de la persona poderosa en espíritu. En términos generales, la obediencia fue lo que caracterizó la fe de Abraham desde su primer encuentro con Dios hasta su muerte.

❶ *Crecemos en obediencia teniendo fe en la soberanía de Dios.*
Si no creemos en la soberanía de Dios, nos resultará difícil obedecerle. Abraham basó su relación con Dios en su confianza de que Él haría lo que había prometido (Ro 4.20, 21). La fe viene por oír la Palabra de Dios y responder con segura confianza (Ro 10.17). Aprenderemos a confiar en Él a medida que estudiamos y meditamos en su Palabra.

❷ *Crecemos en obediencia cuando esperamos el tiempo de Dios.*
A Dios le interesa mucho el tiempo, no en términos de minutos y segundos, sino en lo que respecta a nuestro obrar en obediencia, y conforme a su plan. A lo largo de las Escrituras lo encontramos moviéndose en «el cumplimiento del tiempo» (Gá 4.4). Él no llega antes ni después; está siempre justo a tiempo.

❸ *Seguimos creciendo en obediencia cuando rechazamos someter el plan de Dios al «sentido común» o al razonamiento del mundo.*
Algunas cosas que Dios nos pide pueden parecer ridículas desde una perspectiva humana. Él le dijo a Abraham que tendría un hijo por medio del cual bendeciría al mundo entero. Pero permitió que la obediencia de Abraham fuera probada severamente: primero le hizo esperar casi un cuarto de siglo antes de darle lo prometido, y después le pidió que ofreciera a Isaac en sacrificio. Dios conocía la motivación del corazón de Abraham. Era una motivación de obediencia. Cuando llegó el momento de hacer el sacrificio, el Señor fue quien proveyó un carnero para ser usado en lugar de Isaac.

❹ *Crecemos en obediencia al responder sin tardanza con obediencia.*
Si usted anhela obedecer a Dios, no vacilará cuando Él le pida que haga algo. Muchas veces no obedecemos a Dios porque tememos las consecuencias. Pero Él no nos pide nada que esté fuera de su voluntad para nuestras vidas. Nuestra única responsabilidad es obedecer; la responsabilidad de Dios es ocuparse de las consecuencias de nuestra obediencia.

Nuestra sensibilidad a la voluntad de Dios crecerá a medida que le obedezcamos. Mientras tanto, Él nos da destellos de las bendiciones que nos esperan. Dios *siempre* bendice la obediencia. Usted puede confiar en Él, obedecerle y ser bendecido. O bien, puede desobedecerle y pasar el resto de su vida preguntándose qué podría haber hecho Dios si le hubiera obedecido. Sin embargo, una vez que usted haya tenido un atisbo de las bendiciones de la obediencia, ya no le importarán las consecuencias.

Para un estudio más a fondo, véase el Índice de Principios de vida:
21. *La obediencia siempre trae bendición consigo.*
22. *Andar en el Espíritu es obedecer las indicaciones iniciales del Espíritu.*

Abram en Egipto
10 Hubo entonces hambre en la tierra, y des- ≺
cendió Abram a Egipto para morar allá; porque era grande el hambre en la tierra.
11 Y aconteció que cuando estaba para entrar en Egipto, dijo a Sarai su mujer: He aquí, ahora conozco que eres mujer de hermoso aspecto;
12 y cuando te vean los egipcios, dirán: Su mujer es; y me matarán a mí, y a ti te reservarán la vida.
13 Ahora, pues, di que eres mi hermana,[d] para que me vaya bien por causa tuya, y viva mi alma por causa de ti.
14 Y aconteció que cuando entró Abram en Egipto, los egipcios vieron que la mujer era hermosa en gran manera.

d. 12.13 Gn 20.2; 26.7.

15 También la vieron los príncipes de Faraón,
y la alabaron delante de él; y fue llevada la
mujer a casa de Faraón.
16 E hizo bien a Abram por causa de ella; y
él tuvo ovejas, vacas, asnos, siervos, criadas,
asnas y camellos.
17 Mas Jehová hirió a Faraón y a su casa con
grandes plagas, por causa de Sarai mujer de
Abram.
➤ 18 Entonces Faraón llamó a Abram, y le dijo:
¿Qué es esto que has hecho conmigo? ¿Por
qué no me declaraste que era tu mujer?
19 ¿Por qué dijiste: Es mi hermana, poniéndome en ocasión de tomarla para mí por mujer?
Ahora, pues, he aquí tu mujer; tómala, y vete.
20 Entonces Faraón dio orden a su gente acerca de Abram; y le acompañaron, y a su mujer,
con todo lo que tenía.

Abram y Lot se separan

13 SUBIÓ, pues, Abram de Egipto hacia el
Neguev, él y su mujer, con todo lo que
tenía, y con él Lot.
2 Y Abram era riquísimo en ganado, en plata y en oro.
3 Y volvió por sus jornadas desde el Neguev
hacia Bet-el, hasta el lugar donde había estado antes su tienda entre Bet-el y Hai,
➤ 4 al lugar del altar que había hecho allí antes; e
invocó allí Abram el nombre de Jehová.
5 También Lot, que andaba con Abram, tenía
ovejas, vacas y tiendas.
6 Y la tierra no era suficiente para que habitasen juntos, pues sus posesiones eran muchas, y
no podían morar en un mismo lugar.
7 Y hubo contienda entre los pastores del
ganado de Abram y los pastores del ganado
de Lot; y el cananeo y el ferezeo habitaban
entonces en la tierra.
➤ 8 Entonces Abram dijo a Lot: No haya ahora
altercado entre nosotros dos, entre mis pastores y los tuyos, porque somos hermanos.
9 ¿No está toda la tierra delante de ti? Yo te
ruego que te apartes de mí. Si fueres a la
mano izquierda, yo iré a la derecha; y si tú a
la derecha, yo iré a la izquierda.
10 Y alzó Lot sus ojos, y vio toda la llanura
del Jordán, que toda ella era de riego, como
el huerto de Jehová,[a] como la tierra de Egipto
en la dirección de Zoar, antes que destruyese
Jehová a Sodoma y a Gomorra.
11 Entonces Lot escogió para sí toda la llanura del Jordán; y se fue Lot hacia el oriente, y
se apartaron el uno del otro.
12 Abram acampó en la tierra de Canaán,
en tanto que Lot habitó en las ciudades de
la llanura, y fue poniendo sus tiendas hasta
Sodoma.
13 Mas los hombres de Sodoma eran malos y
pecadores contra Jehová en gran manera.
14 Y Jehová dijo a Abram, después que Lot se
apartó de él: Alza ahora tus ojos, y mira desde el lugar donde estás hacia el norte y el sur,
y al oriente y al occidente.
15 Porque toda la tierra que ves, la daré a ti y
a tu descendencia para siempre.[b]
16 Y haré tu descendencia como el polvo de
la tierra; que si alguno puede contar el polvo de la tierra, también tu descendencia será
contada.
17 Levántate, ve por la tierra a lo largo de ella
y a su ancho; porque a ti la daré.
18 Abram, pues, removiendo su tienda, vino
y moró en el encinar de Mamre, que está en
Hebrón, y edificó allí altar a Jehová.

Abram libera a Lot

14 ACONTECIÓ en los días de Amrafel
rey de Sinar, Arioc rey de Elasar,
Quedorlaomer rey de Elam, y Tidal rey de
Goim,
2 que éstos hicieron guerra contra Bera rey de
Sodoma, contra Birsa rey de Gomorra, contra Sinab rey de Adma, contra Semeber rey
de Zeboim, y contra el rey de Bela, la cual es
Zoar.
3 Todos éstos se juntaron en el valle de Sidim,
que es el Mar Salado.

a. 13.10 Gn 2.10. **b. 13.15** Hch 7.5.

LECCIONES DE VIDA

➤ ***12.10 — Hubo entonces hambre en la tierra, y descendió Abram a Egipto para morar allá.***

Los hombres y las mujeres de fe tienen que enfrentar dificultades, como todo el mundo. Pero si confiamos en Dios, Él usará nuestras adversidades para profundizar y robustecer nuestra relación con Él.

➤ ***12.18 — ¿Por qué no me declaraste que era tu mujer?***

Abram tenía que aprender que confiar el Señor quiere decir ver más allá de lo que podemos, hacia lo que Dios ve. Dios no puede usar nuestras medias verdades o nuestras promesas vacías para protegernos y bendecirnos. En vez de eso, Él quiere que le obedezcamos sin reservas y confiemos en que Él se ocupará de las consecuencias de nuestra obediencia.

➤ ***13.4 — e invocó allí Abram el nombre de Jehová.***

No tenemos ninguna constancia de que Abram invocó «el nombre de Jehová» mientras estuvo en Egipto, donde se metió en problemas. ¡Cuánto mejor nos iría si aprendiéramos que no hay nada como la oración para ahorrar tiempo en la vida!

➤ ***13.8 — Entonces Abram dijo a Lot: No haya ahora altercado entre nosotros dos, entre mis pastores y los tuyos, porque somos hermanos.***

Abram consideraba que era más importante una buena relación con su sobrino que su propia prosperidad material. No tenía que preocuparse por sus bienes, porque había comprobado que nadie podrá jamás superar a Dios en generosidad.

4 Doce años habían servido a Quedorlaomer,
y en el decimotercero se rebelaron.
5 Y en el año decimocuarto vino Quedorlaomer, y los reyes que estaban de su parte, y
derrotaron a los refaítas en Astarot Karnaim,
a los zuzitas en Ham, a los emitas en Save-
quiriataim,
6 y a los horeos en el monte de Seir, hasta la
llanura de Parán, que está junto al desierto.
7 Y volvieron y vinieron a En-mispat, que es
Cades, y devastaron todo el país de los amalecitas, también al amorreo que habitaba en
Hazezontamar.
8 Y salieron el rey de Sodoma, el rey de Gomorra, el rey de Adma, el rey de Zeboim y el rey
de Bela, que es Zoar, y ordenaron contra ellos
batalla en el valle de Sidim;
9 esto es, contra Quedorlaomer rey de Elam,
Tidal rey de Goim, Amrafel rey de Sinar, y
Arioc rey de Elasar; cuatro reyes contra cinco.
10 Y el valle de Sidim estaba lleno de pozos
de asfalto; y cuando huyeron el rey de Sodoma y el de Gomorra, algunos cayeron allí; y
los demás huyeron al monte.
11 Y tomaron toda la riqueza de Sodoma y de
Gomorra, y todas sus provisiones, y se fueron.
12 Tomaron también a Lot, hijo del hermano
de Abram, que moraba en Sodoma, y sus bienes, y se fueron.
13 Y vino uno de los que escaparon, y lo anunció a Abram el hebreo, que habitaba en el
encinar de Mamre el amorreo, hermano de
Escol y hermano de Aner, los cuales eran aliados de Abram.
14 Oyó Abram que su pariente estaba prisionero, y armó a sus criados, los nacidos en su casa,
trescientos dieciocho, y los siguió hasta Dan.
15 Y cayó sobre ellos de noche, él y sus siervos, y les atacó, y les fue siguiendo hasta
Hoba al norte de Damasco.
16 Y recobró todos los bienes, y también a
Lot su pariente y sus bienes, y a las mujeres
y demás gente.

Melquisedec bendice a Abram

17 Cuando volvía de la derrota de Quedorlaomer y de los reyes que con él estaban, salió el
rey de Sodoma a recibirlo al valle de Save, que
es el Valle del Rey.
18 Entonces Melquisedec,[a] rey de Salem y
sacerdote del Dios Altísimo, sacó pan y vino;
19 y le bendijo, diciendo: Bendito sea Abram
del Dios Altísimo, creador de los cielos y de
la tierra;
20 y bendito sea el Dios Altísimo, que entregó
tus enemigos en tu mano. Y le dio Abram los
diezmos de todo.
21 Entonces el rey de Sodoma dijo a Abram:
Dame las personas, y toma para ti los
bienes.
22 Y respondió Abram al rey de Sodoma: He
alzado mi mano a Jehová Dios Altísimo, creador de los cielos y de la tierra,
23 que desde un hilo hasta una correa de calzado, nada tomaré de todo lo que es tuyo, para
que no digas: Yo enriquecí a Abram;
24 excepto solamente lo que comieron los
jóvenes, y la parte de los varones que fueron conmigo, Aner, Escol y Mamre, los cuales
tomarán su parte.

Dios promete a Abram un hijo

15 DESPUÉS de estas cosas vino la palabra de Jehová a Abram en visión,
diciendo: No temas, Abram; yo soy tu escudo,
y tu galardón será sobremanera grande.
2 Y respondió Abram: Señor Jehová, ¿qué me
darás, siendo así que ando sin hijo, y el mayordomo de mi casa es ese damasceno Eliezer?
3 Dijo también Abram: Mira que no me has
dado prole, y he aquí que será mi heredero un
esclavo nacido en mi casa.
4 Luego vino a él palabra de Jehová, diciendo:
No te heredará éste, sino un hijo tuyo será el
que te heredará.
5 Y lo llevó fuera, y le dijo: Mira ahora los cielos, y cuenta las estrellas, si las puedes contar.
Y le dijo: Así será tu descendencia.[a]
6 Y creyó a Jehová, y le fue contado por
justicia.[b]

a. 14.18-20 He 7.1-10. **a. 15.5** Ro 4.18; He 11.12.
b. 15.6 Ro 4.3; Gá 3.6; Stg 2.23.

LECCIONES DE VIDA

➤ ***14.20 — y bendito sea el Dios Altísimo, que entregó tus enemigos en tu mano.***

El misterioso sacerdote Melquisedec le recordó a Abram que Dios le había dado la victoria. Aunque fueron los hombres de Abram quienes dieron la batalla, Dios fue quien estuvo en control, y es el autor de todas las bendiciones

➤ ***15.1 — Después de estas cosas vino la palabra de Jehová a Abram en visión.***

Dios desarrolló su relación con Abram de muchas maneras. A veces le hablaba, a veces se le aparecía, y aquí le comunicó su voluntad por medio de una visión. ¿Por qué razón? Porque el Señor quería que el hombre que habría de ser el padre de su pueblo escogido, le amara, confiara en Él y le obedeciera —como un fiel ejemplo para todas las generaciones futuras (Gn 18.17-19; Ro 4; Gá 3.6-9). Dios moverá cielo y tierra para mostrarnos su voluntad, porque nuestra intimidad con Él es su prioridad para nosotros.

➤ ***15.6 — Y creyó a Jehová, y le fue contado por justicia.***

Aunque Abram no veía cómo Dios podía cumplir su misericordiosa promesa para con él, confió en el Señor de todas maneras. Él veía más allá de lo que podía ver, hacia lo que Dios podía ver.

7 Y le dijo: Yo soy Jehová, que te saqué de Ur
de los caldeos, para darte a heredar esta tierra.
8 Y él respondió: Señor Jehová, ¿en qué conoceré que la he de heredar?
9 Y le dijo: Tráeme una becerra de tres años,
y una cabra de tres años, y un carnero de tres
años, una tórtola también, y un palomino.
10 Y tomó él todo esto, y los partió por la
mitad, y puso cada mitad una enfrente de la
otra; mas no partió las aves.
11 Y descendían aves de rapiña sobre los cuerpos muertos, y Abram las ahuyentaba.
12 Mas a la caída del sol sobrecogió el sueño
a Abram, y he aquí que el temor de una grande oscuridad cayó sobre él.
➤ 13 Entonces Jehová dijo a Abram: Ten por
cierto que tu descendencia morará en tierra
ajena, y será esclava allí, y será oprimida cuatrocientos años.[c]
14 Mas también a la nación a la cual servirán, juzgaré yo; y después de esto saldrán con
gran riqueza.[d]
15 Y tú vendrás a tus padres en paz, y serás
sepultado en buena vejez.
➤ 16 Y en la cuarta generación volverán acá;
porque aún no ha llegado a su colmo la maldad del amorreo hasta aquí.
17 Y sucedió que puesto el sol, y ya oscurecido, se veía un horno humeando, y una
antorcha de fuego que pasaba por entre los
animales divididos.
18 En aquel día hizo Jehová un pacto con
Abram, diciendo: A tu descendencia daré esta
tierra,[e] desde el río de Egipto hasta el río grande, el río Éufrates;
19 la tierra de los ceneos, los cenezeos, los
cadmoneos,
20 los heteos, los ferezeos, los refaítas,
21 los amorreos, los cananeos, los gergeseos
y los jebuseos.

Agar e Ismael

16 SARAI mujer de Abram no le daba
hijos; y ella tenía una sierva egipcia,
que se llamaba Agar.
2 Dijo entonces Sarai a Abram: Ya ves que
Jehová me ha hecho estéril; te ruego, pues,
que te llegues a mi sierva; quizá tendré hijos
de ella. Y atendió Abram al ruego de Sarai.
3 Y Sarai mujer de Abram tomó a Agar su
sierva egipcia, al cabo de diez años que había
habitado Abram en la tierra de Canaán, y la
dio por mujer a Abram su marido.
4 Y él se llegó a Agar, la cual concibió; y cuan- ➤
do vio que había concebido, miraba con desprecio a su señora.
5 Entonces Sarai dijo a Abram: Mi afrenta sea
sobre ti; yo te di mi sierva por mujer, y viéndose encinta, me mira con desprecio; juzgue
Jehová entre tú y yo.
6 Y respondió Abram a Sarai: He aquí, tu sierva está en tu mano; haz con ella lo que bien te
parezca. Y como Sarai la afligía, ella huyó de
su presencia.
7 Y la halló el ángel de Jehová junto a una
fuente de agua en el desierto, junto a la fuente que está en el camino de Shur.
8 Y le dijo: Agar, sierva de Sarai, ¿de dónde vienes tú, y a dónde vas? Y ella respondió:
Huyo de delante de Sarai mi señora.
9 Y le dijo el ángel de Jehová: Vuélvete a tu ➤
señora, y ponte sumisa bajo su mano.
10 Le dijo también el ángel de Jehová: Multiplicaré tanto tu descendencia, que no podrá
ser contada a causa de la multitud.
11 Además le dijo el ángel de Jehová: He
aquí que has concebido, y darás a luz un hijo,

c. **15.13** Éx 1.1-14; Hch 7.6. d. **15.14** Éx 12.40-41; Hch 7.7. e. **15.18** Hch 7.5.

LECCIONES DE VIDA

➤ ***15.13, 14 — tu descendencia morará en tierra ajena, y será esclava allí, y será oprimida cuatrocientos años... y después de esto saldrán con gran riqueza.***

Dios le advirtió a Abram, aun antes del nacimiento de Isaac, que sus descendientes serían esclavos en Egipto. ¿Por qué quiso Dios permitir adrede que su pueblo tuviera ese sufrimiento? Porque Él quería enseñarles a confiar en Él. El quebrantamiento, las dificultades y las frustraciones, son la manera de Dios de prepararnos para ser de máxima utilidad y bendición. Cuando confiamos en el Señor, aprendemos que Él es fiel y que siempre cumple su palabra. La profecía en cuanto a la salida de Israel de Egipto, y el despojo que harían a los egipcios, se cumplió tal como Dios había prometido (Éx 3.21, 22; 12.35-41). Más tarde, estas cosas serían utilizadas para construir el tabernáculo (Éx 35.21-29).

➤ ***15.16 — Y en la cuarta generación volverán acá; porque aún no ha llegado a su colmo la maldad del amorreo hasta aquí.***

Dios es más paciente de lo que podemos imaginar. Esperaría más de 400 años para dar la tierra que había prometido a su pueblo, porque los perversos cananeos no habían llegado todavía al punto sin retorno (2 P 3.9).

➤ ***16.4 — Y él se llegó a Agar, la cual concibió; y cuando vio que había concebido, miraba con desprecio a su señora.***

Sarai aprendió de manera dolorosa que todo lo que adquirimos fuera de la voluntad de Dios termina convirtiéndose en cenizas. Su plan de tener un hijo a través de Agar le salió muy mal.

➤ ***16.9 — Y le dijo el ángel de Jehová: Vuélvete a tu señora, y ponte sumisa bajo su mano.***

Agar tenía que aprender a confiar en Dios, aun cuando someterse no parecía razonable. Nunca somos víctimas de nuestras circunstancias. El Señor puede sacar una bendición de la situación más grave. Él nunca quiere que huyamos de nuestros problemas, sino que los enfrentemos con su ayuda.

y llamarás su nombre Ismael,[1] porque Jehová
ha oído tu aflicción.
12 Y él será hombre fiero; su mano será contra
todos, y la mano de todos contra él, y delante
de todos sus hermanos habitará.
13 Entonces llamó el nombre de Jehová que
con ella hablaba: Tú eres Dios que ve; porque dijo: ¿No he visto también aquí al que
me ve?
14 Por lo cual llamó al pozo: Pozo del Viviente-
que-me-ve. He aquí está entre Cades y Bered.
15 Y Agar dio a luz un hijo a Abram, y llamó Abram el nombre del hijo que le dio Agar,
Ismael.
16 Era Abram de edad de ochenta y seis años,
cuando Agar dio a luz a Ismael.

La circuncisión, señal del pacto

17 ERA Abram de edad de noventa y
nueve años, cuando le apareció Jehová
y le dijo: Yo soy el Dios Todopoderoso; anda
delante de mí y sé perfecto.
2 Y pondré mi pacto entre mí y ti, y te multiplicaré en gran manera.
3 Entonces Abram se postró sobre su rostro, y
Dios habló con él, diciendo:
4 He aquí mi pacto es contigo, y serás padre
de muchedumbre de gentes.
➤ 5 Y no se llamará más tu nombre Abram,[2]
sino que será tu nombre Abraham,[3] porque
te he puesto por padre de muchedumbre de
gentes.[a]
6 Y te multiplicaré en gran manera, y haré
naciones de ti, y reyes saldrán de ti.
7 Y estableceré mi pacto entre mí y ti, y tu descendencia después de ti en sus generaciones,
por pacto perpetuo,[b] para ser tu Dios, y el de
tu descendencia después de ti.
8 Y te daré a ti, y a tu descendencia después
de ti, la tierra en que moras, toda la tierra de
Canaán en heredad perpetua;[c] y seré el Dios
de ellos.
9 Dijo de nuevo Dios a Abraham: En cuanto
a ti, guardarás mi pacto, tú y tu descendencia
después de ti por sus generaciones.
10 Éste es mi pacto, que guardaréis entre
mí y vosotros y tu descendencia después de
ti: Será circuncidado todo varón de entre
vosotros.[d]
11 Circuncidaréis, pues, la carne de vuestro
prepucio, y será por señal del pacto entre mí
y vosotros.
12 Y de edad de ocho días será circuncidado
todo varón entre vosotros por vuestras generaciones; el nacido en casa, y el comprado por
dinero a cualquier extranjero, que no fuere de
tu linaje.
13 Debe ser circuncidado el nacido en tu casa,
y el comprado por tu dinero; y estará mi pacto
en vuestra carne por pacto perpetuo.
14 Y el varón incircunciso, el que no hubiere
circuncidado la carne de su prepucio, aquella persona será cortada de su pueblo; ha violado mi pacto.
15 Dijo también Dios a Abraham: A Sarai tu
mujer no la llamarás Sarai, mas Sara[4] será
su nombre.
16 Y la bendeciré, y también te daré de ella
hijo; sí, la bendeciré, y vendrá a ser madre de
naciones; reyes de pueblos vendrán de ella.
17 Entonces Abraham se postró sobre su ros- ➤
tro, y se rió, y dijo en su corazón: ¿A hombre
de cien años ha de nacer hijo? ¿Y Sara, ya de
noventa años, ha de concebir?
18 Y dijo Abraham a Dios: Ojalá Ismael viva
delante de ti.
19 Respondió Dios: Ciertamente Sara tu mujer
te dará a luz un hijo, y llamarás su nombre
Isaac;[5] y confirmaré mi pacto con él como pacto perpetuo para sus descendientes después
de él.
20 Y en cuanto a Ismael, también te he oído;
he aquí que le bendeciré, y le haré fructificar
y multiplicar mucho en gran manera; doce
príncipes engendrará, y haré de él una gran
nación.
21 Mas yo estableceré mi pacto con Isaac, el
que Sara te dará a luz por este tiempo el año
que viene.

1 Esto es, *Dios oye.* **2** Esto es, *Padre enaltecido.*
3 Entendido aquí, *Padre de una multitud.*
4 Esto es, *Princesa.* **5** Esto es, *Risa.*

a. 17.5 Ro 4.17. **b. 17.7** Lc 1.55. **c. 17.8** Hch 7.5.
d. 17.10 Hch 7.8.

LECCIONES DE VIDA

➤ ***17.5 — Y no se llamará más tu nombre Abram, sino que será tu nombre Abraham, porque te he puesto por padre de muchedumbre de gentes.***

Aun antes de cumplir su promesa de darle un hijo a Abraham por medio de Sara, Dios le dijo: «Te he *puesto* por padre de muchedumbre de gentes». ¡Las promesas de Dios son tan seguras que puede hablar de su futuro cumplimiento en tiempo pasado! Confiar en Dios quiere decir ver más allá de lo que podemos, hacia lo que Dios ve. Es posible que usted no sepa *cómo* le cumplirá Dios su promesa, pero puede tener la seguridad de que, sin importar lo difíciles o imposibles que puedan parecer las circunstancias de su vida, Él la cumplirá. Dios cumplió su palabra a Abraham, y también será fiel con usted.

➤ ***17.17 — Entonces Abraham se postró sobre su rostro, y se rió, y dijo en su corazón: ¿A hombre de cien años ha de nacer hijo? ¿Y Sara, ya de noventa años, ha de concebir?***

Cuando Abraham tenía 75 años (Gn 12.4), Dios le prometió que haría de él una gran nación, y después le hizo esperar un cuarto de siglo para cumplir su promesa. ¡Pero Dios actúa a favor de quienes esperan en Él!

22 Y acabó de hablar con él, y subió Dios de estar con Abraham.
➢ 23 Entonces tomó Abraham a Ismael su hijo, y a todos los siervos nacidos en su casa, y a todos los comprados por su dinero, a todo varón entre los domésticos de la casa de Abraham, y circuncidó la carne del prepucio de ellos en aquel mismo día, como Dios le había dicho.
24 Era Abraham de edad de noventa y nueve años cuando circuncidó la carne de su prepucio.
25 E Ismael su hijo era de trece años, cuando fue circuncidada la carne de su prepucio.
26 En el mismo día fueron circuncidados Abraham e Ismael su hijo.
27 Y todos los varones de su casa, el siervo nacido en casa, y el comprado del extranjero por dinero, fueron circuncidados con él.

Promesa del nacimiento de Isaac

18 DESPUÉS le apareció Jehová en el encinar de Mamre, estando él sentado a la puerta de su tienda en el calor del día.
2 Y alzó sus ojos y miró, y he aquí tres varones que estaban junto a él; y cuando los vio, salió corriendo de la puerta de su tienda a recibirlos, y se postró en tierra,
3 y dijo: Señor, si ahora he hallado gracia en tus ojos, te ruego que no pases de tu siervo.
4 Que se traiga ahora un poco de agua, y lavad vuestros pies; y recostaos debajo de un árbol,
5 y traeré un bocado de pan, y sustentad vuestro corazón, y después pasaréis; pues por eso habéis pasado cerca de vuestro siervo. Y ellos dijeron: Haz así como has dicho.
6 Entonces Abraham fue de prisa a la tienda a Sara, y le dijo: Toma pronto tres medidas de flor de harina, y amasa y haz panes cocidos debajo del rescoldo.
7 Y corrió Abraham a las vacas, y tomó un becerro tierno y bueno, y lo dio al criado, y éste se dio prisa a prepararlo.
8 Tomó también mantequilla y leche, y el becerro que había preparado, y lo puso delante de ellos; y él se estuvo con ellos debajo del árbol, y comieron.
9 Y le dijeron: ¿Dónde está Sara tu mujer? Y él respondió: Aquí en la tienda.
10 Entonces dijo: De cierto volveré a ti; y según el tiempo de la vida, he aquí que Sara tu mujer tendrá un hijo.[a] Y Sara escuchaba a la puerta de la tienda, que estaba detrás de él.

Ejemplos de vida

SARA

Risas y más risas hasta la cuna

GN 18.9–15

Sara probablemente se sonrió cuando oyó las palabras de su esposo. ¿Cómo podía ella creer esa disparatada historia? «¡Dios me habló!», decía él. «Me prometió ponerme por cabeza de muchas naciones, ¡a mí! ¡A un hombre de 99 años! ¡Y lo va a hacer por medio de ti!»

La reacción de Sara a la noticia de su esposo debió ser muy parecida a algo que nosotros hemos sentido. Se rió. «Tengo 90 años; ya no puedo darte hijos. ¡Tiene que haber un error!»

Pero no lo había. Dios retó a Sara con las palabras: «¿Hay para Dios alguna cosa difícil?» (Gn 18.14). Al cabo de nueve meses, el nacimiento de un niño fue la respuesta. A Dios le encanta hacer lo imposible. Lo único que Él exige para actuar en nuestras vidas, es una fe que esté en consonancia con la verdad de su Palabra.

La historia de Sara representa algo mucho más grande que la experiencia de una mujer. Demuestra la búsqueda sin descanso de Dios por cada uno de nosotros. Pese a sus desaciertos y a su persistente falta de fe, Sara fue testigo de que Dios convierte lo «imposible» en realidad. También nosotros podemos ser testigos de lo mismo.

Para un estudio más a fondo, véase el Índice de Principios de vida:

9. *Confiar en Dios quiere decir ver más allá de lo que podemos, hacia lo que Dios ve.*
18. *Como hijos del Dios soberano, jamás somos víctimas de nuestras circunstancias.*

a. **18.10** Ro 9.9.

LECCIONES DE VIDA

➢ ***17.23 — Abraham… circuncidó la carne del prepucio de ellos en aquel mismo día, como Dios le había dicho.***

Abraham obedeció a Dios, a pesar del malestar físico que esto le causo a él y a su familia. Pero obedeció a Dios, porque creía en Él. A veces, someterse a la voluntad de Dios implica dolores y sacrificios en la vida, pero hay que obedecerlo, de todos modos. Es posible que usted no entienda de qué manera le bendecirá Dios a través de ellos, pero Él lo hará. Y usted se alegrará después de haber confiado en el Señor.

11 Y Abraham y Sara eran viejos, de edad
avanzada; y a Sara le había cesado ya la costumbre de las mujeres.
12 Se rió, pues, Sara entre sí, diciendo: ¿Después que he envejecido tendré deleite, siendo
también mi señor[b] ya viejo?
13 Entonces Jehová dijo a Abraham: ¿Por qué
se ha reído Sara diciendo: ¿Será cierto que he
de dar a luz siendo ya vieja?
➤ 14 ¿Hay para Dios alguna cosa difícil?[c] Al
tiempo señalado volveré a ti, y según el tiempo de la vida, Sara tendrá un hijo.
15 Entonces Sara negó, diciendo: No me reí;
porque tuvo miedo. Y él dijo: No es así, sino
que te has reído.

Abraham intercede por Sodoma

16 Y los varones se levantaron de allí, y miraron hacia Sodoma; y Abraham iba con ellos
acompañándolos.
17 Y Jehová dijo: ¿Encubriré yo a Abraham lo
que voy a hacer,
18 habiendo de ser Abraham una nación grande y fuerte, y habiendo de ser benditas en él
todas las naciones de la tierra?
➤ 19 Porque yo sé que mandará a sus hijos y a
su casa después de sí, que guarden el camino
de Jehová, haciendo justicia y juicio, para que
haga venir Jehová sobre Abraham lo que ha
hablado acerca de él.
20 Entonces Jehová le dijo: Por cuanto el clamor contra Sodoma y Gomorra se aumenta
más y más, y el pecado de ellos se ha agravado en extremo,
21 descenderé ahora, y veré si han consumado su obra según el clamor que ha venido hasta mí; y si no, lo sabré.
22 Y se apartaron de allí los varones, y fueron hacia Sodoma; pero Abraham estaba aún
delante de Jehová.
23 Y se acercó Abraham y dijo: ¿Destruirás
también al justo con el impío?
24 Quizá haya cincuenta justos dentro de la
ciudad: ¿destruirás también y no perdonarás
al lugar por amor a los cincuenta justos que
estén dentro de él?
25 Lejos de ti el hacer tal, que hagas morir ➤
al justo con el impío, y que sea el justo tratado como el impío; nunca tal hagas. El Juez de
toda la tierra, ¿no ha de hacer lo que es justo?
26 Entonces respondió Jehová: Si hallare en
Sodoma cincuenta justos dentro de la ciudad,
perdonaré a todo este lugar por amor a ellos.
27 Y Abraham replicó y dijo: He aquí ahora
que he comenzado a hablar a mi Señor, aunque soy polvo y ceniza.
28 Quizá faltarán de cincuenta justos cinco;
¿destruirás por aquellos cinco toda la ciudad?
Y dijo: No la destruiré, si hallare allí cuarenta y cinco.
29 Y volvió a hablarle, y dijo: Quizá se hallarán allí cuarenta. Y respondió: No lo haré por
amor a los cuarenta.
30 Y dijo: No se enoje ahora mi Señor, si
hablare: quizá se hallarán allí treinta. Y respondió: No lo haré si hallare allí treinta.
31 Y dijo: He aquí ahora que he emprendido
el hablar a mi Señor: quizá se hallarán allí
veinte. No la destruiré, respondió, por amor
a los veinte.
32 Y volvió a decir: No se enoje ahora mi
Señor, si hablare solamente una vez: quizá se
hallarán allí diez. No la destruiré, respondió,
por amor a los diez.
33 Y Jehová se fue, luego que acabó de hablar a
Abraham; y Abraham volvió a su lugar.

Destrucción de Sodoma y Gomorra

19 LLEGARON, pues, los dos ángeles a
Sodoma a la caída de la tarde; y Lot
estaba sentado a la puerta de Sodoma. Y viéndolos Lot, se levantó a recibirlos, y se inclinó
hacia el suelo,
2 y dijo: Ahora, mis señores, os ruego que vengáis a casa de vuestro siervo y os hospedéis,
y lavaréis vuestros pies; y por la mañana os
levantaréis, y seguiréis vuestro camino. Y ellos
respondieron: No, que en la calle nos quedaremos esta noche.

b. 18.12 1 P 3.6. **c. 18.14** Lc 1.37.

LECCIONES DE VIDA

➤ ***18.14 — ¿Hay para Dios alguna cosa difícil?***

Las cosas que nos parecen imposibles de hacer, Dios las encuentra muy fáciles (Mt 19.26; Mr 10.27; Lc 1.37). Por eso podemos confiar en todas sus promesas. No tenemos que comprender cómo las cumplirá, sólo tenemos que creer que lo hará, y obedecerle.

➤ ***18.19 — Porque yo sé que mandará a sus hijos y a su casa después de sí, que guarden el camino de Jehová, haciendo justicia y juicio, para que haga venir Jehová sobre Abraham lo que ha hablado acerca de él.***

Dios tomó esta oportunidad para enseñar a Abraham una gran lección acerca de las bendiciones de la obediencia y las consecuencias del pecado. El «camino de Jehová» es hacer «justicia y juicio». Cuando andamos en el camino del Señor, como anduvo Abraham, Él nos bendice con los placenteros favores de sus promesas. Sin embargo, Dios no podía pasar por alto la maldad de Sodoma, y mostró que cuando nos entregamos al pecado, éste lleva a la destrucción (Ro 1.18-32; Stg 1.15).

➤ ***18.25 — Lejos de ti el hacer tal, que hagas morir al justo con el impío, y que sea el justo tratado como el impío, nunca tal hagas. El Juez de toda la tierra, ¿no ha de hacer lo que es justo?***

Podemos confiar en que Dios, «el Juez de toda la tierra», hará siempre lo correcto. No hemos de temer jamás que Él vaya a cometer un error o sufrir un error de cálculo.

3 Mas él porfió con ellos mucho, y fueron con
él, y entraron en su casa; y les hizo banquete,
y coció panes sin levadura, y comieron.
4 Pero antes que se acostasen, rodearon la
casa los hombres de la ciudad, los varones de
Sodoma, todo el pueblo junto, desde el más
joven hasta el más viejo.
5 Y llamaron a Lot, y le dijeron: ¿Dónde están
los varones que vinieron a ti esta noche?
Sácalos, para que los conozcamos.
6 Entonces Lot salió a ellos a la puerta, y
cerró la puerta tras sí,
7 y dijo: Os ruego, hermanos míos, que no
hagáis tal maldad.
8 He aquí ahora yo tengo dos hijas que no han
conocido varón; os las sacaré fuera, y haced
de ellas como bien os pareciere; solamente
que a estos varones no hagáis nada, pues que
vinieron a la sombra de mi tejado.
➤ 9 Y ellos respondieron: Quita allá; y añá-
dieron: Vino este extraño para habitar entre
nosotros, ¿y habrá de erigirse en juez? Ahora
te haremos más mal que a ellos. Y hacían gran
violencia al varón, a Lot, y se acercaron para
romper la puerta.
10 Entonces los varones alargaron la mano,
y metieron a Lot en casa con ellos, y cerraron la puerta.
11 Y a los hombres que estaban a la puerta de
la casa hirieron con ceguera desde el menor
hasta el mayor, de manera que se fatigaban
buscando la puerta.
12 Y dijeron los varones a Lot: ¿Tienes aquí
alguno más? Yernos, y tus hijos y tus hijas, y
todo lo que tienes en la ciudad, sácalo de este
lugar;
13 porque vamos a destruir este lugar, por
cuanto el clamor contra ellos ha subido de
punto delante de Jehová; por tanto, Jehová
nos ha enviado para destruirlo.
14 Entonces salió Lot y habló a sus yernos,
los que habían de tomar sus hijas, y les dijo:
Levantaos, salid de este lugar; porque Jehová
va a destruir esta ciudad. Mas pareció a sus
yernos como que se burlaba.
15 Y al rayar el alba, los ángeles daban prisa a Lot, diciendo: Levántate, toma tu mujer,
y tus dos hijas que se hallan aquí, para que no
perezcas en el castigo de la ciudad.
16 Y deteniéndose él, los varones asieron de
su mano, y de la mano de su mujer y de las
manos de sus dos hijas, según la misericordia
de Jehová para con él; y lo sacaron y lo pusieron fuera de la ciudad.[a]
17 Y cuando los hubieron llevado fuera, dijeron: Escapa por tu vida; no mires tras ti, ni
pares en toda esta llanura; escapa al monte,
no sea que perezcas.
18 Pero Lot les dijo: No, yo os ruego, señores míos.
19 He aquí ahora ha hallado vuestro siervo
gracia en vuestros ojos, y habéis engrandecido vuestra misericordia que habéis hecho
conmigo dándome la vida; mas yo no podré
escapar al monte, no sea que me alcance el
mal, y muera.
20 He aquí ahora esta ciudad está cerca para
huir allá, la cual es pequeña; dejadme escapar ahora allá (¿no es ella pequeña?), y salvaré mi vida.
21 Y le respondió: He aquí he recibido también tu súplica sobre esto, y no destruiré la
ciudad de que has hablado.
22 Date prisa, escápate allá; porque nada
podré hacer hasta que hayas llegado allí. Por
eso fue llamado el nombre de la ciudad, Zoar.[1]
23 El sol salía sobre la tierra, cuando Lot llegó a Zoar.
24 Entonces Jehová hizo llover sobre Sodoma ➤
y sobre Gomorra azufre y fuego de parte de
Jehová desde los cielos;
25 y destruyó las ciudades,[b] y toda aquella llanura, con todos los moradores de aquellas ciudades, y el fruto de la tierra.
26 Entonces la mujer de Lot[c] miró atrás, a
espaldas de él, y se volvió estatua de sal.
27 Y subió Abraham por la mañana al lugar
donde había estado delante de Jehová.
28 Y miró hacia Sodoma y Gomorra, y hacia
toda la tierra de aquella llanura miró; y he
aquí que el humo subía de la tierra como el
humo de un horno.
29 Así, cuando destruyó Dios las ciudades de ➤
la llanura, Dios se acordó de Abraham, y envió
fuera a Lot de en medio de la destrucción, al
asolar las ciudades donde Lot estaba.

1 Esto es, *Pequeña*.

a. 19.16 2 P 2.7. **b. 19.24-25** Mt 10.15; 11.23-24; Lc 10.12; 17.29; 2 P 2.6; Jud 7. **c. 19.26** Lc 17.32.

LECCIONES DE VIDA

➤ ***19.9 — Vino este extraño para habitar entre nosotros, ¿y habrá de erigirse en juez? Ahora te haremos más mal que a ellos.***

Cuando nos negamos a arrepentirnos de nuestro pecado, tendemos a volvernos arrogantes y a ofendernos fácilmente si alguien nos dice que estamos obrando mal. Pero si sembramos para nuestra carne, no segaremos sino juicio y destrucción.

➤ ***19.24 — Jehová hizo llover sobre Sodoma y sobre Gomorra azufre.***

Todo lo que Lot había conseguido durante su tiempo en Sodoma lo perdió en un instante. Todo lo que adquirimos fuera de la bendición de Dios no vale la pena, y al final termina convirtiéndose en cenizas.

➤ ***19.29 — Así, cuando destruyó Dios las ciudades de la llanura, Dios se acordó de Abraham, y envió fuera a Lot de en medio de la destrucción.***

Dios preservó la vida de Lot gracias a la petición del justo Abraham. Nuestras oraciones tienen resultados más poderosos de lo que jamás llegaremos a ser conscientes.

30 Pero Lot subió de Zoar y moró en el monte, y sus dos hijas con él; porque tuvo miedo de quedarse en Zoar, y habitó en una cueva él y sus dos hijas.
31 Entonces la mayor dijo a la menor: Nuestro padre es viejo, y no queda varón en la tierra que entre a nosotras conforme a la costumbre de toda la tierra.
32 Ven, demos a beber vino a nuestro padre, y durmamos con él, y conservaremos de nuestro padre descendencia.
33 Y dieron a beber vino a su padre aquella noche, y entró la mayor, y durmió con su padre; mas él no sintió cuándo se acostó ella, ni cuándo se levantó.
34 El día siguiente, dijo la mayor a la menor: He aquí, yo dormí la noche pasada con mi padre; démosle a beber vino también esta noche, y entra y duerme con él, para que conservemos de nuestro padre descendencia.
35 Y dieron a beber vino a su padre también aquella noche, y se levantó la menor, y durmió con él; pero él no echó de ver cuándo se acostó ella, ni cuándo se levantó.
➤ 36 Y las dos hijas de Lot concibieron de su padre.
37 Y dio a luz la mayor un hijo, y llamó su nombre Moab, el cual es padre de los moabitas hasta hoy.
38 La menor también dio a luz un hijo, y llamó su nombre Ben-ammi, el cual es padre de los amonitas hasta hoy.

Abraham y Abimelec

20 DE allí partió Abraham a la tierra del Neguev, y acampó entre Cades y Shur, y habitó como forastero en Gerar.
2 Y dijo Abraham de Sara su mujer: Es mi hermana.[a] Y Abimelec rey de Gerar envió y tomó a Sara.
3 Pero Dios vino a Abimelec en sueños de noche, y le dijo: He aquí, muerto eres, a causa de la mujer que has tomado, la cual es casada con marido.
4 Mas Abimelec no se había llegado a ella, y dijo: Señor, ¿matarás también al inocente?
5 ¿No me dijo él: Mi hermana es; y ella también dijo: Es mi hermano? Con sencillez de mi corazón y con limpieza de mis manos he hecho esto.
6 Y le dijo Dios en sueños: Yo también sé que con integridad de tu corazón has hecho esto; y yo también te detuve de pecar contra mí, y así no te permití que la tocases.
7 Ahora, pues, devuelve la mujer a su marido; porque es profeta, y orará por ti, y vivirás. Y si no la devolvieres, sabe que de cierto morirás tú, y todos los tuyos.
8 Entonces Abimelec se levantó de mañana y llamó a todos sus siervos, y dijo todas estas palabras en los oídos de ellos; y temieron los hombres en gran manera.
9 Después llamó Abimelec a Abraham, y le dijo: ¿Qué nos has hecho? ¿En qué pequé yo contra ti, que has atraído sobre mí y sobre mi reino tan grande pecado? Lo que no debiste hacer has hecho conmigo.
10 Dijo también Abimelec a Abraham: ¿Qué pensabas, para que hicieses esto?
11 Y Abraham respondió: Porque dije para mí: Ciertamente no hay temor de Dios en este lugar, y me matarán por causa de mi mujer.
12 Y a la verdad también es mi hermana, hija de mi padre, mas no hija de mi madre, y la tomé por mujer.
13 Y cuando Dios me hizo salir errante de la casa de mi padre, yo le dije: Ésta es la merced que tú harás conmigo, que en todos los lugares adonde lleguemos, digas de mí: Mi hermano es.
14 Entonces Abimelec tomó ovejas y vacas, y siervos y siervas, y se los dio a Abraham, y le devolvió a Sara su mujer.
15 Y dijo Abimelec: He aquí mi tierra está delante de ti; habita donde bien te parezca.
16 Y a Sara dijo: He aquí he dado mil monedas de plata a tu hermano; mira que él te es como un velo para los ojos de todos los que están contigo, y para con todos; así fue vindicada.
17 Entonces Abraham oró a Dios; y Dios sanó a Abimelec y a su mujer, y a sus siervas, y tuvieron hijos.
18 Porque Jehová había cerrado completamente toda matriz de la casa de Abimelec, a causa de Sara mujer de Abraham.

a. **20.2** Gn 12.13; 26.7.

LECCIONES DE VIDA

➤ ***19.36 — Y las dos hijas de Lot concibieron de su padre.***

El pecaminoso plan de las hijas de Lot fue un desastre. Aunque se las arreglaron para preservar la línea familiar de su padre, al hacerlo crearon dos pueblos que se convirtieron en enemigos acérrimos del pueblo de Dios. Los moabitas y los amonitas fueron finalmente sentenciados a la destrucción total (Sof 2.8, 9).

➤ ***20.9 — Después llamó Abimelec a Abraham, y le dijo… lo que no debiste hacer has hecho conmigo.***

A veces, Dios usa a los impíos para reprender y corregir a su propio pueblo. Lo hace para recordarnos que podemos confiar en Él en todas las circunstancias, por más peligrosas que parezcan.

➤ ***20.17 — Entonces Abraham oró a Dios; y Dios sanó a Abimelec y a su mujer, y a sus siervas.***

Las veces en que Abraham se vuelve un gigante espiritual, es cuando se arrodilla para orar. Lo mismo es cierto para nosotros.

Nacimiento de Isaac

➤ **21** VISITÓ Jehová a Sara, como había dicho, e hizo Jehová con Sara como había hablado.
2 Y Sara concibió[a] y dio a Abraham un hijo en su vejez, en el tiempo que Dios le había dicho.
3 Y llamó Abraham el nombre de su hijo que le nació, que le dio a luz Sara, Isaac.
4 Y circuncidó Abraham a su hijo Isaac[b] de ocho días, como Dios le había mandado.
5 Y era Abraham de cien años cuando nació Isaac su hijo.
➤ 6 Entonces dijo Sara: Dios me ha hecho reír, y cualquiera que lo oyere, se reirá conmigo.
7 Y añadió: ¿Quién dijera a Abraham que Sara habría de dar de mamar a hijos? Pues le he dado un hijo en su vejez.

Agar e Ismael son echados de la casa de Abraham

8 Y creció el niño, y fue destetado; e hizo Abraham gran banquete el día que fue destetado Isaac.
9 Y vio Sara que el hijo de Agar la egipcia, el cual ésta le había dado a luz a Abraham, se burlaba de su hijo Isaac.
10 Por tanto, dijo a Abraham: Echa a esta sierva y a su hijo, porque el hijo de esta sierva no ha de heredar con Isaac mi hijo.[c]
11 Este dicho pareció grave en gran manera a Abraham a causa de su hijo.
12 Entonces dijo Dios a Abraham: No te parezca grave a causa del muchacho y de tu sierva; en todo lo que te dijere Sara, oye su voz, porque en Isaac te será llamada descendencia.[d]
13 Y también del hijo de la sierva haré una nación, porque es tu descendiente.
14 Entonces Abraham se levantó muy de mañana, y tomó pan, y un odre de agua, y lo dio a Agar, poniéndolo sobre su hombro, y le entregó el muchacho, y la despidió. Y ella salió y anduvo errante por el desierto de Beerseba.
15 Y le faltó el agua del odre, y echó al muchacho debajo de un arbusto,
➤ 16 y se fue y se sentó enfrente, a distancia de un tiro de arco; porque decía: No veré cuando el muchacho muera. Y cuando ella se sentó enfrente, el muchacho alzó su voz y lloró.

Ejemplos de vida

ABRAHAM

El hombre perseverante

GN 21.1-3

No llamemos a Abraham sólo un hombre de fe (Gá 3.9), sino también un hombre de perseverancia.

Fue como si el pistoletazo de salida hubiera sonado en su vida cuando Dios le prometió que tendría un hijo en su vejez. Pero los años pasaban, y Abraham y Sara no veían todavía la respuesta a la promesa de Dios. Pero la Biblia nos dice que Abraham «creyó a Jehová» (Gn 15.5, 6).

Abraham mantuvo los ojos de su corazón firmemente puestos en el Señor.

Pasaron dos años, y el niño no llegó.

Pero él seguía confiando en Dios.

A pesar de un traspié en la mitad de la carrera (Gn 16), Abraham corrió fielmente. Durante 25 *años* caminó en armonía con Dios hasta que, por fin, a la edad de 100 años, él y su esposa, de 90, tuvieron un hijo (Gn 21.1-3).

¿Por qué la larga espera? Al parecer, Dios quería que Abraham (¡y nosotros!) aprendiera la relación que hay entre esperar, confiar y tener esperanza (Sal 33.20). Y esa esperanza, como nos lo recuerda el apóstol Pablo, nos mueve a esperar en Dios «con paciencia» (Ro 8.25).

Aun cuando eso signifique correr el maratón más largo de nuestra vida.

Para un estudio más a fondo, véase el Índice de Principios de vida:
14. Dios actúa a favor de quienes esperan en Él.

a. 21.2 He 11.11. **b. 21.4** Gn 17.12; Hch 7.8.
c. 21.10 Gá 4.29-30. **d. 21.12** Ro 9.7; He 11.18.

LECCIONES DE VIDA

➤ ***21.1 — Visitó Jehová a Sara, como había dicho, e hizo Jehová con Sara como había hablado.***

Dios siempre cumple sus promesas, no importa lo imposible que pueda parecer su cumplimiento. Y cada promesa que Él cumple es una expresión de su gracia.

➤ ***21.6 — Entonces dijo Sara: Dios me ha hecho reír, y cualquiera que lo oyere, se reirá conmigo.***

El nombre «Isaac» significa «Él (Dios) ríe (ahora)», una referencia no sólo a la risa escéptica de Abraham y de Sara en respuesta a la promesa divina de Dios de un hijo, sino también a su risa de alegría al nacer Isaac.

➤ ***21.16 — porque decía: No veré cuando el muchacho muera. Y cuando ella se sentó enfrente, el muchacho alzó su voz y lloró.***

Agar descubrió que aprendemos más en nuestras experiencias por el valle de lágrimas que en las de la cumbre del éxito. Sólo cuando toda esperanza parecía perdida, encontró ella su esperanza final en Dios.

17 Y oyó Dios la voz del muchacho; y el ángel
de Dios llamó a Agar desde el cielo, y le dijo:
¿Qué tienes, Agar? No temas; porque Dios ha
oído la voz del muchacho en donde está.
18 Levántate, alza al muchacho, y sostenlo
con tu mano, porque yo haré de él una gran
nación.
19 Entonces Dios le abrió los ojos, y vio una
fuente de agua; y fue y llenó el odre de agua,
y dio de beber al muchacho.
20 Y Dios estaba con el muchacho; y creció, y
habitó en el desierto, y fue tirador de arco.
21 Y habitó en el desierto de Parán; y su madre
le tomó mujer de la tierra de Egipto.

Pacto entre Abraham y Abimelec

22 Aconteció en aquel mismo tiempo que
habló Abimelec,[e] y Ficol príncipe de su ejército, a Abraham, diciendo: Dios está contigo en
todo cuanto haces.
23 Ahora, pues, júrame aquí por Dios, que no
faltarás a mí, ni a mi hijo ni a mi nieto, sino
que conforme a la bondad que yo hice contigo, harás tú conmigo, y con la tierra en donde has morado.
24 Y respondió Abraham: Yo juraré.
25 Y Abraham reconvino a Abimelec a causa
de un pozo de agua, que los siervos de Abimelec le habían quitado.
26 Y respondió Abimelec: No sé quién haya
hecho esto, ni tampoco tú me lo hiciste saber,
ni yo lo he oído hasta hoy.
27 Y tomó Abraham ovejas y vacas, y dio a
Abimelec; e hicieron ambos pacto.
28 Entonces puso Abraham siete corderas del
rebaño aparte.
29 Y dijo Abimelec a Abraham: ¿Qué significan esas siete corderas que has puesto aparte?
30 Y él respondió: Que estas siete corderas
tomarás de mi mano, para que me sirvan de
testimonio de que yo cavé este pozo.
31 Por esto llamó a aquel lugar Beerseba;[1]
porque allí juraron ambos.
32 Así hicieron pacto en Beerseba; y se levantó Abimelec, y Ficol príncipe de su ejército, y
volvieron a tierra de los filisteos.
33 Y plantó Abraham un árbol tamarisco en
Beerseba, e invocó allí el nombre de Jehová
Dios eterno.
34 Y moró Abraham en tierra de los filisteos
muchos días.

Dios ordena a Abraham que sacrifique a Isaac

22 ACONTECIÓ después de estas cosas,
que probó Dios a Abraham, y le dijo:
Abraham. Y él respondió: Heme aquí.
2 Y dijo: Toma ahora tu hijo, tu único, Isaac, a
quien amas, y vete a tierra de Moriah, y ofrécelo allí en holocausto sobre uno de los montes que yo te diré.
3 Y Abraham se levantó muy de mañana, y
enalbardó su asno, y tomó consigo dos siervos suyos, y a Isaac su hijo; y cortó leña para
el holocausto, y se levantó, y fue al lugar que
Dios le dijo.
4 Al tercer día alzó Abraham sus ojos, y vio el
lugar de lejos.
5 Entonces dijo Abraham a sus siervos: Esperad aquí con el asno, y yo y el muchacho iremos hasta allí y adoraremos, y volveremos a
vosotros.
6 Y tomó Abraham la leña del holocausto, y la
puso sobre Isaac su hijo, y él tomó en su mano
el fuego y el cuchillo; y fueron ambos juntos.
7 Entonces habló Isaac a Abraham su padre, y
dijo: Padre mío. Y él respondió: Heme aquí, mi
hijo. Y él dijo: He aquí el fuego y la leña; mas
¿dónde está el cordero para el holocausto?
8 Y respondió Abraham: Dios se proveerá de
cordero para el holocausto, hijo mío. E iban
juntos.
9 Y cuando llegaron al lugar que Dios le había
dicho, edificó allí Abraham un altar, y compuso la leña, y ató a Isaac su hijo, y lo puso en el
altar[a] sobre la leña.
10 Y extendió Abraham su mano y tomó el
cuchillo para degollar a su hijo.

1 Esto es, *Pozo de siete*, o *Pozo del juramento*.

e. 21.22 Gn 26.26. **a. 22.9** Stg 2.21.

LECCIONES DE VIDA

➤ ***21.33 — Y plantó Abraham un árbol tamarisco en Beerseba, e invocó allí el nombre de Jehová Dios eterno.***

Abraham conoció a Dios como el «Dios eterno», fiel por toda la eternidad (Sal 90.2; 93.2; Is 26.4). Podemos contar con que Dios cumplirá sus promesas, porque, como Él dice: «Yo Jehová no cambio» (Mal 3.6).

➤ ***22.1 — Aconteció después de estas cosas, que probó Dios a Abraham.***

Dios permite las pruebas para todos sus hijos, incluso para su Hijo, Jesucristo (Mt 4.1; He 4.15). Para Abraham, este tuvo que ser un momento doloroso, pero sólo duró el tiempo necesario para que Dios llevara a cabo su propósito en la vida de su siervo. Cuando enfrentemos dificultades, lo primero que debemos preguntar es: «Señor, ¿qué quieres que aprenda?» Él nos mostrará exactamente lo que necesitamos saber.

➤ ***22.5 — Entonces dijo Abraham a sus siervos: Esperad aquí con el asno, y yo y el muchacho iremos hasta allí y adoraremos, y volveremos a vosotros.***

Abraham expresó la confianza de que tanto él como Isaac regresarían con vida donde los siervos, aunque tenía la intención de obedecer el mandamiento divino de sacrificar a su hijo. Abraham obedeció y confió, aunque no entendía (He 11.17–19).

11 Entonces el ángel de Jehová le dio voces
desde el cielo, y dijo: Abraham, Abraham. Y él
respondió: Heme aquí.
12 Y dijo: No extiendas tu mano sobre el
muchacho, ni le hagas nada; porque ya conozco que temes a Dios, por cuanto no me rehu-
saste tu hijo, tu único.
➤ 13 Entonces alzó Abraham sus ojos y miró, y
he aquí a sus espaldas un carnero trabado en
un zarzal por sus cuernos; y fue Abraham y
tomó el carnero, y lo ofreció en holocausto en
lugar de su hijo.[b]
➤ 14 Y llamó Abraham el nombre de aquel lugar,
Jehová proveerá.[1] Por tanto se dice hoy: En el
monte de Jehová será provisto.
15 Y llamó el ángel de Jehová a Abraham
segunda vez desde el cielo,
16 y dijo: Por mí mismo he jurado, dice Jehová, que por cuanto has hecho esto, y no me
has rehusado tu hijo, tu único hijo;
* 17 de cierto te bendeciré, y multiplicaré[c] tu descendencia como las estrellas del cielo y como la
arena que está a la orilla del mar;[d] y tu descendencia poseerá las puertas de sus enemigos.
➤ 18 En tu simiente serán benditas todas las
naciones de la tierra,[e] por cuanto obedeciste a mi voz.
19 Y volvió Abraham a sus siervos, y se levantaron y se fueron juntos a Beerseba; y habitó
Abraham en Beerseba.
20 Aconteció después de estas cosas, que fue
dada noticia a Abraham, diciendo: He aquí
que también Milca ha dado a luz hijos a Nacor
tu hermano:
21 Uz su primogénito, Buz su hermano,
Kemuel padre de Aram,
22 Quesed, Hazo, Pildas, Jidlaf y Betuel.
23 Y Betuel fue el padre de Rebeca. Éstos son
los ocho hijos que dio a luz Milca, de Nacor
hermano de Abraham.
24 Y su concubina, que se llamaba Reúma,
dio a luz también a Teba, a Gaham, a Tahas
y a Maaca.

Muerte y sepultura de Sara

23 FUE la vida de Sara ciento veintisiete
años; tantos fueron los años de la vida
de Sara.
2 Y murió Sara en Quiriat-arba, que es Hebrón,
en la tierra de Canaán; y vino Abraham a
hacer duelo por Sara, y a llorarla.
3 Y se levantó Abraham de delante de su
muerta, y habló a los hijos de Het, diciendo:
4 Extranjero y forastero soy entre vosotros;[a]
dadme propiedad para sepultura entre
vosotros,[b] y sepultaré mi muerta de delante de mí.
5 Y respondieron los hijos de Het a Abraham,
y le dijeron:
6 Óyenos, señor nuestro; eres un príncipe de
Dios entre nosotros; en lo mejor de nuestros
sepulcros sepulta a tu muerta; ninguno de
nosotros te negará su sepulcro, ni te impedirá
que entierres tu muerta.
7 Y Abraham se levantó, y se inclinó al pueblo
de aquella tierra, a los hijos de Het,
8 y habló con ellos, diciendo: Si tenéis voluntad de que yo sepulte mi muerta de delante de
mí, oídme, e interceded por mí con Efrón hijo
de Zohar,
9 para que me dé la cueva de Macpela, que tiene al extremo de su heredad; que por su justo
precio me la dé, para posesión de sepultura en
medio de vosotros.
10 Este Efrón estaba entre los hijos de Het; y
respondió Efrón heteo a Abraham, en presencia de los hijos de Het, de todos los que entraban por la puerta de su ciudad, diciendo:
11 No, señor mío, óyeme: te doy la heredad,
y te doy también la cueva que está en ella; en
presencia de los hijos de mi pueblo te la doy;
sepulta tu muerta.
12 Entonces Abraham se inclinó delante del
pueblo de la tierra,
13 y respondió a Efrón en presencia del pueblo
de la tierra, diciendo: Antes, si te place, te ruego que me oigas. Yo daré el precio de la heredad;
tómalo de mí, y sepultaré en ella mi muerta.
14 Respondió Efrón a Abraham, diciéndole:

1 Heb. *Jehová-jireh.*
b. 22.1-13 He 11.17-19. **c. 22.16-17** He 6.13-14.
d. 22.17 He 11.12. **e. 22.18** Hch 3.25. **a. 23.4** He 11.13.
b. 23.4 Hch 7.16.

LECCIONES DE VIDA

➤ ***22.13 — Abraham y tomó el carnero, y lo ofreció en holocausto en lugar de su hijo.***

Cuando obedecemos al Señor, Él asume toda la responsabilidad en cuanto a nuestras necesidades. Aquí, en la región montañosa de Moriah, que rodeaba a lo que más tarde sería Jerusalén, Dios proveyó el carnero para el sacrificio de Abraham. Asimismo, Dios proporcionó el Cordero necesario para el perdón de nuestros pecados, a Jesucristo, en esta misma montaña, sobre las alturas conocidas como el Gólgota (Jn 1.29; 19.17; He 9.22).

➤ ***22.14 — Y llamó Abraham el nombre de aquel lugar, Jehová proveerá. Por tanto se dice hoy: En el monte de Jehová será provisto.***

El Señor proveerá, *siempre*. Puede sorprendernos o dejarnos perplejos, o hacernos esperar. Pero *siempre* proveerá exactamente lo que necesitemos, cuando lo necesitemos.

➤ ***22.18 — En tu simiente serán benditas todas las naciones de la tierra, por cuanto obedeciste a mi voz.***

Dios cumplió esta promesa a Abraham a través de Jesucristo (Hch 3.25, 26; Gá 3.7, 8; Ap 5.9; 7.9, 10). Romanos 4.3 nos dice: «Creyó Abraham a Dios, y le fue contado por justicia». Asimismo, nosotros debemos tener fe en Dios y creer «en aquel que justifica al impío» (Ro 4.5) —Jesucristo. Dios siempre bendice la obediencia, y ésta siempre sigue a la fe genuina. Si no obedecemos, es porque no creemos de verdad (He 3.18, 19).

15 Señor mío, escúchame: la tierra vale cuatrocientos siclos de plata; ¿qué es esto entre tú y yo? Entierra, pues, tu muerta.

16 Entonces Abraham se convino con Efrón, y pesó Abraham a Efrón el dinero que dijo, en presencia de los hijos de Het, cuatrocientos siclos de plata, de buena ley entre mercaderes.

17 Y quedó la heredad de Efrón que estaba en Macpela al oriente de Mamre, la heredad con la cueva que estaba en ella, y todos los árboles que había en la heredad, y en todos sus contornos,

18 como propiedad de Abraham, en presencia de los hijos de Het y de todos los que entraban por la puerta de la ciudad.

19 Después de esto sepultó Abraham a Sara su mujer en la cueva de la heredad de Macpela al oriente de Mamre, que es Hebrón, en la tierra de Canaán.

20 Y quedó la heredad y la cueva que en ella había, de Abraham, como una posesión para sepultura, recibida de los hijos de Het.

Abraham busca esposa para Isaac

➤ 24 ERA Abraham ya viejo, y bien avanzado en años; y Jehová había bendecido a Abraham en todo.

2 Y dijo Abraham a un criado suyo, el más viejo de su casa, que era el que gobernaba en todo lo que tenía: Pon ahora tu mano debajo de mi muslo,

3 y te juramentaré por Jehová, Dios de los cielos y Dios de la tierra, que no tomarás para mi hijo mujer de las hijas de los cananeos, entre los cuales yo habito;

4 sino que irás a mi tierra y a mi parentela, y tomarás mujer para mi hijo Isaac.

5 El criado le respondió: Quizá la mujer no querrá venir en pos de mí a esta tierra. ¿Volveré, pues, tu hijo a la tierra de donde saliste?

6 Y Abraham le dijo: Guárdate que no vuelvas a mi hijo allá.

➤ 7 Jehová, Dios de los cielos, que me tomó de la casa de mi padre y de la tierra de mi parentela, y me habló y me juró, diciendo: A tu descendencia daré esta tierra; él enviará su ángel delante de ti, y tú traerás de allá mujer para mi hijo.

8 Y si la mujer no quisiere venir en pos de ti, serás libre de este mi juramento; solamente que no vuelvas allá a mi hijo.

9 Entonces el criado puso su mano debajo del muslo de Abraham su señor, y le juró sobre este negocio.

10 Y el criado tomó diez camellos de los camellos de su señor, y se fue, tomando toda clase de regalos escogidos de su señor; y puesto en camino, llegó a Mesopotamia, a la ciudad de Nacor.

11 E hizo arrodillar los camellos fuera de la ciudad, junto a un pozo de agua, a la hora de la tarde, la hora en que salen las doncellas por agua.

12 Y dijo: Oh Jehová, Dios de mi señor Abraham, dame, te ruego, el tener hoy buen encuentro, y haz misericordia con mi señor Abraham.

13 He aquí yo estoy junto a la fuente de agua, y las hijas de los varones de esta ciudad salen por agua.

14 Sea, pues, que la doncella a quien yo dijere: Baja tu cántaro, te ruego, para que yo beba, y ella respondiere: Bebe, y también daré de beber a tus camellos; que sea ésta la que tú has destinado para tu siervo Isaac; y en esto conoceré que habrás hecho misericordia con mi señor.

15 Y aconteció que antes que él acabase de hablar, he aquí Rebeca, que había nacido a Betuel, hijo de Milca mujer de Nacor hermano de Abraham, la cual salía con su cántaro sobre su hombro.

16 Y la doncella era de aspecto muy hermoso, virgen, a la que varón no había conocido; la cual descendió a la fuente, y llenó su cántaro, y se volvía.

17 Entonces el criado corrió hacia ella, y dijo: Te ruego que me des a beber un poco de agua de tu cántaro.

18 Ella respondió: Bebe, señor mío; y se dio prisa a bajar su cántaro sobre su mano, y le dio a beber.

19 Y cuando acabó de darle de beber, dijo: También para tus camellos sacaré agua, hasta que acaben de beber.

20 Y se dio prisa, y vació su cántaro en la pila, y corrió otra vez al pozo para sacar agua, y sacó para todos sus camellos.

LECCIONES DE VIDA

➤ ***24.1 — Era Abraham ya viejo, y bien avanzado en años; y Jehová había bendecido a Abraham en todo.***

¿Le gustaría ser bendecido en todo, como Abraham? Entonces debe seguir el ejemplo de confianza y obediencia de Abraham, pues ese es el camino a una gran bendición.

➤ ***24.7 — Jehová, Dios… él enviará su ángel delante de ti, y tú traerás de allá mujer para mi hijo.***

Cuando andamos en fe y obediencia, Dios envía sus ángeles para guiarnos y asegurarse de que lleguemos a su lugar de bendición para nosotros.

➤ ***24.12 — Y dijo: Oh Jehová, Dios de mi señor Abraham, dame, te ruego, el tener hoy buen encuentro, y haz misericordia con mi señor Abraham.***

El siervo de Abraham libró su más dura batalla de rodillas, y al hacerlo logró una gran victoria aun antes de abrir sus ojos. ¡A Dios le encanta responder las oraciones no egoístas de su pueblo!

21 Y el hombre estaba maravillado de ella,
callando, para saber si Jehová había prosperado su viaje, o no.
22 Y cuando los camellos acabaron de beber,
le dio el hombre un pendiente de oro que pesaba medio siclo, y dos brazaletes que pesaban diez,
23 y dijo: ¿De quién eres hija? Te ruego que me digas: ¿hay en casa de tu padre lugar donde posemos?
24 Y ella respondió: Soy hija de Betuel hijo de Milca, el cual ella dio a luz a Nacor.
25 Y añadió: También hay en nuestra casa paja y mucho forraje, y lugar para posar.
➤ 26 El hombre entonces se inclinó, y adoró a Jehová,
27 y dijo: Bendito sea Jehová, Dios de mi amo Abraham, que no apartó de mi amo su misericordia y su verdad, guiándome Jehová en el camino a casa de los hermanos de mi amo.
28 Y la doncella corrió, e hizo saber en casa de su madre estas cosas.
29 Y Rebeca tenía un hermano que se llamaba Labán, el cual corrió afuera hacia el hombre, a la fuente.
30 Y cuando vio el pendiente y los brazaletes en las manos de su hermana, que decía: Así me habló aquel hombre, vino a él; y he aquí que estaba con los camellos junto a la fuente.
31 Y le dijo: Ven, bendito de Jehová; ¿por qué estás fuera? He preparado la casa, y el lugar para los camellos.
32 Entonces el hombre vino a casa, y Labán desató los camellos; y les dio paja y forraje, y agua para lavar los pies de él, y los pies de los hombres que con él venían.
33 Y le pusieron delante qué comer; mas él dijo: No comeré hasta que haya dicho mi mensaje. Y él le dijo: Habla.
34 Entonces dijo: Yo soy criado de Abraham.
35 Y Jehová ha bendecido mucho a mi amo, y él se ha engrandecido; y le ha dado ovejas y vacas, plata y oro, siervos y siervas, camellos y asnos.
36 Y Sara, mujer de mi amo, dio a luz en su vejez un hijo a mi señor, quien le ha dado a él todo cuanto tiene.
37 Y mi amo me hizo jurar, diciendo: No tomarás para mi hijo mujer de las hijas de los cananeos, en cuya tierra habito;
38 sino que irás a la casa de mi padre y a mi parentela, y tomarás mujer para mi hijo.
39 Y yo dije: Quizás la mujer no querrá seguirme.
40 Entonces él me respondió: Jehová, en cuya ➤
presencia he andado, enviará su ángel contigo, y prosperará tu camino; y tomarás para mi hijo mujer de mi familia y de la casa de mi padre.
41 Entonces serás libre de mi juramento, cuando hayas llegado a mi familia; y si no te la dieren, serás libre de mi juramento.
42 Llegué, pues, hoy a la fuente, y dije: Jehová, Dios de mi señor Abraham, si tú prosperas ahora mi camino por el cual ando,
43 he aquí yo estoy junto a la fuente de agua; sea, pues, que la doncella que saliere por agua, a la cual dijere: Dame de beber, te ruego, un poco de agua de tu cántaro,
44 y ella me respondiere: Bebe tú, y también para tus camellos sacaré agua; sea ésta la mujer que destinó Jehová para el hijo de mi señor.
45 Antes que acabase de hablar en mi corazón, he aquí Rebeca, que salía con su cántaro sobre su hombro; y descendió a la fuente, y sacó agua; y le dije: Te ruego que me des de beber.
46 Y bajó prontamente su cántaro de encima de sí, y dijo: Bebe, y también a tus camellos daré de beber. Y bebí, y dio también de beber a mis camellos.
47 Entonces le pregunté, y dije: ¿De quién eres hija? Y ella respondió: Hija de Betuel hijo de Nacor, que le dio a luz Milca. Entonces le puse un pendiente en su nariz, y brazaletes en sus brazos;
48 y me incliné y adoré a Jehová, y bendije a Jehová Dios de mi señor Abraham, que me había guiado por camino de verdad para tomar la hija del hermano de mi señor para su hijo.
49 Ahora, pues, si vosotros hacéis misericordia y verdad con mi señor, declarádmelo; y si no, declarádmelo; y me iré a la diestra o a la siniestra.
50 Entonces Labán y Betuel respondieron y ➤
dijeron: De Jehová ha salido esto; no podemos hablarte malo ni bueno.
51 He ahí Rebeca delante de ti; tómala y vete, y sea mujer del hijo de tu señor, como lo ha dicho Jehová.

LECCIONES DE VIDA

➤ ***24.26 — El hombre entonces se inclinó, y adoró a Jehová.***

Cuando Dios responde a nuestras oraciones, la única respuesta adecuada es la adoración.

➤ ***24.40 — Entonces él me respondió: Jehová, en cuya presencia he andado, enviará su ángel contigo, y prosperará tu camino.***

Abraham veía su relación con Dios como una larga caminata: lenta, constante, llena de vueltas y más vueltas, pero con un destino final maravilloso. Así debemos ver nuestra relación con el Señor.

➤ ***24.50 — Entonces Labán y Betuel respondieron y dijeron: De Jehová ha salido esto; no podemos hablarte malo ni bueno.***

Cuando vemos una respuesta directa a la oración, lo sabio es escuchar su enseñanza y, de ser necesario, quitarse de en medio y dejar que el Señor termine su buena obra.

52 Cuando el criado de Abraham oyó sus
palabras, se inclinó en tierra ante Jehová.
53 Y sacó el criado alhajas de plata y alhajas
de oro, y vestidos, y dio a Rebeca; también dio
cosas preciosas a su hermano y a su madre.
54 Y comieron y bebieron él y los varones que
venían con él, y durmieron; y levantándose de
mañana, dijo: Enviadme a mi señor.
55 Entonces respondieron su hermano y su
madre: Espere la doncella con nosotros a lo
menos diez días, y después irá.
56 Y él les dijo: No me detengáis, ya que Jehová ha prosperado mi camino; despachadme
para que me vaya a mi señor.
57 Ellos respondieron entonces: Llamemos a
la doncella y preguntémosle.
58 Y llamaron a Rebeca, y le dijeron: ¿Irás tú
con este varón? Y ella respondió: Sí, iré.
59 Entonces dejaron ir a Rebeca su hermana, y a su nodriza, y al criado de Abraham y
a sus hombres.
60 Y bendijeron a Rebeca, y le dijeron: Hermana nuestra, sé madre de millares de millares. Y posean tus descendientes la puerta de
sus enemigos.
61 Entonces se levantó Rebeca y sus doncellas, y montaron en los camellos, y siguieron al hombre; y el criado tomó a Rebeca, y
se fue.
62 Y venía Isaac del pozo del Viviente-que-me-
ve; porque él habitaba en el Neguev.
➤ 63 Y había salido Isaac a meditar al campo, a
la hora de la tarde; y alzando sus ojos miró, y
he aquí los camellos que venían.
64 Rebeca también alzó sus ojos, y vio a Isaac,
y descendió del camello;
65 porque había preguntado al criado: ¿Quién
es este varón que viene por el campo hacia
nosotros? Y el criado había respondido: Éste
es mi señor. Ella entonces tomó el velo, y se
cubrió.
66 Entonces el criado contó a Isaac todo lo
que había hecho.
67 Y la trajo Isaac a la tienda de su madre
Sara, y tomó a Rebeca por mujer, y la amó; y
se consoló Isaac después de la muerte de su
madre.

Los descendientes de Abraham y Cetura
(1 Cr 1.32-33)

25 ABRAHAM tomó otra mujer, cuyo
nombre era Cetura,
2 la cual le dio a luz a Zimram, Jocsán, Medán,
Madián, Isbac y Súa.
3 Y Jocsán engendró a Seba y a Dedán; e hijos
de Dedán fueron Asurim Letusim y Leumim.
4 E hijos de Madián: Efa, Efer, Hanoc, Abida y
Elda. Todos éstos fueron hijos de Cetura.
5 Y Abraham dio todo cuanto tenía a Isaac.
6 Pero a los hijos de sus concubinas dio Abraham dones, y los envió lejos de Isaac su hijo,
mientras él vivía, hacia el oriente, a la tierra
oriental.

Muerte y sepultura de Abraham

7 Y éstos fueron los días que vivió Abraham:
ciento setenta y cinco años.
8 Y exhaló el espíritu, y murió Abraham en
buena vejez, anciano y lleno de años, y fue
unido a su pueblo.
9 Y lo sepultaron Isaac e Ismael sus hijos en la
cueva de Macpela, en la heredad de Efrón hijo
de Zohar heteo, que está enfrente de Mamre,
10 heredad que compró Abraham de los hijos
de Het;[a] allí fue sepultado Abraham, y Sara
su mujer.
11 Y sucedió, después de muerto Abraham,
que Dios bendijo a Isaac su hijo; y habitó
Isaac junto al pozo del Viviente-que-me-ve.

Los descendientes de Ismael
(1 Cr 1.28-31)

12 Éstos son los descendientes de Ismael hijo
de Abraham, a quien le dio a luz Agar egipcia,
sierva de Sara;
13 éstos, pues, son los nombres de los hijos
de Ismael, nombrados en el orden de su nacimiento: El primogénito de Ismael, Nebaiot;
luego Cedar, Adbeel, Mibsam,
14 Misma, Duma, Massa,
15 Hadar, Tema, Jetur, Nafis y Cedema.
16 Éstos son los hijos de Ismael, y éstos sus
nombres, por sus villas y por sus campamentos; doce príncipes por sus familias.
17 Y éstos fueron los años de la vida de Ismael,
ciento treinta y siete años; y exhaló el espíritu
Ismael, y murió, y fue unido a su pueblo.
18 Y habitaron desde Havila hasta Shur, que ➤
está enfrente de Egipto viniendo a Asiria; y
murió en presencia de todos sus hermanos.

a. 25.10 Gn 23.3-16.

LECCIONES DE VIDA

➤ ***24.63 — Y había salido Isaac a meditar al campo, a la hora de la tarde.***

Isaac debió haber aprendido el valor de la meditación de su piadoso padre, Abraham, quien enseñó claramente a su hijo que la intimidad con Dios es siempre lo primero en la vida.

➤ ***25.18 — Y habitaron desde Havila hasta Shur... en presencia de todos sus hermanos.***

Las promesas de Dios siempre se hacen realidad, ya sea que se refieran a cosas agradables o no. Génesis 16.12 previó este resultado: que Ismael sería «hombre fiero; su mano será contra todos, y la mano de todos contra él, y delante de todos sus hermanos habitará».

Nacimiento de Jacob y Esaú

19 Éstos son los descendientes de Isaac hijo
de Abraham: Abraham engendró a Isaac,
20 y era Isaac de cuarenta años cuando tomó
por mujer a Rebeca, hija de Betuel arameo de
Padan-aram, hermana de Labán arameo.
➤ 21 Y oró Isaac a Jehová por su mujer, que era
estéril; y lo aceptó Jehová, y concibió Rebeca su mujer.
22 Y los hijos luchaban dentro de ella; y dijo:
Si es así, ¿para qué vivo yo? Y fue a consultar a Jehová;
23 y le respondió Jehová:

Dos naciones hay en tu seno,
Y dos pueblos serán divididos desde tus
entrañas;
El un pueblo será más fuerte que el otro
pueblo,
Y el mayor servirá al menor.[b]

24 Cuando se cumplieron sus días para dar a
luz, he aquí había gemelos en su vientre.
25 Y salió el primero rubio, y era todo vellu-
do como una pelliza; y llamaron su nombre
Esaú.
26 Después salió su hermano, trabada su
mano al calcañar de Esaú; y fue llamado su
nombre Jacob.[1] Y era Isaac de edad de sesenta años cuando ella los dio a luz.

Esaú vende su primogenitura

27 Y crecieron los niños, y Esaú fue diestro
en la caza, hombre del campo; pero Jacob era
varón quieto, que habitaba en tiendas.
28 Y amó Isaac a Esaú, porque comía de su
caza; mas Rebeca amaba a Jacob.
29 Y guisó Jacob un potaje; y volviendo Esaú
del campo, cansado,
30 dijo a Jacob: Te ruego que me des a comer
de ese guiso rojo, pues estoy muy cansado. Por
tanto fue llamado su nombre Edom.[2]
31 Y Jacob respondió: Véndeme en este día tu
primogenitura.
32 Entonces dijo Esaú: He aquí yo me voy
a morir; ¿para qué, pues, me servirá la
primogenitura?
33 Y dijo Jacob: Júramelo en este día. Y él le
juró, y vendió a Jacob su primogenitura.[c]
34 Entonces Jacob dio a Esaú pan y del gui- ➤
sado de las lentejas; y él comió y bebió, y
se levantó y se fue. Así menospreció Esaú la
primogenitura.

Isaac en Gerar

26 DESPUÉS hubo hambre en la tierra,
además de la primera hambre que hubo
en los días de Abraham; y se fue Isaac a
Abimelec rey de los filisteos, en Gerar.
2 Y se le apareció Jehová, y le dijo: No desciendas a Egipto; habita en la tierra que yo
te diré.
3 Habita como forastero en esta tierra, y estaré contigo, y te bendeciré; porque a ti y a tu
descendencia daré todas estas tierras, y confirmaré el juramento que hice a Abraham tu
padre.
4 Multiplicaré tu descendencia como las estrellas del cielo, y daré a tu descendencia todas
estas tierras; y todas las naciones de la tierra
serán benditas en tu simiente,[a]
5 por cuanto oyó Abraham mi voz, y guardó ➤
mi precepto, mis mandamientos, mis estatutos y mis leyes.
6 Habitó, pues, Isaac en Gerar.
7 Y los hombres de aquel lugar le pregunta- ➤
ron acerca de su mujer; y él respondió: Es mi
hermana;[b] porque tuvo miedo de decir: Es mi
mujer; pensando que tal vez los hombres del
lugar lo matarían por causa de Rebeca, pues
ella era de hermoso aspecto.

1 Esto es, *el que toma por el calcañar,* o *el que suplanta.*
2 Esto es, *Rojo.*
b. 25.23 Ro 9.12 **c. 25.33** He 12.16. **a. 26.3-4** Gn 22.16-18.
b. 26.7 Gn 12.13; 20.2.

LECCIONES DE VIDA

➤ ***25.21 — Y oró Isaac a Jehová por su mujer, que era estéril; y lo aceptó Jehová, y concibió Rebeca su mujer.***

En muchos puntos clave de las Escrituras, Dios da hijos a una mujer estéril, a menudo en respuesta a la oración. ¿Por qué da Dios a su pueblo esa difícil carga? Quizás porque el quebrantamiento es el requisito de Dios para que recibamos las mayores bendiciones y seamos útiles al máximo.

➤ ***25.34 — Entonces Jacob dio a Esaú pan y del guisado de las lentejas; y él comió y bebió, y se levantó y se fue. Así menospreció Esaú la primogenitura.***

Al «menospreciar» su primogenitura, Esaú demostró ser un «profano» (He 12.16) pues consideró que llenarse el estómago era más importante que las promesas espirituales de Dios a Abraham. Cuando se sienta con hambre, cansado, enojado o solo, tenga cuidado, porque se vuelve especialmente vulnerable al pecado. Antes de tomar una decisión, deténgase y busque a Dios. Cuanto más ceda a sus sentimientos de debilidad y busque maneras de satisfacer sus necesidades aparte de Dios, más cosechará las terribles consecuencias del pecado.

➤ ***26.5 — por cuanto oyó Abraham mi voz, y guardó mi precepto, mis mandamientos, mis estatutos y mis leyes.***

Dios recordaba a Abraham como alguien que le obedeció, por lo que éste dejó a sus descendientes la mejor herencia posible.

➤ ***26.7 — Él respondió: Es mi hermana; porque tuvo miedo de decir: Es mi mujer.***

Nuestros hijos aprenden de nosotros nuestros buenos hábitos, pero también los malos (Gn 12; 20). Les ahorramos muchos dolores cuando somos modelos para ellos de una vida de fe consecuente.

8 Sucedió que después que él estuvo allí
muchos días, Abimelec, rey de los filisteos,
mirando por una ventana, vio a Isaac que aca-
riciaba a Rebeca su mujer.
9 Y llamó Abimelec a Isaac, y dijo: He aquí
ella es de cierto tu mujer. ¿Cómo, pues, dijiste:
Es mi hermana? E Isaac le respondió: Porque
dije: Quizá moriré por causa de ella.
10 Y Abimelec dijo: ¿Por qué nos has hecho
esto? Por poco hubiera dormido alguno del
pueblo con tu mujer, y hubieras traído sobre
nosotros el pecado.
11 Entonces Abimelec mandó a todo el pueblo, diciendo: El que tocare a este hombre o a
su mujer, de cierto morirá.
12 Y sembró Isaac en aquella tierra, y cose-
chó aquel año ciento por uno; y le bendijo
Jehová.
13 El varón se enriqueció, y fue prosperado, y
se engrandeció hasta hacerse muy poderoso.
14 Y tuvo hato de ovejas, y hato de vacas, y
mucha labranza; y los filisteos le tuvieron
envidia.
15 Y todos los pozos que habían abierto los
criados de Abraham su padre en sus días,
los filisteos los habían cegado y llenado de
tierra.
16 Entonces dijo Abimelec a Isaac: Apártate
de nosotros, porque mucho más poderoso que
nosotros te has hecho.
17 E Isaac se fue de allí, y acampó en el valle
de Gerar, y habitó allí.
18 Y volvió a abrir Isaac los pozos de agua
que habían abierto en los días de Abraham
su padre, y que los filisteos habían cegado
después de la muerte de Abraham; y los llamó por los nombres que su padre los había
llamado.
19 Pero cuando los siervos de Isaac cavaron
en el valle, y hallaron allí un pozo de aguas
vivas,
20 los pastores de Gerar riñeron con los pastores de Isaac, diciendo: El agua es nuestra.
Por eso llamó el nombre del pozo Esek,[1] porque habían altercado con él.
21 Y abrieron otro pozo, y también riñeron
sobre él; y llamó su nombre Sitna.[2]
22 Y se apartó de allí, y abrió otro pozo, y no
riñeron sobre él; y llamó su nombre Rehobot,[3]
y dijo: Porque ahora Jehová nos ha prosperado, y fructificaremos en la tierra.
23 Y de allí subió a Beerseba.
24 Y se le apareció Jehová aquella noche, y le
dijo: Yo soy el Dios de Abraham tu padre; no
temas, porque yo estoy contigo, y te bendeciré, y multiplicaré tu descendencia por amor de
Abraham mi siervo.
25 Y edificó allí un altar, e invocó el nombre de
Jehová, y plantó allí su tienda; y abrieron allí
los siervos de Isaac un pozo.
26 Y Abimelec[c] vino a él desde Gerar, y Ahu-
zat, amigo suyo, y Ficol, capitán de su ejército.
27 Y les dijo Isaac: ¿Por qué venís a mí, pues
que me habéis aborrecido, y me echasteis de
entre vosotros?
28 Y ellos respondieron: Hemos visto que ➤
Jehová está contigo; y dijimos: Haya ahora
juramento entre nosotros, entre tú y nosotros,
y haremos pacto contigo,
29 que no nos hagas mal, como nosotros no
te hemos tocado, y como solamente te hemos
hecho bien, y te enviamos en paz; tú eres ahora bendito de Jehová.
30 Entonces él les hizo banquete, y comieron
y bebieron.
31 Y se levantaron de madrugada, y juraron el
uno al otro; e Isaac los despidió, y ellos se despidieron de él en paz.
32 En aquel día sucedió que vinieron los criados de Isaac, y le dieron nuevas acerca del
pozo que habían abierto, y le dijeron: Hemos
hallado agua.
33 Y lo llamó Seba; por esta causa el nombre
de aquella ciudad es Beerseba hasta este día.
34 Y cuando Esaú era de cuarenta años, tomó
por mujer a Judit hija de Beeri heteo, y a Basemat hija de Elón heteo;
35 y fueron amargura de espíritu para Isaac y ➤
para Rebeca.

Jacob obtiene la bendición de Isaac

27 ACONTECIÓ que cuando Isaac envejeció, y sus ojos se oscurecieron quedando
sin vista, llamó a Esaú su hijo mayor, y le dijo:
Hijo mío. Y él respondió: Heme aquí.
2 Y él dijo: He aquí ya soy viejo, no sé el día
de mi muerte.
3 Toma, pues, ahora tus armas, tu aljaba y tu
arco, y sal al campo y tráeme caza;
4 y hazme un guisado como a mí me gusta,
y tráemelo, y comeré, para que yo te bendiga
antes que muera.

1 Esto es, *Contención*. **2** Esto es, *Enemistad*.
3 Esto es, *Lugares amplios* o *espaciosos*.

c. 26.26 Gn 21.22.

LECCIONES DE VIDA

➤ ***26.28 — Y ellos respondieron: Hemos visto que Jehová está contigo.***

Cuando Dios bendice a sus hijos, a veces hasta los impíos lo ven con claridad (Pr 16.7). Cuando vivimos de una manera que atrae las bendiciones del Señor, esas bendiciones pueden derramarse también sobre nuestros vecinos.

➤ ***26.35 — Y fueron amargura de espíritu para Isaac y para Rebeca.***

El pueblo de Dios no debe unirse en yugo desigual con los incrédulos (2 Co 6.14). La desobediencia a esta orden causa dolores enormes e innecesarios.

5 Y Rebeca estaba oyendo, cuando hablaba Isaac a Esaú su hijo; y se fue Esaú al campo para buscar la caza que había de traer.

6 Entonces Rebeca habló a Jacob su hijo, diciendo: He aquí yo he oído a tu padre que hablaba con Esaú tu hermano, diciendo:

7 Tráeme caza y hazme un guisado, para que coma, y te bendiga en presencia de Jehová antes que yo muera.

8 Ahora, pues, hijo mío, obedece a mi voz en lo que te mando.

9 Ve ahora al ganado, y tráeme de allí dos buenos cabritos de las cabras, y haré de ellos viandas para tu padre, como a él le gusta;

10 y tú las llevarás a tu padre, y comerá, para que él te bendiga antes de su muerte.

11 Y Jacob dijo a Rebeca su madre: He aquí, Esaú mi hermano es hombre velloso, y yo lampiño.

12 Quizá me palpará mi padre, y me tendrá por burlador, y traeré sobre mí maldición y no bendición.

13 Y su madre respondió: Hijo mío, sea sobre mí tu maldición; solamente obedece a mi voz y ve y tráemelos.

14 Entonces él fue y los tomó, y los trajo a su madre; y su madre hizo guisados, como a su padre le gustaba.

15 Y tomó Rebeca los vestidos de Esaú su hijo mayor, los preciosos, que ella tenía en casa, y vistió a Jacob su hijo menor;

16 y cubrió sus manos y la parte de su cuello donde no tenía vello, con las pieles de los cabritos;

17 y entregó los guisados y el pan que había preparado, en manos de Jacob su hijo.

18 Entonces éste fue a su padre y dijo: Padre mío. E Isaac respondió: Heme aquí; ¿quién eres, hijo mío?

19 Y Jacob dijo a su padre: Yo soy Esaú tu primogénito; he hecho como me dijiste: levántate ahora, y siéntate, y come de mi caza, para que me bendigas.

20 Entonces Isaac dijo a su hijo: ¿Cómo es que la hallaste tan pronto, hijo mío? Y él respondió: Porque Jehová tu Dios hizo que la encontrase delante de mí.

21 E Isaac dijo a Jacob: Acércate ahora, y te palparé, hijo mío, por si eres mi hijo Esaú o no.

22 Y se acercó Jacob a su padre Isaac, quien le palpó, y dijo: La voz es la voz de Jacob, pero las manos, las manos de Esaú.

23 Y no le conoció, porque sus manos eran vellosas como las manos de Esaú; y le bendijo.

24 Y dijo: ¿Eres tú mi hijo Esaú? Y Jacob respondió: Yo soy.

25 Dijo también: Acércamela, y comeré de la caza de mi hijo, para que yo te bendiga; y Jacob se la acercó, e Isaac comió; le trajo también vino, y bebió.

26 Y le dijo Isaac su padre: Acércate ahora, y bésame, hijo mío.

27 Y Jacob se acercó, y le besó; y olió Isaac el olor de sus vestidos, y le bendijo, diciendo:

Mira, el olor de mi hijo,
Como el olor del campo que Jehová ha
bendecido;
28 Dios, pues, te dé del rocío del cielo,
Y de las grosuras de la tierra,
Y abundancia de trigo y de mosto.
29 Sírvante pueblos,
Y naciones se inclinen a ti;
Sé señor de tus hermanos,
Y se inclinen ante ti los hijos de tu
madre.
Malditos los que te maldijeren,
Y benditos los que te bendijeren.[a, b]

30 Y aconteció, luego que Isaac acabó de bendecir a Jacob, y apenas había salido Jacob de delante de Isaac su padre, que Esaú su hermano volvió de cazar.

31 E hizo él también guisados, y trajo a su padre, y le dijo: Levántese mi padre, y coma de la caza de su hijo, para que me bendiga.

32 Entonces Isaac su padre le dijo: ¿Quién eres tú? Y él le dijo: Yo soy tu hijo, tu primogénito, Esaú.

33 Y se estremeció Isaac grandemente, y dijo: ¿Quién es el que vino aquí, que trajo caza, y me dio, y comí de todo antes que tú vinieses? Yo le bendije, y será bendito.

34 Cuando Esaú oyó las palabras de su padre, clamó con una muy grande y muy amarga exclamación, y le dijo: Bendíceme también a mí, padre mío.

35 Y él dijo: Vino tu hermano con engaño, y tomó tu bendición.

36 Y Esaú respondió: Bien llamaron su nombre Jacob, pues ya me ha suplantado dos veces: se apoderó de mi primogenitura,[c] y he aquí ahora ha tomado mi bendición. Y dijo: ¿No has guardado bendición para mí?

37 Isaac respondió y dijo a Esaú: He aquí yo le he puesto por señor tuyo, y le he dado por siervos a todos sus hermanos; de trigo y de vino le he provisto; ¿qué, pues, te haré a ti ahora, hijo mío?

38 Y Esaú respondió a su padre: ¿No tienes más que una sola bendición, padre mío? Bendíceme también a mí, padre mío. Y alzó Esaú su voz, y lloró.[d]

39 Entonces Isaac su padre habló y le dijo:

He aquí, será tu habitación en grosuras
de la tierra,
Y del rocío de los cielos de arriba;
40 Y por tu espada vivirás, y a tu hermano
servirás;
Y sucederá cuando te fortalezcas,

---

a. 27.29 Gn 12.3. **b. 27.27-29** He 11.20.
c. 27.36 Gn 25.29-34. **d. 27.38** He 12.17.

Que descargarás su yugo de tu
cerviz.[e,f]

Jacob huye de Esaú

➤ 41 Y aborreció Esaú a Jacob por la bendición con que su padre le había bendecido, y dijo en su corazón: Llegarán los días del luto de mi padre, y yo mataré a mi hermano Jacob.
42 Y fueron dichas a Rebeca las palabras de Esaú su hijo mayor; y ella envió y llamó a Jacob su hijo menor, y le dijo: He aquí, Esaú tu hermano se consuela acerca de ti con la idea de matarte.
43 Ahora pues, hijo mío, obedece a mi voz; levántate y huye a casa de Labán mi hermano en Harán,
44 y mora con él algunos días, hasta que el enojo de tu hermano se mitigue;
45 hasta que se aplaque la ira de tu hermano contra ti, y olvide lo que le has hecho; yo enviaré entonces, y te traeré de allá. ¿Por qué seré privada de vosotros ambos en un día?
46 Y dijo Rebeca a Isaac: Fastidio tengo de mi vida, a causa de las hijas de Het. Si Jacob toma mujer de las hijas de Het, como éstas, de las hijas de esta tierra, ¿para qué quiero la vida?

28 ENTONCES Isaac llamó a Jacob, y lo bendijo, y le mandó diciendo: No tomes mujer de las hijas de Canaán.
2 Levántate, ve a Padan-aram, a casa de Betuel, padre de tu madre, y toma allí mujer de las hijas de Labán, hermano de tu madre.
3 Y el Dios omnipotente te bendiga, y te haga fructificar y te multiplique, hasta llegar a ser multitud de pueblos;
4 y te dé la bendición de Abraham,[a] y a tu descendencia contigo, para que heredes la tierra en que moras, que Dios dio a Abraham.
5 Así envió Isaac a Jacob, el cual fue a Padan-aram, a Labán hijo de Betuel arameo, hermano de Rebeca madre de Jacob y de Esaú.
6 Y vio Esaú cómo Isaac había bendecido a Jacob, y le había enviado a Padan-aram, para tomar para sí mujer de allí; y que cuando le bendijo, le había mandado diciendo: No tomarás mujer de las hijas de Canaán;
7 y que Jacob había obedecido a su padre y a su madre, y se había ido a Padan-aram.
8 Vio asimismo Esaú que las hijas de Canaán parecían mal a Isaac su padre; ➤
9 y se fue Esaú a Ismael, y tomó para sí por mujer a Mahalat, hija de Ismael hijo de Abraham, hermana de Nebaiot, además de sus otras mujeres.

Dios se aparece a Jacob en Bet-el

10 Salió, pues, Jacob de Beerseba, y fue a Harán.
11 Y llegó a un cierto lugar, y durmió allí, porque ya el sol se había puesto; y tomó de las piedras de aquel paraje y puso a su cabecera, y se acostó en aquel lugar.
12 Y soñó: y he aquí una escalera que estaba apoyada en tierra, y su extremo tocaba en el cielo; y he aquí ángeles de Dios que subían y descendían por ella.[b]
13 Y he aquí, Jehová estaba en lo alto de ella, el cual dijo: Yo soy Jehová, el Dios de Abraham tu padre, y el Dios de Isaac; la tierra en que estás acostado te la daré a ti y a tu descendencia.[c]
14 Será tu descendencia como el polvo de la tierra, y te extenderás al occidente, al oriente, al norte y al sur; y todas las familias de la tierra serán benditas en ti y en tu simiente.[d]
15 He aquí, yo estoy contigo, y te guardaré por dondequiera que fueres, y volveré a traerte a esta tierra; porque no te dejaré hasta que haya hecho lo que te he dicho. ➤
16 Y despertó Jacob de su sueño, y dijo: Ciertamente Jehová está en este lugar, y yo no lo sabía.
17 Y tuvo miedo, y dijo: ¡Cuán terrible es este lugar! No es otra cosa que casa de Dios, y puerta del cielo.

e. 27.40 2 R 8.20; 2 Cr 21.8. **f. 27.39-40** He 11.20.
a. 28.4 Gn 17.4-8. **b. 28.12** Jn 1.51. **c. 28.13** Gn 13.14-15.
d. 28.14 Gn 12.3; 22.18.

LECCIONES DE VIDA

➤ ***27.41 — Y aborreció Esaú a Jacob por la bendición con que su padre le había bendecido...***

Jacob no tuvo mucha paz en su vida, porque a menudo usaba el engaño para lograr lo que quería. Es sólo cuando obedecemos a Dios —confiando en Él y esperando sus bendiciones— que tenemos paz (Fil 4.6, 7).

➤ ***28.8, 9 — Vio asimismo Esaú que las hijas de Canaán parecían mal a Isaac su padre; y se fue Esaú a Ismael, y tomó para sí por mujer a Mahalat, hija de Ismael hijo de Abraham.***

Con este matrimonio, Esaú trató de demostrar que quería la aceptación de su padre. Sin embargo, hay una diferencia abismal entre el acatamiento externo para ganar aceptación, y el deseo interno de hacer lo correcto. En vez de agradar a Isaac, Esaú se casó con una descendiente de Ismael que lo apartaría de honrar a Dios, lo mismo que habían hecho sus mujeres cananeas.

➤ ***28.15 — He aquí, yo estoy contigo, y te guardaré por dondequiera que fueres, y volveré a traerte a esta tierra; porque no te dejaré hasta que haya hecho lo que te he dicho.***

Dios siempre estará con nosotros, y cumplirá todas las promesas que nos hace, aun cuando atravesemos las tormentas de la vida. Cuando nos preguntemos si Él realmente está allí, ¡lo está!

18 Y se levantó Jacob de mañana, y tomó la
piedra que había puesto de cabecera, y la alzó
por señal, y derramó aceite encima de ella.
19 Y llamó el nombre de aquel lugar Bet-
el,[1] aunque Luz[2] era el nombre de la ciudad
primero.
20 E hizo Jacob voto, diciendo: Si fuere Dios
conmigo, y me guardare en este viaje en que
voy, y me diere pan para comer y vestido para
vestir,
21 y si volviere en paz a casa de mi padre,
Jehová será mi Dios.
22 Y esta piedra que he puesto por señal, será
casa de Dios; y de todo lo que me dieres, el
diezmo apartaré para ti.

Jacob sirve a Labán por Raquel y Lea

29 SIGUIÓ luego Jacob su camino, y fue a
la tierra de los orientales.
2 Y miró, y vio un pozo en el campo; y he aquí
tres rebaños de ovejas que yacían cerca de
él, porque de aquel pozo abrevaban los ganados; y había una gran piedra sobre la boca
del pozo.
3 Y juntaban allí todos los rebaños; y revol-
vían la piedra de la boca del pozo, y abrevaban las ovejas, y volvían la piedra sobre la
boca del pozo a su lugar.
4 Y les dijo Jacob: Hermanos míos, ¿de dónde
sois? Y ellos respondieron: De Harán somos.
5 Él les dijo: ¿Conocéis a Labán hijo de
Nacor? Y ellos dijeron: Sí, le conocemos.
6 Y él les dijo: ¿Está bien? Y ellos dijeron:
Bien, y he aquí Raquel su hija viene con las
ovejas.
7 Y él dijo: He aquí es aún muy de día; no es
tiempo todavía de recoger el ganado; abrevad
las ovejas, e id a apacentarlas.
8 Y ellos respondieron: No podemos, hasta
que se junten todos los rebaños, y remuevan
la piedra de la boca del pozo, para que abre-
vemos las ovejas.
9 Mientras él aún hablaba con ellos, Raquel
vino con el rebaño de su padre, porque ella
era la pastora.
10 Y sucedió que cuando Jacob vio a Raquel,
hija de Labán hermano de su madre, y las ovejas de Labán el hermano de su madre, se acercó Jacob y removió la piedra de la boca del
pozo, y abrevó el rebaño de Labán hermano
de su madre.
11 Y Jacob besó a Raquel, y alzó su voz y
lloró.
12 Y Jacob dijo a Raquel que él era hermano
de su padre, y que era hijo de Rebeca; y ella
corrió, y dio las nuevas a su padre.
13 Así que oyó Labán las nuevas de Jacob,
hijo de su hermana, corrió a recibirlo, y lo
abrazó, lo besó, y lo trajo a su casa; y él contó
a Labán todas estas cosas.
14 Y Labán le dijo: Ciertamente hueso mío
y carne mía eres. Y estuvo con él durante un
mes.
15 Entonces dijo Labán a Jacob: ¿Por ser tú
mi hermano, me servirás de balde? Dime cuál
será tu salario.
16 Y Labán tenía dos hijas: el nombre de
la mayor era Lea, y el nombre de la menor,
Raquel.
17 Y los ojos de Lea eran delicados, pero
Raquel era de lindo semblante y de hermoso parecer.
18 Y Jacob amó a Raquel, y dijo: Yo te serviré
siete años por Raquel tu hija menor.
19 Y Labán respondió: Mejor es que te la dé
a ti, y no que la dé a otro hombre; quédate
conmigo.
20 Así sirvió Jacob por Raquel siete años;
y le parecieron como pocos días, porque la
amaba.
21 Entonces dijo Jacob a Labán: Dame mi
mujer, porque mi tiempo se ha cumplido, para
unirme a ella.
22 Entonces Labán juntó a todos los varones
de aquel lugar, e hizo banquete.
23 Y sucedió que a la noche tomó a Lea su
hija, y se la trajo; y él se llegó a ella.
24 Y dio Labán su sierva Zilpa a su hija Lea
por criada.
25 Venida la mañana, he aquí que era Lea; y
Jacob dijo a Labán: ¿Qué es esto que me has
hecho? ¿No te he servido por Raquel? ¿Por
qué, pues, me has engañado?
26 Y Labán respondió: No se hace así en
nuestro lugar, que se dé la menor antes de la
mayor.
27 Cumple la semana de ésta, y se te dará
también la otra, por el servicio que hagas conmigo otros siete años.
28 E hizo Jacob así, y cumplió la semana
de aquélla; y él le dio a Raquel su hija por
mujer.
29 Y dio Labán a Raquel su hija su sierva Bilha por criada.
30 Y se llegó también a Raquel, y la amó también más que a Lea; y sirvió a Labán aún otros
siete años.

Los hijos de Jacob

31 Y vio Jehová que Lea era menospreciada, y
le dio hijos; pero Raquel era estéril.
32 Y concibió Lea, y dio a luz un hijo, y llamó su nombre Rubén,[3] porque dijo: Ha mirado Jehová mi aflicción; ahora, por tanto, me
amará mi marido.
33 Concibió otra vez, y dio a luz un hijo, y dijo:
Por cuanto oyó[4] Jehová que yo era menospreciada, me ha dado también éste. Y llamó su
nombre Simeón.

1 Esto es, *Casa de Dios*. **2** Esto es, *Almendro*.
3 Esto es, *Ved un hijo*. **4** Heb. *Shama*.

34 Y concibió otra vez, y dio a luz un hijo, y
dijo: Ahora esta vez se unirá[1] mi marido conmigo, porque le he dado a luz tres hijos; por
tanto, llamó su nombre Leví.
35 Concibió otra vez, y dio a luz un hijo, y
dijo: Esta vez alabaré[2] a Jehová; por esto llamó su nombre Judá; y dejó de dar a luz.
30 VIENDO Raquel que no daba hijos a
Jacob, tuvo envidia de su hermana,
y decía a Jacob: Dame hijos, o si no, me
muero.
2 Y Jacob se enojó contra Raquel, y dijo: ¿Soy
yo acaso Dios, que te impidió el fruto de tu
vientre?
3 Y ella dijo: He aquí mi sierva Bilha; llégate a
ella, y dará a luz sobre mis rodillas, y yo también tendré hijos de ella.
4 Así le dio a Bilha su sierva por mujer; y
Jacob se llegó a ella.
5 Y concibió Bilha, y dio a luz un hijo a
Jacob.
6 Dijo entonces Raquel: Me juzgó Dios, y también oyó mi voz, y me dio un hijo. Por tanto
llamó su nombre Dan.[3]
7 Concibió otra vez Bilha la sierva de Raquel,
y dio a luz un segundo hijo a Jacob.
8 Y dijo Raquel: Con luchas de Dios he con-
tendido[4] con mi hermana, y he vencido. Y llamó su nombre Neftalí.
9 Viendo, pues, Lea, que había dejado de dar
a luz, tomó a Zilpa su sierva, y la dio a Jacob
por mujer.
10 Y Zilpa sierva de Lea dio a luz un hijo a
Jacob.
11 Y dijo Lea: Vino la ventura; y llamó su nombre Gad.[5]
12 Luego Zilpa la sierva de Lea dio a luz otro
hijo a Jacob.
13 Y dijo Lea: Para dicha mía; porque las
mujeres me dirán dichosa; y llamó su nombre Aser.[6]
14 Fue Rubén en tiempo de la siega de los trigos, y halló mandrágoras en el campo, y las
trajo a Lea su madre; y dijo Raquel a Lea: Te
ruego que me des de las mandrágoras de tu
hijo.
15 Y ella respondió: ¿Es poco que hayas tomado mi marido, sino que también te has de
llevar las mandrágoras de mi hijo? Y dijo
Raquel: Pues dormirá contigo esta noche por
las mandrágoras de tu hijo.
16 Cuando, pues, Jacob volvía del campo a la
tarde, salió Lea a él, y le dijo: Llégate a mí,
porque a la verdad te he alquilado por las
mandrágoras de mi hijo. Y durmió con ella
aquella noche.
17 Y oyó Dios a Lea; y concibió, y dio a luz el
quinto hijo a Jacob.
18 Y dijo Lea: Dios me ha dado mi recompensa,[7] por cuanto di mi sierva a mi marido;
por eso llamó su nombre Isacar.
19 Después concibió Lea otra vez, y dio a luz
el sexto hijo a Jacob.
20 Y dijo Lea: Dios me ha dado una buena
dote; ahora morará[8] conmigo mi marido, porque le he dado a luz seis hijos; y llamó su
nombre Zabulón.
21 Después dio a luz una hija, y llamó su nombre Dina.
22 Y se acordó Dios de Raquel, y la oyó Dios,
y le concedió hijos.
23 Y concibió, y dio a luz un hijo, y dijo: Dios
ha quitado mi afrenta;
24 y llamó su nombre José,[9] diciendo: Añáda-
me Jehová otro hijo.

Tretas de Jacob y de Labán

25 Aconteció cuando Raquel hubo dado a luz
a José, que Jacob dijo a Labán: Envíame, e iré
a mi lugar, y a mi tierra.
26 Dame mis mujeres y mis hijos, por las cuales he servido contigo, y déjame ir; pues tú
sabes los servicios que te he hecho.
27 Y Labán le respondió: Halle yo ahora gracia en tus ojos, y quédate; he experimentado
que Jehová me ha bendecido por tu causa.
28 Y dijo: Señálame tu salario, y yo lo daré.
29 Y él respondió: Tú sabes cómo te he servido, y cómo ha estado tu ganado conmigo.

1 Heb. *lawah*. 2 Heb. *Hodah*. 3 Esto es, *juzgó*.
4 Heb. *niftal*. 5 Esto es, *Fortuna*. 6 Esto es, *Feliz*. 7 Heb. *sakar*.
8 Heb. *zabal*. 9 Esto es, *El añade*.

LECCIONES DE VIDA

➤ *29.35 — Esta vez alabaré a Jehová; por esto llamó su nombre Judá.*

Lea esperaba encontrar la felicidad, primero en el amor de su esposo, después en la bendición de los hijos. Pero, al tener su cuarto hijo, empezó a entender que la satisfacción duradera sólo se puede hallar en una íntima relación con Dios.

➤ *30.2 — Y Jacob se enojó contra Raquel, y dijo: ¿Soy yo acaso Dios, que te impidió el fruto de tu vientre?*

Cuando Rebeca intentó sin éxito tener hijos, su esposo, Isaac, oró por ella (Gn 25.21). Lo mismo había hecho Abraham por la casa de Abimelec (Gn 20.17). Pero Jacob todavía no había aprendido que de rodillas somos más altos y más fuertes.

➤ *30.27 — Y Labán le respondió: Halle yo ahora gracia en tus ojos, y quédate; he experimentado que Jehová me ha bendecido por tu causa.*

La bendición que recibimos de Dios puede derramarse sobre los demás.

30 Porque poco tenías antes de mi venida, y ha crecido en gran número, y Jehová te ha bendecido con mi llegada; y ahora, ¿cuándo trabajaré también por mi propia casa?

31 Y él dijo: ¿Qué te daré? Y respondió Jacob: No me des nada; si hicieres por mí esto, volveré a apacentar tus ovejas.

32 Yo pasaré hoy por todo tu rebaño, poniendo aparte todas las ovejas manchadas y salpicadas de color, y todas las ovejas de color oscuro, y las manchadas y salpicadas de color entre las cabras; y esto será mi salario.

33 Así responderá por mí mi honradez mañana, cuando vengas a reconocer mi salario; toda la que no fuere pintada ni manchada en las cabras, y de color oscuro entre mis ovejas, se me ha de tener como de hurto.

34 Dijo entonces Labán: Mira, sea como tú dices.

35 Y Labán apartó aquel día los machos cabríos manchados y rayados, y todas las cabras manchadas y salpicadas de color, y toda aquella que tenía en sí algo de blanco, y todas las de color oscuro entre las ovejas, y las puso en mano de sus hijos.

36 Y puso tres días de camino entre sí y Jacob; y Jacob apacentaba las otras ovejas de Labán.

37 Tomó luego Jacob varas verdes de álamo, de avellano y de castaño, y descortezó en ellas mondaduras blancas, descubriendo así lo blanco de las varas.

38 Y puso las varas que había mondado delante del ganado, en los canales de los abrevaderos del agua donde venían a beber las ovejas, las cuales procreaban cuando venían a beber.

39 Así concebían las ovejas delante de las varas; y parían borregos listados, pintados y salpicados de diversos colores.

40 Y apartaba Jacob los corderos, y ponía con su propio rebaño los listados y todo lo que era oscuro del hato de Labán. Y ponía su hato aparte, y no lo ponía con las ovejas de Labán.

41 Y sucedía que cuantas veces se hallaban en celo las ovejas más fuertes, Jacob ponía las varas delante de las ovejas en los abrevaderos, para que concibiesen a la vista de las varas.

42 Pero cuando venían las ovejas más débiles, no las ponía; así eran las más débiles para Labán, y las más fuertes para Jacob.

43 Y se enriqueció el varón muchísimo, y tuvo muchas ovejas, y siervas y siervos, y camellos y asnos.

31 Y oía Jacob las palabras de los hijos de Labán, que decían: Jacob ha tomado todo lo que era de nuestro padre, y de lo que era de nuestro padre ha adquirido toda esta riqueza.

2 Miraba también Jacob el semblante de Labán, y veía que no era para con él como había sido antes.

3 También Jehová dijo a Jacob: Vuélvete a la tierra de tus padres, y a tu parentela, y yo estaré contigo.

4 Envió, pues, Jacob, y llamó a Raquel y a Lea al campo donde estaban sus ovejas,

5 y les dijo: Veo que el semblante de vuestro padre no es para conmigo como era antes; mas el Dios de mi padre ha estado conmigo.

6 Vosotras sabéis que con todas mis fuerzas he servido a vuestro padre;

7 y vuestro padre me ha engañado, y me ha cambiado el salario diez veces; pero Dios no le ha permitido que me hiciese mal.

8 Si él decía así: Los pintados serán tu salario, entonces todas las ovejas parían pintados; y si decía así: Los listados serán tu salario; entonces todas las ovejas parían listados.

9 Así quitó Dios el ganado de vuestro padre, y me lo dio a mí.

10 Y sucedió que al tiempo que las ovejas estaban en celo, alcé yo mis ojos y vi en sueños, y he aquí los machos que cubrían a las hembras eran listados, pintados y abigarrados.

11 Y me dijo el ángel de Dios en sueños: Jacob. Y yo dije: Heme aquí.

12 Y él dijo: Alza ahora tus ojos, y verás que todos los machos que cubren a las hembras son listados, pintados y abigarrados; porque yo he visto todo lo que Labán te ha hecho.

13 Yo soy el Dios de Bet-el, donde tú ungiste la piedra, y donde me hiciste un voto.[a] Levántate ahora y sal de esta tierra, y vuélvete a la tierra de tu nacimiento.

14 Respondieron Raquel y Lea, y le dijeron: ¿Tenemos acaso parte o heredad en la casa de nuestro padre?

15 ¿No nos tiene ya como por extrañas, pues que nos vendió, y aun se ha comido del todo nuestro precio?

16 Porque toda la riqueza que Dios ha quitado a nuestro padre, nuestra es y de nuestros hijos; ahora, pues, haz todo lo que Dios te ha dicho.

Jacob huye de Labán

17 Entonces se levantó Jacob, y subió sus hijos y sus mujeres sobre los camellos,

18 y puso en camino todo su ganado, y todo cuanto había adquirido, el ganado de su ganancia que había obtenido en Padan-aram, para volverse a Isaac su padre en la tierra de Canaán.

19 Pero Labán había ido a trasquilar sus ovejas; y Raquel hurtó los ídolos de su padre.

20 Y Jacob engañó a Labán arameo, no haciéndole saber que se iba.

a. 31.13 Gn 28.18-22.

21 Huyó, pues, con todo lo que tenía; y se
levantó y pasó el Éufrates, y se dirigió al monte de Galaad.
22 Y al tercer día fue dicho a Labán que Jacob
había huido.
23 Entonces Labán tomó a sus parientes consigo, y fue tras Jacob camino de siete días, y le
alcanzó en el monte de Galaad.
24 Y vino Dios a Labán arameo en sueños
aquella noche, y le dijo: Guárdate que no
hables a Jacob descomedidamente.
25 Alcanzó, pues, Labán a Jacob; y éste había
fijado su tienda en el monte; y Labán acampó
con sus parientes en el monte de Galaad.
26 Y dijo Labán a Jacob: ¿Qué has hecho, que
me engañaste, y has traído a mis hijas como
prisioneras de guerra?
27 ¿Por qué te escondiste para huir, y me
engañaste, y no me lo hiciste saber para que
yo te despidiera con alegría y con cantares,
con tamborín y arpa?
28 Pues ni aun me dejaste besar a mis hijos y
mis hijas. Ahora, locamente has hecho.
➤ 29 Poder hay en mi mano para haceros mal;
mas el Dios de tu padre me habló anoche
diciendo: Guárdate que no hables a Jacob
descomedidamente.
30 Y ya que te ibas, porque tenías deseo de la
casa de tu padre, ¿por qué me hurtaste mis
dioses?
31 Respondió Jacob y dijo a Labán: Porque
tuve miedo; pues pensé que quizá me quita-
rías por fuerza tus hijas.
32 Aquel en cuyo poder hallares tus dioses, no
viva; delante de nuestros hermanos reconoce lo que yo tenga tuyo, y llévatelo. Jacob no
sabía que Raquel los había hurtado.
33 Entró Labán en la tienda de Jacob, en la
tienda de Lea, y en la tienda de las dos siervas, y no los halló; y salió de la tienda de Lea,
y entró en la tienda de Raquel.
34 Pero tomó Raquel los ídolos y los puso en
una albarda de un camello, y se sentó sobre
ellos; y buscó Labán en toda la tienda, y no
los halló.
35 Y ella dijo a su padre: No se enoje mi señor,
porque no me puedo levantar delante de ti;
pues estoy con la costumbre de las mujeres. Y
él buscó, pero no halló los ídolos.
36 Entonces Jacob se enojó, y riñó con Labán;
y respondió Jacob y dijo a Labán: ¿Qué transgresión es la mía? ¿Cuál es mi pecado, para
que con tanto ardor hayas venido en mi persecución?
37 Pues que has buscado en todas mis cosas,
¿qué has hallado de todos los enseres de tu
casa? Ponlo aquí delante de mis hermanos y
de los tuyos, y juzguen entre nosotros.
38 Estos veinte años he estado contigo; tus
ovejas y tus cabras nunca abortaron, ni yo
comí carnero de tus ovejas.
39 Nunca te traje lo arrebatado por las fieras:
yo pagaba el daño; lo hurtado así de día como
de noche, a mí me lo cobrabas.
40 De día me consumía el calor, y de noche la
helada, y el sueño huía de mis ojos.
41 Así he estado veinte años en tu casa; catorce años te serví por tus dos hijas, y seis años
por tu ganado, y has cambiado mi salario diez
veces.
42 Si el Dios de mi padre, Dios de Abraham y ➤
temor de Isaac, no estuviera conmigo, de cierto me enviarías ahora con las manos vacías;
pero Dios vio mi aflicción y el trabajo de mis
manos, y te reprendió anoche.
43 Respondió Labán y dijo a Jacob: Las hijas
son hijas mías, y los hijos, hijos míos son, y
las ovejas son mis ovejas, y todo lo que tú ves
es mío: ¿y qué puedo yo hacer hoy a estas mis
hijas, o a sus hijos que ellas han dado a luz?
44 Ven, pues, ahora, y hagamos pacto tú y yo, y
sea por testimonio entre nosotros dos.
45 Entonces Jacob tomó una piedra, y la
levantó por señal.
46 Y dijo Jacob a sus hermanos: Recoged piedras. Y tomaron piedras e hicieron un majano,
y comieron allí sobre aquel majano.
47 Y lo llamó Labán, Jegar Sahaduta;[1] y lo llamó Jacob, Galaad.[2]
48 Porque Labán dijo: Este majano es testigo
hoy entre nosotros dos; por eso fue llamado su
nombre Galaad;
49 y Mizpa,[3] por cuanto dijo: Atalaye Jehová
entre tú y yo, cuando nos apartemos el uno
del otro.

1 Arameo, *El majano del testimonio.* **2** Heb. *El majano del testimonio.* **3** Esto es, *Atalaya.*

LECCIONES DE VIDA

➤ ***31.29 — Poder hay en mi mano para haceros mal; mas el Dios de tu padre me habló anoche diciendo: Guárdate que no hables a Jacob descomedidamente.***

Labán no conocía al Señor —sólo lo conocía como el Dios del padre de Isaac. Pero el Señor protegió a Jacob del daño que Labán quiso hacerle. ¡Nuestro Dios es soberano!

➤ ***31.42 — Si el Dios de mi padre, Dios de Abraham y temor de Isaac, no estuviera conmigo, de cierto me enviarías ahora con las manos vacías; pero Dios vio mi aflicción y el trabajo de mis manos, y te reprendió anoche.***

Jacob finalmente comenzó a entender que actuar con engaños para recibir las bendiciones de Dios, no funciona. En vez de ello, comenzó a confiar en Dios, lo cual exigía ver más allá de lo que él podía hacer con sus fuerzas, para ver lo que Dios podía hacer y lograr en y a través de él.

50 Si afligieres a mis hijas, o si tomares otras
mujeres además de mis hijas, nadie está con
nosotros; mira, Dios es testigo entre nosotros dos.
51 Dijo más Labán a Jacob: He aquí este
majano, y he aquí esta señal, que he erigido
entre tú y yo.
52 Testigo sea este majano, y testigo sea esta
señal, que ni yo pasaré de este majano contra ti, ni tú pasarás de este majano ni de esta
señal contra mí, para mal.
➤ 53 El Dios de Abraham y el Dios de Nacor
juzgue entre nosotros, el Dios de sus padres.
Y Jacob juró por aquel a quien temía Isaac
su padre.
54 Entonces Jacob immoló víctimas en el
monte, y llamó a sus hermanos a comer pan;
y comieron pan, y durmieron aquella noche
en el monte.
55 Y se levantó Labán de mañana, y besó sus
hijos y sus hijas, y los bendijo; y regresó y se
volvió a su lugar.

Jacob se prepara para el encuentro con Esaú

32 JACOB siguió su camino, y le salieron
al encuentro ángeles de Dios.
2 Y dijo Jacob cuando los vio: Campamento de
Dios es éste; y llamó el nombre de aquel lugar
Mahanaim.[1]
3 Y envió Jacob mensajeros delante de sí a
Esaú su hermano, a la tierra de Seir, campo
de Edom.
4 Y les mandó diciendo: Así diréis a mi señor
Esaú: Así dice tu siervo Jacob: Con Labán he
morado, y me he detenido hasta ahora;
5 y tengo vacas, asnos, ovejas, y siervos y siervas; y envió a decirlo a mi señor, para hallar
gracia en tus ojos.
6 Y los mensajeros volvieron a Jacob, diciendo: Vinimos a tu hermano Esaú, y él también
viene a recibirte, y cuatrocientos hombres
con él.
7 Entonces Jacob tuvo gran temor, y se angustió; y distribuyó el pueblo que tenía consigo, y
las ovejas y las vacas y los camellos, en dos
campamentos.
8 Y dijo: Si viene Esaú contra un campamento y lo ataca, el otro campamento escapará.
➤ 9 Y dijo Jacob: Dios de mi padre Abraham, y
Dios de mi padre Isaac, Jehová, que me dijiste:
Vuélvete a tu tierra y a tu parentela, y yo te
haré bien;

Ejemplos de vida

JACOB

La lucha con Dios

GN 32.24–32

La historia de Jacob a veces nos consuela, y a veces nos confunde. Si bien muchas de sus decisiones nos parecen despreciables —y hasta nos preguntamos cómo pudo Dios bendecir a un hombre así— al mismo tiempo nos da confianza para entender que el Dios que extendió su gracia a Jacob, también nos la extiende a nosotros.

En un famoso episodio relatado en Génesis 32.22-32, Jacob lucha contra un poderoso extraño, de quien más tarde concluye que se trata de Dios. Algunos eruditos creen que Jacob luchó con el Cristo preencarnado; otros consideran que el contrincante era un ángel. Otros dicen que Jacob peleó con Dios sólo en oración. En cualquier caso, la nación de Israel recibió su nombre de Jacob, a quien Dios le dio el nuevo nombre de «Israel», que significa «el que lucha con Dios».

Pese a sus muchos defectos, debilidades y subsiguiente pesares, Jacob fue amado por Dios. Y a través de este extraño combate, nos presenta un modelo del esfuerzo necesario para la oración eficaz (Col 4.12).

Para un estudio más a fondo, véase el Índice de Principios de vida:

8. Libremos nuestras batallas de rodillas y siempre obtendremos la victoria.

1 Entendido aquí, *Dos campamentos.*

LECCIONES DE VIDA

➤ ***31.53 —Y Jacob juró por aquel a quien temía Isaac su padre.***

Cuando el pasaje llama a Dios «a quien temía Isaac» (véase también Gn 31.42), declara que Dios no sólo es amoroso sino también justo; no sólo dulce, sino también fuerte, lo que Romanos 11.22 llama «la bondad y la severidad de Dios».

➤ ***32.9 — Y dijo Jacob: Dios de mi padre Abraham, y Dios de mi padre Isaac, Jehová, que me dijiste...***

Jacob había aprendido a orar con efectividad, basando sus peticiones en las promesas de Dios. Sabía que podría ganar esta batalla sólo por medio de la oración.

10 menor soy que todas las misericordias y
que toda la verdad que has usado para con tu
siervo; pues con mi cayado pasé este Jordán, y
ahora estoy sobre dos campamentos.
11 Líbrame ahora de la mano de mi hermano,
de la mano de Esaú, porque le temo; no venga
acaso y me hiera la madre con los hijos.
12 Y tú has dicho: Yo te haré bien, y tu descendencia será como la arena del mar,[a] que no se
puede contar por la multitud.
13 Y durmió allí aquella noche, y tomó de lo
que le vino a la mano un presente para su hermano Esaú:
14 doscientas cabras y veinte machos cabríos,
doscientas ovejas y veinte carneros,
15 treinta camellas paridas con sus crías, cuarenta vacas y diez novillos, veinte asnas y diez
borricos.
16 Y lo entregó a sus siervos, cada manada
de por sí; y dijo a sus siervos: Pasad delante de mí, y poned espacio entre manada y
manada.
17 Y mandó al primero, diciendo: Si Esaú
mi hermano te encontrare, y te preguntare,
diciendo: ¿De quién eres? ¿y adónde vas? ¿y
para quién es esto que llevas delante de ti?
18 entonces dirás: Es un presente de tu siervo
Jacob, que envía a mi señor Esaú; y he aquí
también él viene tras nosotros.
19 Mandó también al segundo, y al tercero, y
a todos los que iban tras aquellas manadas,
diciendo: Conforme a esto hablaréis a Esaú,
cuando le hallareis.
20 Y diréis también: He aquí tu siervo Jacob
viene tras nosotros. Porque dijo: Apaciguaré
su ira con el presente que va delante de mí, y
después veré su rostro; quizá le seré acepto.
21 Pasó, pues, el presente delante de él; y él
durmió aquella noche en el campamento.

Jacob lucha con el ángel en Peniel

22 Y se levantó aquella noche, y tomó sus dos
mujeres, y sus dos siervas, y sus once hijos, y
pasó el vado de Jaboc.
23 Los tomó, pues, e hizo pasar el arroyo a
ellos y a todo lo que tenía.
24 Así se quedó Jacob solo; y luchó con él un
varón hasta que rayaba el alba.
25 Y cuando el varón vio que no podía con él,
tocó en el sitio del encaje de su muslo, y se
descoyuntó el muslo de Jacob mientras con
él luchaba.
26 Y dijo: Déjame, porque raya el alba. Y Jacob
le respondió: No te dejaré, si no me bendices.
27 Y el varón le dijo: ¿Cuál es tu nombre? Y él
respondió: Jacob.
28 Y el varón le dijo: No se dirá más tu nombre Jacob,[b] sino Israel;[1] porque has luchado
con Dios y con los hombres, y has vencido.
29 Entonces Jacob le preguntó, y dijo: Decla-
rame ahora tu nombre. Y el varón respondió:
¿Por qué me preguntas por mi nombre? Y lo
bendijo allí.
30 Y llamó Jacob el nombre de aquel lugar,
Peniel;[2] porque dijo: Vi a Dios cara a cara, y
fue librada mi alma.
31 Y cuando había pasado Peniel, le salió el ➤
sol; y cojeaba de su cadera.
32 Por esto no comen los hijos de Israel, hasta hoy día, del tendón que se contrajo, el cual
está en el encaje del muslo; porque tocó a
Jacob este sitio de su muslo en el tendón que
se contrajo.

Reconciliación entre Jacob y Esaú

33 ALZANDO Jacob sus ojos, miró, y he
aquí venía Esaú, y los cuatrocientos
hombres con él; entonces repartió él los niños
entre Lea y Raquel y las dos siervas.
2 Y puso las siervas y sus niños delante, luego a Lea y sus niños, y a Raquel y a José los
últimos.
3 Y él pasó delante de ellos y se inclinó a tierra
siete veces, hasta que llegó a su hermano.
4 Pero Esaú corrió a su encuentro y le abrazó, y se echó sobre su cuello, y le besó; y
lloraron.
5 Y alzó sus ojos y vio a las mujeres y los
niños, y dijo: ¿Quiénes son éstos? Y él respondió: Son los niños que Dios ha dado a tu siervo.
6 Luego vinieron las siervas, ellas y sus niños,
y se inclinaron.
7 Y vino Lea con sus niños, y se inclinaron;
y después llegó José y Raquel, y también se
inclinaron.
8 Y Esaú dijo: ¿Qué te propones con todos estos
grupos que he encontrado? Y Jacob respondió:
El hallar gracia en los ojos de mi señor.
9 Y dijo Esaú: Suficiente tengo yo, hermano
mío; sea para ti lo que es tuyo.
10 Y dijo Jacob: No, yo te ruego; si he hallado
ahora gracia en tus ojos, acepta mi presente,
porque he visto tu rostro, como si hubiera visto el rostro de Dios, pues que con tanto favor
me has recibido.

1 Esto es, *El que lucha con Dios.* 2 Esto es, *El rostro de Dios.*
a. 32.12 Gn 22.17. **b. 32.28** Gn 35.10.

LECCIONES DE VIDA

➤ ***32.31 — Y cuando había pasado Peniel, le salió el sol; y cojeaba de su cadera.***

El combate de Jacob lo dejó con una dolorosa cojera, pero también con un mejor entendimiento de Dios. El Señor le dio el nuevo nombre de *Israel*, que significa «el que lucha con Dios» o quizás «un príncipe con Dios». Gracias a su doloroso encuentro, Jacob tuvo un gran avance espiritual.

➤ 11 Acepta, te ruego, mi presente que te he traído, porque Dios me ha hecho merced, y todo lo que hay aquí es mío. E insistió con él, y Esaú lo tomó.
12 Y Esaú dijo: Anda, vamos; y yo iré delante de ti.
13 Y Jacob le dijo: Mi señor sabe que los niños son tiernos, y que tengo ovejas y vacas paridas; y si las fatigan, en un día morirán todas las ovejas.
14 Pase ahora mi señor delante de su siervo, y yo me iré poco a poco al paso del ganado que va delante de mí, y al paso de los niños, hasta que llegue a mi señor a Seir.
15 Y Esaú dijo: Dejaré ahora contigo de la gente que viene conmigo. Y Jacob dijo: ¿Para qué esto? Halle yo gracia en los ojos de mi señor.
16 Así volvió Esaú aquel día por su camino a Seir.
17 Y Jacob fue a Sucot, y edificó allí casa para sí, e hizo cabañas para su ganado; por tanto, llamó el nombre de aquel lugar Sucot.[1]
18 Después Jacob llegó sano y salvo a la ciudad de Siquem, que está en la tierra de Canaán, cuando venía de Padan-aram; y acampó delante de la ciudad.
19 Y compró una parte del campo,[a] donde plantó su tienda, de mano de los hijos de Hamor padre de Siquem, por cien monedas.[2]
20 Y erigió allí un altar, y lo llamó El-elohe-israel.[3]

La deshonra de Dina vengada

34 SALIÓ Dina la hija de Lea, la cual ésta había dado a luz a Jacob, a ver a las hijas del país.
2 Y la vio Siquem hijo de Hamor heveo, príncipe de aquella tierra, y la tomó, y se acostó con ella, y la deshonró.
3 Pero su alma se apegó a Dina la hija de Lea, y se enamoró de la joven, y habló al corazón de ella.
4 Y habló Siquem a Hamor su padre, diciendo: Tómame por mujer a esta joven.
5 Pero oyó Jacob que Siquem había amancillado a Dina su hija; y estando sus hijos con su ganado en el campo, calló Jacob hasta que ellos viniesen.
6 Y se dirigió Hamor padre de Siquem a Jacob, para hablar con él.
7 Y los hijos de Jacob vinieron del campo cuando lo supieron; y se entristecieron los varones, y se enojaron mucho, porque hizo vileza en Israel acostándose con la hija de Jacob, lo que no se debía haber hecho.
8 Y Hamor habló con ellos, diciendo: El alma de mi hijo Siquem se ha apegado a vuestra hija; os ruego que se la deis por mujer.
9 Y emparentad con nosotros; dadnos vuestras hijas, y tomad vosotros las nuestras.
10 Y habitad con nosotros, porque la tierra estará delante de vosotros; morad y negociad en ella, y tomad en ella posesión.
11 Siquem también dijo al padre de Dina y a los hermanos de ella: Halle yo gracia en vuestros ojos, y daré lo que me dijereis.
12 Aumentad a cargo mío mucha dote y dones, y yo daré cuanto me dijereis; y dadme la joven por mujer.
13 Pero respondieron los hijos de Jacob a Siquem y a Hamor su padre con palabras engañosas, por cuanto había amancillado a Dina su hermana.
14 Y les dijeron: No podemos hacer esto de dar nuestra hermana a hombre incircunciso, porque entre nosotros es abominación.
15 Mas con esta condición os complaceremos: si habéis de ser como nosotros, que se circuncide entre vosotros todo varón.
16 Entonces os daremos nuestras hijas, y tomaremos nosotros las vuestras; y habitaremos con vosotros, y seremos un pueblo.
17 Mas si no nos prestareis oído para circuncidaros, tomaremos nuestra hija y nos iremos.
18 Y parecieron bien sus palabras a Hamor, y a Siquem hijo de Hamor.
19 Y no tardó el joven en hacer aquello, porque la hija de Jacob le había agradado; y él era el más distinguido de toda la casa de su padre.
20 Entonces Hamor y Siquem su hijo vinieron a la puerta de su ciudad, y hablaron a los varones de su ciudad, diciendo:
21 Estos varones son pacíficos con nosotros, y habitarán en el país, y traficarán en él; pues he aquí la tierra es bastante ancha para ellos; nosotros tomaremos sus hijas por mujeres, y les daremos las nuestras.
22 Mas con esta condición consentirán estos hombres en habitar con nosotros, para que seamos un pueblo: que se circuncide todo varón entre nosotros, así como ellos son circuncidados.

1 Esto es, *Cabañas*. **2** Heb. *cien kesitas*. **3** Esto es, *Dios, el Dios de Israel*.
a. 33.19 Jos 24.32; Jn 4.5.

LECCIONES DE VIDA

➤ ***33.11 — Acepta, te ruego, mi presente que te he traído, porque Dios me ha hecho merced, y todo lo que hay aquí es mío. E insistió con él, y Esaú lo tomó.***

Debemos alegrarnos de que Dios no trata con nosotros basándose en nuestra justicia, sino en base a su ilimitada gracia. Él nos bendice por ser Él quien es, no por quienes somos nosotros.

23 Su ganado, sus bienes y todas sus bestias
serán nuestros; solamente convengamos con
ellos, y habitarán con nosotros.
24 Y obedecieron a Hamor y a Siquem su hijo
todos los que salían por la puerta de la ciudad,
y circuncidaron a todo varón, a cuantos salían
por la puerta de su ciudad.
25 Pero sucedió que al tercer día, cuando sentían ellos el mayor dolor, dos de los hijos de
Jacob, Simeón y Leví, hermanos de Dina,
tomaron cada uno su espada, y vinieron contra la ciudad, que estaba desprevenida, y
mataron a todo varón.
26 Y a Hamor y a Siquem su hijo los mataron
a filo de espada; y tomaron a Dina de casa de
Siquem, y se fueron.
27 Y los hijos de Jacob vinieron a los muertos, y saquearon la ciudad, por cuanto habían
amancillado a su hermana.
28 Tomaron sus ovejas y vacas y sus asnos, y
lo que había en la ciudad y en el campo,
29 y todos sus bienes; llevaron cautivos a
todos sus niños y sus mujeres, y robaron todo
lo que había en casa.
30 Entonces dijo Jacob a Simeón y a Leví: Me
habéis turbado con hacerme abominable a los
moradores de esta tierra, el cananeo y el ferezeo; y teniendo yo pocos hombres, se juntarán contra mí y me atacarán, y seré destruido
yo y mi casa.
31 Pero ellos respondieron: ¿Había él de tratar
a nuestra hermana como a una ramera?

Dios bendice a Jacob en Bet-el

35 DIJO Dios a Jacob: Levántate y sube a
Bet-el, y quédate allí; y haz allí un altar
al Dios que te apareció cuando huías de tu
hermano Esaú.[a]
➤ 2 Entonces Jacob dijo a su familia y a todos
los que con él estaban: Quitad los dioses ajenos que hay entre vosotros, y limpiaos, y
mudad vuestros vestidos.
3 Y levantémonos, y subamos a Bet-el; y haré
allí altar al Dios que me respondió en el día de
mi angustia, y ha estado conmigo en el camino que he andado.
4 Así dieron a Jacob todos los dioses ajenos
que había en poder de ellos, y los zarcillos
que estaban en sus orejas; y Jacob los escondió debajo de una encina que estaba junto a
Siquem.
5 Y salieron, y el terror de Dios estuvo sobre
las ciudades que había en sus alrededores, y
no persiguieron a los hijos de Jacob.
6 Y llegó Jacob a Luz, que está en tierra de
Canaán (ésta es Bet-el), él y todo el pueblo que
con él estaba.
7 Y edificó allí un altar, y llamó al lugar El-bet-
el,[1] porque allí le había aparecido Dios, cuando huía de su hermano.
8 Entonces murió Débora, ama de Rebeca, y
fue sepultada al pie de Bet-el, debajo de una
encina, la cual fue llamada Alón-bacut.[2]
9 Apareció otra vez Dios a Jacob, cuando
había vuelto de Padan-aram, y le bendijo.
10 Y le dijo Dios: Tu nombre es Jacob; no se
llamará más tu nombre Jacob,[b] sino Israel
será tu nombre; y llamó su nombre Israel.
11 También le dijo Dios: Yo soy el Dios omnipotente: crece y multiplícate; una nación y
conjunto de naciones procederán de ti, y reyes
saldrán de tus lomos.
12 La tierra que he dado a Abraham y a Isaac,
la daré a ti, y a tu descendencia después de ti
daré la tierra.[c]
13 Y se fue de él Dios, del lugar en donde
había hablado con él.
14 Y Jacob erigió una señal en el lugar donde había hablado con él, una señal de piedra,
y derramó sobre ella libación, y echó sobre
ella aceite.
15 Y llamó Jacob el nombre de aquel lugar
donde Dios había hablado con él, Bet-el.[d]

Muerte de Raquel

16 Después partieron de Bet-el; y había aún
como media legua de tierra para llegar a Efrata, cuando dio a luz Raquel,[e] y hubo trabajo
en su parto.
17 Y aconteció, como había trabajo en su parto, que le dijo la partera: No temas, que también tendrás este hijo.
18 Y aconteció que al salírsele el alma (pues
murió), llamó su nombre Benoni;[3] mas su
padre lo llamó Benjamín.[4]
19 Así murió Raquel, y fue sepultada en el
camino de Efrata, la cual es Belén.
20 Y levantó Jacob un pilar sobre su sepultura; ésta es la señal de la sepultura de Raquel
hasta hoy.
21 Y salió Israel, y plantó su tienda más allá
de Migdal-edar.

1 Esto es, *Dios de Bet-el*. **2** Esto es, *La encina del llanto*.
3 Esto es, *Hijo de mi tristeza*.
4 Esto es, *Hijo de la mano derecha*.
a. 35.1 Gn 28.11-17. **b. 35.10** Gn 32.28.
c. 35.11-12 Gn 17.4-8. **d. 35.14-15** Gn 28.18-19.
e. 35.16 Jer 31.15.

LECCIONES DE VIDA

➤ ***35.2 — Entonces Jacob dijo a su familia y a todos los que con él estaban: Quitad los dioses ajenos que hay entre vosotros, y limpiaos, y mudad vuestros vestidos.***

Dios exige nuestra lealtad exclusiva, no lealtad a Dios y a algo o alguien más, sino lealtad a Dios *solamente*. Él no va a aceptar ninguna otra clase de lealtad.

Los hijos de Jacob
(1 Cr 2.1-2)
22 Aconteció que cuando moraba Israel en aquella tierra, fue Rubén y durmió con Bilha la concubina de su padre; lo cual llegó a saber Israel. Ahora bien, los hijos de Israel fueron doce:
23 los hijos de Lea: Rubén el primogénito de Jacob; Simeón, Leví, Judá, Isacar y Zabulón.
24 Los hijos de Raquel: José y Benjamín.
25 Los hijos de Bilha, sierva de Raquel: Dan y Neftalí.
26 Y los hijos de Zilpa, sierva de Lea: Gad y Aser. Éstos fueron los hijos de Jacob, que le nacieron en Padan-aram.

Muerte de Isaac
27 Después vino Jacob a Isaac su padre a Mamre, a la ciudad de Arba, que es Hebrón, donde habitaron Abraham e Isaac.[f]
28 Y fueron los días de Isaac ciento ochenta años.
29 Y exhaló Isaac el espíritu, y murió, y fue recogido a su pueblo, viejo y lleno de días; y lo sepultaron Esaú y Jacob sus hijos.

Los descendientes de Esaú
(1 Cr 1.34-54)
36 ÉSTAS son las generaciones de Esaú, el cual es Edom:
2 Esaú tomó sus mujeres[a] de las hijas de Canaán: a Ada, hija de Elón heteo, a Aholibama, hija de Aná, hijo de Zibeón heveo,
3 y a Basemat hija de Ismael, hermana de Nebaiot.[b]
4 Ada dio a luz a Esaú a Elifaz; y Basemat dio a luz a Reuel.
5 Y Aholibama dio a luz a Jeús, a Jaalam y a Coré; éstos son los hijos de Esaú, que le nacieron en la tierra de Canaán.
6 Y Esaú tomó sus mujeres, sus hijos y sus hijas, y todas las personas de su casa, y sus ganados, y todas sus bestias, y todo cuanto había adquirido en la tierra de Canaán, y se fue a otra tierra, separándose de Jacob su hermano.
7 Porque los bienes de ellos eran muchos; y no podían habitar juntos, ni la tierra en donde moraban los podía sostener a causa de sus ganados.
8 Y Esaú habitó en el monte de Seir; Esaú es Edom.
9 Éstos son los linajes de Esaú, padre de Edom, en el monte de Seir.
10 Éstos son los nombres de los hijos de Esaú: Elifaz, hijo de Ada mujer de Esaú; Reuel, hijo de Basemat mujer de Esaú.
11 Y los hijos de Elifaz fueron Temán, Omar, Zefo, Gatam y Cenaz.
12 Y Timna fue concubina de Elifaz hijo de Esaú, y ella le dio a luz a Amalec; éstos son los hijos de Ada, mujer de Esaú.
13 Los hijos de Reuel fueron Nahat, Zera, Sama y Miza; éstos son los hijos de Basemat mujer de Esaú.
14 Éstos fueron los hijos de Aholibama mujer de Esaú, hija de Aná, que fue hijo de Zibeón: ella dio a luz a Jeús, Jaalam y Coré, hijos de Esaú.
15 Éstos son los jefes de entre los hijos de Esaú: hijos de Elifaz, primogénito de Esaú: los jefes Temán, Omar, Zefo, Cenaz,
16 Coré, Gatam y Amalec; éstos son los jefes de Elifaz en la tierra de Edom; éstos fueron los hijos de Ada.
17 Y éstos son los hijos de Reuel, hijo de Esaú: los jefes Nahat, Zera, Sama y Miza; éstos son los jefes de la línea de Reuel en la tierra de Edom; estos hijos vienen de Basemat mujer de Esaú.
18 Y éstos son los hijos de Aholibama mujer de Esaú: los jefes Jeús, Jaalam y Coré; éstos fueron los jefes que salieron de Aholibama mujer de Esaú, hija de Aná.
19 Éstos, pues, son los hijos de Esaú, y sus jefes; él es Edom.
20 Éstos son los hijos de Seir horeo, moradores de aquella tierra: Lotán, Sobal, Zibeón, Aná,
21 Disón, Ezer y Disán; éstos son los jefes de los horeos, hijos de Seir, en la tierra de Edom.
22 Los hijos de Lotán fueron Hori y Hemam; y Timna fue hermana de Lotán.
23 Los hijos de Sobal fueron Alván, Manahat, Ebal, Sefo y Onam.
24 Y los hijos de Zibeón fueron Aja y Aná. Este Aná es el que descubrió manantiales en el desierto, cuando apacentaba los asnos de Zibeón su padre.
25 Los hijos de Aná fueron Disón, y Aholibama hija de Aná.
26 Éstos fueron los hijos de Disón: Hemdán, Esbán, Itrán y Querán.
27 Y éstos fueron los hijos de Ezer: Bilhán, Zaaván y Acán.
28 Éstos fueron los hijos de Disán: Uz y Arán.
29 Y éstos fueron los jefes de los horeos: los jefes Lotán, Sobal, Zibeón, Aná,
30 Disón, Ezer y Disán; éstos fueron los jefes de los horeos, por sus mandos en la tierra de Seir.
31 Y los reyes que reinaron en la tierra de Edom, antes que reinase rey sobre los hijos de Israel, fueron éstos:
32 Bela hijo de Beor reinó en Edom; y el nombre de su ciudad fue Dinaba.
33 Murió Bela, y reinó en su lugar Jobab hijo de Zera, de Bosra.
34 Murió Jobab, y en su lugar reinó Husam, de tierra de Temán.
35 Murió Husam, y reinó en su lugar Hadad hijo de Bedad, el que derrotó a Madián en el campo de Moab; y el nombre de su ciudad fue Avit.

f. 35.27 Gn 13.18. **a. 36.2** Gn 26.34. **b. 36.3** Gn 28.9.

36 Murió Hadad, y en su lugar reinó Samla
de Masreca.
37 Murió Samla, y reinó en su lugar Saúl de
Rehobot junto al Éufrates.
38 Murió Saúl, y en lugar suyo reinó Baal-
hanán hijo de Acbor.
39 Y murió Baal-hanán hijo de Acbor, y reinó
Hadar en lugar suyo; y el nombre de su ciudad
fue Pau; y el nombre de su mujer, Mehetabel
hija de Matred, hija de Mezaab.
40 Éstos, pues, son los nombres de los jefes
de Esaú por sus linajes, por sus lugares, y sus
nombres: Timna, Alva, Jetet,
41 Aholibama, Ela, Pinón,
42 Cenaz, Temán, Mibzar,
43 Magdiel e Iram. Éstos fueron los jefes de
Edom según sus moradas en la tierra de su
posesión. Edom es el mismo Esaú, padre de
los edomitas.

José es vendido por sus hermanos

37 HABITÓ Jacob en la tierra donde
había morado su padre, en la tierra de
Canaán.
2 Ésta es la historia de la familia de Jacob:
José, siendo de edad de diecisiete años, apacentaba las ovejas con sus hermanos; y el
joven estaba con los hijos de Bilha y con los
hijos de Zilpa, mujeres de su padre; e informaba José a su padre la mala fama de ellos.
3 Y amaba Israel a José más que a todos sus
hijos, porque lo había tenido en su vejez; y le
hizo una túnica de diversos colores.
➤ 4 Y viendo sus hermanos que su padre lo amaba más que a todos sus hermanos, le aborrecían, y no podían hablarle pacíficamente.
5 Y soñó José un sueño, y lo contó a sus hermanos; y ellos llegaron a aborrecerle más
todavía.
6 Y él les dijo: Oíd ahora este sueño que he
soñado:
7 He aquí que atábamos manojos en medio del
campo, y he aquí que mi manojo se levantaba
y estaba derecho, y que vuestros manojos estaban alrededor y se inclinaban al mío.
8 Le respondieron sus hermanos: ¿Reinarás tú
sobre nosotros, o señorearás sobre nosotros?
Y le aborrecieron aun más a causa de sus sueños y sus palabras.
9 Soñó aun otro sueño, y lo contó a sus hermanos, diciendo: He aquí que he soñado otro
sueño, y he aquí que el sol y la luna y once
estrellas se inclinaban a mí.
10 Y lo contó a su padre y a sus hermanos; y
su padre le reprendió, y le dijo: ¿Qué sueño
es este que soñaste? ¿Acaso vendremos yo y
tu madre y tus hermanos a postrarnos en tierra ante ti?
11 Y sus hermanos le tenían envidia,[a] mas su
padre meditaba en esto.
12 Después fueron sus hermanos a apacentar
las ovejas de su padre en Siquem.
13 Y dijo Israel a José: Tus hermanos apacientan las ovejas en Siquem: ven, y te enviaré a
ellos. Y él respondió: Heme aquí.
14 E Israel le dijo: Ve ahora, mira cómo están
tus hermanos y cómo están las ovejas, y
tráeme la respuesta. Y lo envió del valle de
Hebrón, y llegó a Siquem.
15 Y lo halló un hombre, andando él errante por el campo, y le preguntó aquel hombre,
diciendo: ¿Qué buscas?
16 José respondió: Busco a mis hermanos; te ruego que me muestres dónde están
apacentando.
17 Aquel hombre respondió: Ya se han ido de
aquí; y yo les oí decir: Vamos a Dotán. Entonces José fue tras de sus hermanos, y los halló
en Dotán.
18 Cuando ellos lo vieron de lejos, antes que ➤
llegara cerca de ellos, conspiraron contra él
para matarle.
19 Y dijeron el uno al otro: He aquí viene el
soñador.
20 Ahora, pues, venid, y matémosle y echémos-
le en una cisterna, y diremos: Alguna mala
bestia lo devoró; y veremos qué será de sus
sueños.
21 Cuando Rubén oyó esto, lo libró de sus
manos, y dijo: No lo matemos.
22 Y les dijo Rubén: No derraméis sangre;
echadlo en esta cisterna que está en el desierto,

a. **37.11** Hch 7.9.

LECCIONES DE VIDA

➤ ***37.4, 5 — Y viendo sus hermanos que su padre lo amaba más que a todos sus hermanos, le aborrecían, y no podían hablarle pacíficamente. Y soñó José un sueño, y lo contó a sus hermanos; y ellos llegaron a aborrecerle más todavía.***

Aquí comienza la historia de José; es también el comienzo de sus problemas. Cuando Dios le revele a usted su voluntad, es posible que los demás no entiendan lo que Él está haciendo y le criticarán o se le opondrán por ello. No obstante, obedézcale de todas maneras. Las pruebas que usted tenga pueden ser difíciles, pero necesarias para convertirle en la persona que Dios quiere que sea. Como José, usted podrá decir a quienes están contra usted: «Vosotros pensasteis mal contra mí, mas Dios lo encaminó a bien, para hacer lo que vemos hoy, para mantener en vida a mucho pueblo» (Gn 50.20).

➤ ***37.18 — Cuando ellos lo vieron de lejos, antes que llegara cerca de ellos, conspiraron contra él para matarle.***

Los celos de los hermanos de José aumentaron hasta que su único pensamiento fue cómo deshacerse de él. Entonces hicieron lo inconcebible: vendieron a su joven hermano como esclavo. La envidia es una emoción muy peligrosa y destructiva. Le atrapará, atormentándole sin misericordia, socavando sus relaciones y cargándole con un implacable sentimiento de culpa si usted actúa dejándose llevar por sus sentimientos (Gn 42.21, 22).

y no pongáis mano en él; por librarlo así de
sus manos, para hacerlo volver a su padre.
23 Sucedió, pues, que cuando llegó José a sus
hermanos, ellos quitaron a José su túnica, la
túnica de colores que tenía sobre sí;
24 y le tomaron y le echaron en la cisterna;
pero la cisterna estaba vacía, no había en ella
agua.
25 Y se sentaron a comer pan; y alzando los
ojos miraron, y he aquí una compañía de
ismaelitas que venía de Galaad, y sus camellos traían aromas, bálsamo y mirra, e iban a
llevarlo a Egipto.
26 Entonces Judá dijo a sus hermanos: ¿Qué
provecho hay en que matemos a nuestro hermano y encubramos su muerte?
27 Venid, y vendámosle a los ismaelitas, y no
sea nuestra mano sobre él; porque él es nuestro hermano, nuestra propia carne. Y sus hermanos convinieron con él.
28 Y cuando pasaban los madianitas mercaderes, sacaron ellos a José de la cisterna, y
le trajeron arriba, y le vendieron a los ismaelitas por veinte piezas de plata. Y llevaron a
José a Egipto.[b]
29 Después Rubén volvió a la cisterna, y no
halló a José dentro, y rasgó sus vestidos.
30 Y volvió a sus hermanos, y dijo: El joven no
parece; y yo, ¿adónde iré yo?
31 Entonces tomaron ellos la túnica de José, y
degollaron un cabrito de las cabras, y tiñeron
la túnica con la sangre;
32 y enviaron la túnica de colores y la trajeron a
su padre, y dijeron: Esto hemos hallado; reconoce ahora si es la túnica de tu hijo, o no.
33 Y él la reconoció, y dijo: La túnica de mi
hijo es; alguna mala bestia lo devoró; José ha
sido despedazado.
34 Entonces Jacob rasgó sus vestidos, y puso
cilicio sobre sus lomos, y guardó luto por su
hijo muchos días.
35 Y se levantaron todos sus hijos y todas sus
hijas para consolarlo; mas él no quiso recibir
consuelo, y dijo: Descenderé enlutado a mi
hijo hasta el Seol.[1] Y lo lloró su padre.
36 Y los madianitas lo vendieron en Egipto a
Potifar, oficial de Faraón, capitán de la guardia.

Judá y Tamar

38 ACONTECIÓ en aquel tiempo, que Judá
se apartó de sus hermanos y se fue a un
varón adulamita que se llamaba Hira.
2 Y vio allí Judá la hija de un hombre cananeo, el cual se llamaba Súa; y la tomó, y se llegó a ella.
3 Y ella concibió, y dio a luz un hijo, y llamó
su nombre Er.
4 Concibió otra vez, y dio a luz un hijo, y llamó su nombre Onán.
5 Y volvió a concebir, y dio a luz un hijo, y llamó su nombre Sela. Y estaba en Quezib cuando lo dio a luz.
6 Después Judá tomó mujer para su primogénito Er, la cual se llamaba Tamar.
7 Y Er, el primogénito de Judá, fue malo ante
los ojos de Jehová, y le quitó Jehová la vida.
8 Entonces Judá dijo a Onán: Llégate a la
mujer de tu hermano, y despósate con ella, y
levanta descendencia a tu hermano.
9 Y sabiendo Onán que la descendencia no
había de ser suya, sucedía que cuando se llegaba a la mujer de su hermano, vertía en tierra, por no dar descendencia a su hermano.
10 Y desagradó en ojos de Jehová lo que
hacía, y a él también le quitó la vida.
11 Y Judá dijo a Tamar su nuera: Quédate viuda en casa de tu padre, hasta que crezca Sela
mi hijo; porque dijo: No sea que muera él también como sus hermanos. Y se fue Tamar, y
estuvo en casa de su padre.
12 Pasaron muchos días, y murió la hija de
Súa, mujer de Judá. Después Judá se consoló, y subía a los trasquiladores de sus ovejas a
Timnat, él y su amigo Hira el adulamita.
13 Y fue dado aviso a Tamar, diciendo: He
aquí tu suegro sube a Timnat a trasquilar sus
ovejas.
14 Entonces se quitó ella los vestidos de su viudez, y se cubrió con un velo, y se arrebozó, y se
puso a la entrada de Enaim junto al camino de
Timnat: porque veía que había crecido Sela, y
ella no era dada a él por mujer.
15 Y la vio Judá, y la tuvo por ramera, porque
ella había cubierto su rostro.
16 Y se apartó del camino hacia ella, y le dijo:
Déjame ahora llegarme a ti: pues no sabía que
era su nuera; y ella dijo: ¿Qué me darás por
llegarte a mí?
17 Él respondió: Yo te enviaré del ganado un
cabrito de las cabras. Y ella dijo: Dame una
prenda hasta que lo envíes.
18 Entonces Judá dijo: ¿Qué prenda te daré?
Ella respondió: Tu sello, tu cordón, y tu báculo
que tienes en tu mano. Y él se los dio, y se llegó a ella, y ella concibió de él.
19 Luego se levantó y se fue, y se quitó el velo
de sobre sí, y se vistió las ropas de su viudez.
20 Y Judá envió el cabrito de las cabras por
medio de su amigo el adulamita, para que
éste recibiese la prenda de la mujer; pero no
la halló.
21 Y preguntó a los hombres de aquel lugar,
diciendo: ¿Dónde está la ramera de Enaim
junto al camino? Y ellos le dijeron: No ha estado aquí ramera alguna.
22 Entonces él se volvió a Judá, y dijo: No la
he hallado; y también los hombres del lugar
dijeron: Aquí no ha estado ramera.
23 Y Judá dijo: Tómeselo para sí, para que no
seamos menospreciados; he aquí yo he enviado este cabrito, y tú no la hallaste.

1 Nombre hebreo del lugar de los muertos.
b. 37.28 Hch 7.9.

LO QUE LA BIBLIA DICE ACERCA DE
EL VALOR DE ESFORZARSE EN EL TRABAJO

Gn 39.2-6

Aunque Dios nos exige que trabajemos, al mismo tiempo hace que otros nos paguen razonablemente por nuestro trabajo. En la vida de José, el undécimo hijo de Jacob, encontramos un maravilloso ejemplo de buena recompensa por esforzarse en el trabajo. Los rencorosos hermanos de José lo vendieron como esclavo a unos mercaderes que pasaban, y finalmente terminó siendo propiedad de un poderoso funcionario egipcio. Pero, a pesar de su esclavitud, «Jehová estaba con José, y fue varón próspero…Y vio su amo que Jehová estaba con él, y que todo lo que él hacía, Jehová lo hacía prosperar en su mano. Así halló José gracia en sus ojos, y le servía; y él le hizo mayordomo de su casa y entregó en su poder todo lo que tenía. Y… Jehová bendijo la casa del egipcio a causa de José… Y dejó todo lo que tenía en mano de José» (Gn 39.2–6).

José no era dueño del gran patrimonio egipcio que administraba, pero todo pasaba por sus manos. Aunque estaba en un entorno difícil, Dios lo estaba usando a través del manejo total de las propiedades de su amo. Vivía bien, comía bien y vestía bien. Tenía cubiertas todas sus necesidades materiales. ¿Por qué razón? Porque el Señor hizo que su amo lo tratara con favor. Lo mismo puede suceder con usted.

Si usted está dando su máximo esfuerzo en el trabajo y confiando en que Dios le dará sabiduría en todo lo que emprenda, verá cómo el Señor hará que otros le bendigan.

En segundo lugar, el egipcio recibió bendiciones a cambio. No tenía que preocuparse de nada porque José estaba a cargo de su casa. José había demostrado ser digno de su confianza.

Dios le pide a usted que ponga el máximo esfuerzo en su trabajo, y que haga todo lo posible por ganarse la confianza de quienes trabajan con usted o le supervisan. ¿Cómo pudiera motivarse para lograr este alto estándar? La mejor manera es reconociendo conscientemente la presencia de Dios en todas las áreas de su trabajo. ¡El saber que Dios está con usted cuando trabaja, le vigorizará cada día!

Para un estudio más a fondo, véase el Índice de Principios de vida:

4. *Estar conscientes de la presencia de Dios nos da energías para desempeñar nuestro trabajo.*

Reconozca la presencia de Dios en cada área de su trabajo.

24 Sucedió que al cabo de unos tres meses fue dado aviso a Judá, diciendo: Tamar tu nuera ha fornicado, y ciertamente está encinta a causa de las fornicaciones. Y Judá dijo: Sacadla, y sea quemada.

25 Pero ella, cuando la sacaban, envió a decir a su suegro: Del varón cuyas son estas cosas, estoy encinta. También dijo: Mira ahora de quién son estas cosas, el sello, el cordón y el báculo.

26 Entonces Judá los reconoció, y dijo: Más justa es ella que yo, por cuanto no la he dado a Sela mi hijo. Y nunca más la conoció.

27 Y aconteció que al tiempo de dar a luz, he aquí había gemelos en su seno.

28 Sucedió cuando daba a luz, que sacó la mano el uno, y la partera tomó y ató a su mano un hilo de grana, diciendo: Éste salió primero.

29 Pero volviendo él a meter la mano, he aquí salió su hermano; y ella dijo: ¡Qué brecha te has abierto! Y llamó su nombre Fares.[1]

30 Después salió su hermano, el que tenía en su mano el hilo de grana, y llamó su nombre Zara.

José y la esposa de Potifar

39 LLEVADO, pues, José a Egipto, Potifar oficial de Faraón, capitán de la guardia, varón egipcio, lo compró de los ismaelitas que lo habían llevado allá.

➤ 2 Mas Jehová estaba con José,[a] y fue varón próspero; y estaba en la casa de su amo el egipcio.

3 Y vio su amo que Jehová estaba con él, y que todo lo que él hacía, Jehová lo hacía prosperar en su mano.

4 Así halló José gracia en sus ojos, y le servía; y él le hizo mayordomo de su casa y entregó en su poder todo lo que tenía.

5 Y aconteció que desde cuando le dio el encargo de su casa y de todo lo que tenía, Jehová bendijo la casa del egipcio a causa de José, y la bendición de Jehová estaba sobre todo lo que tenía, así en casa como en el campo.

6 Y dejó todo lo que tenía en mano de José, y con él no se preocupaba de cosa alguna sino del pan que comía. Y era José de hermoso semblante y bella presencia.

7 Aconteció después de esto, que la mujer de su amo puso sus ojos en José, y dijo: Duerme conmigo.

8 Y él no quiso, y dijo a la mujer de su amo: He aquí que mi señor no se preocupa conmigo de lo que hay en casa, y ha puesto en mi mano todo lo que tiene.

9 No hay otro mayor que yo en esta casa, y ninguna cosa me ha reservado sino a ti, por cuanto tú eres su mujer; ¿cómo, pues, haría yo este grande mal, y pecaría contra Dios?

10 Hablando ella a José cada día, y no escuchándola él para acostarse al lado de ella, para estar con ella,

11 aconteció que entró él un día en casa para hacer su oficio, y no había nadie de los de casa allí.

12 Y ella lo asió por su ropa, diciendo: Duerme conmigo. Entonces él dejó su ropa en las manos de ella, y huyó y salió.

13 Cuando vio ella que le había dejado su ropa en sus manos, y había huido fuera,

14 llamó a los de casa, y les habló diciendo: Mirad, nos ha traído un hebreo para que hiciese burla de nosotros. Vino él a mí para dormir conmigo, y yo di grandes voces;

15 y viendo que yo alzaba la voz y gritaba, dejó junto a mí su ropa, y huyó y salió.

16 Y ella puso junto a sí la ropa de José, hasta que vino su señor a su casa.

17 Entonces le habló ella las mismas palabras, diciendo: El siervo hebreo que nos trajiste, vino a mí para deshonrarme.

18 Y cuando yo alcé mi voz y grité, él dejó su ropa junto a mí y huyó fuera.

19 Y sucedió que cuando oyó el amo de José las palabras que su mujer le hablaba, diciendo: Así me ha tratado tu siervo, se encendió su furor.

20 Y tomó su amo a José, y lo puso en la cárcel, donde estaban los presos del rey, y estuvo allí en la cárcel.

21 Pero Jehová estaba con José[b] y le extendió su misericordia, y le dio gracia en los ojos del jefe de la cárcel.

---

1 Esto es, *Rotura*, o *Brecha*.

a. 39.2 Hch 7.9. **b. 39.21** Hch 7.9.

LECCIONES DE VIDA

➤ ***39.2 — Mas Jehová estaba con José, y fue varón próspero; y estaba en la casa de su amo el egipcio.***

José es una excelente ilustración de la verdad de que con el amor, el poder y la sabiduría de Dios, podemos aprender con las adversidades, y valernos de las dificultades para avanzar mucho espiritualmente (Is 30.18-21).

➤ ***39.9 — No hay otro mayor que yo en esta casa, y ninguna cosa me ha reservado sino a ti, por cuanto tú eres su mujer; ¿cómo, pues, haría yo este grande mal, y pecaría contra Dios?***

José sabía que todo pecado que cometamos es realmente una ofensa contra Dios (Sal 51.4), y que todo el trabajo que hacemos es «como para el Señor» (Col 3.23). Por supuesto, cualquier oportunidad que tengamos de servir a Dios estará acompañada de pruebas, pero éstas nos mantienen dependientes del Señor y leales a Él. José fue fiel, y pagó un alto precio. Pero Dios no olvidó la obediencia de José, y en el momento conveniente lo bendijo con abundancia (Gn 9.23; 41.14-57).

➤ ***39.21 — Pero Jehová estaba con José y le extendió su misericordia, y le dio gracia en los ojos del jefe de la cárcel.***

Aunque José fue echado en la cárcel sin haber hecho nada malo, Dios estuvo con Él y le bendijo aun en ese horrible lugar. Así aprendió el joven a no verse a sí mismo como una víctima, sino como un hijo de Dios.

RESPUESTAS A PREGUNTAS DE LA VIDA

¿Nos envía Dios la adversidad?

GN 39.20

La historia de la vida de José ilustra claramente que Dios permite a veces que la adversidad llegue a nuestras vidas para que Él pueda obrar el bien máximo.

Jacob no intentó esconder su desmedido amor por José, hijo de su esposa favorita, Raquel. Así que, cuando José contó a sus hermanos dos sueños, en los que él ocupaba el lugar central y sus hermanos se inclinaban ante él para servirle, ellos empezaron a buscar la manera de destruirle.

Un día, los hermanos de José lo vendieron en secreto como esclavo, y terminó siendo el esclavo de Potifar, un alto funcionario de Faraón. José se destacó rápidamente en su nueva posición, pero cuando la esposa de Potifar le acusó falsamente de intentar violarla, fue encarcelado por un delito que no había cometido.

Pero aun allí, en total encierro, ascendió a una posición de liderazgo. Cuando interpretó con acierto el sueño de un servidor del rey, José tuvo la esperanza de que su suerte fuera a cambiar. Pero el hombre se olvidó de él durante dos largos años. No mencionó a José hasta que Faraón necesitó de alguien que interpretara un sueño que lo perturbaba (Gn 39—40).

En el momento justo, Dios cambió la adversidad de José.

Después de interpretar correctamente el sueño, Faraón ordenó que José fuera puesto en libertad y lo puso a cargo de los graneros de Egipto. Más tarde, José usó su nueva autoridad como primer ministro para ayudar a su familia durante una severa hambruna.

Después de la muerte de Jacob, los hermanos de José temieron que éste tomara venganza de ellos. Pero José les dijo: «No temáis; ¿acaso estoy yo en lugar de Dios? Vosotros pensasteis mal contra mí, mas Dios lo encaminó a bien, para hacer lo que vemos hoy, para mantener en vida a mucho pueblo» (Gn 50.19, 20).

Al mirar su vida en retrospectiva —incluso los momentos oscuros y dolorosos— José comprendió que Dios había estado en todo momento en control de la situación. No le había sucedido nada fuera del divino plan y de la voluntad de Dios.

Del mismo modo, cuando usted le pertenece al Señor, cualquier adversidad que pueda experimentar sigue estando sujeta al poder y a la gracia de Dios. Él nunca deja de estar a cargo de su vida. Nunca pierde la autoridad sobre usted ni sobre las circunstancias que le afectan. Dios tiene *siempre* el control.

Por lo tanto, usted tiene que entender que, a veces, el Señor permite que la adversidad llegue a su vida. Pero Él usa siempre la adversidad para cumplir sus propósitos en su vida.

Para un estudio más a fondo, véase el Índice de Principios de vida:

7. *Los momentos sombríos durarán solo el tiempo necesario para que Dios lleve a cabo su propósito en nosotros.*
18. *Como hijos del Dios soberano, jamás somos víctimas de nuestras circunstancias.*

22 Y el jefe de la cárcel entregó en mano de José el cuidado de todos los presos que había en aquella prisión; todo lo que se hacía allí, él lo hacía.
23 No necesitaba atender el jefe de la cárcel cosa alguna de las que estaban al cuidado de José, porque Jehová estaba con José, y lo que él hacía, Jehová lo prosperaba.

José interpreta dos sueños

40 ACONTECIÓ después de estas cosas, que el copero del rey de Egipto y el panadero delinquieron contra su señor el rey de Egipto.
2 Y se enojó Faraón contra sus dos oficiales, contra el jefe de los coperos y contra el jefe de los panaderos,
3 y los puso en prisión en la casa del capitán de la guardia, en la cárcel donde José estaba preso.
4 Y el capitán de la guardia encargó de ellos a José, y él les servía; y estuvieron días en la prisión.
5 Y ambos, el copero y el panadero del rey de Egipto, que estaban arrestados en la prisión, tuvieron un sueño, cada uno su propio sueño en una misma noche, cada uno con su propio significado.
6 Vino a ellos José por la mañana, y los miró, y he aquí que estaban tristes.

7 Y él preguntó a aquellos oficiales de Faraón,
que estaban con él en la prisión de la casa de
su señor, diciendo: ¿Por qué parecen hoy mal
vuestros semblantes?
8 Ellos le dijeron: Hemos tenido un sueño, y
no hay quien lo interprete. Entonces les dijo
José: ¿No son de Dios las interpretaciones?
Contádmelo ahora.
9 Entonces el jefe de los coperos contó su sueño a José, y le dijo: Yo soñaba que veía una vid
delante de mí,
10 y en la vid tres sarmientos; y ella como que
brotaba, y arrojaba su flor, viniendo a madurar sus racimos de uvas.
11 Y que la copa de Faraón estaba en mi mano,
y tomaba yo las uvas y las exprimía en la
copa de Faraón, y daba yo la copa en mano
de Faraón.
12 Y le dijo José: Ésta es su interpretación: los
tres sarmientos son tres días.
13 Al cabo de tres días levantará Faraón tu
cabeza, y te restituirá a tu puesto, y darás la
copa a Faraón en su mano, como solías hacerlo cuando eras su copero.
14 Acuérdate, pues, de mí cuando tengas ese
bien, y te ruego que uses conmigo de misericordia, y hagas mención de mí a Faraón, y me
saques de esta casa.
15 Porque fui hurtado de la tierra de los
hebreos; y tampoco he hecho aquí por qué me
pusiesen en la cárcel.
16 Viendo el jefe de los panaderos que había
interpretado para bien, dijo a José: También
yo soñé que veía tres canastillos blancos
sobre mi cabeza.
17 En el canastillo más alto había de toda clase de manjares de pastelería para Faraón; y
las aves las comían del canastillo de sobre mi
cabeza.
18 Entonces respondió José, y dijo: Ésta es su
interpretación: Los tres canastillos tres días
son.
19 Al cabo de tres días quitará Faraón tu cabeza de sobre ti, y te hará colgar en la horca, y
las aves comerán tu carne de sobre ti.
20 Al tercer día, que era el día del cumpleaños de Faraón, el rey hizo banquete a todos
sus sirvientes; y alzó la cabeza del jefe de los
coperos, y la cabeza del jefe de los panaderos,
entre sus servidores.
21 E hizo volver a su oficio al jefe de los coperos, y dio éste la copa en mano de Faraón.
22 Mas hizo ahorcar al jefe de los panaderos,
como lo había interpretado José.
23 Y el jefe de los coperos no se acordó de
José, sino que le olvidó.

José interpreta el sueño de Faraón

41 ACONTECIÓ que pasados dos años
tuvo Faraón un sueño. Le parecía que
estaba junto al río;
2 y que del río subían siete vacas, hermosas a
la vista, y muy gordas, y pacían en el prado.
3 Y que tras ellas subían del río otras siete
vacas de feo aspecto y enjutas de carne, y se
pararon cerca de las vacas hermosas a la orilla del río;
4 y que las vacas de feo aspecto y enjutas de
carne devoraban a las siete vacas hermosas y
muy gordas. Y despertó Faraón.
5 Se durmió de nuevo, y soñó la segunda vez:
Que siete espigas llenas y hermosas crecían
de una sola caña,
6 y que después de ellas salían otras siete espigas menudas y abatidas del viento solano;
7 y las siete espigas menudas devoraban a
las siete espigas gruesas y llenas. Y despertó
Faraón, y he aquí que era sueño.
8 Sucedió que por la mañana estaba agitado
su espíritu, y envió e hizo llamar a todos los
magos de Egipto, y a todos sus sabios; y les
contó Faraón sus sueños, mas no había quien
los pudiese interpretar a Faraón.
9 Entonces el jefe de los coperos habló a
Faraón, diciendo: Me acuerdo hoy de mis faltas.
10 Cuando Faraón se enojó contra sus siervos,
nos echó a la prisión de la casa del capitán de la
guardia a mí y al jefe de los panaderos.
11 Y él y yo tuvimos un sueño en la misma noche, y cada sueño tenía su propio
significado.
12 Estaba allí con nosotros un joven hebreo,
siervo del capitán de la guardia; y se lo contamos, y él nos interpretó nuestros sueños, y
declaró a cada uno conforme a su sueño.
13 Y aconteció que como él nos los interpretó,
así fue: yo fui restablecido en mi puesto, y el
otro fue colgado.
14 Entonces Faraón envió y llamó a José. Y
lo sacaron apresuradamente de la cárcel, y se
afeitó, y mudó sus vestidos, y vino a Faraón.
15 Y dijo Faraón a José: Yo he tenido un sueño,
y no hay quien lo interprete; mas he oído decir
de ti, que oyes sueños para interpretarlos.
16 Respondió José a Faraón, diciendo: No está
en mí; Dios será el que dé respuesta propicia
a Faraón.

LECCIONES DE VIDA

➢ ***41.1 — Aconteció que pasados dos años tuvo Faraón un sueño.***

José languideció en la cárcel durante dos años más antes de lograr su libertad. Pero no culpó a Dios, sino que continuó sirviéndole. Aprendió, como debemos aprender nosotros, que Dios actúa a favor de quienes esperan en Él.

➢ ***41.16 — Respondió José a Faraón, diciendo: No está en mí; Dios será el que dé respuesta propicia a Faraón.***

Nunca resultamos en verdad favorecidos si dirigimos el reflector hacia nosotros mismos. Los hombres y las mujeres de Dios entienden y proclaman con entusiasmo que Dios es la verdadera fuente de toda sabiduría y de todo éxito.

Ejemplos de vida

JOSÉ

Esperanza y confianza

GN 40

Dios no siempre atiende nuestras necesidades de modo inmediato ni de la manera que esperamos. ¿Por qué no? Porque a menudo nos está redirigiendo o preparando para algo nuevo. La vida de José en el Antiguo Testamento nos da un perfecto ejemplo de esto.

Aunque José tuvo visiones de que un día sería un gran gobernante (Gn 37.6-10), la realización de ese sueño tardó mucho tiempo. De hecho, antes que Dios elevara a José, lo llevó al punto más bajo imaginable: a la cárcel, por una falsa acusación.

¿Por qué Dios tardó tanto para librar a José de sus cadenas y darle el poder? Respuesta: Para que se cumpliera un propósito más importante, esto es, que pudiera aprender a depender del Señor, independientemente de sus circunstancias. Por su fiel obediencia y confianza durante sus momentos más sombríos, Dios pudo salvar a toda la familia de José y a la nación de Egipto de una hambruna terrible (Gn 45.5-8).

De modo similar, mientras Dios está en el proceso de redirigir nuestras vidas, a veces tarda en satisfacer algunas necesidades. ¿Por qué razón? Para que se pueda cumplir su plan para nosotros, y para los demás.

Para un estudio más a fondo, véase el Índice de Principios de vida:

7. *Los momentos sombríos durarán solo el tiempo necesario para que Dios lleve a cabo su propósito en nosotros.*
14. *Dios actúa a favor de quienes esperan en Él.*

17 Entonces Faraón dijo a José: En mi sueño
me parecía que estaba a la orilla del río;
18 y que del río subían siete vacas de gruesas carnes y hermosa apariencia, que pacían en el prado.
19 Y que otras siete vacas subían después de ellas, flacas y de muy feo aspecto; tan extenuadas, que no he visto otras semejantes en fealdad en toda la tierra de Egipto.
20 Y las vacas flacas y feas devoraban a las siete primeras vacas gordas;
21 y éstas entraban en sus entrañas, mas no se conocía que hubiesen entrado, porque la apariencia de las flacas era aún mala, como al principio. Y yo desperté.
22 Vi también soñando, que siete espigas crecían en una misma caña, llenas y hermosas.
23 Y que otras siete espigas menudas, marchitas, abatidas del viento solano, crecían después de ellas;
24 y las espigas menudas devoraban a las siete espigas hermosas; y lo he dicho a los magos, mas no hay quien me lo interprete.
25 Entonces respondió José a Faraón: El sueño de Faraón es uno mismo; Dios ha mostrado a Faraón lo que va a hacer.
26 Las siete vacas hermosas siete años son; y las espigas hermosas son siete años: el sueño es uno mismo.
27 También las siete vacas flacas y feas que subían tras ellas, son siete años; y las siete espigas menudas y marchitas del viento solano, siete años serán de hambre.
28 Esto es lo que respondo a Faraón. Lo que Dios va a hacer, lo ha mostrado a Faraón.
29 He aquí vienen siete años de gran abundancia en toda la tierra de Egipto.
30 Y tras ellos seguirán siete años de hambre; y toda la abundancia será olvidada en la tierra de Egipto, y el hambre consumirá la tierra.
31 Y aquella abundancia no se echará de ver, a causa del hambre siguiente la cual será gravísima.
32 Y el suceder el sueño a Faraón dos veces, significa que la cosa es firme de parte de Dios, y que Dios se apresura a hacerla.
33 Por tanto, provéase ahora Faraón de un varón prudente y sabio, y póngalo sobre la tierra de Egipto.
34 Haga esto Faraón, y ponga gobernadores sobre el país, y quinte la tierra de Egipto en los siete años de la abundancia.
35 Y junten toda la provisión de estos buenos años que vienen, y recojan el trigo bajo la mano de Faraón para mantenimiento de las ciudades; y guárdenlo.
36 Y esté aquella provisión en depósito para el país, para los siete años de hambre que habrá en la tierra de Egipto; y el país no perecerá de hambre.

José, gobernador de Egipto

37 El asunto pareció bien a Faraón y a sus siervos,
38 y dijo Faraón a sus siervos: ¿Acaso hallaremos a otro hombre como éste, en quien esté el espíritu de Dios?

39 Y dijo Faraón a José: Pues que Dios te ha
hecho saber todo esto, no hay entendido ni
sabio como tú.
40 Tú estarás sobre mi casa,[a] y por tu palabra
se gobernará todo mi pueblo; solamente en el
trono seré yo mayor que tú.
41 Dijo además Faraón a José: He aquí yo te
he puesto sobre toda la tierra de Egipto.
42 Entonces Faraón quitó su anillo de su
mano, y lo puso en la mano de José, y lo hizo
vestir de ropas de lino finísimo, y puso un
collar de oro en su cuello.
43 y lo hizo subir en su segundo carro, y pregonaron delante de él: ¡Doblad la rodilla!;[1] y
lo puso sobre toda la tierra de Egipto.
44 Y dijo Faraón a José: Yo soy Faraón; y sin
ti ninguno alzará su mano ni su pie en toda la
tierra de Egipto.
45 Y llamó Faraón el nombre de José, Zafnat-panea; y le dio por mujer a Asenat, hija de
Potifera sacerdote de On. Y salió José por toda
la tierra de Egipto.
➤ 46 Era José de edad de treinta años cuando
fue presentado delante de Faraón rey de Egipto; y salió José de delante de Faraón, y recorrió toda la tierra de Egipto.
47 En aquellos siete años de abundancia la
tierra produjo a montones.
48 Y él reunió todo el alimento de los siete años de abundancia que hubo en la tierra
de Egipto, y guardó alimento en las ciudades,
poniendo en cada ciudad el alimento del campo de sus alrededores.
49 Recogió José trigo como arena del mar,
mucho en extremo, hasta no poderse contar,
porque no tenía número.
50 Y nacieron a José dos hijos antes que viniese el primer año del hambre, los cuales le dio a
luz Asenat, hija de Potifera sacerdote de On.
51 Y llamó José el nombre del primogénito,
Manasés;[2] porque dijo: Dios me hizo olvidar
todo mi trabajo, y toda la casa de mi padre.
52 Y llamó el nombre del segundo, Efraín;[3]
porque dijo: Dios me hizo fructificar en la tierra de mi aflicción.
53 Así se cumplieron los siete años de abundancia que hubo en la tierra de Egipto.
54 Y comenzaron a venir los siete años del
hambre, como José había dicho; y hubo hambre[b] en todos los países, mas en toda la tierra
de Egipto había pan.
55 Cuando se sintió el hambre en toda la tierra de Egipto, el pueblo clamó a Faraón por
pan. Y dijo Faraón a todos los egipcios: Id a
José, y haced lo que él os dijere.[c]
56 Y el hambre estaba por toda la extensión
del país. Entonces abrió José todo granero donde había, y vendía a los egipcios; porque había crecido el hambre en la tierra de
Egipto.
57 Y de toda la tierra venían a Egipto para
comprar de José, porque por toda la tierra
había crecido el hambre.

Los hermanos de José vienen por alimentos

42 VIENDO Jacob que en Egipto había
alimentos, dijo a sus hijos: ¿Por qué os
estáis mirando?
2 Y dijo: He aquí, yo he oído que hay víveres
en Egipto; descended allá, y comprad de allí
para nosotros, para que podamos vivir, y no
muramos.[a]
3 Y descendieron los diez hermanos de José a
comprar trigo en Egipto.
4 Mas Jacob no envió a Benjamín, hermano
de José, con sus hermanos; porque dijo: No
sea que le acontezca algún desastre.
5 Vinieron los hijos de Israel a comprar entre ➤
los que venían; porque había hambre en la tierra de Canaán.
6 Y José era el señor de la tierra, quien le vendía a todo el pueblo de la tierra; y llegaron los
hermanos de José, y se inclinaron a él rostro
a tierra.
7 Y José, cuando vio a sus hermanos, los
conoció; mas hizo como que no los conocía, y
les habló ásperamente, y les dijo: ¿De dónde
habéis venido? Ellos respondieron: De la tierra de Canaán, para comprar alimentos.
8 José, pues, conoció a sus hermanos; pero
ellos no le conocieron.
9 Entonces se acordó José de los sueños que
había tenido acerca de ellos,[b] y les dijo: Espías
sois; por ver lo descubierto del país habéis
venido.

1 *Abrek*, probablemente una palabra egipcia semejante en sonido a la palabra hebrea que significa *arrodillarse*. **2** Esto es, *El que hace olvidar*. **3** De una palabra hebrea que significa *fructífero*.

a. 41.40 Hch 7.10. **b. 41.54** Hch 7.11. **c. 41.55** Jn 2.5.
a. 42.2 Hch 7.12. **b. 42.9** Gn 37.5-10.

LECCIONES DE VIDA

➤ ***41.46 — Era José de edad de treinta años cuando fue presentado delante de Faraón reyde Egipto; y salió José de delante de Faraón, y recorrió toda la tierra de Egipto.***

Cuando José alcanzó el poder en Egipto, tenía 30 años, quizás doce o más años después de que sus hermanos lo vendieron como esclavo. Sin duda, durante esos años se sintió frustrado, pero nunca cedió al desánimo; jamás perdió la esperanza de que Dios lo ayudaría.

➤ ***42.5 — Vinieron los hijos de Israel a comprar entre los que venían; porque había hambre en la tierra de Canaán.***

Dios se valió de una hambruna para reunir a la fracturada familia de Jacob. Lo que nosotros vemos como desastres, Dios puede usarlo para bien (Ro 8.28).

10 Ellos le respondieron: No, señor nuestro, sino que tus siervos han venido a comprar alimentos.

11 Todos nosotros somos hijos de un varón; somos hombres honrados; tus siervos nunca fueron espías.

12 Pero José les dijo: No; para ver lo descubierto del país habéis venido.

13 Y ellos respondieron: Tus siervos somos doce hermanos, hijos de un varón en la tierra de Canaán; y he aquí el menor está hoy con nuestro padre, y otro no parece.

14 Y José les dijo: Eso es lo que os he dicho, afirmando que sois espías.

15 En esto seréis probados: Vive Faraón, que no saldréis de aquí, sino cuando vuestro hermano menor viniere aquí.

16 Enviad a uno de vosotros y traiga a vuestro hermano, y vosotros quedad presos, y vuestras palabras serán probadas, si hay verdad en vosotros; y si no, vive Faraón, que sois espías.

17 Entonces los puso juntos en la cárcel por tres días.

18 Y al tercer día les dijo José: Haced esto, y vivid: Yo temo a Dios.

19 Si sois hombres honrados, quede preso en la casa de vuestra cárcel uno de vuestros hermanos, y vosotros id y llevad el alimento para el hambre de vuestra casa.

20 Pero traeréis a vuestro hermano menor, y serán verificadas vuestras palabras, y no moriréis. Y ellos lo hicieron así.

21 Y decían el uno al otro: Verdaderamente hemos pecado contra nuestro hermano, pues vimos la angustia de su alma cuando nos rogaba, y no le escuchamos; por eso ha venido sobre nosotros esta angustia.

22 Entonces Rubén les respondió, diciendo: ¿No os hablé yo y dije: No pequéis contra el joven,[c] y no escuchasteis? He aquí también se nos demanda su sangre.

23 Pero ellos no sabían que los entendía José, porque había intérprete entre ellos.

24 Y se apartó José de ellos, y lloró; después volvió a ellos, y les habló, y tomó de entre ellos a Simeón, y lo aprisionó a vista de ellos.

25 Después mandó José que llenaran sus sacos de trigo, y devolviesen el dinero de cada uno de ellos, poniéndolo en su saco, y les diesen comida para el camino; y así se hizo con ellos.

26 Y ellos pusieron su trigo sobre sus asnos, y se fueron de allí.

27 Pero abriendo uno de ellos su saco para dar de comer a su asno en el mesón, vio su dinero que estaba en la boca de su costal.

28 Y dijo a sus hermanos: Mi dinero se me ha devuelto, y helo aquí en mi saco. Entonces se les sobresaltó el corazón, y espantados dijeron el uno al otro: ¿Qué es esto que nos ha hecho Dios?

29 Y venidos a Jacob su padre en tierra de Canaán, le contaron todo lo que les había acontecido, diciendo:

30 Aquel varón, el señor de la tierra, nos habló ásperamente, y nos trató como a espías de la tierra.

31 Y nosotros le dijimos: Somos hombres honrados, nunca fuimos espías.

32 Somos doce hermanos, hijos de nuestro padre; uno no parece, y el menor está hoy con nuestro padre en la tierra de Canaán.

33 Entonces aquel varón, el señor de la tierra, nos dijo: En esto conoceré que sois hombres honrados: dejad conmigo uno de vuestros hermanos, y tomad para el hambre de vuestras casas, y andad,

34 y traedme a vuestro hermano el menor, para que yo sepa que no sois espías, sino hombres honrados; así os daré a vuestro hermano, y negociaréis en la tierra.

35 Y aconteció que vaciando ellos sus sacos, he aquí que en el saco de cada uno estaba el atado de su dinero; y viendo ellos y su padre los atados de su dinero, tuvieron temor.

36 Entonces su padre Jacob les dijo: Me habéis privado de mis hijos; José no parece, ni Simeón tampoco, y a Benjamín le llevaréis; contra mí son todas estas cosas.

37 Y Rubén habló a su padre, diciendo: Harás morir a mis dos hijos, si no te lo devuelvo; entrégalo en mi mano, que yo lo devolveré a ti.

38 Y él dijo: No descenderá mi hijo con vosotros, pues su hermano ha muerto, y él solo ha quedado; y si le aconteciere algún desastre en el camino por donde vais, haréis descender mis canas con dolor al Seol.

Los hermanos de José regresan con Benjamín

43 EL hambre era grande en la tierra;

2 y aconteció que cuando acabaron de comer el trigo que trajeron de Egipto, les dijo su padre: Volved, y comprad para nosotros un poco de alimento.

3 Respondió Judá, diciendo: Aquel varón nos protestó con ánimo resuelto, diciendo: No veréis mi rostro si no traéis a vuestro hermano con vosotros.

4 Si enviares a nuestro hermano con nosotros, descenderemos y te compraremos alimento.

5 Pero si no le enviares, no descenderemos; porque aquel varón nos dijo: No veréis mi rostro si no traéis a vuestro hermano con vosotros.

6 Dijo entonces Israel: ¿Por qué me hicisteis tanto mal, declarando al varón que teníais otro hermano?

---

c. 42.22 Gn 37.21-22.

7 Y ellos respondieron: Aquel varón nos preguntó expresamente por nosotros, y por nuestra familia, diciendo: ¿Vive aún vuestro padre? ¿Tenéis otro hermano? Y le declaramos conforme a estas palabras. ¿Acaso podíamos saber que él nos diría: Haced venir a vuestro hermano?

8 Entonces Judá dijo a Israel su padre: Envía al joven conmigo, y nos levantaremos e iremos, a fin de que vivamos y no muramos nosotros, y tú, y nuestros niños.

9 Yo te respondo por él; a mí me pedirás cuenta. Si yo no te lo vuelvo a traer, y si no lo pongo delante de ti, seré para ti el culpable para siempre;

10 pues si no nos hubiéramos detenido, ciertamente hubiéramos ya vuelto dos veces.

11 Entonces Israel su padre les respondió: Pues que así es, hacedlo; tomad de lo mejor de la tierra en vuestros sacos, y llevad a aquel varón un presente, un poco de bálsamo, un poco de miel, aromas y mirra, nueces y almendras.

➤ 12 Y tomad en vuestras manos doble cantidad de dinero, y llevad en vuestra mano el dinero vuelto en las bocas de vuestros costales; quizá fue equivocación.

13 Tomad también a vuestro hermano, y levantaos, y volved a aquel varón.

14 Y el Dios Omnipotente os dé misericordia delante de aquel varón, y os suelte al otro vuestro hermano, y a este Benjamín. Y si he de ser privado de mis hijos, séalo.

15 Entonces tomaron aquellos varones el presente, y tomaron en su mano doble cantidad de dinero, y a Benjamín; y se levantaron y descendieron a Egipto, y se presentaron delante de José.

16 Y vio José a Benjamín con ellos, y dijo al mayordomo de su casa: Lleva a casa a esos hombres, y degüella una res y prepárala, pues estos hombres comerán conmigo al mediodía.

17 E hizo el hombre como José dijo, y llevó a los hombres a casa de José.

18 Entonces aquellos hombres tuvieron temor, cuando fueron llevados a casa de José, y decían: Por el dinero que fue devuelto en nuestros costales la primera vez nos han traído aquí, para tendernos lazo, y atacarnos, y tomarnos por siervos a nosotros, y a nuestros asnos.

19 Y se acercaron al mayordomo de la casa de José, y le hablaron a la entrada de la casa.

20 Y dijeron: Ay, señor nuestro, nosotros en realidad de verdad descendimos al principio a comprar alimentos.

21 Y aconteció que cuando llegamos al mesón y abrimos nuestros costales, he aquí el dinero de cada uno estaba en la boca de su costal, nuestro dinero en su justo peso; y lo hemos vuelto a traer con nosotros.

22 Hemos también traído en nuestras manos otro dinero para comprar alimentos; nosotros no sabemos quién haya puesto nuestro dinero en nuestros costales.

23 Él les respondió: Paz a vosotros, no temáis; vuestro Dios y el Dios de vuestro padre os dio el tesoro en vuestros costales; yo recibí vuestro dinero. Y sacó a Simeón a ellos.

24 Y llevó aquel varón a los hombres a casa de José; y les dio agua, y lavaron sus pies, y dio de comer a sus asnos.

25 Y ellos prepararon el presente entretanto que venía José a mediodía, porque habían oído que allí habrían de comer pan.

26 Y vino José a casa, y ellos le trajeron el presente que tenían en su mano dentro de la casa, y se inclinaron ante él hasta la tierra.

27 Entonces les preguntó José cómo estaban, y dijo: ¿Vuestro padre, el anciano que dijisteis, lo pasa bien? ¿Vive todavía?

28 Y ellos respondieron: Bien va a tu siervo nuestro padre; aún vive. Y se inclinaron, e hicieron reverencia.

29 Y alzando José sus ojos vio a Benjamín su hermano, hijo de su madre, y dijo: ¿Es éste vuestro hermano menor, de quien me hablasteis? Y dijo: Dios tenga misericordia de ti, hijo mío.

30 Entonces José se apresuró, porque se conmovieron sus entrañas a causa de su hermano, y buscó dónde llorar; y entró en su cámara, y lloró allí.

31 Y lavó su rostro y salió, y se contuvo, y dijo: Poned pan.

32 Y pusieron para él aparte, y separadamente para ellos, y aparte para los egipcios que con él comían; porque los egipcios no pueden comer pan con los hebreos, lo cual es abominación a los egipcios.

LECCIONES DE VIDA

➤ *43.12 — Y tomad en vuestras manos doble cantidad de dinero, y llevad en vuestra mano el dinero vuelto en las bocas de vuestros costales; quizá fue equivocación.*

Aquí vemos que Dios había transformado a Jacob. Considerando que había empezado su vida usando el engaño para conseguir lo que quería, Dios lo convirtió en un hombre íntegro y honesto para con los demás.

➤ *43.23 — Paz a vosotros, no temáis; vuestro Dios y el Dios de vuestro padre os dio el tesoro en vuestros costales.*

Hasta el mayordomo reconoció el papel de Dios en lo que habían recibido los hijos de Jacob. Aunque probablemente era un egipcio que adoraba las deidades de la región, había sido influenciado sin duda por la gran devoción de José al Dios de los hebreos, y por todo lo bueno que fluía de la fiel relación de José con el Señor.

33 Y se sentaron delante de él, el mayor conforme a su primogenitura, y el menor conforme a su menor edad; y estaban aquellos hombres atónitos mirándose el uno al otro.
34 Y José tomó viandas de delante de sí para ellos; mas la porción de Benjamín era cinco veces mayor que cualquiera de las de ellos. Y bebieron, y se alegraron con él.

La copa de José

44 MANDÓ José al mayordomo de su casa, diciendo: Llena de alimento los costales de estos varones, cuanto puedan llevar, y pon el dinero de cada uno en la boca de su costal.
2 Y pondrás mi copa, la copa de plata, en la boca del costal del menor, con el dinero de su trigo. Y él hizo como dijo José.
3 Venida la mañana, los hombres fueron despedidos con sus asnos.
4 Habiendo ellos salido de la ciudad, de la que aún no se habían alejado, dijo José a su mayordomo: Levántate y sigue a esos hombres; y cuando los alcances, diles: ¿Por qué habéis vuelto mal por bien? ¿Por qué habéis robado mi copa de plata?
5 ¿No es ésta en la que bebe mi señor, y por la que suele adivinar? Habéis hecho mal en lo que hicisteis.
6 Cuando él los alcanzó, les dijo estas palabras.
7 Y ellos le respondieron: ¿Por qué dice nuestro señor tales cosas? Nunca tal hagan tus siervos.
8 He aquí, el dinero que hallamos en la boca de nuestros costales, te lo volvimos a traer desde la tierra de Canaán; ¿cómo, pues, habíamos de hurtar de casa de tu señor plata ni oro?
9 Aquel de tus siervos en quien fuere hallada la copa, que muera, y aun nosotros seremos siervos de mi señor.
10 Y él dijo: También ahora sea conforme a vuestras palabras; aquel en quien se hallare será mi siervo, y vosotros seréis sin culpa.
11 Ellos entonces se dieron prisa, y derribando cada uno su costal en tierra, abrió cada cual el costal suyo.
12 Y buscó; desde el mayor comenzó, y acabó en el menor; y la copa fue hallada en el costal de Benjamín.
13 Entonces ellos rasgaron sus vestidos, y cargó cada uno su asno y volvieron a la ciudad.
14 Vino Judá con sus hermanos a casa de José, que aún estaba allí, y se postraron delante de él en tierra.
15 Y les dijo José: ¿Qué acción es esta que habéis hecho? ¿No sabéis que un hombre como yo sabe adivinar?
16 Entonces dijo Judá: ¿Qué diremos a mi señor? ¿Qué hablaremos, o con qué nos justificaremos? Dios ha hallado la maldad de tus siervos; he aquí, nosotros somos siervos de mi señor, nosotros, y también aquel en cuyo poder fue hallada la copa.
17 José respondió: Nunca yo tal haga. El varón en cuyo poder fue hallada la copa, él será mi siervo; vosotros id en paz a vuestro padre.

Judá intercede por Benjamín

18 Entonces Judá se acercó a él, y dijo: Ay, señor mío, te ruego que permitas que hable tu siervo una palabra en oídos de mi señor, y no se encienda tu enojo contra tu siervo, pues tú eres como Faraón.
19 Mi señor preguntó a sus siervos, diciendo: ¿Tenéis padre o hermano?
20 Y nosotros respondimos a mi señor: Tenemos un padre anciano, y un hermano joven, pequeño aún, que le nació en su vejez; y un hermano suyo murió, y él solo quedó de los hijos de su madre; y su padre lo ama.
21 Y tú dijiste a tus siervos: Traédmelo, y pondré mis ojos sobre él.
22 Y nosotros dijimos a mi señor: El joven no puede dejar a su padre, porque si lo dejare, su padre morirá.
23 Y dijiste a tus siervos: Si vuestro hermano menor no desciende con vosotros, no veréis más mi rostro.
24 Aconteció, pues, que cuando llegamos a mi padre tu siervo, le contamos las palabras de mi señor.
25 Y dijo nuestro padre: Volved a comprarnos un poco de alimento.
26 Y nosotros respondimos: No podemos ir; si nuestro hermano va con nosotros, iremos; porque no podremos ver el rostro del varón, si no está con nosotros nuestro hermano el menor.
27 Entonces tu siervo mi padre nos dijo: Vosotros sabéis que dos hijos me dio a luz mi mujer;
28 y el uno salió de mi presencia, y pienso de cierto que fue despedazado, y hasta ahora no lo he visto.
29 Y si tomáis también a éste de delante de mí, y le acontece algún desastre, haréis descender mis canas con dolor al Seol.
30 Ahora, pues, cuando vuelva yo a tu siervo mi padre, si el joven no va conmigo, como su vida está ligada a la vida de él,
31 sucederá que cuando no vea al joven, morirá; y tus siervos harán descender las canas de tu siervo nuestro padre con dolor al Seol.
32 Como tu siervo salió por fiador del joven con mi padre, diciendo: Si no te lo vuelvo a traer, entonces yo seré culpable ante mi padre para siempre;
33 te ruego, por tanto, que quede ahora tu siervo en lugar del joven por siervo de mi señor, y que el joven vaya con sus hermanos.
34 Porque ¿cómo volveré yo a mi padre sin el joven? No podré, por no ver el mal que sobrevendrá a mi padre.

José se da a conocer a sus hermanos
45 NO podía ya José contenerse delante
de todos los que estaban al lado suyo, y
clamó: Haced salir de mi presencia a todos. Y
no quedó nadie con él, al darse a conocer José
a sus hermanos.[a]
2 Entonces se dio a llorar a gritos; y oyeron los egipcios, y oyó también la casa de
Faraón.
3 Y dijo José a sus hermanos: Yo soy José;
¿vive aún mi padre? Y sus hermanos no pudieron responderle, porque estaban turbados
delante de él.
➤ 4 Entonces dijo José a sus hermanos: Acercaos ahora a mí. Y ellos se acercaron. Y él dijo:
Yo soy José vuestro hermano, el que vendisteis para Egipto.
5 Ahora, pues, no os entristezcáis, ni os pese
de haberme vendido acá; porque para preservación de vida me envió Dios delante de
vosotros.
6 Pues ya ha habido dos años de hambre en
medio de la tierra, y aún quedan cinco años en
los cuales ni habrá arada ni siega.
* 7 Y Dios me envió delante de vosotros, para
➤ preservaros posteridad sobre la tierra, y para
daros vida por medio de gran liberación.
8 Así, pues, no me enviasteis acá vosotros,
sino Dios, que me ha puesto por padre de
Faraón y por señor de toda su casa, y por
gobernador en toda la tierra de Egipto.
9 Daos prisa, id a mi padre y decidle: Así dice
tu hijo José: Dios me ha puesto por señor de
todo Egipto; ven a mí, no te detengas.
10 Habitarás en la tierra de Gosén, y estarás
cerca de mí, tú y tus hijos, y los hijos de tus
hijos, tus ganados y tus vacas, y todo lo que
tienes.
11 Y allí te alimentaré, pues aún quedan cinco años de hambre, para que no perezcas de
pobreza tú y tu casa, y todo lo que tienes.[b]
12 He aquí, vuestros ojos ven, y los ojos de mi
hermano Benjamín, que mi boca os habla.
13 Haréis, pues, saber a mi padre toda mi gloria en Egipto, y todo lo que habéis visto; y
daos prisa, y traed a mi padre acá.
14 Y se echó sobre el cuello de Benjamín su
hermano, y lloró; y también Benjamín lloró
sobre su cuello.
15 Y besó a todos sus hermanos, y lloró sobre
ellos; y después sus hermanos hablaron con
él.
16 Y se oyó la noticia en la casa de Faraón,
diciendo: Los hermanos de José han venido.
Y esto agradó en los ojos de Faraón y de sus
siervos.
17 Y dijo Faraón a José: Di a tus hermanos:
Haced esto: cargad vuestras bestias, e id, volved a la tierra de Canaán;
18 y tomad a vuestro padre y a vuestras familias y venid a mí, porque yo os daré lo bueno
de la tierra de Egipto, y comeréis de la abundancia de la tierra.
19 Y tú manda: Haced esto: tomaos de la tierra
de Egipto carros para vuestros niños y vuestras mujeres, y traed a vuestro padre, y venid.
20 Y no os preocupéis por vuestros enseres,
porque la riqueza de la tierra de Egipto será
vuestra.
21 Y lo hicieron así los hijos de Israel; y les dio
José carros conforme a la orden de Faraón, y
les suministró víveres para el camino.
22 A cada uno de todos ellos dio mudas de
vestidos, y a Benjamín dio trescientas piezas
de plata, y cinco mudas de vestidos.
23 Y a su padre envió esto: diez asnos cargados de lo mejor de Egipto, y diez asnas cargadas de trigo, y pan y comida, para su padre en
el camino.
24 Y despidió a sus hermanos, y ellos se fueron. Y él les dijo: No riñáis por el camino.
25 Y subieron de Egipto, y llegaron a la tierra
de Canaán a Jacob su padre.
26 Y le dieron las nuevas, diciendo: José vive
aún; y él es señor en toda la tierra de Egipto. Y el corazón de Jacob se afligió, porque no
los creía.
27 Y ellos le contaron todas las palabras de
José, que él les había hablado; y viendo Jacob
los carros que José enviaba para llevarlo, su
espíritu revivió.
28 Entonces dijo Israel: Basta; José mi hijo
vive todavía; iré, y le veré antes que yo muera.

Jacob y su familia en Egipto
46 SALIÓ Israel con todo lo que tenía, y
vino a Beerseba, y ofreció sacrificios al
Dios de su padre Isaac.
2 Y habló Dios a Israel en visiones de noche, y
dijo: Jacob, Jacob. Y él respondió: Heme aquí.

a. 45.1 Hch 7.13. **b. 45.9-11** Hch 7.14.

LECCIONES DE VIDA

➤ ***45.4, 5 — Entonces dijo José a sus hermanos… Ahora, pues, no os entristezcáis, ni os pese de haberme vendido acá; porque para preservación de vida me envió Dios delante de vosotros.***

Dios nos pide que tengamos un espíritu perdonador. El saber que Dios tiene el control de todo lo que pasa, nos deja libres para perdonar a otros.

➤ ***45.7 — Y Dios me envió delante de vosotros, para preservaros posteridad sobre la tierra, y para daros vida por medio de gran liberación.***

Dios nunca nos pide que nos sentemos y esperemos ociosamente que Él nos catapulte al éxito. Nos pide que confiemos en Él, que le obedezcamos día a día, y que aprendamos las lecciones que Él pone delante de nosotros.

3 Y dijo: Yo soy Dios, el Dios de tu padre; no
temas de descender a Egipto, porque allí yo
haré de ti una gran nación.
➤ 4 Yo descenderé contigo a Egipto, y yo también te haré volver; y la mano de José cerrará tus ojos.
5 Y se levantó Jacob de Beerseba; y tomaron los hijos de Israel a su padre Jacob, y a
sus niños, y a sus mujeres, en los carros que
Faraón había enviado para llevarlo.
6 Y tomaron sus ganados, y sus bienes que
habían adquirido en la tierra de Canaán, y
vinieron a Egipto,[a] Jacob y toda su descendencia consigo;
7 sus hijos, y los hijos de sus hijos consigo; sus
hijas, y las hijas de sus hijos, y a toda su descendencia trajo consigo a Egipto.
8 Y éstos son los nombres de los hijos de
Israel, que entraron en Egipto, Jacob y sus
hijos: Rubén, el primogénito de Jacob.
9 Y los hijos de Rubén: Hanoc, Falú, Hezrón
y Carmi.
10 Los hijos de Simeón: Jemuel, Jamín, Ohad,
Jaquín, Zohar, y Saúl hijo de la cananea.
11 Los hijos de Leví: Gersón, Coat y Merari.
12 Los hijos de Judá: Er, Onán, Sela, Fares y
Zara; mas Er y Onán murieron en la tierra de
Canaán. Y los hijos de Fares fueron Hezrón y
Hamul.
13 Los hijos de Isacar: Tola, Fúa, Job y Simrón.
14 Los hijos de Zabulón: Sered, Elón y
Jahleel.
15 Éstos fueron los hijos de Lea, los que dio a
luz a Jacob en Padan-aram, y además su hija
Dina; treinta y tres las personas todas de sus
hijos e hijas.
16 Los hijos de Gad: Zifión, Hagui, Ezbón,
Suni, Eri, Arodi y Areli.
17 Y los hijos de Aser: Imna, Isúa, Isúi, Bería,
y Sera hermana de ellos. Los hijos de Bería:
Heber y Malquiel.
18 Éstos fueron los hijos de Zilpa, la que
Labán dio a su hija Lea, y dio a luz éstos a
Jacob; por todas dieciséis personas.
19 Los hijos de Raquel, mujer de Jacob: José
y Benjamín.
20 Y nacieron a José en la tierra de Egipto
Manasés y Efraín, los que le dio a luz Asenat,
hija de Potifera sacerdote de On.[b]
21 Los hijos de Benjamín fueron Bela, Bequer,
Asbel, Gera, Naamán, Ehi, Ros, Mupim, Hupim
y Ard.
22 Éstos fueron los hijos de Raquel, que nacieron a Jacob; por todas catorce personas.
23 Los hijos de Dan: Husim.
24 Los hijos de Neftalí: Jahzeel, Guni, Jezer
y Silem.
25 Éstos fueron los hijos de Bilha, la que dio
Labán a Raquel su hija, y dio a luz éstos a
Jacob; por todas siete personas.
26 Todas las personas que vinieron con Jacob
a Egipto, procedentes de sus lomos, sin las
mujeres de los hijos de Jacob, todas las personas fueron sesenta y seis.
27 Y los hijos de José, que le nacieron en
Egipto dos personas. Todas las personas de
la casa de Jacob, que entraron en Egipto, fueron setenta.[c]
28 Y envió Jacob a Judá delante de sí a José,
para que le viniese a ver en Gosén; y llegaron
a la tierra de Gosén.
29 Y José unció su carro y vino a recibir a
Israel su padre en Gosén; y se manifestó a él,
y se echó sobre su cuello, y lloró sobre su cuello largamente.
30 Entonces Israel dijo a José: Muera yo ahora, ya que he visto tu rostro, y sé que aún vives.
31 Y José dijo a sus hermanos, y a la casa de
su padre: Subiré y lo haré saber a Faraón, y
le diré: Mis hermanos y la casa de mi padre,
que estaban en la tierra de Canaán, han venido a mí.
32 Y los hombres son pastores de ovejas, porque son hombres ganaderos; y han traído sus
ovejas y sus vacas, y todo lo que tenían.
33 Y cuando Faraón os llamare y dijere: ¿Cuál
es vuestro oficio?
34 entonces diréis: Hombres de ganadería
han sido tus siervos desde nuestra juventud
hasta ahora, nosotros y nuestros padres; a fin
de que moréis en la tierra de Gosén, porque
para los egipcios es abominación todo pastor de ovejas.

47 VINO José y lo hizo saber a Faraón, y
dijo: Mi padre y mis hermanos, y sus
ovejas y sus vacas, con todo lo que tienen, han
venido de la tierra de Canaán, y he aquí están
en la tierra de Gosén.
2 Y de los postreros de sus hermanos tomó cinco varones, y los presentó delante de Faraón.
3 Y Faraón dijo a sus hermanos: ¿Cual es
vuestro oficio? Y ellos respondieron a Faraón:
Pastores de ovejas son tus siervos, así nosotros como nuestros padres.
4 Dijeron además a Faraón: Para morar en
esta tierra hemos venid o; porque no hay pasto para las ovejas de tus siervos, pues el hambre es grave en la tierra de Canaán; por tanto,
te rogamos ahora que permitas que habiten
tus siervos en la tierra de Gosén.
5 Entonces Faraón habló a José, diciendo: Tu
padre y tus hermanos han venido a ti.

a. 46.6 Hch 7.15. **b. 46.20** Gn 41.50-52. **c. 46.27** Hch 7.14.

LECCIONES DE VIDA

➤ ***46.4 — Yo descenderé contigo a Egipto, y yo también te haré volver.***

Una vez que escuchó la promesa de Dios, Israel encontró fuerzas para hacer algo difícil. La Palabra de Dios es un ancla inconmovible en los tiempos de tormenta.

RESPUESTAS A PREGUNTAS DE LA VIDA

¿Por qué Dios no responde más rápidamente mis oraciones?

GN 45.25—46.4

Si Dios oye nuestras peticiones y nos ama tanto que envió a su Hijo, Jesucristo, a morir por nosotros, ¿por qué parece que se toma tanto tiempo para responder a algunas de nuestras peticiones más urgentes? Considere detenidamente las ocho razones siguientes. La demora puede deberse a:

1. *Nuestras dudas*
Dios quiere que confiemos en Él; que vayamos a Él con nuestras necesidades sin dudar de su amor, poder y provisión para nosotros (Stg 1.5-8). Recuerde siempre que, con fe, todo le es posible (Mr 9.23).

2. *Nuestros intentos de manipulación*
Si intentamos controlar o manipular a Dios, no debemos esperar respuesta a nuestras oraciones (1 S 13.9–14). Él es el Señor, nosotros los siervos.

3. *La motivación errónea*
Ni las peticiones egocéntricas ni las teñidas de malas intenciones recibirán respuesta (Stg 4.3). Dios se niega a ser parte de nuestras concupiscencias y maquinaciones.

4. *Nuestra desobediencia*
Nuestro pecado puede hacer que Dios retenga su mano misericordiosa (Sal 81.10–12). Si desobedecemos sus mandamientos y rehusamos arrepentirnos, nos abandonará a la testarudez de nuestro corazón. Nos retirará su favor y esperará hasta que estemos dispuestos a enfrentar nuestro pecado, para respondernos.

5. *Nuestra falta de responsabilidad*
No podemos esperar que Dios recompense a una persona perezosa o negligente (Pr 19.15). El Señor tiene trabajo en qué ocuparse; y nosotros tenemos el nuestro.

6. *El rechazo al método de Dios*
No deseche la forma como Dios suple sus necesidades, sólo porque no encaja con sus expectativas o criterios (Jos 6). Un hombre llamado Naamán estuvo a punto de cometer ese error, lo que le habría costado su salud (2 R 5.8–14).

7. *La reorientación de Dios*
A veces, Dios está en el proceso de redirigirnos o prepararnos para algo nuevo (Gn 37; 39—50). A Dios le encanta hacer cosas nuevas y maravillosas con su pueblo (Is 43.19).

8. *El deseo de Dios de enseñarnos*
Dios puede querer que nos concentremos en nuestras necesidades espirituales y eternas, para que así aprendamos a confiar en Él en todas las cosas, y para todo (Is 55).

Incluso cuando Dios retrasa sus respuestas, nos manda seguir orando (Lc 18.1–8). Él también quiere que confiemos en Él a cada paso de nuestra vida. La oración es un acto de fe, porque cuando oramos, estamos diciendo básicamente: «Señor, Tú sabes todas las cosas, y yo necesito de tu dirección, fortaleza, paz y poder». Dios responde sin falta, cuando clamamos a Él.

Para un estudio más a fondo, véase el Índice de Principios de vida:
9. Confiar en Dios quiere decir ver más allá de lo que podemos, hacia lo que Dios ve.
17. De rodillas somos más altos y más fuertes.

6 La tierra de Egipto delante de ti está; en lo
mejor de la tierra haz habitar a tu padre y a
tus hermanos; habiten en la tierra de Gosén; y
si entiendes que hay entre ellos hombres capaces, ponlos por mayorales del ganado mío.
7 También José introdujo a Jacob su padre, y
lo presentó delante de Faraón; y Jacob bendijo a Faraón.
8 Y dijo Faraón a Jacob: ¿Cuántos son los días
de los años de tu vida?
9 Y Jacob respondió a Faraón: Los días de los
años de mi peregrinación son ciento treinta
años; pocos y malos han sido los días de los
años de mi vida, y no han llegado a los días de
los años de la vida de mis padres en los días
de su peregrinación.
10 Y Jacob bendijo a Faraón, y salió de la presencia de Faraón.
11 Así José hizo habitar a su padre y a sus
hermanos, y les dio posesión en la tierra de
Egipto, en lo mejor de la tierra, en la tierra de
Ramesés, como mandó Faraón.
12 Y alimentaba José a su padre y a sus hermanos, y a toda la casa de su padre, con pan,
según el número de los hijos.

13 No había pan en toda la tierra, y el hambre
era muy grave, por lo que desfalleció de hambre la tierra de Egipto y la tierra de Canaán.
14 Y recogió José todo el dinero que había en
la tierra de Egipto y en la tierra de Canaán,
por los alimentos que de él compraban; y
metió José el dinero en casa de Faraón.
15 Acabado el dinero de la tierra de Egipto y de la tierra de Canaán, vino todo Egipto
a José, diciendo: Danos pan; ¿por qué moriremos delante de ti, por haberse acabado el
dinero?
16 Y José dijo: Dad vuestros ganados y yo os
daré por vuestros ganados, si se ha acabado
el dinero.
17 Y ellos trajeron sus ganados a José, y José
les dio alimentos por caballos, y por el ganado
de las ovejas, y por el ganado de las vacas, y
por asnos; y les sustentó de pan por todos sus
ganados aquel año.
18 Acabado aquel año, vinieron a él el segundo año, y le dijeron: No encubrimos a nuestro
señor que el dinero ciertamente se ha acabado; también el ganado es ya de nuestro señor;
nada ha quedado delante de nuestro señor sino
nuestros cuerpos y nuestra tierra.
19 ¿Por qué moriremos delante de tus ojos, así
nosotros como nuestra tierra? Cómpranos a
nosotros y a nuestra tierra por pan, y seremos
nosotros y nuestra tierra siervos de Faraón; y
danos semilla para que vivamos y no muramos, y no sea asolada la tierra.
20 Entonces compró José toda la tierra de
Egipto para Faraón; pues los egipcios vendieron cada uno sus tierras, porque se agravó el
hambre sobre ellos; y la tierra vino a ser de
Faraón.
21 Y al pueblo lo hizo pasar a las ciudades, desde un extremo al otro del territorio de Egipto.
22 Solamente la tierra de los sacerdotes no
compró, por cuanto los sacerdotes tenían
ración de Faraón, y ellos comían la ración que
Faraón les daba; por eso no vendieron su tierra.
23 Y José dijo al pueblo: He aquí os he comprado hoy, a vosotros y a vuestra tierra, para
Faraón; ved aquí semilla, y sembraréis la tierra.
24 De los frutos daréis el quinto a Faraón, y
las cuatro partes serán vuestras para sembrar
las tierras, y para vuestro mantenimiento, y
de los que están en vuestras casas, y para que
coman vuestros niños.
25 Y ellos respondieron: La vida nos has dado;
hallemos gracia en ojos de nuestro señor, y
seamos siervos de Faraón.
26 Entonces José lo puso por ley hasta hoy
sobre la tierra de Egipto, señalando para
Faraón el quinto, excepto sólo la tierra de los
sacerdotes, que no fue de Faraón.
27 Así habitó Israel en la tierra de Egipto, en
la tierra de Gosén; y tomaron posesión de ella,
y se aumentaron, y se multiplicaron en gran
manera.
28 Y vivió Jacob en la tierra de Egipto diecisiete años; y fueron los días de Jacob, los años de
su vida, ciento cuarenta y siete años.
29 Y llegaron los días de Israel para morir, y
llamó a José su hijo, y le dijo: Si he hallado
ahora gracia en tus ojos, te ruego que pongas
tu mano debajo de mi muslo, y harás conmigo misericordia y verdad. Te ruego que no me
entierres en Egipto.
30 Mas cuando duerma con mis padres, me ➤
llevarás de Egipto y me sepultarás en el sepulcro de ellos. Y José respondió: Haré como tú
dices.
31 E Israel dijo: Júramelo. Y José le juró.
Entonces Israel se inclinó sobre la cabecera
de la cama.

Jacob bendice a Efraín y a Manasés

48 SUCEDIÓ después de estas cosas que
dijeron a José: He aquí tu padre está
enfermo. Y él tomó consigo a sus dos hijos,
Manasés y Efraín.
2 Y se le hizo saber a Jacob, diciendo: He aquí
tu hijo José viene a ti. Entonces se esforzó
Israel, y se sentó sobre la cama,
3 y dijo a José: El Dios Omnipotente me apareció en Luz en la tierra de Canaán, y me
bendijo,
4 y me dijo: He aquí yo te haré crecer, y te
multiplicaré, y te pondré por estirpe de naciones; y daré esta tierra a tu descendencia después de ti por heredad perpetua.[a]
5 Y ahora tus dos hijos Efraín y Manasés, que
te nacieron en la tierra de Egipto, antes que
viniese a ti a la tierra de Egipto, míos son;
como Rubén y Simeón, serán míos.
6 Y los que después de ellos has engendrado,
serán tuyos; por el nombre de sus hermanos
serán llamados en sus heredades.
7 Porque cuando yo venía de Padan-aram, se
me murió Raquel en la tierra de Canaán, en
el camino, como media legua de tierra viniendo a Efrata;[b] y la sepulté allí en el camino de
Efrata, que es Belén.
8 Y vio Israel los hijos de José, y dijo: ¿Quiénes son éstos?

a. 48.3-4 Gn 28.13-14. **b. 48.7** Gn 35.16-19.

LECCIONES DE VIDA

➤ ***47.30 — Mas cuando duerma con mis padres, me llevarás de Egipto y me sepultarás en el sepulcro de ellos.***

Jacob quiso ser enterrado en la tierra que Dios había prometido a Abraham e Isaac, su tierra. Jacob entendió que su permanencia en Egipto no sería permanente. Al final, Dios cumpliría su pacto y haría volver a sus descendientes a la tierra prometida. Más tarde, José haría la misma petición, con la misma confianza de que Dios haría lo que había dicho (Gn 50.24, 25; He 11.22).

9 Y respondió José a su padre: Son mis hijos,
que Dios me ha dado aquí. Y él dijo: Acércalos
ahora a mí, y los bendeciré.
10 Y los ojos de Israel estaban tan agravados
por la vejez, que no podía ver. Les hizo, pues,
acercarse a él, y él les besó y les abrazó.
➤ 11 Y dijo Israel a José: No pensaba yo ver tu
rostro, y he aquí Dios me ha hecho ver también a tu descendencia.
12 Entonces José los sacó de entre sus rodillas, y se inclinó a tierra.
13 Y los tomó José a ambos, Efraín a su derecha, a la izquierda de Israel, y Manasés a su
izquierda, a la derecha de Israel; y los acercó a él.
14 Entonces Israel extendió su mano derecha,
y la puso sobre la cabeza de Efraín, que era el
menor, y su mano izquierda sobre la cabeza
de Manasés, colocando así sus manos adrede,
aunque Manasés era el primogénito.
➤ 15 Y bendijo a José, diciendo: El Dios en cuya
presencia anduvieron mis padres Abraham e
Isaac, el Dios que me mantiene desde que yo
soy hasta este día,
16 el Ángel que me liberta de todo mal, bendiga a estos jóvenes; y sea perpetuado en ellos
mi nombre, y el nombre de mis padres Abraham e Isaac, y multiplíquense en gran manera
en medio de la tierra.
17 Pero viendo José que su padre ponía la
mano derecha sobre la cabeza de Efraín, le
causó esto disgusto; y asió la mano de su
padre, para cambiarla de la cabeza de Efraín
a la cabeza de Manasés.
18 Y dijo José a su padre: No así, padre mío,
porque éste es el primogénito; pon tu mano
derecha sobre su cabeza.
19 Mas su padre no quiso, y dijo: Lo sé, hijo
mío, lo sé; también él vendrá a ser un pueblo,
y será también engrandecido; pero su hermano menor será más grande que él, y su descendencia formará multitud de naciones.
20 Y los bendijo[c] aquel día, diciendo: En ti
bendecirá Israel, diciendo: Hágate Dios como
a Efraín y como a Manasés. Y puso a Efraín
antes de Manasés.
21 Y dijo Israel a José: He aquí yo muero; pero
Dios estará con vosotros, y os hará volver a la
tierra de vuestros padres.
22 Y yo te he dado a ti una parte más que a tus
hermanos, la cual tomé yo de mano del amorreo con mi espada y con mi arco.

Profecía de Jacob acerca de sus hijos

49 Y llamó Jacob a sus hijos, y dijo:
Juntaos, y os declararé lo que os ha de
acontecer en los días venideros.

2 Juntaos y oíd, hijos de Jacob,
Y escuchad a vuestro padre Israel.
3 Rubén, tú eres mi primogénito,
mi fortaleza, y el principio de mi vigor;
Principal en dignidad, principal en poder.
4 Impetuoso como las aguas, no serás el principal,
Por cuanto subiste al lecho de tu padre;
Entonces te envileciste, subiendo a mi estrado.
5 Simeón y Leví son hermanos;
Armas de iniquidad sus armas.
6 En su consejo no entre mi alma,
Ni mi espíritu se junte en su compañía.
Porque en su furor mataron hombres,
Y en su temeridad desjarretaron toros.
7 Maldito su furor, que fue fiero;
Y su ira, que fue dura.
Yo los apartaré en Jacob,
Y los esparciré en Israel.
8 Judá, te alabarán tus hermanos;
Tu mano en la cerviz de tus enemigos;
Los hijos de tu padre se inclinarán a ti.
9 Cachorro de león, Judá;
De la presa subiste, hijo mío.
Se encorvó, se echó como león,
Así como león viejo:
¿quién lo despertará? [a]
10 No será quitado el cetro de Judá, *
Ni el legislador de entre sus pies, ➤
Hasta que venga Siloh;
Y a él se congregarán los pueblos.
11 Atando a la vid su pollino,
Y a la cepa el hijo de su asna,
Lavó en el vino su vestido,
Y en la sangre de uvas su manto.
12 Sus ojos, rojos del vino,
Y sus dientes blancos de la leche.

c. 48.20 He 11.21. **a. 49.9** Nm 24.9.

LECCIONES DE VIDA

➤ ***48.11 — Y dijo Israel a José: No pensaba yo ver tu rostro, y he aquí Dios me ha hecho ver también a tu descendencia.***

Dios nos bendice a menudo de maneras que van mucho más allá de lo que podemos imaginar (1 Co 2.9; Ef 3.20, 21). Por eso es siempre crucial que nos sometamos a sus planes y a sus propósitos para nosotros.

➤ ***48.15 — Y bendijo a José, diciendo: El Dios en cuya presencia anduvieron mis padres Abraham e Isaac, el Dios que me mantiene desde que yo soy hasta este día.***

Cuando Israel llamó a Dios «el Dios que me mantiene desde que yo soy hasta este día», proclamó que todo lo bueno que tenemos procede de su mano y de su gracia.

➤ ***49.10 — No será quitado el cetro de Judá, ni el legislador de entre sus pies, hasta que venga Siloh; y a él se congregarán los pueblos.***

Israel profetizó que el Mesías, Jesús, vendría del linaje de Judá, y que sería Rey y Juez de toda la tierra.

13 Zabulón en puertos de mar habitará;
Será para puerto de naves,
Y su límite hasta Sidón.
14 Isacar, asno fuerte
Que se recuesta entre los apriscos;
15 Y vio que el descanso era bueno,
y que la tierra era deleitosa;
Y bajó su hombro para llevar,
Y sirvió en tributo.
16 Dan juzgará a su pueblo,
Como una de las tribus de Israel.
17 Será Dan serpiente junto al camino,
Víbora junto a la senda,
Que muerde los talones del caballo,
Y hace caer hacia atrás al jinete.
18 Tu salvación esperé, oh Jehová.
19 Gad, ejército lo acometerá;
Mas él acometerá al fin.
20 El pan de Aser será substancioso,
Y él dará deleites al rey.
21 Neftalí, cierva suelta,
Que pronunciará dichos hermosos.
22 Rama fructífera es José,
Rama fructífera junto a una fuente,
Cuyos vástagos se extienden sobre el muro.
23 Le causaron amargura,
Le asaetearon,
Y le aborrecieron los arqueros;
24 Mas su arco se mantuvo poderoso,
Y los brazos de sus manos se fortalecieron
Por las manos del Fuerte de Jacob
(Por el nombre del Pastor, la Roca de Israel),
25 Por el Dios de tu padre, el cual te ayudará,
Por el Dios Omnipotente, el cual te bendecirá
Con bendiciones de los cielos de arriba,
Con bendiciones del abismo que está abajo,
Con bendiciones de los pechos y del vientre.
26 Las bendiciones de tu padre
Fueron mayores que las bendiciones de mis progenitores;
Hasta el término de los collados eternos
Serán sobre la cabeza de José,
Y sobre la frente del que fue apartado de entre sus hermanos.
27 Benjamín es lobo arrebatador;
A la mañana comerá la presa,
Y a la tarde repartirá los despojos.

Muerte y sepelio de Jacob

28 Todos éstos fueron las doce tribus de
Israel, y esto fue lo que su padre les dijo, al
bendecirlos; a cada uno por su bendición los
bendijo.
29 Les mandó luego, y les dijo: Yo voy a ser
reunido con mi pueblo. Sepultadme con mis
padres en la cueva que está en el campo de
Efrón el heteo,
30 en la cueva que está en el campo de Macpela, al oriente de Mamre en la tierra de
Canaán, la cual compró Abraham con el mismo campo de Efrón el heteo, para heredad de
sepultura.[b]
31 Allí sepultaron a Abraham[c] y a Sara su
mujer; allí sepultaron a Isaac[d] y a Rebeca su
mujer; allí también sepulté yo a Lea.
32 La compra del campo y de la cueva que
está en él, fue de los hijos de Het.
33 Y cuando acabó Jacob de dar mandamientos a sus hijos, encogió sus pies en la cama, y
expiró,[e] y fue reunido con sus padres.

50 ENTONCES se echó José sobre el rostro de su padre, y lloró sobre él, y lo
besó.
2 Y mandó José a sus siervos los médicos
que embalsamasen a su padre; y los médicos
embalsamaron a Israel.
3 Y le cumplieron cuarenta días, porque así
cumplían los días de los embalsamados, y lo
lloraron los egipcios setenta días.
4 Y pasados los días de su luto, habló José a
los de la casa de Faraón, diciendo: Si he hallado ahora gracia en vuestros ojos, os ruego que
habléis en oídos de Faraón, diciendo:
5 Mi padre me hizo jurar, diciendo: He aquí
que voy a morir; en el sepulcro que cavé para
mí en la tierra de Canaán, allí me sepultarás;[a]
ruego, pues, que vaya yo ahora y sepulte a mi
padre, y volveré.
6 Y Faraón dijo: Ve, y sepulta a tu padre, como
él te hizo jurar.
7 Entonces José subió para sepultar a su
padre; y subieron con él todos los siervos de
Faraón, los ancianos de su casa, y todos los
ancianos de la tierra de Egipto,
8 y toda la casa de José, y sus hermanos, y
la casa de su padre; solamente dejaron en la
tierra de Gosén sus niños, y sus ovejas y sus
vacas.
9 Subieron también con él carros y gente de a
caballo, y se hizo un escuadrón muy grande.
10 Y llegaron hasta la era de Atad, que está
al otro lado del Jordán, y endecharon allí con
grande y muy triste lamentación; y José hizo
a su padre duelo por siete días.
11 Y viendo los moradores de la tierra, los
cananeos, el llanto en la era de Atad, dijeron:
Llanto grande es este de los egipcios; por eso
fue llamado su nombre Abel-mizraim,[1] que
está al otro lado del Jordán.
12 Hicieron, pues, sus hijos con él según les
había mandado;
13 pues lo llevaron sus hijos a la tierra de
Canaán, y lo sepultaron en la cueva del campo
de Macpela, la que había comprado Abraham

1 Esto es, *Praderas de Egipto*, o *Llanto de Egipto*.
b. 49.30 Gn 23.3-20. **c. 49.31** Gn 25.9-10.
d. 49.31 Gn 35.29. **e. 49.33** Hch 7.15. **a. 50.5** Gn 47.29-31.

con el mismo campo, para heredad de sepultura,
de Efrón el heteo, al oriente de Mamre.[b]
14 Y volvió José a Egipto, él y sus hermanos,
y todos los que subieron con él a sepultar a su
padre, después que lo hubo sepultado.

Muerte de José

15 Viendo los hermanos de José que su padre
era muerto, dijeron: Quizá nos aborrecerá
José, y nos dará el pago de todo el mal que
le hicimos.
16 Y enviaron a decir a José: Tu padre mandó
antes de su muerte, diciendo:
17 Así diréis a José: Te ruego que perdones
ahora la maldad de tus hermanos y su pecado, porque mal te trataron; por tanto, ahora te
rogamos que perdones la maldad de los siervos del Dios de tu padre. Y José lloró mientras hablaban.
18 Vinieron también sus hermanos y se postraron delante de él, y dijeron: Henos aquí por
siervos tuyos.
19 Y les respondió José: No temáis; ¿acaso
estoy yo en lugar de Dios?
➤ 20 Vosotros pensasteis mal contra mí, mas
Dios lo encaminó a bien, para hacer lo que
vemos hoy, para mantener en vida a mucho
pueblo.
21 Ahora, pues, no tengáis miedo; yo os sustentaré a vosotros y a vuestros hijos. Así los
consoló, y les habló al corazón.
22 Y habitó José en Egipto, él y la casa de su
padre; y vivió José ciento diez años.
23 Y vio José los hijos de Efraín hasta la tercera generación; también los hijos de Maquir
hijo de Manasés fueron criados sobre las rodillas de José.
24 Y José dijo a sus hermanos: Yo voy a morir; ➤
mas Dios ciertamente os visitará, y os hará
subir de esta tierra a la tierra que juró a Abraham, a Isaac y a Jacob.
25 E hizo jurar José a los hijos de Israel, diciendo: Dios ciertamente os visitará, y haréis llevar de aquí mis huesos.[c]
26 Y murió José a la edad de ciento diez años;
y lo embalsamaron, y fue puesto en un ataúd
en Egipto.

b. 50.13 Hch 7.16. **c. 50.25** Éx 13.19; Jos 24.32; He 11.22.

LECCIONES DE VIDA

➤ *50.20 — Vosotros pensasteis mal contra mí, mas Dios lo encaminó a bien, para hacer lo que vemos hoy, para mantener en vida a mucho pueblo.*

A veces, Dios permite que pasemos por tiempos difíciles como resultado de las malas acciones de otros. Pero, no importa lo que tengamos que enfrentar, no importa lo injusto que nos parezca, podemos estar seguros que Dios lo usará para bien (Ro 8.28).

➤ *50.24, 25 — Dios ciertamente os visitará, y os hará subir de esta tierra a la tierra que juró a Abraham, a Isaac y a Jacob… y haréis llevar de aquí mis huesos.*

Jacob quiso ser sepultado en la tierra que Dios había prometido a Abraham e Isaac (Gn 47.30), y lo mismo José (Éx 13.19; Jos 24.32; He 11.22). José alentó a sus hermanos, recordándoles que Dios cumpliría su pacto, y que haría volver a sus descendientes a la tierra prometida. Dios cumple siempre sus promesas.

EL SEGUNDO LIBRO DE MOISÉS LLAMADO

ÉXODO

Éxodo es una palabra griega que significa literalmente «salida, partida o viaje». La Septuaginta (la primera traducción al griego de la Biblia hebrea) usa esta palabra para referirse al libro por su hecho principal (Éx 19.1, la «salida»). En Lucas 9.31 y 2 Pedro 1.15, la palabra tiene el sentido de la muerte física (de Jesús y de Pedro), haciendo eco al tema del Éxodo de redención por medio de la muerte.

El libro de Éxodo registra el nacimiento de Israel como nación. Durante su permanencia en Egipto, una familia hebrea de setenta personas se multiplicó rápidamente. En su debido momento y acompañada de fuertes dolores de parto, viene al mundo una nueva nación de entre dos y tres millones de personas, a la que Dios protege, alimenta y sustenta.

La figura clave en el libro de Éxodo es Moisés, un hombre que dudaba seriamente de su capacidad para dirigir al pueblo de Dios, pero que, no obstante, permaneció firme en su compromiso a Dios. Aunque Moisés nació en un hogar hebreo, creció dentro de una familia egipcia con todas las ventajas de la realeza. Tras un fallido intento de liberar con sus propias fuerzas al pueblo de Dios de la servidumbre egipcia, pasó cuarenta años de exilio en el desierto, donde recibió una completa educación de parte de Dios.

Para mostrar a Moisés la seriedad de su plan, Dios lo llamó de en medio de una zarza ardiente que, por alguna razón, no se consumía. En ese singular encuentro, Dios le encargó a un renuente Moisés que liberara a su pueblo de los egipcios. Así que, en Éxodo, Moisés se prepara para cumplir con su llamado especial: sacar al pueblo de Dios de la dura esclavitud.

Tema: El libro de Éxodo presenta dos temas: la redención y la liberación divina. Estos temas están demostrados de manera maravillosa en el llamamiento a Moisés para liderar al pueblo de Israel, y en las diez plagas enviadas sobre Egipto cuando Faraón se negó a dejar libres a los israelitas (7—11).

Autor: Moisés.

Fecha: El libro de Éxodo cubre el período que va desde el nacimiento de Moisés (alrededor del 1525 a.C.), hasta la construcción del tabernáculo, hacia el 1446 a.C. La mayoría de los eruditos datan el éxodo de Egipto alrededor del 1447 a.C.

Estructura: El libro de Éxodo comienza con una descripción de la opresión en Egipto (1.7–22), pasa luego a los primeros años de Moisés (2.1–21), seguido de su llamamiento y de su exigencia a Faraón de que libere a su pueblo de la esclavitud (3.1—12.30); después describe el éxodo de Egipto y el viaje de los israelitas hasta el monte Sinaí (12.31—18.27). El resto del libro cubre la entrega de la ley y el establecimiento de la cultura hebrea (19.1—40.38).

A medida que lea Éxodo, fíjese en los principios de vida que juegan un papel importante en este libro:

5. Dios no nos demanda que entendamos su voluntad, sino que la obedezcamos aunque nos parezca poco razonable. *Véase Éxodo 12.1-28; páginas 74-75.*

11. Dios asume toda la responsabilidad en cuanto a nuestras necesidades, si lo obedecemos. *Véase Éxodo 14.1-31; páginas 77-78.*

13. Escuchar a Dios es esencial para andar con Él. *Véase Éxodo 15.26; página 79.*

21. La obediencia siempre trae bendición consigo. *Véase Éxodo 19.5;página 83.*

Aflicción de los israelitas en Egipto

1 ESTOS son los nombres de los hijos de
Israel que entraron en Egipto con Jacob;
cada uno entró con su familia:
2 Rubén, Simeón, Leví, Judá,
3 Isacar, Zabulón, Benjamín,
4 Dan, Neftalí, Gad y Aser.
5 Todas las personas que le nacieron a Jacob
fueron setenta. Y José estaba en Egipto.
6 Y murió José, y todos sus hermanos, y toda
aquella generación.
7 Y los hijos de Israel fructificaron y se
multiplicaron,[a] y fueron aumentados y fortalecidos en extremo, y se llenó de ellos la tierra.
8 Entretanto, se levantó sobre Egipto un nuevo
rey que no conocía a José;[b] y dijo a su pueblo:
9 He aquí, el pueblo de los hijos de Israel es
mayor y más fuerte que nosotros.
10 Ahora, pues, seamos sabios[c] para con él, para
que no se multiplique, y acontezca que viniendo
guerra, él también se una a nuestros enemigos y
pelee contra nosotros, y se vaya de la tierra.
11 Entonces pusieron sobre ellos comisarios
de tributos que los molestasen con sus cargas; y edificaron para Faraón las ciudades de
almacenaje, Pitón y Ramesés.
12 Pero cuanto más los oprimían, tanto más
se multiplicaban y crecían, de manera que los
egipcios temían a los hijos de Israel.
13 Y los egipcios hicieron servir a los hijos de
Israel con dureza,
14 y amargaron su vida con dura servidumbre, en hacer barro y ladrillo, y en toda labor
del campo y en todo su servicio, al cual los
obligaban con rigor.
15 Y habló el rey de Egipto a las parteras
de las hebreas, una de las cuales se llamaba
Sifra, y otra Fúa, y les dijo:
16 Cuando asistáis a las hebreas en sus partos, y veáis el sexo, si es hijo, matadlo; y si es
hija, entonces viva.
➤ 17 Pero las parteras temieron a Dios, y no
hicieron como les mandó el rey de Egipto,
sino que preservaron la vida a los niños.
18 Y el rey de Egipto hizo llamar a las parteras y les dijo: ¿Por qué habéis hecho esto, que
habéis preservado la vida a los niños?
19 Y las parteras respondieron a Faraón: Porque las mujeres hebreas no son como las
egipcias; pues son robustas, y dan a luz antes
que la partera venga a ellas.
20 Y Dios hizo bien a las parteras; y el pueblo
se multiplicó y se fortaleció en gran manera.
21 Y por haber las parteras temido a Dios, él
prosperó sus familias.
22 Entonces Faraón mandó a todo su pueblo,
diciendo: Echad al río a todo hijo que nazca,[d]
y a toda hija preservad la vida.

Nacimiento de Moisés

2 UN varón de la familia de Leví fue y tomó
por mujer a una hija de Leví,
2 la que concibió, y dio a luz un hijo; y viéndole
que era hermoso, le tuvo escondido tres meses.[a]
3 Pero no pudiendo ocultarle más tiempo,
tomó una arquilla de juncos y la calafateó con
asfalto y brea, y colocó en ella al niño y lo
puso en un carrizal a la orilla del río.
4 Y una hermana suya se puso a lo lejos, para
ver lo que le acontecería.
5 Y la hija de Faraón descendió a lavarse al
río, y paseándose sus doncellas por la ribera del río, vio ella la arquilla en el carrizal, y
envió una criada suya a que la tomase.
6 Y cuando la abrió, vio al niño; y he aquí que
el niño lloraba. Y teniendo compasión de él,
dijo: De los niños de los hebreos es éste.
7 Entonces su hermana dijo a la hija de
Faraón: ¿Iré a llamarte una nodriza de las
hebreas, para que te críe este niño?
8 Y la hija de Faraón respondió: Ve. Entonces ➤
fue la doncella, y llamó a la madre del niño,
9 a la cual dijo la hija de Faraón: Lleva a este
niño y críamelo, y yo te lo pagaré. Y la mujer
tomó al niño y lo crió.
10 Y cuando el niño creció, ella lo trajo a la
hija de Faraón, la cual lo prohijó,[b] y le puso
por nombre Moisés,[1] diciendo: Porque de las
aguas lo saqué.[2]

Moisés huye de Egipto

11 En aquellos días sucedió que crecido ya
Moisés, salió a sus hermanos, y los vio en sus
duras tareas,[c] y observó a un egipcio que golpeaba a uno de los hebreos, sus hermanos.

1 Heb. *Mosheh.* **2** Heb. *mashah.*

a. 1.7 Hch 7.17. **b. 1.8** Hch 7.18. **c. 1.10** Hch 7.19. **d. 1.22** Hch 7.19. **a. 2.2** Hch 7.20; He 11.23. **b. 2.10** Hch 7.21. **c. 2.11** He 11.24.

LECCIONES DE VIDA

➤ ***1.17, 20 — Pero las parteras temieron a Dios, y no hicieron como les mandó el rey de Egipto, sino que preservaron la vida a los niños… Y Dios hizo bien a las parteras; y el pueblo se multiplicó y se fortaleció en gran manera.***

Cuando nuestro temor a Dios es más grande que nuestro temor a lo demás, Él puede hacer cosas extraordinarias por medio de nosotros. El Señor bendijo a las parteras por su valerosa acción. ¡Él siempre bendice la obediencia total!

➤ ***2.8–10 — fue la doncella, y llamó a la madre del niño… Y la mujer tomó al niño y lo crió. Y cuando el niño creció, ella lo trajo a la hija de Faraón, la cual lo prohijó.***

El Señor puede tomar la maldad de los hombres y usarla para hacer un bien inmenso. Aquí, Dios tomó un decreto egipcio concebido para matar a los niños hebreos y lo usó para introducir al libertador hebreo, ¡en la propia casa de Faraón! En vez de enfrentar una sentencia de muerte, Moisés comenzó su vida con lo mejor de todo —con las más excelentes oportunidades y con la mejor educación que acompañan normalmente a la realeza, y que serían necesarias para que él se convirtiera en el libertador de Israel.

➤ 12 Entonces miró a todas partes, y viendo que
no parecía nadie, mató al egipcio y lo escondió en la arena.
13 Al día siguiente salió y vio a dos hebreos
que reñían; entonces dijo al que maltrataba al
otro: ¿Por qué golpeas a tu prójimo?
14 Y él respondió: ¿Quién te ha puesto a ti
por príncipe y juez sobre nosotros? ¿Piensas
matarme como mataste al egipcio?[d] Entonces
Moisés tuvo miedo, y dijo: Ciertamente esto
ha sido descubierto.
15 Oyendo Faraón acerca de este hecho, procuró
matar a Moisés; pero Moisés huyó de delante de
Faraón, y habitó en la tierra de Madián.[e]
16 Y estando sentado junto al pozo, siete hijas
que tenía el sacerdote de Madián vinieron a
sacar agua para llenar las pilas y dar de beber
a las ovejas de su padre.
17 Mas los pastores vinieron y las echaron de
allí; entonces Moisés se levantó y las defendió,
y dio de beber a sus ovejas.
18 Y volviendo ellas a Reuel su padre, él les
dijo: ¿Por qué habéis venido hoy tan pronto?
19 Ellas respondieron: Un varón egipcio nos
defendió de mano de los pastores, y también
nos sacó el agua, y dio de beber a las ovejas.
20 Y dijo a sus hijas: ¿Dónde está? ¿Por qué
habéis dejado a ese hombre? Llamadle para
que coma.
21 Y Moisés convino en morar con aquel varón;
y él dio su hija Séfora por mujer a Moisés.
22 Y ella le dio a luz un hijo; y él le puso por
nombre Gersón, porque dijo: Forastero[1] soy
en tierra ajena.
➤ 23 Aconteció que después de muchos días
murió el rey de Egipto, y los hijos de Israel
gemían a causa de la servidumbre, y clamaron; y subió a Dios el clamor de ellos con
motivo de su servidumbre.
✱ 24 Y oyó Dios el gemido de ellos, y se acordó[f]
de su pacto con Abraham, Isaac y Jacob.
25 Y miró Dios a los hijos de Israel, y los reconoció Dios.

Llamamiento de Moisés

3 APACENTANDO Moisés las ovejas de
Jetro su suegro, sacerdote de Madián,
llevó las ovejas a través del desierto, y llegó
hasta Horeb, monte de Dios.
2 Y se le apareció el Ángel de Jehová en una ➤
llama de fuego en medio de una zarza;[a] y él
miró, y vio que la zarza ardía en fuego, y la
zarza no se consumía.
3 Entonces Moisés dijo: Iré yo ahora y veré
esta grande visión, por qué causa la zarza no
se quema.
4 Viendo Jehová que él iba a ver, lo llamó Dios
de en medio de la zarza, y dijo: ¡Moisés, Moisés! Y él respondió: Heme aquí.
5 Y dijo: No te acerques; quita tu calzado de
tus pies, porque el lugar en que tú estás, tierra santa es.
6 Y dijo: Yo soy el Dios de tu padre, Dios de
Abraham, Dios de Isaac, y Dios de Jacob.
Entonces Moisés cubrió su rostro, porque tuvo
miedo de mirar a Dios.
7 Dijo luego Jehová: Bien he visto la aflicción
de mi pueblo que está en Egipto, y he oído
su clamor a causa de sus exactores; pues he
conocido sus angustias,
8 y he descendido para librarlos de mano de
los egipcios, y sacarlos de aquella tierra a una
tierra buena y ancha, a tierra que fluye leche
y miel, a los lugares del cananeo, del heteo, del
amorreo, del ferezeo, del heveo y del jebuseo.
9 El clamor, pues, de los hijos de Israel ha ➤
venido delante de mí, y también he visto la
opresión con que los egipcios los oprimen.

---

[1] Heb. *ger.*

d. 2.11-14 Hch 7.23-28. **e. 2.15** Hch 7.29; He 11.27.
f. 2.24 Gn 15.13-14. **a. 3.2-10** Hch 7.30-34.

LECCIONES DE VIDA

➤ ***2.12 — Entonces miró a todas partes, y viendo que no parecía nadie, mató al egipcio y lo escondió en la arena.***

Algo dentro de Moisés le recordaba siempre que él había nacido hebreo, y llegó el momento crítico en que «rehusó llamarse hijo de la hija de Faraón» (He 11.24). Por su acción contra el guardia egipcio, mostró que su verdadera lealtad era para con el pueblo de Dios. Desgraciadamente, aunque «miró a todas partes», no miró hacia arriba, y se adelantó con arrogancia al plan de Dios. El Señor iba a librar al pueblo hebreo y a formar con ellos una nueva nación, pero eso no iba a suceder con el asesinato de un soldado por parte de un hombre; eso sucedería en el tiempo y a la manera de Dios.

➤ ***2.23, 24 — y clamaron; y subió a Dios el clamor de ellos... y se acordó de su pacto con Abraham, Isaac y Jacob.***

Dios oyó los llantos y los gemidos de los esclavos hebreos, y tomó acción para su liberación mucho antes que ellos entendieran su plan. Dios está obrando a nuestro favor, aun cuando parezca estar callado. Él *siempre* cumplirá sus promesas.

➤ ***3.2 — la zarza ardía en fuego, y la zarza no se consumía.***

Dios a menudo capta nuestra atención y nos habla por medio de circunstancias inusuales. Lamentablemente, muchos tenemos tanta prisa, que cuando Él pone una zarza ardiente frente a nosotros pasamos de largo junto a ella. No le prestamos atención, porque estamos demasiado ocupados. Cuando nos encontremos en medio de tiempos confusos que no podamos entender, debemos hacer lo que hizo Moisés: apartarnos del camino y prestar atención. Probablemente Dios está diciéndonos algo muy importante.

➤ ***3.9 — El clamor, pues, de los hijos de Israel ha venido delante de mí, y también he visto la opresión con que los egipcios los oprimen.***

Dios oye nuestro clamor y ve nuestros problemas, y en su manera soberana actúa para liberarnos de nuestros opresores. Pero hace su obra en su tiempo, no en el nuestro.

10 Ven, por tanto, ahora, y te enviaré a Faraón,
para que saques de Egipto a mi pueblo, los
hijos de Israel.
➤ 11 Entonces Moisés respondió a Dios: ¿Quién
soy yo para que vaya a Faraón, y saque de
Egipto a los hijos de Israel?
12 Y él respondió: Ve, porque yo estaré contigo; y esto te será por señal de que yo te he
enviado: cuando hayas sacado de Egipto al
pueblo, serviréis a Dios sobre este monte.
13 Dijo Moisés a Dios: He aquí que llego yo a
los hijos de Israel, y les digo: El Dios de vuestros padres[b] me ha enviado a vosotros. Si ellos
me preguntaren: ¿Cuál es su nombre?, ¿qué
les responderé?
➤ 14 Y respondió Dios a Moisés: YO SOY EL
QUE SOY.[c] Y dijo: Así dirás a los hijos de
Israel: YO SOY me envió a vosotros.
15 Además dijo Dios a Moisés: Así dirás a los
hijos de Israel: Jehová,[1] el Dios de vuestros
padres, el Dios de Abraham, Dios de Isaac
y Dios de Jacob, me ha enviado a vosotros.
Éste es mi nombre para siempre; con él se me
recordará por todos los siglos.
16 Ve, y reúne a los ancianos de Israel, y diles:
Jehová, el Dios de vuestros padres, el Dios de
Abraham, de Isaac y de Jacob, me apareció
diciendo: En verdad os he visitado, y he visto
lo que se os hace en Egipto;
17 y he dicho: Yo os sacaré de la aflicción de
Egipto a la tierra del cananeo, del heteo, del
amorreo, del ferezeo, del heveo y del jebuseo,
a una tierra que fluye leche y miel.
18 Y oirán tu voz; e irás tú, y los ancianos
de Israel, al rey de Egipto, y le diréis: Jehová el Dios de los hebreos nos ha encontrado;
por tanto, nosotros iremos ahora camino de
tres días por el desierto, para que ofrezcamos
sacrificios a Jehová nuestro Dios.
➤ 19 Mas yo sé que el rey de Egipto no os dejará ir sino por mano fuerte.
20 Pero yo extenderé mi mano, y heriré a
Egipto con todas mis maravillas que haré en
él, y entonces os dejará ir.
21 Y yo daré a este pueblo gracia en los ojos
de los egipcios, para que cuando salgáis, no
vayáis con las manos vacías;
22 sino que pedirá cada mujer a su vecina y a
su huéspeda alhajas de plata, alhajas de oro,
y vestidos, los cuales pondréis sobre vuestros
hijos y vuestras hijas; y despojaréis a Egipto.[d]

4 ENTONCES Moisés respondió diciendo: He
aquí que ellos no me creerán, ni oirán mi
voz; porque dirán: No te ha aparecido Jehová.
2 Y Jehová dijo: ¿Qué es eso que tienes en tu ➤
mano? Y él respondió: Una vara.
3 Él le dijo: Échala en tierra. Y él la echó en tierra, y se hizo una culebra; y Moisés huía de ella.
4 Entonces dijo Jehová a Moisés: Extiende tu
mano, y tómala por la cola. Y él extendió su
mano, y la tomó, y se volvió vara en su mano.
5 Por esto creerán que se te ha aparecido
Jehová, el Dios de tus padres, el Dios de Abraham, Dios de Isaac y Dios de Jacob.
6 Le dijo además Jehová: Mete ahora tu mano
en tu seno. Y él metió la mano en su seno; y
cuando la sacó, he aquí que su mano estaba
leprosa como la nieve.
7 Y dijo: Vuelve a meter tu mano en tu seno.
Y él volvió a meter su mano en su seno; y
al sacarla de nuevo del seno, he aquí que se
había vuelto como la otra carne.
8 Si aconteciere que no te creyeren ni obede-
cieren a la voz de la primera señal, creerán a
la voz de la postrera.
9 Y si aún no creyeren a estas dos señales, ni
oyeren tu voz, tomarás de las aguas del río
y las derramarás en tierra; y se cambiarán
aquellas aguas que tomarás del río y se harán
sangre en la tierra.
10 Entonces dijo Moisés a Jehová: ¡Ay, Señor!
nunca he sido hombre de fácil palabra, ni
antes, ni desde que tú hablas a tu siervo; porque soy tardo en el habla y torpe de lengua.

1 El nombre Jehová representa el nombre divino YHWH que aquí se relaciona con el verbo *hayah*, ser.
b. 3.13 Éx 6.2-3. **c. 3.14** Ap 1.4, 8. **d. 3.21-22** Éx 12.35-36.

LECCIONES DE VIDA

➤ *3.11, 12 — Entonces Moisés respondió a Dios: ¿Quién soy yo para que vaya a Faraón, y saque de Egipto a los hijos de Israel? Y él respondió: Ve, porque yo estaré contigo.*

Estamos calificados para la obra de Dios, no por nuestros talentos, capacidades o preparación, sino porque Dios está con nosotros. Y si Él no está con nosotros, entonces ninguna cantidad de habilidades o de experiencia bastará para calificarnos.

➤ *3.14 — Y respondió Dios a Moisés: YO SOY EL QUE SOY.*

Dado que el lenguaje hebreo no indica tiempo aquí, otra manera de traducir esto sería: «YO SIEMPRE SERÉ EL QUE HE SIDO SIEMPRE» O «YO SIEMPRE SERÉ EL QUE SOY AHORA». Dios nunca cambia. Así como fue fiel y amoroso ayer, lo será hoy, y continuará siéndolo por toda la eternidad (He 13.8). Por eso es digno de nuestra alabanza y adoración, ya que estamos seguros de que Él nos ayudará con igual sabiduría, amor y poder, como lo ha hecho con todos los que nos han precedido. Servimos a un Dios que está vivo, presente y que nos acompaña aquí y ahora, «quien da vida y aliento y todas las cosas» (Hch 17.25). Él ES, aunque no haya nada más.

➤ *3.19 — Mas yo sé que el rey de Egipto no os dejará ir sino por mano fuerte.*

Podemos tener confianza en nuestra vida de oración porque servimos al Dios que lo sabe todo de principio a fin. Así como el Señor sabía lo que respondería Faraón a Moisés, también sabe exactamente lo que nos deparará el futuro.

➤ *4.2 — Y Jehová dijo: ¿Qué es eso que tienes en tu mano? Y él respondió: Una vara.*

¿Qué tiene usted en su mano que puede dedicar a Dios? Puede ser que a usted no le parezca una gran cosa, pero si permite que Dios la use y actúe por medio de usted, Él hará cosas poderosas.

Ejemplos de vida

MOISÉS

El patrón de Dios para el éxito

ÉX 3.1-4

Una de las mayores diferencias entre el mensaje del mundo en cuanto al éxito, y el mensaje de Dios, es ésta: el mundo busca una sola fórmula que produzca un conjunto de resultados para todos, mientras que el plan de Dios es mucho más creativo, mucho más individualizado y mucho más personal.

Moisés no tuvo, temprano en su vida, una visión sobre cómo alcanzar el éxito, aunque como hijo adoptivo de la hija de Faraón disfrutaba de un cierto grado de privilegios. Pero, después de asesinar a un egipcio, se marchó de Egipto por temor a que su acción atroz fuera puesta al descubierto. Moisés pasó cuarenta años en el desierto cuidando ovejas, pero no fueron años perdidos, ya que el Señor estaba en el proceso de prepararlo para el servicio. Cuando Moisés estuvo preparado —cuando el quebrantamiento hubo logrado su objetivo— Dios lo llamó de en medio de una zarza ardiente y le dio una serie de instrucciones específicas y una misión en la vida.

Muchos de nosotros pasamos por experiencias difíciles e incluso devastadoras, y luego un día nos encontramos cara a cara con la realidad y con el llamado de Dios. ¿Es éste el patrón que Dios parece estar aplicando en su vida? Si lo es, siga adelante con el plan de Él, sin importar lo poco extraordinaria que puede parecerle —¡porque la tierra prometida está en esa dirección!

Para un estudio más a fondo, véase el Índice de Principios de vida:

7. *Los momentos sombríos durarán solo el tiempo necesario para que Dios lleve a cabo su propósito en nosotros.*
29. *Aprendemos más en nuestras experiencias por el valle de lágrimas que en las de la cumbre del éxito.*

11 Y Jehová le respondió: ¿Quién dio la boca
al hombre? ¿O quién hizo al mudo y al sordo,
al que ve y al ciego? ¿No soy yo Jehová?
12 Ahora, pues, ve, y yo estaré con tu boca, y ➤
te enseñaré lo que hayas de hablar.
13 Y él dijo: ¡Ay, Señor! envía, te ruego, por
medio del que debes enviar.
14 Entonces Jehová se enojó contra Moisés,
y dijo: ¿No conozco yo a tu hermano Aarón,
levita, y que él habla bien? Y he aquí que él
saldrá a recibirte, y al verte se alegrará en su
corazón.
15 Tú hablarás a él, y pondrás en su boca
las palabras, y yo estaré con tu boca y con la
suya, y os enseñaré lo que hayáis de hacer.
16 Y él hablará por ti al pueblo; él te será a ti
en lugar de boca, y tú serás para él en lugar
de Dios.
17 Y tomarás en tu mano esta vara, con la cual
harás las señales.

Moisés vuelve a Egipto

18 Así se fue Moisés, y volviendo a su suegro
Jetro, le dijo: Iré ahora, y volveré a mis hermanos que están en Egipto, para ver si aún viven.
Y Jetro dijo a Moisés: Ve en paz.
19 Dijo también Jehová a Moisés en Madián:
Ve y vuélvete a Egipto, porque han muerto
todos los que procuraban tu muerte.
20 Entonces Moisés tomó su mujer y sus hijos,
y los puso sobre un asno, y volvió a tierra de
Egipto. Tomó también Moisés la vara de Dios
en su mano.
21 Y dijo Jehová a Moisés: Cuando hayas
vuelto a Egipto, mira que hagas delante de
Faraón todas las maravillas que he puesto en
tu mano; pero yo endureceré su corazón, de
modo que no dejará ir al pueblo.
22 Y dirás a Faraón: Jehová ha dicho así:
Israel es mi hijo, mi primogénito.
23 Ya te he dicho que dejes ir a mi hijo, para que
me sirva, mas no has querido dejarlo ir; he aquí
yo voy a matar a tu hijo, tu primogénito.[a]
24 Y aconteció en el camino, que en una posada
Jehová le salió al encuentro, y quiso matarlo.
25 Entonces Séfora tomó un pedernal afilado
y cortó el prepucio de su hijo, y lo echó a sus
pies, diciendo: A la verdad tú me eres un esposo de sangre.
26 Así le dejó luego ir. Y ella dijo: Esposo de
sangre, a causa de la circuncisión.
27 Y Jehová dijo a Aarón: Ve a recibir a Moisés
al desierto. Y él fue, y lo encontró en el monte
de Dios, y le besó.
28 Entonces contó Moisés a Aarón todas las
palabras de Jehová que le enviaba, y todas las
señales que le había dado.

a. **4.23** Éx 12.29.

LECCIONES DE VIDA

➤ ***4.12 — Ahora pues, ve, y yo estaré con tu boca, y te enseñaré lo que hayas de hablar.***

Si nos sometemos a Dios y obedecemos su Palabra, Él nos capacitará para cualquier tarea que nos dé.

RESPUESTAS A PREGUNTAS DE LA VIDA

¿Qué puedo hacer para ejercer una función espiritual de mayor responsabilidad?

ÉX 3.3-9

Pocos hombres han tenido tanta responsabilidad sobre sus hombros como Moisés, a quien Dios le encargó la tarea de sacar al pueblo de Israel de la esclavitud en Egipto para llevarlo a la tierra prometida.

La responsabilidad exige un espíritu de fidelidad, de dependencia y de rechazo a darse por vencido cuando las cosas se complican. Moisés tenía estas cualidades, y Dios lo escogió como su representante humano especial.

Sin embargo, tomó varios años preparar a Moisés para su inmensa tarea. Empezó viviendo como un joven impetuoso, impulsivo y terco. Cuando vio personalmente el sufrimiento del pueblo de Dios en Egipto, buscó de inmediato la manera de liberarlos con sus propias fuerzas humanas. Pero su precipitado proceder no fue bueno para él ni para su pueblo.

Dios siempre deja clara nuestra responsabilidad, para que podamos responder con obediencia. Nunca nos deja solos; promete llevar la carga con nosotros. Si no lo hiciera, nos desanimaríamos fácilmente y no llegaríamos a entender el significado de nuestro llamamiento.

Dios usa diferentes hechos y circunstancias con el fin de prepararnos para asumir mayores niveles de responsabilidad espiritual. Utilizó una zarza ardiente para captar la atención de Moisés (Éx 3.3–9): éste fue el momento del llamamiento del hombre. A esas alturas, el corazón de Moisés ya se había vuelto receptivo, y su espíritu estaba en óptimas condiciones para tener una mayor responsabilidad espiritual.

Dios siempre nos equipa para el trabajo que nos manda hacer. A Moisés le dio a Aarón como hermano, amigo y portavoz. Hasta la vara que le dio a Moisés, fue asombrosamente útil como símbolo del poder de Dios.

Dios también nos prepara siempre para el papel que nos asigna. A lo largo de la vida de Moisés, Dios había estado preparándolo para que dirigiera a la nación de Israel.

Cada vez que Dios nos pide que cumplamos con cierta responsabilidad, comenzamos un período de espera. Moisés intentó tomar un atajo, pero fracasó, y como resultado pasó cuarenta años en el desierto. Pero en ese tiempo de espera, Dios nos forma y moldea. La única manera de enfrentar el reto de la responsabilidad, es estar dispuestos a esperar el tiempo de Dios, en toda situación.

Tres palabras caracterizan a una persona responsable: *confianza* en el llamamiento y en el poder de Dios; *valor* para obedecer, sin importar el precio; y el *compromiso* de obedecer a Jesucristo.

Dios nos da oportunidades sin límite, pero tenemos que asumir la responsabilidad y obedecer su llamado. Cuando ore, pídale a Dios que ensanche su mundo de oportunidades y le conceda el deseo de ser responsable, como Moisés, y la disposición de obedecerle sin importar el precio.

Para un estudio más a fondo, véase el Índice de Principios de vida:

13. *Escuchar a Dios es esencial para andar con Él.*
21. *La obediencia siempre trae bendición consigo.*

29 Y fueron Moisés y Aarón, y reunieron a
todos los ancianos de los hijos de Israel.
30 Y habló Aarón acerca de todas las cosas
que Jehová había dicho a Moisés, e hizo las
señales delante de los ojos del pueblo.
31 Y el pueblo creyó; y oyendo que Jehová había
visitado a los hijos de Israel, y que había visto su
aflicción, se inclinaron y adoraron.

Moisés y Aarón ante Faraón

5 DESPUÉS Moisés y Aarón entraron a la
presencia de Faraón y le dijeron: Jehová
el Dios de Israel dice así: Deja ir a mi pueblo
a celebrarme fiesta en el desierto.
2 Y Faraón respondió: ¿Quién es Jehová, para
que yo oiga su voz y deje ir a Israel? Yo no
conozco a Jehová, ni tampoco dejaré ir a Israel.

Ejemplos de vida

FARAÓN

Un caso serio de corazón endurecido

ÉX 3.19, 20

Faraón es probablemente el mejor ejemplo bíblico de una persona con el corazón endurecido. Por eso, él nos ofrece un prototipo de lo que sucede cuando alguien se niega a aceptar y a someter su voluntad a la verdad de Dios.

Faraón recibió pruebas contundentes de la autoridad de Dios sobre él —plaga tras plaga, señal tras señal, milagro tras milagro— y aun así no quiso dejar ir a los israelitas. Incluso, cuando enfrentó la innegable evidencia de su error, se negó a reconocer que el Señor era más grande que él. Al final, su orgullo y su dureza de corazón le costaron la vida de su hijo primogénito, su ejército y casi su reino.

Todos hemos deseado con testarudez tener las cosas a nuestra manera, incluso cuando lo que hacemos está en contra de la voluntad de Dios. Sin embargo, si siempre le decimos no a Dios, podemos desarrollar, como Faraón, un corazón endurecido que lleva a la destrucción.

Para un estudio más a fondo, véase el Índice de Principios de vida:

16. Todo lo que adquirimos fuera de la voluntad de Dios termina convirtiéndose en cenizas.

21. La obediencia siempre trae bendición consigo.

3 Y ellos dijeron: El Dios de los hebreos nos ha
encontrado; iremos, pues, ahora, camino de tres
días por el desierto, y ofreceremos sacrificios a
Jehová nuestro Dios, para que no venga sobre
nosotros con peste o con espada.
4 Entonces el rey de Egipto les dijo: Moisés y
Aarón, ¿por qué hacéis cesar al pueblo de su
trabajo? Volved a vuestras tareas.
5 Dijo también Faraón: He aquí el pueblo de
la tierra es ahora mucho, y vosotros les hacéis
cesar de sus tareas.
6 Y mandó Faraón aquel mismo día a los cuadrilleros del pueblo que lo tenían a su cargo, y
a sus capataces, diciendo:
7 De aquí en adelante no daréis paja al pueblo
para hacer ladrillo, como hasta ahora; vayan
ellos y recojan por sí mismos la paja.
8 Y les impondréis la misma tarea de ladrillo
que hacían antes, y no les disminuiréis nada;
porque están ociosos, por eso levantan la voz
diciendo: Vamos y ofrezcamos sacrificios a
nuestro Dios.
9 Agrávese la servidumbre sobre ellos, para ≺
que se ocupen en ella, y no atiendan a palabras mentirosas.
10 Y saliendo los cuadrilleros del pueblo y sus
capataces, hablaron al pueblo, diciendo: Así
ha dicho Faraón: Yo no os doy paja.
11 Id vosotros y recoged la paja donde la
halléis; pero nada se disminuirá de vuestra
tarea.
12 Entonces el pueblo se esparció por toda la
tierra de Egipto para recoger rastrojo en lugar
de paja.
13 Y los cuadrilleros los apremiaban, diciendo: Acabad vuestra obra, la tarea de cada día
en su día, como cuando se os daba paja.
14 Y azotaban a los capataces de los hijos de
Israel que los cuadrilleros de Faraón habían
puesto sobre ellos, diciendo: ¿Por qué no
habéis cumplido vuestra tarea de ladrillo ni
ayer ni hoy, como antes?
15 Y los capataces de los hijos de Israel vinieron a Faraón y se quejaron a él, diciendo: ¿Por
qué lo haces así con tus siervos?
16 No se da paja a tus siervos, y con todo nos
dicen: Haced el ladrillo. Y he aquí tus siervos
son azotados, y el pueblo tuyo es el culpable.
17 Y él respondió: Estáis ociosos, sí, ociosos,
y por eso decís: Vamos y ofrezcamos sacrificios a Jehová.
18 Id pues, ahora, y trabajad. No se os dará paja,
y habéis de entregar la misma tarea de ladrillo.
19 Entonces los capataces de los hijos de
Israel se vieron en aflicción, al decírseles: No
se disminuirá nada de vuestro ladrillo, de la
tarea de cada día.
20 Y encontrando a Moisés y a Aarón, que
estaban a la vista de ellos cuando salían de la
presencia de Faraón,

LECCIONES DE VIDA

➢ ***4.31 — Y el pueblo creyó; y oyendo que Jehová había visitado a los hijos de Israel, y que había visto su aflicción, se inclinaron y adoraron.***

Cuando sabemos que el Señor ha oído nuestro clamor y ha respondido en su gracia a nuestras oraciones, debe fluir con naturalidad la adoración de nuestros labios y corazones.

➢ ***5.9 — Agrávese la servidumbre sobre ellos, para que se ocupen en ella, y no atiendan a palabras mentirosas.***

Cuando Dios comienza a moverse en nuestro favor con poder, a veces nuestra situación puede, en realidad, empeorar antes de mejorar. Pero podemos aprender de las adversidades y crecer espiritualmente, si nos consagramos a Él y confiamos en Él en todas nuestras circunstancias.

21 les dijeron: Mire Jehová sobre vosotros, y
juzgue; pues nos habéis hecho abominables
delante de Faraón y de sus siervos, poniéndoles
la espada en la mano para que nos maten.

Jehová comisiona a Moisés y a Aarón

➢22 Entonces Moisés se volvió a Jehová, y dijo:
Señor, ¿por qué afliges a este pueblo? ¿Para
qué me enviaste?
23 Porque desde que yo vine a Faraón para
hablarle en tu nombre, ha afligido a este pueblo; y tú no has librado a tu pueblo.

6 JEHOVÁ respondió a Moisés: Ahora verás
lo que yo haré a Faraón; porque con mano
fuerte los dejará ir, y con mano fuerte los
echará de su tierra.
2 Habló todavía Dios a Moisés, y le dijo: Yo
soy JEHOVÁ.
3 Y aparecí a Abraham, a Isaac y a Jacob
como Dios Omnipotente,[a] mas en mi nombre
JEHOVÁ no me di a conocer a ellos.
4 También establecí mi pacto con ellos, de
darles la tierra de Canaán, la tierra en que fueron forasteros, y en la cual habitaron.
5 Asimismo yo he oído el gemido de los hijos
de Israel, a quienes hacen servir los egipcios,
y me he acordado de mi pacto.
6 Por tanto, dirás a los hijos de Israel: Yo soy
JEHOVÁ; y yo os sacaré de debajo de las
tareas pesadas de Egipto, y os libraré de su
servidumbre, y os redimiré con brazo extendido, y con juicios grandes;
7 y os tomaré por mi pueblo y seré vuestro Dios; y vosotros sabréis que yo soy Jehová vuestro Dios, que os sacó de debajo de las
tareas pesadas de Egipto.
8 Y os meteré en la tierra por la cual alcé
mi mano jurando que la daría a Abraham, a
Isaac y a Jacob; y yo os la daré por heredad.
Yo JEHOVÁ.
➢9 De esta manera habló Moisés a los hijos de
Israel; pero ellos no escuchaban a Moisés a
causa de la congoja de espíritu, y de la dura
servidumbre.
10 Y habló Jehová a Moisés, diciendo:
11 Entra y habla a Faraón rey de Egipto, que
deje ir de su tierra a los hijos de Israel.
12 Y respondió Moisés delante de Jehová:
He aquí, los hijos de Israel no me escuchan;
¿cómo, pues, me escuchará Faraón, siendo yo
torpe de labios?
13 Entonces Jehová habló a Moisés y a Aarón
y les dio mandamiento para los hijos de Israel,
y para Faraón rey de Egipto, para que sacasen
a los hijos de Israel de la tierra de Egipto.
14 Éstos son los jefes de las familias de sus
padres: Los hijos de Rubén, el primogénito de
Israel: Hanoc, Falú, Hezrón y Carmi; éstas son
las familias de Rubén.
15 Los hijos de Simeón: Jemuel, Jamín, Ohad,
Jaquín, Zohar, y Saúl hijo de una cananea.
Éstas son las familias de Simeón.
16 Éstos son los nombres de los hijos de Leví
por sus linajes: Gersón, Coat y Merari. Y los
años de la vida de Leví fueron ciento treinta
y siete años.
17 Los hijos de Gersón: Libni y Simei, por sus
familias.
18 Y los hijos de Coat: Amram, Izhar, Hebrón
y Uziel. Y los años de la vida de Coat fueron
ciento treinta y tres años.
19 Y los hijos de Merari: Mahli y Musi. Éstas
son las familias de Leví por sus linajes.[b]
20 Y Amram tomó por mujer a Jocabed su
tía, la cual dio a luz a Aarón y a Moisés. Y los
años de la vida de Amram fueron ciento treinta y siete años.
21 Los hijos de Izhar: Coré, Nefeg y Zicri.
22 Y los hijos de Uziel: Misael, Elzafán y Sitri.
23 Y tomó Aarón por mujer a Elisabet hija de
Aminadab, hermana de Naasón; la cual dio a
luz a Nadab, Abiú, Eleazar e Itamar.
24 Los hijos de Coré: Asir, Elcana y Abiasaf.
Éstas son las familias de los coreítas.
25 Y Eleazar hijo de Aarón tomó para sí mujer
de las hijas de Futiel, la cual dio a luz a Finees.
Y éstos son los jefes de los padres de los levitas por sus familias.
26 Éste es aquel Aarón y aquel Moisés, a los
cuales Jehová dijo: Sacad a los hijos de Israel
de la tierra de Egipto por sus ejércitos.
27 Éstos son los que hablaron a Faraón rey
de Egipto, para sacar de Egipto a los hijos de
Israel. Moisés y Aarón fueron éstos.
28 Cuando Jehová habló a Moisés en la tierra de Egipto,
29 entonces Jehová habló a Moisés, diciendo: Yo soy JEHOVÁ; di a Faraón rey de Egipto
todas las cosas que yo te digo a ti.
30 Y Moisés respondió delante de Jehová: He
aquí, yo soy torpe de labios; ¿cómo, pues, me
ha de oír Faraón?

a. 6.2-3 Éx 3.13-15. **b. 6.16-19** 1 Cr 6.16-19.

LECCIONES DE VIDA

➢ ***5.22 — Entonces Moisés se volvió a Jehová, y dijo: Señor, ¿por qué afliges a este pueblo?***

A veces obedecemos a Dios esperando cierto resultado, y sucede lo contrario. Entonces nos preguntamos si Dios ha cometido un error. Pero Él nunca se equivoca; simplemente tenemos que esperar a que Él concluya la historia.

➢ ***6.9 — pero ellos no escuchaban a Moisés a causa de la congoja de espíritu, y de la dura servidumbre.***

Dios había prometido grandes cosas a los israelitas, pero ellos no podían creerle porque se habían entregado a una intensa desesperación. Lo mismo hacemos nosotros. Cuando nos sentimos oprimidos y nuestro espíritu gime, puede ser difícil aceptar las buenas promesas de Dios en cuanto a nuestro bienestar. Sin embargo, debemos entender que las decepciones son inevitables, el desánimo es por elección nuestra. Podemos y debemos elegir permanecer confiados en el poder y en el amor de Dios, sin importar cuán sombrías puedan parecer nuestras circunstancias.

7 JEHOVÁ dijo a Moisés: Mira, yo te he
constituido dios para Faraón, y tu hermano Aarón será tu profeta.
2 Tú dirás todas las cosas que yo te mande, y
Aarón tu hermano hablará a Faraón, para que
deje ir de su tierra a los hijos de Israel.
3 Y yo endureceré el corazón de Faraón, y
multiplicaré en la tierra de Egipto mis señales
y mis maravillas.[a]
4 Y Faraón no os oirá; mas yo pondré mi mano
sobre Egipto, y sacaré a mis ejércitos, mi pueblo, los hijos de Israel, de la tierra de Egipto,
con grandes juicios.
➤ 5 Y sabrán los egipcios que yo soy Jehová, cuando extienda mi mano sobre Egipto, y saque a los
hijos de Israel de en medio de ellos.
6 E hizo Moisés y Aarón como Jehová les
mandó; así lo hicieron.
7 Era Moisés de edad de ochenta años, y Aarón
de edad de ochenta y tres, cuando hablaron a
Faraón.

La vara de Aarón

8 Habló Jehová a Moisés y a Aarón, diciendo:
9 Si Faraón os respondiere diciendo: Mostrad
milagro; dirás a Aarón: Toma tu vara, y échala
delante de Faraón, para que se haga culebra.
10 Vinieron, pues, Moisés y Aarón a Faraón,
e hicieron como Jehová lo había mandado. Y
echó Aarón su vara delante de Faraón y de sus
siervos, y se hizo culebra.
➤ 11 Entonces llamó también Faraón sabios y
hechiceros, e hicieron también lo mismo los
hechiceros de Egipto con sus encantamientos;
12 pues echó cada uno su vara, las cuales
se volvieron culebras; mas la vara de Aarón
devoró las varas de ellos.
13 Y el corazón de Faraón se endureció, y no
los escuchó, como Jehová lo había dicho.

La plaga de sangre

14 Entonces Jehová dijo a Moisés: El corazón
de Faraón está endurecido, y no quiere dejar
ir al pueblo.
15 Ve por la mañana a Faraón, he aquí que él
sale al río; y tú ponte a la ribera delante de
él, y toma en tu mano la vara que se volvió
culebra,
16 y dile: Jehová el Dios de los hebreos me
ha enviado a ti, diciendo: Deja ir a mi pueblo,
para que me sirva en el desierto; y he aquí que
hasta ahora no has querido oír.
17 Así ha dicho Jehová: En esto conocerás ◄
que yo soy Jehová: he aquí, yo golpearé con la
vara que tengo en mi mano el agua que está
en el río, y se convertirá en sangre.[b]
18 Y los peces que hay en el río morirán, y
hederá el río, y los egipcios tendrán asco de
beber el agua del río.
19 Y Jehová dijo a Moisés: Di a Aarón: Toma
tu vara, y extiende tu mano sobre las aguas de
Egipto, sobre sus ríos, sobre sus arroyos y sobre
sus estanques, y sobre todos sus depósitos de
aguas, para que se conviertan en sangre, y haya
sangre por toda la región de Egipto, así en los
vasos de madera como en los de piedra.
20 Y Moisés y Aarón hicieron como Jehová
lo mandó; y alzando la vara golpeó las aguas
que había en el río, en presencia de Faraón y
de sus siervos; y todas las aguas que había en
el río se convirtieron en sangre.
21 Asimismo los peces que había en el río
murieron; y el río se corrompió, tanto que los
egipcios no podían beber de él. Y hubo sangre
por toda la tierra de Egipto.
22 Y los hechiceros de Egipto hicieron lo mismo con sus encantamientos; y el corazón de
Faraón se endureció, y no los escuchó; como
Jehová lo había dicho.
23 Y Faraón se volvió y fue a su casa, y no dio
atención tampoco a esto.
24 Y en todo Egipto hicieron pozos alrededor
del río para beber, porque no podían beber de
las aguas del río.
25 Y se cumplieron siete días después que
Jehová hirió el río.

La plaga de ranas

8 ENTONCES Jehová dijo a Moisés: Entra
a la presencia de Faraón y dile: Jehová ha
dicho así: Deja ir a mi pueblo, para que me

a. 7.3 Hch 7.36. **b. 7.17** Ap 16.4.

LECCIONES DE VIDA

➤ ***7.5 — Y sabrán los egipcios que yo soy Jehová, cuando extienda mi mano sobre Egipto, y saque a los hijos de Israel de en medio de ellos.***

El Señor quiere que todos los pueblos de la tierra le conozcan en su poder, gloria, amor, paz y justicia, y desea mostrar al mundo quién es Él por lo que hace en nuestras vidas.

➤ ***7.11 — Entonces llamó también Faraón sabios y hechiceros, e hicieron también lo mismo los hechiceros de Egipto con sus encantamientos.***

El diablo es capaz de imitar algunos de los milagros de Dios, y por eso ciega a muchas personas a la verdad (Mt 24.24). Por eso tenemos que estar alerta (2 Co 2.11; 1 P 5.8) y no basar nuestra fe en milagros y señales sensacionalistas (Mr 8.11, 12; Lc 16.31; Jn 6.26-40). Más bien, debemos confiar en Dios y obedecerle, porque entonces nos veremos «obteniendo el fin de [nuestra] fe, que es la salvación de [nuestras] almas» (1 P 1.9).

➤ ***7.17 — Así ha dicho Jehová: En esto conocerás que yo soy Jehová: he aquí, yo golpearé con la vara que tengo en mi mano el agua que está en el río, y se convertirá en sangre.***

Los israelitas eran fundamentales para la economía de Egipto, y por eso Faraón no quiso dejar que se marcharan (Éx 5.3-9). Pero Dios mostró su poder a Faraón por medio de las plagas, y atacó todo aquello en que confiaba la nación egipcia. El Nilo era visto como un dios por los egipcios, porque sostenía su civilización (Éx 7.14-24). Cuando Dios lo convirtió en sangre, destruyó el apoyo vital de Egipto, y demostró que Él era más poderoso que su deidad principal. Como hijos del Dios soberano, jamás somos víctimas de nuestras circunstancias. Puede que no entendamos lo que Dios está haciendo en una situación dada, pero podemos siempre confiar en su plan. Él sabe exactamente qué hacer para liberarnos de nuestra opresión.

sirva.
2 Y si no lo quisieres dejar ir, he aquí yo castigaré con ranas todos tus territorios.
3 Y el río criará ranas, las cuales subirán y entrarán en tu casa, en la cámara donde duermes, y sobre tu cama, y en las casas de tus siervos, en tu pueblo, en tus hornos y en tus artesas.
4 Y las ranas subirán sobre ti, sobre tu pueblo, y sobre todos tus siervos.
5 Y Jehová dijo a Moisés: Di a Aarón: Extiende tu mano con tu vara sobre los ríos, arroyos y estanques, para que haga subir ranas sobre la tierra de Egipto.
6 Entonces Aarón extendió su mano sobre las aguas de Egipto, y subieron ranas que cubrieron la tierra de Egipto.
7 Y los hechiceros hicieron lo mismo con sus encantamientos, e hicieron venir ranas sobre la tierra de Egipto.
8 Entonces Faraón llamó a Moisés y a Aarón, y les dijo: Orad a Jehová para que quite las ranas de mí y de mi pueblo, y dejaré ir a tu pueblo para que ofrezca sacrificios a Jehová.
9 Y dijó Moisés a Faraón: Dígnate indicarme cuándo debo orar por ti, por tus siervos y por tu pueblo, para que las ranas sean quitadas de ti y de tus casas, y que solamente queden en el río.
10 Y él dijo: Mañana. Y Moisés respondió: Se hará conforme a tu palabra, para que conozcas que no hay como Jehová nuestro Dios.
11 Y las ranas se irán de ti, y de tus casas, de tus siervos y de tu pueblo, y solamente quedarán en el río.
12 Entonces salieron Moisés y Aarón de la presencia de Faraón. Y clamó Moisés a Jehová tocante a las ranas que había mandado a Faraón.
13 E hizo Jehová conforme a la palabra de Moisés, y murieron las ranas de las casas, de los cortijos y de los campos.
14 Y las juntaron en montones, y apestaba la tierra.
➤ 15 Pero viendo Faraón que le habían dado reposo, endureció su corazón y no los escuchó, como Jehová lo había dicho.

La plaga de piojos
16 Entonces Jehová dijo a Moisés: Di a Aarón: Extiende tu vara y golpea el polvo de la tierra, para que se vuelva piojos por todo el país de Egipto.
17 Y ellos lo hicieron así; y Aarón extendió su mano con su vara, y golpeó el polvo de la tierra, el cual se volvió piojos, así en los hombres como en las bestias; todo el polvo de la tierra se volvió piojos en todo el país de Egipto.
18 Y los hechiceros hicieron así también, para sacar piojos con sus encantamientos; pero no pudieron. Y hubo piojos tanto en los hombres como en las bestias.
19 Entonces los hechiceros dijeron a Faraón: Dedo de Dios es éste. Mas el corazón de Faraón se endureció, y no los escuchó, como Jehová lo había dicho.

La plaga de moscas
20 Jehová dijo a Moisés: Levántate de mañana y ponte delante de Faraón, he aquí él sale al río; y dile: Jehová ha dicho así: Deja ir a mi pueblo, para que me sirva.
21 Porque si no dejas ir a mi pueblo, he aquí yo enviaré sobre ti, sobre tus siervos, sobre tu pueblo y sobre tus casas toda clase de moscas; y las casas de los egipcios se llenarán de toda clase de moscas, y asimismo la tierra donde ellos estén.
22 Y aquel día yo apartaré la tierra de Gosén, en la cual habita mi pueblo, para que ninguna clase de moscas haya en ella, a fin de que sepas que yo soy Jehová en medio de la tierra.
23 Y yo pondré redención entre mi pueblo y el tuyo. Mañana será esta señal. ➤
24 Y Jehová lo hizo así, y vino toda clase de moscas molestísimas sobre la casa de Faraón, sobre las casas de sus siervos, y sobre todo el país de Egipto; y la tierra fue corrompida a causa de ellas.
25 Entonces Faraón llamó a Moisés y a Aarón, y les dijo: Andad, ofreced sacrificio a vuestro Dios en la tierra.
26 Y Moisés respondió: No conviene que hagamos así, porque ofreceríamos a Jehová nuestro Dios la abominación de los egipcios. He aquí, si sacrificáramos la abominación de los egipcios delante de ellos, ¿no nos apedrearían?
27 Camino de tres días iremos por el desierto, y ofreceremos sacrificios a Jehová nuestro Dios, como él nos dirá.
28 Dijo Faraón: Yo os dejaré ir para que ofrezcáis sacrificios a Jehová vuestro Dios en el desierto, con tal que no vayáis más lejos; orad por mí.
29 Y respondió Moisés: He aquí, al salir yo de tu presencia, rogaré a Jehová que las diversas

LECCIONES DE VIDA

➤ ***8.15 — Pero viendo Faraón que le habían dado reposo, endureció su corazón y no los escuchó, como Jehová lo había dicho.***

Los «cristianos de madriguera» son como Faraón: reconocen a Dios y prometen obedecerle mientras sigan los problemas. Pero en cuanto llega el alivio, vuelven a sus viejos caminos. Ese necio estilo de vida acarrea serias consecuencias.

➤ ***8.23 — Y yo pondré redención entre mi pueblo y el tuyo. Mañana será esta señal.***

Los cristianos tienen problemas y dificultades como todo el mundo, pero el Señor hace una diferencia entre su pueblo y los incrédulos. Puede que tengamos que esperar para ver su salvación, pero llegará (Sal 34.17-19).

clases de moscas se vayan de Faraón, y de sus
siervos, y de su pueblo mañana; con tal que
Faraón no falte más, no dejando ir al pueblo a
dar sacrificio a Jehová.
30 Entonces Moisés salió de la presencia de
Faraón, y oró a Jehová.
31 Y Jehová hizo conforme a la palabra de
Moisés, y quitó todas aquellas moscas de
Faraón, de sus siervos y de su pueblo, sin que
quedara una.
32 Mas Faraón endureció aun esta vez su
corazón, y no dejó ir al pueblo.

La plaga en el ganado

9 ENTONCES Jehová dijo a Moisés: Entra
a la presencia de Faraón, y dile: Jehová,
el Dios de los hebreos, dice así: Deja ir a mi
pueblo, para que me sirva.
2 Porque si no lo quieres dejar ir, y lo detienes aún,
3 he aquí la mano de Jehová estará sobre
tus ganados que están en el campo, caballos, asnos, camellos, vacas y ovejas, con plaga gravísima.
4 Y Jehová hará separación entre los ganados
de Israel y los de Egipto, de modo que nada
muera de todo lo de los hijos de Israel.
5 Y Jehová fijó plazo, diciendo: Mañana hará
Jehová esta cosa en la tierra.
6 Al día siguiente Jehová hizo aquello, y murió
todo el ganado de Egipto; mas del ganado de
los hijos de Israel no murió uno.
7 Entonces Faraón envió, y he aquí que del
ganado de los hijos de Israel no había muerto
uno. Mas el corazón de Faraón se endureció, y
no dejó ir al pueblo.

La plaga de úlceras

8 Y Jehová dijo a Moisés y a Aarón: Tomad
puñados de ceniza de un horno, y la esparcirá
Moisés hacia el cielo delante de Faraón;
9 y vendrá a ser polvo sobre toda la tierra de
Egipto, y producirá sarpullido con úlceras en
los hombres y en las bestias, por todo el país
de Egipto.
10 Y tomaron ceniza del horno, y se pusieron
delante de Faraón, y la esparció Moisés hacia
el cielo; y hubo sarpullido que produjo úlceras[a]
tanto en los hombres como en las bestias.
11 Y los hechiceros no podían estar delante de Moisés a causa del sarpullido, porque
hubo sarpullido en los hechiceros y en todos
los egipcios.
12 Pero Jehová endureció el corazón de ➤
Faraón, y no los oyó, como Jehová lo había
dicho a Moisés.

La plaga de granizo

13 Entonces Jehová dijo a Moisés: Levántate
de mañana, y ponte delante de Faraón, y dile:
Jehová, el Dios de los hebreos, dice así: Deja
ir a mi pueblo, para que me sirva.
14 Porque yo enviaré esta vez todas mis plagas a tu corazón, sobre tus siervos y sobre tu
pueblo, para que entiendas que no hay otro
como yo en toda la tierra.
15 Porque ahora yo extenderé mi mano para
herirte a ti y a tu pueblo de plaga, y serás quitado de la tierra.
16 Y a la verdad yo te he puesto para mos- ➤
trar en ti mi poder, y para que mi nombre sea
anunciado en toda la tierra.[b]
17 ¿Todavía te ensoberbeces contra mi pueblo, para no dejarlos ir?
18 He aquí que mañana a estas horas yo haré
llover granizo muy pesado, cual nunca hubo
en Egipto, desde el día que se fundó hasta
ahora.
19 Envía, pues, a recoger tu ganado, y todo
lo que tienes en el campo; porque todo hombre o animal que se halle en el campo, y no
sea recogido a casa, el granizo caerá sobre él,
y morirá.
20 De los siervos de Faraón, el que tuvo temor
de la palabra de Jehová hizo huir sus criados
y su ganado a casa;
21 mas el que no puso en su corazón la palabra de Jehová, dejó sus criados y sus ganados
en el campo.
22 Y Jehová dijo a Moisés: Extiende tu mano
hacia el cielo, para que venga granizo en toda
la tierra de Egipto sobre los hombres, y sobre
las bestias, y sobre toda la hierba del campo
en el país de Egipto.
23 Y Moisés extendió su vara hacia el cielo, y
Jehová hizo tronar y granizar, y el fuego se
descargó sobre la tierra; y Jehová hizo llover
granizo sobre la tierra de Egipto.
24 Hubo, pues, granizo, y fuego[c] mezclado
con el granizo, tan grande, cual nunca hubo
en toda la tierra de Egipto desde que fue
habitada.
25 Y aquel granizo hirió en toda la tierra de
Egipto todo lo que estaba en el campo, así
hombres como bestias; asimismo destrozó el

a. 9.10 Ap 16.2. **b. 9.16** Ro 9.17. **c. 9.24** Ap 8.7; 16.21.

LECCIONES DE VIDA

➤ ***9.12 — Pero Jehová endureció el corazón de Faraón, y no los oyó, como Jehová lo había dicho a Moisés.***

Hasta este punto de la historia, Faraón había endurecido su corazón. Pero ahora Dios permitió que el corazón del rey se endureciera más. Para Faraón, la desobediencia deliberada había llegado a un punto de no retorno.

➤ ***9.16 — Y a la verdad yo te he puesto para mostrar en ti mi poder, y para que mi nombre sea anunciado en toda la tierra.***

Dios es soberano, y rige con mano tan poderosa, que hasta hace surgir enemigos para manifestar al mundo su gloria y su poder.

granizo toda la hierba del campo, y desgajó
todos los árboles del país.
26 Solamente en la tierra de Gosén, donde
estaban los hijos de Israel, no hubo granizo.
27 Entonces Faraón envió a llamar a Moisés y
a Aarón, y les dijo: He pecado esta vez; Jehová
es justo, y yo y mi pueblo impíos.
28 Orad a Jehová para que cesen los truenos
de Dios y el granizo, y yo os dejaré ir, y no os
detendréis más.
29 Y le respondió Moisés: Tan pronto salga yo
de la ciudad, extenderé mis manos a Jehová, y
los truenos cesarán, y no habrá más granizo;
para que sepas que de Jehová es la tierra.
30 Pero yo sé que ni tú ni tus siervos temeréis
todavía la presencia de Jehová Dios.
31 El lino, pues, y la cebada fueron destrozados,
porque la cebada estaba ya espigada, y el
lino en caña.
32 Mas el trigo y el centeno no fueron destrozados,
porque eran tardíos.
33 Y salido Moisés de la presencia de Faraón,
fuera de la ciudad, extendió sus manos a Jehová,
y cesaron los truenos y el granizo, y la lluvia
no cayó más sobre la tierra.
34 Y viendo Faraón que la lluvia había cesado,
y el granizo y los truenos, se obstinó en pecar,
y endurecieron su corazón él y sus siervos.
35 Y el corazón de Faraón se endureció, y no
dejó ir a los hijos de Israel, como Jehová lo
había dicho por medio de Moisés.

La plaga de langostas

10 JEHOVÁ dijo a Moisés: Entra a la presencia
de Faraón; porque yo he endurecido su corazón,
y el corazón de sus siervos,
para mostrar entre ellos estas mis señales,
➤ 2 y para que cuentes a tus hijos y a tus nietos
las cosas que yo hice en Egipto, y mis señales
que hice entre ellos; para que sepáis que
yo soy Jehová.
3 Entonces vinieron Moisés y Aarón a Faraón,
y le dijeron: Jehová el Dios de los hebreos ha
dicho así: ¿Hasta cuándo no querrás humillarte
delante de mí? Deja ir a mi pueblo, para
que me sirva.
4 Y si aún rehúsas dejarlo ir, he aquí que mañana
yo traeré sobre tu territorio la langosta,
5 la cual cubrirá la faz de la tierra, de modo
que no pueda verse la tierra; y ella comerá
lo que escapó, lo que os quedó del granizo;
comerá asimismo todo árbol que os fructifica
en el campo.
6 Y llenará tus casas, y las casas de todos tus
siervos, y las casas de todos los egipcios, cual
nunca vieron tus padres ni tus abuelos, desde
que ellos fueron sobre la tierra hasta hoy. Y se
volvió y salió de delante de Faraón.
7 Entonces los siervos de Faraón le dijeron:
¿Hasta cuándo será este hombre un lazo para
nosotros? Deja ir a estos hombres, para que
sirvan a Jehová su Dios. ¿Acaso no sabes
todavía que Egipto está ya destruido?
8 Y Moisés y Aarón volvieron a ser llamados
ante Faraón, el cual les dijo: Andad, servid
a Jehová vuestro Dios. ¿Quiénes son los que
han de ir?
9 Moisés respondió: Hemos de ir con nuestros
niños y con nuestros viejos, con nuestros
hijos y con nuestras hijas; con nuestras ovejas
y con nuestras vacas hemos de ir; porque es
nuestra fiesta solemne para Jehová.
10 Y él les dijo: ¡Así sea Jehová con vosotros!
¿Cómo os voy a dejar ir a vosotros y a vuestros
niños? ¡Mirad cómo el mal está delante de
vuestro rostro!
11 No será así; id ahora vosotros los varones, ➤
y servid a Jehová, pues esto es lo que vosotros
pedisteis. Y los echaron de la presencia
de Faraón.
12 Entonces Jehová dijo a Moisés: Extiende
tu mano sobre la tierra de Egipto para traer
la langosta, a fin de que suba sobre el país
de Egipto, y consuma todo lo que el granizo
dejó.
13 Y extendió Moisés su vara sobre la tierra de
Egipto, y Jehová trajo un viento oriental sobre
el país todo aquel día y toda aquella noche; y
al venir la mañana el viento oriental trajo la
langosta.
14 Y subió la langosta sobre toda la tierra de
Egipto, y se asentó en todo el país de Egipto
en tan gran cantidad como no la hubo antes ni
la habrá después;
15 y cubrió la faz de todo el país, y oscureció
la tierra; y consumió toda la hierba de la
tierra,[a] y todo el fruto de los árboles que había
dejado el granizo; no quedó cosa verde en
árboles ni en hierba del campo, en toda la tierra
de Egipto.

a. **10.14-15** Ap 9.2-3.

LECCIONES DE VIDA

➤ ***10.2 — mis señales que hice entre ellos; para que sepáis que yo soy Jehová.***

Dios obra sus maravillas no sólo para que los incrédulos puedan ver su poder, y arrepentirse y creer, sino también para que su pueblo pueda recordar su gloria, y para que permanezca fiel a Él.

➤ ***10.11 — id ahora vosotros los varones, y servid a Jehová, pues esto es lo que vosotros pedisteis.***

Faraón estuvo dispuesto a dejar que los hombres sacrificaran en el desierto, pero se negó a que sus familias y sus rebaños fueran también, aunque era una orden de Dios (Éx 6.16; 8.1, 20, 25-27; 9.1, 13; 10.3, 8, 9). La obediencia parcial no es obediencia; es desobediencia. No tenemos la libertad de elegir qué mandamientos queremos cumplir, y cuáles ignorar. Si queremos caminar con Dios, tenemos que escuchar todo lo que Él dice.

16 Entonces Faraón se apresuró a llamar a Moisés y a Aarón, y dijo: He pecado contra Jehová vuestro Dios, y contra vosotros.
17 Mas os ruego ahora que perdonéis mi pecado solamente esta vez, y que oréis a Jehová vuestro Dios que quite de mí al menos esta plaga mortal.
18 Y salió Moisés de delante de Faraón, y oró a Jehová.
19 Entonces Jehová trajo un fortísimo viento occidental, y quitó la langosta y la arrojó en el Mar Rojo; ni una langosta quedó en todo el país de Egipto.
20 Pero Jehová endureció el corazón de Faraón, y éste no dejó ir a los hijos de Israel.

La plaga de tinieblas

21 Jehová dijo a Moisés: Extiende tu mano hacia el cielo, para que haya tinieblas[b] sobre la tierra de Egipto, tanto que cualquiera las palpe.
22 Y extendió Moisés su mano hacia el cielo, y hubo densas tinieblas sobre toda la tierra de Egipto, por tres días.
23 Ninguno vio a su prójimo, ni nadie se levantó de su lugar en tres días; mas todos los hijos de Israel tenían luz en sus habitaciones.
24 Entonces Faraón hizo llamar a Moisés, y dijo: Id, servid a Jehová; solamente queden vuestras ovejas y vuestras vacas; vayan también vuestros niños con vosotros.
25 Y Moisés respondió: Tú también nos darás sacrificios y holocaustos que sacrifiquemos para Jehová nuestro Dios.
26 Nuestros ganados irán también con nosotros; no quedará ni una pezuña; porque de ellos hemos de tomar para servir a Jehová nuestro Dios, y no sabemos con qué hemos de servir a Jehová hasta que lleguemos allá.
27 Pero Jehová endureció el corazón de Faraón, y no quiso dejarlos ir.
28 Y le dijo Faraón: Retírate de mí; guárdate que no veas más mi rostro, porque en cualquier día que vieres mi rostro, morirás.
29 Y Moisés respondió: Bien has dicho; no veré más tu rostro.

Anunciada la muerte de los primogénitos

11 JEHOVÁ dijo a Moisés: Una plaga traeré aún sobre Faraón y sobre Egipto, después de la cual él os dejará ir de aquí; y seguramente os echará de aquí del todo.
2 Habla ahora al pueblo, y que cada uno pida a su vecino, y cada una a su vecina, alhajas de plata y de oro.
➤3 Y Jehová dio gracia al pueblo en los ojos de los egipcios. También Moisés era tenido por gran varón en la tierra de Egipto, a los ojos de los siervos de Faraón, y a los ojos del pueblo.
4 Dijo, pues, Moisés: Jehová ha dicho así: A la medianoche yo saldré por en medio de Egipto,
5 y morirá todo primogénito en tierra de Egipto, desde el primogénito de Faraón que se sienta en su trono, hasta el primogénito de la sierva que está tras el molino, y todo primogénito de las bestias.
6 Y habrá gran clamor por toda la tierra de Egipto, cual nunca hubo, ni jamás habrá.
7 Pero contra todos los hijos de Israel, desde el hombre hasta la bestia, ni un perro moverá su lengua, para que sepáis que Jehová hace diferencia entre los egipcios y los israelitas.
8 Y descenderán a mí todos estos tus siervos, e inclinados delante de mí dirán: Vete, tú y todo el pueblo que está debajo de ti; y después de esto yo saldré. Y salió muy enojado de la presencia de Faraón.
9 Y Jehová dijo a Moisés: Faraón no os oirá, para que mis maravillas se multipliquen en la tierra de Egipto.
10 Y Moisés y Aarón hicieron todos estos prodigios delante de Faraón; pues Jehová había endurecido el corazón de Faraón, y no envió a los hijos de Israel fuera de su país.

La Pascua

12 HABLÓ Jehová a Moisés y a Aarón en la tierra de Egipto, diciendo:
2 Este mes os será principio de los meses; para vosotros será éste el primero en los meses del año.
3 Hablad a toda la congregación de Israel, diciendo: En el diez de este mes tómese cada uno un cordero según las familias de los padres, un cordero por familia.
4 Mas si la familia fuere tan pequeña que no baste para comer el cordero, entonces él y su vecino inmediato a su casa tomarán uno según el número de las personas; conforme al comer de cada hombre, haréis la cuenta sobre el cordero.
5 El animal será sin defecto, macho de un año; lo tomaréis de las ovejas o de las cabras.
6 Y lo guardaréis hasta el día catorce de este mes, y lo inmolará toda la congregación del pueblo de Israel entre las dos tardes.
7 Y tomarán de la sangre, y la pondrán en los dos postes y en el dintel de las casas en que lo han de comer.

b. 10.21 Ap 16.10.

LECCIONES DE VIDA

➤ ***11.3 — También Moisés era tenido por gran varón en la tierra de Egipto, a los ojos de los siervos de Faraón, y a los ojos del pueblo.***

Cuando hacemos lo que Dios exige de nosotros, Él se complace en hacer que hasta nuestros enemigos reconozcan que el Señor está obrando poderosamente en y a través de nosotros.

8 Y aquella noche comerán la carne asada al
fuego, y panes sin levadura; con hierbas amargas lo comerán.
9 Ninguna cosa comeréis de él cruda, ni cocida en agua, sino asada al fuego; su cabeza con
sus pies y sus entrañas.
10 Ninguna cosa dejaréis de él hasta la mañana; y lo que quedare hasta la mañana, lo quemaréis en el fuego.
11 Y lo comeréis así: ceñidos vuestros lomos,
vuestro calzado en vuestros pies, y vuestro
bordón en vuestra mano; y lo comeréis apresuradamente; es la Pascua[a] de Jehová.
12 Pues yo pasaré aquella noche por la tierra
de Egipto, y heriré a todo primogénito en la
tierra de Egipto, así de los hombres como de
las bestias; y ejecutaré mis juicios en todos los
dioses de Egipto. Yo Jehová.
* 13 Y la sangre os será por señal en las casas
donde vosotros estéis; y veré la sangre y pasaré de vosotros, y no habrá en vosotros plaga de mortandad cuando hiera la tierra de
Egipto.
14 Y este día os será en memoria, y lo celebraréis como fiesta solemne para Jehová durante
vuestras generaciones; por estatuto perpetuo
lo celebraréis.
15 Siete días comeréis panes sin levadura; y
así el primer día haréis que no haya levadura en vuestras casas; porque cualquiera que
comiere leudado desde el primer día hasta el
séptimo, será cortado de Israel.
16 El primer día habrá santa convocación, y
asimismo en el séptimo día tendréis una santa convocación; ninguna obra se hará en ellos,
excepto solamente que preparéis lo que cada
cual haya de comer.
17 Y guardaréis la fiesta de los panes sin
levadura,[b] porque en este mismo día saqué
vuestras huestes de la tierra de Egipto; por
tanto, guardaréis este mandamiento en vuestras generaciones por costumbre perpetua.
18 En el mes primero comeréis los panes
sin levadura, desde el día catorce del mes
por la tarde hasta el veintiuno del mes por
la tarde.
19 Por siete días no se hallará levadura en
vuestras casas; porque cualquiera que comiere leudado, así extranjero como natural del
país, será cortado de la congregación de
Israel.
20 Ninguna cosa leudada comeréis; en todas
vuestras habitaciones comeréis panes sin
levadura.
21 Y Moisés convocó a todos los ancianos de
Israel, y les dijo: Sacad y tomaos corderos por
vuestras familias, y sacrificad la pascua.
22 Y tomad un manojo de hisopo, y moja-
dlo en la sangre que estará en un lebrillo, y
untad el dintel y los dos postes con la sangre
que estará en el lebrillo; y ninguno de vosotros salga de las puertas de su casa hasta la
mañana.
23 Porque Jehová pasará hiriendo a los egipcios; y cuando vea la sangre en el dintel y en
los dos postes, pasará Jehová aquella puerta,
y no dejará entrar al heridor en vuestras casas
para herir.[c]
24 Guardaréis esto por estatuto para vosotros
y para vuestros hijos para siempre.
25 Y cuando entréis en la tierra que Jehová os
dará, como prometió, guardaréis este rito.
26 Y cuando os dijeren vuestros hijos: ¿Qué es
este rito vuestro?,
27 vosotros responderéis: Es la víctima de la
pascua de Jehová, el cual pasó por encima de
las casas de los hijos de Israel en Egipto, cuando hirió a los egipcios, y libró nuestras casas.
Entonces el pueblo se inclinó y adoró.
28 Y los hijos de Israel fueron e hicieron puntualmente así, como Jehová había mandado a
Moisés y a Aarón.

Muerte de los primogénitos

29 Y aconteció que a la medianoche Jehová
hirió a todo primogénito en la tierra de Egipto,
desde el primogénito[d] de Faraón que se sentaba sobre su trono hasta el primogénito del

a. 12.1-13 Lv 23.5; Nm 9.1-5; 28.16; Dt 16.1-2.
b. 12.14-20 Éx 23.15; 34.18; Lv 23.6-8; Nm 28.17-25; Dt 16.3-8.
c. 12.23 He 11.28. **d. 12.29** Éx 4.22-23.

LECCIONES DE VIDA

➤ *12.5, 6, 11 — El animal será sin defecto, macho de un año... y lo inmolará toda la congregación del pueblo de Israel entre las dos tardes... Es la Pascua de Jehová.*

¿Cómo supo el ángel cuál era el primogénito de cada familia? ¿Y cómo la sangre de los corderos le indicó al ángel que pasara por alto ciertos hogares? ¿No sabía el Señor cuáles casas pertenecían a su pueblo? La instrucción de Dios pudo haber sonado extraña a los israelitas, pero Él no nos exige que entendamos su voluntad, sino que la obedezcamos, aunque no nos parezca razonable. Hoy comprendemos que el cordero de la Pascua simbolizaba la obra que Jesucristo terminaría con su muerte en la cruz y su resurrección de la tumba. Es por esto que el apóstol Pablo dijo: «nuestra pascua, que es Cristo, ya fue sacrificada por nosotros» (1 Co 5.7). Jesús nos salvó del pecado y de la muerte, y nos liberó para ser el pueblo que quiso tener.

➤ *12.27 — vosotros responderéis: Es la víctima de la pascua de Jehová, el cual pasó por encima de las casas de los hijos de Israel en Egipto, cuando hirió a los egipcios.*

¿Por qué mandó Dios que los israelitas celebraran la Pascua cada año (Éx 12.14-27; Nm 28.16-25; Dt 16.1-8)? Primero, para recordarles la fidelidad de Dios. Segundo, porque le daba al pueblo una manera de enseñar a sus hijos a honrar y obedecer al Señor. Tercero, porque les advertía acerca de la venida del Mesías, o, como dijo Juan el Bautista, para que reconocieran «el Cordero de Dios, que quita el pecado del mundo» (Jn 1.29).

cautivo que estaba en la cárcel, y todo primogénito de los animales.

30 Y se levantó aquella noche Faraón, él y todos sus siervos, y todos los egipcios; y hubo un gran clamor en Egipto, porque no había casa donde no hubiese un muerto.

31 E hizo llamar a Moisés y a Aarón de noche, y les dijo: Salid de en medio de mi pueblo vosotros y los hijos de Israel, e id, servid a Jehová, como habéis dicho.

32 Tomad también vuestras ovejas y vuestras vacas, como habéis dicho, e idos; y bendecidme también a mí.

33 Y los egipcios apremiaban al pueblo, dándose prisa a echarlos de la tierra; porque decían: Todos somos muertos.

34 Y llevó el pueblo su masa antes que se leudase, sus masas envueltas en sus sábanas sobre sus hombros.

35 E hicieron los hijos de Israel conforme al mandamiento de Moisés, pidiendo de los egipcios alhajas de plata, y de oro, y vestidos.

36 Y Jehová dio gracia al pueblo delante de los egipcios, y les dieron cuanto pedían; así despojaron a los egipcios.[e]

Los israelitas salen de Egipto

37 Partieron los hijos de Israel de Ramesés a Sucot, como seiscientos mil hombres de a pie, sin contar los niños.

38 También subió con ellos grande multitud de toda clase de gentes, y ovejas, y muchísimo ganado.

39 Y cocieron tortas sin levadura de la masa que habían sacado de Egipto, pues no había leudado, porque al echarlos fuera los egipcios, no habían tenido tiempo ni para prepararse comida.

40 El tiempo que los hijos de Israel habitaron en Egipto fue cuatrocientos treinta años.[f]

41 Y pasados los cuatrocientos treinta años, en el mismo día todas las huestes de Jehová salieron de la tierra de Egipto.

42 Es noche de guardar para Jehová, por haberlos sacado en ella de la tierra de Egipto. Esta noche deben guardarla para Jehová todos los hijos de Israel en sus generaciones.

43 Y Jehová dijo a Moisés y a Aarón: Ésta es la ordenanza de la pascua; ningún extraño comerá de ella.

44 Mas todo siervo humano comprado por dinero comerá de ella, después que lo hubieres circuncidado.

45 El extranjero y el jornalero no comerán de ella.

46 Se comerá en una casa, y no llevarás de aquella carne fuera de ella, ni quebraréis hueso suyo.[g]

47 Toda la congregación de Israel lo hará.

48 Mas si algún extranjero morare contigo, y quisiere celebrar la pascua para Jehová, séale circuncidado todo varón, y entonces la celebrará, y será como uno de vuestra nación; pero ningún incircunciso comerá de ella.

49 La misma ley será para el natural, y para el extranjero que habitare entre vosotros.

50 Así lo hicieron todos los hijos de Israel; como mandó Jehová a Moisés y a Aarón, así lo hicieron.

51 Y en aquel mismo día sacó Jehová a los hijos de Israel de la tierra de Egipto por sus ejércitos.

Consagración de los primogénitos

13 JEHOVÁ habló a Moisés, diciendo:

2 Conságrame todo primogénito. Cualquiera que abre matriz entre los hijos de Israel, así de los hombres como de los animales, mío es.[a]

3 Y Moisés dijo al pueblo: Tened memoria de este día, en el cual habéis salido de Egipto, de la casa de servidumbre, pues Jehová os ha sacado de aquí con mano fuerte; por tanto, no comeréis leudado.

4 Vosotros salís hoy en el mes de Abib.

5 Y cuando Jehová te hubiere metido en la tierra del cananeo, del heteo, del amorreo, del heveo y del jebuseo, la cual juró a tus padres que te daría, tierra que destila leche y miel, harás esta celebración en este mes.

6 Siete días comerás pan sin leudar, y el séptimo día será fiesta para Jehová.

7 Por los siete días se comerán los panes sin levadura, y no se verá contigo nada leudado, ni levadura, en todo tu territorio.

8 Y lo contarás en aquel día a tu hijo, diciendo: Se hace esto con motivo de lo que Jehová hizo conmigo cuando me sacó de Egipto.

9 Y te será como una señal sobre tu mano, y como un memorial delante de tus ojos, para que la ley de Jehová esté en tu boca; por cuanto con mano fuerte te sacó Jehová de Egipto.

10 Por tanto, tú guardarás este rito en su tiempo de año en año.

11 Y cuando Jehová te haya metido en la tierra del cananeo, como te ha jurado a ti y a tus padres, y cuando te la hubiere dado,

12 dedicarás a Jehová todo aquel que abriere matriz,[b] y asimismo todo primer nacido de tus animales; los machos serán de Jehová.

13 Mas todo primogénito de asno redimirás con un cordero; y si no lo redimieres, quebrarás su cerviz. También redimirás al primogénito de tus hijos.

14 Y cuando mañana te pregunte tu hijo, diciendo: ¿Qué es esto?, le dirás: Jehová nos sacó con mano fuerte de Egipto, de casa de servidumbre;

15 y endureciéndose Faraón para no dejarnos ir, Jehová hizo morir en la tierra de Egipto a todo primogénito, desde el primogénito humano hasta el primogénito de la bestia; y por esta causa yo sacrifico para Jehová todo primogénito macho, y redimo al primogénito de mis hijos.

---

e. 12.35-36 Éx 3.21-22. **f. 12.40** Gn 15.13; Gá 3.17.
g. 12.46 Nm 9.12; Sal 34.20; Jn 19.36. **a. 13.2** Lc 2.23.
b. 13.12 Lc 2.23.

16 Te será, pues, como una señal sobre tu mano, y por un memorial delante de tus ojos, por cuanto Jehová nos sacó de Egipto con mano fuerte.

La columna de nube y de fuego

➤17 Y luego que Faraón dejó ir al pueblo, Dios no los llevó por el camino de la tierra de los filisteos, que estaba cerca; porque dijo Dios: Para que no se arrepienta el pueblo cuando vea la guerra, y se vuelva a Egipto.
18 Mas hizo Dios que el pueblo rodease por el camino del desierto del Mar Rojo. Y subieron los hijos de Israel de Egipto armados.
19 Tomó también consigo Moisés los huesos de José, el cual había juramentado a los hijos de Israel, diciendo: Dios ciertamente os visitará, y haréis subir mis huesos de aquí con vosotros.[c]
20 Y partieron de Sucot y acamparon en Etam, a la entrada del desierto.
➤21 Y Jehová iba delante de ellos de día en una columna de nube para guiarlos por el camino, y de noche en una columna de fuego para alumbrarles, a fin de que anduviesen de día y de noche.
22 Nunca se apartó de delante del pueblo la columna de nube de día, ni de noche la columna de fuego.

Los israelitas cruzan el Mar Rojo

14 HABLÓ Jehová a Moisés, diciendo:
➤2 Di a los hijos de Israel que den la vuelta y acampen delante de Pi-hahirot, entre Migdol y el mar hacia Baal-zefón; delante de él acamparéis junto al mar.
3 Porque Faraón dirá de los hijos de Israel: Encerrados están en la tierra, el desierto los ha encerrado.
4 Y yo endureceré el corazón de Faraón para que los siga; y seré glorificado en Faraón y en todo su ejército, y sabrán los egipcios que yo soy Jehová. Y ellos lo hicieron así.
5 Y fue dado aviso al rey de Egipto, que el pueblo huía; y el corazón de Faraón y de sus siervos se volvió contra el pueblo, y dijeron: ¿Cómo hemos hecho esto de haber dejado ir a Israel, para que no nos sirva?
6 Y unció su carro, y tomó consigo su pueblo;
7 y tomó seiscientos carros escogidos, y todos los carros de Egipto, y los capitanes sobre ellos.
8 Y endureció Jehová el corazón de Faraón rey de Egipto, y él siguió a los hijos de Israel; pero los hijos de Israel habían salido con mano poderosa.
9 Siguiéndolos, pues, los egipcios, con toda la caballería y carros de Faraón, su gente de a caballo, y todo su ejército, los alcanzaron acampados junto al mar, al lado de Pi-hahirot, delante de Baal-zefón.
10 Y cuando Faraón se hubo acercado, los hijos de Israel alzaron sus ojos, y he aquí que los egipcios venían tras ellos; por lo que los hijos de Israel temieron en gran manera, y clamaron a Jehová.
11 Y dijeron a Moisés: ¿No había sepulcros en Egipto, que nos has sacado para que muramos en el desierto? ¿Por qué has hecho así con nosotros, que nos has sacado de Egipto?
12 ¿No es esto lo que te hablamos en Egipto, diciendo: Déjanos servir a los egipcios? Porque mejor nos fuera servir a los egipcios, que morir nosotros en el desierto.
13 Y Moisés dijo al pueblo: No temáis; estad firmes, y ved la salvación que Jehová hará hoy con vosotros; porque los egipcios que hoy habéis visto, nunca más para siempre los veréis. ➤

c. 13.19 Gn 50.25; Jos 24.32.

LECCIONES DE VIDA

➤ ***13.17 — Dios no los llevó por el camino de la tierra de los filisteos, que estaba cerca; porque dijo Dios: Para que no se arrepienta el pueblo cuando vea la guerra, y se vuelva a Egipto.***

Nuestro Dios es práctico y trata con nosotros teniendo en cuenta nuestra naturaleza. Él siempre nos guiará por el camino más apropiado para nosotros.

➤ ***13.21 — Y Jehová iba delante de ellos de día en una columna de nube para guiarlos por el camino, y de noche en una columna de fuego para alumbrarles.***

Cuando conocemos personalmente al Señor, no necesitamos sentirnos «a oscuras» en cuanto a cómo seguirle. Dios provee todo lo que necesitamos para la vida, y eso incluye la iluminación del camino delante de nosotros. Si es necesario, Dios moverá cielo y tierra para mostrarnos su voluntad.

➤ ***14.2 — Di a los hijos de Israel que den la vuelta y acampen delante de Pi-hahirot, entre Migdol y el mar hacia Baal-zefón; delante de él acamparéis junto al mar.***

A veces, el Señor nos conduce intencionalmente a situaciones que parecen un callejón sin salida, no sólo para probar nuestra fe, sino también para mostrar su poder y su control total sobre todas las situaciones. Dondequiera que Él nos lleve debemos seguirle, porque después veremos que Dios asume toda la responsabilidad en cuanto a nuestras necesidades, cuando lo obedecemos.

➤ ***14.13 — No temáis; estad firmes, y ved la salvación que Jehová hará hoy con vosotros.***

A lo largo de toda la Escritura leemos la frase: «No temáis» (una pequeña muestra: Gn 15.1; Dt 1.21; 3.22; 31.8; Jos 10.8; 1 Cr 22.13; 28.20; 2 Cr 20.15, 17; Is 41.10, 13; 44.2; Is 51.7; Jer 46.27; Lm 3.57; Jl 2.21; Zac 8.15; Mt 10.31; Lc 12.7). Es el estribillo de Dios para su pueblo, sean cuales sean sus circunstancias, porque Él ha prometido salvarnos sin importar lo que enfrentemos, mientras andemos en sumisión a su voluntad y a sus caminos.

➤ 14 Jehová peleará por vosotros, y vosotros
estaréis tranquilos.
15 Entonces Jehová dijo a Moisés: ¿Por qué
clamas a mí? Di a los hijos de Israel que
marchen.
16 Y tú alza tu vara, y extiende tu mano sobre
el mar, y divídelo, y entren los hijos de Israel
por en medio del mar, en seco.
17 Y he aquí, yo endureceré el corazón de los
egipcios para que los sigan; y yo me glorificaré en Faraón y en todo su ejército, en sus
carros y en su caballería;
18 y sabrán los egipcios que yo soy Jehová,
cuando me glorifique en Faraón, en sus carros
y en su gente de a caballo.
19 Y el ángel de Dios que iba delante del campamento de Israel, se apartó e iba en pos de
ellos; y asimismo la columna de nube que
iba delante de ellos se apartó y se puso a sus
espaldas,
20 e iba entre el campamento de los egipcios
y el campamento de Israel; y era nube y tinieblas para aquéllos, y alumbraba a Israel de
noche, y en toda aquella noche nunca se acercaron los unos a los otros.
21 Y extendió Moisés su mano sobre el mar, e
hizo Jehová que el mar se retirase por recio
viento oriental toda aquella noche; y volvió el
mar en seco, y las aguas quedaron divididas.
22 Entonces los hijos de Israel entraron por
en medio del mar,[a] en seco, teniendo las aguas
como muro a su derecha y a su izquierda.
23 Y siguiéndolos los egipcios, entraron tras
ellos hasta la mitad del mar, toda la caballería
de Faraón, sus carros y su gente de a caballo.
24 Aconteció a la vigilia de la mañana, que
Jehová miró el campamento de los egipcios
desde la columna de fuego y nube, y trastornó
el campamento de los egipcios,
25 y quitó las ruedas de sus carros, y los trastornó gravemente. Entonces los egipcios dijeron: Huyamos de delante de Israel, porque
Jehová pelea por ellos contra los egipcios.
26 Y Jehová dijo a Moisés: Extiende tu mano
sobre el mar, para que las aguas vuelvan
sobre los egipcios, sobre sus carros, y sobre
su caballería.
27 Entonces Moisés extendió su mano sobre
el mar, y cuando amanecía, el mar se volvió en
toda su fuerza, y los egipcios al huir se encontraban con el mar; y Jehová derribó a los egipcios en medio del mar.
28 Y volvieron las aguas, y cubrieron los
carros y la caballería, y todo el ejército de
Faraón que había entrado tras ellos en el mar;
no quedó de ellos ni uno.
29 Y los hijos de Israel fueron por en medio
del mar, en seco, teniendo las aguas por muro
a su derecha y a su izquierda.
30 Así salvó Jehová aquel día a Israel de
mano de los egipcios; e Israel vio a los egipcios muertos a la orilla del mar.
31 Y vio Israel aquel grande hecho que Jehová ejecutó contra los egipcios; y el pueblo
temió a Jehová, y creyeron a Jehová y a Moisés su siervo.

Cántico de Moisés y de María

15 ENTONCES cantó Moisés y los hijos de
Israel este cántico[a] a Jehová, y dijeron:
Cantaré yo a Jehová, porque se ha
magnificado grandemente; Ha
echado en el mar al caballo y al
jinete.
2 Jehová es mi fortaleza y mi cántico,
Y ha sido mi salvación.[b]
Este es mi Dios, y lo alabaré;
Dios de mi padre, y lo enalteceré.
3 Jehová es varón de guerra;
Jehová es su nombre.
4 Echó en el mar los carros de Faraón y
su ejército;
Y sus capitanes escogidos fueron
hundidos en el Mar Rojo.
5 Los abismos los cubrieron;
Descendieron a las profundidades como
piedra.
6 Tu diestra, oh Jehová, ha sido
magnificada en poder;
Tu diestra, oh Jehová, ha quebrantado al
enemigo.
7 Y con la grandeza de tu poder has
derribado a los que se levantaron
contra ti.
Enviaste tu ira; los consumió como a
hojarasca.
8 Al soplo de tu aliento se amontonaron
las aguas;
Se juntaron las corrientes como en un
montón;
Los abismos se cuajaron en medio del
mar.
9 El enemigo dijo:
Perseguiré, apresaré, repartiré despojos;
Mi alma se saciará de ellos;

a. 14.22 He 11.29. **a. 15.1** Ap 15.3. **b. 15.2** Sal 118.14; Is 12.2.

LECCIONES DE VIDA

➤ ***14.14 — Jehová peleará por vosotros, y vosotros estaréis tranquilos.***

En medio de esta terrible situación, los israelitas se quejaron. Pero Moisés permaneció fiel, y Dios salvó a su pueblo dividiendo al Mar Rojo y destruyendo al ejército de Faraón. Si nosotros, como los israelitas, nos atemorizamos cuando enfrentemos obstáculos, es porque no hemos aprendido el secreto para sobrevivir en tiempos de dificultad. Al igual que Moisés, debemos mantenernos tranquilos, plenamente conscientes de que no tenemos nada de qué angustiarnos porque el Dios todopoderoso está con nosotros para ayudarnos, darnos lo que necesitamos y protegernos (Dt 31.8; Jos 1.9). No hay dificultad, pesar, pérdida o sufrimiento que su mano amorosa no pueda salvar o librar por completo.

Sacaré mi espada, los destruirá mi
mano.
10 Soplaste con tu viento; los cubrió el mar;
Se hundieron como plomo en las
impetuosas aguas.
11 ¿Quién como tú, oh Jehová, entre los
dioses?
¿Quién como tú, magnífico en santidad,
Terrible en maravillosas hazañas,
hacedor de prodigios?
12 Extendiste tu diestra;
La tierra los tragó.
13 Condujiste en tu misericordia a este
pueblo que redimiste;
Lo llevaste con tu poder a tu santa
morada.
14 Lo oirán los pueblos, y temblarán;
Se apoderará dolor de la tierra de los
filisteos.
15 Entonces los caudillos de Edom se
turbarán;
A los valientes de Moab les sobrecogerá
temblor;
Se acobardarán todos los moradores de
Canaán.
16 Caiga sobre ellos temblor y espanto;
A la grandeza de tu brazo enmudezcan
como una piedra;
Hasta que haya pasado tu pueblo, oh
Jehová,
Hasta que haya pasado este pueblo que
tú rescataste.
17 Tú los introducirás y los plantarás en el
monte de tu heredad,
En el lugar de tu morada, que tú has
preparado, oh Jehová,
En el santuario que tus manos, oh
Jehová, han afirmado.
➤ 18 Jehová reinará eternamente y para
siempre.
19 Porque Faraón entró cabalgando con sus
carros y su gente de a caballo en el mar, y
Jehová hizo volver las aguas del mar sobre
ellos; mas los hijos de Israel pasaron en seco
por en medio del mar.
20 Y María la profetisa, hermana de Aarón,
tomó un pandero en su mano, y todas las
mujeres salieron en pos de ella con panderos y danzas.
21 Y María les respondía:
Cantad a Jehová, porque en extremo se
ha engrandecido;
Ha echado en el mar al caballo y al
jinete.

El agua amarga de Mara

22 E hizo Moisés que partiese Israel del Mar ≺
Rojo, y salieron al desierto de Shur; y anduvieron tres días por el desierto sin hallar agua.
23 Y llegaron a Mara, y no pudieron beber las
aguas de Mara,[1] porque eran amargas; por eso
le pusieron el nombre de Mara.
24 Entonces el pueblo murmuró contra Moisés, y dijo: ¿Qué hemos de beber?
25 Y Moisés clamó a Jehová, y Jehová le mostró un árbol; y lo echó en las aguas, y las
aguas se endulzaron. Allí les dio estatutos y
ordenanzas, y allí los probó;
26 y dijo: Si oyeres atentamente la voz de ∗
Jehová tu Dios, e hicieres lo recto delante de ≺
sus ojos, y dieres oído a sus mandamientos, y
guardares todos sus estatutos, ninguna enfermedad de las que envié a los egipcios te enviaré a ti; porque yo soy Jehová tu sanador.
27 Y llegaron a Elim, donde había doce fuentes de aguas, y setenta palmeras; y acamparon
allí junto a las aguas.

Dios da el maná

16 PARTIÓ luego de Elim toda la congregación de los hijos de Israel, y vino al
desierto de Sin, que está entre Elim y Sinaí, a
los quince días del segundo mes después que
salieron de la tierra de Egipto.
2 Y toda la congregación de los hijos de
Israel murmuró contra Moisés y Aarón en el
desierto;
3 y les decían los hijos de Israel: Ojalá hubiéramos muerto por mano de Jehová en la tierra de Egipto, cuando nos sentábamos a las
ollas de carne, cuando comíamos pan hasta saciarnos; pues nos habéis sacado a este

1 Esto es, *Amargura*.

LECCIONES DE VIDA

➤ ***15.18 — Jehová reinará eternamente y para siempre.***

En tiempos de dificultad, podemos hallar gran consuelo en saber que Dios nos ha prometido que Él ha tenido, tiene y tendrá siempre el control, no sólo de los acontecimientos mundiales, sino también de todo en nuestra vida.

➤ ***15.22, 23 — y anduvieron tres días por el desierto sin hallar agua. Y llegaron a Mara, y no pudieron beber las aguas de Mara, porque eran amargas.***

Inmediatamente después del milagroso triunfo en el Mar Rojo, Dios condujo a Israel durante tres días por un camino sin agua. ¿Por qué razón? Porque el Señor nos adiestra para que confiemos en Él, permitiéndonos experimentar tanto necesidad como abundancia.

➤ ***15.26 — y dijo: Si oyeres atentamente la voz de Jehová tu Dios, e hicieres lo recto.***

Escuchar a Dios es esencial para caminar con Él. Desde el mismo comienzo, el Señor declaró que sus planes para Israel eran para bien, no para mal (Éx 6.6-8). Sin embargo, la amenaza de no tener agua distrajo muy pronto a los israelitas de lo que Dios había prometido, y de cómo Él había provisto fielmente para sus necesidades. Si ellos lo hubieran escuchado de verdad, nunca habrían dudado. Lo mismo vale para nosotros. Jamás debemos permitir que las presiones que nos rodean ahoguen la voz del Señor para nuestras vidas. Más bien, debemos recordar siempre que su Palabra siempre es fiel y segura, y que ningún problema que podamos enfrentar jamás podrá cambiar lo que Él ha prometido.

RESPUESTAS A PREGUNTAS DE LA VIDA

¿Puedo confiar realmente en que Dios proveerá lo que necesito?

ÉX 16.1-14

La Biblia está llena, de principio a fin, de promesas en cuanto a la provisión de Dios para nuestras necesidades. Nuestro Padre celestial siempre da, siempre ama, siempre es generoso con sus hijos.

En los primeros capítulos de Génesis, el Señor da al primer hombre y a la primera mujer un huerto perfecto. En Apocalipsis, leemos acerca de nuestro hogar final —el cielo perfecto y eternal que Él ha creado para nosotros. Y en el resto de los libros vemos cómo Dios se deleita bendiciendo a su pueblo. En el comienzo mismo del Nuevo Testamento leemos cómo Dios envió a su Hijo, Jesucristo, como su supremo regalo de bendición para darnos lo que más necesitábamos: el perdón del pecado y la comunión restaurada con Él.

Cuando usted se autolimita a sus propias capacidades y recursos, se queda pronto sin ambos elementos. Pero cuando enfoca su fe en lo que Dios puede hacer por usted, descubre recursos infinitos que no pueden ser medidos ni agotados. Los recursos de Dios son ciento por ciento a prueba de inflación y de recesión.

La naturaleza misma de Dios le da a usted la seguridad de su abundante provisión. Dios es:

- *Omnisciente* — el Señor conoce su necesidad. La conoce aun mejor que usted y antes que usted (Mt 6.8).
- *Omnipotente* — el Señor tiene todo el poder para suplir cualquier necesidad que usted tenga (Fil 4.19).
- *Omnipresente* — el Señor está en actividad ahora mismo para satisfacer sus necesidades (Sal 34.7, 8).
- *Omni-benevolente* — gracias al perfecto e incondicional amor del Señor, usted puede tener la seguridad de que Él siempre le dará lo mejor (Ef 2.4-7).

El carácter de Dios no es lo único que le da la seguridad de que Él proveerá para usted; también cuenta con el testimonio de los hechos pasados de Dios proveyendo para su pueblo. Las Escrituras lo señalan a Él una y otra vez como el autor de eterna salvación y de toda bondad (He 5.9; Stg 1.17). Considere sólo unos cuantos ejemplos del libro de Éxodo:

- Abrió un camino para que su pueblo cruzara el Mar Rojo y escapara así de sus enemigos (Éx 14).
- Les dio el maná para que comieran en el desierto (Éx 16.1-21).
- Hizo brotar agua de una roca para saciar la sed del pueblo (Éx 17.1-6).
- Dio sus mandamientos a su pueblo, a pesar de su falta de carácter moral (Éx 20—31).
- Proporcionó todo lo que necesitaban para construir el tabernáculo (Éx 12.35, 36; 35.21-29).

Como los israelitas habían dejado atrás el único hogar que habían conocido en Egipto, Dios proveyó para todas sus necesidades. Les dio protección, satisfacción de las necesidades básicas (agua y comida), instrucción espiritual y sanidad. ¡Hoy hace lo mismo por nosotros!

Para un estudio más a fondo, véase el Índice de Principios de vida:

9. Confiar en Dios quiere decir ver más allá de lo que podemos, hacia lo que Dios ve.

11. Dios asume toda la responsabilidad en cuanto a nuestras necesidades, si lo obedecemos.

desierto para matar de hambre a toda esta multitud.
4 Y Jehová dijo a Moisés: He aquí yo os haré llover pan del cielo;[a] y el pueblo saldrá, y recogerá diariamente la porción de un día, para que yo lo pruebe si anda en mi ley, o no.
5 Mas en el sexto día prepararán para guardar el doble de lo que suelen recoger cada día.
6 Entonces dijeron Moisés y Aarón a todos los hijos de Israel: En la tarde sabréis que Jehová os ha sacado de la tierra de Egipto,
7 y a la mañana veréis la gloria de Jehová; porque él ha oído vuestras murmuraciones contra

a. 16.4 Jn 6.31.

Jehová; porque nosotros, ¿qué somos, para que
vosotros murmuréis contra nosotros?
➤ 8 Dijo también Moisés: Jehová os dará en la
tarde carne para comer, y en la mañana pan
hasta saciaros; porque Jehová ha oído vuestras murmuraciones con que habéis murmurado contra él; porque nosotros, ¿qué somos?
Vuestras murmuraciones no son contra nosotros, sino contra Jehová.
9 Y dijo Moisés a Aarón: Di a toda la congregación de los hijos de Israel: Acercaos a la
presencia de Jehová, porque él ha oído vuestras murmuraciones.
10 Y hablando Aarón a toda la congregación
de los hijos de Israel, miraron hacia el desierto, y he aquí la gloria de Jehová apareció en
la nube.
11 Y Jehová habló a Moisés, diciendo:
12 Yo he oído las murmuraciones de los hijos
de Israel; háblales, diciendo: Al caer la tarde
comeréis carne, y por la mañana os saciaréis de
pan, y sabréis que yo soy Jehová vuestro Dios.
13 Y venida la tarde, subieron codornices que
cubrieron el campamento; y por la mañana
descendió rocío en derredor del campamento.
14 Y cuando el rocío cesó de descender, he
aquí sobre la faz del desierto una cosa menuda, redonda, menuda como una escarcha
sobre la tierra.
15 Y viéndolo los hijos de Israel, se dijeron
unos a otros: ¿Qué es esto? porque no sabían
qué era. Entonces Moisés les dijo: Es el pan
que Jehová os da para comer.
16 Esto es lo que Jehová ha mandado: Recoged de él cada uno según lo que pudiere
comer; un gomer por cabeza, conforme al
número de vuestras personas, tomaréis cada
uno para los que están en su tienda.
17 Y los hijos de Israel lo hicieron así; y recogieron unos más, otros menos;
18 y lo medían por gomer, y no sobró al que
había recogido mucho, ni faltó al que había
recogido poco;[b] cada uno recogió conforme a
lo que había de comer.
19 Y les dijo Moisés: Ninguno deje nada de
ello para mañana.
20 Mas ellos no obedecieron a Moisés, sino
que algunos dejaron de ello para otro día, y
crió gusanos, y hedió; y se enojó contra ellos
Moisés.
21 Y lo recogían cada mañana, cada uno
según lo que había de comer; y luego que el
sol calentaba, se derretía.
22 En el sexto día recogieron doble porción de
comida, dos gomeres para cada uno; y todos
los príncipes de la congregación vinieron y se
lo hicieron saber a Moisés.
23 Y él les dijo: Esto es lo que ha dicho Jehová: Mañana es el santo día de reposo,[*] el reposo consagrado a Jehová;[c] lo que habéis de
cocer, cocedlo hoy, y lo que habéis de cocinar,
cocinadlo; y todo lo que os sobrare, guardadlo
para mañana.
24 Y ellos lo guardaron hasta la mañana,
según lo que Moisés había mandado, y no se
agusanó, ni hedió.
25 Y dijo Moisés: Comedlo hoy, porque hoy es
día de reposo[*] para Jehová; hoy no hallaréis
en el campo.
26 Seis días lo recogeréis; mas el séptimo día
es día de reposo;[*] en él no se hallará.
27 Y aconteció que algunos del pueblo salieron
en el séptimo día a recoger, y no hallaron.
28 Y Jehová dijo a Moisés: ¿Hasta cuándo no
querréis guardar mis mandamientos y mis
leyes?
29 Mirad que Jehová os dio el día de reposo,[*] y por eso en el sexto día os da pan para
dos días. Estése, pues, cada uno en su lugar, y
nadie salga de él en el séptimo día.
30 Así el pueblo reposó el séptimo día.
31 Y la casa de Israel lo llamó Maná;[1] y era
como semilla de culantro, blanco, y su sabor
como de hojuelas con miel.[d]
32 Y dijo Moisés: Esto es lo que Jehová ha
mandado: Llenad un gomer de él, y guardadlo para vuestros descendientes, a fin de que
vean el pan que yo os di a comer en el desierto, cuando yo os saqué de la tierra de Egipto.
33 Y dijo Moisés a Aarón: Toma una vasija y
pon en ella un gomer de maná,[e] y ponlo delante de Jehová, para que sea guardado para
vuestros descendientes.
34 Y Aarón lo puso delante del Testimonio
para guardarlo, como Jehová lo mandó a
Moisés.
35 Así comieron los hijos de Israel maná cuarenta años, hasta que llegaron a tierra habitada; maná comieron hasta que llegaron a los
límites de la tierra de Canaán.[f]
36 Y un gomer es la décima parte de un efa.

1 Esto es, *¿Qué es esto?* * Aquí equivale a *sábado*.
b. 16.18 2 Co 8.15. **c. 16.23** Éx 20.8-11. **d. 16.31** Nm 11.7-8.
e. 16.33 He 9.4. **f. 16.35** Jos 5.12.

LECCIONES DE VIDA

➤ ***16.4 — He aquí yo os haré llover pan del cielo; y el pueblo saldrá, y recogerá diariamente la porción de un día, para que yo lo pruebe si anda en mi ley, o no.***

El Señor nos pone pruebas regularmente para ver si le obedeceremos, aunque no entendamos del todo las razones de sus mandamientos. Nuestra obediencia siempre trae bendición, y cuando nos sometemos a Dios, Él asume toda la responsabilidad en cuanto a nuestras necesidades.

➤ ***16.8 — Dijo también Moisés... Vuestras murmuraciones no son contra nosotros, sino contra Jehová.***

Cuando nos quejamos por nuestras circunstancias y culpamos a los demás, en realidad nos estamos quejando del Señor, quien tiene el control total de nuestras circunstancias.

Agua de la roca

17 TODA la congregación de los hijos de
Israel partió del desierto de Sin por
sus jornadas, conforme al mandamiento de
Jehová, y acamparon en Refidim; y no había
agua para que el pueblo bebiese.
2 Y altercó el pueblo con Moisés, y dijeron:
Danos agua para que bebamos. Y Moisés les
dijo: ¿Por qué altercáis conmigo? ¿Por qué
tentáis a Jehová?
3 Así que el pueblo tuvo allí sed, y murmuró contra Moisés, y dijo: ¿Por qué nos hiciste
subir de Egipto para matarnos de sed a nosotros, a nuestros hijos y a nuestros ganados?
4 Entonces clamó Moisés a Jehová, diciendo:
¿Qué haré con este pueblo? De aquí a un poco
me apedrearán.
5 Y Jehová dijo a Moisés: Pasa delante del
pueblo, y toma contigo de los ancianos de
Israel; y toma también en tu mano tu vara con
que golpeaste el río, y ve.
6 He aquí que yo estaré delante de ti allí sobre
la peña en Horeb; y golpearás la peña, y saldrán de ella aguas, y beberá el pueblo. Y Moisés lo hizo así en presencia de los ancianos
de Israel.
➤ 7 Y llamó el nombre de aquel lugar Masah[1] y
Meriba,[2] por la rencilla de los hijos de Israel,
y porque tentaron a Jehová, diciendo: ¿Está,
pues, Jehová entre nosotros, o no?[a]

Guerra con Amalec

8 Entonces vino Amalec y peleó contra Israel
en Refidim.
9 Y dijo Moisés a Josué: Escógenos varones, y
sal a pelear contra Amalec; mañana yo estaré
sobre la cumbre del collado, y la vara de Dios
en mi mano.
10 E hizo Josué como le dijo Moisés, peleando
contra Amalec; y Moisés y Aarón y Hur subieron a la cumbre del collado.
11 Y sucedía que cuando alzaba Moisés su
mano, Israel prevalecía; mas cuando él bajaba
su mano, prevalecía Amalec.
➤ 12 Y las manos de Moisés se cansaban; por lo
que tomaron una piedra, y la pusieron debajo
de él, y se sentó sobre ella; y Aarón y Hur sostenían sus manos, el uno de un lado y el otro
de otro; así hubo en sus manos firmeza hasta
que se puso el sol.
13 Y Josué deshizo a Amalec y a su pueblo a
filo de espada.
14 Y Jehová dijo a Moisés: Escribe esto para
memoria en un libro, y di a Josué que raeré del todo la memoria de Amalec de debajo del cielo.[b]
15 Y Moisés edificó un altar, y llamó su nombre Jehová-nisi;[3]
16 y dijo: Por cuanto la mano de Amalec se
levantó contra el trono de Jehová, Jehová
tendrá guerra con Amalec de generación en
generación.

Jetro visita a Moisés

18 OYÓ Jetro sacerdote de Madián, suegro de Moisés, todas las cosas que
Dios había hecho con Moisés, y con Israel su
pueblo, y cómo Jehová había sacado a Israel
de Egipto.
2 Y tomó Jetro suegro de Moisés a Séfora la
mujer de Moisés, después que él la envió,
3 y a sus dos hijos;[a] el uno se llamaba Gersón, porque dijo: Forastero[4] he sido en tierra ajena;[b]
4 y el otro se llamaba Eliezer,[5] porque dijo: El
Dios de mi padre me ayudó, y me libró de la
espada de Faraón.
5 Y Jetro el suegro de Moisés, con los hijos y
la mujer de éste, vino a Moisés en el desierto, donde estaba acampado junto al monte
de Dios;
6 y dijo a Moisés: Yo tu suegro Jetro vengo a ti,
con tu mujer, y sus dos hijos con ella.
7 Y Moisés salió a recibir a su suegro, y se
inclinó, y lo besó; y se preguntaron el uno al
otro cómo estaban, y vinieron a la tienda.
8 Y Moisés contó a su suegro todas las cosas ➤
que Jehová había hecho a Faraón y a los egipcios por amor de Israel, y todo el trabajo que
habían pasado en el camino, y cómo los había
librado Jehová.
9 Y se alegró Jetro de todo el bien que Jehová había hecho a Israel, al haberlo librado de
mano de los egipcios.

1 Esto es, *prueba.* **2** Esto es, *rencilla.*
3 Esto es, *Jehová es mi estandarte.*
4 Heb. *ger.* **5** Heb. *Eli,* mi Dios; *ezer,* ayuda.
a. 17.1-7 Nm 20.2-13. **b. 17.14** Dt 25.17-19; 1 S 15.2-9.
a. 18.3 Hch 7.29. **b. 18.2-3** Éx 2.21-22.

LECCIONES DE VIDA

➤ ***17.7 — ¿Está, pues, Jehová entre nosotros, o no?***

En tiempos de dificultad, es fácil comenzar a preguntarse: «¿Está el Señor entre nosotros?». Si hemos puesto nuestra fe en Él, Dios ha prometido estar con nosotros siempre. Así que la pregunta en realidad cuestiona su veracidad, y es inadecuada.

➤ ***17.12 — Aarón y Hur sostenían sus manos.***

Para tener éxito en la vida cristiana necesitamos la ayuda y el apoyo de los demás. Ningún creyente ha sido llamado a «transitar solo» el camino de la fe.

➤ ***18.8 — Y Moisés contó a su suegro todas las cosas que Jehová había hecho a Faraón y a los egipcios por amor de Israel.***

Es provechoso hablar con otros de lo que Dios ha estado haciendo en nuestras vidas, tanto de los triunfos como de los desafíos. Una fiel relación con otros creyentes glorifica a Dios y nos bendice.

10 Y Jetro dijo: Bendito sea Jehová, que os libró de mano de los egipcios, y de la mano de Faraón, y que libró al pueblo de la mano de los egipcios.
11 Ahora conozco que Jehová es más grande que todos los dioses; porque en lo que se ensoberbecieron prevaleció contra ellos.
12 Y tomó Jetro, suegro de Moisés, holocaustos y sacrificios para Dios; y vino Aarón y todos los ancianos de Israel para comer con el suegro de Moisés delante de Dios.

Nombramiento de jueces
(Dt 1.9-18)

13 Aconteció que al día siguiente se sentó Moisés a juzgar al pueblo; y el pueblo estuvo delante de Moisés desde la mañana hasta la tarde.
14 Viendo el suegro de Moisés todo lo que él hacía con el pueblo, dijo: ¿Qué es esto que haces tú con el pueblo? ¿Por qué te sientas tú solo, y todo el pueblo está delante de ti desde la mañana hasta la tarde?
15 Y Moisés respondió a su suegro: Porque el pueblo viene a mí para consultar a Dios.
16 Cuando tienen asuntos, vienen a mí; y yo juzgo entre el uno y el otro, y declaro las ordenanzas de Dios y sus leyes.
17 Entonces el suegro de Moisés le dijo: No está bien lo que haces.
18 Desfallecerás del todo, tú, y también este pueblo que está contigo; porque el trabajo es demasiado pesado para ti; no podrás hacerlo tú solo.
19 Oye ahora mi voz; yo te aconsejaré, y Dios estará contigo. Está tú por el pueblo delante de Dios, y somete tú los asuntos a Dios.
➤ 20 Y enseña a ellos las ordenanzas y las leyes, y muéstrales el camino por donde deben andar, y lo que han de hacer.
21 Además escoge tú de entre todo el pueblo varones de virtud, temerosos de Dios, varones de verdad, que aborrezcan la avaricia; y ponlos sobre el pueblo por jefes de millares, de centenas, de cincuenta y de diez.
22 Ellos juzgarán al pueblo en todo tiempo; y todo asunto grave lo traerán a ti, y ellos juzgarán todo asunto pequeño. Así aliviarás la carga de sobre ti, y la llevarán ellos contigo.
23 Si esto hicieres, y Dios te lo mandare, tú podrás sostenerte, y también todo este pueblo irá en paz a su lugar.
24 Y oyó Moisés la voz de su suegro, e hizo todo lo que dijo.
25 Escogió Moisés varones de virtud de entre todo Israel, y los puso por jefes sobre el pueblo, sobre mil, sobre ciento, sobre cincuenta, y sobre diez.
26 Y juzgaban al pueblo en todo tiempo; el asunto difícil lo traían a Moisés, y ellos juzgaban todo asunto pequeño.
27 Y despidió Moisés a su suegro, y éste se fue a su tierra.

Israel en Sinaí

19 EN el mes tercero de la salida de los hijos de Israel de la tierra de Egipto, en el mismo día llegaron al desierto de Sinaí.
2 Habían salido de Refidim, y llegaron al desierto de Sinaí, y acamparon en el desierto; y acampó allí Israel delante del monte.
3 Y Moisés subió a Dios; y Jehová lo llamó desde el monte, diciendo: Así dirás a la casa de Jacob, y anunciarás a los hijos de Israel:
4 Vosotros visteis lo que hice a los egipcios, y cómo os tomé sobre alas de águilas, y os he traído a mí.
5 Ahora, pues, si diereis oído a mi voz, y guardareis mi pacto, vosotros seréis mi especial tesoro[a] sobre todos los pueblos; porque mía es toda la tierra.
6 Y vosotros me seréis un reino de sacerdotes,[b] y gente santa.[c] Éstas son las palabras que dirás a los hijos de Israel.
7 Entonces vino Moisés, y llamó a los ancianos del pueblo, y expuso en presencia de ellos todas estas palabras que Jehová le había mandado.

a. 19.5 Dt 4.20; 7.6; 14.2; 26.18; Tit 2.14. **b. 19.6** Ap 1.6; 5.10. **c. 19.5-6** 1 P 2.9.

LECCIONES DE VIDA

➤ ***18.20 — Y enseña a ellos las ordenanzas y las leyes, y muéstrales el camino por donde deben andar, y lo que han de hacer.***

Nosotros, al igual que Moisés, debemos seguir el consejo de Jetro. Es necesario que escojamos personas fieles, piadosas, que sigan nuestras pisadas, y enseñarles lo que sabemos, para que también ellas puedan servir al Señor (2 Ti 2.2). De esa manera, nos aseguramos de que el trabajo seguirá adelante cuando ya no estemos presentes. Esto es absolutamente esencial en el ministerio (Mt 28.19, 20).

➤ ***18.23 — Si esto hicieres, y Dios te lo mandare, tú podrás sostenerte, y también todo este pueblo irá en paz a su lugar.***

Dios usa muchas veces el consejo de personas sabias para ayudarnos a conocer su voluntad para nuestras vidas. Por supuesto, todo consejo útil tiene que estar de acuerdo con la Palabra de Dios y ser confirmado por el Espíritu Santo. Cuando seguimos el consejo piadoso, dirigido por el Espíritu, eso nos dará paz.

➤ ***19.5 — Ahora, pues, si diereis oído a mi voz, y guardareis mi pacto, vosotros seréis mi especial tesoro sobre todos los pueblos.***

¡Qué maravilla ser llamados «mi especial tesoro» por Dios! Después de vivir 400 años en la cultura egipcia, de comer comida egipcia y de usar ropa egipcia, Dios iba a enseñar a los israelitas a ser su pueblo especial; los transformaría en la bendecida nación para la cual habían sido creados. La obediencia siempre trae bendición consigo, mucho más de lo que podemos imaginar (Ef 3.20, 21).

PRINCIPIO DE VIDA 2

Obedezcamos a Dios y dejemos las consecuencias en sus manos.

ÉX 19.5

La obediencia puede resultar difícil, sobre todo cuando nos sentimos tentados a creer que siendo obedientes vamos a perder más de lo que podemos ganar. Sin embargo, obedecer a Dios es esencial para agradarle, no sólo en los momentos de tentación sino en todo momento.

Cuando Dios nos manda obedecerle, está dándonos un principio por el cual debemos vivir. También está poniendo una armadura alrededor de nuestras vidas que forma una valla de protección del mal.

¿Puede usted recordar la última vez que tuvo la tentación de hacer lo contrario a lo que sabía que Dios deseaba que hiciera? Lo más probable es que hubo una lucha en su corazón. Surgieron las preguntas: *¿Tendré que pagar un precio más alto por obedecerle que por desobedecerle? ¿Puedo experimentar más felicidad cometiendo este pecado, en vez de obedecer a Dios?*

Cuando elegimos obedecer a Dios, escogemos el camino de la sabiduría. Sus promesas de bendición por la obediencia sobrepasan ampliamente todas las posibles consecuencias. El Señor nos pide que nos sometamos a Él, y que dejemos todo lo que suceda a su amoroso cuidado.

A medida que crecemos en nuestro caminar con el Señor, la obediencia se convierte en la avenida a través de la cual lo conocemos mejor. Cuando le obedecemos, el Señor nos acerca más a Él y nos enseña más acerca de sus preceptos y de su amor.

La desobediencia envía un mensaje al Señor con el que declaramos que sabemos más que Él en lo que se refiere a nuestras vidas y a las circunstancias que las rodean.

Dios nos ama y está comprometido con nosotros. Nos manda obedecer, no porque sea un tirano, sino porque conoce las terribles consecuencias de la desobediencia y el pecado en nuestras vidas.

Sin embargo, Satanás tiene otro propósito en mente. Procura tentar a los creyentes para que desobedezcan a Dios, diciéndoles que no se puede confiar en las promesas de Él, y que podemos disfrutar más de la vida si ignoramos sus mandamientos.

Recuerde que la desobediencia siempre tiene repercusiones terribles: sentimientos de culpa, de vergüenza y de inutilidad; vidas destrozadas, matrimonios destruidos y amargas disputas, entre otras. Aunque el pecado jamás podrá cambiar el amor eterno que Dios les tiene a sus hijos, sí interrumpe nuestra comunión con el Salvador y nos aleja de sus bendiciones. En tiempos de desobediencia nos debilitamos espiritualmente, y no podemos distinguir el bien del mal. Caemos cada vez más

Obedecer a Dios es esencial para agradarle.

en las garras del pecado, y nos resulta imposible apartarnos por nosotros mismos de nuestra pecaminosidad.

Al poner en práctica los siguientes principios para nuestras vidas, comenzaremos a obedecer a Dios con determinación y con gozo, sabiendo que Él cumplirá todas sus promesas:

- *Confíele a Dios su vida y todas sus preocupaciones.*

Usted no podrá equivocarse si pone su esperanza y su confianza en Dios. Él le creó y le ama con amor eterno. Por tanto, Él siempre le guiará de la mejor manera posible.

- *Espere en el Señor la respuesta a su problema o situación.*

Cuando tenga dudas, niéguese a dar un paso más, a menos que sepa que Dios le está guiando.

- *Medite en la Palabra de Dios.*

Cuando usted satura su mente con la Palabra de Dios, sabe qué piensa el Señor. Cuando venga una tentación, usted sabrá distinguir el bien del mal, y sabrá actuar de la manera correcta.

- *Escuche al Espíritu Santo.*

Dios sigue hablando hoy a su pueblo. Nos habla a través de su Palabra, del Espíritu Santo, y por medio de las palabras de un pastor o de un amigo cristiano de confianza. Nos volvemos sensibles al Espíritu de Dios cuando pasamos tiempo con Él, orando y estudiando los preceptos de la Biblia.

- *Esté dispuesto a esperar o a apartarse cuando el camino frente a usted no esté claro.*

Si usted desea agradar a Dios más que a todos los demás, la obediencia a Él requiere que se mantenga firme. Si no siente una guía clara en su situación, pídale a Dios que confirme su voluntad para usted en su Palabra. Él nunca contradecirá las Escrituras. Su voluntad para su vida siempre encaja perfectamente con lo que dice la Biblia.

- *Esté dispuesto a tener luchas.*

Cuando la nación Israel entró en la tierra prometida bajo la dirección de Dios, tuvo que enfrentar la oposición enemiga. Dios rara vez nos deja sin problemas y conflictos. Si lo hiciera, no tendríamos ninguna razón para depender de Él. Dios permite la dificultad suficiente para que siempre acudamos a Él.

- *Deje las consecuencias a Dios.*

La obediencia no será fácil; usted recibirá críticas de los demás, o enfrentará fuertes obstáculos y oposición, pero esto le pondrá en una posición favorable delante de Dios. Él se ocupará de todo lo que tenga que ver con usted; por tanto, manténgase en el camino de la obediencia, y deje lo demás a Él.

La desobediencia siempre tiene repercusiones terribles.

Para un estudio más a fondo, véase el Indice de Principios de vida.

8 Y todo el pueblo respondió a una, y dijeron:
Todo lo que Jehová ha dicho, haremos. Y Moisés refirió a Jehová las palabras del pueblo.
9 Entonces Jehová dijo a Moisés: He aquí, yo
vengo a ti en una nube espesa, para que el
pueblo oiga mientras yo hablo contigo, y también para que te crean para siempre. Y Moisés
refirió las palabras del pueblo a Jehová.
10 Y Jehová dijo a Moisés: Ve al pueblo, y santifícalos hoy y mañana; y laven sus vestidos,
11 y estén preparados para el día tercero, porque al tercer día Jehová descenderá a ojos de
todo el pueblo sobre el monte de Sinaí.
12 Y señalarás término al pueblo en derredor,
diciendo: Guardaos, no subáis al monte, ni
toquéis sus límites; cualquiera que tocare el
monte, de seguro morirá.
13 No lo tocará mano, porque será apedreado o asaeteado; sea animal o sea hombre, no
vivirá.[d] Cuando suene largamente la bocina,
subirán al monte.
14 Y descendió Moisés del monte al pueblo, y
santificó al pueblo; y lavaron sus vestidos.
15 Y dijo al pueblo: Estad preparados para el
tercer día; no toquéis mujer.
16 Aconteció que al tercer día, cuando vino
la mañana, vinieron truenos y relámpagos,[e] y
espesa nube sobre el monte, y sonido de bocina muy fuerte; y se estremeció todo el pueblo
que estaba en el campamento.
17 Y Moisés sacó del campamento al pueblo
para recibir a Dios; y se detuvieron al pie del
monte.
18 Todo el monte Sinaí humeaba, porque
Jehová había descendido sobre él en fuego;[f]
y el humo subía como el humo de un horno, y
todo el monte se estremecía en gran manera.
19 El sonido de la bocina iba aumentando en
extremo; Moisés hablaba, y Dios le respondía
con voz tronante.
20 Y descendió Jehová sobre el monte Sinaí,
sobre la cumbre del monte; y llamó Jehová a Moisés a la cumbre del monte, y Moisés subió.
21 Y Jehová dijo a Moisés: Desciende, ordena
al pueblo que no traspase los límites para ver
a Jehová, porque caerá multitud de ellos.
22 Y también que se santifiquen los sacerdotes que se acercan a Jehová, para que Jehová
no haga en ellos estrago.
23 Moisés dijo a Jehová: El pueblo no podrá
subir al monte Sinaí, porque tú nos has mandado diciendo: Señala límites al monte, y
santifícalo.
24 Y Jehová le dijo: Ve, desciende, y subirás tú,
y Aarón contigo; mas los sacerdotes y el pueblo no traspasen el límite para subir a Jehová,
no sea que haga en ellos estrago.
25 Entonces Moisés descendió y se lo dijo al
pueblo.

Los Diez Mandamientos
(Dt 5.1-21)

20 Y habló Dios todas estas palabras,
diciendo:
2 Yo soy Jehová tu Dios, que te saqué de la tierra de Egipto, de casa de servidumbre.
3 No tendrás dioses ajenos delante de mí.
4 No te harás imagen, ni ninguna semejanza
de lo que esté arriba en el cielo, ni abajo en la
tierra, ni en las aguas debajo de la tierra.
5 No te inclinarás a ellas, ni las honrarás;[a]
porque yo soy Jehová tu Dios, fuerte, celoso,
que visito la maldad de los padres sobre los
hijos hasta la tercera y cuarta generación de
los que me aborrecen,
6 y hago misericordia a millares, a los que me
aman y guardan mis mandamientos.[b]
7 No tomarás el nombre de Jehová tu Dios en
vano;[c] porque no dará por inocente Jehová al
que tomare su nombre en vano.
8 Acuérdate del día de reposo* para
santificarlo.[d]
9 Seis días trabajarás, y harás toda tu obra;
10 mas el séptimo día es reposo* para Jehová tu Dios; no hagas en él obra alguna,[e] tú, ni

* Aquí equivale a *sábado*.

d. 19.12-13 He 12.18-20. **e. 19.16** Ap 4.5.
f. 19.16-18 Dt 4.11-12. **a. 20.4-5** Éx 34.17; Lv 19.4; 26.1;
Dt 4.15-18; 27.15. **b. 20.5-6** Éx 34.6-7; Nm 14.18; Dt 7.9-10.
c. 20.7 Lv 19.12. **d. 20.8** Éx 16.23-30; 31.12-14.
e. 20.9-10 Éx 23.12; 31.15; 34.21; 35.2; Lv 23.3.

LECCIONES DE VIDA

➤ *19.16 — vinieron truenos y relámpagos, y espesa nube sobre el monte, y sonido de bocina muy fuerte; y se estremeció todo el pueblo que estaba en el campamento.*

El pueblo tenía buenas razones para temblar ante la presencia manifiesta de Dios en el monte Sinaí. La Biblia nos recuerda que debemos servir a Dios «con temor y reverencia, porque nuestro Dios es fuego consumidor» (He 12.28, 29).

➤ *20.1, 2 — Y habló Dios todas estas palabras, diciendo: Yo soy Jehová tu Dios.*

Dios nos da instrucciones muy claras. Pero, a veces, a la gente no le gusta sus mandamientos, y pregunta: «¿Qué significa eso, realmente?» Quieren disculpar sus acciones, redefiniendo lo que Dios dice, para poder ocultar lo que están haciendo o hacer aceptable su pecado. No se trata de un problema para entender la Palabra de Dios, sino un problema con la autoridad de Dios (Sal 103.19). No podemos ser selectivos en cuanto a cuáles mandamientos obedecer, sino someternos a su voluntad, porque Él es Dios, no nosotros.

➤ *20.3 — No tendrás dioses ajenos delante de mí.*

El primer mandamiento es el primero por una razón. Dios tiene que ser lo primero en todo lo que hagamos, porque la intimidad con Él es su prioridad para nuestra vida. Hemos de honrar a Dios por sobre lo que existe, tratar su nombre con reverencia y tenerlo como nuestra autoridad final —como el Único con el derecho de influenciar en nosotros y enseñarnos.

RESPUESTAS A PREGUNTAS DE LA VIDA

¿Qué lugar debe ocupar el dinero en mi vida?

ÉX 20.2-6

Para algunos, el dinero es lo principal. Adoran la riqueza, lo que significa que dedican la mayor parte de su tiempo, energías y atención a ganar dinero y usarlo, porque lo consideran la clave del prestigio y del poder.

Tal vez usted diga: «Ah, yo jamás adoraría al dios del dinero». Pero hágase estas preguntas:

- ¿Cuánto tiempo del día invierto pensando en mi vida financiera: mis ingresos, mis facturas por pagar, mis compras pasadas y futuras y mis inversiones? En comparación, ¿cuánto tiempo paso meditando en la Palabra de Dios?
- ¿Cuánto tiempo paso cada semana trabajando, comprando u ocupado en asuntos de dinero? (Asegúrese de incluir las idas a los cajeros automáticos y al banco, las conversaciones con su cónyuge sobre el presupuesto o los planes y hábitos de gastos, y el tiempo que pasa pagando facturas y cuadrando su cuenta corriente). En comparación, ¿cuánto tiempo paso buscando a Dios en oración y en la lectura de la Biblia, o sirviendo al Señor en actividades de la iglesia, y en la evangelización?
- ¿Tiendo más a comentar con mi familia y amigos algún nuevo artículo a la venta, el precio de algo, una nueva oportunidad de negocios, o a hablar de algo que he visto en la Palabra de Dios, de importantes verdades del último sermón dominical, o de la manera como el Espíritu Santo me ha ayudado durante el día? ¿A qué tema me inclino a dedicar más energías, entusiasmo o interés —a cómo tener más dinero, o a un conocimiento más profundo del Salvador?

Usted pudiera decir que confía en Dios en cada área de su vida, pero ¿hace negocios, compras e inversiones, o participa en oportunidades rentables sin pedirle a Dios su opinión o buscar su dirección? Cuando usted deja a Dios fuera de su vida económica, está en grave riesgo de convertir al dinero en su dios.

Entonces, ¿cómo puede asegurarse de no caer en esa trampa mortal? Podría empezar centrando su atención en Filipenses 4.19, donde Dios promete suplir todas sus necesidades. Todos tenemos necesidades muy concretas: emocionales, físicas, materiales, mentales y espirituales. Dios sabe que necesitan ser satisfechas si queremos llevar a cabo todo el plan que Él ha dispuesto para nosotros (Mt 6.32). Si usted hace de la intimidad con Dios la prioridad número uno en su vida, puede estar seguro de que Dios llenará todas sus necesidades. Jesús lo expresó así: «Mas buscad primeramente el reino de Dios y su justicia, y todas estas cosas os serán añadidas» (Mt 6.33).

Para un estudio más a fondo, véase el Índice de Principios de vida:

11. *Dios asume toda la responsabilidad en cuanto a nuestras necesidades, si lo obedecemos.*
16. *Todo lo que adquirimos fuera de la voluntad de Dios termina convirtiéndose en cenizas.*
19. *Todo aquello a lo que nos aferremos, lo perderemos.*
23. *Jamás podremos superar a Dios en generosidad.*

tu hijo, ni tu hija, ni tu siervo, ni tu criada, ni
tu bestia, ni tu extranjero que está dentro de
tus puertas.
11 Porque en seis días hizo Jehová los cielos y la tierra, el mar, y todas las cosas que
en ellos hay, y reposó en el séptimo día; por
tanto, Jehová bendijo el día de reposo* y lo
santificó.[f]
12 Honra a tu padre y a tu madre,[g] para que
tus días se alarguen en la tierra que Jehová tu
Dios te da.[h]
13 No matarás.[i]
14 No cometerás adulterio.[j]
15 No hurtarás.[k]
16 No hablarás contra tu prójimo falso
testimonio.[l]

* Aquí equivale a *sábado.*

f. 20.11 Gn 2.1-3; Éx 31.17. **g. 20.12** Dt 27.16; Mt 15.4; 19.19; Mr 7.10; 10.19; Lc 18.20; Ef 6.2. **h. 20.12** Ef 6.3. **i. 20.13** Gn 9.6; Lv 24.17; Mt 5.21; 19.18; Mr 10.19; Lc 18.20; Ro 13.9; Stg 2.11. **j. 20.14** Lv 20.10; Mt 5.27; 19.18; Mr 10.19; Lc 18.20; Ro 13.9; Stg 2.11. **k. 20.15** Lv 19.11; Mt 19.18; Mr 10.19; Lc 18.20; Ro 13.9. **l. 20.16** Éx 23.1; Mt 19.18; Mr 10.19; Lc 18.20; Ro 13.9.

17 No codiciarás[m] la casa de tu prójimo, no
codiciarás la mujer de tu prójimo, ni su siervo, ni su criada, ni su buey, ni su asno, ni cosa
alguna de tu prójimo.

El terror del pueblo
(Dt 5.22-33)

18 Todo el pueblo observaba el estruendo y
los relámpagos, y el sonido de la bocina, y
el monte que humeaba; y viéndolo el pueblo,
temblaron, y se pusieron de lejos.
19 Y dijeron a Moisés: Habla tú con nosotros,
y nosotros oiremos; pero no hable Dios con
nosotros, para que no muramos.[n]
20 Y Moisés respondió al pueblo: No temáis;
porque para probaros vino Dios, y para que
su temor esté delante de vosotros, para que
no pequéis.
21 Entonces el pueblo estuvo a lo lejos, y Moisés se acercó a la oscuridad en la cual estaba Dios.
22 Y Jehová dijo a Moisés: Así dirás a los hijos
de Israel: Vosotros habéis visto que he hablado desde el cielo con vosotros.
23 No hagáis conmigo dioses de plata, ni dioses de oro os haréis.
24 Altar de tierra harás para mí, y sacrificarás sobre él tus holocaustos y tus ofrendas de
paz, tus ovejas y tus vacas; en todo lugar donde yo hiciere que esté la memoria de mi nombre, vendré a ti y te bendeciré.
25 Y si me hicieres altar de piedras, no las
labres de cantería;[o] porque si alzares herramienta sobre él, lo profanarás.
26 No subirás por gradas a mi altar, para que
tu desnudez no se descubra junto a él.

Leyes sobre los esclavos
(Dt 15.12-18)

21 ÉSTAS son las leyes que les propon-
drás. 2 Si comprares siervo hebreo,
seis años servirá; mas al séptimo saldrá libre,
de balde.
3 Si entró solo, solo saldrá; si tenía mujer, saldrá él y su mujer con él.
4 Si su amo le hubiere dado mujer, y ella le
diere hijos o hijas, la mujer y sus hijos serán
de su amo, y él saldrá solo.
5 Y si el siervo dijere: Yo amo a mi señor, a mi
mujer y a mis hijos, no saldré libre;
6 entonces su amo lo llevará ante los jueces, y
le hará estar junto a la puerta o al poste; y su
amo le horadará la oreja con lesna, y será su
siervo para siempre.[a]
7 Y cuando alguno vendiere su hija por sierva,
no saldrá ella como suelen salir los siervos.
8 Si no agradare a su señor, por lo cual no la
tomó por esposa, se le permitirá que se rescate, y no la podrá vender a pueblo extraño
cuando la desechare.
9 Mas si la hubiere desposado con su hijo,
hará con ella según la costumbre de las hijas.
10 Si tomare para él otra mujer, no disminuirá su alimento, ni su vestido, ni el deber
conyugal.
11 Y si ninguna de estas tres cosas hiciere, ella
saldrá de gracia, sin dinero.

Leyes sobre actos de violencia

12 El que hiriere a alguno, haciéndole así
morir, él morirá.[b]
13 Mas el que no pretendía herirlo, sino que
Dios lo puso en sus manos, entonces yo te
señalaré lugar al cual ha de huir.[c]
14 Pero si alguno se ensoberbeciere contra su
prójimo y lo matare con alevosía, de mi altar
lo quitarás para que muera.
15 El que hiriere a su padre o a su madre,
morirá.
16 Asimismo el que robare una persona y la
vendiere, o si fuere hallada en sus manos,
morirá.[d]
17 Igualmente el que maldijere a su padre o a
su madre, morirá.[e]
18 Además, si algunos riñeren, y uno hiriere a
su prójimo con piedra o con el puño, y éste no
muriere, pero cayere en cama;
19 si se levantare y anduviere fuera sobre su
báculo, entonces será absuelto el que lo hirió;
solamente le satisfará por lo que estuvo sin
trabajar, y hará que le curen.
20 Y si alguno hiriere a su siervo o a su sierva con palo, y muriere bajo su mano, será castigado;
21 mas si sobreviviere por un día o dos, no
será castigado, porque es de su propiedad.
22 Si algunos riñeren, e hirieren a mujer
embarazada, y ésta abortare, pero sin haber
muerte, serán penados conforme a lo que les
impusiere el marido de la mujer y juzgaren
los jueces.
23 Mas si hubiere muerte, entonces pagarás
vida por vida,
24 ojo por ojo, diente por diente,[f] mano por
mano, pie por pie,
25 quemadura por quemadura, herida por
herida, golpe por golpe.

m. 20.17 Ro 7.7; 13.9. **n. 20.18-19** He 12.18-19.
o. 20.25 Dt 27.5-7; Jos 8.31. **a. 21.2-6** Lv 25.39-46.
b. 21.12 Lv 24.17. **c. 21.13** Nm 35.10-34; Dt 19.1-13;
Jos 20.1-9. **d. 21.16** Dt 24.7. **e. 21.17** Lv 20.9; Mt 15.4;
Mr 7.10. **f. 21.24** Lv 24.19-20; Dt 19.21; Mt 5.38.

LECCIONES DE VIDA

➤ ***20.12 — Honra a tu padre y a tu madre, para que tus días se alarguen en la tierra que Jehová tu Dios te da.***

Cada mandamiento divino viene acompañado de una maldición por la desobediencia, pero también de una bendición por la obediencia. Dios no nos da mandamientos porque quiere controlarnos, sino porque desea prepararnos para sus bendiciones.

Leyes sobre responsabilidades de amos y dueños
26 Si alguno hiriere el ojo de su siervo, o el ojo
de su sierva, y lo dañare, le dará libertad por
razón de su ojo.
27 Y si hiciere saltar un diente de su siervo, o
un diente de su sierva, por su diente le dejará ir libre.
28 Si un buey acorneare a hombre o a mujer, y
a causa de ello muriere, el buey será apedreado, y no será comida su carne; mas el dueño
del buey será absuelto.
29 Pero si el buey fuere acorneador desde
tiempo atrás, y a su dueño se le hubiere noti-
ficado, y no lo hubiere guardado, y matare a
hombre o mujer, el buey será apedreado, y
también morirá su dueño.
30 Si le fuere impuesto precio de rescate,
entonces dará por el rescate de su persona
cuanto le fuere impuesto.
31 Haya acorneado a hijo, o haya acorneado a
hija, conforme a este juicio se hará con él.
➤ 32 Si el buey acorneare a un siervo o a una
sierva, pagará su dueño treinta siclos de plata, y el buey será apedreado.
➤ 33 Y si alguno abriere un pozo, o cavare cisterna, y no la cubriere, y cayere allí buey o asno,
34 el dueño de la cisterna pagará el daño,
resarciendo a su dueño, y lo que fue muerto
será suyo.
35 Y si el buey de alguno hiriere al buey de su
prójimo de modo que muriere, entonces venderán el buey vivo y partirán el dinero de él, y
también partirán el buey muerto.
➤ 36 Mas si era notorio que el buey era acorneador desde tiempo atrás, y su dueño no lo
hubiere guardado, pagará buey por buey, y el
buey muerto será suyo.

Leyes sobre la restitución
22 CUANDO alguno hurtare buey u oveja,
y lo degollare o vendiere, por aquel
buey pagará cinco bueyes, y por aquella oveja
cuatro ovejas.
2 Si el ladrón fuere hallado forzando una
casa, y fuere herido y muriere, el que lo hirió
no será culpado de su muerte.
3 Pero si fuere de día, el autor de la muerte
será reo de homicidio. El ladrón hará completa restitución; si no tuviere con qué, será vendido por su hurto.
4 Si fuere hallado con el hurto en la mano, vivo,
sea buey o asno u oveja, pagará el doble.
5 Si alguno hiciere pastar en campo o viña, y
metiere su bestia en campo de otro, de lo mejor
de su campo y de lo mejor de su viña pagará.
6 Cuando se prendiere fuego, y al quemar
espinos quemare mieses amontonadas o en
pie, o campo, el que encendió el fuego pagará lo quemado.
7 Cuando alguno diere a su prójimo plata o
alhajas a guardar, y fuere hurtado de la casa
de aquel hombre, si el ladrón fuere hallado,
pagará el doble.
8 Si el ladrón no fuere hallado, entonces el
dueño de la casa será presentado a los jueces,
para que se vea si ha metido su mano en los
bienes de su prójimo.
9 En toda clase de fraude, sobre buey, sobre
asno, sobre oveja, sobre vestido, sobre toda
cosa perdida, cuando alguno dijere: Esto es
mío, la causa de ambos vendrá delante de los
jueces; y el que los jueces condenaren, pagará
el doble a su prójimo.
10 Si alguno hubiere dado a su prójimo asno,
o buey, u oveja, o cualquier otro animal a
guardar, y éste muriere o fuere estropeado, o
fuere llevado sin verlo nadie;
11 juramento de Jehová habrá entre ambos,
de que no metió su mano a los bienes de su
prójimo; y su dueño lo aceptará, y el otro no
pagará.
12 Mas si le hubiere sido hurtado, resarcirá a
su dueño.
13 Y si le hubiere sido arrebatado por fiera, le
traerá testimonio, y no pagará lo arrebatado.
14 Pero si alguno hubiere tomado prestada bestia de su prójimo, y fuere estropeada
o muerta, estando ausente su dueño, deberá pagarla.
15 Si el dueño estaba presente, no la pagará.
Si era alquilada, reciba el dueño el alquiler.

Leyes humanitarias
16 Si alguno engañare a una doncella que no
fuere desposada, y durmiere con ella, deberá
dotarla y tomarla por mujer.
17 Si su padre no quisiere dársela, él le pesará
plata conforme a la dote de las vírgenes.[a]

a. 22.16-17 Dt 22.28-29.

LECCIONES DE VIDA

➤ ***21.32 — pagará su dueño treinta siclos de plata.***

La cantidad fijada como el valor de un esclavo muerto, es la misma que recibió Judas Iscariote por traicionar a Jesús (Mt 26.15). El mundo no valoró a nuestro Salvador, pero la eternidad demostrará que Él es el inestimablemente precioso Rey de reyes y Señor de señores (Jn 1.10-12; Ap 17.14; 19.16).

➤ ***21.33 — Y si alguno abriere un pozo, o cavare cisterna, y no la cubriere, y cayere allí buey o asno.***

Vivimos en un mundo caído, y aunque Dios tiene el poder de evitar cualquier accidente, no lo hace. En vez de eso, nos pide que confiemos en Él, pase lo que pase.

➤ ***21.36 — Mas si era notorio que el buey era acorneador desde tiempo atrás, y su dueño no lo hubiere guardado, pagará buey por buey, y el buey muerto será suyo.***

Dios espera que su pueblo actúe de manera responsable, y use su sano juicio en la manera de hacer las cosas. Por eso nos hace responsables, tanto de nuestras omisiones como de nuestras acciones.

18 A la hechicera[b] no dejarás que viva.

19 Cualquiera que cohabitare con bestia, morirá.[c]

20 El que ofreciere sacrificio a dioses excepto solamente a Jehová, será muerto.[d]

21 Y al extranjero no engañarás ni angustiarás, porque extranjeros fuisteis vosotros en la tierra de Egipto.

22 A ninguna viuda ni huérfano afligiréis.[e]

23 Porque si tú llegas a afligirles, y ellos clamaren a mí, ciertamente oiré yo su clamor;

24 y mi furor se encenderá, y os mataré a espada, y vuestras mujeres serán viudas, y huérfanos vuestros hijos.

25 Cuando prestares dinero a uno de mi pueblo, al pobre que está contigo, no te portarás con él como logrero, ni le impondrás usura.[f]

26 Si tomares en prenda el vestido de tu prójimo, a la puesta del sol se lo devolverás.

27 Porque sólo eso es su cubierta, es su vestido para cubrir su cuerpo. ¿En qué dormirá? Y cuando él clamare a mí, yo le oiré, porque soy misericordioso.[g]

➤ 28 No injuriarás a los jueces,[1] ni maldecirás al príncipe de tu pueblo.[h]

29 No demorarás la primicia de tu cosecha ni de tu lagar. Me darás el primogénito de tus hijos.

30 Lo mismo harás con el de tu buey y de tu oveja; siete días estará con su madre, y al octavo día me lo darás.

31 Y me seréis varones santos. No comeréis carne destrozada por las fieras[i] en el campo; a los perros la echaréis.

23 NO admitirás falso rumor.[a] No te concertarás con el impío para ser testigo falso.

2 No seguirás a los muchos para hacer mal, ni responderás en litigio inclinándote a los más para hacer agravios;

3 ni al pobre distinguirás en su causa.[b]

4 Si encontrares el buey de tu enemigo o su asno extraviado, vuelve a llevárselo.

5 Si vieres el asno del que te aborrece caído debajo de su carga, ¿le dejarás sin ayuda? Antes bien le ayudarás a levantarlo.[c]

6 No pervertirás el derecho de tu mendigo en su pleito.

7 De palabra de mentira te alejarás, y no matarás al inocente y justo; porque yo no justificaré al impío.

8 No recibirás presente; porque el presente ciega a los que ven, y pervierte las palabras de los justos.[d]

9 Y no angustiarás al extranjero; porque vosotros sabéis cómo es el alma del extranjero, ya que extranjeros fuisteis en la tierra de Egipto.[e]

10 Seis años sembrarás tu tierra, y recogerás su cosecha;

11 mas el séptimo año la dejarás libre, para que coman los pobres de tu pueblo; y de lo que quedare comerán las bestias del campo; así harás con tu viña y con tu olivar.[f]

12 Seis días trabajarás, y al séptimo día reposarás,[g] para que descanse tu buey y tu asno, y tome refrigerio el hijo de tu sierva, y el extranjero.

13 Y todo lo que os he dicho, guardadlo. Y nombre de otros dioses no mentaréis, ni se oirá de vuestra boca.

Las tres fiestas anuales

14 Tres veces en el año me celebraréis fiesta.

15 La fiesta de los panes sin levadura guardarás.[h] Siete días comerás los panes sin levadura, como yo te mandé, en el tiempo del mes de Abib, porque en él saliste de Egipto; y ninguno se presentará delante de mí con las manos vacías.

16 También la fiesta de la siega, los primeros frutos de tus labores,[i] que hubieres sembrado en el campo, y la fiesta de la cosecha a la salida del año, cuando hayas recogido los frutos de tus labores del campo.[j]

17 Tres veces en el año se presentará todo varón delante de Jehová el Señor.

18 No ofrecerás con pan leudo la sangre de mi sacrificio, ni la grosura de mi víctima quedará de la noche hasta la mañana.

19 Las primicias de los primeros frutos de tu tierra traerás a la casa de Jehová tu Dios.[k] No guisarás el cabrito en la leche de su madre.[l]

El Angel de Jehová enviadopara guiar a Israel

20 He aquí yo envío mi Ángel delante de ti para que te guarde en el camino, y te introduzca en el lugar que yo he preparado.

---

1 O, *a Dios.*

b. 22.18 Dt 18.10-11. **c. 22.19** Lv 18.23; 20.15-16; Dt 27.21 **d. 22.20** Dt 17.2-7. **e. 22.21-22** Éx 23.9; Lv 19.33-34; Dt 24.17-18; 27.19. **f. 22.25** Lv 25.35-38; Dt 15.7-11; 23.19-20. **g. 22.26-27** Dt 24.10-13. **h. 22.28** Hch 23.5. **i. 22.31** Lv 17.15. **a. 23.1** Éx 20.16; Lv 19.11-12; Dt 5.20. **b. 23.3** Lv 19.15. **c. 23.4-5** Dt 22.1-4. **d. 23.6-8** Lv 19.15; Dt 16.19. **e. 23.9** Éx 22.21; Lv 19.33-34; Dt 24.17-18; 27.19. **f. 23.10-11** Lv 25.1-7. **g. 23.12** Éx 20.9-11; 31.15; 34.21; 35.2; Lv 23.3; Dt 5.13-14. **h. 23.15** Éx 12.14-20; Lv 23.6-8; Nm 28.17-25. **i. 23.16** Lv 23.15-21; Nm 28.26-31. **j. 23.16** Lv 23.39-43. **k. 23.19** Dt 26.2. **l. 23.19** Dt 14.21.

LECCIONES DE VIDA

➤ ***22.28 — No injuriarás a los jueces, ni maldecirás al príncipe de tu pueblo.***

Los seguidores de Cristo deben honrar a sus dirigentes, sin importar que estén o no de acuerdo con sus políticas. Dios pone a los dirigentes en sus posiciones (Dn 4.17) y nos pide que oremos por ellos, no que los insultemos (1 T 2.1, 2).

21 Guárdate delante de él, y oye su voz; no le seas rebelde; porque él no perdonará vuestra rebelión, porque mi nombre está en él.

➤ 22 Pero si en verdad oyeres su voz e hicieres todo lo que yo te dijere, seré enemigo de tus enemigos, y afligiré a los que te afligieren.

23 Porque mi Ángel irá delante de ti, y te llevará a la tierra del amorreo, del heteo, del ferezeo, del cananeo, del heveo y del jebuseo, a los cuales yo haré destruir.

24 No te inclinarás a sus dioses, ni los servirás, ni harás como ellos hacen; antes los destruirás del todo, y quebrarás totalmente sus estatuas.

25 Mas a Jehová vuestro Dios serviréis y él bendecirá tu pan y tus aguas; y yo quitaré toda enfermedad de en medio de ti.

26 No habrá mujer que aborte, ni estéril en tu tierra; y yo completaré el número de tus días.

27 Yo enviaré mi terror delante de ti, y consternaré a todo pueblo donde entres, y te daré la cerviz de todos tus enemigos.

28 Enviaré delante de ti la avispa, que eche fuera al heveo, al cananeo y al heteo, de delante de ti.

29 No los echaré de delante de ti en un año, para que no quede la tierra desierta, y se aumenten contra ti las fieras del campo.

30 Poco a poco los echaré de delante de ti, hasta que te multipliques y tomes posesión de la tierra.

31 Y fijaré tus límites desde el Mar Rojo hasta el mar de los filisteos, y desde el desierto hasta el Éufrates; porque pondré en tus manos a los moradores de la tierra, y tú los echarás de delante de ti.

32 No harás alianza con ellos, ni con sus dioses.

33 En tu tierra no habitarán, no sea que te hagan pecar contra mí sirviendo a sus dioses, porque te será tropiezo.

Moisés y los ancianos en el Monte Sinaí

24 DIJO Jehová a Moisés: Sube ante Jehová, tú, y Aarón, Nadab, y Abiú, y setenta de los ancianos de Israel; y os inclinaréis desde lejos.

2 Pero Moisés solo se acercará a Jehová; y ellos no se acerquen, ni suba el pueblo con él.

3 Y Moisés vino y contó al pueblo todas las palabras de Jehová, y todas las leyes; y todo el pueblo respondió a una voz, y dijo: Haremos todas las palabras que Jehová ha dicho.

4 Y Moisés escribió todas las palabras de Jehová, y levantándose de mañana edificó un altar al pie del monte, y doce columnas, según las doce tribus de Israel.

5 Y envió jóvenes de los hijos de Israel, los cuales ofrecieron holocaustos y becerros como sacrificios de paz a Jehová.

6 Y Moisés tomó la mitad de la sangre, y la puso en tazones, y esparció la otra mitad de la sangre sobre el altar.

7 Y tomó el libro del pacto y lo leyó a oídos del pueblo, el cual dijo: Haremos todas las cosas que Jehová ha dicho, y obedeceremos.

8 Entonces Moisés tomó la sangre y roció sobre el pueblo, y dijo: He aquí la sangre del pacto[a] que Jehová ha hecho con vosotros sobre todas estas cosas.[b]

9 Y subieron Moisés y Aarón, Nadab y Abiú, y setenta de los ancianos de Israel;

10 y vieron al Dios de Israel; y había debajo ➤ de sus pies como un embaldosado de zafiro, semejante al cielo cuando está sereno.

11 Mas no extendió su mano sobre los príncipes de los hijos de Israel; y vieron a Dios, y comieron y bebieron.

12 Entonces Jehová dijo a Moisés: Sube a mí al monte, y espera allá, y te daré tablas de piedra, y la ley, y mandamientos que he escrito para enseñarles.

13 Y se levantó Moisés con Josué su servidor, y Moisés subió al monte de Dios.

14 Y dijo a los ancianos: Esperadnos aquí hasta que volvamos a vosotros; y he aquí Aarón y Hur están con vosotros; el que tuviere asuntos, acuda a ellos.

15 Entonces Moisés subió al monte, y una nube cubrió el monte.

16 Y la gloria de Jehová reposó sobre el monte Sinaí, y la nube lo cubrió por seis días; y al séptimo día llamó a Moisés de en medio de la nube.

17 Y la apariencia de la gloria de Jehová era como un fuego abrasador en la cumbre del monte, a los ojos de los hijos de Israel.

18 Y entró Moisés en medio de la nube, y subió al monte; y estuvo Moisés en el monte cuarenta días y cuarenta noches.[c]

a. 24.8 Mt 26.28; Mr 14.24; Lc 22.20; 1 Co 11.25; He 10.29.
b. 24.8 He 9.19-20. **c. 24.18** Dt 9.9.

LECCIONES DE VIDA

➤ ***23.22 — Pero si en verdad oyeres su voz e hicieres todo lo que yo te dijere, seré enemigo de tus enemigos, y afligiré a los que te afligieren.***

A medida que recorremos la senda de nuestra vida, nos conforta y fortalece saber que nuestro Dios nos brinda su fidelidad y protección contra los enemigos espirituales y las trampas que de seguro encontraremos.

➤ ***24.10 — Y vieron al Dios de Israel; y había debajo de sus pies como un embaldosado de zafiro, semejante al cielo cuando está sereno.***

Las descripciones bíblicas de Dios tienden a centrarse más en lo que le rodea que en Él mismo, principalmente porque el Señor sobrepasa cualquier descripción. Pero, ¡qué maravilla que este Dios majestuoso diga que somos suyos!

La ofrenda para el tabernáculo
(Éx 35.4-9)

25 JEHOVÁ habló a Moisés, diciendo:
2 Di a los hijos de Israel que tomen
para mí ofrenda; de todo varón que la diere de su voluntad, de corazón, tomaréis mi
ofrenda.
3 Ésta es la ofrenda que tomaréis de ellos: oro,
plata, cobre,
4 azul, púrpura, carmesí, lino fino, pelo de
cabras,
5 pieles de carneros teñidas de rojo, pieles de
tejones, madera de acacia,
6 aceite para el alumbrado, especias para
el aceite de la unción y para el incienso
aromático,
7 piedras de ónice, y piedras de engaste para
el efod y para el pectoral.
8 Y harán un santuario para mí, y habitaré en
medio de ellos.
9 Conforme a todo lo que yo te muestre, el
diseño del tabernáculo, y el diseño de todos
sus utensilios, así lo haréis.

El arca del testimonio
(Éx 37.1-9)

10 Harán también un arca de madera de acacia, cuya longitud será de dos codos y medio,
su anchura de codo y medio, y su altura de
codo y medio.
11 Y la cubrirás de oro puro por dentro y por
fuera, y harás sobre ella una cornisa de oro
alrededor.
12 Fundirás para ella cuatro anillos de oro,
que pondrás en sus cuatro esquinas; dos anillos a un lado de ella, y dos anillos al otro
lado.
13 Harás unas varas de madera de acacia, las
cuales cubrirás de oro.
14 Y meterás las varas por los anillos a los
lados del arca, para llevar el arca con ellas.
15 Las varas quedarán en los anillos del arca;
no se quitarán de ella.
16 Y pondrás en el arca el testimonio que yo
te daré.
17 Y harás un propiciatorio de oro fino, cuya
longitud será de dos codos y medio, y su
anchura de codo y medio.
18 Harás también dos querubines de oro;
labrados a martillo los harás en los dos extremos del propiciatorio.
19 Harás, pues, un querubín en un extremo, y
un querubín en el otro extremo; de una pieza
con el propiciatorio harás los querubines en
sus dos extremos.
20 Y los querubines extenderán por encima las alas, cubriendo con sus alas el propiciatorio; sus rostros el uno enfrente del otro,
mirando al propiciatorio los rostros de los
querubines.
21 Y pondrás el propiciatorio encima del arca,
y en el arca pondrás el testimonio que yo te
daré.
22 Y de allí me declararé a ti, y hablaré contigo de sobre el propiciatorio, de entre los dos
querubines que están sobre el arca del testimonio, todo lo que yo te mandare para los
hijos de Israel.

La mesa para el pan de la proposición
(Éx 37.10-16)

23 Harás asimismo una mesa de madera de
acacia; su longitud será de dos codos, y de
un codo su anchura, y su altura de codo y
medio.
24 Y la cubrirás de oro puro, y le harás una
cornisa de oro alrededor.
25 Le harás también una moldura alrededor,
de un palmo menor de anchura, y harás a la
moldura una cornisa de oro alrededor.
26 Y le harás cuatro anillos de oro, los cuales pondrás en las cuatro esquinas que corresponden a sus cuatro patas.
27 Los anillos estarán debajo de la moldura,
para lugares de las varas para llevar la mesa.
28 Harás las varas de madera de acacia, y
las cubrirás de oro, y con ellas será llevada
la mesa.
29 Harás también sus platos, sus cucharas,
sus cubiertas y sus tazones, con que se libará;
de oro fino los harás.
30 Y pondrás sobre la mesa el pan de la proposición delante de mí continuamente.[a]

a. 25.30 Lv 24.5-8.

LECCIONES DE VIDA

25.2 — de todo varón que la diere de su voluntad, de corazón, tomaréis mi ofrenda.

La clase de ofrenda que Dios más desea de nosotros, es la que se hace voluntariamente y con un corazón agradecido. Pero ni siquiera cuando damos así, podremos superar a Dios en generosidad.

25.22 — Y de allí me declararé a ti, y hablaré contigo de sobre el propiciatorio, de entre los dos querubines que están sobre el arca del testimonio.

Fue allí en el propiciatorio, entre dos ángeles y sobre el arca del testimonio, que Dios mostró su *Shekináh* —su gloriosa presencia— perdonando misericordiosamente el pecado del pueblo. Un día cada año, Dios tenía un encuentro con el sumo sacerdote, hablaba con él, y el sumo sacerdote tenía el privilegio de adorar a Dios y recibir dirección (Lv 16). Ahora tenemos a Jesús como nuestro perfecto Sumo Sacerdote, quien nos lleva a la presencia de Dios —no una vez al año, sino en todo momento de cada día (Jn 20.12; He 2.17; 4.14-16; 9.23-28; 10.19-23; 1 Jn 2.2; 4.10). Nuestra intimidad con Dios es su prioridad para nosotros.

25.30 — Y pondrás sobre la mesa el pan de la proposición delante de mí continuamente.

Tenía que haber doce panes en la mesa, para representar la presencia continua de Dios y su provisión a las doce tribus de Israel (Lv 24.5-9). Asimismo, nosotros tenemos a Jesús —el Pan de Vida (Jn 6.31-35, 47-51, 58).

El candelero de oro
(Éx 37.17-24)
➤31 Harás además un candelero de oro puro; labrado a martillo se hará el candelero; su pie, su caña, sus copas, sus manzanas y sus flores, serán de lo mismo.
32 Y saldrán seis brazos de sus lados; tres brazos del candelero a un lado, y tres brazos al otro lado.
33 Tres copas en forma de flor de almendro en un brazo, una manzana y una flor; y tres copas en forma de flor de almendro en otro brazo, una manzana y una flor; así en los seis brazos que salen del candelero;
34 y en la caña central del candelero cuatro copas en forma de flor de almendro, sus manzanas y sus flores.
35 Habrá una manzana debajo de dos brazos del mismo, otra manzana debajo de otros dos brazos del mismo, y otra manzana debajo de los otros dos brazos del mismo, así para los seis brazos que salen del candelero.
36 Sus manzanas y sus brazos serán de una pieza, todo ello una pieza labrada a martillo, de oro puro.
37 Y le harás siete lamparillas, las cuales encenderás para que alumbren hacia adelante.
38 También sus despabiladeras y sus platillos, de oro puro.
39 De un talento de oro fino lo harás, con todos estos utensilios.
40 Mira y hazlos conforme al modelo que te ha sido mostrado en el monte.[b]

El tabernáculo
(Éx 36.8-38)
26 HARÁS el tabernáculo de diez cortinas de lino torcido, azul, púrpura y carmesí; y lo harás con querubines de obra primorosa.
2 La longitud de una cortina de veintiocho codos, y la anchura de la misma cortina de cuatro codos; todas las cortinas tendrán una misma medida.
3 Cinco cortinas estarán unidas una con la otra, y las otras cinco cortinas unidas una con la otra.
4 Y harás lazadas de azul en la orilla de la última cortina de la primera unión; lo mismo harás en la orilla de la cortina de la segunda unión.
5 Cincuenta lazadas harás en la primera cortina, y cincuenta lazadas harás en la orilla de la cortina que está en la segunda unión; las lazadas estarán contrapuestas la una a la otra.
6 Harás también cincuenta corchetes de oro, con los cuales enlazarás las cortinas la una con la otra, y se formará un tabernáculo.
7 Harás asimismo cortinas de pelo de cabra para una cubierta sobre el tabernáculo; once cortinas harás.
8 La longitud de cada cortina será de treinta codos, y la anchura de cada cortina de cuatro codos; una misma medida tendrán las once cortinas.
9 Y unirás cinco cortinas aparte y las otras seis cortinas aparte; y doblarás la sexta cortina en el frente del tabernáculo.
10 Y harás cincuenta lazadas en la orilla de la cortina, al borde en la unión, y cincuenta lazadas en la orilla de la cortina de la segunda unión.
11 Harás asimismo cincuenta corchetes de bronce, los cuales meterás por las lazadas; y enlazarás las uniones para que se haga una sola cubierta.
12 Y la parte que sobra en las cortinas de la tienda, la mitad de la cortina que sobra, colgará a espaldas del tabernáculo.
13 Y un codo de un lado, y otro codo del otro lado, que sobra a lo largo de las cortinas de la tienda, colgará sobre los lados del tabernáculo a un lado y al otro, para cubrirlo.
14 Harás también a la tienda una cubierta de pieles de carneros teñidas de rojo, y una cubierta de pieles de tejones encima.
15 Y harás para el tabernáculo tablas de madera de acacia, que estén derechas.
16 La longitud de cada tabla será de diez codos, y de codo y medio la anchura.
17 Dos espigas tendrá cada tabla, para unirlas una con otra; así harás todas las tablas del tabernáculo.
18 Harás, pues, las tablas del tabernáculo; veinte tablas al lado del mediodía, al sur.
19 Y harás cuarenta basas de plata debajo de las veinte tablas; dos basas debajo de una tabla para sus dos espigas, y dos basas debajo de otra tabla para sus dos espigas.
20 Y al otro lado del tabernáculo, al lado del norte, veinte tablas;
21 y sus cuarenta basas de plata; dos basas debajo de una tabla, y dos basas debajo de otra tabla.
22 Y para el lado posterior del tabernáculo, al occidente, harás seis tablas.
23 Harás además dos tablas para las esquinas del tabernáculo en los dos ángulos posteriores;
24 las cuales se unirán desde abajo, y asimismo se juntarán por su alto con un gozne; así será con las otras dos; serán para las dos esquinas.

b. 25.40 Hch 7.44; He 8.5.

LECCIONES DE VIDA

➤ ***25.31 — Harás además un candelero.***

Siete es el número hebreo de perfección y finalización. Por tanto, el candelero de siete brazos, conocido como *menorah*, es una representación de la perfecta luz y presencia de Dios (Éx 20.20, 21; 30.7, 8; 1 Jn 1.5). Asimismo, Jesús —la Luz del mundo (Jn 1.4-9; 8.12; 9.5) ilumina siempre y de manera perfecta nuestra senda.

25 De suerte que serán ocho tablas, con sus
basas de plata, dieciséis basas; dos basas debajo de una tabla, y dos basas debajo de otra
tabla.
26 Harás también cinco barras de madera de acacia, para las tablas de un lado del tabernáculo,
27 y cinco barras para las tablas del otro
lado del tabernáculo, y cinco barras para las
tablas del lado posterior del tabernáculo, al
occidente.
28 Y la barra de en medio pasará por en medio
de las tablas, de un extremo al otro.
29 Y cubrirás de oro las tablas, y harás sus
anillos de oro para meter por ellos las barras;
también cubrirás de oro las barras.
30 Y alzarás el tabernáculo conforme al modelo que te fue mostrado en el monte.
31 También harás un velo de azul, púrpura,
carmesí y lino torcido; será hecho de obra primorosa, con querubines;
32 y lo pondrás sobre cuatro columnas de
madera de acacia cubiertas de oro; sus capiteles de oro, sobre basas de plata.
➤ 33 Y pondrás el velo debajo de los corchetes, y
meterás allí, del velo adentro, el arca del testimonio; y aquel velo os hará separación entre
el lugar santo y el santísimo.
34 Pondrás el propiciatorio sobre el arca del
testimonio en el lugar santísimo.
35 Y pondrás la mesa fuera del velo, y el candelero enfrente de la mesa al lado sur del tabernáculo; y pondrás la mesa al lado del norte.
36 Harás para la puerta del tabernáculo una
cortina de azul, púrpura, carmesí y lino torcido, obra de recamador.
37 Y harás para la cortina cinco columnas
de madera de acacia, las cuales cubrirás de
oro, con sus capiteles de oro; y fundirás cinco
basas de bronce para ellas.

El altar de bronce
(Éx 38.1-7)

➤ 27 HARÁS también un altar de madera
de acacia de cinco codos de longitud, y
de cinco codos de anchura; será cuadrado el
altar, y su altura de tres codos.
2 Y le harás cuernos en sus cuatro esquinas;
los cuernos serán parte del mismo; y lo cubrirás de bronce.
3 Harás también sus calderos para recoger la
ceniza, y sus paletas, sus tazones, sus garfios
y sus braseros; harás todos sus utensilios de
bronce.
4 Y le harás un enrejado de bronce de obra de
rejilla, y sobre la rejilla harás cuatro anillos de
bronce a sus cuatro esquinas.
5 Y la pondrás dentro del cerco del altar abajo;
y llegará la rejilla hasta la mitad del altar.
6 Harás también varas para el altar, varas de
madera de acacia, las cuales cubrirás de bronce.
7 Y las varas se meterán por los anillos, y estarán aquellas varas a ambos lados del altar
cuando sea llevado.
8 Lo harás hueco, de tablas; de la manera que
te fue mostrado en el monte, así lo harás.

El atrio del tabernáculo
(Éx 38.9-20)

9 Asimismo harás el atrio del tabernáculo. Al
lado meridional, al sur, tendrá el atrio cortinas de lino torcido, de cien codos de longitud
para un lado.
10 Sus veinte columnas y sus veinte basas
serán de bronce; los capiteles de las columnas
y sus molduras, de plata.
11 De la misma manera al lado del norte
habrá a lo largo cortinas de cien codos de longitud, y sus veinte columnas con sus veinte
basas de bronce; los capiteles de sus columnas y sus molduras, de plata.
12 El ancho del atrio, del lado occidental, tendrá cortinas de cincuenta codos; sus columnas
diez, con sus diez basas.
13 Y en el ancho del atrio por el lado del oriente, al este, habrá cincuenta codos.
14 Las cortinas a un lado de la entrada serán
de quince codos; sus columnas tres, con sus
tres basas.
15 Y al otro lado, quince codos de cortinas; sus
columnas tres, con sus tres basas.
16 Y para la puerta del atrio habrá una cortina
de veinte codos, de azul, púrpura y carmesí, y
lino torcido, de obra de recamador; sus columnas cuatro, con sus cuatro basas.
17 Todas las columnas alrededor del atrio
estarán ceñidas de plata; sus capiteles de plata, y sus basas de bronce.
18 La longitud del atrio será de cien codos, y
la anchura cincuenta por un lado y cincuenta
por el otro, y la altura de cinco codos; sus cortinas de lino torcido, y sus basas de bronce.

LECCIONES DE VIDA

➤ ***26.33 — y aquel velo os hará separación entre el lugar santo y el santísimo.***

Este velo, sumamente grueso, pesado y policromo, era una barrera entre los sacerdotes y la presencia gloriosa de Dios. Sólo el sumo sacerdote tenía permitido atravesarlo en el día de la expiación (Lv 16). Pero cuando Jesús murió en la cruz, el inmenso velo se rasgó en dos —de arriba abajo (Mt 27.51; Mr 15.38; Lc 23.45). De esa manera, Dios mostró que había quitado la barrera entre Él y nosotros (He 6.19, 20; 10.19, 20; 2 Co 3.16).

➤ ***27.1 — Harás también un altar de madera de acacia.***

Hebreos 9.22 nos dice: «Y casi todo es purificado, según la ley, con sangre; y sin derramamiento de sangre no se hace remisión». Este altar preanunciaba el sacrificio que Cristo haría en la cruz (Mt 26.28; He 9.12). Dios moverá cielo y tierra para mostrarnos su voluntad, y el tabernáculo es una prueba perfecta de eso. A través de éste, estaba instruyendo a los israelitas acerca del Mesías que Él les enviaría (He 9—10).

19 Todos los utensilios del tabernáculo en
todo su servicio, y todas sus estacas, y todas
las estacas del atrio, serán de bronce.

Aceite para las lámparas
(Lv 24.1-4)

20 Y mandarás a los hijos de Israel que te traigan aceite puro de olivas machacadas, para el
alumbrado, para hacer arder continuamente
las lámparas.
21 En el tabernáculo de reunión, afuera del
velo que está delante del testimonio, las pondrá en orden Aarón y sus hijos para que ardan
delante de Jehová desde la tarde hasta la
mañana, como estatuto perpetuo de los hijos
de Israel por sus generaciones.

Las vestiduras de los sacerdotes
(Éx 39.1-31)

28 HARÁS llegar delante de ti a Aarón tu
hermano, y a sus hijos consigo, de entre
los hijos de Israel, para que sean mis sacerdotes; a Aarón y a Nadab, Abiú, Eleazar e Itamar
hijos de Aarón.
2 Y harás vestiduras sagradas a Aarón tu hermano, para honra y hermosura.
➤ 3 Y tú hablarás a todos los sabios de corazón,
a quienes yo he llenado de espíritu de sabiduría, para que hagan las vestiduras de Aarón,
para consagrarle para que sea mi sacerdote.
4 Las vestiduras que harán son éstas: el pectoral, el efod, el manto, la túnica bordada, la
mitra y el cinturón. Hagan, pues, las vestiduras sagradas para Aarón tu hermano, y para
sus hijos, para que sean mis sacerdotes.
5 Tomarán oro, azul, púrpura, carmesí y lino
torcido,
6 y harán el efod de oro, azul, púrpura, carmesí y lino torcido, de obra primorosa.
7 Tendrá dos hombreras que se junten a sus
dos extremos, y así se juntará.
8 Y su cinto de obra primorosa que estará sobre él, será de la misma obra, parte del
mismo; de oro, azul, púrpura, carmesí y lino
torcido.
9 Y tomarás dos piedras de ónice, y grabarás
en ellas los nombres de los hijos de Israel;
10 seis de sus nombres en una piedra, y los
otros seis nombres en la otra piedra, conforme al orden de nacimiento de ellos.
11 De obra de grabador en piedra, como grabaduras de sello, harás grabar las dos piedras con los nombres de los hijos de Israel; les
harás alrededor engastes de oro.
12 Y pondrás las dos piedras sobre las hombreras del efod, para piedras memoriales a los
hijos de Israel; y Aarón llevará los nombres
de ellos delante de Jehová sobre sus dos hombros por memorial.
13 Harás, pues, los engastes de oro,
14 y dos cordones de oro fino, los cuales harás
en forma de trenza; y fijarás los cordones de
forma de trenza en los engastes.
15 Harás asimismo el pectoral del juicio de
obra primorosa; lo harás conforme a la obra
del efod, de oro, azul, púrpura, carmesí y lino
torcido.
16 Será cuadrado y doble, de un palmo de largo y un palmo de ancho;
17 y lo llenarás de pedrería en cuatro hileras
de piedras; una hilera de una piedra sárdica,
un topacio y un carbunclo;
18 la segunda hilera, una esmeralda, un zafiro y un diamante;
19 la tercera hilera, un jacinto, una ágata y
una amatista;
20 la cuarta hilera, un berilo, un ónice y un
jaspe. Todas estarán montadas en engastes
de oro.
21 Y las piedras serán según los nombres de
los hijos de Israel, doce según sus nombres;
como grabaduras de sello cada una con su
nombre, serán según las doce tribus.
22 Harás también en el pectoral cordones de
hechura de trenzas de oro fino.
23 Y harás en el pectoral dos anillos de oro, los
cuales pondrás a los dos extremos del pectoral.
24 Y fijarás los dos cordones de oro en los dos
anillos a los dos extremos del pectoral;
25 y pondrás los dos extremos de los dos cordones sobre los dos engastes, y los fijarás a
las hombreras del efod en su parte delantera.
26 Harás también dos anillos de oro, los cuales pondrás a los dos extremos del pectoral,
en su orilla que está al lado del efod hacia
adentro.
27 Harás asimismo los dos anillos de oro, los
cuales fijarás en la parte delantera de las dos
hombreras del efod, hacia abajo, delante de su
juntura sobre el cinto del efod.
28 Y juntarán el pectoral por sus anillos a los
dos anillos del efod con un cordón de azul,
para que esté sobre el cinto del efod, y no se
separe el pectoral del efod.
29 Y llevará Aarón los nombres de los hijos de
Israel en el pectoral del juicio sobre su corazón, cuando entre en el santuario, por memorial delante de Jehová continuamente.
30 Y pondrás en el pectoral del juicio Urim
y Tumim,[a] para que estén sobre el corazón
de Aarón cuando entre delante de Jehová; y

a. 28.30 Nm 27.21; Esd 2.63; Neh 7.65.

LECCIONES DE VIDA

➤ ***28.3 — Y tú hablarás a todos los sabios de corazón, a quienes yo he llenado de espíritu de sabiduría, para que hagan las vestiduras de Aarón, para consagrarle para que sea mi sacerdote.***

Dios comisiona y capacita para su servicio no sólo a personas meramente «religiosas» como pastores o evangelistas, sino también a hombres y mujeres a quienes Él dota de muchas maneras. ¡No importa cuál sea su ocupación, hágalo como para el Señor (Col 3.23, 24)!

llevará siempre Aarón el juicio de los hijos de Israel sobre su corazón delante de Jehová.
31 Harás el manto del efod todo de azul;
32 y en medio de él por arriba habrá una abertura, la cual tendrá un borde alrededor de obra tejida, como el cuello de un coselete, para que no se rompa.
33 Y en sus orlas harás granadas de azul, púrpura y carmesí alrededor, y entre ellas campanillas de oro alrededor.
34 Una campanilla de oro y una granada, otra campanilla de oro y otra granada, en toda la orla del manto alrededor.
35 Y estará sobre Aarón cuando ministre; y se oirá su sonido cuando él entre en el santuario delante de Jehová y cuando salga, para que no muera.
36 Harás además una lámina de oro fino, y grabarás en ella como grabadura de sello, Santidad a Jehová.
37 Y la pondrás con un cordón de azul, y estará sobre la mitra; por la parte delantera de la mitra estará.
38 Y estará sobre la frente de Aarón, y llevará Aarón las faltas cometidas en todas las cosas santas, que los hijos de Israel hubieren consagrado en todas sus santas ofrendas; y sobre su frente estará continuamente, para que obtengan gracia delante de Jehová.
39 Y bordarás una túnica de lino, y harás una mitra de lino; harás también un cinto de obra de recamador.
40 Y para los hijos de Aarón harás túnicas; también les harás cintos, y les harás tiaras para honra y hermosura.
41 Y con ellos vestirás a Aarón tu hermano, y a sus hijos con él; y los ungirás, y los consagrarás y santificarás, para que sean mis sacerdotes.
42 Y les harás calzoncillos de lino para cubrir su desnudez; serán desde los lomos hasta los muslos.
43 Y estarán sobre Aarón y sobre sus hijos cuando entren en el tabernáculo de reunión, o cuando se acerquen al altar para servir en el santuario, para que no lleven pecado y mueran. Es estatuto perpetuo para él, y para su descendencia después de él.

Consagración de Aarón y de sus hijos

(Lv 8.1-36)

29 ESTO es lo que les harás para consagrarlos, para que sean mis sacerdotes: Toma un becerro de la vacada, y dos carneros sin defecto;
2 y panes sin levadura, y tortas sin levadura amasadas con aceite, y hojaldres sin levadura untadas con aceite; las harás de flor de harina de trigo.
3 Y las pondrás en un canastillo, y en el canastillo las ofrecerás, con el becerro y los dos carneros.
4 Y llevarás a Aarón y a sus hijos a la puerta del tabernáculo de reunión, y los lavarás con agua.
5 Y tomarás las vestiduras, y vestirás a Aarón la túnica, el manto del efod, el efod y el pectoral, y le ceñirás con el cinto del efod;
6 y pondrás la mitra sobre su cabeza, y sobre la mitra pondrás la diadema santa.
7 Luego tomarás el aceite de la unción, y lo derramarás sobre su cabeza, y le ungirás.
8 Y harás que se acerquen sus hijos, y les vestirás las túnicas.
9 Les ceñirás el cinto a Aarón y a sus hijos, y les atarás las tiaras, y tendrán el sacerdocio por derecho perpetuo. Así consagrarás a Aarón y a sus hijos.
10 Después llevarás el becerro delante del tabernáculo de reunión, y Aarón y sus hijos pondrán sus manos sobre la cabeza del becerro.
11 Y matarás el becerro delante de Jehová, a la puerta del tabernáculo de reunión.
12 Y de la sangre del becerro tomarás y pondrás sobre los cuernos del altar con tu dedo, y derramarás toda la demás sangre al pie del altar.
13 Tomarás también toda la grosura que cubre los intestinos, la grosura de sobre el hígado, los dos riñones, y la grosura que está sobre ellos, y lo quemarás sobre el altar.
14 Pero la carne del becerro, y su piel y su estiércol, los quemarás a fuego fuera del campamento; es ofrenda por el pecado.
15 Asimismo tomarás uno de los carneros, y Aarón y sus hijos pondrán sus manos sobre la cabeza del carnero.
16 Y matarás el carnero, y con su sangre rociarás sobre el altar alrededor.
17 Cortarás el carnero en pedazos, y lavarás sus intestinos y sus piernas, y las pondrás sobre sus trozos y sobre su cabeza.
18 Y quemarás todo el carnero sobre el altar; es holocausto de olor grato[a] para Jehová, es ofrenda quemada a Jehová.
19 Tomarás luego el otro carnero, y Aarón y sus hijos pondrán sus manos sobre la cabeza del carnero.
20 Y matarás el carnero, y tomarás de su sangre y la pondrás sobre el lóbulo de la oreja derecha de Aarón, sobre el lóbulo de la

a. **29.18** Ef 5.2; Fil 4.18.

LECCIONES DE VIDA

➤ ***29.4 — Y llevarás a Aarón y a sus hijos a la puerta del tabernáculo de reunión, y los lavarás con agua.***

Debemos estar limpios para venir ante el Santo de Israel. Bajo el nuevo pacto, tenemos «libertad para entrar en el Lugar Santísimo por la sangre de Jesucristo» y acercarnos a Él «en plena certidumbre de fe» (He 10.19, 22).

oreja de sus hijos, sobre el dedo pulgar de las manos derechas de ellos, y sobre el dedo pulgar de los pies derechos de ellos, y rociarás la sangre sobre el altar alrededor.
21 Y con la sangre que estará sobre el altar, y el aceite de la unción, rociarás sobre Aarón, sobre sus vestiduras, sobre sus hijos, y sobre las vestiduras de éstos; y él será santificado, y sus vestiduras, y sus hijos, y las vestiduras de sus hijos con él.
22 Luego tomarás del carnero la grosura, y la cola, y la grosura que cubre los intestinos, y la grosura del hígado, y los dos riñones, y la grosura que está sobre ellos, y la espaldilla derecha; porque es carnero de consagración.
23 También una torta grande de pan, y una torta de pan de aceite, y una hojaldre del canastillo de los panes sin levadura presentado a Jehová,
24 y lo pondrás todo en las manos de Aarón, y en las manos de sus hijos; y lo mecerás como ofrenda mecida delante de Jehová.
25 Después lo tomarás de sus manos y lo harás arder en el altar, sobre el holocausto, por olor grato delante de Jehová. Es ofrenda encendida a Jehová.
26 Y tomarás el pecho del carnero de las consagraciones, que es de Aarón, y lo mecerás por ofrenda mecida delante de Jehová; y será porción tuya.
27 Y apartarás[1] el pecho de la ofrenda mecida, y la espaldilla de la ofrenda elevada, lo que fue mecido y lo que fue elevado del carnero de las consagraciones de Aarón y de sus hijos,
28 y será para Aarón y para sus hijos como estatuto perpetuo para los hijos de Israel, porque es ofrenda elevada; y será una ofrenda elevada de los hijos de Israel, de sus sacrificios de paz, porción de ellos elevada en ofrenda a Jehová.
29 Y las vestiduras santas, que son de Aarón, serán de sus hijos después de él, para ser ungidos en ellas, y para ser en ellas consagrados.
30 Por siete días las vestirá el que de sus hijos tome su lugar como sacerdote, cuando venga al tabernáculo de reunión para servir en el santuario.
31 Y tomarás el carnero de las consagraciones, y cocerás su carne en lugar santo.
32 Y Aarón y sus hijos comerán la carne del carnero, y el pan que estará en el canastillo, a la puerta del tabernáculo de reunión.
33 Y comerán aquellas cosas con las cuales se hizo expiación, para llenar sus manos para consagrarlos; mas el extraño no las comerá, porque son santas.
34 Y si sobrare hasta la mañana algo de la carne de las consagraciones y del pan, quemarás al fuego lo que hubiere sobrado; no se comerá, porque es cosa santa.
35 Así, pues, harás a Aarón y a sus hijos, conforme a todo lo que yo te he mandado; por siete días los consagrarás.
36 Cada día ofrecerás el becerro del sacrificio por el pecado, para las expiaciones; y purificarás el altar cuando hagas expiación por él, y lo ungirás para santificarlo.
37 Por siete días harás expiación por el altar, y lo santificarás, y será un altar santísimo: cualquiera cosa que tocare el altar, será santificada.

Las ofrendas diarias
(Nm 28.1-8)
38 Esto es lo que ofrecerás sobre el altar: dos corderos de un año cada día, continuamente.
39 Ofrecerás uno de los corderos por la mañana, y el otro cordero ofrecerás a la caída de la tarde.
40 Además, con cada cordero una décima parte de un efa de flor de harina amasada con la cuarta parte de un hin de aceite de olivas machacadas; y para la libación, la cuarta parte de un hin de vino.
41 Y ofrecerás el otro cordero a la caída de la tarde, haciendo conforme a la ofrenda de la mañana, y conforme a su libación, en olor grato; ofrenda encendida a Jehová.
42 Esto será el holocausto continuo por vuestras generaciones, a la puerta del tabernáculo de reunión, delante de Jehová, en el cual me reuniré con vosotros, para hablaros allí.
43 Allí me reuniré con los hijos de Israel; y el lugar será santificado con mi gloria.
44 Y santificaré el tabernáculo de reunión y el altar; santificaré asimismo a Aarón y a sus hijos, para que sean mis sacerdotes.
45 Y habitaré entre los hijos de Israel, y seré su Dios.
46 Y conocerán que yo soy Jehová su Dios, que los saqué de la tierra de Egipto, para habitar en medio de ellos. Yo Jehová su Dios.

El altar de incienso
(Éx 37.25-28)
30 HARÁS asimismo un altar para quemar el incienso; de madera de acacia lo harás.
2 Su longitud será de un codo, y su anchura de un codo; será cuadrado, y su altura de dos codos; y sus cuernos serán parte del mismo.
3 Y lo cubrirás de oro puro, su cubierta, sus paredes en derredor y sus cuernos; y le harás en derredor una cornisa de oro.
4 Le harás también dos anillos de oro debajo de su cornisa, a sus dos esquinas a ambos lados suyos, para meter las varas con que será llevado.
5 Harás las varas de madera de acacia, y las cubrirás de oro.
6 Y lo pondrás delante del velo que está junto al arca del testimonio, delante del propiciatorio que está sobre el testimonio, donde me encontraré contigo.
7 Y Aarón quemará incienso aromático sobre él; cada mañana cuando aliste las lámparas lo quemará.

1 O, *santificarás.*

8 Y cuando Aarón encienda las lámparas al
anochecer, quemará el incienso; rito perpetuo
delante de Jehová por vuestras generaciones.
9 No ofreceréis sobre él incienso extraño, ni
holocausto, ni ofrenda; ni tampoco derramaréis sobre él libación.
10 Y sobre sus cuernos hará Aarón expiación
una vez en el año con la sangre del sacrificio por el pecado para expiación; una vez en
el año hará expiación sobre él por vuestras
generaciones; será muy santo a Jehová.

El dinero del rescate

11 Habló también Jehová a Moisés, diciendo:
12 Cuando tomes el número de los hijos de
Israel conforme a la cuenta de ellos, cada uno
dará a Jehová el rescate de su persona, cuando los cuentes, para que no haya en ellos mortandad cuando los hayas contado.
13 Esto dará todo aquel que sea contado;
medio siclo,[a] conforme al siclo del santuario. El siclo es de veinte geras. La mitad de un
siclo será la ofrenda a Jehová.
14 Todo el que sea contado, de veinte años
arriba, dará la ofrenda a Jehová.
15 Ni el rico aumentará, ni el pobre disminuirá del medio siclo, cuando dieren la ofrenda
a Jehová para hacer expiación por vuestras
personas.
16 Y tomarás de los hijos de Israel el dinero de
las expiaciones, y lo darás para el servicio del
tabernáculo de reunión; y será por memorial
a los hijos de Israel delante de Jehová, para
hacer expiación por vuestras personas.

La fuente de bronce

17 Habló más Jehová a Moisés, diciendo:
➤ 18 Harás también una fuente de bronce,[b] con
su base de bronce, para lavar; y la colocarás
entre el tabernáculo de reunión y el altar, y
pondrás en ella agua.
19 Y de ella se lavarán Aarón y sus hijos las
manos y los pies.
20 Cuando entren en el tabernáculo de
reunión, se lavarán con agua, para que no
mueran; y cuando se acerquen al altar para
ministrar, para quemar la ofrenda encendida
para Jehová,
21 se lavarán las manos y los pies, para que
no mueran. Y lo tendrán por estatuto perpetuo
él y su descendencia por sus generaciones.

El aceite de la unción, y el incienso

22 Habló más Jehová a Moisés, diciendo:
23 Tomarás especias finas: de mirra excelente quinientos siclos, y de canela aromática la
mitad, esto es, doscientos cincuenta, de cálamo aromático doscientos cincuenta,
24 de casia quinientos, según el siclo del santuario, y de aceite de olivas un hin.
25 Y harás de ello el aceite de la santa unción;
superior ungüento, según el arte del perfumador, será el aceite de la unción santa.
26 Con él ungirás el tabernáculo de reunión,
el arca del testimonio,
27 la mesa con todos sus utensilios, el candelero
con todos sus utensilios, el altar del incienso,
28 el altar del holocausto con todos sus utensilios, y la fuente y su base.
29 Así los consagrarás, y serán cosas santísimas; todo lo que tocare en ellos, será
santificado.
30 Ungirás también a Aarón y a sus hijos, y los
consagrarás para que sean mis sacerdotes.
31 Y hablarás a los hijos de Israel, diciendo:
Éste será mi aceite de la santa unción por
vuestras generaciones.
32 Sobre carne de hombre no será derramado, ni haréis otro semejante, conforme a su
composición; santo es, y por santo lo tendréis
vosotros.
33 Cualquiera que compusiere ungüento
semejante, y que pusiere de él sobre extraño,
será cortado de entre su pueblo.
34 Dijo además Jehová a Moisés: Toma especias aromáticas, estacte y uña aromática y
gálbano aromático e incienso puro; de todo
en igual peso,
35 y harás de ello el incienso, un perfume
según el arte del perfumador, bien mezclado,
puro y santo.
36 Y molerás parte de él en polvo fino, y lo
pondrás delante del testimonio en el tabernáculo de reunión, donde yo me mostraré a ti.
Os será cosa santísima.
37 Como este incienso que harás, no os haréis
otro según su composición; te será cosa sagrada para Jehová.
38 Cualquiera que hiciere otro como éste para
olerlo, será cortado de entre su pueblo.[c]

Llamamiento de Bezaleel y de Aholiab
(Éx 35.30—36.1)

31 HABLÓ Jehová a Moisés, diciendo:
2 Mira, yo he llamado por nombre a
Bezaleel hijo de Uri, hijo de Hur, de la tribu
de Judá;

a. 30.13 Éx 38.25-26; Mt 17.24. **b. 30.18** Éx 38.8.
c. 30.22-38 Éx 37.29.

LECCIONES DE VIDA

➤ ***30.18 — Harás también una fuente de bronce.***

La fuente de bronce estaba situada entre el altar del holocausto y la puerta del tabernáculo. Aunque el sacrificio hacía espiritualmente limpios a los sacerdotes, ellos también necesitaban estar limpios físicamente antes de acercarse al lugar santo. De la misma manera, la muerte de Jesús en la cruz nos *justifica*, o hace espiritualmente justos, delante de Dios; pero el Espíritu Santo nos *santifica*, o transforma a la imagen de Cristo, al lavarnos con la Palabra de Dios (Jn 15.3; Ro 8.29; 1 Co 6.11; Tit 3.5; He 10.22).

3 y lo he llenado del Espíritu de Dios, en sabiduría y en inteligencia, en ciencia y en todo
arte,
4 para inventar diseños, para trabajar en oro,
en plata y en bronce,
5 y en artificio de piedras para engastarlas, y
en artificio de madera; para trabajar en toda
clase de labor.
6 Y he aquí que yo he puesto con él a Aholiab hijo de Ahisamac, de la tribu de Dan; y
he puesto sabiduría en el ánimo de todo sabio
de corazón, para que hagan todo lo que te he
mandado;
7 el tabernáculo de reunión, el arca del testimonio, el propiciatorio que está sobre ella, y
todos los utensilios del tabernáculo,
8 la mesa y sus utensilios, el candelero limpio
y todos sus utensilios, el altar del incienso,
9 el altar del holocausto y todos sus utensilios,
la fuente y su base,
10 los vestidos del servicio, las vestiduras santas para Aarón el sacerdote, las vestiduras de
sus hijos para que ejerzan el sacerdocio,
11 el aceite de la unción, y el incienso aromático para el santuario; harán conforme a todo
lo que te he mandado.

El día de reposo como señal

12 Habló además Jehová a Moisés, diciendo:
13 Tú hablarás a los hijos de Israel, diciendo: En verdad vosotros guardaréis mis días de
reposo;* porque es señal entre mí y vosotros
por vuestras generaciones, para que sepáis
que yo soy Jehová que os santifico.
14 Así que guardaréis el día de reposo,* porque santo es a vosotros; el que lo profanare,
de cierto morirá; porque cualquiera que hiciere obra alguna en él, aquella persona será cortada de en medio de su pueblo.
15 Seis días se trabajará, mas el día séptimo
es día de reposo* consagrado a Jehová; cualquiera que trabaje en el día de reposo,* ciertamente morirá.[a]
16 Guardarán, pues, el día de reposo* los hijos
de Israel, celebrándolo por sus generaciones
por pacto perpetuo.
17 Señal es para siempre entre mí y los hijos
de Israel; porque en seis días hizo Jehová los
cielos y la tierra, y en el séptimo día cesó y
reposó.

El becerro de oro
(Dt 9.6-29)

18 Y dio a Moisés, cuando acabó de hablar
con él en el monte de Sinaí, dos tablas del testimonio, tablas de piedra escritas con el dedo
de Dios.

32 VIENDO el pueblo que Moisés tardaba
en descender del monte, se acercaron
entonces a Aarón, y le dijeron: Levántate,
haznos dioses que vayan delante de nosotros;
porque a este Moisés, el varón que nos sacó
de la tierra de Egipto, no sabemos qué le haya
acontecido.[a]
2 Y Aarón les dijo: Apartad los zarcillos de
oro que están en las orejas de vuestras mujeres, de vuestros hijos y de vuestras hijas, y
traédmelos.
3 Entonces todo el pueblo apartó los zarcillos de oro que tenían en sus orejas, y los trajeron a Aarón;
4 y él los tomó de las manos de ellos, y le
dio forma con buril, e hizo de ello un becerro de fundición.[b] Entonces dijeron: Israel,
éstos son tus dioses, que te sacaron de la tierra de Egipto.
5 Y viendo esto Aarón, edificó un altar delante del becerro; y pregonó Aarón, y dijo: Mañana será fiesta para Jehová.
6 Y al día siguiente madrugaron, y ofrecieron
holocaustos, y presentaron ofrendas de paz;
y se sentó el pueblo a comer y a beber, y se
levantó a regocijarse.[c]
7 Entonces Jehová dijo a Moisés: Anda, desciende, porque tu pueblo que sacaste de la tierra de Egipto se ha corrompido.
8 Pronto se han apartado del camino que yo
les mandé; se han hecho un becerro de fundición, y lo han adorado, y le han ofrecido sacrificios, y han dicho: Israel, éstos son tus dioses,
que te sacaron de la tierra de Egipto.
9 Dijo más Jehová a Moisés: Yo he visto a
este pueblo, que por cierto es pueblo de dura
cerviz.
10 Ahora, pues, déjame que se encienda mi
ira en ellos, y los consuma; y de ti yo haré una
nación grande.

* Aquí equivale a *sábado*.
a. 31.15 Éx 20.8-11; 23.12; 34.21; 35.2; Lv 23.3; Dt 5.12-14.
a. 32.1 Hch 7.40. **b. 32.4** Hch 7.41. **c. 32.6** 1 Co 10.7.

LECCIONES DE VIDA

➤ ***31.18 — Y dio a Moisés... dos tablas del testimonio, tablas de piedra escritas con el dedo de Dios.***

Como Dios no quiere que su pueblo tenga dudas en cuanto a lo que Él ha dicho, ha dado sus palabras en forma escrita. Podemos depender de su Palabra, pase lo que pase a nuestro alrededor.

➤ ***32.8 — se han hecho un becerro de fundición, y lo han adorado.***

En vez de aceptar gustosamente al eterno Dios del universo, el pueblo de Israel prefirió crear un ídolo sin ninguna majestad, grandeza, santidad o poder. Esto fue un total insulto a Dios. El Señor nos hizo para Él, y cuando preferimos tener una relación con un objeto sin vida más que con Él, le deshonramos. No insulte usted al Dios todopoderoso yendo tras algo que un día será destruido, algo que no podrá amarle ni ayudarle. Por el contrario, escoja al Dios eterno quien le ama. Dios es más grande que cualquier consuelo o posesión terrenal, y prohíbe absolutamente cualquier clase de idolatría.

LO QUE LA BIBLIA DICE ACERCA DE LA MANERA COMO DIOS NOS HABLA

Éx 31.18

A lo largo del tiempo, Dios ha usado diversas maneras de hablar a su pueblo. En el huerto de Edén hablaba directamente con Adán y Eva, reuniéndose con ellos en el frescor del día (Gn 3.8). Pero después que fueron expulsados del huerto por su desobediencia, Dios se valió de otras formas de comunicación: la revelación directa, sueños y visiones, las palabras de los profetas, y otras más. Hoy en día, la manera principal que tiene Dios para comunicarse con su pueblo —aunque no es la única— es su Palabra escrita, la Biblia. Pero Él utilizará también las circunstancias de la vida para enseñarnos sus preceptos, y también el consejo sabio y piadoso de hombres y mujeres cuyas vidas estén dedicadas a Él. También nos habla a través de su Espíritu en nosotros. El Espíritu Santo da testimonio de la realidad de Dios.

En Éxodo 31.18 leemos: «Y dio a Moisés, cuando acabó de hablar con él en el monte de Sinaí, dos tablas del testimonio, tablas de piedra escritas con el dedo de Dios».

Dios ha dado siempre un gran valor a la Palabra escrita. De hecho, el pueblo hebreo estuvo entre los primeros de la tierra que tuvieron un alfabeto, que les permitió escribir documentos. Por siglos, la lectura de la Torá (los primeros cinco libros del Antiguo Testamento) se ha mantenido como un bastión del culto en la sinagoga.

La Palabra de Dios es su mensaje inspirado para su pueblo.

La iglesia primitiva recibió el consejo de Dios tanto en forma hablada como escrita. Los relatos de los Evangelios registran la vida y las palabras de Jesús, mientras que mucho del resto del Nuevo Testamento consiste en cartas de los apóstoles dirigidas a diferentes grupos de creyentes.

¿Por qué tal confianza en la Biblia? Porque la Palabra de Dios es su mensaje inspirado, vivo y activo para su pueblo (He 4.12). En 2 Timoteo 3.16, 17 leemos: «Toda la Escritura es inspirada por Dios, y útil para enseñar, para redargüir, para corregir, para instruir en justicia, a fin de que el hombre de Dios sea perfecto, enteramente preparado para toda buena obra».

El salmista reconoció la importancia de conocer y obedecer la Palabra de Dios, cuando escribió: «Lámpara es a mis pies tu palabra, y lumbrera a mi camino» (Sal 119.105). Siglos más tarde, el apóstol Pablo se refirió a la Palabra escrita como un arma para ser usada en la batalla espiritual: «Y tomad... la espada del Espíritu, que es la Palabra de Dios» (Ef 6.17). La Palabra de Dios es, sin duda, un ancla inconmovible en las tormentas. Y es a través de la inspiración del Espíritu del Señor y de las Escrituras como Él se comunica de manera activa con nosotros hoy.

Para un estudio más a fondo, véase el Índice de Principios de vida:

3. *La Palabra de Dios es ancla inconmovible en las tormentas.*
13. *Escuchar a Dios es esencial para andar con Él.*

11 Entonces Moisés oró en presencia de Jehová su Dios, y dijo: Oh Jehová, ¿por qué se encenderá tu furor contra tu pueblo, que tú sacaste de la tierra de Egipto con gran poder y con mano fuerte?

12 ¿Por qué han de hablar los egipcios, diciendo: Para mal los sacó, para matarlos en los montes, y para raerlos de sobre la faz de la tierra? Vuélvete del ardor de tu ira, y arrepiéntete de este mal contra tu pueblo.

➤ 13 Acuérdate de Abraham, de Isaac y de Israel tus siervos, a los cuales has jurado por ti mismo, y les has dicho: Yo multiplicaré vuestra descendencia como las estrellas del cielo;[d] y daré a vuestra descendencia toda esta tierra de que he hablado, y la tomarán por heredad para siempre.[e]

14 Entonces Jehová se arrepintió del mal que dijo que había de hacer a su pueblo.[f]

15 Y volvió Moisés y descendió del monte, trayendo en su mano las dos tablas del testimonio, las tablas escritas por ambos lados; de uno y otro lado estaban escritas.

16 Y las tablas eran obra de Dios, y la escritura era escritura de Dios grabada sobre las tablas.

17 Cuando oyó Josué el clamor del pueblo que gritaba, dijo a Moisés: Alarido de pelea hay en el campamento.

18 Y él respondió: No es voz de alaridos de fuertes, ni voz de alaridos de débiles; voz de cantar oigo yo.

19 Y aconteció que cuando él llegó al campamento, y vio el becerro y las danzas, ardió la ira de Moisés, y arrojó las tablas de sus manos, y las quebró al pie del monte.

20 Y tomó el becerro que habían hecho, y lo quemó en el fuego, y lo molió hasta reducirlo a polvo, que esparció sobre las aguas, y lo dio a beber a los hijos de Israel.

21 Y dijo Moisés a Aarón: ¿Qué te ha hecho este pueblo, que has traído sobre él tan gran pecado?

22 Y respondió Aarón: No se enoje mi señor; tú conoces al pueblo, que es inclinado a mal.

23 Porque me dijeron: Haznos dioses que vayan delante de nosotros; porque a este Moisés, el varón que nos sacó de la tierra de Egipto, no sabemos qué le haya acontecido.

24 Y yo les respondí: ¿Quién tiene oro? Apartadlo. Y me lo dieron, y lo eché en el fuego, y salió este becerro.

25 Y viendo Moisés que el pueblo estaba desenfrenado, porque Aarón lo había permitido, para vergüenza entre sus enemigos,

26 se puso Moisés a la puerta del campamento, y dijo: ¿Quién está por Jehová? Júntese conmigo. Y se juntaron con él todos los hijos de Leví.

27 Y él les dijo: Así ha dicho Jehová, el Dios de Israel: Poned cada uno su espada sobre su muslo; pasad y volved de puerta a puerta por el campamento, y matad cada uno a su hermano, y a su amigo, y a su pariente.

28 Y los hijos de Leví lo hicieron conforme al dicho de Moisés; y cayeron del pueblo en aquel día como tres mil hombres.

29 Entonces Moisés dijo: Hoy os habéis consagrado a Jehová, pues cada uno se ha consagrado en su hijo y en su hermano, para que él dé bendición hoy sobre vosotros.

30 Y aconteció que al día siguiente dijo Moisés al pueblo: Vosotros habéis cometido un gran pecado, pero yo subiré ahora a Jehová; quizá le aplacaré acerca de vuestro pecado.

31 Entonces volvió Moisés a Jehová, y dijo: Te ruego, pues este pueblo ha cometido un gran pecado, porque se hicieron dioses de oro,

32 que perdones ahora su pecado, y si no, ráeme ahora de tu libro que has escrito.[g]

33 Y Jehová respondió a Moisés: Al que pecare contra mí, a éste raeré yo de mi libro.

34 Ve, pues, ahora, lleva a este pueblo a donde te he dicho; he aquí mi ángel irá delante de ti; pero en el día del castigo, yo castigaré en ellos su pecado. ➤

35 Y Jehová hirió al pueblo, porque habían hecho el becerro que formó Aarón.

La presencia de Dios prometida

33 JEHOVÁ dijo a Moisés: Anda, sube de aquí, tú y el pueblo que sacaste de la tierra de Egipto, a la tierra de la cual juré a Abraham,[a] Isaac[b] y Jacob,[c] diciendo: A tu descendencia la daré;

2 y yo enviaré delante de ti el ángel, y echaré fuera al cananeo y al amorreo, al heteo, al ferezeo, al heveo y al jebuseo

3 (a la tierra que fluye leche y miel); pero yo no subiré en medio de ti, porque eres pueblo de dura cerviz, no sea que te consuma en el camino.

4 Y oyendo el pueblo esta mala noticia, vistieron luto, y ninguno se puso sus atavíos.

d. 32.13 Gn 22.16-17. **e. 32.13** Gn 17.8.
f. 32.11-14 Nm 14.13-19. **g. 32.32** Ap 3.5. **a. 33.1** Gn 12.7.
b. 33.1 Gn 26.3. **c. 33.1** Gn 28.13.

LECCIONES DE VIDA

➤ ***32.13 — Acuérdate de Abraham, de Isaac y de Israel tus siervos, a los cuales has jurado por ti mismo.***

La oración de poder encuentra su fortaleza en las promesas de Dios. Cuando basamos nuestras oraciones en lo que Dios ha prometido hacer, estamos sobre terreno inamovible.

➤ ***32.34 — yo castigaré en ellos su pecado.***

Dios perdona el pecado y la iniquidad cuando nos arrepentimos y acudimos a Él en fe, pero no siempre nos evita que experimentemos las consecuencias de nuestra conducta pecaminosa.

5 Porque Jehová había dicho a Moisés: Di a los hijos de Israel: Vosotros sois pueblo de dura cerviz; en un momento subiré en medio de ti, y te consumiré. Quítate, pues, ahora tus atavíos, para que yo sepa lo que te he de hacer.
6 Entonces los hijos de Israel se despojaron de sus atavíos desde el monte Horeb.
7 Y Moisés tomó el tabernáculo, y lo levantó lejos, fuera del campamento, y lo llamó el Tabernáculo de Reunión. Y cualquiera que buscaba a Jehová, salía al tabernáculo de reunión que estaba fuera del campamento.
8 Y sucedía que cuando salía Moisés al tabernáculo, todo el pueblo se levantaba, y cada cual estaba en pie a la puerta de su tienda, y miraban en pos de Moisés, hasta que él entraba en el tabernáculo.
9 Cuando Moisés entraba en el tabernáculo, la columna de nube descendía y se ponía a la puerta del tabernáculo, y Jehová hablaba con Moisés.
10 Y viendo todo el pueblo la columna de nube que estaba a la puerta del tabernáculo, se levantaba cada uno a la puerta de su tienda y adoraba.
11 Y hablaba Jehová a Moisés cara a cara, como habla cualquiera a su compañero. Y él volvía al campamento; pero el joven Josué hijo de Nun, su servidor, nunca se apartaba de en medio del tabernáculo.
12 Y dijo Moisés a Jehová: Mira, tú me dices a mí: Saca este pueblo; y tú no me has declarado a quién enviarás conmigo. Sin embargo, tú dices: Yo te he conocido por tu nombre, y has hallado también gracia en mis ojos.
➤ 13 Ahora, pues, si he hallado gracia en tus ojos, te ruego que me muestres ahora tu camino, para que te conozca, y halle gracia en tus ojos; y mira que esta gente es pueblo tuyo.
* ➤ 14 Y él dijo: Mi presencia irá contigo, y te daré descanso.
15 Y Moisés respondió: Si tu presencia no ha de ir conmigo, no nos saques de aquí.
16 ¿Y en qué se conocerá aquí que he hallado gracia en tus ojos, yo y tu pueblo, sino en que tú andes con nosotros, y que yo y tu pueblo seamos apartados de todos los pueblos que están sobre la faz de la tierra?
17 Y Jehová dijo a Moisés: También haré esto que has dicho, por cuanto has hallado gracia en mis ojos, y te he conocido por tu nombre. ➤
18 Él entonces dijo: Te ruego que me muestres tu gloria.
19 Y le respondió: Yo haré pasar todo mi bien delante de tu rostro, y proclamaré el nombre de Jehová delante de ti; y tendré misericordia del que tendré misericordia, y seré clemente para con el que seré clemente.[d] ➤
20 Dijo más: No podrás ver mi rostro; porque no me verá hombre, y vivirá.
21 Y dijo aún Jehová: He aquí un lugar junto a mí, y tú estarás sobre la peña;
22 y cuando pase mi gloria, yo te pondré en una hendidura de la peña, y te cubriré con mi mano hasta que haya pasado.
23 Después apartaré mi mano, y verás mis espaldas; mas no se verá mi rostro.

El pacto renovado
(Dt 10.1-5)

34 Y Jehová dijo a Moisés: Alísate dos tablas de piedra como las primeras, y escribiré sobre esas tablas las palabras que estaban en las tablas primeras que quebraste.
2 Prepárate, pues, para mañana, y sube de mañana al monte de Sinaí, y preséntate ante mí sobre la cumbre del monte.
3 Y no suba hombre contigo, ni parezca alguno en todo el monte; ni ovejas ni bueyes pazcan delante del monte.
4 Y Moisés alisó dos tablas de piedra como las primeras; y se levantó de mañana y subió al monte Sinaí, como le mandó Jehová, y llevó en su mano las dos tablas de piedra.

d. 33.19 Ro 9.15.

LECCIONES DE VIDA

➤ ***33.13 — te ruego que me muestres ahora tu camino, para que te conozca, y halle gracia en tus ojos.***

Como hijos de Dios, ya hemos recibido el inmerecido e inagotable favor del Señor. Pero tenemos el privilegio de conocerle mejor por medio de la oración, el ayuno y el estudio de su Palabra.

➤ ***33.14 — Y él dijo: Mi presencia irá contigo, y te daré descanso.***

Cada vez que Dios nos llama a hacer algo, nos asegura que Él estará con nosotros. Recuerde: Dios es omnipotente (todopoderoso), omnisciente (lo sabe todo) y omnipresente (está siempre con usted). También rebosa de amor y de misericordia por nosotros. Por tanto, si nos sometemos al Señor y enfrentamos una situación difícil por nuestra obediencia, Él ira delante de nosotros para abrirnos un camino en medio de la dificultad. Podemos estar siempre confiados en que Él asumirá toda la responsabilidad por nuestra victoria, si le obedecemos.

➤ ***33.17 — Y Jehová dijo a Moisés: También haré esto que has dicho, por cuanto has hallado gracia en mis ojos, y te he conocido por tu nombre.***

Nada nos conforta y fortalece tanto como saber que Dios conoce a cada uno de nosotros personalmente, y que promete concedernos nuestras peticiones si le buscamos con todo el corazón.

➤ ***33.19 — tendré misericordia del que tendré misericordia, y seré clemente para con el que seré clemente.***

Dios se revela siempre como lleno de gracia y de misericordia, algo que nos consuela mucho en los tiempos difíciles, o cuando pecamos o cometemos errores de juicio. Es una promesa con la que podemos contar siempre.

5 Y Jehová descendió en la nube, y estuvo allí
con él, proclamando el nombre de Jehová.
6 Y pasando Jehová por delante de él, proclamó: ¡Jehová! ¡Jehová! fuerte, misericordioso y
piadoso; tardo para la ira, y grande en misericordia y verdad;
7 que guarda misericordia a millares, que perdona la iniquidad, la rebelión y el pecado, y
que de ningún modo tendrá por inocente al
malvado; que visita la iniquidad de los padres
sobre los hijos y sobre los hijos de los hijos,
hasta la tercera y cuarta generación.[a]
8 Entonces Moisés, apresurándose, bajó la
cabeza hacia el suelo y adoró.
➤ 9 Y dijo: Si ahora, Señor, he hallado gracia
en tus ojos, vaya ahora el Señor en medio de
nosotros; porque es un pueblo de dura cerviz;
y perdona nuestra iniquidad y nuestro pecado,
y tómanos por tu heredad.
10 Y él contestó: He aquí, yo hago pacto delante de todo tu pueblo; haré maravillas que no
han sido hechas en toda la tierra, ni en nación
alguna, y verá todo el pueblo en medio del
cual estás tú, la obra de Jehová; porque será
cosa tremenda la que yo haré contigo.

Advertencia contra la idolatría de Canaán
(Dt 7.1-5)

11 Guarda lo que yo te mando hoy; he aquí
que yo echo de delante de tu presencia al
amorreo, al cananeo, al heteo, al ferezeo, al
heveo y al jebuseo.
12 Guárdate de hacer alianza con los moradores de la tierra donde has de entrar, para que
no sean tropezadero en medio de ti.
13 Derribaréis sus altares, y quebraréis sus
estatuas, y cortaréis sus imágenes de Asera.[b]
➤ 14 Porque no te has de inclinar a ningún otro
dios, pues Jehová, cuyo nombre es Celoso,
Dios celoso es.
15 Por tanto, no harás alianza con los moradores de aquella tierra; porque fornicarán
en pos de sus dioses, y ofrecerán sacrificios
a sus dioses, y te invitarán, y comerás de sus
sacrificios;
16 o tomando de sus hijas para tus hijos, y fornicando sus hijas en pos de sus dioses, harán
fornicar también a tus hijos en pos de los dioses de ellas.
17 No te harás dioses de fundición.[c]

Fiestas anuales
(Éx 23.14-19; Dt 16.1-17)

18 La fiesta de los panes sin levadura
guardarás;[d] siete días comerás pan sin levadura, según te he mandado, en el tiempo señalado del mes de Abib; porque en el mes de Abib
saliste de Egipto.
19 Todo primer nacido, mío es;[e] y de tu ganado todo primogénito de vaca o de oveja, que
sea macho.
20 Pero redimirás con cordero el primogénito del asno; y si no lo redimieres, quebrarás
su cerviz. Redimirás todo primogénito de tus
hijos;[f] y ninguno se presentará delante de mí
con las manos vacías.
21 Seis días trabajarás, mas en el séptimo día
descansarás;[g] aun en la arada y en la siega,
descansarás.
22 También celebrarás la fiesta de las semanas, la de las primicias de la siega del trigo,[h] y
la fiesta de la cosecha a la salida del año.[i]
23 Tres veces en el año se presentará todo
varón tuyo delante de Jehová el Señor, Dios
de Israel.
24 Porque yo arrojaré a las naciones de tu presencia, y ensancharé tu territorio; y ninguno
codiciará tu tierra, cuando subas para presentarte delante de Jehová tu Dios tres veces
en el año.
25 No ofrecerás cosa leudada junto con la
sangre de mi sacrificio, ni se dejará hasta la
mañana nada del sacrificio de la fiesta de la
pascua.[j]
26 Las primicias de los primeros frutos de tu
tierra llevarás a la casa de Jehová tu Dios.[k] No
cocerás el cabrito en la leche de su madre.[l]

Moisés y las tablas de la ley

27 Y Jehová dijo a Moisés: Escribe tú estas
palabras; porque conforme a estas palabras
he hecho pacto contigo y con Israel.
28 Y él estuvo allí con Jehová cuarenta días y
cuarenta noches; no comió pan, ni bebió agua;
y escribió en tablas las palabras del pacto, los
diez mandamientos.

a. 34.6-7 Éx 20.5-6; Nm 14.18; Dt 5.9-10; 7.9-10. **b. 34.13** Dt 16.21. **c. 34.17** Éx 20.4; Lv 19.4; Dt 5.8; 27.15. **d. 34.18** Éx 12.14-20; Lv 23.6-8; Nm 28.16-25. **e. 34.19** Éx 13.2. **f. 34.20** Éx 13.13. **g. 34.21** Éx 20.9-10; 23.12; 31.15; 35.2; Lv 23.3; Dt 5.13-14. **h. 34.22** Lv 23.15-21; Nm 28.26-31. **i. 34.22** Lv 23.39-43. **j. 34.25** Éx 12.10. **k. 34.26** Dt 26.2. **l. 34.26** Dt 14.21.

LECCIONES DE VIDA

➤ ***34.9 — vaya ahora el Señor en medio de nosotros; porque es un pueblo de dura cerviz; y perdona nuestra iniquidad y nuestro pecado, y tómanos por tu heredad.***

Todo el que en algún momento ha podido establecer, desarrollar y disfrutar una íntima relación con el Dios de gloria, lo ha hecho únicamente por gracia. Moisés y su pueblo no pudieron ganar el favor de Dios por méritos propios, ni tampoco nosotros. Todos nuestros esfuerzos fallarán siempre. Afortunadamente, no tenemos que afanarnos por lograr la aceptación de Dios; Él nos da su amor gratuitamente (Ef 2.8, 9).

➤ ***34.14 — Porque no te has de inclinar a ningún otro dios, pues Jehová, cuyo nombre es Celoso, Dios celoso es.***

Dios nos hizo para que tengamos una relación con Él, y nunca se quedará de brazos cruzados si un rival pretende reemplazarle en nuestro corazón. Entregar nuestro corazón a otro le provoca celos, y ésa es una alternativa peligrosa (1 Co 10.22).

29 Y aconteció que descendiendo Moisés del
monte Sinaí con las dos tablas del testimonio en su mano, al descender del monte, no
sabía Moisés que la piel de su rostro resplandecía, después que hubo hablado con
Dios.
30 Y Aarón y todos los hijos de Israel miraron a Moisés, y he aquí la piel de su rostro era
resplandeciente; y tuvieron miedo de acercarse a él.
31 Entonces Moisés los llamó; y Aarón y
todos los príncipes de la congregación volvieron a él, y Moisés les habló.
32 Después se acercaron todos los hijos de
Israel, a los cuales mandó todo lo que Jehová
le había dicho en el monte Sinaí.
33 Y cuando acabó Moisés de hablar con ellos,
puso un velo sobre su rostro.
34 Cuando venía Moisés delante de Jehová
para hablar con él, se quitaba el velo hasta
que salía; y saliendo, decía a los hijos de Israel
lo que le era mandado.
35 Y al mirar los hijos de Israel el rostro de
Moisés, veían que la piel de su rostro era resplandeciente; y volvía Moisés a poner el velo
sobre su rostro, hasta que entraba a hablar
con Dios.[m]

Reglamento del día de reposo

35 MOISÉS convocó a toda la congregación de los hijos de Israel y les dijo:
Estas son las cosas que Jehová ha mandado
que sean hechas:
2 Seis días se trabajará, mas el día séptimo
os será santo, día de reposo* para Jehová;
cualquiera que en él hiciere trabajo alguno,
morirá.[a]
3 No encenderéis fuego en ninguna de vuestras moradas en el día de reposo.*

La ofrenda para el tabernáculo
(Éx 39.32-43)

4 Y habló Moisés a toda la congregación de
los hijos de Israel, diciendo: Esto es lo que
Jehová ha mandado:
5 Tomad de entre vosotros ofrenda para Jehová; todo generoso de corazón la traerá a Jehová; oro, plata, bronce,
6 azul, púrpura, carmesí, lino fino, pelo de
cabras,
7 pieles de carneros teñidas de rojo, pieles de
tejones, madera de acacia,
8 aceite para el alumbrado, especias para
el aceite de la unción y para el incienso
aromático,
9 y piedras de ónice y piedras de engaste para
el efod y para el pectoral.

La obra del tabernáculo
(Éx 39.32-43)

10 Todo sabio de corazón de entre vosotros
vendrá y hará todas las cosas que Jehová ha
mandado:
11 el tabernáculo, su tienda, su cubierta, sus
corchetes, sus tablas, sus barras, sus columnas y sus basas;
12 el arca y sus varas, el propiciatorio, el velo
de la tienda;
13 la mesa y sus varas, y todos sus utensilios,
y el pan de la proposición;
14 el candelero del alumbrado y sus utensilios,
sus lámparas, y el aceite para el alumbrado;
15 el altar del incienso y sus varas, el aceite de
la unción, el incienso aromático, la cortina de
la puerta para la entrada del tabernáculo;
16 el altar del holocausto, su enrejado de
bronce y sus varas, y todos sus utensilios, y la
fuente con su base;
17 las cortinas del atrio, sus columnas y sus
basas, la cortina de la puerta del atrio;
18 las estacas del tabernáculo, y las estacas
del atrio y sus cuerdas;
19 las vestiduras del servicio para ministrar
en el santuario, las sagradas vestiduras de
Aarón el sacerdote, y las vestiduras de sus
hijos para servir en el sacerdocio.

El pueblo trae la ofrenda

20 Y salió toda la congregación de los hijos de
Israel de delante de Moisés.
21 Y vino todo varón a quien su corazón esti- ≺
muló, y todo aquel a quien su espíritu le dio
voluntad, con ofrenda a Jehová para la obra
del tabernáculo de reunión y para toda su
obra, y para las sagradas vestiduras.
22 Vinieron así hombres como mujeres, todos
los voluntarios de corazón, y trajeron cadenas
y zarcillos, anillos y brazaletes y toda clase de
joyas de oro; y todos presentaban ofrenda de
oro a Jehová.
23 Todo hombre que tenía azul, púrpura, carmesí, lino fino, pelo de cabras, pieles de carneros
teñidas de rojo, o pieles de tejones, lo traía.
24 Todo el que ofrecía ofrendaa de plata o de
bronce traía a Jehová la ofrenda; y todo el que
tenía madera de acacia la traía para toda la
obra del servicio.
25 Además todas las mujeres sabias de corazón
hilaban con sus manos, y traían lo que habían
hilado: azul, púrpura, carmesí o lino fino.

* Aquí equivale a *sábado*.

m. 34.29-35 2 Co 3.7-16. **a. 35.2** Éx 20.8-11; 23.12; 31.15; 34.21; Lv 23.3; Dt 5.12-14.

LECCIONES DE VIDA

➤ ***35.21 — Y vino todo varón a quien su corazón estimuló, y todo aquel a quien su espíritu le dio voluntad, con ofrenda a Jehová.***

A Dios le encanta la ofrenda alegre, voluntaria y espontánea, porque eso manifiesta una genuina devoción y una vibrante relación con Él. Ofrendar regularmente le pone fin al poder del dinero sobre nosotros, y profundiza nuestra devoción a Dios.

26 Y todas las mujeres cuyo corazón las impulsó en sabiduría hilaron pelo de cabra.
27 Los príncipes trajeron piedras de ónice, y las piedras de los engastes para el efod y el pectoral,
28 y las especias aromáticas, y el aceite para el alumbrado, y para el aceite de la unción, y para el incienso aromático.
29 De los hijos de Israel, así hombres como mujeres, todos los que tuvieron corazón voluntario para traer para toda la obra, que Jehová había mandado por medio de Moisés que hiciesen, trajeron ofrenda voluntaria a Jehová.

Llamamiento de Bezaleel y de Aholiab

(Éx 31.1-11)

30 Y dijo Moisés a los hijos de Israel: Mirad, Jehová ha nombrado a Bezaleel hijo de Uri, hijo de Hur, de la tribu de Judá;
31 y lo ha llenado del Espíritu de Dios, en sabiduría, en inteligencia, en ciencia y en todo arte,
32 para proyectar diseños, para trabajar en oro, en plata y en bronce,
33 y en la talla de piedras de engaste, y en obra de madera, para trabajar en toda labor ingeniosa.
34 Y ha puesto en su corazón el que pueda enseñar, así él como Aholiab hijo de Ahisamac, de la tribu de Dan;
35 y los ha llenado de sabiduría de corazón, para que hagan toda obra de arte y de invención, y de bordado en azul, en púrpura, en carmesí, en lino fino y en telar, para que hagan toda labor, e inventen todo diseño.

➤ 36 ASÍ, pues, Bezaleel y Aholiab, y todo hombre sabio de corazón a quien Jehová dio sabiduría e inteligencia para saber hacer toda la obra del servicio del santuario, harán todas las cosas que ha mandado Jehová.

Moisés suspende la ofrenda del pueblo

2 Y Moisés llamó a Bezaleel y a Aholiab y a todo varón sabio de corazón, en cuyo corazón había puesto Jehová sabiduría, todo hombre a quien su corazón le movió a venir a la obra para trabajar en ella.
3 Y tomaron de delante de Moisés toda la ofrenda que los hijos de Israel habían traído para la obra del servicio del santuario, a fin de hacerla. Y ellos seguían trayéndole ofrenda voluntaria cada mañana.
4 Tanto, que vinieron todos los maestros que hacían toda la obra del santuario, cada uno de la obra que hacía,
5 y hablaron a Moisés, diciendo: El pueblo trae mucho más de lo que se necesita para la obra que Jehová ha mandado que se haga.
6 Entonces Moisés mandó pregonar por el campamento, diciendo: Ningún hombre ni mujer haga más para la ofrenda del santuario. Así se le impidió al pueblo ofrecer más;
7 pues tenían material abundante para hacer toda la obra, y sobraba.

Construcción del tabernáculo

(Éx 26.1-37)

8 Todos los sabios de corazón de entre los que hacían la obra, hicieron el tabernáculo de diez cortinas de lino torcido, azul, púrpura y carmesí; las hicieron con querubines de obra primorosa.
9 La longitud de una cortina era de veintiocho codos, y la anchura de cuatro codos; todas las cortinas eran de igual medida.
10 Cinco de las cortinas las unió entre sí, y asimismo unió las otras cinco cortinas entre sí.
11 E hizo lazadas de azul en la orilla de la cortina que estaba al extremo de la primera serie; e hizo lo mismo en la orilla de la cortina final de la segunda serie.
12 Cincuenta lazadas hizo en la primera cortina, y otras cincuenta en la orilla de la cortina de la segunda serie; las lazadas de la una correspondían a las de la otra.
13 Hizo también cincuenta corchetes de oro, con los cuales enlazó las cortinas una con otra, y así quedó formado un tabernáculo.
14 Hizo asimismo cortinas de pelo de cabra para una tienda sobre el tabernáculo; once cortinas hizo.
15 La longitud de una cortina era de treinta codos, y la anchura de cuatro codos; las once cortinas tenían una misma medida.
16 Y unió cinco de las cortinas aparte, y las otras seis cortinas aparte.
17 Hizo además cincuenta lazadas en la orilla de la cortina que estaba al extremo de la primera serie, y otras cincuenta lazadas en la orilla de la cortina final de la segunda serie.
18 Hizo también cincuenta corchetes de bronce para enlazar la tienda, de modo que fuese una.
19 E hizo para la tienda una cubierta de pieles de carneros teñidas de rojo, y otra cubierta de pieles de tejones encima.
20 Además hizo para el tabernáculo las tablas de madera de acacia, derechas.
21 La longitud de cada tabla era de diez codos, y de codo y medio la anchura.
22 Cada tabla tenía dos espigas, para unirlas una con otra; así hizo todas las tablas del tabernáculo.

LECCIONES DE VIDA

➤ ***36.1 — Bezaleel y Aholiab, y todo hombre sabio de corazón a quien Jehová dio sabiduría e inteligencia.***

Los dones y talentos que normalmente llamamos espirituales se distinguen de los naturales en que los primeros los da el Señor en el momento de la conversión (1 Co 12.7). Pero ambas clases de dones y talentos provienen de Él y deben usarse para su gloria.

23 Hizo, pues, las tablas para el tabernáculo;
veinte tablas al lado del sur, al mediodía.
24 Hizo también cuarenta basas de plata
debajo de las veinte tablas: dos basas debajo
de una tabla, para sus dos espigas, y dos basas
debajo de otra tabla para sus dos espigas.
25 Y para el otro lado del tabernáculo, al lado
norte, hizo otras veinte tablas,
26 con sus cuarenta basas de plata; dos basas
debajo de una tabla, y dos basas debajo de
otra tabla.
27 Y para el lado occidental del tabernáculo
hizo seis tablas.
28 Para las esquinas del tabernáculo en los
dos lados hizo dos tablas,
29 las cuales se unían desde abajo, y por arriba se ajustaban con un gozne; así hizo a la
una y a la otra en las dos esquinas.
30 Eran, pues, ocho tablas, y sus basas de plata dieciséis; dos basas debajo de cada tabla.
31 Hizo también las barras de madera de acacia; cinco para las tablas de un lado del tabernáculo,
32 cinco barras para las tablas del otro lado
del tabernáculo, y cinco barras para las tablas
del lado posterior del tabernáculo hacia el
occidente.
33 E hizo que la barra de en medio pasase por
en medio de las tablas de un extremo al otro.
34 Y cubrió de oro las tablas, e hizo de oro los
anillos de ellas, por donde pasasen las barras;
cubrió también de oro las barras.
35 Hizo asimismo el velo de azul, púrpura,
carmesí y lino torcido; lo hizo con querubines
de obra primorosa.
36 Y para él hizo cuatro columnas de madera de acacia, y las cubrió de oro, y sus capiteles eran de oro; y fundió para ellas cuatro
basas de plata.
37 Hizo también el velo para la puerta del
tabernáculo, de azul, púrpura, carmesí y lino
torcido, obra de recamador;
38 y sus cinco columnas con sus capiteles; y
cubrió de oro los capiteles y las molduras, e
hizo de bronce sus cinco basas.

Mobiliario del tabernáculo
(Éx 25.10-40; 27.1-8; 30.1-10)

➤ 37 HIZO también Bezaleel el arca de
madera de acacia; su longitud era de
dos codos y medio, su anchura de codo y
medio, y su altura de codo y medio.
2 Y la cubrió de oro puro por dentro y por fuera, y le hizo una cornisa de oro en derredor.
3 Además fundió para ella cuatro anillos de
oro a sus cuatro esquinas; en un lado dos anillos y en el otro lado dos anillos.
4 Hizo también varas de madera de acacia, y
las cubrió de oro.
5 Y metió las varas por los anillos a los lados
del arca, para llevar el arca.
6 Hizo asimismo el propiciatorio de oro puro;
su longitud de dos codos y medio, y su anchura de codo y medio.
7 Hizo también los dos querubines de oro,
labrados a martillo, en los dos extremos del
propiciatorio.
8 Un querubín a un extremo, y otro querubín
al otro extremo; de una pieza con el propiciatorio hizo los querubines a sus dos extremos.
9 Y los querubines extendían sus alas por
encima, cubriendo con sus alas el propiciatorio; y sus rostros el uno enfrente del otro miraban hacia el propiciatorio.
10 Hizo también la mesa de madera de acacia; su longitud de dos codos, su anchura de
un codo, y de codo y medio su altura;
11 y la cubrió de oro puro, y le hizo una cornisa de oro alrededor.
12 Le hizo también una moldura de un palmo
menor de anchura alrededor, e hizo en derredor de la moldura una cornisa de oro.
13 Le hizo asimismo de fundición cuatro anillos de oro, y los puso a las cuatro esquinas que
correspondían a las cuatro patas de ella.
14 Debajo de la moldura estaban los anillos,
por los cuales se metían las varas para llevar la mesa.
15 E hizo las varas de madera de acacia para
llevar la mesa, y las cubrió de oro.
16 También hizo los utensilios que habían de
estar sobre la mesa, sus platos, sus cucharas,
sus cubiertos y sus tazones con que se había
de libar, de oro fino.
17 Hizo asimismo el candelero de oro puro,
labrado a martillo; su pie, su caña, sus copas,
sus manzanas y sus flores eran de lo mismo.
18 De sus lados salían seis brazos; tres brazos
de un lado del candelero, y otros tres brazos
del otro lado del candelero.
19 En un brazo, tres copas en forma de flor de
almendro, una manzana y una flor, y en otro
brazo tres copas en figura de flor de almendro, una manzana y una flor; así en los seis
brazos que salían del candelero.
20 Y en la caña del candelero había cuatro
copas en figura de flor de almendro, sus manzanas y sus flores,
21 y una manzana debajo de dos brazos del
mismo, y otra manzana debajo de otros dos
brazos del mismo, y otra manzana debajo de
los otros dos brazos del mismo, conforme a
los seis brazos que salían de él.

LECCIONES DE VIDA

➤ ***37.1 — Hizo también Bezaleel el arca de madera de acacia.***

El arca del pacto era básicamente un cofre de madera, cubierto de oro puro, que contenía la ley de Dios (Éx 25.10-22). Desapareció del registro bíblico antes del cautiverio babilónico.

22 Sus manzanas y sus brazos eran de lo mismo; todo era una pieza labrada a martillo, de
oro puro.
23 Hizo asimismo sus siete lamparillas, sus
despabiladeras y sus platillos, de oro puro.
24 De un talento de oro puro lo hizo, con
todos sus utensilios.
25 Hizo también el altar del incienso, de
madera de acacia; de un codo su longitud, y
de otro codo su anchura; era cuadrado, y su
altura de dos codos; y sus cuernos de la misma pieza.
26 Y lo cubrió de oro puro, su cubierta y sus
paredes alrededor, y sus cuernos, y le hizo una
cornisa de oro alrededor.
27 Le hizo también dos anillos de oro debajo de la cornisa en las dos esquinas a los dos
lados, para meter por ellos las varas con que
había de ser conducido.
28 E hizo las varas de madera de acacia, y las
cubrió de oro.
29 Hizo asimismo el aceite santo de la unción,
y el incienso puro, aromático, según el arte del
perfumador[a].

38 IGUALMENTE hizo de madera de acacia el altar del holocausto; su longitud
de cinco codos, y su anchura de otros cinco
codos, cuadrado, y de tres codos de altura.
2 E hizo sus cuernos a sus cuatro esquinas los
cuales eran de la misma pieza, y lo cubrió de
bronce.
3 Hizo asimismo todos los utensilios del altar;
calderos, tenazas, tazones, garfios y palas;
todos sus utensilios los hizo de bronce.
4 E hizo para el altar un enrejado de bronce
de obra de rejilla, que puso por debajo de su
cerco hasta la mitad del altar.
5 También fundió cuatro anillos a los cuatro
extremos del enrejado de bronce, para meter
las varas.
6 E hizo las varas de madera de acacia, y las
cubrió de bronce.
7 Y metió las varas por los anillos a los lados
del altar, para llevarlo con ellas; hueco lo hizo,
de tablas.
8 También hizo la fuente de bronce[a] y su
base de bronce, de los espejos de las mujeres que velaban a la puerta del tabernáculo
de reunión.

El atrio del tabernáculo
(Éx 27.9-19)

9 Hizo asimismo el atrio; del lado sur, al
mediodía, las cortinas del atrio eran de cien
codos, de lino torcido.
10 Sus columnas eran veinte, con sus veinte
basas de bronce; los capiteles de las columnas
y sus molduras, de plata.
11 Y del lado norte cortinas de cien codos;
sus columnas, veinte, con sus veinte basas de
bronce; los capiteles de las columnas y sus
molduras, de plata.
12 Del lado del occidente, cortinas de cincuenta codos; sus columnas diez, y sus diez
basas; los capiteles de las columnas y sus molduras, de plata.
13 Del lado oriental, al este, cortinas de cincuenta codos;
14 a un lado cortinas de quince codos, sus tres
columnas y sus tres basas;
15 al otro lado, de uno y otro lado de la puerta del atrio, cortinas de quince codos, con sus
tres columnas y sus tres basas.
16 Todas las cortinas del atrio alrededor eran
de lino torcido.
17 Las basas de las columnas eran de bronce;
los capiteles de las columnas y sus molduras,
de plata; asimismo las cubiertas de las cabezas de ellas, de plata; y todas las columnas del
atrio tenían molduras de plata.
18 La cortina de la entrada del atrio era de
obra de recamador, de azul, púrpura, carmesí y lino torcido; era de veinte codos de longitud, y su anchura, o sea su altura, era de cinco
codos, lo mismo que las cortinas del atrio.
19 Sus columnas eran cuatro, con sus cuatro
basas de bronce y sus capiteles de plata; y las
cubiertas de los capiteles de ellas, y sus molduras, de plata.
20 Todas las estacas del tabernáculo y del
atrio alrededor eran de bronce.

Dirección de la obra

21 Estas son las cuentas del tabernáculo, del
tabernáculo del testimonio, las que se hicieron
por orden de Moisés por obra de los levitas
bajo la dirección de Itamar hijo del sacerdote Aarón.
22 Y Bezaleel hijo de Uri, hijo de Hur, de la tribu de Judá, hizo todas las cosas que Jehová
mandó a Moisés.
23 Y con él estaba Aholiab hijo de Ahisamac,
de la tribu de Dan, artífice, diseñador y recamador en azul, púrpura, carmesí y lino fino.

Metales usados en el santuario

24 Todo el oro empleado en la obra, en toda
la obra del santuario, el cual fue oro de la
ofrenda, fue veintinueve talentos y setecientos
treinta siclos, según el siclo del santuario.

a. 37.29 Éx 30.22-38. **a. 38.8** Éx 30.18.

LECCIONES DE VIDA

➤ ***38.21 — Estas son las cuentas del tabernáculo, del tabernáculo del testimonio.***

Dios se interesó mucho por todos los utensilios y artículos que fueron puestos en el tabernáculo, y también por los que después fueron parte del templo. No sólo quería que los israelitas entendieran el privilegio que era encontrarse con Él; sino también estaba anunciando al Mesías que vendría (He 9—10).

25 Y la plata de los empadronados de la congregación fue cien talentos y mil setecientos setenta y cinco siclos, según el siclo del santuario;
26 medio siclo[b] por cabeza, según el siclo del santuario; a todos los que pasaron por el censo, de edad de veinte años arriba, que fueron seiscientos tres mil quinientos cincuenta.[c]
27 Hubo además cien talentos de plata para fundir las basas del santuario y las basas del velo; en cien basas, cien talentos, a talento por basa.
28 Y de los mil setecientos setenta y cinco siclos hizo los capiteles de las columnas, y cubrió los capiteles de ellas, y las ciñó.
29 El bronce ofrendado fue setenta talentos y dos mil cuatrocientos siclos,
30 del cual fueron hechas las basas de la puerta del tabernáculo de reunión, y el altar de bronce y su enrejado de bronce, y todos los utensilios del altar,
31 las basas del atrio alrededor, las basas de la puerta del atrio, y todas las estacas del tabernáculo y todas las estacas del atrio alrededor.

Hechura de las vestiduras de los sacerdotes
(Éx 28.1-43)

39 DEL azul, púrpura y carmesí hicieron las vestiduras del ministerio para ministrar en el santuario, y asimismo hicieron las vestiduras sagradas para Aarón, como Jehová lo había mandado a Moisés.
2 Hizo también el efod de oro, de azul, púrpura, carmesí y lino torcido.
3 Y batieron láminas de oro, y cortaron hilos para tejerlos entre el azul, la púrpura, el carmesí y el lino, con labor primorosa.
4 Hicieron las hombreras para que se juntasen, y se unían en sus dos extremos.
5 Y el cinto del efod que estaba sobre él era de lo mismo, de igual labor; de oro, azul, púrpura, carmesí y lino torcido, como Jehová lo había mandado a Moisés.
6 Y labraron las piedras de ónice montadas en engastes de oro, con grabaduras de sello con los nombres de los hijos de Israel,
7 y las puso sobre las hombreras del efod, por piedras memoriales para los hijos de Israel, como Jehová lo había mandado a Moisés.
8 Hizo también el pectoral de obra primorosa como la obra del efod, de oro, azul, púrpura, carmesí y lino torcido.
9 Era cuadrado; doble hicieron el pectoral; su longitud era de un palmo, y de un palmo su anchura, cuando era doblado.
10 Y engastaron en él cuatro hileras de piedras. La primera hilera era un sardio, un topacio y un carbunclo; ésta era la primera hilera.
11 La segunda hilera, una esmeralda, un zafiro y un diamante.
12 La tercera hilera, un jacinto, una ágata y una amatista.
13 Y la cuarta hilera, un berilo, un ónice y un jaspe, todas montadas y encajadas en engastes de oro.
14 Y las piedras eran conforme a los nombres de los hijos de Israel, doce según los nombres de ellos; como grabaduras de sello, cada una con su nombre, según las doce tribus.
15 Hicieron también sobre el pectoral los cordones de forma de trenza, de oro puro.
16 Hicieron asimismo dos engastes y dos anillos de oro, y pusieron dos anillos de oro en los dos extremos del pectoral,
17 y fijaron los dos cordones de oro en aquellos dos anillos a los extremos del pectoral.
18 Fijaron también los otros dos extremos de los dos cordones de oro en los dos engastes que pusieron sobre las hombreras del efod por delante.
19 E hicieron otros dos anillos de oro que pusieron en los dos extremos del pectoral, en su orilla, frente a la parte baja del efod.
20 Hicieron además dos anillos de oro que pusieron en la parte delantera de las dos hombreras del efod, hacia abajo, cerca de su juntura, sobre el cinto del efod.
21 Y ataron el pectoral por sus anillos a los anillos del efod con un cordón de azul, para que estuviese sobre el cinto del mismo efod y no se separase el pectoral del efod, como Jehová lo había mandado a Moisés.
22 Hizo también el manto del efod de obra de tejedor, todo de azul,
23 con su abertura en medio de él, como el cuello de un coselete, con un borde alrededor de la abertura, para que no se rompiese.
24 E hicieron en las orillas del manto granadas de azul, púrpura, carmesí y lino torcido.
25 Hicieron también campanillas de oro puro, y pusieron campanillas entre las granadas en las orillas del manto, alrededor, entre las granadas;
26 una campanilla y una granada, otra campanilla y otra granada alrededor, en las orillas del manto, para ministrar, como Jehová lo mandó a Moisés.
27 Igualmente hicieron las túnicas de lino fino de obra de tejedor, para Aarón y para sus hijos.
28 Asimismo la mitra de lino fino, y los adornos de las tiaras de lino fino, y los calzoncillos de lino, de lino torcido.
29 También el cinto de lino torcido, de azul, púrpura y carmesí, de obra de recamador, como Jehová lo mandó a Moisés.
30 Hicieron asimismo la lámina de la diadema santa de oro puro, y escribieron en ella como grabado de sello: Santidad a Jehová.
31 Y pusieron en ella un cordón de azul para colocarla sobre la mitra por arriba, como Jehová lo había mandado a Moisés.

La obra del tabernáculo terminada
(Éx 35.10-19)

32 Así fue acabada toda la obra del tabernáculo, del tabernáculo de reunión; e hicieron

b. 38.26 Mt 17.24. **c. 38.25-26** Éx 30.11-16.

los hijos de Israel como Jehová lo había mandado a Moisés; así lo hicieron.
33 Y trajeron el tabernáculo a Moisés, el tabernáculo y todos sus utensilios; sus corchetes, sus tablas, sus barras, sus columnas, sus basas;
34 la cubierta de pieles de carnero teñidas de rojo, la cubierta de pieles de tejones, el velo del frente;
35 el arca del testimonio y sus varas, el propiciatorio;
36 la mesa, todos sus vasos, el pan de la proposición;
37 el candelero puro, sus lamparillas, las lamparillas que debían mantenerse en orden, y todos sus utensilios, el aceite para el alumbrado;
38 el altar de oro, el aceite de la unción, el incienso aromático, la cortina para la entrada del tabernáculo;
39 el altar de bronce con su enrejado de bronce, sus varas y todos sus utensilios, la fuente y su base;
40 las cortinas del atrio, sus columnas y sus basas, la cortina para la entrada del atrio, sus cuerdas y sus estacas, y todos los utensilios del servicio del tabernáculo, del tabernáculo de reunión;
41 las vestiduras del servicio para ministrar en el santuario, las sagradas vestiduras para Aarón el sacerdote, y las vestiduras de sus hijos, para ministrar en el sacerdocio.
➤ 42 En conformidad a todas las cosas que Jehová había mandado a Moisés, así hicieron los hijos de Israel toda la obra.
43 Y vio Moisés toda la obra, y he aquí que la habían hecho como Jehová había mandado; y los bendijo.

Moisés erige el tabernáculo

40 LUEGO Jehová habló a Moisés, diciendo:
2 En el primer día del mes primero harás levantar el tabernáculo, el tabernáculo de reunión;
3 y pondrás en él el arca del testimonio, y la cubrirás con el velo.
4 Meterás la mesa y la pondrás en orden; meterás también el candelero y encenderás sus lámparas,
5 y pondrás el altar de oro para el incienso delante del arca del testimonio, y pondrás la cortina delante a la entrada del tabernáculo.
6 Después pondrás el altar del holocausto delante de la entrada del tabernáculo, del tabernáculo de reunión.
7 Luego pondrás la fuente entre el tabernáculo de reunión y el altar, y pondrás agua en ella.
8 Finalmente pondrás el atrio alrededor, y la cortina a la entrada del atrio.
9 Y tomarás el aceite de la unción y ungirás el tabernáculo, y todo lo que está en él; y lo santificarás con todos sus utensilios, y será santo.
10 Ungirás también el altar del holocausto y todos sus utensilios; y santificarás el altar, y será un altar santísimo.
11 Asimismo ungirás la fuente y su base, y la santificarás.
12 Y llevarás a Aarón y a sus hijos a la puerta del tabernáculo de reunión, y los lavarás con agua.
13 Y harás vestir a Aarón las vestiduras sagradas, y lo ungirás, y lo consagrarás, para que sea mi sacerdote.
14 Después harás que se acerquen sus hijos, y les vestirás las túnicas;
15 y los ungirás, como ungiste a su padre, y serán mis sacerdotes, y su unción les servirá por sacerdocio perpetuo, por sus generaciones.
16 Y Moisés hizo conforme a todo lo que Jehová le mandó; así lo hizo.
17 Así, en el día primero del primer mes, en el segundo año, el tabernáculo fue erigido.
18 Moisés hizo levantar el tabernáculo, y asentó sus basas, y colocó sus tablas, y puso sus barras, e hizo alzar sus columnas.
19 Levantó la tienda sobre el tabernáculo, y puso la sobrecubierta encima del mismo, como Jehová había mandado a Moisés.
20 Y tomó el testimonio y lo puso dentro del arca, y colocó las varas en el arca, y encima el propiciatorio sobre el arca.
21 Luego metió el arca en el tabernáculo, y puso el velo extendido, y ocultó el arca del testimonio, como Jehová había mandado a Moisés.
22 Puso la mesa en el tabernáculo de reunión, al lado norte de la cortina, fuera del velo,
23 y sobre ella puso por orden los panes delante de Jehová, como Jehová había mandado a Moisés.
24 Puso el candelero en el tabernáculo de reunión, enfrente de la mesa, al lado sur de la cortina,
25 y encendió las lámparas delante de Jehová, como Jehová había mandado a Moisés.
26 Puso también el altar de oro en el tabernáculo de reunión, delante del velo,

LECCIONES DE VIDA

➤ ***39.42 — En conformidad a todas las cosas que Jehová había mandado a Moisés, así hicieron los hijos de Israel toda la obra.***

Dios nos llama a obedecerle en todas las cosas, ya sea que entendamos o no sus mandatos. El pueblo llevó a cabo con cuidado todas las instrucciones de Moisés, hasta los detalles pequeños que podrían haberles parecido no muy importantes.

27 y quemó sobre él incienso aromático, como Jehová había mandado a Moisés.
28 Puso asimismo la cortina a la entrada del tabernáculo.
29 Y colocó el altar del holocausto a la entrada del tabernáculo, del tabernáculo de reunión, y sacrificó sobre él holocausto y ofrenda, como Jehová había mandado a Moisés.
30 Y puso la fuente entre el tabernáculo de reunión y el altar, y puso en ella agua para lavar.
31 Y Moisés y Aarón y sus hijos lavaban en ella sus manos y sus pies.
32 Cuando entraban en el tabernáculo de reunión, y cuando se acercaban al altar, se lavaban, como Jehová había mandado a Moisés.
33 Finalmente erigió el atrio alrededor del tabernáculo y del altar, y puso la cortina a la entrada del atrio. Así acabó Moisés la obra.

La nube sobre el tabernáculo

(Nm 9.15-23)

34 Entonces una nube cubrió el tabernáculo de reunión, y la gloria de Jehová llenó el tabernáculo.
35 Y no podía Moisés entrar en el tabernáculo de reunión, porque la nube estaba sobre él, y la gloria de Jehová lo llenaba.
36 Y cuando la nube se alzaba del tabernáculo, los hijos de Israel se movían en todas sus jornadas;
37 pero si la nube no se alzaba, no se movían hasta el día en que ella se alzaba.
38 Porque la nube de Jehová estaba de día sobre el tabernáculo, y el fuego estaba de noche sobre él, a vista de toda la casa de Israel, en todas sus jornadas.

LECCIONES DE VIDA

➤ ***40.35 — Y no podía Moisés entrar en el tabernáculo de reunión, porque la nube estaba sobre él, y la gloria de Jehová lo llenaba.***

Un fenómeno parecido ocurrió cuando Salomón dedicó el templo de Jerusalén (1 R 8.10, 11). Dios quería que no quedara duda entre su pueblo de que Él iba a estar con ellos tal como lo prometió (Is 6.4; Ap 8.4).

➤ ***40.38 — Porque la nube de Jehová estaba de día sobre el tabernáculo, y el fuego estaba de noche sobre él, a vista de toda la casa de Israel, en todas sus jornadas.***

Con esta señal continua y evidente de la presencia del Señor guiándoles, pudiéramos preguntarnos por qué los israelitas llegaron a dudar de su guía. Sin embargo, nosotros tenemos su Espíritu en nosotros, ¿y cuántos no dudamos alguna vez de su dirección?

EL TERCER LIBRO DE MOISÉS LLAMADO

LEVÍTICO

El Talmud, un antiguo comentario judío, se refiere al libro de Levítico como la «ley de los sacerdotes» y la «ley de las ofrendas». La Septuaginta tituló al libro *Leuitikon*, que significa «lo que pertenece a los levitas». A su vez, la Vulgata latina transliteró el título *Leuiticus*. A partir de estas dos palabras desde el griego y el latín se derivó el título en castellano de este libro, *Levítico,* nombre que llegó a ser usado en todas las traducciones a nuestro idioma.

Levítico es la guía de Dios en el Antiguo Testamento para la nación de Israel. En éste, les enseña cómo adorar, servir y obedecer a Dios. El libro resalta la impresionante santidad del Señor, detallando la clase de sacrificio y obediencia necesarios para disfrutar de una relación con Él. En realidad, el Señor dice: «Santos seréis, porque santo soy yo Jehová vuestro Dios» (Lv 19.2).

Levítico se centra en la adoración y en el andar espiritual de Israel, y explica con gran detalle las leyes que regulaban las ofrendas de sacrificio, el nombramiento de los sacerdotes, así como la pureza personal, cultural y sacerdotal. También describe la celebración de ocho fiestas nacionales.

Las leyes relativas a las ofrendas de sacrificios ilustran hermosamente el deseo de Dios de disfrutar el compañerismo con hombres y mujeres. Para nosotros, las instrucciones pueden parecen complejas, haciendo muy difícil para su pueblo servirle. No obstante, todo el sistema de sacrificios culminó y se cumplió con el sacrificio de Cristo en la cruz. Dios le dio a su pueblo la manera de ser libre de la opresión en Egipto, y hoy le provee a su pueblo la manera de ser redimido del pecado a través de la fe en su Hijo Jesucristo.

Dios diseñó este sistema para permitir a los seres humanos pecadores mantener una relación con Él, y para que se dieran cuenta de que habían fallado en alcanzar sus normas de santidad (Ro 3.19-23; 7.7). Dios, por supuesto, no tenía la obligación de proveer tal sistema. Pero era tan grande su deseo de compañerismo, que no escatimó esfuerzos para hacer posible esa relación.

Tema: Levítico se centra en la santidad, el prerrequisito para que un pueblo pecador tuviera una relación intima con un Dios santo. El pueblo hebreo lograba una especie de «santidad temporal» por medio de los sacrificios de animales y la obediencia a la Palabra de Dios.

Autor: Moisés.

Fecha: Dios entregó el libro de Levítico a Moisés en el monte Sinaí, poco después del éxodo de Egipto, hacia el 1447 a.C.

Estructura: Levítico comienza con las leyes relativas a los sacrificios y las ofrendas (1—7), seguidas de los deberes legales y los requisitos de los sacerdotes (8—10); luego están las leyes referentes a la pureza y la santidad nacional y personales (11—22), seguidas de las leyes sobre las fiestas religiosas (23). En las leyes de los cuatro últimos capítulos del libro están las promesas de Dios por guardar la Ley, y sus advertencias por violarla (24—27).

A medida que lea Levítico, fíjese en los principios de vida que juegan un papel importante en este libro:

5. Dios no nos demanda que entendamos su voluntad, sino que la obedezcamos aunque nos parezca poco razonable. *Véase Levítico 12.7; página 123.*

12. La paz con Dios es fruto de nuestra unidad con Él. *Véase Levítico 26.12; página 140.*

23. Jamás podremos superar a Dios en generosidad. *Véase Levítico 27.30; página 142.*

Los holocaustos

1 LLAMÓ Jehová a Moisés, y habló con él desde el tabernáculo de reunión, diciendo:

2 Habla a los hijos de Israel y diles: Cuando alguno de entre vosotros ofrece ofrenda a Jehová, de ganado vacuno u ovejuno haréis vuestra ofrenda.

3 Si su ofrenda fuere holocausto vacuno, macho sin defecto lo ofrecerá; de su voluntad lo ofrecerá a la puerta del tabernáculo de reunión delante de Jehová.

4 Y pondrá su mano sobre la cabeza del holocausto, y será aceptado para expiación suya.

5 Entonces degollará el becerro en la presencia de Jehová; y los sacerdotes hijos de Aarón ofrecerán la sangre, y la rociarán alrededor sobre el altar, el cual está a la puerta del tabernáculo de reunión.

6 Y desollará el holocausto, y lo dividirá en sus piezas.

7 Y los hijos del sacerdote Aarón pondrán fuego sobre el altar, y compondrán la leña sobre el fuego.

8 Luego los sacerdotes hijos de Aarón acomodarán las piezas, la cabeza y la grosura de los intestinos, sobre la leña que está sobre el fuego que habrá encima del altar;

9 y lavará con agua los intestinos y las piernas, y el sacerdote hará arder todo sobre el altar; holocausto es, ofrenda encendida de olor grato para Jehová.

10 Si su ofrenda para holocausto fuere del rebaño, de las ovejas o de las cabras, macho sin defecto lo ofrecerá.

11 Y lo degollará al lado norte del altar delante de Jehová; y los sacerdotes hijos de Aarón rociarán su sangre sobre el altar alrededor.

12 Lo dividirá en sus piezas, con su cabeza y la grosura de los intestinos; y el sacerdote las acomodará sobre la leña que está sobre el fuego que habrá encima del altar;

13 y lavará las entrañas y las piernas con agua; y el sacerdote lo ofrecerá todo, y lo hará arder sobre el altar; holocausto es, ofrenda encendida de olor grato para Jehová.

14 Si la ofrenda para Jehová fuere holocausto de aves, presentará su ofrenda de tórtolas, o de palominos.

15 Y el sacerdote la ofrecerá sobre el altar, y le quitará la cabeza, y hará que arda en el altar; y su sangre será exprimida sobre la pared del altar.

16 Y le quitará el buche y las plumas, lo cual echará junto al altar, hacia el oriente, en el lugar de las cenizas.

17 Y la henderá por sus alas, pero no la dividirá en dos; y el sacerdote la hará arder sobre el altar, sobre la leña que estará en el fuego; holocausto es, ofrenda encendida de olor grato para Jehová.

Las ofrendas

2 CUANDO alguna persona ofreciere oblación a Jehová, su ofrenda será flor de harina, sobre la cual echará aceite, y pondrá sobre ella incienso,

2 y la traerá a los sacerdotes, hijos de Aarón; y de ello tomará el sacerdote su puño lleno de la flor de harina y del aceite, con todo el incienso, y lo hará arder sobre el altar para memorial; ofrenda encendida es, de olor grato a Jehová.

3 Y lo que resta de la ofrenda será de Aarón y de sus hijos; es cosa santísima de las ofrendas que se queman para Jehová.

4 Cuando ofrecieres ofrenda cocida en horno, será de tortas de flor de harina sin levadura amasadas con aceite, y hojaldres sin levadura untadas con aceite.

5 Mas si ofrecieres ofrenda de sartén, será de flor de harina sin levadura, amasada con aceite,

6 la cual partirás en piezas, y echarás sobre ella aceite; es ofrenda.

7 Si ofrecieres ofrenda cocida en cazuela, se hará de flor de harina con aceite.

8 Y traerás a Jehová la ofrenda que se hará de estas cosas, y la presentarás al sacerdote, el cual la llevará al altar.

9 Y tomará el sacerdote de aquella ofrenda lo que sea para su memorial, y lo hará arder sobre el altar; ofrenda encendida de olor grato a Jehová.

10 Y lo que resta de la ofrenda será de Aarón y de sus hijos; es cosa santísima de las ofrendas que se queman para Jehová.

11 Ninguna ofrenda que ofreciereis a Jehová será con levadura; porque de ninguna cosa leuda, ni de ninguna miel, se ha de quemar ofrenda para Jehová.

LECCIONES DE VIDA

➤ ***1.3 — macho sin defecto lo ofrecerá; de su voluntad lo ofrecerá a la puerta del tabernáculo de reunión delante de Jehová.***

Las ofrendas voluntarias al Señor demuestran dónde está realmente el deseo de nuestro corazón. Jamás podremos superar a Dios en generosidad. Nos ha dado lo mejor que Él tiene, y espera que nosotros hagamos lo mismo. Nuestra obediencia a Él en todas las cosas sin duda traerá bendición.

➤ ***1.17 — estará en el fuego; holocausto es, ofrenda encendida de olor grato para Jehová.***

La obediencia entusiasta es como olor grato al Señor. Cristo vivió para obedecer a su Padre, y cuando seguimos su ejemplo, también nosotros nos convertimos en olor grato para el Señor —en el olor de Cristo mismo (2 Co 2.15).

➤ ***2.11 — de ninguna cosa leuda, ni de ninguna miel, se ha de quemar ofrenda para Jehová.***

La Biblia se refiere a menudo a lo leudado o a la levadura como una representación del pecado (Mt 16.6). No debía ofrecerse en el altar, así como no se debe permitir que el pecado domine la vida del creyente.

12 Como ofrenda de primicias las ofreceréis a Jehová; mas no subirán sobre el altar en olor grato.
➤ 13 Y sazonarás con sal toda ofrenda que presentes, y no harás que falte jamás de tu ofrenda la sal del pacto de tu Dios; en toda ofrenda tuya ofrecerás sal.
14 Si ofrecieres a Jehová ofrenda de primicias, tostarás al fuego las espigas verdes, y el grano desmenuzado ofrecerás como ofrenda de tus primicias.
15 Y pondrás sobre ella aceite, y pondrás sobre ella incienso; es ofrenda.
16 Y el sacerdote hará arder el memorial de él, parte del grano desmenuzado y del aceite, con todo el incienso; es ofrenda encendida para Jehová.

Ofrendas de paz

3 SI su ofrenda fuere sacrificio de paz, si hubiere de ofrecerla de ganado vacuno, sea macho o hembra, sin defecto la ofrecerá delante de Jehová.
2 Pondrá su mano sobre la cabeza de su ofrenda, y la degollará a la puerta del tabernáculo de reunión; y los sacerdotes hijos de Aarón rociarán su sangre sobre el altar alrededor.
3 Luego ofrecerá del sacrificio de paz, como ofrenda encendida a Jehová, la grosura que cubre los intestinos, y toda la grosura que está sobre las entrañas,
4 y los dos riñones y la grosura que está sobre ellos, y sobre los ijares; y con los riñones quitará la grosura de los intestinos que está sobre el hígado.
5 Y los hijos de Aarón harán arder esto en el altar, sobre el holocausto que estará sobre la leña que habrá encima del fuego; es ofrenda de olor grato para Jehová.
6 Mas si de ovejas fuere su ofrenda para sacrificio de paz a Jehová, sea macho o hembra, la ofrecerá sin defecto.
7 Si ofreciere cordero por su ofrenda, lo ofrecerá delante de Jehová.
8 Pondrá su mano sobre la cabeza de su ofrenda, y después la degollará delante del tabernáculo de reunión; y los hijos de Aarón rociarán su sangre sobre el altar alrededor.
9 Y del sacrificio de paz ofrecerá por ofrenda encendida a Jehová la grosura, la cola entera, la cual quitará a raíz del espinazo, la grosura que cubre todos los intestinos, y toda la que está sobre las entrañas.
10 Asimismo los dos riñones y la grosura que está sobre ellos, y la que está sobre los ijares; y con los riñones quitará la grosura de sobre el hígado.
11 Y el sacerdote hará arder esto sobre el altar; vianda es de ofrenda encendida para Jehová.
12 Si fuere cabra su ofrenda, la ofrecerá delante de Jehová.
13 Pondrá su mano sobre la cabeza de ella, y la degollará delante del tabernáculo de reunión; y los hijos de Aarón rociarán su sangre sobre el altar alrededor.
14 Después ofrecerá de ella su ofrenda encendida a Jehová; la grosura que cubre los intestinos, y toda la grosura que está sobre las entrañas,
15 los dos riñones, la grosura que está sobre ellos, y la que está sobre los ijares; y con los riñones quitará la grosura de sobre el hígado.
16 Y el sacerdote hará arder esto sobre el altar; vianda es de ofrenda que se quema en olor grato a Jehová; toda la grosura es de Jehová.
17 Estatuto perpetuo será por vuestras edades, dondequiera que habitéis, que ninguna grosura ni ninguna sangre comeréis.

Ofrendas por el pecado

4 HABLÓ Jehová a Moisés, diciendo:
2 Habla a los hijos de Israel y diles: Cuando alguna persona pecare por yerro en alguno de los mandamientos de Jehová sobre cosas que no se han de hacer, e hiciere alguna de ellas; ➤
3 si el sacerdote ungido pecare según el pecado del pueblo, ofrecerá a Jehová, por su pecado que habrá cometido, un becerro sin defecto para expiación.
4 Traerá el becerro a la puerta del tabernáculo de reunión delante de Jehová, y pondrá su mano sobre la cabeza del becerro, y lo degollará delante de Jehová.
5 Y el sacerdote ungido tomará de la sangre del becerro, y la traerá al tabernáculo de reunión;
6 y mojará el sacerdote su dedo en la sangre, y rociará de aquella sangre siete veces delante de Jehová, hacia el velo del santuario.
7 Y el sacerdote pondrá de esa sangre sobre los cuernos del altar del incienso aromático, que está en el tabernáculo de reunión delante de Jehová; y echará el resto de la sangre

LECCIONES DE VIDA

➤ ***2.13 — Y sazonarás con sal toda ofrenda que presentes.***

La sal se usa aquí para simbolizar el pacto de Dios con su pueblo. Así como la sal es necesaria para mantener la vida, también una continua relación de Dios con nosotros es necesaria para tener y disfrutar la vida eterna.

➤ ***4.2 — Cuando alguna persona pecare por yerro.***

Pecar «por yerro» se entiende mejor como pecar sin pensar, algo que todos hacemos. Pero Dios es misericordioso; Él no sólo nos revela nuestro pecado sino que también nos ofrece su perdón.

RESPUESTAS A PREGUNTAS DE LA VIDA

¿Cómo puedo verme libre de culpa?

LV 5.5

Considere varios pasos claves necesarios para ser libre de culpa, todos ellos bajo la bandera del perdón.

❶ *Reconozca el pecado que dio origen a su sentimiento de culpa.*
Arrepiéntase de su pecado ante Dios. Si ha pecado contra otra persona, confiéselo a ésta. Recuerde que a nuestra sociedad le resulta fácil aceptar como normales algunas conductas pecaminosas. Pero la Biblia dice claramente qué es o no pecado. Si tiene alguna duda sobre si ha pecado o no, consulte las Escrituras. Dios le mostrará lo que sea o no una violación de su Palabra.

Cuando le confiese a Dios que ha pecado, no trate de justificar lo que hizo. Dígale claramente su transgresión, y luego pídale a Dios que le perdone.

❷ *Repare el daño.*
Si ha agraviado a otra persona, no intente sustituir la petición de perdón por buenas acciones para con esa persona. Este mismo principio vale en cuanto a su relación con Dios: no trate de sustituir con buenas obras el arrepentimiento genuino.

Al procurar reparar el agravio o daño hecho a otra persona, puede ser conveniente preguntarle cuál sería, en su opinión, el pago justo por el daño o perjuicio causado, o puede ofrecerle una compensación de algún tipo. El mejor pago puede ser un cambio auténtico en su vida (lo que puede implicar consejería espiritual, ayuda psicológica profesional o terapia). Pídale a Dios que le dé sabiduría para determinar la manera adecuada de responder. Pídale también valentía y fortaleza para cumplir su compromiso con la persona agraviada.

❸ *Acepte el perdón.*
Si ha pecado contra Dios y se ha arrepentido, puede tener la seguridad de que Él le ha perdonado. Su Palabra promete que Él le perdonará (1 Jn 1.9), y el Señor siempre cumple su palabra. Si ha pecado contra otra persona y ésta le perdona, acepte de verdad sus palabras de perdón. No intente cuestionar su sinceridad ni sus motivos.

¿Y si alguien, a quien ha pedido perdón, se niega a perdonarle? La responsabilidad será entonces de esa persona, no suya, por no haber perdonado. Usted hizo lo que el Señor le pidió, y por lo tanto usted es inocente delante de Él.

Para un estudio más a fondo, véase el Índice de Principios de vida:

2. *Obedezcamos a Dios y dejemos las consecuencias en sus manos.*
15. *El quebrantamiento es el requisito de Dios para que seamos útiles al máximo.*

del becerro al pie del altar del holocausto, que
está a la puerta del tabernáculo de reunión.
8 Y tomará del becerro para la expiación toda
su grosura, la que cubre los intestinos, y la que
está sobre las entrañas,
9 los dos riñones, la grosura que está sobre
ellos, y la que está sobre los ijares; y con los
riñones quitará la grosura de sobre el hígado,
10 de la manera que se quita del buey del
sacrificio de paz; y el sacerdote la hará arder
sobre el altar del holocausto.
11 Y la piel del becerro, y toda su carne, con
su cabeza, sus piernas, sus intestinos y su
estiércol,
12 en fin, todo el becerro sacará fuera del campamento a un lugar limpio, donde se echan las
cenizas, y lo quemará al fuego sobre la leña; en
donde se echan las cenizas será quemado.
13 Si toda la congregación de Israel hubiere
errado, y el yerro estuviere oculto a los ojos
del pueblo, y hubieren hecho algo contra alguno de los mandamientos de Jehová en cosas
que no se han de hacer, y fueren culpables;
14 luego que llegue a ser conocido el pecado
que cometieren, la congregación ofrecerá un
becerro por expiación, y lo traerán delante del
tabernáculo de reunión.
15 Y los ancianos de la congregación pondrán
sus manos sobre la cabeza del becerro delante de Jehová, y en presencia de Jehová degollarán aquel becerro.
16 Y el sacerdote ungido meterá de la sangre
del becerro en el tabernáculo de reunión,
17 y mojará el sacerdote su dedo en la misma
sangre, y rociará siete veces delante de Jehová hacia el velo.
18 Y de aquella sangre pondrá sobre los cuernos del altar que está delante de Jehová en el
tabernáculo de reunión, y derramará el resto

de la sangre al pie del altar del holocausto, que
está a la puerta del tabernáculo de reunión.
19 Y le quitará toda la grosura y la hará arder
sobre el altar.
20 Y hará de aquel becerro como hizo con el
becerro de la expiación; lo mismo hará de él;
así hará el sacerdote expiación por ellos, y
obtendrán perdón.
21 Y sacará el becerro fuera del campamento,
y lo quemará como quemó el primer becerro;
expiación es por la congregación.
22 Cuando pecare un jefe, e hiciere por yerro
algo contra alguno de todos los mandamientos de Jehová su Dios sobre cosas que no se
han de hacer, y pecare;
23 luego que conociere su pecado que cometió, presentará por su ofrenda un macho
cabrío sin defecto.
24 Y pondrá su mano sobre la cabeza del
macho cabrío, y lo degollará en el lugar donde se degüella el holocausto, delante de Jehová; es expiación.
25 Y con su dedo el sacerdote tomará de la
sangre de la expiación, y la pondrá sobre los
cuernos del altar del holocausto, y derramará el resto de la sangre al pie del altar del
holocausto,
26 y quemará toda su grosura sobre el altar,
como la grosura del sacrificio de paz; así el
sacerdote hará por él la expiación de su pecado, y tendrá perdón.
27 Si alguna persona del pueblo pecare por
yerro, haciendo algo contra alguno de los
mandamientos de Jehová en cosas que no se
han de hacer, y delinquiere;
28 luego que conociere su pecado que cometió, traerá por su ofrenda una cabra, una cabra
sin defecto, por su pecado que cometió.
29 Y pondrá su mano sobre la cabeza de la
ofrenda de la expiación, y la degollará en el
lugar del holocausto.
30 Luego con su dedo el sacerdote tomará de
la sangre, y la pondrá sobre los cuernos del
altar del holocausto, y derramará el resto de
la sangre al pie del altar.
31 Y le quitará toda su grosura, de la manera que fue quitada la grosura del sacrificio de
paz; y el sacerdote la hará arder sobre el altar
en olor grato a Jehová; así hará el sacerdote
expiación por él, y será perdonado.[a]
32 Y si por su ofrenda por el pecado trajere
cordero, hembra sin defecto traerá.
33 Y pondrá su mano sobre la cabeza de
la ofrenda de expiación, y la degollará por
expiación en el lugar donde se degüella el
holocausto.
34 Después con su dedo el sacerdote tomará de
la sangre de la expiación, y la pondrá sobre los
cuernos del altar del holocausto, y derramará
el resto de la sangre al pie del altar.
35 Y le quitará toda su grosura, como fue
quitada la grosura del sacrificio de paz, y
el sacerdote la hará arder en el altar sobre
la ofrenda encendida a Jehová; y le hará el
sacerdote expiación de su pecado que habrá
cometido, y será perdonado.
5 SI alguno pecare por haber sido llamado a
testificar, y fuere testigo que vio, o supo, y
no lo denunciare, él llevará su pecado.
2 Asimismo la persona que hubiere tocado
cualquiera cosa inmunda, sea cadáver de bestia inmunda, o cadáver de animal inmundo,
o cadáver de reptil inmundo, bien que no lo
supiere, será inmunda y habrá delinquido.
3 O si tocare inmundicia de hombre, cualquiera inmundicia suya con que fuere inmundo, y
no lo echare de ver, si después llegare a saberlo, será culpable.
4 O si alguno jurare a la ligera con sus labios
hacer mal o hacer bien, en cualquiera cosa
que el hombre profiere con juramento, y él no
lo entendiere; si después lo entiende, será culpable por cualquiera de estas cosas.
5 Cuando pecare en alguna de estas cosas,
confesará aquello en que pecó,
6 y para su expiación traerá a Jehová por su
pecado que cometió, una hembra de los rebaños, una cordera o una cabra como ofrenda
de expiación; y el sacerdote le hará expiación
por su pecado.
7 Y si no tuviere lo suficiente para un cordero, traerá a Jehová en expiación por su pecado
que cometió, dos tórtolas o dos palominos, el
uno para expiación, y el otro para holocausto.
8 Y los traerá al sacerdote, el cual ofrecerá primero el que es para expiación; y le arrancará de su cuello la cabeza, mas no la separará
por completo.
9 Y rociará de la sangre de la expiación sobre
la pared del altar; y lo que sobrare de la sangre lo exprimirá al pie del altar; es expiación.
10 Y del otro hará holocausto conforme al rito;
así el sacerdote hará expiación por el pecado
de aquel que lo cometió, y será perdonado.
11 Mas si no tuviere lo suficiente para dos
tórtolas, o dos palominos, el que pecó traerá como ofrenda la décima parte de un efa
de flor de harina para expiación. No pondrá
sobre ella aceite, ni sobre ella pondrá incienso, porque es expiación.
12 La traerá, pues, al sacerdote, y el sacerdote
tomará de ella su puño lleno, para memoria de
él, y la hará arder en el altar sobre las ofrendas encendidas a Jehová; es expiación.
13 Y hará el sacerdote expiación por él en
cuanto al pecado que cometió en alguna de
estas cosas, y será perdonado; y el sobrante será del sacerdote, como la ofrenda de
vianda.

Ofrendas expiatorias
14 Habló más Jehová a Moisés, diciendo:
15 Cuando alguna persona cometiere falta, y
pecare por yerro en las cosas santas de Jehová, traerá por su culpa a Jehová un carnero sin defecto de los rebaños, conforme a tu

a. 4.27-31 Nm 15.27-28.

estimación en siclos de plata del siclo del santuario, en ofrenda por el pecado.
16 Y pagará lo que hubiere defraudado de las
cosas santas, y añadirá a ello la quinta parte, y
lo dará al sacerdote; y el sacerdote hará expiación por él con el carnero del sacrificio por el
pecado, y será perdonado.
➤ 17 Finalmente, si una persona pecare, o hiciere alguna de todas aquellas cosas que por
mandamiento de Jehová no se han de hacer,
aun sin hacerlo a sabiendas, es culpable, y llevará su pecado.
18 Traerá, pues, al sacerdote para expiación,
según tú lo estimes, un carnero sin defecto
de los rebaños; y el sacerdote le hará expiación por el yerro que cometió por ignorancia,
y será perdonado.
19 Es infracción, y ciertamente delinquió contra Jehová.
6 HABLÓ Jehová a Moisés, diciendo:
2 Cuando una persona pecare e hiciere
prevaricación contra Jehová, y negare a su
prójimo lo encomendado o dejado en su mano,
o bien robare o calumniare a su prójimo,
3 o habiendo hallado lo perdido después lo
negare, y jurare en falso; en alguna de todas
aquellas cosas en que suele pecar el hombre,
4 entonces, habiendo pecado y ofendido, restituirá aquello que robó, o el daño de la calumnia, o el depósito que se le encomendó, o lo
perdido que halló,
➤ 5 o todo aquello sobre que hubiere jurado
falsamente; lo restituirá por entero a aquel
a quien pertenece, y añadirá a ello la quinta
parte, en el día de su expiación.
6 Y para expiación de su culpa traerá a Jehová un carnero sin defecto de los rebaños, conforme a tu estimación, y lo dará al sacerdote
para la expiación.
7 Y el sacerdote hará expiación por él delante de Jehová, y obtendrá perdón de cualquiera
de todas las cosas en que suele ofender.[a]

Leyes de los sacrificios

8 Habló aún Jehová a Moisés, diciendo:
9 Manda a Aarón y a sus hijos, y diles: Ésta
es la ley del holocausto: el holocausto estará
sobre el fuego encendido sobre el altar toda
la noche, hasta la mañana; el fuego del altar
arderá en él.
10 Y el sacerdote se pondrá su vestidura de
lino, y vestirá calzoncillos de lino sobre su
cuerpo; y cuando el fuego hubiere consumido
el holocausto, apartará él las cenizas de sobre
el altar, y las pondrá junto al altar.
11 Después se quitará sus vestiduras y se pondrá otras ropas, y sacará las cenizas fuera del
campamento a un lugar limpio.
12 Y el fuego encendido sobre el altar no se
apagará, sino que el sacerdote pondrá en él
leña cada mañana, y acomodará el holocausto sobre él, y quemará sobre él las grosuras de
los sacrificios de paz.
13 El fuego arderá continuamente en el altar;
no se apagará.
14 Ésta es la ley de la ofrenda: La ofrecerán
los hijos de Aarón delante de Jehová ante el
altar.
15 Y tomará de ella un puñado de la flor de
harina de la ofrenda, y de su aceite, y todo el
incienso que está sobre la ofrenda, y lo hará
arder sobre el altar por memorial en olor grato a Jehová.
16 Y el sobrante de ella lo comerán Aarón
y sus hijos; sin levadura se comerá en lugar
santo; en el atrio del tabernáculo de reunión
lo comerán.
17 No se cocerá con levadura; la he dado a
ellos por su porción de mis ofrendas encendidas; es cosa santísima, como el sacrificio por
el pecado, y como el sacrificio por la culpa.
18 Todos los varones de los hijos de Aarón
comerán de ella. Estatuto perpetuo será para
vuestras generaciones tocante a las ofrendas
encendidas para Jehová; toda cosa que tocare
en ellas será santificada.
19 Habló también Jehová a Moisés, diciendo:
20 Ésta es la ofrenda de Aarón y de sus hijos,
que ofrecerán a Jehová el día que fueren ungidos: la décima parte de un efa de flor de harina, ofrenda perpetua, la mitad a la mañana y
la mitad a la tarde.
21 En sartén se preparará con aceite; frita la
traerás, y los pedazos cocidos de la ofrenda
ofrecerás en olor grato a Jehová.
22 Y el sacerdote que en lugar de Aarón fuere ungido de entre sus hijos, hará igual ofrenda. Es estatuto perpetuo de Jehová; toda ella
será quemada.
23 Toda ofrenda de sacerdote será enteramente quemada; no se comerá.
24 Y habló Jehová a Moisés, diciendo:
25 Habla a Aarón y a sus hijos, y diles: Ésta es
la ley del sacrificio expiatorio: en el lugar donde se degüella el holocausto, será degollada la

LECCIONES DE VIDA

➤ *5.17 — aun sin hacerlo a sabiendas, es culpable, y llevará su pecado.*

La culpa es algo muy real, no simplemente un sentimiento. Puede que los pecadores endurecidos no sientan ninguna culpa, pero el hecho es que llevan mucha encima. Por eso necesitamos la sangre de Cristo para ser limpios de *todo* pecado (1 Jn 1.7).

➤ *6.5 — O todo aquello sobre que hubiere jurado falsamente; lo restituirá por entero a aquel a quien pertenece, y añadirá a ello la quinta parte.*

Cuando hemos engañado o perjudicado a alguien, el verdadero arrepentimiento exige restitución. No basta con decir «lo siento» o «perdóname, por favor». Tenemos que corregir el mal hecho (Lc 19.8).

LO QUE LA BIBLIA DICE ACERCA DE
LA EXPIACIÓN

Lv 6.6, 7

En relación con el perdón de Dios, el Antiguo Testamento usa una palabra muy interesante: «expiación». Levítico le dice al pecador hebreo que lleve una ofrenda por la culpa al sacerdote, quien «hará expiación por él delante de Jehová, y obtendrá perdón de cualquiera de todas las cosas en que suele ofender» (6.7).

Expiación significa «cubrir». Es la misma palabra hebrea utilizada en Génesis 6.14, donde Dios instruye a Noé sobre cómo construir el arca. «Hazte un arca de madera de gofer; harás aposentos en el arca, y la calafatearás [*cubrirás*] con brea por dentro y por fuera».

Aunque el sistema de sacrificios funcionó adecuadamente por un tiempo, era temporal e inadecuado por naturaleza. Los pecados de quienes vivían bajo el sistema levítico eran perdonados, pero ellos seguían llevando la carga por su naturaleza pecaminosa. Cada vez que pecaban, tenían la obligación de hacer una ofrenda. Además, no todas sus transgresiones podían ser expiadas, como en el caso de ciertas violaciones deliberadas de la ley (Lv 4). Por tanto, el pecado seguía teniendo poder sobre ellos. ¿Por qué razón? Porque la sangre de animales no puede pagar toda la deuda en que los pecadores han incurrido. «Pero en estos sacrificios cada año se hace memoria de los pecados; porque la sangre de los toros y de los machos cabríos no puede quitar los pecados» (He 10.3, 4).

En la economía de Dios, el pecado crea un déficit. Cada vez que se comete un pecado, algo se le quita o se le exige al pecador, hasta que Dios llega a exigir la muerte como pago por el pecado. Por eso, Pablo escribe: «Como el pecado entró en el mundo por un hombre, y por el pecado la muerte, así la muerte pasó a todos los hombres, por cuanto todos pecaron» (Ro 5.12).

Si la pena por el pecado es la muerte, ¿por qué Dios no quitó inmediatamente la vida a Adán y a Eva? ¿Acaso no había dicho que el día que pecaran de cierto morirían (Gn 2.17)? ¿Por qué no hace lo mismo con todos los pecadores? ¿Por qué dar un sistema inadecuado para encarar nuestra naturaleza pecaminosa?

La respuesta es sencilla, pero trascendental. Dios estaba proveyendo «la sombra de los bienes venideros» (He 10.1), para mostrarnos lo mucho que necesitamos del Señor, y para enseñarnos a tener fe en que Él puede darnos vida eterna.

Dios está interesado en algo más que la retribución. Desea algo más que un pago por nuestra irreverencia. *Dios quiere tener compañerismo con nosotros.* Él voluntariamente paga el precio supremo para salvarnos de nuestro pecado y reconciliarnos con Él, como sólo Dios puede hacerlo. No con el perdón de pecados, uno por uno, sino un perdón para todos y de una sola vez (He 10.10). Es por eso que, por su muerte en la cruz y su resurrección, Jesús sustituye totalmente nuestra naturaleza pecaminosa por su justicia, para que podamos tener comunión eterna con Él (2 Co 5.17-19).

Entonces, «¿quién me librará de este cuerpo de muerte? Gracias doy a Dios, por Jesucristo Señor nuestro» (Ro 7.24, 25).

Dios está interesado en algo más que la retribución.

Para un estudio más a fondo, véase el Índice de Principios de vida:

1. *Nuestra intimidad con Dios, que es su prioridad para nosotros, determina el impacto que causen nuestras vidas.*
12. *La paz con Dios es fruto de nuestra unidad con Él.*

ofrenda por el pecado delante de Jehová; es
cosa santísima.
26 El sacerdote que la ofreciere por el pecado,
la comerá; en lugar santo será comida, en el
atrio del tabernáculo de reunión.
27 Todo lo que tocare su carne, será santificado; y si salpicare su sangre sobre el vestido, lavarás aquello sobre que cayere, en lugar
santo.
28 Y la vasija de barro en que fuere cocida,
será quebrada; y si fuere cocida en vasija de
bronce, será fregada y lavada con agua.
29 Todo varón de entre los sacerdotes la
comerá; es cosa santísima.
30 Mas no se comerá ninguna ofrenda de
cuya sangre se metiere en el tabernáculo de
reunión para hacer expiación en el santuario;
al fuego será quemada.

7 ASIMISMO ésta es la ley del sacrificio por
la culpa; es cosa muy santa.
2 En el lugar donde degüellan el holocausto,
degollarán la víctima por la culpa; y rociará
su sangre alrededor sobre el altar.
3 Y de ella ofrecerá toda su grosura, la cola, y
la grosura que cubre los intestinos,
4 los dos riñones, la grosura que está sobre
ellos, y la que está sobre los ijares; y con los
riñones quitará la grosura de sobre el hígado.
5 Y el sacerdote lo hará arder sobre el altar,
ofrenda encendida a Jehová; es expiación de
la culpa.
6 Todo varón de entre los sacerdotes la comerá; será comida en lugar santo; es cosa muy
santa.
7 Como el sacrificio por el pecado, así es el
sacrificio por la culpa; una misma ley tendrán; será del sacerdote que hiciere la expiación con ella.
8 Y el sacerdote que ofreciere holocausto de
alguno, la piel del holocausto que ofreciere
será para él.
9 Asimismo toda ofrenda que se cociere en
horno, y todo lo que fuere preparado en sartén o en cazuela, será del sacerdote que lo
ofreciere.
10 Y toda ofrenda amasada con aceite, o seca,
será de todos los hijos de Aarón, tanto de uno
como de otro.
11 Y ésta es la ley del sacrificio de paz que se
ofrecerá a Jehová:
12 Si se ofreciere en acción de gracias, ofrecerá por sacrificio de acción de gracias tortas
sin levadura amasadas con aceite, y hojaldres
sin levadura untadas con aceite, y flor de harina frita en tortas amasadas con aceite.
13 Con tortas de pan leudo presentará su
ofrenda en el sacrificio de acciones de gracias de paz.
14 Y de toda la ofrenda presentará una parte por ofrenda elevada a Jehová, y será del
sacerdote que rociare la sangre de los sacrificios de paz.
15 Y la carne del sacrificio de paz en acción de
gracias se comerá en el día que fuere ofrecida;
no dejarán de ella nada para otro día.
16 Mas si el sacrificio de su ofrenda fuere
voto, o voluntario, será comido en el día que
ofreciere su sacrificio, y lo que de él quedare,
lo comerán al día siguiente;
17 y lo que quedare de la carne del sacrificio
hasta el tercer día, será quemado en el fuego.
18 Si se comiere de la carne del sacrificio de
paz al tercer día, el que lo ofreciere no será
acepto, ni le será contado; abominación será,
y la persona que de él comiere llevará su
pecado.
19 Y la carne que tocare alguna cosa inmunda, no se comerá; al fuego será quemada. Toda
persona limpia podrá comer la carne;
20 pero la persona que comiere la carne del
sacrificio de paz, el cual es de Jehová, estando inmunda, aquella persona será cortada de
entre su pueblo.
21 Además, la persona que tocare alguna cosa
inmunda, inmundicia de hombre, o animal
inmundo, o cualquier abominación inmunda,
y comiere la carne del sacrificio de paz, el cual
es de Jehová, aquella persona será cortada de
entre su pueblo.
22 Habló más Jehová a Moisés, diciendo:
23 Habla a los hijos de Israel, diciendo: Ninguna grosura de buey ni de cordero ni de
cabra comeréis.
24 La grosura de animal muerto, y la grosura del que fue despedazado por fieras, se dispondrá para cualquier otro uso, mas no la
comeréis.
25 Porque cualquiera que comiere grosura de
animal, del cual se ofrece a Jehová ofrenda
encendida, la persona que lo comiere será cortada de entre su pueblo.
26 Además, ninguna sangre comeréis en ningún lugar en donde habitéis, ni de aves ni de
bestias.
27 Cualquiera persona que comiere de alguna sangre, la tal persona será cortada de entre
su pueblo.[a]
28 Habló más Jehová a Moisés, diciendo:
29 Habla a los hijos de Israel y diles: El que
ofreciere sacrificio de paz a Jehová, traerá su
ofrenda del sacrificio de paz ante Jehová.
30 Sus manos traerán las ofrendas que se han
de quemar ante Jehová; traerá la grosura con
el pecho; el pecho para que sea mecido como
sacrificio mecido delante de Jehová.
31 Y la grosura la hará arder el sacerdote en
el altar, mas el pecho será de Aarón y de sus
hijos.
32 Y daréis al sacerdote para ser elevada en
ofrenda, la espaldilla derecha de vuestros
sacrificios de paz.
33 El que de los hijos de Aarón ofreciere la
sangre de los sacrificios de paz, y la grosura,

a. 7.26-27 Gn 9.4; Lv 17.10-14; 19.26; Dt 12.16, 23; 15.23.

recibirá la espaldilla derecha como porción
suya.
34 Porque he tomado de los sacrificios de paz
de los hijos de Israel el pecho que se mece y la
espaldilla elevada en ofrenda, y lo he dado a
Aarón el sacerdote y a sus hijos, como estatuto perpetuo para los hijos de Israel.
35 Ésta es la porción de Aarón y la porción de
sus hijos, de las ofrendas encendidas a Jehová, desde el día que él los consagró para ser
sacerdotes de Jehová,
36 la cual mandó Jehová que les diesen, desde el día que él los ungió de entre los hijos
de Israel, como estatuto perpetuo en sus
generaciones.
37 Ésta es la ley del holocausto, de la ofrenda,
del sacrificio por el pecado, del sacrificio por
la culpa, de las consagraciones y del sacrificio de paz,
38 la cual mandó Jehová a Moisés en el monte
de Sinaí, el día que mandó a los hijos de Israel
que ofreciesen sus ofrendas a Jehová, en el
desierto de Sinaí.

Consagración de Aarón y de sus hijos
(Éx 29.1-37)

8 HABLÓ Jehová a Moisés, diciendo:
2 Toma a Aarón y a sus hijos con él, y las
vestiduras, el aceite de la unción, el becerro de
la expiación, los dos carneros, y el canastillo
de los panes sin levadura;
3 y reúne toda la congregación a la puerta del
tabernáculo de reunión.
4 Hizo, pues, Moisés como Jehová le mandó,
y se reunió la congregación a la puerta del
tabernáculo de reunión.
5 Y dijo Moisés a la congregación: Esto es lo
que Jehová ha mandado hacer.
6 Entonces Moisés hizo acercarse a Aarón y a
sus hijos, y los lavó con agua.
7 Y puso sobre él la túnica, y le ciñó con el
cinto; le vistió después el manto, y puso sobre
él el efod, y lo ciñó con el cinto del efod, y lo
ajustó con él.
8 Luego le puso encima el pectoral, y puso
dentro del mismo los Urim y Tumim.
9 Después puso la mitra sobre su cabeza, y
sobre la mitra, en frente, puso la lámina de
oro, la diadema santa, como Jehová había
mandado a Moisés.
10 Y tomó Moisés el aceite de la unción y
ungió el tabernáculo y todas las cosas que
estaban en él, y las santificó.
11 Y roció de él sobre el altar siete veces, y
ungió el altar y todos sus utensilios, y la fuente y su base, para santificarlos.
12 Y derramó del aceite de la unción sobre la
cabeza de Aarón, y lo ungió para santificarlo.
13 Después Moisés hizo acercarse los hijos
de Aarón, y les vistió las túnicas, les ciñó con
cintos, y les ajustó las tiaras, como Jehová lo
había mandado a Moisés.
14 Luego hizo traer el becerro de la expiación,
y Aarón y sus hijos pusieron sus manos sobre
la cabeza del becerro de la expiación,
15 y lo degolló; y Moisés tomó la sangre, y
puso con su dedo sobre los cuernos del altar
alrededor, y purificó el altar; y echó la demás
sangre al pie del altar, y lo santificó para
reconciliar sobre él.
16 Después tomó toda la grosura que estaba
sobre los intestinos, y la grosura del hígado, y
los dos riñones, y la grosura de ellos, y lo hizo
arder Moisés sobre el altar.
17 Mas el becerro, su piel, su carne y su estiércol, lo quemó al fuego fuera del campamento,
como Jehová lo había mandado a Moisés.
18 Después hizo que trajeran el carnero del
holocausto, y Aarón y sus hijos pusieron sus
manos sobre la cabeza del carnero;
19 y lo degolló; y roció Moisés la sangre sobre
el altar alrededor,
20 y cortó el carnero en trozos; y Moisés hizo
arder la cabeza, y los trozos, y la grosura.
21 Lavó luego con agua los intestinos y las
piernas, y quemó Moisés todo el carnero
sobre el altar; holocausto de olor grato, ofrenda encendida para Jehová, como Jehová lo
había mandado a Moisés.
22 Después hizo que trajeran el otro carnero, el carnero de las consagraciones, y Aarón
y sus hijos pusieron sus manos sobre la cabeza del carnero.
23 Y lo degolló; y tomó Moisés de la sangre, y
la puso sobre el lóbulo de la oreja derecha de
Aarón, sobre el dedo pulgar de su mano derecha, y sobre el dedo pulgar de su pie derecho.
24 Hizo acercarse luego los hijos de Aarón, y
puso Moisés de la sangre sobre el lóbulo de
sus orejas derechas, sobre los pulgares de sus
manos derechas, y sobre los pulgares de sus
pies derechos; y roció Moisés la sangre sobre
el altar alrededor.
25 Después tomó la grosura, la cola, toda la
grosura que estaba sobre los intestinos, la grosura del hígado, los dos riñones y la grosura
de ellos, y la espaldilla derecha.
26 Y del canastillo de los panes sin levadura,
que estaba delante de Jehová, tomó una torta sin levadura, y una torta de pan de aceite, y
una hojaldre, y lo puso con la grosura y con la
espaldilla derecha.
27 Y lo puso todo en las manos de Aarón, y en
las manos de sus hijos, e hizo mecerlo como
ofrenda mecida delante de Jehová.
28 Después tomó aquellas cosas Moisés de
las manos de ellos, y las hizo arder en el altar
sobre el holocausto; eran las consagraciones
en olor grato, ofrenda encendida a Jehová.
29 Y tomó Moisés el pecho, y lo meció, ofrenda mecida delante de Jehová; del carnero de
las consagraciones aquella fue la parte de
Moisés, como Jehová lo había mandado a
Moisés.
30 Luego tomó Moisés del aceite de la unción,
y de la sangre que estaba sobre el altar, y roció
sobre Aarón, y sobre sus vestiduras, sobre sus
hijos, y sobre las vestiduras de sus hijos con

Ejemplos de vida

AARÓN

Un compromiso fatal

LV 8.2, 3

Aarón —el hermano mayor de Moisés, su mano derecha y portavoz durante el tiempo del éxodo— recibió un llamamiento divino muy alto: servir como sacerdote para la nación liberada (Lv 8.1–36). Como esta enorme tarea implicaba también una gran responsabilidad, un hombre así tenía que vivir de manera irreprochable.

Por desgracia, Aarón demostró debilidad a la hora de hacer concesiones poco sabias. En un momento crucial en que Moisés y el pueblo necesitaban que se mantuviera firme, cedió al clamor de los israelitas e hizo un becerro de fundición de oro para que lo adoraran. Por esta falta, Aarón perdió lo mejor que Dios tenía para él, y condenó a muchos israelitas a tener un encuentro fatal con el Dios santo. La transigencia de Aarón condujo a la muerte de tres mil compatriotas hebreos (Éx 32.28).

Aarón nos recuerda que Dios exige obediencia total a su Palabra, sin importar cuán tentador pueda parecer el acceder.

Para un estudio más a fondo, véase el Índice de Principios de vida:

2. *Obedezcamos a Dios y dejemos las consecuencias en sus manos.*

él; y santificó a Aarón y sus vestiduras y a sus
hijos y las vestiduras de sus hijos con él.
31 Y dijo Moisés a Aarón y a sus hijos: Her-
vid la carne a la puerta del tabernáculo de
reunión; y comedla allí con el pan que está
en el canastillo de las consagraciones, según
yo he mandado, diciendo: Aarón y sus hijos
la comerán.
32 Y lo que sobre de la carne y del pan, lo quemaréis al fuego.
33 De la puerta del tabernáculo de reunión no
saldréis en siete días, hasta el día que se cumplan los días de vuestras consagraciones; porque por siete días seréis consagrados.
34 De la manera que hoy se ha hecho, mandó
hacer Jehová para expiaros.
35 A la puerta, pues, del tabernáculo de reunión
estaréis día y noche por siete días, y guardaréis
la ordenanza delante de Jehová, para que no
muráis; porque así me ha sido mandado.
36 Y Aarón y sus hijos hicieron todas las cosas
que mandó Jehová por medio de Moisés.

Los sacrificios de Aarón
(Éx 29.1-37)

9 EN el día octavo, Moisés llamó a Aarón y a
sus hijos, y a los ancianos de Israel;
2 y dijo a Aarón: Toma de la vacada un becerro
para expiación, y un carnero para holocausto,
sin defecto, y ofrécelos delante de Jehová.
3 Y a los hijos de Israel hablarás diciendo:
Tomad un macho cabrío para expiación, y un
becerro y un cordero de un año, sin defecto,
para holocausto.
4 Asimismo un buey y un carnero para sacrificio de paz, que inmoléis delante de Jehová,
y una ofrenda amasada con aceite; porque
Jehová se aparecerá hoy a vosotros.
5 Y llevaron lo que mandó Moisés delante del
tabernáculo de reunión, y vino toda la congregación y se puso delante de Jehová.
6 Entonces Moisés dijo: Esto es lo que mandó Jehová; hacedlo, y la gloria de Jehová se
os aparecerá.
7 Y dijo Moisés a Aarón: Acércate al altar,
y haz tu expiación y tu holocausto, y haz la
reconciliación por ti y por el pueblo; haz también la ofrenda del pueblo, y haz la reconciliación por ellos, como ha mandado Jehová.
8 Entonces se acercó Aarón al altar y degolló
el becerro de la expiación que era por él.
9 Y los hijos de Aarón le trajeron la sangre; y
él mojó su dedo en la sangre, y puso de ella
sobre los cuernos del altar, y derramó el resto
de la sangre al pie del altar.
10 E hizo arder sobre el altar la grosura con
los riñones y la grosura del hígado de la
expiación, como Jehová lo había mandado a
Moisés.
11 Mas la carne y la piel las quemó al fuego
fuera del campamento.
12 Degolló asimismo el holocausto, y los hijos
de Aarón le presentaron la sangre, la cual
roció él alrededor sobre el altar.

LECCIONES DE VIDA

➤ ***8.35 — así me ha sido mandado.***

Aun en la adoración, Moisés hacía sólo lo que Dios le mandaba. Dios es quien dirige, y nosotros debemos seguir sus instrucciones. Esto lo entendieron los más grandes siervos de Dios, y lo mismo debemos hacer nosotros si nuestro propósito es agradarle.

13 Después le presentaron el holocausto pieza por pieza, y la cabeza; y lo hizo quemar
sobre el altar.
14 Luego lavó los intestinos y las piernas, y
los quemó sobre el holocausto en el altar.
15 Ofreció también la ofrenda del pueblo, y
tomó el macho cabrío que era para la expiación del pueblo, y lo degolló, y lo ofreció por
el pecado como el primero.
16 Y ofreció el holocausto, e hizo según el rito.
17 Ofreció asimismo la ofrenda, y llenó de ella
su mano, y la hizo quemar sobre el altar, además del holocausto de la mañana.
18 Degolló también el buey y el carnero en
sacrificio de paz, que era del pueblo;[a] y los
hijos de Aarón le presentaron la sangre, la
cual roció él sobre el altar alrededor;
19 y las grosuras del buey y del carnero, la
cola, la grosura que cubre los intestinos, los
riñones, y la grosura del hígado;
20 y pusieron las grosuras sobre los pechos, y
él las quemó sobre el altar.
21 Pero los pechos, con la espaldilla derecha,
los meció Aarón como ofrenda mecida delante de Jehová, como Jehová lo había mandado a Moisés.
22 Después alzó Aarón sus manos hacia el
pueblo y lo bendijo;[b] y después de hacer la
expiación, el holocausto y el sacrificio de paz,
descendió.
23 Y entraron Moisés y Aarón en el tabernáculo de reunión, y salieron y bendijeron al
pueblo; y la gloria de Jehová se apareció a
todo el pueblo.
➤ 24 Y salió fuego de delante de Jehová, y consumió el holocausto con las grosuras sobre el
altar; y viéndolo todo el pueblo, alabaron, y se
postraron sobre sus rostros.

El pecado de Nadab y Abiú

10 NADAB y Abiú, hijos de Aarón, tomaron cada uno su incensario, y pusieron
en ellos fuego, sobre el cual pusieron incienso,
y ofrecieron delante de Jehová fuego extraño,
que él nunca les mandó.
2 Y salió fuego de delante de Jehová y los quemó, y murieron delante de Jehová.
➤ 3 Entonces dijo Moisés a Aarón: Esto es lo
que habló Jehová, diciendo: En los que a mí se
acercan me santificaré, y en presencia de todo
el pueblo seré glorificado. Y Aarón calló.
4 Y llamó Moisés a Misael y a Elzafán, hijos
de Uziel tío de Aarón, y les dijo: Acercaos y
sacad a vuestros hermanos de delante del santuario, fuera del campamento.
5 Y ellos se acercaron y los sacaron con sus túnicas fuera del campamento, como dijo Moisés.
6 Entonces Moisés dijo a Aarón, y a Eleazar e
Itamar sus hijos: No descubráis vuestras cabezas, ni rasguéis vuestros vestidos en señal de
duelo, para que no muráis, ni se levante la
ira sobre toda la congregación; pero vuestros
hermanos, toda la casa de Israel, sí lamentarán por el incendio que Jehová ha hecho.
7 Ni saldréis de la puerta del tabernáculo de
reunión, porque moriréis; por cuanto el aceite
de la unción de Jehová está sobre vosotros. Y
ellos hicieron conforme al dicho de Moisés.
8 Y Jehová habló a Aarón, diciendo:
9 Tú, y tus hijos contigo, no beberéis vino
ni sidra cuando entréis en el tabernáculo de
reunión, para que no muráis; estatuto perpetuo será para vuestras generaciones,
10 para poder discernir entre lo santo y lo
profano, y entre lo inmundo y lo limpio,
11 y para enseñar a los hijos de Israel todos
los estatutos que Jehová les ha dicho por
medio de Moisés.
12 Y Moisés dijo a Aarón, y a Eleazar y a Itamar sus hijos que habían quedado: Tomad la
ofrenda que queda de las ofrendas encendidas a Jehová, y comedla sin levadura junto al
altar, porque es cosa muy santa.
13 La comeréis, pues, en lugar santo; porque
esto es para ti y para tus hijos, de las ofrendas encendidas a Jehová, pues que así me ha
sido mandado.[a]
14 Comeréis asimismo en lugar limpio, tú y
tus hijos y tus hijas contigo, el pecho mecido y
la espaldilla elevada, porque por derecho son
tuyos y de tus hijos, dados de los sacrificios de
paz de los hijos de Israel.
15 Con las ofrendas de las grosuras que se
han de quemar, traerán la espaldilla que se
ha de elevar y el pecho que será mecido como
ofrenda mecida delante de Jehová; y será por
derecho perpetuo tuyo y de tus hijos, como
Jehová lo ha mandado.[b]

a. 9.18 Lv 3.1-11. **b. 9.22** Nm 6.22-26. **a. 10.12-13** Lv 6.14-18.
b. 10.14-15 Lv 7.30-34.

LECCIONES DE VIDA

➤ ***9.24 — Y salió fuego de delante de Jehová, y consumió el holocausto con las grosuras sobre el altar; y viéndolo todo el pueblo, alabaron, y se postraron sobre sus rostros.***

¿Cuántas veces venimos a la casa del Señor para ofrecernos sinceramente a Él en adoración (Ro 12.1, 2)? Todos los mandamientos y detalles que Dios dio por medio de sus profetas, nos muestran que hay una manera correcta de adorarle: ofrecernos a Él como su pueblo santo y obediente. Cuando hacemos nuestra parte, Dios hace la suya, y somos bendecidos al ver su gloria.

➤ ***10.3 — me santificaré, y en presencia de todo el pueblo seré glorificado.***

Aunque hemos sido salvados por gracia por la fe en Cristo (Ef 2.8), la naturaleza de Dios no ha cambiado. No podemos olvidar que Dios insiste que lo tratemos como santo, especialmente cuando le servimos (Mt 5.17-19; 1 P 1.14-19).

16 Y Moisés preguntó por el macho cabrío de la
expiación, y se halló que había sido quemado; y
se enojó contra Eleazar e Itamar, los hijos que
habían quedado de Aarón, diciendo:
17 ¿Por qué no comisteis la expiación en lugar
santo? Pues es muy santa,[c] y la dio él a vosotros para llevar la iniquidad de la congregación, para que sean reconciliados delante de
Jehová.
18 Ved que la sangre no fue llevada dentro del
santuario; y vosotros debíais comer la ofrenda
en el lugar santo, como yo mandé.
19 Y respondió Aarón a Moisés: He aquí hoy
han ofrecido su expiación y su holocausto
delante de Jehová; pero a mí me han sucedido estas cosas, y si hubiera yo comido hoy
del sacrificio de expiación, ¿sería esto grato
a Jehová?
20 Y cuando Moisés oyó esto, se dio por
satisfecho.

Animales limpios e inmundos

(Dt 14.3-21)

11 HABLÓ Jehová a Moisés y a Aarón,
diciéndoles:
2 Hablad a los hijos de Israel y decidles: Éstos
son los animales que comeréis de entre todos
los animales que hay sobre la tierra.
3 De entre los animales, todo el que tiene
pezuña hendida y que rumia, éste comeréis.
4 Pero de los que rumian o que tienen pezuña,
no comeréis éstos: el camello, porque rumia
pero no tiene pezuña hendida, lo tendréis por
inmundo.
5 También el conejo, porque rumia, pero no
tiene pezuña, lo tendréis por immundo.
6 Asimismo la liebre, porque rumia, pero no
tiene pezuña, la tendréis por inmunda.
7 También el cerdo, porque tiene pezuñas, y
es de pezuñas hendidas, pero no rumia, lo tendréis por inmundo.
8 De la carne de ellos no comeréis, ni tocaréis
su cuerpo muerto; los tendréis por inmundos.
9 Esto comeréis de todos los animales que
viven en las aguas: todos los que tienen aletas
y escamas en las aguas del mar, y en los ríos,
éstos comeréis.
10 Pero todos los que no tienen aletas ni escamas en el mar y en los ríos, así de todo lo que se
mueve como de toda cosa viviente que está en
las aguas, los tendréis en abominación.
11 Os serán, pues, abominación; de su carne no
comeréis, y abominaréis sus cuerpos muertos.
12 Todo lo que no tuviere aletas y escamas en
las aguas, lo tendréis en abominación.
13 Y de las aves, éstas tendréis en abominación; no se comerán, serán abominación: el
águila, el quebrantahuesos, el azor,
14 El gallinazo, el milano según su especie;
15 todo cuervo según su especie;
16 el avestruz, la lechuza, la gaviota, el gavilán según su especie;
17 el búho, el somormujo, el ibis,
18 el calamón, el pelícano, el buitre,
19 la cigüeña, la garza según su especie, la
abubilla y el murciélago.
20 Todo insecto alado que anduviere sobre
cuatro patas, tendréis en abominación.
21 Pero esto comeréis de todo insecto alado
que anda sobre cuatro patas, que tuviere piernas además de sus patas para saltar con ellas
sobre la tierra;
22 éstos comeréis de ellos: la langosta según su
especie, el langostín según su especie, el argol
según su especie, y el hagab según su especie.
23 Todo insecto alado que tenga cuatro patas,
tendréis en abominación.
24 Y por estas cosas seréis inmundos; cualquiera que tocare sus cuerpos muertos será
inmundo hasta la noche,
25 y cualquiera que llevare algo de sus cadáveres lavará sus vestidos, y será inmundo hasta la noche.
26 Todo animal de pezuña, pero que no tiene pezuña hendida, ni rumia, tendréis por
inmundo; y cualquiera que los tocare será
inmundo.
27 Y de todos los animales que andan en cuatro
patas, tendréis por inmundo a cualquiera que
ande sobre sus garras; y todo el que tocare sus
cadáveres será inmundo hasta la noche.
28 Y el que llevare sus cadáveres, lavará sus
vestidos, y será inmundo hasta la noche; los
tendréis por inmundos.
29 Y tendréis por inmundos a estos animales
que se mueven sobre la tierra: la comadreja, el
ratón, la rana según su especie,
30 el erizo, el cocodrilo, el lagarto, la lagarti-
ja y el camaleón.
31 Éstos tendréis por inmundos de entre los
animales que se mueven, y cualquiera que
los tocare cuando estuvieren muertos será
inmundo hasta la noche.
32 Y todo aquello sobre que cayere algo de
ellos después de muertos, será inmundo; sea
cosa de madera, vestido, piel, saco, sea cualquier instrumento con que se trabaja, será
metido en agua, y quedará inmundo hasta la
noche; entonces quedará limpio.
33 Toda vasija de barro dentro de la cual cayere alguno de ellos será inmunda, así como
todo lo que estuviere en ella, y quebraréis la
vasija.
34 Todo alimento que se come, sobre el cual
cayere el agua de tales vasijas, será inmundo; y toda bebida que hubiere en esas vasijas
será inmunda.
35 Todo aquello sobre que cayere algo del
cadáver de ellos será inmundo; el horno u
hornillos se derribarán; son inmundos, y por
inmundos los tendréis.
36 Con todo, la fuente y la cisterna donde se
recogen aguas serán limpias; mas lo que hubiere
tocado en los cadáveres será inmundo.

c. 10.17 Lv 6.24-26.

37 Y si cayere algo de los cadáveres sobre
alguna semilla que se haya de sembrar, será
limpia.
38 Mas si se hubiere puesto agua en la semilla, y cayere algo de los cadáveres sobre ella,
la tendréis por inmunda.
39 Y si algún animal que tuviereis para comer
muriere, el que tocare su cadáver será inmundo hasta la noche.
40 Y el que comiere del cuerpo muerto, lavará sus vestidos y será inmundo hasta la noche;
asimismo el que sacare el cuerpo muerto,
lavará sus vestidos y será inmundo hasta la
noche.
41 Y todo reptil que se arrastra sobre la tierra
es abominación; no se comerá.
42 Todo lo que anda sobre el pecho, y todo lo
que anda sobre cuatro o más patas, de todo
animal que se arrastra sobre la tierra, no lo
comeréis, porque es abominación.
43 No hagáis abominables vuestras personas con ningún animal que se arrastra, ni os
contaminéis con ellos, ni seáis inmundos por
ellos.
44 Porque yo soy Jehová vuestro Dios; vosotros por tanto os santificaréis, y seréis santos,
porque yo soy santo;[a] así que no contaminéis
vuestras personas con ningún animal que se
arrastre sobre la tierra.
➤ 45 Porque yo soy Jehová, que os hago subir
de la tierra de Egipto para ser vuestro Dios:
seréis, pues, santos, porque yo soy santo.
46 Ésta es la ley acerca de las bestias, y las
aves, y todo ser viviente que se mueve en las
aguas, y todo animal que se arrastra sobre la
tierra,
47 para hacer diferencia entre lo inmundo
y lo limpio, y entre los animales que se pueden comer y los animales que no se pueden
comer.

La purificación de la mujer después del parto

12 HABLÓ Jehová a Moisés, diciendo:
2 Habla a los hijos de Israel y diles: La
mujer cuando conciba y dé a luz varón, será
inmunda siete días; conforme a los días de su
menstruación será inmunda.
3 Y al octavo día se circuncidará al niño.[a]
4 Mas ella permanecerá treinta y tres días
purificándose de su sangre; ninguna cosa
santa tocará, ni vendrá al santuario, hasta
cuando sean cumplidos los días de su
purificación.
5 Y si diere a luz hija, será inmunda dos
semanas, conforme a su separación, y sesenta y seis días estará purificándose de su
sangre.
6 Cuando los días de su purificación fueren
cumplidos, por hijo o por hija, traerá un cordero de un año para holocausto, y un palomino o una tórtola para expiación, a la puerta
del tabernáculo de reunión, al sacerdote;
7 y él los ofrecerá delante de Jehová, y hará ≺
expiación por ella, y será limpia del flujo de
su sangre. Ésta es la ley para la que diere a
luz hijo o hija.
8 Y si no tiene lo suficiente para un cordero, tomará entonces dos tórtolas o dos
palominos,[b] uno para holocausto y otro para
expiación; y el sacerdote hará expiación por
ella, y será limpia.

Leyes acerca de la lepra

13 HABLÓ Jehová a Moisés y a Aarón,
diciendo:
2 Cuando el hombre tuviere en la piel de su
cuerpo hinchazón, o erupción, o mancha blanca, y hubiere en la piel de su cuerpo como llaga de lepra, será traído a Aarón el sacerdote o
a uno de sus hijos los sacerdotes.
3 Y el sacerdote mirará la llaga en la piel
del cuerpo; si el pelo en la llaga se ha vuelto blanco, y pareciere la llaga más profunda que la piel de la carne, llaga de lepra es;
y el sacerdote le reconocerá, y le declarará
inmundo.
4 Y si en la piel de su cuerpo hubiere mancha
blanca, pero que no pareciere más profunda
que la piel, ni el pelo se hubiere vuelto blanco, entonces el sacerdote encerrará al llagado
por siete días.
5 Y al séptimo día el sacerdote lo mirará;
y si la llaga conserva el mismo aspecto, no
habiéndose extendido en la piel, entonces el
sacerdote le volverá a encerrar por otros siete días.
6 Y al séptimo día el sacerdote le reconocerá
de nuevo; y si parece haberse oscurecido la
llaga, y que no ha cundido en la piel, entonces

a. 11.44 Lv 19.2; 1 P 1.16. **a. 12.3** Gn 17.12. **b. 12.8** Lc 2.24.

LECCIONES DE VIDA

➤ ***11.45 — seréis, pues, santos, porque yo soy santo.***

Dios nos creó para ser santos, como Él es santo. Él nos hace santos cuando ponemos nuestra fe en Cristo, y vivimos verdaderamente esa santidad cuando nos rendimos obedientemente a Dios y a su Espíritu.

➤ ***12.7 — Esta es la ley para la que diere a luz hijo o hija.***

La mayoría de las culturas antiguas exigía que las mujeres volvieran a sus labores diarias inmediatamente después del parto. Sin embargo, la comunidad hebrea era diferente debido a los mandamientos de Dios en Levítico 12.1-8. Las mujeres judías podían así recuperarse durante su tiempo de purificación, recobraban sus fuerzas y desarrollaban un vínculo afectivo con su hijo. Los mandamientos de Dios son para nuestro bien, para protegernos y bendecirnos. Es por eso que debemos obedecer a Dios, aunque no entendamos sus mandamientos.

el sacerdote lo declarará limpio: era erupción;
y lavará sus vestidos, y será limpio.
7 Pero si se extendiere la erupción en la
piel después que él se mostró al sacerdote
para ser limpio, deberá mostrarse otra vez al
sacerdote.
8 Y si reconociéndolo el sacerdote ve que la
erupción se ha extendido en la piel, lo declarará inmundo: es lepra.
9 Cuando hubiere llaga de lepra en el hombre,
será traído al sacerdote.
10 Y éste lo mirará, y si apareciere tumor blanco en la piel, el cual haya mudado el color del
pelo, y se descubre asimismo la carne viva,
11 es lepra crónica en la piel de su cuerpo; y le
declarará inmundo el sacerdote, y no le encerrará, porque es inmundo.
12 Mas si brotare la lepra cundiendo por la
piel, de modo que cubriere toda la piel del llagado desde la cabeza hasta sus pies, hasta
donde pueda ver el sacerdote,
13 entonces éste le reconocerá; y si la lepra
hubiere cubierto todo su cuerpo, declarará
limpio al llagado; toda ella se ha vuelto blanca, y él es limpio.
14 Mas el día que apareciere en él la carne
viva, será inmundo.
15 Y el sacerdote mirará la carne viva, y lo
declarará inmundo. Es inmunda la carne viva;
es lepra.
16 Mas cuando la carne viva cambiare y se volviere blanca, entonces vendrá al sacerdote,
17 y el sacerdote mirará; y si la llaga se hubiere vuelto blanca, el sacerdote declarará limpio
al que tenía la llaga, y será limpio.
18 Y cuando en la piel de la carne hubiere
divieso, y se sanare,
19 y en el lugar del divieso hubiere una hinchazón, o una mancha blanca rojiza, será
mostrado al sacerdote.
20 Y el sacerdote mirará; y si pareciere estar
más profunda que la piel, y su pelo se hubiere vuelto blanco, el sacerdote lo declarará
inmundo; es llaga de lepra que se originó en
el divieso.
21 Y si el sacerdote la considerare, y no apareciere en ella pelo blanco, ni fuere más profunda que la piel, sino oscura, entonces el
sacerdote le encerrará por siete días;
22 y si se fuere extendiendo por la piel, entonces el sacerdote lo declarará inmundo; es
llaga.
23 Pero si la mancha blanca se estuviere en su
lugar, y no se hubiere extendido, es la cicatriz
del divieso, y el sacerdote lo declarará limpio.
24 Asimismo cuando hubiere en la piel del
cuerpo quemadura de fuego, y hubiere en lo
sanado del fuego mancha blanquecina, rojiza o blanca,
25 el sacerdote la mirará; y si el pelo se hubiere vuelto blanco en la mancha, y ésta pareciere ser más profunda que la piel, es lepra que
salió en la quemadura; y el sacerdote lo declarará inmundo, por ser llaga de lepra.
26 Mas si el sacerdote la mirare, y no apareciere en la mancha pelo blanco, ni fuere más
profunda que la piel, sino que estuviere oscura, le encerrará el sacerdote por siete días.
27 Y al séptimo día el sacerdote la reconocerá; y si se hubiere ido extendiendo por la piel,
el sacerdote lo declarará inmundo; es llaga
de lepra.
28 Pero si la mancha se estuviere en su lugar,
y no se hubiere extendido en la piel, sino que
estuviere oscura, es la cicatriz de la quemadura; el sacerdote lo declarará limpio, porque
señal de la quemadura es.
29 Y al hombre o mujer que le saliere llaga en
la cabeza, o en la barba,
30 el sacerdote mirará la llaga; y si pareciere ser más profunda que la piel, y el pelo de
ella fuere amarillento y delgado, entonces el
sacerdote le declarará inmundo; es tiña, es
lepra de la cabeza o de la barba.
31 Mas cuando el sacerdote hubiere mirado la
llaga de la tiña, y no pareciere ser más profunda que la piel, ni hubiere en ella pelo negro,
el sacerdote encerrará por siete días al llagado de la tiña;
32 y al séptimo día el sacerdote mirará la llaga; y si la tiña no pareciere haberse extendido,
ni hubiere en ella pelo amarillento, ni pareciere la tiña más profunda que la piel,
33 entonces le hará que se rasure, pero no
rasurará el lugar afectado; y el sacerdote
encerrará por otros siete días al que tiene la
tiña.
34 Y al séptimo día mirará el sacerdote la
tiña; y si la tiña no hubiere cundido en la piel,
ni pareciere ser más profunda que la piel, el
sacerdote lo declarará limpio; y lavará sus
vestidos y será limpio.
35 Pero si la tiña se hubiere ido extendiendo
en la piel después de su purificación,
36 entonces el sacerdote la mirará; y si la tiña
hubiere cundido en la piel, no busque el sacerdote el pelo amarillento; es inmundo.
37 Mas si le pareciere que la tiña está detenida, y que ha salido en ella el pelo negro, la tiña
está sanada; él está limpio, y limpio lo declarará el sacerdote.
38 Asimismo cuando el hombre o la mujer
tuviere en la piel de su cuerpo manchas, manchas blancas,
39 el sacerdote mirará, y si en la piel de su
cuerpo aparecieren manchas blancas algo
oscurecidas, es empeine que brotó en la piel;
está limpia la persona.
40 Y el hombre, cuando se le cayere el cabello,
es calvo, pero limpio.
41 Y si hacia su frente se le cayere el cabello,
es calvo por delante, pero limpio.
42 Mas cuando en la calva o en la antecalva
hubiere llaga blanca rojiza, lepra es que brota
en su calva o en su antecalva.
43 Entonces el sacerdote lo mirará, y si pareciere la hinchazón de la llaga blanca rojiza en

su calva o en su antecalva, como el parecer de
la lepra de la piel del cuerpo,
44 leproso es, es inmundo, y el sacerdote lo
declarará luego inmundo; en su cabeza tiene la llaga.
45 Y el leproso en quien hubiere llaga llevará
vestidos rasgados y su cabeza descubierta, y
embozado pregonará: ¡Inmundo! ¡inmundo!
46 Todo el tiempo que la llaga estuviere en él,
será inmundo; estará impuro, y habitará solo;
fuera del campamento será su morada.
47 Cuando en un vestido hubiere plaga de
lepra, ya sea vestido de lana, o de lino,
48 o en urdimbre o en trama de lino o de lana,
o en cuero, o en cualquiera obra de cuero;
49 y la plaga fuere verdosa, o rojiza, en vestido o en cuero, en urdimbre o en trama, o en
cualquiera obra de cuero; plaga es de lepra, y
se ha de mostrar al sacerdote.
50 Y el sacerdote mirará la plaga, y encerrará
la cosa plagada por siete días.
51 Y al séptimo día mirará la plaga; y si se
hubiere extendido la plaga en el vestido, en la
urdimbre o en la trama, en el cuero, o en cualquiera obra que se hace de cuero, lepra maligna es la plaga; inmunda será.
52 Será quemado el vestido, la urdimbre o
trama de lana o de lino, o cualquiera obra de
cuero en que hubiere tal plaga, porque lepra
maligna es; al fuego será quemada.
53 Y si el sacerdote mirare, y no pareciere que
la plaga se haya extendido en el vestido, en la
urdimbre o en la trama, o en cualquiera obra
de cuero,
54 entonces el sacerdote mandará que laven
donde está la plaga, y lo encerrará otra vez
por siete días.
55 Y el sacerdote mirará después que la plaga fuere lavada; y si pareciere que la plaga no
ha cambiado de aspecto, aunque no se haya
extendido la plaga, inmunda es; la quemarás
al fuego; es corrosión penetrante, esté lo raído
en el derecho o en el revés de aquella cosa.
56 Mas si el sacerdote la viere, y pareciere
que la plaga se ha oscurecido después que fue
lavada, la cortará del vestido, del cuero, de la
urdimbre o de la trama.
57 Y si apareciere de nuevo en el vestido, la
urdimbre o trama, o en cualquiera cosa de
cuero, extendiéndose en ellos, quemarás al
fuego aquello en que estuviere la plaga.
58 Pero el vestido, la urdimbre o la trama, o
cualquiera cosa de cuero que lavares, y que
se le quitare la plaga, se lavará segunda vez, y
entonces será limpia.
59 Ésta es la ley para la plaga de la lepra del
vestido de lana o de lino, o de urdimbre o de
trama, o de cualquiera cosa de cuero, para que
sea declarada limpia o inmunda.

14 Y habló Jehová a Moisés, diciendo:
2 Ésta será la ley para el leproso cuando se limpiare: Será traído al sacerdote,
3 y éste saldrá fuera del campamento y lo examinará; y si ve que está sana la plaga de la
lepra del leproso,
4 el sacerdote mandará luego que se tomen
para el que se purifica dos avecillas vivas, limpias, y madera de cedro, grana e hisopo.
5 Y mandará el sacerdote matar una avecilla
en un vaso de barro sobre aguas corrientes.
6 Después tomará la avecilla viva, el cedro, la
grana y el hisopo, y los mojará con la avecilla
viva en la sangre de la avecilla muerta sobre
las aguas corrientes;
7 y rociará siete veces sobre el que se purifica
de la lepra, y le declarará limpio; y soltará la
avecilla viva en el campo.
8 Y el que se purifica lavará sus vestidos, y
raerá todo su pelo, y se lavará con agua, y será
limpio; y después entrará en el campamento, y
morará fuera de su tienda siete días.
9 Y el séptimo día raerá todo el pelo de su
cabeza, su barba y las cejas de sus ojos y todo
su pelo, y lavará sus vestidos, y lavará su cuerpo en agua, y será limpio.
10 El día octavo tomará dos corderos sin
defecto, y una cordera de un año sin tacha,
y tres décimas de efa de flor de harina para
ofrenda amasada con aceite, y un log de aceite.
11 Y el sacerdote que le purifica presentará
delante de Jehová al que se ha de limpiar, con
aquellas cosas, a la puerta del tabernáculo de
reunión;
12 y tomará el sacerdote un cordero y lo
ofrecerá por la culpa, con el log de aceite, y
lo mecerá como ofrenda mecida delante de
Jehová.
13 Y degollará el cordero en el lugar donde se
degüella el sacrificio por el pecado y el holocausto, en el lugar del santuario; porque como
la víctima por el pecado, así también la víctima por la culpa es del sacerdote; es cosa muy
sagrada.
14 Y el sacerdote tomará de la sangre de la
víctima por la culpa, y la pondrá el sacerdote
sobre el lóbulo de la oreja derecha del que se
purifica, sobre el pulgar de su mano derecha
y sobre el pulgar de su pie derecho.
15 Asimismo el sacerdote tomará del log de
aceite, y lo echará sobre la palma de su mano
izquierda,
16 y mojará su dedo derecho en el aceite
que tiene en su mano izquierda, y esparcirá del aceite con su dedo siete veces delante de Jehová.
17 Y de lo que quedare del aceite que tiene en
su mano, pondrá el sacerdote sobre el lóbulo
de la oreja derecha del que se purifica, sobre
el pulgar de su mano derecha y sobre el pulgar de su pie derecho, encima de la sangre del
sacrificio por la culpa.
18 Y lo que quedare del aceite que tiene en su
mano, lo pondrá sobre la cabeza del que se
purifica; y hará el sacerdote expiación por él
delante de Jehová.

19 Ofrecerá luego el sacerdote el sacrificio
por el pecado, y hará expiación por el que se
ha de purificar de su inmundicia; y después
degollará el holocausto,
20 y hará subir el sacerdote el holocausto y la
ofrenda sobre el altar. Así hará el sacerdote
expiación por él, y será limpio.
21 Mas si fuere pobre, y no tuviere para tanto, entonces tomará un cordero para ser ofrecido como ofrenda mecida por la culpa, para
reconciliarse, y una décima de efa de flor de
harina amasada con aceite para ofrenda, y un
log de aceite,
22 y dos tórtolas o dos palominos, según pueda; uno será para expiación por el pecado, y el
otro para holocausto.
23 Al octavo día de su purificación traerá
estas cosas al sacerdote, a la puerta del tabernáculo de reunión, delante de Jehová.
24 Y el sacerdote tomará el cordero de la
expiación por la culpa, y el log de aceite, y
los mecerá el sacerdote como ofrenda mecida
delante de Jehová.
25 Luego degollará el cordero de la culpa, y el
sacerdote tomará de la sangre de la culpa, y
la pondrá sobre el lóbulo de la oreja derecha
del que se purifica, sobre el pulgar de su mano
derecha y sobre el pulgar de su pie derecho.
26 Y el sacerdote echará del aceite sobre la
palma de su mano izquierda;
27 y con su dedo derecho el sacerdote rociará
del aceite que tiene en su mano izquierda, siete veces delante de Jehová.
28 También el sacerdote pondrá del aceite que
tiene en su mano sobre el lóbulo de la oreja
derecha del que se purifica, sobre el pulgar de
su mano derecha y sobre el pulgar de su pie
derecho, en el lugar de la sangre de la culpa.
29 Y lo que sobre del aceite que el sacerdote
tiene en su mano, lo pondrá sobre la cabeza
del que se purifica, para reconciliarlo delante de Jehová.
30 Asimismo ofrecerá una de las tórtolas o
uno de los palominos, según pueda.
31 Uno en sacrificio de expiación por el pecado, y el otro en holocausto, además de la
ofrenda; y hará el sacerdote expiación por el
que se ha de purificar, delante de Jehová.
32 Ésta es la ley para el que hubiere tenido plaga de lepra, y no tuviere más para su
purificación.
33 Habló también Jehová a Moisés y a Aarón,
diciendo:
34 Cuando hayáis entrado en la tierra de
Canaán, la cual yo os doy en posesión, si
pusiere yo plaga de lepra en alguna casa de la
tierra de vuestra posesión,
35 vendrá aquel de quien fuere la casa y dará
aviso al sacerdote, diciendo: Algo como plaga
ha aparecido en mi casa.
36 Entonces el sacerdote mandará desocupar
la casa antes que entre a mirar la plaga, para
que no sea contaminado todo lo que estuviere en la casa; y después el sacerdote entrará
a examinarla.
37 Y examinará la plaga; y si se vieren manchas en las paredes de la casa, manchas ver-
dosas o rojizas, las cuales parecieren más
profundas que la superficie de la pared,
38 el sacerdote saldrá de la casa a la puerta de
ella, y cerrará la casa por siete días.
39 Y al séptimo día volverá el sacerdote, y la
examinará; y si la plaga se hubiere extendido
en las paredes de la casa,
40 entonces mandará el sacerdote, y arranca-
rán las piedras en que estuviere la plaga, y las
echarán fuera de la ciudad en lugar inmundo.
41 Y hará raspar la casa por dentro alrededor, y derramarán fuera de la ciudad, en lugar
inmundo, el barro que rasparen.
42 Y tomarán otras piedras y las pondrán en
lugar de las piedras quitadas; y tomarán otro
barro y recubrirán la casa.
43 Y si la plaga volviere a brotar en aquella
casa, después que hizo arrancar las piedras y
raspar la casa, y después que fue recubierta,
44 entonces el sacerdote entrará y la examinará; y si pareciere haberse extendido la plaga en la casa, es lepra maligna en la casa;
inmunda es.
45 Derribará, por tanto, la tal casa, sus piedras, sus maderos y toda la mezcla de la casa;
y sacarán todo fuera de la ciudad a lugar
inmundo.
46 Y cualquiera que entrare en aquella casa
durante los días en que la mandó cerrar, será
inmundo hasta la noche.
47 Y el que durmiere en aquella casa, lavará sus vestidos; también el que comiere en la
casa lavará sus vestidos.
48 Mas si entrare el sacerdote y la examina-
re, y viere que la plaga no se ha extendido en
la casa después que fue recubierta, el sacerdote declarará limpia la casa, porque la plaga
ha desaparecido.
49 Entonces tomará para limpiar la casa dos
avecillas, y madera de cedro, grana e hisopo;
50 y degollará una avecilla en una vasija de
barro sobre aguas corrientes.
51 Y tomará el cedro, el hisopo, la grana y la
avecilla viva, y los mojará en la sangre de la

LECCIONES DE VIDA

➤ ***14.35 — Algo como plaga ha aparecido en mi casa.***

Dios es soberano y misericordioso. Tal como el Señor traería a su pueblo a la tierra prometida, Él también les advertiría cuando sus casas estuvieran infectadas con moho y añublo para que no se enfermaran. Él promete proteger a su pueblo en todas las circunstancias, por lo cual debemos confiar en el Señor siempre.

avecilla muerta y en las aguas corrientes, y rociará la casa siete veces.

52 Y purificará la casa con la sangre de la avecilla, con las aguas corrientes, con la avecilla viva, la madera de cedro, el hisopo y la grana.

53 Luego soltará la avecilla viva fuera de la ciudad sobre la faz del campo. Así hará expiación por la casa, y será limpia.

54 Ésta es la ley acerca de toda plaga de lepra y de tiña.

55 y de la lepra del vestido, y de la casa,

56 y acerca de la hinchazón, y de la erupción, y de la mancha blanca,

57 para enseñar cuándo es inmundo, y cuándo limpio. Ésta es la ley tocante a la lepra.

Impurezas físicas

15 HABLÓ Jehová a Moisés y a Aarón, diciendo:

2 Hablad a los hijos de Israel y decidles: Cualquier varón, cuando tuviere flujo de semen, será inmundo.

3 Y ésta será su inmundicia en su flujo: sea que su cuerpo destiló a causa de su flujo, o que deje de destilar a causa de su flujo, él será inmundo.

4 Toda cama en que se acostare el que tuviere flujo, será inmunda; y toda cosa sobre que se sentare, inmunda será.

5 Y cualquiera que tocare su cama lavará sus vestidos; se lavará también a sí mismo con agua, y será inmundo hasta la noche.

6 Y el que se sentare sobre aquello en que se hubiere sentado el que tiene flujo, lavará sus vestidos, se lavará también a sí mismo con agua, y será inmundo hasta la noche.

7 Asimismo el que tocare el cuerpo del que tiene flujo, lavará sus vestidos, y a sí mismo se lavará con agua, y será inmundo hasta la noche.

8 Y si el que tiene flujo escupiere sobre el limpio, éste lavará sus vestidos, y después de haberse lavado con agua, será inmundo hasta la noche.

9 Y toda montura sobre que cabalgare el que tuviere flujo será inmunda.

10 Cualquiera que tocare cualquiera cosa que haya estado debajo de él, será inmundo hasta la noche; y el que la llevare, lavará sus vestidos, y después de lavarse con agua, será inmundo hasta la noche.

11 Y todo aquel a quien tocare el que tiene flujo, y no lavare con agua sus manos, lavará sus vestidos, y a sí mismo se lavará con agua, y será inmundo hasta la noche.

12 La vasija de barro que tocare el que tiene flujo será quebrada, y toda vasija de madera será lavada con agua.

13 Cuando se hubiere limpiado de su flujo el que tiene flujo, contará siete días desde su purificación, y lavará sus vestidos, y lavará su cuerpo en aguas corrientes, y será limpio.

14 Y el octavo día tomará dos tórtolas o dos palominos, y vendrá delante de Jehová a la puerta del tabernáculo de reunión, y los dará al sacerdote;

15 y el sacerdote hará del uno ofrenda por el pecado, y del otro holocausto; y el sacerdote le purificará de su flujo delante de Jehová.

16 Cuando el hombre tuviere emisión de semen, lavará en agua todo su cuerpo, y será inmundo hasta la noche.

17 Y toda vestidura, o toda piel sobre la cual cayere la emisión del semen, se lavará con agua, y será inmunda hasta la noche.

18 Y cuando un hombre yaciere con una mujer y tuviere emisión de semen, ambos se lavarán con agua, y serán inmundos hasta la noche.

19 Cuando la mujer tuviere flujo de sangre, y su flujo fuere en su cuerpo, siete días estará apartada; y cualquiera que la tocare será inmundo hasta la noche.

20 Todo aquello sobre que ella se acostare mientras estuviere separada, será inmundo; también todo aquello sobre que se sentare será inmundo.

21 Y cualquiera que tocare su cama, lavará sus vestidos, y después de lavarse con agua, será inmundo hasta la noche.

22 También cualquiera que tocare cualquier mueble sobre que ella se hubiere sentado, lavará sus vestidos; se lavará luego a sí mismo con agua, y será inmundo hasta la noche.

23 Y lo que estuviere sobre la cama, o sobre la silla en que ella se hubiere sentado, el que lo tocare será inmundo hasta la noche.

24 Si alguno durmiere con ella, y su menstruo fuere sobre él, será inmundo por siete días; y toda cama sobre que durmiere, será inmunda.

25 Y la mujer, cuando siguiere el flujo de su sangre por muchos días fuera del tiempo de su costumbre, o cuando tuviere flujo de sangre más de su costumbre, todo el tiempo de su flujo será inmunda como en los días de su costumbre.

26 Toda cama en que durmiere todo el tiempo de su flujo, le será como la cama de su costumbre; y todo mueble sobre que se sentare, será inmundo, como la impureza de su costumbre.

27 Cualquiera que tocare esas cosas será inmundo; y lavará sus vestidos, y a sí mismo se lavará con agua, y será inmundo hasta la noche.

28 Y cuando fuere libre de su flujo, contará siete días, y después será limpia.

29 Y el octavo día tomará consigo dos tórtolas o dos palominos, y los traerá al sacerdote, a la puerta del tabernáculo de reunión;

30 y el sacerdote hará del uno ofrenda por el pecado, y del otro holocausto; y la purificará el sacerdote delante de Jehová del flujo de su impureza.

31 Así apartaréis de sus impurezas a los hijos de Israel, a fin de que no mueran por sus impurezas por haber contaminado mi tabernáculo que está entre ellos.

32 Ésta es la ley para el que tiene flujo, y para
el que tiene emisión de semen, viniendo a ser
inmundo a causa de ello;
33 y para la que padece su costumbre, y para
el que tuviere flujo, sea varón o mujer, y para
el hombre que durmiere con mujer inmunda.

El día de la expiación

16 HABLÓ Jehová a Moisés después de
la muerte de los dos hijos de Aarón,
cuando se acercaron delante de Jehová, y
murieron.
➤ 2 Y Jehová dijo a Moisés: Di a Aarón tu hermano, que no en todo tiempo entre en el
santuario detrás del velo,[a] delante del propiciatorio que está sobre el arca, para que no
muera; porque yo apareceré en la nube sobre
el propiciatorio.
3 Con esto entrará Aarón en el santuario: con
un becerro para expiación, y un carnero para
holocausto.[b]
4 Se vestirá la túnica santa de lino, y sobre su
cuerpo tendrá calzoncillos de lino, y se ceñirá el cinto de lino, y con la mitra de lino se
cubrirá. Son las santas vestiduras; con ellas
se ha de vestir después de lavar su cuerpo
con agua.
5 Y de la congregación de los hijos de Israel
tomará dos machos cabríos para expiación, y
un carnero para holocausto.
6 Y hará traer Aarón el becerro de la expiación que es suyo, y hará la reconciliación por
sí y por su casa.
7 Después tomará los dos machos cabríos y
los presentará delante de Jehová, a la puerta
del tabernáculo de reunión.
8 Y echará suertes Aarón sobre los dos machos
cabríos; una suerte por Jehová, y otra suerte
por Azazel.
9 Y hará traer Aarón el macho cabrío sobre el
cual cayere la suerte por Jehová, y lo ofrecerá en expiación.
10 Mas el macho cabrío sobre el cual cayere la
suerte por Azazel, lo presentará vivo delante
de Jehová para hacer la reconciliación sobre
él, para enviarlo a Azazel al desierto.
11 Y hará traer Aarón el becerro que era para
expiación suya, y hará la reconciliación por
sí y por su casa, y degollará en expiación el
becerro que es suyo.
12 Después tomará un incensario lleno de
brasas de fuego del altar de delante de Jehová, y sus puños llenos del perfume aromático
molido, y lo llevará detrás del velo.
13 Y pondrá el perfume sobre el fuego delante de Jehová, y la nube del perfume cubrirá
el propiciatorio que está sobre el testimonio,
para que no muera.
14 Tomará luego de la sangre del becerro, y la
rociará con su dedo hacia el propiciatorio al
lado oriental; hacia el propiciatorio esparcirá
con su dedo siete veces de aquella sangre.
15 Después degollará el macho cabrío en
expiación por el pecado del pueblo, y llevará
la sangre detrás del velo adentro,[c] y hará de la
sangre como hizo con la sangre del becerro, y
la esparcirá sobre el propiciatorio y delante
del propiciatorio.
16 Así purificará el santuario, a causa de las
impurezas de los hijos de Israel, de sus rebeliones y de todos sus pecados; de la misma manera hará también al tabernáculo de
reunión, el cual reside entre ellos en medio de
sus impurezas.
17 Ningún hombre estará en el tabernáculo
de reunión cuando él entre a hacer la expiación en el santuario, hasta que él salga, y haya
hecho la expiación por sí, por su casa y por
toda la congregación de Israel.
18 Y saldrá al altar que está delante de Jehová, y lo expiará, y tomará de la sangre del
becerro y de la sangre del macho cabrío, y la
pondrá sobre los cuernos del altar alrededor.
19 Y esparcirá sobre él de la sangre con su
dedo siete veces, y lo limpiará, y lo santificará
de las inmundicias de los hijos de Israel.
20 Cuando hubiere acabado de expiar el santuario y el tabernáculo de reunión y el altar,
hará traer el macho cabrío vivo;
21 y pondrá Aarón sus dos manos sobre la ➤
cabeza del macho cabrío vivo, y confesará sobre él todas las iniquidades de los hijos
de Israel, todas sus rebeliones y todos sus
pecados, poniéndolos así sobre la cabeza del
macho cabrío, y lo enviará al desierto por
mano de un hombre destinado para esto.

a. 16.2 He 6.19. **b. 16.3** He 9.7. **c. 16.15** He 9.12.

LECCIONES DE VIDA

➤ ***15.31 — Así apartaréis de sus impurezas a los hijos de Israel, a fin de que no mueran por sus impurezas.***

Es posible que nos hagamos preguntas acerca de todas las reglas y ordenanzas dadas a Moisés, pero todo se reduce a esto: ¿Confiaremos en Dios —en que Él sabe qué es lo mejor— aun cuando algo no nos parezca lógico? Dios no nos exige que entendamos su voluntad, sino que la obedezcamos aunque nos parezca incomprensible; sin duda, nuestra obediencia traerá bendición.

➤ ***16.2 — que no en todo tiempo entre en el santuario detrás del velo, delante del propiciatorio que está sobre el arca, para que no muera.***

Entrar a la a la presencia del Señor es un privilegio tremendo. Al igual que lo aprendió Aarón, nunca debemos tratar este privilegio de manera liviana o frívola.

➤ ***16.21 — y pondrá Aarón sus dos manos sobre la cabeza del macho cabrío vivo, y confesará sobre él todas las iniquidades de los hijos de Israel.***

El día de la expiación (Lv 23.26-32; Nm 29.7-11) era el único día del año en que el sumo sacerdote hacía un

22 Y aquel macho cabrío llevará sobre sí todas
las iniquidades de ellos a tierra inhabitada; y
dejará ir el macho cabrío por el desierto.
23 Después vendrá Aarón al tabernáculo de
reunión, y se quitará las vestiduras de lino que
había vestido para entrar en el santuario, y las
pondrá allí.[d]
24 Lavará luego su cuerpo con agua en el
lugar del santuario, y después de ponerse sus
vestidos saldrá, y hará su holocausto, y el
holocausto del pueblo, y hará la expiación por
sí y por el pueblo.
25 Y quemará en el altar la grosura del sacrificio por el pecado.
26 El que hubiere llevado el macho cabrío a
Azazel, lavará sus vestidos, lavará también
con agua su cuerpo, y después entrará en el
campamento.
27 Y sacarán fuera del campamento[e] el becerro y el macho cabrío inmolados por el pecado, cuya sangre fue llevada al santuario para
hacer la expiacíon; y quemarán en el fuego su
piel, su carne y su estiércol.
28 El que los quemare lavará sus vestidos,
lavará también su cuerpo con agua, y después
podrá entrar en el campamento.
➤ 29 Y esto tendréis por estatuto perpetuo: En el
mes séptimo, a los diez días del mes, afligiréis
vuestras almas, y ninguna obra haréis, ni el
natural ni el extranjero que mora entre vosotros.
30 Porque en este día se hará expiación por
vosotros,[f] y seréis limpios de todos vuestros
pecados delante de Jehová.
31 Día de reposo es para vosotros, y afligiréis
vuestras almas; es estatuto perpetuo.
32 Hará la expiación el sacerdote que fuere
ungido y consagrado para ser sacerdote en
lugar de su padre; y se vestirá las vestiduras
de lino, las vestiduras sagradas.
33 Y hará la expiación por el santuario santo, y el tabernáculo de reunión; también hará
expiación por el altar, por los sacerdotes y por
todo el pueblo de la congregación.
34 Y esto tendréis como estatuto perpetuo,
para hacer expiación una vez al año por todos
los pecados de Israel. Y Moisés lo hizo como
Jehová le mandó.

El santuario único

17 HABLÓ Jehová a Moisés, diciendo:
2 Habla a Aarón y a sus hijos, y a todos
los hijos de Israel, y diles: Esto es lo que ha
mandado Jehová:
3 Cualquier varón de la casa de Israel que
degollare buey o cordero o cabra, en el campamento o fuera de él,
4 y no lo trajere a la puerta del tabernáculo de
reunión para ofrecer ofrenda a Jehová delante del tabernáculo de Jehová, será culpado de
sangre el tal varón; sangre derramó; será cortado el tal varón de entre su pueblo,
5 a fin de que traigan los hijos de Israel sus
sacrificios, los que sacrifican en medio del
campo, para que los traigan a Jehová a la
puerta del tabernáculo de reunión al sacerdote, y sacrifiquen ellos sacrificios de paz a
Jehová.
6 Y el sacerdote esparcirá la sangre sobre el
altar de Jehová a la puerta del tabernáculo
de reunión, y quemará la grosura en olor grato a Jehová.
7 Y nunca más sacrificarán sus sacrificios a ➤
los demonios, tras de los cuales han fornicado; tendrán esto por estatuto perpetuo por sus
edades.
8 Les dirás también: Cualquier varón de la
casa de Israel, o de los extranjeros que moran
entre vosotros, que ofreciere holocausto o
sacrificio,
9 y no lo trajere a la puerta del tabernáculo
de reunión para hacerlo a Jehová, el tal varón
será igualmente cortado de su pueblo.

Prohibición de comer la sangre

10 Si cualquier varón de la casa de Israel, o de
los extranjeros que moran entre ellos, comiere alguna sangre, yo pondré mi rostro contra
la persona que comiere sangre, y la cortaré de
entre su pueblo.[a]
11 Porque la vida de la carne en la sangre *
está, y yo os la he dado para hacer expiación ➤

d. 16.23 Ez 44.19. **e. 16.27** He 13.11. **f. 16.29-34** Lv 23.26-32; Nm 29.7-11. **a. 17.10** Gn 9.4; Lv 7.26-27; 19.26; Dt 12.16, 23; 15.23.

LECCIONES DE VIDA

sacrificio por los pecados de Israel. Tomaba dos machos cabríos, y sacrificaba el primero en el altar como expiación por el pecado del pueblo. El segundo se convertía simbólicamente en el que llevaría la maldición del pecado de la nación de Israel. Cuando Jesús murió en la cruz, Él se convirtió en nuestro sustituto (Is 53.4, 5).

➤ ***16.29 — Y esto tendréis por estatuto perpetuo: En el mes séptimo, a los diez días del mes, afligiréis vuestras almas.***

Sólo en el día de expiación se mandaba a toda la nación de Israel a ayunar («afligiréis vuestras almas»). Ayunar nos ayuda a enfocarnos no sólo en la seriedad de nuestro pecado, sino más aun en el tesoro del perdón de Dios.

➤ ***17.7 — Y nunca más sacrificarán sus sacrificios a los demonios, tras de los cuales han fornicado.***

Servir y adorar a otros dioses es descrito como adulterio espiritual, una detestable infidelidad tanto antes como ahora. Así como el adulterio provoca la ira del cónyuge ofendido, la idolatría provoca la ira de Dios.

➤ ***17.11 — Porque la vida de la carne en la sangre está, y yo os la he dado para hacer expiación sobre el altar por vuestras almas; y la misma sangre hará expiación de la persona.***

La sangre es sagrada, porque es la vida misma de los seres humanos hechos a imagen de Dios. Por eso tuvo que ser derramada la sangre de Cristo para la salvación del mundo (Ro 3.25; 5.9; Ef 1.7; He 9.22).

sobre el altar por vuestras almas; y la misma sangre hará expiación[b] de la persona.
12 Por tanto, he dicho a los hijos de Israel: Ninguna persona de vosotros comerá sangre, ni el extranjero que mora entre vosotros comerá sangre.
13 Y cualquier varón de los hijos de Israel, o de los extranjeros que moran entre ellos, que cazare animal o ave que sea de comer, derramará su sangre y la cubrirá con tierra.
14 Porque la vida de toda carne es su sangre; por tanto, he dicho a los hijos de Israel: No comeréis la sangre de ninguna carne, porque la vida de toda carne es su sangre; cualquiera que la comiere será cortado.
15 Y cualquier persona, así de los naturales como de los extranjeros, que comiere animal mortecino o despedazado por fiera, lavará sus vestidos y a sí misma se lavará con agua, y será inmunda hasta la noche; entonces será limpia.
16 Y si no los lavare, ni lavare su cuerpo, llevará su iniquidad.

Actos de inmoralidad prohibidos

18 HABLÓ Jehová a Moisés, diciendo:
2 Habla a los hijos de Israel, y diles: Yo soy Jehová vuestro Dios.
3 No haréis como hacen en la tierra de Egipto, en la cual morasteis; ni haréis como hacen en la tierra de Canaán, a la cual yo os conduzco, ni andaréis en sus estatutos.
➤ 4 Mis ordenanzas pondréis por obra, y mis estatutos guardaréis, andando en ellos. Yo Jehová vuestro Dios.
5 Por tanto, guardaréis mis estatutos y mis ordenanzas, los cuales haciendo el hombre, vivirá[a] en ellos. Yo Jehová.
6 Ningún varón se llegue a parienta próxima alguna, para descubrir su desnudez. Yo Jehová.
7 La desnudez de tu padre, o la desnudez de tu madre, no descubrirás; tu madre es, no descubrirás su desnudez.
8 La desnudez de la mujer de tu padre no descubrirás; es la desnudez de tu padre.[b]
9 La desnudez de tu hermana, hija de tu padre o hija de tu madre, nacida en casa o nacida fuera, su desnudez no descubrirás.[c]
10 La desnudez de la hija de tu hijo, o de la hija de tu hija, su desnudez no descubrirás, porque es la desnudez tuya.
11 La desnudez de la hija de la mujer de tu padre, engendrada de tu padre, tu hermana es; su desnudez no descubrirás.
12 La desnudez de la hermana de tu padre no descubrirás; es parienta de tu padre.[d]
13 La desnudez de la hermana de tu madre no descubrirás, porque parienta de tu madre es.
14 La desnudez del hermano de tu padre no descubrirás; no llegarás a su mujer; es mujer del hermano de tu padre.
15 La desnudez de tu nuera no descubrirás; mujer es de tu hijo, no descubrirás su desnudez.[e]
16 La desnudez de la mujer de tu hermano no descubrirás; es la desnudez de tu hermano.[f]
17 La desnudez de la mujer y de su hija no descubrirás; no tomarás la hija de su hijo, ni la hija de su hija, para descubrir su desnudez; son parientas, es maldad.[g]
18 No tomarás mujer juntamente con su hermana, para hacerla su rival, descubriendo su desnudez delante de ella en su vida.
19 Y no llegarás a la mujer para descubrir su desnudez mientras esté en su impureza menstrual.[h]
20 Además, no tendrás acto carnal con la mujer de tu prójimo, contaminándote con ella.[i]
21 Y no des hijo tuyo para ofrecerlo por fuego a Moloc; no contamines así el nombre de tu Dios.[j] Yo Jehová.
22 No te echarás con varón como con mujer; es abominación.[k]
23 Ni con ningún animal tendrás ayuntamiento amancillándote con él, ni mujer alguna se pondrá delante de animal para ayuntarse con él; es perversión.[l]
24 En ninguna de estas cosas os amancillaréis; pues en todas estas cosas se han corrompido las naciones que yo echo de delante de vosotros,
25 y la tierra fue contaminada; y yo visité su maldad sobre ella, y la tierra vomitó sus moradores.
26 Guardad, pues, vosotros mis estatutos y mis ordenanzas, y no hagáis ninguna de estas abominaciones, ni el natural ni el extranjero que mora entre vosotros
27 (porque todas estas abominaciones hicieron los hombres de aquella tierra que fueron antes de vosotros, y la tierra fue contaminada);

b. 17.11 He 9.22. **a. 18.5** Neh 9.29; Ez 18.9; 20.11-13; Lc 10.28; Ro 10.5; Gá 3.12. **b. 18.8** Lv 20.11; Dt 22.30; 27.20.
c. 18.9 Lv 20.17; Dt 27.22. **d. 18.12-14** Lv 20.19-20.
e. 18.15 Lv 20.12. **f. 18.16** Lv 20.21.
g. 18.17 Lv 20.14; Dt 27.23. **h. 18.19** Lv 20.18.
i. 18.20 Lv 20.10. **j. 18.21** Lv 20.1-5. **k. 18.22** Lv 20.13.
l. 18.23 Éx 22.19; Lv 20.15-16; Dt 27.21.

LECCIONES DE VIDA

➤ ***18.4 — Mis ordenanzas pondréis por obra, y mis estatutos guardaréis, andando en ellos. Yo Jehová vuestro Dios.***

Tenemos que ser un pueblo distinto que sigue los caminos de Dios, no los caminos de los impíos. Cuando le permitimos a Jesús vivir su vida a través de nosotros, vivimos en la santidad que Dios exige.

28 no sea que la tierra os vomite por haberla
contaminado, como vomitó a la nación que la
habitó antes de vosotros.
29 Porque cualquiera que hiciere alguna de
todas estas abominaciones, las personas
que las hicieren serán cortadas de entre su
pueblo.
30 Guardad, pues, mi ordenanza, no haciendo las costumbres abominables que practica-
ron antes de vosotros, y no os contaminéis en
ellas. Yo Jehová vuestro Dios.

Leyes de santidad y de justicia

19 HABLÓ Jehová a Moisés, diciendo:
2 Habla a toda la congregación de los
hijos de Israel, y diles: Santos seréis, porque
santo soy yo Jehová vuestro Dios.[a]
3 Cada uno temerá a su madre y a su padre,[b]
y mis días de reposo* guardaréis.[c] Yo Jehová
vuestro Dios.
4 No os volveréis a los ídolos,[d] ni haréis para
vosotros dioses de fundición.[e] Yo Jehová vuestro Dios.
5 Y cuando ofreciereis sacrificio de ofrenda
de paz a Jehová, ofrecedlo de tal manera que
seáis aceptos.
6 Será comido el día que lo ofreciereis, y el día
siguiente; y lo que quedare para el tercer día,
será quemado en el fuego.
7 Y si se comiere el día tercero, será abominación; no será acepto,
8 y el que lo comiere llevará su delito, por
cuanto profanó lo santo de Jehová; y la tal
persona será cortada de su pueblo.
9 Cuando siegues la mies de tu tierra, no segarás hasta el último rincón de ella, ni espigarás
tu tierra segada.
➤ 10 Y no rebuscarás tu viña, ni recogerás el
fruto caído de tu viña; para el pobre y para
el extranjero lo dejarás.[f] Yo Jehová vuestro
Dios.
11 No hurtaréis,[g] y no engañaréis[h] ni mentiréis el uno al otro.
12 Y no juraréis falsamente por mi nombre,[i] profanando así el nombre de tu Dios. Yo Jehová.
13 No oprimirás a tu prójimo, ni le robarás.
No retendrás el salario del jornalero en tu
casa hasta la mañana.[j]
14 No maldecirás al sordo, y delante del ciego
no pondrás tropiezo,[k] sino que tendrás temor
de tu Dios. Yo Jehová.
15 No harás injusticia en el juicio, ni favore-
ciendo al pobre ni complaciendo al grande;
con justicia juzgarás a tu prójimo.[l]
16 No andarás chismeando entre tu pueblo.
No atentarás contra la vida de tu prójimo. Yo
Jehová.
17 No aborrecerás a tu hermano en tu corazón; razonarás con tu prójimo, para que no
participes de su pecado.
18 No te vengarás, ni guardarás rencor a los
hijos de tu pueblo, sino amarás a tu prójimo
como a ti mismo.[m] Yo Jehová.
19 Mis estatutos guardarás. No harás ayun-
tar tu ganado con animales de otra especie;
tu campo no sembrarás con mezcla de semillas, y no te pondrás vestidos con mezcla de
hilos.[n]
20 Si un hombre yaciere con una mujer que
fuere sierva desposada con alguno, y no estuviere rescatada, ni le hubiere sido dada libertad, ambos serán azotados; no morirán, por
cuanto ella no es libre.
21 Y él traerá a Jehová, a la puerta del tabernáculo de reunión, un carnero en expiación
por su culpa.
22 Y con el carnero de la expiación lo reconciliará el sacerdote delante de Jehová, por
su pecado que cometió; y se le perdonará su
pecado que ha cometido.
23 Y cuando entréis en la tierra, y plantéis
toda clase de árboles frutales, considera-
réis como incircunciso lo primero de su fruto; tres años os será incircunciso; su fruto no
se comerá.
24 Y el cuarto año todo su fruto será consagrado en alabanzas a Jehová.
25 Mas al quinto año comeréis el fruto de él,
para que os haga crecer su fruto. Yo Jehová
vuestro Dios.
26 No comeréis cosa alguna con sangre.[o] No
seréis agoreros, ni adivinos.[p]
27 No haréis tonsura en vuestras cabezas, ni
dañaréis la punta de vuestra barba.
28 Y no haréis rasguños en vuestro cuerpo por
un muerto, ni imprimiréis en vosotros señal
alguna.[q] Yo Jehová.
29 No contaminarás a tu hija haciéndola
fornicar,[r] para que no se prostituya la tierra y
se llene de maldad.
30 Mis días de reposo* guardaréis, y mi santuario tendréis en reverencia. Yo Jehová.[s]

* Aquí equivale a *sábado*.

a. 19.2 Lv 11.44-45; 1 P 1.16. **b. 19.3** Éx 20.12; Dt 5.16. **c. 19.3** Éx 20.8; Dt 5.12. **d. 19.4** Lv 26.1. **e. 19.4** Éx 20.4; 34.17; Dt 5.8; 27.15. **f. 19.9-10** Lv 23.22; Dt 24.19-22. **g. 19.11** Éx 20.15; Dt 5.19. **h. 19.11** Éx 20.16; Dt 5.20. **i. 19.12** Éx 20.7; Dt 5.11; Mt 5.33. **j. 19.13** Dt 24.14-15. **k. 19.14** Dt 27.18. **l. 19.15** Éx 23.6-8; Dt 16.19. **m. 19.18** Mt 5.43; 19.19; 22.39; Mr 12.31; Lc 10.27; Ro 13.9; Gá 5.14; Stg 2.8. **n. 19.19** Dt 22.9-11. **o. 19.26** Gn 9.4; Lv 7.26-27; 17.10-14; Dt 12.16, 23; 15.23. **p. 19.26** Dt 18.10. **q. 19.27-28** Lv 21.5; Dt 14.1. **r. 19.29** Dt 23.17. **s. 19.30** Lv 26.2.

LECCIONES DE VIDA

➤ ***19.10 — ni recogerás el fruto caído de tu viña; para el pobre y para el extranjero lo dejarás. Yo Jehová vuestro Dios.***

Dios tiene un interés especial por los pobres y los desfavorecidos, y su pueblo debe compartir esa preocupación por ellos. Cuanto más conformados seamos a la imagen de Cristo (Ro 8.29), y demos más fruto del Espíritu (Gá 5.22, 23), más compartiremos sus cargas.

31 No os volváis a los encantadores ni a los
adivinos;[t] no los consultéis, contaminándoos
con ellos. Yo Jehová vuestro Dios.
➤ 32 Delante de las canas te levantarás, y honrarás el rostro del anciano, y de tu Dios tendrás temor. Yo Jehová.
33 Cuando el extranjero morare con vosotros
en vuestra tierra, no le oprimiréis.
➤ 34 Como a un natural de vosotros tendréis al
extranjero que more entre vosotros, y lo amarás como a ti mismo; porque extranjeros fuisteis
en la tierra de Egipto.[u] Yo Jehová vuestro Dios.
35 No hagáis injusticia en juicio, en medida de
tierra, en peso ni en otra medida.
36 Balanzas justas, pesas justas y medidas
justas tendréis.[v] Yo Jehová vuestro Dios, que
os saqué de la tierra de Egipto.
37 Guardad, pues, todos mis estatutos y todas mis
ordenanzas, y ponedlos por obra. Yo Jehová.

Penas por actos de inmoralidad

20 HABLÓ Jehová a Moisés, diciendo:
2 Dirás asimismo a los hijos de Israel:
Cualquier varón de los hijos de Israel, o de los
extranjeros que moran en Israel, que ofreciere
alguno de sus hijos a Moloc, de seguro morirá;
el pueblo de la tierra lo apedreará.
3 Y yo pondré mi rostro contra el tal varón, y
lo cortaré de entre su pueblo, por cuanto dio
de sus hijos a Moloc, contaminando mi santuario y profanando mi santo nombre.
4 Si el pueblo de la tierra cerrare sus ojos respecto de aquel varón que hubiere dado de sus
hijos a Moloc, para no matarle,
5 entonces yo pondré mi rostro contra aquel
varón y contra su familia, y le cortaré de entre
su pueblo, con todos los que fornicaron en pos
de él prostituyéndose con Moloc.
6 Y la persona que atendiere a encantadores
o adivinos, para prostituirse tras de ellos, yo
pondré mi rostro contra la tal persona, y la
cortaré de entre su pueblo.
7 Santificaos, pues, y sed santos, porque yo
Jehová soy vuestro Dios.
8 Y guardad mis estatutos, y ponedlos por
obra. Yo Jehová que os santifico.
9 Todo hombre que maldijere a su padre o a
su madre, de cierto morirá;[a] a su padre o a su
madre maldijo; su sangre será sobre él.
10 Si un hombre cometiere adulterio con la
mujer de su prójimo, el adúltero y la adúltera
indefectiblemente serán muertos.[b]
11 Cualquiera que yaciere con la mujer de
su padre, la desnudez de su padre descubrió;
ambos han de ser muertos; su sangre será
sobre ellos.[c]
12 Si alguno durmiere con su nuera, ambos
han de morir; cometieron grave perversión; su
sangre será sobre ellos.[d]
13 Si alguno se ayuntare con varón como con
mujer, abominación hicieron; ambos han de
ser muertos; sobre ellos será su sangre.[e]
14 El que tomare mujer y a la madre de ella,
comete vileza; quemarán con fuego a él y a
ellas, para que no haya vileza entre vosotros.[f]
15 Cualquiera que tuviere cópula con bestia,
ha de ser muerto, y mataréis a la bestia.
16 Y si una mujer se llegare a algún animal
para ayuntarse con él, a la mujer y al animal
matarás; morirán indefectiblemente; su sangre será sobre ellos.[g]
17 Si alguno tomare a su hermana, hija de su
padre o hija de su madre, y viere su desnudez,
y ella viere la suya, es cosa execrable; por tanto serán muertos a ojos de los hijos de su pueblo; descubrió la desnudez de su hermana; su
pecado llevará.[h]
18 Cualquiera que durmiere con mujer menstruosa, y descubriere su desnudez, su fuente descubrió, y ella descubrió la fuente de
su sangre; ambos serán cortados de entre su
pueblo.[i]
19 La desnudez de la hermana de tu madre,
o de la hermana de tu padre, no descubrirás;
porque al descubrir la desnudez de su parienta, su iniquidad llevarán.
20 Cualquiera que durmiere con la mujer del
hermano de su padre, la desnudez del hermano de su padre descubrió; su pecado llevarán;
morirán sin hijos.[j]
21 Y el que tomare la mujer de su hermano,
comete inmundicia; la desnudez de su hermano descubrió; sin hijos serán.[k]
22 Guardad, pues, todos mis estatutos y todas
mis ordenanzas, y ponedlos por obra, no sea
que os vomite la tierra en la cual yo os intro-
duzco para que habitéis en ella.

t. 19.31 Dt 18.11. **u. 19.33-34** Éx 22.21; Dt 24.17-18; 27.19.
v. 19.35-36 Dt 25.13-16. **a. 20.9** Éx 21.17; Mt 15.4; Mr 7.10.
b. 20.10 Éx 20.14; Lv 18.20; Dt 5.18 **c. 20.11** Lv 18.8; Dt 22.30;
27.20. **d. 20.12** Lv 18.15. **e. 20.13** Lv 18.22.
f. 20.14 Lv 18.17; Dt 27.23. **g. 20.15-16** Éx 22.19; Lv 18.23;
Dt 27.21. **h. 20.17** Lv 18.9; Dt 27.22. **i. 20.18** Lv 18.19.
j. 20.19-20 Lv 18.12-14. **k. 20.21** Lv 18.16.

LECCIONES DE VIDA

➤ ***19.32 — Delante de las canas te levantarás, y honrarás el rostro del anciano, y de tu Dios tendrás temor. Yo Jehová.***

Dios conecta el temor al Señor con la honra a los ancianos. Quienes irrespetan a los ancianos, deshonran en realidad al Señor.

➤ ***19.34 — Como a un natural de vosotros tendréis al extranjero que more entre vosotros, y lo amarás como a ti mismo.***

Jesús dijo que, junto con el amor a Dios, los más de seiscientos mandamientos que hay en la Ley y los Profetas tienen que ver con el amor al prójimo (Mt 22.36-40; Mr 12.28-31). ¿Por qué causa? Porque demostramos que le pertenecemos al Señor cuando amamos a los demás (Jn 13.34, 35; Ro 13.8; 1 Jn 4.20).

23 Y no andéis en las prácticas de las naciones que yo echaré de delante de vosotros; porque ellos hicieron todas estas cosas, y los tuve en abominación.
24 Pero a vosotros os he dicho: Vosotros poseeréis la tierra de ellos, y yo os la daré para que la poseáis por heredad, tierra que fluye leche y miel. Yo Jehová vuestro Dios, que os he apartado de los pueblos.
25 Por tanto, vosotros haréis diferencia entre animal limpio e inmundo, y entre ave inmunda y limpia; y no contaminéis vuestras personas con los animales, ni con las aves, ni con nada que se arrastra sobre la tierra, los cuales os he apartado por inmundos.
➤ 26 Habéis, pues, de serme santos, porque yo Jehová soy santo, y os he apartado de los pueblos para que seáis míos.
27 Y el hombre o la mujer que evocare espíritus de muertos o se entregare a la adivinación, ha de morir; serán apedreados; su sangre será sobre ellos.

Santidad de los sacerdotes

21 JEHOVÁ dijo a Moisés: Habla a los sacerdotes hijos de Aarón, y diles que no se contaminen por un muerto en sus pueblos.
2 Mas por su pariente cercano, por su madre o por su padre, o por su hijo o por su hermano,
3 o por su hermana virgen, a él cercana, la cual no haya tenido marido, por ella se contaminará.
4 No se contaminará como cualquier hombre de su pueblo, haciéndose inmundo.
5 No harán tonsura en su cabeza, ni raerán la punta de su barba, ni en su carne harán rasguños.[a]
6 Santos serán a su Dios, y no profanarán el nombre de su Dios, porque las ofrendas encendidas para Jehová y el pan de su Dios ofrecen; por tanto, serán santos.
7 Con mujer ramera o infame no se casarán, ni con mujer repudiada de su marido; porque el sacerdote es santo a su Dios.
8 Le santificarás, por tanto, pues el pan de tu Dios ofrece; santo será para ti, porque santo soy yo Jehová que os santifico.
9 Y la hija del sacerdote, si comenzare a fornicar, a su padre deshonra; quemada será al fuego.
10 Y el sumo sacerdote entre sus hermanos, sobre cuya cabeza fue derramado el aceite de la unción, y que fue consagrado para llevar las vestiduras, no descubrirá su cabeza, ni rasgará sus vestidos,
11 ni entrará donde haya alguna persona muerta; ni por su padre ni por su madre se contaminará.
12 Ni saldrá del santuario, ni profanará el santuario de su Dios; porque la consagración por el aceite de la unción de su Dios está sobre él. Yo Jehová.
13 Tomará por esposa a una mujer virgen.
14 No tomará viuda, ni repudiada, ni infame ni ramera, sino tomará de su pueblo una virgen por mujer,
15 para que no profane su descendencia en sus pueblos; porque yo Jehová soy el que los santifico.
16 Y Jehová habló a Moisés, diciendo:
17 Habla a Aarón y dile: Ninguno de tus descendientes por sus generaciones, que tenga algún defecto, se acercará para ofrecer el pan de su Dios.
18 Porque ningún varón en el cual haya defecto se acercará; varón ciego, o cojo, o mutilado, o sobrado,
19 o varón que tenga quebradura de pie o rotura de mano,
20 o jorobado, o enano, o que tenga nube en el ojo, o que tenga sarna, o empeine, o testículo magullado.
21 Ningún varón de la descendencia del sacerdote Aarón, en el cual haya defecto, se acercará para ofrecer las ofrendas encendidas para Jehová. Hay defecto en él; no se acercará a ofrecer el pan de su Dios.
22 Del pan de su Dios, de lo muy santo y de las cosas santificadas, podrá comer.
23 Pero no se acercará tras el velo, ni se acercará al altar, por cuanto hay defecto en él; para que no profane mi santuario, porque yo Jehová soy el que los santifico.
24 Y Moisés habló esto a Aarón, y a sus hijos, y a todos los hijos de Israel.

Santidad de las ofrendas

22 HABLÓ Jehová a Moisés, diciendo:
2 Di a Aarón y a sus hijos que se abstengan de las cosas santas que los hijos de Israel me han dedicado, y no profanen mi santo nombre. Yo Jehová.
3 Diles: Todo varón de toda vuestra descendencia en vuestras generaciones, que se acercare a las cosas sagradas que los hijos de Israel consagran a Jehová, teniendo inmundicia sobre sí, será cortado de mi presencia. Yo Jehová.

a. 21.5 Lv 19.27-28; Dt 14.1.

LECCIONES DE VIDA

➤ ***20.26 — Habéis, pues, de serme santos, porque yo Jehová soy santo, y os he apartado de los pueblos para que seáis míos.***

Pertenecer al Señor es un gran privilegio y una enorme responsabilidad. No podemos tener una relación íntima con el Señor sin reflejar su santidad, y la intimidad con Él es nuestro supremo llamamiento.

4 Cualquier varón de la descendencia de Aarón que fuere leproso, o padeciere flujo, no comerá de las cosas sagradas hasta que esté limpio. El que tocare cualquiera cosa de cadáveres, o el varón que hubiere tenido derramamiento de semen,
5 o el varón que hubiere tocado cualquier reptil por el cual será inmundo, u hombre por el cual venga a ser inmundo, conforme a cualquiera inmundicia suya;
6 la persona que lo tocare será inmunda hasta la noche, y no comerá de las cosas sagradas antes que haya lavado su cuerpo con agua.
7 Cuando el sol se pusiere, será limpio; y después podrá comer las cosas sagradas, porque su alimento es.
8 Mortecino ni despedazado por fiera no comerá, contaminándose en ello. Yo Jehová.
9 Guarden, pues, mi ordenanza, para que no lleven pecado por ello, no sea que así mueran cuando la profanen. Yo Jehová que los santifico.
10 Ningún extraño comerá cosa sagrada; el huésped del sacerdote, y el jornalero, no comerán cosa sagrada.
11 Mas cuando el sacerdote comprare algún esclavo por dinero, éste podrá comer de ella, así como también el nacido en su casa podrá comer de su alimento.
12 La hija del sacerdote, si se casare con varón extraño, no comerá de la ofrenda de las cosas sagradas.
13 Pero si la hija del sacerdote fuere viuda o repudiada, y no tuviere prole y se hubiere vuelto a la casa de su padre, como en su juventud, podrá comer del alimento de su padre; pero ningún extraño coma de él.
14 Y el que por yerro comiere cosa sagrada, añadirá a ella una quinta parte, y la dará al sacerdote con la cosa sagrada.
15 No profanarán, pues, las cosas santas de los hijos de Israel, las cuales apartan para Jehová;
16 pues les harían llevar la iniquidad del pecado, comiendo las cosas santas de ellos; porque yo Jehová soy el que los santifico.
17 También habló Jehová a Moisés, diciendo:
18 Habla a Aarón y a sus hijos, y a todos los hijos de Israel, y diles: Cualquier varón de la casa de Israel, o de los extranjeros en Israel, que ofreciere su ofrenda en pago de sus votos, o como ofrendas voluntarias ofrecidas en holocausto a Jehová,
19 para que sea aceptado, ofreceréis macho ➤
sin defecto de entre el ganado vacuno, de entre los corderos, o de entre las cabras.
20 Ninguna cosa en que haya defecto ofreceréis, porque no será acepto por vosotros.[a]
21 Asimismo, cuando alguno ofreciere sacri- ➤
ficio en ofrenda de paz a Jehová para cumplir un voto, o como ofrenda voluntaria, sea de vacas o de ovejas, para que sea aceptado será sin defecto.
22 Ciego, perniquebrado, mutilado, verrugoso, sarnoso o roñoso, no ofreceréis éstos a Jehová, ni de ellos pondréis ofrenda encendida sobre el altar de Jehová.
23 Buey o carnero que tenga de más o de menos, podrás ofrecer por ofrenda voluntaria; pero en pago de voto no será acepto.
24 No ofreceréis a Jehová animal con testículos heridos o magullados, rasgados o cortados, ni en vuestra tierra lo ofreceréis.
25 Ni de mano de extranjeros tomarás estos animales para ofrecerlos como el pan de vuestro Dios, porque su corrupción está en ellos; hay en ellos defecto, no se os aceptarán.
26 Y habló Jehová a Moisés, diciendo:
27 El becerro o el cordero o la cabra, cuando naciere, siete días estará mamando de su madre; mas desde el octavo día en adelante será acepto para ofrenda de sacrificio encendido a Jehová.
28 Y sea vaca u oveja, no degollaréis en un mismo día a ella y a su hijo.
29 Y cuando ofreciereis sacrificio de acción de gracias a Jehová, lo sacrificaréis de manera que sea aceptable.
30 En el mismo día se comerá; no dejaréis de él para otro día. Yo Jehová.
31 Guardad, pues, mis mandamientos, y cumplidlos. Yo Jehová.
32 Y no profanéis mi santo nombre, para que yo sea santificado en medio de los hijos de Israel. Yo Jehová que os santifico,
33 que os saqué de la tierra de Egipto, para ser vuestro Dios. Yo Jehová.

a. 22.20 Dt 17.1.

LECCIONES DE VIDA

➤ ***22.19 — para que sea aceptado, ofreceréis macho sin defecto.***

Dios mandó que los sacrificios fueran completamente sin mancha ni imperfección en honor a su absoluta santidad. Es por eso que el nacimiento virginal (Is 7.14; Mt 1.23) es tan básico a nuestra salvación, porque en un nacimiento natural la semilla de la naturaleza pecadora viene a través de la semiente humana (Gn 3.15; Ro 5.12). Pero, como sabemos, Jesús fue concebido milagrosamente por el Espíritu Santo (Lc 1.30-35) —sin intervención humana. Por eso no recibió la naturaleza pecadora y vivió una vida completamente sin pecado. Eso lo convirtió en el sacrificio perfecto por nosotros (Jn 1.29; He 9.14; 1 P 1.19).

➤ ***22.21 — cuando alguno ofreciere sacrificio en ofrenda de paz a Jehová para cumplir un voto... será sin defecto.***

Debemos dar al Señor lo mejor de nosotros, no las sobras. Revelamos lo que el Señor significa para nosotros con lo que le ofrendamos libremente. Él quiere más que todo nuestros corazones, y a cambio nos da todo de Él.

Las fiestas solemnes
(Nm 28.16-29.40)

23 HABLÓ Jehová a Moisés, diciendo:
2 Habla a los hijos de Israel y diles: Las
fiestas solemnes de Jehová, las cuales proclamaréis como santas convocaciones, serán
éstas:
3 Seis días se trabajará, mas el séptimo día
será de reposo,* santa convocación; ningún
trabajo haréis;[a] día de reposo* es de Jehová en
dondequiera que habitéis.
4 Éstas son las fiestas solemnes de Jehová, las
convocaciones santas, a las cuales convocaréis en sus tiempos:
5 en el mes primero, a los catorce del mes,
entre las dos tardes, pascua es de Jehová.[b]
6 Y a los quince días de este mes es la fiesta
solemne de los panes sin levadura[c] a Jehová;
siete días comeréis panes sin levadura.
7 El primer día tendréis santa convocación;
ningún trabajo de siervos haréis.
8 Y ofreceréis a Jehová siete días ofrenda
encendida; el séptimo día será santa convocación; ningún trabajo de siervo haréis.
9 Y habló Jehová a Moisés, diciendo:
10 Habla a los hijos de Israel y diles: Cuando hayáis entrado en la tierra que yo os doy,
y seguéis su mies, traeréis al sacerdote una
gavilla por primicia de los primeros frutos de
vuestra siega.
11 Y el sacerdote mecerá la gavilla delante de
Jehová, para que seáis aceptos; el día siguiente del día de reposo* la mecerá.
12 Y el día que ofrezcáis la gavilla, ofreceréis
un cordero de un año, sin defecto, en holocausto a Jehová.
13 Su ofrenda será dos décimas de efa de flor
de harina amasada con aceite, ofrenda encendida a Jehová en olor gratísimo; y su libación
será de vino, la cuarta parte de un hin.
14 No comeréis pan, ni grano tostado, ni espiga fresca, hasta este mismo día, hasta que
hayáis ofrecido la ofrenda de vuestro Dios;
estatuto perpetuo es por vuestras edades en
dondequiera que habitéis.
15 Y contaréis desde el día que sigue al día de
reposo,* desde el día en que ofrecisteis la gavilla de la ofrenda mecida; siete semanas cumplidas serán.
16 Hasta el día siguiente del séptimo día de
reposo* contaréis cincuenta días; entonces
ofreceréis el nuevo grano a Jehová.
17 De vuestras habitaciones traeréis dos
panes para ofrenda mecida, que serán de dos
décimas de efa de flor de harina, cocidos con
levadura, como primicias para Jehová.
18 Y ofreceréis con el pan siete corderos de
un año, sin defecto, un becerro de la vacada, y
dos carneros; serán holocausto a Jehová, con
su ofrenda y sus libaciones, ofrenda encendida de olor grato para Jehová.
19 Ofreceréis además un macho cabrío por
expiación, y dos corderos de un año en sacrificio de ofrenda de paz.
20 Y el sacerdote los presentará como ofrenda mecida delante de Jehová, con el pan de
las primicias y los dos corderos; serán cosa
sagrada a Jehová para el sacerdote.
21 Y convocaréis en este mismo día santa convocación; ningún trabajo de siervos haréis;
estatuto perpetuo en dondequiera que habitéis por vuestras generaciones.[d]
22 Cuando segareis la mies de vuestra tierra, no segaréis hasta el último rincón de ella,
ni espigarás tu siega; para el pobre y para el
extranjero la dejarás. Yo Jehová vuestro Dios.[e]
23 Y habló Jehová a Moisés, diciendo:

* Aquí equivale a *sábado*.

a. 23.3 Éx 20.8-10; 23.12; 31.15; 34.21; 35.2; Dt 5.12-14.
b. 23.5 Éx 12.1-13; Dt 16.1-2. **c. 23.6-8** Éx 12.14-20; 23.15; 34.18; Dt 16.3-8. **d. 23.15-21** Éx 23.16; 34.22; Dt 16.9-12.
e. 23.22 Lv 19.9-10; Dt 24.19-22.

LECCIONES DE VIDA

➤ ***23.2 — Las fiestas solemnes de Jehová, las cuales proclamaréis como santas convocaciones, serán estas.***

Para Dios es importante que su pueblo se reúna regularmente para alabar su bondad y su provisión. Hay bendiciones y enseñanzas que sólo experimentamos en comunidad y que no podemos recibir en aislamiento.

➤ ***23.5 — En el mes primero, a los catorce del mes, entre las dos tardes, pascua es de Jehová.***

La celebración de la Pascua recordaba a los israelitas la gran provisión de Dios para ellos en su éxodo de Egipto (Éx 12). Pero también anticipaba el sacrificio que Jesús haría en la cruz para hacernos libres del pecado y la muerte (1 Co 5.7).

➤ ***23.10 — traeréis al sacerdote una gavilla por primicia de los primeros frutos de vuestra siega.***

Los israelitas debían poner sus ofrendas en gavillas al comenzar a cosechar la cebada, y traerlas al sacerdote como símbolo de su dependencia de Dios en que el resto sería abundante. De la misma manera, Jesús es el primero de la resurrección, mostrando que podemos tener absoluta confianza que Dios también nos resucitará de los muertos (Ro 8.23; 1 Co 15.20-23).

➤ ***23.16 — Hasta el día siguiente del séptimo día de reposo contaréis cincuenta días; entonces ofreceréis el nuevo grano a Jehová.***

La ofrenda de la segunda cosecha era presentada al final de la fiesta de las semanas —cincuenta días después de la fiesta de las primicias— pero esta vez era de trigo (Dt 16.9-12). Era una celebración del cumplimiento de la cosecha prometida que Dios les había dado, y que Él seguiría proveyendo para ellos. En el Nuevo Testamento vemos esta fiesta en el cumplimiento del día de Pentecostés. Cincuenta días después de la resurrección de Cristo, el Espíritu Santo invistió de poder a los discípulos para recoger la cosecha: todos los que aceptaron a Jesucristo como su Señor y Salvador y que formarían la iglesia (Hch 2).

➤ 24 Habla a los hijos de Israel y diles: En el mes séptimo, al primero del mes tendréis día de reposo, una conmemoración al son de trompetas, y una santa convocación.
25 Ningún trabajo de siervos haréis; y ofreceréis ofrenda encendida a Jehová.
26 También habló Jehová a Moisés, diciendo:
➤ 27 A los diez días de este mes séptimo será el día de expiación;[f] tendréis santa convocación, y afligiréis vuestras almas, y ofreceréis ofrenda encendida a Jehová.
28 Ningún trabajo haréis en este día; porque es día de expiación, para reconciliaros delante de Jehová vuestro Dios.
29 Porque toda persona que no se afligiere en este mismo día, será cortada de su pueblo.
30 Y cualquiera persona que hiciere trabajo alguno en este día, yo destruiré a la tal persona de entre su pueblo.
31 Ningún trabajo haréis; estatuto perpetuo es por vuestras generaciones en dondequiera que habitéis.
32 Día de reposo será a vosotros, y afligiréis vuestras almas, comenzando a los nueve días del mes en la tarde; de tarde a tarde guardaréis vuestro reposo.
33 Y habló Jehová a Moisés, diciendo:
➤ 34 Habla a los hijos de Israel y diles: A los quince días de este mes séptimo será la fiesta solemne de los tabernáculos[g] a Jehová por siete días.
35 El primer día habrá santa convocación; ningún trabajo de siervos haréis.
36 Siete días ofreceréis ofrenda encendida a Jehová; el octavo día tendréis santa convocación, y ofreceréis ofrenda encendida a Jehová; es fiesta, ningún trabajo de siervos haréis.
37 Éstas son las fiestas solemnes de Jehová, a las que convocaréis santas reuniones, para ofrecer ofrenda encendida a Jehová, holocausto y ofrenda, sacrificio y libaciones, cada cosa en su tiempo,
38 además de los días de reposo* de Jehová, de vuestros dones, de todos vuestros votos, y de todas vuestras ofrendas voluntarias que acostumbráis dar a Jehová.
39 Pero a los quince días del mes séptimo, cuando hayáis recogido el fruto de la tierra, haréis fiesta a Jehová por siete días;[h] el primer día será de reposo, y el octavo día será también día de reposo.
40 Y tomaréis el primer día ramas con fruto de árbol hermoso, ramas de palmeras, ramas de árboles frondosos, y sauces de los arroyos, y os regocijaréis delante de Jehová vuestro Dios por siete días.
41 Y le haréis fiesta a Jehová por siete días cada año; será estatuto perpetuo por vuestras generaciones; en el mes séptimo la haréis.
42 En tabernáculos habitaréis siete días; todo natural de Israel habitará en tabernáculos,
43 para que sepan vuestros descendientes que en tabernáculos hice yo habitar a los hijos de Israel cuando los saqué de la tierra de Egipto. Yo Jehová vuestro Dios.
44 Así habló Moisés a los hijos de Israel sobre las fiestas solemnes de Jehová.

Aceite para las lámparas
(Éx 27.20-21)

24 HABLÓ Jehová a Moisés, diciendo:
2 Manda a los hijos de Israel que te traigan para el alumbrado aceite puro de olivas machacadas, para hacer arder las lámparas continuamente.
3 Fuera del velo del testimonio, en el tabernáculo de reunión, las dispondrá Aarón desde la tarde hasta la mañana delante de Jehová; es estatuto perpetuo por vuestras generaciones.
4 Sobre el candelero limpio pondrá siempre en orden las lámparas delante de Jehová.

* Aquí equivale a *sábado*.

f. 23.26-32 Lv 16.29-34. **g. 23.33-36** Dt 16.13-15. **h. 23.39-43** Éx 23.16; 34.22.

LECCIONES DE VIDA

➤ ***23.24 — En el mes séptimo, al primero del mes tendréis día de reposo, una conmemoración al son de trompetas, y una santa convocación.***

En tiempos antiguos, el comienzo de cada mes y del año eran inciertos; los sacerdotes observaban la luna nueva para indicar el paso de los días. Porque nadie sabía ni el día ni la hora en que comenzaría el nuevo año, el sonido de los trompetas indicaba a los israelitas que debían dejar de trabajar, y celebrar ofreciendo sacrificios y alabanzas al Señor. Nosotros tampoco sabemos el día ni la hora del regreso del Señor, pero sí sabemos que será indicado por el poderoso sonido de una trompeta (Mt 24.31; 1 Co 15.52; 1 Ts 4.16).

➤ ***23.27 — A los diez días de este mes séptimo será el día de expiación.***

Expiación (Lv 16; Nm 29.7-11) significa reconciliar al pueblo con Dios, o restaurar su relación íntima con Él cubriendo sus pecados con sacrificios. Era el único día del año en que el sumo sacerdote podía entrar a la presencia de Dios en el lugar santísimo para hacer expiación por el pueblo de Israel (Éx 25.22; He 9.6, 7). Para el creyente, Cristo hizo expiación por nosotros de una vez por todas; restauró nuestra relación con el Señor, y ahora disfrutamos de su presencia para siempre (Ro 5.9; Col 1.19; He 9.24-28).

➤ ***23.34 — A los quince días de este mes séptimo será la fiesta solemne de los tabernáculos.***

La más gozosa de las celebraciones de Israel, la fiesta de los tabernáculos, era un recordatorio de la protección de Dios durante los cuarenta años de peregrinación antes que entraran a la tierra prometida, y de su bondad al permitirles llegar al final de la cosecha (Nm 29.12-38; Dt 16.13-17). Esta fiesta es un anuncio del día cuando el pueblo de Dios se reunirá con Él en el reinado milenial de Cristo (Is 27.12; Zac 14.16).

El pan de la proposición
5 Y tomarás flor de harina, y cocerás de ella
doce tortas; cada torta será de dos décimas
de efa.
6 Y las pondrás en dos hileras, seis en cada hilera, sobre la mesa limpia delante de Jehová.[a]
7 Pondrás también sobre cada hilera incienso
puro, y será para el pan como perfume, ofrenda encendida a Jehová.
8 Cada día de reposo* lo pondrá continuamente
en orden delante de Jehová, en nombre de los
hijos de Israel, como pacto perpetuo.
9 Y será de Aarón y de sus hijos,[b] los cuales lo
comerán en lugar santo; porque es cosa muy
santa para él, de las ofrendas encendidas a
Jehová, por derecho perpetuo.

Castigo del blasfemo
10 En aquel tiempo el hijo de una mujer israelita, el cual era hijo de un egipcio, salió entre
los hijos de Israel; y el hijo de la israelita y un
hombre de Israel riñeron en el campamento.
11 Y el hijo de la mujer israelita blasfemó el
Nombre, y maldijo; entonces lo llevaron a
Moisés. Y su madre se llamaba Selomit, hija
de Dibri, de la tribu de Dan.
➤ 12 Y lo pusieron en la cárcel, hasta que les fuese declarado por palabra de Jehová.
13 Y Jehová habló a Moisés, diciendo:
14 Saca al blasfemo fuera del campamento,
y todos los que le oyeron pongan sus manos
sobre la cabeza de él, y apedréelo toda la
congregación.
15 Y a los hijos de Israel hablarás, diciendo:
Cualquiera que maldijere a su Dios, llevará
su iniquidad.
16 Y el que blasfemare el nombre de Jehová,
ha de ser muerto; toda la congregación lo apedreará; así el extranjero como el natural, si
blasfemare el Nombre, que muera.
17 Asimismo el hombre que hiere de muerte a
cualquiera persona, que sufra la muerte.[c]
18 El que hiere a algún animal ha de restituir-
lo, animal por animal.
19 Y el que causare lesión en su prójimo,
según hizo, así le sea hecho:
20 rotura por rotura, ojo por ojo, diente por
diente;[d] según la lesión que haya hecho a otro,
tal se hará a él.
21 El que hiere algún animal ha de restituir-
lo; mas el que hiere de muerte a un hombre,
que muera.
22 Un mismo estatuto tendréis para el extranjero, como para el natural;[e] porque yo soy
Jehová vuestro Dios.
23 Y habló Moisés a los hijos de Israel, y
ellos sacaron del campamento al blasfemo y
lo apedrearon. Y los hijos de Israel hicieron
según Jehová había mandado a Moisés.

El año de reposo de la tierra y el año del jubileo
25 JEHOVÁ habló a Moisés en el monte
de Sinaí, diciendo:
2 Habla a los hijos de Israel y diles: Cuando
hayáis entrado en la tierra que yo os doy, la
tierra guardará reposo para Jehová.
3 Seis años sembrarás tu tierra, y seis años
podarás tu viña y recogerás sus frutos.
4 Pero el séptimo año la tierra tendrá descanso, reposo para Jehová; no sembrarás tu tierra, ni podarás tu viña.
5 Lo que de suyo naciere en tu tierra segada,
no lo segarás, y las uvas de tu viñedo no ven-
dimiarás; año de reposo será para la tierra.
6 Mas el descanso de la tierra te dará para
comer a ti, a tu siervo, a tu sierva, a tu criado,
y a tu extranjero que morare contigo;
7 y a tu animal, y a la bestia que hubiere en tu
tierra, será todo el fruto de ella para comer.[a]
8 Y contarás siete semanas de años, siete
veces siete años, de modo que los días de las
siete semanas de años vendrán a serte cuarenta y nueve años.
9 Entonces harás tocar fuertemente la trompeta en el mes séptimo a los diez días del mes;
el día de la expiación haréis tocar la trompeta
por toda vuestra tierra.
10 Y santificaréis el año cincuenta, y prego-
naréis libertad en la tierra a todos sus moradores; ese año os será de jubileo, y volveréis
cada uno a vuestra posesión, y cada cual volverá a su familia.
11 El año cincuenta os será jubileo; no sembraréis, ni segaréis lo que naciere de suyo en
la tierra, ni vendimiaréis sus viñedos,
12 porque es jubileo; santo será a vosotros; el
producto de la tierra comeréis.
13 En este año de jubileo volveréis cada uno a
vuestra posesión.
14 Y cuando vendiereis algo a vuestro prójimo, o comprareis de mano de vuestro prójimo,
no engañe ninguno a su hermano.
15 Conforme al número de los años después
del jubileo comprarás de tu prójimo; conforme al número de los años de los frutos te venderá él a ti.
16 Cuanto mayor fuere el número de los años,
aumentarás el precio, y cuanto menor fuere el

a. 24.5-6 Éx 25.30. **b. 24.9** Mt 12.4; Mr 2.26; Lc 6.4.
c. 24.17 Éx 21.12. **d. 24.20** Éx 21.23-25; Dt 19.21; Mt 5.38.
e. 24.22 Nm 15.16. **a. 25.1-7** Éx 23.10-11.

LECCIONES DE VIDA

➤ ***24.12 — Y lo pusieron en la cárcel, hasta que les fuese declarado por palabra de Jehová.***

Siempre es sabio, antes de actuar, esperar hasta que podamos aprender lo que Dios tiene en mente. Si en realidad queremos conocer la voluntad de Dios, Él moverá cielo y tierra para mostrárnosla.

número, disminuirás el precio; porque según
el número de las cosechas te venderá él.
17 Y no engañe ninguno a su prójimo, sino
temed a vuestro Dios; porque yo soy Jehová
vuestro Dios.
18 Ejecutad, pues, mis estatutos y guardad
mis ordenanzas, y ponedlos por obra, y habitaréis en la tierra seguros;
19 y la tierra dará su fruto, y comeréis hasta
saciaros, y habitaréis en ella con seguridad.
➤ 20 Y si dijereis: ¿Qué comeremos el séptimo
año? He aquí no hemos de sembrar, ni hemos
de recoger nuestros frutos;
21 entonces yo os enviaré mi bendición el
sexto año, y ella hará que haya fruto por tres
años.
22 Y sembraréis el año octavo, y comeréis del
fruto añejo; hasta el año noveno, hasta que
venga su fruto, comeréis del añejo.
23 La tierra no se venderá a perpetuidad, porque la tierra mía es; pues vosotros forasteros
y extranjeros sois para conmigo.
24 Por tanto, en toda la tierra de vuestra posesión otorgaréis rescate a la tierra.
25 Cuando tu hermano empobreciere, y vendiere algo de su posesión, entonces su pariente más próximo vendrá y rescatará lo que su
hermano hubiere vendido.
26 Y cuando el hombre no tuviere rescatador,
y consiguiere lo suficiente para el rescate,
27 entonces contará los años desde que vendió, y pagará lo que quedare al varón a quien
vendió, y volverá a su posesión.
28 Mas si no consiguiere lo suficiente para
que se la devuelvan, lo que vendió estará
en poder del que lo compró hasta el año del
jubileo; y al jubileo saldrá, y él volverá a su
posesión.
29 El varón que vendiere casa de habitación
en ciudad amurallada, tendrá facultad de redimirla hasta el término de un año desde la venta; un año será el término de poderse redimir.
30 Y si no fuere rescatada dentro de un año
entero, la casa que estuviere en la ciudad
amurallada quedará para siempre en poder de
aquel que la compró, y para sus descendientes; no saldrá en el jubileo.
31 Mas las casas de las aldeas que no tienen
muro alrededor serán estimadas como los
terrenos del campo; podrán ser rescatadas, y
saldrán en el jubileo.
32 Pero en cuanto a las ciudades de los levitas,
éstos podrán rescatar en cualquier tiempo las
casas en las ciudades de su posesión.
33 Y el que comprare de los levitas saldrá de
la casa vendida, o de la ciudad de su posesión,
en el jubileo, por cuanto las casas de las ciudades de los levitas son la posesión de ellos
entre los hijos de Israel.
34 Mas la tierra del ejido de sus ciudades no
se venderá, porque es perpetua posesión de
ellos.
35 Y cuando tu hermano empobreciere y se
acogiere a ti, tú lo ampararás; como forastero
y extranjero vivirá contigo.[b]
36 No tomarás de él usura ni ganancia, sino
tendrás temor de tu Dios, y tu hermano vivirá contigo.
37 No le darás tu dinero a usura,[c] ni tus víveres a ganancia.
38 Yo Jehová vuestro Dios, que os saqué de
la tierra de Egipto, para daros la tierra de
Canaán, para ser vuestro Dios.
39 Y cuando tu hermano empobreciere, estando contigo, y se vendiere a ti, no le harás servir como esclavo.
40 Como criado, como extranjero estará contigo; hasta el año del jubileo te servirá.
41 Entonces saldrá libre de tu casa; él y sus
hijos consigo, y volverá a su familia, y a la
posesión de sus padres se restituirá.
42 Porque son mis siervos, los cuales saqué
yo de la tierra de Egipto; no serán vendidos a
manera de esclavos.
43 No te enSeñorearás de él con dureza, sino
tendrás temor de tu Dios.
44 Así tu esclavo como tu esclava que tuvieres, serán de las gentes que están en vuestro
alrededor; de ellos podréis comprar esclavos
y esclavas.
45 También podréis comprar de los hijos de
los forasteros que viven entre vosotros, y de
las familias de ellos nacidos en vuestra tierra, que están con vosotros, los cuales podréis
tener por posesión.
46 Y los podréis dejar en herencia para vuestros hijos después de vosotros, como posesión
hereditaria; para siempre os serviréis de ellos;
pero en vuestros hermanos los hijos de Israel
no os enseñorearéis cada uno sobre su hermano con dureza.[d]
47 Si el forastero o el extranjero que está
contigo se enriqueciere, y tu hermano que
está junto a él empobreciere, y se vendiere al
forastero o extranjero que está contigo, o a
alguno de la familia del extranjero;
48 después que se hubiere vendido, podrá ser
rescatado; uno de sus hermanos lo rescatará.

b. 25.35 Dt 15.7-8. **c. 25.37** Éx 22.25; Dt 23.19-20.
d. 25.39-46 Éx 21.2-6; Dt 15.12-18.

LECCIONES DE VIDA

➤ ***25.20 — Y si dijereis: ¿Qué comeremos el séptimo año? He aquí no hemos de sembrar, ni hemos de recoger nuestros frutos.***

¿Puede usted imaginar lo que es confiarle a Dios su provisión durante todo un año? Sin embargo, eso fue exactamente lo que Él les ordenó a los israelitas que hicieran cada siete años; no debían sembrar ni podar, sino que debían descansar bajo su protección y experimentar su bendición.

RESPUESTAS A PREGUNTAS DE LA VIDA

¿Qué significa vivir en el temor del Señor?

LV 25.17

Hay varias señales prácticas que indican cuándo se está viviendo en el temor del Señor.

❶ *Obediencia a los mandamientos de Dios.*
El Señor nos ha dado mandamientos muy específicos en su Palabra, y Él espera que le obedezcamos *independientemente de las circunstancias o situaciones.* No importa lo que otros puedan decir para ofrecernos un «plan alternativo», atractivo y que suene bien para desobedecer los mandamientos de Dios, nunca debemos seguir sus consejos. Los planes del hombre pueden parecer que tienen sentido, pero el Señor nos dice: «Hay camino que al hombre le parece derecho; pero su fin es camino de muerte» (Pr 14.12). La Palabra de Dios es muy clara. El problema de la mayoría de los cristianos, es su falta de discernimiento tratándose de las normas de Dios en cuanto a lo bueno y lo malo. Es posible que sepan lo que es bueno, y qué es la voluntad de Dios para sus vidas, pero prefieren *desobedecerle*, lo cual lleva siempre a la desesperanza, la frustración y el sufrimiento.

❷ *El deseo de ser como Jesús.*
Los que aman de verdad a Jesús como su Señor y Salvador querrán ser como Él. ¿Cómo vivió Jesús? El Señor vivió en completa obediencia a su Padre. Hizo sólo lo que el Padre le dijo que hiciera; y dijo sólo lo que el Padre le encomendó que dijera. Lo que Jesús hizo, es lo que nosotros debemos hacer —no con nuestras mejores *habilidades*, sino en *obediencia* al Espíritu Santo que mora en nosotros. El Espíritu Santo nos da el poder para vivir como Jesús vivió. Nuestra responsabilidad es pedirle que nos guíe, ayude, aconseje, y nos capacite para obedecer. Cuanto más dejemos al Espíritu Santo obrar en y a través de nosotros, más poder recibiremos para vivir como Jesús.

❸ *Una vida valerosa.*
Quienes les temen a la humanidad y a los desastres naturales, sufren un miedo que les paraliza. Por otro lado, quienes temen al Señor con santo temor reverencial, encuentran un valor que les mueve a actuar. Dios reta a su pueblo a vivir confiadamente y a responder con audacia y valentía en la vida. Los «héroes de la fe» como Moisés, Josué y los apóstoles Pedro y Pablo, enfrentaron increíbles dificultades, pero salieron victoriosos gracias a la valentía que Dios les dio. Aprendieron la misma lección que llevó a Esdras a decir: «[Fui] fortalecido por la mano de mi Dios sobre mí» (Esd 7.28).

Para un estudio más a fondo, véase el Índice de Principios de vida:
2. *Obedezcamos a Dios y dejemos las consecuencias en sus manos.*
24. *Vivir la vida cristiana es permitir al Señor Jesús vivir su vida en y por medio de nosotros.*

49 O su tío o el hijo de su tío lo rescatará, o un pariente cercano de su familia lo rescatará; o si sus medios alcanzaren, él mismo se rescatará.
50 Hará la cuenta con el que lo compró, desde el año que se vendió a él hasta el año del jubileo; y ha de apreciarse el precio de su venta conforme al número de los años, y se contará el tiempo que estuvo con él conforme al tiempo de un criado asalariado.
51 Si aún fueren muchos años, conforme a ellos devolverá para su rescate, del dinero por el cual se vendió.
52 Y si quedare poco tiempo hasta el año del jubileo, entonces hará un cálculo con él, y devolverá su rescate conforme a sus años.
53 Como con el tomado a salario anualmente hará con él; no se enSeñoreará en él con rigor delante de tus ojos.
54 Y si no se rescatare en esos años, en el año del jubileo saldrá, él y sus hijos con él.

➢ 55 Porque mis siervos son los hijos de Israel; son siervos míos, a los cuales saqué de la tierra de Egipto. Yo Jehová vuestro Dios.

Bendiciones de la obediencia
(Dt 7.12-24; 28.1-14)

26 NO haréis para vosotros ídolos,[a] ni escultura,[b] ni os levantaréis estatua, ni pondréis en vuestra tierra piedra pintada para inclinaros a ella; porque yo soy Jehová vuestro Dios.
2 Guardad mis días de reposo, y tened en reverencia mi santuario. Yo Jehová.
* 3 Si anduviereis en mis decretos y guardareis mis mandamientos, y los pusiereis por obra,
4 yo daré vuestra lluvia en su tiempo, y la tierra rendirá sus productos, y el árbol del campo dará su fruto.
5 Vuestra trilla alcanzará a la vendimia, y la vendimia alcanzará a la sementera, y comeréis vuestro pan hasta saciaros,[c] y habitaréis seguros en vuestra tierra.
6 Y yo daré paz en la tierra, y dormiréis, y no habrá quien os espante; y haré quitar de vuestra tierra las malas bestias, y la espada no pasará por vuestro país.
7 Y perseguiréis a vuestros enemigos, y caerán a espada delante de vosotros.
8 Cinco de vosotros perseguirán a ciento, y ciento de vosotros perseguirán a diez mil, y vuestros enemigos caerán a filo de espada delante de vosotros.
9 Porque yo me volveré a vosotros, y os haré crecer, y os multiplicaré, y afirmaré mi pacto con vosotros.
10 Comeréis lo añejo de mucho tiempo, y pondréis fuera lo añejo para guardar lo nuevo.
11 Y pondré mi morada en medio de vosotros, y mi alma no os abominará;
➢ 12 y andaré entre vosotros, y yo seré vuestro Dios, y vosotros seréis mi pueblo.[d]
13 Yo Jehová vuestro Dios, que os saqué de la tierra de Egipto, para que no fueseis sus siervos, y rompí las coyundas de vuestro yugo, y os he hecho andar con el rostro erguido.

Consecuencias de la desobediencia
(Dt 28.15-68)

14 Pero si no me oyereis, ni hiciereis todos estos mis mandamientos,
15 y si desdeñareis mis decretos, y vuestra alma menospreciare mis estatutos, no ejecutando todos mis mandamientos, e invalidando mi pacto,
16 yo también haré con vosotros esto: enviaré sobre vosotros terror, extenuación y calentura, que consuman los ojos y atormenten el alma; y sembraréis en vano vuestra semilla, porque vuestros enemigos la comerán.
17 Pondré mi rostro contra vosotros, y seréis heridos delante de vuestros enemigos; y los que os aborrecen se enseñorearán de vosotros, y huiréis sin que haya quien os persiga.
18 Y si aun con estas cosas no me oyereis, yo volveré a castigaros siete veces más por vuestros pecados.
19 Y quebrantaré la soberbia de vuestro orgullo, y haré vuestro cielo como hierro, y vuestra tierra como bronce.
20 Vuestra fuerza se consumirá en vano, porque vuestra tierra no dará su producto, y los árboles de la tierra no darán su fruto.
21 Si anduviereis conmigo en oposición, y no me quisiereis oír, yo añadiré sobre vosotros siete veces más plagas según vuestros pecados.
22 Enviaré también contra vosotros bestias fieras que os arrebaten vuestros hijos, y destruyan vuestro ganado, y os reduzcan en número, y vuestros caminos sean desiertos.
23 Y si con estas cosas no fuereis corregidos, sino que anduviereis conmigo en oposición,
24 yo también procederé en contra de vosotros, y os heriré aún siete veces por vuestros pecados.
25 Traeré sobre vosotros espada vengadora, en vindicación del pacto; y si buscareis refugio en vuestras ciudades, yo enviaré pestilencia entre vosotros, y seréis entregados en mano del enemigo.
26 Cuando yo os quebrante el sustento del pan, cocerán diez mujeres vuestro pan en un horno, y os devolverán vuestro pan por peso; y comeréis, y no os saciaréis.
27 Si aun con esto no me oyereis, sino que procediereis conmigo en oposición,
28 yo procederé en contra de vosotros con ira, y os castigaré aún siete veces por vuestros pecados.
29 Y comeréis la carne de vuestros hijos, y comeréis la carne de vuestras hijas.
30 Destruiré vuestros lugares altos, y derribaré vuestras imágenes, y pondré vuestros

a. 26.1 Lv 19.4. **b. 26.1** Éx 20.4; Dt 5.8; 16.21-22; 27.15. **c. 26.3-5** Dt 11.13-15. **d. 26.12** 2 Co 6.16.

LECCIONES DE VIDA

➢ ***25.55 — Porque mis siervos son los hijos de Israel.***

No sólo somos hijos de Dios, sino también sus siervos. Lo primero habla de privilegio, lo segundo de deber. En Cristo tenemos las dos cosas.

➢ ***26.12 — Y andaré entre vosotros, y yo seré vuestro Dios, y vosotros seréis mi pueblo.***

La paz con Dios es el fruto de la unidad con Él. El mayor deseo del Señor desde el principio de la creación es estar con nosotros, su pueblo, mostrar su gloria a través de nosotros y bendecirnos. Dios no sólo desea tener la relación más estrecha e íntima posible con su pueblo, sino que también ha provisto todo lo necesario para asegurar esa relación por medio de Cristo.

cuerpos muertos sobre los cuerpos muertos de
vuestros ídolos, y mi alma os abominará.
31 Haré desiertas vuestras ciudades, y asolaré vuestros santuarios, y no oleré la fragancia
de vuestro suave perfume.
32 Asolaré también la tierra, y se pasmarán
por ello vuestros enemigos que en ella moren;
33 y a vosotros os esparciré entre las naciones,
y desenvainaré espada en pos de vosotros; y
vuestra tierra estará asolada, y desiertas vuestras ciudades.
34 Entonces la tierra gozará sus días de reposo, todos los días que esté asolada, mientras
vosotros estéis en la tierra de vuestros enemigos; la tierra descansará entonces y gozará
sus días de reposo.
35 Todo el tiempo que esté asolada, descansará por lo que no reposó en los días de reposo
cuando habitabais en ella.
36 Y a los que queden de vosotros infundiré en
sus corazones tal cobardía, en la tierra de sus
enemigos, que el sonido de una hoja que se
mueva los perseguirá, y huirán como ante la
espada, y caerán sin que nadie los persiga.
37 Tropezarán los unos con los otros como si
huyeran ante la espada, aunque nadie los persiga; y no podréis resistir delante de vuestros
enemigos.
38 Y pereceréis entre las naciones, y la tierra
de vuestros enemigos os consumirá.
39 Y los que queden de vosotros decaerán en
las tierras de vuestros enemigos por su iniquidad; y por la iniquidad de sus padres decaerán con ellos.
40 Y confesarán su iniquidad, y la iniquidad
de sus padres, por su prevaricación con que
prevaricaron contra mí; y también porque
anduvieron conmigo en oposición,
41 yo también habré andado en contra de
ellos, y los habré hecho entrar en la tierra de sus enemigos; y entonces se humillará su corazón incircunciso, y reconocerán su
pecado.
42 Entonces yo me acordaré de mi pacto con
Jacob,[e] y asimismo de mi pacto con Isaac,[f] y
también de mi pacto con Abraham[g] me acordaré, y haré memoria de la tierra.
43 Pero la tierra será abandonada por ellos, y
gozará sus días de reposo, estando desierta a
causa de ellos; y entonces se someterán al castigo de sus iniquidades; por cuanto menospreciaron mis ordenanzas, y su alma tuvo fastidio
de mis estatutos.
44 Y aun con todo esto, estando ellos en tierra de sus enemigos, yo no los desecharé, ni
los abominaré para consumirlos, invalidando mi pacto con ellos; porque yo Jehová soy
su Dios.
45 Antes me acordaré de ellos por el pacto
antiguo, cuando los saqué de la tierra de Egipto a los ojos de las naciones, para ser su Dios.
Yo Jehová.
46 Éstos son los estatutos, ordenanzas y leyes
que estableció Jehová entre sí y los hijos de
Israel en el monte de Sinaí por mano de Moisés.

Cosas consagradas a Dios

27 HABLÓ Jehová a Moisés, diciendo:
2 Habla a los hijos de Israel y diles:
Cuando alguno hiciere especial voto a Jehová, según la estimación de las personas que se
hayan de redimir, lo estimarás así:
3 En cuanto al varón de veinte años hasta
sesenta, lo estimarás en cincuenta siclos de
plata, según el siclo del santuario.
4 Y si fuere mujer, la estimarás en treinta
siclos.
5 Y si fuere de cinco años hasta veinte, al
varón lo estimarás en veinte siclos, y a la
mujer en diez siclos.
6 Y si fuere de un mes hasta cinco años, entonces estimarás al varón en cinco siclos de plata,
y a la mujer en tres siclos de plata.
7 Mas si fuere de sesenta años o más, al varón
lo estimarás en quince siclos, y a la mujer en
diez siclos.
8 Pero si fuere muy pobre para pagar tu estimación, entonces será llevado ante el sacerdote, quien fijará el precio; conforme a la
posibilidad del que hizo el voto, le fijará precio el sacerdote.
9 Y si fuere animal de los que se ofrece ofrenda a Jehová, todo lo que de los tales se diere a
Jehová será santo.
10 No será cambiado ni trocado, bueno por
malo, ni malo por bueno; y si se permutare un
animal por otro, él y el dado en cambio de él
serán sagrados.
11 Si fuere algún animal inmundo, de que no
se ofrece ofrenda a Jehová, entonces el animal
será puesto delante del sacerdote,
12 y el sacerdote lo valorará, sea bueno o sea
malo; conforme a la estimación del sacerdote, así será.
13 Y si lo quisiere rescatar, añadirá sobre tu
valuación la quinta parte.
14 Cuando alguno dedicare su casa consagrándola a Jehová, la valorará el sacerdote, sea buena o sea mala; según la valorare el
sacerdote, así quedará.
15 Mas si el que dedicó su casa deseare rescatarla, añadirá a tu valuación la quinta parte
del valor de ella, y será suya.
16 Si alguno dedicare de la tierra de su posesión a Jehová, tu estimación será conforme a
su siembra; un homer de siembra de cebada se
valorará en cincuenta siclos de plata.
17 Y si dedicare su tierra desde el año del jubileo, conforme a tu estimación quedará.
18 Mas si después del jubileo dedicare su tierra, entonces el sacerdote hará la cuenta del
dinero conforme a los años que quedaren
hasta el año del jubileo, y se rebajará de tu
estimación.

e. 26.42 Gn 28.13-14. **f. 26.42** Gn 26.3-4. **g. 26.42** Gn 17.7-8.

19 Y si el que dedicó la tierra quisiere redimirla, añadirá a tu estimación la quinta parte del
precio de ella, y se le quedará para él.
20 Mas si él no rescatare la tierra, y la tierra se
vendiere a otro, no la rescatará más;
21 sino que cuando saliere en el jubileo, la tierra será santa para Jehová, como tierra consagrada; la posesión de ella será del sacerdote.
22 Y si dedicare alguno a Jehová la tierra
que él compró, que no era de la tierra de su
herencia,
23 entonces el sacerdote calculará con él la
suma de tu estimación hasta el año del jubileo, y aquel día dará tu precio señalado, cosa
consagrada a Jehová.
24 En el año del jubileo, volverá la tierra a
aquél de quien él la compró, cuya es la herencia de la tierra.
25 Y todo lo que valorares será conforme al
siclo del santuario; el siclo tiene veinte geras.
26 Pero el primogénito de los animales, que
por la primogenitura es de Jehová, nadie lo
dedicará; sea buey u oveja, de Jehová es.
27 Mas si fuere de los animales inmundos, lo
rescatarán conforme a tu estimación, y añadirán sobre ella la quinta parte de su precio; y
si no lo rescataren, se venderá conforme a tu
estimación.
28 Pero no se venderá ni se rescatará ninguna cosa consagrada,[a] que alguno hubiere dedicado a Jehová; de todo lo que tuviere,
de hombres y animales, y de las tierras de su
posesión, todo lo consagrado será cosa santísima para Jehová.
29 Ninguna persona separada como anatema
podrá ser rescatada; indefectiblemente ha de
ser muerta.
30 Y el diezmo de la tierra, así de la simiente
de la tierra como del fruto de los árboles, de
Jehová es; es cosa dedicada a Jehová.
31 Y si alguno quisiere rescatar algo del diezmo, añadirá la quinta parte de su precio por
ello.
32 Y todo diezmo de vacas o de ovejas, de todo
lo que pasa bajo la vara, el diezmo será consagrado a Jehová.
33 No mirará si es bueno o malo, ni lo cambiará; y si lo cambiare, tanto él como el que se dio
en cambio serán cosas sagradas; no podrán
ser rescatados.[b]
34 Éstos son los mandamientos que ordenó
Jehová a Moisés para los hijos de Israel, en el
monte Sinaí

a. 27.28 Nm 18.14. **b. 27.30-33** Nm 18.21; Dt 14.22-29.

LECCIONES DE VIDA

➤ ***27.30 — Y el diezmo de la tierra... es cosa dedicada a Jehová.***

Dios es claro en cuanto a la manera que Él espera que le honremos en el área de nuestras finanzas (Dt 14.22; Mal 3.8-12). Debemos darle el diezmo, es decir, el diez por ciento de lo que producimos o ganamos. Jamás podremos superar a Dios en generosidad. El Señor nos ha dado todo lo que tenemos, y Él quiere que le reconozcamos como la fuente de todas nuestras bendiciones.

EL CUARTO LIBRO DE MOISÉS LLAMADO

NÚMEROS

El título de Números procede del nombre griego dado en la Septuaginta, *Arithmoi* («Números»). La Vulgata Latina adoptó este título y lo tradujo *Liber Numeri*, «Libro de los Números». Estos títulos se basan en los dos censos de los israelitas que se describen en el libro: el primero en el monte Sinaí (Nm 1), y el segundo en las llanuras de Moab (Nm 26). Números ha sido llamado también «Libro de los viajes», «Libro de las murmuraciones» y «Cuarto libro de Moisés».

La mayor parte del libro describe la experiencia de Israel en su continua peregrinación por el desierto. Lo que originalmente debió haber sido un viaje de once días, se convirtió para Israel en una agonía de cuarenta años. Por eso, el libro presenta una clara lección: aunque pueda ser necesario atravesar por el desierto, uno no tiene que vivir en él.

Números nos enseña que puede haber tiempos cuando Dios permite que pasemos por prolongadas experiencias en el desierto, no sólo para que le prestemos atención, sino también para que cambiemos nuestra manera de pensar o nuestra conducta. No es suficiente ocuparse simplemente del autoexamen. Podemos ver un problema y reconocer que está allí. Pero a menos que cambiemos nuestra respuesta a Dios —rindiéndonos a Él en obediencia— las pruebas que enfrentamos no nos beneficiaran en nada.

Si, por otra parte, estamos dispuestos a permitir que Dios use nuestras experiencias en el desierto para sacar a la superficie la suciedad interna de nuestras vidas, y si estamos dispuestos a cambiar lo que necesita ser cambiado, saldremos del desierto estando mucho más cerca de nuestro Padre celestial, más maduros como sus hijos, y con mucho mayor potencial para reflejar el amor de Dios al mundo que nos rodea. Ésta es la gran lección del libro de Números.

Tema: Números demuestra que las malas elecciones traen consecuencias concretas, algunas de ellas muy dolorosas. Cuando la primera generación de israelitas que dejó Egipto se rebeló contra Dios y pecó contra su ley, sus miembros se vieron obligados a pasar años vagando en el desierto, aunque lo que Dios hubiera querido para su pueblo era que le obedeciera y pasara esos años en la tierra prometida.

Autor: Moisés.

Fecha: Los hechos narrados en el libro de Números comenzaron alrededor de un año después del éxodo de Egipto (hacia el 1446 a.C.).

Estructura: Los primeros diez capítulos de Números contienen instrucciones legales y registran un censo (o «numeración») del pueblo de Israel (1.1—10.36). Luego narra la peregrinación de los israelitas por el desierto, así como sus quejas y su rebelión contra Dios y contra su líder, Moisés (11.1—25.18). Y concluye con la marcha de la segunda generación hacia la tierra prometida (26.1—36.13).

A medida que lea Números, fíjese en los principios para la vida que juegan un papel importante en este libro:

11. Dios asume toda la responsabilidad en cuanto a nuestras necesidades, si lo obedecemos. *Véase Números 7.5; página 151.*

9. Confiar en Dios quiere decir ver más allá de lo que podemos, hacia lo que Dios ve. *Véase Números 13.30; página 159.*

6. Cosechamos lo que sembramos, más de lo que sembramos, después de sembrarlo. *Véase Números 14.26-38; páginas 160-162.*

3. La Palabra de Dios es ancla inconmovible en las tormentas. *Véase Números 23.19; página 174.*

Censo de Israel en Sinaí

➤ 1 HABLÓ Jehová a Moisés en el desierto de
Sinaí, en el tabernáculo de reunión, en el
día primero del mes segundo, en el segundo
año de su salida de la tierra de Egipto, diciendo:
2 Tomad el censo[a] de toda la congregación
de los hijos de Israel por sus familias, por las
casas de sus padres, con la cuenta de los nombres, todos los varones por sus cabezas.
3 De veinte años arriba, todos los que pueden
salir a la guerra en Israel, los contaréis tú y
Aarón por sus ejércitos.
4 Y estará con vosotros un varón de cada tribu, cada uno jefe de la casa de sus padres.
5 Estos son los nombres de los varones que
estarán con vosotros: De la tribu de Rubén,
Elisur hijo de Sedeur.
6 De Simeón, Selumiel hijo de Zurisadai.
7 De Judá, Naasón hijo de Aminadab.
8 De Isacar, Natanael hijo de Zuar.
9 De Zabulón, Eliab hijo de Helón.
10 De los hijos de José: de Efraín, Elisama
hijo de Amiud; de Manasés, Gamaliel hijo de
Pedasur.
11 De Benjamín, Abidán hijo de Gedeoni.
12 De Dan, Ahiezer hijo de Amisadai.
13 De Aser, Pagiel hijo de Ocrán.
14 De Gad, Eliasaf hijo de Deuel.
15 De Neftalí, Ahira hijo de Enán.
16 Éstos eran los nombrados de entre la congregación, príncipes de las tribus de sus
padres, capitanes de los millares de Israel.
➤ 17 Tomaron, pues, Moisés y Aarón a estos
varones que fueron designados por sus nombres,
18 y reunieron a toda la congregación en el
día primero del mes segundo, y fueron agru-
pados por familias, según las casas de sus
padres, conforme a la cuenta de los nombres
por cabeza, de veinte años arriba.
19 Como Jehová lo había mandado a Moisés,
los contó en el desierto de Sinaí.
20 De los hijos de Rubén, primogénito de
Israel, por su descendencia, por sus familias,
según las casas de sus padres, conforme a la
cuenta de los nombres por cabeza, todos los
varones de veinte años arriba, todos los que
podían salir a la guerra;
21 los contados de la tribu de Rubén fueron
cuarenta y seis mil quinientos.
22 De los hijos de Simeón, por su descendencia, por sus familias, según las casas de sus
padres, fueron contados conforme a la cuenta
de los nombres por cabeza, todos los varones
de veinte años arriba, todos los que podían
salir a la guerra;
23 los contados de la tribu de Simeón fueron
cincuenta y nueve mil trescientos.
24 De los hijos de Gad, por su descendencia, por sus familias, según las casas de sus
padres, conforme a la cuenta de los nombres,
de veinte años arriba, todos los que podían
salir a la guerra;
25 los contados de la tribu de Gad fueron cuarenta y cinco mil seiscientos cincuenta.
26 De los hijos de Judá, por su descendencia, por sus familias, según las casas de sus
padres, conforme a la cuenta de los nombres,
de veinte años arriba, todos los que podían
salir a la guerra;
27 los contados de la tribu de Judá fueron
setenta y cuatro mil seiscientos.
28 De los hijos de Isacar, por su descendencia, por sus familias, según las casas de sus
padres, conforme a la cuenta de los nombres,
de veinte años arriba, todos los que podían
salir a la guerra;
29 los contados de la tribu de Isacar fueron
cincuenta y cuatro mil cuatrocientos.
30 De los hijos de Zabulón, por su descendencia, por sus familias, según las casas de sus
padres, conforme a la cuenta de sus nombres,
de veinte años arriba, todos los que podían
salir a la guerra;
31 los contados de la tribu de Zabulón fueron
cincuenta y siete mil cuatrocientos.
32 De los hijos de José; de los hijos de Efraín,
por su descendencia, por sus familias, según
las casas de sus padres, conforme a la cuenta
de los nombres, de veinte años arriba, todos
los que podían salir a la guerra;
33 los contados de la tribu de Efraín fueron
cuarenta mil quinientos.
34 Y de los hijos de Manasés, por su descendencia, por sus familias, según las casas de
sus padres, conforme a la cuenta de los nombres, de veinte años arriba, todos los que
podían salir a la guerra;
35 los contados de la tribu de Manasés fueron
treinta y dos mil doscientos.
36 De los hijos de Benjamín, por su descendencia, por sus familias, según las casas de

a. **1.1-46** Nm 26.1-51.

LECCIONES DE VIDA

➤ ***1.1 — Habló Jehová a Moisés en el desierto de Sinaí.***

Dios nos habla en momentos específicos, en lugares específicos, de cosas específicas. Para caminar con Él, es fundamental escuchar lo que Él dice.

➤ ***1.17 — Tomaron, pues, Moisés y Aarón a estos varones que fueron designados por sus nombres,***

Dios nos llama *por nombre* a su servicio. Él conoce los dones, las capacidades y el pasado de cada uno de nosotros, y por su Espíritu nos coloca justo en el lugar adecuado para servirle mejor.

sus padres, conforme a la cuenta de los nombres, de veinte años arriba, todos los que podían salir a la guerra;
37 los contados de la tribu de Benjamín fueron treinta y cinco mil cuatrocientos.
38 De los hijos de Dan, por su descendencia, por sus familias, según las casas de sus padres, conforme a la cuenta de los nombres, de veinte años arriba, todos los que podían salir a la guerra;
39 los contados de la tribu de Dan fueron sesenta y dos mil setecientos.
40 De los hijos de Aser, por su descendencia, por sus familias, según las casas de sus padres, conforme a la cuenta de los nombres, de veinte años arriba, todos los que podían salir a la guerra;
41 los contados de la tribu de Aser fueron cuarenta y un mil quinientos.
42 De los hijos de Neftalí, por su descendencia, por sus familias, según las casas de sus padres, conforme a la cuenta de los nombres, de veinte años arriba, todos los que podían salir a la guerra;
43 los contados de la tribu de Neftalí fueron cincuenta y tres mil cuatrocientos.
44 Éstos fueron los contados, los cuales contaron Moisés y Aarón, con los príncipes de Israel, doce varones, uno por cada casa de sus padres.
45 Y todos los contados de los hijos de Israel por las casas de sus padres, de veinte años arriba, todos los que podían salir a la guerra en Israel,
46 fueron todos los contados seiscientos tres mil quinientos cincuenta.

Nombramiento de los levitas

47 Pero los levitas, según la tribu de sus padres, no fueron contados entre ellos;
48 porque habló Jehová a Moisés, diciendo:
49 Solamente no contarás la tribu de Leví, ni tomarás la cuenta de ellos entre los hijos de Israel,
50 sino que pondrás a los levitas en el tabernáculo del testimonio, y sobre todos sus utensilios, y sobre todas las cosas que le pertenecen; ellos llevarán el tabernáculo y todos sus enseres, y ellos servirán en él, y acamparán alrededor del tabernáculo.
51 Y cuando el tabernáculo haya de trasladarse, los levitas lo desarmarán, y cuando el tabernáculo haya de detenerse, los levitas lo armarán; y el extraño que se acercare morirá.
52 Los hijos de Israel acamparán cada uno en su campamento, y cada uno junto a su bandera, por sus ejércitos;
53 pero los levitas acamparán alrededor del tabernáculo del testimonio, para que no haya ira sobre la congregación de los hijos de Israel; y los levitas tendrán la guarda del tabernáculo del testimonio.
54 E hicieron los hijos de Israel conforme a todas las cosas que mandó Jehová a Moisés; así lo hicieron.

Campamentos y jefes de las tribus

2 HABLÓ Jehová a Moisés y a Aarón, diciendo:
2 Los hijos de Israel acamparán cada uno junto a su bandera, bajo las enseñas de las casas de sus padres; alrededor del tabernáculo de reunión acamparán.
3 Éstos acamparán al oriente, al este: la bandera del campamento de Judá, por sus ejércitos; y el jefe de los hijos de Judá, Naasón hijo de Aminadab.
4 Su cuerpo de ejército, con sus contados, setenta y cuatro mil seiscientos.
5 Junto a él acamparán los de la tribu de Isacar; y el jefe de los hijos de Isacar, Natanael hijo de Zuar.
6 Su cuerpo de ejército, con sus contados, cincuenta y cuatro mil cuatrocientos.
7 Y la tribu de Zabulón; y el jefe de los hijos de Zabulón, Eliab hijo de Helón.
8 Su cuerpo de ejército, con sus contados, cincuenta y siete mil cuatrocientos.
9 Todos los contados en el campamento de Judá, ciento ochenta y seis mil cuatrocientos, por sus ejércitos, marcharán delante.
10 La bandera del campamento de Rubén estará al sur, por sus ejércitos; y el jefe de los hijos de Rubén, Elisur hijo de Sedeur.
11 Su cuerpo de ejército, con sus contados, cuarenta y seis mil quinientos.
12 Acamparán junto a él los de la tribu de Simeón; y el jefe de los hijos de Simeón, Selumiel hijo de Zurisadai.
13 Su cuerpo de ejército, con sus contados, cincuenta y nueve mil trescientos.
14 Y la tribu de Gad; y el jefe de los hijos de Gad, Eliasaf hijo de Reuel.
15 Su cuerpo de ejército, con sus contados, cuarenta y cinco mil seiscientos cincuenta.
16 Todos los contados en el campamento de Rubén, ciento cincuenta y un mil cuatrocientos cincuenta, por sus ejércitos, marcharán los segundos.

LECCIONES DE VIDA

➤ ***2.2 — Los hijos de Israel acamparán cada uno junto a su bandera.***

Dios dirigió a cada una de las tribus de Israel a acampar en lugares específicos, organizándolas como un ejército, poniéndose Él mismo como el centro de su campamento. Ciertamente, ésta era una nueva formación para ellos, y aunque es posible que no lo entendieran, fue lo que les proveyó la mayor eficiencia y seguridad. Dios no nos demanda que entendamos su voluntad, sino que la obedezcamos.

17 Luego irá el tabernáculo de reunión, con el campamento de los levitas, en medio de los campamentos en el orden en que acampan; así marchará cada uno junto a su bandera.
18 La bandera del campamento de Efraín por sus ejércitos, al occidente; y el jefe de los hijos de Efraín, Elisama hijo de Amiud.
19 Su cuerpo de ejército, con sus contados, cuarenta mil quinientos.
20 Junto a él estará la tribu de Manasés; y el jefe de los hijos de Manasés, Gamaliel hijo de Pedasur.
21 Su cuerpo de ejército, con sus contados, treinta y dos mil doscientos.
22 Y la tribu de Benjamín; y el jefe de los hijos de Benjamín, Abidán hijo de Gedeoni.
23 Y su cuerpo de ejército, con sus contados, treinta y cinco mil cuatrocientos.
24 Todos los contados en el campamento de Efraín, ciento ocho mil cien, por sus ejércitos, irán los terceros.
25 La bandera del campamento de Dan estará al norte, por sus ejércitos; y el jefe de los hijos de Dan, Ahiezer hijo de Amisadai.
26 Su cuerpo de ejército, con sus contados, sesenta y dos mil setecientos.
27 Junto a él acamparán los de la tribu de Aser; y el jefe de los hijos de Aser, Pagiel hijo de Ocrán.
28 Su cuerpo de ejército, con sus contados, cuarenta y un mil quinientos.
29 Y la tribu de Neftalí; y el jefe de los hijos de Neftalí, Ahira hijo de Enán.
30 Su cuerpo de ejército, con sus contados, cincuenta y tres mil cuatrocientos.
31 Todos los contados en el campamento de Dan, ciento cincuenta y siete mil seiscientos, irán los últimos tras sus banderas.
32 Éstos son los contados de los hijos de Israel, según las casas de sus padres; todos los contados por campamentos, por sus ejércitos, seiscientos tres mil quinientos cincuenta.
33 Mas los levitas no fueron contados entre los hijos de Israel, como Jehová lo mandó a Moisés.
34 E hicieron los hijos de Israel conforme a todas las cosas que Jehová mandó a Moisés; así acamparon por sus banderas, y así marcharon cada uno por sus familias, según las casas de sus padres.

Censo y deberes de los levitas

3 ÉSTOS son los descendientes de Aarón y de Moisés, en el día en que Jehová habló a Moisés en el monte de Sinaí.
2 Y éstos son los nombres de los hijos de Aarón:[a] Nadab el primogénito, Abiú, Eleazar e Itamar.
3 Éstos son los nombres de los hijos de Aarón, sacerdotes ungidos, a los cuales consagró para ejercer el sacerdocio.
4 Pero Nadab y Abiú murieron delante de Jehová cuando ofrecieron fuego extraño delante de Jehová[b] en el desierto de Sinaí; y no tuvieron hijos; y Eleazar e Itamar ejercieron el sacerdocio delante de Aarón su padre.
5 Y Jehová habló a Moisés, diciendo:
6 Haz que se acerque la tribu de Leví, y hazla estar delante del sacerdote Aarón, para que le sirvan,
7 y desempeñen el encargo de él, y el encargo de toda la congregación delante del tabernáculo de reunión para servir en el ministerio del tabernáculo;
8 y guarden todos los utensilios del tabernáculo de reunión, y todo lo encargado a ellos por los hijos de Israel, y ministren en el servicio del tabernáculo.
9 Y darás los levitas a Aarón y a sus hijos; le son enteramente dados de entre los hijos de Israel.
10 Y constituirás a Aarón y a sus hijos para que ejerzan su sacerdocio; y el extraño que se acercare, morirá.
11 Habló además Jehová a Moisés, diciendo:
12 He aquí, yo he tomado a los levitas de entre los hijos de Israel en lugar de todos los primogénitos, los primeros nacidos entre los hijos de Israel; serán, pues, míos los levitas.[c]
13 Porque mío es todo primogénito; desde el día en que yo hice morir a todos los primogénitos en la tierra de Egipto, santifiqué para mí a todos los primogénitos en Israel, así de hombres como de animales;[d] míos serán. Yo Jehová.
14 Y Jehová habló a Moisés en el desierto de Sinaí, diciendo:
15 Cuenta los hijos de Leví según las casas de sus padres, por sus familias; contarás todos los varones de un mes arriba.
16 Y Moisés los contó conforme a la palabra de Jehová, como le fue mandado.
17 Los hijos de Leví fueron éstos por sus nombres: Gersón, Coat y Merari.
18 Y los nombres de los hijos de Gersón por sus familias son éstos: Libni y Simei.

a. 3.2 Nm 26.60. **b. 3.4** Lv 10.1-2; Nm 26.61.
c. 3.12 Éx 32.26-29. **d. 3.13** Éx 13.2.

LECCIONES DE VIDA

➤ ***3.10 — Y constituirás a Aarón y a sus hijos para que ejerzan su sacerdocio; y el extraño que se acercare, morirá.***

Aunque Dios nos invita a acercarnos a Él, debemos allegarnos al Señor como Él ha indicado. Hoy en día nos acercamos a Dios por medio de la fe en Jesús. Ninguna otra forma de hacerlo será aceptada.

19 Los hijos de Coat por sus familias son:
Amram, Izhar, Hebrón y Uziel.
20 Y los hijos de Merari por sus familias:
Mahli y Musi. Éstas son las familias de Leví,
según las casas de sus padres.
21 De Gersón era la familia de Libni y la de
Simei; éstas son las familias de Gersón.
22 Los contados de ellos conforme a la cuenta de todos los varones de un mes arriba, los
contados de ellos fueron siete mil quinientos.
23 Las familias de Gersón acamparán a espaldas del tabernáculo, al occidente;
24 y el jefe del linaje de los gersonitas, Eliasaf hijo de Lael.
25 A cargo de los hijos de Gersón, en el tabernáculo de reunión, estarán el tabernáculo, la
tienda y su cubierta, la cortina de la puerta del
tabernáculo de reunión,
26 las cortinas del atrio, y la cortina de la
puerta del atrio, que está junto al tabernáculo
y junto al altar alrededor; asimismo sus cuerdas para todo su servicio.
27 De Coat eran la familia de los amramitas,
la familia de los izharitas, la familia de los
hebronitas y la familia de los uzielitas; éstas
son las familias coatitas.
28 El número de todos los varones de un mes
arriba era ocho mil seiscientos, que tenían la
guarda del santuario.
29 Las familias de los hijos de Coat acamparán al lado del tabernáculo, al sur;
30 y el jefe del linaje de las familias de Coat,
Elizafán hijo de Uziel.
31 A cargo de ellos estarán el arca, la mesa, el
candelero, los altares, los utensilios del santuario con que ministran, y el velo con todo
su servicio.
32 Y el principal de los jefes de los levitas será
Eleazar hijo del sacerdote Aarón, jefe de los
que tienen la guarda del santuario.
33 De Merari era la familia de los mahlitas y
la familia de los musitas; éstas son las familias de Merari.
34 Los contados de ellos conforme al número
de todos los varones de un mes arriba fueron
seis mil doscientos.
35 Y el jefe de la casa del linaje de Merari,
Zuriel hijo de Abihail; acamparán al lado del
tabernáculo, al norte.
36 A cargo de los hijos de Merari estará la
custodia de las tablas del tabernáculo, sus
barras, sus columnas, sus basas y todos sus
enseres, con todo su servicio;
37 y las columnas alrededor del atrio, sus
basas, sus estacas y sus cuerdas.
38 Los que acamparán delante del tabernáculo al oriente, delante del tabernáculo de
reunión al este, serán Moisés y Aarón y sus
hijos, teniendo la guarda del santuario en
lugar de los hijos de Israel; y el extraño que
se acercare, morirá.
39 Todos los contados de los levitas, que Moisés y Aarón conforme a la palabra de Jehová
contaron por sus familias, todos los varones
de un mes arriba, fueron veintidós mil.

Rescate de los primogénitos

40 Y Jehová dijo a Moisés: Cuenta todos los
primogénitos varones de los hijos de Israel de
un mes arriba, y cuéntalos por sus nombres.
41 Y tomarás a los levitas para mí en lugar de
todos los primogénitos de los hijos de Israel,
y los animales de los levitas en lugar de todos
los primogénitos de los animales de los hijos
de Israel. Yo Jehová.
42 Contó Moisés, como Jehová le mandó,
todos los primogénitos de los hijos de Israel.
43 Y todos los primogénitos varones, conforme
al número de sus nombres, de un mes arriba,
fueron veintidós mil doscientos setenta y tres.
44 Luego habló Jehová a Moisés, diciendo:
45 Toma los levitas en lugar de todos los primogénitos de los hijos de Israel, y los animales de los levitas en lugar de sus animales; y
los levitas serán míos. Yo Jehová.
46 Y para el rescate de los doscientos setenta y tres de los primogénitos de los hijos de
Israel, que exceden a los levitas,
47 tomarás cinco siclos por cabeza; conforme
al siclo del santuario los tomarás. El siclo tiene veinte geras.
48 Y darás a Aarón y a sus hijos el dinero del
rescate de los que exceden.
49 Tomó, pues, Moisés el dinero del rescate de
los que excedían el número de los redimidos
por los levitas,
50 y recibió de los primogénitos de los hijos
de Israel, en dinero, mil trescientos sesenta y
cinco siclos, conforme al siclo del santuario.
51 Y Moisés dio el dinero de los rescates a
Aarón y a sus hijos, conforme a la palabra de
Jehová, según lo que Jehová había mandado
a Moisés.

Tareas de los levitas

4 HABLÓ Jehová a Moisés y a Aarón,
diciendo:
2 Toma la cuenta de los hijos de Coat de entre
los hijos de Leví, por sus familias, según las
casas de sus padres,
3 de edad de treinta años arriba hasta cincuenta años, todos los que entran en compañía para servir en el tabernáculo de reunión.
4 El oficio de los hijos de Coat en el tabernáculo de reunión, en el lugar santísimo, será
éste:
5 Cuando haya de mudarse el campamento,
vendrán Aarón y sus hijos y desarmarán el
velo de la tienda, y cubrirán con él el arca del
testimonio;
6 y pondrán sobre ella la cubierta de pieles de
tejones, y extenderán encima un paño todo de
azul, y le pondrán sus varas.
7 Sobre la mesa de la proposición extenderán
un paño azul, y pondrán sobre ella las escudillas, las cucharas, las copas y los tazones para
libar; y el pan continuo estará sobre ella.

8 Y extenderán sobre ella un paño carmesí, y lo cubrirán con la cubierta de pieles de tejones; y le pondrán sus varas.

9 Tomarán un paño azul y cubrirán el candelero del alumbrado, sus lamparillas, sus despabiladeras, sus platillos, y todos sus utensilios del aceite con que se sirve;

10 y lo pondrán con todos sus utensilios en una cubierta de pieles de tejones, y lo colocarán sobre unas parihuelas.

11 Sobre el altar de oro extenderán un paño azul, y lo cubrirán con la cubierta de pieles de tejones, y le pondrán sus varas.

12 Y tomarán todos los utensilios del servicio de que hacen uso en el santuario, y los pondrán en un paño azul, y los cubrirán con una cubierta de pieles de tejones, y los colocarán sobre unas parihuelas.

13 Quitarán la ceniza del altar, y extenderán sobre él un paño de púrpura.

14 Y pondrán sobre él todos sus instrumentos de que se sirve: las paletas, los garfios, los braseros y los tazones, todos los utensilios del altar; y extenderán sobre él la cubierta de pieles de tejones, y le pondrán además las varas.

15 Y cuando acaben Aarón y sus hijos de cubrir el santuario y todos los utensilios del santuario, cuando haya de mudarse el campamento, vendrán después de ello los hijos de Coat para llevarlos; pero no tocarán cosa santa, no sea que mueran. Éstas serán las cargas de los hijos de Coat en el tabernáculo de reunión.

16 Pero a cargo de Eleazar hijo del sacerdote Aarón estará el aceite del alumbrado, el incienso aromático, la ofrenda continua y el aceite de la unción; el cargo de todo el tabernáculo y de todo lo que está en él, del santuario y de sus utensilios.

17 Habló también Jehová a Moisés y a Aarón, diciendo:

18 No haréis que perezca la tribu de las familias de Coat de entre los levitas.

19 Para que cuando se acerquen al lugar santísimo vivan, y no mueran, haréis con ellos esto: Aarón y sus hijos vendrán y los pondrán a cada uno en su oficio y en su cargo.

20 No entrarán para ver cuando cubran las cosas santas, porque morirán.

21 Además habló Jehová a Moisés, diciendo:

22 Toma también el número de los hijos de Gersón según las casas de sus padres, por sus familias.

23 De edad de treinta años arriba hasta cincuenta años los contarás, todos los que entran en compañía para servir en el tabernáculo de reunión.

24 Éste será el oficio de las familias de Gersón, para ministrar y para llevar:

25 Llevarán las cortinas del tabernáculo, el tabernáculo de reunión, su cubierta, la cubierta de pieles de tejones que está encima de él, la cortina de la puerta del tabernáculo de reunión,

26 las cortinas del atrio, la cortina de la puerta del atrio, que está cerca del tabernáculo y cerca del altar alrededor, sus cuerdas, y todos los instrumentos de su servicio y todo lo que será hecho para ellos; así servirán.

27 Según la orden de Aarón y de sus hijos será todo el ministerio de los hijos de Gersón en todos sus cargos, y en todo su servicio; y les encomendaréis en guarda todos sus cargos.

28 Éste es el servicio de las familias de los hijos de Gersón en el tabernáculo de reunión; y el cargo de ellos estará bajo la dirección de Itamar hijo del sacerdote Aarón.

29 Contarás los hijos de Merari por sus familias, según las casas de sus padres.

30 Desde el de edad de treinta años arriba hasta el de cincuenta años los contarás; todos los que entran en compañía para servir en el tabernáculo de reunión.

31 Éste será el deber de su cargo para todo su servicio en el tabernáculo de reunión: las tablas del tabernáculo, sus barras, sus columnas y sus basas,

32 las columnas del atrio alrededor y sus basas, sus estacas y sus cuerdas, con todos sus instrumentos y todo su servicio; y consignarás por sus nombres todos los utensilios que ellos tienen que transportar.

33 Éste será el servicio de las familias de los hijos de Merari para todo su ministerio en el tabernáculo de reunión, bajo la dirección de Itamar hijo del sacerdote Aarón.

34 Moisés, pues, y Aarón, y los jefes de la congregación, contaron a los hijos de Coat por sus familias y según las casas de sus padres,

35 desde el de edad de treinta años arriba hasta el de edad de cincuenta años; todos los que entran en compañía para ministrar en el tabernáculo de reunión.

36 Y fueron los contados de ellos por sus familias, dos mil setecientos cincuenta.

37 Éstos fueron los contados de las familias de Coat, todos los que ministran en el tabernáculo de reunión, los cuales contaron Moisés y Aarón, como lo mandó Jehová por medio de Moisés.

LECCIONES DE VIDA

➤ ***4.32 — y consignarás por sus nombres todos los utensilios que ellos tienen que transportar.***

Nuestro servicio es importante para Dios, independientemente de cuál sea. Él nos llama individualmente a ministerios particulares y diversas clases de servicio. ¡Y nos conoce por nombre!

38 Y los contados de los hijos de Gersón por sus familias, según las casas de sus padres,
39 desde el de edad de treinta años arriba hasta el de edad de cincuenta años, todos los que entran en compañía para ministrar en el tabernáculo de reunión;
40 los contados de ellos por sus familias, según las casas de sus padres, fueron dos mil seiscientos treinta.
41 Éstos son los contados de las familias de los hijos de Gersón, todos los que ministran en el tabernáculo de reunión, los cuales contaron Moisés y Aarón por mandato de Jehová.
42 Y los contados de las familias de los hijos de Merari, por sus familias, según las casas de sus padres,
43 desde el de edad de treinta años arriba hasta el de edad de cincuenta años, todos los que entran en compañía para ministrar en el tabernáculo de reunión;
44 los contados de ellos, por sus familias, fueron tres mil doscientos.
45 Éstos fueron los contados de las familias de los hijos de Merari, los cuales contaron Moisés y Aarón, según lo mandó Jehová por medio de Moisés.
46 Todos los contados de los levitas que Moisés y Aarón y los jefes de Israel contaron por sus familias, y según las casas de sus padres,
47 desde el de edad de treinta años arriba hasta el de edad de cincuenta años, todos los que entraban para ministrar en el servicio y tener cargo de obra en el tabernáculo de reunión,
48 los contados de ellos fueron ocho mil quinientos ochenta.
49 Como lo mandó Jehová por medio de Moisés fueron contados, cada uno según su oficio y según su cargo; los cuales contó él, como le fue mandado.

Todo inmundo es echado fuera del campamento

5 JEHOVÁ habló a Moisés, diciendo:
2 Manda a los hijos de Israel que echen del campamento a todo leproso, y a todos los que padecen flujo de semen, y a todo contaminado con muerto.
3 Así a hombres como a mujeres echaréis; fuera del campamento los echaréis, para que no contaminen el campamento de aquellos entre los cuales yo habito.
4 Y lo hicieron así los hijos de Israel, y los echaron fuera del campamento; como Jehová dijo a Moisés, así lo hicieron los hijos de Israel.

Ley sobre la restitución

5 Además habló Jehová a Moisés, diciendo:
6 Di a los hijos de Israel: El hombre o la mujer que cometiere alguno de todos los pecados con que los hombres prevarican contra Jehová y delinquen,
7 aquella persona confesará el pecado que cometió, y compensará enteramente el daño, y añadirá sobre ello la quinta parte, y lo dará a aquel contra quien pecó.
8 Y si aquel hombre no tuviere pariente al cual sea resarcido el daño, se dará la indemnización del agravio a Jehová entregándola al sacerdote, además del carnero de las expiaciones, con el cual hará expiación por él.[a]
9 Toda ofrenda de todas las cosas santas que los hijos de Israel presentaren al sacerdote, suya será.
10 Y lo santificado de cualquiera será suyo; asimismo lo que cualquiera diere al sacerdote, suyo será.

Ley sobre los celos

11 También Jehová habló a Moisés, diciendo:
12 Habla a los hijos de Israel y diles: Si la mujer de alguno se descarriare, y le fuere infiel,
13 y alguno cohabitare con ella, y su marido no lo hubiese visto por haberse ella amancillado ocultamente, ni hubiere testigo contra ella, ni ella hubiere sido sorprendida en el acto;
14 si viniere sobre él espíritu de celos, y tuviere celos de su mujer, habiéndose ella amancillado; o viniere sobre él espíritu de celos, y tuviere celos de su mujer, no habiéndose ella amancillado;
15 entonces el marido traerá su mujer al sacerdote, y con ella traerá su ofrenda, la décima parte de un efa de harina de cebada; no echará sobre ella aceite, ni pondrá sobre ella incienso, porque es ofrenda de celos, ofrenda recordativa, que trae a la memoria el pecado.
16 Y el sacerdote hará que ella se acerque y se ponga delante de Jehová.
17 Luego tomará el sacerdote del agua santa en un vaso de barro; tomará también el sacerdote del polvo que hubiere en el suelo del tabernáculo, y lo echará en el agua.
18 Y hará el sacerdote estar en pie a la mujer delante de Jehová, y descubrirá la cabeza de la mujer, y pondrá sobre sus manos la ofrenda recordativa, que es la ofrenda de celos; y el

a. **5.5-8** Lv 6.1-7.

LECCIONES DE VIDA

➤ ***5.7 — Aquella persona confesará el pecado que cometió, y compensará enteramente el daño.***

La confesión del pecado es un requisito para restablecer una estrecha relación con el Señor. Puesto que todo pecado es infidelidad a Dios, tenemos que reconocer ante Él que hemos sido desleales, y apartarnos de nuestros caminos en obediencia al Señor.

sacerdote tendrá en la mano las aguas amargas que acarrean maldición.
19 Y el sacerdote la conjurará y le dirá: Si ninguno ha dormido contigo, y si no te has apartado de tu marido a inmundicia, libre seas de
estas aguas amargas que traen maldición;
20 mas si te has descarriado de tu marido y
te has amancillado, y ha cohabitado contigo
alguno fuera de tu marido
21 (el sacerdote conjurará a la mujer con juramento de maldición, y dirá a la mujer): Jehová
te haga maldición y execración en medio de tu
pueblo, haciendo Jehová que tu muslo caiga y
que tu vientre se hinche;
22 y estas aguas que dan maldición entren
en tus entrañas, y hagan hinchar tu vientre y
caer tu muslo. Y la mujer dirá: Amén, amén.
23 El sacerdote escribirá estas maldiciones
en un libro, y las borrará con las aguas amargas;
24 y dará a beber a la mujer las aguas amargas que traen maldición; y las aguas que obran
maldición entrarán en ella para amargar.
25 Después el sacerdote tomará de la mano
de la mujer la ofrenda de los celos, y la mecerá delante de Jehová, y la ofrecerá delante
del altar.
26 Y tomará el sacerdote un puñado de la
ofrenda en memoria de ella, y lo quemará sobre el altar, y después dará a beber las
aguas a la mujer.
27 Le dará, pues, a beber las aguas; y si fuere inmunda y hubiere sido infiel a su marido,
las aguas que obran maldición entrarán en
ella para amargar, y su vientre se hinchará y
caerá su muslo; y la mujer será maldición en
medio de su pueblo.
28 Mas si la mujer no fuere inmunda, sino
que estuviere limpia, ella será libre, y será
fecunda.
29 Ésta es la ley de los celos, cuando la mujer
cometiere infidelidad contra su marido, y se
amancillare;
30 o del marido sobre el cual pasare espíritu de celos, y tuviere celos de su mujer; la
presentará entonces delante de Jehová, y el
sacerdote ejecutará en ella toda esta ley.
31 El hombre será libre de iniquidad, y la
mujer llevará su pecado.

El voto de los nazarenos

6 HABLÓ Jehová a Moisés, diciendo:
2 Habla a los hijos de Israel y diles: El
hombre o la mujer que se apartare haciendo voto de nazareo,[1] para dedicarse a Jehová,
3 se abstendrá de vino y de sidra; no beberá
vinagre de vino, ni vinagre de sidra, ni beberá
ningún licor de uvas, ni tampoco comerá uvas
frescas ni secas.
4 Todo el tiempo de su nazareato, de todo lo
que se hace de la vid, desde los granillos hasta el hollejo, no comerá.
5 Todo el tiempo del voto de su nazareato no
pasará navaja sobre su cabeza; hasta que sean
cumplidos los días de su apartamiento a Jehová, será santo; dejará crecer su cabello.
6 Todo el tiempo que se aparte para Jehová,
no se acercará a persona muerta.
7 Ni aun por su padre ni por su madre, ni por
su hermano ni por su hermana, podrá contaminarse cuando mueran; porque la consagración de su Dios tiene sobre su cabeza.
8 Todo el tiempo de su nazareato, será santo
para Jehová.
9 Si alguno muriere súbitamente junto a él,
su cabeza consagrada será contaminada; por
tanto, el día de su purificación raerá su cabeza; al séptimo día la raerá.
10 Y el día octavo traerá dos tórtolas o dos
palominos al sacerdote, a la puerta del tabernáculo de reunión.
11 Y el sacerdote ofrecerá el uno en expiación,
y el otro en holocausto; y hará expiación de lo
que pecó a causa del muerto, y santificará su
cabeza en aquel día.
12 Y consagrará para Jehová los días de su
nazareato, y traerá un cordero de un año en
expiación por la culpa; y los días primeros
serán anulados, por cuanto fue contaminado
su nazareato.
13 Ésta es, pues, la ley del nazareo el día que
se cumpliere el tiempo de su nazareato: Vendrá a la puerta del tabernáculo de reunión,
14 y ofrecerá su ofrenda a Jehová, un cordero
de un año sin tacha en holocausto, y una cordera de un año sin defecto en expiación, y un
carnero sin defecto por ofrenda de paz.
15 Además un canastillo de tortas sin levadura, de flor de harina amasadas con aceite, y
hojaldres sin levadura untadas con aceite, y
su ofrenda y sus libaciones.
16 Y el sacerdote lo ofrecerá delante de Jehová, y hará su expiación y su holocausto;
17 y ofrecerá el carnero en ofrenda de paz a
Jehová, con el canastillo de los panes sin levadura; ofrecerá asimismo el sacerdote su ofrenda y sus libaciones.
18 Entonces el nazareo raerá a la puerta del
tabernáculo de reunión su cabeza consagrada, y tomará los cabellos de su cabeza consagrada y los pondrá sobre el fuego que está
debajo de la ofrenda de paz.
19 Después tomará el sacerdote la espaldilla
cocida del carnero, una torta sin levadura del
canastillo, y una hojaldre sin levadura, y las
pondrá sobre las manos del nazareo, después
que fuere raída su cabeza consagrada;
20 y el sacerdote mecerá aquello como ofrenda mecida delante de Jehová, lo cual será cosa
santa del sacerdote, además del pecho mecido
y de la espaldilla separada; después el nazareo podrá beber vino.

1 Esto es, *separado, o consagrado.*

21 Ésta es la ley del nazareo que hiciere voto
de su ofrenda a Jehová por su nazareato, además de lo que sus recursos le permitieren;
según el voto que hiciere, así hará, conforme
a la ley de su nazareato.[a]

La bendición sacerdotal

22 Jehová habló a Moisés, diciendo:
23 Habla a Aarón y a sus hijos y diles: Así
bendeciréis a los hijos de Israel, diciéndoles:
*24 Jehová te bendiga, y te guarde;
25 Jehová haga resplandecer su rostro sobre ti, y tenga de ti misericordia;
➤26 Jehová alce sobre ti su rostro, y ponga en ti paz.
27 Y pondrán mi nombre sobre los hijos de
Israel, y yo los bendeciré.

Ofrendas para la dedicación del altar

7 ACONTECIÓ que cuando Moisés hubo
acabado de levantar el tabernáculo, y lo
hubo ungido y santificado, con todos sus utensilios, y asimismo ungido y santificado el altar
y todos sus utensilios,
2 entonces los príncipes de Israel, los jefes de
las casas de sus padres, los cuales eran los
príncipes de las tribus, que estaban sobre los
contados, ofrecieron;
3 y trajeron sus ofrendas delante de Jehová,
seis carros cubiertos y doce bueyes; por cada
dos príncipes un carro, y cada uno un buey, y
los ofrecieron delante del tabernáculo.
4 Y Jehová habló a Moisés, diciendo:
➤5 Tómalos de ellos, y serán para el servicio
del tabernáculo de reunión; y los darás a los
levitas, a cada uno conforme a su ministerio.
6 Entonces Moisés recibió los carros y los
bueyes, y los dio a los levitas.
7 Dos carros y cuatro bueyes dio a los hijos de
Gersón, conforme a su ministerio,
8 y a los hijos de Merari dio cuatro carros y
ocho bueyes, conforme a su ministerio bajo la
mano de Itamar hijo del sacerdote Aarón.
9 Pero a los hijos de Coat no les dio, porque
llevaban sobre sí en los hombros el servicio
del santuario.
10 Y los príncipes trajeron ofrendas para la
dedicación del altar el día en que fue ungido, ofreciendo los príncipes su ofrenda delante del altar.
11 Y Jehová dijo a Moisés: Ofrecerán su ofrenda, un príncipe un día, y otro príncipe otro día,
para la dedicación del altar.
12 Y el que ofreció su ofrenda el primer día
fue Naasón hijo de Aminadab, de la tribu de
Judá.
13 Su ofrenda fue un plato de plata de ciento treinta siclos de peso, y un jarro de plata
de setenta siclos, al siclo del santuario, ambos
llenos de flor de harina amasada con aceite
para ofrenda;
14 una cuchara de oro de diez siclos, llena de
incienso;
15 un becerro, un carnero, un cordero de un
año para holocausto;
16 un macho cabrío para expiación;
17 y para ofrenda de paz, dos bueyes, cinco
carneros, cinco machos cabríos y cinco corderos de un año. Ésta fue la ofrenda de Naasón
hijo de Aminadab.
18 El segundo día ofreció Natanael hijo de
Zuar, príncipe de Isacar.
19 Ofreció como su ofrenda un plato de plata
de ciento treinta siclos de peso, y un jarro de
plata de setenta siclos, al siclo del santuario,
ambos llenos de flor de harina amasada con
aceite para ofrenda;
20 una cuchara de oro de diez siclos, llena de
incienso;
21 un becerro, un carnero, un cordero de un
año para holocausto;
22 un macho cabrío para expiación;
23 y para ofrenda de paz, dos bueyes, cinco
carneros, cinco machos cabríos y cinco corderos de un año. Ésta fue la ofrenda de Natanael hijo de Zuar.
24 El tercer día, Eliab hijo de Helón, príncipe
de los hijos de Zabulón.
25 Y su ofrenda fue un plato de plata de ciento treinta siclos de peso, y un jarro de plata
de setenta siclos, al siclo del santuario, ambos
llenos de flor de harina amasada con aceite
para ofrenda;
26 una cuchara de oro de diez siclos, llena de
incienso;
27 un becerro, un carnero, un cordero de un
año para holocausto;
28 un macho cabrío para expiación;

a. 6.13-21 Hch 21.23-24.

LECCIONES DE VIDA

➤ ***6.26 — Jehová alce sobre ti su rostro, y ponga en ti paz.***

A Dios le encanta bendecir a su pueblo y mostrarles su gracia, favor y paz. Pero la mayor bendición de todas, es que disfrutemos su misma presencia.

➤ ***7.5 — y los darás a los levitas, a cada uno conforme a su ministerio.***

Dios apartó a los levitas para que le sirvieran y cuidaran el tabernáculo (Nm 3.6-16, 45; 18.1-7). Aunque no dio a los levitas ningún territorio en Canaán (Nm 18.20), sí los bendijo grandemente. En realidad, el Señor le dijo a Aarón: «todo lo más escogido… para ti las he dado» (Nm 18.12). Él siempre asume toda la responsabilidad por nuestras necesidades, si lo obedecemos.

29 y para ofrenda de paz, dos bueyes, cinco carneros, cinco machos cabríos y cinco corderos de un año. Ésta fue la ofrenda de Eliab hijo de Helón.
30 El cuarto día, Elisur hijo de Sedeur, príncipe de los hijos de Rubén.
31 Y su ofrenda fue un plato de plata de ciento treinta siclos de peso, y un jarro de plata de setenta siclos, al siclo del santuario, ambos llenos de flor de harina amasada con aceite para ofrenda;
32 una cuchara de oro de diez siclos, llena de incienso;
33 un becerro, un carnero, un cordero de un año para holocausto;
34 un macho cabrío para expiación;
35 y para ofrenda de paz, dos bueyes, cinco carneros, cinco machos cabríos y cinco corderos de un año. Ésta fue la ofrenda de Elisur hijo de Sedeur.
36 El quinto día, Selumiel hijo de Zurisadai, príncipe de los hijos de Simeón.
37 Y su ofrenda fue un plato de plata de ciento treinta siclos de peso, y un jarro de plata de setenta siclos, al siclo del santuario, ambos llenos de flor de harina amasada con aceite para ofrenda;
38 una cuchara de oro de diez siclos, llena de incienso;
39 un becerro, un carnero, un cordero de un año para holocausto;
40 un macho cabrío para expiación;
41 y para ofrenda de paz, dos bueyes, cinco carneros, cinco machos cabríos y cinco corderos de un año. Ésta fue la ofrenda de Selumiel hijo de Zurisadai.
42 El sexto día, Eliasaf hijo de Deuel, príncipe de los hijos de Gad.
43 Y su ofrenda fue un plato de plata de ciento treinta siclos de peso, y un jarro de plata de setenta siclos, al siclo del santuario, ambos llenos de flor de harina amasada con aceite para ofrenda;
44 una cuchara de oro de diez siclos, llena de incienso;
45 un becerro, un carnero, un cordero de un año para holocausto;
46 un macho cabrío para expiación;
47 y para ofrenda de paz, dos bueyes, cinco carneros, cinco machos cabríos y cinco corderos de un año. Ésta fue la ofrenda de Eliasaf hijo de Deuel.
48 El séptimo día, el príncipe de los hijos de Efraín, Elisama hijo de Amiud.
49 Y su ofrenda fue un plato de plata de ciento treinta siclos de peso, y un jarro de plata de setenta siclos, al siclo del santuario, ambos llenos de flor de harina amasada con aceite para ofrenda;
50 una cuchara de oro de diez siclos, llena de incienso;
51 un becerro, un carnero, un cordero de un año para holocausto;
52 un macho cabrío para expiación;
53 y para ofrenda de paz, dos bueyes, cinco carneros, cinco machos cabríos y cinco corderos de un año. Ésta fue la ofrenda de Elisama hijo de Amiud.
54 El octavo día, el príncipe de los hijos de Manasés, Gamaliel hijo de Pedasur.
55 Y su ofrenda fue un pla to de plata de ciento treinta siclos de peso, y un jarro de plata de setenta siclos, al siclo del santuario, ambos llenos de flor de harina amasada con aceite para ofrenda;
56 una cuchara de oro de diez siclos, llena de incienso;
57 un becerro, un carnero, un cordero de un año para holocausto;
58 un macho cabrío para expiación;
59 y para ofrenda de paz, dos bueyes, cinco carneros, cinco machos cabríos y cinco corderos de un año. Ésta fue la ofrenda de Gamaliel hijo de Pedasur.
60 El noveno día, el príncipe de los hijos de Benjamín, Abidán hijo de Gedeoni.
61 Y su ofrenda fue un plato de plata de ciento treinta siclos de peso, y un jarro de plata de setenta siclos, al siclo del santuario, ambos llenos de flor de harina amasada con aceite para ofrenda;
62 una cuchara de oro de diez siclos, llena de incienso;
63 un becerro, un carnero, un cordero de un año para holocausto;
64 un macho cabrío para expiación;
65 y para ofrenda de paz, dos bueyes, cinco carneros, cinco machos cabríos y cinco corderos de un año. Ésta fue la ofrenda de Abidán hijo de Gedeoni.
66 El décimo día, el príncipe de los hijos de Dan, Ahiezer hijo de Amisadai.
67 Y su ofrenda fue un plato de plata de ciento treinta siclos de peso, y un jarro de plata de setenta siclos, al siclo del santuario, ambos llenos de flor de harina amasada con aceite para ofrenda;
68 una cuchara de oro de diez siclos, llena de incienso;
69 un becerro, un carnero, un cordero de un año para holocausto;
70 un macho cabrío para expiación;
71 y para ofrenda de paz, dos bueyes, cinco carneros, cinco machos cabríos y cinco corderos de un año. Ésta fue la ofrenda de Ahiezer hijo de Amisadai.
72 El undécimo día, el príncipe de los hijos de Aser, Pagiel hijo de Ocrán.
73 Y su ofrenda fue un plato de plata de ciento treinta siclos de peso, y un jarro de plata de setenta siclos, al siclo del santuario, ambos llenos de flor de harina amasada con aceite para ofrenda;
74 una cuchara de oro de diez siclos, llena de incienso;

75 un becerro, un carnero, un cordero de un año para holocausto;
76 un macho cabrío para expiación;
77 y para ofrenda de paz, dos bueyes, cinco carneros, cinco machos cabríos y cinco corderos de un año. Ésta fue la ofrenda de Pagiel hijo de Ocrán.
78 El duodécimo día, el príncipe de los hijos de Neftalí, Ahira hijo de Enán.
79 Su ofrenda fue un plato de plata de ciento treinta siclos de peso, y un jarro de plata de setenta siclos, al siclo del santuario, ambos llenos de flor de harina amasada con aceite para ofrenda;
80 una cuchara de oro de diez siclos, llena de incienso;
81 un becerro, un carnero, un cordero de un año para holocausto;
82 un macho cabrío para expiación;
83 y para ofrenda de paz, dos bueyes, cinco carneros, cinco machos cabríos y cinco corderos de un año. Ésta fue la ofrenda de Ahira hijo de Enán.
84 Ésta fue la ofrenda que los príncipes de Israel ofrecieron para la dedicación del altar, el día en que fue ungido: doce platos de plata, doce jarros de plata, doce cucharas de oro.
85 Cada plato de ciento treinta siclos y cada jarro de setenta; toda la plata de la vajilla, dos mil cuatrocientos siclos, al siclo del santuario.
86 Las doce cucharas de oro llenas de incienso, de diez siclos cada cuchara, al siclo del santuario; todo el oro de las cucharas, ciento veinte siclos.
87 Todos los bueyes para holocausto, doce becerros; doce los carneros, doce los corderos de un año, con su ofrenda, y doce los machos cabríos para expiación.
88 Y todos los bueyes de la ofrenda de paz, veinticuatro novillos, sesenta los carneros, sesenta los machos cabríos, y sesenta los corderos de un año. Ésta fue la ofrenda para la dedicación del altar, después que fue ungido.
➤ 89 Y cuando entraba Moisés en el tabernáculo de reunión, para hablar con Dios, oía la voz que le hablaba de encima del propiciatorio que estaba sobre el arca del testimonio, de entre los dos querubines; y hablaba con él.

Aarón enciende las lámparas

8 HABLÓ Jehová a Moisés, diciendo:
2 Habla a Aarón y dile: Cuando enciendas las lámparas, las siete lámparas alumbrarán hacia adelante del candelero.
3 Y Aarón lo hizo así; encendió hacia la parte anterior del candelero sus lámparas, como Jehová lo mandó a Moisés.
4 Y ésta era la hechura del candelero, de oro labrado a martillo; desde su pie hasta sus flores era labrado a martillo; conforme al modelo que Jehová mostró a Moisés, así hizo el candelero.[a] ➤

Consagración de los levitas

5 También Jehová habló a Moisés, diciendo:
6 Toma a los levitas de entre los hijos de Israel, y haz expiación por ellos.
7 Así harás para expiación por ellos: Rocía sobre ellos el agua de la expiación, y haz pasar la navaja sobre todo su cuerpo, y lavarán sus vestidos, y serán purificados.
8 Luego tomarán un novillo, con su ofrenda de flor de harina amasada con aceite; y tomarás otro novillo para expiación.
9 Y harás que los levitas se acerquen delante del tabernáculo de reunión, y reunirás a toda la congregación de los hijos de Israel.
10 Y cuando hayas acercado a los levitas delante de Jehová, pondrán los hijos de Israel sus manos sobre los levitas;
11 y ofrecerá Aarón los levitas delante de Jehová en ofrenda de los hijos de Israel, y servirán en el ministerio de Jehová.
12 Y los levitas pondrán sus manos sobre las cabezas de los novillos; y ofrecerás el uno por expiación, y el otro en holocausto a Jehová, para hacer expiación por los levitas.
13 Y presentarás a los levitas delante de Aarón, y delante de sus hijos, y los ofrecerás en ofrenda a Jehová.
14 Así apartarás a los levitas de entre los hijos de Israel, y serán míos los levitas.
15 Después de eso vendrán los levitas a ministrar en el tabernáculo de reunión; serán purificados, y los ofrecerás en ofrenda.
16 Porque enteramente me son dedicados a mí los levitas de entre los hijos de Israel, en

a. 8.1-4 Éx 25.31-40; 37.17-24.

LECCIONES DE VIDA

➤ ***7.89 — Y cuando entraba Moisés en el tabernáculo de reunión, para hablar con Dios, oía la voz que le hablaba de encima del propiciatorio.***

Moisés oía la voz del Señor hablándole desde encima del arca del pacto, pero no veía su rostro. Al igual que Moisés, nosotros escuchamos la voz de Dios y obedecemos su Palabra, esperando el día cuando veamos a Dios cara a cara (Ap 22.3, 4).

➤ ***8.4 — conforme al modelo que Jehová mostró a Moisés, así hizo el candelero.***

El Señor había mostrado a Moisés un particular modelo que debía seguir; el candelero debía tener siete lámparas, que es el número hebreo de finalización o perfección (Éx 25.31-40). Mientras los levitas se preparaban para convertirse en los sacerdotes de Israel, el candelero iluminado dentro del tabernáculo les recordaría la luz perfecta y la guía del Señor. Hoy día, cada creyente es parte del santo sacerdocio (1 P 2.5, 9), y tenemos la Luz del mundo —el Señor Jesús— para guiarnos (Jn 1.4-9; 8.12; 9.5).

lugar de todo primer nacido; los he tomado para mí en lugar de los primogénitos de todos los hijos de Israel.[b]

17 Porque mío es todo primogénito de entre los hijos de Israel, así de hombres como de animales; desde el día que yo herí a todo primogénito en la tierra de Egipto, los santifiqué para mí.[c]

18 Y he tomado a los levitas en lugar de todos los primogénitos de los hijos de Israel.

19 Y yo he dado en don los levitas a Aarón y a sus hijos de entre los hijos de Israel, para que ejerzan el ministerio de los hijos de Israel en el tabernáculo de reunión, y reconcilien a los hijos de Israel; para que no haya plaga en los hijos de Israel, al acercarse los hijos de Israel al santuario.

20 Y Moisés y Aarón y toda la congregación de los hijos de Israel hicieron con los levitas conforme a todas las cosas que mandó Jehová a Moisés acerca de los levitas; así hicieron con ellos los hijos de Israel.

21 Y los levitas se purificaron, y lavaron sus vestidos; y Aarón los ofreció en ofrenda delante de Jehová, e hizo Aarón expiación por ellos para purificarlos.

22 Así vinieron después los levitas para ejercer su ministerio en el tabernáculo de reunión delante de Aarón y delante de sus hijos; de la manera que mandó Jehová a Moisés acerca de los levitas, así hicieron con ellos.

23 Luego habló Jehová a Moisés, diciendo:

24 Los levitas de veinticinco años arriba entrarán a ejercer su ministerio en el servicio del tabernáculo de reunión.

25 Pero desde los cincuenta años cesarán de ejercer su ministerio, y nunca más lo ejercerán.

26 Servirán con sus hermanos en el tabernáculo de reunión, para hacer la guardia, pero no servirán en el ministerio. Así harás con los levitas en cuanto a su ministerio.

Celebración de la pascua

9 HABLÓ Jehová a Moisés en el desierto de Sinaí, en el segundo año de su salida de la tierra de Egipto, en el mes primero, diciendo:

2 Los hijos de Israel celebrarán la pascua a su tiempo.

3 El decimocuarto día de este mes, entre las dos tardes, la celebraréis a su tiempo; conforme a todos sus ritos y conforme a todas sus leyes la celebraréis.

4 Y habló Moisés a los hijos de Israel para que celebrasen la pascua.

5 Celebraron la pascua en el mes primero, a los catorce días del mes, entre las dos tardes, en el desierto de Sinaí; conforme a todas las cosas que mandó Jehová a Moisés, así hicieron los hijos de Israel.[a]

6 Pero hubo algunos que estaban inmundos a causa de muerto, y no pudieron celebrar la pascua aquel día; y vinieron delante de Moisés y delante de Aarón aquel día,

7 y le dijeron aquellos hombres: Nosotros estamos inmundos por causa de muerto; ¿por qué seremos impedidos de ofrecer ofrenda a Jehová a su tiempo entre los hijos de Israel?

8 Y Moisés les respondió: Esperad, y oiré lo que ordena Jehová acerca de vosotros.

9 Y Jehová habló a Moisés, diciendo:

10 Habla a los hijos de Israel, diciendo: Cualquiera de vosotros o de vuestros descendientes, que estuviere inmundo por causa de muerto o estuviere de viaje lejos, celebrará la pascua a Jehová.

11 En el mes segundo, a los catorce días del mes, entre las dos tardes, la celebrarán; con panes sin levadura y hierbas amargas la comerán.

12 No dejarán del animal sacrificado para la mañana, ni quebrarán hueso de él;[b] conforme a todos los ritos de la pascua la celebrarán.

13 Mas el que estuviere limpio, y no estuviere de viaje, si dejare de celebrar la pascua, la tal persona será cortada de entre su pueblo; por cuanto no ofreció a su tiempo la ofrenda de Jehová, el tal hombre llevará su pecado.

14 Y si morare con vosotros extranjero, y celebrare la pascua a Jehová, conforme al rito de la pascua y conforme a sus leyes la celebrará;

b. 8.16 Éx 32.26-29. **c. 8.17** Éx 13.2. **a. 9.1-5** Éx 12.1-13.
b. 9.12 Éx 12.46; Sal 34.20; Jn 19.36.

LECCIONES DE VIDA

➤ ***9.2 — Los hijos de Israel celebrarán la pascua a su tiempo.***

Esta es la primera vez que los israelitas celebrarían la Pascua desde el éxodo, y lo harían en un momento crucial: justo antes de entrar a la tierra prometida. Dios le había ordenado al pueblo que celebrara la Pascua cada año, porque eso les recordaba su fidelidad, les daba una manera de enseñar a sus hijos a honrar y a obedecer a Dios, y les advertía sobre la venida del Mesías (Éx 12.14-27; Jn 1.29; 1 Co 5.7). Es sumamente importante que recordemos siempre y celebremos lo que Dios ha hecho por nosotros, porque hacerlo nos llena de fe para enfrentar los problemas futuros, y nos recuerda que Él, en última instancia, es el responsable por nuestros triunfos.

➤ ***9.8 — Esperad, y oiré lo que ordena Jehová acerca de vosotros.***

Pese a su elevada posición de liderazgo, Moisés no presumía de hablar de parte del Señor si Él no le había hablado. Moisés, al igual que nosotros, tenía que escuchar continuamente la voz de Dios. En este caso, la pregunta era acerca de si una persona que había tocado un cadáver y se había vuelto impura (Nm 19.11-14) podía celebrar la Pascua. La respuesta que Dios dio a Moisés (Nm 9.10) sería muy importante para José de Arimatea y Nicodemo, cuando se dispusieron a preparar el cuerpo de Jesús para la sepultura (Jn 19.38-42).

un mismo rito tendréis, tanto el extranjero como el natural de la tierra.

La nube sobre el tabernáculo

(Éx 40.34-38)

15 El día que el tabernáculo fue erigido, la nube cubrió el tabernáculo sobre la tienda del testimonio; y a la tarde había sobre el tabernáculo como una apariencia de fuego, hasta la mañana.

16 Así era continuamente: la nube lo cubría de día, y de noche la apariencia de fuego.

17 Cuando se alzaba la nube del tabernáculo, los hijos de Israel partían; y en el lugar donde la nube paraba, allí acampaban los hijos de Israel.

18 Al mandato de Jehová los hijos de Israel partían, y al mandato de Jehová acampaban; todos los días que la nube estaba sobre el tabernáculo, permanecían acampados.

19 Cuando la nube se detenía sobre el tabernáculo muchos días, entonces los hijos de Israel guardaban la ordenanza de Jehová, y no partían.

20 Y cuando la nube estaba sobre el tabernáculo pocos días, al mandato de Jehová acampaban, y al mandato de Jehová partían.

21 Y cuando la nube se detenía desde la tarde hasta la mañana, o cuando a la mañana la nube se levantaba, ellos partían; o si había estado un día, y a la noche la nube se levantaba, entonces partían.

22 O si dos días, o un mes, o un año, mientras la nube se detenía sobre el tabernáculo permaneciendo sobre él, los hijos de Israel seguían acampados, y no se movían; mas cuando ella se alzaba, ellos partían.

➤ 23 Al mandato de Jehová acampaban, y al mandato de Jehová partían, guardando la ordenanza de Jehová como Jehová lo había dicho por medio de Moisés.

Las trompetas de plata

10 JEHOVÁ habló a Moisés, diciendo:

2 Hazte dos trompetas de plata; de obra de martillo las harás, las cuales te servirán para convocar la congregación, y para hacer mover los campamentos.

3 Y cuando las tocaren, toda la congregación se reunirá ante ti a la puerta del tabernáculo de reunión.

4 Mas cuando tocaren sólo una, entonces se congregarán ante ti los príncipes, los jefes de los millares de Israel.

5 Y cuando tocareis alarma, entonces moverán los campamentos de los que están acampados al oriente.

6 Y cuando tocareis alarma la segunda vez, entonces moverán los campamentos de los que están acampados al sur; alarma tocarán para sus partidas.

7 Pero para reunir la congregación tocaréis, mas no con sonido de alarma.

8 Y los hijos de Aarón, los sacerdotes, tocarán las trompetas; y las tendréis por estatuto perpetuo por vuestras generaciones.

9 Y cuando saliereis a la guerra en vuestra tierra contra el enemigo que os molestare, tocaréis alarma con las trompetas; y seréis recordados por Jehová vuestro Dios, y seréis salvos de vuestros enemigos.

10 Y en el día de vuestra alegría, y en vuestras solemnidades, y en los principios de vuestros meses, tocaréis las trompetas sobre vuestros holocaustos, y sobre los sacrificios de paz, y os serán por memoria delante de vuestro Dios. Yo Jehová vuestro Dios.

Los israelitas salen de Sinaí

11 En el año segundo, en el mes segundo, a los veinte días del mes, la nube se alzó del tabernáculo del testimonio.

12 Y partieron los hijos de Israel del desierto de Sinaí según el orden de marcha; y se detuvo la nube en el desierto de Parán.

13 Partieron la primera vez al mandato de Jehová por medio de Moisés.

14 La bandera del campamento de los hijos de Judá comenzó a marchar primero, por sus ejércitos; y Naasón hijo de Aminadab estaba sobre su cuerpo de ejército.

15 Sobre el cuerpo de ejército de la tribu de los hijos de Isacar, Natanael hijo de Zuar.

16 Y sobre el cuerpo de ejército de la tribu de los hijos de Zabulón, Eliab hijo de Helón.

17 Después que estaba ya desarmado el tabernáculo, se movieron los hijos de Gersón y los hijos de Merari, que lo llevaban.

18 Luego comenzó a marchar la bandera del campamento de Rubén por sus ejércitos; y Elisur hijo de Sedeur estaba sobre su cuerpo de ejército.

19 Sobre el cuerpo de ejército de la tribu de los hijos de Simeón, Selumiel hijo de Zurisadai.

20 Y sobre el cuerpo de ejército de la tribu de los hijos de Gad, Eliasaf hijo de Deuel.

21 Luego comenzaron a marchar los coatitas llevando el santuario; y entretanto que

LECCIONES DE VIDA

➤ ***9.23 — Al mandato de Jehová acampaban, y al mandato de Jehová partían.***

Debemos tener cuidado de no concentrarnos tanto en las obligaciones, que pasemos por alto el llamado al gozo. ¡Cuán bendecidos seríamos si fuéramos cuando el Señor nos diga que vayamos, y nos quedemos cuando Él nos mande que nos quedemos! La obediencia siempre es fundamental para todo lo que hagamos en la vida, y una estrecha relación con Dios siempre trae alegría.

ellos llegaban, los otros acondicionaron el
tabernáculo.
22 Después comenzó a marchar la bandera
del campamento de los hijos de Efraín por
sus ejércitos; y Elisama hijo de Amiud estaba
sobre su cuerpo de ejército.
23 Sobre el cuerpo de ejército de la tribu
de los hijos de Manasés, Gamaliel hijo de
Pedasur.
24 Y sobre el cuerpo de ejército de la tribu de los hijos de Benjamín, Abidán hijo de
Gedeoni.
25 Luego comenzó a marchar la bandera del
campamento de los hijos de Dan por sus ejércitos, a retaguardia de todos los campamentos; y Ahiezer hijo de Amisadai estaba sobre
su cuerpo de ejército.
26 Sobre el cuerpo de ejército de la tribu de
los hijos de Aser, Pagiel hijo de Ocrán.
27 Y sobre el cuerpo de ejército de la tribu de
los hijos de Neftalí, Ahira hijo de Enán.
28 Éste era el orden de marcha de los hijos de
Israel por sus ejércitos cuando partían.
➤ 29 Entonces dijo Moisés a Hobab, hijo de
Ragüel madianita, su suegro: Nosotros partimos para el lugar del cual Jehová ha dicho:
Yo os lo daré. Ven con nosotros, y te haremos
bien; porque Jehová ha prometido el bien a
Israel.
30 Y él le respondió: Yo no iré, sino que me
marcharé a mi tierra y a mi parentela.[a]
31 Y él le dijo: Te ruego que no nos dejes; porque tú conoces los lugares donde hemos de
acampar en el desierto, y nos serás en lugar
de ojos.
32 Y si vienes con nosotros, cuando tengamos
el bien que Jehová nos ha de hacer, nosotros
te haremos bien.
33 Así partieron del monte de Jehová camino
de tres días; y el arca del pacto de Jehová fue
delante de ellos camino de tres días, buscán-
doles lugar de descanso.
34 Y la nube de Jehová iba sobre ellos de día,
desde que salieron del campamento.
35 Cuando el arca se movía, Moisés decía:
Levántate, oh Jehová, y sean dispersados tus
enemigos, y huyan de tu presencia los que te
aborrecen.[b]
36 Y cuando ella se detenía, decía: Vuelve, oh
Jehová, a los millares de millares de Israel.

Jehová envía codornices

11 ACONTECIÓ que el pueblo se quejó
a oídos de Jehová; y lo oyó Jehová, y
ardió su ira, y se encendió en ellos fuego de
Jehová, y consumió uno de los extremos del
campamento.
2 Entonces el pueblo clamó a Moisés, y Moisés oró a Jehová, y el fuego se extinguió.
3 Y llamó a aquel lugar Tabera,[1] porque el fuego de Jehová se encendió en ellos.
4 Y la gente extranjera que se mezcló con ellos
tuvo un vivo deseo, y los hijos de Israel también volvieron a llorar y dijeron: ¡Quién nos
diera a comer carne!
5 Nos acordamos del pescado que comíamos ➤
en Egipto de balde, de los pepinos, los melo-
nes, los puerros, las cebollas y los ajos;
6 y ahora nuestra alma se seca; pues nada
sino este maná ven nuestros ojos.
7 Y era el maná como semilla de culantro, y su
color como color de bedelio.
8 El pueblo se esparcía y lo recogía, y lo molía
en molinos o lo majaba en morteros, y lo cocía
en caldera o hacía de él tortas; su sabor era
como sabor de aceite nuevo.[a]
9 Y cuando descendía el rocío sobre el campamento de noche, el maná descendía sobre
él.[b]
10 Y oyó Moisés al pueblo, que lloraba por sus
familias, cada uno a la puerta de su tienda; y
la ira de Jehová se encendió en gran manera;
también le pareció mal a Moisés.
11 Y dijo Moisés a Jehová: ¿Por qué has hecho
mal a tu siervo? ¿y por qué no he hallado gracia en tus ojos, que has puesto la carga de
todo este pueblo sobre mí?
12 ¿Concebí yo a todo este pueblo? ¿Lo engendré yo, para que me digas: Llévalo en tu seno,
como lleva la que cría al que mama, a la tierra
de la cual juraste a sus padres?
13 ¿De dónde conseguiré yo carne para dar a
todo este pueblo? Porque lloran a mí, diciendo: Danos carne que comamos.

1 Esto es, *Incendio*.

a. 10.30 Éx 18.27. **b. 10.35** Sal 68.1. **a. 11.7-8** Éx 16.31. **b. 11.9** Éx 16.13-15.

LECCIONES DE VIDA

➤ ***10.29 — Ven con nosotros, y te haremos bien; porque Jehová ha prometido el bien a Israel.***

La generosidad de espíritu siempre acompaña a un cristiano maduro y santo de Dios. Los creyentes consagrados saben que Dios les bendice para que puedan bendecir a otros (2 Co 9.11).

➤ ***11.5 — Nos acordamos del pescado que comíamos en Egipto de balde.***

Así como Dios siempre bendice un espíritu obediente, también castiga un espíritu murmurador (1 Co 10.10). Nadie puede quejarse y honrar a Dios al mismo tiempo. Cuando fijamos la mirada en lo que no tenemos, en vez de hacerlo en lo que tenemos, tendemos a olvidar las dificultades de las que Dios nos ha librado ya. Israel se acordaba de la comida, pero se había olvidado de la esclavitud. Por esto es siempre tan importante que recordemos todas las grandezas que Dios ha hecho en nuestra vida.

➤ 14 No puedo yo solo soportar a todo este pueblo, que me es pesado en demasía.
15 Y si así lo haces tú conmigo, yo te ruego
que me des muerte, si he hallado gracia en tus
ojos; y que yo no vea mi mal.
16 Entonces Jehová dijo a Moisés: Reúneme
setenta varones de los ancianos de Israel, que
tú sabes que son ancianos del pueblo y sus
principales; y tráelos a la puerta del tabernáculo de reunión, y esperen allí contigo.
17 Y yo descenderé y hablaré allí contigo, y
tomaré del espíritu que está en ti, y pondré en
ellos; y llevarán contigo la carga del pueblo, y
no la llevarás tú solo.
18 Pero al pueblo dirás: Santificaos para
mañana, y comeréis carne; porque habéis llo-
rado en oídos de Jehová, diciendo: ¡Quién nos
diera a comer carne! ¡Ciertamente mejor nos
iba en Egipto! Jehová, pues, os dará carne, y
comeréis.
19 No comeréis un día, ni dos días, ni cinco
días, ni diez días, ni veinte días,
➤ 20 sino hasta un mes entero, hasta que os salga por las narices, y la aborrezcáis, por cuanto
menospreciasteis a Jehová que está en medio
de vosotros, y llorasteis delante de él, diciendo: ¿Para qué salimos acá de Egipto?
21 Entonces dijo Moisés: Seiscientos mil de
a pie es el pueblo en medio del cual yo estoy;
¡y tú dices: Les daré carne, y comerán un mes
entero!
22 ¿Se degollarán para ellos ovejas y bueyes
que les basten? ¿o se juntarán para ellos todos
los peces del mar para que tengan abasto?
➤ 23 Entonces Jehová respondió a Moisés: ¿Acaso se ha acortado la mano de Jehová? Ahora
verás si se cumple mi palabra, o no.
24 Y salió Moisés y dijo al pueblo las palabras
de Jehová; y reunió a los setenta varones de
los ancianos del pueblo, y los hizo estar alrededor del tabernáculo.
25 Entonces Jehová descendió en la nube, y
le habló; y tomó del espíritu que estaba en
él, y lo puso en los setenta varones ancianos;
y cuando posó sobre ellos el espíritu, profetizaron, y no cesaron.
26 Y habían quedado en el campamento dos
varones, llamados el uno Eldad y el otro
Medad, sobre los cuales también reposó el
espíritu; estaban éstos entre los inscritos, pero
no habían venido al tabernáculo; y profetizaron en el campamento.
27 Y corrió un joven y dio aviso a Moisés, y dijo:
Eldad y Medad profetizan en el campamento.
28 Entonces respondió Josué hijo de Nun, ➤
ayudante de Moisés, uno de sus jóvenes, y
dijo: Señor mío Moisés, impídelos.
29 Y Moisés le respondió: ¿Tienes tú celos por
mí? Ojalá todo el pueblo de Jehová fuese profeta, y que Jehová pusiera su espíritu sobre ellos.
30 Y Moisés volvió al campamento, él y los
ancianos de Israel.
31 Y vino un viento de Jehová, y trajo codornices del mar, y las dejó sobre el campamento,
un día de camino a un lado, y un día de camino al otro, alrededor del campamento, y casi
dos codos sobre la faz de la tierra.
32 Entonces el pueblo estuvo levantado todo
aquel día y toda la noche, y todo el día siguiente, y recogieron codornices; el que menos, recogió diez montones; y las tendieron para sí a lo
largo alrededor del campamento.
33 Aún estaba la carne entre los dientes de
ellos, antes que fuese masticada, cuando la
ira de Jehová se encendió en el pueblo, e hirió
Jehová al pueblo con una plaga muy grande.
34 Y llamó el nombre de aquel lugar Kibrot- ➤
hataava,[1] por cuanto allí sepultaron al pueblo codicioso.
35 De Kibrot-hataava partió el pueblo a Hazerot, y se quedó en Hazerot.

María y Aarón murmuran contra Moisés

12 MARÍA y Aarón hablaron contra Moisés
a causa de la mujer cusita que había
tomado; porque él había tomado mujer cusita.

1 Esto es, *Tumba de los codiciosos.*

LECCIONES DE VIDA

➤ ***11.14 — No puedo yo solo soportar a todo este pueblo, que me es pesado en demasía.***

Dependiendo de cómo reaccionamos ante nuestras circunstancias, podemos hacer que el trabajo de los líderes de la iglesia sea placentero o una pesada carga. Dios quiere que sea un gozo (He 13.17).

➤ ***11.20 — menospreciasteis a Jehová que está en medio de vosotros.***

Menospreciamos al Señor, quien vive entre nosotros, cuando decimos que su provisión es insuficiente y su plan defectuoso. ¡Cuánto mejor es alabar al Señor por ser Él quien es, en vez de quejarnos por lo que no tenemos!

➤ ***11.23 — ¿Acaso se ha acortado la mano de Jehová? Ahora verás si se cumple mi palabra, o no.***

La frustración puede hacernos dudar del poder y de la sabiduría del Señor. Pero Dios es soberano y todopoderoso, y plenamente capaz de cumplir todas sus promesas.

➤ ***11.28 — Señor mío Moisés, impídelos.***

El Espíritu del Señor se mueve a menudo de maneras que no esperamos, y a veces en formas que nos confunden. Sin embargo, somos sabios —y bendecidos— si somos diligentes en seguir sus indicaciones.

➤ ***11.34 — allí sepultaron al pueblo codicioso.***

Siempre es peligroso ceder a los deseos de la carne, porque «el que siembra para su carne, de la carne segará corrupción» (Gá 6.8).

➤ 2 Y dijeron: ¿Solamente por Moisés ha hablado Jehová? ¿No ha hablado también por nosotros? Y lo oyó Jehová.
3 Y aquel varón Moisés era muy manso, más
que todos los hombres que había sobre la
tierra.
4 Luego dijo Jehová a Moisés, a Aarón y a
María: Salid vosotros tres al tabernáculo de
reunión. Y salieron ellos tres.
5 Entonces Jehová descendió en la columna de la nube, y se puso a la puerta del tabernáculo, y llamó a Aarón y a María; y salieron
ambos.
6 Y él les dijo: Oíd ahora mis palabras. Cuando
haya entre vosotros profeta de Jehová, le apareceré en visión, en sueños hablaré con él.
7 No así a mi siervo Moisés, que es fiel en toda
mi casa.[a]
8 Cara a cara hablaré con él, y claramente, y
no por figuras; y verá la apariencia de Jehová.
¿Por qué, pues, no tuvisteis temor de hablar
contra mi siervo Moisés?
9 Entonces la ira de Jehová se encendió contra ellos; y se fue.
10 Y la nube se apartó del tabernáculo, y he
aquí que María estaba leprosa como la nieve; y miró Aarón a María, y he aquí que estaba leprosa.
11 Y dijo Aarón a Moisés: ¡Ah! Señor mío, no
pongas ahora sobre nosotros este pecado; porque locamente hemos actuado, y hemos pecado.
12 No quede ella ahora como el que nace
muerto, que al salir del vientre de su madre,
tiene ya medio consumida su carne.
13 Entonces Moisés clamó a Jehová, diciendo:
Te ruego, oh Dios, que la sanes ahora.
➤ 14 Respondió Jehová a Moisés: Pues si su
padre hubiera escupido en su rostro, ¿no se
avergonzaría por siete días? Sea echada fuera del campamento por siete días,[b] y después
volverá a la congregación.
15 Así María fue echada del campamento siete días; y el pueblo no pasó adelante hasta que
se reunió María con ellos.
16 Después el pueblo partió de Hazerot, y
acamparon en el desierto de Parán.

Misión de los doce espías

(Dt 1.19-33)

13 Y Jehová habló a Moisés, diciendo:
2 Envía tú hombres que reconozcan la ➤
tierra de Canaán, la cual yo doy a los hijos de
Israel; de cada tribu de sus padres enviaréis
un varón, cada uno príncipe entre ellos.
3 Y Moisés los envió desde el desierto de
Parán, conforme a la palabra de Jehová; y
todos aquellos varones eran príncipes de los
hijos de Israel.
4 Éstos son sus nombres: De la tribu de
Rubén, Samúa hijo de Zacur.
5 De la tribu de Simeón, Safat hijo de Horí.
6 De la tribu de Judá, Caleb hijo de Jefone.
7 De la tribu de Isacar, Igal hijo de José.
8 De la tribu de Efraín, Oseas hijo de Nun.
9 De la tribu de Benjamín, Palti hijo de Rafú.
10 De la tribu de Zabulón, Gadiel hijo de
Sodi.
11 De la tribu de José: de la tribu de Manasés,
Gadi hijo de Susi.
12 De la tribu de Dan, Amiel hijo de Gemali.
13 De la tribu de Aser, Setur hijo de Micael.
14 De la tribu de Neftalí, Nahbi hijo de Vapsi.
15 De la tribu de Gad, Geuel hijo de Maqui.
16 Éstos son los nombres de los varones que
Moisés envió a reconocer la tierra; y a Oseas
hijo de Nun le puso Moisés el nombre de
Josué.
17 Los envió, pues, Moisés a reconocer la tierra de Canaán, diciéndoles: Subid de aquí al
Neguev, y subid al monte,
18 y observad la tierra cómo es, y el pueblo
que la habita, si es fuerte o débil, si poco o
numeroso;
19 cómo es la tierra habitada, si es buena o
mala; y cómo son las ciudades habitadas, si
son campamentos o plazas fortificadas;
20 y cómo es el terreno, si es fértil o estéril, si
en él hay árboles o no; y esforzaos, y tomad
del fruto del país. Y era el tiempo de las primeras uvas.
21 Y ellos subieron, y reconocieron la tierra
desde el desierto de Zin hasta Rehob, entrando en Hamat.

a. 12.7 He 3.2. **b. 12.14** Nm 5.2-3.

LECCIONES DE VIDA

➤ ***12.2 — Y dijeron: ¿Solamente por Moisés ha hablado Jehová? ¿No ha hablado también por nosotros?***

Debemos estar contentos con el lugar de servicio y liderazgo que el Señor nos ha asignado. El exaltarse a uno mismo puede traer serias consecuencias.

➤ ***12.14 — Sea echada fuera del campamento por siete días, y después volverá a la congregación.***

Dios es misericordioso, pero no puede ser burlado. El pecado sigue siendo pecado sin importar quién lo cometa, y Dios actuará. Su perdón del pecado no implica necesariamente que desaparecerán todas las consecuencias de nuestras acciones.

➤ ***13.2 — Envía tú hombres que reconozcan la tierra de Canaán, la cual yo doy a los hijos de Israel.***

El Señor había dicho que estaba llevando a su pueblo a una tierra buena, y ahora les dice que envíen un líder de cada tribu para reconocer la tierra y confirmar sus palabras. Podía haberlos enviado a ciegas, pero en vez de eso les dio por misericordia una vista anticipada de la tierra de Canaán. Lamentablemente para ellos, esta bendición se convirtió en una prueba que demostró su falta de fe.

22 Y subieron al Neguev y vinieron hasta Hebrón; y allí estaban Ahimán, Sesai y Talmai, hijos de Anac. Hebrón fue edificada siete años antes de Zoán en Egipto.

23 Y llegaron hasta el arroyo de Escol, y de allí cortaron un sarmiento con un racimo de uvas, el cual trajeron dos en un palo, y de las granadas y de los higos.

24 Y se llamó aquel lugar el Valle de Escol,[1] por el racimo que cortaron de allí los hijos de Israel.

25 Y volvieron de reconocer la tierra al fin de cuarenta días.

26 Y anduvieron y vinieron a Moisés y a Aarón, y a toda la congregación de los hijos de Israel, en el desierto de Parán, en Cades, y dieron la información a ellos y a toda la congregación, y les mostraron el fruto de la tierra.

27 Y les contaron, diciendo: Nosotros llegamos a la tierra a la cual nos enviaste, la que ciertamente fluye leche y miel; y éste es el fruto de ella.

➤ 28 Mas el pueblo que habita aquella tierra es fuerte, y las ciudades muy grandes y fortificadas; y también vimos allí a los hijos de Anac.

29 Amalec habita el Neguev, y el heteo, el jebuseo y el amorreo habitan en el monte, y el cananeo habita junto al mar, y a la ribera del Jordán.

➤ 30 Entonces Caleb hizo callar al pueblo delante de Moisés, y dijo: Subamos luego, y tomemos posesión de ella; porque más podremos nosotros que ellos.

31 Mas los varones que subieron con él, dijeron: No podremos subir contra aquel pueblo, porque es más fuerte que nosotros.

32 Y hablaron mal entre los hijos de Israel, de la tierra que habían reconocido, diciendo: La tierra por donde pasamos para reconocerla, es tierra que traga a sus moradores; y todo el pueblo que vimos en medio de ella son hombres de grande estatura.

33 También vimos allí gigantes,[a] hijos de Anac, raza de los gigantes, y éramos nosotros, a nuestro parecer, como langostas; y así les parecíamos a ellos.

Los israelitas se rebelan contra Jehová

14 ENTONCES toda la congregación gritó, y dio voces; y el pueblo lloró aquella noche.

2 Y se quejaron contra Moisés y contra Aarón todos los hijos de Israel; y les dijo toda la multitud: ¡Ojalá muriéramos en la tierra de Egipto; o en este desierto ojalá muriéramos!

3 ¿Y por qué nos trae Jehová a esta tierra para caer a espada, y que nuestras mujeres y nuestros niños sean por presa? ¿No nos sería mejor volvernos a Egipto?

4 Y decían el uno al otro: Designemos un capitán, y volvámonos a Egipto.

5 Entonces Moisés y Aarón se postraron sobre sus rostros delante de toda la multitud de la congregación de los hijos de Israel.

6 Y Josué hijo de Nun y Caleb hijo de Jefone, que eran de los que habían reconocido la tierra, rompieron sus vestidos,

7 y hablaron a toda la congregación de los hijos de Israel, diciendo: La tierra por donde pasamos para reconocerla, es tierra en gran manera buena.

8 Si Jehová se agradare de nosotros, él nos llevará a esta tierra, y nos la entregará; tierra que fluye leche y miel.

9 Por tanto, no seáis rebeldes contra Jehová,[a] ni temáis al pueblo de esta tierra; porque nosotros los comeremos como pan; su amparo se ha apartado de ellos, y con nosotros está Jehová; no los temáis.

1 Esto es, *del Racimo.*

a. 13.33 Gn 6.4. **a. 14.9** He 3.16.

LECCIONES DE VIDA

➤ *13.28 — Mas el pueblo que habita aquella tierra es fuerte, y las ciudades muy grandes y fortificadas.*

Siempre es una insensatez espiritual centrar nuestra atención en las cosas que el Señor ignora. Él había resaltado la bondad de la tierra; mientras que diez de los espías se fijaron en el poder del enemigo. El punto nunca es si nuestros enemigos espirituales son más fuertes que nosotros —¡la mayoría de las veces lo son!— sino que éstos nunca son más fuertes que el Señor, y ése es el hecho que jamás debemos olvidar.

➤ *13.30 — Subamos luego, y tomemos posesión de ella; porque más podremos nosotros que ellos.*

Confiar en Dios quiere decir ver más allá de lo que podemos, hacia lo que Dios ve. A Caleb no le preocuparon los obstáculos, porque mantuvo su mirada puesta en el Señor, quien puede vencer cualquier problema que enfrentemos. Por haber él y Josué honrado a Dios, Él les permitió entrar en la tierra prometida, mientras que el resto de su generación no lo hizo (Nm 14.24, 30).

➤ *14.3 — ¿No nos sería mejor volvernos a Egipto?*

A veces puede parecer más fácil regresar al lugar de yugo espiritual, pero nunca avanzaremos hacia la bendición volviendo a la esclavitud. Dios le había dicho a Israel que avanzara, no que retrocediera.

➤ *14.9 — Por tanto, no seáis rebeldes contra Jehová, ni temáis al pueblo de esta tierra… con nosotros está Jehová.*

Josué sabía cuán absolutamente importante era obedecer a Dios sin demora y reclamar la promesa que Él les había hecho. Pero cuanto más continuara la gente esperando y escuchando informes negativos, más razones inventarían para desobedecer sus órdenes. La obediencia inmediata es crucial para nosotros también, porque cuando dejamos que el miedo nos lleve a la rebelión espiritual, damos un paso hacia la ruina, no hacia la bendición y el crecimiento que Dios tiene para nosotros. Cuando nos sometemos al Señor, su perfecto amor echa fuera el temor, y preserva nuestras vidas (1 Jn 4.18).

10 Entonces toda la multitud habló de apedrearlos. Pero la gloria de Jehová se mostró en el tabernáculo de reunión a todos los hijos de Israel,

➤ 11 y Jehová dijo a Moisés: ¿Hasta cuándo me ha de irritar este pueblo? ¿Hasta cuándo no me creerán, con todas las señales que he hecho en medio de ellos?

12 Yo los heriré de mortandad y los destruiré, y a ti te pondré sobre gente más grande y más fuerte que ellos.

13 Pero Moisés respondió a Jehová: Lo oirán luego los egipcios, porque de en medio de ellos sacaste a este pueblo con tu poder;

14 y lo dirán a los habitantes de esta tierra, los cuales han oído que tú, oh Jehová, estabas en medio de este pueblo, que cara a cara aparecías tú, oh Jehová, y que tu nube estaba sobre ellos, y que de día ibas delante de ellos en columna de nube, y de noche en columna de fuego;

15 y que has hecho morir a este pueblo como a un solo hombre; y las gentes que hubieren oído tu fama hablarán, diciendo:

16 Por cuanto no pudo Jehová meter este pueblo en la tierra de la cual les había jurado, los mató en el desierto.

17 Ahora, pues, yo te ruego que sea magnificado el poder del Señor, como lo hablaste, diciendo:

➤ 18 Jehová, tardo para la ira y grande en misericordia, que perdona la iniquidad y la rebelión, aunque de ningún modo tendrá por inocente al culpable; que visita la maldad de los padres sobre los hijos hasta los terceros y hasta los cuartos.[b]

➤ 19 Perdona ahora la iniquidad de este pueblo según la grandeza de tu misericordia, y como has perdonado a este pueblo desde Egipto hasta aquí.[c]

Jehová castiga a Israel

(Dt 1.34-40)

20 Entonces Jehová dijo: Yo lo he perdonado conforme a tu dicho.

21 Mas tan ciertamente como vivo yo, y mi gloria llena toda la tierra,

22 todos los que vieron mi gloria y mis señales que he hecho en Egipto y en el desierto, y me han tentado ya diez veces, y no han oído mi voz,

23 no verán la tierra de la cual juré a sus padres; no, ninguno de los que me han irritado la verá.[d]

24 Pero a mi siervo Caleb, por cuanto hubo en él otro espíritu, y decidió ir en pos de mí, yo le meteré en la tierra donde entró, y su descendencia la tendrá en posesión.[e] ➤

25 Ahora bien, el amalecita y el cananeo habitan en el valle; volveos mañana y salid al desierto, camino del Mar Rojo.

26 Y Jehová habló a Moisés y a Aarón, diciendo:

27 ¿Hasta cuándo oiré esta depravada multitud que murmura contra mí, las querellas de los hijos de Israel, que de mí se quejan?

28 Diles: Vivo yo, dice Jehová, que según habéis hablado a mis oídos, así haré yo con vosotros. ➤

29 En este desierto caerán vuestros cuerpos;[f] todo el número de los que fueron contados de entre vosotros, de veinte años arriba, los cuales han murmurado contra mí.

30 Vosotros a la verdad no entraréis en la tierra, por la cual alcé mi mano y juré que os haría habitar en ella; exceptuando a Caleb hijo de Jefone, y a Josué hijo de Nun.

b. 14.18 Éx 20.5-6; 34.6-7; Dt 5.9-10; 7.9-10.
c. 14.13-19 Éx 32.11-14. **d. 14.21-23** He 3.18.
e. 14.24 Jos 14.9-12. **f. 14.29** He 3.17.

LECCIONES DE VIDA

➤ ***14.11 — ¿Hasta cuándo no me creerán, con todas las señales que he hecho en medio de ellos?***

¡Con cuánta facilidad olvidamos las muchas «señales» del amor y la protección de Dios! Una manera estupenda de sacar la incredulidad de nuestros corazones, es contar regularmente las bendiciones que Dios nos ha dado. ¿Cuándo fue la última vez que usted lo hizo?

➤ ***14.18 — Jehová, tardo para la ira y grande en misericordia, que perdona la iniquidad y la rebelión, aunque de ningún modo tendrá por inocente al culpable.***

Cuando Dios habla, ¿oímos a un Padre perdonador o a un capataz exigente? ¿A un Amigo íntimo o a un enemigo encolerizado? ¿A un Maestro paciente o a un juez intolerante? Dios es nuestro Guía gentil, Consejero compasivo, Proveedor generoso y fiel Sustentador, y tenemos que conocerle como tal.

➤ ***14.19 — Perdona ahora la iniquidad de este pueblo según la grandeza de tu misericordia.***

Moisés rogó al Señor basándose en la reputación, los atributos y el carácter de Dios. Moisés ganó esa batalla a favor de su pueblo porque la libró sobre sus rodillas.

➤ ***14.24 — Pero a mi siervo Caleb, por cuanto hubo en él otro espíritu, y decidió ir en pos de mí, yo le meteré en la tierra donde entró, y su descendencia la tendrá en posesión.***

Dios le prometió a Caleb lo que les negó a los rebeldes. ¿Por qué razón? Porque siguió a su Señor incondicionalmente, con total fe y confianza. Dios asume toda la responsabilidad en cuanto a nuestras necesidades, si lo obedecemos sinceramente.

➤ ***14.28 — según habéis hablado a mis oídos, así haré yo con vosotros.***

El Señor oye cada palabra que decimos, sea de alabanza o de queja. Jesús nos dijo que daremos cuenta de cada «palabra ociosa» que hablemos (Mt 12.36).

RESPUESTAS A PREGUNTAS DE LA VIDA

¿Cómo puedo mantener mi mirada puesta en Dios, no en los obstáculos?

NM 14.8, 9

Hay ocasiones en que el miedo puede paralizar al corazón más valiente. Cuando percibimos una amenaza a nuestro bienestar o un obstáculo que nos separa de nuestros objetivos, a menudo tememos que todo el plan para nuestras vidas esté en serio peligro.

En esos momentos necesitamos recordar las promesas de Dios.

Cuando los espías israelitas emprendieron una misión de reconocimiento para examinar la tierra de Canaán, no tenían idea de lo que iban a encontrar. Fue un gran honor haber sido elegidos por Moisés para tal misión. Éste había escogido al líder principal de cada una de las doce tribus de Israel para hacer tal trabajo.

Sin embargo, toda su formación y experiencia no los había preparado para algo tan abrumador. ¿Dónde se habían visto racimos de uvas tan grandes que tenían que ser llevados en una vara por dos hombres (Nm 13.23)? ¿Quién podía estar preparado para enfrentarse a unos guerreros cananeos tan corpulentos, que hacían parecer como enanos a los mejores hombres del ejército de Israel (Nm 13.33)? No es de sorprenderse que los espías sintieran un torbellino de emociones mientras regresaban a su comandante en jefe para darle un informe completo.

Trate de imaginar la escena. Moisés y su hermano Aarón reunieron al pueblo para oír las noticias. Los espías confirmaron que la tierra prometida era realmente todo lo que Dios había dicho que era, pero se centraron en lo que ellos habían visto como obstáculos para poseer la tierra, es decir, en los gigantes que la habitaban. Dieron un informe correcto, pero no relataron la historia completa. Sólo Josué y Caleb dijeron toda la verdad.

Estos hombres fieles contaron lo que habían visto, y después reiteraron, con sus propias palabras, las promesas de Dios que les habían llevado hasta ese punto: «Si Jehová se agradare de nosotros, él nos llevará a esta tierra, y nos la entregará; tierra que fluye leche y miel. Por tanto, no seáis rebeldes contra Jehová, ni temáis al pueblo de esta tierra; porque nosotros los comeremos como pan; su amparo se ha apartado de ellos, y con nosotros está Jehová; no los temáis» (Nm 14.8, 9). Josué y Caleb vivieron para ver la tierra prometida, pero sólo porque fijaron su mirada en el objetivo que Dios les había fijado, no en los obstáculos del camino (Nm 14.30; 26.64, 65; 32.11, 12).

¡Las bendiciones que Dios tiene reservadas para usted son abundantes! No permita que una visión miope —especialmente una centrada en los obstáculos— le impida ver el plan de largo alcance del Señor para su vida.

Para un estudio más a fondo, véase el Índice de Principios de vida:

9. *Confiar en Dios quiere decir ver más allá de lo que podemos, hacia lo que Dios ve.*
21. *La obediencia siempre trae bendición consigo.*

31 Pero a vuestros niños, de los cuales dijisteis que serían por presa, yo los introduciré, y ellos conocerán la tierra que vosotros
despreciasteis.
32 En cuanto a vosotros, vuestros cuerpos
caerán en este desierto.
33 Y vuestros hijos andarán pastoreando en el
desierto cuarenta años,[g] y ellos llevarán vuestras rebeldías, hasta que vuestros cuerpos
sean consumidos en el desierto.
34 Conforme al número de los días, de los cuarenta días en que reconocisteis la tierra, llevaréis vuestras iniquidades cuarenta años, un
año por cada día; y conoceréis mi castigo.
35 Yo Jehová he hablado; así haré a toda esta
multitud perversa que se ha juntado contra
mí; en este desierto serán consumidos, y ahí
morirán.

g. 14.33 Hch 7.36.

Muerte de los diez espías malvados
36 Y los varones que Moisés envió a reconocer
la tierra, y que al volver habían hecho murmurar contra él a toda la congregación, desacre-
ditando aquel país,
37 aquellos varones que habían hablado mal de
la tierra, murieron de plaga delante de Jehová.
38 Pero Josué hijo de Nun y Caleb hijo de Jefone quedaron con vida, de entre aquellos hombres que habían ido a reconocer la tierra.

La derrota en Horma
(Dt 1.41-46)
39 Y Moisés dijo estas cosas a todos los hijos
de Israel, y el pueblo se enlutó mucho.
40 Y se levantaron por la mañana y subieron
a la cumbre del monte, diciendo: Henos aquí
para subir al lugar del cual ha hablado Jehová; porque hemos pecado.
41 Y dijo Moisés: ¿Por qué quebrantáis el
mandamiento de Jehová? Esto tampoco os
saldrá bien.
➤ 42 No subáis, porque Jehová no está en medio
de vosotros, no seáis heridos delante de vuestros enemigos.
43 Porque el amalecita y el cananeo están allí
delante de vosotros, y caeréis a espada; pues
por cuanto os habéis negado a seguir a Jehová, por eso no estará Jehová con vosotros.
44 Sin embargo, se obstinaron en subir a la
cima del monte; pero el arca del pacto de
Jehová, y Moisés, no se apartaron de en medio
del campamento.
45 Y descendieron el amalecita y el cananeo
que habitaban en aquel monte, y los hirieron y
los derrotaron, persiguiéndolos hasta Horma.

Leyes sobre las ofrendas
15 JEHOVÁ habló a Moisés, diciendo:
2 Habla a los hijos de Israel, y diles:
Cuando hayáis entrado en la tierra de vuestra
habitación que yo os doy,
3 y hagáis ofrenda encendida a Jehová, holocausto, o sacrificio, por especial voto, o de
vuestra voluntad, o para ofrecer en vuestras
fiestas solemnes olor grato a Jehová, de vacas
o de ovejas;
4 entonces el que presente su ofrenda a Jehová traerá como ofrenda la décima parte de un
efa de flor de harina, amasada con la cuarta
parte de un hin de aceite.
5 De vino para la libación ofrecerás la cuarta
parte de un hin, además del holocausto o del
sacrificio, por cada cordero.
6 Por cada carnero harás ofrenda de dos décimas de flor de harina, amasada con la tercera
parte de un hin de aceite;
7 y de vino para la libación ofrecerás la tercera parte de un hin, en olor grato a Jehová.
8 Cuando ofrecieres novillo en holocausto
o sacrificio, por especial voto, o de paz a
Jehová,
9 ofrecerás con el novillo una ofrenda de tres
décimas de flor de harina, amasada con la
mitad de un hin de aceite;
10 y de vino para la libación ofrecerás la
mitad de un hin, en ofrenda encendida de olor
grato a Jehová.
11 Así se hará con cada buey, o carnero, o cordero de las ovejas, o cabrito.
12 Conforme al número así haréis con cada
uno, según el número de ellos.
13 Todo natural hará estas cosas así, para
ofrecer ofrenda encendida de olor grato a
Jehová.
14 Y cuando habitare con vosotros extranjero, o cualquiera que estuviere entre vosotros
por vuestras generaciones, si hiciere ofrenda
encendida de olor grato a Jehová, como vosotros hiciereis, así hará él.
15 Un mismo estatuto tendréis vosotros de la
congregación y el extranjero que con vosotros mora; será estatuto perpetuo por vuestras generaciones; como vosotros, así será el
extranjero delante de Jehová.
16 Una misma ley y un mismo decreto tendréis, vosotros y el extranjero que con vosotros mora.[a]
17 También habló Jehová a Moisés, diciendo:
18 Habla a los hijos de Israel, y diles: Cuando hayáis entrado en la tierra a la cual yo os
llevo,
19 cuando comencéis a comer del pan de la
tierra, ofreceréis ofrenda a Jehová.
20 De lo primero que amaséis, ofreceréis una
torta en ofrenda; como la ofrenda de la era,
así la ofreceréis.
21 De las primicias de vuestra masa daréis a
Jehová ofrenda por vuestras generaciones.
22 Y cuando errareis, y no hiciereis todos
estos mandamientos que Jehová ha dicho a
Moisés,
23 todas las cosas que Jehová os ha mandado
por medio de Moisés, desde el día que Jehová
lo mandó, y en adelante por vuestras edades,
24 si el pecado fue hecho por yerro con ignorancia de la congregación, toda la congregación

a. 15.16 Lv 24.22.

LECCIONES DE VIDA

➤ ***14.42 — No subáis, porque Jehová no está en medio de vosotros, no seáis heridos delante de vuestros enemigos.***

La diferencia entre el éxito y el fracaso se reduce a la respuesta a una pregunta: *¿Está usted obedeciendo al Señor?*

ofrecerá un novillo por holocausto en olor grato
a Jehová, con su ofrenda y su libación conforme a la ley, y un macho cabrío en expiación.
25 Y el sacerdote hará expiación por toda
la congregación de los hijos de Israel; y les
será perdonado, porque yerro es; y ellos traerán sus ofrendas, ofrenda encendida a Jehová, y sus expiaciones delante de Jehová por
sus yerros.
26 Y será perdonado a toda la congregación
de los hijos de Israel, y al extranjero que
mora entre ellos, por cuanto es yerro de todo
el pueblo.
27 Si una persona pecare por yerro, ofrecerá
una cabra de un año para expiación.
28 Y el sacerdote hará expiación por la persona que haya pecado por yerro; cuando pecare
por yerro delante de Jehová, la reconciliará, y
le será perdonado.[b]
29 El nacido entre los hijos de Israel, y el
extranjero que habitare entre ellos, una misma ley tendréis para el que hiciere algo por
yerro.
➤ 30 Mas la persona que hiciere algo con soberbia, así el natural como el extranjero, ultraja a
Jehová; esa persona será cortada de en medio
de su pueblo.
31 Por cuanto tuvo en poco la palabra de
Jehová, y menospreció su mandamiento, enteramente será cortada esa persona; su iniquidad caerá sobre ella.

Lapidación de un violador del día de reposo

32 Estando los hijos de Israel en el desierto,
hallaron a un hombre que recogía leña en día
de reposo.[*]
33 Y los que le hallaron recogiendo leña,
lo trajeron a Moisés y a Aarón, y a toda la
congregación;
34 y lo pusieron en la cárcel, porque no estaba
declarado qué se le había de hacer.
35 Y Jehová dijo a Moisés: Irremisiblemente
muera aquel hombre; apedréelo toda la congregación fuera del campamento.
36 Entonces lo sacó la congregación fuera del
campamento, y lo apedrearon, y murió, como
Jehová mandó a Moisés.

Franjas en los vestidos

37 Y Jehová habló a Moisés, diciendo:
38 Habla a los hijos de Israel, y diles que se
hagan franjas en los bordes de sus vestidos,[c]
por sus generaciones; y pongan en cada franja de los bordes un cordón de azul.
39 Y os servirá de franja, para que cuando lo ≺
veáis os acordéis de todos los mandamientos
de Jehová, para ponerlos por obra; y no miréis
en pos de vuestro corazón y de vuestros ojos,
en pos de los cuales os prostituyáis.
40 Para que os acordéis, y hagáis todos mis
mandamientos, y seáis santos a vuestro Dios.
41 Yo Jehová vuestro Dios, que os saqué de
la tierra de Egipto, para ser vuestro Dios. Yo
Jehová vuestro Dios.

La rebelión de Coré

16 CORÉ hijo de Izhar, hijo de Coat, hijo
de Leví, y Datán y Abiram hijos de
Eliab, y On hijo de Pelet, de los hijos de
Rubén, tomaron gente,
2 y se levantaron contra Moisés con doscientos cincuenta varones de los hijos de Israel,
príncipes de la congregación, de los del consejo, varones de renombre.
3 Y se juntaron contra Moisés y Aarón y les ≺
dijeron: ¡Basta ya de vosotros! Porque toda
la congregación, todos ellos son santos, y en
medio de ellos está Jehová; ¿por qué, pues, os
levantáis vosotros sobre la congregación de
Jehová?
4 Cuando oyó esto Moisés, se postró sobre su
rostro;
5 y habló a Coré y a todo su séquito, diciendo: Mañana mostrará Jehová quién es suyo, y
quién es santo, y hará que se acerque a él; al
que él escogiere, él lo acercará a sí.
6 Haced esto: tomaos incensarios, Coré y todo
su séquito,
7 y poned fuego en ellos, y poned en ellos
incienso delante de Jehová mañana; y el
varón a quien Jehová escogiere, aquel será el
santo; esto os baste, hijos de Leví.

[*] Aquí equivale a *sábado*.

b. 15.27-28 Lv 4.27-31. **c. 15.38** Dt 22.12.

LECCIONES DE VIDA

➤ ***15.30 — Mas la persona que hiciere algo con soberbia… ultraja a Jehová; esa persona será cortada de en medio de su pueblo.***

Todo pecado nos separa de Dios, pero algunos pecados traen consecuencias más severas que otros. Los pecados de arrogancia —descarados, intencionales, insolentes, prepotentes y premeditados— tienen un duro castigo. Sólo los necios hacen planes para pecar y después pedir perdón.

➤ ***15.39 — Y os servirá de franja, para que cuando lo veáis os acordéis de todos los mandamientos de Jehová.***

Conviene rodearse de recordatorios físicos y prácticos de quién es Dios, qué pide de usted y cómo ha prometido bendecir su obediencia. Las franjas azules que estaban en los bordes de las vestiduras le recordaban al pueblo la santidad de Dios, y cómo debían mantenerse apartados como posesión suya (Éx 19.5, 6).

➤ ***16.3 — Y se juntaron contra Moisés y Aarón y les dijeron… ¿por qué, pues, os levantáis vosotros sobre la congregación de Jehová?***

¿Por qué no aprendieron Coré y los suyos de lo que les había sucedido a María y Aarón cuando cuestionaron la especial posición de Moisés como dirigente (Nm 12)? Dios honra la humildad, no el orgullo; con el espíritu de rebeldía de Coré, los israelitas jamás habrían salido del desierto, porque se habrían negado a obedecer la dirección de Dios.

8 Dijo más Moisés a Coré: Oíd ahora, hijos de Leví:
9 ¿Os es poco que el Dios de Israel os haya apartado de la congregación de Israel, acercándoos a él para que ministréis en el servicio del tabernáculo de Jehová, y estéis delante de la congregación para ministrarles,
10 y que te hizo acercar a ti, y a todos tus hermanos los hijos de Leví contigo? ¿Procuráis también el sacerdocio?
➤ 11 Por tanto, tú y todo tu séquito sois los que os juntáis contra Jehová; pues Aarón, ¿qué es, para que contra él murmuréis?
12 Y envió Moisés a llamar a Datán y Abiram, hijos de Eliab; mas ellos respondieron: No iremos allá.
13 ¿Es poco que nos hayas hecho venir de una tierra que destila leche y miel, para hacernos morir en el desierto, sino que también te enSeñorees de nosotros imperiosamente?
14 Ni tampoco nos has metido tú en tierra que fluya leche y miel, ni nos has dado heredades de tierras y viñas. ¿Sacarás los ojos de estos hombres? No subiremos.
15 Entonces Moisés se enojó en gran manera, y dijo a Jehová: No mires a su ofrenda; ni aun un asno he tomado de ellos, ni a ninguno de ellos he hecho mal.
16 Después dijo Moisés a Coré: Tú y todo tu séquito, poneos mañana delante de Jehová; tú, y ellos, y Aarón;
17 y tomad cada uno su incensario y poned incienso en ellos, y acercaos delante de Jehová cada uno con su incensario, doscientos cincuenta incensarios; tú también, y Aarón, cada uno con su incensario.
18 Y tomó cada uno su incensario, y pusieron en ellos fuego, y echaron en ellos incienso, y se pusieron a la puerta del tabernáculo de reunión con Moisés y Aarón.
19 Ya Coré había hecho juntar contra ellos toda la congregación a la puerta del tabernáculo de reunión; entonces la gloria de Jehová apareció a toda la congregación.
20 Y Jehová habló a Moisés y a Aarón, diciendo:
21 Apartaos de entre esta congregación, y los consumiré en un momento.
22 Y ellos se postraron sobre sus rostros, y dijeron: Dios, Dios de los espíritus de toda carne, ¿no es un solo hombre el que pecó? ¿Por qué airarte contra toda la congregación?
23 Entonces Jehová habló a Moisés, diciendo:
24 Habla a la congregación y diles: Apartaos de en derredor de la tienda de Coré, Datán y Abiram.
25 Entonces Moisés se levantó y fue a Datán y a Abiram, y los ancianos de Israel fueron en pos de él.
26 Y él habló a la congregación, diciendo: Apartaos ahora de las tiendas de estos hombres impíos, y no toquéis ninguna cosa suya, para que no perezcáis en todos sus pecados.
27 Y se apartaron de las tiendas de Coré, de Datán y de Abiram en derredor; y Datán y Abiram salieron y se pusieron a las puertas de sus tiendas, con sus mujeres, sus hijos y sus pequeñuelos.
28 Y dijo Moisés: En esto conoceréis que Jehová me ha enviado para que hiciese todas estas cosas, y que no las hice de mi propia voluntad. ◄
29 Si como mueren todos los hombres murieren éstos, o si ellos al ser visitados siguen la suerte de todos los hombres, Jehová no me envió.
30 Mas si Jehová hiciere algo nuevo, y la tierra abriere su boca y los tragare con todas sus cosas, y descendieren vivos al Seol, entonces conoceréis que estos hombres irritaron a Jehová.
31 Y aconteció que cuando cesó él de hablar todas estas palabras, se abrió la tierra que estaba debajo de ellos.
32 Abrió la tierra su boca, y los tragó a ellos, a sus casas, a todos los hombres de Coré, y a todos sus bienes.
33 Y ellos, con todo lo que tenían, descendieron vivos al Seol, y los cubrió la tierra, y perecieron de en medio de la congregación.
34 Y todo Israel, los que estaban en derredor de ellos, huyeron al grito de ellos; porque decían: No nos trague también la tierra.
35 También salió fuego de delante de Jehová, y consumió a los doscientos cincuenta hombres que ofrecían el incienso.
36 Entonces Jehová habló a Moisés, diciendo:

LECCIONES DE VIDA

➤ ***16.11 — Por tanto, tú y todo tu séquito sois los que os juntáis contra Jehová; pues Aarón, ¿qué es, para que contra él murmuréis?***

Moisés recordó a los rebeldes que Dios pone a quien Él quiere donde quiere; no tenemos derecho a reclamar para nosotros mismos una posición de autoridad. Como siervos de Dios, debemos gozarnos en cualquier lugar que Él nos coloque.

➤ ***16.28 — Y dijo Moisés: En esto conoceréis que Jehová me ha enviado para que hiciese todas estas cosas, y que no las hice de mi propia voluntad.***

Dios es sabio; Él sabe que la consecuencia de la rebelión es el caos y, finalmente, la destrucción. Moisés hizo únicamente lo que Dios le envió a hacer, y porque obedeció al Señor, Dios le dio el éxito. La obediencia siempre trae bendición consigo. Siglos después, Jesús dijo: «Nada hago por mí mismo, sino que según me enseñó el Padre, así hablo. Porque el que me envió, conmigo está; no me ha dejado solo el Padre, porque yo hago siempre lo que le agrada» (Jn 8.28, 29).

37 Di a Eleazar hijo del sacerdote Aarón, que
tome los incensarios de en medio del incendio, y derrame más allá el fuego; porque son
santificados
38 los incensarios de estos que pecaron contra sus almas; y harán de ellos planchas bati-
das para cubrir el altar; por cuanto ofrecieron
con ellos delante de Jehová, son santificados,
y serán como señal a los hijos de Israel.
39 Y el sacerdote Eleazar tomó los incensarios
de bronce con que los quemados habían ofrecido; y los batieron para cubrir el altar,
40 en recuerdo para los hijos de Israel, de que
ningún extraño que no sea de la descendencia de Aarón se acerque para ofrecer incienso
delante de Jehová, para que no sea como Coré
y como su séquito; según se lo dijo Jehová por
medio de Moisés.
41 El día siguiente, toda la congregación de
los hijos de Israel murmuró contra Moisés y
Aarón, diciendo: Vosotros habéis dado muerte al pueblo de Jehová.
42 Y aconteció que cuando se juntó la congregación contra Moisés y Aarón, miraron
hacia el tabernáculo de reunión, y he aquí la
nube lo había cubierto, y apareció la gloria
de Jehová.
43 Y vinieron Moisés y Aarón delante del
tabernáculo de reunión.
44 Y Jehová habló a Moisés, diciendo:
45 Apartaos de en medio de esta congregación, y los consumiré en un momento. Y ellos
se postraron sobre sus rostros.
46 Y dijo Moisés a Aarón: Toma el incensario, y pon en él fuego del altar, y sobre él pon
incienso, y ve pronto a la congregación, y haz
expiación por ellos, porque el furor ha salido
de la presencia de Jehová; la mortandad ha
comenzado.
47 Entonces tomó Aarón el incensario, como
Moisés dijo, y corrió en medio de la congregación; y he aquí que la mortandad había
comenzado en el pueblo; y él puso incienso, e
hizo expiación por el pueblo,
➤ 48 y se puso entre los muertos y los vivos; y
cesó la mortandad.
49 Y los que murieron en aquella mortandad
fueron catorce mil setecientos, sin los muertos por la rebelión de Coré.
50 Después volvió Aarón a Moisés a la puerta del tabernáculo de reunión, cuando la mortandad había cesado.

La vara de Aarón florece

17 LUEGO habló Jehová a Moisés, diciendo:
2 Habla a los hijos de Israel, y toma de ellos
una vara por cada casa de los padres, de todos
los príncipes de ellos, doce varas conforme a
las casas de sus padres; y escribirás el nombre
de cada uno sobre su vara.
3 Y escribirás el nombre de Aarón sobre la
vara de Leví; porque cada jefe de familia de
sus padres tendrá una vara.
4 Y las pondrás en el tabernáculo de reunión
delante del testimonio, donde yo me manifestaré a vosotros.
5 Y florecerá la vara del varón que yo escoja, y haré cesar de delante de mí las quejas
de los hijos de Israel con que murmuran contra vosotros.
6 Y Moisés habló a los hijos de Israel, y todos
los príncipes de ellos le dieron varas; cada
príncipe por las casas de sus padres una vara,
en total doce varas; y la vara de Aarón estaba
entre las varas de ellos.
7 Y Moisés puso las varas delante de Jehová
en el tabernáculo del testimonio.
8 Y aconteció que el día siguiente vino Moisés ➤
al tabernáculo del testimonio; y he aquí que la
vara de Aarón de la casa de Leví había reverdecido, y echado flores, y arrojado renuevos,
y producido almendras.
9 Entonces sacó Moisés todas las varas de
delante de Jehová a todos los hijos de Israel; y
ellos lo vieron, y tomaron cada uno su vara.
10 Y Jehová dijo a Moisés: Vuelve la vara de
Aarón delante del testimonio,[a] para que se
guarde por señal a los hijos rebeldes; y harás
cesar sus quejas de delante de mí, para que
no mueran.
11 E hizo Moisés como le mandó Jehová, así
lo hizo.
12 Entonces los hijos de Israel hablaron a
Moisés, diciendo: He aquí nosotros somos

a. 17.8-10 He 9.4.

LECCIONES DE VIDA

➤ ***16.48 — Y se puso entre los muertos y los vivos; y cesó la mortandad.***

Las quejas del pueblo provocaron una vez más la ira del Señor; pero Dios le permitió a Aarón hacer expiación a favor de ellos. Como embajadores de Cristo (2 Co 5.20), también estamos entre los vivos y los muertos, llamando a los espiritualmente muertos a la nueva vida en Jesús. ¿Nos uniremos a las quejas de la gente, o les enseñaremos a honrar y obedecer al Dios vivo con santidad y obediencia?

➤ ***17.8 — y he aquí que la vara de Aarón de la casa de Leví había reverdecido, y echado flores, y arrojado renuevos, y producido almendras.***

El Señor hará cualquier cosa que sea necesaria para mostrarnos y confirmarnos su perfecta voluntad. La vara de Aarón no sólo mostró señales de crecimiento, sino también el ciclo completo del almendro, desde el brote y el florecimiento hasta el fruto. Curiosamente, el almendro era símbolo de prisa y vigilancia (Jer 1.11, 12), dos cualidades que necesitaba exhibir el sumo sacerdote.

muertos, perdidos somos, todos nosotros
somos perdidos.
13 Cualquiera que se acercare, el que viniere
al tabernáculo de Jehová, morirá. ¿Acabare-
mos por perecer todos?

Sostenimiento de sacerdotes y levitas

18 JEHOVÁ dijo a Aarón: Tú y tus hijos, y
la casa de tu padre contigo, llevaréis el
pecado del santuario; y tú y tus hijos contigo
llevaréis el pecado de vuestro sacerdocio.
2 Y a tus hermanos también, la tribu de Leví,
la tribu de tu padre, haz que se acerquen a ti
y se junten contigo, y te servirán; y tú y tus
hijos contigo serviréis delante del tabernáculo
del testimonio.
3 Y guardarán lo que tú ordenes, y el cargo de
todo el tabernáculo; mas no se acercarán a los
utensilios santos ni al altar, para que no mueran ellos y vosotros.
4 Se juntarán, pues, contigo, y tendrán el cargo del tabernáculo de reunión en todo el servicio del tabernáculo; ningún extraño se ha de
acercar a vosotros.
5 Y tendréis el cuidado del santuario, y el cuidado del altar, para que no venga más la ira
sobre los hijos de Israel.
6 Porque he aquí, yo he tomado a vuestros
hermanos los levitas de entre los hijos de
Israel, dados a vosotros en don de Jehová,
para que sirvan en el ministerio del tabernáculo de reunión.
7 Mas tú y tus hijos contigo guardaréis vuestro sacerdocio en todo lo relacionado con el
altar, y del velo adentro, y ministraréis. Yo os
he dado en don el servicio de vuestro sacerdocio; y el extraño que se acercare, morirá.
8 Dijo más Jehová a Aarón: He aquí yo te he
dado también el cuidado de mis ofrendas;
todas las cosas consagradas de los hijos de
Israel te he dado por razón de la unción, y a
tus hijos, por estatuto perpetuo.
9 Esto será tuyo de la ofrenda de las cosas
santas, reservadas del fuego; toda ofrenda
de ellos, todo presente suyo, y toda expiación por el pecado de ellos, y toda expiación
por la culpa de ellos, que me han de presentar, será cosa muy santa para ti y para
tus hijos.
10 En el santuario la comerás; todo varón
comerá de ella; cosa santa será para ti.
11 Esto también será tuyo: la ofrenda elevada
de sus dones, y todas las ofrendas mecidas de
los hijos de Israel, he dado a ti y a tus hijos y
a tus hijas contigo, por estatuto perpetuo; todo
limpio en tu casa comerá de ellas.
12 De aceite, de mosto y de trigo, todo lo más
escogido, las primicias de ello, que presentarán a Jehová, para ti las he dado.
13 Las primicias de todas las cosas de la tierra de ellos, las cuales traerán a Jehová, serán
tuyas; todo limpio en tu casa comerá de ellas.
14 Todo lo consagrado por voto[a] en Israel será
tuyo.
15 Todo lo que abre matriz, de toda carne que
ofrecerán a Jehová, así de hombres como de
animales, será tuyo; pero harás que se redima el primogénito del hombre; también harás
redimir el primogénito de animal inmundo.
16 De un mes harás efectuar el rescate de
ellos, conforme a tu estimación, por el precio
de cinco siclos, conforme al siclo del santuario, que es de veinte geras.
17 Mas el primogénito de vaca, el primogénito de oveja y el primogénito de cabra, no
redimirás; santificados son; la sangre de ellos
rociarás sobre el altar, y quemarás la grosura de ellos, ofrenda encendida en olor grato
a Jehová.
18 Y la carne de ellos será tuya; como el pecho
de la ofrenda mecida y como la espaldilla
derecha, será tuya.
19 Todas las ofrendas elevadas de las cosas
santas, que los hijos de Israel ofrecieren a
Jehová, las he dado para ti, y para tus hijos y
para tus hijas contigo, por estatuto perpetuo;
pacto de sal perpetuo es delante de Jehová
para ti y para tu descendencia contigo.
20 Y Jehová dijo a Aarón: De la tierra de ellos
no tendrás heredad, ni entre ellos tendrás parte. Yo soy tu parte y tu heredad en medio de
los hijos de Israel.
21 Y he aquí yo he dado a los hijos de Leví
todos los diezmos[b] en Israel por heredad, por
su ministerio, por cuanto ellos sirven en el
ministerio del tabernáculo de reunión.
22 Y no se acercarán más los hijos de Israel
al tabernáculo de reunión, para que no lleven
pecado por el cual mueran.
23 Mas los levitas harán el servicio del tabernáculo de reunión, y ellos llevarán su iniquidad; estatuto perpetuo para vuestros
descendientes; y no poseerán heredad entre
los hijos de Israel.
24 Porque a los levitas he dado por heredad
los diezmos de los hijos de Israel, que ofrecerán a Jehová en ofrenda; por lo cual les he
dicho: Entre los hijos de Israel no poseerán
heredad.

a. **18.14** Lv 27.28. b. **18.21** Lv 27.30-33; Dt 14.22-29.

LECCIONES DE VIDA

➢ ***18.20 — Yo soy tu parte y tu heredad en medio de los hijos de Israel.***

Aarón no tenía ninguna propiedad territorial, pero Dios se dio a sí mismo como la porción y la herencia de Aarón. Cuando nuestro tesoro es Dios, recibimos un depósito abundante de salvación, sabiduría y conocimiento (Is 33.6).

25 Y habló Jehová a Moisés, diciendo:
26 Así hablarás a los levitas, y les dirás: Cuando toméis de los hijos de Israel los diezmos que os he dado de ellos por vuestra heredad, vosotros presentaréis de ellos en ofrenda mecida a Jehová el diezmo de los diezmos.
27 Y se os contará vuestra ofrenda como grano de la era, y como producto del lagar.
28 Así ofreceréis también vosotros ofrenda a Jehová de todos vuestros diezmos que recibáis de los hijos de Israel; y daréis de ellos la ofrenda de Jehová al sacerdote Aarón.
29 De todos vuestros dones ofreceréis toda ofrenda a Jehová; de todo lo mejor de ellos ofreceréis la porción que ha de ser consagrada.
30 Y les dirás: Cuando ofreciereis lo mejor de ellos, será contado a los levitas como producto de la era, y como producto del lagar.
31 Y lo comeréis en cualquier lugar, vosotros y vuestras familias; pues es vuestra remuneración por vuestro ministerio en el tabernáculo de reunión.
32 Y no llevaréis pecado por ello, cuando hubiereis ofrecido la mejor parte de él; y no contaminaréis las cosas santas de los hijos de Israel, y no moriréis.

La purificación de los inmundos

19 JEHOVÁ habló a Moisés y a Aarón, diciendo:
2 Ésta es la ordenanza de la ley que Jehová ha prescrito, diciendo: Di a los hijos de Israel que te traigan una vaca alazana, perfecta, en la cual no haya falta, sobre la cual no se haya puesto yugo;
3 y la daréis a Eleazar el sacerdote, y él la sacará fuera del campamento, y la hará degollar en su presencia.
4 Y Eleazar el sacerdote tomará de la sangre con su dedo, y rociará hacia la parte delantera del tabernáculo de reunión con la sangre de ella siete veces;
5 y hará quemar la vaca ante sus ojos; su cuero y su carne y su sangre, con su estiércol, hará quemar.
6 Luego tomará el sacerdote madera de cedro, e hisopo, y escarlata, y lo echará en medio del fuego en que arde la vaca.
7 El sacerdote lavará luego sus vestidos, lavará también su cuerpo con agua, y después entrará en el campamento; y será inmundo el sacerdote hasta la noche.
8 Asimismo el que la quemó lavará sus vestidos en agua, también lavará en agua su cuerpo, y será inmundo hasta la noche.
9 Y un hombre limpio recogerá las cenizas de la vaca y las pondrá fuera del campamento en lugar limpio, y las guardará la congregación de los hijos de Israel para el agua de purificación; es una expiación.[a]
10 Y el que recogió las cenizas de la vaca lavará sus vestidos, y será inmundo hasta la noche; y será estatuto perpetuo para los hijos de Israel, y para el extranjero que mora entre ellos.
11 El que tocare cadáver de cualquier persona será inmundo siete días.
12 Al tercer día se purificará con aquella agua, y al séptimo día será limpio; y si al tercer día no se purificare, no será limpio al séptimo día.
13 Todo aquel que tocare cadáver de cualquier persona, y no se purificare, el tabernáculo de Jehová contaminó, y aquella persona será cortada de Israel; por cuanto el agua de la purificación no fue rociada sobre él, inmundo será, y su inmundicia será sobre él.
14 Ésta es la ley para cuando alguno muera en la tienda: cualquiera que entre en la tienda, y todo el que esté en ella, será inmundo siete días.
15 Y toda vasija abierta, cuya tapa no esté bien ajustada, será inmunda;
16 y cualquiera que tocare algún muerto a espada sobre la faz del campo, o algún cadáver, o hueso humano, o sepulcro, siete días será inmundo.
17 Y para el inmundo tomarán de la ceniza de la vaca quemada de la expiación, y echarán sobre ella agua corriente en un recipiente;
18 y un hombre limpio tomará hisopo, y lo mojará en el agua, y rociará sobre la tienda, sobre todos los muebles, sobre las personas que allí estuvieren, y sobre aquel que hubiere tocado el hueso, o el asesinado, o el muerto, o el sepulcro.
19 Y el limpio rociará sobre el inmundo al tercero y al séptimo día; y cuando lo haya purificado al día séptimo, él lavará luego sus vestidos, y a sí mismo se lavará con agua, y será limpio a la noche.
20 Y el que fuere inmundo, y no se purificare, la tal persona será cortada de entre la congregación, por cuanto contaminó el tabernáculo de Jehová; no fue rociada sobre él el agua de la purificación; es inmundo.
21 Les será estatuto perpetuo; también el que rociare el agua de la purificación lavará sus vestidos; y el que tocare el agua de la purificación será inmundo hasta la noche.
22 Y todo lo que el inmundo tocare, será inmundo; y la persona que lo tocare será inmunda hasta la noche.

Agua de la roca

20 LLEGARON los hijos de Israel, toda la congregación, al desierto de Zin, en el mes primero, y acampó el pueblo en Cades; y allí murió María, y allí fue sepultada.
2 Y porque no había agua para la congregación, se juntaron contra Moisés y Aarón.
3 Y habló el pueblo contra Moisés, diciendo: ¡Ojalá hubiéramos muerto cuando perecieron nuestros hermanos delante de Jehová!
4 ¿Por qué hiciste venir la congregación de Jehová a este desierto, para que muramos aquí nosotros y nuestras bestias?

a. **19.9** He 9.13.

5 ¿Y por qué nos has hecho subir de Egipto,
para traernos a este mal lugar? No es lugar de
sementera, de higueras, de viñas ni de granadas; ni aun de agua para beber.
6 Y se fueron Moisés y Aarón de delante de la
congregación a la puerta del tabernáculo de
reunión, y se postraron sobre sus rostros; y la
gloria de Jehová apareció sobre ellos.
7 Y habló Jehová a Moisés, diciendo:
8 Toma la vara, y reúne la congregación, tú y
Aarón tu hermano, y hablad a la peña a vista de ellos; y ella dará su agua, y les sacarás
aguas de la peña, y darás de beber a la congregación y a sus bestias.
9 Entonces Moisés tomó la vara de delante de
Jehová, como él le mandó.
10 Y reunieron Moisés y Aarón a la congregación delante de la peña, y les dijo: ¡Oíd ahora, rebeldes! ¿Os hemos de hacer salir aguas
de esta peña?
11 Entonces alzó Moisés su mano y golpeó la
peña con su vara dos veces; y salieron muchas
aguas, y bebió la congregación, y sus bestias.
➤ 12 Y Jehová dijo a Moisés y a Aarón: Por
cuanto no creísteis en mí, para santificarme
delante de los hijos de Israel, por tanto, no
meteréis esta congregación en la tierra que
les he dado.
13 Éstas son las aguas de la rencilla,[1] por las
cuales contendieron los hijos de Israel con
Jehová, y él se santificó en ellos.[a]

Edom rehúsa dar paso a Israel

14 Envió Moisés embajadores al rey de Edom
desde Cades, diciendo: Así dice Israel tu hermano: Tú has sabido todo el trabajo que nos
ha venido;
15 cómo nuestros padres descendieron a
Egipto, y estuvimos en Egipto largo tiempo,
y los egipcios nos maltrataron, y a nuestros
padres;
16 y clamamos a Jehová, el cual oyó nuestra
voz, y envió un ángel, y nos sacó de Egipto; y
he aquí estamos en Cades, ciudad cercana a
tus fronteras.
17 Te rogamos que pasemos por tu tierra.
No pasaremos por labranza, ni por viña, ni
beberemos agua de pozos; por el camino real
iremos, sin apartarnos a diestra ni a siniestra,
hasta que hayamos pasado tu territorio.
18 Edom le respondió: No pasarás por mi
país; de otra manera, saldré contra ti armado.
19 Y los hijos de Israel dijeron: Por el camino
principal iremos; y si bebiéremos tus aguas yo
y mis ganados, daré el precio de ellas; déjame
solamente pasar a pie, nada más.
20 Pero él respondió: No pasarás. Y salió
Edom contra él con mucho pueblo, y mano
fuerte.
21 No quiso, pues, Edom dejar pasar a Israel ≺
por su territorio, y se desvió Israel de él.

Aarón muere en el monte Hor

22 Y partiendo de Cades los hijos de Israel,
toda aquella congregación, vinieron al monte de Hor.
23 Y Jehová habló a Moisés y a Aarón en el
monte de Hor, en la frontera de la tierra de
Edom, diciendo:
24 Aarón será reunido a su pueblo, pues no
entrará en la tierra que yo di a los hijos de
Israel, por cuanto fuisteis rebeldes a mi mandamiento en las aguas de la rencilla.
25 Toma a Aarón y a Eleazar su hijo, y hazlos
subir al monte de Hor,
26 y desnuda a Aarón de sus vestiduras, y viste con ellas a Eleazar su hijo; porque Aarón
será reunido a su pueblo, y allí morirá.
27 Y Moisés hizo como Jehová le mandó; y
subieron al monte de Hor a la vista de toda la
congregación.
28 Y Moisés desnudó a Aarón de sus vestiduras, y se las vistió a Eleazar su hijo; y Aarón
murió allí en la cumbre del monte,[b] y Moisés
y Eleazar descendieron del monte.
29 Y viendo toda la congregación que Aarón
había muerto, le hicieron duelo por treinta
días todas las familias de Israel.

[1] Esto es, *Meriba*.
a. 20.2-13 Éx 17.1-7.

LECCIONES DE VIDA

➤ ***20.12 — Por cuanto no creísteis en mí, para santificarme delante de los hijos de Israel, por tanto, no meteréis esta congregación en la tierra.***

Moisés actuó con soberbia cuando golpeó la peña dos veces, porque Dios le había dicho que sólo le hablara (Nm 20.8). Dejó que su ira y su frustración lo obligaran a mostrar una fea manifestación de la carne. Pero Dios no hace acepción de personas; no exoneró a Moisés por su posición como líder de los israelitas. Por el contrario, por su influencia sobre el pueblo, era aun más importante que honrara al Señor en todo (Stg 3.1). La obediencia siempre trae bendición consigo, así como la desobediencia tiene consecuencias. Para Moisés, la consecuencia de tan pública irreverencia hacia Dios, fue que nunca viviría en la tierra de la promesa.

➤ ***20.21 — No quiso, pues, Edom dejar pasar a Israel por su territorio, y se desvió Israel de él.***

Los edomitas eran parientes distantes de los israelitas; su antepasado era Esaú (Gn 36.9), el hermano gemelo de Jacob (Gn 25.26; 32.28). Los israelitas tal vez se sintieron confundidos al haber permitido el Señor que los edomitas le negaran el paso. Pero, como hijos del Dios soberano, jamás somos víctimas de nuestras circunstancias. Dios proveyó otra ruta a Israel, y en el momento oportuno juzgó la maldad de Edom (Abd 1.1-4).

El rey de Arad ataca a Israel

21 CUANDO el cananeo, el rey de Arad, que habitaba en el Neguev, oyó que venía Israel[a] por el camino de Atarim, peleó contra Israel, y tomó de él prisioneros.

➤ 2 Entonces Israel hizo voto a Jehová, y dijo: Si en efecto entregares este pueblo en mi mano, yo destruiré sus ciudades.

3 Y Jehová escuchó la voz de Israel, y entregó al cananeo, y los destruyó a ellos y a sus ciudades; y llamó el nombre de aquel lugar Horma.[1]

La serpiente de bronce

4 Después partieron del monte de Hor, camino del Mar Rojo, para rodear la tierra de Edom;[b] y se desanimó el pueblo por el camino.

5 Y habló el pueblo contra Dios y contra Moisés: ¿Por qué nos hiciste subir de Egipto para que muramos en este desierto? Pues no hay pan ni agua, y nuestra alma tiene fastidio de este pan tan liviano.

6 Y Jehová envió entre el pueblo serpientes ardientes, que mordían al pueblo; y murió mucho pueblo de Israel.

7 Entonces el pueblo vino a Moisés y dijo: Hemos pecado por haber hablado contra Jehová, y contra ti; ruega a Jehová que quite de nosotros estas serpientes. Y Moisés oró por el pueblo.

* 8 Y Jehová dijo a Moisés: Hazte una serpiente ardiente, y ponla sobre una asta; y cualquiera que fuere mordido y mirare a ella, vivirá.

➤ 9 Y Moisés hizo una serpiente de bronce, y la puso sobre una asta;[c] y cuando alguna serpiente mordía a alguno, miraba a la serpiente de bronce, y vivía.

Los israelitas rodean la tierra de Moab

10 Después partieron los hijos de Israel y acamparon en Obot.

11 Y partiendo de Obot, acamparon en Ije-abarim, en el desierto que está enfrente de Moab, al nacimiento del sol.

12 Partieron de allí, y acamparon en el valle de Zered.

13 De allí partieron, y acamparon al otro lado de Arnón, que está en el desierto, y que sale del territorio del amorreo; porque Arnón es límite de Moab, entre Moab y el amorreo.

14 Por tanto se dice en el libro de las batallas de Jehová:

Lo que hizo en el Mar Rojo,
Y en los arroyos de Arnón;
15 Y a la corriente de los arroyos
Que va a parar en Ar
Y descansa en el límite de Moab.

16 De allí vinieron a Beer:[2] éste es el pozo del cual Jehová dijo a Moisés: Reúne al pueblo, y les daré agua.

17 Entonces cantó Israel este cántico:

Sube, oh pozo; a él cantad;
18 Pozo, el cual cavaron los Señores.
Lo cavaron los príncipes del pueblo,
Y el legislador, con sus báculos.

Del desierto vinieron a Matana,

19 y de Matana a Nahaliel, y de Nahaliel a Bamot;

20 y de Bamot al valle que está en los campos de Moab, y a la cumbre de Pisga, que mira hacia el desierto.

Israel derrota a Sehón
(Dt 2.26-37)

21 Entonces envió Israel embajadores a Sehón rey de los amorreos, diciendo:

22 Pasaré por tu tierra; no nos iremos por los sembrados, ni por las viñas; no beberemos las aguas de los pozos; por el camino real iremos, hasta que pasemos tu territorio.

23 Mas Sehón no dejó pasar a Israel por su territorio, sino que juntó Sehón todo su pueblo y salió contra Israel en el desierto, y vino a Jahaza y peleó contra Israel.

24 Y lo hirió Israel a filo de espada, y tomó ➤ su tierra desde Arnón hasta Jaboc, hasta los hijos de Amón; porque la frontera de los hijos de Amón era fuerte.

25 Y tomó Israel todas estas ciudades, y habitó Israel en todas las ciudades del amorreo, en Hesbón y en todas sus aldeas.

26 Porque Hesbón era la ciudad de Sehón rey de los amorreos, el cual había tenido guerra antes con el rey de Moab, y tomado de su poder toda su tierra hasta Arnón.

1 Esto es, *Destrucción.* **2** Esto es, *Pozo.*
a. 21.1 Nm 33.40. **b. 21.4** Dt 2.1. **c. 21.9** Jn 3.14.

LECCIONES DE VIDA

➤ ***21.2 — Si en efecto entregares este pueblo en mi mano, yo destruiré sus ciudades.***

Dios permitió a un rey pagano que tomara cautivos a algunos israelitas en la batalla. Pero cuando servimos a Dios, las derrotas momentáneas dan paso a la victoria final. La adversidad es un puente que nos conduce a una relación más profunda con Dios, y una oportunidad para que avancemos espiritualmente en gran manera.

➤ ***21.9 — Y Moisés hizo una serpiente de bronce, y la puso sobre un asta; y cuando alguna serpiente mordía a alguno, miraba a la serpiente de bronce, y vivía.***

La serpiente de bronce que Moisés hizo en el desierto anunciaba la obra final de salvación que Jesús llevó a cabo en la cruz por nosotros (Jn 3.14–16).

➤ ***21.24 — Y lo hirió Israel a filo de espada, y tomó su tierra desde Arnón hasta Jaboc.***

Años después, Israel recordó con frecuencia las victorias que Dios les había dado sobre Sehón y Og (Dt 31.4; Jos 2.10; Jue 11.21; Neh 9.22; Sal 135.10, 11). ¡Evocar las victorias espirituales nos ayuda a avanzar!

27 Por tanto dicen los proverbistas:
Venid a Hesbón,
Edifíquese y repárese la ciudad de Sehón.
28 Porque fuego salió de Hesbón,
Y llama de la ciudad de Sehón,
Y consumió a Ar de Moab,
A los Señores de las alturas de Arnón.
29 ¡Ay de ti, Moab! Pereciste, pueblo de
Quemos.
Fueron puestos sus hijos en huida,
Y sus hijas en cautividad,
Por Sehón rey de los amorreos.
30 Mas devastamos el reino de ellos;
Pereció Hesbón hasta Dibón,
Y destruimos hasta Nofa y Medeba.

Israel derrota a Og de Basán
(Dt 3.1-11)

31 Así habitó Israel en la tierra del amorreo.
32 También envió Moisés a reconocer a Jazer;
y tomaron sus aldeas, y echaron al amorreo
que estaba allí.
33 Y volvieron, y subieron camino de Basán; y
salió contra ellos Og rey de Basán, él y todo su
pueblo, para pelear en Edrei.
34 Entonces Jehová dijo a Moisés: No le tengas miedo, porque en tu mano lo he entregado, a él y a todo su pueblo, y a su tierra; y
harás de él como hiciste de Sehón rey de los
amorreos, que habitaba en Hesbón.
35 E hirieron a él y a sus hijos, y a toda su
gente, sin que le quedara uno, y se apoderaron de su tierra.

Balac manda llamar a Balaam

22 PARTIERON los hijos de Israel, y acamparon en los campos de Moab junto al
Jordán, frente a Jericó.
2 Y vio Balac hijo de Zipor todo lo que Israel
había hecho al amorreo.
3 Y Moab tuvo gran temor a causa del pueblo,
porque era mucho; y se angustió Moab a causa de los hijos de Israel.
4 Y dijo Moab a los ancianos de Madián: Ahora lamerá esta gente todos nuestros contornos, como lame el buey la grama del campo.
Y Balac hijo de Zipor era entonces rey de
Moab.
5 Por tanto, envió mensajeros a Balaam hijo
de Beor, en Petor, que está junto al río en la
tierra de los hijos de su pueblo, para que lo
llamasen, diciendo: Un pueblo ha salido de
Egipto, y he aquí cubre la faz de la tierra, y
habita delante de mí.
6 Ven pues, ahora, te ruego, maldíceme este
pueblo, porque es más fuerte que yo; quizá yo
pueda herirlo y echarlo de la tierra; pues yo sé
que el que tú bendigas será bendito, y el que
tú maldigas será maldito.
7 Fueron los ancianos de Moab y los ancianos
de Madián con las dádivas de adivinación en
su mano, y llegaron a Balaam y le dijeron las
palabras de Balac.
8 Él les dijo: Reposad aquí esta noche, y yo
os daré respuesta según Jehová me hablare.
Así los príncipes de Moab se quedaron con
Balaam.
9 Y vino Dios a Balaam, y le dijo: ¿Qué varones son estos que están contigo?
10 Y Balaam respondió a Dios: Balac hijo de
Zipor, rey de Moab, ha enviado a decirme:
11 He aquí, este pueblo que ha salido de Egipto cubre la faz de la tierra; ven pues, ahora,
y maldícemelo; quizá podré pelear contra él
y echarlo.
12 Entonces dijo Dios a Balaam: No vayas
con ellos, ni maldigas al pueblo, porque bendito es.
13 Así Balaam se levantó por la mañana y dijo
a los príncipes de Balac: Volveos a vuestra tierra, porque Jehová no me quiere dejar ir con
vosotros.
14 Y los príncipes de Moab se levantaron, y
vinieron a Balac y dijeron: Balaam no quiso
venir con nosotros.
15 Volvió Balac a enviar otra vez más príncipes, y más honorables que los otros;
16 los cuales vinieron a Balaam, y le dijeron:
Así dice Balac, hijo de Zipor: Te ruego que no
dejes de venir a mí;
17 porque sin duda te honraré mucho, y haré
todo lo que me digas; ven, pues, ahora, maldíceme a este pueblo.
18 Y Balaam respondió y dijo a los siervos
de Balac: Aunque Balac me diese su casa llena de plata y oro, no puedo traspasar la palabra de Jehová mi Dios para hacer cosa chica
ni grande.
19 Os ruego, por tanto, ahora, que reposéis
aquí esta noche, para que yo sepa qué me
vuelve a decir Jehová.
20 Y vino Dios a Balaam de noche, y le dijo: Si
vinieron para llamarte estos hombres, levántate y vete con ellos; pero harás lo que yo te
diga.

El ángel y el asna de Balaam

21 Así Balaam se levantó por la mañana, y
enalbardó su asna y fue con los príncipes de
Moab.
22 Y la ira de Dios se encendió porque él iba;
y el ángel de Jehová se puso en el camino por
adversario suyo. Iba, pues, él montado sobre
su asna, y con él dos criados suyos.

LECCIONES DE VIDA

➤ ***22.12 — Entonces dijo Dios a Balaam: No vayas con ellos, ni maldigas al pueblo, porque bendito es.***

Aquellos a quienes Dios bendice no pueden ser maldecidos. ¡Los que están en Cristo han sido bendecidos «con toda bendición espiritual en los lugares celestiales en Cristo» (Ef 1.3)!

23 Y el asna vio al ángel de Jehová, que estaba en el camino con su espada desnuda en su
mano; y se apartó el asna del camino, e iba
por el campo. Entonces azotó Balaam al asna
para hacerla volver al camino.
24 Pero el ángel de Jehová se puso en una senda de viñas que tenía pared a un lado y pared
al otro.
25 Y viendo el asna al ángel de Jehová, se
pegó a la pared, y apretó contra la pared el pie
de Balaam; y él volvió a azotarla.
26 Y el ángel de Jehová pasó más allá, y
se puso en una angostura donde no había
camino para apartarse ni a derecha ni a
izquierda.
27 Y viendo el asna al ángel de Jehová, se
echó debajo de Balaam; y Balaam se enojó y
azotó al asna con un palo.
28 Entonces Jehová abrió la boca al asna, la
cual dijo a Balaam: ¿Qué te he hecho, que me
has azotado estas tres veces?
29 Y Balaam respondió al asna: Porque te has
burlado de mí. ¡Ojalá tuviera espada en mi
mano, que ahora te mataría!
30 Y el asna dijo a Balaam: ¿No soy yo tu
asna? Sobre mí has cabalgado desde que tú
me tienes hasta este día; ¿he acostumbrado
hacerlo así contigo? Y él respondió: No.
31 Entonces Jehová abrió los ojos de Balaam,
y vio al ángel de Jehová que estaba en el camino, y tenía su espada desnuda en su mano. Y
Balaam hizo reverencia, y se inclinó sobre su
rostro.
➤ 32 Y el ángel de Jehová le dijo: ¿Por qué has
azotado tu asna estas tres veces? He aquí yo
he salido para resistirte, porque tu camino es
perverso delante de mí.
33 El asna me ha visto, y se ha apartado luego de delante de mí estas tres veces; y si de mí
no se hubiera apartado, yo también ahora te
mataría a ti, y a ella dejaría viva.
34 Entonces Balaam dijo al ángel de Jehová:
He pecado, porque no sabía que tú te ponías
delante de mí en el camino; mas ahora, si te
parece mal, yo me volveré.
35 Y el ángel de Jehová dijo a Balaam: Ve con
esos hombres; pero la palabra que yo te diga,
ésa hablarás. Así Balaam fue con los príncipes de Balac.
36 Oyendo Balac que Balaam venía, salió a
recibirlo a la ciudad de Moab, que está junto al límite de Arnón, que está al extremo de
su territorio.
37 Y Balac dijo a Balaam: ¿No envié yo a llamarte? ¿Por qué no has venido a mí? ¿No puedo yo honrarte?
38 Balaam respondió a Balac: He aquí yo he
venido a ti; mas ¿podré ahora hablar alguna
cosa? La palabra que Dios pusiere en mi boca,
ésa hablaré.
39 Y fue Balaam con Balac, y vinieron a
Quiriat-huzot.
40 Y Balac hizo matar bueyes y ovejas, y
envió a Balaam, y a los príncipes que estaban con él.

Balaam bendice a Israel

41 El día siguiente, Balac tomó a Balaam y lo
hizo subir a Bamot-baal, y desde allí vio a los
más cercanos del pueblo.
23 Y Balaam dijo a Balac: Edifícame aquí
siete altares, y prepárame aquí siete
becerros y siete carneros.
2 Balac hizo como le dijo Balaam; y ofrecieron Balac y Balaam un becerro y un carnero
en cada altar.
3 Y Balaam dijo a Balac: Ponte junto a tu holocausto, y yo iré; quizá Jehová me vendrá al
encuentro, y cualquiera cosa que me mostrare,
te avisaré. Y se fue a un monte descubierto.
4 Y vino Dios al encuentro de Balaam, y éste le
dijo: Siete altares he ordenado, y en cada altar
he ofrecido un becerro y un carnero.
5 Y Jehová puso palabra en la boca de Balaam, y le dijo: Vuelve a Balac, y dile así.
6 Y volvió a él, y he aquí estaba él junto a su
holocausto, él y todos los príncipes de Moab.
7 Y él tomó su parábola, y dijo:

De Aram me trajo Balac,
Rey de Moab, de los montes del oriente;
Ven, maldíceme a Jacob,
Y ven, execra a Israel.
8 ¿Por qué maldeciré yo al que Dios no
maldijo?
¿Y por qué he de execrar al que Jehová
no ha execrado?
9 Porque de la cumbre de las peñas lo
veré,
Y desde los collados lo miraré;
He aquí un pueblo que habitará
confiado,[1]
Y no será contado entre las naciones.
10 ¿Quién contará el polvo de Jacob,
O el número de la cuarta parte de
Israel?

1 O, *solo.*

LECCIONES DE VIDA

➤ ***22.32 — tu camino es perverso delante de mí.***

¿Por qué era «perverso» ante Dios el camino de Balaam? Porque a pesar de sus buenas palabras, albergaba mala voluntad contra el pueblo de Dios, lo que al final le causó la muerte (Nm 31.8). Aquellos a quienes Dios bendice no pueden ser maldecidos, y ay de aquel que lo intente. Dios quiere un corazón recto, no palabras bonitas.

PRINCIPIO DE VIDA 3

LA PALABRA DE DIOS ES ANCLA INCONMOVIBLE EN LAS TORMENTAS.

NM 23.19

Las palabras del rey Darío resonaban en la mente de David mientras sus servidores lo bajaban al foso de los leones. «El Dios tuyo, a quien tú continuamente sirves, él te libre» (Dn 6.16). Los encargados pusieron entonces una pesada piedra sobre la entrada al recinto subterráneo.

Aun después de evaluar la gravedad de su situación, Daniel no vaciló en su fe. La mañana siguiente el rey Darío encontró a David ileso y proclamando: «Oh rey, vive para siempre. Mi Dios envió su ángel, el cual cerró la boca de los leones, para que no me hiciesen daño» (vv. 21, 22).

¿Cómo sobrevivió Daniel? ¿No tenían hambre los leones? Los historiadores cuentan que a los animales usados para ese tipo de ejecuciones se les dejaba varios días sin alimentar, para asegurarse de la muerte de los acusados. Pero la suerte de Daniel nunca estuvo en manos de los hombres. Su vida pertenecía a Dios, y ahí radica la victoria. Daniel sobrevivió por poner su confianza en Dios, y su fe en las promesas divinas.

Cada uno de nosotros puede recordar ocasiones en las que deseamos haber tenido una palabra certera de parte de Dios, algo a qué aferrarnos para cuando surgieran las dudas y el temor. Dios sabe cuándo necesitamos ánimo, guía y esperanza. Es por eso que nos ha dado promesas concretas en su Palabra, para que podamos entender su naturaleza y confiar en Él. En los momentos emocionalmente devastadores, las promesas de Dios son esenciales para nuestro bienestar espiritual.

La Palabra de Dios es, por consiguiente, una brújula, una guía y un libro de instrucciones para la vida. Así como usamos manuales de instrucciones en el trabajo o en la cocina, también debemos usar la Palabra de Dios como nuestra fuente de sabiduría y verdad. A nadie se le ocurriría hacer un pastel sin una receta, y ningún mecánico montaría un motor sin un manual.

Algunas de las promesas de Dios son condicionales (véase «¿Cómo puedo reclamar las promesas de Dios?», cerca de He 10.23), pero podemos tener fe en todas ellas. Sin embargo, no se trata de nombrar y reclamar una promesa; las promesas deben estar acompañadas de oración y de un ardiente deseo de conocer la voluntad de Dios para nuestras vidas. Aunque Dios quiere que todos experimentemos lo mejor de Él, también desea que conozcamos y disfrutemos su presencia de un modo personal que exprese su suficiencia de la mejor manera posible. Reclamar una promesa sin la guía

Las promesas de Dios son esenciales para nuestro bienestar espiritual.

de su Espíritu Santo, nos conducirá a desengaños, desilusiones y frustraciones.

A veces, Dios trae un pasaje específico a nuestra mente que da esperanza y certeza a nuestros corazones. En otros momentos, nos motiva a orar y buscar su sabiduría en un asunto específico. Si acudimos a Dios con fe, Él nos guiará de acuerdo con su voluntad. Esto, por supuesto, no sucederá de la noche a la mañana. Muchas veces, Dios quiere que meditemos sobre cierto pasaje bíblico durante cierto tiempo antes de darnos su dirección.

Cuando el rey David buscó el corazón de Dios en cuanto a su deseo de construir el templo, la Biblia dice: «Y entró el rey David y se puso delante de Jehová» (2 S 7.18). David no ordenó a sus hombres que comenzaran la construcción. *Esperó* la dirección de Dios, e hizo bien, porque el Señor quería que fuera Salomón, el hijo de David, quien hiciera el trabajo.

Pero Dios honró la actitud de David y le dio una promesa maravillosa: «Y será afirmada tu casa y tu reino para siempre delante de tu rostro, y tu trono será estable eternamente» (2 S 7.16). Dios siempre honra nuestro deseo de buscar su dirección y sabiduría. Si venimos a Dios esperando su respuesta, Él nunca nos decepcionará.

Dios no quiere que nos involucremos en nada que contradiga las Escrituras.

En el tiempo de Daniel, Dios hablaba por medio de visiones, sueños y, a veces, audiblemente. Hoy habla principalmente por medio de su Palabra, porque no quiere que nos involucremos en nada que contradiga las Escrituras. Cualquier versículo puede ser sacado de contexto y tergiversado. Pero si somos fieles a la Palabra de Dios y la interpretamos en su contexto, sabremos aplicar los preceptos y las promesas del Señor a nuestras vidas, y encontrar fortaleza para aferrarnos al Señor en las situaciones más difíciles. En vez de ser lanzados emocionalmente de un lado a otro, aprendemos a permanecer firmes en nuestra devoción y confianza en Cristo.

Por tanto, considere las promesas de Dios sus anclas espirituales. Una vez que aprenda a seguirle, siga su dirección dondequiera que Él le dirija, porque el Señor nunca deja de cumplir sus promesas. Más bien, le está enseñando a depender de Él por medio de la meditación en su Palabra y la atención a su voz.

¿Esta usted dispuesto a esperar pacientemente que Él cumpla todo lo que le ha prometido, y a que le rescate como lo hizo con Daniel? Nunca trate de imponerle su tiempo a Dios. Por el contrario, aférrese a Él, ancle su corazón a su Palabra, y déjele espacio para que lo haga todo de acuerdo con su plan y en su tiempo. Usted se alegrará de haberlo hecho.

Para un estudio más a fondo, véase el Índice de Principios de vida.

Muera yo la muerte de los rectos,
Y mi postrimería sea como la suya.
11 Entonces Balac dijo a Balaam: ¿Qué me
has hecho? Te he traído para que maldigas a mis enemigos, y he aquí has proferido
bendiciones.
12 Él respondió y dijo: ¿No cuidaré de decir lo
que Jehová ponga en mi boca?
13 Y dijo Balac: Te ruego que vengas conmigo
a otro lugar desde el cual los veas; solamente
los más cercanos verás, y no los verás todos;
y desde allí me los maldecirás.
14 Y lo llevó al campo de Zofim, a la cumbre
de Pisga, y edificó siete altares, y ofreció un
becerro y un carnero en cada altar.
15 Entonces él dijo a Balac: Ponte aquí junto a
tu holocausto, y yo iré a encontrar a Dios allí.
16 Y Jehová salió al encuentro de Balaam, y
puso palabra en su boca, y le dijo: Vuelve a
Balac, y dile así.
17 Y vino a él, y he aquí que él estaba junto a
su holocausto, y con él los príncipes de Moab;
y le dijo Balac: ¿Qué ha dicho Jehová?
18 Entonces él tomó su parábola, y dijo:
Balac, levántate y oye;
Escucha mis palabras, hijo de Zipor:
*19 Dios no es hombre, para que mienta,
➤ Ni hijo de hombre para que se arrepienta.
Él dijo, ¿y no hará?
Habló, ¿y no lo ejecutará?
20 He aquí, he recibido orden de bendecir;
Él dio bendición y no podré revocarla.
21 No ha notado iniquidad en Jacob,
Ni ha visto perversidad en Israel.
Jehová su Dios está con él,
Y júbilo de rey en él.
22 Dios los ha sacado de Egipto;
Tiene fuerzas como de búfalo.
23 Porque co ntra Jacob no hay agüero,
Ni adivinación contra Israel.
Como ahora, será dicho de Jacob y de Israel:
¡Lo que ha hecho Dios!
24 He aquí el pueblo que como león se levantará,
Y como león se erguirá;
No se echará hasta que devore la presa,
Y beba la sangre de los muertos.
25 Entonces Balac dijo a Balaam: Ya que no lo
maldices, tampoco lo bendigas.
26 Balaam respondió y dijo a Balac: ¿No te he
dicho que todo lo que Jehová me diga, eso tengo que hacer?
27 Y dijo Balac a Balaam: Te ruego que vengas,
te llevaré a otro lugar; por ventura parecerá
bien a Dios que desde allí me lo maldigas.
28 Y Balac llevó a Balaam a la cumbre de Peor,
que mira hacia el desierto.[1]
29 Entonces Balaam dijo a Balac: Edifícame aquí siete altares, y prepárame aquí siete
becerros y siete carneros.
30 Y Balac hizo como Balaam le dijo; y ofreció
un becerro y un carnero en cada altar.
24 CUANDO vio Balaam que parecía bien
a Jehová que él bendijese a Israel, no
fue, como la primera y segunda vez, en busca
de agüero, sino que puso su rostro hacia el
desierto;
2 y alzando sus ojos, vio a Israel alojado por sus
tribus; y el Espíritu de Dios vino sobre él.
3 Entonces tomó su parábola, y dijo:
Dijo Balaam hijo de Beor,
Y dijo el varón de ojos abiertos;
4 Dijo el que oyó los dichos de Dios,
El que vio la visión del Omnipotente;
Caído, pero abiertos los ojos:
5 ¡Cuán hermosas son tus tiendas, oh Jacob,
Tus habitaciones, oh Israel!
6 Como arroyos están extendidas,
Como huertos junto al río,
Como áloes plantados por Jehová,
Como cedros junto a las aguas.
7 De sus manos destilarán aguas,
Y su descendencia será en muchas aguas;
Enaltecerá su rey más que Agag,
Y su reino será engrandecido.
8 Dios lo sacó de Egipto;
Tiene fuerzas como de búfalo.
Devorará a las naciones enemigas,
Desmenuzará sus huesos,
Y las traspasará con sus saetas.
9 Se encorvará para echarse como león,
Y como leona; ¿quién lo despertará?[a]
Benditos los que te bendijeren,
Y malditos los que te maldijeren.[b]

Profecía de Balaam

10 Entonces se encendió la ira de Balac contra Balaam, y batiendo sus manos le dijo: Para

a. 24.9 Gn 49.9. **b. 24.9** Gn 12.3.

LECCIONES DE VIDA

➤ ***23.19 — Él dijo, ¿y no hará? Habló, ¿y no lo ejecutará?***

Dios preservó a Israel de daños cuando el pueblo no sabía siquiera que necesitaba protección. Hizo que otras naciones le temieran, y no escatimó esfuerzos para evitar que Israel fuera maldecida. Dios es tan poderoso y convincente, que hasta el profeta pagano Balaam tuvo que decir: «He aquí, he recibido orden de bendecir; él dio bendición, y no podré revocarla» (Nm 23.20). La Palabra de Dios es absolutamente cierta. Aunque usted no entienda qué está haciendo Dios para cumplir lo prometido a usted, Él está llevando a cabo todas las promesas hechas. Dios nunca le engañará ni defraudará, y Él jamás cambiará de parecer en cuanto a lo que le ha prometido.

maldecir a mis enemigos te he llamado, y he aquí los has bendecido ya tres veces.
11 Ahora huye a tu lugar; yo dije que te honraría, mas he aquí que Jehová te ha privado de honra.
12 Y Balaam le respondió: ¿No lo declaré yo también a tus mensajeros que me enviaste, diciendo:
13 Si Balac me diese su casa llena de plata y oro, yo no podré traspasar el dicho de Jehová para hacer cosa buena ni mala de mi arbitrio, mas lo que hable Jehová, eso diré yo?
➤ 14 He aquí, yo me voy ahora a mi pueblo; por tanto, ven, te indicaré lo que este pueblo ha de hacer a tu pueblo en los postreros días.
15 Y tomó su parábola, y dijo:
Dijo Balaam hijo de Beor,
Dijo el varón de ojos abiertos;
16 Dijo el que oyó los dichos de Jehová,
Y el que sabe la ciencia del Altísimo,
El que vio la visión del Omnipotente;
Caído, pero abiertos los ojos:
17 Lo veré, mas no ahora;
Lo miraré, mas no de cerca;
Saldrá Estrella de Jacob,
Y se levantará cetro de Israel,
Y herirá las sienes de Moab,
Y destruirá a todos los hijos de Set.
18 Será tomada Edom,
Será también tomada Seir por sus enemigos,
E Israel se portará varonilmente.
19 De Jacob saldrá el dominador,
Y destruirá lo que quedare de la ciudad.
20 Y viendo a Amalec, tomó su parábola y dijo:
Amalec, cabeza de naciones;
Mas al fin perecerá para siempre.
21 Y viendo al ceneo, tomó su parábola y dijo:
Fuerte es tu habitación;
Pon en la peña tu nido;
22 Porque el ceneo será echado,
Cuando Asiria te llevará cautivo.
23 Tomó su parábola otra vez, y dijo:
¡Ay! ¿quién vivirá cuando hiciere Dios estas cosas?
24 Vendrán naves de la costa de Quitim,
Y afligirán a Asiria, afligirán también a Heber;
Mas él también per,ecerá para siempre.
25 Entonces se levantó Balaam y se fue, y volvió a su lugar; y también Balac se fue por su camino.

Israel acude a Baal-peor

25 MORABA Israel en Sitim; y el pueblo empezó a fornicar con las hijas de Moab,
2 las cuales invitaban al pueblo a los sacrificios de sus dioses; y el pueblo comió, y se inclinó a sus dioses. ➤
3 Así acudió el pueblo a Baal-peor; y el furor de Jehová se encendió contra Israel.
4 Y Jehová dijo a Moisés: Toma a todos los príncipes del pueblo, y ahórcalos ante Jehová delante del sol, y el ardor de la ira de Jehová se apartará de Israel.
5 Entonces Moisés dijo a los jueces de Israel: Matad cada uno a aquellos de los vuestros que se han juntado con Baal-peor.
6 Y he aquí un varón de los hijos de Israel vino y trajo una madianita a sus hermanos, a ojos de Moisés y de toda la congregación de los hijos de Israel, mientras lloraban ellos a la puerta del tabernáculo de reunión.
7 Y lo vio Finees hijo de Eleazar, hijo del sacerdote Aarón, y se levantó de en medio de la congregación, y tomó una lanza en su mano;
8 y fue tras el varón de Israel a la tienda, y los alanceó a ambos, al varón de Israel, y a la mujer por su vientre. Y cesó la mortandad de los hijos de Israel.
9 Y murieron de aquella mortandad veinticuatro mil.
10 Entonces Jehová habló a Moisés, diciendo:
11 Finees hijo de Eleazar, hijo del sacerdote Aarón, ha hecho apartar mi furor de los hijos de Israel, llevado de celo entre ellos; por lo cual yo no he consumido en mi celo a los hijos de Israel.
12 Por tanto diles: He aquí yo establezco mi pacto de paz con él;
13 y tendrá él, y su descendencia después de él, el pacto del sacerdocio perpetuo, por cuanto tuvo celo por su Dios e hizo expiación por los hijos de Israel.
14 Y el nombre del varón que fue muerto con la madianita era Zimri hijo de Salu, jefe de una familia de la tribu de Simeón.
15 Y el nombre de la mujer madianita muerta era Cozbi hija de Zur, príncipe de pueblos, padre de familia en Madián.
16 Y Jehová habló a Moisés, diciendo:

LECCIONES DE VIDA

➤ ***24.14 — te indicaré lo que este pueblo ha de hacer a tu pueblo en los postreros días.***

Balaam no sólo comunicó a Balac lo que haría Israel a su nación «en los postreros días». Al parecer también le dijo cómo lograr que Israel pecara para que perdiera el favor de Dios (Nm 31.16; Ap 2.14).

➤ ***25.2 — Las cuales invitaban al pueblo a los sacrificios de sus dioses; y el pueblo comió, y se inclinó a sus dioses.***

Aun una invitación cortés a adorar a cualquier otro dios que no sea el Señor Dios, debe ser inmediata y rotundamente rechazada. Hemos de servir únicamente a Dios, sin excepciones.

Ejemplos de vida

FINEES

Un hombre con celo por Dios

NM 25.10-13

Finees, hijo de Eleazar y nieto del sumo sacerdote Aarón, fue un hombre a quien Dios destacó por su celo. El Señor le tuvo en alta estima y le dio la promesa del sumo sacerdocio, gracias a su pasión (Nm 25.12, 13).

¿Cómo se hizo Finees merecedor de tal favor? Tomó una lanza y mató a un perverso israelita que había cometido adulterio descaradamente con una pagana, a plena vista de la nación. La rápida acción de Finees detuvo una plaga divina que cobró las vidas de 24.000 israelitas pecadores. Y el Señor lo elogió por su celo devoto.

Como creyentes, debemos sentir pasión por Dios. Hoy, la palabra «pasión» tiene a menudo una connotación sexual; pero el verdadero significado del término es «un deseo irrefrenable», que puede ser un fuerte deseo por las cosas del espíritu. Al igual que Finees, los creyentes deben sentir una urgencia, un fervor, un celoso deseo por el Señor y por todo lo relacionado con Él.

Para un estudio más a fondo, véase el Índice de Principios de vida:

1. *Nuestra intimidad con Dios, que es su prioridad para nosotros, determina el impacto que causen nuestras vidas.*

17 Hostigad a los madianitas, y heridlos,
➤ 18 por cuanto ellos os afligieron a vosotros
con sus ardides con que os han engañado en
lo tocante a Baal-peor, y en lo tocante a Cozbi hija del príncipe de Madián, su hermana,
la cual fue muerta el día de la mortandad por
causa de Baal-peor.

Censo del pueblo en Moab

26 ACONTECIÓ después de la mortandad,
que Jehová habló a Moisés y a Eleazar
hijo del sacerdote Aarón, diciendo:
2 Tomad el censo[a] de toda la congregación de
los hijos de Israel, de veinte años arriba, por
las casas de sus padres, todos los que pueden
salir a la guerra en Israel.
3 Y Moisés y el sacerdote Eleazar hablaron
con ellos en los campos de Moab, junto al Jordán frente a Jericó, diciendo:
4 Contaréis el pueblo de veinte años arriba,
como mandó Jehová a Moisés y a los hijos de
Israel que habían salido de tierra de Egipto.
5 Rubén, primogénito de Israel; los hijos de
Rubén: de Enoc, la familia de los enoquitas;
de Falú, la familia de los faluitas;
6 de Hezrón, la familia de los hezronitas; de
Carmi, la familia de los carmitas.
7 Éstas son las familias de los rubenitas; y
fueron contados de ellas cuarenta y tres mil
setecientos treinta.
8 Los hijos de Falú: Eliab.
9 Y los hijos de Eliab: Nemuel, Datán y Abiram. Estos Datán y Abiram fueron los del
consejo de la congregación, que se rebelaron
contra Moisés y Aarón con el grupo de Coré,
cuando se rebelaron contra Jehová;
10 y la tierra abrió su boca y los tragó a ellos
y a Coré, cuando aquel grupo murió, cuando consumió el fuego a doscientos cincuenta
varones, para servir de escarmiento.
11 Mas los hijos de Coré no murieron.
12 Los hijos de Simeón por sus familias:
de Nemuel, la familia de los nemuelitas; de
Jamín, la familia de los jaminitas; de Jaquín,
la familia de los jaquinitas;
13 de Zera, la familia de los zeraítas; de Saúl,
la familia de los saulitas.
14 Éstas son las familias de los simeonitas,
veintidós mil doscientos.
15 Los hijos de Gad por sus familias: de
Zefón, la familia de los zefonitas; de Hagui,
la familia de los haguitas; de Suni, la familia
de los sunitas;
16 de Ozni, la familia de los oznitas; de Eri, la
familia de los eritas;
17 de Arod, la familia de los aroditas; de Areli, la familia de los arelitas.
18 Éstas son las familias de Gad; y fueron
contados de ellas cuarenta mil quinientos.
19 Los hijos de Judá: Er y Onán; y Er y Onán
murieron en la tierra de Canaán.

a. 26.1-51 Nm 1.1-46.

LECCIONES DE VIDA

➤ ***25.18 — Por cuanto ellos os afligieron a vosotros con sus ardides con que os han engañado.***

Satanás maquina para inducir al pueblo de Dios a pecar. Debemos estar conscientes de sus trampas y escapar de ellas por medio del conocimiento de la Palabra de Dios y la dependencia de su poder.

20 Y fueron los hijos de Judá por sus familias: de Sela, la familia de los selaítas; de Fares, la familia de los faresitas; de Zera, la familia de los zeraítas.
21 Y fueron los hijos de Fares: de Hezrón, la familia de los hezronitas; de Hamul, la familia de los hamulitas.
22 Éstas son las familias de Judá, y fueron contados de ellas setenta y seis mil quinientos.
23 Los hijos de Isacar por sus familias; de Tola, la familia de los tolaítas; de Fúa, la familia de los funitas;
24 de Jasub, la familia de los jasubitas; de Simrón, la familia de los simronitas.
25 Éstas son las familias de Isacar, y fueron contados de ellas sesenta y cuatro mil trescientos.
26 Los hijos de Zabulón por sus familias: de Sered, la familia de los sereditas; de Elón, la familia de los elonitas; de Jahleel, la familia de los jahleelitas.
27 Éstas son las familias de los zabulonitas, y fueron contados de ellas sesenta mil quinientos.
28 Los hijos de José por sus familias: Manasés y Efraín.
29 Los hijos de Manasés: de Maquir, la familia de los maquiritas; y Maquir engendró a Galaad; de Galaad, la familia de los galaaditas.
30 Éstos son los hijos de Galaad: de Jezer, la familia de los jezeritas; de Helec, la familia de los helequitas;
31 de Asriel, la familia de los asrielitas; de Siquem, la familia de los siquemitas;
32 de Semida, la familia de los semidaítas; de Hefer, la familia de los heferitas.
33 Y Zelofehad hijo de Hefer no tuvo hijos sino hijas; y los nombres de las hijas de Zelofehad fueron Maala, Noa, Hogla, Milca y Tirsa.
34 Éstas son las familias de Manasés; y fueron contados de ellas cincuenta y dos mil setecientos.
35 Éstos son los hijos de Efraín por sus familias: de Sutela, la familia de los sutelaítas; de Bequer, la familia de los bequeritas; de Tahán, la familia de los tahanitas.
36 Y éstos son los hijos de Sutela: de Erán, la familia de los eranitas.
37 Éstas son las familias de los hijos de Efraín; y fueron contados de ellas treinta y dos mil quinientos. Éstos son los hijos de José por sus familias.
38 Los hijos de Benjamín por sus familias: de Bela, la familia de los belaítas; de Asbel, la familia de los asbelitas; de Ahiram, la familia de los ahiramitas;
39 de Sufam, la familia de los sufamitas; de Hufam, la familia de los hufamitas.
40 Y los hijos de Bela fueron Ard y Naamán: de Ard, la familia de los arditas; de Naamán, la familia de los naamitas.
41 Éstos son los hijos de Benjamín por sus familias; y fueron contados de ellos cuarenta y cinco mil seiscientos.
42 Éstos son los hijos de Dan por sus familias: de Súham, la familia de los suhamitas. Éstas son las familias de Dan por sus familias.
43 De las familias de los suhamitas fueron contados sesenta y cuatro mil cuatrocientos.
44 Los hijos de Aser por sus familias: de Imna, la familia de los imnitas; de Isúi, la familia de los isuitas; de Bería, la familia de los beriaítas.
45 Los hijos de Bería: de Heber, la familia de los heberitas; de Malquiel, la familia de los malquielitas.
46 Y el nombre de la hija de Aser fue Sera.
47 Éstas son las familias de los hijos de Aser; y fueron contados de ellas cincuenta y tres mil cuatrocientos.
48 Los hijos de Neftalí, por sus familias: de Jahzeel, la familia de los jahzeelitas; de Guni, la familia de los gunitas;
49 de Jezer, la familia de los jezeritas; de Silem, la familia de los silemitas.
50 Éstas son las familias de Neftalí por sus familias; y fueron contados de ellas cuarenta y cinco mil cuatrocientos.
51 Éstos son los contados de los hijos de Israel, seiscientos un mil setecientos treinta.

Orden para la repartición de la tierra

52 Y habló Jehová a Moisés, diciendo:
53 A éstos se repartirá la tierra en heredad, por la cuenta de los nombres.
54 A los más darás mayor heredad, y a los menos menor; y a cada uno se le dará su heredad conforme a sus contados.
55 Pero la tierra será repartida por suerte; y por los nombres de las tribus de sus padres heredarán.
56 Conforme a la suerte será repartida su heredad entre el grande y el pequeño.[b]

Censo de la tribu de Leví

57 Los contados de los levitas por sus familias son éstos: de Gersón, la familia de los gersonitas; de Coat, la familia de los coatitas; de Merari, la familia de los meraritas.
58 Éstas son las familias de los levitas: la familia de los libnitas, la familia de los hebronitas, la familia de los mahlitas, la familia de los musitas, la familia de los coreítas. Y Coat engendró a Amram.
59 La mujer de Amram se llamó Jocabed, hija de Leví, que le nació a Leví en Egipto; ésta dio a luz de Amram a Aarón y a Moisés, y a María su hermana.

---

b. 26.52-56 Nm 34.13; Jos 14.1-2.

60 Y a Aarón le nacieron Nadab, Abiú, Eleazar e Itamar.[c]
61 Pero Nadab y Abiú murieron cuando ofrecieron fuego extraño delante de Jehová.[d]
62 De los levitas fueron contados veintitrés mil, todos varones de un mes arriba; porque no fueron contados entre los hijos de Israel, por cuanto no les había de ser dada heredad entre los hijos de Israel.

Caleb y Josué sobreviven

63 Éstos son los contados por Moisés y el sacerdote Eleazar, los cuales contaron los hijos de Israel en los campos de Moab, junto al Jordán frente a Jericó.
64 Y entre éstos ninguno hubo de los contados por Moisés y el sacerdote Aarón, quienes contaron a los hijos de Israel en el desierto de Sinaí.
➤ 65 Porque Jehová había dicho de ellos: Morirán en el desierto;[e] y no quedó varón de ellos, sino Caleb hijo de Jefone y Josué hijo de Nun.

Petición de las hijas de Zelofehad

27 VINIERON las hijas de Zelofehad hijo de Hefer, hijo de Galaad, hijo de Maquir, hijo de Manasés, de las familias de Manasés hijo de José, los nombres de las cuales eran Maala, Noa, Hogla, Milca y Tirsa;
2 y se presentaron delante de Moisés y delante del sacerdote Eleazar, y delante de los príncipes y de toda la congregación, a la puerta del tabernáculo de reunión, y dijeron:
3 Nuestro padre murió en el desierto; y él no estuvo en la compañía de los que se juntaron contra Jehová en el grupo de Coré, sino que en su propio pecado murió, y no tuvo hijos.
4 ¿Por qué será quitado el nombre de nuestro padre de entre su familia, por no haber tenido hijo? Danos heredad entre los hermanos de nuestro padre.
5 Y Moisés llevó su causa delante de Jehová.
6 Y Jehová respondió a Moisés, diciendo:
7 Bien dicen las hijas de Zelofehad; les darás la posesión de una heredad entre los hermanos de su padre, y traspasarás la heredad de su padre a ellas.[a]
8 Y a los hijos de Israel hablarás, diciendo: Cuando alguno muriere sin hijos, traspasaréis su herencia a su hija.
9 Si no tuviere hija, daréis su herencia a sus hermanos;
10 y si no tuviere hermanos, daréis su herencia a los hermanos de su padre.
11 Y si su padre no tuviere hermanos, daréis su herencia a su pariente más cercano de su linaje, y de éste será; y para los hijos de Israel esto será por estatuto de derecho, como Jehová mandó a Moisés.

Josué es designado como sucesor de Moisés

12 Jehová dijo a Moisés: Sube a este monte Abarim, y verás la tierra que he dado a los hijos de Israel. ➤
13 Y después que la hayas visto, tú también serás reunido a tu pueblo, como fue reunido tu hermano Aarón.
14 Pues fuisteis rebeldes a mi mandato en el desierto de Zin, en la rencilla de la congregación, no santificándome en las aguas a ojos de ellos.[b] Éstas son las aguas de la rencilla de Cades en el desierto de Zin.
15 Entonces respondió Moisés a Jehová, diciendo:
16 Ponga Jehová, Dios de los espíritus de toda carne, un varón sobre la congregación,
17 que salga delante de ellos y que entre delante de ellos, que los saque y los introduzca, para que la congregación de Jehová no sea como ovejas sin pastor.
18 Y Jehová dijo a Moisés: Toma a Josué[c] hijo de Nun, varón en el cual hay espíritu, y pondrás tu mano sobre él; ➤
19 y lo pondrás delante del sacerdote Eleazar, y delante de toda la congregación; y le darás el cargo en presencia de ellos.
20 Y pondrás de tu dignidad sobre él, para que toda la congregación de los hijos de Israel le obedezca.
21 Él se pondrá delante del sacerdote Eleazar, y le consultará por el juicio del Urim[d] delante

c. 26.60 Nm 3.2. **d. 26.61** Lv 10.1-2; Nm 3.4.
e. 26.65 Nm 14.26-35. **a. 27.7** Nm 36.2.
b. 27.12-14 Dt 3.23-27; 32.48-52. **c. 27.18** Éx 24.13.
d. 27.21 Éx 28.30; 1 S 28.6.

LECCIONES DE VIDA

➤ ***26.65 — y no quedó varón de ellos, sino Caleb hijo de Jefone y Josué hijo de Nun.***

Dios había dicho que los que aceptaron el informe de los espías y se negaron a entrar en Canaán morirían en el desierto, y su palabra se cumplió. Siempre es así.

➤ ***27.12 — Jehová dijo a Moisés: Sube a este monte Abarim, y verás la tierra que he dado a los hijos de Israel.***

Dios no le permitiría a Moisés entrar a la tierra prometida, por su desobediencia pública en las aguas de Meriba, pero por su gracia le permitió ver la tierra desde lejos. Hasta en el castigo, Dios es misericordioso.

➤ ***27.18 — Toma a Josué hijo de Nun, varón en el cual hay espíritu, y pondrás tu mano sobre él.***

Dios autorizó a Moisés a hacer de Josué, «varón en el cual hay espíritu», el nuevo líder de Israel. El único liderazgo que vale la pena seguir, es el que está lleno del Espíritu. Los mejores líderes saben cómo seguir el ejemplo y la dirección de Dios.

de Jehová; por el dicho de él saldrán, y por el
dicho de él entrarán, él y todos los hijos de
Israel con él, y toda la congregación.
22 Y Moisés hizo como Jehová le había mandado, pues tomó a Josué y lo puso delante del
sacerdote Eleazar, y de toda la congregación;
23 y puso sobre él sus manos, y le dio el
cargo,[e] como Jehová había mandado por
mano de Moisés.

Las ofrendas diarias
(Éx 29.38-46)

28 HABLÓ Jehová a Moisés, diciendo:
2 Manda a los hijos de Israel, y diles:
Mi ofrenda, mi pan con mis ofrendas encendidas en olor grato a mí, guardaréis, ofrecién-
domelo a su tiempo.
3 Y les dirás: Ésta es la ofrenda encendida que
ofreceréis a Jehová: dos corderos sin tacha de
un año, cada día, será el holocausto continuo.
4 Un cordero ofrecerás por la mañana, y el
otro cordero ofrecerás a la caída de la tarde;
5 y la décima parte de un efa de flor de harina, amasada con un cuarto de un hin de aceite de olivas machacadas, en ofrenda.
6 Es holocausto continuo, que fue ordenado en el monte Sinaí para olor grato, ofrenda
encendida a Jehová.
7 Y su libación, la cuarta parte de un hin con
cada cordero; derramarás libación de vino
superior ante Jehová en el santuario.
8 Y ofrecerás el segundo cordero a la caída de
la tarde; conforme a la ofrenda de la mañana
y conforme a su libación ofrecerás, ofrenda
encendida en olor grato a Jehová.

Ofrendas mensuales y del día de reposo

9 Mas el día de reposo,[*] dos corderos de un
año sin defecto, y dos décimas de flor de harina amasada con aceite, como ofrenda, con su
libación.
10 Es el holocausto de cada día de reposo, además del holocausto continuo y su libación.[a]
11 Al comienzo de vuestros meses ofreceréis en holocausto a Jehová dos becerros de
la vacada, un carnero, y siete corderos de un
año sin defecto;
12 y tres décimas de flor de harina amasada
con aceite, como ofrenda con cada becerro;
y dos décimas de flor de harina amasada con
aceite, como ofrenda con cada carnero;
13 y una décima de flor de harina amasada con aceite, en ofrenda que se ofrecerá con
cada cordero; holocausto de olor grato, ofrenda encendida a Jehová.
14 Y sus libaciones de vino, medio hin con
cada becerro, y la tercera parte de un hin con
cada carnero, y la cuarta parte de un hin con
cada cordero. Éste es el holocausto de cada
mes por todos los meses del año.
15 Y un macho cabrío en expiación se ofrecerá a Jehová, además del holocausto continuo
con su libación.

Ofrendas de las fiestas solemnes
(Lv 23.1-44)

16 Pero en el mes primero, a los catorce días
del mes, será la pascua de Jehová.[b]
17 Y a los quince días de este mes, la fiesta
solemne; por siete días se comerán panes sin
levadura.[c]
18 El primer día será santa convocación; ninguna obra de siervos haréis.
19 Y ofreceréis como ofrenda encendida en
holocausto a Jehová, dos becerros de la vacada, y un carnero, y siete corderos de un año;
serán sin defecto.
20 Y su ofrenda de harina amasada con aceite: tres décimas con cada becerro, y dos décimas con cada carnero;
21 y con cada uno de los siete corderos ofreceréis una décima.
22 Y un macho cabrío por expiación, para
reconciliaros.
23 Esto ofreceréis además del holocausto de
la mañana, que es el holocausto continuo.
24 Conforme a esto ofreceréis cada uno de los
siete días, vianda y ofrenda encendida en olor
grato a Jehová; se ofrecerá además del holocausto continuo, con su libación.
25 Y el séptimo día tendréis santa convocación; ninguna obra de siervos haréis.
26 Además, el día de las primicias, cuando
presentéis ofrenda nueva a Jehová en vuestras semanas,[d] tendréis santa convocación;
ninguna obra de siervos haréis.

* Aquí equivale a *sábado*.

e. 27.23 Dt 31.23. **a. 28.9-10** Mt 12.5.
b. 28.16 Éx 12.1-13; Dt 16.1-2. **c. 28.17-25** Éx 12.14-20; 23.15; 34.18; Dt 16.3-8. **d. 28.26-31** Éx 23.16; 34.22; Dt 16.9-12.

LECCIONES DE VIDA

➤ ***28.16 — Pero en el mes primero, a los catorce días del mes, será la pascua de Jehová.***

La celebración anual de la Pascua recordaba a los israelitas la gran provisión de Dios para ellos durante su éxodo de Egipto (Éx 12). Pero también anticipaba el sacrificio que Jesús haría en la cruz para librarnos del pecado y de la muerte (1 Co 5.7).

➤ ***28.26 — Además, el día de las primicias, cuando presentéis ofrenda nueva a Jehová en vuestras semanas.***

Al comenzar la fiesta de las semanas, los israelitas debían traer al sacerdote una ofrenda de los primeros frutos de su cosecha de cebada, como símbolo de su dependencia de Dios (Lv 23.9-14). En el Nuevo Testamento, vemos el cumplimiento de la fiesta de las primicias en que Jesús es el primero de la resurrección, y Él muestra que podemos tener la absoluta confianza de que Dios nos levantará de los muertos también (Ro 8.23; 1 Co 15.20-23).

27 Y ofreceréis en holocausto, en olor grato a Jehová, dos becerros de la vacada, un carnero, siete corderos de un año;
28 y la ofrenda de ellos, flor de harina amasada con aceite, tres décimas con cada becerro, dos décimas con cada carnero,
29 y con cada uno de los siete corderos una décima;
30 y un macho cabrío para hacer expiación por vosotros.
31 Los ofreceréis, además del holocausto continuo con sus ofrendas, y sus libaciones; serán sin defecto.

➤ 29 EN el séptimo mes, el primero del mes, tendréis santa convocación; ninguna obra de siervos haréis; os será día de sonar las trompetas.
2 Y ofreceréis holocausto en olor grato a Jehová, un becerro de la vacada, un carnero, siete corderos de un año sin defecto;
3 y la ofrenda de ellos, de flor de harina amasada con aceite, tres décimas de efa con cada becerro, dos décimas con cada carnero,
4 y con cada uno de los siete corderos, una décima;
5 y un macho cabrío por expiación, para reconciliaros,
6 además del holocausto del mes y su ofrenda, y el holocausto continuo y su ofrenda, y sus libaciones conforme a su ley, como ofrenda encendida a Jehová en olor grato.
7 En el diez de este mes séptimo tendréis santa convocación, y afligiréis vuestras almas;[a] ninguna obra haréis;
8 y ofreceréis en holocausto a Jehová en olor grato, un becerro de la vacada, un carnero, y siete corderos de un año; serán sin defecto.
9 Y sus ofrendas, flor de harina amasada con aceite, tres décimas de efa con cada becerro, dos décimas con cada carnero,
10 y con cada uno de los siete corderos, una décima;
11 y un macho cabrío por expiación; además de la ofrenda de las expiaciones por el pecado, y del holocausto continuo y de sus ofrendas y de sus libaciones.
12 También a los quince días del mes séptimo tendréis santa convocación; ninguna obra de siervos haréis, y celebraréis fiesta solemne a Jehová por siete días.[b]
13 Y ofreceréis en holocausto, en ofrenda encendida a Jehová en olor grato, trece becerros de la vacada, dos carneros, y catorce corderos de un año; han de ser sin defecto.
14 Y las ofrendas de ellos, de flor de harina amasada con aceite, tres décimas de efa con cada uno de los trece becerros, dos décimas con cada uno de los dos carneros,
15 y con cada uno de los catorce corderos, una décima;
16 y un macho cabrío por expiación, además del holocausto continuo, su ofrenda y su libación.
17 El segundo día, doce becerros de la vacada, dos carneros, catorce corderos de un año sin defecto,
18 y sus ofrendas y sus libaciones con los becerros, con los carneros y con los corderos, según el número de ellos, conforme a la ley;
19 y un macho cabrío por expiación; además del holocausto continuo, y su ofrenda y su libación.
20 El día tercero, once becerros, dos carneros, catorce corderos de un año sin defecto;
21 y sus ofrendas y sus libaciones con los becerros, con los carneros y con los corderos, según el número de ellos, conforme a la ley;

a. 29.7-11 Lv 16.29-34. **b. 29.12-38** Éx 23.16; 34.22; Dt 16.13-15.

LECCIONES DE VIDA

➤ ***29.1 — os será día de sonar las trompetas.***

En los tiempos antiguos, el comienzo de cada mes y cada año era incierto; los sacerdotes observaban la luna nueva para indicar el paso de los días. Porque nadie sabía ni el día ni la hora en que comenzaría el nuevo año, el sonido de los trompetas indicaba a los israelitas que debían dejar de trabajar, y celebrar, ofreciendo sacrificios y alabanzas al Señor. Nosotros tampoco sabemos el día ni la hora del regreso del Señor, pero sí sabemos que será evidente por el poderoso sonido de una trompeta (Mt 24.31; 1 Co 15.52; 1 Ts 4.16).

➤ ***29.11 — y un macho cabrío por expiación; además de la ofrenda de las expiaciones.***

La ofrenda de las expiaciones se hacía una vez al año para reconciliar al pueblo de Dios, cubriendo su iniquidad con sacrificios (Lv 16; Lv 23.26-32), y era sólo en ese día que el sumo sacerdote podía entrar a la presencia de Dios en el lugar santísimo (Éx 25.22; He 9.6, 7). El sumo sacerdote sacrificaba el primer macho cabrío en el altar como expiación por el pecado de Israel. Luego colocaba su mano sobre la cabeza del segundo macho cabrío, poniendo simbólicamente sobre el animal todas las transgresiones de la nación. Después era enviado al desierto para ser desterrado para siempre. Por su crucifixión y resurrección, Jesucristo se convirtió en nuestro sustituto (Is 53.4, 5). Él hizo expiación una vez para siempre por todos, porque restauró nuestra comunión con el Señor, y ahora disfrutamos de su presencia para siempre (Ro 5.9; Col 1.19-22; He 9.24-28).

➤ ***29.12 — celebraréis fiesta solemne a Jehová por siete días.***

La fiesta de los Tabernáculos era una celebración gozosa que recordaba a los israelitas la poderosa protección de Dios durante sus cuarenta años de peregrinación antes de entrar en la tierra prometida. Durante esta fiesta, los israelitas se regocijaban también por la fidelidad de Dios al darles la cosecha (Lv 23.33-43; Dt 16.13-17). Esta fiesta preanuncia el día cuando el pueblo de Dios estará reunido con Él durante el reinado milenial de Cristo (Is 27.12, 13; Zac 14.16).

22 y un macho cabrío por expiación, además del holocausto continuo, y su ofrenda y su libación.
23 El cuarto día, diez becerros, dos carneros, catorce corderos de un año sin defecto;
24 sus ofrendas y sus libaciones con los becerros, con los carneros y con los corderos, según el número de ellos, conforme a la ley;
25 y un macho cabrío por expiación; además del holocausto continuo, su ofrenda y su libación.
26 El quinto día, nueve becerros, dos carneros, catorce corderos de un año sin defecto;
27 y sus ofrendas y sus libaciones con los becerros, con los carneros y con los corderos, según el número de ellos, conforme a la ley;
28 y un macho cabrío por expiación, además del holocausto continuo, su ofrenda y su libación.
29 El sexto día, ocho becerros, dos carneros, catorce corderos de un año sin defecto;
30 y sus ofrendas y sus libaciones con los becerros, con los carneros y con los corderos, según el número de ellos, conforme a la ley;
31 y un macho cabrío por expiación, además del holocausto continuo, su ofrenda y su libación.
32 El séptimo día, siete becerros, dos carneros, catorce corderos de un año sin defecto;
33 y sus ofrendas y sus libaciones con los becerros, con los carneros y con los corderos, según el número de ellos, conforme a la ley;
34 y un macho cabrío por expiación, además del holocausto continuo, con su ofrenda y su libación.
35 El octavo día tendréis solemnidad; ninguna obra de siervos haréis.
36 Y ofreceréis en holocausto, en ofrenda encendida de olor grato a Jehová, un becerro, un carnero, siete corderos de un año sin defecto;
37 sus ofrendas y sus libaciones con el becerro, con el carnero y con los corderos, según el número de ellos, conforme a la ley;
38 y un macho cabrío por expiación, además del holocausto continuo, con su ofrenda y su libación.
39 Estas cosas ofreceréis a Jehová en vuestras fiestas solemnes, además de vuestros votos, y de vuestras ofrendas voluntarias, para vuestros holocaustos, y para vuestras ofrendas, y para vuestras libaciones, y para vuestras ofrendas de paz.
40 Y Moisés dijo a los hijos de Israel conforme a todo lo que Jehová le había mandado.

Ley de los votos

30 HABLÓ Moisés a los príncipes de las tribus de los hijos de Israel, diciendo: Esto es lo que Jehová ha mandado.
2 Cuando alguno hiciere voto a Jehová, o hiciere juramento ligando su alma con obligación, no quebrantará su palabra; hará conforme a todo lo que salió de su boca.[a]
3 Mas la mujer, cuando hiciere voto a Jehová, y se ligare con obligación en casa de su padre, en su juventud;
4 si su padre oyere su voto, y la obligación con que ligó su alma, y su padre callare a ello, todos los votos de ella serán firmes, y toda obligación con que hubiere ligado su alma, firme será.
5 Mas si su padre le vedare el día que oyere todos sus votos y sus obligaciones con que ella hubiere ligado su alma, no serán firmes; y Jehová la perdonará, por cuanto su padre se lo vedó.
6 Pero si fuere casada e hiciere votos, o pronunciare de sus labios cosa con que obligue su alma;
7 si su marido lo oyere, y cuando lo oyere callare a ello, los votos de ella serán firmes, y la obligación con que ligó su alma, firme será.
8 Pero si cuando su marido lo oyó, le vedó, entonces el voto que ella hizo, y lo que pronunció de sus labios con que ligó su alma, será nulo; y Jehová la perdonará.
9 Pero todo voto de viuda o repudiada, con que ligare su alma, será firme.
10 Y si hubiere hecho voto en casa de su marido, y hubiere ligado su alma con obligación de juramento,
11 si su marido oyó, y calló a ello y no le vedó, entonces todos sus votos serán firmes, y toda obligación con que hubiere ligado su alma, firme será.
12 Mas si su marido los anuló el día que los oyó, todo lo que salió de sus labios cuanto a sus votos, y cuanto a la obligación de su alma, será nulo; su marido los anuló, y Jehová la perdonará.
13 Todo voto, y todo juramento obligándose a afligir el alma, su marido lo confirmará, o su marido lo anulará.
14 Pero si su marido callare a ello de día en día, entonces confirmó todos sus votos, y todas las obligaciones que están sobre ella;

a. **30.2** Dt 23.21-23; Mt 5.33.

LECCIONES DE VIDA

➤ ***30.2 — Cuando alguno hiciere voto a Jehová… hará conforme a todo lo que salió de su boca.***

Si hacemos un voto a Dios, no debemos quebrantarlo ni anularlo. Jesús nos dice que es mejor no jurar en ninguna manera, sino hablar siempre con franqueza (Mt 5.33–37).

los confirmó, por cuanto calló a ello el día
que lo oyó.
15 Mas si los anulare después de haberlos
oído, entonces él llevará el pecado de ella.
16 Éstas son las ordenanzas que Jehová mandó a Moisés entre el varón y su mujer, y entre
el padre y su hija durante su juventud en casa
de su padre.

Venganza de Israel contra Madián

31 JEHOVÁ habló a Moisés, diciendo:
2 Haz la venganza de los hijos de Israel
contra los madianitas; después serás recogido a tu pueblo.
3 Entonces Moisés habló al pueblo, diciendo:
Armaos algunos de vosotros para la guerra, y
vayan contra Madián y hagan la venganza de
Jehová en Madián.
4 Mil de cada tribu de todas las tribus de los
hijos de Israel, enviaréis a la guerra.
5 Así fueron dados de los millares de Israel,
mil por cada tribu, doce mil en pie de guerra.
6 Y Moisés los envió a la guerra; mil de cada
tribu envió; y Finees hijo del sacerdote Eleazar fue a la guerra con los vasos del santuario,
y con las trompetas en su mano para tocar.
7 Y pelearon contra Madián, como Jehová lo
mandó a Moisés, y mataron a todo varón.
8 Mataron también, entre los muertos de ellos,
a los reyes de Madián, Evi, Requem, Zur, Hur
y Reba, cinco reyes de Madián; también a
Balaam hijo de Beor mataron a espada.
9 Y los hijos de Israel llevaron cautivas a las
mujeres de los madianitas, a sus niños, y
todas sus bestias y todos sus ganados; y arrebataron todos sus bienes,
10 e incendiaron todas sus ciudades, aldeas y
habitaciones.
11 Y tomaron todo el despojo, y todo el botín,
así de hombres como de bestias.
12 Y trajeron a Moisés y al sacerdote Eleazar,
y a la congregación de los hijos de Israel, los
cautivos y el botín y los despojos al campamento, en los llanos de Moab, que están junto
al Jordán frente a Jericó.
13 Y salieron Moisés y el sacerdote Eleazar, y
todos los príncipes de la congregación, a recibirlos fuera del campamento.
14 Y se enojó Moisés contra los capitanes del
ejército, contra los jefes de millares y de centenas que volvían de la guerra,
15 y les dijo Moisés: ¿Por qué habéis dejado
con vida a todas las mujeres?
16 He aquí, por consejo de Balaam ellas fueron causa de que los hijos de Israel prevarica-
sen contra Jehová en lo tocante a Baal-peor,[a]
por lo que hubo mortandad en la congregación de Jehová.
17 Matad, pues, ahora a todos los varones de
entre los niños; matad también a toda mujer
que haya conocido varón carnalmente.
18 Pero a todas las niñas entre las mujeres,
que no hayan conocido varón, las dejaréis
con vida.
19 Y vosotros, cualquiera que haya dado
muerte a persona, y cualquiera que haya tocado muerto, permaneced fuera del campamento siete días, y os purificaréis al tercer día y al
séptimo, vosotros y vuestros cautivos.
20 Asimismo purificaréis todo vestido, y toda
prenda de pieles, y toda obra de pelo de cabra,
y todo utensilio de madera.

Repartición del botín

21 Y el sacerdote Eleazar dijo a los hombres
de guerra que venían de la guerra: Ésta es la
ordenanza de la ley que Jehová ha mandado
a Moisés:
22 Ciertamente el oro y la plata, el bronce,
hierro, estaño y plomo,
23 todo lo que resiste el fuego, por fuego lo
haréis pasar, y será limpio, bien que en las
aguas de purificación habrá de purificarse;
y haréis pasar por agua todo lo que no resiste el fuego.
24 Además lavaréis vuestros vestidos el séptimo día, y así seréis limpios; y después entraréis en el campamento.
25 Y Jehová habló a Moisés, diciendo:
26 Toma la cuenta del botín que se ha hecho,
así de las personas como de las bestias, tú y el
sacerdote Eleazar, y los jefes de los padres de
la congregación;
27 y partirás por mitades el botín entre los
que pelearon, los que salieron a la guerra, y
toda la congregación.
28 Y apartarás para Jehová el tributo de los
hombres de guerra que salieron a la guerra;
de quinientos, uno, así de las personas como
de los bueyes, de los asnos y de las ovejas.
29 De la mitad de ellos lo tomarás; y darás al
sacerdote Eleazar la ofrenda de Jehová.
30 Y de la mitad perteneciente a los hijos de
Israel tomarás uno de cada cincuenta de las personas, de los bueyes, de los asnos, de las ovejas
y de todo animal, y los darás a los levitas, que
tienen la guarda del tabernáculo de Jehová.
31 E hicieron Moisés y el sacerdote Eleazar
como Jehová mandó a Moisés.
32 Y fue el botín, el resto del botín que tomaron los hombres de guerra, seiscientas setenta y cinco mil ovejas,
33 setenta y dos mil bueyes,
34 y sesenta y un mil asnos.
35 En cuanto a personas, de mujeres que no
habían conocido varón, eran por todas treinta y dos mil.
36 Y la mitad, la parte de los que habían salido
a la guerra, fue el número de trescientas treinta y siete mil quinientas ovejas;
37 y el tributo de las ovejas para Jehová fue
seiscientas setenta y cinco.

---

a. 31.16 Nm 25.1-9.

38 De los bueyes, treinta y seis mil; y de ellos el tributo para Jehová, setenta y dos.
39 De los asnos, treinta mil quinientos; y de ellos el tributo para Jehová, sesenta y uno.
40 Y de las personas, dieciséis mil; y de ellas el tributo para Jehová, treinta y dos personas.
41 Y dio Moisés el tributo, para ofrenda elevada a Jehová, al sacerdote Eleazar, como Jehová lo mandó a Moisés.
42 Y de la mitad para los hijos de Israel, que apartó Moisés de los hombres que habían ido a la guerra
43 (la mitad para la congregación fue: de las ovejas, trescientas treinta y siete mil quinientas;
44 de los bueyes, treinta y seis mil;
45 de los asnos, treinta mil quinientos;
46 y de las personas, dieciséis mil);
47 de la mitad, pues, para los hijos de Israel, tomó Moisés uno de cada cincuenta, así de las personas como de los animales, y los dio a los levitas, que tenían la guarda del tabernáculo de Jehová, como Jehová lo había mandado a Moisés.
48 Vinieron a Moisés los jefes de los millares de aquel ejército, los jefes de millares y de centenas,
49 y dijeron a Moisés: Tus siervos han tomado razón de los hombres de guerra que están en nuestro poder, y ninguno ha faltado de nosotros.
50 Por lo cual hemos ofrecido a Jehová ofrenda, cada uno de lo que ha hallado, alhajas de oro, brazaletes, manillas, anillos, zarcillos y cadenas, para hacer expiación por nuestras almas delante de Jehová.
51 Y Moisés y el sacerdote Eleazar recibieron el oro de ellos, alhajas, todas elaboradas.
52 Y todo el oro de la ofrenda que ofrecieron a Jehová los jefes de millares y de centenas fue dieciséis mil setecientos cincuenta siclos.
53 Los hombres del ejército habían tomado botín cada uno para sí.
➤ 54 Recibieron, pues, Moisés y el sacerdote Eleazar el oro de los jefes de millares y de centenas, y lo trajeron al tabernáculo de reunión, por memoria de los hijos de Israel delante de Jehová.

Rubén y Gad se establecen al oriente del Jordán
(Dt 3.12-22)

32 LOS hijos de Rubén y los hijos de Gad tenían una muy inmensa muchedumbre de ganado; y vieron la tierra de Jazer y de Galaad, y les pareció el país lugar de ganado.
2 Vinieron, pues, los hijos de Gad y los hijos de Rubén, y hablaron a Moisés y al sacerdote Eleazar, y a los príncipes de la congregación, diciendo:
3 Atarot, Dibón, Jazer, Nimra, Hesbón, Eleale, Sebam, Nebo y Beón,
4 la tierra que Jehová hirió delante de la congregación de Israel, es tierra de ganado, y tus siervos tienen ganado.
5 Por tanto, dijeron, si hallamos gracia en tus ojos, dése esta tierra a tus siervos en heredad, y no nos hagas pasar el Jordán.
6 Y respondió Moisés a los hijos de Gad y a los hijos de Rubén: ¿Irán vuestros hermanos a la guerra, y vosotros os quedaréis aquí?
7 ¿Y por qué desanimáis a los hijos de Israel, para que no pasen a la tierra que les ha dado Jehová?
8 Así hicieron vuestros padres, cuando los envié desde Cades-barnea para que viesen la tierra.
9 Subieron hasta el torrente de Escol, y después que vieron la tierra, desalentaron a los hijos de Israel para que no viniesen a la tierra que Jehová les había dado.[a]
10 Y la ira de Jehová se encendió entonces, y juró diciendo:
11 No verán los varones que subieron de Egipto de veinte años arriba, la tierra que prometí con juramento a Abraham, Isaac y Jacob, por cuanto no fueron perfectos en pos de mí;
12 excepto Caleb hijo de Jefone cenezeo, y Josué hijo de Nun, que fueron perfectos en pos de Jehová.
13 Y la ira de Jehová se encendió contra Israel, y los hizo andar errantes cuarenta años por el desierto, hasta que fue acabada toda aquella generación que había hecho mal delante de Jehová.[b]
14 Y he aquí, vosotros habéis sucedido en lugar de vuestros padres, prole de hombres pecadores, para añadir aún a la ira de Jehová contra Israel.

a. 32.8-9 Nm 13.17-33. **b. 32.10-13** Nm 14.26-35.

LECCIONES DE VIDA

➤ ***31.54 — Recibieron, pues, Moisés y el sacerdote Eleazar el oro de los jefes de millares y de centenas, y lo trajeron al tabernáculo de reunión, por memoria de los hijos de Israel delante de Jehová.***

Los madianitas habían incitado al pueblo de Dios a la idolatría —a servir a sus falsos dioses—, lo cual trajo como resultado la muerte de 24.000 israelitas (Nm 25.1-9). Por tanto, el Señor ordenó a Israel hacer guerra contra Madián (Nm 31.2). Ni un solo soldado de Israel murió (Nm 31.49). Aunque Dios mandó que se hicieran ciertas ofrendas (Nm 31.25-47), la disposición de los jefes del ejército a traer ofrendas adicionales al Señor muestra que sus corazones habían cambiado. Ellos entendieron que Él era la verdadera fuente de su victoria.

➤15 Si os volviereis de en pos de él, él volverá
otra vez a dejaros en el desierto, y destruiréis
a todo este pueblo.
16 Entonces ellos vinieron a Moisés y dijeron: Edificaremos aquí majadas para nuestro
ganado, y ciudades para nuestros niños;
17 y nosotros nos armaremos, e iremos con
diligencia delante de los hijos de Israel, hasta
que los metamos en su lugar; y nuestros niños
quedarán en ciudades fortificadas a causa de
los moradores del país.
18 No volveremos a nuestras casas hasta que
los hijos de Israel posean cada uno su heredad.
19 Porque no tomaremos heredad con ellos al
otro lado del Jordán ni adelante, por cuanto
tendremos ya nuestra heredad a este otro lado
del Jordán al oriente.
20 Entonces les respondió Moisés: Si lo hacéis
así, si os disponéis para ir delante de Jehová
a la guerra,
21 y todos vosotros pasáis armados el Jordán
delante de Jehová, hasta que haya echado a
sus enemigos de delante de sí,
22 y sea el país sojuzgado delante de Jehová;
luego volveréis, y seréis libres de culpa para
con Jehová, y para con Israel; y esta tierra
será vuestra en heredad delante de Jehová.
23 Mas si así no lo hacéis, he aquí habréis
pecado ante Jehová; y sabed que vuestro
pecado os alcanzará.
24 Edificaos ciudades para vuestros niños, y
majadas para vuestras ovejas, y haced lo que
ha declarado vuestra boca.
25 Y hablaron los hijos de Gad y los hijos de
Rubén a Moisés, diciendo: Tus siervos harán
como mi Señor ha mandado.
26 Nuestros niños, nuestras mujeres, nuestros
ganados y todas nuestras bestias, estarán ahí
en las ciudades de Galaad;
27 y tus siervos, armados todos para la guerra, pasarán delante de Jehová a la guerra, de
la manera que mi Señor dice.
28 Entonces les encomendó Moisés al sacerdote Eleazar, y a Josué hijo de Nun, y a los
príncipes de los padres de las tribus de los
hijos de Israel.
29 Y les dijo Moisés: Si los hijos de Gad y los
hijos de Rubén pasan con vosotros el Jordán,
armados todos para la guerra delante de Jehová, luego que el país sea sojuzgado delante
de vosotros, les daréis la tierra de Galaad en
posesión;
30 mas si no pasan armados con vosotros,
entonces tendrán posesión entre vosotros, en
la tierra de Canaán.
31 Y los hijos de Gad y los hijos de Rubén respondieron diciendo: Haremos lo que Jehová
ha dicho a tus siervos.
32 Nosotros pasaremos armados delante de
Jehová a la tierra de Canaán, y la posesión de
nuestra heredad será a este lado del Jordán.[c]
33 Así Moisés dio a los hijos de Gad, a los
hijos de Rubén, y a la media tribu de Manasés hijo de José, el reino de Sehón rey amorreo y el reino de Og rey de Basán, la tierra
con sus ciudades y sus territorios, las ciudades del país alrededor.
34 Y los hijos de Gad edificaron Dibón, Atarot, Aroer,
35 Atarot-sofán, Jazer, Jogbeha,
36 Bet-nimra y Bet-arán, ciudades fortificadas; hicieron también majadas para ovejas.
37 Y los hijos de Rubén edificaron Hesbón,
Eleale, Quiriataim,
38 Nebo, Baal-meón (mudados los nombres)
y Sibma; y pusieron nombres a las ciudades
que edificaron.
39 Y los hijos de Maquir hijo de Manasés fueron a Galaad, y la tomaron, y echaron al amorreo que estaba en ella.
40 Y Moisés dio Galaad a Maquir hijo de
Manasés, el cual habitó en ella.
41 También Jair hijo de Manasés fue y tomó
sus aldeas, y les puso por nombre Havot-jair.[1]
42 Asimismo Noba fue y tomó Kenat y sus
aldeas, y lo llamó Noba, conforme a su
nombre.

Jornadas de Israel desde Egipto hasta el Jordán

33 ÉSTAS son las jornadas de los hijos
de Israel, que salieron de la tierra de
Egipto por sus ejércitos, bajo el mando de
Moisés y Aarón.
2 Moisés escribió sus salidas conforme a sus
jornadas por mandato de Jehová. Éstas, pues,
son sus jornadas con arreglo a sus salidas.

1 Esto es, *las aldeas de Jair.*

c. 32.28-32 Jos 1.12-15.

LECCIONES DE VIDA

➤ ***32.15 — Si os volviereis de en pos de él, él volverá otra vez a dejaros en el desierto, y destruiréis a todo este pueblo.***

Las tribus de Rubén y Gad vieron que la tierra era buena para criar sus rebaños; el único problema era que estaban en el lado equivocado del río Jordán (Nm 32:1-5). Al no reclamar la totalidad de la promesa que Dios había hecho, no sólo dejarían a sus hermanos pelear solos por la tierra prometida, sino que también desanimarían a los que siguieron peleando (Nm 32.6, 7). Como creyentes, siempre debemos tomar nuestras responsabilidades con seriedad. Si optamos por la solución más fácil en una situación difícil, podemos perjudicar a otros, aunque no lo hagamos deliberadamente. Al final, las tribus de Gad y Rubén se quedaron en el lado oriental del Jordán, pero mantuvieron su palabra y combatieron hombro a hombro con sus hermanos para conquistar el resto de Canaán (Nm 32.26, 27).

3 De Ramesés salieron en el mes primero, a los quince días del mes primero; el segundo día de la pascua salieron los hijos de Israel con mano poderosa, a vista de todos los egipcios,
4 mientras enterraban los egipcios a los que Jehová había herido de muerte de entre ellos, a todo primogénito; también había hecho Jehová juicios contra sus dioses.
5 Salieron, pues, los hijos de Israel de Ramesés, y acamparon en Sucot.
6 Salieron de Sucot y acamparon en Etam, que está al confín del desierto.
7 Salieron de Etam y volvieron sobre Pi-hahirot, que está delante de Baal-zefón, y acamparon delante de Migdol.
8 Salieron de Pi-hahirot y pasaron por en medio del mar al desierto, y anduvieron tres días de camino por el desierto de Etam, y acamparon en Mara.
9 Salieron de Mara y vinieron a Elim, donde había doce fuentes de aguas, y setenta palmeras; y acamparon allí.
10 Salieron de Elim y acamparon junto al Mar Rojo.
11 Salieron del Mar Rojo y acamparon en el desierto de Sin.
12 Salieron del desierto de Sin y acamparon en Dofca.
13 Salieron de Dofca y acamparon en Alús.
14 Salieron de Alús y acamparon en Refidim, donde el pueblo no tuvo aguas para beber.
15 Salieron de Refidim y acamparon en el desierto de Sinaí.
16 Salieron del desierto de Sinaí y acamparon en Kibrot-hataava.
17 Salieron de Kibrot-hataava y acamparon en Hazerot.
18 Salieron de Hazerot y acamparon en Ritma.
19 Salieron de Ritma y acamparon en Rimón-peres.
20 Salieron de Rimón-peres y acamparon en Libna.
21 Salieron de Libna y acamparon en Rissa.
22 Salieron de Rissa y acamparon en Ceelata.
23 Salieron de Ceelata y acamparon en el monte de Sefer.
24 Salieron del monte de Sefer y acamparon en Harada.
25 Salieron de Harada y acamparon en Macelot.
26 Salieron de Macelot y acamparon en Tahat.
27 Salieron de Tahat y acamparon en Tara.
28 Salieron de Tara y acamparon en Mitca.
29 Salieron de Mitca y acamparon en Hasmona.
30 Salieron de Hasmona y acamparon en Moserot.
31 Salieron de Moserot y acamparon en Bene-jaacán.
32 Salieron de Bene-jaacán y acamparon en el monte de Gidgad.
33 Salieron del monte de Gidgad y acamparon en Jotbata.
34 Salieron de Jotbata y acamparon en Abrona.
35 Salieron de Abrona y acamparon en Ezión-geber.
36 Salieron de Ezión-geber y acamparon en el desierto de Zin, que es Cades.
37 Y salieron de Cades y acamparon en el monte de Hor, en la extremidad del país de Edom.
38 Y subió el sacerdote Aarón al monte de Hor, conforme al dicho de Jehová, y allí murió[a] a los cuarenta años de la salida de los hijos de Israel de la tierra de Egipto, en el mes quinto, en el primero del mes.
39 Era Aarón de edad de ciento veintitrés años, cuando murió en el monte de Hor.
40 Y el cananeo, rey de Arad, que habitaba en el Neguev en la tierra de Canaán, oyó que habían venido los hijos de Israel.[b]
41 Y salieron del monte de Hor y acamparon en Zalmona.
42 Salieron de Zalmona y acamparon en Punón.
43 Salieron de Punón y acamparon en Obot.
44 Salieron de Obot y acamparon en Ije-abarim, en la frontera de Moab.
45 Salieron de Ije-abarim y acamparon en Dibón-gad.
46 Salieron de Dibón-gad y acamparon en Almón-diblataim.
47 Salieron de Almón-diblataim y acamparon en los montes de Abarim, delante de Nebo.
48 Salieron de los montes de Abarim y acamparon en los campos de Moab, junto al Jordán, frente a Jericó.
49 Finalmente acamparon junto al Jordán, desde Bet-jesimot hasta Abel-sitim, en los campos de Moab.

Límites y repartición de Canaán

50 Y habló Jehová a Moisés en los campos de Moab junto al Jordán frente a Jericó, diciendo:
51 Habla a los hijos de Israel, y diles: Cuando hayáis pasado el Jordán entrando en la tierra de Canaán,
52 echaréis de delante de vosotros a todos los moradores del país, y destruiréis todos sus ídolos de piedra, y todas sus imágenes de fundición, y destruiréis todos sus lugares altos;
53 y echaréis a los moradores de la tierra, y habitaréis en ella; porque yo os la he dado para que sea vuestra propiedad.
54 Y heredaréis la tierra por sorteo por vuestras familias; a los muchos daréis mucho por herencia, y a los pocos daréis menos por herencia; donde le cayere la suerte, allí la tendrá cada uno; por las tribus de vuestros padres heredaréis.

---

a. 33.38 Nm 20.22-28; Dt 10.6. **b. 33.40** Nm 21.1.

➤ 55 Y si no echareis a los moradores del país
de delante de vosotros, sucederá que los que
dejareis de ellos serán por aguijones en vuestros ojos y por espinas en vuestros costados,
y os afligirán sobre la tierra en que vosotros
habitareis.
56 Además, haré a vosotros como yo pensé
hacerles a ellos.
34 Y Jehová habló a Moisés, diciendo:
➤ 2 Manda a los hijos de Israel y diles:
Cuando hayáis entrado en la tierra de Canaán,
esto es, la tierra que os ha de caer en herencia,
la tierra de Canaán según sus límites,
3 tendréis el lado del sur desde el desierto de
Zin hasta la frontera de Edom; y será el límite del sur al extremo del Mar Salado hacia el
oriente.
4 Este límite os irá rodeando desde el sur hasta la subida de Acrabim, y pasará hasta Zin; y
se extenderá del sur a Cades-barnea; y continuará a Hasaradar, y pasará hasta Asmón.
5 Rodeará este límite desde Asmón hasta el
torrente de Egipto, y sus remates serán al
occidente.
6 Y el límite occidental será el Mar Grande;
este límite será el límite occidental.
7 El límite del norte será éste: desde el Mar
Grande trazaréis al monte de Hor.
8 Del monte de Hor trazaréis a la entrada de
Hamat, y seguirá aquel límite hasta Zedad;
9 y seguirá este límite hasta Zifrón, y terminará en Hazar-enán; éste será el límite del
norte.
10 Por límite al oriente trazaréis desde Hazar-
enán hasta Sefam;
11 y bajará este límite desde Sefam a Ribla, al
oriente de Aín; y descenderá el límite, y llegará a la costa del mar de Cineret, al oriente.
12 Después descenderá este límite al Jordán,
y terminará en el Mar Salado: ésta será vuestra tierra por sus límites alrededor.
13 Y mandó Moisés a los hijos de Israel, diciendo: Ésta es la tierra que se os repartirá en heredades por sorteo, que mandó Jehová que diese
a las nueve tribus, y a la media tribu;[a]
14 porque la tribu de los hijos de Rubén
según las casas de sus padres, y la tribu de los
hijos de Gad según las casas de sus padres,
y la media tribu de Manasés, han tomado su
heredad.
15 Dos tribus y media tomaron su heredad a
este lado del Jordán frente a Jericó al oriente,
al nacimiento del sol.[b]
16 Y habló Jehová a Moisés, diciendo:
17 Éstos son los nombres de los varones que
os repartirán la tierra: El sacerdote Eleazar, y
Josué hijo de Nun.
18 Tomaréis también de cada tribu un príncipe, para dar la posesión de la tierra.
19 Y éstos son los nombres de los varones: De
la tribu de Judá, Caleb hijo de Jefone.
20 De la tribu de los hijos de Simeón, Semuel
hijo de Amiud.
21 De la tribu de Benjamín, Elidad hijo de
Quislón.
22 De la tribu de los hijos de Dan, el príncipe
Buqui hijo de Jogli.
23 De los hijos de José: de la tribu de los hijos
de Manasés, el príncipe Haniel hijo de Efod,
24 y de la tribu de los hijos de Efraín, el príncipe Kemuel hijo de Siftán.
25 De la tribu de los hijos de Zabulón, el príncipe Elizafán hijo de Parnac.
26 De la tribu de los hijos de Isacar, el príncipe Paltiel hijo de Azán.
27 De la tribu de los hijos de Aser, el príncipe
Ahiud hijo de Selomi.
28 Y de la tribu de los hijos de Neftalí, el príncipe Pedael hijo de Amiud.
29 A éstos mandó Jehová que hiciesen la
repartición de las heredades a los hijos de
Israel en la tierra de Canaán.

Herencia de los levitas

35 HABLÓ Jehová a Moisés en los campos de Moab, junto al Jordán frente a
Jericó, diciendo:
2 Manda a los hijos de Israel que den a los
levitas, de la posesión de su heredad, ciudades en que habiten; también daréis a los levitas los ejidos de esas ciudades alrededor de
ellas.
3 Y tendrán ellos las ciudades para habitar,
y los ejidos de ellas serán para sus animales,
para sus ganados y para todas sus bestias.
4 Y los ejidos de las ciudades que daréis a los
levitas serán mil codos alrededor, desde el
muro de la ciudad para afuera.

a. 34.13 Nm 26.52-56. **b. 34.13-15** Jos 14.1-5.

LECCIONES DE VIDA

➤ ***33.55 — os afligirán sobre la tierra en que vosotros habitareis.***

El Señor advirtió a Israel qué pasaría si no expulsaban a todos los habitantes de la tierra, como les había ordenado. Y en esto también se demostró la veracidad de su Palabra (Jue 2.11, 12).

➤ ***34.2 — la tierra que os ha de caer en herencia, la tierra de Canaán según sus límites.***

Dios siempre estaba estableciendo límites a los israelitas por una buena razón. Al fijar fronteras definibles, los israelitas sabían qué tierras tenían la responsabilidad de administrar, y qué era territorio enemigo. De la misma manera, los mandamientos de Dios nos enseñan de qué somos responsables ante Él, y también nos protegen del «territorio enemigo» del pecado. Los límites que Dios establece siempre nos protegen.

5 Luego mediréis fuera de la ciudad al lado del oriente dos mil codos, al lado del sur dos mil codos, al lado del occidente dos mil codos, y al lado del norte dos mil codos, y la ciudad estará en medio; esto tendrán por los ejidos de las ciudades.
6 Y de las ciudades que daréis a los levitas, seis ciudades serán de refugio, las cuales daréis para que el homicida se refugie allá; y además de éstas daréis cuarenta y dos ciudades.
7 Todas las ciudades que daréis a los levitas serán cuarenta y ocho ciudades con sus ejidos.
8 Y en cuanto a las ciudades que diereis de la heredad de los hijos de Israel, del que tiene mucho tomaréis mucho, y del que tiene poco tomaréis poco; cada uno dará de sus ciudades a los levitas según la posesión que heredará.[a]

Ciudades de refugio
(Dt 19.1-13)

9 Habló Jehová a Moisés, diciendo:
10 Habla a los hijos de Israel, y diles: Cuando hayáis pasado al otro lado del Jordán a la tierra de Canaán,
11 os señalaréis ciudades, ciudades de refugio[b] tendréis, donde huya el homicida que hiriere a alguno de muerte sin intención.
12 Y os serán aquellas ciudades para refugiarse del vengador, y no morirá el homicida hasta que entre en juicio delante de la congregación.
13 De las ciudades, pues, que daréis, tendréis seis ciudades de refugio.
14 Tres ciudades daréis a este lado del Jordán, y tres ciudades daréis en la tierra de Canaán, las cuales serán ciudades de refugio.
15 Estas seis ciudades serán de refugio para los hijos de Israel, y para el extranjero y el que more entre ellos, para que huya allá cualquiera que hiriere de muerte a otro sin intención.
16 Si con instrumento de hierro lo hiriere y muriere, homicida es; el homicida morirá.
17 Y si con piedra en la mano, que pueda dar muerte, lo hiriere y muriere, homicida es; el homicida morirá.
18 Y si con instrumento de palo en la mano, que pueda dar muerte, lo hiriere y muriere, homicida es; el homicida morirá.
19 El vengador de la sangre, él dará muerte al homicida; cuando lo encontrare, él lo matará.
20 Y si por odio lo empujó, o echó sobre él alguna cosa por asechanzas, y muere;
21 o por enemistad lo hirió con su mano, y murió, el heridor morirá; es homicida; el vengador de la sangre matará al homicida cuando lo encontrare.
22 Mas si casualmente lo empujó sin enemistades, o echó sobre él cualquier instrumento sin asechanzas,
23 o bien, sin verlo hizo caer sobre él alguna piedra que pudo matarlo, y muriere, y él no era su enemigo, ni procuraba su mal;
24 entonces la congregación juzgará entre el que causó la muerte y el vengador de la sangre conforme a estas leyes;
25 y la congregación librará al homicida de mano del vengador de la sangre, y la congregación lo hará volver a su ciudad de refugio, en la cual se había refugiado; y morará en ella hasta que muera el sumo sacerdote, el cual fue ungido con el aceite santo.
26 Mas si el homicida saliere fuera de los límites de su ciudad de refugio, en la cual se refugió,
27 y el vengador de la sangre le hallare fuera del límite de la ciudad de su refugio, y el vengador de la sangre matare al homicida, no se le culpará por ello;
28 pues en su ciudad de refugio deberá aquél habitar hasta que muera el sumo sacerdote; y después que haya muerto el sumo sacerdote, el homicida volverá a la tierra de su posesión.

Ley sobre los testigos y sobre el rescate

29 Estas cosas os serán por ordenanza de derecho por vuestras edades, en todas vuestras habitaciones.
30 Cualquiera que diere muerte a alguno, por dicho de testigos morirá el homicida; mas un solo testigo no hará fe contra una persona para que muera.[c]
31 Y no tomaréis precio por la vida del homicida, porque está condenado a muerte; indefectiblemente morirá.
32 Ni tampoco tomaréis precio del que huyó a su ciudad de refugio, para que vuelva a vivir en su tierra, hasta que muera el sumo sacerdote.
33 Y no contaminaréis la tierra donde estuviereis; porque esta sangre amancillará la tierra, y la tierra no será expiada de la sangre que fue derramada en ella, sino por la sangre del que la derramó.
34 No contaminéis, pues, la tierra donde habitáis, en medio de la cual yo habito; porque yo Jehová habito en medio de los hijos de Israel. ≺

a. 35.1-8 Jos 21.1-42. **b. 35.9-28** Jos 20.1-9.
c. 35.30 Dt 17.6; 19.15.

LECCIONES DE VIDA

➢ ***35.34 — yo Jehová habito en medio de los hijos de Israel.***

Jamás debemos olvidar que nuestro Dios santo habita entre nosotros. Tener ese solo conocimiento debe moldear la manera como vivimos. Somos responsables ante Él en todos los aspectos de nuestra vida.

Ley del casamiento de las herederas

36 LLEGARON los príncipes de los padres
de la familia de Galaad hijo de Maquir,
hijo de Manasés, de las familias de los hijos
de José; y hablaron delante de Moisés y de los
príncipes, jefes de las casas paternas de los
hijos de Israel,
2 y dijeron: Jehová mandó a mi Señor que por
sorteo diese la tierra a los hijos de Israel en
posesión; también ha mandado Jehová a mi
Señor, que dé la posesión de Zelofehad nuestro hermano a sus hijas.[a]
3 Y si ellas se casaren con algunos de los hijos
de las otras tribus de los hijos de Israel, la
herencia de ellas será así quitada de la herencia de nuestros padres, y será añadida a la
herencia de la tribu a que se unan; y será quitada de la porción de nuestra heredad.
4 Y cuando viniere el jubileo de los hijos de
Israel, la heredad de ellas será añadida a la
heredad de la tribu de sus maridos; así la
heredad de ellas será quitada de la heredad de
la tribu de nuestros padres.
5 Entonces Moisés mandó a los hijos de Israel
por mandato de Jehová, diciendo: La tribu de
los hijos de José habla rectamente.
6 Esto es lo que ha mandado Jehová acerca
de las hijas de Zelofehad, diciendo: Cásense
como a ellas les plazca, pero en la familia de
la tribu de su padre se casarán,
7 para que la heredad de los hijos de Israel no
sea traspasada de tribu en tribu; porque cada
uno de los hijos de Israel estará ligado a la
heredad de la tribu de sus padres.
8 Y cualquiera hija que tenga heredad en las
tribus de los hijos de Israel, con alguno de la
familia de la tribu de su padre se casará, para
que los hijos de Israel posean cada uno la
heredad de sus padres,
9 y no ande la heredad rodando de una tribu
a otra, sino que cada una de las tribus de los
hijos de Israel estará ligada a su heredad.
10 Como Jehová mandó a Moisés, así hicieron
las hijas de Zelofehad.
11 Y así Maala, Tirsa, Hogla, Milca y Noa,
hijas de Zelofehad, se casaron con hijos de
sus tíos paternos.
12 Se casaron en la familia de los hijos de
Manasés, hijo de José; y la heredad de ellas
quedó en la tribu de la familia de su padre.
13 Éstos son los mandamientos y los estatutos
que mandó Jehová por medio de Moisés a los
hijos de Israel en los campos de Moab, junto
al Jordán, frente a Jericó.

---

a. **36.2** Nm 27.7.

EL QUINTO LIBRO DE MOISÉS LLAMADO

DEUTERONOMIO

Deuteronomio, el «discurso del aposento alto en el desierto» de Moisés, consiste en una serie de mensajes de despedida del líder de Israel, cuando tenía 120 años. Sus palabras iban dirigidas a la nueva generación destinada a poseer la tierra de la promesa, aquellos que habían sobrevivido los cuarenta años de peregrinación por el desierto.

Deuteronomio ha sido llamado «el quinto de los quintos de la ley» ya que este completa los cinco libros de Moisés. Los judíos helenizantes habían hecho una interpretación justa de la frase, *Mishneh Hattorah,* que significa «repetición de la ley». La Septuaginta la tradujo al griego como *Tó Deuteronómion Toûto,* «esta segunda ley». El título en español proviene de la palabra griega *Deuteronómion,* que significa «segunda ley». En realidad, Deuteronomio no es una segunda ley sino una adaptación y ampliación de gran parte de la ley original dada en el Sinaí.

Deuteronomio comienza con un repaso de los cuarenta años de Israel deambulando por el desierto rumbo a la tierra prometida. Moisés no quería que el pueblo olvidara la importancia de obedecer a su Dios, ni tampoco que la desobediencia hizo que toda una generación de israelitas —hombres y mujeres que habían experimentado personalmente una liberación espectacular y milagrosa de manos de los egipcios— se quedara sin entrar en la tierra que Dios les había prometido.

Como Levítico, Deuteronomio contiene una gran cantidad de detalles legales, pero enfatiza más lo laico que lo sacerdotal. Moisés le recuerda a la nueva generación que sus padres murieron en el desierto sin recibir las promesas de Dios, porque se negaron a obedecer.

El libro de Deuteronomio contiene una lección incalculable para cada uno de nosotros. Dios quiere que recordemos nuestro andar con Él, en los altibajos, los triunfos y los fracasos, en lo ordinario y lo extraordinario. Quiere que recordemos que aun en los momentos de dificultad, cuando tal vez habíamos creído que Él estaba lejos, Él siempre estuvo con nosotros, animándonos, dándonos fuerzas y motivación para cambiar lo que había que cambiar, y bendiciéndonos a cada paso del camino.

Tema: La palabra clave de este libro es «acuérdate». Deuteronomio ha sido llamado acertadamente el «Libro de la rememoración». Dios quiere que sepamos que todas las bendiciones que recibimos dependen de que recordemos, no sólo lo que Él ha hecho por nosotros, sino también sus leyes y sus preceptos en cuanto a la vida en esta tierra.

Autor: Moisés.

Fecha: Fue escrito poco antes de la muerte de Moisés, hacia el 1407 a.C.

Estructura: Deuteronomio se divide en cuatro partes, comenzando con el repaso que hace Moisés de la historia de los israelitas (1.1—4.43); sigue con un repaso de la ley (4.44—26.19); luego viene el pacto con Israel (27.1—30.20), y termina con las palabras finales de Moisés para los israelitas mientras se preparaba para dejarles (31.1—34.12).

A medida que lea Deuteronomio, fíjese en los principios de vida que juegan un papel importante en este libro:

28. Ningún creyente ha sido llamado a transitar solitario en su peregrinaje de fe. *Véase Deuteronomio 1.38; página 191.*

3. La Palabra de Dios es ancla inconmovible en las tormentas. *Véase Deuteronomio 17.18, 19; páginas 210-211.*

4. Estar conscientes de la presencia de Dios nos da energías para desempeñar nuestro trabajo. *Véase Deuteronomio 20.1; página 213.*

21. La obediencia siempre trae bendición consigo. *Véase Deuteronomio 30.3; página 226.*

Moisés recuerda a Israel las promesas de Jehová en Horeb

1 ÉSTAS son las palabras que habló Moisés
a todo Israel a este lado del Jordán en el
desierto, en el Arabá frente al Mar Rojo, entre
Parán, Tofel, Labán, Hazerot y Dizahab.
2 Once jornadas hay desde Horeb, camino del
monte de Seir, hasta Cades-barnea.
3 Y aconteció que a los cuarenta años, en el
mes undécimo, el primero del mes, Moisés
habló a los hijos de Israel conforme a todas
las cosas que Jehová le había mandado acerca de ellos,
4 después que derrotó a Sehón rey de los
amorreos,[a] el cual habitaba en Hesbón, y a
Og rey de Basán[b] que habitaba en Astarot en
Edrei.
➤ 5 De este lado del Jordán, en tierra de Moab,
resolvió Moisés declarar esta ley, diciendo:
6 Jehová nuestro Dios nos habló en Horeb,
diciendo: Habéis estado bastante tiempo en
este monte.
7 Volveos e id al monte del amorreo y a todas
sus comarcas, en el Arabá, en el monte, en los
valles, en el Neguev, y junto a la costa del mar,
a la tierra del cananeo, y al Líbano, hasta el
gran río, el río Éufrates.
8 Mirad, yo os he entregado la tierra; entrad
y poseed la tierra que Jehová juró a vuestros
padres Abraham, Isaac y Jacob, que les daría
a ellos y a su descendencia después de ellos.

Nombramiento de jueces

(Éx 18.13-27)

9 En aquel tiempo yo os hablé diciendo: Yo
solo no puedo llevaros.
10 Jehová vuestro Dios os ha multiplicado, y
he aquí hoy vosotros sois como las estrellas
del cielo en multitud.
* 11 ¡Jehová Dios de vuestros padres os haga
mil veces más de lo que ahora sois, y os bendiga, como os ha prometido!
12 ¿Cómo llevaré yo solo vuestras molestias,
vuestras cargas y vuestros pleitos?
➤ 13 Dadme de entre vosotros, de vuestras tribus, varones sabios y entendidos y expertos,
para que yo los ponga por vuestros jefes.
14 Y me respondisteis y dijisteis: Bueno es
hacer lo que has dicho.
15 Y tomé a los principales de vuestras tribus,
varones sabios y expertos, y los puse por jefes
sobre vosotros, jefes de millares, de centenas,
de cincuenta y de diez, y gobernadores de
vuestras tribus.
16 Y entonces mandé a vuestros jueces, diciendo: Oíd entre vuestros hermanos, y juzgad justamente entre el hombre y su hermano, y el
extranjero.
17 No hagáis distinción de persona en el juicio; así al pequeño como al grande oiréis; no
tendréis temor de ninguno, porque el juicio es
de Dios; y la causa que os fuere difícil, la traeréis a mí, y yo la oiré.
18 Os mandé, pues, en aquel tiempo, todo lo
que habíais de hacer.

Misión de los doce espías

(Nm 13.1-33)

19 Y salidos de Horeb, anduvimos todo aquel
grande y terrible desierto que habéis visto,
por el camino del monte del amorreo, como
Jehová nuestro Dios nos lo mandó; y llegamos
hasta Cades-barnea.
20 Entonces os dije: Habéis llegado al monte del amorreo, el cual Jehová nuestro Dios
nos da.
21 Mira, Jehová tu Dios te ha entregado la tierra; sube y toma posesión de ella, como Jehová el Dios de tus padres te ha dicho; no temas
ni desmayes.
22 Y vinisteis a mí todos vosotros, y dijisteis:
Enviemos varones delante de nosotros que
nos reconozcan la tierra, y a su regreso nos
traigan razón del camino por donde hemos
de subir, y de las ciudades adonde hemos de
llegar.
23 Y el dicho me pareció bien; y tomé doce
varones de entre vosotros, un varón por cada
tribu.
24 Y se encaminaron, y subieron al monte, y
llegaron hasta el valle de Escol, y reconocieron la tierra.
25 Y tomaron en sus manos del fruto del país,
y nos lo trajeron, y nos dieron cuenta, y dijeron: Es buena la tierra que Jehová nuestro
Dios nos da.
26 Sin embargo, no quisisteis subir, antes
fuisteis rebeldes al mandato de Jehová vuestro Dios;[c]

a. 1.4 Nm 21.21-30. **b. 1.4** Nm 21.31-35. **c. 1.26** Dt 9.23; He 3.16.

LECCIONES DE VIDA

➤ ***1.5 — resolvió Moisés declarar esta ley.***

Moisés contó la historia de Israel y explicó los mandamientos de Dios al pueblo en cuanto a la entrada a la tierra prometida. Muchas veces es útil tener a un creyente sabio y maduro que nos explique lo que Dios dice en su Palabra. Hoy, esto se hace regularmente en la iglesia. ¿Asiste usted regularmente a una iglesia cristocéntrica donde la Biblia tiene el papel primordial?

➤ ***1.13 — Dadme de entre vosotros, de vuestras tribus, varones sabios y entendidos y expertos, para que yo los ponga por vuestros jefes.***

El reino de Dios no puede avanzar como debe sin líderes sabios, piadosos y bien informados, llenos del Espíritu de Dios. No sólo podemos crecer en santidad y fe, nos necesitamos unos a otros, y debemos siempre animarnos mutuamente a obedecer al Señor.

➤ 27 y murmurasteis en vuestras tiendas, diciendo: Porque Jehová nos aborrece, nos ha sacado de tierra de Egipto, para entregarnos en manos del amorreo para destruirnos.
28 ¿A dónde subiremos? Nuestros hermanos han atemorizado nuestro corazón, diciendo: Este pueblo es mayor y más alto que nosotros, las ciudades grandes y amuralladas hasta el cielo; y también vimos allí a los hijos de Anac.
29 Entonces os dije: No temáis, ni tengáis miedo de ellos.
➤ 30 Jehová vuestro Dios, el cual va delante de vosotros, él peleará por vosotros, conforme a todas las cosas que hizo por vosotros en Egipto delante de vuestros ojos.
31 Y en el desierto[d] has visto que Jehová tu Dios te ha traído, como trae el hombre a su hijo, por todo el camino que habéis andado, hasta llegar a este lugar.
32 Y aun con esto no creísteis a Jehová vuestro Dios,[e]
33 quien iba delante de vosotros por el camino para reconoceros el lugar donde habíais de acampar, con fuego de noche para mostraros el camino por donde anduvieseis, y con nube de día.

Dios castiga a Israel
(Nm 14.20-35)

34 Y oyó Jehová la voz de vuestras palabras, y se enojó, y juró diciendo:
35 No verá hombre alguno de éstos, de esta mala generación, la buena tierra que juré que había de dar a vuestros padres,[f]
36 excepto Caleb hijo de Jefone; él la verá, y a él le daré la tierra que pisó, y a sus hijos; porque ha seguido fielmente a Jehová.
37 También contra mí se airó Jehová por vosotros, y me dijo: Tampoco tú entrarás allá.
➤ 38 Josué hijo de Nun, el cual te sirve, él entrará allá; anímale, porque él la hará heredar a Israel.
39 Y vuestros niños, de los cuales dijisteis que servirían de botín, y vuestros hijos que no saben hoy lo bueno ni lo malo, ellos entrarán allá, y a ellos la daré, y ellos la heredarán.
40 Pero vosotros volveos e id al desierto, camino del Mar Rojo.

La derrota en Horma
(Nm 14.39-45)

41 Entonces respondisteis y me dijisteis: Hemos pecado contra Jehová; nosotros subiremos y pelearemos, conforme a todo lo que Jehová nuestro Dios nos ha mandado. Y os armasteis cada uno con sus armas de guerra, y os preparasteis para subir al monte.
42 Y Jehová me dijo: Diles: No subáis, ni peleéis, pues no estoy entre vosotros; para que no seáis derrotados por vuestros enemigos.
43 Y os hablé, y no disteis oído; antes fuisteis rebeldes al mandato de Jehová, y persistiendo con altivez subisteis al monte.
44 Pero salió a vuestro encuentro el amorreo, que habitaba en aquel monte, y os persiguieron como hacen las avispas, y os derrotaron en Seir, hasta Horma.
45 Y volvisteis y llorasteis delante de Jehová, pero Jehová no escuchó vuestra voz, ni os prestó oído.
46 Y estuvisteis en Cades por muchos días, los días que habéis estado allí.

Los años en el desierto

2 LUEGO volvimos y salimos al desierto, camino del Mar Rojo, como Jehová me había dicho; y rodeamos el monte de Seir[a] por mucho tiempo.
2 Y Jehová me habló, diciendo:
3 Bastante habéis rodeado este monte; volveos al norte.
4 Y manda al pueblo, diciendo: Pasando vosotros por el territorio de vuestros hermanos los hijos de Esaú,[b] que habitan en Seir, ellos tendrán miedo de vosotros; mas vosotros guardaos mucho.
5 No os metáis con ellos, porque no os daré de su tierra ni aun lo que cubre la planta de un pie; porque yo he dado por heredad a Esaú el monte de Seir.
6 Compraréis de ellos por dinero los alimentos, y comeréis; y también compraréis de ellos el agua, y beberéis;

d. 1.31 Hch 13.18. **e. 1.32** He 3.19. **f. 1.34-35** He 3.18.
a. 2.1 Nm 21.4. **b. 2.4** Gn 36.8.

LECCIONES DE VIDA

➤ ***1.27 — Porque Jehová nos aborrece, nos ha sacado de tierra de Egipto, para entregarnos en manos del amorreo para destruirnos.***

Desde el huerto de Edén, una de las tácticas más exitosas de Satanás ha sido conseguir que el pueblo de Dios crea la terrible mentira de que el Señor no es realmente amoroso y misericordioso. En este caso, toda una generación de israelitas perdió el gozo y la provisión que Dios les había prometido, porque no quisieron confiar en Él ni someterse a su plan. La verdad es que «Dios es amor» (1 Jn 4.8), y siempre será compasivo y misericordioso con nosotros. Él quiere para nosotros la mejor vida posible, y por eso debemos confiar en Él y obedecerle siempre.

➤ ***1.30 — Jehová vuestro Dios, el cual va delante de vosotros, él peleará por vosotros.***

La generación anterior no llegó a tener la tierra prometida por su incredulidad, aunque habían visto las poderosas obras de Dios a su favor. No debemos olvidar que el Señor no sólo está con nosotros; también va delante de nosotros para prepararnos el camino y darnos la victoria.

➤ ***1.38 — Josué hijo de Nun, el cual te sirve, él entrará allá; anímale.***

Puesto que estamos juntos en esto, Dios nos dirige a animarnos unos a otros (He 3.13). Ningún creyente ha sido llamado a «transitar solitario» en su peregrinaje de fe.

7 pues Jehová tu Dios te ha bendecido en
toda obra de tus manos; él sabe que andas
por este gran desierto; estos cuarenta años
Jehová tu Dios ha estado contigo, y nada te
ha faltado.
8 Y nos alejamos del territorio de nuestros
hermanos los hijos de Esaú, que habitaban
en Seir, por el camino del Arabá desde Elat y
Ezión-geber; y volvimos, y tomamos el camino del desierto de Moab.
9 Y Jehová me dijo: No molestes a Moab,[c] ni
te empeñes con ellos en guerra, porque no te
daré posesión de su tierra; porque yo he dado
a Ar por heredad a los hijos de Lot.
10 (Los emitas habitaron en ella antes, pueblo grande y numeroso, y alto como los hijos
de Anac.
11 Por gigantes eran ellos tenidos también,
como los hijos de Anac; y los moabitas los llaman emitas.
12 Y en Seir habitaron antes los horeos, a los
cuales echaron los hijos de Esaú; y los arrojaron de su presencia, y habitaron en lugar de
ellos, como hizo Israel en la tierra que les dio
Jehová por posesión.)
13 Levantaos ahora, y pasad el arroyo de
Zered. Y pasamos el arroyo de Zered.
14 Y los días que anduvimos de Cades-barnea
hasta cuando pasamos el arroyo de Zered fueron treinta y ocho años; hasta que se acabó
toda la generación de los hombres de guerra
de en medio del campamento, como Jehová
les había jurado.[d]
15 Y también la mano de Jehová vino sobre
ellos para destruirlos de en medio del campamento, hasta acabarlos.
16 Y aconteció que después que murieron
todos los hombres de guerra de entre el
pueblo,
17 Jehová me habló, diciendo:
18 Tú pasarás hoy el territorio de Moab, a Ar.
19 Y cuando te acerques a los hijos de Amón,[e]
no los molestes, ni contiendas con ellos; porque no te daré posesión de la tierra de los
hijos de Amón, pues a los hijos de Lot la he
dado por heredad.
20 (Por tierra de gigantes fue también ella
tenida; habitaron en ella gigantes en otro
tiempo, a los cuales los amonitas llamaban
zomzomeos;
21 pueblo grande y numeroso, y alto, como
los hijos de Anac; a los cuales Jehová destruyó delante de los amonitas. Éstos sucedieron
a aquéllos, y habitaron en su lugar,
22 como hizo Jehová con los hijos de Esaú
que habitaban en Seir, delante de los cuales
destruyó a los horeos; y ellos sucedieron a
éstos, y habitaron en su lugar hasta hoy.
23 Y a los aveos que habitaban en aldeas hasta Gaza, los caftoreos que salieron de Caftor
los destruyeron, y habitaron en su lugar.)
24 Levantaos, salid, y pasad el arroyo de
Arnón; he aquí he entregado en tu mano a
Sehón rey de Hesbón, amorreo, y a su tierra;
comienza a tomar posesión de ella, y entra en
guerra con él.
25 Hoy comenzaré a poner tu temor y tu
espanto sobre los pueblos debajo de todo el
cielo, los cuales oirán tu fama, y temblarán y
se angustiarán delante de ti.

Israel derrota a Sehón

(Nm 21.21-30)

26 Y envié mensajeros desde el desierto de
Cademot a Sehón rey de Hesbón con palabras
de paz, diciendo:
27 Pasaré por tu tierra por el camino; por el
camino iré, sin apartarme ni a diestra ni a
siniestra.
28 La comida me venderás por dinero, y
comeré; el agua también me darás por dinero,
y beberé; solamente pasaré a pie,
29 como lo hicieron conmigo los hijos de
Esaú que habitaban en Seir, y los moabitas que habitaban en Ar; hasta que cruce el
Jordán a la tierra que nos da Jehová nuestro Dios.
30 Mas Sehón rey de Hesbón no quiso que
pasásemos por el territorio suyo; porque Jehová tu Dios había endurecido su espíritu, y obstinado su corazón para entregarlo en tu mano,
como hasta hoy.

c. 2.9 Gn 19.37. **d. 2.14** Nm 14.28-35. **e. 2.19** Gn 19.38.

LECCIONES DE VIDA

2.7 — estos cuarenta años Jehová tu Dios ha estado contigo, y nada te ha faltado.

Aunque Israel terminó en el desierto a causa de su desobediencia, Dios no olvidó a su pueblo, sino que les dio todo lo que necesitaban. Él siempre atenúa su justicia con la gracia.

2.10 — Los emitas habitaron en ella antes, pueblo grande y numeroso, y alto como los hijos de Anac.

Moisés le recordó a la nueva generación que otros descendientes de Abraham se habían enfrentado a gigantes en el pasado, derrotándolos y tomando posesión de su tierra (Gn 14.5-16; 36.8). ¡Esta nueva generación, sin duda, habría de conquistar la tierra con la ayuda de Dios, tal como Él lo había prometido!

2.30 — Jehová tu Dios había endurecido su espíritu, y obstinado su corazón para entregarlo en tu mano, como hasta hoy.

A veces, el pueblo de Dios encuentra una gran resistencia, para que así el Señor pueda eliminarla de modo permanente, tal como hizo con Faraón (Éx 14.13-31) y con los amorreos (Nm 21.21-31). Lo que parece ser un obstáculo terrible, se convierte en la vía de Dios para dar una victoria contundente.

31 Y me dijo Jehová: He aquí yo he comenzado a entregar delante de ti a Sehón y a su tierra; comienza a tomar posesión de ella para
que la heredes.
32 Y nos salió Sehón al encuentro, él y todo su
pueblo, para pelear en Jahaza.
33 Mas Jehová nuestro Dios lo entregó delante de nosotros; y lo derrotamos a él y a sus
hijos, y a todo su pueblo.
34 Tomamos entonces todas sus ciudades,
y destruimos todas las ciudades, hombres,
mujeres y niños; no dejamos ninguno.
35 Solamente tomamos para nosotros los
ganados, y los despojos de las ciudades que
habíamos tomado.
36 Desde Aroer, que está junto a la ribera del
arroyo de Arnón, y la ciudad que está en el
valle, hasta Galaad, no hubo ciudad que escapase de nosotros; todas las entregó Jehová
nuestro Dios en nuestro poder.
37 Solamente a la tierra de los hijos de Amón
no llegamos; ni a todo lo que está a la orilla
del arroyo de Jaboc ni a las ciudades del monte, ni a lugar alguno que Jehová nuestro Dios
había prohibido.

Israel derrota a Og rey de Basán
(Nm 21.31-35)

3 VOLVIMOS, pues, y subimos camino de
Basán, y nos salió al encuentro Og rey
de Basán para pelear, él y todo su pueblo, en
Edrei.
2 Y me dijo Jehová: No tengas temor de él,
porque en tu mano he entregado a él y a todo
su pueblo, con su tierra; y harás con él como
hiciste con Sehón rey amorreo, que habitaba
en Hesbón.
3 Y Jehová nuestro Dios entregó también en
nuestra mano a Og rey de Basán, y a todo su
pueblo, al cual derrotamos hasta acabar con
todos.
4 Y tomamos entonces todas sus ciudades; no
quedó ciudad que no les tomásemos; sesenta
ciudades, toda la tierra de Argob, del reino de
Og en Basán.
5 Todas éstas eran ciudades fortificadas con
muros altos, con puertas y barras, sin contar
otras muchas ciudades sin muro.
6 Y las destruimos, como hicimos a Sehón rey
de Hesbón, matando en toda ciudad a hombres, mujeres y niños.
7 Y tomamos para nosotros todo el ganado, y
los despojos de las ciudades.
8 También tomamos en aquel tiempo la tierra
desde el arroyo de Arnón hasta el monte de
Hermón, de manos de los dos reyes amorreos
que estaban a este lado del Jordán.
9 (Los sidonios llaman a Hermón, Sirión; y los
amorreos, Senir.)
10 Todas las ciudades de la llanura, y todo
Galaad, y todo Basán hasta Salca y Edrei, ciudades del reino de Og en Basán.
11 Porque únicamente Og rey de Basán había
quedado del resto de los gigantes. Su cama,
una cama de hierro, ¿no está en Rabá de los
hijos de Amón? La longitud de ella es de nueve codos, y su anchura de cuatro codos, según
el codo de un hombre.

Rubén, Gad y la media tribu de Manasés se establecen al oriente del Jordán
(Nm 32.1-42)

12 Y esta tierra que heredamos en aquel tiempo, desde Aroer, que está junto al arroyo de
Arnón, y la mitad del monte de Galaad con
sus ciudades, la di a los rubenitas y a los gaditas;
13 y el resto de Galaad, y todo Basán, del reino de Og, toda la tierra de Argob, que se llamaba la tierra de los gigantes, lo di a la media
tribu de Manasés.
14 Jair hijo de Manasés tomó toda la tierra de
Argob hasta el límite con Gesur y Maaca, y la
llamó por su nombre, Basán-havot-jair, hasta hoy.
15 Y Galaad se lo di a Maquir.
16 Y a los rubenitas y gaditas les di de Galaad
hasta el arroyo de Arnón, teniendo por límite
el medio del valle, hasta el arroyo de Jaboc, el
cual es límite de los hijos de Amón;
17 también el Arabá, con el Jordán como límite desde Cineret hasta el mar del Arabá, el
Mar Salado, al pie de las laderas del Pisga al
oriente.
18 Y os mandé entonces, diciendo: Jehová vuestro Dios os ha dado esta tierra por heredad;
pero iréis armados todos los valientes delante
de vuestros hermanos los hijos de Israel.
19 Solamente vuestras mujeres, vuestros hijos
y vuestros ganados (yo sé que tenéis mucho
ganado), quedarán en las ciudades que os he
dado,[a]
20 hasta que Jehová dé reposo a vuestros
hermanos, así como a vosotros, y hereden
ellos también la tierra que Jehová vuestro

a. **3.18-20** Jos 1.12-15.

LECCIONES DE VIDA

➤ ***3.20 — Hasta que Jehová dé reposo a vuestros hermanos, así como a vosotros.***

Las tribus de Rubén y Gad vieron que la tierra al este del Jordán era buena para criar a sus familias y a sus rebaños. Pero debían ayudar a sus hermanos a conquistar la tierra de Canaán (Nm 32). Ninguna de las tribus podía permitirse descansar, hasta que todo Israel estuviera bien asentado. El plan de Dios exige que su pueblo trabaje unido para alcanzar los objetivos que Él les establece, porque juntos somos más fuertes que separados (Ec 4.9-12).

Dios les da al otro lado del Jordán; entonces os volveréis cada uno a la heredad que
yo os he dado.
21 Ordené también a Josué en aquel tiempo,
diciendo: Tus ojos vieron todo lo que Jehová
vuestro Dios ha hecho a aquellos dos reyes;
así hará Jehová a todos los reinos a los cuales pasarás tú.
22 No los temáis; porque Jehová vuestro Dios,
él es el que pelea por vosotros.

No se le permite a Moisés entrar a Canaán

23 Y oré a Jehová en aquel tiempo, diciendo:
24 Señor Jehová, tú has comenzado a mostrar
a tu siervo tu grandeza, y tu mano poderosa;
porque ¿qué dios hay en el cielo ni en la tierra
que haga obras y proezas como las tuyas?
25 Pase yo, te ruego, y vea aquella tierra buena que está más allá del Jordán, aquel buen
monte, y el Líbano.
26 Pero Jehová se había enojado contra mí a
causa de vosotros, por lo cual no me escuchó;
y me dijo Jehová: Basta, no me hables más de
este asunto.
27 Sube a la cumbre del Pisga y alza tus ojos al
oeste, y al norte, y al sur, y al este, y mira con tus
propios ojos; porque no pasarás el Jordán.[b]
28 Y manda a Josué, y anímalo, y fortalécelo;
porque él ha de pasar delante de este pueblo, y
él les hará heredar la tierra que verás.
29 Y paramos en el valle delante de Bet-peor.

Moisés exhorta a la obediencia

4 AHORA, pues, oh Israel, oye los estatutos
y decretos que yo os enseño, para que los
ejecutéis, y viváis, y entréis y poseáis la tierra
que Jehová el Dios de vuestros padres os da.
2 No añadiréis a la palabra que yo os mando,
ni disminuiréis de ella,[a] para que guardéis los
mandamientos de Jehová vuestro Dios que yo
os ordeno.
3 Vuestros ojos vieron lo que hizo Jehová con
motivo de Baal-peor; que a todo hombre que
fue en pos de Baal-peor destruyó Jehová tu
Dios de en medio de ti.[b]
4 Mas vosotros que seguisteis a Jehová vuestro Dios, todos estáis vivos hoy.
5 Mirad, yo os he enseñado estatutos y decretos, como Jehová mi Dios me mandó, para
que hagáis así en medio de la tierra en la cual
entráis para tomar posesión de ella.
6 Guardadlos, pues, y ponedlos por obra; porque ésta es vuestra sabiduría y vuestra inteligencia ante los ojos de los pueblos, los cuales
oirán todos estos estatutos, y dirán: Ciertamente pueblo sabio y entendido, nación grande es ésta.
7 Porque ¿qué nación grande hay que tenga
dioses tan cercanos a ellos como lo está Jehová nuestro Dios en todo cuanto le pedimos?
8 Y ¿qué nación grande hay que tenga estatutos y juicios justos como es toda esta ley que
yo pongo hoy delante de vosotros?

La experiencia de Israel en Horeb

9 Por tanto, guárdate, y guarda tu alma con
diligencia, para que no te olvides de las cosas
que tus ojos han visto, ni se aparten de tu corazón todos los días de tu vida; antes bien, las
enseñarás a tus hijos, y a los hijos de tus hijos.
10 El día que estuviste delante de Jehová
tu Dios en Horeb, cuando Jehová me dijo:
Reúneme el pueblo, para que yo les haga oír
mis palabras, las cuales aprenderán, para
temerme todos los días que vivieren sobre la
tierra, y las enseñarán a sus hijos;
11 y os acercasteis y os pusisteis al pie del
monte; y el monte ardía en fuego hasta en

b. 3.23-27 Nm 27.12-14; Dt 32.48-52. **a. 4.2** Ap 22.18-19.
b. 4.3 Nm 25.1-9.

LECCIONES DE VIDA

➤ ***3.26 — Basta, no me hables más de este asunto.***

Moisés le pidió a Dios que reconsiderara su negativa de permitirle entrar a la tierra prometida (Nm 20.6-12), pero el Señor había sido claro: la respuesta era no. La Biblia nos enseña a orar y perseverar en la oración, y a no rendirnos (Lc 18.1). Pero debemos tener cuidado de no tratar de manipular a Dios con nuestras oraciones, porque eso indica que nuestro corazón no está sumiso a Él. Cuando el Señor nos dice que es hora de dejar de orar por algo específico, debemos responder como lo hizo Jesús: «No se haga mi voluntad, sino la tuya» (Lc 22.42). Todo lo demás es desobediencia.

➤ ***4.2 — No añadiréis a la palabra que yo os mando, ni disminuiréis de ella.***

La Palabra de Dios es suficiente para nosotros. No debemos añadirle ni quitarle nada, porque ella contiene todo lo necesario para la vida y la piedad (2 P 1.2-8; Ap 22.18, 19).

➤ ***4.7 — Porque ¿qué nación grande hay que tenga dioses tan cercanos a ellos como lo está Jehová nuestro Dios en todo cuanto le pedimos?***

Algunas de las personas a las que Moisés se estaba dirigiendo, habían visto los milagros con que Dios los liberó de la esclavitud en Egipto. Habían sido testigos de las plagas y visto la división de las aguas del Mar Rojo. Algunos de ellos sólo habían oído las historias. Pero todos sabían que la generación anterior había muerto en el desierto por su incredulidad (Nm 14.22, 23; 26.64, 65; 32.9-13). Por eso, cuando Moisés le aseguró a esta nueva generación de israelitas que podían acudir a Dios por cualquier razón, en cualquier momento, con cualquier problema o dificultad, entendieron lo importante que era creer que Él les cumpliría. Nosotros también podemos acudir al Señor, con la seguridad de que cuando libramos nuestras batallas de rodillas siempre obtendremos la victoria.

➤ ***4.9 — las enseñarás a tus hijos, y a los hijos de tus hijos.***

Para mantener una influencia positiva sobre sus hijos, usted tiene que mantener un testimonio intachable. Asegúrese de ser un modelo de fidelidad a Dios, reconozca sus errores y cumpla su verdadero papel.

medio de los cielos con tinieblas, nube y oscuridad;
12 y habló Jehová con vosotros de en medio del fuego;[c] oísteis la voz de sus palabras, mas a excepción de oír la voz, ninguna figura visteis.
13 Y él os anunció su pacto, el cual os mandó poner por obra; los diez mandamientos, y los escribió en dos tablas de piedra.[d]
14 A mí también me mandó Jehová en aquel tiempo que os enseñase los estatutos y juicios,[e] para que los pusieseis por obra en la tierra a la cual pasáis a tomar posesión de ella.

Advertencia contra la idolatría

15 Guardad, pues, mucho vuestras almas; pues ninguna figura visteis el día que Jehová habló con vosotros de en medio del fuego;
16 para que no os corrompáis y hagáis para vosotros escultura,[f] imagen de figura alguna, efigie de varón o hembra,
17 figura de animal alguno que está en la tierra, figura de ave alguna alada que vuele por el aire,
18 figura de ningún animal que se arrastre sobre la tierra, figura de pez alguno que haya en el agua debajo de la tierra.
19 No sea que alces tus ojos al cielo, y viendo el sol y la luna y las estrellas, y todo el ejército del cielo, seas impulsado, y te inclines a ellos y les sirvas; porque Jehová tu Dios los ha concedido a todos los pueblos debajo de todos los cielos.
20 Pero a vosotros Jehová os tomó, y os ha sacado del horno de hierro, de Egipto, para que seáis el pueblo de su heredad[g] como en este día.
21 Y Jehová se enojó contra mí por causa de vosotros, y juró que yo no pasaría el Jordán, ni entraría en la buena tierra que Jehová tu Dios te da por heredad.[h]
22 Así que yo voy a morir en esta tierra, y no pasaré el Jordán; mas vosotros pasaréis, y poseeréis aquella buena tierra.
23 Guardaos, no os olvidéis del pacto de Jehová vuestro Dios, que él estableció con vosotros, y no os hagáis escultura o imagen de ninguna cosa que Jehová tu Dios te ha prohibido.
➤ 24 Porque Jehová tu Dios es fuego consumidor,[i] Dios celoso.
25 Cuando hayáis engendrado hijos y nietos, y hayáis envejecido en la tierra, si os corrompiereis e hiciereis escultura o imagen de cualquier cosa, e hiciereis lo malo ante los ojos de Jehová vuestro Dios, para enojarlo;
26 yo pongo hoy por testigos al cielo y a la tierra, que pronto pereceréis totalmente de la tierra hacia la cual pasáis el Jordán para tomar posesión de ella; no estaréis en ella largos días sin que seáis destruidos.
27 Y Jehová os esparcirá entre los pueblos, y quedaréis pocos en número entre las naciones a las cuales os llevará Jehová.
28 Y serviréis allí a dioses hechos de manos de hombres, de madera y piedra,[j] que no ven, ni oyen, ni comen, ni huelen.
29 Mas si desde allí buscares a Jehová tu Dios, lo hallarás, si lo buscares de todo tu corazón y de toda tu alma.[k]
30 Cuando estuvieres en angustia, y te alcanzaren todas estas cosas, si en los postreros días te volvieres a Jehová tu Dios, y oyeres su voz;
31 porque Dios misericordioso es Jehová tu Dios; no te dejará, ni te destruirá, ni se olvidará del pacto que les juró a tus padres. ➤
32 Porque pregunta ahora si en los tiempos pasados que han sido antes de ti, desde el día que creó Dios al hombre sobre la tierra, si desde un extremo del cielo al otro se ha hecho cosa semejante a esta gran cosa, o se haya oído otra como ella.
33 ¿Ha oído pueblo alguno la voz de Dios, hablando de en medio del fuego, como tú la has oído, sin perecer?
34 ¿O ha intentado Dios venir a tomar para sí una nación de en medio de otra nación, con pruebas, con señales, con milagros y con guerra, y mano poderosa y brazo extendido, y hechos aterradores como todo lo que hizo con vosotros Jehová vuestro Dios en Egipto ante tus ojos?
35 A ti te fue mostrado, para que supieses que Jehová es Dios, y no hay otro fuera de él.[l]
36 Desde los cielos te hizo oír su voz, para enseñarte; y sobre la tierra te mostró su gran

c. 4.11-12 Éx 19.16-18; He 12.18-19. **d. 4.13** Éx 31.18.
e. 4.14 Éx 21.1. **f. 4.16** Éx 20.4; Lv 26.1; Dt 5.8; 27.15.
g. 4.20 Éx 19.5; Dt 7.6; 14.2; 26.18; Tit 2.14; 1 P 2.9.
h. 4.21 Nm 20.12. **i. 4.24** He 12.29. **j. 4.27-28** Dt 28.36.
k. 4.29 Jer 29.13. **l. 4.35** Mr 12.32.

LECCIONES DE VIDA

➤ ***4.24 — Porque Jehová tu Dios es fuego consumidor, Dios celoso.***

El Señor es celoso en el sentido que no compartirá los corazones de los suyos con nada ni nadie más. Le pertenecemos sólo a Él, y está apasionadamente comprometido a que lleguemos a ser todo lo que quiso que seamos cuando nos creó. Una relación íntima, personal, con nosotros, es su prioridad para nuestras vidas.

➤ ***4.31 — Jehová tu Dios; no te dejará, ni te destruirá, ni se olvidará del pacto que les juró a tus padres.***

Servimos al único Dios verdadero, maravilloso, admirable, fuerte, amoroso, misericordioso, y totalmente digno de nuestra confianza. El Señor nunca hace una promesa que no va a cumplir, y nunca olvida las promesas que ha hecho.

RESPUESTAS A PREGUNTAS DE LA VIDA

¿Cómo capta Dios nuestra atención?

DT 4.32-40

Un silbato puede captar rápidamente nuestra atención. Lo usamos para controlar la conducta perturbadora, señalar el comienzo o el final de un evento, o para interrumpir la acción en un juego. No importa quién lo sople, un silbato nos dice que nos detengamos y escuchemos.

¿Qué usa Dios para captar nuestra atención? A veces utiliza un espíritu intranquilo, o una vaga insatisfacción con la vida. Puede usar las palabras de otra persona para ayudarnos a reconocer que Él nos está hablando, o puede permitir que nuestras oraciones queden sin respuesta para obligarnos a enfocar nuestra mirada en Él. También puede actuar a través de las decepciones, las dificultades y los fracasos para captar nuestra atención. Cualquiera que sea el caso, debemos detenernos y preguntar: «¿Me estás enseñando algo, Señor?»

Si somos sabios, le buscaremos de inmediato. En las tragedias, en los reveses económicos y en los sufrimientos físicos, Dios quiere ver si acudiremos a Él para preguntarle: «Señor, ¿qué quieres que aprenda de esto?»

¿Qué se necesita para que el Señor capte nuestra atención? ¿Causará un espíritu abatido que busquemos el consejo piadoso? ¿Escuchamos cuando Dios nos envía a alguien para que nos señale su camino? Cuando llegan las bendiciones ¿acudimos a Dios y le preguntamos cómo quiere que las usemos? ¿Buscamos al Señor cuando nuestras oraciones siguen sin respuesta? ¿Cuánto tiempo hace falta para que superemos nuestras emociones debido a frustraciones, dificultades y fracasos, y escuchemos lo que el Padre celestial quiere decirnos? En tiempos de gran crisis económica, tragedia y enfermedad, ¿elevamos al cielo nuestros ojos y nuestra mente para buscar el amor y la sabiduría de Dios?

Permita que los acontecimientos de su vida —los agradables y los dolorosos— le impulsen a acudir a Dios preguntando: «Señor, ¿qué me estás enseñando?» Preste atención a lo que el Señor quiere decirle. Empiece *ahora mismo* a aprender cómo darle a Él toda su atención. No importa lo que le suceda en su vida diaria, úselo como un recordatorio para acercarse más a Dios.

Él está esperando que usted le preste atención.

Para un estudio más a fondo, véase el Índice de Principios de vida:
13. Escuchar a Dios es esencial para andar con Él.

fuego, y has oído sus palabras de en medio del fuego.
37 Y por cuanto él amó a tus padres, escogió a su descendencia después de ellos, y te sacó de Egipto con su presencia y con su gran poder,
38 para echar de delante de tu presencia naciones grandes y más fuertes que tú, y para introducirte y darte su tierra por heredad, como hoy.
39 Aprende pues, hoy, y reflexiona en tu corazón que Jehová es Dios arriba en el cielo y abajo en la tierra, y no hay otro.
40 Y guarda sus estatutos y sus mandamientos, los cuales yo te mando hoy, para que te vaya bien a ti y a tus hijos después de ti, y prolongues tus días sobre la tierra que Jehová tu Dios te da para siempre.

Las ciudades de refugio al oriente del Jordán
41 Entonces apartó Moisés tres ciudades a este lado del Jordán al nacimiento del sol,
42 para que huyese allí el homicida que matase a su prójimo sin intención, sin haber tenido enemistad con él nunca antes; y que huyendo a una de estas ciudades salvase su vida:
43 Beser en el desierto, en tierra de la llanura, para los rubenitas; Ramot en Galaad para los gaditas, y Golán en Basán para los de Manasés.[m]

Moisés recapitula la promulgación de la ley
44 Ésta, pues, es la ley que Moisés puso delante de los hijos de Israel.

m. 4.41-43 Jos 20.8-9.

45 Éstos son los testimonios, los estatutos y los decretos que habló Moisés a los hijos de Israel cuando salieron de Egipto;
46 a este lado del Jordán, en el valle delante de Bet-peor, en la tierra de Sehón rey de los amorreos que habitaba en Hesbón, al cual derrotó Moisés con los hijos de Israel, cuando salieron de Egipto;
47 y poseyeron su tierra, y la tierra de Og rey de Basán; dos reyes de los amorreos que estaban de este lado del Jordán, al oriente.
48 Desde Aroer, que está junto a la ribera del arroyo de Arnón, hasta el monte de Sion, que es Hermón;
49 y todo el Arabá de este lado del Jordán, al oriente, hasta el mar del Arabá, al pie de las laderas del Pisga.

Los Diez Mandamientos
(Éx 20.1-17)

5 LLAMÓ Moisés a todo Israel y les dijo: Oye, Israel, los estatutos y decretos que yo pronuncio hoy en vuestros oídos; aprendedlos, y guardadlos, para ponerlos por obra.
2 Jehová nuestro Dios hizo pacto con nosotros en Horeb.
3 No con nuestros padres hizo Jehová este pacto, sino con nosotros todos los que estamos aquí hoy vivos.
4 Cara a cara habló Jehová con vosotros en el monte de en medio del fuego.
5 Yo estaba entonces entre Jehová y vosotros, para declararos la palabra de Jehová; porque vosotros tuvisteis temor del fuego, y no subisteis al monte. Dijo:
6 Yo soy Jehová tu Dios, que te saqué de tierra de Egipto, de casa de servidumbre.
7 No tendrás dioses ajenos delante de mí.
8 No harás para ti escultura, ni imagen alguna de cosa que está arriba en los cielos, ni abajo en la tierra, ni en las aguas debajo de la tierra.
9 No te inclinarás a ellas ni las servirás;[a] porque yo soy Jehová tu Dios, fuerte, celoso, que visito la maldad de los padres sobre los hijos hasta la tercera y cuarta generación de los que me aborrecen,
10 y que hago misericordia a millares, a los que me aman y guardan mis mandamientos.[b]
11 No tomarás el nombre de Jehová tu Dios en vano;[c] porque Jehová no dará por inocente al que tome su nombre en vano.
12 Guardarás el día de reposo* para santificarlo, como Jehová tu Dios te ha mandado.[d]
13 Seis días trabajarás, y harás toda tu obra;
14 mas el séptimo día es reposo* a Jehová tu Dios; ninguna obra harás tú,[e] ni tu hijo, ni tu hija, ni tu siervo, ni tu sierva, ni tu buey, ni tu asno, ni ningún animal tuyo, ni el extranjero que está dentro de tus puertas, para que descanse tu siervo y tu sierva como tú.
15 Acuérdate que fuiste siervo en tierra de Egipto, y que Jehová tu Dios te sacó de allá con mano fuerte y brazo extendido; por lo cual Jehová tu Dios te ha mandado que guardes el día de reposo.*
16 Honra a tu padre y a tu madre,[f] como Jehová tu Dios te ha mandado, para que sean prolongados tus días, y para que te vaya bien sobre la tierra que Jehová tu Dios te da.[g]
17 No matarás.[h]
18 No cometerás adulterio.[i]
19 No hurtarás.[j]
20 No dirás falso testimonio contra tu prójimo.[k]
21 No codiciarás[l] la mujer de tu prójimo, ni desearás la casa de tu prójimo, ni su tierra, ni su siervo, ni su sierva, ni su buey, ni su asno, ni cosa alguna de tu prójimo.

El terror del pueblo
(Éx 20.18-26)

22 Estas palabras habló Jehová a toda vuestra congregación en el monte, de en medio del fuego, de la nube y de la oscuridad, a gran voz; y no añadió más. Y las escribió en dos tablas de piedra, las cuales me dio a mí.
23 Y aconteció que cuando vosotros oísteis la voz de en medio de las tinieblas, y visteis al monte que ardía en fuego, vinisteis a mí, todos los príncipes de vuestras tribus, y vuestros ancianos,
24 y dijisteis: He aquí Jehová nuestro Dios nos ha mostrado su gloria y su grandeza, y hemos oído su voz de en medio del fuego; hoy hemos visto que Jehová habla al hombre, y éste aún vive.
25 Ahora, pues, ¿por qué vamos a morir? Porque este gran fuego nos consumirá; si

* Aquí equivale a *sábado*.
a. 5.8-9 Éx 34.17; Lv 19.4; 26.1; Dt 4.15-19; 27.15.
b. 5.9-10 Éx 34.6-7; Nm 14.18; Dt 7.9-10. **c. 5.11** Lv 19.12.
d. 5.12 Éx 16.23-30; 31.12-14. **e. 5.13-14** Éx 23.12; 31.15; 34.21; 35.2; Lv 23.3. **f. 5.16** Dt 27.16; Mt 15.4; 19.19; Mr 7.10; 10.19; Lc 18.20; Ef 6.2. **g. 5.16** Ef 6.3. **h. 5.17** Gn 9.6; Lv 24.17; Mt 5.21; 19.18; Mr 10.19; Lc 18.20; Ro 13.9; Stg 2.11. **i. 5.18** Lv 20.10; Mt 5.27; 19.18; Mr 10.19; Lc 18.20; Ro 13.9; Stg 2.11. **j. 5.19** Lv 19.11; Mt 19.18; Mr 10.19; Lc 18.20; Ro 13.9. **k. 5.20** Éx 23.1; Mt 19.18; Mr 10.19; Lc 18.20. **l. 5.21** Ro 7.7; 13.9.

LECCIONES DE VIDA

➤ ***5.24 — Jehová nuestro Dios nos ha mostrado su gloria y su grandeza.***

Aunque había transcurrido un largo tiempo desde que fueron dados los Diez Mandamientos, era importante que los israelitas recordaran el temor y la reverencia que sintieron por el Señor cuando vieron su poderosa presencia en el monte Horeb. Dios nos muestra su gloria y su grandeza como una bendición y también como un recordatorio de que, cuando Él nos habla, debemos prestar mucha atención y tomar sus palabras con mucha seriedad. Él tiene la autoridad para esperar nuestra obediencia, y la capacidad para cumplir sus promesas. Nuestra tarea es escuchar su voz y obedecer con gozo.

oyéremos otra vez la voz de Jehová nuestro
Dios, moriremos.
26 Porque ¿qué es el hombre, para que oiga la
voz del Dios viviente que habla de en medio
del fuego, como nosotros la oímos, y aún
viva?
27 Acércate tú, y oye todas las cosas que dijere Jehová nuestro Dios; y tú nos dirás todo lo
que Jehová nuestro Dios te dijere, y nosotros
oiremos y haremos.[m]
28 Y oyó Jehová la voz de vuestras palabras
cuando me hablabais, y me dijo Jehová: He
oído la voz de las palabras de este pueblo, que
ellos te han hablado; bien está todo lo que
han dicho.
➤ 29 ¡Quién diera que tuviesen tal corazón, que
me temiesen y guardasen todos los días todos
mis mandamientos, para que a ellos y a sus
hijos les fuese bien para siempre!
30 Ve y diles: Volveos a vuestras tiendas.
31 Y tú quédate aquí conmigo, y te diré todos
los mandamientos y estatutos y decretos que
les enseñarás, a fin de que los pongan ahora por obra en la tierra que yo les doy por
posesión.
32 Mirad, pues, que hagáis como Jehová vuestro Dios os ha mandado; no os apartéis a diestra ni a siniestra.
33 Andad en todo el camino que Jehová vuestro Dios os ha mandado, para que viváis y os
vaya bien, y tengáis largos días en la tierra
que habéis de poseer.

El gran mandamiento

6 ÉSTOS, pues, son los mandamientos, estatutos y decretos que Jehová vuestro Dios
mandó que os enseñase, para que los pongáis
por obra en la tierra a la cual pasáis vosotros
para tomarla;
2 para que temas a Jehová tu Dios, guardando todos sus estatutos y sus mandamientos
que yo te mando, tú, tu hijo, y el hijo de tu hijo,
todos los días de tu vida, para que tus días
sean prolongados.
3 Oye, pues, oh Israel, y cuida de ponerlos por
obra, para que te vaya bien en la tierra que
fluye leche y miel, y os multipliquéis, como te
ha dicho Jehová el Dios de tus padres.
4 Oye, Israel: Jehová nuestro Dios, Jehová ◄
uno es.[a]
5 Y amarás a Jehová tu Dios de todo tu ◄
corazón, y de toda tu alma, y con todas tus
fuerzas.[b]
6 Y estas palabras que yo te mando hoy, estarán sobre tu corazón;
7 y las repetirás a tus hijos, y hablarás de ellas
estando en tu casa, y andando por el camino,
y al acostarte, y cuando te levantes.
8 Y las atarás como una señal en tu mano, y
estarán como frontales entre tus ojos;
9 y las escribirás en los postes de tu casa, y en
tus puertas.[c]

Exhortaciones a la obediencia

10 Cuando Jehová tu Dios te haya introducido
en la tierra que juró a tus padres Abraham,[d]
Isaac[e] y Jacob[f] que te daría, en ciudades grandes y buenas que tú no edificaste,
11 y casas llenas de todo bien, que tú no llenaste, y cisternas cavadas que tú no cavaste,
viñas y olivares que no plantaste, y luego que
comas y te sacies,
12 cuídate de no olvidarte de Jehová, que
te sacó de la tierra de Egipto, de casa de
servidumbre.
13 A Jehová tu Dios temerás, y a él solo
servirás,[g] y por su nombre jurarás.
14 No andaréis en pos de dioses ajenos, de
los dioses de los pueblos que están en vuestros contornos;
15 porque el Dios celoso, Jehová tu Dios, en
medio de ti está; para que no se inflame el
furor de Jehová tu Dios contra ti, y te destruya de sobre la tierra.
16 No tentaréis a Jehová vuestro Dios,[h] como
lo tentasteis en Masah.[i]
17 Guardad cuidadosamente los mandamientos de Jehová vuestro Dios, y sus testimonios
y sus estatutos que te ha mandado.

m. 5.22-27 He 12.18-19. **a. 6.4** Mr 12.29. **b. 6.5** Mt 22.37; Mr 12.30; Lc 10.27. **c. 6.6-9** Dt 11.18-20. **d. 6.10** Gn 12.7. **e. 6.10** Gn 26.3. **f. 6.10** Gn 28.13. **g. 6.13** Mt 4.10; Lc 4.8. **h. 6.16** Mt 4.7; Lc 4.12. **i. 6.16** Éx 17.1-7.

LECCIONES DE VIDA

➤ ***5.29 — ¡Quién diera que tuviesen tal corazón, que me temiesen y guardasen todos los días todos mis mandamientos...!***

Dios declara aquí el deseo de su corazón: Él anhela que tengamos un santo temor de Él que nos mueva a guardar sus mandamientos, para poder bendecirnos a nosotros y a nuestros descendientes para siempre. El Señor nos da sus mandamientos para nuestro bien. Al obedecerlos no simplemente ganamos vida, sino una exitosa y larga vida. ¡Qué misericordioso es nuestro Dios!

➤ ***6.4 — Oye, Israel: Jehová nuestro Dios, Jehová uno es.***

Esta declaración comienza una sección que es llamada el Shemá. Es la palabra hebrea traducida como «oye». El pueblo hebreo debía orar con frecuencia Deuteronomio 6.4-9 como confirmación de su creencia en Dios. Es una sabia práctica que usted repita lo que cree, porque cuando vengan los momentos de dificultad, el Espíritu Santo le recordará la verdad de Dios y le alentará.

➤ ***6.5 — Y amarás a Jehová tu Dios de todo tu corazón, y de toda tu alma, y con todas tus fuerzas.***

De todos los mandamientos de Dios, éste es el esencial y el más importante. Cuando amamos a Dios más que a todo, la obediencia fluye como resultado natural y deja de ser una tarea pesada (Jn 14.15; 1 Jn 5.3).

LO QUE LA BIBLIA DICE ACERCA DE
LA IMPORTANCIA DE CULTIVAR UN ESPÍRITU DE DISCERNIMIENTO

Dt 6

Muchos creyentes se meten en problemas porque carecen de un espíritu de discernimiento. Caminan directamente hacia las trampas de Satanás, y nunca llegan siquiera a saber qué fue lo que les pasó. «No sé dónde estuvo el error», pueden decir. Pero la persona con un espíritu de discernimiento dirá de inmediato: «Ésta fue una trampa que me tendió Satanás, y fue así como caí en ella».

Todos necesitamos desarrollar un espíritu de discernimiento, basado en una relación fuerte con el Señor y en el conocimiento de lo bueno y lo malo. También debemos enseñar a nuestros hijos a hacer lo mismo. El tiempo para enseñarles a escuchar y obedecer a Dios no es cuando lleguen a la adultez; debemos instruirlos desde que son muy jóvenes. Moisés dijo a los israelitas que debían instruir rigurosamente a sus hijos en los mandamientos de Dios.

«Y estas palabras que yo te mando hoy, estarán sobre tu corazón; y las repetirás a tus hijos, y hablarás de ellas estando en tu casa, y andando por el camino, y al acostarte, y cuando te levantes. Y las atarás como una señal en tu mano, y estarán como frontales entre tus ojos; y las escribirás en los postes de tu casa, y en tus puertas» (Dt 6.6–9).

Debemos saber distinguir lo correcto de lo incorrecto, no sólo en teoría sino también en la práctica.

Debemos saber distinguir lo correcto de lo incorrecto, no sólo en teoría sino también en la práctica. Además, debemos pedirle a Dios que nos enseñe cómo aplicar su verdad a nuestras vidas, para que podamos vivir en obediencia a su Palabra. Es por esto que Moisés nos mandó a enseñar a nuestros hijos los mandamientos de Dios a lo largo del día, no sólo durante una media hora de escuela dominical. Tenemos que decirles claramente: «Ésta es la conducta correcta; ésta es la conducta incorrecta. Éste es el mandamiento de Dios. Éstas son las consecuencias de desobedecer a Dios». Pero la enseñanza sobre lo correcto y lo incorrecto no debe ser la obediencia legalista a las normas divinas. Lo que tenemos que hacer es enseñar a nuestros hijos a amar a Dios y a hacer suyos sus preceptos, y a obedecer siempre las indicaciones iniciales de su Espíritu, para marchar en armonía con Él.

Un hijo consagrado por completo a Dios, que sabe cómo buscarle y obedecerle, no tendrá dificultades para discernir su voluntad en cada situación. Ese hijo entenderá rápidamente cuando el Espíritu Santo le diga que algo no está bien; su conciencia se mantendrá viva y sensible. De esta manera evitará ser un blanco fácil del enemigo.

Para un estudio más a fondo, véase el Índice de Principios de vida:

3. La Palabra de Dios es ancla inconmovible en las tormentas.

10. Si es necesario, Dios moverá cielo y tierra para mostrarnos su voluntad.

➢ 18 Y haz lo recto y bueno ante los ojos de Jehová, para que te vaya bien, y entres y poseas la buena tierra que Jehová juró a tus padres;
19 para que él arroje a tus enemigos de delante de ti, como Jehová ha dicho.
20 Mañana cuando te preguntare tu hijo, diciendo: ¿Qué significan los testimonios y estatutos y decretos que Jehová nuestro Dios os mandó?
21 entonces dirás a tu hijo: Nosotros éramos siervos de Faraón en Egipto, y Jehová nos sacó de Egipto con mano poderosa.
22 Jehová hizo señales y milagros grandes y terribles en Egipto, sobre Faraón y sobre toda su casa, delante de nuestros ojos;
23 y nos sacó de allá, para traernos y darnos la tierra que juró a nuestros padres.
24 Y nos mandó Jehová que cumplamos todos estos estatutos, y que temamos a Jehová nuestro Dios, para que nos vaya bien todos los días, y para que nos conserve la vida, como hasta hoy.
25 Y tendremos justicia cuando cuidemos de poner por obra todos estos mandamientos delante de Jehová nuestro Dios, como él nos ha mandado.

Advertencias contra la idolatría de Canaán
(Éx 34.11-17)

7 CUANDO Jehová tu Dios te haya introducido en la tierra en la cual entrarás para tomarla, y haya echado de delante de ti a muchas naciones, al heteo, al gergeseo, al amorreo, al cananeo, al ferezeo, al heveo y al jebuseo, siete naciones[a] mayores y más poderosas que tú,
2 y Jehová tu Dios las haya entregado delante de ti, y las hayas derrotado, las destruirás del todo; no harás con ellas alianza, ni tendrás de ellas misericordia.
3 Y no emparentarás con ellas; no darás tu hija a su hijo, ni tomarás a su hija para tu hijo.
➢ 4 Porque desviará a tu hijo de en pos de mí, y servirán a dioses ajenos; y el furor de Jehová se encenderá sobre vosotros, y te destruirá pronto.
5 Mas así habéis de hacer con ellos: sus altares destruiréis, y quebraréis sus estatuas, y destruiréis sus imágenes de Asera, y quemaréis sus esculturas en el fuego.[b]

Un pueblo santo para Jehová

6 Porque tú eres pueblo santo para Jehová tu Dios; Jehová tu Dios te ha escogido para serle un pueblo especial,[c] más que todos los pueblos que están sobre la tierra.
7 No por ser vosotros más que todos los pueblos os ha querido Jehová y os ha escogido, pues vosotros erais el más insignificante de todos los pueblos; ➢
8 sino por cuanto Jehová os amó, y quiso guardar el juramento que juró a vuestros padres, os ha sacado Jehová con mano poderosa, y os ha rescatado de servidumbre, de la mano de Faraón rey de Egipto.
9 Conoce, pues, que Jehová tu Dios es Dios, Dios fiel, que guarda el pacto y la misericordia a los que le aman y guardan sus mandamientos, hasta mil generaciones; * ➢
10 y que da el pago en persona al que le aborrece, destruyéndolo;[d] y no se demora con el que le odia, en persona le dará el pago.
11 Guarda, por tanto, los mandamientos, estatutos y decretos que yo te mando hoy que cumplas.

Bendiciones de la obediencia
(Lv 26.3-13; Dt 28.1-14)

12 Y por haber oído estos decretos, y haberlos guardado y puesto por obra, Jehová tu Dios guardará contigo el pacto y la misericordia que juró a tus padres.

a .7.1 Hch 13.19. **b. 7.5** Dt 12.3. **c. 7.6** Éx 19.5; Dt 4.20; 14.2; 26.18; Tit 2.14; 1 P 2.9. **d. 7.9-10** Éx 20.5-6; 34.6-7; Nm 14.18; Dt 5.9-10.

LECCIONES DE VIDA

➢ ***6.18 — Y haz lo recto y bueno ante los ojos de Jehová, para que te vaya bien.***

Las promesas de Dios vienen a veces acompañadas de condiciones. Aquí promete a su pueblo que si hacen lo que Él dice que es recto y bueno, entonces de seguro recibirán sus bendiciones.

➢ ***7.4 — Porque desviará a tu hijo de en pos de mí.***

Puesto que la intimidad con Dios es su prioridad para nosotros, es un pecado serio apartar el corazón de alguien del único Dios verdadero (Mt 18.6; 1 Co 8.12).

➢ ***7.7, 8 — No por ser vosotros más que todos los pueblos os ha querido Jehová y os ha escogido…sino por cuanto Jehová os amó.***

Dios nos ama, no porque seamos dignos de su amor; nos ama porque su naturaleza es amor, y por su promesa a Abraham. Debemos nuestra salvación al amor de Dios, a nada más (Ro 5.8).

➢ ***7.9 — Dios fiel, que guarda el pacto y la misericordia a los que le aman y guardan sus mandamientos.***

En Romanos 8.35, el apóstol Pablo pregunta retóricamente qué pudiera separarnos del amor de Dios. La respuesta es: ¡absolutamente nada! Aun antes que el pueblo escogido de Dios entrara a la tierra prometida, Dios les garantizó su amor eterno.

13 Y te amará, te bendecirá y te multiplicará, y
bendecirá el fruto de tu vientre y el fruto de tu
tierra, tu grano, tu mosto, tu aceite, la cría de
tus vacas, y los rebaños de tus ovejas, en la tierra que juró a tus padres que te daría.
14 Bendito serás más que todos los pueblos;
no habrá en ti varón ni hembra estéril, ni en
tus ganados.
15 Y quitará Jehová de ti toda enfermedad; y
todas las malas plagas de Egipto, que tú conoces, no las pondrá sobre ti, antes las pondrá
sobre todos los que te aborrecieren.
16 Y consumirás a todos los pueblos que te da
Jehová tu Dios; no los perdonará tu ojo, ni servirás a sus dioses, porque te será tropiezo.[e]
➤ 17 Si dijeres en tu corazón: Estas naciones
son mucho más numerosas que yo; ¿cómo las
podré exterminar?
18 no tengas temor de ellas; acuérdate bien de
lo que hizo Jehová tu Dios con Faraón y con
todo Egipto;
19 de las grandes pruebas que vieron tus ojos,
y de las señales y milagros, y de la mano
poderosa y el brazo extendido con que Jehová tu Dios te sacó; así hará Jehová tu Dios
con todos los pueblos de cuya presencia tú
temieres.
20 También enviará Jehová tu Dios avispas
sobre ellos, hasta que perezcan los que quedaren y los que se hubieren escondido de delante de ti.
➤ 21 No desmayes delante de ellos, porque Jehová tu Dios está en medio de ti, Dios grande y
temible.
22 Y Jehová tu Dios echará a estas naciones
de delante de ti poco a poco; no podrás acabar con ellas en seguida, para que las fieras
del campo no se aumenten contra ti.
23 Mas Jehová tu Dios las entregará delante
de ti, y él las quebrantará con grande destro-
zo, hasta que sean destruidas.
24 Él entregará sus reyes en tu mano, y tú
destruirás el nombre de ellos de debajo del
cielo; nadie te hará frente hasta que los
destruyas.
25 Las esculturas de sus dioses quemarás en
el fuego; no codiciarás plata ni oro de ellas
para tomarlo para ti, para que no tropieces
en ello, pues es abominación a Jehová tu
Dios;
26 y no traerás cosa abominable a tu casa,
para que no seas anatema; del todo la
aborrecerás y la abominarás, porque es
anatema.

La buena tierra que han de poseer

8 CUIDARÉIS de poner por obra todo mandamiento que yo os ordeno hoy, para
que viváis, y seáis multiplicados, y entréis
y poseáis la tierra que Jehová prometió con
juramento a vuestros padres.
2 Y te acordarás de todo el camino por don- ➤
de te ha traído Jehová tu Dios estos cuarenta años en el desierto, para afligirte,
para probarte, para saber lo que había en
tu corazón, si habías de guardar o no sus
mandamientos.
3 Y te afligió, y te hizo tener hambre, y te sustentó con maná, comida que no conocías tú,
ni tus padres la habían conocido, para hacerte saber que no sólo de pan vivirá el hombre,
mas de todo lo que sale de la boca de Jehová
vivirá el hombre.[a]
4 Tu vestido nunca se envejeció sobre ti, ni
el pie se te ha hinchado en estos cuarenta años.
5 Reconoce asimismo en tu corazón, que
como castiga el hombre a su hijo, así Jehová
tu Dios te castiga.
6 Guardarás, pues, los mandamientos de
Jehová tu Dios, andando en sus caminos, y
temiéndole.
7 Porque Jehová tu Dios te introduce en la
buena tierra, tierra de arroyos, de aguas, de
fuentes y de manantiales, que brotan en vegas
y montes;
8 tierra de trigo y cebada, de vides, higueras y granados; tierra de olivos, de aceite y
de miel;
9 tierra en la cual no comerás el pan con escasez, ni te faltará nada en ella; tierra cuyas piedras son hierro, y de cuyos montes sacarás
cobre.

e. 7.12-16 Dt 11.13-17. **a. 8.3** Mt 4.4; Lc 4.4.

LECCIONES DE VIDA

➤ ***7.17 — Estas naciones son mucho más numerosas que yo; ¿cómo las podré exterminar?***

Cuando Dios nos llame a hacer alguna tarea que nos atemorice, no debemos fijar la mirada en nuestras propias capacidades o fuerzas, sino en su ilimitado poder y gracia. Tenemos éxito sólo cuando nos sumamos a Él.

➤ ***7.21 — No desmayes delante de ellos, porque Jehová tu Dios está en medio de ti, Dios grande y temible.***

Nuestro Dios es grande y temible, ¡y está con nosotros! Hoy no sólo está con nosotros; está *en* nosotros en la persona del Espíritu Santo desde el momento que conocemos a Cristo como nuestro Salvador. Por eso, ¿de qué temeremos?

➤ ***8.2 — Y te acordarás de todo el camino por donde te ha traído Jehová tu Dios... en el desierto.***

Dios promete guiarnos, aun cuando atravesamos el desierto. Allí nos humilla y nos prueba, para ver si vamos a obedecerle cuando las cosas se pongan difíciles.

10 Y comerás y te saciarás, y bendecirás a Jehová tu Dios por la buena tierra que te habrá dado.

Amonestación de no olvidar a Dios

11 Cuídate de no olvidarte de Jehová tu Dios, para cumplir sus mandamientos, sus decretos y sus estatutos que yo te ordeno hoy;

12 no suceda que comas y te sacies, y edifiques buenas casas en que habites,

13 y tus vacas y tus ovejas se aumenten, y la plata y el oro se te multipliquen, y todo lo que tuvieres se aumente;

14 y se enorgullezca tu corazón, y te olvides de Jehová tu Dios, que te sacó de tierra de Egipto, de casa de servidumbre;

15 que te hizo caminar por un desierto grande y espantoso, lleno de serpientes ardientes, y de escorpiones, y de sed, donde no había agua, y él te sacó agua de la roca del pedernal;

➤ 16 que te sustentó con maná en el desierto, comida que tus padres no habían conocido, afligiéndote y probándote, para a la postre hacerte bien,[b]

17 y digas en tu corazón: Mi poder y la fuerza de mi mano me han traído esta riqueza.

➤ 18 Sino acuérdate de Jehová tu Dios, porque él te da el poder para hacer las riquezas, a fin de confirmar su pacto que juró a tus padres, como en este día.

19 Mas si llegares a olvidarte de Jehová tu Dios y anduvieres en pos de dioses ajenos, y les sirvieres y a ellos te inclinares, yo lo afirmo hoy contra vosotros, que de cierto pereceréis.

20 Como las naciones que Jehová destruirá delante de vosotros, así pereceréis, por cuanto no habréis atendido a la voz de Jehová vuestro Dios.

Dios destruirá a las naciones de Canaán

9 OYE, Israel: tú vas hoy a pasar el Jordán, para entrar a desposeer a naciones más numerosas y más poderosas que tú, ciudades grandes y amuralladas hasta el cielo;

2 un pueblo grande y alto, hijos de los anaceos, de los cuales tienes tú conocimiento, y has oído decir: ¿Quién se sostendrá delante de los hijos de Anac?

3 Entiende, pues, hoy, que es Jehová tu Dios el que pasa delante de ti como fuego consumidor, que los destruirá y humillará delante de ti; y tú los echarás, y los destruirás en seguida, como Jehová te ha dicho.

4 No pienses en tu corazón cuando Jehová tu Dios los haya echado de delante de ti, diciendo: Por mi justicia me ha traído Jehová a poseer esta tierra; pues por la impiedad de estas naciones Jehová las arroja de delante de ti.

5 No por tu justicia, ni por la rectitud de tu corazón entras a poseer la tierra de ellos, sino por la impiedad de estas naciones Jehová tu Dios las arroja de delante de ti, y para confirmar la palabra que Jehová juró a tus padres Abraham, Isaac y Jacob.

La rebelión de Israel en Horeb
(Éx 31.18—32.35)

6 Por tanto, sabe que no es por tu justicia que Jehová tu Dios te da esta buena tierra para tomarla; porque pueblo duro de cerviz eres tú. ➤

7 Acuérdate, no olvides que has provocado la ira de Jehová tu Dios en el desierto; desde el día que saliste de la tierra de Egipto, hasta que entrasteis en este lugar, habéis sido rebeldes a Jehová.

8 En Horeb provocasteis a ira a Jehová, y se enojó Jehová contra vosotros para destruiros.

9 Cuando yo subí al monte para recibir las tablas de piedra, las tablas del pacto que Jehová hizo con vosotros, estuve entonces en el monte cuarenta días y cuarenta noches,[a] sin comer pan ni beber agua;

10 y me dio Jehová las dos tablas de piedra escritas con el dedo de Dios; y en ellas estaba escrito según todas las palabras que os habló

b. 8.11-16 Os 13.5-6. **a. 9.9** Éx 24.18.

LECCIONES DE VIDA

➤ ***8.16 — afligiéndote y probándote, para a la postre hacerte bien.***

Después de estar 400 años en Egipto, los israelitas se acostumbraron a comer comida egipcia, a usar ropa egipcia y a vivir conforme al estilo de vida egipcio. También se habían acostumbrado a su condición de esclavos. Lo mismo puede decirse de nosotros. Dios tuvo que limpiarlos radicalmente de sus antiguos hábitos para enseñarles a ser su amado pueblo especial, y para librarlos de la esclavitud de Egipto (Dt 7.6-8). Es posible que Dios nos permita atravesar tiempos difíciles para hacernos libres del pecado, pero si confiamos en Él, nos bendecirá en su tiempo.

➤ ***8.18 — porque él te da el poder para hacer las riquezas, a fin de confirmar su pacto que juró a tus padres.***

Nada en la Biblia condena el trabajar arduamente para obtener riqueza material. Pero Dios quiere que recordemos que nuestra capacidad para ganarla viene de Él y sólo de Él, y que la riqueza nunca debe ser más importante para nosotros que el Señor (Mt 6.19-34; Lc 16.10-13; 1 Ti 6.10; He 13.5).

➤ ***9.6 — Por tanto, sabe que no es por tu justicia que Jehová tu Dios te da esta buena tierra para tomarla; porque pueblo duro de cerviz eres tú.***

Dios no estaba premiando al pueblo de Israel por algo que ellos hubieran hecho. En realidad, habían sido desobedientes y rebeldes para con Él. Lo que estaba haciendo era cumplir su pacto con Abraham, Isaac y Jacob, por causa de su carácter fiel y justo (Gn 12.1-7; 13.14-18; 15; 17.1-8; 26.1-5; 28.10-16). Asimismo, el Señor no nos colma de amor porque lo merezcamos, sino porque es tierno y misericordioso (Ro 5.8).

Jehová en el monte, de en medio del fuego, el
día de la asamblea.
11 Sucedió al fin de los cuarenta días y cuarenta noches, que Jehová me dio las dos
tablas de piedra, las tablas del pacto.
12 Y me dijo Jehová: Levántate, desciende
pronto de aquí, porque tu pueblo que sacaste de Egipto se ha corrompido; pronto se han
apartado del camino que yo les mandé; se
han hecho una imagen de fundición.
13 Y me habló Jehová, diciendo: He observado a ese pueblo, y he aquí que es pueblo duro
de cerviz.
14 Déjame que los destruya, y borre su nombre de debajo del cielo, y yo te pondré sobre
una nación fuerte y mucho más numerosa
que ellos.
15 Y volví y descendí del monte, el cual ardía
en fuego, con las tablas del pacto en mis dos
manos.
16 Y miré, y he aquí habíais pecado contra
Jehová vuestro Dios; os habíais hecho un
becerro de fundición, apartándoos pronto del
camino que Jehová os había mandado.
17 Entonces tomé las dos tablas y las arrojé de mis dos manos, y las quebré delante de
vuestros ojos.
18 Y me postré delante de Jehová como
antes, cuarenta días y cuarenta noches; no
comí pan ni bebí agua, a causa de todo vuestro pecado que habíais cometido haciendo el
mal ante los ojos de Jehová para enojarlo.
19 Porque temí[b] a causa del furor y de la ira
con que Jehová estaba enojado contra vosotros para destruiros. Pero Jehová me escuchó
aun esta vez.
20 Contra Aarón también se enojó Jehová en
gran manera para destruirlo; y también oré
por Aarón en aquel entonces.
21 Y tomé el objeto de vuestro pecado, el
becerro que habíais hecho, y lo quemé en
el fuego, y lo desmenucé moliéndolo muy
bien, hasta que fue reducido a polvo; y eché
el polvo de él en el arroyo que descendía del
monte.
22 También en Tabera,[c] en Masah[d] y en
Kibrot-hataava[e] provocasteis a ira a Jehová.
23 Y cuando Jehová os envió desde Cades-
barnea,[f] diciendo: Subid y poseed la tierra
que yo os he dado,[g] también fuisteis rebeldes
al mandato de Jehová vuestro Dios,[h] y no le
creísteis, ni obedecisteis a su voz.
➤24 Rebeldes habéis sido a Jehová desde el
día que yo os conozco.
25 Me postré, pues, delante de Jehová; cuarenta días y cuarenta noches estuve postrado, porque Jehová dijo que os había de
destruir.
26 Y oré a Jehová, diciendo: Oh Señor Jehová, no destruyas a tu pueblo y a tu heredad
que has redimido con tu grandeza, que sacaste de Egipto con mano poderosa.
27 Acuérdate de tus siervos Abraham, Isaac
y Jacob; no mires a la dureza de este pueblo,
ni a su impiedad ni a su pecado,
28 no sea que digan los de la tierra de donde nos sacaste: Por cuanto no pudo Jehová
introducirlos en la tierra que les había prometido, o porque los aborrecía, los sacó para
matarlos en el desierto.
29 Y ellos son tu pueblo y tu heredad, que
sacaste con tu gran poder y con tu brazo
extendido.

El pacto renovado

(Éx 34.1-10)

10 EN aquel tiempo Jehová me dijo:
Lábrate dos tablas de piedra como las
primeras, y sube a mí al monte, y hazte un
arca de madera;
2 y escribiré en aquellas tablas las palabras
que estaban en las primeras tablas que quebraste; y las pondrás en el arca.
3 E hice un arca de madera de acacia, y
labré dos tablas de piedra como las primeras, y subí al monte con las dos tablas en mi
mano.
4 Y escribió en las tablas conforme a la primera escritura, los diez mandamientos que
Jehová os había hablado en el monte de en
medio del fuego, el día de la asamblea; y me
las dio Jehová.
5 Y volví y descendí del monte, y puse las
tablas en el arca que había hecho; y allí
están, como Jehová me mandó.
6 (Después salieron los hijos de Israel de
Beerot-bene-jaacán[1] a Mosera; allí murió
Aarón,[a] y allí fue sepultado, y en lugar suyo
tuvo el sacerdocio su hijo Eleazar.
7 De allí partieron a Gudgoda, y de Gudgoda
a Jotbata, tierra de arroyos de aguas.
8 En aquel tiempo apartó Jehová la tribu de
Leví[b] para que llevase el arca del pacto de

1 O, *los pozos de los hijos de Jaacán.*
b. 9.19 He 12.21. **c. 9.22** Nm 11.3. **d. 9.22** Éx 17.7.
e. 9.22 Nm 11.34. **f. 9.23** Nm 13.17. **g. 9.23** Dt 1.21.
h. 9.23 Nm 13.31; Dt 1.26; He 3.16. **a. 10.6** Nm 20.28; 33.38.
b. 10.8 Nm 3.5-8.

LECCIONES DE VIDA

➤ ***9.24 — Rebeldes habéis sido a Jehová desde el día que yo os conozco.***

¿Por qué razón estaba Moisés recordando a los israelitas sus faltas pasadas? Dios no quiere que nos quedemos atascados en nuestros fracasos del pasado; pero el pueblo de Israel iba a disfrutar de grandes bendiciones en la tierra prometida, y necesitaba recordar quién era verdaderamente el responsable de sus triunfos (2 Co 12.7-10). De lo contrario, el orgullo podía colarse y destruirlos. Debemos tener siempre una actitud correcta hacia el Señor, y esto significa recordar humildemente lo que éramos antes, y ser agradecidos por la libertad que Él nos ha dado.

Jehová, para que estuviese delante de Jehová para servirle, y para bendecir en su nombre, hasta hoy,
9 por lo cual Leví no tuvo parte ni heredad con sus hermanos; Jehová es su heredad, como Jehová tu Dios le dijo.)
10 Y yo estuve en el monte como los primeros días, cuarenta días y cuarenta noches;[c]
y Jehová también me escuchó esta vez, y no quiso Jehová destruirte.
11 Y me dijo Jehová: Levántate, anda, para que marches delante del pueblo, para que entren y posean la tierra que juré a sus padres que les había de dar.

Lo que Dios exige

➤ 12 Ahora, pues, Israel, ¿qué pide Jehová tu Dios de ti, sino que temas a Jehová tu Dios, que andes en todos sus caminos, y que lo ames, y sirvas a Jehová tu Dios con todo tu corazón y con toda tu alma;
13 que guardes los mandamientos de Jehová y sus estatutos, que yo te prescribo hoy, para que tengas prosperidad?
14 He aquí, de Jehová tu Dios son los cielos, y los cielos de los cielos, la tierra, y todas las cosas que hay en ella.
15 Solamente de tus padres se agradó Jehová para amarlos, y escogió su descendencia después de ellos, a vosotros, de entre todos los pueblos, como en este día.
16 Circuncidad, pues, el prepucio de vuestro corazón, y no endurezcáis más vuestra cerviz.
17 Porque Jehová vuestro Dios es Dios de dioses, y Señor de señores, Dios grande, poderoso y temible, que no hace acepción de personas,[d] ni toma cohecho;
18 que hace justicia al huérfano y a la viuda; que ama también al extranjero dándole pan y vestido.
19 Amaréis, pues, al extranjero; porque extranjeros fuisteis en la tierra de Egipto.
20 A Jehová tu Dios temerás, a él solo servirás, a él seguirás, y por su nombre jurarás.
21 Él es el objeto de tu alabanza, y él es tu Dios, que ha hecho contigo estas cosas grandes y terribles que tus ojos han visto.
22 Con setenta personas[e] descendieron tus padres a Egipto, y ahora Jehová te ha hecho como las estrellas del cielo[f] en multitud.

La grandeza de Jehová

11 AMARÁS, pues, a Jehová tu Dios, y guardarás sus ordenanzas, sus estatutos, sus decretos y sus mandamientos, todos los días.
2 Y comprended hoy, porque no hablo con vuestros hijos que no han sabido ni visto el castigo de Jehová vuestro Dios, su grandeza, su mano poderosa, y su brazo extendido,
3 y sus señales, y sus obras que hizo en medio de Egipto a Faraón rey de Egipto, y a toda su tierra;[a]
4 y lo que hizo al ejército de Egipto, a sus caballos y a sus carros; cómo precipitó las aguas del Mar Rojo sobre ellos, cuando venían tras vosotros,[b] y Jehová los destruyó hasta hoy;
5 y lo que ha hecho con vosotros en el desierto, hasta que habéis llegado a este lugar;
6 y lo que hizo con Datán y Abiram, hijos de Eliab hijo de Rubén; cómo abrió su boca la tierra, y los tragó con sus familias, sus tiendas, y todo su ganado, en medio de todo Israel.[c]
7 Mas vuestros ojos han visto todas las grandes obras que Jehová ha hecho.

Bendiciones de la Tierra Prometida

8 Guardad, pues, todos los mandamientos que yo os prescribo hoy, para que seáis fortalecidos, y entréis y poseáis la tierra a la cual pasáis para tomarla;
9 y para que os sean prolongados los días sobre la tierra, de la cual juró Jehová a vuestros padres, que había de darla a ellos y a su descendencia, tierra que fluye leche y miel.
10 La tierra a la cual entras para tomarla no es como la tierra de Egipto de donde habéis salido, donde sembrabas tu semilla, y regabas con tu pie, como huerto de hortaliza.
11 La tierra a la cual pasáis para tomarla es tierra de montes y de vegas, que bebe las aguas de la lluvia del cielo;
12 tierra de la cual Jehová tu Dios cuida; siempre están sobre ella los ojos de Jehová tu Dios, desde el principio del año hasta el fin.
13 Si obedeciereis cuidadosamente a mis mandamientos que yo os prescribo hoy, amando a

c. 10.10 Éx 34.28. **d. 10.17** Hch 10.34; Ro 2.11; Gá 2.6; Ef 6.9. **e. 10.22** Gn 46.27. **f. 10.22** Gn 15.5; 22.17.
a. 11.3 Éx 7.8—12.13. **b. 11.4** Éx 14.28. **c. 11.6** Nm 16.31-32.

LECCIONES DE VIDA

➤ ***10.12 — que temas a Jehová tu Dios, que andes en todos sus caminos, y que lo ames, y sirvas a Jehová tu Dios con todo tu corazón y con toda tu alma.***

Dios ordenó a los israelitas que tomaran Canaán; pero después de 40 años de peregrinación, sin duda se preguntaban si tenían lo que se necesitaba para librar una guerra exitosa. Pero Dios no esperaba que tuvieran un plan de batalla perfecto. Lo que quería simplemente era que lo amaran y obedecieran. Moisés entendió que Israel no podría estar bajo la protección del Señor sin obediencia y fe, y por eso les recordó la esencia de la ley de Dios: (1) temer a Dios, (2) andar en sus caminos, (3) amarle, (4) servirle de todo corazón y (5) obedecerle. Dios no es un capataz insoportable; no le ha puesto a usted para que fracase. Por el contrario, es su Dios amoroso que le está abriendo un camino para que supere los problemas que encuentre. La responsabilidad que usted tiene es andar en sus caminos.

Jehová vuestro Dios, y sirviéndole con todo
vuestro corazón, y con toda vuestra alma,
➤ 14 yo daré la lluvia de vuestra tierra a su tiempo, la temprana y la tardía; y recogerás tu grano, tu vino y tu aceite.
15 Daré también hierba en tu campo para tus ganados; y comerás, y te saciarás.
➤ 16 Guardaos, pues, que vuestro corazón no se infatúe, y os apartéis y sirváis a dioses ajenos, y os inclinéis a ellos;
17 y se encienda el furor de Jehová sobre vosotros, y cierre los cielos, y no haya lluvia, ni la tierra dé su fruto, y perezcáis pronto de la buena tierra que os da Jehová.[d]
18 Por tanto, pondréis estas mis palabras en vuestro corazón y en vuestra alma, y las ataréis como señal en vuestra mano, y serán por frontales entre vuestros ojos.
19 Y las enseñaréis a vuestros hijos, hablando de ellas cuando te sientes en tu casa, cuando andes por el camino, cuando te acuestes, y cuando te levantes,
20 y las escribirás en los postes de tu casa, y en tus puertas;[e]
21 para que sean vuestros días, y los días de vuestros hijos, tan numerosos sobre la tierra que Jehová juró a vuestros padres que les había de dar, como los días de los cielos sobre la tierra.
22 Porque si guardareis cuidadosamente todos estos mandamientos que yo os prescribo para que los cumpláis, y si amareis a Jehová vuestro Dios, andando en todos sus caminos, y siguiéndole a él,
23 Jehová también echará de delante de vosotros a todas estas naciones, y desposeeréis naciones grandes y más poderosas que vosotros.
24 Todo lugar que pisare la planta de vuestro pie será vuestro; desde el desierto hasta el Líbano, desde el río Éufrates hasta el mar occidental será vuestro territorio.
25 Nadie se sostendrá delante de vosotros;[f] miedo y temor de vosotros pondrá Jehová vuestro Dios sobre toda la tierra que pisareis, como él os ha dicho.
26 He aquí yo pongo hoy delante de vosotros la bendición y la maldición:
27 la bendición, si oyereis los mandamientos de Jehová vuestro Dios, que yo os prescribo hoy,
28 y la maldición, si no oyereis los mandamientos de Jehová vuestro Dios, y os apartareis del camino que yo os ordeno hoy, para ir en pos de dioses ajenos que no habéis conocido.
29 Y cuando Jehová tu Dios te haya introducido en la tierra a la cual vas para tomarla, pondrás la bendición sobre el monte Gerizim, y la maldición sobre el monte Ebal,[g]
30 los cuales están al otro lado del Jordán, tras el camino del occidente en la tierra del cananeo, que habita en el Arabá frente a Gilgal, junto al encinar de More.
31 Porque vosotros pasáis el Jordán para ir a poseer la tierra que os da Jehová vuestro Dios; y la tomaréis, y habitaréis en ella.
32 Cuidaréis, pues, de cumplir todos los estatutos y decretos que yo presento hoy delante de vosotros.

El santuario único

12 ESTOS son los estatutos y decretos que cuidaréis de poner por obra en la tierra que Jehová el Dios de tus padres te ha dado para que tomes posesión de ella, todos los días que vosotros viviereis sobre la tierra.
2 Destruiréis enteramente todos los lugares donde las naciones que vosotros heredaréis sirvieron a sus dioses, sobre los montes altos, y sobre los collados, y debajo de todo árbol frondoso.
3 Derribaréis sus altares, y quebraréis sus estatuas, y sus imágenes de Asera consumiréis con fuego; y destruiréis las esculturas de sus dioses, y raeréis su nombre de aquel lugar.[a]
4 No haréis así a Jehová vuestro Dios, ➤

d. 11.13-17 Lv 26.3-5; Dt 7.12-16; 28.1-14. **e. 11.18-20** Dt 6.6-9. **f. 11.24-25** Jos 1.3-5. **g. 11.29** Dt 27.11-14; Jos 8.33-35. **a. 12.3** Dt 7.5.

LECCIONES DE VIDA

➤ ***11.14 — yo daré la lluvia de vuestra tierra a su tiempo, la temprana y la tardía.***

En la historia de Israel, su éxito o su fracaso dependían de dos breves temporadas de lluvia. La lluvia temprana, que se producía en el otoño, ablandaba la tierra para plantar y alimentar la semilla. La lluvia tardía abarrotaba las cosechas antes del calor del verano. Todo dependía de la lluvia; si todo salía bien, habría una cosecha abundante. De lo contrario, habría hambre y ruina. Nuestro Dios provee para quienes le aman y obedecen sus mandamientos. En el incierto mundo de hoy, es bueno estar en las manos de un Dios amoroso que sabe lo que necesitamos aun antes que se lo pidamos.

➤ ***11.16 — Guardaos, pues, que vuestro corazón no se infatúe, y os apartéis y sirváis a dioses ajenos, y os inclinéis a ellos.***

La mayoría de las personas no se despiertan simplemente un día y deciden abandonar a Dios. El engaño suele tener un papel importante en esto, como lo tuvo en el Edén y como lo tendrá al final de los tiempos (Gn 3.13; Mt 24.5).

➤ ***12.4 — No haréis así a Jehová vuestro Dios.***

No toda adoración es adoración a Dios. Servir a Dios de la misma manera que eran adorados los falsos dioses, significaba deshonrar por completo su santo nombre. Los israelitas tenían estrictamente prohibido imitar las costumbres de las naciones paganas que los rodeaban, y por eso debían mantenerse separados como un pueblo que representaba al único Dios verdadero (Éx 19.5, 6; 1 P 2.9). No debían amoldarse; tenían que distinguirse de ellos. Esto también es válido para nosotros. Dios nos llama a adorarle en Espíritu y en verdad (Jn 4.24); por tanto, debemos ser quienes «en espíritu servimos a Dios y nos gloriamos en Cristo Jesús, no teniendo confianza en la carne» (Fil 3.3).

5 sino que el lugar que Jehová vuestro Dios
escogiere de entre todas vuestras tribus, para
poner allí su nombre para su habitación, ése
buscaréis, y allá iréis.
6 Y allí llevaréis vuestros holocaustos, vuestros sacrificios, vuestros diezmos, y la ofrenda elevada de vuestras manos, vuestros votos,
vuestras ofrendas voluntarias, y las primicias
de vuestras vacas y de vuestras ovejas;
7 y comeréis allí delante de Jehová vuestro
Dios, y os alegraréis, vosotros y vuestras familias, en toda obra de vuestras manos en la cual
Jehová tu Dios te hubiere bendecido.
8 No haréis como todo lo que hacemos nosotros
aquí ahora, cada uno lo que bien le parece,
9 porque hasta ahora no habéis entrado al
reposo y a la heredad que os da Jehová vuestro Dios.
10 Mas pasaréis el Jordán, y habitaréis en la
tierra que Jehová vuestro Dios os hace heredar; y él os dará reposo de todos vuestros enemigos alrededor, y habitaréis seguros.
11 Y al lugar que Jehová vuestro Dios escogiere para poner en él su nombre, allí llevaréis todas las cosas que yo os mando: vuestros
holocaustos, vuestros sacrificios, vuestros
diezmos, las ofrendas elevadas de vuestras
manos, y todo lo escogido de los votos que
hubiereis prometido a Jehová.
12 Y os alegraréis delante de Jehová vuestro
Dios, vosotros, vuestros hijos, vuestras hijas,
vuestros siervos y vuestras siervas, y el levita
que habite en vuestras poblaciones; por cuanto no tiene parte ni heredad con vosotros.
13 Cuídate de no ofrecer tus holocaustos en
cualquier lugar que vieres;
14 sino que en el lugar que Jehová escogiere,
en una de tus tribus, allí ofrecerás tus holocaustos, y allí harás todo lo que yo te mando.
15 Con todo, podrás matar y comer carne en
todas tus poblaciones conforme a tu deseo,
según la bendición que Jehová tu Dios te haya
dado; el inmundo y el limpio la podrá comer,
como la de gacela o de ciervo.
16 Solamente que sangre no comeréis;[b] sobre
la tierra la derramaréis como agua.
17 Ni comerás en tus poblaciones el diezmo
de tu grano, de tu vino o de tu aceite, ni las
primicias de tus vacas, ni de tus ovejas, ni los
votos que prometieres, ni las ofrendas voluntarias, ni las ofrendas elevadas de tus manos;
➤ 18 sino que delante de Jehová tu Dios las
comerás, en el lugar que Jehová tu Dios hubiere escogido, tú, tu hijo, tu hija, tu siervo, tu sierva, y el levita que habita en tus poblaciones; te
alegrarás delante de Jehová tu Dios de toda la
obra de tus manos.
19 Ten cuidado de no desamparar al levita en
todos tus días sobre la tierra.
20 Cuando Jehová tu Dios ensanchare tu
territorio, como él te ha dicho, y tú dijeres:
Comeré carne, porque deseaste comerla, conforme a lo que deseaste podrás comer.
21 Si estuviere lejos de ti el lugar que Jehová tu Dios escogiere para poner allí su nombre, podrás matar de tus vacas y de tus ovejas
que Jehová te hubiere dado, como te he mandado yo, y comerás en tus puertas según todo
lo que deseares.
22 Lo mismo que se come la gacela y el ciervo, así las podrás comer; el inmundo y el limpio podrán comer también de ellas.
23 Solamente que te mantengas firme en no
comer sangre; porque la sangre es la vida, y
no comerás la vida juntamente con su carne.
24 No la comerás; en tierra la derramarás
como agua.[c]
25 No comerás de ella, para que te vaya bien
a ti y a tus hijos después de ti, cuando hicieres
lo recto ante los ojos de Jehová.
26 Pero las cosas que hubieres consagrado, y
tus votos, las tomarás, y vendrás con ellas al
lugar que Jehová hubiere escogido;
27 y ofrecerás tus holocaustos, la carne y
la sangre, sobre el altar de Jehová tu Dios;
y la sangre de tus sacrificios será derramada sobre el altar de Jehová tu Dios, y podrás
comer la carne.
28 Guarda y escucha todas estas palabras
que yo te mando, para que haciendo lo bueno
y lo recto ante los ojos de Jehová tu Dios, te
vaya bien a ti y a tus hijos después de ti para
siempre.

Advertencias contra la idolatría

29 Cuando Jehová tu Dios haya destruido
delante de ti las naciones adonde tú vas para
poseerlas, y las heredes, y habites en su tierra,
30 guárdate que no tropieces yendo en pos de
ellas, después que sean destruidas delante de
ti; no preguntes acerca de sus dioses, diciendo: De la manera que servían aquellas naciones a sus dioses, yo también les serviré.
31 No harás así a Jehová tu Dios; porque toda
cosa abominable que Jehová aborrece, hicieron ellos a sus dioses; pues aun a sus hijos y a
sus hijas quemaban en el fuego a sus dioses.
32 Cuidarás de hacer todo lo que yo te mando;
no añadirás a ello, ni de ello quitarás.[d]

b. 12.16 Gn 9.4; Lv 7.26-27; 17.10-14; 19.26; Dt 15.23.
c. 12.23-24 Lv 17.10-14. **d. 12.32** Dt 4.2; Ap 22.18-19.

LECCIONES DE VIDA

➤ ***12.18 — te alegrarás delante de Jehová tu Dios de toda la obra de tus manos.***

Dios quiere un pueblo santo y feliz que se regocije en lo que hace, no una severa compañía de santos paralizados y deprimidos por todo lo malo del mundo. Ser uno con Dios produce paz y gozo, no intranquilidad y quejas.

13 CUANDO se levantare en medio de ti
profeta, o soñador de sueños, y te anunciare señal o prodigios,
2 y si se cumpliere la señal o prodigio que él te
anunció, diciendo: Vamos en pos de dioses ajenos, que no conociste, y sirvámosles;
➤ 3 no darás oído a las palabras de tal profeta, ni al tal soñador de sueños; porque Jehová
vuestro Dios os está probando, para saber si
amáis a Jehová vuestro Dios con todo vuestro
corazón, y con toda vuestra alma.
4 En pos de Jehová vuestro Dios andaréis;
a él temeréis, guardaréis sus mandamientos y escucharéis su voz, a él serviréis, y a él
seguiréis.
5 Tal profeta o soñador de sueños ha de ser
muerto, por cuanto aconsejó rebelión contra
Jehová vuestro Dios que te sacó de tierra de
Egipto y te rescató de casa de servidumbre, y
trató de apartarte del camino por el cual Jehová tu Dios te mandó que anduvieses; y así quitarás el mal de en medio de ti.
6 Si te incitare tu hermano, hijo de tu madre,
o tu hijo, tu hija, tu mujer o tu amigo íntimo,
diciendo en secreto: Vamos y sirvamos a dioses
ajenos, que ni tú ni tus padres conocisteis,
7 de los dioses de los pueblos que están en
vuestros alrededores, cerca de ti o lejos de
ti, desde un extremo de la tierra hasta el otro
extremo de ella;
8 no consentirás con él, ni le prestarás oído; ni
tu ojo le compadecerá, ni le tendrás misericordia, ni lo encubrirás,
9 sino que lo matarás; tu mano se alzará primero sobre él para matarle, y después la
mano de todo el pueblo.
10 Le apedrearás hasta que muera, por cuanto procuró apartarte de Jehová tu Dios,
que te sacó de tierra de Egipto, de casa de
servidumbre;
11 para que todo Israel oiga, y tema, y no
vuelva a hacer en medio de ti cosa semejante a ésta.
12 Si oyeres que se dice de alguna de tus ciudades que Jehová tu Dios te da para vivir en
ellas,
13 que han salido de en medio de ti hombres
impíos que han instigado a los moradores de
su ciudad, diciendo: Vamos y sirvamos a dioses ajenos, que vosotros no conocisteis;
14 tú inquirirás, y buscarás y preguntarás con
diligencia; y si pareciere verdad, cosa cierta,
que tal abominación se hizo en medio de ti,
15 irremisiblemente herirás a filo de espada a
los moradores de aquella ciudad, destruyéndola
con todo lo que en ella hubiere, y también
matarás sus ganados a filo de espada.
16 Y juntarás todo su botín en medio de la plaza, y consumirás con fuego la ciudad y todo su
botín, todo ello, como holocausto a Jehová tu
Dios, y llegará a ser un montón de ruinas para
siempre; nunca más será edificada.
17 Y no se pegará a tu mano nada del anatema, para que Jehová se aparte del ardor de su
ira, y tenga de ti misericordia, y tenga compasión de ti, y te multiplique, como lo juró a
tus padres,
18 cuando obedecieres a la voz de Jehová tu
Dios, guardando todos sus mandamientos que
yo te mando hoy, para hacer lo recto ante los
ojos de Jehová tu Dios.

14 HIJOS sois de Jehová vuestro Dios; no
os sajaréis, ni os raparéis a causa de
muerto.[a]
2 Porque eres pueblo santo a Jehová tu Dios,
y Jehová te ha escogido para que le seas un
pueblo único[b] de entre todos los pueblos que
están sobre la tierra.

Animales limpios e inmundos
(Lv 11.1-47)

3 Nada abominable comerás.
4 Éstos son los animales que podréis comer: el
buey, la oveja, la cabra,
5 el ciervo, la gacela, el corzo, la cabra montés, el íbice, el antílope y el carnero montés.
6 Y todo animal de pezuñas, que tiene hendidura de dos uñas, y que rumiare entre los animales, ése podréis comer.
7 Pero éstos no comeréis, entre los que rumian
o entre los que tienen pezuña hendida: camello, liebre y conejo; porque rumian, mas no tienen pezuña hendida, serán inmundos;
8 ni cerdo, porque tiene pezuña hendida, mas
no rumia; os será inmundo. De la carne de éstos
no comeréis, ni tocaréis sus cuerpos muertos.
9 De todo lo que está en el agua, de éstos
podréis comer: todo lo que tiene aleta y escama.
10 Mas todo lo que no tiene aleta y escama, no
comeréis; inmundo será.
11 Toda ave limpia podréis comer.
12 Y éstas son de las que no podréis comer: el
águila, el quebrantahuesos, el azor,
13 el gallinazo, el milano según su especie,
14 todo cuervo según su especie,
15 el avestruz, la lechuza, la gaviota y el gavilán según sus especies,
16 el búho, el ibis, el calamón,

a. 14.1 Lv 19.28; 21.5. **b. 14.2** Éx 19.5-6; Dt 4.20; 7.6; 26.18; Tit 2.14; 1 P 2.9.

LECCIONES DE VIDA

➤ ***13.3 — No darás oído a las palabras de tal profeta, ni al tal soñador de sueños; porque Jehová vuestro Dios os está probando.***

Un milagro no es evidencia de que Dios esté en ello. Los magos de Faraón reprodujeron algunas de las plagas de Dios (Éx 7.11, 22), y en el futuro falsos profetas harán señales y prodigios engañosos (2 Ts 2.9). La prueba real es: ¿Honra esa persona a Dios?

17 el pelícano, el buitre, el somormujo,
18 la cigüeña, la garza según su especie, la
abubilla y el murciélago.
19 Todo insecto alado será inmundo; no se
comerá.
20 Toda ave limpia podréis comer.
21 Ninguna cosa mortecina comeréis; al
extranjero que está en tus poblaciones la
darás, y él podrá comerla; o véndela a un
extranjero, porque tú eres pueblo santo a
Jehová tu Dios. No cocerás el cabrito en la
leche de su madre.[c]

La ley del diezmo

22 Indefectiblemente diezmarás[d] todo el producto del grano que rindiere tu campo cada
año.
23 Y comerás delante de Jehová tu Dios en el
lugar que él escogiere para poner allí su nombre, el diezmo de tu grano, de tu vino y de tu
aceite, y las primicias de tus manadas y de tus
ganados, para que aprendas a temer a Jehová
tu Dios todos los días.
24 Y si el camino fuere tan largo que no puedas llevarlo, por estar lejos de ti el lugar que
Jehová tu Dios hubiere escogido para poner
en él su nombre, cuando Jehová tu Dios te
bendijere,
25 entonces lo venderás y guardarás el dinero en tu mano, y vendrás al lugar que Jehová
tu Dios escogiere;
26 y darás el dinero por todo lo que deseas,
por vacas, por ovejas, por vino, por sidra, o
por cualquier cosa que tú deseares; y comerás allí delante de Jehová tu Dios, y te alegrarás tú y tu familia.
27 Y no desampararás al levita que habitare
en tus poblaciones; porque no tiene parte ni
heredad contigo.
28 Al fin de cada tres años sacarás todo el
diezmo de tus productos de aquel año, y lo
guardarás en tus ciudades.
29 Y vendrá el levita, que no tiene parte ni
heredad contigo, y el extranjero, el huérfano
y la viuda que hubiere en tus poblaciones, y
comerán y serán saciados; para que Jehová tu
Dios te bendiga en toda obra que tus manos
hicieren.

El año de remisión

15 CADA siete años harás remisión.
2 Y ésta es la manera de la remisión:
perdonará a su deudor todo aquel que hizo
empréstito de su mano, con el cual obligó a su
prójimo; no lo demandará más a su prójimo,
o a su hermano, porque es pregonada la remisión de Jehová.
3 Del extranjero demandarás el reintegro;
pero lo que tu hermano tuviere tuyo, lo perdonará tu mano,
4 para que así no haya en medio de ti mendigo; porque Jehová te bendecirá con abundancia en la tierra que Jehová tu Dios te da por
heredad para que la tomes en posesión,
5 si escuchares fielmente la voz de Jehová tu
Dios, para guardar y cumplir todos estos mandamientos que yo te ordeno hoy.
6 Ya que Jehová tu Dios te habrá bendecido, como te ha dicho, prestarás entonces a
muchas naciones, mas tú no tomarás prestado; tendrás dominio sobre muchas naciones,
pero sobre ti no tendrán dominio.

Préstamos a los pobres

7 Cuando haya en medio de ti menesteroso de
alguno de tus hermanos en alguna de tus ciudades, en la tierra que Jehová tu Dios te da, no
endurecerás tu corazón, ni cerrarás tu mano
contra tu hermano pobre,
8 sino abrirás a él tu mano liberalmente, y en
efecto le prestarás lo que necesite.[a]
9 Guárdate de tener en tu corazón pensamiento perverso, diciendo: Cerca está el año séptimo, el de la remisión, y mires con malos ojos
a tu hermano menesteroso para no darle; porque él podrá clamar contra ti a Jehová, y se te
contará por pecado.
10 Sin falta le darás, y no serás de mezquino
corazón cuando le des; porque por ello te bendecirá Jehová tu Dios en todos tus hechos, y
en todo lo que emprendas.
11 Porque no faltarán menesterosos en medio
de la tierra;[b] por eso yo te mando, diciendo:
Abrirás tu mano a tu hermano, al pobre y al
menesteroso en tu tierra.

Leyes sobre los esclavos
(Éx 21.1-11)

12 Si se vendiere a ti tu hermano hebreo o
hebrea, y te hubiere servido seis años, al séptimo le despedirás libre.

c. 14.21 Éx 23.19; 34.26. **d. 14.22-29** Lv 27.30-33; Nm 18.21.
a. 15.7-8 Lv 25.35. **b. 15.11** Mt 26.11; Mr 14.7; Jn 12.8.

LECCIONES DE VIDA

➤ ***15.7 — Cuando haya en medio de ti menesteroso de alguno de tus hermanos en alguna de tus ciudades… no endurecerás tu corazón, ni cerrarás tu mano contra tu hermano pobre.***

Como hijos del único Dios verdadero, a quien le encanta darnos todo lo que necesitamos, el Señor nos instruye y anima a dar generosamente a los pobres. Dios nos bendice para que nosotros podamos bendecir a otros.

➤ ***15.11 — Porque no faltarán menesterosos en medio de la tierra; por eso yo te mando, diciendo: Abrirás tu mano a tu hermano.***

Tanto Moisés como Jesús nos dicen que siempre habrá pobres entre nosotros (Mt 26.11). Por tanto, debemos seguir siendo generosos.

13 Y cuando lo despidieres libre, no le enviarás con las manos vacías.
14 Le abastecerás liberalmente de tus ovejas,
de tu era y de tu lagar; le darás de aquello en
que Jehová te hubiere bendecido.
15 Y te acordarás de que fuiste siervo en la tierra de Egipto, y que Jehová tu Dios te rescató;
por tanto yo te mando esto hoy.
16 Si él te dijere: No te dejaré; porque te ama a
ti y a tu casa, y porque le va bien contigo;
17 entonces tomarás una lesna, y horadarás
su oreja contra la puerta, y será tu siervo para
siempre; así también harás a tu criada.
18 No te parezca duro cuando le enviares
libre, pues por la mitad del costo de un jornalero te sirvió seis años; y Jehová tu Dios te
bendecirá en todo cuanto hicieres.[c]

Consagración de los primogénitos machos

19 Consagrarás a Jehová tu Dios todo primogénito macho de tus vacas y de tus ovejas;[d]
no te servirás del primogénito de tus vacas, ni
trasquilarás el primogénito de tus ovejas.
20 Delante de Jehová tu Dios los comerás
cada año, tú y tu familia, en el lugar que Jehová escogiere.
21 Y si hubiere en él defecto, si fuere ciego,
o cojo, o hubiere en él cualquier falta, no lo
sacrificarás a Jehová tu Dios.
22 En tus poblaciones lo comerás; el inmundo
lo mismo que el limpio comerán de él, como
de una gacela o de un ciervo.
23 Solamente que no comas su sangre;[e] sobre
la tierra la derramarás como agua.

Fiestas anuales
(Éx 23.14-17; 34.18-24)

16 GUARDARÁS el mes de Abib, y harás
pascua[a] a Jehová tu Dios; porque en el
mes de Abib te sacó Jehová tu Dios de Egipto,
de noche.
2 Y sacrificarás la pascua a Jehová tu Dios, de
las ovejas y de las vacas, en el lugar que Jehová escogiere para que habite allí su nombre.
3 No comerás con ella pan con levadura; siete días comerás con ella pan sin levadura, pan
de aflicción, porque aprisa saliste de tierra de
Egipto; para que todos los días de tu vida te
acuerdes del día en que saliste de la tierra de
Egipto.
4 Y no se verá levadura contigo en todo tu
territorio por siete días; y de la carne que
matares en la tarde del primer día, no quedará hasta la mañana.
5 No podrás sacrificar la pascua en cualquiera de las ciudades que Jehová tu Dios te da;
6 sino en el lugar que Jehová tu Dios escogiere para que habite allí su nombre, sacrificarás
la pascua por la tarde a la puesta del sol, a la
hora que saliste de Egipto.
7 Y la asarás y comerás en el lugar que Jehová tu Dios hubiere escogido; y por la mañana
regresarás y volverás a tu habitación.
8 Seis días comerás pan sin levadura, y el séptimo día será la fiesta solemne a Jehová tu
Dios; no trabajarás en él.
9 Siete semanas contarás; desde que comenzare a meterse la hoz en las mieses comenza-
rás a contar las siete semanas.
10 Y harás la fiesta solemne de las semanas[b]
a Jehová tu Dios; de la abundancia voluntaria
de tu mano será lo que dieres, según Jehová tu
Dios te hubiere bendecido.
11 Y te alegrarás delante de Jehová tu Dios, tú,
tu hijo, tu hija, tu siervo, tu sierva, el levita que
habitare en tus ciudades, y el extranjero, el
huérfano y la viuda que estuvieren en medio
de ti, en el lugar que Jehová tu Dios hubiere
escogido para poner allí su nombre.
12 Y acuérdate de que fuiste siervo en Egipto; por
tanto, guardarás y cumplirás estos estatutos.
13 La fiesta solemne de los tabernáculos[c]
harás por siete días, cuando hayas hecho la
cosecha de tu era y de tu lagar.
14 Y te alegrarás en tus fiestas solemnes, tú,
tu hijo, tu hija, tu siervo, tu sierva, y el levita,
el extranjero, el huérfano y la viuda que viven
en tus poblaciones.
15 Siete días celebrarás fiesta solemne a Jehová tu Dios en el lugar que Jehová escogiere; porque te habrá bendecido Jehová tu Dios
en todos tus frutos, y en toda la obra de tus
manos, y estarás verdaderamente alegre.
16 Tres veces cada año aparecerá todo varón
tuyo delante de Jehová tu Dios en el lugar que
él escogiere: en la fiesta solemne de los panes
sin levadura, y en la fiesta solemne de las semanas, y en la fiesta solemne de los tabernáculos.

c. 15.12-18 Lv 25.39-46. **d. 15.19** Éx 13.12. **e. 15.23** Gn 9.4; Lv 7.26-27; 17.10-14; 19.26; Dt 12.16, 23. **a. 16.1-8** Éx 12.1-20; Lv 23.5-8; Nm 28.16-25. **b. 16.9-12** Lv 23.15-21; Nm 28.26-31. **c. 16.13-15** Lv 23.33-36, 39-43; Nm 29.12-38.

LECCIONES DE VIDA

➤ ***16.6 — sino en el lugar que Jehová tu Dios escogiere para que habite allí su nombre, sacrificarás la Pascua.***

La celebración de la Pascua daba inicio a la fiesta de los panes sin levadura, y recordaba a los israelitas cómo los había hecho libres el Señor de su esclavitud en Egipto (Éx 12). ¿Por qué razón tenían los israelitas la orden de celebrarla sólo en un lugar determinado? Porque al final el Señor establecería su nombre en el templo de Jerusalén (1 R 8.16-21) y estaba enseñando a su pueblo a esperar al Cordero Pascual que sería dado por su salvación (Jn 1.29; 1 Co 5.7).

➤ ***16.10 — Y harás la fiesta solemne de las semanas a Jehová tu Dios.***

La fiesta de las semanas se celebraba cincuenta días después de la terminación de la fiesta de los panes sin levadura (Lv 23.6-22; Nm 28.26-31). Era una celebración por la cosecha que Dios había comenzado a dar.

Y ninguno se presentará delante de Jehová con
las manos vacías;
➤17 cada uno con la ofrenda de su mano, conforme a la bendición que Jehová tu Dios te
hubiere dado.

Administración de la justicia

18 Jueces y oficiales pondrás en todas tus ciudades que Jehová tu Dios te dará en tus tribus,
los cuales juzgarán al pueblo con justo juicio.
19 No tuerzas el derecho; no hagas acepción de personas, ni tomes soborno; porque el
soborno ciega los ojos de los sabios, y pervierte las palabras de los justos.[d]
20 La justicia, la justicia seguirás, para que vivas
y heredes la tierra que Jehová tu Dios te da.
21 No plantarás ningún árbol para Asera[e] cerca del altar de Jehová tu Dios, que tú te habrás
hecho,
22 ni te levantarás estatua,[f] lo cual aborrece
Jehová tu Dios.

17 NO ofrecerás en sacrificio a Jehová tu
Dios, buey o cordero en el cual haya
falta o alguna cosa mala, pues es abominación
a Jehová tu Dios.
2 Cuando se hallare en medio de ti, en alguna de tus ciudades que Jehová tu Dios te da,
hombre o mujer que haya hecho mal ante los
ojos de Jehová tu Dios traspasando su pacto,
3 que hubiere ido y servido a dioses ajenos, y
se hubiere inclinado a ellos,[a] ya sea al sol, o a
la luna, o a todo el ejército del cielo, lo cual yo
he prohibido;
4 y te fuere dado aviso, y después que oyeres
y hubieres indagado bien, la cosa pareciere
de verdad cierta, que tal abominación ha sido
hecha en Israel;
5 entonces sacarás a tus puertas al hombre o a
la mujer que hubiere hecho esta mala cosa, sea
hombre o mujer, y los apedrearás, y así morirán.
6 Por dicho de dos o de tres testigos morirá el
que hubiere de morir; no morirá por el dicho
de un solo testigo.[b]
7 La mano de los testigos caerá primero sobre
él para matarlo, y después la mano de todo el
pueblo; así quitarás el mal de en medio de ti.
8 Cuando alguna cosa te fuere difícil en el juicio, entre una clase de homicidio y otra, entre
una clase de derecho legal y otra, y entre una
clase de herida y otra, en negocios de litigio
en tus ciudades; entonces te levantarás y recu-
rrirás al lugar que Jehová tu Dios escogiere;
9 y vendrás a los sacerdotes levitas, y al juez
que hubiere en aquellos días, y preguntarás; y
ellos te enseñarán la sentencia del juicio.
10 Y harás según la sentencia que te indiquen
los del lugar que Jehová escogiere, y cuidarás
de hacer según todo lo que te manifiesten.
11 Según la ley que te enseñen, y según el juicio
que te digan, harás; no te apartarás ni a diestra
ni a siniestra de la sentencia que te declaren.
12 Y el hombre que procediere con soberbia,
no obedeciendo al sacerdote que está para
ministrar allí delante de Jehová tu Dios, o
al juez, el tal morirá; y quitarás el mal de en
medio de Israel.
13 Y todo el pueblo oirá, y temerá, y no se
ensoberbecerá.

Instrucciones acerca de un rey

14 Cuando hayas entrado en la tierra que
Jehová tu Dios te da, y tomes posesión de
ella y la habites, y digas: Pondré un rey sobre
mí, como todas las naciones que están en mis
alrededores;[c]
15 ciertamente pondrás por rey sobre ti al que
Jehová tu Dios escogiere; de entre tus hermanos
pondrás rey sobre ti; no podrás poner sobre ti a
hombre extranjero, que no sea tu hermano.
16 Pero él no aumentará para sí caballos,[d]
ni hará volver al pueblo a Egipto con el fin
de aumentar caballos; porque Jehová os ha
dicho: No volváis nunca por este camino.
17 Ni tomará para sí muchas mujeres, para
que su corazón no se desvíe;[e] ni plata ni oro
amontonará para sí en abundancia.[f]
18 Y cuando se siente sobre el trono de su rei- ➤
no, entonces escribirá para sí en un libro una
copia de esta ley, del original que está al cuidado de los sacerdotes levitas;
19 y lo tendrá consigo, y leerá en él todos los
días de su vida, para que aprenda a temer a

d. 16.19 Éx 23.6-8; Lv 19.15. **e. 16.21** Éx 34.13.
f. 16.22 Lv 26.1. **a. 17.3** Éx 22.20. **b. 17.6** Nm 35.30;
Dt 19.15; Mt 18.16; 2 Co 13.1; 1 Ti 5.19; He 10.28.
c. 17.14 1 S 8.5. **d. 17.16** 1 R 10.28; 2 Cr 1.16; 9.28.
e. 17.17 1 R 11.1-8. **f. 17.17** 1 R 10.27; 2 Cr 1.17; 9.27.

LECCIONES DE VIDA

➤ ***16.17 — Cada uno con la ofrenda de su mano, conforme a la bendición que Jehová tu Dios te hubiere dado.***

Tanto en el Antiguo como en el Nuevo Testamento, Dios instruye a su pueblo a devolver al Señor una cantidad proporcional, según Él les hubiera bendecido (2 Co 8.12). Esto es por encima del primer diez por ciento, o diezmo, que debemos a Dios (Lv 27.30; Mal 3.8, 10). Es, más bien, un regalo de amor en agradecimiento por su generosidad y misericordia. ¡Recuerde siempre que nadie podrá jamás superar a Dios en generosidad!

➤ ***17.18, 19 — escribirá para sí en un libro una copia de esta ley… y leerá en él todos los días de su vida, para que aprenda a temer a Jehová su Dios.***

Dios sabía que cuando los israelitas se establecieran en la tierra prometida, pedirían un rey que los gobernara (1 S 8). Pero, para que ese rey pudiera tomar decisiones sabias, tenía que mantener sus ojos en el Señor. Por eso, Dios mandó que cada rey escribiera su Palabra y la leyera diariamente. Su poder no estaría en la riqueza, ni en las alianzas políticas (Dt 17.16, 17). Necesitaba basarlo en una relación personal con el Señor. La Palabra de Dios es un ancla en tiempos de tormenta; nos sostiene y ayuda a mantener el rumbo que Él ha planeado para nosotros.

Jehová su Dios, para guardar todas las palabras de esta ley y estos estatutos, para ponerlos por obra;
20 para que no se eleve su corazón sobre sus
hermanos, ni se aparte del mandamiento a
diestra ni a siniestra; a fin de que prolongue
sus días en su reino, él y sus hijos, en medio
de Israel.

Las porciones de los levitas

18 LOS sacerdotes levitas, es decir, toda
la tribu de Leví, no tendrán parte ni
heredad en Israel; de las ofrendas quemadas a
Jehová y de la heredad de él comerán.
2 No tendrán, pues, heredad entre sus hermanos; Jehová es su heredad, como él les ha dicho.[a]
3 Y éste será el derecho de los sacerdotes de
parte del pueblo, de los que ofrecieren en
sacrificio buey o cordero: darán al sacerdote
la espaldilla, las quijadas y el cuajar.
4 Las primicias de tu grano, de tu vino y de tu
aceite, y las primicias de la lana de tus ovejas le darás;
5 porque le ha escogido Jehová tu Dios de
entre todas tus tribus, para que esté para
administrar en el nombre de Jehová, él y sus
hijos para siempre.
6 Y cuando saliere un levita de alguna de tus
ciudades de entre todo Israel, donde hubiere
vivido, y viniere con todo el deseo de su alma
al lugar que Jehová escogiere,
7 ministrará en el nombre de Jehová su Dios
como todos sus hermanos los levitas que estuvieren allí delante de Jehová.
8 Igual ración a la de los otros comerá, además de sus patrimonios.

Amonestación contra costumbres paganas

9 Cuando entres a la tierra que Jehová tu Dios
te da, no aprenderás a hacer según las abominaciones de aquellas naciones.
10 No sea hallado en ti quien haga pasar a su
hijo o a su hija por el fuego, ni quien practique adivinación, ni agorero,[b] ni sortílego, ni
hechicero,[c]
11 ni encantador, ni adivino,[d] ni mago, ni
quien consulte a los muertos.
12 Porque es abominación para con Jehová
cualquiera que hace estas cosas, y por estas
abominaciones Jehová tu Dios echa estas
naciones de delante de ti.
13 Perfecto serás delante de Jehová tu Dios.[e]
14 Porque estas naciones que vas a heredar, a
agoreros y a adivinos oyen; mas a ti no te ha
permitido esto Jehová tu Dios.

Dios promete un profeta como Moisés

15 Profeta de en medio de ti, de tus hermanos, como yo, te levantará Jehová tu Dios; a
él oiréis;[f]
16 conforme a todo lo que pediste a Jehová tu
Dios en Horeb el día de la asamblea, diciendo:
No vuelva yo a oír la voz de Jehová mi Dios, ni
vea yo más este gran fuego, para que no muera.
17 Y Jehová me dijo: Han hablado bien en lo
que han dicho.
18 Profeta les levantaré de en medio de sus hermanos, como tú; y pondré mis palabras en su
boca, y él les hablará todo lo que yo le mandare.
19 Mas a cualquiera que no oyere mis palabras que él hablare en mi nombre, yo le pediré cuenta.[g]
20 El profeta que tuviere la presunción de
hablar palabra en mi nombre, a quien yo no le
haya mandado hablar, o que hablare en nombre de dioses ajenos, el tal profeta morirá.
21 Y si dijeres en tu corazón: ¿Cómo conoceremos la palabra que Jehová no ha hablado?;
22 si el profeta hablare en nombre de Jehová, y no se cumpliere lo que dijo, ni aconteciere, es palabra que Jehová no ha hablado;
con presunción la habló el tal profeta; no tengas temor de él.

Las ciudades de refugio
(Nm 35.9-28)

19 CUANDO Jehová tu Dios destruya a
las naciones cuya tierra Jehová tu Dios
te da a ti, y tú las heredes, y habites en sus
ciudades, y en sus casas;

a. 18.2 Nm 18.20. **b. 18.10** Lv 19.26. **c. 18.10** Éx 22.18. **d. 18.11** Lv 19.31. **e. 18.13** Mt 5.48. **f. 18.15** Hch 3.22; 7.37. **g. 18.19** Hch 3.23.

LECCIONES DE VIDA

➤ *18.1 — toda la tribu de Leví, no tendrán parte ni heredad en Israel; de las ofrendas quemadas a Jehová… comerán.*

Dios apartó a los levitas para que le sirvieran (Nm 3.6-16, 45; 18.1-7), pero esto significaba que no recibirían ningún territorio en la tierra prometida. ¿Por qué? ¡Porque los levitas recibían lo mejor de la tierra (Nm 18.12)! Cuando el resto de Israel traía sus diezmos y ofrendas, los levitas eran invitados a participar de esto. Dios asume toda la responsabilidad en cuanto a nuestras necesidades cuando le servimos. Puede ser que no nos bendiga de la manera que esperamos, pero Él nunca nos fallará.

➤ *18.18 — Profeta les levantaré de en medio de sus hermanos, como tú; y pondré mis palabras en su boca.*

Un profeta verdadero como Moisés, Isaías y Jeremías, anuncia fielmente todo el consejo de Dios. Siendo más que un profeta, Jesucristo también cumplió esta profecía durante su ministerio terrenal, hablando sólo lo que el Padre le daba para anunciar (Jn 4.25, 26; 8.28; 12.49, 50; 17.8).

➤ *18.22 — Si el profeta hablare en nombre de Jehová, y no se cumpliere lo que dijo, ni aconteciere, es palabra que Jehová no ha hablado.*

Puesto que Dios siempre cumple sus promesas y siempre cumple su palabra, toda profecía o predicción que resulta fallida tiene una fuente distinta a Dios.

Lo que la Biblia dice acerca de
LA PRÁCTICA PROHIBIDA DEL OCULTISMO

Dt 18.9-22

La mayoría de los creyentes reconocen fácilmente que la Biblia prohíbe la adoración a Satanás y la hechicería. Sin embargo, es posible que no asocien tan fácilmente otras prácticas con el ocultismo. Aunque algunos cristianos pueden considerar una diversión inofensiva consultar el horóscopo en la prensa cotidiana, Dios dice que no es así. En efecto, Él prohíbe que su pueblo se involucre en la astrología o en cualquier tipo de adivinación (Lv 20.27; Dt 18.9-14; Is 47.12, 13; Jer 27.9; Ez 13.8). Igualmente, la Biblia condena otras prácticas ocultistas como los encantamientos y el contacto con los muertos a través de médiums (Lv 19.31; 2 R 17.16-18; 21.6).

¿Ha consultado usted alguna vez el horóscopo, le han leído la palma de la mano, ha utilizado una tabla de Ouija o estudiado su carta astral? ¿Alguna vez se le ha pasado por la mente que es sumamente peligroso hacer estas cosas? Todas éstas son puertas de entrada a una seria esclavitud espiritual. Debemos recordar que el enemigo de nuestras almas es muy astuto; se aprovecha de nuestro deseo supuestamente inofensivo de conocer el futuro, para atraparnos y llevarnos a la destrucción.

Nadie debe jugar *jamás* con el ocultismo.

Nadie debe jugar *jamás* con el ocultismo. Hay fuerzas espirituales más poderosas de lo que podemos imaginar, tratando constantemente de derrotarnos y evitar que lleguemos a ser aquello para lo cual Dios nos creó. Cuando nos involucramos en actividades ocultistas, le abrimos una puerta a Satanás, dándole acceso a nuestras vidas.

Por el contrario, usted debe aprender a «[vestirse] de toda la armadura de Dios, para que podáis estar firmes contra las asechanzas del diablo... para que podáis resistir en el día malo, y habiendo acabado todo, estar firmes» (Ef 6.11, 13). Escuche al Señor, obedezca su Palabra, confíe en su poder contra las fuerzas del mal, y nunca se pasee por el territorio del diablo, «porque vuestro adversario el diablo, como león rugiente, anda alrededor buscando a quien devorar» (1 P 5.8). Pero usted puede resistirlo, permaneciendo firme en su fe en Cristo; Satanás ya ha sido derrotado, y usted ya tiene la victoria.

Para un estudio más a fondo, véase el Índice de Principios de vida:

6. *Cosechamos lo que sembramos, más de lo que sembramos, después de sembrarlo.*
21. *La obediencia siempre trae bendición consigo.*

2 te apartarás tres ciudades[a] en medio de la tierra que Jehová tu Dios te da para que la poseas.
3 Arreglarás los caminos, y dividirás en tres partes la tierra que Jehová tu Dios te dará en heredad, y será para que todo homicida huya allí.
4 Y éste es el caso del homicida que huirá allí, y vivirá: aquel que hiriere a su prójimo sin intención y sin haber tenido enemistad con él anteriormente;
➤ 5 como el que fuere con su prójimo al monte a cortar leña, y al dar su mano el golpe con el hacha para cortar algún leño, saltare el hierro del cabo, y diere contra su prójimo y éste muriere; aquél huirá a una de estas ciudades, y vivirá;
6 no sea que el vengador de la sangre, enfurecido, persiga al homicida, y le alcance por ser largo el camino, y le hiera de muerte, no debiendo ser condenado a muerte por cuanto no tenía enemistad con su prójimo anteriormente.
7 Por tanto yo te mando, diciendo: Separarás tres ciudades.
8 Y si Jehová tu Dios ensanchare tu territorio, como lo juró a tus padres, y te diere toda la tierra que prometió dar a tus padres,
9 siempre y cuando guardares todos estos mandamientos que yo te prescribo hoy, para ponerlos por obra; que ames a Jehová tu Dios y andes en sus caminos todos los días; entonces añadirás tres ciudades más a estas tres,
10 para que no sea derramada sangre inocente en medio de la tierra que Jehová tu Dios te da por heredad, y no seas culpado de derramamiento de sangre.
11 Pero si hubiere alguno que aborreciere a su prójimo y lo acechare, y se levantare contra él y lo hiriere de muerte, y muriere; si huyere a alguna de estas ciudades,
12 entonces los ancianos de su ciudad enviarán y lo sacarán de allí, y lo entregarán en mano del vengador de la sangre para que muera.
13 No le compadecerás; y quitarás de Israel la sangre inocente, y te irá bien.
14 En la heredad que poseas en la tierra que Jehová tu Dios te da, no reducirás los límites de la propiedad de tu prójimo,[b] que fijaron los antiguos.

Leyes sobre el testimonio

15 No se tomará en cuenta a un solo testigo contra ninguno en cualquier delito ni en cualquier pecado, en relación con cualquiera ofensa cometida. Sólo por el testimonio de dos o tres testigos se mantendrá la acusación.[c]
16 Cuando se levantare testigo falso contra alguno, para testificar contra él,
17 entonces los dos litigantes se presentarán delante de Jehová, y delante de los sacerdotes y de los jueces que hubiere en aquellos días.
18 Y los jueces inquirirán bien; y si aquel testigo resultare falso, y hubiere acusado falsamente a su hermano,
19 entonces haréis a él como él pensó hacer a su hermano; y quitarás el mal de en medio de ti.
20 Y los que quedaren oirán y temerán, y no volverán a hacer más una maldad semejante en medio de ti.
21 Y no le compadecerás; vida por vida, ojo por ojo, diente por diente,[d] mano por mano, pie por pie.

Leyes sobre la guerra

20 CUANDO salgas a la guerra contra tus enemigos, si vieres caballos y carros, y un pueblo más grande que tú, no tengas temor de ellos, porque Jehová tu Dios está contigo, el cual te sacó de tierra de Egipto. ➤
2 Y cuando os acerquéis para combatir, se pondrá en pie el sacerdote y hablará al pueblo,
3 y les dirá: Oye, Israel, vosotros os juntáis hoy en batalla contra vuestros enemigos; no desmaye vuestro corazón, no temáis, ni os azoréis, ni tampoco os desalentéis delante de ellos;
4 porque Jehová vuestro Dios va con vosotros, para pelear por vosotros contra vuestros enemigos, para salvaros.
5 Y los oficiales hablarán al pueblo, diciendo: ¿Quién ha edificado casa nueva, y no la ha estrenado? Vaya, y vuélvase a su casa, no sea que muera en la batalla, y algún otro la estrene.
6 ¿Y quién ha plantado viña, y no ha disfrutado de ella? Vaya, y vuélvase a su casa, no

a. 19.1-13 Jos 20.1-9. **b. 19.14** Dt 27.17. **c. 19.15** Nm 35.30; Dt 17.6; Mt 18.16; 2 Co 13.1; 1 Ti 5.19; He 10.28.
d. 19.21 Éx 21.23-25; Lv 24.19-20; Mt 5.38.

LECCIONES DE VIDA

➤ ***19.5 — aquél huirá a una de estas ciudades, y vivirá.***

En este mundo caído ocurren accidentes y tragedias, y aunque es posible que Dios no nos diga por qué, sí nos enseña cómo responder. Él también asume toda la responsabilidad en cuanto a nuestras necesidades, si lo obedecemos.

➤ ***20.1 — Cuando salgas a la guerra contra tus enemigos… no tengas temor de ellos, porque Jehová tu Dios está contigo.***

La cantidad, el poder y la hostilidad de nuestros enemigos importan poco cuando el Señor está con nosotros. Así como libró a Israel de Egipto, Él puede librarnos de nuestros enemigos. Su presencia nos anima y da poder para realizar cualquier cosa que Él nos llame a hacer.

RESPUESTAS A PREGUNTAS DE LA VIDA

¿Por qué Dios nos dice que huyamos del mal?

DT 19.19, 20

Aquellos que esperan que Dios les tolere un poco de pecaminosidad, por lo general piensan así por el pecado que hay en sus vidas. No hacen nada en cuanto a su maldad, aunque la reconozcan como agravio.

Usted dirá: «Pero todos somos pecadores. Nadie es perfecto». Es cierto, Romanos 3.23 dice claramente: «Por cuanto todos pecaron, y están destituidos de la gloria de Dios».

Pero reconocer nuestro pecado debe impulsarnos a hacer algo en cuanto al mismo. Cuando entendemos que hemos transgredido la voluntad de Dios, necesitamos acudir al Padre y decirle: «Necesito tu perdón. Te ruego que me laves y me hagas limpio ante tus ojos». Cuando reconocemos que hemos cometido una falta contra nuestro prójimo, o que hemos desobedecido a Dios, no debemos ignorar nuestra falta como si no tuviera importancia, y decir: «Bueno, es por mi naturaleza humana». Más bien, tenemos que acercarnos a Dios y decirle: «He pecado. Ten misericordia de mí. ¡Transfórmame, Señor, conforme a la imagen de Cristo, para que no desee hacerlo otra vez!»

Deuteronomio 19.19, 20 nos da instrucciones claras en cuanto a cómo enfrentar nuestro pecado: «Quitarás el mal de en medio de ti. Y los que quedaren oirán y temerán, y no volverán a hacer más una maldad semejante en medio de ti». Siglos después, Jesús le dijo a una mujer sorprendida en un pecado flagrante: «Vete, y no peques más» (Jn 8.11).

Encarar la realidad de que somos criaturas pecaminosas, no es lo mismo que tolerar el pecado en nuestras vidas. Las Escrituras nos enseñan que Dios desea que odiemos el pecado y sus consecuencias, y que evitemos totalmente el mal.

No debemos imitar el mal.
No debemos acoger el mal.
No debemos coquetear con el mal.
No debemos sentir curiosidad por el mal.
En vez de ello, debemos darle la espalda y huir de él a toda prisa.

¿Por qué quiere Dios que huyamos del mal? ¡Porque desea protegernos de las terribles consecuencias del pecado! El Señor sabe lo que usted segará si siembra pecado: una cosecha de consecuencias terribles, de angustias, desgracias, aflicciones y adversidades.

No lo haga. Por el contrario, huya del mal, y experimente las bendiciones del Señor.

Para un estudio más a fondo, véase el Índice de Principios de vida:

2. *Obedezcamos a Dios y dejemos las consecuencias en sus manos.*
6. *Cosechamos lo que sembramos, más de lo que sembramos, después de sembrarlo.*

sea que muera en la batalla, y algún otro la disfrute.
7 ¿Y quién se ha desposado con mujer, y no la ha tomado? Vaya, y vuélvase a su casa, no sea que muera en la batalla, y algún otro la tome.
8 Y volverán los oficiales a hablar al pueblo, y dirán: ¿Quién es hombre medroso y pusilánime? Vaya, y vuélvase a su casa, y no apoque el corazón de sus hermanos, como el corazón suyo.
9 Y cuando los oficiales acaben de hablar al pueblo, entonces los capitanes del ejército tomarán el mando a la cabeza del pueblo.
10 Cuando te acerques a una ciudad para combatirla, le intimarás la paz.
11 Y si respondiere: Paz, y te abriere, todo el pueblo que en ella fuere hallado te será tributario, y te servirá.
12 Mas si no hiciere paz contigo, y emprendiere guerra contigo, entonces la sitiarás.
13 Luego que Jehová tu Dios la entregue en tu mano, herirás a todo varón suyo a filo de espada.
14 Solamente las mujeres y los niños, y los animales, y todo lo que haya en la ciudad, todo su botín tomarás para ti; y comerás del botín de tus enemigos, los cuales Jehová tu Dios te entregó.
15 Así harás a todas las ciudades que estén muy lejos de ti, que no sean de las ciudades de estas naciones.

16 Pero de las ciudades de estos pueblos que
Jehová tu Dios te da por heredad, ninguna
persona dejarás con vida,
17 sino que los destruirás completamente: al
heteo, al amorreo, al cananeo, al ferezeo, al
heveo y al jebuseo, como Jehová tu Dios te ha
mandado;
➤ 18 para que no os enseñen a hacer según
todas sus abominaciones que ellos han hecho
para sus dioses, y pequéis contra Jehová vuestro Dios.
19 Cuando sities a alguna ciudad, peleando
contra ella muchos días para tomarla, no destruirás sus árboles metiendo hacha en ellos,
porque de ellos podrás comer; y no los talarás,
porque el árbol del campo no es hombre para
venir contra ti en el sitio.
20 Mas el árbol que sepas que no lleva fruto, podrás destruirlo y talarlo, para construir
baluarte contra la ciudad que te hace la guerra, hasta sojuzgarla.

Expiación de un asesinato cuyo autor se desconoce

21 SI en la tierra que Jehová tu Dios te
da para que la poseas, fuere hallado
alguien muerto, tendido en el campo, y no se
supiere quién lo mató,
2 entonces tus ancianos y tus jueces saldrán
y medirán la distancia hasta las ciudades que
están alrededor del muerto.
3 Y los ancianos de la ciudad más cercana al
lugar donde fuere hallado el muerto, tomarán
de las vacas una becerra que no haya trabajado, que no haya llevado yugo;
4 y los ancianos de aquella ciudad traerán la
becerra a un valle escabroso, que nunca haya
sido arado ni sembrado, y quebrarán la cerviz
de la becerra allí en el valle.
5 Entonces vendrán los sacerdotes hijos de
Leví, porque a ellos escogió Jehová tu Dios
para que le sirvan, y para bendecir en el nombre de Jehová; y por la palabra de ellos se
decidirá toda disputa y toda ofensa.
6 Y todos los ancianos de la ciudad más cercana al lugar donde fuere hallado el muerto
lavarán sus manos sobre la becerra cuya cerviz fue quebrada en el valle;
7 y protestarán y dirán: Nuestras manos no
han derramado esta sangre, ni nuestros ojos
lo han visto.
8 Perdona a tu pueblo Israel, al cual redimiste,
oh Jehová; y no culpes de sangre inocente a tu
pueblo Israel. Y la sangre les será perdonada.
9 Y tú quitarás la culpa de la sangre inocente de en medio de ti, cuando hicieres lo que es
recto ante los ojos de Jehová.

Diversas leyes

10 Cuando salieres a la guerra contra tus enemigos, y Jehová tu Dios los entregare en tu
mano, y tomares de ellos cautivos,
11 y vieres entre los cautivos a alguna mujer
hermosa, y la codiciares, y la tomares para ti
por mujer,
12 la meterás en tu casa; y ella rapará su cabeza, y cortará sus uñas,
13 y se quitará el vestido de su cautiverio, y
se quedará en tu casa; y llorará a su padre y
a su madre un mes entero; y después podrás
llegarte a ella, y tú serás su marido, y ella será
tu mujer.
14 Y si no te agradare, la dejarás en libertad;
no la venderás por dinero, ni la tratarás como
esclava, por cuanto la humillaste.
15 Si un hombre tuviere dos mujeres, la una
amada y la otra aborrecida, y la amada y la
aborrecida le hubieren dado hijos, y el hijo
primogénito fuere de la aborrecida;
16 en el día que hiciere heredar a sus hijos lo
que tuviere, no podrá dar el derecho de primogenitura al hijo de la amada con preferencia al
hijo de la aborrecida, que es el primogénito;
17 mas al hijo de la aborrecida reconocerá
como primogénito, para darle el doble de lo
que correspondiere a cada uno de los demás;
porque él es el principio de su vigor, y suyo es
el derecho de la primogenitura.
18 Si alguno tuviere un hijo contumaz y rebelde, que no obedeciere a la voz de su padre ni
a la voz de su madre, y habiéndole castigado,
no les obedeciere;
19 entonces lo tomarán su padre y su madre,
y lo sacarán ante los ancianos de su ciudad, y
a la puerta del lugar donde viva;
20 y dirán a los ancianos de la ciudad: Este
nuestro hijo es contumaz y rebelde, no obedece a nuestra voz; es glotón y borracho.
21 Entonces todos los hombres de su ciudad
lo apedrearán, y morirá; así quitarás el mal de
en medio de ti, y todo Israel oirá, y temerá.

LECCIONES DE VIDA

➤ *20.7 — Vaya, y vuélvase a su casa, no sea que muera en la batalla, y algún otro la tome.*

El Señor no prometió a su pueblo que no sufrirían bajas cuando le siguieran en la batalla, sólo que tendrían la victoria segura.

➤ *20.18 — para que no os enseñen a hacer según todas sus abominaciones que ellos han hecho para sus dioses.*

Dios ordenó a los israelitas que destruyeran a sus enemigos, porque conocía la influencia devastadora de su idolatría. Todo lo que Satanás necesita es un pequeño hueco para posicionarse, entonces él tratará de tentarle y comprometerle en alguna pequeña área de su vida. El enemigo procurará cegarle a la verdad de Dios hasta que usted esté completamente en la esclavitud y dirigiéndose hacia la destrucción.

22 Si alguno hubiere cometido algún crimen digno de muerte, y lo hiciereis morir, y lo colgareis en un madero,

➤ 23 no dejaréis que su cuerpo pase la noche sobre el madero; sin falta lo enterrarás el mismo día, porque maldito por Dios es el colgado;[a] y no contaminarás tu tierra que Jehová tu Dios te da por heredad.

22 SI vieres extraviado el buey de tu hermano, o su cordero, no le negarás tu ayuda; lo volverás a tu hermano.

2 Y si tu hermano no fuere tu vecino, o no lo conocieres, lo recogerás en tu casa, y estará contigo hasta que tu hermano lo busque, y se lo devolverás.

3 Así harás con su asno, así harás también con su vestido, y lo mismo harás con toda cosa de tu hermano que se le perdiere y tú la hallares; no podrás negarle tu ayuda.

4 Si vieres el asno de tu hermano, o su buey, caído en el camino, no te apartarás de él; le ayudarás a levantarlo.[a]

5 No vestirá la mujer traje de hombre, ni el hombre vestirá ropa de mujer; porque abominación es a Jehová tu Dios cualquiera que esto hace.

6 Cuando encuentres por el camino algún nido de ave en cualquier árbol, o sobre la tierra, con pollos o huevos, y la madre echada sobre los pollos o sobre los huevos, no tomarás la madre con los hijos.

7 Dejarás ir a la madre, y tomarás los pollos para ti, para que te vaya bien, y prolongues tus días.

8 Cuando edifiques casa nueva, harás pretil a tu terrado, para que no eches culpa de sangre sobre tu casa, si de él cayere alguno.

9 No sembrarás tu viña con semillas diversas, no sea que se pierda todo, tanto la semilla que sembraste como el fruto de la viña.

10 No ararás con buey y con asno juntamente.

11 No vestirás ropa de lana y lino juntamente.[b]

12 Te harás flecos en las cuatro puntas de tu manto con que te cubras.[c]

Leyes sobre la castidad

13 Cuando alguno tomare mujer, y después de haberse llegado a ella la aborreciere,

14 y le atribuyere faltas que den que hablar, y dijere: A esta mujer tomé, y me llegué a ella, y no la hallé virgen;

15 entonces el padre de la joven y su madre tomarán y sacarán las señales de la virginidad de la doncella a los ancianos de la ciudad, en la puerta;

16 y dirá el padre de la joven a los ancianos: Yo di mi hija a este hombre por mujer, y él la aborrece;

17 y he aquí, él le atribuye faltas que dan que hablar, diciendo: No he hallado virgen a tu hija; pero ved aquí las señales de la virginidad de mi hija. Y extenderán la vestidura delante de los ancianos de la ciudad.

18 Entonces los ancianos de la ciudad tomarán al hombre y lo castigarán;

19 y le multarán en cien piezas de plata, las cuales darán al padre de la joven, por cuanto esparció mala fama sobre una virgen de Israel; y la tendrá por mujer, y no podrá despedirla en todos sus días.

20 Mas si resultare ser verdad que no se halló virginidad en la joven,

21 entonces la sacarán a la puerta de la casa de su padre, y la apedrearán los hombres de su ciudad, y morirá, por cuanto hizo vileza en Israel fornicando en casa de su padre; así quitarás el mal de en medio de ti.

22 Si fuere sorprendido alguno acostado con una mujer casada con marido, ambos morirán, el hombre que se acostó con la mujer, y la mujer también; así quitarás el mal de Israel.

23 Si hubiere una muchacha virgen desposada con alguno, y alguno la hallare en la ciudad, y se acostare con ella;

24 entonces los sacaréis a ambos a la puerta de la ciudad, y los apedrearéis, y morirán; la joven porque no dio voces en la ciudad, y el hombre porque humilló a la mujer de su prójimo; así quitarás el mal de en medio de ti.

25 Mas si un hombre hallare en el campo a la joven desposada, y la forzare aquel hombre, acostándose con ella, morirá solamente el hombre que se acostó con ella;

26 mas a la joven no le harás nada; no hay en ella culpa de muerte; pues como cuando alguno se levanta contra su prójimo y le quita la vida, así es en este caso.

27 Porque él la halló en el campo; dio voces la joven desposada, y no hubo quien la librase.

28 Cuando algún hombre hallare a una joven virgen que no fuere desposada, y la tomare y se acostare con ella, y fueren descubiertos;

a. 21.23 Gá 3.13. **a. 22.1-4** Éx 23.4-5. **b. 22.9-11** Lv 19.19. **c. 22.12** Nm 15.37-41.

LECCIONES DE VIDA

➤ 21.23 — No dejaréis que su cuerpo pase la noche sobre el madero; sin falta lo enterrarás el mismo día, porque maldito por Dios es el colgado; y no contaminarás tu tierra.

Cuando Jesús fue colgado en la cruz para pagar el castigo por nuestros pecados, se hizo maldición por nosotros en cumplimiento de este versículo (Gá 3.13; 1 P 2.24). ¡Qué asombroso es que Dios pueda usar aun sus maldiciones para nuestra bendición!

29 entonces el hombre que se acostó con
ella dará al padre de la joven cincuenta piezas de plata, y ella será su mujer, por cuanto la humilló; no la podrá despedir en todos sus días.[d]
30 Ninguno tomará la mujer de su padre, ni
profanará el lecho de su padre.[e]

Los excluidos de la congregación

23 NO entrará en la congregación de Jehová el que tenga magullados los testículos, o amputado su miembro viril.
2 No entrará bastardo en la congregación
de Jehová; ni hasta la décima generación no entrarán en la congregación de Jehová.
3 No entrará amonita ni moabita en la congregación de Jehová,[a] ni hasta la décima generación de ellos; no entrarán en la congregación de Jehová para siempre,
4 por cuanto no os salieron a recibir con pan
y agua al camino, cuando salisteis de Egipto, y porque alquilaron contra ti a Balaam hijo de Beor, de Petor en Mesopotamia, para maldecirte.[b]
5 Mas no quiso Jehová tu Dios oír a Bala-
am; y Jehová tu Dios te convirtió la maldición en bendición,[c] porque Jehová tu Dios te amaba.
6 No procurarás la paz de ellos ni su bien en
todos los días para siempre.
7 No aborrecerás al edomita, porque es tu
hermano; no aborrecerás al egipcio, porque forastero fuiste en su tierra.
8 Los hijos que nacieren de ellos, en la terce-
ra generación entrarán en la congregación de Jehová.

Leyes sanitarias

9 Cuando salieres a campaña contra tus enemigos, te guardarás de toda cosa mala.
10 Si hubiere en medio de ti alguno que no
fuere limpio, por razón de alguna impureza acontecida de noche, saldrá fuera del campamento, y no entrará en él.
11 Pero al caer la noche se lavará con agua, y
cuando se hubiere puesto el sol, podrá entrar en el campamento.
➤ 12 Tendrás un lugar fuera del campamento
adonde salgas;
13 tendrás también entre tus armas una
estaca; y cuando estuvieres allí fuera, cavarás con ella, y luego al volverte cubrirás tu excremento;
14 porque Jehová tu Dios anda en medio de
tu campamento, para librarte y para entregar a tus enemigos delante de ti; por tanto, tu campamento ha de ser santo, para que él no vea en ti cosa inmunda, y se vuelva de en pos de ti.

Leyes humanitarias

15 No entregarás a su señor el siervo que se
huyere a ti de su amo.
16 Morará contigo, en medio de ti, en el lugar
que escogiere en alguna de tus ciudades, donde a bien tuviere; no le oprimirás.
17 No haya ramera de entre las hijas de
Israel,[d] ni haya sodomita de entre los hijos de Israel.
18 No traerás la paga de una ramera ni el pre-
cio de un perro a la casa de Jehová tu Dios por ningún voto; porque abominación es a Jehová tu Dios tanto lo uno como lo otro.
19 No exigirás de tu hermano interés de dine-
ro, ni interés de comestibles, ni de cosa alguna de que se suele exigir interés.
20 Del extraño podrás exigir interés, mas de
tu hermano no lo exigirás,[e] para que te bendiga Jehová tu Dios en toda obra de tus manos en la tierra adonde vas para tomar posesión de ella.
21 Cuando haces voto a Jehová tu Dios, no
tardes en pagarlo;[f] porque ciertamente lo demandará Jehová tu Dios de ti, y sería pecado en ti.
22 Mas cuando te abstengas de prometer, no
habrá en ti pecado.
23 Pero lo que hubiere salido de tus labios, lo
guardarás y lo cumplirás, conforme lo prometiste a Jehová tu Dios, pagando la ofrenda voluntaria que prometiste con tu boca.
24 Cuando entres en la viña de tu prójimo,
podrás comer uvas hasta saciarte; mas no pondrás en tu cesto.
25 Cuando entres en la mies de tu prójimo,
podrás arrancar espigas con tu mano; mas no aplicarás hoz a la mies de tu prójimo.

24 CUANDO alguno tomare mujer y se casare con ella, si no le agradare por haber hallado en ella alguna cosa indecente, le escribirá carta de divorcio,[a] y se la entregará en su mano, y la despedirá de su casa.
2 Y salida de su casa, podrá ir y casarse con
otro hombre.
3 Pero si la aborreciere este último, y le escri-
biere carta de divorcio, y se la entregare en su

d. 22.28-29 Éx 22.16-17. **e. 22.30** Lv 18.8; 20.11; Dt 27.20.
a. 23.3-5 Neh 13.1-2. **b. 23.4** Nm 22.1-6.
c. 23.5 Nm 23.7—24.9. **d. 23.17** Lv 19.29.
e. 23.19-20 Éx 22.25; Lv 25.36-37; Dt 15.7-11.
f. 23.21 Nm 30.1-16; Mt 5.33. **a. 24.1** Mt 5.31; 19.7; Mr 10.4.

LECCIONES DE VIDA

➤ ***23.12 — Tendrás un lugar fuera del campamento.***

Mucho antes que la humanidad supiera algo sobre la relación entre la higiene personal y la buena salud, Dios dio mandamientos a su pueblo para que se mantuvieran físicamente sanos. ¡La obediencia siempre trae bendición consigo!

PRINCIPIO DE VIDA 4

ESTAR CONSCIENTES DE LA PRESENCIA DE DIOS NOS DA ENERGÍAS PARA DESEMPEÑAR NUESTRO TRABAJO.

DT 20.1

¿Cómo puede usted sacarle el mayor provecho a su trabajo? He aquí tres sugerencias:

1. Véase como un siervo.

Jesús vino al mundo, no para ser servido sino para servir, y nos mandó que tuviéramos esa misma actitud (Mt 20.25–28). Pablo escribió: «Siervos, obedeced en todo a vuestros amos terrenales, no sirviendo al ojo, como los que quieren agradar a los hombres, sino con corazón sincero, temiendo a Dios» (Col 3.22).

Si Pablo dijo a los esclavos que hicieran su trabajo terrenal de todo corazón (y ellos no recibían ningún salario), entonces, ¿qué decir de nosotros que *sí* somos remunerados? Usted pudiera decir: «Bueno, no me pagan lo suficiente». De acuerdo, puede que no le paguen lo suficiente, pero prolongar el tiempo del almuerzo, salir antes de tiempo o llegar tarde no son el modo de compensar la situación. Si le pagan por ocho horas, tiene que trabajar ocho horas completas. ¿Por qué? Porque usted es un siervo de Dios y, como representante de Él, tiene la responsabilidad de hacer un buen trabajo.

Además, la mejor manera de ascender en el trabajo es mediante el servicio. Quien desee ser un líder tendrá que adoptar una actitud de humildad (Mr 9.35). A un empleado orgulloso rara vez se le considera para un ascenso. Por el contrario, es al trabajador íntegro y aplicado en su trabajo al que los empleadores ven como un líder potencial. Nunca dude del efecto que tiene su actitud sobre los que le rodean, ¡incluido el jefe!

Pero, ¿quién es su verdadero empleador? Esto nos lleva a nuestra segunda sugerencia.

2. Dese cuenta que usted trabaja para el Señor mismo.

Su empleador ejerce una autoridad de supervisión sobre usted, pero Jesucristo es su Señor. Usted trabaja para *Él*: «Y todo lo que hagáis, hacedlo de corazón, como para el Señor y no para los hombres» (Col 3.23).

Si usted es cristiano, Jesucristo es el supervisor en su puesto de trabajo, y Él no le está observando de lejos, sino que está allí mismo con usted. Usted y yo tenemos que realizar nuestro trabajo del día independientemente de si pensamos que el empleador no es justo, porque en última instancia es Jesucristo a quien

Como representante de Él, usted tiene la responsabilidad de hacer un buen trabajo.

servimos, y Él siempre está en el lugar de trabajo. Usted y yo debemos hacer nuestro trabajo lo mejor que podamos, porque el Espíritu Santo está presente, preparándonos y dándonos energías.

Cometemos un error terrible cuando segmentamos la vida. Podemos pensar que de lunes a viernes vamos a trabajar, el sábado es para divertirnos, y el domingo para adorar a Dios. Pero Dios no ha planeado la vida de esa manera. Si Jesucristo es nuestro Salvador, no podemos excluirlo de *ningún* aspecto de la vida. No está bien enseñar una clase de escuela dominical con todo nuestro empeño, y ser negligentes en el trabajo el resto de la semana; tenemos que honrar y glorificar al Señor en *todo* lo que hacemos. Cuando nos consagramos de todo corazón a Jesús (Mt 6.24), se elimina la tentación de hacer nuestro trabajo sólo para ser vistos por los hombres.

¿Estoy diciendo con esto que su trabajo diario es también un trabajo para el Señor? ¡Sí! *Ministerio no es sólo lo que usted hace en la iglesia*. Usted adora a Dios cada día de la semana —el domingo lo hace en la iglesia; y de lunes a viernes demuestra su devoción a Él haciendo un buen trabajo. Su elevado estatus como hijo de Dios dignifica su trabajo, y su oficina o lugar de empleo tiene que ser mejor porque usted está allí.

Usted le sirve al Señor Jesucristo (Col 3.24). ¿Tiene un buen testimonio que ofrecerle en su trabajo? ¿Es usted uno de los empleados más fieles, porque sirve a Dios? ¿Refleja su actitud el gozo que tiene al considerarlo a Él el *verdadero* jefe?

3. Dese cuenta que tiene un salario aquí y una recompensa en el cielo.

Pablo escribió: «Sabiendo que del Señor recibiréis la recompensa de la herencia» (Col 3.24). Por supuesto, en el presente tiene que recibir un salario para cubrir los gastos de su familia. Pero si ha hecho lo mejor que ha podido y entregado lo mejor de sí, nunca le pagarán realmente todo lo que merece. Lo maravilloso que debe recordar es esto: es posible que aquí no le paguen lo suficiente, pero usted recibirá una recompensa incalculable en el cielo. Dios hará mucho más que igualar todas las cosas en el Juicio (1 Co 3.11-15; 2 Co 5.9, 10; Ef 6.7, 8), Él sin duda, le recompensará de manera justa.

¿Se ve usted a sí mismo como un siervo de Dios? ¿Lo considera a Él su verdadero Jefe, y trabaja de una manera que honra al Señor, sin importar lo ordinario o aburrido que pueda parecer su trabajo? ¿Se ha dado cuenta que por la fiel labor realizada en el presente le espera una enorme recompensa en el futuro? Si es así, le está sacando el máximo provecho a su trabajo.

Dios hará mucho más que igualar todas las cosas en el Juicio.

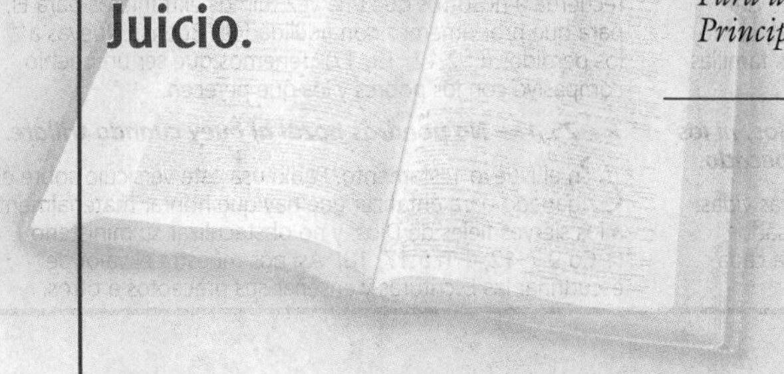

Para un estudio más a fondo, véase el Índice de Principios de vida.

mano, y la despidiere de su casa; o si hubiere muerto el postrer hombre que la tomó por mujer,

4 no podrá su primer marido, que la despidió, volverla a tomar para que sea su mujer, después que fue envilecida; porque es abominación delante de Jehová, y no has de pervertir la tierra que Jehová tu Dios te da por heredad.

➤ 5 Cuando alguno fuere recién casado, no saldrá a la guerra, ni en ninguna cosa se le ocupará; libre estará en su casa por un año, para alegrar a la mujer que tomó.

6 No tomarás en prenda la muela del molino, ni la de abajo ni la de arriba; porque sería tomar en prenda la vida del hombre.

7 Cuando fuere hallado alguno que hubiere hurtado a uno de sus hermanos los hijos de Israel, y le hubiere esclavizado, o le hubiere vendido, morirá el tal ladrón,[b] y quitarás el mal de en medio de ti.

8 En cuanto a la plaga de la lepra, ten cuidado de observar diligentemente y hacer según todo lo que os enseñaren los sacerdotes levitas; según yo les he mandado, así cuidaréis de hacer.[c]

9 Acuérdate de lo que hizo Jehová tu Dios a María[d] en el camino, después que salisteis de Egipto.

10 Cuando entregares a tu prójimo alguna cosa prestada, no entrarás en su casa para tomarle prenda.

11 Te quedarás fuera, y el hombre a quien prestaste te sacará la prenda.

12 Y si el hombre fuere pobre, no te acostarás reteniendo aún su prenda.

13 Sin falta le devolverás la prenda cuando el sol se ponga, para que pueda dormir en su ropa, y te bendiga; y te será justicia delante de Jehová tu Dios.[e]

14 No oprimirás al jornalero pobre y menesteroso, ya sea de tus hermanos o de los extranjeros que habitan en tu tierra dentro de tus ciudades;

15 En su día le darás su jornal, y no se pondrá el sol sin dárselo; pues es pobre, y con él sustenta su vida; para que no clame contra ti a Jehová, y sea en ti pecado.[f]

16 Los padres no morirán por los hijos, ni los hijos por los padres; cada uno morirá por su pecado.[g] ➤

17 No torcerás el derecho del extranjero ni del huérfano, ni tomarás en prenda la ropa de la viuda,

18 sino que te acordarás que fuiste siervo en Egipto, y que de allí te rescató Jehová tu Dios; por tanto, yo te mando que hagas esto.[h]

19 Cuando siegues tu mies en tu campo, y olvides alguna gavilla en el campo, no volverás para recogerla; será para el extranjero, para el huérfano y para la viuda; para que te bendiga Jehová tu Dios en toda obra de tus manos.

20 Cuando sacudas tus olivos, no recorrerás las ramas que hayas dejado tras de ti; serán para el extranjero, para el huérfano y para la viuda.

21 Cuando vendimies tu viña, no rebuscarás tras de ti; será para el extranjero, para el huérfano y para la viuda.[i]

22 Y acuérdate que fuiste siervo en tierra de Egipto; por tanto, yo te mando que hagas esto. ➤

25 SI hubiere pleito entre algunos, y acudieren al tribunal para que los jueces los juzguen, éstos absolverán al justo, y condenarán al culpable.

2 Y si el delincuente mereciere ser azotado, entonces el juez le hará echar en tierra, y le hará azotar en su presencia; según su delito será el número de azotes.

3 Se podrá dar cuarenta azotes, no más; no sea que, si lo hirieren con muchos azotes más que éstos, se sienta tu hermano envilecido delante de tus ojos.

4 No pondrás bozal al buey cuando trillare.[a] ➤

b. 24.7 Éx 21.16. **c. 24.8** Lv 13.1—14.54. **d. 24.9** Nm 12.10. **e. 24.10-13** Éx 22.26-27. **f. 24.14-15** Lv 19.13. **g. 24.16** 2 R 14.6; 2 Cr 25.4; Ez 18.20. **h. 24.17-18** Éx 23.9; Lv 19.33-34; Dt 27.19. **i. 24.19-21** Lv 19.9-10; 23.22. **a. 25.4** 1 Co 9.9; 1 Ti 5.18.

LECCIONES DE VIDA

➤ *24.5 — Cuando alguno fuere recién casado, no saldrá a la guerra, ni en ninguna cosa se le ocupará; libre estará en su casa por un año, para alegrar a la mujer que tomó.*

Dios se interesa por nuestra santidad por encima de todo, pero no es indiferente a nuestra felicidad, como lo demuestra este versículo. Él quiere que tengamos familias sólidas que experimenten el gozo que viene de Él.

➤ *24.16 — Los padres no morirán por los hijos, ni los hijos por los padres; cada uno morirá por su pecado.*

Todos somos responsables ante Dios por nuestras vidas. No acumulamos la justicia de nuestros antepasados, ni tenemos que pagar por sus pecados. Dios juzga a cada persona individualmente.

➤ *24.22 — Y acuérdate que fuiste siervo en tierra de Egipto.*

Dios le recordó mucho a Israel que ellos habían sido esclavos en Egipto. ¿Por qué razón? Para fomentar en ellos compasión por los maltratados. Igualmente, nos recuerda a nosotros que una vez fuimos extranjeros para Él, para que proclamemos con fidelidad las Buenas Nuevas a los perdidos (Ef 2.12, 13, 17). Tenemos que ser un pueblo compasivo con los pobres y los que perecen.

➤ *25.4 — No pondrás bozal al buey cuando trillare.*

En el Nuevo Testamento, Pablo usa este versículo sobre el ganado para enfatizar que hay que honrar materialmente a los siervos fieles de Dios, y no obstaculizar su ministerio (1 Co 9.7–12; 1 Ti 5.17, 18). Así nos muestra el valor de escudriñar las Escrituras y enseñar sus preceptos a otros.

5 Cuando hermanos habitaren juntos, y muriere alguno de ellos, y no tuviere hijo, la mujer del muerto no se casará fuera con hombre extraño; su cuñado se llegará a ella, y la tomará por su mujer, y hará con ella parentesco.

6 Y el primogénito que ella diere a luz sucederá en el nombre de su hermano muerto, para que el nombre de éste no sea borrado de Israel.[b]

7 Y si el hombre no quisiere tomar a su cuñada, irá entonces su cuñada a la puerta, a los ancianos, y dirá: Mi cuñado no quiere suscitar nombre en Israel a su hermano; no quiere emparentar conmigo.

8 Entonces los ancianos de aquella ciudad lo harán venir, y hablarán con él; y si él se levantare y dijere: No quiero tomarla,

9 se acercará entonces su cuñada a él delante de los ancianos, y le quitará el calzado del pie, y le escupirá en el rostro, y hablará y dirá: Así será hecho al varón que no quiere edificar la casa de su hermano.

10 Y se le dará este nombre en Israel: La casa del descalzado.[c]

11 Si algunos riñeren uno con otro, y se acercare la mujer de uno para librar a su marido de mano del que le hiere, y alargando su mano asiere de sus partes vergonzosas,

12 le cortarás entonces la mano; no la perdonarás.

13 No tendrás en tu bolsa pesa grande y pesa chica,

14 ni tendrás en tu casa efa grande y efa pequeño.

15 Pesa exacta y justa tendrás; efa cabal y justo tendrás, para que tus días sean prolongados sobre la tierra que Jehová tu Dios te da.

16 Porque abominación es a Jehová tu Dios cualquiera que hace esto, y cualquiera que hace injusticia.[d]

Orden de exterminar a Amalec

17 Acuérdate de lo que hizo Amalec contigo en el camino, cuando salías de Egipto;

18 de cómo te salió al encuentro en el camino, y te desbarató la retaguardia de todos los débiles que iban detrás de ti, cuando tú estabas cansado y trabajado; y no tuvo ningún temor de Dios.

19 Por tanto, cuando Jehová tu Dios te dé descanso de todos tus enemigos alrededor, en la tierra que Jehová tu Dios te da por heredad para que la poseas, borrarás la memoria de Amalec de debajo del cielo; no lo olvides.[e]

Primicias y diezmos

26 CUANDO hayas entrado en la tierra que Jehová tu Dios te da por herencia, y tomes posesión de ella y la habites,

2 entonces tomarás de las primicias de todos los frutos que sacares de la tierra que Jehová tu Dios te da, y las pondrás en una canasta, e irás al lugar que Jehová tu Dios escogiere para hacer habitar allí su nombre.[a]

3 Y te presentarás al sacerdote que hubiere en aquellos días, y le dirás: Declaro hoy a Jehová tu Dios, que he entrado en la tierra que juró Jehová a nuestros padres que nos daría.

4 Y el sacerdote tomará la canasta de tu mano, y la pondrá delante del altar de Jehová tu Dios.

5 Entonces hablarás y dirás delante de Jehová tu Dios: Un arameo a punto de perecer fue mi padre, el cual descendió a Egipto y habitó allí con pocos hombres, y allí creció y llegó a ser una nación grande, fuerte y numerosa;

6 y los egipcios nos maltrataron y nos afligieron, y pusieron sobre nosotros dura servidumbre.

7 Y clamamos a Jehová el Dios de nuestros padres; y Jehová oyó nuestra voz, y vio nuestra aflicción, nuestro trabajo y nuestra opresión;

8 y Jehová nos sacó de Egipto con mano fuerte, con brazo extendido, con grande espanto, y con señales y con milagros;

9 y nos trajo a este lugar, y nos dio esta tierra, tierra que fluye leche y miel.

10 Y ahora, he aquí he traído las primicias del fruto de la tierra que me diste, oh Jehová. Y lo dejarás delante de Jehová tu Dios, y adorarás delante de Jehová tu Dios.

11 Y te alegrarás en todo el bien que Jehová tu Dios te haya dado a ti y a tu casa, así

b. 25.5-6 Mt 22.24; Mr 12.19; Lc 20.28. **c. 25.7-10** Rt 4.7-8. **d. 25.13-16** Lv 19.35-36. **e. 25.17-19** Éx 17.8-14; 1 S 15.2-9. **a. 26.2** Éx 23.19.

LECCIONES DE VIDA

25.14 — Ni tendrás en tu casa efa grande y efa pequeño.

Dios se interesa por cada aspecto de nuestras vidas, no sólo por las obligaciones «religiosas» sino también por las cívicas. Este versículo tiene que ver con lo honestos que debemos ser al comprar y vender. En vez de tratar de aprovecharnos de los demás usando métodos fraudulentos, debemos utilizar medidas justas para que toda transacción sea honesta. Debemos vivir toda nuestra vida para la gloria de Dios (1 Co 10.31).

26.7 — vio nuestra aflicción, nuestro trabajo y nuestra opresión.

Es bueno recordar y decir a otros cómo el Señor nos rescató en el pasado. Estos recuerdos fortalecen nuestra fe y nos dan valor para no rendirnos en los tiempos difíciles.

26.11 — Y te alegrarás en todo el bien que Jehová tu Dios te haya dado.

¿Por qué es tan importante alegrarse «en todo el bien que Jehová tu Dios te haya dado»? Regocijarse en Dios es una manera excelente de acercarse a Él en una relación profundamente personal, y para glorificarle, que son las razones por las que nos creó.

tú como el levita y el extranjero que está en
medio de ti.
12 Cuando acabes de diezmar todo el diezmo de tus frutos en el año tercero, el año del
diezmo, darás también al levita, al extranjero, al huérfano y a la viuda; y comerán en tus
aldeas, y se saciarán.[b]
13 Y dirás delante de Jehová tu Dios: He sacado lo consagrado de mi casa, y también lo he
dado al levita, al extranjero, al huérfano y a la
viuda, conforme a todo lo que me has mandado; no he transgredido tus mandamientos, ni
me he olvidado de ellos.
14 No he comido de ello en mi luto, ni he gastado de ello estando yo inmundo, ni de ello he
ofrecido a los muertos; he obedecido a la voz
de Jehová mi Dios, he hecho conforme a todo
lo que me has mandado.
15 Mira desde tu morada santa, desde el cielo,
y bendice a tu pueblo Israel, y a la tierra que
nos has dado, como juraste a nuestros padres,
tierra que fluye leche y miel.
16 Jehová tu Dios te manda hoy que cumplas estos estatutos y decretos; cuida, pues, de
ponerlos por obra con todo tu corazón y con
toda tu alma.
17 Has declarado solemnemente hoy que Jehová es tu Dios, y que andarás en sus caminos, y
guardarás sus estatutos, sus mandamientos y
sus decretos, y que escucharás su voz.
18 Y Jehová ha declarado hoy que tú eres pueblo suyo, de su exclusiva posesión,[c] como te
lo ha prometido, para que guardes todos sus
mandamientos;
19 a fin de exaltarte sobre todas las naciones
que hizo, para loor y fama y gloria, y para que
seas un pueblo santo a Jehová tu Dios, como
él ha dicho.

Orden de escribir la ley en piedras sobre el monte Ebal

27 ORDENÓ Moisés, con los ancianos de
Israel, al pueblo, diciendo: Guardaréis
todos los mandamientos que yo os prescribo
hoy.
➤ 2 Y el día que pases el Jordán a la tierra que
Jehová tu Dios te da, levantarás piedras grandes, y las revocarás con cal;
3 y escribirás en ellas todas las palabras de
esta ley, cuando hayas pasado para entrar en
la tierra que Jehová tu Dios te da, tierra que
fluye leche y miel, como Jehová el Dios de tus
padres te ha dicho.
4 Cuando, pues, hayas pasado el Jordán, levantarás estas piedras que yo os mando hoy, en el
monte Ebal, y las revocarás con cal;
5 y edificarás allí un altar a Jehová tu Dios,
altar de piedras; no alzarás sobre ellas instrumento de hierro.
6 De piedras enteras edificarás el altar de
Jehová tu Dios,[a] y ofrecerás sobre él holocausto a Jehová tu Dios;
7 y sacrificarás ofrendas de paz, y comerás
allí, y te alegrarás delante de Jehová tu Dios.
8 Y escribirás muy claramente en las piedras
todas las palabras de esta ley.[b]
9 Y Moisés, con los sacerdotes levitas, habló a
todo Israel, diciendo: Guarda silencio y escucha, oh Israel; hoy has venido a ser pueblo de
Jehová tu Dios.
10 Oirás, pues, la voz de Jehová tu Dios, y
cumplirás sus mandamientos y sus estatutos,
que yo te ordeno hoy.

Las maldiciones en el monte Ebal

11 Y mandó Moisés al pueblo en aquel día,
diciendo:
12 Cuando hayas pasado el Jordán, éstos estarán sobre el monte Gerizim[c] para bendecir
al pueblo: Simeón, Leví, Judá, Isacar, José y
Benjamín.
13 Y éstos estarán sobre el monte Ebal para
pronunciar la maldición: Rubén, Gad, Aser,
Zabulón, Dan y Neftalí.
14 Y hablarán los levitas, y dirán a todo varón
de Israel en alta voz:
15 Maldito el hombre que hiciere escultura o ➤
imagen de fundición,[d] abominación a Jehová,
obra de mano de artífice, y la pusiere en oculto. Y todo el pueblo responderá y dirá: Amén.
16 Maldito el que deshonrare a su padre o a su
madre.[e] Y dirá todo el pueblo: Amén.
17 Maldito el que redujere el límite de su
prójimo.[f] Y dirá todo el pueblo: Amén.
18 Maldito el que hiciere errar al ciego en el
camino.[g] Y dirá todo el pueblo: Amén.
19 Maldito el que pervirtiere el derecho del
extranjero, del huérfano y de la viuda.[h] Y dirá
todo el pueblo: Amén.

b. 26.12 Dt 14.28-29. **c. 26.18** Éx 19.5; Dt 4.20; 7.6; 14.2; Tit 2.14; 1 P 2.9. **a. 27.5-6** Éx 20.25. **b. 27.2-8** Jos 8.30-32. **c. 27.12** Dt 11.29; Jos 8.33-35. **d. 27.15** Éx 20.4; 34.17; Lv 19.4; 26.1; Dt 4.15-18; 5.8. **e. 27.16** Éx 20.12; Dt 5.16. **f. 27.17** Dt 19.14. **g. 27.18** Lv 19.14. **h. 27.19** Éx 22.21; 23.9; Lv 19.33-34; Dt 24.17-18.

LECCIONES DE VIDA

➤ ***27.2, 3 — levantarás piedras grandes, y las revocarás con cal; y escribirás en ellas todas las palabras de esta ley.***

Dios no quería que su pueblo olvidara su ley una vez que cruzaran el río Jordán y recibieran la tierra de la promesa, y por eso mandó ponerla a la vista de todos. Como el *pueblo exclusivo* de Dios (Dt 26.18), los israelitas debían mantenerse apartados y santos como el Señor a quien servían, para que el mundo pudiera conocerlo y adorarlo. ¿Cómo se recuerda usted a sí mismo la Palabra de Dios?

➤ ***27.15 — Y todo el pueblo responderá y dirá: Amén.***

Nuestra fe nunca es un asunto aislado, por el contrario, ésta debe crecer en comunidad.

20 Maldito el que se acostare con la mujer de
su padre,[i] por cuanto descubrió el regazo de
su padre. Y dirá todo el pueblo: Amén.
21 Maldito el que se ayuntare con cualquier
bestia.[j] Y dirá todo el pueblo: Amén.
22 Maldito el que se acostare con su hermana,[k]
hija de su padre, o hija de su madre. Y dirá
todo el pueblo: Amén.
23 Maldito el que se acostare con su suegra.[l] Y
dirá todo el pueblo: Amén.
24 Maldito el que hiriere a su prójimo ocultamente. Y dirá todo el pueblo: Amén.
25 Maldito el que recibiere soborno para quitar la vida al inocente. Y dirá todo el pueblo:
Amén.
26 Maldito el que no confirmare las palabras
de esta ley para hacerlas.[m] Y dirá todo el pueblo: Amén.

Bendiciones de la obediencia
(Lv 26.3-13; Dt 7.12-24)

28 ACONTECERÁ que si oyeres atentamente la voz de Jehová tu Dios, para
guardar y poner por obra todos sus mandamientos que yo te prescribo hoy, también
Jehová tu Dios te exaltará sobre todas las
naciones de la tierra.
2 Y vendrán sobre ti todas estas bendiciones, y te alcanzarán, si oyeres la voz de Jehová tu Dios.
➤ 3 Bendito serás tú en la ciudad, y bendito tú
en el campo.
4 Bendito el fruto de tu vientre, el fruto de
tu tierra, el fruto de tus bestias, la cría de tus
vacas y los rebaños de tus ovejas.
5 Benditas serán tu canasta y tu artesa de
amasar.
6 Bendito serás en tu entrar, y bendito en tu
salir.
* 7 Jehová derrotará a tus enemigos que se
➤ levantaren contra ti; por un camino saldrán
contra ti, y por siete caminos huirán de delante de ti.
8 Jehová te enviará su bendición sobre tus
graneros, y sobre todo aquello en que pusieres
tu mano; y te bendecirá en la tierra que Jehová tu Dios te da.
9 Te confirmará Jehová por pueblo santo
suyo, como te lo ha jurado, cuando guardares
los mandamientos de Jehová tu Dios, y anduvieres en sus caminos.
10 Y verán todos los pueblos de la tierra que
el nombre de Jehová es invocado sobre ti, y
te temerán.
11 Y te hará Jehová sobreabundar en bienes, en el fruto de tu vientre, en el fruto de
tu bestia, y en el fruto de tu tierra, en el país
que Jehová juró a tus padres que te había
de dar.
12 Te abrirá Jehová su buen tesoro, el cielo, para enviar la lluvia a tu tierra en su tiempo, y para bendecir toda obra de tus manos.
Y prestarás a muchas naciones, y tú no pedirás prestado.
13 Te pondrá Jehová por cabeza, y no por
cola; y estarás encima solamente, y no estarás debajo, si obedecieres los mandamientos
de Jehová tu Dios, que yo te ordeno hoy, para
que los guardes y cumplas,
14 y si no te apartares de todas las palabras
que yo te mando hoy, ni a diestra ni a siniestra, para ir tras dioses ajenos y servirles.[a]

Consecuencias de la desobediencia
(Lv 26.14-46)
15 Pero acontecerá, si no oyeres la voz de
Jehová tu Dios, para procurar cumplir todos
sus mandamientos y sus estatutos que yo te
intimo hoy, que vendrán sobre ti todas estas
maldiciones, y te alcanzarán.
16 Maldito serás tú en la ciudad, y maldito en
el campo.
17 Maldita tu canasta, y tu artesa de amasar.
18 Maldito el fruto de tu vientre, el fruto de
tu tierra, la cría de tus vacas, y los rebaños de
tus ovejas.
19 Maldito serás en tu entrar, y maldito en tu
salir.
20 Y Jehová enviará contra ti la maldición,
quebranto y asombro en todo cuanto pusieres mano e hicieres, hasta que seas destruido,
y perezcas pronto a causa de la maldad de tus
obras por las cuales me habrás dejado.
21 Jehová traerá sobre ti mortandad, hasta
que te consuma de la tierra a la cual entras
para tomar posesión de ella.
22 Jehová te herirá de tisis, de fiebre, de infla-
mación y de ardor, con sequía, con calamidad

i. 27.20 Lv 18.8; 20.11; Dt 22.30. **j. 27.21** Éx 22.19; Lv 18.23; 20.15. **k. 27.22** Lv 18.9; 20.17. **l. 27.23** Lv 18.7; 20.14. **m. 27.26** Gá 3.10. **a. 28.1-14** Dt 11.13-17.

LECCIONES DE VIDA

➤ ***28.3, 4 — Bendito serás.***

Dios no dejó duda sobre el tipo de bendiciones que tiene guardadas para quienes le obedecen. No importa dónde vivamos, qué hagamos o adónde vayamos, si obedecemos los mandamientos de Dios podemos estar seguros de su bendición.

➤ ***28.7 — Jehová derrotará a tus enemigos que se levantaren contra ti.***

Dios dijo estas palabras a un pueblo que iba a enfrentar pronto grandes peligros de sus enemigos. Pero les aseguró —y también a nosotros hoy— que ningún enemigo puede enfrentarse a Él. Él defiende con pasión a los que le pertenecen.

repentina y con añublo; y te perseguirán hasta que perezcas.
23 Y los cielos que están sobre tu cabeza serán
de bronce, y la tierra que está debajo de ti, de
hierro.
24 Dará Jehová por lluvia a tu tierra polvo y
ceniza; de los cielos descenderán sobre ti hasta que perezcas.
25 Jehová te entregará derrotado delante de
tus enemigos; por un camino saldrás contra
ellos, y por siete caminos huirás delante de
ellos; y serás vejado por todos los reinos de
la tierra.
26 Y tus cadáveres servirán de comida a toda
ave del cielo y fiera de la tierra, y no habrá
quien las espante.
27 Jehová te herirá con la úlcera de Egipto,
con tumores, con sarna, y con comezón de que
no puedas ser curado.
28 Jehová te herirá con locura, ceguera y turbación de espíritu;
29 y palparás a mediodía como palpa el ciego
en la oscuridad, y no serás prosperado en tus
caminos; y no serás sino oprimido y robado
todos los días, y no habrá quien te salve.
30 Te desposarás con mujer, y otro varón dormirá con ella; edificarás casa, y no habitarás
en ella; plantarás viña, y no la disfrutarás.
31 Tu buey será matado delante de tus ojos, y
tú no comerás de él; tu asno será arrebatado
de delante de ti, y no te será devuelto; tus ovejas serán dadas a tus enemigos, y no tendrás
quien te las rescate.
32 Tus hijos y tus hijas serán entregados a
otro pueblo, y tus ojos lo verán, y desfallecerán por ellos todo el día; y no habrá fuerza en
tu mano.
33 El fruto de tu tierra y de todo tu trabajo
comerá pueblo que no conociste; y no serás
sino oprimido y quebrantado todos los días.
34 Y enloquecerás a causa de lo que verás con
tus ojos.
35 Te herirá Jehová con maligna pústula en
las rodillas y en las piernas, desde la planta de tu pie hasta tu coronilla, sin que puedas
ser curado.
36 Jehová te llevará a ti, y al rey que hubieres
puesto sobre ti, a nación que no conociste ni
tú ni tus padres; y allá servirás a dioses ajenos, al palo y a la piedra.
37 Y serás motivo de horror, y servirás de
refrán y de burla a todos los pueblos a los cuales te llevará Jehová.
38 Sacarás mucha semilla al campo, y recogerás poco, porque la langosta lo consumirá.
39 Plantarás viñas y labrarás, pero no beberás vino, ni recogerás uvas, porque el gusano
se las comerá.
40 Tendrás olivos en todo tu territorio, mas
no te ungirás con el aceite, porque tu aceitu-
na se caerá.
41 Hijos e hijas engendrarás, y no serán para
ti, porque irán en cautiverio.
42 Toda tu arboleda y el fruto de tu tierra
serán consumidos por la langosta.
43 El extranjero que estará en medio de ti se
elevará sobre ti muy alto, y tú descenderás
muy abajo.
44 Él te prestará a ti, y tú no le prestarás a él;
él será por cabeza, y tú serás por cola.
45 Y vendrán sobre ti todas estas maldiciones,
y te perseguirán, y te alcanzarán hasta que
perezcas; por cuanto no habrás atendido a la
voz de Jehová tu Dios, para guardar sus mandamientos y sus estatutos, que él te mandó;
46 y serán en ti por señal y por maravilla, y en
tu descendencia para siempre.
47 Por cuanto no serviste a Jehová tu Dios con
alegría y con gozo de corazón, por la abundancia de todas las cosas,
48 servirás, por tanto, a tus enemigos que
enviare Jehová contra ti, con hambre y con
sed y con desnudez, y con falta de todas las
cosas; y él pondrá yugo de hierro sobre tu cuello, hasta destruirte.
49 Jehová traerá contra ti una nación de lejos,
del extremo de la tierra, que vuele como águila, nación cuya lengua no entiendas;
50 gente fiera de rostro, que no tendrá respeto
al anciano, ni perdonará al niño;
51 y comerá el fruto de tu bestia y el fruto de tu tierra, hasta que perezcas; y no te
dejará grano, ni mosto, ni aceite, ni la cría de
tus vacas, ni los rebaños de tus ovejas, hasta
destruirte.
52 Pondrá sitio a todas tus ciudades, hasta
que caigan tus muros altos y fortificados en
que tú confías, en toda tu tierra; sitiará, pues,
todas tus ciudades y toda la tierra que Jehová
tu Dios te hubiere dado.
53 Y comerás el fruto de tu vientre, la carne de
tus hijos y de tus hijas que Jehová tu Dios te
dio, en el sitio y en el apuro con que te angustiará tu enemigo.
54 El hombre tierno en medio de ti, y el muy
delicado, mirará con malos ojos a su hermano,
y a la mujer de su seno, y al resto de sus hijos
que le quedaren;
55 para no dar a alguno de ellos de la carne de
sus hijos, que él comiere, por no haberle quedado nada, en el asedio y en el apuro con que
tu enemigo te oprimirá en todas tus ciudades.
56 La tierna y la delicada entre vosotros, que
nunca la planta de su pie intentaría sentar
sobre la tierra, de pura delicadeza y ternura,
mirará con malos ojos al marido de su seno, a
su hijo, a su hija,
57 al recién nacido que sale de entre sus pies,
y a sus hijos que diere a luz; pues los comerá[b] ocultamente, por la carencia de todo, en
el asedio y en el apuro con que tu enemigo te
oprimirá en tus ciudades.
58 Si no cuidares de poner por obra todas las
palabras de esta ley que están escritas en este

b. 28.57 2 R 6.28-29; Lm 4.10.

libro, temiendo este nombre glorioso y temible: JEHOVÁ TU DIOS,
59 entonces Jehová aumentará maravillosamente tus plagas y las plagas de tu descendencia, plagas grandes y permanentes, y enfermedades malignas y duraderas;
60 y traerá sobre ti todos los males de Egipto, delante de los cuales temiste, y no te dejarán.
61 Asimismo toda enfermedad y toda plaga que no está escrita en el libro de esta ley, Jehová la enviará sobre ti, hasta que seas destruido.
62 Y quedaréis pocos en número, en lugar de haber sido como las estrellas del cielo en multitud, por cuanto no obedecisteis a la voz de Jehová tu Dios.
63 Así como Jehová se gozaba en haceros bien y en multiplicaros, así se gozará Jehová en arruinaros y en destruiros; y seréis arrancados de sobre la tierra a la cual entráis para tomar posesión de ella.
64 Y Jehová te esparcirá por todos los pueblos, desde un extremo de la tierra hasta el otro extremo; y allí servirás a dioses ajenos que no conociste tú ni tus padres, al leño y a la piedra.
65 Y ni aun entre estas naciones descansarás, ni la planta de tu pie tendrá reposo; pues allí te dará Jehová corazón temeroso, y desfallecimiento de ojos, y tristeza de alma;
66 y tendrás tu vida como algo que pende delante de ti, y estarás temeroso de noche y de día, y no tendrás seguridad de tu vida.
67 Por la mañana dirás: ¡Quién diera que fuese la tarde! y a la tarde dirás: ¡Quién diera que fuese la mañana! por el miedo de tu corazón con que estarás amedrentado, y por lo que verán tus ojos.
68 Y Jehová te hará volver a Egipto en naves, por el camino del cual te ha dicho: Nunca más volverás; y allí seréis vendidos a vuestros enemigos por esclavos y por esclavas, y no habrá quien os compre.

Pacto de Jehová con Israel en Moab

29 ÉSTAS son las palabras del pacto que Jehová mandó a Moisés que celebrase con los hijos de Israel en la tierra de Moab, además del pacto que concertó con ellos en Horeb.
2 Moisés, pues, llamó a todo Israel, y les dijo: Vosotros habéis visto todo lo que Jehová ha hecho delante de vuestros ojos en la tierra de Egipto a Faraón y a todos sus siervos, y a toda su tierra,
3 las grandes pruebas que vieron vuestros ojos, las señales y las grandes maravillas.
4 Pero hasta hoy Jehová no os ha dado corazón para entender, ni ojos para ver, ni oídos para oír.
5 Y yo os he traído cuarenta años en el desierto; vuestros vestidos no se han envejecido sobre vosotros, ni vuestro calzado se ha envejecido sobre vuestro pie.
6 No habéis comido pan, ni bebisteis vino ni sidra; para que supierais que yo soy Jehová vuestro Dios.
7 Y llegasteis a este lugar, y salieron Sehón rey de Hesbón[a] y Og rey de Basán[b] delante de nosotros para pelear, y los derrotamos;
8 y tomamos su tierra, y la dimos por heredad a Rubén y a Gad y a la media tribu de Manasés.[c]
9 Guardaréis, pues, las palabras de este pacto, y las pondréis por obra, para que prosperéis en todo lo que hiciereis.
10 Vosotros todos estáis hoy en presencia de Jehová vuestro Dios; los cabezas de vuestras tribus, vuestros ancianos y vuestros oficiales, todos los varones de Israel;
11 vuestros niños, vuestras mujeres, y tus extranjeros que habitan en medio de tu campamento, desde el que corta tu leña hasta el que saca tu agua;
12 para que entres en el pacto de Jehová tu Dios, y en su juramento, que Jehová tu Dios concierta hoy contigo,
13 para confirmarte hoy como su pueblo, y para que él te sea a ti por Dios, de la manera que él te ha dicho, y como lo juró a tus padres Abraham, Isaac y Jacob.
14 Y no solamente con vosotros hago yo este pacto y este juramento,
15 sino con los que están aquí presentes hoy con nosotros delante de Jehová nuestro Dios, y con los que no están aquí hoy con nosotros.
16 Porque vosotros sabéis cómo habitamos en la tierra de Egipto, y cómo hemos pasado por en medio de las naciones por las cuales habéis pasado;
17 y habéis visto sus abominaciones y sus ídolos de madera y piedra, de plata y oro, que tienen consigo.
18 No sea que haya entre vosotros varón o mujer, o familia o tribu, cuyo corazón se aparte hoy de Jehová nuestro Dios, para ir a servir a los dioses de esas naciones; no sea que

a. 29.7 Nm 21.21-30. **b. 29.7** Nm 21.31-35. **c. 29.8** Nm 32.33.

LECCIONES DE VIDA

➤ ***29.4 — Pero hasta hoy Jehová no os ha dado corazón para entender, ni ojos para ver, ni oídos para oír.***

Aunque los israelitas habían visto los milagros de Dios y la manera como los sacó de Egipto, no entendían todavía que Él quería tener una relación personal con ellos, enseñarles, satisfacer sus necesidades y glorificarse por medio de ellos. Lo que el Señor no dio a su pueblo Israel, lo ha dado a los cristianos. Su Espíritu Santo mora en nosotros y nos enseña lo que tenemos en Jesucristo (Jer 31.31-34; Ez 36.26; 1 Co 2.9-16; Ef 1.18).

haya en medio de vosotros raíz que produzca
hiel y ajenjo,[d]
19 y suceda que al oír las palabras de esta
maldición, él se bendiga en su corazón, diciendo: Tendré paz, aunque ande en la dureza de
mi corazón, a fin de que con la embriaguez
quite la sed.
20 No querrá Jehová perdonarlo, sino que
entonces humeará la ira de Jehová y su celo
sobre el tal hombre, y se asentará sobre él
toda maldición escrita en este libro, y Jehová
borrará su nombre de debajo del cielo;
21 y lo apartará Jehová de todas las tribus de
Israel para mal, conforme a todas las maldiciones del pacto escrito en este libro de la ley.
22 Y dirán las generaciones venideras, vuestros hijos que se levanten después de vosotros,
y el extranjero que vendrá de lejanas tierras,
cuando vieren las plagas de aquella tierra,
y sus enfermedades de que Jehová la habrá
hecho enfermar
23 (azufre y sal, abrasada toda su tierra; no
será sembrada, ni producirá, ni crecerá en
ella hierba alguna, como sucedió en la destrucción de Sodoma y de Gomorra,[e] de Adma
y de Zeboim, las cuales Jehová destruyó en su
furor y en su ira);
24 más aún, todas las naciones dirán: ¿Por
qué hizo esto Jehová a esta tierra? ¿Qué significa el ardor de esta gran ira?
25 Y responderán: Por cuanto dejaron el pacto de Jehová el Dios de sus padres, que él concertó con ellos cuando los sacó de la tierra de
Egipto,
26 y fueron y sirvieron a dioses ajenos, y se
inclinaron a ellos, dioses que no conocían, y
que ninguna cosa les habían dado.
27 Por tanto, se encendió la ira de Jehová contra esta tierra, para traer sobre ella todas las
maldiciones escritas en este libro;
28 y Jehová los desarraigó de su tierra con
ira, con furor y con grande indignación, y los
arrojó a otra tierra, como hoy se ve.
29 Las cosas secretas pertenecen a Jehová
nuestro Dios; mas las reveladas son para nosotros y para nuestros hijos para siempre, para
que cumplamos todas las palabras de esta ley.

Condiciones para la restauración y la bendición

30 SUCEDERÁ que cuando hubieren venido sobre ti todas estas cosas, la bendición y la maldición que he puesto delante de
ti, y te arrepintieres en medio de todas las
naciones adonde te hubiere arrojado Jehová
tu Dios,
2 y te convirtieres a Jehová tu Dios, y obedecieres a su voz conforme a todo lo que yo te
mando hoy, tú y tus hijos, con todo tu corazón
y con toda tu alma,
3 entonces Jehová hará volver a tus cautivos,
y tendrá misericordia de ti, y volverá a recogerte de entre todos los pueblos adonde te
hubiere esparcido Jehová tu Dios.
4 Aun cuando tus desterrados estuvieren en
las partes más lejanas que hay debajo del cielo, de allí te recogerá Jehová tu Dios, y de allá
te tomará;
5 y te hará volver Jehová tu Dios a la tierra que heredaron tus padres, y será tuya; y
te hará bien, y te multiplicará más que a tus
padres.
6 Y circuncidará Jehová tu Dios tu corazón, y
el corazón de tu descendencia, para que ames
a Jehová tu Dios con todo tu corazón y con
toda tu alma, a fin de que vivas.
7 Y pondrá Jehová tu Dios todas estas maldiciones sobre tus enemigos, y sobre tus aborrecedores que te persiguieron.
8 Y tú volverás, y oirás la voz de Jehová, y
pondrás por obra todos sus mandamientos
que yo te ordeno hoy.
9 Y te hará Jehová tu Dios abundar en toda
obra de tus manos, en el fruto de tu vientre,

d. 29.18 He 12.15. **e. 29.23** Gn 19.24-25.

LECCIONES DE VIDA

29.19 — aunque ande en la dureza de mi corazón.

Dios *juzgará* sin falta el pecado (Ez 18.4; He 9.27). Esto puede parecer duro, pero cuando rechazamos al Señor, despreciamos la gran salvación que Él nos ofrece (Jn 3.18). La obediencia es importante. Nunca debemos ser tan tercamente orgullosos para creer que sabemos más que el Señor. Dios nos salva, no para que podamos continuar en el pecado, sino para que podamos encontrar verdadera libertad y gozo en la obediencia a Él.

29.29 — Las cosas secretas pertenecen a Jehová nuestro Dios; mas las reveladas son para nosotros.

Hay mucha información que Dios no nos revela —está en su derecho— pero sí revela todo lo que necesitamos saber para vivir vidas santas y llenas de gozo.

30.3 — Jehová hará volver a tus cautivos, y tendrá misericordia de ti.

Antes de entrar a la tierra prometida, Dios les advirtió a los israelitas que la obediencia trae bendición, mientras que la rebelión trae condenación. Si ellos persistían en sus malos caminos, Él los desarraigaría de la tierra (Dt 29.28). Sin embargo, si se arrepentían, los haría volver. Sabemos que ambas cosas sucedieron. Israel desobedeció y fue conquistado por Asiria en el 722. a. C. (2 R 17.6, 22, 23), y Judá fue llevada cautiva a Babilonia hacia el 586 a. C. (2 R 24.11-20). Pero Dios fue fiel también al hacer volver el pueblo a su tierra cuando obedecieron (2 Cr 36.23).

30.9 — Jehová volverá a gozarse sobre ti para bien, de la manera que se gozó sobre tus padres.

Al Señor le encanta gozarse en su pueblo para bien, no para pronunciar sobre ellos maldiciones para su castigo. Podemos elegir obedecer a Dios y recibir sus bendiciones, o desobedecer a Dios y enfrentar su juicio; eso depende de nosotros. Sin embargo, Él prefiere que vivamos obedientes a su voluntad, en íntima comunión con Él, al abrigo de su protección y de su gracia.

en el fruto de tu bestia, y en el fruto de tu tierra, para bien; porque Jehová volverá a gozarse sobre ti para bien, de la manera que se gozó
sobre tus padres,
10 cuando obedecieres a la voz de Jehová tu
Dios, para guardar sus mandamientos y sus
estatutos escritos en este libro de la ley; cuando te convirtieres a Jehová tu Dios con todo tu
corazón y con toda tu alma.
11 Porque este mandamiento que yo te ordeno hoy no es demasiado difícil para ti, ni está
lejos.
12 No está en el cielo, para que digas: ¿Quién
subirá por nosotros al cielo, y nos lo traerá y
nos lo hará oír para que lo cumplamos?
13 Ni está al otro lado del mar, para que digas:
¿Quién pasará por nosotros el mar, para que
nos lo traiga y nos lo haga oír, a fin de que lo
cumplamos?
14 Porque muy cerca de ti está la palabra,
en tu boca y en tu corazón, para que la
cumplas.[a]
15 Mira, yo he puesto delante de ti hoy la vida
y el bien, la muerte y el mal;
16 porque yo te mando hoy que ames a Jehová tu Dios, que andes en sus caminos, y guardes sus mandamientos, sus estatutos y sus
decretos, para que vivas y seas multiplicado, y
Jehová tu Dios te bendiga en la tierra a la cual
entras para tomar posesión de ella.
17 Mas si tu corazón se apartare y no oyeres,
y te dejares extraviar, y te inclinares a dioses
ajenos y les sirvieres,
18 yo os protesto hoy que de cierto pereceréis;
no prolongaréis vuestros días sobre la tierra
adonde vais, pasando el Jordán, para entrar
en posesión de ella.
19 A los cielos y a la tierra llamo por testigos
hoy contra vosotros, que os he puesto delante la vida y la muerte, la bendición y la maldición; escoge, pues, la vida, para que vivas tú y
tu descendencia;
20 amando a Jehová tu Dios, atendiendo a
su voz, y siguiéndole a él; porque él es vida
para ti, y prolongación de tus días; a fin de
que habites sobre la tierra que juró Jehová a
tus padres, Abraham,[b] Isaac[c] y Jacob,[d] que les
había de dar.

Josué es instalado como sucesor de Moisés

31 FUE Moisés y habló estas palabras a
todo Israel,
2 y les dijo: Este día soy de edad de ciento
veinte años; no puedo más salir ni entrar; además de esto Jehová me ha dicho: No pasarás
este Jordán.[a]
3 Jehová tu Dios, él pasa delante de ti; él destruirá a estas naciones delante de ti, y las
heredarás; Josué será el que pasará delante de
ti, como Jehová ha dicho.
4 Y hará Jehová con ellos como hizo con
Sehón y con Og, reyes de los amorreos, y con
su tierra, a quienes destruyó.[b]
5 Y los entregará Jehová delante de vosotros,
y haréis con ellos conforme a todo lo que os
he mandado.
6 Esforzaos y cobrad ánimo; no temáis, ni
tengáis miedo de ellos, porque Jehová tu
Dios es el que va contigo; no te dejará, ni te
desamparará.
7 Y llamó Moisés a Josué, y le dijo en presencia de todo Israel: Esfuérzate y anímate; porque tú entrarás con este pueblo a la tierra que
juró Jehová a sus padres que les daría, y tú se
la harás heredar.
8 Y Jehová va delante de ti; él estará contigo,
no te dejará, ni te desamparará;[c] no temas ni
te intimides.
9 Y escribió Moisés esta ley, y la dio a los
sacerdotes hijos de Leví, que llevaban el arca
del pacto de Jehová, y a todos los ancianos
de Israel.
10 Y les mandó Moisés, diciendo: Al fin de
cada siete años,[d] en el año de la remisión, en
la fiesta de los tabernáculos,[e]
11 cuando viniere todo Israel a presentarse delante de Jehová tu Dios en el lugar que
él escogiere, leerás esta ley delante de todo
Israel a oídos de ellos.
12 Harás congregar al pueblo, varones y mujeres y niños, y tus extranjeros que estuvieren
en tus ciudades, para que oigan y aprendan,
y teman a Jehová vuestro Dios, y cuiden de
cumplir todas las palabras de esta ley;

a. 30.12-14 Ro 10.6-8. **b. 30.20** Gn 12.7. **c. 30.20** Gn 26.3.
d. 30.20 Gn 28.13. **a. 31.2** Nm 20.12. **b. 31.4** Nm 21.21-35.
c. 31.8 Jos 1.5; He 13.5. **d. 31.10** Dt 15.12.
e. 31.10 Dt 16.13-15.

LECCIONES DE VIDA

31.6 — Esforzaos y cobrad ánimo; no temáis, ni tengáis miedo de ellos, porque Jehová tu Dios es el que va contigo; no te dejará, ni te desamparará.

Cuando Dios amonestó por última vez a la nación de Israel, les dijo una verdad que les sostendría, pasara lo que pasara: «Jehová tu Dios es el que va contigo». ¿Puede haber algo más perturbador o aterrador que tener que enfrentar una terrible prueba completamente solo? Dios nos dice que los que le conocen no tienen que preocuparse por esto. Los líderes y los seres queridos pueden llegar y marcharse, pero Él está con nosotros, en los tiempos de mayor gozo y en los de mayor dificultad.

31.8 — Y Jehová va delante de ti; él estará contigo, no te dejará, ni te desamparará; no temas ni te intimides.

Dios tiene un compromiso con usted, y Él actúa siempre pensando en lo mejor para su vida. No importa los obstáculos que usted enfrente, Él ya le ha abierto un camino para que los supere si se mantiene obediente a Él. Por tanto, no tema a ningún reto que pueda tener. Mantenga su mirada en Él. El Señor le guiará sin falta de la mejor manera posible.

13 y los hijos de ellos que no supieron, oigan,
y aprendan a temer a Jehová vuestro Dios
todos los días que viviereis sobre la tierra
adonde vais, pasando el Jordán, para tomar
posesión de ella.
14 Y Jehová dijo a Moisés: He aquí se ha
acercado el día de tu muerte; llama a Josué,
y esperad en el tabernáculo de reunión para
que yo le dé el cargo. Fueron, pues, Moisés
y Josué, y esperaron en el tabernáculo de
reunión.
15 Y se apareció Jehová en el tabernáculo, en
la columna de nube; y la columna de nube se
puso sobre la puerta del tabernáculo.
16 Y Jehová dijo a Moisés: He aquí, tú vas a
dormir con tus padres, y este pueblo se levantará y fornicará tras los dioses ajenos de la
tierra adonde va para estar en medio de ella;
y me dejará, e invalidará mi pacto que he
concertado con él;
17 y se encenderá mi furor contra él en aquel
día; y los abandonaré, y esconderé de ellos
mi rostro, y serán consumidos; y vendrán
sobre ellos muchos males y angustias, y dirán
en aquel día: ¿No me han venido estos males
porque no está mi Dios en medio de mí?
18 Pero ciertamente yo esconderé mi rostro
en aquel día, por todo el mal que ellos habrán
hecho, por haberse vuelto a dioses ajenos.
19 Ahora pues, escribíos este cántico, y ensé-
ñalo a los hijos de Israel; ponlo en boca de
ellos, para que este cántico me sea por testigo contra los hijos de Israel.
20 Porque yo les introduciré en la tierra que
juré a sus padres, la cual fluye leche y miel;
y comerán y se saciarán, y engordarán; y se
volverán a dioses ajenos y les servirán, y me
enojarán, e invalidarán mi pacto.
21 Y cuando les vinieren muchos males y
angustias, entonces este cántico responderá
en su cara como testigo, pues será recordado por la boca de sus descendientes; porque
yo conozco lo que se proponen de antemano,
antes que los introduzca en la tierra que juré
darles.
22 Y Moisés escribió este cántico aquel día, y
lo enseñó a los hijos de Israel.
23 Y dio orden a Josué[f] hijo de Nun, y dijo:
Esfuérzate y anímate,[g] pues tú introducirás a
los hijos de Israel en la tierra que les juré, y
yo estaré contigo.

Orden de guardar la ley junto al arca

24 Y cuando acabó Moisés de escribir las palabras de esta ley en un libro hasta concluirse,
25 dio órdenes Moisés a los levitas que llevaban el arca del pacto de Jehová, diciendo:
26 Tomad este libro de la ley, y ponedlo al
lado del arca del pacto de Jehová vuestro
Dios, y esté allí por testigo contra ti.
27 Porque yo conozco tu rebelión, y tu dura
cerviz; he aquí que aun viviendo yo con vosotros hoy, sois rebeldes a Jehová; ¿cuánto más
después que yo haya muerto?
28 Congregad a mí todos los ancianos de
vuestras tribus, y a vuestros oficiales, y
hablaré en sus oídos estas palabras, y llamaré por testigos contra ellos a los cielos y
a la tierra.
29 Porque yo sé que después de mi muerte,
ciertamente os corromperéis y os apartaréis
del camino que os he mandado; y que os ha
de venir mal en los postreros días, por haber
hecho mal ante los ojos de Jehová, enojándo-
le con la obra de vuestras manos.

Cántico de Moisés

30 Entonces habló Moisés a oídos de toda la
congregación de Israel las palabras de este
cántico hasta acabarlo.

32 ESCUCHAD, cielos, y hablaré;
Y oiga la tierra los dichos de mi boca.
2 Goteará como la lluvia mi enseñanza;
Destilará como el rocío mi
razonamiento;
Como la llovizna sobre la grama,
Y como las gotas sobre la hierba;
3 Porque el nombre de Jehová
proclamaré.
Engrandeced a nuestro Dios.
4 Él es la Roca, cuya obra es perfecta, ➤
Porque todos sus caminos son rectitud;
Dios de verdad, y sin ninguna iniquidad
en él;
Es justo y recto.
5 La corrupción no es suya; de sus hijos
es la mancha,
Generación torcida y perversa.
6 ¿Así pagáis a Jehová,
Pueblo loco e ignorante?
¿No es él tu padre que te creó?
Él te hizo y te estableció.
7 Acuérdate de los tiempos antiguos,
Considera los años de muchas
generaciones;
Pregunta a tu padre, y él te declarará;
A tus ancianos, y ellos te dirán.

f. 31.23 Nm 27.23. **g. 31.23** Jos 1.6.

LECCIONES DE VIDA

➤ ***32.4 — Él es la Roca, cuya obra es perfecta, porque todos sus caminos son rectitud; Dios de verdad, y sin ninguna iniquidad en él; es justo y recto.***

No hay ninguna Roca como la Roca de Abraham; sólo Dios permanece de pie e inamovible, pase lo que pase. Cuando sentimos temor o incertidumbre en cuanto al futuro, levanta nuestro espíritu y fortalece nuestra fe al recordarnos el glorioso carácter de Dios y su poder. Usted puede descansar siempre en el hecho de que Él es plenamente capaz de ayudarle, y le guiará de la mejor manera posible todas las veces, porque el Señor es recto, justo, amoroso, misericordioso y sabio.

8 Cuando el Altísimo hizo heredar a las naciones,
Cuando hizo dividir a los hijos de los hombres,
Estableció los límites de los pueblos
Según el número de los hijos de Israel.
9 Porque la porción de Jehová es su pueblo;
Jacob la heredad que le tocó.
10 Le halló en tierra de desierto,
Y en yermo de horrible soledad;
Lo trajo alrededor, lo instruyó,
Lo guardó como a la niña de su ojo.
➤ 11 Como el águila que excita su nidada,
Revolotea sobre sus pollos,
Extiende sus alas, los toma,
Los lleva sobre sus plumas,
12 Jehová solo le guió,
Y con él no hubo dios extraño.
13 Lo hizo subir sobre las alturas de la tierra,
Y comió los frutos del campo,
E hizo que chupase miel de la peña,
Y aceite del duro pedernal;
14 Mantequilla de vacas y leche de ovejas,
Con grosura de corderos,
Y carneros de Basán; también machos cabríos,
Con lo mejor del trigo;
Y de la sangre de la uva bebiste vino.
15 Pero engordó Jesurún, y tiró coces
(Engordaste, te cubriste de grasa);
Entonces abandonó al Dios que lo hizo,
Y menospreció la Roca de su salvación.
16 Le despertaron a celos con los dioses ajenos;
Lo provocaron a ira con abominaciones.
17 Sacrificaron a los demonios, y no a Dios;[a]
A dioses que no habían conocido,
A nuevos dioses venidos de cerca,
Que no habían temido vuestros padres.
18 De la Roca que te creó te olvidaste;
Te has olvidado de Dios tu creador.
19 Y lo vio Jehová, y se encendió en ira
Por el menosprecio de sus hijos y de sus hijas.
20 Y dijo: Esconderé de ellos mi rostro,
Veré cuál será su fin;
Porque son una generación perversa,
Hijos infieles.
21 Ellos me movieron a celos[b] con lo que no es Dios;
Me provocaron a ira con sus ídolos;
Yo también los moveré a celos con un pueblo que no es pueblo,
Los provocaré a ira con una nación insensata.[c]
22 Porque fuego se ha encendido en mi ira,
Y arderá hasta las profundidades del Seol;
Devorará la tierra y sus frutos,
Y abrasará los fundamentos de los montes.
23 Yo amontonaré males sobre ellos;
Emplearé en ellos mis saetas.
24 Consumidos serán de hambre, y devorados de fiebre ardiente
Y de peste amarga;
Diente de fieras enviaré también sobre ellos,
Con veneno de serpientes de la tierra.
25 Por fuera desolará la espada,
Y dentro de las cámaras el espanto;
Así al joven como a la doncella,
Al niño de pecho como al hombre cano.
26 Yo había dicho que los esparciría lejos,
Que haría cesar de entre los hombres la memoria de ellos,
27 De no haber temido la provocación del enemigo,
No sea que se envanezcan sus adversarios,
No sea que digan: Nuestra mano poderosa
Ha hecho todo esto, y no Jehová.
28 Porque son nación privada de consejos,
Y no hay en ellos entendimiento.
29 ¡Ojalá fueran sabios, que comprendieran esto,
Y se dieran cuenta del fin que les espera!
30 ¿Cómo podría perseguir uno a mil,
Y dos hacer huir a diez mil,
Si su Roca no los hubiese vendido,
Y Jehová no los hubiera entregado?
31 Porque la roca de ellos no es como nuestra Roca,
Y aun nuestros enemigos son de ello jueces.
32 Porque de la vid de Sodoma es la vid de ellos,
Y de los campos de Gomorra;
Las uvas de ellos son uvas ponzoñosas,
Racimos muy amargos tienen.
33 Veneno de serpientes es su vino,

a. 32.17 1 Co 10.20. **b. 32.21** 1 Co 10.22. **c. 32.21** Ro 10.19.

LECCIONES DE VIDA

➤ ***32.11 — Como el águila que excita su nidada, revolotea sobre sus pollos, extiende sus alas, los toma, los lleva sobre sus plumas.***

¿Por qué excita el águila su nidada? Para enseñar a sus polluelos a volar seguros bajo su cuidado protector. Eso fue lo que hizo Dios con Israel a través de muchos peligros, para enseñar a su pueblo a remontarse, como su especial tesoro. ¿Ha dejado agitada su vida alguna prueba? Dios no ha dejado que usted la enfrente solo. Su Padre celestial le está enseñando cómo vivir la vida bendecida para la cual le creó (Sal 91.4; Is 41.10).

Y ponzoña cruel de áspides.
34 ¿No tengo yo esto guardado conmigo,
Sellado en mis tesoros?
35 Mía es la venganza[d] y la retribución;
A su tiempo su pie resbalará,
Porque el día de su aflicción está cercano,
Y lo que les está preparado se apresura.
*36 Porque Jehová juzgará a su pueblo,
➤ Y por amor de sus siervos se arrepentirá,
Cuando viere que la fuerza pereció,
Y que no queda ni siervo ni libre.
37 Y dirá: ¿Dónde están sus dioses,
La roca en que se refugiaban;
38 Que comían la grosura de sus sacrificios,
Y bebían el vino de sus libaciones?
Levántense, que os ayuden
Y os defiendan.
39 Ved ahora que yo, yo soy,
Y no hay dioses conmigo;
Yo hago morir, y yo hago vivir;
Yo hiero, y yo sano;
Y no hay quien pueda librar de mi mano.
40 Porque yo alzaré a los cielos mi mano,
Y diré: Vivo yo para siempre,
41 Si afilare mi reluciente espada,
Y echare mano del juicio,
Yo tomaré venganza de mis enemigos,
Y daré la retribución a los que me aborrecen.
42 Embriagaré de sangre mis saetas,
Y mi espada devorará carne;
En la sangre de los muertos y de los cautivos,
En las cabezas de larga cabellera del enemigo.
43 Alabad, naciones, a su pueblo,[e]
Porque él vengará la sangre de sus siervos,[f]
Y tomará venganza de sus enemigos,
Y hará expiación por la tierra de su pueblo.
44 Vino Moisés y recitó todas las palabras de
este cántico a oídos del pueblo, él y Josué hijo
de Nun.
45 Y acabó Moisés de recitar todas estas palabras a todo Israel;
46 y les dijo: Aplicad vuestro corazón a todas
las palabras que yo os testifico hoy, para que
las mandéis a vuestros hijos, a fin de que cuiden de cumplir todas las palabras de esta ley.
47 Porque no os es cosa vana; es vuestra vida,
y por medio de esta ley haréis prolongar vuestros días sobre la tierra adonde vais, pasando
el Jordán, para tomar posesión de ella.

Se le permite a Moisés contemplar la tierra de Canaán

48 Y habló Jehová a Moisés aquel mismo día,
diciendo:
49 Sube a este monte de Abarim, al monte
Nebo, situado en la tierra de Moab que está
frente a Jericó, y mira la tierra de Canaán, que
yo doy por heredad a los hijos de Israel;
50 y muere en el monte al cual subes, y sé
unido a tu pueblo, así como murió Aarón tu
hermano en el monte Hor, y fue unido a su
pueblo;
51 por cuanto pecasteis contra mí en medio
de los hijos de Israel en las aguas de Meriba
de Cades, en el desierto de Zin; porque no me
santificasteis en medio de los hijos de Israel.
52 Verás, por tanto, delante de ti la tierra; mas
no entrarás allá, a la tierra que doy a los hijos
de Israel.[g]

Moisés bendice a las doce tribus de Israel

33 ÉSTA es la bendición con la cual ben-
dijo Moisés varón de Dios a los hijos de
Israel, antes que muriese.
2 Dijo:
Jehová vino de Sinaí,
Y de Seir les esclareció;
Resplandeció desde el monte de Parán,
Y vino de entre diez millares de santos,
Con la ley de fuego a su mano derecha.
3 Aun amó a su pueblo;
Todos los consagrados a él estaban en su mano;
Por tanto, ellos siguieron en tus pasos,
Recibiendo dirección de ti,
4 Cuando Moisés nos ordenó una ley,
Como heredad a la congregación de Jacob.
5 Y fue rey en Jesurún,
Cuando se congregaron los jefes del pueblo
Con las tribus de Israel.
6 Viva Rubén, y no muera;
Y no sean pocos sus varones.
7 Y esta bendición profirió para Judá. Dijo así:
Oye, oh Jehová, la voz de Judá,

d. 32.35 Ro 12.19; He 10.30. **e. 32.43** Ro 15.10. **f. 32.43** Ap 19.2. **g. 32.48-52** Nm 27.12-14; Dt 3.23-27.

LECCIONES DE VIDA

➤ ***32.36 — Porque Jehová juzgará a su pueblo, y por amor de sus siervos se arrepentirá, cuando viere que la fuerza pereció.***

Naciones más grandes y con ejércitos más poderosos podían intentar asolar a Israel, pero Dios reivindicaría y restauraría a su pueblo. Asimismo, nosotros podemos enfrentar obstáculos que son demasiado grandes para nosotros, o sufrir injusticias durante un tiempo, pero la victoria y la venganza pertenecen al Señor (Ro 12.19; He 10.30). Él le ayudará, le reivindicará y exhibirá la justicia de su causa. Por tanto, tome aliento y siga obedeciéndole con todo su corazón (Sal 37.1-6).

Y llévalo a su pueblo;
Sus manos le basten,
Y tú seas su ayuda contra sus enemigos.
8 A Leví dijo:
Tu Tumim y tu Urim[a] sean para tu varón piadoso,
A quien probaste en Masah,[b]
Con quien contendiste en las aguas de Meriba,[c]
9 Quien dijo de su padre y de su madre:
Nunca los he visto;
Y no reconoció a sus hermanos,
Ni a sus hijos conoció;
Pues ellos guardaron tus palabras,
Y cumplieron tu pacto.
10 Ellos enseñarán tus juicios a Jacob,
Y tu ley a Israel;
Pondrán el incienso delante de ti,
Y el holocausto sobre tu altar.
11 Bendice oh Jehová lo que hicieren,
Y recibe con agrado la obra de sus manos;
Hiere los lomos de sus enemigos,
Y de los que lo aborrecieren, para que nunca se levanten.
12 A Benjamín dijo
El amado de Jehová habitará confiado cerca de él;
Lo cubrirá siempre,
Y entre sus hombros morará.
13 A José dijo:
Bendita de Jehová sea tu tierra,
Con lo mejor de los cielos, con el rocío,
Y con el abismo que está abajo.
14 Con los más escogidos frutos del sol,
Con el rico producto de la luna,
15 Con el fruto más fino de los montes antiguos,
Con la abundancia de los collados eternos,
16 Y con las mejores dádivas de la tierra y su plenitud;
Y la gracia del que habitó en la zarza
Venga sobre la cabeza de José,
Y sobre la frente de aquel que es príncipe entre sus hermanos.
17 Como el primogénito de su toro es su gloria,
Y sus astas como astas de búfalo;
Con ellas acorneará a los pueblos juntos hasta los fines de la tierra;
Ellos son los diez millares de Efraín,
Y ellos son los millares de Manasés.
18 A Zabulón dijo:
Alégrate, Zabulón, cuando salieres;
Y tú, Isacar, en tus tiendas.
19 Llamarán a los pueblos a su monte;
Allí sacrificarán sacrificios de justicia,
Por lo cual chuparán la abundancia de los mares,
Y los tesoros escondidos de la arena.
20 A Gad dijo:
Bendito el que hizo ensanchar a Gad;
Como león reposa,
Y arrebata brazo y testa.
21 Escoge lo mejor de la tierra para sí,
Porque allí le fue reservada la porción del legislador.
Y vino en la delantera del pueblo;
Con Israel ejecutó los mandatos y los justos decretos de Jehová.
22 A Dan dijo:
Dan es cachorro de león
Que salta desde Basán.
23 A Neftalí dijo:
Neftalí, saciado de favores,
Y lleno de la bendición de Jehová,
Posee el occidente y el sur.
24 A Aser dijo:
Bendito sobre los hijos sea Aser;
Sea el amado de sus hermanos,
Y moje en aceite su pie.
25 Hierro y bronce serán tus cerrojos,
Y como tus días serán tus fuerzas.
26 No hay como el Dios de Jesurún,
Quien cabalga sobre los cielos para tu ayuda,
Y sobre las nubes con su grandeza.
27 El eterno Dios es tu refugio, ➤
Y acá abajo los brazos eternos;
Él echó de delante de ti al enemigo,
Y dijo: Destruye.
28 E Israel habitará confiado, la fuente de Jacob habitará sola
En tierra de grano y de vino;
También sus cielos destilarán rocío.
29 Bienaventurado tú, oh Israel.
¿Quién como tú,
Pueblo salvo por Jehová,
Escudo de tu socorro,
Y espada de tu triunfo?
Así que tus enemigos serán humillados,
Y tú hollarás sobre sus alturas.

Muerte y sepultura de Moisés

34 SUBIÓ Moisés de los campos de Moab al monte Nebo, a la cumbre del Pisga, que está enfrente de Jericó; y le mostró Jehová toda la tierra de Galaad hasta Dan,

a. 33.8 Éx 28.30. **b. 33.8** Éx 17.7. **c. 33.8** Éx 17.7; Nm 20.13.

LECCIONES DE VIDA

➤ ***33.27 — El eterno Dios es tu refugio, y acá abajo los brazos eternos; él echó de delante de ti al enemigo, y dijo: Destruye.***

¿Podemos tener un amigo mejor que uno que sea infinitamente fuerte y poderoso, pero al mismo tiempo dulce y amoroso? Dios nos ama tiernamente y nos protege, y ha derrotado a todos nuestros enemigos espirituales, incluido el diablo.

2 todo Neftalí, y la tierra de Efraín y de
Manasés, toda la tierra de Judá hasta el mar
occidental;
3 el Neguev, y la llanura, la vega de Jericó, ciudad de las palmeras, hasta Zoar.
4 Y le dijo Jehová: Ésta es la tierra de que juré
a Abraham,[a] a Isaac[b] y a Jacob,[c] diciendo: A
tu descendencia la daré. Te he permitido verla
con tus ojos, mas no pasarás allá.
5 Y murió allí Moisés siervo de Jehová, en la
tierra de Moab, conforme al dicho de Jehová.
6 Y lo enterró en el valle, en la tierra de Moab,
enfrente de Bet-peor; y ninguno conoce el
lugar de su sepultura hasta hoy.
7 Era Moisés de edad de ciento veinte años
cuando murió; sus ojos nunca se oscurecieron,
ni perdió su vigor.
8 Y lloraron los hijos de Israel a Moisés en
los campos de Moab treinta días; y así se
cumplieron los días del lloro y del luto de
Moisés.
9 Y Josué hijo de Nun fue lleno del espíritu de sabiduría, porque Moisés había puesto sus manos sobre él; y los hijos de Israel le
obedecieron, e hicieron como Jehová mandó
a Moisés.
10 Y nunca más se levantó profeta en Israel ➤
como Moisés, a quien haya conocido Jehová
cara a cara;[d]
11 nadie como él en todas las señales y prodigios que Jehová le envió a hacer en tierra
de Egipto, a Faraón y a todos sus siervos y a
toda su tierra,
12 y en el gran poder y en los hechos grandiosos y terribles que Moisés hizo a la vista
de todo Israel.

a. 34.4 Gn 12.7. **b. 34.4** Gn 26.3. **c. 34.4** Gn 28.13.
d. 34.10 Éx 33.11.

LECCIONES DE VIDA

➤ ***34.10, 11— Y nunca más se levantó profeta en Israel como Moisés, a quien haya conocido Jehová cara a cara; nadie como él en todas las señales y prodigios que Jehová le envió a hacer.***

Por más grande que haya sido Moisés, él fue sólo un hombre, y necesitó un Salvador al igual que nosotros (He 11.26). Recordemos siempre que fue Dios quien hizo todos esos hechos milagrosos por medio de Moisés, y quien sacó al pueblo de Egipto. Sólo Dios merece la alabanza. Él también puede hacer cosas extraordinarias por medio de usted si confía en Él y le obedece. Es maravilloso ver las grandes cosas que Dios puede hacer mediante una persona que le sigue de corazón. ¿Le permitirá usted a Dios actuar a través de su vida?

EL LIBRO DE JOSUÉ

Josué, el primero de los doce libros históricos (de Josué a Ester), forja un vínculo entre el tiempo de Moisés y el resto de la historia de Israel. En el transcurso de tres grandes campañas militares contra más de treinta ejércitos enemigos, el pueblo de Israel aprende una lección crucial bajo el hábil liderazgo de Josué: Que la victoria viene por medio de la fe en Dios y la obediencia a sus mandatos, no por el poder militar ni la superioridad numérica.

Los acontecimientos narrados en Josué ocurren durante un período aproximado de cincuenta años. En este periodo de tiempo, Israel pasa de ser un grupo de refugiados conflictivos a una nación cooperativa compuesta por doce tribus bien definidas, que trabajan unidas para reclamar la tierra que Dios les ha dado.

A diferencia de la generación previa, este grupo de israelitas obedece la orden divina de cruzar el río Jordán. En parte, lo hacen en respuesta a la promesa del Señor a Josué al comienzo del libro: «Como estuve con Moisés, estaré contigo; no te dejaré, ni te desampararé» (Jos 1.5). Para ratificar ese mensaje, el Señor permite de forma milagrosa que la nación cruce en seco a la tierra prometida (Jos 3).

El libro no describe una sucesión continua de triunfos y conquistas militares, más bien narra los altibajos de la nación en su posesión gradual de Canaán. Al final del libro Josué ya es un anciano, pero su espíritu sigue fiel a Dios y le honra con la misma fortaleza cuando dice a su pueblo: «Escogeos hoy a quién sirváis; si a los dioses a quienes sirvieron vuestros padres, cuando estuvieron al otro lado del río, o a los dioses de los amorreos en cuya tierra habitáis; pero yo y mi casa serviremos a Jehová» (Jos 24.15).

Tema: Escuchar a Dios es esencial para andar con Él. Dios le dijo a Josué que fuera valiente y confiara en Él. Josué obedeció, y el resto es historia.

Autor: Probablemente, Josué mismo (Jos 24.26).

Tiempo: Moisés murió cerca de 1407 a.C., tiempo en que Josué asumió el mando para dirigir a los israelitas en la ocupación de Canaán. El libro de Josué culmina con su discurso de despedida y su muerte.

Estructura: Los capítulos 1.1—12.24 cubren la invasión y conquista de Canaán; los capítulos 13.1—22.34 narran la repartición de los territorios entre las tribus de Israel; los capítulos 23.1—24.33 registran el discurso de despedida de Josué a su pueblo.

A medida que lea Josué, fíjese en los principios de vida que juegan un papel importante en este libro:

4. Estar conscientes de la presencia de Dios nos da energías para desempeñar nuestro trabajo. *Véase Josué 1.5; 3.10; páginas 234, 240.*

5. Dios no nos demanda que entendamos su voluntad, sino que la obedezcamos aunque nos parezca poco razonable. *Véase Josué 3.8; 6.1–20; páginas 237, 241-242.*

27. No hay nada como la oración para ahorrar tiempo. *Véase Josué 9.19; página 248.*

8. Libremos nuestras batallas de rodillas y siempre obtendremos la victoria. *Véase Josué 10.12, 13; páginas 248-249.*

Preparativos para la conquista

➤ 1 ACONTECIÓ después de la muerte de
Moisés siervo de Jehová, que Jehová
habló a Josué hijo de Nun, servidor de Moisés,
diciendo:
2 Mi siervo Moisés ha muerto; ahora, pues,
levántate y pasa este Jordán, tú y todo este
pueblo, a la tierra que yo les doy a los hijos
de Israel.
3 Yo os he entregado, como lo había dicho
a Moisés, todo lugar que pisare la planta de
vuestro pie.
4 Desde el desierto y el Líbano hasta el gran
río Éufrates, toda la tierra de los heteos hasta el gran mar donde se pone el sol, será vuestro territorio.
➤ 5 Nadie te podrá hacer frente[a] en todos los
días de tu vida; como estuve con Moisés, estaré contigo; no te dejaré, ni te desampararé.[b]
6 Esfuérzate y sé valiente;[c] porque tú repartirás a este pueblo por heredad la tierra de la
cual juré a sus padres que la daría a ellos.
7 Solamente esfuérzate y sé muy valiente,
para cuidar de hacer conforme a toda la ley
que mi siervo Moisés te mandó; no te apartes de ella ni a diestra ni a siniestra, para
que seas prosperado en todas las cosas que
emprendas.
* 8 Nunca se apartará de tu boca este libro de la
➤ ley, sino que de día y de noche meditarás en él,
para que guardes y hagas conforme a todo lo
que en él está escrito; porque entonces harás
prosperar tu camino, y todo te saldrá bien.
➤ 9 Mira que te mando que te esfuerces y seas
valiente; no temas ni desmayes, porque Jehová tu Dios estará contigo en dondequiera que
vayas.
10 Y Josué mandó a los oficiales del pueblo,
diciendo:
11 Pasad por en medio del campamento y
mandad al pueblo, diciendo: Preparaos comida, porque dentro de tres días pasaréis el Jordán para entrar a poseer la tierra que Jehová
vuestro Dios os da en posesión.
12 También habló Josué a los rubenitas y gaditas y a la media tribu de Manasés, diciendo:
13 Acordaos de la palabra que Moisés, siervo
de Jehová, os mandó diciendo: Jehová vuestro
Dios os ha dado reposo, y os ha dado esta tierra.
14 Vuestras mujeres, vuestros niños y vuestros ganados quedarán en la tierra que Moisés os ha dado a este lado del Jordán; mas
vosotros, todos los valientes y fuertes, pasaréis armados delante de vuestros hermanos,
y les ayudaréis,
15 hasta tanto que Jehová haya dado reposo a vuestros hermanos como a vosotros, y
que ellos también posean la tierra que Jehová vuestro Dios les da; y después volveréis
vosotros a la tierra de vuestra herencia, la
cual Moisés siervo de Jehová os ha dado, a
este lado del Jordán hacia donde nace el sol;
y entraréis en posesión de ella.[d]
16 Entonces respondieron a Josué, diciendo:
Nosotros haremos todas las cosas que nos
has mandado, e iremos adondequiera que nos
mandes.
17 De la manera que obedecimos a Moisés en
todas las cosas, así te obedeceremos a ti; solamente que Jehová tu Dios esté contigo, como
estuvo con Moisés.
18 Cualquiera que fuere rebelde a tu mandamiento, y no obedeciere a tus palabras en
todas las cosas que le mandes, que muera;
solamente que te esfuerces y seas valiente.

---

a. 1.3-5 Dt 11.24-25. **b. 1.5** Dt 31.6, 8; He 13.5.
c. 1.6 Dt 31.6, 7, 23. **d. 1.12-15** Nm 32.28-32; Dt 3.18-20;
Jos 22.1-6.

LECCIONES DE VIDA

➤ ***1.1 — Aconteció después de la muerte de Moisés siervo de Jehová, que Jehová habló a Josué hijo de Nun, servidor de Moisés.***

Antes que Josué diera su primera orden o tomara su primera medida como el nuevo líder de Israel, él se aprestó a oír la voz del Señor. Josué no vaciló en su misión porque confiaba plenamente en que el líder verdadero de Israel —el Señor Dios— jamás los dejaría ni desampararía (Dt 31.6, 8; Jos 1.5, 9). Usted puede abrigar la misma confianza, si mantiene presente que obedecer a Dios es esencial para andar con Él y recibir sus bendiciones.

➤ ***1.5 — como estuve con Moisés, estaré contigo; no te dejaré, ni te desampararé.***

Aunque otros nos fallen, Dios nunca lo hará, y la prueba de ello es su gran fidelidad a su pueblo a través de la historia (Ro 15.4). Lo que hizo a favor de Moisés y Josué, también lo puede hacer por nosotros. Cuando hacemos su voluntad, a su manera y por su sabiduría y poder, nada puede cerrarnos el camino al éxito. La clave de nuestro triunfo —que ha sido la misma para todos los santos a través de la historia— es la presencia del Señor. Estar conscientes de la presencia de Dios nos da energías para enfrentar cualquier reto.

➤ ***1.8 — Nunca se apartará de tu boca este libro de la ley, sino que de día y de noche meditarás en él.***

El Señor dio a Josué su mismo mandato dado a los reyes futuros de Israel en Deuteronomio 17.19, que debían meditar a diario en la Palabra de Dios. Él nos manda hacer lo mismo (Sal 1.1–3; 4.4; 63.5, 6; 119; Hch 17.11). Meditar significa que estudiamos la Biblia, reflexionamos sobre lo leído y pedimos al Señor que nos ayude a entender sus principios y aplicarlos a nuestra vida. Esto es indispensable si usted quiere conocer a Dios y hacer su voluntad.

➤ ***1.9 — no temas ni desmayes, porque Jehová tu Dios estará contigo en dondequiera que vayas.***

Esta es una promesa asombrosa. Dios ha prometido estar con nosotros. Cuando enfrentamos cualquier clase de pruebas, Él está a nuestro lado. Al experimentar gozo, amor o tristeza, Él está cercano. Nada es mayor que Él, y Él ha prometido nunca dejarnos. La única manera en que logramos frustrar la victoria es por nuestra desobediencia e incredulidad. Sea cual sea la dificultad que enfrente o cuán mala parezca su situación, tenga ánimo, créale a Dios y haga exactamente lo que Él dice. Dios es quien pelea por usted, así que no existe razón en absoluto para amedrentarse.

RESPUESTAS A PREGUNTAS DE LA VIDA

¿Cómo puedo recobrar la valentía en tiempos de adversidad?

JOS 1.6–9

En muchos sentidos, la adversidad es como un entrenamiento militar: ardua, dolorosa y difícil. Las dificultades nos obligan a adoptar rutinas y hábitos nuevos que nos permiten madurar en los aspectos físicos, mentales, emocionales y espirituales de nuestro ser, así como crecer en nuestra relación con el Señor.

En tiempos de prueba, necesitamos permanecer valientes y fieles. También debemos estar firmes en nuestra devoción al Señor mientras batallamos contra sentimientos de duda, temor y limitación. Él nos dará fuerzas y esperanza, no sólo para soportar penalidades sino para hacer los cambios necesarios en nosotros, a fin que podamos reclamar las bendiciones de Dios.

Gracias a Dios, podemos confiar en que el Espíritu Santo «transformará el cuerpo de la humillación nuestra, para que sea semejante al cuerpo de la gloria suya» (Fil 3.21). Él nos cambiará para que vivamos una vida que honra a nuestro Salvador, Jesucristo, y podamos enfrentar cada obstáculo con valor.

Como ayudante de Moisés, Josué había crecido en su fe y en sus habilidades de liderazgo, además que conoció la adversidad muy de cerca. Sin lugar a dudas, los cuarenta años de peregrinaje en el desierto lo habían sometido a penurias físicas, espirituales, emocionales y mentales que le hicieron entender la cruenta realidad del dolor y el sufrimiento. Sin embargo, Josué también sabía que el Señor estaba con él y con la nación de Israel. Esta certeza fue todo lo que necesitó para perseverar, por muy difícil que fuera la situación.

Cuando al pueblo de Dios le llegó la hora de cruzar el río Jordán y ocupar la tierra prometida, el Señor nombró a Josué sucesor de Moisés y lo exhortó a ser valiente:

- «Esfuérzate y sé valiente; porque tú repartirás a este pueblo por heredad la tierra de la cual juré a sus padres que la daría a ellos» (Jos 1.6).
- «Solamente esfuérzate y sé muy valiente, para cuidar de hacer conforme a toda la ley que mi siervo Moisés te mandó» (Jos 1.7).
- «Mira que te mando que te esfuerces y seas valiente; no temas ni desmayes, porque Jehová tu Dios estará contigo en dondequiera que vayas» (Jos 1.9).

Note los tres aspectos que le requerían a Josué ser valiente: (1) tomar decisiones que afectaban a las personas bajo su mando; (2) guardar las leyes y los mandamientos, en medio de circunstancias cambiantes; y (3) recordar continuamente que el Señor estaba con él, así la situación del momento indicase lo contrario.

Habrá momentos en que cada uno de nosotros necesita valentía en esas mismas áreas. Las tormentas de la vida llegan sin avisar y nos hacen clamar la ayuda de Dios. Por eso necesitamos su sabiduría, esperanza y seguridad. Además, cuando comparamos las dificultades y pruebas de la vida con el gran poder de Dios, recobramos la valentía que necesitamos para proceder al triunfo, porque Él ya ha ganado la victoria eterna por nosotros.

Para un estudio más a fondo, véase el Índice de Principios de vida:

4. *Estar conscientes de la presencia de Dios nos da energías para desempeñar nuestro trabajo.*

26. *La adversidad es un puente que nos conduce a una relación más profunda con Dios.*

Josué envía espías a Jericó

2 JOSUÉ hijo de Nun envió desde Sitim dos
espías secretamente, diciéndoles: Andad,
reconoced la tierra, y a Jericó. Y ellos fueron,
y entraron en casa de una ramera que se llamaba Rahab,[a] y posaron allí.
2 Y fue dado aviso al rey de Jericó, diciendo:
He aquí que hombres de los hijos de Israel
han venido aquí esta noche para espiar la
tierra.
3 Entonces el rey de Jericó envió a decir a
Rahab: Saca a los hombres que han venido a

a. 2.1 He 11.31; Stg 2.25.

ti, y han entrado a tu casa; porque han venido
para espiar toda la tierra.
➤ 4 Pero la mujer había tomado a los dos hombres y los había escondido; y dijo: Es verdad que unos hombres vinieron a mí, pero no supe de dónde eran.
5 Y cuando se iba a cerrar la puerta, siendo ya oscuro, esos hombres se salieron, y no sé a dónde han ido; seguidlos aprisa, y los alcanzaréis.
6 Mas ella los había hecho subir al terrado, y los había escondido entre los manojos de lino que tenía puestos en el terrado.
7 Y los hombres fueron tras ellos por el camino del Jordán, hasta los vados; y la puerta fue cerrada después que salieron los perseguidores.
8 Antes que ellos se durmiesen, ella subió al terrado, y les dijo:
9 Sé que Jehová os ha dado esta tierra; porque el temor de vosotros ha caído sobre nosotros, y todos los moradores del país ya han desmayado por causa de vosotros.
10 Porque hemos oído que Jehová hizo secar las aguas del Mar Rojo[b] delante de vosotros cuando salisteis de Egipto, y lo que habéis hecho a los dos reyes de los amorreos que estaban al otro lado del Jordán, a Sehón y a Og, a los cuales habéis destruido.[c]
➤ 11 Oyendo esto, ha desmayado nuestro corazón; ni ha quedado más aliento en hombre alguno por causa de vosotros, porque Jehová vuestro Dios es Dios arriba en los cielos y abajo en la tierra.
12 Os ruego pues, ahora, que me juréis por Jehová, que como he hecho misericordia con vosotros, así la haréis vosotros con la casa de mi padre, de lo cual me daréis una señal segura;
13 y que salvaréis la vida a mi padre y a mi madre, a mis hermanos y hermanas, y a todo lo que es suyo; y que libraréis nuestras vidas de la muerte.
14 Ellos le respondieron: Nuestra vida responderá por la vuestra, si no denunciareis este asunto nuestro; y cuando Jehová nos haya dado la tierra, nosotros haremos contigo misericordia y verdad.
15 Entonces ella los hizo descender con una cuerda por la ventana; porque su casa estaba en el muro de la ciudad, y ella vivía en el muro.
16 Y les dijo: Marchaos al monte, para que los que fueron tras vosotros no os encuentren; y estad escondidos allí tres días, hasta que los que os siguen hayan vuelto; y después os iréis por vuestro camino.
17 Y ellos le dijeron: Nosotros quedaremos libres de este juramento con que nos has juramentado.
18 He aquí, cuando nosotros entremos en la tierra, tú atarás este cordón de grana a la ventana por la cual nos descolgaste; y reunirás en tu casa a tu padre y a tu madre, a tus hermanos y a toda la familia de tu padre.
19 Cualquiera que saliere fuera de las puertas de tu casa, su sangre será sobre su cabeza, y nosotros sin culpa. Mas cualquiera que se estuviere en casa contigo, su sangre será sobre nuestra cabeza, si mano le tocare.
20 Y si tú denunciares este nuestro asunto, nosotros quedaremos libres de este tu juramento con que nos has juramentado.
21 Ella respondió: Sea así como habéis dicho. Luego los despidió, y se fueron; y ella ató el cordón de grana a la ventana.
22 Y caminando ellos, llegaron al monte y estuvieron allí tres días, hasta que volvieron los que los perseguían; y los que los persiguieron buscaron por todo el camino, pero no los hallaron.
23 Entonces volvieron los dos hombres; descendieron del monte, y pasaron, y vinieron a Josué hijo de Nun, y le contaron todas las cosas que les habían acontecido.
24 Y dijeron a Josué: Jehová ha entregado toda la tierra en nuestras manos; y también todos los moradores del país desmayan delante de nosotros. ➤

El paso al Jordán

3 JOSUÉ se levantó de mañana, y él y todos los hijos de Israel partieron de Sitim y vinieron hasta el Jordán, y reposaron allí antes de pasarlo.
2 Y después de tres días, los oficiales recorrieron el campamento,
3 y mandaron al pueblo, diciendo: Cuando veáis el arca del pacto de Jehová vuestro Dios, y los levitas sacerdotes que la llevan, vosotros saldréis de vuestro lugar y marcharéis en pos de ella,

b. 2.10 Éx 14.21. **c. 2.10** Nm 21.21-35.

LECCIONES DE VIDA

➤ ***2.4 — Pero la mujer había tomado a los dos hombres y los había escondido.***

A veces el Señor interviene con milagros para favorecernos, y en otras ocasiones utiliza medios menos espectaculares. Pero siempre es el Señor quien nos bendice.

➤ ***2.11 — Jehová vuestro Dios es Dios arriba en los cielos y abajo en la tierra.***

La fe genuina puede brotar en los terrenos menos esperados, como lo fue el corazón de una ramera pagana. Rahab oyó lo suficiente para creer, y el Señor la salvó (He 11.31).

➤ ***2.24 — Jehová ha entregado toda la tierra en nuestras manos.***

Dios siempre cumple sus promesas —pero nos anima enormemente cuando, en su gracia, nos permite disfrutar de un anticipo del cumplimiento final de su promesa.

➤ 4 a fin de que sepáis el camino por donde
habéis de ir; por cuanto vosotros no habéis
pasado antes de ahora por este camino. Pero
entre vosotros y ella haya distancia como de
dos mil codos; no os acercaréis a ella.
5 Y Josué dijo al pueblo: Santificaos, porque Jehová hará mañana maravillas entre
vosotros.
6 Y habló Josué a los sacerdotes, diciendo:
Tomad el arca del pacto, y pasad delante del
pueblo. Y ellos tomaron el arca del pacto y
fueron delante del pueblo.
7 Entonces Jehová dijo a Josué: Desde este
día comenzaré a engrandecerte delante de los
ojos de todo Israel, para que entiendan que
como estuve con Moisés, así estaré contigo.
➤ 8 Tú, pues, mandarás a los sacerdotes que llevan el arca del pacto, diciendo: Cuando hayáis
entrado hasta el borde del agua del Jordán,
pararéis en el Jordán.
9 Y Josué dijo a los hijos de Israel: Acercaos,
y escuchad las palabras de Jehová vuestro
Dios.
➤ 10 Y añadió Josué: En esto conoceréis que el
Dios viviente está en medio de vosotros, y que
él echará de delante de vosotros al cananeo,
al heteo, al heveo, al ferezeo, al gergeseo, al
amorreo y al jebuseo.
11 He aquí, el arca del pacto del Señor de toda
la tierra pasará delante de vosotros en medio
del Jordán.
12 Tomad, pues, ahora doce hombres de las
tribus de Israel, uno de cada tribu.
13 Y cuando las plantas de los pies de los
sacerdotes que llevan el arca de Jehová, Señor
de toda la tierra, se asienten en las aguas del
Jordán, las aguas del Jordán se dividirán; porque las aguas que vienen de arriba se deten-
drán en un montón.
14 Y aconteció cuando partió el pueblo de sus
tiendas para pasar el Jordán, con los sacerdotes delante del pueblo llevando el arca del
pacto,
15 cuando los que llevaban el arca entraron
en el Jordán, y los pies de los sacerdotes que
llevaban el arca fueron mojados a la orilla del
agua (porque el Jordán suele desbordarse por
todas sus orillas todo el tiempo de la siega),
16 las aguas que venían de arriba se detuvieron como en un montón bien lejos de la ciudad de Adam, que está al lado de Saretán, y

Ejemplos de vida

JOSUÉ

La necesidad de ser valientes

JOS 3

Cada vez que usted asuma un riesgo por Dios, va a necesitar valentía. Josué entendió muy bien este requisito.

El Señor le puso a Josué el reto de guiar a la nación de Israel al otro lado del río Jordán, para que pudieran reclamar la tierra prometida. Antes de dar permiso de avanzar al pueblo, el Señor exhortó a Josué tres veces a ser valiente. También le dijo que recordara las promesas dadas a sus antepasados y que obedeciera la ley de Moisés, y le prometió que estaría con él a cada paso del camino. Cuando Dios nos reitera así un mandato, podemos estar seguros que es con un propósito. En la tierra prometida, Josué enfrentaría muchas dificultades que requerirían supremo valor.

Entienda que el temor y el desánimo están sujetos a su voluntad, especialmente cuando usted camina en armonía con Dios. Mediante la fe en Él, usted puede dominarlos en vez de ser dominado por ellos. Recuerde todos los días lo que oyó al Señor decir en su Palabra, permanezca cerca de Él y rehúse cualquier rendición al temor y el desánimo.

Para un estudio más a fondo, véase el Índice de Principios de vida:

20. Las decepciones son inevitables; el desánimo es por elección nuestra.

LECCIONES DE VIDA

➤ 3.4 — a fin de que sepáis el camino por donde habéis de ir; por cuanto vosotros no habéis pasado antes de ahora por este camino... no os acercaréis a ella.

Aunque el Jordán tiene muchos lugares donde se puede cruzar fácilmente, los israelitas llegaron a su ribera cuando las lluvias primaverales y la nieve que descendía del monte Hermón habrían rebosado su cauce, por lo cual era imposible de cruzar a pie. Puesto que los israelitas nunca habían hecho ese recorrido, decidieron sabiamente seguir la dirección de Dios, que era seguir muy de cerca el arca del pacto.

➤ 3.8 — pararéis en el Jordán.

Dios mandó a entrar a los sacerdotes de Israel al río Jordán, y tan pronto llegaron a la mitad, las aguas dejaron de correr y el pueblo pudo pasar sin problema a la tierra prometida. Entrar al agua fue un acto de fe. El mandato del Señor no fue razonable para ellos, pero Él les estaba enseñando a mantener su mirada fija en Él. Aunque no entendamos los mandatos de Dios, necesitamos obedecerlos.

PRINCIPIO DE VIDA 5

DIOS NO NOS DEMANDA QUE ENTENDAMOS SU VOLUNTAD, SINO QUE LA OBEDEZCAMOS AUNQUE NOS PAREZCA POCO RAZONABLE.

JOS 3.8

¿Se ha llegado alguna vez a preguntar por qué Dios no contesta sus oraciones, o por qué, a pesar de sus mejores esfuerzos, ciertos asuntos en su vida siguen sin resolverse? La respuesta podría estar en su nivel de obediencia a Dios. Tal vez Dios quiere que usted se detenga, confíe en Él, y esté atento a su señal para proceder.

Toda área de desobediencia en su vida tiene que ser tratada. El pecado nos impide experimentar lo mejor de Dios para nosotros. Quizá Dios le haya pedido algo, y usted ha optado por ignorar sus instrucciones o apenas cumplió en parte lo requerido por Él. La obediencia verdadera significa hacer lo que Él dice, cuando lo dice, como Él dice que debería ser hecho y todas las veces que así lo requiera, sin importar que usted entienda o no las razones para ello, hasta que haya cumplido del todo con su mandato.

Antes que haga una lista de todo lo que Dios le ha pedido hacer o dejar de hacer, considere lo siguiente: ¿Hay un área particular de su vida en que le resulte difícil obedecer al Señor? Cada vez que lee la Biblia, ¿trae Dios a su mente algún pecado específico? Cuando acude a Él en oración, ¿sale a flote el mismo problema? Si el Señor ha traído algo a su mente ahora mismo, es posible que haya vivido muchos años en la misma situación precaria porque usted, en algún momento, decidió hacer las cosas a su manera y no como Dios manda.

Seguir la voluntad de Dios y no la suya puede cambiar su vida por completo. Por esta razón, usted debe convertir la obediencia en su mayor prioridad. Para lograrlo, necesita entender por qué la sumisión juega un papel tan importante en su relación con Dios.

Noé es un ejemplo bíblico excelente que ilustra este principio. Fue un hombre que obedeció a Dios, incluso cuando le pareciera ilógico algo que el Señor pidiera. Dios lo llamó a construir un arca enorme, algo tan inverosímil como descabellado en

Usted debe convertir su obediencia a Dios en la mayor prioridad de su vida.

aquel tiempo, y Noé acató su directiva sin preguntar la razón (Gn 6–9).

¿Acaso siempre será popular obedecer a Dios? No. ¿Será usted objeto de críticas? Es muy probable. ¿Opinarán algunos que sus acciones son ridículas? Sin duda. ¿Se van a burlar de usted? Seguro que sí. Ahora piense en esto: Noé decidió andar con Dios en medio de una sociedad corrupta. De hecho, la maldad era tal que Dios decidió raer de la faz de la tierra a todos los seres humanos a excepción de una sola familia, la de Noé. Trate de imaginar los insultos proferidos por los impíos contra Noé, cada vez que lo veían inmerso en su misión. Pero tan pronto cayeron las primeras gotas de lluvia, todas las afrentas cesaron.

Noé obedeció a Dios sin importarle qué pensaran de él los demás, y el Señor lo libró del gran diluvio que cubrió la tierra. Si hubiese hecho caso a sus críticos, no habría construido el arca y habría sido destruido junto a los demás. En lugar de eso, optó por obedecer a Dios sin dejarse enredar por sus propias dudas.

Cuando elegimos el sendero de la obediencia, debemos prepararnos para las reacciones negativas que seguramente recibiremos, sabiendo que Dios tiene una razón excelente para su mandato y que nos ayudará de forma extraordinaria. Nunca nos enfoquemos en situaciones o personas que traten de distraernos de cumplir la voluntad de Dios. El Espíritu Santo nos capacita para obedecer todos y cada uno de los mandamientos de Dios, y siempre nos dirige de la mejor manera posible. Por lo tanto, sin importar qué requiera de nosotros —bien sea doloroso o gozoso, beneficioso o cuantioso, razonable o paradójico— nuestro Padre celestial nos dará la capacidad y fortaleza para serle fiel, sin importar qué piensen los demás ni la dificultad aparente de la situación.

La obediencia debe ser una prioridad en la vida de todo creyente. Es la única manera en que usted llegará a ser la persona que Dios quiere que sea, y el único método para acceder a todas las maravillas que Él le tiene preparadas. El Espíritu Santo es quien le capacita para andar en obediencia delante del Señor, en el poder de su fuerza.

Decídase a obedecer a Dios, así no entienda por qué le pide hacer algo. Crea que sus instrucciones son para su propio bien (Jer 29.11). Así es como podrá convertirse en la persona que Él quiere que usted sea, hacer la obra que anhela de usted, llevar el fruto que le capacite para llevar, y recibir todas las bendiciones que ha preparado para usted.

El Espíritu Santo es quien le capacita para andar en obediencia delante del Señor.

Para un estudio más a fondo, véase el Índice de Principios de vida.

las que descendían al mar del Arabá, al Mar
Salado, se acabaron, y fueron divididas; y el
pueblo pasó en dirección de Jericó.
17 Mas los sacerdotes que llevaban el arca del
pacto de Jehová, estuvieron en seco, firmes
en medio del Jordán, hasta que todo el pueblo hubo acabado de pasar el Jordán; y todo
Israel pasó en seco.

Las doce piedras tomadas del Jordán

4 CUANDO toda la gente hubo acabado de
pasar el Jordán, Jehová habló a Josué,
diciendo:
2 Tomad del pueblo doce hombres, uno de
cada tribu,
3 y mandadles, diciendo: Tomad de aquí de en
medio del Jordán, del lugar donde están firmes los pies de los sacerdotes, doce piedras,
las cuales pasaréis con vosotros, y levantadlas
en el lugar donde habéis de pasar la noche.
4 Entonces Josué llamó a los doce hombres
a los cuales él había designado de entre los
hijos de Israel, uno de cada tribu.
5 Y les dijo Josué: Pasad delante del arca de
Jehová vuestro Dios a la mitad del Jordán, y
cada uno de vosotros tome una piedra sobre
su hombro, conforme al número de las tribus
de los hijos de Israel,
6 para que esto sea señal entre vosotros;
y cuando vuestros hijos preguntaren a sus
padres mañana, diciendo: ¿Qué significan
estas piedras?
➤ 7 les responderéis: Que las aguas del Jordán
fueron divididas delante del arca del pacto de
Jehová; cuando ella pasó el Jordán, las aguas
del Jordán se dividieron; y estas piedras servirán de monumento conmemorativo a los hijos
de Israel para siempre.
8 Y los hijos de Israel lo hicieron así como
Josué les mandó: tomaron doce piedras de en
medio del Jordán, como Jehová lo había dicho
a Josué, conforme al número de las tribus de
los hijos de Israel, y las pasaron al lugar donde acamparon, y las levantaron allí.
9 Josué también levantó doce piedras en
medio del Jordán, en el lugar donde estuvieron los pies de los sacerdotes que llevaban el
arca del pacto; y han estado allí hasta hoy.
10 Y los sacerdotes que llevaban el arca se
pararon en medio del Jordán hasta que se
hizo todo lo que Jehová había mandado a
Josué que dijese al pueblo, conforme a todas
las cosas que Moisés había mandado a Josué;
y el pueblo se dio prisa y pasó.
11 Y cuando todo el pueblo acabó de pasar,
también pasó el arca de Jehová, y los sacerdotes, en presencia del pueblo.
12 También los hijos de Rubén y los hijos de
Gad y la media tribu de Manasés pasaron
armados delante de los hijos de Israel, según
Moisés les había dicho;
13 como cuarenta mil hombres armados, listos para la guerra, pasaron hacia la llanura de
Jericó delante de Jehová.
14 En aquel día Jehová engrandeció a Josué
a los ojos de todo Israel; y le temieron, como
habían temido a Moisés, todos los días de su
vida.
15 Luego Jehová habló a Josué, diciendo:
16 Manda a los sacerdotes que llevan el arca
del testimonio, que suban del Jordán.
17 Y Josué mandó a los sacerdotes, diciendo:
Subid del Jordán.
18 Y aconteció que cuando los sacerdotes que
llevaban el arca del pacto de Jehová subieron
de en medio del Jordán, y las plantas de los
pies de los sacerdotes estuvieron en lugar seco,
las aguas del Jordán se volvieron a su lugar,
corriendo como antes sobre todos sus bordes.
19 Y el pueblo subió del Jordán el día diez del
mes primero, y acamparon en Gilgal, al lado
oriental de Jericó.
20 Y Josué erigió en Gilgal las doce piedras
que habían traído del Jordán.
21 Y habló a los hijos de Israel, diciendo: Cuando mañana preguntaren vuestros hijos a sus
padres, y dijeren: ¿Qué significan estas piedras?
22 declararéis a vuestros hijos, diciendo: Israel
pasó en seco por este Jordán.
23 Porque Jehová vuestro Dios secó las aguas
del Jordán delante de vosotros, hasta que
habíais pasado, a la manera que Jehová vuestro Dios lo había hecho en el Mar Rojo, el cual
secó delante de nosotros hasta que pasamos;
24 para que todos los pueblos de la tierra ➤
conozcan que la mano de Jehová es poderosa;
para que temáis a Jehová vuestro Dios todos
los días.

La circuncisión y la pascua en Gilgal

5 CUANDO todos los reyes de los amorreos
que estaban al otro lado del Jordán al

LECCIONES DE VIDA

➤ ***3.10 — En esto conoceréis que el Dios viviente está en medio de vosotros, y que él echará de delante de vosotros al cananeo...***

Cuando el Dios viviente está entre nosotros, ningún problema es insuperable. Los israelitas fueron testigos presenciales cuando Dios les entregó la tierra prometida. Estar conscientes de la presencia de Dios debería darnos energías para realizar nuestra labor, porque con Él nada es imposible.

➤ ***4.7 — estas piedras servirán de monumento conmemorativo a los hijos de Israel para siempre.***

Muchos años después de la entrada de Israel a la tierra prometida, el pueblo contempló aquellas piedras sacadas del fondo del Jordán y así recordaron la obra de Dios a su favor. ¿Qué «monumentos conmemorativos» le recuerdan a usted la obra del Señor en su propia vida?

➤ ***4.24 — para que todos los pueblos de la tierra conozcan que la mano de Jehová es poderosa.***

Lo que sucede al pueblo de Dios tiene consecuencias más allá de su propia esfera individual. El Señor quiere que el mundo entero le conozca, por eso se glorifica y da a conocer su actividad por medio de nosotros.

occidente, y todos los reyes de los cananeos
que estaban cerca del mar, oyeron cómo
Jehová había secado las aguas del Jordán
delante de los hijos de Israel hasta que hubieron pasado, desfalleció su corazón, y no hubo
más aliento en ellos delante de los hijos de
Israel.
2 En aquel tiempo Jehová dijo a Josué: Hazte cuchillos afilados, y vuelve a circuncidar la
segunda vez a los hijos de Israel.
3 Y Josué se hizo cuchillos afilados, y circuncidó a los hijos de Israel en el collado de
Aralot.[1]
4 Ésta es la causa por la cual Josué los circuncidó: Todo el pueblo que había salido de Egipto, los varones, todos los hombres de guerra,
habían muerto en el desierto, por el camino,
después que salieron de Egipto.
5 Pues todos los del pueblo que habían salido, estaban circuncidados; mas todo el pueblo
que había nacido en el desierto, por el camino, después que hubieron salido de Egipto, no
estaba circuncidado.
6 Porque los hijos de Israel anduvieron por el
desierto cuarenta años, hasta que todos los
hombres de guerra que habían salido de Egipto fueron consumidos, por cuanto no obedecieron a la voz de Jehová; por lo cual Jehová
les juró que no les dejaría ver la tierra de la
cual Jehová había jurado a sus padres que nos
la daría, tierra que fluye leche y miel.[a]
7 A los hijos de ellos, que él había hecho suceder en su lugar, Josué los circuncidó; pues
eran incircuncisos, porque no habían sido circuncidados por el camino.
8 Y cuando acabaron de circuncidar a toda la
gente, se quedaron en el mismo lugar en el
campamento, hasta que sanaron.
9 Y Jehová dijo a Josué: Hoy he quitado de
vosotros el oprobio de Egipto; por lo cual el
nombre de aquel lugar fue llamado Gilgal,[2]
hasta hoy.
10 Y los hijos de Israel acamparon en Gilgal,
y celebraron la pascua[b] a los catorce días del
mes, por la tarde, en los llanos de Jericó.
11 Al otro día de la pascua comieron del fruto de la tierra, los panes sin levadura, y en el
mismo día espigas nuevas tostadas.
12 Y el maná cesó[c] el día siguiente, desde que
comenzaron a comer del fruto de la tierra; y
los hijos de Israel nunca más tuvieron maná,
sino que comieron de los frutos de la tierra de
Canaán aquel año.

Josué y el varón con la espada desenvainada

13 Estando Josué cerca de Jericó, alzó sus
ojos y vio un varón que estaba delante de él,
el cual tenía una espada desenvainada en su
mano. Y Josué, yendo hacia él, le dijo: ¿Eres de
los nuestros, o de nuestros enemigos?
14 Él respondió: No; mas como Príncipe del
ejército de Jehová he venido ahora. Entonces Josué, postrándose sobre su rostro en tierra, le adoró; y le dijo: ¿Qué dice mi Señor a
su siervo?
15 Y el Príncipe del ejército de Jehová respondió a Josué: Quita el calzado de tus pies, porque el lugar donde estás es santo. Y Josué así
lo hizo.

La toma de Jericó

6 AHORA, Jericó estaba cerrada, bien cerrada, a causa de los hijos de Israel; nadie
entraba ni salía.
2 Mas Jehová dijo a Josué: Mira, yo he entregado en tu mano a Jericó y a su rey, con sus
varones de guerra.
3 Rodearéis, pues, la ciudad todos los hombres de guerra, yendo alrededor de la ciudad
una vez; y esto haréis durante seis días.
4 Y siete sacerdotes llevarán siete bocinas de
cuernos de carnero delante del arca; y al séptimo día daréis siete vueltas a la ciudad, y los
sacerdotes tocarán las bocinas.

1 Esto es, *de los Prepucios.* **2** Heb *galal,* rodar.
a. 5.6 Nm 14.28-35. **b. 5.10** Éx 12.1-13. **c. 5.12** Éx 16.35.

LECCIONES DE VIDA

➤ *5.12 — los hijos de Israel nunca más tuvieron maná, sino que comieron de los frutos de la tierra de Canaán aquel año.*

Dios provee exactamente lo que necesitamos cuando lo necesitamos. Él asume total responsabilidad por nuestras necesidades cuando le obedecemos.

➤ *5.13 — ¿Eres de los nuestros, o de nuestros enemigos?*

Nunca debemos preguntarnos si Dios está de nuestro lado, más bien si acaso estamos de su lado. Dios no toma partido, más bien nos invita a estar en su único partido.

➤ *5.14 — ¿Qué dice mi Señor a su siervo?*

¿Sabe por qué la gran mayoría de personas nunca oye hablar a Dios? Por dos razones: 1) No esperan que Él se comunique con ellos; y 2) no le creerían así les hablara. ¿Vive usted a la expectativa de la respuesta de Dios? Cuando Él le revela algo, ¿tiene la fe para creer que sus palabras son verdaderas? La meditación a solas y en silencio delante del Señor Dios abre su corazón para oírle personalmente. Él está dispuesto a hablar, así que dispóngase a escuchar.

➤ *6.2 — yo he entregado en tu mano a Jericó.*

Con esta promesa guardada en su corazón, Josué sabía que la conquista de Jericó era un hecho. Cuando Dios le dirija por cierto sendero, puede estar seguro que Él tiene un plan en mente, pero su respuesta es lo que revela el nivel de su fe. Si no tiene fe dirá: «No veo cómo, eso es imposible»; si tiene poca fe dirá: «Dios podría hacerlo». En cambio, aquel que tiene gran fe dice: «Estoy seguro que Él lo hará »; y el que tiene perfecta fe dice: «Hecho está».

➤ 5 Y cuando toquen prolongadamente el cuerno de carnero, así que oigáis el sonido de la
bocina, todo el pueblo gritará a gran voz, y el
muro de la ciudad caerá; entonces subirá el
pueblo, cada uno derecho hacia adelante.
6 Llamando, pues, Josué hijo de Nun a los
sacerdotes, les dijo: Llevad el arca del pacto,
y siete sacerdotes lleven bocinas de cuerno de
carnero delante del arca de Jehová.
7 Y dijo al pueblo: Pasad, y rodead la ciudad;
y los que están armados pasarán delante del
arca de Jehová.
8 Y así que Josué hubo hablado al pueblo, los
siete sacerdotes, llevando las siete bocinas de
cuerno de carnero, pasaron delante del arca
de Jehová, y tocaron las bocinas; y el arca del
pacto de Jehová los seguía.
9 Y los hombres armados iban delante de los
sacerdotes que tocaban las bocinas, y la retaguardia iba tras el arca, mientras las bocinas
sonaban continuamente.
10 Y Josué mandó al pueblo, diciendo: Vosotros no gritaréis, ni se oirá vuestra voz, ni saldrá palabra de vuestra boca, hasta el día que
yo os diga: Gritad; entonces gritaréis.
11 Así que él hizo que el arca de Jehová diera
una vuelta alrededor de la ciudad, y volvieron
luego al campamento, y allí pasaron la noche.
12 Y Josué se levantó de mañana, y los sacerdotes tomaron el arca de Jehová.
13 Y los siete sacerdotes, llevando las siete
bocinas de cuerno de carnero, fueron delante
del arca de Jehová, andando siempre y tocando las bocinas; y los hombres armados iban
delante de ellos, y la retaguardia iba tras el
arca de Jehová, mientras las bocinas tocaban
continuamente.
14 Así dieron otra vuelta a la ciudad el segundo día, y volvieron al campamento; y de esta
manera hicieron durante seis días.
15 Al séptimo día se levantaron al despuntar
el alba, y dieron vuelta a la ciudad de la misma manera siete veces; solamente este día
dieron vuelta alrededor de ella siete veces.
16 Y cuando los sacerdotes tocaron las bocinas
la séptima vez, Josué dijo al pueblo: Gritad, porque Jehová os ha entregado la ciudad.
17 Y será la cuidad anatema a Jehová, con
todas las cosas que están en ella; solamente Rahab la ramera vivirá, con todos los que
estén en casa con ella, por cuanto escondió a
los mensajeros que enviamos.
18 Pero vosotros guardaos del anatema; ni
toquéis, ni toméis alguna cosa del anatema,
no sea que hagáis anatema el campamento de
Israel, y lo turbéis.
19 Mas toda la plata y el oro, y los utensilios
de bronce y de hierro, sean consagrados a
Jehová, y entren en el tesoro de Jehová.
20 Entonces el pueblo gritó, y los sacerdotes
tocaron las bocinas; y aconteció que cuando el
pueblo hubo oído el sonido de la bocina, gritó
con gran vocerío, y el muro se derrumbó.[a] El
pueblo subió luego a la ciudad, cada uno derecho hacia adelante, y la tomaron.
21 Y destruyeron a filo de espada todo lo que
en la ciudad había; hombres y mujeres, jóvenes y viejos, hasta los bueyes, las ovejas, y
los asnos.
22 Mas Josué dijo a los dos hombres que
habían reconocido la tierra: Entrad en casa
de la mujer ramera, y haced salir de allí a
la mujer y a todo lo que fuere suyo, como lo
jurasteis.
23 Y los espías entraron y sacaron a Rahab, a
su padre, a su madre, a sus hermanos y todo
lo que era suyo; y también sacaron a toda su
parentela, y los pusieron fuera del campamento de Israel.
24 Y consumieron con fuego la ciudad, y todo
lo que en ella había; solamente pusieron en el
tesoro de la casa de Jehová la plata y el oro, y
los utensilios de bronce y de hierro.
25 Mas Josué salvó la vida a Rahab la ramera, y a la casa de su padre, y a todo lo que ella
tenía; y habitó ella entre los israelitas hasta
hoy, por cuanto escondió a los mensajeros que
Josué había enviado a reconocer a Jericó.[b]
26 En aquel tiempo hizo Josué un juramento, ➤
diciendo: Maldito delante de Jehová el hombre que se levantare y reedificare esta ciudad de Jericó. Sobre su primogénito eche los
cimientos de ella, y sobre su hijo menor asiente sus puertas.[c]
27 Estaba, pues, Jehová con Josué, y su nombre se divulgó por toda la tierra.

a. 6.20 He 11.30. **b. 6.25** He 11.31. **c. 6.26** 1 R 16.34.

LECCIONES DE VIDA

➤ ***6.5 — cuando toquen prolongadamente el cuerno de carnero, así que oigáis el sonido de la bocina, todo el pueblo gritará a gran voz, y el muro de la ciudad caerá.***

Como soldado, Josué debió pensar que estas instrucciones eran muy extrañas. Mas como hombre de Dios, obedeció de inmediato. Sabía que la victoria no vendría por ruidos de bocina ni gritos del pueblo, así como la vara de Moisés tampoco hizo que se abriera el Mar Rojo (Éx 14.16). La marcha, los gritos y la bocina fueron un asunto de obediencia, una prueba para ver si los israelitas iban a someterse a Aquel que ya les había entregado la ciudad. Como a los israelitas, Dios no nos exige entender sus instrucciones. Hemos de obedecer sus mandatos, así no nos parezcan razonables.

➤ ***6.26 — Maldito delante de Jehová el hombre que se levantare y reedificare esta ciudad de Jericó. Sobre su primogénito eche los cimientos de ella, y sobre su hijo menor asiente sus puertas.***

Esta maldición de Jericó fue ejecutada varios siglos después en la época del rey Acab, cuando un hombre llamado Hiel la reedificó, y tuvo que pagar el precio exacto que profetizó Josué (1 R 16.34).

El pecado de Acán

7 PERO los hijos de Israel cometieron una prevaricación en cuanto al anatema; porque Acán hijo de Carmi, hijo de Zabdi, hijo de Zera, de la tribu de Judá, tomó del anatema; y la ira de Jehová se encendió contra los hijos de Israel.

2 Después Josué envió hombres desde Jericó a Hai, que estaba junto a Bet-avén hacia el oriente de Bet-el; y les habló diciendo: Subid y reconoced la tierra. Y ellos subieron y reconocieron a Hai.

3 Y volviendo a Josué, le dijeron: No suba todo el pueblo, sino suban como dos mil o tres mil hombres, y tomarán a Hai; no fatigues a todo el pueblo yendo allí, porque son pocos.

4 Y subieron allá del pueblo como tres mil hombres, los cuales huyeron delante de los de Hai.

5 Y los de Hai mataron de ellos a unos treinta y seis hombres, y los siguieron desde la puerta hasta Sebarim, y los derrotaron en la bajada; por lo cual el corazón del pueblo desfalleció y vino a ser como agua.

6 Entonces Josué rompió sus vestidos, y se postró en tierra sobre su rostro delante del arca de Jehová hasta caer la tarde, él y los ancianos de Israel; y echaron polvo sobre sus cabezas.

7 Y Josué dijo: ¡Ah, Señor Jehová! ¿Por qué hiciste pasar a este pueblo el Jordán, para entregarnos en las manos de los amorreos, para que nos destruyan? ¡Ojalá nos hubiéramos quedado al otro lado del Jordán!

8 ¡Ay, Señor! ¿qué diré, ya que Israel ha vuelto la espalda delante de sus enemigos?

9 Porque los cananeos y todos los moradores de la tierra oirán, y nos rodearán, y borrarán nuestro nombre de sobre la tierra; y entonces, ¿qué harás tú a tu grande nombre?

10 Y Jehová dijo a Josué: Levántate; ¿por qué te postras así sobre tu rostro?

11 Israel ha pecado, y aun han quebrantado mi pacto que yo les mandé; y también han tomado del anatema, y hasta han hurtado, han mentido, y aun lo han guardado entre sus enseres.

12 Por esto los hijos de Israel no podrán hacer frente a sus enemigos, sino que delante de sus enemigos volverán la espalda, por cuanto han venido a ser anatema; ni estaré más con vosotros, si no destruyereis el anatema de en medio de vosotros.

13 Levántate, santifica al pueblo, y di: Santificaos para mañana; porque Jehová el Dios de Israel dice así: Anatema hay en medio de ti, Israel; no podrás hacer frente a tus enemigos, hasta que hayáis quitado el anatema de en medio de vosotros.

14 Os acercaréis, pues, mañana por vuestras tribus; y la tribu que Jehová tomare, se acercará por sus familias; y la familia que Jehová tomare, se acercará por sus casas; y la casa que Jehová tomare, se acercará por los varones;

15 y el que fuere sorprendido en el anatema, será quemado, él y todo lo que tiene, por cuanto ha quebrantado el pacto de Jehová, y ha cometido maldad en Israel.

16 Josué, pues, levantándose de mañana, hizo acercar a Israel por sus tribus; y fue tomada la tribu de Judá.

17 Y haciendo acercar a la tribu de Judá, fue tomada la familia de los de Zera; y haciendo luego acercar a la familia de los de Zera por los varones, fue tomado Zabdi.

18 Hizo acercar su casa por los varones, y fue tomado Acán hijo de Carmi, hijo de Zabdi, hijo de Zera, de la tribu de Judá.

19 Entonces Josué dijo a Acán: Hijo mío, da gloria a Jehová el Dios de Israel, y dale alabanza, y declárame ahora lo que has hecho; no me lo encubras.

20 Y Acán respondió a Josué diciendo: Verdaderamente yo he pecado contra Jehová el Dios de Israel, y así y así he hecho.

21 Pues vi entre los despojos un manto babilónico muy bueno, y doscientos siclos de plata, y un lingote de oro de peso de cincuenta siclos, lo cual codicié y tomé; y he aquí que está

LECCIONES DE VIDA

➤ ***7.5 — Y los de Hai mataron de ellos a unos treinta y seis hombres… por lo cual el corazón del pueblo desfalleció y vino a ser como agua.***

Treinta y seis soldados de Israel murieron en un ataque fallido contra la aldea de Hai porque el pueblo no inquirió al Señor antes de actuar. No hay nada como la oración para ahorrar tiempo, y a esos soldados les habría ahorrado la vida.

➤ ***7.6 — Josué rompió sus vestidos, y se postró en tierra sobre su rostro delante del arca de Jehová.***

Cuando Josué se postró en tierra ante el arca, mostró su arrepentimiento y humildad ante Dios. Josué tenía los oídos bien abiertos a lo que el Señor le dijera. De igual modo, Dios le dará una dirección clara cuando usted se disponga realmente a descubrir qué quiere Él de usted, con un corazón humilde y obediente. ¿Algo le ha salido tremendamente mal? No evite a Dios, eso sólo empeorará la situación. Mejor, humíllese delante de Él, reconozca su error y reciba su guía.

➤ ***7.13 — Levántate, santifica al pueblo***

Hay tiempo para orar, y tiempo para actuar. Como resultado de este tiempo de oración, Dios requirió que Josué emprendiera acción inmediata, firme y radical para extirpar el pecado del pueblo.

➤ ***7.21 — lo cual codicié y tomé;***

Los problemas de Acán empezaron cuando él quebrantó el mandamiento contra la codicia (Éx 20.17). El pecado nace en el corazón (Stg 1.14, 15), y se necesita el Espíritu de Dios dentro de nosotros para crear un corazón nuevo y obediente.

Lo que la Biblia dice acerca de
CÓMO ESCUCHAR NOS EVITA EL DOLOR

Jos 7.1–13

Escuchar es mucho más que obtener la información que uno necesita. A veces marca la diferencia entre el éxito y el fracaso, la alegría y la tristeza, o el bienestar y el dolor. Cuando no escuchamos corremos el riesgo de causarnos mucho dolor.

En Josué 7.1–13 encontramos un buen ejemplo. Dios acababa de dar una gran victoria a los israelitas en Jericó, y Josué envió un grupo de soldados a hacer labores de espionaje en la pequeña población de Hai. Luego comisionó una tropa pequeña para tomarla, y aunque Hai palidecía en tamaño frente a Jericó, los israelitas fueron profundamente derrotados en un revés serio que generó gran pena y temor en todo el campamento.

¿Cuál fue la diferencia entre ambas campañas militares?

Primeramente, Dios le dio a Josué la orden de conquistar Jericó y prometió que entregaría la ciudad en su mano. En segundo lugar, Dios le dio a Josué la estrategia militar mediante la cual podría obtener la victoria (Jos 6). La victoria fue de Dios, y Él recibió toda la gloria por ella.

Sin duda alguna Dios también tenía un plan de batalla para Hai, pero Josué no averiguó cuál era. En lugar de eso envió espías, y cuando le informaron que Hai podía ser tomada fácilmente, despachó unos dos mil o tres mil hombres sin consultar a Dios. Se apoyó únicamente en la opinión humana.

Cuando no escuchamos corremos el riesgo de causarnos mucho dolor.

Por otro lado, Dios había mandado a todo el pueblo que ni siquiera tocase el abominable «anatema» de Jericó, ciertos objetos considerados impuros según la ley, además de varios enseres personales. Únicamente debían tomar la plata, el oro, y los utensilios de bronce y de hierro para consagrarlos al tesoro de la casa del Señor, y quemar todo lo demás (Jos 6.18). Pero Acán decidió desobedecer al Señor e introdujo cosas del anatema al campamento, entre ellas un fino manto babilónico, doscientos siclos de plata y un lingote de oro. Escondió su botín en la tierra debajo de su tienda y pensó que nadie lo había visto, pero el Señor a su debido tiempo expuso el pecado de Acán.

La derrota de Israel en Hai fue humillante. Si Josué hubiese seguido el consejo del Señor antes de avanzar contra la ciudad, Dios seguramente le habría revelado lo hecho por Acán. El problema se habría podido resolver y el ataque contra Hai habría sido exitoso. El pecado nos roba la oportunidad de vivir rectamente delante de Dios. Nos incita a desviarnos con acciones egoístas e ignorar los caminos del Señor. La verdad es que no tenemos que caer en las trampas pecaminosas del diablo. Tenemos el poder de Cristo vivo dentro de nosotros y podemos aprender a andar en la verdad y el poder de Dios.

Para un estudio más a fondo, véase el Índice de Principios de vida:
13. Escuchar a Dios es esencial para andar con Él.

RESPUESTAS A PREGUNTAS DE LA VIDA

¿Cómo debo reaccionar ante los obstáculos y el fracaso?

JOS 7.6–15

Cuando los hombres de Israel volvieron derrotados de Hai, Josué necesitó algunas respuestas y recurrió de inmediato a la oración. Rompió sus vestidos en señal de duelo y se postró en tierra sobre su rostro, en total humillación ante el arca del pacto, hasta el ocaso. Todos los ancianos lo acompañaron mientras él clamó a Dios: «¡Ah, Señor Jehová! ¿Por qué hiciste pasar a este pueblo el Jordán, para entregarnos en las manos de los amorreos, para que nos destruyan?» (Jos 7.7).

Josué formuló la pregunta errada, y es lo mismo que muchos de nosotros preguntamos cada vez que sucede algún problema inesperado. Nuestro primer impulso es preguntar por qué o culpar a Dios de la tragedia o el problema que nos abruma. Exclamamos: «¿Por qué a mí? ¿Qué hice para merecer esto? ¿Por qué me dejaste meter en este lío?» Aunque todos hacemos esas preguntas, no son las correctas. Cuando venga la dificultad, necesitamos hacerle una sola pregunta al Señor: «¿Qué quieres que yo aprenda en esta situación?» Podemos expresar nuestro dolor o frustración, pero lo más importante es que nos rindamos a Él y recibamos con brazos abiertos su voluntad para nosotros.

Puede ser que necesitemos cambiar un hábito o corregir una mala actitud. Quizá necesitemos tratar algún área de pecado o alguna flaqueza o mediocridad. Cuando Josué terminó de expresar su frustración, Dios le dijo: «Levántate; ¿por qué te postras así sobre tu rostro? Israel ha pecado, y aun han quebrantado mi pacto que yo les mandé… Por esto los hijos de Israel no podrán hacer frente a sus enemigos» (Jos 7.10–12).

Cuando acudimos al Señor en oración, debemos estar dispuestos a oír lo que Él dice. Muchas veces no hacemos una pausa para poder escucharlo. Debemos aprender a esperar cada vez que hacemos nuestras peticiones, y así poder oír su respuesta.

Esto es especialmente cierto cuando oramos después de un fracaso o una derrota. También es de vital importancia cuando somos tentados a culpar a Dios o enfurecernos por nuestros problemas. Debemos estar dispuestos a aceptar su valoración de nuestra situación, que a menudo incluye la corrección de cualquier conducta o actitud pecaminosa dentro de nosotros.

Cuando el Señor nos haya revelado qué debemos hacer, no es necesario decir más. Debemos aceptar la voluntad de Dios y proceder de inmediato a obedecerle. Nuestra obediencia puede incluir que le pidamos perdón y ayuda para obedecerle en el futuro. También puede requerir que hagamos restitución o emprendamos acciones específicas que ayudarán a corregir el error. En todo caso, nuestra sumisión a su directiva debe ser el resultado inmediato.

Para un estudio más a fondo, véase el Índice de Principios de vida:

11. *Dios asume toda la responsabilidad en cuanto a nuestras necesidades, si lo obedecemos.*
15. *El quebrantamiento es el requisito de Dios para que seamos útiles al máximo*

escondido bajo tierra en medio de mi tienda, y
el dinero debajo de ello.
22 Josué entonces envió mensajeros, los cuales fueron corriendo a la tienda; y he aquí
estaba escondido en su tienda, y el dinero
debajo de ello.
23 Y tomándolo de en medio de la tienda, lo
trajeron a Josué y a todos los hijos de Israel, y
lo pusieron delante de Jehová.
24 Entonces Josué, y todo Israel con él, tomaron a Acán hijo de Zera, el dinero, el manto, el
lingote de oro, sus hijos, sus hijas, sus bueyes,
sus asnos, sus ovejas, su tienda y todo cuanto
tenía, y lo llevaron todo al valle de Acor.
25 Y le dijo Josué: ¿Por qué nos has turbado?
Túrbete Jehová en este día. Y todos los israelitas los apedrearon, y los quemaron después
de apedrearlos.
26 Y levantaron sobre él un gran montón de
piedras, que permanece hasta hoy. Y Jehová
se volvió del ardor de su ira. Y por esto aquel
lugar se llama el Valle de Acor,[1] hasta hoy.

1 Esto es, *turbación.*

Toma y destrucción de Hai

8 JEHOVÁ dijo a Josué: No temas ni desmayes; toma contigo toda la gente de guerra,
y levántate y sube a Hai. Mira, yo he entregado en tu mano al rey de Hai, a su pueblo, a su ciudad y a su tierra.
➤2 Y harás a Hai y a su rey como hiciste a Jericó y a su rey; sólo que sus despojos y sus bestias tomaréis para vosotros. Pondrás, pues, emboscadas a la ciudad detrás de ella.
3 Entonces se levantaron Josué y toda la gente de guerra, para subir contra Hai; y escogió Josué treinta mil hombres fuertes, los cuales envió de noche.
4 Y les mandó, diciendo: Atended, pondréis emboscada a la ciudad detrás de ella; no os alejaréis mucho de la ciudad, y estaréis todos dispuestos.
5 Y yo y todo el pueblo que está conmigo nos acercaremos a la ciudad; y cuando salgan ellos contra nosotros, como hicieron antes, huiremos delante de ellos.
6 Y ellos saldrán tras nosotros, hasta que los alejemos de la ciudad; porque dirán: Huyen de nosotros como la primera vez. Huiremos, pues, delante de ellos.
7 Entonces vosotros os levantaréis de la emboscada y tomaréis la ciudad; pues Jehová vuestro Dios la entregará en vuestras manos.
8 Y cuando la hayáis tomado, le prenderéis fuego. Haréis conforme a la palabra de Jehová; mirad que os lo he mandado.
9 Entonces Josué los envió; y ellos se fueron a la emboscada, y se pusieron entre Bet-el y Hai, al occidente de Hai; y Josué se quedó aquella noche en medio del pueblo.
10 Levantándose Josué muy de mañana, pasó revista al pueblo, y subió él, con los ancianos de Israel, delante del pueblo contra Hai.
11 Y toda la gente de guerra que con él estaba, subió y se acercó, y llegaron delante de la ciudad, y acamparon al norte de Hai; y el valle estaba entre él y Hai.
12 Y tomó como cinco mil hombres, y los puso en emboscada entre Bet-el y Hai, al occidente de la ciudad.
13 Así dispusieron al pueblo: todo el campamento al norte de la ciudad, y su emboscada al occidente de la ciudad, y Josué avanzó aquella noche hasta la mitad del valle.
14 Y aconteció que viéndolo el rey de Hai, él y su pueblo se apresuraron y madrugaron; y al tiempo señalado, los hombres de la ciudad salieron al encuentro de Israel para combatir, frente al Arabá, no sabiendo que estaba puesta emboscada a espaldas de la ciudad.
15 Entonces Josué y todo Israel se fingieron vencidos y huyeron delante de ellos por el camino del desierto.
16 Y todo el pueblo que estaba en Hai se juntó para seguirles; y siguieron a Josué, siendo así alejados de la ciudad.
17 Y no quedó hombre en Hai ni en Bet-el, que no saliera tras de Israel; y por seguir a Israel dejaron la ciudad abierta.
18 Entonces Jehová dijo a Josué: Extiende la lanza que tienes en tu mano hacia Hai, porque yo la entregaré en tu mano. Y Josué extendió hacia la ciudad la lanza que en su mano tenía.
19 Y levantándose prontamente de su lugar los que estaban en la emboscada, corrieron luego que él alzó su mano, y vinieron a la ciudad, y la tomaron, y se apresuraron a prenderle fuego.
20 Y los hombres de Hai volvieron el rostro, y al mirar, he aquí que el humo de la ciudad subía al cielo, y no pudieron huir ni a una parte ni a otra, porque el pueblo que iba huyendo hacia el desierto se volvió contra los que les seguían.
21 Josué y todo Israel, viendo que los de la emboscada habían tomado la ciudad, y que el humo de la ciudad subía, se volvieron y atacaron a los de Hai.
22 Y los otros salieron de la ciudad a su encuentro, y así fueron encerrados en medio de Israel, los unos por un lado, y los otros por el otro. Y los hirieron hasta que no quedó ninguno de ellos que escapase.
23 Pero tomaron vivo al rey de Hai, y lo trajeron a Josué.
24 Y cuando los israelitas acabaron de matar a todos los moradores de Hai en el campo y en el desierto a donde los habían perseguido, y todos habían caído a filo de espada hasta ser consumidos, todos los israelitas volvieron a Hai, y también la hirieron a filo de espada.
25 Y el número de los que cayeron aquel día, hombres y mujeres, fue de doce mil, todos los de Hai.
26 Porque Josué no retiró su mano que había extendido con la lanza, hasta que hubo destruido por completo a todos los moradores de Hai.

LECCIONES DE VIDA

➤ ***7.24 — y lo llevaron todo al valle de Acor.***

Si Dios castiga a cada hombre por sus propios pecados, ¿por qué ejecutó el pueblo de Israel a toda la familia de Acán? Al parecer, su familia estaba al tanto de sus adquisiciones ilícitas, pero guardaron silencio y por eso tuvieron parte en su culpa.

➤ ***8.2 — Y harás a Hai y a su rey como hiciste a Jericó y a su rey... Pondrás, pues, emboscadas a la ciudad detrás de ella.***

El plan de Dios para ocupar Hai fue muy diferente de su plan para la captura de Jericó, pero tenía el mismo resultado: Victoria para su pueblo. Dios puede guiarnos de maneras que no hemos experimentado antes, nuestra tarea es velar hasta oír su voz, obedecer lo que Él nos diga y confiar que nos llevará al triunfo.

27 Pero los israelitas tomaron para sí las bestias y los despojos de la ciudad, conforme a la palabra de Jehová que le había mandado a Josué.

28 Y Josué quemó a Hai y la redujo a un montón de escombros, asolada para siempre hasta hoy.

29 Y al rey de Hai lo colgó de un madero hasta caer la noche; y cuando el sol se puso, mandó Josué que quitasen del madero su cuerpo, y lo echasen a la puerta de la ciudad; y levantaron sobre él un gran montón de piedras, que permanece hasta hoy.

Lectura de la ley en el Monte Ebal

30 Entonces Josué edificó un altar a Jehová Dios de Israel en el monte Ebal,

31 como Moisés siervo de Jehová lo había mandado a los hijos de Israel, como está escrito en el libro de la ley de Moisés, un altar de piedras enteras sobre las cuales nadie alzó hierro;[a] y ofrecieron sobre él holocaustos a Jehová, y sacrificaron ofrendas de paz.

32 También escribió allí sobre las piedras una copia de la ley de Moisés, la cual escribió delante de los hijos de Israel.[b]

33 Y todo Israel, con sus ancianos, oficiales y jueces, estaba de pie a uno y otro lado del arca, en presencia de los sacerdotes levitas que llevaban el arca del pacto de Jehová, así los extranjeros como los naturales. La mitad de ellos estaba hacia el monte Gerizim, y la otra mitad hacia el monte Ebal, de la manera que Moisés, siervo de Jehová, lo había mandado antes, para que bendijesen primeramente al pueblo de Israel.

34 Después de esto, leyó todas las palabras de la ley, las bendiciones y las maldiciones, conforme a todo lo que está escrito en el libro de la ley.

➤ 35 No hubo palabra alguna de todo cuanto mandó Moisés, que Josué no hiciese leer delante de toda la congregación de Israel, y de las mujeres, de los niños, y de los extranjeros que moraban entre ellos.[c]

Astucia de los gabaonitas

9 CUANDO oyeron estas cosas todos los reyes que estaban a este lado del Jordán, así en las montañas como en los llanos, y en toda la costa del Mar Grande delante del Líbano, los heteos, amorreos, cananeos, ferezeos, heveos y jebuseos,

2 se concertaron para pelear contra Josué e Israel.

3 Mas los moradores de Gabaón, cuando oyeron lo que Josué había hecho a Jericó y a Hai,

4 usaron de astucia; pues fueron y se fingieron embajadores, y tomaron sacos viejos sobre sus asnos, y cueros viejos de vino, rotos y remendados,

5 y zapatos viejos y recosidos en sus pies, con vestidos viejos sobre sí; y todo el pan que traían para el camino era seco y mohoso.

6 Y vinieron a Josué al campamento en Gilgal, y le dijeron a él y a los de Israel: Nosotros venimos de tierra muy lejana; haced, pues, ahora alianza con nosotros.

7 Y los de Israel respondieron a los heveos: Quizás habitáis en medio de nosotros. ¿Cómo, pues, podremos hacer alianza con vosotros?[a]

8 Ellos respondieron a Josué: Nosotros somos tus siervos. Y Josué les dijo: ¿Quiénes sois vosotros, y de dónde venís?

9 Y ellos respondieron: Tus siervos han venido de tierra muy lejana, por causa del nombre de Jehová tu Dios; porque hemos oído su fama, y todo lo que hizo en Egipto,

10 y todo lo que hizo a los dos reyes de los amorreos que estaban al otro lado del Jordán: a Sehón rey de Hesbón, y a Og rey de Basán, que estaba en Astarot.[b]

11 Por lo cual nuestros ancianos y todos los moradores de nuestra tierra nos dijeron: Tomad en vuestras manos provisión para el camino, e id al encuentro de ellos, y decidles: Nosotros somos vuestros siervos; haced ahora alianza con nosotros.

12 Este nuestro pan lo tomamos caliente de nuestras casas para el camino el día que salimos para venir a vosotros; y helo aquí ahora ya seco y mohoso.

13 Estos cueros de vino también los llenamos nuevos; helos aquí ya rotos; también estos nuestros vestidos y nuestros zapatos están ya viejos a causa de lo muy largo del camino.

14 Y los hombres de Israel tomaron de las provisiones de ellos, y no consultaron a Jehová.

15 Y Josué hizo paz con ellos, y celebró con ellos alianza concediéndoles la vida; y también lo juraron los príncipes de la congregación.

16 Pasados tres días después que hicieron alianza con ellos, oyeron que eran sus vecinos, y que habitaban en medio de ellos.

17 Y salieron los hijos de Israel, y al tercer día llegaron a las ciudades de ellos; y sus ciudades eran Gabaón, Cafira, Beerot y Quiriat-jearim.

18 Y no los mataron los hijos de Israel, por cuanto los príncipes de la congregación les habían jurado por Jehová el Dios de Israel. Y

a. 8.31 Éx 20.25. **b. 8.30-32** Dt 27.2-8. **c. 8.33-35** Dt 11.29; 27.11-14. **a. 9.7** Éx 23.32; 34.12; Dt 7.2. **b. 9.10** Nm 21.21-35.

LECCIONES DE VIDA

➤ ***8.35 — No hubo palabra alguna de todo cuanto mandó Moisés, que Josué no hiciese leer delante de toda la congregación de Israel.***

Cada frase de la Palabra de Dios es preciosa, importante y digna de nuestra atención (Mt 5.18). Debemos prestar atención a «todo el consejo de Dios» (Hch 20.27).

toda la congregación murmuraba contra los príncipes.

➤ 19 Mas todos los príncipes respondieron a toda la congregación: Nosotros les hemos jurado por Jehová Dios de Israel; por tanto, ahora no les podemos tocar.

20 Esto haremos con ellos: les dejaremos vivir, para que no venga ira sobre nosotros por causa del juramento que les hemos hecho.

21 Dijeron, pues, de ellos los príncipes: Dejadlos vivir; y fueron constituidos leñadores y aguadores para toda la congregación, concediéndoles la vida, según les habían prometido los príncipes.

22 Y llamándolos Josué, les habló diciendo: ¿Por qué nos habéis engañado, diciendo: Habitamos muy lejos de vosotros, siendo así que moráis en medio de nosotros?

23 Ahora, pues, malditos sois, y no dejará de haber de entre vosotros siervos, y quien corte la leña y saque el agua para la casa de mi Dios.

24 Y ellos respondieron a Josué y dijeron: Como fue dado a entender a tus siervos que Jehová tu Dios había mandado a Moisés su siervo que os había de dar toda la tierra, y que había de destruir a todos los moradores de la tierra delante de vosotros, por esto temimos en gran manera por nuestras vidas a causa de vosotros, e hicimos esto.

25 Ahora, pues, henos aquí en tu mano; lo que te pareciere bueno y recto hacer de nosotros, hazlo.

26 Y él lo hizo así con ellos; pues los libró de la mano de los hijos de Israel, y no los mataron.

27 Y Josué los destinó aquel día a ser leñadores y aguadores para la congregación, y para el altar de Jehová en el lugar que Jehová eligiese, lo que son hasta hoy.

Derrota de los amorreos

10 CUANDO Adonisedec rey de Jerusalén oyó que Josué había tomado a Hai, y que la había asolado (como había hecho a Jericó y a su rey, así hizo a Hai y a su rey), y que los moradores de Gabaón habían hecho paz con los israelitas, y que estaban entre ellos,

2 tuvo gran temor; porque Gabaón era una gran ciudad, como una de las ciudades reales, y mayor que Hai, y todos sus hombres eran fuertes.

3 Por lo cual Adonisedec rey de Jerusalén envió a Hoham rey de Hebrón, a Piream rey de Jarmut, a Jafía rey de Laquis y a Debir rey de Eglón, diciendo:

4 Subid a mí y ayudadme, y combatamos a Gabaón; porque ha hecho paz con Josué y con los hijos de Israel.

5 Y cinco reyes de los amorreos, el rey de Jerusalén, el rey de Hebrón, el rey de Jarmut, el rey de Laquis y el rey de Eglón, se juntaron y subieron, ellos con todos sus ejércitos, y acamparon cerca de Gabaón, y pelearon contra ella.

6 Entonces los moradores de Gabaón enviaron a decir a Josué al campamento en Gilgal: No niegues ayuda a tus siervos; sube prontamente a nosotros para defendernos y ayudarnos; porque todos los reyes de los amorreos que habitan en las montañas se han unido contra nosotros.

7 Y subió Josué de Gilgal, él y todo el pueblo de guerra con él, y todos los hombres valientes.

8 Y Jehová dijo a Josué: No tengas temor de ellos; porque yo los he entregado en tu mano, y ninguno de ellos prevalecerá delante de ti.

9 Y Josué vino a ellos de repente, habiendo subido toda la noche desde Gilgal.

10 Y Jehová los llenó de consternación delante de Israel, y los hirió con gran mortandad en Gabaón; y los siguió por el camino que sube a Bet-horón, y los hirió hasta Azeca y Maceda.

11 Y mientras iban huyendo de los israelitas, a la bajada de Bet-horón, Jehová arrojó desde el cielo grandes piedras sobre ellos hasta Azeca, y murieron; y fueron más los que murieron por las piedras del granizo, que los que los hijos de Israel mataron a espada.

12 Entonces Josué habló a Jehová el día en que Jehová entregó al amorreo delante de

LECCIONES DE VIDA

➤ ***9.19 — Nosotros les hemos jurado por Jehová Dios de Israel; por tanto, ahora no les podemos tocar.***

Los líderes de Israel erraron doblemente al no consultar a Dios en cuanto a los gabaonitas (Jos 9.14). En primer lugar, los gabaonitas (llamados también heveos; Jos 9.7) vivían cerca de ellos, y los israelitas habían desobedecido la orden de expulsarlos (Dt 20.16–18; Jos 3.10; 9.16). En segundo lugar, los gabaonitas contaban con Israel para defenderles de ejércitos enemigos (Jos 10.6). No obstante, Israel hizo bien en reconocer la gravedad de hacer un juramento en nombre de Dios. El Señor no toma su nombre a la ligera, y tampoco deberíamos nosotros. Es lamentable cuando nos metemos en líos por actuar sin consultar a Dios. No hay nada como la oración para ahorrar tiempo, y para ahorrarnos problemas.

➤ ***10.11 — Jehová arrojó desde el cielo grandes piedras sobre ellos... y fueron más los que murieron por las piedras del granizo, que los que los hijos de Israel mataron a espada.***

Dios nos invita a ser sus socios en la obra de su reino, pero nunca debemos olvidar que dependemos de Él en todo sentido.

➤ ***10.12 — Sol, detente en Gabaón; y tú, luna, en el valle de Ajalón.***

Temiendo que sus enemigos huyeran en la oscuridad, Josué hizo esta petición osada al Señor: que les diera luz hasta que todos los soldados enemigos fueran vencidos. No sabemos cómo realizó Dios este gran milagro, pero sí sabemos que lo hizo en respuesta a la oración de fe de Josué. Cuando libramos nuestras batallas de rodillas, siempre obtenemos la victoria.

los hijos de Israel, y dijo en presencia de los
israelitas:
Sol, detente en Gabaón;
Y tú, luna, en el valle de Ajalón.
13 Y el sol se detuvo y la luna se paró,
Hasta que la gente se hubo vengado de
sus enemigos.
¿No está escrito esto en el libro de Jaser?[a] Y el
sol se paró en medio del cielo, y no se apresuró a ponerse casi un día entero.
14 Y no hubo día como aquel, ni antes ni después de él, habiendo atendido Jehová a la voz
de un hombre; porque Jehová peleaba por
Israel.
15 Y Josué, y todo Israel con él, volvió al campamento en Gilgal.
16 Y los cinco reyes huyeron, y se escondieron
en una cueva en Maceda.
17 Y fue dado aviso a Josué que los cinco
reyes habían sido hallados escondidos en una
cueva en Maceda.
18 Entonces Josué dijo: Rodad grandes piedras a la entrada de la cueva, y poned hombres junto a ella para que los guarden;
19 y vosotros no os detengáis, sino seguid
a vuestros enemigos, y heridles la retaguardia, sin dejarles entrar en sus ciudades; porque Jehová vuestro Dios los ha entregado en
vuestra mano.
20 Y aconteció que cuando Josué y los hijos de
Israel acabaron de herirlos con gran mortandad
hasta destruirlos, los que quedaron de ellos se
metieron en las ciudades fortificadas.
21 Todo el pueblo volvió sano y salvo a Josué,
al campamento en Maceda; no hubo quien
moviese su lengua contra ninguno de los hijos
de Israel.
22 Entonces dijo Josué: Abrid la entrada de la
cueva, y sacad de ella a esos cinco reyes.
23 Y lo hicieron así, y sacaron de la cueva a
aquellos cinco reyes: al rey de Jerusalén, al
rey de Hebrón, al rey de Jarmut, al rey de
Laquis y al rey de Eglón.
24 Y cuando los hubieron llevado a Josué, llamó Josué a todos los varones de Israel, y dijo
a los principales de la gente de guerra que
habían venido con él: Acercaos, y poned vuestros pies sobre los cuellos de estos reyes. Y
ellos se acercaron y pusieron sus pies sobre
los cuellos de ellos.
➤ 25 Y Josué les dijo: No temáis, ni os atemoricéis; sed fuertes y valientes, porque así hará
Jehová a todos vuestros enemigos contra los
cuales peleáis.
26 Y después de esto Josué los hirió y los
mató, y los hizo colgar en cinco maderos; y
quedaron colgados en los maderos hasta caer
la noche.
27 Y cuando el sol se iba a poner, mandó Josué
que los quitasen de los maderos, y los echasen
en la cueva donde se habían escondido; y pusieron grandes piedras a la entrada de la cueva,
las cuales permanecen hasta hoy.
28 En aquel mismo día tomó Josué a Maceda, y la hirió a filo de espada, y mató a su
rey; por completo los destruyó, con todo lo
que en ella tenía vida, sin dejar nada; e hizo
al rey de Maceda como había hecho al rey
de Jericó.
29 Y de Maceda pasó Josué, y todo Israel con
él, a Libna; y peleó contra Libna;
30 y Jehová la entregó también a ella y a su
rey en manos de Israel; y la hirió a filo de
espada, con todo lo que en ella tenía vida, sin
dejar nada; e hizo a su rey de la manera como
había hecho al rey de Jericó.
31 Y Josué, y todo Israel con él, pasó de Libna a Laquis, y acampó cerca de ella, y la combatió;
32 y Jehová entregó a Laquis en mano de
Israel, y la tomó al día siguiente, y la hirió a
filo de espada, con todo lo que en ella tenía
vida, así como había hecho en Libna.
33 Entonces Horam rey de Gezer subió en
ayuda de Laquis; mas a él y a su pueblo destruyó Josué, hasta no dejar a ninguno de
ellos.
34 De Laquis pasó Josué, y todo Israel con él,
a Eglón; y acamparon cerca de ella, y la combatieron;
35 y la tomaron el mismo día, y la hirieron
a filo de espada; y aquel día mató a todo lo
que en ella tenía vida, como había hecho en
Laquis.
36 Subió luego Josué, y todo Israel con él, de
Eglón a Hebrón, y la combatieron.
37 Y tomándola, la hirieron a filo de espada, a
su rey y a todas sus ciudades, con todo lo que
en ella tenía vida, sin dejar nada; como había
hecho a Eglón, así la destruyeron con todo lo
que en ella tenía vida.
38 Después volvió Josué, y todo Israel con él,
sobre Debir, y combatió contra ella;
39 y la tomó, y a su rey, y a todas sus ciudades; y las hirieron a filo de espada, y destruyeron todo lo que allí dentro tenía vida, sin
dejar nada; como había hecho a Hebrón, y
como había hecho a Libna y a su rey, así hizo
a Debir y a su rey.

a. 10.13 2 S 1.18.

LECCIONES DE VIDA

➤ ***10.25 — No temáis, ni os atemoricéis; sed fuertes y valientes, porque así hará Jehová a todos vuestros enemigos contra los cuales peleáis.***

Al inicio de su carrera militar, Josué necesitó ser reconfortado por su pueblo (Jos 1.16–18). Aquí él los anima. Nos necesitamos los unos a los otros más de lo que pensamos (He 3.13).

40 Hirió, pues, Josué toda la región de las
montañas, del Neguev, de los llanos y de las
laderas, y a todos sus reyes, sin dejar nada;
todo lo que tenía vida lo mató, como Jehová
Dios de Israel se lo había mandado.
41 Y los hirió Josué desde Cadesbarnea hasta Gaza, y toda la tierra de Gosén hasta
Gabaón.
42 Todos estos reyes y sus tierras los tomó
Josué de una vez; porque Jehová el Dios de
Israel peleaba por Israel.
43 Y volvió Josué, y todo Israel con él, al campamento en Gilgal.

Derrota de la alianza de Jabín

11 CUANDO oyó esto Jabín rey de Hazor,
envió mensaje a Jobab rey de Madón,
al rey de Simrón, al rey de Acsaf,
2 y a los reyes que estaban en la región del
norte en las montañas, y en el Arabá al sur de
Cineret, en los llanos, y en las regiones de Dor
al occidente;
3 y al cananeo que estaba al oriente y al occidente, al amorreo, al heteo, al ferezeo, al jebuseo en las montañas, y al heveo al pie de
Hermón en tierra de Mizpa.
4 Éstos salieron, y con ellos todos sus ejércitos, mucha gente, como la arena que está a la
orilla del mar en multitud, con muchísimos
caballos y carros de guerra.
5 Todos estos reyes se unieron, y vinieron
y acamparon unidos junto a las aguas de
Merom, para pelear contra Israel.
6 Mas Jehová dijo a Josué: No tengas temor
de ellos, porque mañana a esta hora yo entregaré a todos ellos muertos delante de Israel;
desjarretarás sus caballos, y sus carros quemarás a fuego.
7 Y Josué, y toda la gente de guerra con él,
vino de repente contra ellos junto a las aguas
de Merom.
8 Y los entregó Jehová en manos de Israel,
y los hirieron y los siguieron hasta Sidón la
grande y hasta Misrefotmaim, y hasta el llano
de Mizpa al oriente, hiriéndolos hasta que no
les dejaron ninguno.
9 Y Josué hizo con ellos como Jehová le había
mandado: desjarretó sus caballos, y sus carros
quemó a fuego.
10 Y volviendo Josué, tomó en el mismo tiempo
a Hazor, y mató a espada a su rey; pues Hazor
había sido antes cabeza de todos estos reinos.
11 Y mataron a espada todo cuanto en ella
tenía vida, destruyéndolo por completo, sin
quedar nada que respirase; y a Hazor pusieron fuego.
12 Asimismo tomó Josué todas las ciudades de aquellos reyes, y a todos los reyes de
ellas, y los hirió a filo de espada, y los destruyó, como Moisés siervo de Jehová lo había
mandado.
13 Pero a todas las ciudades que estaban
sobre colinas, no las quemó Israel; únicamente a Hazor quemó Josué.
14 Y los hijos de Israel tomaron para sí todo el
botín y las bestias de aquellas ciudades; mas
a todos los hombres hirieron a filo de espada
hasta destruirlos, sin dejar alguno con vida.
15 De la manera que Jehová lo había mandado a Moisés su siervo, así Moisés lo mandó
a Josué; y así Josué lo hizo, sin quitar palabra de todo lo que Jehová había mandado a
Moisés.

Josué se apodera de toda la tierra

16 Tomó, pues, Josué toda aquella tierra, las
montañas, todo el Neguev, toda la tierra de
Gosén, los llanos, el Arabá, las montañas de
Israel y sus valles.
17 Desde el monte Halac, que sube hacia Seir,
hasta Baal-gad en la llanura del Líbano, a la
falda del monte Hermón; tomó asimismo a
todos sus reyes, y los hirió y mató.
18 Por mucho tiempo tuvo guerra Josué con
estos reyes.
19 No hubo ciudad que hiciese paz con los
hijos de Israel, salvo los heveos que moraban
en Gabaón; todo lo tomaron en guerra.
20 Porque esto vino de Jehová, que endurecía el corazón de ellos para que resistiesen
con guerra a Israel, para destruirlos, y que no
les fuese hecha misericordia, sino que fuesen
desarraigados, como Jehová lo había mandado a Moisés.[a]
21 También en aquel tiempo vino Josué y destruyó a los anaceos de los montes de Hebrón,
de Debir, de Anab, de todos los montes de
Judá y de todos los montes de Israel; Josué los
destruyó a ellos y a sus ciudades.
22 Ninguno de los anaceos quedó en la tierra
de los hijos de Israel; solamente quedaron en
Gaza, en Gat y en Asdod.

a. 11.20 Dt 7.16.

LECCIONES DE VIDA

10.40 — Hirió, pues, Josué toda la región de las montañas… como Jehová Dios de Israel se lo había mandado.

Un episodio histórico como la aniquilación de los cananeos puede producirnos pavor, pero ilustra el aborrecimiento implacable del pecado por parte de Dios, quien destruyó a esas naciones debido a su gran pecado (Dt 9.5). El pecado siempre acarrea su ira, a no ser que nos arrepintamos de él y vivamos bajo la gracia de Dios.

11.20 — esto vino de Jehová, que endurecía el corazón de ellos para que resistiesen con guerra a Israel, para destruirlos.

Nuestro Dios soberano endurecerá los corazones de aquellos que se han opuesto a Él, y les permitirá desafiar a su pueblo para poder ejecutar su juicio sobre ellos. Él puede tomar cualquier oposición y usarla para su gloria y nuestro beneficio.

➢ 23 Tomó, pues, Josué toda la tierra, conforme
a todo lo que Jehová había dicho a Moisés; y
la entregó Josué a los israelitas por herencia
conforme a su distribución según sus tribus; y
la tierra descansó de la guerra.

Reyes derrotados por Moisés

12 ÉSTOS son los reyes de la tierra que los
hijos de Israel derrotaron y cuya tierra
poseyeron al otro lado del Jordán hacia donde
nace el sol, desde el arroyo de Arnón hasta el
monte Hermón, y todo el Arabá al oriente:
2 Sehón rey de los amorreos, que habitaba en Hesbón, y señoreaba desde Aroer, que
está a la ribera del arroyo de Arnón, y desde
en medio del valle, y la mitad de Galaad, hasta el arroyo de Jaboc, término de los hijos de
Amón;
3 y el Arabá hasta el mar de Cineret, al oriente; y hasta el mar del Arabá, el Mar Salado, al
oriente, por el camino de Bet-jesimot, y desde
el sur al pie de las laderas del Pisga.
4 Y el territorio de Og rey de Basán, que había
quedado de los refaítas, el cual habitaba en
Astarot y en Edrei,
5 y dominaba en el monte Hermón, en Salca, en todo Basán hasta los límites de Gesur y
de Maaca, y la mitad de Galaad, territorio de
Sehón rey de Hesbón.[a]
➢ 6 A éstos derrotaron Moisés siervo de Jehová
y los hijos de Israel; y Moisés siervo de Jehová
dio aquella tierra en posesión a los rubenitas,
a los gaditas y a la media tribu de Manasés.[b]

Reyes derrotados por Josué

7 Y éstos son los reyes de la tierra que derrotaron Josué y los hijos de Israel, a este lado del
Jordán hacia el occidente, desde Baal-gad en
el llano del Líbano hasta el monte de Halac
que sube hacia Seir; y Josué dio la tierra en
posesión a las tribus de Israel, conforme a su
distribución;
8 en las montañas, en los valles, en el Arabá,
en las laderas, en el desierto y en el Neguev;
el heteo, el amorreo, el cananeo, el ferezeo, el
heveo y el jebuseo.
9 El rey de Jericó, uno; el rey de Hai, que está
al lado de Bet-el, otro;
10 el rey de Jerusalén, otro; el rey de Hebrón,
otro;
11 el rey de Jarmut, otro; el rey de Laquis,
otro;
12 el rey de Eglón, otro; el rey de Gezer, otro;
13 el rey de Debir, otro; el rey de Geder, otro;
14 el rey de Horma, otro; el rey de Arad, otro;
15 el rey de Libna, otro; el rey de Adulam,
otro;
16 el rey de Maceda, otro; el rey de Bet-el,
otro;
17 el rey de Tapúa, otro; el rey de Hefer, otro;
18 el rey de Afec, otro; el rey de Sarón, otro;
19 el rey de Madón, otro; el rey de Hazor,
otro;
20 el rey de Simron-merón, otro; el rey de
Acsaf, otro;
21 el rey de Taanac, otro; el rey de Meguido, otro;
22 el rey de Cedes, otro; el rey de Jocneam del
Carmelo, otro;
23 el rey de Dor, de la provincia de Dor, otro;
el rey de Goim en Gilgal, otro;
24 el rey de Tirsa, otro; treinta y un reyes por
todos.

Tierra aún sin conquistar

13 SIENDO Josué ya viejo, entrado en ➤
años, Jehová le dijo: Tú eres ya viejo,
de edad avanzada, y queda aún mucha tierra
por poseer.
2 Ésta es la tierra que queda: todos los territorios de los filisteos, y todos los de los
gesureos;
3 desde Sihor, que está al oriente de Egipto,
hasta el límite de Ecrón al norte, que se considera de los cananeos; de los cinco príncipes
de los filisteos, el gazeo, el asdodeo, el ascalo-
neo, el geteo y el ecroneo; también los aveos;
4 al sur toda la tierra de los cananeos, y Meha-
ra, que es de los sidonios, hasta Afec, hasta los
límites del amorreo;
5 la tierra de los giblitas, y todo el Líbano
hacia donde sale el sol, desde Baal-gad al
pie del monte Hermón, hasta la entrada de
Hamat;
6 todos los que habitan en las montañas desde
el Líbano hasta Misrefotmaim, todos los sidonios; yo los exterminaré delante de los hijos

a. 12.1-5 Nm 21.21-35; Dt 2.26—3.11. **b. 12.6** Nm 32.33; Dt 3.12.

LECCIONES DE VIDA

➢ ***11.23 — Tomó, pues, Josué toda la tierra, conforme a todo lo que Jehová había dicho.***

A veces Dios cumple sus promesas en un tiempo o una manera diferente a cuándo o cómo pensamos que lo haría. El Señor dijo a Moisés que Israel tomaría posesión de la tierra prometida, y justamente así se dio, en su tiempo y la manera de Dios.

➢ ***12.6 — A éstos derrotaron Moisés siervo de Jehová y los hijos de Israel.***

Es sabio rememorar las victorias espirituales que Dios nos concede (Sal 71.14–19; 78.1–6). Hacemos bien en acordarnos de las verdades que ya conocemos, para que no olvidemos la fidelidad de Dios y actuemos neciamente (2 P 1.12).

➢ ***13.1 — Tú eres ya viejo, de edad avanzada, y queda aún mucha tierra por poseer.***

Dios siempre es franco y honesto, Él nos dice la verdad, no para lastimarnos, sino para afianzarnos en la realidad.

de Israel; solamente repartirás tú por suerte el país a los israelitas por heredad,[a] como te he mandado.

7 Reparte, pues, ahora esta tierra en heredad a las nueve tribus, y a la media tribu de Manasés.

8 Porque los rubenitas y gaditas y la otra mitad de Manasés recibieron ya su heredad, la cual les dio Moisés al otro lado del Jordán al oriente, según se la dio Moisés siervo de Jehová;[b]

9 desde Aroer, que está a la orilla del arroyo de Arnón, y la ciudad que está en medio del valle, y toda la llanura de Medeba, hasta Dibón;

10 todas las ciudades de Sehón rey de los amorreos, el cual reinó en Hesbón, hasta los límites de los hijos de Amón;

11 y Galaad, y los territorios de los gesureos y de los maacateos, y todo el monte Hermón, y toda la tierra de Basán hasta Salca;

12 todo el reino de Og en Basán, el cual reinó en Astarot y en Edrei, el cual había quedado del resto de los refaítas; pues Moisés los derrotó, y los echó.

13 Mas a los gesureos y a los maacateos no los echaron los hijos de Israel, sino que Gesur y Maaca habitaron entre los israelitas hasta hoy.

El territorio que distribuyó Moisés

14 Pero a la tribu de Leví no dio heredad; los sacrificios de Jehová Dios de Israel son su heredad, como él les había dicho.[c]

15 Dio, pues, Moisés a la tribu de los hijos de Rubén conforme a sus familias.

16 Y fue el territorio de ellos desde Aroer, que está a la orilla del arroyo de Arnón, y la ciudad que está en medio del valle, y toda la llanura hasta Medeba;

17 Hesbón, con todas sus ciudades que están en la llanura; Dibón, Bamot-baal, Bet-baal-meón,

18 Jahaza, Cademot, Mefaat,

19 Quiriataim, Sibma, Zaret-sahar en el monte del valle,

20 Bet-peor, las laderas de Pisga, Bet-jesimot,

21 todas las ciudades de la llanura, y todo el reino de Sehón rey de los amorreos, que reinó en Hesbón, al cual derrotó Moisés, y a los príncipes de Madián, Evi, Requem, Zur, Hur y Reba, príncipes de Sehón que habitaban en aquella tierra.

22 También mataron a espada los hijos de Israel a Balaam el adivino, hijo de Beor, entre los demás que mataron.

23 Y el Jordán fue el límite del territorio de los hijos de Rubén. Ésta fue la heredad de los hijos de Rubén conforme a sus familias, estas ciudades con sus aldeas.

24 Dio asimismo Moisés a la tribu de Gad, a los hijos de Gad, conforme a sus familias.

25 El territorio de ellos fue Jazer, y todas las ciudades de Galaad, y la mitad de la tierra de los hijos de Amón hasta Aroer, que está enfrente de Rabá.

26 Y desde Hesbón hasta Ramatmizpa, y Betonim; y desde Mahanaim hasta el límite de Debir;

27 y en el valle, Bet-aram, Bet-nimra, Sucot y Zafón, resto del reino de Sehón rey de Hesbón; el Jordán y su límite hasta el extremo del mar de Cineret al otro lado del Jordán, al oriente.

28 Ésta es la heredad de los hijos de Gad por sus familias, estas ciudades con sus aldeas.

29 También dio Moisés heredad a la media tribu de Manasés; y fue para la media tribu de los hijos de Manasés, conforme a sus familias.

30 El territorio de ellos fue desde Mahanaim, todo Basán, todo el reino de Og rey de Basán, y todas las aldeas de Jair que están en Basán, sesenta poblaciones,

31 y la mitad de Galaad, y Astarot y Edrei, ciudades del reino de Og en Basán, para los hijos de Maquir hijo de Manasés, para la mitad de los hijos de Maquir conforme a sus familias.

32 Esto es lo que Moisés repartió en heredad en los llanos de Moab, al otro lado del Jordán de Jericó, al oriente.

33 Mas a la tribu de Leví no dio Moisés heredad; Jehová Dios de Israel es la heredad de ellos, como él les había dicho.[d]

Canaán repartida por suerte

14 ESTO, pues, es lo que los hijos de Israel tomaron por heredad en la tierra de Canaán, lo cual les repartieron el sacerdote Eleazar, Josué hijo de Nun, y los cabezas de los padres de las tribus de los hijos de Israel.

2 Por suerte se les dio su heredad, como Jehová había mandado a Moisés que se diera a las nueve tribus y a la media tribu.[a]

a. 13.6 Nm 33.54. **b. 13.8** Nm 32.33; Dt 3.12.
c. 13.14 Dt 18.1. **d. 13.33** Nm 18.20; Dt 18.2.
a. 14.2 Nm 26.52-56; 34.13.

LECCIONES DE VIDA

➤ ***13.22 — También mataron a espada los hijos de Israel a Balaam el adivino, hijo de Beor, entre los demás que mataron.***

Balaam dijo muchas palabras positivas y hasta aduladoras acerca de Dios e Israel (Nm 23–25). No obstante, siendo un adivino pagano, demostró su perversidad. No podemos elegir a nuestro antojo cuáles mandatos de Dios vamos a obedecer.

Ejemplos de vida

C A L E B

Un perfil de audacia

JOS 14.6–12

Cuando diez espías hebreos advirtieron a sus compatriotas que ni se les ocurriera entrar a Canaán, los únicos que los instaron a avanzar con Dios fueron Josué y Caleb.

El nombre de Caleb significa «osado, impetuoso», y este amigo de Josué ciertamente era audaz. Caleb tenía una fe tan potente que ni siquiera se disuadió ante los gigantes imponentes que vivían en Hebrón (Nm 13; Jos 14.6–12). Este hombre le creyó al Señor cuando muy pocos le creyeron, y no tuvo miedo de reclamar la promesa que Dios había dado a Israel. No obstante, el corazón del pueblo se llenó de temor y a causa de su incredulidad tuvieron que soportar cuatro décadas inclementes en el desierto. A pesar de esto, la fe de Caleb no se amilanó. Él seguía confiado en que Dios iba a capacitarlos para tomar posesión de Canaán, y nunca cambió de parecer. En verdad, Caleb tuvo un corazón íntegro, porque obedeció al Espíritu de Dios.

A todos nos conviene seguir su ejemplo. Cerciorémonos de tener completa fe y un corazón rendido como Caleb, porque sólo así podremos enfrentar los gigantes que tenemos por delante y reclamar la victoria que Dios ya nos ha dado.

Para un estudio más a fondo, véase el Índice de Principios de vida:

9. *Confiar en Dios quiere decir ver más allá de lo que podemos, hacia lo que Dios ve.*

3 Porque a las dos tribus y a la media tribu
les había dado Moisés heredad al otro lado
del Jordán;[b] mas a los levitas no les dio heredad entre ellos.
4 Porque los hijos de José fueron dos tribus,
Manasés y Efraín; y no dieron parte a los levitas en la tierra sino ciudades en que morasen, con los ejidos de ellas para sus ganados
y rebaños.
5 De la manera que Jehová lo había mandado
a Moisés, así lo hicieron los hijos de Israel en
el repartimiento de la tierra.

Caleb recibe Hebrón

6 Y los hijos de Judá vinieron a Josué en Gilgal; y Caleb, hijo de Jefone cenezeo, le dijo: Tú
sabes lo que Jehová dijo a Moisés, varón de
Dios, en Cades-barnea, tocante a mí y a ti.[c]
7 Yo era de edad de cuarenta años cuando
Moisés siervo de Jehová me envió de Cades-
barnea a reconocer la tierra; y yo le traje noticias como lo sentía en mi corazón.[d]
8 Y mis hermanos, los que habían subido conmigo, hicieron desfallecer el corazón del pueblo; pero yo cumplí siguiendo a Jehová mi Dios.
9 Entonces Moisés juró diciendo: Ciertamen- *
te la tierra que holló tu pie será para ti, y para ➤
tus hijos en herencia perpetua, por cuanto
cumpliste siguiendo a Jehová mi Dios.[e]
10 Ahora bien, Jehová me ha hecho vivir,
como él dijo, estos cuarenta y cinco años, desde el tiempo que Jehová habló estas palabras
a Moisés, cuando Israel andaba por el desierto; y ahora, he aquí, hoy soy de edad de ochenta y cinco años.
11 Todavía estoy tan fuerte como el día que
Moisés me envió; cual era mi fuerza entonces,
tal es ahora mi fuerza para la guerra, y para
salir y para entrar.
12 Dame, pues, ahora este monte, del cual habló ➤
Jehová aquel día; porque tú oíste en aquel día
que los anaceos están allí, y que hay ciudades
grandes y fortificadas. Quizá Jehová estará conmigo, y los echaré, como Jehová ha dicho.
13 Josué entonces le bendijo, y dio a Caleb
hijo de Jefone a Hebrón por heredad.
14 Por tanto, Hebrón vino a ser heredad de
Caleb hijo de Jefone cenezeo, hasta hoy, por
cuanto había seguido cumplidamente a Jehová Dios de Israel.

b. 14.3 Nm 32.33; 34.14-15; Dt 3.12-17. **c. 14.6** Nm 14.30. **d. 14.7** Nm 13.1-30. **e. 14.9** Nm 14.24.

LECCIONES DE VIDA

➤ ***14.9 — Ciertamente la tierra que holló tu pie será para ti, y para tus hijos en herencia perpetua, por cuanto cumpliste siguiendo a Jehová mi Dios.***

Si decidimos seguir al Señor de todo corazón, Él moverá cielo y tierra para cumplir sus maravillosas promesas a nosotros.

➤ ***14.12 — Dame, pues, ahora este monte, del cual habló Jehová aquel día.***

Caleb fue uno de los dos espías que tuvieron la valentía y la fe para creer que Dios les daría la tierra prometida que divisaron (Nm 13.25–14.38). Cuarenta y cinco años más tarde, Caleb estaba listo para reclamar la promesa que el Señor le hizo, en cuanto al territorio de Hebrón que tanto le había gustado. Todos deberíamos tener sueños y objetivos en pos de los cuales trabajar, pero es necesario que procedan de Dios, y debemos estar dispuestos a obedecerle y esperar para reclamarlos en su tiempo, tal como lo hizo Caleb.

15 Mas el nombre de Hebrón fue antes Quiriat-arba;[1] porque Arba fue un hombre grande entre los anaceos. Y la tierra descansó de la guerra.

El territorio de Judá

15 LA parte que tocó en suerte a la tribu de los hijos de Judá, conforme a sus familias, llegaba hasta la frontera de Edom, teniendo el desierto de Zin al sur como extremo meridional.
2 Y su límite por el lado del sur fue desde la costa del Mar Salado, desde la bahía que mira hacia el sur;
3 y salía hacia el sur de la subida de Acrabim, pasando hasta Zin; y subiendo por el sur hasta Cades-barnea, pasaba a Hezrón, y subiendo por Adar daba vuelta a Carca.
4 De allí pasaba a Asmón, y salía al arroyo de Egipto, y terminaba en el mar. Éste, pues, os será el límite del sur.
5 El límite oriental es el Mar Salado hasta la desembocadura del Jordán. Y el límite del lado del norte, desde la bahía del mar en la desembocadura del Jordán;
6 y sube este límite por Bet-hogla, y pasa al norte de Bet-arabá, y de aquí sube a la piedra de Bohán hijo de Rubén.
7 Luego sube a Debir desde el valle de Acor; y al norte mira sobre Gilgal, que está enfrente de la subida de Adumín, que está al sur del arroyo; y pasa hasta las aguas de En-semes, y sale a la fuente de Rogel.
8 Y sube este límite por el valle del hijo de Hinom al lado sur del jebuseo, que es Jerusalén. Luego sube por la cumbre del monte que está enfrente del valle de Hinom hacia el occidente, el cual está al extremo del valle de Refaim, por el lado del norte.
9 Y rodea este límite desde la cumbre del monte hasta la fuente de las aguas de Neftoa, y sale a las ciudades del monte de Efrón, rodeando luego a Baala, que es Quiriat-jearim.
10 Después gira este límite desde Baala hacia el occidente al monte de Seir; y pasa al lado del monte de Jearim hacia el norte, el cual es Quesalón, y desciende a Bet-semes, y pasa a Timna.
11 Sale luego al lado de Ecrón hacia el norte; y rodea a Sicrón, y pasa por el monte de Baala, y sale a Jabneel y termina en el mar.
12 El límite del occidente es el Mar Grande. Éste fue el límite de los hijos de Judá, por todo el contorno, conforme a sus familias.

Caleb conquista Hebrón y Debir
(Jue 1.10-15)

13 Mas a Caleb hijo de Jefone dio su parte entre los hijos de Judá, conforme al mandamiento de Jehová a Josué; la ciudad de Quiriat-arba padre de Anac, que es Hebrón.
14 Y Caleb echó de allí a los tres hijos de Anac, a Sesai, Ahimán y Talmai, hijos de Anac.[a]
15 De aquí subió contra los que moraban en Debir; y el nombre de Debir era antes Quiriat-sefer.
16 Y dijo Caleb: Al que atacare a Quiriat-sefer, y la tomare, yo le daré mi hija Acsa por mujer.
17 Y la tomó Otoniel, hijo de Cenaz hermano de Caleb; y él le dio su hija Acsa por mujer.
18 Y aconteció que cuando la llevaba, él la persuadió que pidiese a su padre tierras para labrar. Ella entonces se bajó del asno. Y Caleb le dijo: ¿Qué tienes?
19 Y ella respondió: Concédeme un don; pues- ≺
to que me has dado tierra del Neguev, dame también fuentes de aguas. Él entonces le dio las fuentes de arriba, y las de abajo.

Las ciudades de Judá

20 Ésta, pues, es la heredad de la tribu de los hijos de Judá por sus familias.
21 Y fueron las ciudades de la tribu de los hijos de Judá en el extremo sur, hacia la frontera de Edom: Cabseel, Edar, Jagur,
22 Cina, Dimona, Adada,
23 Cedes, Hazor, Itnán,
24 Zif, Telem, Bealot,
25 Hazor-hadata, Queriot, Hezrón (que es Hazor),
26 Amam, Sema, Molada,
27 Hazar-gada, Hesmón, Bet-pelet,
28 Hazar-sual, Beerseba, Bizotia,
29 Baala, Iim, Esem,
30 Eltolad, Quesil, Horma,
31 Siclag, Madmana, Sansana,
32 Lebaot, Silhim, Aín y Rimón; por todas veintinueve ciudades con sus aldeas.
33 En las llanuras, Estaol, Zora, Asena,
34 Zanoa, En-ganim, Tapúa, Enam,
35 Jarmut, Adulam, Soco, Azeca,
36 Saaraim, Aditaim, Gedera y Gederotaim; catorce ciudades con sus aldeas.
37 Zenán, Hadasa, Migdal-gad,
38 Dileán, Mizpa, Jocteel,
39 Laquis, Boscat, Eglón,

1. Esto es, *la ciudad de Arba.*
a. **15.13-14** Jue 1.20.

LECCIONES DE VIDA

➤ ***15.19 — puesto que me has dado tierra del Neguev, dame también fuentes de aguas.***

No sorprende que un valiente hombre de fe como Caleb tuviera una hija tan osada como Acsa. El temor genuino de Dios se enseña a través del ejemplo en las familias piadosas.

40 Cabón, Lahmam, Quitlis,
41 Gederot, Bet-dagón, Naama y Maceda; dieciséis ciudades con sus aldeas.
42 Libna, Eter, Asán,
43 Jifta, Asena, Nezib,
44 Keila, Aczib y Maresa; nueve ciudades con
sus aldeas.
45 Ecrón con sus villas y sus aldeas.
46 Desde Ecrón hasta el mar, todas las que
están cerca de Asdod con sus aldeas.
47 Asdod con sus villas y sus aldeas; Gaza con
sus villas y sus aldeas hasta el río de Egipto, y
el Mar Grande con sus costas.
48 Y en las montañas, Samir, Jatir, Soco,
49 Dana, Quiriat-sana (que es Debir);
50 Anab, Estemoa, Anim,
51 Gosén, Holón y Gilo; once ciudades con
sus aldeas.
52 Arab, Duma, Esán,
53 Janum, Bet-tapúa, Afeca,
54 Humta, Quiriat-arba (la cual es Hebrón) y
Sior; nueve ciudades con sus aldeas.
55 Maón, Carmel, Zif, Juta,
56 Jezreel, Jocdeam, Zanoa,
57 Caín, Gabaa y Timna; diez ciudades con
sus aldeas.
58 Halhul, Bet-sur, Gedor,
59 Maarat, Bet-anot y Eltecón; seis ciudades
con sus aldeas.
60 Quiriat-baal (que es Quiriat-jearim) y Rabá;
dos ciudades con sus aldeas.
61 En el desierto, Bet-arabá, Midín, Secaca,
62 Nibsán, la Ciudad de la Sal y Engadi; seis
ciudades con sus aldeas.
➤ 63 Mas a los jebuseos que habitaban en Jerusalén, los hijos de Judá no pudieron arrojar-
los; y ha quedado el jebuseo en Jerusalén con
los hijos de Judá hasta hoy.[b]

Territorio de Efraín y de Manasés

16 TOCÓ en suerte a los hijos de José
desde el Jordán de Jericó hasta las
aguas de Jericó hacia el oriente, hacia el
desierto que sube de Jericó por las montañas
de Bet-el.
2 Y de Bet-el sale a Luz, y pasa a lo largo del
territorio de los arquitas hasta Atarot,
3 y baja hacia el occidente al territorio de los
jafletitas, hasta el límite de Bet-horón la de
abajo, y hasta Gezer; y sale al mar.
4 Recibieron, pues, su heredad los hijos de
José, Manasés y Efraín.
5 Y en cuanto al territorio de los hijos de
Efraín por sus familias, el límite de su heredad
al lado del oriente fue desde Atarot-adar hasta
Bet-horón la de arriba.
6 Continúa el límite hasta el mar, y hasta Micmetat al norte, y da vuelta hacia el oriente
hasta Taanat-silo, y de aquí pasa a Janoa.
7 De Janoa desciende a Atarot y a Naarat, y
toca Jericó y sale al Jordán.
8 Y de Tapúa se vuelve hacia el mar, al arroyo
de Caná, y sale al mar. Ésta es la heredad de la
tribu de los hijos de Efraín por sus familias.
9 Hubo también ciudades que se apartaron
para los hijos de Efraín en medio de la heredad de los hijos de Manasés, todas ciudades
con sus aldeas.
10 Pero no arrojaron al cananeo que habitaba ≺
en Gezer;[a] antes quedó el cananeo en medio
de Efraín, hasta hoy, y fue tributario.

17 SE echaron también suertes para la
tribu de Manasés, porque fue primogénito de José. Maquir, primogénito de Manasés
y padre de Galaad, el cual fue hombre de guerra, tuvo Galaad y Basán.
2 Se echaron también suertes para los otros
hijos de Manasés conforme a sus familias: los
hijos de Abiezer, los hijos de Helec, los hijos
de Asriel, los hijos de Siquem, los hijos de
Hefer y los hijos de Semida; éstos fueron los
hijos varones de Manasés hijo de José, por
sus familias.
3 Pero Zelofehad hijo de Hefer, hijo de Galaad,
hijo de Maquir, hijo de Manasés, no tuvo hijos
sino hijas, los nombres de las cuales son éstos:
Maala, Noa, Hogla, Milca y Tirsa.
4 Éstas vinieron delante del sacerdote Eleazar ≺
y de Josué hijo de Nun, y de los príncipes, y
dijeron: Jehová mandó a Moisés que nos diese
heredad entre nuestros hermanos.[a] Y él les dio
heredad entre los hermanos del padre de ellas,
conforme al dicho de Jehová.
5 Y le tocaron a Manasés diez partes además
de la tierra de Galaad y de Basán que está al
otro lado del Jordán,

b. 15.63 Jue 1.21; 2 S 5.6; 1 Cr 11.4. **a. 16.10** Jue 1.29.
a. 17.4 Nm 27.1-7.

LECCIONES DE VIDA

➤ *15.63 — y ha quedado el jebuseo en Jerusalén con los hijos de Judá hasta hoy.*

La ciudad jebusea de Jerusalén no quedó completamente en manos de los israelitas hasta la época del rey David (2 S 5.6, 7).

➤ *16.10 — quedó el cananeo en medio de Efraín, hasta hoy, y fue tributario.*

Los hijos de Efraín tomaron una decisión contraria al mandato indicado de Dios («echaréis de delante de vosotros a todos los moradores del país», Nm 33.52). La obediencia parcial es desobediencia y únicamente produce quebranto. Los cananeos ejercieron una influencia destructiva sobre los descendientes de Efraín y las demás tribus de Israel, a tal punto que les hicieron rebelarse contra el Señor (Os 12.14), tal como Él dijo que lo harían (Nm 33.55, 56; Dt 7.1–6; Jos 23.11–13).

➤ *17.4 — Y él les dio heredad entre los hermanos del padre de ellas, conforme al dicho de Jehová.*

Nunca deberíamos vacilar en venir ante el Señor y pedirle que haga lo que ha prometido, incluso si se parece un poco extraño. Santiago nos dice: «no tenéis lo que deseáis, porque no pedís» (Stg 4.2).

6 porque las hijas de Manasés tuvieron heredad entre sus hijos; y la tierra de Galaad fue
de los otros hijos de Manasés.
7 Y fue el territorio de Manasés desde Aser
hasta Micmetat, que está enfrente de Siquem;
y va al sur, hasta los que habitan en Tapúa.
8 La tierra de Tapúa fue de Manasés; pero
Tapúa misma, que está junto al límite de
Manasés, es de los hijos de Efraín.
9 Desciende este límite al arroyo de Caná,
hacia el sur del arroyo. Estas ciudades de
Efraín están entre las ciudades de Manasés; y
el límite de Manasés es desde el norte del mismo arroyo, y sus salidas son al mar.
10 Efraín al sur, y Manasés al norte, y el mar
es su límite; y se encuentra con Aser al norte,
y con Isacar al oriente.
11 Tuvo también Manasés en Isacar y en
Aser a Bet-seán y sus aldeas, a Ibleam y sus
aldeas, a los moradores de Dor y sus aldeas,
a los moradores de Endor y sus aldeas, a los
moradores de Taanac y sus aldeas, y a los
moradores de Meguido y sus aldeas; tres
provincias.
12 Mas los hijos de Manasés no pudieron
arrojar a los de aquellas ciudades; y el cananeo persistió en habitar en aquella tierra.
13 Pero cuando los hijos de Israel fueron lo
suficientemente fuertes, hicieron tributario al
cananeo, mas no lo arrojaron.[b]
14 Y los hijos de José hablaron a Josué, diciendo: ¿Por qué nos has dado por heredad una
sola suerte y una sola parte, siendo nosotros
un pueblo tan grande, y que Jehová nos ha
bendecido hasta ahora?
15 Y Josué les respondió: Si sois pueblo tan
grande, subid al bosque, y haceos desmontes
allí en la tierra de los ferezeos y de los refaítas, ya que el monte de Efraín es estrecho para
vosotros.
16 Y los hijos de José dijeron: No nos bastará a nosotros este monte; y todos los cananeos que habitan la tierra de la llanura, tienen
carros herrados; los que están en Bet-seán y
en sus aldeas, y los que están en el valle de
Jezreel.
17 Entonces Josué respondió a la casa de
José, a Efraín y a Manasés, diciendo: Tú eres
gran pueblo, y tienes grande poder; no tendrás una sola parte,
18 sino que aquel monte será tuyo; pues aunque es bosque, tú lo desmontarás y lo posee-
rás hasta sus límites más lejanos; porque tú
arrojarás al cananeo, aunque tenga carros
herrados, y aunque sea fuerte.

Territorios de las demás tribus

18 TODA la congregación de los hijos de
Israel se reunió en Silo, y erigieron allí
el tabernáculo de reunión, después que la tierra les fue sometida.
2 Pero habían quedado de los hijos de Israel
siete tribus a las cuales aún no habían repartido su posesión.
3 Y Josué dijo a los hijos de Israel: ¿Hasta
cuándo seréis negligentes para venir a poseer
la tierra que os ha dado Jehová el Dios de
vuestros padres?
4 Señalad tres varones de cada tribu, para que
yo los envíe, y que ellos se levanten y recorran
la tierra, y la describan conforme a sus heredades, y vuelvan a mí.
5 Y la dividirán en siete partes; y Judá quedará en su territorio al sur, y los de la casa de
José en el suyo al norte.
6 Vosotros, pues, delinearéis la tierra en siete partes, y me traeréis la descripción aquí, y
yo os echaré suertes aquí delante de Jehová
nuestro Dios.
7 Pero los levitas ninguna parte tienen entre
vosotros, porque el sacerdocio de Jehová es
la heredad de ellos; Gad también y Rubén, y
la media tribu de Manasés, ya han recibido su
heredad al otro lado del Jordán al oriente, la
cual les dio Moisés siervo de Jehová.
8 Levantándose, pues, aquellos varones, fueron;
y mandó Josué a los que iban para delinear la
tierra, diciéndoles: Id, recorred la tierra y deli-
neadla, y volved a mí, para que yo os eche suertes aquí delante de Jehová en Silo.
9 Fueron, pues, aquellos varones y recorrieron la tierra, delineándola por ciudades en
siete partes en un libro, y volvieron a Josué al
campamento en Silo.
10 Y Josué les echó suertes delante de Jehová en Silo; y allí repartió Josué la tierra a los
hijos de Israel por sus porciones.

b. 17.12-13 Jue 1.27-28.

LECCIONES DE VIDA

➤ ***17.18 — tú arrojarás al cananeo, aunque tenga carros herrados, y aunque sea fuerte.***

Para que podamos beneficiarnos plenamente de las promesas de Dios, debemos obedecerle por completo, aun si la obra que nos llama a hacer es difícil y hasta nos inspira terror (Dt 7.21). Sabemos que Él nos capacitará y equipará para triunfar en todo lo que nos llame a hacer.

➤ ***18.3 — ¿Hasta cuándo seréis negligentes para venir a poseer la tierra que os ha dado Jehová el Dios de vuestros padres?***

La obediencia parcial de Israel era desobediencia hacia el Señor e ingratitud por todo lo que Él ya les había dado. No importan las razones por las que decidieron detener su avance, estaban yendo en contra de los mandatos de Dios cuyo propósito era protegerles como su pueblo especial (Dt 7.1–9). ¿Qué le impide reclamar el territorio que Dios quiere darle? ¿Puede identificar la razón por la que no actúa conforme a las promesas de Dios? Usted sabe que Él está con usted, así que dé un paso adelante en fe, y hónrele obedeciendo sus mandatos.

11 Y se sacó la suerte de la tribu de los hijos de
Benjamín conforme a sus familias; y el territorio adjudicado a ella quedó entre los hijos de
Judá y los hijos de José.
12 Fue el límite de ellos al lado del norte desde el Jordán, y sube hacia el lado de Jericó al
norte; sube después al monte hacia el occidente, y viene a salir al desierto de Bet-avén.
13 De allí pasa en dirección de Luz, al lado
sur de Luz (que es Bet-el), y desciende de Atarot-adar al monte que está al sur de Bet-horón
la de abajo.
14 Y tuerce hacia el oeste por el lado sur del
monte que está delante de Bet-horón al sur;
y viene a salir a Quiriat-baal (que es Quiriat-
jearim), ciudad de los hijos de Judá. Éste es el
lado del occidente.
15 El lado del sur es desde el extremo de Quiriat-jearim, y sale al occidente, a la fuente de
las aguas de Neftoa;
16 y desciende este límite al extremo del monte que está delante del valle del hijo de Hinom,
que está al norte en el valle de Refaim; desciende luego al valle de Hinom, al lado sur
del jebuseo, y de allí desciende a la fuente de
Rogel.
17 Luego se inclina hacia el norte y sale a En-
semes, y de allí a Gelilot, que está delante de
la subida de Adumín, y desciende a la piedra
de Bohán hijo de Rubén,
18 y pasa al lado que está enfrente del Arabá,
y desciende al Arabá.
19 Y pasa el límite al lado norte de Bet-hogla,
y termina en la bahía norte del Mar Salado, a
la extremidad sur del Jordán; éste es el límite sur.
20 Y el Jordán era el límite al lado del oriente. Ésta es la heredad de los hijos de Benjamín por sus límites alrededor, conforme a sus
familias.
21 Las ciudades de la tribu de los hijos de
Benjamín, por sus familias, fueron Jericó, Bet-
hogla, el valle de Casis,
22 Bet-arabá, Zemaraim, Bet-el,
23 Avim, Pará, Ofra,
24 Quefar-haamoni, Ofni y Geba; doce ciudades con sus aldeas;
25 Gabaón, Ramá, Beerot,
26 Mizpa, Cafira, Mozah,
27 Requem, Irpeel, Tarala,
28 Zela, Elef, Jebús (que es Jerusalén), Gabaa
y Quiriat; catorce ciudades con sus aldeas.
Ésta es la heredad de los hijos de Benjamín
conforme a sus familias.

19 LA segunda suerte tocó a Simeón, para
la tribu de los hijos de Simeón conforme a sus familias; y su heredad fue en medio
de la heredad de los hijos de Judá.
2 Y tuvieron en su heredad a Beerseba, Seba,
Molada,
3 Hazar-sual, Bala, Ezem,
4 Eltolad, Betul, Horma,
5 Siclag, Bet-marcabot, Hazar-susa,
6 Bet-lebaot y Saruhén; trece ciudades con
sus aldeas;
7 Aín, Rimón, Eter y Asán; cuatro ciudades
con sus aldeas;
8 y todas las aldeas que estaban alrededor de
estas ciudades hasta Baalatbeer, que es Ramat
del Neguev. Ésta es la heredad de la tribu de
los hijos de Simeón conforme a sus familias.[a]
9 De la suerte de los hijos de Judá fue sacada
la heredad de los hijos de Simeón, por cuanto
la parte de los hijos de Judá era excesiva para
ellos; así que los hijos de Simeón tuvieron su
heredad en medio de la de Judá.
10 La tercera suerte tocó a los hijos de Zabulón conforme a sus familias; y el territorio de
su heredad fue hasta Sarid.
11 Y su límite sube hacia el occidente a Mara-
la y llega hasta Dabeset, y de allí hasta el arroyo que está delante de Jocneam;
12 y gira de Sarid hacia el oriente, hacia donde nace el sol, hasta el límite de Quislot-tabor,
sale a Daberat, y sube a Jafía.
13 Pasando de allí hacia el lado oriental a
Gat-hefer y a Ita-cazín, sale a Rimón rodeando a Nea.
14 Luego, al norte, el límite gira hacia Hana-
tón, viniendo a salir al valle de Jefte-el;
15 y abarca Catat, Naalal, Simrón, Idala y
Belén; doce ciudades con sus aldeas.
16 Ésta es la heredad de los hijos de Zabulón
conforme a sus familias; estas ciudades con
sus aldeas.
17 La cuarta suerte correspondió a Isacar, a
los hijos de Isacar conforme a sus familias.
18 Y fue su territorio Jezreel, Quesulot,
Sunem,
19 Hafaraim, Sihón, Anaharat,
20 Rabit, Quisión, Abez,
21 Remet, En-ganim, En-hada y Betpases.
22 Y llega este límite hasta Tabor, Sahazima
y Bet-semes, y termina en el Jordán; dieciséis
ciudades con sus aldeas.
23 Ésta es la heredad de la tribu de los hijos
de Isacar conforme a sus familias; estas ciudades con sus aldeas.
24 La quinta suerte correspondió a la tribu de
los hijos de Aser conforme a sus familias.
25 Y su territorio abarcó Helcat, Halí, Betén,
Acsaf,
26 Alamelec, Amad y Miseal; y llega hasta
Carmelo al occidente, y a Sihorlibnat.
27 Después da vuelta hacia el oriente a Bet-
dagón y llega a Zabulón, al valle de Jefte-el
al norte, a Bet-emec y a Neiel, y sale a Cabul
al norte.
28 Y abarca a Hebrón, Rehob, Hamón y Caná,
hasta la gran Sidón.
29 De allí este límite tuerce hacia Ramá, y
hasta la ciudad fortificada de Tiro, y gira
hacia Hosa, y sale al mar desde el territorio
de Aczib.

a. 19.2-8 1 Cr 4.28-33.

30 Abarca también Uma, Afec y Rehob; veintidós ciudades con sus aldeas.
31 Ésta es la heredad de la tribu de los hijos
de Aser conforme a sus familias; estas ciudades con sus aldeas.
32 La sexta suerte correspondió a los hijos de
Neftalí conforme a sus familias.
33 Y abarcó su territorio desde Helef, Alón-
saananim, Adami-neceb y Jabneel, hasta
Lacum, y sale al Jordán.
34 Y giraba el límite hacia el occidente a
Aznot-tabor, y de allí pasaba a Hucoc, y llegaba hasta Zabulón al sur, y al occidente confi-
naba con Aser, y con Judá por el Jordán hacia
donde nace el sol.
35 Y las ciudades fortificadas son Sidim, Zer,
Hamat, Racat, Cineret,
36 Adama, Ramá, Hazor,
37 Cedes, Edrei, En-hazor,
38 Irón, Migdal-el, Horem, Bet-anat y Bet-
semes; diecinueve ciudades con sus aldeas.
39 Ésta es la heredad de la tribu de los hijos
de Neftalí conforme a sus familias; estas ciudades con sus aldeas.
40 La séptima suerte correspondió a la tribu
de los hijos de Dan conforme a sus familias.
41 Y fue el territorio de su heredad, Zora,
Estaol, Ir-semes,
42 Saalabín, Ajalón, Jetla,
43 Elón, Timnat, Ecrón,
44 Elteque, Gibetón, Baalat,
45 Jehúd, Bene-berac, Gat-rimón,
46 Mejarcón y Racón, con el territorio que
está delante de Jope.
47 Y les faltó territorio a los hijos de Dan; y
subieron los hijos de Dan y combatieron a
Lesem, y tomándola la hirieron a filo de espada, y tomaron posesión de ella y habitaron en
ella; y llamaron a Lesem, Dan, del nombre de
Dan su padre.[b]
48 Ésta es la heredad de la tribu de los hijos
de Dan conforme a sus familias; estas ciudades con sus aldeas.
49 Y después que acabaron de repartir la tierra en heredad por sus territorios, dieron los
hijos de Israel heredad a Josué hijo de Nun en
medio de ellos;
50 según la palabra de Jehová, le dieron la
ciudad que él pidió, Timnatsera, en el monte de Efraín; y él reedificó la ciudad y habitó en ella.
➤51 Éstas son las heredades que el sacerdote Eleazar, y Josué hijo de Nun, y los cabezas de los padres, entregaron por suerte en
posesión a las tribus de los hijos de Israel
en Silo, delante de Jehová, a la entrada del
tabernáculo de reunión; y acabaron de repartir la tierra.

Josué señala ciudades de refugio

20 HABLÓ Jehová a Josué, diciendo:
2 Habla a los hijos de Israel y diles:
Señalaos las ciudades de refugio, de las cuales
yo os hablé por medio de Moisés,[a]
3 para que se acoja allí el homicida que matare a alguno por accidente y no a sabiendas; y
os servirán de refugio contra el vengador de
la sangre.
4 Y el que se acogiere a alguna de aquellas
ciudades, se presentará a la puerta de la ciudad, y expondrá sus razones en oídos de los
ancianos de aquella ciudad; y ellos le recibirán consigo dentro de la ciudad, y le darán
lugar para que habite con ellos.
5 Si el vengador de la sangre le siguiere, no
entregarán en su mano al homicida, por cuanto hirió a su prójimo por accidente, y no tuvo
con él ninguna enemistad antes.
6 Y quedará en aquella ciudad hasta que com-
parezca en juicio delante de la congregación,
y hasta la muerte del que fuere sumo sacerdote en aquel tiempo; entonces el homicida
podrá volver a su ciudad y a su casa y a la ciudad de donde huyó.
7 Entonces señalaron a Cedes en Galilea, en
el monte de Neftalí, Siquem en el monte de
Efraín, y Quiriat-arba (que es Hebrón) en el
monte de Judá.
8 Y al otro lado del Jordán al oriente de Jericó, señalaron a Beser en el desierto, en la llanura de la tribu de Rubén, Ramot en Galaad
de la tribu de Gad, y Golán en Basán de la tribu de Manasés.
9 Éstas fueron las ciudades señaladas para
todos los hijos de Israel, y para el extranjero
que morase entre ellos, para que se acogiese a
ellas cualquiera que hiriese a alguno por accidente, a fin de que no muriese por mano del
vengador de la sangre, hasta que comparecie-
se delante de la congregación.

Ciudades de los levitas
(1 Cr 6.54-81)

21 LOS jefes de los padres de los levitas
vinieron al sacerdote Eleazar, a Josué
hijo de Nun y a los cabezas de los padres de
las tribus de los hijos de Israel,

b. 19.47 Jue 18.27-29. **a. 20.1-9** Nm 35.6-32; Dt 4.41-43; 19.1-13.

LECCIONES DE VIDA

➤ ***19.51 — Estas son las heredades que… entregaron por suerte en posesión a las tribus de los hijos de Israel en Silo, delante de Jehová.***

Todo lo que hacemos debería ser hecho de una manera que honre al Señor. Dónde vivimos, con quién nos casamos, cómo nos ganamos la vida, todos estos son asuntos válidos que debemos traer delante del Señor en oración.

2 y les hablaron en Silo en la tierra de Canaán,
diciendo: Jehová mandó por medio de Moisés
que nos fuesen dadas ciudades donde habitar,
con sus ejidos para nuestros ganados.[a]
3 Entonces los hijos de Israel dieron de su propia herencia a los levitas, conforme al mandato de Jehová, estas ciudades con sus ejidos.
4 Y la suerte cayó sobre las familias de los
coatitas; y los hijos de Aarón el sacerdote, que
eran de los levitas, obtuvieron por suerte de la
tribu de Judá, de la tribu de Simeón y de la tribu de Benjamín, trece ciudades.
5 Y los otros hijos de Coat obtuvieron por
suerte diez ciudades de las familias de la tribu de Efraín, de la tribu de Dan y de la media
tribu de Manasés.
6 Los hijos de Gersón obtuvieron por suerte,
de las familias de la tribu de Isacar, de la tribu
de Aser, de la tribu de Neftalí y de la media tribu de Manasés en Basán, trece ciudades.
7 Los hijos de Merari según sus familias obtuvieron de la tribu de Rubén, de la tribu de Gad
y de la tribu de Zabulón, doce ciudades.
8 Dieron, pues, los hijos de Israel a los levitas estas ciudades con sus ejidos, por suertes,
como había mandado Jehová por conducto
de Moisés.
9 De la tribu de los hijos de Judá, y de la tribu
de los hijos de Simeón, dieron estas ciudades
que fueron nombradas,
10 las cuales obtuvieron los hijos de Aarón de
las familias de Coat, de los hijos de Leví; porque para ellos fue la suerte en primer lugar.
11 Les dieron Quiriat-arba del padre de Anac,
la cual es Hebrón, en el monte de Judá, con
sus ejidos en sus contornos.
12 Mas el campo de la ciudad y sus aldeas
dieron a Caleb hijo de Jefone, por posesión
suya.
13 Y a los hijos del sacerdote Aarón dieron
Hebrón con sus ejidos como ciudad de refugio para los homicidas; además, Libna con
sus ejidos,
14 Jatir con sus ejidos, Estemoa con sus
ejidos,
15 Holón con sus ejidos, Debir con sus ejidos,
16 Aín con sus ejidos, Juta con sus ejidos y
Bet-semes con sus ejidos; nueve ciudades de
estas dos tribus;
17 y de la tribu de Benjamín, Gabaón con sus
ejidos, Geba con sus ejidos,
18 Anatot con sus ejidos, Almón con sus ejidos; cuatro ciudades.
19 Todas las ciudades de los sacerdotes hijos
de Aarón son trece con sus ejidos.
20 Mas las familias de los hijos de Coat, levitas, los que quedaban de los hijos de Coat,
recibieron por suerte ciudades de la tribu de
Efraín.
21 Les dieron Siquem con sus ejidos, en el
monte de Efraín, como ciudad de refugio para
los homicidas; además, Gezer con su ejidos,
22 Kibsaim con sus ejidos y Bet-horón con sus
ejidos; cuatro ciudades.
23 De la tribu de Dan, Elteque con sus ejidos,
Gibetón con sus ejidos,
24 Ajalón con sus ejidos y Gat-rimón con sus
ejidos; cuatro ciudades.
25 Y de la media tribu de Manasés, Taanac
con sus ejidos y Gat-rimón con sus ejidos; dos
ciudades.
26 Todas las ciudades para el resto de las
familias de los hijos de Coat fueron diez con
sus ejidos.
27 A los hijos de Gersón de las familias de los
levitas, dieron de la media tribu de Manasés
a Golán en Basán con sus ejidos como ciudad de refugio para los homicidas, y además,
Beestera con sus ejidos; dos ciudades.
28 De la tribu de Isacar, Cisón con sus ejidos,
Daberat con sus ejidos,
29 Jarmut con sus ejidos y En-ganim con sus
ejidos; cuatro ciudades.
30 De la tribu de Aser, Miseal con sus ejidos,
Abdón con sus ejidos,
31 Helcat con sus ejidos y Rehob con sus ejidos; cuatro ciudades.
32 Y de la tribu de Neftalí, Cedes en Galilea con sus ejidos como ciudad de refugio
para los homicidas, y además, Hamot-dor
con sus ejidos y Cartán con sus ejidos; tres
ciudades.
33 Todas las ciudades de los gersonitas por sus
familias fueron trece ciudades con sus ejidos.
34 Y a las familias de los hijos de Merari, levitas que quedaban, se les dio de la tribu de
Zabulón, Jocneam con sus ejidos, Carta con
sus ejidos,
35 Dimna con sus ejidos y Naalal con sus ejidos; cuatro ciudades.
36 Y de la tribu de Rubén, Beser con sus ejidos, Jahaza con sus ejidos,
37 Cademot con sus ejidos y Mefaat con sus
ejidos; cuatro ciudades.
38 De la tribu de Gad, Ramot de Galaad
con sus ejidos como ciudad de refugio para
los homicidas; además, Mahanaim con sus
ejidos,
39 Hesbón con sus ejidos y Jazer con sus ejidos; cuatro ciudades.
40 Todas las ciudades de los hijos de Merari por sus familias, que restaban de las familias de los levitas, fueron por sus suertes doce
ciudades.
41 Y todas las ciudades de los levitas en medio
de la posesión de los hijos de Israel, fueron
cuarenta y ocho ciudades con sus ejidos.
42 Y estas ciudades estaban apartadas la una
de la otra, cada cual con sus ejidos alrededor
de ella; así fue con todas estas ciudades.

Israel ocupa la tierra

43 De esta manera dio Jehová a Israel toda la
tierra que había jurado dar a sus padres, y la
poseyeron y habitaron en ella.

a. 21.2 Nm 35.1-8.

➢ 44 Y Jehová les dio reposo alrededor, conforme a todo lo que había jurado a sus padres; y ninguno de todos sus enemigos pudo hacerles frente, porque Jehová entregó en sus manos a todos sus enemigos.
45 No faltó palabra de todas las buenas promesas que Jehová había hecho a la casa de Israel; todo se cumplió.

El altar junto al Jordán

22 ENTONCES Josué llamó a los rubenitas, a los gaditas, y a la media tribu de Manasés,
2 y les dijo: Vosotros habéis guardado todo lo que Moisés siervo de Jehová os mandó, y habéis obedecido a mi voz en todo lo que os he mandado.[a]
3 No habéis dejado a vuestros hermanos en este largo tiempo hasta el día de hoy, sino que os habéis cuidado de guardar los mandamientos de Jehová vuestro Dios.
4 Ahora, pues, que Jehová vuestro Dios ha dado reposo a vuestros hermanos, como lo había prometido, volved, regresad a vuestras tiendas, a la tierra de vuestras posesiones, que Moisés siervo de Jehová os dio al otro lado del Jordán.
➢ 5 Solamente que con diligencia cuidéis de cumplir el mandamiento y la ley que Moisés siervo de Jehová os ordenó: que améis a Jehová vuestro Dios, y andéis en todos sus caminos; que guardéis sus mandamientos, y le sigáis a él, y le sirváis de todo vuestro corazón y de toda vuestra alma.
6 Y bendiciéndolos, Josué los despidió, y se fueron a sus tiendas.
7 También a la media tribu de Manasés había dado Moisés posesión en Basán; mas a la otra mitad dio Josué heredad entre sus hermanos a este lado del Jordán, al occidente; y también a éstos envió Josué a sus tiendas, después de haberlos bendecido.
8 Y les habló diciendo: Volved a vuestras tiendas con grandes riquezas, con mucho ganado, con plata, con oro, y bronce, y muchos vestidos; compartid con vuestros hermanos el botín de vuestros enemigos.
9 Así los hijos de Rubén y los hijos de Gad y la media tribu de Manasés, se volvieron, separándose de los hijos de Israel, desde Silo, que está en la tierra de Canaán, para ir a la tierra de Galaad, a la tierra de sus posesiones, de la cual se habían posesionado conforme al mandato de Jehová por conducto de Moisés.
10 Y llegando a los límites del Jordán que está en la tierra de Canaán, los hijos de Rubén y los hijos de Gad y la media tribu de Manasés edificaron allí un altar junto al Jordán, un altar de grande apariencia.
11 Y los hijos de Israel oyeron decir que los hijos de Rubén y los hijos de Gad y la media tribu de Manasés habían edificado un altar frente a la tierra de Canaán, en los límites del Jordán, del lado de los hijos de Israel.
12 Cuando oyeron esto los hijos de Israel, se juntó toda la congregación de los hijos de Israel en Silo, para subir a pelear contra ellos.
13 Y enviaron los hijos de Israel a los hijos de Rubén y a los hijos de Gad y a la media tribu de Manasés en tierra de Galaad, a Finees hijo del sacerdote Eleazar,
14 y a diez príncipes con él: un príncipe por cada casa paterna de todas las tribus de Israel, cada uno de los cuales era jefe de la casa de sus padres entre los millares de Israel.
15 Los cuales fueron a los hijos de Rubén y a los hijos de Gad y a la media tribu de Manasés, en la tierra de Galaad, y les hablaron diciendo:
16 Toda la congregación de Jehová dice así: ¿Qué transgresión es esta con que prevaricáis contra el Dios de Israel para apartaros hoy de seguir a Jehová, edificándoos altar para ser rebeldes contra Jehová?[b]
17 ¿No ha sido bastante la maldad de Peor, de la que no estamos aún limpios hasta este día, por la cual vino la mortandad en la congregación de Jehová,[c]
18 para que vosotros os apartéis hoy de seguir a Jehová? Vosotros os rebeláis hoy contra Jehová, y mañana se airará él contra toda la congregación de Israel.
19 Si os parece que la tierra de vuestra posesión es inmunda, pasaos a la tierra de la posesión de Jehová, en la cual está el tabernáculo de Jehová, y tomad posesión entre nosotros; pero no os rebeléis contra Jehová, ni os rebeléis contra nosotros, edificándoos altar además del altar de Jehová nuestro Dios.
20 ¿No cometió Acán hijo de Zera prevaricación en el anatema, y vino ira sobre toda la congregación de Israel? Y aquel hombre no pereció solo en su iniquidad.[d]

a. 22.2 Nm 32.20-32; Jos 1.12-15. **b. 22.16** Dt 12.6.
c. 22.17 Nm 25.19 **d. 22.20** Jos 7.1-26.

LECCIONES DE VIDA

➢ ***21.44 — Y Jehová les dio reposo alrededor.***

Los mandatos y las promesas de Dios conducen en últimas a paz y reposo. Dios nos dice: «En descanso y en reposo seréis salvos; en quietud y en confianza será vuestra fortaleza» (Is 30.15).

➢ ***22.5 — Solamente que con diligencia cuidéis de cumplir el mandamiento.***

Lo que Josué declaró a las tribus del oriente también es cierto hoy día. Con seguridad triunfaremos si: (1) amamos a Dios; (2) andamos en todos sus caminos; (3) guardamos sus mandamientos; (4) le seguimos, aferrados a Él; y (5) le servimos de todo corazón.

21 Entonces los hijos de Rubén y los hijos de Gad y la media tribu de Manasés respondieron y dijeron a los cabezas de los millares de Israel:
22 Jehová Dios de los dioses, Jehová Dios de los dioses, él sabe, y hace saber a Israel: si fue por rebelión o por prevaricación contra Jehová, no nos salves hoy.
23 Si nos hemos edificado altar para volvernos de en pos de Jehová, o para sacrificar holocausto u ofrenda, o para ofrecer sobre él ofrendas de paz, el mismo Jehová nos lo demande.
24 Lo hicimos más bien por temor de que mañana vuestros hijos digan a nuestros hijos: ¿Qué tenéis vosotros con Jehová Dios de Israel?
25 Jehová ha puesto por lindero el Jordán entre nosotros y vosotros, oh hijos de Rubén e hijos de Gad; no tenéis vosotros parte en Jehová; y así vuestros hijos harían que nuestros hijos dejasen de temer a Jehová.
26 Por esto dijimos: Edifiquemos ahora un altar, no para holocausto ni para sacrificio,
27 sino para que sea un testimonio entre nosotros y vosotros, y entre los que vendrán después de nosotros, de que podemos hacer el servicio de Jehová delante de él con nuestros holocaustos, con nuestros sacrificios y con nuestras ofrendas de paz; y no digan mañana vuestros hijos a los nuestros: Vosotros no tenéis parte en Jehová.
28 Nosotros, pues, dijimos: Si aconteciere que tal digan a nosotros, o a nuestras generaciones en lo por venir, entonces responderemos: Mirad el símil del altar de Jehová, el cual hicieron nuestros padres, no para holocaustos o sacrificios, sino para que fuese testimonio entre nosotros y vosotros.
29 Nunca tal acontezca que nos rebelemos contra Jehová, o que nos apartemos hoy de seguir a Jehová, edificando altar para holocaustos, para ofrenda o para sacrificio, además del altar de Jehová nuestro Dios que está delante de su tabernáculo.
30 Oyendo Finees el sacerdote y los príncipes de la congregación, y los jefes de los millares de Israel que con él estaban, las palabras que hablaron los hijos de Rubén y los hijos de Gad y los hijos de Manasés, les pareció bien todo ello.
31 Y dijo Finees hijo del sacerdote Eleazar a los hijos de Rubén, a los hijos de Gad y a los hijos de Manasés: Hoy hemos entendido que Jehová está entre nosotros, pues que no habéis intentado esta traición contra Jehová. Ahora habéis librado a los hijos de Israel de la mano de Jehová.
32 Y Finees hijo del sacerdote Eleazar, y los príncipes, dejaron a los hijos de Rubén y a los hijos de Gad, y regresaron de la tierra de Galaad a la tierra de Canaán, a los hijos de Israel, a los cuales dieron la respuesta.
33 Y el asunto pareció bien a los hijos de Israel, y bendijeron a Dios los hijos de Israel; y no hablaron más de subir contra ellos en guerra, para destruir la tierra en que habitaban los hijos de Rubén y los hijos de Gad.
34 Y los hijos de Rubén y los hijos de Gad pusieron por nombre al altar Ed;[1] porque testimonio es entre nosotros que Jehová es Dios.

Exhortación de Josué al pueblo

23 ACONTECIÓ, muchos días después que Jehová diera reposo a Israel de todos sus enemigos alrededor, que Josué, siendo ya viejo y avanzado en años,
2 llamó a todo Israel, a sus ancianos, sus príncipes, sus jueces y sus oficiales, y les dijo: Yo ya soy viejo y avanzado en años.
3 Y vosotros habéis visto todo lo que Jehová vuestro Dios ha hecho con todas estas naciones por vuestra causa; porque Jehová vuestro Dios es quien ha peleado por vosotros.
4 He aquí os he repartido por suerte, en herencia para vuestras tribus, estas naciones, así las destruidas como las que quedan, desde el Jordán hasta el Mar Grande, hacia donde se pone el sol.
5 Y Jehová vuestro Dios las echará de delante de vosotros, y las arrojará de vuestra presencia; y vosotros poseeréis sus tierras, como Jehová vuestro Dios os ha dicho.
6 Esforzaos, pues, mucho en guardar y hacer todo lo que está escrito en el libro de la ley de

1 Esto es, *Testimonio.*

LECCIONES DE VIDA

➤ ***22.22 — Jehová Dios de los dioses, él sabe.***

La gente puede malinterpretar nuestras acciones o expresiones de devoción, pero si mantenemos una conciencia limpia y procuramos obedecer a Dios en todo, el Señor nos reivindicará al final.

➤ ***22.33 — Y el asunto pareció bien a los hijos de Israel, y bendijeron a Dios los hijos de Israel.***

A Dios le complace bendecir a sus hijos, pero también es apropiado que sus hijos lo bendigan. ¿Cómo? Con lo único que tienen para dar: «sacrificio de alabanza» (He 13.15).

➤ ***23.6 — Esforzaos, pues, mucho en guardar y hacer todo lo que está escrito en el libro de la ley de Moisés, sin apartaros de ello ni a diestra ni a siniestra.***

Obedecer a Dios requiere valor, y como su pueblo necesitamos exhortarnos a diario para que ninguno de nosotros «se endurezca por el engaño del pecado» (He 3.13). ¿Cómo exhortó Josué a los israelitas en su discurso final? Repitió las palabras que Dios le dijo cuando ya no pudo consultar a Moisés (Jos 1.7). Los dirigentes vienen y van, pero Dios siempre está con nosotros y nos guía fielmente con su Palabra. Si queremos respaldar y animar a quienes nos rodean, lo mejor que podemos hacer es recordarles las maravillosas promesas y la presencia de Dios.

Moisés, sin apartaros de ello ni a diestra ni a
siniestra;
7 para que no os mezcléis con estas naciones
que han quedado con vosotros, ni hagáis mención ni juréis por el nombre de sus dioses, ni
los sirváis, ni os inclinéis a ellos.
8 Mas a Jehová vuestro Dios seguiréis, como
habéis hecho hasta hoy.
9 Pues ha arrojado Jehová delante de vosotros
grandes y fuertes naciones, y hasta hoy nadie
ha podido resistir delante de vuestro rostro.
* 10 Un varón de vosotros perseguirá a mil;[a]
porque Jehová vuestro Dios es quien pelea
por vosotros, como él os dijo.[b]
11 Guardad, pues, con diligencia vuestras
almas, para que améis a Jehová vuestro Dios.
12 Porque si os apartareis, y os uniereis a lo
que resta de estas naciones que han quedado con vosotros, y si concertareis con ellas
matrimonios, mezclándoos con ellas, y ellas
con vosotros,
➤ 13 sabed que Jehová vuestro Dios no arrojará
más a estas naciones delante de vosotros, sino
que os serán por lazo, por tropiezo, por azote para vuestros costados y por espinas para
vuestros ojos, hasta que perezcáis de esta buena tierra que Jehová vuestro Dios os ha dado.
➤ 14 Y he aquí que yo estoy para entrar hoy por
el camino de toda la tierra; reconoced, pues,
con todo vuestro corazón y con toda vuestra
alma, que no ha faltado una palabra de todas
las buenas palabras que Jehová vuestro Dios
había dicho de vosotros; todas os han acontecido, no ha faltado ninguna de ellas.
15 Pero así como ha venido sobre vosotros
toda palabra buena que Jehová vuestro Dios
os había dicho, también traerá Jehová sobre
vosotros toda palabra mala, hasta destruiros
de sobre la buena tierra que Jehová vuestro
Dios os ha dado,
16 si traspasareis el pacto de Jehová vuestro
Dios que él os ha mandado, yendo y honrando
a dioses ajenos, e inclinándoos a ellos. Entonces la ira de Jehová se encenderá contra vosotros, y pereceréis prontamente de esta buena
tierra que él os ha dado.

Discurso de despedida de Josué

24 REUNIÓ Josué a todas las tribus de
Israel en Siquem, y llamó a los ancianos de Israel, sus príncipes, sus jueces y sus
oficiales; y se presentaron delante de Dios.
2 Y dijo Josué a todo el pueblo: Así dice Jehová, Dios de Israel: Vuestros padres habitaron antiguamente al otro lado del río, esto es,
Taré,[a] padre de Abraham y de Nacor; y servían a dioses extraños.
3 Y yo tomé a vuestro padre Abraham del otro
lado del río,[b] y lo traje por toda la tierra de
Canaán, y aumenté su descendencia, y le di
Isaac.[c]
4 A Isaac di Jacob y Esaú.[d] Y a Esaú di el monte de Seir, para que lo poseyese;[e] pero Jacob y
sus hijos descendieron a Egipto.[f]
5 Y yo envié a Moisés y a Aarón, y herí a Egipto, conforme a lo que hice en medio de él,[g] y
después os saqué.
6 Saqué a vuestros padres de Egipto; y cuando llegaron al mar, los egipcios siguieron a
vuestros padres hasta el Mar Rojo con carros
y caballería.
7 Y cuando ellos clamaron a Jehová, él puso
oscuridad entre vosotros y los egipcios, e
hizo venir sobre ellos el mar, el cual los
cubrió; y vuestros ojos vieron lo que hice en
Egipto.[h] Después estuvisteis muchos días en
el desierto.
8 Yo os introduje en la tierra de los amorreos,
que habitaban al otro lado del Jordán, los cuales pelearon contra vosotros; mas yo los entregué en vuestras manos, y poseísteis su tierra,
y los destruí de delante de vosotros.[i]
9 Después se levantó Balac hijo de Zipor, rey
de los moabitas, y peleó contra Israel; y envió
a llamar a Balaam hijo de Beor, para que os
maldijese.
10 Mas yo no quise escuchar a Balaam, por lo ➤
cual os bendijo repetidamente,[j] y os libré de
sus manos.

a. 23.10 Dt 32.30. **b. 23.10** Dt 3.22. **a. 24.2** Gn 11.27.
b. 24.3 Gn 12.1-9. **c. 24.3** Gn 21.1-3. **d. 24.4** Gn 25.24-26.
e. 24.4 Gn 36.8. **f. 24.4** Gn 46.1-7. **g. 24.5** Éx 3.1—12.42.
h. 24.6-7 Éx 14.1-31. **i. 24.8** Nm 21.21-35.
j. 24.9-10 Nm 22.1—24.25.

LECCIONES DE VIDA

➤ ***23.13 — os serán por lazo, por tropiezo.***

Cuando Dios nos dice que necesitamos arrancar ciertas cosas de nuestra vida, seremos sabios si obedecemos. Cosas muy malas suceden cuando le damos lugar al diablo (Ef 4.27).

➤ ***23.14 — no ha faltado una palabra de todas las buenas palabras que Jehová vuestro Dios había dicho de vosotros; todas os han acontecido.***

Qué testimonio tan maravilloso tuvo Josué en el ocaso de su vida. Este hombre fue testigo del cumplimiento de todas las promesas que Dios hizo a Israel. ¿Quisiera tener la misma experiencia? Solamente es posible cuando usted sigue fielmente al Señor. Dios siempre cumple sus promesas, pero si usted se niega a obedecerle, no experimentará la bendición de participar en su cumplimiento. Por tanto, confíe en Dios. Él ciertamente cumplirá todo lo que le ha prometido, mucho más abundantemente de lo que usted pueda pedir o entender (Ef 3.20).

➤ ***24.10 — os bendijo repetidamente, y os libré de sus manos.***

Cuando Dios tiene su favor sobre alguien, hasta los enemigos de esa persona le pronuncian bendiciones en lugar de maldiciones.

11 Pasasteis el Jordán, y vinisteis a Jericó,[k]
y los moradores de Jericó pelearon contra
vosotros:[l] los amorreos, ferezeos, cananeos,
heteos, gergeseos, heveos y jebuseos, y yo los
entregué en vuestras manos.
➤ 12 Y envié delante de vosotros tábanos,[m] los
cuales los arrojaron de delante de vosotros,
esto es, a los dos reyes de los amorreos; no
con tu espada, ni con tu arco.
13 Y os di la tierra por la cual nada trabajasteis, y las ciudades que no edificasteis, en las
cuales moráis; y de las viñas y olivares que no
plantasteis, coméis.[n]
14 Ahora, pues, temed a Jehová, y servidle
con integridad y en verdad; y quitad de entre
vosotros los dioses a los cuales sirvieron vuestros padres al otro lado del río, y en Egipto; y
servid a Jehová.
➤ 15 Y si mal os parece servir a Jehová, escogeos hoy a quién sirváis; si a los dioses a
quienes sirvieron vuestros padres, cuando
estuvieron al otro lado del río, o a los dioses
de los amorreos en cuya tierra habitáis; pero
yo y mi casa serviremos a Jehová.
16 Entonces el pueblo respondió y dijo: Nunca tal acontezca, que dejemos a Jehová para
servir a otros dioses;
17 porque Jehová nuestro Dios es el que nos
sacó a nosotros y a nuestros padres de la tierra de Egipto, de la casa de servidumbre; el
que ha hecho estas grandes señales, y nos
ha guardado por todo el camino por donde hemos andado, y en todos los pueblos por
entre los cuales pasamos.
18 Y Jehová arrojó de delante de nosotros a
todos los pueblos, y al amorreo que habitaba
en la tierra; nosotros, pues, también serviremos a Jehová, porque él es nuestro Dios.
19 Entonces Josué dijo al pueblo: No podréis
servir a Jehová, porque él es Dios santo, y
Dios celoso; no sufrirá vuestras rebeliones y
vuestros pecados.
20 Si dejareis a Jehová y sirviereis a dioses
ajenos, él se volverá y os hará mal, y os consumirá, después que os ha hecho bien.
21 El pueblo entonces dijo a Josué: No, sino
que a Jehová serviremos.
22 Y Josué respondió al pueblo: Vosotros
sois testigos contra vosotros mismos, de que
habéis elegido a Jehová para servirle. Y ellos
respondieron: Testigos somos.
23 Quitad, pues, ahora los dioses ajenos que
están entre vosotros, e inclinad vuestro corazón a Jehová Dios de Israel.
24 Y el pueblo respondió a Josué: A Jeho- ➤
vá nuestro Dios serviremos, y a su voz
obedeceremos.
25 Entonces Josué hizo pacto con el pueblo
el mismo día, y les dio estatutos y leyes en
Siquem.
26 Y escribió Josué estas palabras en el libro
de la ley de Dios; y tomando una gran piedra,
la levantó allí debajo de la encina que estaba
junto al santuario de Jehová.
27 Y dijo Josué a todo el pueblo: He aquí esta
piedra nos servirá de testigo, porque ella ha
oído todas las palabras que Jehová nos ha
hablado; será, pues, testigo contra vosotros,
para que no mintáis contra vuestro Dios.
28 Y envió Josué al pueblo, cada uno a su
posesión.

Muerte de Josué
(Jue 2.6-10)

29 Después de estas cosas murió Josué hijo
de Nun, siervo de Jehová, siendo de ciento
diez años.
30 Y le sepultaron en su heredad en Timnatsera,[o] que está en el monte de Efraín, al norte
del monte de Gaas.

k. 24.11 Jos 3.14-17. **l. 24.11** Jos 6.1-21. **m. 24.12** Éx 23.28; Dt 7.20. **n. 24.13** Dt 6.10-11. **o. 24.30** Jos 19.49-50.

LECCIONES DE VIDA

➤ ***24.12 — Y envié delante de vosotros tábanos, los cuales los arrojaron de delante de vosotros, esto es, a los dos reyes de los amorreos; no con tu espada, ni con tu arco.***

Nuestro Dios soberano puede usar hasta la criatura más pequeña para llevar a cabo su voluntad y bendecir a su pueblo. *Nada* se escapa de su control, y en su mano *todo* puede convertirse en una herramienta poderosa.

➤ ***24.15 — escogeos hoy a quién sirváis... pero yo y mi casa serviremos a Jehová.***

Servir a Dios fielmente no es algo que sucede al azar, es una elección de forma deliberada que hacemos con cada decisión y acción de nuestra vida. Decidimos honrar y obedecer al Señor cuando nos sometemos al Espíritu Santo y le hacemos caso cada vez que nos insta a huir de nuestras propias inclinaciones pecaminosas (Ro 8.6–13; 2 Ti 2.22; Stg 4.7–10). Enseñar a nuestra familia cómo seguir a Dios tampoco ocurre por accidente. Debemos proponernos a conciencia ser ejemplos de la vida de fe para beneficio de los nuestros, y aprovechar cada oportunidad para instruirles en los caminos del Señor.

➤ ***24.24 — A Jehová nuestro Dios serviremos, y a su voz obedeceremos.***

Este sí que es el lema del éxito. Cuando nos sometemos al Señor, elegimos servirle, abrimos nuestro corazón a su Palabra y le obedecemos, nuestra propia tierra prometida se despliega ante nosotros y recibimos todas las bendiciones que Él ha planeado para nuestro deleite.

31 Y sirvió Israel a Jehová todo el tiempo de
Josué, y todo el tiempo de los ancianos que
sobrevivieron a Josué y que sabían todas las
obras que Jehová había hecho por Israel.

Sepultura de los huesos de José en Siquem

32 Y enterraron en Siquem los huesos de
José, que los hijos de Israel habían traído de
Egipto,[p] en la parte del campo que Jacob compró[q] de los hijos de Hamor padre de Siquem,
por cien piezas de dinero;[1] y fue posesión de
los hijos de José.

Muerte de Eleazar

33 También murió Eleazar hijo de Aarón, y lo
enterraron en el collado de Finees su hijo, que
le fue dado en el monte de Efraín.

---

1 Heb. *kesitas.*

p. 24.32 Gn 50.24-25; Éx 13.19.
q. 24.32 Gn 33.19; Jn 4.5; Hch 7.16.

EL LIBRO DE

JUECES

El título hebreo de este libro es *Shofetim*, que significa «jueces», «gobernadores», «libertadores» o «salvadores». *Shofet* alude al concepto de preservar la justicia y dirimir conflictos, pero también incluye la noción de «libertar» y «librar». Los jueces primero traían libertad al pueblo, luego lo gobernaban y administraban justicia.

El libro de Jueces describe la historia de Israel desde la muerte de Josué, el sucesor de Moisés como líder del pueblo judío, hasta poco antes del inicio de la monarquía con Saúl, el primer rey de Israel. Narra la historia del gobierno de Israel bajo catorce jueces que gobernaron Israel antes que la nación pidiera un rey.

El libro de Jueces contrasta fuertemente con el libro de Josué. En Josué, vemos a un pueblo obediente y fiel bajo el liderazgo de un hombre piadoso, que conquista la tierra mediante la confianza en el poder de Dios. En Jueces, sin embargo, vemos un pueblo desobediente e idólatra que sufre derrota tras derrota a causa de su rebelión contra Dios.

En siete ciclos claros de pecado a salvación, Jueces muestra cómo Israel dejó de lado la ley de Dios y en su lugar «cada uno hacía lo que bien le parecía» (Jue 21.25). El resultado fue la apostasía de Israel y la opresión del enemigo.

Durante los más de tres siglos que abarca el libro, Dios levantó campeones militares para romper el yugo de servidumbre y restaurar la nación a la adoración genuina, pero al cabo de unos años el «ciclo de pecado» se repetía en la vida de Israel, y la temperatura espiritual de la nación bajaba cada vez más. Sin embargo, el libro también nos recuerda que nuestro Dios es misericordioso y lleno de gracia, porque está dispuesto a restaurarnos y bendecirnos cuando nos arrepentimos.

Tema: Dios es paciente y siempre está dispuesto a extender su gracia y misericordia a su pueblo, aunque caiga por varios siglos en repetidos ciclos de apostasía y juicio seguidos por arrepentimiento. La obediencia siempre trae bendición consigo.

Autor: Desconocido, pero la tradición atribuye el libro a Samuel.

Fecha: El período de los jueces empezó tras la conquista de Canaán y duró poco más de trescientos años, hasta el establecimiento de la monarquía bajo el rey Saúl, que empezó cerca de 1043 a.C.

Estructura: El libro de Jueces puede dividirse en tres secciones: 1.1—2.23 describe las dificultades crecientes de Israel en sus batallas con los cananeos, seguidas por su apostasía tras la muerte de Josué; 3.1—16.31 registra una serie de siete apostasías seguida por opresión de fuerzas externas, y culmina con arrepentimiento nacional; 17.1—21.25 nos narra un período espantoso de idolatría y declive moral.

A medida que lea Jueces, fíjese en los principios para la vida que juegan un papel importante en este libro:

6. Cosechamos lo que sembramos, más de lo que sembramos, después de sembrarlo. *Véase Jueces 2.1–4; página 267.*

11. Dios asume toda la responsabilidad en cuanto a nuestras necesidades, si lo obedecemos. *Véase Jueces 7.1–9; página 279.*

16. Todo lo que adquirimos fuera de la voluntad de Dios termina convirtiéndose en cenizas. *Véase Jueces 8.27; página 281.*

15. El quebrantamiento es el requisito de Dios para que seamos útiles al máximo. *Véase Jueces 13.3; página 285.*

Judá y Simeón capturan a Adoni-bezec

1 ACONTECIÓ después de la muerte de
Josué, que los hijos de Israel consultaron
a Jehová, diciendo: ¿Quién de nosotros subirá
primero a pelear contra los cananeos?
2 Y Jehová respondió: Judá subirá; he aquí
que yo he entregado la tierra en sus manos.
3 Y Judá dijo a Simeón su hermano: Sube conmigo al territorio que se me ha adjudicado, y
peleemos contra el cananeo, y yo también iré
contigo al tuyo. Y Simeón fue con él.
4 Y subió Judá, y Jehová entregó en sus manos
al cananeo y al ferezeo; e hirieron de ellos en
Bezec a diez mil hombres.
5 Y hallaron a Adoni-bezec en Bezec, y pelearon contra él; y derrotaron al cananeo y al
ferezeo.
6 Mas Adoni-bezec huyó; y le siguieron y le
prendieron, y le cortaron los pulgares de las
manos y de los pies.
7 Entonces dijo Adoni-bezec: Setenta reyes,
cortados los pulgares de sus manos y de sus
pies, recogían las migajas debajo de mi mesa;
como yo hice, así me ha pagado Dios. Y le llevaron a Jerusalén, donde murió.

Judá conquista Jerusalén y Hebrón

8 Y combatieron los hijos de Judá a Jerusalén
y la tomaron, y pasaron a sus habitantes a filo
de espada y pusieron fuego a la ciudad.
9 Después los hijos de Judá descendieron
para pelear contra el cananeo que habitaba en
las montañas, en el Neguev, y en los llanos.
10 Y marchó Judá contra el cananeo que habitaba en Hebrón, la cual se llamaba antes Quiriat-arba; e hirieron a Sesai, a Ahimán y a
Talmai.

Otoniel conquista Debir y recibe a Acsa
(Jos 15.15-19)

11 De allí fue a los que habitaban en Debir,
que antes se llamaba Quiriat-sefer.
12 Y dijo Caleb: El que atacare a Quiriat-
sefer y la tomare, yo le daré Acsa mi hija por
mujer.
13 Y la tomó Otoniel hijo de Cenaz, hermano menor de Caleb; y él le dio Acsa su hija
por mujer.
14 Y cuando ella se iba con él, la persuadió
que pidiese a su padre un campo. Y ella se
bajó del asno, y Caleb le dijo: ¿Qué tienes?
15 Ella entonces le respondió: Concédeme
un don; puesto que me has dado tierra del
Neguev, dame también fuentes de aguas.
Entonces Caleb le dio las fuentes de arriba y
las fuentes de abajo.

Extensión de las conquistas de Judá y de Benjamín

16 Y los hijos del ceneo, suegro de Moisés,
subieron de la ciudad de las palmeras con los
hijos de Judá al desierto de Judá, que está en
el Neguev cerca de Arad; y fueron y habitaron
con el pueblo.
17 Y fue Judá con su hermano Simeón, y
derrotaron al cananeo que habitaba en Sefat,
y la asolaron; y pusieron por nombre a la ciudad, Horma.
18 Tomó también Judá a Gaza con su territorio, Ascalón con su territorio y Ecrón con su
territorio.
19 Y Jehová estaba con Judá, quien arrojó a
los de las montañas; mas no pudo arrojar a los
que habitaban en los llanos, los cuales tenían
carros herrados.
20 Y dieron Hebrón a Caleb, como Moisés
había dicho; y él arrojó de allí a los tres hijos
de Anac.[a]
21 Mas al jebuseo que habitaba en Jerusalén no lo arrojaron los hijos de Benjamín, y el
jebuseo habitó con los hijos de Benjamín en
Jerusalén hasta hoy.[b]

José conquista Bet-el

22 También la casa de José subió contra Bet-
el; y Jehová estaba con ellos.
23 Y la casa de José puso espías en Bet-el, ciudad que antes se llamaba Luz.
24 Y los que espiaban vieron a un hombre que
salía de la ciudad, y le dijeron: Muéstranos
ahora la entrada de la ciudad, y haremos contigo misericordia.
25 Y él les mostró la entrada a la ciudad, y la
hirieron a filo de espada; pero dejaron ir a
aquel hombre con toda su familia.
26 Y se fue el hombre a la tierra de los heteos,
y edificó una ciudad a la cual llamó Luz; y éste
es su nombre hasta hoy.

Extensión de las conquistas de Manasés y de Efraín

27 Tampoco Manasés arrojó a los de Bet-
seán, ni a los de sus aldeas, ni a los de Taanac
y sus aldeas, ni a los de Dor y sus aldeas, ni
a los habitantes de Ibleam y sus aldeas, ni a
los que habitan en Meguido y en sus aldeas;

a. 1.20 Jos 15.13-14. **b. 1.21** Jos 15.63; 2 S 5.6; 1 Cr 11.4.

LECCIONES DE VIDA

1.1 — ¿Quién de nosotros subirá primero a pelear contra los cananeos?

El libro de Jueces empieza bien, con los sucesores de Josué pidiendo al Señor su guía y dirección. Josué les había enseñado a escuchar a Dios, y como resultado disfrutaron bonanza en su andar con Él durante un tiempo. Tristemente, la tranquilidad duró muy poco, tal como lo muestra el resto del libro.

1.8 — Y combatieron los hijos de Judá a Jerusalén y la tomaron.

Los hombres de Judá no capturaron a Jerusalén del todo (Jue 1.21); fue mucho después que David logró tomar la ciudadela interior de los jebuseos (2 S 5.7).

y el cananeo persistía en habitar en aquella tierra.
28 Pero cuando Israel se sintió fuerte hizo al cananeo tributario, mas no lo arrojó.[c]
29 Tampoco Efraín arrojó al cananeo que habitaba en Gezer, sino que habitó el cananeo en medio de ellos en Gezer.[d]

Extensión de las conquistas de las demás tribus

30 Tampoco Zabulón arrojó a los que habitaban en Quitrón, ni a los que habitaban en Naalal, sino que el cananeo habitó en medio de él, y le fue tributario.
31 Tampoco Aser arrojó a los que habitaban en Aco, ni a los que habitaban en Sidón, en Ahlab, en Aczib, en Helba, en Afec y en Rehob.
32 Y moró Aser entre los cananeos que habitaban en la tierra; pues no los arrojó.
33 Tampoco Neftalí arrojó a los que habitaban en Bet-semes, ni a los que habitaban en Betanat, sino que moró entre los cananeos que habitaban en la tierra; mas le fueron tributarios los moradores de Bet-semes y los moradores de Bet-anat.
34 Los amorreos acosaron a los hijos de Dan hasta el monte, y no los dejaron descender a los llanos.
35 Y el amorreo persistió en habitar en el monte de Heres, en Ajalón y en Saalbim; pero cuando la casa de José cobró fuerzas, lo hizo tributario.
36 Y el límite del amorreo fue desde la subida de Acrabim, desde Sela hacia arriba.

El ángel de Jehová en Boquim

2 EL ángel de Jehová subió de Gilgal a Boquim, y dijo: Yo os saqué de Egipto, y os introduje en la tierra de la cual había jurado a vuestros padres, diciendo: No invalidaré jamás mi pacto con vosotros,
2 con tal que vosotros no hagáis pacto con los moradores de esta tierra, cuyos altares habéis de derribar;[a] mas vosotros no habéis atendido a mi voz. ¿Por qué habéis hecho esto?
3 Por tanto, yo también digo: No los echaré de delante de vosotros, sino que serán azotes para vuestros costados, y sus dioses os serán tropezadero.
4 Cuando el ángel de Jehová habló estas palabras a todos los hijos de Israel, el pueblo alzó su voz y lloró.
5 Y llamaron el nombre de aquel lugar Boquim,[1] y ofrecieron allí sacrificios a Jehová.

Muerte de Josué

(Jos 24.29-31)

6 Porque ya Josué había despedido al pueblo, y los hijos de Israel se habían ido cada uno a su heredad para poseerla.
7 Y el pueblo había servido a Jehová todo el tiempo de Josué, y todo el tiempo de los ancianos que sobrevivieron a Josué, los cuales habían visto todas las grandes obras de Jehová, que él había hecho por Israel.
8 Pero murió Josué hijo de Nun, siervo de Jehová, siendo de ciento diez años.
9 Y lo sepultaron en su heredad en Timnatsera,[b] en el monte de Efraín, al norte del monte de Gaas.
10 Y toda aquella generación también fue reunida a sus padres. Y se levantó después de ellos otra generación que no conocía a Jehová, ni la obra que él había hecho por Israel.

Apostasía de Israel, y la obra de los jueces

11 Después los hijos de Israel hicieron lo malo ante los ojos de Jehová, y sirvieron a los baales.
12 Dejaron a Jehová el Dios de sus padres, que los había sacado de la tierra de Egipto, y se fueron tras otros dioses, los dioses de los

1 Esto es, *los que lloran.*

c. 1.27-28 Jos 17.11-13. **d. 1.29** Jos 16.10. **a. 2.2** Éx 34.12-13; Dt 7.2-5. **b. 2.9** Jos 19.49-50.

LECCIONES DE VIDA

➤ *1.28 — Pero cuando Israel se sintió fuerte hizo al cananeo tributario, mas no lo arrojó.*

Era irrelevante que los cananeos les sirvieran como esclavos, los israelitas ignoraron el mandato claro de Dios: «echaréis de delante de vosotros a todos los moradores del país» (Nm 33.52). A causa de esa mala decisión, la influencia de los cananeos los llevó a rebelarse contra el Señor (Jue 2.11–23), tal como Él lo advirtió (Nm 33.55, 56).

➤ *2.2, 3 — vosotros no habéis atendido a mi voz... Por tanto... serán azotes para vuestros costados, y sus dioses os serán tropezadero.*

La obediencia incompleta es desobediencia y tiene consecuencias severas (Jue 2.11–23). ¿Vamos a confiar en el Señor y obedecer su Palabra cuando se dificulte el avance? ¿Acaso seguiremos nuestra lógica errada y nuestros propios planes? Nuestra respuesta determinará si tendremos éxito o fracaso, porque cosechamos lo que sembramos, más de lo que sembramos, después de haberlo sembrado.

➤ *2.10 — se levantó después de ellos otra generación que no conocía a Jehová.*

Aunque Josué y los israelitas que conquistaron la tierra prometida habían sido fieles, no transmitieron su fe a las generaciones siguientes como Dios se los mandó (Dt 6). La fe no es algo que se pueda heredar. Cada persona y generación debe llegar a conocer personalmente a Dios y apropiarse de su fe.

➤ *2.12 — Dejaron a Jehová el Dios de sus padres... y se fueron tras otros dioses... y provocaron a ira a Jehová.*

El Señor advirtió que si el pueblo no erradicaba por completo la influencia cananea de su tierra, tarde o temprano servirían a dioses paganos (Nm 33.51–56; Dt 7.1–11; Jos 23.11–13; Jue 2.3). Su Palabra siempre se cumple, sea para bendición o para juicio.

PRINCIPIO DE VIDA 6

COSECHAMOS LO QUE SEMBRAMOS, MÁS DE LO QUE SEMBRAMOS, DESPUÉS DE SEMBRARLO.

JUE 2.1–4

Hoy se reproduce mañana. Lo que somos hoy es resultado de lo que hayamos pensado y como hayamos vivido en el pasado. Quienes actúan sabiamente hoy tendrán sabiduría en el futuro para tomar decisiones sabias. El mismo principio se aplica al área financiera. Aquellos que son sabios y ahorran en el presente, tendrán mañana en abundancia. Los que gastan hoy todo lo que tienen, tendrán muy poco o nada en el futuro. Es miope aquel que piensa nada más en el ahora y hace el menor esfuerzo posible, pues al llegar su día de pago tendrá una recompensa igualmente mediocre. La nación de Israel tuvo que aprender esta lección a un nivel muy personal. Su descarrío y su renuencia a seguir las instrucciones de Dios les dejó en una posición que no les permitió acceder a sus bendiciones.

El Señor da principios en las Escrituras que cumplen la función doble de advertirnos y alentarnos. Su Palabra dice: «No os engañéis; Dios no puede ser burlado: pues todo lo que el hombre sembrare, eso también segará» (Gá 6.7). Esta es una ley inalterable que afecta a todas las personas en todas las áreas de la vida, la familia, el trabajo y el placer.

Los agricultores entienden el significado de este principio: cosechamos aquello que sembramos, más de lo que sembramos y después de sembrarlo. Veamos cada parte del principio para asegurarnos de entender todo lo que implica.

1. *El principio se aplica a todos, tanto creyentes como incrédulos.*

Este principio es irrevocable; nadie escapa sus consecuencias porque es una ley de la vida.

¿Nota cómo empieza Gálatas 6.7? Dice: «no os engañéis; Dios no puede ser burlado». Esta es la causa del estilo de vida libertino e indulgente de muchos: *se han* engañado. Bien sea porque no creen la verdad, o piensan que de alguna manera son la excepción a la ley de Dios.

El que se atreve a burlarse de Dios cree que sabe más que Él. Tal necedad tiene consecuencias, como lo revela 2 Corintios 5.10: «Porque es necesario que todos nosotros comparezcamos ante el tribunal de Cristo, para que cada uno reciba según lo que haya hecho mientras estaba en el cuerpo, sea bueno o sea malo».

«Todo lo que el hombre sembrare, eso también segará».

Si a usted le tocara comparecer ante el tribunal de Cristo dentro de cinco minutos, ¿qué clase de fruto podría mostrar?

2. Cosechamos lo que sembramos.

Segar lo que sembramos es buena noticia para aquellos que tienen buenos hábitos, pero es una idea espantosa para aquellos involucrados actualmente en actividades impías tales como promiscuidad, drogadicción, alcoholismo, abandono de hogar o maltrato a los demás en la escalera al éxito. No podemos sembrar malezas y esperar que produzcan manzanas. No podemos sembrar desobediencia a Dios y anticipar una cosecha de bendiciones. Lo que sembramos, eso cosechamos. No nos engañemos: *segaremos* la cosecha de nuestra vida.

3. Cosechamos más de lo que sembramos.

¿Por qué el labrador esparce su semilla? Porque espera cosechar mucho más de lo que sembró. Una sola semilla que germine puede producir docenas o hasta centenas de semillas más. El mismo principio se aplica al pecado y la rectitud: una pequeña decisión de hacer el bien o el mal produce una cosecha mucho más grande, de gozo o pena.

Jesús usó la imagen de la semilla que germina para mostrar que si dejamos que la Palabra de Dios produzca cosas buenas en nosotros, los resultados se multiplican: «Mas el que fue sembrado en buena tierra, éste es el que oye y entiende la palabra, y da fruto; y produce a ciento, a sesenta, y a treinta por uno» (Mt 13.23). Al otro extremo, el profeta Oseas describe lo que les espera a quienes optan por desperdigar semillas de maldad: «sembraron viento, y torbellino segarán» (Os 8.7).

4. Cosechamos después de haber sembrado.

Algunos se engañan porque su semilla actual parece no producir una cosecha inmediata. Por eso no cambian sus hábitos, creyendo erradamente que nunca tendrán una cosecha. Pero a diferencia de las cosechas del campo, que se recogen cada año casi en la misma época, la cosecha de la vida no tiene una fecha en el calendario. Hay cosechas que segamos rápidamente; otras tardan mucho tiempo. Pero no nos engañemos, el tiempo de la siega *llegará*. Si decidimos esforzarnos y dar más que el requisito mínimo, cosecharemos más adelante ricos dividendos.

«Pues todo lo que el hombre sembrare, eso también segará». Este pensamiento trae consuelo y seguridad a quienes se esfuerzan fielmente bajo circunstancias difíciles. La fidelidad en tales situaciones *producirá* una cosecha abundante en el futuro, pues nuestro Padre celestial siempre cumple sus promesas.

Hay cosechas que segamos rápidamente; otras tardan mucho tiempo.

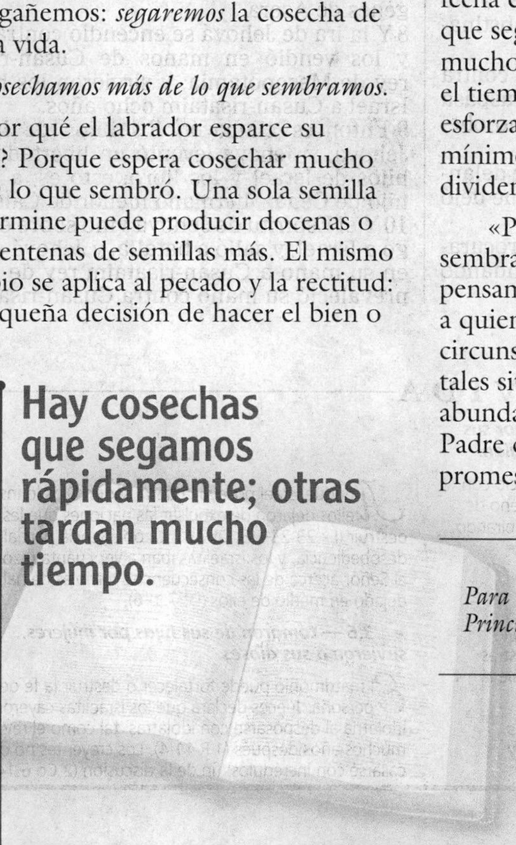

Para un estudio más a fondo, véase el Índice de Principios de vida.

pueblos que estaban en sus alrededores, a los cuales adoraron; y provocaron a ira a Jehová.

13 Y dejaron a Jehová, y adoraron a Baal y a Astarot.

14 Y se encendió contra Israel el furor de Jehová, el cual los entregó en manos de robadores que los despojaron, y los vendió en mano de sus enemigos de alrededor; y no pudieron ya hacer frente a sus enemigos.

15 Por dondequiera que salían, la mano de Jehová estaba contra ellos para mal, como Jehová había dicho, y como Jehová se lo había jurado; y tuvieron gran aflicción.

16 Y Jehová levantó jueces que los librasen de mano de los que les despojaban;

17 pero tampoco oyeron a sus jueces, sino que fueron tras dioses ajenos, a los cuales adoraron; se apartaron pronto del camino en que anduvieron sus padres obedeciendo a los mandamientos de Jehová; ellos no hicieron así.

➤ 18 Y cuando Jehová les levantaba jueces, Jehová estaba con el juez, y los libraba de mano de los enemigos todo el tiempo de aquel juez; porque Jehová era movido a misericordia por sus gemidos a causa de los que los oprimían y afligían.

19 Mas acontecía que al morir el juez, ellos volvían atrás, y se corrompían más que sus padres, siguiendo a dioses ajenos para servirles, e inclinándose delante de ellos; y no se apartaban de sus obras, ni de su obstinado camino.

20 Y la ira de Jehová se encendió contra Israel, y dijo: Por cuanto este pueblo traspasa mi pacto que ordené a sus padres, y no obedece a mi voz,

21 tampoco yo volveré más a arrojar de delante de ellos a ninguna de las naciones que dejó Josué cuando murió;

➤ 22 para probar con ellas a Israel, si procurarían o no seguir el camino de Jehová, andando en él, como lo siguieron sus padres.

23 Por esto dejó Jehová a aquellas naciones, sin arrojarlas de una vez, y no las entregó en mano de Josué.

Naciones que fueron dejadas para probar a Israel

3 ÉSTAS, pues, son las naciones que dejó Jehová para probar con ellas a Israel, a todos aquellos que no habían conocido todas las guerras de Canaán;

2 solamente para que el linaje de los hijos de Israel conociese la guerra, para que la enseñasen a los que antes no la habían conocido:

3 los cinco príncipes de los filisteos, todos los cananeos, los sidonios, y los heveos que habitaban en el monte Líbano, desde el monte de Baal-hermón hasta llegar a Hamat.

4 Y fueron para probar con ellos a Israel, para saber si obedecerían a los mandamientos de Jehová, que él había dado a sus padres por mano de Moisés.

5 Así los hijos de Israel habitaban entre los cananeos, heteos, amorreos, ferezeos, heveos y jebuseos. ≺

6 Y tomaron de sus hijas por mujeres, y dieron sus hijas a los hijos de ellos, y sirvieron a sus dioses. ≺

Otoniel liberta a Israel de Cusan-risataim

7 Hicieron, pues, los hijos de Israel lo malo ante los ojos de Jehová, y olvidaron a Jehová su Dios, y sirvieron a los baales y a las imágenes de Asera.

8 Y la ira de Jehová se encendió contra Israel, y los vendió en manos de Cusan-risataim rey de Mesopotamia; y sirvieron los hijos de Israel a Cusan-risataim ocho años.

9 Entonces clamaron los hijos de Israel a Jehová; y Jehová levantó un libertador a los hijos de Israel y los libró; esto es, a Otoniel hijo de Cenaz, hermano menor de Caleb. *

10 Y el Espíritu de Jehová vino sobre él, y juzgó a Israel, y salió a batalla, y Jehová entregó en su mano a Cusan-risataim rey de Siria, y prevaleció su mano contra Cusan-risataim.

LECCIONES DE VIDA

➤ ***2.18 — Jehová era movido a misericordia por sus gemidos a causa de los que los oprimían y afligían.***

¿Donde estaríamos si el Señor no mitigara su juicio con misericordia? Él es santo y tiene un corazón lleno de amor, esa es la razón por la que seguimos vivos y respirando.

➤ ***2.22 — para probar con ellas a Israel, si procurarían o no seguir el camino de Jehová.***

Muchas veces Dios usa dificultades y penalidades para ponernos a prueba y ver si confiaremos y le obedeceremos pase lo que pase. Él también usa nuestras pruebas para enseñarnos que es el único en quien vale la pena creer.

➤ ***3.5 — los hijos de Israel habitaban entre los cananeos, heteos, amorreos, ferezeos, heveos y jebuseos.***

Aunque Israel poseyó la tierra según Dios lo instruyó, ellos dejaron de expulsar las naciones que les mandó destruir (Éx 23.23–25; Dt 7.1). La obediencia parcial es desobediencia, y los israelitas iban a ver cuánta razón tuvo el Señor acerca de las consecuencias terribles de haberlos dejado en medio de ellos (Dt 7.1–6).

➤ ***3.6 — tomaron de sus hijas por mujeres... y sirvieron a sus dioses.***

El matrimonio puede fortalecer o destruir la fe de una persona. Jueces declara que los israelitas cayeron en la idolatría al desposarse con idólatras, tal como el rey Salomón muchos años después (1 R 11.4). Los creyentes no deben casarse con incrédulos; fin de la discusión (2 Co 6.14).

11 Y reposó la tierra cuarenta años; y murió Otoniel hijo de Cenaz.

Aod liberta a Israel de Moab

➤ 12 Volvieron los hijos de Israel a hacer lo malo ante los ojos de Jehová; y Jehová fortaleció a Eglón rey de Moab contra Israel, por cuanto habían hecho lo malo ante los ojos de Jehová.
13 Éste juntó consigo a los hijos de Amón y de Amalec, y vino e hirió a Israel, y tomó la ciudad de las palmeras.
14 Y sirvieron los hijos de Israel a Eglón rey de los moabitas dieciocho años.
15 Y clamaron los hijos de Israel a Jehová; y Jehová les levantó un libertador, a Aod hijo de Gera, benjamita, el cual era zurdo. Y los hijos de Israel enviaron con él un presente a Eglón rey de Moab.
16 Y Aod se había hecho un puñal de dos filos, de un codo de largo; y se lo ciñó debajo de sus vestidos a su lado derecho.
17 Y entregó el presente a Eglón rey de Moab; y era Eglón hombre muy grueso.
18 Y luego que hubo entregado el presente, despidió a la gente que lo había traído.
19 Mas él se volvió desde los ídolos que están en Gilgal, y dijo: Rey, una palabra secreta tengo que decirte. Él entonces dijo: Calla. Y salieron de delante de él todos los que con él estaban.
20 Y se le acercó Aod, estando él sentado solo en su sala de verano. Y Aod dijo: Tengo palabra de Dios para ti. Él entonces se levantó de la silla.
21 Entonces alargó Aod su mano izquierda, y tomó el puñal de su lado derecho, y se lo metió por el vientre,
22 de tal manera que la empuñadura entró también tras la hoja, y la gordura cubrió la hoja, porque no sacó el puñal de su vientre; y salió el estiércol.
23 Y salió Aod al corredor, y cerró tras sí las puertas de la sala y las aseguró con el cerrojo.
24 Cuando él hubo salido, vinieron los siervos del rey, los cuales viendo las puertas de la sala cerradas, dijeron: Sin duda él cubre sus pies en la sala de verano.
25 Y habiendo esperado hasta estar confusos, porque él no abría las puertas de la sala, tomaron la llave y abrieron; y he aquí su señor caído en tierra, muerto.
26 Mas entre tanto que ellos se detuvieron, Aod escapó, y pasando los ídolos, se puso a salvo en Seirat.
27 Y cuando había entrado, tocó el cuerno en el monte de Efraín, y los hijos de Israel descendieron con él del monte, y él iba delante de ellos.
28 Entonces él les dijo: Seguidme, porque Jehová ha entregado a vuestros enemigos los moabitas en vuestras manos. Y descendieron en pos de él, y tomaron los vados del Jordán a Moab, y no dejaron pasar a ninguno.
29 Y en aquel tiempo mataron de los moabitas como diez mil hombres, todos valientes y todos hombres de guerra; no escapó ninguno.
30 Así fue subyugado Moab aquel día bajo la mano de Israel; y reposó la tierra ochenta años.

Samgar liberta a Israel de los filisteos

31 Después de él fue Samgar hijo de Anat, el cual mató a seiscientos hombres de los filisteos con una aguijada de bueyes; y él también salvó a Israel.

Débora y Barac derrotan a Sísara

4 DESPUÉS de la muerte de Aod, los hijos de Israel volvieron a hacer lo malo ante los ojos de Jehová.
2 Y Jehová los vendió en mano de Jabín rey de Canaán, el cual reinó en Hazor; y el capitán de su ejército se llamaba Sísara, el cual habitaba en Haroset-goim.
3 Entonces los hijos de Israel clamaron a Jehová, porque aquél tenía novecientos carros herrados, y había oprimido con crueldad a los hijos de Israel por veinte años.
4 Gobernaba en aquel tiempo a Israel una mujer, Débora, profetisa, mujer de Lapidot;
5 y acostumbraba sentarse bajo la palmera de Débora, entre Ramá y Bet-el, en el monte de Efraín; y los hijos de Israel subían a ella a juicio.
6 Y ella envió a llamar a Barac hijo de Abinoam, de Cedes de Neftalí, y le dijo: ¿No te ha mandado Jehová Dios de Israel, diciendo: Ve, junta a tu gente en el monte de Tabor, y toma contigo diez mil hombres de la tribu de Neftalí y de la tribu de Zabulón;
7 y yo atraeré hacia ti al arroyo de Cisón a Sísara, capitán del ejército de Jabín, con sus carros y su ejército, y lo entregaré en tus manos? ➤

LECCIONES DE VIDA

➤ ***3.12 — Jehová fortaleció a Eglón rey de Moab contra Israel, por cuanto habían hecho lo malo ante los ojos de Jehová.***

Cuando formamos el hábito de desobedecerle, Dios puede tomar un papel activo y aumentar el poder de nuestros enemigos. Su propósito es que nos arrepintamos y volvamos a Él, para no destruirnos.

➤ ***4.7 — yo atraeré hacia ti… a Sísara, capitán del ejército.***

¿Cómo podrían los israelitas hacer frente a los 900 carros de hierro de los cananeos cuando ellos no tenían ninguno (Jue 4.3)? Era imposible. Sin embargo, note lo que el Señor dice: «*Yo* atraeré hacia ti… a Sísara» ¡Dios es soberano! Hasta los movimientos de tropas enemigas están bajo su mando (Pr 21.1). Por eso no importa que el enemigo nos supere en número o avances tecnológicos, siempre debemos recordar que no pueden hacer frente a nuestro Señor (Sal 20.7).

8 Barac le respondió: Si tú fueres conmigo, yo
iré; pero si no fueres conmigo, no iré.
9 Ella dijo: Iré contigo; mas no será tuya la
gloria de la jornada que emprendes, porque
en mano de mujer venderá Jehová a Sísara. Y
levantándose Débora, fue con Barac a Cedes.
10 Y juntó Barac a Zabulón y a Neftalí en
Cedes, y subió con diez mil hombres a su
mando; y Débora subió con él.
11 Y Heber ceneo, de los hijos de Hobad
suegro de Moisés, se había apartado de los
ceneos, y había plantado sus tiendas en el
valle de Zaanaim, que está junto a Cedes.
12 Vinieron, pues, a Sísara las nuevas de que
Barac hijo de Abinoam había subido al monte de Tabor.
13 Y reunió Sísara todos sus carros, novecientos carros herrados, con todo el pueblo que
con él estaba, desde Haroset-goim hasta el
arroyo de Cisón.
14 Entonces Débora dijo a Barac: Levántate,
porque éste es el día en que Jehová ha entregado a Sísara en tus manos. ¿No ha salido
Jehová delante de ti? Y Barac descendió del
monte de Tabor, y diez mil hombres en pos
de él.
➤ 15 Y Jehová quebrantó a Sísara, a todos sus
carros y a todo su ejército, a filo de espada delante de Barac; y Sísara descendió del
carro, y huyó a pie.
16 Mas Barac siguió los carros y el ejército hasta Haroset-goim, y todo el ejército de
Sísara cayó a filo de espada, hasta no quedar ni uno.
17 Y Sísara huyó a pie a la tienda de Jael
mujer de Heber ceneo; porque había paz entre
Jabín rey de Hazor y la casa de Heber ceneo.
18 Y saliendo Jael a recibir a Sísara, le dijo:
Ven, señor mío, ven a mí, no tengas temor. Y
él vino a ella a la tienda, y ella le cubrió con
una manta.
19 Y él le dijo: Te ruego me des de beber un
poco de agua, pues tengo sed. Y ella abrió un
odre de leche y le dio de beber, y le volvió a
cubrir.
20 Y él le dijo: Estate a la puerta de la tienda;
y si alguien viniere, y te preguntare, diciendo:
¿Hay aquí alguno? tú responderás que no.
21 Pero Jael mujer de Heber tomó una estaca de la tienda, y poniendo un mazo en su
mano, se le acercó calladamente y le metió
la estaca por las sienes, y la enclavó en la tierra, pues él estaba cargado de sueño y cansado; y así murió.
22 Y siguiendo Barac a Sísara, Jael salió a
recibirlo, y le dijo: Ven, y te mostraré al varón
que tú buscas. Y él entró donde ella estaba, y
he aquí Sísara yacía muerto con la estaca por
la sien.
23 Así abatió Dios aquel día a Jabín, rey de
Canaán, delante de los hijos de Israel.
24 Y la mano de los hijos de Israel fue endureciéndose más y más contra Jabín rey de
Canaán, hasta que lo destruyeron.

Cántico de Déborah y de Barac

5 AQUEL día cantó Débora con Barac hijo
de Abinoam, diciendo:

2 Por haberse puesto al frente los
caudillos en Israel,
Por haberse ofrecido voluntariamente el
pueblo,
Load a Jehová.
3 Oíd, reyes; escuchad, oh príncipes;
Yo cantaré a Jehová,
Cantaré salmos a Jehová,
el Dios de Israel.
4 Cuando saliste de Seir, oh Jehová,
Cuando te marchaste de los campos de
Edom,
La tierra tembló, y los cielos destilaron,
Y las nubes gotearon aguas.
5 Los montes temblaron delante de
Jehová,
Aquel Sinaí, delante de Jehová Dios de
Israel.[a]
6 En los días de Samgar hijo de Anat,
En los días de Jael, quedaron
abandonados los caminos,
Y los que andaban por las sendas se
apartaban
por senderos torcidos.
7 Las aldeas quedaron abandonadas en
Israel, habían decaído,
Hasta que yo Débora me levanté,
Me levanté como madre en Israel.
8 Cuando escogían nuevos dioses,
La guerra estaba a las puertas;
¿Se veía escudo o lanza
Entre cuarenta mil en Israel?
9 Mi corazón es para vosotros, jefes de
Israel,
Para los que voluntariamente os
ofrecisteis
entre el pueblo.
Load a Jehová.
10 Vosotros los que cabalgáis en asnas
blancas,
Los que presidís en juicio,
Y vosotros los que viajáis, hablad.

a. 5.5 Éx 19.18.

LECCIONES DE VIDA

➤ ***4.15 — Jehová quebrantó a Sísara, a todos sus carros y a todo su ejército.***

La Biblia declara que fue *el Señor* quien quebrantó a Sísara; las espadas de Barac y sus hombres fueron un elemento secundario. David lo confirmó después: «Jehová no salva con espada y con lanza; porque de Jehová es la batalla» (1 S 17.47).

11 Lejos del ruido de los arqueros, en los
abrevaderos,
Allí repetirán los triunfos de Jehová,
Los triunfos de sus aldeas en Israel;
Entonces marchará hacia las puertas el
pueblo de Jehová.
12 Despierta, despierta, Débora;
Despierta, despierta, entona cántico.
Levántate, Barac, y lleva tus cautivos,
hijo de Abinoam.
13 Entonces marchó el resto de los nobles;
El pueblo de Jehová marchó por él
en contra de los poderosos.
14 De Efraín vinieron los radicados en
Amalec,
En pos de ti, Benjamín, entre tus
pueblos;
De Maquir descendieron príncipes,
Y de Zabulón los que tenían vara de
mando.
15 Caudillos también de Isacar fueron con
Débora;
Y como Barac, también Isacar
Se precipitó a pie en el valle.
Entre las familias de Rubén
Hubo grandes resoluciones del
corazón.
16 ¿Por qué te quedaste entre los rediles,
Para oír los balidos de los rebaños?
Entre las familias de Rubén
Hubo grandes propósitos del corazón.
17 Galaad se quedó al otro lado del Jordán;
Y Dan, ¿por qué se estuvo junto a las
naves?
Se mantuvo Aser a la ribera del mar,
Y se quedó en sus puertos.
18 El pueblo de Zabulón expuso su vida a
la muerte,
Y Neftalí en las alturas del campo.
19 Vinieron reyes y pelearon;
Entonces pelearon los reyes de Canaán,
En Taanac, junto a las aguas de
Meguido,
Mas no llevaron ganancia alguna de
dinero.
20 Desde los cielos pelearon las estrellas;
Desde sus órbitas pelearon contra
Sísara.
➤21 Los barrió el torrente de Cisón,
El antiguo torrente, el torrente de Cisón.
Marcha, oh alma mía, con poder.
22 Entonces resonaron los cascos de los
caballos
Por el galopar, por el galopar de sus
valientes.

Ejemplos de vida

DÉBORA

Una madre en Israel

JUE 4—5

La Biblia no nos dice mucho acerca de Débora, solamente que era profetisa, una jueza de alta estima en Israel, y la esposa de Lapidot. No sabemos si su descripción en las Escrituras «como madre en Israel» (Jue 5.7) significa que tuvo hijos o que cuidó de Israel como solamente una madre amorosa podría hacerlo. Además, el texto sagrado no indica por qué Dios la eligió para ser juez. Esta acción parece extraña dado el hecho que la cultura era regida generalmente por hombres, pero demuestra que Dios no se circunscribe a la tradición humana. Él ve los corazones de los individuos que le sirven y los usa como quiere para sus propósitos.

Débora amaba al Señor y le servía fielmente. Sabemos que el pueblo confiaba en ella, y que incluso Barac, el comandante del ejército, respetaba su liderazgo.

Al estudiar la vida de Débora, nos damos cuenta que no se requieren ciertas credenciales para nuestro desempeño eficaz como siervos de Dios. El único requisito es tener un corazón dispuesto a ser usado por Él. El Señor utiliza a la persona que le escucha y le obedece. Débora se colocó a disposición de Dios y Él la capacitó para vivir en victoria.

Para un estudio más a fondo, véase el Índice de Principios de vida:

21. *La obediencia siempre trae bendición consigo.*
1. *Nuestra intimidad con Dios, que es su prioridad para nosotros, determina el impacto que causen nuestras vidas.*

LECCIONES DE VIDA

➤ ***5.21 — Los barrió el torrente de Cisón.***

El cántico de Débora revela cómo ganó Dios la victoria para Israel. Mientras las brigadas de Sísara atravesaban el valle de Jezreel, el Señor envió una fuerte tempestad que desbordó el torrente de Cisón y dejó inservibles los carros del enemigo. Por eso a Sísara le tocó huir a pie (Jue 4.15). Así Dios demostró ser más fuerte que las deidades falsas de los cananeos. También mostró a los israelitas cuán necio es depender de algo fuera de su amor, poder y sabiduría.

RESPUESTAS A PREGUNTAS DE LA VIDA

¿Qué debo hacer cuando me siento lejos de Dios?

JUE 6.1–10

Se puede afirmar con certeza que ningún creyente ha evitado pasar por aquellos «desiertos» en los que no siente la presencia de Dios. Es un problema que todos hemos tenido que enfrentar en algún punto del recorrido.

Hay muchos factores que nos pueden hacer sentir distanciados de nuestro Padre celestial. A veces nuestro acusador, el diablo, nos susurra al oído y nos dejamos engañar. También es posible que estos tiempos de «distanciamiento» se conviertan en oportunidades para que Dios nos acerque más a Él. Tal vez sirvan para mostrarnos que necesitemos hacer alguna clase de limpieza interior y «poner la casa en orden».

Nada puede hacernos sentir más alejados de Dios que el pecado no confesado. Aunque nuestras faltas no afectan el amor incondicional de Dios por nosotros, pueden abrir una brecha espiritual entre nosotros y Él.

A lo largo del libro de Jueces, vemos cómo la nación de Israel pecaba y decaía en su devoción al Señor. Muchas veces cuando nuestros corazones se enredan con desobediencia y las cosas de este mundo, Dios permite que experimentemos una sensación de distancia entre Él y nosotros. Esto es justamente lo que Israel debió haber sentido en aquellos días tenebrosos.

El pueblo tuvo que haber reconocido su pobreza espiritual. En lugar de eso, siguieron rindiendo culto a Baal sin respeto alguno a la santidad de Dios y su amor profundo por ellos. Esa es la razón por la que Él permitió que pasaran por un tiempo de prueba. En Jueces 6.6 leemos: «De este modo empobrecía Israel en gran manera por causa de Madián; y los hijos de Israel clamaron a Jehová». Aquí vemos en acción un principio importante en cuanto a arrepentirnos y recobrar el favor del Señor.

Cuando caemos en cuenta de nuestro error y clamamos al Señor, Él se acerca a nosotros. Sin embargo, nunca viene como si respondiera al llamado de un superior. Viene cuando nuestros corazones han sido quebrantados y por fin reconocemos cuánto lo necesitamos. Si confesamos humildemente nuestros pecados y nuestra dependencia de Él, Él oye nuestras oraciones y nos hace libres del pecado (Jue 8.28; 1 Jn 1.9).

Si usted experimenta ahora una etapa de frialdad en su relación con Dios, no dude en acudir a Él en oración. Confiese cualquier pecado conocido, y pídale que restaure la dulzura de su comunión divina en su corazón.

Para un estudio más a fondo, véase el Índice de Principios de vida:

12. *La paz con Dios es fruto de nuestra unidad con Él.*
15. *El quebrantamiento es el requisito de Dios para que seamos útiles al máximo.*

23 Maldecid a Meroz, dijo el ángel de Jehová;
Maldecid severamente a sus moradores,
Porque no vinieron al socorro de Jehová,
Al socorro de Jehová contra los fuertes.
24 Bendita sea entre las mujeres Jael,
Mujer de Heber ceneo;
Sobre las mujeres bendita sea en la tienda.
25 Él pidió agua, y ella le dio leche;
En tazón de nobles le presentó crema.
26 Tendió su mano a la estaca,
Y su diestra al mazo de trabajadores,
Y golpeó a Sísara; hirió su cabeza,
Y le horadó, y atravesó sus sienes.
27 Cayó encorvado entre sus pies, quedó tendido;
Entre sus pies cayó encorvado;
Donde se encorvó, allí cayó muerto.
28 La madre de Sísara se asoma a la ventana,
Y por entre las celosías a voces dice:
¿Por qué tarda su carro en venir?
¿Por qué las ruedas de sus carros se detienen?
29 Las más avisadas de sus damas le respondían,
Y aun ella se respondía a sí misma:
30 ¿No han hallado botín, y lo están repartiendo?
A cada uno una doncella, o dos;

Las vestiduras de colores para Sísara,
Las vestiduras bordadas de colores;
La ropa de color bordada de ambos lados,
para los jefes de los que tomaron el botín.

*31 Así perezcan todos tus enemigos, oh Jehová;
Mas los que te aman, sean como el sol cuando sale en su fuerza.

Y la tierra reposó cuarenta años.

Llamamiento de Gedeón

6 LOS hijos de Israel hicieron lo malo ante
los ojos de Jehová; y Jehová los entregó en
mano de Madián por siete años.
2 Y la mano de Madián prevaleció contra
Israel. Y los hijos de Israel, por causa de los
madianitas, se hicieron cuevas en los montes,
y cavernas, y lugares fortificados.
3 Pues sucedía que cuando Israel había sembrado, subían los madianitas y amalecitas y
los hijos del oriente contra ellos; subían y los
atacaban.
4 Y acampando contra ellos destruían los frutos de la tierra, hasta llegar a Gaza; y no dejaban qué comer en Israel, ni ovejas, ni bueyes,
ni asnos.
5 Porque subían ellos y sus ganados, y
venían con sus tiendas en grande multitud
como langostas; ellos y sus camellos eran
innumerables; así venían a la tierra para
devastarla.
6 De este modo empobrecía Israel en gran
manera por causa de Madián; y los hijos de
Israel clamaron a Jehová.
7 Y cuando los hijos de Israel clamaron a
Jehová, a causa de los madianitas,
8 Jehová envió a los hijos de Israel un varón
profeta, el cual les dijo: Así ha dicho Jehová
Dios de Israel: Yo os hice salir de Egipto, y os
saqué de la casa de servidumbre.
9 Os libré de mano de los egipcios, y de mano
de todos los que os afligieron, a los cuales
eché de delante de vosotros, y os di su tierra;
10 y os dije: Yo soy Jehová vuestro Dios; no ≺
temáis a los dioses de los amorreos, en cuya
tierra habitáis; pero no habéis obedecido a
mi voz.
11 Y vino el ángel de Jehová, y se sentó debajo de la encina que está en Ofra, la cual era de
Joás abiezerita; y su hijo Gedeón estaba sacudiendo el trigo en el lagar, para esconderlo de
los madianitas.
12 Y el ángel de Jehová se le apareció, y le ≺
dijo: Jehová está contigo, varón esforzado y
valiente.
13 Y Gedeón le respondió: Ah, señor mío, ≺
si Jehová está con nosotros, ¿por qué nos
ha sobrevenido todo esto? ¿Y dónde están
todas sus maravillas, que nuestros padres nos
han contado, diciendo: ¿No nos sacó Jehová de Egipto? Y ahora Jehová nos ha desamparado, y nos ha entregado en mano de los
madianitas.
14 Y mirándole Jehová, le dijo: Ve con esta tu
fuerza, y salvarás a Israel de la mano de los
madianitas. ¿No te envío yo?
15 Entonces le respondió: Ah, señor mío, ¿con
qué salvaré yo a Israel? He aquí que mi familia es pobre en Manasés, y yo el menor en la
casa de mi padre.
16 Jehová le dijo: Ciertamente yo estaré con- ≺
tigo, y derrotarás a los madianitas como a un
solo hombre.
17 Y él respondió: Yo te ruego que si he hallado gracia delante de ti, me des señal de que tú
has hablado conmigo.
18 Te ruego que no te vayas de aquí hasta que
vuelva a ti, y saque mi ofrenda y la ponga
delante de ti. Y él respondió: Yo esperaré hasta que vuelvas.
19 Y entrando Gedeón, preparó un cabrito,
y panes sin levadura de un efa de harina; y
puso la carne en un canastillo, y el caldo en

LECCIONES DE VIDA

➤ ***6.10 — Yo soy Jehová vuestro Dios; no temáis a los dioses de los amorreos, en cuya tierra habitáis; pero no habéis obedecido a mi voz.***

Tal como Dios lo advirtió, los israelitas fueron influenciados por las naciones paganas que los rodeaban, hicieron lo malo ante sus ojos y fueron sometidos otra vez a la servidumbre de la que Él ya les había librado. Dios nos instruye para nuestro beneficio, y cuando nos reprende o exhorta lo hace por amor, anhelando que volvamos a Él, la fuente de nuestra vida (He 12.5–11).

➤ ***6.12 — Jehová está contigo, varón esforzado y valiente.***

El Señor nos valora de forma diferente a nuestra opinión personal. Dios vio a Gedeón como un guerrero valiente, porque sabía lo que iba a lograr por medio de él. Gedeón se veía a sí mismo como débil e insignificante porque estaba enfocado en sus circunstancias y no en el Señor (Jue 6.15).

Cuando le creemos a Dios y dependemos de Él para que nos capacite, llegamos a ser lo que Él declara que somos: sus hijos amados por medio de los cuales Él vence al mundo (1 Jn 5.4, 5).

➤ ***6.13 — si Jehová está con nosotros, ¿por qué nos ha sobrevenido todo esto?***

Si las tormentas de la vida nos abruman, podemos ser tentados a creer que Dios nos ha abandonado, pero Él nunca nos dejará ni desamparará (Dt 31.6, 8). Más bien, puede ser que nos va a visitar por sorpresa, para revelarnos por medio de la prueba un aspecto suyo que jamás habríamos conocido de otra forma (Is 30.18–20).

➤ ***6.16 — Ciertamente yo estaré contigo, y derrotarás a los madianitas como a un solo hombre.***

El secreto del éxito es el mismo en toda la Biblia: la presencia de Dios. Cuando Él está con nosotros, o mejor dicho, cuando estamos con Él, el éxito se da naturalmente.

LO QUE LA BIBLIA DICE ACERCA DE CÓMO LA ADVERSIDAD REVELA NUESTROS PUNTOS FUERTES Y DÉBILES

Jue 6.11–24

Cada vez que sobreviene la adversidad, se descubre la profundidad de nuestro carácter espiritual. Tal vez haya dicho después de una dura prueba: «Antes que esto sucediera, jamás pensé que pudiera hacerle frente a algo similar».

Gedeón tenía la misma manera de pensar. Cuando el ángel del Señor le dijo «Jehová está contigo, varón esforzado y valiente», la respuesta automática de Gedeón fue: «Ah, señor mío, si Jehová está con nosotros, ¿por qué nos ha sobrevenido todo esto?... Jehová nos ha desamparado» (Jue 6.12, 13). Se veía a sí mismo y a su pueblo como débiles e indignos. El Señor le contestó como si no lo hubiera oído: «Ve con esta tu fuerza, y salvarás a Israel de la mano de los madianitas. ¿No te envío yo?» (v. 14).

Otra vez, Gedeón respondió con una opinión muy baja de sí mismo: «Ah, señor mío, ¿con qué salvaré yo a Israel? He aquí que mi familia es pobre en Manasés, y yo el menor en la casa de mi padre» (v. 15). Una vez más, el Señor animó a su siervo: «Ciertamente yo estaré contigo, y derrotarás a los madianitas como a un solo hombre» (v. 16).

Nuestra fuerza está en el Señor, no en nosotros mismos.

Amigo, si el Señor lo llama fuerte, ¡no se declare débil!

Si el Señor lo declara perdonado, ¡no insista en sus pecados!

Cuando el Señor dice que usted es recto, ¡no se vea a sí mismo como culpable!

Nunca trate de superar las adversidades por su cuenta, aparte de Dios. Usted necesita la sabiduría y fortaleza de lo alto. Podemos hacer muy poco para ayudarnos. Necesitamos el poder de Dios cada hora de cada día de cada año, y Él siempre es nuestro pronto auxilio (Sal 46.1).

Nuestra fuerza está en el Señor, no en nosotros mismos. El poder y la capacidad de Dios ni siquiera se pueden comparar con los de la humanidad. Él es infinito, nosotros no. Si nos apoyamos en el Señor, tendremos acceso a su poder y sabiduría ilimitados, por lo cual no terminaremos siendo un fracaso. Pero cada vez que tratamos de apoyarnos en nuestros recursos, fallamos casi siempre, y quedamos expuestos a más adversidades. Por favor, no cometa ese error.

Para un estudio más a fondo, véase el Índice de Principios de vida:

24. *Vivir la vida cristiana es permitir al Señor Jesús vivir su vida en y por medio de nosotros.*
29. *Aprendemos más en nuestras experiencias por el valle de lágrimas que en las de la cumbre del éxito.*

una olla, y sacándolo se lo presentó debajo de
aquella encina.
20 Entonces el ángel de Dios le dijo: Toma la
carne y los panes sin levadura, y ponlos sobre
esta peña, y vierte el caldo. Y él lo hizo así.
21 Y extendiendo el ángel de Jehová el báculo
que tenía en su mano, tocó con la punta la carne y los panes sin levadura; y subió fuego de
la peña, el cual consumió la carne y los panes
sin levadura. Y el ángel de Jehová desapareció de su vista.
22 Viendo entonces Gedeón que era el ángel
de Jehová, dijo: Ah, Señor Jehová, que he visto al ángel de Jehová cara a cara.
23 Pero Jehová le dijo: Paz a ti; no tengas
temor, no morirás.
24 Y edificó allí Gedeón altar a Jehová, y lo
llamó Jehová-salom;[1] el cual permanece hasta
hoy en Ofra de los abiezeritas.
25 Aconteció que la misma noche le dijo
Jehová: Toma un toro del hato de tu padre, el
segundo toro de siete años, y derriba el altar
de Baal que tu padre tiene, y corta también la
imagen de Asera que está junto a él;
26 y edifica altar a Jehová tu Dios en la cumbre de este peñasco en lugar conveniente; y
tomando el segundo toro, sacrifícalo en holocausto con la madera de la imagen de Asera
que habrás cortado.
27 Entonces Gedeón tomó diez hombres de
sus siervos, e hizo como Jehová le dijo. Mas
temiendo hacerlo de día, por la familia de su
padre y por los hombres de la ciudad, lo hizo
de noche.
28 Por la mañana, cuando los de la ciudad se
levantaron, he aquí que el altar de Baal estaba derribado, y cortada la imagen de Asera
que estaba junto a él, y el segundo toro había
sido ofrecido en holocausto sobre el altar edificado.
29 Y se dijeron unos a otros: ¿Quién ha hecho
esto? Y buscando e inquiriendo, les dijeron:
Gedeón hijo de Joás lo ha hecho. Entonces los
hombres de la ciudad dijeron a Joás:
30 Saca a tu hijo para que muera, porque ha
derribado el altar de Baal y ha cortado la imagen de Asera que estaba junto a él.
31 Y Joás respondió a todos los que estaban
junto a él: ¿Contenderéis vosotros por Baal?
¿Defenderéis su causa? Cualquiera que contienda por él, que muera esta mañana. Si es
un dios, contienda por sí mismo con el que
derribó su altar.
32 Aquel día Gedeón fue llamado Jerobaal,
esto es: Contienda Baal contra él, por cuanto
derribó su altar.

Ejemplos de vida

GEDEÓN

Las circunstancias pueden ser confirmación

JUE 6.36–40

A veces Dios usa fenómenos naturales para confirmar su dirección. Gedeón nos ofrece un ejemplo notable de ello.

Puesto que no estaba seguro de haber oído claramente a Dios, y sintiendo más que un poco de temor, Gedeón le pidió al Señor que confirmara sus instrucciones. Cierta noche colocó un vellón de lana y le pidió a Dios que lo dejara empapado de rocío a la mañana siguiente, mientras que la tierra alrededor quedara seca. Así mismo sucedió. Todavía inseguro, pidió que al día siguiente el vellón quedara seco en medio de la tierra mojada. Dios volvió a concederle su petición (Jue 6.36–40).

Aunque nadie debería estipular la manera, los medios o el método en que Dios confirma sus promesas, podemos pedirle que nos aclare su voluntad para nosotros. Eso sí, debemos dejarle a Él la metodología, confiando en Él y creyendo que cumple su palabra.

Para un estudio más a fondo, véase el Índice de Principios de vida:

5. *Dios no nos demanda que entendamos su voluntad, sino que la obedezcamos aunque nos parezca poco razonable.*

33 Pero todos los madianitas y amalecitas y
los del oriente se juntaron a una, y pasando
acamparon en el valle de Jezreel.
34 Entonces el Espíritu de Jehová vino sobre ➤
Gedeón, y cuando éste tocó el cuerno, los
abiezeritas se reunieron con él.
35 Y envió mensajeros por todo Manasés, y
ellos también se juntaron con él; asimismo

1 Esto es, *Jehová es paz.*

LECCIONES DE VIDA

➤ ***6.34 — el Espíritu de Jehová vino sobre Gedeón.***

Cuando el Espíritu del Dios viviente nos llena, lo imposible se vuelve posible. Como creyentes, el Espíritu Santo mora en nosotros de forma permanente. Pablo escribe: «No nos ha dado Dios espíritu de cobardía, sino de poder, de amor y de dominio propio» (2 Ti 1.7).

RESPUESTAS A PREGUNTAS DE LA VIDA

¿Es «la prueba del vellón» una buena señal para descubrir la voluntad de Dios?

JUE 6.36–40

Algunos tratan de determinar la voluntad de Dios a través de «la prueba del vellón» como lo hizo Gedeón con su señal propuesta del vellón empapado y seco. Decimos: «Si sucede esto, haré aquello; pero si llega a suceder lo otro, haré algo distinto». ¿En qué se diferencian tales estrategias de abordar la voluntad de Dios como si se tratara de lanzar una moneda al aire y basar nuestras decisiones en una sucesión de caras y sellos? En la mayoría de los casos, poner un vellón de lana en el suelo no demuestra una fe robusta en Dios, sino la sospecha malsana de que Él tal vez no quiera lo mejor para nosotros, o que realmente no se pueda garantizar el cumplimiento de sus promesas.

La prueba del vellón se describe en el libro de Jueces, cuando Dios llamó a Gedeón a derrotar a los madianitas (Jue 6.36–40). Es obvio que Gedeón no se sintió confiado respecto a la grandiosa tarea que el Señor le asignó. En lugar de proceder en fe, introdujo su famoso vellón, no para descubrir la voluntad de Dios sino por tratar de adquirir certeza total del éxito. Note tres elementos de esta propuesta cuestionable.

En primer lugar, el uso del vellón de lana fue idea de Gedeón, no de Dios. En ningún lugar de las Escrituras el Señor autoriza tal práctica ni la llama un método legítimo para conocer sus propósitos. Cuando Dios deja en claro su voluntad, espera que confiemos en Él.

En segundo lugar, es el único uso de este método en la Biblia. Nadie más lo emplea.

En tercer lugar, Gedeón puso el vellón en la tierra para ratificar la voluntad de Dios. Sabía lo que el Señor le había instruido hacer, pero quería estar seguro del resultado que Dios ya había prometido. Gedeón entendió que el Señor lo quería al mando del pueblo en su batalla contra los madianitas. Los ejércitos ya se habían puesto en pie de guerra (Jue 6.33) y él era el jefe de la nación. Sin embargo, quiso recibir una señal extraordinaria de Dios para saber que tanto él como los israelitas tendrían éxito. Cada uno de nosotros ha hecho lo mismo en algún momento de necesidad. Hemos tenido que volvernos a Dios en oración para buscar una señal que nos dé ánimo.

De forma reiterada en las Escrituras, el Señor nos llama a ser fieles. La confianza genuina en Dios significa que le seguimos dondequiera nos muestre, y que hacemos lo que nos ordene, sin preocuparnos por el resultado. Job lo expresó muy bien: «Aunque él me matare, en él esperaré» (Job 13.15).

Las acciones de Gedeón indicaron que él no creyó realmente que Dios haría lo que dijo que haría. No obstante, tenía un gran deseo en su corazón de confiar en el Señor, y eso es lo que Dios vio en él. El Señor nos llama a conducirnos de otra manera. Debemos dar cada paso por fe, no por temor, duda, ni ansiedad. El salmista escribió: «Dios es nuestro amparo y fortaleza, nuestro pronto auxilio en las tribulaciones. Por tanto, no temeremos, aunque la tierra sea removida y se traspasen los montes al corazón del mar» (Sal 46.1, 2).

Para un estudio más a fondo, véase el Índice de Principios de vida:

9. *Confiar en Dios quiere decir ver más allá de lo que podemos, hacia lo que Dios ve.*
2. *Obedezcamos a Dios y dejemos las consecuencias en sus manos.*

envió mensajeros a Aser, a Zabulón y a Neftalí, los cuales salieron a encontrarles.
36 Y Gedeón dijo a Dios: Si has de salvar a Israel por mi mano, como has dicho,
37 he aquí que yo pondré un vellón de lana en la era; y si el rocío estuviere en el vellón solamente, quedando seca toda la otra tierra, entonces entenderé que salvarás a Israel por mi mano, como lo has dicho.

38 Y aconteció así, pues cuando se levantó
de mañana, exprimió el vellón y sacó de él el
rocío, un tazón lleno de agua.
39 Mas Gedeón dijo a Dios: No se encienda
tu ira contra mí, si aún hablare esta vez; solamente probaré ahora otra vez con el vellón. Te
ruego que solamente el vellón quede seco, y el
rocío sobre la tierra.
40 Y aquella noche lo hizo Dios así; sólo el
vellón quedó seco, y en toda la tierra hubo
rocío.

Gedeón derrota a los madianitas

7 LEVANTÁNDOSE, pues, de mañana
Jerobaal, el cual es Gedeón, y todo el
pueblo que estaba con él, acamparon junto a
la fuente de Harod; y tenía el campamento de
los madianitas al norte, más allá del collado
de More, en el valle.
➢ 2 Y Jehová dijo a Gedeón: El pueblo que está
contigo es mucho para que yo entregue a los
madianitas en su mano, no sea que se alabe Israel contra mí, diciendo: Mi mano me ha
salvado.
3 Ahora, pues, haz pregonar en oídos del pueblo, diciendo: Quien tema y se estremezca,
madrugue y devuélvase[a] desde el monte de
Galaad. Y se devolvieron de los del pueblo
veintidós mil, y quedaron diez mil.
4 Y Jehová dijo a Gedeón: Aún es mucho el
pueblo; llévalos a las aguas, y allí te los probaré; y del que yo te diga: Vaya éste contigo,
irá contigo; mas de cualquiera que yo te diga:
Éste no vaya contigo, el tal no irá.
5 Entonces llevó el pueblo a las aguas; y Jehová dijo a Gedeón: Cualquiera que lamiere las
aguas con su lengua como lame el perro, a
aquél pondrás aparte; asimismo a cualquiera
que se doblare sobre sus rodillas para beber.
6 Y fue el número de los que lamieron llevando el agua con la mano a su boca, trescientos
hombres; y todo el resto del pueblo se dobló
sobre sus rodillas para beber las aguas.
➢ 7 Entonces Jehová dijo a Gedeón: Con estos
trescientos hombres que lamieron el agua os
salvaré, y entregaré a los madianitas en tus
manos; y váyase toda la demás gente cada
uno a su lugar.
8 Y habiendo tomado provisiones para el pueblo, y sus trompetas, envió a todos los israelitas cada uno a su tienda, y retuvo a aquellos
trescientos hombres; y tenía el campamento
de Madián abajo en el valle.
9 Aconteció que aquella noche Jehová le dijo:
Levántate, y desciende al campamento; porque yo lo he entregado en tus manos.
10 Y si tienes temor de descender, baja tú con
Fura tu criado al campamento,
11 y oirás lo que hablan; y entonces tus
manos se esforzarán, y descenderás al campamento. Y él descendió con Fura su criado hasta los puestos avanzados de la gente armada
que estaba en el campamento.
12 Y los madianitas, los amalecitas y los hijos
del oriente estaban tendidos en el valle como
langostas en multitud, y sus camellos eran
innumerables como la arena que está a la
ribera del mar en multitud.
13 Cuando llegó Gedeón, he aquí que un hombre estaba contando a su compañero un sueño, diciendo: He aquí yo soñé un sueño: Veía
un pan de cebada que rodaba hasta el campamento de Madián, y llegó a la tienda, y la golpeó de tal manera que cayó, y la trastornó de
arriba abajo, y la tienda cayó.
14 Y su compañero respondió y dijo: Esto no
es otra cosa sino la espada de Gedeón hijo
de Joás, varón de Israel. Dios ha entregado
en sus manos a los madianitas con todo el
campamento.
15 Cuando Gedeón oyó el relato del sueño y
su interpretación, adoró; y vuelto al campamento de Israel, dijo: Levantaos, porque Jehová ha entregado el campamento de Madián en
vuestras manos.
16 Y repartiendo los trescientos hombres en
tres escuadrones, dio a todos ellos trompetas en sus manos, y cántaros vacíos con teas
ardiendo dentro de los cántaros.
17 Y les dijo: Miradme a mí, y haced como
hago yo; he aquí que cuando yo llegue al
extremo del campamento, haréis vosotros
como hago yo.
18 Yo tocaré la trompeta, y todos los que estarán conmigo; y vosotros tocaréis entonces las
trompetas alrededor de todo el campamento,
y diréis: ¡Por Jehová y por Gedeón!
19 Llegaron, pues, Gedeón y los cien hombres que llevaba consigo, al extremo del campamento, al principio de la guardia de la
medianoche, cuando acababan de renovar los
centinelas; y tocaron las trompetas, y quebraron los cántaros que llevaban en sus manos.

a. **7.3** Dt 20.8.

LECCIONES DE VIDA

➢ ***7.2 — El pueblo que está contigo es mucho… no sea que se alabe Israel contra mí, diciendo: Mi mano me ha salvado.***

Cuando Dios quiere actuar poderosamente en nuestra vida, puede reducir nuestros recursos físicos para demostrar que Él es quien realiza la hazaña y no nosotros. En últimas, Dios asume toda la responsabilidad en cuanto a nuestras necesidades, si lo obedecemos, y lo hace de tal manera que supera todos nuestros recursos y expectativas.

➢ ***7.7 — Con estos trescientos hombres que lamieron el agua os salvaré, y entregaré a los madianitas en tus manos.***

Al oír estas insólitas órdenes de batalla, Gedeón debió haberse sentido como Josué se sintió en cuanto a la toma de Jericó muchos años atrás (Jos 6). Pero ambos hombres obedecieron, y ambos experimentaron la gran victoria de Dios a favor de ellos.

20 Y los tres escuadrones tocaron las trompetas, y quebrando los cántaros tomaron en la
mano izquierda las teas, y en la derecha las
trompetas con que tocaban, y gritaron: ¡Por la
espada de Jehová y de Gedeón!
21 Y se estuvieron firmes cada uno en su
puesto en derredor del campamento; entonces todo el ejército echó a correr dando gritos y huyendo.
22 Y los trescientos tocaban las trompetas;
y Jehová puso la espada de cada uno contra su compañero en todo el campamento. Y
el ejército huyó hasta Bet-sita, en dirección
de Zerera, y hasta la frontera de Abel-mehola en Tabat.
23 Y juntándose los de Israel, de Neftalí,
de Aser y de todo Manasés, siguieron a los
madianitas.
24 Gedeón también envió mensajeros por
todo el monte de Efraín, diciendo: Descended
al encuentro de los madianitas, y tomad los
vados de Bet-bara y del Jordán antes que ellos
lleguen. Y juntos todos los hombres de Efraín,
tomaron los vados de Bet-bara y del Jordán.
25 Y tomaron a dos príncipes de los madianitas, Oreb y Zeeb; y mataron a Oreb en la peña
de Oreb, y a Zeeb lo mataron en el lagar de
Zeeb; y después que siguieron a los madianitas, trajeron las cabezas de Oreb y de Zeeb a
Gedeón al otro lado del Jordán.

Gedeón captura a los reyes de Madián

8 PERO los hombres de Efraín le dijeron:
¿Qué es esto que has hecho con nosotros,
no llamándonos cuando ibas a la guerra contra Madián? Y le reconvinieron fuertemente.
2 A los cuales él respondió: ¿Qué he hecho
yo ahora comparado con vosotros? ¿No es el
rebusco de Efraín mejor que la vendimia de
Abiezer?
3 Dios ha entregado en vuestras manos a
Oreb y a Zeeb, príncipes de Madián; ¿y qué
he podido yo hacer comparado con vosotros?
Entonces el enojo de ellos contra él se aplacó,
luego que él habló esta palabra.
4 Y vino Gedeón al Jordán, y pasó él y los trescientos hombres que traía consigo, cansados,
mas todavía persiguiendo.
5 Y dijo a los de Sucot: Yo os ruego que deis
a la gente que me sigue algunos bocados de
pan; porque están cansados, y yo persigo a
Zeba y Zalmuna, reyes de Madián.
6 Y los principales de Sucot respondieron:
¿Están ya Zeba y Zalmuna en tu mano, para
que demos pan a tu ejército?
7 Y Gedeón dijo: Cuando Jehová haya entregado en mi mano a Zeba y a Zalmuna, yo tri-
llaré vuestra carne con espinos y abrojos del
desierto.
8 De allí subió a Peniel, y les dijo las mismas
palabras. Y los de Peniel le respondieron como
habían respondido los de Sucot.
9 Y él habló también a los de Peniel, diciendo: Cuando yo vuelva en paz, derribaré esta
torre.
10 Y Zeba y Zalmuna estaban en Carcor, y
con ellos su ejército como de quince mil hombres, todos los que habían quedado de todo el
ejército de los hijos del oriente; pues habían
caído ciento veinte mil hombres que sacaban
espada.
11 Subiendo, pues, Gedeón por el camino de
los que habitaban en tiendas al oriente de
Noba y de Jogbeha, atacó el campamento,
porque el ejército no estaba en guardia.
12 Y huyendo Zeba y Zalmuna, él los siguió; y
prendió a los dos reyes de Madián, Zeba y Zalmuna, y llenó de espanto a todo el ejército.
13 Entonces Gedeón hijo de Joás volvió de la
batalla antes que el sol subiese,
14 y tomó a un joven de los hombres de Sucot,
y le preguntó; y él le dio por escrito los nombres de los principales y de los ancianos de
Sucot, setenta y siete varones.
15 Y entrando a los hombres de Sucot, dijo: He
aquí a Zeba y a Zalmuna, acerca de los cuales me zaheristeis, diciendo: ¿Están ya en tu
mano Zeba y Zalmuna, para que demos nosotros pan a tus hombres cansados?
16 Y tomó a los ancianos de la ciudad, y espinos y abrojos del desierto, y castigó con ellos
a los de Sucot.
17 Asimismo derribó la torre de Peniel, y mató
a los de la ciudad.
18 Luego dijo a Zeba y a Zalmuna: ¿Qué
aspecto tenían aquellos hombres que matasteis en Tabor? Y ellos respondieron: Como tú,
así eran ellos; cada uno parecía hijo de rey.
19 Y él dijo: Mis hermanos eran, hijos de mi
madre. ¡Vive Jehová, que si les hubierais con-
servado la vida, yo no os mataría!
20 Y dijo a Jeter su primogénito: Levántate, y mátalos. Pero el joven no desenvainó
su espada, porque tenía temor, pues era aún
muchacho.
21 Entonces dijeron Zeba y Zalmuna: Levántate tú, y mátanos; porque como es el varón,
tal es su valentía. Y Gedeón se levantó, y mató
a Zeba y a Zalmuna; y tomó los adornos de
lunetas que sus camellos traían al cuello.
22 Y los israelitas dijeron a Gedeón: Sé nuestro señor, tú, y tu hijo, y tu nieto; pues que nos
has librado de mano de Madián.
23 Mas Gedeón respondió: No seré señor
sobre vosotros, ni mi hijo os señoreará: Jehová señoreará sobre vosotros.
24 Y les dijo Gedeón: Quiero haceros una petición; que cada uno me dé los zarcillos de su
botín (pues traían zarcillos de oro, porque
eran ismaelitas).
25 Ellos respondieron: De buena gana te los
daremos. Y tendiendo un manto, echó allí
cada uno los zarcillos de su botín.
26 Y fue el peso de los zarcillos de oro que
él pidió, mil setecientos siclos de oro, sin las
planchas y joyeles y vestidos de púrpura que
traían los reyes de Madián, y sin los collares
que traían sus camellos al cuello.

➢ 27 Y Gedeón hizo de ellos un efod, el cual hizo
guardar en su ciudad de Ofra; y todo Israel se
prostituyó tras de ese efod en aquel lugar; y
fue tropezadero a Gedeón y a su casa.
28 Así fue subyugado Madián delante de los
hijos de Israel, y nunca más volvió a levantar
cabeza. Y reposó la tierra cuarenta años en los
días de Gedeón.
29 Luego Jerobaal hijo de Joás fue y habitó
en su casa.
30 Y tuvo Gedeón setenta hijos que constituyeron su descendencia, porque tuvo muchas
mujeres.
31 También su concubina que estaba en
Siquem le dio un hijo, y le puso por nombre
Abimelec.
32 Y murió Gedeón hijo de Joás en buena
vejez, y fue sepultado en el sepulcro de su
padre Joás, en Ofra de los abiezeritas.
33 Pero aconteció que cuando murió Gedeón,
los hijos de Israel volvieron a prostituirse yendo tras los baales, y escogieron por dios a
Baal-berit.
34 Y no se acordaron los hijos de Israel de
Jehová su Dios, que los había librado de todos
sus enemigos en derredor;
35 ni se mostraron agradecidos con la casa de
Jerobaal, el cual es Gedeón, conforme a todo
el bien que él había hecho a Israel.

Reinado de Abimelec

9 ABIMELEC hijo de Jerobaal fue a Siquem,
a los hermanos de su madre, y habló con
ellos, y con toda la familia de la casa del padre
de su madre, diciendo:
2 Yo os ruego que digáis en oídos de todos
los de Siquem: ¿Qué os parece mejor, que os
gobiernen setenta hombres, todos los hijos de
Jerobaal, o que os gobierne un solo hombre?
Acordaos que yo soy hueso vuestro, y carne
vuestra.
3 Y hablaron por él los hermanos de su madre
en oídos de todos los de Siquem todas estas
palabras; y el corazón de ellos se inclinó a
favor de Abimelec, porque decían: Nuestro
hermano es.
➢ 4 Y le dieron setenta siclos de plata del templo de Baal-berit, con los cuales Abimelec
alquiló hombres ociosos y vagabundos, que
le siguieron.
5 Y viniendo a la casa de su padre en Ofra,
mató a sus hermanos los hijos de Jerobaal,
setenta varones, sobre una misma piedra;
pero quedó Jotam el hijo menor de Jerobaal,
que se escondió.
6 Entonces se juntaron todos los de Siquem
con toda la casa de Milo, y fueron y eligieron a
Abimelec por rey, cerca de la llanura del pilar
que estaba en Siquem.
7 Cuando se lo dijeron a Jotam, fue y se puso
en la cumbre del monte de Gerizim y alzando su voz clamó y les dijo: Oídme, varones de
Siquem, y así os oiga Dios.
8 Fueron una vez los árboles a elegir rey sobre
sí, y dijeron al olivo: Reina sobre nosotros.
9 Mas el olivo respondió: ¿He de dejar mi
aceite, con el cual en mí se honra a Dios y a
los hombres, para ir a ser grande sobre los
árboles?
10 Y dijeron los árboles a la higuera: Anda tú,
reina sobre nosotros.
11 Y respondió la higuera: ¿He de dejar mi
dulzura y mi buen fruto, para ir a ser grande
sobre los árboles?
12 Dijeron luego los árboles a la vid: Pues ven
tú, reina sobre nosotros.
13 Y la vid les respondió: ¿He de dejar mi mosto, que alegra a Dios y a los hombres, para ir a
ser grande sobre los árboles?
14 Dijeron entonces todos los árboles a la zarza: Anda tú, reina sobre nosotros.
15 Y la zarza respondió a los árboles: Si en
verdad me elegís por rey sobre vosotros,
venid, abrigaos bajo de mi sombra; y si no,
salga fuego de la zarza y devore a los cedros
del Líbano.
16 Ahora, pues, si con verdad y con integridad
habéis procedido en hacer rey a Abimelec, y
si habéis actuado bien con Jerobaal y con su
casa, y si le habéis pagado conforme a la obra
de sus manos
17 (porque mi padre peleó por vosotros, y
expuso su vida al peligro para libraros de
mano de Madián,
18 y vosotros os habéis levantado hoy contra la casa de mi padre, y habéis matado a
sus hijos, setenta varones sobre una misma piedra; y habéis puesto por rey sobre los
de Siquem a Abimelec hijo de su criada, por
cuanto es vuestro hermano);
19 si con verdad y con integridad habéis procedido hoy con Jerobaal y con su casa, que
gocéis de Abimelec, y él goce de vosotros.

LECCIONES DE VIDA

➢ ***8.27 — Gedeón hizo de ellos un efod... y todo Israel se prostituyó tras de ese efod en aquel lugar; y fue tropezadero a Gedeón y a su casa.***

Es posible que el efod de oro siguiera el modelo del pectoral usado por el sumo sacerdote para buscar la guía y dirección de Dios (Éx 28). Al hacerse uno para él, Gedeón probablemente se atribuyó una función sacerdotal que claramente no era la voluntad de Dios (Nm 3.5–10; Dt 12.5–14). En lugar de acercarle al Señor, el efod se convirtió en una piedra de tropiezo para él y todos a su alrededor. Todo lo que adquirimos fuera de la voluntad de Dios termina convirtiéndose en cenizas.

➢ ***9.4 — Abimelec alquiló hombres ociosos y vagabundos, que le siguieron.***

Dios puede permitir que «hombres ociosos y vagabundos» ejerzan el poder por un tiempo, pero al final sus maldades van a dar con ellos. Así como Dios bendice la obediencia, también juzga la desobediencia.

20 Y si no, fuego salga de Abimelec, que consuma a los de Siquem y a la casa de Milo, y
fuego salga de los de Siquem y de la casa de
Milo, que consuma a Abimelec.
21 Y escapó Jotam y huyó, y se fue a Beer,
y allí se estuvo por miedo de Abimelec su
hermano.
22 Después que Abimelec hubo dominado
sobre Israel tres años,
23 envió Dios un mal espíritu entre Abimelec
y los hombres de Siquem, y los de Siquem se
levantaron contra Abimelec;
24 para que la violencia hecha a los setenta
hijos de Jerobaal, y la sangre de ellos, recayera sobre Abimelec su hermano que los mató,
y sobre los hombres de Siquem que fortalecieron las manos de él para matar a sus
hermanos.
25 Y los de Siquem pusieron en las cumbres de
los montes asechadores que robaban a todos
los que pasaban junto a ellos por el camino;
de lo cual fue dado aviso a Abimelec.
26 Y Gaal hijo de Ebed vino con sus hermanos
y se pasaron a Siquem, y los de Siquem pusieron en él su confianza.
27 Y saliendo al campo, vendimiaron sus viñedos, y pisaron la uva e hicieron fiesta; y
entrando en el templo de sus dioses, comieron
y bebieron, y maldijeron a Abimelec.
28 Y Gaal hijo de Ebed dijo: ¿Quién es Abimelec, y qué es Siquem, para que nosotros
le sirvamos? ¿No es hijo de Jerobaal, y no es
Zebul ayudante suyo? Servid a los varones
de Hamor padre de Siquem; pero ¿por qué le
hemos de servir a él?
29 Ojalá estuviera este pueblo bajo mi mano,
pues yo arrojaría luego a Abimelec, y diría a
Abimelec: Aumenta tus ejércitos, y sal.
30 Cuando Zebul gobernador de la ciudad oyó
las palabras de Gaal hijo de Ebed, se encendió en ira,
31 y envió secretamente mensajeros a Abimelec, diciendo: He aquí que Gaal hijo de Ebed y
sus hermanos han venido a Siquem, y he aquí
que están sublevando la ciudad contra ti.
32 Levántate, pues, ahora de noche, tú y el
pueblo que está contigo, y pon emboscadas
en el campo.
33 Y por la mañana al salir el sol madruga y
cae sobre la ciudad; y cuando él y el pueblo
que está con él salgan contra ti, tú harás con
él según se presente la ocasión.
34 Levantándose, pues, de noche Abimelec
y todo el pueblo que con él estaba, pusieron
emboscada contra Siquem con cuatro compañías.
35 Y Gaal hijo de Ebed salió, y se puso a la
entrada de la puerta de la ciudad; y Abimelec
y todo el pueblo que con él estaba, se levantaron de la emboscada.
36 Y viendo Gaal al pueblo, dijo a Zebul: He
allí gente que desciende de las cumbres de los
montes. Y Zebul le respondió: Tú ves la sombra de los montes como si fueran hombres.
37 Volvió Gaal a hablar, y dijo: He allí gente
que desciende de en medio de la tierra, y una
tropa viene por el camino de la encina de los
adivinos.
38 Y Zebul le respondió: ¿Dónde está ahora
tu boca con que decías: ¿Quién es Abimelec
para que le sirvamos? ¿No es éste el pueblo
que tenías en poco? Sal pues, ahora, y pelea
con él.
39 Y Gaal salió delante de los de Siquem, y
peleó contra Abimelec.
40 Mas lo persiguió Abimelec, y Gaal huyó
delante de él; y cayeron heridos muchos hasta
la entrada de la puerta.
41 Y Abimelec se quedó en Aruma; y Zebul
echó fuera a Gaal y a sus hermanos, para que
no morasen en Siquem.
42 Aconteció el siguiente día, que el pueblo
salió al campo; y fue dado aviso a Abimelec,
43 el cual, tomando gente, la repartió en tres
compañías, y puso emboscadas en el campo; y
cuando miró, he aquí el pueblo que salía de la
ciudad; y se levantó contra ellos y los atacó,
44 Porque Abimelec y la compañía que estaba
con él acometieron con ímpetu, y se detuvieron a la entrada de la puerta de la ciudad, y las
otras dos compañías acometieron a todos los
que estaban en el campo, y los mataron.
45 Y Abimelec peleó contra la ciudad todo
aquel día, y tomó la ciudad, y mató al pueblo
que en ella estaba; y asoló la ciudad, y la sembró de sal.
46 Cuando oyeron esto todos los que estaban
en la torre de Siquem, se metieron en la fortaleza del templo del dios Berit.
47 Y fue dado aviso a Abimelec, de que estaban reunidos todos los hombres de la torre de
Siquem.
48 Entonces subió Abimelec al monte de Salmón, él y toda la gente que con él estaba; y
tomó Abimelec un hacha en su mano, y cortó una rama de los árboles, y levantándola se
la puso sobre sus hombros, diciendo al pueblo que estaba con él: Lo que me habéis visto
hacer, apresuraos a hacerlo como yo.
49 Y todo el pueblo cortó también cada uno su
rama, y siguieron a Abimelec, y las pusieron
junto a la fortaleza, y prendieron fuego con
ellas a la fortaleza, de modo que todos los de
la torre de Siquem murieron, como unos mil
hombres y mujeres.
50 Después Abimelec se fue a Tebes, y puso
sitio a Tebes, y la tomó.
51 En medio de aquella ciudad había una
torre fortificada, a la cual se retiraron todos
los hombres y las mujeres, y todos los señores
de la ciudad; y cerrando tras sí las puertas, se
subieron al techo de la torre.
52 Y vino Abimelec a la torre, y combatiéndo-
la, llegó hasta la puerta de la torre para prenderle fuego.
53 Mas una mujer dejó caer un pedazo de una
rueda de molino sobre la cabeza de Abimelec,
y le rompió el cráneo.

54 Entonces llamó apresuradamente a su
escudero, y le dijo: Saca tu espada y mátame,
para que no se diga de mí: Una mujer lo mató.
Y su escudero le atravesó, y murió.
55 Y cuando los israelitas vieron muerto a
Abimelec, se fueron cada uno a su casa.
56 Así pagó Dios a Abimelec el mal que
hizo contra su padre, matando a sus setenta
hermanos.
57 Y todo el mal de los hombres de Siquem
lo hizo Dios volver sobre sus cabezas, y vino
sobre ellos la maldición de Jotam hijo de
Jerobaal.

Tola y Jair juzgan a Israel

10 DESPUÉS de Abimelec, se levantó para
librar a Israel Tola hijo de Fúa, hijo de
Dodo, varón de Isacar, el cual habitaba en
Samir en el monte de Efraín.
2 Y juzgó a Israel veintitrés años; y murió, y
fue sepultado en Samir.
3 Tras él se levantó Jair galaadita, el cual juzgó a Israel veintidós años.
4 Éste tuvo treinta hijos, que cabalgaban
sobre treinta asnos; y tenían treinta ciudades,
que se llaman las ciudades de Jair hasta hoy,
las cuales están en la tierra de Galaad.
5 Y murió Jair, y fue sepultado en Camón.

Jefté liberta a Israel de los amonitas

➤ 6 Pero los hijos de Israel volvieron a hacer lo
malo ante los ojos de Jehová, y sirvieron a los
baales y a Astarot, a los dioses de Siria, a los
dioses de Sidón, a los dioses de Moab, a los dioses de los hijos de Amón y a los dioses de los
filisteos; y dejaron a Jehová, y no le sirvieron.
7 Y se encendió la ira de Jehová contra Israel,
y los entregó en mano de los filisteos, y en
mano de los hijos de Amón;
8 los cuales oprimieron y quebrantaron a
los hijos de Israel en aquel tiempo dieciocho
años, a todos los hijos de Israel que estaban al
otro lado del Jordán en la tierra del amorreo,
que está en Galaad.
9 Y los hijos de Amón pasaron el Jordán para
hacer también guerra contra Judá y contra
Benjamín y la casa de Efraín, y fue afligido
Israel en gran manera.
10 Entonces los hijos de Israel clamaron a
Jehová, diciendo: Nosotros hemos pecado
contra ti; porque hemos dejado a nuestro
Dios, y servido a los baales.
11 Y Jehová respondió a los hijos de Israel:
¿No habéis sido oprimidos de Egipto, de los
amorreos, de los amonitas, de los filisteos,
12 de los de Sidón, de Amalec y de Maón, y
clamando a mí no os libré de sus manos?
13 Mas vosotros me habéis dejado, y habéis
servido a dioses ajenos; por tanto, yo no os
libraré más.
14 Andad y clamad a los dioses que os habéis
elegido; que os libren ellos en el tiempo de
vuestra aflicción.
15 Y los hijos de Israel respondieron a Jehová:
Hemos pecado; haz tú con nosotros como bien
te parezca; sólo te rogamos que nos libres en
este día.
16 Y quitaron de entre sí los dioses ajenos, y ➤
sirvieron a Jehová; y él fue angustiado a causa de la aflicción de Israel.
17 Entonces se juntaron los hijos de Amón, y
acamparon en Galaad; se juntaron asimismo
los hijos de Israel, y acamparon en Mizpa.
18 Y los príncipes y el pueblo de Galaad dijeron el uno al otro: ¿Quién comenzará la batalla contra los hijos de Amón? Será caudillo
sobre todos los que habitan en Galaad.
11 JEFTÉ galaadita era esforzado y valeroso; era hijo de una mujer ramera, y el
padre de Jefté era Galaad.
2 Pero la mujer de Galaad le dio hijos, los cuales, cuando crecieron, echaron fuera a Jefté,
diciéndole: No heredarás en la casa de nuestro padre, porque eres hijo de otra mujer.
3 Huyó, pues, Jefté de sus hermanos, y habitó
en tierra de Tob; y se juntaron con él hombres
ociosos, los cuales salían con él.
4 Aconteció andando el tiempo, que los hijos
de Amón hicieron guerra contra Israel.
5 Y cuando los hijos de Amón hicieron guerra
contra Israel, los ancianos de Galaad fueron a
traer a Jefté de la tierra de Tob;
6 y dijeron a Jefté: Ven, y serás nuestro jefe,
para que peleemos contra los hijos de Amón.
7 Jefté respondió a los ancianos de Galaad:
¿No me aborrecisteis vosotros, y me echasteis
de la casa de mi padre? ¿Por qué, pues, venís
ahora a mí cuando estáis en aflicción?
8 Y los ancianos de Galaad respondieron a
Jefté: Por esta misma causa volvemos ahora a
ti, para que vengas con nosotros y pelees contra los hijos de Amón, y seas caudillo de todos
los que moramos en Galaad.

LECCIONES DE VIDA

➤ ***10.6 — los hijos de Israel volvieron a hacer lo malo ante los ojos de Jehová, y sirvieron a los baales.***

¿Por qué fueron los israelitas en pos de dioses falsos, después de todo lo que Dios había hecho por ellos? La idolatría se daba más que todo en el contexto cotidiano. La gente de aquel tiempo creía que Baal, el dios cananeo de la lluvia y la fertilidad, controlaba el éxito de las cosechas. En lugar de confiar en Dios para su provisión, los israelitas acudieron a las deidades de sus vecinos paganos, pensando que les iría mejor. ¿A qué acude usted en lugar de Dios para sus necesidades cotidianas?

➤ ***10.16 — Y quitaron de entre sí los dioses ajenos, y sirvieron a Jehová; y él fue angustiado a causa de la aflicción de Israel.***

Los israelitas descubrieron que servir a las deidades falsas de sus vecinos tuvo terribles consecuencias, y que el Señor es el único que puede satisfacer realmente nuestras necesidades. Debemos dar gracias que Él se complazca tanto en tratarnos con misericordia (Is 55.6, 7).

9 Jefté entonces dijo a los ancianos de Galaad: Si me hacéis volver para que pelee contra los hijos de Amón, y Jehová los entregare delante de mí, ¿seré yo vuestro caudillo?
10 Y los ancianos de Galaad respondieron a Jefté: Jehová sea testigo entre nosotros, si no hiciéremos como tú dices.
11 Entonces Jefté vino con los ancianos de Galaad, y el pueblo lo eligió por su caudillo y jefe; y Jefté habló todas sus palabras delante de Jehová en Mizpa.
12 Y envió Jefté mensajeros al rey de los amonitas, diciendo: ¿Qué tienes tú conmigo, que has venido a mí para hacer guerra contra mi tierra?
13 El rey de los amonitas respondió a los mensajeros de Jefté: Por cuanto Israel tomó mi tierra, cuando subió de Egipto, desde Arnón hasta Jaboc y el Jordán; ahora, pues, devuélvela en paz.
14 Y Jefté volvió a enviar otros mensajeros al rey de los amonitas,
15 para decirle: Jefté ha dicho así: Israel no tomó tierra de Moab, ni tierra de los hijos de Amón.
16 Porque cuando Israel subió de Egipto, anduvo por el desierto hasta el Mar Rojo, y llegó a Cades.
17 Entonces Israel envió mensajeros al rey de Edom, diciendo: Yo te ruego que me dejes pasar por tu tierra; pero el rey de Edom no los escuchó.[a] Envió también al rey de Moab, el cual tampoco quiso; se quedó, por tanto, Israel en Cades.
18 Después, yendo por el desierto, rodeó la tierra de Edom[b] y la tierra de Moab, y viniendo por el lado oriental de la tierra de Moab, acampó al otro lado de Arnón, y no entró en territorio de Moab; porque Arnón es territorio de Moab.
19 Y envió Israel mensajeros a Sehón rey de los amorreos, rey de Hesbón, diciéndole: Te ruego que me dejes pasar por tu tierra hasta mi lugar.
20 Mas Sehón no se fió de Israel para darle paso por su territorio, sino que reuniendo Sehón toda su gente, acampó en Jahaza, y peleó contra Israel.
21 Pero Jehová Dios de Israel entregó a Sehón y a todo su pueblo en mano de Israel, y los derrotó; y se apoderó Israel de toda la tierra de los amorreos que habitaban en aquel país.
22 Se apoderaron también de todo el territorio del amorreo desde Arnón hasta Jaboc, y desde el desierto hasta el Jordán.[c]
23 Así que, lo que Jehová Dios de Israel desposeyó al amorreo delante de su pueblo Israel, ¿pretendes tú apoderarte de él?
24 Lo que te hiciere poseer Quemos tu dios, ¿no lo poseerías tú? Así, todo lo que desposeyó Jehová nuestro Dios delante de nosotros, nosotros lo poseeremos.
25 ¿Eres tú ahora mejor en algo que Balac hijo de Zipor, rey de Moab?[d] ¿Tuvo él cuestión contra Israel, o hizo guerra contra ellos?
26 Cuando Israel ha estado habitando por trescientos años a Hesbón y sus aldeas, a Aroer y sus aldeas, y todas las ciudades que están en el territorio de Arnón, ¿por qué no las habéis recobrado en ese tiempo?
27 Así que, yo nada he pecado contra ti, mas tú haces mal conmigo peleando contra mí. Jehová, que es el juez, juzgue hoy entre los hijos de Israel y los hijos de Amón.
28 Mas el rey de los hijos de Amón no atendió a las razones que Jefté le envió.
29 Y el Espíritu de Jehová vino sobre Jefté; y pasó por Galaad y Manasés, y de allí pasó a Mizpa de Galaad, y de Mizpa de Galaad pasó a los hijos de Amón.
30 Y Jefté hizo voto a Jehová, diciendo: Si entregares a los amonitas en mis manos,
31 cualquiera que saliere de las puertas de mi casa a recibirme, cuando regrese victorioso de los amonitas, será de Jehová, y lo ofreceré en holocausto.
32 Y fue Jefté hacia los hijos de Amón para pelear contra ellos; y Jehová los entregó en su mano.
33 Y desde Aroer hasta llegar a Minit, veinte ciudades, y hasta la vega de las viñas, los derrotó con muy grande estrago. Así fueron sometidos los amonitas por los hijos de Israel.
34 Entonces volvió Jefté a Mizpa, a su casa; y he aquí su hija que salía a recibirle con panderos y danzas, y ella era sola, su hija única; no tenía fuera de ella hijo ni hija.
35 Y cuando él la vio, rompió sus vestidos, diciendo: ¡Ay, hija mía! en verdad me has abatido, y tú misma has venido a ser causa de mi dolor; porque le he dado palabra a Jehová, y no podré retractarme.[e]

a. 11.17 Nm 20.14-21. **b. 11.18** Nm 21.4. **c. 11.19-22** Nm 21.21-24. **d. 11.25** Nm 22.1-6. **e. 11.35** Nm 30.2.

LECCIONES DE VIDA

➤ ***11.24 — todo lo que desposeyó Jehová nuestro Dios delante de nosotros, nosotros lo poseeremos.***

Esta es una gran declaración: vamos a poseer todo lo que el Señor posea delante de nosotros. ¿Puede usted declarar lo mismo? ¿Está poseyendo todas las bendiciones espirituales que Dios ya ha apartado para usted por adelantado?

➤ ***11.35 — le he dado palabra a Jehová, y no podré retractarme.***

Aunque Jefté sabía que Dios iba a proteger la heredad que les había dado (Jue 11.15–24), su duda le llevó a hacer un voto que lamentaría en lo más profundo (Jue 11.34). La duda nos lleva por senderos que no son la voluntad de Dios para nosotros. Jefté lo aprendió de la manera más

36 Ella entonces le respondió: Padre mío, si le has dado palabra a Jehová, haz de mí conforme a lo que prometiste, ya que Jehová ha hecho venganza en tus enemigos los hijos de Amón.

37 Y volvió a decir a su padre: Concédeme esto: déjame por dos meses que vaya y descienda por los montes, y llore mi virginidad, yo y mis compañeras.

38 Él entonces dijo: Ve. Y la dejó por dos meses. Y ella fue con sus compañeras, y lloró su virginidad por los montes.

39 Pasados los dos meses volvió a su padre, quien hizo de ella conforme al voto que había hecho. Y ella nunca conoció varón.

40 Y se hizo costumbre en Israel, que de año en año fueran las doncellas de Israel a endechar a la hija de Jefté galaadita, cuatro días en el año.

12 ENTONCES se reunieron los varones de Efraín, y pasaron hacia el norte, y dijeron a Jefté: ¿Por qué fuiste a hacer guerra contra los hijos de Amón, y no nos llamaste para que fuéramos contigo? Nosotros quemaremos tu casa contigo.

2 Y Jefté les respondió: Yo y mi pueblo teníamos una gran contienda con los hijos de Amón, y os llamé, y no me defendisteis de su mano.

➤ 3 Viendo, pues, que no me defendíais, arriesgué mi vida, y pasé contra los hijos de Amón, y Jehová me los entregó; ¿por qué, pues, habéis subido hoy contra mí para pelear conmigo?

4 Entonces reunió Jefté a todos los varones de Galaad, y peleó contra Efraín; y los de Galaad derrotaron a Efraín, porque habían dicho: Vosotros sois fugitivos de Efraín, vosotros los galaaditas, en medio de Efraín y de Manasés.

5 Y los galaaditas tomaron los vados del Jordán a los de Efraín; y aconteció que cuando decían los fugitivos de Efraín: Quiero pasar, los de Galaad les preguntaban: ¿Eres tú efrateo? Si él respondía: No,

6 entonces le decían: Ahora, pues, di Shibolet. Y él decía Sibolet; porque no podía pronunciarlo correctamente. Entonces le echaban mano, y le degollaban junto a los vados del Jordán. Y murieron entonces de los de Efraín cuarenta y dos mil.

7 Y Jefté juzgó a Israel seis años; y murió Jefté galaadita, y fue sepultado en una de las ciudades de Galaad.

Ibzán, Elón y Abdón, jueces de Israel

8 Después de él juzgó a Israel Ibzán de Belén,

9 el cual tuvo treinta hijos y treinta hijas, las cuales casó fuera, y tomó de fuera treinta hijas para sus hijos; y juzgó a Israel siete años.

10 Y murió Ibzán, y fue sepultado en Belén.

11 Después de él juzgó a Israel Elón zabulonita, el cual juzgó a Israel diez años.

12 Y murió Elón zabulonita, y fue sepultado en Ajalón en la tierra de Zabulón.

13 Después de él juzgó a Israel Abdón hijo de Hilel, piratonita.

14 Éste tuvo cuarenta hijos y treinta nietos, que cabalgaban sobre setenta asnos; y juzgó a Israel ocho años.

15 Y murió Abdón hijo de Hilel piratonita, y fue sepultado en Piratón, en la tierra de Efraín, en el monte de Amalec.

Nacimiento de Sansón

13 LOS hijos de Israel volvieron a hacer lo malo ante los ojos de Jehová; y Jehová los entregó en mano de los filisteos por cuarenta años.

2 Y había un hombre de Zora, de la tribu de Dan, el cual se llamaba Manoa; y su mujer era estéril, y nunca había tenido hijos.

3 A esta mujer apareció el ángel de Jehová, y le dijo: He aquí que tú eres estéril, y nunca has tenido hijos; pero concebirás y darás a luz un hijo. ➤

4 Ahora, pues, no bebas vino ni sidra, ni comas cosa inmunda.

5 Pues he aquí que concebirás y darás a luz un hijo; y navaja no pasará sobre su cabeza, porque el niño será nazareo[a] a Dios desde su nacimiento, y él comenzará a salvar a Israel de mano de los filisteos.

6 Y la mujer vino y se lo contó a su marido, diciendo: Un varón de Dios vino a mí, cuyo aspecto era como el aspecto de un ángel de Dios, temible en gran manera; y no le pregunté de dónde ni quién era, ni tampoco él me dijo su nombre.

a. **13.5** Nm 6.1-5.

LECCIONES DE VIDA

dolorosa, y pagó un gran precio por su falta de fe. Recuerde que Dios se complace más en la obediencia que en los sacrificios (1 S 15.22). Sus votos y acciones intrépidas de sacrificio no van a hacer que Dios modifique sus planes. Por el contrario, Dios puede ver sus juramentos como evidencia de una fe inmadura que no basta para darle lo que le tiene preparado.

➤ ***12.3 — Jehová me los entregó.***

Cuando hacemos en fe y obediencia lo que Dios nos ha llamado a hacer, aunque nadie más nos apoye, Él hace por nosotros lo que no podemos hacer por nosotros mismos. Dios se encarga de nuestras necesidades cuando le obedecemos.

➤ ***13.3 — concebirás y darás a luz un hijo.***

¿Por qué Dios escoge con frecuencia a mujeres estériles para dar nacimiento a una persona de gran importancia espiritual? Quizás porque son personas quebrantadas, y el quebrantamiento es el requisito de Dios para que seamos útiles al máximo.

7 Y me dijo: He aquí que tú concebirás, y
darás a luz un hijo; por tanto, ahora no bebas
vino, ni sidra, ni comas cosa inmunda, porque
este niño será nazareo a Dios desde su nacimiento hasta el día de su muerte.
➤ 8 Entonces oró Manoa a Jehová, y dijo: Ah,
Señor mío, yo te ruego que aquel varón de
Dios que enviaste, vuelva ahora a venir a
nosotros, y nos enseñe lo que hayamos de
hacer con el niño que ha de nacer.
9 Y Dios oyó la voz de Manoa; y el ángel de
Dios volvió otra vez a la mujer, estando ella
en el campo; mas su marido Manoa no estaba con ella.
10 Y la mujer corrió prontamente a avisarle a
su marido, diciéndole: Mira que se me ha aparecido aquel varón que vino a mí el otro día.
11 Y se levantó Manoa, y siguió a su mujer; y
vino al varón y le dijo: ¿Eres tú aquel varón
que habló a la mujer? Y él dijo: Yo soy.
12 Entonces Manoa dijo: Cuando tus palabras se cumplan, ¿cómo debe ser la manera de
vivir del niño, y qué debemos hacer con él?
13 Y el ángel de Jehová respondió a Manoa:
La mujer se guardará de todas las cosas que
yo le dije.
14 No tomará nada que proceda de la vid; no
beberá vino ni sidra, y no comerá cosa inmunda; guardará todo lo que le mandé.
15 Entonces Manoa dijo al ángel de Jehová:
Te ruego nos permitas detenerte, y te prepara-
remos un cabrito.
➤ 16 Y el ángel de Jehová respondió a Manoa:
Aunque me detengas, no comeré de tu pan;
mas si quieres hacer holocausto, ofrécelo a
Jehová. Y no sabía Manoa que aquél fuese
ángel de Jehová.
17 Entonces dijo Manoa al ángel de Jehová:
¿Cuál es tu nombre, para que cuando se cumpla tu palabra te honremos?
18 Y el ángel de Jehová respondió: ¿Por qué
preguntas por mi nombre, que es admirable?
19 Y Manoa tomó un cabrito y una ofrenda,
y los ofreció sobre una peña a Jehová; y el
ángel hizo milagro ante los ojos de Manoa y
de su mujer.
20 Porque aconteció que cuando la llama
subía del altar hacia el cielo, el ángel de Jehová subió en la llama del altar ante los ojos de
Manoa y de su mujer, los cuales se postraron
en tierra.
21 Y el ángel de Jehová no volvió a aparecer a Manoa ni a su mujer. Entonces conoció
Manoa que era el ángel de Jehová.
22 Y dijo Manoa a su mujer: Ciertamente ➤
moriremos, porque a Dios hemos visto.
23 Y su mujer le respondió: Si Jehová nos quisiera matar, no aceptaría de nuestras manos el
holocausto y la ofrenda, ni nos hubiera mostrado todas estas cosas, ni ahora nos habría
anunciado esto.
24 Y la mujer dio a luz un hijo, y le puso por
nombre Sansón. Y el niño creció, y Jehová lo
bendijo.
25 Y el Espíritu de Jehová comenzó a manifestarse en él en los campamentos de Dan, entre
Zora y Estaol.

Sansón y la mujer filistea de Timnat

14 DESCENDIÓ Sansón a Timnat, y vio
en Timnat a una mujer de las hijas de
los filisteos.
2 Y subió, y lo declaró a su padre y a su madre,
diciendo: Yo he visto en Timnat una mujer de
las hijas de los filisteos; os ruego que me la
toméis por mujer.
3 Y su padre y su madre le dijeron: ¿No hay
mujer entre las hijas de tus hermanos, ni
en todo nuestro pueblo, para que vayas tú a
tomar mujer de los filisteos incircuncisos? Y
Sansón respondió a su padre: Tómame ésta
por mujer, porque ella me agrada.
4 Mas su padre y su madre no sabían que esto ➤
venía de Jehová, porque él buscaba ocasión
contra los filisteos; pues en aquel tiempo los
filisteos dominaban sobre Israel.

LECCIONES DE VIDA

➤ ***13.8 — Ah, Señor mío, yo te ruego que aquel varón de Dios que enviaste, vuelva ahora a venir a nosotros, y nos enseñe lo que hayamos de hacer con el niño que ha de nacer.***

En medio de una nación desobediente e idólatra, Manoa y su esposa sobresalen como personas fieles a Dios. Buscaron su consejo para instruir a su hijo en tiempos difíciles, y el Señor contestó sus oraciones.

➤ ***13.16 — no sabía Manoa que aquél fuese ángel de Jehová.***

¿Cuántos de nuestros encuentros cotidianos son realmente citas con los embajadores celestiales de Dios? Nunca lo sabremos hasta que lleguemos al cielo. Por esa razón debemos tratar cada encuentro como una cita divina (He 13.2).

➤ ***13.22 — Ciertamente moriremos, porque a Dios hemos visto.***

Son muchos los que temen pasar tiempo con Dios porque creen que su único interés es castigarlos o rechazarlos. Pero Dios quiere que nos acerquemos a Él para mostrarnos su salvación y amor, y Él nunca rechaza a cualquier persona que le busque con perseverancia. Nuestros encuentros con el Señor no nos perjudican, pues su propósito es edificarnos. Dios ciertamente nos bendecirá si nos aferramos a sus grandes promesas y obedecemos su Palabra por el poder de su Espíritu.

➤ ***14.4 — esto venía de Jehová, porque él buscaba ocasión contra los filisteos.***

El deseo de Sansón de tener una esposa filistea transgredió claramente la ley de Dios (Dt 7.3, 4), pero el Señor usó hasta su desobediencia para el bien de su pueblo. Note, sin embargo que Sansón mismo jamás recibió una bendición por su decisión rebelde, la cual le produjo remordimiento (Jue 14.20).

5 Y Sansón descendió con su padre y con su madre a Timnat; y cuando llegaron a las viñas de Timnat, he aquí un león joven que venía rugiendo hacia él.
6 Y el Espíritu de Jehová vino sobre Sansón, quien despedazó al león como quien despedaza un cabrito, sin tener nada en su mano; y no declaró ni a su padre ni a su madre lo que había hecho.
7 Descendió, pues, y habló a la mujer; y ella agradó a Sansón.
8 Y volviendo después de algunos días para tomarla, se apartó del camino para ver el cuerpo muerto del león; y he aquí que en el cuerpo del león había un enjambre de abejas, y un panal de miel.
9 Y tomándolo en sus manos, se fue comiéndolo por el camino; y cuando alcanzó a su padre y a su madre, les dio también a ellos que comiesen; mas no les descubrió que había tomado aquella miel del cuerpo del león.
10 Vino, pues, su padre adonde estaba la mujer, y Sansón hizo allí banquete; porque así solían hacer los jóvenes.
11 Y aconteció que cuando ellos le vieron, tomaron treinta compañeros para que estuviesen con él.
12 Y Sansón les dijo: Yo os propondré ahora un enigma, y si en los siete días del banquete me lo declaráis y descifráis, yo os daré treinta vestidos de lino y treinta vestidos de fiesta.
13 Mas si no me lo podéis declarar, entonces vosotros me daréis a mí los treinta vestidos de lino y los vestidos de fiesta. Y ellos respondieron: Propón tu enigma, y lo oiremos.
14 Entonces les dijo:

Del devorador salió comida,
Y del fuerte salió dulzura.

Y ellos no pudieron declararle el enigma en tres días.
15 Al séptimo día dijeron a la mujer de Sansón: Induce a tu marido a que nos declare este enigma, para que no te quememos a ti y a la casa de tu padre. ¿Nos habéis llamado aquí para despojarnos?
16 Y lloró la mujer de Sansón en presencia de él, y dijo: Solamente me aborreces, y no me amas, pues no me declaras el enigma que propusiste a los hijos de mi pueblo. Y él respondió: He aquí que ni a mi padre ni a mi madre lo he declarado, ¿y te lo había de declarar a ti?
17 Y ella lloró en presencia de él los siete días que ellos tuvieron banquete; mas al séptimo día él se lo declaró, porque le presionaba; y ella lo declaró a los hijos de su pueblo.
18 Al séptimo día, antes que el sol se pusiese, los de la ciudad le dijeron:

¿Qué cosa más dulce que la miel?
¿Y qué cosa más fuerte que el león?

Y él les respondió:

Si no araseis con mi novilla,
Nunca hubierais descubierto mi enigma.

19 Y el Espíritu de Jehová vino sobre él, y descendió a Ascalón y mató a treinta hombres de ellos; y tomando sus despojos, dio las mudas de vestidos a los que habían explicado el enigma; y encendido en enojo se volvió a la casa de su padre.
20 Y la mujer de Sansón fue dada a su compañero, al cual él había tratado como su amigo.

15 ACONTECIÓ después de algún tiempo, que en los días de la siega del trigo Sansón visitó a su mujer con un cabrito, diciendo: Entraré a mi mujer en el aposento. Mas el padre de ella no lo dejó entrar.
2 Y dijo el padre de ella: Me persuadí de que la aborrecías, y la di a tu compañero. Mas su hermana menor, ¿no es más hermosa que ella? Tómala, pues, en su lugar.
3 Entonces le dijo Sansón: Sin culpa seré esta vez respecto de los filisteos, si mal les hiciere.
4 Y fue Sansón y cazó trescientas zorras, y tomó teas, y juntó cola con cola, y puso una tea entre cada dos colas.
5 Después, encendiendo las teas, soltó las zorras en los sembrados de los filisteos y quemó las mieses amontonadas y en pie, viñas y olivares.
6 Y dijeron los filisteos: ¿Quién hizo esto? Y les contestaron: Sansón, el yerno del timnateo, porque le quitó su mujer y la dio a su compañero. Y vinieron los filisteos y la quemaron a ella y a su padre.
7 Entonces Sansón les dijo: Ya que así habéis hecho, juro que me vengaré de vosotros, y después desistiré.
8 Y los hirió cadera y muslo con gran mortandad; y descendió y habitó en la cueva de la peña de Etam.

Sansón derrota a los filisteos en Lehi

9 Entonces los filisteos subieron y acamparon en Judá, y se extendieron por Lehi.
10 Y los varones de Judá les dijeron: ¿Por qué habéis subido contra nosotros? Y ellos respondieron: A prender a Sansón hemos subido, para hacerle como él nos ha hecho.
11 Y vinieron tres mil hombres de Judá a la cueva de la peña de Etam, y dijeron a Sansón: ¿No sabes tú que los filisteos dominan sobre nosotros? ¿Por qué nos has hecho esto? Y él les respondió: Yo les he hecho como ellos me hicieron.
12 Ellos entonces le dijeron: Nosotros hemos venido para prenderte y entregarte en mano de los filisteos. Y Sansón les respondió: Juradme que vosotros no me mataréis.
13 Y ellos le respondieron, diciendo: No; solamente te prenderemos, y te entregaremos en sus manos; mas no te mataremos. Entonces le ataron con dos cuerdas nuevas, y le hicieron venir de la peña.
14 Y así que vino hasta Lehi, los filisteos salieron gritando a su encuentro; pero el Espíritu de Jehová vino sobre él, y las cuerdas que estaban en sus brazos se volvieron como lino

quemado con fuego, y las ataduras se cayeron
de sus manos.
15 Y hallando una quijada de asno fresca aún,
extendió la mano y la tomó, y mató con ella a
mil hombres.
16 Entonces Sansón dijo:

Con la quijada de un asno, un montón,
dos montones;
Con la quijada de un asno maté a mil
hombres.

17 Y acabando de hablar, arrojó de su mano la
quijada, y llamó a aquel lugar Ramat-lehi.[1]
➤ 18 Y teniendo gran sed, clamó luego a Jehová,
y dijo: Tú has dado esta grande salvación por
mano de tu siervo; ¿y moriré yo ahora de sed,
y caeré en mano de los incircuncisos?
19 Entonces abrió Dios la cuenca que hay en
Lehi; y salió de allí agua, y él bebió, y recobró su espíritu, y se reanimó. Por esto llamó
el nombre de aquel lugar, En-hacore,[2] el cual
está en Lehi, hasta hoy.
20 Y juzgó a Israel en los días de los filisteos
veinte años.

Sansón en Gaza

16 FUE Sansón a Gaza, y vio allí a una
mujer ramera, y se llegó a ella.
2 Y fue dicho a los de Gaza: Sansón ha venido acá. Y lo rodearon, y acecharon toda aquella noche a la puerta de la ciudad; y estuvieron
callados toda aquella noche, diciendo: Hasta
la luz de la mañana; entonces lo mataremos.
3 Mas Sansón durmió hasta la medianoche;
y a la medianoche se levantó, y tomando las
puertas de la ciudad con sus dos pilares y su
cerrojo, se las echó al hombro, y se fue y las
subió a la cumbre del monte que está delante de Hebrón.

Sansón Dalila

4 Después de esto aconteció que se enamoró
de una mujer en el valle de Sorec, la cual se
llamaba Dalila.
5 Y vinieron a ella los príncipes de los filisteos, y le dijeron: Engáñale e infórmate en
qué consiste su gran fuerza, y cómo lo podríamos vencer, para que lo atemos y lo dominemos; y cada uno de nosotros te dará mil cien
siclos de plata.
6 Y Dalila dijo a Sansón: Yo te ruego que me
declares en qué consiste tu gran fuerza, y
cómo podrás ser atado para ser dominado.
7 Y le respondió Sansón: Si me ataren con siete mimbres verdes que aún no estén enjutos,
entonces me debilitaré y seré como cualquiera de los hombres.
8 Y los príncipes de los filisteos le trajeron siete mimbres verdes que aún no estaban enjutos, y ella le ató con ellos.
9 Y ella tenía hombres en acecho en el aposento. Entonces ella le dijo: ¡Sansón, los filisteos contra ti! Y él rompió los mimbres, como
se rompe una cuerda de estopa cuando toca el
fuego; y no se supo el secreto de su fuerza.
10 Entonces Dalila dijo a Sansón: He aquí
tú me has engañado, y me has dicho mentiras; descúbreme, pues, ahora, te ruego, cómo
podrás ser atado.
11 Y él le dijo: Si me ataren fuertemente con
cuerdas nuevas que no se hayan usado, yo
me debilitaré, y seré como cualquiera de los
hombres.
12 Y Dalila tomó cuerdas nuevas, y le ató con
ellas, y le dijo: ¡Sansón, los filisteos sobre ti! Y
los espías estaban en el aposento. Mas él las
rompió de sus brazos como un hilo.
13 Y Dalila dijo a Sansón: Hasta ahora me
engañas, y tratas conmigo con mentiras. Descúbreme, pues, ahora, cómo podrás ser atado.
Él entonces le dijo: Si tejieres siete guedejas
de mi cabeza con la tela y las asegurares con
la estaca.
14 Y ella las aseguró con la estaca, y le dijo:
¡Sansón, los filisteos sobre ti! Mas despertando él de su sueño, arrancó la estaca del telar
con la tela.
15 Y ella le dijo: ¿Cómo dices: Yo te amo, ➤
cuando tu corazón no está conmigo? Ya me
has engañado tres veces, y no me has descubierto aún en qué consiste tu gran fuerza.
16 Y aconteció que, presionándole ella cada
día con sus palabras e importunándole, su
alma fue reducida a mortal angustia.
17 Le descubrió, pues, todo su corazón, y le
dijo: Nunca a mi cabeza llegó navaja; porque
soy nazareo de Dios desde el vientre de mi
madre. Si fuere rapado, mi fuerza se apartará

1 Esto es, *Colina de la Quijada*.
2 Esto es, *la fuente del que clamó*.

LECCIONES DE VIDA

➤ ***15.18 — Tú has dado esta grande salvación por mano de tu siervo.***

Aunque Sansón tenía muchos defectos de carácter, está incluido en el «salón de la fe» (He 11.32). Dios atendió sus súplicas, pero trate de imaginar lo que habría podido hacer con un Sansón obediente y fiel de todo corazón.

➤ ***16.15 — ¿Cómo dices: Yo te amo, cuando tu corazón no está conmigo?***

La lujuria no es amor. Es fácil decir «te amo», pero el amor de verdad siempre quiere lo mejor para la otra persona. Es abnegado e incondicional, mientras que la lujuria es egocéntrica y trae consigo una larga lista de demandas. Sansón y Dalila no se tenían confianza mutua, porque cada uno era leal a naciones diferentes. Ella ni siquiera reconocía al Dios de quien Sansón era siervo. ¿Cómo podrían ellos querer lo mejor el uno para el otro? El de ellos fue un amor imposible, y es por eso que la Biblia nos enseña a no ligarnos con incrédulos (2 Co 6.14–16).

de mí, y me debilitaré y seré como todos los hombres.

18 Viendo Dalila que él le había descubierto todo su corazón, envió a llamar a los principales de los filisteos, diciendo: Venid esta vez, porque él me ha descubierto todo su corazón. Y los principales de los filisteos vinieron a ella, trayendo en su mano el dinero.

➤ 19 Y ella hizo que él se durmiese sobre sus rodillas, y llamó a un hombre, quien le rapó las siete guedejas de su cabeza; y ella comenzó a afligirlo, pues su fuerza se apartó de él.

➤ 20 Y le dijo: ¡Sansón, los filisteos sobre ti! Y luego que despertó él de su sueño, se dijo: Esta vez saldré como las otras y me escaparé. Pero él no sabía que Jehová ya se había apartado de él.

21 Mas los filisteos le echaron mano, y le sacaron los ojos, y le llevaron a Gaza; y le ataron con cadenas para que moliese en la cárcel.

22 Y el cabello de su cabeza comenzó a crecer, después que fue rapado.

Muerte de Sansón

23 Entonces los principales de los filisteos se juntaron para ofrecer sacrificio a Dagón su dios y para alegrarse; y dijeron: Nuestro dios entregó en nuestras manos a Sansón nuestro enemigo.

24 Y viéndolo el pueblo, alabaron a su dios, diciendo: Nuestro dios entregó en nuestras manos a nuestro enemigo, y al destruidor de nuestra tierra, el cual había dado muerte a muchos de nosotros.

25 Y aconteció que cuando sintieron alegría en su corazón, dijeron: Llamad a Sansón, para que nos divierta. Y llamaron a Sansón de la cárcel, y sirvió de juguete delante de ellos; y lo pusieron entre las columnas.

26 Entonces Sansón dijo al joven que le guiaba de la mano: Acércame, y hazme palpar las columnas sobre las que descansa la casa, para que me apoye sobre ellas.

27 Y la casa estaba llena de hombres y mujeres, y todos los principales de los filisteos estaban allí; y en el piso alto había como tres mil hombres y mujeres, que estaban mirando el escarnio de Sansón.

28 Entonces clamó Sansón a Jehová, y dijo: Señor Jehová, acuérdate ahora de mí, y fortaléceme, te ruego, solamente esta vez, oh Dios, para que de una vez tome venganza de los filisteos por mis dos ojos.

29 Asió luego Sansón las dos columnas de en medio, sobre las que descansaba la casa, y echó todo su peso sobre ellas, su mano derecha sobre una y su mano izquierda sobre la otra.

30 Y dijo Sansón: Muera yo con los filisteos. Entonces se inclinó con toda su fuerza, y cayó la casa sobre los principales, y sobre todo el pueblo que estaba en ella. Y los que mató al morir fueron muchos más que los que había matado durante su vida.

31 Y descendieron sus hermanos y toda la casa de su padre, y le tomaron, y le llevaron, y le sepultaron entre Zora y Estaol, en el sepulcro de su padre Manoa. Y él juzgó a Israel veinte años.

Las imágenes y el sacerdote de Micaía

17 HUBO un hombre del monte de Efraín, que se llamaba Micaía,

2 el cual dijo a su madre: Los mil cien siclos de plata que te fueron hurtados, acerca de los cuales maldijiste, y de los cuales me hablaste, he aquí el dinero está en mi poder; yo lo tomé. Entonces la madre dijo: Bendito seas de Jehová, hijo mío.

3 Y él devolvió los mil cien siclos de plata a su madre; y su madre dijo: En verdad he dedicado el dinero a Jehová por mi hijo, para hacer una imagen de talla y una de fundición; ahora, pues, yo te lo devuelvo. ➤

4 Mas él devolvió el dinero a su madre, y tomó su madre doscientos siclos de plata y los dio al fundidor, quien hizo de ellos una imagen de talla y una de fundición, la cual fue puesta en la casa de Micaía.

5 Y este hombre Micaía tuvo casa de dioses, e hizo efod y terafines, y consagró a uno de sus hijos para que fuera su sacerdote.

LECCIONES DE VIDA

➤ ***16.19 — ella comenzó a afligirlo, pues su fuerza se apartó de él.***

Hay amores que matan, y este amor se volvió un tormento de la noche a la mañana. Al desgastarse la lujuria se generan sentimientos de odio más potentes que los sentimientos iniciales de amor (2 S 13.15).

➤ ***16.20 — él no sabía que Jehová ya se había apartado de él.***

Sansón cayó tan bajo que no pudo distinguir entre la presencia del Señor y su ausencia. El Espíritu de Dios jamás abandona a los creyentes en Cristo, pero sus bendiciones sí pueden cesar. Esto es algo que depende de nuestra obediencia.

➤ ***17.3 — En verdad he dedicado el dinero a Jehová por mi hijo, para hacer una imagen de talla y una de fundición.***

Esta mujer erró en su intento de combinar la idolatría y el culto al Dios verdadero. Nunca se puede adorar a Dios y venerar algo más (Mt 6.24), ni tampoco creer que Él aceptará nuestro intento de reducirle a un ídolo inerme de confección humana (Éx 20.2–6; Sal 115). El Señor merece nuestra devoción exclusiva y respeto total.

➤ 6 En aquellos días no había rey en Israel; cada uno hacía lo que bien le parecía.[a]

7 Y había un joven de Belén de Judá, de la tribu de Judá, el cual era levita, y forastero allí.

8 Este hombre partió de la ciudad de Belén de Judá para ir a vivir donde pudiera encontrar lugar; y llegando en su camino al monte de Efraín, vino a casa de Micaía.

9 Y Micaía le dijo: ¿De dónde vienes? Y el levita le respondió: Soy de Belén de Judá, y voy a vivir donde pueda encontrar lugar.

10 Entonces Micaía le dijo: Quédate en mi casa, y serás para mí padre y sacerdote; y yo te daré diez siclos de plata por año, vestidos y comida. Y el levita se quedó.

11 Agradó, pues, al levita morar con aquel hombre, y fue para él como uno de sus hijos.

12 Y Micaía consagró al levita, y aquel joven le servía de sacerdote, y permaneció en casa de Micaía.

➤ 13 Y Micaía dijo: Ahora sé que Jehová me prosperará, porque tengo un levita por sacerdote.

Micaía y los hombres de Dan

18 EN aquellos días no había rey en Israel. Y en aquellos días la tribu de Dan buscaba posesión para sí donde habitar, porque hasta entonces no había tenido posesión entre las tribus de Israel.

2 Y los hijos de Dan enviaron de su tribu cinco hombres de entre ellos, hombres valientes, de Zora y Estaol, para que reconociesen y explorasen bien la tierra; y les dijeron: Id y reconoced la tierra. Éstos vinieron al monte de Efraín, hasta la casa de Micaía, y allí posaron.

3 Cuando estaban cerca de la casa de Micaía, reconocieron la voz del joven levita; y llegando allá, le dijeron: ¿Quién te ha traído acá? ¿y qué haces aquí? ¿y qué tienes tú por aquí?

4 Él les respondió: De esta y de esta manera ha hecho conmigo Micaía, y me ha tomado para que sea su sacerdote.

5 Y ellos le dijeron: Pregunta, pues, ahora a Dios, para que sepamos si ha de prosperar este viaje que hacemos.

6 Y el sacerdote les respondió: Id en paz; delante de Jehová está vuestro camino en que andáis.

7 Entonces aquellos cinco hombres salieron, y vinieron a Lais; y vieron que el pueblo que habitaba en ella estaba seguro, ocioso y confiado, conforme a la costumbre de los de Sidón, sin que nadie en aquella región les perturbase en cosa alguna, ni había quien poseyese el reino. Y estaban lejos de los sidonios, y no tenían negocios con nadie.

8 Volviendo, pues, ellos a sus hermanos en Zora y Estaol, sus hermanos les dijeron: ¿Qué hay? Y ellos respondieron:

9 Levantaos, subamos contra ellos; porque nosotros hemos explorado la región, y hemos visto que es muy buena; ¿y vosotros no haréis nada? No seáis perezosos en poneros en marcha para ir a tomar posesión de la tierra.

10 Cuando vayáis, llegaréis a un pueblo confiado y a una tierra muy espaciosa, pues Dios la ha entregado en vuestras manos; lugar donde no hay falta de cosa alguna que haya en la tierra.

11 Entonces salieron de allí, de Zora y de Estaol, seiscientos hombres de la familia de Dan, armados de armas de guerra.

12 Fueron y acamparon en Quiriat-jearim en Judá, por lo cual llamaron a aquel lugar el campamento de Dan, hasta hoy; está al occidente de Quiriat-jearim.

13 Y de allí pasaron al monte de Efraín, y vinieron hasta la casa de Micaía.

14 Entonces aquellos cinco hombres que habían ido a reconocer la tierra de Lais dijeron a sus hermanos: ¿No sabéis que en estas casas hay efod y terafines, y una imagen de talla y una de fundición? Mirad, por tanto, lo que habéis de hacer.

15 Cuando llegaron allá, vinieron a la casa del joven levita, en casa de Micaía, y le preguntaron cómo estaba.

16 Y los seiscientos hombres, que eran de los hijos de Dan, estaban armados de sus armas de guerra a la entrada de la puerta.

17 Y subiendo los cinco hombres que habían ido a reconocer la tierra, entraron allá y tomaron la imagen de talla, el efod, los terafines y la imagen de fundición, mientras estaba el sacerdote a la entrada de la puerta con los seiscientos hombres armados de armas de guerra.

18 Entrando, pues, aquéllos en la casa de Micaía, tomaron la imagen de talla, el efod, los terafines y la imagen de fundición. Y el sacerdote les dijo: ¿Qué hacéis vosotros?

19 Y ellos le respondieron: Calla, pon la mano sobre tu boca, y vente con nosotros, para que

a. 17.6 Jue 21.25.

LECCIONES DE VIDA

➤ ***17.6 — En aquellos días no había rey en Israel; cada uno hacía lo que bien le parecía.***

Moisés había advertido en contra de hacer «cada uno lo que bien le parece» (Dt 12.8). Esto es exactamente lo que sucede cuando el pueblo de Dios se niega a obedecerle, y los resultados son caóticos, como lo prueba el libro de Jueces.

➤ ***17.13 — Ahora sé que Jehová me prosperará, porque tengo un levita por sacerdote.***

La Palabra de Dios es muy clara, la bendición del Señor no viene debido a la observancia de rituales o mediante nexos especiales con gente religiosa. Sus bendiciones son dadas a quienes le obedecen.

seas nuestro padre y sacerdote. ¿Es mejor que
seas tú sacerdote en casa de un solo hombre.
que de una tribu y familia de Israel?
20 Y se alegró el corazón del sacerdote, el cual
tomó el efod y los terafines y la imagen, y se
fue en medio del pueblo.
21 Y ellos se volvieron y partieron, y pusieron
los niños, el ganado y el bagaje por delante.
22 Cuando ya se habían alejado de la casa
de Micaía, los hombres que habitaban en las
casas cercanas a la casa de Micaía se juntaron
y siguieron a los hijos de Dan.
23 Y dando voces a los de Dan, éstos volvieron sus rostros, y dijeron a Micaía: ¿Qué tienes, que has juntado gente?
24 Él respondió: Tomasteis mis dioses que
yo hice y al sacerdote, y os vais; ¿qué más
me queda? ¿Por qué, pues, me decís: ¿Qué
tienes?
25 Y los hijos de Dan le dijeron: No des voces
tras nosotros, no sea que los de ánimo coléri-
co os acometan, y pierdas también tu vida y la
vida de los tuyos.
26 Y prosiguieron los hijos de Dan su camino,
y Micaía, viendo que eran más fuertes que él,
volvió y regresó a su casa.
27 Y ellos, llevando las cosas que había hecho
Micaía, juntamente con el sacerdote que tenía,
llegaron a Lais, al pueblo tranquilo y confiado; y los hirieron a filo de espada, y quemaron la ciudad.
28 Y no hubo quien los defendiese, porque
estaban lejos de Sidón, y no tenían negocios
con nadie. Y la ciudad estaba en el valle que
hay junto a Bet-rehob. Luego reedificaron la
ciudad, y habitaron en ella.
29 Y llamaron el nombre de aquella ciudad
Dan, conforme al nombre de Dan su padre,
hijo de Israel, bien que antes se llamaba la
ciudad Lais.
➤ 30 Y los hijos de Dan levantaron para sí la
imagen de talla; y Jonatán hijo de Gersón,
hijo de Moisés, él y sus hijos fueron sacerdotes en la tribu de Dan, hasta el día del cautiverio de la tierra.
31 Así tuvieron levantada entre ellos la imagen de talla que Micaía había hecho, todo el
tiempo que la casa de Dios estuvo en Silo.

El levita y su concubina

19 EN aquellos días, cuando no había rey
en Israel, hubo un levita que moraba
como forastero en la parte más remota del
monte de Efraín, el cual había tomado para sí
mujer concubina de Belén de Judá.
2 Y su concubina le fue infiel, y se fue de él a
casa de su padre, a Belén de Judá, y estuvo
allá durante cuatro meses.
3 Y se levantó su marido y la siguió, para
hablarle amorosamente y hacerla volver; y
llevaba consigo un criado, y un par de asnos; y
ella le hizo entrar en la casa de su padre.
4 Y viéndole el padre de la joven, salió a recibirle gozoso; y le detuvo su suegro, el padre de
la joven, y quedó en su casa tres días, comiendo y bebiendo y alojándose allí.
5 Al cuarto día, cuando se levantaron de
mañana, se levantó también el levita para irse;
y el padre de la joven dijo a su yerno: Conforta tu corazón con un bocado de pan, y después os iréis.
6 Y se sentaron ellos dos juntos, y comieron y
bebieron. Y el padre de la joven dijo al varón:
Yo te ruego que quieras pasar aquí la noche, y
se alegrará tu corazón.
7 Y se levantó el varón para irse, pero insistió
su suegro, y volvió a pasar allí la noche.
8 Al quinto día, levantándose de mañana para
irse, le dijo el padre de la joven: Conforta ahora tu corazón, y aguarda hasta que decline el
día. Y comieron ambos juntos.
9 Luego se levantó el varón para irse, él y su
concubina y su criado. Entonces su suegro,
el padre de la joven, le dijo: He aquí ya el día
declina para anochecer, te ruego que paséis
aquí la noche; he aquí que el día se acaba,
duerme aquí, para que se alegre tu corazón;
y mañana os levantaréis temprano a vuestro
camino y te irás a tu casa.
10 Mas el hombre no quiso pasar allí la noche,
sino que se levantó y se fue, y llegó hasta
enfrente de Jebús, que es Jerusalén, con su
par de asnos ensillados, y su concubina.
11 Y estando ya junto a Jebús, el día había
declinado mucho; y dijo el criado a su señor:
Ven ahora, y vámonos a esta ciudad de los
jebuseos, para que pasemos en ella la noche.
12 Y su señor le respondió: No iremos a ninguna ciudad de extranjeros, que no sea de
los hijos de Israel, sino que pasaremos hasta
Gabaa. Y dijo a su criado:
13 Ven, sigamos hasta uno de esos lugares,
para pasar la noche en Gabaa o en Ramá.
14 Pasando, pues, caminaron, y se les puso el
sol junto a Gabaa, que era de Benjamín.
15 Y se apartaron del camino para entrar a
pasar allí la noche en Gabaa; y entrando, se
sentaron en la plaza de la ciudad, porque no
hubo quien los acogiese en casa para pasar
la noche.

LECCIONES DE VIDA

➤ ***18.30 — los hijos de Dan levantaron para sí la imagen de talla.***

La tribu de Dan se empecinó en su idolatría hasta el exilio y nunca se arrepintieron, aunque Dios los esperó con paciencia varios siglos. Esto podría explicar por qué Dan no aparece en la lista de tribus en Apocalipsis 7.4–8.

16 Y he aquí un hombre viejo que venía de su
trabajo del campo al anochecer, el cual era
del monte de Efraín, y moraba como forastero
en Gabaa; pero los moradores de aquel lugar
eran hijos de Benjamín.
17 Y alzando el viejo los ojos, vio a aquel
caminante en la plaza de la ciudad, y le dijo:
¿A dónde vas, y de dónde vienes?
18 Y él respondió: Pasamos de Belén de Judá
a la parte más remota del monte de Efraín, de
donde soy; y había ido a Belén de Judá; mas
ahora voy a la casa de Jehová, y no hay quien
me reciba en casa.
19 Nosotros tenemos paja y forraje para nuestros asnos, y también tenemos pan y vino para
mí y para tu sierva, y para el criado que está
con tu siervo; no nos hace falta nada.
20 Y el hombre anciano dijo: Paz sea contigo;
tu necesidad toda quede solamente a mi cargo, con tal que no pases la noche en la plaza.
21 Y los trajo a su casa, y dio de comer a sus
asnos; y se lavaron los pies, y comieron y
bebieron.
22 Pero cuando estaban gozosos, he aquí que
los hombres de aquella ciudad, hombres perversos, rodearon la casa, golpeando a la puerta; y hablaron al anciano, dueño de la casa,
diciendo: Saca al hombre que ha entrado en
tu casa, para que lo conozcamos.
➤ 23 Y salió a ellos el dueño de la casa y les dijo:
No, hermanos míos, os ruego que no cometáis
este mal; ya que este hombre ha entrado en mi
casa, no hagáis esta maldad.
24 He aquí mi hija virgen, y la concubina de
él; yo os las sacaré ahora; humilladlas y haced
con ellas como os parezca, y no hagáis a este
hombre cosa tan infame.
25 Mas aquellos hombres no le quisieron oír;
por lo que tomando aquel hombre a su concubina, la sacó; y entraron a ella, y abusaron de
ella toda la noche hasta la mañana, y la dejaron cuando apuntaba el alba.
26 Y cuando ya amanecía, vino la mujer, y
cayó delante de la puerta de la casa de aquel
hombre donde su señor estaba, hasta que fue
de día.
27 Y se levantó por la mañana su señor, y
abrió las puertas de la casa, y salió para
seguir su camino; y he aquí la mujer su concubina estaba tendida delante de la puerta de la
casa, con las manos sobre el umbral.
28 Él le dijo: Levántate, y vámonos; pero ella
no respondió. Entonces la levantó el varón, y
echándola sobre su asno, se levantó y se fue
a su lugar.
29 Y llegando a su casa, tomó un cuchillo, y
echó mano de su concubina, y la partió por
sus huesos en doce partes, y la envió por todo
el territorio de Israel.
30 Y todo el que veía aquello, decía: Jamás se
ha hecho ni visto tal cosa, desde el tiempo en
que los hijos de Israel subieron de la tierra de
Egipto hasta hoy. Considerad esto, tomad consejo, y hablad.

La guerra contra Benjamín

20 ENTONCES salieron todos los hijos de
Israel, y se reunió la congregación como
un solo hombre, desde Dan hasta Beerseba y
la tierra de Galaad, a Jehová en Mizpa.
2 Y los jefes de todo el pueblo, de todas las
tribus de Israel, se hallaron presentes en la
reunión del pueblo de Dios, cuatrocientos mil
hombres de a pie que sacaban espada.
3 Y los hijos de Benjamín oyeron que los
hijos de Israel habían subido a Mizpa. Y dijeron los hijos de Israel: Decid cómo fue esta
maldad.
4 Entonces el varón levita, marido de la mujer
muerta, respondió y dijo: Yo llegué a Gabaa
de Benjamín con mi concubina, para pasar
allí la noche.
5 Y levantándose contra mí los de Gabaa,
rodearon contra mí la casa por la noche, con
idea de matarme, y a mi concubina la humillaron de tal manera que murió.
6 Entonces tomando yo mi concubina, la corté en pedazos, y la envié por todo el territorio
de la posesión de Israel, por cuanto han hecho
maldad y crimen en Israel.
7 He aquí todos vosotros sois hijos de Israel;
dad aquí vuestro parecer y consejo.
8 Entonces todo el pueblo, como un solo hombre, se levantó, y dijeron: Ninguno de nosotros
irá a su tienda, ni volverá ninguno de nosotros a su casa.
9 Mas esto es ahora lo que haremos a Gabaa:
contra ella subiremos por sorteo.
10 Tomaremos diez hombres de cada ciento
por todas las tribus de Israel, y ciento de cada
mil, y mil de cada diez mil, que lleven víveres
para el pueblo, para que yendo a Gabaa de
Benjamín le hagan conforme a toda la abominación que ha cometido en Israel.
11 Y se juntaron todos los hombres de Israel
contra la ciudad, ligados como un solo
hombre.
12 Y las tribus de Israel enviaron varones por
toda la tribu de Benjamín, diciendo: ¿Qué maldad es esta que ha sido hecha entre vosotros?

LECCIONES DE VIDA

➤ ***19.23 — os ruego que no cometáis este mal.***

Cuando cada cual hace lo que bien le parece, es sólo cuestión de tiempo para que la moralidad baje al nivel de perversión de Sodoma (Gn 19.1–8). Necesitamos que la Palabra de Dios nos muestre el camino a seguir.

13 Entregad, pues, ahora a aquellos hombres
perversos que están en Gabaa, para que los
matemos, y quitemos el mal de Israel. Mas
los de Benjamín no quisieron oír la voz de sus
hermanos los hijos de Israel,
14 sino que los de Benjamín se juntaron de las
ciudades en Gabaa, para salir a pelear contra
los hijos de Israel.
15 Y fueron contados en aquel tiempo los
hijos de Benjamín de las ciudades, veintiséis
mil hombres que sacaban espada, sin los que
moraban en Gabaa, que fueron por cuenta
setecientos hombres escogidos.
16 De toda aquella gente había setecientos
hombres escogidos, que eran zurdos, todos los
cuales tiraban una piedra con la honda a un
cabello, y no erraban.
17 Y fueron contados los varones de Israel,
fuera de Benjamín, cuatrocientos mil hombres que sacaban espada, todos estos hombres de guerra.
18 Luego se levantaron los hijos de Israel, y
subieron a la casa de Dios y consultaron a
Dios, diciendo: ¿Quién subirá de nosotros el
primero en la guerra contra los hijos de Benjamín? Y Jehová respondió: Judá será el primero.
19 Se levantaron, pues, los hijos de Israel por
la mañana, contra Gabaa.
20 Y salieron los hijos de Israel a combatir
contra Benjamín, y los varones de Israel ordenaron la batalla contra ellos junto a Gabaa.
21 Saliendo entonces de Gabaa los hijos de
Benjamín, derribaron por tierra aquel día
veintidós mil hombres de los hijos de Israel.
22 Mas reanimándose el pueblo, los varones
de Israel volvieron a ordenar la batalla en el
mismo lugar donde la habían ordenado el primer día.
23 Porque los hijos de Israel subieron y lloraron delante de Jehová hasta la noche, y consultaron a Jehová, diciendo: ¿Volveremos a
pelear con los hijos de Benjamín nuestros hermanos? Y Jehová les respondió: Subid contra ellos.
24 Por lo cual se acercaron los hijos de Israel
contra los hijos de Benjamín el segundo día.
25 Y aquel segundo día, saliendo Benjamín de
Gabaa contra ellos, derribaron por tierra otros
dieciocho mil hombres de los hijos de Israel,
todos los cuales sacaban espada.
26 Entonces subieron todos los hijos de Israel,
y todo el pueblo, y vinieron a la casa de Dios;
y lloraron, y se sentaron allí en presencia de
Jehová, y ayunaron aquel día hasta la noche;
y ofrecieron holocaustos y ofrendas de paz
delante de Jehová.
27 Y los hijos de Israel preguntaron a Jehová
(pues el arca del pacto de Dios estaba allí en
aquellos días,
28 y Finees hijo de Eleazar, hijo de Aarón,
ministraba delante de ella en aquellos días),
y dijeron: ¿Volveremos aún a salir contra los
hijos de Benjamín nuestros hermanos, para
pelear, o desistiremos? Y Jehová dijo: Subid,
porque mañana yo os los entregaré.
29 Y puso Israel emboscadas alrededor de
Gabaa.
30 Subiendo entonces los hijos de Israel contra los hijos de Benjamín el tercer día, ordenaron la batalla delante de Gabaa, como las
otras veces.
31 Y salieron los hijos de Benjamín al encuentro del pueblo, alejándose de la ciudad; y
comenzaron a herir a algunos del pueblo,
matándolos como las otras veces por los caminos, uno de los cuales sube a Bet-el, y el otro
a Gabaa en el campo; y mataron unos treinta
hombres de Israel.
32 Y los hijos de Benjamín decían: Vencidos
son delante de nosotros, como antes. Mas los
hijos de Israel decían: Huiremos, y los alejaremos de la ciudad hasta los caminos.
33 Entonces se levantaron todos los de Israel
de su lugar, y se pusieron en orden de batalla en Baal-tamar; y también las emboscadas
de Israel salieron de su lugar, de la pradera
de Gabaa.
34 Y vinieron contra Gabaa diez mil hombres
escogidos de todo Israel, y la batalla arrecia-
ba; mas ellos no sabían que ya el desastre se
acercaba a ellos.
35 Y derrotó Jehová a Benjamín delante de
Israel; y mataron los hijos de Israel aquel día
a veinticinco mil cien hombres de Benjamín,
todos los cuales sacaban espada.
36 Y vieron los hijos de Benjamín que eran
derrotados; y los hijos de Israel cedieron campo a Benjamín, porque estaban confiados en
las emboscadas que habían puesto detrás de
Gabaa.
37 Y los hombres de las emboscadas acometieron prontamente a Gabaa, y avanzaron e
hirieron a filo de espada a toda la ciudad.
38 Y era la señal concertada entre los hombres de Israel y las emboscadas, que hiciesen
subir una gran humareda de la ciudad.
39 Luego, pues, que los de Israel retrocedieron en la batalla, los de Benjamín comenzaron a herir y matar a la gente de Israel como
treinta hombres, y ya decían: Ciertamente
ellos han caído delante de nosotros, como en
la primera batalla.
40 Mas cuando la columna de humo comenzó
a subir de la ciudad, los de Benjamín miraron
hacia atrás; y he aquí que el humo de la ciudad subía al cielo.
41 Entonces se volvieron los hombres de
Israel, y los de Benjamín se llenaron de temor,
porque vieron que el desastre había venido
sobre ellos.
42 Volvieron, por tanto, la espalda delante de
Israel hacia el camino del desierto; pero la
batalla los alcanzó, y los que salían de las ciudades los destruían en medio de ellos.
43 Así cercaron a los de Benjamín, y los acosaron y hollaron desde Menúha hasta enfrente de Gabaa hacia donde nace el sol.

44 Y cayeron de Benjamín dieciocho mil hombres, todos ellos hombres de guerra.
45 Volviéndose luego, huyeron hacia el desierto, a la peña de Rimón, y de ellos fueron abatidos cinco mil hombres en los caminos; y
fueron persiguiéndolos aun hasta Gidom, y
mataron de ellos a dos mil hombres.
➤ 46 Fueron todos los que de Benjamín murieron
aquel día, veinticinco mil hombres que sacaban espada, todos ellos hombres de guerra.
47 Pero se volvieron y huyeron al desierto a
la peña de Rimón seiscientos hombres, los
cuales estuvieron en la peña de Rimón cuatro meses.
48 Y los hombres de Israel volvieron sobre
los hijos de Benjamín, y los hirieron a filo
de espada, así a los hombres de cada ciudad
como a las bestias y todo lo que fue hallado;
asimismo pusieron fuego a todas las ciudades
que hallaban.

Mujeres para los benjamitas

21 LOS varones de Israel habían jurado en
Mizpa, diciendo: Ninguno de nosotros
dará su hija a los de Benjamín por mujer.
2 Y vino el pueblo a la casa de Dios, y se estuvieron allí hasta la noche en presencia de
Dios; y alzando su voz hicieron gran llanto,
y dijeron:
3 Oh Jehová Dios de Israel, ¿por qué ha sucedido esto en Israel, que falte hoy de Israel una
tribu?
4 Y al día siguiente el pueblo se levantó de
mañana, y edificaron allí altar, y ofrecieron
holocaustos y ofrendas de paz.
5 Y dijeron los hijos de Israel: ¿Quién de todas
las tribus de Israel no subió a la reunión
delante de Jehová? Porque se había hecho
gran juramento contra el que no subiese a
Jehová en Mizpa, diciendo: Sufrirá la muerte.
6 Y los hijos de Israel se arrepintieron a causa de Benjamín su hermano, y dijeron: Cortada es hoy de Israel una tribu.
7 ¿Qué haremos en cuanto a mujeres para los
que han quedado? Nosotros hemos jurado por
Jehová que no les daremos nuestras hijas por
mujeres.
8 Y dijeron: ¿Hay alguno de las tribus de Israel
que no haya subido a Jehová en Mizpa? Y
hallaron que ninguno de Jabes-galaad había
venido al campamento, a la reunión.
9 Porque fue contado el pueblo, y no hubo allí
varón de los moradores de Jabes-galaad.
10 Entonces la congregación envió allá a
doce mil hombres de los más valientes, y
les mandaron, diciendo: Id y herid a filo de
espada a los moradores de Jabes-galaad, con
las mujeres y niños.
11 Pero haréis de esta manera: mataréis a
todo varón, y a toda mujer que haya conocido
ayuntamiento de varón.
12 Y hallaron de los moradores de Jabes-galaad cuatrocientas doncellas que no habían
conocido ayuntamiento de varón, y las trajeron al campamento en Silo, que está en la tierra de Canaán.
13 Toda la congregación envió luego a hablar
a los hijos de Benjamín que estaban en la
peña de Rimón, y los llamaron en paz.
14 Y volvieron entonces los de Benjamín, y les
dieron por mujeres las que habían guardado
vivas de las mujeres de Jabes-galaad; mas no
les bastaron éstas.
15 Y el pueblo tuvo compasión de Benjamín,
porque Jehová había abierto una brecha entre
las tribus de Israel.
16 Entonces los ancianos de la congregación dijeron: ¿Qué haremos respecto de mujeres para los que han quedado? Porque fueron
muertas las mujeres de Benjamín.
17 Y dijeron: Tenga Benjamín herencia en los
que han escapado, y no sea exterminada una
tribu de Israel.
18 Pero nosotros no les podemos dar mujeres
de nuestras hijas, porque los hijos de Israel
han jurado diciendo: Maldito el que diere
mujer a los benjamitas.
19 Ahora bien, dijeron, he aquí cada año hay
fiesta solemne de Jehová en Silo, que está al
norte de Bet-el, y al lado oriental del camino que sube de Bet-el a Siquem, y al sur de
Lebona.
20 Y mandaron a los hijos de Benjamín, diciendo: Id, y poned emboscadas en las viñas,
21 y estad atentos; y cuando veáis salir a
las hijas de Silo a bailar en corros, salid
de las viñas, y arrebatad cada uno mujer
para sí de las hijas de Silo, e idos a tierra de
Benjamín.
22 Y si vinieren los padres de ellas o sus hermanos a demandárnoslas, nosotros les diremos: Hacednos la merced de concedérnoslas,
pues que nosotros en la guerra no tomamos
mujeres para todos; además, no sois vosotros
los que se las disteis, para que ahora seáis
culpados.
23 Y los hijos de Benjamín lo hicieron así;
y tomaron mujeres conforme a su número,
robándolas de entre las que danzaban; y se

LECCIONES DE VIDA

➤ ***20.46 — Fueron todos los que de Benjamín murieron aquel día, veinticinco mil hombres.***

La tribu de Benjamín perdió más de veinticinco mil hombres en batalla debido a la maldad de los hombres de Gabaa. Israel perdió más de cuarenta mil hombres. Fue una guerra civil sangrienta que no debió pasar. Cuando perdemos nuestra conexión a la Palabra de Dios y dejamos de buscarle en oración, perdemos el sentido y tomamos decisiones pésimas (Pr 16.25).

fueron, y volvieron a su heredad, y reedificaron las ciudades, y habitaron en ellas.
24 Entonces los hijos de Israel se fueron también de allí, cada uno a su tribu y a su familia, saliendo de allí cada uno a su heredad.
25 En estos días no había rey en Israel; cada uno hacía lo que bien le parecía.[a]

a. 21.25 Jue 17.6.

LECCIONES DE VIDA

➤ ***21.25 — cada uno hacía lo que bien le parecía.***

Qué triste conclusión la de Jueces. Empezó con los triunfos de una nación que escuchaba a Dios (Jue 1.1–26) y terminó con un pueblo dividido, arruinado y reducido a tretas y engaños para arrebatar las mujeres de sus parientes. ¿Cómo se explica esto? Cada uno hacía lo que bien le parecía. El Señor asume toda la responsabilidad en cuanto a nuestras necesidades si lo obedecemos, pero si desobedecemos, Él nos abandona a nuestra suerte, y como Jueces lo demuestra, nuestra tendencia clara es el caos y la destrucción (Pr 14.12).

EL LIBRO DE RUT

Rut es una bella historia de amor, devoción y redención en el contexto lóbrego de la época de los jueces. Narra la vida de una mujer moabita que deja atrás su cultura pagana para ligarse al pueblo y al Dios de Israel. Por su fidelidad en un tiempo de infidelidad nacional, Dios la premia dándole un nuevo esposo (Booz), un hijo (Obed), y un puesto privilegiado en el linaje de Cristo (como bisabuela de David).

Rut se había casado con uno de los hijos de Noemí, pero él murió junto a los demás hombres de la familia y ambas mujeres terminaron solas. Noemí decidió regresar a Belén, su lugar de origen. En una demostración conmovedora de lealtad, Rut insistió en irse con ella, aunque le tocara ser extranjera en otro país. Rut juró: «Tu pueblo será mi pueblo, y tu Dios mi Dios» (Rt 1.16).

Tras su llegada a Belén, Rut se dedicó a recoger trigo en los campos como fuente de ingreso. No sabía que el campo donde trabajaba pertenecía a Booz, un hombre acaudalado y pariente distante que al notar su gran esfuerzo, se acercó con benignidad y le ofreció un lugar seguro en su propiedad, abastecida con toda la comida y el agua que ella quisiera. Como nosotros, Rut necesitó un libertador, un redentor, pero ¿qué tenía ella que ofrecer?

Cuando ella le expresó su gratitud, Booz respondió: «Jehová recompense tu obra, y tu remuneración sea cumplida de parte de Jehová Dios de Israel, bajo cuyas alas has venido a refugiarte» (Rt 2.12). Booz no sabía que iba a convertirse en la representación viva de la salvación de Dios, al intervenir como redentor de la parentela. A través de una serie milagrosa de eventos, Rut se casó con Booz y preservó el linaje humano de Jesucristo.

La historia de Rut nos enseña muchas lecciones, en especial sobre la importancia de confiarle a Dios nuestras circunstancias y nuestro futuro. La historia de Rut también enriquece la definición del amor redentor de Dios por nosotros a través de Jesucristo, quien nos redime y reintegra a su familia celestial.

Tema: La fidelidad a Dios, incluso en épocas y lugares con infidelidad prevaleciente, traerá la bendición de Dios.

Autor: Desconocido, posiblemente Samuel.

Fecha: Los sucesos del libro de Rut tienen lugar durante el período de los jueces, que empezó tras la muerte de Josué y duró unos trescientos años, hasta el comienzo del reinado de Saúl, cerca de 1043 a.C.

Estructura: Narración sencilla de cuatro capítulos (1.1—4.22) que funciona como la biografía espiritual de una joven viuda moabita cuya fe y devoción a su familia abrieron paso a singulares bendiciones de alcance histórico.

A medida que lea Rut, fíjese en los principios de vida que juegan un papel importante en este libro:

6. Cosechamos lo que sembramos, más de lo que sembramos, después de sembrarlo. *Véase Rut 1.16; página 297.*

18. Como hijos del Dios soberano, jamás somos víctimas de nuestras circunstancias. *Véase Rut 1.20, 21; página 297.*

21. La obediencia siempre trae bendición consigo. *Véase Rut 3.10; página 300.*

Rut y Noemí

➤ 1 ACONTECIÓ en los días que gobernaban
los jueces, que hubo hambre en la tierra. Y
un varón de Belén de Judá fue a morar en los
campos de Moab, él y su mujer, y dos hijos suyos.
2 El nombre de aquel varón era Elimelec, y el
de su mujer, Noemí; y los nombres de sus hijos
eran Mahlón y Quelión, efrateos de Belén de
Judá. Llegaron, pues, a los campos de Moab,
y se quedaron allí.
3 Y murió Elimelec, marido de Noemí, y quedó
ella con sus dos hijos,
4 los cuales tomaron para sí mujeres moabitas; el nombre de una era Orfa, y el nombre de
la otra, Rut; y habitaron allí unos diez años.
5 Y murieron también los dos, Mahlón y Quelión, quedando así la mujer desamparada de
sus dos hijos y de su marido.
➤ 6 Entonces se levantó con sus nueras, y regresó de los campos de Moab; porque oyó en el
campo de Moab que Jehová había visitado a
su pueblo para darles pan.
7 Salió, pues, del lugar donde había estado, y
con ella sus dos nueras, y comenzaron a caminar para volverse a la tierra de Judá.
8 Y Noemí dijo a sus dos nueras: Andad, volveos cada una a la casa de su madre; Jehová haga con vosotras misericordia, como la
habéis hecho con los muertos y conmigo.
9 Os conceda Jehová que halléis descanso,
cada una en casa de su marido. Luego las
besó, y ellas alzaron su voz y lloraron,
10 y le dijeron: Ciertamente nosotras iremos
contigo a tu pueblo.
11 Y Noemí respondió: Volveos, hijas mías;
¿para qué habéis de ir conmigo? ¿Tengo yo
más hijos en el vientre, que puedan ser vuestros maridos?
12 Volveos, hijas mías, e idos; porque yo ya
soy vieja para tener marido. Y aunque dijese:
Esperanza tengo, y esta noche estuviese con
marido, y aun diese a luz hijos,
13 ¿habíais vosotras de esperarlos hasta que
fuesen grandes? ¿Habíais de quedaros sin
casar por amor a ellos? No, hijas mías; que
mayor amargura tengo yo que vosotras, pues
la mano de Jehová ha salido contra mí.
14 Y ellas alzaron otra vez su voz y lloraron;
y Orfa besó a su suegra, mas Rut se quedó
con ella.
15 Y Noemí dijo: He aquí tu cuñada se ha vuelto
a su pueblo y a sus dioses; vuélvete tú tras ella.
16 Respondió Rut: No me ruegues que te deje, ➤
y me aparte de ti; porque a dondequiera que tú
fueres, iré yo, y dondequiera que vivieres, viviré.
Tu pueblo será mi pueblo, y tu Dios mi Dios.
17 Donde tú murieres, moriré yo, y allí seré
sepultada; así me haga Jehová, y aun me añada, que sólo la muerte hará separación entre
nosotras dos.
18 Y viendo Noemí que estaba tan resuelta a ir
con ella, no dijo más.
19 Anduvieron, pues, ellas dos hasta que llegaron a Belén; y aconteció que habiendo entrado
en Belén, toda la ciudad se conmovió por causa
de ellas, y decían: ¿No es ésta Noemí?
20 Y ella les respondía: No me llaméis Noemí,[1] sino llamadme Mara;[2] porque en grande
amargura me ha puesto el Todopoderoso.
21 Yo me fui llena, pero Jehová me ha vuel- ➤
to con las manos vacías. ¿Por qué me llamaréis
réis Noemí, ya que Jehová ha dado testimonio
contra mí, y el Todopoderoso me ha afligido?
22 Así volvió Noemí, y Rut la moabita su nuera con ella; volvió de los campos de Moab, y
llegaron a Belén al comienzo de la siega de
la cebada.

1. Esto es, *Placentera*. 2. Esto es, *Amarga*.

LECCIONES DE VIDA

➤ *1.1 — Aconteció en los días que gobernaban los jueces, que hubo hambre en la tierra. Y un varón de Belén de Judá fue a morar en los campos de Moab.*

A finales de la época de los jueces, Dios envió juicio de hambre sobre Israel debido a la desobediencia y la idolatría de la nación. En respuesta a la escasez de alimento, Elimelec se llevó a su familia a Moab, un país pagano que tenía muchas deidades pero no adoraba al único Dios verdadero. Es importante entender que esta historia empieza con una familia que transgredió los mandatos del Señor al salir de la tierra prometida, porque así podemos ver el precio que se paga por la desobediencia y también la gracia admirable de Dios al restaurarlos.

➤ *1.6 — porque oyó en el campo de Moab que Jehová había visitado a su pueblo para darles pan.*

Aunque Noemí se había ido de Belén en medio de una hambruna, le llegaron noticias de un avivamiento espiritual entre su pueblo, y que el Señor había bendecido la tierra con una buena cosecha. De esa manera, Dios empezó a llamar a Noemí para que volviera a la tierra donde pertenecía. Ciertamente asombrosa es la gracia de nuestro Señor, que no nos deja cuando nos apartamos, sino que nos atrae y restaura con lazos de amor.

➤ *1.16 — a dondequiera que tú fueres, iré yo… Tu pueblo será mi pueblo, y tu Dios mi Dios.*

Cosechamos lo que sembramos, más de lo que sembramos, después de sembrarlo. Las semillas de amor y fidelidad que Noemí había plantado en la vida de Rut produjeron una rica cosecha de lealtad y confianza. Asimismo, la influencia de Noemí tuvo un efecto positivo en la relación de Rut con el Señor.

➤ *1.21 — ¿Por qué me llamaréis Noemí, ya que Jehová ha dado testimonio contra mí, y el Todopoderoso me ha afligido?*

El nombre *Noemí* significa «placentera», pero ella no podía ver nada placentero en su situación. Al enfrentar penalidades, podemos ser tentados a creer que el Señor se ha puesto en contra de nosotros. Pero como hijos del Dios soberano, jamás somos víctimas de nuestras circunstancias. Él puede y él quiere hacer que las cosas obren para bien, cuando le seguimos fielmente (Ro 8.28). El Señor tiene un propósito para nuestra vida y obra durante los tiempos difíciles para hacer su voluntad.

RESPUESTAS A PREGUNTAS DE LA VIDA

¿Considera Dios la lealtad un atributo importante en su pueblo?

RUT 1.16, 17

Nuestra relación con Dios por lo general se ve reflejada en nuestras relaciones personales. Cuanto más leales somos a Dios, más leales tendemos a ser con amigos y familiares. No es una coincidencia.

Dios considera la lealtad un atributo importante. David la consideró tan importante que oró: «da a mi hijo Salomón corazón perfecto, para que guarde tus mandamientos, tus testimonios y tus estatutos» (1 Cr 29.19). Dios quiere que permanezcamos leales a Él, y quiere que seamos leales a las personas que coloca en nuestra vida.

Tal vez esto explique las múltiples y bellas ilustraciones de lealtad en la Biblia. Por ejemplo, Jonatán fue leal a David aunque le costó su propio bienestar (1 S 18.4; 19.2). En el Nuevo Testamento vemos un vínculo de lealtad entre el apóstol Pablo y Bernabé, dos hombres que contribuyeron a cambiar el mundo para Cristo, aunque no siempre estuvieron de acuerdo.

Tal vez uno de los cuadros más hermosos de lealtad en las Escrituras es el de Rut con su suegra Noemí. Muchos han inscrito las palabras que ella dijo en brazaletes y collares que llevan por todas partes: «A dondequiera que tú fueres, iré yo, y dondequiera que vivieres, viviré. Tu pueblo será mi pueblo, y tu Dios mi Dios. Donde tú murieres, moriré yo, y allí seré sepultada; así me haga Jehová, y aun me añada, que sólo la muerte hará separación entre nosotras dos» (Rt 1.16, 17).

La lealtad viene del corazón. Es motivada por amor y quiere lo mejor para la otra persona. Una persona leal es constante y noble. Nunca hay que rogarle su apoyo a un amigo o compañero leal.

La lealtad también demanda confianza. No da pie a ningún engaño o sospecha. Como resultado, los individuos leales conectan entre sí a un nivel mucho más profundo que los demás.

Una persona leal es un mensajero confiable. La deslealtad causa división, sobre todo entre cristianos. Los amigos leales defienden a la otra persona y rehúsan hacer caso a chismes. La lealtad habla con la verdad. La persona leal siempre es responsable.

La lealtad genuina no se basa en las circunstancias, el ambiente, la popularidad o la conveniencia. La lealtad verdadera se fundamenta en la devoción a Dios y el amor al prójimo.

En últimas, Dios siempre recompensa a quienes permanecen leales a Él y a las personas que Él pone en nuestra vida. Jamás podremos superar a Dios en generosidad, y tampoco en lealtad.

Para un estudio más a fondo, véase el Índice de Principios de vida:

28. *Ningún creyente ha sido llamado a transitar solitario en su peregrinaje de fe.*
23. *Jamás podremos superar a Dios en generosidad.*

Rut recoge espigas en el campo de Booz

2 TENÍA Noemí un pariente de su marido,
hombre rico de la familia de Elimelec, el
cual se llamaba Booz.
2 Y Rut la moabita dijo a Noemí: Te ruego que
me dejes ir al campo, y recogeré espigas[a] en
pos de aquel a cuyos ojos hallare gracia. Y ella
le respondió: Ve, hija mía.
3 Fue, pues, y llegando, espigó en el campo en
pos de los segadores; y aconteció que aquella
parte del campo era de Booz, el cual era de la
familia de Elimelec.
4 Y he aquí que Booz vino de Belén, y dijo a
los segadores: Jehová sea con vosotros. Y ellos
respondieron: Jehová te bendiga.
5 Y Booz dijo a su criado el mayordomo de los
segadores: ¿De quién es esta joven?
6 Y el criado, mayordomo de los segadores,
respondió y dijo: Es la joven moabita que volvió con Noemí de los campos de Moab;
7 y ha dicho: Te ruego que me dejes recoger
y juntar tras los segadores entre las gavillas.
Entró, pues, y está desde por la mañana hasta
ahora, sin descansar ni aun por un momento.
8 Entonces Booz dijo a Rut: Oye, hija mía,
no vayas a espigar a otro campo, ni pases de
aquí; y aquí estarás junto a mis criadas.

a. 2.2 Lv 19.9-10; Dt 24.19.

9 Mira bien el campo que sieguen, y síguelas; porque yo he mandado a los criados que no te molesten. Y cuando tengas sed, ve a las vasijas, y bebe del agua que sacan los criados.
➤ 10 Ella entonces bajando su rostro se inclinó a tierra, y le dijo: ¿Por qué he hallado gracia en tus ojos para que me reconozcas, siendo yo extranjera?
11 Y respondiendo Booz, le dijo: He sabido todo lo que has hecho con tu suegra después de la muerte de tu marido, y que dejando a tu padre y a tu madre y la tierra donde naciste, has venido a un pueblo que no conociste antes.
* 12 Jehová recompense tu obra, y tu remuneración sea cumplida de parte de Jehová Dios de Israel, bajo cuyas alas has venido a refugiarte.
13 Y ella dijo: Señor mío, halle yo gracia delante de tus ojos; porque me has consolado, y porque has hablado al corazón de tu sierva, aunque no soy ni como una de tus criadas.
14 Y Booz le dijo a la hora de comer: Ven aquí, y come del pan, y moja tu bocado en el vinagre. Y ella se sentó junto a los segadores, y él le dio del potaje, y comió hasta que se sació, y le sobró.
➤ 15 Luego se levantó para espigar. Y Booz mandó a sus criados, diciendo: Que recoja también espigas entre las gavillas, y no la avergoncéis;
16 y dejaréis también caer para ella algo de los manojos, y lo dejaréis para que lo recoja, y no la reprendáis.
17 Espigó, pues, en el campo hasta la noche, y desgranó lo que había recogido, y fue como un efa de cebada.
18 Y lo tomó, y se fue a la ciudad; y su suegra vio lo que había recogido. Sacó también luego lo que le había sobrado después de haber quedado saciada, y se lo dio.
19 Y le dijo su suegra: ¿Dónde has espigado hoy? ¿y dónde has trabajado? Bendito sea el que te ha reconocido. Y contó ella a su suegra con quién había trabajado, y dijo: El nombre del varón con quien hoy he trabajado es Booz.
➤ 20 Y dijo Noemí a su nuera: Sea él bendito de Jehová, pues que no ha rehusado a los vivos la benevolencia que tuvo para con los que han muerto. Después le dijo Noemí: Nuestro pariente es aquel varón, y uno de los que pueden redimirnos.

Ejemplos de vida

N O E M Í

Sembrar en medio del sufrimiento

RUT 1.17–22

Al ver su vida en ruina, Noemí pudo haberse hundido en la tristeza de su terreno baldío, pero ella se aferró a las raíces de la esperanza. *Aunque mis hijos y mi esposo ya no están aquí,* pudo haber pensado, *quizás pueda ver todavía algún fruto en mi vida.*

Dios no la había abandonado, y ella a su tiempo recogió una cosecha abundante e inesperada de amor. Su nuera Rut la miró tiernamente y le declaró su compromiso firme de quedarse con ella, de ser necesario hasta la muerte (Rt 1.16, 17). Noemí puso su fe en el Señor, y Él proveyó para ella.

En cualquier situación que se encuentre, el Señor está con usted y puede sostenerle. Aunque no haya fruto ahora, las semillas de amor y fidelidad que ha esparcido producirán una abundante cosecha. ¿Perseverará como Noemí, y seguirá sembrando en medio del sufrimiento?

Para un estudio más a fondo, véase el Índice de Principios de vida:

11. Dios asume toda la responsabilidad en cuanto a nuestras necesidades, si lo obedecemos.

21 Y Rut la moabita dijo: Además de esto me ha dicho: Júntate con mis criadas, hasta que hayan acabado toda mi siega.

LECCIONES DE VIDA

➤ ***2.1 — Tenía Noemí un pariente de su marido, hombre rico... el cual se llamaba Booz.***

Booz tenía riquezas pero no esposa; Rut tenía pobreza y había quedado sin esposo. Ambos demostraron con sus vidas su compromiso a Dios, y esa es la clase de personas a las que Dios gozosamente les quita sus carencias y los colma de bienes.

➤ ***2.10 — ¿Por qué he hallado gracia en tus ojos para que me reconozcas, siendo yo extranjera?***

Rut no hacía nada para ser vista. Puesto que servía por pura humildad y obediencia, Dios dirigió la atención de Booz a su virtud y diligencia. Lo mismo debería ser cierto de todos los creyentes. El Señor no nos honrará si hacemos las cosas por el deseo orgulloso de ser reconocidos. En cambio, si hacemos lo mejor que podemos por servirle humildemente, Él nos exalta en su tiempo (Pr 29.23; Mt 23.12; Stg 4.10; 1 P 5.5, 6).

➤ ***2.15 — Que recoja también espigas entre las gavillas, y no la avergoncéis.***

Booz no actuó con generosidad hacia Rut porque supiera lo que iba a suceder. Su generosidad se debía a que era un hombre que procuraba honrar al Señor todos los días, y la bondad se había convertido en parte de su carácter piadoso (Lv 19.9, 10; 23.22; Dt 24.19–21). «El ojo misericordioso será bendito» (Pr 22.9).

22 Y Noemí respondió a Rut su nuera: Mejor
es, hija mía, que salgas con sus criadas, y que
no te encuentren en otro campo.
23 Estuvo, pues, junto con las criadas de Booz
espigando, hasta que se acabó la siega de la
cebada y la del trigo; y vivía con su suegra.

Rut y Booz en la era

3 DESPUÉS le dijo su suegra Noemí: Hija
mía, ¿no he de buscar hogar para ti, para
que te vaya bien?
2 ¿No es Booz nuestro pariente, con cuyas
criadas tú has estado? He aquí que él avienta
esta noche la parva de las cebadas.
3 Te lavarás, pues, y te ungirás, y vistiéndo-
te tus vestidos, irás a la era; mas no te darás
a conocer al varón hasta que él haya acabado
de comer y de beber.
4 Y cuando él se acueste, notarás el lugar donde se acuesta, e irás y descubrirás sus pies, y te
acostarás allí; y él te dirá lo que hayas de hacer.
5 Y ella respondió: Haré todo lo que tú me
mandes.
6 Descendió, pues, a la era, e hizo todo lo que
su suegra le había mandado.
7 Y cuando Booz hubo comido y bebido, y su
corazón estuvo contento, se retiró a dormir a
un lado del montón. Entonces ella vino calladamente, y le descubrió los pies y se acostó.
8 Y aconteció que a la medianoche se estremeció aquel hombre, y se volvió; y he aquí, una
mujer estaba acostada a sus pies.
9 Entonces él dijo: ¿Quién eres? Y ella respondió: Yo soy Rut tu sierva; extiende el borde de tu capa sobre tu sierva, por cuanto eres
pariente cercano.
➤ 10 Y él dijo: Bendita seas tú de Jehová, hija
mía; has hecho mejor tu postrera bondad que
la primera, no yendo en busca de los jóvenes,
sean pobres o ricos.
11 Ahora pues, no temas, hija mía; yo haré
contigo lo que tú digas, pues toda la gente de
mi pueblo sabe que eres mujer virtuosa.
12 Y ahora, aunque es cierto que yo soy
pariente cercano, con todo eso hay pariente
más cercano que yo.
13 Pasa aquí la noche, y cuando sea de día, si
él te redimiere, bien, redímate; mas si él no te
quisiere redimir, yo te redimiré, vive Jehová.
Descansa, pues, hasta la mañana.
14 Y después que durmió a sus pies hasta la
mañana, se levantó antes que los hombres
pudieran reconocerse unos a otros; porque él
dijo: No se sepa que vino mujer a la era.
15 Después le dijo: Quítate el manto que traes
sobre ti, y tenlo. Y teniéndolo ella, él midió seis
medidas de cebada, y se las puso encima; y
ella se fue a la ciudad.
16 Y cuando llegó a donde estaba su suegra, ésta
le dijo: ¿Qué hay, hija mía? Y le contó ella todo lo
que con aquel varón le había acontecido.
17 Y dijo: Estas seis medidas de cebada me
dio, diciéndome: A fin de que no vayas a tu
suegra con las manos vacías.
18 Entonces Noemí dijo: Espérate, hija mía, ➤
hasta que sepas cómo se resuelve el asunto;
porque aquel hombre no descansará hasta
que concluya el asunto hoy.

Booz se casa con Rut

4 BOOZ subió a la puerta y se sentó allí; y
he aquí pasaba aquel pariente de quien
Booz había hablado, y le dijo: Eh, fulano, ven
acá y siéntate. Y él vino y se sentó.
2 Entonces él tomó a diez varones de los
ancianos de la ciudad, y dijo: Sentaos aquí. Y
ellos se sentaron.
3 Luego dijo al pariente: Noemí, que ha vuelto del campo de Moab, vende una parte de las
tierras que tuvo nuestro hermano Elimelec.
4 Y yo decidí hacértelo saber, y decirte que la
compres en presencia de los que están aquí
sentados, y de los ancianos de mi pueblo. Si tú
quieres redimir, redime; y si no quieres redimir, decláramelo para que yo lo sepa; porque
no hay otro que redima sino tú, y yo después
de ti. Y él respondió: Yo redimiré.
5 Entonces replicó Booz: El mismo día que
compres las tierras de mano de Noemí, debes
tomar también a Rut la moabita, mujer del
difunto, para que restaures el nombre del
muerto sobre su posesión.

LECCIONES DE VIDA

➤ ***2.20 — Sea él bendito de Jehová, pues que no ha rehusado a los vivos la benevolencia... Nuestro pariente es aquel varón.***

Dios condujo a Rut de forma milagrosa al único pariente que podía redimirlas (Dt 25.5–10). Una de las responsabilidades del pariente redentor era pagar el precio de recuperar la propiedad ancestral y los familiares que hubieran sido convertidos en esclavos (Lv 25.23–28, 47–55; Nm 35.19). Como hombre piadoso, Booz ciertamente cumpliría este deber con ellas. Hoy nuestro redentor es Jesucristo, pues Él pagó el precio de nuestra esclavitud al pecado con su muerte en la cruz y su resurrección, y así nos ha hecho parte de su familia (Is 52.3; Mt 20.28; Gá 4.5; Tit 2.14; 1 P 1.18, 19).

➤ ***3.10 — Has hecho mejor tu postrera bondad que la primera, no yendo en busca de los jóvenes, sean pobres o ricos.***

¿A qué se debe el acto extraño de acostarse a los pies de Booz (Rt 3.7, 9)? Ella quiso mostrar sumisión a él y pedir su protección. Parece que a Booz le sorprendió que una joven mujer tan hermosa y fiel como Rut expresara un interés personal en él. A Dios le encanta prodigar bendiciones inesperadas a su pueblo obediente.

➤ ***3.18 — Espérate, hija mía, hasta que sepas cómo se resuelve el asunto; porque aquel hombre no descansará hasta que concluya el asunto hoy.***

Hay un tiempo para actuar y un tiempo para esperar. Cuando hayamos hecho lo que nos toca hacer, también debemos esperar para ver qué hará Dios.

6 Y respondió el pariente: No puedo redimir para mí, no sea que dañe mi heredad. Redime tú, usando de mi derecho, porque yo no podré redimir.

7 Había ya desde hacía tiempo esta costumbre en Israel tocante a la redención y al contrato, que para la confirmación de cualquier negocio, el uno se quitaba el zapato y lo daba a su compañero; y esto servía de testimonio en Israel.

8 Entonces el pariente dijo a Booz: Tómalo tú. Y se quitó el zapato.[a]

9 Y Booz dijo a los ancianos y a todo el pueblo: Vosotros sois testigos hoy, de que he adquirido de mano de Noemí todo lo que fue de Elimelec, y todo lo que fue de Quelión y de Mahlón.

10 Y que también tomo por mi mujer a Rut la moabita, mujer de Mahlón, para restaurar el nombre del difunto sobre su heredad, para que el nombre del muerto no se borre de entre sus hermanos y de la puerta de su lugar. Vosotros sois testigos hoy.

➤ 11 Y dijeron todos los del pueblo que estaban a la puerta con los ancianos: Testigos somos. Jehová haga a la mujer que entra en tu casa como a Raquel y a Lea, las cuales edificaron la casa de Israel;[b] y tú seas ilustre en Efrata, y seas de renombre en Belén.

12 Y sea tu casa como la casa de Fares, el que Tamar dio a luz a Judá,[c] por la descendencia que de esa joven te dé Jehová.

13 Booz, pues, tomó a Rut, y ella fue su mujer; y se llegó a ella, y Jehová le dio que concibiese y diese a luz un hijo.

14 Y las mujeres decían a Noemí: Loado sea Jehová, que hizo que no te faltase hoy pariente, cuyo nombre será celebrado en Israel;

➤ 15 el cual será restaurador de tu alma, y sustentará tu vejez; pues tu nuera, que te ama, lo ha dado a luz; y ella es de más valor para ti que siete hijos.

16 Y tomando Noemí el hijo, lo puso en su regazo, y fue su aya.

17 Y le dieron nombre las vecinas, diciendo: Le ha nacido un hijo a Noemí; y lo llamaron Obed. Éste es padre de Isaí, padre de David.

18 Éstas son las generaciones de Fares:[d] Fares engendró a Hezrón,

19 Hezrón engendró a Ram, y Ram engendró a Aminadab,

20 Aminadab engendró a Naasón, y Naasón engendró a Salmón,

21 Salmón engendró a Booz, y Booz engendró a Obed,

22 Obed engendró a Isaí, e Isaí engendró a David.

Ejemplos de vida

RUT

Leal hasta el final

RUT 4.13–22

Tras la muerte de su esposo hebreo, Rut pudo haber permanecido en su propia cultura, lo cual habría sido más fácil y viable para ella. En lugar de eso decidió viajar con su suegra Noemí que regresaba a Belén, donde sería una extranjera. ¿Por qué lo hizo? La razón pareció muy simple y lógica desde su punto de vista: tenía una lealtad absoluta a su suegra enlutada.

La lealtad une a los individuos. La lealtad verdadera no es fácil porque requiere que seamos pacientes y estemos dispuestos a soportar inconvenientes. La gente leal modifica su agenda para atender las necesidades de las personas a quienes sirven. Además, la lealtad siempre requiere pagar un precio. Rut, por ejemplo, hizo un sacrificio tremendo al dejar atrás parientes y amigos por servir a Noemí.

Por supuesto, la lealtad piadosa también merece una gran recompensa. Dios vio la lealtad profunda y constante de Rut y la recompensó dándole un esposo amoroso, un hermoso hijo y como si eso fuera poco, la incluyó en el linaje familiar de Jesucristo.

Para un estudio más a fondo, véase el Índice de Principios de vida:

28. Ningún creyente ha sido llamado a transitar solitario en su peregrinaje de fe.

a. 4.7-8 Dt 25.9. **b. 4.11** Gn 29.31–35.18. **c. 4.12** Gn 38.27-30. **d. 4.18** 1 Cr 2.5-15; Mt 1.3-6; Lc 3.31-33.

LECCIONES DE VIDA

➤ ***4.11 — Jehová haga a la mujer que entra en tu casa como a Raquel y a Lea, las cuales edificaron la casa de Israel.***

Los ancianos de Belén no sabían que su bendición pronunciada sobre Booz se haría realidad en tal magnitud, pues el hijo de esta nueva pareja se convertiría en antepasado de Jesucristo (Mt 1.5–17).

➤ ***4.15 — el cual será restaurador de tu alma, y sustentará tu vejez.***

Noemí había perdido dos hijos, pero tuvo en su virtuosa nuera alguien mejor que siete hijos, y al final un nieto que le trajo gran alegría en su vejez. ¡A Dios le encanta bendecir a su pueblo fiel!

EL PRIMER LIBRO DE

SAMUEL

El libro Primero de Samuel describe la transición de liderazgo en Israel, de los jueces a los reyes. Se destacan tres personajes: Samuel, último juez y primer profeta del pueblo; Saúl, el primer rey; y David, quien fue ungido pero siguió sin ser reconocido como el sucesor de Saúl.

Dios había escogido a la nación de Israel para bendecir en gran manera al mundo con la venida del Mesías. Su plan para lograrlo fue poner un rey piadoso en el trono de Israel. David afrontó muchas variables en su contra durante su vida, pero era el hombre elegido por Dios para la tarea. El Señor libró su vida en muchas ocasiones y le permitió ocupar un lugar importante en la historia de Israel, así como un lugar vital en la realización del plan maestro de Dios para la salvación de toda la humanidad.

Los libros de Primero y Segundo de Samuel llevan el nombre del profeta que ungió a Saúl y David como reyes. En la Biblia hebrea eran un solo tomo titulado «Libro de Samuel». El nombre *Samuel* se ha traducido de formas diferentes como «Dios me ha escuchado» y «pedido a Dios». La Septuaginta lo seccionó en dos libros, aunque esto constituye una división artificial que interrumpe la historia de David. El título griego de Samuel en esa traducción es «Libros de los Reinos» y se refiere a la división de Israel entre Israel al norte y Judá al sur. La Vulgata latina llamó originalmente los libros de Samuel y Reyes «Libros de los Reyes», pero más adelante los títulos se combinaron en hebreo y griego dando como resultado para el primero de la serie, llamarlo «Primer libro de Samuel».

Tema: Dios es fiel y soberano en el cumplimiento de sus promesas a su pueblo, a pesar de los errores, pecados y rebeliones de los seres humanos. El primer libro de Samuel demuestra que Dios protege y capacita a quienes elige y llama para un propósito específico.

Autor: Desconocido, posiblemente Samuel con la inclusión de algunos escritos de Natán y Gad.

Fecha: El primer libro de Samuel abarca un período de noventa y cuatro años que empieza en la época de Samuel (cerca de 1100 a.C.), el último juez de Israel, pasa por el ascenso de Saúl al trono como el primer rey de Israel (1050 a.C.); continúa con el ungimiento de David como rey seguido por su persecución por parte de Saúl; y termina con los años finales del reino de Saúl y su suicidio (cerca de 1015 a.C.).

Estructura: El primer libro de Samuel presenta un registro histórico de Israel centrado en tres personajes principales: Samuel, el último de los jueces (1.1—8.22); Saúl, primer rey de Israel que se rebeló contra Dios (9.1—15.35); y David, quien fue designado por Dios y gracias al poder divino, llegó a ser el rey terrenal más grande de Israel (16.1—31.13).

A medida que lea 1 Samuel, fíjese en los principios de vida que juegan un papel importante en este libro:

8. **Libremos nuestras batallas de rodillas y siempre obtendremos la victoria.** *Véase 1 Samuel 1.10–27; páginas 303-304.*

1. **Nuestra intimidad con Dios, que es su prioridad para nosotros, determina el impacto que causen nuestras vidas.** *Véase 1 Samuel 13.14; página 317.*

10. **Si es necesario, Dios moverá cielo y tierra para mostrarnos su voluntad.** *Véase 1 Samuel 16.3; página 321.*

7. **Los momentos sombríos durarán solo el tiempo necesario para que Dios lleve a cabo su propósito en nosotros.** *Véase 1 Samuel 30.1–6; página 340.*

Nacimiento de Samuel

1 HUBO un varón de Ramataim de Zofim,
del monte de Efraín, que se llamaba
Elcana hijo de Jeroham, hijo de Eliú, hijo de
Tohu, hijo de Zuf, efrateo.
2 Y tenía él dos mujeres; el nombre de una
era Ana, y el de la otra, Penina. Y Penina tenía
hijos, mas Ana no los tenía.
3 Y todos los años aquel varón subía de su
ciudad para adorar y para ofrecer sacrificios
a Jehová de los ejércitos en Silo, donde estaban dos hijos de Elí, Ofni y Finees, sacerdotes de Jehová.
4 Y cuando llegaba el día en que Elcana ofrecía sacrificio, daba a Penina su mujer, a todos
sus hijos y a todas sus hijas, a cada uno su
parte.
➢ 5 Pero a Ana daba una parte escogida; porque
amaba a Ana, aunque Jehová no le había concedido tener hijos.
6 Y su rival la irritaba, enojándola y entriste-
ciéndola, porque Jehová no le había concedido tener hijos.
7 Así hacía cada año; cuando subía a la casa
de Jehová, la irritaba así; por lo cual Ana lloraba, y no comía.
8 Y Elcana su marido le dijo: Ana, ¿por qué
lloras? ¿por qué no comes? ¿y por qué está
afligido tu corazón? ¿No te soy yo mejor que
diez hijos?
9 Y se levantó Ana después que hubo comido
y bebido en Silo; y mientras el sacerdote Elí
estaba sentado en una silla junto a un pilar del
templo de Jehová,
➢ 10 ella con amargura de alma oró a Jehová, y
lloró abundantemente.
11 E hizo voto, diciendo: Jehová de los ejércitos, si te dignares mirar a la aflicción de tu
sierva, y te acordares de mí, y no te olvida-
res de tu sierva, sino que dieres a tu sierva un
hijo varón, yo lo dedicaré a Jehová todos los
días de su vida, y no pasará navaja sobre su
cabeza.[a]
12 Mientras ella oraba largamente delante
de Jehová, Elí estaba observando la boca de
ella.
13 Pero Ana hablaba en su corazón, y solamente se movían sus labios, y su voz no se oía;
y Elí la tuvo por ebria.
14 Entonces le dijo Elí: ¿Hasta cuándo estarás
ebria? Digiere tu vino.

Ejemplos de vida

A N A

La importancia de pedir con fe

1 S 1

Ana es un ejemplo bíblico excelente de cómo se pide con fe. Estaba casada con un hombre llamado Elcana, al igual que otra mujer. Con el correr de los años, Penina la segunda esposa de Elcana le dio varios hijos e hijas, mientras Ana siguió estéril. Ana anhelaba tener un hijo propio.

Por fin, en la festividad anual, Ana se fue a la entrada del tabernáculo y lloró con ruegos al Señor y una tristeza profunda, pidiendo un hijo y haciendo voto de entregárselo al Señor (1 S 1.10, 11). El Señor oyó la petición de Ana y la contestó. Nueve meses después ella tuvo un hijo llamado Samuel, quien llegó a convertirse en el profeta y juez de todo Israel. ¿Habría nacido Samuel si Ana no le hubiera pedido a Dios que le diera un hijo? La Biblia parece indicarnos que no. Samuel llegó al mundo en respuesta directa a la petición sincera y emotiva de Ana.

Para un estudio más a fondo, véase el Índice de Principios de vida:

8. Libremos nuestras batallas de rodillas y siempre obtendremos la victoria.

15 Y Ana le respondió diciendo: No, señor
mío; yo soy una mujer atribulada de espíritu;
no he bebido vino ni sidra, sino que he derramado mi alma delante de Jehová.

a. 1.11 Nm 6.5.

LECCIONES DE VIDA

➢ ***1.5 — Jehová no le había concedido tener hijos.***

El Señor había cerrado la matriz de Ana, no por accidente, ni por límites físicos de la naturaleza. Dios es soberano y «hace según su voluntad» (Dn 4.35). Él tenía un plan y lo revelaría en el momento preciso. Lo cierto es que usó la tristeza de Ana para edificar su carácter y su fe en Él. Después le dio a Samuel y le trajo una gran alegría.

➢ ***1.10 — ella con amargura de alma oró a Jehová, y lloró abundantemente.***

Ana era una mujer piadosa en una situación difícil y enfrentaba una batalla que no podía ganar por sí sola. Además, en su cultura era una afrenta no poder tener hijos. Penina, la otra esposa de su marido, la atormentaba todo el tiempo por eso, pero ella por fin decidió librar esa batalla sobre sus rodillas, sometiendo sus deseos y limitaciones a Dios, y ganó una gran victoria. En su tiempo, el Señor le contestó su petición de un hijo. En ninguna situación se debe perder la esperanza, si la ponemos en manos de Dios.

16 No tengas a tu sierva por una mujer impía;
porque por la magnitud de mis congojas y de
mi aflicción he hablado hasta ahora.
17 Elí respondió y dijo: Ve en paz, y el Dios de
Israel te otorgue la petición que le has hecho.
➤ 18 Y ella dijo: Halle tu sierva gracia delante
de tus ojos. Y se fue la mujer por su camino, y
comió, y no estuvo más triste.
19 Y levantándose de mañana, adoraron delante de Jehová, y volvieron y fueron a su casa en
Ramá. Y Elcana se llegó a Ana su mujer, y
Jehová se acordó de ella.
➤ 20 Aconteció que al cumplirse el tiempo, después de haber concebido Ana, dio a luz un
hijo, y le puso por nombre Samuel, diciendo:
Por cuanto lo pedí a Jehová.
21 Después subió el varón Elcana con toda
su familia, para ofrecer a Jehová el sacrificio
acostumbrado y su voto.
22 Pero Ana no subió, sino dijo a su marido:
Yo no subiré hasta que el niño sea destetado,
para que lo lleve y sea presentado delante de
Jehová, y se quede allá para siempre.
23 Y Elcana su marido le respondió: Haz lo
que bien te parezca; quédate hasta que lo des-
tetes; solamente que cumpla Jehová su palabra. Y se quedó la mujer, y crió a su hijo hasta
que lo destetó.
24 Después que lo hubo destetado, lo llevó
consigo, con tres becerros, un efa de harina, y
una vasija de vino, y lo trajo a la casa de Jehová en Silo; y el niño era pequeño.
25 Y matando el becerro, trajeron el niño a
Elí.
26 Y ella dijo: ¡Oh, señor mío! Vive tu alma,
señor mío, yo soy aquella mujer que estuvo
aquí junto a ti orando a Jehová.
27 Por este niño oraba, y Jehová me dio lo
que le pedí.
28 Yo, pues, lo dedico también a Jehová; todos
los días que viva, será de Jehová. Y adoró allí
a Jehová.

Cántico de Ana

➤ 2 Y Ana oró y dijo:
Mi corazón se regocija en Jehová,
Mi poder se exalta en Jehová;
Mi boca se ensanchó sobre mis enemigos,
Por cuanto me alegré en tu salvación.
2 No hay santo como Jehová;
Porque no hay ninguno fuera de ti,
Y no hay refugio como el Dios nuestro.
3 No multipliquéis palabras de grandeza y altanería;
Cesen las palabras arrogantes de vuestra boca;
Porque el Dios de todo saber es Jehová,
Y a él toca el pesar las acciones.
4 Los arcos de los fuertes fueron quebrados,
Y los débiles se ciñeron de poder.
5 Los saciados se alquilaron por pan,
Y los hambrientos dejaron de tener hambre;
Hasta la estéril ha dado a luz siete,
Y la que tenía muchos hijos languidece.
6 Jehová mata, y él da vida;
Él hace descender al Seol, y hace subir.
7 Jehová empobrece, y él enriquece; *
Abate, y enaltece.
8 Él levanta del polvo al pobre,
Y del muladar exalta al menesteroso,
Para hacerle sentarse con príncipes y heredar un sitio de honor.
Porque de Jehová son las columnas de la tierra,
Y él afirmó sobre ellas el mundo.
9 Él guarda los pies de sus santos, ➤
Mas los impíos perecen en tinieblas;
Porque nadie será fuerte por su propia fuerza.
10 Delante de Jehová serán quebrantados sus adversarios,
Y sobre ellos tronará desde los cielos;
Jehová juzgará los confines de la tierra,
Dará poder a su Rey,
Y exaltará el poderío de su Ungido.[a]
11 Y Elcana se volvió a su casa en Ramá; y el
niño ministraba a Jehová delante del sacer-
dote Elí.

a. **2.1-10** Lc 1.46-55.

LECCIONES DE VIDA

➤ ***1.18 — Y se fue la mujer por su camino, y comió, y no estuvo más triste.***

Ana dejó atrás su tristeza, no cuando cambiaron sus circunstancias, que todavía eran las mismas, sino después de verterle su alma al Señor. A causa de su tristeza, ella se pudo conectar con Dios al nivel más profundo que había experimentado en su vida.

➤ ***1.20 — y le puso por nombre Samuel, diciendo: Por cuanto lo pedí a Jehová.***

El nombre Samuel significa «Dios me ha escuchado». Sin duda, Ana le relató a su hijo la historia de su nacimiento una y otra vez. Samuel creció sabiendo que el Señor se complace en contestar las plegarias de sus siervos obedientes, lo cual tuvo un impacto definitivo y maravilloso en su vida.

➤ ***2.1 — Mi boca se ensanchó sobre mis enemigos, por cuanto me alegré en tu salvación.***

Podemos sonreír ante nuestros enemigos cuando nos acordamos que servimos al Dios que se deleita tanto en redimirnos. Cada vez que nos regocijamos en el Señor mismo, y no solamente en sus bendiciones, experimentamos un gozo que nada más nos puede dar.

➤ ***2.9 — Él guarda los pies de sus santos.***

Si usted es creyente en Cristo, el Señor promete guardar sus pies, es decir, darle dirección, consejo, guía y protección en el sendero de la vida que tiene por delante (Sal 37.23, 24; Pr 4.11, 12).

El pecado de los hijos de Elí

12 Los hijos de Elí eran hombres impíos, y no
tenían conocimiento de Jehová.
13 Y era costumbre de los sacerdotes con el
pueblo, que cuando alguno ofrecía sacrificio, venía el criado del sacerdote mientras se
cocía la carne, trayendo en su mano un garfio
de tres dientes,
14 y lo metía en el perol, en la olla, en el caldero
o en la marmita; y todo lo que sacaba el garfio,
el sacerdote lo tomaba para sí. De esta manera hacían con todo israelita que venía a Silo.
15 Asimismo, antes de quemar la grosura,
venía el criado del sacerdote, y decía al que
sacrificaba: Da carne que asar para el sacerdote; porque no tomará de ti carne cocida,
sino cruda.
16 Y si el hombre le respondía: Quemen la
grosura primero, y después toma tanto como
quieras; él respondía: No, sino dámela ahora mismo; de otra manera yo la tomaré por
la fuerza.
17 Era, pues, muy grande delante de Jehová
el pecado de los jóvenes; porque los hombres
menospreciaban las ofrendas de Jehová.
18 Y el joven Samuel ministraba en la presencia de Jehová, vestido de un efod de lino.
19 Y le hacía su madre una túnica pequeña y se
la traía cada año, cuando subía con su marido
para ofrecer el sacrificio acostumbrado.
20 Y Elí bendijo a Elcana y a su mujer, diciendo:
Jehová te dé hijos de esta mujer en lugar del que
pidió a Jehová. Y se volvieron a su casa.
21 Y visitó Jehová a Ana, y ella concibió, y dio
a luz tres hijos y dos hijas. Y el joven Samuel
crecía delante de Jehová.
22 Pero Elí era muy viejo; y oía de todo lo que
sus hijos hacían con todo Israel, y cómo dormían con las mujeres que velaban a la puerta
del tabernáculo de reunión.
23 Y les dijo: ¿Por qué hacéis cosas semejantes? Porque yo oigo de todo este pueblo vuestros malos procederes.
24 No, hijos míos, porque no es buena fama
la que yo oigo; pues hacéis pecar al pueblo
de Jehová.
25 Si pecare el hombre contra el hombre, los
jueces le juzgarán; mas si alguno pecare contra Jehová, ¿quién rogará por él? Pero ellos
no oyeron la voz de su padre, porque Jehová
había resuelto hacerlos morir.
26 Y el joven Samuel iba creciendo, y era
acepto delante de Dios y delante de los hombres.
27 Y vino un varón de Dios a Elí, y le dijo: Así
ha dicho Jehová: ¿No me manifesté yo claramente a la casa de tu padre, cuando estaban
en Egipto en casa de Faraón?
28 Y yo le escogí por mi sacerdote entre todas
las tribus de Israel, para que ofreciese sobre
mi altar, y quemase incienso, y llevase efod
delante de mí;[b] y di a la casa de tu padre todas
las ofrendas de los hijos de Israel.[c]
29 ¿Por qué habéis hollado mis sacrificios
y mis ofrendas, que yo mandé ofrecer en el
tabernáculo; y has honrado a tus hijos más
que a mí, engordándoos de lo principal de
todas las ofrendas de mi pueblo Israel?
30 Por tanto, Jehová el Dios de Israel dice: Yo
había dicho que tu casa y la casa de tu padre
andarían delante de mí perpetuamente; mas
ahora ha dicho Jehová: Nunca yo tal haga,
porque yo honraré a los que me honran, y los
que me desprecian serán tenidos en poco.
31 He aquí, vienen días en que cortaré tu brazo y el brazo de la casa de tu padre, de modo
que no haya anciano en tu casa.

b. 2.28 Éx 28.1-4. **c. 2.28** Lv 7.35-36.

LECCIONES DE VIDA

2.12 — Los hijos de Elí eran hombres impíos, y no tenían conocimiento de Jehová.

Los dos hijos de Elí sirvieron mucho tiempo como sacerdotes, aunque «no tenían conocimiento de Jehová». Usted puede asistir a la iglesia y servir como líder sin que Dios sea *su* Señor, pero sus obras no le salvarán (Mt 7.21–23; Jn 3.16–18; Ef 2.8, 9). Dios siempre se fija en los motivos de su corazón, sea que usted le sirva por amor y obediencia o por sus propios fines egoístas.

2.17 — Era, pues, muy grande delante de Jehová el pecado de los jóvenes; porque los hombres menospreciaban las ofrendas de Jehová.

Un asunto muy serio para Dios es que los líderes, por su mala conducta, dificulten o impidan a la gente adorarlo en espíritu y en verdad. Él quiere una relación profunda con nosotros, y quitará de en medio cualquier estorbo.

2.21 — Y visitó Jehová a Ana, y ella concibió, y dio a luz tres hijos y dos hijas. Y el joven Samuel crecía delante de Jehová.

No se puede superar a Dios en generosidad. Ana dedicó su primogénito a Dios (1 S 1.28), y el Señor le dio a esta mujer que había sido estéril tres hijos y dos hijas más.

2.23 — ¿Por qué hacéis cosas semejantes? Porque yo oigo de todo este pueblo vuestros malos procederes.

Elí se enteró de todo lo que sus hijos malvados habían estado haciendo y cómo alejaban a Israel del Señor (1 S 2.12–17, 22, 24), pero lo único que hizo fue reconvenirlos. Nunca debemos permitir que nuestro amor por nuestros hijos nos impida disciplinarlos como Dios indique, porque Él lo hace por el bienestar de ellos y también por el nuestro.

2.29 — ¿Por qué... has honrado a tus hijos más que a mí?

Los padres deben cuidarse de honrar a sus hijos por encima del Señor. Elí puso en primer lugar a sus hijos cuando se abstuvo de hacer algo mientras que ellos se quedaban con la mejor parte de la ofrenda que debía apartarse para Dios (Lv 7; 1 S 2.12–17). Por causa de ello, los perdió (1 S 4.11). Todo aquello a lo que nos aferremos, lo vamos a perder.

Ejemplos de vida

SAMUEL

Cómo aprender a oír la voz de Dios

1 S 3.1–10

Siendo uno de los profetas más influyentes del Antiguo Testamento, no es coincidencia que la primera tarea que Dios le asignó a Samuel fue aprender a oír su voz y reconocerle cada vez que le llamaba.

En 1 Samuel 3.1–10 leemos que el joven Samuel, estando bajo la tutela del sacerdote Elí, ya estaba acostado cierta noche cuando el Señor habló. Al principio, Samuel no supo a quién oía y pensó que Elí lo estaba llamando. La tercera vez que Elí le dijo que no lo había llamado, se dio cuenta que era el Señor. Por eso instruyó al pequeño a responder diciendo: «Habla, Jehová, porque tu siervo oye» (v. 9).

¡Qué bella manera de responder a Dios! «Habla Señor, que tu siervo escucha». Elí le enseñó a Samuel cómo oír la voz divina, y si vamos a ser hombres y mujeres de Dios, nosotros también debemos aprender a reconocer sus esfuerzos por hablarnos.

Para un estudio más a fondo, véase el Índice de Principios de vida:
13. Escuchar a Dios es esencial para andar con Él.

32 Verás tu casa humillada, mientras Dios colma de bienes a Israel; y en ningún tiempo habrá anciano en tu casa.
33 El varón de los tuyos que yo no corte de mi altar, será para consumir tus ojos y llenar tu alma de dolor; y todos los nacidos en tu casa morirán en la edad viril.
34 Y te será por señal esto que acontecerá a tus dos hijos, Ofni y Finees: ambos morirán en un día.
35 Y yo me suscitaré un sacerdote fiel, que haga conforme a mi corazón y a mi alma; y yo le edificaré casa firme, y andará delante de mi ungido todos los días.
36 Y el que hubiere quedado en tu casa vendrá a postrarse delante de él por una moneda de plata y un bocado de pan, diciéndole: Te ruego que me agregues a alguno de los ministerios, para que pueda comer un bocado de pan.

Jehová llama a Samuel

3 EL joven Samuel ministraba a Jehová en presencia de Elí; y la palabra de Jehová escaseaba en aquellos días; no había visión con frecuencia.
2 Y aconteció un día, que estando Elí acostado en su aposento, cuando sus ojos comenzaban a oscurecerse de modo que no podía ver,
3 Samuel estaba durmiendo en el templo de Jehová, donde estaba el arca de Dios; y antes que la lámpara de Dios fuese apagada,
4 Jehová llamó a Samuel; y él respondió: Heme aquí.
5 Y corriendo luego a Elí, dijo: Heme aquí; ¿para qué me llamaste? Y Elí le dijo: Yo no he llamado; vuelve y acuéstate. Y él se volvió y se acostó.
6 Y Jehová volvió a llamar otra vez a Samuel. Y levantándose Samuel, vino a Elí y dijo: Heme aquí; ¿para qué me has llamado? Y él dijo: Hijo mío, yo no he llamado; vuelve y acuéstate.
7 Y Samuel no había conocido aún a Jehová, ni la palabra de Jehová le había sido revelada. ➤
8 Jehová, pues, llamó la tercera vez a Samuel. Y él se levantó y vino a Elí, y dijo: Heme aquí; ¿para qué me has llamado? Entonces entendió Elí que Jehová llamaba al joven.
9 Y dijo Elí a Samuel: Ve y acuéstate; y si te llamare, dirás: Habla, Jebová, porque tu siervo oye. Así se fue Samuel, y se acostó en su lugar.
10 Y vino Jehová y se paró, y llamó como las otras veces: ¡Samuel, Samuel! Entonces Samuel dijo: Habla, porque tu siervo oye. ➤

LECCIONES DE VIDA

➤ ***3.7 — Samuel no había conocido aún a Jehová, ni la palabra de Jehová le había sido revelada.***

La primera vez que Dios le habló a Samuel siendo niño, él no conocía su voz, pero aprendió a oírla. El Señor desea que disfrutemos una relación estrecha con Él, y ha hecho todo lo necesario para que sea posible.

➤ ***3.10 — Habla, porque tu siervo oye.***

Muy temprano en su vida, Samuel aprendió a oír y obedecer al Señor, aunque al principio no entendió el proceso. Si queremos ser hombres y mujeres de bien, no podemos esperar hasta que lleguen los problemas para aprender a escuchar a Dios. Debemos aprovechar los momentos de quietud para enfocar nuestra atención en Él y decirle: «Habla Señor, estoy escuchando». Esos momentos de quietud nos permiten recibir con brazos abiertos a Aquel que nos llama, mientras Él enseña a nuestro corazón a amarlo y obedecerlo.

RESPUESTAS A PREGUNTAS DE LA VIDA

¿Cómo puedo saber que escucho la voz de Dios y no algo distinto?

1 S 3

El libro de Primero de Samuel describe cómo el joven Samuel llegó a oír y entender la palabra hablada de Dios. La Biblia dice que la palabra del Señor escaseaba en aquel tiempo, por eso Samuel tuvo que aprender a reconocer la voz de Dios y así no confundirla con ideas que entraran en conflicto con el carácter verdadero de Dios.

Samuel no sólo aprendió a oír claramente las palabras de Dios, también las pudo repetir con autoridad. La Biblia dice de él: «Y Samuel creció, y Jehová estaba con él, y no dejó caer a tierra ninguna de sus palabras. Y todo Israel, desde Dan hasta Beerseba, conoció que Samuel era fiel profeta de Jehová» (1 S 3.19, 20).

A veces dejamos que nuestras nociones preconcebidas acerca de Dios influyan en lo que pensamos oír de su parte. Por ejemplo, si pensamos en Dios como un consejero sabio y considerado, seremos sensibles a su amor cuando suframos calamidades a causa de nuestra propia insensatez. En cambio, si pensamos que Dios es un juez vengativo, esperaremos oír palabras de condenación y castigo al actuar neciamente.

Nuestra relación con Dios influye en cómo oímos a Dios. Si nos acercamos a Dios como sus hijos salvos que viven bajo su gracia, tenemos por cierto que Él dirá las palabras que realmente necesitamos, así no sean lo que prefiramos escuchar. Cuando entendemos que su amor es infinito, podemos creer todo lo que nos dice.

Este mismo problema ocurre en cualquier área donde la idea que nos formemos sobre el carácter de Dios puede entrar en conflicto con las Escrituras. Podemos pensar que es un proveedor generoso o engañarnos y verle como un tacaño. Podemos verle como un guía fiel y confiable o desviarnos pensando que es nuestro amigo fiel pero solamente en las buenas.

Demasiados cristianos se tropiezan con nociones erradas de Dios que distorsionan a nuestro Padre benevolente, constante, paciente y digno de toda nuestra confianza. Todos hemos oído demasiadas ideas no bíblicas que se ofrecen como si fueran la verdad del evangelio, y esos errores pueden causar terribles ataduras emocionales y espirituales.

Nuestra visión de Dios debe mantenerse centrada y fundada en la Biblia. Si le conocemos como el Dios de amor (1 Jn 4.8) que quiere que nos acerquemos confiadamente al trono de gracia (He 4.16), nuestra confianza en Él será cada vez más completa, con respecto a todo lo que nos diga. Siga el consejo de 1 Tesalonicenses 5.21, examine todo lo que escuche y retenga solamente lo bueno.

Para un estudio más a fondo, véase el Índice de Principios de vida:
13. *Escuchar a Dios es esencial para andar con Él.*
3. *La Palabra de Dios es ancla inconmovible en las tormentas.*

11 Y Jehová dijo a Samuel: He aquí haré yo
una cosa en Israel, que a quien la oyere, le
retiñirán ambos oídos.
12 Aquel día yo cumpliré contra Elí todas las
cosas que he dicho sobre su casa, desde el
principio hasta el fin.
13 Y le mostraré que yo juzgaré su casa para
siempre, por la iniquidad que él sabe; porque
sus hijos han blasfemado a Dios, y él no los
ha estorbado.
14 Por tanto, yo he jurado a la casa de Elí que
la iniquidad de la casa de Elí no será expiada
jamás, ni con sacrificios ni con ofrendas.
15 Y Samuel estuvo acostado hasta la mañana, y abrió las puertas de la casa de Jehová. Y
Samuel temía descubrir la visión a Elí.
16 Llamando, pues, Elí a Samuel, le dijo: Hijo
mío, Samuel. Y él respondió: Heme aquí.
17 Y Elí dijo: ¿Qué es la palabra que te habló?
Te ruego que no me la encubras; así te haga
Dios y aun te añada, si me encubrieres palabra de todo lo que habló contigo.

➤ 18 Y Samuel se lo manifestó todo, sin encubrirle nada. Entonces él dijo: Jehová es; haga lo que bien le pareciere.
➤ 19 Y Samuel creció, y Jehová estaba con él, y no dejó caer a tierra ninguna de sus palabras.
20 Y todo Israel, desde Dan hasta Beerseba, conoció que Samuel era fiel profeta de Jehová.
21 Y Jehová volvió a aparecer en Silo; porque Jehová se manifestó a Samuel en Silo por la palabra de Jehová.

Los filisteos capturan el arca

4 Y Samuel habló a todo Israel. Por aquel tiempo salió Israel a encontrar en batalla a los filisteos, y acampó junto a Eben-ezer, y los filisteos acamparon en Afec.
2 Y los filisteos presentaron la batalla a Israel; y trabándose el combate, Israel fue vencido delante de los filisteos, los cuales hirieron en la batalla en el campo como a cuatro mil hombres.
➤ 3 Cuando volvió el pueblo al campamento, los ancianos de Israel dijeron: ¿Por qué nos ha herido hoy Jehová delante de los filisteos? Traigamos a nosotros de Silo el arca del pacto de Jehová, para que viniendo entre nosotros nos salve de la mano de nuestros enemigos.
4 Y envió el pueblo a Silo, y trajeron de allá el arca del pacto de Jehová de los ejércitos, que moraba entre los querubines;[a] y los dos hijos de Elí, Ofni y Finees, estaban allí con el arca del pacto de Dios.
5 Aconteció que cuando el arca del pacto de Jehová llegó al campamento, todo Israel gritó con tan gran júbilo que la tierra tembló.
6 Cuando los filisteos oyeron la voz de júbilo, dijeron: ¿Qué voz de gran júbilo es esta en el campamento de los hebreos? Y supieron que el arca de Jehová había sido traída al campamento.
7 Y los filisteos tuvieron miedo, porque decían: Ha venido Dios al campamento. Y dijeron: ¡Ay de nosotros! pues antes de ahora no fue así.
8 ¡Ay de nosotros! ¿Quién nos librará de la mano de estos dioses poderosos? Éstos son los dioses que hirieron a Egipto con toda plaga en el desierto.
9 Esforzaos, oh filisteos, y sed hombres, para que no sirváis a los hebreos, como ellos os han servido a vosotros; sed hombres, y pelead.
10 Pelearon, pues, los filisteos, e Israel fue vencido, y huyeron cada cual a sus tiendas; y fue hecha muy grande mortandad, pues cayeron de Israel treinta mil hombres de a pie.
11 Y el arca de Dios fue tomada, y muertos los dos hijos de Elí, Ofni y Finees.
12 Y corriendo de la batalla un hombre de Benjamín, llegó el mismo día a Silo, rotos sus vestidos y tierra sobre su cabeza;
13 y cuando llegó, he aquí que Elí estaba sentado en una silla vigilando junto al camino, porque su corazón estaba temblando por causa del arca de Dios. Llegado, pues, aquel hombre a la ciudad, y dadas las nuevas, toda la ciudad gritó. ➤
14 Cuando Elí oyó el estruendo de la gritería, dijo: ¿Qué estruendo de alboroto es este? Y aquel hombre vino aprisa y dio las nuevas a Elí.
15 Era ya Elí de edad de noventa y ocho años, y sus ojos se habían oscurecido, de modo que no podía ver.
16 Dijo, pues, aquel hombre a Elí: Yo vengo de la batalla, he escapado hoy del combate. Y Elí dijo: ¿Qué ha acontecido, hijo mío?
17 Y el mensajero respondió diciendo: Israel huyó delante de los filisteos, y también fue hecha gran mortandad en el pueblo; y también tus dos hijos, Ofni y Finees, fueron muertos, y el arca de Dios ha sido tomada.

a. 4.4 Éx 25:22.

LECCIONES DE VIDA

➤ ***3.18 — Jehová es; haga lo que bien le pareciere.***

Aunque es bueno aceptar la voluntad de Dios, lo que Elí mostró aquí de nuevo fue una pasividad insensata en cuanto a sus hijos. No estaba dispuesto a reprenderlos ni imponerles límites (1 S 3.13). Dios debe ocupar el primer lugar en *todos* los aspectos de nuestra vida, y debemos serle obedientes sin importar qué nos mande hacer.

➤ ***3.19 — Jehová estaba con él, y no dejó caer a tierra ninguna de sus palabras.***

Dios estableció la credibilidad de Samuel en Israel (Dt 18.18–22). A medida que Samuel declaraba fielmente sus mandatos, el Señor mostraba su gloria a través del profeta. De igual modo, a medida que usted obedece a Dios, la gente le va a tomar más en serio porque verán la obra poderosa de Dios en usted y le reconocerán como su siervo.

➤ ***4.3 — Traigamos a nosotros de Silo el arca del pacto de Jehová, para que viniendo entre nosotros nos salve de la mano de nuestros enemigos.***

Los líderes de Israel pensaron que el arca del pacto les daría la victoria en su batalla contra los filisteos. Aunque el arca era un símbolo de la relación especial de Dios con ellos y Él lo había usado para su instrucción (Éx 25.22), no poseía ningún poder intrínseco. El plan de los ancianos no funcionó como quisieron y el resultado no pudo ser peor (1 S 4.10, 11). Ningún artefacto o ritual religioso, sin importar cuán sagrado sea, podrá ayudarnos jamás, pues Dios es el único que salva.

➤ ***4.13 — Elí estaba sentado en una silla vigilando junto al camino, porque su corazón estaba temblando por causa del arca de Dios.***

Elí era un buen hombre que temía al Señor, pero no lo suficiente. Dejó que otras cosas debilitaran su devoción a Dios, y ese error no le costó solamente su familia sino su propia vida (1 S 4.18).

18 Y aconteció que cuando él hizo mención del arca de Dios, Elí cayó hacia atrás de la silla al lado de la puerta, y se desnucó y murió; porque era hombre viejo y pesado. Y había juzgado a Israel cuarenta años.
19 Y su nuera la mujer de Finees, que estaba encinta, cercana al alumbramiento, oyendo el rumor que el arca de Dios había sido tomada, y muertos su suegro y su marido, se inclinó y dio a luz; porque le sobrevinieron sus dolores de repente.
20 Y al tiempo que moría, le decían las que estaban junto a ella: No tengas temor, porque has dado a luz un hijo. Mas ella no respondió, ni se dio por entendida.
21 Y llamó al niño Icabod,[1] diciendo: ¡Traspasada es la gloria de Israel! por haber sido tomada el arca de Dios, y por la muerte de su suegro y de su marido.
22 Dijo, pues: Traspasada es la gloria de Israel; porque ha sido tomada el arca de Dios.

El arca en tierra de los filisteos

5 CUANDO los filisteos capturaron el arca de Dios, la llevaron desde Eben-ezer a Asdod.
➤ 2 Y tomaron los filisteos el arca de Dios, y la metieron en la casa de Dagón, y la pusieron junto a Dagón.
3 Y cuando al siguiente día los de Asdod se levantaron de mañana, he aquí Dagón postrado en tierra delante del arca de Jehová; y tomaron a Dagón y lo volvieron a su lugar.
4 Y volviéndose a levantar de mañana el siguiente día, he aquí que Dagón había caído postrado en tierra delante del arca de Jehová; y la cabeza de Dagón y las dos palmas de sus manos estaban cortadas sobre el umbral, habiéndole quedado a Dagón el tronco solamente.
5 Por esta causa los sacerdotes de Dagón y todos los que entran en el templo de Dagón no pisan el umbral de Dagón en Asdod, hasta hoy.
6 Y se agravó la mano de Jehová sobre los de Asdod, y los destruyó y los hirió con tumores en Asdod y en todo su territorio.
7 Y viendo esto los de Asdod, dijeron: No quede con nosotros el arca del Dios de Israel, porque su mano es dura sobre nosotros y sobre nuestro dios Dagón.
8 Convocaron, pues, a todos los príncipes de los filisteos, y les dijeron: ¿Qué haremos del arca del Dios de Israel? Y ellos respondieron: Pásese el arca del Dios de Israel a Gat. Y pasaron allá el arca del Dios de Israel.
9 Y aconteció que cuando la habían pasado, la mano de Jehová estuvo contra la ciudad con gran quebrantamiento, y afligió a los hombres de aquella ciudad desde el chico hasta el grande, y se llenaron de tumores. ➤
10 Entonces enviaron el arca de Dios a Ecrón. Y cuando el arca de Dios vino a Ecrón, los ecronitas dieron voces, diciendo: Han pasado a nosotros el arca del Dios de Israel para matarnos a nosotros y a nuestro pueblo.
11 Y enviaron y reunieron a todos los príncipes de los filisteos, diciendo: Enviad el arca del Dios de Israel, y vuélvase a su lugar, y no nos mate a nosotros ni a nuestro pueblo; porque había consternación de muerte en toda la ciudad, y la mano de Dios se había agravado allí.
12 Y los que no morían, eran heridos de tumores; y el clamor de la ciudad subía al cielo.

Los filisteos devuelven el arca

6 ESTUVO el arca de Jehová en la tierra de los filisteos siete meses.
2 Entonces los filisteos, llamando a los sacerdotes y adivinos, preguntaron: ¿Qué haremos del arca de Jehová? Hacednos saber de qué manera la hemos de volver a enviar a su lugar.
3 Ellos dijeron: Si enviáis el arca del Dios de Israel, no la enviéis vacía, sino pagadle la expiación; entonces seréis sanos, y conoceréis por qué no se apartó de vosotros su mano.
4 Y ellos dijeron: ¿Y qué será la expiación que le pagaremos? Ellos respondieron: Conforme al número de los príncipes de los filisteos, cinco tumores de oro, y cinco ratones de oro, porque una misma plaga ha afligido a todos vosotros y a vuestros príncipes.
5 Haréis, pues, figuras de vuestros tumores, y de vuestros ratones que destruyen la tierra, y daréis gloria al Dios de Israel; quizá aliviará su mano de sobre vosotros y de sobre vuestros dioses, y de sobre vuestra tierra.
6 ¿Por qué endurecéis vuestro corazón, como los egipcios y Faraón endurecieron su

1 Esto es, *sin gloria.*

LECCIONES DE VIDA

➤ ***5.2 — Y tomaron los filisteos el arca de Dios, y la metieron en la casa de Dagón, y la pusieron junto a Dagón.***

Los filisteos pusieron el arca del pacto en el templo de Dagón para demostrar que su deidad había triunfado sobre el Dios de Israel, pero aún en lo que pareció ser una derrota momentánea, el Señor manifestó asombrosamente su fuerza y dominio por encima de todos (Sal 103.19). Él estableció de manera irrefutable que es el único Dios verdadero (1 S 5.3–6).

➤ ***5.9 — la mano de Jehová estuvo contra la ciudad con gran quebrantamiento, y afligió a los hombres de aquella ciudad.***

El Señor quiso que los filisteos supieran que lo sucedido no fue al azar, sino que Él estaba detrás de todo el asunto (1 S 6.5). Dios desea que el mundo entero le reconozca como Señor (Is 45.23; Ro 14.11), y obra a través de nosotros para mostrar su gloria (Mt 5.16).

corazón? Después que los había tratado así, ¿no los dejaron ir, y se fueron?
7 Haced, pues, ahora un carro nuevo, y tomad luego dos vacas que críen, a las cuales no haya sido puesto yugo, y uncid las vacas al carro, y haced volver sus becerros de detrás de ellas a casa.
8 Tomaréis luego el arca de Jehová, y la pondréis sobre el carro, y las joyas de oro que le habéis de pagar en ofrenda por la culpa, las pondréis en una caja al lado de ella; y la dejaréis que se vaya.
➤ 9 Y observaréis; si sube por el camino de su tierra a Bet-semes, él nos ha hecho este mal tan grande; y si no, sabremos que no es su mano la que nos ha herido, sino que esto ocurrió por accidente.
10 Y aquellos hombres lo hicieron así; tomando dos vacas que criaban, las uncieron al carro, y encerraron en casa sus becerros.
11 Luego pusieron el arca de Jehová sobre el carro, y la caja con los ratones de oro y las figuras de sus tumores.
12 Y las vacas se encaminaron por el camino de Bet-semes, y seguían camino recto, andando y bramando, sin apartarse ni a derecha ni a izquierda; y los príncipes de los filisteos fueron tras ellas hasta el límite de Bet-semes.
13 Y los de Bet-semes segaban el trigo en el valle; y alzando los ojos vieron el arca, y se regocijaron cuando la vieron.
14 Y el carro vino al campo de Josué de Bet-semes, y paró allí donde había una gran piedra; y ellos cortaron la madera del carro, y ofrecieron las vacas en holocausto a Jehová.
15 Y los levitas bajaron el arca de Jehová, y la caja que estaba junto a ella, en la cual estaban las joyas de oro, y las pusieron sobre aquella gran piedra; y los hombres de Bet-semes sacrificaron holocaustos y dedicaron sacrificios a Jehová en aquel día.
16 Cuando vieron esto los cinco príncipes de los filisteos, volvieron a Ecrón el mismo día.
17 Éstos fueron los tumores de oro que pagaron los filisteos en expiación a Jehová: por Asdod uno, por Gaza uno, por Ascalón uno, por Gat uno, por Ecrón uno.
18 Y los ratones de oro fueron conforme al número de todas las ciudades de los filisteos pertenecientes a los cinco príncipes, así las ciudades fortificadas como las aldeas sin muro. La gran piedra sobre la cual pusieron el arca de Jehová está en el campo de Josué de Bet-semes hasta hoy.
19 Entonces Dios hizo morir a los hombres de Bet-semes, porque habían mirado dentro del arca de Jehová; hizo morir del pueblo a cincuenta mil setenta hombres. Y lloró el pueblo, porque Jehová lo había herido con tan gran mortandad. ➤
20 Y dijeron los de Bet-semes: ¿Quién podrá estar delante de Jehová el Dios santo? ¿A quién subirá desde nosotros?
21 Y enviaron mensajeros a los habitantes de Quiriat-jearim, diciendo: Los filisteos han devuelto el arca de Jehová; descended, pues, y llevadla a vosotros.

7 VINIERON los de Quiriat-jearim y llevaron el arca de Jehová, y la pusieron en casa de Abinadab, situada en el collado; y santificaron a Eleazar su hijo para que guardase el arca de Jehová.[a]
2 Desde el día que llegó el arca a Quiriat-jearim pasaron muchos días, veinte años; y toda la casa de Israel lamentaba en pos de Jehová.

Samuel, juez de Israel

3 Habló Samuel a toda la casa de Israel, diciendo: Si de todo vuestro corazón os volvéis a Jehová, quitad los dioses ajenos y a Astarot de entre vosotros, y preparad vuestro corazón a Jehová, y sólo a él servid, y os librará de la mano de los filisteos. ➤
4 Entonces los hijos de Israel quitaron a los baales y a Astarot, y sirvieron sólo a Jehová.
5 Y Samuel dijo: Reunid a todo Israel en Mizpa, y yo oraré por vosotros a Jehová.
6 Y se reunieron en Mizpa, y sacaron agua, y la derramaron delante de Jehová, y ayunaron aquel día, y dijeron allí: Contra Jehová hemos pecado. Y juzgó Samuel a los hijos de Israel en Mizpa.

a. 7.1 2 S 6.2-4; 1 Cr 13.5-7.

LECCIONES DE VIDA

➤ ***6.9 — Y observaréis; si sube por el camino de su tierra… él nos ha hecho este mal tan grande.***

Los filisteos seguían sin saber si la destrucción que les había acaecido fue por la mano de Dios o un accidente. Se ingeniaron una prueba atando dos vacas a una carreta que llevaba el arca del pacto. Si tomaban la ruta a Israel, el Señor era el responsable. Si seguían sus instintos maternales y volvían en busca de sus terneros, entonces lo sucedido fue un accidente. Dios moverá el cielo y la tierra para mostrarnos su voluntad. Aquel día, los filisteos quedaron sin dudas sobre su intervención poderosa.

➤ ***6.19 — Dios hizo morir a los hombres de Bet-semes, porque habían mirado dentro del arca de Jehová.***

En su gracia, Dios trajo el arca de vuelta a Israel, pero en su santidad, castigó a los hombres que trataron el arca como un objeto curioso o un ídolo, y no como el símbolo de su gloria.

➤ ***7.3 — quitad los dioses ajenos y a Astarot de entre vosotros, y preparad vuestro corazón a Jehová, y sólo a él servid.***

Dios exige y merece nuestra lealtad y amor exclusivos. Él nos hizo para sí mismo, y no tenemos llamado más supremo que acercarnos a Él.

7 Cuando oyeron los filisteos que los hijos de
Israel estaban reunidos en Mizpa, subieron
los príncipes de los filisteos contra Israel; y al
oír esto los hijos de Israel, tuvieron temor de
los filisteos.
8 Entonces dijeron los hijos de Israel a
Samuel: No ceses de clamar por nosotros a
Jehová nuestro Dios, para que nos guarde de
la mano de los filisteos.
9 Y Samuel tomó un cordero de leche y lo sacrificó entero en holocausto a Jehová; y clamó
Samuel a Jehová por Israel, y Jehová le oyó.
10 Y aconteció que mientras Samuel sacrificaba el holocausto, los filisteos llegaron para
pelear con los hijos de Israel. Mas Jehová tronó aquel día con gran estruendo sobre los
filisteos, y los atemorizó, y fueron vencidos
delante de Israel.
11 Y saliendo los hijos de Israel de Mizpa,
siguieron a los filisteos, hiriéndolos hasta abajo de Bet-car.
12 Tomó luego Samuel una piedra y la puso
entre Mizpa y Sen, y le puso por nombre
Eben-ezer,[1] diciendo: Hasta aquí nos ayudó
Jehová.
13 Así fueron sometidos los filisteos, y no volvieron más a entrar en el territorio de Israel;
y la mano de Jehová estuvo contra los filisteos
todos los días de Samuel.
14 Y fueron restituidas a los hijos de Israel las
ciudades que los filisteos habían tomado a los
israelitas, desde Ecrón hasta Gat; e Israel libró
su territorio de mano de los filisteos. Y hubo
paz entre Israel y el amorreo.
15 Y juzgó Samuel a Israel todo el tiempo que
vivió.
16 Y todos los años iba y daba vuelta a Bet-el,
a Gilgal y a Mizpa, y juzgaba a Israel en todos
estos lugares.
17 Después volvía a Ramá, porque allí estaba
su casa, y allí juzgaba a Israel; y edificó allí un
altar a Jehová.

Israel pide rey

8 ACONTECIÓ que habiendo Samuel envejecido, puso a sus hijos por jueces sobre
Israel.
2 Y el nombre de su hijo primogénito fue Joel,
y el nombre del segundo, Abías; y eran jueces
en Beerseba.
3 Pero no anduvieron los hijos por los caminos de su padre, antes se volvieron tras la
avaricia, dejándose sobornar y pervirtiendo
el derecho.
4 Entonces todos los ancianos de Israel se juntaron, y vinieron a Ramá para ver a Samuel,
5 y le dijeron: He aquí tú has envejecido, y
tus hijos no andan en tus caminos; por tanto,
constitúyenos ahora un rey que nos juzgue,
como tienen todas las naciones.[a]
6 Pero no agradó a Samuel esta palabra
que dijeron: Danos un rey que nos juzgue. Y
Samuel oró a Jehová.
7 Y dijo Jehová a Samuel: Oye la voz del pueblo en todo lo que te digan; porque no te han
desechado a ti, sino a mí me han desechado,
para que no reine sobre ellos.
8 Conforme a todas las obras que han hecho
desde el día que los saqué de Egipto hasta hoy,
dejándome a mí y sirviendo a dioses ajenos,
así hacen también contigo.
9 Ahora, pues, oye su voz; mas protesta solemnemente contra ellos, y muéstrales cómo les
tratará el rey que reinará sobre ellos.
10 Y refirió Samuel todas las palabras de
Jehová al pueblo que le había pedido rey.
11 Dijo, pues: Así hará el rey que reinará
sobre vosotros: tomará vuestros hijos, y los
pondrá en sus carros y en su gente de a caballo, para que corran delante de su carro;
12 y nombrará para sí jefes de miles y jefes
de cincuentenas; los pondrá asimismo a que
aren sus campos y sieguen sus mieses, y a que
hagan sus armas de guerra y los pertrechos de
sus carros.
13 Tomará también a vuestras hijas para que
sean perfumadoras, cocineras y amasadoras.
14 Asimismo tomará lo mejor de vuestras tierras, de vuestras viñas y de vuestros olivares,
y los dará a sus siervos.
15 Diezmará vuestro grano y vuestras viñas,
para dar a sus oficiales y a sus siervos.
16 Tomará vuestros siervos y vuestras siervas,
vuestros mejores jóvenes, y vuestros asnos, y
con ellos hará sus obras.
17 Diezmará también vuestros rebaños, y
seréis sus siervos.

a. 8.5 Dt 17.14.

LECCIONES DE VIDA

➤ ***7.12 — Hasta aquí nos ayudó Jehová.***

Samuel animó a los israelitas y les mandó recordar las victorias que el Señor les había dado. Al enfrentar dificultades, nos conviene recordar todas las ocasiones en que Dios ha bendecido nuestra obediencia y ha sido fiel en rescatarnos. El Señor nunca nos ha defraudado y nunca lo hará, por eso debemos confiar en Él pase lo que pase.

➤ ***8.3 — Pero no anduvieron los hijos por los caminos de su padre, antes se volvieron tras la avaricia, dejándose sobornar y pervirtiendo el derecho.***

Por muy grande y piadoso que fuera Samuel, no hizo un trabajo mucho mejor que Elí como padre. No importa cuán involucrados estemos en el ministerio, no podemos darnos el lujo de descuidar la formación espiritual de nuestros hijos.

➤ ***8.6 — Danos un rey que nos juzgue. Y Samuel oró a Jehová.***

Aún en su vejez, Samuel procuraba oír la voz de Dios en cada reto que se le presentaba. No creyó saberlo todo ya, sino que acudió al Señor para ser guiado. Hagamos lo mismo.

18 Y clamaréis aquel día a causa de vuestro
rey que os habréis elegido, mas Jehová no os
responderá en aquel día.
➤ 19 Pero el pueblo no quiso oír la voz de
Samuel, y dijo: No, sino que habrá rey sobre
nosotros;
20 y nosotros seremos también como todas
las naciones, y nuestro rey nos gobernará, y
saldrá delante de nosotros, y hará nuestras
guerras.
21 Y oyó Samuel todas las palabras del pueblo, y las refirió en oídos de Jehová.
22 Y Jehová dijo a Samuel: Oye su voz, y pon
rey sobre ellos. Entonces dijo Samuel a los
varones de Israel: Idos cada uno a vuestra
ciudad.

Saúl es elegido rey

9 HABÍA un varón de Benjamín, hombre
valeroso, el cual se llamaba Cis, hijo de
Abiel, hijo de Zeror, hijo de Becorat, hijo de
Afía, hijo de un benjamita.
2 Y tenía él un hijo que se llamaba Saúl, joven
y hermoso. Entre los hijos de Israel no había
otro más hermoso que él; de hombros arriba
sobrepasaba a cualquiera del pueblo.
3 Y se habían perdido las asnas de Cis, padre
de Saúl; por lo que dijo Cis a Saúl su hijo:
Toma ahora contigo alguno de los criados, y
levántate, y ve a buscar las asnas.
4 Y él pasó el monte de Efraín, y de allí a la
tierra de Salisa, y no las hallaron. Pasaron
luego por la tierra de Saalim, y tampoco. Después pasaron por la tierra de Benjamín, y no
las encontraron.
5 Cuando vinieron a la tierra de Zuf, Saúl dijo
a su criado que tenía consigo: Ven, volvámonos; porque quizá mi padre, abandonada la
preocupación por las asnas, estará acongojado por nosotros.
6 Él le respondió: He aquí ahora hay en esta
ciudad un varón de Dios, que es hombre
insigne; todo lo que él dice acontece sin falta.
Vamos, pues, allá; quizá nos dará algún indicio acerca del objeto por el cual emprendimos
nuestro camino.
7 Respondió Saúl a su criado: Vamos ahora; pero ¿qué llevaremos al varón? Porque el
pan de nuestras alforjas se ha acabado, y no
tenemos qué ofrecerle al varón de Dios. ¿Qué
tenemos?
8 Entonces volvió el criado a responder a
Saúl, diciendo: He aquí se halla en mi mano
la cuarta parte de un siclo de plata; esto daré
al varón de Dios, para que nos declare nuestro camino.
9 (Antiguamente en Israel cualquiera que iba
a consultar a Dios, decía así: Venid y vamos al
vidente; porque al que hoy se llama profeta,
entonces se le llamaba vidente.)
10 Dijo entonces Saúl a su criado: Dices bien;
anda, vamos. Y fueron a la ciudad donde estaba el varón de Dios.
11 Y cuando subían por la cuesta de la ciudad, hallaron unas doncellas que salían por
agua, a las cuales dijeron: ¿Está en este lugar
el vidente?
12 Ellas, respondiéndoles, dijeron: Sí; helo allí
delante de ti; date prisa, pues, porque hoy ha
venido a la ciudad en atención a que el pueblo
tiene hoy un sacrificio en el lugar alto.
13 Cuando entréis en la ciudad, le encon-
traréis luego, antes que suba al lugar alto a
comer; pues el pueblo no comerá hasta que
él haya llegado, por cuanto él es el que bendice el sacrificio; después de esto comen los
convidados. Subid, pues, ahora, porque ahora le hallaréis.
14 Ellos entonces subieron a la ciudad; y
cuando estuvieron en medio de ella, he aquí
Samuel venía hacia ellos para subir al lugar
alto.
15 Y un día antes que Saúl viniese, Jehová
había revelado al oído de Samuel, diciendo:
16 Mañana a esta misma hora yo enviaré a ➤
ti un varón de la tierra de Benjamín, al cual
ungirás por príncipe sobre mi pueblo Israel, y
salvará a mi pueblo de mano de los filisteos;
porque yo he mirado a mi pueblo, por cuanto
su clamor ha llegado hasta mí.
17 Y luego que Samuel vio a Saúl, Jehová le
dijo: He aquí éste es el varón del cual te hablé;
éste gobernará a mi pueblo.
18 Acercándose, pues, Saúl a Samuel en medio
de la puerta, le dijo: Te ruego que me enseñes
dónde está la casa del vidente.
19 Y Samuel respondió a Saúl, diciendo: Yo
soy el vidente; sube delante de mí al lugar
alto, y come hoy conmigo, y por la mañana te
despacharé, y te descubriré todo lo que está
en tu corazón.
20 Y de las asnas que se te perdieron hace ya
tres días, pierde cuidado de ellas, porque se
han hallado. Mas ¿para quién es todo lo que
hay de codiciable en Israel, sino para ti y para
toda la casa de tu padre?

LECCIONES DE VIDA

➤ ***8.19, 20 — habrá rey sobre nosotros; y nosotros seremos también como todas las naciones.***

El Señor es el único Rey que el pueblo de Israel habría necesitado. Es triste que en cada cultura y época, el pueblo de Dios quiera ser como los demás y conformarse a las costumbres de sus vecinos incrédulos. Pero Jesús nos dice: «No os hagáis, pues, semejantes a ellos» (Mt 6.8). Él es el único que tiene el derecho de regir en nuestro corazón.

➤ ***9.16 — Mañana a esta misma hora yo enviaré a ti un varón de la tierra de Benjamín, al cual ungirás por príncipe sobre mi pueblo Israel.***

Dios usa con frecuencia la desgracia para llevarnos al lugar mismo donde nos mostrará su voluntad. Los momentos sombríos durarán sólo el tiempo necesario para que Dios lleve a cabo su propósito en nosotros.

➤ 21 Saúl respondió y dijo: ¿No soy yo hijo de
Benjamín, de la más pequeña de las tribus
de Israel? Y mi familia ¿no es la más pequeña de todas las familias de la tribu de Benjamín? ¿Por qué, pues, me has dicho cosa
semejante?
22 Entonces Samuel tomó a Saúl y a su criado, los introdujo a la sala, y les dio lugar a la
cabecera de los convidados, que eran unos
treinta hombres.
23 Y dijo Samuel al cocinero: Trae acá la porción que te di, la cual te dije que guardases
aparte.
24 Entonces alzó el cocinero una espaldilla,
con lo que estaba sobre ella, y la puso delante
de Saúl. Y Samuel dijo: He aquí lo que estaba
reservado; ponlo delante de ti y come, porque
para esta ocasión se te guardó, cuando dije:
Yo he convidado al pueblo. Y Saúl comió aquel
día con Samuel.
25 Y cuando hubieron descendido del lugar
alto a la ciudad, él habló con Saúl en el terrado.
26 Al otro día madrugaron; y al despuntar el
alba, Samuel llamó a Saúl, que estaba en el
terrado, y dijo: Levántate, para que te despida. Luego se levantó Saúl, y salieron ambos,
él y Samuel.
27 Y descendiendo ellos al extremo de la ciudad, dijo Samuel a Saúl: Di al criado que se
adelante (y se adelantó el criado), mas espera tú un poco para que te declare la palabra
de Dios.
10 TOMANDO entonces Samuel una redoma de aceite, la derramó sobre su
cabeza, y lo besó, y le dijo: ¿No te ha ungido
Jehová por príncipe sobre su pueblo Israel?
2 Hoy, después que te hayas apartado de mí,
hallarás dos hombres junto al sepulcro de
Raquel, en el territorio de Benjamín, en Sel-
sa, los cuales te dirán: Las asnas que habías
ido a buscar se han hallado; tu padre ha dejado ya de inquietarse por las asnas, y está afligido por vosotros, diciendo: ¿Qué haré acerca
de mi hijo?
3 Y luego que de allí sigas más adelante, y
llegues a la encina de Tabor, te saldrán al
encuentro tres hombres que suben a Dios en
Bet-el, llevando uno tres cabritos, otro tres
tortas de pan, y el tercero una vasija de vino;
4 los cuales, luego que te hayan saludado, te
darán dos panes, los que tomarás de mano
de ellos.
5 Después de esto llegarás al collado de Dios
donde está la guarnición de los filisteos; y
cuando entres allá en la ciudad encontrarás
una compañía de profetas que descienden del
lugar alto, y delante de ellos salterio, pandero,
flauta y arpa, y ellos profetizando.
6 Entonces el Espíritu de Jehová vendrá sobre ➤
ti con poder, y profetizarás con ellos, y serás
mudado en otro hombre.
7 Y cuando te hayan sucedido estas señales,
haz lo que te viniere a la mano, porque Dios
está contigo.
8 Luego bajarás delante de mí a Gilgal; entonces descenderé yo a ti para ofrecer holocaustos y sacrificar ofrendas de paz. Espera siete
días, hasta que yo venga a ti y te enseñe lo que
has de hacer.
9 Aconteció luego, que al volver él la espal- ➤
da para apartarse de Samuel, le mudó Dios
su corazón; y todas estas señales acontecieron en aquel día.
10 Y cuando llegaron allá al collado, he aquí la
compañía de los profetas que venía a encontrarse con él; y el Espíritu de Dios vino sobre
él con poder, y profetizó entre ellos.
11 Y aconteció que cuando todos los que le
conocían antes vieron que profetizaba con los
profetas, el pueblo decía el uno al otro: ¿Qué
le ha sucedido al hijo de Cis? ¿Saúl también
entre los profetas?
12 Y alguno de allí respondió diciendo: ¿Y
quién es el padre de ellos? Por esta causa
se hizo proverbio: ¿También Saúl entre los
profetas?[a]
13 Y cesó de profetizar, y llegó al lugar alto.
14 Un tío de Saúl dijo a él y a su criado: ¿A
dónde fuisteis? Y él respondió: A buscar las
asnas; y como vimos que no parecían, fuimos
a Samuel.
15 Dijo el tío de Saúl: Yo te ruego me declares
qué os dijo Samuel.

a. 10.12 1 S 19.23-24.

LECCIONES DE VIDA

➤ ***9.21 — ¿No soy yo hijo de Benjamín, de la más pequeña de las tribus de Israel? Y mi familia ¿no es la más pequeña de todas las familias de la tribu de Benjamín?***

Al igual que Gedeón antes de él, Saúl se consideraba pequeño, insignificante e incapaz. Pero a Dios le encanta usar «lo necio del mundo… para avergonzar a los sabios; y lo débil del mundo… para avergonzar a lo fuerte» (1 Co 1.27). Así es como sabremos que las victorias que disfrutamos son por su mano y no la nuestra (2 Co 12.9, 10).

➤ ***10.6 — el Espíritu de Jehová vendrá sobre ti con poder, y profetizarás con ellos, y serás mudado en otro hombre.***

Se necesita el Espíritu del Dios viviente para convertirnos en hombres y mujeres nuevos, para transformarnos en la semejanza de Cristo y hacernos como Él se propuso al crearnos. Tal transformación es la voluntad del Señor para cada uno de nosotros (Ro 8.28, 29; 12.2; 2 Co 5.14–21).

➤ ***10.9 — le mudó Dios su corazón.***

Debemos pedir que el Señor nos dé un corazón nuevo que le ame, sirva y obedezca. Sólo con un corazón totalmente sometido a Él es que podremos vivir la vida que nos llama a vivir (Ez 36.26, 27).

16 Y Saúl respondió a su tío: Nos declaró
expresamente que las asnas habían sido halladas. Mas del asunto del reino, de que Samuel
le había hablado, no le descubrió nada.
17 Después Samuel convocó al pueblo delante de Jehová en Mizpa,
18 y dijo a los hijos de Israel: Así ha dicho
Jehová el Dios de Israel: Yo saqué a Israel de
Egipto, y os libré de mano de los egipcios, y de
mano de todos los reinos que os afligieron.
19 Pero vosotros habéis desechado hoy a
vuestro Dios, que os guarda de todas vuestras
aflicciones y angustias, y habéis dicho: No,
sino pon rey sobre nosotros. Ahora, pues, presentaos delante de Jehová por vuestras tribus
y por vuestros millares.
20 Y haciendo Samuel que se acercasen todas
las tribus de Israel, fue tomada la tribu de
Benjamín.
21 E hizo llegar la tribu de Benjamín por sus
familias, y fue tomada la familia de Matri; y
de ella fue tomado Saúl hijo de Cis. Y le buscaron, pero no fue hallado.
➤ 22 Preguntaron, pues, otra vez a Jehová si
aún no había venido allí aquel varón. Y respondió Jehová: He aquí que él está escondido
entre el bagaje.
23 Entonces corrieron y lo trajeron de allí; y
puesto en medio del pueblo, desde los hombros arriba era más alto que todo el pueblo.
24 Y Samuel dijo a todo el pueblo: ¿Habéis
visto al que ha elegido Jehová, que no hay
semejante a él en todo el pueblo? Entonces
el pueblo clamó con alegría, diciendo: ¡Viva
el rey!
25 Samuel recitó luego al pueblo las leyes del
reino, y las escribió en un libro, el cual guardó
delante de Jehová.
26 Y envió Samuel a todo el pueblo cada uno
a su casa. Saúl también se fue a su casa en
Gabaa, y fueron con él los hombres de guerra
cuyos corazones Dios había tocado.
➤ 27 Pero algunos perversos dijeron: ¿Cómo nos
ha de salvar éste? Y le tuvieron en poco, y no
le trajeron presente; mas él disimuló.

Saúl derrota a los amonitas

11 DESPUÉS subió Nahas amonita, y
acampó contra Jabes de Galaad. Y
todos los de Jabes dijeron a Nahas: Haz alianza con nosotros, y te serviremos.
2 Y Nahas amonita les respondió: Con esta
condición haré alianza con vosotros, que a
cada uno de todos vosotros saque el ojo derecho, y ponga esta afrenta sobre todo Israel.
3 Entonces los ancianos de Jabes le dijeron:
Danos siete días, para que enviemos mensajeros por todo el territorio de Israel; y si no hay
nadie que nos defienda, saldremos a ti.
4 Llegando los mensajeros a Gabaa de Saúl,
dijeron estas palabras en oídos del pueblo; y
todo el pueblo alzó su voz y lloró.
5 Y he aquí Saúl que venía del campo, tras los
bueyes; y dijo Saúl: ¿Qué tiene el pueblo, que
llora? Y le contaron las palabras de los hombres de Jabes.
6 Al oír Saúl estas palabras, el Espíritu de ➤
Dios vino sobre él con poder; y él se encendió
en ira en gran manera.
7 Y tomando un par de bueyes, los cortó en
trozos y los envió por todo el territorio de
Israel por medio de mensajeros, diciendo: Así
se hará con los bueyes del que no saliere en
pos de Saúl y en pos de Samuel. Y cayó temor
de Jehová sobre el pueblo, y salieron como un
solo hombre.
8 Y los contó en Bezec; y fueron los hijos de
Israel trescientos mil, y treinta mil los hombres de Judá.
9 Y respondieron a los mensajeros que habían
venido: Así diréis a los de Jabes de Galaad:
Mañana al calentar el sol, seréis librados. Y
vinieron los mensajeros y lo anunciaron a los
de Jabes, los cuales se alegraron.
10 Y los de Jabes dijeron a los enemigos: Mañana saldremos a vosotros, para que hagáis con
nosotros todo lo que bien os pareciere.
11 Aconteció que al día siguiente dispuso
Saúl al pueblo en tres compañías, y entraron
en medio del campamento a la vigilia de la
mañana, e hirieron a los amonitas hasta que
el día calentó; y los que quedaron fueron dispersos, de tal manera que no quedaron dos de
ellos juntos.
12 El pueblo entonces dijo a Samuel: ¿Quiénes son los que decían: ¿Ha de reinar Saúl
sobre nosotros? Dadnos esos hombres, y los
mataremos.

LECCIONES DE VIDA

➤ ***10.22 — He aquí que él está escondido entre el bagaje.***

Saúl sabía que Dios lo había escogido para ser rey, pero trató de evitar su voluntad y rehuyó. Durante todo su reinado, él dejó que el temor, el orgullo y los celos le impidieran obedecer al Señor. Eso le costó todo al final (1 S 31.3, 4).

➤ ***10.27 — algunos perversos dijeron: ¿Cómo nos ha de salvar éste? Y le tuvieron en poco, y no le trajeron presente.***

La voluntad de Dios no suena razonable ni les parece gran cosa a algunos. Lo cierto es que Dios no nos demanda que entendamos su voluntad, sino que la obedezcamos aunque nos parezca poco razonable.

➤ ***11.6 — el Espíritu de Dios vino sobre él con poder; y él se encendió en ira en gran manera.***

Saúl hizo cosas grandes para Dios cuando se sometió al Espíritu y le permitió capacitarlo y dirigirlo. El Señor nos puede usar para hacer grandezas cuando andamos en el Espíritu y obedecemos sus indicaciones iniciales (Gá 5.16–25).

➤ 13 Y Saúl dijo: No morirá hoy ninguno, porque hoy Jehová ha dado salvación en Israel.
14 Mas Samuel dijo al pueblo: Venid, vamos a
Gilgal para que renovemos allí el reino.
15 Y fue todo el pueblo a Gilgal, e invistieron
allí a Saúl por rey delante de Jehová en Gilgal. Y sacrificaron allí ofrendas de paz delante de Jehová, y se alegraron mucho allí Saúl y
todos los de Israel.

Discurso de Samuel al pueblo

12 DIJO Samuel a todo Israel: He aquí, yo
he oído vuestra voz en todo cuanto me
habéis dicho, y os he puesto rey.
2 Ahora, pues, he aquí vuestro rey va delante
de vosotros. Yo soy ya viejo y lleno de canas;
pero mis hijos están con vosotros, y yo he
andado delante de vosotros desde mi juventud hasta este día.
➤ 3 Aquí estoy; atestiguad contra mí delante de
Jehová y delante de su ungido, si he tomado el buey de alguno, si he tomado el asno
de alguno, si he calumniado a alguien, si he
agraviado a alguno, o si de alguien he tomado cohecho para cegar mis ojos con él; y os
lo restituiré.
4 Entonces dijeron: Nunca nos has calumniado ni agraviado, ni has tomado algo de mano
de ningún hombre.
5 Y él les dijo: Jehová es testigo contra vosotros, y su ungido también es testigo en este
día, que no habéis hallado cosa alguna en mi
mano. Y ellos respondieron: Así es.
6 Entonces Samuel dijo al pueblo: Jehová que
designó a Moisés y a Aarón,[a] y sacó a vuestros
padres de la tierra de Egipto, es testigo.
7 Ahora, pues, aguardad, y contenderé con
vosotros delante de Jehová acerca de todos
los hechos de salvación que Jehová ha hecho
con vosotros y con vuestros padres.
8 Cuando Jacob hubo entrado en Egipto, y
vuestros padres clamaron a Jehová,[b] Jehová
envió a Moisés y a Aarón, los cuales sacaron a
vuestros padres de Egipto, y los hicieron habitar en este lugar.
9 Y olvidaron a Jehová su Dios, y él los vendió
en mano de Sísara[c] jefe del ejército de Hazor,
y en mano de los filisteos,[d] y en mano del rey
de Moab,[e] los cuales les hicieron guerra.
10 Y ellos clamaron a Jehová, y dijeron:
Hemos pecado, porque hemos dejado a Jehová y hemos servido a los baales y a Astarot;
líbranos, pues, ahora de mano de nuestros
enemigos, y te serviremos.[f]
11 Entonces Jehová envió a Jerobaal,[g] a
Barac,[h] a Jefté[i] y a Samuel,[j] y os libró de mano
de vuestros enemigos en derredor, y habitas-
teis seguros.
12 Y habiendo visto que Nahas rey de los hijos
de Amón venía contra vosotros, me dijisteis:
No, sino que ha de reinar sobre nosotros un
rey;[k] siendo así que Jehová vuestro Dios era
vuestro rey.
13 Ahora, pues, he aquí el rey que habéis elegido, el cual pedisteis; ya veis que Jehová ha
puesto rey sobre vosotros.
14 Si temiereis a Jehová y le sirviereis, y oyereis su voz, y no fuereis rebeldes a la palabra
de Jehová, y si tanto vosotros como el rey que
reina sobre vosotros servís a Jehová vuestro
Dios, haréis bien.
15 Mas si no oyereis la voz de Jehová, y si
fuereis rebeldes a las palabras de Jehová, la
mano de Jehová estará contra vosotros como
estuvo contra vuestros padres.
16 Esperad aún ahora, y mirad esta gran cosa
que Jehová hará delante de vuestros ojos.
17 ¿No es ahora la siega del trigo? Yo clamaré
a Jehová, y él dará truenos y lluvias, para que
conozcáis y veáis que es grande vuestra maldad que habéis hecho ante los ojos de Jehová,
pidiendo para vosotros rey.
18 Y Samuel clamó a Jehová, y Jehová dio
truenos y lluvias en aquel día; y todo el pueblo
tuvo gran temor de Jehová y de Samuel.
19 Entonces dijo todo el pueblo a Samuel:
Ruega por tus siervos a Jehová tu Dios, para
que no muramos; porque a todos nuestros
pecados hemos añadido este mal de pedir rey
para nosotros.
20 Y Samuel respondió al pueblo: No temáis;
vosotros habéis hecho todo este mal; pero con
todo eso no os apartéis de en pos de Jehová,
sino servidle con todo vuestro corazón.

a. 12.6 Éx 6.26. **b. 12.8** Éx 2.23. **c. 12.9** Jue 4.2.
d. 12.9 Jue 13.1. **e. 12.9** Jue 3.12. **f. 12.10** Jue 10.10-15.
g. 12.11 Jue 7.1. **h. 12.11** Jue 4.6. **i. 12.11** Jue 11.29.
j. 12.11 1 S 3.20. **k. 12.12** 1 S 8.19.

LECCIONES DE VIDA

➤ ***11.13 — Jehová ha dado salvación en Israel.***

Mientras Saúl honró al Señor y le dio el primer lugar, disfrutó un reino exitoso y próspero. Sólo fue al impacientarse y dejar de confiar en Dios que él comenzó su decadencia rápida y escarpada (1 S 13.8–14).

➤ ***12.3 — si he tomado el buey de alguno, si he tomado el asno de alguno, si he calumniado a alguien.***

Para ser íntegros debemos tener el deseo ferviente de reconocer, obedecer y honrar al Padre en todo lo que hacemos, así como estar prestos a confesar y arrepentirnos de nuestro pecado tan pronto se manifieste en nosotros. La persona íntegra es igual en público y en privado. ¿Cómo tratamos a los demás y actuamos cuando nadie nos observa? Si tenemos integridad, no daremos razón alguna para ser acusados, pues nuestra vida hablará más claramente que nuestra voz (Mt 7.16–18).

RESPUESTAS A PREGUNTAS DE LA VIDA

¿Qué dice la Biblia al que se siente solo?

1 S 12.22

Una y otra vez en el Antiguo Testamento, vemos que el Señor toma la iniciativa de alcanzar a su pueblo y revelarse a ellos, por su deseo intenso de estar con ellos y mantenerse en comunicación con ellos. En 1 Samuel 12.22 encontramos esta promesa de Dios: «Pues Jehová no desamparará a su pueblo, por su grande nombre; porque Jehová ha querido haceros pueblo suyo». Dios desea tener compañerismo, armonía y comunión con quienes corresponden a sus expresiones de amistad.

Podemos contar con la compañía íntima del Señor, así todo el mundo nos abandone. Esto lo vemos en la vida de Jesús. La misma noche que fue arrestado y sometido al juicio que condujo a su crucifixión, Él dijo a sus discípulos: «He aquí la hora viene, y ha venido ya, en que seréis esparcidos cada uno por su lado, y me dejaréis solo». ¿Alcanza a sentir su dolor en estas palabras? Jesús supo cómo se siente la soledad, pero añadió: «mas no estoy solo, porque el Padre está conmigo» (Jn 16.32). Jesús también conocía el consuelo que se puede recibir en medio del abandono total.

Cuando la soledad nos sobrecoge, lo primero que debemos hacer es dejar de fijarnos en lo que carecemos y apreciar lo que tenemos. ¿Y qué es lo que tenemos?

¡A Dios mismo!

Usted jamás podrá estar solo si ha confiado en Jesucristo como su Salvador. Él promete vivir en su interior tan pronto usted lo reciba en su vida, y está conectado a usted como la vid a sus ramas. Así como la savia fluye por la planta y sus ramas, el amor de Cristo fluye en usted y a través de usted. Él permanece en usted, y usted permanece en Él. Usted es uno con Cristo. Tiene con Él la relación más profunda e íntima que existe, porque es espiritual y eterna (Jn 15.1–9).

Ahora bien, la profundidad de esta relación depende de usted en gran medida. ¿Cuán profunda desea tener su intimidad con el Señor? ¿Cuánto le permite llenarle de su presencia? ¿Cuán dispuesto está realmente a que Él se le revele? En realidad, usted nunca se podrá aislar totalmente del Señor porque Él siempre está allí, deseando tenerle cada vez más cerca.

Para un estudio más a fondo, véase el Índice de Principios de vida:

1. *Nuestra intimidad con Dios, que es su prioridad para nosotros, determina el impacto que causen nuestras vidas.*
12. *La paz con Dios es fruto de nuestra unidad con Él.*

21 No os apartéis en pos de vanidades que no ≺
aprovechan ni libran, porque son vanidades.
22 Pues Jehová no desamparará a su pueblo, *
por su grande nombre; porque Jehová ha que- ≺
rido haceros pueblo suyo.
23 Así que, lejos sea de mí que peque yo con- ≺
tra Jehová cesando de rogar por vosotros;
antes os instruiré en el camino bueno y recto.
24 Solamente temed a Jehová y servidle de
verdad con todo vuestro corazón, pues considerad cuán grandes cosas ha hecho por
vosotros.
25 Mas si perseverareis en hacer mal, vosotros y vuestro rey pereceréis.

Guerra contra los filisteos

13 HABÍA ya reinado Saúl un año; y
cuando hubo reinado dos años sobre
Israel,
2 escogió luego a tres mil hombres de Israel,
de los cuales estaban con Saúl dos mil en Micmas y en el monte de Bet-el, y mil estaban con
Jonatán en Gabaa de Benjamín; y envió al resto del pueblo cada uno a sus tiendas.
3 Y Jonatán atacó a la guarnición de los filisteos que había en el collado, y lo oyeron los
filisteos. E hizo Saúl tocar trompeta por todo
el país, diciendo: Oigan los hebreos.
4 Y todo Israel oyó que se decía: Saúl ha atacado a la guarnición de los filisteos; y también que Israel se había hecho abominable
a los filisteos. Y se juntó el pueblo en pos de
Saúl en Gilgal.
5 Entonces los filisteos se juntaron para
pelear contra Israel, treinta mil carros, seis
mil hombres de a caballo, y pueblo numeroso como la arena que está a la orilla del mar;

y subieron y acamparon en Micmas, al oriente de Bet-avén.
6 Cuando los hombres de Israel vieron que estaban en estrecho (porque el pueblo estaba en aprieto), se escondieron en cuevas, en fosos, en peñascos, en rocas y en cisternas.
7 Y algunos de los hebreos pasaron el Jordán a la tierra de Gad y de Galaad; pero Saúl permanecía aún en Gilgal, y todo el pueblo iba tras él temblando.
➤ 8 Y él esperó siete días, conforme al plazo que Samuel había dicho;[a] pero Samuel no venía a Gilgal, y el pueblo se le desertaba.
9 Entonces dijo Saúl: Traedme holocausto y ofrendas de paz. Y ofreció el holocausto.
10 Y cuando él acababa de ofrecer el holocausto, he aquí Samuel que venía; y Saúl salió a recibirle, para saludarle.
11 Entonces Samuel dijo: ¿Qué has hecho? Y Saúl respondió: Porque vi que el pueblo se me desertaba, y que tú no venías dentro del plazo señalado, y que los filisteos estaban reunidos en Micmas,
12 me dije: Ahora descenderán los filisteos contra mí a Gilgal, y yo no he implorado el favor de Jehová. Me esforcé, pues, y ofrecí holocausto.
13 Entonces Samuel dijo a Saúl: Locamente has hecho; no guardaste el mandamiento de Jehová tu Dios que él te había ordenado; pues ahora Jehová hubiera confirmado tu reino sobre Israel para siempre.
➤ 14 Mas ahora tu reino no será duradero. Jehová se ha buscado un varón conforme a su corazón,[b] al cual Jehová ha designado para que sea príncipe sobre su pueblo, por cuanto tú no has guardado lo que Jehová te mandó.
15 Y levantándose Samuel, subió de Gilgal a Gabaa de Benjamín. Y Saúl contó la gente que se hallaba con él, como seiscientos hombres.
16 Saúl, pues, y Jonatán su hijo, y el pueblo que con ellos se hallaba, se quedaron en Gabaa de Benjamín; pero los filisteos habían acampado en Micmas.
17 Y salieron merodeadores del campamento de los filisteos en tres escuadrones; un escuadrón marchaba por el camino de Ofra hacia la tierra de Sual,
18 otro escuadrón marchaba hacia Bet-horón, y el tercer escuadrón marchaba hacia la región que mira al valle de Zeboim, hacia el desierto.
19 Y en toda la tierra de Israel no se hallaba herrero; porque los filisteos habían dicho: Para que los hebreos no hagan espada o lanza.
20 Por lo cual todos los de Israel tenían que descender a los filisteos para afilar cada uno la reja de su arado, su azadón, su hacha o su hoz.
21 Y el precio era un pim por las rejas de arado y por los azadones, y la tercera parte de un siclo por afilar las hachas y por componer las aguijadas.
22 Así aconteció que en el día de la batalla no se halló espada ni lanza en mano de ninguno del pueblo que estaba con Saúl y con Jonatán, excepto Saúl y Jonatán su hijo, que las tenían.
23 Y la guarnición de los filisteos avanzó hasta el paso de Micmas.

a. 13.8 1 S 10.8. **b. 13.14** Hch 13.22.

LECCIONES DE VIDA

➤ ***12.21 — No os apartéis en pos de vanidades que no aprovechan ni libran, porque son vanidades.***

¿Cuántas veces nos antojamos de cosas insignificantes que no pueden beneficiarnos ni traernos libertad? Ni siquiera al obtenerlas sacamos provecho, porque cualquier cosa que adquiramos fuera de la voluntad de Dios termina convirtiéndose en cenizas. Recuerde que nuestra intimidad con el Señor siempre es su prioridad máxima para nuestra vida, y nunca va a dejarnos insatisfechos.

➤ ***12.22 — Jehová no desamparará a su pueblo, por su grande nombre; porque Jehová ha querido haceros pueblo suyo.***

En toda la Biblia, vemos cómo el Señor toma la iniciativa de acercarse a sus hijos y revelarse a ellos, con el deseo constante de tener comunión y comunicación con ellos. Él promete acompañar siempre a quienes responden a Él de la misma manera.

➤ ***12.23 — lejos sea de mí que peque yo contra Jehová cesando de rogar por vosotros.***

Samuel consideró que pecaría contra el Señor si dejaba de interceder por sus compatriotas israelitas. Todos estamos juntos en lo mismo, y necesitamos apoyarnos mutuamente, especialmente en oración (Ef 6.18, 19; Col 4.2–4; He 13.18).

➤ ***13.8 — Y él esperó siete días, conforme al plazo que Samuel había dicho; pero Samuel no venía a Gilgal, y el pueblo se le desertaba.***

Era el ocaso del séptimo día, el profeta no había llegado, los filisteos estaban en pie de guerra y el pueblo sintió pánico. En su orgullo, Saúl decidió hacer la ofrenda para obtener la bendición de Dios. Decidió no esperar la llegada de Samuel, y a causa de su desobediencia perdió el trono (1 S 13.13, 14; 15.22–28). Su corazón no era recto delante del Señor. Supuso que podía actuar como rey y sacerdote, y su insensatez fue letal. Cuando usted hace lo que Dios le llama a hacer conforme a sus principios, puede contar con su favor.

➤ ***13.14 — Jehová se ha buscado un varón conforme a su corazón, al cual Jehová ha designado para que sea príncipe sobre su pueblo.***

Saúl quería actuar a su manera y no en obediencia a Dios. No entendió que nuestra intimidad con el Señor y nuestra obediencia a Él determinan el impacto que causen nuestras vidas. Dios tiene un plan para nosotros, y llegamos a ser todo lo que Él nos creó para ser, a medida que crecemos en nuestra fe y relación con Él. Si rehusamos confiar en Él, que fue el error de Saúl, perdemos las bendiciones que nos tiene reservadas. Si somos fieles, Él nos dará su recompensa.

14 ACONTECIÓ un día, que Jonatán hijo
de Saúl dijo a su criado que le traía las
armas: Ven y pasemos a la guarnición de los
filisteos, que está de aquel lado. Y no lo hizo
saber a su padre.
2 Y Saúl se hallaba al extremo de Gabaa,
debajo de un granado que hay en Migrón, y
la gente que estaba con él era como seiscientos hombres.
3 Y Ahías hijo de Ahitob, hermano de Icabod,
hijo de Finees, hijo de Elí, sacerdote de Jehová en Silo, llevaba el efod; y no sabía el pueblo que Jonatán se hubiese ido.
4 Y entre los desfiladeros por donde Jonatán
procuraba pasar a la guarnición de los filisteos, había un peñasco agudo de un lado, y
otro del otro lado; el uno se llamaba Boses, y
el otro Sene.
5 Uno de los peñascos estaba situado al norte,
hacia Micmas, y el otro al sur, hacia Gabaa.
* 6 Dijo, pues, Jonatán a su paje de armas:
➤ Ven, pasemos a la guarnición de estos incircuncisos; quizá haga algo Jehová por nosotros, pues no es difícil para Jehová salvar con
muchos o con pocos.
7 Y su paje de armas le respondió: Haz todo lo
que tienes en tu corazón; ve, pues aquí estoy
contigo a tu voluntad.
8 Dijo entonces Jonatán: Vamos a pasar a esos
hombres, y nos mostraremos a ellos.
9 Si nos dijeren así: Esperad hasta que lleguemos a vosotros, entonces nos estaremos en
nuestro lugar, y no subiremos a ellos.
10 Mas si nos dijeren así: Subid a nosotros,
entonces subiremos, porque Jehová los ha
entregado en nuestra mano; y esto nos será
por señal.
11 Se mostraron, pues, ambos a la guarnición
de los filisteos, y los filisteos dijeron: He aquí
los hebreos, que salen de las cavernas donde
se habían escondido.
12 Y los hombres de la guarnición respondieron a Jonatán y a su paje de armas, y dijeron: Subid a nosotros, y os haremos saber
una cosa. Entonces Jonatán dijo a su paje de
armas: Sube tras mí, porque Jehová los ha
entregado en manos de Israel.
13 Y subió Jonatán trepando con sus manos y
sus pies, y tras él su paje de armas; y a los que
caían delante de Jonatán, su paje de armas
que iba tras él los mataba.
14 Y fue esta primera matanza que hicieron Jonatán y su paje de armas, como veinte
hombres, en el espacio de una media yuga-
da de tierra.
15 Y hubo pánico en el campamento y por el
campo, y entre toda la gente de la guarnición;
y los que habían ido a merodear, también ellos
tuvieron pánico, y la tierra tembló; hubo, pues,
gran consternación.
16 Y los centinelas de Saúl vieron desde Gabaa
de Benjamín cómo la multitud estaba turbada,
e iba de un lado a otro y era deshecha.
17 Entonces Saúl dijo al pueblo que estaba
con él: Pasad ahora revista, y ved quién se
haya ido de los nuestros. Pasaron revista, y he
aquí que faltaba Jonatán y su paje de armas.
18 Y Saúl dijo a Ahías: Trae el arca de Dios.
Porque el arca de Dios estaba entonces con
los hijos de Israel.
19 Pero aconteció que mientras aún hablaba
Saúl con el sacerdote, el alboroto que había
en el campamento de los filisteos aumentaba,
e iba creciendo en gran manera. Entonces dijo
Saúl al sacerdote: Detén tu mano.
20 Y juntando Saúl a todo el pueblo que con
él estaba, llegaron hasta el lugar de la batalla; y he aquí que la espada de cada uno estaba vuelta contra su compañero, y había gran
confusión.
21 Y los hebreos que habían estado con los
filisteos de tiempo atrás, y habían venido con
ellos de los alrededores al campamento, se
pusieron también del lado de los israelitas que
estaban con Saúl y con Jonatán.
22 Asimismo todos los israelitas que se habían
escondido en el monte de Efraín, oyendo que
los filisteos huían, también ellos los persiguieron en aquella batalla.
23 Así salvó Jehová a Israel aquel día. Y llegó ➤
la batalla hasta Bet-avén.
24 Pero los hombres de Israel fueron pues- ➤
tos en apuro aquel día; porque Saúl había
juramentado al pueblo, diciendo: Cualquiera
que coma pan antes de caer la noche, antes
que haya tomado venganza de mis enemigos,
sea maldito. Y todo el pueblo no había probado pan.
25 Y todo el pueblo llegó a un bosque, donde
había miel en la superficie del campo.
26 Entró, pues, el pueblo en el bosque, y he
aquí que la miel corría; pero no hubo quien

LECCIONES DE VIDA

➤ ***14.6 — no es difícil para Jehová salvar con muchos o con pocos.***

Jonatán tenía un espíritu muy diferente al de su padre. Saúl temía a los hombres; Jonatán temía a Dios. El Señor hizo grandes hazañas por medio de Jonatán.

➤ ***14.23 — salvó Jehová a Israel aquel día.***

Jonatán ni se imaginó que Dios validaría en tal medida sus palabras (1 S 14.6). Cuando avanzamos en fe, tampoco sabemos cómo se moverá Dios en poder a favor nuestro; sin embargo, podemos estar seguros que lo hará (Ef 3.20).

➤ ***14.24 — los hombres de Israel fueron puestos en apuro aquel día; porque Saúl había juramentado al pueblo... Y todo el pueblo no había probado pan.***

Saúl pronunció este juramento, no para exaltar a Dios sino para honrarse a sí mismo, pues dijo claramente: «antes que [*yo*] haya tomado venganza». Su egoísmo casi le costó la vida a su hijo, y facilitó el escape de muchos enemigos (1 S 14.30).

hiciera llegar su mano a su boca, porque el pueblo temía el juramento.
27 Pero Jonatán no había oído cuando su padre había juramentado al pueblo, y alargó la punta de una vara que traía en su mano, y la mojó en un panal de miel, y llevó su mano a la boca; y fueron aclarados sus ojos.
28 Entonces habló uno del pueblo, diciendo: Tu padre ha hecho jurar solemnemente al pueblo, diciendo: Maldito sea el hombre que tome hoy alimento. Y el pueblo desfallecía.
29 Respondió Jonatán: Mi padre ha turbado el país. Ved ahora cómo han sido aclarados mis ojos, por haber gustado un poco de esta miel.
30 ¿Cuánto más si el pueblo hubiera comido libremente hoy del botín tomado de sus enemigos? ¿No se habría hecho ahora mayor estrago entre los filisteos?
31 E hirieron aquel día a los filisteos desde Micmas hasta Ajalón; pero el pueblo estaba muy cansado.
32 Y se lanzó el pueblo sobre el botín, y tomaron ovejas y vacas y becerros, y los degollaron en el suelo; y el pueblo los comió con sangre.
33 Y le dieron aviso a Saúl, diciendo: El pueblo peca contra Jehová, comiendo la carne con la sangre.[a] Y él dijo: Vosotros habéis prevaricado; rodadme ahora acá una piedra grande.
34 Además dijo Saúl: Esparcíos por el pueblo, y decidles que me traigan cada uno su vaca, y cada cual su oveja, y degolladlas aquí, y comed; y no pequéis contra Jehová comiendo la carne con la sangre. Y trajo todo el pueblo cada cual por su mano su vaca aquella noche, y las degollaron allí.
35 Y edificó Saúl altar a Jehová; este altar fue el primero que edificó a Jehová.
36 Y dijo Saúl: Descendamos de noche contra los filisteos, y los saquearemos hasta la mañana, y no dejaremos de ellos ninguno. Y ellos dijeron: Haz lo que bien te pareciere. Dijo luego el sacerdote: Acerquémonos aquí a Dios.
37 Y Saúl consultó a Dios: ¿Descenderé tras los filisteos? ¿Los entregarás en mano de Israel? Mas Jehová no le dio respuesta aquel día.
38 Entonces dijo Saúl: Venid acá todos los principales del puebio, y sabed y ved en qué ha consistido este pecado hoy;
39 porque vive Jehová que salva a Israel, que aunque fuere en Jonatán mi hijo, de seguro morirá. Y no hubo en todo el pueblo quien le respondiese.
40 Dijo luego a todo Israel: Vosotros estaréis a un lado, y yo y Jonatán mi hijo estaremos al otro lado. Y el pueblo respondió a Saúl: Haz lo que bien te pareciere.
41 Entonces dijo Saúl a Jehová Dios de Israel: Da suerte perfecta. Y la suerte cayó sobre Jonatán y Saúl, y el pueblo salió libre.
42 Y Saúl dijo: Echad suertes entre mí y Jonatán mi hijo. Y la suerte cayó sobre Jonatán.
43 Entonces Saúl dijo a Jonatán: Declárame lo que has hecho. Y Jonatán se lo declaró y dijo: Ciertamente gusté un poco de miel con la punta de la vara que traía en mi mano; ¿y he de morir?
44 Y Saúl respondió: Así me haga Dios y aun me añada, que sin duda morirás, Jonatán.
45 Entonces el pueblo dijo a Saúl: ¿Ha de morir Jonatán, el que ha hecho esta grande salvación en Israel? No será así. Vive Jehová, que no ha de caer un cabello de su cabeza en tierra, pues que ha actuado hoy con Dios. Así el pueblo libró de morir a Jonatán.
46 Y Saúl dejó de seguir a los filisteos; y los filisteos se fueron a su lugar.
47 Después de haber tomado posesión del reinado de Israel, Saúl hizo guerra a todos sus enemigos en derredor: contra Moab, contra los hijos de Amón, contra Edom, contra los reyes de Soba, y contra los filisteos; y adondequiera que se volvía, era vencedor.
48 Y reunió un ejército y derrotó a Amalec, y libró a Israel de mano de los que lo saqueaban.
49 Y los hijos de Saúl fueron Jonatán, Isúi y Malquisúa. Y los nombres de sus dos hijas eran, el de la mayor, Merab, y el de la menor, Mical.
50 Y el nombre de la mujer de Saúl era Ahinoam, hija de Ahimaas. Y el nombre del general de su ejército era Abner, hijo de Ner tío de Saúl.
51 Porque Cis padre de Saúl, y Ner padre de Abner, fueron hijos de Abiel.
52 Y hubo guerra encarnizada contra los filisteos todo el tiempo de Saúl; y a todo el que Saúl veía que era hombre esforzado y apto para combatir, lo juntaba consigo.

Saúl desobedece y es desechado

15 DESPUÉS Samuel dijo a Saúl: Jehová me envió a que te ungiese por rey sobre su pueblo Israel;[a] ahora, pues, está atento a las palabras de Jehová.
2 Así ha dicho Jehová de los ejércitos: Yo castigaré lo que hizo Amalec a Israel al oponérsele en el camino cuando subía de Egipto.[b]
3 Ve, pues, y hiere a Amalec, y destruye todo lo que tiene, y no te apiades de él; mata a hombres, mujeres, niños, y aun los de pecho, vacas, ovejas, camellos y asnos.
4 Saúl, pues, convocó al pueblo y les pasó revista en Telaim, doscientos mil de a pie, y diez mil hombres de Judá.
5 Y viniendo Saúl a la ciudad de Amalec, puso emboscada en el valle.
6 Y dijo Saúl a los ceneos: Idos, apartaos y salid de entre los de Amalec, para que no os destruya juntamente con ellos; porque vosotros mostrasteis misericordia a todos los hijos de Israel, cuando subían de Egipto. Y se apartaron los ceneos de entre los hijos de Amalec.

---

a. 14.33 Gn 9.4; Lv 7.26-27; 17.10-14; 19.26; Dt 12.16, 23; 15.23.
a. 15.1 1 S 10.1. **b. 15.2** Éx 17.8-14; Dt 25.17-19.

7 Y Saúl derrotó a los amalecitas desde Havila hasta llegar a Shur, que está. al oriente de Egipto.
8 Y tomó vivo a Agag rey de Amalec, pero a todo el pueblo mató a filo de espada.
➤ 9 Y Saúl y el pueblo perdonaron a Agag, y a lo mejor de las ovejas y del ganado mayor, de los animales engordados, de los carneros y de todo lo bueno, y no lo quisieron destruir; mas todo lo que era vil y despreciable destruyeron.
10 Y vino palabra de Jehová a Samuel, diciendo:
11 Me pesa haber puesto por rey a Saúl, porque se ha vuelto de en pos de mí, y no ha cumplido mis palabras. Y se apesadumbró Samuel, y clamó a Jehová toda aquella noche.
➤ 12 Madrugó luego Samuel para ir a encontrar a Saúl por la mañana; y fue dado aviso a Samuel, diciendo: Saúl ha venido a Carmel, y he aquí se levantó un monumento, y dio la vuelta, y pasó adelante y descendió a Gilgal.
13 Vino, pues, Samuel a Saúl, y Saúl le dijo: Bendito seas tú de Jehová; yo he cumplido la palabra de Jehová.
14 Samuel entonces dijo: ¿Pues qué balido de ovejas y bramido de vacas es este que yo oigo con mis oídos?
15 Y Saúl respondió: De Amalec los han traído; porque el pueblo perdonó lo mejor de las ovejas y de las vacas, para sacrificarlas a Jehová tu Dios, pero lo demás lo destruimos.
16 Entonces dijo Samuel a Saúl: Déjame declararte lo que Jehová me ha dicho esta noche. Y él le respondió: Di.
17 Y dijo Samuel: Aunque eras pequeño en tus propios ojos, ¿no has sido hecho jefe de las tribus de Israel, y Jehová te ha ungido por rey sobre Israel?
18 Y Jehová te envió en misión y dijo: Ve, destruye a los pecadores de Amalec, y hazles guerra hasta que los acabes.
19 ¿Por qué, pues, no has oído la voz de Jehová, sino que vuelto al botín has hecho lo malo ante los ojos de Jehová?
20 Y Saúl respondió a Samuel: Antes bien he obedecido la voz de Jehová, y fui a la misión que Jehová me envió, y he traído a Agag rey de Amalec, y he destruido a los amalecitas.
21 Mas el pueblo tomó del botín ovejas y vacas, las primicias del anatema, para ofrecer sacrificios a Jehová tu Dios en Gilgal.
22 Y Samuel dijo: ¿Se complace Jehová tanto en los holocaustos y víctimas, como en que se obedezca a las palabras de Jehová? Ciertamente el obedecer es mejor que los sacrificios, y el prestar atención que la grosura de los carneros. ➤
23 Porque como pecado de adivinación es la rebelión, y como ídolos e idolatría la obstinación. Por cuanto tú desechaste la palabra de Jehová, él también te ha desechado para que no seas rey.
24 Entonces Saúl dijo a Samuel: Yo he pecado; pues he quebrantado el mandamiento de Jehová y tus palabras, porque temí al pueblo y consentí a la voz de ellos. Perdona, pues, ahora mi pecado, ➤
25 y vuelve conmigo para que adore a Jehová.
26 Y Samuel respondió a Saúl: No volveré contigo; porque desechaste la palabra de Jehová, y Jehová te ha desechado para que no seas rey sobre Israel.
27 Y volviéndose Samuel para irse, él se asió de la punta de su manto, y éste se rasgó.
28 Entonces Samuel le dijo: Jehová ha rasgado hoy de ti el reino de Israel, y lo ha dado a un prójimo tuyo mejor que tú.

LECCIONES DE VIDA

➤ ***15.9 — Saúl y el pueblo perdonaron... todo lo bueno, y no lo quisieron destruir.***

Dios nos manda obedecer todos sus mandatos, no sólo aquellos que nos gustan, o entendemos, o nos convienen. La obediencia incompleta es desobediencia arrogante, y es lo mismo que haber «hecho lo malo ante los ojos de Jehová» (1 S 15.19).

➤ ***15.12 — Saúl ha venido a Carmel, y he aquí se levantó un monumento.***

El joven que antes se consideró pequeño e incapaz de dirigir a Israel (1 S 9.21; 10.20–22; 15.17), llegó en su arrogancia a erigir un monumento en honor de sí mismo. Cuando dejamos de seguir al Señor de todo corazón, seguimos nuestros corazones orgullosos rumbo a nuestra propia destrucción.

➤ ***15.22 — ¿Se complace Jehová tanto en los holocaustos y víctimas, como en que se obedezca a las palabras de Jehová? Ciertamente el obedecer es mejor que los sacrificios, y el prestar atención que la grosura de los carneros.***

Dios había mandado a Saúl destruir a los amalecitas y todas sus posesiones (1 S 15.3); pero no vio razón para matar al rey y todo el ganado fino (1 S 15.9). Justificó su desobediencia diciendo que los animales fueron preservados para servir de sacrificio al Señor, pero Samuel dijo claramente que Dios no estaba complacido. Él espera obediencia, no excusas. Cuando desconocemos sus mandatos, estamos actuando en rebelión abierta a su autoridad. La rendición es el único camino a la bendición.

➤ ***15.24 — Yo he pecado; pues he quebrantado el mandamiento de Jehová y tus palabras, porque temí al pueblo y consentí a la voz de ellos.***

Saúl reconoció que el temor era un problema real en su vida, pero no hizo nada al respecto. La mejor manera de lidiar con nuestro temor a la gente es cultivar una reverencia y un amor mayores a Dios, meditando en sus obras y su Palabra. Su perfecto amor echará fuera todos nuestros temores (1 Jn 4.18).

29 Además, el que es la Gloria de Israel no
mentirá, ni se arrepentirá, porque no es hombre para que se arrepienta.
30 Y él dijo: Yo he pecado; pero te ruego que
me honres delante de los ancianos de mi pueblo y delante de Israel, y vuelvas conmigo
para que adore a Jehová tu Dios.
31 Y volvió Samuel tras Saúl, y adoró Saúl a
Jehová.
32 Después dijo Samuel: Traedme a Agag rey
de Amalec. Y Agag vino a él alegremente. Y
dijo Agag: Ciertamente ya pasó la amargura
de la muerte.
33 Y Samuel dijo: Como tu espada dejó a las
mujeres sin hijos, así tu madre será sin hijo
entre las mujeres. Entonces Samuel cortó en
pedazos a Agag delante de Jehová en Gilgal.
34 Se fue luego Samuel a Ramá, y Saúl subió
a su casa en Gabaa de Saúl.
35 Y nunca después vio Samuel a Saúl en toda
su vida; y Samuel lloraba a Saúl; y Jehová
se arrepentía de haber puesto a Saúl por rey
sobre Israel.

Samuel unge a David

16 DIJO Jehová a Samuel: ¿Hasta cuándo
llorarás a Saúl, habiéndolo yo desechado para que no reine sobre Israel? Llena tu
cuerno de aceite, y ven, te enviaré a Isaí de
Belén, porque de sus hijos me he provisto de
rey.
2 Y dijo Samuel: ¿Cómo iré? Si Saúl lo supiera, me mataría. Jehová respondió: Toma contigo una becerra de la vacada, y di: A ofrecer
sacrificio a Jehová he venido.
➤ 3 Y llama a Isaí al sacrificio, y yo te enseñaré lo que has de hacer; y me ungirás al que
yo te dijere.
4 Hizo, pues, Samuel como le dijo Jehová; y
luego que él llegó a Belén, los ancianos de
la ciudad salieron a recibirle con miedo, y
dijeron: ¿Es pacífica tu venida?
5 Él respondió: Sí, vengo a ofrecer sacrificio a
Jehová; santificaos, y venid conmigo al sacrificio. Y santificando él a Isaí y a sus hijos, los
llamó al sacrificio.
6 Y aconteció que cuando ellos vinieron, él
vio a Eliab, y dijo: De cierto delante de Jehová está su ungido.
7 Y Jehová respondió a Samuel: No mires a su ➤
parecer, ni a lo grande de su estatura, porque yo
lo desecho; porque Jehová no mira lo que mira
el hombre; pues el hombre mira lo que está
delante de sus ojos, pero Jehová mira el corazón.
8 Entonces llamó Isaí a Abinadab, y lo hizo
pasar delante de Samuel, el cual dijo: Tampoco a éste ha escogido Jehová.
9 Hizo luego pasar Isaí a Sama. Y él dijo: Tampoco a éste ha elegido Jehová.
10 E hizo pasar Isaí siete hijos suyos delante
de Samuel; pero Samuel dijo a Isaí: Jehová no
ha elegido a éstos.
11 Entonces dijo Samuel a Isaí: ¿Son éstos
todos tus hijos? Y él respondió: Queda aún el
menor, que apacienta las ovejas. Y dijo Samuel
a Isaí: Envía por él, porque no nos sentaremos
a la mesa hasta que él venga aquí.
12 Envió, pues, por él, y le hizo entrar; y era
rubio, hermoso de ojos, y de buen parecer.
Entonces Jehová dijo: Levántate y úngelo,
porque éste es.
13 Y Samuel tomó el cuerno del aceite, y lo ➤
ungió en medio de sus hermanos; y desde
aquel día en adelante el Espíritu de Jehová
vino sobre David. Se levantó luego Samuel, y
se volvió a Ramá.

David toca para Saúl

14 El Espíritu de Jehová se apartó de Saúl, y ➤
le atormentaba un espíritu malo de parte de
Jehová.

LECCIONES DE VIDA

➤ *16.3 — me ungirás al que yo te dijere.*

Dios pudo haberle dicho a Samuel por adelantado qué hacer y a quién ungir. En lugar de eso, Él nos dirige un paso a la vez, enseñándonos a confiar en Él y estar pendientes de su voz todo el tiempo. Recuerde que de ser necesario el Señor moverá el cielo y la tierra para mostrarnos su voluntad. Nunca debemos dejar de someternos a Él, porque no conocemos todo su plan de principio a fin. Obedézcalo y espere que Él le revele exactamente lo que necesita para cada paso del camino.

➤ *16.7 — Jehová no mira lo que mira el hombre; pues el hombre mira lo que está delante de sus ojos, pero Jehová mira el corazón.*

Antes que Samuel viera a David, el Señor ya lo había escogido como príncipe de Israel (1 S 13.14). No obstante, hasta un hombre piadoso como Samuel tendría dificultad para no juzgar según las apariencias. Es por esto que siempre debemos acudir al Señor y recibir su sabiduría. Él es el único que mira el corazón. A su temprana edad, David ya sabía la importancia de obedecer totalmente a Dios, razón por la cual el Señor pudo obrar a través de él y desarrollarle como el gobernante que Israel necesitaba (1 S 16.7; Hch 13.22).

➤ *16.13 — desde aquel día en adelante el Espíritu de Jehová vino sobre David.*

El Espíritu de Dios vino sobre David con el propósito de desarrollarlo y capacitarlo para la obra específica a que el Señor lo había llamado: ser el rey piadoso de Israel. Para tener éxito, David necesitó al Espíritu del Señor tanto como Saúl, y nosotros también triunfaremos si nos sometemos al Espíritu Santo y cooperamos con Él. Para poder andar en el Espíritu, debemos obedecer las indicaciones iniciales del Espíritu.

➤ *16.14 — El Espíritu de Jehová se apartó de Saúl.*

Antes de Cristo, el Espíritu Santo no venía a morar en las personas de forma permanente. De hecho, no todos contaban con la bendición de su presencia. Él llegaba para realizar una tarea específica y luego se iba. En cambio, nosotros como creyentes gozamos el privilegio de tener al Espíritu Santo como nuestro consejero constante, desde el instante en que aceptamos a Jesús como nuestro Salvador. Él nunca nos abandona, siempre está con nosotros como garantía de nuestra salvación (Ef 1.13, 14; 4.30).

15 Y los criados de Saúl le dijeron: He aquí ahora, un espíritu malo de parte de Dios te atormenta.

16 Diga, pues, nuestro señor a tus siervos que están delante de ti, que busquen a alguno que sepa tocar el arpa, para que cuando esté sobre ti el espíritu malo de parte de Dios, él toque con su mano, y tengas alivio.

17 Y Saúl respondió a sus criados: Buscadme, pues, ahora alguno que toque bien, y traédmelo.

18 Entonces uno de los criados respondió diciendo: He aquí yo he visto a un hijo de Isaí de Belén, que sabe tocar, y es valiente y vigoroso y hombre de guerra, prudente en sus palabras, y hermoso, y Jehová está con él.

➤ 19 Y Saúl envió mensajeros a Isaí, diciendo: Envíame a David tu hijo, el que está con las ovejas.

20 Y tomó Isaí un asno cargado de pan, una vasija de vino y un cabrito, y lo envió a Saúl por medio de David su hijo.

21 Y viniendo David a Saúl, estuvo delante de él; y él le amó mucho, y le hizo su paje de armas.

22 Y Saúl envió a decir a Isaí: Yo te ruego que esté David conmigo, pues ha hallado gracia en mis ojos.

23 Y cuando el espíritu malo de parte de Dios venía sobre Saúl, David tomaba el arpa y tocaba con su mano; y Saúl tenía alivio y estaba mejor, y el espíritu malo se apartaba de él.

David mata a Goliat

17 LOS filisteos juntaron sus ejércitos para la guerra, y se congregaron en Soco, que es de Judá, y acamparon entre Soco y Azeca, en Efes-damim.

2 También Saúl y los hombres de Israel se juntaron, y acamparon en el valle de Ela, y se pusieron en orden de batalla contra los filisteos.

3 Y los filisteos estaban sobre un monte a un lado, e Israel estaba sobre otro monte al otro lado, y el valle entre ellos.

4 Salió entonces del campamento de los filisteos un paladín, el cual se llamaba Goliat, de Gat, y tenía de altura seis codos y un palmo.

5 Y traía un casco de bronce en su cabeza, y llevaba una cota de malla; y era el peso de la cota cinco mil siclos de bronce.

6 Sobre sus piernas traía grebas de bronce, y jabalina de bronce entre sus hombros.

7 El asta de su lanza era como un rodillo de telar, y tenía el hierro de su lanza seiscientos siclos de hierro; e iba su escudero delante de él.

8 Y se paró y dio voces a los escuadrones de Israel, diciéndoles: ¿Para qué os habéis puesto en orden de batalla? ¿No soy yo el filisteo, y vosotros los siervos de Saúl? Escoged de entre vosotros un hombre que venga contra mí.

9 Si él pudiere pelear conmigo, y me venciere, nosotros seremos vuestros siervos; y si yo pudiere más que él, y lo venciere, vosotros seréis nuestros siervos y nos serviréis.

10 Y añadió el filisteo: Hoy yo he desafiado al campamento de Israel; dadme un hombre que pelee conmigo.

11 Oyendo Saúl y todo Israel estas palabras del filisteo, se turbaron y tuvieron gran miedo. ➤

12 Y David era hijo de aquel hombre efrateo de Belén de Judá, cuyo nombre era Isaí, el cual tenía ocho hijos; y en el tiempo de Saúl este hombre era viejo y de gran edad entre los hombres.

13 Y los tres hijos mayores de Isaí habían ido para seguir a Saúl a la guerra. Y los nombres de sus tres hijos que habían ido a la guerra eran: Eliab el primogénito, el segundo Abinadab, y el tercero Sama;

14 y David era el menor. Siguieron, pues, los tres mayores a Saúl.

15 Pero David había ido y vuelto, dejando a Saúl, para apacentar las ovejas de su padre en Belén.

16 Venía, pues, aquel filisteo por la mañana y por la tarde, y así lo hizo durante cuarenta días.

17 Y dijo Isaí a David su hijo: Toma ahora para tus hermanos un efa de este grano tostado, y estos diez panes, y llévalo pronto al campamento a tus hermanos.

18 Y estos diez quesos de leche los llevarás al jefe de los mil; y mira si tus hermanos están buenos, y toma prendas de ellos.

19 Y Saúl y ellos y todos los de Israel estaban en el valle de Ela, peleando contra los filisteos.

20 Se levantó, pues, David de mañana, y dejando las ovejas al cuidado de un guarda, se fue con su carga como Isaí le había mandado;

LECCIONES DE VIDA

➤ ***16.19 — Envíame a David tu hijo, el que está con las ovejas.***

Después que David fue ungido por el profeta Samuel, el acto de regresar a las ovejas reveló su carácter. Estaba dispuesto a hacer lo que el Señor quisiera, y por su fe Dios lo usó poderosamente. Así como Dios envió a Moisés a la casa de faraón para formarlo, también envió a David en el momento preciso al palacio de Saúl, para su preparación. El Señor siempre nos equipa para las tareas que nos asigna.

➤ ***17.11 — Oyendo Saúl y todo Israel estas palabras del filisteo, se turbaron y tuvieron gran miedo.***

Goliat dio un paso al frente para lanzar el desafío. Un hombre representaría cada nación, y la victoria total iría al ganador. Saúl una vez más dejó que su fe en el Señor fuera eclipsada por su temor de los hombres. Si no estamos en comunión con Dios, nada impide que nuestro temor nos destruya tanto espiritual como físicamente.

RESPUESTAS A PREGUNTAS DE LA VIDA

¿Cómo puedo ser valiente en las tribulaciones?

1 S 17.12–54

Siempre que Dios nos requiere enfrentar pruebas y tribulaciones, provee el valor necesario para superarlas. David fue un hombre de gran valor y no un simple valentón, pues su valentía estaba arraigada en la soberanía de Dios. En 1 Samuel 17 vemos en acción el poder sobrenatural de Dios en la vida de David.

La derrota nunca es una opción viable para la persona valiente. David nunca consideró la alternativa de ser derrotado por Goliat. Los valientes se niegan a buscar vías de escape. Fijan la mira en el avance y la victoria. Nunca entre a una batalla con pensamientos de derrota porque así va a perder todas las veces. Los hombres y las mujeres valientes saben que su éxito está en nuestro Dios inconmovible.

Los valientes recuerdan las victorias pasadas y la fidelidad de Dios. David ya había enfrentado enemigos tan peligrosos como Goliat. En los instantes previos a la batalla, recordó cómo Dios le había fortalecido en el pasado para matar un león y un oso. Tenía esperado recibir la misma clase de ayuda para prevalecer contra Goliat.

El valor lo produce la actitud correcta. David sabía que no podría ganar por sus propias fuerzas. Sabía que Dios tenía que estar con él o sufriría la derrota.

La gente valiente mira a Dios y confía en su dirección. Los hermanos de David se burlaron de él. Saúl dudó de él. Goliat lo escarneció. Todo ese negativismo no afectó a David. Cada vez que Dios le llame a seguirlo, espere oposición, hasta de aquellos que menos se imagina.

La valentía genuina es inmune a los temores internos y las dificultades externas. A la persona de valor le tienen sin cuidado los que rehúsan creerle a Dios. Dedique tiempo a estudiar la Palabra de Dios y aplicar sus principios a su vida. Con tal que usted se apoye en las promesas de la Palabra de Dios, siempre podrá enfrentar a sus enemigos con la cabeza en alto.

Una persona valiente hace uso creativo de los recursos que tenga a la mano. David seleccionó cinco piedras lisas y su honda como armas de combate, en lugar de la armadura pesada de Saúl. Enfrentó a Goliat revestido en la fe poderosa del Dios viviente. ¡Ningún ser humano puede derrotar a quien tenga su fe centrada en Dios!

Una persona con el atributo del valor enfrenta a su oponente con certeza de que Dios le dará éxito al final si le obedece. Si enfrentamos las pruebas de la vida por fe, como David lo hizo, nos convertiremos en hombres y mujeres de valor y siempre será nuestra la victoria.

Para un estudio más a fondo, véase el Índice de Principios de vida:

8. Libremos nuestras batallas de rodillas y siempre obtendremos la victoria.

18. Como hijos del Dios soberano, jamás somos víctimas de nuestras circunstancias.

y llegó al campamento cuando el ejército
salía en orden de batalla, y daba el grito de
combate.
21 Y se pusieron en orden de batalla Israel y
los filisteos, ejército frente a ejército.
22 Entonces David dejó su carga en mano del
que guardaba el bagaje, y corrió al ejército; y
cuando llegó, preguntó por sus hermanos, si
estaban bien.
23 Mientras él hablaba con ellos, he aquí que
aquel paladín que se ponía en medio de los dos
campamentos, que se llamaba Goliat, el filisteo
de Gat, salió de entre las filas de los filisteos y
habló las mismas palabras, y las oyó David.
24 Y todos los varones de Israel que veían
aquel hombre huían de su presencia, y tenían
gran temor.
25 Y cada uno de los de Israel decía: ¿No
habéis visto aquel hombre que ha salido? Él
se adelanta para provocar a Israel. Al que le
venciere, el rey le enriquecerá con grandes
riquezas, y le dará su hija, y eximirá de tributos a la casa de su padre en Israel.
26 Entonces habló David a los que estaban
junto a él, diciendo: ¿Qué harán al hombre
que venciere a este filisteo, y quitare el oprobio de Israel? Porque ¿quién es este filisteo
incircunciso, para que provoque a los escuadrones del Dios viviente?

27 Y el pueblo le respondió las mismas palabras, diciendo: Así se hará al hombre que le venciere.
28 Y oyéndole hablar Eliab su hermano mayor con aquellos hombres, se encendió en ira contra David y dijo: ¿Para qué has descendido acá? ¿y a quién has dejado aquellas pocas ovejas en el desierto? Yo conozco tu soberbia y la malicia de tu corazón, que para ver la batalla has venido.
29 David respondió: ¿Qué he hecho yo ahora? ¿No es esto mero hablar?
30 Y apartándose de él hacia otros, preguntó de igual manera; y le dio el pueblo la misma respuesta de antes.
31 Fueron oídas las palabras que David había dicho, y las refirieron delante de Saúl; y él lo hizo venir.
32 Y dijo David a Saúl: No desmaye el corazón de ninguno a causa de él; tu siervo irá y peleará contra este filisteo.
➤ 33 Dijo Saúl a David: No podrás tú ir contra aquel filisteo, para pelear con él; porque tú eres muchacho, y él un hombre de guerra desde su juventud.
34 David respondió a Saúl: Tu siervo era pastor de las ovejas de su padre; y cuando venía un león, o un oso, y tomaba algún cordero de la manada,
35 salía yo tras él, y lo hería, y lo libraba de su boca; y si se levantaba contra mí, yo le echaba mano de la quijada, y lo hería y lo mataba.
36 Fuese león, fuese oso, tu siervo lo mataba; y este filisteo incircunciso será como uno de ellos, porque ha provocado al ejército del Dios viviente.
➤ 37 Añadió David: Jehová, que me ha librado de las garras del león y de las garras del oso, él también me librará de la mano de este filisteo. Y dijo Saúl a David: Ve, y Jehová esté contigo.
38 Y Saúl vistió a David con sus ropas, y puso sobre su cabeza un casco de bronce, y le armó de coraza.
39 Y ciñó David su espada sobre sus vestidos, y probó a andar, porque nunca había hecho la prueba. Y dijo David a Saúl: Yo no puedo andar con esto, porque nunca lo practiqué. Y David echó de sí aquellas cosas.
40 Y tomó su cayado en su mano, y escogió cinco piedras lisas del arroyo, y las puso en el saco pastoril, en el zurrón que traía, y tomó su honda en su mano, y se fue hacia el filisteo.
41 Y el filisteo venía andando y acercándose a David, y su escudero delante de él.
42 Y cuando el filisteo miró y vio a David, le tuvo en poco; porque era muchacho, y rubio, y de hermoso parecer.
43 Y dijo el filisteo a David: ¿Soy yo perro, para que vengas a mí con palos? Y maldijo a David por sus dioses.
44 Dijo luego el filisteo a David: Ven a mí, y daré tu carne a las aves del cielo y a las bestias del campo.
45 Entonces dijo David al filisteo: Tú vienes a mí con espada y lanza y jabalina; mas yo vengo a ti en el nombre de Jehová de los ejércitos, el Dios de los escuadrones de Israel, a quien tú has provocado. ➤
46 Jehová te entregará hoy en mi mano, y yo te venceré, y te cortaré la cabeza, y daré hoy los cuerpos de los filisteos a las aves del cielo y a las bestias de la tierra; y toda la tierra sabrá que hay Dios en Israel.
47 Y sabrá toda esta congregación que Jehová no salva con espada y con lanza; porque *

LECCIONES DE VIDA

➤ ***17.26 — ¿quién es este filisteo incircunciso, para que provoque a los escuadrones del Dios viviente?***

¿Por qué David se mantuvo valiente frente a Goliat? Porque temía y amaba a Dios más de lo que temía o amaba todo lo demás (Sal 20.7; Jer 9.24). Esta es la clave del éxito.

➤ ***17.33 — No podrás tú ir contra aquel filisteo… tú eres muchacho, y él un hombre de guerra desde su juventud.***

Saúl se había condicionado a ver las cosas desde el punto de vista carnal; se le había olvidado ver con los ojos de la fe. Confiar en Dios quiere decir ver más allá de lo que podemos, hacia lo que Dios ve. David sabía que el Señor tendría la victoria, por eso procedió seguro y confiado.

➤ ***17.37 — Jehová, que me ha librado de las garras del león y de las garras del oso, él también me librará de la mano de este filisteo.***

La obediencia fiel debería ser nuestro camino a seguir cada vez que el Espíritu Santo nos insta a entrar en acción. David activó su fe antes de activar su voluntad. Antes de iniciar la marcha hacia el valle para enfrentarse a Goliat, recordó la fidelidad de Dios y todas las formas en que le había librado anteriormente.

➤ ***17.45 — Tú vienes a mí con espada y lanza y jabalina; mas yo vengo a ti en el nombre de Jehová de los ejércitos, el Dios de los escuadrones de Israel, a quien tú has provocado.***

Espada, lanza y jabalina no le llegan a los talones a una fe activa en el Dios viviente. Como lo afirma Isaías 54.17: «Ninguna arma forjada contra ti prosperará… Esta es la herencia de los siervos de Jehová». David sabía que Dios estaba con él, y ya había visto lo que su presencia podía lograr. Por eso declaró su confianza con firmeza, para la gloria del Señor.

➤ ***17.51 — cuando los filisteos vieron a su paladín muerto, huyeron.***

Tras derribar a Goliat con su honda, David usó la propia espada del gigante para cortarle la cabeza. Dios tomó el arma dispuesta para hacer daño y la entregó a David. Esto remató la victoria y dio a los filisteos evidencia irrefutable de que su campeón había fracasado. El Señor puede usar cualquier situación u obstáculo y transformarlo para nuestro bien, si nos disponemos a confiar en Él y obedecer.

RESPUESTAS A PREGUNTAS DE LA VIDA

¿Qué función cumple la fe en lograr cosas grandes para Dios?

1 S 17.23–37

Fe es *creer que Dios hará tal como ha prometido.* La fe no es un poder. No es algo que nos toque sacar de nuestro interior. Tener fe es confiar en que Dios cumplirá sus promesas.

La historia famosa de David y Goliat ilustra esta sencilla verdad tan bien como cualquier otra. Los ejércitos de Israel se habían alineado a un lado del valle y los filisteos al otro. Cada día el guerrero gigante Goliat bajaba al valle y desafiaba a los ejércitos de Israel.

Un día llegó el joven David y vio aquella escena con una perspectiva refrescante. Note lo que dijo cuando oyó las amenazas insolentes de Goliat: «¿Quién es este filisteo incircunciso, para que provoque a los escuadrones del Dios viviente?» (1 S 17.26).

David no vio a Goliat como un simple enemigo de Israel. Lo vio como enemigo *de Dios*, y supo que Dios podía sacarlo del escenario sin ningún problema. Esa certeza le hizo actuar conforme a su fe.

Cientos, o quizá miles de soldados israelitas estaban mucho más entrenados y calificados que David para hacer frente a Goliat. Pero ellos quedaron paralizados con las amenazas del gigante, llenos de temor, ansiedad y frustración. David, por su lado, no se vio afectado en lo más mínimo. ¿Por qué? Porque sabía que la batalla era del Señor y no suya. Sabía que sin el Señor, llevaba todas las de perder. Sabía que con la ayuda del Señor, todo iba a salir bien.

Ni David ni los soldados de Israel tenían la capacidad natural para vencer al gigante. La diferencia es que ellos se enfocaron en su incapacidad y cayeron presa del pánico, mientras que David se enfocó en la provisión de Dios y eso lo mantuvo confiado. La única diferencia fue el enfoque.

David hizo *exactamente lo que sabía hacer, y confió en que Dios hiciera el resto.* En eso consiste vivir por fe: tener la seguridad de que Dios tiene fidelidad suprema para cumplir su Palabra. Así fue como David juntó unas cuantas piedras, bajó al valle y entabló un diálogo breve pero directo con Goliat. Luego preparó su honda y el único lanzamiento que hizo cambió su vida y el futuro de Israel. Tan pronto aquella piedra salió disparada de la honda de David, Dios intervino para hacer lo que nadie más podía, y Goliat cayó derrotado.

Esa es la fe en acción. Así es como se originan y concluyen los grandes triunfos.

Para un estudio más a fondo, véase el Índice de Principios de vida:

9. *Confiar en Dios quiere decir ver más allá de lo que podemos, hacia lo que Dios ve.*

de Jehová es la batalla, y él os entregará en
nuestras manos.
48 Y aconteció que cuando el filisteo se levantó y echó a andar para ir al encuentro de
David, David se dio prisa, y corrió a la línea
de batalla contra el filisteo.
49 Y metiendo David su mano en la bolsa,
tomó de allí una piedra, y la tiró con la honda,
e hirió al filisteo en la frente; y la piedra quedó clavada en la frente, y cayó sobre su rostro en tierra.
50 Así venció David al filisteo con honda y
piedra; e hirió al filisteo y lo mató, sin tener
David espada en su mano.
51 Entonces corrió David y se puso sobre el
filisteo; y tomando la espada de él y sacándola
de su vaina, lo acabó de matar, y le cortó con
ella la cabeza. Y cuando los filisteos vieron a
su paladín muerto, huyeron.
52 Levantándose luego los de Israel y los de
Judá, gritaron, y siguieron a los filisteos hasta llegar al valle, y hasta las puertas de Ecrón.
Y cayeron los heridos de los filisteos por el
camino de Saaraim hasta Gat y Ecrón.
53 Y volvieron los hijos de Israel de seguir tras
los filisteos, y saquearon su campamento.
54 Y David tomó la cabeza del filisteo y la trajo a Jerusalén, pero las armas de él las puso
en su tienda.
55 Y cuando Saúl vio a David que salía a
encontrarse con el filisteo, dijo a Abner general del ejército: Abner, ¿de quién es hijo ese
joven? Y Abner respondió:

Ejemplos de vida

DAVID

Competente con el paso del tiempo

1 S 17.48–51

A veces queremos demasiado antes de tiempo. Deseamos ser competentes de inmediato al más alto nivel, pero nuestras habilidades requieren tiempo para desarrollarse bien. La sabiduría se adquiere con el paso del tiempo y el carácter tiene una maduración lenta.

David sabía que el desarrollo de una persona competente requiere tiempo. Samuel ungió a David como rey de Israel a una edad bastante temprana, probablemente en su adolescencia. Pero él no se convirtió en rey de forma automática. De hecho, su ascenso al trono tardó muchos años.

En la esfera militar, muy pocos experimentaron tanto éxito como David. Pero él empezó como pastor de ovejas, matando un oso y un león mucho antes de su encuentro con Goliat en el campo de batalla. Dios obró en David durante su temporada de espera, mientras crecían en él la sabiduría y la confianza que darían cimiento a su valentía. La fe de David también creció al ver manifiesta la presencia del Señor en su vida a través de muchas experiencias inolvidables.

Nosotros llegamos a ser competentes de la misma manera. El Señor obra en nosotros con el paso del tiempo, ayudándonos a desarrollar y perfeccionar ciertas habilidades, lo cual nos permitirá desempeñarnos con éxito en el futuro.

Para un estudio más a fondo, véase el Índice de Principios de vida:

6. Cosechamos lo que sembramos, más de lo que sembramos, después de sembrarlo.

56 Vive tu alma, oh rey, que no lo sé. Y el rey
dijo: Pregunta de quién es hijo ese joven.
57 Y cuando David volvía de matar al filisteo, Abner lo tomó y lo llevó delante de Saúl,
teniendo David la cabeza del filisteo en su
mano.
58 Y le dijo Saúl: Muchacho, ¿de quién eres
hijo? Y David respondió: Yo soy hijo de tu siervo Isaí de Belén.

Pacto de Jonatán y David

18 ACONTECIÓ que cuando él hubo acabado de hablar con Saúl, el alma de
Jonatán quedó ligada con la de David, y lo
amó Jonatán como a sí mismo.
2 Y Saúl le tomó aquel día, y no le dejó volver
a casa de su padre.
3 E hicieron pacto Jonatán y David, porque él
le amaba como a sí mismo.
4 Y Jonatán se quitó el manto que llevaba, y
se lo dio a David, y otras ropas suyas, hasta
su espada, su arco y su talabarte.
5 Y salía David a dondequiera que Saúl le
enviaba, y se portaba prudentemente. Y lo
puso Saúl sobre gente de guerra, y era acepto
a los ojos de todo el pueblo, y a los ojos de los
siervos de Saúl.

Saúl tiene celos de David

6 Aconteció que cuando volvían ellos, cuando
David volvió de matar al filisteo, salieron las
mujeres de todas las ciudades de Israel cantando y danzando, para recibir al rey Saúl,
con panderos, con cánticos de alegría y con
instrumentos de música.
7 Y cantaban las mujeres que danzaban, y
decían:
Saúl hirió a sus miles,
Y David a sus diez miles.[a]
8 Y se enojó Saúl en gran manera, y le desagradó este dicho, y dijo: A David dieron
diez miles, y a mí miles; no le falta más que
el reino.
9 Y desde aquel día Saúl no miró con buenos
ojos a David.
10 Aconteció al otro día, que un espíritu malo
de parte de Dios tomó a Saúl, y él desvaria-
ba en medio de la casa. David tocaba con su
mano como los otros días; y tenía Saúl la lanza en la mano.
11 Y arrojó Saúl la lanza, diciendo: Enclavaré a David a la pared. Pero David lo evadió
dos veces.
12 Mas Saúl estaba temeroso de David, por
cuanto Jehová estaba con él, y se había apartado de Saúl;
13 por lo cual Saúl lo alejó de sí, y le hizo jefe
de mil; y salía y entraba delante del pueblo.
14 Y David se conducía prudentemente en
todos sus asuntos, y Jehová estaba con él.
15 Y viendo Saúl que se portaba tan prudentemente, tenía temor de él.
16 Mas todo Israel y Judá amaba a David, porque él salía y entraba delante de ellos.
17 Entonces dijo Saúl a David: He aquí, yo
te daré Merab mi hija mayor por mujer, con
tal que me seas hombre valiente, y pelees las
batallas de Jehová. Mas Saúl decía: No será

a. 18.7 1 S 21.11; 29.5.

mi mano contra él, sino que será contra él la
mano de los filisteos.
18 Pero David respondió a Saúl: ¿Quién soy
yo, o qué es mi vida, o la familia de mi padre
en Israel, para que yo sea yerno del rey?
19 Y llegado el tiempo en que Merab hija de
Saúl se había de dar a David, fue dada por
mujer a Adriel meholatita.
20 Pero Mical la otra hija de Saúl amaba a
David; y fue dicho a Saúl, y le pareció bien a
sus ojos.
21 Y Saúl dijo: Yo se la daré, para que le sea
por lazo, y para que la mano de los filisteos
sea contra él. Dijo, pues, Saúl a David por
segunda vez: Tú serás mi yerno hoy.
22 Y mandó Saúl a sus siervos: Hablad en
secreto a David, diciéndole: He aquí el rey te
ama, y todos sus siervos te quieren bien; sé,
pues, yerno del rey.
23 Los criados de Saúl hablaron estas palabras a los oídos de David. Y David dijo: ¿Os
parece a vosotros que es poco ser yerno del
rey, siendo yo un hombre pobre y de ninguna estima?
24 Y los criados de Saúl le dieron la respuesta,
diciendo: Tales palabras ha dicho David.
25 Y Saúl dijo: Decid así a David: El rey no
desea la dote, sino cien prepucios de filisteos,
para que sea tomada venganza de los enemigos del rey. Pero Saúl pensaba hacer caer a
David en manos de los filisteos.
26 Cuando sus siervos declararon a David
estas palabras, pareció bien la cosa a los ojos
de David, para ser yerno del rey. Y antes que
el plazo se cumpliese,
27 se levantó David y se fue con su gente, y
mató a doscientos hombres de los filisteos; y
trajo David los prepucios de ellos y los entregó todos al rey, a fin de hacerse yerno del rey.
Y Saúl le dio su hija Mical por mujer.
28 Pero Saúl, viendo y considerando que
Jehová estaba con David, y que su hija Mical
lo amaba,
29 tuvo más temor de David; y fue Saúl enemigo de David todos los días.
30 Y salieron a campaña los príncipes de los
filisteos; y cada vez que salían, David tenía
más éxito que todos los siervos de Saúl, por lo
cual se hizo de mucha estima su nombre.

Saúl procura matar a David

19 HABLÓ Saúl a Jonatán su hijo, y a
todos sus siervos, para que matasen
a David; pero Jonatán hijo de Saúl amaba a
David en gran manera,
2 y dio aviso a David, diciendo: Saúl mi padre
procura matarte; por tanto, cuídate hasta la
mañana, y estate en lugar oculto y escóndete.
3 Y yo saldré y estaré junto a mi padre en el
campo donde estés; y hablaré de ti a mi padre,
y te haré saber lo que haya.
4 Y Jonatán habló bien de David a Saúl su
padre, y le dijo: No peque el rey contra su
siervo David, porque ninguna cosa ha cometido contra ti, y porque sus obras han sido muy
buenas para contigo;
5 pues él tomó su vida en su mano, y mató
al filisteo, y Jehová dio gran salvación a
todo Israel. Tú lo viste, y te alegraste; ¿por
qué, pues, pecarás contra la sangre inocente,
matando a David sin causa?
6 Y escuchó Saúl la voz de Jonatán, y juró
Saúl: Vive Jehová, que no morirá.
7 Y llamó Jonatán a David, y le declaró todas
estas palabras; y él mismo trajo a David a
Saúl, y estuvo delante de él como antes.
8 Después hubo de nuevo guerra; y salió
David y peleó contra los filisteos, y los hirió
con gran estrago, y huyeron delante de él.
9 Y el espíritu malo de parte de Jehová vino
sobre Saúl; y estando sentado en su casa

LECCIONES DE VIDA

➤ ***18.1 — el alma de Jonatán quedó ligada con la de David, y lo amó Jonatán como a sí mismo.***

Jonatán reconoció en David el espíritu fraternal de un hombre que amaba al Señor de todo corazón, al igual que él. Su amistad trajo bendición a todo Israel, no solamente a ellos. Nos necesitamos los unos a los otros para progresar en la fe.

➤ ***18.4 — Jonatán se quitó el manto que llevaba, y se lo dio a David, y otras ropas suyas, hasta su espada, su arco y su talabarte.***

Como señal de aceptación de la voluntad de Dios, Jonatán le entregó a David su manto, el cual representaba su derecho a reclamar el trono de Israel (1 S 15.27–28). También le dio su espada, algo muy significativo porque las únicas espadas que había en la nación eran la suya y la de Saúl (1 S 13.19–22).

➤ ***18.8 — Y se enojó Saúl en gran manera, y le desagradó este dicho.***

En lugar de fijarse en la gran liberación que Dios acababa de traer por medio de David, Saúl se enfocó en un desaire que le hirió el orgullo. Sus celos ardientes llegaron a consumirlo, y condujeron en últimas a la destrucción de su vida y su familia.

➤ ***18.12 — Saúl estaba temeroso de David, por cuanto Jehová estaba con él, y se había apartado de Saúl.***

Saúl siguió atemorizado de aquel que debió ganar su confianza —en este caso, David— porque no tenía fe ni respeto por Aquel a quien *debió* temer de verdad —Dios.

➤ ***18.29 — tuvo más temor de David; y fue Saúl enemigo de David todos los días.***

¿Por qué Saúl se convirtió en enemigo de David cuando reconoció que Dios estaba con él? Porque temía por su futuro, y rehusó confiarle su vida al Señor. Nunca salimos ganando si desconfiamos de Dios.

LO QUE LA BIBLIA DICE ACERCA DE
EL PELIGRO MORTAL DE LA IRA

1 S 18.6–15

Pocas personas en la Biblia exhibieron tanta ira como el rey Saúl. Su enojo pareció estallar cuando David regresó de la batalla y las mujeres le dieron la bienvenida con un cántico: «Saúl hirió a sus miles, y David a sus diez miles». La Palabra nos dice que «se enojó Saúl en gran manera, y le desagradó este dicho» (1 S 18.7, 8).

En su ataque de ira y celos, Saúl:

- trató de clavar a David con su lanza a la pared, en dos ocasiones (1 S 18.10, 11; 19.9, 10).
- puso a David en un puesto de autoridad, con la esperanza de que fracasara y cayera en descrédito por su falta de sabiduría (1 S 18.12–15).
- exigió que David matara a cien filisteos para darle su hija en matrimonio, esperando que David muriera en el combate (1 S 18.25–29).
- persiguió sin descanso a David durante más de una década, obligándolo a vivir en el exilio y mudarse con frecuencia de un escondite a otro (1 S 24; 26).

Es mucho más difícil reconocer la ira en nosotros mismos.

Saúl no solamente persiguió a David sin misericordia, sino que ordenó la muerte de muchos que lo socorrieron. Ni siquiera su hijo se libró de sus intentos homicidas (1 S 20.30). La ira de Saúl no tenía fondo.

Es fácil ver los efectos de la ira en una persona como Saúl. La ebullición de la furia produce ataques violentos y frecuentes. La persona iracunda tiene cambios visibles en su aspecto físico, tales como dilatación de las pupilas y tensión de los músculos, cambios internos, su presión sanguínea aumenta y siente que tiene un nudo en el estómago.

Es mucho más difícil reconocer la ira en nosotros mismos. Nos inclinamos a tolerar bastante enojo en nuestra propia vida, así sea reprimido. Algunos incluso ven el enojo como una señal de firmeza y poder personal.

No obstante, la Palabra de Dios prohíbe esa tolerancia pecaminosa de la ira. Esa clase de enojo perjudica la salud emocional y el bienestar general, al igual que el crecimiento espiritual y el testimonio. Dios asocia «la ira» a la obra del maligno en nuestra vida. Por eso las Escrituras nos amonestan claramente: «Airaos, pero no pequéis; no se ponga el sol sobre vuestro enojo, ni deis lugar al diablo» (Ef 4.26, 27).

Para un estudio más a fondo, véase el Índice de Principios de vida:

6. Cosechamos lo que sembramos, más de lo que sembramos, después de sembrarlo.

16. Todo lo que adquirimos fuera de la voluntad de Dios termina convirtiéndose en cenizas.

tenía una lanza a mano, mientras David estaba tocando.
10 Y Saúl procuró enclavar a David con la lanza a la pared, pero él se apartó de delante de
Saúl, el cual hirió con la lanza en la pared; y
David huyó, y escapó aquella noche.
11 Saúl envió luego mensajeros a casa de
David para que lo vigilasen, y lo matasen a la
mañana.[a] Mas Mical su mujer avisó a David,
diciendo: Si no salvas tu vida esta noche,
mañana serás muerto.
12 Y descolgó Mical a David por una ventana;
y él se fue y huyó, y escapó.
13 Tomó luego Mical una estatua, y la puso
sobre la cama, y le acomodó por cabecera
una almohada de pelo de cabra y la cubrió
con la ropa.
14 Y cuando Saúl envió mensajeros para prender a David, ella respondió: Está enfermo.
15 Volvió Saúl a enviar mensajeros para que
viesen a David, diciendo: Traédmelo en la
cama para que lo mate.
16 Y cuando los mensajeros entraron, he aquí
la estatua estaba en la cama, y una almohada
de pelo de cabra a su cabecera.
17 Entonces Saúl dijo a Mical: ¿Por qué me
has engañado así, y has dejado escapar a mi
enemigo? Y Mical respondió a Saúl: Porque él
me dijo: Déjame ir; si no, yo te mataré.
18 Huyó, pues, David, y escapó, y vino a
Samuel en Ramá, y le dijo todo lo que Saúl
había hecho con él. Y él y Samuel se fueron y
moraron en Naiot.
19 Y fue dado aviso a Saúl, diciendo: He aquí
que David está en Naiot en Ramá.
➢ 20 Entonces Saúl envió mensajeros para que
trajeran a David, los cuales vieron una compañía de profetas que profetizaban, y a Samuel
que estaba allí y los presidía. Y vino el Espíritu
de Dios sobre los mensajeros de Saúl, y ellos
también profetizaron.
21 Cuando lo supo Saúl, envió otros mensajeros, los cuales también profetizaron. Y Saúl
volvió a enviar mensajeros por tercera vez, y
ellos también profetizaron.
22 Entonces él mismo fue a Ramá; y llegando
al gran pozo que está en Secú, preguntó diciendo: ¿Dónde están Samuel y David? Y uno respondió: He aquí están en Naiot en Ramá.
23 Y fue a Naiot en Ramá; y también vino sobre
él el Espíritu de Dios, y siguió andando y profetizando hasta que llegó a Naiot en Ramá.
24 Y él también se despojó de sus vestidos,
y profetizó igualmente delante de Samuel, y
estuvo desnudo todo aquel día y toda aquella
noche. De aquí se dijo: ¿También Saúl entre
los profetas?[b]

Amistad de David y Jonatán

20 DESPUÉS David huyó de Naiot en Ramá,
y vino delante de Jonatán, y dijo: ¿Qué he
hecho yo? ¿Cuál es mi maldad, o cuál mi pecado
contra tu padre, para que busque mi vida?
2 Él le dijo: En ninguna manera; no morirás. He aquí que mi padre ninguna cosa hará,
grande ni pequeña, que no me la descubra;
¿por qué, pues, me ha de encubrir mi padre
este asunto? No será así.
3 Y David volvió a jurar diciendo: Tu padre
sabe claramente que yo he hallado gracia
delante de tus ojos, y dirá: No sepa esto Jonatán, para que no se entristezca; y ciertamente,
vive Jehová y vive tu alma, que apenas hay un
paso entre mí y la muerte.
4 Y Jonatán dijo a David: Lo que deseare tu
alma, haré por ti.
5 Y David respondió a Jonatán: He aquí que
mañana será nueva luna,[a] y yo acostumbro
sentarme con el rey a comer; mas tú dejarás
que me esconda en el campo hasta la tarde
del tercer día.
6 Si tu padre hiciere mención de mí, dirás: Me
rogó mucho que lo dejase ir corriendo a Belén
su ciudad, porque todos los de su familia celebran allá el sacrificio anual.
7 Si él dijere: Bien está, entonces tendrá paz
tu siervo; mas si se enojare, sabe que la maldad está determinada de parte de él.
8 Harás, pues, misericordia con tu siervo, ya
que has hecho entrar a tu siervo en pacto de
Jehová contigo; y si hay maldad en mí, mátame tú, pues no hay necesidad de llevarme hasta tu padre.
9 Y Jonatán le dijo: Nunca tal te suceda; antes
bien, si yo supiere que mi padre ha determinado maldad contra ti, ¿no te lo avisaría yo?
10 Dijo entonces David a Jonatán: ¿Quién
me dará aviso si tu padre te respondiere
ásperamente?
11 Y Jonatán dijo a David: Ven, salgamos al
campo. Y salieron ambos al campo.
12 Entonces dijo Jonatán a David: ¡Jehová ➢
Dios de Israel, sea testigo! Cuando le haya

a. 19.11 Sal 59 tít. **b. 19.24** 1 S 10.11-12. **a. 20.5** Nm 28.11.

LECCIONES DE VIDA

➢ ***19.20 — Saúl envió mensajeros para que trajeran a David, los cuales vieron una compañía de profetas que profetizaban… Y vino el Espíritu de Dios sobre los mensajeros de Saúl, y ellos también profetizaron.***

Dios protege a sus hijos en maneras bastante creativas. En este caso, impidió que tres grupos de mensajeros de Saúl tomaran control de David, enviando su Espíritu a profetizar a través de ellos. El Señor no necesita armas de guerra ni caballos veloces; hasta puede hacer que nuestros enemigos mortales realicen acciones contrarias a sus intenciones, porque es absolutamente soberano.

➢ ***20.12 — ¡Jehová Dios de Israel, sea testigo!***

Jonatán definió su amistad con David en términos espirituales y se propuso mantener al Señor como el pilar de la relación. Así es como se definen las mejores amistades.

Lo que la Biblia dice acerca de
LA NECESIDAD DE AMISTAD CRISTIANA

1 S 20

La adversidad muchas veces nos hace caer en cuenta que necesitamos asociarnos con personas diferentes. Tal vez tengamos que cortar ciertos lazos y conseguir amigos nuevos. Quizá necesitemos establecer vínculos más cercanos con otros creyentes.

Dios nos creó para tener compañerismo y comunicación con otros seres humanos y con Él. Ninguno de nosotros fue diseñado defenderse solo en la vida. Necesitamos a los demás, y los demás nos necesitan.

Sin embargo, a veces trabamos amistades no edificantes. Elegimos al amigo equivocado, o la empresa, el socio o el empleado que no conviene. De forma inevitable, esas decisiones imprudentes nos traen adversidad.

David y Jonatán nos dan un modelo estupendo de amistad verdadera. El amor de Jonatán por su amigo le llevó a emprender varias acciones específicas:

- Advirtió de peligro inminente a David (1 S 19.1–3).
- Habló bien de David, incluso ante alguien que consideraba a David su enemigo y estaba enojado con Jonatán por su amistad con David (1 S 19.4, 5).
- Procuró hacer todo lo que le urgiera a David (1 S 20.4).
- Arriesgó su vida para defender a David (1 S 20.30–33).
- Ayudó a David a escapar de la muerte (1 S 20.35–42).

Jonatán hizo una de las declaraciones más grandiosas de amistad en la Biblia, al decirle a David: «Vete en paz, porque ambos hemos jurado por el nombre de Jehová, diciendo: Jehová esté entre tú y yo, entre tu descendencia y mi descendencia, para siempre» (1 S 20.42). ¡Eso es lo que se llama ser un amigo de verdad!

Pablo describe la amistad cristiana en el pasaje que se conoce como el capítulo del amor en la Biblia, 1 Corintios 13. Allí describe a los amigos cristianos como personas pacientes, benignas y humildes (v. 4), que no hacen nada indebido, no buscan lo suyo, no se irritan ni guardan rencor (v. 5), no se gozan de la injusticia sino de la verdad (v. 6), y todo lo sufren, todo lo creen, todo lo esperan y todo lo soportan (v. 7).

Tal amor, dijo Pablo, «nunca deja de ser» (v. 8). Esa clase de amistades son bendiciones divinas en nuestra vida y recompensas maravillosas de Dios para nosotros aquí en la tierra.

Las amistades son bendiciones divinas en nuestra vida.

Para un estudio más a fondo, véase el Índice de Principios de vida:

28. Ningún creyente ha sido llamado a transitar solitario en su peregrinaje de fe.

preguntado a mi padre mañana a esta hora, o
el día tercero, si resultare bien para con David,
entonces enviaré a ti para hacértelo saber.
13 Pero si mi padre intentare hacerte mal,
Jehová haga así a Jonatán, y aun le añada,
si no te lo hiciere saber y te enviare para que
te vayas en paz. Y esté Jehová contigo, como
estuvo con mi padre.
14 Y si yo viviere, harás conmigo misericordia
de Jehová, para que no muera,
15 y no apartarás tu misericordia de mi casa
para siempre.[b] Cuando Jehová haya cortado
uno por uno los enemigos de David de la tierra,
no dejes que el nombre de Jonatán sea
quitado de la casa de David.
16 Así hizo Jonatán pacto con la casa de
David, diciendo: Requiéralo Jehová de la
mano de los enemigos de David.
17 Y Jonatán hizo jurar a David otra vez,
porque le amaba, pues le amaba como a sí
mismo.
18 Luego le dijo Jonatán: Mañana es nueva
luna, y tú serás echado de menos, porque tu
asiento estará vacío.
19 Estarás, pues, tres días, y luego descenderás
y vendrás al lugar donde estabas escondido
el día que ocurrió esto mismo, y esperarás
junto a la piedra de Ezel.
20 Y yo tiraré tres saetas hacia aquel lado,
como ejercitándome al blanco.
21 Luego enviaré al criado, diciéndole: Ve,
busca las saetas. Y si dijere al criado: He
allí las saetas más acá de ti, tómalas; tú vendrás,
porque paz tienes, y nada malo hay, vive
Jehová.
22 Mas si yo dijere al muchacho así: He allí
las saetas más allá de ti; vete, porque Jehová
te ha enviado.
23 En cuanto al asunto de que tú y yo hemos
hablado, esté Jehová entre nosotros dos para
siempre.
24 David, pues, se escondió en el campo, y
cuando llegó la nueva luna, se sentó el rey a
comer pan.
25 Y el rey se sentó en su silla, como solía, en
el asiento junto a la pared, y Jonatán se levantó,
y se sentó Abner al lado de Saúl, y el lugar
de David quedó vacío.
26 Mas aquel día Saúl no dijo nada, porque se
decía: Le habrá acontecido algo, y no está limpio;
de seguro no está purificado.
27 Al siguiente día, el segundo día de la nueva
luna, aconteció también que el asiento de
David quedó vacío. Y Saúl dijo a Jonatán su
hijo: ¿Por qué no ha venido a comer el hijo de
Isaí hoy ni ayer?
28 Y Jonatán respondió a Saúl: David me pidió
encarecidamente que le dejase ir a Belén,
29 diciendo: Te ruego que me dejes ir, porque
nuestra familia celebra sacrificio en la ciudad,
y mi hermano me lo ha mandado; por lo tanto,
si he hallado gracia en tus ojos, permíteme
ir ahora para visitar a mis hermanos. Por esto,
pues, no ha venido a la mesa del rey.
30 Entonces se encendió la ira de Saúl contra
Jonatán, y le dijo: Hijo de la perversa y rebelde,
¿acaso no sé yo que tú has elegido al hijo
de Isaí para confusión tuya, y para confusión
de la vergüenza de tu madre?
31 Porque todo el tiempo que el hijo de Isaí
viviere sobre la tierra, ni tú estarás firme, ni
tu reino. Envía pues, ahora, y tráemelo, porque
ha de morir.
32 Y Jonatán respondió a su padre Saúl y le
dijo: ¿Por qué morirá? ¿Qué ha hecho?
33 Entonces Saúl le arrojó una lanza para ➤
herirlo; de donde entendió Jonatán que su
padre estaba resuelto a matar a David.
34 Y se levantó Jonatán de la mesa con exaltada
ira, y no comió pan el segundo día de
la nueva luna; porque tenía dolor a causa de
David, porque su padre le había afrentado.
35 Al otro día, de mañana, salió Jonatán al
campo, al tiempo señalado con David, y un
muchacho pequeño con él.
36 Y dijo al muchacho: Corre y busca las saetas
que yo tirare. Y cuando el muchacho iba
corriendo, él tiraba la saeta de modo que
pasara más allá de él.
37 Y llegando el muchacho adonde estaba la
saeta que Jonatán había tirado, Jonatán dio
voces tras el muchacho, diciendo: ¿No está la
saeta más allá de ti?
38 Y volvió a gritar Jonatán tras el muchacho:
Corre, date prisa, no te pares. Y el muchacho
de Jonatán recogió las saetas, y vino a su
señor.
39 Pero ninguna cosa entendió el muchacho;
solamente Jonatán y David entendían de lo
que se trataba.
40 Luego dio Jonatán sus armas a su muchacho,
y le dijo: Vete y llévalas a la ciudad.
41 Y luego que el muchacho se hubo ido, se
levantó David del lado del sur, y se inclinó tres
veces postrándose hasta la tierra; y besándose
el uno al otro, lloraron el uno con el otro; y
David lloró más.
42 Y Jonatán dijo a David: Vete en paz, porque
ambos hemos jurado por el nombre de Jehová,
diciendo: Jehová esté entre tú y yo, entre

b. 20.15 2 S 9.1.

LECCIONES DE VIDA

➤ ***20.33 — Saúl le arrojó una lanza para herirlo.***

Saúl ya le había arrojado su lanza a David (1 S 18.11; 19.10), el objeto de su envidia. Aquí la arrojó contra su propio hijo Jonatán por defender a David. Una persona no puede tener celos de otra sin causar alguna clase de daño. Codiciar lo que otra persona posee nos enceguece a la verdad y a todo lo que debería tener importancia para nosotros.

tu descendencia y mi descendencia, para
siempre. Y él se levantó y se fue; y Jonatán
entró en la ciudad.

David huye de Saúl

21 VINO David a Nob, al sacerdote
Ahimelec; y se sorprendió Ahimelec[a]
de su encuentro, y le dijo: ¿Cómo vienes tú
solo, y nadie contigo?
2 Y respondió David al sacerdote Ahimelec:
El rey me encomendó un asunto, y me dijo:
Nadie sepa cosa alguna del asunto a que te
envío, y lo que te he encomendado; y yo les
señalé a los criados un cierto lugar.
3 Ahora, pues, ¿qué tienes a mano? Dame cinco panes, o lo que tengas.
4 El sacerdote respondió a David y dijo: No
tengo pan común a la mano, solamente tengo
pan sagrado; pero lo daré si los criados se han
guardado a lo menos de mujeres.
5 Y David respondió al sacerdote, y le dijo: En
verdad las mujeres han estado lejos de nosotros ayer y anteayer; cuando yo salí, ya los
vasos de los jóvenes eran santos, aunque el
viaje es profano; ¿cuánto más no serán santos
hoy sus vasos?
6 Así el sacerdote le dio el pan sagrado, porque allí no había otro pan sino los panes de
la proposición,[b] los cuales habían sido quitados de la presencia de Jehová, para poner
panes calientes el día que aquéllos fueron
quitados.
7 Y estaba allí aquel día detenido delante de
Jehová uno de los siervos de Saúl, cuyo nombre era Doeg, edomita, el principal de los pastores de Saúl.
8 Y David dijo a Ahimelec: ¿No tienes aquí a
mano lanza o espada? Porque no tomé en mi
mano mi espada ni mis armas, por cuanto la
orden del rey era apremiante.
9 Y el sacerdote respondió: La espada de
Goliat el filisteo, al que tú venciste en el valle
de Ela,[c] está aquí envuelta en un velo detrás
del efod; si quieres tomarla, tómala; porque
aquí no hay otra sino ésa. Y dijo David: Ninguna como ella; dámela.
10 Y levantándose David aquel día, huyó de
la presencia de Saúl, y se fue a Aquis rey de
Gat.
11 Y los siervos de Aquis le dijeron: ¿No es
éste David, el rey de la tierra? ¿no es éste de
quien cantaban en las danzas, diciendo:

Hirió Saúl a sus miles,
Y David a sus diez miles?[d]

12 Y David puso en su corazón estas palabras,
y tuvo gran temor de Aquis rey de Gat.[e]
13 Y cambió su manera de comportarse delante de ellos,[f] y se fingió loco entre ellos, y escribía en las portadas de las puertas, y dejaba
correr la saliva por su barba.
14 Y dijo Aquis a sus siervos: He aquí, veis que
este hombre es demente; ¿por qué lo habéis
traído a mí?
15 ¿Acaso me faltan locos, para que hayáis
traído a éste que hiciese de loco delante de
mí? ¿Había de entrar éste en mi casa?

22 YÉNDOSE luego David de allí, huyó a
la cueva de Adulam;[a] y cuando sus hermanos y toda la casa de su padre lo supieron,
vinieron allí a él.
2 Y se juntaron con él todos los afligidos, y
todo el que estaba endeudado, y todos los que
se hallaban en amargura de espíritu, y fue
hecho jefe de ellos; y tuvo consigo como cuatrocientos hombres.
3 Y se fue David de allí a Mizpa de Moab, y
dijo al rey de Moab: Yo te ruego que mi padre
y mi madre estén con vosotros, hasta que sepa
lo que Dios hará de mí.
4 Los trajo, pues, a la presencia del rey de
Moab, y habitaron con él todo el tiempo que
David estuvo en el lugar fuerte.
5 Pero el profeta Gad dijo a David: No te
estés en este lugar fuerte; anda y vete a tierra de Judá. Y David se fue, y vino al bosque
de Haret.

Saúl mata a los sacerdotes de Nob

6 Oyó Saúl que se sabía de David y de los
que estaban con el. Y Saúl estaba sentado en
Gabaa, debajo de un tamarisco sobre un alto;
y tenía su lanza en su mano, y todos sus siervos estaban alrededor de él.
7 Y dijo Saúl a sus siervos que estaban alrededor de él: Oíd ahora, hijos de Benjamín: ¿Os

a. 21.1-6 Mt 12.3-4; Mr 2.25-26; Lc 6.3. **b 21.6** Lv 24.5-9.
c. 21.9 1 S 17.51. **d. 21.11** 1 S 18.7; 29.5. **e. 21.12** Sal 56 tít.
f. 21.13 Sal 34 tít. **a. 22.1** Sal 57 tít.; Sal 142 tít.

LECCIONES DE VIDA

➤ ***22.2 — Y se juntaron con él todos los afligidos, y todo el que estaba endeudado, y todos los que se hallaban en amargura de espíritu, y fue hecho jefe de ellos.***

El primer ejército de David estuvo compuesto por gente afligida, endeudada y deprimida. Aunque no era un grupo ideal para batallar, la situación fue el terreno perfecto de formación para el futuro rey de Israel. El Señor iba a bendecir a David en gran manera, tal como dijo que lo haría, pero David tuvo que esperar para verlo.

➤ ***22.3 — Yo te ruego que mi padre y mi madre estén con vosotros, hasta que sepa lo que Dios hará de mí.***

David sabía que si Saúl estaba dispuesto a matar a su propio hijo a causa de él (1 S 20.33), no vacilaría en perseguir a su familia. Por eso pidió protección al rey de Moab, en quien esperó hallar favor en virtud de su antepasada moabita, Rut (Rt 4.13–17). Aunque David tenía la unción de Dios, no contaba con un cronograma detallado de su futuro. Por eso confió en que el Señor le diera sabiduría para cada paso del camino.

dará también a todos vosotros el hijo de Isaí
tierras y viñas, y os hará a todos vosotros jefes
de millares y jefes de centenas,
8 para que todos vosotros hayáis conspirado contra mí, y no haya quien me descubra al
oído cómo mi hijo ha hecho alianza con el hijo
de Isaí, ni alguno de vosotros que se duela de
mí y me descubra cómo mi hijo ha levantado
a mi siervo contra mí para que me aceche, tal
como lo hace hoy?
9 Entonces Doeg edomita, que era el principal de los siervos de Saúl, respondió y dijo: Yo
vi al hijo de Isaí que vino a Nob, a Ahimelec
hijo de Ahitob,
➢ 10 el cual consultó por él a Jehová y le dio
provisiones, y también le dio la espada de
Goliat el filisteo.[b]
11 Y el rey envió por el sacerdote Ahimelec
hijo de Ahitob, y por toda la casa de su padre,
los sacerdotes que estaban en Nob; y todos
vinieron al rey.
12 Y Saúl le dijo: Oye ahora, hijo de Ahitob. Y
él dijo: Heme aquí, señor mío.
13 Y le dijo Saúl: ¿Por qué habéis conspirado
contra mí, tú y el hijo de Isaí, cuando le diste pan y espada, y consultaste por él a Dios,
para que se levantase contra mí y me acecha-
se, como lo hace hoy día?
14 Entonces Ahimelec respondió al rey, y dijo:
¿Y quién entre todos tus siervos es tan fiel
como David, yerno también del rey, que sirve
a tus órdenes y es ilustre en tu casa?
15 ¿He comenzado yo desde hoy a consultar
por él a Dios? Lejos sea de mí; no culpe el rey
de cosa alguna a su siervo, ni a toda la casa de
mi padre; porque tu siervo ninguna cosa sabe
de este asunto, grande ni pequeña.
16 Y el rey dijo: Sin duda morirás, Ahimelec,
tú y toda la casa de tu padre.
17 Entonces dijo el rey a la gente de su guardia que estaba alrededor de él: Volveos y
matad a los sacerdotes de Jehová; porque
también la mano de ellos está con David,
pues sabiendo ellos que huía, no me lo descubrieron. Pero los siervos del rey no quisieron
extender sus manos para matar a los sacerdotes de Jehová.
➢ 18 Entonces dijo el rey a Doeg: Vuelve tú, y
arremete contra los sacerdotes. Y se volvió
Doeg el edomita y acometió a los sacerdotes,
y mató en aquel día a ochenta y cinco varones
que vestían efod de lino.
19 Y a Nob, ciudad de los sacerdotes, hirió a
filo de espada; así a hombres como a mujeres,
niños hasta los de pecho, bueyes, asnos y ovejas, todo lo hirió a filo de espada.
20 Pero uno de los hijos de Ahimelec hijo
de Ahitob, que se llamaba Abiatar, escapó, y
huyó tras David.
21 Y Abiatar dio aviso a David de cómo
Saúl había dado muerte a los sacerdotes de
Jehová.
22 Y dijo David a Abiatar: Yo sabía que estando allí aquel día Doeg el edomita, él lo había
de hacer saber a Saúl. Yo he ocasionado la
muerte a todas las personas de la casa de tu
padre.
23 Quédate conmigo, no temas; quien buscare
mi vida, buscará también la tuya; pues conmigo estarás a salvo.

David en el desierto

23 DIERON aviso a David, diciendo: He
aquí que los filisteos combaten a Keila,
y roban las eras.
2 Y David consultó a Jehová, diciendo: ¿Iré a
atacar a estos filisteos? Y Jehová respondió a
David: Ve, ataca a los filisteos, y libra a Keila.
3 Pero los que estaban con David le dijeron:
He aquí que nosotros aquí en Judá estamos
con miedo; ¿cuánto más si fuéremos a Keila
contra el ejército de los filisteos?
4 Entonces David volvió a consultar a Jehová. Y Jehová le respondió y dijo: Levántate,
desciende a Keila, pues yo entregaré en tus
manos a los filisteos.
5 Fue, pues, David con sus hombres a Keila, y
peleó contra los filisteos, se llevó sus ganados,
y les causó una gran derrota; y libró David a
los de Keila.
6 Y aconteció que cuando Abiatar hijo de Ahimelec huyó siguiendo a David a Keila, descendió con el efod en su mano.
7 Y fue dado aviso a Saúl que David había
venido a Keila. Entonces dijo Saúl: Dios lo ha
entregado en mi mano, pues se ha encerrado
entrando en ciudad con puertas y cerraduras.

b. 22.9-10 Sal 52 tít.

LECCIONES DE VIDA

➢ ***22.10 — el cual consultó por él a Jehová y le dio provisiones, y también le dio la espada de Goliat el filisteo.***

La bondad de Ahimelec con David fue interpretada erróneamente como una conspiración contra Saúl, y les costó la vida a los sacerdotes de Nob. Dios nunca oculta el hecho de que pueda haber un alto precio que pagar por hacer lo correcto, pero también promete recompensarnos, bien sea en la tierra o en el cielo, por hacer su voluntad (Ef 6.8).

➢ ***22.18 — dijo el rey a Doeg: Vuelve tú, y arremete contra los sacerdotes.***

Aquí vemos la devastación total causada por la amargura y los celos en la vida de Saúl. El rey no solamente fue implacable en su persecución de David, su odio fue tan venenoso que no tuvo reparo en matar a los sacerdotes del Señor. ¿Cómo llegó Saúl a tal extremo en su alejamiento de Dios? Cuando dejamos que nuestro corazón se endurezca con rencor y orgullo, nuestro pecado y enfoque en nuestra propia miseria se filtran en todo lo que hacemos. Esto lleva tarde o temprano a nuestra destrucción (Pr 16.18).

8 Y convocó Saúl a todo el pueblo a la batalla
para descender a Keila, y poner sitio a David
y a sus hombres.
➤ 9 Mas entendiendo David que Saúl ideaba el
mal contra él, dijo a Abiatar sacerdote: Trae
el efod.
10 Y dijo David: Jehová Dios de Israel, tu siervo tiene entendido que Saúl trata de venir
contra Keila, a destruir la ciudad por causa mía.
11 ¿Me entregarán los vecinos de Keila en
sus manos? ¿Descenderá Saúl, como ha oído
tu siervo? Jehová Dios de Israel, te ruego
que lo declares a tu siervo. Y Jehová dijo: Sí,
descenderá.
12 Dijo luego David: ¿Me entregarán los vecinos de Keila a mí y a mis hombres en manos
de Saúl? Y Jehová respondió: Os entregarán.
13 David entonces se levantó con sus hombres, que eran como seiscientos, y salieron de
Keila, y anduvieron de un lugar a otro. Y vino
a Saúl la nueva de que David se había escapado de Keila, y desistió de salir.
14 Y David se quedó en el desierto en lugares
fuertes, y habitaba en un monte en el desierto
de Zif; y lo buscaba Saúl todos los días, pero
Dios no lo entregó en sus manos.
15 Viendo, pues, David que Saúl había salido
en busca de su vida, se estuvo en Hores, en el
desierto de Zif.
➤ 16 Entonces se levantó Jonatán hijo de Saúl
y vino a David a Hores, y fortaleció su mano
en Dios.
17 Y le dijo: No temas, pues no te hallará la
mano de Saúl mi padre, y tú reinarás sobre
Israel, y yo seré segundo después de ti; y aun
Saúl mi padre así lo sabe.
18 Y ambos hicieron pacto delante de Jehová;[a]
y David se quedó en Hores, y Jonatán se volvió a su casa.
19 Después subieron los de Zif para decirle a Saúl en Gabaa: ¿No está David escondido en nuestra tierra en las peñas de Hores,
en el collado de Haquila, que está al sur del
desierto?[b]
20 Por tanto, rey, desciende pronto ahora, conforme a tu deseo, y nosotros lo entregaremos
en la mano del rey.
21 Y Saúl dijo: Benditos seáis vosotros de ➤
Jehová, que habéis tenido compasión de mí.
22 Id, pues, ahora, aseguraos más, conoced y
ved el lugar de su escondite, y quién lo haya
visto allí; porque se me ha dicho que él es
astuto en gran manera.
23 Observad, pues, e informaos de todos los
escondrijos donde se oculta, y volved a mí con
información segura, y yo iré con vosotros; y
si él estuviere en la tierra, yo le buscaré entre
todos los millares de Judá.
24 Y ellos se levantaron, y se fueron a Zif
delante de Saúl. Pero David y su gente estaban en el desierto de Maón, en el Arabá al sur
del desierto.
25 Y se fue Saúl con su gente a buscarlo; pero
fue dado aviso a David, y descendió a la peña,
y se quedó en el desierto de Maón. Cuando
Saúl oyó esto, siguió a David al desierto de
Maón.
26 Y Saúl iba por un lado del monte, y David
con sus hombres por el otro lado del monte, y
se daba prisa David para escapar de Saúl; mas
Saúl y sus hombres habían encerrado a David
y a su gente para capturarlos.
27 Entonces vino un mensajero a Saúl, dicien- ➤
do: Ven luego, porque los filisteos han hecho
una irrupción en el país.
28 Volvió, por tanto, Saúl de perseguir a David,
y partió contra los filisteos. Por esta causa pusieron a aquel lugar por nombre Sela-
hama-lecot.[1]
29 Entonces David subió de allí y habitó en
los lugares fuertes de En-gadi.

David perdona la vida a Saúl en En-gadi

24 CUANDO Saúl volvió de perseguir a
los filisteos, le dieron aviso, diciendo:
He aquí David está en el desierto de En-gadi.

1 Esto es, *Peña de las divisiones*.
a. 23.18 1 S 18.3. **b. 23.19** Sal 54 tít.

LECCIONES DE VIDA

➤ ***23.9, 10 — entendiendo David que Saúl ideaba el mal contra él, dijo a Abiatar sacerdote: Trae el efod. Y dijo David: Jehová Dios de Israel.***

Abiatar huyó con David a raíz de la masacre de los sacerdotes de Nob (1 S 22.17–23). Dios lo usó para constatar que Saúl aún le pisaba los talones, y para proteger el efod sacerdotal. David siguió buscando al Señor en cada decisión, y Él dirigió sus pasos. Si es necesario, Dios también moverá cielo y tierra para mostrarnos su voluntad.

➤ ***23.16 — se levantó Jonatán hijo de Saúl y vino a David a Hores, y fortaleció su mano en Dios.***

Todos necesitamos amigos que nos den ánimo en el Señor, que nos hagan recordar su fidelidad inalterable y nos den el apoyo que necesitamos para continuar. Ninguno de nosotros está en esto solo.

➤ ***23.21 — Saúl dijo: Benditos seáis vosotros de Jehová, que habéis tenido compasión de mí.***

Cualquier persona puede usar jerga religiosa y aparentar ser profundamente espiritual, pero eso no impresiona a Dios. Nosotros tampoco deberíamos engañar ni dejarnos engañar de esa manera (Pr 26.28; 2 Co 11.14, 15).

➤ ***23.27 — Ven luego, porque los filisteos han hecho una irrupción en el país.***

Saúl estuvo a punto de capturar a David, pero Dios intervino otra vez de forma inesperada. Durante varias décadas, los filisteos habían sido los opresores y enemigos principales del pueblo de Dios. Pero esta vez el Señor en su soberanía sin igual usó los ataques de ellos para rescatar a su siervo David. Dios es fiel en rescatar a su pueblo, y lo hará de maneras que jamás nos podríamos imaginar.

2 Y tomando Saúl tres mil hombres escogidos
de todo Israel, fue en busca de David y de sus
hombres, por las cumbres de los peñascos de
las cabras monteses.
3 Y cuando llegó a un redil de ovejas en el
camino, donde había una cueva, entró Saúl en
ella para cubrir sus pies; y David y sus hombres estaban sentados en los rincones de la
cueva.[a]
4 Entonces los hombres de David le dijeron:
He aquí el día de que te dijo Jehová: He aquí
que entrego a tu enemigo en tu mano, y harás
con él como te pareciere. Y se levantó David,
y calladamente cortó la orilla del manto de
Saúl.
5 Después de esto se turbó el corazón de
David, porque había cortado la orilla del manto de Saúl.
➤ 6 Y dijo a sus hombres: Jehová me guarde de
hacer tal cosa contra mi señor, el ungido de
Jehová, que yo extienda mi mano contra él;
porque es el ungido de Jehová.
7 Así reprimió David a sus hombres con palabras, y no les permitió que se levantasen contra Saúl. Y Saúl, saliendo de la cueva, siguió
su camino.
8 También David se levantó después, y saliendo de la cueva dio voces detrás de Saúl,
diciendo: ¡Mi señor el rey! Y cuando Saúl miró
hacia atrás, David inclinó su rostro a tierra, e
hizo reverencia.
9 Y dijo David a Saúl: ¿Por qué oyes las palabras de los que dicen: Mira que David procura tu mal?
10 He aquí han visto hoy tus ojos cómo Jehová te ha puesto hoy en mis manos en la cueva;
y me dijeron que te matase, pero te perdoné,
porque dije: No extenderé mi mano contra mi
señor, porque es el ungido de Jehová.
11 Y mira, padre mío, mira la orilla de tu manto en mi mano; porque yo corté la orilla de tu
manto, y no te maté. Conoce, pues, y ve que no
hay mal ni traición en mi mano, ni he pecado
contra ti; sin embargo, tú andas a caza de mi
vida para quitármela.
➤ 12 Juzgue Jehová entre tú y yo, y véngueme
de ti Jehová; pero mi mano no será contra ti.
13 Como dice el proverbio de los antiguos:
De los impíos saldrá la impiedad; así que mi
mano no será contra ti.
14 ¿Tras quién ha salido el rey de Israel? ¿A
quién persigues? ¿A un perro muerto? ¿A una
pulga?
15 Jehová, pues, será juez, y él juzgará entre
tú y yo. Él vea y sustente mi causa, y me
defienda de tu mano.
16 Y aconteció que cuando David acabó de
decir estas palabras a Saúl, Saúl dijo: ¿No es
ésta la voz tuya, hijo mío David? Y alzó Saúl
su voz y lloró,
17 y dijo a David: Más justo eres tú que yo,
que me has pagado con bien, habiéndote yo
pagado con mal.
18 Tú has mostrado hoy que has hecho conmigo bien; pues no me has dado muerte, habiéndome entregado Jehová en tu mano.
19 Porque ¿quién hallará a su enemigo, y
lo dejará ir sano y salvo? Jehová te pague
con bien por lo que en este día has hecho
conmigo.
20 Y ahora, como yo entiendo que tú has de
reinar, y que el reino de Israel ha de ser en tu
mano firme y estable,
21 júrame, pues, ahora por Jehová, que no
destruirás mi descendencia después de mí, ni
borrarás mi nombre de la casa de mi padre.
22 Entonces David juró a Saúl. Y se fue Saúl
a su casa, y David y sus hombres subieron al
lugar fuerte.

David y Abigail

25 MURIÓ Samuel, y se juntó todo Israel,
y lo lloraron, y lo sepultaron en su casa
en Ramá. Y se levantó David y se fue al desierto de Parán.
2 Y en Maón había un hombre que tenía su
hacienda en Carmel, el cual era muy rico, y
tenía tres mil ovejas y mil cabras. Y aconteció que estaba esquilando sus ovejas en
Carmel.
3 Y aquel varón se llamaba Nabal, y su mujer,
Abigail. Era aquella mujer de buen entendimiento y de hermosa apariencia, pero el hombre era duro y de malas obras; y era del linaje
de Caleb.
4 Y oyó David en el desierto que Nabal esqui-
laba sus ovejas.

a. 24.3 Sal 57 tít.; Sal 142 tít.

LECCIONES DE VIDA

➤ ***24.6 — Jehová me guarde de hacer tal cosa contra mi señor, el ungido de Jehová, que yo extienda mi mano contra él; porque es el ungido de Jehová.***

Por cuanto Dios había ungido a Saúl, David se negó a hacerle daño. Al perdonarle la vida a Saúl honró al Señor, y siguió confiando en que Dios en su tiempo lo pondría en el trono. Esta es la esencia de la fe verdadera, evitar adelantarnos al plan de Dios. Más bien, optamos por exaltarlo en todo lo que hacemos, sabiendo que Él es fiel y justo para cumplir sus promesas a nosotros.

➤ ***24.12 — Juzgue Jehová entre tú y yo, y véngueme de ti Jehová; pero mi mano no será contra ti.***

David no iba a deshonrar al Señor como Saúl lo hizo antes que él (1 S 13.8–14; 15.10–23). Si Saúl tenía que ser quitado como rey para abrirle paso a David, entonces Dios mismo tendría que hacerlo. Aunque fuera instigado por sus amigos, David rehusó enjuiciar o tocar siquiera al ungido del Señor.

5 Entonces envió David diez jóvenes y les dijo: Subid a Carmel e id a Nabal, y saludadle en mi nombre,

6 y decidle así: Sea paz a ti, y paz a tu familia, y paz a todo cuanto tienes.

7 He sabido que tienes esquiladores. Ahora, tus pastores han estado con nosotros; no les tratamos mal, ni les faltó nada en todo el tiempo que han estado en Carmel.

8 Pregunta a tus criados, y ellos te lo dirán. Hallen, por tanto, estos jóvenes gracia en tus ojos, porque hemos venido en buen día; te ruego que des lo que tuvieres a mano a tus siervos, y a tu hijo David.

9 Cuando llegaron los jóvenes enviados por David, dijeron a Nabal todas estas palabras en nombre de David, y callaron.

10 Y Nabal respondió a los jóvenes enviados por David, y dijo: ¿Quién es David, y quién es el hijo de Isaí? Muchos siervos hay hoy que huyen de sus señores.

11 ¿He de tomar yo ahora mi pan, mi agua, y la carne que he preparado para mis esquiladores, y darla a hombres que no sé de dónde son?

12 Y los jóvenes que había enviado David se volvieron por su camino, y vinieron y dijeron a David todas estas palabras.

13 Entonces David dijo a sus hombres: Cíñase cada uno su espada. Y se ciñó cada uno su espada, y también David se ciñó su espada; y subieron tras David como cuatrocientos hombres, y dejaron doscientos con el bagaje.

14 Pero uno de los criados dio aviso a Abigail mujer de Nabal, diciendo: He aquí David envió mensajeros del desierto que saludasen a nuestro amo, y él los ha zaherido.

15 Y aquellos hombres han sido muy buenos con nosotros, y nunca nos trataron mal, ni nos faltó nada en todo el tiempo que anduvimos con ellos, cuando estábamos en el campo.

16 Muro fueron para nosotros de día y de noche, todos los días que hemos estado con ellos apacentando las ovejas.

17 Ahora, pues, reflexiona y ve lo que has de hacer, porque el mal está ya resuelto contra nuestro amo y contra toda su casa; pues él es un hombre tan perverso, que no hay quien pueda hablarle.

18 Entonces Abigail tomó luego doscientos panes, dos cueros de vino, cinco ovejas guisadas, cinco medidas de grano tostado, cien racimos de uvas pasas, y doscientos panes de higos secos, y lo cargó todo en asnos.

19 Y dijo a sus criados: Id delante de mí, y yo os seguiré luego; y nada declaró a su marido Nabal.

20 Y montando un asno, descendió por una parte secreta del monte; y he aquí David y sus hombres venían frente a ella, y ella les salió al encuentro.

21 Y David había dicho: Ciertamente en vano he guardado todo lo que éste tiene en el desierto, sin que nada le haya faltado de todo cuanto es suyo; y él me ha vuelto mal por bien.

22 Así haga Dios a los enemigos de David y aun les añada, que de aquí a mañana, de todo lo que fuere suyo no he de dejar con vida ni un varón.

23 Y cuando Abigail vio a David, se bajó prontamente del asno, y postrándose sobre su rostro delante de David, se inclinó a tierra;

24 y se echó a sus pies, y dijo: Señor mío, sobre mí sea el pecado; mas te ruego que permitas que tu sierva hable a tus oídos, y escucha las palabras de tu sierva.

25 No haga caso ahora mi señor de ese hombre perverso, de Nabal;[1] porque conforme a su nombre, así es. Él se llama Nabal, y la insensatez está con él; mas yo tu sierva no vi a los jóvenes que tú enviaste.

26 Ahora pues, señor mío, vive Jehová, y vive tu alma, que Jehová te ha impedido el venir a derramar sangre y vengarte por tu propia mano. Sean, pues, como Nabal tus enemigos, y todos los que procuran mal contra mi señor.

27 Y ahora este presente que tu sierva ha traído a mi señor, sea dado a los hombres que siguen a mi señor.

28 Y yo te ruego que perdones a tu sierva esta ofensa; pues Jehová de cierto hará casa estable a mi señor, por cuanto mi señor pelea las batallas de Jehová, y mal no se ha hallado en ti en tus días.

29 Aunque alguien se haya levantado para perseguirte y atentar contra tu vida, con todo, la vida de mi señor será ligada en el haz de los que viven delante de Jehová tu Dios, y él arrojará la vida de tus enemigos como de en medio de la palma de una honda.

30 Y acontecerá que cuando Jehová haga con mi señor conforme a todo el bien que ha hablado de ti, y te establezca por príncipe sobre Israel,

31 entonces, señor mío, no tendrás motivo de pena ni remordimientos por haber derramado

1 Esto es, *Insensato.*

LECCIONES DE VIDA

➤ ***25.21 — Ciertamente en vano he guardado todo lo que éste tiene en el desierto... y él me ha vuelto mal por bien.***

David proveyó buen trato y protección a los trabajadores de Nabal, quien no quiso devolver el favor. A veces podemos dudar si nos beneficia en algo hacer el bien, especialmente cuando las personas que ayudamos nos tratan mal a cambio. Al respecto, la Palabra de Dios nos dice: «No nos cansemos, pues, de hacer bien; porque a su tiempo segaremos, si no desmayamos» (Gá 6.9).

sangre sin causa, o por haberte vengado por
ti mismo. Guárdese, pues, mi señor, y cuando Jehová haga bien a mi señor, acuérdate de tu sierva.
32 Y dijo David a Abigail: Bendito sea Jehová
Dios de Israel, que te envió para que hoy me encontrases.
33 Y bendito sea tu razonamiento, y bendita
tú, que me has estorbado hoy de ir a derramar sangre, y a vengarme por mi propia mano.
➤ 34 Porque vive Jehová Dios de Israel que me
ha defendido de hacerte mal, que si no te hubieras dado prisa en venir a mi encuentro, de aquí a mañana no le hubiera quedado con vida a Nabal ni un varón.
35 Y recibió David de su mano lo que le había
traído, y le dijo: Sube en paz a tu casa, y mira que he oído tu voz, y te he tenido respeto.
36 Y Abigail volvió a Nabal, y he aquí que
él tenía banquete en su casa como banquete de rey; y el corazón de Nabal estaba alegre, y estaba completamente ebrio, por lo cual ella no le declaró cosa alguna hasta el día siguiente.
37 Pero por la mañana, cuando ya a Nabal se
le habían pasado los efectos del vino, le refirió su mujer estas cosas; y desmayó su corazón en él, y se quedó como una piedra.
38 Y diez días después, Jehová hirió a Nabal,
y murió.
39 Luego que David oyó que Nabal había
muerto, dijo: Bendito sea Jehová, que juzgó la causa de mi afrenta recibida de mano de Nabal, y ha preservado del mal a su siervo; y Jehová ha vuelto la maldad de Nabal sobre su propia cabeza. Después envió David a hablar con Abigail, para tomarla por su mujer.
40 Y los siervos de David vinieron a Abi-
gail en Carmel, y hablaron con ella, diciendo: David nos ha enviado a ti, para tomarte por su mujer.
41 Y ella se levantó e inclinó su rostro a tie-
rra, diciendo: He aquí tu sierva, que será una sierva para lavar los pies de los siervos de mi señor.
42 Y levantándose luego Abigail con cinco
doncellas que le servían, montó en un asno y siguió a los mensajeros de David, y fue su mujer.
43 También tomó David a Ahinoam de Jezre-
el, y ambas fueron sus mujeres.
44 Porque Saúl había dado a su hija Mical
mujer de David a Palti hijo de Lais, que era de Galim.

David perdona la vida a Saúl en Zif

26 VINIERON los zifeos a Saúl en Gabaa,
diciendo: ¿No está David escondido en el collado de Haquila, al oriente del desierto?[a]
2 Saúl entonces se levantó y descendió al
desierto de Zif, llevando consigo tres mil hombres escogidos de Israel, para buscar a David en el desierto de Zif.
3 Y acampó Saúl en el collado de Haquila, que
está al oriente del desierto, junto al camino. Y estaba David en el desierto, y entendió que Saúl le seguía en el desierto.
4 David, por tanto, envió espías, y supo con
certeza que Saúl había venido.
5 Y se levantó David, y vino al sitio donde Saúl
había acampado; y miró David el lugar donde dormían Saúl y Abner hijo de Ner, general de su ejército. Y estaba Saúl durmiendo en el campamento, y el pueblo estaba acampado en derredor de él.
6 Entonces David dijo a Ahimelec heteo y
a Abisai hijo de Sarvia, hermano de Joab: ¿Quién descenderá conmigo a Saúl en el campamento? Y dijo Abisai: Yo descenderé contigo.
7 David, pues, y Abisai fueron de noche al
ejército; y he aquí que Saúl estaba tendido durmiendo en el campamento, y su lanza clavada en tierra a su cabecera; y Abner y el ejército estaban tendidos alrededor de él.
8 Entonces dijo Abisai a David: Hoy ha entre-
gado Dios a tu enemigo en tu mano; ahora, pues, déjame que le hiera con la lanza, y lo enclavaré en la tierra de un golpe, y no le daré segundo golpe.
9 Y David respondió a Abisai: No le mates;
porque ¿quién extenderá su mano contra el ungido de Jehová, y será inocente?
10 Dijo además David: Vive Jehová, que si ◄
Jehová no lo hiriere, o su día llegue para que muera, o descendiendo en batalla perezca,
11 guárdeme Jehová de extender mi mano
contra el ungido de Jehová. Pero toma ahora

a. 26.1 Sal 54 tít.

LECCIONES DE VIDA

➤ *25.34 — vive Jehová Dios de Israel que me ha defendido de hacerte mal.*

La reacción sabia y oportuna de Abigail previno que David aniquilira a todos los varones de la familia de Nabal, pero David vio la mano del Señor que intervino para librarlo de derramar sangre. Nuestro Dios soberano obra de múltiples maneras. Si somos sabios prestaremos atención y haremos caso a sus enseñanzas.

➤ *26.10 — que si Jehová no lo hiriere, o su día llegue para que muera, o descendiendo en batalla perezca.*

Una vez más, David rehusó matar a Saúl cuando tuvo la oportunidad de hacerlo. Abisai la vio como una bendición divina, pero David la vio como una prueba. Su decisión fue esperar que Dios actuara en su propio tiempo. Esperar en el Señor significa permanecer quietos y sumisos a Él, pero no es un acto pasivo. Se requieren más fortaleza y carácter para ser pacientes que para actuar y tratar de aventajar a Dios.

la lanza que está a su cabecera, y la vasija de
agua, y vámonos.
12 Se llevó, pues, David la lanza y la vasija
de agua de la cabecera de Saúl, y se fueron;
y no hubo nadie que viese, ni entendiese, ni
velase, pues todos dormían; porque un profundo sueño enviado de Jehová había caído
sobre ellos.
13 Entonces pasó David al lado opuesto, y
se puso en la cumbre del monte a lo lejos,
habiendo gran distancia entre ellos.
14 Y dio voces David al pueblo, y a Abner
hijo de Ner, diciendo: ¿No respondes, Abner?
Entonces Abner respondió y dijo: ¿Quién eres
tú que gritas al rey?
15 Y dijo David a Abner: ¿No eres tú un hombre? ¿y quién hay como tú en Israel? ¿Por qué,
pues, no has guardado al rey tu señor? Porque uno del pueblo ha entrado a matar a tu
señor el rey.
16 Esto que has hecho no está bien. Vive Jehová, que sois dignos de muerte, porque no
habéis guardado a vuestro señor, al ungido de
Jehová. Mira pues, ahora, dónde está la lanza del rey, y la vasija de agua que estaba a su
cabecera.
17 Y conociendo Saúl la voz de David, dijo:
¿No es ésta tu voz, hijo mío David? Y David
respondió: Mi voz es, rey señor mío.
18 Y dijo: ¿Por qué persigue así mi señor a su
siervo? ¿Qué he hecho? ¿Qué mal hay en mi
mano?
19 Ruego, pues, que el rey mi señor oiga ahora las palabras de su siervo. Si Jehová te incita
contra mí, acepte él la ofrenda; mas si fueren
hijos de hombres, malditos sean ellos en presencia de Jehová, porque me han arrojado
hoy para que no tenga parte en la heredad de
Jehová, diciendo: Ve y sirve a dioses ajenos.
20 No caiga, pues, ahora mi sangre en tierra
delante de Jehová, porque ha salido el rey de
Israel a buscar una pulga, así como quien persigue una perdiz por los montes.
➢ 21 Entonces dijo Saúl: He pecado; vuélvete,
hijo mío David, que ningún mal te haré más,
porque mi vida ha sido estimada preciosa hoy
a tus ojos. He aquí yo he hecho neciamente, y
he errado en gran manera.
22 Y David respondió y dijo: He aquí la lanza
del rey; pase acá uno de los criados y tómela.
23 Y Jehová pague a cada uno su justicia y su
lealtad; pues Jehová te había entregado hoy
en mi mano, mas yo no quise extender mi
mano contra el ungido de Jehová.
24 Y he aquí, como tu vida ha sido estimada
preciosa hoy a mis ojos, así sea mi vida a los
ojos de Jehová, y me libre de toda aflicción.
25 Y Saúl dijo a David: Bendito eres tú, hijo mío
David; sin duda emprenderás tú cosas grandes,
y prevalecerás. Entonces David se fue por su
camino, y Saúl se volvió a su lugar.

David entre los filisteos

27 DIJO luego David en su corazón: Al
fin seré muerto algún día por la mano
de Saúl; nada, por tanto, me será mejor que
fugarme a la tierra de los filisteos, para que
Saúl no se ocupe de mí, y no me ande buscando más por todo el territorio de Israel; y así
escaparé de su mano.
2 Se levantó, pues, David, y con los seiscientos hombres que tenía consigo se pasó a Aquis
hijo de Maoc, rey de Gat.
3 Y moró David con Aquis en Gat, él y sus
hombres, cada uno con su familia; David con
sus dos mujeres, Ahinoam jezreelita y Abigail
la que fue mujer de Nabal el de Carmel.
4 Y vino a Saúl la nueva de que David había
huido a Gat, y no lo buscó más.
5 Y David dijo a Aquis: Si he hallado gracia
ante tus ojos, séame dado lugar en alguna
de las aldeas para que habite allí; pues ¿por
qué ha de morar tu siervo contigo en la ciudad real?
6 Y Aquis le dio aquel día a Siclag, por lo cual
Siclag vino a ser de los reyes de Judá hasta hoy.
7 Fue el número de los días que David habitó en la tierra de los filisteos, un año y cuatro meses.
8 Y subía David con sus hombres, y hacían
incursiones contra los gesuritas, los gezritas
y los amalecitas; porque éstos habitaban de
largo tiempo la tierra, desde como quien va a
Shur hasta la tierra de Egipto.
9 Y asolaba David el país, y no dejaba con
vida hombre ni mujer; y se llevaba las ovejas,
las vacas, los asnos, los camellos y las ropas,
y regresaba a Aquis.
10 Y decía Aquis: ¿Dónde habéis merodeado
hoy? Y David decía: En el Neguev de Judá, y
el Neguev de Jerameel, o en el Neguev de los
ceneos.
11 Ni hombre ni mujer dejaba David con vida
para que viniesen a Gat; diciendo: No sea
que den aviso de nosotros y digan: Esto hizo
David. Y ésta fue su costumbre todo el tiempo
que moró en la tierra de los filisteos.
12 Y Aquis creía a David, y decía: Él se ha
hecho abominable a su pueblo de Israel, y
será siempre mi siervo.

LECCIONES DE VIDA

➢ ***26.21 — He pecado; vuélvete, hijo mío David, que ningún mal te haré más, porque mi vida ha sido estimada preciosa hoy a tus ojos.***

Una cosa es admitir que uno ha actuado neciamente y cometido un error grave; otra muy distinta es arrepentirse de ello y cambiar la conducta. Saúl hizo lo primero en repetidas ocasiones, pero no lo segundo. Dios nos llama a hacer ambas cosas.

28 ACONTECIÓ en aquellos días, que los
filisteos reunieron sus fuerzas para
pelear contra Israel. Y dijo Aquis a David: Ten
entendido que has de salir conmigo a campaña, tú y tus hombres.
2 Y David respondió a Aquis: Muy bien, tú
sabrás lo que hará tu siervo. Y Aquis dijo a
David: Por tanto, yo te constituiré guarda de
mi persona durante toda mi vida.

Saúl y la adivina de Endor

3 Ya Samuel había muerto, y todo Israel lo
había lamentado, y le habían sepultado en
Ramá, su ciudad.[a] Y Saúl había arrojado de la
tierra a los encantadores y adivinos.[b]
4 Se juntaron, pues, los filisteos, y vinieron
y acamparon en Sunem; y Saúl juntó a todo
Israel, y acamparon en Gilboa.
5 Y cuando vio Saúl el campamento de los
filisteos, tuvo miedo, y se turbó su corazón en
gran manera.
6 Y consultó Saúl a Jehová; pero Jehová no le
respondió ni por sueños, ni por Urim,[c] ni por
profetas.
➢ 7 Entonces Saúl dijo a sus criados: Buscadme
una mujer que tenga espíritu de adivinación,
para que yo vaya a ella y por medio de ella
pregunte. Y sus criados le respondieron: He
aquí hay una mujer en Endor que tiene espíritu de adivinación.
8 Y se disfrazó Saúl, y se puso otros vestidos,
y se fue con dos hombres, y vinieron a aquella mujer de noche; y él dijo: Yo te ruego que
me adivines por el espíritu de adivinación, y
me hagas subir a quien yo te dijere.
9 Y la mujer le dijo: He aquí tú sabes lo que
Saúl ha hecho, cómo ha cortado de la tierra
a los evocadores y a los adivinos. ¿Por qué,
pues, pones tropiezo a mi vida, para hacerme morir?
➢ 10 Entonces Saúl le juró por Jehová, diciendo: Vive Jehová, que ningún mal te vendrá
por esto.
11 La mujer entonces dijo: ¿A quién te haré
venir? Y él respondió: Hazme venir a Samuel.
12 Y viendo la mujer a Samuel, clamó en alta
voz, y habló aquella mujer a Saúl, diciendo:
13 ¿Por qué me has engañado? pues tú eres
Saúl. Y el rey le dijo: No temas. ¿Qué has visto? Y la mujer respondió a Saúl: He visto dioses que suben de la tierra.
14 Él le dijo: ¿Cuál es su forma? Y ella respondió: Un hombre anciano viene, cubierto
de un manto. Saúl entonces entendió que era
Samuel, y humillando el rostro a tierra, hizo
gran reverencia.
15 Y Samuel dijo a Saúl: ¿Por qué me has
inquietado haciéndome venir? Y Saúl respondió: Estoy muy angustiado, pues los filisteos
pelean contra mí, y Dios se ha apartado de mí,
y no me responde más, ni por medio de profetas ni por sueños; por esto te he llamado, para
que me declares lo que tengo que hacer.
16 Entonces Samuel dijo: ¿Y para qué me preguntas a mí, si Jehová se ha apartado de ti y
es tu enemigo?
17 Jehová te ha hecho como dijo por medio
de mí; pues Jehová ha quitado el reino de tu
mano, y lo ha dado a tu compañero,[d] David.
18 Como tú no obedeciste[e] a la voz de Jehová,
ni cumpliste el ardor de su ira contra Amalec,
por eso Jehová te ha hecho esto hoy.
19 Y Jehová entregará a Israel también con- ➢
tigo en manos de los filisteos; y mañana
estaréis conmigo, tú y tus hijos; y Jehová
entregará también al ejército de Israel en
mano de los filisteos.
20 Entonces Saúl cayó en tierra cuan grande era,
y tuvo gran temor por las palabras de Samuel;
y estaba sin fuerzas, porque en todo aquel día y
aquella noche no había comido pan.
21 Entonces la mujer vino a Saúl, y viéndolo
turbado en gran manera, le dijo: He aquí que
tu sierva ha obedecido a tu voz, y he arriesga-
do mi vida, y he oído las palabras que tú me
has dicho.
22 Te ruego, pues, que tú también oigas la voz
de tu sierva; pondré yo delante de ti un bocado de pan para que comas, a fin de que cobres
fuerzas, y sigas tu camino.

a. 28.3 1 S 25.1. **b. 28.3** Lv 20.27; Dt 18.10-11. **c. 28.6** Nm 27.21. **d. 28.17** 1 S 15.28. **e. 28.18** 1 S 15.3-9.

LECCIONES DE VIDA

➢ ***28.7 — Buscadme una mujer que tenga espíritu de adivinación.***

Saúl volvió a dejarse instigar por su temor para tomar una decisión necia y perversa que estaba específicamente prohibida por el Señor (Lv 19.31; 20.6; Dt 18.10–12). Si no lidiamos con nuestro temor sometiéndolo al Señor, llegará a dominarnos y aplastarnos.

➢ ***28.10 — Vive Jehová, que ningún mal te vendrá por esto.***

Saúl ya no distinguía entre lo recto y lo torcido ni entre lo piadoso y lo impío. Hasta juró no hacer lo que el Señor había mandado, y ¡usó el nombre de Dios como garantía (Lv 20.27)! Cuando traicionamos nuestras creencias y en nuestro orgullo creemos saber más que el Señor, terminamos haciendo lo mismo que Saúl: deshonrando a Dios y buscando ayuda de gente impía. Podremos seguir honrando a Dios de labios para afuera, pero eso jamás será substituto adecuado de una fe genuina y obediente.

➢ ***28.19 — Y Jehová entregará a Israel también contigo en manos de los filisteos.***

El mismo mensaje sin concesiones que comunicó en vida, el Señor permitió que todo lo dicho por el profeta tuviera cumplimiento (1 S 3.19; 31.1–7). La Palabra de Dios es una roca sobre la cual podemos edificar nuestra vida entera (Mt 7.24, 25). Somos necios cada vez que vamos en contra de ella, y sabios al tratarla como el fundamento de nuestra vida.

23 Y él rehusó diciendo: No comeré. Pero porfiaron con él sus siervos juntamente con la mujer, y él les obedeció. Se levantó, pues, del suelo, y se sentó sobre una cama.
24 Y aquella mujer tenía en su casa un ternero engordado, el cual mató luego; y tomó harina y la amasó, y coció de ella panes sin levadura.
25 Y lo trajo delante de Saúl y de sus siervos; y después de haber comido, se levantaron, y se fueron aquella noche.

Los filisteos desconfían de David

29 LOS filisteos juntaron todas sus fuerzas en Afec, e Israel acampó junto a la fuente que está en Jezreel.
2 Y cuando los príncipes de los filisteos pasaban revista a sus compañías de a ciento y de a mil hombres, David y sus hombres iban en la retaguardia con Aquis.
3 Y dijeron los príncipes de los filisteos: ¿Qué hacen aquí estos hebreos? Y Aquis respondió a los príncipes de los filisteos: ¿No es éste David, el siervo de Saúl rey de Israel, que ha estado conmigo por días y años, y no he hallado falta en él desde el día que se pasó a mí hasta hoy?
4 Entonces los príncipes de los filisteos se enojaron contra él, y le dijeron: Despide a este hombre, para que se vuelva al lugar que le señalaste, y no venga con nosotros a la batalla, no sea que en la batalla se nos vuelva enemigo; porque ¿con qué cosa volvería mejor a la gracia de su señor que con las cabezas de estos hombres?
5 ¿No es éste David, de quien cantaban en las danzas, diciendo:

Saúl hirió a sus miles,
Y David a sus diez miles?[a]

6 Y Aquis llamó a David y le dijo: Vive Jehová, que tú has sido recto, y que me ha parecido bien tu salida y tu entrada en el campamento conmigo, y que ninguna cosa mala he hallado en ti desde el día que viniste a mí hasta hoy; mas a los ojos de los príncipes no agradas.
7 Vuélvete, pues, y vete en paz, para no desagradar a los príncipes de los filisteos.
8 Y David respondió a Aquis: ¿Qué he hecho? ¿Qué has hallado en tu siervo desde el día que estoy contigo hasta hoy, para que yo no vaya y pelee contra los enemigos de mi señor el rey?
9 Y Aquis respondió a David, y dijo: Yo sé que tú eres bueno ante mis ojos, como un ángel de Dios; pero los príncipes de los filisteos me han dicho: No venga con nosotros a la batalla.
10 Levántate, pues, de mañana, tú y los siervos de tu señor que han venido contigo; y levantándoos al amanecer, marchad.
11 Y se levantó David de mañana, él y sus hombres, para irse y volver a la tierra de los filisteos; y los filisteos fueron a Jezreel.

David derrota a los amalecitas

30 CUANDO David y sus hombres vinieron a Siclag al tercer día, los de Amalec habían invadido el Neguev y a Siclag, y habían asolado a Siclag y le habían prendido fuego.
2 Y se habían llevado cautivas a las mujeres y a todos los que estaban allí, desde el menor hasta el mayor; pero a nadie habían dado muerte, sino se los habían llevado al seguir su camino.
3 Vino, pues, David con los suyos a la ciudad, y he aquí que estaba quemada, y sus mujeres y sus hijos e hijas habían sido llevados cautivos.
4 Entonces David y la gente que con él estaba alzaron su voz y lloraron, hasta que les faltaron las fuerzas para llorar.
5 Las dos mujeres de David, Ahinoam jezreelita y Abigail la que fue mujer de Nabal el de Carmel, también eran cautivas.[a]
6 Y David se angustió mucho, porque el pueblo hablaba de apedrearlo, pues todo el pueblo estaba en amargura de alma, cada uno por sus hijos y por sus hijas; mas David se fortaleció en Jehová su Dios.
7 Y dijo David al sacerdote Abiatar[b] hijo de Ahimelec: Yo te ruego que me acerques el efod. Y Abiatar acercó el efod a David.
8 Y David consultó a Jehová, diciendo: ¿Perseguiré a estos merodeadores? ¿Los podré alcanzar? Y él le dijo: Síguelos, porque ciertamente los alcanzarás, y de cierto librarás a los cautivos.

a. 29.5 1 S 18.7; 21.11. **a. 30.5** 1 S 25.42-43.
b. 30.7 1 S 22.20-23.

LECCIONES DE VIDA

➤ *30.1 — los de Amalec habían invadido el Neguev y a Siclag, y habían asolado a Siclag y le habían prendido fuego.*

No sorprende que los filisteos entregaran Siclag a David, ya que estaba en peligro constante de invasión militar. Sin embargo, Dios trabajaba en David en medio de la adversidad para entrenarle como un rey sabio que confiara en Él hasta en las situaciones más difíciles. Los momentos sombríos de nuestra vida durarán sólo el tiempo necesario para que Dios lleve a cabo su propósito, que es transformarnos en un pueblo piadoso.

➤ *30.6 — David se fortaleció en Jehová su Dios.*

Durante una prueba anterior, Jonatán el amigo de David le había animado en su fe recordándole la promesa de Dios (1 S 23.16, 17). Aquí David fue fortalecido pasando tiempo en la presencia del Señor. Sea que contemos con el apoyo de otros o enfrentemos solos una oposición terrible, Dios siempre nos capacita para servirlo y nos da el valor necesario para hacer frente a nuestros problemas, si acudimos a Él y confiamos en Él.

9 Partió, pues, David, él y los seiscientos
hombres que con él estaban, y llegaron hasta el torrente de Besor, donde se quedaron
algunos.
10 Y David siguió adelante con cuatrocientos
hombres; porque se quedaron atrás doscientos, que cansados no pudieron pasar el torrente de Besor.
11 Y hallaron en el campo a un hombre egipcio, el cual trajeron a David, y le dieron pan, y
comió, y le dieron a beber agua.
12 Le dieron también un pedazo de masa de
higos secos y dos racimos de pasas. Y luego
que comió, volvió en él su espíritu; porque no
había comido pan ni bebido agua en tres días
y tres noches.
13 Y le dijo David: ¿De quién eres tú, y de dónde eres? Y respondió el joven egipcio: Yo soy
siervo de un amalecita, y me dejó mi amo hoy
hace tres días, porque estaba yo enfermo;
14 pues hicimos una incursión a la parte del
Neguev que es de los cereteos, y de Judá, y al
Neguev de Caleb; y pusimos fuego a Siclag.
15 Y le dijo David: ¿Me llevarás tú a esa tropa?
Y él dijo: Júrame por Dios que no me matarás,
ni me entregarás en mano de mi amo, y yo te
llevaré a esa gente.
16 Lo llevó, pues; y he aquí que estaban des-
parramados sobre toda aquella tierra, comiendo y bebiendo y haciendo fiesta, por todo
aquel gran botín que habían tomado de la tierra de los filisteos y de la tierra de Judá.
17 Y los hirió David desde aquella mañana
hasta la tarde del día siguiente; y no escapó de
ellos ninguno, sino cuatrocientos jóvenes que
montaron sobre los camellos y huyeron.
18 Y libró David todo lo que los amalecitas
habían tomado, y asimismo libertó David a
sus dos mujeres.
19 Y no les faltó cosa alguna, chica ni grande,
así de hijos como de hijas, del robo, y de todas
las cosas que les habían tomado; todo lo recuperó David.
➤ 20 Tomó también David todas las ovejas y
el ganado mayor; y trayéndolo todo delante,
decían: Éste es el botín de David.
21 Y vino David a los doscientos hombres que
habían quedado cansados y no habían podido seguir a David, a los cuales habían hecho
quedar en el torrente de Besor; y ellos salieron
a recibir a David y al pueblo que con él estaba. Y cuando David llegó a la gente, les saludó con paz.
22 Entonces todos los malos y perversos de ➤
entre los que habían ido con David, respondieron y dijeron: Porque no fueron con nosotros, no les daremos del botín que hemos
quitado, sino a cada uno su mujer y sus hijos;
que los tomen y se vayan.
23 Y David dijo: No hagáis eso, hermanos
míos, de lo que nos ha dado Jehová, quien
nos ha guardado, y ha entregado en nuestra
mano a los merodeadores que vinieron contra nosotros.
24 ¿Y quién os escuchará en este caso? Por- ➤
que conforme a la parte del que desciende a
la batalla, así ha de ser la parte del que queda
con el bagaje; les tocará parte igual.
25 Desde aquel día en adelante fue esto por
ley y ordenanza en Israel, hasta hoy.
26 Y cuando David llegó a Siclag, envió del
botín a los ancianos de Judá, sus amigos,
diciendo: He aquí un presente para vosotros
del botín de los enemigos de Jehová.
27 Lo envió a los que estaban en Bet-el, en
Ramot del Neguev, en Jatir,
28 en Aroer, en Sifmot, en Estemoa,
29 en Racal, en las cuidades de Jerameel, en
las ciudades del ceneo,
30 en Horma, en Corasán, en Atac,
31 en Hebrón, y en todos los lugares donde
David había estado con sus hombres.

Muerte de Saúl y de sus hijos
(1 Cr 10.1-12)

31 LOS filisteos, pues, pelearon contra
Israel, y los de Israel huyeron delante
de los filisteos, y cayeron muertos en el monte
de Gilboa.
2 Y siguiendo los filisteos a Saúl y a sus hijos,
mataron a Jonatán, a Abinadab y a Malquisúa, hijos de Saúl.

LECCIONES DE VIDA

➤ *30.20 — Tomó también David todas las ovejas y el ganado mayor; y trayéndolo todo delante, decían: Este es el botín de David.*

Como había hecho con José siglos atrás, Dios tomó una tragedia personal para David y la convirtió en una bendición con recursos suficientes. La obediencia siempre trae bendición consigo, hasta en los tiempos nefastos y desconcertantes.

➤ *30.22 — todos los malos y perversos... dijeron: Porque no fueron con nosotros, no les daremos del botín que hemos quitado.*

Aun después de una victoria, «los malos y perversos» pueden quejarse y criticar. Dios permite que el trigo y la cizaña crezcan juntos (Mt 13.24–30), y debemos estar preparados para ello. Debemos saber cómo manejar esas críticas con la gracia de Dios.

➤ *30.24 — conforme a la parte del que desciende a la batalla, así ha de ser la parte del que queda con el bagaje.*

Qué imagen tan maravillosa de cómo se debe colaborar en el pueblo de Dios. Algunos estaban demasiado cansados para ir a la batalla (1 S 30.10), pero todos pudieron hacer su parte y fueron recompensados. De igual manera, *todos* estamos llamados a usar nuestros dones para la gloria de Dios, y cuando trabajamos juntos en unidad, somos testigos de su poderosa victoria (1 Co 3.5–14; 12).

PRINCIPIO DE VIDA 7

LOS MOMENTOS SOMBRÍOS DURARÁN SOLO EL TIEMPO NECESARIO PARA QUE DIOS LLEVE A CABO SU PROPÓSITO EN NOSOTROS.

1 S 30.1–6

Si quiere lo mejor de Dios para su vida y desea ser usado por Él, en algún punto tendrá que recorrer el camino de la adversidad. Esto significa que Dios puede y está dispuesto a usar la adversidad en su vida para un buen propósito. Es triste que muchos vean la adversidad como algo negativo y derrotista. ¡Usted no tiene que ser uno de ellos!

Dios ha designado que la adversidad, sin importar cuál sea su fuente, se convierta en un punto decisivo que le permite a usted dar sus saltos más grandes en el crecimiento espiritual. Él permite que la adversidad permanezca en su vida únicamente hasta que cumpla su propósito en usted. No dejará que haga estragos ni se quede un segundo más de lo necesario.

Algunas personas se dejan arrasar por las pruebas, mientras otras aprenden a mantenerse confiados en la fidelidad de Dios. Ellos tienen un sentido imperativo de estabilidad y fortaleza inamovible. Pueden soportar las tormentas, mantener la cabeza en alto, mostrarse confiados, mantener el denuedo y no desanimarse ante cualquier obstáculo que se presente. Sienten certeza absoluta de que Dios va a ayudarles a pasar la prueba del dolor y llegar al otro lado sanos, salvos y más gozosos y maduros que antes.

La adversidad también nos muestra la condición de nuestra fe. ¿Dudamos de Dios? O ¿le agradecemos su fidelidad durante los tiempos difíciles y desgarradores? ¿Confiamos que Él nunca nos dejará ni nos desamparará? La adversidad es el medidor más preciso de nuestra fe porque revela nuestro nivel de resistencia. Ninguno de nosotros sabe cuánta dificultad puede soportar hasta que somos sometidos a prueba.

Ahora mismo, en la situación en que esté, recuerde esto: *Dios ha fijado un límite a toda adversidad*. Por cuanto usted es un hijo de Dios, el Espíritu Santo mora en su interior y sabe cuánto puede usted soportar. El salmista dijo: «Muchas son las aflicciones del justo, pero de todas ellas le librará Jehová» (Sal 34.19). Además: «Como el padre se compadece

La adversidad nos muestra la condición de nuestra fe.

de los hijos, se compadece Jehová de los que le temen. Porque él conoce nuestra condición; se acuerda de que somos polvo» (Sal 103.13, 14).

Si aprendemos y maduramos en medio de grandes adversidades, Dios se complace porque ve que su propósito se está cumpliendo en nosotros. Estamos creciendo espiritualmente, nos volvemos más fuertes en áreas de debilidad, y somos conformados cada vez más a la semejanza de Cristo. ¡Dios se deleita cuando reaccionamos bien a la adversidad!

Podemos aprender estos tres principios al enfrentar la adversidad:

1. La adversidad es el instrumento predilecto de Dios para desarrollar un carácter piadoso, espiritual en nuestras vidas. Hasta que hayamos experimentado angustia, desilusión y dolor, no estaremos correctamente equipados para el servicio (2 Co 1.3–7). Él usa la adversidad para moldearnos y formarnos; nunca la permite sin un propósito.

2. La adversidad por lo general ocurre en áreas donde nos sentimos más confiados. Dios quiere que nos quitemos la idea de que somos suficientes por nosotros mismos. Él nos creó para una relación de amor e intimidad con Él, y utiliza la adversidad para recordarnos que dependemos de Él para la vida misma.

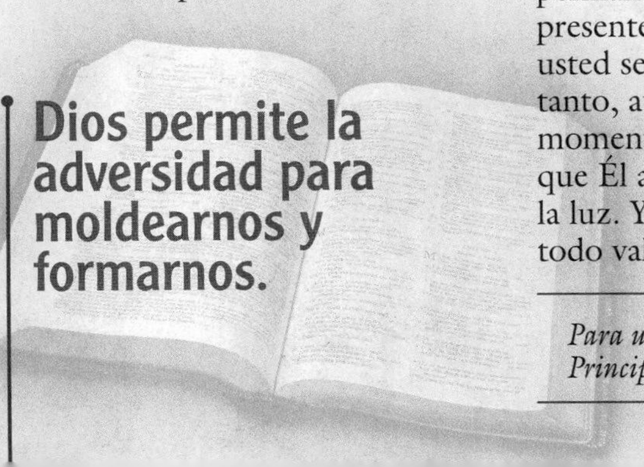

Dios permite la adversidad para moldearnos y formarnos.

3. El propósito principal de Dios es conformarnos a la imagen de Jesús. A través de la adversidad, Dios desarrolla en nosotros el fruto del Espíritu: amor, gozo, paz, paciencia, benignidad, bondad, fe, mansedumbre y templanza (Gá 5.22, 23).

Dios también logra varias metas en nuestra vida al permitir el sufrimiento y el dolor. La adversidad…

- nos llama la atención.
- revela nuestros puntos débiles y fuertes.
- aumenta nuestra aversión al pecado.
- demuestra la fidelidad de Dios.
- fortalece nuestra fe.
- nos quita el orgullo y el egocentrismo.
- nos prepara para servir en el futuro.
- nos capacita para consolar a otros que la enfrentan.

A través de la adversidad, Dios le moldea hasta convertirle en un siervo maduro y eficaz. Si usted conoce a Cristo como su Salvador, Dios le ve como un santo que a veces lucha y otras veces cae, pero que ha sido justificado, redimido, perdonado y reconciliado con Él. Dios ve en usted una persona llena de su amor incondicional, lleno de su presencia, sellado por el Espíritu Santo de la promesa, y cuyo nombre está escrito en el libro de la vida del Cordero. También ve todo su potencial, todo el bien que podría realizar para su reino. Por eso tenga ánimo, la adversidad no será algo permanente en su vida. Pero cuando esté presente, puede ser muy edificante si usted se dispone a confiar en Dios. Por lo tanto, aunque le toque pasar por algunos momentos sombríos, tenga la certeza de que Él alumbrará su camino y lo llevará a la luz. Y cuando lo haga, usted sabrá que todo valió la pena.

Para un estudio más a fondo, véase el Índice de Principios de vida.

---

3 Y arreció la batalla contra Saúl, y le alcanzaron los flecheros, y tuvo gran temor de ellos.
4 Entonces dijo Saúl a su escudero: Saca tu espada, y traspásame con ella, para que no vengan estos incircuncisos y me traspasen, y me escarnezcan. Mas su escudero no quería, porque tenía gran temor. Entonces tomó Saúl su propia espada y se echó sobre ella.
5 Y viendo su escudero a Saúl muerto, él también se echó sobre su espada, y murió con él.
6 Así murió Saúl en aquel día, juntamente con sus tres hijos, y su escudero, y todos sus varones.
7 Y los de Israel que eran del otro lado del valle, y del otro lado del Jordán, viendo que Israel había huido y que Saúl y sus hijos habían sido muertos, dejaron las ciudades y huyeron; y los filisteos vinieron y habitaron en ellas.
8 Aconteció al siguiente día, que viniendo los filisteos a despojar a los muertos, hallaron a Saúl y a sus tres hijos tendidos en el monte de Gilboa.
9 Y le cortaron la cabeza, y le despojaron de las armas; y enviaron mensajeros por toda la tierra de los filisteos, para que llevaran las buenas nuevas al templo de sus ídolos y al pueblo.
10 Y pusieron sus armas en el templo de Astarot, y colgaron su cuerpo en el muro de Bet-sán.
11 Mas oyendo los de Jabes de Galaad esto que los filisteos hicieron a Saúl,
12 todos los hombres valientes se levantaron, y anduvieron toda aquella noche, y quitaron el cuerpo de Saúl y los cuerpos de sus hijos del muro de Bet-sán; y viniendo a Jabes, los quemaron allí.
13 Y tomando sus huesos, los sepultaron debajo de un árbol en Jabes, y ayunaron siete días.

LECCIONES DE VIDA

➤ ***31.9 — Y le cortaron la cabeza, y le despojaron de las armas; y enviaron mensajeros por toda la tierra de los filisteos.***

Aquí el Señor cumplió la palabra que había sido dada a Saúl (1 S 28.17–19). A veces Dios permite que sus enemigos triunfen y hasta celebren creyendo que le han vencido, pero sólo por un rato. El Señor tiene una visión panorámica de la historia, y al final siempre triunfa.

EL SEGUNDO LIBRO DE SAMUEL

Tras largos años de preparación, David finalmente subió al trono como rey de Israel. Dios había hecho pasar a David por muchas batallas. Ahora le tocaba a David tomar su lugar legítimo como el líder escogido de Dios para el pueblo escogido de Dios.

El libro Segundo de Samuel incluye los hechos sobresalientes del reinado del rey David, primero sobre el territorio de Judá y finalmente sobre toda la nación de Israel. Relata el ascenso de David al trono, sus pecados de perfidia en adulterio y homicidio, y las consecuencias desastrosas de esos pecados para su familia y la nación.

El libro presenta el cuadro de un hombre que amaba profundamente a Dios, un líder escogido por Dios mismo que se convirtió en el rey más grande de Israel, un guerrero que libró y ganó muchas batallas para Dios y para su pueblo. David fue un verdadero héroe de la fe, pero estuvo lejos de ser perfecto. También narra la caída de David en pecado, su arrepentimiento y su restauración. David, el rey guerrero, en ciertas ocasiones podía ser desviado por sus pasiones.

No obstante, David jamás perdió su deseo de conocer y agradar a Dios. Llegó a ser poderoso en espíritu porque nunca flaqueó en su amor a Dios. David creció cerca del corazón del Señor porque su deseo era acercarse para pasar tiempo a solas con Él. Allí es donde nace la grandeza espiritual, en la presencia de Dios.

Segundo de Samuel nos enseña que Dios no busca gente perfecta que le sirva, sino aquellos que tienen un corazón que le aman y se comprometen. Él busca personas que se le ofrezcan voluntariamente, con todos sus defectos e imperfecciones, para su servicio.

Tema: Dios es soberano e interviene para que se cumpla su propia voluntad perfecta. A pesar de gran oposición y varios roces con la muerte, David ascendió al trono con los métodos de Dios y en el tiempo de Dios. El libro de 2 Samuel también nos muestra que no podemos ocultar nuestro pecado ni evitar sus graves consecuencias, que también afectan a los demás. Al mismo tiempo, vemos que el Señor está presto a perdonar y restaurar a quienes se han ido a la deriva en su devoción a Él o han caído en pecado.

Autor: Desconocido.

Fecha: David se convirtió en rey de Judá alrededor de 1010 a.C. y sobre todo Israel cerca de 1004 a.C. Su reinado duró cuarenta años.

Estructura: Segundo de Samuel puede dividirse en cuatro partes: la ascensión de David al trono y la primera etapa de su reinado (1.1—9.13); sus grandes conquistas militares (10.1–19); su caída en pecado y las consecuencias que tuvo (11.1—19.43); y los últimos años de su reinado (20.1—24.25).

A medida que lea 2 Samuel, fíjese en los principios de vida que juegan un papel importante en este libro:

13. Escuchar a Dios es esencial para andar con Él. *Véase 2 Samuel 2.1; página 347.*

23. Jamás podremos superar a Dios en generosidad. *Véase 2 Samuel 7.1–17; páginas 352-353.*

8. Libremos nuestras batallas de rodillas y siempre obtendremos la victoria. *Véase 2 Samuel 15.31; página 365.*

David oye de la muerte de Saúl

1 ACONTECIÓ después de la muerte de Saúl, que vuelto David de la derrota de los amalecitas, estuvo dos días en Siclag.
2 Al tercer día, sucedió que vino uno del campamento de Saúl, rotos sus vestidos, y tierra sobre su cabeza; y llegando a David, se postró en tierra e hizo reverencia.
3 Y le preguntó David: ¿De dónde vienes? Y él respondió: Me he escapado del campamento de Israel.
4 David le dijo: ¿Qué ha acontecido? Te ruego que me lo digas. Y él respondió: El pueblo huyó de la batalla, y también muchos del pueblo cayeron y son muertos; también Saúl y Jonatán su hijo murieron.
5 Dijo David a aquel joven que le daba las nuevas: ¿Cómo sabes que han muerto Saúl y Jonatán su hijo?
6 El joven que le daba las nuevas respondió: Casualmente vine al monte de Gilboa, y hallé a Saúl que se apoyaba sobre su lanza, y venían tras él carros y gente de a caballo.
7 Y mirando él hacia atrás, me vio y me llamó; y yo dije: Heme aquí.
8 Y me preguntó: ¿Quién eres tú? Y yo le respondí: Soy amalecita.
9 Él me volvió a decir: Te ruego que te pongas sobre mí y me mates, porque se ha apoderado de mí la angustia; pues mi vida está aún toda en mí.
10 Yo entonces me puse sobre él y le maté, porque sabía que no podía vivir después de su caída; y tomé la corona que tenía en su cabeza, y la argolla que traía en su brazo, y las he traído acá a mi señor.[a]
11 Entonces David, asiendo de sus vestidos, los rasgó; y lo mismo hicieron los hombres que estaban con él.
12 Y lloraron y lamentaron y ayunaron hasta la noche, por Saúl y por Jonatán su hijo, por el pueblo de Jehová y por la casa de Israel, porque habían caído a filo de espada.
13 Y David dijo a aquel joven que le había traído las nuevas: ¿De dónde eres tú? Y él respondió: Yo soy hijo de un extranjero, amalecita.
14 Y le dijo David: ¿Cómo no tuviste temor de extender tu mano para matar al ungido de Jehová?
15 Entonces llamó David a uno de sus hombres, y le dijo: Ve y mátalo. Y él lo hirió, y murió.
16 Y David le dijo: Tu sangre sea sobre tu cabeza, pues tu misma boca atestiguó contra ti, diciendo: Yo maté al ungido de Jehová. ➤

David endecha a Saúl y a Jonatán

17 Y endechó David a Saúl y a Jonatán su hijo con esta endecha,
18 y dijo que debía enseñarse a los hijos de Judá. He aquí que está escrito en el libro[b] de Jaser.[1]

19 ¡Ha perecido la gloria de Israel sobre
tus alturas!
¡Cómo han caído los valientes!
20 No lo anunciéis en Gat,
Ni deis las nuevas en las plazas de
Ascalón;
Para que no se alegren las hijas de los
filisteos,
Para que no salten de gozo las hijas de
los incircuncisos.
21 Montes de Gilboa,
Ni rocío ni lluvia caiga sobre vosotros,
ni seáis tierras de ofrendas;
Porque allí fue desechado el escudo de
los valientes,
El escudo de Saúl, como si no hubiera
sido ungido con aceite.
22 Sin sangre de los muertos, sin grosura
de los valientes,
El arco de Jonatán no volvía atrás,
Ni la espada de Saúl volvió vacía.
23 Saúl y Jonatán, amados y queridos;
Inseparables en su vida, tampoco en su
muerte fueron separados;
Más ligeros eran que águilas,
Más fuertes que leones.
24 Hijas de Israel, llorad por Saúl,
Quien os vestía de escarlata con
deleites,
Quien adornaba vuestras ropas con
ornamentos de oro.
25 ¡Cómo han caído los valientes en medio
de la batalla!
¡Jonatán, muerto en tus alturas!
26 Angustia tengo por ti, hermano mío ➤
Jonatán,
Que me fuiste muy dulce.
Más maravilloso me fue tu amor
Que el amor de las mujeres.

1. O, *del justo.*

a. 1.6-10 1 S 31.1-6; 1 Cr 10.1-6. **b. 1.18** Jos 10.13.

LECCIONES DE VIDA

➤ ***1.16 — Tu sangre sea sobre tu cabeza, pues tu misma boca atestiguó contra ti, diciendo: Yo maté al ungido de Jehová.***

Esperando ser recompensado (2 S 4.10), el amalecita mintió sobre haber matado a Saúl, aunque su único delito fue robar algunos objetos personales del rey caído. David se lo retribuyó con la muerte, porque ningún hombre tenía derecho de matar al ungido del Señor (1 S 24.6; 26.9–11).

➤ ***1.26 — Angustia tengo por ti, hermano mío Jonatán, que me fuiste muy dulce. Más maravilloso me fue tu amor que el amor de las mujeres.***

David honró a Saúl en su lamento pero celebró a Jonatán, su querido amigo. David alcanzó en parte a ser lo que él fue gracias a Jonatán. Los amigos juegan un papel importante con su apoyo espiritual y nos ayudan a crecer en nuestro amor por el Señor.

27 ¡Cómo han caído los valientes,
Han perecido las armas de guerra!

David es proclamado rey de Judá

2 DESPUÉS de esto aconteció que David
consultó a Jehová, diciendo: ¿Subiré a
alguna de las ciudades de Judá? Y Jehová
le respondió: Sube. David volvió a decir: ¿A
dónde subiré? Y él le dijo: A Hebrón.
2 David subió allá, y con él sus dos mujeres,
Ahinoam jezreelita y Abigail, la que fue mujer
de Nabal el de Carmel.[a]
3 Llevó también David consigo a los hombres que con él habían estado, cada uno con
su familia; los cuales moraron en las ciudades de Hebrón.
4 Y vinieron los varones de Judá y ungieron
allí a David por rey sobre la casa de Judá. Y
dieron aviso a David, diciendo: Los de Jabes
de Galaad son los que sepultaron a Saúl.[b]
5 Entonces envió David mensajeros a los de
Jabes de Galaad, diciéndoles: Benditos seáis
vosotros de Jehová, que habéis hecho esta
misericordia con vuestro señor, con Saúl, dándole sepultura.
6 Ahora, pues, Jehová haga con vosotros
misericordia y verdad; y yo también os haré
bien por esto que habéis hecho.
7 Esfuércense, pues, ahora vuestras manos, y
sed valientes; pues muerto Saúl vuestro señor,
los de la casa de Judá me han ungido por rey
sobre ellos.

Guerra entre David y la casa de Saúl

8 Pero Abner hijo de Ner, general del ejército
de Saúl, tomó a Is-boset hijo de Saúl, y lo llevó a Mahanaim,
9 y lo hizo rey sobre Galaad, sobre Gesuri,
sobre Jezreel, sobre Efraín, sobre Benjamín y
sobre todo Israel.
10 De cuarenta años era Is-boset hijo de Saúl
cuando comenzó a reinar sobre Israel, y reinó dos años. Solamente los de la casa de Judá
siguieron a David.
11 Y fue el número de los días que David reinó en Hebrón sobre la casa de Judá, siete años
y seis meses.
12 Abner hijo de Ner salió de Mahanaim a
Gabaón con los siervos de Is-boset hijo de
Saúl,
13 y Joab hijo de Sarvia y los siervos de David
salieron y los encontraron junto al estanque
de Gabaón; y se pararon los unos a un lado
del estanque, y los otros al otro lado.
14 Y dijo Abner a Joab: Levántense ahora los
jóvenes, y maniobren delante de nosotros. Y
Joab respondió: Levántense.
15 Entonces se levantaron, y pasaron en
número igual, doce de Benjamín por parte de
Is-boset hijo de Saúl, y doce de los siervos de
David.
16 Y cada uno echó mano de la cabeza de su
adversario, y metió su espada en el costado de
su adversario, y cayeron a una; por lo que fue
llamado aquel lugar, Helcat-hazurim,[1] el cual
está en Gabaón.
17 La batalla fue muy reñida aquel día, y
Abner y los hombres de Israel fueron vencidos por los siervos de David.
18 Estaban allí los tres hijos de Sarvia: Joab,
Abisai y Asael. Este Asael era ligero de pies
como una gacela del campo.
19 Y siguió Asael tras de Abner, sin apartarse
ni a derecha ni a izquierda.
20 Y miró atrás Abner, y dijo: ¿No eres tú
Asael? Y él respondió: Sí.
21 Entonces Abner le dijo: Apártate a la derecha o a la izquierda, y echa mano de alguno de
los hombres, y toma para ti sus despojos. Pero
Asael no quiso apartarse de en pos de él.
22 Y Abner volvió a decir a Asael: Apártate
de en pos de mí; ¿por qué he de herirte hasta
derribarte? ¿Cómo levantaría yo entonces mi
rostro delante de Joab tu hermano?
23 Y no queriendo él irse, lo hirió Abner con
el regatón de la lanza por la quinta costilla, y
le salió la lanza por la espalda, y cayó allí, y
murió en aquel mismo sitio. Y todos los que
venían por aquel lugar donde Asael había caído y estaba muerto, se detenían.
24 Mas Joab y Abisai siguieron a Abner; y
se puso el sol cuando llegaron al collado de
Amma, que está delante de Gía, junto al camino del desierto de Gabaón.

1. Esto es, *Campo de filos de espada, de los adversarios, o de los bandos.*

a. 2.2 1 S 25.42-43. **b. 2.4** 1 S 31.11-13.

LECCIONES DE VIDA

2.1 — David consultó a Jehová… ¿A dónde subiré? Y él le dijo: A Hebrón.

David pidió a Dios que le mostrara dónde vivir, pues quería obedecer la dirección del Señor en cada aspecto de su vida. Hebrón era donde Abraham, Isaac y Jacob fueron enterrados y simbolizaba el centro político de Israel, por lo cual era el lugar perfecto para que él iniciara su mando (2 S 2.4). Escuchar a Dios es esencial para andar con Él. Si queremos lo mejor de Dios para nosotros y éxito en la vida, debemos obedecerle completamente (Pr 16.3).

2.10 — De cuarenta años era Is-boset hijo de Saúl cuando comenzó a reinar sobre Israel.

Fue Abner, y no el Señor, quien hizo rey sobre Israel a Is-boset el hijo de Saúl. La nación estaba dividida entre David sobre la tribu de Judá e Is-boset sobre las otras diez tribus. El plan de Abner no trajo más que aflicción y guerra civil a la nación. Todo lo que adquirimos fuera de la voluntad de Dios termina convertido en cenizas. Sin importar cuánto lo intentaron, ni Abner ni Is-boset pudieron aferrarse a lo que el Señor había prometido a David de manera irrevocable (2 S 3.1; 5.1–5).

25 Y se juntaron los hijos de Benjamín en pos de Abner, formando un solo ejército; e hicieron alto en la cumbre del collado.

26 Y Abner dio voces a Joab, diciendo: ¿Consumirá la espada perpetuamente? ¿No sabes tú que el final será amargura? ¿Hasta cuándo no dirás al pueblo que se vuelva de perseguir a sus hermanos?

27 Y Joab respondió: Vive Dios, que si no hubieses hablado, el pueblo hubiera dejado de seguir a sus hermanos desde esta mañana.

28 Entonces Joab tocó el cuerno, y todo el pueblo se detuvo, y no persiguió más a los de Israel, ni peleó más.

29 Y Abner y los suyos caminaron por el Arabá toda aquella noche, y pasando el Jordán cruzaron por todo Bitrón y llegaron a Mahanaim.

30 Joab también volvió de perseguir a Abner, y juntando a todo el pueblo, faltaron de los siervos de David diecinueve hombres y Asael.

31 Mas los siervos de David hirieron de los de Benjamín y de los de Abner, a trescientos sesenta hombres, los cuales murieron.

32 Tomaron luego a Asael, y lo sepultaron en el sepulcro de su padre en Belén. Y caminaron toda aquella noche Joab y sus hombres, y les amaneció en Hebrón.

➤ 3 HUBO larga guerra entre la casa de Saúl y la casa de David; pero David se iba fortaleciendo, y la casa de Saúl se iba debilitando.

Hijos de David nacidos en Hebrón
(1 Cr 3.1-4)

2 Y nacieron hijos a David en Hebrón; su primogénito fue Amnón, de Ahinoam jezreelita;

3 su segundo Quileab, de Abigail la mujer de Nabal el de Carmel; el tercero, Absalón hijo de Maaca, hija de Talmai rey de Gesur;

4 el cuarto, Adonías hijo de Haguit; el quinto, Sefatías hijo de Abital;

5 el sexto, Itream, de Egla mujer de David. Éstos le nacieron a David en Hebrón.

Abner pacta con David en Hebrón

6 Como había guerra entre la casa de Saúl y la de David, aconteció que Abner se esforzaba por la casa de Saúl.

7 Y había tenido Saúl una concubina que se llamaba Rizpa, hija de Aja; y dijo Is-boset a Abner: ¿Por qué te has llegado a la concubina de mi padre?

8 Y se enojó Abner en gran manera por las palabras de Is-boset, y dijo: ¿Soy yo cabeza de perro que pertenezca a Judá? Yo he hecho hoy misericordia con la casa de Saúl tu padre, con sus hermanos y con sus amigos, y no te he entregado en mano de David; ¿y tú me haces hoy cargo del pecado de esta mujer?

9 Así haga Dios a Abner y aun le añada, si como ha jurado Jehová a David, no haga yo así con él, ➤

10 trasladando el reino de la casa de Saúl,[a] y confirmando el trono de David sobre Israel y sobre Judá, desde Dan hasta Beerseba.

11 Y él no pudo responder palabra a Abner, porque le temía.

12 Entonces envió Abner mensajeros a David de su parte, diciendo: ¿De quién es la tierra? Y que le dijesen: Haz pacto conmigo, y he aquí que mi mano estará contigo para volver a ti todo Israel.

13 Y David dijo: Bien; haré pacto contigo, mas una cosa te pido: No me vengas a ver sin que primero traigas a Mical la hija de Saúl, cuando vengas a verme.

14 Después de esto envió David mensajeros a Is-boset hijo de Saúl, diciendo: Restitúyeme mi mujer Mical, la cual desposé conmigo por cien prepucios de filisteos.[b]

15 Entonces Is-boset envió y se la quitó a su marido Paltiel hijo de Lais.

16 Y su marido fue con ella, siguiéndola y llorando hasta Bahurim. Y le dijo Abner: Anda, vuélvete. Entonces él se volvió.

17 Y habló Abner con los ancianos de Israel, diciendo: Hace ya tiempo procurabais que David fuese rey sobre vosotros.

18 Ahora, pues, hacedlo; porque Jehová ha hablado a David, diciendo: Por la mano de mi siervo David libraré a mi pueblo Israel de mano de los filisteos, y de mano de todos sus enemigos.

19 Habló también Abner a los de Benjamín; y fue también Abner a Hebrón a decir a David todo lo que parecía bien a los de Israel y a toda la casa de Benjamín.

20 Vino, pues, Abner a David en Hebrón, y con él veinte hombres; y David hizo banquete a Abner y a los que con él habían venido.

21 Y dijo Abner a David: Yo me levantaré e iré, y juntaré a mi señor el rey a todo Israel, para

a. 3.10 1 S 15.28. **b. 3.14** 1 S 18.27.

LECCIONES DE VIDA

➤ ***3.1 — David se iba fortaleciendo, y la casa de Saúl se iba debilitando.***

Dios le había dado el reino a David, pero pasó mucho tiempo antes que él pudiera convocar la nación bajo su mando. Todo lo que Dios promete, lo cumple, incluso si tarda más de lo que anticipamos.

➤ ***3.9 — Así haga Dios a Abner y aun le añada, si como ha jurado Jehová a David.***

Abner sabía de la promesa que Dios había hecho a David, pero hasta entonces había actuado en contra de esa promesa. Ya fuera por su lealtad a la familia de Saúl o para asegurarse una mejor posición, Abner decidió entrar en conflicto con el Señor. Cada vez que uno vaya en contra de la voluntad de Dios, sufrirá. La obediencia siempre es la decisión más sabia (Is 55.11).

que hagan contigo pacto, y tú reines como lo desea tu corazón. David despidió luego a Abner, y él se fue en paz.

Joab mata a Abner

22 Y he aquí que los siervos de David y Joab venían del campo, y traían consigo gran botín. Mas Abner no estaba con David en Hebrón, pues ya lo había despedido, y él se había ido en paz.
23 Y luego que llegó Joab y todo el ejército que con él estaba, fue dado aviso a Joab, diciendo: Abner hijo de Ner ha venido al rey, y él le ha despedido, y se fue en paz.
24 Entonces Joab vino al rey, y le dijo: ¿Qué has hecho? He aquí Abner vino a ti; ¿por qué, pues, le dejaste que se fuese?
25 Tú conoces a Abner hijo de Ner. No ha venido sino para engañarte, y para enterarse de tu salida y de tu entrada, y para saber todo lo que tú haces.
26 Y saliendo Joab de la presencia de David, envió mensajeros tras Abner, los cuales le hicieron volver desde el pozo de Sira, sin que David lo supiera.
27 Y cuando Abner volvió a Hebrón, Joab lo llevó aparte en medio de la puerta para hablar con él en secreto; y allí, en venganza de la muerte de Asael su hermano, le hirió por la quinta costilla, y murió.
28 Cuando David supo después esto, dijo: Inocente soy yo y mi reino, delante de Jehová, para siempre, de la sangre de Abner hijo de Ner.
29 Caiga sobre la cabeza de Joab, y sobre toda la casa de su padre; que nunca falte de la casa de Joab quien padezca flujo, ni leproso, ni quien ande con báculo, ni quien muera a espada, ni quien tenga falta de pan.
30 Joab, pues, y Abisai su hermano, mataron a Abner, porque él había dado muerte a Asael hermano de ellos en la batalla de Gabaón.
31 Entonces dijo David a Joab, y a todo el pueblo que con él estaba: Rasgad vuestros vestidos, y ceñíos de cilicio, y haced duelo delante de Abner. Y el rey David iba detrás del féretro.
32 Y sepultaron a Abner en Hebrón; y alzando el rey su voz, lloró junto al sepulcro de Abner; y lloró también todo el pueblo.
33 Y endechando el rey al mismo Abner, decía:

¿Había de morir Abner como muere un
villano?
34 Tus manos no estaban atadas, ni tus pies
ligados con grillos;
Caíste como los que caen delante de
malos hombres.

Y todo el pueblo volvió a llorar sobre él.
35 Entonces todo el pueblo vino para persuadir a David que comiera, antes que acabara el día. Mas David juró diciendo: Así me haga Dios y aun me añada, si antes que se ponga el sol gustare yo pan, o cualquiera otra cosa.
36 Todo el pueblo supo esto, y le agradó; pues todo lo que el rey hacía agradaba a todo el pueblo.
37 Y todo el pueblo y todo Israel entendió aquel día, que no había procedido del rey el matar a Abner hijo de Ner. ➤
38 También dijo el rey a sus siervos: ¿No sabéis que un príncipe y grande ha caído hoy en Israel?
39 Y yo soy débil hoy, aunque ungido rey; y estos hombres, los hijos de Sarvia, son muy duros para mí; Jehová dé el pago al que mal hace, conforme a su maldad.

Is-boset es asesinado

4 LUEGO que oyó el hijo de Saúl que Abner había sido muerto en Hebrón, las manos se le debilitaron, y fue atemorizado todo Israel.
2 Y el hijo de Saúl tenía dos hombres, capitanes de bandas de merodeadores; el nombre de uno era Baana, y el del otro, Recab, hijos de Rimón beerotita, de los hijos de Benjamín (porque Beerot era también contado con Benjamín,
3 pues los beerotitas habían huido a Gitaim, y moran allí como forasteros hasta hoy).
4 Y Jonatán hijo de Saúl tenía un hijo lisiado de los pies[a] Tenía cinco años de edad cuando llegó de Jezreel la noticia de la muerte de Saúl y de Jonatán, y su nodriza le tomó y huyó; y mientras iba huyendo apresuradamente, se le cayó el niño y quedó cojo. Su nombre era Mefi-boset.
5 Los hijos, pues, de Rimón beerotita, Recab y Baana, fueron y entraron en el mayor calor del día en casa de Is-boset, el cual estaba durmiendo la siesta en su cámara.
6 Y he aquí la portera de la casa había estado limpiando trigo, pero se durmió; y fue así como Recab y Baana su hermano se introdujeron en la casa.
7 Cuando entraron en la casa, Is-boset dormía sobre su lecho en su cámara; y lo hirieron y lo mataron, y le cortaron la cabeza, y habiéndola tomado, caminaron toda la noche por el camino del Arabá.

a. 4.4 2 S 9.3.

LECCIONES DE VIDA

➤ ***3.37 — todo el pueblo y todo Israel entendió aquel día, que no había procedido del rey el matar a Abner hijo de Ner.***

David no se limitó a declarar su inocencia por la muerte de Abner, sino que respaldó sus palabras con acciones. Por la manera en que rindió honores al general, previno más divisiones entre los pueblos de Judá e Israel. De igual manera, debemos honrar al Señor tanto en conversación como en conducta, para tener credibilidad ante los demás al dar buen testimonio de Él.

➤ 8 Y trajeron la cabeza de Is-boset a David en
Hebrón, y dijeron al rey: He aquí la cabeza de
Is-boset hijo de Saúl tu enemigo, que procuraba matarte; y Jehová ha vengado hoy a mi
señor el rey, de Saúl y de su linaje.
➤ 9 Y David respondió a Recab y a su hermano Baana, hijos de Rimón beerotita, y les dijo:
Vive Jehová que ha redimido mi alma de toda
angustia,
10 que cuando uno me dio nuevas, diciendo:
He aquí Saúl ha muerto, imaginándose que
traía buenas nuevas, yo lo prendí, y le maté en
Siclag en pago de la nueva.[b]
11 ¿Cuánto más a los malos hombres que
mataron a un hombre justo en su casa, y sobre
su cama? Ahora, pues, ¿no he de demandar
yo su sangre de vuestras manos, y quitaros
de la tierra?
12 Entonces David ordenó a sus servidores,
y ellos los mataron, y les cortaron las manos
y los pies, y los colgaron sobre el estanque
en Hebrón. Luego tomaron la cabeza de Is-
boset, y la enterraron en el sepulcro de Abner
en Hebrón.

David es proclamado rey de Israel
(1 Cr 11.1-3)

5 VINIERON todas las tribus de Israel a
David en Hebrón y hablaron, diciendo:
Henos aquí, hueso tuyo y carne tuya somos.
2 Y aun antes de ahora, cuando Saúl reinaba
sobre nosotros, eras tú quien sacabas a Israel
a la guerra, y lo volvías a traer. Además Jehová te ha dicho: Tú apacentarás a mi pueblo
Israel, y tú serás príncipe sobre Israel.
➤ 3 Vinieron, pues, todos los ancianos de Israel
al rey en Hebrón, y el rey David hizo pacto con
ellos en Hebrón delante de Jehová; y ungieron
a David por rey sobre Israel.
4 Era David de treinta años cuando comenzó
a reinar, y reinó cuarenta años.
5 En Hebrón reinó sobre Judá siete años y
seis meses, y en Jerusalén reinó treinta y tres
años sobre todo Israel y Judá.[a]

David toma la fortaleza de Sion
(1 Cr 11.4-9)

6 Entonces marchó el rey con sus hombres a
Jerusalén contra los jebuseos[b] que moraban
en aquella tierra; los cuales hablaron a David,
diciendo: Tú no entrarás acá, pues aun los ciegos y los cojos te echarán (queriendo decir:
David no puede entrar acá).
7 Pero David tomó la fortaleza de Sion, la cual ➤
es la ciudad de David.
8 Y dijo David aquel día: Todo el que hiera a
los jebuseos, suba por el canal y hiera a los
cojos y ciegos aborrecidos del alma de David.
Por esto se dijo: Ciego ni cojo no entrará en
la casa.
9 Y David moró en la fortaleza, y le puso por
nombre la Ciudad de David; y edificó alrededor desde Milo hacia adentro.
10 Y David iba adelantando y engrandecién- ➤
dose, y Jehová Dios de los ejércitos estaba
con él.

Hiram envía embajadores a David
(1 Cr 14.1-2)

11 También Hiram rey de Tiro envió embajadores a David, y madera de cedro y carpinteros,

b. 4.10 2 S 1.1-16. **a. 5.4-5** 1 R 2.11; 1 Cr 3.4; 29.27.
b. 5.6 Jos 15.63; Jue 1.21.

LECCIONES DE VIDA

➤ ***4.8 — trajeron la cabeza de Is-boset a David en Hebrón.***

David no estaba dispuesto a quitarle Israel a Saúl ni a ninguno de sus descendientes; más bien, estaba comprometido a esperar hasta que el Señor le diera el reino en su momento oportuno (1 S 24.6; 26.9–11). Por eso cuando Baana y Recab vinieron a decirle lo que habían hecho, no le impresionaron sus palabras de corte espiritual y consideró perversas sus acciones. Como varón conforme al corazón de Dios, no podía deleitarse en la maldad, ni siquiera cuando pareciera beneficiarlo.

➤ ***4.9 — Vive Jehová que ha redimido mi alma de toda angustia.***

El Señor se complace en redimir nuestra vida de la angustia. David sabía que sólo Dios podía librarle realmente de la adversidad, no los hijos de Rimón ni el amalecita que afirmó haber matado a Saúl (2 S 1.9, 10). Cuando otros intervienen para vengarse por nosotros, no nos ayudan sino que pecan contra el Señor (Lv 19.17, 18; Sal 18.18; Ro 12.19; 1 Ts 4.6).

➤ ***5.3 — y ungieron a David por rey sobre Israel.***

David tenía treinta y siete años cuando por fin fue establecido como rey sobre Israel. Después de más de dos décadas de preparación, Dios demostró ser fiel a su juramento (1 S 16.3, 12, 13). El Señor *cumplirá* las promesas que le haya hecho, así que no se desaliente durante los tiempos de espera. Aproveche cada retraso como preparación para su bendición, y recuerde que Dios obra poderosamente a favor de quienes lo esperan.

➤ ***5.7 — David tomó la fortaleza de Sion, la cual es la ciudad de David.***

En el centro de la tierra prometida estaba la ciudad fortificada de Jerusalén que seguía siendo habitada por los jebuseos (1 Cr 11.4–8). Era virtualmente inasequible para ejércitos invasores debido a su posición estratégica entre el monte de los Olivos y el monte Scopus, y los valles de Hinom, Tiropeon y Cedrón. Por supuesto, nada es imposible para Dios. Él dio la victoria a David y la estableció como la capital espiritual y cultural de la nación (Dt 16.5, 6). Jerusalén se ha mantenido como una ciudad de gran importancia en toda la historia de Israel (Ez 5.5).

➤ ***5.10 — Y David iba adelantando y engrandeciéndose, y Jehová Dios de los ejércitos estaba con él.***

Cuando seguimos al Señor de todo corazón como lo hizo David, también disfrutamos su presencia maravillosa. Y al igual que lo hizo con David, puede hacer que crezcamos en la piedad y lleguemos a ser grandes en su reino (Mt 18.1–5; 20.26–28; 23.11, 12).

y canteros para los muros, los cuales edificaron la casa de David.
12 Y entendió David que Jehová le había confirmado por rey sobre Israel, y que había engrandecido su reino por amor de su pueblo Israel.

Hijos de David nacidos en Jerusalén
(1 Cr 3.5-9; 14.3-7)

13 Y tomó David más concubinas y mujeres de Jerusalén, después que vino de Hebrón, y le nacieron más hijos e hijas.
14 Éstos son los nombres de los que le nacieron en Jerusalén: Samúa, Sobab, Natán, Salomón,
15 Ibhar, Elisúa, Nefeg, Jafía,
16 Elisama, Eliada y Elifelet.

David derrota a los filisteos
(1 Cr 14.8-17)

17 Oyendo los filisteos que David había sido ungido por rey sobre Israel, subieron todos los filisteos para buscar a David; y cuando David lo oyó, descendió a la fortaleza.
18 Y vinieron los filisteos, y se extendieron por el valle de Refaim.
➤ 19 Entonces consultó David a Jehová, diciendo: ¿Iré contra los filisteos? ¿Los entregarás en mi mano? Y Jehová respondió a David: Ve, porque ciertamente entregaré a los filisteos en tu mano.
20 Y vino David a Baal-perazim, y allí los venció David, y dijo: Quebrantó[1] Jehová a mis enemigos delante de mí, como corriente impetuosa. Por esto llamó el nombre de aquel lugar Baal-perazim.[2]
21 Y dejaron allí sus ídolos, y David y sus hombres los quemaron.
22 Y los filisteos volvieron a venir, y se extendieron en el valle de Refaim.
➤ 23 Y consultando David a Jehová, él le respondió: No subas, sino rodéalos, y vendrás a ellos enfrente de las balsameras.
24 Y cuando oigas ruido como de marcha por las copas de las balsameras, entonces te moverás; porque Jehová saldrá delante de ti a herir el campamento de los filisteos.
25 Y David lo hizo así, como Jehová se lo había mandado; e hirió a los filisteos desde Geba hasta llegar a Gezer.

David intenta llevar el arca a Jerusalén
(1 Cr 13.5-14)

6 DAVID volvió a reunir a todos los escogidos de Israel, treinta mil.
2 Y se levantó David y partió de Baala de Judá con todo el pueblo que tenía consigo, para hacer pasar de allí el arca de Dios, sobre la cual era invocado el nombre de Jehová de los ejércitos, que mora entre los querubines.[a]
3 Pusieron el arca de Dios sobre un carro nuevo, y la llevaron de la casa de Abinadab, que estaba en el collado;[b] y Uza y Ahío, hijos de Abinadab, guiaban el carro nuevo. ➤
4 Y cuando lo llevaban de la casa de Abinadab, que estaba en el collado, con el arca de Dios, Ahío iba delante del arca.
5 Y David y toda la casa de Israel danzaban delante de Jehová con toda clase de instrumentos de madera de haya; con arpas, salterios, panderos, flautas y címbalos.
6 Cuando llegaron a la era de Nacón, Uza extendió su mano al arca de Dios, y la sostuvo; porque los bueyes tropezaban.
7 Y el furor de Jehová se encendió contra Uza, y lo hirió allí Dios por aquella temeridad, y cayó allí muerto junto al arca de Dios.
8 Y se entristeció David por haber herido Jehová a Uza, y fue llamado aquel lugar Pérez-uza,[3] hasta hoy.
9 Y temiendo David a Jehová aquel día, dijo: ¿Cómo ha de venir a mí el arca de Jehová?
10 De modo que David no quiso traer para sí el arca de Jehová a la ciudad de David; y la hizo llevar David a casa de Obed-edom geteo.
11 Y estuvo el arca de Jehová en casa de Obed-edom geteo tres meses; y bendijo Jehová a Obed-edom y a toda su casa.[c]

1. Heb. *paraz.* **2.** Esto es, *el Señor que quebranta.* **3.** Esto es, *el quebrantamiento de Uza.*
a. 6.2 Éx 25.22. **b. 6.3** 1 S 7.1-2. **c. 6.11** 1 Cr 26.4-5.

LECCIONES DE VIDA

➤ ***5.19 — consultó David a Jehová.***

Mientras David pidiera la guía del Señor, tenía éxito. Tan pronto dejaba de buscar la voz de Dios, se metía en problemas. Lo mismo sucede con nosotros.

➤ ***5.23 — consultando David a Jehová, él le respondió: No subas, sino rodéalos, y vendrás a ellos enfrente de las balsameras.***

En cada época el Señor da a su pueblo estrategias diferentes para el éxito. Si hacemos siempre lo habitual o nos apoyamos en nuestra propia prudencia, vamos a perdernos sus bendiciones. En lugar de eso, debemos esperar que nos dé instrucciones, porque escuchar a Dios es esencial para andar con Él, y Él siempre tiene el mejor plan para cualquier batalla que enfrentemos.

➤ ***6.3 — Pusieron el arca de Dios sobre un carro nuevo.***

El arca del pacto representaba la relación de Dios con su pueblo (Éx 25.22). Normalmente permanecía en el lugar santísimo donde la presencia de Dios se manifestaba sobre ella, lo cual hacía del arca uno de los elementos de culto más sagrados de Israel. David no consultó la Palabra de Dios antes de mover el arca, pues en ese caso habría aprendido las instrucciones específicas que el Señor dio a su pueblo para transportarla (Éx 25.12–14). Dios nunca bendice las infracciones de su voluntad (Hab 1.13). Si vamos a acercarnos a Él o servirle, debemos hacerlo de la manera que *Él* prescribe. Hoy día, sólo es posible para nosotros por medio de Jesús nuestro Salvador (Mt 7.13, 14; He 7.25).

David trae el arca a Jerusalén

(1 Cr 15.1-16.6)

12 Fue dado aviso al rey David, diciendo:
Jehová ha bendecido la casa de Obed-edom
y todo lo que tiene, a causa del arca de Dios.
Entonces David fue, y llevó con alegría el arca
de Dios de casa de Obed-edom a la ciudad de
David.
➤ 13 Y cuando los que llevaban el arca de Dios
habían andado seis pasos, él sacrificó un buey
y un carnero engordado.
14 Y David danzaba con toda su fuerza delante de Jehová; y estaba David vestido con un
efod de lino.
15 Así David y toda la casa de Israel condu-
cían el arca de Jehová con júbilo y sonido de
trompeta.
16 Cuando el arca de Jehová llegó a la ciudad
de David, aconteció que Mical hija de Saúl
miró desde una ventana, y vio al rey David
que saltaba y danzaba delante de Jehová; y le
menospreció en su corazón.
17 Metieron, pues, el arca de Jehová, y la
pusieron en su lugar en medio de una tienda que David le había levantado; y sacrificó
David holocaustos y ofrendas de paz delante de Jehová.
18 Y cuando David había acabado de ofrecer los holocaustos y ofrendas de paz, bendijo al pueblo en el nombre de Jehová de los
ejércitos.
19 Y repartió a todo el pueblo, y a toda la multitud de Israel, así a hombres como a mujeres, a cada uno un pan, y un pedazo de carne
y una torta de pasas. Y se fue todo el pueblo,
cada uno a su casa.
20 Volvió luego David para bendecir su casa;[d]
y saliendo Mical a recibir a David, dijo: ¡Cuán
honrado ha quedado hoy el rey de Israel, des-
cubriéndose hoy delante de las criadas de sus
siervos, como se descubre sin decoro un cualquiera!
21 Entonces David respondió a Mical: Fue
delante de Jehová, quien me eligió en preferencia a tu padre y a toda tu casa, para consti-
tuirme por príncipe sobre el pueblo de Jehová,
sobre Israel. Por tanto, danzaré delante de
Jehová.
22 Y aun me haré más vil que esta vez, y seré
bajo a tus ojos; pero seré honrado delante de
las criadas de quienes has hablado.
23 Y Mical hija de Saúl nunca tuvo hijos hasta
el día de su muerte.

Pacto de Dios con David

(1 Cr 17.1-27)

7 ACONTECIÓ que cuando ya el rey habitaba en su casa, después que Jehová le
había dado reposo de todos sus enemigos en
derredor,
2 dijo el rey al profeta Natán: Mira ahora, yo
habito en casa de cedro, y el arca de Dios está
entre cortinas.
3 Y Natán dijo al rey: Anda, y haz todo lo
que está en tu corazón, porque Jehová está
contigo.
4 Aconteció aquella noche, que vino palabra
de Jehová a Natán, diciendo:
5 Ve y di a mi siervo David: Así ha dicho Jehová: ¿Tú me has de edificar casa en que yo
more?
6 Ciertamente no he habitado en casas desde el día en que saqué a los hijos de Israel de
Egipto hasta hoy, sino que he andado en tienda y en tabernáculo.
7 Y en todo cuanto he andado con todos los
hijos de Israel, ¿he hablado yo palabra a alguna de las tribus de Israel, a quien haya mandado apacentar a mi pueblo de Israel, diciendo:
¿Por qué no me habéis edificado casa de
cedro?
8 Ahora, pues, dirás así a mi siervo David: Así
ha dicho Jehová de los ejércitos: Yo te tomé del
redil, de detrás de las ovejas, para que fueses
príncipe sobre mi pueblo, sobre Israel;
9 y he estado contigo en todo cuanto has andado, y delante de ti he destruido a todos tus enemigos, y te he dado nombre grande, como el
nombre de los grandes que hay en la tierra.
10 Además, yo fijaré lugar a mi pueblo Israel *
y lo plantaré, para que habite en su lugar y
nunca más sea removido, ni los inicuos le afli-
jan más, como al principio,
11 desde el día en que puse jueces sobre mi
pueblo Israel; y a ti te daré descanso de todos

d. 6.19-20 1 Cr 16.43.

LECCIONES DE VIDA

➤ 6.13 — cuando los que llevaban el arca de Dios habían andado seis pasos, él sacrificó un buey y un carnero engordado.

David aprendió de su costoso error y esta vez movió el arca del modo prescrito. El resultado fue alegría, pues la obediencia siempre trae bendición consigo.

➤ 6.22 — aun me haré más vil que esta vez, y seré bajo a tus ojos.

A David no le importaba si alguien consideraba poco digna su demostración peculiar de su amor a Dios. La única opinión que le importaba era del Señor. Fue debido a esta devoción a Dios sin reservas y de todo corazón que David tuvo tan grandes logros.

➤ 7.8 — Yo te tomé del redil, de detrás de las ovejas, para que fueses príncipe sobre mi pueblo, sobre Israel.

Cuando empecemos a disfrutar éxito a algún nivel, haremos bien en acordarnos de dónde vinimos y cómo el Señor nos llevó a la prosperidad. Todo fue obra de Dios, porque toda buena dádiva que tengamos viene de su mano (Stg 1.17).

RESPUESTAS A PREGUNTAS DE LA VIDA

¿Qué significa estar sentados delante del Señor?

2 S 7.18–29

Quizás el factor más definitivo del crecimiento espiritual sea pasar tiempo a solas con el Señor. Esto significa apartar tiempo para hablar con Dios sobre lo que sea que usted tenga en su corazón, y más importante todavía, dejar que Él le hable a usted.

Dios llamó al rey David «varón conforme a mi corazón» (Hch 13.22). Para ganarse esa mención de honor, David necesitó primero conocer la mente y el corazón de Dios, lo cual le permitió hacer lo que el Señor quería. David procuró conocer a Dios. La Biblia dice que él «consultó» al Señor. Pasaba tiempo en su presencia, cantando a Él de lo profundo de su corazón. En 2 Samuel 7.18 leemos: «Y entró el rey David y se puso delante de Jehová, y dijo: Señor Jehová, ¿quién soy yo, y qué es mi casa, para que tú me hayas traído hasta aquí?»

¿Qué significaba para David estar sentado delante del Señor? Era su manera de pasar tiempo a solas en la presencia de Dios, comunicándose con el Señor desde lo profundo de su corazón, haciéndole preguntas y escuchando en silencio las respuestas divinas.

Jesús procuraba con frecuencia estar a solas con su Padre celestial. El tiempo que pasaba con el Padre lo reconfortaba y renovaba sus fuerzas. Jesús también pasó tiempo a solas con sus discípulos, para enseñarles a obtener del mismo modo su propio refrigerio espiritual (Lc 9.17–24).

Somos sabios si elegimos pasar tiempo a solas con Dios, en un sitio donde no haya distracciones ni interrupciones, por un período suficiente que nos permita relajarnos por completo y enfocar nuestra atención totalmente en el Señor y su Palabra. Debemos estar dispuestos a esperar en la presencia del Señor hasta que recibamos sus instrucciones o sus palabras de consuelo y ánimo.

¿Por qué muchos de nosotros no deseamos pasar tiempo a solas con Dios? La razón principal es que no nos sentimos seguros de nuestra relación con Dios y eso nos lleva a tenerle miedo a Dios.

Pero aquellos que han experimentado el nuevo nacimiento espiritual tienen una relación con el Señor como la de un padre con un hijo. Nuestro Padre celestial nos ama incondicionalmente y nos trata con toda ternura y paciencia. Cuanto más aprendamos cómo es Él realmente, más le veremos como es de verdad, más anhelaremos pasar tiempo a solas con Él, y más conoceremos la plenitud de su gracia.

Para un estudio más a fondo, véase el Índice de Principios de vida:

1. Nuestra intimidad con Dios, que es su prioridad para nosotros, determina el impacto que causen nuestras vidas.

27. No hay nada como la oración para ahorrar tiempo.

tus enemigos. Asimismo Jehová te hace saber
que él te hará casa.
12 Y cuando tus días sean cumplidos, y duermas con tus padres, yo levantaré después de
ti a uno de tu linaje, el cual procederá de tus
entrañas, y afirmaré su reino.
13 Él edificará casa a mi nombre, y yo afirmaré para siempre el trono de su reino.
14 Yo le seré a él padre, y él me será a mí hijo.[a]
Y si él hiciere mal, yo le castigaré con vara de
hombres, y con azotes de hijos de hombres;
15 pero mi misericordia no se apartará de él
como la aparté de Saúl, al cual quité de delante de ti.
16 Y será afirmada tu casa y tu reino para
siempre delante de tu rostro, y tu trono será
estable eternamente.
17 Conforme a todas estas palabras, y conforme a toda esta visión, así habló Natán a
David.
18 Y entró el rey David y se puso delante de
Jehová, y dijo: Señor Jehová, ¿quién soy yo,
y qué es mi casa, para que tú me hayas traído hasta aquí?
19 Y aun te ha parecido poco esto, Señor Jehová, pues también has hablado de la casa de tu
siervo en lo por venir. ¿Es así como procede el
hombre, Señor Jehová?
20 ¿Y qué más puede añadir David hablando contigo? Pues tú conoces a tu siervo, Señor
Jehová.

a. 7.14 2 Co 6.18; He 1.5; Ap 21.7.

➤21 Todas estas grandezas has hecho por tu
palabra y conforme a tu corazón, haciéndolas
saber a tu siervo.
22 Por tanto, tú te has engrandecido, Jehová
Dios; por cuanto no hay como tú, ni hay Dios
fuera de ti, conforme a todo lo que hemos oído
con nuestros oídos.
23 ¿Y quién como tu pueblo, como Israel,
nación singular en la tierra? Porque fue Dios
para rescatarlo por pueblo suyo, y para ponerle nombre, y para hacer grandezas a su favor,
y obras terribles a tu tierra, por amor de tu
pueblo que rescataste para ti de Egipto, de las
naciones y de sus dioses.
24 Porque tú estableciste a tu pueblo Israel
por pueblo tuyo para siempre; y tú, oh Jehová, fuiste a ellos por Dios.
25 Ahora pues, Jehová Dios, confirma para
siempre la palabra que has hablado sobre tu
siervo y sobre su casa, y haz conforme a lo
que has dicho.
26 Que sea engrandecido tu nombre para
siempre, y se diga: Jehová de los ejércitos es
Dios sobre Israel; y que la casa de tu siervo
David sea firme delante de ti.
27 Porque tú, Jehová de los ejércitos, Dios de
Israel, revelaste al oído de tu siervo, diciendo: Yo te edificaré casa. Por esto tu siervo ha
hallado en su corazón valor para hacer delante de ti esta súplica.
*28 Ahora pues, Jehová Dios, tú eres Dios, y
tus palabras son verdad, y tú has prometido
este bien a tu siervo.
➤29 Ten ahora a bien bendecir la casa de tu
siervo, para que permanezca perpetuamente
delante de ti, porque tú, Jehová Dios, lo has
dicho, y con tu bendición será bendita la casa
de tu siervo para siempre.

David extiende sus dominios

(1 Cr 18.1-13)

8 DESPUÉS de esto, aconteció que David
derrotó a los filisteos y los sometió, y tomó
David a Meteg-ama de mano de los filisteos.
2 Derrotó también a los de Moab, y los midió
con cordel, haciéndolos tender por tierra; y
midió dos cordeles para hacerlos morir, y un
cordel entero para preservarles la vida; y fueron los moabitas siervos de David, y pagaron tributo.
3 Asimismo derrotó David a Hadad-ezer hijo
de Rehob, rey de Soba, al ir éste a recuperar
su territorio al río Éufrates.
4 Y tomó David de ellos mil setecientos hombres de a caballo, y veinte mil hombres de a
pie; y desjarretó David los caballos de todos
los carros, pero dejó suficientes para cien
carros.
5 Y vinieron los sirios de Damasco para dar
ayuda a Hadad-ezer rey de Soba; y David
hirió de los sirios a veintidós mil hombres.
6 Puso luego David guarnición en Siria de ➤
Damasco, y los sirios fueron hechos siervos de
David, sujetos a tributo. Y Jehová dio la victoria a David por dondequiera que fue.
7 Y tomó David los escudos de oro que
traían los siervos de Hadad-ezer, y los llevó
a Jerusalén.
8 Asimismo de Beta y de Berotai, ciudades de
Hadad-ezer, tomó el rey David gran cantidad
de bronce.
9 Entonces oyendo Toi rey de Hamat, que
David había derrotado a todo el ejército de
Hadad-ezer,
10 envió Toi a Joram su hijo al rey David,
para saludarle pacíficamente y para bendecirle, porque había peleado con Hadad-ezer y
lo había vencido; porque Toi era enemigo de
Hadad-ezer. Y Joram llevaba en su mano utensilios de plata, de oro y de bronce;
11 los cuales el rey David dedicó a Jehová,
con la plata y el oro que había dedicado de
todas las naciones que había sometido;
12 de los sirios, de los moabitas, de los amonitas, de los filisteos, de los amalecitas, y del
botín de Hadad-ezer hijo de Rehob, rey de
Soba.

LECCIONES DE VIDA

➤ ***7.16 — será afirmada tu casa y tu reino para siempre delante de tu rostro, y tu trono será estable eternamente.***

David quiso construir una casa de cedro para el Señor, pero Dios respondió que Él construiría una casa viva para David, y haría un gran reino de sus descendientes (1 Cr 17.1–27). Jamás podremos superar a Dios en generosidad. El Señor llevó a un cumplimiento supremo esta promesa con el «Hijo de David», Jesucristo, quien reina para siempre (Mt 1.1; 21.9; Ap 22.16).

➤ ***7.21 — Todas estas grandezas has hecho por tu palabra y conforme a tu corazón, haciéndolas saber a tu siervo.***

Dios nos bendice conforme a su propio carácter amoroso, y siempre cumple su Palabra. No merecemos sus bendiciones, pero cuando nos disponemos a obedecer al Señor, Él nos colma de su amor y su gracia.

➤ ***7.29 — Ten ahora a bien bendecir la casa de tu siervo, para que permanezca perpetuamente delante de ti.***

David respondió a la promesa generosa de Dios alabándole por cumplir su juramento y dándole toda la gloria. David entendió que al orar conforme a la promesa del Señor, armonizaba con su voluntad perfecta. Nosotros podemos y debemos hacer lo mismo.

➤ ***8.6 — Jehová dio la victoria a David por dondequiera que fue.***

Así como el Señor preservó a David dondequiera que fue, también puede protegernos en todo lugar. Si hacemos del Señor nuestro deleite y lo obedecemos como David, Él nos bendecirá y nos dará éxito, tal como lo hizo por David.

LO QUE LA BIBLIA DICE ACERCA DE
EL VALOR INMENSO DE LA MEDITACIÓN

2 S 7.18–29

La simple mención de la palabra «meditación» evoca imágenes foráneas a la mentalidad occidental. Esto podría explicar por qué tantos creyentes en la actualidad hayan eliminado la palabra de su vocabulario. Con ello corremos un gran peligro, porque la meditación bíblica nos ayuda inmensamente a escuchar a Dios con precisión.

El rey David realizó esta práctica piadosa con fervor, y su dedicación fue bastante fructífera. Muchos salmos fueron el resultado del tiempo que pasó en silencio delante del Señor, a la espera de Dios y reflexionando en su santidad. Como «varón conforme» al corazón de Dios (Hch 13.22), David primero tuvo que conocer la mente y el corazón de Dios. En gran medida, David lo logró mediante la práctica persistente de la meditación.

En nuestras vidas tan ocupadas y repletas de compromisos, nos cuesta ver un propósito definido en todo lo que hacemos. Son tantas las actividades y personas que exigen nuestro tiempo y atención, que nos resulta indispensable recuperar una de las actividades más importantes en la vida: la meditación.

La meditación piadosa significa elevar el corazón al cielo para escuchar a Dios. Es enfocar nuestra atención en Cristo y desconectarse de todo lo demás. Sin practicar la meditación diaria en el Señor, es imposible experimentar:

- *Santidad de corazón:* La meditación le permite concentrarse en quién es Dios y crecer en unidad con Él.
- *Contentamiento:* Meditar en Dios trae satisfacción profunda a su alma.
- *Servicio eficaz al prójimo:* Si no derivamos nuestras fuerzas de Dios, pronto se agotará toda nuestra energía.

A fin de continuar el hábito de meditar en el Señor, debemos tener cuidado de no meditar por simple cuestión de hábito. Debemos tener un propósito puro al meditar, y este es llegar a conocer más íntimamente a Dios. También debemos tener un plan para cada encuentro con Él, que incluya un segmento de meditación en su Palabra, así como un diario de oración en el que ofrecemos oraciones y escribimos lo que Dios nos dice por medio del Espíritu Santo y las Escrituras.

Medite en el Señor, en su majestad, su gloria, su bondad, su fidelidad y sus promesas. Medite sobre quién es Él, y llegará a conocer su carácter y su presencia de una manera profunda y renovadora.

La meditación piadosa significa elevar el corazón al cielo para escuchar a Dios.

Para un estudio más a fondo, véase el Índice de Principios de vida:

3. *La Palabra de Dios es ancla inconmovible en las tormentas.*
4. *Estar conscientes de la presencia de Dios nos da energías para desempeñar nuestro trabajo.*
12. *La paz con Dios es fruto de nuestra unidad con Él.*
13. *Escuchar a Dios es esencial para andar con Él.*

13 Así ganó David fama. Cuando regresaba de
derrotar a los sirios, destrozó a dieciocho mil
edomitas en el Valle de la Sal.[a]
14 Y puso guarnición en Edom; por todo
Edom puso guarnición, y todos los edomitas
fueron siervos de David. Y Jehová dio la victoria a David por dondequiera que fue.

Oficiales de David
(2 S 20.23-26; 1 Cr 18.14-17)

15 Y reinó David sobre todo Israel; y David
administraba justicia y equidad a todo su pueblo.
16 Joab hijo de Sarvia era general de su ejército, y Josafat hijo de Ahilud era cronista;
17 Sadoc hijo de Ahitob y Ahimelec hijo de
Abiatar eran sacerdotes; Seraías era escriba;
18 Benaía hijo de Joiada estaba sobre los
cereteos y peleteos; y los hijos de David eran
los príncipes.

Bondad de David hacia Mefi-boset

9 DIJO David: ¿Ha quedado alguno de la
casa de Saúl, a quien haga yo misericordia
por amor de Jonatán?[a]
2 Y había un siervo de la casa de Saúl, que se
llamaba Siba, al cual llamaron para que viniese a David. Y el rey le dijo: ¿Eres tú Siba? Y él
respondió: Tu siervo.
3 El rey le dijo: ¿No ha quedado nadie de la
casa de Saúl, a quien haga yo misericordia de
Dios? Y Siba respondió al rey: Aún ha quedado
un hijo de Jonatán, lisiado de los pies.[b]
4 Entonces el rey le preguntó: ¿Dónde está? Y
Siba respondió al rey: He aquí, está en casa de
Maquir hijo de Amiel, en Lodebar.
5 Entonces envió el rey David, y le trajo de la
casa de Maquir hijo de Amiel, de Lodebar.
6 Y vino Mefi-boset, hijo de Jonatán hijo de
Saúl, a David, y se postró sobre su rostro e
hizo reverencia. Y dijo David: Mefi-boset. Y él
respondió: He aquí tu siervo.
➤ 7 Y le dijo David: No tengas temor, porque
yo a la verdad haré contigo misericordia por
amor de Jonatán tu padre, y te devolveré
todas las tierras de Saúl tu padre; y tú comerás siempre a mi mesa.
8 Y él inclinándose, dijo: ¿Quién es tu siervo,
para que mires a un perro muerto como yo?
9 Entonces el rey llamó a Siba siervo de Saúl,
y le dijo: Todo lo que fue de Saúl y de toda su
casa, yo lo he dado al hijo de tu señor.
10 Tú, pues, le labrarás las tierras, tú con tus
hijos y tus siervos, y almacenarás los frutos,
para que el hijo de tu señor tenga pan para
comer; pero Mefi-boset el hijo de tu señor
comerá siempre a mi mesa. Y tenía Siba quince hijos y veinte siervos.
11 Y respondió Siba al rey: Conforme a todo lo
que ha mandado mi señor el rey a su siervo, así
lo hará tu siervo. Mefi-boset, dijo el rey, comerá
a mi mesa, como uno de los hijos del rey.
12 Y tenía Mefi-boset un hijo pequeño, que se
llamaba Micaía. Y toda la familia de la casa de
Siba eran siervos de Mefi-boset.
13 Y moraba Mefi-boset en Jerusalén, porque comía siempre a la mesa del rey; y estaba
lisiado de ambos pies.

Derrotas de amonitas y sirios
(1 Cr 19.1-19)

10 DESPUÉS de esto, aconteció que murió
el rey de los hijos de Amón, y reinó en
lugar suyo Hanún su hijo.
2 Y dijo David: Yo haré misericordia con Hanún
hijo de Nahas, como su padre la hizo conmigo.
Y envió David sus siervos para consolarlo por
su padre. Mas llegados los siervos de David a
la tierra de los hijos de Amón,
3 los príncipes de los hijos de Amón dijeron
a Hanún su señor: ¿Te parece que por honrar David a tu padre te ha enviado consoladores? ¿No ha enviado David sus siervos a ti
para reconocer e inspeccionar la ciudad, para
destruirla?
4 Entonces Hanún tomó los siervos de David,
les rapó la mitad de la barba, les cortó los
vestidos por la mitad hasta las nalgas, y los
despidió.
5 Cuando se le hizo saber esto a David, envió
a encontrarles, porque ellos estaban en extremo avergonzados; y el rey mandó que les dijeran: Quedaos en Jericó hasta que os vuelva a
nacer la barba, y entonces volved.
6 Y viendo los hijos de Amón que se habían
hecho odiosos a David, enviaron los hijos de
Amón y tomaron a sueldo a los sirios de Bet-
rehob y a los sirios de Soba, veinte mil hombres de a pie, del rey de Maaca mil hombres,
y de Is-tob doce mil hombres.
7 Cuando David oyó esto, envió a Joab con
todo el ejército de los valientes.
8 Y saliendo los hijos de Amón, se pusieron
en orden de batalla a la entrada de la puerta;
pero los sirios de Soba, de Rehob, de Is-tob y
de Maaca estaban aparte en el campo.
9 Viendo, pues, Joab que se le presentaba la
batalla de frente y a la retaguardia, entresacó

a. 8.13 Sal 60 tít. **a. 9.1** 1 S 20.15-17. **b. 9.3** 2 S 4.4.

LECCIONES DE VIDA

➤ ***9.7 — No tengas temor, porque yo a la verdad haré contigo misericordia por amor de Jonatán tu padre.***

Mefi-boset tenía todas las razones para creer que el rey David ordenaría su muerte. Como nieto de Saúl, quien había perseguido a David, el nuevo rey tenía derecho a disponer de él. Cuando al fin pudo conocer en persona al buen rey, Mefi-boset descubrió que su plan era todo lo contrario. David recordó la promesa que había hecho a Jonatán (1 S 20.14–17) y se esforzó en honrarla. Recordó con gratitud la ayuda de su amigo y trató con benevolencia al hijo de Jonatán.

de todos los escogidos de Israel, y se puso en
orden de batalla contra los sirios.
10 Entregó luego el resto del ejército en mano
de Abisai su hermano, y lo alineó para encontrar a los amonitas.
11 Y dijo: Si los sirios pudieren más que yo, tú
me ayudarás; y si los hijos de Amón pudieren
más que tú, yo te daré ayuda.
12 Esfuérzate, y esforcémonos por nuestro
pueblo, y por las ciudades de nuestro Dios; y
haga Jehová lo que bien le pareciere.
13 Y se acercó Joab, y el pueblo que con él
estaba, para pelear contra los sirios; mas ellos
huyeron delante de él.
14 Entonces los hijos de Amón, viendo que
los sirios habían huido, huyeron también ellos
delante de Abisai, y se refugiaron en la ciudad. Se volvió, pues, Joab de luchar contra los
hijos de Amón, y vino a Jerusalén.
15 Pero los sirios, viendo que habían sido
derrotados por Israel, se volvieron a reunir.
16 Y envió Hadad-ezer e hizo salir a los sirios
que estaban al otro lado del Éufrates, los cuales vinieron a Helam, llevando por jefe a
Sobac, general del ejército de Hadad-ezer.
17 Cuando fue dado aviso a David, reunió a
todo Israel, y pasando el Jordán vino a Helam;
y los sirios se pusieron en orden de batalla
contra David y pelearon contra él.
18 Mas los sirios huyeron delante de Israel;
y David mató de los sirios a la gente de setecientos carros, y cuarenta mil hombres de a
caballo; hirió también a Sobac general del
ejército, quien murió allí.
19 Viendo, pues, todos los reyes que ayudaban
a Hadad-ezer, cómo habían sido derrotados
delante de Israel, hicieron paz con Israel y le
sirvieron; y de allí en adelante los sirios temieron ayudar más a los hijos de Amón.

David y Betsabé

11 ACONTECIÓ al año siguiente, en el tiempo que salen los reyes a la guerra, que
David envió a Joab, y con él a sus siervos y a
todo Israel, y destruyeron a los amonitas, y sitiaron a Rabá; pero David se quedó en Jerusalén.[a]
2 Y sucedió un día, al caer la tarde, que se
levantó David de su lecho y se paseaba sobre
el terrado de la casa real; y vio desde el terrado a una mujer que se estaba bañando, la cual
era muy hermosa.
3 Envió David a preguntar por aquella mujer,
y le dijeron: Aquella es Betsabé hija de Eliam,
mujer de Urías heteo.
4 Y envió David mensajeros, y la tomó; y vino
a él, y él durmió con ella. Luego ella se purificó
de su inmundicia, y se volvió a su casa.
5 Y concibió la mujer, y envió a hacerlo saber
a David, diciendo: Estoy encinta.
6 Entonces David envió a decir a Joab: Envíame
a Urías heteo. Y Joab envió a Urías a David.
7 Cuando Urías vino a él, David le preguntó
por la salud de Joab, y por la salud del pueblo,
y por el estado de la guerra.
8 Después dijo David a Urías: Desciende a
tu casa, y lava tus pies. Y saliendo Urías de
la casa del rey, le fue enviado presente de la
mesa real.
9 Mas Urías durmió a la puerta de la casa del
rey con todos los siervos de su señor, y no descendió a su casa.
10 E hicieron saber esto a David, diciendo:
Urías no ha descendido a su casa. Y dijo David
a Urías: ¿No has venido de camino? ¿Por qué,
pues, no descendiste a tu casa?
11 Y Urías respondió a David: El arca e Israel y
Judá están bajo tiendas, y mi señor Joab, y los
siervos de mi señor, en el campo; ¿y había yo
de entrar en mi casa para comer y beber, y a
dormir con mi mujer? Por vida tuya, y por vida
de tu alma, que yo no haré tal cosa.
12 Y David dijo a Urías: Quédate aquí aún hoy,
y mañana te despacharé. Y se quedó Urías en
Jerusalén aquel día y el siguiente.
13 Y David lo convidó a comer y a beber con
él, hasta embriagarlo. Y él salió a la tarde a
dormir en su cama con los siervos de su señor;
mas no descendió a su casa.

a. 11.1 1 Cr 20.1.

LECCIONES DE VIDA

10.12 — Esfuérzate, y esforcémonos por nuestro pueblo, y por las ciudades de nuestro Dios; y haga Jehová lo que bien le pareciere.

Al enfrentar algún reto difícil, lo mejor que podemos hacer es armarnos del valor que Dios nos da y pedirle que haga «lo que bien le pareciere». Al Señor le complace honrar aquellos que le honran (1 S 2.30).

11.2 — vio desde el terrado a una mujer que se estaba bañando, la cual era muy hermosa.

David no pecó por haber visto a una mujer hermosa. Pecó cuando decidió no quitarle los ojos de encima. Sus pensamientos no estaban fijos en el Señor y su imaginación tomó las riendas, haciéndole preguntarse cómo sería experimentar la compañía de esta mujer. Así es como el pecado sexual se arraiga en su vida: empieza con un pensamiento, pasa rápidamente por su imaginación y de ahí a la identificación, al deseo incontrolable y por último a la consumación del acto (Stg 1.15). Los pies de David no tardaron en llevarle donde su mente ya había estado.

11.11 — mi señor Joab, y los siervos de mi señor, [están bajo tiendas] en el campo; ¿y había yo de entrar en mi casa para comer y beber, y a dormir con mi mujer?... yo no haré tal cosa.

Urías mostró mucho más interés y respeto al Señor y su pueblo que David. Aunque David era un hombre piadoso que amaba a Dios, aquí tropezó feamente. Tal como nosotros podríamos hacerlo. Nunca podemos darnos el lujo de olvidar las palabras de Jesús: «Velad y orad, para que no entréis en tentación; el espíritu a la verdad está dispuesto, pero la carne es débil» (Mt 26.41). Justo cuando pensamos que no podemos fallar, podemos sucumbir a las mentiras del diablo.

RESPUESTAS A PREGUNTAS DE LA VIDA

¿Cómo podemos enfrentar la tentación eficazmente?

2 S 11.2–4

Toda tentación empieza con un solo pensamiento, el cual tenemos la capacidad de ignorar o dejar que quede en nuestra mente. Si queda allí, lo más probable es que gane una posición de avanzada en nuestro interior. La tentación en sí misma no es pecado, pero sí nos incita a pecar y desobedecer a Dios. Si no la bloqueamos, conduce a decepción, fracaso, rechazo, aislamiento y otras consecuencias negativas. El apóstol Pablo instruyó a los creyentes a llevar «cautivo todo pensamiento a la obediencia a Cristo» (2 Co 10.5).

Gracias a la presencia del Espíritu Santo, tenemos la capacidad de evaluar, seleccionar, aprobar y cultivar lo que entre a nuestra mente. Con la ayuda de Dios, podemos impedir que nuestra mente se desvíe hacia lo malo, por eso debemos optar por enfocarnos en todo lo que es puro, virtuoso y de buen nombre. (Fil 4.8).

Por medio de Cristo, también tenemos la capacidad de escoger *cómo* evaluar lo que percibimos con nuestros sentidos. Aunque no tengamos control sobre algunas cosas que entren a nuestro campo de visión o que alcancemos a oír, *sí* controlamos lo que vamos a pensar con respecto a lo que percibamos o sintamos, y cómo actuaremos con base a tal información.

Por ejemplo, David *vio a* Betsabé. Una noche salió a caminar por su balcón y mientras observaba la ciudad vio a una mujer hermosa que se estaba bañando. Ahí pudo terminar la historia. Pero esto resultó completamente diferentemente para David. Sin duda, él pudo dar la espalda, entrar a su palacio y no pensar más en lo que había visto.

En lugar de eso, empezó a *pensar* en Betsabé. Dejó que su corazón fuera tentado y desconoció el mandamiento del Señor contra el adulterio. Decidió ir en pos del pecado y mandó «preguntar por aquella mujer» (2 S 11.3). Mientras tanto, lo más probable es que se imaginó cómo sería acercarse a ella y sentir su cuerpo. Llegó el momento en que mandó traerla y pecó contra Dios. David sufrió consecuencias graves como resultado de su decisión. Este acto singular de desobediencia lo persiguió el resto de su vida. Aunque buscó el perdón de Dios y lo recibió, la sombra de su pecado nunca se desvaneció de su existencia ni la de los miembros de su familia que venían detrás de él.

Cada vez que algo entre a nuestro campo de sensación o percepción, debemos evaluarlo y pasarlo por el «filtro» de la Palabra de Dios. Si nos encontramos hablando extensamente sobre cierto pensamiento en particular, debemos preguntarnos: «¿Por qué sigo pensando esto? ¿Qué hay en la raíz de mi pensamiento? ¿Qué va a suceder si sigo pensando esto? ¿Es esa la dirección en que quiero llevar mi vida realmente?» Nunca actúe con base en impulsos, deseos y apetitos pecaminosos. Usted puede *elegir* pensamientos piadosos, actuar conforme a la voluntad de Dios y hacer «todo para la gloria de Dios» (1 Co 10.31).

Para un estudio más a fondo, véase el Índice de Principios de vida:

2. *Obedezcamos a Dios y dejemos las consecuencias en sus manos.*

14 Venida la mañana, escribió David a Joab una carta, la cual envió por mano de Urías.
15 Y escribió en la carta, diciendo: Poned a Urías al frente, en lo más recio de la batalla, y retiraos de él, para que sea herido y muera.
16 Así fue que cuando Joab sitió la ciudad, puso a Urías en el lugar donde sabía que estaban los hombres más valientes.
17 Y saliendo luego los de la ciudad, pelearon contra Joab, y cayeron algunos del ejército de los siervos de David; y murió también Urías heteo.
18 Entonces envió Joab e hizo saber a David todos los asuntos de la guerra.
19 Y mandó al mensajero, diciendo: Cuando acabes de contar al rey todos los asuntos de la guerra,
20 si el rey comenzare a enojarse, y te dijere: ¿Por qué os acercasteis demasiado a la ciudad para combatir? ¿No sabíais lo que suelen arrojar desde el muro?

21 ¿Quién hirió a Abimelec hijo de Jerobaal? ¿No echó una mujer del muro un pedazo
de una rueda de molino, y murió en Tebes?[b]
¿Por qué os acercasteis tanto al muro? Entonces tú le dirás: También tu siervo Urías heteo
es muerto.
22 Fue el mensajero, y llegando, contó a David
todo aquello a que Joab le había enviado.
23 Y dijo el mensajero a David: Prevalecieron contra nosotros los hombres que salieron
contra nosotros al campo, bien que nosotros
les hicimos retroceder hasta la entrada de la
puerta;
24 pero los flecheros tiraron contra tus siervos desde el muro, y murieron algunos de
los siervos del rey; y murió también tu siervo Urías heteo.
➢ 25 Y David dijo al mensajero: Así dirás a Joab:
No tengas pesar por esto, porque la espada
consume, ora a uno, ora a otro; refuerza tu
ataque contra la ciudad, hasta que la rindas,
Y tú aliéntale.
26 Oyendo la mujer de Urías que su marido
Urías era muerto, hizo duelo por su marido.
27 Y pasado el luto, envió David y la trajo a su
casa; y fue ella su mujer, y le dio a luz un hijo.
Mas esto que David había hecho, fue desagradable ante los ojos de Jehová.

Natán amonesta a David

12 JEHOVÁ envió a Natán a David;[a] y
viniendo a él, le dijo: Había dos hombres en una ciudad, el uno rico, y el otro
pobre.
2 El rico tenía numerosas ovejas y vacas;
3 pero el pobre no tenía más que una sola corderita, que él había comprado y criado, y que
había crecido con él y con sus hijos juntamente, comiendo de su bocado y bebiendo de su
vaso, y durmiendo en su seno; y la tenía como
a una hija.
➢ 4 Y vino uno de camino al hombre rico; y éste
no quiso tomar de sus ovejas y de sus vacas,
para guisar para el caminante que había venido a él, sino que tomó la oveja de aquel hombre pobre, y la preparó para aquel que había
venido a él.
5 Entonces se encendió el furor de David en
gran manera contra aquel hombre, y dijo a
Natán: Vive Jehová, que el que tal hizo es digno de muerte.
6 Y debe pagar la cordera con cuatro tantos,
porque hizo tal cosa, y no tuvo misericordia.

Ejemplos de vida

NATÁN

El valor del consejero piadoso

2 S 12.1–14

Con frecuencia Dios usa a otros creyentes para fortalecer, animar y enriquecer nuestras vidas. A pesar del sinnúmero de influencias negativas a nuestro alrededor, tenemos acceso a la sabiduría gracias al consejo de hombres y mujeres que temen a Dios.

Un ejemplo maravilloso es el profeta Natán en su confrontación del rey David (2 S 12.1–14). Dios usó a Natán para llevar a su siervo al arrepentimiento genuino. Aunque la convicción intensa de su pecado fue dolorosa para David, también fue absolutamente necesaria para que su relación con Dios fuera restaurada.

El libro de Proverbios nos enseña reiteradamente que busquemos el consejo piadoso (Pr 12.15; 13.10; 15.31; 19.20). Debemos cerciorarnos que la persona que nos aconseje esté en comunión con el Señor. Todos somos compañeros de viaje en el sendero hacia la sabiduría piadosa, pero a lo largo del recorrido es sabio que nos apoyemos los unos a los otros para seguir adelante.

Para un estudio más a fondo, véase el Índice de Principios de vida:

28. Ningún creyente ha sido llamado a transitar solitario en su peregrinaje de fe.

b. 11.21 Jue 9.53. **a. 12.1** Sal 51 tít.

LECCIONES DE VIDA

➢ ***11.25 — No tengas pesar por esto, porque la espada consume, ora a uno, ora a otro.***

El pecado no confesado nos hace insensibles al valor de la vida humana, embota nuestro espíritu y nos distancia de Dios. Sin confesión y arrepentimiento, descendemos cada vez más hondo en los calabozos del pecado.

➢ ***12.4 — tomó la oveja de aquel hombre pobre, y la preparó para aquel que había venido a él.***

Natán usó una anécdota que le evocó a David su juventud, para romper la resistencia del rey y llevarle a una postura de arrepentimiento. Debemos corregir a los demás con amor y la esperanza de restaurarles. Un acercamiento respaldado en oración y dirigido por el Espíritu logrará mucho más que una reprimenda santurrona (Mt 18.15; 2 Co 7.9, 10).

Ejemplos de vida

DAVID

Un caso de estudio sobre arrepentimiento

2 S 12.1–14

¿Qué sucede cuando pecamos y postergamos el arrepentirnos? ¿Hay consecuencias?

Cuando David cometió adulterio con Betsabé, no se arrepintió de inmediato. Pasó cierta cantidad de tiempo antes que David admitiera su pecado. Pero ni siquiera entonces lo hizo por iniciativa propia; Dios tuvo que enviar un profeta a confrontarlo (2 S 12.1–14).

Sólo tras la visita de Natán fue que David confesó su pecado y se arrepintió. Luego vino la disciplina divina en forma severa. Tal vez fue especialmente severa porque él tardó tanto en arrepentirse.

Si usted y yo tratamos nuestro pecado de forma honesta, franca e inmediata, Dios puede aminorar la severidad de nuestra disciplina. Esto cobra sentido al entender la disciplina divina, cuyo propósito es ayudarnos a cambiar y obedecer. Si Dios ve que queremos cooperar con Él y nos hemos propuesto en nuestro corazón obedecer la próxima vez que seamos tentados, será menos necesario añadir severidad a la disciplina.

Para un estudio más a fondo, véase el Índice de Principios de vida:

15. El quebrantamiento es el requisito de Dios para que seamos útiles al máximo.

7 Entonces dijo Natán a David: Tú eres aquel
hombre. Así ha dicho Jehová, Dios de Israel:
Yo te ungí por rey sobre Israel, y te libré de la
mano de Saúl,
8 y te di la casa de tu señor, y las mujeres de
tu señor en tu seno; además te di la casa de
Israel y de Judá; y si esto fuera poco, te habría
añadido mucho más.
9 ¿Por qué, pues, tuviste en poco la palabra de
Jehová, haciendo lo malo delante de sus ojos?
A Urías heteo heriste a espada, y tomaste por
mujer a su mujer, y a él lo mataste con la espada de los hijos de Amón.
10 Por lo cual ahora no se apartará jamás de
tu casa la espada, por cuanto me menospreciaste, y tomaste la mujer de Urías heteo para
que fuese tu mujer.
11 Así ha dicho Jehová: He aquí yo haré
levantar el mal sobre ti de tu misma casa, y
tomaré tus mujeres delante de tus ojos, y las
daré a tu prójimo, el cual yacerá con tus mujeres a la vista del sol.
12 Porque tú lo hiciste en secreto; mas yo haré
esto delante de todo Israel y a pleno sol.[b]
13 Entonces dijo David a Natán: Pequé contra
Jehová. Y Natán dijo a David: También Jehová
ha remitido tu pecado; no morirás.
14 Mas por cuanto con este asunto hiciste ➤
blasfemar a los enemigos de Jehová, el hijo
que te ha nacido ciertamente morirá.
15 Y Natán se volvió a su casa.
Y Jehová hirió al niño que la mujer de Urías
había dado a David, y enfermó gravemente.
16 Entonces David rogó a Dios por el niño; y
ayunó David, y entró, y pasó la noche acostado en tierra.
17 Y se levantaron los ancianos de su casa, y
fueron a él para hacerlo levantar de la tierra;
mas él no quiso, ni comió con ellos pan.
18 Y al séptimo día murió el niño; y temían
los siervos de David hacerle saber que el niño
había muerto, diciendo entre sí: Cuando el
niño aún vivía, le hablábamos, y no quería oír
nuestra voz; ¿cuánto más se afligirá si le decimos que el niño ha muerto?
19 Mas David, viendo a sus siervos hablar
entre sí, entendió que el niño había muerto;
por lo que dijo David a sus siervos: ¿Ha muerto el niño? Y ellos respondieron: Ha muerto.
20 Entonces David se levantó de la tierra, y se
lavó y se ungió, y cambió sus ropas, y entró a
la casa de Jehová, y adoró. Después vino a su
casa, y pidió, y le pusieron pan, y comió.
21 Y le dijeron sus siervos: ¿Qué es esto que
has hecho? Por el niño, viviendo aún, ayunabas y llorabas; y muerto él, te levantaste y
comiste pan.

b. 12.11-12 2 S 16.22.

LECCIONES DE VIDA

➤ ***12.14 — por cuanto con este asunto hiciste blasfemar a los enemigos de Jehová, el hijo que te ha nacido ciertamente morirá.***

A Dios le interesa mucho nuestra conducta como hijos suyos, porque otros responden a Él según lo que hayan visto en nosotros (Mt 5.16; Col 4.5, 6; 2 Ti 2.22–26; Tit 2.1–8; 1 P 3.15, 16).

➤ 22 Y él respondió: Viviendo aún el niño, yo ayunaba y lloraba, diciendo: ¿Quién sabe si Dios tendrá compasión de mí, y vivirá el niño?

23 Mas ahora que ha muerto, ¿para qué he de ayunar? ¿Podré yo hacerle volver? Yo voy a él, mas él no volverá a mí.

➤ 24 Y consoló David a Betsabé su mujer, y llegándose a ella durmió con ella; y ella le dio a luz un hijo, y llamó su nombre Salomón, al cual amó Jehová,

25 y envió un mensaje por medio de Natán profeta; así llamó su nombre Jedidías,[1] a causa de Jehová.

David captura Rabá
(1 Cr 20.1-3)

26 Joab peleaba contra Rabá de los hijos de Amón, y tomó la ciudad real.

27 Entonces envió Joab mensajeros a David, diciendo: Yo he puesto sitio a Rabá, y he tomado la ciudad de las aguas.

28 Reúne, pues, ahora al pueblo que queda, y acampa contra la ciudad y tómala, no sea que tome yo la ciudad y sea llamada de mi nombre.

29 Y juntando David a todo el pueblo, fue contra Rabá, y combatió contra ella, y la tomó.

30 Y quitó la corona de la cabeza de su rey, la cual pesaba un talento de oro, y tenía piedras preciosas; y fue puesta sobre la cabeza de David. Y sacó muy grande botín de la ciudad.

31 Sacó además a la gente que estaba en ella, y los puso a trabajar con sierras, con trillos de hierro y hachas de hierro, y además los hizo trabajar en los hornos de ladrillos; y lo mismo hizo a todas las ciudades de los hijos de Amón. Y volvió David con todo el pueblo a Jerusalén.

Amnón y Tamar

13 ACONTECIÓ después de esto, que teniendo Absalón hijo de David una hermana hermosa que se llamaba Tamar, se enamoró de ella Amnón hijo de David.

2 Y estaba Amnón angustiado hasta enfermarse por Tamar su hermana, pues por ser ella virgen, le parecía a Amnón que sería difícil hacerle cosa alguna.

3 Y Amnón tenía un amigo que se llamaba Jonadab, hijo de Simea, hermano de David; y Jonadab era hombre muy astuto.

4 Y éste le dijo: Hijo del rey, ¿por qué de día en día vas enflaqueciendo así? ¿No me lo descubrirás a mí? Y Amnón le respondió: Yo amo a Tamar la hermana de Absalón mi hermano.

5 Y Jonadab le dijo: Acuéstate en tu cama, y finge que estás enfermo; y cuando tu padre viniere a visitarte, dile: Te ruego que venga mi hermana Tamar, para que me dé de comer, y prepare delante de mí alguna vianda, para que al verla yo la coma de su mano.

6 Se acostó, pues, Amnón, y fingió que estaba enfermo; y vino el rey a visitarle. Y dijo Amnón al rey: Yo te ruego que venga mi hermana Tamar, y haga delante de mí dos hojuelas, para que coma yo de su mano.

7 Y David envió a Tamar a su casa, diciendo: Ve ahora a casa de Amnón tu hermano, y hazle de comer.

8 Y fue Tamar a casa de su hermano Amnón, el cual estaba acostado; y tomó harina, y amasó, e hizo hojuelas delante de él y las coció.

9 Tomó luego la sartén, y las sacó delante de él; mas él no quiso comer. Y dijo Amnón: Echad fuera de aquí a todos. Y todos salieron de allí.

10 Entonces Amnón dijo a Tamar: Trae la comida a la alcoba, para que yo coma de tu mano. Y tomando Tamar las hojuelas que había preparado, las llevó a su hermano Amnón a la alcoba.

11 Y cuando ella se las puso delante para que comiese, asió de ella y le dijo: Ven, hermana mía, acuéstate conmigo.

12 Ella entonces le respondió: No, hermano mío, no me hagas violencia; porque no se debe hacer así en Israel. No hagas tal vileza.

13 Porque ¿adónde iría yo con mi deshonra? Y aun tú serías estimado como uno de los perversos en Israel. Te ruego pues, ahora, que hables al rey, que él no me negará a ti.

14 Mas él no la quiso oír, sino que pudiendo más que ella, la forzó, y se acostó con ella.

15 Luego la aborreció Amnón con tan gran aborrecimiento, que el odio con que la aborreció fue mayor que el amor con que la había amado. Y le dijo Amnón: Levántate, y vete. ➤

1. Esto es, *Amado de Jehová*.

LECCIONES DE VIDA

➤ ***12.22 — Viviendo aún el niño, yo ayunaba y lloraba, diciendo: ¿Quién sabe si Dios tendrá compasión de mí, y vivirá el niño?***

El Señor expresa su gracia al darnos lo que no merecemos. En este caso, David supo que había pecado y no merecía que su bebé viviera, pero rogó para que Dios no se lo quitara. David entendió que la gracia de Dios es inmerecida, y no se amargó por la muerte del niño. Aunque fue difícil, aceptó humildemente la voluntad del Señor.

➤ ***12.24 — ella le dio a luz un hijo, y llamó su nombre Salomón, al cual amó Jehová.***

¿Por qué amó el Señor a Salomón? Su gracia es la única explicación. David no la mereció, y su recién nacido Salomón tampoco se la ganó. Vemos que la razón para el amor de Dios siempre se origina en su propio carácter, no en el nuestro.

➤ ***13.15 — Luego la aborreció Amnón con tan gran aborrecimiento, que el odio con que la aborreció fue mayor que el amor con que la había amado.***

La lujuria saciada con frecuencia da lugar al desprecio de su objeto. La lujuria se enmascara a menudo como amor, pero los dos tienen resultados totalmente diferentes.

16 Y ella le respondió: No hay razón; mayor
mal es este de arrojarme, que el que me has
hecho. Mas él no la quiso oír,
17 sino que llamando a su criado que le servía, le dijo: Échame a ésta fuera de aquí, y cierra tras ella la puerta.
18 Y llevaba ella un vestido de diversos colores, traje que vestían las hijas vírgenes de los
reyes. Su criado, pues, la echó fuera, y cerró la
puerta tras ella.
19 Entonces Tamar tomó ceniza y la esparció
sobre su cabeza, y rasgó la ropa de colores de
que estaba vestida, y puesta su mano sobre su
cabeza, se fue gritando.

Venganza y huida de Absalón

20 Y le dijo su hermano Absalón: ¿Ha estado
contigo tu hermano Amnón? Pues calla ahora,
hermana mía; tu hermano es; no se angustie tu
corazón por esto. Y se quedó Tamar desconsolada en casa de Absalón su hermano.
21 Y luego que el rey David oyó todo esto, se
enojó mucho.
➤ 22 Mas Absalón no habló con Amnón ni malo
ni bueno; aunque Absalón aborrecía a Amnón,
porque había forzado a Tamar su hermana.
23 Aconteció pasados dos años, que Absalón tenía esquiladores en Baal-hazor, que está
junto a Efraín; y convidó Absalón a todos los
hijos del rey.
24 Y vino Absalón al rey, y dijo: He aquí, tu
siervo tiene ahora esquiladores; yo ruego que
venga el rey y sus siervos con tu siervo.
25 Y respondió el rey a Absalón: No, hijo mío,
no vamos todos, para que no te seamos gravosos. Y aunque porfió con él, no quiso ir, mas
le bendijo.
26 Entonces dijo Absalón: Pues si no, te ruego
que venga con nosotros Amnón mi hermano. Y
el rey le respondió: ¿Para qué ha de ir contigo?
27 Pero como Absalón le importunaba, dejó ir
con él a Amnón y a todos los hijos del rey.
➤ 28 Y Absalón había dado orden a sus criados,
diciendo: Os ruego que miréis cuando el corazón de Amnón esté alegre por el vino; y al
decir yo: Herid a Amnón, entonces matadle,
y no temáis, pues yo os lo he mandado. Esforzaos, pues, y sed valientes.
29 Y los criados de Absalón hicieron con
Amnón como Absalón les había mandado.
Entonces se levantaron todos los hijos del rey,
y montaron cada uno en su mula, y huyeron.
30 Estando ellos aún en el camino, llegó a
David el rumor que decía: Absalón ha dado
muerte a todos los hijos del rey, y ninguno de
ellos ha quedado.
31 Entonces levantándose David, rasgó sus
vestidos, y se echó en tierra, y todos sus criados que estaban junto a él también rasgaron
sus vestidos.
32 Pero Jonadab, hijo de Simea hermano de
David, habló y dijo: No diga mi señor que han
dado muerte a todos los jóvenes hijos del rey,
pues sólo Amnón ha sido muerto; porque por
mandato de Absalón esto había sido determinado desde el día en que Amnón forzó a
Tamar su hermana.
33 Por tanto, ahora no ponga mi señor el rey
en su corazón ese rumor que dice: Todos los
hijos del rey han sido muertos; porque sólo
Amnón ha sido muerto.
34 Y Absalón huyó. Entre tanto, alzando sus
ojos el joven que estaba de atalaya, miró, y he
aquí mucha gente que venía por el camino a
sus espaldas, del lado del monte.
35 Y dijo Jonadab al rey: He allí los hijos
del rey que vienen; es así como tu siervo ha
dicho.
36 Cuando él acabó de hablar, he aquí los
hijos del rey que vinieron, y alzando su voz
lloraron. Y también el mismo rey y todos sus
siervos lloraron con muy grandes lamentos.
37 Mas Absalón huyó y se fue a Talmai hijo de
Amiud, rey de Gesur.[a] Y David lloraba por su
hijo todos los días.
38 Así huyó Absalón y se fue a Gesur, y estuvo allá tres años.
39 Y el rey David deseaba ver a Absalón; pues
ya estaba consolado acerca de Amnón, que
había muerto.

Joab procura el regreso de Absalón

14 CONOCIENDO Joab hijo de Sarvia
que el corazón del rey se inclinaba por
Absalón,
2 envió Joab a Tecoa, y tomó de allá una
mujer astuta, y le dijo: Yo te ruego que finjas
estar de duelo, y te vistas ropas de luto, y no
te unjas con óleo, sino preséntate como una
mujer que desde mucho tiempo está de duelo
por algún muerto;

a. **13.37** 2 S 3.3.

LECCIONES DE VIDA

➤ ***13.22 — Absalón aborrecía a Amnón, porque había forzado a Tamar su hermana.***

El enojo debe resolverse o se fermenta y convierte en odio violento. Por esta razón la Biblia nos dice: «no se ponga el sol sobre vuestro enojo» (Ef 4.26). La cólera de Absalón infectó sus relaciones y condujeron finalmente a su propia destrucción.

➤ ***13.28 — Herid a Amnón, entonces matadle.***

Aunque lo hecho por Amnón fue una maldad absoluta, la falta de perdón de Absalón hizo cien veces más trágica la situación. El aborrecimiento de Absalón hacia Amnón no desapareció con la muerte de Amnón; se exacerbó y se tornó hacia su padre, el rey David, y esto estuvo a punto de dividir la nación entera (2 S 15–18). La falta de perdón es un problema grave y debemos tomarlo en serio, porque sólo deja devastación a su paso.

3 y entrarás al rey, y le hablarás de esta manera. Y puso Joab las palabras en su boca.
4 Entró, pues, aquella mujer de Tecoa al rey,
y postrándose en tierra sobre su rostro, hizo
reverencia, y dijo: ¡Socorro, oh rey!
5 El rey le dijo: ¿Qué tienes? Y ella respondió:
Yo a la verdad soy una mujer viuda y mi marido ha muerto.
6 Tu sierva tenía dos hijos, y los dos riñeron
en el campo; y no habiendo quien los separase, hirió el uno al otro, y lo mató.
7 Y he aquí toda la familia se ha levantado contra tu sierva, diciendo: Entrega al que
mató a su hermano, para que le hagamos
morir por la vida de su hermano a quien él
mató, y matemos también al heredero. Así
apagarán el ascua que me ha quedado, no
dejando a mi marido nombre ni reliquia sobre
la tierra.
8 Entonces el rey dijo a la mujer: Vete a tu
casa, y yo daré órdenes con respecto a ti.
9 Y la mujer de Tecoa dijo al rey: Rey señor
mío, la maldad sea sobre mí y sobre la casa
de mi padre; mas el rey y su trono sean sin
culpa.
10 Y el rey dijo: Al que hablare contra ti, tráe-
lo a mí, y no te tocará más.
11 Dijo ella entonces: Te ruego, oh rey, que te
acuerdes de Jehová tu Dios, para que el vengador de la sangre no aumente el daño, y no
destruya a mi hijo. Y él respondió: Vive Jehová, que no caerá ni un cabello de la cabeza de
tu hijo en tierra.
12 Y la mujer dijo: Te ruego que permitas que
tu sierva hable una palabra a mi señor el rey.
Y él dijo: Habla.
13 Entonces la mujer dijo: ¿Por qué, pues, has
pensado tú cosa semejante contra el pueblo de
Dios? Porque hablando el rey esta palabra, se
hace culpable él mismo, por cuanto el rey no
hace volver a su desterrado.
14 Porque de cierto morimos, y somos como
aguas derramadas por tierra, que no pueden volver a recogerse; ni Dios quita la vida,
sino que provee medios para no alejar de sí al
desterrado.
15 Y el haber yo venido ahora para decir esto
al rey mi señor, es porque el pueblo me atemorizó; y tu sierva dijo: Hablaré ahora al rey;
quizá él hará lo que su sierva diga.
16 Pues el rey oirá, para librar a su sierva de
mano del hombre que me quiere destruir a
mí y a mi hijo juntamente, de la heredad de
Dios.
17 Tu sierva, pues, dice: Sea ahora de consuelo la respuesta de mi señor el rey, pues que mi
señor el rey es como un ángel de Dios para
discernir entre lo bueno y lo malo. Así Jehová
tu Dios sea contigo.
18 Entonces David respondió y dijo a la mujer:
Yo te ruego que no me encubras nada de lo
que yo te preguntare. Y la mujer dijo: Hable
mi señor el rey.
19 Y el rey dijo: ¿No anda la mano de Joab
contigo en todas estas cosas? La mujer respondió y dijo: Vive tu alma, rey señor mío, que
no hay que apartarse a derecha ni a izquierda
de todo lo que mi señor el rey ha hablado; porque tu siervo Joab, él me mandó, y él puso en
boca de tu sierva todas estas palabras.
20 Para mudar el aspecto de las cosas Joab tu
siervo ha hecho esto; pero mi señor es sabio
conforme a la sabiduría de un ángel de Dios,
para conocer lo que hay en la tierra.
21 Entonces el rey dijo a Joab: He aquí yo
hago esto; ve, y haz volver al joven Absalón.
22 Y Joab se postró en tierra sobre su rostro e
hizo reverencia, y después que bendijo al rey,
dijo: Hoy ha entendido tu siervo que he hallado gracia en tus ojos, rey señor mío, pues ha
hecho el rey lo que su siervo ha dicho.
23 Se levantó luego Joab y fue a Gesur, y trajo a Absalón a Jerusalén.
24 Mas el rey dijo: Váyase a su casa, y no vea
mi rostro. Y volvió Absalón a su casa, y no vio
el rostro del rey.
25 Y no había en todo Israel ninguno tan alabado por su hermosura como Absalón; desde
la planta de su pie hasta su coronilla no había
en él defecto.
26 Cuando se cortaba el cabello (lo cual hacía
al fin de cada año, pues le causaba molestia, y
por eso se lo cortaba), pesaba el cabello de su
cabeza doscientos siclos de peso real.
27 Y le nacieron a Absalón tres hijos, y una
hija que se llamó Tamar, la cual era mujer de
hermoso semblante.
28 Y estuvo Absalón por espacio de dos años
en Jerusalén, y no vio el rostro del rey.
29 Y mandó Absalón por Joab, para enviarlo
al rey, pero él no quiso venir; y envió aun por
segunda vez, y no quiso venir.
30 Entonces dijo a sus siervos: Mirad, el campo de Joab está junto al mío, y tiene allí cebada; id y prendedle fuego. Y los siervos de
Absalón prendieron fuego al campo.
31 Entonces se levantó Joab y vino a casa de
Absalón, y le dijo: ¿Por qué han prendido fuego tus siervos a mi campo?
32 Y Absalón respondió a Joab: He aquí yo he ≺
enviado por ti, diciendo que vinieses acá, con
el fin de enviarte al rey para decirle: ¿Para qué
vine de Gesur? Mejor me fuera estar aún allá.

LECCIONES DE VIDA

➤ ***14.32 — Vea yo ahora el rostro del rey; y si hay en mí pecado, máteme.***

Absalón nunca se arrepintió de su pecado. De hecho, sus palabras y acciones muestran que se sintió justificado en asesinar a Amnón y prenderle fuego al campo de Joab. Quería ser aceptado por el rey, pero no perdonado. Esa clase de orgullo sin remordimientos siempre crea más problemas al final.

Vea yo ahora el rostro del rey; y si hay en mí
pecado, máteme.
33 Vino, pues, Joab al rey, y se lo hizo saber.
Entonces llamó a Absalón, el cual vino al rey,
e inclinó su rostro a tierra delante del rey; y el
rey besó a Absalón.

Absalón se subleva contra David

15 ACONTECIÓ después de esto, que
Absalón se hizo de carros y caballos, y
cincuenta hombres que corriesen delante de él.
2 Y se levantaba Absalón de mañana, y se
ponía a un lado del camino junto a la puerta;
y a cualquiera que tenía pleito y venía al rey a
juicio, Absalón le llamaba y le decía: ¿De qué
ciudad eres? Y él respondía: Tu siervo es de
una de las tribus de Israel.
3 Entonces Absalón le decía: Mira, tus palabras son buenas y justas; mas no tienes quien
te oiga de parte del rey.
4 Y decía Absalón: ¡Quién me pusiera por juez
en la tierra, para que viniesen a mí todos los
que tienen pleito o negocio, que yo les haría
justicia!
5 Y acontecía que cuando alguno se acercaba
para inclinarse a él, él extendía la mano y lo
tomaba, y lo besaba.
➤ 6 De esta manera hacía con todos los israelitas que venían al rey a juicio; y así robaba
Absalón el corazón de los de Israel.
7 Al cabo de cuatro años, aconteció que Absalón dijo al rey: Yo te ruego me permitas que
vaya a Hebrón, a pagar mi voto que he prometido a Jehová.
➤ 8 Porque tu siervo hizo voto cuando estaba en
Gesur en Siria, diciendo: Si Jehová me hiciere
volver a Jerusalén, yo serviré a Jehová.
9 Y el rey le dijo: Ve en paz. Y él se levantó, y
fue a Hebrón.
➤ 10 Entonces envió Absalón mensajeros por
todas las tribus de Israel, diciendo: Cuando
oigáis el sonido de la trompeta diréis: Absalón reina en Hebrón.
11 Y fueron con Absalón doscientos hombres
de Jerusalén convidados por él, los cuales
iban en su sencillez, sin saber nada.
12 Y mientras Absalón ofrecía los sacrificios, lla- ➤
mó a Ahitofel gilonita, consejero de David, de su
ciudad de Gilo. Y la conspiración se hizo poderosa, y aumentaba el pueblo que seguía a Absalón.
13 Y un mensajero vino a David, diciendo: El
corazón de todo Israel se va tras Absalón.
14 Entonces David dijo a todos sus siervos que
estaban con él en Jerusalén: Levantaos y huyamos, porque no podremos escapar delante de
Absalón; daos prisa a partir, no sea que apresurándose él nos alcance, y arroje el mal sobre
nosotros, y hiera la ciudad a filo de espada.
15 Y los siervos del rey dijeron al rey: He aquí,
tus siervos están listos a todo lo que nuestro
señor el rey decida.
16 El rey entonces salió, con toda su familia
en pos de él. Y dejó el rey diez mujeres concubinas, para que guardasen la casa.
17 Salió, pues, el rey con todo el pueblo que le
seguía, y se detuvieron en un lugar distante.
18 Y todos sus siervos pasaban a su lado,
con todos los cereteos y peleteos; y todos los
geteos, seiscientos hombres que habían venido a pie desde Gat, iban delante del rey.
19 Y dijo el rey a Itai geteo: ¿Para qué vienes
tú también con nosotros? Vuélvete y quédate
con el rey; porque tú eres extranjero, y desterrado también de tu lugar.
20 Ayer viniste, ¿y he de hacer hoy que te
muevas para ir con nosotros? En cuanto a mí,
yo iré a donde pueda ir; tú vuélvete, y haz volver a tus hermanos; y Jehová te muestre amor
permanente y fidelidad.
21 Y respondió Itai al rey, diciendo: Vive Dios, ➤
y vive mi señor el rey, que o para muerte o
para vida, donde mi señor el rey estuviere, allí
estará también tu siervo.
22 Entonces David dijo a Itai: Ven, pues, y
pasa. Y pasó Itai geteo, y todos sus hombres, y
toda su familia.

LECCIONES DE VIDA

➤ ***15.6 — así robaba Absalón el corazón de los de Israel.***

Siempre ha sido posible robarse el corazón de la gente con promesas huecas y un interés fingido en la justicia (2 P 2.19). Los cristianos maduros siempre deben estar alerta.

➤ ***15.8 — Si Jehová me hiciere volver a Jerusalén, yo serviré a Jehová.***

Absalón se volvió un impostor espiritual muy convincente, pues engañó a su propio padre. Debemos recordar que hasta el diablo puede citar las Escrituras, y no dejarnos engañar de la misma forma (Mt 4.6).

➤ ***15.10 — Absalón reina en Hebrón.***

David había sido ungido en Hebrón, primero como rey de Judá (2 S 2.3, 4), y luego de Israel (2 S 5.3). Además en Hebrón estaba el sepulcro de Abraham, Isaac y Jacob. Como centro simbólico de los caudillos de la nación, era el escenario perfecto para el golpe de estado que Absalón se había propuesto hacer.

➤ ***15.12 — [Absalón] llamó a Ahitofel gilonita, consejero de David.***

Si comparamos 2 Samuel 11.3 con 2 Samuel 23.34, vemos que Ahitofel seguramente fue el abuelo de Betsabé. Al parecer había guardado rencor contra David por la muerte del esposo de su nieta. Vemos otra vez cómo la amargura y la falta de perdón trajeron una cosecha de destrucción, y la espada siguió causando estragos en la casa de David como Natán lo predijo (2 S 12.10). Las promesas de Dios siempre se hacen realidad, sea para bendición o para juicio.

➤ ***15.21 — que o para muerte o para vida, donde mi señor el rey estuviere, allí estará también tu siervo.***

Itai geteo le dio al rey casi la misma respuesta de Rut a su suegra muchos años antes (Rt 1.17). Por la gracia de Dios, la fe puede brotar en el corazón que uno menos espera.

23 Y todo el país lloró en alta voz; pasó luego toda la gente el torrente de Cedrón; asimismo pasó el rey, y todo el pueblo pasó al camino que va al desierto.

24 Y he aquí, también iba Sadoc, y con él todos los levitas que llevaban el arca del pacto de Dios; y asentaron el arca del pacto de Dios. Y subió Abiatar después que todo el pueblo hubo acabado de salir de la ciudad.

➤ 25 Pero dijo el rey a Sadoc: Vuelve el arca de Dios a la ciudad. Si yo hallare gracia ante los ojos de Jehová, él hará que vuelva, y me dejará verla y a su tabernáculo.

26 Y si dijere: No me complazco en ti; aquí estoy, haga de mí lo que bien le pareciere.

27 Dijo además el rey al sacerdote Sadoc: ¿No eres tú el vidente? Vuelve en paz a la ciudad, y con vosotros vuestros dos hijos; Ahimaas tu hijo, y Jonatán hijo de Abiatar.

28 Mirad, yo me detendré en los vados del desierto,[a] hasta que venga respuesta de vosotros que me dé aviso.

29 Entonces Sadoc y Abiatar volvieron el arca de Dios a Jerusalén, y se quedaron allá.

30 Y David subió la cuesta de los Olivos; y la subió llorando, llevando la cabeza cubierta y los pies descalzos. También todo el pueblo que tenía consigo cubrió cada uno su cabeza, e iban llorando mientras subían.

➤ 31 Y dieron aviso a David, diciendo: Ahitofel está entre los que conspiraron con Absalón. Entonces dijo David: Entorpece ahora, oh Jehová, el consejo de Ahitofel.

32 Cuando David llegó a la cumbre del monte para adorar allí a Dios, he aquí Husai arquita que le salió al encuentro, rasgados sus vestidos, y tierra sobre su cabeza.

33 Y le dijo David: Si pasares conmigo, me serás carga.

34 Mas si volvieres a la ciudad, y dijeres a Absalón: Rey, yo seré tu siervo; como hasta aquí he sido siervo de tu padre, así seré ahora siervo tuyo; entonces tú harás nulo el consejo de Ahitofel.

35 ¿No estarán allí contigo los sacerdotes Sadoc y Abiatar? Por tanto, todo lo que oyeres en la casa del rey, se lo comunicarás a los sacerdotes Sadoc y Abiatar.

36 Y he aquí que están con ellos sus dos hijos, Ahimaas el de Sadoc, y Jonatán el de Abiatar; por medio de ellos me enviaréis aviso de todo lo que oyereis.

37 Así vino Husai amigo de David a la ciudad; y Absalón entró en Jerusalén.

16 CUANDO David pasó un poco más allá de la cumbre del monte, he aquí Siba el criado de Mefi-boset,[a] que salía a recibirle con un par de asnos enalbardados, y sobre ellos doscientos panes, cien racimos de pasas, cien panes de higos secos, y un cuero de vino.

2 Y dijo el rey a Siba: ¿Qué es esto? Y Siba respondió: Los asnos son para que monte la familia del rey, los panes y las pasas para que coman los criados, y el vino para que beban los que se cansen en el desierto.

3 Y dijo el rey: ¿Dónde está el hijo de tu señor? ➤
Y Siba respondió al rey: He aquí él se ha quedado en Jerusalén, porque ha dicho: Hoy me devolverá la casa de Israel el reino de mi padre.

4 Entonces el rey dijo a Siba: He aquí, sea tuyo todo lo que tiene Mefi-boset. Y respondió Siba inclinándose: Rey señor mío, halle yo gracia delante de ti.

5 Y vino el rey David hasta Bahurim; y he aquí salía uno de la familia de la casa de Saúl, el cual se llamaba Simei hijo de Gera; y salía maldiciendo,

6 y arrojando piedras contra David, y contra todos los siervos del rey David; y todo el pueblo y todos los hombres valientes estaban a su derecha y a su izquierda.

7 Y decía Simei, maldiciéndole: ¡Fuera, fuera, hombre sanguinario y perverso!

8 Jehová te ha dado el pago de toda la sangre de la casa de Saúl, en lugar del cual tú has reinado, y Jehová ha entregado el reino en mano de tu hijo Absalón; y hete aquí sorprendido en tu maldad, porque eres hombre sanguinario.

a. 15.28 Sal 63 tít. **a. 16.1** 2 S 9.9-10.

LECCIONES DE VIDA

➤ ***15.25 — Vuelve el arca de Dios a la ciudad. Si yo hallare gracia ante los ojos de Jehová, él hará que vuelva, y me dejará verla y a su tabernáculo.***

David había aprendido a confiar en la gracia y misericordia del Señor, aunque no supiera qué tenía por delante. Dios asume toda la responsabilidad en cuanto a nuestras necesidades, si lo obedecemos.

➤ ***15.31 — Entorpece ahora, oh Jehová, el consejo de Ahitofel.***

¿Puede imaginar cuán devastador fue para el rey David ser traicionado por su propio hijo? En todo sentido, fue una situación en la que todos salieron perdiendo. David no podía recuperar el reino sin hacer daño a su hijo y muchos de sus compatriotas. Tampoco podía restaurar la relación con su hijo mientras el reino estuviera en la balanza. Ninguna honda ni espada podría darle solución a su problema, sólo Dios. Como David, si usted llega a sentirse atrapado en una situación terriblemente difícil, libre su batalla de rodillas, porque al hacerlo, ciertamente obtendrá la victoria.

➤ ***16.3 — He aquí él se ha quedado en Jerusalén, porque ha dicho: Hoy me devolverá la casa de Israel el reino de mi padre.***

Siba mintió acerca de Mefi-boset (2 S 19.24–30) y usó el soborno para ganarse el favor del rey, lo cual le trajo una pequeña fortuna. No obstante, él también descubrió que todo lo que se adquiere fuera de la voluntad de Dios termina convirtiéndose en cenizas.

PRINCIPIO DE VIDA 8

LIBREMOS NUESTRAS BATALLAS DE RODILLAS Y SIEMPRE OBTENDREMOS LA VICTORIA.

2 S 15.31

El término *movimiento de resistencia* describe situaciones en las que un pueblo oprimido se alza contra sus opresores. Los partidarios de la resistencia asumen esta postura: «No voy a quedarme de brazos cruzados y permitir que este mal continúe. Yo opto por resistir las injusticias. Sea que viva o muera por resistir a mi opresor, ya no viviré como lo he soportado hasta ahora».

La resistencia en oración es el método bíblico para confrontar y vencer al diablo. Pedro escribió: «al cual resistid firmes en la fe» (1 P 5.9). Santiago hizo eco de esta enseñanza: «Someteos, pues, a Dios; resistid al diablo, y huirá de vosotros. Acercaos a Dios, y él se acercará a vosotros» (Stg 4.7, 8). Tanto Pedro como Santiago dejan en claro que hemos de resistir activamente el mal perseverando en la oración.

En la superficie, la resistencia puede parecer pasiva. En la práctica, nunca lo es. Es una postura activa, intencional y firme.

Suponga que un objeto pesado ejerce presión contra usted y amenaza con quitarlo del puesto que le pertenece por derecho propio. ¿Cómo ejercería resistencia? Se reclinaría sobre el peso y haría presión contraria. La presión que usted ejerce sería igual o mayor a la presión ejercida contra usted. Esa es una postura de resistencia.

La resistencia es ante todo la decisión firme de unirse a la lucha contra el mal en oración, en vez de ignorar el problema, ceder o retroceder. Tal resistencia requiere fuerza y valor. También demanda paciencia y perseverancia. Por eso Lucas incluye una parábola que nos enseña «sobre la necesidad de orar siempre, y no desmayar» (Lc 18.1).

Pedro y Santiago apuntan a dos palabras indispensables para definir nuestra capacidad para resistir al diablo con nuestras oraciones: la fe y la sumisión a Dios.

Someternos a Dios es decir: «yo no puedo, pero Tú puedes». En nuestras oraciones del campo de batalla podríamos decir: «Señor, no puedo vencer al diablo por mi cuenta. Pero contigo, sí puedo». Esta es la postura del apóstol Pablo cuando dijo: «Todo lo puedo en Cristo que me fortalece» (Fil 4.13).

Santiago enseñó que el sometimiento se da cuando procuramos desarrollar una relación más estrecha con Dios. Al pasar tiempo con Dios, llegamos a conocerlo

La resistencia es la decisión de unirnos a la lucha contra el mal en oración.

mejor y descubrir *cómo* quiere Él que venzamos el mal y experimentemos bendición.

Nos acercamos a Dios mediante la oración y pasando tiempo en su Palabra. Nos acercamos a Dios cuando apartamos tiempo única y exclusivamente para escucharlo y esperar hasta que recibamos de Él dirección y guía. Nos acercamos a Dios cuando nos aislamos periódicamente para eliminar todas las influencias que puedan distraernos de conocerle mejor. Cuanto mejor le conocemos, más vemos su poder asombroso, más experimentamos su inmenso amor, más aprendemos de su sabiduría y más crecemos en nuestra fe. Así llegamos a una convicción todavía mayor: «Sí, Dios *puede* vencer al diablo por mí. Sí, Dios *ganará* en cualquier conflicto con el diablo. Sí, Dios *quiere* que yo sea capaz de vencer a mi adversario y vivir en victoria en Cristo Jesús».

La fe es decirle a Dios: «yo creo que lo harás». En nuestra batalla para vencer al enemigo, podríamos orar así: «yo creo que Tú vencerás al enemigo y harás que huya de mí al resistirlo y poner en Ti mi confianza». Una y otra vez, David hizo esta declaración de fe al Señor: «Dios mío, en ti confío» (Sal 25.2; también 31.6; 55.23; 56.3; 143.8). La fe perfecta ve la batalla terminada y a Dios con la victoria ganada. Cuando David dijo «en ti confío», quiso dar a entender: «Está hecho. Señor, Tú eres perfecto por naturaleza y haces bien todas las cosas. Tú tienes victoria sobre todos mis enemigos». David tenía fe absoluta en la capacidad de Dios. Su convicción no daba ocasión para decir «espero que lo haga», porque David sabía que la victoria era una realidad.

Crecemos en la fe al ejercerla, al confiar en Dios en situación tras situación, circunstancia tras circunstancia, y relación tras relación. Así desarrollamos una historia personal en la que obedecemos a Dios y Él permanece fiel en su cuidado amoroso de nosotros.

Es imposible que usted pueda resistir durante mucho tiempo al diablo si no cree que Cristo Jesús, a través de usted, ya ha vencido y *vencerá* al enemigo. Además, usted sólo puede permanecer firme en su fe cuando se somete completamente a Dios en todas las áreas de su vida. Si se niega a someter un problema o área el Señor, está diciendo: «Yo puedo manejar esto. No necesito Tu ayuda». Eso es justamente lo que Satanás quiere que usted haga: confiar en sus facultades y no en Dios omnipotente. De hecho, en este asunto el enemigo concentrará su mayor ataque contra usted.

La buena noticia es que Dios nos ha dado a cada cual una medida de fe para desarrollar. También nos da la capacidad de confiar en Él y rendirle nuestras vidas. Podemos estar firmes y resistir al enemigo, pero sólo por el poder de Dios. Él es quien oye nuestras oraciones y corre en nuestra defensa. Cuando oramos, Satanás huye.

Crecemos en la fe al ejercerla.

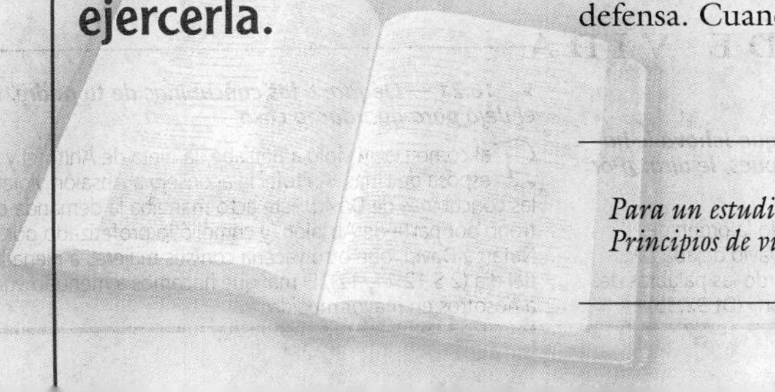

Para un estudio más a fondo, véase el Índice de Principios de vida.

9 Entonces Abisai hijo de Sarvia dijo al rey: ¿Por qué maldice este perro muerto a mi señor el rey? Te ruego que me dejes pasar, y le quitaré la cabeza.

➤ 10 Y el rey respondió: ¿Qué tengo yo con vosotros, hijos de Sarvia? Si él así maldice, es porque Jehová le ha dicho que maldiga a David. Quién, pues, le dirá: ¿Por qué lo haces así?

11 Y dijo David a Abisai y a todos sus siervos: He aquí, mi hijo que ha salido de mis entrañas, acecha mi vida; ¿cuánto más ahora un hijo de Benjamín? Dejadle que maldiga, pues Jehová se lo ha dicho.

* 12 Quizá mirará Jehová mi aflicción, y me dará Jehová bien por sus maldiciones de hoy.

13 Y mientras David y los suyos iban por el camino, Simei iba por el lado del monte delante de él, andando y maldiciendo, y arrojando piedras delante de él, y esparciendo polvo.

14 Y el rey y todo el pueblo que con él estaba, llegaron fatigados, y descansaron allí.

15 Y Absalón y toda la gente suya, los hombres de Israel, entraron en Jerusalén, y con él Ahitofel.

16 Aconteció luego, que cuando Husai arquita, amigo de David, vino al encuentro de Absalón, dijo Husai: ¡Viva el rey, viva el rey!

17 Y Absalón dijo a Husai: ¿Es éste tu agradecimiento para con tu amigo? ¿Por qué no fuiste con tu amigo?

18 Y Husai respondió a Absalón: No, sino que de aquel que eligiere Jehová y este pueblo y todos los varones de Israel, de aquél seré yo, y con él me quedaré.

19 ¿Y a quién había yo de servir? ¿No es a su hijo? Como he servido delante de tu padre, así seré delante de ti.

20 Entonces dijo Absalón a Ahitofel: Dad vuestro consejo sobre lo que debemos hacer.

➤ 21 Y Ahitofel dijo a Absalón: Llégate a las concubinas de tu padre, que él dejó para guardar la casa; y todo el pueblo de Israel oirá que te has hecho aborrecible a tu padre, y así se fortalecerán las manos de todos los que están contigo.

22 Entonces pusieron para Absalón una tienda sobre el terrado, y se llegó Absalón a las concubinas de su padre, ante los ojos de todo Israel.[b]

23 Y el consejo que daba Ahitofel en aquellos días, era como si se consultase la palabra de Dios. Así era todo consejo de Ahitofel, tanto con David como con Absalón.

Consejos de Ahitofel y de Husai

17 ENTONCES Ahitofel dijo a Absalón: Yo escogeré ahora doce mil hombres, y me levantaré y seguiré a David esta noche,

2 y caeré sobre él mientras está cansado y débil de manos; lo atemorizaré, y todo el pueblo que está con él huirá, y mataré al rey solo.

3 Así haré volver a ti todo el pueblo (pues tú buscas solamente la vida de un hombre); y cuando ellos hayan vuelto, todo el pueblo estará en paz.

4 Este consejo pareció bien a Absalón y a todos los ancianos de Israel.

5 Y dijo Absalón: Llamad también ahora a Husai arquita, para que asimismo oigamos lo que él dirá.

6 Cuando Husai vino a Absalón, le habló Absalón, diciendo: Así ha dicho Ahitofel; ¿seguiremos su consejo, o no? Di tú.

7 Entonces Husai dijo a Absalón: El consejo que ha dado esta vez Ahitofel no es bueno.

8 Y añadió Husai: Tú sabes que tu padre y los suyos son hombres valientes, y que están con amargura de ánimo, como la osa en el campo cuando le han quitado sus cachorros. Además, tu padre es hombre de guerra, y no pasará la noche con el pueblo.

9 He aquí él estará ahora escondido en alguna cueva, o en otro lugar; y si al principio cayeren algunos de los tuyos, quienquiera que lo oyere dirá: El pueblo que sigue a Absalón ha sido derrotado.

10 Y aun el hombre valiente, cuyo corazón sea como corazón de león, desmayará por completo; porque todo Israel sabe que tu padre es hombre valiente, y que los que están con él son esforzados.

11 Aconsejo, pues, que todo Israel se junte a ti, desde Dan hasta Beerseba, en multitud como la arena que está a la orilla del mar, y que tú en persona vayas a la batalla.

12 Entonces le acometeremos en cualquier lugar en donde se hallare, y caeremos sobre él como cuando el rocío cae sobre la tierra, y ni uno dejaremos de él y de todos los que están con él.

13 Y si se refugiare en alguna ciudad, todos los de Israel llevarán sogas a aquella ciudad, y la arrastraremos hasta el arroyo, hasta que no se encuentre allí ni una piedra.

b. 16.22 2 S 12.11-12.

LECCIONES DE VIDA

➤ ***16.10 — Si él así maldice, es porque Jehová le ha dicho que maldiga a David. ¿Quién, pues, le dirá: ¿Por qué lo haces así?***

Un hombre menos noble habría dado la orden de silenciar la lengua de Simei, pero David dejaba tales juicios en las manos de Dios. Quizás recordó las palabras del Señor: «Mía es la venganza y la retribución» (Dt 32.35).

➤ ***16.21 — Llégate a las concubinas de tu padre, que él dejó para guardar la casa.***

Tal como David violó a Betsabé, la nieta de Ahitofel y esposa de Urías, Ahitofel le aconsejó a Absalón violar las concubinas de David. Este acto marcaba la demanda del trono por parte de Absalón, y cumplió lo profetizado por Natán a David, que otro yacería con sus mujeres a plena luz del día (2 S 12.11, 12). El mal que hacemos a menudo vuelve a nosotros en mayor medida.

14 Entonces Absalón y todos los de Israel dijeron: El consejo de Husai arquita es mejor que el consejo de Ahitofel. Porque Jehová había ordenado que el acertado consejo de Ahitofel se frustrara, para que Jehová hiciese venir el mal sobre Absalón.
15 Dijo luego Husai a los sacerdotes Sadoc y Abiatar: Así y así aconsejó Ahitofel a Absalón y a los ancianos de Israel; y de esta manera aconsejé yo.
16 Por tanto, enviad inmediatamente y dad aviso a David, diciendo: No te quedes esta noche en los vados del desierto, sino pasa luego el Jordán, para que no sea destruido el rey y todo el pueblo que con él está.
17 Y Jonatán y Ahimaas estaban junto a la fuente de Rogel, y fue una criada y les avisó, porque ellos no podían mostrarse viniendo a la ciudad; y ellos fueron y se lo hicieron saber al rey David.
18 Pero fueron vistos por un joven, el cual lo hizo saber a Absalón; sin embargo, los dos se dieron prisa a caminar, y llegaron a casa de un hombre en Bahurim, que tenía en su patio un pozo, dentro del cual se metieron.
19 Y tomando la mujer de la casa una manta, la extendió sobre la boca del pozo, y tendió sobre ella el grano trillado; y nada se supo del asunto.
20 Llegando luego los criados de Absalón a la casa de la mujer, le dijeron: ¿Dónde están Ahimaas y Jonatán? Y la mujer les respondió: Ya han pasado el vado de las aguas. Y como ellos los buscaron y no los hallaron, volvieron a Jerusalén.
21 Y después que se hubieron ido, aquéllos salieron del pozo y se fueron, y dieron aviso al rey David, diciéndole: Levantaos y daos prisa a pasar las aguas, porque Ahitofel ha dado tal consejo contra vosotros.
22 Entonces David se levantó, y todo el pueblo que con él estaba, y pasaron el Jordán antes que amaneciese; ni siquiera faltó uno que no pasase el Jordán.
23 Pero Ahitofel, viendo que no se había seguido su consejo, enalbardó su asno, y se levantó y se fue a su casa a su ciudad; y después de poner su casa en orden, se ahorcó, y así murió, y fue sepultado en el sepulcro de su padre.
24 Y David llegó a Mahanaim; y Absalón pasó el Jordán con toda la gente de Israel.
25 Y Absalón nombró a Amasa jefe del ejército en lugar de Joab. Amasa era hijo de un varón de Israel llamado Itra, el cual se había llegado a Abigail hija de Nahas, hermana de Sarvia madre de Joab.
26 Y acampó Israel con Absalón en tierra de Galaad.
27 Luego que David llegó a Mahanaim, Sobi hijo de Nahas, de Rabá de los hijos de Amón, Maquir hijo de Amiel, de Lodebar, y Barzilai galaadita de Rogelim,
28 trajeron a David y al pueblo que estaba con él, camas, tazas, vasijas de barro, trigo, cebada, harina, grano tostado, habas, lentejas, garbanzos tostados,
29 miel, manteca, ovejas, y quesos de vaca, para que comiesen; porque decían: El pueblo está hambriento y cansado y sediento en el desierto.

Muerte de Absalón

18 DAVID, pues, pasó revista al pueblo que tenía consigo, y puso sobre ellos jefes de millares y jefes de centenas.
2 Y envió David al pueblo, una tercera parte bajo el mando de Joab, una tercera parte bajo el mando de Abisai hijo de Sarvia, hermano de Joab, y una tercera parte al mando de Itai geteo. Y dijo el rey al pueblo: Yo también saldré con vosotros.
3 Mas el pueblo dijo: No saldrás; porque si nosotros huyéremos, no harán caso de nosotros; y aunque la mitad de nosotros muera, no harán caso de nosotros; mas tú ahora vales tanto como diez mil de nosotros. Será, pues, mejor que tú nos des ayuda desde la ciudad.
4 Entonces el rey les dijo: Yo haré lo que bien os parezca. Y se puso el rey a la entrada de la puerta, mientras salía todo el pueblo de ciento en ciento y de mil en mil.
5 Y el rey mandó a Joab, a Abisai y a Itai, diciendo: Tratad benignamente por amor de mí al joven Absalón. Y todo el pueblo oyó cuando dio el rey orden acerca de Absalón a todos los capitanes.
6 Salió, pues, el pueblo al campo contra Israel, y se libró la batalla en el bosque de Efraín.
7 Y allí cayó el pueblo de Israel delante de los siervos de David, y se hizo allí en aquel día una gran matanza de veinte mil hombres.
8 Y la batalla se extendió por todo el país; y fueron más los que destruyó el bosque aquel día, que los que destruyó la espada.
9 Y se encontró Absalón con los siervos de David; e iba Absalón sobre un mulo, y el mulo entró por debajo de las ramas espesas de una gran encina, y se le enredó la cabeza en la encina, y Absalón quedó suspendido entre el cielo y la tierra; y el mulo en que iba pasó delante.
10 Viéndolo uno, avisó a Joab, diciendo: He aquí que he visto a Absalón colgado de una encina.
11 Y Joab respondió al hombre que le daba la nueva: Y viéndolo tú, ¿por qué no le mataste luego allí echándole a tierra? Me hubiera placido darte diez siclos de plata, y un talabarte.
12 El hombre dijo a Joab: Aunque me pesaras mil siclos de plata, no extendería yo mi mano contra el hijo del rey; porque nosotros oímos cuando el rey te mandó a ti y a Abisai y a Itai, diciendo: Mirad que ninguno toque al joven Absalón.
13 Por otra parte, habría yo hecho traición contra mi vida, pues que al rey nada se le esconde, y tú mismo estarías en contra.

14 Y respondió Joab: No malgastaré mi tiempo contigo. Y tomando tres dardos en su mano,
los clavó en el corazón de Absalón, quien estaba aún vivo en medio de la encina.
15 Y diez jóvenes escuderos de Joab rodearon
e hirieron a Absalón, y acabaron de matarle.
16 Entonces Joab tocó la trompeta, y el pueblo se volvió de seguir a Israel, porque Joab
detuvo al pueblo.
17 Tomando después a Absalón, le echaron en
un gran hoyo en el bosque, y levantaron sobre
él un montón muy grande de piedras; y todo
Israel huyó, cada uno a su tienda.
➤ 18 Y en vida, Absalón había tomado y erigido una columna, la cual está en el valle del
rey; porque había dicho: Yo no tengo hijo que
conserve la memoria de mi nombre. Y llamó
aquella columna por su nombre, y así se ha
llamado Columna de Absalón, hasta hoy.
19 Entonces Ahimaas hijo de Sadoc dijo:
¿Correré ahora, y daré al rey las nuevas de
que Jehová ha defendido su causa de la mano
de sus enemigos?
20 Respondió Joab: Hoy no llevarás las nuevas; las llevarás otro día; no darás hoy la nueva, porque el hijo del rey ha muerto.
21 Y Joab dijo a un etíope: Ve tú, y di al rey lo
que has visto. Y el etíope hizo reverencia ante
Joab, y corrió.
22 Entonces Ahimaas hijo de Sadoc volvió a
decir a Joab: Sea como fuere, yo correré ahora tras el etíope. Y Joab dijo: Hijo mío, ¿para
qué has de correr tú, si no recibirás premio
por las nuevas?
23 Mas él respondió: Sea como fuere, yo
correré. Entonces le dijo: Corre. Corrió, pues,
Ahimaas por el camino de la llanura, y pasó
delante del etíope.
24 Y David estaba sentado entre las dos puertas; y el atalaya había ido al terrado sobre la
puerta en el muro, y alzando sus ojos, miró, y
vio a uno que corría solo.
25 El atalaya dio luego voces, y lo hizo saber
al rey. Y el rey dijo: Si viene solo, buenas nuevas trae. En tanto que él venía acercándose,
26 vio el atalaya a otro que corría; y dio voces
el atalaya al portero, diciendo: He aquí otro
hombre que corre solo. Y el rey dijo: Éste también es mensajero.
27 Y el atalaya volvió a decir: Me parece el
correr del primero como el correr de Ahimaas
hijo de Sadoc. Y respondió el rey: Ése es hombre de bien, y viene con buenas nuevas.
28 Entonces Ahimaas dijo en alta voz al rey:
Paz. Y se inclinó a tierra delante del rey, y dijo:
Bendito sea Jehová Dios tuyo, que ha entregado a los hombres que habían levantado sus
manos contra mi señor el rey.
29 Y el rey dijo: ¿El joven Absalón está bien?
Y Ahimaas respondió: Vi yo un gran alboroto
cuando envió Joab al siervo del rey y a mí tu
siervo; mas no sé qué era.
30 Y el rey dijo: Pasa, y ponte allí. Y él pasó, y
se quedó de pie.
31 Luego vino el etíope, y dijo: Reciba nuevas mi señor el rey, que hoy Jehová ha defendido tu causa de la mano de todos los que se
habían levantado contra ti.
32 El rey entonces dijo al etíope: ¿El joven
Absalón está bien? Y el etíope respondió:
Como aquel joven sean los enemigos de mi
señor el rey, y todos los que se levanten contra ti para mal.
33 Entonces el rey se turbó, y subió a la sala
de la puerta, y lloró; y yendo, decía así: ¡Hijo
mío Absalón, hijo mío, hijo mío Absalón!
¡Quién me diera que muriera yo en lugar de ti,
Absalón, hijo mío, hijo mío!

David vuelve a Jerusalén

19 DIERON aviso a Joab: He aquí el rey
llora, y hace duelo por Absalón.
2 Y se volvió aquel día la victoria en luto para
todo el pueblo; porque oyó decir el pueblo
aquel día que el rey tenía dolor por su hijo.
3 Y entró el pueblo aquel día en la ciudad
escondidamente, como suele entrar a escondidas el pueblo avergonzado que ha huido de
la batalla.
4 Mas el rey, cubierto el rostro, clamaba en ➤
alta voz: ¡Hijo mío Absalón, Absalón, hijo mío,
hijo mío!
5 Entonces Joab vino al rey en la casa, y dijo:
Hoy has avergonzado el rostro de todos tus
siervos, que hoy han librado tu vida, y la vida
de tus hijos y de tus hijas, y la vida de tus
mujeres, y la vida de tus concubinas,
6 amando a los que te aborrecen, y aborreciendo a los que te aman; porque hoy has
declarado que nada te importan tus príncipes y siervos; pues hoy me has hecho ver
claramente que si Absalón viviera, aunque
todos nosotros estuviéramos muertos, entonces estarías contento.
7 Levántate pues, ahora, y ve afuera y habla
bondadosamente a tus siervos; porque juro
por Jehová que si no sales, no quedará ni un

LECCIONES DE VIDA

➤ *18.18 — en vida, Absalón había tomado y erigido una columna, la cual está en el valle del rey.*

El legado de Absalón fue un monumento de piedra con su nombre, y nada más. Todo lo que adquirimos fuera de la voluntad de Dios termina convertido en cenizas.

➤ *19.4 — ¡Hijo mío Absalón, Absalón, hijo mío, hijo mío!*

Aunque David hizo todo lo posible para protegerlo, Absalón perdió la vida. Es lo que siempre sucede cuando una persona alberga rencor y sed de venganza en su corazón: lastima sin razón a todos a su alrededor y termina destruyéndose a sí mismo.

hombre contigo esta noche; y esto te será peor
que todos los males que te han sobrevenido
desde tu juventud hasta ahora.
8 Entonces se levantó el rey y se sentó a la
puerta, y fue dado aviso a todo el pueblo,
diciendo: He aquí el rey está sentado a la
puerta. Y vino todo el pueblo delante del rey;
pero Israel había huido, cada uno a su tienda.
9 Y todo el pueblo disputaba en todas las tribus de Israel, diciendo: El rey nos ha librado
de mano de nuestros enemigos, y nos ha salvado de mano de los filisteos; y ahora ha huido del país por miedo de Absalón.
10 Y Absalón, a quien habíamos ungido sobre
nosotros, ha muerto en la batalla. ¿Por qué,
pues, estáis callados respecto de hacer volver al rey?
11 Y el rey David envió a los sacerdotes Sadoc
y Abiatar, diciendo: Hablad a los ancianos de
Judá, y decidles: ¿Por qué seréis vosotros los
postreros en hacer volver el rey a su casa,
cuando la palabra de todo Israel ha venido al
rey para hacerle volver a su casa?
12 Vosotros sois mis hermanos; mis huesos y
mi carne sois. ¿Por qué, pues, seréis vosotros
los postreros en hacer volver al rey?
13 Asimismo diréis a Amasa: ¿No eres tú también hueso mío y carne mía? Así me haga
Dios, y aun me añada, si no fueres general del
ejército delante de mí para siempre, en lugar
de Joab.
14 Así inclinó el corazón de todos los varones de Judá, como el de un solo hombre, para
que enviasen a decir al rey: Vuelve tú, y todos
tus siervos.
15 Volvió, pues, el rey, y vino hasta el Jordán.
Y Judá vino a Gilgal para recibir al rey y para
hacerle pasar el Jordán.
16 Y Simei[a] hijo de Gera, hijo de Benjamín,
que era de Bahurim, se dio prisa y descendió con los hombres de Judá a recibir al rey
David.
17 Con él venían mil hombres de Benjamín;
asimismo Siba, criado de la casa de Saúl, con
sus quince hijos y sus veinte siervos, los cuales pasaron el Jordán delante del rey.
18 Y cruzaron el vado para pasar a la familia
del rey, y para hacer lo que a él le pareciera.
Entonces Simei hijo de Gera se postró delante
del rey cuando él hubo pasado el Jordán,
19 y dijo al rey: No me culpe mi señor de iniquidad, ni tengas memoria de los males que
tu siervo hizo el día en que mi señor el rey
salió de Jerusalén; no los guarde el rey en su
corazón.
20 Porque yo tu siervo reconozco haber pecado, y he venido hoy el primero de toda la casa
de José, para descender a recibir a mi señor
el rey.
21 Respondió Abisai hijo de Sarvia y dijo: ¿No
ha de morir por esto Simei, que maldijo al
ungido de Jehová?
22 David entonces dijo: ¿Qué tengo yo con
vosotros, hijos de Sarvia, para que hoy me
seáis adversarios? ¿Ha de morir hoy alguno en Israel? ¿Pues no sé yo que hoy soy rey
sobre Israel?
23 Y dijo el rey a Simei: No morirás. Y el rey
se lo juró.
24 También Mefi-boset[b] hijo de Saúl descendió a recibir al rey; no había lavado sus pies,
ni había cortado su barba, ni tampoco había
lavado sus vestidos, desde el día en que el rey
salió hasta el día en que volvió en paz.
25 Y luego que vino él a Jerusalén a recibir al
rey, el rey le dijo: Mefi-boset, ¿por qué no fuiste conmigo?
26 Y él respondió: Rey señor mío, mi siervo
me engañó; pues tu siervo había dicho: Enal-
bárdame un asno, y montaré en él, e iré al rey;
porque tu siervo es cojo.
27 Pero él ha calumniado a tu siervo delante de mi señor el rey; mas mi señor el rey es
como un ángel de Dios; haz, pues, lo que bien
te parezca.
28 Porque toda la casa de mi padre era digna de muerte delante de mi señor el rey, y tú
pusiste a tu siervo entre los convidados a tu
mesa. ¿Qué derecho, pues, tengo aún para clamar más al rey?
29 Y el rey le dijo: ¿Para qué más palabras?
Yo he determinado que tú y Siba os dividáis
las tierras.
30 Y Mefi-boset dijo al rey: Deja que él las
tome todas, pues que mi señor el rey ha vuelto en paz a su casa.
31 También Barzilai[c] galaadita descendió de
Rogelim, y pasó el Jordán con el rey, para
acompañarle al otro lado del Jordán.
32 Era Barzilai muy anciano, de ochenta años,
y él había dado provisiones al rey cuando estaba en Mahanaim, porque era hombre muy rico.
33 Y el rey dijo a Barzilai: Pasa conmigo y yo
te sustentaré conmigo en Jerusalén.
34 Mas Barzilai dijo al rey: ¿Cuántos años
más habré de vivir, para que yo suba con el
rey a Jerusalén?
35 De edad de ochenta años soy este día.
¿Podré distinguir entre lo que es agradable y
lo que no lo es? ¿Tomará gusto ahora tu siervo en lo que coma o beba? ¿Oiré más la voz
de los cantores y de las cantoras? ¿Para qué,
pues, ha de ser tu siervo una carga para mi
señor el rey?
36 Pasará tu siervo un poco más allá del Jordán con el rey; ¿por qué me ha de dar el rey
tan grande recompensa?
37 Yo te ruego que dejes volver a tu siervo, y
que muera en mi ciudad, junto al sepulcro de
mi padre y de mi madre. Mas he aquí a tu siervo Quimam; que pase él con mi señor el rey, y
haz a él lo que bien te pareciere.
38 Y el rey dijo: Pues pase conmigo Quimam,
y yo haré con él como bien te parezca; y todo
lo que tú pidieres de mí, yo lo haré.

a. 19.16 2 S 16.5-13. **b. 19.24** 2 S 9.1-13; 16.1-4.
c. 19.31 2 S 17.27-29.

39 Y todo el pueblo pasó el Jordán; y luego
que el rey hubo también pasado, el rey besó a
Barzilai, y lo bendijo; y él se volvió a su casa.
40 El rey entonces pasó a Gilgal, y con él pasó
Quimam; y todo el pueblo de Judá acompa-
ñaba al rey, y también la mitad del pueblo de
Israel.
41 Y he aquí todos los hombres de Israel vinieron al rey, y le dijeron: ¿Por qué los hombres
de Judá, nuestros hermanos, te han llevado, y
han hecho pasar el Jordán al rey y a su familia, y a todos los siervos de David con él?
42 Y todos los hombres de Judá respondieron
a todos los de Israel: Porque el rey es nuestro
pariente. Mas ¿por qué os enojáis vosotros de
eso? ¿Hemos nosotros comido algo del rey?
¿Hemos recibido de él algún regalo?
43 Entonces respondieron los hombres de
Israel, y dijeron a los de Judá: Nosotros tenemos en el rey diez partes, y en el mismo David
más que vosotros. ¿Por qué, pues, nos habéis
tenido en poco? ¿No hablamos nosotros los primeros, respecto de hacer volver a nuestro rey?
Y las palabras de los hombres de Judá fueron
más violentas que las de los hombres de Israel.

Sublevación de Seba

➤ 20 ACONTECIÓ que se hallaba allí un
hombre perverso que se llamaba Seba
hijo de Bicri, hombre de Benjamín, el cual
tocó la trompeta, y dijo: No tenemos nosotros
parte en David, ni heredad con el hijo de Isaí.
¡Cada uno a su tienda, Israel![a]
2 Así todos los hombres de Israel abandonaron a David, siguiendo a Seba hijo de Bicri;
mas los de Judá siguieron a su rey desde el
Jordán hasta Jerusalén.
3 Y luego que llegó David a su casa en Jerusalén, tomó el rey las diez mujeres concubinas[b] que había dejado para guardar la casa,
y las puso en reclusión, y les dio alimentos;
pero nunca más se llegó a ellas, sino que quedaron encerradas hasta que murieron, en viudez perpetua.
4 Después dijo el rey a Amasa: Convócame a
los hombres de Judá para dentro de tres días,
y hállate tú aquí presente.
5 Fue, pues, Amasa para convocar a los de
Judá; pero se detuvo más del tiempo que le
había sido señalado.
6 Y dijo David a Abisai: Seba hijo de Bicri
nos hará ahora más daño que Absalón; toma,
pues, tú los siervos de tu señor, y ve tras él, no
sea que halle para sí ciudades fortificadas, y
nos cause dificultad.
7 Entonces salieron en pos de él los hombres
de Joab, y los cereteos y peleteos y todos los
valientes; salieron de Jerusalén para ir tras
Seba hijo de Bicri.
8 Y estando ellos cerca de la piedra grande que está en Gabaón, les salió Amasa al
encuentro. Y Joab estaba ceñido de su ropa,
y sobre ella tenía pegado a sus lomos el cinto con una daga en su vaina, la cual se le cayó
cuando él avanzó.
9 Entonces Joab dijo a Amasa: ¿Te va bien,
hermano mío? Y tomó Joab con la diestra la
barba de Amasa, para besarlo.
10 Y Amasa no se cuidó de la daga que estaba en la mano de Joab; y éste le hirió con ella
en la quinta costilla, y derramó sus entrañas
por tierra, y cayó muerto sin darle un segundo golpe.
Después Joab y su hermano Abisai fueron en
persecución de Seba hijo de Bicri.
11 Y uno de los hombres de Joab se paró junto a él, diciendo: Cualquiera que ame a Joab y
a David, vaya en pos de Joab.
12 Y Amasa yacía revolcándose en su sangre en mitad del camino; y todo el que pasaba, al verle, se detenía; y viendo aquel hombre
que todo el pueblo se paraba, apartó a Amasa del camino al campo, y echó sobre él una
vestidura.
13 Luego que fue apartado del camino, pasaron todos los que seguían a Joab, para ir tras
Seba hijo de Bicri.
14 Y él pasó por todas las tribus de Israel hasta Abel-bet-maaca y todo Barim; y se juntaron, y lo siguieron también.
15 Y vinieron y lo sitiaron en Abel-bet-maaca,
y pusieron baluarte contra la ciudad, y quedó
sitiada; y todo el pueblo que estaba con Joab
trabajaba por derribar la muralla.
16 Entonces una mujer sabia dio voces en la
ciudad, diciendo: Oíd, oíd; os ruego que digáis
a Joab que venga acá, para que yo hable con él.
17 Cuando él se acercó a ella, dijo la mujer:
¿Eres tú Joab? Y él respondió: Yo soy. Ella le
dijo: Oye las palabras de tu sierva. Y él respondió: Oigo.
18 Entonces volvió ella a hablar, diciendo:
Antiguamente solían decir: Quien preguntare, pregunte en Abel; y así concluían cualquier asunto.
19 Yo soy de las pacíficas y fieles de Israel;
pero tú procuras destruir una ciudad que es
madre en Israel. ¿Por qué destruyes la heredad de Jehová?

a. 20.1 1 R 12.16; 2 Cr 10.16. **b. 20.3** 2 S 16.22.

LECCIONES DE VIDA

➤ ***20.1 — Seba hijo de Bicri, hombre de Benjamín... dijo: No tenemos nosotros parte en David.***

Como benjamita, Seba se habría beneficiado por su afiliación con Saúl, y sin duda resintió a David por quitarle el trono a su tribu. Alborotó los celos entre las tribus como Absalón lo había hecho (2 S 15.5, 6), para poner al pueblo en contra del rey. Aquí vemos cómo la mala influencia de Saúl y Absalón seguía haciendo eco entre la gente y les envenenaba en contra del rey designado por Dios, incluso años después de la muerte de ambos.

20 Joab respondió diciendo: Nunca tal, nunca
tal me acontezca, que yo destruya ni deshaga.
21 La cosa no es así: mas un hombre del monte de Efraín, que se llama Seba hijo de Bicri,
ha levantado su mano contra el rey David;
entregad a ése solamente, y me iré de la ciudad. Y la mujer dijo a Joab: He aquí su cabeza
te será arrojada desde el muro.
22 La mujer fue luego a todo el pueblo con su
sabiduría; y ellos cortaron la cabeza a Seba
hijo de Bicri, y se la arrojaron a Joab. Y él
tocó la trompeta, y se retiraron de la ciudad,
cada uno a su tienda. Y Joab se volvió al rey
a Jerusalén.

Oficiales de David
(2 S 8.15-18; 1 Cr 18.14-17)

23 Así quedó Joab sobre todo el ejército de
Israel, y Benaía hijo de Joiada sobre los cereteos y peleteos,
24 y Adoram sobre los tributos, y Josafat hijo
de Ahilud era el cronista.
25 Seva era escriba, y Sadoc y Abiatar,
sacerdotes,
26 e Ira jaireo fue también sacerdote de
David.

Venganza de los gabaonitas

➤ 21 HUBO hambre en los días de David por
tres años consecutivos. Y David consultó a Jehová, y Jehová le dijo: Es por causa de
Saúl, y por aquella casa de sangre, por cuanto
mató a los gabaonitas.
2 Entonces el rey llamó a los gabaonitas y
les habló. (Los gabaonitas no eran de los
hijos de Israel, sino del resto de los amorreos, a los cuales los hijos de Israel habían
hecho juramento;[a] pero Saúl había procurado matarlos en su celo por los hijos de Israel
y de Judá.)
3 Dijo, pues, David a los gabaonitas: ¿Qué
haré por vosotros, o qué satisfacción os daré,
para que bendigáis la heredad de Jehová?
4 Y los gabaonitas le respondieron: No tenemos nosotros querella sobre plata ni sobre oro
con Saúl y con su casa; ni queremos que muera hombre de Israel. Y él les dijo: Lo que vosotros dijereis, haré.
5 Ellos respondieron al rey: De aquel hombre
que nos destruyó, y que maquinó contra nosotros para exterminarnos sin dejar nada de
nosotros en todo el territorio de Israel,
6 dénsenos siete varones de sus hijos, para
que los ahorquemos delante de Jehová en
Gabaa de Saúl, el escogido de Jehová. Y el rey
dijo: Yo los daré.
7 Y perdonó el rey a Mefi-boset hijo de Jonatán, hijo de Saúl, por el juramento de Jehová
que hubo entre ellos, entre David y Jonatán
hijo de Saúl.[b]
8 Pero tomó el rey a dos hijos de Rizpa hija
de Aja, los cuales ella había tenido de Saúl,
Armoni y Mefi-boset, y a cinco hijos de Mical[c]
hija de Saúl, los cuales ella había tenido de
Adriel hijo de Barzilai meholatita,
9 y los entregó en manos de los gabaonitas,
y ellos los ahorcaron en el monte delante de
Jehová; y así murieron juntos aquellos siete, los cuales fueron muertos en los primeros días de la siega, al comenzar la siega de
la cebada.
10 Entonces Rizpa hija de Aja tomó una tela
de cilicio y la tendió para sí sobre el peñasco,
desde el principio de la siega hasta que llovió
sobre ellos agua del cielo; y no dejó que ninguna ave del cielo se posase sobre ellos de día,
ni fieras del campo de noche.
11 Y fue dicho a David lo que hacía Rizpa hija
de Aja, concubina de Saúl.
12 Entonces David fue y tomó los huesos de
Saúl y los huesos de Jonatán su hijo, de los
hombres de Jabes de Galaad, que los habían
hurtado de la plaza de Bet-sán, donde los
habían colgado los filisteos, cuando los filisteos mataron a Saúl en Gilboa;[d]
13 e hizo llevar de allí los huesos de Saúl y los
huesos de Jonatán su hijo; y recogieron también los huesos de los ahorcados.
14 Y sepultaron los huesos de Saúl y los de su
hijo Jonatán en tierra de Benjamín, en Zela,
en el sepulcro de Cis su padre; e hicieron todo
lo que el rey había mandado. Y Dios fue propicio a la tierra después de esto.

Abisai libra a David del gigante

15 Volvieron los filisteos a hacer la guerra a
Israel, y descendió David y sus siervos con él,
y pelearon con los filisteos; y David se cansó.
16 E Isbi-benob, uno de los descendientes de
los gigantes, cuya lanza pesaba trescientos
siclos de bronce, y quien estaba ceñido con
una espada nueva, trató de matar a David;
17 mas Abisai hijo de Sarvia llegó en su ayuda, e hirió al filisteo y lo mató. Entonces los
hombres de David le juraron, diciendo: Nunca
más de aquí en adelante saldrás con nosotros
a la batalla, no sea que apagues la lámpara
de Israel.

Los hombres de David matan a los gigantes
(1 Cr 20.4-8)

18 Otra segunda guerra hubo después en Gob
contra los filisteos; entonces Sibecai husatita

a. 21.2 Jos 9.3-15. **b. 21.7** 1 S 20.15-17; 2 S 9.1-7.
c. 21.8 1 S 18.19. **d. 21.12** 1 S 31.8-13.

LECCIONES DE VIDA

➤ ***21.1 — Es por causa de Saúl, y por aquella casa de sangre, por cuanto mató a los gabaonitas.***

Saúl en su entusiasmo errático había violado un pacto hecho en el nombre de Dios (Jos 9.16–21), y todo Israel pagó las consecuencias. Cosechamos lo que sembramos, más de lo que sembramos, después de sembrarlo.

mató a Saf, quien era uno de los descendientes de los gigantes.
19 Hubo otra vez guerra en Gob contra los
filisteos, en la cual Elhanán, hijo de Jaare-oregim de Belén, mató a Goliat geteo, el asta de
cuya lanza era como el rodillo de un telar.
20 Después hubo otra guerra en Gat, donde había un hombre de gran estatura, el cual
tenía doce dedos en las manos, y otros doce en
los pies, veinticuatro por todos; y también era
descendiente de los gigantes.
21 Éste desafió a Israel, y lo mató Jonatán,
hijo de Simea hermano de David.
22 Estos cuatro eran descendientes de los
gigantes en Gat, los cuales cayeron por mano
de David y por mano de sus siervos.

Cántico de liberación de David
(Sal 18 título, 1-50)

22 HABLÓ David a Jehová las palabras de este cántico, el día que Jehová le había librado de la mano de todos sus enemigos, y de la mano de Saúl.
2 Dijo:
Jehová es mi roca y mi fortaleza, y mi
libertador;
3 Dios mío, fortaleza mía, en él confiaré;
Mi escudo, y el fuerte de mi salvación,
mi alto refugio;
Salvador mío; de violencia me libraste.
4 Invocaré a Jehová, quien es digno de ser
alabado,
Y seré salvo de mis enemigos.
5 Me rodearon ondas de muerte,
Y torrentes de perversidad me
atemorizaron.
6 Ligaduras del Seol me rodearon;
Tendieron sobre mí lazos de muerte.
7 En mi angustia invoqué a Jehová,
Y clamé a mi Dios;
Él oyó mi voz desde su templo,
Y mi clamor llegó a sus oídos.
8 La tierra fue conmovida, y tembló,
Y se conmovieron los cimientos de los
cielos;
Se estremecieron, porque se indignó él.
9 Humo subió de su nariz,
Y de su boca fuego consumidor;
Carbones fueron por él encendidos.
10 E inclinó los cielos, y descendió;
Y había tinieblas debajo de sus pies.
11 Y cabalgó sobre un querubín, y voló;
Voló sobre las alas del viento.
12 Puso tinieblas por su escondedero
alrededor de sí;
Oscuridad de aguas y densas nubes.
13 Por el resplandor de su presencia se
encendieron carbones ardientes.
14 Y tronó desde los cielos Jehová,
Y el Altísimo dio su voz;
15 Envió sus saetas, y los dispersó;
Y lanzó relámpagos, y los destruyó.
16 Entonces aparecieron los torrentes de
las aguas,
Y quedaron al descubierto los cimientos
del mundo;
A la reprensión de Jehová,
Por el soplo del aliento de su nariz.
17 Envió desde lo alto y me tomó;
Me sacó de las muchas aguas.
18 Me libró de poderoso enemigo,
Y de los que me aborrecían, aunque
eran más fuertes que yo.
19 Me asaltaron en el día de mi quebranto;
Mas Jehová fue mi apoyo,
20 Y me sacó a lugar espacioso;
Me libró, porque se agradó de mí.
21 Jehová me ha premiado conforme a mi
justicia;
Conforme a la limpieza de mis manos
me ha recompensado.
22 Porque yo he guardado los caminos de
Jehová,
Y no me aparté impíamente de mi Dios.
23 Pues todos sus decretos estuvieron
delante de mí,
Y no me he apartado de sus estatutos.
24 Fui recto para con él,
Y me he guardado de mi maldad;
25 Por lo cual me ha recompensado
Jehová conforme a mi justicia;
Conforme a la limpieza de mis manos
delante de su vista.
26 Con el misericordioso te mostrarás
misericordioso,
Y recto para con el hombre íntegro.
27 Limpio te mostrarás para con el limpio,
Y rígido serás para con el perverso.
28 Porque tú salvas al pueblo afligido,
Mas tus ojos están sobre los altivos para
abatirlos.
29 Tú eres mi lámpara, oh Jehová;
Mi Dios alumbrará mis tinieblas.
30 Contigo desbarataré ejércitos,
Y con mi Dios asaltaré muros.
31 En cuanto a Dios, perfecto es su camino,

LECCIONES DE VIDA

➤ ***22.18 — Me libró de poderoso enemigo, y de los que me aborrecían, aunque eran más fuertes que yo.***

Muchas veces nuestros enemigos son demasiado fuertes para nosotros, pero nunca lo son para el Señor. Como David afirmó: «Jehová es mi fortaleza y mi escudo; en él confió mi corazón, y fui ayudado… Jehová es la fortaleza de su pueblo, y el refugio salvador de su ungido» (Sal 28.7, 8).

➤ ***22.28 — Porque tú salvas al pueblo afligido, mas tus ojos están sobre los altivos para abatirlos.***

A través de las Escrituras, Dios nos dice que salvará al humilde y se opondrá al altivo (Pr 3.34; Stg 4.6; 1 P 5.5). Los altivos quieren suplantar a Dios, y eso Él jamás lo permitirá.

Y acrisolada la palabra de Jehová.
Escudo es a todos los que en él esperan.
32 Porque ¿quién es Dios, sino sólo Jehová?
¿Y qué roca hay fuera de nuestro Dios?
33 Dios es el que me ciñe de fuerza,
Y quien despeja mi camino;
34 Quien hace mis pies como de ciervas,[a]
Y me hace estar firme sobre mis alturas;
35 Quien adiestra mis manos para la batalla,
De manera que se doble el arco de bronce con mis brazos.
36 Me diste asimismo el escudo de tu salvación,
Y tu benignidad me ha engrandecido.
37 Tú ensanchaste mis pasos debajo de mí,
Y mis pies no han resbalado.
38 Perseguiré a mis enemigos, y los destruiré,
Y no volveré hasta acabarlos.
39 Los consumiré y los heriré, de modo que no se levanten;
Caerán debajo de mis pies.
40 Pues me ceñiste de fuerzas para la pelea;
Has humillado a mis enemigos debajo de mí,
41 Y has hecho que mis enemigos me vuelvan las espaldas,
Para que yo destruyese a los que me aborrecen.
42 Clamaron, y no hubo quien los salvase;
Aun a Jehová, mas no les oyó.
43 Como polvo de la tierra los molí;
Como lodo de las calles los pisé y los trituré.
44 Me has librado de las contiendas del pueblo;
Me guardaste para que fuese cabeza de naciones;
Pueblo que yo no conocía me servirá.
45 Los hijos de extraños se someterán a mí;
Al oír de mí, me obedecerán.
46 Los extraños se debilitarán,
Y saldrán temblando de sus encierros.
47 Viva Jehová, y bendita sea mi roca,
Y engrandecido sea el Dios de mi salvación.
48 El Dios que venga mis agravios,
Y sujeta pueblos debajo de mí;
49 El que me libra de enemigos,
Y aun me exalta sobre los que se levantan contra mí;
Me libraste del varón violento.
50 Por tanto, yo te confesaré entre las naciones, oh Jehová,
Y cantaré a tu nombre.[b]
51 Él salva gloriosamente a su rey,
Y usa de misericordia para con su ungido,
A David y a su descendencia para siempre.

Últimas palabras de David

23 ÉSTAS son las palabras postreras de David.
Dijo David hijo de Isaí,
Dijo aquel varón que fue levantado en alto,
El ungido del Dios de Jacob,
El dulce cantor de Israel:
2 El Espíritu de Jehová ha hablado por mí,
Y su palabra ha estado en mi lengua.
3 El Dios de Israel ha dicho,
Me habló la Roca de Israel:
Habrá un justo que gobierne entre los hombres,
Que gobierne en el temor de Dios.
4 Será como la luz de la mañana,
Como el resplandor del sol en una mañana sin nubes,
Como la lluvia que hace brotar la hierba de la tierra.
5 No es así mi casa para con Dios; ➤
Sin embargo, él ha hecho conmigo pacto perpetuo,
Ordenado en todas las cosas, y será guardado,
Aunque todavía no haga él florecer
Toda mi salvación y mi deseo.
6 Mas los impíos serán todos ellos como espinos arrancados,
Los cuales nadie toma con la mano;
7 Sino que el que quiere tocarlos
Se arma de hierro y de asta de lanza,
Y son del todo quemados en su lugar.

Los valientes de David
(1 Cr 11.10-47)

8 Éstos son los nombres de los valientes que
tuvo David: Joseb-basebet el tacmonita, principal de los capitanes; éste era Adino el ezni-
ta, que mató a ochocientos hombres en una
ocasión.
9 Después de éste, Eleazar hijo de Dodo, ahohíta, uno de los tres valientes que estaban con
David cuando desafiaron a los filisteos que se

LECCIONES DE VIDA

➤ ***23.5 — Él ha hecho conmigo pacto perpetuo, ordenado en todas las cosas, y será guardado, aunque todavía no haga él florecer toda mi salvación y mi deseo.***

Al llegar el ocaso de su vida, David anticipó confiadamente el cumplimiento de las promesas personales de Dios a él, específicamente la de enviar al Mesías y establecer su trono para siempre. Estaba totalmente convencido de la capacidad y el deseo de Dios para bendecirlo. ¿Tiene usted la misma confianza en la fidelidad de Dios en su vida?

habían reunido allí para la batalla, y se habían
alejado los hombres de Israel.
10 Éste se levantó e hirió a los filisteos hasta que su mano se cansó, y quedó pegada su
mano a la espada. Aquel día Jehová dio una
gran victoria, y se volvió el pueblo en pos de
él tan solo para recoger el botín.
11 Después de éste fue Sama hijo de Age, ararita. Los filisteos se habían reunido en Lehi,
donde había un pequeño terreno lleno de lentejas, y el pueblo había huido delante de los
filisteos.
12 Él entonces se paró en medio de aquel
terreno y lo defendió, y mató a los filisteos; y
Jehová dio una gran victoria.
13 Y tres de los treinta jefes descendieron y
vinieron en tiempo de la siega a David en la
cueva de Adulam; y el campamento de los
filisteos estaba en el valle de Refaim.
14 David entonces estaba en el lugar fuerte, y había en Belén una guarnición de los
filisteos.
15 Y David dijo con vehemencia: ¡Quién me
diera a beber del agua del pozo de Belén que
está junto a la puerta!
16 Entonces los tres valientes irrumpieron por
el campamento de los filisteos, y sacaron agua
del pozo de Belén que estaba junto a la puerta; y tomaron, y la trajeron a David; mas él no
la quiso beber, sino que la derramó para Jehová, diciendo:
17 Lejos sea de mí, oh Jehová, que yo haga
esto. ¿He de beber yo la sangre de los varones
que fueron con peligro de su vida? Y no quiso
beberla. Los tres valientes hicieron esto.
18 Y Abisai hermano de Joab, hijo de Sarvia,
fue el principal de los treinta. Éste alzó su lanza contra trescientos, a quienes mató, y ganó
renombre con los tres.
19 Él era el más renombrado de los treinta,
y llegó a ser su jefe; mas no igualó a los tres
primeros.
20 Después, Benaía hijo de Joiada, hijo de un
varón esforzado, grande en proezas, de Cabseel. Éste mató a dos leones de Moab; y él mismo descendió y mató a un león en medio de
un foso cuando estaba nevando.
21 También mató él a un egipcio, hombre de
gran estatura; y tenía el egipcio una lanza
en su mano, pero descendió contra él con un
palo, y arrebató al egipcio la lanza de la mano,
y lo mató con su propia lanza.
22 Esto hizo Benaía hijo de Joiada, y ganó
renombre con los tres valientes.
23 Fue renombrado entre los treinta, pero no
igualó a los tres primeros. Y lo puso David
como jefe de su guardia personal.
24 Asael hermano de Joab fue de los treinta;
Elhanán hijo de Dodo de Belén,
25 Sama harodita, Elica harodita,
26 Heles paltita, Ira hijo de Iques, tecoíta,
27 Abiezer anatotita, Mebunai husatita,
28 Salmón ahohíta, Maharai netofatita,
29 Heleb hijo de Baana, netofatita, Itai hijo de
Ribai, de Gabaa de los hijos de Benjamín,
30 Benaía piratonita, Hidai del arroyo de
Gaas,
31 Abi-albón arbatita, Azmavet barhumita,
32 Eliaba saalbonita, Jonatán de los hijos de
Jasén,
33 Sama ararita, Ahíam hijo de Sarar, ararita,
34 Elifelet hijo de Ahasbai, hijo de Maaca,
Eliam hijo de Ahitofel, gilonita,
35 Hezrai carmelita, Paarai arbita,
36 Igal hijo de Natán, de Soba, Bani gadita,
37 Selec amonita, Naharai beerotita, escudero
de Joab hijo de Sarvia,
38 Ira itrita, Gareb itrita,
39 Urías heteo; treinta y siete por todos.

David censa al pueblo
(1 Cr 21.1-27)

24 VOLVIÓ a encenderse la ira de Jehová
contra Israel, e incitó a David contra
ellos a que dijese: Ve, haz un censo de Israel
y de Judá.
2 Y dijo el rey a Joab, general del ejército que
estaba con él: Recorre ahora todas las tribus
de Israel, desde Dan hasta Beerseba, y haz un
censo del pueblo, para que yo sepa el número de la gente.
3 Joab respondió al rey: Añada Jehová tu Dios
al pueblo cien veces tanto como son, y que lo
vea mi señor el rey; mas ¿por qué se complace en esto mi señor el rey?
4 Pero la palabra del rey prevaleció sobre
Joab y sobre los capitanes del ejército. Salió,
pues, Joab, con los capitanes del ejército, de
delante del rey, para hacer el censo del pueblo de Israel.
5 Y pasando el Jordán acamparon en Aroer, al
sur de la ciudad que está en medio del valle de
Gad y junto a Jazer.
6 Después fueron a Galaad y a la tierra baja
de Hodsi; y de allí a Danjaán y a los alrededores de Sidón.
7 Fueron luego a la fortaleza de Tiro, y a todas
las ciudades de los heveos y de los cananeos, y
salieron al Neguev de Judá en Beerseba.
8 Después que hubieron recorrido toda la tierra, volvieron a Jerusalén al cabo de nueve
meses y veinte días.
9 Y Joab dio el censo del pueblo al rey; y fueron los de Israel ochocientos mil hombres
fuertes que sacaban espada, y los de Judá quinientos mil hombres.
10 Después que David hubo censado al pueblo, le pesó en su corazón; y dijo David a Jehová: Yo he pecado gravemente por haber hecho
esto; mas ahora, oh Jehová, te ruego que quites el pecado de tu siervo, porque yo he hecho
muy neciamente.
11 Y por la mañana, cuando David se hubo
levantado, vino palabra de Jehová al profeta
Gad, vidente de David, diciendo:
12 Ve y di a David: Así ha dicho Jehová: Tres
cosas te ofrezco; tú escogerás una de ellas,
para que yo la haga.

13 Vino, pues, Gad a David, y se lo hizo saber,
y le dijo: ¿Quieres que te vengan siete años de
hambre en tu tierra? ¿o que huyas tres meses
delante de tus enemigos y que ellos te persigan? ¿o que tres días haya peste en tu tierra?
Piensa ahora, y mira qué responderé al que
me ha enviado.
➢ 14 Entonces David dijo a Gad: En grande
angustia estoy; caigamos ahora en mano de
Jehová, porque sus misericordias son muchas,
mas no caiga yo en manos de hombres.
15 Y Jehová envió la peste sobre Israel desde
la mañana hasta el tiempo señalado; y murieron del pueblo, desde Dan hasta Beerseba,
setenta mil hombres.
16 Y cuando el ángel extendió su mano sobre
Jerusalén para destruirla, Jehová se arrepintió de aquel mal, y dijo al ángel que destruía
al pueblo: Basta ahora; detén tu mano. Y el
ángel de Jehová estaba junto a la era de Arauna jebuseo.
17 Y David dijo a Jehová, cuando vio al ángel
que destruía al pueblo: Yo pequé, yo hice la
maldad; ¿qué hicieron estas ovejas? Te ruego
que tu mano se vuelva contra mí, y contra la
casa de mi padre.
18 Y Gad vino a David aquel día, y le dijo:
Sube, y levanta un altar a Jehová en la era de
Arauna jebuseo.
19 Subió David, conforme al dicho de Gad,
según había mandado Jehová;
20 y Arauna miró, y vio al rey y a sus siervos
que venían hacia él. Saliendo entonces Arauna, se inclinó delante del rey, rostro a tierra.
21 Y Arauna dijo: ¿Por qué viene mi señor el rey
a su siervo? Y David respondió: Para comprar
de ti la era, a fin de edificar un altar a Jehová,
para que cese la mortandad del pueblo.
22 Y Arauna dijo a David: Tome y ofrezca mi
señor el rey lo que bien le pareciere; he aquí
bueyes para el holocausto, y los trillos y los
yugos de los bueyes para leña.
23 Todo esto, oh rey, Arauna lo da al rey. Luego
dijo Arauna al rey: Jehová tu Dios te sea propicio.
24 Y el rey dijo a Arauna: No, sino por precio ➢
te lo compraré; porque no ofreceré a Jehová
mi Dios holocaustos que no me cuesten nada.
Entonces David compró la era y los bueyes
por cincuenta siclos de plata.
25 Y edificó allí David un altar a Jehová, y
sacrificó holocaustos y ofrendas de paz; y
Jehová oyó las súplicas de la tierra, y cesó la
plaga en Israel.

LECCIONES DE VIDA

➢ ***24.14 — En grande angustia estoy; caigamos ahora en mano de Jehová, porque sus misericordias son muchas.***

David contaba con la gracia de Dios, no para borrar todas las consecuencias de su pecado de ordenar el censo, sino para librar su vida y su pueblo. Aunque setenta mil israelitas murieron aquel día, Dios detuvo la destrucción tan pronto el ángel llegó a Jerusalén (2 S 24.16). En realidad, nada hay dentro de nosotros que merezca la bondad de Dios. Su gracia en su trato con nosotros se debe a que Él por naturaleza es misericordioso.

➢ ***24.24 — No, sino por precio te lo compraré; porque no ofreceré a Jehová mi Dios holocaustos que no me cuesten nada.***

David consideró que no podría honrar a Dios haciendo una ofrenda que no le hubiera costado algo. El Señor quiere lo mejor de nosotros, no porque lo necesite, sino porque al darlo demostramos nuestro amor y devoción completa a Él.

EL PRIMER LIBRO DE

REYES

Al igual que los libros de Samuel, los dos libros de Reyes eran uno solo en la Biblia hebrea. El título original es *Melajím,* que significa «Reyes». La Septuaginta estableció una división artificial del libro que partió en dos la historia de Ocozías; también llamó los libros de Samuel «Primero y Segundo de los Reinos» y los libros de Reyes «Tercero y Cuarto de los Reinos». Esta partición de los libros pudo deberse a que el texto griego requería más espacio en los rollos que el hebreo.

La primera mitad de 1 Reyes expone la vida de Salomón. Bajo su liderazgo, Israel llegó a la cumbre de su poder, expansión y gloria. Los grandes logros de Salomón, incluida la construcción del templo en Jerusalén, trajeron fama y respeto en el mundo conocido. Realmente fueron los años dorados de Israel.

Tristemente, el celo espiritual de Salomón disminuyó en sus años posteriores. La influencia de sus esposas paganas contribuyó a alejar su corazón del Señor. Como resultado, el rey con el corazón dividido dejó un reino dividido. El libro Primero de Reyes registra los acontecimientos del siguiente siglo: dos reinos con dinastías distintas y dos naciones con súbditos insumisos que eran cada vez más indiferentes a los profetas y los preceptos de Dios.

Tema: La fidelidad a Dios debe mantenerse como la prioridad máxima de un individuo y un reino. Mientras el rey Salomón y el pueblo de Israel permanecieron fieles a Dios, Él los bendijo e hizo que su reino creciera en poder, riqueza y respeto. Cuando Salomón y el pueblo se apartaron de Dios, su gran reino se deshizo y más tarde cayó en manos de conquistadores atroces que dejaron a Jerusalén en ruinas y a su pueblo languidecer en un cautiverio brutal en tierra extranjera.

Autor: Desconocido.

Fecha: El libro empieza con el ocaso del magnífico reinado del rey David y el ascenso de su hijo Salomón al trono (ca. 970 a.C.). Describe las concesiones morales de Salomón y su alejamiento de Dios, seguidos por la guerra civil que dividió la nación entre el reino del norte (Israel) y el reino del sur (Judá) alrededor de 930 a.C. El Primer libro de Reyes termina con el ministerio del profeta Elías. Los dos libros de Reyes abarcan casi cuatro siglos de la historia de Israel.

Estructura: La narrativa histórica describe el reinado de Salomón (1.1—11.43), a partir de su ascenso al trono tras la muerte de David hasta su propia muerte, luego presenta el declive y la caída del que antes fuera un gran reino (12.1—22.53).

A medida que lea 1 Reyes, fíjese en los principios de vida que juegan un papel importante en este libro.

16. Todo lo que adquirimos fuera de la voluntad de Dios termina convirtiéndose en cenizas. *Véase 1 Reyes 1.5; página 379.*

20. Las decepciones son inevitables; el desánimo es por elección nuestra. *Véase 1 Reyes 8.18; página 390.*

8. Libremos nuestras batallas de rodillas y siempre obtendremos la victoria. *Véase 1 Reyes 19.4; página 406.*

Abisag sirve a David

1 CUANDO el rey David era viejo y avanzado en días, le cubrían de ropas, pero no
se calentaba.
2 Le dijeron, por tanto, sus siervos: Busquen
para mi señor el rey una joven virgen, para
que esté delante del rey y lo abrigue, y duerma
a su lado, y entrará en calor mi señor el rey.
3 Y buscaron una joven hermosa por toda la
tierra de Israel, y hallaron a Abisag sunamita,
y la trajeron al rey.
4 Y la joven era hermosa; y ella abrigaba al
rey, y le servía; pero el rey nunca la conoció.

Adonías usurpa el trono

➢ 5 Entonces Adonías[a] hijo de Haguit se rebeló, diciendo: Yo reinaré. Y se hizo de carros y
de gente de a caballo, y de cincuenta hombres
que corriesen delante de él.
➢ 6 Y su padre nunca le había entristecido en
todos sus días con decirle: ¿Por qué haces así?
Además, éste era de muy hermoso parecer; y
había nacido después de Absalón.
7 Y se había puesto de acuerdo con Joab hijo
de Sarvia y con el sacerdote Abiatar, los cuales ayudaban a Adonías.
8 Pero el sacerdote Sadoc, y Benaía hijo de
Joiada, el profeta Natán, Simei, Rei y todos los
grandes de David, no seguían a Adonías.
9 Y matando Adonías ovejas y vacas y animales gordos junto a la peña de Zohelet, la cual
está cerca de la fuente de Rogel, convidó a
todos sus hermanos los hijos del rey, y a todos
los varones de Judá, siervos del rey;
10 pero no convidó al profeta Natán, ni a
Benaía, ni a los grandes, ni a Salomón su
hermano.
11 Entonces habló Natán a Betsabé madre
de Salomón,[b] diciendo: ¿No has oído que reina Adonías hijo de Haguit, sin saberlo David
nuestro señor?
12 Ven pues, ahora, y toma mi consejo, para que
conserves tu vida, y la de tu hijo Salomón.
13 Ve y entra al rey David, y dile: Rey señor
mío, ¿no juraste a tu sierva, diciendo: Salomón
tu hijo reinará después de mí, y él se sentará
en mi trono? ¿Por qué, pues, reina Adonías?
14 Y estando tú aún hablando con el rey, yo
entraré tras ti y reafirmaré tus razones.
15 Entonces Betsabé entró a la cámara del
rey; y el rey era muy viejo, y Abisag sunamita le servía.
16 Y Betsabé se inclinó, e hizo reverencia al
rey. Y el rey dijo: ¿Qué tienes?
17 Y ella le respondió: Señor mío, tú juraste a
tu sierva por Jehová tu Dios, diciendo: Salomón tu hijo reinará después de mí, y él se sentará en mi trono.
18 Y he aquí ahora Adonías reina, y tú, mi
señor rey, hasta ahora no lo sabes.
19 Ha matado bueyes, y animales gordos, y
muchas ovejas, y ha convidado a todos los
hijos del rey, al sacerdote Abiatar, y a Joab
general del ejército; mas a Salomón tu siervo
no ha convidado.
20 Entre tanto, rey señor mío, los ojos de todo
Israel están puestos en ti, para que les declares quién se ha de sentar en el trono de mi
señor el rey después de él.
21 De otra manera sucederá que cuando mi
señor el rey duerma con sus padres, yo y mi
hijo Salomón seremos tenidos por culpables.
22 Mientras aún hablaba ella con el rey, he
aquí vino el profeta Natán.
23 Y dieron aviso al rey, diciendo: He aquí el
profeta Natán; el cual, cuando entró al rey,
se postró delante del rey inclinando su rostro a tierra.
24 Y dijo Natán: Rey señor mío, ¿has dicho tú:
Adonías reinará después de mí, y él se sentará en mi trono?
25 Porque hoy ha descendido, y ha matado
bueyes y animales gordos y muchas ovejas,
y ha convidado a todos los hijos del rey, y a
los capitanes del ejército, y también al sacerdote Abiatar; y he aquí, están comiendo y
bebiendo delante de él, y han dicho: ¡Viva el
rey Adonías!
26 Pero ni a mí tu siervo, ni al sacerdote
Sadoc, ni a Benaía hijo de Joiada, ni a Salomón tu siervo, ha convidado.
27 ¿Es este negocio ordenado por mi señor el
rey, sin haber declarado a tus siervos quién se
había de sentar en el trono de mi señor el rey
después de él?

a. 1.5 2 S 3.4. **b. 1.11** 2 S 12.24.

LECCIONES DE VIDA

➢ ***1.5 — Adonías hijo de Haguit se rebeló, diciendo: Yo reinaré.***

Adonías era el cuarto hijo de David y creyó que él tenía un reclamo legítimo al trono. No obstante, también sabía que Dios ya había designado a Salomón para tomar el lugar de David (1 R 1.29, 30; 1 Cr 22.9, 10; 28.4–7). Si nos rebelamos contra los deseos del Señor para exaltarnos a nosotros mismos, es posible que disfrutemos por un tiempo la fama, el prestigio o la notoriedad que buscamos. Pero todo lo que adquirimos fuera de la voluntad de Dios termina convirtiéndose en cenizas. Adonías pagó con su vida el precio de su rebelión (1 R 2.23–25).

➢ ***1.6 — su padre nunca le había entristecido en todos sus días con decirle: ¿Por qué haces así?***

¿Qué tienen en común Elí el sacerdote, Samuel el profeta y David el rey? Como líderes sirvieron y honraron a Dios, pero fallaron como padres de familia que no instruyeron a sus hijos en el temor del Señor.

David proclama rey a Salomón
28 Entonces el rey David respondió y dijo:
Llamadme a Betsabé. Y ella entró a la presencia del rey, y se puso delante del rey.
29 Y el rey juró diciendo: Vive Jehová, que ha
redimido mi alma de toda angustia,
30 que como yo te he jurado por Jehová Dios
de Israel, diciendo: Tu hijo Salomón reinará
después de mí, y él se sentará en mi trono en
lugar mío; que así lo haré hoy.
31 Entonces Betsabé se inclinó ante el rey, con
su rostro a tierra, y haciendo reverencia al rey,
dijo: Viva mi señor el rey David para siempre.
32 Y el rey David dijo: Llamadme al sacerdote Sadoc, al profeta Natán, y a Benaía hijo
de Joiada. Y ellos entraron a la presencia del
rey.
33 Y el rey les dijo: Tomad con vosotros los
siervos de vuestro señor, y montad a Salomón
mi hijo en mi mula, y llevadlo a Gihón;
34 y allí lo ungirán el sacerdote Sadoc y el
profeta Natán como rey sobre Israel, y tocaréis trompeta, diciendo: ¡Viva el rey Salomón!
35 Después iréis vosotros detrás de él, y vendrá y se sentará en mi trono, y él reinará por
mí; porque a él he escogido para que sea príncipe sobre Israel y sobre Judá.
36 Entonces Benaía hijo de Joiada respondió
al rey y dijo: Amén. Así lo diga Jehová, Dios
de mi señor el rey.
37 De la manera que Jehová ha estado con
mi señor el rey, así esté con Salomón, y haga
mayor su trono que el trono de mi señor el
rey David.
38 Y descendieron el sacerdote Sadoc, el profeta Natán, Benaía hijo de Joiada, y los cereteos y los peleteos, y montaron a Salomón en
la mula de rey David, y lo llevaron a Gihón.
39 Y tomando el sacerdote Sadoc el cuerno
del aceite del tabernáculo, ungió a Salomón; y
tocaron trompeta, y dijo todo el pueblo: ¡Viva
el rey Salomón!
40 Después subió todo el pueblo en pos de él,
y cantaba la gente con flautas, y hacían grandes alegrías, que parecía que la tierra se hun-
día con el clamor de ellos.
41 Y lo oyó Adonías, y todos los convidados
que con él estaban, cuando ya habían acabado de comer. Y oyendo Joab el sonido de la
trompeta, dijo: ¿Por qué se alborota la ciudad
con estruendo?
42 Mientras él aún hablaba, he aquí vino
Jonatán hijo del sacerdote Abiatar, al cual dijo
Adonías: Entra, porque tú eres hombre valiente, y traerás buenas nuevas.
43 Jonatán respondió y dijo a Adonías: Ciertamente nuestro señor el rey David ha hecho
rey a Salomón;
44 y el rey ha enviado con él al sacerdote Sadoc
y al profeta Natán, y a Benaía hijo de Joiada, y
también a los cereteos y a los peleteos, los cuales le montaron en la mula del rey;
45 y el sacerdote Sadoc y el profeta Natán lo
han ungido por rey en Gihón, y de allí han
subido con alegrías, y la ciudad está llena
de estruendo. Éste es el alboroto que habéis
oído.
46 También Salomón se ha sentado en el trono del reino,
47 y aun los siervos del rey han venido a bendecir a nuestro señor el rey David, diciendo:
Dios haga bueno el nombre de Salomón más
que tu nombre, y haga mayor su trono que el
tuyo. Y el rey adoró en la cama.
48 Además el rey ha dicho así: Bendito sea
Jehová Dios de Israel, que ha dado hoy quien
se siente en mi trono, viéndolo mis ojos.
49 Ellos entonces se estremecieron, y se levantaron todos los convidados que estaban con
Adonías, y se fue cada uno por su camino.
50 Mas Adonías, temiendo de la presencia de
Salomón, se levantó y se fue, y se asió de los
cuernos del altar.
51 Y se lo hicieron saber a Salomón, diciendo:
He aquí que Adonías tiene miedo del rey Salomón, pues se ha asido de los cuernos del altar,
diciendo: Júreme hoy el rey Salomón que no
matará a espada a su siervo.
52 Y Salomón dijo: Si él fuere hombre de bien,
ni uno de sus cabellos caerá en tierra; mas si
se hallare mal en él, morirá.
53 Y envió el rey Salomón, y lo trajeron del
altar; y él vino, y se inclinó ante el rey Salomón. Y Salomón le dijo: Vete a tu casa.

Mandato de David a Salomón
2 LLEGARON los días en que David había
de morir, y ordenó a Salomón su hijo,
diciendo:
2 Yo sigo el camino de todos en la tierra;
esfuérzate, y sé hombre.
3 Guarda los preceptos de Jehová tu Dios,
andando en sus caminos, y observando sus
estatutos y mandamientos, sus decretos y

LECCIONES DE VIDA

➤ ***1.51 — Adonías, temiendo de la presencia de Salomón, se levantó y se fue, y se asió de los cuernos del altar.***

Asido a los cuernos del altar, Adonías buscaba la protección, misericordia y perdón de Dios por el castigo que le correspondía. Sin embargo, lo hizo *después* que sus planes fueron descubiertos (Éx 21.14). Hay una gran diferencia entre lamentar las consecuencias del pecado y arrepentirse del mismo. Adonías temió las posibles ramificaciones de sus acciones, pero nunca las repudió, y eso le costó todo al final (1 R 2.13–25).

➤ ***2.3 — Guarda los preceptos de Jehová tu Dios, andando en sus caminos... para que prosperes en todo lo que hagas y en todo aquello que emprendas.***

Estando cerca de su muerte, David le transmitió a su hijo Salomón el principio más importante de su vida: *obedecer a Dios*. Nada es más importante que enseñar a nuestros hijos sus testimonios, de la manera que está escrito en la ley de Moisés, para que prosperes en todo lo que hagas y en todo aquello que emprendas;

4 para que confirme Jehová la palabra que me habló, diciendo: Si tus hijos guardaren mi camino, andando delante de mí con verdad, de todo su corazón y de toda su alma, jamás, dice, faltará a ti varón en el trono de Israel.

5 Ya sabes tú lo que me ha hecho Joab hijo de Sarvia, lo que hizo a dos generales del ejército de Israel, a Abner[a] hijo de Ner y a Amasa[b] hijo de Jeter, a los cuales él mató, derramando en tiempo de paz la sangre de guerra, y poniendo sangre de guerra en el talabarte que tenía sobre sus lomos, y en los zapatos que tenía en sus pies.

6 Tú, pues, harás conforme a tu sabiduría; no dejarás descender sus canas al Seol en paz.

7 Mas a los hijos de Barzilai[c] galaadita harás misericordia, que sean de los convidados a tu mesa; porque ellos vinieron de esta manera a mí, cuando iba huyendo de Absalón tu hermano.

8 También tienes contigo a Simei hijo de Gera, hijo de Benjamín, de Bahurim, el cual me maldijo con una maldición fuerte el día que yo iba a Mahanaim.[d] Mas él mismo descendió a recibirme al Jordán, y yo le juré por Jehová, diciendo: Yo no te mataré a espada.[e]

9 Pero ahora no lo absolverás; pues hombre sabio eres, y sabes cómo debes hacer con él; y harás descender sus canas con sangre al Seol.

Muerte de David

(1 Cr 29.26-30)

10 Y durmió David con sus padres, y fue sepultado en su ciudad.

11 Los días que reinó David sobre Israel fueron cuarenta años; siete años reinó en Hebrón, y treinta y tres años reinó en Jerusalén.[f]

12 Y se sentó Salomón en el trono de David su padre,[g] y su reino fue firme en gran manera.

Salomón afirma su reino

13 Entonces Adonías hijo de Haguit vino a Betsabé madre de Salomón; y ella le dijo: ¿Es tu venida de paz? Él respondió: Sí, de paz.

14 En seguida dijo: Una palabra tengo que decirte. Y ella dijo: Di.

15 Él dijo: Tú sabes que el reino era mío, y que todo Israel había puesto en mí su rostro para que yo reinara; mas el reino fue traspasado, y vino a ser de mi hermano, porque por Jehová era suyo.

16 Ahora yo te hago una petición; no me la niegues. Y ella le dijo: Habla.

17 Él entonces dijo: Yo te ruego que hables al rey Salomón (porque él no te lo negará), para que me dé Abisag sunamita por mujer.

18 Y Betsabé dijo: Bien; yo hablaré por ti al rey.

19 Vino Betsabé al rey Salomón para hablarle por Adonías. Y el rey se levantó a recibirla, y se inclinó ante ella, y volvió a sentarse en su trono, e hizo traer una silla para su madre, la cual se sentó a su diestra.

20 Y ella dijo: Una pequeña petición pretendo de ti; no me la niegues. Y el rey le dijo: Pide, madre mía, que yo no te la negaré.

21 Y ella dijo: Dése Abisag sunamita por mujer a tu hermano Adonías.

22 El rey Salomón respondió y dijo a su madre: ¿Por qué pides a Abisag sunamita para Adonías? Demanda también para él el reino; porque él es mi hermano mayor, y ya tiene también al sacerdote Abiatar, y a Joab hijo de Sarvia.

23 Y el rey Salomón juró por Jehová, diciendo: Así me haga Dios y aun me añada, que contra su vida ha hablado Adonías estas palabras.

24 Ahora, pues, vive Jehová, quien me ha confirmado y me ha puesto sobre el trono de David mi padre, y quien me ha hecho casa, como me había dicho, que Adonías morirá hoy.

25 Entonces el rey Salomón envió por mano de Benaía hijo de Joiada, el cual arremetió contra él, y murió.

26 Y el rey dijo al sacerdote Abiatar: Vete a Anatot, a tus heredades, pues eres digno de muerte; pero no te mataré hoy, por cuanto has llevado el arca de Jehová el Señor delante de David mi padre,[h] y además has sido afligido en todas las cosas en que fue afligido mi padre.[i]

a. 2.5 2 S 3.27. **b. 2.5** 2 S 20.10. **c. 2.7** 2 S 17.27-29.
d. 2.8 2 S 16.5-13. **e. 2.8** 2 S 19.16-23.
f. 2.11 2 S 5.4-5; 1 Cr 3.4. **g. 2.12** 1 Cr 29.23.
h. 2.26 2 S 15.24. **i. 2.26** 1 S 22.20-23.

LECCIONES DE VIDA

y animar a quienes nos rodean a someterse al Señor, andar en sus caminos y confiar en su mano poderosa (He 3.13). Es por medio de la obediencia que podemos conocerle y disfrutar sus bendiciones maravillosas (Sal 103).

➤ ***2.6, 9 — Tú, pues, harás conforme a tu sabiduría... pues hombre sabio eres, y sabes cómo debes hacer con él.***

Desde el principio de su reinado, Salomón fue considerado un hombre sabio. Pero Dios puede multiplicar hasta lo que tenemos en abundancia, para que podamos servirle mejor y ser de bendición para su pueblo.

➤ ***2.17 — que me dé Abisag sunamita por mujer.***

Adonías mostró un corazón que seguía inclinado al mal cuando solicitó casarse con la concubina del rey David. Uniéndose como un miembro del harén de David, él buscó intensificar su reclamo al trono, y con ello trató de tomar ventaja sobre Salomón (1 R 2.21–25). Por supuesto, Dios nunca bendice a quienes obran en contra de su voluntad.

➤27 Así echó Salomón a Abiatar del sacerdocio de Jehová, para que se cumpliese la palabra de Jehová que había dicho sobre la casa
de Elí en Silo.[j]
28 Y vino la noticia a Joab; porque también
Joab se había adherido a Adonías, si bien no
se había adherido a Absalón. Y huyó Joab al
tabernáculo de Jehová, y se asió de los cuernos del altar.
29 Y se le hizo saber a Salomón que Joab
había huido al tabernáculo de Jehová, y que
estaba junto al altar. Entonces envió Salomón
a Benaía hijo de Joiada, diciendo: Ve, y arremete contra él.
30 Y entró Benaía al tabernáculo de Jehová,
y le dijo: El rey ha dicho que salgas. Y él dijo:
No, sino que aquí moriré. Y Benaía volvió con
esta respuesta al rey, diciendo: Así dijo Joab,
y así me respondió.
31 Y el rey le dijo: Haz como él ha dicho;
mátale y entiérrale, y quita de mí y de la casa
de mi padre la sangre que Joab ha derramado injustamente.
➤32 Y Jehová hará volver su sangre sobre su
cabeza; porque él ha dado muerte a dos varones más justos y mejores que él, a los cuales
mató a espada sin que mi padre David supiese nada: a Abner hijo de Ner, general del ejército de Israel, y a Amasa hijo de Jeter, general
del ejército de Judá.
33 La sangre, pues, de ellos recaerá sobre la
cabeza de Joab, y sobre la cabeza de su descendencia para siempre; mas sobre David
y sobre su descendencia, y sobre su casa y
sobre su trono, habrá perpetuamente paz de
parte de Jehová.
34 Entonces Benaía hijo de Joiada subió y
arremetió contra él, y lo mató; y fue sepultado
en su casa en el desierto.
35 Y el rey puso en su lugar a Benaía hijo de
Joiada sobre el ejército, y a Sadoc puso el rey
por sacerdote en lugar de Abiatar.
36 Después envió el rey e hizo venir a Simei, y
le dijo: Edifícate una casa en Jerusalén y mora
ahí, y no salgas de allí a una parte ni a otra;
37 porque sabe de cierto que el día que salieres y pasares el torrente de Cedrón, sin duda
morirás, y tu sangre será sobre tu cabeza.
38 Y Simei dijo al rey: La palabra es buena;
como el rey mi señor ha dicho, así lo hará tu
siervo. Y habitó Simei en Jerusalén muchos días.
39 Pero pasados tres años, aconteció que dos
siervos de Simei huyeron a Aquis hijo de Maaca, rey de Gat. Y dieron aviso a Simei, diciendo: He aquí que tus siervos están en Gat.
40 Entonces Simei se levantó y ensilló su asno
y fue a Aquis en Gat, para buscar a sus siervos. Fue, pues, Simei, y trajo sus siervos de
Gat.
41 Luego fue dicho a Salomón que Simei
había ido de Jerusalén hasta Gat, y que había
vuelto.
42 Entonces el rey envió e hizo venir a Simei,
y le dijo: ¿No te hice jurar yo por Jehová, y te
protesté diciendo: El día que salieres y fueres
acá o allá, sabe de cierto que morirás? Y tú me
dijiste: La palabra es buena, yo la obedezco.
43 ¿Por qué, pues, no guardaste el juramento de Jehová, y el mandamiento que yo te
impuse?
44 Dijo además el rey a Simei: Tú sabes todo
el mal, el cual tu corazón bien sabe, que cometiste contra mi padre David; Jehová, pues, ha
hecho volver el mal sobre tu cabeza.
45 Y el rey Salomón será bendito, y el trono
de David será firme perpetuamente delante
de Jehová.
46 Entonces el rey mandó a Benaía hijo de
Joiada, el cual salió y lo hirió, y murió. Y el reino fue confirmado en la mano de Salomón.

Salomón se casa con la hija de Faraón

3 SALOMÓN hizo parentesco con Faraón
rey de Egipto, pues tomó la hija de Faraón,
y la trajo a la ciudad de David, entre tanto
que acababa de edificar su casa, y la casa de
Jehová, y los muros de Jerusalén alrededor.
2 Hasta entonces el pueblo sacrificaba en los
lugares altos; porque no había casa edificada
al nombre de Jehová hasta aquellos tiempos.

Salomón pide sabiduría
(2 Cr 1.1-3)

3 Mas Salomón amó a Jehová, andando en ➤
los estatutos de su padre David; solamente

j. 2.27 1 S 2.27-36.

LECCIONES DE VIDA

➤ ***2.27 — echó Salomón a Abiatar del sacerdocio de Jehová, para que se cumpliese la palabra de Jehová que había dicho sobre la casa de Elí en Silo.***

Aunque Dios había puesto a los levitas a cargo del tabernáculo, Él proclamó que el linaje de Elí ya no participaría en la bendición de servirle allí (1 S 2.29–36). Aquí vemos cumplida esa profecía en la vida de Abiatar, quien era pariente de Elí y fue expulsado del servicio sacerdotal porque se opuso al Señor en su elección del rey (1 R 1.7).

➤ ***2.32 — Jehová hará volver su sangre sobre su cabeza; porque él ha dado muerte a dos varones más justos y mejores que él, a los cuales mató a espada.***

Joab finalmente recibió su castigo por matar a Abner (2 S 3.27) y Amasa (2 S 20.9, 10). Nadie se sale con la suya en cuestiones de pecado. Como Pablo escribe: «Los pecados de algunos hombres se hacen patentes antes que ellos vengan a juicio, mas a otros se les descubren después» (1 Ti 5.24).

➤ ***3.3 — Salomón amó a Jehová, andando en los estatutos de su padre David; solamente sacrificaba y quemaba incienso en los lugares altos.***

Al principio, Salomón amaba al Señor y obedecía sus mandamientos, pero note la inofensiva palabra que condujo a su perdición: «solamente». El Señor quiere un compromiso de todo corazón con Él, no devoción parcial.

sacrificaba y quemaba incienso en los lugares altos.
4 E iba el rey a Gabaón, porque aquél era
el lugar alto principal, y sacrificaba allí; mil
holocaustos sacrificaba Salomón sobre aquel
altar.
5 Y se le apareció Jehová a Salomón en
Gabaón una noche en sueños, y le dijo Dios:
Pide lo que quieras que yo te dé.
6 Y Salomón dijo: Tú hiciste gran misericordia
a tu siervo David mi padre, porque él anduvo
delante de ti en verdad, en justicia, y con rectitud de corazón para contigo; y tú le has reservado esta tu gran misericordia, en que le diste
hijo que se sentase en su trono, como sucede
en este día.
7 Ahora pues, Jehová Dios mío, tú me has
puesto a mí tu siervo por rey en lugar de
David mi padre; y yo soy joven, y no sé cómo
entrar ni salir.
8 Y tu siervo está en medio de tu pueblo al
cual tú escogiste; un pueblo grande, que no se
puede contar ni numerar por su multitud.
➤ 9 Da, pues, a tu siervo corazón entendido para
juzgar a tu pueblo, y para discernir entre lo
bueno y lo malo; porque ¿quién podrá gobernar este tu pueblo tan grande?
10 Y agradó delante del Señor que Salomón
pidiese esto.
11 Y le dijo Dios: Porque has demandado esto,
y no pediste para ti muchos días, ni pediste
para ti riquezas, ni pediste la vida de tus enemigos, sino que demandaste para ti inteligencia para oír juicio,
12 he aquí lo he hecho conforme a tus palabras; he aquí que te he dado corazón sabio y
entendido, tanto que no ha habido antes de
ti otro como tú, ni después de ti se levantará
otro como tú.
13 Y aun también te he dado las cosas que
no pediste, riquezas y gloria, de tal manera
que entre los reyes ninguno haya como tú en
todos tus días.
14 Y si anduvieres en mis caminos, guardando mis estatutos y mis mandamientos, como
anduvo David tu padre, yo alargaré tus días.
15 Cuando Salomón despertó, vio que era sueño; y vino a Jerusalén, y se presentó delante
del arca del pacto de Jehová, y sacrificó holocaustos y ofreció sacrificios de paz, e hizo
también banquete a todos sus siervos.

Sabiduría y prosperidad de Salomón

16 En aquel tiempo vinieron al rey dos mujeres rameras, y se presentaron delante de él.
17 Y dijo una de ellas: ¡Ah, señor mío! Yo y
esta mujer morábamos en una misma casa, y
yo di a luz estando con ella en la casa.
18 Aconteció al tercer día después de dar yo a
luz, que ésta dio a luz también, y morábamos
nosotras juntas; ninguno de fuera estaba en
casa, sino nosotras dos en la casa.
19 Y una noche el hijo de esta mujer murió,
porque ella se acostó sobre él.
20 Y se levantó a medianoche y tomó a mi hijo
de junto a mí, estando yo tu sierva durmiendo, y lo puso a su lado, y puso al lado mío su
hijo muerto.
21 Y cuando yo me levanté de madrugada
para dar el pecho a mi hijo, he aquí que estaba muerto; pero lo observé por la mañana, y
vi que no era mi hijo, el que yo había dado a
luz.
22 Entonces la otra mujer dijo: No; mi hijo es
el que vive, y tu hijo es el muerto. Y la otra volvió a decir: No; tu hijo es el muerto, y mi hijo
es el que vive. Así hablaban delante del rey.
23 El rey entonces dijo: Ésta dice: Mi hijo es
el que vive, y tu hijo es el muerto; y la otra
dice: No, mas el tuyo es el muerto, y mi hijo
es el que vive.
24 Y dijo el rey: Traedme una espada. Y trajeron al rey una espada.
25 En seguida el rey dijo: Partid por medio al
niño vivo, y dad la mitad a la una, y la otra
mitad a la otra.
26 Entonces la mujer de quien era el hijo vivo,
habló al rey (porque sus entrañas se le conmovieron por su hijo), y dijo: ¡Ah, señor mío! dad
a ésta el niño vivo, y no lo matéis. Mas la otra
dijo: Ni a mí ni a ti; partidlo.
27 Entonces el rey respondió y dijo: Dad a
aquélla el hijo vivo, y no lo matéis; ella es su
madre.
28 Y todo Israel oyó aquel juicio que había
dado el rey; y temieron al rey, porque vieron que había en él sabiduría de Dios para
juzgar.
4 REINÓ, pues, el rey Salomón sobre todo
Israel. 2 Y éstos fueron los jefes que tuvo:
Azarías hijo del sacerdote Sadoc;
3 Elihoref y Ahías, hijos de Sisa, secretarios;
Josafat hijo de Ahilud, canciller;
4 Benaía hijo de Joiada sobre el ejército;
Sadoc y Abiatar, los sacerdotes;
5 Azarías hijo de Natán, sobre los gobernadores; Zabud hijo de Natán, ministro principal y
amigo del rey;
6 Ahisar, mayordomo; y Adoniram hijo de
Abda, sobre el tributo.

LECCIONES DE VIDA

➤ ***3.9 — Da, pues, a tu siervo corazón entendido para juzgar a tu pueblo, y para discernir entre lo bueno y lo malo; porque ¿quién podrá gobernar este tu pueblo tan grande?***

Salomón quería ser capaz de dirigir sabiamente a su pueblo, y esta petición buena y honorable agradó mucho a Dios. Al fin y al cabo, «el temor de Jehová es el principio de la sabiduría» (Pr 9.10). Por cuanto Salomón hizo una petición tan excelente y buscó al Señor, Él no le dio lo que necesitaba solamente, sino más de lo que habría podido soñar (2 Cr 1.10–12).

LO QUE LA BIBLIA DICE ACERCA DE CÓMO PEDIR A DIOS COSAS ESPECÍFICAS

1 R 3.5–14

Muchos pasajes bíblicos retan a los creyentes a pedirle a Dios cosas muy específicas. Lea estos conocidos versículos para recordar cuán importante es pedirle a Dios lo que uno necesita. ¡Dios espera que usted *pida*!

- En Gabaón, el Señor se le apareció una noche en sueños a Salomón, y le dijo: «Pide lo que quieras que yo te dé» (1 R 3.5).
- Jesús dijo: «Y todo lo que pidiereis en oración, creyendo, lo recibiréis» (Mt 21.22).
- Jesús dijo: «Hasta ahora nada habéis pedido en mi nombre; pedid, y recibiréis, para que vuestro gozo sea cumplido» (Jn 16.24).
- «Si alguno de vosotros tiene falta de sabiduría, pídala a Dios, el cual da a todos abundantemente y sin reproche, y le será dada. Pero pida con fe, no dudando nada; porque el que duda es semejante a la onda del mar, que es arrastrada por el viento y echada de una parte a otra» (Stg 1.5, 6).

Si fuéramos a sintetizar estos versículos, hallaríamos algunos principios muy claros y concisos que se aplican a nuestras peticiones:

- Dios quiere que le pidamos que satisfaga todas nuestras necesidades.
- Dios se deleita en revelarnos sus deseos y su manera de hacer las cosas.
- Podemos pedirle a Dios acerca de cualquier cosa, incluso todo lo relacionado con el mundo natural.
- Somos sabios si pedimos en acuerdo con otros.
- Siempre debemos pedir en fe y en el nombre de Jesús.
- Dios responderá a nuestra necesidad, pero no en forma contraria a sus mandamientos, sino de la manera que le agrade y le glorifique.
- Podemos estar seguros que siempre que pidamos algo a Dios, Él oye y nos responde, dándonos precisamente lo que necesitamos —que puede no ser lo que creemos que necesitamos, pero siempre resultará en nuestro mayor beneficio.

La Biblia nos dice: «No tenéis lo que deseáis, porque no pedís» (Stg 4.2). ¿Por cuáles cosas en su vida usted ha dejado de pedirle a Dios?

¡Dios espera que usted *pida*!

Para un estudio más a fondo, véase el Índice de Principios de vida:

8. *Libremos nuestras batallas de rodillas y siempre obtendremos la victoria.*
27. *No hay nada como la oración para ahorrar tiempo.*

7 Tenía Salomón doce gobernadores sobre todo Israel, los cuales mantenían al rey y a su casa. Cada uno de ellos estaba obligado a abastecerlo por un mes en el año.
8 Y éstos son los nombres de ellos: el hijo de Hur en el monte de Efraín;
9 el hijo de Decar en Macaz, en Saalbim, en Bet-semes, en Elón y en Bet-hanán;
10 el hijo de Hesed en Arubot; éste tenía también a Soco y toda la tierra de Hefer;
11 el hijo de Abinadab en todos los territorios de Dor; éste tenía por mujer a Tafat hija de Salomón;
12 Baana hijo de Ahilud en Taanac y Meguido, en toda Bet-seán, que está cerca de Saretán, más abajo de Jezreel, desde Bet-seán hasta Abel-mehola, y hasta el otro lado de Jocmeam;
13 el hijo de Geber en Ramot de Galaad; éste tenía también las ciudades de Jair hijo de Manasés, las cuales estaban en Galaad; tenía también la provincia de Argob que estaba en Basán, sesenta grandes ciudades con muro y cerraduras de bronce;
14 Ahinadab hijo de Iddo en Mahanaim;
15 Ahimaas en Neftalí; éste tomó también por mujer a Basemat hija de Salomón.
16 Baana hijo de Husai, en Aser y en Alot;
17 Josafat hijo de Parúa, en Isacar;
18 Simei hijo de Ela, en Benjamín;
19 Geber hijo de Uri, en la tierra de Galaad, la tierra de Sehón rey de los amorreos y de Og rey de Basán; éste era el único gobernador en aquella tierra.
➢ 20 Judá e Israel eran muchos, como la arena que está junto al mar en multitud, comiendo, bebiendo y alegrándose.
21 Y Salomón señoreaba sobre todos los reinos desde el Éufrates hasta la tierra de los filisteos y el límite con Egipto;[a] y traían presentes, y sirvieron a Salomón todos los días que vivió.
22 Y la provisión de Salomón para cada día era de treinta coros de flor de harina, sesenta coros de harina,
23 diez bueyes gordos, veinte bueyes de pasto y cien ovejas; sin los ciervos, gacelas, corzos y aves gordas.
➢ 24 Porque él señoreaba en toda la región al oeste del Éufrates, desde Tifsa hasta Gaza, sobre todos los reyes al oeste del Éufrates; y tuvo paz por todos lados alrededor.
25 Y Judá e Israel vivían seguros, cada uno debajo de su parra y debajo de su higuera, desde Dan hasta Beerseba, todos los días de Salomón.
26 Además de esto, Salomón tenía cuarenta mil caballos en sus caballerizas para sus carros, y doce mil jinetes.[b]
27 Y estos gobernadores mantenían al rey Salomón, y a todos los que a la mesa del rey Salomón venían, cada uno un mes, y hacían que nada faltase.
28 Hacían también traer cebada y paja para los caballos y para las bestias de carga, al lugar donde él estaba, cada uno conforme al turno que tenía.
29 Y Dios dio a Salomón sabiduría y prudencia muy grandes, y anchura de corazón como la arena que está a la orilla del mar.
30 Era mayor la sabiduría de Salomón que la de todos los orientales, y que toda la sabiduría de los egipcios.
31 Aun fue más sabio que todos los hombres, más que Etán ezraíta,[c] y que Hemán, Calcol y Darda, hijos de Mahol; y fue conocido entre todas las naciones de alrededor.
32 Y compuso tres mil proverbios,[d] y sus cantares fueron mil cinco.[e]
33 También disertó sobre los árboles, desde el cedro del Líbano hasta el hisopo que nace en la pared. Asimismo disertó sobre los animales, sobre las aves, sobre los reptiles y sobre los peces.
34 Y para oír la sabiduría de Salomón venían de todos los pueblos y de todos los reyes de la tierra, adonde había llegado la fama de su sabiduría.

Pacto de Salomón con Hiram
(2 Cr 2.1-18)

5 HIRAM rey de Tiro envió también sus siervos a Salomón, luego que oyó que lo habían ungido por rey en lugar de su padre; porque Hiram siempre había amado a David.
2 Entonces Salomón envió a decir a Hiram:
3 Tú sabes que mi padre David no pudo edificar casa al nombre de Jehová su Dios, por

a. 4.21 Gn 15.18; 2 Cr 9.26. **b. 4.26** 1 R 10.26; 2 Cr 1.14; 9.25. **c. 4.31** Sal 89 tít. **d. 4.32** Pr 1.1; 10.1; 25.1. **e. 4.32** Cnt 1.1.

LECCIONES DE VIDA

➢ ***4.20 — Judá e Israel eran muchos, como la arena que está junto al mar en multitud, comiendo, bebiendo y alegrándose.***

El Señor hizo este pacto con Abraham: «multiplicaré tu descendencia… como la arena que está a la orilla del mar» (Gn 22.17). Es asombrosa la manera en que Dios hizo un gran pueblo de Isaac, el hijo de Abraham. Dios siempre bendice nuestra obediencia a Él, y nunca debemos olvidar que todas nuestras bendiciones vienen del Señor. Él es fiel para cumplir todas sus promesas a nosotros, mientras le sigamos en obediencia.

➢ ***4.24 — tuvo paz por todos lados alrededor.***

Cuando David quiso construirle una casa al Señor, Él le dijo que no lo haría, pero añadió: «He aquí te nacerá un hijo… yo le daré paz de todos sus enemigos en derredor; por tanto, su nombre será Salomón, y yo daré paz… él edificará casa a mi nombre» (1 Cr 22.9, 10; también 2 S 7.12–16). Aquí vemos el cumplimiento del juramento que hizo. Siempre podemos depositar toda nuestra confianza en la Palabra de Dios, pues Él tiene poder y sabiduría ilimitados para cumplir sus promesas al pie de la letra.

las guerras que le rodearon, hasta que Jehová puso sus enemigos bajo las plantas de sus
pies.
4 Ahora Jehová mi Dios me ha dado paz por
todas partes; pues ni hay adversarios, ni mal
que temer.
5 Yo; por tanto, he determinado ahora edificar
casa al nombre de Jehová mi Dios, según lo
que Jehová habló a David mi padre, diciendo:
Tu hijo, a quien yo pondré en lugar tuyo en tu
trono, él edificará casa a mi nombre.[a]
6 Manda, pues, ahora, que me corten cedros
del Líbano; y mis siervos estarán con los
tuyos, y yo te daré por tus siervos el salario que tú dijeres; porque tú sabes bien que
ninguno hay entre nosotros que sepa labrar
madera como los sidonios.
7 Cuando Hiram oyó las palabras de Salomón, se alegró en gran manera, y dijo: Bendito sea hoy Jehová, que dio hijo sabio a David
sobre este pueblo tan grande.
8 Y envió Hiram a decir a Salomón: He oído
lo que me mandaste a decir; yo haré todo lo
que te plazca acerca de la madera de cedro y
la madera de ciprés.
9 Mis siervos la llevarán desde el Líbano al
mar, y la enviaré en balsas por mar hasta el
lugar que tú me señales, y allí se desatará, y
tú la tomarás; y tú cumplirás mi deseo al dar
de comer a mi familia.
10 Dio, pues, Hiram a Salomón madera de
cedro y madera de ciprés, toda la que quiso.
11 Y Salomón daba a Hiram veinte mil coros
de trigo para el sustento de su familia, y veinte coros de aceite puro; esto daba Salomón a
Hiram cada año.
➤ 12 Jehová, pues, dio a Salomón sabiduría
como le había dicho; y hubo paz entre Hiram
y Salomón, e hicieron pacto entre ambos.
13 Y el rey Salomón decretó leva en todo
Israel, y la leva fue de treinta mil hombres,
14 los cuales enviaba al Líbano de diez mil
en diez mil, cada mes por turno, viniendo así
a estar un mes en el Líbano, y dos meses en
sus casas; y Adoniram estaba encargado de
aquella leva.
15 Tenía también Salomón setenta mil que llevaban las cargas, y ochenta mil cortadores en
el monte;
16 sin los principales oficiales de Salomón
que estaban sobre la obra, tres mil trescientos, los cuales tenían a cargo el pueblo que
hacía la obra.
17 Y mandó el rey que trajesen piedras grandes, piedras costosas, para los cimientos de la
casa, y piedras labradas.
18 Y los albañiles de Salomón y los de Hiram,
y los hombres de Gebal, cortaron y prepararon
la madera y la cantería para labrar la casa.

Salomón edifica el templo
(2 Cr 3.1-14)

6 EN el año cuatrocientos ochenta después que los hijos de Israel salieron de
Egipto, el cuarto año del principio del reino de
Salomón sobre Israel, en el mes de Zif, que es
el mes segundo, comenzó él a edificar la casa
de Jehová.
2 La casa que el rey Salomón edificó a Jehová tenía sesenta codos de largo y veinte de
ancho, y treinta codos de alto.
3 Y el pórtico delante del templo de la casa tenía
veinte codos de largo a lo ancho de la casa, y
el ancho delante de la casa era de diez codos.
4 E hizo a la casa ventanas anchas por dentro
y estrechas por fuera.
5 Edificó también junto al muro de la casa
aposentos alrededor, contra las paredes de la
casa alrededor del templo y del lugar santísimo; e hizo cámaras laterales alrededor.
6 El aposento de abajo era de cinco codos de
ancho, el de en medio de seis codos de ancho,
y el tercero de siete codos de ancho; porque
por fuera había hecho disminuciones a la casa
alrededor, para no empotrar las vigas en las
paredes de la casa.
7 Y cuando se edificó la casa, la fabricaron de
piedras que traían ya acabadas, de tal manera que cuando la edificaban, ni martillos ni
hachas se oyeron en la casa, ni ningún otro
instrumento de hierro.
8 La puerta del aposento de en medio estaba
al lado derecho de la casa; y se subía por una
escalera de caracol al de en medio, y del aposento de en medio al tercero.
9 Labró, pues, la casa, y la terminó; y la cubrió
con artesonados de cedro.
10 Edificó asimismo el aposento alrededor de
toda la casa, de altura de cinco codos, el cual
se apoyaba en la casa con maderas de cedro.
11 Y vino palabra de Jehová a Salomón,
diciendo:
12 Con relación a esta casa que tú edificas, ➤
si anduvieres en mis estatutos e hicieres mis

a. 5.5 2 S 7.12-13; 1 Cr 17.11-12.

LECCIONES DE VIDA

➤ ***5.12 — Jehová, pues, dio a Salomón sabiduría como le había dicho.***

El Señor siempre lleva a cabo sus promesas. Puede ser que no veamos cómo puede cumplir lo que se compromete hacer, pero confiar en Dios significa ver más allá de lo que podemos, hacia lo que Dios ve; y tener fe en que Él tiene amor, poder y sabiduría para hacer cumplir su palabra.

➤ ***6.12 — si anduvieres... y guardares todos mis mandamientos andando en ellos, yo cumpliré contigo mi palabra.***

Muchas de las promesas de Dios a nosotros son por naturaleza condicionales: *si* hacemos esto, *entonces* el Señor hará aquello. Él no está bajo ninguna obligación de cumplir una promesa condicional si incumplimos nuestra parte del pacto.

decretos, y guardares todos mis mandamientos andando en ellos, yo cumpliré contigo mi
palabra que hablé a David tu padre;
13 y habitaré en ella en medio de los hijos de
Israel, y no dejaré a mi pueblo Israel.
14 Así, pues, Salomón labró la casa y la terminó.
15 Y cubrió las paredes de la casa con tablas
de cedro, revistiéndola de madera por dentro,
desde el suelo de la casa hasta las vigas de la
techumbre; cubrió también el pavimento con
madera de ciprés.
16 Asimismo hizo al final de la casa un edificio de veinte codos, de tablas de cedro desde
el suelo hasta lo más alto; así hizo en la casa
un aposento que es el lugar santísimo.[a]
17 La casa, esto es, el templo de adelante,
tenía cuarenta codos.
18 Y la casa estaba cubierta de cedro por dentro, y tenía entalladuras de calabazas silvestres y de botones de flores. Todo era cedro;
ninguna piedra se veía.
19 Y adornó el lugar santísimo por dentro en
medio de la casa, para poner allí el arca del
pacto de Jehová.
20 El lugar santísimo estaba en la parte de
adentro, el cual tenía veinte codos de largo,
veinte de ancho, y veinte de altura; y lo cubrió
de oro purísimo; asimismo cubrió de oro el
altar de cedro.
21 De manera que Salomón cubrió de oro
puro la casa por dentro, y cerró la entrada
del santuario con cadenas de oro, y lo cubrió
de oro.
22 Cubrió, pues, de oro toda la casa de arriba
abajo, y asimismo cubrió de oro todo el altar
que estaba frente al lugar santísimo.[b]
23 Hizo también en el lugar santísimo dos
querubines[c] de madera de olivo, cada uno de
diez codos de altura.
24 Una ala del querubín tenía cinco codos, y
la otra ala del querubín otros cinco codos; así
que había diez codos desde la punta de una
ala hasta la punta de la otra.
25 Asimismo el otro querubín tenía diez codos;
porque ambos querubines eran de un mismo
tamaño y de una misma hechura.
26 La altura del uno era de diez codos, y asimismo la del otro.
27 Puso estos querubines dentro de la casa en
el lugar santísimo, los cuales extendían sus
alas, de modo que el ala de uno tocaba una
pared, y el ala del otro tocaba la otra pared, y
las otras dos alas se tocaban la una a la otra
en medio de la casa.
28 Y cubrió de oro los querubines.
29 Y esculpió todas las paredes de la casa alrededor de diversas figuras, de querubines, de
palmeras y de botones de flores, por dentro
y por fuera.
30 Y cubrió de oro el piso de la casa, por dentro y por fuera.
31 A la entrada del santuario hizo puertas de
madera de olivo; y el umbral y los postes eran
de cinco esquinas.
32 Las dos puertas eran de madera de olivo;
y talló en ellas figuras de querubines, de palmeras y de botones de flores, y las cubrió de
oro; cubrió también de oro los querubines y
las palmeras.
33 Igualmente hizo a la puerta del templo postes cuadrados de madera de olivo.
34 Pero las dos puertas eran de madera de
ciprés; y las dos hojas de una puerta giraban,
y las otras dos hojas de la otra puerta también giraban.
35 Y talló en ellas querubines y palmeras y
botones de flores, y las cubrió de oro ajustado
a las talladuras.
36 Y edificó el atrio interior de tres hileras de
piedras labradas, y de una hilera de vigas de
cedro.
37 En el cuarto año, en el mes de Zif, se echaron los cimientos de la casa de Jehová.
38 Y en el undécimo año, en el mes de Bul,
que es el mes octavo, fue acabada la casa con
todas sus dependencias, y con todo lo necesario. La edificó, pues, en siete años.

Otros edificios de Salomón
(2 Cr 3.1-14)

7 DESPUÉS edificó Salomón su propia casa ➤
en trece años, y la terminó toda.
2 Asimismo edificó la casa del bosque del
Líbano, la cual tenía cien codos de longitud,
cincuenta codos de anchura y treinta codos
de altura, sobre cuatro hileras de columnas de
cedro, con vigas de cedro sobre las columnas.
3 Y estaba cubierta de tablas de cedro arriba
sobre las vigas, que se apoyaban en cuarenta y cinco columnas; cada hilera tenía quince columnas.
4 Y había tres hileras de ventanas, una ventana contra la otra en tres hileras.
5 Todas las puertas y los postes eran cuadrados; y unas ventanas estaban frente a las otras
en tres hileras.
6 También hizo un pórtico de columnas, que
tenía cincuenta codos de largo y treinta codos
de ancho; y este pórtico estaba delante de

a. 6.16 Éx 26.33-34. **b. 6.22** Éx 30.1-3. **c. 6.23-28** Éx 25.18-20.

LECCIONES DE VIDA

➤ ***7.1 — Después edificó Salomón su propia casa en trece años, y la terminó toda.***

Salomón tardó siete años en construir el templo, pero dedicó casi el doble de tiempo a construir su propio palacio. ¿Podría esto revelar una prioridad errónea?

las primeras, con sus columnas y maderos correspondientes.
7 Hizo asimismo el pórtico del trono en que había de juzgar, el pórtico del juicio, y lo cubrió de cedro del suelo al techo.
8 Y la casa en que él moraba, en otro atrio dentro del pórtico, era de obra semejante a ésta. Edificó también Salomón para la hija de Faraón, que había tomado por mujer,[a] una casa de hechura semejante a la del pórtico.
9 Todas aquellas obras fueron de piedras costosas, cortadas y ajustadas con sierras según las medidas, así por dentro como por fuera, desde el cimiento hasta los remates, y asimismo por fuera hasta el gran atrio.
10 El cimiento era de piedras costosas, piedras grandes, piedras de diez codos y piedras de ocho codos.
11 De allí hacia arriba eran también piedras costosas, labradas conforme a sus medidas, y madera de cedro.
12 Y en el gran atrio alrededor había tres hileras de piedras labradas, y una hilera de vigas de cedro; y así también el atrio interior de la casa de Jehová, y el atrio de la casa.

Salomón emplea a Hiram, de Tiro
(2 Cr 3.13-14; 3.15-17)

13 Y envió el rey Salomón, e hizo venir de Tiro a Hiram,
14 hijo de una viuda de la tribu de Neftalí. Su padre, que trabajaba en bronce, era de Tiro; e Hiram era lleno de sabiduría, inteligencia y ciencia en toda obra de bronce. Éste, pues, vino al rey Salomón, e hizo toda su obra.
15 Y vació dos columnas de bronce; la altura de cada una era de dieciocho codos, y rodeaba a una y otra un hilo de doce codos.
16 Hizo también dos capiteles de fundición de bronce, para que fuesen puestos sobre las cabezas de las columnas; la altura de un capitel era de cinco codos, y la del otro capitel también de cinco codos.
17 Había trenzas a manera de red, y unos cordones a manera de cadenas, para los capiteles que se habían de poner sobre las cabezas de las columnas; siete para cada capitel.
18 Hizo también dos hileras de granadas alrededor de la red, para cubrir los capiteles que estaban en las cabezas de las columnas con las granadas; y de la misma forma hizo en el otro capitel.
19 Los capiteles que estaban sobre las columnas en el pórtico, tenían forma de lirios, y eran de cuatro codos.
20 Tenían también los capiteles de las dos columnas, doscientas granadas en dos hileras alrededor en cada capitel, encima de su globo, el cual estaba rodeado por la red.
21 Estas columnas erigió en el pórtico del templo; y cuando hubo alzado la columna del lado derecho, le puso por nombre Jaquín, y alzando la columna del lado izquierdo, llamó su nombre Boaz.
22 Y puso en las cabezas de las columnas tallado en forma de lirios, y así se acabó la obra de las columnas.

Mobiliario del templo
(2 Cr 4.1-5.1)

23 Hizo fundir asimismo un mar de diez codos de un lado al otro, perfectamente redondo; su altura era de cinco codos, y lo ceñía alrededor un cordón de treinta codos.
24 Y rodeaban aquel mar por debajo de su borde alrededor unas bolas como calabazas, diez en cada codo, que ceñían el mar alrededor en dos filas, las cuales habían sido fundidas cuando el mar fue fundido.
25 Y descansaba sobre doce bueyes; tres miraban al norte, tres miraban al occidente, tres miraban al sur, tres miraban al oriente; sobre éstos se apoyaba el mar, y las ancas de ellos estaban hacia la parte de adentro.
26 El grueso del mar era de un palmo menor, y el borde era labrado como el borde de un cáliz o de flor de lis; y cabían en él dos mil batos.
27 Hizo también diez basas de bronce, siendo la longitud de cada basa de cuatro codos, y la anchura de cuatro codos, y de tres codos la altura.
28 La obra de las basas era ésta: tenían unos tableros, los cuales estaban entre molduras;
29 y sobre aquellos tableros que estaban entre las molduras, había figuras de leones, de bueyes y de querubines; y sobre las molduras de la basa, así encima como debajo de los leones y de los bueyes, había unas añadiduras de bajo relieve.
30 Cada basa tenía cuatro ruedas de bronce, con ejes de bronce, y en sus cuatro esquinas había repisas de fundición que sobresalían de los festones, para venir a quedar debajo de la fuente.
31 Y la boca de la fuente entraba un codo en el remate que salía para arriba de la basa; y la boca era redonda, de la misma hechura del remate, y éste de codo y medio. Había también sobre la boca entalladuras con sus tableros, los cuales eran cuadrados, no redondos.
32 Las cuatro ruedas estaban debajo de los tableros, y los ejes de las ruedas nacían en la misma basa. La altura de cada rueda era de un codo y medio.
33 Y la forma de las ruedas era como la de las ruedas de un carro; sus ejes, sus rayos, sus cubos y sus cinchos, todo era de fundición.
34 Asimismo las cuatro repisas de las cuatro esquinas de cada basa; y las repisas eran parte de la misma basa.
35 Y en lo alto de la basa había una pieza redonda de medio codo de altura, y encima de la basa sus molduras y tableros, los cuales salían de ella misma.
36 E hizo en las tablas de las molduras, y en los tableros, entalladuras de querubines, de leones y de palmeras, con proporción en

a. 7.8 1 R 3.1.

el espacio de cada una, y alrededor otros adornos.
37 De esta forma hizo diez basas, fundidas de una misma manera, de una misma medida y de una misma entalladura.
38 Hizo también diez fuentes de bronce;[b] cada fuente contenía cuarenta batos, y cada una era de cuatro codos; y colocó una fuente sobre cada una de las diez basas.
39 Y puso cinco basas a la mano derecha de la casa, y las otras cinco a la mano izquierda; y colocó el mar al lado derecho de la casa, al oriente, hacia el sur.
40 Asimismo hizo Hiram fuentes, y tenazas, y cuencos. Así terminó toda la obra que hizo a Salomón para la casa de Jehová:
41 dos columnas, y los capiteles redondos que estaban en lo alto de las dos columnas; y dos redes que cubrían los dos capiteles redondos que estaban sobre la cabeza de las columnas;
42 cuatrocientas granadas para las dos redes, dos hileras de granadas en cada red, para cubrir los dos capiteles redondos que estaban sobre las cabezas de las columnas;
43 las diez basas, y las diez fuentes sobre las basas;
44 un mar, con doce bueyes debajo del mar;
45 y calderos, paletas, cuencos, y todos los utensilios que Hiram hizo al rey Salomón, para la casa de Jehová, de bronce bruñido.
46 Todo lo hizo fundir el rey en la llanura del Jordán, en tierra arcillosa, entre Sucot y Saretán.
47 Y no inquirió Salomón el peso del bronce de todos los utensilios, por la gran cantidad de ellos.
48 Entonces hizo Salomón todos los enseres que pertenecían a la casa de Jehová: un altar de oro,[c] y una mesa también de oro,[d] sobre la cual estaban los panes de la proposición;
49 cinco candeleros[e] de oro purísimo a la mano derecha, y otros cinco a la izquierda, frente al lugar santísimo; con las flores, las lámparas y tenazas de oro.
50 Asimismo los cántaros, despabiladeras, tazas, cucharillas e incensarios, de oro purísimo; también de oro los quiciales de las puertas de la casa de adentro, del lugar santísimo, y los de las puertas del templo.
51 Así se terminó toda la obra que dispuso hacer el rey Salomón para la casa de Jehová. Y metió Salomón lo que David su padre había dedicado,[f] plata, oro y utensilios; y depositó todo en las tesorerías de la casa de Jehová.

Salomón traslada el arca al templo
(2 Cr 5.2-14)

8 ENTONCES Salomón reunió ante sí en Jerusalén a los ancianos de Israel, a todos los jefes de las tribus, y a los principales de las familias de los hijos de Israel, para traer el arca del pacto de Jehová de la ciudad de David,[a] la cual es Sion.
2 Y se reunieron con el rey Salomón todos los varones de Israel en el mes de Etanim, que es el mes séptimo, en el día de la fiesta solemne.
3 Y vinieron todos los ancianos de Israel, y los sacerdotes tomaron el arca.
4 Y llevaron el arca de Jehová, y el tabernáculo de reunión, y todos los utensilios sagrados que estaban en el tabernáculo, los cuales llevaban los sacerdotes y levitas.
5 Y el rey Salomón, y toda la congregación de Israel que se había reunido con él, estaban con él delante del arca, sacrificando ovejas y bueyes, que por la multitud no se podían contar ni numerar.
6 Y los sacerdotes metieron el arca del pacto de Jehová en su lugar, en el santuario de la casa, en el lugar santísimo, debajo de las alas de los querubines.
7 Porque los querubines tenían extendidas las alas sobre el lugar del arca, y así cubrían los querubines el arca y sus varas por encima.
8 Y sacaron las varas, de manera que sus extremos se dejaban ver desde el lugar santo, que está delante del lugar santísimo, pero no se dejaban ver desde más afuera; y así quedaron hasta hoy.
9 En el arca ninguna cosa había sino las dos tablas de piedra que allí había puesto Moisés en Horeb,[b] donde Jehová hizo pacto con los hijos de Israel, cuando salieron de la tierra de Egipto.
10 Y cuando los sacerdotes salieron del santuario, la nube llenó la casa de Jehová. ➤
11 Y los sacerdotes no pudieron permanecer para ministrar por causa de la nube; porque la gloria de Jehová había llenado la casa de Jehová.[c]

Dedicación del templo
(2 Cr 6.1-7.10)

12 Entonces dijo Salomón: Jehová ha dicho que él habitaría en la oscuridad.
13 Yo he edificado casa por morada para ti, sitio en que tú habites para siempre.

b. 7.38 Éx 30.17-21. **c. 7.48** Éx 30.1-3. **d. 7.48** Éx 25.23-30. **e. 7.49** Éx 25.31-40. **f. 7.51** 2 S 8.11; 1 Cr 18.11.
a. 8.1 2 S 6.12-16; 1 Cr 15.25-29. **b. 8.9** Dt 10.5.
c. 8.10-11 Éx 40.34-35.

LECCIONES DE VIDA

➤ ***8.10 — Y cuando los sacerdotes salieron del santuario, la nube llenó la casa de Jehová.***

A veces la presencia del Señor es tan obvia y potente que debemos dejar de ministrar y solamente adorar. En esos momentos de intimidad cumplimos nuestro más alto propósito.

14 Y volviendo el rey su rostro, bendijo a toda
la congregación de Israel; y toda la congregación de Israel estaba de pie.
15 Y dijo: Bendito sea Jehová, Dios de Israel,
que habló a David mi padre lo que con su
mano ha cumplido, diciendo:
16 Desde el día que saqué de Egipto a mi pueblo Israel, no he escogido ciudad de todas las
tribus de Israel para edificar casa en la cual
estuviese mi nombre, aunque escogí a David
para que presidiese en mi pueblo Israel.[d]
17 Y David mi padre tuvo en su corazón
edificar casa al nombre de Jehová Dios de
Israel.
➤ 18 Pero Jehová dijo a David mi padre: Cuanto a haber tenido en tu corazón edificar casa
a mi nombre, bien has hecho en tener tal
deseo.[e]
19 Pero tú no edificarás la casa, sino tu hijo
que saldrá de tus lomos, él edificará casa a
mi nombre.[f]
20 Y Jehová ha cumplido su palabra que había
dicho; porque yo me he levantado en lugar de
David mi padre, y me he sentado en el trono
de Israel, como Jehová había dicho, y he edificado la casa al nombre de Jehová Dios de
Israel.
21 Y he puesto en ella lugar para el arca, en la
cual está el pacto de Jehová que él hizo con
nuestros padres cuando los sacó de la tierra
de Egipto.
22 Luego se puso Salomón delante del altar
de Jehová, en presencia de toda la congregación de Israel, y extendiendo sus manos al
cielo,
23 dijo: Jehová Dios de Israel, no hay Dios
como tú, ni arriba en los cielos ni abajo en la
tierra, que guardas el pacto y la misericordia
a tus siervos, los que andan delante de ti con
todo su corazón;
➤ 24 que has cumplido a tu siervo David mi
padre lo que le prometiste; lo dijiste con tu
boca, y con tu mano lo has cumplido, como
sucede en este día.
25 Ahora, pues, Jehová Dios de Israel, cumple
a tu siervo David mi padre lo que le prometiste, diciendo: No te faltará varón delante de mí,
que se siente en el trono de Israel, con tal que
tus hijos guarden mi camino y anden delante
de mí como tú has andado delante de mí.[g]
26 Ahora, pues, oh Jehová Dios de Israel,
cúmplase la palabra que dijiste a tu siervo
David mi padre.
27 Pero ¿es verdad que Dios morará sobre la ➤
tierra? He aquí que los cielos, los cielos de los
cielos, no te pueden contener; ¿cuánto menos
esta casa que yo he edificado?[h]
28 Con todo, tú atenderás a la oración de tu
siervo, y a su plegaria, oh Jehová Dios mío,
oyendo el clamor y la oración que tu siervo
hace hoy delante de ti;
29 que estén tus ojos abiertos de noche y de
día sobre esta casa, sobre este lugar del cual
has dicho: Mi nombre estará allí;[i] y que oigas
la oración que tu siervo haga en este lugar.
30 Oye, pues, la oración de tu siervo, y de tu
pueblo Israel; cuando oren en este lugar, también tú lo oirás en el lugar de tu morada, en
los cielos; escucha y perdona.
31 Si alguno pecare contra su prójimo, y le
tomaren juramento haciéndole jurar, y viniere
el juramento delante de tu altar en esta casa;
32 tú oirás desde el cielo y actuarás, y juzgarás a tus siervos, condenando al impío y
haciendo recaer su proceder sobre su cabeza, y justificando al justo para darle conforme a su justicia.
33 Si tu pueblo Israel fuere derrotado delante
de sus enemigos por haber pecado contra ti,
y se volvieren a ti y confesaren tu nombre, y
oraren y te rogaren y suplicaren en esta casa,
34 tú oirás en los cielos, y perdonarás el pecado de tu pueblo Israel, y los volverás a la tierra que diste a sus padres.
35 Si el cielo se cerrare y no lloviere, por
haber ellos pecado contra ti, y te rogaren en
este lugar y confesaren tu nombre, y se volvieren del pecado, cuando los afligieres,
36 tú oirás en los cielos, y perdonarás el
pecado de tus siervos y de tu pueblo Israel,

d. 8.16 2 S 7.4-11; 1 Cr 17.3-10. **e. 8.17-18** 2 S 7.1-3; 1 Cr 17.1-2. **f. 8.19** 2 S 7.12-13; 1 Cr 17.11-12. **g. 8.25** 1 R 2.4. **h. 8.27** 2 Cr 2.6. **i. 8.29** Dt 12.11.

LECCIONES DE VIDA

➤ ***8.18 — haber tenido en tu corazón edificar casa a mi nombre.***

Las decepciones son inevitables, el desánimo es por elección nuestra. Así como David deseó construir el templo, puede haber algo bueno en nuestro corazón que realmente queremos hacer, pero Dios no aprueba porque tiene en mente un propósito mejor para nosotros (1 Cr 17). En lugar de descorazonarnos, deberíamos enfocarnos en Dios y las grandes cosas que hará. Él siempre cumple sus propósitos a su manera. Nuestra parte es confiar y obedecer.

➤ ***8.24 — has cumplido a tu siervo David mi padre lo que le prometiste; lo dijiste con tu boca, y con tu mano lo has cumplido, como sucede en este día.***

Dios es honrado y nosotros bendecidos cuando reconocemos públicamente que Él cumple todas sus promesas. El Señor es absolutamente digno de confianza, y podemos edificar nuestras vidas sobre su Palabra.

➤ ***8.27 — ¿es verdad que Dios morará sobre la tierra? He aquí que los cielos, los cielos de los cielos, no te pueden contener; ¿cuánto menos esta casa que yo he edificado?***

Nuestro Dios llena el universo, pero decidió habitar de una manera muy especial en el templo de Jerusalén. Hoy día, no vive en un templo de fabricación humana, sino en los corazones de todos los que creemos en Cristo (1 Co 6.19).

enseñándoles el buen camino en que anden; y
darás lluvias sobre tu tierra, la cual diste a tu
pueblo por heredad.
37 Si en la tierra hubiere hambre, pestilencia, tizoncillo, añublo, langosta o pulgón; si
sus enemigos los sitiaren en la tierra en donde habiten; cualquier plaga o enfermedad que
sea;
➤ 38 toda oración y toda súplica que hiciere cualquier hombre, o todo tu pueblo Israel,
cuando cualquiera sintiere la plaga en su
corazón, y extendiere sus manos a esta casa,
39 tú oirás en los cielos, en el lugar de tu
morada, y perdonarás, y actuarás, y darás a
cada uno conforme a sus caminos, cuyo corazón tú conoces (porque sólo tú conoces el
corazón de todos los hijos de los hombres);
40 para que te teman todos los días que vivan
sobre la faz de la tierra que tú diste a nuestros padres.
41 Asimismo el extranjero, que no es de tu
pueblo Israel, que viniere de lejanas tierras a
causa de tu nombre
42 (pues oirán de tu gran nombre, de tu mano
fuerte y de tu brazo extendido), y viniere a
orar a esta casa,
➤ 43 tú oirás en los cielos, en el lugar de tu
morada, y harás conforme a todo aquello por
lo cual el extranjero hubiere clamado a ti,
para que todos los pueblos de la tierra conozcan tu nombre y te teman, como tu pueblo
Israel, y entiendan que tu nombre es invocado
sobre esta casa que yo edifiqué.
44 Si tu pueblo saliere en batalla contra sus
enemigos por el camino que tú les mandes, y
oraren a Jehová con el rostro hacia la ciudad
que tú elegiste, y hacia la casa que yo edifiqué
a tu nombre,
45 tú oirás en los cielos su oración y su súplica, y les harás justicia.
46 Si pecaren contra ti (porque no hay hombre que no peque), y estuvieres airado contra
ellos, y los entregares delante del enemigo,
para que los cautive y lleve a tierra enemiga,
sea lejos o cerca,
47 y ellos volvieren en sí en la tierra donde fueren cautivos; si se convirtieren, y oraren a ti en la tierra de los que los cautivaron,
y dijeren: Pecamos, hemos hecho lo malo,
hemos cometido impiedad;
48 y si se convirtieren a ti de todo su corazón
y de toda su alma, en la tierra de sus enemigos
que los hubieren llevado cautivos, y oraren a
ti con el rostro hacia su tierra que tú diste a
sus padres, y hacia la ciudad que tú elegiste y
la casa que yo he edificado a tu nombre,
49 tú oirás en los cielos, en el lugar de tu
morada, su oración y su súplica, y les harás
justicia.
50 Y perdonarás a tu pueblo que había pecado contra ti, y todas sus infracciones con que
se hayan rebelado contra ti, y harás que tengan de ellos misericordia los que los hubieren
llevado cautivos;
51 porque ellos son tu pueblo y tu heredad, el
cual tú sacaste de Egipto, de en medio del horno de hierro.
52 Estén, pues, atentos tus ojos a la oración de tu siervo y a la plegaria de tu pueblo
Israel, para oírlos en todo aquello por lo cual
te invocaren;
53 porque tú los apartaste para ti como heredad tuya de entre todos los pueblos de la tierra, como lo dijiste por medio de Moisés tu
siervo, cuando sacaste a nuestros padres de
Egipto, oh Señor Jehová.
54 Cuando acabó Salomón de hacer a Jehová
toda esta oración y súplica, se levantó de estar
de rodillas delante del altar de Jehová con sus
manos extendidas al cielo;
55 y puesto en pie, bendijo a toda la congregación de Israel, diciendo en voz alta:
56 Bendito sea Jehová, que ha dado paz a su *
pueblo Israel, conforme a todo lo que él había
dicho; ninguna palabra de todas sus promesas
que expresó por Moisés su siervo, ha faltado.[j]
57 Esté con nosotros Jehová nuestro Dios,
como estuvo con nuestros padres, y no nos
desampare ni nos deje.
58 Incline nuestro corazón hacia él, para que ➤
andemos en todos sus caminos, y guardemos
sus mandamientos y sus estatutos y sus decretos, los cuales mandó a nuestros padres.
59 Y estas mis palabras con que he orado delante de Jehová, estén cerca de Jehová

j. 8.56 Dt 12.10; Jos 21.44-45.

LECCIONES DE VIDA

➤ ***8.38 — cuando cualquiera sintiere la plaga en su corazón.***

Es importante que cada uno de nosotros reconozca «la plaga en su corazón». No debemos enfocarnos en nuestra propia pecaminosidad, sino arrepentirnos de ella y honrar a Dios. Eso sí, debemos entender nuestra tendencia personal a ciertos tipos de pecado, para que podamos alejarnos de situaciones tentadoras que podrían instigarnos a caer.

➤ ***8.43 — harás conforme a todo aquello por lo cual el extranjero hubiere clamado a ti, para que todos los pueblos de la tierra conozcan tu nombre y te teman.***

Desde un principio, el deseo del Señor fue que el mundo entero llegara a conocerle, amarle, adorarle y servirle. La intimidad con Dios es su más alta prioridad para cada persona, en todas partes de la tierra.

➤ ***8.58 — Incline nuestro corazón hacia él, para que andemos en todos sus caminos, y guardemos sus mandamientos.***

Puesto que todos tendemos a desviarnos (1 R 8.46), es sabio orar con frecuencia para que Dios aumente nuestro amor por Él, y también que intensifique nuestro deseo de andar en sus caminos y obedecer con gozo su Palabra.

nuestro Dios de día y de noche, para que él
proteja la causa de su siervo y de su pueblo
Israel, cada cosa en su tiempo;
60 a fin de que todos los pueblos de la tierra
sepan que Jehová es Dios, y que no hay otro.
61 Sea, pues, perfecto vuestro corazón para
con Jehová nuestro Dios, andando en sus
estatutos y guardando sus mandamientos,
como en el día de hoy.
62 Entonces el rey, y todo Israel con él, sacrificaron víctimas delante de Jehová.
63 Y ofreció Salomón sacrificios de paz, los
cuales ofreció a Jehová, veintidós mil bueyes
y ciento veinte mil ovejas. Así dedicaron el rey
y todos los hijos de Israel la casa de Jehová.
64 Aquel mismo día santificó el rey el medio
del atrio, el cual estaba delante de la casa de
Jehová; porque ofreció allí los holocaustos,
las ofrendas y la grosura de los sacrificios de
paz, por cuanto el altar de bronce que estaba
delante de Jehová era pequeño, y no cabían en
él los holocaustos, las ofrendas y la grosura de
los sacrificios de paz.
65 En aquel tiempo Salomón hizo fiesta, y con
él todo Israel, una gran congregación, desde
donde entran en Hamat hasta el río de Egipto, delante de Jehová nuestro Dios, por siete días y aun por otros siete días, esto es, por
catorce días.
➤ 66 Y al octavo día despidió al pueblo; y ellos,
bendiciendo al rey, se fueron a sus moradas
alegres y gozosos de corazón, por todos los
beneficios que Jehová había hecho a David su
siervo y a su pueblo Israel.

Pacto de Dios con Salomón
(2 Cr 7.11-22)

9 CUANDO Salomón hubo acabado la obra
de la casa de Jehová, y la casa real, y todo
lo que Salomón quiso hacer,
2 Jehová apareció a Salomón la segunda vez,
como le había aparecido en Gabaón.[a]
➤ 3 Y le dijo Jehová: Yo he oído tu oración y tu
ruego que has hecho en mi presencia. Yo he
santificado esta casa que tú has edificado,
para poner mi nombre en ella para siempre;
y en ella estarán mis ojos y mi corazón todos
los días.
4 Y si tú anduvieres delante de mí como anduvo David tu padre, en integridad de corazón y
en equidad, haciendo todas las cosas que yo
te he mandado, y guardando mis estatutos y
mis decretos,
5 yo afirmaré el trono de tu reino sobre Israel
para siempre, como hablé a David tu padre,
diciendo: No faltará varón de tu descendencia
en el trono de Israel.[b]
6 Mas si obstinadamente os apartareis de mí
vosotros y vuestros hijos, y no guardareis
mis mandamientos y mis estatutos que yo he
puesto delante de vosotros, sino que fuereis y
sirviereis a dioses ajenos, y los adorareis;
7 yo cortaré a Israel de sobre la faz de la tierra
que les he entregado; y esta casa que he santificado a mi nombre, yo la echaré de delante de mí, e Israel será por proverbio y refrán a
todos los pueblos;
8 y esta casa, que estaba en estima, cualquiera que pase por ella se asombrará, y se burlará, y dirá: ¿Por qué ha hecho así Jehová a esta
tierra y a esta casa?[c]
9 Y dirán: Por cuanto dejaron a Jehová su
Dios, que había sacado a sus padres de tierra
de Egipto, y echaron mano a dioses ajenos, y
los adoraron y los sirvieron; por eso ha traído
Jehová sobre ellos todo este mal.

Otras actividades de Salomón
(2 Cr 7.11-22)

10 Aconteció al cabo de veinte años, cuando
Salomón ya había edificado las dos casas, la
casa de Jehová y la casa real,
11 para las cuales Hiram rey de Tiro había
traído a Salomón madera de cedro y de ciprés,
y cuanto oro quiso, que el rey Salomón dio a
Hiram veinte ciudades en tierra de Galilea.
12 Y salió Hiram de Tiro para ver las ciudades
que Salomón le había dado, y no le gustaron.
13 Y dijo: ¿Qué ciudades son estas que me has
dado, hermano? Y les puso por nombre, la tierra de Cabul, nombre que tiene hasta hoy.
14 E Hiram había enviado al rey ciento veinte talentos de oro.
15 Ésta es la razón de la leva que el rey Salomón impuso para edificar la casa de Jehová, y
su propia casa, y Milo, y el muro de Jerusalén,
y Hazor, Meguido y Gezer:
16 Faraón el rey de Egipto había subido y
tomado a Gezer, y la quemó, y dio muerte a los
cananeos que habitaban la ciudad, y la dio en
dote a su hija la mujer de Salomón.
17 Restauró, pues, Salomón a Gezer y a la
baja Bet-horón,

a. 9.2 1 R 3.5; 2 Cr 1.7. **b. 9.5** 1 R 2.4. **c. 9.8** 2 R 25.9; 2 Cr 36.19.

LECCIONES DE VIDA

➤ ***8.66 — ellos, bendiciendo al rey, se fueron a sus moradas alegres y gozosos de corazón, por todos los beneficios que Jehová había hecho.***

Es importante que como pueblo de Dios nos congreguemos periódicamente para celebrar todo el bien que el Señor ha hecho por nosotros, con corazones gozosos. Esto no solamente honra a Dios, también nos anima a permanecer fieles a Él.

➤ ***9.3 — Yo he oído tu oración y tu ruego que has hecho en mi presencia.***

Si traemos a Dios nuestras peticiones, Él nos oye. Quizás no siempre parezca que Él nos escucha, y hasta a veces sintamos que nuestras palabras no pasan del techo. Pero Él siempre nos oye, y actúa a nuestro favor cuando esperamos en Él.

18 a Baalat, y a Tadmor en tierra del desierto;
19 asimismo todas las ciudades donde Salomón tenía provisiones, y las ciudades de los carros, y las ciudades de la gente de a caballo, y todo lo que Salomón quiso edificar en Jerusalén, en el Líbano, y en toda la tierra de su señorío.
20 A todos los pueblos que quedaron de los amorreos, heteos, ferezeos, heveos y jebuseos, que no eran de los hijos de Israel;
21 a sus hijos que quedaron en la tierra después de ellos, que los hijos de Israel no pudieron acabar, hizo Salomón que sirviesen con tributo hasta hoy.
22 Mas a ninguno de los hijos de Israel impuso Salomón servicio, sino que eran hombres de guerra, o sus criados, sus príncipes, sus capitanes, comandantes de sus carros, o su gente de a caballo.
23 Y los que Salomón había hecho jefes y vigilantes sobre las obras eran quinientos cincuenta, los cuales estaban sobre el pueblo que trabajaba en aquella obra.
24 Y subió la hija de Faraón de la ciudad de David a su casa que Salomón le había edificado; entonces edificó él a Milo.
25 Y ofrecía Salomón tres veces cada año[d] holocaustos y sacrificios de paz sobre el altar que él edificó a Jehová, y quemaba incienso sobre el que estaba delante de Jehová, después que la casa fue terminada.
26 Hizo también el rey Salomón naves en Ezión-geber, que está junto a Elot en la ribera del Mar Rojo, en la tierra de Edom.
27 Y envió Hiram en ellas a sus siervos, marineros y diestros en el mar, con los siervos de Salomón,
28 los cuales fueron a Ofir y tomaron de allí oro, cuatrocientos veinte talentos, y lo trajeron al rey Salomón.

La reina de Sabá visita a Salomón
(2 Cr 9.1-12)

10 OYENDO la reina de Sabá[a] la fama que Salomón había alcanzado por el nombre de Jehová, vino a probarle con preguntas difíciles.
2 Y vino a Jerusalén con un séquito muy grande, con camellos cargados de especias, y oro en gran abundancia, y piedras preciosas; y cuando vino a Salomón, le expuso todo lo que en su corazón tenía.
3 Y Salomón le contestó todas sus preguntas, y nada hubo que el rey no le contestase.
4 Y cuando la reina de Sabá vio toda la sabiduría de Salomón, y la casa que había edificado,
5 asimismo la comida de su mesa, las habitaciones de sus oficiales, el estado y los vestidos de los que le servían, sus maestresalas, y sus holocaustos que ofrecía en la casa de Jehová, se quedó asombrada.
6 Y dijo al rey: Verdad es lo que oí en mi tierra de tus cosas y de tu sabiduría;
7 pero yo no lo creía, hasta que he venido, y mis ojos han visto que ni aun se me dijo la mitad; es mayor tu sabiduría y bien, que la fama que yo había oído.
8 Bienaventurados tus hombres, dichosos estos tus siervos, que están continuamente delante de ti, y oyen tu sabiduría.
9 Jehová tu Dios sea bendito, que se agradó de ti para ponerte en el trono de Israel; porque Jehová ha amado siempre a Israel, te ha puesto por rey, para que hagas derecho y justicia.
10 Y dio ella al rey ciento veinte talentos de oro, y mucha especiería, y piedras preciosas; nunca vino tan gran cantidad de especias, como la reina de Sabá dio al rey Salomón.
11 La flota de Hiram que había traído el oro de Ofir, traía también de Ofir mucha madera de sándalo, y piedras preciosas.
12 Y de la madera de sándalo hizo el rey balaustres para la casa de Jehová y para las casas reales, arpas también y salterios para los cantores; nunca vino semejante madera de sándalo, ni se ha visto hasta hoy.
13 Y el rey Salomón dio a la reina de Sabá todo lo que ella quiso, y todo lo que pidió, además de lo que Salomón le dio. Y ella se volvió, y se fue a su tierra con sus criados.

Riquezas y fama de Salomón
(2 Cr 9.13-24)

14 El peso del oro que Salomón tenía de renta cada año, era seiscientos sesenta y seis talentos de oro;
15 sin lo de los mercaderes, y lo de la contratación de especias, y lo de todos los reyes de Arabia, y de los principales de la tierra.
16 Hizo también el rey Salomón doscientos escudos grandes de oro batido; seiscientos siclos de oro gastó en cada escudo.
17 Asimismo hizo trescientos escudos de oro batido, en cada uno de los cuales gastó tres libras de oro; y el rey los puso en la casa del bosque del Líbano.
18 Hizo también el rey un gran trono de marfil, el cual cubrió de oro purísimo.
19 Seis gradas tenía el trono, y la parte alta era redonda por el respaldo; y a uno y otro lado tenía brazos cerca del asiento, junto a los cuales estaban colocados dos leones.
20 Estaban también doce leones puestos allí sobre las seis gradas, de un lado y de otro; en ningún otro reino se había hecho trono semejante.
21 Y todos los vasos de beber del rey Salomón eran de oro, y asimismo toda la vajilla de la casa del bosque del Líbano era de oro fino; nada de plata, porque en tiempo de Salomón no era apreciada.
22 Porque el rey tenía en el mar una flota de naves de Tarsis, con la flota de Hiram. Una vez cada tres años venía la flota de Tarsis, y traía oro, plata, marfil, monos y pavos reales.

---

d. 9.25 Éx 23.17; 34.23; Dt 16.16. **a. 10.1-10** Mt 12.42; Lc 11.31.

➤23 Así excedía el rey Salomón a todos los reyes de la tierra en riquezas y en sabiduría.
24 Toda la tierra procuraba ver la cara de Salomón, para oír la sabiduría que Dios había puesto en su corazón.
25 Y todos le llevaban cada año sus presentes: alhajas de oro y de plata, vestidos, armas, especias aromáticas, caballos y mulos.

Salomón comercia en caballos y en carros
(2 Cr 1.14-17; 9.25-28)

26 Y juntó Salomón carros y gente de a caballo; y tenía mil cuatrocientos carros, y doce mil jinetes,[b] los cuales puso en las ciudades de los carros, y con el rey en Jerusalén.
27 E hizo el rey que en Jerusalén la plata llegara a ser como piedras,[c] y los cedros como cabrahigos de la Sefela en abundancia.
➤28 Y traían de Egipto caballos y lienzos a Salomón;[d] porque la compañía de los mercaderes del rey compraba caballos y lienzos.
29 Y venía y salía de Egipto, el carro por seiscientas piezas de plata, y el caballo por ciento cincuenta; y así los adquirían por mano de ellos todos los reyes de los heteos, y de Siria.

Apostasía y dificultades de Salomón

➤11 PERO el rey Salomón amó, además de la hija de Faraón, a muchas mujeres extranjeras;[a] a las de Moab, a las de Amón, a las de Edom, a las de Sidón y a las heteas;
2 gentes de las cuales Jehová había dicho a los hijos de Israel: No os llegaréis a ellas, ni ellas se llegarán a vosotros; porque ciertamente harán inclinar vuestros corazones tras sus dioses.[b] A éstas, pues, se juntó Salomón con amor.
3 Y tuvo setecientas mujeres reinas y trescientas concubinas; y sus mujeres desviaron su corazón.
4 Y cuando Salomón era ya viejo, sus mujeres inclinaron su corazón tras dioses ajenos, y su corazón no era perfecto con Jehová su Dios, como el corazón de su padre David. ➤
5 Porque Salomón siguió a Astoret, diosa de los sidonios, y a Milcom, ídolo abominable de los amonitas.
6 E hizo Salomón lo malo ante los ojos de Jehová, y no siguió cumplidamente a Jehová como David su padre.
7 Entonces edificó Salomón un lugar alto a Quemos, ídolo abominable de Moab, en el monte que está enfrente de Jerusalén, y a Moloc, ídolo abominable de los hijos de Amón.
8 Así hizo para todas sus mujeres extranjeras, las cuales quemaban incienso y ofrecían sacrificios a sus dioses.
9 Y se enojó Jehová contra Salomón, por cuanto su corazón se había apartado de Jehová Dios de Israel, que se le había aparecido dos veces,
10 y le había mandado acerca de esto, que no siguiese a dioses ajenos; mas él no guardó lo que le mandó Jehová.
11 Y dijo Jehová a Salomón: Por cuanto ha habido esto en ti, y no has guardado mi pacto y mis estatutos que yo te mandé, romperé de ti el reino, y lo entregaré a tu siervo.
12 Sin embargo, no lo haré en tus días, por amor a David tu padre; lo romperé de la mano de tu hijo.
13 Pero no romperé todo el reino, sino que daré una tribu a tu hijo, por amor a David mi

b. 10.26 1 R 4.26. **c. 10.27** Dt 17.17. **d. 10.28** Dt 17.16.
a. 11.1 Dt 17.17. **b. 11.2** Éx 34.16; Dt 7.3-4.

LECCIONES DE VIDA

➤ ***10.23 — Así excedía el rey Salomón a todos los reyes de la tierra en riquezas y en sabiduría.***

El Señor había prometido hacer de Salomón el hombre más sabio en la historia y el rey más rico de su tiempo, y cumplió esa promesa veinte años después de dársela.

➤ ***10.28 — traían de Egipto caballos.***

Todo lo que Satanás necesita es un pequeño hueco para posicionarse, entonces él empieza con algo que parece insignificante, como importar caballos de una nación extranjera. ¿Por qué Dios prohibió justamente eso (Dt 17.16)? Se requiere muy poco para alejar nuestro corazón del Señor. Esa es la naturaleza de las concesiones al pecado; nunca requieren que nos apartemos radicalmente de Dios, sino que facilitan un deslizamiento gradual. Esto hace que nos alejemos de Dios poco a poco, y dificulta cada vez más volver al punto de partida. Uno sale perdiendo, porque eso es lo que sucede cuando transigimos con el mal.

➤ ***11.1 — el rey Salomón amó… a muchas mujeres extranjeras.***

Todo lo que el Señor prohibió a los reyes en Deuteronomio 17.16, 17, Salomón lo hizo. Acumuló caballos egipcios, plata, oro y esposas extranjeras. Este fue el comienzo de su gran caída, y todo se debió a que pisó la trampa de claudicar sus creencias en Dios y seguir las malas costumbres de las naciones paganas con que se asoció, aunque el Señor le había advertido las consecuencias de ello (1 R 9.4–7). Salomón perdió así la bendición de Dios.

➤ ***11.4 — cuando Salomón era ya viejo, sus mujeres inclinaron su corazón tras dioses ajenos.***

Las concesiones saludables ocurren cuando podemos trabajar con otros sin sacrificar nuestros valores y creencias. Las concesiones malsanas implican el abandono de ideales cuerdos y valores legítimos, lo cual conduce a la bancarrota moral y espiritual.

➤ ***11.14 — Jehová suscitó un adversario a Salomón: Hadad edomita.***

Cuando el Señor suscita un adversario en nuestra contra, no lo hace solamente para disciplinarnos, sino para traernos de vuelta a una devoción de todo corazón a Él. Hasta en su juicio, Él es clemente.

RESPUESTAS A PREGUNTAS DE LA VIDA

¿Dónde se traza el límite entre concesiones saludables y malsanas?

1 R 11.1–13

Las concesiones se hacen para ganar algo. En algunos casos son buenas. Si alguna vez ha tenido que ceder en la elección de un restaurante o negociar en la compra de un vehículo, no necesita que le expliquen cómo se hacen y para qué sirven las concesiones en la vida diaria.

Las concesiones *saludables* nos permiten trabajar con otros sin poner en entredicho nuestros valores y creencias esenciales. Toda relación humana saludable incluye un aspecto de «toma y dame». Por otro lado, las concesiones *malsanas* requieren el abandono de ideales, parámetros cuerdos y piadosos, y nos dejan en la bancarrota moral y espiritual.

La historia de Salomón ilustra el desenlace trágico de las concesiones malsanas. Salomón superó a todos los gobernantes de su tiempo en sabiduría y riquezas. Gente de todo el mundo acudía a Salomón por su sabiduría. Sin embargo, Salomón desobedeció de forma deliberada la advertencia de Dios contra el matrimonio con mujeres de otras religiones (Dt 7.3; 1 R 11.1, 2). ¿Cuál fue el resultado? El corazón de Salomón se apartó de la devoción absoluta a Dios y empezó a apegarse a los dioses falsos de sus esposas. No se engañe. Dar la espalda a la verdad de Dios siempre empieza con un acto que parece inofensivo, pero el resultado final es remordimiento, tristeza profunda y opresión, así como separación emocional y espiritual de Dios.

Vivimos en un mundo lleno de tentaciones, que nos apremia a dar el brazo a torcer con nuestros valores y creencias. Cada vez que lo hacemos pagamos un precio, aunque al principio no parezca ser gran cosa para los demás (o incluso para nosotros mismos). Satanás quiere que creamos la mentira de que nadie sale lastimado cuando claudicamos nuestros valores una que otra vez. Esa mentira les ha costado a muchos hombres sus empleos y ministerios, a muchos niños su inocencia, y hasta la vida misma a muchos otros.

La justicia de Dios es para siempre. Él no acepta ninguna componenda de sus principios santos. Considere a Salomón, cuyo desmoronamiento vino después de su acomodo. Dios no se quedó corto. Dijo que rompería el reino de su mano por causa de sus concesiones malsanas, y fue exactamente lo que sucedió (1 R 11.11).

Las concesiones malsanas salen caras. Corrompen. Acarrean el fracaso.

¿Le ha revelado Dios un área de su vida en la que hace concesiones? Quizás haya pasado de considerar una simple concesión a cruzar el límite con alguna actividad pecaminosa. Satanás es astuto y recursivo, si logra que usted renuncie a lo que es importante en su vida, puede lanzarlo por un tobogán tenebroso que podría salirle muy caro. No caiga en esa trampa. No dé su brazo a torcer. No haga concesiones con su fe. Obedezca a Dios, confíe en Él y permítale moldear su vida para que todo lo que haga refleje a los demás su amor, bondad, santidad y verdad.

Para un estudio más a fondo, véase el Índice de Principios de vida:

2. *Obedezcamos a Dios y dejemos las consecuencias en sus manos*

siervo, y por amor a Jerusalén, la cual yo he elegido.
14 Y Jehová suscitó un adversario a Salomón: Hadad edomita, de sangre real, el cual estaba en Edom.
15 Porque cuando David estaba en Edom y subió Joab el general del ejército a enterrar los muertos, y mató a todos los varones de Edom
16 (porque seis meses habitó allí Joab, y todo Israel, hasta que hubo acabado con todo el sexo masculino en Edom),
17 Hadad huyó, y con él algunos varones edomitas de los siervos de su padre, y se fue a Egipto; era entonces Hadad muchacho pequeño.
18 Y se levantaron de Madián, y vinieron a Parán; y tomando consigo hombres de Parán, vinieron a Egipto, a Faraón rey de Egipto, el

cual les dio casa y les señaló alimentos, y aun
les dio tierra.
19 Y halló Hadad gran favor delante de Faraón,
el cual le dio por mujer la hermana de su esposa, la hermana de la reina Tahpenes.
20 Y la hermana de Tahpenes le dio a luz su
hijo Genubat, al cual destetó Tahpenes en
casa de Faraón; y estaba Genubat en casa de
Faraón entre los hijos de Faraón.
21 Y oyendo Hadad en Egipto que David había
dormido con sus padres, y que era muerto
Joab general del ejército, Hadad dijo a Faraón:
Déjame ir a mi tierra.
22 Faraón le respondió: ¿Por qué? ¿Qué te falta conmigo, que procuras irte a tu tierra? Él
respondió: Nada; con todo, te ruego que me
dejes ir.
23 Dios también levantó por adversario contra
Salomón a Rezón hijo de Eliada, el cual había
huido de su amo Hadad-ezer, rey de Soba.
24 Y había juntado gente contra él, y se
había hecho capitán de una compañía, cuando David deshizo a los de Soba. Después fueron a Damasco y habitaron allí, y le hicieron
rey en Damasco.
25 Y fue adversario de Israel todos los días de
Salomón; y fue otro mal con el de Hadad, porque aborreció a Israel, y reinó sobre Siria.
26 También Jeroboam hijo de Nabat, efrateo
de Sereda, siervo de Salomón, cuya madre
se llamaba Zerúa, la cual era viuda, alzó su
mano contra el rey.
27 La causa por la cual éste alzó su mano
contra el rey fue ésta: Salomón, edificando a
Milo, cerró el portillo de la ciudad de David
su padre.
28 Y este varón Jeroboam era valiente y esforzado; y viendo Salomón al joven que era hombre activo, le encomendó todo el cargo de la
casa de José.
29 Aconteció, pues, en aquel tiempo, que
saliendo Jeroboam de Jerusalén, le encontró
en el camino el profeta Ahías silonita, y éste
estaba cubierto con una capa nueva; y estaban ellos dos solos en el campo.
30 Y tomando Ahías la capa nueva que tenía
sobre sí, la rompió en doce pedazos,
➤ 31 y dijo a Jeroboam: Toma para ti los diez
pedazos; porque así dijo Jehová Dios de
Israel: He aquí que yo rompo el reino de la
mano de Salomón, y a ti te daré diez tribus;
32 y él tendrá una tribu por amor a David mi
siervo, y por amor a Jerusalén, ciudad que yo
he elegido de todas las tribus de Israel;
33 por cuanto me han dejado, y han adorado
a Astoret diosa de los sidonios, a Quemos dios
de Moab, y a Moloc dios de los hijos de Amón;
y no han andado en mis caminos para hacer
lo recto delante de mis ojos, y mis estatutos y
mis decretos, como hizo David su padre.
34 Pero no quitaré nada del reino de sus
manos, sino que lo retendré por rey todos los
días de su vida, por amor a David mi siervo, al
cual yo elegí, y quien guardó mis mandamientos y mis estatutos.
35 Pero quitaré el reino de la mano de su hijo,
y lo daré a ti, las diez tribus.
36 Y a su hijo daré una tribu, para que mi sier- ➤
vo David tenga lámpara todos los días delante de mí en Jerusalén, ciudad que yo me elegí
para poner en ella mi nombre.
37 Yo, pues, te tomaré a ti, y tú reinarás en
todas las cosas que deseare tu alma, y serás
rey sobre Israel.
38 Y si prestares oído a todas las cosas que
te mandare, y anduvieres en mis caminos, e
hicieres lo recto delante de mis ojos, guardando mis estatutos y mis mandamientos, como
hizo David mi siervo, yo estaré contigo y te
edificaré casa firme, como la edifiqué a David,
y yo te entregaré a Israel.
39 Y yo afligiré a la descendencia de David a
causa de esto, mas no para siempre.
40 Por esto Salomón procuró matar a Jero- ➤
boam, pero Jeroboam se levantó y huyó a
Egipto, a Sisac rey de Egipto, y estuvo en
Egipto hasta la muerte de Salomón.

Muerte de Salomón
(2 Cr 9.29-31)

41 Los demás hechos de Salomón, y todo lo
que hizo, y su sabiduría, ¿no está escrito en el
libro de los hechos de Salomón?
42 Los días que Salomón reinó en Jerusalén
sobre todo Israel fueron cuarenta años.
43 Y durmió Salomón con sus padres, y fue
sepultado en la ciudad de su padre David; y
reinó en su lugar Roboam su hijo.

LECCIONES DE VIDA

➤ ***11.31 — He aquí que yo rompo el reino de la mano de Salomón, y a ti te daré diez tribus.***

Ahías predijo aquí la división posterior del reino en dos naciones, Judá al sur e Israel al norte. Diez tribus seguirían a Jeroboam en la formación de un nuevo estado, mientras la tribu de Benjamín permanecería con Judá en servicio a Roboam, el hijo de Salomón.

➤ ***11.36 — a su hijo daré una tribu, para que mi siervo David tenga lámpara todos los días delante de mí en Jerusalén.***

El pecado de Salomón, aunque grande, no fue suficiente para invalidar el pacto de Dios con David. Nadie puede impedirle al Señor cumplir sus promesas a usted.

➤ ***11.40 — Salomón procuró matar a Jeroboam.***

Al parecer, Salomón se enteró de la profecía de Ahías contra él (1 R 11.29–31), y en lugar de arrepentirse, procuró frustrarla matando a Jeroboam. Pero «no hay… consejo, contra Jehová» (Pr 21.30). Nadie puede impedir lo que el Señor ha declarado que hará.

Rebelión de Israel
(2 Cr 10.1-11.4)

12 ROBOAM fue a Siquem, porque todo
Israel había venido a Siquem para
hacerle rey.
2 Y aconteció que cuando lo oyó Jeroboam
hijo de Nabat, que aún estaba en Egipto, adonde había huido de delante del rey Salomón, y
habitaba en Egipto,
3 enviaron a llamarle. Vino, pues, Jeroboam, y
toda la congregación de Israel, y hablaron a
Roboam, diciendo:
4 Tu padre agravó nuestro yugo, mas ahora
disminuye tú algo de la dura servidumbre de
tu padre, y del yugo pesado que puso sobre
nosotros, y te serviremos.
5 Y él les dijo: Idos, y de aquí a tres días volved a mí. Y el pueblo se fue.
6 Entonces el rey Roboam pidió consejo de los
ancianos que habían estado delante de Salomón su padre cuando vivía, y dijo: ¿Cómo
aconsejáis vosotros que responda a este pueblo?
7 Y ellos le hablaron diciendo: Si tú fueres hoy
siervo de este pueblo y lo sirvieres, y respondiéndoles buenas palabras les hablares, ellos
te servirán para siempre.
8 Pero él dejó el consejo que los ancianos le
habían dado, y pidió consejo de los jóvenes
que se habían criado con él, y estaban delante de él.
9 Y les dijo: ¿Cómo aconsejáis vosotros que
respondamos a este pueblo, que me ha hablado diciendo: Disminuye algo del yugo que tu
padre puso sobre nosotros?
10 Entonces los jóvenes que se habían criado
con él le respondieron diciendo: Así hablarás
a este pueblo que te ha dicho estas palabras:
Tu padre agravó nuestro yugo, mas tú dismi-
núyenos algo; así les hablarás: El menor dedo
de los míos es más grueso que los lomos de
mi padre.
11 Ahora, pues, mi padre os cargó de pesado yugo, mas yo añadiré a vuestro yugo; mi
padre os castigó con azotes, mas yo os castigaré con escorpiones.
12 Al tercer día vino Jeroboam con todo el
pueblo a Roboam, según el rey lo había mandado, diciendo: Volved a mí al tercer día.
13 Y el rey respondió al pueblo duramente,
dejando el consejo que los ancianos le habían
dado;
14 y les habló conforme al consejo de los jóvenes, diciendo: Mi padre agravó vuestro yugo,
pero yo añadiré a vuestro yugo; mi padre os
castigó con azotes, mas yo os castigaré con
escorpiones.
15 Y no oyó el rey al pueblo; porque era desig- ➤
nio de Jehová para confirmar la palabra que
Jehová había hablado por medio de Ahías
silonita a Jeroboam hijo de Nabat.
16 Cuando todo el pueblo vio que el rey no les
había oído, le respondió estas palabras, diciendo: ¿Qué parte tenemos nosotros con David?
No tenemos heredad en el hijo de Isaí. ¡Israel,
a tus tiendas![a] ¡Provee ahora en tu casa, David!
Entonces Israel se fue a sus tiendas.
17 Pero reinó Roboam sobre los hijos de Israel
que moraban en las ciudades de Judá.
18 Y el rey Roboam envió a Adoram, que estaba
sobre los tributos; pero lo apedreó todo Israel,
y murió. Entonces el rey Roboam se apresuró a
subirse en un carro y huir a Jerusalén.
19 Así se apartó Israel de la casa de David
hasta hoy.
20 Y aconteció que oyendo todo Israel que
Jeroboam había vuelto, enviaron a llamarle a
la congregación, y le hicieron rey sobre todo
Israel, sin quedar tribu alguna que siguiese la
casa de David, sino sólo la tribu de Judá.
21 Y cuando Roboam vino a Jerusalén, reunió
a toda la casa de Judá y a la tribu de Benjamín, ciento ochenta mil hombres, guerreros
escogidos, con el fin de hacer guerra a la casa
de Israel, y hacer volver el reino a Roboam
hijo de Salomón.
22 Pero vino palabra de Jehová a Semaías
varón de Dios, diciendo:
23 Habla a Roboam hijo de Salomón, rey de
Judá, y a toda la casa de Judá y de Benjamín,
y a los demás del pueblo, diciendo:
24 Así ha dicho Jehová: No vayáis, ni peleéis
contra vuestros hermanos los hijos de Israel;
volveos cada uno a su casa, porque esto lo he
hecho yo. Y ellos oyeron la palabra de Dios, y
volvieron y se fueron, conforme a la palabra
de Jehová.

El pecado de Jeroboam
25 Entonces reedificó Jeroboam a Siquem en
el monte de Efraín, y habitó en ella; y saliendo de allí, reedificó a Penuel.
26 Y dijo Jeroboam en su corazón: Ahora se
volverá el reino a la casa de David,
27 si este pueblo subiere a ofrecer sacrificios
en la casa de Jehová en Jerusalén; porque el
corazón de este pueblo se volverá a su señor

a. 12.16 2 S 20.1.

LECCIONES DE VIDA

➤ ***12.15 — no oyó el rey al pueblo; porque era designio de Jehová para confirmar la palabra.***

En vez de buscar sabiduría de lo alto para guiar la nación, o seguir las recomendaciones de los consejeros de su padre, Roboam recurrió a sus amigos insensatos, que sin duda le dijeron justo lo que quería oír. A causa de su orgullo, las palabras de Dios por medio de Ahías se hicieron realidad en poco tiempo (1 R 11.29–31).

Roboam rey de Judá, y me matarán a mí, y se
volverán a Roboam rey de Judá.
➢ 28 Y habiendo tenido consejo, hizo el rey dos
becerros de oro, y dijo al pueblo: Bastante
habéis subido a Jerusalén; he aquí tus dioses,
oh Israel, los cuales te hicieron subir de la tierra de Egipto.[b]
29 Y puso uno en Bet-el, y el otro en Dan.
30 Y esto fue causa de pecado; porque el pueblo iba a adorar delante de uno hasta Dan.
31 Hizo también casas sobre los lugares altos,
e hizo sacerdotes de entre el pueblo, que no
eran de los hijos de Leví.
32 Entonces instituyó Jeroboam fiesta solemne en el mes octavo, a los quince días del mes,
conforme a la fiesta solemne que se celebraba en Judá; y sacrificó sobre un altar. Así hizo
en Bet-el, ofreciendo sacrificios a los becerros
que había hecho. Ordenó también en Bet-el
sacerdotes para los lugares altos que él había
fabricado.
➢ 33 Sacrificó, pues, sobre el altar que él había
hecho en Bet-el, a los quince días del mes
octavo, el mes que él había inventado de su
propio corazón;[c] e hizo fiesta a los hijos de
Israel, y subió al altar para quemar incienso.

Un profeta de Judá amonesta a Jeroboam

➢ 13 HE aquí que un varón de Dios por palabra de Jehová vino de Judá a Bet-el; y
estando Jeroboam junto al altar para quemar
incienso,
➢ 2 aquél clamó contra el altar por palabra de
Jehová y dijo: Altar, altar, así ha dicho Jehová: He aquí que a la casa de David nacerá un
hijo llamado Josías, el cual sacrificará sobre ti
a los sacerdotes de los lugares altos que queman sobre ti incienso, y sobre ti quemarán
huesos de hombres.[a]
3 Y aquel mismo día dio una señal, diciendo:
Ésta es la señal de que Jehová ha hablado: he
aquí que el altar se quebrará, y la ceniza que
sobre él está se derramará.
4 Cuando el rey Jeroboam oyó la palabra del
varón de Dios, que había clamado contra el
altar de Bet-el, extendiendo su mano desde el
altar, dijo: ¡Prendedle! Mas la mano que había
extendido contra él, se le secó, y no la pudo
enderezar.
5 Y el altar se rompió, y se derramó la ceniza
del altar, conforme a la señal que el varón de
Dios había dado por palabra de Jehová.
6 Entonces respondiendo el rey, dijo al varón
de Dios: Te pido que ruegues ante la presencia
de Jehová tu Dios, y ores por mí, para que mi
mano me sea restaurada. Y el varón de Dios
oró a Jehová, y la mano del rey se le restauró,
y quedó como era antes.
7 Y el rey dijo al varón de Dios: Ven conmigo a
casa, y comerás, y yo te daré un presente.
8 Pero el varón de Dios dijo al rey: Aunque me
dieras la mitad de tu casa, no iría contigo, ni
comería pan ni bebería agua en este lugar.
9 Porque así me está ordenado por palabra
de Jehová, diciendo: No comas pan, ni bebas
agua, ni regreses por el camino que fueres.
10 Regresó, pues, por otro camino, y no volvió por el camino por donde había venido a
Bet-el.
11 Moraba entonces en Bet-el un viejo profeta, al cual vino su hijo y le contó todo lo que el
varón de Dios había hecho aquel día en Bet-el;
le contaron también a su padre las palabras
que había hablado al rey.
12 Y su padre les dijo: ¿Por qué camino se fue?
Y sus hijos le mostraron el camino por donde
había regresado el varón de Dios que había
venido de Judá.

b. 12.28 Éx 32.4. **c. 12.32-33** Lv 23.33-34.
a. 13.2 2 R 23.15-16.

LECCIONES DE VIDA

➢ ***12.28 — habiendo tenido consejo, hizo el rey dos becerros de oro, y dijo al pueblo: Bastante habéis subido a Jerusalén; he aquí tus dioses, oh Israel.***

Siglos atrás, los israelitas habían fabricado un ídolo de oro y habían proclamado: «Israel, estos son tus dioses, que te sacaron de la tierra de Egipto» (Éx 32.4). Satanás rara vez cambia su táctica, pero lo triste del caso es que no necesita hacerlo.

➢ ***12.33 — sobre el altar que él había hecho en Bet-el.***

La religión puede ser manipulada por la gente para que sirva a sus fines políticos. Jeroboam intentó mantener el pueblo de Israel leal a él creando nuevos sitios y maneras más fáciles de rendir culto. Aunque su religión falsificada persuadió a los israelitas, esto desagradó totalmente a Dios. En últimas, el Señor no permitió a Jeroboam seguir extraviando al pueblo con ídolos falsos y altares profanos (1 R 13.1–3). Sin importar cuán sugestivas fueron sus mentiras a Israel, no pudieron cambiar la verdad, y la religión falsa de Jeroboam no substituyó la relación íntima que Dios quiso tener con su pueblo.

➢ ***13.1 — un varón de Dios por palabra de Jehová vino de Judá a Bet-el; y estando Jeroboam junto al altar para quemar incienso.***

Muchos «varones de Dios» que no se conocen por nombre sirvieron al Señor a lo largo de la historia de Israel. Como la mayoría de nosotros, le obedecieron en servicio humilde y fiel desde el anonimato. Pero podemos estar seguros que Dios recuerda tanto nuestras obras como nuestros nombres, y nos recompensará por todo nuestro servicio fiel a Él.

➢ ***13.2 — así ha dicho Jehová: He aquí que a la casa de David nacerá un hijo llamado Josías.***

Dios no solía revelar el nombre de personas que tendrían una actuación crucial en el futuro. Pero aquí identifica a Josías, quien vivió siglos más tarde y cumplió esta profecía contra el altar pagano de Jeroboam y los sacerdotes perversos de Israel (2 R 23.15–20).

13 Y él dijo a sus hijos: Ensilladme el asno. Y
ellos le ensillaron el asno, y él lo montó.
14 Y yendo tras el varón de Dios, le halló sentado debajo de una encina, y le dijo: ¿Eres tú
el varón de Dios que vino de Judá? Él dijo:
Yo soy.
15 Entonces le dijo: Ven conmigo a casa, y
come pan.
16 Mas él respondió: No podré volver contigo,
ni iré contigo, ni tampoco comeré pan ni beberé agua contigo en este lugar.
17 Porque por palabra de Dios me ha sido
dicho: No comas pan ni bebas agua allí, ni
regreses por el camino por donde fueres.
18 Y el otro le dijo, mintiéndole: Yo también
soy profeta como tú, y un ángel me ha hablado por palabra de Jehová, diciendo: Tráele
contigo a tu casa, para que coma pan y beba
agua.
19 Entonces volvió con él, y comió pan en su
casa, y bebió agua.
20 Y aconteció que estando ellos en la mesa,
vino palabra de Jehová al profeta que le había
hecho volver.
21 Y clamó al varón de Dios que había venido
de Judá, diciendo: Así dijo Jehová: Por cuanto
has sido rebelde al mandato de Jehová, y no
guardaste el mandamiento que Jehová tu Dios
te había prescrito,
22 sino que volviste, y comiste pan y bebiste agua en el lugar donde Jehová te había
dicho que no comieses pan ni bebieses agua,
no entrará tu cuerpo en el sepulcro de tus
padres.
23 Cuando había comido pan y bebido, el que
le había hecho volver le ensilló el asno.
24 Y yéndose, le topó un león en el camino, y
le mató; y su cuerpo estaba echado en el camino, y el asno junto a él, y el león también junto al cuerpo.
25 Y he aquí unos que pasaban, y vieron el
cuerpo que estaba echado en el camino, y el
león que estaba junto al cuerpo; y vinieron y
lo dijeron en la ciudad donde el viejo profeta habitaba.
➤ 26 Oyéndolo el profeta que le había hecho
volver del camino, dijo: El varón de Dios es,
que fue rebelde al mandato de Jehová; por
tanto, Jehová le ha entregado al león, que le
ha quebrantado y matado, conforme a la palabra de Jehová que él le dijo.
27 Y habló a sus hijos, y les dijo: Ensilladme
un asno. Y ellos se lo ensillaron.
28 Y él fue, y halló el cuerpo tendido en el
camino, y el asno y el león que estaban junto
al cuerpo; el león no había comido el cuerpo,
ni dañado al asno.
29 Entonces tomó el profeta el cuerpo del
varón de Dios, y lo puso sobre el asno y se lo
llevó. Y el profeta viejo vino a la ciudad, para
endecharle y enterrarle.
30 Y puso el cuerpo en su sepulcro; y le endecharon, diciendo: ¡Ay, hermano mío!
31 Y después que le hubieron enterrado, habló
a sus hijos, diciendo: Cuando yo muera, ente-
rradme en el sepulcro en que está sepultado
el varón de Dios; poned mis huesos junto a
los suyos.
32 Porque sin duda vendrá lo que él dijo a
voces por palabra de Jehová contra el altar
que está en Bet-el, y contra todas las casas de
los lugares altos que están en las ciudades de
Samaria.
33 Con todo esto, no se apartó Jeroboam de su
mal camino, sino que volvió a hacer sacerdotes de los lugares altos de entre el pueblo, y a
quien quería lo consagraba para que fuese de
los sacerdotes de los lugares altos.
34 Y esto fue causa de pecado a la casa de
Jeroboam, por lo cual fue cortada y raída de
sobre la faz de la tierra.

Profecía de Ahías contra Jeroboam

14 EN aquel tiempo Abías hijo de Jeroboam
cayó enfermo.
2 Y dijo Jeroboam a su mujer: Levántate ahora y disfrázate, para que no te conozcan que
eres la mujer de Jeroboam, y ve a Silo; porque
allá está el profeta Ahías, el que me dijo que
yo había de ser rey sobre este pueblo.
3 Y toma en tu mano diez panes, y tortas, y
una vasija de miel, y ve a él, para que te declare lo que ha de ser de este niño.
4 Y la mujer de Jeroboam lo hizo así; y se
levantó y fue a Silo, y vino a casa de Ahías.

LECCIONES DE VIDA

➤ ***13.26 — Jehová le ha entregado al león, que le ha quebrantado y matado, conforme a la palabra de Jehová que él le dijo.***

Cuando sabemos que hemos oído de parte del Señor, no podemos dejar que nadie nos convenza que Él ha cambiado de parecer, sin importar la fuente de cualquier presunta revelación nueva (Dt 13.1–4; Gá 1.8). Recuerde la advertencia de 2 Corintios 11.14, 15: «el mismo Satanás se disfraza como ángel de luz. Así que, no es extraño si también sus ministros se disfrazan como ministros de justicia; cuyo fin será conforme a sus obras».

➤ ***13.33 — no se apartó Jeroboam de su mal camino, sino que volvió a hacer sacerdotes de los lugares altos de entre el pueblo.***

Sentir remordimiento por las consecuencias desagradables del pecado no es lo mismo que arrepentirse del pecado (1 R 13.6). «El hombre que reprendido endurece la cerviz, de repente será quebrantado, y no habrá para él medicina» (Pr 29.1).

➤ ***14.2 — disfrázate, para que no te conozcan que eres la mujer de Jeroboam, y ve a Silo; porque allá está el profeta Ahías.***

Jeroboam reconoció a sus propios profetas como fraudes y a Ahías como el verdadero varón de Dios. A pesar de ello, siguió en desacato a los mandatos del Señor. Jeroboam provee una clara ilustración de Oseas 8.2–4.

Y ya no podía ver Ahías, porque sus ojos se
habían oscurecido a causa de su vejez.
➤ 5 Mas Jehová había dicho a Ahías: He aquí
que la mujer de Jeroboam vendrá a consultarte por su hijo, que está enfermo; así y así
le responderás, pues cuando ella viniere, vendrá disfrazada.
6 Cuando Ahías oyó el sonido de sus pies, al
entrar ella por la puerta, dijo: Entra, mujer de
Jeroboam. ¿Por qué te finges otra? He aquí yo
soy enviado a ti con revelación dura.
7 Ve y di a Jeroboam: Así dijo Jehová Dios de
Israel: Por cuanto yo te levanté de en medio
del pueblo, y te hice príncipe sobre mi pueblo Israel,
8 y rompí el reino de la casa de David y te lo
entregué a ti; y tú no has sido como David mi
siervo, que guardó mis mandamientos y anduvo en pos de mí con todo su corazón, haciendo
solamente lo recto delante de mis ojos,
9 sino que hiciste lo malo sobre todos los que
han sido antes de ti, pues fuiste y te hiciste dioses ajenos e imágenes de fundición para enojarme, y a mí me echaste tras tus espaldas;
10 por tanto, he aquí que yo traigo mal sobre
la casa de Jeroboam, y destruiré de Jeroboam todo varón, así el siervo como el libre
en Israel; y barreré la posteridad de la casa
de Jeroboam como se barre el estiércol, hasta
que sea acabada.[a]
11 El que muera de los de Jeroboam en la ciudad, lo comerán los perros, y el que muera en
el campo, lo comerán las aves del cielo; porque Jehová lo ha dicho.
12 Y tú levántate y vete a tu casa; y al poner tu
pie en la ciudad, morirá el niño.
➤ 13 Y todo Israel lo endechará, y le enterrarán;
porque de los de Jeroboam, sólo él será sepultado, por cuanto se ha hallado en él alguna
cosa buena delante de Jehová Dios de Israel,
en la casa de Jeroboam.
14 Y Jehová levantará para sí un rey sobre
Israel, el cual destruirá la casa de Jeroboam
en este día; y lo hará ahora mismo.
➤ 15 Jehová sacudirá a Israel al modo que la
caña se agita en las aguas; y él arrancará a
Israel de esta buena tierra que había dado a
sus padres, y los esparcirá más allá del Éufrates, por cuanto han hecho sus imágenes de
Asera, enojando a Jehová.
16 Y él entregará a Israel por los pecados de
Jeroboam, el cual pecó, y ha hecho pecar a
Israel.
17 Entonces la mujer de Jeroboam se levantó y se marchó, y vino a Tirsa; y entrando ella
por el umbral de la casa, el niño murió.
18 Y lo enterraron, y lo endechó todo Israel,
conforme a la palabra de Jehová, la cual él
había hablado por su siervo el profeta Ahías.
19 Los demás hechos de Jeroboam, las guerras que hizo, y cómo reinó, todo está escrito en el libro de las historias de los reyes de
Israel.
20 El tiempo que reinó Jeroboam fue de
veintidós años; y habiendo dormido con sus
padres, reinó en su lugar Nadab su hijo.

Reinado de Roboam

(2 Cr 12.1-16)

21 Roboam hijo de Salomón reinó en Judá.
De cuarenta y un años era Roboam cuando comenzó a reinar, y diecisiete años reinó en Jerusalén, ciudad que Jehová eligió de
todas las tribus de Israel, para poner allí su
nombre. El nombre de su madre fue Naama,
amonita.
22 Y Judá hizo lo malo ante los ojos de Jehová, y le enojaron más que todo lo que sus
padres habían hecho en sus pecados que
cometieron.
23 Porque ellos también se edificaron lugares
altos, estatuas, e imágenes de Asera, en todo
collado alto y debajo de todo árbol frondoso.[b]
24 Hubo también sodomitas[c] en la tierra, e
hicieron conforme a todas las abominaciones de las naciones que Jehová había echado
delante de los hijos de Israel.
25 Al quinto año del rey Roboam subió Sisac
rey de Egipto contra Jerusalén,[d]

a. 14.10 1 R 15.29. **b. 14.23** 2 R 17.9-10. **c. 14.24** Dt 23.17. **d. 14.25** 2 Cr 12.2-8. **e. 14.26** 1 R 10.16-17; 2 Cr 9.15-16.

LECCIONES DE VIDA

➤ ***14.5 — la mujer de Jeroboam vendrá… cuando ella viniere, vendrá disfrazada.***

Nadie puede maniobrar al Señor ni engañarlo. Todo lo que los ojos humanos no pueden ver, Dios lo ve con nitidez incomparable. Es por eso que podemos confiar en Él aún cuando nuestro sendero parece tenebroso e incierto.

➤ ***14.13 — de los de Jeroboam, sólo él será sepultado, por cuanto se ha hallado en él alguna cosa buena delante de Jehová Dios de Israel.***

Jeroboam había deshonrado a tal punto al Señor, que Dios pronunció un juicio terrible: «El que muera de los de Jeroboam en la ciudad, lo comerán los perros, y el que muera en el campo, lo comerán las aves del cielo» (1 R 14.11). El linaje de Jeroboam terminaría y su familia quedaría totalmente humillada sin honras fúnebres. No obstante, Dios aún muestra clemencia en medio del juicio. El Señor dijo que permitiría darle digna sepultura al único miembro de la familia de Jeroboam que tuvo algún bien en él.

➤ ***14.15 — Jehová… arrancará a Israel de esta buena tierra… y los esparcirá más allá del Eufrates.***

Tal como el Señor habló a través del profeta Ahías sobre la división del reino (1 R 11.31), también advirtió a Israel que sería trasladada más allá del Eufrates por su idolatría. Esta profecía llegó a cumplirse casi doscientos años más tarde, en 722 a.C., cuando Salmanasar de Asiria conquistó la capital israelita de Samaria y se llevó cautivos a sus habitantes (2 R 17).

26 y tomó los tesoros de la casa de Jehová, y
los tesoros de la casa real, y lo saqueó todo;
también se llevó todos los escudos de oro que
Salomón había hecho.[e]
27 Y en lugar de ellos hizo el rey Roboam
escudos de bronce, y los dio a los capitanes de
los de la guardia, quienes custodiaban la puerta de la casa real.
28 Cuando el rey entraba en la casa de Jehová, los de la guardia los llevaban; y los ponían
en la cámara de los de la guardia.
29 Los demás hechos de Roboam, y todo lo
que hizo, ¿no está escrito en las crónicas de
los reyes de Judá?
30 Y hubo guerra entre Roboam y Jeroboam
todos los días.
31 Y durmió Roboam con sus padres, y fue
sepultado con sus padres en la ciudad de
David. El nombre de su madre fue Naama,
amonita. Y reinó en su lugar Abiam su hijo.

Reinado de Abiam
(2 Cr 13.1-22)

15 EN el año dieciocho del rey Jeroboam
hijo de Nabat, Abiam comenzó a reinar
sobre Judá,
2 y reinó tres años en Jerusalén. El nombre de
su madre fue Maaca, hija de Abisalom.
3 Y anduvo en todos los pecados que su padre
había cometido antes de él; y no fue su corazón perfecto con Jehová su Dios, como el
corazón de David su padre.
➤ 4 Mas por amor a David, Jehová su Dios le dio
lámpara en Jerusalén,[a] levantando a su hijo
después de él, y sosteniendo a Jerusalén;
5 por cuanto David había hecho lo recto ante
los ojos de Jehová, y de ninguna cosa que le
mandase se había apartado en todos los días
de su vida, salvo en lo tocante a Urías heteo.[b]
6 Y hubo guerra entre Roboam y Jeroboam
todos los días de su vida.[c]
7 Los demás hechos de Abiam, y todo lo que
hizo, ¿no está escrito en el libro de las crónicas de los reyes de Judá? Y hubo guerra entre
Abiam y Jeroboam.
8 Y durmió Abiam con sus padres, y lo sepultaron en la ciudad de David; y reinó Asa su
hijo en su lugar.

Reinado de Asa
(2 Cr 14.1-15; 15.16-19)

9 En el año veinte de Jeroboam rey de Israel,
Asa comenzó a reinar sobre Judá.
10 Y reinó cuarenta y un años en Jerusalén;
el nombre de su madre fue Maaca, hija de
Abisalom.
11 Asa hizo lo recto ante los ojos de Jehová,
como David su padre.
12 Porque quitó del país a los sodomitas, y
quitó todos los ídolos que sus padres habían
hecho.[d]
13 También privó a su madre Maaca de ser
reina madre, porque había hecho un ídolo de Asera. Además deshizo Asa el ídolo de
su madre, y lo quemó junto al torrente de
Cedrón.
14 Sin embargo, los lugares altos no se quitaron. Con todo, el corazón de Asa fue perfecto
para con Jehová toda su vida.
15 También metió en la casa de Jehová lo que
su padre había dedicado, y lo que él dedicó:
oro, plata y alhajas.

Alianza de Asa con Ben-adad
(2 Cr 16.1-10)

16 Hubo guerra entre Asa y Baasa rey de
Israel, todo el tiempo de ambos.
17 Y subió Baasa rey de Israel contra Judá, y
edificó a Ramá, para no dejar a ninguno salir
ni entrar a Asa rey de Judá.
18 Entonces tomando Asa toda la plata y el ➤
oro que había quedado en los tesoros de la
casa de Jehová, y los tesoros de la casa real,
los entregó a sus siervos, y los envió el rey
Asa a Ben-adad hijo de Tabrimón, hijo de
Hezión, rey de Siria, el cual residía en Damasco, diciendo:
19 Haya alianza entre nosotros, como entre
mi padre y el tuyo. He aquí yo te envío un presente de plata y de oro; ve, y rompe tu pacto con Baasa rey de Israel, para que se aparte
de mí.
20 Y Ben-adad consintió con el rey Asa, y
envió los príncipes de los ejércitos que tenía
contra las ciudades de Israel, y conquistó Ijón,
Dan, Abel-bet-maaca, y toda Cineret, con toda
la tierra de Neftalí.

a. 15.4 1 R 11.36. **b. 15.5** 2 S 11.1-27.
c. 15.6 2 Cr 13.3-21. **d. 15.12** 2 Cr 15.8-15.

LECCIONES DE VIDA

➤ 15.4 — por amor a David, Jehová su Dios le dio lámpara en Jerusalén, levantando a su hijo después de él, y sosteniendo a Jerusalén.

Aunque el rey Abías y antes su padre Roboam habían violado los mandatos del Señor, Dios honró fielmente su pacto con David (2 S 7.4–17). Los demás podrán desobedecer al Señor, pero no pueden impedirle cumplir sus promesas a nosotros.

➤ 15.18 — tomando Asa toda la plata y el oro que había quedado en los tesoros de la casa de Jehová, y los tesoros de la casa real... y los envió el rey Asa a Ben-adad.

El rey Asa de Judá siguió el ejemplo de David y sirvió al Señor (2 Cr 14—15). Sin embargo, en un intento por menoscabar a su enemigo el rey de Israel, deshonró a Dios. Trató de pagar una alianza política con el rey de Siria usando el tesoro del Señor. Siempre debemos evitar la tentación de apoyarnos en nuestros propios recursos y razonamientos en vez de confiar que Dios nos ayude y proteja (2 Cr 16.7–9).

21 Oyendo esto Baasa, dejó de edificar a Ramá, y se quedó en Tirsa.

22 Entonces el rey Asa convocó a todo Judá, sin exceptuar a ninguno; y quitaron de Ramá la piedra y la madera con que Baasa edificaba, y edificó el rey Asa con ello a Geba de Benjamín, y a Mizpa.

Muerte de Asa

(2 Cr 16.11-14)

23 Los demás hechos de Asa, y todo su poderío, y todo lo que hizo, y las ciudades que edificó, ¿no está todo escrito en el libro de las crónicas de los reyes de Judá? Mas en los días de su vejez enfermó de los pies.

24 Y durmió Asa con sus padres, y fue sepultado con ellos en la ciudad de David su padre; y reinó en su lugar Josafat su hijo.

Reinado deNadab

25 Nadab hijo de Jeroboam comenzó a reinar sobre Israel en el segundo año de Asa rey de Judá; y reinó sobre Israel dos años.

26 E hizo lo malo ante los ojos de Jehová, andando en el camino de su padre, y en los pecados con que hizo pecar a Israel.

27 Y Baasa hijo de Ahías, el cual era de la casa de Isacar, conspiró contra él, y lo hirió Baasa en Gibetón, que era de los filisteos; porque Nadab y todo Israel tenían sitiado a Gibetón.

➤ 28 Lo mató, pues, Baasa en el tercer año de Asa rey de Judá, y reinó en lugar suyo.

29 Y cuando él vino al reino, mató a toda la casa de Jeroboam, sin dejar alma viviente de los de Jeroboam, hasta raerla, conforme a la palabra que Jehová habló por su siervo Ahías silonita;[e]

30 por los pecados que Jeroboam había cometido, y con los cuales hizo pecar a Israel; y por su provocación con que provocó a enojo a Jehová Dios de Israel.

31 Los demás hechos de Nadab, y todo lo que hizo, ¿no está todo escrito en el libro de las crónicas de los reyes de Israel?

32 Y hubo guerra entre Asa y Baasa rey de Israel, todo el tiempo de ambos.

Reinado de Baasa

33 En el tercer año de Asa rey de Judá, comenzó a reinar Baasa hijo de Ahías sobre todo Israel en Tirsa; y reinó veinticuatro años.

34 E hizo lo malo ante los ojos de Jehová, y anduvo en el camino de Jeroboam, y en su pecado con que hizo pecar a Israel.

16 Y vino palabra de Jehová a Jehú hijo de Hanani contra Baasa, diciendo:

2 Por cuanto yo te levanté del polvo y te puse por príncipe sobre mi pueblo Israel, y has andado en el camino de Jeroboam, y has hecho pecar a mi pueblo Israel, provocándome a ira con tus pecados;

3 he aquí yo barreré la posteridad de Baasa, y la posteridad de su casa; y pondré su casa como la casa de Jeroboam hijo de Nabat.

4 El que de Baasa fuere muerto en la ciudad, lo comerán los perros; y el que de él fuere muerto en el campo, lo comerán las aves del cielo.

5 Los demás hechos de Baasa, y las cosas que hizo, y su poderío, ¿no está todo escrito en el libro de las crónicas de los reyes de Israel?

6 Y durmió Baasa con sus padres, y fue sepultado en Tirsa, y reinó en su lugar Ela su hijo.

7 Pero la palabra de Jehová por el profeta Jehú hijo de Hanani había sido contra Baasa y también contra su casa, con motivo de todo lo malo que hizo ante los ojos de Jehová, provocándole a ira con las obras de sus manos, para que fuese hecha como la casa de Jeroboam; y porque la había destruido.

Reinados de Ela y de Zimri

8 En el año veintiséis de Asa rey de Judá comenzó a reinar Ela hijo de Baasa sobre Israel en Tirsa; y reinó dos años.

9 Y conspiró contra él su siervo Zimri, comandante de la mitad de los carros. Y estando él en Tirsa, bebiendo y embriagado en casa de Arsa su mayordomo en Tirsa,

10 vino Zimri y lo hirió y lo mató, en el año veintisiete de Asa rey de Judá; y reinó en lugar suyo.

11 Y luego que llegó a reinar y estuvo sentado en su trono, mató a toda la casa de Baasa, sin dejar en ella varón, ni parientes ni amigos.

12 Así exterminó Zimri a toda la casa de Baasa, conforme a la palabra que Jehová había proferido contra Baasa por medio del profeta Jehú,

13 por todos los pecados de Baasa y los pecados de Ela su hijo, con los cuales ellos pecaron e hicieron pecar a Israel, provocando a enojo con sus vanidades a Jehová Dios de Israel.

14 Los demás hechos de Ela, y todo lo que hizo, ¿no está todo escrito en el libro de las crónicas de los reyes de Israel?

e. 15.29 1 R 14.10.

LECCIONES DE VIDA

➤ ***15.28 — Lo mató, pues, Baasa en el tercer año de Asa rey de Judá, y reinó en lugar suyo.***

Jeroboam pudo haber establecido un linaje real duradero si hubiera decidido obedecer al Señor (1 R 11.31–38). En lugar de eso, se rebeló y trajo sobre su familia una maldición letal (1 R 14.9–14). Dios quiere que le obedezcamos y disfrutemos lo mejor de la vida, que sólo Él puede ofrecernos.

➤ ***16.2 — has andado en el camino de Jeroboam, y has hecho pecar a mi pueblo Israel.***

Dios permitió que el inicuo rey Baasa reinase veinticuatro años en Israel (1 R 15.33, 34), tiempo suficiente para que se arrepintiera, pero no lo hizo. Por eso Dios destruyó su linaje, tal como lo prometió (1 R 16.12). Él siempre cumple su Palabra.

15 En el año veintisiete de Asa rey de Judá,
comenzó a reinar Zimri, y reinó siete días
en Tirsa; y el pueblo había acampado contra
Gibetón, ciudad de los filisteos.
16 Y el pueblo que estaba en el campamento oyó decir: Zimri ha conspirado, y ha dado
muerte al rey. Entonces todo Israel puso aquel
mismo día por rey sobre Israel a Omri, general del ejército, en el campo de batalla.
17 Y subió Omri de Gibetón, y con él todo
Israel, y sitiaron a Tirsa.
➤ 18 Mas viendo Zimri tomada la ciudad, se
metió en el palacio de la casa real, y prendió
fuego a la casa consigo; y así murió,
19 por los pecados que había cometido, haciendo lo malo ante los ojos de Jehová, y andando
en los caminos de Jeroboam, y en su pecado
que cometió, haciendo pecar a Israel.
20 El resto de los hechos de Zimri, y la conspiración que hizo, ¿no está todo escrito en el
libro de las crónicas de los reyes de Israel?

Reinado de Omri

21 Entonces el pueblo de Israel fue dividido
en dos partes: la mitad del pueblo seguía a
Tibni hijo de Ginat para hacerlo rey, y la otra
mitad seguía a Omri.
22 Mas el pueblo que seguía a Omri pudo más
que el que seguía a Tibni hijo de Ginat; y Tibni murió, y Omri fue rey.
23 En el año treinta y uno de Asa rey de Judá,
comenzó a reinar Omri sobre Israel, y reinó
doce años; en Tirsa reinó seis años.
24 Y Omri compró a Semer el monte de Samaria por dos talentos de plata, y edificó en el
monte; y llamó el nombre de la ciudad que
edificó, Samaria, del nombre de Semer, que
fue dueño de aquel monte.
25 Y Omri hizo lo malo ante los ojos de Jehová, e hizo peor que todos los que habían reinado antes de él;
26 pues anduvo en todos los caminos de Jeroboam hijo de Nabat, y en el pecado con el cual
hizo pecar a Israel, provocando a ira a Jehová
Dios de Israel con sus ídolos.
27 Los demás hechos de Omri, y todo lo que
hizo, y las valentías que ejecutó, ¿no está todo
escrito en el libro de las crónicas de los reyes
de Israel?
28 Y Omri durmió con sus padres, y fue sepultado en Samaria, y reinó en lugar suyo Acab
su hijo.

Reinado de Acab
(2 Cr 3.1-14)

29 Comenzó a reinar Acab hijo de Omri sobre
Israel el año treinta y ocho de Asa rey de
Judá.
30 Y reinó Acab hijo de Omri sobre Israel en ➤
Samaria veintidós años. Y Acab hijo de Omri
hizo lo malo ante los ojos de Jehová, más que
todos los que reinaron antes de él.
31 Porque le fue ligera cosa andar en los pecados de Jeroboam hijo de Nabat, y tomó por
mujer a Jezabel, hija de Et-baal rey de los
sidonios, y fue y sirvió a Baal, y lo adoró.
32 E hizo altar a Baal, en el templo de Baal
que él edificó en Samaria.
33 Hizo también Acab una imagen de Asera,
haciendo así Acab más que todos los reyes de
Israel que reinaron antes que él, para provocar la ira de Jehová Dios de Israel.
34 En su tiempo Hiel de Bet-el reedificó a Jericó. A precio de la vida de Abiram su primogénito echó el cimiento, y a precio de la vida de
Segub su hijo menor puso sus puertas, conforme a la palabra que Jehová había hablado por
Josué hijo de Nun.[a]

Elías predice la sequía

17 ENTONCES Elías tisbita, que era de
los moradores de Galaad, dijo a Acab:
Vive Jehová Dios de Israel, en cuya presencia
estoy, que no habrá lluvia ni rocío en estos
años, sino por mi palabra.[a]
2 Y vino a él palabra de Jehová, diciendo:
3 Apártate de aquí, y vuélvete al oriente, y
escóndete en el arroyo de Querit, que está
frente al Jordán.
4 Beberás del arroyo; y yo he mandado a los
cuervos que te den allí de comer.
5 Y él fue e hizo conforme a la palabra de
Jehová: pues se fue y vivió junto al arroyo de
Querit, que está frente al Jordán.
6 Y los cuervos le traían pan y carne por la ➤
mañana, y pan y carne por la tarde; y bebía
del arroyo.
7 Pasados algunos días, se secó el arroyo, porque no había llovido sobre la tierra.

a. 16.34 Jos 6.26. **a. 17.1** Stg 5.17.

LECCIONES DE VIDA

➤ ***16.18 — viendo Zimri tomada la ciudad, se metió en el palacio de la casa real, y prendió fuego a la casa consigo; y así murió.***

A veces Dios permite que hombres malvados prosperen muchos años, y otras veces los juzga muy rápidamente. El perverso rey Zimri apenas duró siete días. Dios es soberano, sólo Él es quien «quita reyes, y pone reyes» (Dn 2.21).

➤ ***16.30 — Acab hijo de Omri hizo lo malo ante los ojos de Jehová, más que todos los que reinaron antes de él.***

Aunque el rey Acab hizo lo malo más que todos sus predecesores, el Señor le permitió reinar durante veintidós años. Sin embargo, nunca se debe confundir la paciencia de Dios con indulgencia o indiferencia (Jer 5.12–17; Sof 1.12). «Está establecido para los hombres que mueran una sola vez, y después de esto el juicio» (He 9.27).

Elías y la viuda de Sarepta
8 Vino luego a él palabra de Jehová, diciendo:
➤9 Levántate, vete a Sarepta de Sidón, y mora
allí; he aquí yo he dado orden allí a una mujer
viuda[b] que te sustente.
10 Entonces él se levantó y se fue a Sarepta. Y cuando llegó a la puerta de la ciudad, he
aquí una mujer viuda que estaba allí recogiendo leña; y él la llamó, y le dijo: Te ruego que
me traigas un poco de agua en un vaso, para
que beba.
11 Y yendo ella para traérsela, él la volvió a
llamar, y le dijo: Te ruego que me traigas también un bocado de pan en tu mano.
12 Y ella respondió: Vive Jehová tu Dios, que
no tengo pan cocido; solamente un puñado de
harina en la tinaja, y un poco de aceite
en una vasija; y ahora recogía dos leños, para
entrar y prepararlo para mí y para mi hijo,
para que lo comamos, y nos dejemos morir.
13 Elías le dijo: No tengas temor; ve, haz
como has dicho; pero hazme a mí primero de
ello una pequeña torta cocida debajo de la
ceniza, y tráemela; y después harás para ti y
para tu hijo.
14 Porque Jehová Dios de Israel ha dicho así:
La harina de la tinaja no escaseará, ni el aceite de la vasija disminuirá, hasta el día en que
Jehová haga llover sobre la faz de la tierra.
15 Entonces ella fue e hizo como le dijo Elías;
y comió él, y ella, y su casa, muchos días.
16 Y la harina de la tinaja no escaseó, ni el
aceite de la vasija menguó, conforme a la
palabra que Jehová había dicho por Elías.
➤17 Después de estas cosas aconteció que cayó
enfermo el hijo del ama de la casa; y la enfermedad fue tan grave que no quedó en él aliento.
18 Y ella dijo a Elías: ¿Qué tengo yo contigo,
varón de Dios? ¿Has venido a mí para traer a
memoria mis iniquidades, y para hacer morir
a mi hijo?
19 Él le dijo: Dame acá tu hijo. Entonces él lo
tomó de su regazo, y lo llevó al aposento donde él estaba, y lo puso sobre su cama.
20 Y clamando a Jehová, dijo: Jehová Dios mío,
¿aun a la viuda en cuya casa estoy hospedado
has afligido, haciéndole morir su hijo?
21 Y se tendió sobre el niño tres veces, y clamó
a Jehová y dijo: Jehová Dios mío, te ruego que
hagas volver el alma de este niño a él.
22 Y Jehová oyó la voz de Elías, y el alma del
niño volvió a él, y revivió.
23 Tomando luego Elías al niño, lo trajo del
aposento a la casa, y lo dio a su madre, y le
dijo Elías: Mira, tu hijo vive.
24 Entonces la mujer dijo a Elías: Ahora
conozco que tú eres varón de Dios, y que la
palabra de Jehová es verdad en tu boca.

Elías regresa a ver a Acab
18 PASADOS muchos días, vino palabra
de Jehová a Elías en el tercer año,
diciendo: Ve, muéstrate a Acab, y yo haré llover sobre la faz de la tierra.
2 Fue, pues, Elías a mostrarse a Acab. Y el
hambre era grave en Samaria.
3 Y Acab llamó a Abdías su mayordomo. Abdías ➤
era en gran manera temeroso de Jehová.
4 Porque cuando Jezabel destruía a los profetas de Jehová, Abdías tomó a cien profetas
y los escondió de cincuenta en cincuenta en
cuevas, y los sustentó con pan y agua.
5 Dijo, pues, Acab a Abdías: Ve por el país a
todas las fuentes de aguas, y a todos los arroyos, a ver si acaso hallaremos hierba con que
conservemos la vida a los caballos y a las
mulas, para que no nos quedemos sin bestias.
6 Y dividieron entre sí el país para recorrerlo;
Acab fue por un camino, y Abdías fue separadamente por otro.
7 Y yendo Abdías por el camino, se encontró
con Elías; y cuando lo reconoció, se postró
sobre su rostro y dijo: ¿No eres tú mi señor
Elías?
8 Y él respondió: Yo soy; ve, di a tu amo: Aquí
está Elías.

b. 17.9 Lc 4.25-26.

LECCIONES DE VIDA

➤ ***17.6 — los cuervos le traían pan y carne por la mañana, y pan y carne por la tarde; y bebía del arroyo.***

Jamás debemos cuestionar la manera en que Dios nos dará su provisión. El Creador y Dueño de todo lo que existe puede mandar al viento y las olas cesar (Lc 8.24) y a los cuervos que nos traigan alimento. Sin duda, nada hay que podamos necesitar y Él no pueda proveer.

➤ ***17.9 — Levántate, vete a Sarepta de Sidón, y mora allí; he aquí yo he dado orden allí a una mujer viuda que te sustente.***

El Señor ordenó a una viuda sustentar a Elías pero ella ni siquiera lo supo, hasta que conoció la voluntad de Dios paso a paso, andando con Él por fe, al igual que nosotros.

➤ ***17.17 — cayó enfermo el hijo del ama de la casa; y la enfermedad fue tan grave que no quedó en él aliento.***

Las tragedias les suceden a los fieles tanto como a los impíos. La diferencia es que en el caso de los creyentes obedientes, Dios toma todas las cosas, incluidas las situaciones que nos parten el corazón, y las usa para su gloria (Ro 8.28).

➤ ***18.3 — Acab llamó a Abdías su mayordomo. Abdías era en gran manera temeroso de Jehová.***

A veces Dios pone un hombre piadoso al servicio de un hombre malvado, no para frustrarlo ni hostigarlo, sino para preparar una plataforma especial que facilite el rescate y la bendición de su pueblo (1 R 18.4, 13).

9 Pero él dijo: ¿En qué he pecado, para que
entregues a tu siervo en mano de Acab para
que me mate?
10 Vive Jehová tu Dios, que no ha habido
nación ni reino adonde mi señor no haya
enviado a buscarte, y todos han respondido:
No está aquí; y a reinos y a naciones él ha
hecho jurar que no te han hallado.
11 ¿Y ahora tú dices: Ve, di a tu amo: Aquí
está Elías?
➤ 12 Acontecerá que luego que yo me haya ido,
el Espíritu de Jehová te llevará adonde yo no
sepa, y al venir yo y dar las nuevas a Acab, al
no hallarte él, me matará; y tu siervo teme a
Jehová desde su juventud.
13 ¿No ha sido dicho a mi señor lo que hice,
cuando Jezabel mataba a los profetas de Jehová; que escondí a cien varones de los profetas
de Jehová de cincuenta en cincuenta en cuevas, y los mantuve con pan y agua?
14 ¿Y ahora dices tú: Ve, di a tu amo: Aquí está
Elías; para que él me mate?
15 Y le dijo Elías: Vive Jehová de los ejércitos,
en cuya presencia estoy, que hoy me mostraré a él.
16 Entonces Abdías fue a encontrarse con
Acab, y le dio el aviso; y Acab vino a encontrarse con Elías.
17 Cuando Acab vio a Elías, le dijo: ¿Eres tú el
que turbas a Israel?
18 Y él respondió: Yo no he turbado a Israel,
sino tú y la casa de tu padre, dejando los
mandamientos de Jehová, y siguiendo a los
baales.
19 Envía, pues, ahora y congrégame a todo
Israel en el monte Carmelo, y los cuatrocientos cincuenta profetas de Baal, y los cuatrocientos profetas de Asera, que comen de la
mesa de Jezabel.

Elías y los profetas de Baal

20 Entonces Acab convocó a todos los hijos
de Israel, y reunió a los profetas en el monte Carmelo.
➤ 21 Y acercándose Elías a todo el pueblo, dijo:
¿Hasta cuándo claudicaréis vosotros entre dos
pensamientos? Si Jehová es Dios, seguidle; y
si Baal, id en pos de él. Y el pueblo no respondió palabra.
22 Y Elías volvió a decir al pueblo: Sólo yo
he quedado profeta de Jehová; mas de los
profetas de Baal hay cuatrocientos cincuenta hombres.
23 Dénsenos, pues, dos bueyes, y escojan ellos
uno, y córtenlo en pedazos, y pónganlo sobre
leña, pero no pongan fuego debajo; y yo prepararé el otro buey, y lo pondré sobre leña, y
ningún fuego pondré debajo.
24 Invocad luego vosotros el nombre de vuestros dioses, y yo invocaré el nombre de Jehová; y el Dios que respondiere por medio de
fuego, ése sea Dios. Y todo el pueblo respondió, diciendo: Bien dicho.
25 Entonces Elías dijo a los profetas de Baal:
Escogeos un buey, y preparadlo vosotros primero, pues que sois los más; e invocad el nombre de vuestros dioses, mas no pongáis fuego
debajo.
26 Y ellos tomaron el buey que les fue dado y
lo prepararon, e invocaron el nombre de Baal
desde la mañana hasta el mediodía, diciendo: ¡Baal, respóndenos! Pero no había voz, ni
quien respondiese; entre tanto, ellos andaban
saltando cerca del altar que habían hecho.
27 Y aconteció al mediodía, que Elías se burlaba de ellos, diciendo: Gritad en alta voz,
porque dios es; quizá está meditando, o tiene
algún trabajo, o va de camino; tal vez duerme,
y hay que despertarle.
28 Y ellos clamaban a grandes voces, y se
sajaban con cuchillos y con lancetas conforme a su costumbre, hasta chorrear la sangre
sobre ellos.
29 Pasó el mediodía, y ellos siguieron gritando frenéticamente hasta la hora de ofrecerse el sacrificio, pero no hubo ninguna voz, ni
quien respondiese ni escuchase.
30 Entonces dijo Elías a todo el pueblo: Acercaos a mí. Y todo el pueblo se le acercó; y él
arregló el altar de Jehová que estaba arruinado.
31 Y tomando Elías doce piedras, conforme
al número de las tribus de los hijos de Jacob,
al cual había sido dada palabra de Jehová
diciendo, Israel será tu nombre,[a]
32 edificó con las piedras un altar en el nombre
de Jehová; después hizo una zanja alrededor
del altar, en que cupieran dos medidas de grano.
33 Preparó luego la leña, y cortó el buey en
pedazos, y lo puso sobre la leña.
34 Y dijo: Llenad cuatro cántaros de agua, y
derramadla sobre el holocausto y sobre la

a. 18.31 Gn 32.28; 35.10.

LECCIONES DE VIDA

➤ ***18.12 — tu siervo teme a Jehová desde su juventud.***

Abdías había aprendido a temer a Dios desde temprana edad, sin duda por influencia de sus padres, aunque vivieron entre gente malvada. Los padres tienen una oportunidad única de entrenar a sus hijos para que amen al Señor.

➤ ***18.21 — ¿Hasta cuándo claudicaréis vosotros entre dos pensamientos? Si Jehová es Dios, seguidle; y si Baal, id en pos de él.***

En algún punto, tenemos que tomar una decisión radical: ¿Vamos a servir a Dios o no? ¿Creemos que Él es quien afirma ser, o no? Tenemos que asumir una postura firme y avanzar a partir de ella. Nadie puede «claudicar entre dos pensamientos» para siempre.

leña. Y dijo: Hacedlo otra vez; y otra vez lo
hicieron. Dijo aún: Hacedlo la tercera vez; y
lo hicieron la tercera vez,
35 de manera que el agua corría alrededor del
altar, y también se había llenado de agua la zanja.
36 Cuando llegó la hora de ofrecerse el holocausto, se acercó el profeta Elías y dijo: Jehová Dios de Abraham, de Isaac y de Israel, sea
hoy manifiesto que tú eres Dios en Israel, y
que yo soy tu siervo, y que por mandato tuyo
he hecho todas estas cosas.
37 Respóndeme, Jehová, respóndeme, para que
conozca este pueblo que tú, oh Jehová, eres el
Dios, y que tú vuelves a ti el corazón de ellos.
38 Entonces cayó fuego de Jehová, y consumió
el holocausto, la leña, las piedras y el polvo, y
aun lamió el agua que estaba en la zanja.
39 Viéndolo todo el pueblo, se postraron y
dijeron: ¡Jehová es el Dios, Jehová es el Dios!
40 Entonces Elías les dijo: Prended a los profetas de Baal, para que no escape ninguno. Y
ellos los prendieron; y los llevó Elías al arroyo de Cisón, y allí los degolló.

Elías ora por lluvia

41 Entonces Elías dijo a Acab: Sube, come y
bebe; porque una lluvia grande se oye.
42 Acab subió a comer y a beber. Y Elías subió
a la cumbre del Carmelo, y postrándose en tierra, puso su rostro entre las rodillas.
43 Y dijo a su criado: Sube ahora, y mira hacia
el mar. Y él subió, y miró, y dijo: No hay nada.
Y él le volvió a decir: Vuelve siete veces.
44 A la séptima vez dijo: Yo veo una pequeña
nube como la palma de la mano de un hombre, que sube del mar. Y él dijo: Ve, y di a Acab:
Unce tu carro y desciende, para que la lluvia
no te ataje.
45 Y aconteció, estando en esto, que los cielos se oscurecieron con nubes y viento, y
hubo una gran lluvia.[b] Y subiendo Acab, vino
a Jezreel.
46 Y la mano de Jehová estuvo sobre Elías, el
cual ciñó sus lomos, y corrió delante de Acab
hasta llegar a Jezreel.

Elías huye a Horeb

19 ACAB dio a Jezabel la nueva de todo lo
que Elías había hecho, y de cómo había
matado a espada a todos los profetas.
2 Entonces envió Jezabel a Elías un mensajero, diciendo: Así me hagan los dioses, y aun
me añadan, si mañana a estas horas yo no he
puesto tu persona como la de uno de ellos.
3 Viendo, pues, el peligro, se levantó y se fue
para salvar su vida, y vino a Beerseba, que
está en Judá, y dejó allí a su criado.
4 Y él se fue por el desierto un día de camino, y
vino y se sentó debajo de un enebro; y deseando morirse, dijo: Basta ya, oh Jehová, quítame
la vida, pues no soy yo mejor que mis padres.
5 Y echándose debajo del enebro, se quedó
dormido; y he aquí luego un ángel le tocó, y le
dijo: Levántate, come.
6 Entonces él miró, y he aquí a su cabecera una
torta cocida sobre las ascuas, y una vasija de
agua; y comió y bebió, y volvió a dormirse.
7 Y volviendo el ángel de Jehová la segunda
vez, lo tocó, diciendo: Levántate y come, porque largo camino te resta.

b. 18.42-45 Stg 5.18.

LECCIONES DE VIDA

➤ *18.37 — Respóndeme, Jehová, respóndeme, para que conozca este pueblo que tú, oh Jehová, eres el Dios, y que tú vuelves a ti el corazón de ellos.*

Aunque Elías realizó muchos milagros desde el comienzo de su ministerio, muchos del pueblo siguieron negándose a creer en Dios. Los milagros son estupendos, pero no siempre producen fe verdadera (Lc 16.31). Dios es quien hace volver nuestros corazones a Él (Jn 6.44). Por su gracia, Él nos alcanza y nos invita a volvernos a Él.

➤ *18.43 — dijo a su criado: Sube ahora, y mira hacia el mar. Y él subió, y miró, y dijo: No hay nada. Y él le volvió a decir: Vuelve siete veces.*

No había llovido durante tres años, pero Elías tenía certeza absoluta que el Señor honraría la promesa que le había dado (1 R 18.1). No debemos impacientarnos en la oración. Jesús enseñó que necesitamos «orar siempre, y no desmayar» (Lc 18.1). Debemos seguir pidiendo, buscando y llamando, sabiendo que Él contesta nuestras oraciones (Lc 11.9, 10).

➤ *19.2 — Así me hagan los dioses, y aun me añadan, si mañana a estas horas yo no he puesto tu persona como la de uno de ellos.*

Las grandes victorias a menudo son seguidas por grandes desafíos. Elías acababa de ver a Dios hacer un gran milagro, pero la amenaza de Jezabel lo agobió. Ninguno de nosotros se mantiene fuerte en la fe todo el tiempo, pero Dios nos usa de todas maneras.

➤ *19.4 — Basta ya, oh Jehová, quítame la vida, pues no soy yo mejor que mis padres.*

¿Cuántos siervos fieles de Dios han orado que se les conceda morir al verse enfrentados a incredulidad recalcitrante o dura oposición? Puede ser en extremo descorazonador soportar tantos desafíos y reveses. Sin embargo, aunque las decepciones son inevitables, el desánimo es por elección nuestra. No tenemos que ceder a la derrota. Pasar tiempo a solas con Dios nos ayuda a permanecer fieles y nos sostendrá hasta que Él nos dé la victoria. Si libramos nuestras batallas de rodillas, siempre obtendremos la victoria.

➤ *19.5 — echándose debajo del enebro, se quedó dormido; y he aquí luego un ángel le tocó, y le dijo: Levántate, come.*

Elías estaba a punto de sucumbir al desánimo, pero su abatimiento tenía que ver más con su condición física que con lo que realmente creía acerca de Dios. Es por esto que el ángel del Señor le insistió: «Levántate y come, porque largo camino te resta» (1 R 19.7). Tenga mucho cuidado cuando esté hambriento, enojado, cansado o solo, porque en esos momentos somos más vulnerables al pecado y al desaliento. Antes de rendirse o actuar precipitadamente, deténgase y busque a Dios. Él va a darle un refrigerio espiritual y las fuerzas para continuar (1 R 19.8).

LO QUE LA BIBLIA DICE ACERCA DE CÓMO ORAR CON AUTORIDAD

1 R 18.20–40

El profeta Elías es un ejemplo asombroso de lo que puede suceder cuando los creyentes oran con autoridad. Si nos acercamos confiadamente a Dios y le pedimos que obre de tal modo que sea glorificado, Él procede a la acción. Cuando el pueblo de Israel y los profetas de Baal se citaron en el monte Carmelo para una «competencia», Elías oró confiadamente: «Jehová Dios de Abraham, de Isaac y de Israel, sea hoy manifiesto que tú eres Dios en Israel, y que yo soy tu siervo, y que por mandato tuyo he hecho todas estas cosas. Respóndeme, Jehová, respóndeme, para que conozca este pueblo que tú, oh Jehová, eres el Dios, y que tú vuelves a ti el corazón de ellos» (1 R 18.36, 37).

Tan pronto Elías terminó su oración, Dios envió fuego del cielo que consumió el sacrificio, así como la madera, las piedras, el polvo y toda el agua en la zanja. Al ver esto el pueblo, todos se postraron sobre sus rostros y dijeron: «¡Jehová es el Dios, Jehová es el Dios!» (v. 39).

Note cómo Elías manejó la situación: no se fue a orar en secreto en una esquina donde nadie pudiera verlo ni oírlo. Oró abierta y públicamente. Lo que hizo no fue ningún truco ni nada sospechoso. Nadie quedó con la menor duda de lo que había dicho.

Dios nos dice que entremos confiadamente en su presencia. Él nos concede el privilegio de ir delante de Él con autoridad, gracias a nuestra posición en Cristo Jesús. Debemos ser audaces en nuestra fe, si es que creemos que Dios hará lo que Él desea hacer y todo lo que dice lo hará.

El Nuevo Testamento nos dice que «no tenemos un sumo sacerdote que no pueda compadecerse de nuestras debilidades, sino uno que fue tentado en todo según nuestra semejanza, pero sin pecado. Acerquémonos, pues, confiadamente al trono de la gracia, para alcanzar misericordia y hallar gracia para el oportuno socorro» (He 4.15, 16), y también: «acerquémonos con corazón sincero, en plena certidumbre de fe, purificados los corazones de mala conciencia, y lavados los cuerpos con agua pura» (He 10.22). Ahí tenemos la invitación de Dios. ¿La vamos a aceptar?

Dios nos dice que entremos confiadamente en su presencia.

Para un estudio más a fondo, véase el Índice de Principios de vida:
17. De rodillas somos más altos y más fuertes.

8 Se levantó, pues, y comió y bebió; y fortalecido con aquella comida caminó cuarenta días y
cuarenta noches hasta Horeb, el monte de Dios.
9 Y allí se metió en una cueva, donde pasó la
noche. Y vino a él palabra de Jehová, el cual le
dijo: ¿Qué haces aquí, Elías?
10 Él respondió: He sentido un vivo celo por
Jehová Dios de los ejércitos; porque los hijos
de Israel han dejado tu pacto, han derribado
tus altares, y han matado a espada a tus profetas; y sólo yo he quedado, y me buscan para
quitarme la vida.[a]
11 Él le dijo: Sal fuera, y ponte en el monte
delante de Jehová. Y he aquí Jehová que pasaba, y un grande y poderoso viento que rompía los montes, y quebraba las peñas delante
de Jehová; pero Jehová no estaba en el viento.
Y tras el viento un terremoto; pero Jehová no
estaba en el terremoto.
12 Y tras el terremoto un fuego; pero Jehová
no estaba en el fuego. Y tras el fuego un silbo
apacible y delicado.
13 Y cuando lo oyó Elías, cubrió su rostro con
su manto, y salió, y se puso a la puerta de la
cueva. Y he aquí vino a él una voz, diciendo:
¿Qué haces aquí, Elías?
14 Él respondió: He sentido un vivo celo por
Jehová Dios de los ejércitos; porque los hijos
de Israel han dejado tu pacto, han derribado
tus altares, y han matado a espada a tus profetas; y sólo yo he quedado, y me buscan para
quitarme la vida.
15 Y le dijo Jehová: Ve, vuélvete por tu camino,
por el desierto de Damasco; y llegarás, y ungirás a Hazael por rey de Siria.[b]
16 A Jehú hijo de Nimsi ungirás por rey sobre
Israel;[c] y a Eliseo hijo de Safat, de Abel-mehola, ungirás para que sea profeta en tu lugar.
17 Y el que escapare de la espada de Hazael,
Jehú lo matará; y el que escapare de la espada de Jehú, Eliseo lo matará.
➤ 18 Y yo haré que queden en Israel siete mil,
cuyas rodillas no se doblaron ante Baal,[d] y
cuyas bocas no lo besaron.

Llamamiento de Eliseo

19 Partiendo él de allí, halló a Eliseo hijo de
Safat, que araba con doce yuntas delante de
sí, y él tenía la última. Y pasando Elías por
delante de él, echó sobre él su manto.
20 Entonces dejando él los bueyes, vino
corriendo en pos de Elías, y dijo: Te ruego que
me dejes besar a mi padre y a mi madre, y luego te seguiré. Y él le dijo: Ve, vuelve; ¿qué te he
hecho yo?
21 Y se volvió, y tomó un par de bueyes y los
mató, y con el arado de los bueyes coció la carne, y la dio al pueblo para que comiesen. Después se levantó y fue tras Elías, y le servía.

Acab derrota a los sirios

20 ENTONCES Ben-adad rey de Siria
juntó a todo su ejército, y con él a treinta y dos reyes, con caballos y carros; y subió y
sitió a Samaria, y la combatió.

Ejemplos de vida

ELÍAS

Cómo manejar las presiones

1 R 19

Las situaciones tensas pueden llevarnos a reaccionar de forma indebida. El profeta Elías ilustra la importancia de ver las circunstancias desde la perspectiva de Dios.

Dios envió al profeta a rescatar Israel de su decadencia moral y espiritual. Elías confrontó y derrotó a los profetas de Baal (1 R 18.17–40), pero la perversa reina Jezabel lo amenazó de muerte por haber ejecutado a sus falsos profetas.

En lugar de aferrarse a la fidelidad de Dios, Elías sintió pánico y corrió a esconderse (1 R 19.3). Dios le recordó a su profeta que su provisión y protección eran suficientes para sus circunstancias. Elías no estaba solo, y Dios no iba a dejarlo enfrentar por sí solo la ira de Jezabel. De hecho, había siete mil israelitas igualmente fieles y dedicados a Dios, que jamás rendirían culto a los dioses falsos de Jezabel. Esto animó a Elías, y el profeta reanudó su misión con Dios.

Como Elías, necesitamos descansar en Dios, recordar su fidelidad y confiar en Él para el futuro. Dios permanece activo en nuestras vidas incluso cuando parece que nos hemos quedado solos y Él ya no nos habla. Dios todavía está con usted, por eso tenga confianza que Él le ayudará en cualquier situación que enfrente ahora mismo.

Para un estudio más a fondo, véase el Índice de Principios de vida:

4. *Estar conscientes de la presencia de Dios nos da energías para desempeñar nuestro trabajo.*

a. 19.10, 14 Ro 11.3. **b. 19.15** 2 R 8.7-13. **c. 19.16** 2 R 9.1-6. **d. 19.18** Ro 11.4.

RESPUESTAS A PREGUNTAS DE LA VIDA

¿Cómo puedo escuchar activamente al Señor?

1 R 19.11–13

A muchas personas parece incomodarles el silencio, sobre todo si están solas. No obstante, es en silencio que podemos oír «un silbo apacible y delicado» (1 R 19.12). Así es como el profeta Elías pudo distinguir la voz del Señor. Tras recibir una amenaza de muerte de la reina Jezabel, Elías escapó a un lugar inasequible en el desierto. Estando allí en una cueva, oyó al Señor decirle:

> «Sal fuera, y ponte en el monte delante de Jehová. Y he aquí Jehová que pasaba, y un grande y poderoso viento que rompía los montes, y quebraba las peñas delante de Jehová; pero Jehová no estaba en el viento. Y tras el viento un terremoto; pero Jehová no estaba en el terremoto.
>
> Y tras el terremoto un fuego; pero Jehová no estaba en el fuego. Y tras el fuego un silbo apacible y delicado.
>
> Y cuando lo oyó Elías, cubrió su rostro con su manto, y salió, y se puso a la puerta de la cueva. Y he aquí vino a él una voz, diciendo: ¿Qué haces aquí, Elías?» (1 R 19:11–13)

La quietud es esencial para escuchar. Si estamos demasiado ocupados para sentarnos en silencio en la presencia de Dios; si nos preocupan los pensamientos y asuntos pendientes del día; si hemos llenado nuestra mente hora tras hora con interferencia carnal y charla trivial, entonces tendremos dificultad para oír su voz apacible y delicada.

En algún momento del día, guarde silencio delante del Señor en oración. Tal vez descubra que tarde en la noche o temprano en la mañana sea un buen tiempo de quietud y silencio para usted. Una caminata por el parque al mediodía también puede ser un momento propicio para acallar su alma delante del Señor. Pida a Dios que le revele un tiempo y lugar en los que usted pueda desconectarse por un momento de las ocupaciones y preocupaciones del mundo, para poder escucharlo.

Tantas veces pasamos nuestro tiempo de oración hablándole al Señor, sin esperar un solo momento en silencio para oír lo que Él quiera decirnos. Propóngase sacar tiempo para sentarse o arrodillarse delante del Señor con la intención específica de escucharlo. Despeje su mente de todos sus demás pensamientos. Concéntrese en su Palabra y su presencia. Pídale que le hable.

Para un estudio más a fondo, véase el Índice de Principios de vida:

13. *Escuchar a Dios es esencial para andar con Él.*
1. *Nuestra intimidad con Dios, que es su prioridad para nosotros, determina el impacto que causen nuestras vidas.*

2 Y envió mensajeros a la ciudad a Acab rey
de Israel, diciendo:
3 Así ha dicho Ben-adad: Tu plata y tu oro
son míos, y tus mujeres y tus hijos hermosos
son míos.
4 Y el rey de Israel respondió y dijo: Como
tú dices, rey señor mío, yo soy tuyo, y todo lo
que tengo.
5 Volviendo los mensajeros otra vez, dijeron:
Así dijo Ben-adad: Yo te envié a decir: Tu plata
y tu oro, y tus mujeres y tus hijos me darás.
6 Además, mañana a estas horas enviaré yo a
ti mis siervos, los cuales registrarán tu casa, y
las casas de tus siervos; y tomarán y llevarán
todo lo precioso que tengas.
7 Entonces el rey de Israel llamó a todos los
ancianos del país, y les dijo: Entended, y ved
ahora cómo éste no busca sino mal; pues ha
enviado a mí por mis mujeres y mis hijos, y por
mi plata y por mi oro, y yo no se lo he negado.
8 Y todos los ancianos y todo el pueblo le respondieron: No le obedezcas, ni hagas lo que
te pide.
9 Entonces él respondió a los embajadores de
Ben-adad: Decid al rey mi señor: Haré todo
lo que mandaste a tu siervo al principio; mas
esto no lo puedo hacer. Y los embajadores fueron, y le dieron la respuesta.
10 Y Ben-adad nuevamente le envió a decir:
Así me hagan los dioses, y aun me añadan,
que el polvo de Samaria no bastará a los
puños de todo el pueblo que me sigue.

11 Y el rey de Israel respondió y dijo: Decidle
que no se alabe tanto el que se ciñe las armas,
como el que las desciñe.
12 Y cuando él oyó esta palabra, estando
bebiendo con los reyes en las tiendas, dijo a
sus siervos: Disponeos. Y ellos se dispusieron
contra la ciudad.
13 Y he aquí un profeta vino a Acab rey de
Israel, y le dijo: Así ha dicho Jehová: ¿Has visto esta gran multitud? He aquí yo te la entregaré hoy en tu mano, para que conozcas que
yo soy Jehová.
14 Y respondió Acab: ¿Por mano de quién?
Él dijo: Así ha dicho Jehová: Por mano de los
siervos de los príncipes de las provincias. Y
dijo Acab: ¿Quién comenzará la batalla? Y él
respondió: Tú.
15 Entonces él pasó revista a los siervos de los
príncipes de las provincias, los cuales fueron
doscientos treinta y dos. Luego pasó revista a
todo el pueblo, a todos los hijos de Israel, que
fueron siete mil.
16 Y salieron a mediodía. Y estaba Ben-adad
bebiendo y embriagándose en las tiendas, él
y los reyes, los treinta y dos reyes que habían
venido en su ayuda.
17 Y los siervos de los príncipes de las provincias salieron los primeros. Y Ben-adad había
enviado quien le dio aviso, diciendo: Han salido hombres de Samaria.
18 Él entonces dijo: Si han salido por paz,
tomadlos vivos; y si han salido para pelear,
tomadlos vivos.
19 Salieron, pues, de la ciudad los siervos de
los príncipes de las provincias, y en pos de
ellos el ejército.
20 Y mató cada uno al que venía contra él; y
huyeron los sirios, siguiéndoles los de Israel.
Y el rey de Siria, Ben-adad, se escapó en un
caballo con alguna gente de caballería.
21 Y salió el rey de Israel, e hirió la gente de a
caballo, y los carros, y deshizo a los sirios cau-
sándoles gran estrago.
22 Vino luego el profeta al rey de Israel y le
dijo: Ve, fortalécete, y considera y mira lo que
hagas; porque pasado un año, el rey de Siria
vendrá contra ti.
23 Y los siervos del rey de Siria le dijeron: Sus
dioses son dioses de los montes, por eso nos
han vencido; mas si peleáremos con ellos en la
llanura, se verá si no los vencemos.
24 Haz, pues, así: Saca a los reyes cada uno de
su puesto, y pon capitanes en lugar de ellos.
25 Y tú fórmate otro ejército como el ejército
que perdiste, caballo por caballo, y carro por
carro; luego pelearemos con ellos en campo
raso, y veremos si no los vencemos. Y él les dio
oído, y lo hizo así.
26 Pasado un año, Ben-adad pasó revista al
ejército de los sirios, y vino a Afec para pelear
contra Israel.
27 Los hijos de Israel fueron también inspec-
cionados, y tomando provisiones fueron al
encuentro de ellos; y acamparon los hijos de
Israel delante de ellos como dos rebañuelos de
cabras, y los sirios llenaban la tierra.
28 Vino entonces el varón de Dios al rey de
Israel, y le habló diciendo: Así dijo Jehová:
Por cuanto los sirios han dicho: Jehová es
Dios de los montes, y no Dios de los valles, yo
entregaré toda esta gran multitud en tu mano,
para que conozcáis que yo soy Jehová.
29 Siete días estuvieron acampados los unos
frente a los otros, y al séptimo día se dio la
batalla; y los hijos de Israel mataron de los
sirios en un solo día cien mil hombres de a
pie.
30 Los demás huyeron a Afec, a la ciudad; y
el muro cayó sobre veintisiete mil hombres
que habían quedado. También Ben-adad vino
huyendo a la ciudad, y se escondía de aposento en aposento.
31 Entonces sus siervos le dijeron: He aquí,
hemos oído de los reyes de la casa de Israel,
que son reyes clementes; pongamos, pues,
ahora cilicio en nuestros lomos, y sogas en
nuestros cuellos, y salgamos al rey de Israel, a
ver si por ventura te salva la vida.
32 Ciñeron, pues, sus lomos con cilicio, y
sogas a sus cuellos, y vinieron al rey de Israel
y le dijeron: Tu siervo Ben-adad dice: Te ruego que viva mi alma. Y él respondió: Si él vive
aún, mi hermano es.[1]
33 Esto tomaron aquellos hombres por buen
augurio, y se apresuraron a tomar la palabra
de su boca, y dijeron: Tu hermano Ben-adad
vive. Y él dijo: Id y traedle. Ben-adad entonces
se presentó a Acab, y él le hizo subir en un
carro.
34 Y le dijo Ben-adad: Las ciudades que mi
padre tomó al tuyo, yo las restituiré; y haz
plazas en Damasco para ti, como mi padre
las hizo en Samaria. Y yo, dijo Acab, te dejaré

1 O, *¿Vive aún? Es mi hermano.*

LECCIONES DE VIDA

➤ ***19.18 — yo haré que queden en Israel siete mil, cuyas rodillas no se doblaron ante Baal, y cuyas bocas no lo besaron.***

Hasta en el peor de los tiempos, Dios no quedará sin un remanente que le sirva de testigo. Cuando nos sentimos aislados y totalmente solos, no lo estamos; el Señor está obrando en corazones de los que ni siquiera estamos enterados. Por tanto, vivamos a la expectativa de su actividad en la vida de otras personas.

➤ ***20.28 — yo entregaré toda esta gran multitud en tu mano, para que conozcáis que yo soy Jehová.***

Dios entregó el enorme ejército enemigo en manos del malvado Acab, no por causa de él sino por la grandeza de su propio nombre. Dios quiso mostrar al mundo que Él es quien reina sobre toda la tierra.

partir con este pacto. Hizo, pues, pacto con él,
y le dejó ir.
35 Entonces un varón de los hijos de los profetas dijo a su compañero por palabra de Dios:
Hiéreme ahora. Mas el otro no quiso herirle.
36 Él le dijo: Por cuanto no has obedecido a
la palabra de Jehová, he aquí que cuando te
apartes de mí, te herirá un león. Y cuando se
apartó de él, le encontró un león, y le mató.
37 Luego se encontró con otro hombre, y le
dijo: Hiéreme ahora. Y el hombre le dio un
golpe, y le hizo una herida.
38 Y el profeta se fue, y se puso delante del rey
en el camino, y se disfrazó, poniéndose una
venda sobre los ojos.
39 Y cuando el rey pasaba, él dio voces al rey,
y dijo: Tu siervo salió en medio de la batalla;
y he aquí que se me acercó un soldado y me
trajo un hombre, diciéndome: Guarda a este
hombre, y si llegare a huir, tu vida será por la
suya, o pagarás un talento de plata.
40 Y mientras tu siervo estaba ocupado en una
y en otra cosa, el hombre desapareció. Entonces el rey de Israel le dijo: Ésa será tu sentencia; tú la has pronunciado.
41 Pero él se quitó de pronto la venda de sobre
sus ojos, y el rey de Israel conoció que era de
los profetas.
42 Y él le dijo: Así ha dicho Jehová: Por cuanto soltaste de la mano el hombre de mi anatema, tu vida será por la suya, y tu pueblo por
el suyo.
43 Y el rey de Israel se fue a su casa triste y
enojado, y llegó a Samaria.

Acab y la viña de Nabot

21 PASADAS estas cosas, aconteció que
Nabot de Jezreel tenía allí una viña
junto al palacio de Acab rey de Samaria.
2 Y Acab habló a Nabot, diciendo: Dame tu
viña para un huerto de legumbres, porque
está cercana a mi casa, y yo te daré por ella
otra viña mejor que ésta; o si mejor te pareciere, te pagaré su valor en dinero.
3 Y Nabot respondió a Acab: Guárdeme Jehová de que yo te dé a ti la heredad de mis
padres.
4 Y vino Acab a su casa triste y enojado, por
la palabra que Nabot de Jezreel le había respondido, diciendo: No te daré la heredad de
mis padres. Y se acostó en su cama, y volvió su
rostro, y no comió.
5 Vino a él su mujer Jezabel, y le dijo: ¿Por qué
está tan decaído tu espíritu, y no comes?
6 Él respondió: Porque hablé con Nabot de
Jezreel, y le dije que me diera su viña por
dinero, o que si más quería, le daría otra
viña por ella; y él respondió: Yo no te daré mi
viña.
7 Y su mujer Jezabel le dijo: ¿Eres tú ahora rey
sobre Israel? Levántate, y come y alégrate; yo
te daré la viña de Nabot de Jezreel.
8 Entonces ella escribió cartas en nombre de
Acab, y las selló con su anillo, y las envió a los
ancianos y a los principales que moraban en
la ciudad con Nabot.
9 Y las cartas que escribió decían así: Proclamad ayuno, y poned a Nabot delante del
pueblo;
10 y poned a dos hombres perversos delante
de él, que atestigüen contra él y digan: Tú has
blasfemado a Dios y al rey. Y entonces saca-
dlo, y apedreadlo para que muera.
11 Y los de su ciudad, los ancianos y los principales que moraban en su ciudad, hicieron
como Jezabel les mandó, conforme a lo escrito en las cartas que ella les había enviado.
12 Y promulgaron ayuno, y pusieron a Nabot
delante del pueblo.
13 Vinieron entonces dos hombres perversos, y se sentaron delante de él; y aquellos
hombres perversos atestiguaron contra Nabot
delante del pueblo, diciendo: Nabot ha blasfemado a Dios y al rey. Y lo llevaron fuera de la
ciudad y lo apedrearon, y murió.
14 Después enviaron a decir a Jezabel: Nabot ➤
ha sido apedreado y ha muerto.
15 Cuando Jezabel oyó que Nabot había sido
apedreado y muerto, dijo a Acab: Levántate y
toma la viña de Nabot de Jezreel, que no te la
quiso dar por dinero; porque Nabot no vive,
sino que ha muerto.
16 Y oyendo Acab que Nabot era muerto, se
levantó para descender a la viña de Nabot de
Jezreel, para tomar posesión de ella.
17 Entonces vino palabra de Jehová a Elías
tisbita, diciendo:
18 Levántate, desciende a encontrarte con
Acab rey de Israel, que está en Samaria; he
aquí él está en la viña de Nabot, a la cual ha
descendido para tomar posesión de ella.
19 Y le hablarás diciendo: Así ha dicho Jehová: ¿No mataste, y también has despojado?
Y volverás a hablarle, diciendo: Así ha dicho
Jehová: En el mismo lugar donde lamieron los
perros la sangre de Nabot, los perros lamerán
también tu sangre, tu misma sangre.
20 Y Acab dijo a Elías: ¿Me has hallado, enemigo mío? Él respondió: Te he encontrado,
porque te has vendido a hacer lo malo delante de Jehová.
21 He aquí yo traigo mal sobre ti, y barreré tu
posteridad y destruiré hasta el último varón

LECCIONES DE VIDA

➤ ***21.14 — Nabot... ha muerto.***

Nabot perdió su vida por obedecer a Dios, mientras Jezabel pareció salirse con la suya al desobedecerlo (Éx 23.7). Pero esta vida no es todo lo que hay, y el Señor promete ajustar todas las cuentas (Ro 2.6–8).

de la casa de Acab, tanto el siervo como el libre en Israel.

22 Y pondré tu casa como la casa de Jeroboam hijo de Nabat, y como la casa de Baasa hijo de Ahías, por la rebelión con que me provocaste a ira, y con que has hecho pecar a Israel.

23 De Jezabel también ha hablado Jehová, diciendo: Los perros comerán a Jezabel en el muro de Jezreel.[a]

24 El que de Acab fuere muerto en la ciudad, los perros lo comerán, y el que fuere muerto en el campo, lo comerán las aves del cielo.

➤ 25 (A la verdad ninguno fue como Acab, que se vendió para hacer lo malo ante los ojos de Jehová; porque Jezabel su mujer lo incitaba.

26 Él fue en gran manera abominable, caminando en pos de los ídolos, conforme a todo lo que hicieron los amorreos, a los cuales lanzó Jehová de delante de los hijos de Israel.)

27 Y sucedió que cuando Acab oyó estas palabras, rasgó sus vestidos y puso cilicio sobre su carne, ayunó, y durmió en cilicio, y anduvo humillado.

28 Entonces vino palabra de Jehová a Elías tisbita, diciendo:

➤ 29 ¿No has visto cómo Acab se ha humillado delante de mí? Pues por cuanto se ha humillado delante de mí, no traeré el mal en sus días; en los días de su hijo traeré el mal sobre su casa.

Micaías profetiza la derrota de Acab

(2 Cr 18.1-34)

22 TRES años pasaron sin guerra entre los sirios e Israel.

2 Y aconteció al tercer año, que Josafat rey de Judá descendió al rey de Israel.

3 Y el rey de Israel dijo a sus siervos: ¿No sabéis que Ramot de Galaad es nuestra, y nosotros no hemos hecho nada para tomarla de mano del rey de Siria?

4 Y dijo a Josafat: ¿Quieres venir conmigo a pelear contra Ramot de Galaad? Y Josafat respondió al rey de Israel: Yo soy como tú, y mi pueblo como tu pueblo, y mis caballos como tus caballos.

5 Dijo luego Josafat al rey de Israel: Yo te ruego que consultes hoy la palabra de Jehová.

6 Entonces el rey de Israel reunió a los profetas, como cuatrocientos hombres, a los cuales dijo: ¿Iré a la guerra contra Ramot de Galaad, o la dejaré? Y ellos dijeron: Sube, porque Jehová la entregará en mano del rey.

7 Y dijo Josafat: ¿Hay aún aquí algún profeta de Jehová, por el cual consultemos?

8 El rey de Israel respondió a Josafat: Aún hay un varón por el cual podríamos consultar a Jehová, Micaías hijo de Imla; mas yo le aborrezco, porque nunca me profetiza bien, sino solamente mal. Y Josafat dijo: No hable el rey así.

9 Entonces el rey de Israel llamó a un oficial, y le dijo: Trae pronto a Micaías hijo de Imla.

10 Y el rey de Israel y Josafat rey de Judá estaban sentados cada uno en su silla, vestidos de sus ropas reales, en la plaza junto a la entrada de la puerta de Samaria; y todos los profetas profetizaban delante de ellos.

11 Y Sedequías hijo de Quenaana se había hecho unos cuernos de hierro, y dijo: Así ha dicho Jehová: Con éstos acornearás a los sirios hasta acabarlos.

12 Y todos los profetas profetizaban de la misma manera, diciendo: Sube a Ramot de Galaad, y serás prosperado; porque Jehová la entregará en mano del rey.

13 Y el mensajero que había ido a llamar a Micaías, le habló diciendo: He aquí que las palabras de los profetas a una voz anuncian al rey cosas buenas; sea ahora tu palabra conforme a la palabra de alguno de ellos, y anuncia también buen éxito.

14 Y Micaías respondió: Vive Jehová, que lo que Jehová me hablare, eso diré.

15 Vino, pues, al rey, y el rey le dijo: Micaías, ¿iremos a pelear contra Ramot de Galaad, o la dejaremos? Él le respondió: Sube, y serás prosperado, y Jehová la entregará en mano del rey.

a. 21.23 2 R 9.36.

LECCIONES DE VIDA

➤ ***21.25 — ninguno fue como Acab, que se vendió para hacer lo malo ante los ojos de Jehová; porque Jezabel su mujer lo incitaba.***

Vez tras vez en la Biblia vemos cómo una mala elección de cónyuge conduce a la ruina física, espiritual y moral. ¿Qué clase de rey pudo ser Acab de haberse casado con una mujer piadosa? Nunca lo sabremos.

➤ ***21.29 — ¿No has visto cómo Acab se ha humillado delante de mí?... no traeré el mal en sus días.***

Hasta en sus juicios, Dios muestra misericordia. Él no desea la muerte del impío, prefiere que se arrepienta y viva (Ez 18.32).

➤ ***22.5 — te ruego que consultes hoy la palabra de Jehová.***

El rey piadoso Josafat de Judá hizo algo insensato al aliarse con el malvado rey Acab de Israel, pero al menos insistió en escuchar una palabra verdadera del Señor (2 Cr 18).

➤ ***22.13 — sea ahora tu palabra conforme a la palabra de alguno de ellos, y anuncia también buen éxito.***

Acab no quería la verdad, solamente que sus profetas estuvieran de acuerdo con él. Vivimos en una era cuando la gente sólo quiere oír palabras alentadoras. A veces necesitamos corrección o aun reprensión para volver a encaminarnos en la dirección correcta, y el aparente apoyo magnánimo de los demás contribuye a acelerar nuestra destrucción. Gracias a Dios, Él nos ama tanto que nos da lo que realmente necesitamos.

16 Y el rey le dijo: ¿Hasta cuántas veces he de
exigirte que no me digas sino la verdad en el
nombre de Jehová?
17 Entonces él dijo: Yo vi a todo Israel esparcido por los montes, como ovejas que no tienen
pastor;[a] y Jehová dijo: Éstos no tienen señor;
vuélvase cada uno a su casa en paz.
18 Y el rey de Israel dijo a Josafat: ¿No te lo
había yo dicho? Ninguna cosa buena profetizará él acerca de mí, sino solamente el mal.
19 Entonces él dijo: Oye, pues, palabra de
Jehová: Yo vi a Jehová sentado en su trono, y
todo el ejército de los cielos estaba junto a él,
a su derecha y a su izquierda.
20 Y Jehová dijo: ¿Quién inducirá a Acab,
para que suba y caiga en Ramot de Galaad?
Y uno decía de una manera, y otro decía de
otra.
21 Y salió un espíritu y se puso delante de
Jehová, y dijo: Yo le induciré. Y Jehová le dijo:
¿De qué manera?
22 Él dijo: Yo saldré, y seré espíritu de mentira en boca de todos sus profetas. Y él dijo:
Le inducirás, y aun lo conseguirás; ve, pues,
y hazlo así.
23 Y ahora, he aquí Jehová ha puesto espíritu
de mentira en la boca de todos tus profetas, y
Jehová ha decretado el mal acerca de ti.
24 Entonces se acercó Sedequías hijo de
Quenaana y golpeó a Micaías en la mejilla,
diciendo: ¿Por dónde se fue de mí el Espíritu
de Jehová para hablarte a ti?
25 Y Micaías respondió: He aquí tú lo verás
en aquel día, cuando te irás metiendo de aposento en aposento para esconderte.
26 Entonces el rey de Israel dijo: Toma a
Micaías, y llévalo a Amón gobernador de la
ciudad, y a Joás hijo del rey;
27 y dirás: Así ha dicho el rey: Echad a éste
en la cárcel, y mantenedle con pan de angustia y con agua de aflicción, hasta que yo vuelva en paz.
➤ 28 Y dijo Micaías: Si llegas a volver en paz,
Jehová no ha hablado por mí. En seguida
dijo: Oíd, pueblos todos.
29 Subió, pues, el rey de Israel con Josafat
rey de Judá a Ramot de Galaad.
30 Y el rey de Israel dijo a Josafat: Yo me dis-
frazaré, y entraré en la batalla; y tú ponte tus
vestidos. Y el rey de Israel se disfrazó, y entró
en la batalla.
31 Mas el rey de Siria había mandado a
sus treinta y dos capitanes de los carros,
diciendo: No peleéis ni con grande ni con chico, sino sólo contra el rey de Israel.
32 Cuando los capitanes de los carros vieron
a Josafat, dijeron: Ciertamente éste es el rey
de Israel; y vinieron contra él para pelear con
él; mas el rey Josafat gritó.
33 Viendo entonces los capitanes de los
carros que no era el rey de Israel, se apartaron de él.
34 Y un hombre disparó su arco a la ventura ➤
e hirió al rey de Israel por entre las junturas
de la armadura, por lo que dijo él a su cochero: Da la vuelta, y sácame del campo, pues
estoy herido.
35 Pero la batalla había arreciado aquel día,
y el rey estuvo en su carro delante de los
sirios, y a la tarde murió; y la sangre de la
herida corría por el fondo del carro.
36 Y a la puesta del sol salió un pregón por
el campamento, diciendo: ¡Cada uno a su ciudad, y cada cual a su tierra!
37 Murió, pues, el rey, y fue traído a Samaria;
y sepultaron al rey en Samaria.
38 Y lavaron el carro en el estanque de Samaria; y los perros lamieron su sangre (y también las rameras se lavaban allí), conforme a
la palabra que Jehová había hablado.
39 El resto de los hechos de Acab, y todo lo
que hizo, y la casa de marfil que construyó, y
todas las ciudades que edificó, ¿no está escrito en el libro de las crónicas de los reyes de
Israel?
40 Y durmió Acab con sus padres, y reinó en
su lugar Ocozías su hijo.

Reinado de Josafat
(2 Cr 20.31-37)

41 Josafat hijo de Asa comenzó a reinar
sobre Judá en el cuarto año de Acab rey de
Israel.
42 Era Josafat de treinta y cinco años cuando comenzó a reinar, y reinó veinticinco años
en Jerusalén. El nombre de su madre fue Azuba hija de Silhi.
43 Y anduvo en todo el camino de Asa su
padre, sin desviarse de él, haciendo lo recto ante los ojos de Jehová. Con todo eso, los
lugares altos no fueron quitados; porque el
pueblo sacrificaba aún, y quemaba incienso en ellos.
44 Y Josafat hizo paz con el rey de Israel.

a. 22.17 Mt 9.36; Mr 6.34.

LECCIONES DE VIDA

➤ ***22.28 — dijo Micaías: Si llegas a volver en paz, Jehová no ha hablado por mí.***

Los eventos de cualquier profecía que proceda presuntamente del Señor deben suceder tal como fueron declarados, de lo contrario la profecía demuestra proceder de otra fuente (Dt 18.20–22). Micaías se jugó la vida por la fidelidad de Dios, y fue vindicado por ello.

➤ ***22.34 — un hombre disparó su arco a la ventura e hirió al rey de Israel por entre las junturas de la armadura.***

Dios toma actos que parecen arbitrarios y los usa para cumplir su voluntad y su Palabra (2 Cr 18.28–34). ¡Nuestro soberano Señor es el único que puede hacerlo!

45 Los demás hechos de Josafat, y sus hazañas, y las guerras que hizo, ¿no están escritos en el libro de las crónicas de los reyes de Judá?
46 Barrió también de la tierra el resto de los sodomitas que había quedado en el tiempo de su padre Asa.
47 No había entonces rey en Edom; había gobernador en lugar de rey.
48 Josafat había hecho naves de Tarsis, las cuales habían de ir a Ofir por oro; mas no fueron, porque se rompieron en Ezión-geber.
49 Entonces Ocozías hijo de Acab dijo a Josafat: Vayan mis siervos con los tuyos en las naves. Mas Josafat no quiso.
50 Y durmió Josafat con sus padres, y fue sepultado con ellos en la ciudad de David su padre; y en su lugar reinó Joram su hijo.

Reinado de Ocozías de Israel

51 Ocozías hijo de Acab comenzó a reinar sobre Israel en Samaria, el año diecisiete de Josafat rey de Judá; y reinó dos años sobre Israel.
52 E hizo lo malo ante los ojos de Jehová, y anduvo en el camino de su padre, y en el camino de su madre, y en el camino de Jeroboam hijo de Nabat, que hizo pecar a Israel;
53 porque sirvió a Baal, y lo adoró, y provocó a ira a Jehová Dios de Israel, conforme a todas las cosas que había hecho su padre.

EL SEGUNDO LIBRO DE

REYES

El libro Segundo de Reyes continúa el drama iniciado en 1 Reyes, la historia trágica de dos naciones errantes con rumbo al cautiverio. El autor describe de manera sistemática las monarquías paralelas de Israel y Judá. Cada vez que adelanta la historia de una nación, vuelve a trazar el mismo período para la otra.

Diecinueve reyes malvados gobernaron consecutivamente en Israel, hasta el cautiverio asirio. El cuadro es un poco menos tétrico en Judá, donde surgen algunos reyes piadosos que reforman los males de sus predecesores. No obstante, el pecado pesa más que la justicia y Judá termina exiliada en Babilonia.

Otro tema principal del segundo libro de Reyes es el ministerio del profeta Eliseo, el sucesor de Elías. Ambos ministraron en tiempos muy sombríos. Mientras Elías hizo uso especial de la palabra en su ministerio profético, Eliseo ratificó su mensaje con diversos milagros. Eliseo empezó su ministerio pidiéndole a Dios una doble porción de su Espíritu (2 R 2.9), luego partió las aguas del río Jordán (2 R 2.14), levantó de los muertos a un niño (2 R 4.18–37), purificó una comida dañina (2 R 4.38–41), alimentó una multitud (2 R 4.42–44), sanó a un leproso (2 R 5.5–15), le pegó la lepra a otro hombre (2 R 5.20–27), y pronunció ceguera sobre los sirios, cuyo rey había planeado matarlo (2 R 6.1–20), entre otros milagros. Además de estos prodigios, Eliseo autorizó que Jehú fuese ungido como rey de Israel (2 R 9.1–6).

Tema: Cada pueblo cosecha lo que siembra, tarde o temprano. Tras siglos de apostasía y rebelión, el pueblo que una vez había constituido la nación de Israel fue erradicado de la tierra prometida y llevado en cautiverio. Por el lado positivo, 2 Reyes demuestra lo que un hombre puede lograr si está dispuesto a pedirle a Dios una porción doble de su Espíritu y obedecerle.

Autor: Desconocido.

Fecha: Segundo de Reyes abarca la época final en los reinos del rey Ocozías de Israel y el rey Joram en Judá (ambos empezaron alrededor de 853 a.C.), hasta la destrucción de Jerusalén por los babilonios y el subsiguiente cautiverio del pueblo de Judá (ca. 586 a.C.).

Estructura: Segundo de Reyes retoma la narrativa histórica donde la deja 1 Reyes. Empieza con los años culminantes del ministerio de Elías (1.1—2.11), registra el ministerio del profeta Eliseo (2.12—13.25), y termina con el cautiverio del pueblo de Judá (14.1—25.30).

A medida que lea 2 Reyes, fíjese en los principios de vida que juegan un papel importante en este libro:

9. Confiar en Dios quiere decir ver más allá de lo que podemos, hacia lo que Dios ve. *Véase 2 Reyes 6.17; página 423.*

14. Dios actúa a favor de quienes esperan en Él. *Véase 2 Reyes 6.32—7.19; páginas 426-427.*

6. Cosechamos lo que sembramos, más de lo que sembramos, después de sembrarlo. *Véase 2 Reyes 17.14–18; página 439.*

8. Libremos nuestras batallas de rodillas y siempre obtendremos la victoria. *Véase 2 Reyes 19.20; página 442.*

Muerte de Ocozías

1 DESPUÉS de la muerte de Acab, se rebeló
Moab contra Israel.
2 Y Ocozías cayó por la ventana de una sala
de la casa que tenía en Samaria; y estando
enfermo, envió mensajeros, y les dijo: Id y
consultad a Baal-zebub dios de Ecrón, si he de
sanar de esta mi enfermedad.
3 Entonces el ángel de Jehová habló a Elías
tisbita, diciendo: Levántate, y sube a encontrarte con los mensajeros del rey de Samaria,
y diles: ¿No hay Dios en Israel, que vais a consultar a Baal-zebub dios de Ecrón?
4 Por tanto, así ha dicho Jehová: Del lecho
en que estás no te levantarás, sino que ciertamente morirás. Y Elías se fue.
5 Cuando los mensajeros se volvieron al rey,
él les dijo: ¿Por qué os habéis vuelto?
6 Ellos le respondieron: Encontramos a un
varón que nos dijo: Id, y volveos al rey que os
envió, y decidle: Así ha dicho Jehová: ¿No hay
Dios en Israel, que tú envías a consultar a Baal-
zebub dios de Ecrón? Por tanto, del lecho en
que estás no te levantarás; de cierto morirás.
7 Entonces él les dijo: ¿Cómo era aquel varón
que encontrasteis, y os dijo tales palabras?
8 Y ellos le respondieron: Un varón que tenía
vestido de pelo, y ceñía sus lomos con un cinturón de cuero.[a] Entonces él dijo: Es Elías
tisbita.
9 Luego envió a él un capitán de cincuenta con sus cincuenta, el cual subió a donde él
estaba; y he aquí que él estaba sentado en la
cumbre del monte. Y el capitán le dijo: Varón
de Dios, el rey ha dicho que desciendas.
➤ 10 Y Elías respondió y dijo al capitán de cincuenta: Si yo soy varón de Dios, descienda fuego del cielo, y consúmate con tus cincuenta.[b] Y
descendió fuego del cielo, que lo consumió a
él y a sus cincuenta.
11 Volvió el rey a enviar a él otro capitán de
cincuenta con sus cincuenta; y le habló y dijo:
Varón de Dios, el rey ha dicho así: Desciende pronto.
12 Y le respondió Elías y dijo: Si yo soy varón
de Dios, descienda fuego del cielo, y consúmate con tus cincuenta.[c] Y descendió fuego del
cielo, y lo consumió a él y a sus cincuenta.
13 Volvió a enviar al tercer capitán de cincuenta con sus cincuenta; y subiendo aquel tercer
capitán de cincuenta, se puso de rodillas delante de Elías y le rogó, diciendo: Varón de Dios, te
ruego que sea de valor delante de tus ojos mi
vida, y la vida de estos tus cincuenta siervos.
14 He aquí ha descendido fuego del cielo, y
ha consumido a los dos primeros capitanes
de cincuenta con sus cincuenta; sea estimada
ahora mi vida delante de tus ojos.
15 Entonces el ángel de Jehová dijo a Elías:
Desciende con él; no tengas miedo de él. Y él
se levantó, y descendió con él al rey.
16 Y le dijo: Así ha dicho Jehová: Por cuanto
enviaste mensajeros a consultar a Baal-zebub
dios de Ecrón, ¿no hay Dios en Israel para
consultar en su palabra? No te levantarás, por
tanto, del lecho en que estás, sino que de cierto morirás.
17 Y murió conforme a la palabra de Jehová,
que había hablado Elías. Reinó en su lugar
Joram, en el segundo año de Joram hijo de
Josafat, rey de Judá; porque Ocozías no tenía
hijo.
18 Los demás hechos de Ocozías, ¿no están
escritos en el libro de las crónicas de los reyes
de Israel?

Eliseo sucede a Elías

2 ACONTECIÓ que cuando quiso Jehová
alzar a Elías en un torbellino al cielo, Elías
venía con Eliseo de Gilgal.
2 Y dijo Elías a Eliseo: Quédate ahora aquí,
porque Jehová me ha enviado a Bet-el. Y Eliseo dijo: Vive Jehová, y vive tu alma, que no te
dejaré. Descendieron, pues, a Bet-el.
3 Y saliendo a Eliseo los hijos de los profetas
que estaban en Bet-el, le dijeron: ¿Sabes que
Jehová te quitará hoy a tu señor de sobre ti? Y
él dijo: Sí, yo lo sé; callad.
4 Y Elías le volvió a decir: Eliseo, quédate aquí
ahora, porque Jehová me ha enviado a Jericó.
Y él dijo: Vive Jehová, y vive tu alma, que no
te dejaré. Vinieron, pues, a Jericó.
5 Y se acercaron a Eliseo los hijos de los profetas que estaban en Jericó, y le dijeron: ¿Sabes
que Jehová te quitará hoy a tu señor de sobre
ti? Él respondió: Sí, yo lo sé; callad.
6 Y Elías le dijo: Te ruego que te quedes aquí, ➤
porque Jehová me ha enviado al Jordán. Y él

a. 1.8 Mt 3.4; Mr 1.6. **b. 1.10** Lc 9.54. **c. 1.12** Lc 9.54.

LECCIONES DE VIDA

➤ ***1.10 — Si yo soy varón de Dios, descienda fuego del cielo, y consúmate con tus cincuenta.***

Este no parece ser el mismo profeta que salió corriendo a esconderse por las amenazas de muerte de Jezabel (1 R 19.1–4). ¿Qué sucedió? El tiempo que pasó a solas con Dios convenció a Elías de la presencia del Señor, y su presencia nos da energías para desempeñar nuestro trabajo.

➤ ***2.6 — Te ruego que te quedes aquí, porque Jehová me ha enviado al Jordán.***

El Señor envió a Elías a Bet-el, Jericó y el Jordán, pues en Bet-el y Jericó estaban los hijos de los profetas que serían testigos de la ascensión de Elías (2 R 2.3, 5). En el Jordán, Dios mostró dos veces mediante la partición de las aguas que Eliseo era el sucesor legítimo de Elías (2 R 2.8, 13–15). Elías y Eliseo obedecían al Señor en las cosas pequeñas, por eso el Señor también les confió las grandes y todos le vieron glorificarse a través de ellas.

dijo: Vive Jehová, y vive tu alma, que no te
dejaré. Fueron, pues, ambos.
7 Y vinieron cincuenta varones de los hijos de
los profetas, y se pararon delante a lo lejos; y
ellos dos se pararon junto al Jordán.
8 Tomando entonces Elías su manto, lo dobló, y
golpeó las aguas, las cuales se apartaron a uno
y a otro lado, y pasaron ambos por lo seco.
➤ 9 Cuando habían pasado, Elías dijo a Eliseo:
Pide lo que quieras que haga por ti, antes que
yo sea quitado de ti. Y dijo Eliseo: Te ruego que
una doble porción[a] de tu espíritu sea sobre mí.
10 Él le dijo: Cosa difícil has pedido. Si me
vieres cuando fuere quitado de ti, te será
hecho así; mas si no, no.
➤ 11 Y aconteció que yendo ellos y hablando, he
aquí un carro de fuego con caballos de fuego
apartó a los dos; y Elías subió al cielo en un
torbellino.
12 Viéndolo Eliseo, clamaba: ¡Padre mío, padre
mío, carro de Israel y su gente de a caballo![b] Y
nunca más le vio; y tomando sus vestidos, los
rompió en dos partes.
13 Alzó luego el manto de Elías que se le había
caído, y volvió, y se paró a la orilla del Jordán.
14 Y tomando el manto de Elías que se le
había caído, golpeó las aguas, y dijo: ¿Dónde
está Jehová, el Dios de Elías? Y así que hubo
golpeado del mismo modo las aguas, se apartaron a uno y a otro lado, y pasó Eliseo.
15 Viéndole los hijos de los profetas que estaban en Jericó al otro lado, dijeron: El espíritu
de Elías reposó sobre Eliseo. Y vinieron a recibirle, y se postraron delante de él.
16 Y dijeron: He aquí hay con tus siervos cincuenta varones fuertes; vayan ahora y busquen
a tu señor; quizá lo ha levantado el Espíritu de
Jehová, y lo ha echado en algún monte o en
algún valle. Y él les dijo: No enviéis.
17 Mas ellos le importunaron, hasta que aver-
gonzándose dijo: Enviad. Entonces ellos enviaron cincuenta hombres, los cuales lo buscaron
tres días, mas no lo hallaron.
18 Y cuando volvieron a Eliseo, que se había
quedado en Jericó, él les dijo: ¿No os dije yo
que no fueseis?
19 Y los hombres de la ciudad dijeron a Eliseo: He aquí, el lugar en donde está colocada
esta ciudad es bueno, como mi señor ve; mas
las aguas son malas, y la tierra es estéril.
20 Entonces él dijo: Traedme una vasija nueva, y poned en ella sal. Y se la trajeron.
21 Y saliendo él a los manantiales de las ➤
aguas, echó dentro la sal, y dijo: Así ha dicho
Jehová: Yo sané estas aguas, y no habrá más
en ellas muerte ni enfermedad.
22 Y fueron sanas las aguas hasta hoy, conforme a la palabra que habló Eliseo.
23 Después subió de allí a Bet-el; y subiendo
por el camino, salieron unos muchachos de la
ciudad, y se burlaban de él, diciendo: ¡Calvo,
sube! ¡calvo, sube!
24 Y mirando él atrás, los vio, y los maldijo en
el nombre de Jehová. Y salieron dos osos del
monte, y despedazaron de ellos a cuarenta y
dos muchachos.
25 De allí fue al monte Carmelo, y de allí volvió a Samaria.

Reinado de Joram de Israel

3 JORAM hijo de Acab comenzó a reinar en
Samaria sobre Israel el año dieciocho de
Josafat rey de Judá; y reinó doce años.
2 E hizo lo malo ante los ojos de Jehová, aunque no como su padre y su madre; porque
quitó las estatuas de Baal que su padre había
hecho.
3 Pero se entregó a los pecados de Jeroboam
hijo de Nabat, que hizo pecar a Israel, y no se
apartó de ellos.

Eliseo predice la victoria sobre Moab

4 Entonces Mesa rey de Moab era propietario de ganados, y pagaba al rey de Israel cien
mil corderos y cien mil carneros con sus vello-
nes.
5 Pero muerto Acab, el rey de Moab se rebeló
contra el rey de Israel.
6 Salió entonces de Samaria el rey Joram, y
pasó revista a todo Israel.
7 Y fue y envió a decir a Josafat rey de Judá: ➤
El rey de Moab se ha rebelado contra mí:
¿irás tú conmigo a la guerra contra Moab? Y
él respondió: Iré, porque yo soy como tú; mi

a. 2.9 Dt 21.17. **b. 2.12** 2 R 13.14.

LECCIONES DE VIDA

➤ ***2.9 — Te ruego que una doble porción de tu espíritu sea sobre mí.***

Eliseo hizo esa petición tan osada porque había llegado a conocer el poder asombroso del Señor. ¿Qué maravillas se complacería Dios hacer en su vida si tan sólo se las pidiera? «No tenéis lo que deseáis, porque no pedís» (Stg 4.2).

➤ ***2.11 — Elías subió al cielo en un torbellino.***

La ascensión de Elías fue una manifestación prodigiosa del poder ilimitado de Dios. Él *siempre* cumple sus promesas, sin importar cuán imposibles nos parezcan. Él prometió llevarse a Elías al cielo, y es exactamente lo que hizo. Podemos depositar nuestra confianza total en todo lo que Él dice.

➤ ***2.21 — Así ha dicho Jehová: Yo sané esta agua.***

El agua no fue purificada por la sal, ni por las palabras de Eliseo; Dios mismo intervino. Él opta por obrar a través de personas para cumplir sus propósitos, pero es el único que siempre está en control del resultado.

pueblo como tu pueblo, y mis caballos como
los tuyos.
8 Y dijo: ¿Por qué camino iremos? Y él respondió: Por el camino del desierto de Edom.
9 Salieron, pues, el rey de Israel, el rey de
Judá, y el rey de Edom; y como anduvieron
rodeando por el desierto siete días de camino,
les faltó agua para el ejército, y para las bestias que los seguían.
10 Entonces el rey de Israel dijo: ¡Ah! que ha
llamado Jehová a estos tres reyes para entregarlos en manos de los moabitas.
11 Mas Josafat dijo: ¿No hay aquí profeta de
Jehová, para que consultemos a Jehová por
medio de él? Y uno de los siervos del rey de
Israel respondió y dijo: Aquí está Eliseo hijo
de Safat, que servía a Elías.
12 Y Josafat dijo: Éste tendrá palabra de Jehová. Y descendieron a él el rey de Israel, y
Josafat, y el rey de Edom.
13 Entonces Eliseo dijo al rey de Israel: ¿Qué
tengo yo contigo? Ve a los profetas de tu
padre, y a los profetas de tu madre. Y el rey
de Israel le respondió: No; porque Jehová ha
reunido a estos tres reyes para entregarlos en
manos de los moabitas.
14 Y Eliseo dijo: Vive Jehová de los ejércitos,
en cuya presencia estoy, que si no tuviese respeto al rostro de Josafat rey de Judá, no te
mirara a ti, ni te viera.
15 Mas ahora traedme un tañedor. Y mientras
el tañedor tocaba, la mano de Jehová vino
sobre Eliseo,
16 quien dijo: Así ha dicho Jehová: Haced en
este valle muchos estanques.
17 Porque Jehová ha dicho así: No veréis viento, ni veréis lluvia; pero este valle será lleno de
agua, y beberéis vosotros, y vuestras bestias y
vuestros ganados.
➤ 18 Y esto es cosa ligera en los ojos de Jehová; entregará también a los moabitas en vuestras manos.
19 Y destruiréis toda ciudad fortificada y toda
villa hermosa, y talaréis todo buen árbol,
cegaréis todas las fuentes de aguas, y destruiréis con piedras toda tierra fértil.
20 Aconteció, pues, que por la mañana, cuando se ofrece el sacrificio, he aquí vinieron
aguas por el camino de Edom, y la tierra se
llenó de aguas.
21 Cuando todos los de Moab oyeron que los
reyes subían a pelear contra ellos, se juntaron
desde los que apenas podían ceñir armadura
en adelante, y se pusieron en la frontera.
22 Cuando se levantaron por la mañana, y bri-
lló el sol sobre las aguas, vieron los de Moab
desde lejos las aguas rojas como sangre;
23 y dijeron: ¡Esto es sangre de espada! Los
reyes se han vuelto uno contra otro, y cada
uno ha dado muerte a su compañero. Ahora,
pues, ¡Moab, al botín!
24 Pero cuando llegaron al campamento de
Israel, se levantaron los israelitas y atacaron
a los de Moab, los cuales huyeron de delante de ellos; pero los persiguieron matando a
los de Moab.
25 Y asolaron las ciudades, y en todas las tierras fértiles echó cada uno su piedra, y las llenaron; cegaron también todas las fuentes de
las aguas, y derribaron todos los buenos árboles; hasta que en Kir-hareset solamente dejaron piedras, porque los honderos la rodearon
y la destruyeron.
26 Y cuando el rey de Moab vio que era vencido en la batalla, tomó consigo setecientos
hombres que manejaban espada, para atacar
al rey de Edom; mas no pudieron.
27 Entonces arrebató a su primogénito que
había de reinar en su lugar, y lo sacrificó en
holocausto sobre el muro. Y hubo grande enojo contra Israel; y se apartaron de él, y se volvieron a su tierra.

El aceite de la viuda

4 UNA mujer, de las mujeres de los hijos de
los profetas, clamó a Eliseo, diciendo: Tu
siervo mi marido ha muerto; y tú sabes que
tu siervo era temeroso de Jehová; y ha venido
el acreedor para tomarse dos hijos míos por
siervos.
2 Y Eliseo le dijo: ¿Qué te haré yo? Declára- ➤
me qué tienes en casa. Y ella dijo: Tu sierva
ninguna cosa tiene en casa, sino una vasija
de aceite.
3 Él le dijo: Ve y pide para ti vasijas prestadas
de todos tus vecinos, vasijas vacías, no pocas.

LECCIONES DE VIDA

➤ ***3.7 — Iré, porque yo soy como tú; mi pueblo como tu pueblo, y mis caballos como los tuyos.***

¿Por qué el rey justo Josafat insistió en hacer alianzas con reyes impíos (1 R 22; 2 Cr 20.35)? Tal vez quiso reunificar a Israel y Judá como lo estuvieron bajo David. Quizá le pareció una buena estrategia política. El caso es que Dios le dijo por los profetas que tales alianzas le disgustaban por completo, y Josafat eventualmente fue castigado porque no quiso hacer caso (2 R 3.13, 14; 2 Cr 19.2; 20.37). Dios no nos demanda que entendamos su voluntad, sino que la obedezcamos.

➤ ***3.18 — esto es cosa ligera en los ojos de Jehová.***

Hasta nuestros problemas más difíciles son «cosa ligera» para Dios.

➤ ***4.2 — Tu sierva ninguna cosa tiene en casa, sino una vasija de aceite.***

A Dios le place tomar aquella «ninguna cosa» que tenemos y convertirla en algo que nos deja asombrados. El mandato de Eliseo pudo parecerle insensato a la mujer, pero ella obedeció y el Señor bendijo grandemente su obediencia.

4 Entra luego, y enciérrate tú y tus hijos; y
echa en todas las vasijas, y cuando una esté
llena, ponla aparte.
5 Y se fue la mujer, y cerró la puerta encerrán-
dose ella y sus hijos; y ellos le traían las vasijas, y ella echaba del aceite.
6 Cuando las vasijas estuvieron llenas, dijo a
un hijo suyo: Tráeme aún otras vasijas. Y él dijo:
No hay más vasijas. Entonces cesó el aceite.
7 Vino ella luego, y lo contó al varón de Dios,
el cual dijo: Ve y vende el aceite, y paga a tus
acreedores; y tú y tus hijos vivid de lo que
quede.

Eliseo y la sunamita

8 Aconteció también que un día pasaba Eliseo
por Sunem; y había allí una mujer importante,
que le invitaba insistentemente a que comiese; y cuando él pasaba por allí, venía a la casa
de ella a comer.
9 Y ella dijo a su marido: He aquí ahora, yo
entiendo que éste que siempre pasa por nuestra casa, es varón santo de Dios.
10 Yo te ruego que hagamos un pequeño aposento de paredes, y pongamos allí cama,
mesa, silla y candelero, para que cuando él
viniere a nosotros, se quede en él.
11 Y aconteció que un día vino él por allí, y se
quedó en aquel aposento, y allí durmió.
12 Entonces dijo a Giezi su criado: Llama a
esta sunamita. Y cuando la llamó, vino ella
delante de él.
13 Dijo él entonces a Giezi: Dile: He aquí tú
has estado solícita por nosotros con todo este
esmero; ¿qué quieres que haga por ti? ¿Necesitas que hable por ti al rey, o al general del
ejército? Y ella respondió: Yo habito en medio
de mi pueblo.
14 Y él dijo: ¿Qué, pues, haremos por ella?
Y Giezi respondió: He aquí que ella no tiene
hijo, y su marido es viejo.
15 Dijo entonces: Llámala. Y él la llamó, y ella
se paró a la puerta.
16 Y él le dijo: El año que viene, por este tiempo, abrazarás un hijo. Y ella dijo: No, señor
mío, varón de Dios, no hagas burla de tu
sierva.
17 Mas la mujer concibió, y dio a luz un hijo ➤
el año siguiente, en el tiempo que Eliseo le
había dicho.
18 Y el niño creció. Pero aconteció un día, que
vino a su padre, que estaba con los segadores;
19 y dijo a su padre: ¡Ay, mi cabeza, mi cabeza! Y el padre dijo a un criado: Llévalo a su
madre.
20 Y habiéndole él tomado y traído a su ➤
madre, estuvo sentado en sus rodillas hasta el
mediodía, y murió.
21 Ella entonces subió, y lo puso sobre la
cama del varón de Dios, y cerrando la puerta, se salió.
22 Llamando luego a su marido, le dijo: Te
ruego que envíes conmigo a alguno de los
criados y una de las asnas, para que yo vaya
corriendo al varón de Dios, y regrese.
23 Él dijo: ¿Para qué vas a verle hoy? No es
nueva luna, ni día de reposo.* Y ella respondió: Paz.
24 Después hizo enalbardar el asna, y dijo al
criado: Guía y anda; y no me hagas detener en
el camino, sino cuando yo te lo dijere.
25 Partió, pues, y vino al varón de Dios, al
monte Carmelo.
Y cuando el varón de Dios la vio de lejos, dijo
a su criado Giezi: He aquí la sunamita.
26 Te ruego que vayas ahora corriendo a recibirla, y le digas: ¿Te va bien a ti? ¿Le va bien a
tu marido, y a tu hijo? Y ella dijo: Bien.
27 Luego que llegó a donde estaba el varón de ➤
Dios en el monte, se asió de sus pies. Y se acercó Giezi para quitarla; pero el varón de Dios le
dijo: Déjala, porque su alma está en amargura, y Jehová me ha encubierto el motivo, y no
me lo ha revelado.
28 Y ella dijo: ¿Pedí yo hijo a mi señor? ¿No
dije yo que no te burlases de mí?
29 Entonces dijo él a Giezi: Ciñe tus lomos, y
toma mi báculo en tu mano, y ve; si alguno te
encontrare, no lo saludes, y si alguno te salu-
dare, no le respondas; y pondrás mi báculo
sobre el rostro del niño.

* Aquí equivale a *sábado*.

LECCIONES DE VIDA

➤ ***4.17 — Mas la mujer concibió, y dio a luz un hijo el año siguiente, en el tiempo que Eliseo le había dicho.***

Dios se complace en bendecir a su pueblo obediente con dádivas mejores y más grandes de lo que pudiéramos esperar o imaginar (Ef 3.20).

➤ ***4.20 — Y habiéndole él tomado y traído a su madre, estuvo sentado en sus rodillas hasta el mediodía, y murió.***

La vida nunca es una sucesión continua de bendiciones, alegrías y milagros insólitos. Vivimos en un mundo caído donde ocurren cosas malas, pero Dios nos llama a confiar en Él tanto en el final de la historia como en el principio.

➤ ***4.27 — Jehová me ha encubierto el motivo, y no me lo ha revelado.***

El Señor encubrió esta tragedia de Eliseo, de la misma manera que nos oculta a veces sus propósitos. Sin embargo, sabemos que Dios obra en las vidas de todos sus hijos para aumentar la fe y confianza en Él. Eso fue tan cierto para el profeta como lo es para nosotros.

LO QUE LA BIBLIA DICE ACERCA DE LA VIDA MÁS ALLÁ DE LAS DEUDAS

2 R 4.1–7

La Biblia no deja dudas en cuanto a lo que Dios opina de las deudas. Los dos versículos siguientes hablan con claridad sobre este tema tan gravoso para millones de personas:

> No debáis a nadie nada, sino el amaros unos a otros; porque el que ama al prójimo, ha cumplido la ley. (Ro 13.8)

> El rico se enseñorea de los pobres, y el que toma prestado es siervo del que presta. (Pr 22.7)

Como nación, Estados Unidos ha ignorado estas verdades. No es inusual oír de personas que están al borde de la bancarrota. Muchos individuos sienten que en menos de sesenta días van a quedar sin techo sobre sus cabezas o pasar mucha necesidad. Tristemente, nuestra sociedad ha asimilado la filosofía de «compre ahora y pague después».

Hemos creído una mentira, y ahora nos estamos asfixiando en ella. Dios no quiere que su pueblo incurra en deudas innecesarias. Lo único que hemos de deber a los demás es nuestro amor, el cual debemos dar libremente y en maneras tangibles. ¿Por qué le interesan tanto al Señor nuestras deudas? El precio del endeudamiento es alto. Dios sabe que mientras sigamos con ataduras financieras, no seremos completamente libres. Estaremos subyugados a quienes posean el título de propiedad sobre nuestras deudas.

Hemos creído una mentira, y ahora nos estamos asfixiando en ella.

Escuche el quejido del corazón de una viuda que dijo al profeta Eliseo: «Tu siervo mi marido ha muerto; y tú sabes que tu siervo era temeroso de Jehová; y ha venido el acreedor para tomarse dos hijos míos por siervos» (2 R 4.1). A raíz de la muerte de su esposo, quien fuera un profeta asociado a Eliseo, esta mujer y su familia estaban endeudados hasta el cuello. Ella parecía tener sólo un activo dejado por el profeta (sus hijos), y el acreedor iba a venderlos como esclavos para que pagaran sus deudas con trabajo forzoso.

Podríamos protestar: «¡Qué horror! ¿Cómo podría una madre dejar que sus hijos trabajen forzosamente para pagar una deuda?» Sin embargo, eso es exactamente lo que hacemos nosotros cuando enseñamos a nuestros hijos que endeudarse es lo correcto. Nuestros hijos serán forzados a pagar por nuestra insensatez.

Dios quiere que aprendamos a vivir libres y no como esclavos de las deudas. Usted puede lograrlo cuando aplica los principios de Dios a su vida. Empiece fijándose la meta de gastar menos, manejar un presupuesto (así sus ingresos parezcan mínimos), y obedecer a Dios diezmando sus entradas. Cuando usted obedece a Dios en estos asuntos, está diciendo: «Señor, confío en ti. Quiero lo mejor que Tú das. Yo creo que Tú me mostrarás cómo vivir correctamente».

Para un estudio más a fondo, véase el Índice de Principios de vida:

11. Dios asume toda la responsabilidad en cuanto a nuestras necesidades, si lo obedecemos.

16. Todo lo que adquirimos fuera de la voluntad de Dios termina convirtiéndose en cenizas.

30 Y dijo la madre del niño: Vive Jehová, y vive
tu alma, que no te dejaré.
31 Él entonces se levantó y la siguió. Y Giezi
había ido delante de ellos, y había puesto el
báculo sobre el rostro del niño; pero no tenía
voz ni sentido, y así se había vuelto para
encontrar a Eliseo, y se lo declaró, diciendo:
El niño no despierta.
32 Y venido Eliseo a la casa, he aquí que el
niño estaba muerto tendido sobre su cama.
33 Entrando él entonces, cerró la puerta tras
ambos, y oró a Jehová.
➤ 34 Después subió y se tendió sobre el niño,
poniendo su boca sobre la boca de él, y sus
ojos sobre sus ojos, y sus manos sobre las
manos suyas; así se tendió sobre él, y el cuerpo del niño entró en calor.
35 Volviéndose luego, se paseó por la casa a
una y otra parte, y después subió, y se tendió
sobre él nuevamente, y el niño estornudó siete veces, y abrió sus ojos.
36 Entonces llamó él a Giezi, y le dijo: Llama
a esta sunamita. Y él la llamó. Y entrando ella,
él le dijo: Toma tu hijo.
37 Y así que ella entró, se echó a sus pies, y
se inclinó a tierra; y después tomó a su hijo,
y salió.

Milagros en beneficio de los profetas

38 Eliseo volvió a Gilgal cuando había una
grande hambre en la tierra. Y los hijos de los
profetas estaban con él, por lo que dijo a su
criado: Pon una olla grande, y haz potaje para
los hijos de los profetas.
39 Y salió uno al campo a recoger hierbas, y
halló una como parra montés, y de ella llenó su falda de calabazas silvestres; y volvió,
y las cortó en la olla del potaje, pues no sabía
lo que era.
40 Después sirvió para que comieran los hombres; pero sucedió que comiendo ellos de
aquel guisado, gritaron diciendo: ¡Varón de
Dios, hay muerte en esa olla! Y no lo pudieron comer.
41 Él entonces dijo: Traed harina. Y la esparció en la olla, y dijo: Da de comer a la gente. Y
no hubo más mal en la olla.
42 Vino entonces un hombre de Baal-salisa, el
cual trajo al varón de Dios panes de primicias,
veinte panes de cebada, y trigo nuevo en su
espiga. Y él dijo: Da a la gente para que coma.
43 Y respondió su sirviente: ¿Cómo pondré
esto delante de cien hombres? Pero él volvió a
decir: Da a la gente para que coma, porque así
ha dicho Jehová: Comerán, y sobrará.
44 Entonces lo puso delante de ellos, y comie- ➤
ron, y les sobró, conforme a la palabra de
Jehová.

Eliseo y Naamán

5 NAAMÁN,[a] general del ejército del rey
de Siria, era varón grande delante de su
señor, y lo tenía en alta estima, porque por
medio de él había dado Jehová salvación a
Siria. Era este hombre valeroso en extremo,
pero leproso.
2 Y de Siria habían salido bandas armadas, y
habían llevado cautiva de la tierra de Israel
a una muchacha, la cual servía a la mujer de
Naamán.
3 Ésta dijo a su señora: Si rogase mi señor al
profeta que está en Samaria, él lo sanaría de
su lepra.
4 Entrando Naamán a su señor, le relató
diciendo: Así y así ha dicho una muchacha
que es de la tierra de Israel.
5 Y le dijo el rey de Siria: Anda, ve, y yo enviaré cartas al rey de Israel.
Salió, pues, él, llevando consigo diez talentos
de plata, y seis mil piezas de oro, y diez mudas
de vestidos.
6 Tomó también cartas para el rey de Israel,
que decían así: Cuando lleguen a ti estas cartas, sabe por ellas que yo envío a ti mi siervo
Naamán, para que lo sanes de su lepra.
7 Luego que el rey de Israel leyó las cartas,
rasgó sus vestidos, y dijo: ¿Soy yo Dios, que
mate y dé vida, para que éste envíe a mí a que
sane un hombre de su lepra? Considerad ahora, y ved cómo busca ocasión contra mí.
8 Cuando Eliseo el varón de Dios oyó que el
rey de Israel había rasgado sus vestidos, envió
a decir al rey: ¿Por qué has rasgado tus vestidos? Venga ahora a mí, y sabrá que hay profeta en Israel.

a. **5.1-14** Lc 4.27.

LECCIONES DE VIDA

➤ ***4.34 — subió y se tendió sobre el niño, poniendo su boca sobre la boca de él, y sus ojos sobre sus ojos, y sus manos sobre las manos suyas.***

La manera en que Dios realizó este milagro fue muy distinta a la de otro milagro similar por medio de Elías (1 R 17.17–22). No podemos dictarle a Dios cómo debe hacer las cosas. Él es soberano y opera a su modo (Is 55.8–11). Eso sí, podemos tener certeza absoluta que jamás nos defraudará (Sal 22.5).

➤ ***4.44 — Entonces lo puso delante de ellos, y comieron, y les sobró, conforme a la palabra de Jehová.***

Aunque había hambre en la tierra, la gente de Baal-salisa trajo su ofrenda al Señor (Lv 23.10). Dios asume toda la responsabilidad en cuanto a nuestras necesidades, si lo obedecemos. Por medio del profeta Eliseo, Él alimentó a cien hombres con veinte panes de cebada. De manera similar, el Señor Jesús alimentó a cinco mil hombres con cinco panes y dos peces, y a cuatro mil con siete panes y algunos peces (Mt 14.14–21; 15.32–38). Dios hace maravillas con simples actos de obediencia.

9 Y vino Naamán con sus caballos y con su carro, y se paró a las puertas de la casa de Eliseo.
10 Entonces Eliseo le envió un mensajero, diciendo: Ve y lávate siete veces en el Jordán, y tu carne se te restaurará, y serás limpio.
➤ 11 Y Naamán se fue enojado, diciendo: He aquí yo decía para mí: Saldrá él luego, y estando en pie invocará el nombre de Jehová su Dios, y alzará su mano y tocará el lugar, y sanará la lepra.
➤ 12 Abana y Farfar, ríos de Damasco, ¿no son mejores que todas las aguas de Israel? Si me lavare en ellos, ¿no seré también limpio? Y se volvió, y se fue enojado.
13 Mas sus criados se le acercaron y le hablaron diciendo: Padre mío, si el profeta te mandara alguna gran cosa, ¿no la harías? ¿Cuánto más, diciéndote: Lávate, y serás limpio?
14 Él entonces descendió, y se zambulló siete veces en el Jordán, conforme a la palabra del varón de Dios; y su carne se volvió como la carne de un niño, y quedó limpio.
15 Y volvió al varón de Dios, él y toda su compañía, y se puso delante de él, y dijo: He aquí ahora conozco que no hay Dios en toda la tierra, sino en Israel. Te ruego que recibas algún presente de tu siervo.
16 Mas él dijo: Vive Jehová, en cuya presencia estoy, que no lo aceptaré. Y le instaba que aceptara alguna cosa, pero él no quiso.
17 Entonces Naamán dijo: Te ruego, pues, ¿de esta tierra no se dará a tu siervo la carga de un par de mulas? Porque de aquí en adelante tu siervo no sacrificará holocausto ni ofrecerá sacrificio a otros dioses, sino a Jehová.
18 En esto perdone Jehová a tu siervo: que cuando mi señor el rey entrare en el templo de Rimón para adorar en él, y se apoyare sobre mi brazo, si yo también me inclinare en el templo de Rimón; cuando haga tal, Jehová perdone en esto a tu siervo.
19 Y él le dijo: Ve en paz. Se fue, pues, y caminó como media legua de tierra.
20 Entonces Giezi, criado de Eliseo el varón de Dios, dijo entre sí: He aquí mi señor estorbó a este sirio Naamán, no tomando de su mano las cosas que había traído. Vive Jehová, que correré yo tras él y tomaré de él alguna cosa.
21 Y siguió Giezi a Naamán; y cuando vio Naamán que venía corriendo tras él, se bajó del carro para recibirle, y dijo: ¿Va todo bien?
22 Y él dijo: Bien. Mi señor me envía a decirte: He aquí vinieron a mí en esta hora del monte de Efraín dos jóvenes de los hijos de los profetas; te ruego que les des un talento de plata, y dos vestidos nuevos.
23 Dijo Naamán: Te ruego que tomes dos talentos. Y le insistió, y ató dos talentos de plata en dos bolsas, y dos vestidos nuevos, y lo puso todo a cuestas a dos de sus criados para que lo llevasen delante de él.
24 Y así que llegó a un lugar secreto, él lo tomó de mano de ellos, y lo guardó en la casa; luego mandó a los hombres que se fuesen.
25 Y él entró, y se puso delante de su señor. Y Eliseo le dijo: ¿De dónde vienes, Giezi? Y él dijo: Tu siervo no ha ido a ninguna parte.
26 Él entonces le dijo: ¿No estaba también allí mi corazón, cuando el hombre volvió de su carro a recibirte? ¿Es tiempo de tomar plata, y de tomar vestidos, olivares, viñas, ovejas, bueyes, siervos y siervas?
27 Por tanto, la lepra de Naamán se te pegará a ti y a tu descendencia para siempre. Y salió de delante de él leproso, blanco como la nieve.

Eliseo hace flotar el hacha

6 LOS hijos de los profetas dijeron a Eliseo: He aquí, el lugar en que moramos contigo nos es estrecho.
2 Vamos ahora al Jordán, y tomemos de allí cada uno una viga, y hagamos allí lugar en que habitemos. Y él dijo: Andad.
3 Y dijo uno: Te rogamos que vengas con tus siervos. Y él respondió: Yo iré.
4 Se fue, pues, con ellos; y cuando llegaron al Jordán, cortaron la madera.
5 Y aconteció que mientras uno derribaba un árbol, se le cayó el hacha en el agua; y gritó diciendo: ¡Ah, señor mío, era prestada!
6 El varón de Dios preguntó: ¿Dónde cayó? Y él le mostró el lugar. Entonces cortó él un palo, y lo echó allí; e hizo flotar el hierro.

LECCIONES DE VIDA

➤ ***5.11 — Saldrá él luego, y estando en pie invocará el nombre de Jehová su Dios, y alzará su mano y tocará el lugar, y sanará la lepra.***

A veces esperamos que Dios manifieste su poder de cierta manera, pero Él por lo general prefiere hacer sus obras sin mucha exhibición. Lo cual no significa que no sea su obra.

➤ ***5.12 — Abana y Farfar, ríos de Damasco, ¿no son mejores que todas las aguas de Israel? Si me lavare en ellos, ¿no seré también limpio?***

¿Pudo Dios haber sanado a Naamán de inmediato, sin tener que zambullirse en las aguas del Jordán? Por supuesto, pero Naamán necesitaba reconocer a Dios como Señor (2 R 5.15), para lo cual primero tenía que someterse a su autoridad. Cuando oramos sobre lo que nos interesa, Dios puede asignarnos tareas que consideramos un tanto humillantes desde el punto de vista humano. Sin embargo, como 1 Pedro 5.6 nos instruye: «Humillaos, pues, bajo la poderosa mano de Dios, para que él os exalte cuando fuere tiempo». Como lo aprendió Naamán, hacer lo que Dios dice a cada paso del camino nos acerca a la recompensa y a la victoria espiritual.

7 Y dijo: Tómalo. Y él extendió la mano, y lo
tomó.

Eliseo y los sirios

8 Tenía el rey de Siria guerra contra Israel, y
consultando con sus siervos, dijo: En tal y tal
lugar estará mi campamento.
9 Y el varón de Dios envió a decir al rey de
Israel: Mira que no pases por tal lugar, porque
los sirios van allí.
10 Entonces el rey de Israel envió a aquel
lugar que el varón de Dios había dicho; y así
lo hizo una y otra vez con el fin de cuidarse.
11 Y el corazón del rey de Siria se turbó por
esto; y llamando a sus siervos, les dijo: ¿No me
declararéis vosotros quién de los nuestros es
del rey de Israel?
➤ 12 Entonces uno de los siervos dijo: No, rey
señor mío, sino que el profeta Eliseo está en
Israel, el cual declara al rey de Israel las palabras que tú hablas en tu cámara más secreta.
13 Y él dijo: Id, y mirad dónde está, para que
yo envíe a prenderlo. Y le fue dicho: He aquí
que él está en Dotán.
14 Entonces envió el rey allá gente de a caballo, y carros, y un gran ejército, los cuales
vinieron de noche, y sitiaron la ciudad.
➤ 15 Y se levantó de mañana y salió el que servía al varón de Dios, y he aquí el ejército que
tenía sitiada la ciudad, con gente de a caballo
y carros. Entonces su criado le dijo: ¡Ah, señor
mío! ¿qué haremos?
* 16 Él le dijo: No tengas miedo, porque más
son los que están con nosotros que los que
están con ellos.
➤ 17 Y oró Eliseo, y dijo: Te ruego, oh Jehová, que abras sus ojos para que vea. Entonces Jehová abrió los ojos del criado, y miró;
y he aquí que el monte estaba lleno de gente de a caballo, y de carros de fuego alrededor de Eliseo.
18 Y luego que los sirios descendieron a él,
oró Eliseo a Jehová, y dijo: Te ruego que hieras con ceguera a esta gente. Y los hirió con
ceguera, conforme a la petición de Eliseo.
19 Después les dijo Eliseo: No es éste el camino, ni es ésta la ciudad; seguidme, y yo os
guiaré al hombre que buscáis. Y los guió a
Samaria.
20 Y cuando llegaron a Samaria, dijo Eliseo:
Jehová, abre los ojos de éstos, para que vean.
Y Jehová abrió sus ojos, y miraron, y se hallaban en medio de Samaria.
21 Cuando el rey de Israel los hubo visto, dijo
a Eliseo: ¿Los mataré, padre mío?
22 Él le respondió: No los mates. ¿Matarías tú
a los que tomaste cautivos con tu espada y con
tu arco? Pon delante de ellos pan y agua, para
que coman y beban, y vuelvan a sus señores.
23 Entonces se les preparó una gran comida;
y cuando habían comido y bebido, los envió,
y ellos se volvieron a su señor. Y nunca más
vinieron bandas armadas de Siria a la tierra
de Israel.

Eliseo y el sitio de Samaria

24 Después de esto aconteció que Ben-adad
rey de Siria reunió todo su ejército, y subió y
sitió a Samaria.
25 Y hubo gran hambre en Samaria, a consecuencia de aquel sitio; tanto que la cabeza de
un asno se vendía por ochenta piezas de plata, y la cuarta parte de un cab de estiércol de
palomas por cinco piezas de plata.
26 Y pasando el rey de Israel por el muro, una
mujer le gritó, y dijo: Salva, rey señor mío.
27 Y él dijo: Si no te salva Jehová, ¿de dónde te
puedo salvar yo? ¿Del granero, o del lagar?
28 Y le dijo el rey: ¿Qué tienes? Ella respondió:
Esta mujer me dijo: Da acá tu hijo, y comámoslo hoy, y mañana comeremos el mío.
29 Cocimos, pues, a mi hijo, y lo comimos.[a] El
día siguiente yo le dije: Da acá tu hijo, y comámoslo. Mas ella ha escondido a su hijo.
30 Cuando el rey oyó las palabras de aquella mujer, rasgó sus vestidos, y pasó así por el
muro; y el pueblo vio el cilicio que traía interiormente sobre su cuerpo.

a. 6.29 Dt 28.57.

LECCIONES DE VIDA

➤ ***6.12 — el profeta Eliseo está en Israel, el cual declara al rey de Israel las palabras que tú hablas en tu cámara más secreta.***

Nada es oculto para Dios, ninguna palabra y ningún pensamiento. Así como el Señor le reveló al profeta los planes del rey de Siria, también le instruirá a usted en todo lo que necesite saber para su protección, obediencia y bendición. Jesús nos dice: «no los temáis; porque nada hay encubierto, que no haya de ser manifestado; ni oculto, que no haya de saberse» (Mt 10.26).

➤ ***6.15 — el ejército que tenía sitiada la ciudad, con gente de a caballo y carros. Entonces su criado le dijo: ¡Ah, señor mío! ¿qué haremos?***

Si nos enfocamos en los retos y problemas que enfrentamos, vivimos alarmados. Si nos enfocamos en el Dios invisible del cielo, la perspectiva cambia por completo y nuestros corazones experimentan paz.

➤ ***6.17 — Te ruego, oh Jehová, que abras sus ojos para que vea. Entonces Jehová abrió los ojos del criado, y miró; y he aquí que el monte estaba lleno de gente de a caballo, y de carros de fuego alrededor de Eliseo.***

Eliseo no pidió que su criado dejara de ver al enemigo, sino que empezara a ver la bondad y la provisión del Señor. Confiar en Dios significa ver más allá de lo que podemos, hacia lo que Él ve. Eliseo entendió esto y aprendió a ver la realidad del Señor más allá de su propia perspectiva limitada. En virtud de su fe, Dios le mostró cosas asombrosas a Eliseo y realizó grandes milagros por medio de él.

PRINCIPIO DE VIDA 9

CONFIAR EN DIOS QUIERE DECIR VER MÁS ALLÁ DE LO QUE PODEMOS, HACIA LO QUE DIOS VE.

2 R 6.17

Con su mirada clavada en los ojos de Goliat, desde el otro extremo del valle de Ela, David recordó las veces que Dios lo había librado del desastre total. Dios siempre le había dado la habilidad que necesitaba para triunfar. Ahora enfrentaba uno de los retos más grandes de su vida: un guerrero bien armado y hábil llamado Goliat.

En algún momento, cada uno de nosotros enfrentará lo que parecen ser pruebas y dificultades gigantescas. Por eso debemos saber cómo responder a cada amenaza y apropiarnos de la clase de fe victoriosa que ve más allá de lo que podemos, hacia lo que Dios ve.

El secreto del éxito de David fue su capacidad para confiar y obedecer a Dios. Si nada más hubiera visto el reto gigante que tenía por delante, se habría dado la vuelta para huir corriendo, como lo hicieron el resto de los israelitas. Pero a través de la fe, David vio lo que sus compatriotas no pudieron ver.

En tiempos de extrema presión, Dios ensancha nuestra fe y profundiza nuestra dependencia de Él. Sin una fe fuerte y constante, podemos ceder rápidamente a la tentación y el temor, en especial si la prueba o dificultad es intensa o prolongada. Dios desarrolló la confianza de David hasta que fue inconmovible.

Sea cual sea el Goliat que enfrente, hay una verdad que usted necesita arraigar en lo más profundo de su corazón: Dios le ama, y cuando usted deposita en Él su fe, Él le ayudará a triunfar. Tal vez pase por tiempos de fracaso, porque la vida no sale siempre como uno la planea, pero en últimas, Dios será glorificado y usted recibirá bendición.

Cada reto representa una oportunidad para que el Señor muestre su fidelidad y amor. En lugar de ceder a pensamientos de temor y fracaso, comprométase a confiar en Dios, aunque no sepa qué le deparará el día de mañana. Practique su fe y adiéstrese para ver más allá de lo que puede, hacia lo que Dios ve.

David cimentó su fe en la soberanía de Dios; por eso supo que no fallaría en su misión de conquistar al gigante filisteo.

¿Cómo puede usted adquirir esa clase de fe?

1. *Recuerde las victorias pasadas.* David recordó cómo Dios lo había librado de las garras del león y las zarpas del oso (1 S 17.32–37). Las victorias espirituales se ganan primero en la mente. Si usted sucumbe a

A través de la fe, David vio lo que sus compatriotas no pudieron ver.

sentimientos de temor y duda, perderá. Si se enfoca en la verdad de la Palabra de Dios, ganará todas las veces.

2. *Rechace las palabras de desánimo.* Nadie en el campo israelita animó a David en su iniciativa de derrotar a Goliat. Los soldados se rieron de él. Sus hermanos se sintieron avergonzados por su presencia y lo instaron a devolverse a su casa. Hasta el rey Saúl dudó de él. Si el joven hubiera hecho caso a tantos comentarios negativos, se habría dado por vencido. Lo que hizo más bien fue afianzar su corazón en el Señor, y en Él encontró el ánimo que necesitaba.
3. *Reconozca la naturaleza verdadera de la batalla.* David entró a la batalla diciendo en alta voz estas palabras inolvidables, dirigidas a su arrogante rival: «de Jehová es la batalla, y él os entregará en nuestras manos» (1 S 17.47). Qué forma tan victoriosa de decir: «¡Dios gana!»
4. *Responda al reto con una confesión positiva.* David preguntó a los temerosos israelitas: «¿quién es este filisteo incircunciso, para que provoque a los escuadrones del Dios viviente?» (1 S 17.26). Dijo a Saúl: «Jehová… me librará de la mano de este filisteo». A Goliat le dijo: «yo vengo a ti en el nombre de Jehová de los ejércitos, el Dios de los escuadrones de Israel» (1 S 17.37, 45). David declaró con firmeza su creencia, que no podía perder porque Dios estaba con él.
5. *Respáldese en el poder de Dios.* David no necesitó una lanza o una jabalina para derrotar a Goliat. Sólo necesitó su fe y una honda de fabricación casera. «Sabrá toda esta congregación que Jehová no salva con espada y con lanza» (1 S 17.47). Dios proveyó la victoria, y Él recibió la gloria.
6. *Reclame la victoria.* Antes de poner pie en el campo de batalla, David ya sabía que no iba a perder. Sabía que su reputación no estaba en juego, sino la de Dios. Sabía que ni su fuerza ni su astucia ganarían la batalla, sino el poder y la sabiduría de Dios.

Usted puede enfrentar cualquier circunstancia con seguridad y esperanza, pues su fortaleza, sabiduría, energía y poder no es lo que trae la victoria. El triunfo viene gracias a la intervención de Cristo, y cuando usted pone su confianza en Él, tiene acceso a una fuerza irresistible que nadie ni nada puede resistir con éxito.

El triunfo viene por el poder de Dios.

Para un estudio más a fondo, véase el Índice de Principios de vida.

Ejemplos de vida

ELISEO

Rodeado por un cerco de ángeles

2 R 6.8–23

Dios puede hacer mucho más de lo que imaginamos por medio de la oración.

El profeta Eliseo experimentó la protección milagrosa de Dios como resultado de la oración. El rey de Siria procuró matar al profeta, quien informaba al ejército israelita de todos sus movimientos. Cuando el rey sirio descubrió a Eliseo en Dotán, envió un ejército enorme a rodear la ciudad.

Muy temprano a la mañana siguiente, Eliseo vio que el ejército se alistaba para el ataque. Su criado se asustó y Eliseo pidió a Dios que le abriera los ojos. De inmediato, el joven levantó la mirada para ver el monte que los rodeaba. En ese momento se dio cuenta que estaba lleno de caballos y carros de fuego alrededor. Era un cerco de ángeles que rodeó al profeta con poderosos guerreros de Dios.

Tan pronto avanzó el ejército sirio, Eliseo oró: «Te ruego que hieras con ceguera a esta gente» (2 R 6.18). Eliseo procedió entonces a guiar el ejército ciego hasta Samaria antes que el Señor les abriera los ojos, otra vez a petición de Eliseo. La distancia entre la derrota y la victoria se mide entre nuestras rodillas y el suelo, pues nuestro mejor recurso es postramos ante Dios en oración.

¿Qué milagros podría hacer Él por usted mediante la oración?

Para un estudio más a fondo, véase el Índice de Principios de vida:

8. Libremos nuestras batallas de rodillas y siempre obtendremos la victoria.

31 Y él dijo: Así me haga Dios, y aun me añada, si la cabeza de Eliseo hijo de Safat queda
sobre él hoy.
32 Y Eliseo estaba sentado en su casa, y con él
estaban sentados los ancianos; y el rey envió
a él un hombre. Mas antes que el mensajero
viniese a él, dijo él a los ancianos: ¿No habéis
visto cómo este hijo de homicida envía a cor-
tarme la cabeza? Mirad, pues, y cuando viniere el mensajero, cerrad la puerta, e impedidle
la entrada. ¿No se oye tras él el ruido de los
pasos de su amo?
33 Aún estaba él hablando con ellos, y he aquí
el mensajero que descendía a él; y dijo: Ciertamente este mal de Jehová viene. ¿Para qué he
de esperar más a Jehová?
7 DIJO entonces Eliseo: Oíd palabra de
Jehová: Así dijo Jehová: Mañana a estas
horas valdrá el seah de flor de harina un siclo,
y dos seahs de cebada un siclo, a la puerta de
Samaria.
2 Y un príncipe sobre cuyo brazo el rey se
apoyaba, respondió al varón de Dios, y dijo:
Si Jehová hiciese ahora ventanas en el cielo,
¿sería esto así? Y él dijo: He aquí tú lo verás
con tus ojos, mas no comerás de ello.
3 Había a la entrada de la puerta cuatro hombres leprosos, los cuales dijeron el uno al otro:
¿Para qué nos estamos aquí hasta que muramos?
4 Si tratáremos de entrar en la ciudad, por el
hambre que hay en la ciudad moriremos en
ella; y si nos quedamos aquí, también moriremos. Vamos, pues, ahora, y pasemos al campamento de los sirios; si ellos nos dieren la
vida, viviremos; y si nos dieren la muerte,
moriremos.
5 Se levantaron, pues, al anochecer, para ir
al campamento de los sirios; y llegando a
la entrada del campamento de los sirios, no
había allí nadie.
6 Porque Jehová había hecho que en el campamento de los sirios se oyese estruendo
de carros, ruido de caballos, y estrépito de
gran ejército; y se dijeron unos a otros: He
aquí, el rey de Israel ha tomado a sueldo contra nosotros a los reyes de los heteos y a los
reyes de los egipcios, para que vengan contra nosotros.
7 Y así se levantaron y huyeron al anochecer, abandonando sus tiendas, sus caballos,
sus asnos, y el campamento como estaba ; y
habían huido para salvar sus vidas.
8 Cuando los leprosos llegaron a la entrada
del campamento, entraron en una tienda y
comieron y bebieron, y tomaron de allí plata
y oro y vestidos, y fueron y lo escondieron; y
vueltos, entraron en otra tienda, y de allí también tomaron, y fueron y lo escondieron.
9 Luego se dijeron el uno al otro: No estamos haciendo bien. Hoy es día de buena nueva, y nosotros callamos; y si esperamos hasta
el amanecer, nos alcanzará nuestra maldad.
Vamos pues, ahora, entremos y demos la nueva en casa del rey.
10 Vinieron, pues, y gritaron a los guardas
de la puerta de la ciudad, y les declararon,

diciendo: Nosotros fuimos al campamento de
los sirios, y he aquí que no había allí nadie,
ni voz de hombre, sino caballos atados, asnos
también atados, y el campamento intacto.
11 Los porteros gritaron, y lo anunciaron dentro, en el palacio del rey.
12 Y se levantó el rey de noche, y dijo a sus
siervos: Yo os declararé lo que nos han hecho
los sirios. Ellos saben que tenemos hambre, y
han salido de las tiendas y se han escondido
en el campo, diciendo: Cuando hayan salido
de la ciudad, los tomaremos vivos, y entraremos en la ciudad.
13 Entonces respondió uno de sus siervos y
dijo: Tomen ahora cinco de los caballos que
han quedado en la ciudad (porque los que
quedan acá también perecerán como toda
la multitud de Israel que ya ha perecido), y
enviemos y veamos qué hay.
14 Tomaron, pues, dos caballos de un carro,
y envió el rey al campamento de los sirios,
diciendo: Id y ved.
15 Y ellos fueron, y los siguieron hasta el Jordán; y he aquí que todo el camino estaba lleno de vestidos y enseres que los sirios habían
arrojado por la premura. Y volvieron los mensajeros y lo hicieron saber al rey.
16 Entonces el pueblo salió, y saqueó el campamento de los sirios. Y fue vendido un seah de
flor de harina por un siclo, y dos seahs de cebada por un siclo, conforme a la palabra de Jehová.
17 Y el rey puso a la puerta a aquel príncipe
sobre cuyo brazo él se apoyaba; y lo atropelló
el pueblo a la entrada, y murió, conforme a lo
que había dicho el varón de Dios, cuando el
rey descendió a él.
18 Aconteció, pues, de la manera que el varón
de Dios había hablado al rey, diciendo: Dos
seahs de cebada por un siclo, y el seah de flor
de harina será vendido por un siclo mañana a
estas horas, a la puerta de Samaria.
19 A lo cual aquel príncipe había respondido
al varón de Dios, diciendo: Si Jehová hiciese
ventanas en el cielo, ¿pudiera suceder esto? Y
él dijo: He aquí tú lo verás con tus ojos, mas
no comerás de ello.
20 Y le sucedió así; porque el pueblo le atropelló a la entrada, y murió.

Los bienes de la sunamita devueltos

8 HABLÓ Eliseo a aquella mujer a cuyo hijo
él había hecho vivir,[a] diciendo: Levántate,
vete tú y toda tu casa a vivir donde puedas;
porque Jehová ha llamado el hambre, la cual
vendrá sobre la tierra por siete años.
2 Entonces la mujer se levantó, e hizo como el
varón de Dios le dijo; y se fue ella con su familia, y vivió en tierra de los filisteos siete años.
3 Y cuando habían pasado los siete años, la
mujer volvió de la tierra de los filisteos; después salió para implorar al rey por su casa y
por sus tierras.
4 Y había el rey hablado con Giezi, criado del
varón de Dios, diciéndole: Te ruego que me
cuentes todas las maravillas que ha hecho
Eliseo.
5 Y mientras él estaba contando al rey cómo
había hecho vivir a un muerto, he aquí que la
mujer, a cuyo hijo él había hecho vivir, vino
para implorar al rey por su casa y por sus tierras. Entonces dijo Giezi: Rey señor mío, ésta
es la mujer, y éste es su hijo, al cual Eliseo
hizo vivir.
6 Y preguntando el rey a la mujer, ella se lo
contó. Entonces el rey ordenó a un oficial, al
cual dijo: Hazle devolver todas las cosas que

a. **8.1** 2 R 4.8-37.

LECCIONES DE VIDA

➤ ***6.31 — Así me haga Dios, y aun me añada, si la cabeza de Eliseo hijo de Safat queda sobre él hoy.***

El rey culpó a Eliseo por el desastre, en lugar de su propio pecado. Mientras culpemos a los demás por los problemas que ocasiona nuestro pecado, continuaremos en descenso directo a la destrucción. Dios quiere que confesemos nuestro pecado y nos arrepintamos, para que pueda restaurar nuestra relación con Él.

➤ ***6.33 — este mal de Jehová viene. ¿Para qué he de esperar más a Jehová?***

El rey vio correctamente la calamidad como proveniente del Señor, pero se equivocó al no esperar a Dios. El Señor actúa a favor de aquellos que le esperan, aunque no entiendan los tiempos y las razones de Dios.

➤ ***7.2 — tú lo verás con tus ojos, mas no comerás de ello.***

La hambruna fue tan terrible que la gente comía lo impensable (2 R 6.25, 28–30); sin embargo, Eliseo prometió que el Señor proveería alimento en abundancia el día siguiente. Siempre es necio poner en duda las promesas de Dios. Ellas se seguirán cumpliendo, pero el que duda puede terminar perdiéndose los beneficios (2 R 7.15–20).

➤ ***7.6 — Jehová había hecho que en el campamento de los sirios se oyese estruendo de carros, ruido de caballos, y estrépito de gran ejército.***

Para ganar una batalla o una guerra, el Señor no necesita armas de avanzada ni ejércitos masivos. En sus manos, hasta el ruido puede traer la victoria. ¿Confiaremos en Él?

➤ ***7.9 — No estamos haciendo bien. Hoy es día de buena nueva, y nosotros callamos.***

Dios nos llama a contar la buena noticia que conocemos. No debemos esconderla ni guardar silencio al respecto, sino bendecir a otros y glorificar a Dios comunicándola con claridad y alegría.

➤ ***8.5 — mientras él estaba contando al rey cómo había hecho vivir a un muerto, he aquí que la mujer, a cuyo hijo él había hecho vivir, vino para implorar al rey.***

Nada sucede por coincidencia. Todo lo bueno que sucede en nuestra vida ocurre por la mano de Dios, y deberíamos alabarle por ello.

RESPUESTAS A PREGUNTAS DE LA VIDA

¿Qué pasos debo seguir para escuchar lo que Dios dice?

2 R 7.1

En toda la Biblia, leemos sobre profetas y otros hombres y mujeres de Dios que imploraron a su pueblo que oyeran la palabra del Señor. Obviamente, Dios quería que su pueblo oyera su voz.

Y así sigue siendo.

Así pues, ¿cómo oímos hoy a Dios cuando nos habla? ¿Qué pasos podemos dar para estar listos cuando Él hable y así podamos oír lo que nos diga?

A veces complicamos el proceso. Dios nos puede pedir que esperemos, o puede enviar una respuesta rápidamente. Algunos actúan como si quisieran recibir una llamada telefónica del cielo con todos los detalles del plan del Señor para los próximos cinco años. Sería bastante inusual que Él utilizara un método tan limitado. Él quiere que aprendamos a escuchar la voz de su Espíritu que nos guía a toda verdad.

Desarrollar disciplinas espirituales diarias nos ayuda a oírle claramente y aprender a discernir lo correcto. Considere los siguientes pasos básicos que pueden prepararle para oír al Señor cuando Él le hable:

- *Lea la Palabra de Dios:* Al estudiar la Palabra de Dios empezamos a ver su orden establecido para nuestra vida. Aprendemos de su verdad, misericordia, amor y perdón.
- *Búsquele en oración:* Muchas veces inclinar nuestro rostro en silencio es la mejor manera de ver el rostro de Dios y oír su voz. La oración debe dejarnos abiertos a su intervención, y también es nuestra oportunidad para decirle todo lo que estamos sintiendo y experimentando. La oración es más que una lista de deseos y encargos para Dios, es una conversación en la que interactuamos con Él.
- *Medite en su verdad:* Reflexionar en lo que Dios habla a nuestro corazón es una gran manera de permitir que su verdad se arraigue en nuestra alma. Además del impacto que tiene en nuestra vida todo lo que leemos y oímos de Él, cuando meditamos en ello damos a Dios los materiales que le permiten echar un cimiento firme en nuestro corazón. El salmista dijo al Señor: «Más que todos mis enseñadores he entendido, porque tus testimonios son mi meditación» (Sal 119.99).
- *Escuche a Dios:* Usted oye con sus oídos. Si tiene una audición normal, le resulta imposible no percibir sonidos dentro de cierto rango auditivo. Sin embargo, escuchar va más allá porque involucra la mente. Escuchar es un proceso activo que requiere la participación de la mente, prestando atención a todo lo dicho y buscando con diligencia su significado. Así es como Dios quiere que le escuchemos, ¡activamente!

Para un estudio más a fondo, véase el Índice de Principios de vida:

3. *La Palabra de Dios es ancla inconmovible en las tormentas.*
27. *No hay nada como la oración para ahorrar tiempo.*
13. *Escuchar a Dios es esencial para andar con Él.*

eran suyas, y todos los frutos de sus tierras desde el día que dejó el país hasta ahora.

Hazael reina en Siria

7 Eliseo se fue luego a Damasco; y Ben-adad
rey de Siria estaba enfermo, al cual dieron aviso, diciendo: El varón de Dios ha venido aquí.
8 Y el rey dijo a Hazael: Toma en tu mano un
presente, y ve a recibir al varón de Dios, y
consulta por él a Jehová, diciendo: ¿Sanaré de
esta enfermedad?
9 Tomó, pues, Hazael en su mano un presente de entre los bienes de Damasco, cuarenta camellos cargados, y fue a su encuentro,
y llegando se puso delante de él, y dijo: Tu
hijo Ben-adad rey de Siria me ha enviado a ti,
diciendo: ¿Sanaré de esta enfermedad?
10 Y Eliseo le dijo: Ve, dile: Seguramente sanarás. Sin embargo, Jehová me ha mostrado que
él morirá ciertamente.
11 Y el varón de Dios le miró fijamente, y estuvo así hasta hacerlo ruborizarse; luego lloró el
varón de Dios.
12 Entonces le dijo Hazael: ¿Por qué llora
mi señor? Y él respondió: Porque sé el mal
que harás a los hijos de Israel; a sus fortalezas pegarás fuego, a sus jóvenes matarás a

espada, y estrellarás a sus niños, y abrirás el vientre a sus mujeres que estén encintas.
13 Y Hazael dijo: Pues, ¿qué es tu siervo, este perro, para que haga tan grandes cosas? Y respondió Eliseo: Jehová me ha mostrado que tú serás rey de Siria.[b]
14 Y Hazael se fue, y vino a su señor, el cual le dijo: ¿Qué te ha dicho Eliseo? Y él respondió: Me dijo que seguramente sanarás.
15 El día siguiente, tomó un paño y lo metió en agua, y lo puso sobre el rostro de Ben-adad, y murió; y reinó Hazael en su lugar.

Reinado de Joram de Judá

(2 Cr 21.1-20)

16 En el quinto año de Joram hijo de Acab, rey de Israel, y siendo Josafat rey de Judá, comenzó a reinar Joram hijo de Josafat, rey de Judá.
17 De treinta y dos años era cuando comenzó a reinar, y ocho años reinó en Jerusalén.
➢ 18 Y anduvo en el camino de los reyes de Israel, como hizo la casa de Acab, porque una hija de Acab fue su mujer; e hizo lo malo ante los ojos de Jehová.
19 Con todo eso, Jehová no quiso destruir a Judá, por amor a David su siervo, porque había prometido darle lámpara a él y a sus hijos perpetuamente.[c]
20 En el tiempo de él se rebeló Edom contra el dominio de Judá,[d] y pusieron rey sobre ellos.
21 Joram, por tanto, pasó a Zair, y todos sus carros con él; y levantándose de noche atacó a los de Edom, los cuales le habían sitiado, y a los capitanes de los carros; y el pueblo huyó a sus tiendas.
22 No obstante, Edom se libertó del dominio de Judá, hasta hoy. También se rebeló Libna en el mismo tiempo.
23 Los demás hechos de Joram, y todo lo que hizo, ¿no están escritos en el libro de las crónicas de los reyes de Judá?
24 Y durmió Joram con sus padres, y fue sepultado con ellos en la ciudad de David; y reinó en lugar suyo Ocozías, su hijo.

Reinado de Ocozías de Judá

(2 Cr 3.1-14)

25 En el año doce de Joram hijo de Acab, rey de Israel, comenzó a reinar Ocozías hijo de Joram, rey de Judá.
26 De veintidós años era Ocozías cuando comenzó a reinar, y reinó un año en Jerusalén. El nombre de su madre fue Atalía, hija de Omri rey de Israel.
27 Anduvo en el camino de la casa de Acab, e hizo lo malo ante los ojos de Jehová, como la casa de Acab; porque era yerno de la casa de Acab.
28 Y fue a la guerra con Joram hijo de Acab a Ramot de Galaad, contra Hazael rey de Siria; y los sirios hirieron a Joram.
29 Y el rey Joram se volvió a Jezreel para curarse de las heridas que los sirios le hicieron frente a Ramot, cuando peleó contra Hazael rey de Siria. Y descendió Ocozías hijo de Joram rey de Judá, a visitar a Joram hijo de Acab en Jezreel, porque estaba enfermo.

Jehú es ungido rey de Israel

9 ENTONCES el profeta Eliseo llamó a uno de los hijos de los profetas, y le dijo: Ciñe tus lomos, y toma esta redoma de aceite en tu mano, y ve a Ramot de Galaad.
2 Cuando llegues allá, verás allí a Jehú hijo de Josafat hijo de Nimsi; y entrando, haz que se levante de entre sus hermanos, y llévalo a la cámara.
3 Toma luego la redoma de aceite, y derrámala sobre su cabeza, y di: Así dijo Jehová: Yo te he ungido por rey sobre Israel. Y abriendo la puerta, echa a huir, y no esperes.
4 Fue, pues, el joven, el profeta, a Ramot de Galaad.
5 Cuando él entró, he aquí los príncipes del ejército que estaban sentados. Y él dijo: Príncipe, una palabra tengo que decirte. Jehú dijo: ¿A cuál de todos nosotros? Y él dijo: A ti, príncipe.
6 Y él se levantó, y entró en casa; y el otro derramó el aceite sobre su cabeza, y le dijo: Así dijo Jehová Dios de Israel: Yo te he ungido por rey sobre Israel, pueblo de Jehová.[a]
7 Herirás la casa de Acab tu señor, para que yo vengue la sangre de mis siervos los profetas, y la sangre de todos los siervos de Jehová, de la mano de Jezabel.
8 Y perecerá toda la casa de Acab, y destruiré de Acab todo varón, así al siervo como al libre en Israel.
9 Y yo pondré la casa de Acab como la casa de Jeroboam hijo de Nabat, y como la casa de Baasa hijo de Ahías.
10 Y a Jezabel la comerán los perros en el campo de Jezreel,[b] y no habrá quien la sepulte. En seguida abrió la puerta, y echó a huir.

b. 8.13 1 R 19.15. **c. 8.19** 1 R 11.36. **d. 8.20** Gn 27.40.
a. 9.6 1 R 19.16. **b. 9.10** 1 R 21.23.

LECCIONES DE VIDA

➢ ***8.18 — anduvo en el camino de los reyes de Israel, como hizo la casa de Acab, porque una hija de Acab fue su mujer.***

Josafat, el rey justo de Judá, permitió neciamente que su hijo, el príncipe Joram, se casara con la hija de uno de los reyes más inicuos en la historia de Israel (2 Cr 18.1). De esta manera se deshizo todo el bien que Josafat había logrado hacer.

11 Después salió Jehú a los siervos de su
señor, y le dijeron: ¿Hay paz? ¿Para qué vino
a ti aquel loco? Y él les dijo: Vosotros conocéis
al hombre y sus palabras.
12 Ellos dijeron: Mentira; decláranoslo ahora. Y
él dijo: Así y así me habló, diciendo: Así ha dicho
Jehová: Yo te he ungido por rey sobre Israel.
13 Entonces cada uno tomó apresuradamente su manto, y lo puso debajo de Jehú en un
trono alto, y tocaron corneta, y dijeron: Jehú
es rey.

Jehú mata a Joram

14 Así conspiró Jehú hijo de Josafat, hijo de
Nimsi, contra Joram. (Estaba entonces Joram
guardando a Ramot de Galaad con todo Israel,
por causa de Hazael rey de Siria;
15 pero se había vuelto el rey Joram a Jezreel, para curarse de las heridas que los sirios
le habían hecho, peleando contra Hazael rey
de Siria.) Y Jehú dijo: Si es vuestra voluntad,
ninguno escape de la ciudad, para ir a dar las
nuevas en Jezreel.
16 Entonces Jehú cabalgó y fue a Jezreel, porque Joram estaba allí enfermo. También estaba Ocozías rey de Judá, que había descendido
a visitar a Joram.
17 Y el atalaya que estaba en la torre de Jezreel vio la tropa de Jehú que venía, y dijo: Veo
una tropa. Y Joram dijo: Ordena a un jinete que vaya a reconocerlos, y les diga: ¿Hay
paz?
18 Fue, pues, el jinete a reconocerlos, y dijo: El
rey dice así: ¿Hay paz? Y Jehú le dijo: ¿Qué tienes tú que ver con la paz? Vuélvete conmigo.
El atalaya dio luego aviso, diciendo: El mensajero llegó hasta ellos, y no vuelve.
19 Entonces envió otro jinete, el cual llegando
a ellos, dijo: El rey dice así: ¿Hay paz? Y Jehú
respondió: ¿Qué tienes tú que ver con la paz?
Vuélvete conmigo.
20 El atalaya volvió a decir: También éste llegó a ellos y no vuelve; y el marchar del que
viene es como el marchar de Jehú hijo de
Nimsi, porque viene impetuosamente.
21 Entonces Joram dijo: Unce el carro. Y cuando estaba uncido su carro, salieron Joram rey
de Israel y Ocozías rey de Judá, cada uno en
su carro, y salieron a encontrar a Jehú, al cual
hallaron en la heredad de Nabot de Jezreel.
22 Cuando vio Joram a Jehú, dijo: ¿Hay paz,
Jehú? Y él respondió: ¿Qué paz, con las fornicaciones de Jezabel tu madre, y sus muchas
hechicerías?
23 Entonces Joram volvió las riendas y huyó,
y dijo a Ocozías: ¡Traición, Ocozías!
24 Pero Jehú entesó su arco, e hirió a Joram
entre las espaldas; y la saeta salió por su corazón, y él cayó en su carro.
25 Dijo luego Jehú a Bidcar su capitán: Tómalo, y échalo a un extremo de la heredad de
Nabot de Jezreel. Acuérdate que cuando tú
y yo íbamos juntos con la gente de Acab su
padre, Jehová pronunció esta sentencia sobre
él, diciendo:
26 Que yo he visto ayer la sangre de Nabot, y
la sangre de sus hijos, dijo Jehová; y te daré
la paga en esta heredad, dijo Jehová.[c] Tómalo
pues, ahora, y échalo en la heredad de Nabot,
conforme a la palabra de Jehová.

Jehú mata a Ocozías

(2 Cr 22.7-9)

27 Viendo esto Ocozías rey de Judá, huyó por
el camino de la casa del huerto. Y lo siguió
Jehú, diciendo: Herid también a éste en el
carro. Y le hirieron a la subida de Gur, junto a Ibleam. Y Ocozías huyó a Meguido, pero
murió allí.
28 Y sus siervos le llevaron en un carro a Jerusalén, y allá le sepultaron con sus padres, en
su sepulcro en la ciudad de David.
29 En el undécimo año de Joram hijo de Acab,
comenzó a reinar Ocozías sobre Judá.

Muerte de Jezabel

30 Vino después Jehú a Jezreel; y cuando Jezabel lo oyó, se pintó los ojos con antimonio, y
atavió su cabeza, y se asomó a una ventana.
31 Y cuando entraba Jehú por la puerta, ella
dijo: ¿Sucedió bien a Zimri, que mató a su señor?
32 Alzando él entonces su rostro hacia la ventana, dijo: ¿Quién está conmigo? ¿quién? Y se
inclinaron hacia él dos o tres eunucos.
33 Y él les dijo: Echadla abajo. Y ellos la echaron; y parte de su sangre salpicó en la pared,
y en los caballos; y él la atropelló.
34 Entró luego, y después que comió y bebió,
dijo: Id ahora a ver a aquella maldita, y sepul-
tadla, pues es hija de rey.
35 Pero cuando fueron para sepultarla, no
hallaron de ella más que la calavera, y los
pies, y las palmas de las manos.
36 Y volvieron, y se lo dijeron. Y él dijo: Ésta
es la palabra de Dios, la cual él habló por
medio de su siervo Elías tisbita, diciendo: En
la heredad de Jezreel comerán los perros las
carnes de Jezabel,[d]
37 y el cuerpo de Jezabel será como estiércol sobre la faz de la tierra en la heredad de

c. 9.26 1 R 21.19. **d. 9.36** 1 R 21.23.

LECCIONES DE VIDA

➤ ***9.36 — En la heredad de Jezreel comerán los perros las carnes de Jezabel.***

La Palabra del Señor siempre se hace realidad, sea para bendición o juicio (1 R 21.23).

Jezreel, de manera que nadie pueda decir: Ésta es Jezabel.

Jehú extermina la casa de Acab

10 TENÍA Acab en Samaria setenta hijos; y Jehú escribió cartas y las envió a Samaria a los principales de Jezreel, a los ancianos y a los ayos de Acab, diciendo:
2 Inmediatamente que lleguen estas cartas a vosotros los que tenéis a los hijos de vuestro señor, y los que tienen carros y gente de a caballo, la ciudad fortificada, y las armas,
3 escoged al mejor y al más recto de los hijos de vuestro señor, y ponedlo en el trono de su padre, y pelead por la casa de vuestro señor.
4 Pero ellos tuvieron gran temor, y dijeron: He aquí, dos reyes no pudieron resistirle; ¿cómo le resistiremos nosotros?
5 Y el mayordomo, el gobernador de la ciudad, los ancianos y los ayos enviaron a decir a Jehú: Siervos tuyos somos, y haremos todo lo que nos mandes; no elegiremos por rey a ninguno, haz lo que bien te parezca.
6 Él entonces les escribió la segunda vez, diciendo: Si sois míos, y queréis obedecerme, tomad las cabezas de los hijos varones de vuestro señor, y venid a mí mañana a esta hora, a Jezreel. Y los hijos del rey, setenta varones, estaban con los principales de la ciudad, que los criaban.
7 Cuando las cartas llegaron a ellos, tomaron a los hijos del rey, y degollaron a los setenta varones, y pusieron sus cabezas en canastas, y se las enviaron a Jezreel.
8 Y vino un mensajero que le dio las nuevas, diciendo: Han traído las cabezas de los hijos del rey. Y él le dijo: Ponedlas en dos montones a la entrada de la puerta hasta la mañana.
9 Venida la mañana, salió él, y estando en pie dijo a todo el pueblo: Vosotros sois justos; he aquí yo he conspirado contra mi señor, y le he dado muerte; pero ¿quién ha dado muerte a todos éstos?
10 Sabed ahora que de la palabra que Jehová habló sobre la casa de Acab, nada caerá en tierra; y que Jehová ha hecho lo que dijo por su siervo Elías.
11 Mató entonces Jehú a todos los que habían quedado de la casa de Acab en Jezreel,[a] a todos sus príncipes, a todos sus familiares, y a sus sacerdotes, hasta que no quedó ninguno.
12 Luego se levantó de allí para ir a Samaria; y en el camino llegó a una casa de esquileo de pastores.
13 Y halló allí a los hermanos de Ocozías rey de Judá, y les dijo: ¿Quiénes sois vosotros? Y ellos dijeron: Somos hermanos de Ocozías, y hemos venido a saludar a los hijos del rey, y a los hijos de la reina.
14 Entonces él dijo: Prendedlos vivos. Y después que los tomaron vivos, los degollaron junto al pozo de la casa de esquileo, cuarenta y dos varones, sin dejar ninguno de ellos.
15 Yéndose luego de allí, se encontró con Jonadab hijo de Recab; y después que lo hubo saludado, le dijo: ¿Es recto tu corazón, como el mío es recto con el tuyo? Y Jonadab dijo: Lo es. Pues que lo es, dame la mano. Y él le dio la mano. Luego lo hizo subir consigo en el carro,
16 y le dijo: Ven conmigo, y verás mi celo por Jehová. Lo pusieron, pues, en su carro.
17 Y luego que Jehú hubo llegado a Samaria, mató a todos los que habían quedado de Acab en Samaria, hasta exterminarlos, conforme a la palabra de Jehová, que había hablado por Elías.

Jehú extermina el culto de Baal

18 Después reunió Jehú a todo el pueblo, y les dijo: Acab sirvió poco a Baal, mas Jehú lo servirá mucho.
19 Llamadme, pues, luego a todos los profetas de Baal, a todos sus siervos y a todos sus sacerdotes; que no falte uno, porque tengo un gran sacrificio para Baal; cualquiera que faltare no vivirá. Esto hacía Jehú con astucia, para exterminar a los que honraban a Baal.
20 Y dijo Jehú: Santificad un día solemne a Baal. Y ellos convocaron.
21 Y envío Jehú por todo Israel, y vinieron todos los siervos de Baal, de tal manera que no hubo ninguno que no viniese. Y entraron en el templo de Baal, y el templo de Baal se llenó de extremo a extremo.
22 Entonces dijo al que tenía el cargo de las vestiduras: Saca vestiduras para todos los siervos de Baal. Y él les sacó vestiduras.
23 Y entró Jehú con Jonadab hijo de Recab en el templo de Baal, y dijo a los siervos de Baal: Mirad y ved que no haya aquí entre vosotros alguno de los siervos de Jehová, sino sólo los siervos de Baal.
24 Y cuando ellos entraron para hacer sacrificios y holocaustos, Jehú puso fuera a ochenta hombres, y les dijo: Cualquiera que dejare vivo a alguno de aquellos hombres que yo he puesto en vuestras manos, su vida será por la del otro.
25 Y después que acabaron ellos de hacer el holocausto, Jehú dijo a los de su guardia y a los capitanes: Entrad, y matadlos; que no escape ninguno. Y los mataron a espada, y los dejaron tendidos los de la guardia y los capitanes. Y fueron hasta el lugar santo del templo de Baal,
26 y sacaron las estatuas del templo de Baal, y las quemaron.
27 Y quebraron la estatua de Baal, y derribaron el templo de Baal, y lo convirtieron en letrinas hasta hoy.
28 Así exterminó Jehú a Baal de Israel.
29 Con todo eso, Jehú no se apartó de los pecados de Jeroboam hijo de Nabat, que hizo

a. 10.11 Os 1.4.

pecar a Israel; y dejó en pie los becerros de
oro que estaban en Bet-el y en Dan.[b]
30 Y Jehová dijo a Jehú: Por cuanto has hecho
bien ejecutando lo recto delante de mis ojos,
e hiciste a la casa de Acab conforme a todo
lo que estaba en mi corazón, tus hijos se sentarán sobre el trono de Israel hasta la cuarta
generación.
31 Mas Jehú no cuidó de andar en la ley de
Jehová Dios de Israel con todo su corazón, ni
se apartó de los pecados de Jeroboam, el que
había hecho pecar a Israel.
32 En aquellos días comenzó Jehová a cerce-
nar el territorio de Israel; y los derrotó Hazael
por todas las fronteras,
33 desde el Jordán al nacimiento del sol, toda
la tierra de Galaad, de Gad, de Rubén y de
Manasés, desde Aroer que está junto al arroyo de Arnón, hasta Galaad y Basán.
34 Los demás hechos de Jehú, y todo lo que
hizo, y toda su valentía, ¿no está escrito en el
libro de las crónicas de los reyes de Israel?
35 Y durmió Jehú con sus padres, y lo sepultaron en Samaria; y reinó en su lugar Joacaz
su hijo.
36 El tiempo que reinó Jehú sobre Israel en
Samaria fue de veintiocho años.

Atalía usurpa el trono
(2 Cr 22.10-23.21)

11 CUANDO Atalía madre de Ocozías vio
que su hijo era muerto, se levantó y
destruyó toda la descendencia real.
➤ 2 Pero Josaba hija del rey Joram, hermana de
Ocozías, tomó a Joás hijo de Ocozías y lo sacó
furtivamente de entre los hijos del rey a quienes estaban matando, y lo ocultó de Atalía, a
él y a su ama, en la cámara de dormir, y en
esta forma no lo mataron.
3 Y estuvo con ella escondido en la casa de
Jehová seis años; y Atalía fue reina sobre el
país.
4 Mas al séptimo año envió Joiada y tomó
jefes de centenas, capitanes, y gente de la
guardia, y los metió consigo en la casa de
Jehová, e hizo con ellos alianza, juramentándolos en la casa de Jehová; y les mostró el
hijo del rey.
5 Y les mandó diciendo: Esto es lo que habéis
de hacer: la tercera parte de vosotros tendrá la
guardia de la casa del rey el día de reposo.*
6 Otra tercera parte estará a la puerta de Shur,
y la otra tercera parte a la puerta del postigo
de la guardia; así guardaréis la casa, para que
no sea allanada.
7 Mas las dos partes de vosotros que salen el
día de reposo tendréis la guardia de la casa de
Jehová junto al rey.
8 Y estaréis alrededor del rey por todos lados,
teniendo cada uno sus armas en las manos; y
cualquiera que entrare en las filas, sea muerto. Y estaréis con el rey cuando salga, y cuando entre.
9 Los jefes de centenas, pues, hicieron todo
como el sacerdote Joiada les mandó; y tomando cada uno a los suyos, esto es, los que entraban el día de reposo y los que salían el día de
reposo, vinieron al sacerdote Joiada.
10 Y el sacerdote dio a los jefes de centenas
las lanzas y los escudos que habían sido del
rey David, que estaban en la casa de Jehová.
11 Y los de la guardia se pusieron en fila,
teniendo cada uno sus armas en sus manos,
desde el lado derecho de la casa hasta el lado
izquierdo, junto al altar y el templo, en derredor del rey.
12 Sacando luego Joiada al hijo del rey le
puso la corona y el testimonio, y le hicieron
rey ungiéndole; y batiendo las manos dijeron:
¡Viva el rey!
13 Oyendo Atalía el estruendo del pueblo que
corría, entró al pueblo en el templo de Jehová.
14 Y cuando miró, he aquí que el rey estaba
junto a la columna, conforme a la costumbre,
y los príncipes y los trompeteros junto al rey;
y todo el pueblo del país se regocijaba, y tocaban las trompetas. Entonces Atalía, rasgando
sus vestidos, clamó a voz en cuello: ¡Traición,
traición!
15 Mas el sacerdote Joiada mandó a los jefes
de centenas que gobernaban el ejército, y les
dijo: Sacadla fuera del recinto del templo, y al
que la siguiere, matadlo a espada. (Porque el
sacerdote dijo que no la matasen en el templo de Jehová.)
16 Le abrieron, pues, paso; y en el camino por
donde entran los de a caballo a la casa del rey,
allí la mataron.

b. 10.29 1 R 12.28-30.

LECCIONES DE VIDA

➤ ***10.29 — Jehú no se apartó de los pecados de Jeroboam hijo de Nabat, que hizo pecar a Israel; y dejó en pie los becerros de oro.***

Jehú obedecía la Palabra del Señor si se ajustaba a sus propias metas. Siguió el patrón dejado por el malvado Jeroboam para mantener control sobre su pueblo (1 R 12.25–33). La obediencia incompleta es rebelión insolente.

➤ ***11.2 — Josaba... tomó a Joás hijo de Ocozías y lo sacó furtivamente de entre los hijos del rey a quienes estaban matando, y lo ocultó.***

Por medio de Atalía, Satanás intentó exterminar el linaje davídico y frustrar así la promesa de Dios concerniente al Mesías (2 S 7.8–16). Pero nadie, ni siquiera el diablo, puede frustrar ninguna de las promesas del Señor.

➢ 17 Entonces Joiada hizo pacto entre Jehová y
el rey y el pueblo, que serían pueblo de Jehová; y asimismo entre el rey y el pueblo.
18 Y todo el pueblo de la tierra entró en el
templo de Baal, y lo derribaron; asimismo
despedazaron enteramente sus altares y sus
imágenes, y mataron a Matán sacerdote de
Baal delante de los altares. Y el sacerdote
puso guarnición sobre la casa de Jehová.
19 Después tomó a los jefes de centenas, los
capitanes, la guardia y todo el pueblo de la
tierra, y llevaron al rey desde la casa de Jehová, y vinieron por el camino de la puerta de la
guardia a la casa del rey; y se sentó el rey en
el trono de los reyes.
20 Y todo el pueblo de la tierra se regocijó, y la
ciudad estuvo en reposo, habiendo sido Atalía
muerta a espada junto a la casa del rey.
21 Era Joás de siete años cuando comenzó a
reinar.

Reinado de Joás de Judá
(2 Cr 24.1-27)

12 EN el séptimo año de Jehú comenzó a
reinar Joás, y reinó cuarenta años en
Jerusalén. El nombre de su madre fue Sibia,
de Beerseba.
➢ 2 Y Joás hizo lo recto ante los ojos de Jehová todo el tiempo que le dirigió el sacerdote Joiada.
3 Con todo eso, los lugares altos no se quitaron, porque el pueblo aún sacrificaba y quemaba incienso en los lugares altos.
4 Y Joás dijo a los sacerdotes: Todo el dinero consagrado que se suele traer a la casa de
Jehová, el dinero del rescate de cada persona
según está estipulado,[a] y todo el dinero que
cada uno de su propia voluntad trae a la casa
de Jehová,
5 recíbanlo los sacerdotes, cada uno de mano
de sus familiares, y reparen los portillos del
templo dondequiera que se hallen grietas.
6 Pero en el año veintitrés del rey Joás aún
no habían reparado los sacerdotes las grietas del templo.
7 Llamó entonces el rey Joás al sumo sacerdote Joiada y a los sacerdotes, y les dijo: ¿Por
qué no reparáis las grietas del templo? Ahora, pues, no toméis más el dinero de vuestros
familiares, sino dadlo para reparar las grietas del templo.
8 Y los sacerdotes consintieron en no tomar
más dinero del pueblo, ni tener el cargo de
reparar las grietas del templo.
9 Mas el sumo sacerdote Joiada tomó un arca
e hizo en la tapa un agujero, y la puso junto al
altar, a la mano derecha así que se entra en el
templo de Jehová; y los sacerdotes que guardaban la puerta ponían allí todo el dinero que
se traía a la casa de Jehová.
10 Y cuando veían que había mucho dinero en
el arca, venía el secretario del rey y el sumo
sacerdote, y contaban el dinero que hallaban
en el templo de Jehová, y lo guardaban.
11 Y daban el dinero suficiente a los que
hacían la obra, y a los que tenían a su cargo
la casa de Jehová; y ellos lo gastaban en pagar
a los carpinteros y maestros que reparaban la
casa de Jehová,
12 y a los albañiles y canteros; y en comprar
la madera y piedra de cantería para reparar
las grietas de la casa de Jehová, y en todo lo
que se gastaba en la casa para repararla.
13 Mas de aquel dinero que se traía a la casa
de Jehová, no se hacían tazas de plata, ni despabiladeras, ni jofainas, ni trompetas; ni ningún otro utensilio de oro ni de plata se hacía
para el templo de Jehová;
14 porque lo daban a los que hacían la obra, y
con él reparaban la casa de Jehová.
15 Y no se tomaba cuenta a los hombres en ➢
cuyas manos el dinero era entregado, para
que ellos lo diesen a los que hacían la obra;
porque lo hacían ellos fielmente.
16 El dinero por el pecado, y el dinero por la
culpa, no se llevaba a la casa de Jehová; porque era de los sacerdotes.[b]
17 Entonces subió Hazael rey de Siria, y peleó
contra Gat, y la tomó. Y se propuso Hazael
subir contra Jerusalén;
18 por lo cual tomó Joás rey de Judá todas
las ofrendas que habían dedicado Josafat y

a. 12.4 Éx 30.11-16. **b. 12.16** Lv 7.7.

LECCIONES DE VIDA

➢ ***11.17 — Joiada hizo pacto entre Jehová y el rey y el pueblo, que serían pueblo de Jehová.***

Joiada es una luz que brilla en tiempo de oscuridad. Nos demuestra que sí podemos permanecer fieles a Dios y su Palabra mientras la cultura a nuestro alrededor se degenera.

➢ ***12.2 — Y Joás hizo lo recto ante los ojos de Jehová todo el tiempo que le dirigió el sacerdote Joiada.***

Joás empezó bien, y hasta decidió restaurar el templo (2 R 12.4–15; 2 Cr 24.4). Pero tras la muerte del sacerdote íntegro Joiada, Joás escuchó a malos consejeros, cometió idolatría y desagradó al Señor en gran manera (2 Cr 24.15–22). Esto ilustra la necesidad de hacer nuestra la fe. Cada uno de nosotros debe decidir individualmente hacer de Jesucristo el Señor de nuestro corazón, porque la fe de los demás no basta para nosotros.

➢ ***12.15 — no se tomaba cuenta a los hombres en cuyas manos el dinero era entregado, para que ellos lo diesen a los que hacían la obra; porque lo hacían ellos fielmente.***

Dios busca hombres y mujeres fieles que trabajen en su obra. La Biblia pregunta: «hombre de verdad, ¿quién lo hallará?» (Pr 20.6). ¿Es usted una persona íntegra?

Joram y Ocozías sus padres, reyes de Judá,
y las que él había dedicado, y todo el oro que
se halló en los tesoros de la casa de Jehová y
en la casa del rey, y lo envió a Hazael rey de
Siria; y él se retiró de Jerusalén.
19 Los demás hechos de Joás, y todo lo que
hizo, ¿no está escrito en el libro de las crónicas de los reyes de Judá?
20 Y se levantaron sus siervos, y conspiraron
en conjuración y mataron a Joás en la casa de
Milo, cuando descendía él a Sila;
21 pues Josacar hijo de Simeat y Jozabad hijo
de Somer, sus siervos, le hirieron, y murió. Y
lo sepultaron con sus padres en la ciudad de
David, y reinó en su lugar Amasías su hijo.

Reinado de Joacaz

13 EN el año veintitrés de Joás hijo de
Ocozías, rey de Judá, comenzó a reinar
Joacaz hijo de Jehú sobre Israel en Samaria;
y reinó diecisiete años.
2 E hizo lo malo ante los ojos de Jehová, y
siguió en los pecados de Jeroboam hijo de
Nabat, el que hizo pecar a Israel; y no se apartó de ellos.
3 Y se encendió el furor de Jehová contra
Israel, y los entregó en mano de Hazael rey de
Siria, y en mano de Ben-adad hijo de Hazael,
por largo tiempo.
➤4 Mas Joacaz oró en presencia de Jehová, y
Jehová lo oyó; porque miró la aflicción de
Israel, pues el rey de Siria los afligía.
5 (Y dio Jehová salvador a Israel, y salieron
del poder de los sirios; y habitaron los hijos de
Israel en sus tiendas, como antes.
6 Con todo eso, no se apartaron de los pecados de la casa de Jeroboam, el que hizo pecar
a Israel; en ellos anduvieron; y también la
imagen de Asera permaneció en Samaria.)
7 Porque no le había quedado gente a Joacaz, sino cincuenta hombres de a caballo, diez
carros, y diez mil hombres de a pie; pues el
rey de Siria los había destruido, y los había
puesto como el polvo para hollar.
8 El resto de los hechos de Joacaz, y todo lo
que hizo, y sus valentías, ¿no está escrito en el
libro de las crónicas de los reyes de Israel?
9 Y durmió Joacaz con sus padres, y lo sepultaron en Samaria, y reinó en su lugar Joás su
hijo.

Reinado de Joás de Israel

10 El año treinta y siete de Joás rey de Judá,
comenzó a reinar Joás hijo de Joacaz sobre
Israel en Samaria; y reinó dieciséis años.
11 E hizo lo malo ante los ojos de Jehová; no
se apartó de todos los pecados de Jeroboam
hijo de Nabat, el que hizo pecar a Israel; en
ellos anduvo.
12 Los demás hechos de Joás, y todo lo que
hizo, y el esfuerzo con que guerreó contra
Amasías rey de Judá, ¿no está escrito en el
libro de las crónicas de los reyes de Israel?
13 Y durmió Joás con sus padres, y se sentó
Jeroboam sobre su trono; y Joás fue sepultado
en Samaria con los reyes de Israel.

Profecía final y muerte de Eliseo

14 Estaba Eliseo enfermo de la enfermedad
de que murió. Y descendió a él Joás rey de
Israel, y llorando delante de él, dijo: ¡Padre
mío, padre mío, carro de Israel y su gente de
a caballo![a]
15 Y le dijo Eliseo: Toma un arco y unas saetas. Tomó él entonces un arco y unas saetas.
16 Luego dijo Eliseo al rey de Israel: Pon tu
mano sobre el arco. Y puso él su mano sobre
el arco. Entonces puso Eliseo sus manos sobre
las manos del rey,
17 y dijo: Abre la ventana que da al oriente. Y
cuando él la abrió, dijo Eliseo: Tira. Y tirando
él, dijo Eliseo: Saeta de salvación de Jehová,
y saeta de salvación contra Siria; porque herirás a los sirios en Afec hasta consumirlos.
18 Y le volvió a decir: Toma las saetas. Y luego
que el rey de Israel las hubo tomado, le dijo:
Golpea la tierra. Y él la golpeó tres veces, y
se detuvo.
19 Entonces el varón de Dios, enojado contra
él, le dijo: Al dar cinco o seis golpes, hubieras
derrotado a Siria hasta no quedar ninguno;
pero ahora sólo tres veces derrotarás a Siria.

a. 13.14 2 R 2.12.

LECCIONES DE VIDA

➤ ***13.4 — Jehová lo oyó; porque miró la aflicción de Israel, pues el rey de Siria los afligía.***

El Señor nos tiene misericordia y responde con compasión al sufrimiento, pero no tolera a los rebeldes para siempre. Debemos responder a su gracia con obediencia.

➤ ***13.14 — Estaba Eliseo enfermo de la enfermedad de que murió.***

Eliseo hizo dos veces más milagros que Elías, pero murió de una enfermedad mientras que Elías «subió al cielo en un torbellino» (2 R 2.11). ¿Fue por falta de fe? Claro que no. Dios respaldó su ministerio con un milagro final después de su muerte (2 R 13.21).

➤ ***13.19 — Al dar cinco o seis golpes, hubieras derrotado a Siria hasta no quedar ninguno.***

La instrucción de golpear la tierra implicaba que el rey Joás de Israel debió clavar en el suelo todas las saetas que había tomado, como un acto de confianza completa en Dios para la victoria total. Al quedarse con las demás saetas, Joás demostró que no confiaba en el Señor de todo corazón. Esto también se aplica a nosotros. Debemos usar todos nuestros recursos para servir a Dios, sin reservas (2 Ti 4.6). Todo lo que somos y tenemos le pertenece a Él.

20 Y murió Eliseo, y lo sepultaron. Entrado el
año, vinieron bandas armadas de moabitas a
la tierra.
21 Y aconteció que al sepultar unos a un hombre, súbitamente vieron una banda armada, y
arrojaron el cadáver en el sepulcro de Eliseo;
y cuando llegó a tocar el muerto los huesos de
Eliseo, revivió, y se levantó sobre sus pies.
22 Hazael, pues, rey de Siria, afligió a Israel
todo el tiempo de Joacaz.
➤ 23 Mas Jehová tuvo misericordia de ellos, y se
compadeció de ellos y los miró, a causa de su
pacto con Abraham, Isaac y Jacob; y no quiso destruirlos ni echarlos de delante de su presencia hasta hoy.
24 Y murió Hazael rey de Siria, y reinó en su
lugar Ben-adad su hijo.
25 Y volvió Joás hijo de Joacaz y tomó de
mano de Ben-adad hijo de Hazael las ciudades que éste había tomado en guerra de mano
de Joacaz su padre. Tres veces lo derrotó Joás,
y restituyó las ciudades a Israel.

Reinado de Amasías

(2 Cr 25.1-28)

14 EN el año segundo de Joás hijo de
Joacaz rey de Israel, comenzó a reinar
Amasías hijo de Joás rey de Judá.
2 Cuando comenzó a reinar era de veinticinco
años, y veintinueve años reinó en Jerusalén; el
nombre de su madre fue Joadán, de Jerusalén.
3 Y él hizo lo recto ante los ojos de Jehová, aunque no como David su padre; hizo conforme a
todas las cosas que había hecho Joás su padre.
4 Con todo eso, los lugares altos no fueron
quitados, porque el pueblo aún sacrificaba y
quemaba incienso en esos lugares altos.
5 Y cuando hubo afirmado en sus manos el
reino, mató a los siervos que habían dado
muerte al rey su padre.
6 Pero no mató a los hijos de los que le dieron
muerte, conforme a lo que está escrito en el
libro de la ley de Moisés, donde Jehová mandó diciendo: No matarán a los padres por los
hijos, ni a los hijos por los padres, sino que
cada uno morirá por su propio pecado.[a]
7 Éste mató asimismo a diez mil edomitas en
el Valle de la Sal, y tomó a Sela en batalla, y la
llamó Jocteel, hasta hoy.
8 Entonces Amasías envió mensajeros a Joás
hijo de Joacaz, hijo de Jehú, rey de Israel,
diciendo: Ven, para que nos veamos las caras.
9 Y Joás rey de Israel envió a Amasías rey de
Judá esta respuesta: El cardo que está en el
Líbano envió a decir al cedro que está en el
Líbano: Da tu hija por mujer a mi hijo. Y pasaron las fieras que están en el Líbano, y hollaron el cardo.
10 Ciertamente has derrotado a Edom, y tu ➤
corazón se ha envanecido; gloríate pues, mas
quédate en tu casa. ¿Para qué te metes en un
mal, para que caigas tú y Judá contigo?
11 Pero Amasías no escuchó; por lo cual subió
Joás rey de Israel, y se vieron las caras él y
Amasías rey de Judá, en Bet-semes, que es
de Judá.
12 Y Judá cayó delante de Israel, y huyeron,
cada uno a su tienda.
13 Además Joás rey de Israel tomó a Amasías
rey de Judá, hijo de Joás hijo de Ocozías, en
Bet-semes; y vino a Jerusalén, y rompió el muro
de Jerusalén desde la puerta de Efraín hasta
la puerta de la esquina, cuatrocientos codos.
14 Y tomó todo el oro, y la plata, y todos los
utensilios que fueron hallados en la casa de
Jehová, y en los tesoros de la casa del rey, y a
los hijos tomó en rehenes, y volvió a Samaria.
15 Los demás hechos que ejecutó Joás, y sus
hazañas, y cómo peleó contra Amasías rey de
Judá, ¿no está escrito en el libro de las crónicas de los reyes de Israel?
16 Y durmió Joás con sus padres, y fue sepultado en Samaria con los reyes de Israel; y reinó en su lugar Jeroboam su hijo.
17 Y Amasías hijo de Joás, rey de Judá, vivió
después de la muerte de Joás hijo de Joacaz,
rey de Israel, quince años.
18 Los demás hechos de Amasías, ¿no están
escritos en el libro de las crónicas de los reyes
de Judá?
19 Conspiraron contra él en Jerusalén, y él
huyó a Laquis; pero le persiguieron hasta
Laquis, y allá lo mataron.
20 Lo trajeron luego sobre caballos, y lo
sepultaron en Jerusalén con sus padres, en la
ciudad de David.

a. **14.6** Dt 24.16.

LECCIONES DE VIDA

➤ ***13.23 — Jehová tuvo misericordia de ellos, y se compadeció de ellos y los miró, a causa de su pacto con Abraham, Isaac y Jacob.***

Debemos nuestra vida misma a las promesas de Dios. Él muestra compasión, gracia y favor a nosotros, no porque las hayamos merecido, sino porque Él nunca cambia (Mal 3.6).

➤ ***14.10 — tu corazón se ha envanecido… ¿Para qué te metes en un mal, para que caigas tú y Judá contigo?***

El orgullo puede llevarnos a cometer insensateces. Dios nos dice: «Antes del quebrantamiento es la soberbia, y antes de la caída la altivez de espíritu» (Pr 16.18). El Señor usó un rey malo para amonestar a Amasías, pero él rehusó escuchar.

21 Entonces todo el pueblo de Judá tomó a Azarías, que era de dieciséis años, y lo hicieron rey en lugar de Amasías su padre.

22 Reedificó él a Elat, y la restituyó a Judá, después que el rey durmió con sus padres.

Reinado de Jeroboam II

23 El año quince de Amasías hijo de Joás rey de Judá, comenzó a reinar Jeroboam hijo de Joás sobre Israel en Samaria; y reinó cuarenta y un años.

24 E hizo lo malo ante los ojos de Jehová, y no se apartó de todos los pecados de Jeroboam hijo de Nabat, el que hizo pecar a Israel.

25 Él restauró los límites de Israel desde la entrada de Hamat hasta el mar del Arabá, conforme a la palabra de Jehová Dios de Israel, la cual él había hablado por su siervo Jonás[b] hijo de Amitai, profeta que fue de Gat-hefer.

26 Porque Jehová miró la muy amarga aflicción de Israel; que no había siervo ni libre, ni quien diese ayuda a Israel;

27 y Jehová no había determinado raer el nombre de Israel de debajo del cielo; por tanto, los salvó por mano de Jeroboam hijo de Joás.

28 Los demás hechos de Jeroboam, y todo lo que hizo, y su valentía, y todas las guerras que hizo, y cómo restituyó al dominio de Israel a Damasco y Hamat, que habían pertenecido a Judá, ¿no está escrito en el libro de las crónicas de los reyes de Israel?

29 Y durmió Jeroboam con sus padres, los reyes de Israel, y reinó en su lugar Zacarías su hijo.

Reinado de Azarías

(2 Cr 26.3-5;16-23)

15 EN el año veintisiete de Jeroboam rey de Israel, comenzó a reinar Azarías hijo de Amasías, rey de Judá.

2 Cuando comenzó a reinar era de dieciséis años, y cincuenta y dos años reinó en Jerusalén; el nombre de su madre fue Jecolías, de Jerusalén.

3 E hizo lo recto ante los ojos de Jehová, conforme a todas las cosas que su padre Amasías había hecho.

4 Con todo eso, los lugares altos no se quitaron, porque el pueblo sacrificaba aún y quemaba incienso en los lugares altos.

5 Mas Jehová hirió al rey con lepra, y estuvo leproso hasta el día de su muerte, y habitó en casa separada, y Jotam hijo del rey tenía el cargo del palacio, gobernando al pueblo.

6 Los demás hechos de Azarías, y todo lo que hizo, ¿no está escrito en el libro de las crónicas de los reyes de Judá?

7 Y durmió Azarías con sus padres,[a] y lo sepultaron con ellos en la ciudad de David, y reinó en su lugar Jotam su hijo.

Reinado de Zacarías

8 En el año treinta y ocho de Azarías rey de Judá, reinó Zacarías hijo de Jeroboam sobre Israel seis meses.

9 E hizo lo malo ante los ojos de Jehová, como habían hecho sus padres; no se apartó de los pecados de Jeroboam hijo de Nabat, el que hizo pecar a Israel.

10 Contra él conspiró Salum hijo de Jabes, y lo hirió en presencia de su pueblo, y lo mató, y reinó en su lugar.

11 Los demás hechos de Zacarías, he aquí que están escritos en el libro de las crónicas de los reyes de Israel.

12 Y ésta fue la palabra de Jehová que había hablado a Jehú, diciendo: Tus hijos hasta la cuarta generación se sentarán en el trono de Israel.[b] Y fue así.

Reinado de Salum

13 Salum hijo de Jabes comenzó a reinar en el año treinta y nueve de Uzías rey de Judá, y reinó un mes en Samaria;

14 porque Manahem hijo de Gadi subió de Tirsa y vino a Samaria, e hirió a Salum hijo de Jabes en Samaria y lo mató, y reinó en su lugar.

b. 14.25 Jon 1.1. **a. 15.7** Is 6.1. **b. 15.12** 2 R 10.30.

LECCIONES DE VIDA

➤ ***14.27 — Jehová no había determinado raer el nombre de Israel de debajo del cielo; por tanto, los salvó por mano de Jeroboam hijo de Joás.***

El Señor soberano usa tanto a los buenos como a los malos para cumplir sus propósitos santos. En este caso, todavía no era tiempo de juzgar la maldad de Israel y Dios preservó a su pueblo mediante la destreza de Jeroboam II. Lo que Él ha dicho, eso hará, pero debemos cuidarnos para no falsificar o interpretar mal sus palabras.

➤ ***15.5 — Jehová hirió al rey con lepra, y estuvo leproso hasta el día de su muerte.***

¿Por qué Dios hirió con lepra al rey Azarías (llamado también Uzías)? En 2 Crónicas 26.16–21 leemos que después de varias victorias militares, el rey se enalteció y trató de usurpar los deberes de un sacerdote. Dios lo volvió leproso de inmediato. El orgullo realmente tiene terribles consecuencias.

➤ ***15.12 — Tus hijos hasta la cuarta generación se sentarán en el trono de Israel. Y fue así.***

Este fue el cumplimiento de la promesa que Dios hizo a Jehú en 2 Reyes 10.30. Aunque Jehú terminó siendo un rey inicuo, el Señor no dejó de bendecir lo que hizo en obediencia a Él. Ahora bien, ¿por qué la Biblia señala con tanta frecuencia el cumplimiento de las predicciones hechas por los profetas de Dios? Para que nosotros tengamos certeza que todo lo dicho por el Señor es absolutamente digno de confianza.

15 Los demás hechos de Salum, y la conspiración que tramó, he aquí que están escritos en
el libro de las crónicas de los reyes de Israel.
16 Entonces Manahem saqueó a Tifsa, y a
todos los que estaban en ella, y también sus
alrededores desde Tirsa; la saqueó porque no
le habían abierto las puertas, y abrió el vientre
a todas sus mujeres que estaban encintas.

Reinado de Manahem

17 En el año treinta y nueve de Azarías rey
de Judá, reinó Manahem hijo de Gadi sobre
Israel diez años, en Samaria.
18 E hizo lo malo ante los ojos de Jehová; en
todo su tiempo no se apartó de los pecados
de Jeroboam hijo de Nabat, el que hizo pecar
a Israel.
19 Y vino Pul rey de Asiria a atacar la tierra; y
Manahem dio a Pul mil talentos de plata para
que le ayudara a confirmarse en el reino.
20 E impuso Manahem este dinero sobre
Israel, sobre todos los poderosos y opulentos;
de cada uno cincuenta siclos de plata, para
dar al rey de Asiria; y el rey de Asiria se volvió, y no se detuvo allí en el país.
21 Los demás hechos de Manahem, y todo lo
que hizo, ¿no está escrito en el libro de las crónicas de los reyes de Israel?
22 Y durmió Manahem con sus padres, y reinó
en su lugar Pekaía su hijo.

Reinado de Pekaía

23 En el año cincuenta de Azarías rey de Judá,
reinó Pekaía hijo de Manahem sobre Israel en
Samaria, dos años.
24 E hizo lo malo ante los ojos de Jehová; no
se apartó de los pecados de Jeroboam hijo de
Nabat, el que hizo pecar a Israel.
25 Y conspiró contra él Peka hijo de Remalías,
capitán suyo, y lo hirió en Samaria, en el palacio de la casa real, en compañía de Argob y de
Arie, y de cincuenta hombres de los hijos de
los galaaditas; y lo mató, y reinó en su lugar.
26 Los demás hechos de Pekaía, y todo lo que
hizo, he aquí que está escrito en el libro de las
crónicas de los reyes de Israel.

Reinado de Peka

27 En el año cincuenta y dos de Azarías rey de
Judá, reinó Peka hijo de Remalías sobre Israel
en Samaria; y reinó veinte años.
28 E hizo lo malo ante los ojos de Jehová; no
se apartó de los pecados de Jeroboam hijo de
Nabat, el que hizo pecar a Israel.
29 En los días de Peka rey de Israel, vino
Tiglat-pileser rey de los asirios, y tomó a Ijón,
Abel-bet-maaca, Janoa, Cedes, Hazor, Galaad,
Galilea, y toda la tierra de Neftalí; y los llevó
cautivos a Asiria.
30 Y Oseas hijo de Ela conspiró contra Peka
hijo de Remalías, y lo hirió y lo mató, y reinó en su lugar, a los veinte años de Jotam hijo
de Uzías.
31 Los demás hechos de Peka, y todo lo que
hizo, he aquí que está escrito en el libro de las
crónicas de los reyes de Israel.

Reinado de Jotam

(2 Cr 27.1-9)

32 En el segundo año de Peka hijo de Remalías rey de Israel, comenzó a reinar Jotam hijo
de Uzías rey de Judá.
33 Cuando comenzó a reinar era de veinticinco años, y reinó dieciséis años en Jerusalén. El nombre de su madre fue Jerusa hija
de Sadoc.
34 Y él hizo lo recto ante los ojos de Jehová;
hizo conforme a todas las cosas que había
hecho su padre Uzías.
35 Con todo eso, los lugares altos no fueron
quitados, porque el pueblo sacrificaba aún, y
quemaba incienso en los lugares altos. Edificó
él la puerta más alta de la casa de Jehová.
36 Los demás hechos de Jotam, y todo lo que
hizo, ¿no está escrito en el libro de las crónicas de los reyes de Judá?
37 En aquel tiempo comenzó Jehová a enviar
contra Judá a Rezín rey de Siria, y a Peka hijo
de Remalías.
38 Y durmió Jotam con sus padres, y fue
sepultado con ellos en la ciudad de David su
padre, y reinó en su lugar Acaz su hijo.

Reinado de Acaz

(2 Cr 28.1-27)

16 EN el año diecisiete de Peka hijo de
Remalías, comenzó a reinar Acaz hijo
de Jotam rey de Judá.
2 Cuando comenzó a reinar Acaz era de veinte años, y reinó en Jerusalén dieciséis años;
y no hizo lo recto ante los ojos de Jehová su
Dios, como David su padre.
3 Antes anduvo en el camino de los reyes
de Israel, y aun hizo pasar por fuego a su
hijo, según las prácticas abominables de las
naciones que Jehová echó de delante de los
hijos de Israel.[a]

a. 16.3 Dt 12.31

LECCIONES DE VIDA

➤ *15.29 — En los días de Peka rey de Israel, vino Tiglat-pileser rey de los asirios... y los llevó cautivos a Asiria.*

Cuando Dios se dispone a juzgar a su pueblo rebelde, por lo general les muestra primero un anticipo del juicio venidero, dándoles así otra oportunidad de arrepentirse. Pero Israel ignoró sus advertencias y el resultado fue la captura y el exilio a Asiria.

4 Asimismo sacrificó y quemó incienso en los
lugares altos, y sobre los collados, y debajo de
todo árbol frondoso.
5 Entonces Rezín rey de Siria y Peka hijo de
Remalías, rey de Israel, subieron a Jerusalén
para hacer guerra y sitiar a Acaz; mas no
pudieron tomarla.[b]
6 En aquel tiempo el rey de Edom recobró
Elat para Edom, y echó de Elat a los hombres
de Judá; y los de Edom vinieron a Elat y habitaron allí hasta hoy.
7 Entonces Acaz envió embajadores a Tiglat-
pileser rey de Asiria, diciendo: Yo soy tu siervo y tu hijo; sube, y defiéndeme de mano del
rey de Siria, y de mano del rey de Israel, que
se han levantado contra mí.
8 Y tomando Acaz la plata y el oro que se halló
en la casa de Jehová, y en los tesoros de la casa
real, envió al rey de Asiria un presente.
9 Y le atendió el rey de Asiria; pues subió el rey
de Asiria contra Damasco, y la tomó, y llevó
cautivos a los moradores a Kir, y mató a Rezín.
10 Después fue el rey Acaz a encontrar a Tiglat-
pileser rey de Asiria en Damasco; y cuando vio
el rey Acaz el altar que estaba en Damasco,
envió al sacerdote Urías el diseño y la descripción del altar, conforme a toda su hechura.
11 Y el sacerdote Urías edificó el altar; conforme a todo lo que el rey Acaz había enviado de
Damasco, así lo hizo el sacerdote Urías, entre
tanto que el rey Acaz venía de Damasco.
12 Y luego que el rey vino de Damasco, y vio
el altar, se acercó el rey a él, y ofreció sacrificios en él;
13 y encendió su holocausto y su ofrenda, y
derramó sus libaciones, y esparció la sangre
de sus sacrificios de paz junto al altar.
14 E hizo acercar el altar de bronce[c] que estaba delante de Jehová, en la parte delantera de
la casa, entre el altar y el templo de Jehová, y
lo puso al lado del altar hacia el norte.
15 Y mandó el rey Acaz al sacerdote Urías,
diciendo: En el gran altar encenderás el holocausto de la mañana y la ofrenda de la tarde,
y el holocausto del rey y su ofrenda, y asimismo el holocausto de todo el pueblo de la tierra y su ofrenda y sus libaciones; y esparcirás
sobre él toda la sangre del holocausto, y toda
la sangre del sacrificio. El altar de bronce será
mío para consultar en él.
16 E hizo el sacerdote Urías conforme a todas
las cosas que el rey Acaz le mandó.
17 Y cortó el rey Acaz los tableros de las
basas, y les quitó las fuentes; y quitó también el mar de sobre los bueyes de bronce que
estaban debajo de él,[d] y lo puso sobre el suelo de piedra.
18 Asimismo el pórtico para los días de reposo,* que habían edificado en la casa, y el pasa-
dizo de afuera, el del rey, los quitó del templo
de Jehová, por causa del rey de Asiria.
19 Los demás hechos que puso por obra Acaz,
¿no están todos escritos en el libro de las crónicas de los reyes de Judá?
20 Y durmió el rey Acaz con sus padres,[e] y fue
sepultado con ellos en la ciudad de David, y
reinó en su lugar su hijo Ezequías.

Caída de Samaria y cautiverio de Israel

17 EN el año duodécimo de Acaz rey de
Judá, comenzó a reinar Oseas hijo de
Ela en Samaria sobre Israel; y reinó nueve años.
2 E hizo lo malo ante los ojos de Jehová, aunque no como los reyes de Israel que habían
sido antes de él.
3 Contra éste subió Salmanasar rey de los asirios; y Oseas fue hecho su siervo, y le pagaba tributo.
4 Mas el rey de Asiria descubrió que Oseas
conspiraba; porque había enviado embajadores a So, rey de Egipto, y no pagaba tributo al
rey de Asiria, como lo hacía cada año; por lo
que el rey de Asiria le detuvo, y le aprisionó
en la casa de la cárcel.
5 Y el rey de Asiria invadió todo el país, y sitió
a Samaria, y estuvo sobre ella tres años.
6 En el año nueve de Oseas, el rey de Asiria
tomó Samaria, y llevó a Israel cautivo a Asiria, y los puso en Halah, en Habor junto al río
Gozán, y en las ciudades de los medos.
7 Porque los hijos de Israel pecaron contra
Jehová su Dios, que los sacó de tierra de Egipto, de bajo la mano de Faraón rey de Egipto, y
temieron a dioses ajenos,
8 y anduvieron en los estatutos de las naciones que Jehová había lanzado de delante de
los hijos de Israel, y en los estatutos que hicieron los reyes de Israel.
9 Y los hijos de Israel hicieron secretamente
cosas no rectas contra Jehová su Dios, edificándose lugares altos en todas sus ciudades,
desde las torres de las atalayas hasta las ciudades fortificadas,
10 y levantaron estatuas e imágenes de Asera en todo collado alto, y debajo de todo árbol
frondoso,[a]
11 y quemaron allí incienso en todos los lugares altos, a la manera de las naciones que
Jehová había traspuesto de delante de ellos,
e hicieron cosas muy malas para provocar a
ira a Jehová.
12 Y servían a los ídolos, de los cuales Jehová
les había dicho: Vosotros no habéis de hacer
esto.
13 Jehová amonestó entonces a Israel y
a Judá por medio de todos los profetas
y de todos los videntes, diciendo: Volveos
de vuestros malos caminos, y guardad mis

* Aquí equivale a *sábado*.

b. 16.5 Is 7.1. **c. 16.14** Éx 27.1-2; 2 Cr 4.1.
d. 16.17 1 R 7.23-39; 2 Cr 4.2-6. **e. 16.20** Is 14.28.
a. 17.10 1 R 14.23.

mandamientos y mis ordenanzas, conforme
a todas las leyes que yo prescribí a vuestros
padres, y que os he enviado por medio de mis
siervos los profetas.
➤ 14 Mas ellos no obedecieron, antes endurecieron su cerviz, como la cerviz de sus padres, los
cuales no creyeron en Jehová su Dios.
15 Y desecharon sus estatutos, y el pacto que
él había hecho con sus padres, y los testimonios que él había prescrito a ellos; y siguieron
la vanidad, y se hicieron vanos, y fueron en
pos de las naciones que estaban alrededor de
ellos, de las cuales Jehová les había mandado
que no hiciesen a la manera de ellas.
16 Dejaron todos los mandamientos de Jehová su Dios, y se hicieron imágenes fundidas
de dos becerros,[b] y también imágenes de Asera, y adoraron a todo el ejército de los cielos,
y sirvieron a Baal;
17 e hicieron pasar a sus hijos y a sus hijas por
fuego; y se dieron a adivinaciones y agüeros,[c]
y se entregaron a hacer lo malo ante los ojos
de Jehová, provocándole a ira.
➤ 18 Jehová, por tanto, se airó en gran manera
contra Israel, y los quitó de delante de su rostro; y no quedó sino sólo la tribu de Judá.
19 Mas ni aun Judá guardó los mandamientos de Jehová su Dios, sino que anduvieron
en los estatutos de Israel, los cuales habían
ellos hecho.
20 Y desechó Jehová a toda la descendencia
de Israel, y los afligió, los entregó en manos de
saqueadores, hasta echarlos de su presencia.
21 Porque separó a Israel de la casa de David,
y ellos hicieron rey a Jeroboam hijo de Nabat;
y Jeroboam apartó a Israel de en pos de Jehová, y les hizo cometer gran pecado.
22 Y los hijos de Israel anduvieron en todos
los pecados de Jeroboam que él hizo, sin apartarse de ellos,
23 hasta que Jehová quitó a Israel de delante de su rostro, como él lo había dicho por
medio de todos los profetas sus siervos; e
Israel fue llevado cautivo de su tierra a Asiria, hasta hoy.

Asiria puebla de nuevo a Samaria

24 Y trajo el rey de Asiria gente de Babilonia,
de Cuta, de Ava, de Hamat y de Sefarvaim, y
los puso en las ciudades de Samaria, en lugar
de los hijos de Israel; y poseyeron a Samaria,
y habitaron en sus ciudades.
25 Y aconteció al principio, cuando comenzaron a habitar allí, que no temiendo ellos a
Jehová, envió Jehová contra ellos leones que
los mataban.
26 Dijeron, pues, al rey de Asiria: Las gentes
que tú trasladaste y pusiste en las ciudades de
Samaria, no conocen la ley del Dios de aquella tierra, y él ha echado leones en medio de
ellos, y he aquí que los leones los matan, porque no conocen la ley del Dios de la tierra.
27 Y el rey de Asiria mandó, diciendo: Llevad
allí a alguno de los sacerdotes que trajisteis de
allá, y vaya y habite allí, y les enseñe la ley del
Dios del país.
28 Y vino uno de los sacerdotes que habían
llevado cautivo de Samaria, y habitó en Bet-
el, y les enseñó cómo habían de temer a
Jehová.
29 Pero cada nación se hizo sus dioses, y los
pusieron en los templos de los lugares altos
que habían hecho los de Samaria; cada nación
en su ciudad donde habitaba.
30 Los de Babilonia hicieron a Sucotbenot,
los de Cuta hicieron a Nergal, y los de Hamat
hicieron a Asima.
31 Los aveos hicieron a Nibhaz y a Tartac, y
los de Sefarvaim quemaban sus hijos en el
fuego para adorar a Adramelec y a Anamelec,
dioses de Sefarvaim.
32 Temían a Jehová, e hicieron del bajo pueblo sacerdotes de los lugares altos, que sacrificaban para ellos en los templos de los lugares
altos.
33 Temían a Jehová, y honraban a sus dioses, ➤
según la costumbre de las naciones de donde
habían sido trasladados.
34 Hasta hoy hacen como antes: ni temen
a Jehová, ni guardan sus estatutos ni sus
ordenanzas, ni hacen según la ley y los

b. 17.16 1 R 12.28. **c. 17.17** Dt 18.10.

LECCIONES DE VIDA

➤ ***17.14 — ellos no obedecieron, antes endurecieron su cerviz, como la cerviz de sus padres, los cuales no creyeron en Jehová su Dios.***

El último rey de Israel fue Oseas, quien trató de combatir las reiteradas incursiones de los asirios con sus propias fuerzas (2 R 17.4) en vez de confiar en Dios. Por cuanto Israel rehusó servirlo, el Señor permitió que Salmanasar tomara la capital Samaria en 722 a.C., y el pueblo fue llevado cautivo a Asiria. La raíz de la desobediencia de Israel fue falta de fe. Ellos no confiaron en Dios para su provisión y tampoco para su protección. Nosotros también desobedecemos a Dios cuando no creemos, o bien sus promesas o sus instrucciones, y el resultado siempre es destructivo. Cosechamos lo que sembramos, más de lo que sembramos, después de sembrarlo.

➤ ***17.18 — Jehová, por tanto, se airó en gran manera contra Israel, y los quitó de delante de su rostro; y no quedó sino sólo la tribu de Judá.***

Dios tiene una paciencia asombrosa, pero como dijo David, Él «no contenderá para siempre, ni para siempre guardará el enojo» (Sal 103.9). Llega un momento en que el juicio debe ser ejecutado.

mandamientos que prescribió Jehová a los hijos
de Jacob, al cual puso el nombre de Israel;[d]
35 con los cuales Jehová había hecho pacto, y les mandó diciendo: No temeréis a otros
dioses, ni los adoraréis, ni les serviréis, ni les
haréis sacrificios.[e]
36 Mas a Jehová, que os sacó de tierra de
Egipto con grande poder y brazo extendido,
a éste temeréis,[f] y a éste adoraréis, y a éste
haréis sacrificio.
37 Los estatutos y derechos y ley y mandamientos que os dio por escrito, cuidaréis siempre de ponerlos por obra, y no temeréis a
dioses ajenos.
38 No olvidaréis el pacto que hice con vosotros, ni temeréis a dioses ajenos;
* 39 mas temed a Jehová vuestro Dios, y él os
librará de mano de todos vuestros enemigos.
40 Pero ellos no escucharon; antes hicieron
según su costumbre antigua.
41 Así temieron a Jehová aquellas gentes, y al
mismo tiempo sirvieron a sus ídolos; y también sus hijos y sus nietos, según como hicieron sus padres, así hacen hasta hoy.

Reinado de Ezequías
(2 Cr 29.1-2)

18 EN el tercer año de Oseas hijo de
Ela, rey de Israel, comenzó a reinar
Ezequías hijo de Acaz rey de Judá.
2 Cuando comenzó a reinar era de veinticinco
años, y reinó en Jerusalén veintinueve años. El
nombre de su madre fue Abi hija de Zacarías.
3 Hizo lo recto ante los ojos de Jehová, conforme a todas las cosas que había hecho
David su padre.
➤ 4 Él quitó los lugares altos, y quebró las imágenes, y cortó los símbolos de Asera, e hizo
pedazos la serpiente de bronce que había
hecho Moisés,[a] porque hasta entonces le quemaban incienso los hijos de Israel; y la llamó
Nehustán.[1]
5 En Jehová Dios de Israel puso su esperanza; ni después ni antes de él hubo otro como
él entre todos los reyes de Judá.
6 Porque siguió a Jehová, y no se apartó de él,
sino que guardó los mandamientos que Jehová prescribió a Moisés.
7 Y Jehová estaba con él; y adondequiera que ➤
salía, prosperaba. Él se rebeló contra el rey de
Asiria, y no le sirvió.
8 Hirió también a los filisteos hasta Gaza y
sus fronteras, desde las torres de las atalayas
hasta la ciudad fortificada.

Caída de Samaria

9 En el cuarto año del rey Ezequías, que era
el año séptimo de Oseas hijo de Ela, rey de
Israel, subió Salmanasar rey de los asirios
contra Samaria, y la sitió,
10 y la tomaron al cabo de tres años. En el año
sexto de Ezequías, el cual era el año noveno
de Oseas rey de Israel, fue tomada Samaria.
11 Y el rey de Asiria llevó cautivo a Israel a
Asiria, y los puso en Halah, en Habor junto al
río Gozán, y en las ciudades de los medos;
12 por cuanto no habían atendido a la voz de
Jehová su Dios, sino que habían quebrantado
su pacto; y todas las cosas que Moisés siervo
de Jehová había mandado, no las habían escuchado, ni puesto por obra.

Senaquerib invade a Judá
(2 Cr 32.1-19; Is 36.1-22)

13 A los catorce años del rey Ezequías, subió
Senaquerib rey de Asiria contra todas las ciudades fortificadas de Judá, y las tomó.
14 Entonces Ezequías rey de Judá envió a
decir al rey de Asiria que estaba en Laquis: Yo
he pecado; apártate de mí, y haré todo lo que
me impongas. Y el rey de Asiria impuso a Ezequías rey de Judá trescientos talentos de plata, y treinta talentos de oro.
15 Dio, por tanto, Ezequías toda la plata que
fue hallada en la casa de Jehová, y en los tesoros de la casa real.
16 Entonces Ezequías quitó el oro de las puertas del templo de Jehová y de los quiciales que
el mismo rey Ezequías había cubierto de oro,
y lo dio al rey de Asiria.
17 Después el rey de Asiria envió contra el rey
Ezequías al Tartán, al Rabsaris y al Rabsaces,

1. Esto es, *Casa de bronce.*
d. 17.34 Gn 32.28; 35.10. **e. 17.35** Éx 20.5; Dt 5.9.
f. 17.36 Dt 6.13. **a. 18.4** Nm 21.9.

LECCIONES DE VIDA

➤ ***17.33 — Temían a Jehová, y honraban a sus dioses, según la costumbre de las naciones de donde habían sido trasladados.***

Dios demanda y merece nuestra lealtad exclusiva. Él no va a compartir nuestro amor con dioses ajenos. Jesús dijo: «Al Señor tu Dios adorarás, y a él sólo servirás» (Mt 4.10). Temer al Señor y además servir a dioses ajenos equivale a no temerlo ni respetarlo.

➤ ***18.4 — El… quebró las imágenes, y cortó los símbolos de Asera, e hizo pedazos la serpiente de bronce que había hecho Moisés, porque hasta entonces le quemaban incienso los hijos de Israel.***

Si tomamos algo hecho con un propósito bueno, como lo fue la serpiente de bronce (Nm 21.9) y lo convertimos en algo vil, es hora de librarnos de esto por completo, sin importar cuánta tradición válida lo respalde.

➤ ***18.7 — Jehová estaba con él; y adondequiera que salía, prosperaba.***

Ezequías siguió al Señor de todo corazón, por eso se sometió a Él por completo y Dios lo bendijo grandemente (2 Cr 29—31). Verdaderamente, la obediencia siempre trae bendición consigo.

con un gran ejército, desde Laquis contra Jerusalén, y subieron y vinieron a Jerusalén. Y habiendo subido, vinieron y acamparon junto al acueducto del estanque de arriba, en el camino de la heredad del Lavador.
18 Llamaron luego al rey, y salió a ellos Eliaquim hijo de Hilcías, mayordomo, y Sebna escriba, y Joa hijo de Asaf, canciller.
19 Y les dijo el Rabsaces: Decid ahora a Ezequías: Así dice el gran rey de Asiria: ¿Qué confianza es esta en que te apoyas?
20 Dices (pero son palabras vacías): Consejo tengo y fuerzas para la guerra. Mas ¿en qué confías, que te has rebelado contra mí?
21 He aquí que confías en este báculo de caña cascada, en Egipto, en el cual si alguno se apoyare, se le entrará por la mano y la traspasará. Tal es Faraón rey de Egipto para todos los que en él confían.
22 Y si me decís: Nosotros confiamos en Jehová nuestro Dios, ¿no es éste aquel cuyos lugares altos y altares ha quitado Ezequías, y ha dicho a Judá y a Jerusalén: Delante de este altar adoraréis en Jerusalén?
23 Ahora, pues, yo te ruego que des rehenes a mi señor, el rey de Asiria, y yo te daré dos mil caballos, si tú puedes dar jinetes para ellos.
24 ¿Cómo, pues, podrás resistir a un capitán, al menor de los siervos de mi señor, aunque estés confiado en Egipto con sus carros y su gente de a caballo?
➤ 25 ¿Acaso he venido yo ahora sin Jehová a este lugar, para destruirlo? Jehová me ha dicho: Sube a esta tierra y destrúyela.
26 Entonces dijo Eliaquim hijo de Hilcías, y Sebna y Joa, al Rabsaces: Te rogamos que hables a tus siervos en arameo, porque nosotros lo entendemos, y no hables con nosotros en lengua de Judá a oídos del pueblo que está sobre el muro.
27 Y el Rabsaces les dijo: ¿Me ha enviado mi señor para decir estas palabras a ti y a tu señor, y no a los hombres que están sobre el muro, expuestos a comer su propio estiércol y beber su propia orina con vosotros?
28 Entonces el Rabsaces se puso en pie y clamó a gran voz en lengua de Judá, y habló diciendo: Oíd la palabra del gran rey, el rey de Asiria.
29 Así ha dicho el rey: No os engañe Ezequías, porque no os podrá librar de mi mano.
30 Y no os haga Ezequías confiar en Jehová, diciendo: Ciertamente nos librará Jehová, y esta ciudad no será entregada en mano del rey de Asiria.
31 No escuchéis a Ezequías, porque así dice el rey de Asiria: Haced conmigo paz, y salid a mí, y coma cada uno de su vid y de su higuera, y beba cada uno las aguas de su pozo,
32 hasta que yo venga y os lleve a una tierra como la vuestra, tierra de grano y de vino, tierra de pan y de viñas, tierra de olivas, de aceite, y de miel; y viviréis, y no moriréis. No oigáis a Ezequías, porque os engaña cuando dice: Jehová nos librará.
33 ¿Acaso alguno de los dioses de las naciones ha librado su tierra de la mano del rey de Asiria?
34 ¿Dónde está el dios de Hamat y de Arfad? ¿Dónde está el dios de Sefarvaim, de Hena, y de Iva? ¿Pudieron éstos librar a Samaria de mi mano?
35 ¿Qué dios de todos los dioses de estas tierras ha librado su tierra de mi mano, para que Jehová libre de mi mano a Jerusalén? ➤
36 Pero el pueblo calló, y no le respondió palabra; porque había mandamiento del rey, el cual había dicho: No le respondáis.
37 Entonces Eliaquim hijo de Hilcías, mayordomo, y Sebna escriba, y Joa hijo de Asaf, canciller, vinieron a Ezequías, rasgados sus vestidos, y le contaron las palabras del Rabsaces.

Judá es librado de Senaquerib

(2 Cr 32.20-23; Is 37.1-38)

19 CUANDO el rey Ezequías lo oyó, rasgó sus vestidos y se cubrió de cilicio, y entró en la casa de Jehová.
2 Y envió a Eliaquim mayordomo, a Sebna escriba y a los ancianos de los sacerdotes, cubiertos de cilicio, al profeta Isaías hijo de Amoz,
3 para que le dijesen: Así ha dicho Ezequías: Este día es día de angustia, de reprensión y de blasfemia; porque los hijos están a punto de nacer, y la que da a luz no tiene fuerzas.
4 Quizá oirá Jehová tu Dios todas las palabras del Rabsaces, a quien el rey de los asirios su señor ha enviado para blasfemar al Dios viviente, y para vituperar con palabras, las cuales Jehová tu Dios ha oído; por tanto, eleva oración por el remanente que aún queda. ➤

LECCIONES DE VIDA

➤ **18.25 — *¿Acaso he venido yo ahora sin Jehová a este lugar, para destruirlo? Jehová me ha dicho: Sube a esta tierra, y destrúyela.***

Los asirios no tenían mandato alguno del Señor para destruir Jerusalén, pero usaron jerga religiosa para desalentar al pueblo de Dios. Siempre debemos usar el discernimiento y no creerle a alguien sólo porque usa las palabras adecuadas.

➤ **18.35 — *¿Qué dios de todos los dioses de estas tierras ha librado su tierra de mi mano, para que Jehová libre de mi mano a Jerusalén?***

Aquí vemos la intención real de los invasores. No respetaban a Dios, se exaltaban a sí mismos por encima de Él y no lo distinguían de las deidades paganas (2 Cr 32.1–19). Aquellos que se ponen en contra del Señor invitan la destrucción (2 R 19.35–37; 2 Cr 32.20–23; Sal 2.2–5).

5 Vinieron, pues, los siervos del rey Ezequías
a Isaías.
6 E Isaías les respondió: Así diréis a vuestro
señor: Así ha dicho Jehová: No temas por las
palabras que has oído, con las cuales me han
blasfemado los siervos del rey de Asiria.
➤ 7 He aquí pondré yo en él un espíritu, y oirá
rumor, y volverá a su tierra; y haré que en su
tierra caiga a espada.
8 Y regresando el Rabsaces, halló al rey de
Asiria combatiendo contra Libna; porque oyó
que se había ido de Laquis.
9 Y oyó decir que Tirhaca rey de Etiopía había
salido para hacerle guerra. Entonces volvió él
y envió embajadores a Ezequías, diciendo:
10 Así diréis a Ezequías rey de Judá: No te
engañe tu Dios en quien tú confías, para decir:
Jerusalén no será entregada en mano del rey
de Asiria.
11 He aquí tú has oído lo que han hecho los
reyes de Asiria a todas las tierras, destruyéndolas; ¿y escaparás tú?
12 ¿Acaso libraron sus dioses a las naciones
que mis padres destruyeron, esto es, Gozán,
Harán, Resef, y los hijos de Edén que estaban
en Telasar?
13 ¿Dónde está el rey de Hamat, el rey de
Arfad, y el rey de la ciudad de Sefarvaim, de
Hena y de Iva?
14 Y tomó Ezequías las cartas de mano de los
embajadores; y después que las hubo leído,
subió a la casa de Jehová, y las extendió Ezequías delante de Jehová.
15 Y oró Ezequías delante de Jehová, diciendo: Jehová Dios de Israel, que moras entre los
querubines,[a] sólo tú eres Dios de todos los reinos de la tierra; tú hiciste el cielo y la tierra.
16 Inclina, oh Jehová, tu oído, y oye; abre, oh
Jehová, tus ojos, y mira; y oye las palabras de
Senaquerib, que ha enviado a blasfemar al
Dios viviente.
➤ 17 Es verdad, oh Jehová, que los reyes de Asiria han destruido las naciones y sus tierras;
18 y que echaron al fuego a sus dioses, por
cuanto ellos no eran dioses, sino obra de
manos de hombres, madera o piedra, y por
eso los destruyeron.
19 Ahora, pues, oh Jehová Dios nuestro, sálvanos, te ruego, de su mano, para que sepan
todos los reinos de la tierra que sólo tú, Jehová, eres Dios.
20 Entonces Isaías hijo de Amoz envió a decir ➤
a Ezequías: Así ha dicho Jehová, Dios de
Israel: Lo que me pediste acerca de Senaquerib rey de Asiria, he oído.
21 Ésta es la palabra que Jehová ha pronunciado acerca de él: La virgen hija de Sion te
menosprecia, te escarnece; detrás de ti mueve
su cabeza la hija de Jerusalén.
22 ¿A quién has vituperado y blasfemado? ¿y
contra quién has alzado la voz, y levantado en
alto tus ojos? Contra el Santo de Israel.
23 Por mano de tus mensajeros has vituperado a Jehová, y has dicho: Con la multitud de
mis carros he subido a las alturas de los montes, a lo más inaccesible del Líbano; cortaré
sus altos cedros, sus cipreses más escogidos;
me alojaré en sus más remotos lugares, en el
bosque de sus feraces campos.
24 Yo he cavado y bebido las aguas extrañas,
he secado con las plantas de mis pies todos los
ríos de Egipto.
25 ¿Nunca has oído que desde tiempos antiguos yo lo hice, y que desde los días de la antigüedad lo tengo ideado? Y ahora lo he hecho
venir, y tú serás para hacer desolaciones, para
reducir las ciudades fortificadas a montones
de escombros.
26 Sus moradores fueron de corto poder; fueron acobardados y confundidos; vinieron a
ser como la hierba del campo, y como hortaliza verde, como heno de los terrados, marchitado antes de su madurez.

a. 19.15 Éx 25.22.

LECCIONES DE VIDA

➤ ***19.4 — Quizá oirá Jehová tu Dios todas las palabras del Rabsaces, a quien el rey de los asirios su señor ha enviado para blasfemar al Dios viviente.***

El rey le pidió a Isaías que orara por la nación, no sólo ante una gran necesidad del pueblo sino para exaltar el nombre del Señor, a quien los invasores habían insultado. Tal oración genuina tiene gran poder.

➤ ***19.7 — pondré yo en él un espíritu, y oirá rumor, y volverá a su tierra; y haré que en su tierra caiga a espada.***

Todos caen bajo el poder soberano de Dios, hasta poderosos gobernantes enemigos. Aunque el rey Ezequías no podía repeler el ataque de Senaquerib ni cambiar la situación, el Señor ciertamente podía. Y lo hizo. En 2 Reyes 19.35–37 vemos el testimonio confirmado por la historia de cómo Dios cumplió su promesa a Ezequías, pues Senaquerib cayó a espada en Nínive (véase también 2 Cr 32.21). Todo lo relacionado con sus circunstancias, incluidas las personas que ejercen autoridad sobre usted, está bajo la mano soberana de Dios (Pr 21.1).

➤ ***19.17 — Es verdad, oh Jehová, que los reyes de Asiria han destruido las naciones y sus tierras.***

Ezequías no refutó la supremacía bélica de los asirios ni fue ciego a hechos históricos, pero rehusó clasificar a Dios con cualquier deidad, y buscó solamente en Él la liberación.

➤ ***19.20 — Lo que me pediste acerca de Senaquerib rey de Asiria, he oído.***

Dios actuó con poder en contra del rey de Asiria porque Ezequías había orado pidiendo su intervención. Si libramos nuestras batallas de rodillas siempre obtendremos la victoria.

27 He conocido tu situación, tu salida y tu
entrada, y tu furor contra mí.
28 Por cuanto te has airado contra mí, por
cuanto tu arrogancia ha subido a mis oídos,
yo pondré mi garfio en tu nariz, y mi freno en
tus labios, y te haré volver por el camino por
donde viniste.
29 Y esto te daré por señal, oh Ezequías: Este
año comeréis lo que nacerá de suyo, y el
segundo año lo que nacerá de suyo; y el tercer
año sembraréis, y segaréis, y plantaréis viñas,
y comeréis el fruto de ellas.
30 Y lo que hubiere escapado, lo que hubiere
quedado de la casa de Judá, volverá a echar
raíces abajo, y llevará fruto arriba.
31 Porque saldrá de Jerusalén remanente, y
del monte de Sion los que se salven. El celo de
Jehová de los ejércitos hará esto.
32 Por tanto, así dice Jehová acerca del rey
de Asiria: No entrará en esta ciudad, ni echará saeta en ella; ni vendrá delante de ella con
escudo, ni levantará contra ella baluarte.
33 Por el mismo camino que vino, volverá, y
no entrará en esta ciudad, dice Jehová.
➤ 34 Porque yo ampararé esta ciudad para salvarla, por amor a mí mismo, y por amor a
David mi siervo.
➤ 35 Y aconteció que aquella misma noche salió
el ángel de Jehová, y mató en el campamento
de los asirios a ciento ochenta y cinco mil; y
cuando se levantaron por la mañana, he aquí
que todo era cuerpos de muertos.
36 Entonces Senaquerib rey de Asiria se fue, y
volvió a Nínive, donde se quedó.
37 Y aconteció que mientras él adoraba en el
templo de Nisroc su dios, Adramelec y Sarezer sus hijos lo hirieron a espada, y huyeron
a tierra de Ararat. Y reinó en su lugar Esarha-
dón su hijo.

Enfermedad de Ezequías

(2 Cr 32.24-26; Is 38.1-22)

20 EN aquellos días Ezequías cayó enfermo de muerte. Y vino a él el profeta
Isaías hijo de Amoz, y le dijo: Jehová dice así:
Ordena tu casa, porque morirás, y no vivirás.
2 Entonces él volvió su rostro a la pared y oró
a Jehová y dijo:
3 Te ruego, oh Jehová, te ruego que hagas memoria de que he andado delante de ti en verdad y
con íntegro corazón, y que he hecho las cosas
que te agradan. Y lloró Ezequías con gran lloro.
4 Y antes que Isaías saliese hasta la mitad del
patio, vino palabra de Jehová a Isaías, diciendo:
5 Vuelve, y di a Ezequías, príncipe de mi pue- ≺
blo: Así dice Jehová, el Dios de David tu
padre: Yo he oído tu oración, y he visto tus
lágrimas; he aquí que yo te sano; al tercer día
subirás a la casa de Jehová.
6 Y añadiré a tus días quince años, y te libraré
a ti y a esta ciudad de mano del rey de Asiria;
y ampararé esta ciudad por amor a mí mismo,
y por amor a David mi siervo.
7 Y dijo Isaías: Tomad masa de higos. Y tomándola, la pusieron sobre la llaga, y sanó.
8 Y Ezequías había dicho a Isaías: ¿Qué señal
tendré de que Jehová me sanará, y que subiré
a la casa de Jehová al tercer día?
9 Respondió Isaías: Esta señal tendrás de
Jehová, de que hará Jehová esto que ha dicho:
¿Avanzará la sombra diez grados, o retrocede-
rá diez grados?
10 Y Ezequías respondió: Fácil cosa es que la
sombra decline diez grados; pero no que la
sombra vuelva atrás diez grados.
11 Entonces el profeta Isaías clamó a Jeho- ≺
vá; e hizo volver la sombra por los grados que
había descendido en el reloj de Acaz, diez grados atrás.

Ezequías recibe a los enviados de Babilonia

(2 Cr 32.27-31; Is 39.1-8)

12 En aquel tiempo Merodac-baladán hijo de
Baladán, rey de Babilonia, envió mensajeros con cartas y presentes a Ezequías, porque
había oído que Ezequías había caído enfermo.
13 Y Ezequías los oyó, y les mostró toda la
casa de sus tesoros, plata, oro, y especias, y
ungüentos preciosos, y la casa de sus armas, y
todo lo que había en sus tesoros; ninguna cosa
quedó que Ezequías no les mostrase, así en su
casa como en todos sus dominios.

LECCIONES DE VIDA

➤ ***19.34 — yo ampararé esta ciudad para salvarla, por amor a mí mismo, y por amor a David mi siervo.***

Dios redime, salva y rescata, no porque merezcamos su ayuda, sino a causa de su naturaleza propia de amor, y por las promesas que ha hecho a su pueblo. Es por eso que tenemos una esperanza viva.

➤ ***19.35 — salió el ángel de Jehová, y mató en el campamento de los asirios a ciento ochenta y cinco mil.***

Un solo ángel mató a ciento ochenta y cinco mil integrantes del mejor ejército del mundo en aquel tiempo, en una sola noche. «El ángel de Jehová acampa alrededor de los que le temen, y los defiende» (Sal 34.7).

➤ ***20.5 — Yo he oído tu oración, y he visto tus lágrimas; he aquí que yo te sano.***

Dios sanó a Ezequías en respuesta a los ruegos urgentes y emotivos del rey. La oración no ahorra tiempo solamente, también puede salvar vidas.

➤ ***20.11 — Isaías clamó a Jehová; e hizo volver la sombra por los grados que había descendido en el reloj de Acaz.***

¿Cómo podría estar seguro Ezequías que el Señor realmente había hecho el gran milagro de sanarlo? Dios hizo un prodigio todavía mayor, y confirmó la sanidad haciendo devolver la sombra en el reloj de sol. Nada es difícil para Dios (Jer 32.17).

14 Entonces el profeta Isaías vino al rey Ezequías, y le dijo: ¿Qué dijeron aquellos varones, y de dónde vinieron a ti? Y Ezequías le respondió: De lejanas tierras han venido, de Babilonia.
15 Y él le volvió a decir: ¿Qué vieron en tu casa? Y Ezequías respondió: Vieron todo lo que había en mi casa; nada quedó en mis tesoros que no les mostrase.
16 Entonces Isaías dijo a Ezequías: Oye palabra de Jehová:
➤ 17 He aquí vienen días en que todo lo que está en tu casa, y todo lo que tus padres han atesorado hasta hoy, será llevado a Babilonia, sin quedar nada, dijo Jehová.[a]
18 Y de tus hijos que saldrán de ti, que habrás engendrado, tomarán, y serán eunucos en el palacio del rey de Babilonia.[b]
19 Entonces Ezequías dijo a Isaías: La palabra de Jehová que has hablado, es buena. Después dijo: Habrá al menos paz y seguridad en mis días.

Muerte de Ezequías

(2 Cr 32.32-33)

20 Los demás hechos de Ezequías, y todo su poderío, y cómo hizo el estanque y el conducto, y metió las aguas en la ciudad, ¿no está escrito en el libro de las crónicas de los reyes de Judá?
21 Y durmió Ezequías con sus padres, y reinó en su lugar Manasés su hijo.

Reinado de Manasés

(2 Cr 33.1-20)

➤ 21 DE doce años era Manasés cuando comenzó a reinar, y reinó en Jerusalén cincuenta y cinco años; el nombre de su madre fue Hepsiba.
➤ 2 E hizo lo malo ante los ojos de Jehová,[a] según las abominaciones de las naciones que Jehová había echado de delante de los hijos de Israel.
3 Porque volvió a edificar los lugares altos que Ezequías su padre había derribado, y levantó altares a Baal, e hizo una imagen de Asera, como había hecho Acab rey de Israel; y adoró a todo el ejército de los cielos, y rindió culto a aquellas cosas.
4 Asimismo edificó altares en la casa de Jehová, de la cual Jehová había dicho: Yo pondré mi nombre en Jerusalén.[b]
5 Y edificó altares para todo el ejército de los cielos en los dos atrios de la casa de Jehová.
6 Y pasó a su hijo por fuego, y se dio a observar los tiempos, y fue agorero, e instituyó encantadores y adivinos, multiplicando así el hacer lo malo ante los ojos de Jehová, para provocarlo a ira.
7 Y puso una imagen de Asera que él había hecho, en la casa de la cual Jehová había dicho a David y a Salomón su hijo: Yo pondré mi nombre para siempre en esta casa, y en Jerusalén, a la cual escogí de todas las tribus de Israel;
8 y no volveré a hacer que el pie de Israel sea movido de la tierra que di a sus padres, con tal que guarden y hagan conforme a todas las cosas que yo les he mandado, y conforme a toda la ley que mi siervo Moisés les mandó.[c]
9 Mas ellos no escucharon; y Manasés los indujo a que hiciesen más mal que las naciones que Jehová destruyó delante de los hijos de Israel. ➤
10 Habló, pues, Jehová por medio de sus siervos los profetas, diciendo:
11 Por cuanto Manasés rey de Judá ha hecho estas abominaciones, y ha hecho más mal que todo lo que hicieron los amorreos que fueron antes de él, y también ha hecho pecar a Judá con sus ídolos;
12 por tanto, así ha dicho Jehová el Dios de Israel: He aquí yo traigo tal mal sobre

a. 20.17 2 R 24.13; 2 Cr 36.10. **b. 20.18** 2 R 24.14-15; Dn 1.1-7.
a. 21.2 Jer 15.4. **b. 21.4** 2 S 7.13. **c. 21.7-8** 1 R 9.3-5; 2 Cr 7.12-18.

LECCIONES DE VIDA

➤ ***20.17 — vienen días en que todo lo que está en tu casa, y todo lo que tus padres han atesorado hasta hoy, será llevado a Babilonia.***

Isaías hizo esta profecía sobre el exilio en Babilonia más de un siglo antes que sucediera, cuando Babilonia era una nación relativamente débil. Cuando el Señor habla, debemos escuchar.

➤ ***21.1 — De doce años era Manasés cuando comenzó a reinar, y reinó en Jerusalén cincuenta y cinco años.***

Ningún rey de Judá reinó más tiempo que Manasés, y ninguno actuó con más iniquidad. ¿Por qué Dios le permitió reinar tantos años? Porque el Señor es paciente con nosotros, «no queriendo que ninguno perezca, sino que todos procedan al arrepentimiento» (2 P 3.9; compare con 2 Cr 33.12–19).

➤ ***21.2 — hizo lo malo ante los ojos de Jehová, según las abominaciones de las naciones que Jehová había echado de delante de los hijos de Israel.***

Manasés, uno de los peores reyes en la historia de Judá, fue hijo de Ezequías, uno de los mejores reyes en la historia de Judá. La fe no se transfiere de generación a generación; cada uno de manera individual debe tomar una decisión sensata de confiar en Dios.

➤ ***21.9 — Manasés los indujo a que hiciesen más mal que las naciones que Jehová destruyó delante de los hijos de Israel.***

Otros reyes malos habían seguido las prácticas corruptas de las naciones paganas que los rodeaban; Manasés descendió aun más hondo. El pecado sin restricciones siempre lleva a la perversión y tarde o temprano a la destrucción (2 P 2.20, 21).

Jerusalén y sobre Judá, que al que lo oyere le retiñirán ambos oídos.
13 Y extenderé sobre Jerusalén el cordel de Samaria y la plomada de la casa de Acab; y limpiaré a Jerusalén como se limpia un plato, que se friega y se vuelve boca abajo.
14 Y desampararé el resto de mi heredad, y lo entregaré en manos de sus enemigos; y serán para presa y despojo de todos sus adversarios;
15 por cuanto han hecho lo malo ante mis ojos, y me han provocado a ira, desde el día que sus padres salieron de Egipto hasta hoy.
16 Fuera de esto, derramó Manasés mucha sangre inocente en gran manera, hasta llenar a Jerusalén de extremo a extremo; además de su pecado con que hizo pecar a Judá, para que hiciese lo malo ante los ojos de Jehová.
17 Los demás hechos de Manasés, y todo lo que hizo, y el pecado que cometió, ¿no está todo escrito en el libro de las crónicas de los reyes de Judá?
18 Y durmió Manasés con sus padres, y fue sepultado en el huerto de su casa, en el huerto de Uza, y reinó en su lugar Amón su hijo.

Reinado de Amón

(2 Cr 33.21-25)

19 De veintidós años era Amón cuando comenzó a reinar, y reinó dos años en Jerusalén. El nombre de su madre fue Mesulemet hija de Haruz, de Jotba.
20 E hizo lo malo ante los ojos de Jehová, como había hecho Manasés su padre.
21 Y anduvo en todos los caminos en que su padre anduvo, y sirvió a los ídolos a los cuales había servido su padre, y los adoró;
22 y dejó a Jehová el Dios de sus padres, y no anduvo en el camino de Jehová.
23 Y los siervos de Amón conspiraron contra él, y mataron al rey en su casa.
24 Entonces el pueblo de la tierra mató a todos los que habían conspirado contra el rey Amón; y puso el pueblo de la tierra por rey en su lugar a Josías su hijo.
25 Los demás hechos de Amón, ¿no están todos escritos en el libro de las crónicas de los reyes de Judá?
26 Y fue sepultado en su sepulcro en el huerto de Uza, y reinó en su lugar Josías su hijo.

Reinado de Josías

(2 Cr 34.1-2)

22 CUANDO Josías[a] comenzó a reinar era de ocho años, y reinó en Jerusalén treinta y un años. El nombre de su madre fue Jedida hija de Adaía, de Boscat.
2 E hizo lo recto ante los ojos de Jehová, y anduvo en todo el camino de David su padre, sin apartarse a derecha ni a izquierda.

Hallazgo del libro de la ley

(2 Cr 34.8-33)

3 A los dieciocho años del rey Josías, envió el rey a Safán hijo de Azalía, hijo de Mesulam, escriba, a la casa de Jehová, diciendo:
4 Ve al sumo sacerdote Hilcías, y dile que recoja el dinero que han traído a la casa de Jehová, que han recogido del pueblo los guardianes de la puerta,
5 y que lo pongan en manos de los que hacen la obra, que tienen a su cargo el arreglo de la casa de Jehová, y que lo entreguen a los que hacen la obra de la casa de Jehová, para reparar las grietas de la casa;
6 a los carpinteros, maestros y albañiles, para comprar madera y piedra de cantería para reparar la casa;
7 y que no se les tome cuenta del dinero cuyo manejo se les confiare, porque ellos proceden con honradez.
8 Entonces dijo el sumo sacerdote Hilcías al escriba Safán: He hallado el libro de la ley en la casa de Jehová. E Hilcías dio el libro a Safán, y lo leyó.
9 Viniendo luego el escriba Safán al rey, dio cuenta al rey y dijo: Tus siervos han recogido el dinero que se halló en el templo, y lo han entregado en poder de los que hacen la obra, que tienen a su cargo el arreglo de la casa de Jehová.
10 Asimismo el escriba Safán declaró al rey, diciendo: El sacerdote Hilcías me ha dado un libro. Y lo leyó Safán delante del rey.
11 Y cuando el rey hubo oído las palabras del libro de la ley, rasgó sus vestidos.

a. 22.1 Jer 3.6.

LECCIONES DE VIDA

➤ *22.2 — hizo lo recto ante los ojos de Jehová, y anduvo en todo el camino de David su padre.*

Josías se convirtió en rey a los ocho años, tras la muerte violenta de su padre idólatra, Amón. Puesto que careció de instrucción en los caminos del Señor, emuló a su ancestro, el gran rey David. Usted nunca sabe qué influencia espiritual puede tener su ejemplo piadoso, pero Dios sí. Como lo hizo con David, Él puede obrar por medio de su testimonio mucho tiempo después que usted haya partido (Fil 1.6).

➤ *22.8 — He hallado el libro de la ley en la casa de Jehová.*

El pueblo de Judá había caído tan bajo en su declive espiritual que literalmente tenían extraviada la Palabra de Dios, el fundamento mismo de su cultura y su relación con el Señor. En vez de atesorarla, prácticamente dejaron que se deshiciera entre las ruinas del templo. Las Escrituras deberían haber sido los pilares de su sociedad, pero ellos apenas las estaban redescubriendo de nuevo. Jamás deberíamos alejarnos a tal extremo de la Palabra del Señor.

12 Luego el rey dio orden al sacerdote Hilcías, a Ahicam hijo de Safán, a Acbor hijo de
Micaías, al escriba Safán y a Asaías siervo del
rey, diciendo:
13 Id y preguntad a Jehová por mí, y por el
pueblo, y por todo Judá, acerca de las palabras de este libro que se ha hallado; porque
grande es la ira de Jehová que se ha encendido contra nosotros, por cuanto nuestros
padres no escucharon las palabras de este
libro, para hacer conforme a todo lo que nos
fue escrito.
14 Entonces fueron el sacerdote Hilcías, y
Ahicam, Acbor, Safán y Asaías a la profetisa Hulda, mujer de Salum hijo de Ticva, hijo
de Harhas, guarda de las vestiduras, la cual
moraba en Jerusalén en la segunda parte de
la ciudad, y hablaron con ella.
15 Y ella les dijo: Así ha dicho Jehová el Dios
de Israel: Decid al varón que os envió a mí:
16 Así dijo Jehová: He aquí yo traigo sobre
este lugar, y sobre los que en él moran, todo
el mal de que habla este libro que ha leído el
rey de Judá;
17 por cuanto me dejaron a mí, y quemaron
incienso a dioses ajenos, provocándome a ira
con toda la obra de sus manos; mi ira se ha
encendido contra este lugar, y no se apagará.
18 Mas al rey de Judá que os ha enviado para
que preguntaseis a Jehová, diréis así: Así ha
dicho Jehová el Dios de Israel: Por cuanto oíste las palabras del libro,
➤ 19 y tu corazón se enterneció, y te humillaste delante de Jehová, cuando oíste lo que yo
he pronunciado contra este lugar y contra sus
moradores, que vendrán a ser asolados y malditos, y rasgaste tus vestidos, y lloraste en mi
presencia, también yo te he oído, dice Jehová.
20 Por tanto, he aquí yo te recogeré con tus
padres, y serás llevado a tu sepulcro en paz,
y no verán tus ojos todo el mal que yo traigo sobre este lugar. Y ellos dieron al rey la
respuesta.
23 ENTONCES el rey mandó reunir con
él a todos los ancianos de Judá y de
Jerusalén.
2 Y subió el rey a la casa de Jehová con todos
los varones de Judá, y con todos los moradores de Jerusalén, con los sacerdotes y profetas
y con todo el pueblo, desde el más chico hasta el más grande; y leyó, oyéndolo ellos, todas
las palabras del libro del pacto que había sido
hallado en la casa de Jehová.
3 Y poniéndose el rey en pie junto a la columna, hizo pacto delante de Jehová, de que
irían en pos de Jehová, y guardarían sus
mandamientos, sus testimonios y sus estatutos, con todo el corazón y con toda el alma,
y que cumplirían las palabras del pacto que
estaban escritas en aquel libro. Y todo el pueblo confirmó el pacto.

Reformas de Josías
(2 Cr 34.3-7)

4 Entonces mandó el rey al sumo sacerdote Hilcías, a los sacerdotes de segundo orden,
y a los guardianes de la puerta, que sacasen
del templo de Jehová todos los utensilios que
habían sido hechos para Baal, para Asera y
para todo el ejército de los cielos; y los quemó
fuera de Jerusalén en el campo del Cedrón, e
hizo llevar las cenizas de ellos a Bet-el.
5 Y quitó a los sacerdotes idólatras que habían
puesto los reyes de Judá para que quemasen
incienso en los lugares altos en las ciudades
de Judá, y en los alrededores de Jerusalén; y
asimismo a los que quemaban incienso a Baal,
al sol y a la luna, y a los signos del zodíaco, y
a todo el ejército de los cielos.
6 Hizo también sacar la imagen de Asera fuera de la casa de Jehová, fuera de Jerusalén,
al valle del Cedrón, y la quemó en el valle
del Cedrón, y la convirtió en polvo, y echó
el polvo sobre los sepulcros de los hijos del
pueblo.[a]
7 Además derribó los lugares de prostitución
idolátrica que estaban en la casa de Jehová,
en los cuales tejían las mujeres tiendas para
Asera.
8 E hizo venir todos los sacerdotes de las ciudades de Judá, y profanó los lugares altos
donde los sacerdotes quemaban incienso, desde Geba hasta Beerseba; y derribó los altares de las puertas que estaban a la entrada de
la puerta de Josué, gobernador de la ciudad,
que estaban a la mano izquierda, a la puerta
de la ciudad.
9 Pero los sacerdotes de los lugares altos no
subían al altar de Jehová en Jerusalén, sino
que comían panes sin levadura entre sus
hermanos.
10 Asimismo profanó a Tofet, que está en el
valle del hijo de Hinom,[b] para que ninguno
pasase su hijo o su hija por fuego a Moloc.[c]
11 Quitó también los caballos que los reyes
de Judá habían dedicado al sol a la entrada
del templo de Jehová, junto a la cámara de

a. 23.4-6 2 R 21.3; 2 Cr 33.3. **b. 23.10** Jer 7.31; 19.1-6; 32.35. **c. 23.10** Lv 18.21.

LECCIONES DE VIDA

➤ ***22.19 — tu corazón se enterneció, y te humillaste delante de Jehová... yo te he oído, dice Jehová.***

Dios responde poderosamente a quienes se humillan delante de Él y ablandan sus corazones a su Palabra.

Natán-melec eunuco, el cual tenía a su cargo los ejidos; y quemó al fuego los carros del sol.

12 Derribó además el rey los altares que estaban sobre la azotea de la sala de Acaz, que los reyes de Judá habían hecho, y los altares que había hecho Manasés en los dos atrios de la casa de Jehová;[d] y de allí corrió y arrojó el polvo al arroyo del Cedrón.

13 Asimismo profanó el rey los lugares altos que estaban delante de Jerusalén, a la mano derecha del monte de la destrucción, los cuales Salomón rey de Israel había edificado a Astoret ídolo abominable de los sidonios, a Quemos ídolo abominable de Moab, y a Milcom ídolo abominable de los hijos de Amón.[e]

14 Y quebró las estatuas, y derribó las imágenes de Asera, y llenó el lugar de ellos de huesos de hombres.

15 Igualmente el altar que estaba en Bet-el, y el lugar alto que había hecho Jeroboam hijo de Nabat,[f] el que hizo pecar a Israel; aquel altar y el lugar alto destruyó, y lo quemó, y lo hizo polvo, y puso fuego a la imagen de Asera.

16 Y se volvió Josías, y viendo los sepulcros que estaban allí en el monte, envió y sacó los huesos de los sepulcros, y los quemó sobre el altar para contaminarlo, conforme a la palabra de Jehová que había profetizado el varón de Dios, el cual había anunciado esto.[g]

17 Después dijo: ¿Qué monumento es este que veo? Y los de la ciudad le respondieron: Éste es el sepulcro del varón de Dios que vino de Judá, y profetizó estas cosas que tú has hecho sobre el altar de Bet-el.[h]

18 Y él dijo: Dejadlo; ninguno mueva sus huesos; y así fueron preservados sus huesos, y los huesos del profeta que había venido de Samaria.

19 Y todas las casas de los lugares altos que estaban en las ciudades de Samaria, las cuales habían hecho los reyes de Israel para provocar a ira, las quitó también Josías, e hizo de ellas como había hecho en Bet-el.

20 Mató además sobre los altares a todos los sacerdotes de los lugares altos que allí estaban, y quemó sobre ellos huesos de hombres, y volvió a Jerusalén.

Josías celebra la pascua
(2 Cr 35.1-19)

21 Entonces mandó el rey a todo el pueblo, diciendo: Haced la pascua a Jehová vuestro Dios, conforme a lo que está escrito en el libro de este pacto.

22 No había sido hecha tal pascua desde los tiempos en que los jueces gobernaban a Israel, ni en todos los tiempos de los reyes de Israel y de los reyes de Judá.

23 A los dieciocho años del rey Josías fue hecha aquella pascua a Jehová en Jerusalén.

Persiste la ira de Jehová contra Judá

24 Asimismo barrió Josías a los encantadores, adivinos y terafines, y todas las abominaciones que se veían en la tierra de Judá y en Jerusalén, para cumplir las palabras de la ley que estaban escritas en el libro que el sacerdote Hilcías había hallado en la casa de Jehová.

25 No hubo otro rey antes de él, que se convirtiese a Jehová de todo su corazón, de toda su alma y de todas sus fuerzas, conforme a toda la ley de Moisés; ni después de él nació otro igual.

26 Con todo eso, Jehová no desistió del ardor con que su gran ira se había encendido contra Judá, por todas las provocaciones con que Manasés le había irritado.

27 Y dijo Jehová: También quitaré de mi presencia a Judá, como quité a Israel, y desecharé a esta ciudad que había escogido, a Jerusalén, y a la casa de la cual había yo dicho: Mi nombre estará allí.

Muerte de Josías
(2 Cr 35.20-27)

28 Los demás hechos de Josías, y todo lo que hizo, ¿no está todo escrito en el libro de las crónicas de los reyes de Judá?

29 En aquellos días Faraón Necao rey de Egipto subió contra el rey de Asiria al río Éufrates, y salió contra él el rey Josías; pero aquél, así que le vio, lo mató en Meguido.

30 Y sus siervos lo pusieron en un carro, y lo trajeron muerto de Meguido a Jerusalén, y lo sepultaron en su sepulcro. Entonces el pueblo

d. 23.12 2 R 21.5; 2 Cr 33.5. **e. 23.13** 1 R 11.7. **f. 23.15** 1 R 12.33. **g. 23.16** 1 R 13.2. **h. 23.17** 1 R 13.30-32.

LECCIONES DE VIDA

➤ ***23.25 — No hubo otro rey antes de él, que se convirtiese a Jehová de todo su corazón, de toda su alma y de todas sus fuerzas.***

La devoción genuina a Dios requiere mucho más que sentimientos intensos o fuertes emociones. Los que siguen al Señor de todo su corazón, con toda su alma y con todas sus fuerzas, también deben obedecer gustosamente sus mandatos.

➤ ***23.29 — salió contra él el rey Josías; pero aquél, así que le vio, lo mató en Meguido.***

Aunque Josías fue un rey piadoso cuya devoción a Dios superó a la de todos sus predecesores, un rey pagano lo mató en batalla. En 2 Crónicas 35.21 vemos la advertencia que faraón Necao le hizo: «Deja de oponerte a Dios, quien está conmigo, no sea que él te destruya». Josías desobedeció y eso le costó la vida. Debemos permanecer fieles y obedientes al Señor hasta el final.

Ejemplos de vida

JOSÍAS

Comprometido a seguir al Señor

2 R 23.1–25

Josías se convirtió en rey de Judá cuando apenas tenía ocho años, tras el asesinato de su padre idólatra, Amón. Puesto que no contó con un ejemplo vivo ni instrucción paternal en los caminos de Dios, anduvo tras el camino dejado por su antepasado, el rey David.

Josías se comprometió a seguir al Señor, guardando todos sus mandatos y decretos. Cuando renovó el pacto de sus antepasados, todo el pueblo se unió a él para hacer un compromiso firme con el Señor. Las extensas reformas de Josías tanto en Judá como en Samaria le dan un lugar destacado como uno de los reyes más fieles de Judá (2 R 23.25).

Si usted hace del Señor y su Palabra el foco de su vida, Él le ayudará tal como ayudó a Josías. Tenga un corazón sensible y humíllese delante del Señor. Él le sostendrá y por medio de Él usted llegará a ser poderoso para Dios.

Para un estudio más a fondo, véase el Índice de Principios de vida:

21. La obediencia siempre trae bendición consigo.

de la tierra tomó a Joacaz hijo de Josías, y lo
ungieron y lo pusieron por rey en lugar de su
padre.

Reinado y destronamiento de Joacaz
(2 Cr 36.1-14)

31 De veintitrés años era Joacaz cuando
comenzó a reinar, y reinó tres meses en Jerusalén. El nombre de su madre fue Hamutal
hija de Jeremías, de Libna.
32 Y él hizo lo malo ante los ojos de Jehová,
conforme a todas las cosas que sus padres
habían hecho.
33 Y lo puso preso Faraón Necao en Ribla en
la provincia de Hamat, para que no reinase en
Jerusalén; e impuso sobre la tierra una multa
de cien talentos de plata, y uno de oro.
34 Entonces Faraón Necao puso por rey a
Eliaquim hijo de Josías, en lugar de Josías su
padre, y le cambió el nombre por el de Joacim;
y tomó a Joacaz y lo llevó a Egipto, y murió
allí.[i]
35 Y Joacim pagó a Faraón la plata y el oro;
mas hizo avaluar la tierra para dar el dinero
conforme al mandamiento de Faraón, sacando la plata y el oro del pueblo de la tierra, de
cada uno según la estimación de su hacienda,
para darlo a Faraón Necao.

Reinado de Joacim
(2 Cr 36.5-8)

36 De veinticinco años era Joacim[j] cuando
comenzó a reinar, y once años reinó en Jerusalén. El nombre de su madre fue Zebuda hija
de Pedaías, de Ruma.
37 E hizo lo malo ante los ojos de Jehová, conforme a todas las cosas que sus padres habían
hecho.

24 EN su tiempo subió en campaña
Nabucodonosor rey de Babilonia,[a]
Joacim vino a ser su siervo por tres años, pero
luego volvió y se rebeló contra él.
2 Pero Jehová envió contra Joacim tropas de
caldeos, tropas de sirios, tropas de moabitas
y tropas de amonitas, los cuales envió contra
Judá para que la destruyesen, conforme a la
palabra de Jehová que había hablado por sus
siervos los profetas.
3 Ciertamente vino esto contra Judá por mandato de Jehová, para quitarla de su presencia, por los pecados de Manasés, y por todo
lo que él hizo;
4 asimismo por la sangre inocente que derramó, pues llenó a Jerusalén de sangre inocente;
Jehová, por tanto, no quiso perdonar.
5 Los demás hechos de Joacim, y todo lo que
hizo, ¿no está escrito en el libro de las crónicas de los reyes de Judá?
6 Y durmió Joacim con sus padres, y reinó en
su lugar Joaquín su hijo.
7 Y nunca más el rey de Egipto salió de su tierra; porque el rey de Babilonia le tomó todo
lo que era suyo desde el río de Egipto hasta
el río Éufrates.

Joaquín y los nobles son llevados cautivos a Babilonia
(2 Cr 36.9-10)

8 De dieciocho años era Joaquín cuando
comenzó a reinar, y reinó en Jerusalén tres
meses. El nombre de su madre fue Nehusta
hija de Elnatán, de Jerusalén.
9 E hizo lo malo ante los ojos de Jehová, conforme a todas las cosas que había hecho su padre.
10 En aquel tiempo subieron contra Jerusalén
los siervos de Nabucodonosor rey de Babilonia, y la ciudad fue sitiada.
11 Vino también Nabucodonosor rey de Babilonia contra la ciudad, cuando sus siervos la
tenían sitiada.

i. 23.34 Jer 22.11-12. **j. 23.36** Jer 22.18-19; 26.1-6; 35.1-19.
a. 24.1 Jer 25.1-38; Dn 1.1-2.

12 Entonces salió Joaquín rey de Judá al rey de Babilonia, él y su madre, sus siervos, sus príncipes y sus oficiales; y lo prendió el rey de Babilonia en el octavo año de su reinado.[b]
13 Y sacó de allí todos los tesoros de la casa de Jehová, y los tesoros de la casa real, y rompió en pedazos todos los utensilios de oro que había hecho Salomón rey de Israel en la casa de Jehová, como Jehová había dicho.
14 Y llevó en cautiverio a toda Jerusalén, a todos los príncipes, y a todos los hombres valientes, hasta diez mil cautivos, y a todos los artesanos y herreros; no quedó nadie, excepto los pobres del pueblo de la tierra.
15 Asimismo llevó cautivos a Babilonia a Joaquín, a la madre del rey, a las mujeres del rey, a sus oficiales y a los poderosos de la tierra; cautivos los llevó de Jerusalén a Babilonia.[c]
16 A todos los hombres de guerra, que fueron siete mil, y a los artesanos y herreros, que fueron mil, y a todos los valientes para hacer la guerra, llevó cautivos el rey de Babilonia.
17 Y el rey de Babilonia puso por rey en lugar de Joaquín a Matanías su tío, y le cambió el nombre por el de Sedequías.[d]

Reinado de Sedequías
(2 Cr 36.11-16; Jer 52.1-3)

18 De veintiún años era Sedequías cuando comenzó a reinar,[e] y reinó en Jerusalén once años. El nombre de su madre fue Hamutal hija de Jeremías, de Libna.
19 E hizo lo malo ante los ojos de Jehová, conforme a todo lo que había hecho Joacim.
➢ 20 Vino, pues, la ira de Jehová contra Jerusalén y Judá, hasta que los echó de su presencia. Y Sedequías se rebeló contra el rey de Babilonia.[f]

Caída de Jerusalén
(Jer 39.1-7; 52.3-11)

25 ACONTECIÓ a los nueve años de su reinado, en el mes décimo, a los diez días del mes, que Nabucodonosor rey de Babilonia vino con todo su ejército contra Jerusalén, y la sitió,[a] y levantó torres contra ella alrededor.
2 Y estuvo la ciudad sitiada hasta el año undécimo del rey Sedequías.
3 A los nueve días del cuarto mes prevaleció el hambre en la ciudad, hasta que no hubo pan para el pueblo de la tierra.
4 Abierta ya una brecha en el muro de la ciudad,[b] huyeron de noche todos los hombres de guerra por el camino de la puerta que estaba entre los dos muros, junto a los huertos del rey, estando los caldeos alrededor de la ciudad; y el rey se fue por el camino del Arabá.
5 Y el ejército de los caldeos siguió al rey, y lo apresó en las llanuras de Jericó, habiendo sido dispersado todo su ejército.
6 Preso, pues, el rey, le trajeron al rey de Babilonia en Ribla, y pronunciaron contra él sentencia.
7 Degollaron a los hijos de Sedequías en presencia suya, y a Sedequías le sacaron los ojos, y atado con cadenas lo llevaron a Babilonia.[c]

Cautividad de Judá
(2 Cr 36.17-21; Jer 39.8-10; 52.12-30)

8 En el mes quinto, a los siete días del mes, siendo el año diecinueve de Nabucodonosor rey de Babilonia, vino a Jerusalén Nabuzaradán, capitán de la guardia, siervo del rey de Babilonia.
9 Y quemó la casa de Jehová,[d] y la casa del rey, y todas las casas de Jerusalén; y todas las casas de los príncipes quemó a fuego.
10 Y todo el ejército de los caldeos que estaba con el capitán de la guardia, derribó los muros alrededor de Jerusalén.
11 Y a los del pueblo que habían quedado en la ciudad, a los que se habían pasado al rey de Babilonia, y a los que habían quedado de la gente común, los llevó cautivos Nabuzaradán, capitán de la guardia.
12 Mas de los pobres de la tierra dejó Nabuzaradán, capitán de la guardia, para que labrasen las viñas y la tierra.
13 Y quebraron los caldeos las columnas de bronce[e] que estaban en la casa de Jehová, y las basas, y el mar de bronce[f] que estaba en la casa de Jehová, y llevaron el bronce a Babilonia.
14 Llevaron también los calderos, las paletas, las despabiladeras, los cucharones, y todos los utensilios de bronce con que ministraban;[g]
15 incensarios, cuencos, los que de oro, en oro, y los que de plata, en plata, todo lo llevó el capitan de la guardia.

b. 24.12 Jer 22.24-30; 24.1-10; 29.1-2. **c. 24.15** Ez 17.12. **d. 24.17** Jer 37.1; Ez 17.13. **e. 24.18** Jer 27.1-22; 28.1-17. **f. 24.20** Ez 17.15. **a. 25.1** Jer 21.1-10; 34.1-5; Ez 24.2. **b. 25.4** Ez 33.21. **c. 25.7** Ez 12.13. **d. 25.9** 1 R 9.8. **e. 25.13** 1 R 7.15-22; 2 Cr 3.15-17. **f. 25.13** 1 R 7.23-26; 2 Cr 4.2-5. **g. 25.14** 1 R 7.45; 2 Cr 4.16.

LECCIONES DE VIDA

➢ ***24.20 — Vino, pues, la ira de Jehová contra Jerusalén y Judá, hasta que los echó de su presencia.***

Más de cien años después que Isaías hiciera esta profecía sobre la caída de Jerusalén ante los babilonios, ella se cumplió. Aunque Dios parece tardar el cumplimiento de su Palabra, «espéralo, porque sin duda vendrá, no tardará» (Hab 2.3).

16 Las dos columnas, un mar, y las basas que Salomón había hecho para la casa de Jehová; no fue posible pesar todo esto.

17 La altura de una columna era de dieciocho codos, y tenía encima un capitel de bronce; la altura del capitel era de tres codos, y sobre el capitel había una red y granadas alrededor, todo de bronce; e igual labor había en la otra columna con su red.

18 Tomó entonces el capitán de la guardia al primer sacerdote Seraías, al segundo sacerdote Sofonías, y tres guardas de la vajilla;

19 y de la ciudad tomó un oficial que tenía a su cargo los hombres de guerra, y cinco varones de los consejeros del rey, que estaban en la ciudad, el principal escriba del ejército, que llevaba el registro de la gente del país, y sesenta varones del pueblo de la tierra, que estaban en la ciudad.

20 Éstos tomó Nabuzaradán, capitán de la guardia, y los llevó a Ribla al rey de Babilonia.

21 Y el rey de Babilonia los hirió y mató en Ribla, en tierra de Hamat. Así fue llevado cautivo Judá de sobre su tierra.

El remanente huye a Egipto

22 Y al pueblo que Nabucodonosor rey de Babilonia dejó en tierra de Judá, puso por gobernador a Gedalías hijo de Ahicam, hijo de Safán.

23 Y oyendo todos los príncipes del ejército, ellos y su gente, que el rey de Babilonia había puesto por gobernador a Gedalías, vinieron a él en Mizpa; Ismael hijo de Netanías, Johanán hijo de Carea, Seraías hijo de Tanhumet netofatita, y Jaazanías hijo de un maacateo, ellos con los suyos.

24 Entonces Gedalías les hizo juramento a ellos y a los suyos, y les dijo: No temáis de ser siervos de los caldeos; habitad en la tierra, y servid al rey de Babilonia, y os irá bien.[h]

25 Mas en el mes séptimo vino Ismael hijo de Netanías, hijo de Elisama, de la estirpe real, y con él diez varones, e hirieron a Gedalías, y murió; y también a los de Judá y a los caldeos que estaban con él en Mizpa.[i]

26 Y levantándose todo el pueblo, desde el menor hasta el mayor, con los capitanes del ejército, se fueron a Egipto, por temor de los caldeos.[j]

Joaquín es libertado y recibe honores en Babilonia

(Jer 52.31-34)

27 Aconteció a los treinta y siete años del cautiverio de Joaquín rey de Judá, en el mes duodécimo, a los veintisiete días del mes, que Evil-merodac rey de Babilonia, en el primer año de su reinado, libertó a Joaquín rey de Judá, sacándolo de la cárcel;

28 y le habló con benevolencia, y puso su trono más alto que los tronos de los reyes que estaban con él en Babilonia.

29 Y le cambió los vestidos de prisionero, y comió siempre delante de él todos los días de su vida.

30 Y diariamente le fue dada su comida de parte del rey, de continuo, todos los días de su vida.

---

h. 25.22-24 Jer 40.7-9. **i. 25.25** Jer 41.1-3. **j. 25.26** Jer 43.5-7.

EL PRIMER LIBRO DE CRÓNICAS

Tanto el Primero como el Segundo libro de Crónicas fueron originalmente una obra continua en el texto hebreo, escrito a mediados del tercer siglo a.C. La Septuaginta dividió Crónicas en dos partes. En aquel entonces se le asignó el título impreciso «de las cosas omitidas», en referencia a los acontecimientos excluidos de Samuel y Reyes. El nombre «Crónicas» viene de Jerónimo en la Vulgata, su traducción de la Biblia al latín (entre 385–405 d.C.). El título completo fue: «Las crónicas de la historia sagrada entera».

Los libros de 1 y 2 Crónicas cubren el mismo período de la historia judía descrito entre 2 Samuel y 2 Reyes, pero la perspectiva es diferente. Estos libros no se limitan a repetir el mismo material, sino que proveen una especie de comentario editorial sagrado de la historia del pueblo de Dios. Mientras 2 Samuel, 1 y 2 Reyes consignan una historia política de Israel y Judá, 1 y 2 Crónicas presentan una historia religiosa de la dinastía davídica de Judá. Aquí se da mucha más información, por ejemplo, sobre la construcción del templo y el culto en Israel. Los libros anteriores se escribieron desde un punto de vista profético y moral, a diferencia de la perspectiva sacerdotal y espiritual de los posteriores. El libro de 1 Crónicas empieza con el linaje real de David y procede a trazar la gran importancia espiritual del reinado justo de David.

Tema: El libro reseña el culto debido al Dios verdadero y vivo de Israel, bellamente demostrado en la vida de David. Primero Crónicas también recalca la soberanía de Dios.

Autor: Incierto, pero se cree que fue compilado y editado por Esdras.

Fecha: Los eruditos consideran que 1 y 2 Crónicas fueron escritos poco después del exilio en Babilonia que duró de 586 a 538 a.C. (Los judíos reconstruyeron el templo de Jerusalén en 516 a.C., setenta años después de su destrucción por los babilonios con el resto de la ciudad).

Estructura: El Primer libro de Crónicas cubre la vida de David, el rey terrenal más grande de Israel, empezando por su linaje ancestral trazado hasta Adán y Eva, y concluyendo con sus últimas palabras y hechos (1.1—9.44; 29.10–30). En el resto del libro leemos acerca de los primeros años de David como rey de Israel, su reinado y su pacto con Dios, y sus preparativos para la adoración en el templo santo (10.1—29.9).

Primero Crónicas es una narrativa histórica continua con un enfoque más espiritual del que encontramos en 2 Samuel ó 1 y 2 Reyes.

A medida que lea 1 Crónicas, fíjese en los principios de vida que juegan un papel importante en este libro:

6. Cosechamos lo que sembramos, más de lo que sembramos, después de sembrarlo. *Véase 1 Crónicas 9.1; página 460.*

21. La obediencia siempre trae bendición consigo. *Véase 1 Crónicas 14.8–17; páginas 464-465.*

23. Jamás podremos superar a Dios en generosidad. *Véase 1 Crónicas 29.13–17; página 479.*

Descendientes de Adán
(Gn 5.1-32)

➤ 1 ADÁN, Set, Enós,
2 Cainán, Mahalaleel, Jared,
3 Enoc, Matusalén, Lamec,
4 Noé, Sem, Cam y Jafet.

Descendientes de los hijos de Noé
(Gn 10.1-32)

5 Los hijos de Jafet: Gomer, Magog, Madai, Javán, Tubal, Mesec y Tiras.
6 Los hijos de Gomer: Askenaz, Rifat y Togarma.
7 Los hijos de Javán: Elisa, Tarsis, Quitim y Dodanim.
8 Los hijos de Cam: Cus, Mizraim, Fut y Canaán.
9 Los hijos de Cus: Seba, Havila, Sabta, Raama y Sabteca. Y los hijos de Raama: Seba y Dedán.
10 Cus engendró a Nimrod; éste llegó a ser poderoso en la tierra.
11 Mizraim engendró a Ludim, Anamim, Lehabim, Naftuhim,
12 Patrusin y Casluhim; de éstos salieron los filisteos y los caftoreos.
13 Canaán engendró a Sidón su primogénito, y a Het,
14 al jebuseo, al amorreo, al gergeseo,
15 al heveo, al araceo, al sineo,
16 al arvadeo, al zemareo y al hamateo.
17 Los hijos de Sem: Elam, Asur, Arfaxad, Lud, Aram, Uz, Hul, Geter y Mesec.
18 Arfaxad engendró a Sela, y Sela engendró a Heber.
19 Y a Heber nacieron dos hijos; el nombre del uno fue Peleg, por cuanto en sus días fue dividida la tierra; y el nombre de su hermano fue Joctán.
20 Joctán engendró a Almodad, Selef, Hazarmavet y Jera.
21 A Adoram también, a Uzal, Dicla,
22 Ebal, Abimael, Seba,
23 Ofir, Havila y Jobab; todos hijos de Joctán.

Descendientes de Sem
(Gn 11.10-26)

24 Sem, Arfaxad, Sela,
25 Heber, Peleg, Reu,
26 Serug, Nacor, Taré,
27 y Abram, el cual es Abraham.

Descendientes de Ismael y de Cetura
(Gn 25.1-6; 12-18)

28 Los hijos de Abraham: Isaac e Ismael.
29 Y éstas son sus descendencias: el primogénito de Ismael, Nebaiot; después Cedar, Adbeel, Mibsam,
30 Misma, Duma, Massa, Hadad, Tema,
31 Jetur, Nafis y Cedema; éstos son los hijos de Ismael.
32 Y Cetura, concubina de Abraham, dio a luz a Zimram, Jocsán, Medán, Madián, Isbac y Súa. Los hijos de Jocsán: Seba y Dedán.
33 Los hijos de Madián: Efa, Efer, Hanoc, Abida y Elda; todos éstos fueron hijos de Cetura.

Descendientes de Esaú
(Gn 36.1-43)

34 Abraham engendró a Isaac, y los hijos de Isaac fueron Esaú e Israel.
35 Los hijos de Esaú: Elifaz, Reuel, Jeús, Jaalam y Coré.
36 Los hijos de Elifaz: Temán, Omar, Zefo, Gatam, Cenaz, Timna y Amalec.
37 Los hijos de Reuel: Nahat, Zera, Sama y Miza.
38 Los hijos de Seir: Lotán, Sobal, Zibeón, Aná, Disón, Ezer y Disán.
39 Los hijos de Lotán: Hori y Homam; y Timna fue hermana de Lotán.
40 Los hijos de Sobal: Alván, Manahat, Ebal, Sefo y Onam. Los hijos de Zibeón: Aja y Aná.
41 Disón fue hijo de Aná; y los hijos de Disón: Amram, Esbán, Itrán y Querán.
42 Los hijos de Ezer: Bilhán, Zaaván y Jaacán. Los hijos de Disán: Uz y Arán.
43 Y éstos son los reyes que reinaron en la tierra de Edom, antes que reinase rey sobre los hijos de Israel: Bela hijo de Beor; y el nombre de su ciudad fue Dinaba.
44 Muerto Bela, reinó en su lugar Jobab hijo de Zera, de Bosra.
45 Y muerto Jobab, reinó en su lugar Husam, de la tierra de los temanitas.
46 Muerto Husam, reinó en su lugar Hadad hijo de Bedad, el que derrotó a Madián en el campo de Moab; y el nombre de su ciudad fue Avit.
47 Muerto Hadad, reinó en su lugar Samla de Masreca.
48 Muerto también Samla, reinó en su lugar Saúl de Rehobot, que está junto al Éufrates.
49 Y muerto Saúl, reinó en su lugar Baal-hanán hijo de Acbor.
50 Muerto Baal-hanán, reinó en su lugar Hadad, el nombre de cuya ciudad fue Pai; y el nombre de su mujer, Mehetabel hija de Matred, hija de Mezaab.
51 Muerto Hadad, sucedieron en Edom los jefes Timna, Alva, Jetet,

LECCIONES DE VIDA

➤ ***1.1 — Adán, Set, Enós.***

¿Qué justifica el registro minucioso de genealogías? En cierto sentido, constituyó el esfuerzo de preservar la historia y el patrimonio del pueblo de Dios, puesto que el reino de Israel al norte ya había sucumbido y sido trasladado a Asiria (2 R 17.6; 1 Cr 5.26), y los de la nación de Judá al sur fueron llevados cautivos a Babilonia (1 Cr 9.1). El Señor también quiere que recordemos que la Biblia relata la vida de personas reales con problemas y retos que son familiares para nosotros.

52 Aholibama, Ela, Pinón,
53 Cenaz, Temán, Mibzar,
54 Magdiel e Iram. Éstos fueron los jefes de Edom.

Los hijos de Israel
(Gn 35.22-26)

2 ÉSTOS son los hijos de Israel: Rubén, Simeón, Leví, Judá, Isacar, Zabulón,
2 Dan, José, Benjamín, Neftalí, Gad y Aser.

Descendientes de Judá

➤3 Los hijos de Judá: Er, Onán y Sela. Estos tres le nacieron de la hija de Súa, cananea. Y Er, primogénito de Judá, fue malo delante de Jehová, quien lo mató.
4 Y Tamar su nuera dio a luz a Fares y a Zera. Todos los hijos de Judá fueron cinco.
5 Los hijos de Fares:[a] Hezrón y Hamul.
6 Y los hijos de Zera: Zimri, Etán, Hemán, Calcol y Dara; por todos cinco.
7 Hijo de Carmi fue Acán, el que perturbó a Israel, porque prevaricó en el anatema.[b]
8 Azarías fue hijo de Etán.
9 Los hijos que nacieron a Hezrón: Jerameel, Ram y Quelubai.
10 Ram engendró a Aminadab, y Aminadab engendró a Naasón, príncipe de los hijos de Judá.
11 Naasón engendró a Salmón, y Salmón engendró a Booz.
12 Booz engendró a Obed, y Obed engendró a Isaí,
13 e Isaí engendró a Eliab su primogénito, el segundo Abinadab, Simea el tercero,
14 el cuarto Natanael, el quinto Radai,
15 el sexto Ozem, el séptimo David.
16 de los cuales Sarvia y Abigail fueron hermanas. Los hijos de Sarvia fueron tres: Abisai, Joab y Asael.
17 Abigail dio a luz a Amasa, cuyo padre fue Jeter ismaelita,
18 Caleb hijo de Hezrón engendró a Jeriot de su mujer Azuba. Y los hijos de ella fueron Jeser, Sobab y Ardón.
19 Muerta Azuba, tomó Caleb por mujer a Efrata, la cual dio a luz a Hur.
20 Y Hur engendró a Uri, y Uri engendró a Bezaleel.
21 Después entró Hezrón a la hija de Maquir padre de Galaad, la cual tomó siendo él de sesenta años, y ella dio a luz a Segub.
22 Y Segub engendró a Jair, el cual tuvo veintitrés ciudades en la tierra de Galaad.
23 Pero Gesur y Aram tomaron de ellos las ciudades de Jair, con Kenat y sus aldeas, sesenta lugares. Todos éstos fueron de los hijos de Maquir padre de Galaad.
24 Muerto Hezrón en Caleb de Efrata, Abías mujer de Hezrón dio a luz a Asur padre de Tecoa.
25 Los hijos de Jerameel primogénito de Hezrón fueron Ram su primogénito, Buna, Orén, Ozem y Ahías.
26 Y tuvo Jerameel otra mujer llamada Atara, que fue madre de Onam.
27 Los hijos de Ram primogénito de Jerameel fueron Maaz, Jamín y Equer.
28 Y los hijos de Onam fueron Samai y Jada. Los hijos de Samai: Nadab y Abisur.
29 Y el nombre de la mujer de Abisur fue Abihail, la cual dio a luz a Ahbán y a Molid.
30 Los hijos de Nadab: Seled y Apaim. Y Seled murió sin hijos.
31 Isi fue hijo de Apaim, y Sesán hijo de Isi, e hijo de Sesán, Ahlai.
32 Los hijos de Jada hermano de Samai: Jeter y Jonatán. Y murió Jeter sin hijos.
33 Los hijos de Jonatán: Pelet y Zaza. Éstos fueron los hijos de Jerameel.
34 Y Sesán no tuvo hijos, sino hijas; pero tenía Sesán un siervo egipcio llamado Jarha.
35 A éste Sesán dio su hija por mujer, y ella dio a luz a Atai.
36 Atai engendró a Natán, y Natán engendró a Zabad;
37 Zabad engendró a Eflal, Eflal engendró a Obed;
38 Obed engendró a Jehú, Jehú engendró a Azarías;
39 Azarías engendró a Heles, Heles engendró a Elasa;
40 Elasa engendró a Sismai, Sismai engendró a Salum;
41 Salum engendró a Jecamías, y Jecamías engendró a Elisama.
42 Los hijos de Caleb hermano de Jerameel fueron: Mesa su primogénito, que fue el padre de Zif; y los hijos de Maresa padre de Hebrón.
43 Y los hijos de Hebrón: Coré, Tapúa, Requem y Sema.
44 Sema engendró a Raham padre de Jorcoam, y Requem engendró a Samai.
45 Maón fue hijo de Samai, y Maón padre de Bet-sur.
46 Y Efa concubina de Caleb dio a luz a Harán, a Mosa y a Gazez. Y Harán engendró a Gazez.
47 Los hijos de Jahdai: Regem, Jotam, Gesam, Pelet, Efa y Saaf.
48 Maaca concubina de Caleb dio a luz a Seber y a Tirhana.

a. 2.5-15 Rt 4.18-22; Mt 1.3-6; Lc 3.31-33.
b. 2.7 Jos 7.1.

LECCIONES DE VIDA

➤ ***2.3 — Los hijos de Judá: Er, Onán y Sela.***

¿Por qué se menciona primero el linaje de Judá, quien fue el cuarto hijo de Israel (llamado también Jacob) y no el primogénito (Gn 29.32–35; 1 Cr 2.1)? Porque el Mesías vendría por el linaje de esa tribu (Gn 49.8–10), y para los judíos era importante trazar su descendencia.

49 También dio a luz a Saaf padre de Madmana, y a Seva padre de Macbena y padre de Gibea. Y Acsa fue hija de Caleb.

50 Éstos fueron los hijos de Caleb. Los hijos de Hur primogénito de Efrata: Sobal padre de Quiriat-jearim,

51 Salma padre de Belén, y Haref padre de Bet-gader.

52 Y los hijos de Sobal padre de Quiriat-jearim fueron Haroe, la mitad de los manahetitas.

53 Y las familias de Quiriat-jearim fueron los itritas, los futitas, los sumatitas y los misraítas, de los cuales salieron los zoratitas y los estaolitas,

54 Los hijos de Salma: Belén, y los netofatitas. Atrot-bet-joab, y la mitad de los manahetitas, los zoraítas.

55 Y las familias de los escribas que moraban en Jabes fueron los tirateos, los simeateos y los sucateos, los cuales son los ceneos que vinieron de Hamat padre de la casa de Recab.

Los hijos de David
(2 S 3.2-5; 5.13-16; 1 Cr 14.3-7)

➤ 3 ÉSTOS son los hijos de David que le nacieron en Hebrón: Amnón el primogénito, de Ahinoam jezreelita; el segundo, Daniel, de Abigail la de Carmel;

2 el tercero, Absalón hijo de Maaca, hija de Talmai rey de Gesur; el cuarto, Adonías hijo de Haguit;

3 el quinto, Sefatías, de Abital; el sexto, Itream, de Egla su mujer.

4 Estos seis le nacieron en Hebrón, donde reinó siete años y seis meses; y en Jerusalén reinó treinta y tres años.[a]

5 Estos cuatro le nacieron en Jerusalén: Simea, Sobab, Natán, y Salomón hijo de Betsúa[b] hija de Amiel.

6 Y otros nueve: Ibhar, Elisama, Elifelet,

7 Noga, Nefeg, Jafía,

8 Elisama, Eliada y Elifelet.

9 Todos éstos fueron los hijos de David, sin los hijos de las concubinas. Y Tamar fue hermana de ellos.

Descendientes de Salomón

10 Hijo de Salomón fue Roboam, cuyo hijo fue Abías, del cual fue hijo Asa, cuyo hijo fue Josafat,

11 de quien fue hijo Joram, cuyo hijo fue Ocozías, hijo del cual fue Joás,

12 del cual fue hijo Amasías, cuyo hijo fue Azarías, e hijo de éste, Jotam.

13 Hijo de éste fue Acaz, del que fue hijo Ezequías, cuyo hijo fue Manasés,

14 del cual fue hijo Amón, cuyo hijo fue Josías.

15 Y los hijos de Josías: Johanán su primogénito, el segundo Joacim, el tercero Sedequías, el cuarto Salum.

16 Los hijos de Joacim: Jeconías su hijo, hijo del cual fue Sedequías.

17 Y los hijos de Jeconías: Asir, Salatiel,

18 Malquiram, Pedaías, Senazar, Jecamías, Hosama y Nedabías.

19 Los hijos de Pedaías: Zorobabel y Simei. Y los hijos de Zorobabel: Mesulam, Hananías, y Selomit su hermana;

20 y Hasuba, Ohel, Berequías, Hasadías y Jusab-hesed; cinco por todos.

21 Los hijos de Hananías: Pelatías y Jesaías; su hijo, Refaías; su hijo, Arnán; su hijo, Abdías; su hijo, Secanías.

22 Hijo de Secanías fue Semaías; y los hijos de Semaías: Hatús, Igal, Barías, Nearías y Safat, seis.

23 Los hijos de Nearías fueron estos tres: Elioenai, Ezequías y Azricam.

24 Los hijos de Elioenai fueron estos siete: Hodavías, Eliasib, Pelaías, Acub, Johanán, Dalaías y Anani.

Descendientes de Judá

4 LOS hijos de Judá: Fares, Hezrón, Carmi, Hur y Sobal.

2 Reaía hijo de Sobal engendró a Jahat, y Jahat engendró a Ahumai y a Lahad. Éstas son las familias de los zoratitas.

3 Y éstas son las del padre de Etam: Jezreel, Isma e Ibdas. Y el nombre de su hermana fue Haze-lelponi.

4 Penuel fue padre de Gedor, y Ezer padre de Husa. Éstos fueron los hijos de Hur primogénito de Efrata, padre de Belén.

5 Asur padre de Tecoa tuvo dos mujeres, Hela y Naara.

6 Y Naara dio a luz a Ahuzam, Hefer, Temeni y Ahastari. Éstos fueron los hijos de Naara.

7 Los hijos de Hela: Zeret, Jezoar y Etnán.

8 Cos engendró a Anub, a Zobeba, y la familia de Aharhel hijo de Harum.

9 Y Jabes fue más ilustre que sus hermanos, al cual su madre llamó Jabes, diciendo: Por cuanto lo di a luz en dolor.[1]

1 Heb. *oseb,* dolor.

a. 3.4 2 S 5.4-5; 1 R 2.11; 1 Cr 29.27. **b. 3.5** 2 S 11.3.

LECCIONES DE VIDA

➤ ***3.1 — Estos son los hijos de David.***

Dios hizo esta promesa al rey David: «confirmaré su trono eternamente» (1 Cr 17.12; también 2 S 7.16). El pueblo estaba disperso por las naciones, y era importante que ellos recordaran esta promesa y se aferraran a la fidelidad del Señor. Enumerar los descendientes de David, les permitió llevar un registro de su estirpe familiar hasta que el «hijo de David» (Mt 1.1) viniera a redimirlos y restaurar su reino para siempre (Ez 37.24–28).

➤ 10 E invocó Jabes al Dios de Israel, diciendo: ¡Oh, si me dieras bendición, y ensancharas mi territorio, y si tu mano estuviera conmigo, y me libraras de mal, para que no me dañe! Y le otorgó Dios lo que pidió.
11 Quelub hermano de Súa engendró a Mehir, el cual fue padre de Estón.
12 Y Estón engendró a Bet-rafa, a Paseah, y a Tehina padre de la ciudad de Nahas; éstos son los varones de Reca.
13 Los hijos de Cenaz: Otoniel y Seraías. Los hijos de Otoniel: Hatat,
14 y Meonotai, el cual engendró a Ofra. Y Seraías engendró a Joab, padre de los habitantes del valle de Carisim,[1] porque fueron artífices.
15 Los hijos de Caleb hijo de Jefone: Iru, Ela y Naam; e hijo de Ela fue Cenaz.
16 Los hijos de Jehalelel: Zif, Zifa, Tirías y Asareel.
17 Y los hijos de Esdras: Jeter, Mered, Efer y Jalón; también engendró a María, a Samai y a Isba padre de Estemoa.
18 Y su mujer Jehudaía dio a luz a Jered padre de Gedor, a Heber padre de Soco y a Jecutiel padre de Zanoa. Éstos fueron los hijos de Bitia hija de Faraón, con la cual casó Mered.
19 Y los hijos de la mujer de Hodías, hermana de Naham, fueron el padre de Keila garmita, y Estemoa maacateo.
20 Los hijos de Simón: Amnón, Rina, Benhanán y Tilón. Y los hijos de Isi: Zohet y Benzohet.
21 Los hijos de Sela hijo de Judá: Er padre de Leca, y Laada padre de Maresa, y las familias de los que trabajan lino en Bet-asbea;
22 y Joacim, y los varones de Cozeba, Joás, y Saraf, los cuales dominaron en Moab y volvieron a Lehem, según registros antiguos.
23 Éstos eran alfareros, y moraban en medio de plantíos y cercados; moraban allá con el rey, ocupados en su servicio.

Descendientes de Simeón

24 Los hijos de Simeón: Nemuel, Jamín, Jarib, Zera, Saúl,
25 y Salum su hijo, Mibsam su hijo y Misma su hijo.
26 Los hijos de Misma: Hamuel su hijo, Zacur su hijo, y Simei su hijo.
27 Los hijos de Simei fueron dieciséis, y seis hijas; pero sus hermanos no tuvieron muchos hijos, ni multiplicaron toda su familia como los hijos de Judá.
28 Y habitaron en Beerseba, Molada, Hazarsual,
29 Bilha, Ezem, Tolad,
30 Betuel, Horma, Siclag,
31 Bet-marcabot, Hazar-susim, Betbirai y Saaraim. Éstas fueron sus ciudades hasta el reinado de David.
32 Y sus aldeas fueron Etam, Aín, Rimón, Toquén y Asán; cinco pueblos,
33 y todas sus aldeas que estaban en contorno de estas ciudades hasta Baal. Ésta fue su habitación, y ésta su descendencia.[a]
34 Y Mesobab, Jamlec, Josías hijo de Amasías,
35 Joel, Jehú hijo de Josibías, hijo de Seraías, hijo de Asiel,
36 Elioenai, Jaacoba, Jesohaía, Asaías, Adiel, Jesimiel, Benaía,
37 y Ziza hijo de Sifi, hijo de Alón, hijo de Jedaías, hijo de Simri, hijo de Semaías.
38 Éstos, por sus nombres, son los principales entre sus familias; y las casas de sus padres fueron multiplicadas en gran manera.
39 Y llegaron hasta la entrada de Gedor hasta el oriente del valle, buscando pastos para sus ganados.
40 Y hallaron gruesos y buenos pastos, y tierra ancha y espaciosa, quieta y reposada, porque los de Cam la habitaban antes.
41 Y estos que han sido escritos por sus nombres, vinieron en días de Ezequías rey de Judá, y desbarataron sus tiendas y cabañas que allí hallaron, y los destruyeron hasta hoy, y habitaron allí en lugar de ellos; por cuanto había allí pastos para sus ganados.
42 Asimismo quinientos hombres de ellos, de los hijos de Simeón, fueron al monte de Seir, llevando por capitanes a Pelatías, Nearías, Refaías y Uziel, hijos de Isi,
43 y destruyeron a los que habían quedado de Amalec, y habitaron allí hasta hoy.

Descendientes de Rubén

5 LOS hijos de Rubén primogénito de Israel (porque él era el primogénito, mas como violó el lecho de su padre,[a] sus derechos de primogenitura fueron dados a los hijos de José, hijo de Israel, y no fue contado por primogénito;
2 bien que Judá llegó a ser el mayor sobre sus hermanos, y el príncipe de ellos;[b] mas el derecho de primogenitura fue de José);
3 fueron, pues, los hijos de Rubén primogénito de Israel: Hanoc, Falú, Hezrón y Carmi.
4 Los hijos de Joel: Semaías su hijo, Gog su hijo, Simei su hijo,
5 Micaía su hijo, Reaía su hijo, Baal su hijo,

1 Esto es, *de los artífices*.

a. 4.28-33 Jos 19.2-8. **a. 5.1** Gn 35.22; 49.3-4.
b. 5.2 Gn 49.8-10.

LECCIONES DE VIDA

➤ ***4.10 — invocó Jabes al Dios de Israel... Y le otorgó Dios lo que pidió.***

Jabes llevó una vida honorable o «ilustre» (1 Cr 4.9), e hizo peticiones específicas a Dios. El Señor lo oyó y contestó sus oraciones.

6 Beera su hijo, el cual fue transportado por
Tiglat-pileser rey de los asirios.[c] Éste era principal de los rubenitas.
7 Y sus hermanos por sus familias, cuando
eran contados en sus descendencias, tenían
por príncipes a Jeiel y a Zacarías.
8 Y Bela hijo de Azaz, hijo de Sema, hijo de
Joel, habitó en Aroer hasta Nebo y Baal-
meón.
9 Habitó también desde el oriente hasta la
entrada del desierto, desde el río Éufrates;
porque tenía mucho ganado en la tierra de
Galaad.
10 Y en los días de Saúl hicieron guerra contra
los agarenos, los cuales cayeron en su mano;
y ellos habitaron en sus tiendas en toda la
región oriental de Galaad.

Descendientes de Gad

11 Y los hijos de Gad habitaron enfrente de
ellos en la tierra de Basán hasta Salca.
12 Joel fue el principal en Basán; el segundo
Safán, luego Jaanai, después Safat.
13 Y sus hermanos, según las familias de sus
padres, fueron Micael, Mesulam, Seba, Jorai,
Jacán, Zía y Heber; por todos siete.
14 Éstos fueron los hijos de Abihail hijo de
Huri, hijo de Jaroa, hijo de Galaad, hijo de
Micael, hijo de Jesisai, hijo de Jahdo, hijo de
Buz.
15 También Ahí hijo de Abdiel, hijo de Guni,
fue principal en la casa de sus padres.
16 Y habitaron en Galaad, en Basán y en sus
aldeas, y en todos los ejidos de Sarón hasta
salir de ellos.
17 Todos éstos fueron contados por sus generaciones en días de Jotam rey de Judá y en
días de Jeroboam rey de Israel.

Historia de las dos tribus y media

18 Los hijos de Rubén y de Gad, y la media tribu de Manasés, hombres valientes, hombres
que traían escudo y espada, que entesaban
arco, y diestros en la guerra, eran cuarenta
y cuatro mil setecientos sesenta que salían a
batalla.
19 Éstos tuvieron guerra contra los agarenos,
y Jetur, Nafis y Nodab.
➤ 20 Y fueron ayudados contra ellos, y los agarenos y todos los que con ellos estaban se rindieron en sus manos; porque clamaron a Dios
en la guerra, y les fue favorable, porque esperaron en él.
21 Y tomaron sus ganados, cincuenta mil
camellos, doscientas cincuenta mil ovejas y
dos mil asnos; y cien mil personas.
22 Y cayeron muchos muertos, porque la guerra era de Dios; y habitaron en sus lugares
hasta el cautiverio.
23 Los hijos de la media tribu de Manasés,
multiplicados en gran manera, habitaron en la
tierra desde Basán hasta Baal-hermón y Senir
y el monte de Hermón.
24 Y éstos fueron los jefes de las casas de sus
padres: Efer, Isi, Eliel, Azriel, Jeremías, Hodavías y Jahdiel, hombres valientes y esforzados, varones de nombre y jefes de las casas
de sus padres.
25 Pero se rebelaron contra el Dios de sus
padres, y se prostituyeron siguiendo a los dioses de los pueblos de la tierra, a los cuales
Jehová había quitado de delante de ellos;
26 por lo cual el Dios de Israel excitó el espí- ➤
ritu de Pul[d] rey de los asirios, y el espíritu de
Tiglat-pileser[e] rey de los asirios, el cual transportó a los rubenitas y gaditas y a la media tribu de Manasés, y los llevó a Halah, a Habor, a
Hara y al río Gozán, hasta hoy.[f]

Descendientes de Leví

6 LOS hijos de Leví: Gersón, Coat y Merari.
2 Los hijos de Coat: Amram, Izhar, Hebrón
y Uziel.
3 Los hijos de Amram: Aarón, Moisés y María.
Los hijos de Aarón: Nadab, Abiú, Eleazar e
Itamar.
4 Eleazar engendró a Finees, Finees engendró a Abisúa,
5 Abisúa engendró a Buqui, Buqui engendró
a Uzi,
6 Uzi engendró a Zeraías, Zeraías engendró
a Meraiot,
7 Meraiot engendró a Amarías, Amarías
engendró a Ahitob,
8 Ahitob engendró a Sadoc, Sadoc engendró
a Ahimaas,
9 Ahimaas engendró a Azarías, Azarías
engendró a Johanán,
10 y Johanán engendró a Azarías, el que tuvo
el sacerdocio en la casa que Salomón edificó
en Jerusalén.
11 Azarías engendró a Amarías, Amarías
engendró a Ahitob,
12 Ahitob engendró a Sadoc, Sadoc engendró a Salum,
13 Salum engendró a Hilcías, Hilcías engendró a Azarías,
14 Azarías engendró a Seraías, y Seraías
engendró a Josadac,

c. **5.6** 2 R 15.29. d. **5.26** 2 R 15.19. e. **5.26** 2 R 15.29. f. **5.26** 2 R 17.6.

LECCIONES DE VIDA

➤ ***5.20 — y les fue favorable, porque esperaron en él.***

A Dios le complace contestar las oraciones de aquellos que ponen su confianza en Él y claman a Él por liberación. Cuando libramos nuestras batallas de rodillas, siempre obtenemos la victoria.

➤ ***5.26 — transportó a los rubenitas y gaditas y a la media tribu de Manasés, y los llevó.***

Mientras la obediencia diligente trae bendición, la desobediencia obstinada trae juicio (2 R 15.29).

15 y Josadac fue llevado cautivo cuando Jehová transportó a Judá y a Jerusalén por mano de Nabucodonosor.
16 Los hijos de Leví: Gersón, Coat y Merari.
17 Y éstos son los nombres de los hijos de Gersón: Libni y Simei.
18 Los hijos de Coat: Amram, Izhar, Hebrón y Uziel.
19 Los hijos de Merari: Mahli y Musi. Éstas son las familias de Leví, según sus descendencias.[a]
20 Gersón: Libni su hijo, Jahat su hijo, Zima su hijo,
21 Joa su hijo, Iddo su hijo, Zera su hijo, Jeatrai su hijo.
22 Los hijos de Coat: Aminadab su hijo, Coré su hijo, Asir su hijo,
23 Elcana su hijo, Ebiasaf su hijo, Asir su hijo,
24 Tahat su hijo, Uriel su hijo, Uzías su hijo, y Saúl su hijo.
25 Los hijos de Elcana: Amasai y Ahimot;
26 Elcana su hijo, Zofai su hijo, Nahat su hijo,
27 Eliab su hijo, Jeroham su hijo, Elcana su hijo.
28 Los hijos de Samuel: el primogénito Vasni, y Abías.
29 Los hijos de Merari: Mahli, Libni su hijo, Simei su hijo, Uza su hijo,
30 Simea su hijo, Haguía su hijo, Asaías su hijo.

Cantores del templo nombrados por David

31 Éstos son los que David puso sobre el servicio de canto en la casa de Jehová, después que el arca tuvo reposo,
32 los cuales servían delante de la tienda del tabernáculo de reunión en el canto, hasta que Salomón edificó la casa de Jehová en Jerusalén; después estuvieron en su ministerio según su costumbre.
33 Éstos, pues, con sus hijos, ayudaban: de los hijos de Coat, el cantor Hemán hijo de Joel, hijo de Samuel,
34 hijo de Elcana, hijo de Jeroham, hijo de Eliel, hijo de Toa,
35 hijo de Zuf, hijo de Elcana, hijo de Mahat, hijo de Amasai,
36 hijo de Elcana, hijo de Joel, hijo de Azarías, hijo de Sofonías,
37 hijo de Tahat, hijo de Asir, hijo de Ebiasaf, hijo de Coré,
38 hijo de Izhar, hijo de Coat, hijo de Leví, hijo de Israel;
39 y su hermano Asaf, el cual estaba a su mano derecha; Asaf, hijo de Berequías, hijo de Simea,
40 hijo de Micael, hijo de Baasías, hijo de Malquías,
41 hijo de Etni, hijo de Zera, hijo de Adaía,
42 hijo de Etán, hijo de Zima, hijo de Simei,
43 hijo de Jahat, hijo de Gersón, hijo de Leví.
44 Pero a la mano izquierda estaban sus hermanos los hijos de Merari, esto es, Etán hijo de Quisi, hijo de Abdi, hijo de Maluc,
45 hijo de Hasabías, hijo de Amasías, hijo de Hilcías,
46 hijo de Amsi, hijo de Bani, hijo de Semer,
47 hijo de Mahli, hijo de Musi, hijo de Merari, hijo de Leví.
48 Y sus hermanos los levitas fueron puestos sobre todo el ministerio del tabernáculo de la casa de Dios. ➤

Descendientes de Aarón

49 Mas Aarón y sus hijos ofrecían sacrificios sobre el altar del holocausto, y sobre el altar del perfume quemaban incienso, y ministraban en toda la obra del lugar santísimo, y hacían las expiaciones por Israel conforme a todo lo que Moisés siervo de Dios había mandado.
50 Los hijos de Aarón son éstos: Eleazar su hijo, Finees su hijo, Abisúa su hijo,
51 Buqui su hijo, Uzi su hijo, Zeraías su hijo,
52 Meraiot su hijo, Amarías su hijo, Ahitob su hijo,
53 Sadoc su hijo, Ahimaas su hijo.

Las ciudades de los levitas
(Jos 21.1-42)

54 Éstas son sus habitaciones, conforme a sus domicilios y sus términos, las de los hijos de Aarón por las familias de los coatitas, porque a ellos les tocó en suerte.
55 Les dieron, pues, Hebrón en tierra de Judá, y sus ejidos alrededor de ella.
56 Pero el territorio de la ciudad y sus aldeas se dieron a Caleb, hijo de Jefone.
57 De Judá dieron a los hijos de Aarón la ciudad de refugio, esto es, Hebrón; además, Libna con sus ejidos, Jatir, Estemoa con sus ejidos,
58 Hilén con sus ejidos, Debir con sus ejidos,
59 Asán con sus ejidos y Bet-semes con sus ejidos.

a. 6.16-19 Éx 6.16-19.

LECCIONES DE VIDA

➤ ***6.48, 49 — los levitas fueron puestos sobre todo el ministerio del tabernáculo de la casa de Dios. Mas Aarón y sus hijos ofrecían sacrificios sobre el altar… y ministraban en toda la obra del lugar santísimo, y hacían las expiaciones por Israel.***

El pueblo de Israel llevó registros detallados de sus sacerdotes, especialmente los que sirvieron como sumos sacerdotes y los que realizaban labores en el lugar santísimo (Nm 3). El Señor prometió que un día ellos volverían a la tierra y reconstruirían el templo (Is 44.26–28). Al llegar ese momento, ellos necesitaban saber quién haría los sacrificios en representación del pueblo.

60 Y de la tribu de Benjamín, Geba con sus ejidos, Alemet con sus ejidos y Anatot con sus ejidos. Todas sus ciudades fueron trece ciudades, repartidas por sus linajes.

61 A los hijos de Coat que quedaron de su parentela, dieron por suerte diez ciudades de la media tribu de Manasés.

62 A los hijos de Gersón, por sus linajes, dieron de la tribu de Isacar, de la tribu de Aser, de la tribu de Neftalí y de la tribu de Manasés en Basán, trece ciudades.

63 Y a los hijos de Merari, por sus linajes, de la tribu de Rubén, de la tribu de Gad y de la tribu de Zabulón, dieron por suerte doce ciudades.

64 Y los hijos de Israel dieron a los levitas ciudades con sus ejidos.

65 Dieron por suerte de la tribu de los hijos de Judá, de la tribu de los hijos de Simeón y de la tribu de los hijos de Benjamín, las ciudades que nombraron por sus nombres.

66 A las familias de los hijos de Coat dieron ciudades con sus ejidos de la tribu de Efraín.

67 Les dieron la ciudad de refugio, Siquem con sus ejidos en el monte de Efraín; además, Gezer con sus ejidos,

68 Jocmeam con sus ejidos, Bet-horón con sus ejidos,

69 Ajalón con sus ejidos y Gat-rimón con sus ejidos.

70 De la media tribu de Manasés, Aner con sus ejidos y Bileam con sus ejidos, para los de las familias de los hijos de Coat que habían quedado.

71 A los hijos de Gersón dieron de la media tribu de Manasés, Golán en Basán con sus ejidos y Astarot con sus ejidos.

72 De la tribu de Isacar, Cedes con sus ejidos, Daberat con sus ejidos,

73 Ramot con sus ejidos y Anem con sus ejidos.

74 De la tribu de Aser, Masal con sus ejidos, Abdón con sus ejidos,

75 Hucoc con sus ejidos y Rehob con sus ejidos.

76 De la tribu de Neftalí, Cedes en Galilea con sus ejidos, Hamón con sus ejidos y Quiriataim con sus ejidos.

77 A los hijos de Merari que habían quedado, dieron de la tribu de Zabulón, Rimón con sus ejidos y Tabor con sus ejidos.

78 Del otro lado del Jordán frente a Jericó, al oriente del Jordán, dieron de la tribu de Rubén, Beser en el desierto con sus ejidos, Jaza con sus ejidos,

79 Cademot con sus ejidos y Mefaat con sus ejidos.

80 Y de la tribu de Gad, Ramot de Galaad con sus ejidos, Mahanaim con sus ejidos,

81 Hesbón con sus ejidos y Jazer con sus ejidos.

Descendientes de Isacar

7 LOS hijos de Isacar fueron cuatro: Tola, Fúa, Jasub y Simrón.

2 Los hijos de Tola: Uzi, Refaías, Jeriel, Jahmai, Jibsam y Semuel, jefes de las familias de sus padres. De Tola fueron contados por sus linajes en el tiempo de David, veintidós mil seiscientos hombres muy valerosos.

3 Hijo de Uzi fue Israhías; y los hijos de Israhías: Micael, Obadías, Joel e Isías; por todos, cinco príncipes.

4 Y había con ellos en sus linajes, por las familias de sus padres, treinta y seis mil hombres de guerra; porque tuvieron muchas mujeres e hijos.

5 Y sus hermanos por todas las familias de Isacar, contados todos por sus genealogías, eran ochenta y siete mil hombres valientes en extremo.

Descendientes de Benjamín

6 Los hijos de Benjamín fueron tres: Bela, Bequer y Jediael.

7 Los hijos de Bela: Ezbón, Uzi, Uziel, Jerimot e Iri; cinco jefes de casas paternas, hombres de gran valor, y de cuya descendencia fueron contados veintidós mil treinta y cuatro.

8 Los hijos de Bequer: Zemira, Joás, Eliezer, Elioenai, Omri, Jerimot, Abías, Anatot y Alamet; todos éstos fueron hijos de Bequer.

9 Y contados por sus descendencias, por sus linajes, los que eran jefes de familias resultaron veinte mil doscientos hombres de grande esfuerzo.

10 Hijo de Jediael fue Bilhán; y los hijos de Bilhán: Jeús, Benjamín, Aod, Quenaana, Zetán, Tarsis y Ahisahar.

11 Todos éstos fueron hijos de Jediael, jefes de familias, hombres muy valerosos, diecisiete mil doscientos que salían a combatir en la guerra.

12 Supim y Hupim fueron hijos de Hir; y Husim, hijo de Aher.

Descendientes de Neftalí

13 Los hijos de Neftalí: Jahzeel, Guni, Jezer y Salum, hijos de Bilha.

Descendientes de Manasés

14 Los hijos de Manasés: Asriel, al cual dio a luz su concubina la siria, la cual también dio a luz a Maquir padre de Galaad.

15 Y Maquir tomó mujer de Hupim y Supim, cuya hermana tuvo por nombre Maaca; y el nombre del segundo fue Zelofehad. Y Zelofehad tuvo hijas.

16 Y Maaca mujer de Maquir dio a luz un hijo, y lo llamó Peres; y el nombre de su hermano fue Seres, cuyos hijos fueron Ulam y Requem.

17 Hijo de Ulam fue Bedán. Éstos fueron los hijos de Galaad, hijo de Maquir, hijo de Manasés.

18 Y su hermana Hamolequet dio a luz a Isod, Abiezer y Mahala,

19 Y los hijos de Semida fueron Ahián, Siquem, Likhi y Aniam.

Descendientes de Efraín

20 Los hijos de Efraín: Sutela, Bered su hijo, Tahat su hijo, Elada su hijo, Tahat su hijo,
21 Zabad su hijo, Sutela su hijo, Ezer y Elad. Mas los hijos de Gat, naturales de aquella tierra, los mataron porque vinieron a tomarles sus ganados.
22 Y Efraín su padre hizo duelo por muchos días, y vinieron sus hermanos a consolarlo.
23 Después él se llegó a su mujer, y ella concibió y dio a luz un hijo, al cual puso por nombre Bería, por cuanto había estado en aflicción en su casa.
24 Y su hija fue Seera, la cual edificó a Bet-horón la baja y la alta, y a Uzenseera.
25 Hijo de este Bería fue Refa, y Resef, y Telah su hijo, y Tahán su hijo,
26 Laadán su hijo, Amiud su hijo, Elisama su hijo,
27 Nun su hijo, Josué su hijo.
28 Y la heredad y habitación de ellos fue Betel con sus aldeas; y hacia el oriente Naarán, y a la parte del occidente Gezer y sus aldeas; asimismo Siquem con sus aldeas, hasta Gaza y sus aldeas;
29 y junto al territorio de los hijos de Manasés, Bet-seán con sus aldeas, Taanac con sus aldeas, Meguido con sus aldeas, y Dor con sus aldeas. En estos lugares habitaron los hijos de José hijo de Israel.

Descendientes de Aser

30 Los hijos de Aser: Imna, Isúa, Isúi, Bería, y su hermana Sera.
31 Los hijos de Bería: Heber, y Malquiel, el cual fue padre de Birzavit.
32 Y Heber engendró a Jaflet, Semer, Hotam, y Súa hermana de ellos.
33 Los hijos de Jaflet: Pasac, Bimhal y Asvat. Éstos fueron los hijos de Jaflet.
34 Y los hijos de Semer: Ahí, Rohga, Jehúba y Aram.
35 Los hijos de Helem su hermano: Zofa, Imna, Seles y Amal.
36 Los hijos de Zofa: Súa, Harnefer, Súal, Beri, Imra,
37 Beser, Hod, Sama, Silsa, Itrán y Beera.
38 Los hijos de Jeter: Jefone, Pispa y Ara.
39 Y los hijos de Ula: Ara, Haniel y Rezia.
40 Todos éstos fueron hijos de Aser, cabezas de familias paternas, escogidos, esforzados, jefes de príncipes; y contados que fueron por sus linajes entre los que podían tomar las armas, el número de ellos fue veintiséis mil hombres.

Descendientes de Benjamín

8 BENJAMÍN engendró a Bela su primogénito, Asbel el segundo, Ahara el tercero,
2 Noha el cuarto, y Rafa el quinto.
3 Y los hijos de Bela fueron Adar, Gera, Abiud,
4 Abisúa, Naamán, Ahoa,
5 Gera, Sefufán e Hiram.
6 Y éstos son los hijos de Aod, éstos los jefes de casas paternas que habitaron en Geba y fueron transportados a Manahat:
7 Naamán, Ahías y Gera; éste los transportó, y engendró a Uza y a Ahiud.
8 Y Saharaim engendró hijos en la provincia de Moab, después que dejó a Husim y a Baara que eran sus mujeres.
9 Engendró, pues, de Hodes su mujer a Jobab, Sibia, Mesa, Malcam,
10 Jeúz, Saquías y Mirma. Éstos son sus hijos, jefes de familias.
11 Mas de Husim engendró a Abitob y a Elpaal.
12 Y los hijos de Elpaal: Heber, Misam y Semed (el cual edificó Ono, y Lod con sus aldeas),
13 Bería también, y Sema, que fueron jefes de las familias de los moradores de Ajalón, los cuales echaron a los moradores de Gat.
14 Y Ahío, Sasac, Jeremot,
15 Zebadías, Arad, Ader,
16 Micael, Ispa y Joha, hijos de Bería.
17 Y Zebadías, Mesulam, Hizqui, Heber,
18 Ismerai, Jezlías y Jobab, hijos de Elpaal.
19 Y Jaquim, Zicri, Zabdi,
20 Elienai, Ziletai, Eliel,
21 Adaías, Beraías y Simrat, hijos de Simei.
22 E Ispán, Heber, Eliel,
23 Abdón, Zicri, Hanán,
24 Hananías, Elam, Anatotías,
25 Ifdaías y Peniel, hijos de Sasac.
26 Y Samserai, Seharías, Atalías,
27 Jaresías, Elías y Zicri, hijos de Jeroham.
28 Éstos fueron jefes principales de familias por sus linajes, y habitaron en Jerusalén.
29 Y en Gabaón habitaron Abigabaón, la mujer del cual se llamó Maaca,
30 y su hijo primogénito Abdón, y Zur, Cis, Baal, Nadab,
31 Gedor, Ahío y Zequer.
32 Y Miclot engendró a Simea. Éstos también habitaron con sus hermanos en Jerusalén, enfrente de ellos.
33 Ner engendró a Cis, Cis engendró a Saúl, y Saúl engendró a Jonatán, Malquisúa, Abinadab y Es-baal.
34 Hijo de Jonatán fue Merib-baal, y Merib-baal engendró a Micaía.
35 Los hijos de Micaía: Pitón, Melec, Tarea y Acaz.
36 Acaz engendró a Joada, Joada engendró a Alemet, Azamavet y Zimri, y Zimri engendró a Mosa.
37 Mosa engendró a Bina, hijo del cual fue Rafa, hijo del cual fue Elasa, cuyo hijo fue Azel.
38 Los hijos de Azel fueron seis, cuyos nombres son Azricam, Bocru, Ismael, Searías, Obadías y Hanán; todos éstos fueron hijos de Azel.
39 Y los hijos de Esec su hermano: Ulam su primogénito, Jehús el segundo, Elifelet el tercero.

40 Y fueron los hijos de Ulam hombres valientes y vigorosos, flecheros diestros, los cuales tuvieron muchos hijos y nietos, ciento cincuenta. Todos éstos fueron de los hijos de Benjamín.

Los que regresaron de Babilonia
(Neh 11.1-24)

➤ 9 CONTADO todo Israel por sus genealogías, fueron escritos en el libro de los reyes de Israel. Y los de Judá fueron transportados a Babilonia por su rebelión.
2 Los primeros moradores que entraron en sus posesiones en las ciudades fueron israelitas, sacerdotes, levitas y sirvientes del templo.
3 Habitaron en Jerusalén, de los hijos de Judá, de los hijos de Benjamín, de los hijos de Efraín y Manasés:[a]
4 Utai hijo de Amiud, hijo de Omri, hijo de Imri, hijo de Bani, de los hijos de Fares hijo de Judá.
5 Y de los silonitas, Asaías el primogénito, y sus hijos.
6 De los hijos de Zera, Jeuel y sus hermanos, seiscientos noventa.
7 Y de los hijos de Benjamín:[b] Salú hijo de Mesulam, hijo de Hodavías, hijo de Asenúa,
8 Ibneías hijo de Jeroham, Ela hijo de Uzi, hijo de Micri, y Mesulam hijo de Sefatías, hijo de Reuel, hijo de Ibnías.
9 Y sus hermanos por sus linajes fueron novecientos cincuenta y seis. Todos estos hombres fueron jefes de familia en sus casas paternas.
10 De los sacerdotes: Jedaías, Joiarib, Jaquín,
11 Azarías hijo de Hilcías, hijo de Mesulam, hijo de Sadoc, hijo de Meraiot, hijo de Ahitob, príncipe de la casa de Dios;
12 Adaía hijo de Jeroham, hijo de Pasur, hijo de Malquías; Masai hijo de Adiel, hijo de Jazera, hijo de Mesulam, hijo de Mesilemit, hijo de Imer,
13 y sus hermanos, jefes de sus casas paternas, en número de mil setecientos sesenta, hombres muy eficaces en la obra del ministerio en la casa de Dios.
14 De los levitas: Semaías hijo de Hasub, hijo de Azricam, hijo de Hasabías, de los hijos de Merari,
15 Bacbacar, Heres, Galal, Matanías hijo de Micaía, hijo de Zicri, hijo de Asaf;
16 Obadías hijo de Semaías, hijo de Galal, hijo de Jedutún; y Berequías hijo de Asa, hijo de Elcana, el cual habitó en las aldeas de los netofatitas.
17 Y los porteros:[c] Salum, Acub, Talmón, Ahimán y sus hermanos. Salum era el jefe.
18 Hasta ahora entre las cuadrillas de los hijos de Leví han sido éstos los porteros en la puerta del rey que está al oriente.
19 Salum hijo de Coré, hijo de Ebiasaf, hijo de Coré, y sus hermanos los coreítas por la casa de su padre, tuvieron a su cargo la obra del ministerio, guardando las puertas del tabernáculo, como sus padres guardaron la entrada del campamento de Jehová.
20 Y Finees hijo de Eleazar fue antes capitán sobre ellos; y Jehová estaba con él.
21 Zacarías hijo de Meselemías era portero de la puerta del tabernáculo de reunión.
22 Todos éstos, escogidos para guardas en las puertas, eran doscientos doce cuando fueron contados por el orden de sus linajes en sus villas, a los cuales constituyó en su oficio David y Samuel el vidente.
23 Así ellos y sus hijos eran porteros por sus turnos a las puertas de la casa de Jehová, y de la casa del tabernáculo.
24 Y estaban los porteros a los cuatro lados; al oriente, al occidente, al norte y al sur.
25 Y sus hermanos que estaban en sus aldeas, venían cada siete días según su turno para estar con ellos.
26 Porque cuatro principales de los porteros levitas estaban en el oficio, y tenían a su cargo las cámaras y los tesoros de la casa de Dios.
27 Éstos moraban alrededor de la casa de Dios, porque tenían el cargo de guardarla, y de abrirla todas las mañanas.
28 Algunos de éstos tenían a su cargo los utensilios para el ministerio, los cuales se metían por cuenta, y por cuenta se sacaban.
29 Y otros de ellos tenían el cargo de la vajilla, y de todos los utensilios del santuario, de la harina, del vino, del aceite, del incienso y de las especias.
30 Y algunos de los hijos de los sacerdotes hacían los perfumes aromáticos.
31 Matatías, uno de los levitas, primogénito de Salum coreíta, tenía a su cargo las cosas que se hacían en sartén.
32 Y algunos de los hijos de Coat, y de sus hermanos, tenían a su cargo los panes de la proposición, los cuales ponían por orden cada día de reposo.
33 También había cantores, jefes de familias de los levitas, los cuales moraban en las cámaras del templo, exentos de otros servicios, porque de día y de noche estaban en aquella obra.

a. 9.2-3 Esd 2.70; Neh 7.73; 11.3-4. **b. 9.7** Neh 11.7.
c. 9.17 Neh 11.19.

LECCIONES DE VIDA

➤ ***9.1 — los de Judá fueron transportados a Babilonia por su rebelión.***

Judá no fue llevada cautiva a Babilonia por falta de poder político, fuerza militar, conexiones diplomáticas ni recursos financieros. La rebelión a Dios fue la causa del exilio. Cosechamos lo que sembramos, más de lo que sembramos, después de sembrarlo.

34 Éstos eran jefes de familias de los levitas por sus linajes, jefes que habitaban en
Jerusalén.

Genealogía de Saúl

35 En Gabaón habitaba Jehiel padre de Gabaón,
el nombre de cuya mujer era Maaca;
36 y su hijo primogénito Abdón, luego Zur,
Cis, Baal, Ner, Nadab,
37 Gedor, Ahío, Zacarías y Miclot;
38 y Miclot engendró a Simeam. Éstos habitaban también en Jerusalén con sus hermanos
enfrente de ellos.
39 Ner engendró a Cis, Cis engendró a Saúl, y
Saúl engendró a Jonatán, Malquisúa, Abinadab y Es-baal.
40 Hijo de Jonatán fue Merib-baal, y Merib-
baal engendró a Micaía.
41 Y los hijos de Micaía: Pitón, Melec, Tarea
y Acaz.
42 Acaz engendró a Jara, Jara engendró a
Alemet, Azmavet y Zimri, y Zimri engendró
a Mosa,
43 y Mosa engendró a Bina, cuyo hijo fue
Refaías, del que fue hijo Elasa, cuyo hijo fue
Azel.
44 Y Azel tuvo seis hijos, los nombres de los
cuales son: Azricam, Bocru, Ismael, Searías,
Obadías y Hanán. Éstos fueron los hijos de
Asel.

Muerte de Saúl y de sus hijos
(1 S 31.1-13)

10 LOS filisteos pelearon contra Israel; y
huyeron delante de ellos los israelitas,
y cayeron heridos en el monte de Gilboa.
2 Y los filisteos siguieron a Saúl y a sus hijos,
y mataron los filisteos a Jonatán, a Abinadab
y a Malquisúa, hijos de Saúl.
3 Y arreciando la batalla contra Saúl, le alcanzaron los flecheros, y fue herido por los
flecheros.
4 Entonces dijo Saúl a su escudero: Saca tu
espada y traspásame con ella, no sea que vengan estos incircuncisos y hagan escarnio de
mí; pero su escudero no quiso, porque tenía
mucho miedo. Entonces Saúl tomó la espada,
y se echó sobre ella.
5 Cuando su escudero vio a Saúl muerto, él
también se echó sobre su espada y se mató.
6 Así murieron Saúl y sus tres hijos; y toda su
casa murió juntamente con él.
7 Y viendo todos los de Israel que habitaban
en el valle, que habían huido, y que Saúl y
sus hijos eran muertos, dejaron sus ciudades
y huyeron, y vinieron los filisteos y habitaron en ellas.
8 Sucedió al día siguiente, que al venir los filisteos a despojar a los muertos, hallaron a Saúl y
a sus hijos tendidos en el monte de Gilboa.
9 Y luego que le despojaron, tomaron su cabeza y sus armas, y enviaron mensajeros por
toda la tierra de los filisteos para dar las nuevas a sus ídolos y al pueblo.
10 Y pusieron sus armas en el templo de sus
dioses, y colgaron la cabeza en el templo de
Dagón.
11 Y oyendo todos los de Jabes de Galaad lo
que los filisteos habían hecho de Saúl,
12 se levantaron todos los hombres valientes,
y tomaron el cuerpo de Saúl y los cuerpos de
sus hijos, y los trajeron a Jabes; y enterraron
sus huesos debajo de una encina en Jabes, y
ayunaron siete días.
13 Así murió Saúl por su rebelión con que ➤
prevaricó contra Jehová, contra la palabra de
Jehová, la cual no guardó,[a] y porque consultó
a una adivina,[b]
14 y no consultó a Jehová; por esta causa lo
mató, y traspasó el reino a David hijo de Isaí.

David es proclamado rey de Israel
(2 S 5.1-5)

11 ENTONCES todo Israel se juntó a
David en Hebrón, diciendo: He aquí
nosotros somos tu hueso y tu carne.
2 También antes de ahora, mientras Saúl reina- ➤
ba, tú eras quien sacaba a la guerra a Israel, y
lo volvía a traer. También Jehová tu Dios te ha
dicho: Tú apacentarás a mi pueblo Israel, y tú
serás príncipe sobre Israel mi pueblo.
3 Y vinieron todos los ancianos de Israel al
rey en Hebrón, y David hizo con ellos pacto
delante de Jehová; y ungieron a David por rey
sobre Israel, conforme a la palabra de Jehová
por medio de Samuel.

David toma la fortaleza de Sion
(2 S 5.6-10)

4 Entonces se fue David con todo Israel a
Jerusalén, la cual es Jebús; y los jebuseos
habitaban en aquella tierra.[a]

a. 10.13 1 S 13.8-14; 15.1-24. **b. 10.13** Lv 19.31; 20.6; 1 S 28.7-8. **a. 11.4** Jos 15.63; Jue 1.21.

LECCIONES DE VIDA

➤ ***10.13, 14 — Saúl... no consultó a Jehová; por esta causa lo mató, y traspasó el reino a David hijo de Isaí.***

Saúl perdió la bendición de Dios, el reino y su vida porque rehusó honrar al Señor (1 S 9—31). En todos los asuntos, grandes o pequeños, en que necesitemos ser guiados, Dios quiere que acudamos primero a Él. Si es necesario, Dios moverá cielo y tierra para mostrarnos su voluntad.

➤ ***11.2 — Tú apacentarás a mi pueblo Israel, y tú serás príncipe sobre Israel mi pueblo.***

David debía gobernar a Israel tal como había pastoreado los rebaños de su padre: muy de cerca, tierna y sabiamente, para beneficio del pueblo y no para su propia ganancia. David tenía que ser un ejemplo vivo del cuidado de Dios por nosotros como el gran Pastor (Sal 23; He 13.20). David llegó a ser grande porque el Señor estaba con él (1 Cr 11.9). Sólo fue cuando actuó independiente del Señor, que David experimentó el fracaso.

5 Y los moradores de Jebús dijeron a David: No entrarás acá. Mas David tomó la fortaleza de Sion, que es la ciudad de David.
6 Y David había dicho: El que primero derrote a los jebuseos será cabeza y jefe. Entonces Joab hijo de Sarvia subió el primero, y fue hecho jefe.
➤ 7 Y David habitó en la fortaleza, y por esto la llamaron la Ciudad de David.
8 Y edificó la ciudad alrededor, desde Milo hasta el muro; y Joab reparó el resto de la ciudad.
9 Y David iba adelantando y creciendo, y Jehová de los ejércitos estaba con él.

Los valientes de David
(2 S 23.8-39)

10 Éstos son los principales de los valientes que David tuvo, y los que le ayudaron en su reino, con todo Israel, para hacerle rey sobre Israel, conforme a la palabra de Jehová.
11 Y éste es el número de los valientes que David tuvo: Jasobeam hijo de Hacmoni, caudillo de los treinta, el cual blandió su lanza una vez contra trescientos, a los cuales mató.
12 Tras de éste estaba Eleazar hijo de Dodo, ahohíta, el cual era de los tres valientes.
13 Éste estuvo con David en Pasdamim, estando allí juntos en batalla los filisteos; y había allí una parcela de tierra llena de cebada, y huyendo el pueblo delante de los filisteos,
14 se pusieron ellos en medio de la parcela y la defendieron, y vencieron a los filisteos, porque Jehová los favoreció con una gran victoria.
15 Y tres de los treinta principales descendieron a la peña a David, a la cueva de Adulam, estando el campamento de los filisteos en el valle de Refaim.
16 David estaba entonces en la fortaleza, y había entonces guarnición de los filisteos en Belén.
17 David deseó entonces, y dijo: ¡Quién me diera de beber de las aguas del pozo de Belén, que está a la puerta!
18 Y aquellos tres rompieron por el campamento de los filisteos, y sacaron agua del pozo de Belén, que está a la puerta, y la tomaron y la trajeron a David; mas él no la quiso beber, sino que la derramó para Jehová, y dijo:
19 Guárdeme mi Dios de hacer esto. ¿Había yo de beber la sangre y la vida de estos varones, que con peligro de sus vidas la han traído? Y no la quiso beber. Esto hicieron aquellos tres valientes.
20 Y Abisai, hermano de Joab, era jefe de los treinta, el cual blandió su lanza contra trescientos y los mató, y ganó renombre con los tres.
21 Fue el más ilustre de los treinta, y fue el jefe de ellos, pero no igualó a los tres primeros.
22 Benaía hijo de Joiada, hijo de un varón valiente de Cabseel, de grandes hechos; él venció a los dos leones de Moab; también descendió y mató a un león en medio de un foso, en tiempo de nieve.
23 Él mismo venció a un egipcio, hombre de cinco codos de estatura; el egipcio traía una lanza como un rodillo de tejedor, mas él descendió con un báculo, y arrebató al egipcio la lanza de la mano, y lo mató con su misma lanza.
24 Esto hizo Benaía hijo de Joiada, y fue nombrado con los tres valientes.
25 Y fue el más distinguido de los treinta, pero no igualó a los tres primeros. A éste puso David en su guardia personal.
26 Y los valientes de los ejércitos: Asael hermano de Joab, Elhanán hijo de Dodo de Belén,
27 Samot harodita, Heles pelonita;
28 Ira hijo de Iques tecoíta, Abiezer anatotita,
29 Sibecai husatita, Ilai ahohíta,
30 Maharai netofatita, Heled hijo de Baana netofatita,
31 Itai hijo de Ribai, de Gabaa de los hijos de Benjamín, Benaía piratonita,
32 Hurai del río Gaas, Abiel arbatita,
33 Azmavet barhumita, Eliaba saalbonita,
34 los hijos de Hasem gizonita, Jonatán hijo de Sage ararita,
35 Ahíam hijo de Sacar ararita, Elifal hijo de Ur,
36 Hefer mequeratita, Ahías pelonita,
37 Hezro carmelita, Naarai hijo de Ezbai,
38 Joel hermano de Natán, Mibhar hijo de Hagrai,
39 Selec amonita, Naharai beerotita, escudero de Joab hijo de Sarvia,
40 Ira itrita, Gareb itrita,
41 Urías heteo, Zabad hijo de Ahlai,
42 Adina hijo de Siza rubenita, príncipe de los rubenitas, y con él treinta,
43 Hanán hijo de Maaca, Josafat mitnita,
44 Uzías astarotita, Sama y Jehiel hijos de Hotam aroerita;
45 Jediael hijo de Simri, y Joha su hermano, tizita,
46 Eliel mahavita, Jerebai y Josavía hijos de Elnaam, Itma moabita,
47 Eliel, Obed, y Jaasiel mesobaíta.

LECCIONES DE VIDA

➤ ***11.7 — David habitó en la fortaleza, y por esto la llamaron la Ciudad de David.***

Jerusalén siempre ha sido una ciudad importante para Israel (2 S 5.6, 7). Además de ser el lugar donde Abraham fue a sacrificar a Isaac (Gn 22.13, 14) y donde se construyó el templo del Señor (Dt 16.5, 6), también es donde el Mesías, Jesucristo, fue crucificado y resucitado por nuestros pecados (Mt 16.21), y el lugar donde un día volverá en poder y gloria (Mt 23.37–39).

El ejército de David

12 ÉSTOS son los que vinieron a David en Siclag, estando él aún encerrado por causa de Saúl hijo de Cis, y eran de los valientes que le ayudaron en la guerra.
2 Estaban armados de arcos, y usaban de ambas manos para tirar piedras con honda y saetas con arco. De los hermanos de Saúl de Benjamín:
3 El principal Ahiezer, después Joás, hijos de Semaa gabaatita; Jeziel y Pelet hijos de Azmavet, Beraca, Jehú anatotita,
4 Ismaías gabaonita, valiente entre los treinta, y más que los treinta; Jeremías, Jahaziel, Johanán, Jozabad gederatita,
5 Eluzai, Jerimot, Bealías, Semarías, Sefatías harufita,
6 Elcana, Isías, Azareel, Joezer y Jasobeam, coreítas,
7 y Joela y Zebadías hijos de Jeroham de Gedor.
8 También de los de Gad huyeron y fueron a David, al lugar fuerte en el desierto, hombres de guerra muy valientes para pelear, diestros con escudo y pavés; sus rostros eran como rostros de leones, y eran ligeros como las gacelas sobre las montañas.
9 Ezer el primero, Obadías el segundo, Eliab el tercero,
10 Mismana el cuarto, Jeremías el quinto,
11 Atai el sexto, Eliel el séptimo,
12 Johanán el octavo, Elzabad el noveno,
13 Jeremías el décimo y Macbanai el undécimo.
14 Éstos fueron capitanes del ejército de los hijos de Gad. El menor tenía cargo de cien hombres, y el mayor de mil.
15 Éstos pasaron el Jordán en el mes primero, cuando se había desbordado por todas sus riberas; e hicieron huir a todos los de los valles al oriente y al poniente.
16 Asimismo algunos de los hijos de Benjamín y de Judá vinieron a David al lugar fuerte.
17 Y David salió a ellos, y les habló diciendo: Si habéis venido a mí para paz y para ayudarme, mi corazón será unido con vosotros; mas si es para entregarme a mis enemigos, sin haber iniquidad en mis manos, véalo el Dios de nuestros padres, y lo demande.
* 18 Entonces el Espíritu vino sobre Amasai,
➤ jefe de los treinta, y dijo: Por ti, oh David, y contigo, oh hijo de Isaí. Paz, paz contigo, y paz con tus ayudadores, pues también tu Dios te ayuda. Y David los recibió, y los puso entre los capitanes de la tropa.
19 También se pasaron a David algunos de Manasés, cuando vino con los filisteos a la batalla contra Saúl (pero David no les ayudó, porque los jefes de los filisteos, habido consejo, lo despidieron, diciendo: Con peligro de nuestras cabezas se pasará a su señor Saúl).
20 Así que viniendo él a Siclag, se pasaron a él de los de Manasés, Adnas, Jozabad, Jediaiel, Micael, Jozabad, Eliú y Ziletai, príncipes de millares de los de Manasés.
21 Éstos ayudaron a David contra la banda de merodeadores, pues todos ellos eran hombres valientes, y fueron capitanes en el ejército.
22 Porque entonces todos los días venía ayuda a David, hasta hacerse un gran ejército, como ejército de Dios.
23 Y éste es el número de los principales que estaban listos para la guerra, y vinieron a David en Hebrón para traspasarle el reino de Saúl, conforme a la palabra de Jehová:
24 De los hijos de Judá que traían escudo y lanza, seis mil ochocientos, listos para la guerra.
25 De los hijos de Simeón, siete mil cien hombres, valientes y esforzados para la guerra.
26 De los hijos de Leví, cuatro mil seiscientos;
27 asimismo Joiada, príncipe de los del linaje de Aarón, y con él tres mil setecientos,
28 y Sadoc, joven valiente y esforzado, con veintidós de los principales de la casa de su padre.
29 De los hijos de Benjamín hermanos de Saúl, tres mil; porque hasta entonces muchos de ellos se mantenían fieles a la casa de Saúl.
30 De los hijos de Efraín, veinte mil ochocientos, muy valientes, varones ilustres en las casas de sus padres.
31 De la media tribu de Manasés, dieciocho mil, los cuales fueron tomados por lista para venir a poner a David por rey.
32 De los hijos de Isacar, doscientos principales, entendidos en los tiempos, y que sabían lo que Israel debía hacer, cuyo dicho seguían todos sus hermanos.
33 De Zabulón cincuenta mil, que salían a campaña prontos para la guerra, con toda clase de armas de guerra, dispuestos a pelear sin doblez de corazón.
34 De Neftalí, mil capitanes, y con ellos treinta y siete mil con escudo y lanza.
35 De los de Dan, dispuestos a pelear, veintiocho mil seiscientos.
36 De Aser, dispuestos para la guerra y preparados para pelear, cuarenta mil.
37 Y del otro lado del Jordán, de los rubenitas y gaditas y de la media tribu de Manasés, ciento veinte mil con toda clase de armas de guerra.

LECCIONES DE VIDA

➤ ***12.18 — Por ti, oh David, y contigo... Paz, paz contigo, y paz con tus ayudadores, pues también tu Dios te ayuda.***

Cuando el Espíritu nos dirige a unir fuerzas con el pueblo de Dios para hacer su obra, debemos escuchar y obedecer, sin importar cuán difícil parezca la labor. Andar en el Espíritu es obedecer las indicaciones iniciales del Espíritu.

38 Todos estos hombres de guerra, dispuestos para guerrear, vinieron con corazón perfecto a Hebrón, para poner a David por rey sobre todo Israel; asimismo todos los demás de Israel estaban de un mismo ánimo para poner a David por rey.

39 Y estuvieron allí con David tres días comiendo y bebiendo, porque sus hermanos habían preparado para ellos.

40 También los que les eran vecinos, hasta Isacar y Zabulón y Neftalí, trajeron víveres en asnos, camellos, mulos y bueyes; provisión de harina, tortas de higos, pasas, vino y aceite, y bueyes y ovejas en abundancia, porque en Israel había alegría.

David propone trasladar el arca a Jerusalén

13 ENTONCES David tomó consejo con los capitanes de millares y de centenas, y con todos los jefes.

2 Y dijo David a toda la asamblea de Israel: Si os parece bien y si es la voluntad de Jehová nuestro Dios, enviaremos a todas partes por nuestros hermanos que han quedado en todas las tierras de Israel, y por los sacerdotes y levitas que están con ellos en sus ciudades y ejidos, para que se reúnan con nosotros;

➤ 3 y traigamos el arca de nuestro Dios a nosotros, porque desde el tiempo de Saúl no hemos hecho caso de ella.

4 Y dijo toda la asamblea que se hiciese así, porque la cosa parecía bien a todo el pueblo.

David intenta traer el arca

(2 S 6.1-11)

5 Entonces David reunió a todo Israel, desde Sihor de Egipto hasta la entrada de Hamat, para que trajesen el arca de Dios de Quiriat-jearim.[a]

6 Y subió David con todo Israel a Baala de Quiriat-jearim, que está en Judá, para pasar de allí el arca de Jehová Dios, que mora entre los querubines,[b] sobre la cual su nombre es invocado.

7 Y llevaron el arca de Dios de la casa de Abinadab en un carro nuevo; y Uza y Ahío guiaban el carro.

8 Y David y todo Israel se regocijaban delante de Dios con todas sus fuerzas, con cánticos, arpas, salterios, tamboriles, címbalos y trompetas.

9 Pero cuando llegaron a la era de Quidón, Uza extendió su mano al arca para sostenerla, porque los bueyes tropezaban.

10 Y el furor de Jehová se encendió contra Uza, y lo hirió, porque había extendido su mano al arca; y murió allí delante de Dios.

11 Y David tuvo pesar, porque Jehová había quebrantado a Uza; por lo que llamó aquel lugar Pérez-uza,[1] hasta hoy.

12 Y David temió a Dios aquel día, y dijo: ¿Cómo he de traer a mi casa el arca de Dios?

13 Y no trajo David el arca a su casa en la ciudad de David, sino que la llevó a casa de Obed-edom geteo.

14 Y el arca de Dios estuvo con la familia de Obed-edom, en su casa, tres meses; y bendijo Jehová la casa de Obed-edom,[c] y todo lo que tenía.

Hiram envía embajadores a David

(2 S 5.11-12)

14 HIRAM rey de Tiro envió a David embajadores, y madera de cedro, y albañiles y carpinteros, para que le edificasen una casa.

2 Y entendió David que Jehová lo había confirmado como rey sobre Israel, y que había exaltado su reino sobre su pueblo Israel.

Hijos de David nacidos en Jerusalén

(2 S 5.13-16; 1 Cr 3.5-9)

3 Entonces David tomó también mujeres en Jerusalén, y engendró David más hijos e hijas.

4 Y éstos son los nombres de los que le nacieron en Jerusalén: Samúa, Sobab, Natán, Salomón,

5 Ibhar, Elisúa, Elpelet,

6 Noga, Nefeg, Jafía,

7 Elisama, Beeliada y Elifelet.

David derrota a los filisteos

(2 S 5.17-25)

8 Oyendo los filisteos que David había sido ungido rey sobre todo Israel, subieron todos los filisteos en busca de David. Y cuando David lo oyó, salió contra ellos.

9 Y vinieron los filisteos, y se extendieron por el valle de Refaim.

---

1 Esto es, *el quebrantamiento de Uza.*

a. 13.5 1 S 7.1-2. **b. 13.6** Éx 25.22. **c. 13.14** 1 Cr 26.4-5.

LECCIONES DE VIDA

➤ ***13.3 — traigamos el arca de nuestro Dios a nosotros, porque desde el tiempo de Saúl no hemos hecho caso de ella.***

David veía el arca como un elemento de valor incalculable en el culto de Israel, porque era el objeto central en el día de expiación (Lv 16.29–34). David honró los mandatos de Dios y usó todos los medios para acercarse aun más a Él. Fuimos creados para estar en relación íntima con el Señor, y debemos emplear todos los medios piadosos que sean posibles para acercarnos a Él de la misma forma.

➤ ***13.14 — el arca de Dios estuvo con la familia de Obed-edom, en su casa, tres meses; y bendijo Jehová la casa de Obed-edom, y todo lo que tenía.***

Dios usó su bendición sobre el hogar de Obed-edom para mostrarle a David que siempre juzgaría el pecado, pero su mayor deseo es acercarse a su pueblo y bendecirlo (2 S 6.10–12).

10 Entonces David consultó a Dios, diciendo: ¿Subiré contra los filisteos? ¿Los entregarás en mi mano? Y Jehová le dijo: Sube, porque yo los entregaré en tus manos.
11 Subieron, pues, a Baal-perazim, y allí los derrotó David. Dijo luego David: Dios rompió mis enemigos por mi mano, como se rompen las aguas. Por esto llamaron el nombre de aquel lugar Baal-perazim.[1]
➤ 12 Y dejaron allí sus dioses, y David dijo que los quemasen.
13 Y volviendo los filisteos a extenderse por el valle,
14 David volvió a consultar a Dios, y Dios le dijo: No subas tras ellos, sino rodéalos, para venir a ellos por delante de las balsameras.
15 Y así que oigas venir un estruendo por las copas de las balsameras, sal luego a la batalla, porque Dios saldrá delante de ti y herirá el ejército de los filisteos.
16 Hizo, pues, David como Dios le mandó, y derrotaron al ejército de los filisteos desde Gabaón hasta Gezer.
17 Y la fama de David fue divulgada por todas aquellas tierras; y Jehová puso el temor de David sobre todas las naciones.

David trae el arca a Jerusalén
(2 S 6.12-23)

15 HIZO David también casas para sí en la ciudad de David, y arregló un lugar para el arca de Dios, y le levantó una tienda.
2 Entonces dijo David: El arca de Dios no debe ser llevada sino por los levitas; porque a ellos ha elegido Jehová para que lleven el arca de Jehová, y le sirvan perpetuamente.[a]
3 Y congregó David a todo Israel en Jerusalén, para que pasasen el arca de Jehová a su lugar, el cual le había él preparado.
4 Reunió también David a los hijos de Aarón y a los levitas;
5 de los hijos de Coat, Uriel el principal, y sus hermanos, ciento veinte.
6 De los hijos de Merari, Asaías el principal, y sus hermanos, doscientos veinte.
7 De los hijos de Gersón, Joel el principal, y sus hermanos, ciento treinta.
8 De los hijos de Elizafán, Semaías el principal, y sus hermanos, doscientos.
9 De los hijos de Hebrón, Eliel el principal, y sus hermanos, ochenta.
10 De los hijos de Uziel, Aminadab el principal, y sus hermanos, ciento doce.
11 Y llamó David a los sacerdotes Sadoc y Abiatar, y a los levitas Uriel, Asaías, Joel, Semaías, Eliel y Aminadab,
12 y les dijo: Vosotros que sois los principales padres de las familias de los levitas, santificaos, vosotros y vuestros hermanos, y pasad el arca de Jehová Dios de Israel al lugar que le he preparado;
13 pues por no haberlo hecho así vosotros la primera vez, Jehová nuestro Dios nos quebrantó, por cuanto no le buscamos según su ordenanza. ➤
14 Así los sacerdotes y los levitas se santificaron para traer el arca de Jehová Dios de Israel.
15 Y los hijos de los levitas trajeron el arca de Dios puesta sobre sus hombros en las barras, como lo había mandado Moisés, conforme a la palabra de Jehová.[b]
16 Asimismo dijo David a los principales de los levitas, que designasen de sus hermanos a cantores con instrumentos de música, con salterios y arpas y címbalos, que resonasen y alzasen la voz con alegría.
17 Y los levitas designaron a Hemán hijo de Joel; y de sus hermanos, a Asaf hijo de Berequías; y de los hijos de Merari y de sus hermanos, a Etán hijo de Cusaías.
18 Y con ellos a sus hermanos del segundo orden, a Zacarías, Jaaziel, Semiramot, Jehiel, Uni, Eliab, Benaía, Maasías, Matatías, Elifelehu, Micnías, Obed-edom y Jeiel, los porteros.
19 Así Hemán, Asaf y Etán, que eran cantores, sonaban címbalos de bronce.
20 Y Zacarías, Aziel, Semiramot, Jehiel, Uni, Eliab, Maasías y Benaía, con salterios sobre Alamot.
21 Matatías, Elifelehu, Micnías, Obed-edom, Jeiel y Azazías tenían arpas afinadas en la octava para dirigir.
22 Y Quenanías, principal de los levitas en la música, fue puesto para dirigir el canto, porque era entendido en ello.
23 Berequías y Elcana eran porteros del arca.
24 Y Sebanías, Josafat, Natanael, Amasai, Zacarías, Benaía y Eliezer, sacerdotes, tocaban las trompetas delante del arca de Dios; Obed-edom y Jehías eran también porteros del arca.
25 David, pues, y los ancianos de Israel y los capitanes de millares, fueron a traer el arca

1 Esto es, *el Señor que quebranta.*

a. **15.2** Dt 10.8. b. **15.15** Éx 25.14.

LECCIONES DE VIDA

➤ ***14.12 — dejaron allí sus dioses, y David dijo que los quemasen.***

A diferencia de algunos de sus predecesores y muchos de sus sucesores, David no recolectaba los ídolos de sus enemigos derrotados sino que los quemaba, para cumplir el mandato de Dios (Dt 7.5). La obediencia siempre trae bendición consigo.

➤ ***15.13 — por no haberlo hecho así vosotros la primera vez, Jehová nuestro Dios nos quebrantó, por cuanto no le buscamos según su ordenanza.***

En cuanto al traslado correcto del arca, David no cometió el mismo error dos veces (2 S 6.12–19). En esta ocasión siguió las instrucciones de Dios al pie de la letra (Dt 10.8), y recibió gran bendición por ello.

del pacto de Jehová, de casa de Obed-edom,
con alegría.
➤ 26 Y ayudando Dios a los levitas que llevaban
el arca del pacto de Jehová, sacrificaron siete
novillos y siete carneros.
27 Y David iba vestido de lino fino, y también
todos los levitas que llevaban el arca, y asimismo los cantores; y Quenanías era maestro
de canto entre los cantores. Llevaba también
David sobre sí un efod de lino.
➤ 28 De esta manera llevaba todo Israel el arca
del pacto de Jehová, con júbilo y sonido de
bocinas y trompetas y címbalos, y al son de
salterios y arpas.
➤ 29 Pero cuando el arca del pacto de Jehová
llegó a la ciudad de David, Mical, hija de Saúl,
mirando por una ventana, vio al rey David
que saltaba y danzaba; y lo menospreció en
su corazón.

16 ASÍ trajeron el arca de Dios, y la pusieron en medio de la tienda que David
había levantado para ella; y ofrecieron holocaustos y sacrificios de paz delante de Dios.
2 Y cuando David acabó de ofrecer el holocausto y los sacrificios de paz, bendijo al pueblo en el nombre de Jehová.
3 Y repartió a todo Israel, así a hombres como
a mujeres, a cada uno una torta de pan, una
pieza de carne, y una torta de pasas.
4 Y puso delante del arca de Jehová ministros
de los levitas, para que recordasen y confesa-
sen y loasen a Jehová Dios de Israel:
5 Asaf el primero; el segundo después de él,
Zacarías; Jeiel, Semiramot, Jehiel, Matatías,
Eliab, Benaía, Obed-edom y Jeiel, con sus
instrumentos de salterios y arpas; pero Asaf
sonaba los címbalos.
6 También los sacerdotes Benaía y Jahaziel
sonaban continuamente las trompetas delante del arca del pacto de Dios.

Salmo de acción de gracias de David
(Sal 105.1-15; 96.1-13; 106.47-48)

7 Entonces, en aquel día, David comenzó a ◄
aclamar a Jehová por mano de Asaf y de sus
hermanos:

8 Alabad a Jehová, invocad su nombre,
Dad a conocer en los pueblos sus obras.
9 Cantad a él, cantadle salmos;
Hablad de todas sus maravillas.
10 Gloriaos en su santo nombre ◄
Alégrese el corazón de los que buscan a
Jehová.
11 Buscad a Jehová y su poder
Buscad su rostro continuamente.
12 Haced memoria de las maravillas que
ha hecho,
De sus prodigios, y de los juicios de su
boca,
13 Oh vosotros, hijos de Israel su siervo,
Hijos de Jacob, sus escogidos.
14 Jehová, él es nuestro Dios;
Sus juicios están en toda la tierra.
15 Él hace memoria de su pacto
perpetuamente,
Y de la palabra que él mandó para mil
generaciones;
16 Del pacto que concertó con Abraham,[a]
Y de su juramento a Isaac;[b]
17 El cual confirmó a Jacob por estatuto,
Y a Israel por pacto sempiterno,
18 Diciendo: A ti daré la tierra de Canaán,
Porción de tu heredad.[c]
19 Cuando ellos eran pocos en número,
Pocos y forasteros en ella,
20 Y andaban de nación en nación,
Y de un reino a otro pueblo,
21 No permitió que nadie los oprimiese;

a. 16.16 Gn 12.7. **b. 16.16** Gn 26.3. **c. 16.17-18** Gn 28.13.

LECCIONES DE VIDA

➤ ***15.26 — ayudando Dios a los levitas que llevaban el arca del pacto de Jehová, sacrificaron siete novillos y siete carneros.***

Dios nos ayuda en la obra que nos delega. No se limita a asignarnos una tarea para que la hagamos solos; nos da sus fuerzas, su sabiduría y su presencia para que nuestro trabajo sea exitoso.

➤ ***15.28 — llevaba todo Israel el arca del pacto de Jehová, con júbilo.***

Israel se regocijó por el regreso del arca del pacto a Jerusalén, porque la presencia de Dios iba a aparecer sobre ella (Éx 25.22). Ahora que tenemos la presencia del Señor siempre con nosotros por medio del Espíritu Santo, corremos el riesgo de darla por sentado. Sin embargo, la presencia de Dios siempre debería ser motivo de regocijo y adoración jubilosa.

➤ ***15.29 — Mical, hija de Saúl, mirando por una ventana, vio al rey David que saltaba y danzaba; y lo menospreció en su corazón.***

La esposa de David lo menospreció al verlo celebrar el reintegro del arca de una manera que le pareció indigna de un rey. Pero a Dios lo que le interesa es el corazón, y David se deleitó en darle todo su corazón al Señor, sin preocuparse por las apariencias.

➤ ***16.7 — David comenzó a aclamar a Jehová por mano de Asaf y de sus hermanos.***

David, el gran rey guerrero, disfrutaba mucho componer cánticos de adoración y alabanza al Señor. Si queremos acercarnos más a Dios, debemos dedicar tiempo para adorarlo.

➤ ***16.10, 11 — alégrese el corazón de los que buscan a Jehová… buscad su rostro continuamente.***

¿Qué significa buscar al Señor? Significa que anhelamos de corazón tener una relación con Él, que sentimos hambre y sed de su presencia y tenemos el deseo profundo de conocer a Dios. No tiene que ver con pedirle algo que pueda darnos, más bien que lo queremos a Él en nuestra vida. Por eso buscamos a Dios de manera continua, intensa, persistente y con corazón alegre, porque nos llena de gozo conocerlo mejor.

Antes por amor de ellos castigó a los
reyes.
22 No toquéis, dijo, a mis ungidos,
Ni hagáis mal a mis profetas.[d]
23 Cantad a Jehová toda la tierra,
Proclamad de día en día su salvación.
➤24 Cantad entre las gentes su gloria,
Y en todos los pueblos sus maravillas.
25 Porque grande es Jehová, y digno de
suprema alabanza,
Y de ser temido sobre todos los dioses.
26 Porque todos los dioses de los pueblos
son ídolos;
Mas Jehová hizo los cielos.
27 Alabanza y magnificencia delante de él;
Poder y alegría en su morada.
28 Tributad a Jehová, oh familias de los
pueblos,
Dad a Jehová gloria y poder.
29 Dad a Jehová la honra debida a su
nombre;
Traed ofrenda, y venid delante de él;
Postraos delante de Jehová en la
hermosura de la santidad.
30 Temed en su presencia, toda la tierra:
El mundo será aún establecido, para que
no se conmueva.
31 Alégrense los cielos, y gócese la tierra,
Y digan en las naciones: Jehová reina.
32 Resuene el mar, y su plenitud;
Alégrese el campo, y todo lo que
contiene.
33 Entonces cantarán los árboles de los
bosques delante de Jehová,
Porque viene a juzgar la tierra.
34 Aclamad a Jehová, porque él es bueno;
Porque su misericordia es eterna.[e]
35 Y decid: Sálvanos, oh Dios, salvación
nuestra;
Recógenos, y líbranos de las naciones,
Para que confesemos tu santo nombre,
Y nos gloriemos en tus alabanzas.
36 Bendito sea Jehová Dios de Israel,
De eternidad a eternidad.
Y dijo todo el pueblo, Amén, y alabó a
Jehová.

Los levitas encargados del arca

37 Y dejó allí, delante del arca del pacto de
Jehová, a Asaf y a sus hermanos, para que
ministrasen de continuo delante del arca,
cada cosa en su día;
38 y a Obed-edom y a sus sesenta y ocho hermanos; y a Obed-edom hijo de Jedutún y a
Hosa como porteros.
39 Asimismo al sacerdote Sadoc, y a los
sacerdotes sus hermanos, delante del tabernáculo de Jehová en el lugar alto que estaba
en Gabaón,
40 para que sacrificasen continuamente, a
mañana y tarde, holocaustos a Jehová en el
altar del holocausto, conforme a todo lo que
está escrito en la ley de Jehová, que él prescribió a Israel;
41 y con ellos a Hemán, a Jedutún y a los
otros escogidos declarados por sus nombres,
para glorificar a Jehová, porque es eterna su
misericordia.
42 Con ellos a Hemán y a Jedutún con trompetas y címbalos para los que tocaban, y con
otros instrumentos de música de Dios; y a los
hijos de Jedutún para porteros.
43 Y todo el pueblo se fue cada uno a su casa;
y David se volvió para bendecir su casa.[f]

Pacto de Dios con David
(2 S 7.1-29)

17 ACONTECIÓ que morando David en su ➤
casa, dijo David al profeta Natán: He
aquí yo habito en casa de cedro, y el arca del
pacto de Jehová debajo de cortinas.
2 Y Natán dijo a David: Haz todo lo que está
en tu corazón, porque Dios está contigo.
3 En aquella misma noche vino palabra de
Dios a Natán, diciendo:
4 Ve y di a David mi siervo: Así ha dicho Jeho- ➤
vá: Tú no me edificarás casa en que habite.
5 Porque no he habitado en casa alguna desde el día que saqué a los hijos de Israel hasta hoy; antes estuve de tienda en tienda, y de
tabernáculo en tabernáculo.
6 Por dondequiera que anduve con todo Israel,
¿hablé una palabra a alguno de los jueces de
Israel, a los cuales mandé que apacentasen a
mi pueblo, para decirles: ¿Por qué no me edificáis una casa de cedro?

d. 16.21-22 Gn 20.3-7. **e. 16.34** 2 Cr 5.13; 7.3; Esd 3.11; Sal 100.5; 106.1; 107.1; 118.1; 136.1; Jer 33.11.
f. 16.43 2 S 6.19-20.

LECCIONES DE VIDA

➤ ***16.24 — Cantad entre las gentes su gloria, y en todos los pueblos sus maravillas.***

El plan de Dios siempre ha sido que el mundo entero lo reconozca y honre, y que disfrute las bendiciones que a Él le encanta prodigar sobre aquellos que le obedecen con gozo.

➤ ***17.1 — yo habito en casa de cedro, y el arca del pacto de Jehová debajo de cortinas.***

A David le molestaba vivir en una casa de mejor calidad que la provista para el arca (2 S 7). El rey quería darle al Señor lo mejor de sí, pero también sabía que nadie supera a Dios en generosidad.

➤ ***17.4 — Tú no me edificarás casa en que habite.***

En ciertas situaciones Dios dirá «no» a nuestros planes para lograr metas más importantes por medio de nosotros. Así sucedió con David. En 1 Crónicas 18.3 leemos «yendo éste a asegurar su dominio junto al río Eufrates», que fue el cumplimiento de la promesa de Dios a Abraham: «A tu descendencia daré esta tierra, desde el río de Egipto hasta el río grande, el río Eufrates» (Gn 15.18). David también fortaleció a Israel derrotando a los filisteos, los moabitas y los sirios (1 Cr 18).

7 Por tanto, ahora dirás a mi siervo David: Así
ha dicho Jehová de los ejércitos: Yo te tomé
del redil, de detrás de las ovejas, para que fueses príncipe sobre mi pueblo Israel;
➢8 y he estado contigo en todo cuanto has
andado, y he cortado a todos tus enemigos de
delante de ti, y te haré gran nombre, como el
nombre de los grandes en la tierra.
9 Asimismo he dispuesto lugar para mi pueblo Israel, y lo he plantado para que habite en
él y no sea más removido; ni los hijos de iniquidad lo consumirán más, como antes,
10 y desde el tiempo que puse los jueces sobre
mi pueblo Israel; mas humillaré a todos tus
enemigos. Te hago saber, además, que Jehová
te edificará casa.
11 Y cuando tus días sean cumplidos para irte
con tus padres, levantaré descendencia después de ti, a uno de entre tus hijos, y afirmaré su reino.
➢12 Él me edificará casa, y yo confirmaré su
trono eternamente.
13 Yo le seré por padre, y él me será por hijo;[a]
y no quitaré de él mi misericordia, como la
quité de aquel que fue antes de ti;
14 sino que lo confirmaré en mi casa y en mi
reino eternamente, y su trono será firme para
siempre.
15 Conforme a todas estas palabras, y conforme a toda esta visión, así habló Natán a
David.
➢16 Y entró el rey David y estuvo delante de
Jehová, y dijo: Jehová Dios, ¿quién soy yo, y
cuál es mi casa, para que me hayas traído hasta este lugar?
17 Y aun esto, oh Dios, te ha parecido poco,
pues que has hablado de la casa de tu siervo para tiempo más lejano, y me has mirado como a un hombre excelente, oh Jehová
Dios.
18 ¿Qué más puede añadir David pidiendo de
ti para glorificar a tu siervo? Mas tú conoces
a tu siervo.
➢19 Oh Jehová, por amor de tu siervo y según
tu corazón, has hecho toda esta grandeza,
para hacer notorias todas tus grandezas.
20 Jehová, no hay semejante a ti, ni hay Dios
sino tú, según todas las cosas que hemos oído
con nuestros oídos.
21 ¿Y qué pueblo hay en la tierra como tu pueblo Israel, cuyo Dios fuese y se redimiese un
pueblo, para hacerte nombre con grandezas y
maravillas, echando a las naciones de delante
de tu pueblo, que tú rescataste de Egipto?
22 Tú has constituido a tu pueblo Israel por
pueblo tuyo para siempre; y tú, Jehová, has
venido a ser su Dios.
23 Ahora pues, Jehová, la palabra que has
hablado acerca de tu siervo y de su casa, sea
firme para siempre, y haz como has dicho.
24 Permanezca, pues, y sea engrandecido tu
nombre para siempre, a fin de que se diga:
Jehová de los ejércitos, Dios de Israel, es Dios
para Israel. Y sea la casa de tu siervo David
firme delante de ti.
25 Porque tú, Dios mío, revelaste al oído a
tu siervo que le has de edificar casa; por eso
ha hallado tu siervo motivo para orar delante de ti.
26 Ahora pues, Jehová, tú eres el Dios que has
hablado de tu siervo este bien;
27 y ahora has querido bendecir la casa de tu
siervo, para que permanezca perpetuamente
delante de ti; porque tú, Jehová, la has bendecido, y será bendita para siempre.

David extiende sus dominios
(2 S 8.1-14)

18 DESPUÉS de estas cosas aconteció
que David derrotó a los filisteos, y los
humilló, y tomó a Gat y sus villas de mano de
los filisteos.
2 También derrotó a Moab, y los moabitas fueron siervos de David, trayéndole presentes.
3 Asimismo derrotó David a Hadad-ezer rey
de Soba, en Hamat, yendo éste a asegurar su
dominio junto al río Éufrates.
4 Y le tomó David mil carros, siete mil de a
caballo, y veinte mil hombres de a pie; y desjarretó David los caballos de todos los carros,
excepto los de cien carros que dejó.

a. 17.13 2 Co 6.18; He 1.5; Ap 21.7.

LECCIONES DE VIDA

➢ ***17.8 — he estado contigo en todo cuanto has andado, y he cortado a todos tus enemigos de delante de ti, y te haré gran nombre.***

Todo lo bueno que había sucedido a David sucedió porque Dios estuvo con él, dándole su amor, gracia y provisión. Lo mismo sucede con nosotros (Stg 1.17).

➢ ***17.12 — me edificará casa, y yo confirmaré su trono eternamente.***

Esta profecía no se limita a la construcción del templo a cargo de Salomón, el Señor tenía en mente una casa aun más grande para David, la cual sería establecida por el Mesías. Jesucristo es el «Hijo de David» (Mt 1.1; 21.9; Lc 1.32), cuyo gobierno es eterno (2 S 7.16; Jer 33.17; Hch 2.29–33; Ap 11.15).

➢ ***17.16 — ¿quién soy yo, y cuál es mi casa, para que me hayas traído hasta este lugar?***

Dios valora la humildad genuina más de lo que podríamos imaginar. Como rey, David tenía bien definida su propia identidad, pero gustosamente doblaba rodilla ante el Rey verdadero, Jehová de los ejércitos.

➢ ***17.19 — Oh Jehová, por amor de tu siervo y según tu corazón, has hecho toda esta grandeza.***

Dios actúa en nuestro beneficio, no porque nos hayamos ganado su favor o merezcamos su gracia, sino porque su deseo de corazón es bendecir tiernamente a quienes han entregado su corazón a Él.

5 Y viniendo los sirios de Damasco en ayuda de Hadad-ezer rey de Soba, David hirió de ellos veintidós mil hombres.

6 Y puso David guarnición en Siria de Damasco, y los sirios fueron hechos siervos de David, trayéndole presentes; porque Jehová daba la victoria a David dondequiera que iba.

7 Tomó también David los escudos de oro que llevaban los siervos de Hadad-ezer, y los trajo a Jerusalén.

➤ 8 Asimismo de Tibhat y de Cun, ciudades de Hadad-ezer, tomó David muchísimo bronce, con el que Salomón hizo el mar de bronce, las columnas, y utensilios de bronce.[a]

9 Y oyendo Toi rey de Hamat que David había deshecho todo el ejército de Hadad-ezer rey de Soba,

10 envió a Adoram su hijo al rey David, para saludarle y bendecirle por haber peleado con Hadad-ezer y haberle vencido; porque Toi tenía guerra contra Hadad-ezer. Le envió también toda clase de utensilios de oro, de plata y de bronce;

11 los cuales el rey David dedicó a Jehová, con la plata y el oro que había tomado de todas las naciones de Edom, de Moab, de los hijos de Amón, de los filisteos y de Amalec.

12 Además de esto, Abisai hijo de Sarvia destrozó en el valle de la Sal a dieciocho mil edomitas.[b]

13 Y puso guarnición en Edom, y todos los edomitas fueron siervos de David; porque Jehová daba el triunfo a David dondequiera que iba.

Oficiales de David
(2 S 8.15-18; 20.23-26)

14 Reinó David sobre todo Israel, y juzgaba con justicia a todo su pueblo.

15 Y Joab hijo de Sarvia era general del ejército, y Josafat hijo de Ahilud, canciller.

16 Sadoc hijo de Ahitob y Abimelec hijo de Abiatar eran sacerdotes, y Savsa, secretario.

17 Y Benaía hijo de Joiada estaba sobre los cereteos y peleteos; y los hijos de David eran los príncipes cerca del rey.

Derrotas de amonitas y sirios
(2 S 10.1-19)

19 DESPUÉS de estas cosas aconteció que murió Nahas rey de los hijos de Amón, y reinó en su lugar su hijo.

2 Y dijo David: Manifestaré misericordia con Hanún hijo de Nahas, porque también su padre me mostró misericordia. Así David envió embajadores que lo consolasen de la muerte de su padre. Pero cuando llegaron los siervos de David a la tierra de los hijos de Amón a Hanún, para consolarle,

3 los príncipes de los hijos de Amón dijeron a Hanún: ¿A tu parecer honra David a tu padre, que te ha enviado consoladores? ¿No vienen más bien sus siervos a ti para espiar, e inquirir, y reconocer la tierra?

4 Entonces Hanún tomó los siervos de David y los rapó, y les cortó los vestidos por la mitad, hasta las nalgas, y los despachó.

5 Se fueron luego, y cuando llegó a David la noticia sobre aquellos varones, él envió a recibirlos, porque estaban muy afrentados. El rey mandó que les dijeran: Estaos en Jericó hasta que os crezca la barba, y entonces volveréis.

6 Y viendo los hijos de Amón que se habían hecho odiosos a David, Hanún y los hijos de Amón enviaron mil talentos de plata para tomar a sueldo carros y gente de a caballo de Mesopotamia, de Siria, de Maaca y de Soba.

7 Y tomaron a sueldo treinta y dos mil carros, y al rey de Maaca y a su ejército, los cuales vinieron y acamparon delante de Medeba. Y se juntaron también los hijos de Amón de sus ciudades, y vinieron a la guerra.

8 Oyéndolo David, envió a Joab con todo el ejército de los hombres valientes.

9 Y los hijos de Amón salieron, y ordenaron la batalla a la entrada de la ciudad; y los reyes que habían venido estaban aparte en el campo.

10 Y viendo Joab que el ataque contra él había sido dispuesto por el frente y por la retaguardia, escogió de los más aventajados que había en Israel, y con ellos ordenó su ejército contra los sirios.

11 Puso luego el resto de la gente en mano de Abisai su hermano, y los ordenó en batalla contra los amonitas.

12 Y dijo: Si los sirios fueren más fuertes que yo, tú me ayudarás; y si los amonitas fueren más fuertes que tú, yo te ayudaré.

13 Esfuérzate, y esforcémonos por nuestro pueblo, y por las ciudades de nuestro Dios; y haga Jehová lo que bien le parezca.

14 Entonces se acercó Joab y el pueblo que tenía consigo, para pelear contra los sirios; mas ellos huyeron delante de él.

15 Y los hijos de Amón, viendo que los sirios habían huido, huyeron también ellos delante de Abisai su hermano, y entraron en la ciudad. Entonces Joab volvió a Jerusalén.

16 Viendo los sirios que habían caído delante de Israel, enviaron embajadores, y trajeron a

a. 18.8 1 R 7.40-47; 2 Cr 4.11-18. **b. 18.12** Sal 60 tít.

LECCIONES DE VIDA

➤ ***18.8 — tomó David muchísimo bronce, con el que Salomón hizo el mar de bronce, las columnas, y utensilios de bronce.***

Dios no le permitió a David construir el templo, pero sí encargarse de todos los preparativos correspondientes y la consecución de muchos de sus recursos y suministros. Incluso cuando Dios dice que no, ¡nos muestra su gracia!

los sirios que estaban al otro lado del Éufrates, cuyo capitán era Sofac, general del ejército de Hadad-ezer.

17 Luego que fue dado aviso a David, reunió a todo Israel, y cruzando el Jordán vino a ellos, y ordenó batalla contra ellos. Y cuando David hubo ordenado su tropa contra ellos, pelearon contra él los sirios.

18 Mas el pueblo sirio huyó delante de Israel; y mató David de los sirios a siete mil hombres de los carros, y cuarenta mil hombres de a pie; asimismo mató a Sofac general del ejército.

19 Y viendo los siervos de Hadad-ezer que habían caído delante de Israel, concertaron paz con David, y fueron sus siervos; y el pueblo sirio nunca más quiso ayudar a los hijos de Amón.

David captura a Rabá
(2 S 12.26-31)

20 ACONTECIÓ a la vuelta del año, en el tiempo que suelen los reyes salir a la guerra, que Joab sacó las fuerzas del ejército, y destruyó la tierra de los hijos de Amón, y vino y sitió a Rabá. Mas David estaba en Jerusalén;[a] y Joab batió a Rabá, y la destruyó.

2 Y tomó David la corona de encima de la cabeza del rey de Rabá, y la halló de peso de un talento de oro, y había en ella piedras preciosas; y fue puesta sobre la cabeza de David. Además de esto sacó de la ciudad muy grande botín.

3 Sacó también al pueblo que estaba en ella, y lo puso a trabajar con sierras, con trillos de hierro y con hachas. Lo mismo hizo David a todas las ciudades de los hijos de Amón. Y volvió David con todo el pueblo a Jerusalén.

Los hombres de David matan a los gigantes
(2 S 21.18-22)

4 Después de esto aconteció que se levantó guerra en Gezer contra los filisteos; y Sibecai husatita mató a Sipai, de los descendientes de los gigantes; y fueron humillados.

5 Volvió a levantarse guerra contra los filisteos; y Elhanán hijo de Jair mató a Lahmi, hermano de Goliat geteo, el asta de cuya lanza era como un rodillo de telar.[b]

6 Y volvió a haber guerra en Gat, donde había un hombre de grande estatura, el cual tenía seis dedos en pies y manos, veinticuatro por todos; y era descendiente de los gigantes.

7 Este hombre injurió a Israel, pero lo mató Jonatán, hijo de Simea hermano de David.

8 Éstos eran descendientes de los gigantes en Gat, los cuales cayeron por mano de David y de sus siervos.

David censa al pueblo
(2 S 24.1-25)

21 PERO Satanás se levantó contra Israel, ➤ e incitó a David a que hiciese censo de Israel.

2 Y dijo David a Joab y a los príncipes del pueblo: Id, haced censo de Israel desde Beerseba hasta Dan, e informadme sobre el número de ellos para que yo lo sepa.

3 Y dijo Joab: Añada Jehová a su pueblo cien veces más, rey señor mío; ¿no son todos estos siervos de mi señor? ¿Para qué procura mi señor esto, que será para pecado a Israel?

4 Mas la orden del rey pudo más que Joab. Salió, por tanto, Joab, y recorrió todo Israel, y volvió a Jerusalén y dio la cuenta del número del pueblo a David.

5 Y había en todo Israel un millón cien mil que sacaban espada, y de Judá cuatrocientos setenta mil hombres que sacaban espada.

6 Entre éstos no fueron contados los levitas, ni los hijos de Benjamín, porque la orden del rey era abominable a Joab.

7 Asimismo esto desagradó a Dios, e hirió a Israel.

8 Entonces dijo David a Dios: He pecado gravemente al hacer esto; te ruego que quites la iniquidad de tu siervo, porque he hecho muy locamente.

9 Y habló Jehová a Gad, vidente de David, diciendo:

10 Ve y habla a David, y dile: Así ha dicho Jehová: Tres cosas te propongo; escoge de ellas una que yo haga contigo.

11 Y viniendo Gad a David, le dijo: Así ha dicho Jehová:

12 Escoge para ti: o tres años de hambre, o por tres meses ser derrotado delante de tus enemigos con la espada de tus adversarios, o por tres días la espada de Jehová, esto es, la peste en la tierra, y que el ángel de Jehová haga destrucción en todos los términos de Israel. Mira, pues, qué responderé al que me ha enviado.

13 Entonces David dijo a Gad: Estoy en grande angustia. Ruego que yo caiga en la mano de Jehová, porque sus misericordias son muchas en extremo; pero que no caiga en manos de hombres.

a. 20.1 2 S 11.1. **b. 20.5** 1 S 17.4-7.

LECCIONES DE VIDA

➤ ***21.1 — Satanás se levantó contra Israel, e incitó a David a que hiciese censo de Israel.***

David hizo este censo para medir su propio poderío militar, sin que mediara un solo mandato divino al respecto (2 S 24). Fue un desliz en su devoción que costó un gran precio, tanto para él como para Israel. Hasta nuestro último día en la tierra, debemos guardar nuestros corazones (Pr 4.23).

➤ 14 Así Jehová envió una peste en Israel, y murieron de Israel setenta mil hombres.

15 Y envió Jehová el ángel a Jerusalén para destruirla; pero cuando él estaba destruyendo, miró Jehová y se arrepintió de aquel mal, y dijo al ángel que destruía: Basta ya; detén tu mano. El ángel de Jehová estaba junto a la era de Ornán jebuseo.

➤ 16 Y alzando David sus ojos, vio al ángel de Jehová, que estaba entre el cielo y la tierra, con una espada desnuda en su mano, extendida contra Jerusalén. Entonces David y los ancianos se postraron sobre sus rostros, cubiertos de cilicio.

17 Y dijo David a Dios: ¿No soy yo el que hizo contar el pueblo? Yo mismo soy el que pequé, ciertamente he hecho mal; pero estas ovejas, ¿qué han hecho? Jehová Dios mío, sea ahora tu mano contra mí, y contra la casa de mi padre, y no venga la peste sobre tu pueblo.

18 Y el ángel de Jehová ordenó a Gad que dijese a David que subiese y construyese un altar a Jehová en la era de Ornán jebuseo.

19 Entonces David subió, conforme a la palabra que Gad le había dicho en nombre de Jehová.

20 Y volviéndose Ornán, vio al ángel, por lo que se escondieron cuatro hijos suyos que con él estaban. Y Ornán trillaba el trigo.

21 Y viniendo David a Ornán, miró Ornán, y vio a David; y saliendo de la era, se postró en tierra ante David.

22 Entonces dijo David a Ornán: Dame este lugar de la era, para que edifique un altar a Jehová; dámelo por su cabal precio, para que cese la mortandad en el pueblo.

23 Y Ornán respondió a David: Tómala para ti, y haga mi señor el rey lo que bien le parezca; y aun los bueyes daré para el holocausto, y los trillos para leña, y trigo para la ofrenda; yo lo doy todo.

➤ 24 Entonces el rey David dijo a Ornán: No, sino que efectivamente la compraré por su justo precio; porque no tomaré para Jehová lo que es tuyo, ni sacrificaré holocausto que nada me cueste.

25 Y dio David a Ornán por aquel lugar el peso de seiscientos siclos de oro.

26 Y edificó allí David un altar a Jehová, en el que ofreció holocaustos y ofrendas de paz, e invocó a Jehová, quien le respondió por fuego desde los cielos en el altar del holocausto.

27 Entonces Jehová habló al ángel, y éste volvió su espada a la vaina.

El lugar para el templo

28 Viendo David que Jehová le había oído en la era de Ornán jebuseo, ofreció sacrificios allí.

29 Y el tabernáculo de Jehová que Moisés había hecho en el desierto, y el altar del holocausto, estaban entonces en el lugar alto de Gabaón;

30 pero David no pudo ir allá a consultar a Dios, porque estaba atemorizado a causa de la espada del ángel de Jehová.

22 Y dijo David: Aquí estará la casa de Jehová Dios, y aquí el altar del holocausto para Israel.

Preparativos para el templo

2 Después mandó David que se reuniese a los extranjeros que había en la tierra de Israel, y señaló de entre ellos canteros que labrasen piedras para edificar la casa de Dios.

3 Asimismo preparó David mucho hierro para la clavazón de las puertas, y para las junturas; y mucho bronce sin peso, y madera de cedro sin cuenta.

4 Porque los sidonios y tirios habían traído a David abundancia de madera de cedro.

5 Y dijo David: Salomón mi hijo es muchacho y de tierna edad, y la casa que se ha de edificar a Jehová ha de ser magnífica por excelencia, para renombre y honra en todas las tierras; ahora pues, yo le prepararé lo necesario. Y David antes de su muerte hizo preparativos en gran abundancia.

6 Llamó entonces David a Salomón su hijo, y le mandó que edificase casa a Jehová Dios de Israel.

7 Y dijo David a Salomón: Hijo mío, en mi corazón tuve el edificar templo al nombre de Jehová mi Dios.

8 Mas vino a mí palabra de Jehová, diciendo: Tú has derramado mucha sangre, y has hecho

LECCIONES DE VIDA

➤ ***21.14 — Jehová envió una peste en Israel, y murieron de Israel setenta mil hombres.***

El pecado de un hombre, David, causó la muerte de setenta mil israelitas. Los del pueblo de Dios jamás pueden justificar su pecado diciendo que sólo ellos salen afectados; el pecado se las arregla para hacer daño a todo aquel que toca. Sin embargo, Dios mostró misericordia en medio de las circunstancias, y por su gracia detuvo la destrucción (2 S 24.15, 16; 1 Cr 21.15).

➤ ***21.16 — alzando David sus ojos, vio al ángel de Jehová, que estaba entre el cielo y la tierra, con una espada desnuda en su mano, extendida contra Jerusalén.***

En tiempos y lugares selectos, Dios levanta el velo que oscurece nuestra visión de las realidades espirituales y vemos claramente lo que Él se propone hacer, pero siempre permanece activo, así no lo veamos (1 Co 2.9; 2 Co 4.17, 18).

➤ ***21.24 — no tomaré para Jehová lo que es tuyo, ni sacrificaré holocausto que nada me cueste.***

Cuando usted sacrifica algo al Señor, ¿da lo mínimo posible, o le da a Dios lo mejor que tiene? Dios no quiere sus sobras ni aquellos gestos superficiales que no le cuestan nada. Él quiere su completa devoción y dependencia.

grandes guerras; no edificarás casa a mi nombre, porque has derramado mucha sangre en la tierra delante de mí.
➢ 9 He aquí te nacerá un hijo, el cual será varón de paz, porque yo le daré paz de todos sus enemigos en derredor; por tanto, su nombre será Salomón,[1] y yo daré paz y reposo sobre Israel en sus días.
10 Él edificará casa a mi nombre, y él me será a mí por hijo, y yo le seré por padre; y afirmaré el trono de su reino sobre Israel para siempre.[a]
11 Ahora pues, hijo mío, Jehová esté contigo, y seas prosperado, y edifiques casa a Jehová tu Dios, como él ha dicho de ti.
12 Y Jehová te dé entendimiento y prudencia, para que cuando gobiernes a Israel, guardes la ley de Jehová tu Dios.
* 13 Entonces serás prosperado, si cuidares
➢ de poner por obra los estatutos y decretos que Jehová mandó a Moisés para Israel. Esfuérzate, pues, y cobra ánimo; no temas, ni desmayes.[b]
14 He aquí, yo con grandes esfuerzos he preparado para la casa de Jehová cien mil talentos de oro, y un millón de talentos de plata, y bronce y hierro sin medida, porque es mucho. Asimismo he preparado madera y piedra, a lo cual tú añadirás.
15 Tú tienes contigo muchos obreros, canteros, albañiles, carpinteros, y todo hombre experto en toda obra.
16 Del oro, de la plata, del bronce y del hierro, no hay cuenta. Levántate, y manos a la obra; y Jehová esté contigo.
17 Asimismo mandó David a todos los principales de Israel que ayudasen a Salomón su hijo, diciendo:
18 ¿No está con vosotros Jehová vuestro Dios, el cual os ha dado paz por todas partes? Porque él ha entregado en mi mano a los moradores de la tierra, y la tierra ha sido sometida delante de Jehová, y delante de su pueblo.
➢ 19 Poned, pues, ahora vuestros corazones y vuestros ánimos en buscar a Jehová vuestro Dios; y levantaos, y edificad el santuario de Jehová Dios, para traer el arca del pacto de Jehová, y los utensilios consagrados a Dios, a la casa edificada al nombre de Jehová.

Distribución y deberes de los levitas

23 SIENDO, pues, David ya viejo y lleno de días, hizo a Salomón su hijo rey sobre Israel.[a]
2 Y juntando a todos los principales de Israel, y a los sacerdotes y levitas,
3 fueron contados los levitas de treinta años arriba; y fue el número de ellos por sus cabezas, contados uno por uno, treinta y ocho mil.
4 De éstos, veinticuatro mil para dirigir la obra de la casa de Jehová, y seis mil para gobernadores y jueces.
5 Además, cuatro mil porteros, y cuatro mil para alabar a Jehová, dijo David, con los instrumentos que he hecho para tributar alabanzas.
6 Y los repartió David en grupos conforme a los hijos de Leví: Gersón, Coat y Merari.
7 Los hijos de Gersón: Laadán y Simei.
8 Los hijos de Laadán, tres: Jehiel el primero, después Zetam y Joel.
9 Los hijos de Simei, tres: Selomit, Haziel y Harán. Estos fueron los jefes de las familias de Laadán.
10 Y los hijos de Simei: Jahat, Zina, Jeús y Bería. Estos cuatro fueron los hijos de Simei.
11 Jahat era el primero, y Zina el segundo; pero Jeús y Bería no tuvieron muchos hijos, por lo cual fueron contados como una familia.
12 Los hijos de Coat: Amram, Izhar, Hebrón y Uziel, ellos cuatro.
13 Los hijos de Amram: Aarón y Moisés. Y Aarón fue apartado para ser dedicado a las cosas más santas, él y sus hijos para siempre, para que quemasen incienso delante de Jehová, y le ministrasen y bendijesen en su nombre, para siempre.[b]
14 Y los hijos de Moisés varón de Dios fueron contados en la tribu Leví.
15 Los hijos de Moisés fueron Gersón y Eliezer.
16 Hijo de Gersón fue Sebuel el jefe.
17 E hijo de Eliezer fue Rehabías el jefe. Y Eliezer no tuvo otros hijos; mas los hijos de Rehabías fueron muchos.

1 Esto es, *Pacífico.*

a. 22.7-10 2 S 7.1-16; 1 Cr 17.1-14. **b. 22.13** Jos 1.6-9.
a. 23.1 1 R 1.1-40. **b. 23.13** Éx 28.1.

LECCIONES DE VIDA

➢ ***22.9 — su nombre será Salomón, y yo daré paz y reposo sobre Israel en sus días.***

Aquí David le recuerda a Salomón lo que el Señor había prometido, darle paz de sus enemigos para que pudiera construir el templo (2 S 7.12, 13). Dios es quien nos da paz y tranquilidad. Mientras no hay paz para los impíos (Is 57.21), Él da a su pueblo obediente paz abundante y duradera (Jer 33.6; Fil 4.6, 7).

➢ ***22.13 — Esfuérzate, pues, y cobra ánimo; no temas, ni desmayes.***

Cuando obedecemos al Señor y actuamos con valor y fuerza por la confianza que tenemos en su cuidado, Él nos bendice. Dios asume toda la responsabilidad en cuanto a nuestras necesidades, si lo obedecemos.

➢ ***22.19 — Poned, pues, ahora vuestros corazones y vuestros ánimos en buscar a Jehová vuestro Dios.***

Debemos animarnos unos a otros a buscar al Señor con todo nuestro corazón y con toda nuestra alma; Hebreos 3.13 nos instruye a alentarnos diariamente. Nos necesitamos unos a otros porque ningún creyente ha sido llamado a «transitar solitario» en su peregrinaje de fe.

RESPUESTAS A PREGUNTAS DE LA VIDA

¿Cómo confrontar los tiempos de adversidad?

1 CR 22.13

Enfrentar la adversidad es parte de la vida, incluso el tipo de adversidad que amenaza nuestra fe. El rey David nos proporciona un consejo sabio al respecto.

Como parte de su bendición final a su hijo Salomón, David le dijo: «serás prosperado, si cuidares de poner por obra los estatutos y decretos que Jehová mandó a Moisés para Israel. Esfuérzate, pues, y cobra ánimo; no temas, ni desmayes» (1 Cr 22.13).

Es un consejo muy oportuno para nosotros hoy día, pues todavía es cierto que la obediencia siempre trae bendición consigo.

Una y otra vez en la ley de Moisés, vemos la palabra guardar. Los hijos de Israel fueron ordenados a *guardar* las fiestas, guardar la ley y los mandamientos, guardar el día de reposo, guardar sus juramentos a Dios y guardarse del mal. Al guiarles en el inicio de su relación de pacto con Dios, Moisés dijo a los hijos de Israel: «Guardaréis, pues, las palabras de este pacto, y las pondréis por obra, para que prosperéis en todo lo que hiciereis» (Dt 29.9).

Guardar significa asir y atesorar al mismo tiempo. Ante cada adversidad, esa debería ser nuestra actitud, asirnos por encima de todo al Señor y atesorar nuestra relación con Él. En lugar de culpar a Dios o alejarnos de Él, necesitamos acudir a Dios y apoyarnos en su ayuda. Obedecer a Dios frente a la adversidad nos lleva a la prosperidad, que es el mejoramiento de nuestra condición actual.

Cuando enfrente la adversidad, es posible que las personas a su alrededor le critiquen por asirse de la fe o reafirmar su creencia en la bondad y benevolencia de Dios como su Padre celestial. Tal vez se burlen de usted o le ridiculicen. No tema ni desmaye cuando eso suceda. Siga guardando la Palabra de Dios y permanezca fiel en su relación con el Señor. Recuerde lo que dijo David: «Porque oigo la calumnia de muchos; el miedo me asalta por todas partes, mientras consultan juntos contra mí e idean quitarme la vida. Mas yo en ti confío, oh Jehová; digo: Tú eres mi Dios. En tu mano están mis tiempos; líbrame de la mano de mis enemigos y de mis perseguidores» (Sal 31.13–15).

Pídale al Señor que le de valor para soportar los comentarios hirientes de otros y dar testimonio firme del poder y la presencia de Dios, aun en su prueba más difícil.

Para un estudio más a fondo, véase el Índice de Principios de vida:

21. La obediencia siempre trae bendición consigo.

18 Hijo de Izhar fue Selomit el jefe.
19 Los hijos de Hebrón: Jerías el jefe, Amarías el segundo, Jahaziel el tercero, y Jecamán el cuarto.
20 Los hijos de Uziel: Micaía el jefe, e Isías el segundo.
21 Los hijos de Merari: Mahli y Musi. Los hijos de Mahli: Eleazar y Cis.
22 Y murió Eleazar sin hijos; pero tuvo hijas, y los hijos de Cis, sus parientes, las tomaron por mujeres.
23 Los hijos de Musi: Mahli, Edar y Jeremot, ellos tres.
24 Éstos son los hijos de Leví en las familias de sus padres, jefes de familias según el censo de ellos, contados por sus nombres, por sus cabezas, de veinte años arriba, los cuales trabajaban en el ministerio de la casa de Jehová.
25 Porque David dijo: Jehová Dios de Israel ha dado paz a su pueblo Israel, y él habitará en Jerusalén para siempre.
26 Y también los levitas no tendrán que llevar más el tabernáculo y todos los utensilios para su ministerio.[c]
27 Así que, conforme a las postreras palabras de David, se hizo la cuenta de los hijos de Leví de veinte años arriba.
28 Y estaban bajo las órdenes de los hijos de Aarón para ministrar en la casa de Jehová, en los atrios, en las cámaras, y en la purificación de toda cosa santificada, y en la demás obra del ministerio de la casa de Dios.
29 Asimismo para los panes de la proposición, para la flor de harina para el sacrificio, para las hojuelas sin levadura, para lo preparado

c. 23.26 Dt 10.8.

en sartén, para lo tostado, y para toda medida y cuenta;
30 y para asistir cada mañana todos los días
a dar gracias y tributar alabanzas a Jehová, y
asimismo por la tarde;
31 y para ofrecer todos los holocaustos a Jehová los días de reposo,[*] lunas nuevas y fiestas
solemnes, según su número y de acuerdo con
su rito, continuamente delante de Jehová;
32 y para que tuviesen la guarda del tabernáculo de reunión, y la guarda del santuario, bajo las órdenes de los hijos de Aarón
sus hermanos, en el ministerio de la casa de
Jehová.[d]
24 TAMBIÉN los hijos de Aarón fueron
distribuidos en grupos. Los hijos de
Aarón: Nadab, Abiú, Eleazar e Itamar.
2 Mas como Nadab y Abiú murieron antes
que su padre,[a] y no tuvieron hijos, Eleazar e
Itamar ejercieron el sacerdocio.
3 Y David, con Sadoc de los hijos de Eleazar,
y Ahimelec de los hijos de Itamar, los repartió
por sus turnos en el ministerio.
4 Y de los hijos de Eleazar había más varones
principales que de los hijos de Itamar; y los
repartieron así: De los hijos de Eleazar, dieciséis cabezas de casas paternas; y de los hijos
de Itamar, por sus casas paternas, ocho.
5 Los repartieron, pues, por suerte los unos
con los otros; porque de los hijos de Eleazar y
de los hijos de Itamar hubo príncipes del santuario, y príncipes de la casa de Dios.
6 Y el escriba Semaías hijo de Natanael, de
los levitas, escribió sus nombres en presencia
del rey y de los príncipes, y delante de Sadoc
el sacerdote, de Ahimelec hijo de Abiatar y de
los jefes de las casas paternas de los sacerdotes y levitas, designando por suerte una casa
paterna para Eleazar, y otra para Itamar.
7 La primera suerte tocó a Joiarib, la segunda a Jedaías,
8 la tercera a Harim, la cuarta a Seorim,
9 la quinta a Malquías, la sexta a Mijamín,
10 la séptima a Cos, la octava a Abías,
11 la novena a Jesúa, la décima a Secanías,
12 la undécima a Eliasib, la duodécima a
Jaquim,
13 la decimatercera a Hupa, la decimacuarta a Jesebeab,
14 la decimaquinta a Bilga, la decimasexta a
Imer,
15 la decimaséptima a Hezir, la decimaoctava a Afses,
16 la decimanovena a Petaías, la vigésima a
Hezequiel,
17 la vigesimaprimera a Jaquín, la vigesimasegunda a Gamul,
18 la vigesimatercera a Delaía, la vigesimacuarta a Maazías.
19 Éstos fueron distribuidos para su ministerio, para que entrasen en la casa de Jehová,
según les fue ordenado por Aarón su padre,
de la manera que le había mandado Jehová el
Dios de Israel.
20 Y de los hijos de Leví que quedaron: Subael,
de los hijos de Amram; y de los hijos de
Subael, Jehedías.
21 Y de los hijos de Rehabías, Isías el jefe.
22 De los izharitas, Selomot; e hijo de Selomot, Jahat.
23 De los hijos de Hebrón: Jerías el jefe, el
segundo Amarías, el tercero Jahaziel, el cuarto Jecamán.
24 Hijo de Uziel, Micaía; e hijo de Micaía,
Samir.
25 Hermano de Micaía, Isías; e hijo de Isías,
Zacarías.
26 Los hijos de Merari: Mahli y Musi; hijo de
Jaazías, Beno.
27 Los hijos de Merari por Jaazías: Beno,
Soham, Zacur e Ibri.
28 Y de Mahli, Eleazar, quien no tuvo hijos.
29 Hijo de Cis, Jerameel.
30 Los hijos de Musi: Mahli, Edar y Jerimot.
Éstos fueron los hijos de los levitas conforme
a sus casas paternas.
31 Éstos también echaron suertes, como sus
hermanos los hijos de Aarón, delante del rey
David, y de Sadoc y de Ahimelec, y de los jefes
de las casas paternas de los sacerdotes y levitas; el principal de los padres igualmente que
el menor de sus hermanos.

Distribución de músicos y cantores

25 ASIMISMO David y los jefes del ejército apartaron para el ministerio a los
hijos de Asaf, de Hemán y de Jedutún, para
que profetizasen con arpas, salterios y címbalos; y el número de ellos, hombres idóneos
para la obra de su ministerio, fue:
2 De los hijos de Asaf: Zacur, José, Netanías
y Asarela, hijos de Asaf, bajo la dirección de
Asaf, el cual profetizaba bajo las órdenes del
rey.
3 De los hijos de Jedutún: Gedalías, Zeri,
Jesaías, Hasabías, Matatías y Simei; seis, bajo
la dirección de su padre Jedutún, el cual profetizaba con arpa, para aclamar y alabar a
Jehová.
4 De los hijos de Hemán: Buquías, Matanías,
Uziel, Sebuel, Jeremot, Hananías, Hanani,
Eliata, Gidalti, Romanti-ezer, Josbecasa, Maloti, Hotir y Mahaziot.
5 Todos éstos fueron hijos de Hemán, vidente del rey en las cosas de Dios, para exaltar
su poder; y Dios dio a Hemán catorce hijos y
tres hijas.
6 Y todos éstos estaban bajo la dirección de su
padre en la música, en la casa de Jehová, con
címbalos, salterios y arpas, para el ministerio
del templo de Dios. Asaf, Jedutún y Hemán
estaban por disposición del rey.
7 Y el número de ellos, con sus hermanos,
instruidos en el canto para Jehová, todos los
aptos, fue doscientos ochenta y ocho.

* Aquí equivale a *sábado*.

d. 23.28-32 Nm 3.5-9. **a. 24.2** Lv 10.1-2.

8 Y echaron suertes para servir por turnos, entrando el pequeño con el grande, lo mismo el maestro que el discípulo.
9 La primera suerte salió por Asaf, para José; la segunda para Gedalías, quien con sus hermanos e hijos fueron doce.
10 la tercera para Zacur, con sus hijos y sus hermanos, doce;
11 la cuarta para Izri, con sus hijos y sus hermanos, doce;
12 la quinta para Netanías, con sus hijos y sus hermanos, doce;
13 la sexta para Buquías, con sus hijos y sus hermanos, doce;
14 la séptima para Jesarela, con sus hijos y sus hermanos, doce;
15 la octava para Jesahías, con sus hijos y sus hermanos, doce;
16 la novena para Matanías, con sus hijos y sus hermanos, doce;
17 la décima para Simei, con sus hijos y sus hermanos, doce;
18 la undécima para Azareel, con sus hijos y sus hermanos, doce;
19 la duodécima para Hasabías, con sus hijos y sus hermanos, doce;
20 la decimatercera para Subael, con sus hijos y sus hermanos, doce;
21 la decimacuarta para Matatías, con sus hijos y sus hermanos, doce;
22 la decimaquinta para Jeremot, con sus hijos y sus hermanos, doce;
23 la decimasexta para Hananías, con sus hijos y sus hermanos, doce;
24 la decimaséptima para Josbecasa, con sus hijos y sus hermanos, doce;
25 la decimaoctava para Hanani, con sus hijos y sus hermanos, doce;
26 la decimanovena para Maloti, con sus hijos y sus hermanos, doce;
27 la vigésima para Eliata, con sus hijos y sus hermanos, doce;
28 la vigesimaprimera para Hotir, con sus hijos y sus hermanos, doce;
29 la vigesimasegunda para Gidalti, con sus hijos y sus hermanos, doce;
30 la vigesimatercera para Mahaziot, con sus hijos y sus hermanos, doce;
31 la vigesimacuarta para Romantiezer, con sus hijos y sus hermanos, doce.

Porteros y oficiales

26 TAMBIÉN fueron distribuidos los porteros: de los coreítas, Meselemías hijo de Coré, de los hijos de Asaf.
2 Los hijos de Meselemías: Zacarías el primogénito, Jediael el segundo, Zebadías el tercero, Jatniel el cuarto,
3 Elam el quinto, Johanán el sexto, Elioenai el séptimo.
4 Los hijos de Obed-edom: Semaías el primogénito, Jozabad el segundo, Joa el tercero, el cuarto Sacar, el quinto Natanael,
5 el sexto Amiel, el séptimo Isacar, el octavo Peultai; porque Dios había bendecido a Obed-edom.[a]
6 También de Semaías su hijo nacieron hijos que fueron señores sobre la casa de sus padres; porque eran varones valerosos y esforzados.
7 Los hijos de Semaías: Otni, Rafael, Obed, Elzabad, y sus hermanos, hombres esforzados; asimismo Eliú y Samaquías.
8 Todos éstos de los hijos de Obed-edom; ellos con sus hijos y sus hermanos, hombres robustos y fuertes para el servicio; sesenta y dos, de Obed-edom.
9 Y los hijos de Meselemías y sus hermanos, dieciocho hombres valientes.
10 De Hosa, de los hijos de Merari: Simri el jefe (aunque no era el primogénito, mas su padre lo puso por jefe),
11 el segundo Hilcías, el tercero Tebalías, el cuarto Zacarías; todos los hijos de Hosa y sus hermanos fueron trece.
12 Entre éstos se hizo la distribución de los porteros, alternando los principales de los varones en la guardia con sus hermanos, para servir en la casa de Jehová.
13 Echaron suertes, el pequeño con el grande, según sus casas paternas, para cada puerta.
14 Y la suerte para la del oriente cayó a Selemías. Y metieron en las suertes a Zacarías su hijo, consejero entendido; y salió la suerte suya para la del norte.
15 Y para Obed-edom la puerta del sur, y a sus hijos la casa de provisiones del templo.
16 Para Supim y Hosa, la del occidente, la puerta de Salequet, en el camino de la subida, correspondiéndose guardia con guardia.
17 Al oriente seis levitas, al norte cuatro de día; al sur cuatro de día; y a la casa de provisiones de dos en dos.
18 En la cámara de los utensilios al occidente, cuatro al camino, y dos en la cámara.
19 Éstas son las distribuciones de los porteros, hijos de los coreítas y de los hijos de Merari.
20 Y de los levitas, Ahías tenía cargo de los tesoros de la casa de Dios, y de los tesoros de las cosas santificadas.
21 Cuanto a los hijos de Laadán hijo de Gersón: de Laadán, los jefes de las casas paternas de Laadán gersonita fueron los jehielitas.
22 Los hijos de Jehieli, Zetam y Joel su hermano, tuvieron cargo de los tesoros de la casa de Jehová.
23 De entre los amramitas, de los izharitas, de los hebronitas y de los uzielitas,
24 Sebuel hijo de Gersón, hijo de Moisés, era jefe sobre los tesoros.
25 En cuanto a su hermano Eliezer, hijo de éste era Rehabías, hijo de éste Jesaías, hijo de éste Joram, hijo de éste Zicri, del que fue hijo Selomit.

a. 26.4-5 2 S 6.11; 1 Cr 13.14.

26 Este Selomit y sus hermanos tenían a su cargo todos los tesoros de todas las cosas santificadas que había consagrado el rey David, y los jefes de las casas paternas, los capitanes de millares y de centenas, y los jefes del ejército;
27 de lo que habían consagrado de las guerras y de los botines, para reparar la casa de Jehová.
28 Asimismo todas las cosas que había consagrado el vidente Samuel, y Saúl hijo de Cis, Abner hijo de Ner y Joab hijo de Sarvia, y todo lo que cualquiera consagraba, estaba a cargo de Selomit y de sus hermanos.
29 De los izharitas, Quenanías y sus hijos eran gobernadores y jueces sobre Israel en asuntos exteriores.
30 De los hebronitas, Hasabías y sus hermanos, hombres de vigor, mil setecientos, gobernaban a Israel al otro lado del Jordán, al occidente, en toda la obra de Jehová, y en el servicio del rey.
31 De los hebronitas, Jerías era el jefe de los hebronitas repartidos en sus linajes por sus familias. En el año cuarenta del reinado de David se registraron, y fueron hallados entre ellos hombres fuertes y vigorosos en Jazer de Galaad.
32 Y sus hermanos, hombres valientes, eran dos mil setecientos, jefes de familias, los cuales el rey David constituyó sobre los rubenitas, los gaditas y la media tribu de Manasés, para todas las cosas de Dios y los negocios del rey.

Otros oficiales de David

27 ÉSTOS son los principales de los hijos de Israel, jefes de familias, jefes de millares y de centenas, y oficiales que servían al rey en todos los negocios de las divisiones que entraban y salían cada mes durante todo el año, siendo cada división de veinticuatro mil.
2 Sobre la primera división del primer mes estaba Jasobeam hijo de Zabdiel; y había en su división veinticuatro mil.
3 De los hijos de Fares, él fue jefe de todos los capitanes de las compañías del primer mes.
4 Sobre la división del segundo mes estaba Dodai ahohíta; y Miclot era jefe en su división, en la que también había veinticuatro mil.
5 El jefe de la tercera división para el tercer mes era Benaía, hijo del sumo sacerdote Joiada; y en su división había veinticuatro mil.
6 Este Benaía era valiente entre los treinta y sobre los treinta; y en su división estaba Amisabad su hijo.
7 El cuarto jefe para el cuarto mes era Asael hermano de Joab, y después de él Zebadías su hijo; y en su división había veinticuatro mil.
8 El quinto jefe para el quinto mes era Samhut izraíta; y en su división había veinticuatro mil.
9 El sexto para el sexto mes era Ira hijo de Iques, de Tecoa; y en su división veinticuatro mil.
10 El séptimo para el séptimo mes era Heles pelonita, de los hijos de Efraín; y en su división veinticuatro mil.
11 El octavo para el octavo mes era Sibecai husatita, de los zeraítas; y en su división veinticuatro mil.
12 El noveno para el noveno mes era Abiezer anatotita, de los benjamitas; y en su división veinticuatro mil.
13 El décimo para el décimo mes era Maharai netofatita, de los zeraítas; y en su división veinticuatro mil.
14 El undécimo para el undécimo mes era Benaía piratonita, de los hijos de Efraín; y en su división veinticuatro mil.
15 El duodécimo para el duodécimo mes era Heldai netofatita, de Otoniel; y en su división veinticuatro mil.
16 Asimismo sobre las tribus de Israel: el jefe de los rubenitas era Eliezer hijo de Zicri; de los simeonitas, Sefatías, hijo de Maaca.
17 De los levitas, Hasabías hijo de Kemuel; de los de Aarón, Sadoc.
18 De Judá, Eliú, uno de los hermanos de David; de los de Isacar, Omri hijo de Micael.
19 De los de Zabulón, Ismaías hijo de Abdías; de los de Neftalí, Jerimot hijo de Azriel.
20 De los hijos de Efraín, Oseas hijo de Azazías; de la media tribu de Manasés, Joel hijo de Pedaías.
21 De la otra media tribu de Manasés, en Galaad, Iddo hijo de Zacarías; de los de Benjamín, Jaasiel hijo de Abner.
22 Y de Dan, Azareel hijo de Jeroham. Éstos fueron los jefes de las tribus de Israel.
23 Y no tomó David el número de los que eran de veinte años abajo, por cuanto Jehová había dicho que él multiplicaría a Israel como las estrellas del cielo.[a]
24 Joab hijo de Sarvia había comenzado a contar; pero no acabó, pues por esto vino el castigo sobre Israel,[b] y así el número no fue puesto en el registro de las crónicas del rey David.
25 Azmavet hijo de Adiel tenía a su cargo los tesoros del rey; y Jonatán hijo de Uzías los tesoros de los campos, de las ciudades, de las aldeas y de las torres.
26 Y de los que trabajaban en la labranza de las tierras, Ezri hijo de Quelub.
27 De las viñas, Simei ramatita; y del fruto de las viñas para las bodegas, Zabdi sifmita.
28 De los olivares e higuerales de la Sefela, Baal-hanán gederita; y de los almacenes del aceite, Joás.
29 Del ganado que pastaba en Sarón, Sitrai saronita; y del ganado que estaba en los valles, Safat hijo de Adlai.

a. 27.23 Gn 15.5; 22.17; 26.4. **b. 27.24** 2 S 24.1-15; 1 Cr 21.1-14.

30 De los camellos, Obil ismaelita; de las asnas, Jehedías meronotita;
31 y de las ovejas, Jaziz agareno. Todos éstos eran administradores de la hacienda del rey David.
32 Y Jonatán tío de David era consejero, varón prudente y escriba; y Jehiel hijo de Hacmoni estaba con los hijos del rey.
33 También Ahitofel era consejero del rey, y Husai arquita amigo del rey.
34 Después de Ahitofel estaba Joiada hijo de Benaía, y Abiatar. Y Joab era el general del ejército del rey.

Salomón sucede a David

28 REUNIÓ David en Jerusalén a todos los principales de Israel, los jefes de las tribus, los jefes de las divisiones que servían al rey, los jefes de millares y de centenas, los administradores de toda la hacienda y posesión del rey y de sus hijos, y los oficiales y los más poderosos y valientes de sus hombres.
2 Y levantándose el rey David, puesto en pie dijo: Oídme, hermanos míos, y pueblo mío. Yo tenía el propósito de edificar una casa en la cual reposara el arca del pacto de Jehová, y para el estrado de los pies de nuestro Dios; y había ya preparado todo para edificar.
3 Mas Dios me dijo: Tú no edificarás casa a mi nombre, porque eres hombre de guerra, y has derramado mucha sangre.
4 Pero Jehová el Dios de Israel me eligió de toda la casa de mi padre, para que perpetuamente fuese rey sobre Israel; porque a Judá escogió por caudillo, y de la casa de Judá a la familia de mi padre; y de entre los hijos de mi padre se agradó de mí para ponerme por rey sobre todo Israel.
➤ 5 Y de entre todos mis hijos (porque Jehová me ha dado muchos hijos), eligió a mi hijo Salomón para que se siente en el trono del reino de Jehová sobre Israel.
6 Y me ha dicho: Salomón tu hijo, él edificará mi casa y mis atrios; porque a éste he escogido por hijo, y yo le seré a él por padre.
7 Asimismo yo confirmaré su reino para siempre, si él se esforzare a poner por obra mis mandamientos y mis decretos, como en este día.[a]
8 Ahora, pues, ante los ojos de todo Israel, congregación de Jehová, y en oídos de nuestro Dios, guardad e inquirid todos los preceptos de Jehová vuestro Dios, para que poseáis la buena tierra, y la dejéis en herencia a vuestros hijos después de vosotros perpetuamente.
9 Y tú, Salomón, hijo mío, reconoce al Dios de tu padre, y sírvele con corazón perfecto y con ánimo voluntario; porque Jehová escudriña los corazones de todos, y entiende todo intento de los pensamientos. Si tú le buscares, lo hallarás; mas si lo dejares, él te desechará para siempre. * ➤
10 Mira, pues, ahora, que Jehová te ha elegido para que edifiques casa para el santuario; esfuérzate, y hazla.
11 Y David dio a Salomón su hijo el plano del pórtico del templo y sus casas, sus tesorerías, sus aposentos, sus cámaras y la casa del propiciatorio.
12 Asimismo el plano de todas las cosas que tenía en mente para los atrios de casa de Jehová, para todas las cámaras alrededor, para las tesorerías de la casa de Dios, y para las tesorerías de las cosas santificadas.
13 También para grupos de los sacerdotes y de los levitas, para toda la obra del ministerio de la casa de Jehová, y para todos los utensilios del ministerio de la casa de Jehová.
14 Y dio oro en peso para las cosas de oro, para todos los utensilios de cada servicio, y plata en peso para todas las cosas de plata, para todos los utensilios de cada servicio.
15 Oro en peso para los candeleros de oro, y para sus lámparas; en peso el oro para cada candelero y sus lámparas; y para los candeleros de plata, plata en peso para cada candelero y sus lámparas, conforme al servicio de cada candelero.
16 Asimismo dio oro en peso para las mesas de la proposición, para cada mesa; del mismo modo plata para las mesas de plata.
17 También oro puro para los garfios, para los lebrillos, para las copas y para las tazas de oro; para cada taza por peso; y para las tazas de plata, por peso para cada taza.

a. 28.2-7 2 S 7.1-16; 1 Cr 17.1-14.

LECCIONES DE VIDA

➤ ***28.5 — de entre todos mis hijos (porque Jehová me ha dado muchos hijos), eligió a mi hijo Salomón para que se siente en el trono del reino de Jehová sobre Israel.***

Salomón, como su padre David antes que él (1 S 16), ascendió al trono de Israel por la palabra del Señor. Dios lo escogió para regir sobre Israel. Como en todas las cosas, debemos preguntarle al Señor a quién ha escogido para gobernarnos.

➤ ***28.9 — Jehová escudriña los corazones de todos, y entiende todo intento de los pensamientos. Si tú le buscares, lo hallarás.***

David vivió en la presencia maravillosa de Dios porque su atención siempre estuvo enfocada en Él. David amaba al Señor y quería agradarlo, y sabía que Salomón tendría que hacer lo mismo para vivir de la mejor manera posible. ¿Tiene usted un deseo profundo de Dios? Él conoce su corazón y sabe si realmente es la prioridad de su vida. Él promete que usted lo hallará si lo busca, no porque quiera algo sino porque lo ama de verdad y de todo corazón (Jer 29.13; Stg 4.8). Dios anhela corresponderle su amor.

RESPUESTAS A PREGUNTAS DE LA VIDA

¿Cómo manejo la tentación que lleva al orgullo?

1 CR 28.9

Antes de su muerte, David le dijo a su hijo y sucesor: «Y tú, Salomón, hijo mío, reconoce al Dios de tu padre, y sírvele con corazón perfecto y con ánimo voluntario; porque Jehová escudriña los corazones de todos, y entiende todo intento de los pensamientos. Si tú le buscares, lo hallarás» (1 Cr 28.9).

Nuestra capacidad para conocer, buscar y servir a Dios con todo nuestro corazón empieza con una palabra: humildad. Como escribió el apóstol Santiago: «Dios resiste a los soberbios, y da gracia a los humildes» (Stg 4.6).

Tristemente, Salomón no se apropió del consejo de su padre sino que abandonó su instrucción y se casó con mujeres que rendían culto a dioses ajenos. El pecado siempre tiene consecuencias, y aunque Dios no quebrantó su promesa, sí quitó su bendición de la vida de Salomón.

Si usted desea la sabiduría de Dios, asegúrese de estar dispuesto a tener la humildad que se requiere para seguir el sendero de la sabiduría. Dios dijo a Salomón que podía pedir cualquier cosa y sería suya. En lugar de pedir gran riqueza y poder, Salomón optó por pedir sabiduría, la cual Dios le dio en abundancia. No obstante, con el correr de los años, Salomón se apoyó más en su propia sabiduría y dejó de depender de Dios. Al principio confió en Dios y quiso hacer la voluntad del Señor, pero más adelante Salomón dejó de apoyarse en el Señor y empezó a apoyarse por completo en su propio criterio y habilidad. Esa fue la razón de su caída.

Tan pronto dejamos de escuchar a Dios con humildad,

- Empezamos a oír las voces erróneas: la nuestra, la del diablo, y la de aquellos que no tienen en mente lo mejor de Dios para nosotros.
- Somos fácilmente engañados, y todas las decisiones que tomamos fuera de la voluntad de Dios se tornan rápidamente desastrosas.
- Nos volvemos orgullosos y tenemos diversas expresiones jactanciosas de nuestra independencia de Dios.
- Empezamos a tomar decisiones conforme a nuestros deseos, no los del Señor.
- Hacemos daño a las personas que nos rodean.
- Nos perdemos lo mejor de Dios.

¿Cómo puede usted evitar tales peligros? Pídale a Dios que abra su corazón a su verdad. Esté dispuesto a obedecer su Palabra, así le toque renunciar a algo que aprecia mucho. La obediencia siempre es mejor que el sacrificio más grande. Nuestro Dios es el Dios de la restauración, y Él jamás repudiará su deseo sincero de obedecerle y agradarle.

Para un estudio más a fondo, véase el Índice de Principios de vida:

2. *Obedezcamos a Dios y dejemos las consecuencias en sus manos.*
19. *Todo aquello a lo que nos aferremos, lo perderemos.*

18 Además, oro puro en peso para el altar del
incienso, y para el carro de los querubines de
oro, que con las alas extendidas cubrían el
arca del pacto de Jehová.
19 Todas estas cosas, dijo David, me fueron
trazadas por la mano de Jehová, que me hizo
entender todas las obras del diseño.
20 Dijo además David a Salomón su hijo:
Anímate y esfuérzate, y manos a la obra; no
temas, ni desmayes, porque Jehová Dios, mi
Dios, estará contigo; él no te dejará ni te desamparará, hasta que acabes toda la obra para
el servicio de la casa de Jehová.
21 He aquí los grupos de los sacerdotes y de
los levitas, para todo el ministerio de la casa de
Dios, estarán contigo en toda la obra; asimismo
todos los voluntarios e inteligentes para toda
forma de servicio, y los príncipes, y todo el pueblo para ejecutar todas tus órdenes.
29 DESPUÉS dijo el rey David a toda la
asamblea: Solamente a Salomón mi
hijo ha elegido Dios; él es joven y tierno de
edad, y la obra grande; porque la casa no es
para hombre, sino para Jehová Dios.

2 Yo con todas mis fuerzas he preparado para
la casa de mi Dios, oro para las cosas de oro,
plata para las cosas de plata, bronce para las
de bronce, hierro para las de hierro, y madera para las de madera; y piedras de ónice,
piedras preciosas, piedras negras, piedras de
diversos colores, y toda clase de piedras preciosas, y piedras de mármol en abundancia.[a]
➤ 3 Además de esto, por cuanto tengo mi afecto
en la casa de mi Dios, yo guardo en mi tesoro
particular oro y plata que, además de todas las
cosas que he preparado para la casa del santuario, he dado para la casa de mi Dios:
4 tres mil talentos de oro, de oro de Ofir, y siete mil talentos de plata refinada para cubrir
las paredes de las casas;
5 oro, pues, para las cosas de oro, y plata para
las cosas de plata, y para toda la obra de las
manos de los artífices. ¿Y quién quiere hacer
hoy ofrenda voluntaria a Jehová?
6 Entonces los jefes de familia, y los príncipes de las tribus de Israel, jefes de millares
y de centenas, con los administradores de la
hacienda del rey, ofrecieron voluntariamente.
7 Y dieron para el servicio de la casa de Dios
cinco mil talentos y diez mil dracmas de oro,
diez mil talentos de plata, dieciocho mil talentos de bronce, y cinco mil talentos de hierro.
8 Y todo el que tenía piedras preciosas las dio
para el tesoro de la casa de Jehová, en mano
de Jehiel gersonita.
9 Y se alegró el pueblo por haber contribuido voluntariamente; porque de todo corazón
ofrecieron a Jehová voluntariamente.
10 Asimismo se alegró mucho el rey David, y
bendijo a Jehová delante de toda la congregación; y dijo David: Bendito seas tú, oh Jehová,
Dios de Israel nuestro padre, desde el siglo y
hasta el siglo.
11 Tuya es, oh Jehová, la magnificencia y el
poder, la gloria, la victoria y el honor; porque
todas las cosas que están en los cielos y en la
tierra son tuyas. Tuyo, oh Jehová, es el reino,[b]
y tú eres excelso sobre todos.
12 Las riquezas y la gloria proceden de ti, y tú ◄
dominas sobre todo; en tu mano está la fuerza y el poder, y en tu mano el hacer grande y
el dar poder a todos.
13 Ahora pues, Dios nuestro, nosotros alabamos y loamos tu glorioso nombre.
14 Porque ¿quién soy yo, y quién es mi pueblo, ◄
para que pudiésemos ofrecer voluntariamente
cosas semejantes? Pues todo es tuyo, y de lo
recibido de tu mano te damos.
15 Porque nosotros, extranjeros y advenedi-
zos somos delante de ti, como todos nuestros
padres; y nuestros días sobre la tierra, cual
sombra que no dura.
16 Oh Jehová Dios nuestro, toda esta abundancia que hemos preparado para edificar
casa a tu santo nombre, de tu mano es, y todo
es tuyo.
17 Yo sé, Dios mío, que tú escudriñas los corazones, y que la rectitud te agrada; por eso yo
con rectitud de mi corazón voluntariamente
te he ofrecido todo esto, y ahora he visto con
alegría que tu pueblo, reunido aquí ahora, ha
dado para ti espontáneamente.
18 Jehová, Dios de Abraham, de Isaac y de
Israel nuestros padres, conserva perpetuamente esta voluntad del corazón de tu pueblo,
y encamina su corazón a ti.
19 Asimismo da a mi hijo Salomón corazón
perfecto, para que guarde tus mandamientos, tus testimonios y tus estatutos, y para que

a. 29.1-2 1 Cr 22.5. **b. 29.11** Mt 6.13.

LECCIONES DE VIDA

➤ ***28.19 — me fueron trazadas por la mano de Jehová, que me hizo entender todas las obras del diseño.***

Inspirado por el Espíritu de Dios, David trazó los planos del templo. Si permitimos al Espíritu Santo obrar sin obstáculos en nuestra vida, podemos esbozar los planos en todas las áreas de la vida con su guía y sabiduría.

➤ ***28.20 — Anímate y esfuérzate, y manos a la obra; no temas, ni desmayes, porque Jehová Dios, mi Dios, estará contigo; él no te dejará ni te desamparará.***

Qué certeza tan maravillosa le transmitió David a Salomón, de la cual también podemos apropiarnos. Podemos tener una relación íntima con nuestro Padre celestial. Él nos ama con un amor incondicional. Esto provee la seguridad que necesitamos en medio de las tormentas de la vida. Siempre podemos echar nuestra ansiedad sobre Él, sabiendo que Él confortará nuestros corazones y se encargará de nuestras necesidades al seguirle en obediencia.

➤ ***29.3 — mi tesoro particular oro y plata… he dado para la casa de mi Dios.***

Cuando el Señor colma nuestro corazón, nuestro mayor deleite es honrarlo con todo lo que tenemos, en especial nuestros tesoros más valiosos y los que más estimamos. No sólo complacemos a Dios al dar, sino también le agrada que demos con liberalidad, y participamos de su propia alegría cuando aportamos generosamente a la obra del Señor. Realmente, jamás podremos superar a Dios en generosidad.

➤ ***29.12 — en tu mano el hacer grande y el dar poder a todos.***

Las riquezas y el honor vienen de Dios. Él en su soberanía y poder ilimitado, da fortaleza a todos y engrandece a algunos. La manera en que Él llena nuestro corazón nos deja satisfechos, y nuestro mayor contentamiento es tener una relación personal con Él.

➤ ***29.14 — todo es tuyo, y de lo recibido de tu mano te damos.***

Aquí David expresa el corazón mismo de la sabiduría: todo lo que había logrado en su vida se debió a la misericordia amorosa del Señor. No damos nada a Dios que Él no nos haya dado primero. Si entendemos esto evitaremos que el orgullo, la avaricia y la rebelión echen raíces. Cuando reconocemos humildemente que Él es la fuente de toda buena dádiva, quedamos en libertad para vivir a plenitud y servirle de todo corazón.

LO QUE LA BIBLIA DICE ACERCA DE
CÓMO DEFINE DIOS LA RIQUEZA

1 Cr 29.12

Cada año diversas publicaciones sacan su lista de las cien personas más acaudaladas en los Estados Unidos. Las revistas clasifican a los individuos por sus ingresos totales, que van de los millones a los miles de millones de dólares. Este es el criterio generalizado para definir la riqueza.

¿Es así como Dios define la riqueza? Por supuesto que no. Desde el punto de vista de Dios, la riqueza incluye mucho más que el dinero. Las cuentas bancarias de los ricos pueden rebosar, pero en muchos casos sus almas son presas de la miseria.

Por contraste, la riqueza bíblica puede definirse como la capacidad para experimentar y disfrutar la presencia de Dios. El individuo pobre que conoce a Dios como Salvador tiene riquezas indescriptibles si se compara con el rico que lo rechaza.

La Biblia insiste en que Dios es la fuente de toda ganancia: «Las riquezas y la gloria proceden de ti, y tú dominas sobre todo; en tu mano está la fuerza y el poder, y en tu mano el hacer grande y el dar poder a todos» (1 Cr 29.12).

Si no fuera por la benevolencia de Dios, no podríamos acumular riquezas. Aunque nuestro trabajo, diligencia, planeación y sabiduría son vitales, Dios sigue siendo el origen exclusivo de la bendición. Él es la fuente de la salud, el alimento, el sol y todos los demás elementos necesarios para la vida. Como Creador, toda la vida es un regalo suyo. Él es el Dador primario: «Toda buena dádiva y todo don perfecto desciende de lo alto, del Padre de las luces» (Stg 1.17).

Dios preparó a los israelitas antes de llevarlos a la tierra fértil y fructífera de Canaán, y les advirtió que no olvidaran la fuente de su prosperidad recién descubierta: «[no suceda que] digas en tu corazón: Mi poder y la fuerza de mi mano me han traído esta riqueza. Sino acuérdate de Jehová tu Dios, porque él te da el poder para hacer las riquezas» (Dt 8.17, 18).

Puesto que toda riqueza fluye de la provisión de Dios, nuestro papel es desempeñarnos como mayordomos fieles y sensatos. Dios todo lo da, y Dios es el dueño de todo. Él nos designa como encargados de cuidar sus recursos. Nuestros gastos e inversiones se convierten así en extensiones de su voluntad. Si seguimos con diligencia las pautas de las Escrituras, podemos manejar sabiamente las riquezas de Dios.

Dios todo lo da, y Dios es el dueño de todo.

Para un estudio más a fondo, véase el Índice de Principios de vida:

23. Jamás podremos superar a Dios en generosidad.

25. Dios nos bendice para que nosotros podamos bendecir a otros.

haga todas las cosas, y te edifique la casa para
la cual yo he hecho preparativos.
20 Después dijo David a toda la congregación:
Bendecid ahora a Jehová vuestro Dios. Entonces toda la congregación bendijo a Jehová
Dios de sus padres, e inclinándose adoraron
delante de Jehová y del rey.
21 Y sacrificaron víctimas a Jehová, y ofrecieron a Jehová holocaustos al día siguiente; mil
becerros, mil carneros, mil corderos con sus
libaciones, y muchos sacrificios de parte de
todo Israel.
22 Y comieron y bebieron delante de Jehová
aquel día con gran gozo; y dieron por segunda vez la investidura del reino a Salomón hijo
de David, y ante Jehová le ungieron por príncipe, y a Sadoc por sacerdote.
23 Y se sentó Salomón por rey en el trono
de Jehová en lugar de David su padre,[c] y fue
prosperado; y le obedeció todo Israel.
24 Y todos los príncipes y poderosos, y todos
los hijos del rey David, prestaron homenaje al
rey Salomón.
25 Y Jehová engrandeció en extremo a Salomón a ojos de todo Israel, y le dio tal gloria
en su reino, cual ningún rey la tuvo antes de
él en Israel.

Muerte de David
(1 R 2.10-12)
26 Así reinó David hijo de Isaí sobre todo
Israel.
27 El tiempo que reinó sobre Israel fue cuarenta años. Siete años reinó en Hebrón, y
treinta y tres reinó en Jerusalén.[d]
28 Y murió en buena vejez, lleno de días, de
riquezas y de gloria; y reinó en su lugar Salomón su hijo.
29 Y los hechos del rey David, primeros y postreros, están escritos en el libro de las crónicas
de Samuel vidente, en las crónicas del profeta
Natán, y en las crónicas de Gad vidente,
30 con todo lo relativo a su reinado, y su
poder, y los tiempos que pasaron sobre él, y
sobre Israel y sobre todos los reinos de aquellas tierras.

---

c. 29.23 1 R 2.12. **d. 29.27** 2 S 5.4-5; 1 Cr 3.4.

EL SEGUNDO LIBRO DE CRÓNICAS

La continuación de 1 Crónicas establece un paralelo con 1 y 2 Reyes pero ignora virtualmente el reino norte de Israel por su idolatría y su obstinación en desconocer el templo en Jerusalén. Mientras el libro cuenta la historia de una nación que cayó cada vez más hondo en su alejamiento de Dios, y las consecuencias terribles de tal apostasía, se enfoca particularmente en los reyes que siguieron el ejemplo del rey piadoso David, tanto en sus vidas personales como en sus reinados. Cinco reyes sobresalen por haberse propuesto limpiar la nación del culto idolátrico. El libro trata extensamente los reformadores Asa (2 Cr 15), Josafat (2 Cr 17), Joás (2 Cr 23), Ezequías (2 Cr 29–31) y Josías (2 Cr 34–35).

El templo y la adoración verdadera son temas centrales a lo largo del libro y se constituyen en el reflejo de una nación cuyo culto a Dios hace posible su misma supervivencia. El libro empieza con la construcción del templo glorioso de Salomón y concluye con el edicto de Ciro que permite a los judíos volver a su tierra y reconstruir su templo arruinado, más de cuatrocientos años después.

Tema: El templo y la adoración alrededor del mismo son temas predominantes en el libro de 2 Crónicas, que también registra la historia triste de un pueblo que se alejaba cada vez más de Dios. La apostasía y el avivamiento también son temas recurrentes a través del libro. En 2 Crónicas se demuestra que Dios seguirá cumpliendo sus propósitos con toda la humanidad, incluso cuando su propio pueblo se rebela y aleja de Él.

Autor: Incierto, pero se cree que fue compilado y editado por Esdras.

Fecha: El segundo libro de Crónicas empieza con la construcción del templo en Jerusalén a cargo de Salomón (ca. 966 a.C.) y termina con el edicto de Ciro el rey persa, que permite a los judíos regresar a su patria tras su exilio en Babilonia (ca. 538 a.C.).

Estructura: Mayormente histórico, con un enfoque espiritual más continuo que 1 Crónicas. El libro puede dividirse en varias partes que abarcan el reinado de varios reyes sucesores de Salomón. Presta atención especial a Salomón y su construcción del templo (1.1—9.31). Tras la muerte de Salomón, su hijo Roboam asciende al trono pero su mando es desastroso y resulta en la división del reino. El libro reseña el gobierno de cinco reyes que lucharon valientemente por llevar la nación de Judá de vuelta a Dios, en los siglos posteriores a la muerte de Salomón (10.1—36.23).

A medida que lea 2 Crónicas, fíjese en los principios de vida que juegan un papel importante en este libro:

13. Escuchar a Dios es esencial para andar con Él. *Véase 2 Crónicas 14.4; página 494.*

10. Si es necesario, Dios moverá cielo y tierra para mostrarnos su voluntad. *Véase 2 Crónicas 20.12; página 503.*

7. Los momentos sombríos durarán solo el tiempo necesario para que Dios lleve a cabo su propósito en nosotros. *Véase 2 Crónicas 36.23; página 523.*

Salomón pide sabiduría
(1 R 3.3-15)

1 SALOMÓN hijo de David fue afirmado en
su reino, y Jehová su Dios estaba con él, y
lo engrandeció sobremanera.
2 Y convocó Salomón a todo Israel, a jefes de
millares y de centenas, a jueces, y a todos los
príncipes de todo Israel, jefes de familias.
3 Y fue Salomón, y con él toda esta asamblea,
al lugar alto que había en Gabaón; porque
allí estaba el tabernáculo de reunión de Dios,
que Moisés siervo de Jehová había hecho en
el desierto.
4 Pero David había traído el arca de Dios de
Quiriat-jearim al lugar que él le había preparado; porque él le había levantado una tienda
en Jerusalén.[a]
5 Asimismo el altar de bronce[b] que había
hecho Bezaleel hijo de Uri, hijo de Hur, estaba allí delante del tabernáculo de Jehová,
al cual fue a consultar Salomón con aquella
asamblea.
6 Subió, pues, Salomón allá delante de Jehová, al altar de bronce que estaba en el tabernáculo de reunión, y ofreció sobre él mil
holocaustos.
7 Y aquella noche apareció Dios a Salomón y
le dijo: Pídeme lo que quieras que yo te dé.
8 Y Salomón dijo a Dios: Tú has tenido con
David mi padre gran misericordia, y a mí me
has puesto por rey en lugar suyo.
9 Confírmese pues, ahora, oh Jehová Dios, tu
palabra dada a David mi padre; porque tú me
has puesto por rey sobre un pueblo numeroso
como el polvo de la tierra.[c]
10 Dame ahora sabiduría y ciencia, para
presentarme delante de este pueblo; porque
¿quién podrá gobernar a este tu pueblo tan
grande?
11 Y dijo Dios a Salomón: Por cuanto hubo
esto en tu corazón, y no pediste riquezas, bienes o gloria, ni la vida de los que te quieren mal, ni pediste muchos días, sino que has
pedido para ti sabiduría y ciencia para gobernar a mi pueblo, sobre el cual te he puesto
por rey,
12 sabiduría y ciencia te son dadas; y
también te daré riquezas, bienes y gloria,
como nunca tuvieron los reyes que han sido
antes de ti, ni tendrán los que vengan después de ti.
13 Y desde el lugar alto que estaba en Gabaón,
delante del tabernáculo de reunión, volvió
Salomón a Jerusalén, y reinó sobre Israel.

Salomón comercia en caballos y en carros
(1 R 10.26-29; 2 Cr 9.25-28)

14 Y juntó Salomón carros y gente de a caballo; y tuvo mil cuatrocientos carros y doce mil
jinetes,[d] los cuales puso en las ciudades de los
carros y con el rey en Jerusalén.
15 Y acumuló el rey plata y oro en Jerusalén
como piedras,[e] y cedro como cabrahigos de la
Sefela en abundancia.
16 Y los mercaderes del rey compraban por
contrato caballos y lienzos finos de Egipto
para Salomón.[f]
17 Y subían y compraban en Egipto un carro
por seiscientas piezas de plata, y un caballo por ciento cincuenta; y así compraban por
medio de ellos para todos los reyes de los
heteos, y para los reyes de Siria.

Pacto de Salomón con Hiram
(1 R 5.1-18; 7.13-14)

2 DETERMINÓ, pues, Salomón edificar
casa al nombre de Jehová, y casa para
su reino.
2 Y designó Salomón setenta mil hombres que
llevasen cargas, y ochenta mil hombres que
cortasen en los montes, y tres mil seiscientos
que los vigilasen.
3 Y envió a decir Salomón a Hiram rey de
Tiro: Haz conmigo como hiciste con David mi
padre, enviándole cedros para que edificara
para sí casa en que morase.
4 He aquí, yo tengo que edificar casa al nombre de Jehová mi Dios, para consagrársela,

a. 1.4 2 S 6.1-17; 1 Cr 13.5-14; 15.25—16.1. **b. 1.5** Éx 38.1-7.
c. 1.9 Gn 13.16; 28.14. **d. 1.14** 1 R 4.26. **e. 1.15** Dt 17.17.
f. 1.16 Dt 17.16.

LECCIONES DE VIDA

➤ *1.1 — Salomón hijo de David fue afirmado en su reino, y Jehová su Dios estaba con él, y lo engrandeció sobremanera.*

Elegimos la vida cuando seguimos al Señor y la muerte cuando no lo seguimos. Mientras Salomón obedeció a Dios, el Señor lo bendijo, pero al rebelarse Dios rompió de sus descendientes la mayor parte del reino (1 R 11.11–13).

➤ *1.10 — Dame ahora sabiduría y ciencia, para presentarme delante de este pueblo; porque ¿quién podrá gobernar a este tu pueblo tan grande?*

¿Qué es la sabiduría? Es la facultad de ver la vida desde el punto de vista de Dios. Cuando Salomón le pide sabiduría al Señor, su objetivo fue conocerlo mejor y aprender sus caminos (1 R 3.9–14; Pr 9.10). Esa es una petición que el Señor siempre concede en abundancia y sin reproche (Stg 1.5).

➤ *1.16 — compraban por contrato caballos y lienzos finos de Egipto para Salomón.*

El declive de las concesiones empieza por lo general con una decisión que parece insignificante. En el caso de Salomón, fue entablar comercio con naciones extranjeras, para adquirir cosas como carros, caballos, plata y oro, todo lo cual el Señor había prohibido a los reyes hacer en Deuteronomio 17.16, 17. En últimas, el rey cedió a sus creencias y siguió las costumbres paganas de las naciones con las que se asoció, tal como Dios se lo advirtió (1 R 9.4–7). Así fue como Salomón perdió su bendición.

para quemar incienso aromático delante de él,
y para la colocación continua de los panes de
la proposición, y para holocaustos a mañana
y tarde, en los días de reposo,* nuevas lunas,
y festividades de Jehová nuestro Dios; lo cual
ha de ser perpetuo en Israel.
➤ 5 Y la casa que tengo que edificar, ha de ser
grande; porque el Dios nuestro es grande
sobre todos los dioses.
6 Mas ¿quién será capaz de edificarle casa,[a]
siendo que los cielos y los cielos de los cielos
no pueden contenerlo? ¿Quién, pues, soy yo,
para que le edifique casa, sino tan sólo para
quemar incienso delante de él?
7 Envíame, pues, ahora un hombre hábil que
sepa trabajar en oro, en plata, en bronce, en
hierro, en púrpura, en grana y en azul, y que
sepa esculpir con los maestros que están conmigo en Judá y en Jerusalén, los cuales dispuso mi padre.
8 Envíame también madera del Líbano: cedro,
ciprés y sándalo; porque yo sé que tus siervos
saben cortar madera en el Líbano; y he aquí,
mis siervos irán con los tuyos,
9 para que me preparen mucha madera, porque la casa que tengo que edificar ha de ser
grande y portentosa.
10 Y he aquí, para los trabajadores tus siervos, cortadores de madera, he dado veinte mil
coros de trigo en grano, veinte mil coros de
cebada, veinte mil batos de vino, y veinte mil
batos de aceite.
11 Entonces Hiram rey de Tiro respondió por
escrito que envió a Salomón: Porque Jehová
amó a su pueblo, te ha puesto por rey sobre
ellos.
12 Además decía Hiram: Bendito sea Jehová
el Dios de Israel, que hizo los cielos y la tierra,
y que dio al rey David un hijo sabio, entendido, cuerdo y prudente, que edifique casa a
Jehová, y casa para su reino.
13 Yo, pues, te he enviado un hombre hábil y
entendido, Hiram-abi,
14 hijo de una mujer de las hijas de Dan,
mas su padre fue de Tiro; el cual sabe trabajar en oro, plata, bronce y hierro, en piedra y
en madera, en púrpura y en azul, en lino y en
carmesí; asimismo sabe esculpir toda clase de
figuras, y sacar toda forma de diseño que se le
pida, con tus hombres peritos, y con los de mi
señor David tu padre.
15 Ahora, pues, envíe mi señor a sus siervos el
trigo y cebada, y aceite y vino, que ha dicho;
16 y nosotros cortaremos en el Líbano la
madera que necesites, y te la traeremos en
balsas por el mar hasta Jope, y tú la harás llevar hasta Jerusalén.
17 Y contó Salomón todos los hombres extranjeros que había en la tierra de Israel, después de
haberlos ya contado David su padre, y fueron
hallados ciento cincuenta y tres mil seiscientos.
18 Y señaló de ellos setenta mil para llevar
cargas, y ochenta mil canteros en la montaña, y tres mil seiscientos por capataces para
hacer trabajar al pueblo.

Salomón edifica el templo
(1 R 6.1-38)

3 COMENZÓ Salomón a edificar la casa de
Jehová en Jerusalén, en el monte Moriah,
que había sido mostrado a David su padre, en
el lugar que David había preparado en la era
de Ornán jebuseo.
2 Y comenzó a edificar en el mes segundo, a
los dos días del mes, en el cuarto año de su
reinado.
3 Éstas son las medidas que dio Salomón a
los cimientos de la casa de Dios. La primera,
la longitud, de sesenta codos, y la anchura de
veinte codos.
4 El pórtico que estaba al frente del edificio
era de veinte codos de largo, igual al ancho de
la casa, y su altura de ciento veinte codos; y lo
cubrió por dentro de oro puro.
5 Y techó el cuerpo mayor del edificio con
madera de ciprés, la cual cubrió de oro fino, e
hizo realzar en ella palmeras y cadenas.
6 Cubrió también la casa de piedras preciosas
para ornamento; y el oro era oro de Parvaim.
7 Así que cubrió la casa, sus vigas, sus umbrales, sus paredes y sus puertas, con oro; y
esculpió querubines en las paredes.
8 Hizo asimismo el lugar santísimo,[a] cuya
longitud era de veinte codos según el ancho
del frente de la casa, y su anchura de veinte
codos; y lo cubrió de oro fino que ascendía a
seiscientos talentos.
9 Y el peso de los clavos era de uno hasta cincuenta siclos de oro. Cubrió también de oro
los aposentos.
10 Y dentro del lugar santísimo hizo dos
querubines[b] de madera, los cuales fueron
cubiertos de oro.
11 La longitud de las alas de los querubines
era de veinte codos; porque una ala era de cinco codos, la cual llegaba hasta la pared de la

* Aquí equivale a *sábado*.

a. 2.6 1 R 8.27; 2 Cr 6.18. **a. 3.8** Éx 26.33-34.
b. 3.10-13 Éx 25.18-20.

LECCIONES DE VIDA

➤ ***2.5 — la casa que tengo que edificar, ha de ser grande; porque el Dios nuestro es grande sobre todos los dioses.***

Salomón se propuso construir un templo glorioso que honraría al Señor y mostraría que Él estaba por encima de los demás dioses. Jesús en cambio construye un templo más maravilloso porque ha establecido su morada dentro de nosotros, la iglesia (1 Co 3.16, 17; 6.19, 20; Ef 2.19–22). Él es quien merece nuestra devoción de todo corazón y nuestra obediencia gozosa.

casa, y la otra de cinco codos, la cual tocaba el ala del otro querubín.

12 De la misma manera una ala del otro querubín era de cinco codos, la cual llegaba hasta la pared de la casa, y la otra era de cinco codos, que tocaba el ala del otro querubín.

13 Estos querubines tenían las alas extendidas por veinte codos, y estaban en pie con los rostros hacia la casa.

14 Hizo también el velo[c] de azul, púrpura, carmesí y lino, e hizo realzar querubines en él.

Las dos columnas
(1 R 7.15-22)

15 Delante de la casa hizo dos columnas de treinta y cinco codos de altura cada una, con sus capiteles encima, de cinco codos.

16 Hizo asimismo cadenas en el santuario, y las puso sobre los capiteles de las columnas; e hizo cien granadas, las cuales puso en las cadenas.

➤ 17 Y colocó las columnas delante del templo, una a la mano derecha, y otra a la izquierda; y a la de la mano derecha llamó Jaquín, y a la de la izquierda, Boaz.

Mobiliario del templo
(1 R 7.23-51)

4 HIZO además un altar de bronce[a] de veinte codos de longitud, veinte codos de anchura, y diez codos de altura.

2 También hizo un mar de fundición, el cual tenía diez codos de un borde al otro, enteramente redondo; su altura era de cinco codos, y un cordón de treinta codos de largo lo ceñía alrededor.

3 Y debajo del mar había figuras de calabazas que lo circundaban, diez en cada codo alrededor; eran dos hileras de calabazas fundidas juntamente con el mar.

4 Estaba asentado sobre doce bueyes, tres de los cuales miraban al norte, tres al occidente, tres al sur, y tres al oriente; y el mar descansaba sobre ellos, y las ancas de ellos estaban hacia adentro.

5 Y tenía de grueso un palmo menor, y el borde tenía la forma del borde de un cáliz, o de una flor de lis. Y le cabían tres mil batos.

6 Hizo también diez fuentes,[b] y puso cinco a la derecha y cinco a la izquierda, para lavar y limpiar en ellas lo que se ofrecía en holocausto; pero el mar era para que los sacerdotes se lavaran en él.

7 Hizo asimismo diez candeleros de oro[c] según su forma, los cuales puso en el templo, cinco a la derecha y cinco a la izquierda.

8 Además hizo diez mesas[d] y las puso en el templo, cinco a la derecha y cinco a la izquierda; igualmente hizo cien tazones de oro.

9 También hizo el atrio de los sacerdotes, y el gran atrio, y las portadas del atrio, y cubrió de bronce las puertas de ellas.

10 Y colocó el mar al lado derecho, hacia el sureste de la casa.

11 Hiram también hizo calderos, y palas, y tazones; y acabó Hiram la obra que hacía al rey Salomón para la casa de Dios.

12 Dos columnas, y los cordones, los capiteles sobre las cabezas de las dos columnas, y dos redes para cubrir las dos esferas de los capiteles que estaban encima de las columnas;

13 cuatrocientas granadas en las dos redes, dos hileras de granadas en cada red, para que cubriesen las dos esferas de los capiteles que estaban encima de las columnas.

14 Hizo también las basas, sobre las cuales colocó las fuentes;

15 un mar, y los doce bueyes debajo de él;

16 y calderos, palas y garfios; de bronce muy fino hizo todos sus enseres Hiram-abi al rey Salomón para la casa de Jehová.

17 Los fundió el rey en los llanos del Jordán, en tierra arcillosa, entre Sucot y Seredata.

18 Y Salomón hizo todos estos enseres en número tan grande, que no pudo saberse el peso del bronce.

19 Así hizo Salomón todos los utensilios para la casa de Dios, y el altar de oro, y las mesas sobre las cuales se ponían los panes de la proposición;

20 asimismo los candeleros y sus lámparas, de oro puro, para que las encendiesen delante del lugar santísimo conforme a la ordenanza.

21 Las flores, lamparillas y tenazas se hicieron de oro, de oro finísimo;

22 también las despabiladeras, los lebrillos, las cucharas y los incensarios eran de oro puro. Y de oro también la entrada de la casa, sus puertas interiores para el lugar santísimo, y las puertas de la casa del templo.

5 ACABADA toda la obra que hizo Salomón para la casa de Jehová, metió Salomón las cosas que David su padre había dedicado;[a] y puso la plata, y el oro, y todos los utensilios, en los tesoros de la casa de Dios.

2 Entonces Salomón reunió en Jerusalén a los ancianos de Israel y a todos los príncipes

c. 3.14 Éx 26.31. **a. 4.1** Éx 27.1-2. **b. 4.6** Éx 30.17-21. **c. 4.7** Éx 25.31-40. **d. 4.8** Éx 25.23-30.
a. 5.1 2 S 8.11; 1 Cr 18.11. **b. 5.2** 2 S 6.12-15; 1 Cr 15.25-28.

LECCIONES DE VIDA

➤ ***3.17 — colocó las columnas delante del templo, una a la mano derecha, y otra a la izquierda; y a la de la mano derecha llamó Jaquín, y a la de la izquierda, Boaz.***

En el lado derecho que es el lugar de honor, estaba la columna llamada Jaquín, que significa «Él establece». Israel debía recordar que no fue por esfuerzo humano que llegó a existir, sino por la fuerza del Señor. El rey se colocaría junto a la columna del norte llamada Boaz que significa «en Él está la fuerza», mostrando así que estaba bajo la protección y autoridad de Dios.

de las tribus, los jefes de las familias de los
hijos de Israel, para que trajesen el arca del
pacto de Jehová de la ciudad de David,[b] que
es Sion.
3 Y se congregaron con el rey todos los varones de Israel, para la fiesta solemne del mes
séptimo.
4 Vinieron, pues, todos los ancianos de Israel,
y los levitas tomaron el arca;
5 y llevaron el arca, y el tabernáculo de
reunión, y todos los utensilios del santuario
que estaban en el tabernáculo; los sacerdotes
y los levitas los llevaron.
6 Y el rey Salomón, y toda la congregación de
Israel que se había reunido con él delante del
arca, sacrificaron ovejas y bueyes, que por ser
tantos no se pudieron contar ni numerar.
7 Y los sacerdotes metieron el arca del pacto de Jehová en su lugar, en el santuario de
la casa, en el lugar santísimo, bajo las alas de
los querubines;
8 pues los querubines extendían las alas sobre
el lugar del arca, y los querubines cubrían por
encima así el arca como sus barras.
9 E hicieron salir las barras, de modo que
se viesen las cabezas de las barras del arca
delante del lugar santísimo, mas no se veían
desde fuera; y allí están hasta hoy.
10 En el arca no había más que las dos tablas
que Moisés había puesto en Horeb,[c] con las
cuales Jehová había hecho pacto con los hijos
de Israel, cuando salieron de Egipto.
11 Y cuando los sacerdotes salieron del santuario (porque todos los sacerdotes que se
hallaron habían sido santificados, y no guardaban sus turnos;
12 y los levitas cantores, todos los de Asaf,
los de Hemán y los de Jedutún, juntamente
con sus hijos y sus hermanos, vestidos de lino
fino, estaban con címbalos y salterios y arpas
al oriente del altar; y con ellos ciento veinte
sacerdotes que tocaban trompetas),
13 cuando sonaban, pues, las trompetas, y
cantaban todos a una, para alabar y dar gracias a Jehová, y a medida que alzaban la voz
con trompetas y címbalos y otros instrumentos de música, y alababan a Jehová, diciendo:
Porque él es bueno, porque su misericordia
es para siempre;[d] entonces la casa se llenó de
una nube, la casa de Jehová.
14 Y no podían los sacerdotes estar allí para
ministrar, por causa de la nube; porque la gloria de Jehová había llenado la casa de Dios.[e]

Dedicación del templo
(1 R 8.12-66)

6 ENTONCES dijo Salomón: Jehová ha
dicho que él habitaría en la oscuridad.
2 Yo, pues, he edificado una casa de morada
para ti, y una habitación en que mores para
siempre.
3 Y volviendo el rey su rostro, bendijo a toda
la congregación de Israel; y toda la congregación de Israel estaba en pie.
4 Y él dijo: Bendito sea Jehová Dios de Israel,
quien con su mano ha cumplido lo que prometió con su boca a David mi padre, diciendo:
5 Desde el día que saqué a mi pueblo de la tierra de Egipto, ninguna ciudad he elegido de
todas las tribus de Israel para edificar casa donde estuviese mi nombre, ni he escogido varón
que fuese príncipe sobre mi pueblo Israel.
6 Mas a Jerusalén he elegido para que en ella
esté mi nombre, y a David he elegido para que
esté sobre mi pueblo Israel.
7 Y David mi padre tuvo en su corazón edificar casa al nombre de Jehová Dios de Israel.
8 Mas Jehová dijo a David mi padre: Respecto
a haber tenido en tu corazón deseo de edificar
casa a mi nombre, bien has hecho en haber
tenido esto en tu corazón.
9 Pero tú no edificarás la casa, sino tu hijo
que saldrá de tus lomos, él edificará casa a
mi nombre.[a]
10 Y Jehová ha cumplido su palabra que había
dicho, pues me levanté yo en lugar de David
mi padre, y me he sentado en el trono de
Israel, como Jehová había dicho, y he edificado casa al nombre de Jehová Dios de Israel.
11 Y en ella he puesto el arca, en la cual está
el pacto de Jehová que celebró con los hijos
de Israel.

c. 5.10 Dt 10.5. **d. 5.13** 1 Cr 16.34; 2 Cr 7.3; Esd 3.11; Sal 100.5; 106.1; 107.1; 118.1; 136.1; Jer 33.11. **e. 5.13-14** Éx 40.34-35. **a. 6.4-9** 2 S 7.1-13; 1 Cr 17.1-12.

LECCIONES DE VIDA

➤ ***5.14 — no podían los sacerdotes estar allí para ministrar… porque la gloria de Jehová había llenado la casa de Dios.***

La presencia de Dios puede ser irresistible. Al ver su obra en acción, podemos quedar pasmados por su poder y fuerza. Tal vez se nos ocurra en ese momento que debemos hacer algo para agradarlo, pero lo que Él quiere es nuestra atención y obediencia total. La adoración verdadera incluye alabanza humilde, que no es algo que podamos hacer por Él sino nuestra expresión sincera de amor y gratitud. Él es digno de toda nuestra devoción, adoración, apreciación y alabanza.

➤ ***6.4 — Bendito sea Jehová Dios de Israel, quien con su mano ha cumplido lo que prometió con su boca a David mi padre.***

Dios cumplió todo lo que había prometido a David, pero no de la manera que él había esperado. ¿Duda del Señor cuando no hace las cosas como usted quiere, de acuerdo con su cronograma? No debería, porque Él nunca promete ajustarse a nuestras expectativas. Lo más probable es que tenga en mente un plan distinto del que usted se imagina. Por eso, sea paciente y confíe en Él porque ciertamente le verá cumplir con su mano cada promesa que le haya hecho.

12 Se puso luego Salomón delante del altar de
Jehová, en presencia de toda la congregación
de Israel, y extendió sus manos.
13 Porque Salomón había hecho un estrado
de bronce de cinco codos de largo, de cinco
codos de ancho y de altura de tres codos, y
lo había puesto en medio del atrio; y se puso
sobre él, se arrodilló delante de toda la congregación de Israel, y extendió sus manos al
cielo, y dijo:
14 Jehová Dios de Israel, no hay Dios semejante a ti en el cielo ni en la tierra, que guardas
el pacto y la misericordia con tus siervos que
caminan delante de ti de todo su corazón;
➤ 15 que has guardado a tu siervo David mi
padre lo que le prometiste; tú lo dijiste con tu
boca, y con tu mano lo has cumplido, como se
ve en este día.
16 Ahora, pues, Jehová Dios de Israel, cumple a tu siervo David mi padre lo que le has
prometido, diciendo: No faltará de ti varón
delante de mí, que se siente en el trono de
Israel, con tal que tus hijos guarden su camino, andando en mi ley, como tú has andando
delante de mí.[b]
17 Ahora, pues, oh Jehová Dios de Israel, cúmplase tu palabra que dijiste a tu siervo David.
18 Mas ¿es verdad que Dios habitará con el
hombre en la tierra? He aquí, los cielos y los
cielos de los cielos no te pueden contener;
¿cuánto menos esta casa que he edificado?[c]
19 Mas tú mirarás a la oración de tu siervo, y
a su ruego, oh Jehová Dios mío, para oír el clamor y la oración con que tu siervo ora delante de ti.
20 Que tus ojos estén abiertos sobre esta casa
de día y de noche, sobre el lugar del cual dijiste: Mi nombre estará allí;[d] que oigas la oración con que tu siervo ora en este lugar.
21 Asimismo que oigas el ruego de tu siervo, y de tu pueblo Israel, cuando en este lugar
hicieren oración, que tú oirás desde los cielos, desde el lugar de tu morada; que oigas y
perdones.
22 Si alguno pecare contra su prójimo, y se le
exigiere juramento, y viniere a jurar ante tu
altar en esta casa,
23 tú oirás desde los cielos, y actuarás, y juzgarás a tus siervos, dando la paga al impío,
haciendo recaer su proceder sobre su cabeza, y justificando al justo al darle conforme a
su justicia.
24 Si tu pueblo Israel fuere derrotado delante
del enemigo por haber prevaricado contra ti, y
se convirtiere, y confesare tu nombre, y roga-
re delante de ti en esta casa,
25 tú oirás desde los cielos, y perdonarás el
pecado de tu pueblo Israel, y les harás volver
a la tierra que diste a ellos y a sus padres.
26 Si los cielos se cerraren y no hubiere lluvias, por haber pecado contra ti, si oraren a
ti hacia este lugar, y confesaren tu nombre,
y se convirtieren de sus pecados, cuando los
afligieres,
27 tú los oirás en los cielos, y perdonarás el
pecado de tus siervos y de tu pueblo Israel, y
les enseñarás el buen camino para que anden
en él, y darás lluvia sobre tu tierra, que diste
por heredad a tu pueblo.
28 Si hubiere hambre en la tierra, o si hubiere
pestilencia, si hubiere tizoncillo o añublo, langosta o pulgón; o si los sitiaren sus enemigos
en la tierra en donde moren; cualquiera plaga
o enfermedad que sea;
29 toda oración y todo ruego que hiciere cual- ➤
quier hombre, o todo tu pueblo Israel, cualquiera que conociere su llaga y su dolor en
su corazón, si extendiere sus manos hacia
esta casa,
30 tú oirás desde los cielos, desde el lugar de
tu morada, y perdonarás, y darás a cada uno
conforme a sus caminos, habiendo conocido
su corazón; porque sólo tú conoces el corazón
de los hijos de los hombres;
31 para que te teman y anden en tus caminos,
todos los días que vivieren sobre la faz de la
tierra que tú diste a nuestros padres.
32 Y también al extranjero que no fuere de
tu pueblo Israel, que hubiere venido de lejanas tierras a causa de tu gran nombre y de
tu mano poderosa, y de tu brazo extendido, si
viniere y orare hacia esta casa,
33 tú oirás desde los cielos, desde el lugar de
tu morada, y harás conforme a todas las cosas
por las cuales hubiere clamado a ti el extranjero; para que todos los pueblos de la tierra
conozcan tu nombre, y te teman así como tu
pueblo Israel, y sepan que tu nombre es invocado sobre esta casa que yo he edificado.

b. 6.16 1 R 2.4. **c. 6.18** 2 Cr 2.6. **d. 6.20** Dt 12.11.

LECCIONES DE VIDA

➤ ***6.15 — tú lo dijiste con tu boca, y con tu mano lo has cumplido.***

El Señor no nos deja a nosotros el cumplimiento de sus promesas. Lo que Dios dice con su boca, lo cumple con su mano.

➤ ***6.29, 30 — Toda oración y todo ruego que hiciere cualquier hombre… Tú oirás desde los cielos, desde el lugar de tu morada, y perdonarás, y darás a cada uno conforme a sus caminos.***

Este pasaje podría considerarse la versión de Filipenses 4.6 en el Antiguo Testamento: «sean conocidas vuestras peticiones delante de Dios en toda oración y ruego, con acción de gracias». ¡El Señor nos invita a presentarle nuestras peticiones!

RESPUESTAS A PREGUNTAS DE LA VIDA

¿Cómo contribuir al cambio de la situación moral y espiritual de mi nación?

2 CR 7.14

Debido a que los problemas que enfrentamos en nuestro país parecen abrumadores, abordarlos no es tarea fácil. Pero la Palabra de Dios nos da razón para abrigar esperanza con respecto a nuestra nación y la grave decadencia espiritual de nuestra cultura. Según 2 Crónicas 7.14, el primer paso para corregir el curso de nuestra barca nacional es que el pueblo de Dios le busque con corazones sinceros y contritos. Esta es la estrategia que Dios nos da para cambiar nuestro país:

Primero, debemos humillarnos. Debemos ponernos de acuerdo con Dios en que hemos pecado. Debemos asumir responsabilidad personal por la manera en que hemos fallado en obedecerle, glorificarle y amar a los demás en su nombre.

Segundo, debemos orar. Estemos dispuestos a interceder por nuestra tierra y por todos los que ejercen puestos públicos. También debemos comprometernos a orar por el presidente, por quienes lo aconsejan y por los miembros del Senado y la Cámara. Si no vive en los Estados Unidos, ore por los líderes de su gobierno. Ore aunque la situación le parezca injusta, pues Dios se ha comprometido a oír sus peticiones y atender sus ruegos.

Tercero, debemos buscar su rostro. Debemos querer lo que Dios quiere y obedecerle. Preguntemos: «Señor, ¿qué puedo hacer? ¿Qué lugar ocupo en tu plan? ¿Dónde puedo ejercer más influencia para tu reino?» Tan pronto Dios nos dé alguna dirección, debemos hacer todo lo que nos mande hacer. No debemos ser simples oidores de su Palabra, sino hacedores (Stg 1.22).

Para un estudio más a fondo, véase el Índice de Principios de vida:
8. Libremos nuestras batallas de rodillas y siempre obtendremos la victoria.
15. El quebrantamiento es el requisito de Dios para que seamos útiles al máximo.

34 Si tu pueblo saliere a la guerra contra sus
enemigos por el camino que tú les enviares, y
oraren a ti hacia esta ciudad que tú elegiste,
hacia la casa que he edificado a tu nombre,
35 tú oirás desde los cielos su oración y su
ruego, y ampararás su causa.
36 Si pecaren contra ti (pues no hay hombre
que no peque), y te enojares contra ellos, y los
entregares delante de sus enemigos, para que
los que los tomaren los lleven cautivos a tierra
de enemigos, lejos o cerca,
37 y ellos volvieren en sí en la tierra donde
fueren llevados cautivos; si se convirtieren,
y oraren a ti en la tierra de su cautividad, y
dijeren: Pecamos, hemos hecho inicuamente,
impíamente hemos hecho;
38 si se convirtieren a ti de todo su corazón y
de toda su alma en la tierra de su cautividad,
donde los hubieren llevado cautivos, y oraren
hacia la tierra que tú diste a sus padres, hacia
la ciudad que tú elegiste, y hacia la casa que
he edificado a tu nombre;
39 tú oirás desde los cielos, desde el lugar de
tu morada, su oración y su ruego, y ampararás su causa, y perdonarás a tu pueblo que
pecó contra ti.
40 Ahora, pues, oh Dios mío, te ruego que
estén abiertos tus ojos y atentos tus oídos a la
oración en este lugar.
41 Oh Jehová Dios, levántate ahora para habitar en tu reposo, tú y el arca de tu poder; oh
Jehová Dios, sean vestidos de salvación tus
sacerdotes, y tus santos se regocijen en tu
bondad.
42 Jehová Dios, no rechaces a tu ungido;
acuérdate de tus misericordias para con David
tu siervo.[e]

7 CUANDO Salomón acabó de orar, descendió fuego de los cielos, y consumió
el holocausto y las víctimas;[a] y la gloria de
Jehová llenó la casa.
2 Y no podían entrar los sacerdotes en la casa
de Jehová, porque la gloria de Jehová había
llenado la casa de Jehová.
3 Cuando vieron todos los hijos de Israel descender el fuego y la gloria de Jehová sobre
la casa, se postraron sobre sus rostros en el
pavimento y adoraron, y alabaron a Jehová,
diciendo: Porque él es bueno, y su misericordia es para siempre.[b]

e. 6.41-42 Sal 132.8-10. **a. 7.1** Lv 9.23-24. **b. 7.3** 1 Cr 16.34; 2 Cr 5.13; Esd 3.11; Sal 100.5; 106.1; 107.1; 118.1; 136.1; Jer 33.11.

4 Entonces el rey y todo el pueblo sacrificaron
víctimas delante de Jehová.
5 Y ofreció el rey Salomón en sacrificio veintidós mil bueyes, y ciento veinte mil ovejas; y
así dedicaron la casa de Dios el rey y todo el
pueblo.
6 Y los sacerdotes desempeñaban su ministerio; también los levitas, con los instrumentos de música de Jehová, los cuales había
hecho el rey David para alabar a Jehová porque su misericordia es para siempre, cuando
David alababa por medio de ellos. Asimismo
los sacerdotes tocaban trompetas delante de
ellos, y todo Israel estaba en pie.
7 También Salomón consagró la parte central del atrio que estaba delante de la casa
de Jehová, por cuanto había ofrecido allí los
holocaustos, y la grosura de las ofrendas de
paz; porque en el altar de bronce que Salomón
había hecho no podían caber los holocaustos,
las ofrendas y las grosuras.
8 Entonces hizo Salomón fiesta siete días, y
con él todo Israel, una gran congregación,
desde la entrada de Hamat hasta el arroyo de
Egipto.
9 Al octavo día hicieron solemne asamblea,
porque habían hecho la dedicación del altar
en siete días, y habían celebrado la fiesta
solemne por siete días.
10 Y a los veintitrés días del mes séptimo
envió al pueblo a sus hogares, alegres y gozosos de corazón por los beneficios que Jehová
había hecho a David y a Salomón, y a su pueblo Israel.

Pacto de Dios con Salomón
(1 R 9.1-9)

11 Terminó, pues, Salomón la casa de Jehová, y la casa del rey; y todo lo que Salomón se
propuso hacer en la casa de Jehová, y en su
propia casa, fue prosperado.
12 Y apareció Jehová a Salomón de noche, y le
dijo: Yo he oído tu oración, y he elegido para
mí este lugar por casa de sacrificio.
13 Si yo cerrare los cielos para que no haya
lluvia, y si mandare a la langosta que consuma la tierra, o si enviare pestilencia a mi
pueblo;
✻ 14 si se humillare mi pueblo, sobre el cual mi
➤ nombre es invocado, y oraren, y buscaren mi
rostro, y se convirtieren de sus malos caminos; entonces yo oiré desde los cielos, y perdonaré sus pecados, y sanaré su tierra.
15 Ahora estarán abiertos mis ojos y atentos
mis oídos a la oración en este lugar;
16 porque ahora he elegido y santificado esta
casa, para que esté en ella mi nombre para
siempre; y mis ojos y mi corazón estarán ahí
para siempre.
17 Y si tú anduvieres delante de mí como
anduvo David tu padre, e hicieres todas las
cosas que yo te he mandado, y guardares mis
estatutos y mis decretos,
18 yo confirmaré el trono de tu reino, como
pacté con David tu padre, diciendo: No te faltará varón que gobierne en Israel.[c]
19 Mas si vosotros os volviereis, y dejareis
mis estatutos y mandamientos que he puesto delante de vosotros, y fuereis y sirviereis a
dioses ajenos, y los adorareis,
20 yo os arrancaré de mi tierra que os he
dado; y esta casa que he santificado a mi nombre, yo la arrojaré de mi presencia, y la pondré
por burla y escarnio de todos los pueblos.
21 Y esta casa que es tan excelsa, será espanto
a todo el que pasare, y dirá: ¿Por qué ha hecho
así Jehová a esta tierra y a esta casa?
22 Y se responderá: Por cuanto dejaron a
Jehová Dios de sus padres, que los sacó de la
tierra de Egipto, y han abrazado a dioses ajenos, y los adoraron y sirvieron; por eso él ha
traído todo este mal sobre ellos.

Otras actividades de Salomón
(1 R 9.10-28)

8 DESPUÉS de veinte años, durante los
cuales Salomón había edificado la casa de
Jehová y su propia casa,
2 reedificó Salomón las ciudades que Hiram
le había dado, y estableció en ellas a los hijos
de Israel.
3 Después vino Salomón a Hamat de Soba, y
la tomó.
4 Y edificó a Tadmor en el desierto, y todas
las ciudades de aprovisionamiento que edificó en Hamat.
5 Asimismo reedificó a Bet-horón la de arriba
y a Bet-horón la de abajo, ciudades fortificadas, con muros, puertas y barras;
6 y a Baalat, y a todas las ciudades de provisiones que Salomón tenía; también todas las
ciudades de los carros y las de la gente de a
caballo, y todo lo que Salomón quiso edificar
en Jerusalén, en el Líbano, y en toda la tierra
de su dominio.
7 Y a todo el pueblo que había quedado de los
heteos, amorreos, ferezeos, heveos y jebuseos,
que no eran de Israel,

c. 7.18 1 R 2.4.

LECCIONES DE VIDA

➤ ***7.14 — Si se humillare mi pueblo, sobre el cual mi nombre es invocado, y oraren, y buscaren mi rostro, y se convirtieren de sus malos caminos; entonces yo oiré desde los cielos, y perdonaré sus pecados, y sanaré su tierra.***

Al terminar la construcción del templo y los días de su dedicación fueron completados, el Señor le enseñó a Salomón un principio muy importante: mientras el pueblo sea desobediente, Él castigará su pecado. También dejó en claro que si buscaban su perdón, Él ciertamente los restauraría. Dios hace lo mismo por nosotros (1 Jn 1.9).

8 los hijos de los que habían quedado en la tierra después de ellos, a los cuales los hijos de Israel no destruyeron del todo, hizo Salomón tributarios hasta hoy.
9 Pero de los hijos de Israel no puso Salomón siervos en su obra; porque eran hombres de guerra, y sus oficiales y sus capitanes, y comandantes de sus carros, y su gente de a caballo.
10 Y tenía Salomón doscientos cincuenta gobernadores principales, los cuales mandaban sobre aquella gente.
➤ 11 Y pasó Salomón a la hija de Faraón, de la ciudad de David a la casa que él había edificado para ella; porque dijo: Mi mujer no morará en la casa de David rey de Israel, porque aquellas habitaciones donde ha entrado el arca de Jehová, son sagradas.
12 Entonces ofreció Salomón holocaustos a Jehová sobre el altar de Jehová que él había edificado delante del pórtico,
13 para que ofreciesen cada cosa en su día, conforme al mandamiento de Moisés, en los días de reposo,[a*] en las nuevas lunas,[b] y en las fiestas solemnes tres veces en el año,[c] esto es, en la fiesta de los panes sin levadura, en la fiesta de las semanas y en la fiesta de los tabernáculos.
14 Y constituyó los turnos de los sacerdotes en sus oficios, conforme a lo ordenado por David su padre, y los levitas en sus cargos, para que alabasen y ministrasen delante de los sacerdotes, cada cosa en su día; asimismo los porteros por su orden a cada puerta; porque así lo había mandado David, varón de Dios.
15 Y no se apartaron del mandamiento del rey, en cuanto a los sacerdotes y los levitas, y los tesoros, y todo negocio;
16 porque toda la obra de Salomón estaba preparada desde el día en que se pusieron los cimientos de la casa de Jehová hasta que fue terminada, hasta que la casa de Jehová fue acabada totalmente.
17 Entonces Salomón fue a Ezión-geber y a Elot, a la costa del mar en la tierra de Edom.
18 Porque Hiram le había enviado naves por mano de sus siervos, y marineros diestros en el mar, los cuales fueron con los siervos de Salomón a Ofir, y tomaron de allá cuatrocientos cincuenta talentos de oro, y los trajeron al rey Salomón.

La reina de Sabá visita a Salomón
(1 R 10.1-13)

9 OYENDO la reina de Sabá[a] la fama de Salomón, vino a Jerusalén con un séquito muy grande, con camellos cargados de especias aromáticas, oro en abundancia, y piedras preciosas, para probar a Salomón con preguntas difíciles. Y luego que vino a Salomón, habló con él todo lo que en su corazón tenía.
2 Pero Salomón le respondió a todas sus preguntas, y nada hubo que Salomón no le contestase.
3 Y viendo la reina de Sabá la sabiduría de Salomón, y la casa que había edificado,
4 y las viandas de su mesa, las habitaciones de sus oficiales, el estado de sus criados y los vestidos de ellos, sus maestresalas y sus vestidos, y la escalinata por donde subía a la casa de Jehová, se quedó asombrada.
5 Y dijo al rey: Verdad es lo que había oído en mi tierra acerca de tus cosas y de tu sabiduría;
6 pero yo no creía las palabras de ellos, hasta que he venido, y mis ojos han visto; y he aquí que ni aun la mitad de la grandeza de tu sabiduría me había sido dicha; porque tú superas la fama que yo había oído.
7 Bienaventurados tus hombres, y dichosos estos siervos tuyos que están siempre delante de ti, y oyen tu sabiduría. ➤
8 Bendito sea Jehová tu Dios, el cual se ha agradado de ti para ponerte sobre su trono como rey para Jehová tu Dios; por cuanto tu Dios amó a Israel para afirmarlo perpetuamente, por eso te ha puesto por rey sobre ellos, para que hagas juicio y justicia.
9 Y dio al rey ciento veinte talentos de oro, y gran cantidad de especias aromáticas, y piedras preciosas; nunca hubo tales especias aromáticas como las que dio la reina de Sabá al rey Salomón.
10 También los siervos de Hiram y los siervos de Salomón, que habían traído el oro de Ofir, trajeron madera de sándalo, y piedras preciosas.
11 Y de la madera de sándalo el rey hizo gradas en la casa de Jehová y en las casas reales,

* Aquí equivale a *sábado*.

a. 8.13 Nm 28.9-10. **b. 8.13** Nm 28.11-15. **c. 8.13** Éx 23.14-17; 34.22-23; Nm 28.16—29.39; Dt 16.16. **a. 9.1-9** Mt 12.42; Lc 11.31.

LECCIONES DE VIDA

➤ ***8.11 — Mi mujer no morará en la casa de David rey de Israel, porque aquellas habitaciones donde ha entrado el arca de Jehová, son sagradas.***

Salomón entendió que se había casado con una mujer que no tenía lugar en el culto de Israel, ni conexión alguna con Dios. Pecó a sabiendas, pero no previó en qué medida lo arruinaría su pecado.

➤ ***9.7 — Bienaventurados tus hombres, y dichosos estos siervos tuyos, que están siempre delante de ti, y oyen tu sabiduría.***

Tal vez Salomón oyó con demasiado agrado los elogios profusos de su gran sabiduría, y eso contribuyó a su enorgullecimiento y caída (1 R 11.4–10). Sabía muy bien que había recibido este don de Dios, pero debido quizás a toda la adulación y el éxito que recibió, terminó confiando más en el don que en su Dador. Con razón Proverbios 26.28 nos advierte que «la boca lisonjera hace resbalar».

y arpas y salterios para los cantores; nunca en la tierra de Judá se había visto madera semejante.
12 Y el rey Salomón dio a la reina de Sabá
todo lo que ella quiso y le pidió, más de lo que
ella había traído al rey. Después ella se volvió
y se fue a su tierra con sus siervos.

Riquezas y fama de Salomón
(1 R 10.14-29; 2 Cr 1.14-17)

13 El peso del oro que venía a Salomón cada
año, era seiscientos sesenta y seis talentos de
oro,
14 sin lo que traían los mercaderes y negociantes; también todos los reyes de Arabia y
los gobernadores de la tierra traían oro y plata a Salomón.
15 Hizo también el rey Salomón doscientos
paveses de oro batido, cada uno de los cuales
tenía seiscientos siclos de oro labrado;
16 asimismo trescientos escudos de oro batido, teniendo cada escudo trescientos siclos
de oro; y los puso el rey en la casa del bosque
del Líbano.
17 Hizo además el rey un gran trono de marfil, y lo cubrió de oro puro.
18 El trono tenía seis gradas, y un estrado de
oro fijado al trono, y brazos a uno y otro lado
del asiento, y dos leones que estaban junto a
los brazos.
19 Había también allí doce leones sobre las
seis gradas, a uno y otro lado. Jamás fue
hecho trono semejante en reino alguno.
20 Toda la vajilla del rey Salomón era de oro,
y toda la vajilla de la casa del bosque del Líbano, de oro puro. En los días de Salomón la plata no era apreciada.
21 Porque la flota del rey iba a Tarsis con
los siervos de Hiram, y cada tres años solían
venir las naves de Tarsis, y traían oro, plata,
marfil, monos y pavos reales.
22 Y excedió el rey Salomón a todos los reyes
de la tierra en riqueza y en sabiduría.
23 Y todos los reyes de la tierra procuraban
ver el rostro de Salomón, para oír la sabiduría
que Dios le había dado.
24 Cada uno de éstos traía su presente, alhajas de plata, alhajas de oro, vestidos, armas,
perfumes, caballos y mulos, todos los años.
25 Tuvo también Salomón cuatro mil caballerizas para sus caballos y carros, y doce mil
jinetes,[b] los cuales puso en las ciudades de los
carros, y con el rey en Jerusalén.
26 Y tuvo dominio sobre todos los reyes desde el Éufrates hasta la tierra de los filisteos, y
hasta la frontera de Egipto.[c]
27 Y acumuló el rey plata en Jerusalén como
piedras,[d] y cedros como los cabrahigos de la
Sefela en abundancia.
28 Traían también caballos para Salomón, de
Egipto[e] y de todos los países.

Muerte de Salomón
(1 R 11.41-43)

29 Los demás hechos de Salomón, primeros y postreros, ¿no están todos escritos en
los libros del profeta Natán, en la profecía
de Ahías silonita, y en la profecía del vidente
Iddo contra Jeroboam hijo de Nabat?
30 Reinó Salomón en Jerusalén sobre todo
Israel cuarenta años.
31 Y durmió Salomón con sus padres, y lo
sepultaron en la ciudad de David su padre; y
reinó en su lugar Roboam su hijo.

Rebelión de Israel
(1 R 12.1-24)

10 ROBOAM fue a Siquem, porque en
Siquem se había reunido todo Israel
para hacerlo rey.
2 Y cuando lo oyó Jeroboam hijo de Nabat, el
cual estaba en Egipto, adonde había huido a
causa del rey Salomón, volvió de Egipto.
3 Y enviaron y le llamaron. Vino, pues, Jeroboam, y todo Israel, y hablaron a Roboam,
diciendo:
4 Tu padre agravó nuestro yugo; ahora alivia algo de la dura servidumbre y del pesado yugo con que tu padre nos apremió, y te
serviremos.
5 Y él les dijo: Volved a mí de aquí a tres días.
Y el pueblo se fue.
6 Entonces el rey Roboam tomó consejo con
los ancianos que habían estado delante de
Salomón su padre cuando vivía, y les dijo:
¿Cómo aconsejáis vosotros que responda a
este pueblo?
7 Y ellos le contestaron diciendo: Si te con-
dujeres humanamente con este pueblo, y les
agradares, y les hablares buenas palabras,
ellos te servirán siempre.
8 Mas él, dejando el consejo que le dieron los
ancianos, tomó consejo con los jóvenes que
se habían criado con él, y que estaban a su
servicio.

b. 9.25 1 R 4.26. **c. 9.26** Gn 15.18; 1 R 4.21. **d. 9.27** Dt 17.17. **e. 9.28** Dt 17.16.

LECCIONES DE VIDA

➤ ***9.28 — Traían también caballos para Salomón, de Egipto y de todos los países.***

Hacer concesiones no requiere un alejamiento radical de Dios, sino un deslizamiento gradual. Cada paso que nos aparta de Él conduce a una transgresión más seria de su Palabra, y cuanto más nos apartamos de Dios más difícil se torna el regreso. En el caso de Salomón, todo empezó con el simple acto de comprar caballos, los cuales importaba de una nación que antes había esclavizado a su pueblo. Violó los mandatos de Dios (Dt 17.16, 17), y esto en últimas le costó a Salomón el reino entero y su relación con Dios.

9 Y les dijo: ¿Qué aconsejáis vosotros que respondamos a este pueblo, que me ha hablado,
diciendo: Alivia algo del yugo que tu padre
puso sobre nosotros?
10 Entonces los jóvenes que se habían criado
con él, le contestaron: Así dirás al pueblo que
te ha hablado diciendo: Tu padre agravó nuestro yugo, mas tú disminuye nuestra carga. Así
les dirás: Mi dedo más pequeño es más grueso que los lomos de mi padre.
11 Así que, si mi padre os cargó de yugo pesado, yo añadiré a vuestro yugo; mi padre os
castigó con azotes, y yo con escorpiones.
12 Vino, pues, Jeroboam con todo el pueblo a
Roboam al tercer día, según el rey les había
mandado diciendo: Volved a mí de aquí a tres
días.
13 Y el rey les respondió ásperamente;
pues dejó el rey Roboam el consejo de los
ancianos,
14 y les habló conforme al consejo de los jóvenes, diciendo: Mi padre hizo pesado vuestro yugo, pero yo añadiré a vuestro yugo;
mi padre os castigó con azotes, mas yo con
escorpiones.
➤ 15 Y no escuchó el rey al pueblo; porque la
causa era de Dios, para que Jehová cumpliera
la palabra que había hablado por Ahías silonita a Jeroboam hijo de Nabat.
16 Y viendo todo Israel que el rey no les había
oído, respondió el pueblo al rey, diciendo:
¿Qué parte tenemos nosotros con David? No
tenemos herencia en el hijo de Isaí. ¡Israel,
cada uno a sus tiendas![a] ¡David, mira ahora por tu casa! Así se fue todo Israel a sus
tiendas.
17 Mas reinó Roboam sobre los hijos de Israel
que habitaban en las ciudades de Judá.
18 Envió luego el rey Roboam a Adoram, que
tenía cargo de los tributos; pero le apedrearon
los hijos de Israel, y murió. Entonces se apresuró el rey Roboam, y subiendo en su carro
huyó a Jerusalén.
19 Así se apartó Israel de la casa de David
hasta hoy.

11 CUANDO vino Roboam a Jerusalén,
reunió de la casa de Judá y de Benjamín
a ciento ochenta mil hombres escogidos de
guerra, para pelear contra Israel y hacer volver el reino a Roboam.
2 Mas vino palabra de Jehová a Semaías
varón de Dios, diciendo:
3 Habla a Roboam hijo de Salomón, rey de
Judá, y a todos los israelitas en Judá y Benjamín, diciéndoles:
4 Así ha dicho Jehová: No subáis, ni peleéis
contra vuestros hermanos; vuélvase cada uno
a su casa, porque yo he hecho esto. Y ellos
oyeron la palabra de Jehová y se volvieron, y
no fueron contra Jeroboam.

Prosperidad de Roboam

5 Y habitó Roboam en Jerusalén, y edificó ciudades para fortificar a Judá.
6 Edificó Belén, Etam, Tecoa,
7 Bet-sur, Soco, Adulam,
8 Gat, Maresa, Zif,
9 Adoraim, Laquis, Azeca,
10 Zora, Ajalón y Hebrón, que eran ciudades
fortificadas de Judá y Benjamín.
11 Reforzó también las fortalezas, y puso en
ellas capitanes, y provisiones, vino y aceite;
12 y en todas las ciudades puso escudos y
lanzas. Las fortificó, pues, en gran manera; y
Judá y Benjamín le estaban sujetos.
13 Y los sacerdotes y levitas que estaban en
todo Israel, se juntaron a él desde todos los
lugares donde vivían.
14 Porque los levitas dejaban sus ejidos y sus
posesiones, y venían a Judá y a Jerusalén;
pues Jeroboam y sus hijos los excluyeron del
ministerio de Jehová.
15 Y él designó sus propios sacerdotes para
los lugares altos, y para los demonios, y para
los becerros que él había hecho.[a]
16 Tras aquellos acudieron también de todas
las tribus de Israel los que habían puesto su
corazón en buscar a Jehová Dios de Israel; y

a. **10.16** 2 S 20.1. a. **11.15** 1 R 12.31.

LECCIONES DE VIDA

➤ ***10.15 — la causa era de Dios, para que Jehová cumpliera la palabra que había hablado por Ahías silonita a Jeroboam hijo de Nabat.***

Debido al pecado de Salomón, el Señor permitió que el reino fuese dividido en dos durante el reinado de Roboam, con Judá al sur e Israel al norte (1 R 11.30–37). Como rey de Judá, Roboam también se quedaría con la tribu de Benjamín. Las otras diez tribus formaron una nación nueva bajo Jeroboam.

➤ ***11.4 — No subáis ni peleéis contra vuestros hermanos… porque yo he hecho esto.***

El rey Roboam quiso reunificar el reino dividido por la espada, pero el profeta Semaías fue enviado para impedir su avance. ¿Por qué? Porque Dios permitió la división del reino para corregir la crueldad y avaricia de Roboam. A veces queremos pelear contra la disciplina que el Señor nos manda, pero deberíamos aceptarla. Cuanto menos tardemos en reconocer la amonestación de Dios, más pronto podrá Él devolvernos al sendero correcto.

➤ ***11.15 — él designó sus propios sacerdotes para los lugares altos, y para los demonios, y para los becerros que él había hecho.***

Jeroboam instaló estos lugares altos para dioses ajenos con el fin de distraer a los israelitas de rendir culto al Señor en Jerusalén, como era debido (1 R 12.26–31). Las Escrituras son claras, estos ídolos en realidad son demonios (Dt 32.17; Sal 106.37; 1 Co 10.20). Jamás debemos dejar que el enemigo ni sus demonios tengan asidero en nuestra vida. Debemos adorar únicamente a Dios.

vinieron a Jerusalén para ofrecer sacrificios a
Jehová, el Dios de sus padres.
17 Así fortalecieron el reino de Judá, y confirmaron a Roboam hijo de Salomón, por tres
años; porque tres años anduvieron en el camino de David y de Salomón.
18 Y tomó Roboam por mujer a Mahalat hija
de Jerimot, hijo de David y de Abihail hija de
Eliab, hijo de Isaí,
19 la cual le dio a luz estos hijos: Jeús, Semarías y Zaham.
20 Después de ella tomó a Maaca hija de
Absalón, la cual le dio a luz Abías, Atai, Ziza
y Selomit.
21 Pero Roboam amó a Maaca hija de Absalón sobre todas sus mujeres y concubinas;
porque tomó dieciocho mujeres y sesenta concubinas, y engendró veintiocho hijos y sesenta hijas.
22 Y puso Roboam a Abías hijo de Maaca por
jefe y príncipe de sus hermanos, porque quería hacerle rey.
23 Obró sagazmente, y esparció a todos sus
hijos por todas las tierras de Judá y de Benjamín, y por todas las ciudades fortificadas, y
les dio provisiones en abundancia, y muchas
mujeres.

Sisac invade Judá
(1 R 14.21-31)

12 CUANDO Roboam había consolidado
el reino, dejó la ley de Jehová, y todo
Israel con él.
2 Y por cuanto se habían rebelado contra
Jehová, en el quinto año del rey Roboam
subió Sisac rey de Egipto contra Jerusalén,
3 con mil doscientos carros, y con sesenta mil
hombres de a caballo; mas el pueblo que venía
con él de Egipto, esto es, de libios, suquienos y
etíopes, no tenía número.
4 Y tomó las ciudades fortificadas de Judá, y
llegó hasta Jerusalén.
5 Entonces vino el profeta Semaías a Roboam
y a los príncipes de Judá, que estaban reunidos en Jerusalén por causa de Sisac, y les
dijo: Así ha dicho Jehová: Vosotros me habéis
dejado, y yo también os he dejado en manos
de Sisac.
6 Y los príncipes de Israel y el rey se humillaron, y dijeron: Justo es Jehová.
7 Y cuando Jehová vio que se habían humillado, vino palabra de Jehová a Semaías, diciendo: Se han humillado; no los destruiré; antes
los salvaré en breve, y no se derramará mi ira
contra Jerusalén por mano de Sisac.
8 Pero serán sus siervos, para que sepan lo
que es servirme a mí, y qué es servir a los reinos de las naciones.
9 Subió, pues, Sisac rey de Egipto a Jerusalén, y tomó los tesoros de la casa de Jehová,
y los tesoros de la casa del rey; todo lo llevó,
y tomó los escudos de oro que Salomón había
hecho.[a]
10 Y en lugar de ellos hizo el rey Roboam
escudos de bronce, y los entregó a los jefes de
la guardia, los cuales custodiaban la entrada
de la casa del rey.
11 Cuando el rey iba a la casa de Jehová,
venían los de la guardia y los llevaban, y después los volvían a la cámara de la guardia.
12 Y cuando él se humilló, la ira de Jehová
se apartó de él, para no destruirlo del todo; y
también en Judá las cosas fueron bien.
13 Fortalecido, pues, Roboam, reinó en Jerusalén; y era Roboam de cuarenta y un años
cuando comenzó a reinar, y diecisiete años
reinó en Jerusalén, ciudad que escogió Jehová de todas las tribus de Israel para poner en
ella su nombre. Y el nombre de la madre de
Roboam fue Naama amonita.
14 E hizo lo malo, porque no dispuso su corazón para buscar a Jehová.
15 Las cosas de Roboam, primeras y postreras, ¿no están escritas en los libros del profeta Semaías y del vidente Iddo, en el registro
de las familias? Y entre Roboam y Jeroboam
hubo guerra constante.
16 Y durmió Roboam con sus padres, y fue
sepultado en la ciudad de David; y reinó en su
lugar Abías su hijo.

a. 12.9 1 R 10.16-17; 2 Cr 9.15-16.

LECCIONES DE VIDA

➤ ***12.1 — Cuando Roboam había consolidado el reino, dejó la ley de Jehová, y todo Israel con él.***

Para crecer fuertes y prósperos, debemos tener cuidado con la tentación de atribuir nuestra prosperidad a nuestro propio ingenio (Dt 8.17, 18). Dios es el único que provee todo lo que tenemos, y nunca dejamos de necesitarlo.

➤ ***12.7 — Se han humillado; no los destruiré; antes los salvaré en breve.***

En su gracia, el Señor concedió salvación a los líderes desobedientes de Israel que se humillaron, pero también les dejó experimentar las consecuencias serias de su rebelión.

➤ ***12.8 — serán sus siervos, para que sepan lo que es servirme a mí, y qué es servir a los reinos de las naciones.***

¿Serviremos al Señor, o serviremos a otro? La remuneración de cada servicio es muy diferente, y esa fue la lección que aprendió el pueblo de Judá cuando se convirtieron en siervos empobrecidos de Sisac. *Siempre* nos va mejor cuando servimos y obedecemos a Dios (Sal 84.10).

➤ ***12.14 — hizo lo malo, porque no dispuso su corazón para buscar a Jehová.***

Si no decidimos de forma deliberada buscar al Señor, haremos lo malo al igual que Roboam. ¿Por qué? Porque vamos a quedar a la deriva en nuestro amor y devoción a Dios, y las presiones de este mundo van a arrastrarnos por el rumbo equivocado. Debemos permanecer enfocados y profundamente comprometidos en nuestra relación con el Señor.

Reinado de Abdías
(1 R 15.1-8)

13 A los dieciocho años del rey Jeroboam,
reinó Abías sobre Judá,
2 y reinó tres años en Jerusalén. El nombre de
su madre fue Micaías hija de Uriel de Gabaa.
Y hubo guerra entre Abías y Jeroboam.
3 Entonces Abías ordenó batalla con un ejército de cuatrocientos mil hombres de guerra,
valerosos y escogidos; y Jeroboam ordenó
batalla contra él con ochocientos mil hombres
escogidos, fuertes y valerosos.
4 Y se levantó Abías sobre el monte de Zemaraim, que está en los montes de Efraín, y dijo:
Oídme, Jeroboam y todo Israel.
5 ¿No sabéis vosotros que Jehová Dios de
Israel dio el reino a David sobre Israel para
siempre, a él y a sus hijos, bajo pacto de sal?
6 Pero Jeroboam hijo de Nabat, siervo de
Salomón hijo de David, se levantó y rebeló
contra su señor.
7 Y se juntaron con él hombres vanos y perversos, y pudieron más que Roboam hijo de
Salomón, porque Roboam era joven y pusilánime, y no se defendió de ellos.
8 Y ahora vosotros tratáis de resistir al reino de Jehová en mano de los hijos de David,
porque sois muchos, y tenéis con vosotros los
becerros de oro que Jeroboam os hizo por
dioses.
9 ¿No habéis arrojado vosotros a los sacerdotes de Jehová, a los hijos de Aarón y a los
levitas, y os habéis designado sacerdotes a la
manera de los pueblos de otras tierras, para
que cualquiera venga a consagrarse con un
becerro y siete carneros, y así sea sacerdote
de los que no son dioses?
10 Mas en cuanto a nosotros, Jehová es nuestro Dios, y no le hemos dejado; y los sacerdotes que ministran delante de Jehová son los
hijos de Aarón, y los que están en la obra son
levitas,
11 los cuales queman para Jehová los holocaustos cada mañana y cada tarde, y el incienso aromático; y ponen los panes sobre la mesa
limpia, y el candelero de oro con sus lámparas
para que ardan cada tarde; porque nosotros
guardamos la ordenanza de Jehová nuestro
Dios, mas vosotros le habéis dejado.
12 Y he aquí Dios está con nosotros por jefe,
y sus sacerdotes con las trompetas del júbilo para que suenen contra vosotros. Oh hijos
de Israel, no peleéis contra Jehová el Dios de
vuestros padres, porque no prosperaréis.
13 Pero Jeroboam hizo tender una emboscada para venir a ellos por la espalda; y estando así delante de ellos, la emboscada estaba a
espaldas de Judá.
14 Y cuando miró Judá, he aquí que tenía
batalla por delante y a las espaldas; por lo
que clamaron a Jehová, y los sacerdotes tocaron las trompetas.
15 Entonces los de Judá gritaron con fuerza;
y así que ellos alzaron el grito, Dios desbarató a Jeroboam y a todo Israel delante de Abías
y de Judá;
16 y huyeron los hijos de Israel delante de
Judá, y Dios los entregó en sus manos.
17 Y Abías y su gente hicieron en ellos una
gran matanza, y cayeron heridos de Israel quinientos mil hombres escogidos.
18 Así fueron humillados los hijos de Israel
en aquel tiempo, y los hijos de Judá prevalecieron, porque se apoyaban en Jehová el Dios
de sus padres.
19 Y siguió Abías a Jeroboam, y le tomó algunas ciudades, a Bet-el con sus aldeas, a Jesana
con sus aldeas, y a Efraín con sus aldeas.
20 Y nunca más tuvo Jeroboam poder en los
días de Abías; y Jehová lo hirió, y murió.
21 Pero Abías se hizo más poderoso. Tomó
catorce mujeres, y engendró veintidós hijos y
dieciséis hijas.
22 Los demás hechos de Abías, sus caminos
y sus dichos, están escritos en la historia de
Iddo profeta.

Reinado de Asa
(1 R 15.9-12)

14 DURMIÓ Abías con sus padres, y fue
sepultado en la ciudad de David; y
reinó en su lugar su hijo Asa, en cuyos días
tuvo sosiego el país por diez años.
2 E hizo Asa lo bueno y lo recto ante los ojos
de Jehová su Dios.
3 Porque quitó los altares del culto extraño, y
los lugares altos; quebró las imágenes, y destruyó los símbolos de Asera;

LECCIONES DE VIDA

➤ ***13.12 — no peleéis contra Jehová el Dios de vuestros padres, porque no prosperaréis.***

Nadie que se oponga al Señor y su reino prevalecerá al final. Dios reina sobre todos, y sabe cómo salvar a su pueblo.

➤ ***13.18 — los hijos de Judá prevalecieron, porque se apoyaban en Jehová el Dios de sus padres.***

El pueblo de Judá prevaleció a pesar de la habilidad táctica del enemigo. ¿Por qué? Por la única razón posible: se apoyaron en el Señor y Él los libró.

➤ ***14.2, 4 — Asa… mandó a Judá que buscase a Jehová el Dios de sus padres, y pusiese por obra la ley y sus mandamientos.***

Es imposible obedecer al Señor sin buscarle primero, porque oír a Dios es esencial para andar con Él. Si queremos mantenernos en el centro de su voluntad, debemos acercarnos a Él, apropiarnos de su fuerza y obedecer sus mandatos por el poder de su Espíritu.

➤ 4 y mandó a Judá que buscase a Jehová el Dios de sus padres, y pusiese por obra la ley y sus mandamientos.
5 Quitó asimismo de todas las ciudades de Judá los lugares altos y las imágenes; y estuvo el reino en paz bajo su reinado.
6 Y edificó ciudades fortificadas en Judá, por cuanto había paz en la tierra, y no había guerra contra él en aquellos tiempos; porque Jehová le había dado paz.
7 Dijo, por tanto, a Judá: Edifiquemos estas ciudades, y cerquémoslas de muros con torres, puertas y barras, ya que la tierra es nuestra; porque hemos buscado a Jehová nuestro Dios; le hemos buscado, y él nos ha dado paz por todas partes. Edificaron, pues, y fueron prosperados.
8 Tuvo también Asa ejército que traía escudos y lanzas: de Judá trescientos mil, y de Benjamín doscientos ochenta mil que traían escudos y entesaban arcos, todos hombres diestros.
9 Y salió contra ellos Zera etíope con un ejército de un millón de hombres y trescientos carros; y vino hasta Maresa.
10 Entonces salió Asa contra él, y ordenaron la batalla en el valle de Sefata junto a Maresa.
➤ 11 Y clamó Asa a Jehová su Dios, y dijo: ¡Oh Jehová, para ti no hay diferencia alguna en dar ayuda al poderoso o al que no tiene fuerzas! Ayúdanos, oh Jehová Dios nuestro, porque en ti nos apoyamos, y en tu nombre venimos contra este ejército. Oh Jehová, tú eres nuestro Dios; no prevalezca contra ti el hombre.
12 Y Jehová deshizo a los etíopes delante de Asa y delante de Judá; y huyeron los etíopes.
13 Y Asa, y el pueblo que con él estaba, los persiguieron hasta Gerar; y cayeron los etíopes hasta no quedar en ellos aliento, porque fueron deshechos delante de Jehová y de su ejército. Y les tomaron muy grande botín.
14 Atacaron también todas las ciudades alrededor de Gerar, porque el terror de Jehová cayó sobre ellas; y saquearon todas las ciudades, porque había en ellas gran botín.
15 Asimismo atacaron las cabañas de los que tenían ganado, y se llevaron muchas ovejas y camellos, y volvieron a Jerusalén.

Reformas religiosas de Asa
(1 R 15.13-15)

15 VINO el Espíritu de Dios sobre Azarías hijo de Obed,
2 y salió al encuentro de Asa, y le dijo: Oídme, Asa y todo Judá y Benjamín: Jehová estará con vosotros, si vosotros estuviereis con él; y si le buscareis, será hallado de vosotros; mas si le dejareis, él también os dejará.
3 Muchos días ha estado Israel sin verdadero Dios y sin sacerdote que enseñara, y sin ley;
4 pero cuando en su tribulación se convirtieron a Jehová Dios de Israel, y le buscaron, él fue hallado de ellos. ➤
5 En aquellos tiempos no hubo paz, ni para el que entraba ni para el que salía, sino muchas aflicciones sobre todos los habitantes de las tierras.
6 Y una gente destruía a otra, y una ciudad a otra ciudad; porque Dios los turbó con toda clase de calamidades.
7 Pero esforzaos vosotros, y no desfallezcan vuestras manos, pues hay recompensa para vuestra obra. ➤
8 Cuando oyó Asa las palabras y la profecía del profeta Azarías hijo de Obed, cobró ánimo, y quitó los ídolos abominables de toda la tierra de Judá y de Benjamín, y de las ciudades que él había tomado en la parte montañosa de Efraín; y reparó el altar de Jehová que estaba delante del pórtico de Jehová.
9 Después reunió a todo Judá y Benjamín, y con ellos los forasteros de Efraín, de Manasés y de Simeón; porque muchos de Israel se habían pasado a él, viendo que Jehová su Dios estaba con él.
10 Se reunieron, pues, en Jerusalén, en el mes tercero del año decimoquinto del reinado de Asa.
11 Y en aquel mismo día sacrificaron para Jehová, del botín que habían traído, setecientos bueyes y siete mil ovejas.
12 Entonces prometieron solemnemente que buscarían a Jehová el Dios de sus padres, de todo su corazón y de toda su alma;

LECCIONES DE VIDA

➤ ***14.11 — ¡Oh Jehová, para ti no hay diferencia alguna en dar ayuda al poderoso o al que no tiene fuerzas. Ayúdanos, oh Jehová Dios nuestro, porque en ti nos apoyamos.***

Ante un ejército etíope tan numeroso en contra de Judá (2 Cr 14.8, 9), Asa sabía que el Señor era el único a quien podían acudir para recibir ayuda. Dios les dio la victoria (2 Cr 14.12–15), pues cuando libramos nuestras batallas de rodillas, siempre obtenemos la victoria.

➤ ***15.4 — en su tribulación se convirtieron a Jehová Dios de Israel, y le buscaron, él fue hallado de ellos.***

Sin importar cuál sea nuestro trasfondo, historia personal o las cosas terribles que hayamos hecho, Dios nos insta a arrepentirnos y volvernos a Él. Si lo buscamos, lo hallaremos.

➤ ***15.7 — esforzaos vosotros, y no desfallezcan vuestras manos; pues hay recompensa para vuestra obra.***

A Dios le complace recompensar a quienes le sirven de todo corazón y con gran gozo. La obediencia siempre trae bendición consigo.

13 y que cualquiera que no buscase a Jehová el Dios de Israel, muriese, grande o pequeño, hombre o mujer.

14 Y juraron a Jehová con gran voz y júbilo, al son de trompetas y de bocinas.

15 Todos los de Judá se alegraron de este juramento; porque de todo su corazón lo juraban, y de toda su voluntad lo buscaban, y fue hallado de ellos; y Jehová les dio paz por todas partes.

16 Y aun a Maaca madre del rey Asa, él mismo la depuso de su dignidad, porque había hecho una imagen de Asera; y Asa destruyó la imagen, y la desmenuzó, y la quemó junto al torrente de Cedrón.

➤ 17 Con todo esto, los lugares altos no eran quitados de Israel, aunque el corazón de Asa fue perfecto en todos sus días.

18 Y trajo a la casa de Dios lo que su padre había dedicado, y lo que él había consagrado, plata, oro y utensilios.

19 Y no hubo más guerra hasta los treinta y cinco años del reinado de Asa.

Alianza de Asa con Ben-adad

(1 R 15.16-22)

16 EN el año treinta y seis del reinado de Asa, subió Baasa rey de Israel contra Judá, y fortificó a Ramá, para no dejar salir ni entrar a ninguno al rey Asa, rey de Judá.

2 Entonces sacó Asa la plata y el oro de los tesoros de la casa de Jehová y de la casa real, y envió a Ben-adad rey de Siria, que estaba en Damasco, diciendo:

3 Haya alianza entre tú y yo, como la hubo entre tu padre y mi padre; he aquí yo te he enviado plata y oro, para que vengas y deshagas la alianza que tienes con Baasa rey de Israel, a fin de que se retire de mí.

4 Y consintió Ben-adad con el rey Asa, y envió los capitanes de sus ejércitos contra las ciudades de Israel; y conquistaron Ijón, Dan, Abel-maim y las ciudades de aprovisionamiento de Neftalí.

5 Oyendo esto Baasa, cesó de edificar a Ramá, y abandonó su obra.

6 Entonces el rey Asa tomó a todo Judá, y se llevaron de Ramá la piedra y la madera con que Baasa edificaba, y con ellas edificó a Geba y a Mizpa.

7 En aquel tiempo vino el vidente Hanani a Asa rey de Judá, y le dijo: Por cuanto te has apoyado en el rey de Siria, y no te apoyaste en Jehová tu Dios, por eso el ejército del rey de Siria ha escapado de tus manos. ≺

8 Los etíopes y los libios, ¿no eran un ejército numerosísimo, con carros y mucha gente de a caballo? Con todo, porque te apoyaste en Jehová, él los entregó en tus manos.

9 Porque los ojos de Jehová contemplan toda la tierra, para mostrar su poder a favor de los que tienen corazón perfecto para con él. Locamente has hecho en esto; porque de aquí en adelante habrá más guerra contra ti. *

10 Entonces se enojó Asa contra el vidente y lo echó en la cárcel, porque se encolerizó grandemente a causa de esto. Y oprimió Asa en aquel tiempo a algunos del pueblo.

Muerte de Asa

(1 R 15.23-24)

11 Mas he aquí los hechos de Asa, primeros y postreros, están escritos en el libro de los reyes de Judá y de Israel.

12 En el año treinta y nueve de su reinado, Asa enfermó gravemente de los pies, y en su enfermedad no buscó a Jehová, sino a los médicos. ≺

13 Y durmió Asa con sus padres, y murió en el año cuarenta y uno de su reinado.

14 Y lo sepultaron en los sepulcros que él había hecho para sí en la ciudad de David; y lo pusieron en un ataúd, el cual llenaron de perfumes y diversas especias aromáticas, preparadas por expertos perfumistas; e hicieron un gran fuego en su honor.

Reinado de Josafat

17 REINÓ en su lugar Josafat su hijo, el cual se hizo fuerte contra Israel.

2 Puso ejércitos en todas las ciudades fortificadas de Judá, y colocó gente de guarnición en tierra de Judá, y asimismo en las ciudades de Efraín que su padre Asa había tomado.

LECCIONES DE VIDA

➤ ***15.17 — los lugares altos no eran quitados de Israel, aunque el corazón de Asa fue perfecto en todos sus días.***

Algunas prácticas pecaminosas son más difíciles de eliminar que otras, bien sea por ataduras familiares, presión pública u otros obstáculos. ¿Qué «lugares altos» hay en su corazón que todavía es necesario quitar?

➤ ***16.7 — te has apoyado en el rey de Siria, y no te apoyaste en Jehová tu Dios, por eso el ejército del rey de Siria ha escapado de tus manos.***

Aunque Asa había confiado en la ayuda del Señor contra los etíopes (2 Cr 14.8–15), falló a la hora de confrontar a Baasa el rey de Israel (1 R 15.16–22). En vez de acudir a Dios, Asa le ofreció el tesoro del Señor al rey de Siria a cambio de un tratado y ayuda militar. Esto pareció resolver su problema, pero el éxito fue efímero (2 Cr 16.5, 7–9). Confiar en Dios puede ser una misión que cumplimos momento a momento, pero debemos emprenderla en cada situación, sin importar cuán grande o pequeña.

➤ ***16.12 — enfermó gravemente… y en su enfermedad no buscó a Jehová, sino a los médicos.***

Aunque de rodillas somos más altos y más fuertes, Asa prefirió quedarse débil al negarse obstinadamente a humillarse delante del Señor e implorar.

3 Y Jehová estuvo con Josafat, porque anduvo en los primeros caminos de David su padre, y no buscó a los baales,
4 sino que buscó al Dios de su padre, y anduvo en sus mandamientos, y no según las obras de Israel.
5 Jehová, por tanto, confirmó el reino en su mano, y todo Judá dio a Josafat presentes; y tuvo riquezas y gloria en abundancia.
➢ 6 Y se animó su corazón en los caminos de Jehová, y quitó los lugares altos y las imágenes de Asera de en medio de Judá.
7 Al tercer año de su reinado envió sus príncipes Ben-hail, Abdías; Zacarías, Natanael y Micaías, para que enseñasen en las ciudades de Judá;
8 y con ellos a los levitas Semaías, Netanías, Zebadías, Asael, Semiramot, Jonatán, Adonías, Tobías y Tobadonías; y con ellos a los sacerdotes Elisama y Joram.
9 Y enseñaron en Judá, teniendo consigo el libro de la ley de Jehová, y recorrieron todas las ciudades de Judá enseñando al pueblo.
➢ 10 Y cayó el pavor de Jehová sobre todos los reinos de las tierras que estaban alrededor de Judá, y no osaron hacer guerra contra Josafat.
11 Y traían de los filisteos presentes a Josafat, y tributos de plata. Los árabes también le trajeron ganados, siete mil setecientos carneros y siete mil setecientos machos cabríos.
12 Iba, pues, Josafat engrandeciéndose mucho; y edificó en Judá fortalezas y ciudades de aprovisionamiento.
13 Tuvo muchas provisiones en las ciudades de Judá, y hombres de guerra muy valientes en Jerusalén.
14 Y éste es el número de ellos según sus casas paternas: de los jefes de los millares de Judá, el general Adnas, y con él trescientos mil hombres muy esforzados.
15 Después de él, el jefe Johanán, y con él doscientos ochenta mil.
16 Tras éste, Amasías hijo de Zicri, el cual se había ofrecido voluntariamente a Jehová, y con él doscientos mil hombres valientes.
17 De Benjamín, Eliada, hombre muy valeroso, y con él doscientos mil armados de arco y escudo.
18 Tras éste, Jozabad, y con él ciento ochenta mil dispuestos para la guerra.
19 Éstos eran siervos del rey, sin los que el rey había puesto en las ciudades fortificadas en todo Judá.

Micaías profetiza la derrota de Acab

(1 R 22.1-40)

18 TENÍA, pues, Josafat riquezas y gloria en abundancia; y contrajo parentesco con Acab.
2 Y después de algunos años descendió a Samaria para visitar a Acab; por lo que Acab mató muchas ovejas y bueyes para él y para la gente que con él venía, y le persuadió que fuese con él contra Ramot de Galaad.
3 Y dijo Acab rey de Israel a Josafat rey de Judá: ¿Quieres venir conmigo contra Ramot de Galaad? Y él respondió: Yo soy como tú, y mi pueblo como tu pueblo; iremos contigo a la guerra.
4 Además dijo Josafat al rey de Israel: Te ruego que consultes hoy la palabra de Jehová
5 Entonces el rey de Israel reunió a cuatrocientos profetas, y les preguntó: ¿Iremos a la guerra contra Ramot de Galaad, o me estaré quieto? Y ellos dijeron: Sube, porque Dios los entregará en mano del rey.
6 Pero Josafat dijo: ¿Hay aún aquí algún profeta de Jehová, para que por medio de él preguntemos?
7 El rey de Israel respondió a Josafat: Aún hay aquí un hombre por el cual podemos preguntar a Jehová; mas yo le aborrezco, porque nunca me profetiza cosa buena, sino siempre mal. Éste es Micaías hijo de Imla. Y respondió Josafat: No hable así el rey.
8 Entonces el rey de Israel llamó a un oficial, y le dijo: Haz venir luego a Micaías hijo de Imla.
9 Y el rey de Israel y Josafat rey de Judá estaban sentados cada uno en su trono, vestidos con sus ropas reales, en la plaza junto a la entrada de la puerta de Samaria, y todos los profetas profetizaban delante de ellos.
10 Y Sedequías hijo de Quenaana se había hecho cuernos de hierro, y decía: Así ha dicho Jehová: Con éstos acornearás a los sirios hasta destruirlos por completo.
11 De esta manera profetizaban también todos los profetas, diciendo: Sube contra Ramot de Galaad, y serás prosperado; porque Jehová la entregará en mano del rey.
12 Y el mensajero que había ido a llamar a Micaías, le habló diciendo: He aquí las palabras de los profetas a una voz anuncian al rey cosas buenas; yo, pues, te ruego que tu palabra sea como la de uno de ellos, que hables bien.
13 Dijo Micaías: Vive Jehová, que lo que mi Dios me dijere, eso hablaré. Y vino al rey.

LECCIONES DE VIDA

➢ *17.6 — se animó su corazón en los caminos de Jehová, y quitó los lugares altos y las imágenes de Asera de en medio de Judá.*

A Dios no le interesa la obediencia de mala gana, sino la sumisión gozosa. La única manera en que podemos deleitarnos en los mandatos del Señor es deleitarnos primero en Él, tal como lo hizo Josafat.

➢ *17.10 — cayó el pavor de Jehová sobre todos los reinos de las tierras que estaban alrededor de Judá; y no osaron hacer guerra contra Josafat.*

El Señor tiene armas secretas en su arsenal celestial para la protección de sus hijos obedientes. Aquí empleó una sensación generalizada de miedo para mantener a distancia los enemigos de Judá. ¿Sabe usted cómo le está protegiendo el Señor ahora mismo?

14 Y el rey le dijo: Micaías, ¿iremos a pelear
contra Ramot de Galaad, o me estaré quieto? Él respondió: Subid, y seréis prosperados,
pues serán entregados en vuestras manos.
15 El rey le dijo: ¿Hasta cuántas veces te con-
juraré por el nombre de Jehová que no me
hables sino la verdad?
➤ 16 Entonces Micaías dijo: He visto a todo
Israel derramado por los montes como ovejas sin pastor;[a] y dijo Jehová: Éstos no tienen
señor; vuélvase cada uno en paz a su casa.
17 Y el rey de Israel dijo a Josafat: ¿No te
había yo dicho que no me profetizaría bien,
sino mal?
18 Entonces él dijo: Oíd, pues, palabra de
Jehová: Yo he visto a Jehová sentado en su trono, y todo el ejército de los cielos estaba a su
mano derecha y a su izquierda.
19 Y Jehová preguntó: ¿Quién inducirá a Acab
rey de Israel, para que suba y caiga en Ramot
de Galaad? Y uno decía así, y otro decía de
otra manera.
20 Entonces salió un espíritu que se puso
delante de Jehová y dijo: Yo le induciré. Y
Jehová le dijo: ¿De qué modo?
21 Y él dijo: Saldré y seré espíritu de mentira en la boca de todos sus profetas. Y Jehová dijo: Tú le inducirás, y lo lograrás; anda y
hazlo así.
22 Y ahora, he aquí Jehová ha puesto espíritu de mentira en la boca de estos tus profetas;
pues Jehová ha hablado el mal contra ti.
23 Entonces Sedequías hijo de Quenaana se
le acercó y golpeó a Micaías en la mejilla, y
dijo: ¿Por qué camino se fue de mí el Espíritu
de Jehová para hablarte a ti?
24 Y Micaías respondió: He aquí tú lo verás
aquel día, cuando entres de cámara en cámara para esconderte.
25 Entonces el rey de Israel dijo: Tomad a
Micaías, y llevadlo a Amón gobernador de la
ciudad, y a Joás hijo del rey,
26 y decidles: El rey ha dicho así: Poned a éste
en la cárcel, y sustentadle con pan de aflicción y agua de angustia, hasta que yo vuelva en paz.
27 Y Micaías dijo: Si tú volvieres en paz, Jehová no ha hablado por mí. Dijo además: Oíd,
pueblos todos.
28 Subieron, pues, el rey de Israel, y Josafat
rey de Judá, a Ramot de Galaad.
29 Y dijo el rey de Israel a Josafat: Yo me dis-
frazaré para entrar en la batalla, pero tú
vístete tus ropas reales. Y se disfrazó el rey de
Israel, y entró en la batalla.

Ejemplos de vida

MICAÍAS

Siervo valiente de Dios

2 CR 18

El profeta Micaías nunca tuvo miedo de transmitir las palabras de Dios, por duras que fueran para sus oyentes. En cierta ocasión, unos consejeros de la corte instaron a Micaías a darle palabras de ánimo a un rey malvado, pero el profeta no tenía ninguna intención de ablandar su mensaje. «Vive Jehová», declaró el profeta, «que lo que mi Dios me dijere, eso hablaré» (2 Cr 18.13).

Sin importar lo que otros quieran que proclamemos acerca o de parte del Señor, debemos mantenernos fieles y decir lo que Él nos mande decir. Debemos escuchar atentamente a Aquel que nos da el mensaje y luego transmitirlo con precisión y fidelidad.

¿Cómo adquirimos la valentía para hacer tal cosa? Si llegamos a experimentar de verdad el amor de Dios, no tendremos temor alguno de proclamar su Palabra. Como Juan escribió: «En el amor no hay temor, sino que el perfecto amor echa fuera el temor; porque el temor lleva en sí castigo» (1 Jn 4.18).

Para un estudio más a fondo, véase el Índice de Principios de vida:

4. *Estar conscientes de la presencia de Dios nos da energías para desempeñar nuestro trabajo.*

30 Había el rey de Siria mandado a los capitanes de los carros que tenía consigo, diciendo:

a. **18.16** Mt 9.36; Mr 6.34.

LECCIONES DE VIDA

➤ ***18.16 — He visto a todo Israel derramado por los montes como ovejas sin pastor; y dijo Jehová: Estos no tienen señor.***

El rey piadoso Josafat acompañó a Acab a batallar tras oír la profecía de derrota inminente declarada por Micaías. Acab moriría en el campo de batalla e Israel sería derrotado (1 R 22.13–40). El Señor libró a Josafat en su gracia, pero dejó en claro que tales alianzas perversas no eran su voluntad (2 Cr 19.2).

No peleéis con chico ni con grande, sino sólo
con el rey de Israel.
31 Cuando los capitanes de los carros vieron
a Josafat, dijeron: Éste es el rey de Israel. Y lo
rodearon para pelear; mas Josafat clamó, y
Jehová lo ayudó, y los apartó Dios de él;
32 pues viendo los capitanes de los carros que
no era el rey de Israel, desistieron de acosarle.
33 Mas disparando uno el arco a la ventura,
hirió al rey de Israel entre las junturas y el
coselete. Él entonces dijo al cochero: Vuelve
las riendas, y sácame del campo, porque estoy
mal herido.
34 Y arreció la batalla aquel día, por lo que
estuvo el rey de Israel en pie en el carro
enfrente de los sirios hasta la tarde; y murió
al ponerse el sol.

El profeta Jehú amonesta a Josafat

19 JOSAFAT rey de Judá volvió en paz a
su casa en Jerusalén.
2 Y le salió al encuentro el vidente Jehú hijo
de Hanani, y dijo al rey Josafat: ¿Al impío das
ayuda, y amas a los que aborrecen a Jehová?
Pues ha salido de la presencia de Jehová ira
contra ti por esto.
3 Pero se han hallado en ti buenas cosas, por
cuanto has quitado de la tierra las imágenes
de Asera, y has dispuesto tu corazón para buscar a Dios.

Josafat nombra jueces

4 Habitó, pues, Josafat en Jerusalén; pero
daba vuelta y salía al pueblo, desde Beerseba hasta el monte de Efraín, y los conducía a
Jehová el Dios de sus padres.
5 Y puso jueces en todas las ciudades fortificadas de Judá, por todos los lugares.
6 Y dijo a los jueces: Mirad lo que hacéis; porque no juzgáis en lugar de hombre, sino en
lugar de Jehová, el cual está con vosotros
cuando juzgáis.
7 Sea, pues, con vosotros el temor de Jehová;
mirad lo que hacéis, porque con Jehová nuestro Dios no hay injusticia, ni acepción de personas, ni admisión de cohecho.
8 Puso también Josafat en Jerusalén a algunos de los levitas y sacerdotes, y de los padres
de familias de Israel, para el juicio de Jehová y
para las causas. Y volvieron a Jerusalén.
9 Y les mandó diciendo: Procederéis asimismo
con temor de Jehová, con verdad y con corazón íntegro.
10 En cualquier causa que viniere a vosotros
de vuestros hermanos que habitan en las ciudades, en causas de sangre, entre ley y precepto, estatutos y decretos, les amonestaréis
que no pequen contra Jehová, para que no
venga ira sobre vosotros y sobre vuestros hermanos. Haciendo así, no pecaréis.
11 Y he aquí, el sacerdote Amarías será el
que os presida en todo asunto de Jehová, y
Zebadías hijo de Ismael, príncipe de la casa
de Judá, en todos los negocios del rey; también los levitas serán oficiales en presencia
de vosotros. Esforzaos, pues, para hacerlo, y
Jehová estará con el bueno.

Victoria sobre Moab y Amón

20 PASADAS estas cosas, aconteció que
los hijos de Moab y de Amón, y con
ellos otros de los amonitas, vinieron contra
Josafat a la guerra
2 Y acudieron algunos y dieron aviso a Josafat,
diciendo: Contra ti viene una gran multitud del
otro lado del mar, y de Siria; y he aquí están en
Hazezon-tamar, que es En-gadi.
3 Entonces él tuvo temor; y Josafat humilló su
rostro para consultar a Jehová, e hizo pregonar ayuno a todo Judá.
4 Y se reunieron los de Judá para pedir socorro a Jehová; y también de todas las ciudades
de Judá vinieron a pedir ayuda a Jehová.

LECCIONES DE VIDA

18.31 — *mas Josafat clamó, y Jehová lo ayudó.*

El Señor sacó a Josafat de un apuro en el que nunca debió meterse. Dios nos ama y nos tiene misericordia, pero jamás deberíamos jactarnos de su gracia. Él nos advierte en Deuteronomio 6.16, 18: «No tentaréis a Jehová vuestro Dios... haz lo recto y bueno ante los ojos de Jehová, para que te vaya bien».

18.33 — *disparando uno el arco a la ventura, hirió al rey de Israel entre las junturas y el coselete.*

Aunque la Biblia dice que esta fue la acción arbitraria de un desconocido, esa flecha tenía una cita divina con las coyunturas de la armadura de Acab (1 R 22.34). Dios puede hacer lo que le plazca para cumplir sus planes, y utilizar situaciones que parecen accidentales para avanzar su causa y cumplir su voluntad (Ro 8.28).

19.2 — *¿Al impío das ayuda, y amas a los que aborrecen a Jehová? Pues ha salido de la presencia de Jehová ira contra ti por esto.*

La Biblia nos dice: «No erréis; las malas conversaciones corrompen las buenas costumbres» (1 Co 15.33). Mediante su alianza inicua con el perverso Acab, Josafat terminó arruinando su propia familia (2 Cr 21.1, 5, 6).

19.4 — *Josafat... los conducía a Jehová el Dios de sus padres.*

En asuntos de evangelismo y discipulado, podemos considerar sabio a Josafat. Como dice Proverbios 11.30, «el que gana almas es sabio».

20.3 — *tuvo temor; y Josafat humilló su rostro para consultar a Jehová, e hizo pregonar ayuno a todo Judá.*

¿Por qué se puso a ayunar y orar el pueblo de Judá? Para mostrar su deseo de arrepentirse de sus pecados y buscar el poder y la sabiduría de Dios. Cuando nuestros corazones son limpios y sumisos, Dios nos revela su voluntad y nos protege. También mantiene fija nuestra atención donde debe estar, en Él y no en la dificultad que enfrentamos. Es

RESPUESTAS A PREGUNTAS DE LA VIDA

¿Qué autoridad tiene nuestra oración?

2 CR 20.1–30

Un día el rey Josafat y el pueblo de Judá vieron que una gran multitud se había levantado contra ellos. Tres grupos de agresores, los moabitas, los amonitas y los meunitas, lanzaron un gran ataque contra Jerusalén.

Josafat se sintió profundamente atemorizado, pero en lugar de acobardarse «humilló su rostro para consultar a Jehová» (2 Cr 20.3). Proclamó un ayuno a lo largo y ancho de Judá y convocó al pueblo para que buscaran juntos al Señor. Se puso en pie ante el pueblo en la casa del Señor y oró: «Jehová Dios de nuestros padres, ¿no eres tú Dios en los cielos, y tienes dominio sobre todos los reinos de las naciones? ¿No está en tu mano tal fuerza y poder, que no hay quien te resista?» (2 Cr 20.6).

Josafat no expresó duda alguna en cuanto al poder de Dios, sino que proclamó en público su confianza en el Todopoderoso. Declaró que ponía toda su esperanza en el Señor, cuyo poder no tiene límite. Además, Josafat declaró francamente que él, como rey de Judá, se colocaba en una posición de humildad y debilidad total delante del Señor. No reclamó ninguna autoridad para sí mismo, sino que dijo a Dios:

- Tú eres quien nos dio esta tierra.
- Tú eres quien permitió que Tu pueblo habitara en ella y construyera un santuario en ella.
- Tú eres quien dijo que deberíamos clamar a Ti en nuestra aflicción y que Tú nos oirías y salvarías.
- Tú eres quien nos dijo que no destruyéramos a estos enemigos cuando llegamos a ocupar esta tierra.
- Tú eres el único capaz de juzgar a estos enemigos que se levantan contra Tu pueblo; nosotros no tenemos ningún poder y ningún plan.

Concluyó su oración diciendo: «a ti volvemos nuestros ojos» (2 Cr 20.12). En efecto, Josafat dijo: «Si Tú no ejerces tu autoridad en este asunto, estamos perdidos. Por eso depositamos por completo toda nuestra confianza y seguridad en Ti y sólo en Ti».

No vemos rastro alguno de egoísmo en Josafat. No le exigió a Dios hacer algo que Él no deseara hacer. Josafat no se atribuyó la autoridad a sí mismo ni reclamó algún poder como rey, sino que reconoció sabiamente que todo el poder y toda la autoridad pertenecen solamente al Señor. Con base en tal entendimiento, presentó su petición al Dios del cielo y fue bendecido con la victoria (1 Cr 20.22–24).

Para un estudio más a fondo, véase el Índice de Principios de vida:
17. De rodillas somos más altos y más fuertes.

5 Entonces Josafat se puso en pie en la asamblea de Judá y de Jerusalén, en la casa de
Jehová, delante del atrio nuevo;
6 y dijo: Jehová Dios de nuestros padres, ¿no
eres tú Dios en los cielos, y tienes dominio
sobre todos los reinos de las naciones? ¿No
está en tu mano tal fuerza y poder, que no hay
quien te resista?
7 Dios nuestro, ¿no echaste tú los moradores
de esta tierra delante de tu pueblo Israel, y la
diste a la descendencia de Abraham tu amigo[a]
para siempre?
8 Y ellos han habitado en ella, y te han edificado en ella santuario a tu nombre, diciendo:
9 Si mal viniere sobre nosotros, o espada de
castigo, o pestilencia, o hambre, nos presen-
taremos delante de esta casa, y delante de ti
(porque tu nombre está en esta casa), y a causa de nuestras tribulaciones clamaremos a ti,
y tú nos oirás y salvarás.
10 Ahora, pues, he aquí los hijos de Amón y
de Moab, y los del monte de Seir, a cuya tierra no quisiste que pasase Israel cuando venía
de la tierra de Egipto,[b] sino que se apartase de
ellos, y no los destruyese;
11 he aquí ellos nos dan el pago viniendo a
arrojarnos de la heredad que tú nos diste en
posesión.
12 ¡Oh Dios nuestro! ¿no los juzgarás tú? Porque en nosotros no hay fuerza contra tan grande
multitud que viene contra nosotros; no sabemos qué hacer, y a ti volvemos nuestros ojos.

a. 20.7 Is 41.8; Stg 2.23. **b. 20.10** Dt 2.4-19.

PRINCIPIO DE VIDA 10

SI ES NECESARIO, DIOS MOVERÁ CIELO Y TIERRA PARA MOSTRARNOS SU VOLUNTAD.

2 CR 20.12

Dios siempre quiere lo mejor para nosotros, y está comprometido a mostrarnos cómo seguir el plan específico que ha diseñado para cada uno de nosotros. Él quiere que vivamos pendientes de su voz, para oír lo que quiere que hagamos y cómo quiere que lo hagamos (Is 30.19–21).

Si empezamos a desviarnos del curso que Dios ha fijado para nosotros, Él tomará toda clase de medidas para captar nuestra atención y protegernos del peligro. Él tiene una gran variedad de métodos para ayudarnos a ver la situación, entre ellos:

1. Un espíritu intranquilo

A veces Dios nos llama la atención quitándonos el sueño (Est 6). Si experimenta algún tipo de intranquilidad en lo profundo de su ser, o siente algo que no puede identificar, deténgase y ore: «Señor, ¿estás tratando de decirme algo?» Cada vez que Dios estuvo a punto de pasarme de una posición pastoral a otra, yo me sentí muy inquieto.

2. Una palabra específica

Dios también capta nuestra atención utilizando las palabras de otros. Fue el método que usó para darles un mensaje tanto al joven Samuel como al viejo sacerdote Elí (1 S 3.4–18). Si varias personas empiezan a decirle lo mismo en un lapso breve de tiempo, pregúntele al Señor si está tratando de hablarle a través de ellos.

3. Una bendición inusual

Dios puede darle alguna bendición inusual para llamar su atención. Por supuesto, si usted se considera una persona autosuficiente, el Señor probablemente usará otro método para que usted fije su atención en Él, pero recuerde que Él expresa su amor sin importar qué método utilice.

4. Una oración no contestada

A veces la respuesta de Dios a una oración es «no». A pesar de las oraciones de David para preservar la vida del bebé que concibió en adulterio, el niño murió (2 S 12.15–18). El Señor puede guardar silencio ante nuestras oraciones para que tomemos la iniciativa de examinar nuestro corazón.

5. Una desilusión

Cuando la nación de Israel desacató la instrucción divina de tomar posesión de

Dios tiene una gran variedad de métodos para ayudarnos a ver la situación.

la tierra prometida, Dios juzgó al pueblo por su incredulidad. Luego cambiaron de parecer y dijeron que ahora sí deseaban entrar a la tierra, pero el Señor les dijo que no, que ya era demasiado tarde (Nm 14). Dios captó su atención mediante el sentimiento de desilusión. De manera similar, el Señor puede permitir reveses que nos impidan trazar nuestro propio rumbo.

6. Circunstancias extraordinarias

En algunas ocasiones Dios usará circunstancias inusuales para que nos detengamos a escuchar. Moisés vio una zarza ardiente que no se consumía. Cuando se acercó a investigar, el Señor le habló desde el fuego (Éx 3). Usted y yo debemos aprender a buscar la presencia de Dios en cada circunstancia de la vida. Él deja sus huellas y evidencias de su obra en todo lo que nos rodea.

7. Derrotas

Dios puede usar la derrota para mostrarnos la verdad. Tras su victoria aplastante sobre Jericó, los israelitas abordaron una pequeña población con confianza de sobra, ignorando el mandato del Señor (Jos 7). Dios captó toda la atención de Josué al permitir que la nación sufriera una derrota vergonzosa. Este tipo de derrota puede convertirse en una piedra que nos permite dar otro paso hacia el éxito, si oramos: «Señor, ¿qué me estás diciendo? Ayúdame a ver cuál fue el error que cometí».

8. Problemas económicos

En el tiempo de los Jueces «cada uno hacía lo que bien le parecía» (Jue 17.6) y la nación cayó en idolatría y desobediencia. Dios trajo juicio por medio de los madianitas, quienes devastaron el territorio. El pueblo clamó a Dios sólo cuando Él les quitó toda posesión material (Jue 6.3–6). Dios sabía con exactitud qué era necesario para llamarles la atención, y cuando ellos se volvieron a Él de corazón, Él los libró de sus opresores y los bendijo.

9. Tragedias, enfermedades y aflicciones

Debemos considerar nuestras tragedias y aflicciones como razones para preguntarle al Señor: «¿Qué estás tratando de decir?» Cuando el rey Ezequías se llenó de orgullo, Dios usó su enfermedad para alertarlo del problema (2 Cr 32.24). De modo similar, cuando Saulo de Tarso persiguió a los cristianos, Dios lo hirió con ceguera y así logró captar toda su atención (Hch 9.1–19).

Dios siempre sabe dónde nos encontramos en nuestro peregrinaje de fe, y sabe exactamente qué se requiere para llamarnos la atención. Por eso, esté alerta; note si alguno de estos métodos divinos ocurren (o son recurrentes) en su vida. Si lo son, pregúntele qué quiere decirle y dispóngase a escuchar, no para informarse, sino para obedecer.

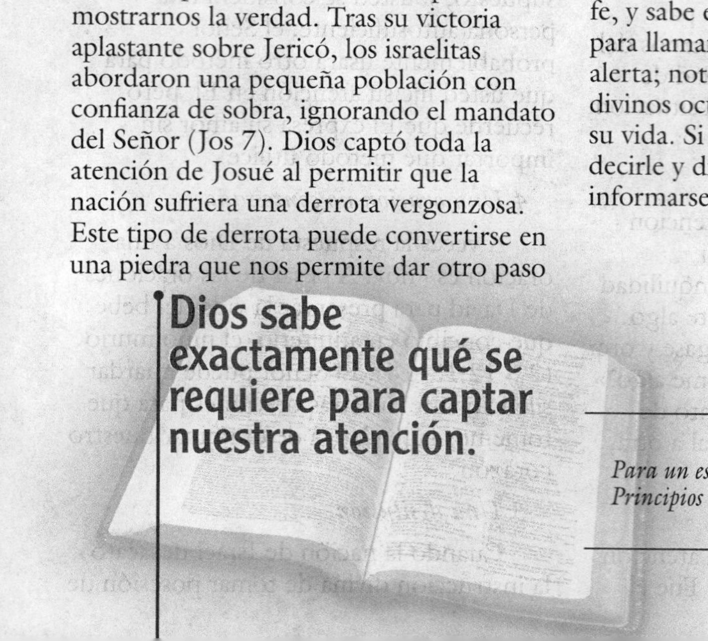

Dios sabe exactamente qué se requiere para captar nuestra atención.

Para un estudio más a fondo, véase el Índice de Principios de vida.

13 Y todo Judá estaba en pie delante de Jehová, con sus niños y sus mujeres y sus hijos.
14 Y estaba allí Jahaziel hijo de Zacarías, hijo
de Benaía, hijo de Jeiel, hijo de Matanías, levita de los hijos de Asaf, sobre el cual vino el
Espíritu de Jehová en medio de la reunión;
➢ 15 y dijo: Oíd, Judá todo, y vosotros moradores de Jerusalén, y tú, rey Josafat. Jehová os
dice así: No temáis ni os amedrentéis delante de esta multitud tan grande, porque no es
vuestra la guerra, sino de Dios.
16 Mañana descenderéis contra ellos; he aquí
que ellos subirán por la cuesta de Sis, y los hallaréis junto al arroyo, antes del desierto de Jeruel.
17 No habrá para qué peleéis vosotros en este
caso; paraos, estad quietos, y ved la salvación
de Jehová con vosotros. Oh Judá y Jerusalén,
no temáis ni desmayéis; salid mañana contra
ellos, porque Jehová estará con vosotros.[c]
18 Entonces Josafat se inclinó rostro a tierra, y asimismo todo Judá y los moradores de
Jerusalén se postraron delante de Jehová, y
adoraron a Jehová.
19 Y se levantaron los levitas de los hijos de
Coat y de los hijos de Coré, para alabar a Jehová el Dios de Israel con fuerte y alta voz.
➢ 20 Y cuando se levantaron por la mañana,
salieron al desierto de Tecoa. Y mientras ellos
salían, Josafat, estando en pie, dijo: Oídme,
Judá y moradores de Jerusalén. Creed en
Jehová vuestro Dios, y estaréis seguros; creed
a sus profetas, y seréis prosperados.
21 Y habido consejo con el pueblo, puso a algunos que cantasen y alabasen a Jehová, vestidos
de ornamentos sagrados, mientras salía la gente armada, y que dijesen: Glorificad a Jehová,
porque su misericordia es para siempre.
22 Y cuando comenzaron a entonar cantos ➢
de alabanza, Jehová puso contra los hijos
de Amón, de Moab y del monte de Seir, las
emboscadas de ellos mismos que venían contra Judá, y se mataron los unos a los otros.
23 Porque los hijos de Amón y Moab se levantaron contra los del monte de Seir para matarlos y destruirlos; y cuando hubieron acabado
con los del monte de Seir, cada cual ayudó a
la destrucción de su compañero.
24 Y luego que vino Judá a la torre del desierto, miraron hacia la multitud, y he aquí yacían
ellos en tierra muertos, pues ninguno había
escapado.
25 Viniendo entonces Josafat y su pueblo ➢
a despojarlos, hallaron entre los cadáveres
muchas riquezas, así vestidos como alhajas
preciosas, que tomaron para sí, tantos, que no
los podían llevar; tres días estuvieron recogiendo el botín, porque era mucho.
26 Y al cuarto día se juntaron en el valle de
Beraca; porque allí bendijeron a Jehová, y por
esto llamaron el nombre de aquel paraje el
valle de Beraca,[1] hasta hoy.
27 Y todo Judá y los de Jerusalén, y Josafat a
la cabeza de ellos, volvieron para regresar a
Jerusalén gozosos, porque Jehová les había
dado gozo librándolos de sus enemigos.

1 Esto es, *Bendición.*

c. 20.15-17 Dt 20.1-4.

LECCIONES DE VIDA

por eso que siempre obtenemos la victoria por medio de la oración.

➢ ***20.12 — en nosotros no hay fuerza contra tan grande multitud que viene contra nosotros: no sabemos qué hacer, y a ti volvemos nuestros ojos.***

Josafat ya había dependido de sus alianzas militares para obtener la victoria, pero ahora enfrentaba una batalla que no podía ganar con espadas. El Señor impidió su participación y la del pueblo en la batalla, porque quería que confiaran en Él para algo más grande.

➢ ***20.15 — No temáis ni os amedrentéis delante de esta multitud tan grande, porque no es vuestra la guerra, sino de Dios.***

Como creyentes, nunca tenemos que preocuparnos de cómo abordar nuestros conflictos porque todos le pertenecen a Dios. Puesto que son suyos, ya han sido ganados. Nuestra responsabilidad es obedecer todo lo que Él nos instruye hacer y confiar que nos mostrará su triunfo. Recuerde siempre que cada bendición y éxito vienen del Señor, y ningún enemigo se mantendrá en pie mientras Él arremeta en su contra.

➢ ***20.20 — Oídme, Judá y moradores de Jerusalén. Creed en Jehová vuestro Dios, y estaréis seguros; creed a sus profetas, y seréis prosperados.***

La alabanza prepara el camino para tener una relación profunda con Dios y la victoria en nuestras circunstancias. Cuando empezamos a exaltarlo, nos damos cuenta de cuán absoluta es nuestra dependencia de Él y su capacidad para ayudarnos. Si quiere tener una vida exitosa y satisfactoria, lo mejor que puede hacer es adorar al Señor y obedecer su Palabra.

➢ ***20.22 — cuando comenzaron a entonar cantos de alabanza, Jehová puso… las emboscadas de ellos mismos.***

No importa si las órdenes que Dios nos da carezcan de sentido, como el de formar un coro que le haga frente para resistir a un ejército. Hay que obedecer, sea como sea. El Señor ya ha ganado nuestras batallas, y su interés al hacernos partícipes es edificar nuestra fe. Es por eso que muchas veces nos mandará hacer cosas que parecen ilógicas, para ver si confiamos en Él. Por eso mismo, siempre debemos poner toda nuestra esperanza en su mano poderosa.

➢ ***20.25 — Viniendo entonces Josafat y su pueblo a despojarlos, hallaron… tantos, que no los podían llevar; tres días estuvieron recogiendo el botín, porque era mucho.***

Aquello que Satanás se había propuesto usar en contra del pueblo de Dios, el Señor lo usó para bendecir y prosperar a los suyos. A Dios le complace en gran manera dar sorpresas gratas a su pueblo obediente al responder sus oraciones.

Lo que la Biblia dice acerca de EL PROPÓSITO DE LA ADVERSIDAD

2 Cr 20.29, 30

El Señor usa la adversidad en la vida del creyente para muchos propósitos, y todos son buenos al final de cuentas. La adversidad sirve para conformarnos a la imagen de Cristo y se convierte en un puente para profundizar nuestra relación con Él.

Lamentablemente, ninguna de estas afirmaciones puede hacerse con respecto a los incrédulos, quienes se encuentran en una posición de hostilidad y alienación ante Dios. Sin embargo, Él ama a todos los hombres y mujeres, y quiere que todos y cada uno de nosotros proceda al arrepentimiento.

Dios es íntegro y justo. Él *debe* juzgar y oponerse al pecado. Él permite tanto a la persona salva como al no creyente sufrir las consecuencias de sus actos voluntarios de transgresión. Él actúa decisivamente contra el pecado, deseando que todos se arrepientan de su pecado y le busquen de todo corazón. Ese es el mensaje de Lamentaciones, cuando Jeremías concluye que el Señor no quiere afligir para siempre a los hijos de los hombres (Lm 3.31–33). Él quiere mostrar compasión y por eso nos corresponde volvernos a Él, confiar en Él y recordar su benignidad.

El Señor no desea la adversidad para su pueblo; más bien, responde sabia y justamente a nuestras acciones y obra para cumplir su propósito en nuestras vidas. Gracias a Dios, los momentos sombríos durarán solo el tiempo necesario para que Él lleve a cabo su propósito en nosotros.

Dios usa la adversidad para conformarnos a la imagen de Cristo y darnos la oportunidad de profundizar nuestra relación con Él.

Para un estudio más a fondo, véase el Índice de Principios de vida:

7. *Los momentos sombríos durarán solo el tiempo necesario para que Dios lleve a cabo su propósito en nosotros.*
26. *La adversidad es un puente que nos conduce a una relación más profunda con Dios.*

28 Y vinieron a Jerusalén con salterios, arpas
y trompetas, a la casa de Jehová.
29 Y el pavor de Dios cayó sobre todos los reinos de aquella tierra, cuando oyeron que Jehová había peleado contra los enemigos de Israel.
30 Y el reino de Josafat tuvo paz, porque su
Dios le dio paz por todas partes.

Resumen del reinado de Josafat

(1 R 22.41-50)

31 Así reinó Josafat sobre Judá; de treinta y
cinco años era cuando comenzó a reinar, y reinó veinticinco años en Jerusalén. El nombre
de su madre fue Azuba, hija de Silhi.
32 Y anduvo en el camino de Asa su padre,
sin apartarse de él, haciendo lo recto ante los
ojos de Jehová.
33 Con todo eso, los lugares altos no fueron
quitados; pues el pueblo aún no había endere-
zado su corazón al Dios de sus padres.
34 Los demás hechos de Josafat, primeros y
postreros, he aquí están escritos en las palabras de Jehú hijo de Hanani, del cual se hace
mención en el libro de los reyes de Israel.
35 Pasadas estas cosas, Josafat rey de Judá
trabó amistad con Ocozías rey de Israel, el
cual era dado a la impiedad,
36 e hizo con él compañía para construir
naves que fuesen a Tarsis; y construyeron las
naves en Ezión-geber.
37 Entonces Eliezer hijo de Dodava, de
Maresa, profetizó contra Josafat, diciendo:
Por cuanto has hecho compañía con Ocozías,
Jehová destruirá tus obras. Y las naves se rompieron, y no pudieron ir a Tarsis.

Reinado de Joram de Judá

(2 R 8.16-24)

21 DURMIÓ Josafat con sus padres, y lo
sepultaron con sus padres en la ciudad
de David. Y reinó en su lugar Joram su hijo,
2 quien tuvo por hermanos, hijos de Josafat,
a Azarías, Jehiel, Zacarías, Azarías, Micael, y
Sefatías. Todos éstos fueron hijos de Josafat
rey de Judá.
3 Y su padre les había dado muchos regalos
de oro y de plata, y cosas preciosas, y ciudades fortificadas en Judá; pero había dado el
reino a Joram, porque él era el primogénito.
4 Fue elevado, pues, Joram al reino de su
padre; y luego que se hizo fuerte, mató a espada a todos sus hermanos, y también a algunos
de los príncipes de Israel.
5 Cuando comenzó a reinar era de treinta y
dos años, y reinó ocho años en Jerusalén.
6 Y anduvo en el camino de los reyes de Israel,
como hizo la casa de Acab; porque tenía por
mujer a la hija de Acab, e hizo lo malo ante los
ojos de Jehová.
7 Mas Jehová no quiso destruir la casa de
David, a causa del pacto que había hecho con
David, y porque le había dicho que le daría
lámpara a él y a sus hijos perpetuamente.[a]
8 En los días de éste se rebeló Edom contra el
dominio de Judá,[b] y pusieron rey sobre sí.
9 Entonces pasó Joram con sus príncipes,
y todos sus carros; y se levantó de noche, y
derrotó a los edomitas que le habían sitiado, y
a todos los comandantes de sus carros.
10 No obstante, Edom se libertó del dominio de
Judá, hasta hoy. También en el mismo tiempo
Libna se libertó de su dominio, por cuanto él
había dejado a Jehová el Dios de sus padres.
11 Además de esto, hizo lugares altos en los
montes de Judá, e hizo que los moradores de
Jerusalén fornicasen tras ellos, y a ello impelió a Judá.
12 Y le llegó una carta del profeta Elías, que
decía: Jehová el Dios de David tu padre ha
dicho así: Por cuanto no has andado en los
caminos de Josafat tu padre, ni en los caminos de Asa rey de Judá,
13 sino que has andado en el camino de los
reyes de Israel, y has hecho que fornica-
se Judá y los moradores de Jerusalén, como
fornicó la casa de Acab; y además has dado
muerte a tus hermanos, a la familia de tu
padre, los cuales eran mejores que tú;
14 he aquí Jehová herirá a tu pueblo de una
gran plaga, y a tus hijos y a tus mujeres, y a
todo cuanto tienes;
15 y a ti con muchas enfermedades, con enfermedad de tus intestinos, hasta que se te salgan a causa de tu persistente enfermedad.
16 Entonces Jehová despertó contra Joram la
ira de los filisteos y de los árabes que estaban
junto a los etíopes;
17 y subieron contra Judá, e invadieron la tierra, y tomaron todos los bienes que hallaron
en la casa del rey, y a sus hijos y a sus mujeres; y no le quedó más hijo sino solamente
Joacaz el menor de sus hijos.
18 Después de todo esto, Jehová lo hirió con
una enfermedad incurable en los intestinos.
19 Y aconteció que al pasar muchos días, al ➤
fin, al cabo de dos años, los intestinos se le
salieron por la enfermedad, muriendo así de
enfermedad muy penosa. Y no encendieron
fuego en su honor, como lo habían hecho con
sus padres.

a. 21.7 1 R 11.36. **b. 21.8** Gn 27.40.

LECCIONES DE VIDA

➤ ***21.19 — muriendo así de enfermedad muy penosa.***

La retribución del pecado nunca es agradable, y en muchos casos puede ser tormentosa, tanto aquí como en el juicio. Joram es un ejemplo de cómo cosechamos lo que sembramos, más de lo que sembramos y después de sembrarlo. Este hombre «hizo que los moradores de Jerusalén fornicasen, y a ello impelió a Judá» (2 Cr 21.11), y Dios permitió que muriera en gran pena, angustia, derrota y deshonra.

20 Cuando comenzó a reinar era de treinta y dos años, y reinó en Jerusalén ocho años; y murió sin que lo desearan más. Y lo sepultaron en la ciudad de David, pero no en los sepulcros de los reyes.

Reinado de Ocozías de Judá
(2 R 8.25-29)

22 LOS habitantes de Jerusalén hicieron rey en lugar de Joram a Ocozías su hijo menor; porque una banda armada que había venido con los árabes al campamento, había matado a todos los mayores, por lo cual reinó Ocozías, hijo de Joram rey de Judá.
2 Cuando Ocozías comenzó a reinar era de cuarenta y dos años, y reinó un año en Jerusalén. El nombre de su madre fue Atalía, hija de Omri.
3 También él anduvo en los caminos de la casa de Acab, pues su madre le aconsejaba a que actuase impíamente.
➤ 4 Hizo, pues, lo malo ante los ojos de Jehová, como la casa de Acab; porque después de la muerte de su padre, ellos le aconsejaron para su perdición.
5 Y él anduvo en los consejos de ellos, y fue a la guerra con Joram hijo de Acab, rey de Israel, contra Hazael rey de Siria, a Ramot de Galaad, donde los sirios hirieron a Joram.
6 Y volvió para curarse en Jezreel de las heridas que le habían hecho en Ramot, peleando contra Hazael rey de Siria. Y descendió Ocozías hijo de Joram, rey de Judá, para visitar a Joram hijo de Acab en Jezreel, porque allí estaba enfermo.

Jehú mata a Ocozías
(2 R 9.27-29)

7 Pero esto venía de Dios, para que Ocozías fuese destruido viniendo a Joram; porque habiendo venido, salió con Joram contra Jehú hijo de Nimsi, al cual Jehová había ungido para que exterminara la familia de Acab.
8 Y haciendo juicio Jehú contra la casa de Acab, halló a los príncipes de Judá, y a los hijos de los hermanos de Ocozías, que servían a Ocozías, y los mató.
9 Y buscando a Ocozías, el cual se había escondido en Samaria, lo hallaron y lo trajeron a Jehú, y le mataron; y le dieron sepultura, porque dijeron: Es hijo de Josafat, quien de todo su corazón buscó a Jehová. Y la casa de Ocozías no tenía fuerzas para poder retener el reino.

Atalía usurpa el trono
(2 R 11.1-21)

10 Entonces Atalía madre de Ocozías, viendo que su hijo era muerto, se levantó y exterminó toda la descendencia real de la casa de Judá.
11 Pero Josabet, hija del rey, tomó a Joás hijo de Ocozías, y escondiéndolo de entre los demás hijos del rey, a los cuales mataban, le guardó a él y a su ama en uno de los aposentos. Así lo escondió Josabet, hija del rey Joram, mujer del sacerdote Joiada (porque ella era hermana de Ocozías), de delante de Atalía, y no lo mataron.
12 Y estuvo con ellos escondido en la casa de Dios seis años. Entre tanto, Atalía reinaba en el país.

23 EN el séptimo año se animó Joiada, y ➤
tomó consigo en alianza a los jefes de centenas Azarías hijo de Jeroham, Ismael hijo de Johanán, Azarías hijo de Obed, Maasías hijo de Adaía, y Elisafat hijo de Zicri,
2 los cuales recorrieron el país de Judá, y reunieron a los levitas de todas las ciudades de Judá y a los príncipes de las familias de Israel, y vinieron a Jerusalén.
3 Y toda la multitud hizo pacto con el rey en la casa de Dios. Y Joiada les dijo: He aquí el hijo del rey, el cual reinará, como Jehová ha dicho respecto a los hijos de David.[a]
4 Ahora haced esto: una tercera parte de vosotros, los que entran el día de reposo,* estarán de porteros con los sacerdotes y los levitas.
5 Otra tercera parte, a la casa del rey; y la otra tercera parte, a la puerta del Cimiento; y todo el pueblo estará en los patios de la casa de Jehová.
6 Y ninguno entre en la casa de Jehová, sino los sacerdotes y levitas que ministran; éstos entrarán, porque están consagrados; y todo el pueblo hará guardia delante de Jehová.
7 Y los levitas rodearán al rey por todas partes, y cada uno tendrá sus armas en la mano; cualquiera que entre en la casa, que muera; y estaréis con el rey cuando entre y cuando salga.
8 Y los levitas y todo Judá lo hicieron todo como lo había mandado el sacerdote Joiada; y tomó cada jefe a los suyos, los que entraban el día de reposo,* y los que salían el día de reposo; porque el sacerdote Joiada no dio licencia a las compañías.

* Aquí equivale a *sábado*.

a. 23.3 2 S 7.12.

LECCIONES DE VIDA

➤ ***22.4 — Hizo pues lo malo ante los ojos de Jehová… porque después de la muerte de su padre, ellos le aconsejaron para su perdición.***

Seguir cualquier consejo contrario a la Palabra de Dios es invitar la destrucción.

➤ ***23.1 — se animó Joiada, y tomó consigo en alianza a los jefes de centenas.***

La perversa reina Atalías había tratado de exterminar el linaje de David (2 R 11.1–3; 2 Cr 22.10–12), y tras siete años de dominio impío, el sacerdote piadoso Joiada formuló un plan para derrocarla. Sabía que para lograrlo iba a necesitar el apoyo de los militares, los sacerdotes y los jefes tribales. Confiar en Dios y depender de Él para contar con fuerza y protección nunca implica que dejemos de hacer planes sabios. Significa más bien que usamos la sabiduría que Él nos ha dado, nos mantenemos enfocados en Él y le obedecemos cada vez que nos da instrucciones (Pr 16.3).

9 Dio también el sacerdote Joiada a los jefes de centenas las lanzas, los paveses y los escudos que habían sido del rey David, y que estaban en la casa de Dios;
10 y puso en orden a todo el pueblo, teniendo cada uno su espada en la mano, desde el rincón derecho del templo hasta el izquierdo, hacia el altar y la casa, alrededor del rey por todas partes.
11 Entonces sacaron al hijo del rey, y le pusieron la corona y el testimonio, y lo proclamaron rey; y Joiada y sus hijos lo ungieron, diciendo luego: ¡Viva el rey!
12 Cuando Atalía oyó el estruendo de la gente que corría, y de los que aclamaban al rey, vino al pueblo a la casa de Jehová;
13 y mirando, vio al rey que estaba junto a su columna a la entrada, y los príncipes y los trompeteros junto al rey, y que todo el pueblo de la tierra mostraba alegría, y sonaba bocinas, y los cantores con instrumentos de música dirigían la alabanza. Entonces Atalía rasgó sus vestidos, y dijo: ¡Traición! ¡Traición!
14 Pero el sacerdote Joiada mandó que salieran los jefes de centenas del ejército, y les dijo: Sacadla fuera del recinto, y al que la siguiere, matadlo a filo de espada; porque el sacerdote había mandado que no la matasen en la casa de Jehová.
15 Ellos, pues, le echaron mano, y luego que ella hubo pasado la entrada de la puerta de los caballos de la casa del rey, allí la mataron.
16 Y Joiada hizo pacto entre sí y todo el pueblo y el rey, que serían pueblo de Jehová.
17 Después de esto entró todo el pueblo en el templo de Baal, y lo derribaron, y también sus altares; e hicieron pedazos sus imágenes, y mataron delante de los altares a Matán, sacerdote de Baal.
18 Luego ordenó Joiada los oficios en la casa de Jehová, bajo la mano de los sacerdotes y levitas, según David los había distribuido en la casa de Jehová, para ofrecer a Jehová los holocaustos, como está escrito en la ley de Moisés, con gozo y con cánticos, conforme a la disposición de David.
19 Puso también porteros a las puertas de la casa de Jehová, para que por ninguna vía entrase ningún inmundo.
20 Llamó después a los jefes de centenas, y a los principales, a los que gobernaban el pueblo y a todo el pueblo de la tierra, para conducir al rey desde la casa de Jehová; y cuando llegaron a la mitad de la puerta mayor de la casa del rey, sentaron al rey sobre el trono del reino.
21 Y se regocijó todo el pueblo del país; y la ciudad estuvo tranquila, después que mataron a Atalía a filo de espada.

Reinado de Joás de Judá
(2 R 12.1-21)

24 DE siete años era Joás cuando comenzó a reinar, y cuarenta años reinó en Jerusalén. El nombre de su madre fue Sibia, de Beerseba.
2 E hizo Joás lo recto ante los ojos de Jehová todos los días de Joiada el sacerdote.
3 Y Joiada tomó para él dos mujeres; y engendró hijos e hijas.
4 Después de esto, aconteció que Joás decidió restaurar la casa de Jehová.
5 Y reunió a los sacerdotes y los levitas, y les dijo: Salid por las ciudades de Judá, y recoged dinero de todo Israel, para que cada año sea reparada la casa de vuestro Dios; y vosotros poned diligencia en el asunto. Pero los levitas no pusieron diligencia.
6 Por lo cual el rey llamó al sumo sacerdote Joiada y le dijo: ¿Por qué no has procurado que los levitas traigan de Judá y de Jerusalén la ofrenda que Moisés, siervo de Jehová impuso a la congregación de Israel para el tabernáculo del testimonio?[a]
7 Porque la impía Atalía y sus hijos habían destruido la casa de Dios, además habían gastado en los ídolos todas las cosas consagradas de la casa de Jehová.
8 Mandó, pues, el rey que hiciesen un arca, la cual pusieron fuera, a la puerta de la casa de Jehová;
9 e hicieron pregonar en Judá y en Jerusalén, que trajesen a Jehová la ofrenda que Moisés siervo de Dios había impuesto a Israel en el desierto.
10 Y todos los jefes y todo el pueblo se gozaron, y trajeron ofrendas, y las echaron en el arca hasta llenarla.
11 Y cuando venía el tiempo para llevar el arca al secretario del rey por mano de los levitas, cuando veían que había mucho dinero, venía el escriba del rey, y el que estaba puesto por el sumo sacerdote, y llevaban el arca, y la vaciaban, y la volvían a su lugar. Así lo hacían de día en día, y recogían mucho dinero,
12 y el rey y Joiada lo daban a los que hacían el trabajo del servicio de la casa de Jehová; y tomaban canteros y carpinteros que reparasen la casa de Jehová, y artífices en hierro y bronce para componer la casa.
13 Hacían, pues, los artesanos la obra, y por sus manos la obra fue restaurada, y restituyeron la casa de Dios a su antigua condición, y la consolidaron.
14 Y cuando terminaron, trajeron al rey y a Joiada lo que quedaba del dinero, e hicieron de él utensilios para la casa de Jehová, utensilios para el servicio, morteros, cucharas, vasos de oro y de plata. Y sacrificaban holocaustos continuamente en la casa de Jehová todos los días de Joiada.
15 Mas Joiada envejeció, y murió lleno de días; de ciento treinta años era cuando murió.
16 Y lo sepultaron en la ciudad de David con los reyes, por cuanto había hecho bien con Israel, y para con Dios, y con su casa.

a. 24.6 Éx 30.11-16.

➤ 17 Muerto Joiada, vinieron los príncipes de Judá y ofrecieron obediencia al rey; y el rey los oyó.
18 Y desampararon la casa de Jehová el Dios de sus padres, y sirvieron a los símbolos de Asera y a las imágenes esculpidas. Entonces la ira de Dios vino sobre Judá y Jerusalén por este su pecado.
19 Y les envió profetas para que los volviesen a Jehová, los cuales les amonestaron; mas ellos no los escucharon.
20 Entonces el Espíritu de Dios vino sobre Zacarías hijo del sacerdote Joiada; y puesto en pie, donde estaba más alto que el pueblo, les dijo: Así ha dicho Dios: ¿Por qué quebrantáis los mandamientos de Jehová? No os vendrá bien por ello; porque por haber dejado a Jehová, él también os abandonará.
➤ 21 Pero ellos hicieron conspiración contra él, y por mandato del rey lo apedrearon hasta matarlo, en el patio de la casa de Jehová.[b]
22 Así el rey Joás no se acordó de la misericordia que Joiada padre de Zacarías había hecho con él, antes mató a su hijo, quien dijo al morir: Jehová lo vea y lo demande.
23 A la vuelta del año subió contra él el ejército de Siria; y vinieron a Judá y a Jerusalén, y destruyeron en el pueblo a todos los principales de él, y enviaron todo el botín al rey a Damasco.
➤ 24 Porque aunque el ejército de Siria había venido con poca gente, Jehová entregó en sus manos un ejército muy numeroso, por cuanto habían dejado a Jehová el Dios de sus padres. Así ejecutaron juicios contra Joás.
25 Y cuando se fueron los sirios, lo dejaron agobiado por sus dolencias; y conspiraron contra él sus siervos a causa de la sangre de los hijos de Joiada el sacerdote, y lo hirieron en su cama, y murió. Y lo sepultaron en la ciudad de David, pero no en los sepulcros de los reyes.
26 Los que conspiraron contra él fueron Zabad hijo de Simeat amonita, y Jozabad hijo de Simrit moabita.
27 En cuanto a los hijos de Joás, y la multiplicación que hizo de las rentas, y la restauración de la casa de Jehová, he aquí está escrito en la historia del libro de los reyes. Y reinó en su lugar Amasías su hijo.

Reinado de Amasías
(2 R 14.1-22)

25 DE veinticinco años era Amasías cuando comenzó a reinar, y veintinueve años reinó en Jerusalén; el nombre de su madre fue Joadán, de Jerusalén.
2 Hizo él lo recto ante los ojos de Jehová, aunque no de perfecto corazón.
3 Y luego que fue confirmado en el reino, mató a los siervos que habían matado al rey su padre.
4 Pero no mató a los hijos de ellos, según lo que está escrito en la ley, en el libro de Moisés, donde Jehová mandó diciendo: No morirán los padres por los hijos, ni los hijos por los padres; mas cada uno morirá por su pecado.[a]
5 Reunió luego Amasías a Judá, y con arreglo a las familias les puso jefes de millares y de centenas sobre todo Judá y Benjamín. Después puso en lista a todos los de veinte años arriba, y fueron hallados trescientos mil escogidos para salir a la guerra, que tenían lanza y escudo.
6 Y de Israel tomó a sueldo por cien talentos de plata, a cien mil hombres valientes.
7 Mas un varón de Dios vino a él y le dijo: Rey, no vaya contigo el ejército de Israel; porque Jehová no está con Israel, ni con todos los hijos de Efraín.
8 Pero si vas así, si lo haces, y te esfuerzas ➤ para pelear, Dios te hará caer delante de los enemigos; porque en Dios está el poder, o para ayudar, o para derribar.

b. 24.20-21 Mt 23.35; Lc 11.51. **a. 25.4** Dt 24.16.

LECCIONES DE VIDA

➤ ***24.17 — Muerto Joiada, vinieron los príncipes de Judá, y ofrecieron obediencia al rey; y el rey los oyó.***

Aunque Joás empezó como un hombre piadoso que amaba y obedecía al Señor, tan pronto desapareció de su vida la influencia positiva del sacerdote Joiada, se fue cuesta abajo (2 R 12). Los líderes sugirieron que Judá rindiera culto a dioses ajenos y Joás debió ejecutarlos por eso (Dt 13.6–10), pero el rey nunca se había apropiado en su experiencia personal de una fe obediente. Por esa razón, adoptó las creencias de cualquiera que se dignara aconsejarlo.

➤ ***24.21 — ellos hicieron conspiración contra él, y por mandato del rey lo apedrearon hasta matarlo, en el patio de la casa de Jehová.***

Por su fidelidad a Dios, Zacarías murió apedreado. ¿Dónde está la recompensa? Jesús responde: «Sé fiel hasta la muerte, y yo te daré la corona de la vida» (Ap 2.10).

➤ ***24.24 — aunque el ejército de Siria había venido con poca gente, Jehová entregó en sus manos un ejército muy numeroso, por cuanto habían dejado a Jehová.***

Así como Dios entregó numerosos ejércitos enemigos a las fuerzas diminutas pero fieles de Judá (2 Cr 14.12; 20.22), también entregó el ejército inmenso pero infiel de Joás a un ejército pagano mucho más pequeño. La presencia de Dios y nuestra obediencia a Él son lo que realmente importan en cada batalla, no el tamaño del ejército.

➤ ***25.8 — en Dios está el poder, o para ayudar, o para derribar.***

El profeta le advirtió a Amasías no acudir a Israel para ser ayudado en su batalla contra Edom. Si Amasías obedecía a Dios, sería victorioso. Si acudía a Israel el Señor aseguraría su derrota. La historia muestra que el rey de Judá eligió al Señor y ganó (2 R 14.7). Dios tiene el poder para asistir y rescatar, como también tiene el poder para juzgar y destruir. Lo que recibamos depende de nuestra actitud hacia Él y su Palabra.

➤ 9 Y Amasías dijo al varón de Dios: ¿Qué, pues, se hará de los cien talentos que he dado al ejército de Israel? Y el varón de Dios respondió: Jehová puede darte mucho más que esto.
10 Entonces Amasías apartó el ejército de la gente que había venido a él de Efraín, para que se fuesen a sus casas; y ellos se enojaron grandemente contra Judá, y volvieron a sus casas encolerizados.
11 Esforzándose entonces Amasías, sacó a su pueblo, y vino al Valle de la Sal, y mató de los hijos de Seir diez mil.[b]
12 Y los hijos de Judá tomaron vivos a otros diez mil, los cuales llevaron a la cumbre de un peñasco, y de allí los despeñaron, y todos se hicieron pedazos.
13 Mas los del ejército que Amasías había despedido, para que no fuesen con él a la guerra, invadieron las ciudades de Judá, desde Samaria hasta Bet-horón, y mataron a tres mil de ellos, y tomaron gran despojo.
➤ 14 Volviendo luego Amasías de la matanza de los edomitas, trajo también consigo los dioses de los hijos de Seir, y los puso ante sí por dioses, y los adoró, y les quemó incienso.
15 Por esto se encendió la ira de Jehová contra Amasías, y envió a él un profeta, que le dijo: ¿Por qué has buscado los dioses de otra nación, que no libraron a su pueblo de tus manos?
16 Y hablándole el profeta estas cosas, él le respondió: ¿Te han puesto a ti por consejero del rey? Déjate de eso. ¿Por qué quieres que te maten? Y cuando terminó de hablar, el profeta dijo luego: Yo sé que Dios ha decretado destruirte, porque has hecho esto, y no obedeciste mi consejo.
17 Y Amasías rey de Judá, después de tomar consejo, envió a decir a Joás hijo de Joacaz, hijo de Jehú, rey de Israel: Ven, y veámonos cara a cara.
18 Entonces Joás rey de Israel envió a decir a Amasías rey de Judá: El cardo que estaba en el Líbano envió al cedro que estaba en el Líbano, diciendo: Da tu hija a mi hijo por mujer. Y he aquí que las fieras que estaban en el Líbano pasaron, y hollaron el cardo.
19 Tú dices: He aquí he derrotado a Edom; y tu corazón se enaltece para gloriarte. Quédate ahora en tu casa. ¿Para qué provocas un mal en que puedas caer tú y Judá contigo?
20 Mas Amasías no quiso oír; porque era la voluntad de Dios, que los quería entregar en manos de sus enemigos, por cuanto habían buscado los dioses de Edom.
21 Subió, pues, Joás rey de Israel, y se vieron cara a cara él y Amasías rey de Judá en la batalla de Bet-semes, la cual es de Judá.
22 Pero cayó Judá delante de Israel, y huyó cada uno a su casa.
23 Y Joás rey de Israel apresó en Bet-semes a Amasías rey de Judá, hijo de Joás, hijo de Joacaz, y lo llevó a Jerusalén; y derribó el muro de Jerusalén desde la puerta de Efraín hasta la puerta del ángulo, un tramo de cuatrocientos codos.
24 Asimismo tomó todo el oro y la plata, y todos los utensilios que se hallaron en la casa de Dios en casa de Obed-edom, y los tesoros de la casa del rey, y los hijos de los nobles; después volvió a Samaria.
25 Y vivió Amasías hijo de Joás, rey de Judá, quince años después de la muerte de Joás hijo de Joacaz, rey de Israel.
26 Los demás hechos de Amasías, primeros y postreros, ¿no están escritos en el libro de los reyes de Judá y de Israel?
27 Desde el tiempo en que Amasías se apartó de Jehová, empezaron a conspirar contra él en Jerusalén; y habiendo él huido a Laquis, enviaron tras él a Laquis, y allá lo mataron;
28 y lo trajeron en caballos, y lo sepultaron con sus padres en la ciudad de Judá.

Reinado de Uzías
(2 R 15.1-7)

26 ENTONCES todo el pueblo de Judá tomó a Uzías, el cual tenía dieciséis años de edad, y lo pusieron por rey en lugar de Amasías su padre.

b. 25.11 2 R 14.7.

LECCIONES DE VIDA

➤ ***25.9 — Jehová puede darte mucho más que esto.***

Nunca vacile en seguir al Señor por temor a la pérdida económica. Dios puede bendecirle mucho más por medio de su fidelidad que todo lo que pueda adquirir con su falta de fe.

➤ ***25.14 — Volviendo luego Amasías de la matanza de los edomitas, trajo también consigo los dioses de los hijos de Seir, y los puso ante sí por dioses.***

Fue totalmente ilógico, Amasías acababa de ganar una gran victoria como resultado de depender del Señor, pero se apartó de Él y empezó a adorar a los dioses impotentes del pueblo que acababa de derrotar. Después de las grandes victorias, somos en extremo vulnerables a las tentaciones. Precisamente por esa razón, debemos guardar continuamente nuestros corazones.

➤ ***26.5 — persistió en buscar a Dios en los días de Zacarías... y en estos días que buscó a Jehová, él le prosperó.***

El rey Uzías (llamado también Azarías), fortificó Jerusalén, afianzó el ejército y expandió los recursos de la ciudad, todo en obediencia al Señor. Tristemente, el reporte de las Escrituras es que lo hizo solamente «en los días de Zacarías». Al igual que Joás (2 R 12.2; 2 Cr 24.17), mientras tuviera un consejero piadoso que lo hiciera rendir cuentas, se mantuvo fiel. Pero nunca se comprometió totalmente con el Señor (2 R 15.1–7). Su orgullo condujo a su ruina y le hizo perderse la bendición de Dios.

2 Uzías edificó a Elot, y la restituyó a Judá
después que el rey Amasías durmió con sus
padres.
3 De dieciséis años era Uzías cuando comenzó a reinar, y cincuenta y dos años reinó en
Jerusalén. El nombre de su madre fue Jecolías, de Jerusalén.
4 E hizo lo recto ante los ojos de Jehová, conforme a todas las cosas que había hecho Amasías su padre.
➤5 Y persistió en buscar a Dios en los días de
Zacarías, entendido en visiones de Dios; y
en estos días en que buscó a Jehová, él le
prosperó.
6 Y salió y peleó contra los filisteos, y rompió
el muro de Gat, y el muro de Jabnia, y el muro
de Asdod; y edificó ciudades en Asdod, y en la
tierra de los filisteos.
7 Dios le dio ayuda contra los filisteos, y contra los árabes que habitaban en Gur-baal, y
contra los amonitas.
8 Y dieron los amonitas presentes a Uzías, y
se divulgó su fama hasta la frontera de Egipto;
porque se había hecho altamente poderoso.
9 Edificó también Uzías torres en Jerusalén,
junto a la puerta del ángulo, y junto a la puerta
del valle, y junto a las esquinas; y las fortificó.
10 Asimismo edificó torres en el desierto, y
abrió muchas cisternas; porque tuvo muchos
ganados, así en la Sefela como en las vegas,
y viñas y labranzas, así en los montes como
en los llanos fértiles; porque era amigo de la
agricultura.
11 Tuvo también Uzías un ejército de guerreros, los cuales salían a la guerra en divisiones, de acuerdo con la lista hecha por mano
de Jeiel escriba, y de Maasías gobernador, y
de Hananías, uno de los jefes del rey.
12 Todo el número de los jefes de familia,
valientes y esforzados, era dos mil seiscientos.
13 Y bajo la mano de éstos estaba el ejército
de guerra, de trescientos siete mil quinientos
guerreros poderosos y fuertes, para ayudar al
rey contra los enemigos.
14 Y Uzías preparó para todo el ejército escudos, lanzas, yelmos, coseletes, arcos, y hondas
para tirar piedras.
15 E hizo en Jerusalén máquinas inventadas
por ingenieros, para que estuviesen en las
torres y en los baluartes, para arrojar saetas y
grandes piedras. Y su fama se extendió lejos,
porque fue ayudado maravillosamente, hasta
hacerse poderoso.
➤16 Mas cuando ya era fuerte, su corazón se
enalteció para su ruina; porque se rebeló contra Jehová su Dios, entrando en el templo de
Jehová para quemar incienso en el altar del
incienso.
17 Y entró tras él el sacerdote Azarías, y con
él ochenta sacerdotes de Jehová, varones
valientes.
➤18 Y se pusieron contra el rey Uzías, y le dijeron: No te corresponde a ti, oh Uzías, el quemar incienso a Jehová, sino a los sacerdotes
hijos de Aarón, que son consagrados para
quemarlo.[a] Sal del santuario, porque has

Ejemplos de vida

U Z Í A S

La ruina del orgullo

2 CR 26.16–23

Cuando nos apoyamos en nuestras propias fuerzas para combatir el pecado o lograr nuestras metas, aseguramos nuestra derrota. Al fin y al cabo, todo lo que adquiramos fuera de la voluntad de Dios termina convirtiéndose en cenizas. Un buen ejemplo de este principio fue el rey Uzías de Judá.

Uzías fue un gran reformador y un guerrero fiero que disfrutó grandes éxitos mientras «persistió en buscar a Dios» (2 Cr 26.5). Este rey habría podido gozar toda una vida de victorias si hubiese mantenido su enfoque en Dios.

Tristemente, Uzías volcó su atención en todo lo que había logrado y cayó presa del orgullo. El resultado predecible fue que su conducta se corrompió y le fue infiel al Señor.

Este rey se dejó alterar a tal punto por su orgullo que creyó estar por encima de la ley y entró al templo para hacer algo estrictamente prohibido por la Palabra de Dios (Éx 30). El Señor hirió a Uzías con lepra por usurpar la labor exclusiva de los sacerdotes y profanar el templo. Además, sufrió una muerte trágica a consecuencia de su pecado (2 Cr 26.16–23).

El orgullo puede llevarnos a lugares donde no nos compete estar, y destruirnos en cuestión de poco tiempo. Si queremos andar con Dios, debemos escuchar cuando Él nos diga que seamos humildes y le obedezcamos.

Para un estudio más a fondo, véase el Índice de Principios de vida:

15. El quebrantamiento es el requisito de Dios para que seamos útiles al máximo

a. 26.18 Éx 30.7-8; Nm 3.10.

prevaricado, y no te será para gloria delante de Jehová Dios.
19 Entonces Uzías, teniendo en la mano un incensario para ofrecer incienso, se llenó de ira; y en su ira contra los sacerdotes, la lepra le brotó en la frente, delante de los sacerdotes en la casa de Jehová, junto al altar del incienso.
20 Y le miró el sumo sacerdote Azarías, y todos los sacerdotes, y he aquí la lepra estaba en su frente; y le hicieron salir apresuradamente de aquel lugar; y él también se dio prisa a salir, porque Jehová lo había herido.
21 Así el rey Uzías fue leproso hasta el día de su muerte, y habitó leproso en una casa apartada, por lo cual fue excluido de la casa de Jehová; y Jotam su hijo tuvo cargo de la casa real, gobernando al pueblo de la tierra.
22 Los demás hechos de Uzías, primeros y postreros, fueron escritos por el profeta Isaías, hijo de Amoz.
23 Y durmió Uzías con sus padres,[b] y lo sepultaron con sus padres en el campo de los sepulcros reales; porque dijeron: Leproso es. Y reinó Jotam su hijo en lugar suyo.

Reinado de Jotam
(2 R 15.32-38)

27 DE veinticinco años era Jotam cuando comenzó a reinar, y dieciséis años reinó en Jerusalén. El nombre de su madre fue Jerusa, hija de Sadoc.
2 E hizo lo recto ante los ojos de Jehová, conforme a todas las cosas que había hecho Uzías su padre, salvo que no entró en el santuario de Jehová. Pero el pueblo continuaba corrompiéndose.
3 Edificó él la puerta mayor de la casa de Jehová, y sobre el muro de la fortaleza edificó mucho.
4 Además edificó ciudades en las montañas de Judá, y construyó fortalezas y torres en los bosques.
5 También tuvo él guerra con el rey de los hijos de Amón, a los cuales venció; y le dieron los hijos de Amón en aquel año cien talentos de plata, diez mil coros de trigo, y diez mil de cebada. Esto le dieron los hijos de Amón, y lo mismo en el segundo año y en el tercero.
6 Así que Jotam se hizo fuerte, porque preparó sus caminos delante de Jehová su Dios.
7 Los demás hechos de Jotam, y todas sus guerras, y sus caminos, he aquí están escritos en el libro de los reyes de Israel y de Judá.
8 Cuando comenzó a reinar era de veinticinco años, y dieciséis reinó en Jerusalén.
9 Y durmió Jotam con sus padres, y lo sepultaron en la ciudad de David; y reinó en su lugar Acaz su hijo.

Reinado de Acaz
(2 R 16.1-20)

28 DE veinte años era Acaz cuando comenzó a reinar, y dieciséis años reinó en Jerusalén: mas no hizo lo recto ante los ojos de Jehová, como David su padre.
2 Antes anduvo en los caminos de los reyes de Israel, y además hizo imágenes fundidas a los baales.
3 Quemó también incienso en el valle de los hijos de Hinom, e hizo pasar a sus hijos por fuego, conforme a las abominaciones de las naciones que Jehová había arrojado de la presencia de los hijos de Israel.
4 Asimismo sacrificó y quemó incienso en los lugares altos, en los collados, y debajo de todo árbol frondoso.
5 Por lo cual Jehová su Dios lo entregó en manos del rey de los sirios, los cuales lo derrotaron, y le tomaron gran número de prisioneros que llevaron a Damasco. Fue también entregado en manos del rey de Israel, el cual lo batió con gran mortandad.
6 Porque Peka hijo de Remalías mató en Judá ➤ en un día ciento veinte mil hombres valientes, por cuanto habían dejado a Jehová el Dios de sus padres.[a]
7 Asimismo Zicri, hombre poderoso de Efraín, mató a Maasías hijo del rey, a Azricam su mayordomo, y a Elcana, segundo después del rey.
8 También los hijos de Israel tomaron cautivos de sus hermanos a doscientos mil, mujeres,

b. 26.23 Is 6.1. **a. 28.5-6** 2 R 16.5; Is 7.1.

LECCIONES DE VIDA

➤ ***26.16 — cuando ya era fuerte, su corazón se enalteció para su ruina.***

Nuestras pruebas más grandes casi nunca vienen durante tiempos de debilidad o tragedia, sino en tiempos de prosperidad y éxito. El orgullo arruina más hombres y mujeres que cualquier arma de guerra jamás inventada.

➤ ***26.18 — No te corresponde a ti, oh Uzías, el quemar incienso a Jehová, sino a los sacerdotes... has prevaricado, y no te será para gloria delante de Jehová Dios.***

Uzías sabía que no le correspondía entrar al templo y realizar un oficio exclusivo de los sacerdotes (Éx 30; Nm 3.10; 16.40). Creyó falsamente que estaba por encima de la ley de Dios, pero el Señor no iba a ser irrespetado de tal manera. Él es santo y juzga el pecado (2 Cr 26.19–21). No debe sorprendernos que Dios aborrezca el pecado (Pr 8.13), ya que este incita lo peor en sus hijos y siempre conduce a la corrupción y la ruina.

➤ ***28.6 — Peka, hijo de Remalías mató en Judá en un día ciento veinte mil hombres valientes; por cuanto habían dejado a Jehová el Dios de sus padres.***

Ni siquiera multitudes de hombres valientes pueden prosperar cuando le dan la espalda al Dios viviente. El Señor así lo prometió a su pueblo si ellos se atrevían a dejarlo: «los abandonaré… y serán consumidos» (Dt 31.17).

muchachos y muchachas, además de haber
tomado de ellos mucho botín que llevaron a
Samaria.
9 Había entonces allí un profeta de Jehová
que se llamaba Obed, el cual salió delante del
ejército cuando entraba en Samaria, y les dijo:
He aquí, Jehová el Dios de vuestros padres,
por el enojo contra Judá, los ha entregado en
vuestras manos; y vosotros los habéis matado
con ira que ha llegado hasta el cielo.
10 Y ahora habéis determinado sujetar a vosotros a Judá y a Jerusalén como siervos y siervas; mas ¿no habéis pecado vosotros contra
Jehová vuestro Dios?
11 Oídme, pues, ahora, y devolved a los cautivos que habéis tomado de vuestros hermanos;
porque Jehová está airado contra vosotros.
12 Entonces se levantaron algunos varones de
los principales de los hijos de Efraín, Azarías
hijo de Johanán, Berequías hijo de Mesilemot, Ezequías hijo de Salum, y Amasa hijo de
Hadlai, contra los que venían de la guerra.
13 Y les dijeron: No traigáis aquí a los cautivos, porque el pecado contra Jehová estará sobre nosotros. Vosotros tratáis de añadir
sobre nuestros pecados y sobre nuestras cul-
pas, siendo muy grande nuestro delito, y el
ardor de la ira contra Israel.
14 Entonces el ejército dejó los cautivos y el
botín delante de los príncipes y de toda la
multitud.
15 Y se levantaron los varones nombrados, y
tomaron a los cautivos, y del despojo vistieron
a los que de ellos estaban desnudos; los vistieron, los calzaron, y les dieron de comer y de
beber, los ungieron, y condujeron en asnos a
todos los débiles, y los llevaron hasta Jericó,
ciudad de las palmeras, cerca de sus hermanos; y ellos volvieron a Samaria.
16 En aquel tiempo envió a pedir el rey Acaz a
los reyes de Asiria que le ayudasen.
17 Porque también los edomitas habían venido y atacado a los de Judá, y habían llevado
cautivos.
18 Asimismo los filisteos se habían extendido por las ciudades de la Sefela y del Neguev
de Judá, y habían tomado Bet-semes, Ajalón, Gederot, Soco con sus aldeas, Timna también con sus aldeas, y Gimzo con sus aldeas;
y habitaban en ellas.
19 Porque Jehová había humillado a Judá por
causa de Acaz rey de Israel, por cuanto él
había actuado desenfrenadamente en Judá, y
había prevaricado gravemente contra Jehová.
20 También vino contra él Tiglat-pileser rey
de los asirios, quien lo redujo a estrechez, y
no lo fortaleció.
21 No obstante que despojó Acaz la casa de
Jehová, y la casa real, y las de los príncipes,
para dar al rey de los asirios, éste no le ayudó.
22 Además el rey Acaz en el tiempo que aquél
le apuraba, añadió mayor pecado contra Jehová;
23 porque ofreció sacrificios a los dioses de
Damasco que le habían derrotado, y dijo: Pues
que los dioses de los reyes de Siria les ayudan,
yo también ofreceré sacrificios a ellos para
que me ayuden; bien que fueron éstos su ruina, y la de todo Israel.
24 Además de eso recogió Acaz los utensilios
de la casa de Dios, y los quebró, y cerró las
puertas de la casa de Jehová, y se hizo altares
en Jerusalén en todos los rincones.
25 Hizo también lugares altos en todas las
ciudades de Judá, para quemar incienso a los
dioses ajenos, provocando así a ira a Jehová el
Dios de sus padres.
26 Los demás de sus hechos, y todos sus
caminos, primeros y postreros, he aquí están
escritos en el libro de los reyes de Judá y de
Israel.
27 Y durmió Acaz con sus padres,[b] y lo sepultaron en la ciudad de Jerusalén, pero no lo
metieron en los sepulcros de los reyes de
Israel; y reinó en su lugar Ezequías su hijo.

Reinado de Ezequías
(2 R 18.1-3)

29 COMENZÓ a reinar Ezequías siendo
de veinticinco años, y reinó veintinueve
años en Jerusalén. El nombre de su madre fue
Abías, hija de Zacarías.
2 E hizo lo recto ante los ojos de Jehová,
conforme a todas las cosas que había hecho
David su padre.

Ezequías restablece el culto del templo
3 En el primer año de su reinado, en el mes
primero, abrió las puertas de la casa de Jehová, y las reparó.
4 E hizo venir a los sacerdotes y levitas, y los
reunió en la plaza oriental.

b. 28.27 Is 14.28.

LECCIONES DE VIDA

➤ ***28.22 — Además el rey Acaz en el tiempo que aquél le apuraba, añadió mayor pecado contra Jehová.***

Dios quiere usar nuestros tiempos de adversidad para acercarnos más a Él, no para alejarnos todavía más. Casi siempre aprendemos más en nuestras experiencias por el valle de lágrimas que en las de la cumbre del éxito.

➤ ***29.2 — E hizo lo recto ante los ojos de Jehová, conforme a todas las cosas que había hecho David su padre.***

Acaz el padre de Ezequías no fue un buen ejemplo, pero Ezequías usó como modelo de vida al rey David, quien tenía fama de ser un varón conforme al corazón de Dios (Hch 13.22). Así usted no provenga de la mejor familia cristiana, sí cuenta con muchos ejemplos excelentes en las Escrituras que puede imitar, y el Espíritu Santo le enseñará cómo ser más semejante a Cristo. Busque en la Biblia y verá cómo se vive la vida cristiana en la llenura del Espíritu.

5 Y les dijo: ¡Oídme, levitas! Santificaos ahora, y santificad la casa de Jehová el Dios de vuestros padres, y sacad del santuario la inmundicia.
6 Porque nuestros padres se han rebelado, y han hecho lo malo ante los ojos de Jehová nuestro Dios; porque le dejaron, y apartaron sus rostros del tabernáculo de Jehová, y le volvieron las espaldas.
7 Y aun cerraron las puertas del pórtico, y apagaron las lámparas; no quemaron incienso, ni sacrificaron holocausto en el santuario al Dios de Israel.
8 Por tanto, la ira de Jehová ha venido sobre Judá y Jerusalén, y los ha entregado a turbación, a execración y a escarnio, como veis vosotros con vuestros ojos.
9 Y he aquí nuestros padres han caído a espada, y nuestros hijos, nuestras hijas y nuestras mujeres fueron llevados cautivos por esto.
10 Ahora, pues, yo he determinado hacer pacto con Jehová el Dios de Israel, para que aparte de nosotros el ardor de su ira.
11 Hijos míos, no os engañéis ahora, porque Jehová os ha escogido a vosotros para que estéis delante de él y le sirváis, y seáis sus ministros, y le queméis incienso.
12 Entonces se levantaron los levitas Mahat hijo de Amasai y Joel hijo de Azarías, de los hijos de Coat; de los hijos de Merari, Cis hijo de Abdi y Azarías hijo de Jehalelel; de los hijos de Gersón, Joa hijo de Zima y Edén hijo de Joa;
13 de los hijos de Elizafán, Simri y Jeiel; de los hijos de Asaf, Zacarías y Matanías;
14 de los hijos de Hemán, Jehiel y Simei; y de los hijos de Jedutún, Semaías y Uziel.
15 Éstos reunieron a sus hermanos, y se santificaron, y entraron, conforme al mandamiento del rey y las palabras Jehová, para limpiar la casa de Jehová.
16 Y entrando los sacerdotes dentro de la casa de Jehová para limpiarla, sacaron toda la inmundicia que hallaron en el templo de Jehová, al atrio de la casa de Jehová; y de allí los levitas la llevaron fuera al torrente de Cedrón.
17 Comenzaron a santificarse el día primero del mes primero, y a los ocho del mismo mes vinieron al pórtico de Jehová; y santificaron la casa de Jehová en ocho días, y en el día dieciséis del mes primero terminaron.
18 Entonces vinieron al rey Ezequías y le dijeron: Ya hemos limpiado toda la casa de Jehová, el altar del holocausto, y todos sus instrumentos, y la mesa de la proposición con todos sus utensilios.
19 Asimismo hemos preparado y santificado todos los utensilios que en su infidelidad había desechado el rey Acaz, cuando reinaba; y he aquí están delante del altar de Jehová.
20 Y levantándose de mañana, el rey Ezequías reunió los principales de la ciudad, y subió a la casa de Jehová.
21 Y presentaron siete novillos, siete carneros, siete corderos y siete machos cabríos para expiación por el reino, por el santuario y por Judá. Y dijo a los sacerdotes hijos de Aarón que los ofreciesen sobre el altar de Jehová.
22 Mataron, pues, los novillos, y los sacerdotes recibieron la sangre, y la esparcieron sobre el altar; mataron luego los carneros, y esparcieron sangre sobre el altar; asimismo mataron los corderos, y esparcieron la sangre sobre el altar.
23 Después hicieron acercar delante del rey y de la multitud los machos cabríos para la expiación, y pusieron sobre ellos sus manos;
24 y los sacerdotes los mataron, e hicieron ofrenda de expiación con la sangre de ellos sobre el altar, para reconciliar a todo Israel; porque por todo Israel mandó el rey hacer el holocausto y la expiación.
25 Puso también levitas en la casa de Jehová con címbalos, salterios y arpas, conforme al mandamiento de David, de Gad vidente del rey, y del profeta Natán, porque aquel mandamiento procedía de Jehová por medio de sus profetas.
26 Y los levitas estaban con los instrumentos de David, y los sacerdotes con trompetas.
27 Entonces mandó Ezequías sacrificar el holocausto en el altar; y cuando comenzó el holocausto, comenzó también el cántico de Jehová, con las trompetas y los instrumentos de David rey de Israel.
28 Y toda la multitud adoraba, y los cantores cantaban, y los trompeteros sonaban las trompetas; todo esto duró hasta consumirse el holocausto.
29 Y cuando acabaron de ofrecer, se inclinó el rey, y todos los que con él estaban, y adoraron.
30 Entonces el rey Ezequías y los príncipes dijeron a los levitas que alabasen a Jehová con las palabras de David y de Asaf vidente; y ellos alabaron con gran alegría, y se inclinaron y adoraron.
31 Y respondiendo Ezequías, dijo: Vosotros os habéis consagrado ahora a Jehová; acercaos, pues, y presentad sacrificios y alabanzas en la

LECCIONES DE VIDA

➤ *29.30 — ellos alabaron con gran alegría, y se inclinaron y adoraron.*

La adoración consiste en exaltar a Dios por ser quien es, con todos sus atributos, obras, virtudes y carácter sin igual. Alabar al Señor no se limita a expresiones de «¡Aleluya, gloria a Dios!» También tiene que ver con enfocarnos en Él, reconocer su soberanía y expresar nuestra confianza en su amor, y en que nos ayudará pase lo que pase en cualquier situación que surja.

casa de Jehová. Y la multitud presentó sacrificios y alabanzas; y todos los generosos de corazón trajeron holocaustos.
32 Y fue el número de los holocaustos que trajo la congregación, setenta bueyes, cien carneros y doscientos corderos, todo para el holocausto de Jehová.
33 Y las ofrendas fueron seiscientos bueyes y tres mil ovejas.
34 Mas los sacerdotes eran pocos, y no bastaban para desollar los holocaustos; y así sus hermanos los levitas les ayudaron hasta que acabaron la obra, y hasta que los demás sacerdotes se santificaron; porque los levitas fueron más rectos de corazón para santificarse que los sacerdotes.
35 Así, pues, hubo abundancia de holocaustos, con grosura de las ofrendas de paz, y libaciones para cada holocausto. Y quedó restablecido el servicio de la casa de Jehová.
36 Y se alegró Ezequías con todo el pueblo, de que Dios hubiese preparado el pueblo; porque la cosa fue hecha rápidamente.

Ezequías celebra la pascua

30 ENVIÓ después Ezequías por todo Israel y Judá, y escribió cartas a Efraín y a Manasés, para que viniesen a Jerusalén a la casa de Jehová para celebrar la pascua a Jehová Dios de Israel.
2 Y el rey había tomado consejo con sus príncipes, y con toda la congregación en Jerusalén, para celebrar la pascua en el mes segundo;
3 porque entonces no la podían celebrar, por cuanto no había suficientes sacerdotes santificados, ni el pueblo se había reunido en Jerusalén.[a]
4 Esto agradó al rey y a toda la multitud.
5 Y determinaron hacer pasar pregón por todo Israel, desde Beerseba hasta Dan, para que viniesen a celebrar la pascua a Jehová Dios de Israel, en Jerusalén; porque en mucho tiempo no la habían celebrado al modo que está escrito.
6 Fueron, pues, correos con cartas de mano del rey y de sus príncipes por todo Israel y Judá, como el rey lo había mandado, y decían: Hijos de Israel, volveos a Jehová el Dios de Abraham, de Isaac y de Israel, y él se volverá al remanente que ha quedado de la mano de los reyes de Asiria.
7 No seáis como vuestros padres y como vuestros hermanos, que se rebelaron contra Jehová el Dios de sus padres, y él los entregó a desolación, como vosotros veis.
8 No endurezcáis, pues, ahora vuestra cerviz como vuestros padres; someteos a Jehová, y venid a su santuario, el cual él ha santificado para siempre; y servid a Jehová vuestro Dios, y el ardor de su ira se apartará de vosotros.
9 Porque si os volviereis a Jehová, vuestros hermanos y vuestros hijos hallarán misericordia delante de los que los tienen cautivos, y volverán a esta tierra; porque Jehová vuestro Dios es clemente y misericordioso, y no apartará de vosotros su rostro, si vosotros os volviereis a él.
10 Pasaron, pues, los correos de ciudad en ciudad por la tierra de Efraín y Manasés, hasta Zabulón; mas se reían y burlaban de ellos.
11 Con todo eso, algunos hombres de Aser, de Manasés y de Zabulón se humillaron, y vinieron a Jerusalén.
12 En Judá también estuvo la mano de Dios para darles un solo corazón para cumplir el mensaje del rey y de los príncipes, conforme a la palabra de Jehová.
13 Y se reunió en Jerusalén mucha gente para celebrar la fiesta solemne de los panes sin levadura en el mes segundo, una vasta reunión.
14 Y levantándose, quitaron los altares que había en Jerusalén; quitaron también todos los altares de incienso, y los echaron al torrente de Cedrón.
15 Entonces sacrificaron la pascua, a los catorce días del mes segundo; y los sacerdotes y los levitas llenos de vergüenza se santificaron, y trajeron los holocaustos a la casa de Jehová.
16 Y tomaron su lugar en los turnos de costumbre, conforme a la ley de Moisés varón de Dios; y los sacerdotes esparcían la sangre que recibían de manos de los levitas.

a. 30.2-3 Nm 9.9-11.

LECCIONES DE VIDA

➤ ***30.9 — Jehová vuestro Dios es clemente y misericordioso, y no apartará de vosotros su rostro, si vosotros os volviereis a él.***

Algunos se angustian al creer que han cometido «el pecado imperdonable» (véase Mt 12.31), pero Dios jamás rechazará a la persona que se arrepiente genuinamente de su pecado y pone su fe en Cristo.

➤ ***30.10, 11 — Pasaron, pues, los correos de ciudad en ciudad… mas se reían y burlaban de ellos. Con todo eso, algunos hombres… se humillaron.***

Ezequías fue un rey piadoso que quiso honrar a Dios, por eso reinstauró la pascua (Éx 12) e invitó tanto a Israel como a Judá a celebrarla. Quedaban pocos en Israel pues la mayoría habían sido trasladados a Asiria, pero la mayoría de ellos eran apóstatas que ridiculizaron la invitación. Así es como muchos se burlan al oír la oferta de vida nueva en Cristo, mientras algunos la aceptan con humildad. Debemos seguir esparciendo las buenas nuevas para beneficio de aquellos que sí oyen y se arrepienten.

17 Porque había muchos en la congregación
que no estaban santificados, y por eso los
levitas sacrificaban la pascua por todos los
que no se habían purificado, para santificarlos a Jehová.
➤ 18 Porque una gran multitud del pueblo de
Efraín y Manasés, y de Isacar y Zabulón, no
se habían purificado, y comieron la pascua no
conforme a lo que está escrito. Mas Ezequías
oró por ellos, diciendo: Jehová, que es bueno,
sea propicio a todo aquel que ha preparado su
corazón para buscar a Dios,
19 a Jehová el Dios de sus padres, aunque no
esté purificado según los ritos de purificación
del santuario.
20 Y oyó Jehová a Ezequías, y sanó al pueblo.
21 Así los hijos de Israel que estaban en Jerusalén celebraron la fiesta solemne de los
panes sin levadura por siete días con grande
gozo; y glorificaban a Jehová todos los días
los levitas y los sacerdotes, cantando con instrumentos resonantes a Jehová.
22 Y habló Ezequías al corazón de todos los
levitas que tenían buena inteligencia en el servicio de Jehová. Y comieron de lo sacrificado
en la fiesta solemne por siete días, ofreciendo
sacrificios de paz, y dando gracias a Jehová el
Dios de sus padres.
23 Y toda aquella asamblea determinó que
celebrasen la fiesta por otros siete días; y la
celebraron otros siete días con alegría.
24 Porque Ezequías rey de Judá había dado
a la asamblea mil novillos y siete mil ovejas;
y también los príncipes dieron al pueblo mil
novillos y diez mil ovejas; y muchos sacerdotes ya se habían santificado.
25 Se alegró, pues, toda la congregación de
Judá, como también los sacerdotes y levitas,
y toda la multitud que había venido de Israel;
asimismo los forasteros que habían venido
de la tierra de Israel, y los que habitaban en
Judá.
26 Hubo entonces gran regocijo en Jerusalén; porque desde los días de Salomón hijo
de David rey de Israel, no había habido cosa
semejante en Jerusalén.
27 Después los sacerdotes y levitas, puestos
en pie, bendijeron al pueblo; y la voz de ellos
fue oída, y su oración llegó a la habitación de
su santuario, al cielo.
➤ 31 HECHAS todas estas cosas, todos los
de Israel que habían estado allí salieron por las ciudades de Judá, y quebraron las
estatuas y destruyeron las imágenes de Asera,
y derribaron los lugares altos y los altares por
todo Judá y Benjamín, y también en Efraín y
Manasés, hasta acabarlo todo. Después se volvieron todos los hijos de Israel a sus ciudades,
cada uno a su posesión.

Ezequías reorganiza el servicio de los sacerdotes y levitas

2 Y arregló Ezequías la distribución de los
sacerdotes y de los levitas conforme a sus turnos, cada uno según su oficio; los sacerdotes
y los levitas para ofrecer el holocausto y las
ofrendas de paz, para que ministrasen, para
que diesen gracias y alabasen dentro de las
puertas de los atrios de Jehová.
3 El rey contribuyó de su propia hacienda
para los holocaustos a mañana y tarde, y para
los holocaustos de los días de reposo,* nuevas
lunas y fiestas solemnes, como está escrito en
la ley de Jehová.[a]
4 Mandó también al pueblo que habitaba en
Jerusalén, que diese la porción correspondiente a los sacerdotes y levitas, para que ellos
se dedicasen a la ley de Jehová.
5 Y cuando este edicto fue divulgado, los hijos
de Israel dieron muchas primicias de grano,
vino, aceite, miel, y de todos los frutos de la
tierra; trajeron asimismo en abundancia los
diezmos de todas las cosas.[b]
6 También los hijos de Israel y de Judá, que
habitaban en las ciudades de Judá, dieron del
mismo modo los diezmos de las vacas y de las
ovejas; y trajeron los diezmos de lo santificado, de las cosas que habían prometido a Jehová su Dios, y los depositaron en montones.
7 En el mes tercero comenzaron a formar aquellos montones, y terminaron en el mes séptimo.
8 Cuando Ezequías y los príncipes vinieron y
vieron los montones, bendijeron a Jehová, y a
su pueblo Israel.
9 Y preguntó Ezequías a los sacerdotes y a los
levitas acerca de esos montones.
10 Y el sumo sacerdote Azarías, de la casa
de Sadoc, le contestó: Desde que comenzaron a traer las ofrendas a la casa de Jehová,
hemos comido y nos hemos saciado, y nos ha
sobrado mucho, porque Jehová ha bendecido
a su pueblo; y ha quedado esta abundancia de
provisiones.

* Aquí equivale a *sábado*.

a. 31.3 Nm 28.1—29.39. **b. 31.4-5** Nm 18.12-13, 21.

LECCIONES DE VIDA

➤ ***30.18, 19 — Jehová, que es bueno, sea propicio a todo aquel que ha preparado su corazón para buscar a Dios... aunque no esté purificado según los ritos de purificación del santuario.***

Estas personas habían dejado la idolatría de Israel para rendir culto al único Dios verdadero en su templo en Jerusalén. Si el corazón es íntegro, el Señor acepta por completo a la persona (Mt 12.7).

➤ ***31.1 — todos los de Israel... quebraron las estatuas y destruyeron las imágenes de Asera, y derribaron los lugares altos y los altares... hasta acabarlo todo.***

La devoción verdadera a Dios cambia a la persona de adentro hacia fuera, de tal modo que obedecer al Señor produce más placer que pecar. Cuando el corazón es transformado, la conducta se modifica.

11 Entonces mandó Ezequías que preparasen cámaras en la casa de Jehová, y las prepararon.

12 Y en ellas depositaron las primicias y los diezmos y las cosas consagradas, fielmente; y dieron cargo de ello al levita Conanías, el principal, y Simei su hermano fue el segundo.

13 Y Jehiel, Azazías, Nahat, Asael, Jerimot, Jozabad, Eliel, Ismaquías, Mahat y Benaía, fueron los mayordomos al servicio de Conanías y de Simei su hermano, por mandamiento del rey Ezequías y de Azarías, príncipe de la casa de Dios.

14 Y el levita Coré hijo de Imna, guarda de la puerta oriental, tenía cargo de las ofrendas voluntarias para Dios, y de la distribución de las ofrendas dedicadas a Jehová, y de las cosas santísimas.

15 Y a su servicio estaban Edén, Miniamín, Jesúa, Semaías, Amarías y Secanías, en las ciudades de los sacerdotes, para dar con fidelidad a sus hermanos sus porciones conforme a sus grupos, así al mayor como al menor;

16 a los varones anotados por sus linajes, de tres años arriba, a todos los que entraban en la casa de Jehová para desempeñar su ministerio según sus oficios y grupos.

17 También a los que eran contados entre los sacerdotes según sus casas paternas; y a los levitas de edad de veinte años arriba, conforme a sus oficios y grupos.

18 Eran inscritos con todos sus niños, sus mujeres, sus hijos e hijas, toda la multitud; porque con fidelidad se consagraban a las cosas santas.

19 Del mismo modo para los hijos de Aarón, sacerdotes, que estaban en los ejidos de sus ciudades, por todas las ciudades, los varones nombrados tenían cargo de dar sus porciones a todos los varones de entre los sacerdotes, y a todo el linaje de los levitas.

20 De esta manera hizo Ezequías en todo Judá; y ejecutó lo bueno, recto y verdadero delante de Jehová su Dios.

21 En todo cuanto emprendió en el servicio de la casa de Dios, de acuerdo con la ley y los mandamientos, buscó a su Dios, lo hizo de todo corazón, y fue prosperado.

Senaquerib invade a Judá

(2 R 18.13-37; Is 36.1-22)

32 DESPUÉS de estas cosas y de esta fidelidad, vino Senaquerib rey de los asirios e invadió a Judá, y acampó contra las ciudades fortificadas, con la intención de conquistarlas.

2 Viendo, pues, Ezequías la venida de Senaquerib, y su intención de combatir a Jerusalén,

3 tuvo consejo con sus príncipes y con sus hombres valientes, para cegar las fuentes de agua que estaban fuera de la ciudad; y ellos le apoyaron.

4 Entonces se reunió mucho pueblo, y cegaron todas las fuentes, y el arroyo que corría a través del territorio, diciendo: ¿Por qué han de hallar los reyes de Asiria muchas aguas cuando vengan?

5 Después con ánimo resuelto edificó Ezequías todos los muros caídos, e hizo alzar las torres, y otro muro por fuera; fortificó además a Milo en la ciudad de David, y también hizo muchas espadas y escudos.

6 Y puso capitanes de guerra sobre el pueblo, y los hizo reunir en la plaza de la puerta de la ciudad, y habló al corazón de ellos, diciendo:

7 Esforzaos y animaos; no temáis, ni tengáis miedo del rey de Asiria, ni de toda la multitud que con él viene; porque más hay con nosotros que con él.

8 Con él está el brazo de carne, mas con nosotros está Jehová nuestro Dios para ayudarnos y pelear nuestras batallas. Y el pueblo tuvo confianza en las palabras de Ezequías rey de Judá.

LECCIONES DE VIDA

➤ ***31.21 — En todo cuanto emprendió en el servicio de la casa de Dios, de acuerdo con la ley y los mandamientos, buscó a su Dios, lo hizo de todo corazón, y fue prosperado.***

Cuando buscamos al Señor de todo corazón, el resultado natural es obediencia gozosa y anhelante, y la obediencia siempre trae bendición consigo.

➤ ***32.1 — Después de estas cosas y de esta fidelidad, vino Senaquerib rey de los asirios e invadió a Judá, y acampó contra las ciudades fortificadas.***

En este mundo caído, nuestra obediencia fiel a Dios muchas veces viene seguida por fuertes desafíos a nuestra fe. Podríamos preguntar «Señor, ¿así es como nos premias?» o podemos decir con humildad y fe: «Tú nos has ayudado antes Señor, ahora te pedimos que nos ayudes de nuevo».

➤ ***32.3 — Tuvo consejo... para cegar las fuentes de agua que estaban fuera de la ciudad.***

Ezequías no se limitó a orar para que Dios los librara cuando los asirios avanzaron en su contra, sino que también emprendió acciones resueltas y sabias. Construyó una serie de muros para fortificar a Jerusalén y cambió el curso de los manantiales de Gihón para que la población tuviera suministro de agua dentro de la ciudad (2 R 20.20). El Señor prometió a Ezequías que Jerusalén no caería ante los asirios, y eso nunca sucedió. La oración fiel del creyente no implica pasividad o inacción; más bien, significa oír activamente al Señor y obedecer de inmediato las indicaciones iniciales del Espíritu Santo.

➤ ***32.8 — Con él es el brazo de carne, mas con nosotros está Jehová nuestro Dios.***

El brazo de carne siempre es débil e insuficiente contra el poder ilimitado del Dios viviente. De hecho, el brazo de carne termina convertido en polvo mientras que el Señor es eterno y nunca nos defraudará. Sus recursos nunca se agotan y su sabiduría no tiene igual. La ayuda de Dios es real y está hoy mismo a su disposición. La pregunta es, ¿está usted dispuesto a confiar en Él?

9 Después de esto, Senaquerib rey de los asirios, mientras sitiaba a Laquis con todas sus fuerzas, envió sus siervos a Jerusalén para decir a Ezequías rey de Judá, y a todos los de Judá que estaban en Jerusalén:
10 Así ha dicho Senaquerib rey de los asirios: ¿En quién confiáis vosotros, al resistir el sitio en Jerusalén?
11 ¿No os engaña Ezequías para entregaros a muerte, a hambre y a sed, al decir: Jehová nuestro Dios nos librará de la mano del rey de Asiria?
12 ¿No es Ezequías el mismo que ha quitado sus lugares altos y sus altares, y ha dicho a Judá y a Jerusalén: Delante de este solo altar adoraréis, y sobre él quemaréis incienso?
13 ¿No habéis sabido lo que yo y mis padres hemos hecho a todos los pueblos de la tierra? ¿Pudieron los dioses de las naciones de esas tierras librar su tierra de mi mano?
14 ¿Qué dios hubo de entre todos los dioses de aquellas naciones que destruyeron mis padres, que pudiese salvar a su pueblo de mis manos? ¿Cómo podrá vuestro Dios libraros de mi mano?
15 Ahora, pues, no os engañe Ezequías, ni os persuada de ese modo, ni le creáis; que si ningún dios de todas aquellas naciones y reinos pudo librar a su pueblo de mis manos, y de las manos de mis padres, ¿cuánto menos vuestro Dios os podrá librar de mi mano?
16 Y otras cosas más hablaron sus siervos contra Jehová Dios, y contra su siervo Ezequías.
➤ 17 Además de esto escribió cartas en que blasfemaba contra Jehová el Dios de Israel, y hablaba contra él, diciendo: Como los dioses de las naciones de los países no pudieron librar a su pueblo de mis manos, tampoco el Dios de Ezequías librará al suyo de mis manos.
18 Y clamaron a gran voz en judaico al pueblo de Jerusalén que estaba sobre los muros, para espantarles y atemorizarles, a fin de poder tomar la ciudad.
19 Y hablaron contra el Dios de Jerusalén, como contra los dioses de los pueblos de la tierra, que son obra de manos de hombres.

Jehová libra a Ezequías
(2 R 19.1-37; Is 37.1-38)
20 Mas el rey Ezequías y el profeta Isaías hijo de Amoz oraron por esto, y clamaron al cielo.
21 Y Jehová envió un ángel, el cual destruyó a todo valiente y esforzado, y a los jefes y capitanes en el campamento del rey de Asiria. Éste se volvió, por tanto, avergonzado a su tierra; y entrando en el templo de su dios, allí lo mataron a espada sus propios hijos.
22 Así salvó Jehová a Ezequías y a los moradores de Jerusalén de las manos de Senaquerib rey de Asiria, y de las manos de todos; y les dio reposo por todos lados.
23 Y muchos trajeron a Jerusalén ofrenda a Jehová, y ricos presentes a Ezequías rey de Judá; y fue muy engrandecido delante de todas las naciones después de esto.

Enfermedad de Ezequías
(2 R 20.1-11; Is 38.1-22)
24 En aquel tiempo Ezequías enfermó de muerte; y oró a Jehová, quien le respondió, y le dio una señal.
25 Mas Ezequías no correspondió al bien que le había sido hecho, sino que se enalteció su corazón, y vino la ira contra él, y contra Judá y Jerusalén.
26 Pero Ezequías, después de haberse enaltecido su corazón, se humilló, él y los moradores de Jerusalén; y no vino sobre ellos la ira de Jehová en los días de Ezequías. ◄

Ezequías recibe a los enviados de Babilonia
(2 R 20.12-19; Is 39.1-18)
27 Y tuvo Ezequías riquezas y gloria, muchas en gran manera; y adquirió tesoros de plata y oro, piedras preciosas, perfumes, escudos, y toda clase de joyas deseables.
28 Asimismo hizo depósitos para las rentas del grano, del vino y del aceite, establos para toda clase de bestias, y apriscos para los ganados.
29 Adquirió también ciudades, y hatos de ovejas y de vacas en gran abundancia; porque Dios le había dado muchas riquezas.
30 Este Ezequías cubrió los manantiales de Gihón la de arriba, y condujo el agua hacia el occidente de la ciudad de David. Y fue prosperado Ezequías en todo lo que hizo.

LECCIONES DE VIDA

➤ *32.17 — Como los dioses de las naciones de los países no pudieron librar a su pueblo de mis manos, tampoco el Dios de Ezequías librará al suyo de mis manos.*

Algunos creen como Senaquerib que las deidades de todas las naciones y culturas son iguales. Los objetos hechos de madera y de piedra tienen mucho en común porque carecen de vida y no tienen poder alguno para socorrernos. Por supuesto, tan pronto uno experimenta el amor, la fortaleza y la provisión del único Dios verdadero, sabe que nada ni nadie se le compara en toda la creación. Existe un único camino a nuestro Señor vivo, y es el que nos ha sido dado por medio de la sangre de Jesucristo, nuestro Salvador (Jn 14.6; Hch 4.12).

➤ *32.26 — Ezequías, después de haberse enaltecido su corazón, se humilló.*

El orgullo puede echar raíces en la mayoría de corazones fieles, y el único antídoto es la humildad. «La soberbia del hombre le abate; pero al humilde de espíritu sustenta la honra» (Pr 29.23).

➤ 31 Mas en lo referente a los mensajeros de los príncipes de Babilonia, que enviaron a él para saber del prodigio que había acontecido en el país, Dios lo dejó, para probarle, para hacer conocer todo lo que estaba en su corazón.

Muerte de Ezequías
(2 R 20.20-21)

32 Los demás hechos de Ezequías, y sus misericordias, he aquí todos están escritos en la profecía del profeta Isaías hijo de Amoz, en el libro de los reyes de Judá y de Israel.

33 Y durmió Ezequías con sus padres, y lo sepultaron en el lugar más prominente de los sepulcros de los hijos de David, honrándole en su muerte todo Judá y toda Jerusalén; y reinó en su lugar Manasés su hijo.

Reinado de Manasés
(2 R 21.1-18)

33 DE doce años era Manasés cuando comenzó a reinar, y cincuenta y cinco años reinó en Jerusalén.

2 Pero hizo lo malo ante los ojos de Jehová,[a] conforme a las abominaciones de las naciones que Jehová había echado de delante de los hijos de Israel.

3 Porque él reedificó los lugares altos que Ezequías su padre había derribado, y levantó altares a los baales, e hizo imágenes de Asera, y adoró a todo el ejército de los cielos, y les rindió culto.

4 Edificó también altares en la casa de Jehová, de la cual había dicho Jehová: En Jerusalén estará mi nombre perpetuamente.[b]

5 Edificó asimismo altares a todo el ejército de los cielos en los dos atrios de la casa de Jehová.

6 Y pasó sus hijos por fuego en el valle del hijo de Hinom; y observaba los tiempos, miraba en agüeros, era dado a adivinaciones, y consultaba a adivinos y encantadores; se excedió en hacer lo malo ante los ojos de Jehová, hasta encender su ira.

7 Además de esto puso una imagen fundida que hizo, en la casa de Dios, de la cual había dicho Dios a David y a Salomón su hijo: En esta casa y en Jerusalén, la cual yo elegí sobre todas las tribus de Israel, pondré mi nombre para siempre;

8 y nunca más quitaré el pie de Israel de la tierra que yo entregué a vuestros padres, a condición de que guarden y hagan todas las cosas que yo les he mandado, toda la ley, los estatutos y los preceptos, por medio de Moisés.[c]

9 Manasés, pues, hizo extraviarse a Judá y a los moradores de Jerusalén, para hacer más mal que las naciones que Jehová destruyó delante de los hijos de Israel.

10 Y habló Jehová a Manasés y a su pueblo, mas ellos no escucharon; ➤

11 por lo cual Jehová trajo contra ellos los generales del ejército del rey de los asirios, los cuales aprisionaron con grillos a Manasés, y atado con cadenas lo llevaron a Babilonia.

12 Mas luego que fue puesto en angustias, oró a Jehová su Dios, humillado grandemente en la presencia del Dios de sus padres. ➤

13 Y habiendo orado a él, fue atendido; pues Dios oyó su oración y lo restauró a Jerusalén, a su reino. Entonces reconoció Manasés que Jehová era Dios.

14 Después de esto edificó el muro exterior de la ciudad de David, al occidente de Gihón, en el valle, a la entrada de la puerta del Pescado, y amuralló Ofel, y elevó el muro muy alto; y puso capitanes de ejército en todas las ciudades fortificadas de Judá.

15 Asimismo quitó los dioses ajenos, y el ídolo de la casa de Jehová, y todos los altares que había edificado en el monte de la casa de Jehová y en Jerusalén, y los echó fuera de la ciudad.

16 Reparó luego el altar de Jehová, y sacrificó sobre él sacrificios de ofrendas de paz y de alabanza; y mandó a Judá que sirviesen a Jehová Dios de Israel.

a. 33.2 Jer 15.4. **b. 33.4** 2 S 7.13. **c. 33.7-8** 1 R 9.3-5; 2 Cr 7.12-18.

LECCIONES DE VIDA

➤ ***32.31 — Dios lo dejó, para probarle, para hacer conocer todo lo que estaba en su corazón.***

Los embajadores babilonios acudieron para oír sobre el milagro de sanidad que Dios le había hecho al rey de Judá. Ezequías prefirió mostrarles sus grandes riquezas (2 R 20; Is 39). ¿Qué habría sucedido si el rey se hubiera jactado del Señor y no de sí mismo?

➤ ***33.10 — habló Jehová a Manasés y a su pueblo, mas ellos no escucharon.***

Manasés desobedeció al Señor en todas las formas posibles, e hizo que Judá se extraviara hasta llegar a su peor condición de pecado e idolatría en toda la historia (2 R 21.1–18). Durante años, ignoró las advertencias de Dios y negó su autoridad, por lo cual se ensordeció cada vez más al llamado de Dios. ¿Cuál fue el resultado? El Señor retiró su cobertura de protección. Manasés fue atado con cadenas y llevado a Babilonia. El Señor también le habla a usted continuamente, ¿va a prestarle atención?

➤ ***33.12, 13 — luego que fue puesto en angustias, oró a Jehová su Dios, humillado grandemente en la presencia del Dios de sus padres. Y habiendo orado a él, fue atendido; pues Dios oyó su oración.***

Dios a menudo usa la adversidad para captar la atención de una persona. El viaje a Babilonia como cautivo estremeció a Manasés en lo más profundo de su ser. Si el Señor estuvo dispuesto a oír la oración penitente de un hombre tan perverso como Manasés, verdaderamente nadie está fuera del alcance de su gracia salvadora. Nunca debemos esperar hasta caer en lo más hondo para invocar al Señor. Andar con Él cada día mantiene abiertas las líneas de comunicación.

17 Pero el pueblo aún sacrificaba en los lugares altos, aunque lo hacía para Jehová su
Dios.
18 Los demás hechos de Manasés, y su oración a su Dios, y las palabras de los videntes
que le hablaron en nombre de Jehová el Dios
de Israel, he aquí todo está escrito en las actas
de los reyes de Israel.
19 Su oración también, y cómo fue oído, todos
sus pecados, y su prevaricación, los sitios donde edificó lugares altos y erigió imágenes de
Asera e ídolos, antes que se humillase, he aquí
estas cosas están escritas en las palabras de
los videntes.
20 Y durmió Manasés con sus padres, y lo
sepultaron en su casa; y reinó en su lugar
Amón su hijo.

Reinado de Amón
(2 R 21.19-26)

21 De veintidós años era Amón cuando comenzó a reinar, y dos años reinó en Jerusalén.
22 E hizo lo malo ante los ojos de Jehová,
como había hecho Manasés su padre; porque
ofreció sacrificios y sirvió a todos los ídolos
que su padre Manasés había hecho.
23 Pero nunca se humilló delante de Jehová,
como se humilló Manasés su padre; antes bien
aumentó el pecado.
24 Y conspiraron contra él sus siervos, y lo
mataron en su casa.
25 Mas el pueblo de la tierra mató a todos los
que habían conspirado contra el rey Amón; y
el pueblo de la tierra puso por rey en su lugar
a Josías su hijo.

Reinado de Josías
(2 R 22.1-2)

34 DE ocho años era Josías[a] cuando
comenzó a reinar, y treinta y un años
reinó en Jerusalén.
2 Éste hizo lo recto ante los ojos de Jehová, y
anduvo en los caminos de David su padre, sin
apartarse a la derecha ni a la izquierda.

Reformas de Josías
(2 R 23.4-20)

➤ 3 A los ocho años de su reinado, siendo aún
muchacho, comenzó a buscar al Dios de
David su padre; y a los doce años comenzó
a limpiar a Judá y a Jerusalén de los lugares
altos, imágenes de Asera, esculturas, e imágenes fundidas.
4 Y derribaron delante de él los altares de los
baales,[b] e hizo pedazos las imágenes del sol,
que estaban puestas encima; despedazó también las imágenes de Asera, las esculturas y
estatuas fundidas, y las desmenuzó, y esparció el polvo sobre los sepulcros de los que les
habían ofrecido sacrificios.
5 Quemó además los huesos de los sacerdotes sobre sus altares,[c] y limpió a Judá y a
Jerusalén.
6 Lo mismo hizo en las ciudades de Manasés,
Efraín, Simeón y hasta Neftalí, y en los lugares asolados alrededor.
7 Y cuando hubo derribado los altares y las
imágenes de Asera, y quebrado y desmenuzado las esculturas, y destruido todos los
ídolos por toda la tierra de Israel, volvió a
Jerusalén.

Hallazgo del libro de la ley
(2 R 22.3—23.3)

8 A los dieciocho años de su reinado, después
de haber limpiado la tierra y la casa, envió
a Safán hijo de Azalía, a Maasías gobernador de la ciudad, y a Joa hijo de Joacaz, canciller, para que reparasen la casa de Jehová
su Dios.
9 Vinieron éstos al sumo sacerdote Hilcías,
y dieron el dinero que había sido traído a la
casa de Jehová, que los levitas que guardaban
la puerta habían recogido de mano de Manasés y de Efraín y de todo el remanente de
Israel, de todo Judá y Benjamín, y de los habitantes de Jerusalén.
10 Y lo entregaron en mano de los que hacían ➤
la obra, que eran mayordomos en la casa de
Jehová, los cuales lo daban a los que hacían la
obra y trabajaban en la casa de Jehová, para
reparar y restaurar el templo.
11 Daban asimismo a los carpinteros y canteros para que comprasen piedra de cantería, y
madera para los armazones y para la entabla-
dura de los edificios que habían destruido los
reyes de Judá.
12 Y estos hombres procedían con fidelidad
en la obra; y eran sus mayordomos Jahat y

a. 34.1 Jer 3.6. **b. 34.4** 2 R 21.3; 2 Cr 33.3. **c. 34.5** 1 R 13.2.

LECCIONES DE VIDA

➤ ***34.3 — siendo aún muchacho, comenzó a buscar al Dios de David su padre.***

Josías buscó al Señor con todo su corazón, alma y fuerzas, como ya lo había hecho su antepasado David (2 R 22.2); el Señor le respondió dándole sabiduría, entendimiento y poderío. Por cuanto Josías se puso a las órdenes de Dios, Él lo usó para cambiar el rumbo de Judá y salvar la nación de sus enemigos.

➤ ***34.10 — daban a los que hacían la obra y trabajaban en la casa de Jehová, para reparar y restaurar el templo.***

La casa del Señor estaba en tan malas condiciones porque no había sido reparada desde el tiempo de Joás (2 R 12.4–15), más de doscientos años atrás. Muchos de los reyes cedieron el oro y la plata del templo como tributos, mientras otros permitieron que se ofrecieran allí sacrificios profanos (2 R 12.18; 16.8, 15–18; 18.14–16; 21.1–9). Otros artículos del templo fueron tomados por ejércitos invasores (2 R 14.13, 14). El hecho de que Josías estuvo dispuesto a restaurar el templo y establecer unas reformas bastante difíciles (2 Cr 34.4–7, 31–33; 35.1–3), puso en evidencia su deseo genuino de serle obediente a Dios.

Abdías, levitas de los hijos de Merari, y Zacarías y Mesulam de los hijos de Coat, para que
activasen la obra; y de los levitas, todos los
entendidos en instrumentos de música.
13 También velaban sobre los cargadores, y
eran mayordomos de los que se ocupaban en
cualquier clase de obra; y de los levitas había
escribas, gobernadores y porteros.
14 Y al sacar el dinero que había sido traído
a la casa de Jehová, el sacerdote Hilcías halló
el libro de la ley de Jehová dada por medio
de Moisés.
15 Y dando cuenta Hilcías, dijo al escriba Safán: Yo he hallado el libro de la ley en
la casa de Jehová. Y dio Hilcías el libro a
Safán.
16 Y Safán lo llevó al rey, y le contó el asunto, diciendo: Tus siervos han cumplido todo lo
que les fue encomendado.
17 Han reunido el dinero que se halló en la
casa de Jehová, y lo han entregado en mano
de los encargados, y en mano de los que
hacen la obra.
18 Además de esto, declaró el escriba Safán al
rey, diciendo: El sacerdote Hilcías me dio un
libro. Y leyó Safán en él delante del rey.
19 Luego que el rey oyó las palabras de la ley,
rasgó sus vestidos;
20 y mandó a Hilcías y a Ahicam hijo de
Safán, y a Abdón hijo de Micaía, y a Safán
escriba, y a Asaías siervo del rey, diciendo:
21 Andad, consultad a Jehová por mí y por
el remanente de Israel y de Judá acerca de
las palabras del libro que se ha hallado; porque grande es la ira de Jehová que ha caído
sobre nosotros, por cuanto nuestros padres
no guardaron la palabra de Jehová, para
hacer conforme a todo lo que está escrito en
este libro.
22 Entonces Hilcías y los del rey fueron a Hulda profetisa, mujer de Salum hijo de Ticva,
hijo de Harhas, guarda de las vestiduras,
la cual moraba en Jerusalén en el segundo
barrio, y le dijeron las palabras antes dichas.
23 Y ella respondió: Jehová Dios de Israel ha
dicho así: Decid al varón que os ha enviado a
mí, que así ha dicho Jehová:
24 He aquí yo traigo mal sobre este lugar, y
sobre los moradores de él, todas las maldiciones que están escritas en el libro que leyeron
delante del rey de Judá;
25 por cuanto me han dejado, y han ofrecido
sacrificios a dioses ajenos, provocándome a
ira con todas las obras de sus manos; por tanto, se derramará mi ira sobre este lugar, y no
se apagará.
26 Mas al rey de Judá, que os ha enviado a
consultar a Jehová, así le diréis: Jehová el
Dios de Israel ha dicho así: Por cuanto oíste
las palabras del libro,
27 y tu corazón se conmovió, y te humillaste
delante de Dios al oír sus palabras sobre este
lugar y sobre sus moradores, y te humillaste delante de mí, y rasgaste tus vestidos y lloraste en mi presencia, yo también te he oído,
dice Jehová.
28 He aquí que yo te recogeré con tus padres,
y serás recogido en tu sepulcro en paz, y tus
ojos no verán todo el mal que yo traigo sobre
este lugar y sobre los moradores de él. Y ellos
refirieron al rey la respuesta.
29 Entonces el rey envió y reunió a todos los
ancianos de Judá y de Jerusalén.
30 Y subió el rey a la casa de Jehová, y con él
todos los varones de Judá, y los moradores de
Jerusalén, los sacerdotes, los levitas y todo el
pueblo, desde el mayor hasta el más pequeño;
y leyó a oídos de ellos todas las palabras del
libro del pacto que había sido hallado en la
casa de Jehová.
31 Y estando el rey en pie en su sitio, hizo
delante de Jehová pacto de caminar en pos de
Jehová y de guardar sus mandamientos, sus
testimonios y sus estatutos, con todo su corazón y con toda su alma, poniendo por obra
las palabras del pacto que estaban escritas en
aquel libro.
32 E hizo que se obligaran a ello todos los
que estaban en Jerusalén y en Benjamín; y los
moradores de Jerusalén hicieron conforme al
pacto de Dios, del Dios de sus padres.
33 Y quitó Josías todas las abominaciones de
toda la tierra de los hijos de Israel, e hizo que
todos los que se hallaban en Israel sirviesen
a Jehová su Dios. No se apartaron de en pos
de Jehová el Dios de sus padres, todo el tiempo que él vivió.

Josías celebra la pascua
(2 R 23.21-23)

35 JOSÍAS celebró la pascua a Jehová en
Jerusalén, y sacrificaron la pascua a los
catorce días del mes primero.
2 Puso también a los sacerdotes en sus oficios, y los confirmó en el ministerio de la casa
de Jehová.
3 Y dijo a los levitas que enseñaban a todo ➤
Israel, y que estaban dedicados a Jehová:
Poned el arca santa en la casa que edificó
Salomón hijo de David, rey de Israel, para que
no la carguéis más sobre los hombros. Ahora servid a Jehová vuestro Dios, y a su pueblo Israel.

LECCIONES DE VIDA

➤ ***35.3 — Poned el arca santa en la casa que edificó Salomón hijo de David, rey de Israel.***

Durante los reinados tenebrosos de Manasés y Amón, parece que los levitas fieles al Señor tomaron el arca del templo y se la llevaron a otro lugar para su salvaguardia. Nosotros también necesitamos vivir para Cristo de todo corazón, así nos toque arriesgar la vida en el proceso (Hch 15.26).

4 Preparaos según las familias de vuestros padres, por vuestros turnos, como lo ordenaron David rey de Israel y Salomón su hijo.[a]
5 Estad en el santuario según la distribución de las familias de vuestros hermanos los hijos del pueblo, y según la distribución de la familia de los levitas.
6 Sacrificad luego la pascua; y después de santificaros, preparad a vuestros hermanos para que hagan conforme a la palabra de Jehová dada por medio de Moisés.
7 Y dio el rey Josías a los del pueblo ovejas, corderos y cabritos de los rebaños, en número de treinta mil, y tres mil bueyes, todo para la pascua, para todos los que se hallaron presentes; esto de la hacienda del rey.
8 También sus príncipes dieron con liberalidad al pueblo y a los sacerdotes y levitas. Hilcías, Zacarías y Jehiel, oficiales de la casa de Dios, dieron a los sacerdotes, para celebrar la pascua, dos mil seiscientas ovejas y trescientos bueyes.
9 Asimismo Conanías, y Semaías y Natanael sus hermanos, y Hasabías, Jeiel y Josabad, jefes de los levitas, dieron a los levitas, para los sacrificios de la pascua, cinco mil ovejas y quinientos bueyes.
10 Preparado así el servicio, los sacerdotes se colocaron en sus puestos, y asimismo los levitas en sus turnos, conforme al mandamiento del rey.
11 Y sacrificaron la pascua; y esparcían los sacerdotes la sangre recibida de mano de los levitas, y los levitas desollaban las víctimas.
12 Tomaron luego del holocausto, para dar conforme a los repartimientos de las familias del pueblo, a fin de que ofreciesen a Jehová según está escrito en el libro de Moisés; y asimismo tomaron de los bueyes.
13 Y asaron la pascua al fuego conforme a la ordenanza;[b] mas lo que había sido santificado lo cocieron en ollas, en calderos y sartenes, y lo repartieron rápidamente a todo el pueblo.
14 Después prepararon para ellos mismos y para los sacerdotes; porque los sacerdotes, hijos de Aarón, estuvieron ocupados hasta la noche en el sacrificio de los holocaustos y de las grosuras; por tanto, los levitas prepararon para ellos mismos y para los sacerdotes hijos de Aarón.
15 Asimismo los cantores hijos de Asaf estaban en su puesto, conforme al mandamiento de David, de Asaf y de Hemán, y de Jedutún vidente del rey;[c] también los porteros estaban a cada puerta; y no era necesario que se apartasen de su ministerio, porque sus hermanos los levitas preparaban para ellos.
16 Así fue preparado todo el servicio de Jehová en aquel día, para celebrar la pascua y para sacrificar los holocaustos sobre el altar de Jehová, conforme al mandamiento del rey Josías.
17 Y los hijos de Israel que estaban allí celebraron la pascua en aquel tiempo, y la fiesta solemne de los panes sin levadura por siete días.[d]
18 Nunca fue celebrada una pascua como ésta en Israel desde los días de Samuel el profeta; ni ningún rey de Israel celebró pascua tal como la que celebró el rey Josías, con los sacerdotes y levitas, y todo Judá e Israel, los que se hallaron allí, juntamente con los moradores de Jerusalén.
19 Esta pascua fue celebrada en el año dieciocho del rey Josías.

Muerte de Josías
(2 R 23.28-30)

20 Después de todas estas cosas, luego de haber reparado Josías la casa de Jehová, Necao rey de Egipto subió para hacer guerra en Carquemis junto al Éufrates; y salió Josías contra él.
21 Y Necao le envió mensajeros, diciendo: ¿Qué tengo yo contigo, rey de Judá? Yo no vengo contra ti hoy, sino contra la casa que me hace guerra; y Dios me ha dicho que me apresure. Deja de oponerte a Dios, quien está conmigo, no sea que él te destruya.
22 Mas Josías no se retiró, sino que se disfrazó ➤ para darle batalla, y no atendió a las palabras de Necao, que eran de boca de Dios; y vino a darle batalla en el campo de Meguido.
23 Y los flecheros tiraron contra el rey Josías. Entonces dijo el rey a sus siervos: Quitadme de aquí, porque estoy gravemente herido.
24 Entonces sus siervos lo sacaron de aquel carro, y lo pusieron en un segundo carro que tenía, y lo llevaron a Jerusalén, donde murió; y lo sepultaron en los sepulcros de sus padres. Y todo Judá y Jerusalén hicieron duelo por Josías.
25 Y Jeremías endechó en memoria de Josías. Todos los cantores y cantoras recitan esas lamentaciones sobre Josías hasta hoy; y las tomaron por norma para endechar en Israel, las cuales están escritas en el libro de Lamentos.

a. 35.4 2 Cr 8.14. **b. 35.13** Éx 12.8-9. **c. 35.15** 1 Cr 25.1. **d. 35.17** Éx 12.1-20.

LECCIONES DE VIDA

➤ ***35.22 — Josías no se retiró... y no atendió a las palabras de Necao, que eran de boca de Dios; y vino a darle la batalla.***

Esta escaramuza no tenía que ver con Josías ni con el reino de Judá, como Necao lo dejó en claro. Sin embargo, se ha especulado que Josías se opuso a Necao por razones políticas. Hasta la gente piadosa comete errores terribles cuando no obedecen a Dios. Él nos habla a través de su Palabra y también otros medios bastante inesperados. Nuestra parte es escuchar su voz y discernir si realmente es Él quien nos habla.

26 Los demás hechos de Josías, y sus obras piadosas conforme a lo que está escrito en la ley de Jehová,
27 y sus hechos, primeros y postreros, he aquí están escritos en el libro de los reyes de Israel y de Judá.

Reinado y destronamiento de Joacaz
(2 R 23.31-35)

36 ENTONCES el pueblo de la tierra tomó a Joacaz hijo de Josías, y lo hizo rey en lugar de su padre en Jerusalén.
2 De veintitrés años era Joacaz cuando comenzó a reinar, y tres meses reinó en Jerusalén.
3 Y el rey de Egipto lo quitó de Jerusalén, y condenó la tierra a pagar cien talentos de plata y uno de oro.
4 Y estableció el rey de Egipto a Eliaquim hermano de Joacaz por rey sobre Judá y Jerusalén, y le mudó el nombre en Joacim; y a Joacaz su hermano tomó Necao, y lo llevó a Egipto.[a]

Reinado de Joacim
(2 R 23.36—24.7)

5 Cuando comenzó a reinar Joacim[b] era de veinticinco años, y reinó once años en Jerusalén; e hizo lo malo ante los ojos de Jehová su Dios.
6 Y subió contra él Nabucodonosor rey de Babilonia,[c] y lo llevó a Babilonia atado con cadenas.
7 También llevó Nabucodonosor a Babilonia de los utensilios de la casa de Jehová, y los puso en su templo en Babilonia.
8 Los demás hechos de Joacim, y las abominaciones que hizo, y lo que en él se halló, está escrito en el libro de los reyes de Israel y de Judá; y reinó en su lugar Joaquín su hijo.

Joaquín es llevado cautivo a Babilonia
(2 R 24.8-17)

9 De ocho años era Joaquín cuando comenzó a reinar, y reinó tres meses y diez días en Jerusalén; e hizo lo malo ante los ojos de Jehová.
10 A la vuelta del año el rey Nabucodonosor envió y lo hizo llevar a Babilonia,[d] juntamente con los objetos preciosos de la casa de Jehová, y constituyó a Sedequías su hermano por rey sobre Judá y Jerusalén.[e]

Reinado de Sedequías
(2 R 24.18-20; Jer 52.1-3)

11 De veintiún años era Sedequías[f] cuando comenzó a reinar, y once años reinó en Jerusalén.
12 E hizo lo malo ante los ojos de Jehová su Dios, y no se humilló delante del profeta Jeremías, que le hablaba de parte de Jehová.
13 Se rebeló asimismo contra Nabucodonosor,[g] al cual había jurado por Dios; y endureció su cerviz, y obstinó su corazón para no volverse a Jehová el Dios de Israel.
14 También todos los principales sacerdotes, y el pueblo, aumentaron la iniquidad, siguiendo todas las abominaciones de las naciones, y contaminando la casa de Jehová, la cual él había santificado en Jerusalén.
15 Y Jehová el Dios de sus padres envió constantemente palabra a ellos por medio de sus mensajeros, porque él tenía misericordia de su pueblo y de su habitación.
16 Mas ellos hacían escarnio de los mensajeros de Dios, y menospreciaban sus palabras, burlándose de sus profetas, hasta que subió la ira de Jehová contra su pueblo, y no hubo ya remedio.

Cautividad de Judá
(2 R 25.8-21; Jer 39.8-10; 52.12-30)

17 Por lo cual trajo contra ellos al rey de los caldeos,[h] que mató a espada a sus jóvenes en la casa de su santuario, sin perdonar joven ni doncella, anciano ni decrépito; todos los entregó en sus manos.
18 Asimismo todos los utensilios de la casa de Dios, grandes y chicos, los tesoros de la casa de Jehová, y los tesoros de la casa del rey y de sus príncipes, todo lo llevó a Babilonia.
19 Y quemaron la casa de Dios,[i] y rompieron el muro de Jerusalén, y consumieron a fuego todos sus palacios, y destruyeron todos sus objetos deseables.
20 Los que escaparon de la espada fueron llevados cautivos a Babilonia, y fueron siervos

a. 36.4 Jer 22.11-12. **b. 36.5** Jer 22.18-19; 26.1-16; 35.1-19.
c. 36.6 Jer 25.1-38; 36.1-32; 45.1-5; Dn 1.1-2.
d. 36.10 Jer 22.24-30; 24.1-10; 29.1-2; Ez 17.12.
e. 36.10 Jer 37.1; Ez 17.13. **f. 36.11** Jer 27.1-22; 28.1-17.
g. 36.13 Ez 17.15. **h. 36.17** Jer 21.1-10; 34.1-5.
i. 36.19 1 R 9.8.

LECCIONES DE VIDA

➤ ***36.15 — el Dios de sus padres envió constantemente palabra a ellos por medio de sus mensajeros, porque él tenía misericordia de su pueblo, y de su habitación.***

Las advertencias de Dios en contra de la desobediencia no se deben a su ira, sino a su compasión. Él no nos aflige voluntariamente, pero lo hará cuando sea la mejor manera de captar nuestra atención (Lm 3.32, 33).

➤ ***36.16 — ellos hacían escarnio de los mensajeros de Dios, y menospreciaban sus palabras, burlándose de sus profetas, hasta que subió la ira de Jehová contra su pueblo.***

Cuando una cultura o una persona llegan a menospreciar la Palabra de Dios y escarnecer habitualmente a sus mensajeros, el juicio no puede estar lejos. El juicio de Judá llegó el año 586 a.C. con la caída de Jerusalén, la destrucción del templo y el exilio de su pueblo a Babilonia.

de él y de sus hijos, hasta que vino el reino de
los persas;
21 para que se cumpliese la palabra de Jehová
por boca de Jeremías, hasta que la tierra hubo
gozado de reposo; porque todo el tiempo de
su asolamiento reposó, hasta que los setenta
años fueron cumplidos.[j]

El decreto de Ciro
(Esd 1.1-4)
22 Mas al primer año de Ciro rey de los persas, para que se cumpliese la palabra de Jehová por boca de Jeremías, Jehová despertó el
espíritu de Ciro rey de los persas, el cual hizo
pregonar de palabra y también por escrito,
por todo su reino, diciendo:
23 Así dice Ciro, rey de los persas: Jehová, el
Dios de los cielos, me ha dado todos los reinos de la tierra; y él me ha mandado que le
edifique casa en Jerusalén,[k] que está en Judá.
Quien haya entre vosotros de todo su pueblo,
sea Jehová su Dios con él, y suba.

j. 36.21 Jer 25.11; 29.10. **k. 36.23** Is 44.28.

LECCIONES DE VIDA

➤ ***36.23 — Jehová, el Dios de los cielos, me ha... mandado que le edifique casa en Jerusalén, que está en Judá.***

El rey pagano Nabucodonosor de Babilonia llevó Judá al exilio (2 R 24.10—25.21; 2 Cr 36.20), y otro rey pagano, Ciro de Persia, los envió de regreso a la tierra prometida (2 Cr 36.22, 23; Esd 1.1–4). Siempre en control de la situación, el Señor permitió este tiempo difícil en la historia de Judá para traer el pueblo de vuelta a Él mismo. De modo similar, nuestro Dios soberano permite que los momentos sombríos de nuestra vida duren el tiempo necesario para llevar a cabo su propósito en nosotros.

EL LIBRO DE

ESDRAS

El libro de Esdras empieza donde termina 2 Crónicas, mostrando cómo Dios cumplió su promesa de hacer volver a su pueblo a la tierra prometida tras setenta años de exilio. Por supuesto, el «segundo éxodo» de Israel desde Babilonia es mucho menos dramático que la salida de Egipto porque apenas un remanente optó por irse de Babilonia.

El libro de Esdras relata la historia de dos retornos desde Babilonia, el primero bajo la dirección de Zorobabel para reconstruir el templo (Esd 1—6), y el segundo bajo el liderazgo de Esdras para restaurar la condición espiritual del pueblo (Esd 7—10). Entre ambos relatos hay un lapso de casi sesenta décadas, tiempo en el que Ester llegó a ser la reina de Persia.

Esdras cuenta una historia maravillosa de redención y liberación, y también nos muestra que podemos contar con la Palabra de Dios en todas las circunstancias, sin importar cuán adversas parezcan. Ciento cincuenta años atrás, Dios había predicho a través del profeta Isaías (Is 44.28—45.7) la llegada de un hombre que libertaría a los judíos del cautiverio. Ese hombre fue el rey Ciro de Persia, quien poco después de derrotar a los babilonios, decretó que los judíos tendrían permitido regresar a su patria.

Hace más de 2.500 años, el pueblo de Dios vio con sus propios ojos que podía contar con el Señor para cumplir sus promesas. Nosotros podemos contar con Él para hacer lo mismo. Si Dios lo dijo, ¡podemos contar con ello!

Tema: Esdras resalta el poder y la confiabilidad de la Palabra de Dios. En el primer versículo del libro, el autor nos dice que los acontecimientos del momento se dieron en cumplimiento de la promesa de Dios: «En el primer año de Ciro rey de Persia, *para que se cumpliese la palabra de Jehová* por boca de Jeremías».

Autor: Desconocido. Se acepta generalmente que Esdras no escribió todo el libro, pero sí escribió y compiló algunas partes del mismo.

Fecha: Esdras empieza con la proclamación del rey Ciro de Persia que da inicio al viaje de regreso de la primera ola de cautivos judíos (ca. 538–537 a.C.). Cincuenta y ocho años más tarde, tras la reconstrucción del templo, una segunda ola de cautivos judíos, esta vez bajo la dirección de Esdras, sale de Babilonia y se encamina a su patria.

Estructura: El libro de Esdras está dividido en tres partes principales: el edicto de Ciro y el retorno de la primera ola de judíos a su tierra (1.1—2.70); el esfuerzo postergado de reconstruir el santo templo (3.1—6.22); el éxodo desde Babilonia de la segunda ola de judíos y las reformas espirituales que tuvieron lugar bajo el liderazgo de Esdras (7.1—10.44).

A medida que lea Esdras, fíjese en los principios de vida que juegan un papel importante en este libro.

23. Jamás podremos superar a Dios en generosidad. *Véase Esdras 2.69; página 527.*

20. Las decepciones son inevitables; el desánimo es por elección nuestra. *Véase Esdras 3.3; página 527.*

3. La Palabra de Dios es ancla inconmovible en las tormentas. *Véase Esdras 5.1, 2; página 530.*

8. Libremos nuestras batallas de rodillas y siempre obtendremos la victoria. *Véase Esdras 8.31; página 534.*

Ejemplos de vida

CIRO

Un instrumento de Dios

ESD 1.1–4

Hombres poderosos y conquistadores implacables vienen y van, imponiendo su voluntad sobre todo aquel que encuentre a su paso, pero la Biblia nos recuerda que la única voluntad que importa es la del Señor.

Mientras el decreto del rey Ciro de Persia envió a Esdras de vuelta a Jerusalén, la Biblia deja en claro que él hizo únicamente lo que Dios lo motivó a hacer: «para que se cumpliese la palabra de Jehová por boca de Jeremías, despertó Jehová el espíritu de Ciro rey de Persia, el cual hizo pregonar de palabra y también por escrito por todo su reino» (Esd 1.1; también 2 Cr 36.22).

Esto había sido profetizado con exactitud más de un siglo antes por el profeta Isaías, quien llamó a Ciro el «ungido» de Jehová (Is 45.1) y su «pastor» (Is 44.28). Isaías dijo que el rey haría todo lo que el Señor lo había llamado a hacer, si bien Dios dijo acerca de él: «aunque no me conociste» (Is 45.4). Dios gobierna todo, incluidas las acciones de reyes paganos (Pr 21.1). Él usa a cualquier persona que escoja. El Señor tiene la autoridad para generar cualquier tipo de circunstancia necesaria a fin de cumplir sus promesas a su pueblo. Por lo tanto, confíe siempre en su mano poderosa.

Para un estudio más a fondo, véase el Índice de Principios de vida:

18. Como hijos del Dios soberano, jamás somos víctimas de nuestras circunstancias.

El decreto de Ciro

(2 Cr 36.22-23)

1 EN el primer año de Ciro rey de Persia, para que se cumpliese la palabra de Jehová por boca de Jeremías,[a] despertó Jehová el espíritu de Ciro rey de Persia, el cual hizo pregonar de palabra y también por escrito por todo su reino, diciendo:

2 Así ha dicho Ciro rey de Persia: Jehová el Dios de los cielos me ha dado todos los reinos de la tierra, y me ha mandado que le edifique casa en Jerusalén,[b] que está en Judá.

3 Quien haya entre vosotros de su pueblo, sea Dios con él, y suba a Jerusalén que está en Judá, y edifique la casa a Jehová Dios de Israel (él es el Dios), la cual está en Jerusalén.

4 Y a todo el que haya quedado, en cualquier lugar donde more, ayúdenle los hombres de su lugar con plata, oro, bienes y ganados, además de ofrendas voluntarias para la casa de Dios, la cual está en Jerusalén.

El regreso a Jerusalén

5 Entonces se levantaron los jefes de las casas paternas de Judá y de Benjamín, y los sacerdotes y levitas, todos aquellos cuyo espíritu despertó Dios para subir a edificar la casa de Jehová, la cual está en Jerusalén.

6 Y todos los que estaban en sus alrededores les ayudaron con plata y oro, con bienes y ganado, y con cosas preciosas, además de todo lo que se ofreció voluntariamente.

7 Y el rey Ciro sacó los utensilios de la casa de Jehová, que Nabucodonosor había sacado de Jerusalén, y los había puesto en la casa de sus dioses.

8 Los sacó, pues, Ciro rey de Persia, por mano de Mitrídates tesorero, el cual los dio por cuenta a Sesbasar príncipe de Judá.

9 Y ésta es la cuenta de ellos: treinta tazones de oro, mil tazones de plata, veintinueve cuchillos,

10 treinta tazas de oro, otras cuatrocientas diez tazas de plata, y otros mil utensilios.

11 Todos los utensilios de oro y de plata eran cinco mil cuatrocientos. Todos los hizo llevar Sesbasar con los que subieron del cautiverio de Babilonia a Jerusalén.

a. 1.1 Jer 25.11; 29.10. **b. 1.2** Is 44.28.

LECCIONES DE VIDA

➤ ***1.1 — despertó Jehová el espíritu de Ciro rey de Persia.***

Aunque el pueblo había sido testigo de la devastación de su nación, podían aferrarse a la promesa divina de enviar a Ciro (Is 44.28) para ayudarles a regresar a la tierra prometida y reconstruir su amado templo. Dios haría posible lo imposible. Así como despertó el espíritu de Ciro para actuar a favor de su pueblo, también puede actuar en los corazones de aquellos en puestos de autoridad sobre usted, para su beneficio. Él es soberano, y actúa en respuesta a sus oraciones de fe y su obediencia.

Los que volvieron con Zorobabel
(2 R 24.18-20; Jer 52.1-3)
2 ESTOS son los hijos de la provincia que
subieron del cautiverio, de aquellos que
Nabucodonosor rey de Babilonia había llevado cautivos a Babilonia, y que volvieron a
Jerusalén y a Judá, cada uno a su ciudad;
2 los cuales vinieron con Zorobabel, Jesúa,
Nehemías, Seraías, Reelaías, Mardoqueo, Bilsán, Mispar, Bigvai, Rehum y Baana.
El número de los varones del pueblo de Israel:
3 Los hijos de Paros, dos mil ciento setenta y dos.
4 Los hijos de Sefatías, trescientos setenta y dos.
5 Los hijos de Ara, setecientos setenta y cinco.
6 Los hijos de Pahat-moab, de los hijos de Jesúa y de Joab, dos mil ochocientos doce.
7 Los hijos de Elam, mil doscientos cincuenta y cuatro.
8 Los hijos de Zatu, novecientos cuarenta y cinco.
9 Los hijos de Zacai, setecientos sesenta.
10 Los hijos de Bani, seiscientos cuarenta y dos.
11 Los hijos de Bebai, seiscientos veintitrés.
12 Los hijos de Azgad, mil doscientos veintidós.
13 Los hijos de Adonicam, seiscientos sesenta y seis.
14 Los hijos de Bigvai, dos mil cincuenta y seis.
15 Los hijos de Adín, cuatrocientos cincuenta y cuatro.
16 Los hijos de Ater, de Ezequías, noventa y ocho.
17 Los hijos de Bezai, trescientos veintitrés.
18 Los hijos de Jora, ciento doce.
19 Los hijos de Hasum, doscientos veintitrés.
20 Los hijos de Gibar, noventa y cinco.
21 Los hijos de Belén, ciento veintitrés.
22 Los varones de Netofa, cincuenta y seis.
23 Los varones de Anatot, ciento veintiocho.
24 Los hijos de Azmavet, cuarenta y dos.
25 Los hijos de Quiriat-jearim, Cafira y Beerot, setecientos cuarenta y tres.
26 Los hijos de Ramá y Geba, seiscientos veintiuno.
27 Los varones de Micmas, ciento veintidós.
28 Los varones de Bet-el y Hai, doscientos veintitrés.
29 Los hijos de Nebo, cincuenta y dos.
30 Los hijos de Magbis, ciento cincuenta y seis.
31 Los hijos del otro Elam, mil doscientos cincuenta y cuatro.
32 Los hijos de Harim, trescientos veinte.
33 Los hijos de Lod, Hadid y Ono, setecientos veinticinco.
34 Los hijos de Jericó, trescientos cuarenta y cinco.
35 Los hijos de Senaa, tres mil seiscientos treinta.
36 Los sacerdotes: los hijos de Jedaías, de la casa de Jesúa, novecientos setenta y tres.
37 Los hijos de Imer, mil cincuenta y dos.
38 Los hijos de Pasur, mil doscientos cuarenta y siete.
39 Los hijos de Harim, mil diecisiete.
40 Los levitas: los hijos de Jesúa y de Cadmiel, de los hijos de Hodavías, setenta y cuatro.
41 Los cantores: los hijos de Asaf, ciento veintiocho.
42 Los hijos de los porteros: los hijos de Salum, los hijos de Ater, los hijos de Talmón, los hijos de Acub, los hijos de Hatita, los hijos de Sobai; por todos, ciento treinta y nueve.
43 Los sirvientes del templo: los hijos de Ziha, los hijos de Hasufa, los hijos de Tabaot,
44 los hijos de Queros, los hijos de Siaha, los hijos de Padón,
45 los hijos de Lebana, los hijos de Hagaba, los hijos de Acub,
46 los hijos de Hagab, los hijos de Salmai, los hijos de Hanán,
47 los hijos de Gidel, los hijos de Gahar, los hijos de Reaía,
48 los hijos de Rezín, los hijos de Necoda, los hijos de Gazam,
49 los hijos de Uza, los hijos de Paseah, los hijos de Besai,
50 los hijos de Asena, los hijos de Meunim, los hijos de Nefusim,
51 los hijos de Bacbuc, los hijos de Hacufa, los hijos de Harhur,
52 los hijos de Bazlut, los hijos de Mehída, los hijos de Harsa,
53 los hijos de Barcos, los hijos de Sísara, los hijos de Tema,
54 los hijos de Nezía, los hijos de Hatifa.
55 Los hijos de los siervos de Salomón: los hijos de Sotai, los hijos de Soferet, los hijos de Peruda,

LECCIONES DE VIDA

➤ ***1.5 — Entonces se levantaron... todos aquellos cuyo espíritu despertó Dios para subir a edificar la casa de Jehová, la cual está en Jerusalén.***

Dios no mueve solamente a incrédulos como Ciro para que actúen de cierta manera, sino también los espíritus de aquellos en su pueblo para realizar acciones específicas. Andar en el Espíritu es obedecer las indicaciones iniciales del Espíritu.

➤ ***1.6 — todos los que estaban en sus alrededores les ayudaron con plata y oro, con bienes y ganado, y con cosas preciosas, además de todo lo que se ofreció voluntariamente.***

Al Señor le complace bendecir lo que ofrecemos a Él de manera voluntaria. Por eso la Biblia nos aconseja dar, «no con tristeza, ni por necesidad, porque Dios ama al dador alegre» (2 Co 9.7).

56 los hijos de Jaala, los hijos de Darcón, los
hijos de Gidel,
57 los hijos de Sefatías, los hijos de Hatil, los
hijos de Poqueret-hazebaim, los hijos de Ami.
58 Todos los sirvientes del templo, e hijos de
los siervos de Salomón, tres cientos noventa y dos.
59 Éstos fueron los que subieron de Tel-mela,
Tel-harsa, Querub, Addán e Imer que no
pudieron demostrar la casa de sus padres, ni
su linaje, si eran de Israel:
60 los hijos de Delaía, los hijos de Tobías, los
hijos de Necoda, seiscientos cincuenta y dos.
61 Y de los hijos de los sacerdotes: los hijos de
Habaía, los hijos de Cos, los hijos de Barzilai,
el cual tomó mujer de las hijas de Barzilai galaadita, y fue llamado por el nombre de ellas.
62 Éstos buscaron su registro de genealogías, y no fue hallado; y fueron excluidos del
sacerdocio,
63 y el gobernador les dijo que no comiesen de
las cosas más santas, hasta que hubiese sacerdote para consultar con Urim y Tumim.[a]
64 Toda la congregación, unida como un solo
hombre, era de cuarenta y dos mil trescientos sesenta,
65 sin contar sus siervos y siervas, los cuales eran siete mil trescientos treinta y siete; y
tenían doscientos cantores y cantoras.
66 Sus caballos eran setecientos treinta y seis;
sus mulas, doscientas cuarenta y cinco;
67 sus camellos, cuatrocientos treinta y cinco;
asnos, seis mil setecientos veinte.
68 Y algunos de los jefes de casas paternas,
cuando vinieron a la casa de Jehová que estaba en Jerusalén, hicieron ofrendas voluntarias para la casa de Dios, para reedificarla en
su sitio.
➤ 69 Según sus fuerzas dieron al tesorero de la
obra sesenta y un mil dracmas de oro, cinco mil
libras de plata, y cien túnicas sacerdotales.
70 Y habitaron los sacerdotes, los levitas, los
del pueblo, los cantores, los porteros y los sirvientes del templo en sus ciudades; y todo
Israel en sus ciudades.[b]

Restaración del altar y del culto

3 CUANDO llegó el mes séptimo, y estando
los hijos de Israel ya establecidos en las
ciudades, se juntó el pueblo como un solo
hombre en Jerusalén.
2 Entonces se levantaron Jesúa hijo de Josadac y sus hermanos los sacerdotes, y Zorobabel hijo de Salatiel y sus hermanos, y
edificaron el altar del Dios de Israel, para
ofrecer sobre él holocaustos, como está escrito en la ley de Moisés varón de Dios.[a]
3 Y colocaron el altar sobre su base, porque ➤
tenían miedo de los pueblos de las tierras,
y ofrecieron sobre él holocaustos a Jehová,
holocaustos por la mañana y por la tarde.[b]
4 Celebraron asimismo la fiesta solemne de
los tabernáculos, como está escrito, y holocaustos cada día por orden conforme al rito,
cada cosa en su día;[c]
5 además de esto, el holocausto continuo, las
nuevas lunas, y todas las fiestas solemnes de
Jehová,[d] y todo sacrificio espontáneo, toda
ofrenda voluntaria a Jehová.
6 Desde el primer día del mes séptimo comenzaron a ofrecer holocaustos a Jehová; pero los
cimientos del templo de Jehová no se habían
echado todavía.
7 Y dieron dinero a los albañiles y carpinteros; asimismo comida, bebida y aceite a los
sidonios y tirios para que trajesen madera de
cedro desde el Líbano por mar a Jope, conforme a la voluntad de Ciro rey de Persia acerca de esto.

Colocación de los cimientos del templo

8 En el año segundo de su venida a la casa de
Dios en Jerusalén, en el mes segundo, comenzaron Zorobabel hijo de Salatiel, Jesúa hijo de
Josadac y los otros sus hermanos, los sacerdotes y los levitas, y todos los que habían venido
de la cautividad a Jerusalén; y pusieron a los
levitas de veinte años arriba para que activasen la obra de la casa de Jehová.
9 Jesúa también, sus hijos y sus hermanos,
Cadmiel y sus hijos, hijos de Judá, como un
solo hombre asistían para activar a los que
hacían la obra en la casa de Dios, junto con
los hijos de Henadad, sus hijos y sus hermanos, levitas.
10 Y cuando los albañiles del templo de Jehová echaban los cimientos, pusieron a los sacerdotes vestidos de sus ropas y con trompetas, y

a. 2.63 Nm 27.21. **b. 2.70** 1 Cr 9.2; Neh 11.3.
a. 3.2 Éx 27.1. **b. 3.3** Nm 28.1-8. **c. 3.4** Nm 29.12-38.
d. 3.5 Nm 28.11—29.39.

LECCIONES DE VIDA

➤ ***2.69 — Según sus fuerzas dieron al tesorero de la obra.***

Más allá del diezmo, el cual damos por fe, Dios nos pide dar según nuestra capacidad, no según lo que no tenemos (Hch 11.29; 2 Co 8.12). Él quiere que seamos fieles y generosos al dar para que podamos reflejar su carácter. También quiere enseñarnos que «más bienaventurado es dar que recibir» (Hch 20.35). Lo cierto es que jamás podremos superar a Dios en generosidad. Damos porque Él nos ha dado primero.

➤ ***3.3 — colocaron el altar sobre su base, porque tenían miedo de los pueblos de las tierras, y ofrecieron sobre él holocaustos a Jehová.***

Hacer lo que Dios nos pide hacer, a pesar de nuestro temor, es andar en fe. Las decepciones son inevitables, pero el desánimo y la cobardía son por elección personal.

a los levitas hijos de Asaf con címbalos, para
que alabasen a Jehová, según la ordenanza de
David rey de Israel.[e]
*11 Y cantaban, alabando y dando gracias a
➤ Jehová, y diciendo: Porque él es bueno, porque para siempre es su misericordia sobre
Israel.[f] Y todo el pueblo aclamaba con gran
júbilo, alabando a Jehová porque se echaban
los cimientos de la casa de Jehová.
12 Y muchos de los sacerdotes, de los levitas
y de los jefes de casas paternas, ancianos que
habían visto la casa primera, viendo echar los
cimientos de esta casa, lloraban en alta voz,
mientras muchos otros daban grandes gritos
de alegría.
13 Y no podía distinguir el pueblo el clamor de
los gritos de alegría, de la voz del lloro; porque clamaba el pueblo con gran júbilo, y se
oía el ruido hasta de lejos.

Los adversarios detienen la obra

4 OYENDO los enemigos de Judá y de
Benjamín que los venidos de la cautividad edificaban el templo de Jehová Dios de
Israel,
➤2 vinieron a Zorobabel y a los jefes de casas
paternas y les dijeron: Edificaremos con vosotros, porque como vosotros buscamos a vuestro Dios, y a él ofrecemos sacrificios desde los
días de Esar-hadón rey de Asiria, que nos hizo
venir aquí.[a]
3 Zorobabel, Jesúa, y los demás jefes de casas
paternas de Israel dijeron: No nos conviene
edificar con vosotros casa a nuestro Dios, sino
que nosotros solos la edificaremos a Jehová
Dios de Israel, como nos mandó el rey Ciro,
rey de Persia.
4 Pero el pueblo de la tierra intimidó al pueblo de Judá, y lo atemorizó para que no edificara.
5 Sobornaron además contra ellos a los consejeros para frustrar sus propósitos, todo el
tiempo de Ciro rey de Persia y hasta el reinado de Darío rey de Persia.
6 Y en el reinado de Asuero,[b] en el principio de
su reinado, escribieron acusaciones contra los
habitantes de Judá y de Jerusalén.
7 También en días de Artajerjes escribieron
Bislam, Mitrídates, Tabeel y los demás compañeros suyos, a Artajerjes rey de Persia; y
la escritura y el lenguaje de la carta eran en
arameo.
8 Rehum canciller y Simsai secretario escribieron una carta contra Jerusalén al rey
Artajerjes.
9 En tal fecha escribieron Rehum canciller y
Simsai secretario, y los demás compañeros
suyos los jueces, gobernadores y oficiales, y
los de Persia, de Erec, de Babilonia, de Susa,
esto es, los elamitas,
10 y los demás pueblos que el grande y glorioso Asnapar transportó e hizo habitar en las
ciudades de Samaria y las demás provincias
del otro lado del río.
11 Y ésta es la copia de la carta que enviaron:
Al rey Artajerjes: Tus siervos del otro lado del
río te saludan.
12 Sea notorio al rey, que los judíos que subieron de ti a nosotros vinieron a Jerusalén; y
edifican la ciudad rebelde y mala, y levantan
los muros y reparan los fundamentos.
13 Ahora sea notorio al rey, que si aquella
ciudad fuere reedificada, y los muros fueren levantados, no pagarán tributo, impuesto y rentas, y el erario de los reyes será
menoscabado.
14 Siendo que nos mantienen del palacio, no
nos es justo ver el menosprecio del rey, por lo
cual hemos enviado a hacerlo saber al rey,
15 para que se busque en el libro de las memorias de tus padres. Hallarás en el libro de las
memorias, y sabrás que esta ciudad es ciudad
rebelde, y perjudicial a los reyes y a las provincias, y que de tiempo antiguo forman en
medio de ella rebeliones, por lo que esta ciudad fue destruida.
16 Hacemos saber al rey que si esta ciudad
fuere reedificada, y levantados sus muros, la
región de más allá del río no será tuya.
17 El rey envió esta respuesta: A Rehum canciller, a Simsai secretario, a los demás compañeros suyos que habitan en Samaria, y a los
demás del otro lado del río: Salud y paz.
18 La carta que nos enviasteis fue leída claramente delante de mí.
19 Y por mí fue dada orden y buscaron; y
hallaron que aquella ciudad de tiempo antiguo se levanta contra los reyes y se rebela, y
se forma en ella sedición;
20 y que hubo en Jerusalén reyes fuertes que
dominaron en todo lo que hay más allá del río,
y que se les pagaba tributo, impuesto y rentas.

e. 3.10 1 Cr 25.1. **f. 3.11** 1 Cr 16.34; 2 Cr 5.13; 7.3; Sal 100.5; 106.1; 107.1; 118.1; 136.1; Jer 33.11. **a. 4.2** 2 R 17.24-41. **b. 4.6** Est 1.1.

LECCIONES DE VIDA

➤ ***3.11 — cantaban, alabando y dando gracias a Jehová.***

En toda la Biblia, el cántico juega un papel importante en la adoración a Dios y el andar de fe. Cantar con gozo conecta nuestros corazones a Dios, y nuestro corazón es lo que realmente le interesa a Él.

➤ ***4.2 — Edificaremos con vosotros, porque como vosotros buscamos a vuestro Dios.***

Los adversarios de Dios y de su pueblo no siempre atacan de frente, a veces tratan de mostrarse amistosos y comprensivos. La vida de fe requiere que nos mantengamos alerta todo el tiempo (1 P 5.8).

RESPUESTAS A PREGUNTAS DE LA VIDA

¿Cómo obtengo fuerzas para perseverar ante la oposición espiritual?

ESD 4

En el libro de Esdras leemos acerca de un pueblo acosado que enfrentó oposición por hacer lo que Dios les había encomendado. Procuraban reconstruir el templo que había sido destruido varias décadas atrás por las fuerzas de Nabucodonosor, y enfrentaban toda clase de obstáculos por parte de la gente del lugar, ofertas falsas de ayuda y ataques abiertos.

Sin embargo, el pueblo de Dios logró completar exitosamente la restauración del templo. ¿Cómo? Mediante la adquisición de una cualidad espiritual que todos necesitamos en la vida cristiana: perseverancia.

Dios sabe que la vida cristiana no es fácil, y nunca será fácil en ninguna época de la vida. En este mundo vamos a enfrentar oposición, tanto de las personas como del enemigo de nuestras almas, el diablo. Jesús nos dijo: «En el mundo tendréis aflicción» (Jn 16.33).

Estando rodeados por tal oposición, si vamos a vivir de una manera que agrade a Dios entonces debemos desarrollar la perseverancia. La Biblia está llena de ejemplos de personas que soportaron la oposición a su trabajo y como resultado recibieron su recompensa. Hebreos 11, que podríamos llamar «El Salón de la Fe», describe algunos de esos héroes.

¿Qué se requiere exactamente para adquirir perseverancia? Hay cuatro elementos que juegan un papel definitivo:

❶ *Recibir ánimo de otros.*
El escritor de Hebreos nos anima a reflexionar en las vidas de aquellos que enumera en el capítulo 11. Se refiere a ellos como «tan grande nube de testigos» (He 12.1). Es una gran nube de testigos que no podemos ver, pero sí podemos leer acerca de ellos en la Palabra de Dios y extraer lecciones de sus historias que nos inspiran a perseverar en la fe.

❷ *Despojarnos de estorbos.*
Hebreos nos dice: «despojémonos de todo peso y del pecado que nos asedia» (12.1). Esto significa que necesitamos identificar aquellas cosas que pueden estancarnos, incluido cualquier pecado sobre el cual Dios nos llame la atención.

❸ *Correr la carrera.*
Hebreos 12.1 nos sigue instruyendo; «corramos con paciencia la carrera que tenemos por delante». Cuando se dificulta el avance, no retrocedemos ni huimos. No podemos darnos por vencidos, sino proseguir llenos de confianza y arrojo. Cuanto más perseveramos, más fuerte será nuestra fe en Él.

❹ *Fijar la mirada en Cristo.*
Hebreos 12.2 nos exhorta a mantener «puestos los ojos en Jesús, el autor y consumador de la fe». Nada nos ayuda a perseverar como ver el premio que tenemos por delante, y ese premio es Cristo mismo. ¿Quiere ganarse el premio? Entonces debe perseverar. Jesús promete ayudarle.

Para un estudio más a fondo, véase el Índice de Principios de vida:

28. Ningún creyente ha sido llamado a transitar solitario en su peregrinaje de fe.

18. Como hijos del Dios soberano, jamás somos víctimas de nuestras circunstancias.

21 Ahora, pues, dad orden que cesen aquellos
hombres, y no sea esa ciudad reedificada hasta que por mí sea dada nueva orden.
22 Y mirad que no seáis negligentes en esto;
¿por qué habrá de crecer el daño en perjuicio
de los reyes?
23 Entonces, cuando la copia de la carta del
rey Artajerjes fue leída delante de Rehum, y
de Simsai secretario y sus compañeros, fueron apresuradamente a Jerusalén a los judíos,
y les hicieron cesar con poder y violencia.
24 Entonces cesó la obra de la casa de Dios
que estaba en Jerusalén, y quedó suspendida hasta el año segundo del reinado de Darío
rey de Persia.

Reedificación del templo

➢ **5** PROFETIZARON Hageo[a] y Zacarías[b] hijo
de Iddo, ambos profetas, a los judíos que
estaban en Judá y en Jerusalén en el nombre
del Dios de Israel quien estaba sobre ellos.
2 Entonces se levantaron Zorobabel[c] hijo de
Salatiel y Jesúa hijo de Josadac, y comenzaron a reedificar la casa de Dios que estaba en
Jerusalén; y con ellos los profetas de Dios que
les ayudaban.
3 En aquel tiempo vino a ellos Tatnai gobernador del otro lado del río, y Setar-boznai y
sus compañeros, y les dijeron así: ¿Quién os
ha dado orden para edificar esta casa y levantar estos muros?
4 Ellos también preguntaron: ¿Cuáles son
los nombres de los hombres que hacen este
edificio?
5 Mas los ojos de Dios estaban sobre los
ancianos de los judíos, y no les hicieron cesar
hasta que el asunto fuese llevado a Darío; y
entonces respondieron por carta sobre esto.
6 Copia de la carta que Tatnai gobernador del
otro lado del río, y Setar-boznai, y sus compañeros los gobernadores que estaban al otro
lado del río, enviaron al rey Darío.
7 Le enviaron carta, y así estaba escrito en
ella: Al rey Darío toda paz.
8 Sea notorio al rey, que fuimos a la provincia
de Judea, a la casa del gran Dios, la cual se
edifica con piedras grandes; y ya los maderos
están puestos en las paredes, y la obra se hace
de prisa, y prospera en sus manos.
9 Entonces preguntamos a los ancianos,
diciéndoles así: ¿Quién os dio orden para edificar esta casa y para levantar estos muros?
10 Y también les preguntamos sus nombres
para hacértelo saber, para escribirte los nombres de los hombres que estaban a la cabeza de ellos.
11 Y nos respondieron diciendo así: Nosotros
somos siervos del Dios del cielo y de la tierra,
y reedificamos la casa que ya muchos años
antes había sido edificada, la cual edificó y
terminó el gran rey de Israel.
12 Mas después que nuestros padres provocaron a ira al Dios de los cielos, él los entregó
en mano de Nabucodonosor rey de Babilonia,
caldeo, el cual destruyó esta casa y llevó cautivo al pueblo a Babilonia.[d]
13 Pero en el año primero de Ciro rey de Babilonia, el mismo rey Ciro dio orden para que
esta casa de Dios fuese reedificada.[e]
14 También los utensilios de oro y de plata
de la casa de Dios, que Nabucodonosor había
sacado del templo que estaba en Jerusalén y
los había llevado al templo de Babilonia, el
rey Ciro los sacó del templo de Babilonia, y
fueron entregados a Sesbasar, a quien había
puesto por gobernador;
15 y le dijo: Toma estos utensilios, ve, y llévalos al templo que está en Jerusalén; y sea reedificada la casa de Dios en su lugar.
16 Entonces este Sesbasar vino y puso los
cimientos de la casa de Dios, la cual está en
Jerusalén, y desde entonces hasta ahora se
edifica, y aún no está concluida.
17 Y ahora, si al rey parece bien, búsquese en
la casa de los tesoros del rey que está allí en
Babilonia, si es así que por el rey Ciro había
sido dada la orden para reedificar esta casa
de Dios en Jerusalén, y se nos envíe a decir la
voluntad del rey sobre esto.

6 ENTONCES el rey Darío dio la orden de
buscar en la casa de los archivos, donde
guardaban los tesoros allí en Babilonia.
2 Y fue hallado en Acmeta, en el palacio que
está en la provincia de Media, un libro en el
cual estaba escrito así: Memoria:
3 En el año primero del rey Ciro, el mismo
rey Ciro dio orden acerca de la casa de Dios,
la cual estaba en Jerusalén, para que fuese
la casa reedificada como lugar para ofrecer
sacrificios, y que sus paredes fuesen firmes;
su altura de sesenta codos, y de sesenta codos
su anchura;
4 y tres hileras de piedras grandes, y una de
madera nueva; y que el gasto sea pagado por
el tesoro del rey.
5 Y también los utensilios de oro y de plata
de la casa de Dios, los cuales Nabucodonosor
sacó del templo que estaba en Jerusalén y los
pasó a Babilonia, sean devueltos y vayan a su
lugar, al templo que está en Jerusalén, y sean
puestos en la casa de Dios.
6 Ahora, pues, Tatnai gobernador del otro lado
del río, Setar-boznai, y vuestros compañeros

a. 5.1 Hab 1.1. **b. 5.1** Zac 1.1. **c. 5.2** Hag 1.12; Zac 4.6-9.
d. 5.12 2 R 25.8-12; 2 Cr 36.17-20; Jer 52.12-15.
e. 5.13 Esd 1.2-11.

LECCIONES DE VIDA

➢ ***4.23 — cuando la copia de la carta del rey Artajerjes fue leída... fueron apresuradamente a Jerusalén a los judíos, y les hicieron cesar con poder y violencia.***

En algunas ocasiones Dios permite que la oposición a su voluntad prevalezca por un tiempo. Quizás no sepamos por qué, y algunos sucesos inesperados puedan desalentarnos, pero podemos aprender de la adversidad y dar nuestros mayores saltos espirituales por medio de nuestros problemas, si confiamos en Dios y le obedecemos.

➢ ***5.1, 2 — Profetizaron Hageo y Zacarías hijo de Iddo, ambos profetas, a los judíos... Entonces se levantaron Zorobabel...y Jesúa... y comenzaron a reedificar la casa de Dios.***

Dios dio fuerzas a su pueblo para continuar la obra mediante las palabras de sus fieles profetas. Su Palabra es un ancla inconmovible en tiempos de tormenta. Dios nos recuerda por medio de ella que el cumplimiento de su obra no depende de nuestro conocimiento o habilidad, sino de su sabiduría, poder y provisión.

los gobernadores que estáis al otro lado del
río, alejaos de allí.
7 Dejad que se haga la obra de esa casa de
Dios; que el gobernador de los judíos y sus
ancianos reedifiquen esa casa de Dios en su
lugar.
8 Y por mí es dada orden de lo que habéis de
hacer con esos ancianos de los judíos, para
reedificar esa casa de Dios; que de la hacienda del rey, que tiene del tributo del otro lado
del río, sean dados puntualmente a esos varones los gastos, para que no cese la obra.
9 Y lo que fuere necesario, becerros, carneros
y corderos para holocaustos al Dios del cielo,
trigo, sal, vino y aceite, conforme a lo que dijeren los sacerdotes que están en Jerusalén, les
sea dado día por día sin obstáculo alguno,
10 para que ofrezcan sacrificios agradables
al Dios del cielo, y oren por la vida del rey y
por sus hijos.
11 También por mí es dada orden, que cualquiera que altere este decreto, se le arranque
un madero de su casa, y alzado, sea colgado
en él, y su casa sea hecha muladar por esto.
➤ 12 Y el Dios que hizo habitar allí su nombre, destruya a todo rey y pueblo que pusiere su mano para cambiar o destruir esa casa
de Dios, la cual está en Jerusalén. Yo Darío he
dado el decreto; sea cumplido prontamente.
13 Entonces Tatnai gobernador del otro lado
del río, y Setar-boznai y sus compañeros,
hicieron puntualmente según el rey Darío
había ordenado.
14 Y los ancianos de los judíos edificaban y
prosperaban, conforme a la profecía del profeta Hageo[a] y de Zacarías[b] hijo de Iddo. Edificaron, pues, y terminaron, por orden del Dios
de Israel, y por mandato de Ciro, de Darío, y
de Artajerjes rey de Persia.
15 Esta casa fue terminada el tercer día del
mes de Adar, que era el sexto año del reinado del rey Darío.
16 Entonces los hijos de Israel, los sacerdotes, ≺
los levitas y los demás que habían venido de
la cautividad, hicieron la dedicación de esta
casa de Dios con gozo.
17 Y ofrecieron en la dedicación de esta casa
de Dios cien becerros, doscientos carneros
y cuatrocientos corderos; y doce machos
cabríos en expiación por todo Israel, conforme al número de las tribus de Israel.
18 Y pusieron a los sacerdotes en sus turnos, y
a los levitas en sus clases, para el servicio de
Dios en Jerusalén, conforme a lo escrito en el
libro de Moisés.
19 También los hijos de la cautividad celebraron la pascua a los catorce días del mes
primero.[c]
20 Porque los sacerdotes y los levitas se
habían purificado a una; todos estaban limpios, y sacrificaron la pascua por todos los
hijos de la cautividad, y por sus hermanos los
sacerdotes, y por sí mismos.
21 Comieron los hijos de Israel que habían ≺
vuelto del cautiverio, con todos aquellos que
se habían apartado de las inmundicias de las
gentes de la tierra para buscar a Jehová Dios
de Israel.
22 Y celebraron con regocijo la fiesta solemne ≺
de los panes sin levadura siete días, por cuanto Jehová los había alegrado, y había vuelto
el corazón del rey de Asiria hacia ellos, para
fortalecer sus manos en la obra de la casa de
Dios, del Dios de Israel.

a. 6.14 Hag 1.1. **b. 6.14** Zac 1.1. **c. 6.19** Éx 12.1-20.

LECCIONES DE VIDA

➤ ***6.12 — el Dios que hizo habitar allí su nombre, destruya a todo rey y pueblo que pusiere su mano para cambiar o destruir esa casa de Dios, la cual está en Jerusalén.***

Cuando los hombres trataron de detener otra vez la obra que Dios había decretado (Esd 5.3), el Señor utilizó su oposición para avanzar su causa. Como hijos del Dios soberano, jamás somos víctimas de nuestras circunstancias.

➤ ***6.16 — los hijos de Israel, los sacerdotes, los levitas y los demás que habían venido de la cautividad, hicieron la dedicación de esta casa de Dios con gozo.***

La vida de fe no está completa sin celebraciones periódicas de gozo. De hecho, el gozo es un producto natural de la vida fiel de un creyente lleno del Espíritu Santo (Gá 5.22). Jesús dijo: «Estas cosas os he hablado, para que mi gozo esté en vosotros, y vuestro gozo sea cumplido» (Jn 15.11).

➤ ***6.21 — Comieron los hijos de Israel que habían vuelto del cautiverio, con todos aquellos que se habían apartado de las inmundicias de las gentes de la tierra para buscar a Jehová Dios de Israel.***

Santiago nos recuerda que «la amistad del mundo es enemistad contra Dios» (Stg 4.4). Si queremos buscar al Señor de verdad, tenemos que separarnos de las prácticas perversas de un mundo incrédulo, obedecer a Dios y recordar cuán fiel ha sido con nosotros (Éx 12). Mediante la celebración de la pascua, los israelitas mostraron su deseo de ser el pueblo consagrado de Dios y obedecer al Señor en todos sus mandatos.

➤ ***6.22 — Jehová los había alegrado, y había vuelto el corazón del rey de Asiria hacia ellos, para fortalecer sus manos en la obra de la casa de Dios, del Dios de Israel.***

Tal como lo había hecho con el rey Ciro, Dios inclinó el corazón del rey Darío hacia los israelitas. Aunque a veces pueda parecer que las personas en autoridad actúan sin rendirle cuentas a nadie, en últimas son responsables a Dios. Nadie puede frustrar sus buenos propósitos, y si el Señor elige a un rey pagano para hacer su voluntad, Él inclinará el corazón del rey «a todo lo que quiere», para que haga lo que le agrade a Él (Pr 21.1).

Ejemplos de vida

ESDRAS

Comprometido a aplicar la Palabra de Dios

ESD 7.10

Esdras es un gran ejemplo de lo que puede lograr un individuo o una nación si se compromete a aplicar la Palabra de Dios.

El rey persa Artajerjes dio permiso a Esdras para viajar de Babilonia a su tierra ancestral en Jerusalén. Como sacerdote piadoso, Esdras se sintió en la obligación de mejorar la condición espiritual del remanente de su pueblo, y trabajó con diligencia para llevar a cabo varias reformas religiosas y espirituales entre sus desalentados compatriotas.

La vida de Esdras demuestra la importancia de no conformarse sólo con aprender y conocer la Palabra de Dios, sino también aplicarla en la vida diaria. Dios lo había colocado en una posición de autoridad espiritual, y por eso Esdras hizo todo lo que pudo para transmitir a otros lo que había aprendido en su propio estudio de las Escrituras. Esdras no fue un simple oidor de la Palabra de Dios, también fue un hacedor eficaz y totalmente comprometido de la misma (Stg 1.22).

Para un estudio más a fondo, véase el Índice de Principios de vida:

3. La Palabra de Dios es ancla inconmovible en las tormentas.

Esdras y sus compañeros llegan a Jerusalén

7 PASADAS estas cosas, en el reinado de Artajerjes rey de Persia, Esdras hijo de
Seraías, hijo de Azarías, hijo de Hilcías,
2 hijo de Salum, hijo de Sadoc, hijo de
Ahitob,
3 hijo de Amarías, hijo de Azarías, hijo de
Meraiot,
4 hijo de Zeraías, hijo de Uzi, hijo de Buqui,
5 hijo de Abisúa, hijo de Finees, hijo de Eleazar, hijo de Aarón, primer sacerdote,
6 este Esdras subió de Babilonia. Era escriba diligente en la ley de Moisés, que Jehová Dios de Israel había dado; y le concedió el rey todo lo que pidió, porque la mano de Jehová su Dios estaba sobre Esdras.
7 Y con él subieron a Jerusalén algunos de los hijos de Israel, y de los sacerdotes, levitas, cantores, porteros y sirvientes del templo, en el séptimo año del rey Artajerjes.
8 Y llegó a Jerusalén en el mes quinto del año séptimo del rey.
9 Porque el día primero del primer mes fue el principio de la partida de Babilonia, y al primero del mes quinto llegó a Jerusalén, estando con él la buena mano de Dios.
10 Porque Esdras había preparado su corazón para inquirir la ley de Jehová y para cumplirla, y para enseñar en Israel sus estatutos y decretos.
11 Ésta es la copia de la carta que dio el rey Artajerjes al sacerdote Esdras, escriba versado en los mandamientos de Jehová y en sus estatutos a Israel:
12 Artajerjes rey de reyes, a Esdras, sacerdote y escriba erudito en la ley del Dios del cielo: Paz.
13 Por mí es dada orden que todo aquel en mi reino, del pueblo de Israel y de sus sacerdotes y levitas, que quiera ir contigo a Jerusalén, vaya.
14 Porque de parte del rey y de sus siete consejeros eres enviado a visitar a Judea y a Jerusalén, conforme a la ley de tu Dios que está en tu mano;
15 y a llevar la plata y el oro que el rey y sus consejeros voluntariamente ofrecen al Dios de Israel, cuya morada está en Jerusalén,
16 y toda la plata y el oro que halles en toda la provincia de Babilonia, con las ofrendas voluntarias del pueblo y de los sacerdotes, que voluntariamente ofrecieren para la casa de su Dios, la cual está en Jerusalén.
17 Comprarás, pues, diligentemente con este dinero becerros, carneros y corderos, con sus ofrendas y sus libaciones, y los ofrecerás sobre el altar de la casa de vuestro Dios, la cual está en Jerusalén.
18 Y lo que a ti y a tus hermanos os parezca hacer de la otra plata y oro, hacedlo conforme a la voluntad de vuestro Dios.

LECCIONES DE VIDA

➤ ***7.6 — le concedió el rey todo lo que pidió, porque la mano de Jehová su Dios estaba sobre Esdras.***

Cuando la mano de Dios está sobre nosotros, hasta los reyes apoyan nuestra causa.

➤ ***7.10 — Esdras había preparado su corazón para inquirir la ley de Jehová y para cumplirla, y para enseñar en Israel sus estatutos y decretos.***

Esdras sabía que el pueblo que había vuelto a Jerusalén se encontraba en un estado de apatía espiritual y rebelión.

19 Los utensilios que te son entregados para
el servicio de la casa de tu Dios, los restituirás
delante de Dios en Jerusalén.
20 Y todo lo que se requiere para la casa de tu
Dios, que te sea necesario dar, lo darás de la
casa de los tesoros del rey.
21 Y por mí, Artajerjes rey, es dada orden
a todos los tesoreros que están al otro lado
del río, que todo lo que os pida el sacerdote
Esdras, escriba de la ley del Dios del cielo, se
le conceda prontamente,
22 hasta cien talentos de plata, cien coros de
trigo, cien batos de vino, y cien batos de aceite; y sal sin medida.
23 Todo lo que es mandado por el Dios del
cielo, sea hecho prontamente para la casa del
Dios del cielo; pues, ¿por qué habría de ser su
ira contra el reino del rey y de sus hijos?
24 Y a vosotros os hacemos saber que a todos
los sacerdotes y levitas, cantores, porteros,
sirvientes del templo y ministros de la casa de
Dios, ninguno podrá imponerles tributo, contribución ni renta.
➤ 25 Y tú, Esdras, conforme a la sabiduría que
tienes de tu Dios, pon jueces y gobernadores que gobiernen a todo el pueblo que está
al otro lado del río, a todos los que conocen
las leyes de tu Dios; y al que no las conoce, le
enseñarás.
26 Y cualquiera que no cumpliere la ley de tu
Dios, y la ley del rey, sea juzgado prontamente, sea a muerte, a destierro, a pena de multa, o prisión.
27 Bendito Jehová Dios de nuestros padres,
que puso tal cosa en el corazón del rey, para
honrar la casa de Jehová que está en Jerusalén,
28 e inclinó hacia mí su misericordia delante del rey y de sus consejeros, y de todos los
príncipes poderosos del rey. Y yo, fortalecido por la mano de mi Dios sobre mí, reuní
a los principales de Israel para que subiesen
conmigo.

8 ÉSTOS son los jefes de casas paternas,
y la genealogía de aquellos que subieron conmigo de Babilonia, reinando el rey
Artajerjes:
2 De los hijos de Finees, Gersón; de los hijos
de Itamar, Daniel; de los hijos de David,
Hatús.
3 De los hijos de Secanías y de los hijos de
Paros, Zacarías, y con él, en la línea de varones, ciento cincuenta.
4 De los hijos de Pahat-moab, Elioenai hijo de
Zeraías, y con él doscientos varones.
5 De los hijos de Secanías, el hijo de Jahaziel,
y con él trescientos varones.
6 De los hijos de Adín, Ebed hijo de Jonatán,
y con él cincuenta varones.
7 De los hijos de Elam, Jesaías hijo de Atalías,
y con él setenta varones.
8 De los hijos de Sefatías, Zebadías hijo de
Micael, y con él ochenta varones.
9 De los hijos de Joab, Obadías hijo de Jehiel,
y con él doscientos dieciocho varones.
10 De los hijos de Selomit, el hijo de Josifías,
y con él ciento sesenta varones.
11 De los hijos de Bebai, Zacarías hijo de
Bebai, y con él veintiocho varones.
12 De los hijos de Azgad, Johanán hijo de
Hacatán, y con él ciento diez varones;
13 De los hijos de Adonicam, los postreros,
cuyos nombres son éstos: Elifelet, Jeiel y
Semaías, y con ellos sesenta varones.
14 Y de los hijos de Bigvai, Utai y Zabud, y con
ellos sesenta varones.
15 Los reuní junto al río que viene a Ahava, y
acampamos allí tres días; y habiendo buscado
entre el pueblo y entre los sacerdotes, no hallé
allí de los hijos de Leví.
16 Entonces despaché a Eliezer, Ariel,
Semaías, Elnatán, Jarib, Elnatán, Natán, Zacarías y Mesulam, hombres principales, asimismo a Joiarib y a Elnatán, hombres doctos;
17 y los envié a Iddo, jefe en el lugar llamado
Casifia, y puse en boca de ellos las palabras
que habían de hablar a Iddo, y a sus hermanos los sirvientes del templo en el lugar llamado Casifia, para que nos trajesen ministros
para la casa de nuestro Dios.
18 Y nos trajeron según la buena mano de
nuestro Dios sobre nosotros, un varón entendido, de los hijos de Mahli hijo de Leví, hijo de
Israel; a Serebías con sus hijos y sus hermanos, dieciocho;
19 a Hasabías, y con él a Jesaías de los hijos
de Merari, a sus hermanos y a sus hijos,
veinte;
20 y de los sirvientes del templo, a quienes
David con los príncipes puso para el ministerio de los levitas, doscientos veinte sirvientes
del templo, todos los cuales fueron designados
por sus nombres.
21 Y publiqué ayuno allí junto al río Ahava,
para afligirnos delante de nuestro Dios, para
solicitar de él camino derecho para nosotros,

LECCIONES DE VIDA

Por eso fue a Jerusalén, para mostrarles cómo obedecer al Señor mediante la enseñanza de su ley. Esdras tenía un propósito concreto y se fijó prioridades que le ayudarían a cumplir el plan de Dios para su vida. La madurez espiritual requiere preparación espiritual. No es algo que sucede al azar. Si queremos crecer en Dios, debemos buscarle a través del estudio bíblico y la oración, y dejar que Él nos enseñe sus caminos.

➤ ***7.25 — tú, Esdras, conforme a la sabiduría que tienes de tu Dios, pon jueces y gobernadores que gobiernen a todo el pueblo.***

El rey no le concedió a Esdras todas sus peticiones porque se le haya ocurrido de repente, sino porque lo había observado por un tiempo y lo reconoció como un hombre con sabiduría de lo alto. Nuestra conducta *sí importa* (Pr 14.35).

y para nuestros niños, y para todos nuestros bienes.
✱➤ 22 Porque tuve vergüenza de pedir al rey tropa y gente de a caballo que nos defendiesen del enemigo en el camino; porque habíamos hablado al rey, diciendo: La mano de nuestro Dios es para bien sobre todos los que le buscan; mas su poder y su furor contra todos los que le abandonan.
23 Ayunamos, pues, y pedimos a nuestro Dios sobre esto, y él nos fue propicio.
24 Aparté luego a doce de los principales de los sacerdotes, a Serebías y a Hasabías, y con ellos diez de sus hermanos;
25 y les pesé la plata, el oro y los utensilios, ofrenda que para la casa de nuestro Dios habían ofrecido el rey y sus consejeros y sus príncipes, y todo Israel allí presente.
26 Pesé, pues, en manos de ellos seiscientos cincuenta talentos de plata, y utensilios de plata por cien talentos, y cien talentos de oro;
27 además, veinte tazones de oro de mil dracmas, y dos vasos de bronce bruñido muy bueno, preciados como el oro.
28 Y les dije: Vosotros estáis consagrados a Jehová, y son santos los utensilios, y la plata y el oro, ofrenda voluntaria a Jehová Dios de nuestros padres.
29 Vigilad y guardadlos, hasta que los peséis delante de los príncipes de los sacerdotes y levitas, y de los jefes de las casas paternas de Israel en Jerusalén, en los aposentos de la casa de Jehová.
30 Los sacerdotes y los levitas recibieron el peso de la plata y del oro y de los utensilios, para traerlo a Jerusalén a la casa de nuestro Dios.
➤ 31 Y partimos del río Ahava el doce del mes primero, para ir a Jerusalén; y la mano de nuestro Dios estaba sobre nosotros, y nos libró de mano del enemigo y del asechador en el camino.
32 Y llegamos a Jerusalén, y reposamos allí tres días.
33 Al cuarto día fue luego pesada la plata, el oro y los utensilios, en la casa de nuestro Dios, por mano del sacerdote Meremot hijo de Urías, y con él Eleazar hijo de Finees; y con ellos Jozabad hijo de Jesúa y Noadías hijo de Binúi, levitas.
34 Por cuenta y por peso se entregó todo, y se apuntó todo aquel peso en aquel tiempo.
35 Los hijos de la cautividad, los que habían venido del cautiverio, ofrecieron holocaustos al Dios de Israel, doce becerros por todo Israel, noventa y seis carneros, setenta y siete corderos, y doce machos cabríos por expiación, todo en holocausto a Jehová.
36 Y entregaron los despachos del rey a sus sátrapas y capitanes del otro lado del río, los cuales ayudaron al pueblo y a la casa de Dios.

Oración de confesión de Esdras

9 ACABADAS estas cosas, los príncipes vinieron a mí, diciendo: El pueblo de Israel y los sacerdotes y levitas no se han separado de los pueblos de las tierras, de los cananeos, heteos, ferezeos, jebuseos, amonitas, moabitas, egipcios y amorreos, y hacen conforme a sus abominaciones.
2 Porque han tomado de las hijas de ellos para sí y para sus hijos, y el linaje santo ha sido mezclado con los pueblos de las tierras; y la mano de los príncipes y de los gobernadores ha sido la primera en cometer este pecado.
3 Cuando oí esto, rasgué mi vestido y mi manto, y arranqué pelo de mi cabeza y de mi barba, y me senté angustiado en extremo. ➤
4 Y se me juntaron todos los que temían las palabras del Dios de Israel, a causa de la prevaricación de los del cautiverio; mas yo estuve muy angustiado hasta la hora del sacrificio de la tarde.
5 Y a la hora del sacrificio de la tarde me levanté de mi aflicción, y habiendo rasgado mi vestido y mi manto, me postré de rodillas, y extendí mis manos a Jehová mi Dios,
6 y dije:
Dios mío, confuso y avergonzado estoy para levantar, oh Dios mío, mi rostro a ti, porque nuestras iniquidades se han multiplicado

LECCIONES DE VIDA

➤ ***8.22 — La mano de nuestro Dios es para bien sobre todos los que le buscan.***

Esdras entendió que para dar un testimonio válido ante el rey Artajerjes, el pueblo debía poner su fe en acción. Tenían que actuar conforme a lo que afirmaban creer. Así también, cuando el Señor nos llama a servirle, debemos creer que Él proveerá para nosotros. También debemos orar, porque orar y oír la voz de Dios son requisitos esenciales para andar en armonía con Dios.

➤ ***8.31 — y la mano de nuestro Dios estaba sobre nosotros, y nos libró de mano del enemigo y del acechador en el camino.***

¿Habría llegado Esdras sano y salvo a Jerusalén, sin orar? ¿Lo habrían emboscado ladrones o habría sido atacado por enemigos si no se hubiera puesto de rodillas ante el Señor? Esdras no quiso averiguarlo, por eso libró y ganó esas batallas por adelantado, en oración.

➤ ***9.3 — Cuando oí esto, rasgué mi vestido y mi manto, y arranqué pelo de mi cabeza y de mi barba, y me senté angustiado en extremo.***

La angustia extrema se debió a que los hombres del pueblo se casaran con mujeres de las naciones paganas que tenían a su alrededor, adoptando así sus prácticas y provocando la ira de Dios (Éx 34.11–16; Dt 7.1–4). Tal desobediencia irreverente a la Palabra de Dios, sobre todo a sabiendas de las consecuencias de tal pecado, debería angustiarnos a todos por igual. Pero esa angustia debería llevarnos de inmediato a la confesión y al arrepentimiento.

sobre nuestra cabeza, y nuestros delitos han crecido hasta el cielo.
7 Desde los días de nuestros padres hasta este día hemos vivido en gran pecado; y por nuestras iniquidades nosotros, nuestros reyes y nuestros sacerdotes hemos sido entregados en manos de los reyes de las tierras, a espada, a cautiverio, a robo, y a vergüenza que cubre nuestro rostro, como hoy día.
8 Y ahora por un breve momento ha habido misericordia de parte de Jehová nuestro Dios, para hacer que nos quedase un remanente libre, y para darnos un lugar seguro en su santuario, a fin de alumbrar nuestro Dios nuestros ojos y darnos un poco de vida en nuestra servidumbre.
➤ 9 Porque siervos somos; mas en nuestra servidumbre no nos ha desamparado nuestro Dios, sino que inclinó sobre nosotros su misericordia delante de los reyes de Persia, para que se nos diese vida para levantar la casa de nuestro Dios y restaurar sus ruinas, y darnos protección en Judá y en Jerusalén.
10 Pero ahora, ¿qué diremos, oh Dios nuestro, después de esto? Porque nosotros hemos dejado tus mandamientos,
11 que prescribiste por medio de tus siervos los profetas, diciendo: La tierra a la cual entráis para poseerla, tierra inmunda es a causa de la inmundicia de los pueblos de aquellas regiones, por las abominaciones de que la han llenado de uno a otro extremo con su inmundicia.
12 Ahora, pues, no daréis vuestras hijas a los hijos de ellos, ni sus hijas tomaréis para vuestros hijos,[a] ni procuraréis jamás su paz ni su prosperidad; para que seáis fuertes y comáis el bien de la tierra, y la dejéis por heredad a vuestros hijos para siempre.
13 Mas después de todo lo que nos ha sobrevenido a causa de nuestras malas obras, y a causa de nuestro gran pecado, ya que tú, Dios nuestro, no nos has castigado de acuerdo con nuestras iniquidades, y nos diste un remanente como éste,
14 ¿hemos de volver a infringir tus mandamientos, y a emparentar con pueblos que cometen estas abominaciones? ¿No te indignarías contra nosotros hasta consumirnos, sin que quedara remanente ni quien escape?
15 Oh Jehová Dios de Israel, tú eres justo, puesto que hemos quedado un remanente que ha escapado, como en este día. Henos aquí delante de ti en nuestros delitos; porque no es posible estar en tu presencia a causa de esto.

Expulsión de las mujeres extranjeras

10 MIENTRAS oraba Esdras y hacía confesión, llorando y postrándose delante de la casa de Dios, se juntó a él una muy grande multitud de Israel, hombres, mujeres y niños; y lloraba el pueblo amargamente.
2 Entonces respondió Secanías hijo de Jehiel, ➤
de los hijos de Elam, y dijo a Esdras: Nosotros hemos pecado contra nuestro Dios, pues tomamos mujeres extranjeras de los pueblos de la tierra; mas a pesar de esto, aún hay esperanza para Israel.
3 Ahora, pues, hagamos pacto con nuestro ➤
Dios, que despediremos a todas las mujeres y los nacidos de ellas, según el consejo de mi señor y de los que temen el mandamiento de nuestro Dios; y hágase conforme a la ley.
4 Levántate, porque ésta es tu obligación, y nosotros estaremos contigo; esfuérzate, y pon mano a la obra.
5 Entonces se levantó Esdras y juramentó a los príncipes de los sacerdotes y de los levitas, y a todo Israel, que harían conforme a esto; y ellos juraron.
6 Se levantó luego Esdras de delante de la casa de Dios, y se fue a la cámara de Johanán hijo de Eliasib; e ido allá, no comió pan ni bebió agua, porque se entristeció a causa del pecado de los del cautiverio.
7 E hicieron pregonar en Judá y en Jerusalén que todos los hijos del cautiverio se reuniesen en Jerusalén;
8 y que el que no viniera dentro de tres días, conforme al acuerdo de los príncipes y de los ancianos, perdiese toda su hacienda, y el tal fuese excluido de la congregación de los del cautiverio.

---

a. 9.12 Éx 34.11-16; Dt 7.1-5.

LECCIONES DE VIDA

➤ ***9.9 — siervos somos; mas en nuestra servidumbre no nos ha desamparado nuestro Dios, sino que inclinó sobre nosotros su misericordia delante de los reyes de Persia.***

Aun en el juicio, Dios se complace en mostrar misericordia. Debemos tener cuidado de no abusar de su gracia, sino agradecerle por ella y obedecer su Palabra con corazón agradecido, motivados por el amor y la devoción.

➤ ***10.2 — a pesar de esto, aún hay esperanza para Israel.***

¿Quién puede medir el gran amor de Dios? A pesar de nuestra rebelión y pecado, Él no deja de bendecirnos con esperanza y perdón (1 Jn 1.9). Sin embargo, nunca debemos dar por sentada su gracia, sino alabarle continuamente por amarnos y obedecerle de todo corazón.

➤ ***10.3 — hagamos pacto con nuestro Dios, que despediremos a todas las mujeres y los nacidos de ellas, según el consejo de mi señor y de los que temen el mandamiento de nuestro Dios.***

¿Por qué deberíamos «temer el mandamiento de nuestro Dios»? Porque Él siempre habla en serio, tanto de sus bendiciones como de sus juicios. ¡Necesitamos más amor y reverencia por su Palabra!

9 Así todos los hombres de Judá y de Benjamín se reunieron en Jerusalén dentro de los
tres días, a los veinte días del mes, que era el
mes noveno; y se sentó todo el pueblo en la
plaza de la casa de Dios, temblando con motivo de aquel asunto, y a causa de la lluvia.
10 Y se levantó el sacerdote Esdras y les dijo:
Vosotros habéis pecado, por cuanto tomasteis
mujeres extranjeras, añadiendo así sobre el
pecado de Israel.
11 Ahora, pues, dad gloria a Jehová Dios de
vuestros padres, y haced su voluntad, y apartaos de los pueblos de las tierras, y de las
mujeres extranjeras.
12 Y respondió toda la asamblea, y dijeron en
alta voz: Así se haga conforme a tu palabra.
13 Pero el pueblo es mucho, y el tiempo lluvio-
so, y no podemos estar en la calle; ni la obra
es de un día ni de dos, porque somos muchos
los que hemos pecado en esto.
14 Sean nuestros príncipes los que se queden en lugar de toda la congregación, y todos
aquellos que en nuestras ciudades hayan
tomado mujeres extranjeras, vengan en tiempos determinados, y con ellos los ancianos de
cada ciudad, y los jueces de ellas, hasta que
apartemos de nosotros el ardor de la ira de
nuestro Dios sobre esto.
15 Solamente Jonatán hijo de Asael y Jaha-
zías hijo de Ticva se opusieron a esto, y los
levitas Mesulam y Sabetai les ayudaron.
16 Así hicieron los hijos del cautiverio. Y fueron apartados el sacerdote Esdras, y ciertos
varones jefes de casas paternas según sus
casas paternas; todos ellos por sus nombres
se sentaron el primer día del mes décimo para
inquirir sobre el asunto.
17 Y terminaron el juicio de todos aquellos
que habían tomado mujeres extranjeras, el
primer día del mes primero.
18 De los hijos de los sacerdotes que habían
tomado mujeres extranjeras, fueron hallados
éstos: De los hijos de Jesúa hijo de Josadac,
y de sus hermanos: Maasías, Eliezer, Jarib y
Gedalías.
19 Y dieron su mano en promesa de que
despedirían sus mujeres, y ofrecieron como
ofrenda por su pecado un carnero de los rebaños por su delito.
20 De los hijos de Imer: Hanani y Zebadías.
21 De los hijos de Harim: Maasías, Elías,
Semaías, Jehiel y Uzías.
22 De los hijos de Pasur: Elioenai, Maasías,
Ismael, Natanael, Jozabad y Elasa.
23 De los hijos de los levitas: Jozabad, Simei,
Kelaía (éste es Kelita), Petaías, Judá y Eliezer.
24 De los cantores: Eliasib; y de los porteros:
Salum, Telem y Uri.
25 Asimismo de Israel: De los hijos de Paros:
Ramía, Jezías, Malquías, Mijamín, Eleazar,
Malquías y Benaía.
26 De los hijos de Elam: Matanías, Zacarías,
Jehiel, Abdi, Jeremot y Elías.
27 De los hijos de Zatu: Elioenai, Eliasib,
Matanías, Jeremot, Zabad y Aziza.
28 De los hijos de Bebai: Johanán, Hananías,
Zabai y Atlai.
29 De los hijos de Bani: Mesulam, Maluc,
Adaía, Jasub, Seal y Ramot.
30 De los hijos de Pahat-moab: Adna, Quelal,
Benaía, Maasías, Matanías, Bezaleel, Binúi y
Manasés.
31 De los hijos de Harim: Eliezer, Isías, Malquías, Semaías, Simeón,
32 Benjamín, Maluc y Semarías.
33 De los hijos de Hasum: Matenai, Matata,
Zabad, Elifelet, Jeremai, Manasés y Simei.
34 De los hijos de Bani: Madai, Amram, Uel,
35 Benaía, Bedías, Quelúhi,
36 Vanías, Meremot, Eliasib,
37 Matanías, Matenai, Jaasai,
38 Bani, Binúi, Simei,
39 Selemías, Natán, Adaía,
40 Macnadebai, Sasai, Sarai,
41 Azareel, Selemías, Semarías,
42 Salum, Amarías y José.
43 Y de los hijos de Nebo: Jeiel, Matatías,
Zabad, Zebina, Jadau, Joel y Benaía.
44 Todos éstos habían tomado mujeres extranjeras; y había mujeres de ellos que habían
dado a luz hijos.

EL LIBRO DE

NEHEMÍAS

El nombre hebreo de este libro es *Nejémiah*, que significa «Jehová consuela». El libro deriva su nombre del personaje principal, quien es mencionado en la primera frase.

El buen liderazgo es ejemplificado por la vida excepcional de Nehemías. Como copero en la corte del rey Artajerjes de Persia, ocupaba un puesto de mayor importancia que el de un simple criado. Sus deberes incluían aconsejar al rey y actuar como su guardaespaldas, además de probar su comida para asegurar que no estuviera envenenada. Todas estas responsabilidades de alto nivel requerían lealtad y confiabilidad totales.

Nehemías fue contemporáneo de Esdras y encabezó el tercer y último retorno a Jerusalén tras el exilio babilónico. Su interés en el bienestar de Jerusalén y sus moradores lo motivó a emprender acciones urgentes y audaces. Todo empezó cuando unos judíos que habían sobrevivido el cautiverio en Babilonia entraron a la capital persa y se vieron con Nehemías, quien les preguntó sobre la situación del pueblo en Jerusalén. Ellos le dijeron que el muro que protegía la ciudad estaba derribado, los habitantes se sentían desilusionados y desfallecidos, y la situación se había vuelto muy deprimente. Sus palabras desalentadoras motivaron a Nehemías a actuar.

Autorizado por el rey para volver a su patria, Nehemías retó a sus compatriotas a levantarse y reconstruir el muro de Jerusalén que estaba en ruinas. A pesar de oposición externa y conflicto dentro de la comunidad, completaron la tarea en escasos cincuenta y dos días, una hazaña que hasta los enemigos de Israel tuvieron que atribuir a la ayuda de Dios. A diferencia de ello, la tarea de avivar y reformar al pueblo de Dios dentro del muro reconstruido demandó de Nehemías varios años de liderazgo piadoso y ejemplar.

Tema: El libro de Nehemías profundiza el tema de la restauración, tanto física como espiritual. Tan pronto Nehemías oyó de la gran necesidad de la nación, acudió a Dios en oración (Neh 1.5–11), luego inspeccionó el muro alrededor de Jerusalén y se ocupó en mejorar la condición espiritual de la gente que vivía allí. A través de sus esfuerzos, Dios restauró tanto la ciudad como sus habitantes.

Autor: Posiblemente fue Esdras, aunque una porción significativa del libro se considera autobiográfica y escrita por el mismo Nehemías.

Fecha: Se calcula que los sucesos del libro de Nehemías tuvieron lugar alrededor de 445 a 420 a.C., en un lapso aproximado de veinticinco años.

Estructura: Los primeros siete capítulos describen la reconstrucción de los muros que rodeaban Jerusalén (1.1—7.73); los capítulos siguientes tratan sobre la restauración de la vida espiritual del pueblo (8.1—13.31).

A medida que lea Nehemías, fíjese en los principios de vida que juegan un papel importante en este libro:

8. Libremos nuestras batallas de rodillas y siempre obtendremos la victoria. *Véase Nehemías 1.4; página 539.*

28. Ningún creyente ha sido llamado a transitar solitario en su peregrinaje de fe. *Véase Nehemías 2.18; página 542.*

20. Las decepciones son inevitables; el desánimo es por elección nuestra. *Véase Nehemías 6.15, 16; página 546.*

RESPUESTAS A PREGUNTAS DE LA VIDA

¿En qué nos beneficia el ayuno?

NEH 1.1–4

Al oír la triste noticia de la situación tan penosa en Jerusalén, Nehemías se dolió por la ruina de la ciudad. Su reacción puede enseñarnos a todos algo útil: «Cuando oí estas palabras me senté y lloré, e hice duelo por algunos días, y ayuné y oré delante del Dios de los cielos» (Neh 1.4).

Si nos encontramos en algún estado de decaimiento, angustia, confusión o desesperación, acudir al Señor en oración y ayuno puede traernos paz, claridad y dirección a nuestra situación. La devastación de Jerusalén puso a Nehemías sobre sus rodillas, y él tomó la decisión de hacer ayuno y oración.

El ayuno en el contexto bíblico incluye abstenerse de alimentos durante un tiempo definido, pero ayunar no significa «aguantar hambre» un par de días. La abstención tiene el propósito de enfocar toda nuestra atención en Dios y lo que tenga a bien decirnos.

Considere varias razones excelentes para ayunar:

Para recibir intervención divina cuando estamos a la deriva. Nehemías necesitaba ser guiado, y después de ayunar y orar recibió justo lo que necesitaba.

Para conocer la voluntad de Dios para nuestra vida. Cuando Daniel se sintió inseguro sobre el siguiente paso que Dios le tenía preparado, lo buscó a través del ayuno (Dn 9.3). El ayuno despeja la mente y nos permite oír con mayor claridad lo que Dios nos dice.

Para proceder en tiempos críticos. Durante los tiempos de crisis, necesitamos más que nunca enfocarnos en lo que Dios quiere que hagamos. Cuando el rey Josafat y Judá enfrentaron la amenaza de los ejércitos terribles de los moabitas, amonitas y meunitas, el ayuno fue el método recomendado a seguir (2 Cr 20.3).

Como preparación para el ministerio. Necesitamos oír claramente la voz de Dios antes que emprendamos su trabajo (Hch 13.1–3). El ayuno nos ayuda a prepararnos para cumplir el llamado de Dios, porque nos pone en una actitud correcta de dependencia a Él y demuestra que estamos dispuestos a conformarnos a su propósito e imagen.

Para limpiar nuestra vida. El ayuno se practica con frecuencia como un medio de limpieza personal del organismo porque facilita la eliminación de impurezas. Funciona de la misma manera en nuestra vida espiritual. Si estamos contaminados de pecado, el ayuno conduce a la sanidad y la purificación (Jl 2.12).

Para tener victoria sobre tentaciones, hábitos y ataduras. El ayuno nos capacita para la batalla que libramos contra Satanás y contra nuestra propia carne. Si hay un pecado recurrente que no podemos vencer, debemos buscar la ayuda del Señor, y el ayuno es una de las disciplinas espirituales que pueden ayudarnos a obtener la victoria (Is 58.6).

Para un estudio más a fondo, véase el Índice de Principios de vida:

27. No hay nada como la oración para ahorrar tiempo.

10. Si es necesario, Dios moverá cielo y tierra para mostrarnos su voluntad.

Oración de Nehemías sobre Jerusalén

1 PALABRAS de Nehemías hijo de Hacalías.
Aconteció en el mes de Quisleu, en el año
veinte, estando yo en Susa, capital del reino,
2 que vino Hanani, uno de mis hermanos, con
algunos varones de Judá, y les pregunté por
los judíos que habían escapado, que habían
quedado de la cautividad, y por Jerusalén.
3 Y me dijeron: El remanente, los que quedaron de la cautividad, allí en la provincia, están
en gran mal y afrenta, y el muro de Jerusalén
derribado, y sus puertas quemadas a fuego.
4 Cuando oí estas palabras me senté y lloré,
e hice duelo por algunos días, y ayuné y oré
delante del Dios de los cielos.
5 Y dije: Te ruego, oh Jehová, Dios de los cielos, fuerte, grande y temible, que guarda el

pacto y la misericordia a los que le aman y guardan sus mandamientos;

6 esté ahora atento tu oído y abiertos tus ojos para oír la oración de tu siervo, que hago ahora delante de ti día y noche, por los hijos de Israel tus siervos; y confieso los pecados de los hijos de Israel que hemos cometido contra ti; sí, yo y la casa de mi padre hemos pecado.

7 En extremo nos hemos corrompido contra ti, y no hemos guardado los mandamientos, estatutos y preceptos que diste a Moisés tu siervo.

➤8 Acuérdate ahora de la palabra que diste a Moisés tu siervo, diciendo: Si vosotros pecareis, yo os dispersaré por los pueblos;[a]

9 pero si os volviereis a mí, y guardareis mis mandamientos, y los pusiereis por obra, aunque vuestra dispersión fuere hasta el extremo de los cielos, de allí os recogeré, y os traeré al lugar que escogí para hacer habitar allí mi nombre.[b]

10 Ellos, pues, son tus siervos y tu pueblo, los cuales redimiste con tu gran poder, y con tu mano poderosa.

➤11 Te ruego, oh Jehová, esté ahora atento tu oído a la oración de tu siervo, y a la oración de tus siervos, quienes desean reverenciar tu nombre; concede ahora buen éxito a tu siervo, y dale gracia delante de aquel varón. Porque yo servía de copero al rey.

Artajerjes envía a Nehemías a Jerusalén

2 SUCEDIÓ en el mes de Nisán, en el año veinte del rey Artajerjes, que estando ya el vino delante de él, tomé el vino y lo serví al rey. Y como yo no había estado antes triste en su presencia,

2 me dijo el rey: ¿Por qué está triste tu rostro? pues no estás enfermo. No es esto sino quebranto de corazón. Entonces temí en gran manera.

3 Y dije al rey: Para siempre viva el rey. ¿Cómo no estará triste mi rostro, cuando la ciudad, casa de los sepulcros de mis padres, está desierta, y sus puertas consumidas por el fuego? [a]

4 Me dijo el rey: ¿Qué cosa pides? Entonces oré al Dios de los cielos,

5 y dije al rey: Si le place al rey, y tu siervo ha hallado gracia delante de ti, envíame a Judá, a la ciudad de los sepulcros de mis padres, y la reedificaré.

6 Entonces el rey me dijo (y la reina estaba sentada junto a él): ¿Cuánto durará tu viaje, y cuándo volverás? Y agradó al rey enviarme, después que yo le señalé tiempo.

7 Además dije al rey: Si le place al rey, que se me den cartas para los gobernadores al otro lado del río, para que me franqueen el paso hasta que llegue a Judá;

a. **1.8** Lv 26.33. b. **1.9** Dt 30.1-5.
a. **2.3** 2 R 25.8-10; 2 Cr 36.19; Jer 52.12-14.

LECCIONES DE VIDA

➤ ***1.4 — Cuando oí estas palabras me senté y lloré, e hice duelo por algunos días, y ayuné y oré delante del Dios de los cielos.***

Al cumplirse los setenta años del cautiverio en Babilonia, el Señor envió a su pueblo de vuelta a la tierra prometida (2 Cr 36.21–23). Durante la época de Nehemías, dos grupos regresaron con el objetivo de restaurar el templo y la ciudad a su gloria pasada, pero no habían logrado mucho. Esto motivó a Nehemías a acudir al Señor en oración. ¿Sabe cuántas de las maravillas que Dios ha hecho por su pueblo, empezaron con ayuno y oración? El ayuno contribuye a que nuestras oraciones mantengan su enfoque y nos ayuda a acceder al poder ilimitado y el plan maravilloso del Señor.

➤ ***1.5 — Jehová, Dios de los cielos, fuerte, grande y temible, que guarda el pacto y la misericordia a los que le aman y guardan sus mandamientos.***

El amor a Dios es lo que nos capacita para guardar sus mandamientos; por eso debe ocupar siempre el primer lugar. Jesús dijo: «Si me amáis, guardad mis mandamientos» (Jn 14.15).

➤ ***1.8 — Acuérdate ahora de la palabra que diste a Moisés tu siervo.***

La oración poderosa es la que se pone de acuerdo con las promesas de Dios. Si oramos basados en el carácter de Dios y lo que Él ha hecho, no en nosotros mismos ni lo que hayamos hecho, nuestra fe crece y recibimos las bendiciones de Dios.

➤ ***1.11 — yo servía de copero al rey.***

El copero era un esclavo del monarca que probaba todo su vino y comida para que nadie pudiera envenenar al rey. Debido a que ejercía un puesto de tanta confianza en la corte, Nehemías pudo dirigirle la palabra al rey Artajerjes (Neh 2.3–8) y hacerle su importante petición. Dios lo ubicó perfectamente para convertirse en un factor de cambio. Usted quizás no sepa cómo va a usarle el Señor o por qué le ha asignado una tarea en particular, pero puede confiar en Él, pues le está situando para cumplir lo que le ha prometido.

➤ ***2.2— temí en gran manera.***

Los sirvientes del rey debían mostrarse alegres todo el tiempo en su presencia, pero los sentimientos de Nehemías eran tan fuertes que no pudo ocultarlos. Él sabía que el rey Artajerjes ya había suspendido antes la reconstrucción de Jerusalén debido a un reporte negativo (Esd 4.7–23). Nehemías temía que el rey se disgustara por su tristeza, pero para gran sorpresa suya y para la gloria de Dios, encontró al rey favorable a su petición.

➤ ***2.4 — Me dijo el rey: ¿Qué cosa pides? Entonces oré al Dios de los cielos.***

Esta debió ser una de las oraciones más breves en el registro bíblico, dicha sin palabras en cuestión de segundos tras la pregunta del rey. Nehemías requirió sabiduría para saber qué cosa pedir, y en ese instante breve se sometió en silencio a la dirección del Señor. Sabía que con la guía de Dios, cosas poderosas ya habían sucedido y seguirían dándose.

RESPUESTAS A PREGUNTAS DE LA VIDA

¿Qué debo hacer si siento la necesidad de actuar precipitadamente?

NEH 2.1–8

A veces podemos sentir el fuerte impulso de actuar de manera espontánea, ignorar las precauciones y tomar control de una situación. En esas ocasiones debemos estar seguros que nuestras acciones estén en armonía con la voluntad de Dios. Si no lo están, nuestra conducta precipitosa puede llevarnos a una situación muy dolorosa.

Eso fue lo que le sucedió al rey Saúl, quien perdió su trono por actuar de forma impetuosa. El profeta Samuel le dijo que lo esperara siete días en Gilgal, «hasta que yo venga a ti y te enseñe lo que has de hacer» (1 S 10.8). Al séptimo día Samuel seguía sin aparecerse. Estando bajo la presión hostil del ejército filisteo, Saúl decidió tomar el asunto en sus manos y preparó holocaustos para ganarse el favor del Señor. Tan pronto terminó de ofrecerlos, Samuel se hizo presente. Saúl se excusó, pero su proceder alocado lo descalificó para gozar de un reino pacífico y duradero (1 S 13.13, 14). Adelantarse a Dios es un error terrible que tiene consecuencias destructivas.

Nehemías, por otro lado, siendo copero del rey Artajerjes, esperó pacientemente la llegada del tiempo de Dios, y los resultados fueron gloriosos. Ayunó y oró «algunos días» (Neh 1.4), y luego esperó una oportunidad para presentar su situación ante el rey. En vez de lanzarse precipitadamente a la acción, Nehemías esperó delante de Dios en oración. De hecho, estuvo implorando al Señor durante un período de cuatro meses, hasta que un día el rey mismo le preguntó por qué razón se veía tan abatido.

Nehemías explicó la situación, y en cuestión de días el rey lo envió a Jerusalén con toda la autoridad debida y los materiales de construcción que se requerían para la obra (Neh 2.1–11). Nehemías esperó hasta que Dios pusiera todos los detalles en orden, y sólo entonces procedió ágilmente, de acuerdo con la voluntad de Dios.

Nosotros deberíamos hacer lo mismo. Como nos exhorta el Salmo 27.14: «Aguarda a Jehová; esfuérzate, y aliéntese tu corazón; sí, espera a Jehová».

Para un estudio más a fondo, véase el Índice de Principios de vida:

14. Dios actúa a favor de quienes esperan en Él.

➤ 8 y carta para Asaf guarda del bosque del rey,
para que me dé madera para enmaderar las
puertas del palacio de la casa, y para el muro
de la ciudad, y la casa en que yo estaré. Y me
lo concedió el rey, según la benéfica mano de
mi Dios sobre mí.
9 Vine luego a los gobernadores del otro lado
del río, y les di las cartas del rey. Y el rey envió
conmigo capitanes del ejército y gente de a
caballo.
10 Pero oyéndolo Sanbalat horonita y Tobías
el siervo amonita, les disgustó en extremo que
viniese alguno para procurar el bien de los
hijos de Israel.

Nehemías anima al pueblo a reedificar los muros

11 Llegué, pues, a Jerusalén, y después de
estar allí tres días,
12 me levanté de noche, yo y unos pocos varo- ➤
nes conmigo, y no declaré a hombre alguno lo que Dios había puesto en mi corazón
que hiciese en Jerusalén; ni había cabalgadura conmigo, excepto la única en que yo
cabalgaba.
13 Y salí de noche por la puerta del Valle hacia
la fuente del Dragón y a la puerta del Muladar; y observé los muros de Jerusalén que
estaban derribados, y sus puertas que estaban
consumidas por el fuego.
14 Pasé luego a la puerta de la Fuente, y al
estanque del Rey; pero no había lugar por
donde pasase la cabalgadura en que iba.
15 Y subí de noche por el torrente y observé el
muro, y di la vuelta y entré por la puerta del
Valle, y me volví.
16 Y no sabían los oficiales a dónde yo había
ido, ni qué había hecho; ni hasta entonces lo
había declarado yo a los judíos y sacerdotes,
ni a los nobles y oficiales, ni a los demás que
hacían la obra.

Lo que la Biblia dice acerca de CÓMO SOBRELLEVAR EFICAZMENTE UNA CARGA DE ORACIÓN

Neh 1

Cuando Nehemías oyó que su pueblo vivía en gran mal y afrenta, que el muro de Jerusalén estaba en ruinas y que las puertas de la ciudad todavía estaban quemadas y averiadas, su primera reacción fue orar:

> «Me senté y lloré, e hice duelo por algunos días, y ayuné y oré delante del Dios de los cielos. Y dije: Te ruego, oh Jehová, Dios de los cielos, fuerte, grande y temible, que guarda el pacto y la misericordia a los que le aman y guardan sus mandamientos; esté ahora atento tu oído y abiertos tus ojos para oír la oración de tu siervo, que hago ahora delante de ti día y noche» (Neh 1.4–6).

Nehemías experimentó una carga de oración.

La carga de oración puede definirse como una fuerte motivación a orar por otras personas y llevar sus necesidades delante de Dios hasta que Él responda.

La Biblia tiene mucho que decir sobre las cargas. Por ejemplo, hemos de sobrellevar los unos las cargas de los otros (Gá 6.2), así como ayudar a una persona llevando su carga una milla adicional (Mt 5.41). Nuestra capacidad para llevar cargas físicamente se deriva en gran parte de la capacidad que hayamos desarrollado para llevar cargas espirituales en oración.

Cada carga de oración viene acompañada por un sentido de peso espiritual, cierta pesadez emocional en el corazón, un espíritu de congoja o un sentimiento de inquietud o malestar. Es un problema o una necesidad que requiere nuestra atención inmediata y del cual no podemos zafarnos.

Esto es lo que sucedió con Nehemías, por eso él no tuvo otra alternativa que orar con fe para que Dios restaurara Jerusalén. Dios contestó su oración enviándolo a Jerusalén para dirigir los esfuerzos de reconstrucción y restauración.

Santiago 5.16 promete: «La oración eficaz del justo puede mucho». Si usted siente la carga de orar por otra persona, comprométase a interceder de todo corazón, con acción de gracias y alabanza a Dios para que actúe en beneficio de esa persona (Fil 4.6, 7). Después escuche a Dios y obedezca, porque es posible que Él obre por medio de usted como parte de su respuesta.

Al igual que Nehemías, usted recibirá una gran bendición cuando vea las maravillas que Dios hará en respuesta a sus oraciones.

Cada carga de oración viene acompañada por un sentido de peso espiritual.

Para un estudio más a fondo, véase el Índice de Principios de vida:

8. Libremos nuestras batallas de rodillas y siempre obtendremos la victoria.

17. De rodillas somos más altos y más fuertes.

17 Les dije, pues: Vosotros veis el mal en que estamos, que Jerusalén está desierta, y sus puertas consumidas por el fuego; venid, y edifiquemos el muro de Jerusalén, y no estemos más en oprobio.

➤ 18 Entonces les declaré cómo la mano de mi Dios había sido buena sobre mí, y asimismo las palabras que el rey me había dicho. Y dijeron: Levantémonos y edifiquemos. Así esforzaron sus manos para bien.

19 Pero cuando lo oyeron Sanbalat horonita, Tobías el siervo amonita, y Gesem el árabe, hicieron escarnio de nosotros, y nos despreciaron, diciendo: ¿Qué es esto que hacéis vosotros? ¿Os rebeláis contra el rey?

* ➤ 20 Y en respuesta les dije: El Dios de los cielos, él nos prosperará, y nosotros sus siervos nos levantaremos y edificaremos, porque vosotros no tenéis parte ni derecho ni memoria en Jerusalén.

Reparto del trabajo de reedificación

3 ENTONCES se levantó el sumo sacerdote Eliasib con sus hermanos los sacerdotes, y edificaron la puerta de las Ovejas. Ellos arreglaron y levantaron sus puertas hasta la torre de Hamea, y edificaron hasta la torre de Hananeel.

2 Junto a ella edificaron los varones de Jericó, y luego edificó Zacur hijo de Imri.

3 Los hijos de Senaa edificaron la puerta del Pescado; ellos la enmaderaron, y levantaron sus puertas, con sus cerraduras y sus cerrojos.

4 Junto a ellos restauró Meremot hijo de Urías, hijo de Cos, y al lado de ellos restauró Mesulam hijo de Berequías, hijo de Mesezabeel. Junto a ellos restauró Sadoc hijo de Baana.

5 E inmediato a ellos restauraron los tecoítas; pero sus grandes no se prestaron para ayudar a la obra de su Señor. ➤

6 La puerta Vieja fue restaurada por Joiada hijo de Paseah y Mesulam hijo de Besodías; ellos la enmaderaron, y levantaron sus puertas, con sus cerraduras y cerrojos.

7 Junto a ellos restauró Melatías gabaonita y Jadón meronotita, varones de Gabaón y de Mizpa, que estaban bajo el dominio del gobernador del otro lado del río.

8 Junto a ellos restauró Uziel hijo de Harhaía, de los plateros; junto al cual restauró también Hananías, hijo de un perfumero. Así dejaron reparada a Jerusalén hasta el muro ancho.

9 Junto a ellos restauró también Refaías hijo de Hur, gobernador de la mitad de la región de Jerusalén.

10 Asimismo restauró junto a ellos, y frente a su casa, Jedaías hijo de Harumaf; y junto a él restauró Hatús hijo de Hasabnías.

11 Malquías hijo de Harim y Hasub hijo de Pahat-moab restauraron otro tramo, y la torre de los Hornos.

12 Junto a ellos restauró Salum hijo de Halohes, gobernador de la mitad de la región de Jerusalén, él con sus hijas.

13 La puerta del Valle la restauró Hanún con los moradores de Zanoa; ellos la reedificaron, y levantaron sus puertas, con sus cerraduras y sus cerrojos, y mil codos del muro, hasta la puerta del Muladar.

14 Reedificó la puerta del Muladar Malquías hijo de Recab, gobernador de la provincia de

LECCIONES DE VIDA

➤ ***2.8 — me lo concedió el rey, según la benéfica mano de mi Dios sobre mí.***

Nehemías experimentó la verdad de Proverbios 21.1: «Como los repartimientos de las aguas, así está el corazón del rey en la mano de Jehová; a todo lo que quiere lo inclina».

➤ ***2.12 — Me levanté de noche, yo y unos pocos varones conmigo, y no declaré a hombre alguno lo que Dios había puesto en mi corazón que hiciese en Jerusalén.***

Nehemías demostró ser un hombre de Dios cuando obedeció las indicaciones iniciales del Espíritu de Dios. Aunque había recibido autoridad para reparar el muro de Jerusalén, decidió sabiamente no contarle a nadie su plan ni sus propósitos hasta haber visto toda la destrucción. De ese modo, podría hacer una evaluación objetiva de la situación. Aunque queramos proclamar desde la cima lo que el Señor nos está llamando hacer, lo más sabio es ser discretos hasta que Él nos indique el momento oportuno para anunciar nuestras intenciones.

➤ ***2.18 — les declaré cómo la mano de mi Dios había sido buena sobre mí, y asimismo las palabras que el rey me había dicho. Y dijeron: Levantémonos y edifiquemos.***

Nehemías no habría podido lograr lo que Dios puso en su corazón si no hubiera animado al pueblo del Señor en la tarea. Ninguno de nosotros está solo en esta aventura, Dios quiere que la recorramos juntos.

➤ ***2.20 — El Dios de los cielos, él nos prosperará, y nosotros sus siervos nos levantaremos y edificaremos, porque vosotros no tenéis parte ni derecho ni memoria en Jerusalén.***

Nehemías fue un hombre de gran confianza porque entendió la naturaleza fidedigna y amorosa del Señor. Entendió además que su tarea principal no era de índole política ni cívica sino espiritual, aunque consistiera en la construcción de un muro físico. Cuando Dios pone algo en nuestro corazón, siempre es por una cuestión espiritual: ¿vamos a confiar en Él o no?

➤ ***3.5 — E inmediato a ellos restauraron los tecoítas; pero sus grandes no se prestaron para ayudar a la obra de su Señor.***

Aun si hombres y mujeres destacados entre nosotros no le ponen su hombro a la tarea, nosotros debemos obedecer al Señor y seguir adelante por fe, como sea. La obediencia nos coloca en la posición correcta con Dios.

Bet-haquerem; él la reedificó, y levantó sus
puertas, sus cerraduras y sus cerrojos.
15 Salum hijo de Colhoze, gobernador de
la región de Mizpa, restauró la puerta de la
Fuente; él la reedificó, la enmaderó y levantó sus puertas, sus cerraduras y sus cerrojos,
y el muro del estanque de Siloé hacia el huerto del rey, y hasta las gradas que descienden
de la ciudad de David.
16 Después de él restauró Nehemías hijo de
Azbuc, gobernador de la mitad de la región
de Bet-sur, hasta delante de los sepulcros de
David, y hasta el estanque labrado, y hasta la
casa de los Valientes.
17 Tras él restauraron los levitas; Rehum hijo
de Bani, y junto a él restauró Hasabías, gobernador de la mitad de la región de Keila, por
su región.
18 Después de él restauraron sus hermanos, Bavai hijo de Henadad, gobernador de la
mitad de la región de Keila.
19 Junto a él restauró Ezer hijo de Jesúa,
gobernador de Mizpa, otro tramo frente a la
subida de la armería de la esquina.
20 Después de él Baruc hijo de Zabai con todo
fervor restauró otro tramo, desde la esquina hasta la puerta de la casa de Eliasib sumo
sacerdote.
21 Tras él restauró Meremot hijo de Urías
hijo de Cos otro tramo, desde la entrada de
la casa de Eliasib hasta el extremo de la casa
de Eliasib.
22 Después de él restauraron los sacerdotes,
los varones de la llanura.
23 Después de ellos restauraron Benjamín y
Hasub, frente a su casa; y después de éstos
restauró Azarías hijo de Maasías, hijo de Ananías, cerca de su casa.
24 Después de él restauró Binúi hijo de Henadad otro tramo, desde la casa de Azarías hasta el ángulo entrante del muro, y hasta la
esquina.
25 Palal hijo de Uzai, enfrente de la esquina
y la torre alta que sale de la casa del rey, que
está en el patio de la cárcel. Después de él,
Pedaías hijo de Faros.
26 Y los sirvientes del templo que habitaban en Ofel restauraron hasta enfrente de la
puerta de las Aguas al oriente, y la torre que
sobresalía.
27 Después de ellos restauraron los tecoítas otro tramo, enfrente de la gran torre que
sobresale, hasta el muro de Ofel.
28 Desde la puerta de los Caballos restauraron los sacerdotes, cada uno enfrente de su
casa.
29 Después de ellos restauró Sadoc hijo de
Imer, enfrente de su casa; y después de él restauró Semaías hijo de Secanías, guarda de la
puerta Oriental.
30 Tras él, Hananías hijo de Selemías y Hanún
hijo sexto de Salaf restauraron otro tramo.
Después de ellos restauró Mesulam hijo de
Berequías, enfrente de su cámara.
31 Después de él restauró Malquías hijo del
platero, hasta la casa de los sirvientes del templo y de los comerciantes, enfrente de la puerta del Juicio, y hasta la sala de la esquina.
32 Y entre la sala de la esquina y la puerta
de las Ovejas, restauraron los plateros y los
comerciantes.

Precauciones contra los enemigos

4 CUANDO oyó Sanbalat que nosotros edificábamos el muro, se enojó y se enfureció en gran manera, e hizo escarnio de los
judíos.
2 Y habló delante de sus hermanos y del ejército de Samaria, y dijo: ¿Qué hacen estos débiles judíos? ¿Se les permitirá volver a ofrecer
sus sacrificios? ¿Acabarán en un día? ¿Resucitarán de los montones del polvo las piedras
que fueron quemadas?
3 Y estaba junto a él Tobías amonita, el cual
dijo: Lo que ellos edifican del muro de piedra,
si subiere una zorra lo derribará.
4 Oye, oh Dios nuestro, que somos objeto de
su menosprecio, y vuelve el baldón de ellos
sobre su cabeza, y entrégalos por despojo en
la tierra de su cautiverio.
5 No cubras su iniquidad, ni su pecado sea
borrado delante de ti, porque se airaron contra los que edificaban.
6 Edificamos, pues, el muro, y toda la muralla
fue terminada hasta la mitad de su altura, porque el pueblo tuvo ánimo para trabajar.

LECCIONES DE VIDA

➤ ***4.1 — Cuando oyó Sanbalat que nosotros edificábamos el muro, se enojó y se enfureció en gran manera, e hizo escarnio de los judíos.***

Si usted sirve a Dios va a experimentar oposición, pero Jesús le dice: «Bienaventurados sois cuando por mi causa os vituperen y os persigan, y digan toda clase de mal contra vosotros, mintiendo. Gozaos y alegraos, porque vuestro galardón es grande en los cielos; porque así persiguieron a los profetas que fueron antes de vosotros» (Mt 5.11, 12). Su tarea es obedecer a Dios y dejar las consecuencias en sus manos.

➤ ***4.4 — Oye, oh Dios nuestro, que somos objeto de su menosprecio, y vuelve el baldón de ellos sobre su cabeza, y entrégalos por despojo en la tierra de su cautiverio.***

Nehemías no respondió al escarnio de sus enemigos con sus propios agravios, sino con la oración. Sabía que de rodillas somos más altos y más fuertes. De igual modo, no tenemos que dejarnos afectar por los comentarios negativos de los demás. Para lograrlo, debemos mantenernos en comunicación constante con Dios, así podremos recibir ánimo y dirección de su parte, y no seremos disuadidos de seguirle de todo corazón.

Ejemplos de vida

NEHEMÍAS

Atrévase a creer

NEH 4.7–21

A pesar de algunos momentos de duda y malestar, Nehemías demostró una gran fe en Dios. Motivado por una visión que creyó firmemente era de Dios, se atrevió a confiar en el Señor soberano que siempre cumple sus promesas.

Nehemías dijo al pueblo: «El Dios de los cielos, él nos prosperará, y nosotros sus siervos nos levantaremos y edificaremos» (Neh 2.20). Nehemías entendió que si no dependía de Dios para llevar la obra a buen fin, jamás se iba a lograr. Pero también entendió que la fe genuina requiere acción práctica, y por eso dijo a sus colegas: «acordaos del Señor, grande y temible, y pelead por vuestros hermanos» (Neh 4.14).

Por cuanto Nehemías confió en Dios y avanzó con firmeza, pudo completar con éxito la visión que Dios le había dado. Cualquiera que sea el reto que usted confronte, Dios ha prometido prosperarle si usted pone su confianza en Él.

Para un estudio más a fondo, véase el Índice de Principios de vida:

9. Confiar en Dios quiere decir ver más allá de lo que podemos, hacia lo que Dios ve.

7 Pero aconteció que oyendo Sanbalat y
Tobías, y los árabes, los amonitas y los de
Asdod, que los muros de Jerusalén eran repa-
rados, porque ya los portillos comenzaban a
ser cerrados, se encolerizaron mucho;
8 y conspiraron todos a una para venir a atacar a Jerusalén y hacerle daño.
9 Entonces oramos a nuestro Dios, y por causa de ellos pusimos guarda contra ellos de día
y de noche.
10 Y dijo Judá: Las fuerzas de los acarreado-
res se han debilitado, y el escombro es mucho,
y no podemos edificar el muro.
11 Y nuestros enemigos dijeron: No sepan, ni
vean, hasta que entremos en medio de ellos y
los matemos, y hagamos cesar la obra.
12 Pero sucedió que cuando venían los judíos
que habitaban entre ellos, nos decían hasta
diez veces: De todos los lugares de donde volviereis, ellos caerán sobre vosotros.
13 Entonces por las partes bajas del lugar,
detrás del muro, y en los sitios abiertos, puse
al pueblo por familias, con sus espadas, con
sus lanzas y con sus arcos.
14 Después miré, y me levanté y dije a los
nobles y a los oficiales, y al resto del pueblo:
No temáis delante de ellos; acordaos del Señor,
grande y temible, y pelead por vuestros hermanos, por vuestros hijos y por vuestras hijas, por
vuestras mujeres y por vuestras casas.
15 Y cuando oyeron nuestros enemigos que lo
habíamos entendido, y que Dios había desba-
ratado el consejo de ellos, nos volvimos todos
al muro, cada uno a su tarea.
16 Desde aquel día la mitad de mis siervos
trabajaba en la obra, y la otra mitad tenía lanzas, escudos, arcos y corazas; y detrás de ellos
estaban los jefes de toda la casa de Judá.
17 Los que edificaban en el muro, los que acarreaban, y los que cargaban, con una mano
trabajaban en la obra, y en la otra tenían la
espada.
18 Porque los que edificaban, cada uno tenía
su espada ceñida a sus lomos, y así edificaban; y el que tocaba la trompeta estaba junto a mí.
19 Y dije a los nobles, y a los oficiales y al resto del pueblo: La obra es grande y extensa, y
nosotros estamos apartados en el muro, lejos
unos de otros.
20 En el lugar donde oyereis el sonido de la
trompeta, reuníos allí con nosotros; nuestro
Dios peleará por nosotros.
21 Nosotros, pues, trabajábamos en la obra; y
la mitad de ellos tenían lanzas desde la subida
del alba hasta que salían las estrellas.
22 También dije entonces al pueblo: Cada uno
con su criado permanezca dentro de Jerusalén, y de noche sirvan de centinela y de día
en la obra.

LECCIONES DE VIDA

➤ ***4.9 — Entonces oramos a nuestro Dios, y por causa de ellos pusimos guarda contra ellos de día y de noche.***

Cuando oramos para recibir la protección de Dios, Él nos puede inspirar a tomar precauciones prudentes para evitar los peligros que podemos ver. Al Señor le pedimos que haga lo que sólo Él puede hacer, y nosotros hacemos lo que el Señor nos dé las fuerzas y la sabiduría para hacer.

➤ ***4.14 — No temáis delante de ellos; acordaos del Señor, grande y temible, y pelead.***

La mejor manera de combatir el temor es «acordarnos del Señor, pues Él es grande y temible». Si tememos a Dios por encima de todo, los demás temores disminuyen hasta que desaparecen por completo.

23 Y ni yo ni mis hermanos, ni mis jóvenes, ni
la gente de guardia que me seguía, nos quita-
mos nuestro vestido; cada uno se desnudaba
solamente para bañarse.

Abolición de la usura

5 ENTONCES hubo gran clamor del pueblo
y de sus mujeres contra sus hermanos
judíos.
2 Había quien decía: Nosotros, nuestros hijos
y nuestras hijas, somos muchos; por tanto,
hemos pedido prestado grano para comer y
vivir.
3 Y había quienes decían: Hemos empeñado nuestras tierras, nuestras viñas y nuestras casas, para comprar grano, a causa del
hambre.
4 Y había quienes decían: Hemos tomado
prestado dinero para el tributo del rey, sobre
nuestras tierras y viñas.
5 Ahora bien, nuestra carne es como la carne
de nuestros hermanos, nuestros hijos como sus
hijos; y he aquí que nosotros dimos nuestros
hijos y nuestras hijas a servidumbre, y algunas de nuestras hijas lo están ya, y no tenemos
posibilidad de rescatarlas, porque nuestras tierras y nuestras viñas son de otros.
6 Y me enojé en gran manera cuando oí su clamor y estas palabras.
➤ 7 Entonces lo medité, y reprendí a los nobles
y a los oficiales, y les dije: ¿Exigís interés cada
uno a vuestros hermanos?[a] Y convoqué contra
ellos una gran asamblea,
8 y les dije: Nosotros según nuestras posibilidades rescatamos a nuestros hermanos judíos
que habían sido vendidos a las naciones; ¿y
vosotros vendéis aun a vuestros hermanos, y
serán vendidos a nosotros? Y callaron, pues
no tuvieron qué responder.
➤ 9 Y dije: No es bueno lo que hacéis. ¿No andaréis en el temor de nuestro Dios, para no ser
oprobio de las naciones enemigas nuestras?
10 También yo y mis hermanos y mis criados
les hemos prestado dinero y grano; quitémos-
les ahora este gravamen.
11 Os ruego que les devolváis hoy sus tierras, sus viñas, sus olivares y sus casas, y la
centésima parte del dinero, del grano, del vino
y del aceite, que demandáis de ellos como
interés.
12 Y dijeron: Lo devolveremos, y nada les
demandaremos; haremos así como tú dices.
Entonces convoqué a los sacerdotes, y les hice
jurar que harían conforme a esto.
13 Además sacudí mi vestido, y dije: Así sacu-
da Dios de su casa y de su trabajo a todo hombre que no cumpliere esto, y así sea sacudido
y vacío. Y respondió toda la congregación:
¡Amén! y alabaron a Jehová. Y el pueblo hizo
conforme a esto.
14 También desde el día que me mandó el rey
que fuese gobernador de ellos en la tierra de
Judá, desde el año veinte del rey Artajerjes
hasta el año treinta y dos, doce años, ni yo
ni mis hermanos comimos el pan del gobernador.
15 Pero los primeros gobernadores que fueron antes de mí abrumaron al pueblo, y tomaron de ellos por el pan y por el vino más de
cuarenta siclos de plata, y aun sus criados se
enseñoreaban del pueblo; pero yo no hice así,
a causa del temor de Dios.
16 También en la obra de este muro restau-
ré mi parte, y no compramos heredad; y todos
mis criados juntos estaban allí en la obra.
17 Además, ciento cincuenta judíos y oficiales, y los que venían de las naciones que había
alrededor de nosotros, estaban a mi mesa.
18 Y lo que se preparaba para cada día era un
buey y seis ovejas escogidas; también eran
preparadas para mí aves, y cada diez días vino
en toda abundancia; y con todo esto nunca
requerí el pan del gobernador, porque la servidumbre de este pueblo era grave.
19 Acuérdate de mí para bien, Dios mío, y de ➤
todo lo que hice por este pueblo.

Maquinaciones de los adversarios

6 CUANDO oyeron Sanbalat y Tobías y
Gesem el árabe, y los demás de nuestros
enemigos, que yo había edificado el muro, y
que no quedaba en él portillo (aunque hasta
aquel tiempo no había puesto las hojas en las
puertas),

a. 5.7 Éx 22.25; Lv 25.35-37; Dt 23.19-20.

LECCIONES DE VIDA

➤ ***5.7 — lo medité, y reprendí a los nobles y a los oficiales.***

Una vida sólida de oración y una relación estrecha con Dios no eliminan la necesidad de mantener un pensamiento claro y profundo. Más bien, nuestra comunión con el Señor robustece nuestra mente, agudiza nuestro intelecto y aumenta nuestra sabiduría.

➤ ***5.9 — No es bueno lo que hacéis. ¿No andaréis en el temor de nuestro Dios, para no ser oprobio de las naciones enemigas nuestras?***

Andar en el temor de Dios significa en parte que nos fijamos bien en nuestra conducta delante de aquellos que no lo conocen todavía. Como Pablo escribió: «Andad sabiamente para con los de afuera, redimiendo el tiempo» (Col 4.5). Nuestra interacción con ellos puede ser lo que el Señor use para atraerlos a Él.

➤ ***5.19 — Acuérdate de mí para bien, Dios mío, y de todo lo que hice por este pueblo.***

Orar por nuestra propia bendición no es egoísta sino bíblico, especialmente cuando uno se esfuerza para el beneficio de los demás, como lo hizo Nehemías.

2 Sanbalat y Gesem enviaron a decirme: Ven
y reunámonos en alguna de las aldeas en el
campo de Ono. Mas ellos habían pensado
hacerme mal.
3 Y les envié mensajeros, diciendo: Yo hago
una gran obra, y no puedo ir; porque cesaría
la obra, dejándola yo para ir a vosotros.
4 Y enviaron a mí con el mismo asunto hasta cuatro veces, y yo les respondí de la misma manera.
5 Entonces Sanbalat envió a mí su criado para
decir lo mismo por quinta vez, con una carta
abierta en su mano,
6 en la cual estaba escrito: Se ha oído entre
las naciones, y Gasmu[1] lo dice, que tú y los
judíos pensáis rebelaros; y que por eso edificas tú el muro, con la mira, según estas palabras, de ser tú su rey;
7 y que has puesto profetas que proclamen
acerca de ti en Jerusalén, diciendo: ¡Hay rey en
Judá! Y ahora serán oídas del rey las tales palabras; ven, por tanto, y consultemos juntos.
8 Entonces envié yo a decirle: No hay tal
cosa como dices, sino que de tu corazón tú lo
inventas.
9 Porque todos ellos nos amedrentaban,
diciendo: Se debilitarán las manos de ellos en
la obra, y no será terminada. Ahora, pues, oh
Dios, fortalece tú mis manos.
10 Vine luego a casa de Semaías hijo de
Delaía, hijo de Mehetabel, porque él estaba
encerrado; el cual me dijo: Reunámonos en la
casa de Dios, dentro del templo, y cerremos
las puertas del templo, porque vienen para
matarte; sí, esta noche vendrán a matarte.
11 Entonces dije: ¿Un hombre como yo ha de
huir? ¿Y quién, que fuera como yo, entraría al
templo para salvarse la vida? No entraré.
12 Y entendí que Dios no lo había enviado, sino que hablaba aquella profecía contra mí porque Tobías y Sanbalat lo habían
sobornado.
13 Porque fue sobornado para hacerme temer
así, y que pecase, y les sirviera de mal nombre
con que fuera yo infamado.
14 Acuérdate, Dios mío, de Tobías y de Sanbalat, conforme a estas cosas que hicieron; también acuérdate de Noadías profetisa, y de
los otros profetas que procuraban infundir-
me miedo.
15 Fue terminado, pues, el muro, el veinticinco
del mes de Elul, en cincuenta y dos días.
16 Y cuando lo oyeron todos nuestros enemigos, temieron todas las naciones que estaban
alrededor de nosotros, y se sintieron humillados, y conocieron que por nuestro Dios había
sido hecha esta obra.
17 Asimismo en aquellos días iban muchas
cartas de los principales de Judá a Tobías, y
las de Tobías venían a ellos.
18 Porque muchos en Judá se habían conjurado con él, porque era yerno de Secanías
hijo de Ara; y Johanán su hijo había tomado por mujer a la hija de Mesulam hijo de
Berequías.
19 También contaban delante de mí las buenas obras de él, y a él le referían mis palabras.
Y enviaba Tobías cartas para atemorizarme.

Nehemías designa dirigentes

7 LUEGO que el muro fue edificado, y
colocadas las puertas, y fueron señalados
porteros y cantores y levitas,
2 mandé a mi hermano Hanani, y a Hananías,
jefe de la fortaleza de Jerusalén (porque éste
era varón de verdad y temeroso de Dios, más
que muchos);
3 y les dije: No se abran las puertas de Jerusalén hasta que caliente el sol; y aunque haya
gente allí, cerrad las puertas y atrancadlas. Y
señalé guardas de los moradores de Jerusalén, cada cual en su turno, y cada uno delante de su casa.

1 O, *Gesem.*

LECCIONES DE VIDA

➤ ***6.2 — ellos habían pensado hacerme mal.***

Lo que el diablo no pueda lograr con escarnio e intimidación, tratará de llevarlo a cabo con engaños e intrigas odiosas. Sólo sumergiéndonos en la Palabra de Dios y viviendo en oración, evitaremos caer en sus trampas.

➤ ***6.13 — fue sobornado para hacerme temer así, y que pecase, y les sirviera de mal nombre.***

Perjudicamos nuestra propia causa si cedemos al miedo y las amenazas, actuando como si el Señor Dios Todopoderoso no reinase desde lo alto. Aunque debemos proceder con prudencia en situaciones precarias como la experimentada aquí por Nehemías, nunca tenemos razón para acobardarnos (Jos 1.9).

➤ ***6.15, 16 — Fue terminado, pues, el muro… en cincuenta y dos días. Y cuando lo oyeron todos nuestros enemigos, temieron… y se sintieron humillados, y conocieron que por nuestro Dios había sido hecha esta obra.***

Nehemías condujo a los judíos en la reparación del muro y las puertas de la ciudad en tan corto tiempo, pues mantuvo su atención fija en el Señor. Las decepciones en la vida son inevitables, pero el desánimo es por elección nuestra. Podemos quedar descorazonados ante una desilusión, o podemos enfrentar triunfalmente los reveses confiando osadamente que Dios nos llevará a la victoria. Ya sabemos qué hizo Nehemías. ¿Cómo va a manejar usted sus propias decepciones?

➤ ***7.2 — mandé a mi hermano Hanani, y a Hananías, jefe de la fortaleza de Jerusalén (porque éste era varón de verdad y temeroso de Dios, más que muchos).***

¿Le consideran los demás una persona íntegra? ¿Teme y obedece a Dios de todo corazón? Estas son cualidades esenciales para cualquier aspirante al liderazgo espiritual.

4 Porque la ciudad era espaciosa y grande, pero poco pueblo dentro de ella, y no había casas reedificadas.

Los que volvieron con Zorobabel
(Esd 2.1-70)

➤ 5 Entonces puso Dios en mi corazón que reuniese a los nobles y oficiales y al pueblo, para que fuesen empadronados según sus genealogías. Y hallé el libro de la genealogía de los que habían subido antes, y encontré en él escrito así:
6 Éstos son los hijos de la provincia que subieron del cautiverio, de los que llevó cautivos Nabucodonosor rey de Babilonia, y que volvieron a Jerusalén y a Judá, cada uno a su ciudad,
7 los cuales vinieron con Zorobabel, Jesúa, Nehemías, Azarías, Raamías, Nahamani, Mardoqueo, Bilsán, Misperet, Bigvai, Nehum y Baana. El número de los varones del pueblo de Israel:
8 Los hijos de Paros, dos mil ciento setenta y dos.
9 Los hijos de Sefatías, trescientos setenta y dos.
10 Los hijos de Ara, seiscientos cincuenta y dos.
11 Los hijos de Pahat-moab, de los hijos de Jesúa y de Joab, dos mil ochocientos dieciocho.
12 Los hijos de Elam, mil doscientos cincuenta y cuatro.
13 Los hijos de Zatu, ochocientos cuarenta y cinco.
14 Los hijos de Zacai, setecientos sesenta.
15 Los hijos de Binúi, seiscientos cuarenta y ocho.
16 Los hijos de Bebai, seiscientos veintiocho.
17 Los hijos de Azgad, dos mil seiscientos veintidós.
18 Los hijos de Adonicam, seiscientos sesenta y siete.
19 Los hijos de Bigvai, dos mil sesenta y siete.
20 Los hijos de Adín, seiscientos cincuenta y cinco.
21 Los hijos de Ater, de Ezequías, noventa y ocho.
22 Los hijos de Hasum, trescientos veintiocho,
23 Los hijos de Bezai, trescientos veinticuatro.
24 Los hijos de Harif, ciento doce.
25 Los hijos de Gabaón, noventa y cinco.
26 Los varones de Belén y de Netofa, ciento ochenta y ocho.
27 Los varones de Anatot, ciento veintiocho.
28 Los varones de Bet-azmavet, cuarenta y dos.
29 Los varones de Quiriat-jearim, Cafira y Beerot, setecientos cuarenta y tres.
30 Los varones de Ramá y de Geba, seiscientos veintiuno.
31 Los varones de Micmas, ciento veintidós.
32 Los varones de Bet-el y de Hai, ciento veintitrés.
33 Los varones del otro Nebo, cincuenta y dos.
34 Los hijos del otro Elam, mil doscientos cincuenta y cuatro.
35 Los hijos de Harim, trescientos veinte.
36 Los hijos de Jericó, trescientos cuarenta y cinco.
37 Los hijos de Lod, Hadid y Ono, setecientos veintiuno.
38 Los hijos de Senaa, tres mil novecientos treinta.
39 Sacerdotes: los hijos de Jedaía, de la casa de Jesúa, novecientos setenta y tres.
40 Los hijos de Imer, mil cincuenta y dos.
41 Los hijos de Pasur, mil doscientos cuarenta y siete.
42 Los hijos de Harim, mil diecisiete.
43 Levitas: los hijos de Jesúa, de Cadmiel, de los hijos de Hodavías, setenta y cuatro.
44 Cantores: los hijos de Asaf, ciento cuarenta y ocho.
45 Porteros: Los hijos de Salum, los hijos de Ater, los hijos de Talmón, los hijos de Acub, los hijos de Hatita y los hijos de Sobai, ciento treinta y ocho.
46 Sirvientes del templo: los hijos de Ziha, los hijos de Hasufa, los hijos de Tabaot,
47 los hijos de Queros, los hijos de Siaha, los hijos de Padón,
48 los hijos de Lebana, los hijos de Hagaba, los hijos de Salmai,
49 los hijos de Hanán, los hijos de Gidel, los hijos de Gahar,
50 los hijos de Reaía, los hijos de Rezín, los hijos de Necoda,
51 los hijos de Gazam, los hijos de Uza, los hijos de Paseah,
52 los hijos de Besai, los hijos de Mehunim, los hijos de Nefisesim,
53 los hijos de Bacbuc, los hijos de Hacufa, los hijos de Harhur,
54 los hijos de Bazlut, los hijos de Mehida, los hijos de Harsa,

LECCIONES DE VIDA

➤ ***7.5 — puso Dios en mi corazón que reuniese a los nobles y oficiales y al pueblo, para que fuesen empadronados según sus genealogías.***

En el transcurso de los siglos, el pueblo judío mantuvo registros genealógicos muy precisos. La razón principal fue la partición del territorio según lo que el Señor había dado a cada tribu como herencia (Jos 11.23), pero también tenía el propósito de seguir el rastro del linaje por el cual vendría el Mesías (Gn 49.10; 1 R 2.45; Mt 1.1–17; Lc 3.23–38). Por eso el Señor instó a Nehemías a continuar esta importante labor.

55 los hijos de Barcos, los hijos de Sísara, los
hijos de Tema,
56 los hijos de Nezía, y los hijos de Hatifa.
57 Los hijos de los siervos de Salomón: los
hijos de Sotai, los hijos de Soferet, los hijos
de Perida,
58 los hijos de Jaala, los hijos de Darcón, los
hijos de Gidel,
59 los hijos de Sefatías, los hijos de Hatil,
los hijos de Poqueret-hazebaim, los hijos de
Amón.
60 Todos los sirvientes del templo e hijos de
los siervos de Salomón, trescientos noventa y dos.
61 Y éstos son los que subieron de Tel-mela,
Tel-harsa, Querub, Adón e Imer, los cuales no
pudieron mostrar la casa de sus padres, ni su
genealogía, si eran de Israel:
62 los hijos de Delaía, los hijos de Tobías y los
hijos de Necoda, seiscientos cuarenta y dos.
63 Y de los sacerdotes: los hijos de Habaía,
los hijos de Cos y los hijos de Barzilai, el cual
tomó mujer de las hijas de Barzilai galaadita,
y se llamó del nombre de ellas.
64 Éstos buscaron su registro de genealogías, y no se halló; y fueron excluidos del
sacerdocio,
65 y les dijo el gobernador que no comiesen
de las cosas más santas, hasta que hubiese
sacerdote con Urim y Tumim.[a]
66 Toda la congregación junta era de cuarenta y dos mil trescientos sesenta,
67 sin sus siervos y siervas, que eran siete
mil trescientos treinta y siete; y entre ellos
había doscientos cuarenta y cinco cantores y
cantoras.
68 Sus caballos, setecientos treinta y seis; sus
mulos, doscientos cuarenta y cinco;
69 camellos, cuatrocientos treinta y cinco;
asnos, seis mil setecientos veinte.
70 Y algunos de los cabezas de familias dieron ofrendas para la obra. El gobernador dio
para el tesoro mil dracmas de oro, cincuenta
tazones, y quinientas treinta vestiduras sacerdotales.
71 Los cabezas de familias dieron para el
tesoro de la obra veinte mil dracmas de oro y
dos mil doscientas libras de plata.
72 Y el resto del pueblo dio veinte mil dracmas
de oro, dos mil libras de plata, y sesenta y siete vestiduras sacerdotales.
73 Y habitaron los sacerdotes, los levitas,
los porteros, los cantores, los del pueblo, los
sirvientes del templo y todo Israel, en sus
ciudades.[b]

Esdras lee la ley al pueblo

Venido el mes séptimo, los hijos de Israel estaban en sus ciudades;
8 Y se juntó todo el pueblo como un solo
hombre en la plaza que está delante de
la puerta de las Aguas, y dijeron a Esdras el
escriba que trajese el libro de la ley de Moisés,
la cual Jehová había dado a Israel.
2 Y el sacerdote Esdras trajo la ley delante
de la congregación, así de hombres como de
mujeres y de todos los que podían entender, el
primer día del mes séptimo.
3 Y leyó en el libro delante de la plaza que
está delante de la puerta de las Aguas, desde el alba hasta el mediodía, en presencia de
hombres y mujeres y de todos los que podían
entender; y los oídos de todo el pueblo estaban atentos al libro de la ley.
4 Y el escriba Esdras estaba sobre un púlpito
de madera que habían hecho para ello, y junto a él estaban Matatías, Sema, Anías, Urías,
Hilcías y Maasías a su mano derecha; y a su
mano izquierda, Pedaías, Misael, Malquías,
Hasum, Hasbadana, Zacarías y Mesulam.
5 Abrió, pues, Esdras el libro a ojos de todo
el pueblo, porque estaba más alto que todo el
pueblo; y cuando lo abrió, todo el pueblo estuvo atento.
6 Bendijo entonces Esdras a Jehová, Dios
grande. Y todo el pueblo respondió: ¡Amén!
¡Amén! alzando sus manos; y se humillaron y
adoraron a Jehová inclinados a tierra.
7 Y los levitas Jesúa, Bani, Serebías, Jamín,
Acub, Sabetai, Hodías, Maasías, Kelita, Azarías, Jozabed, Hanán y Pelaía, hacían entender al pueblo la ley; y el pueblo estaba atento
en su lugar.
8 Y leían en el libro de la ley de Dios claramente, y ponían el sentido, de modo que
entendiesen la lectura.

a. 7.65 Éx 28.30; Dt 33.8. **b. 7.73** 1 Cr 9.2; Neh 11.3.

LECCIONES DE VIDA

➤ ***8.2 — el sacerdote Esdras trajo la ley delante de la congregación, así de hombres como de mujeres y de todos los que podían entender.***

El pueblo estaba ansioso de oír la Palabra de Dios. ¿Lo está usted? ¿Va a la iglesia con el deseo de oír de parte del Señor? ¿Le pide que hable a su corazón? Si no le entusiasma conocer la verdad de su Palabra, entonces usted realmente no quiere conocer a Dios, porque es por medio de las Escrituras que descubrimos quién es Él.

➤ ***8.6 — se humillaron y adoraron a Jehová inclinados a tierra.***

¿Alguna vez ha adorado a Dios con su rostro en el suelo? Debería hacerlo. Tal postura nos recuerda que Dios es el Rey y nosotros sus súbditos. Él es soberano, no nosotros.

➤ ***8.8 — leían en el libro de la ley de Dios claramente, y ponían el sentido, de modo que entendiesen la lectura.***

Todos necesitamos sumergirnos en la Palabra de Dios, cada uno por su cuenta, pero nada substituye el congregarnos habitualmente como pueblo suyo para oír la explicación y aplicación claras de la Biblia.

9 Y Nehemías el gobernador, y el sacerdote
Esdras, escriba, y los levitas que hacían entender al pueblo, dijeron a todo el pueblo: Día
santo es a Jehová nuestro Dios; no os entristezcáis, ni lloréis; porque todo el pueblo lloraba oyendo las palabras de la ley.
➤ 10 Luego les dijo: Id, comed grosuras, y bebed
vino dulce, y enviad porciones a los que no
tienen nada preparado; porque día santo es a
nuestro Señor; no os entristezcáis, porque el
gozo de Jehová es vuestra fuerza.
11 Los levitas, pues, hacían callar a todo el
pueblo, diciendo: Callad, porque es día santo,
y no os entristezcáis.
12 Y todo el pueblo se fue a comer y a beber,
y a obsequiar porciones, y a gozar de grande
alegría, porque habían entendido las palabras
que les habían enseñado.
13 Al día siguiente se reunieron los cabezas
de las familias de todo el pueblo, sacerdotes y
levitas, a Esdras el escriba, para entender las
palabras de la ley.
14 Y hallaron escrito en la ley que Jehová había mandado por mano de Moisés, que
habitasen los hijos de Israel en tabernáculos
en la fiesta solemne del mes séptimo;
15 y que hiciesen saber, y pasar pregón por
todas sus ciudades y por Jerusalén, diciendo: Salid al monte, y traed ramas de olivo, de
olivo silvestre, de arrayán, de palmeras y de
todo árbol frondoso, para hacer tabernáculos,
como está escrito.[a]
16 Salió, pues, el pueblo, y trajeron ramas
e hicieron tabernáculos, cada uno sobre su
terrado, en sus patios, en los patios de la casa
de Dios, en la plaza de la puerta de las Aguas,
y en la plaza de la puerta de Efraín.
➤ 17 Y toda la congregación que volvió de la
cautividad hizo tabernáculos, y en tabernáculos habitó; porque desde los días de Josué
hijo de Nun hasta aquel día, no habían hecho
así los hijos de Israel. Y hubo alegría muy
grande.
18 Y leyó Esdras en el libro de la ley de Dios
cada día, desde el primer día hasta el último;
e hicieron la fiesta solemne por siete días, y
el octavo día fue de solemne asamblea, según
el rito.

Esdras confiesa los pecados de Israel

9 EL día veinticuatro del mismo mes se
reunieron los hijos de Israel en ayuno, y
con cilicio y tierra sobre sí.
2 Y ya se había apartado la descendencia de ➤
Israel de todos los extranjeros; y estando en
pie, confesaron sus pecados, y las iniquidades
de sus padres.
3 Y puestos de pie en su lugar, leyeron el libro
de la ley de Jehová su Dios la cuarta parte del
día, y la cuarta parte confesaron sus pecados
y adoraron a Jehová su Dios.
4 Luego se levantaron sobre la grada de los
levitas, Jesúa, Bani, Cadmiel, Sebanías, Buni,
Serebías, Bani y Quenani, y clamaron en voz
alta a Jehová su Dios.
5 Y dijeron los levitas Jesúa, Cadmiel, Bani,
Hasabnías, Serebías, Hodías, Sebanías y
Petaías: Levantaos, bendecid a Jehová vuestro Dios desde la eternidad hasta la eternidad;
y bendígase el nombre tuyo, glorioso y alto
sobre toda bendición y alabanza.
6 Tú solo eres Jehová; tú hiciste los cielos, y
los cielos de los cielos, con todo su ejército,
la tierra y todo lo que está en ella, los mares
y todo lo que hay en ellos; y tú vivificas todas
estas cosas, y los ejércitos de los cielos te adoran.
7 Tú eres, oh Jehová, el Dios que escogiste a
Abram, y lo sacaste de Ur de los caldeos,[a] y le
pusiste el nombre Abraham;[b]
8 y hallaste fiel su corazón delante de ti, e
hiciste pacto con él para darle la tierra del
cananeo, del heteo, del amorreo, del ferezeo,
del jebuseo y del gergeseo[c], para darla a su
descendencia; y cumpliste tu palabra, porque
eres justo.

a. 8.14-15 Lv 23.33-36, 39-43; Dt 16.13-15.
a. 9.7 Gn 12.1. **b. 9.7** Gn 17.5. **c. 9.8** Gn 15.18-21.

LECCIONES DE VIDA

➤ ***8.10 — el gozo de Jehová es vuestra fuerza.***

¿Cómo es que el gozo de Dios es nuestra fuerza? Hebreos 12.2 nos dice: «Jesús… por el gozo puesto delante de él sufrió la cruz». El Señor se deleita en perdonarnos y salvarnos. Su dicha es mostrar su amor a todo aquel que cree en Él. Por esa razón, cada vez que nos sintamos débiles e indefensos, necesitamos recordar que Él se complace en intervenir y ayudarnos. Así es como su gozo se convierte literalmente en nuestras fuerzas.

➤ ***8.17 — toda la congregación… hizo tabernáculos, y en tabernáculos habitó; porque desde los días de Josué hijo de Nun hasta aquel día, no habían hecho así los hijos de Israel. Y hubo alegría muy grande.***

Hay gran gozo en obedecer la Palabra de Dios. De hecho, la sumisión de todo corazón a Él le agrada y nos beneficia. Aquí el pueblo celebró la fiesta de los tabernáculos, cuyo propósito era recordarles su presencia, provisión y protección durante los cuarenta años que los israelitas divagaron por el desierto antes de entrar a la tierra prometida (Lv 23.43; Nm 29.12–38; Dt 16.13–17). Para ellos fue una gran bendición ver tal paralelo en su propia experiencia de la ayuda de Dios, quien era digno de toda su confianza.

➤ ***9.2 — la descendencia de Israel… estando en pie, confesaron sus pecados, y las iniquidades de sus padres.***

¿Por qué confesar nuestros pecados? En primer lugar, porque Dios nos lo manda (Stg 5.16). Segundo, porque confesar un pecado rompe su poder sobre nosotros, ya que el poder del pecado crece más fácilmente si se deja oculto. Si Dios le habla en su corazón acerca de algo en su Palabra, sea honesto con Él. Dios será fiel en perdonarle y restaurarle.

9 Y miraste la aflicción de nuestros padres en
Egipto,[d] y oíste el clamor de ellos en el Mar
Rojo;[e]
10 e hiciste señales y maravillas contra Faraón,
contra todos sus siervos, y contra todo el pueblo de su tierra,[f] porque sabías que habían
procedido con soberbia contra ellos; y te hiciste nombre grande, como en este día.
11 Dividiste el mar delante de ellos, y pasaron
por medio de él en seco;[g] y a sus perseguidores echaste en las profundidades, como una
piedra en profundas aguas.[h]
12 Con columna de nube los guiaste de día, y
con columna de fuego de noche, para alumbrarles el camino por donde habían de ir.[i]
13 Y sobre el monte de Sinaí descendiste, y
hablaste con ellos desde el cielo, y les diste
juicios rectos, leyes verdaderas, y estatutos y
mandamientos buenos,
14 y les ordenaste el día de reposo* santo para
ti, y por mano de Moisés tu siervo les prescribiste mandamientos, estatutos y la ley.[j]
15 Les diste pan del cielo en su hambre,[k] y en
su sed les sacaste aguas de la peña;[l] y les dijiste que entrasen a poseer la tierra, por la cual
alzaste tu mano y juraste que se la darías.[m]
16 Mas ellos y nuestros padres fueron soberbios, y endurecieron su cerviz, y no escucharon tus mandamientos.
* 17 No quisieron oír, ni se acordaron de tus
maravillas que habías hecho con ellos; antes
endurecieron su cerviz, y en su rebelión
pensaron poner caudillo para volverse a su
servidumbre.[n] Pero tú eres Dios que perdonas,
clemente y piadoso, tardo para la ira, y grande
en misericordia,[o] porque no los abandonaste.
18 Además, cuando hicieron para sí becerro
de fundición y dijeron: Éste es tu Dios que te
hizo subir de Egipto;[p] y cometieron grandes
abominaciones,
19 tú, con todo, por tus muchas misericordias
no los abandonaste en el desierto. La columna de nube no se apartó de ellos de día, para
guiarlos por el camino, ni de noche la columna de fuego, para alumbrarles el camino por el
cual habían de ir.
20 Y enviaste tu buen Espíritu para enseñarles, y no retiraste tu maná de su boca, y agua
les diste para su sed.
21 Los sustentaste cuarenta años en el desierto; de ninguna cosa tuvieron necesidad; sus
vestidos no se envejecieron, ni se hincharon
sus pies.[q]
22 Y les diste reinos y pueblos, y los repartiste
por distritos; y poseyeron la tierra de Sehón,
la tierra del rey de Hesbón, y la tierra de Og
rey de Basán.[r]
23 Multiplicaste sus hijos como las estrellas del cielo,[s] y los llevaste a la tierra de la
cual habías dicho a sus padres que habían de
entrar a poseerla.[t]
24 Y los hijos vinieron y poseyeron la tierra, y
humillaste delante de ellos a los moradores del
país, a los cananeos, los cuales entregaste en su
mano, y a sus reyes, y a los pueblos de la tierra,
para que hiciesen de ellos como quisieran.[u]
25 Y tomaron ciudades fortificadas y tierra
fértil, y heredaron casas llenas de todo bien,
cisternas hechas, viñas y olivares, y muchos
árboles frutales; comieron, se saciaron, y se
deleitaron en tu gran bondad.[v]
26 Pero te provocaron a ira, y se rebelaron
contra ti, y echaron tu ley tras sus espaldas, y
mataron a tus profetas que protestaban contra
ellos para convertirlos a ti, e hicieron grandes
abominaciones.
27 Entonces los entregaste en mano de sus
enemigos, los cuales los afligieron. Pero en
el tiempo de su tribulación clamaron a ti, y
tú desde los cielos los oíste; y según tu gran
misericordia les enviaste libertadores para
que los salvasen de mano de sus enemigos.
28 Pero una vez que tenían paz, volvían a
hacer lo malo delante de ti, por lo cual los
abandonaste en mano de sus enemigos que
los dominaron; pero volvían y clamaban otra
vez a ti, y tú desde los cielos los oías y según
tus misericordias muchas veces los libraste.[w]
29 Les amonestaste a que se volviesen a tu
ley; mas ellos se llenaron de soberbia, y no
oyeron tus mandamientos, sino que pecaron contra tus juicios, los cuales si el hombre
hiciere, en ellos vivirá;[x] se rebelaron, endurecieron su cerviz, y no escucharon.
30 Les soportaste por muchos años, y les testifi-
caste con tu Espíritu por medio de tus profetas,
pero no escucharon;[y] por lo cual los entregaste
en mano de los pueblos de la tierra.
31 Mas por tus muchas misericordias no los
consumiste, ni los desamparaste; porque eres
Dios clemente y misericordioso.
32 Ahora pues, Dios nuestro, Dios grande,
fuerte, temible, que guardas el pacto y la misericordia, no sea tenido en poco delante de ti
todo el sufrimiento que ha alcanzado a nuestros reyes, a nuestros príncipes, a nuestros
sacerdotes, a nuestros profetas, a nuestros
padres y a todo tu pueblo, desde los días de los
reyes de Asiria[z] hasta este día.
33 Pero tú eres justo en todo lo que ha venido
sobre nosotros; porque rectamente has hecho,
mas nosotros hemos hecho lo malo.
34 Nuestros reyes, nuestros príncipes, nuestros sacerdotes y nuestros padres no pusieron
por obra tu ley, ni atendieron a tus mandamientos y a tus testimonios con que les
amonestabas.

---

* Aquí equivale a *sábado*.

d. 9.9 Éx 3.7. **e. 9.9** Éx 14.10-12. **f. 9.10** Éx 7.8—12.32.
g. 9.11 Éx 14.21-29. **h. 9.11** Éx 15.4-5. **i. 9.12** Éx 13.21-22.
j. 9.13-14 Éx 19.18—23.33. **k. 9.15** Éx 16.4-15.
l. 9.15 Éx 17.1-7. **m. 9.15** Dt 1.21. **n. 9.16-17** Nm 14.1-4;
Dt 1.26-33. **o. 9.17** Éx 34.6; Nm 14.18. **p. 9.18** Éx 32.1-4.
q. 9.19-21 Dt 8.2-4. **r. 9.22** Nm 21.21-35.
s. 9.23 Gn 15.5; 22.17. **t. 9.23** Jos 3.14-17. **u. 9.24** Jos 11.23.
v. 9.25 Dt 6.10-11. **w. 9.26-28** Jue 2.11-16. **x. 9.29** Lv 18.5.
y. 9.30 2 R 17.13-18; 2 Cr 36.15-16. **z. 9.32** 2 R 15.19, 29;
17.3-6; Esd 4.2, 10.

35 Y ellos en su reino y en tu mucho bien que les diste, y en la tierra espaciosa y fértil que entregaste delante de ellos, no te sirvieron, ni se convirtieron de sus malas obras.
36 He aquí que hoy somos siervos; henos aquí, siervos en la tierra que diste a nuestros padres para que comiesen su fruto y su bien.
37 Y se multiplica su fruto para los reyes que has puesto sobre nosotros por nuestros pecados, quienes se enseñorean sobre nuestros cuerpos, y sobre nuestros ganados, conforme a su voluntad, y estamos en grande angustia.

Pacto del pueblo, de guardar la ley

38 A causa, pues, de todo esto, nosotros hacemos fiel promesa, y la escribimos, firmada por nuestros príncipes, por nuestros levitas y por nuestros sacerdotes.

10 LOS que firmaron fueron: Nehemías el gobernador, hijo de Hacalías, y Sedequías,
2 Seraías, Azarías, Jeremías,
3 Pasur, Amarías, Malquías,
4 Hatús, Sebanías, Maluc,
5 Harim, Meremot, Obadías,
6 Daniel, Ginetón, Baruc,
7 Mesulam, Abías, Mijamín,
8 Maazías, Bilgai y Semaías; éstos eran sacerdotes.
9 Y los levitas: Jesúa hijo de Azanías, Binúi de los hijos de Henadad, Cadmiel,
10 y sus hermanos Sebanías, Hodías, Kelita, Pelaías, Hanán,
11 Micaía, Rehob, Hasabías,
12 Zacur, Serebías, Sebanías,
13 Hodías, Bani y Beninu.
14 Los cabezas del pueblo: Paros, Pahat-moab, Elam, Zatu, Bani,
15 Buni, Azgad, Bebai,
16 Adonías, Bigvai, Adín,
17 Ater, Ezequías, Azur,
18 Hodías, Hasum, Bezai,
19 Harif, Anatot, Nebai,
20 Magpías, Mesulam, Hezir,
21 Mesezabeel, Sadoc, Jadúa,
22 Pelatías, Hanán, Anaías,
23 Oseas, Hananías, Hasub,
24 Halohes, Pilha, Sobec,
25 Rehum, Hasabna, Maasías,
26 Ahías, Hanán, Anán,
27 Maluc, Harim y Baana.
28 Y el resto del pueblo, los sacerdotes, levitas, porteros y cantores, los sirvientes del templo, y todos los que se habían apartado de los pueblos de las tierras a la ley de Dios, con sus mujeres, sus hijos e hijas, todo el que tenía comprensión y discernimiento,
29 se reunieron con sus hermanos y sus principales, para protestar y jurar que andarían en la ley de Dios, que fue dada por Moisés siervo de Dios, y que guardarían y cumplirían todos los mandamientos, decretos y estatutos de Jehová nuestro Señor.
30 Y que no daríamos nuestras hijas a los pueblos de la tierra, ni tomaríamos sus hijas para nuestros hijos.[a]
31 Asimismo que si los pueblos de la tierra trajesen a vender mercaderías y comestibles en día de reposo,* nada tomaríamos de ellos en ese día ni en otro día santificado; y que el año séptimo dejaríamos descansar la tierra,[b] y remitiríamos toda deuda.[c]
32 Nos impusimos además por ley, el cargo de contribuir cada año con la tercera parte de un siclo para la obra de la casa de nuestro Dios;[d]
33 para el pan de la proposición y para la ofrenda continua, para el holocausto continuo, los días de reposo, las nuevas lunas, las festividades, y para las cosas santificadas y los sacrificios de expiación por el pecado de Israel, y para todo el servicio de la casa de nuestro Dios.
34 Echamos también suertes los sacerdotes, los levitas y el pueblo, acerca de la ofrenda de la leña, para traerla a la casa de nuestro Dios, según las casas de nuestros padres, en los tiempos determinados cada año, para quemar sobre el altar de Jehová nuestro Dios, como está escrito en la ley.
35 Y que cada año traeríamos a la casa de Jehová las primicias de nuestra tierra, y las primicias del fruto de todo árbol.[e]
36 Asimismo los primogénitos de nuestros hijos y de nuestros ganados, como está escrito en la ley; y que traeríamos los primogénitos de nuestras vacas y de nuestras ovejas a la casa de nuestro Dios, a los sacerdotes que ministran en la casa de nuestro Dios;[f]
37 que traeríamos también las primicias de nuestras masas, y nuestras ofrendas, y del fruto de todo árbol, y del vino y del aceite, para los sacerdotes, a las cámaras de la casa de nuestro Dios, y el diezmo de nuestra tierra para los levitas;[g] y que los levitas recibirían las décimas de nuestras labores en todas las ciudades;
38 y que estaría el sacerdote hijo de Aarón con los levitas, cuando los levitas recibiesen el diezmo;[h] y que los levitas llevarían el diezmo ➤

* Aquí equivale a *sábado*.

a. 10.30 Éx 34.16; Dt 7.3. **b. 10.31** Éx 23.10-11; Lv 25.1-7. **c. 10.31** Dt 15.1-2. **d. 10.32** Éx 30.11-16. **e. 10.35** Éx 23.19; 34.26; Dt 26.2. **f. 10.36** Éx 13.2. **g. 10.37** Nm 18.21. **h. 10.38** Nm 18.26.

LECCIONES DE VIDA

➤ ***10.38 — el sacerdote… [y] los levitas llevarían el diezmo del diezmo a la casa de nuestro Dios.***

Devolverle algo a Dios de lo mucho que nos da siempre ha sido un aspecto importante del andar de fe. Al dar, reconocemos que todo lo que tenemos procede de su mano, y que sólo Él, no nuestra riqueza terrenal, tiene derecho a reclamar nuestro corazón. ¡Nadie supera a Dios en generosidad!

del diezmo a la casa de nuestro Dios, a las cámaras de la casa del tesoro.

39 Porque a las cámaras del tesoro han de llevar los hijos de Israel y los hijos de Leví la ofrenda del grano, del vino y del aceite; y allí estarán los utensilios del santuario, y los sacerdotes que ministran, los porteros y los cantores; y no abandonaremos la casa de nuestro Dios.

Los habitantes de Jerusalén
(1 Cr 9.1-34)

11 HABITARON los jefes del pueblo en Jerusalén; mas el resto del pueblo echó suertes para traer uno de cada diez para que morase en Jerusalén, ciudad santa, y las otras nueve partes en las otras ciudades.

➤ 2 Y bendijo el pueblo a todos los varones que voluntariamente se ofrecieron para morar en Jerusalén.

3 Éstos son los jefes de la provincia que moraron en Jerusalén; pero en las ciudades de Judá habitaron cada uno en su posesión, en sus ciudades; los israelitas, los sacerdotes y levitas, los sirvientes del templo y los hijos de los siervos de Salomón.

4 En Jerusalén, pues, habitaron algunos de los hijos de Judá y de los hijos de Benjamín.[a] De los hijos de Judá: Ataías hijo de Uzías, hijo de Zacarías, hijo de Amarías, hijo de Sefatías, hijo de Mahalaleel, de los hijos de Fares,

5 y Maasías hijo de Baruc, hijo de Colhoze, hijo de Hazaías, hijo de Adaías, hijo de Joiarib, hijo de Zacarías, hijo de Siloni.

6 Todos los hijos de Fares que moraron en Jerusalén fueron cuatrocientos setenta y ocho hombre fuertes.

7 Éstos son los hijos de Benjamín:[b] Salú hijo de Mesulam, hijo de Joed, hijo de Pedaías, hijo de Colaías, hijo de Maasías, hijo de Itiel, hijo de Jesaías.

8 Y tras él Gabai y Salai, novecientos veintiocho.

9 Y Joel hijo de Zicri era el prefecto de ellos, y Judá hijo de Senúa el segundo en la ciudad.

10 De los sacerdotes: Jedaías hijo de Joiarib, Jaquín,

11 Seraías hijo de Hilcías, hijo de Mesulam, hijo de Sadoc, hijo de Meraiot, hijo de Ahitob, príncipe de la casa de Dios,

12 y sus hermanos, los que hacían la obra de la casa, ochocientos veintidós; y Adaías hijo de Jeroham, hijo de Pelalías, hijo de Amsi, hijo de Zacarías, hijo de Pasur, hijo de Malquías,

13 y sus hermanos, jefes de familias, doscientos cuarenta y dos; y Amasai hijo de Azareel, hijo de Azai, hijo de Mesilemot, hijo de Imer,

14 y sus hermanos, hombres de gran vigor, ciento veintiocho, el jefe de los cuales era Zabdiel hijo de Gedolim.

15 De los levitas: Semaías hijo de Hasub, hijo de Azricam, hijo de Hasabías, hijo de Buni;

16 Sabetai y Jozabad, de los principales de los levitas, capataces de la obra exterior de la casa de Dios;

17 y Matanías hijo de Micaía, hijo de Zabdi, hijo de Asaf, el principal, el que empezaba las alabanzas y acción de gracias al tiempo de la oración; Bacbuquías el segundo de entre sus hermanos; y Abda hijo de Samúa, hijo de Galal, hijo de Jedutún.

18 Todos los levitas en la santa ciudad eran doscientos ochenta y cuatro.

19 Los porteros, Acub, Talmón y sus hermanos, guardas en las puertas, ciento setenta y dos.

20 Y el resto de Israel, de los sacerdotes y de los levitas, en todas las ciudades de Judá, cada uno en su heredad.

21 Los sirvientes del templo habitaban en Ofel; y Ziha y Gispa tenían autoridad sobre los sirvientes del templo.

22 Y el jefe de los levitas en Jerusalén era Uzi hijo de Bani, hijo de Hasabías, hijo de Matanías, hijo de Micaía, de los hijos de Asaf, cantores, sobre la obra de la casa de Dios.

23 Porque había mandamiento del rey acerca de ellos, y distribución para los cantores para cada día.

24 Y Petaías hijo de Mesezabeel, de los hijos de Zera hijo de Judá, estaba al servicio del rey en todo negocio del pueblo.

Lugares habitados fuera de Jerusalén

25 Tocante a las aldeas y sus tierras, algunos de los hijos de Judá habitaron en Quiriat-arba y sus aldeas, en Dibón y sus aldeas, en Jecabseel y sus aldeas,

26 en Jesúa, Molada y Bet-pelet,

27 en Hazar-sual, en Beerseba y sus aldeas,

28 en Siclag, en Mecona y sus aldeas,

29 en En-rimón, en Zora, en Jarmut,

30 en Zanoa, en Adulam y sus aldeas, en Laquis y sus tierras, y en Azeca y sus aldeas. Y habitaron desde Beerseba hasta el valle de Hinom.

31 Y los hijos de Benjamín habitaron desde Geba, en Micmas, en Aía, en Bet-el y sus aldeas,

32 en Anatot, Nob, Ananías,

33 Hazor, Ramá, Gitaim,

a. 11.3-4 1 Cr 9.2-3; Neh 7.73. **b. 11.7** 1 Cr 9.7.

LECCIONES DE VIDA

➤ ***11.2 — bendijo el pueblo a todos los varones que voluntariamente se ofrecieron para morar en Jerusalén.***

No fue fácil dejar un hogar cómodo para vivir en la ciudad en ruinas, pero muchos lo hicieron por el bien del pueblo de Dios. ¿Cuántas veces nos sacrificamos por el beneficio de otros creyentes?

34 Hadid, Seboim, Nebalat,
35 Lod, y Ono, valle de los artífices;
36 y algunos de los levitas, en los repartimientos de Judá y de Benjamín.

Sacerdotes y levitas

12 ÉSTOS son los sacerdotes y levitas que subieron con Zorobabel hijo de Salatiel, y con Jesúa: Seraías, Jeremías, Esdras,
2 Amarías, Maluc, Hatús,
3 Secanías, Rehum, Meremot,
4 Iddo, Gineto, Abías,
5 Mijamín, Maadías, Bilga,
6 Semaías, Joiarib, Jedaías,
7 Salú, Amoc, Hilcías y Jedaías. Éstos eran los príncipes de los sacerdotes y sus hermanos en los días de Jesúa.
8 Y los levitas: Jesúa, Binúi, Cadmiel, Serebías, Judá y Matanías, que con sus hermanos oficiaba en los cantos de alabanza.
9 Y Bacbuquías y Uni, sus hermanos, cada cual en su ministerio.
10 Jesúa engendró a Joiacim, y Joiacim engendró a Eliasib, y Eliasib engendró a Joiada;
11 Joiada engendró a Jonatán, y Jonatán engendró a Jadúa.
12 Y en los días de Joiacim los sacerdotes jefes de familias fueron: de Seraías, Meraías; de Jeremías, Hananías;
13 de Esdras, Mesulam; de Amarías, Johanán;
14 de Melicú, Jonatán; de Sebanías, José;
15 de Harim, Adna; de Meraiot, Helcai;
16 de Iddo, Zacarías; de Ginetón, Mesulam;
17 de Abías, Zicri; de Miniamín, de Moadías, Piltai;
18 de Bilga, Samúa; de Semaías, Jonatán;
19 de Joiarib, Matenai; de Jedaías, Uzi;
20 de Salai, Calai; de Amoc, Eber;
21 de Hilcías, Hasabías; de Jedaías, Natanael.
22 Los levitas en días de Eliasib, de Joiada, de Johanán y de Jadúa fueron inscritos por jefes de familias; también los sacerdotes, hasta el reinado de Darío el persa.
23 Los hijos de Leví, jefes de familias, fueron inscritos en el libro de las crónicas hasta los días de Johanán hijo de Eliasib.
24 Los principales de los levitas: Hasabías, Serebías, Jesúa hijo de Cadmiel, y sus hermanos delante de ellos, para alabar y dar gracias, conforme al estatuto de David varón de Dios, guardando su turno.
25 Matanías, Bacbuquías, Obadías, Mesulam, Talmón y Acub, guardas, eran porteros para la guardia a las entradas de las puertas.
26 Éstos fueron en los días de Joiacim hijo de Jesúa, hijo de Josadac, y en los días del gobernador Nehemías y del sacerdote Esdras, escriba.

Dedicación del muro

27 Para la dedicación del muro de Jerusalén, buscaron a los levitas de todos sus lugares para traerlos a Jerusalén, para hacer la dedicación y la fiesta con alabanzas y con cánticos, con címbalos, salterios y cítaras.
28 Y fueron reunidos los hijos de los cantores, así de la región alrededor de Jerusalén como de las aldeas de los netofatitas;
29 y de la casa de Gilgal, y de los campos de Geba y de Azmavet; porque los cantores se habían edificado aldeas alrededor de Jerusalén.
30 Y se purificaron los sacerdotes y los levitas; y purificaron al pueblo, y las puertas, y el muro.
31 Hice luego subir a los príncipes de Judá sobre el muro, y puse dos coros grandes que fueron en procesión; el uno a la derecha, sobre el muro, hacia la puerta del Muladar.
32 E iba tras de ellos Osaías con la mitad de los príncipes de Judá,
33 y Azarías, Esdras, Mesulam,
34 Judá y Benjamín, Semaías y Jeremías.
35 Y de los hijos de los sacerdotes iban con trompetas Zacarías hijo de Jonatán, hijo de Semaías, hijo de Matanías, hijo de Micaías, hijo de Zacur, hijo de Asaf;
36 y sus hermanos Semaías, Azarael, Milalai, Gilalai, Maai, Natanael, Judá y Hanani, con los instrumentos musicales de David varón de Dios; y el escriba Esdras delante de ellos.
37 Y a la puerta de la Fuente, en frente de ellos, subieron por las gradas de la ciudad de David, por la subida del muro, desde la casa de David hasta la puerta de las Aguas, al oriente.
38 El segundo coro iba del lado opuesto, y yo en pos de él, con la mitad del pueblo sobre el muro, desde la torre de los Hornos hasta el muro ancho;
39 y desde la puerta de Efraín hasta la puerta Vieja y a la puerta del Pescado, y la torre de Hananeel, y la torre de Hamea, hasta la puerta de las Ovejas; y se detuvieron en la puerta de la Cárcel.
40 Llegaron luego los dos coros a la casa de Dios; y yo, y la mitad de los oficiales conmigo,
41 y los sacerdotes Eliacim, Maaseías, Miniamín, Micaías, Elioenai, Zacarías y Hananías, con trompetas;

LECCIONES DE VIDA

➤ *12.27 — Para la dedicación del muro de Jerusalén, buscaron a los levitas... para hacer la dedicación y la fiesta con alabanzas y con cánticos.*

Es bueno celebrar lo que Dios ha hecho a través de sus siervos dispuestos. Esto no solamente honra y exalta al Señor, quien lo hizo posible, también nos anima a reconocer su gracia al hacer su obra por medio de nosotros.

42 y Maasías, Semaías, Eleazar, Uzi, Johanán,
Malquías, Elam y Ezer. Y los cantores cantaban en alta voz, e Izrahías era el director.
➤ 43 Y sacrificaron aquel día numerosas víctimas, y se regocijaron, porque Dios los había
recreado con grande contentamiento; se alegraron también las mujeres y los niños; y el
alborozo de Jerusalén fue oído desde lejos.

Porciones para sacerdotes y levitas

44 En aquel día fueron puestos varones sobre
las cámaras de los tesoros, de las ofrendas, de
las primicias y de los diezmos, para recoger
en ellas, de los ejidos de las ciudades, las porciones legales para los sacerdotes y levitas;
porque era grande el gozo de Judá con respecto a los sacerdotes y levitas que servían.
45 Y habían cumplido el servicio de su Dios, y
el servicio de la expiación, como también los
cantores[a] y los porteros,[b] conforme al estatuto de David y de Salomón su hijo.
46 Porque desde el tiempo de David y de Asaf,
ya de antiguo, había un director de cantores
para los cánticos y alabanzas y acción de gracias a Dios.
47 Y todo Israel en días de Zorobabel y en días
de Nehemías daba alimentos a los cantores
y a los porteros, cada cosa en su día; consagraban asimismo sus porciones a los levitas,
y los levitas consagraban parte a los hijos de
Aarón.

Reformas de Nehemías

13 AQUEL día se leyó en el libro de
Moisés, oyéndolo el pueblo, y fue hallado escrito en él que los amonitas y moabitas
no debían entrar jamás en la congregación
de Dios,
➤ 2 por cuanto no salieron a recibir a los hijos de
Israel con pan y agua, sino que dieron dinero
a Balaam para que los maldijera;[a] mas nuestro Dios volvió la maldición en bendición.[b]
3 Cuando oyeron, pues, la ley, separaron de
Israel a todos los mezclados con extranjeros.
4 Y antes de esto el sacerdote Eliasib, siendo
jefe de la cámara de la casa de nuestro Dios,
había emparentado con Tobías,
5 y le había hecho una gran cámara, en la cual
guardaban antes las ofrendas, el incienso, los
utensilios, el diezmo del grano, del vino y del
aceite, que estaba mandado dar a los levitas,
a los cantores y a los porteros, y la ofrenda de
los sacerdotes.
6 Mas a todo esto, yo no estaba en Jerusalén,
porque en el año treinta y dos de Artajerjes
rey de Babilonia fui al rey; y al cabo de algunos días pedí permiso al rey
7 para volver a Jerusalén; y entonces supe del
mal que había hecho Eliasib por consideración a Tobías, haciendo para él una cámara en
los atrios de la casa de Dios.
8 Y me dolió en gran manera; y arrojé todos
los muebles de la casa de Tobías fuera de la
cámara,
9 y dije que limpiasen las cámaras, e hice volver allí los utensilios de la casa de Dios, las
ofrendas y el incienso.
10 Encontré asimismo que las porciones para
los levitas no les habían sido dadas, y que
los levitas[c] y cantores que hacían el servicio
habían huido cada uno a su heredad.
11 Entonces reprendí a los oficiales, y dije:
¿Por qué está la casa de Dios abandonada? Y
los reuní y los puse en sus puestos.
12 Y todo Judá trajo el diezmo del grano, del
vino y del aceite, a los almacenes.[d]
13 Y puse por mayordomos de ellos al sacerdote Selemías y al escriba Sadoc, y de los levitas a Pedaías; y al servicio de ellos a Hanán
hijo de Zacur, hijo de Matanías; porque eran
tenidos por fieles, y ellos tenían que repartir
a sus hermanos.
14 Acuérdate de mí, oh Dios, en orden a esto,
y no borres mis misericordias que hice en la
casa de mi Dios, y en su servicio.
15 En aquellos días vi en Judá a algunos que
pisaban en lagares en el día de reposo,* y
que acarreaban haces, y cargaban asnos con
vino, y también de uvas, de higos y toda suerte de carga, y que traían a Jerusalén en día de
reposo;[e]* y los amonesté acerca del día en que
vendían las provisiones.
16 También había en la ciudad tirios que
traían pescado y toda mercadería, y vendían en día de reposo* a los hijos de Judá en
Jerusalén.
17 Y reprendí a los señores de Judá y les dije:
¿Qué mala cosa es esta que vosotros hacéis,
profanando así el día de reposo?*
18 ¿No hicieron así vuestros padres, y trajo nuestro Dios todo este mal sobre nosotros
y sobre esta ciudad? ¿Y vosotros añadís ira
sobre Israel profanando el día de reposo?*

* Aquí equivale a *sábado*.

a. 12.45 1 Cr 25.1-8. **b. 12.45** 1 Cr 26.12. **a. 13.2** Nm 22.1-6.
b. 13.1-2 Dt 23.3-5. **c. 13.10** Dt 12.19. **d. 13.12** Mal 3.10.
e. 13.15 Éx 20.8-10; Dt 5.12-14; Jer 17.21-22.

LECCIONES DE VIDA

➤ ***12.43 — sacrificaron aquel día numerosas víctimas, y se regocijaron, porque Dios los había recreado con grande contentamiento… el alborozo de Jerusalén fue oído desde lejos.***

El contentamiento y el gran gozo son evidencia de un corazón que ha sido redimido y atraen poderosamente la atención de aquellos a quienes les gustaría experimentarlos.

➤ ***13.2 — nuestro Dios volvió la maldición en bendición.***

Dios es un experto en convertir maldiciones en bendiciones. ¿Cuándo fue la última vez que lo hizo por usted?

19 Sucedió, pues, que cuando iba oscurecien-
do a las puertas de Jerusalén antes del día de
reposo,* dije que se cerrasen las puertas, y
ordené que no las abriesen hasta después del
día de reposo;* y puse a las puertas algunos
de mis criados, para que en día de reposo* no
introdujeran carga.
20 Y se quedaron fuera de Jerusalén una y dos
veces los negociantes y los que vendían toda
especie de mercancía.
➤ 21 Y les amonesté y les dije: ¿Por qué os quedáis vosotros delante del muro? Si lo hacéis
otra vez, os echaré mano. Desde entonces no
vinieron en día de reposo.*
22 Y dije a los levitas que se purificasen y
viniesen a guardar las puertas, para santificar
el día del reposo.* También por esto acuérdate
de mí, Dios mío, y perdóname según la grandeza de tu misericordia.
23 Vi asimismo en aquellos días a judíos que
habían tomado mujeres de Asdod, amonitas,
y moabitas;
24 y la mitad de sus hijos hablaban la lengua
de Asdod, porque no sabían hablar judaico,
sino que hablaban conforme a la lengua de
cada pueblo.
25 Y reñí con ellos, y los maldije, y herí a algunos de ellos, y les arranqué los cabellos, y les
hice jurar, diciendo: No daréis vuestras hijas a
sus hijos, y no tomaréis de sus hijas para vuestros hijos, ni para vosotros mismos.[f]
26 ¿No pecó por esto Salomón, rey de Israel? ➤
Bien que en muchas naciones no hubo rey
como él, que era amado de su Dios,[g] y Dios lo
había puesto por rey sobre todo Israel, aun a
él le hicieron pecar las mujeres extranjeras.[h]
27 ¿Y obedeceremos a vosotros para cometer
todo este mal tan grande de prevaricar contra
nuestro Dios, tomando mujeres extranjeras?
28 Y uno de los hijos de Joiada hijo del sumo
sacerdote Eliasib era yerno de Sanbalat[i] horonita; por tanto, lo ahuyenté de mí.
29 Acuérdate de ellos, Dios mío, contra los
que contaminan el sacerdocio, y el pacto del
sacerdocio y de los levitas.
30 Los limpié, pues, de todo extranjero, y puse
a los sacerdotes y levitas por sus grupos, a
cada uno en su servicio;
31 y para la ofrenda de la leña en los tiempos
señalados, y para las primicias. Acuérdate de
mí, Dios mío, para bien.

* Aquí equivale a *sábado*.

f. 13.23-25 Éx 34.11-16; Dt 7.1-5. **g. 13.26** 2 S 12.24-25. **h. 13.26** 1 R 11.1-8. **i. 13.28** Neh 4.1.

LECCIONES DE VIDA

➤ *13.21 — ¿Por qué os quedáis vosotros delante del muro? Si lo hacéis otra vez, os echaré mano.*

Somos demasiados los que confundimos entre los conceptos de «afable» y «piadoso». No son sinónimos. Un hombre piadoso en ciertos momentos tiene que hablar con firmeza y gran celo, mientras que un hombre afable prefiere evitar la situación por completo.

➤ *13.26 — ¿No pecó por esto Salomón, rey de Israel?... era amado de su Dios, y Dios lo había puesto por rey sobre todo Israel, aun a él le hicieron pecar las mujeres extranjeras.*

Puesto que la intimidad con Dios es su prioridad máxima para nuestra vida, el Señor prohíbe a los creyentes casarse con incrédulos. ¿Por qué querríamos hacer algo que amenace la intimidad de nuestra relación con Él?

EL LIBRO DE

ESTER

El nombre hebreo de Ester era *Hadasa*, que quiere decir «mirto» (Est 2.7), pero su nombre en persa provenía de la palabra persa que significa «estrella» (*stara*). El título de este libro en griego es *Esthér*, al español Ester.

A pesar de su origen hebreo y su condición de exiliada, Ester se convirtió en reina de Persia en una sucesión de circunstancias inusitadas. Esta huérfana judía, criada por su primo Mardoqueo, parecía la candidata menos esperada para el harén del rey. Por su gran belleza, se ganó un lugar entre un gran número de mujeres que anhelaban ser siquiera vistas por el rey, y aunque su aspecto físico le ayudó a ganarse su favor, es indudable que sus cualidades espirituales más profundas le pusieron el sello al afecto del rey.

El libro de Ester es una historia magnífica de intriga y heroísmo, pero su inclusión en las Escrituras ha sido debatida durante siglos porque Dios ni siquiera es mencionado una sola vez en el libro. De hecho, la única referencia a cualquier clase de disciplina espiritual se limita a una breve alusión al ayuno y la oración. No obstante, la mano providencial y protectora del Señor es evidente a lo largo del libro, en especial cuando el pueblo de Dios está en grave peligro de ser aniquilado.

Como en todas las grandes historias, el libro de Ester está lleno de héroes y villanos. Los héroes incluyen a Ester y Mardoqueo. El villano principal fue Amán, la mano derecha del rey y responsable de maquinar un complot cobarde para matar a Mardoqueo y exterminar a los judíos. Cuando Ester se enteró de la conspiración en contra de los judíos, tomó la difícil decisión de tratar de salvar a su pueblo, así le costara su propia vida. Respaldada por Mardoqueo, ella aprovechó la oportunidad que Dios le dio. Ester no sucumbió al temor sino que avanzó con fe. A través del coraje de la bella Ester y el consejo del sabio Mardoqueo, el Señor frustró la trama de Amán y trajo una gran liberación a los judíos. La fiesta de Purim se convirtió en un recordatorio anual de la fidelidad de Dios hacia su pueblo.

Por medio de estas circunstancias el Señor demostró su amor eterno y su poder para proteger a los suyos. Dios tomó un plan genocida contra su pueblo y lo convirtió en una ocasión para bendecirlos.

Tema: La mano invisible de Dios, quien en su providencia cuida, protege y libra a los suyos. Además, Dios usa a personas piadosas y dispuestas a luchar contra la injusticia, aunque tengan que enfrentar graves peligros.

Autor: Desconocido.

Fecha: La historia de Ester se enmarca en el siglo quinto a.C. Ester fue contemporánea de Zorobabel, Esdras y Nehemías.

Estructura: El libro de Ester se escribió como una narración histórica. La trama está llena de interesante giros en torno al reinado (1.1—2.23); llena de suspenso con los planes de Amán (3.1—7.10); e intriga y heroísmo ante la amenaza de muerte con la liberación del pueblo judío (8.1—10.3).

A medida que lea Ester, fíjese en los principios de vida que juegan un papel importante en este libro.

8. Libremos nuestras batallas de rodillas y siempre obtendremos la victoria. *Véase Ester 4.16; página 562.*

2. Obedezcamos a Dios y dejemos las consecuencias en sus manos. *Véase Ester 6.1; página 562.*

14. Dios actúa a favor de quienes esperan en Él. *Véase Ester 9.1; página 565.*

La reina Vasti desafía a Asuero

1 ACONTECIÓ en los días de Asuero,[a] el
Asuero que reinó desde la India hasta
Etiopía sobre ciento veintisiete provincias,
2 que en aquellos días, cuando fue afirmado el
rey Asuero sobre el trono de su reino, el cual
estaba en Susa capital del reino,
3 en el tercer año de su reinado hizo banquete a todos sus príncipes y cortesanos, teniendo
delante de él a los más poderosos de Persia y de Media, gobernadores y príncipes de
provincias,
4 para mostrar él las riquezas de la gloria de
su reino, el brillo y la magnificencia de su
poder, por muchos días, ciento ochenta días.
5 Y cumplidos estos días, hizo el rey otro banquete por siete días en el patio del huerto del
palacio real a todo el pueblo que había en
Susa capital del reino, desde el mayor hasta el menor.
6 El pabellón era de blanco, verde y azul,
tendido sobre cuerdas de lino y púrpura en
anillos de plata y columnas de mármol; los
reclinatorios de oro y de plata, sobre losado
de pórfido y de mármol, y de alabastro y de
jacinto.
7 Y daban a beber en vasos de oro, y vasos
diferentes unos de otros, y mucho vino real, de
acuerdo con la generosidad del rey.
8 Y la bebida era según esta ley: Que nadie
fuese obligado a beber; porque así lo había
mandado el rey a todos los mayordomos de
su casa, que se hiciese según la voluntad de
cada uno.
9 Asimismo la reina Vasti hizo banquete para
las mujeres, en la casa real del rey Asuero.
10 El séptimo día, estando el corazón del rey
alegre del vino, mandó a Mehumán, Bizta,
Harbona, Bigta, Abagta, Zetar y Carcas, siete
eunucos que servían delante del rey Asuero,
11 que trajesen a la reina Vasti a la presencia
del rey con la corona regia, para mostrar a los
pueblos y a los príncipes su belleza; porque
era hermosa.
12 Mas la reina Vasti no quiso comparecer
a la orden del rey enviada por medio de los
eunucos; y el rey se enojó mucho, y se encendió en ira.
13 Preguntó entonces el rey a los sabios
que conocían los tiempos (porque así
acostumbraba el rey con todos los que sabían
la ley y el derecho;
14 y estaban junto a él Carsena, Setar, Adma-
ta, Tarsis, Meres, Marsena y Memucán, siete
príncipes de Persia y de Media que veían la
cara del rey, y se sentaban los primeros del
reino);
15 les preguntó qué se había de hacer con la
reina Vasti según la ley, por cuanto no había
cumplido la orden del rey Asuero enviada por
medio de los eunucos.
16 Y dijo Memucán delante del rey y de los
príncipes: No solamente contra el rey ha pecado la reina Vasti, sino contra todos los príncipes, y contra todos los pueblos que hay en
todas las provincias del rey Asuero.
17 Porque este hecho de la reina llegará a
oídos de todas las mujeres, y ellas tendrán en
poca estima a sus maridos, diciendo: El rey
Asuero mandó traer delante de sí a la reina
Vasti, y ella no vino.
18 Y entonces dirán esto las señoras de Persia y de Media que oigan el hecho de la reina,
a todos los príncipes del rey; y habrá mucho
menosprecio y enojo.
19 Si parece bien al rey, salga un decreto real
de vuestra majestad y se escriba entre las
leyes de Persia y de Media, para que no sea
quebrantado: Que Vasti no venga más delante
del rey Asuero; y el rey haga reina a otra que
sea mejor que ella.
20 Y el decreto que dicte el rey será oído en
todo su reino, aunque es grande, y todas las
mujeres darán honra a sus maridos, desde el
mayor hasta el menor.
21 Agradó esta palabra a los ojos del rey y de
los príncipes, e hizo el rey conforme al dicho
de Memucán;
22 pues envió cartas a todas las provincias
del rey, a cada provincia conforme a su escritura, y a cada pueblo conforme a su lenguaje,
diciendo que todo hombre afirmase su autoridad en su casa; y que se publicase esto en la
lengua de su pueblo.

Ester es proclamada reina

2 PASADAS estas cosas, sosegada ya la ira
del rey Asuero, se acordó de Vasti y de lo
que ella había hecho, y de la sentencia contra
ella.
2 Y dijeron los criados del rey, sus cortesanos: Busquen para el rey jóvenes vírgenes de
buen parecer;
3 y ponga el rey personas en todas las provincias de su reino, que lleven a todas las jóvenes
vírgenes de buen parecer a Susa, residencia

a. **1.1** Esd 4.6.

LECCIONES DE VIDA

➤ ***1.13 — Preguntó entonces el rey a los sabios que conocían los tiempos.***

Es sabio de nuestra parte hacer el esfuerzo de «conocer los tiempos», de entender con la mayor precisión posible cómo piensa, se comporta y se comunica la gente de nuestro tiempo. Así podremos maximizar nuestra influencia para Cristo en la cultura.

➤ ***1.18 — dirán esto las señoras de Persia y de Media que oigan el hecho de la reina, a todos los príncipes del rey; y habrá mucho menosprecio y enojo.***

Aquellos en autoridad (oficiales, profesores, padres de familia) pueden tener una influencia enorme en los demás, simplemente por su manera de actuar, sea para bien o para mal (1 Co 15.33; 1 Ti 4.12).

real, a la casa de las mujeres, al cuidado de
Hegai eunuco del rey, guarda de las mujeres,
y que les den sus atavíos;
4 y la doncella que agrade a los ojos del rey,
reine en lugar de Vasti. Esto agradó a los ojos
del rey, y lo hizo así.
5 Había en Susa residencia real un varón
judío cuyo nombre era Mardoqueo hijo de
Jair, hijo de Simei, hijo de Cis, del linaje de
Benjamín;
6 el cual había sido transportado de Jerusalén con los cautivos que fueron llevados con
Jeconías rey de Judá, a quien hizo transportar
Nabucodonosor rey de Babilonia.[a]
7 Y había criado a Hadasa, es decir, Ester, hija
de su tío, porque era huérfana; y la joven era
de hermosa figura y de buen parecer. Cuando
su padre y su madre murieron, Mardoqueo la
adoptó como hija suya.
8 Sucedió, pues, que cuando se divulgó el
mandamiento y decreto del rey, y habían
reunido a muchas doncellas en Susa residencia real, a cargo de Hegai, Ester también fue
llevada a la casa del rey, al cuidado de Hegai
guarda de las mujeres.
➤ 9 Y la doncella agradó a sus ojos, y halló gracia delante de él, por lo que hizo darle prontamente atavíos y alimentos, y le dio también
siete doncellas especiales de la casa del rey; y
la llevó con sus doncellas a lo mejor de la casa
de las mujeres.
➤ 10 Ester no declaró cuál era su pueblo ni su
parentela, porque Mardoqueo le había mandado que no lo declarase.
11 Y cada día Mardoqueo se paseaba delante
del patio de la casa de las mujeres, para saber
cómo le iba a Ester, y cómo la trataban.
12 Y cuando llegaba el tiempo de cada una de
las doncellas para venir al rey Asuero, después de haber estado doce meses conforme a la ley acerca de las mujeres, pues así se
cumplía el tiempo de sus atavíos, esto es, seis
meses con óleo de mirra y seis meses con perfumes aromáticos y afeites de mujeres,
13 entonces la doncella venía así al rey. Todo
lo que ella pedía se le daba, para venir
ataviada con ello desde la casa de las mujeres
hasta la casa del rey.
14 Ella venía por la tarde, y a la mañana
siguiente volvía a la casa segunda de las mujeres, al cargo de Saasgaz eunuco del rey, guarda de las concubinas; no venía más al rey,
salvo si el rey la quería y era llamada por
nombre.
15 Cuando le llegó a Ester, hija de Abihail ◄
tío de Mardoqueo, quien la había tomado por
hija, el tiempo de venir al rey, ninguna cosa
procuró sino lo que dijo Hegai eunuco del rey,
guarda de las mujeres; y ganaba Ester el favor
de todos los que la veían.
16 Fue, pues, Ester llevada al rey Asuero a su
casa real en el mes décimo, que es el mes de
Tebet, en el año séptimo de su reinado.
17 Y el rey amó a Ester más que a todas las ◄
otras mujeres, y halló ella gracia y benevolencia delante de él más que todas las demás vírgenes; y puso la corona real en su cabeza, y la
hizo reina en lugar de Vasti.
18 Hizo luego el rey un gran banquete a todos
sus príncipes y siervos, el banquete de Ester;
y disminuyó tributos a las provincias, e hizo y
dio mercedes conforme a la generosidad real.

Mardoqueo denuncia una conspiración contra el rey

19 Cuando las vírgenes eran reunidas la
segunda vez, Mardoqueo estaba sentado a la
puerta del rey.
20 Y Ester, según le había mandado Mardoqueo, no había declarado su nación ni su
pueblo; porque Ester hacía lo que decía Mardoqueo, como cuando él la educaba.
21 En aquellos días, estando Mardoqueo sentado a la puerta del rey, se enojaron Bigtán y
Teres, dos eunucos del rey, de la guardia de
la puerta, y procuraban poner mano en el rey
Asuero.
22 Cuando Mardoqueo entendió esto, lo
denunció a la reina Ester, y Ester lo dijo al rey
en nombre de Mardoqueo.

a. 2.6 2 R 24.10-16; 2 Cr 36.10.

LECCIONES DE VIDA

➤ ***2.9 — la doncella agradó a sus ojos, y halló gracia delante de él.***

Dios a menudo demuestra su gracia a sus hijos piadosos y les concede hallar gracia delante de individuos poderosos o influyentes. Siempre que esto sucede no es por coincidencia, es la obra de nuestro Señor soberano.

➤ ***2.10 — Ester no declaró cuál era su pueblo ni su parentela, porque Mardoqueo le había mandado que no lo declarase.***

La obediencia de Ester en algo pequeño condujo eventualmente a una gran bendición en el tiempo de la prueba. Dios usa cada acto de obediencia piadosa de manera poderosa.

➤ ***2.15 — ninguna cosa procuró sino lo que dijo Hegai eunuco del rey, guarda de las mujeres.***

Ester no tenía solamente un espíritu obediente, también poseía un corazón humilde. Ella reconoció que no sabía qué sería lo mejor en su nueva situación, así que actuó sabiamente siguiendo los consejos de alguien con más experiencia.

➤ ***2.17 — el rey amó a Ester más que a todas las otras mujeres... y puso la corona real en su cabeza.***

Este versículo explica que el rey trató a Ester con «gracia y benevolencia» porque la amaba, pero nosotros sabemos que el Señor estaba obrando en lo invisible, orquestando su plan para salvar a su pueblo (Est 4.14; Pr 21.1). Dios se mantiene íntimamente involucrado en nuestras vidas, incluso cuando no nos damos cuenta de ello.

23 Se hizo investigación del asunto, y fue
hallado cierto; por tanto, los dos eunucos fueron colgados en una horca. Y fue escrito el caso en el libro de las crónicas del rey.

Amán trama la destrucción de los judíos

3 DESPUÉS de estas cosas el rey Asuero
engrandeció a Amán hijo de Hamedata agagueo, y lo honró, y puso su silla sobre todos los príncipes que estaban con él.
2 Y todos los siervos del rey que estaban a la
puerta del rey se arrodillaban y se inclinaban ante Amán, porque así lo había mandado el rey; pero Mardoqueo ni se arrodillaba ni se humillaba.
3 Y los siervos del rey que estaban a la puerta
preguntaron a Mardoqueo: ¿Por qué traspasas el mandamiento del rey?
4 Aconteció que hablándole cada día de esta
manera, y no escuchándolos él, lo denunciaron a Amán, para ver si Mardoqueo se mantendría firme en su dicho; porque ya él les había declarado que era judío.
5 Y vio Amán que Mardoqueo ni se arrodi-
llaba ni se humillaba delante de él; y se llenó de ira.
6 Pero tuvo en poco poner mano en Mardo-
queo solamente, pues ya le habían declarado cuál era el pueblo de Mardoqueo; y procuró Amán destruir a todos los judíos que había en el reino de Asuero, al pueblo de Mardoqueo.
7 En el mes primero, que es el mes de Nisán,
en el año duodécimo del rey Asuero, fue echada Pur, esto es, la suerte, delante de Amán, suerte para cada día y cada mes del año; y salió el mes duodécimo, que es el mes de Adar.
8 Y dijo Amán al rey Asuero: Hay un pue-
blo esparcido y distribuido entre los pueblos en todas las provincias de tu reino, y sus leyes son diferentes de las de todo pueblo, y no guardan las leyes del rey, y al rey nada le beneficia el dejarlos vivir.
9 Si place al rey, decrete que sean destruidos;
y yo pesaré diez mil talentos de plata a los que manejan la hacienda, para que sean traídos a los tesoros del rey.
10 Entonces el rey quitó el anillo de su mano,
y lo dio a Amán hijo de Hamedata agagueo, enemigo de los judíos,
11 y le dijo: La plata que ofreces sea para ti,
y asimismo el pueblo, para que hagas de él lo que bien te pareciere.

Ejemplos de vida

MARDOQUEO

No se inclinó ante ningún hombre

EST 3.1–6

Si alguien tenía razones para doblegarse y ceder en sus convicciones, era Mardoqueo. Tuvo que decidir entre arrodillarse ante el poderoso oficial Amán, o perder la vida. Mardoqueo se mantuvo en pie y rehusó desobedecer el mandamiento de Dios en contra de inclinarse o rendir culto a algo o alguien fuera de Él (Éx 20.3; Lv 26.1; Jos 23.16).

Día tras día, los demás oficiales trataron de hacer entrar en razón a Mardoqueo, pero él siguió negándose a claudicar su firme postura. Quizás recordó las palabras de Dios: «¿Quién eres tú para que tengas temor del hombre, que es mortal, y del hijo de hombre, que es como heno? Y ya te has olvidado de Jehová tu Hacedor» (Is 51.12, 13).

Al final, Dios no sólo libró la vida de Mardoqueo, sino que lo convirtió en un oficial público de gran autoridad y honra (Est 10.3). Dios habla en serio cuando dice: «yo honraré a los que me honran» (1 S 2.30).

Para un estudio más a fondo, véase el Índice de Principios de vida:
21. La obediencia siempre trae bendición consigo.

12 Entonces fueron llamados los escribanos
del rey en el mes primero, al día trece del mismo, y fue escrito conforme a todo lo que mandó Amán, a los sátrapas del rey, a los

LECCIONES DE VIDA

2.23 — Se hizo investigación del asunto, y fue hallado cierto; por tanto, los dos eunucos fueron colgados en una horca. Y fue escrito el caso en el libro de las crónicas del rey.

Dios también puede usar registros históricos seculares para cumplir su voluntad y bendecir a su pueblo. Nadie sabía en aquel momento cuán importante sería este incidente, solamente el Señor (Est 6).

3.2 — Mardoqueo ni se arrodillaba ni se humillaba.

Mardoqueo era leal a Dios y a nadie más, por eso rehusó hincarse para adorar a un hombre, sin importar cuánto poder pudiera ostentar. Si tememos al Señor, no tenemos razón para temer a ningún otro ser humano, ni a ningún problema u obstáculo (Pr 29.25).

capitanes que estaban sobre cada provincia y a los príncipes de cada pueblo, a cada provincia según su escritura, y a cada pueblo según su lengua; en nombre del rey Asuero fue escrito, y sellado con el anillo del rey.
13 Y fueron enviadas cartas por medio de correos a todas las provincias del rey, con la orden de destruir, matar y exterminar a todos los judíos, jóvenes y ancianos, niños y mujeres, en un mismo día, en el día trece del mes duodécimo, que es el mes de Adar, y de apoderarse de sus bienes.
14 La copia del escrito que se dio por mandamiento en cada provincia fue publicada a todos los pueblos, a fin de que estuviesen listos para aquel día.
15 Y salieron los correos prontamente por mandato del rey, y el edicto fue dado en Susa capital del reino. Y el rey y Amán se sentaron a beber; pero la ciudad de Susa estaba conmovida.

Ester promete interceder por su pueblo

4 LUEGO que supo Mardoqueo todo lo que se había hecho, rasgó sus vestidos, se vistió de cilicio y de ceniza, y se fue por la ciudad clamando con grande y amargo clamor.
2 Y vino hasta delante de la puerta del rey; pues no era lícito pasar adentro de la puerta del rey con vestido de cilicio.
➤ 3 Y en cada provincia y lugar donde el mandamiento del rey y su decreto llegaba, tenían los judíos gran luto, ayuno, lloro y lamentación; cilicio y ceniza era la cama de muchos.
4 Y vinieron las doncellas de Ester, y sus eunucos, y se lo dijeron. Entonces la reina tuvo gran dolor, y envió vestidos para hacer vestir a Mardoqueo, y hacerle quitar el cilicio; mas él no los aceptó.
5 Entonces Ester llamó a Hatac, uno de los eunucos del rey, que él había puesto al servicio de ella, y lo mandó a Mardoqueo, con orden de saber qué sucedía, y por qué estaba así.
6 Salió, pues, Hatac a ver a Mardoqueo, a la plaza de la ciudad, que estaba delante de la puerta del rey.
7 Y Mardoqueo le declaró todo lo que le había acontecido, y le dio noticia de la plata que Amán había dicho que pesaría para los tesoros del rey a cambio de la destrucción de los judíos.
8 Le dio también la copia del decreto que había sido dado en Susa para que fuesen destruidos, a fin de que la mostrase a Ester y se lo declarase, y le encargara que fuese ante el rey a suplicarle y a interceder delante de él por su pueblo.
9 Vino Hatac y contó a Ester las palabras de Mardoqueo.
10 Entonces Ester dijo a Hatac que le dijese a Mardoqueo:
11 Todos los siervos del rey, y el pueblo de las provincias del rey, saben que cualquier hombre o mujer que entra en el patio interior para ver al rey, sin ser llamado, una sola ley hay respecto a él: ha de morir; salvo aquel a quien el rey extendiere el cetro de oro, el cual vivirá; y yo no he sido llamada para ver al rey estos treinta días. ➤
12 Y dijeron a Mardoqueo las palabras de Ester.
13 Entonces dijo Mardoqueo que respondiesen a Ester: No pienses que escaparás en la casa del rey más que cualquier otro judío.
14 Porque si callas absolutamente en este tiempo, respiro y liberación vendrá de alguna otra parte para los judíos; mas tú y la casa de tu padre pereceréis. ¿Y quién sabe si para esta hora has llegado al reino? * ➤
15 Y Ester dijo que respondiesen a Mardoqueo:

LECCIONES DE VIDA

➤ ***3.4 — Aconteció que hablándole cada día de esta manera, y no escuchándolos él, lo denunciaron a Amán, para ver si Mardoqueo se mantendría firme en su dicho.***

La gente que no conoce al Señor tratará de convencernos, instarnos o hasta forzarnos a abandonar nuestras convicciones, pero si queremos honrar a Dios vamos a obedecer su voz por encima de todas las demás.

➤ ***3.10 — el rey quitó el anillo de su mano, y lo dio a Amán… enemigo de los judíos.***

Aquellos que conspiran contra el pueblo de Dios, además de ser enemigos del pueblo, también se convierten en adversarios del Señor mismo. Dios dice a su pueblo obediente: «seré enemigo de tus enemigos» (Éx 23.22).

➤ ***4.3 — tenían los judíos gran luto, ayuno, lloro y lamentación; cilicio y ceniza era la cama de muchos.***

Cuando acecha una catástrofe, buscar la dirección del Señor mediante oración y ayuno logrará más que cualquier otra reacción.

➤ ***4.11 — cualquier hombre o mujer que entra en el patio interior para ver al rey, sin ser llamado, una sola ley hay respecto a él: ha de morir; salvo aquel a quien el rey extendiere el cetro de oro, el cual vivirá.***

Cuando algo amenaza nuestra vida, es natural que sintamos mucho temor. Esto no es pecado. Lo que marca la diferencia es cómo reaccionamos ante ese temor, con confianza valiente en Dios o un deseo cobarde de supervivencia.

➤ ***4.14 — si callas absolutamente en este tiempo, respiro y liberación vendrá de alguna otra parte para los judíos.***

Dios nunca es limitado por nuestra infidelidad o cobardía. Él desea usarnos para bendecir a su pueblo, pero si no confiamos en Él, usará a otra persona. Él siempre lleva a buen término su plan.

LO QUE LA BIBLIA DICE ACERCA DE LOS BENEFICIOS DE LA ORACIÓN Y EL AYUNO

Est 4.16

Cuando Dios nos llama a orar y ayunar, siempre lo hace para nuestro beneficio. La Biblia nos enseña por lo menos siete beneficios que obtenemos de la oración y el ayuno.

1. *Nuestros sentimientos, actitudes y pensamientos son cernidos, podados, purificados y preparados para un ministerio de mayor alcance.* El ayuno y la oración nos vuelven más disciplinados con los asuntos del Padre, al mostrarle que estamos dispuestos a renunciar a todo lo que nos estorbe, nos haga tropezar o nos impida cumplir sus planes y propósitos con nosotros.

2. *Somos capaces de discernir más claramente la voluntad de Dios para nuestra vida.* El ayuno limpia nuestros ojos y oídos espirituales para que podamos discernir con agudeza lo que Dios desea revelarnos.

3. *Somos confrontados con nuestros pecados y flaquezas para que podamos confesarlos a Dios, recibir perdón por ellos y andar en su rectitud.* Mediante el ayuno y la oración demostramos cuánto deseamos que Dios rompa aquellos hábitos pecaminosos y obstinados que tenemos. Al orar y ayunar, Él nos limpia y purifica de todo lo que nos mantiene enredados en el pecado.

4. *Experimentamos una difusión de poder sobrenatural.* El ayuno y la oración genuinos pueden producir crecimiento espiritual, que incluye una efusión renovada de poder sobrenatural. Ciertos problemas y situaciones no se pueden resolver sin la disciplina del ayuno y la oración (Mt 17.21).

El ayuno y la oración genuinos pueden producir crecimiento espiritual.

5. *Podemos influir en asuntos y problemas a nivel nacional con nuestra intercesión.* En 2 Crónicas 7.14, Dios promete: «Si se humillare mi pueblo, sobre el cual mi nombre es invocado, y oraren, y buscaren mi rostro, y se convirtieren de sus malos caminos; entonces yo oiré desde los cielos, y perdonaré sus pecados, y sanaré su tierra».

6. *Podemos contribuir a edificar el pueblo de Dios.* La oración mantiene a la iglesia, que es el cuerpo, conectada a su cabeza, que es Jesucristo. La oración permite a la iglesia entender la voluntad de Cristo en cada ministerio, así como llenarnos de su amor por los perdidos y de su poder para extender su reino.

7. *Nuestras mentes se despiertan a una nueva dimensión.* Cuando ayunamos y oramos, empezamos a entender las Escrituras como nunca antes. Nos volvemos sensibles a los tiempos de Dios y a su dirección, siendo mucho más conscientes y hábiles para discernir su voluntad. Nos mantenemos totalmente despiertos para captar lo que Dios desea hacer y llevar a cabo, no sólo en nuestras vidas sino también en las personas a nuestro alrededor.

Para un estudio más a fondo, véase el Índice de Principios de vida:
15. El quebrantamiento es el requisito de Dios para que seamos útiles al máximo.
25. Dios nos bendice para que nosotros podamos bendecir a otros.

➤ 16 Ve y reúne a todos los judíos que se hallan en Susa, y ayunad por mí, y no comáis ni bebáis en tres días, noche y día; yo también con mis doncellas ayunaré igualmente, y entonces entraré a ver al rey, aunque no sea conforme a la ley; y si perezco, que perezca.
➤ 17 Entonces Mardoqueo fue, e hizo conforme a todo lo que le mandó Ester.

Ester invita al rey y a Amán a un banquete

5 ACONTECIÓ que al tercer día se vistió Ester su vestido real, y entró en el patio interior de la casa del rey, enfrente del aposento del rey; y estaba el rey sentado en su trono en el aposento real, enfrente de la puerta del aposento.
2 Y cuando vio a la reina Ester que estaba en el patio, ella obtuvo gracia ante sus ojos; y el rey extendió a Ester el cetro de oro que tenía en la mano. Entonces vino Ester y tocó la punta del cetro.
3 Dijo el rey: ¿Qué tienes, reina Ester, y cuál es tu petición? Hasta la mitad del reino se te dará.
➤ 4 Y Ester dijo: Si place al rey, vengan hoy el rey y Amán al banquete que he preparado para el rey.
5 Respondió el rey: Daos prisa, llamad a Amán, para hacer lo que Ester ha dicho. Vino, pues, el rey con Amán al banquete que Ester dispuso.
6 Y dijo el rey a Ester en el banquete, mientras bebían vino: ¿Cuál es tu petición, y te será otorgada? ¿Cuál es tu demanda? Aunque sea la mitad del reino, te será concedida.
7 Entonces respondió Ester y dijo: Mi petición y mi demanda es ésta:
8 Si he hallado gracia ante los ojos del rey, y si place al rey otorgar mi petición y conceder mi demanda, que venga el rey con Amán a otro banquete que les prepararé; y mañana haré conforme a lo que el rey ha mandado.
9 Y salió Amán aquel día contento y alegre de corazón; pero cuando vio a Mardoqueo a la puerta del palacio del rey, que no se levantaba ni se movía de su lugar, se llenó de ira contra Mardoqueo.
10 Pero se refrenó Amán y vino a su casa, y mandó llamar a sus amigos y a Zeres su mujer,
11 y les refirió Amán la gloria de sus riquezas, y la multitud de sus hijos, y todas las cosas con que el rey le había engrandecido, y con que le había honrado sobre los príncipes y siervos del rey.
12 Y añadió Amán: También la reina Ester a ninguno hizo venir con el rey al banquete que ella dispuso, sino a mí; y también para mañana estoy convidado por ella con el rey.
13 Pero todo esto de nada me sirve cada vez que veo al judío Mardoqueo sentado a la puerta del rey.
14 Y le dijo Zeres su mujer y todos sus amigos: Hagan una horca de cincuenta codos de altura, y mañana di al rey que cuelguen a Mardoqueo en ella; y entra alegre con el rey al banquete. Y agradó esto a los ojos de Amán, e hizo preparar la horca.

Amán se ve obligado a honrar a Mardoqueo

6 AQUELLA misma noche se le fue el sueño al rey, y dijo que le trajesen el libro de las memorias y crónicas, y que las leyeran en su presencia. ➤
2 Entonces hallaron escrito que Mardoqueo había denunciado el complot de Bigtán y de Teres, dos eunucos del rey, de la guardia de la puerta, que habían procurado poner mano en el rey Asuero.[a]

a. **6.2** Est 2.21-22.

LECCIONES DE VIDA

➤ ***4.16 — Ve y reúne a todos los judíos que se hallan en Susa, y ayunad por mí... yo también con mis doncellas ayunaré igualmente.***

Cuando acudimos a Dios en oración, reconocemos que Él es el único que controla realmente todo lo concerniente a nosotros. Gracias al tiempo que pasó en la presencia de Dios, Ester recibió la sabiduría y el valor para dirigirse al rey en el momento oportuno. Dios inclinó el corazón del rey para que estuviera dispuesto favorablemente hacia ella. Del mismo modo, cuando usted libra sus batallas de rodillas, siempre obtendrá la victoria.

➤ ***4.17 — Mardoqueo fue, e hizo conforme a todo lo que le mandó Ester.***

Hasta este punto en la historia, Ester siempre ha obedecido las instrucciones de Mardoqueo. La situación cambia y ahora es Mardoqueo quien cumple las palabras de la reina Ester. Ambos nos dan un ejemplo piadoso de sumisión mutua (Ef 5.21).

➤ ***5.4 — Si place al rey, vengan hoy el rey y Amán al banquete que he preparado para el rey.***

Ester demuestra la sabiduría de la Palabra de Dios, en su mandato de dar honra a quienes debamos dar honra, como es el caso del rey (Ro 13.1–7; 1 P 2.17). ¡Dios nos bendice cuando obedecemos su Palabra!

➤ ***6.1 — Aquella misma noche se le fue el sueño al rey, y dijo que le trajesen el libro de las memorias y crónicas.***

Aunque el plan de Amán de colgar a Mardoqueo (Est 5.9–14) y exterminar a los judíos (Est 3) parecía avanzar sin inconvenientes, el Señor obraba de manera invisible. En el momento justo, Él reivindicó a Mardoqueo y salvó a su pueblo. Dios estaba en control, no Amán ni ninguno de los enemigos de Dios. Si los demás han interpretado mal sus acciones aunque usted sigue al Señor, no se angustie. Dios va a salir en su defensa (Sal 54). Obedezca a Dios y deje en sus manos todas las consecuencias de su buena decisión.

➤ ***6.10 — Date prisa, toma el vestido y el caballo, como tú has dicho, y hazlo así con el judío Mardoqueo.***

A Dios le encanta usar para bien lo que los hombres se proponen usar para mal. De esa manera, demuestra que sólo Él es soberano.

3 Y dijo el rey: ¿Qué honra o qué distinción se hizo a Mardoqueo por esto? Y respondieron los servidores del rey, sus oficiales: Nada se ha hecho con él.
4 Entonces dijo el rey: ¿Quién está en el patio? Y Amán había venido al patio exterior de la casa real, para hablarle al rey para que hiciese colgar a Mardoqueo en la horca que él le tenía preparada.
5 Y los servidores del rey le respondieron: He aquí Amán está en el patio. Y el rey dijo: Que entre.
6 Entró, pues, Amán, y el rey le dijo: ¿Qué se hará al hombre cuya honra desea el rey? Y dijo Amán en su corazón: ¿A quién deseará el rey honrar más que a mí?
7 Y respondió Amán al rey: Para el varón cuya honra desea el rey,
8 traigan el vestido real de que el rey se viste, y el caballo en que el rey cabalga, y la corona real que está puesta en su cabeza;
9 y den el vestido y el caballo en mano de alguno de los príncipes más nobles del rey, y vistan a aquel varón cuya honra desea el rey, y llévenlo en el caballo por la plaza de la ciudad, y pregonen delante de él: Así se hará al varón cuya honra desea el rey.
➤10 Entonces el rey dijo a Amán: Date prisa, toma el vestido y el caballo, como tú has dicho, y hazlo así con el judío Mardoqueo, que se sienta a la puerta real; no omitas nada de todo lo que has dicho.
11 Y Amán tomó el vestido y el caballo, y vistió a Mardoqueo, y lo condujo a caballo por la plaza de la ciudad, e hizo pregonar delante de él: Así se hará al varón cuya honra desea el rey.
12 Después de esto Mardoqueo volvió a la puerta real, y Amán se dio prisa para irse a su casa, apesadumbrado y cubierta su cabeza.
13 Contó luego Amán a Zeres su mujer y a todos sus amigos, todo lo que le había acontecido. Entonces le dijeron sus sabios, y Zeres su mujer: Si de la descendencia de los judíos es ese Mardoqueo delante de quien has comenzado a caer, no lo vencerás, sino que caerás por cierto delante de él.
14 Aún estaban ellos hablando con él, cuando los eunucos del rey llegaron apresurados, para llevar a Amán al banquete que Ester había dispuesto.

Amán es ahorcado

7 FUE, pues, el rey con Amán al banquete de la reina Ester.
2 Y en el segundo día, mientras bebían vino, dijo el rey a Ester: ¿Cuál es tu petición, reina Ester, y te será concedida? ¿Cuál es tu demanda? Aunque sea la mitad del reino, te será otorgada.
➤3 Entonces la reina Ester respondió y dijo: Oh rey, si he hallado gracia en tus ojos, y si al rey place, séame dada mi vida por mi petición, y mi pueblo por mi demanda.

Ejemplos de vida

EL REY ASUERO

Un espíritu intranquilo

EST 6.1–10

Dios usa a menudo la intranquilidad de espíritu para captar la atención de una persona.

Cuando se descubrió que Amán había engañado al rey Asuero para que firmara un edicto genocida en contra de los judíos, Mardoqueo solicitó a todo el pueblo de Dios en Susa que ayunaran y oraran para recibir su protección y liberación. Ellos no sabían cómo los iba a rescatar el Señor, simplemente confiaron que lo haría.

Días después, el rey no pudo conciliar el sueño. A causa de su desvelo, Asuero «dijo que le trajesen el libro de las memorias y crónicas, y que las leyeran en su presencia» (Est 6.1). Al revisar los informes de su reinado y oír las palabras de la reina Ester, Asuero descubrió que Mardoqueo le había salvado la vida sin recibir recompensa alguna. A partir de ahí, Dios cambió las circunstancias de manera tan drástica, que Mardoqueo fue honrado y Amán fue quien terminó en la horca. Los judíos fueron salvados y el hombre que se confabuló para su exterminio recibió el castigo de sus propias artimañas.

En muchas ocasiones Dios usa una sensación persistente de intranquilidad para darnos su dirección. Este tipo de intranquilidad se origina en lo más profundo del ser y persiste hasta que tratamos su causa real.

Si usted llega a tener esa sensación, deténgase y pregúntele al Señor qué está tratando de decirle. Pase más tiempo en la Palabra y en oración. Dedique un tiempo específico para aquietarse delante del Señor a fin de poderle escuchar con claridad.

Para un estudio más a fondo, véase el Índice de Principios de vida:

22. Andar en el Espíritu es obedecer las indicaciones iniciales del Espíritu.

4 Porque hemos sido vendidos, yo y mi pueblo, para ser destruidos, para ser muertos y
exterminados. Si para siervos y siervas fuéramos vendidos, me callaría; pero nuestra muerte sería para el rey un daño irreparable.
5 Respondió el rey Asuero, y dijo a la reina
Ester: ¿Quién es, y dónde está, el que ha ensoberbecido su corazón para hacer esto?
6 Ester dijo: El enemigo y adversario es este
malvado Amán. Entonces se turbó Amán
delante del rey y de la reina.
7 Luego el rey se levantó del banquete, encendido en ira, y se fue al huerto del palacio; y se
quedó Amán para suplicarle a la reina Ester
por su vida; porque vio que estaba resuelto
para él el mal de parte del rey.
8 Después el rey volvió del huerto del palacio
al aposento del banquete, y Amán había caído
sobre el lecho en que estaba Ester. Entonces
dijo el rey: ¿Querrás también violar a la reina
en mi propia casa? Al proferir el rey esta palabra, le cubrieron el rostro a Amán.
➤ 9 Y dijo Harbona, uno de los eunucos que servían al rey: He aquí en casa de Amán la horca de cincuenta codos de altura que hizo
Amán para Mardoqueo, el cual había hablado bien por el rey. Entonces el rey dijo: Colgadlo en ella.
10 Así colgaron a Amán en la horca que él
había hecho preparar para Mardoqueo; y se
apaciguó la ira del rey.

Decreto de Asuero a favor de los judíos

8 EL mismo día, el rey Asuero dio a la
reina Ester la casa de Amán enemigo de
los judíos; y Mardoqueo vino delante del rey,
porque Ester le declaró lo que él era respecto
de ella.
➤ 2 Y se quitó el rey el anillo que recogió de
Amán, y lo dio a Mardoqueo. Y Ester puso a
Mardoqueo sobre la casa de Amán.
3 Volvió luego Ester a hablar delante del rey,
y se echó a sus pies, llorando y rogándole que
hiciese nula la maldad de Amán agagueo y su
designio que había tramado contra los judíos.
4 Entonces el rey extendió a Ester el cetro de
oro, y Ester se levantó, y se puso en pie delante del rey,
5 y dijo: Si place al rey, y si he hallado gracia
delante de él, y si le parece acertado al rey, y
yo soy agradable a sus ojos, que se dé orden
escrita para revocar las cartas que autorizan
la trama de Amán hijo de Hamedata agagueo,
que escribió para destruir a los judíos que
están en todas las provincias del rey.
6 Porque ¿cómo podré yo ver el mal que
alcanzará a mi pueblo? ¿Cómo podré yo ver
la destrucción de mi nación?
7 Respondió el rey Asuero a la reina Ester y
a Mardoqueo el judío: He aquí yo he dado a
Ester la casa de Amán, y a él han colgado en
la horca, por cuanto extendió su mano contra los judíos.
8 Escribid, pues, vosotros a los judíos como ➤
bien os pareciere, en nombre del rey, y sella-
dlo con el anillo del rey; porque un edicto que
se escribe en nombre del rey, y se sella con el
anillo del rey, no puede ser revocado.
9 Entonces fueron llamados los escribanos del
rey en el mes tercero, que es Siván, a los veintitrés días de ese mes; y se escribió conforme
a todo lo que mandó Mardoqueo, a los judíos,
y a los sátrapas, los capitanes y los príncipes
de las provincias que había desde la India hasta Etiopía, ciento veintisiete provincias; a cada
provincia según su escritura, y a cada pueblo
conforme a su lengua, a los judíos también
conforme a su escritura y lengua.
10 Y escribió en nombre del rey Asuero, y lo
selló con el anillo del rey, y envió cartas por
medio de correos montados en caballos veloces procedentes de los repastos reales;
11 que el rey daba facultad a los judíos que
estaban en todas las ciudades, para que se
reuniesen y estuviesen a la defensa de su vida,
prontos a destruir, y matar, y acabar con toda
fuerza armada del pueblo o provincia que

LECCIONES DE VIDA

➤ ***7.3 — si he hallado gracia en tus ojos, y si al rey place, séame dada mi vida por mi petición, y mi pueblo por mi demanda.***

Hasta en su petición urgente, Ester demostró un espíritu humilde y una actitud tranquila, lo cual hizo que se ganara aun más el cariño del rey. Su templanza piadosa logró mucho más que cualquier capricho o arranque. Seguir a Dios significa dar un paso de fe con plena seguridad y confianza en la protección y provisión del Señor. Él quiere que nos sometamos a Él de todo corazón, sabiendo que hará todo lo que ha prometido.

➤ ***7.9 — He aquí en casa de Amán la horca de cincuenta codos de altura que hizo Amán para Mardoqueo... Entonces el rey dijo: Colgadlo en ella.***

Dios continuó trastornando los planes de Amán. El Señor convirtió la horca que Amán había dispuesto para total destrucción, en un instrumento de liberación para su pueblo. Aunque una situación se torne funesta, podemos sostenernos en la Palabra de Dios y orar por su intervención por nuestro bien y para su gloria (Sal 9.15; 57.6).

➤ ***8.2 — se quitó el rey el anillo que recogió de Amán, y lo dio a Mardoqueo. Y Ester puso a Mardoqueo sobre la casa de Amán.***

La historia de Mardoqueo y Amán es una ilustración perfecta de Proverbios 13.22: «El bueno dejará herederos a los hijos de sus hijos; pero la riqueza del pecador está guardada para el justo».

➤ ***8.8 — un edicto que se escribe en nombre del rey, y se sella con el anillo del rey, no puede ser revocado.***

Ni siquiera el rey podía revocar su propia orden, pero sí podía dictar otra orden que reemplazara la primera. Dios hace lo que sea necesario para bendecir a su pueblo obediente.

viniese contra ellos, y aun sus niños y mujeres, y apoderarse de sus bienes,
➤ 12 en un mismo día en todas las provincias
del rey Asuero, en el día trece del mes duodécimo, que es el mes de Adar.
13 La copia del edicto que había de darse por
decreto en cada provincia, para que fuese
conocido por todos los pueblos, decía que los
judíos estuviesen preparados para aquel día,
para vengarse de sus enemigos.
14 Los correos, pues, montados en caballos
veloces, salieron a toda prisa por la orden del
rey; y el edicto fue dado en Susa capital del
reino.
15 Y salió Mardoqueo de delante del rey con
vestido real de azul y blanco, y una gran corona de oro, y un manto de lino y púrpura. La
ciudad de Susa entonces se alegró y regocijó;
16 y los judíos tuvieron luz y alegría, y gozo
y honra.
17 Y en cada provincia y en cada ciudad donde llegó el mandamiento del rey, los judíos
tuvieron alegría y gozo, banquete y día de placer. Y muchos de entre los pueblos de la tierra
se hacían judíos, porque el temor de los judíos
había caído sobre ellos.

Los judíos destruyen a sus enemigos

*➤ 9 EN el mes duodécimo, que es el mes de
Adar, a los trece días del mismo mes,
cuando debía ser ejecutado el mandamiento
del rey y su decreto, el mismo día en que los
enemigos de los judíos esperaban enseñorearse de ellos, sucedió lo contrario; porque
los judíos se enseñorearon de los que los
aborrecían.
2 Los judíos se reunieron en sus ciudades, en
todas las provincias del rey Asuero, para descargar su mano sobre los que habían procurado su mal, y nadie los pudo resistir, porque
el temor de ellos había caído sobre todos los
pueblos.
3 Y todos los príncipes de las provincias, los
sátrapas, capitanes y oficiales del rey, apoyaban a los judíos; porque el temor de Mardoqueo había caído sobre ellos.
4 Pues Mardoqueo era grande en la casa del
rey, y su fama iba por todas las provincias;
Mardoqueo iba engrandeciéndose más y más.
5 Y asolaron los judíos a todos sus enemigos a
filo de espada, y con mortandad y destrucción,
e hicieron con sus enemigos como quisieron.
6 En Susa capital del reino mataron y destruyeron los judíos a quinientos hombres.
7 Mataron entonces a Parsandata, Dalfón,
Aspata,
8 Porata, Adalía, Aridata,
9 Parmasta, Arisai, Aridai y Vaizata,
10 diez hijos de Amán hijo de Hamedata,
enemigo de los judíos; pero no tocaron sus
bienes.
11 El mismo día se le dio cuenta al rey acerca del número de los muertos en Susa, residencia real.
12 Y dijo el rey a la reina Ester: En Susa capital del reino los judíos han matado a quinientos hombres, y a diez hijos de Amán. ¿Qué
habrán hecho en las otras provincias del rey?
¿Cuál, pues, es tu petición? y te será concedida; ¿o qué más es tu demanda? y será hecha.
13 Y respondió Ester: Si place al rey, concéda-
se también mañana a los judíos en Susa, que
hagan conforme a la ley de hoy; y que cuelguen en la horca a los diez hijos de Amán.
14 Y mandó el rey que se hiciese así. Se dio
la orden en Susa, y colgaron a los diez hijos
de Amán.
15 Y los judíos que estaban en Susa se juntaron también el catorce del mes de Adar, y
mataron en Susa a trescientos hombres; pero
no tocaron sus bienes.

La fiesta de Purim

16 En cuanto a los otros judíos que estaban
en las provincias del rey, también se juntaron
y se pusieron en defensa de su vida, y descansaron de sus enemigos, y mataron de sus contrarios a setenta y cinco mil; pero no tocaron
sus bienes.
17 Esto fue en el día trece del mes de Adar,
y reposaron en el día catorce del mismo, y lo
hicieron día de banquete y de alegría.
18 Pero los judíos que estaban en Susa se juntaron el día trece y el catorce del mismo mes,
y el quince del mismo reposaron y lo hicieron
día de banquete y de regocijo.
19 Por tanto, los judíos aldeanos que habitan
en las villas sin muro hacen a los catorce del
mes de Adar el día de alegría y de banquete, un día de regocijo, y para enviar porciones
cada uno a su vecino.
20 Y escribió Mardoqueo estas cosas, y envió
cartas a todos los judíos que estaban en todas

LECCIONES DE VIDA

➤ ***8.12 — en un mismo día en todas las provincias del rey Asuero, en el día trece del mes duodécimo, que es el mes de Adar.***

Este decreto entró en vigencia justo antes que la orden genocida de Amán fuera ejecutada. Dios siempre provee para su pueblo a la perfección. ¿Confiaremos en Él?

➤ ***9.1 — el mismo día en que los enemigos de los judíos esperaban enseñorearse de ellos, sucedió lo contrario; porque los judíos se enseñorearon de los que los aborrecían.***

Amán no vivió para ver el revés completo de su plan diabólico. Para Ester y Mardoqueo fue algo inolvidable. Ellos vieron la manera asombrosa en que Dios contestó sus oraciones y los salvó. Por esto mismo, nunca se descorazone cuando la situación parezca irremediable. Más bien, recuerde que a Dios le encanta actuar a favor de quienes lo esperan.

las provincias del rey Asuero, cercanos y distantes,

21 ordenándoles que celebrasen el día decimocuarto del mes de Adar, y el decimoquinto del mismo, cada año,

➤ 22 como días en que los judíos tuvieron paz de sus enemigos, y como el mes que de tristeza se les cambió en alegría, y de luto en día bueno; que los hiciesen días de banquete y de gozo, y para enviar porciones cada uno a su vecino, y dádivas a los pobres.

23 Y los judíos aceptaron hacer, según habían comenzado, lo que les escribió Mardoqueo.

24 Porque Amán hijo de Hamedata agagueo, enemigo de todos los judíos, había ideado contra los judíos un plan para destruirlos, y había echado Pur,[a] que quiere decir suerte, para consumirlos y acabar con ellos.

25 Mas cuando Ester vino a la presencia del rey, él ordenó por carta que el perverso designio que aquél trazó contra los judíos recayera sobre su cabeza; y que colgaran a él y a sus hijos en la horca.

26 Por esto llamaron a estos días Purim, por el nombre Pur. Y debido a las palabras de esta carta, y por lo que ellos vieron sobre esto, y lo que llegó a su conocimiento,

27 los judíos establecieron y tomaron sobre sí, sobre su descendencia y sobre todos los allegados a ellos, que no dejarían de celebrar estos dos días según está escrito tocante a ellos, conforme a su tiempo cada año;

28 y que estos días serían recordados y celebrados por todas las generaciones, familias, provincias y ciudades; que estos días de Purim no dejarían de ser guardados por los judíos, y que su descendencia jamás dejaría de recordarlos.

29 Y la reina Ester hija de Abihail, y Mardoqueo el judío, suscribieron con plena autoridad esta segunda carta referente a Purim.

30 Y fueron enviadas cartas a todos los judíos, a las ciento veintisiete provincias del rey Asuero, con palabras de paz y de verdad,

31 para confirmar estos días de Purim en sus tiempos señalados, según les había ordenado Mardoqueo el judío y la reina Ester, y según ellos habían tomado sobre sí y sobre su descendencia, para conmemorar el fin de los ayunos y de su clamor.

32 Y el mandamiento de Ester confirmó estas celebraciones acerca de Purim, y esto fue registrado en un libro.

Grandeza de Mardoqueo

10 EL rey Asuero impuso tributo sobre la tierra y hasta las costas del mar.

2 Y todos los hechos de su poder y autoridad, y el relato sobre la grandeza de Mardoqueo, con que el rey le engrandeció, ¿no está escrito en el libro de las crónicas de los reyes de Media y de Persia?

3 Porque Mardoqueo el judío fue el segundo después del rey Asuero, y grande entre los judíos, y estimado por la multitud de sus hermanos, porque procuró el bienestar de su pueblo y habló paz para todo su linaje. ➤

a. 9.24 Est 3.7.

LECCIONES DE VIDA

➤ ***9.22 — el mes que de tristeza se les cambió en alegría, y de luto en día bueno.***

Lo que Satanás se había propuesto hacer en un día de matanza y lamento para los judíos, Dios lo convirtió en una ocasión de regocijo y en dádivas a los pobres. Sin importar cuán sombrías lleguen a ser las circunstancias en su vida, Dios puede usarlas para bien si usted solamente confía en Él y lo obedece (Ro 8.28).

➤ ***10.3 — Mardoqueo el judío fue el segundo después del rey Asuero, y grande entre los judíos, y estimado por la multitud de sus hermanos, porque procuró el bienestar de su pueblo.***

Mardoqueo tomó su puesto en la historia, al igual que José y Daniel antes que él, como un hombre piadoso que vivió en el exilio, al cual Dios elevó a una posición de autoridad como mano derecha del rey. El Señor es soberano, ¡y siempre es bueno!

EL LIBRO DE

JOB

Job podría ser el libro más antiguo de la Biblia. Se remonta al tiempo de los patriarcas (Abraham, Isaac, Jacob y José), y cuenta la historia de un hombre que lo pierde todo —su riqueza, su familia, su reputación, su salud— y que lucha con la pregunta: «¿Por qué?»

El libro empieza con un debate celestial entre Dios y Satanás, pasa por tres ciclos de debates terrenales entre Job y sus amigos, y concluye con un dramático «diagnóstico divino» del problema de Job. Al final, Job reconoce la soberanía de Dios en su vida y recibe mucho más de lo que había acumulado antes de sus pruebas.

El nombre de Job también es el título de este libro en hebreo, y se cree que significa «el perseguido».

Tema: Dios es soberano, aún en medio de las peores pruebas de la vida. Él no permitirá que seamos sometidos a una prueba más allá de nuestra capacidad para soportar cualquier adversidad que nos sobrevenga.

Autor: Desconocido. Algunos sugieren a Moisés, Salomón y hasta al mismo Job.

Fecha: ¿Cuándo fue escrito el libro de Job? Los eruditos han debatido este asunto por generaciones. Muchos lo consideran el libro más antiguo de la Biblia, mientras otros insisten que se escribió durante el tiempo del exilio babilónico.

Estructura: La primera parte del libro (1.1—2.10) describe la identidad de Job, lo que le sucedió y quién lo causó. La segunda parte (2.11—31.40) cubre la llegada de los tres amigos de Job y las conversaciones entre ellos y Job. La tercera parte (32—37) describe la instrucción que Job recibió de un hombre más joven llamado Eliú. La cuarta parte (38—39) presenta la respuesta de Dios a las preguntas de Job acerca de su sufrimiento. La quinta parte (40.1—42.9) incluye las dos confesiones de Job, así como la reprimenda de Dios a Elifaz, Bildad y Zofar, así como su demanda de sacrificios por todas las palabras erradas y pecaminosas que dijeron. La escena final (42.10–17) describe la intercesión de Job por sus amigos y la restauración de su riqueza y posición.

A medida que lea Job, fíjese en los principios de vida que juegan un papel importante en este libro:

7. Los momentos sombríos durarán solo el tiempo necesario para que Dios lleve a cabo su propósito en nosotros. *Véase Job 7.17, 18; 23.10; páginas 575, 588.*

9. Confiar en Dios quiere decir ver más allá de lo que podemos, hacia lo que Dios ve. *Véase Job 26.7; página 589.*

26. La adversidad es un puente que nos conduce a una relación más profunda con Dios. *Véase Job 36.15; página 597.*

11. Dios asume toda la responsabilidad en cuanto a nuestras necesidades, si lo obedecemos. *Véase Job 42.7–17; páginas 602-603.*

15. El quebrantamiento es el requisito de Dios para que seamos útiles al máximo. *Véase Job 42.17; página 603.*

Las calamidades de Job

➤ 1 HUBO en tierra de Uz un varón llamado
Job; y era este hombre perfecto y recto,
temeroso de Dios y apartado del mal.
2 Y le nacieron siete hijos y tres hijas.
3 Su hacienda era siete mil ovejas, tres mil
camellos, quinientas yuntas de bueyes, quinientas asnas, y muchísimos criados; y
era aquel varón más grande que todos los
orientales.
4 E iban sus hijos y hacían banquetes en sus
casas, cada uno en su día; y enviaban a llamar a sus tres hermanas para que comiesen y
bebiesen con ellos.
5 Y acontecía que habiendo pasado en turno
los días del convite, Job enviaba y los santi-
ficaba, y se levantaba de mañana y ofrecía
holocaustos conforme al número de todos
ellos. Porque decía Job: Quizá habrán pecado
mis hijos, y habrán blasfemado contra Dios
en sus corazones. De esta manera hacía todos
los días.
6 Un día vinieron a presentarse delante de
Jehová los hijos de Dios, entre los cuales vino
también Satanás.
7 Y dijo Jehová a Satanás: ¿De dónde vienes? Respondiendo Satanás a Jehová, dijo: De
rodear la tierra y de andar por ella.
8 Y Jehová dijo a Satanás: ¿No has considerado a mi siervo Job, que no hay otro como él en
la tierra, varón perfecto y recto, temeroso de
Dios y apartado del mal?
9 Respondiendo Satanás a Jehová, dijo: ¿Acaso teme Job a Dios de balde?
➤ 10 ¿No le has cercado alrededor a él y a su
casa y a todo lo que tiene? Al trabajo de sus
manos has dado bendición; por tanto, sus bienes han aumentado sobre la tierra.
11 Pero extiende ahora tu mano y toca todo lo
que tiene, y verás si no blasfema contra ti en
tu misma presencia.[a]
12 Dijo Jehová a Satanás: He aquí, todo lo que
tiene está en tu mano; solamente no pongas
tu mano sobre él. Y salió Satanás de delante
de Jehová.
13 Y un día aconteció que sus hijos e hijas
comían y bebían vino en casa de su hermano
el primogénito,
14 y vino un mensajero a Job, y le dijo: Estaban arando los bueyes, y las asnas paciendo
cerca de ellos,
15 y acometieron los sabeos y los tomaron, y
mataron a los criados a filo de espada; solamente escapé yo para darte la noticia.
16 Aún estaba éste hablando, cuando vino
otro que dijo: Fuego de Dios cayó del cielo,
que quemó las ovejas y a los pastores, y los
consumió; solamente escapé yo para darte la
noticia.
17 Todavía estaba éste hablando, y vino otro
que dijo: Los caldeos hicieron tres escuadrones, y arremetieron contra los camellos y se
los llevaron, y mataron a los criados a filo de
espada; y solamente escapé yo para darte la
noticia.
18 Entre tanto que éste hablaba, vino otro
que dijo: Tus hijos y tus hijas estaban comiendo y bebiendo vino en casa de su hermano el
primogénito;
19 y un gran viento vino del lado del desierto
y azotó las cuatro esquinas de la casa, la cual
cayó sobre los jóvenes, y murieron; y solamente escapé yo para darte la noticia.
20 Entonces Job se levantó, y rasgó su man- ➤
to, y rasuró su cabeza, y se postró en tierra
y adoró,
21 y dijo: Desnudo salí del vientre de mi
madre, y desnudo volveré allá. Jehová dio,
y Jehová quitó; sea el nombre de Jehová
bendito.
22 En todo esto no pecó Job, ni atribuyó a
Dios despropósito alguno.
2 ACONTECIÓ que otro día vinieron los
hijos de Dios para presentarse delante de
Jehová, y Satanás vino también entre ellos
presentándose delante de Jehová.
2 Y dijo Jehová a Satanás: ¿De dónde vienes?
Respondió Satanás a Jehová, y dijo: De rodear
la tierra, y de andar por ella.
3 Y Jehová dijo a Satanás: ¿No has considerado a mi siervo Job, que no hay otro como él en
la tierra, varón perfecto y recto, temeroso de
Dios y apartado del mal, y que todavía retiene
su integridad, aun cuando tú me incitaste contra él para que lo arruinara sin causa?

a. **1.9-11** Ap 12.10.

LECCIONES DE VIDA

➤ ***1.1 — Job… hombre perfecto y recto, temeroso de Dios y apartado del mal.***

Nuestro comportamiento *sí importa*. Aquellos que están en Cristo deben aprender cómo invitar a Jesús para que viva su vida en y a través de ellos, de tal modo que cada día puedan agradar más a Dios y mantenerse apartados del mal.

➤ ***1.10 — ¿No le has cercado alrededor a él y a su casa y a todo lo que tiene?***

Job no tenía idea del alcance de la protección de Dios que lo rodeaba a él y su familia. Nosotros tampoco lo sabemos, pero si obedecemos con gozo a Dios por su Espíritu, como lo hizo Job, el Señor nos ayuda, nos protege y provee para nuestras necesidades (Sal 34).

➤ ***1.20 — Job se levantó, y rasgó su manto, y rasuró su cabeza, y se postró en tierra y adoró.***

Ante una tragedia, el creyente sufre tanto como el incrédulo. La diferencia es que no se entristece «como los otros que no tienen esperanza» (1 Ts 4.13). Podemos adorar aun en la tragedia, porque nada puede separarnos de Dios y su amor (Ro 8.35–39).

LO QUE LA BIBLIA DICE ACERCA DE
CÓMO DIOS LIMITA NUESTRA ADVERSIDAD

Job 1.12—2.6

Aunque Dios pueda permitirle a Satanás perseguirnos y acusarnos, Él pone límites a las acciones del enemigo. Satanás no tiene libre acceso a nuestras vidas. Sólo Dios, quien nos creó, tiene el derecho de tratarnos directamente en cada momento de la vida.

En el caso de Job, el Señor detuvo al enemigo y le mandó: «no pongas tu mano sobre él» (Job 1.12). El Señor permitió que su siervo Job fuera probado, pero note que Dios limitó lo que Satanás podía hacer. El Señor es omnisciente, omnipotente y omnipresente. Nada es más grande que Él, y esto incluye cualquier pecado o enfermedad. Cuando el Señor le da a Satanás una instrucción estricta como «guarda su vida» (Job 2.6), el enemigo tiene que cumplir, tal como cumple hoy día con los límites que Dios impone a la cantidad de adversidad, sufrimiento y aflicción que experimentamos.

La adversidad tiene límite. A usted le puede parecer que su aflicción nunca pasará, pero sí va a pasar. Recuerde que los problemas de hoy son las oportunidades de Dios para demostrar cuán grande es su fidelidad. Además, Él sólo permitirá que la prueba continúe hasta que lleve a cabo su propósito en su vida. Las crisis pasan. Las circunstancias cambian. Las situaciones evolucionan. Pero en todo ello, Dios obra en y por medio de nuestra adversidad y la lleva a su fin de acuerdo con su calendario.

El enemigo puede tratar de agotarle, pero usted tiene una fuente eterna de fortaleza que vive en su interior y no puede ser vencida. Satanás sabe que como creyentes, le pertenecemos a Dios. Somos salvos por su gracia y por fe en su Hijo.

El Señor no le permitirá al enemigo destruirnos, por eso debemos seguir confiando en Dios y resistir al diablo aún cuando estemos extenuados.

Por eso el enemigo cambia de estrategia y trata de llenar nuestros corazones de temor, duda y desánimo, en un esfuerzo por tentarnos a que nos demos por vencidos.

Bajo presión extrema, la fe de Job se mantuvo firme en Dios, y lo mismo puede ser cierto en nuestro caso. Cuando viene la adversidad, no tenemos que doblegarnos ni conceder la derrota. En 2 Corintios 4.8, 9 el apóstol Pablo escribe: «estamos atribulados en todo, mas no angustiados; en apuros, mas no desesperados; perseguidos, mas no desamparados; derribados, pero no destruidos». El Señor no le permitirá al enemigo destruirnos, por eso debemos seguir confiando en Dios y resistir al diablo aún cuando estemos extenuados (Gá 6.9).

Además de esto, el Señor obra a través de la adversidad y la permite en nuestra vida por una temporada, con el fin de cumplir un propósito importante en nosotros. Isaías 30.20, 21 enseña: «Bien que os dará el Señor pan de congoja y agua de angustia, con todo, tus maestros nunca más te serán quitados, sino que tus ojos verán a tus maestros. Entonces tus oídos oirán a tus espaldas palabra que diga: Este es el camino, andad por él; y no echéis a la mano derecha, ni tampoco torzáis a la mano izquierda». En otras palabras, los momentos sombríos durarán solo el tiempo necesario para que Dios lleve a cabo su propósito en nosotros.

¡Qué buena noticia para nosotros! Dios no solamente pondrá límite a nuestras pruebas y tribulaciones, también nos llevará a una relación más profunda con Él y hará que todas las cosas obren para bien (Ro 8.28). Ciertamente, ¡ésta es una buena razón para alabarlo!

Para un estudio más a fondo, véase el Índice de Principios de vida:

7. *Los momentos sombríos durarán solo el tiempo necesario para que Dios lleve a cabo su propósito en nosotros.*

RESPUESTAS A PREGUNTAS DE LA VIDA

¿Qué papel tiene Satanás en nuestra adversidad?

JOB 2.4–7

Varios pasajes bíblicos ilustran el papel de Satanás en la adversidad. El ejemplo más claro lo hallamos en la historia de Job. Quienes atribuyen toda adversidad al pecado o a una falta de fe, a veces tienen problemas con esta historia. Aunque algunos especulen que los problemas de Job se debieron a su orgullo o al pecado de sus hijos, no hay evidencias reales que respalden tal punto de vista. El libro de Job es la historia de un hombre cuya fe fue puesta a prueba. Job afrontó una conflagración de desesperanza, rechazo, intenso dolor físico y profunda desazón emocional, y es indiscutible que pasó su prueba de fuego. Job fue un «hombre perfecto y recto, temeroso de Dios y apartado del mal». Tras esta descripción inicial en el primer capítulo del libro, el Señor mismo es quien dice acerca de Job: «no hay otro como él en la tierra, varón perfecto y recto, temeroso de Dios y apartado del mal» (Job 1.8).

Job fue un hombre justo cuya adversidad *no* vino como resultado del pecado. De hecho, la discusión entre Dios y Satanás que tiene lugar a continuación, explica por qué Job sufrió de esa manera. Satanás acusó a Job de seguir a Dios solamente porque el Señor lo había bendecido y protegido. El desafío diabólico fue retirar esa protección para ver si Job no maldecía a Dios públicamente.

Satanás se dispuso entonces a destruir todo lo que Job tenía, pero Job no dejó de servir a Dios y andar en sus caminos. Luego Satanás le pidió otro permiso a Dios, que lo dejara afligir a Job en su cuerpo (Job 2.4–7).

Es evidente que la adversidad de Job fue iniciada por Satanás, quien le pidió permiso a Dios para desbaratar la vida de Job. Dios a su vez, le permitió al enemigo afligir a Job de manera limitada. El permiso para la prueba vino de Dios, pero la adversidad vino del diablo.

Pedro recordó a sus lectores que Satanás «anda alrededor» como un león que acecha a la presa, buscando una víctima a la cual devorar (1 P 5.8). Podríamos pensar que las palabras de Pedro se refieren únicamente al papel del diablo en nuestras tentaciones, pero el enemigo es astuto y quiere usar sufrimientos de todo tipo para destruirnos. Si anda alrededor como león rugiente, es porque se dedica a buscar cualquier oportunidad para introducir la adversidad en nuestras vidas, en su intento frenético por hacerle daño al cuerpo de Cristo. No obstante, es un enemigo derrotado. Jesucristo ganó la victoria definitiva en la cruz, y gracias a que Él vive en nosotros, podemos tener esta misma victoria. Puede ser que en ciertos momentos nos toque enfrentar serias amenazas, pero al igual que Job, podemos responder a la prueba manteniéndonos firmes en nuestra fe.

La adversidad no sólo nos ejercita para confiar en Dios, también puede ser un puente a una relación más profunda con Él. Al final de su período de sufrimiento, Job alabó al Señor y le dijo: «De oídas te había oído; mas ahora mis ojos te ven» (Job 42.5).

Para un estudio más a fondo, véase el Índice de Principios de vida:

26. *La adversidad es un puente que nos conduce a una relación más profunda con Dios.*

4 Respondiendo Satanás, dijo a Jehová: Piel por piel, todo lo que el hombre tiene dará por su vida.
5 Pero extiende ahora tu mano, y toca su hueso y su carne, y verás si no blasfema contra ti en tu misma presencia.
6 Y Jehová dijo a Satanás: He aquí, él está en tu mano; mas guarda su vida.
7 Entonces salió Satanás de la presencia de Jehová, e hirió a Job con una sarna maligna desde la planta del pie hasta la coronilla de la cabeza.
8 Y tomaba Job un tiesto para rascarse con él, y estaba sentado en medio de ceniza.
9 Entonces le dijo su mujer: ¿Aún retienes tu integridad? Maldice a Dios, y muérete.

RESPUESTAS A PREGUNTAS DE LA VIDA

¿Cómo puedo manejar las críticas durante tiempos de adversidad?

JOB 2.7–10

En tiempos de adversidad, la vida puede parecer tan árida y sombría que nos sentimos al borde de la desesperanza total. Habrá personas a nuestro alrededor que anticipen nuestro triste final y nos insten a resignarnos a lo inevitable. La esposa de Job fue esa clase de persona. Cuando Job quedó cubierto por una dolorosa sarna maligna desde la planta del pie hasta la coronilla de la cabeza, ella le dijo: «¿Aún retienes tu integridad? Maldice a Dios, y muérete» (Job 2.9).

Job le contestó sabiamente: «Como suele hablar cualquiera de las mujeres fatuas, has hablado. ¿Qué? ¿Recibiremos de Dios el bien, y el mal no lo recibiremos?» La Biblia añade esta frase clave: «En todo esto no pecó Job con sus labios» (Job 2.10).

Cuando usted enfrenta circunstancias difíciles y luego tiene que soportar las opiniones necias y los comentarios negativos de los demás, necesita mucho valor para mantener una perspectiva positiva y seguir creyendo que el Señor está con usted. Muchas veces la esperanza y la fe no son respuestas automáticas a las penalidades y las pruebas. Ambas requieren ejercer la voluntad, respaldada con coraje. El salmista dijo: «¿Por qué te abates, oh alma mía, y te turbas dentro de mí? Espera en Dios; porque aún he de alabarle, salvación mía y Dios mío» (Sal 42.5).

Hay momentos en los que usted debe decirse a sí mismo en voz alta: «Yo sé que Dios tiene un propósito con esto, y sé que Él va a ayudarme a pasar por esto. Yo sé que Él es mi Padre bueno y amoroso, y que está haciendo en mi vida su perfecta y eterna voluntad». Si nadie más le da palabras de esperanza, usted necesita declarársela a sí mismo.

También es posible que necesite valentía para hacer frente a los enemigos que se levantan contra su vida, precisamente aquellos que están causando su adversidad. Moisés se dio cuenta que Josué y los israelitas iban a enfrentar tales pruebas, por eso dijo al pueblo de Dios: «Esforzaos y cobrad ánimo; no temáis, ni tengáis miedo de ellos, porque Jehová tu Dios es el que va contigo; no te dejará, ni te desamparará» (Dt 31.6).

Pídale al Señor que le dé el valor para seguir creyendo en Él y en su presencia constante durante su tiempo de adversidad. Pídale que renueve su esperanza y su fe. Y tenga por seguro que a Él le complace conceder esas fieles peticiones.

Para un estudio más a fondo, véase el Índice de Principios de vida:

29. *Aprendemos más en nuestras experiencias por el valle de lágrimas que en las de la cumbre del éxito.*

10 Y él le dijo: Como suele hablar cualquiera de las mujeres fatuas, has hablado. ¿Qué?
¿Recibiremos de Dios el bien, y el mal no lo
recibiremos? En todo esto no pecó Job con
sus labios.
11 Y tres amigos de Job, Elifaz temanita, Bildad suhita, y Zofar naamatita, luego que oyeron todo este mal que le había sobrevenido,
vinieron cada uno de su lugar; porque habían
convenido en venir juntos para condolerse de
él y para consolarle.

LECCIONES DE VIDA

➤ ***2.10 — ¿Recibiremos de Dios el bien, y el mal no lo recibiremos?***

Dios es soberano, y Él nos ama. Por lo tanto, debemos creer que nada nos alcanza sin pasar primero por sus manos omnipotentes.

➤ ***2.11 — habían convenido en venir juntos para condolerse de él y para consolarle.***

Nos necesitamos unos a otros, especialmente en los momentos sombríos de la vida. La compasión debería brotar de nosotros como algo natural, pero no hace daño elaborar un plan para mostrar esa compasión de la manera más eficaz.

12 Los cuales, alzando los ojos desde lejos, no
lo conocieron, y lloraron a gritos; y cada uno
de ellos rasgó su manto, y los tres esparcieron
polvo sobre sus cabezas hacia el cielo.
13 Así se sentaron con él en tierra por siete días y siete noches, y ninguno le hablaba
palabra, porque veían que su dolor era muy
grande.

Job maldice el día en que nació

3 DESPUÉS de esto abrió Job su boca, y maldijo su día.[a]

2 Y exclamó Job, y dijo:

3 Perezca el día en que yo nací,
Y la noche en que se dijo: Varón es concebido.
4 Sea aquel día sombrío,
Y no cuide de él Dios desde arriba,
Ni claridad sobre él resplandezca.
5 Aféenlo tinieblas y sombra de muerte;
Repose sobre él nublado
Que lo haga horrible como día caliginoso.
6 Ocupe aquella noche la oscuridad;
No sea contada entre los días del año,
Ni venga en el número de los meses.
7 ¡Oh, que fuera aquella noche solitaria,
Que no viniera canción alguna en ella!
8 Maldíganla los que maldicen el día,
Los que se aprestan para despertar a Leviatán.
9 Oscurézcanse las estrellas de su alba;
Espere la luz, y no venga,
Ni vea los párpados de la mañana;
10 Por cuanto no cerró las puertas del vientre donde yo estaba,
Ni escondió de mis ojos la miseria.

➤ 11 ¿Por qué no morí yo en la matriz,
O expiré al salir del vientre?
12 ¿Por qué me recibieron las rodillas?
¿Y a qué los pechos para que mamase?
13 Pues ahora estaría yo muerto, y reposaría;
Dormiría, y entonces tendría descanso,
14 Con los reyes y con los consejeros de la tierra,
Que reedifican para sí ruinas;
15 O con los príncipes que poseían el oro,
Que llenaban de plata sus casas.
16 ¿Por qué no fui escondido como abortivo,
Como los pequeñitos que nunca vieron la luz?
17 Allí los impíos dejan de perturbar,
Y allí descansan los de agotadas fuerzas.
18 Allí también reposan los cautivos;
No oyen la voz del capataz.
19 Allí están el chico y el grande,
Y el siervo libre de su señor.

20 ¿Por qué se da luz al trabajado,
Y vida a los de ánimo amargado,
21 Que esperan la muerte, y ella no llega,[b]
Aunque la buscan más que tesoros;
22 Que se alegran sobremanera,
Y se gozan cuando hallan el sepulcro?
23 ¿Por qué se da vida al hombre que no sabe por donde ha de ir,
Y a quien Dios ha encerrado?
24 Pues antes que mi pan viene mi suspiro,
Y mis gemidos corren como aguas.
25 Porque el temor que me espantaba me ha venido, ➤
Y me ha acontecido lo que yo temía.
26 No he tenido paz, no me aseguré, ni estuve reposado;
No obstante, me vino turbación.

Elifaz reprende a Job

4 ENTONCES respondió Elifaz temanita, y dijo:

2 Si probáremos a hablarte, te será molesto;
Pero ¿quién podrá detener las palabras?
3 He aquí, tú enseñabas a muchos,
Y fortalecías las manos débiles;
4 Al que tropezaba enderezaban tus palabras, ➤
Y esforzabas las rodillas que decaían.
5 Mas ahora que el mal ha venido sobre ti, te desalientas;

a. 3.1-19 Jer 20.14-18. **b. 3.21** Ap 9.6.

LECCIONES DE VIDA

➤ ***3.11 — ¿Por qué no morí yo en la matriz, o expiré al salir del vientre?***

El sufrimiento intenso puede hacernos decir palabras que no queremos decir realmente. A Dios gracias servimos a Él, quien «conoce nuestra condición; se acuerda de que somos polvo» (Sal 103.14) y promete no quebrar la caña cascada de nuestras almas (Is 42.3).

➤ ***3.25 — Porque el temor que me espantaba me ha venido, y me ha acontecido lo que yo temía.***

Todos tenemos miedos secretos y preocupaciones reservadas, ciertas cosas que nos hacen decir: «si *esto* llegara a suceder, no sé qué voy a hacer». Dios quiere que le entreguemos esos temores y digamos: «pase lo que pase, pongo en Ti mi confianza».

➤ ***4.4, 5 — esforzabas las rodillas que decaían. Mas ahora que el mal ha venido sobre ti, te desalientas.***

Es fácil decir «yo confío en Dios» cuando uno se siente bien y el cuerpo goza de buena salud. Es algo muy distinto afirmar «yo confío en Dios», cuando uno se siente mal y el cuerpo está en pleno deterioro. La fe auténtica es lo único que puede cerrar la brecha.

Y cuando ha llegado hasta ti,te turbas.
6 ¿No es tu temor a Dios tu confianza?
¿No es tu esperanza la integridad de tus caminos?
7 Recapacita ahora; ¿qué inocente se ha perdido?
Y ¿en dónde han sido destruidos los rectos?
8 Como yo he visto, los que aran iniquidad
Y siembran injuria, la siegan.
9 Perecen por el aliento de Dios,
Y por el soplo de su ira son consumidos.
10 Los rugidos del león, y los bramidos del rugiente,
Y los dientes de los leoncillos son quebrantados.
11 El león viejo perece por falta de presa,
Y los hijos de la leona se dispersan.

12 El asunto también me era a mí oculto;
Mas mi oído ha percibido algo de ello.
13 En imaginaciones de visiones nocturnas,
Cuando el sueño cae sobre los hombres,
14 Me sobrevino un espanto y un temblor,
Que estremeció todos mis huesos;
15 Y al pasar un espíritu por delante de mí,
Hizo que se erizara el pelo de mi cuerpo.
16 Paróse delante de mis ojos un fantasma,
Cuyo rostro yo no conocí,
Y quedo, oí que decía:
17 ¿Será el hombre más justo que Dios?
¿Será el varón más limpio que el que lo hizo?
18 He aquí, en sus siervos no confía,
Y notó necedad en sus ángeles;
19 ¡Cuánto más en los que habitan en casas de barro,
Cuyos cimientos están en el polvo,
Y que serán quebrantados por la polilla!
20 De la mañana a la tarde son destruidos,
Y se pierden para siempre, sin haber quien repare en ello.
21 Su hermosura, ¿no se pierde con ellos mismos?
Y mueren sin haber adquirido sabiduría.

5 AHORA, pues, da voces; ¿habrá quién te responda?
¿Y a cuál de los santos te volverás?
2 Es cierto que al necio lo mata la ira,
Y al codicioso lo consume la envidia.
3 Yo he visto al necio que echaba raíces,
Y en la misma hora maldije su habitación.
4 Sus hijos estarán lejos de la seguridad;
En la puerta serán quebrantados,
Y no habrá quien los libre.
5 Su mies comerán los hambrientos,
Y la sacarán de entre los espinos,
Y los sedientos beberán su hacienda.
6 Porque la aflicción no sale del polvo,
Ni la molestia brota de la tierra.
7 Pero como las chispas se levantan para volar por el aire, ➤
Así el hombre nace para la aflicción.
8 Ciertamente yo buscaría a Dios, ➤
Y encomendaría a él mi causa;
9 El cual hace cosas grandes e inescrutables,
Y maravillas sin número;
10 Que da la lluvia sobre la faz de la tierra,
Y envía las aguas sobre los campos;
11 Que pone a los humildes en altura,
Y a los enlutados levanta a seguridad;
12 Que frustra los pensamientos de los astutos,
Para que sus manos no hagan nada;
13 Que prende a los sabios en la astucia de ellos,[a]
Y frustra los designios de los perversos.
14 De día tropiezan con tinieblas,
Y a mediodía andan a tientas como de noche.
15 Así libra de la espada al pobre, de la boca de los impíos, *
Y de la mano violenta;

a. 5.13 1 Co 3.19.

LECCIONES DE VIDA

➤ ***4.7 — Recapacita ahora; ¿qué inocente se ha perdido?***

Elifaz se equivoca en su razonamiento. Aunque sea tentador pensar que los justos siempre son recompensados y los malos siempre son castigados, en este mundo no sucede así. Nadie en toda la historia fue más inocente que Jesús, sin embargo Él sufrió y murió por *nuestros* pecados. Por supuesto, Dios al final dejará todo en orden y ajustará todas las cuentas (Sal 73; Ap 20.11–15).

➤ ***5.7 — el hombre nace para la aflicción.***

Jesús declaró: «En el mundo tendréis aflicción» y añadió en seguida «pero confiad, yo he vencido al mundo» (Jn 16.33).

➤ ***5.8, 9 — Dios... hace cosas grandes e inescrutables, y maravillas sin número.***

Hasta los insensatos pueden decir cosas sensatas en ciertas ocasiones. No obstante, siempre debemos ejercer la precaución y el discernimiento. En Job 4—5, Elifaz argumentó que los inocentes nunca sufren y que Job tenía que haber pecado para merecer la ira de Dios (Job 4.8). Sabemos que no es verdad. El diablo suele añadirle una pizca de verdad a sus mentiras para que suenen aceptables. Debemos discernir todo el tiempo entre la verdad y el error, entre la Palabra confiable de Dios y las verdades a medias del diablo.

16 Pues es esperanza al menesteroso,
Y la iniquidad cerrará su boca.
17 He aquí, bienaventurado es el hombre a quien Dios castiga;
Por tanto, no menosprecies la corrección del Todopoderoso.[b]
18 Porque él es quien hace la llaga, y él la vendará;
Él hiere, y sus manos curan.
19 En seis tribulaciones te librará,
Y en la séptima no te tocará el mal.
20 En el hambre te salvará de la muerte,
Y del poder de la espada en la guerra.
21 Del azote de la lengua serás encubierto;
No temerás la destrucción cuando viniere.
22 De la destrucción y del hambre te reirás,
Y no temerás de las fieras del campo;
23 Pues aun con las piedras del campo tendrás tu pacto,
Y las fieras del campo estarán en paz contigo.
24 Sabrás que hay paz en tu tienda;
Visitarás tu morada, y nada te faltará.
25 Asimismo echarás de ver que tu descendencia
es mucha, Y tu prole como la hierba de la tierra.
26 Vendrás en la vejez a la sepultura,
Como la gavilla de trigo que se recoge a su tiempo.
27 He aquí lo que hemos inquirido, lo cual es así;
Óyelo, y conócelo tú para tu provecho.

Job reprocha la actitud de sus amigos

6 RESPONDIÓ entonces Job, y dijo:
2 ¡Oh, que pesasen justamente mi queja y mi tormento,
Y se alzasen igualmente en balanza!
3 Porque pesarían ahora más que la arena del mar;
Por eso mis palabras han sido precipitadas.
4 Porque las saetas del Todopoderoso están en mí,
Cuyo veneno bebe mi espíritu;
Y terrores de Dios me combaten.
5 ¿Acaso gime el asno montés junto a la hierba?
¿Muge el buey junto a su pasto?
6 ¿Se comerá lo desabrido sin sal?
¿Habrá gusto en la clara del huevo?
7 Las cosas que mi alma no quería tocar,
Son ahora mi alimento.
8 ¡Quién me diera que viniese mi petición,
Y que me otorgase Dios lo que anhelo,
9 Y que agradara a Dios quebrantarme;
Que soltara su mano, y acabara conmigo!
10 Sería aún mi consuelo,
Si me asaltase con dolor sin dar más tregua,
Que yo no he escondido las palabras del Santo.
11 ¿Cuál es mi fuerza para esperar aún?
¿Y cuál mi fin para que tenga aún paciencia?
12 ¿Es mi fuerza la de las piedras,
O es mi carne de bronce?
13 ¿No es así que ni aun a mí mismo me puedo valer,
Y que todo auxilio me ha faltado?
14 El atribulado es consolado por su compañero; ➤
Aun aquel que abandona el temor del Omnipotente.
15 Pero mis hermanos me traicionaron como un torrente;
Pasan como corrientes impetuosas
16 Que están escondidas por la helada,
Y encubiertas por la nieve;
17 Que al tiempo del calor son deshechas,
Y al calentarse, desaparecen de su lugar;
18 Se apartan de la senda de su rumbo,
Van menguando, y se pierden.
19 Miraron los caminantes de Temán,
Los caminantes de Sabá esperaron en ellas;
20 Pero fueron avergonzados por su esperanza;
Porque vinieron hasta ellas, y se hallaron confusos.
21 Ahora ciertamente como ellas sois vosotros;
Pues habéis visto el tormento, y teméis.
22 ¿Os he dicho yo: Traedme,
Y pagad por mí de vuestra hacienda;
23 Libradme de la mano del opresor,
Y redimidme del poder de los violentos?

b. 5.17 Pr 3.11-12; He 12.5-6.

LECCIONES DE VIDA

➤ ***6.14 — El atribulado es consolado por su compañero; aun aquel que abandona el temor del Omnipotente.***

Elifaz añadió más dolor a la tristeza de Job con sus consejos. En vez de ser consolado por sus amigos, recibió su condenación. Siempre debemos tener cuidado al aconsejar a otros, que no vayamos a conjeturar con presunción sobre lo que Dios les esté diciendo. Lo mejor que podemos hacer es orar por ellos y animarlos a escuchar a Dios y obedecerlo. También deberíamos preguntarle al Señor qué quiere que hagamos en la situación, bien sea consolar a nuestros amigos (2 Co 1.3, 4) o corregirlos (2 Ti 2.24–26). Tan pronto Él nos revele su voluntad sobre qué hacer en cada situación, debemos proceder a cumplirla en sus fuerzas, su sabiduría y su amor (1 Co 16.14).

24 Enseñadme, y yo callaré;
Hacedme entender en qué he errado.
25 ¡Cuán eficaces son las palabras rectas!
Pero ¿qué reprende la censura vuestra?
26 ¿Pensáis censurar palabras,
Y los discursos de un desesperado, que son como el viento?
27 También os arrojáis sobre el huérfano,
Y caváis un hoyo para vuestro amigo.

28 Ahora, pues, si queréis, miradme,
Y ved si digo mentira delante de vosotros.
29 Volved ahora, y no haya iniquidad;
Volved aún a considerar mi justicia en esto.
30 ¿Hay iniquidad en mi lengua?
¿Acaso no puede mi paladar discernir las cosas inicuas?

Job argumenta contra Dios

7 ¿NO es acaso brega la vida del hombre sobre la tierra,
Y sus días como los días del jornalero?
2 Como el siervo suspira por la sombra,
Y como el jornalero espera el reposo de su trabajo,
3 Así he recibido meses de calamidad,
Y noches de trabajo me dieron por cuenta.
4 Cuando estoy acostado, digo: ¿Cuándo me levantaré?
Mas la noche es larga, y estoy lleno de inquietudes hasta el alba.
5 Mi carne está vestida de gusanos, y de costras de polvo;
Mi piel hendida y abominable.
6 Y mis días fueron más veloces que la lanzadera del tejedor,
Y fenecieron sin esperanza.

7 Acuérdate que mi vida es un soplo,
Y que mis ojos no volverán a ver el bien.
8 Los ojos de los que me ven, no me verán más;
Fijarás en mí tus ojos, y dejaré de ser.
9 Como la nube se desvanece y se va,
Así el que desciende al Seol no subirá;
10 No volverá más a su casa,
Ni su lugar le conocerá más.

11 Por tanto, no refrenaré mi boca;
Hablaré en la angustia de mi espíritu,
Y me quejaré con la amargura de mi alma.
12 ¿Soy yo el mar, o un monstruo marino,
Para que me pongas guarda?
13 Cuando digo: Me consolará mi lecho,
Mi cama atenuará mis quejas;
14 Entonces me asustas con sueños,
Y me aterras con visiones.
15 Y así mi alma tuvo por mejor la estrangulación,
Y quiso la muerte más que mis huesos.
16 Abomino de mi vida; no he de vivir para siempre;
Déjame, pues, porque mis días son vanidad.
17 ¿Qué es el hombre, para que lo engrandezcas,
Y para que pongas sobre él tu corazón,[a]
18 Y lo visites todas las mañanas,
Y todos los momentos lo pruebes?
19 ¿Hasta cuándo no apartarás de mí tu mirada,
Y no me soltarás siquiera hasta que trague mi saliva?
20 Si he pecado, ¿qué puedo hacerte a ti, oh Guarda de los hombres?
¿Por qué me pones por blanco tuyo,
Hasta convertirme en una carga para mí mismo?
21 ¿Y por qué no quitas mi rebelión, y perdonas mi iniquidad?
Porque ahora dormiré en el polvo,
Y si me buscares de mañana, ya no existiré.

Bildad proclama la justicia de Dios

8 RESPONDIÓ Bildad suhita, y dijo:
2 ¿Hasta cuándo hablarás tales cosas,
Y las palabras de tu boca serán como viento impetuoso?
3 ¿Acaso torcerá Dios el derecho,
O pervertirá el Todopoderoso la justicia?
4 Si tus hijos pecaron contra él,
Él los echó en el lugar de su pecado.
5 Si tú de mañana buscares a Dios,
Y rogares al Todopoderoso;

a. **7.17** Sal 8.4; 144.3.

LECCIONES DE VIDA

➤ ***7.11 — no refrenaré mi boca; hablaré en la angustia de mi espíritu, y me quejaré con la amargura de mi alma.***

Dios nos instruye que acudamos a Él con todas nuestras inquietudes, todos nuestros temores y todos nuestros dolores. Él puede oír todo lo que tengamos que decir, pues sabe más que nosotros acerca del sufrimiento.

➤ ***7.17, 18 — ¿Qué es el hombre, para que… lo visites todas las mañanas, y todos los momentos lo pruebes?***

Dios no nos somete a prueba «todos los momentos», aunque podamos sentir que es así en medio del sufrimiento. Cuando Él nos prueba, lo hace por nuestro propio bien, y sus pruebas terminan tan pronto Él haya cumplido su propósito con ellas.

➤ ***8.4 — Si tus hijos pecaron contra él, Él los echó en el lugar de su pecado.***

Job perdió trágicamente a sus hijos, y ahora su amigo agudiza su dolor sugiriendo que ellos se lo buscaron. La verdad es que casi nunca conocemos la razón tras el infortunio de una persona, y pecamos con nuestras especulaciones al respecto.

6 Si fueres limpio y recto,
Ciertamente luego se despertará por ti,
Y hará próspera la morada de tu justicia.
7 Y aunque tu principio haya sido pequeño,
Tu postrer estado será muy grande.
8 Porque pregunta ahora a las generaciones pasadas,
Y disponte para inquirir a los padres de ellas;
9 Pues nosotros somos de ayer, y nada sabemos,
Siendo nuestros días sobre la tierra como sombra.
10 ¿No te enseñarán ellos, te hablarán,
Y de su corazón sacarán palabras?
11 ¿Crece el junco sin lodo?
¿Crece el prado sin agua?
12 Aun en su verdor, y sin haber sido cortado,
Con todo, se seca primero que toda hierba.
13 Tales son los caminos de todos los que olvidan a Dios;
Y la esperanza del impío perecerá;
14 Porque su esperanza será cortada,
Y su confianza es tela de araña.
15 Se apoyará él en su casa, mas no permanecerá ella en pie;
Se asirá de ella, mas no resistirá.
16 A manera de un árbol está verde delante del sol,
Y sus renuevos salen sobre su huerto;
17 Se van entretejiendo sus raíces junto a una fuente,
Y enlazándose hasta un lugar pedregoso.
18 Si le arrancaren de su lugar,
Éste le negará entonces, diciendo:
Nunca te vi.
19 Ciertamente éste será el gozo de su camino;
Y del polvo mismo nacerán otros.

➤20 He aquí, Dios no aborrece al perfecto,
Ni apoya la mano de los malignos.
21 Aún llenará tu boca de risa,
Y tus labios de júbilo.
22 Los que te aborrecen serán vestidos de confusión;
Y la habitación de los impíos perecerá.

9 RESPONDIÓ Job, y dijo:
2 Ciertamente yo sé que es así;
¿Y cómo se justificará el hombre con Dios?
3 Si quisiere contender con él,
No le podrá responder a una cosa entre mil.
4 Él es sabio de corazón, y poderoso en fuerzas;
¿Quién se endureció contra él, y le fue bien?
5 Él arranca los montes con su furor,
Y no saben quién los trastornó;
6 Él remueve la tierra de su lugar,
Y hace temblar sus columnas;
7 Él manda al sol, y no sale;
Y sella las estrellas;
8 Él solo extendió los cielos,
Y anda sobre las olas del mar;
9 Él hizo la Osa, el Orión y las Pléyades,[a]
Y los lugares secretos del sur;
10 Él hace cosas grandes e incomprensibles,
Y maravillosas, sin número.
11 He aquí que él pasará delante de mí, y yo no lo veré; Pasará, y no lo entenderé.
12 He aquí, arrebatará; ¿quién le hará restituir?
¿Quién le dirá: ¿Qué haces?
13 Dios no volverá atrás su ira,
Y debajo de él se abaten los que ayudan a los soberbios.
14 ¿Cuánto menos le responderé yo,
Y hablaré con él palabras escogidas?
15 Aunque fuese yo justo, no respondería;
Antes habría de rogar a mi juez.
16 Si yo le invocara, y él me respondiese,
Aún no creeré que haya escuchado mi voz.
17 Porque me ha quebrantado con tempestad,
Y ha aumentado mis heridas sin causa.
18 No me ha concedido que tome aliento,
Sino que me ha llenado de amarguras.
19 Si habláremos de su potencia, por cierto es fuerte;

a. 9.9 Job 38.31; Am 5.8.

LECCIONES DE VIDA

➤ ***8.20 — Dios no aborrece al perfecto, ni apoya la mano de los malignos.***

La premisa de Bildad era correcta, pero se equivocó en su manera de aplicarla a la situación de Job. Su postura errónea implicaba que Job sufría porque había pecado. En realidad, Dios no rechaza a los suyos ni bendice a los malos; aunque, por un momento, pudiera parecernos como si Él lo hiciera.

➤ ***9.2 — ¿Y cómo se justificará el hombre con Dios?***

Job reconoció que a pesar de haberse ganado su reputación como un hombre intachable, como un pecador carecía de toda justificación ante su Dios santo. Somos justificados únicamente cuando, por la fe, nos apropiamos de la justicia de Cristo.

Si de juicio, ¿quién me emplazará?
20 Si yo me justificare, me condenaría mi boca;
Si me dijere perfecto, esto me haría inicuo.
21 Si fuese íntegro, no haría caso de mí mismo;
Despreciaría mi vida.
22 Una cosa resta que yo diga:
Al perfecto y al impío él los consume.
23 Si azote mata de repente,
Se ríe del sufrimiento de los inocentes.
24 La tierra es entregada en manos de los impíos,
Y él cubre el rostro de sus jueces.
Si no es él, ¿quién es? ¿Dónde está?
25 Mis días han sido más ligeros que un correo;
Huyeron, y no vieron el bien.
26 Pasaron cual naves veloces;
Como el águila que se arroja sobre la presa.
27 Si yo dijere: Olvidaré mi queja,
Dejaré mi triste semblante, y me esforzaré,
28 Me turban todos mis dolores;
Sé que no me tendrás por inocente.
29 Yo soy impío;
¿Para qué trabajaré en vano?
30 Aunque me lave con aguas de nieve,
Y limpie mis manos con la limpieza misma,
31 Aún me hundirás en el hoyo,
Y mis propios vestidos me abominarán.
32 Porque no es hombre como yo, para que yo le responda,
Y vengamos juntamente a juicio.
➤ 33 No hay entre nosotros árbitro
Que ponga su mano sobre nosotros dos.
34 Quite de sobre mí su vara,
Y su terror no me espante.
35 Entonces hablaré, y no le temeré;
Porque en este estado no estoy en mí.

Job lamenta su condición

10 ESTÁ mi alma hastiada de mi vida;
Daré libre curso a mi queja,
Hablaré con amargura de mi alma.
2 Diré a Dios: No me condenes;
Hazme entender por qué contiendes conmigo.
3 ¿Te parece bien que oprimas,
Que deseches la obra de tus manos,
Y que favorezcas los designios de los impíos?
4 ¿Tienes tú acaso ojos de carne?
¿Ves tú como ve el hombre?
5 ¿Son tus días como los días del hombre,
O tus años como los tiempos humanos,
6 Para que inquieras mi iniquidad,
Y busques mi pecado,
7 Aunque tú sabes que no soy impío,
Y que no hay quien de tu mano me libre?
8 Tus manos me hicieron y me formaron;
¿Y luego te vuelves y me deshaces?
9 Acuérdate que como a barro me diste forma;
¿Y en polvo me has de volver?
10 ¿No me vaciaste como leche,
Y como queso me cuajaste?
11 Me vestiste de piel y carne,
Y me tejiste con huesos y nervios.
12 Vida y misericordia me concediste, *
Y tu cuidado guardó mi espíritu. ≺
13 Estas cosas tienes guardadas en tu corazón;
Yo sé que están cerca de ti.
14 Si pequé, tú me has observado,
Y no me tendrás por limpio de mi iniquidad.
15 Si fuere malo, ¡ay de mí!
Y si fuere justo, no levantaré mi cabeza,
Estando hastiado de deshonra, y de verme afligido.
16 Si mi cabeza se alzare, cual león tú me cazas;
Y vuelves a hacer en mí maravillas.
17 Renuevas contra mí tus pruebas,
Y aumentas conmigo tu furor como tropas de relevo.
18 ¿Por qué me sacaste de la matriz?
Hubiera yo expirado, y ningún ojo me habría visto.
19 Fuera como si nunca hubiera existido,
Llevado del vientre a la sepultura.
20 ¿No son pocos mis días? ≺

LECCIONES DE VIDA

➤ ***9.33 — No hay entre nosotros árbitro que ponga su mano sobre nosotros dos.***

Job necesitaba lo que nosotros tenemos, un mediador compasivo entre el Dios santo y el hombre pecador. Esta es la buena noticia: «hay un solo Dios, y un solo mediador entre Dios y los hombres, Jesucristo hombre» (1 Ti 2.5).

➤ ***10.12 — Vida y misericordia me concediste, y tu cuidado guardó mi espíritu.***

Aun en medio de sus quejas amargas, los que tienen un corazón genuino para Dios mantienen viva la esperanza en su gracia y recuerdan sus muchas bendiciones. Dios nos sostiene, incluso cuando no podemos ver su mano en nuestra situación.

➤ ***10.20 — déjame, para que me consuele un poco.***

Cuando nos sentimos más desalentados y exhaustos, podemos desear que el Señor nos deje solos, pero debemos agradecer que nunca haga tal cosa. Él nos promete: «No te desampararé, ni te dejaré» (He 13.5).

Cesa, pues, y déjame, para que me
consuele un poco,
21 Antes que vaya para no volver,
A la tierra de tinieblas y de sombra de
muerte;
22 Tierra de oscuridad, lóbrega,
Como sombra de muerte y sin orden,
Y cuya luz es como densas tinieblas.

Zofar acusa de maldad a Job

11 RESPONDIÓ Zofar naamatita, y dijo:
2 ¿Las muchas palabras no han de tener
respuesta?
¿Y el hombre que habla mucho será
justificado?
3 ¿Harán tus falacias callar a los
hombres?
¿Harás escarnio y no habrá quien te
avergüence?
4 Tú dices: Mi doctrina es pura,
Y yo soy limpio delante de tus ojos.
➤5 Mas ¡oh, quién diera que Dios hablara,
Y abriera sus labios contigo,
6 Y te declarara los secretos de la
sabiduría,
Que son de doble valor que las riquezas!
Conocerías entonces que Dios te
ha castigado menos de lo que tu
iniquidad merece.
➤7 ¿Descubrirás tú los secretos de Dios?
¿Llegarás tú a la perfección del
Todopoderoso?
8 Es más alta que los cielos; ¿qué harás?
Es más profunda que el Seol; ¿cómo la
conocerás?
9 Su dimensión es más extensa que la
tierra,
Y más ancha que el mar.
10 Si él pasa, y aprisiona, y llama a juicio,
¿Quién podrá contrarrestarle?
11 Porque él conoce a los hombres vanos;
Ve asimismo la iniquidad, ¿y no hará
caso?
12 El hombre vano se hará entendido,
Cuando un pollino de asno montés
nazca hombre.
13 Si tú dispusieres tu corazón,
Y extendieres a él tus manos;
14 Si alguna iniquidad hubiere en tu mano,
y la echares de ti,
Y no consintieres que more en tu casa
la injusticia,
15 Entonces levantarás tu rostro limpio de
mancha,
Y serás fuerte, y nada temerás;
16 Y olvidarás tu miseria,
O te acordarás de ella como de aguas
que pasaron.
17 La vida te será más clara que el
mediodía;
Aunque oscureciere, será como la
mañana.
18 Tendrás confianza, porque hay
esperanza;
Mirarás alrededor, y dormirás seguro.
19 Te acostarás, y no habrá quien te
espante;
Y muchos suplicarán tu favor.
20 Pero los ojos de los malos se
consumirán,
Y no tendrán refugio;
Y su esperanza será dar su último
suspiro.

Job proclama el poder y la sabiduría de Dios

12 RESPONDIÓ entonces Job, diciendo:
2 Ciertamente vosotros sois el pueblo,
Y con vosotros morirá la sabiduría.
3 También tengo yo entendimiento como
vosotros;
No soy yo menos que vosotros;
¿Y quién habrá que no pueda decir otro
tanto?
4 Yo soy uno de quien su amigo se mofa, ➤
Que invoca a Dios, y él le responde;
Con todo, el justo y perfecto es
escarnecido.
5 Aquel cuyos pies van a resbalar
Es como una lámpara despreciada de
aquel que está a sus anchas.
6 Prosperan las tiendas de los ladrones,
Y los que provocan a Dios viven
seguros,

LECCIONES DE VIDA

➤ ***11.5 — quién diera que Dios hablara, y abriera sus labios contigo.***

Las palabras de Zofar fueron hirientes, ofensivas y condenatorias. Por supuesto, los insultos del hombre jamás obrarán la justicia de Dios. Cuando sintamos insultos iracundos que hierven dentro de nosotros, debemos examinar nuestros corazones y entender su procedencia (Mt 7.1–5).

➤ ***11.7 — ¿Descubrirás tú los secretos de Dios? ¿Llegarás tú a la perfección del Todopoderoso?***

Zofar debió haber dirigido sus preguntas a sí mismo, no solamente a Job. «Dios está en el cielo», la Biblia nos dice, «y tú sobre la tierra; por tanto, sean pocas tus palabras» (Ec 5.2).

➤ ***12.4 — Yo soy uno de quien su amigo se mofa... el justo y perfecto es escarnecido.***

El Señor llamó a Job un «varón perfecto y recto, temeroso de Dios y apartado del mal» (Job 1.8). Muy a pesar de esto, los amigos de Job se burlaron de él en su aflicción. ¿Cuándo aprenderemos la verdad de Mateo 12.7, que Dios quiere misericordia en nuestro trato mutuo?

En cuyas manos él ha puesto cuanto
tienen.
7 Y en efecto, pregunta ahora a las
bestias, y ellas te enseñarán;
A las aves de los cielos, y ellas te lo
mostrarán;
8 O habla a la tierra, y ella te enseñará;
Los peces del mar te lo declararán
también.
9 ¿Qué cosa de todas estas no entiende
Que la mano de Jehová la hizo?
10 En su mano está el alma de todo
viviente,
Y el hálito de todo el género humano.
11 Ciertamente el oído distingue las
palabras,
Y el paladar gusta las viandas.
12 En los ancianos está la ciencia,
Y en la larga edad la inteligencia.
➤ 13 Con Dios está la sabiduría y el poder;
Suyo es el consejo y la inteligencia.
14 Si él derriba, no hay quien edifique;
Encerrará al hombre, y no habrá quien
le abra.
15 Si él detiene las aguas, todo se seca;
Si las envía, destruyen la tierra.
16 Con él está el poder y la sabiduría;
Suyo es el que yerra, y el que hace errar.
17 Él hace andar despojados de consejo a
los consejeros,
Y entontece a los jueces.
18 Él rompe las cadenas de los tiranos,
Y les ata una soga a sus lomos.
19 Él lleva despojados a los príncipes,
Y trastorna a los poderosos.
20 Priva del habla a los que dicen verdad,
Y quita a los ancianos el consejo.
21 Él derrama menosprecio sobre los
príncipes,
Y desata el cinto de los fuertes.
22 Él descubre las profundidades de las
tinieblas,
Y saca a luz la sombra de muerte.
23 Él multiplica las naciones, y él las
destruye;
Esparce a las naciones, y las vuelve a
reunir.
24 Él quita el entendimiento a los jefes del
pueblo de la tierra,
Y los hace vagar como por un yermo sin
camino.
25 Van a tientas, como en tinieblas y sin
luz,
Y los hace errar como borrachos.

Job defiende su integridad

13 HE aquí que todas estas cosas han
visto mis ojos,
Y oído y entendido mis oídos.
2 Como vosotros lo sabéis, lo sé yo;
No soy menos que vosotros.
3 Mas yo hablaría con el Todopoderoso,
Y querría razonar con Dios.
4 Porque ciertamente vosotros sois
fraguadores de mentira;
Sois todos vosotros médicos nulos.
5 Ojalá callarais por completo, ➤
Porque esto os fuera sabiduría.
6 Oíd ahora mi razonamiento,
Y estad atentos a los argumentos de mis
labios.
7 ¿Hablaréis iniquidad por Dios?
¿Hablaréis por él engaño?
8 ¿Haréis acepción de personas a su
favor?
¿Contenderéis vosotros por Dios?
9 ¿Sería bueno que él os escudriñase?
¿Os burlaréis de él como quien se burla
de algún hombre?
10 Él os reprochará de seguro,
Si solapadamente hacéis acepción de
personas.
11 De cierto su alteza os habría de
espantar,
Y su pavor habría de caer sobre
vosotros.
12 Vuestras máximas son refranes de
ceniza,
Y vuestros baluartes son baluartes de
lodo.

13 Escuchadme, y hablaré yo,
Y que me venga después lo que viniere.
14 ¿Por qué quitaré yo mi carne con mis
dientes,
Y tomaré mi vida en mi mano?

LECCIONES DE VIDA

➤ ***12.13 — Con Dios está la sabiduría y el poder; suyo es el consejo y la inteligencia.***

Especialmente cuando nos hallamos en circunstancias dolorosas y angustiosas, debemos acudir al Señor en busca de su sabiduría, fortaleza, guía y discernimiento. ¿En quién más podremos encontrar la ayuda que necesitamos?

➤ ***13.5 — Ojalá callarais por completo, porque esto os fuera sabiduría.***

En muchas situaciones —con más frecuencia de lo que nos imaginamos— nuestro mejor consejo y nuestra mejor opinión es guardar silencio. «Aun el necio, cuando calla, es contado por sabio; el que cierra sus labios es entendido» (Pr 17.28).

➤ ***13.15 — aunque él me matare, en él esperaré.***

Dios es digno de confianza completamente de principio a fin, o no es digno de confianza en absoluto. Pedro lo puso en estos términos: «Señor, ¿a quién iremos? Tú tienes palabras de vida eterna» (Jn 6.68).

➤15 He aquí, aunque él me matare, en él esperaré;
No obstante, defenderé delante de él mis caminos,
16 Y él mismo será mi salvación,
Porque no entrará en su presencia el impío.
17 Oíd con atención mi razonamiento,
Y mi declaración entre en vuestros oídos.
18 He aquí ahora, si yo expusiere mi causa,
Sé que seré justificado.
19 ¿Quién es el que contenderá conmigo?
Porque si ahora yo callara, moriría.
20 A lo menos dos cosas no hagas conmigo;
Entonces no me esconderé de tu rostro:
21 Aparta de mí tu mano,
Y no me asombre tu terror.
22 Llama luego, y yo responderé;
O yo hablaré, y respóndeme tú.
23 ¿Cuántas iniquidades y pecados tengo yo?
Hazme entender mi transgresión y mi pecado.
24 ¿Por qué escondes tu rostro,
Y me cuentas por tu enemigo?
25 ¿A la hoja arrebatada has de quebrantar,
Y a una paja seca has de perseguir?
26 ¿Por qué escribes contra mí amarguras,
Y me haces cargo de los pecados de mi juventud?
27 Pones además mis pies en el cepo, y observas todos mis caminos,
Trazando un límite para las plantas de mis pies.
28 Y mi cuerpo se va gastando como de carcoma,
Como vestido que roe la polilla.

Job discurre sobre la brevedad de la vida

14 EL hombre nacido de mujer,
Corto de días, y hastiado de sinsabores,

2 Sale como una flor y es cortado,
Y huye como la sombra y no permanece.

3 ¿Sobre éste abres tus ojos,
Y me traes a juicio contigo?
➤4 ¿Quién hará limpio a lo inmundo? Nadie.
5 Ciertamente sus días están determinados,
Y el número de sus meses está cerca de ti;
Le pusiste límites, de los cuales no pasará.
6 Si tú lo abandonares, él dejará de ser;
Entre tanto deseará, como el jornalero, su día.

7 Porque si el árbol fuere cortado, aún queda de él esperanza;
Retoñará aún, y sus renuevos no faltarán.
8 Si se envejeciere en la tierra su raíz,
Y su tronco fuere muerto en el polvo,
9 Al percibir el agua reverdecerá,
Y hará copa como planta nueva.
10 Mas el hombre morirá, y será cortado;
Perecerá el hombre, ¿y dónde estará él?
11 Como las aguas se van del mar,
Y el río se agota y se seca,
12 Así el hombre yace y no vuelve a levantarse;
Hasta que no haya cielo, no despertarán,
Ni se levantarán de su sueño.
13 ¡Oh, quién me diera que me escondieses en el Seol,
Que me encubrieses hasta apaciguarse tu ira,
Que me pusieses plazo, y de mí te acordaras!
14 Si el hombre muriere, ¿volverá a vivir? ➤
Todos los días de mi edad esperaré,
Hasta que venga mi liberación.
15 Entonces llamarás, y yo te responderé;
Tendrás afecto a la hechura de tus manos.
16 Pero ahora me cuentas los pasos,
Y no das tregua a mi pecado;
17 Tienes sellada en saco mi prevaricación,
Y tienes cosida mi iniquidad.

18 Ciertamente el monte que cae se deshace,
Y las peñas son removidas de su lugar;
19 Las piedras se desgastan con el agua impetuosa, que se lleva el polvo de la tierra;
De igual manera haces tú perecer la esperanza del hombre.
20 Para siempre serás más fuerte que él, y él se va;

LECCIONES DE VIDA

➤ ***14.4 — ¿Quién hará limpio a lo inmundo? Nadie.***

No tenemos más poder para convertir nuestros pecados en rectitud que un leopardo para mudar sus manchas (Jer 13.23). En cambio, Cristo tiene el poder para quitar nuestros pecados y reemplazarlos con su santidad, si realmente confiamos en Él.

➤ ***14.14 — Si el hombre muriere, ¿volverá a vivir?***

Hay vida después de la muerte, pero únicamente la disfrutarán los salvos en la presencia de Dios. «El que cree en el Hijo tiene vida eterna; pero el que rehúsa creer en el Hijo no verá la vida, sino que la ira de Dios está sobre él» (Jn 3.36).

Demudarás su rostro, y le despedirás.
21 Sus hijos tendrán honores, pero él no lo sabrá;
O serán humillados, y no entenderá de ello.
22 Mas su carne sobre él se dolerá,
Y se entristecerá en él su alma.

Elifaz reprende a Job

15 RESPONDIÓ Elifaz temanita, y dijo:
2 ¿Proferirá el sabio vana sabiduría,
Y llenará su vientre de viento solano?
3 ¿Disputará con palabras inútiles,
Y con razones sin provecho?
4 Tú también disipas el temor,
Y menoscabas la oración delante de Dios.
5 Porque tu boca declaró tu iniquidad,
Pues has escogido el hablar de los astutos.
6 Tu boca te condenará, y no yo;
Y tus labios testificarán contra ti.

7 ¿Naciste tú primero que Adán?
¿O fuiste formado antes que los collados?
8 ¿Oíste tú el secreto de Dios,
Y está limitada a ti la sabiduría?
9 ¿Qué sabes tú que no sepamos?
¿Qué entiendes tú que no se halle en nosotros?
10 Cabezas canas y hombres muy ancianos hay entre nosotros,
Mucho más avanzados en días que tu padre.
11 ¿En tan poco tienes las consolaciones de Dios,
Y las palabras que con dulzura se te dicen?
12 ¿Por qué tu corazón te aleja,
Y por qué guiñan tus ojos,
13 Para que contra Dios vuelvas tu espíritu,
Y saques tales palabras de tu boca?
14 ¿Qué cosa es el hombre para que sea limpio,
Y para que se justifique el nacido de mujer?
➤15 He aquí, en sus santos no confía,
Y ni aun los cielos son limpios delante de sus ojos;
16 ¿Cuánto menos el hombre abominable y vil,
Que bebe la iniquidad como agua?

17 Escúchame; yo te mostraré,
Y te contaré lo que he visto;
18 Lo que los sabios nos contaron
De sus padres, y no lo encubrieron;
19 A quienes únicamente fue dada la tierra,
Y no pasó extraño por en medio de ellos.
20 Todos sus días, el impío es atormentado de dolor,
Y el número de sus años está escondido para el violento.
21 Estruendos espantosos hay en sus oídos;
En la prosperidad el asolador vendrá sobre él.
22 Él no cree que volverá de las tinieblas,
Y descubierto está para la espada.
23 Vaga alrededor tras el pan, diciendo: ¿En dónde está?
Sabe que le está preparado día de tinieblas.
24 Tribulación y angustia le turbarán,
Y se esforzarán contra él como un rey dispuesto para la batalla,
25 Por cuanto él extendió su mano contra Dios,
Y se portó con soberbia contra el Todopoderoso.
26 Corrió contra él con cuello erguido,
Con la espesa barrera de sus escudos.
27 Porque la gordura cubrió su rostro,
E hizo pliegues sobre sus ijares;
28 Y habitó las ciudades asoladas,
Las casas inhabitadas,
Que estaban en ruinas.
29 No prosperará, ni durarán sus riquezas,
Ni extenderá por la tierra su hermosura.
30 No escapará de las tinieblas;
La llama secará sus ramas,
Y con el aliento de su boca perecerá.
31 No confíe el iluso en la vanidad,
Porque ella será su recompensa.
32 Él será cortado antes de su tiempo,
Y sus renuevos no reverdecerán.
33 Perderá su agraz como la vid,
Y derramará su flor como el olivo.
34 Porque la congregación de los impíos será asolada,
Y fuego consumirá las tiendas de soborno.
35 Concibieron dolor, dieron a luz iniquidad,
Y en sus entrañas traman engaño.

Job se queja contra Dios

16 RESPONDIÓ Job, y dijo:

LECCIONES DE VIDA

➤ ***15.15 — He aquí, en sus santos no confía.***

Por el contrario, Dios nos ha confiado muchas cosas maravillosas: la Palabra de Dios (Ro 3.2); el evangelio de Cristo (1 Ts 2.4); el Espíritu Santo (2 Ti 1.14); la administración de la iglesia (Tit 1.7); el pueblo de Dios (1 P 5.3); la fe misma (Jud 1.3).

RESPUESTAS A PREGUNTAS DE LA VIDA

¿Es Satanás el causante de toda nuestra adversidad?

JOB 13.15

Al leer el libro de Job, podríamos llegar a suponer que el diablo es responsable por todas nuestras adversidades. Sin embargo, no es así. Aunque el enemigo intentará disuadir a los creyentes de servir a Dios o nos tentará a pecar, está limitado tanto en su poder como en su capacidad para perseguirnos. El hecho es que la adversidad puede llegar a nuestra vida por muchas razones.

Vivimos en un mundo caído y pasajero (1 Co 7.31). Todas las personas, creyentes e incrédulos por igual, pueden sufrir penalidades que parecen carecer de sentido. Por eso buscamos explicaciones. Queremos saber por qué Dios permite que sucedan tales cosas. Lo que sí sabemos es que los desastres, los accidentes y las tragedias que ocurren en el mundo nos recuerdan constantemente que nadie tiene asegurado el mañana (Pr 27.1; Stg 4.14). Todos deberíamos saber que podemos morir en cualquier momento, y nos corresponde estar preparados para rendir cuentas delante de Dios (He 9.27). Como Pablo escribe en 2 Corintios 1.9, 10: «tuvimos en nosotros mismos sentencia de muerte, para que no confiásemos en nosotros mismos, sino en Dios que resucita a los muertos; el cual nos libró, y nos libra, y en quien esperamos que aún nos librará, de tan gran muerte».

Por otro lado, es obvio que parte de nuestro sufrimiento es resultado de nuestras propias acciones. La adversidad puede llegar a nuestra vida a consecuencia del pecado personal. Cada pecado que cometemos acarrea alguna consecuencia relacionada con nuestra desobediencia. En casos como éstos, no podemos culpar a Dios, ni al diablo ni a los demás. Debemos seguir el ejemplo de David y decir: «Porque yo reconozco mis rebeliones, y mi pecado está siempre delante de mí. Contra ti, contra ti solo he pecado, y he hecho lo malo delante de tus ojos» (Sal 51.3, 4).

Finalmente, hay adversidades que Dios permite para nuestro perfeccionamiento (He 12.4–11). *Dios está supremamente interesado en nuestro crecimiento espiritual,* no en nuestra dicha ni en darnos placeres momentáneos. Él quiere que seamos libres del pecado (Ro 8.20, 21) y crezcamos en nuestra fe (1 P 1.6, 7), paciencia y resistencia (Stg 1.2–4, 12), ministerio (2 Co 1.3–7), así como en nuestra relación con Él (2 Co 4.11; 12.9–11; Fil 3.7–11; 1 P 4.12, 13). Él siempre ve el cuadro completo y sabe por qué permite o envía ciertas adversidades a nuestra vida. Con razón David escribió: «Conozco, oh Jehová, que tus juicios son justos, y que conforme a tu fidelidad me afligiste» (Sal 119.75).

Es triste, pero a veces la adversidad es lo único que logra captar nuestra atención. Sin embargo, podemos contar con el hecho de que ninguna aflicción llega a nuestra vida sin el permiso de Dios, y que los momentos sombríos de nuestra vida durarán solo el tiempo necesario para que Dios lleve a cabo su propósito en nosotros.

Para un estudio más a fondo, véase el Índice de Principios de vida:
29. *Aprendemos más en nuestras experiencias por el valle de lágrimas que en las de la cumbre del éxito.*

2 Muchas veces he oído cosas como éstas;
Consoladores molestos sois todos vosotros.
3 ¿Tendrán fin las palabras vacías?
¿O qué te anima a responder?
4 También yo podría hablar como vosotros,
Si vuestra alma estuviera en lugar de la mía;
Yo podría hilvanar contra vosotros palabras,
Y sobre vosotros mover mi cabeza.
5 Pero yo os alentaría con mis palabras,
Y la consolación de mis labios apaciguaría vuestro dolor.
6 Si hablo, mi dolor no cesa;
Y si dejo de hablar, no se aparta de mí.
7 Pero ahora tú me has fatigado;

Has asolado toda mi compañía.
8 Tú me has llenado de arrugas; testigo es mi flacura,
Que se levanta contra mí para testificar en mi rostro.
9 Su furor me despedazó, y me ha sido contrario;
Crujió sus dientes contra mí;
Contra mí aguzó sus ojos mi enemigo.
10 Abrieron contra mí su boca;
Hirieron mis mejillas con afrenta;
Contra mí se juntaron todos.
11 Me ha entregado Dios al mentiroso,
Y en las manos de los impíos me hizo caer.
12 Próspero estaba, y me desmenuzó;
Me arrebató por la cerviz y me despedazó,
Y me puso por blanco suyo.
13 Me rodearon sus flecheros,
Partió mis riñones, y no perdonó;
Mi hiel derramó por tierra.
14 Me quebrantó de quebranto en quebranto;
Corrió contra mí como un gigante.
15 Cosí cilicio sobre mi piel,
Y puse mi cabeza en el polvo.
16 Mi rostro está inflamado con el lloro,
Y mis párpados entenebrecidos,
17 A pesar de no haber iniquidad en mis manos,
Y de haber sido mi oración pura.
18 ¡Oh tierra! no cubras mi sangre,
Y no haya lugar para mi clamor.
➤ 19 Mas he aquí que en los cielos está mi testigo,
Y mi testimonio en las alturas.
20 Disputadores son mis amigos;
Mas ante Dios derramaré mis lágrimas.
21 ¡Ojalá pudiese disputar el hombre con Dios,
Como con su prójimo!
22 Mas los años contados vendrán,
Y yo iré por el camino de donde no volveré.

17 MI aliento se agota, se acortan mis días,
Y me está preparado el sepulcro.
2 No hay conmigo sino escarnecedores,
En cuya amargura se detienen mis ojos.
3 Dame fianza, oh Dios; sea mi protección cerca de ti.
Porque ¿quién querría responder por mí?
4 Porque a éstos has escondido de su corazón la inteligencia;
Por tanto, no los exaltarás.
5 Al que denuncia a sus amigos como presa,
Los ojos de sus hijos desfallecerán.

6 Él me ha puesto por refrán de pueblos,
Y delante de ellos he sido como tamboril.
7 Mis ojos se oscurecieron por el dolor,
Y mis pensamientos todos son como sombra.
8 Los rectos se maravillarán de esto,
Y el inocente se levantará contra el impío.
9 No obstante, proseguirá el justo su camino,
Y el limpio de manos aumentará la fuerza.
10 Pero volved todos vosotros, y venid ahora,
Y no hallaré entre vosotros sabio.
11 Pasaron mis días, fueron arrancados mis pensamientos,
Los designios de mi corazón.
12 Pusieron la noche por día,
Y la luz se acorta delante de las tinieblas.
13 Si yo espero, el Seol es mi casa;
Haré mi cama en las tinieblas.
14 A la corrupción he dicho:
Mi padre eres tú; A los gusanos:
Mi madre y mi hermana.
15 ¿Dónde, pues, estará ahora mi esperanza? ➤
Y mi esperanza, ¿quién la verá?
16 A la profundidad del Seol descenderán,
Y juntamente descansarán en el polvo.

Bildad describe la suerte de los malos

18 RESPONDIÓ Bildad suhita, y dijo:

LECCIONES DE VIDA

➤ ***16.5 — yo os alentaría con mis palabras, y la consolación de mis labios apaciguaría vuestro dolor.***

Nuestras palabras tienen el poder de abatir y entristecer, o el de fortalecer y consolar. Cada día elegimos qué clase de poder ejerceremos, y Dios se fija en ello (Mt 12.36).

➤ ***16.19, 20 — mi testimonio [está] en las alturas... ante Dios derramaré mis lágrimas.***

Cuando oramos en nuestra angustia y nada parece cambiar, y gemimos de dolor pero éste se vuelve más intenso, nos podemos preguntar si acaso Dios se ha puesto en contra nuestra. ¡Jamás! Él nos ama, y siempre nos amará (Ro 8.35–39).

➤ ***17.15 — ¿Dónde, pues, estará ahora mi esperanza? Y mi esperanza, ¿quién la verá?***

En Cristo tenemos toda la esperanza que vamos a necesitar en la vida. Cualesquiera sean nuestras circunstancias, Dios «nos hizo renacer para una esperanza viva, por la resurrección de Jesucristo de los muertos» (1 P 1.3).

2 ¿Cuándo pondréis fin a las palabras?
Entended, y después hablemos.
3 ¿Por qué somos tenidos por bestias,
Y a vuestros ojos somos viles?
4 Oh tú, que te despedazas en tu furor,
¿Será abandonada la tierra por tu causa,
Y serán removidas de su lugar las peñas?

5 Ciertamente la luz de los impíos será apagada,
Y no resplandecerá la centella de su fuego.
6 La luz se oscurecerá en su tienda,
Y se apagará sobre él su lámpara.
7 Sus pasos vigorosos serán acortados,
Y su mismo consejo lo precipitará.
8 Porque red será echada a sus pies,
Y sobre mallas andará.
9 Lazo prenderá su calcañar;
Se afirmará la trampa contra él.
10 Su cuerda está escondida en la tierra,
Y una trampa le aguarda en la senda.
11 De todas partes lo asombrarán temores,
Y le harán huir desconcertado.
12 Serán gastadas de hambre sus fuerzas,
Y a su lado estará preparado quebrantamiento.
13 La enfermedad roerá su piel,
Y a sus miembros devorará el primogénito de la muerte.
14 Su confianza será arrancada de su tienda,
Y al rey de los espantos será conducido.
15 En su tienda morará como si no fuese suya;
Piedra de azufre será esparcida sobre su morada.
16 Abajo se secarán sus raíces,
Y arriba serán cortadas sus ramas.
17 Su memoria perecerá de la tierra,
Y no tendrá nombre por las calles.
18 De la luz será lanzado a las tinieblas,
Y echado fuera del mundo.
19 No tendrá hijo ni nieto en su pueblo,
Ni quien le suceda en sus moradas.
20 Sobre su día se espantarán los de occidente,
Y pavor caerá sobre los de oriente.
21 Ciertamente tales son las moradas del impío,
Y éste será el lugar del que no conoció a Dios.

Job confía en que Dios lo justificará

19 RESPONDIÓ entonces Job, y dijo:

2 ¿Hasta cuándo angustiaréis mi alma,
Y me moleréis con palabras?
3 Ya me habéis vituperado diez veces;
¿No os avergonzáis de injuriarme?
4 Aun siendo verdad que yo haya errado,
Sobre mí recaería mi error.
5 Pero si vosotros os engrandecéis contra mí,
Y contra mí alegáis mi oprobio,
6 Sabed ahora que Dios me ha derribado,
Y me ha envuelto en su red.
7 He aquí, yo clamaré agravio, y no seré oído;
Daré voces, y no habrá juicio.
8 Cercó de vallado mi camino, y no pasaré;
Y sobre mis veredas puso tinieblas.
9 Me ha despojado de mi gloria,
Y quitado la corona de mi cabeza.
10 Me arruinó por todos lados, y perezco;
Y ha hecho pasar mi esperanza como árbol arrancado.
11 Hizo arder contra mí su furor,
Y me contó para sí entre sus enemigos.
12 Vinieron sus ejércitos a una, y se atrincheraron en mí,
Y acamparon en derredor de mi tienda.

13 Hizo alejar de mí a mis hermanos,
Y mis conocidos como extraños se apartaron de mí.
14 Mis parientes se detuvieron,
Y mis conocidos se olvidaron de mí.
15 Los moradores de mi casa y mis criadas me tuvieron por extraño;
Forastero fui yo a sus ojos.
16 Llamé a mi siervo, y no respondió;
De mi propia boca le suplicaba.
17 Mi aliento vino a ser extraño a mi mujer,
Aunque por los hijos de mis entrañas le rogaba.
18 Aun los muchachos me menospreciaron;
Al levantarme, hablaban contra mí.
19 Todos mis íntimos amigos me aborrecieron,
Y los que yo amaba se volvieron contra mí.
20 Mi piel y mi carne se pegaron a mis huesos,
Y he escapado con sólo la piel de mis dientes.
21 ¡Oh, vosotros mis amigos, tened compasión de mí, tened compasión de mí!
Porque la mano de Dios me ha tocado.
22 ¿Por qué me perseguís como Dios,
Y ni aun de mi carne os saciáis?

23 ¡Quién diese ahora que mis palabras fuesen escritas!
¡Quién diese que se escribiesen en un libro;
24 Que con cincel de hierro y con plomo
Fuesen esculpidas en piedra para siempre!

*25 Yo sé que mi Redentor vive,
Y al fin se levantará sobre el polvo;
➤26 Y después de deshecha esta mi piel,
En mi carne he de ver a Dios;
27 Al cual veré por mí mismo,
Y mis ojos lo verán, y no otro,
Aunque mi corazón desfallece dentro de mí.
28 Mas debierais decir:
¿Por qué le perseguimos?
Ya que la raíz del asunto se halla en mí.
29 Temed vosotros delante de la espada;
Porque sobreviene el furor de la espada a causa de las injusticias,
Para que sepáis que hay un juicio.

Zofar describe las calamidades de los malos

20 RESPONDIÓ Zofar naamatita, y dijo:

2 Por cierto mis pensamientos me hacen responder,
Y por tanto me apresuro.
3 La reprensión de mi censura he oído,
Y me hace responder el espíritu de mi inteligencia.
➤4 ¿No sabes esto, que así fue siempre,
Desde el tiempo que fue puesto el hombre sobre la tierra,
5 Que la alegría de los malos es breve,
Y el gozo del impío por un momento?
6 Aunque subiere su altivez hasta el cielo,
Y su cabeza tocare en las nubes,
7 Como su estiércol, perecerá para siempre;
Los que le hubieren visto dirán: ¿Qué hay de él?
8 Como sueño volará, y no será hallado,
Y se disipará como visión nocturna.
9 El ojo que le veía, nunca más le verá,
Ni su lugar le conocerá más.
10 Sus hijos solicitarán el favor de los pobres,
Y sus manos devolverán lo que él robó.
11 Sus huesos están llenos de su juventud,
Mas con él en el polvo yacerán.
12 Si el mal se endulzó en su boca,
Si lo ocultaba debajo de su lengua,
13 Si le parecía bien y no lo dejaba,
Sino que lo detenía en su paladar;
14 Su comida se mudará en sus entrañas;
Hiel de áspides será dentro de él.
15 Devoró riquezas, pero las vomitará;
De su vientre las sacará Dios.
16 Veneno de áspides chupará;
Lo matará lengua de víbora.
17 No verá los arroyos, los ríos,
Los torrentes de miel y de leche.

Ejemplos de vida

JOB

La decisión de confiar

JOB 19.25, 26

Job fue un hombre bueno e íntegro que anduvo en los caminos del Señor. De hecho, su rectitud motivó a Dios a decir de él: «no hay otro como él en la tierra» (Job 1.8). Dios bendijo a Job por su rectitud y por eso Job se ganó el título de «varón más grande que todos los orientales» (Job 1.3).

A pesar de esto, Job sufrió de manera indescriptible. No hizo ningún mal, pero lo perdió todo: su familia, su riqueza, su reputación y hasta su salud. Como si eso no fuera suficiente, su esposa y sus amigos no le ofrecieron ningún consuelo real. Los amigos de Job le dijeron que había sufrido a causa de algún pecado oculto en su vida.

Job es un ejemplo bíblico contundente de una realidad que necesitamos aceptar: Hasta los que son rectos delante de Dios van a sufrir. ¿Dejaremos que el sufrimiento destruya nuestra fe o la fortalezca? Esa es la decisión que debemos tomar. Job decidió confiar en Dios, su Redentor, y fue recompensado por su fe (Job 19.25, 26; 42.1–6, 10–17).

Para un estudio más a fondo, véase el Índice de Principios de vida:

20. Las decepciones son inevitables; el desánimo es por elección nuestra.

LECCIONES DE VIDA

➤ ***19.23 — ¡Quién diese ahora que mis palabras fuesen escritas! ¡Quién diese que se escribiesen en un libro!***

Mientras Job decía estas palabras, Dios ya tenía planeado incluirlas en el Libro de los libros —la Biblia— para todos los tiempos y para el beneficio de su pueblo sufriente. Él siempre obra, aunque no lo sepamos momento a momento.

➤ ***19.26, 27 — he de ver a Dios; al cual veré por mí mismo, y mis ojos lo verán.***

Todos aquellos que han depositado su fe en Jesucristo, un día con sus propios ojos «verán al Rey en su hermosura» (Is 33.17). Tan pronto los creyentes le veamos, «seremos semejantes a él, porque le veremos tal como él es» (1 Jn 3.2).

18 Restituirá el trabajo conforme a los bienes que tomó,
Y no los tragará ni gozará.
19 Por cuanto quebrantó y desamparó a los pobres,
Robó casas, y no las edificó;
20 Por tanto, no tendrá sosiego en su vientre,
Ni salvará nada de lo que codiciaba.
21 No quedó nada que no comiese;
Por tanto, su bienestar no será duradero.
22 En el colmo de su abundancia padecerá estrechez;
La mano de todos los malvados vendrá sobre él.
23 Cuando se pusiere a llenar su vientre,
Dios enviará sobre él el ardor de su ira,
Y la hará llover sobre él y sobre su comida.
24 Huirá de las armas de hierro,
Y el arco de bronce le atravesará.
25 La saeta le traspasará y saldrá de su cuerpo,
Y la punta relumbrante saldrá por su hiel;
Sobre él vendrán terrores.
26 Todas las tinieblas están reservadas para sus tesoros;
Fuego no atizado los consumirá;
Devorará lo que quede en su tienda.
27 Los cielos descubrirán su iniquidad,
Y la tierra se levantará contra él.
28 Los renuevos de su casa serán transportados;
Serán esparcidos en el día de su furor.
29 Ésta es la porción que Dios prepara al hombre impío,
Y la heredad que Dios le señala por su palabra.

Job afirma que los malos prosperan

21 ENTONCES respondió Job, y dijo:

2 Oíd atentamente mi palabra,
Y sea esto el consuelo que me deis.

3 Toleradme, y yo hablaré;
Y después que haya hablado, escarneced.
4 ¿Acaso me quejo yo de algún hombre?
¿Y por qué no se ha de angustiar mi espíritu?
5 Miradme, y espantaos,
Y poned la mano sobre la boca.
6 Aun yo mismo, cuando me acuerdo, me asombro,
Y el temblor estremece mi carne.
7 ¿Por qué viven los impíos,
Y se envejecen, y aun crecen en riquezas?
8 Su descendencia se robustece a su vista,
Y sus renuevos están delante de sus ojos.
9 Sus casas están a salvo de temor,
Ni viene azote de Dios sobre ellos.
10 Sus toros engendran, y no fallan;
Paren sus vacas, y no malogran su cría.
11 Salen sus pequeñuelos como manada,
Y sus hijos andan saltando.
12 Al son de tamboril y de cítara saltan,
Y se regocijan al son de la flauta.
13 Pasan sus días en prosperidad,
Y en paz descienden al Seol.
14 Dicen, pues, a Dios: Apártate de nosotros,
Porque no queremos el conocimiento de tus caminos.
15 ¿Quién es el Todopoderoso, para que le sirvamos?
¿Y de qué nos aprovechará que oremos a él?
16 He aquí que su bien no está en mano de ellos;
El consejo de los impíos lejos esté de mí.

17 ¡Oh, cuántas veces la lámpara de los impíos es apagada,
Y viene sobre ellos su quebranto,
Y Dios en su ira les reparte dolores!
18 Serán como la paja delante del viento,
Y como el tamo que arrebata el torbellino.
19 Dios guardará para los hijos de ellos su violencia;
Le dará su pago, para que conozca.

LECCIONES DE VIDA

➢ *20.4, 5 — ¿No sabes esto... que la alegría de los malos es breve, y el gozo del impío por un momento?*

Otra vez, Zofar se equivoca atribuyendo al pecado las grandes pérdidas y tribulaciones de Job. Aunque es cierto que «la alegría del impío es momentánea», Zofar no ve que el sufrimiento del justo también es breve, y que la agonía de los piadosos también dura poco tiempo (Ro 8.18). Nuestro dolor presente no significa necesariamente que Dios nos esté disciplinando (He 12.5–11). Sin embargo, al igual que Job, podemos estar seguros que si confiamos en el Señor y lo obedecemos, cada «leve tribulación momentánea produce en nosotros un cada vez más excelente y eterno peso de gloria» (2 Co 4.17).

➢ *21.7 — ¿Por qué viven los impíos, y se envejecen, y aun crecen en riquezas?*

Dios «hace salir su sol sobre malos y buenos, y... hace llover sobre justos e injustos» (Mt 5.45). A veces puede parecer injusto cuando los impíos prosperan o los justos deben padecer sufrimiento (Sal 73; Mt 13.24–30). Pero el día del juicio *viene* en camino, y si anticipamos con anhelo el regreso del Señor, estaremos motivados a seguir llevando vidas productivas, llenos de esperanza y valor.

20 Verán sus ojos su quebranto,
Y beberá de la ira del Todopoderoso.
21 Porque ¿qué deleite tendrá él de su casa después de sí,
Siendo cortado el número de sus meses?
➤22 ¿Enseñará alguien a Dios sabiduría,
Juzgando él a los que están elevados?
23 Éste morirá en el vigor de su hermosura, todo quieto y pacífico;
24 Sus vasijas estarán llenas de leche,
Y sus huesos serán regados de tuétano.
25 Y este otro morirá en amargura de ánimo,
Y sin haber comido jamás con gusto.
26 Igualmente yacerán ellos en el polvo,
Y gusanos los cubrirán.
27 He aquí, yo conozco vuestros pensamientos,
Y las imaginaciones que contra mí forjáis.
28 Porque decís: ¿Qué hay de la casa del príncipe,
Y qué de la tienda de las moradas de los impíos?
29 ¿No habéis preguntado a los que pasan por los caminos,
Y no habéis conocido su respuesta,
30 Que el malo es preservado en el día de la destrucción?
Guardado será en el día de la ira.
31 ¿Quién le denunciará en su cara su camino?
Y de lo que él hizo, ¿quién le dará el pago?
32 Porque llevado será a los sepulcros,
Y sobre su túmulo estarán velando.
33 Los terrones del valle le serán dulces;
Tras de él será llevado todo hombre,
Y antes de él han ido innumerables.
34 ¿Cómo, pues, me consoláis en vano,
Viniendo a parar vuestras respuestas en falacia?

Elifaz acusa a Job de gran maldad

22 RESPONDIÓ Elifaz temanita, y dijo:
2 ¿Traerá el hombre provecho a Dios?
Al contrario, para sí mismo es provechoso el hombre sabio.
3 ¿Tiene contentamiento el Omnipotente en que tú seas justificado, ➤
O provecho de que tú hagas perfectos tus caminos?[a]
4 ¿Acaso te castiga,
O viene a juicio contigo, a causa de tu piedad?
5 Por cierto tu malicia es grande,
Y tus maldades no tienen fin.
6 Porque sacaste prenda a tus hermanos sin causa,
Y despojaste de sus ropas a los desnudos.
7 No diste de beber agua al cansado,
Y detuviste el pan al hambriento.
8 Pero el hombre pudiente tuvo la tierra,
Y habitó en ella el distinguido.
9 A las viudas enviaste vacías,
Y los brazos de los huérfanos fueron quebrados.
10 Por tanto, hay lazos alrededor de ti,
Y te turba espanto repentino;
11 O tinieblas, para que no veas,
Y abundancia de agua te cubre.

12 ¿No está Dios en la altura de los cielos?
Mira lo encumbrado de las estrellas, cuán elevadas están.
13 ¿Y dirás tú: ¿Qué sabe Dios?
¿Cómo juzgará a través de la oscuridad?
14 Las nubes le rodearon, y no ve;
Y por el circuito del cielo se pasea.
15 ¿Quieres tú seguir la senda antigua
Que pisaron los hombres perversos,
16 Los cuales fueron cortados antes de tiempo,
Cuyo fundamento fue como un río derramado?
17 Decían a Dios: Apártate de nosotros.
¿Y qué les había hecho el Omnipotente?
18 Les había colmado de bienes sus casas.
Pero sea el consejo de ellos lejos de mí.
19 Verán los justos y se gozarán;
Y el inocente los escarnecerá, diciendo:
20 Fueron destruidos nuestros adversarios,
Y el fuego consumió lo que de ellos quedó.

a. 22.2-3 Job 35.6-8.

LECCIONES DE VIDA

➤ *21.22 — ¿Enseñará alguien a Dios sabiduría, juzgando él a los que están elevados?*

Cada vez que cuestionamos el trato especial de Dios con nosotros, es como si creyéramos saber más que Él. Por supuesto, la perspectiva del Señor siempre es más maravillosa, completa y perfecta que la esperanza nuestra jamás pudiera llegar a ser (Job 38.1–4; Is 55.8, 9). Abraham lo sabía muy bien: «el Juez de toda la tierra» *siempre* hará lo que es justo (Gn 18.25).

➤ *22.3 — ¿Tiene contentamiento el Omnipotente en que tú seas justificado, o provecho de que tú hagas perfectos tus caminos?*

Elifaz parece dar a entender que la respuesta a ambas preguntas es negativa, pero en realidad las respuestas respectivas son «sí» y «sí». De hecho, Dios se deleita en la obediencia de su pueblo (1 S 15.22), y «se complace Jehová en los que le temen, y en los que esperan en su misericordia» (Sal 147.11).

21 Vuelve ahora en amistad con él, y
tendrás paz;
Y por ello te vendrá bien.
22 Toma ahora la ley de su boca,
Y pon sus palabras en tu corazón.
23 Si te volvieres al Omnipotente, serás
edificado;
Alejarás de tu tienda la aflicción;
24 Tendrás más oro que tierra,
Y como piedras de arroyos oro de Ofir;
25 El Todopoderoso será tu defensa,
Y tendrás plata en abundancia.
26 Porque entonces te deleitarás en el
Omnipotente,
Y alzarás a Dios tu rostro.
27 Orarás a él, y él te oirá;
Y tú pagarás tus votos.
28 Determinarás asimismo una cosa, y te
será firme,
Y sobre tus caminos resplandecerá luz.
29 Cuando fueren abatidos, dirás tú:
Enaltecimiento habrá;
Y Dios salvará al humilde de ojos.
30 Él libertará al inocente,
Y por la limpieza de tus manos éste será
librado.

Job desea abogar su causa delante de Dios

23 RESPONDIÓ Job, y dijo:

2 Hoy también hablaré con amargura;
Porque es más grave mi llaga que mi
gemido.
3 ¡Quién me diera el saber dónde hallar a
Dios!
Yo iría hasta su silla.
4 Expondría mi causa delante de él,
Y llenaría mi boca de argumentos.
5 Yo sabría lo que él me respondiese,
Y entendería lo que me dijera.
6 ¿Contendería conmigo con grandeza de
fuerza?
No; antes él me atendería.
7 Allí el justo razonaría con él;
Y yo escaparía para siempre de mi juez.
8 He aquí yo iré al oriente, y no lo hallaré;
Y al occidente, y no lo percibiré;
9 Si muestra su poder al norte, yo no lo
veré;
Al sur se esconderá, y no lo veré.
10 Mas él conoce mi camino;
Me probará, y saldré como oro.
11 Mis pies han seguido sus pisadas;
Guardé su camino, y no me aparté.
12 Del mandamiento de sus labios nunca
me separé;
Guardé las palabras de su boca más que
mi comida.
13 Pero si él determina una cosa, ¿quién lo
hará cambiar?
Su alma deseó, e hizo.
14 Él, pues, acabará lo que ha determinado
de mí;
Y muchas cosas como éstas hay en él.
15 Por lo cual yo me espanto en su
presencia;
Cuando lo considero, tiemblo a causa
de él.
16 Dios ha enervado mi corazón,
Y me ha turbado el Omnipotente.
17 ¿Por qué no fui yo cortado delante de
las tinieblas,
Ni fue cubierto con oscuridad mi rostro?

Job se queja de que Dios es indiferente ante la maldad

24 PUESTO que no son ocultos los tiempos al Todopoderoso,
¿Por qué los que le conocen no ven sus
días?
2 Traspasan los linderos,
Roban los ganados, y los apacientan.
3 Se llevan el asno de los huérfanos,
Y toman en prenda el buey de la viuda.
4 Hacen apartar del camino a los
menesterosos,
Y todos los pobres de la tierra se
esconden.
5 He aquí, como asnos monteses en el
desierto,
Salen a su obra madrugando para robar;
El desierto es mantenimiento de sus
hijos.
6 En el campo siegan su pasto,
Y los impíos vendimian la viña ajena.
7 Al desnudo hacen dormir sin ropa,
Sin tener cobertura contra el frío.
8 Con las lluvias de los montes se mojan,
Y abrazan las peñas por falta de abrigo.

LECCIONES DE VIDA

➤ ***23.10 — Mas él conoce mi camino; me probará, y saldré como oro.***

A pesar de sus calamidades, Job siguió creyendo que la mano de Dios estaba sobre su vida para bien. Los momentos sombríos durarán solo el tiempo que sea necesario para que Dios lleve a cabo su propósito en nosotros.

➤ ***23.12 — Guardé las palabras de su boca más que mi comida.***

Si nos alejamos del Señor al llegar los tiempos difíciles, ¿dónde vamos a hallar esperanza, paz o verdad? La Palabra de Dios es ancla inconmovible en las tormentas, y pan de vida para los que tienen hambre de justicia (Mt 5.6).

➤ ***23.13 — Su alma deseó, e hizo.***

Dios es soberano, «y él hace según su voluntad en el ejército del cielo, y en los habitantes de la tierra, y no hay quien detenga su mano, y le diga: ¿Qué haces?» (Dn 4.35).

9 Quitan el pecho a los huérfanos,
Y de sobre el pobre toman la prenda.
10 Al desnudo hacen andar sin vestido,
Y a los hambrientos quitan las gavillas.
11 Dentro de sus paredes exprimen el aceite,
Pisan los lagares, y mueren de sed.
12 Desde la ciudad gimen los moribundos,
Y claman las almas de los heridos de muerte,
Pero Dios no atiende su oración.

13 Ellos son los que, rebeldes a la luz,
Nunca conocieron sus caminos,
Ni estuvieron en sus veredas.
14 A la luz se levanta el matador; mata al pobre y al necesitado,
Y de noche es como ladrón.
15 El ojo del adúltero está aguardando la noche,
Diciendo: No me verá nadie;
Y esconde su rostro.
16 En las tinieblas minan las casas
Que de día para sí señalaron;
No conocen la luz.
17 Porque la mañana es para todos ellos como sombra de muerte;
Si son conocidos, terrores de sombra de muerte los toman.

18 Huyen ligeros como corriente de aguas;
Su porción es maldita en la tierra;
No andarán por el camino de las viñas.
19 La sequía y el calor arrebatan las aguas de la nieve;
Así también el Seol a los pecadores.
20 Los olvidará el seno materno; de ellos sentirán los gusanos dulzura;
Nunca más habrá de ellos memoria,
Y como un árbol los impíos serán quebrantados.

21 A la mujer estéril, que no concebía, afligió,
Y a la viuda nunca hizo bien.
22 Pero a los fuertes adelantó con su poder;
Una vez que se levante, ninguno está seguro de la vida.
23 Él les da seguridad y confianza;
Sus ojos están sobre los caminos de ellos.
24 Fueron exaltados un poco, mas desaparecen,
Y son abatidos como todos los demás;
Serán encerrados, y cortados como cabezas de espigas.
25 Y si no, ¿quién me desmentirá ahora,
O reducirá a nada mis palabras?

Bildad niega que el hombre pueda ser justificado delante de Dios

25 RESPONDIÓ Bildad suhita, y dijo:
2 El señorío y el temor están con él;
Él hace paz en sus alturas.
3 ¿Tienen sus ejércitos número?
¿Sobre quién no está su luz?
4 ¿Cómo, pues, se justificará el hombre para con Dios?
¿Y cómo será limpio el que nace de mujer?
5 He aquí que ni aun la misma luna será resplandeciente,
Ni las estrellas son limpias delante de sus ojos;
6 ¿Cuánto menos el hombre, que es un gusano,
Y el hijo de hombre, también gusano?

Job proclama la soberanía de Dios

26 RESPONDIÓ Job, y dijo:
2 ¿En qué ayudaste al que no tiene poder?
¿Cómo has amparado al brazo sin fuerza?
3 ¿En qué aconsejaste al que no tiene ciencia,
Y qué plenitud de inteligencia has dado a conocer?
4 ¿A quién has anunciado palabras,
Y de quién es el espíritu que de ti procede?
5 Las sombras tiemblan en lo profundo,

LECCIONES DE VIDA

➤ *24.24 — Fueron exaltados un poco, mas desaparecen.*

Ninguno de nosotros es inmortal. Hasta los más vigorosos y poderosos tarde o temprano sucumben a una lesión, una enfermedad o a la vejez. Ciertamente somos «neblina que se aparece por un poco de tiempo, y luego se desvanece» (Stg 4.14), pero aun así Dios nos ama.

➤ *25.4 — ¿Y cómo será limpio el que nace de mujer?*

La paz con Dios es fruto de la unidad con Él, y la pureza florece en las mismas acciones saludables: «sé ejemplo de los creyentes en palabra, conducta, amor, espíritu, fe y pureza» (1 Ti 4.12).

➤ *26.7 — Él... cuelga la tierra sobre nada.*

¿Quién si no Dios podría tomar la nada y colgar la tierra sobre ella? Justamente así es como el Señor nos ayuda, de una manera que se escapa de nuestro entendimiento y más allá de nuestra imaginación. Aunque no veamos solución a nuestros problemas y no tengamos cómo manejarlos por nuestra cuenta, Dios sabe cómo. Él puede traer una solución donde ninguna solución era viable. Para nosotros es imposible conocer la manera extraordinaria en que Dios va a obrar a nuestro favor, pero eso no nos impide confiar en Él y obedecerlo, con plena certeza que así lo hará.

Los mares y cuanto en ellos mora.
6 El Seol está descubierto delante de él,
y el Abadón no tiene cobertura.
➤7 Él extiende el norte sobre vacío,
Cuelga la tierra sobre nada.
8 Ata las aguas en sus nubes,
Y las nubes no se rompen debajo de ellas.
9 Él encubre la faz de su trono,
Y sobre él extiende su nube.
10 Puso límite a la superficie de las aguas,
Hasta el fin de la luz y las tinieblas.
11 Las columnas del cielo tiemblan,
Y se espantan a su reprensión.
12 Él agita el mar con su poder,
Y con su entendimiento hiere la arrogancia suya.
13 Su espíritu adornó los cielos;
Su mano creó la serpiente tortuosa.
➤14 He aquí, estas cosas son sólo los bordes de sus caminos;
¡Y cuán leve es el susurro que hemos oído de él!
Pero el trueno de su poder, ¿quién lo puede comprender?

Job describe el castigo de los malos

27 REASUMIÓ Job su discurso, y dijo:
2 Vive Dios, que ha quitado mi derecho,
Y el Omnipotente, que amargó el alma mía,
➤3 Que todo el tiempo que mi alma esté en mí,
Y haya hálito de Dios en mis narices,
4 Mis labios no hablarán iniquidad,
Ni mi lengua pronunciará engaño.
5 Nunca tal acontezca que yo os justifique;
Hasta que muera, no quitaré de mí mi integridad.
6 Mi justicia tengo asida, y no la cederé;
No me reprochará mi corazón en todos mis días.

7 Sea como el impío mi enemigo,
Y como el inicuo mi adversario.
8 Porque ¿cuál es la esperanza del impío, por mucho que hubiere robado,
Cuando Dios le quitare la vida?
9 ¿Oirá Dios su clamor
Cuando la tribulación viniere sobre él?
10 ¿Se deleitará en el Omnipotente?
¿Invocará a Dios en todo tiempo?
11 Yo os enseñaré en cuanto a la mano de Dios;
No esconderé lo que hay para con el Omnipotente.
12 He aquí que todos vosotros lo habéis visto;
¿Por qué, pues, os habéis hecho tan enteramente vanos?
13 Ésta es para con Dios la porción del hombre impío,
Y la herencia que los violentos han de recibir del Omnipotente:
14 Si sus hijos fueren multiplicados, serán para la espada;
Y sus pequeños no se saciarán de pan.
15 Los que de él quedaren, en muerte serán sepultados,
Y no los llorarán sus viudas.
16 Aunque amontone plata como polvo,
Y prepare ropa como lodo;
17 La habrá preparado él, mas el justo se vestirá,
Y el inocente repartirá la plata.
18 Edificó su casa como la polilla,
Y como enramada que hizo el guarda.
19 Rico se acuesta, pero por última vez;
Abrirá sus ojos, y nada tendrá.
20 Se apoderarán de él terrores como aguas;
Torbellino lo arrebatará de noche.
21 Le eleva el solano, y se va;
Y tempestad lo arrebatará de su lugar.
22 Dios, pues, descargará sobre él, y no perdonará;
Hará él por huir de su mano.
23 Batirán las manos sobre él,
Y desde su lugar le silbarán.

El hombre en busca de la sabiduría

28 CIERTAMENTE la plata tiene sus veneros,
Y el oro lugar donde se refina.
2 El hierro se saca del polvo,
Y de la piedra se funde el cobre.
3 A las tinieblas ponen término,
Y examinan todo a la perfección,
Las piedras que hay en oscuridad y en sombra de muerte.

LECCIONES DE VIDA

➤ ***26.14 — He aquí, estas cosas son sólo los bordes de sus caminos; ¡Y cuán leve es el susurro que hemos oído de él! Pero el trueno de su poder, ¿quién lo puede comprender?***

Las fuerzas más grandes de la naturaleza apenas nos dan pequeñas pistas del poder inmensurable de Dios, y sin embargo Él pone a nuestra disposición todo ese poder, ¡en el recurso de la oración!

➤ ***27.3, 4 — Que todo el tiempo que mi alma esté en mí, y haya hálito de Dios en mis narices, mis labios no hablarán iniquidad, ni mi lengua pronunciará engaño.***

Cada vez que respiramos tomamos realmente el aliento de Dios. A Él pertenece nuestra vida, y Él puede tomarla en cualquier momento. Por eso, usemos cada soplo de vida para glorificarlo y alabarlo, mientras haya aliento en nosotros.

4 Abren minas lejos de lo habitado,
En lugares olvidados, donde el pie no pasa.
Son suspendidos y balanceados, lejos de los demás hombres.
5 De la tierra nace el pan,
Y debajo de ella está como convertida en fuego.
6 Lugar hay cuyas piedras son zafiro,
Y sus polvos de oro.

7 Senda que nunca la conoció ave,
Ni ojo de buitre la vio;
8 Nunca la pisaron animales fieros,
Ni león pasó por ella.
9 En el pedernal puso su mano,
Y trastornó de raíz los montes.
10 De los peñascos cortó ríos,
Y sus ojos vieron todo lo preciado.
11 Detuvo los ríos en su nacimiento,
E hizo salir a luz lo escondido.

12 Mas ¿dónde se hallará la sabiduría?
¿Dónde está el lugar de la inteligencia?
13 No conoce su valor el hombre,
Ni se halla en la tierra de los vivientes.
14 El abismo dice: No está en mí;
Y el mar dijo: Ni conmigo.
15 No se dará por oro,
Ni su precio será a peso de plata.
16 No puede ser apreciada con oro de Ofir,
Ni con ónice precioso, ni con zafiro.
17 El oro no se le igualará, ni el diamante,
Ni se cambiará por alhajas de oro fino.
18 No se hará mención de coral ni de perlas;
La sabiduría es mejor que las piedras preciosas.
19 No se igualará con ella topacio de Etiopía;
No se podrá apreciar con oro fino.

20 ¿De dónde, pues, vendrá la sabiduría?
¿Y dónde está el lugar de la inteligencia?
21 Porque encubierta está a los ojos de todo viviente,
Y a toda ave del cielo es oculta.
22 El Abadón y la muerte dijeron:
Su fama hemos oído con nuestros oídos.
23 Dios entiende el camino de ella,
Y conoce su lugar.
24 Porque él mira hasta los fines de la tierra,
Y ve cuanto hay bajo los cielos.
25 Al dar peso al viento,
Y poner las aguas por medida;
26 Cuando él dio ley a la lluvia,
Y camino al relámpago de los truenos,
27 Entonces la veía él, y la manifestaba;
La preparó y la descubrió también.
28 Y dijo al hombre:
He aquí que el temor del Señor es la sabiduría,[a]
Y el apartarse del mal, la inteligencia.

Job recuerda su felicidad anterior

29 VOLVIÓ Job a reanudar su discurso, y dijo:
2 ¡Quién me volviese como en los meses pasados,
Como en los días en que Dios me guardaba,
3 Cuando hacía resplandecer sobre mi cabeza su lámpara,
A cuya luz yo caminaba en la oscuridad;
4 Como fui en los días de mi juventud,
Cuando el favor de Dios velaba sobre mi tienda;
5 Cuando aún estaba conmigo el Omnipotente,
Y mis hijos alrededor de mí;
6 Cuando lavaba yo mis pasos con leche,
Y la piedra me derramaba ríos de aceite!
7 Cuando yo salía a la puerta a juicio,
Y en la plaza hacía preparar mi asiento,
8 Los jóvenes me veían, y se escondían;
Y los ancianos se levantaban, y estaban de pie.
9 Los príncipes detenían sus palabras;
Ponían la mano sobre su boca.
10 La voz de los principales se apagaba,
Y su lengua se pegaba a su paladar.
11 Los oídos que me oían me llamaban bienaventurado,
Y los ojos que me veían me daban testimonio,
12 Porque yo libraba al pobre que clamaba,

a. 28.28 Sal 111.10; Pr 1.7; 9.10.

LECCIONES DE VIDA

➤ *28.28 — Y dijo al hombre: He aquí que el temor del Señor es la sabiduría, y el apartarse del mal, la inteligencia.*

¿Por qué es sabio temer al Señor? ¿Cómo demostramos ser inteligentes al obedecerlo en apartarnos del mal? Un día todos vamos a comparecer ante Dios «para que cada uno reciba según lo que haya hecho mientras estaba en el cuerpo, sea bueno o sea malo» (2 Co 5.10).

➤ *29.2 — ¡Quién me volviese como en los meses pasados, como en los días en que Dios me guardaba!*

Job no sabía que en el mismo instante en que pronunció este deseo, Dios *todavía* lo guardaba muy de cerca y con tierno amor. Sus penalidades no significaban que Dios lo hubiera abandonado. Esto también es verdad para usted.

Y al huérfano que carecía de ayudador.
13 La bendición del que se iba a perder venía sobre mí,
Y al corazón de la viuda yo daba alegría.
14 Me vestía de justicia, y ella me cubría;
Como manto y diadema era mi rectitud.
15 Yo era ojos al ciego,
Y pies al cojo.
16 A los menesterosos era padre,
Y de la causa que no entendía, me informaba con diligencia;
17 Y quebrantaba los colmillos del inicuo,
Y de sus dientes hacía soltar la presa.
18 Decía yo: En mi nido moriré,
Y como arena multiplicaré mis días.
19 Mi raíz estaba abierta junto a las aguas,
Y en mis ramas permanecía el rocío.
20 Mi honra se renovaba en mí,
Y mi arco se fortalecía en mi mano.

21 Me oían, y esperaban,
Y callaban a mi consejo.
22 Tras mi palabra no replicaban,
Y mi razón destilaba sobre ellos.
23 Me esperaban como a la lluvia,
Y abrían su boca como a la lluvia tardía.
24 Si me reía con ellos, no lo creían;
Y no abatían la luz de mi rostro.
25 Calificaba yo el camino de ellos, y me sentaba entre ellos como el jefe;
Y moraba como rey en el ejército,
Como el que consuela a los que lloran.

Job lamenta su desdicha actual

30 PERO ahora se ríen de mí los más jóvenes que yo,
A cuyos padres yo desdeñara poner con los perros de mi ganado.
2 ¿Y de qué me serviría ni aun la fuerza de sus manos?
No tienen fuerza alguna.
3 Por causa de la pobreza y del hambre andaban solos;
Huían a la soledad, a lugar tenebroso, asolado y desierto.
4 Recogían malvas entre los arbustos,
Y raíces de enebro para calentarse.
5 Eran arrojados de entre las gentes,
Y todos les daban grita como tras el ladrón.
6 Habitaban en las barrancas de los arroyos,
En las cavernas de la tierra, y en las rocas.
7 Bramaban entre las matas,
Y se reunían debajo de los espinos.
8 Hijos de viles, y hombres sin nombre,
Más bajos que la misma tierra.

9 Y ahora yo soy objeto de su burla,
Y les sirvo de refrán.
10 Me abominan, se alejan de mí,
Y aun de mi rostro no detuvieron su saliva.
11 Porque Dios desató su cuerda, y me afligió,
Por eso se desenfrenaron delante de mi rostro.
12 A la mano derecha se levantó el populacho;
Empujaron mis pies,
Y prepararon contra mí caminos de perdición.
13 Mi senda desbarataron,
Se aprovecharon de mi quebrantamiento,
Y contra ellos no hubo ayudador.
14 Vinieron como por portillo ancho,
Se revolvieron sobre mi calamidad.
15 Se han revuelto turbaciones sobre mí;
Combatieron como viento mi honor,
Y mi prosperidad pasó como nube.

16 Y ahora mi alma está derramada en mí;
Días de aflicción se apoderan de mí.
17 La noche taladra mis huesos,
Y los dolores que me roen no reposan.
18 La violencia deforma mi vestidura;,me ciñe como el cuello de mi túnica.
19 Él me derribó en el lodo,
Y soy semejante al polvo y a la ceniza.
20 Clamo a ti, y no me oyes;
Me presento, y no me atiendes.
21 Te has vuelto cruel para mí;
Con el poder de tu mano me persigues.
22 Me alzaste sobre el viento, me hiciste cabalgar en él,
Y disolviste mi sustancia.
23 Porque yo sé que me conduces a la muerte,
Y a la casa determinada a todo viviente.

24 Mas él no extenderá la mano contra el sepulcro;

LECCIONES DE VIDA

➤ ***30.20 — Clamo a ti, y no me oyes...***

El simple hecho de que Dios se tome su tiempo para contestar nuestras oraciones no significa que nos haya olvidado o que no haya oído nuestras peticiones. Él obra a favor nuestro incluso cuando no podemos ver su actividad o sentir su presencia. Por lo tanto, nunca deberíamos quejarnos ni suponer que Él nos ignora. Cuando llegan los tiempos difíciles, puede ser útil recordar cómo Dios ya ha obrado en nuestros corazones para moldearnos y hacernos semejantes a Cristo. Dios siempre termina lo que empieza, y la obra que empezó en nosotros la completará a su debido tiempo.

¿Clamarán los sepultados cuando él los
quebrantare?
25 ¿No lloré yo al afligido?
Y mi alma, ¿no se entristeció sobre el
menesteroso?
26 Cuando esperaba yo el bien, entonces
vino el mal;
Y cuando esperaba luz, vino la oscuridad.
27 Mis entrañas se agitan, y no reposan;
Días de aflicción me han sobrecogido.
28 Ando ennegrecido, y no por el sol;
Me he levantado en la congregación, y
clamado.
29 He venido a ser hermano de chacales,
Y compañero de avestruces.
30 Mi piel se ha ennegrecido y se me cae,
Y mis huesos arden de calor.
31 Se ha cambiado mi arpa en luto,
Y mi flauta en voz de lamentadores.

Job afirma su integridad

➤ 31 HICE pacto con mis ojos;
¿Cómo, pues, había yo de mirar a una
virgen?
2 Porque ¿qué galardón me daría de
arriba Dios,
Y qué heredad el Omnipotente desde las
alturas?
3 ¿No hay quebrantamiento para el impío,
Y extrañamiento para los que hacen
iniquidad?
➤ 4 ¿No ve él mis caminos,
Y cuenta todos mis pasos?

5 Si anduve con mentira,
Y si mi pie se apresuró a engaño,
6 Péseme Dios en balanzas de justicia,
Y conocerá mi integridad.
7 Si mis pasos se apartaron del camino,
Si mi corazón se fue tras mis ojos,
Y si algo se pegó a mis manos,
8 Siembre yo, y otro coma,
Y sea arrancada mi siembra.

9 Si fue mi corazón engañado acerca de
mujer,
Y si estuve acechando a la puerta de mi
prójimo,
10 Muela para otro mi mujer,
Y sobre ella otros se encorven.
11 Porque es maldad e iniquidad
Que han de castigar los jueces.
12 Porque es fuego que devoraría hasta el
Abadón,
Y consumiría toda mi hacienda.
13 Si hubiera tenido en poco el derecho de
mi siervo y de mi sierva,
Cuando ellos contendían conmigo,
14 ¿Qué haría yo cuando Dios se
levantase?
Y cuando él preguntara, ¿qué le
respondería yo?
15 El que en el vientre me hizo a mí, ¿no lo
hizo a él?
¿Y no nos dispuso uno mismo en la
matriz?

16 Si estorbé el contento de los pobres,
E hice desfallecer los ojos de la viuda;
17 Si comí mi bocado solo,
Y no comió de él el huérfano
18 (Porque desde mi juventud creció
conmigo como con un padre,
Y desde el vientre de mi madre fui guía
de la viuda);
19 Si he visto que pereciera alguno sin
vestido,
Y al menesteroso sin abrigo;
20 Si no me bendijeron sus lomos,
Y del vellón de mis ovejas se calentaron;
21 Si alcé contra el huérfano mi mano,
Aunque viese que me ayudaran en la
puerta;
22 Mi espalda se caiga de mi hombro,
Y el hueso de mi brazo sea quebrado.
23 Porque temí el castigo de Dios,
Contra cuya majestad yo no tendría
poder.

24 Si puse en el oro mi esperanza,
Y dije al oro: Mi confianza eres tú;
25 Si me alegré de que mis riquezas se
multiplicasen,
Y de que mi mano hallase mucho;
26 Si he mirado al sol cuando resplandecía,
O a la luna cuando iba hermosa,
27 Y mi corazón se engañó en secreto,
Y mi boca besó mi mano;
28 Esto también sería maldad juzgada;
Porque habría negado al Dios soberano.

29 Si me alegré en el quebrantamiento del
que me aborrecía,
Y me regocijé cuando le halló el mal

LECCIONES DE VIDA

➤ ***31.1 — Hice pacto con mis ojos; ¿Cómo, pues, había yo de mirar a una virgen?***

Job se había comprometido a honrar a Dios en todo. Se negó firmemente a dar cualquier paso que lo llevara a pecar, lo cual incluía no mirar ninguna persona ni cosa que pudiera hacerlo tropezar (Stg 1.14, 15).

➤ ***31.4 — ¿No ve él mis caminos, y cuenta todos mis pasos?***

Dios ciertamente ve todo lo que hacemos, oye todo lo que decimos y sabe dónde estamos a todas horas. Él desea tener una relación íntima con nosotros, y su conocimiento íntimo de nosotros lo hace posible.

30 (Ni aun entregué al pecado mi lengua,
Pidiendo maldición para su alma);
31 Si mis siervos no decían:
¿Quién no se ha saciado de su carne?
32 (El forastero no pasaba fuera la noche;
Mis puertas abría al caminante);
33 Si encubrí como hombre mis transgresiones,
Escondiendo en mi seno mi iniquidad,
34 Porque tuve temor de la gran multitud,
Y el menosprecio de las familias me atemorizó,
Y callé, y no salí de mi puerta;
35 ¡Quién me diera quien me oyese!
He aquí mi confianza es que el Omnipotente testificará por mí,
Aunque mi adversario me forme proceso.
36 Ciertamente yo lo llevaría sobre mi hombro,
Y me lo ceñiría como una corona.
37 Yo le contaría el número de mis pasos,
Y como príncipe me presentaría ante él.

38 Si mi tierra clama contra mí,
Y lloran todos sus surcos;
39 Si comí su sustancia sin dinero,
O afligí el alma de sus dueños,
40 En lugar de trigo me nazcan abrojos,
Y espinos en lugar de cebada.

Aquí terminan las palabras de Job.

Eliú justifica su derecho de contestar a Job

32 CESARON estos tres varones de responder a Job, por cuanto él era justo a sus propios ojos.
2 Entonces Eliú hijo de Baraquel buzita, de la familia de Ram, se encendió en ira contra Job; se encendió en ira, por cuanto se justificaba a sí mismo más que a Dios.
3 Asimismo se encendió en ira contra sus tres amigos, porque no hallaban qué responder, aunque habían condenado a Job.
4 Y Eliú había esperado a Job en la disputa, porque los otros eran más viejos que él.
5 Pero viendo Eliú que no había respuesta en la boca de aquellos tres varones, se encendió en ira.
6 Y respondió Eliú hijo de Baraquel buzita, y dijo:
Yo soy joven, y vosotros ancianos;
Por tanto, he tenido miedo, y he temido declararos mi opinión.
7 Yo decía: Los días hablarán,
Y la muchedumbre de años declarará sabiduría.
8 Ciertamente espíritu hay en el hombre,
Y el soplo del Omnipotente le hace que entienda.
9 No son los sabios los de mucha edad,
Ni los ancianos entienden el derecho.
10 Por tanto, yo dije: Escuchadme;
Declararé yo también mi sabiduría.

11 He aquí yo he esperado a vuestras razones,
He escuchado vuestros argumentos,
En tanto que buscabais palabras.
12 Os he prestado atención,
Y he aquí que no hay de vosotros quien redarguya a Job,
Y responda a sus razones.

13 Para que no digáis: Nosotros hemos hallado sabiduría;
Lo vence Dios, no el hombre.

14 Ahora bien, Job no dirigió contra mí sus palabras,
Ni yo le responderé con vuestras razones.

15 Se espantaron, no respondieron más;
Se les fueron los razonamientos.
16 Yo, pues, he esperado, pero no hablaban;
Más bien callaron y no respondieron más.
17 Por eso yo también responderé mi parte;
También yo declararé mi juicio.
18 Porque lleno estoy de palabras, ➤
Y me apremia el espíritu dentro de mí.
19 De cierto mi corazón está como el vino que no tiene respiradero,
Y se rompe como odres nuevos,
20 Hablaré, pues, y respiraré;
Abriré mis labios, y responderé.
21 No haré ahora acepción de personas,
Ni usaré con nadie de títulos lisonjeros.
22 Porque no sé hablar lisonjas;
De otra manera, en breve mi Hacedor me consumiría.

Eliú censura a Job

33 POR tanto, Job, oye ahora mis razones,
Y escucha todas mis palabras.

2 He aquí yo abriré ahora mi boca,
Y mi lengua hablará en mi garganta.

LECCIONES DE VIDA

➤ ***32.18 — Porque lleno estoy de palabras, y me apremia el espíritu dentro de mí.***

Eliú tenía dificultad para refrenar su lengua. Creía tener mucho que añadir al asunto, pero lo único que hizo fue reiterar las mismas insensateces que ya se habían dicho. «En las muchas palabras no falta pecado» (Pr 10.19).

3 Mis razones declararán la rectitud de mi corazón,
Y lo que saben mis labios, lo hablarán con sinceridad.
4 El espíritu de Dios me hizo,
Y el soplo del Omnipotente me dio vida.
5 Respóndeme si puedes;
Ordena tus palabras, ponte en pie.
6 Heme aquí a mí en lugar de Dios, conforme a tu dicho;
De barro fui yo también formado.
7 He aquí, mi terror no te espantará
Ni mi mano se agravará sobre ti.

8 De cierto tú dijiste a oídos míos,
Y yo oí la voz de tus palabras que decían:
9 Yo soy limpio y sin defecto;
Soy inocente, y no hay maldad en mí.
10 He aquí que él buscó reproches contra mí,
Y me tiene por su enemigo;
11 Puso mis pies en el cepo,
Y vigiló todas mis sendas.

12 He aquí, en esto no has hablado justamente;
Yo te responderé que mayor es Dios que el hombre.
13 ¿Por qué contiendes contra él?
Porque él no da cuenta de ninguna de sus razones.
➤ 14 Sin embargo, en una o en dos maneras habla Dios;
Pero el hombre no entiende.
15 Por sueño, en visión nocturna,
Cuando el sueño cae sobre los hombres,
Cuando se adormecen sobre el lecho,
16 Entonces revela al oído de los hombres,
Y les señala su consejo,
17 Para quitar al hombre de su obra,
Y apartar del varón la soberbia.
18 Detendrá su alma del sepulcro,
Y su vida de que perezca a espada.

19 También sobre su cama es castigado
Con dolor fuerte en todos sus huesos,
20 Que le hace que su vida aborrezca el pan,
Y su alma la comida suave.
21 Su carne desfallece, de manera que no se ve,
Y sus huesos, que antes no se veían, aparecen.
22 Su alma se acerca al sepulcro,
Y su vida a los que causan la muerte.
23 Si tuviese cerca de él Algún elocuente mediador muy escogido,
Que anuncie al hombre su deber;
24 Que le diga que Dios tuvo de él misericordia,
Que lo libró de descender al sepulcro,
Que halló redención;
25 Su carne será más tierna que la del niño,
Volverá a los días de su juventud.
26 Orará a Dios, y éste le amará,
Y verá su faz con júbilo;
Y restaurará al hombre su justicia.
27 Él mira sobre los hombres; y al que dijere:
Pequé, y pervertí lo recto,
Y no me ha aprovechado,
28 Dios redimirá su alma para que no pase al sepulcro,
Y su vida se verá en luz.
29 He aquí, todas estas cosas hace Dios
Dos y tres veces con el hombre,
30 Para apartar su alma del sepulcro,
Y para iluminarlo con la luz de los vivientes.
31 Escucha, Job, y óyeme;
Calla, y yo hablaré.
32 Si tienes razones, respóndeme;
Habla, porque yo te quiero justificar.
33 Y si no, óyeme tú a mí;
Calla, y te enseñaré sabiduría.

Eliú justifica a Dios

34 ADEMÁS Eliú dijo:

2 Oíd, sabios, mis palabras;
Y vosotros, doctos, estadme atentos.
3 Porque el oído prueba las palabras,
Como el paladar gusta lo que uno come.
4 Escojamos para nosotros el juicio,
Conozcamos entre nosotros cuál sea lo bueno.
5 Porque Job ha dicho: Yo soy justo,
Y Dios me ha quitado mi derecho.
6 ¿He de mentir yo contra mi razón?
Dolorosa es mi herida sin haber hecho yo transgresión.
7 ¿Qué hombre hay como Job,
Que bebe el escarnio como agua,

LECCIONES DE VIDA

➤ ***33.14 — en una o en dos maneras habla Dios; pero el hombre no entiende.***

Eliú sugirió erróneamente que Job no había captado lo que Dios había tratado de decirle. Algunos pueden temer que se están perdiendo las instrucciones de Dios para ellos, pero usted puede estar seguro que si está buscando a Dios, lo hallará (1 Cr 28.9; Mt 7.7). Si es necesario, Dios moverá cielo y tierra para mostrarnos su voluntad. Dios nos puede hablar de múltiples maneras, y algunas de ellas son bastante sorprendentes. Por eso siempre debemos mantener bien abiertos los oídos, y nuestros espíritus sensibles y dispuestos a escuchar su voz.

8 Y va en compañía con los que hacen
iniquidad,
Y anda con los hombres malos?
9 Porque ha dicho: De nada servirá al
hombre
El conformar su voluntad a Dios.

10 Por tanto, varones de inteligencia,
oídme:
Lejos esté de Dios la impiedad,
Y del Omnipotente la iniquidad.
11 Porque él pagará al hombre según su
obra,[a]
Y le retribuirá conforme a su camino.
➤12 Sí, por cierto, Dios no hará injusticia,
Y el Omnipotente no pervertirá el
derecho.
13 ¿Quién visitó por él la tierra?
¿Y quién puso en orden todo el mundo?
14 Si él pusiese sobre el hombre su corazón,
Y recogiese así su espíritu y su aliento,
15 Toda carne perecería juntamente,
Y el hombre volvería al polvo.

16 Si, pues, hay en ti entendimiento, oye
esto;
Escucha la voz de mis palabras.
17 ¿Gobernará el que aborrece juicio?
¿Y condenarás tú al que es tan justo?
18 ¿Se dirá al rey: Perverso;
Y a los príncipes: Impíos?
19 ¿Cuánto menos a aquel que no hace
acepción de personas de príncipes,
Ni respeta más al rico que al pobre,
Porque todos son obra de sus manos?
20 En un momento morirán,
Y a medianoche se alborotarán los
pueblos, y pasarán,
Y sin mano será quitado el poderoso.
21 Porque sus ojos están sobre los caminos
del hombre,
Y ve todos sus pasos.
22 No hay tinieblas ni sombra de muerte
Donde se escondan los que hacen
maldad.
23 No carga, pues, él al hombre más de lo
justo,
Para que vaya con Dios a juicio.
24 Él quebrantará a los fuertes sin
indagación,
Y hará estar a otros en su lugar.
25 Por tanto, él hará notorias las obras de
ellos,
Cuando los trastorne en la noche, y
sean quebrantados.
26 Como a malos los herirá
En lugar donde sean vistos;
27 Por cuanto así se apartaron de él,
Y no consideraron ninguno de sus
caminos,
28 Haciendo venir delante de él el clamor
del pobre,
Y que oiga el clamor de los necesitados.
29 Si él diere reposo, ¿quién inquietará?
Si escondiere el rostro, ¿quién lo mirará?
Esto sobre una nación, y lo mismo sobre
un hombre;
30 Haciendo que no reine el hombre impío
Para vejaciones del pueblo.

31 De seguro conviene que se diga a Dios:
He llevado ya castigo, no ofenderé ya
más;
32 Enséñame tú lo que yo no veo;
Si hice mal, no lo haré más.
33 ¿Ha de ser eso según tu parecer?
Él te retribuirá, ora rehúses, ora aceptes,
y no yo;
Di, si no, lo que tú sabes.
34 Los hombres inteligentes dirán
conmigo,
Y el hombre sabio que me oiga:
35 Que Job no habla con sabiduría,
Y que sus palabras no son con
entendimiento.
36 Deseo yo que Job sea probado
ampliamente,
A causa de sus respuestas semejantes a
las de los hombres inicuos.
37 Porque a su pecado añadió rebeldía;
Bate palmas contra nosotros,
Y contra Dios multiplica sus palabras.

35 PROSIGUIÓ Eliú en su razonamiento,
y dijo:

2 ¿Piensas que es cosa recta lo que has
dicho:
Más justo soy yo que Dios?
3 Porque dijiste: ¿Qué ventaja sacaré de
ello?
¿O qué provecho tendré de no haber
pecado?
4 Yo te responderé razones,
Y a tus compañeros contigo.
5 Mira a los cielos, y ve,
Y considera que las nubes son más altas
que tú.

a. 34.11 Sal 62.12.

LECCIONES DE VIDA

➤ ***34.12 — Dios no hará injusticia, y el Omnipotente no pervertirá el derecho.***

Quizá no entendamos por qué Dios permite que sucedan ciertas cosas muy malas a gente muy piadosa, pero nunca tenemos razón para dudar de su carácter. Él *siempre* hará lo que es correcto, y esa verdad nunca cambiará.

6 Si pecares, ¿qué habrás logrado contra
él?
Y si tus rebeliones se multiplicaren,
¿qué le harás tú?
7 Si fueres justo, ¿qué le darás a él?
¿O qué recibirá de tu mano?
8 Al hombre como tú dañará tu
impiedad,
Y al hijo de hombre aprovechará tu
justicia.[a]

9 A causa de la multitud de las violencias
claman,
Y se lamentan por el poderío de los
grandes.
10 Y ninguno dice: ¿Dónde está Dios mi
Hacedor,
Que da cánticos en la noche,
11 Que nos enseña más que a las bestias de
la tierra,
Y nos hace sabios más que a las aves
del cielo?
12 Allí clamarán, y él no oirá,
Por la soberbia de los malos.
13 Ciertamente Dios no oirá la vanidad,
Ni la mirará el Omnipotente.
14 ¿Cuánto menos cuando dices que no
haces caso de él?
La causa está delante de él; por tanto,
aguárdale.
15 Mas ahora, porque en su ira no castiga,
Ni inquiere con rigor,
16 Por eso Job abre su boca vanamente,
Y multiplica palabras sin sabiduría.

Eliú exalta la grandeza de Dios

36 AÑADIÓ Eliú y dijo:
2 Espérame un poco, y te enseñaré;
Porque todavía tengo razones en
defensa de Dios.
3 Tomaré mi saber desde lejos,
Y atribuiré justicia a mi Hacedor.
4 Porque de cierto no son mentira mis
palabras;
Contigo está el que es íntegro en sus
conceptos.

5 He aquí que Dios es grande, pero no
desestima a nadie;
Es poderoso en fuerza de sabiduría.
6 No otorgará vida al impío,
Pero a los afligidos dará su derecho.
7 No apartará de los justos sus ojos;
Antes bien con los reyes los pondrá en
trono para siempre,
Y serán exaltados.
8 Y si estuvieren prendidos en grillos,
Y aprisionados ent las cuerdas de
aflicción,
9 Él les dará a conocer la obra de ellos
Y que prevalecieron sus rebeliones.
10 Despierta además el oído de ellos para
la corrección,
Y les dice que se conviertan de la
iniquidad.
11 Si oyeren, y le sirvieren,
Acabarán sus días en bienestar,
Y sus años en dicha.
12 Pero si no oyeren, serán pasados a
espada,
Y perecerán sin sabiduría.

13 Mas los hipócritas de corazón atesoran
para sí la ira,
Y no clamarán cuando él los atare.
14 Fallecerá el alma de ellos en su
juventud,
Y su vida entre los sodomitas.
15 Al pobre librará de su pobreza,
Y en la aflicción despertará su oído.
16 Asimismo te apartará de la boca de la
angustia
A lugar espacioso, libre de todo apuro,
Y te preparará mesa llena de grosura.
17 Mas tú has llenado el juicio del impío,
En vez de sustentar el juicio y la
justicia.
18 Por lo cual teme, no sea que en su ira te
quite con golpe,
El cual no puedas apartar de ti con gran
rescate.
19 ¿Hará él estima de tus riquezas, del
oro,
O de todas las fuerzas del poder?
20 No anheles la noche,
En que los pueblos desaparecen de su
lugar.
21 Guárdate, no te vuelvas a la iniquidad;
Pues ésta escogiste más bien que la
aflicción.
22 He aquí que Dios es excelso en su
poder;

a. 35.6-8 Job 22.2-3.

LECCIONES DE VIDA

➤ ***36.11 — Si oyeren, y le sirvieren, acabarán sus días en bienestar, y sus años en dicha.***

Es cierto que la obediencia siempre trae bendición consigo, pero *no* es cierto que la obediencia siempre traiga prosperidad y placer en *esta* vida. Eso sí, podemos estar seguros que nuestras obras nos seguirán, incluso después de la muerte (He 6.10; Ap 14.13).

➤ ***36.15 — Al pobre librará de su pobreza, y en la aflicción despertará su oído.***

Dios quiere usar nuestras aflicciones, y la manera en que nos libra de ellas, para llevarnos a una relación más profunda y enriquecedora con Él. Debemos tratar la adversidad como un puente que nos permite andar más cerca de Dios.

¿Qué enseñador semejante a él?
23 ¿Quién le ha prescrito su camino?
¿Y quién le dirá: Has hecho mal?

24 Acuérdate de engrandecer su obra,
La cual contemplan los hombres.
25 Los hombres todos la ven;
La mira el hombre de lejos.
26 He aquí, Dios es grande, y nosotros no le conocemos,
Ni se puede seguir la huella de sus años.
27 Él atrae las gotas de las aguas,
Al transformarse el vapor en lluvia,
28 La cual destilan las nubes,
Goteando en abundancia sobre los hombres.
29 ¿Quién podrá comprender la extensión de las nubes,
Y el sonido estrepitoso de su morada?
30 He aquí que sobre él extiende su luz,
Y cobija con ella las profundidades del mar.
31 Bien que por esos medios castiga a los pueblos
A la multitud él da sustento.
32 Con las nubes encubre la luz,
Y le manda no brillar, interponiendo aquéllas.
33 El trueno declara su indignación,
Y la tempestad proclama su ira contra la iniquidad.

37 POR eso también se estremece mi corazón,
Y salta de su lugar.
2 Oíd atentamente el estrépito de su voz,
Y el sonido que sale de su boca.
3 Debajo de todos los cielos lo dirige,
Y su luz hasta los fines de la tierra.
4 Después de ella brama el sonido,
Truena él con voz majestuosa;
Y aunque sea oída su voz, no los detiene.
5 Truena Dios maravillosamente con su voz;
Él hace grandes cosas, que nosotros no entendemos.
6 Porque a la nieve dice: Desciende a la tierra;
También a la llovizna, y a los aguaceros torrenciales.
7 Así hace retirarse a todo hombre,
Para que los hombres todos reconozcan su obra.
8 Las bestias entran en su escondrijo,
Y se están en sus moradas.
9 Del sur viene el torbellino,
Y el frío de los vientos del norte.
10 Por el soplo de Dios se da el hielo,
Y las anchas aguas se congelan.
11 Regando también llega a disipar la densa nube,
Y con su luz esparce la niebla.
12 Asimismo por sus designios se revuelven las nubes en derredor,
Para hacer sobre la faz del mundo,
En la tierra, lo que él les mande.
13 Unas veces por azote, otras por causa de su tierra,
Otras por misericordia las hará venir.

14 Escucha esto, Job;
Detente, y considera las maravillas de Dios.
15 ¿Sabes tú cómo Dios las pone en concierto,
Y hace resplandecer la luz de su nube?
16 ¿Has conocido tú las diferencias de las nubes,
Las maravillas del Perfecto en sabiduría?
17 ¿Por qué están calientes tus vestidos
Cuando él sosiega la tierra con el viento del sur?
18 ¿Extendiste tú con él los cielos,
Firmes como un espejo fundido?
19 Muéstranos qué le hemos de decir;
Porque nosotros no podemos ordenar las ideas a causa de las tinieblas.
20 ¿Será preciso contarle cuando yo hablare?
Por más que el hombre razone, quedará como abismado.

21 Mas ahora ya no se puede mirar la luz esplendente en los cielos,
Luego que pasa el viento y los limpia,
22 Viniendo de la parte del norte la dorada claridad.
En Dios hay una majestad terrible.
23 Él es Todopoderoso, al cual no alcanzamos, grande en poder;
Y en juicio y en multitud de justicia no afligirá.
24 Lo temerán por tanto los hombres;
Él no estima a ninguno que cree en su propio corazón ser sabio.

Jehová convence a Job de su ignorancia

38 ENTONCES respondió Jehová a Job desde un torbellino, y dijo:

LECCIONES DE VIDA

➤ ***38.1 — respondió Jehová a Job desde un torbellino.***

Dios habla a su pueblo por medio de su Palabra, por medio de otros creyentes, en las circunstancias, en sueños, en visiones, por ángeles, desde un torbellino y hasta por medio de un asno. Aunque Dios usará métodos extraordinarios para revelarnos su voluntad, siempre debemos discernir si en realidad es Él quien habla. ¿Está usted preparado para escuchar la voz de Dios?

2 ¿Quién es ése que oscurece el consejo
Con palabras sin sabiduría?
3 Ahora ciñe como varón tus lomos;
Yo te preguntaré, y tú me contestarás.
➤4 ¿Dónde estabas tú cuando yo fundaba la tierra?
Házmelo saber, si tienes inteligencia.
5 ¿Quién ordenó sus medidas, si lo sabes?
¿O quién extendió sobre ella cordel?
6 ¿Sobre qué están fundadas sus bases?
¿O quién puso su piedra angular,
7 Cuando alababan todas las estrellas del alba,
Y se regocijaban todos los hijos de Dios?

8 ¿Quién encerró con puertas el mar,
Cuando se derramaba saliéndose de su seno,
9 Cuando puse yo nubes por vestidura suya,
Y por su faja oscuridad,
10 Y establecí sobre él mi decreto,
Le puse puertas y cerrojo,
11 Y dije: Hasta aquí llegarás, y no pasarás adelante,
Y ahí parará el orgullo de tus olas?[a]
12 ¿Has mandado tú a la mañana en tus días?
¿Has mostrado al alba su lugar,
13 Para que ocupe los fines de la tierra,
Y para que sean sacudidos de ella los impíos?
14 Ella muda luego de aspecto como barro bajo el sello,
Y viene a estar como con vestidura;
15 Mas la luz de los impíos es quitada de ellos,
Y el brazo enaltecido es quebrantado.

16 ¿Has entrado tú hasta las fuentes del mar,
Y has andado escudriñando el abismo?
17 ¿Te han sido descubiertas las puertas de la muerte,
Y has visto las puertas de la sombra de muerte?
18 ¿Has considerado tú hasta las anchuras de la tierra?
Declara si sabes todo esto.

19 ¿Por dónde va el camino a la habitación de la luz,
Y dónde está el lugar de las tinieblas,
20 Para que las lleves a sus límites,
Y entiendas las sendas de su casa?
21 ¡Tú lo sabes! Pues entonces ya habías nacido,
Y es grande el número de tus días.

22 ¿Has entrado tú en los tesoros de la nieve,
O has visto los tesoros del granizo
23 Que tengo reservados para el tiempo de angustia,
Para el día de la guerra y de la batalla?
24 ¿Por qué camino se reparte la luz,
Y se esparce el viento solano sobre la tierra?

25 ¿Quién repartió conducto al turbión,
Y camino a los relámpagos y truenos,
26 Haciendo llover sobre la tierra deshabitada,
Sobre el desierto, donde no hay hombre,
27 Para saciar la tierra desierta e inculta,
Y para hacer brotar la tierna hierba?

28 ¿Tiene la lluvia padre?
¿O quién engendró las gotas del rocío?
29 ¿De qué vientre salió el hielo?
Y la escarcha del cielo, ¿quién la engendró?
30 Las aguas se endurecen a manera de piedra,
Y se congela la faz del abismo.

31 ¿Podrás tú atar los lazos de las Pléyades,
O desatarás las ligaduras de Orión?[b]
32 ¿Sacarás tú a su tiempo las constelaciones de los cielos,
O guiarás a la Osa Mayor con sus hijos?
33 ¿Supiste tú las ordenanzas de los cielos?
¿Dispondrás tú de su potestad en la tierra?

34 ¿Alzarás tú a las nubes tu voz,
Para que te cubra muchedumbre de aguas?
35 ¿Enviarás tú los relámpagos, para que ellos vayan?
¿Y te dirán ellos: Henos aquí?
36 ¿Quién puso la sabiduría en el corazón?
¿O quién dio al espíritu inteligencia?
37 ¿Quién puso por cuenta los cielos con sabiduría?
Y los odres de los cielos, ¿quién los hace inclinar,

a. 38.8-11 Jer 5.22. **b. 38.31** Job 9.9; Am 5.8.

LECCIONES DE VIDA

➤ ***38.4 — ¿Dónde estabas tú cuando yo fundaba la tierra? Házmelo saber, si tienes inteligencia.***

Es bueno que nos acordemos que el Señor es Dios y no nosotros. Él es el Creador, nosotros sus criaturas. Él es el original, nosotros su imagen. Él es nuestro amigo, pero jamás cómplice de nuestros actos.

38 Cuando el polvo se ha convertido en dureza,
Y los terrones se han pegado unos con otros?
39 ¿Cazarás tú la presa para el león?
¿Saciarás el hambre de los leoncillos,
40 Cuando están echados en las cuevas,
O se están en sus guaridas para acechar?
41 ¿Quién prepara al cuervo su alimento,
Cuando sus polluelos claman a Dios,
Y andan errantes por falta de comida?

39 ¿SABES tú el tiempo en que paren las cabras monteses?
¿O miraste tú las ciervas cuando están pariendo?
2 ¿Contaste tú los meses de su preñez,
Y sabes el tiempo cuando han de parir?
3 Se encorvan, hacen salir sus hijos,
Pasan sus dolores.
4 Sus hijos se fortalecen, crecen con el pasto;
Salen, y no vuelven a ellas.

5 ¿Quién echó libre al asno montés,
Y quién soltó sus ataduras?
6 Al cual yo puse casa en la soledad,
Y sus moradas en lugares estériles.
7 Se burla de la multitud de la ciudad;
No oye las voces del arriero.
8 Lo oculto de los montes es su pasto,
Y anda buscando toda cosa verde.

9 ¿Querrá el búfalo servirte a ti,
O quedar en tu pesebre?
10 ¿Atarás tú al búfalo con coyunda para el surco?
¿Labrará los valles en pos de ti?
11 ¿Confiarás tú en él, por ser grande su fuerza,
Y le fiarás tu labor?
12 ¿Fiarás de él para que recoja tu semilla,
Y la junte en tu era?

13 ¿Diste tú hermosas alas al pavo real,
O alas y plumas al avestruz?
14 El cual desampara en la tierra sus huevos,
Y sobre el polvo los calienta,
15 Y olvida que el pie los puede pisar,
Y que puede quebrarlos la bestia del campo.
16 Se endurece para con sus hijos, como si no fuesen suyos,
No temiendo que su trabajo haya sido en vano;
17 Porque le privó Dios de sabiduría,
Y no le dio inteligencia.
18 Luego que se levanta en alto,
Se burla del caballo y de su jinete.
19 ¿Diste tú al caballo la fuerza?
¿Vestiste tú su cuello de crines ondulantes?
20 ¿Le intimidarás tú como a langosta?
El resoplido de su nariz es formidable.
21 Escarba la tierra, se alegra en su fuerza,
Sale al encuentro de las armas;
22 Hace burla del espanto, y no teme,
Ni vuelve el rostro delante de la espada.
23 Contra él suenan la aljaba,
El hierro de la lanza y de la jabalina;
24 Y él con ímpetu y furor escarba la tierra,
Sin importarle el sonido de la trompeta;
25 Antes como que dice entre los clarines: ¡Ea!
Y desde lejos huele la batalla,
El grito de los capitanes, y el vocerío.

26 ¿Vuela el gavilán por tu sabiduría,
Y extiende hacia el sur sus alas?
27 ¿Se remonta el águila por tu mandamiento,
Y pone en alto su nido?
28 Ella habita y mora en la peña,
En la cumbre del peñasco y de la roca.
29 Desde allí acecha la presa;
Sus ojos observan de muy lejos.
30 Sus polluelos chupan la sangre;
Y donde hubiere cadáveres, allí está ella.

40 ADEMÁS respondió Jehová a Job, y dijo:
2 ¿Es sabiduría contender con el Omnipotente?
El que disputa con Dios, responda a esto.
3 Entonces respondió Job a Jehová, y dijo:
4 He aquí que yo soy vil; ¿qué te responderé?
Mi mano pongo sobre mi boca.

LECCIONES DE VIDA

➤ ***40.1, 2 — respondió Jehová a Job, y dijo: ¿Es sabiduría contender con el Omnipotente?***

Cada vez que nos quejamos de la conducción divina del universo o le echamos la culpa a Dios por una penuria personal, estamos creyéndonos más justos y buenos que Él. Esto no solamente es peligroso y necio, sino claramente orgulloso y blasfemo. Aunque no entendamos lo que Dios esté haciendo, jamás deberíamos creernos más sabios que Él (Job 38.1–4; Is 55.8, 9). Más bien, debemos confiar en Él y buscar su sabiduría en tales circunstancias (Stg 1.2–5).

➤ ***40.4 — yo soy vil; ¿qué te responderé? Mi mano pongo sobre mi boca.***

Hasta un hombre intachable y recto se ve a sí mismo como insignificante al ser confrontado por la santidad majestuosa del Dios todopoderoso. A pesar de esto, podemos entrar confiadamente en la presencia de Dios si venimos en fe y revestidos en la justicia de Cristo (He 4.16).

5 Una vez hablé, más no responderé;
Aun dos veces, mas no volveré a hablar.

Manifestaciones del poder de Dios

6 Respondió Jehová a Job desde el torbellino, y dijo:
7 Cíñete ahora como varón tus lomos;
Yo te preguntaré, y tú me responderás.
➤ 8 ¿Invalidarás tú también mi juicio?
¿Me condenarás a mí, para justificarte tú?
9 ¿Tienes tú un brazo como el de Dios?
¿Y truenas con voz como la suya?
10 Adórnate ahora de majestad y de alteza,
Y vístete de honra y de hermosura.
11 Derrama el ardor de tu ira;
Mira a todo altivo, y abátelo.
12 Mira a todo soberbio, y humíllalo,
Y quebranta a los impíos en su sitio.
13 Encúbrelos a todos en el polvo,
Encierra sus rostros en la oscuridad;
14 Y yo también te confesaré
Que podrá salvarte tu diestra.

15 He aquí ahora behemot, el cual hice como a ti;
Hierba come como buey.
16 He aquí ahora que su fuerza está en sus lomos,
Y su vigor en los músculos de su vientre.
17 Su cola mueve como un cedro,
Y los nervios de sus muslos están entretejidos.
18 Sus huesos son fuertes como bronce,
Y sus miembros como barras de hierro.

19 Él es el principio de los caminos de Dios;
El que lo hizo, puede hacer que su espada a él se acerque.
20 Ciertamente los montes producen hierba para él;
Y toda bestia del campo retoza allá.
21 Se echará debajo de las sombras,
En lo oculto de las cañas y de los lugares húmedos.
22 Los árboles sombríos lo cubren con su sombra;
Los sauces del arroyo lo rodean.
23 He aquí, sale de madre el río, pero él no se inmuta;
Tranquilo está, aunque todo un Jordán se estrelle contra su boca.
24 ¿Lo tomará alguno cuando está vigilante,
Y horadará su nariz?

41 ¿SACARÁS tú al leviatán[a] con anzuelo,
O con cuerda que le eches en su lengua?
2 ¿Pondrás tú soga en sus narices,
Y horadarás con garfio su quijada?
3 ¿Multiplicará él ruegos para contigo?
¿Te hablará él lisonjas?
4 ¿Hará pacto contigo
Para que lo tomes por siervo perpetuo?
5 ¿Jugarás con él como con pájaro,
O lo atarás para tus niñas?
6 ¿Harán de él banquete los compañeros?
¿Lo repartirán entre los mercaderes?
7 ¿Cortarás tú con cuchillo su piel,
O con arpón de pescadores su cabeza?
8 Pon tu mano sobre él;
Te acordarás de la batalla, y nunca más volverás.
9 He aquí que la esperanza acerca de él será burlada,
Porque aun a su sola vista se desmayarán.
10 Nadie hay tan osado que lo despierte;
¿Quién, pues, podrá estar delante de mí?
11 ¿Quién me ha dado a mí primero, para que yo restituya?[b]
Todo lo que hay debajo del cielo es mío.

12 No guardaré silencio sobre sus miembros,
Ni sobre sus fuerzas y la gracia de su disposición.
13 ¿Quién descubrirá la delantera de su vestidura?
¿Quién se acercará a él con su freno doble?
14 ¿Quién abrirá las puertas de su rostro?
Las hileras de sus dientes espantan.
15 La gloria de su vestido son escudos fuertes,
Cerrados entre sí estrechamente.
16 El uno se junta con el otro,
Que viento no entra entre ellos.
17 Pegado está el uno con el otro;
Están trabados entre sí, que no se pueden apartar.
18 Con sus estornudos enciende lumbre,
Y sus ojos son como los párpados del alba.

a. 41.1 Sal 74.14; 104.26; Is 27.1. **b. 41.11** Ro 11.35.

LECCIONES DE VIDA

➤ ***40.8 — ¿Invalidarás tú también mi juicio? ¿Me condenarás a mí, para justificarte tú?***

No siempre vamos a entender los caminos de Dios, pero nunca debemos atrevernos a juzgarlos. Él es «la Roca, cuya obra es perfecta, porque todos sus caminos son rectitud; Dios de verdad, y sin ninguna iniquidad en él; es justo y recto» (Dt 32.4).

19 De su boca salen hachones de fuego;
Centellas de fuego proceden.
20 De sus narices sale humo,
Como de una olla o caldero que hierve.
21 Su aliento enciende los carbones,
Y de su boca sale llama.
22 En su cerviz está la fuerza,
Y delante de él se esparce el desaliento.
23 Las partes más flojas de su carne están endurecidas;
Están en él firmes, y no se mueven.
24 Su corazón es firme como una piedra,
Y fuerte como la muela de abajo.
25 De su grandeza tienen temor los fuertes,
Y a causa de su desfallecimiento hacen por purificarse.
26 Cuando alguno lo alcanzare,
Ni espada, ni lanza, ni dardo, ni coselete durará.
27 Estima como paja el hierro,
Y el bronce como leño podrido.
28 Saeta no le hace huir;
Las piedras de honda le son como paja.
29 Tiene toda arma por hojarasca,
Y del blandir de la jabalina se burla.
30 Por debajo tiene agudas conchas;
Imprime su agudez en el suelo.
31 Hace hervir como una olla el mar profundo,
Y lo vuelve como una olla de ungüento.
32 En pos de sí hace resplandecer la senda,
Que parece que el abismo es cano.
33 No hay sobre la tierra quien se le parezca;
Animal hecho exento de temor.
34 Menosprecia toda cosa alta;
Es rey sobre todos los soberbios.

Confesión y justificación de Job

42 RESPONDIÓ Job a Jehová, y dijo:
2 Yo conozco que todo lo puedes,
Y que no hay pensamiento que se esconda de ti.
3 ¿Quién es el que oscurece el consejo sin entendimiento?[a]
Por tanto, yo hablaba lo que no entendía;
Cosas demasiado maravillosas para mí, que yo no comprendía.
4 Oye, te ruego, y hablaré;
Te preguntaré, y tú me enseñarás.[b]
➤5 De oídas te había oído;
Mas ahora mis ojos te ven.
6 Por tanto me aborrezco,
Y me arrepiento en polvo y ceniza.
7 Y aconteció que después que habló Jehová estas palabras a Job, Jehová dijo a Elifaz
temanita: Mi ira se encendió contra ti y tus
dos compañeros; porque no habéis hablado de
mí lo recto, como mi siervo Job.

Ejemplos de vida

LOS AMIGOS DE JOB

Elocuentes pero equivocados

JOB 42.7–9

Elifaz, Bildad y Zofar se enteraron de la triste situación de Job y sintieron una carga profunda por consolar a su viejo amigo. Lo que vieron fue peor de lo que esperaban. Se sobresaltaron, lloraron a gritos y rasgaron sus mantos en demostración de duelo profundo. Por último, se sentaron junto a Job y guardaron silencio durante siete días (Job 2.11–13).

Sin embargo, tan pronto abrieron sus bocas, los visitantes de Job no fueron de mucha ayuda. Juzgaron su situación deplorable como consecuencia directa de su pecado, e insistieron rotundamente que la adversidad sólo afecta a los malvados y no a los inocentes. Job no sufría por haberle fallado al Señor ni por haber hecho algo malo. Por esa razón, rechazó el diagnóstico de ellos y se aferró a su fe en Dios.

Al final, el Señor tuvo la última palabra y reprendió a Elifaz, Bildad y Zofar (Job 42.7–9). Cuando Dios restauró a Job el doble de lo que había perdido, demostró que tanto Él como sus promesas son fieles para siempre. Además mostró que las bendiciones por la obediencia no garantizan una vida libre de adversidad.

Para un estudio más a fondo, véase el Índice de Principios de vida:
18. Como hijos del Dios soberano, jamás somos víctimas de nuestras circunstancias.

8 Ahora, pues, tomaos siete becerros y siete ➤
carneros, e id a mi siervo Job, y ofreced holocausto por vosotros, y mi siervo Job orará por

a. 42.3 Job 38.2. b. 42.4 Job 38.3.

vosotros; porque de cierto a él atenderé para no trataros afrentosamente, por cuanto no habéis hablado de mí con rectitud, como mi siervo Job.
9 Fueron, pues, Elifaz temanita, Bildad suhita y Zofar naamatita, e hicieron como Jehová les dijo; y Jehová aceptó la oración de Job.

Restauración de la prosperidad de Job

➢ 10 Y quitó Jehová la aflicción de Job, cuando él hubo orado por sus amigos; y aumentó al doble todas las cosas que habían sido de Job.[c]
11 Y vinieron a él todos sus hermanos y todas sus hermanas, y todos los que antes le habían conocido, y comieron con él pan en su casa, y se condolieron de él, y le consolaron de todo aquel mal que Jehová había traído sobre él; y cada uno de ellos le dio una pieza de dinero y un anillo de oro.
12 Y bendijo Jehová el postrer estado de Job más que el primero; porque tuvo catorce mil ovejas, seis mil camellos, mil yuntas de bueyes y mil asnas, ➢
13 y tuvo siete hijos y tres hijas.
14 Llamó el nombre de la primera, Jemima, el de la segunda, Cesia, y el de la tercera, Keren-hapuc.
15 Y no había mujeres tan hermosas como las hijas de Job en toda la tierra; y les dio su padre herencia entre sus hermanos.
16 Después de esto vivió Job ciento cuarenta años, y vio a sus hijos, y a los hijos de sus hijos, hasta la cuarta generación.
17 Y murió Job viejo y lleno de días. ➢

---

c. 42.10 Job 1.1-3.

LECCIONES DE VIDA

➢ ***42.5, 6 — De oídas te había oído; mas ahora mis ojos te ven. Por tanto me aborrezco, y me arrepiento en polvo y ceniza.***

Una cosa es aprender algunos hechos acerca de Dios a cierta distancia. Otra muy distinta es conocerle personal e íntimamente, de cerca y cara a cara. «¿Quién no te temerá, oh Rey de las naciones?» (Jer 10.7).

➢ ***42.8 — mi siervo Job orará por vosotros; porque de cierto a él atenderé.***

En su tiempo de tribulación, Job se preguntó si acaso Dios oía sus plegarias saturadas de dolor, pero el Señor no sólo lo había escuchado, sino que lo aceptó tanto a él como a sus oraciones. ¡Dios actúa a favor de quienes esperan en Él!

➢ ***42.10 — quitó Jehová la aflicción de Job, cuando él hubo orado por sus amigos; y aumentó al doble todas las cosas que habían sido de Job.***

Note que el Señor restauró las pérdidas *de Job* cuando intercedió por *sus amigos*, tal como Él le instruyó hacerlo. Dios asume toda la responsabilidad en cuanto a nuestras necesidades, ¡si lo obedecemos!

➢ ***42.12 — bendijo Jehová el postrer estado de Job más que el primero.***

Job descubrió que la vida tiene sus cumbres y sus valles, sus deleites y sus tragedias. Pero en medio de todo, Dios sigue siempre ahí, al igual que su bendición por la obediencia fiel.

➢ ***42.17 — murió Job viejo y lleno de días.***

En la angustia de sus días más sombríos, Job deseó no haber nacido siquiera. ¿Cree que sintió lo mismo al llegar al final de su vida? Gústenos o no, el quebrantamiento es el requisito de Dios para que seamos útiles al máximo. «Me probará, y saldré como oro» (Job 23.10).

PRINCIPIO DE VIDA 11

DIOS ASUME TODA LA RESPONSABILIDAD EN CUANTO A NUESTRAS NECESIDADES, SI LO OBEDECEMOS.

JOB 42.7–17

¿Cree realmente que Dios puede y anhela satisfacer todas sus necesidades? La mayoría dirían que sí, pero cuando llegan las dificultades, surgen los problemas y se amontonan las desilusiones, nos preguntamos dónde está Dios y cómo podemos confiar en Él. Lo cierto es que el Señor no sólo es capaz de satisfacer todas nuestras necesidades, también puede colmar los deseos más profundos de nuestros corazones.

Algunos ponen en duda este razonamiento y dicen: «Yo sé que Dios es capaz de saciar mis necesidades, pero tal vez no quiere hacerlo ¿Acaso no sabe que estoy luchando?» El Señor conoce las batallas que usted enfrenta a diario.

Aunque todos nos hacemos preguntas de este tipo tarde o temprano, necesitamos aprender un principio más profundo, y se trata de cómo enfocar nuestra fe cuando estamos bajo prueba. Dios se ha comprometido a encargarse de nuestras necesidades, pero Él primero quiere saber que sí estamos comprometidos a vivir para Él.

Jesús les dijo a sus discípulos que no se preocuparan. Esta fue su exhortación para ellos: «buscad primeramente el reino de Dios y su justicia, y todas estas cosas os serán añadidas» (Mt 6.33). La exhortación consiste en una promesa y un compromiso de acción que podemos reclamar para nosotros. Dios sabe que tenemos necesidades emocionales y materiales como alimento, vivienda, vestuario y sentido de pertenencia. Jesús dijo claramente a sus seguidores que sus vidas no deberían enfocarse en productos materiales ni experiencias «gratas». Más bien, debían fijar sus corazones y poner su fundamento en Dios y en su reino, y así cada necesidad y deseo que tuvieran sería satisfecho.

El valor de cualquier compromiso se basa en dos factores:

1. La capacidad de aquel que promete para cumplir la promesa.
2. La integridad de quien hace la promesa, lo cual determina si tiene o no el carácter para llevar a cabo su cumplimiento.

Dios ciertamente califica en ambos aspectos. Él tiene toda la sabiduría, el poder y la capacidad necesarios para cumplir lo que nos ha prometido. También ha demostrado integridad, pues siempre cumple sus promesas. Él es absolutamente fiel a su Palabra; es santo e inmutable; Él nunca cambia. Sus mandamientos, estatutos y promesas no se han transformado; son el reflejo de nuestro Dios inmutable. Él «es el mismo ayer, y hoy, y por los siglos» (He 13.8).

Cuando usted tiene una necesidad insatisfecha, lo primero que necesita hacer es orar y decirle al Señor qué enfrenta. La oración es un acto de fe. Con ella usted declara su confianza en Dios y en su capacidad. Muchas veces Él permite que venga una necesidad para poder enseñarle a confiar en Él a un nivel mucho mayor. Ningún problema es demasiado complicado ni difícil para Él.

Dios se ha comprometido a encargarse de nuestras necesidades.

Estas son las preguntas serias que usted debe contestar: «¿Cómo estoy reaccionando en medio de mi circunstancia o situación?» También: «¿Estoy confiando en Dios o buscando frenéticamente una salida rápida del problema, sin descubrir qué quiere Él que yo aprenda?»

Jesús prometió que Dios se encargaría de sus necesidades si usted «busca primeramente su reino y su justicia». Esto significa que Él tiene la obligación de satisfacer sus necesidades cuando usted lo obedece fielmente y confía en Él. Cuando usted anda en armonía con Dios, Él asume toda la responsabilidad por la respuesta a sus necesidades, problemas, retos y circunstancias de la vida. Pero este es el secreto: Él hace esto de acuerdo a su voluntad, propósito, plan y tiempo. Además, satisfacer necesidades no significa necesariamente cumplir cada deseo que tengamos. Él puede optar por contestar nuestras oraciones rápidamente o puede esperar otra temporada. De cualquier forma, cuando la respuesta llegue será perfecta y nos dará ánimo.

Uno de los deseos más grandes de Dios para nosotros es que aprendamos a confiar en su sabiduría y su tiempo de hacer las cosas. ¿Tiene usted una noción preconcebida de cómo Él debe actuar en respuesta a sus necesidades, o a quién puede usar para satisfacerlas? Muchos han dicho: «Bueno, si aquel hiciera esto y lo otro, y aquella persona accediera a tales y tales términos, mi necesidad sería satisfecha». Otros quizás han dicho: «A ver, yo hice esto y aquello, así que ahora Dios debe hacer tal y tal cosa».

Las personas que hacen ese tipo de cálculos no están confiando en el Señor, sino exigiéndole que ejerza su poder para cumplir sus órdenes y deseos personales. Siempre que «tengamos esperado» que Dios se mueva de cierto modo, ya nos hemos perdido la lección más profunda que Él quiere que aprendamos.

La fe requiere confianza plena en Él, incluso cuando no entendemos por qué ha permitido que las circunstancias se den de cierto modo. Piense en todos los hombres y mujeres en la Biblia que confiaron en el Señor y ganaron una victoria maravillosa: Moisés, David, Ester, Jeremías, Elías, los discípulos, María y tantos más. Jamás deberíamos obedecer a Dios con la intención mezquina de manipular nuestra situación. Dios conoce nuestros corazones. Si estamos rendidos a Él, nuestra devoción será evidente y Él procederá a obrar para nuestro bien.

Dios nos llama a confiar en Él y sólo en Él, para satisfacer nuestras necesidades y ser nuestra fuente total de provisión. Además, el Señor requiere que lo obedezcamos como un aspecto implícito de confiar en Él. Por lo tanto, dígale: «Señor, confío en Ti totalmente para satisfacer mis necesidades, en Tu tiempo perfecto y conforme a Tus métodos. Quiero poner en el altar mis esperanzas, sueños y deseos egoístas. Moldéalos para que representen Tu voluntad para mi vida. Yo seguiré obedeciéndote, por el poder de Tu Espíritu, y creyendo que al hacerlo Tú vas a cuidar de mí». Usted puede contar con el amor, la sabiduría, el poder y la gracia de Dios. Él nunca le ha fallado. Él es el Dios que se interesa y que proveerá lo que usted necesite en el momento justo. Usted lo sabrá, porque Él lo hará con más abundancia de la que usted se haya imaginado.

El Señor requiere nuestra obediencia como parte de nuestra confianza en Él.

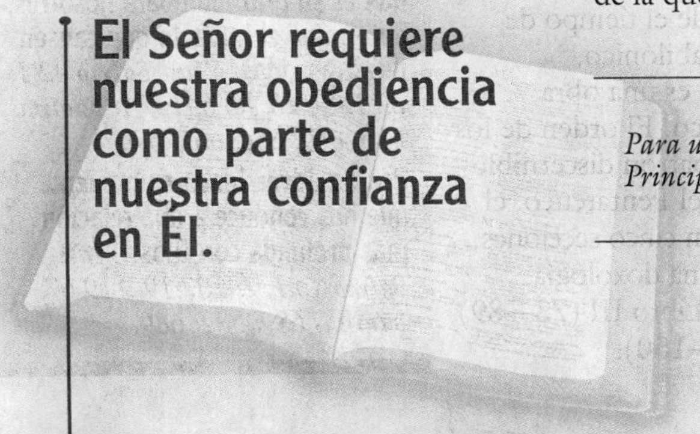

Para un estudio más a fondo, véase el Índice de Principios de vida.

EL LIBRO DE SALMOS

Salmos puede ser el libro más ampliamente usado de toda la Biblia. Explora la experiencia humana en todas sus dimensiones y en términos muy personales y prácticos. Sus 150 himnos cubren todos los temas desde la creación hasta el juicio y abarcan todos los períodos históricos desde el patriarcal, la teocracia, la monarquía y el exilio, hasta el período posexílico.

El amplio rango temático de Salmos incluye temas como el júbilo, la guerra, la paz, la adoración, el juicio, las profecías mesiánicas, la alabanza y el lamento. En el Israel antiguo, los Salmos se entonaban con acompañamiento de instrumentos de cuerda y sirvieron como el himnario del templo y la guía devocional del pueblo judío, especialmente tras la construcción del segundo templo al final del exilio babilónico.

Cada uno de los salmos fue coleccionado con el paso del tiempo hasta llegar a convertirse en el Libro de los Salmos. En un principio el libro no tenía nombre, debido quizás a la gran diversidad de su material.

En hebreo el libro llegó a conocerse como *Sefer Tehilím* —Libro de Alabanzas— porque casi cada salmo contiene al menos una nota de alabanza a Dios. La Septuaginta usa la palabra griega *Psalmoi* como título para este libro, y su significado es «Poemas entonados con acompañamiento de instrumentos musicales». También lo llama *Psalterium* («Una colección de cánticos»), de donde procede la palabra *Salterio.*

Aparte de Isaías, los Salmos son los escritos del Antiguo Testamento más citados en el Nuevo. Muchas de las más importantes y famosas profecías sobre el Mesías venidero se encuentran en Salmos (por ejemplo, Sal 2.7–9; 8.4–6; 9.8; 16.10; 22.1, 22; 40.6–8; 45.6, 7; 68.18; 110.1, 4; 118.22; 130.8).

Tema: El libro de Salmos presenta una amplia variedad de temas, pero predominan la oración, la alabanza y la adoración.

Autor: La autoría de muchos de los Salmos se duda o se desconoce. Setenta y tres Salmos son atribuidos a David, y otros escritores mencionados incluyen los hijos de Coré (11 Salmos), Asaf (12), Hemán (1), Etán (1), Salomón (2), Moisés (1), Hageo (1), Zacarías (1), y Esdras (1).

Fecha: Los Salmos fueron escritos a lo largo de varios períodos en la historia de Israel, desde el tiempo de Moisés hasta el final del cautiverio babilónico.

Estructura: Cada uno de los Salmos es una obra individual que trata un tema específico. El orden de los Salmos no parece obedecer a algún patrón discernible ni a una cronología definida. Como el Pentateuco, el libro de los Salmos fue configurado en cinco secciones, cada una de las cuales concluye con una doxología: Libro I (1—41), Libro II (42—72), Libro III (73—89), Libro IV (90—106), Libro V (107—150).

A medida que lea Salmos, fíjese en los principios de vida que juegan un papel importante en este libro:

28. Ningún creyente ha sido llamado a transitar solitario en su peregrinaje de fe. *Véase Salmo 3.2; 26.12; 43.3; 68.6; 124.1, 3; 133.1; 141.5; páginas 608; 625; 637; 651; 693; 696; 699.*

12. La paz con Dios es fruto de nuestra unidad con Él. *Véase Salmo 4.8; 78.52, 53; 81.13, 16; 103.1; páginas 608; 660; 662; 677.*

13. Escuchar a Dios es esencial para andar con Él. *Véase Salmo 16.7; 25.12; 62.5; 81.8; 95.7, 8; 143.8; páginas 616; 622; 648; 662; 673; 700.*

1. Nuestra intimidad con Dios, que es su prioridad para nosotros, determina el impacto que causen nuestras vidas. *Véase Salmo 42.1; 63.1; 84.10; 86.6; 127.1; páginas 636; 649; 666; 667; 694.*

26. La adversidad es un puente que nos conduce a una relación más profunda con Dios. *Véase Salmo 46.1, 2; 107.19; 119.67; páginas 639; 682; 689.*

LIBRO I

El justo y los pecadores

1 BIENAVENTURADO el varón que no anduvo en consejo de malos,
Ni estuvo en camino de pecadores,
Ni en silla de escarnecedores se ha sentado;
2 Sino que en la ley de Jehová está su delicia,
Y en su ley medita de día y de noche.
➤3 Será como árbol plantado
junto a corrientes de aguas,[a]
Que da su fruto en su tiempo,
Y su hoja no cae;
Y todo lo que hace, prosperará.

4 No así los malos,
Que son como el tamo que arrebata el viento.
➤5 Por tanto, no se levantarán los malos en el juicio,
Ni los pecadores en la congregación de los justos.
6 Porque Jehová conoce el camino de los justos;
Mas la senda de los malos perecerá.

El reino del ungido de Jehová

2 ¿POR qué se amotinan las gentes,
Y los pueblos piensan cosas vanas?
2 Se levantarán los reyes de la tierra,
Y príncipes consultarán unidos
Contra Jehová y contra su ungido,[a] diciendo:
3 Rompamos sus ligaduras,
Y echemos de nosotros sus cuerdas.

4 El que mora en los cielos se reirá;
El Señor se burlará de ellos.
5 Luego hablará a ellos en su furor,
Y los turbará con su ira.
6 Pero yo he puesto mi rey
Sobre Sion, mi santo monte.
7 Yo publicaré el decreto; ➤
Jehová me ha dicho: Mi hijo eres tú;
Yo te engendré hoy.[b]
8 Pídeme, y te daré por herencia las naciones,
Y como posesión tuya los confines de la tierra.
9 Los quebrantarás con vara de hierro;[c]
Como vasija de alfarero los desmenuzarás.

10 Ahora, pues, oh reyes, sed prudentes;
Admitid amonestación, jueces de la tierra.
11 Servid a Jehová con temor, ➤
Y alegraos con temblor.
12 Honrad al Hijo, para que no se enoje,
y perezcáis en el camino;
Pues se inflama de pronto su ira.
Bienaventurados todos los que en él confían.

Oración matutina de confianza en Dios

Salmo de David cuando huía de delante de Absalón su hijo.[a]

3 ¡OH Jehová, cuánto se han multiplicado mis adversarios!
Muchos son los que se levantan contra mí.
2 Muchos son los que dicen de mí: ➤
No hay para él salvación en Dios.
Selah
3 Mas tú, Jehová, eres escudo alrededor de mí;

a. 1.3 Jer 17.8. **a. 2.1-2** Hch 4.25-26. **b. 2.7** Hch 13.33; He 1.5; 5.5. **c. 2.9** Ap 2.26-27; 12.5; 19.15.
a. 3 tít. 2 S 15.13—17.22.

LECCIONES DE VIDA

➤ ***1.3 — Será como árbol plantado junto a corrientes de aguas, que da su fruto en su tiempo, y su hoja no cae; y todo lo que hace, prosperará.***

Dios provee todo lo que usted necesita, si vive sometido a Él. A Dios le encanta bendecir a sus hijos obedientes, tomar la delantera para prepararles el camino y llevarlos a lugares buenos y placenteros. Él no promete ausencia de pruebas, pero sí promete la victoria al final. Por eso podemos estar perfectamente seguros cuando golpean las tormentas de la adversidad, porque Él es nuestro refugio eterno.

➤ ***1.5 — No se levantarán los malos en el juicio, ni los pecadores en la congregación de los justos.***

A veces miramos a nuestro alrededor y parece que Dios no hace distinción entre justos e impíos. Él «hace salir su sol sobre malos y buenos, y que hace llover sobre justos e injustos» (Mt 5.45). Sin embargo, debemos tener una perspectiva más amplia y dejar de juzgar lo que Dios hará a través de nosotros por la apariencia de nuestras circunstancias actuales.

➤ ***2.7 — Yo publicaré el decreto; Jehová me ha dicho: Mi hijo eres tú; Yo te engendré hoy.***

El escritor de Hebreos cita este versículo para mostrar la superioridad absoluta de Jesús frente a los ángeles (He 1.5). Nuestro Salvador es uno con nosotros, tal como es plenamente uno con Dios. Podemos confiar por completo en Él (He 2.14–18; 4.14–16).

➤ ***2.11 — Servid a Jehová con temor, y alegraos con temblor.***

Cuando nos acercamos al trono del Señor, ¿tenemos presente a Quién nos dirigimos? Él es el Rey poderoso y eterno de toda la creación, contra el cual no puede ningún gobernante ni ejército. Él es perfecto en su justicia e inescrutable en sus caminos. Es por amor que nuestro Dios santo nos llama a adorarlo y servirlo, pero jamás deberíamos olvidar a Quién nos dirigimos en oración, y que Él es digno de todo nuestro amor y honor.

Mi gloria, y el que levanta mi cabeza.
4 Con mi voz clamé a Jehová,
Y él me respondió desde su monte santo. *Selah*

➤5 Yo me acosté y dormí,
Y desperté, porque Jehová me sustentaba.

6 No temeré a diez millares de gente,
Que pusieren sitio contra mí.

7 Levántate, Jehová; sálvame, Dios mío;
Porque tú heriste a todos mis enemigos en la mejilla;
Los dientes de los perversos quebrantaste.

8 La salvación es de Jehová;
Sobre tu pueblo sea tu bendición. *Selah*

Oración vespertina de confianza en Dios

Al músico principal; sobre Neginot. Salmo de David.

4 RESPÓNDEME cuando clamo, oh Dios de mi justicia.
Cuando estaba en angustia, tú me hiciste ensanchar;
Ten misericordia de mí, y oye mi oración.

2 Hijos de los hombres, ¿hasta cuándo volveréis mi honra en infamia,
Amaréis la vanidad, y buscaréis la mentira? *Selah*

*3 Sabed, pues, que Jehová ha escogido al piadoso para sí;
Jehová oirá cuando yo a él clamare.

4 Temblad, y no pequéis;[a]
Meditad en vuestro corazón estando en vuestra cama, y callad. *Selah*

5 Ofreced sacrificios de justicia,
Y confiad en Jehová.

6 Muchos son los que dicen: ¿Quién nos mostrará el bien?
Alza sobre nosotros, oh Jehová, la luz de tu rostro.

7 Tú diste alegría a mi corazón ➤
Mayor que la de ellos cuando abundaba su grano y su mosto.

8 En paz me acostaré, y asimismo dormiré; ➤
Porque solo tú, Jehová, me haces vivir confiado.

Plegaria pidiendo protección

Al músico principal; sobre Nehilot. Salmo de David.

5 ESCUCHA, oh Jehová, mis palabras;
Considera mi gemir.
2 Está atento a la voz de mi clamor,
Rey mío y Dios mío, Porque a ti oraré.
3 Oh Jehová, de mañana oirás mi voz;
De mañana me presentaré delante de ti, y esperaré.

4 Porque tú no eres un Dios que se complace en la maldad; ➤
El malo no habitará junto a ti.
5 Los insensatos no estarán delante de tus ojos;

a. **4.4** Ef 4.26.

LECCIONES DE VIDA

➤ 3.2 — *Muchos son los que dicen de mí: No hay para él salvación en Dios.*

David escribió el Salmo 3 mientras su hijo Absalón trataba de usurpar su trono (2 S 15—18). Muchos creyeron que el reino de David había terminado y que ni siquiera Dios podía socorrerlo. Sabemos que estaban equivocados por completo. Los escépticos y los que dudan están por todas partes. Es por eso que para triunfar en la vida cristiana, necesitamos de la iglesia. Debemos rodearnos de creyentes firmes y piadosos que nos amen y animen, para que nos muestren cómo mantenernos fieles a nuestro Señor.

➤ 3.5 — *Yo me acosté y dormí, y desperté, porque Jehová me sustentaba.*

Cada vez que usted se acuesta a dormir cada noche o se despierta cada mañana, está disfrutando una buena dádiva de Dios (Sal 127.2). El Señor le ha dado el descanso para su beneficio y promete sustentarle, tanto despierto como dormido, sin importar qué esté sucediendo en su vida.

➤ 4.7 — *Tú diste alegría a mi corazón mayor que la de ellos cuando abundaba su grano y su mosto.*

El gozo del Señor es algo sobrenatural, más profundo, fuerte y duradero que cualquier felicidad derivada de meras circunstancias. Quienes no lo tienen no pueden entenderlo, por eso necesitamos guiarlos al Señor para que tengan la oportunidad de experimentarlo por sí mismos.

➤ 4.8 — *En paz me acostaré, y asimismo dormiré; porque solo tú, Jehová, me haces vivir confiado.*

David escribió este salmo durante un tiempo de gran angustia, posiblemente mientras era perseguido por Saúl (1 S 18—26), tras la traición de Absalón (2 S 15—18), o durante la sublevación de Seba (2 S 20). La angustia pudo haberle producido desasosiego y desvelo a David, pero él podía dormir bien porque sabía que el Señor lo mantendría sano y salvo. Dios quiere que esta misma clase de confianza y paz se arraiguen en nosotros.

➤ 5.4 — *tú no eres un Dios que se complace en la maldad; el malo no habitará junto a ti.*

Muchos consideran hoy día que vivir bajo la gracia significa que pueden pecar sin sufrir las consecuencias, que Dios los ama y los perdona, y por esa razón pueden hacer lo que quieran. Pero la gracia jamás cambia lo que Dios siente respecto al pecado. Él lo aborrece porque perjudica y destruye a quienes Él ama (1 Co 6.12). «Muy limpio eres de ojos para ver el mal, ni puedes ver el agravio» (Hab 1.13).

Aborreces a todos los que hacen iniquidad.
6 Destruirás a los que hablan mentira;
Al hombre sanguinario y engañador abominará Jehová.

7 Mas yo por la abundancia de tu misericordia entraré en tu casa;
Adoraré hacia tu santo templo en tu temor.
8 Guíame, Jehová, en tu justicia, a causa de mis enemigos;
Endereza delante de mí tu camino.
9 Porque en la boca de ellos no hay sinceridad;
Sus entrañas son maldad,
Sepulcro abierto es su garganta,
Con su lengua hablan lisonjas.[a]
10 Castígalos, oh Dios;
Caigan por sus mismos consejos;
Por la multitud de sus transgresiones échalos fuera,
Porque se rebelaron contra ti.

➤ 11 Pero alégrense todos los que en ti confían;
Den voces de júbilo para siempre, porque tú los defiendes;
En ti se regocijen los que aman tu nombre.
* 12 Porque tú, oh Jehová, bendecirás al justo;
Como con un escudo lo rodearás de tu favor.

Oración pidiendo misericordia en tiempo de prueba

Al músico principal; en Neginot, sobre Seminit.
Salmo de David.

6 JEHOVÁ, no me reprendas en tu enojo,
Ni me castigues con tu ira.[a]
2 Ten misericordia de mí, oh Jehová, porque estoy enfermo;
Sáname, oh Jehová, porque mis huesos se estremecen.
3 Mi alma también está muy turbada;
Y tú, Jehová, ¿hasta cuándo?

➤ 4 Vuélvete, oh Jehová, libra mi alma;
Sálvame por tu misericordia.
5 Porque en la muerte no hay memoria de ti;
En el Seol, ¿quién te alabará?

6 Me he consumido a fuerza de gemir;
Todas las noches inundo de llanto mi lecho,
Riego mi cama con mis lágrimas.
7 Mis ojos están gastados de sufrir;
Se han envejecido a causa de todos mis angustiadores.

8 Apartaos de mí, todos los hacedores de iniquidad;[b]
Porque Jehová ha oído la voz de mi lloro.
9 Jehová ha oído mi ruego; ➤
Ha recibido Jehová mi oración.
10 Se avergonzarán y se turbarán mucho todos mis enemigos;
Se volverán y serán avergonzados de repente.

Plegaria pidiendo vindicación

Sigaión de David, que cantó a Jehová acerca de las palabras de Cus hijo de Benjamín.

7 JEHOVÁ Dios mío, en ti he confiado;
Sálvame de todos los que me persiguen, y líbrame,
2 No sea que desgarren mi alma cual león,
Y me destrocen sin que haya quien me libre.
3 Jehová Dios mío, si yo he hecho esto,
Si hay en mis manos iniquidad;
4 Si he dado mal pago al que estaba en paz conmigo
(Antes he libertado al que sin causa era mi enemigo),
5 Persiga el enemigo mi alma, y alcáncela;
Huelle en tierra mi vida,
Y mi honra ponga en el polvo.
Selah
6 Levántate, oh Jehová, en tu ira;
Álzate en contra de la furia de mis angustiadores,

a. **5.9** Ro 3.13. a. **6.1** Sal 38.1. b. **6.8** Mt 7.23; Lc 13.27.

LECCIONES DE VIDA

➤ ***5.11 — alégrense todos los que en ti confían; den voces de júbilo para siempre, porque tú los defiendes.***

Deberíamos regocijarnos y alegrarnos por el gran amor, protección y provisión del Señor para con nosotros. Cuando somos atacados, podemos tener certeza de que Él nos defenderá.

➤ ***6.4 — Vuélvete, oh Jehová, libra mi alma; sálvame por tu misericordia.***

No le pedimos a Dios que nos recate y nos libre porque merezcamos su ayuda; le pedimos que nos ayude porque Él se complace en mostrar misericordia a sus hijos humildes y obedientes.

➤ **6.9 — Jehová ha oído mi ruego; ha recibido Jehová mi oración.**

¿Cómo supo el salmista que Dios había oído su oración? ¿Cómo pudo expresar con tal confianza que el Señor contestaría su petición? Por medio de la fe (He 11.1, 6). El escritor creyó de todo corazón que Dios respondería porque había orado con confianza plena en el carácter incomparable del Señor. Nosotros podemos hacer exactamente lo mismo.

PRINCIPIO DE VIDA 12

LA PAZ CON DIOS ES FRUTO DE NUESTRA UNIDAD CON ÉL.

SAL 4.8

De vez en cuando es importante que evaluemos nuestra situación, por eso le pido que mire a su alrededor. ¿Qué está sucediendo en su vida y en su familia?

Tal vez no experimente ahora mismo un tiempo difícil. Desde su punto de vista, todo se ve soleado y despejado. Sin embargo, las tormentas siempre llegan. A veces se agolpan sobre nuestras vidas y nos azotan sin clemencia. ¿Cómo mantenemos la paz y el equilibrio espiritual cuando las pruebas golpean nuestra vida?

La respuesta se encuentra en una relación íntima y constante con Jesucristo. Las palabras del himno clásico de Helen Lemmel, «Fija tus ojos en Cristo», contienen una verdad emocionante y vital: hay una paz imperturbable que está a plena disposición de todos aquellos que vuelven los ojos de sus corazones a Jesús.

Lo más probable es que cuando la adversidad golpea, una de las primeras cosas que hacemos es preguntarnos por qué. Luego nos preguntamos cómo se verá afectada nuestra vida. Aunque tales reacciones son normales, también necesitamos otra acción positiva, la cual es acudir al Único que tiene firmemente en su control toda la tranquilidad y la seguridad que necesitamos.

Nadie, aparte de Dios, está equipado para manejar nuestros problemas. Él nunca quiso que sacáramos fuerzas de nosotros mismos. Él quiere que hallemos valor, esperanza y fortaleza en Él y en su Palabra.

Muchos se preguntan qué pueden hacer para cambiar los sentimientos de ansiedad que tienen cuando se encuentran bajo presión. Uno de los primeros pasos es reconocer la ansiedad por lo que es, todo lo opuesto de la paz. Es como un abanico que aviva las llamas de la duda y la confusión, y tiene el poder para dejarnos indefensos y enmarañados en toda clase de preocupaciones y temores. Cada vez que sucumbimos a esos pensamientos de ansiedad, perdemos nuestro enfoque y nuestra mente espiritual. La clave para superar la ansiedad se encuentra únicamente en la presencia de Dios.

Pablo nos exhorta: «Por nada estéis afanosos, sino sean conocidas vuestras peticiones delante de Dios en toda oración y ruego, con acción de gracias. Y la paz de Dios, que sobrepasa todo entendimiento, guardará vuestros corazones y vuestros pensamientos en Cristo Jesús» (Fil 4.6, 7).

Aceptar la agenda de Dios y las limitaciones que impone en una situación

La respuesta se encuentra en una relación íntima y constante con Jesucristo.

dada contribuye a reducir la ansiedad. Por lo tanto, deje que Él provea para usted en su tiempo oportuno. Cuando usted acepta la vida como un regalo de la mano de Dios, hará lo que dice el himno de Helen Lemmel y fijará sus ojos en Jesús. Usted verá su rostro glorioso y en su mirada encontrará misericordia y gracia, perdón y esperanza, paz y seguridad eterna.

¿Qué estaría dispuesto a dar para experimentar la paz de Dios? ¿Está dispuesto a dejar el enojo que envenena su alma porque alguien le ha causado alguna herida? Dios conoce el dolor que usted ha experimentado. ¿Confiará en Él con calma, sabiendo que no le ha olvidado sino que está dispuesto a sanarle ahora mismo?

La paz de Dios es inquebrantable porque nunca ha existido un tiempo o suceso en que Dios se haya sentido perturbado. Su paz y su presencia son seguras, son inconmovibles. Usted logrará muchas cosas grandes y poderosas si mantiene su enfoque en Dios.

En uno de los momentos más difíciles de su vida, David escribió el Salmo 57 que empieza así: «Ten misericordia de mí, oh Dios, ten misericordia de mí; porque en ti ha confiado mi alma, y en la sombra de tus alas me ampararé hasta que pasen los quebrantos. Clamaré al Dios Altísimo, al Dios que me favorece. Él enviará desde los cielos, y me salvará de la infamia del que me acosa; Dios enviará su misericordia y su verdad» (vv. 1–3).

¿Cómo pudo escribir David con tanta confianza, mientras el rey Saúl trataba de matarlo? David tenía la inquebrantable paz divina dentro de su corazón, aquella paz que le daba certeza que Dios iba a proteger su vida y a cumplir las promesas que le había hecho.

El lugar más seguro para usted cuando vienen las pruebas es en los brazos de su Salvador. Después de su resurrección, Jesús apareció a sus discípulos y les dijo: «Paz a vosotros» (Jn 20.19). No fue un simple saludo, el Señor tenía un propósito específico con esa frase. Se refería a la paz de Dios, inconmovible y eterna, la paz que Él mismo compró en la cruz (Jn 14.27; Ro 5.1; Ef 2.13–16). Esta es la paz que usted necesita hoy.

¿Algo le atribula? ¿Tiene un conflicto, una tristeza o una situación que se ha salido de su control? Escuche lo que Jesús nos dice: «Paz a vosotros».

Deje que esta paz invada su corazón. Dígale todo lo que siente. Él entiende y sabe que la vida puede ser difícil, pero Él tiene la solución. Nuestra paz reside en nuestro Salvador, quien nos ama con un amor incondicional. Él ha prometido guardarnos y llevarnos a los brazos amorosos del Padre.

Aprópiese de las palabras de Jesús: «La paz sea contigo».

Para un estudio más a fondo, véase el Índice de Principios de vida.

Y despierta en favor mío el juicio que mandaste.
7 Te rodeará congregación de pueblos,
Y sobre ella vuélvete a sentar en alto.
8 Jehová juzgará a los pueblos;
Júzgame, oh Jehová, conforme a mi justicia,
Y conforme a mi integridad.
9 Fenezca ahora la maldad de los inicuos, mas establece tú al justo;
Porque el Dios justo prueba la mente y el corazón.[a]
10 Mi escudo está en Dios,
Que salva a los rectos de corazón.
➤11 Dios es juez justo,
Y Dios está airado contra el impío todos los días.
12 Si no se arrepiente, él afilará su espada;
Armado tiene ya su arco, y lo ha preparado.
13 Asimismo ha preparado armas de muerte,
Y ha labrado saetas ardientes.
14 He aquí, el impío concibió maldad,
Se preñó de iniquidad,
Y dio a luz engaño.
15 Pozo ha cavado, y lo ha ahondado;
Y en el hoyo que hizo caerá.
16 Su iniquidad volverá sobre su cabeza,
Y su agravio caerá sobre su propia coronilla.
➤17 Alabaré a Jehová conforme a su justicia,
Y cantaré al nombre de Jehová el Altísimo.

La gloria de Dios y la honra del hombre

Al músico principal; sobre Gitit. Salmo de David.

8 ¡OH Jehová, Señor nuestro,
Cuán glorioso es tu nombre en toda la tierra!
Has puesto tu gloria sobre los cielos;
2 De la boca de los niños y de los que maman,[a] fundaste la fortaleza,
A causa de tus enemigos,
Para hacer callar al enemigo y al vengativo.
3 Cuando veo tus cielos, obra de tus dedos,
La luna y las estrellas que tú formaste,
4 Digo: ¿Qué es el hombre, para que tengas de él memoria, ➤
Y el hijo del hombre, para que lo visites?[b]
5 Le has hecho poco menor que los ángeles,
Y lo coronaste de gloria y de honra.
6 Le hiciste señorear sobre las obras de tus manos;
Todo lo pusiste debajo de sus pies:[c]
7 Ovejas y bueyes, todo ello,
Y asimismo las bestias del campo,
8 Las aves de los cielos y los peces del mar;
Todo cuanto pasa por los senderos del mar.
9 ¡Oh Jehová, Señor nuestro, ➤
Cuán grande es tu nombre en toda la tierra!

Acción de gracias por la justicia de Dios

Al músico principal; sobre Mut-labén. Salmo de David.

9 TE alabaré, oh Jehová, con todo mi corazón; ➤
Contaré todas tus maravillas.
2 Me alegraré y me regocijaré en ti;
Cantaré a tu nombre, oh Altísimo.

a. 7.9 Ap 2.23. **a. 8.2** Mt 21.16. **b. 8.4** Job 7.17-18; Sal 144.3; He 2.6-8. **c. 8.6** 1 Co 15.27; Ef 1.22; He 2.8.

LECCIONES DE VIDA

➤ ***7.11 — Dios es juez justo.***

Dios ama al mundo y envió a su Hijo a morir por pecadores que no lo merecían (Jn 3.16–18); pero Él también es santo, y ciertamente juzgará a todos los que rechacen su regalo de salvación (Jn 3.36).

➤ ***7.17 — Alabaré a Jehová conforme a su justicia, y cantaré al nombre de Jehová el Altísimo.***

David escribió este lamento tras ser acusado falsamente de intentar matar a Saúl. Aunque estaba muy desalentado por esto, optó por confiar en el Señor sabiendo que Él traería justicia y favor. Aún cuando no entendemos cómo o por qué Dios hace lo que hace, podemos estar seguros que siempre actúa con justicia.

➤ ***8.4 — ¿Qué es el hombre, para que tengas de él memoria, y el hijo del hombre, para que lo visites?***

Cuanto más aprendemos sobre la infinidad del universo, más relevante se torna esta pregunta. Aunque no somos más que un grano de arena en la inmensidad del cosmos, Dios nos cubre con su amor y fija su atención en nosotros.

➤ ***8.9 — ¡Oh Jehová, Señor nuestro, cuán grande es tu nombre en toda la tierra!***

Al decir que el nombre de Dios es majestuoso, nos referimos a todos sus atributos excelentes y grandiosos: su carácter, sus acciones, sus pensamientos, sus deseos, sus planes, sus palabras, sus obras, etc. Todo en Él es magnífico, digno de alabanza y perfecto.

➤ ***9.1, 2 — Te alabaré, oh Jehová... cantaré a tu nombre, oh Altísimo.***

Aquí el nombre de Dios aparece en mayúsculas en el original hebreo y corresponde a «YHWH». Esta palabra no se pronunciaba cuando se leían las Escrituras, se alternaba por *Adonai*, Señor. Fue así como surgió el término *Yahvé* o *Jehová* y significa que Él «no depende de nadie para su propia existencia», el gran «Yo Soy», porque Él nunca cambia (He 13.8). Tan fiel y amoroso como fue ayer, también lo será hoy y lo seguirá siendo por toda la eternidad. ¡Con razón es digno de toda nuestra alabanza y adoración!

3 Mis enemigos volvieron atrás;
Cayeron y perecieron delante de ti.
4 Porque has mantenido mi derecho y mi causa;
Te has sentado en el trono juzgando con justicia.

5 Reprendiste a las naciones, destruiste al malo,
Borraste el nombre de ellos eternamente y para siempre.
6 Los enemigos han perecido; han quedado desolados para siempre;
Y las ciudades que derribaste,
Su memoria pereció con ellas.
➤7 Pero Jehová permanecerá para siempre;
Ha dispuesto su trono para juicio.
8 Él juzgará al mundo con justicia,
Y a los pueblos con rectitud.
*9 Jehová será refugio del pobre,
Refugio para el tiempo de angustia.
➤10 En ti confiarán los que conocen tu nombre,
Por cuanto tú, oh Jehová, no desamparaste a los que te buscaron.

11 Cantad a Jehová, que habita en Sion;
Publicad entre los pueblos sus obras.
12 Porque el que demanda la sangre se acordó de ellos;
No se olvidó del clamor de los afligidos.

13 Ten misericordia de mí, Jehová;
Mira mi aflicción que padezco a causa de los que me aborrecen,
Tú que me levantas de las puertas de la muerte,
14 Para que cuente yo todas tus alabanzas
En las puertas de la hija de Sion,
Y me goce en tu salvación.

15 Se hundieron las naciones en el hoyo que hicieron;
En la red que escondieron fue tomado su pie.
16 Jehová se ha hecho conocer en el juicio que ejecutó;
En la obra de sus manos fue enlazado el malo.
Higaion, Selah

17 Los malos serán trasladados al Seol,
Todas las gentes que se olvidan de Dios.

18 Porque no para siempre será olvidado el menesteroso,
Ni la esperanza de los pobres perecerá perpetuamente.
19 Levántate, oh Jehová; no se fortalezca el hombre;
Sean juzgadas las naciones delante de ti.
20 Pon, oh Jehová, temor en ellos;
Conozcan las naciones que no son sino hombres.
Selah

Plegaria pidiendo la destrucción de los malvados

10 ¿POR qué estás lejos, oh Jehová, ➤
Y te escondes en el tiempo de la tribulación?
2 Con arrogancia el malo persigue al pobre;
Será atrapado en los artificios que ha ideado.

3 Porque el malo se jacta del deseo de su alma,
Bendice al codicioso, y desprecia a Jehová.
4 El malo, por la altivez de su rostro, no busca a Dios;
No hay Dios en ninguno de sus pensamientos.

5 Sus caminos son torcidos en todo tiempo;
Tus juicios los tiene muy lejos de su vista;
A todos sus adversarios desprecia.
6 Dice en su corazón: No seré movido jamás;
Nunca me alcanzará el infortunio.

7 Llena está su boca de maldición, y de engaños y fraude;[a]

a. 10.7 Ro 3.14.

LECCIONES DE VIDA

➤ ***9.7 — Jehová permanecerá para siempre; ha dispuesto su trono para juicio.***

Dios nunca tuvo principio y nunca tendrá fin. Eso lo convierte en el juez perfecto, puesto que conoce todas las causas que conducen a un hecho y todas las consecuencias que resultan del mismo.

➤ ***9.10 — En ti confiarán los que conocen tu nombre, por cuanto tú, oh Jehová, no desamparaste a los que te buscaron.***

Dios nunca abandona a ningún hombre ni mujer que deposita su confianza en Él. Puede permitirles experimentar algunas circunstancias difíciles, pero jamás los abandonará. Mientras todos los demás huyen, Él permanece.

➤ **10.1 — ¿Por qué estás lejos, oh Jehová, y te escondes en el tiempo de la tribulación?**

Durante tiempos difíciles en el desierto, los israelitas pensaron que Dios los había abandonado, pero Moisés les recordó: «Jehová vuestro Dios, el cual va delante de vosotros, él peleará por vosotros… en el desierto has visto que Jehová tu Dios te ha traído, como trae el hombre a su hijo» (Dt 1.30, 31). Aunque sienta como si el Señor estuviera lejos de usted, recuerde siempre que Él le lleva y sigue obrando en lo invisible (1 Co 2.9; 2 Co 4.16–18).

Debajo de su lengua hay vejación y maldad.
8 Se sienta en acecho cerca de las aldeas;
En escondrijos mata al inocente.
Sus ojos están acechando al desvalido;
9 Acecha en oculto, como el león desde su cueva;
Acecha para arrebatar al pobre;
Arrebata al pobre trayéndolo a su red.

10 Se encoge, se agacha,
Y caen en sus fuertes garras muchos desdichados.
11 Dice en su corazón: Dios ha olvidado;
Ha encubierto su rostro; nunca lo verá.

12 Levántate, oh Jehová Dios, alza tu mano;
No te olvides de los pobres.
13 ¿Por qué desprecia el malo a Dios?
En su corazón ha dicho:
Tú no lo inquirirás.

➤ 14 Tú lo has visto; porque miras el trabajo y la vejación, para dar la recompensa con tu mano;
A ti se acoge el desvalido;
Tú eres el amparo del huérfano.
15 Quebranta tú el brazo del inicuo,
Y persigue la maldad del malo hasta que no halles ninguna.
16 Jehová es Rey eternamente y para siempre;
De su tierra han perecido las naciones.

* 17 El deseo de los humildes oíste, oh Jehová;
Tú dispones su corazón, y haces atento tu oído,
18 Para juzgar al huérfano y al oprimido,
A fin de que no vuelva más a hacer violencia el hombre de la tierra.

El refugio del justo

Al músico principal. Salmo de David.

11 EN Jehová he confiado; ➤
¿Cómo decís a mi alma,
Que escape al monte cual ave?
2 Porque he aquí, los malos tienden el arco,
Disponen sus saetas sobre la cuerda,
Para asaetear en oculto a los rectos de corazón.
3 Si fueren destruidos los fundamentos,
¿Qué ha de hacer el justo?

4 Jehová está en su santo templo;
Jehová tiene en el cielo su trono;
Sus ojos ven, sus párpados examinan a los hijos de los hombres.
5 Jehová prueba al justo;
Pero al malo y al que ama la violencia, su alma los aborrece.
6 Sobre los malos hará llover calamidades;
Fuego, azufre y viento abrasador será la porción del cáliz de ellos.
El hombre recto mirará su rostro.
7 Porque Jehová es justo, y ama la justicia; ➤
El hombre recto mirará su rostro

Oración pidiendo ayuda contra los malos

Al músico principal; sobre Seminit. Salmo de David.

12 SALVA, oh Jehová, porque se acabaron los piadosos; ➤
Porque han desaparecido los fieles de entre los hijos de los hombres.
2 Habla mentira cada uno con su prójimo;
Hablan con labios lisonjeros, y con doblez de corazón.

3 Jehová destruirá todos los labios lisonjeros,
Y la lengua que habla jactanciosamente;

LECCIONES DE VIDA

➤ ***10.14 — a ti se acoge el desvalido; Tú eres el amparo del huérfano.***

Ningún cristiano carece de defensor. Así todo el mundo le abandone, Dios ha jurado quedarse con usted y darle la ayuda que necesita (2 Ti 4.16–18). Es por eso que merece ser llamado «Fiel y Verdadero» (Ap 19.11).

➤ ***11.1 — En Jehová he confiado; ¿Cómo decís a mi alma, que escape al monte cual ave?***

Cuando los enemigos de Nehemías le instaron a esconderse en el templo por un intento de asesinato que ellos mismo habían planeado y sobornado, él contestó: «¿Un hombre como yo ha de huir?» (Neh 6.11). Rehusó pecar abandonando su confianza en Dios (Neh 6.10–13). De igual modo, nosotros como creyentes nunca tenemos que huir de nuestros problemas. Siempre debemos mantenernos firmes y enfrentarlos con valor y sabiduría del Señor.

➤ ***11.7 — Jehová es justo, y ama la justicia; el hombre recto mirará su rostro.***

Dios nos hizo a su imagen para que pudiéramos tener una relación íntima con Él y traerle gloria. Puesto que el Señor es santo, Él quiere que reflejemos sus caminos justos para que otros sean atraídos a Él en amor y arrepentimiento. Por medio de su Espíritu, Él nos da el poder y la sabiduría que necesitamos para ser sus representantes.

➤ ***12.1 — Salva, oh Jehová, porque se acabaron los piadosos; porque han desaparecido los fieles de entre los hijos de los hombres.***

A veces podemos sentirnos completamente solos en medio de nuestros problemas. Así se sintió Elías cuando huyó de la malvada reina Jezabel (1 R 19). Dios le habló al profeta en un silbido apacible y reconfortó su corazón al recordarle que había otros israelitas fieles, y dándole instrucciones sobre cómo proceder. El Señor hará lo mismo por usted, cuando fije toda su atención en Él.

4 A los que han dicho:
Por nuestra lengua prevaleceremos;
Nuestros labios son nuestros; ¿quién es señor de nosotros?
5 Por la opresión de los pobres, por el gemido de los menesterosos,
Ahora me levantaré, dice Jehová;
Pondré en salvo al que por ello suspira.
➤6 Las palabras de Jehová son palabras limpias,
Como plata refinada en horno de tierra,
Purificada siete veces.
7 Tú, Jehová, los guardarás;
De esta generación los preservarás para siempre.
8 Cercando andan los malos,
Cuando la vileza es exaltada entre los hijos de los hombres.

Plegaria pidiendo ayuda en las aflicciones

Al músico principal. Salmo de David.

➤13 ¿HASTA cuándo, Jehová? ¿Me olvidarás para siempre?
¿Hasta cuándo esconderás tu rostro de mí?
2 ¿Hasta cuándo pondré consejos en mi alma,
Con tristezas en mi corazón cada día?
¿Hasta cuándo será enaltecido mi enemigo sobre mí?

3 Mira, respóndeme, oh Jehová Dios mío;
Alumbra mis ojos, para que no duerma de muerte;
4 Para que no diga mi enemigo: Lo vencí.
Mis enemigos se alegrarían, si yo resbalara.

➤5 Mas yo en tu misericordia he confiado;
Mi corazón se alegrará en tu salvación.
6 Cantaré a Jehová,
Porque me ha hecho bien.

Necedad y corrupción del hombre

(Sal 53.1-6) Al músico principal. Salmo de David.

14 DICE el necio en su corazón:
No hay Dios.
Se han corrompido, hacen obras abominables;
No hay quien haga el bien.

2 Jehová miró desde los cielos sobre los hijos de los hombres, ➤
Para ver si había algún entendido,
Que buscara a Dios.

3 Todos se desviaron, a una se han corrompido;
No hay quien haga lo bueno, no hay ni siquiera uno.[a]

4 ¿No tienen discernimiento todos los que hacen iniquidad,
Que devoran a mi pueblo como si comiesen pan,
Y a Jehová no invocan?

5 Ellos temblaron de espanto;
Porque Dios está con la generación de los justos.
6 Del consejo del pobre se han burlado,
Pero Jehová es su esperanza.

7 ¡Oh, que de Sion saliera la salvación de Israel!
Cuando Jehová hiciere volver a los cautivos de su pueblo,
Se gozará Jacob, y se alegrará Israel.

Los que habitarán en el monte santo de Dios

Salmo de David.

15 JEHOVÁ, ¿quién habitará en tu tabernáculo? ➤
¿Quién morará en tu monte santo?

a. 14.1-3 Ro 3.10-12.

LECCIONES DE VIDA

➤ ***12.6 — Las palabras de Jehová son palabras limpias, como plata refinada en horno de tierra, purificada siete veces.***

La Palabra de Dios no es como cualquier otro libro en el mundo. Expresa el corazón y la mente del Señor, y podemos confiar en ella más allá de cualquier sombra de duda. Ciertamente, es ancla inconmovible en las tormentas.

➤ ***13.1 — ¿Hasta cuándo, Jehová? ¿Me olvidarás para siempre?***

A veces podemos sentirnos como si Dios se hubiera escondido de nosotros. Esos tiempos no duran mucho, pero es posible que Él nos esté probando para ver si vamos a continuar siguiéndolo conforme a la verdad de su Palabra, a pesar de cómo nos sintamos.

➤ ***13.5 — yo en tu misericordia he confiado; mi corazón se alegrará en tu salvación.***

Nuestro andar cristiano prospera cuando recordamos cómo Dios nos ha mostrado misericordia. Lo obedecemos por amor sin importar cuán difíciles sean las circunstancias, sabiendo que estamos bajo la cobertura de su provisión y protección, y veremos por su trato generoso otra vez que nos ha hecho bien (Sal 13.6).

➤ ***14.2 — Jehová miró desde los cielos sobre los hijos de los hombres, para ver si había algún entendido, que buscara a Dios.***

Cuando el Señor mira desde el cielo, no está tratando de sorprendernos en algún pecado. Más bien, está observando a quienes lo buscan para poder bendecirlos con su presencia (Jer 29.11–13; Lc 11.9, 10). «Los ojos de Jehová contemplan toda la tierra, para mostrar su poder a favor de los que tienen corazón perfecto para con él» (2 Cr 16.9).

➤ ***15.1 — Jehová, ¿quién habitará en tu tabernáculo?***

¿Quién puede vivir con Dios en el cielo? Si la lista de requisitos en el Salmo 15 suena imposible, en cierto

2 El que anda en integridad y hace
justicia,
Y habla verdad en su corazón.
3 El que no calumnia con su lengua,
Ni hace mal a su prójimo,
Ni admite reproche alguno contra su
vecino.
4 Aquel a cuyos ojos el vil es
menospreciado,
Pero honra a los que temen a Jehová.
El que aun jurando en daño suyo, no
por eso cambia;
5 Quien su dinero no dio a usura,
Ni contra el inocente admitió cohecho.
El que hace estas cosas, no resbalará
jamás.

Una herencia escogida

Mictam de David.

16 GUÁRDAME, oh Dios, porque en ti he
confiado.
2 Oh alma mía, dijiste a Jehová:
Tú eres mi Señor;
No hay para mí bien fuera de ti.
3 Para los santos que están en la tierra,
Y para los íntegros, es toda mi
complacencia.
4 Se multiplicarán los dolores de aquellos
que sirven diligentes a otro dios.
No ofreceré yo sus libaciones de sangre,
Ni en mis labios tomaré sus nombres.
5 Jehová es la porción de mi herencia y
de mi copa;
Tú sustentas mi suerte.
6 Las cuerdas me cayeron en lugares
deleitosos,
Y es hermosa la heredad que me ha
tocado.
➤7 Bendeciré a Jehová que me aconseja;
Aun en las noches me enseña mi
conciencia.
8 A Jehová he puesto siempre delante de
mí;
Porque está a mi diestra, no seré
conmovido.
9 Se alegró por tanto mi corazón, y se
gozó mi alma;
Mi carne también reposará
confiadamente;
10 Porque no dejarás mi alma en el Seol,[a] ➤
Ni permitirás que tu santo vea
corrupción.[b]
11 Me mostrarás la senda de la vida; *
En tu presencia hay plenitud de gozo;[c]
Delicias a tu diestra para siempre.

Plegaria pidiendo protección contra los opresores

Oración de David.

17 OYE, oh Jehová, una causa justa; está
atento a mi clamor.
Escucha mi oración hecha de labios sin
engaño.
2 De tu presencia proceda mi vindicación;
Vean tus ojos la rectitud.
3 Tú has probado mi corazón, me has
visitado de noche;
Me has puesto a prueba, y nada inicuo
hallaste;
He resuelto que mi boca no haga
transgresión.
4 En cuanto a las obras humanas, por la
palabra de tus labios
Yo me he guardado de las sendas de los
violentos.
5 Sustenta mis pasos en tus caminos,
Para que mis pies no resbalen.
6 Yo te he invocado, por cuanto tú me
oirás, oh Dios;
Inclina a mí tu oído, escucha mi palabra.
7 Muestra tus maravillosas misericordias,
tú que salvas a los que se refugian a
tu diestra,
De los que se levantan contra ellos.
8 Guárdame como a la niña de tus ojos; ➤

a. 16.10 1 Co 15.4. **b. 16.10** Hch 13.35.
c. 16.8-11 Hch 2.25-28.

LECCIONES DE VIDA

sentido así es como se supone que debe ser. Lo cierto es que no nos damos cuenta de cuánto necesitamos al Salvador hasta que entendemos cuán destituidos estamos de la gloria de Dios y cuán alejados de su santidad (Ro 3.23; 7.7). Es por esta razón que debemos depender de Jesús. Él es el único que puede limpiarnos y prepararnos para habitar en su morada celestial para siempre.

➤ **16.7 — Bendeciré a Jehová que me aconseja; aun en las noches me enseña mi conciencia.**

David tenía el hábito de meditar en la Palabra de Dios, sus bendiciones, sus mandatos y cómo obraba a través de su pueblo. Hasta en las noches, pensamientos sobre la fidelidad del Señor saturaban la mente de David. Cuando Dios es nuestro foco de atención, es más fácil oírlo cuando habla. Recuerde que escuchar a Dios es esencial para andar con Él.

➤ ***16.10 — no dejarás mi alma en el Seol, ni permitirás que tu santo vea corrupción.***

Este versículo es una profecía importante acerca de la resurrección de Jesucristo, que fue citada por Pedro en Hechos 2.27. Pedro argumentó que David había muerto y su cuerpo se descompuso, así que este texto tenía que aplicarse al Mesías, Jesús, quien fue resucitado de la tumba en el tercer día y nunca pasó por la corrupción de la muerte (Hch 2.25–36).

Escóndeme bajo la sombra de tus alas,
9 De la vista de los malos que me oprimen,
De mis enemigos que buscan mi vida.
10 Envueltos están con su grosura;
Con su boca hablan arrogantemente.
11 Han cercado ahora nuestros pasos;
Tienen puestos sus ojos para echarnos por tierra.
12 Son como león que desea hacer presa,
Y como leoncillo que está en su escondite.

13 Levántate, oh Jehová;
Sal a su encuentro, póstrales;
Libra mi alma de los malos con tu espada,
14 De los hombres con tu mano, oh Jehová,
De los hombres mundanos, cuya porción la tienen en esta vida,
Y cuyo vientre está lleno de tu tesoro.
Sacian a sus hijos,
Y aun sobra para sus pequeñuelos.

➤ 15 En cuanto a mí, veré tu rostro en justicia;
Estaré satisfecho cuando despierte a tu semejanza.

Acción de gracias por la victoria

(2 S 22.1-51)

Al músico principal. Salmo de David, siervo de Jehová, el cual dirigió a Jehová las palabras de este cántico el día que le libró Jehová de mano de todos sus enemigos, y de mano de Saúl. Entonces dijo:

18 TE amo, oh Jehová, fortaleza mía.
➤ 2 Jehová, roca mía y castillo mío, y mi libertador;
Dios mío, fortaleza mía, en él confiaré;
Mi escudo, y la fuerza de mi salvación, mi alto refugio.
3 Invocaré a Jehová, quien es digno de ser alabado,
Y seré salvo de mis enemigos.

4 Me rodearon ligaduras de muerte,
Y torrentes de perversidad me atemorizaron.
5 Ligaduras del Seol me rodearon,
Me tendieron lazos de muerte.

6 En mi angustia invoqué a Jehová,
Y clamé a mi Dios. Él oyó mi voz desde su templo,
Y mi clamor llegó delante de él, a sus oídos.
7 La tierra fue conmovida y tembló;
Se conmovieron los cimientos de los montes,
Y se estremecieron, porque se indignó él.
8 Humo subió de su nariz,
Y de su boca fuego consumidor;
Carbones fueron por él encendidos.
9 Inclinó los cielos, y descendió;
Y había densas tinieblas debajo de sus pies.
10 Cabalgó sobre un querubín, y voló;
Voló sobre las alas del viento.
11 Puso tinieblas por su escondedero, por cortina suya alrededor de sí;
Oscuridad de aguas, nubes de los cielos.
12 Por el resplandor de su presencia, sus nubes pasaron;
Granizo y carbones ardientes.
13 Tronó en los cielos Jehová,
Y el Altísimo dio su voz;
Granizo y carbones de fuego.
14 Envió sus saetas, y los dispersó;
Lanzó relámpagos, y los destruyó.
15 Entonces aparecieron los abismos de las aguas,
Y quedaron al descubierto los cimientos del mundo,
A tu reprensión, oh Jehová,
Por el soplo del aliento de tu nariz.

16 Envió desde lo alto; me tomó,
Me sacó de las muchas aguas.
17 Me libró de mi poderoso enemigo,
Y de los que me aborrecían; pues eran más fuertes que yo.
18 Me asaltaron en el día de mi quebranto, ➤
Mas Jehová fue mi apoyo.
19 Me sacó a lugar espacioso;
Me libró, porque se agradó de mí.

LECCIONES DE VIDA

➤ ***17.8 — Guárdame como a la niña de tus ojos; escóndeme bajo la sombra de tus alas.***

Dios se deleita en todos los que depositan su confianza en Él. Los considera a cada uno la niña de sus ojos, el objeto de su devoción especial. En su presencia amorosa hallamos protección y refugio.

➤ ***17.15 — En cuanto a mí, veré tu rostro en justicia; estaré satisfecho cuando despierte a tu semejanza.***

Anhelamos la llegada de aquel gran día cuando veremos a Jesús tal como Él es, y seremos transformados en su imagen gloriosa (1 Jn 3.2). Será como despertar de un sueño profundo y abrir los ojos a un nuevo día, colmado de belleza inimaginable y espectacular.

➤ ***18.2 — Jehová, roca mía y castillo mío, y mi libertador; Dios mío, fortaleza mía, en él confiaré; mi escudo, y la fuerza de mi salvación, mi alto refugio.***

El Salmo 18 tiene una fuerte similitud al cántico de alabanza de David en 2 Samuel 22, donde alabó al Señor por librarlo de sus enemigos. La sabiduría nos enseña a reconocer la fortaleza de Dios y adorarlo por ser quien es: nuestra Roca, nuestro Castillo, nuestro Escudo y nuestro Alto Refugio.

➤ ***18.18 — Me asaltaron en el día de mi quebranto, mas Jehová fue mi apoyo.***

En esta vida, la confrontación es inevitable. Cuando las cosas van por mal camino, podemos ser tentados a

20 Jehová me ha premiado conforme a mi justicia;
Conforme a la limpieza de mis manos me ha recompensado.
21 Porque yo he guardado los caminos de Jehová,
Y no me aparté impíamente de mi Dios.
22 Pues todos sus juicios estuvieron delante de mí,
Y no me he apartado de sus estatutos.
23 Fui recto para con él, y me he guardado de mi maldad,
24 Por lo cual me ha recompensado Jehová conforme a mi justicia;
Conforme a la limpieza de mis manos delante de su vista.

25 Con el misericordioso te mostrarás misericordioso,
Y recto para con el hombre íntegro.
26 Limpio te mostrarás para con el limpio,
Y severo serás para con el perverso.
27 Porque tú salvarás al pueblo afligido,
Y humillarás los ojos altivos.
*28 Tú encenderás mi lámpara;
Jehová mi Dios alumbrará mis tinieblas.
29 Contigo desbarataré ejércitos,
Y con mi Dios asaltaré muros.
30 En cuanto a Dios, perfecto es su camino,
Y acrisolada la palabra de Jehová;
Escudo es a todos los que en él esperan.

31 Porque ¿quién es Dios sino sólo Jehová?
¿Y qué roca hay fuera de nuestro Dios?
32 Dios es el que me ciñe de poder,
Y quien hace perfecto mi camino;
33 Quien hace mis pies como de ciervas,[a]
Y me hace estar firme sobre mis alturas;
34 Quien adiestra mis manos para la batalla,
Para entesar con mis brazos el arco de bronce.
35 Me diste asimismo el escudo de tu salvación;
Tu diestra me sustentó,
Y tu benignidad me ha engrandecido.
36 Ensanchaste mis pasos debajo de mí,
Y mis pies no han resbalado.
37 Perseguí a mis enemigos, y los alcancé,
Y no volví hasta acabarlos.
38 Los herí de modo que no se levantasen;
Cayeron debajo de mis pies.
39 Pues me ceñiste de fuerzas para la pelea;
Has humillado a mis enemigos debajo de mí.
40 Has hecho que mis enemigos me vuelvan las espaldas,
Para que yo destruya a los que me aborrecen.
41 Clamaron, y no hubo quien salvase;
Aun a Jehová, pero no los oyó.
42 Y los molí como polvo delante del viento;
Los eché fuera como lodo de las calles.

43 Me has librado de las contiendas del pueblo;
Me has hecho cabeza de las naciones;
Pueblo que yo no conocía me sirvió.
44 Al oír de mí me obedecieron;
Los hijos de extraños se sometieron a mí.
45 Los extraños se debilitaron
Y salieron temblando de sus encierros.

46 Viva Jehová, y bendita sea mi roca,
Y enaltecido sea el Dios de mi salvación;
47 El Dios que venga mis agravios,
Y somete pueblos debajo de mí;
48 El que me libra de mis enemigos,
Y aun me eleva sobre los que se levantan contra mí;
Me libraste de varón violento.
49 Por tanto yo te confesaré entre las naciones, oh Jehová,
Y cantaré a tu nombre.[b]
50 Grandes triunfos da a su rey,
Y hace misericordia a su ungido,
A David y a su descendencia, para siempre.

Las obras y la palabra de Dios

Al músico principal. Salmo de David.

19 LOS cielos cuentan la gloria de Dios,
Y el firmamento anuncia la obra de sus manos.
2 Un día emite palabra a otro día,
Y una noche a otra noche declara sabiduría.
3 No hay lenguaje, ni palabras,
Ni es oída su voz.
4 Por toda la tierra salió su voz,
Y hasta el extremo del mundo sus palabras.[a]

a. 18.33 Hab 3.19. **b. 18.49** Ro 15.9. **a. 19.4** Ro 10.18.

LECCIONES DE VIDA

sucumbir al desánimo. Lo mejor que podemos hacer es poner nuestra esperanza en el Señor. Él se ha comprometido con nosotros para siempre, así que nunca tenemos por qué angustiarnos.

➤ ***19.1 — Los cielos cuentan la gloria de Dios, y el firmamento anuncia la obra de sus manos.***

Salga en una noche despejada y mire fijamente el cielo un par de minutos. Sumérjase en la grandeza, la majestad y la inmensidad de las huestes estelares, y piense luego: *Mi Dios hizo todo esto.*

En ellos puso tabernáculo para el sol;
5 Y éste, como esposo que sale de su tálamo,
Se alegra cual gigante para correr el camino.
6 De un extremo de los cielos es su salida,
Y su curso hasta el término de ellos;
Y nada hay que se esconda de su calor.

7 La ley de Jehová es perfecta, que convierte el alma;
El testimonio de Jehová es fiel, que hace sabio al sencillo.
8 Los mandamientos de Jehová son rectos, que alegran el corazón;
El precepto de Jehová es puro, que alumbra los ojos.
9 El temor de Jehová es limpio, que permanece para siempre;
Los juicios de Jehová son verdad, todos justos.
10 Deseables son más que el oro, y más que mucho oro afinado;
Y dulces más que miel, y que la que destila del panal.

11 Tu siervo es además amonestado con ellos;
En guardarlos hay grande galardón.
12 ¿Quién podrá entender sus propios errores?
Líbrame de los que me son ocultos.
13 Preserva también a tu siervo de las soberbias;
Que no se enseñoreen de mí;
Entonces seré íntegro, y estaré limpio de gran rebelión.

➤ 14 Sean gratos los dichos de mi boca y la meditación de mi corazón delante de ti,
Oh Jehová, roca mía, y redentor mío.

Oración pidiendo la victoria

Al músico principal. Salmo de David.

20 JEHOVÁ te oiga en el día de conflicto;
El nombre del Dios de Jacob te defienda.
2 Te envíe ayuda desde el santuario,
Y desde Sion te sostenga.
3 Haga memoria de todas tus ofrendas,
Y acepte tu holocausto.
Selah
4 Te dé conforme al deseo de tu corazón,
Y cumpla todo tu consejo.
5 Nosotros nos alegraremos en tu salvación,
Y alzaremos pendón en el nombre de nuestro Dios;
Conceda Jehová todas tus peticiones.

6 Ahora conozco que Jehová salva a su ungido; *
Lo oirá desde sus santos cielos
Con la potencia salvadora de su diestra.
7 Estos confían en carros, y aquéllos en caballos; ➤
Mas nosotros del nombre de Jehová nuestro Dios tendremos memoria.
8 Ellos flaquean y caen,
Mas nosotros nos levantamos, y estamos en pie.

9 Salva, Jehová;
Que el Rey nos oiga en el día que lo invoquemos.

Alabanza por haber sido librado del enemigo

Al músico principal. Salmo de David.

21 EL rey se alegra en tu poder, oh Jehová;
Y en tu salvación, ¡cómo se goza!
2 Le has concedido el deseo de su corazón,
Y no le negaste la petición de sus labios.
Selah
3 Porque le has salido al encuentro con bendiciones de bien;
Corona de oro fino has puesto sobre su cabeza.
4 Vida te demandó, y se la diste;
Largura de días eternamente y para siempre.
5 Grande es su gloria en tu salvación;
Honra y majestad has puesto sobre él.
6 Porque lo has bendecido para siempre; ➤
Lo llenaste de alegría con tu presencia.

LECCIONES DE VIDA

➤ ***19.14 — Sean gratos los dichos de mi boca y la meditación de mi corazón delante de ti, Oh Jehová, roca mía, y redentor mío.***

No tiene nada de malo pedirle al Señor que le haga agradable para Él; de hecho, Él se deleita en enseñarle sus caminos. Dios moldea tiernamente su carácter para que usted hable, piense y actúe de una manera que le honre.

➤ ***20.7 — Estos confían en carros, y aquéllos en caballos; mas nosotros del nombre de Jehová nuestro Dios tendremos memoria.***

Cada vez que enfrentamos obstáculos o desafíos, recurrimos por lo general a nuestra línea de defensa más fuerte. Cuando David se dispuso a pelear contra Goliat, Saúl quiso que se pusiera su armadura. Pero David entendía que los armamentos del mundo no se comparan con la protección del Señor Dios (1 S 17). Por eso utilizó el arma sencilla que Dios le proveyó y obtuvo una victoria poderosa.

➤ ***21.6 — lo has bendecido para siempre; lo llenaste de alegría con tu presencia.***

Dios nos invita a pedirle las cosas que necesitamos y los deseos de nuestro corazón, pero su presencia es lo único que trae gozo duradero. Los deleites más profundos se encuentran en Él, no en nada que este mundo nos pueda ofrecer.

7 Por cuanto el rey confía en Jehová,
Y en la misericordia del Altísimo, no será conmovido.
➤8 Alcanzará tu mano a todos tus enemigos;
Tu diestra alcanzará a los que te aborrecen.
9 Los pondrás como horno de fuego en el tiempo de tu ira;
Jehová los deshará en su ira,
Y fuego los consumirá.
10 Su fruto destruirás de la tierra,
Y su descendencia de entre los hijos de los hombres.
11 Porque intentaron el mal contra ti;
Fraguaron maquinaciones, mas no prevalecerán,
12 Pues tú los pondrás en fuga;
En tus cuerdas dispondrás saetas contra sus rostros.

13 Engrandécete, oh Jehová, en tu poder;
Cantaremos y alabaremos tu poderío.

Un grito de angustia y un canto de alabanza

Al músico principal; sobre Ajelet-sahar. Salmo de David.

➤**22** DIOS mío, Dios mío, ¿por qué me has desamparado?[a]
¿Por qué estás tan lejos de mi salvación, y de las palabras de mi clamor?
2 Dios mío, clamo de día, y no respondes;
Y de noche, y no hay para mí reposo.

3 Pero tú eres santo,
Tú que habitas entre las alabanzas de Israel.
4 En ti esperaron nuestros padres;
Esperaron, y tú los libraste.
5 Clamaron a ti, y fueron librados;
Confiaron en ti, y no fueron avergonzados.

6 Mas yo soy gusano, y no hombre;
Oprobio de los hombres, y despreciado del pueblo.
7 Todos los que me ven me escarnecen;
Estiran la boca, menean la cabeza,[b] diciendo:
8 Se encomendó a Jehová; líbrele él;
Sálvele, puesto que en él se complacía.[c]
9 Pero tú eres el que me sacó del vientre;
El que me hizo estar confiado desde que estaba a los pechos de mi madre.
10 Sobre ti fui echado desde antes de nacer;
Desde el vientre de mi madre, tú eres mi Dios.
11 No te alejes de mí, porque la angustia está cerca;
Porque no hay quien ayude.

12 Me han rodeado muchos toros;
Fuertes toros de Basán me han cercado.
13 Abrieron sobre mí su boca
Como león rapaz y rugiente.

14 He sido derramado como aguas,
Y todos mis huesos se descoyuntaron;
Mi corazón fue como cera,
Derritiéndose en medio de mis entrañas.
15 Como un tiesto se secó mi vigor,
Y mi lengua se pegó a mi paladar,
Y me has puesto en el polvo de la muerte.

16 Porque perros me han rodeado;
Me ha cercado cuadrilla de malignos;
Horadaron mis manos y mis pies.
17 Contar puedo todos mis huesos;
Entre tanto, ellos me miran y me observan.
18 Repartieron entre sí mis vestidos,
Y sobre mi ropa echaron suertes.[d]
19 Mas tú, Jehová, no te alejes;
Fortaleza mía, apresúrate a socorrerme.
20 Libra de la espada mi alma,
Del poder del perro mi vida.
21 Sálvame de la boca del león,
Y líbrame de los cuernos de los búfalos.

22 Anunciaré tu nombre a mis hermanos;
En medio de la congregación te alabaré.[e]

a. 22.1 Mt 27.46; Mr 15.34. **b. 22.7** Mt 27.39; Mr 15.29; Lc 23.35. **c. 22.8** Mt 27.43. **d. 22.18** Mt 27.35; Mr 15.24; Lc 23.34; Jn 19.24. **e. 22.22** He 2.12.

LECCIONES DE VIDA

➤ ***21.8 — Alcanzará tu mano a todos tus enemigos; tu diestra alcanzará a los que te aborrecen.***

Podemos acudir a Dios en fe y recibir su perdón y su gracia, o podemos rechazar su oferta de vida y volvernos sus enemigos (Jn 3.16–18; Ap 20.11–15). Esas son las opciones.

➤ ***22.1 — Dios mío, Dios mío, ¿por qué me has desamparado?***

Jesucristo experimentó la sensación de desamparo divino a un nivel que jamás entenderemos, pero en este caso fue más que una sensación. Por un breve momento, nuestro Salvador sin pecado se convirtió en pecado por nosotros (2 Co 5.21). Experimentó el castigo pleno por todas nuestras transgresiones, que incluyó la separación terrible que el pecado causa entre nosotros y Dios (Mt 27.45–54). Por esa razón Él es nuestro perfecto Sumo Sacerdote, pues Él conoce nuestras heridas como nadie más (He 2.14–18; 4.14–16).

23 Los que teméis a Jehová, alabadle;
Glorificadle, descendencia toda de Jacob,
Y temedle vosotros, descendencia toda de Israel.
➤24 Porque no menospreció ni abominó la aflicción del afligido,
Ni de él escondió su rostro;
Sino que cuando clamó a él, le oyó.

25 De ti será mi alabanza en la gran congregación;
Mis votos pagaré delante de los que le temen.
26 Comerán los humildes, y serán saciados;
Alabarán a Jehová los que le buscan;
Vivirá vuestro corazón para siempre.

27 Se acordarán, y se volverán a Jehová todos los confines de la tierra,
Y todas las familias de las naciones adorarán delante de ti.
28 Porque de Jehová es el reino,
Y él regirá las naciones.

29 Comerán y adorarán todos los poderosos de la tierra;
Se postrarán delante de él todos los que descienden al polvo,
Aun el que no puede conservar la vida a su propia alma.
30 La posteridad le servirá;
Esto será contado de Jehová hasta la postrera generación.
31 Vendrán, y anunciarán su justicia;
A pueblo no nacido aún, anunciarán que él hizo esto.

Jehová es mi pastor
Salmo de David.

*➤23 JEHOVÁ es mi pastor; nada me faltará.
2 En lugares de delicados pastos me hará descansar;
Junto a aguas de reposo me pastoreará.[a]
3 Confortará mi alma;
Me guiará por sendas de justicia por amor de su nombre.

4 Aunque ande en valle de sombra de muerte,
No temeré mal alguno, porque tú estarás conmigo;
Tu vara y tu cayado me infundirán aliento.
5 Aderezas mesa delante de mí en presencia de mis angustiadores;
Unges mi cabeza con aceite; mi copa está rebosando.
6 Ciertamente el bien y la misericordia me seguirán todos los días de mi vida, ➤
Y en la casa de Jehová moraré por largos días.

El rey gloria
Salmo de David.

24 DE Jehová es la tierra y su plenitud;[a] ➤
El mundo, y los que en él habitan.
2 Porque él la fundó sobre los mares,
Y la afirmó sobre los ríos.

3 ¿Quién subirá al monte de Jehová?
¿Y quién estará en su lugar santo?
4 El limpio de manos y puro de corazón;[b]
El que no ha elevado su alma a cosas vanas,
Ni jurado con engaño.
5 Él recibirá bendición de Jehová,
Y justicia del Dios de salvación.
6 Tal es la generación de los que le buscan,
De los que buscan tu rostro, oh Dios de Jacob.
Selah

7 Alzad, oh puertas, vuestras cabezas,
Y alzaos vosotras, puertas eternas,
Y entrará el Rey de gloria.

a. 23.2 Ap 7.17. **a. 24.1** 1 Co 10.26. **b. 24.4** Mt 5.8.

LECCIONES DE VIDA

➤ ***22.24 — no menospreció ni abominó la aflicción del afligido, ni de él escondió su rostro; sino que cuando clamó a él, le oyó.***

Claramente, Jesús tuvo muy presente este salmo en la cruz, y debió ser una fuente de consuelo durante aquel suplicio. Él sabía que el Padre lo oía (Lc 23.34, 46) y que más adelante venía el triunfo para todos aquellos que creyeran en Él (He 12.2).

➤ ***23.1 — Jehová es mi pastor; nada me faltará.***

Siendo pastor, David sabía que las ovejas requerían mucho cuidado y amor. También entendía que nadie cumple mejor que Dios las funciones de proteger, sustentar y conducir al rebaño. Con el Señor, usted tiene todo lo que necesitará en la vida, pero ¿está seguro que Él es *su* pastor? ¿Es Jesús *su* Salvador?

➤ ***23.6 — Ciertamente el bien y la misericordia me seguirán todos los días de mi vida, y en la casa de Jehová moraré por largos días.***

No siempre podemos ver el bien y la misericordia frente a nosotros, pero si miramos atrás podremos ver todas las maneras en que Dios nos ha ayudado. Eso nos facilita el avance, pues sabemos que dondequiera nos lleve el Señor, nuestro destino final es una morada de gozo eterno.

➤ ***24.1 — De Jehová es la tierra y su plenitud.***

Ocasionalmente se oyen enseñanzas según las cuales este mundo es propiedad de Satanás, quien lo obtuvo en la caída (Gn 3). No lo crea. Este mundo siempre ha sido y siempre será de Dios. Él jamás cederá su soberanía.

➤8 ¿Quién es este Rey de gloria?
Jehová el fuerte y valiente,
Jehová el poderoso en batalla.
9 Alzad, oh puertas, vuestras cabezas,
Y alzaos vosotras, puertas eternas,
Y entrará el Rey de gloria.
10 ¿Quién es este Rey de gloria?
Jehová de los ejércitos,
Él es el Rey de la gloria.
Selah

David implora dirección, perdón y protección

Salmo de David.

25 A ti, oh Jehová, levantaré mi alma.
2 Dios mío, en ti confío;
No sea yo avergonzado,
No se alegren de mí mis enemigos.
3 Ciertamente ninguno de cuantos esperan en ti será confundido;
Serán avergonzados los que se rebelan sin causa.

➤4 Muéstrame, oh Jehová, tus caminos;
Enséñame tus sendas.
5 Encamíname en tu verdad, y enséñame,
Porque tú eres el Dios de mi salvación;
En ti he esperado todo el día.

6 Acuérdate, oh Jehová, de tus piedades y de tus misericordias,
Que son perpetuas.
7 De los pecados de mi juventud, y de mis rebeliones, no te acuerdes;
Conforme a tu misericordia acuérdate de mí,
Por tu bondad, oh Jehová.

8 Bueno y recto es Jehová;
Por tanto, él enseñará a los pecadores el camino.
9 Encaminará a los humildes por el juicio,
Y enseñará a los mansos su carrera.
10 Todas las sendas de Jehová son misericordia y verdad,
Para los que guardan su pacto y sus testimonios.

11 Por amor de tu nombre, oh Jehová,
Perdonarás también mi pecado, que es grande.
12 ¿Quién es el hombre que teme a Jehová?
Él le enseñará el camino que ha de escoger.
13 Gozará él de bienestar,
Y su descendencia heredará la tierra.
14 La comunión íntima de Jehová es con los que le temen, ➤
Y a ellos hará conocer su pacto.
15 Mis ojos están siempre hacia Jehová,
Porque él sacará mis pies de la red.

16 Mírame, y ten misericordia de mí,
Porque estoy solo y afligido.
17 Las angustias de mi corazón se han aumentado;
Sácame de mis congojas.
18 Mira mi aflicción y mi trabajo,
Y perdona todos mis pecados.
19 Mira mis enemigos, cómo se han multiplicado,
Y con odio violento me aborrecen.
20 Guarda mi alma, y líbrame;
No sea yo avergonzado, porque en ti confié.
21 Integridad y rectitud me guarden,
Porque en ti he esperado.

22 Redime, oh Dios, a Israel
De todas sus angustias.

Declaraciones de integridad

Salmo de David.

26 JÚZGAME, oh Jehová, porque yo en mi integridad he andado;
He confiado asimismo en Jehová sin titubear.
2 Escudríñame, oh Jehová, y pruébame;
Examina mis íntimos pensamientos y mi corazón.

LECCIONES DE VIDA

➤ ***24.8 — ¿Quién es este Rey de gloria? Jehová el fuerte y valiente.***

El arca del pacto es un símbolo de la relación de Dios con Israel, y cuando los filisteos la capturaron los israelitas se descorazonaron por completo. Puesto que no tenían manera de recuperarla, el Señor motivó milagrosamente a los filisteos a devolverla por iniciativa propia (1 S 4—6). Según la tradición, David escribió el Salmo 24 para celebrar el retorno eventual del arca a Jerusalén (2 S 6). El rey David pudo ver en persona que el Señor es el Rey de gloria, y que Él gobierna sobre toda la creación.

➤ ***25.4, 5 — Muéstrame, oh Jehová, tus caminos; enséñame tus sendas. Encamíname en tu verdad… porque tú eres el Dios de mi salvación; en ti he esperado todo el día.***

Aprendemos los caminos de Dios y su verdad con el paso del tiempo; no nos volvemos expertos en Él de la noche a la mañana. Él pasa años moldeándonos en la semejanza de su Hijo, por eso debemos buscarlo a diario en su Palabra y en oración, y andar en una relación íntima con Él. Así es como llegamos a conocer de verdad a Aquel que nos salva.

➤ ***25.14 — La comunión íntima de Jehová es con los que le temen.***

Si usted anhela entender por qué suceden ciertas cosas, pase tiempo con el Señor en oración. Esto es lo que Él le promete: «yo te responderé, y te enseñaré cosas grandes y ocultas que tú no conoces» (Jer 33.3). Esto significa que Dios le ayudará a ver cuál es su voluntad para su vida, le enseñará sus principios y le dará discernimiento espiritual acerca de cómo se está moviendo en su situación particular.

RESPUESTAS A PREGUNTAS DE LA VIDA

¿Cómo puedo hallar renovación y restauración?

SAL 23.2–4

«Junto a aguas de reposo me pastoreará. Confortará mi alma» (Sal 23.2, 3). Seguramente ha oído este pasaje más veces de las que puede contar. No obstante, sin importar cuántas veces se cite y recite este apreciado salmo, parece que nos seguimos perdiendo su mensaje más impactante: *Dios restaura nuestras almas.*

¿Cómo lo logra? Él restaura nuestras almas al permitirnos tener comunión con Él. Puede ser que nos alejemos de Él, pero siempre seguirá siendo nuestro Buen Pastor. Aunque vayamos errantes, Él nos recibe con brazos abiertos y con benevolencia perdona a sus ovejas descarriadas.

¿Por qué dejaríamos alguna vez un Guía tan amoroso? Lo más probable es que usted nunca se haya propuesto abandonar al Padre, sino que empezó a deslizarse lenta y sutilmente como resultado de deseos desviados e intentos egoístas por satisfacer sus propias necesidades. Obviamente, cuando uno se empeña en alcanzar el bienestar y la seguridad independientemente de Dios, termina alejándose cada vez más de Él.

Lucas 15 presenta una imagen maravillosa de la recepción cálida que le aguardaba a la famosa «oveja» perdida. ¿Regañó o castigó el pastor a la oveja descarriada? No. Por el contrario, todo el cielo celebró al recuperar lo que se había perdido. De igual modo, el cielo se regocija cuando un hijo de Dios que se ha descarriado vuelve «al rebaño». Jesús nos dice: «habrá más gozo en el cielo por un pecador que se arrepiente, que por noventa y nueve justos que no necesitan de arrepentimiento» (Lc 15.7).

Para restaurar nuestras almas, Dios hace mucho más que tratarnos como nuestro Pastor *perdonador*. Él también es un Pastor *proveedor*.

Él sabe lo que necesitamos antes que se lo pidamos, y se deleita en saciar nuestras necesidades (Mt 7.9–11). Eso significa que Él conoce las necesidades físicas, emocionales y espirituales que usted tiene ahora mismo. De hecho, Él ya está obrando para cumplir, suplir y proveer todo lo que usted necesita, incluso aquellas cosas en las que usted ni siquiera ha pensado.

Por último, Dios es nuestro Pastor *protector*. ¿Qué infunde aliento al salmista en Salmo 23.4? La vara y el cayado del Señor. Los pastores de aquel entonces usaban estas herramientas para defender a sus ovejas de animales voraces que buscaban una presa fácil. De la misma manera, Dios va delante de nosotros, abriendo camino y haciendo frente a las asechanzas del enemigo.

¿Ha experimentado la provisión de Dios, sólo para caer luego en duda y temor a causa de alguna pérdida o penalidad? Dios no le ha abandonado. Él sigue siendo su Buen Pastor, guiándole por entre las tinieblas hacia la luz. Es allí, en su presencia, que Él le perdonará, proveerá lo que necesite y le protegerá. Siempre.

Para un estudio más a fondo, véase el Índice de Principios de vida:

1. *Nuestra intimidad con Dios, que es su prioridad para nosotros, determina el impacto que causen nuestras vidas.*
12. *La paz con Dios es fruto de nuestra unidad con Él.*

3 Porque tu misericordia está delante de mis ojos,
Y ando en tu verdad.

4 No me he sentado con hombres hipócritas,
Ni entré con los que andan simuladamente.
5 Aborrecí la reunión de los malignos,
Y con los impíos nunca me senté.

6 Lavaré en inocencia mis manos,
Y así andaré alrededor de tu altar, oh Jehová,
7 Para exclamar con voz de acción de gracias,
Y para contar todas tus maravillas.

Lo que la Biblia dice acerca de
CÓMO BUSCAR LA GUÍA DE DIOS

Sal 27.11–14

La vida está llena de decisiones, y si queremos tomar las correctas, aquellas que glorifican a Dios y nos benefician tanto a nosotros como a los demás, necesitamos la guía de Dios. Las siguientes siete palabras nos ayudan en la búsqueda de su dirección.

1. Limpiarnos. Necesitamos preguntarle a Dios: «¿Hay algo en mi vida que me impida oír lo que estás diciendo? Si es así, muéstramelo». Nuestra limpieza viene por medio de nuestra confesión (1 Jn 1.9).

2. Rendirnos. Debemos someternos a todo lo que Dios nos instruye hacer. A veces nos resulta difícil avanzar porque queremos saber el segundo paso de la voluntad de Dios antes de completar el primero. Por eso debemos rendirnos a la agenda divina y a la guía de Dios. Obedecer la voluntad de Dios es una experiencia que nos hace humildes y al mismo tiempo nos eleva (1 P 5.6).

3. Pedir. Santiago 4.2 lo ratifica: «no tenéis lo que deseáis, porque no pedís». Dios promete que si pedimos de acuerdo con su voluntad, Él nos oye. Si sabemos que Él nos oye, también sabemos que nos responderá (1 Jn 5.14, 15), aunque es posible que la respuesta venga en el transcurso del tiempo.

4. Meditar. Dios promete que su Palabra será luz a nuestros pies y lumbrera a nuestro camino (Sal 119.105), así que cuanto más pensemos en su Palabra, más despejado será nuestro sendero por recorrer.

Dios promete que su Palabra alumbrará nuestro camino.

5. Creer. En el Evangelio de Marcos aprendemos que cuando pedimos, debemos creer que Él va a darnos lo que hemos pedido (Mr 11.22–24). Por lo tanto, confíe que Él le mostrará qué hacer.

6. Esperar. Dios promete actuar a nuestro favor cuando esperamos en Él (Is 64.4). Si nos adelantamos a Dios y tratamos de arreglar las cosas a nuestra manera o manipular las circunstancias, sin duda alguna vamos a terminar decepcionados. En cambio, si esperamos en el Señor, nuestro Dios soberano y omnipotente actuará a favor de nosotros. La elección es nuestra.

7. Recibir. Cuando buscamos obedientemente la voluntad de Dios, podemos estar seguros que Él nos oirá y nos dará la sabiduría que necesitamos para tomar las decisiones correctas (Mt 7.7, 8; Stg 1.5). Tan pronto sepamos su voluntad, somos responsables de acatar su dirección y obedecerlo completamente.

Usted hallará una gran paz y confianza al saber que está tomando decisiones con base en la guía de Dios. Quizás nadie más entienda o esté de acuerdo con su decisión, pero eso no importará porque usted habrá oído de Aquel quien es más importante.

Para un estudio más a fondo, véase el Índice de Principios de vida:

10. Si es necesario, Dios moverá cielo y tierra para mostrarnos su voluntad.

27. No hay nada como la oración para ahorrar tiempo.

8 Jehová, la habitación de tu casa he amado,
Y el lugar de la morada de tu gloria.
9 No arrebates con los pecadores mi alma,
Ni mi vida con hombres sanguinarios,
10 En cuyas manos está el mal,
Y su diestra está llena de sobornos.
11 Mas yo andaré en mi integridad;
Redímeme, y ten misericordia de mí.
➤ 12 Mi pie ha estado en rectitud;
En las congregaciones bendeciré a Jehová.

Jehová es mi luz y mi salvación

Salmo de David.

➤ 27 JEHOVÁ es mi luz y mi salvación; ¿de quién temeré?
Jehová es la fortaleza de mi vida; ¿de quién he de atemorizarme?

2 Cuando se juntaron contra mí los malignos, mis angustiadores y mis enemigos,
Para comer mis carnes, ellos tropezaron y cayeron.

3 Aunque un ejército acampe contra mí,
No temerá mi corazón;
Aunque contra mí se levante guerra,
Yo estaré confiado.

4 Una cosa he demandado a Jehová, ésta buscaré;
Que esté yo en la casa de Jehová todos los días de mi vida,
Para contemplar la hermosura de Jehová, y para inquirir en su templo.

5 Porque él me esconderá en su tabernáculo en el día del mal;
Me ocultará en lo reservado de su morada;
Sobre una roca me pondrá en alto.

6 Luego levantará mi cabeza sobre mis enemigos que me rodean,
Y yo sacrificaré en su tabernáculo sacrificios de júbilo;
Cantaré y entonaré alabanzas a Jehová.
7 Oye, oh Jehová, mi voz con que a ti clamo;
Ten misericordia de mí, y respóndeme.
8 Mi corazón ha dicho de ti: Buscad mi rostro.
Tu rostro buscaré, oh Jehová;
9 No escondas tu rostro de mí.

No apartes con ira a tu siervo;
Mi ayuda has sido.
No me dejes ni me desampares,
Dios de mi salvación.
10 Aunque mi padre y mi madre me dejaran,
Con todo, Jehová me recogerá.
11 Enséñame, oh Jehová, tu camino,
Y guíame por senda de rectitud
A causa de mis enemigos.
12 No me entregues a la voluntad de mis enemigos;
Porque se han levantado contra mí testigos falsos, y los que respiran crueldad.

13 Hubiera yo desmayado, si no creyese que veré la bondad de Jehová ➤
En la tierra de los vivientes.
14 Aguarda a Jehová;
Esfuérzate, y aliéntese tu corazón;
Sí, espera a Jehová.

Plegaria pidiendo ayuda, y alabanza por la respuesta

Salmo de David.

28 A ti clamaré, oh Jehová. Roca mía, no te desentiendas de mí,
Para que no sea yo, dejándome tú,
Semejante a los que descienden al sepulcro.
2 Oye la voz de mis ruegos cuando clamo a ti,
Cuando alzo mis manos hacia tu santo templo.

LECCIONES DE VIDA

➤ ***26.12 — en las congregaciones bendeciré a Jehová.***

Algunos creyentes piensan que no necesitan asistir a la iglesia. En muchos casos, esto se debe a que fueron lastimados por las palabras o las acciones hirientes de alguna persona, pero la Biblia es clara: los creyentes deben congregarse para adorar juntos a Dios y animarse mutuamente (He 10.24, 25). Esa es la manera en que nos mantenemos fuertes en nuestra fe y dedicados al Señor.

➤ ***27.1 — Jehová es mi luz y mi salvación; ¿de quién temeré? Jehová es la fortaleza de mi vida; ¿de quién he de atemorizarme?***

No necesitamos temerle a la oscuridad cuando el Señor nos da su luz. No necesitamos temer a nuestros enemigos cuando andamos en el poder del Espíritu de Dios. Juan dice: «el perfecto amor echa fuera el temor» (1 Jn 4.18). Eso significa que estamos seguros porque sabemos que el amor perfecto de Dios nos protege sin importar cuán adversas parezcan nuestras circunstancias.

➤ ***27.13 — Hubiera yo desmayado, si no creyese que veré la bondad de Jehová en la tierra de los vivientes.***

Cuando a uno se le acaban los recursos, es fácil caer en el desánimo. Pero esa no es su única opción. La ayuda y el socorro de Dios siempre están disponibles. Ser cristiano no sólo le califica para tener un hogar en el cielo, también garantiza que el Señor le defenderá cuando usted le sigue en obediencia. Confíe en Él y disfrutará su bondad en cada circunstancia.

3 No me arrebates juntamente con los malos,
Y con los que hacen iniquidad,
Los cuales hablan paz con sus prójimos,
Pero la maldad está en su corazón.
4 Dales conforme a su obra,[a] y conforme a la perversidad de sus hechos;
Dales su merecido conforme a la obra de sus manos.
5 Por cuanto no atendieron a los hechos de Jehová,
Ni a la obra de sus manos,
Él los derribará, y no los edificará.

6 Bendito sea Jehová,
Que oyó la voz de mis ruegos.
7 Jehová es mi fortaleza y mi escudo;
En él confió mi corazón, y fui ayudado,
Por lo que se gozó mi corazón,
Y con mi cántico le alabaré.

8 Jehová es la fortaleza de su pueblo,
Y el refugio salvador de su ungido.
➤9 Salva a tu pueblo, y bendice a tu heredad;
Y pastoréales y susténtales para siempre.

Poder y gloria de Jehová

Salmo de David.

29 TRIBUTAD a Jehová, oh hijos de los poderosos,
Dad a Jehová la gloria y el poder.
2 Dad a Jehová la gloria debida a su nombre;
Adorad a Jehová en la hermosura de la santidad.[a]

3 Voz de Jehová sobre las aguas;
Truena el Dios de gloria,
Jehová sobre las muchas aguas.
4 Voz de Jehová con potencia;
Voz de Jehová con gloria.

5 Voz de Jehová que quebranta los cedros;
Quebrantó Jehová los cedros del Líbano.
6 Los hizo saltar como becerros;
Al Líbano y al Sirión como hijos de búfalos.
7 Voz de Jehová que derrama llamas de fuego;
8 Voz de Jehová que hace temblar el desierto;
Hace temblar Jehová el desierto de Cades.
9 Voz de Jehová que desgaja las encinas,
Y desnuda los bosques;
En su templo todo proclama su gloria.

10 Jehová preside en el diluvio,
Y se sienta Jehová como rey para siempre.
11 Jehová dará poder a su pueblo; *
Jehová bendecirá a su pueblo con paz.

Acción de gracias por haber sido librado de la muerte

Salmo cantado en la dedicación de la Casa. Salmo de David.

30 TE glorificaré, oh Jehová, porque me has exaltado,
Y no permitiste que mis enemigos se alegraran de mí.
2 Jehová Dios mío,
A ti clamé, y me sanaste.
3 Oh Jehová, hiciste subir mi alma del Seol;
Me diste vida, para que no descendiese a la sepultura.

4 Cantad a Jehová, vosotros sus santos,
Y celebrad la memoria de su santidad.
5 Porque un momento será su ira, ≺
Pero su favor dura toda la vida.
Por la noche durará el lloro,
Y a la mañana vendrá la alegría.

6 En mi prosperidad dije yo:
No seré jamás conmovido,
7 Porque tú, Jehová, con tu favor me afirmaste como monte fuerte.
Escondiste tu rostro, fui turbado.

8 A ti, oh Jehová, clamaré,
Y al Señor suplicaré.
9 ¿Qué provecho hay en mi muerte cuando descienda a la sepultura?

a. 28.4 Ap 22.12. **a. 29.1-2** Sal 96.7-9.

LECCIONES DE VIDA

➤ *28.9 — Salva a tu pueblo, y bendice a tu heredad; y pastoréales y susténtales para siempre.*

Dios nos ofrece su salvación por medio de Jesucristo ahora mismo, no sólo cuando partamos al cielo. Él nos bendice con su presencia a cada momento, no en la eternidad solamente. Él nos guía y nos sustenta cada día que estemos en la tierra. El cielo simplemente completa nuestra relación con Él. «Esta es la vida eterna: que te conozcan a ti, el único Dios verdadero, y a Jesucristo, a quien has enviado» (Jn 17.3).

➤ *30.5 — Porque un momento será su ira, pero su favor dura toda la vida. Por la noche durará el lloro, y a la mañana vendrá la alegría.*

Cuando su corazón es rodeado de tinieblas, usted puede pensar que no tiene esperanza, pero así como la oscuridad se desvanece ante la luz de la aurora, sus circunstancias cambiarán ante el mandato del Señor. Por eso mantenga su esperanza en el Señor y no deje de confiar en Él, porque su triunfo gozoso viene en camino.

¿Te alabará el polvo? ¿Anunciará tu
verdad?
10 Oye, oh Jehová, y ten misericordia de
mí;
Jehová, sé tú mi ayudador.

➤11 Has cambiado mi lamento en baile;
Desataste mi cilicio, y me ceñiste de
alegría.
12 Por tanto, a ti cantaré, gloria mía, y no
estaré callado.
Jehová Dios mío, te alabaré para
siempre.

Declaraciones de confianza

Al músico principal. Salmo de David.

31 EN ti, oh Jehová, he confiado; no sea yo
confundido jamás;
Líbrame en tu justicia.
2 Inclina a mí tu oído, líbrame pronto;
Sé tú mi roca fuerte, y fortaleza para
salvarme.

➤3 Porque tú eres mi roca y mi castillo;
Por tu nombre me guiarás y me
encaminarás.
4 Sácame de la red que han escondido
para mí,
Pues tú eres mi refugio.
5 En tu mano encomiendo mi espíritu;[a]
Tú me has redimido, oh Jehová, Dios de
verdad.

6 Aborrezco a los que esperan en
vanidades ilusorias;
Mas yo en Jehová he esperado.
7 Me gozaré y alegraré en tu misericordia,
Porque has visto mi aflicción;
Has conocido mi alma en las angustias.
8 No me entregaste en mano del enemigo;
Pusiste mis pies en lugar espacioso.

9 Ten misericordia de mí, oh Jehová,
porque estoy en angustia;
Se han consumido de tristeza mis ojos,
mi alma también y mi cuerpo.
10 Porque mi vida se va gastando de dolor,
y mis años de suspirar;
Se agotan mis fuerzas a causa de mi
iniquidad, y mis huesos se han
consumido.

11 De todos mis enemigos soy objeto de
oprobio,
Y de mis vecinos mucho más, y el
horror de mis conocidos;
Los que me ven fuera huyen de mí.
12 He sido olvidado de su corazón como un
muerto;
He venido a ser como un vaso quebrado.
13 Porque oigo la calumnia de muchos;
El miedo me asalta por todas partes,
Mientras consultan juntos contra mí
E idean quitarme la vida.

14 Mas yo en ti confío, oh Jehová;
Digo: Tú eres mi Dios.
15 En tu mano están mis tiempos; ➤
Líbrame de la mano de mis enemigos y
de mis perseguidores.
16 Haz resplandecer tu rostro sobre tu siervo;
Sálvame por tu misericordia.
17 No sea yo avergonzado, oh Jehová, ya
que te he invocado;
Sean avergonzados los impíos, estén
mudos en el Seol.
18 Enmudezcan los labios mentirosos,
Que hablan contra el justo cosas duras
Con soberbia y menosprecio.

19 ¡Cuán grande es tu bondad, que has
guardado para los que te temen,
Que has mostrado a los que esperan
en ti, delante de los hijos de los
hombres!
20 En lo secreto de tu presencia los
esconderás de la conspiración del
hombre;
Los pondrás en un tabernáculo a
cubierto de contención de lenguas.

21 Bendito sea Jehová,
Porque ha hecho maravillosa su
misericordia para conmigo en ciudad
fortificada.

a. 31.5 Lc 23.46.

LECCIONES DE VIDA

➤ ***30.11 — Has cambiado mi lamento en baile; desataste mi cilicio, y me ceñiste de alegría.***

Hay ciertas penalidades que son muy difíciles de superar, pero Dios ha prometido a sus hijos que «*todas las cosas* les ayudan a bien» (Ro 8.28), y eso incluye las tristezas más grandes de la vida. Tal vez no lo entendamos ahora, pero podemos vivir confiados que el Señor usará esa experiencia como una plataforma para la alabanza, y que Él convertirá nuestro lamento en baile y nuestra tristeza en causa de regocijo.

➤ ***31.3 — por tu nombre me guiarás y me encaminarás.***

Cuando ponemos nuestra confianza en Cristo, Él se convierte en nuestra fortaleza y nos identifica con Él para siempre (Ro 8.14–23; Gá 4.4–7). Nuestro futuro está ligado al suyo, y por esa razón podemos pedirle confiadamente que nos guíe (2 Ti 2.11–13).

➤ ***31.15 — En tu mano están mis tiempos; líbrame de la mano de mis enemigos y de mis perseguidores.***

La gente puede hacernos oposición y acosarnos, pero nosotros como hijos del Dios soberano, jamás somos víctimas de nuestras circunstancias. Nuestras vidas están en las manos del Señor, no en las de ninguna otra persona o entidad.

22 Decía yo en mi premura:
Cortado soy de delante de tus ojos;
Pero tú oíste la voz de mis ruegos
cuando a ti clamaba.

23 Amad a Jehová, todos vosotros sus
santos;
A los fieles guarda Jehová,
Y paga abundantemente al que procede
con soberbia.

*24 Esforzaos todos vosotros los que
esperáis en Jehová,
Y tome aliento vuestro corazón.

La dicha del perdón

Salmo de David. Masquil.

32 BIENAVENTURADO aquel cuya
transgresión ha sido perdonada, y
cubierto su pecado.
2 Bienaventurado el hombre a quien
Jehová no culpa de iniquidad,[a]
Y en cuyo espíritu no hay engaño.

3 Mientras callé, se envejecieron mis
huesos
En mi gemir todo el día.
4 Porque de día y de noche se agravó
sobre mí tu mano;
Se volvió mi verdor en sequedades de
verano.
Selah

➤5 Mi pecado te declaré, y no encubrí mi
iniquidad.
Dije: Confesaré mis transgresiones a
Jehová;
Y tú perdonaste la maldad de mi
pecado.[b]
Selah

6 Por esto orará a ti todo santo en el
tiempo en que puedas ser hallado;
Ciertamente en la inundación de
muchas aguas no llegarán éstas a él.
7 Tú eres mi refugio; me guardarás de la
angustia;
Con cánticos de liberación me rodearás.
Selah

8 Te haré entender, y te enseñaré el
camino en que debes andar;
Sobre ti fijaré mis ojos.

Ejemplos de vida

DAVID

El gozo del perdón

SAL 32.1–11

El Salmo 32 es la confesión que hizo David de su pecado con Betsabé. Lo escribió tras su encuentro con el profeta Natán, y probablemente después de pasar tiempo a solas con Dios, en oración y arrepentimiento.

Si tuviéramos que darle un título a este salmo, uno bueno sería *El gozo del perdón*. David escribe: «Bienaventurado aquel cuya transgresión ha sido perdonada, y cubierto su pecado» (v. 1). «Bienaventurado» puede traducirse: «¡Cuán dichoso!»

El pecado bloquea nuestra comunión con el Señor. También nos impide experimentar la bondad de Dios. David no podía disfrutar la dulce presencia de Dios mientras siguiera sin arrepentirse de su pecado.

Cuando usted sienta desánimo por haber vuelto a cometer cierto pecado, acuda a Dios en oración. Pídale que aplique su perdón a su vida y reciba su misericordia. Él le ama y quiere disfrutar nuevamente de su compañía.

Para un estudio más a fondo, véase el Índice de Principios de vida:

8. Libremos nuestras batallas de rodillas y siempre obtendremos la victoria.

15. El quebrantamiento es el requisito de Dios para que seamos útiles al máximo.

9 No seáis como el caballo, o como el ➤
mulo, sin entendimiento,

a. 32.1-2 Ro 4.7-8. **b. 32.5** 2 S 12.13.

LECCIONES DE VIDA

➤ **32.5 — Mi pecado te declare… y tú perdonaste la maldad de mi pecado.**

Si nos negamos a confesar nuestros pecados al Señor, podemos terminar sintiéndonos miserables, débiles, desanimados y hasta aislados de Dios. El Señor nos manda arrepentirnos del pecado porque daña nuestra intimidad con Él. Por eso, sincérese con Dios. Dígale lo que ha hecho, y Él le perdonará y restaurará.

➤ ***32.9 — No seáis como el caballo, o como el mulo, sin entendimiento, que han de ser sujetados con cabestro y con freno, porque si no, no se acercan a ti.***

Los caballos tercos que no han sido entrenados deben ser conducidos con freno y riendas porque se resisten a la dirección de sus amos. Del mismo modo, cada vez que rehusamos someternos a los mandatos del Señor, Él puede optar por guiarnos a hacer su voluntad usando las riendas de

Que han de ser sujetados con cabestro y con freno,
Porque si no, no se acercan a ti.

10 Muchos dolores habrá para el impío;
Mas al que espera en Jehová, le rodea la misericordia.
11 Alegraos en Jehová y gozaos, justos;
Y cantad con júbilo todos vosotros los rectos de corazón.

Alabanzas al Creador y Preservador

33 ALEGRAOS, oh justos, en Jehová;
En los íntegros es hermosa la alabanza.
2 Aclamad a Jehová con arpa;
Cantadle con salterio y decacordio
3 Cantadle cántico nuevo;
Hacedlo bien, tañendo con júbilo.
4 Porque recta es la palabra de Jehová,
Y toda su obra es hecha con fidelidad.
5 Él ama justicia y juicio;
De la misericordia de Jehová está llena la tierra.
➤6 Por la palabra de Jehová fueron hechos los cielos,
Y todo el ejército de ellos por el aliento de su boca.
7 Él junta como montón las aguas del mar;
Él pone en depósitos los abismos.
8 Tema a Jehová toda la tierra;
Teman delante de él todos los habitantes del mundo.
9 Porque él dijo, y fue hecho;
Él mandó, y existió.

10 Jehová hace nulo el consejo de las naciones,
Y frustra las maquinaciones de los pueblos.
11 El consejo de Jehová permanecerá para siempre;
Los pensamientos de su corazón por todas las generaciones.
12 Bienaventurada la nación cuyo Dios es Jehová,
El pueblo que él escogió como heredad para sí.

13 Desde los cielos miró Jehová;
Vio a todos los hijos de los hombres;
14 Desde el lugar de su morada miró
Sobre todos los moradores de la tierra.
15 Él formó el corazón de todos ellos;
Atento está a todas sus obras.

16 El rey no se salva por la multitud del ejército,
Ni escapa el valiente por la mucha fuerza.
17 Vano para salvarse es el caballo; ➤
La grandeza de su fuerza a nadie podrá librar.

18 He aquí el ojo de Jehová sobre los que le temen,
Sobre los que esperan en su misericordia,
19 Para librar sus almas de la muerte,
Y para darles vida en tiempo de hambre.

20 Nuestra alma espera a Jehová;
Nuestra ayuda y nuestro escudo es él.
21 Por tanto, en él se alegrará nuestro corazón,
Porque en su santo nombre hemos confiado.
22 Sea tu misericordia, oh Jehová, sobre nosotros,
Según esperamos en ti.

La protección divina

Salmo de David, cuando mudó su semblante delante de Abimelec,[a] y él lo echó, y se fue.

34 BENDECIRÉ a Jehová en todo tiempo; ➤
Su alabanza estará de continuo en mi boca.
2 En Jehová se gloriará mi alma;
Lo oirán los mansos, y se alegrarán.
3 Engrandeced a Jehová conmigo,
Y exaltemos a una su nombre.

a. 34 tít. 1 S 21.13-15.

LECCIONES DE VIDA

la adversidad. Como creyentes, Él quiere que nos deleitemos en acercarnos a Él, no que seamos renuentes a su voluntad perfecta.

➤ **33.6 — Por la palabra de Jehová fueron hechos los cielos, y todo el ejército de ellos por el aliento de su boca.**

El evangelio de Juan revela que Jesús es «el Verbo» (Jn 1.1), que «todas las cosas por él fueron hechas, y sin él nada de lo que ha sido hecho, fue hecho» (Jn 1.3). Pablo añade que todo fue creado por medio de Él y para Él (Col 1.16).

➤ ***33.17 — Vano para salvarse es el caballo; la grandeza de su fuerza a nadie podrá librar.***

Un caballo es mucho más fuerte y rápido que un hombre, pero ninguna persona sabia pone su esperanza de salvación en un animal. En el mundo no existe ninguna seguridad real para nosotros, aparte de andar pegados a Dios.

➤ ***34.1 — Bendeciré a Jehová en todo tiempo; su alabanza estará de continuo en mi boca.***

Si todavía no lo practica, alabe a Dios en el transcurso del día. Exáltelo al despertarse, mientras come, cuando sale de su casa y a su regreso. Una actitud de confianza en el Señor saturada de adoración marcará una diferencia asombrosa en su vida.

4 Busqué a Jehová, y él me oyó,
Y me libró de todos mis temores.
5 Los que miraron a él fueron alumbrados,
Y sus rostros no fueron avergonzados.
6 Este pobre clamó, y le oyó Jehová,
Y lo libró de todas sus angustias.
➤7 El ángel de Jehová acampa alrededor de los que le temen,
Y los defiende.
8 Gustad, y ved que es bueno Jehová;[b]
Dichoso el hombre que confía en él.
9 Temed a Jehová, vosotros sus santos,
Pues nada falta a los que le temen.
10 Los leoncillos necesitan, y tienen hambre;
Pero los que buscan a Jehová no tendrán falta de ningún bien.

11 Venid, hijos, oídme;
El temor de Jehová os enseñaré.
12 ¿Quién es el hombre que desea vida,
Que desea muchos días para ver el bien?
13 Guarda tu lengua del mal,
Y tus labios de hablar engaño.
14 Apártate del mal, y haz el bien;
Busca la paz, y síguela.
15 Los ojos de Jehová están sobre los justos,
Y atentos sus oídos al clamor de ellos.
16 La ira de Jehová contra los que hacen mal,[c]
Para cortar de la tierra la memoria de ellos.
17 Claman los justos, y Jehová oye,
Y los libra de todas sus angustias.
➤18 Cercano está Jehová a los quebrantados de corazón;
Y salva a los contritos de espíritu.

*19 Muchas son las aflicciones del justo,
Pero de todas ellas le librará Jehová.
20 Él guarda todos sus huesos;
Ni uno de ellos será quebrantado.[d]
21 Matará al malo la maldad,
Y los que aborrecen al justo serán condenados.
22 Jehová redime el alma de sus siervos,
Y no serán condenados cuantos en él confían.

Plegaria pidiendo ser librado de los enemigos

Salmo de David.

35 DISPUTA, oh Jehová, con los que contra mí contienden;
Pelea contra los que me combaten.
2 Echa mano al escudo y al pavés,
Y levántate en mi ayuda.
3 Saca la lanza, cierra contra mis perseguidores;
Di a mi alma: Yo soy tu salvación.

4 Sean avergonzados y confundidos los que buscan mi vida;
Sean vueltos atrás y avergonzados los que mi mal intentan.
5 Sean como el tamo delante del viento,
Y el ángel de Jehová los acose.
6 Sea su camino tenebroso y resbaladizo,
Y el ángel de Jehová los persiga.

7 Porque sin causa escondieron para mí su red en un hoyo;
Sin causa cavaron hoyo para mi alma.
8 Véngale el quebrantamiento sin que lo sepa,
Y la red que él escondió lo prenda;
Con quebrantamiento caiga en ella.

9 Entonces mi alma se alegrará en Jehová;
Se regocijará en su salvación.
10 Todos mis huesos dirán: Jehová, ¿quién como tú,
Que libras al afligido del más fuerte que él,
Y al pobre y menesteroso del que le despoja?

11 Se levantan testigos malvados;
De lo que no sé me preguntan;
12 Me devuelven mal por bien,
Para afligir a mi alma.
13 Pero yo, cuando ellos enfermaron, me vestí de cilicio;
Afligí con ayuno mi alma,
Y mi oración se volvía a mi seno.
14 Como por mi compañero, como por mi hermano andaba;
Como el que trae luto por madre, enlutado me humillaba.

b. 34.8 1 P 2.3. **c. 34.12-16** 1 P 3.10-12. **d. 34.20** Éx 12.46; Nm 9.12; Jn 19.36.

LECCIONES DE VIDA

➤ ***34.7 — El ángel de Jehová acampa alrededor de los que le temen, y los defiende.***

Sólo Dios sabe cuántas veces hemos sido protegidos o librados del mal por un ángel asignado para guardarnos. ¿Sabe usted cómo le está defendiendo el ángel del Señor ahora mismo?

➤ ***34.18 — Cercano está Jehová a los quebrantados de corazón.***

¿Evita a Dios cuando se siente abatido porque le parece que delante de Él usted es inútil? El Señor sabe que en esos momentos es cuando usted más lo necesita, y Él quiere reconfortarle. Su fortaleza y su coraje siempre están disponibles para aquellos que acuden a Él.

15 Pero ellos se alegraron en mi
adversidad, y se juntaron;
Se juntaron contra mí gentes
despreciables, y yo no lo entendía;
Me despedazaban sin descanso;
16 Como lisonjeros, escarnecedores y
truhanes,
Crujieron contra mí sus dientes.
17 Señor, ¿hasta cuándo verás esto?
Rescata mi alma de sus destrucciones,
mi vida de los leones.
18 Te confesaré en grande congregación;
Te alabaré entre numeroso pueblo.
19 No se alegren de mí los que sin causa[a]
son mis enemigos,
Ni los que me aborrecen sin causa
guiñen el ojo.
20 Porque no hablan paz;
Y contra los mansos de la tierra piensan
palabras engañosas.
21 Ensancharon contra mí su boca;
Dijeron: ¡Ea, ea, nuestros ojos lo han
visto!

22 Tú lo has visto, oh Jehová; no calles;
Señor, no te alejes de mí.
23 Muévete y despierta para hacerme
justicia,
Dios mío y Señor mío, para defender mi
causa.
➤24 Júzgame conforme a tu justicia, Jehová
Dios mío,
Y no se alegren de mí.
25 No digan en su corazón: ¡Ea, alma
nuestra!
No digan: ¡Le hemos devorado!
26 Sean avergonzados y confundidos a una
los que de mi mal se alegran;
Vístanse de vergüenza y de confusión
los que se engrandecen contra mí.

➤27 Canten y alégrense los que están a favor
de mi justa causa,
Y digan siempre: Sea exaltado Jehová,
Que ama la paz de su siervo.
28 Y mi lengua hablará de tu justicia
Y de tu alabanza todo el día.

La misericordia de Dios

Al músico principal. Salmo de David, siervo de Jehová.

36 LA iniquidad del impío me dice al
corazón:
No hay temor de Dios delante de sus
ojos.[a]
2 Se lisonjea, por tanto, en sus propios
ojos,
De que su iniquidad no será hallada y
aborrecida.
3 Las palabras de su boca son iniquidad y
fraude;
Ha dejado de ser cuerdo y de hacer el
bien.
4 Medita maldad sobre su cama;
Está en camino no bueno,
El mal no aborrece.
5 Jehová, hasta los cielos llega tu ➤
misericordia,
Y tu fidelidad alcanza hasta las nubes.
6 Tu justicia es como los montes de Dios,
Tus juicios, abismo grande.
Oh Jehová, al hombre y al animal
conservas.

7 ¡Cuán preciosa, oh Dios, es tu
misericordia!
Por eso los hijos de los hombres se
amparan bajo la sombra de tus alas.
8 Serán completamente saciados de la
grosura de tu casa,
Y tú los abrevarás del torrente de tus
delicias.
9 Porque contigo está el manantial de la ➤
vida;
En tu luz veremos la luz.
10 Extiende tu misericordia a los que te
conocen,
Y tu justicia a los rectos de corazón.
11 No venga pie de soberbia contra mí,
Y mano de impíos no me mueva.
12 Allí cayeron los hacedores de iniquidad;
Fueron derribados, y no podrán
levantarse.

a. 35.19 Sal 69.4; Jn 15.25. **a. 36.1** Ro 3.18.

LECCIONES DE VIDA

➤ **35.24 — Júzgame conforme a tu justicia, Jehová Dios mío, y no se alegren de mí.**

Nuestras oraciones tienen poder cuando oramos de acuerdo a la justicia de Dios, es decir, cuando oramos por lo que es recto y bueno, por aquello que glorifique a Dios y beneficie a su pueblo. El Señor se deleita en tales oraciones.

➤ ***35.27 — Sea exaltado Jehová, que ama la paz de su siervo.***

Cuando las cosas no van bien, podemos pensar que el Señor nos ha rechazado. Lo cierto es que Él se complace bastante en nuestro éxito y se goza en nuestras alegrías. Sin embargo, la prioridad máxima de Dios es nuestro bienestar y crecimiento espiritual. Él nos ama y siempre provee para nosotros, incluso en los tiempos difíciles.

➤ ***36.5 — Jehová, hasta los cielos llega tu misericordia, y tu fidelidad alcanza hasta las nubes.***

A Dios le gusta mucho extender su misericordia y demostrar que es eternamente digno de confianza para hacer exactamente lo que ha prometido. Si parece demorarse para obrar a su favor, espérelo. Él *nunca* le será infiel.

➤ ***36.9 — contigo está el manantial de la vida; en tu luz veremos la luz.***

Dios ofrece la única vida real que existe. Cuando nos entregamos a Él y andamos en la luz que nos provee, en su Palabra y por su Espíritu, disfrutamos la vida al máximo.

RESPUESTAS A PREGUNTAS DE LA VIDA

¿Cómo se pueden manejar los celos y la envidia?

SAL 37.1–8

¿Alguna vez ha sentido envidia del éxito de otra persona? Tal vez su vecino acaba de conseguir un auto nuevo, o alguien de su trabajo recibió el ascenso al que usted aspiraba. Cuando este tipo de situaciones generan reacciones inesperadas dentro de nosotros, es posible que tengamos un problema.

La envidia provoca en nosotros una fuerte emoción de desagrado al ver la buena fortuna de otra persona, y puede envenenar buenas relaciones, arruinar nuestro testimonio e impedirnos experimentar las bendiciones de Dios. La Biblia dice que los celos y la envidia son obras manifiestas de la carne (Gá 5.19-21).

¿Es posible tomar control de una actitud celosa? ¡Sí! Dios quiere que sus hijos ejerzan dominio sobre estas emociones volátiles, así que examinemos algunas acciones específicas que usted puede emprender a fin de ganar la victoria.

❶ *Confiese sus celos.* Esta emoción siempre, e insisto —*siempre*— aparta su mirada del Señor y la enfoca en otra persona u objeto. Esto es, por definición, idolatría. Siempre que usted presta más atención o asigna mayor valor a «algo» por encima de Dios, queda peligrosamente expuesto al juicio divino. ¡Arrepiéntase de ese pecado de inmediato!

❷ *Reconozca que no está de acuerdo con Dios.* Si el Señor decide traer alguna bendición específica a la vida de otra persona, esa es su prerrogativa divina. Usted está declarando con su envidia que se considera más merecedor de la bendición que la otra persona. Traiga ese desacuerdo honestamente delante del Señor y pídale que renueve su mente con una perspectiva piadosa.

❸ *Dé gracias a Dios por su obra en la vida de esa persona.* Tal vez no le guste este punto, pero cuando usted alaba a Dios, incluso cuando no siente ganas de hacerlo, se coloca en la posición correcta para recibir sus bendiciones, al mostrar que confía plenamente en su criterio.

❹ *Pídale a Dios que ponga en su corazón amor por la otra persona.* Son muchos los pasajes bíblicos en que el enojo y los celos ocurren uno detrás del otro. No permita que la envidia le provoque malicia y odio. Más bien, aprenda a regocijarse cuando los demás reciben bendiciones, aun cuando crea que usted es quien debió haber recibido tales bendiciones.

❺ *Mantenga su enfoque exclusivo en Dios.* Deléitese en Él, sabiendo que Él ha prometido darle los deseos de su corazón. Enfóquese ante todo en lo que Él ha hecho por usted y en las promesas que le ha hecho a través de su Palabra. Recuerde siempre que Dios es Dios, y que está en su derecho de bendecirnos a todos y cada uno, exactamente como Él lo juzgue oportuno y conveniente.

Para un estudio más a fondo, véase el Índice de Principios de vida:

24. *Vivir la vida cristiana es permitir al Señor Jesús vivir su vida en y por medio de nosotros.*
9. *Confiar en Dios quiere decir ver más allá de lo que podemos, hacia lo que Dios ve.*

El camino de los malos

Salmo de David.

37 NO te impacientes a causa de los malignos,
Ni tengas envidia de los que hacen iniquidad.
2 Porque como hierba serán pronto cortados,
Y como la hierba verde se secarán.

3 Confía en Jehová, y haz el bien; ➤
Y habitarás en la tierra, y te apacentarás de la verdad.
4 Deléitate asimismo en Jehová, *
Y él te concederá las peticiones de tu corazón. ➤

5 Encomienda a Jehová tu camino,
Y confía en él; y él hará.
6 Exhibirá tu justicia como la luz,

Y tu derecho como el mediodía.
7 Guarda silencio ante Jehová, y espera en él.
No te alteres con motivo del que prospera en su camino,
Por el hombre que hace maldades.
8 Deja la ira, y desecha el enojo;
No te excites en manera alguna a hacer lo malo.
9 Porque los malignos serán destruidos,
Pero los que esperan en Jehová, ellos heredarán la tierra.

10 Pues de aquí a poco no existirá el malo;
Observarás su lugar, y no estará allí.
11 Pero los mansos heredarán la tierra,[a]
Y se recrearán con abundancia de paz.
12 Maquina el impío contra el justo,
Y cruje contra él sus dientes;
13 El Señor se reirá de él;
Porque ve que viene su día.

14 Los impíos desenvainan espada y entesan su arco,
Para derribar al pobre y al menesteroso,
Para matar a los de recto proceder.
15 Su espada entrará en su mismo corazón,
Y su arco será quebrado.

16 Mejor es lo poco del justo,
Que las riquezas de muchos pecadores.
17 Porque los brazos de los impíos serán quebrados;
Mas el que sostiene a los justos es Jehová.

18 Conoce Jehová los días de los perfectos,
Y la heredad de ellos será para siempre.
19 No serán avergonzados en el mal tiempo,
Y en los días de hambre serán saciados.

20 Mas los impíos perecerán,
Y los enemigos de Jehová como la grasa de los carneros
Serán consumidos; se disiparán como el humo.

21 El impío toma prestado, y no paga;
Mas el justo tiene misericordia, y da.
22 Porque los benditos de él heredarán la tierra;
Y los malditos de él serán destruidos.

23 Por Jehová son ordenados los pasos del hombre,
Y él aprueba su camino.
24 Cuando el hombre cayere, no quedará postrado,
Porque Jehová sostiene su mano.

25 Joven fui, y he envejecido,
Y no he visto justo desamparado,
Ni su descendencia que mendigue pan.
26 En todo tiempo tiene misericordia, y presta;
Y su descendencia es para bendición.

27 Apártate del mal, y haz el bien,
Y vivirás para siempre.
28 Porque Jehová ama la rectitud,
Y no desampara a sus santos.
Para siempre serán guardados;
Mas la descendencia de los impíos será destruida.
29 Los justos heredarán la tierra,
Y vivirán para siempre sobre ella.
30 La boca del justo habla sabiduría,
Y su lengua habla justicia.
31 La ley de su Dios está en su corazón;
Por tanto, sus pies no resbalarán.
32 Acecha el impío al justo,
Y procura matarlo.
33 Jehová no lo dejará en sus manos,
Ni lo condenará cuando le juzgaren.

34 Espera en Jehová, y guarda su camino,
Y él te exaltará para heredar la tierra;
Cuando sean destruidos los pecadores, lo verás.

35 Vi yo al impío sumamente enaltecido,
Y que se extendía como laurel verde.
36 Pero él pasó, y he aquí ya no estaba;
Lo busqué, y no fue hallado.
37 Considera al íntegro, y mira al justo;
Porque hay un final dichoso para el hombre de paz.
38 Mas los transgresores serán todos a una destruidos;

a. **37.11** Mt 5.5.

LECCIONES DE VIDA

➤ ***37.3 — Confía en Jehová, y haz el bien; y habitarás en la tierra, y te apacentarás de la verdad.***

Dios nos llama a hacer bien a otros para que puedan ver su bondad en nosotros. Pero, a no ser que nos «apacentemos de la verdad» permaneciendo en comunión íntima con Él, no tendremos mucho que ofrecerle a nadie.

➤ ***37.4 — Deléitate asimismo en Jehová, y él te concederá las peticiones de tu corazón.***

Si usted hace del Señor su deleite, los deseos que crecen en su corazón serán usualmente los que Él ha plantado allí. Estas son las peticiones que traen paz y satisfacción duraderas, no aquellas cosas que creemos necesitar o las metas que queramos alcanzar sin la ayuda de Dios.

La posteridad de los impíos será
extinguida.
➤39 Pero la salvación de los justos es de
Jehová.
Y él es su fortaleza en el tiempo de la
angustia.
40 Jehová los ayudará y los librará;
Los libertará de los impíos, y los
salvará,
Por cuanto en él esperaron.

Oración de un penitente

Salmo de David, para recordar.

38 JEHOVÁ, no me reprendas en tu furor,
Ni me castigues en tu ira.
2 Porque tus saetas cayeron sobre mí,
Y sobre mí ha descendido tu mano.

3 Nada hay sano en mi carne, a causa de
tu ira;
Ni hay paz en mis huesos, a causa de mi
pecado.
➤4 Porque mis iniquidades se han agravado
sobre mi cabeza;
Como carga pesada se han agravado
sobre mí.

5 Hieden y supuran mis llagas,
A causa de mi locura.
6 Estoy encorvado, estoy humillado en
gran manera,
Ando enlutado todo el día.
7 Porque mis lomos están llenos de ardor,
Y nada hay sano en mi carne.
8 Estoy debilitado y molido en gran
manera;
Gimo a causa de la conmoción de mi
corazón.

9 Señor, delante de ti están todos mis
deseos,
Y mi suspiro no te es oculto.
10 Mi corazón está acongojado, me ha
dejado mi vigor,
Y aun la luz de mis ojos me falta ya.
11 Mis amigos y mis compañeros se
mantienen lejos de mi plaga,
Y mis cercanos se han alejado.
12 Los que buscan mi vida arman lazos,
Y los que procuran mi mal hablan
iniquidades,
Y meditan fraudes todo el día.
13 Mas yo, como si fuera sordo, no oigo;
Y soy como mudo que no abre la boca.
14 Soy, pues, como un hombre que no oye,
Y en cuya boca no hay reprensiones.

15 Porque en ti, oh Jehová, he esperado;
Tú responderás, Jehová Dios mío.
16 Dije: No se alegren de mí;
Cuando mi pie resbale, no se
engrandezcan sobre mí.

17 Pero yo estoy a punto de caer,
Y mi dolor está delante de mí
continuamente.
18 Por tanto, confesaré mi maldad,
Y me contristaré por mi pecado.
19 Porque mis enemigos están vivos y
fuertes,
Y se han aumentado los que me
aborrecen sin causa.
20 Los que pagan mal por bien
Me son contrarios, por seguir yo lo
bueno.

21 No me desampares, oh Jehová;
Dios mío, no te alejes de mí.
22 Apresúrate a ayudarme,
Oh Señor, mi salvación.

El carácter transitorio de la vida

Al músico principal; a Jedutún. Salmo de David.

39 YO dije: Atenderé a mis caminos, ➤
Para no pecar con mi lengua;
Guardaré mi boca con freno,
En tanto que el impío esté delante de
mí.
2 Enmudecí con silencio, me callé aun
respecto de lo bueno;
Y se agravó mi dolor.
3 Se enardeció mi corazón dentro de mí;
En mi meditación se encendió fuego,
Y así proferí con mi lengua:

4 Hazme saber, Jehová, mi fin,
Y cuánta sea la medida de mis días;

LECCIONES DE VIDA

➤ ***37.39 — la salvación de los justos es de Jehová, y él es su fortaleza en el tiempo de la angustia.***

A veces cuando llegan los tiempos difíciles, nos sentimos paralizados, impotentes, débiles y preocupados. Debemos hallar nuestras fuerzas en Dios, pues su poder nunca flaquea.

➤ ***38.4 — mis iniquidades se han agravado sobre mi cabeza; como carga pesada se han agravado sobre mí.***

Dios sabe que nuestros pecados nos ponen un gran peso encima y nos impiden acceder a lo mejor que Él tiene para nosotros. Cuando los confesamos, Él nos quita esa carga pesada de los hombres y nos capacita para andar otra vez con la cabeza en alto.

➤ ***39.1 — Atenderé a mis caminos, para no pecar con mi lengua.***

Siempre debemos estar al tanto de lo que decimos, y tener mucha prudencia entre los incrédulos. Nunca demos razón a alguien para rechazar a Dios por algo irreverente que hayamos dicho. Sigamos la instrucción de Colosenses 4.5, 6: «Andad sabiamente para con los de afuera, redimiendo el tiempo. Sea vuestra palabra siempre con gracia… para que sepáis cómo debéis responder a cada uno».

Sepa yo cuán frágil soy.
5 He aquí, diste a mis días término corto,
Y mi edad es como nada delante de ti;
Ciertamente es completa vanidad todo hombre que vive. *Selah*
6 Ciertamente como una sombra es el hombre;
Ciertamente en vano se afana;
Amontona riquezas, y no sabe quién las recogerá.

7 Y ahora, Señor, ¿qué esperaré?
Mi esperanza está en ti.
8 Líbrame de todas mis transgresiones;
No me pongas por escarnio del insensato.
9 Enmudecí, no abrí mi boca,
Porque tú lo hiciste.
10 Quita de sobre mí tu plaga;
Estoy consumido bajo los golpes de tu mano.
➤11 Con castigos por el pecado corriges al hombre,
Y deshaces como polilla lo más estimado de él;
Ciertamente vanidad es todo hombre. *Selah*
12 Oye mi oración, oh Jehová, y escucha mi clamor.
No calles ante mis lágrimas;
Porque forastero soy para ti,
Y advenedizo, como todos mis padres.
13 Déjame, y tomaré fuerzas,
Antes que vaya y perezca.

Alabanza por la liberación
(Sal 70.1-5) Al músico principal. Salmo de David.

➤**40** PACIENTEMENTE esperé a Jehová,
Y se inclinó a mí, y oyó mi clamor.
2 Y me hizo sacar del pozo de la desesperación, del lodo cenagoso;
Puso mis pies sobre peña, y enderezó mis pasos.
3 Puso luego en mi boca cántico nuevo, alabanza a nuestro Dios.
Verán esto muchos, y temerán,
Y confiarán en Jehová.
4 Bienaventurado el hombre que puso en Jehová su confianza,
Y no mira a los soberbios, ni a los que se desvían tras la mentira.
5 Has aumentado, oh Jehová Dios mío, tus maravillas;
Y tus pensamientos para con nosotros,
No es posible contarlos ante ti.
Si yo anunciare y hablare de ellos,
No pueden ser enumerados.

6 Sacrificio y ofrenda no te agrada;
Has abierto mis oídos;
Holocausto y expiación no has demandado.
7 Entonces dije: He aquí, vengo;
En el rollo del libro está escrito de mí;
8 El hacer tu voluntad, Dios mío, me ha agradado, ➤
Y tu ley está en medio de mi corazón.[a]

9 He anunciado justicia en grande congregación;
He aquí, no refrené mis labios,
Jehová, tú lo sabes.
10 No encubrí tu justicia dentro de mi corazón;
He publicado tu fidelidad y tu salvación;
No oculté tu misericordia y tu verdad en grande asamblea.

11 Jehová, no retengas de mí tus misericordias;
Tu misericordia y tu verdad me guarden siempre.
12 Porque me han rodeado males sin número;
Me han alcanzado mis maldades, y no puedo levantar la vista.
Se han aumentado más que los cabellos de mi cabeza, y mi corazón me falla.

13 Quieras, oh Jehová, librarme;
Jehová, apresúrate a socorrerme.
14 Sean avergonzados y confundidos a una
Los que buscan mi vida para destruirla.
Vuelvan atrás y avergüéncense

a. 40.6-8 He 10.5-7.

LECCIONES DE VIDA

➤ ***39.11 — vanidad es todo hombre.***

La vida pasa a gran velocidad. Estamos en esta tierra un tiempo muy breve, por eso debemos ser diligentes y andar sabiamente. Tal vez debamos comparecer mañana ante Dios, así que vivamos para Él de todo corazón, hoy.

➤ ***40.1 — Pacientemente esperé a Jehová, y se inclinó a mí, y oyó mi clamor.***

Esperar es una realidad de la vida. A veces Dios contesta nuestras oraciones de inmediato, pero en otras ocasiones nos hace esperar antes de ver la respuesta. Cuando lo esperamos con paciencia, mostramos que le tenemos confianza.

➤ ***40.8 — El hacer tu voluntad, Dios mío, me ha agradado, y tu ley está en medio de mi corazón.***

Dios no busca hombres y mujeres que lo obedezcan de mala gana, ni con vacilación o resentimientos. Él desea hijos que se deleiten en obedecerlo, que disfrutan el cumplimiento de sus mandatos porque saben que eso le agrada.

Los que mi mal desean;
15 Sean asolados en pago de su afrenta
Los que me dicen: ¡Ea, ea!

16 Gócense y alégrense en ti todos los que te buscan,
Y digan siempre los que aman tu salvación:
Jehová sea enaltecido.
17 Aunque afligido yo y necesitado,
Jehová pensará en mí.
Mi ayuda y mi libertador eres tú;
Dios mío, no te tardes.

Oración pidiendo salud

Al músico principal. Salmo de David.

*➤ 41 BIENAVENTURADO el que piensa en el pobre;
En el día malo lo librará Jehová.
2 Jehová lo guardará, y le dará vida;
Será bienaventurado en la tierra,
Y no lo entregarás a la voluntad de sus enemigos.
3 Jehová lo sustentará sobre el lecho del dolor;
Mullirás toda su cama en su enfermedad.

4 Yo dije: Jehová, ten misericordia de mí;
Sana mi alma, porque contra ti he pecado.
5 Mis enemigos dicen mal de mí, preguntando:
¿Cuándo morirá, y perecerá su nombre?
6 Y si vienen a verme, hablan mentira;
Su corazón recoge para sí iniquidad,
Y al salir fuera la divulgan.

7 Reunidos murmuran contra mí todos los que me aborrecen;
Contra mí piensan mal, diciendo de mí:
8 Cosa pestilencial se ha apoderado de él;
Y el que cayó en cama no volverá a levantarse.
➤ 9 Aun el hombre de mi paz, en quien yo confiaba, el que de mi pan comía,
Alzó contra mí el calcañar.[a]
10 Mas tú, Jehová, ten misericordia de mí, y hazme levantar,
Y les daré el pago.
11 En esto conoceré que te he agradado,
Que mi enemigo no se huelgue de mí.
12 En cuanto a mí, en mi integridad me has sustentado,
Y me has hecho estar delante de ti para siempre.

13 Bendito sea Jehová, el Dios de Israel,
Por los siglos de los siglos.[b]
Amén y Amén.

LIBRO II

Mi alma tiene sed de Dios

Al músico principal. Masquil de los hijos de Coré.

42 COMO el ciervo brama por las corrientes de las aguas, ➤
Así clama por ti, oh Dios, el alma mía.
2 Mi alma tiene sed de Dios, del Dios vivo;
¿Cuándo vendré, y me presentaré delante de Dios?
3 Fueron mis lágrimas mi pan de día y de noche,
Mientras me dicen todos los días:
¿Dónde está tu Dios?

4 Me acuerdo de estas cosas, y derramo mi alma dentro de mí;
De cómo yo fui con la multitud, y la conduje hasta la casa de Dios,
Entre voces de alegría y de alabanza del pueblo en fiesta.
5 ¿Por qué te abates, oh alma mía,
Y te turbas dentro de mí?
Espera en Dios; porque aún he de alabarle,
Salvación mía y Dios mío.

6 Dios mío, mi alma está abatida en mí;
Me acordaré, por tanto, de ti desde la tierra del Jordán,
Y de los hermonitas, desde el monte de Mizar.

---

a. 41.9 Mt 26.24; Mr 14.21; Lc 22.22; Jn 13.18; 17.12.
b. 41.13 Sal 106.48.

LECCIONES DE VIDA

➤ ***41.1 — Bienaventurado el que piensa en el pobre; en el día malo lo librará Jehová.***

El amor incondicional de Cristo es lo que nos motiva a ministrar a los necesitados. Cuando extendemos a otros su amor, estamos haciendo lo que nos ha llamado a hacer: ser embajadores de su misericordia y su gracia.

➤ ***41.9 — Aun el hombre de mi paz, en quien yo confiaba, el que de mi pan comía, alzó contra mí el calcañar.***

Jesús aplicó este versículo a Judas Iscariote como cumplimiento de la profecía bíblica (Jn 13.18). Solamente porque alguien diga «Señor, Señor», no significa que tenga una relación genuina con Dios (Mt 7.21).

➤ ***42.1 — Como el ciervo brama por las corrientes de las aguas, así clama por ti, oh Dios, el alma mía.***

Dios nos creó para que tuviéramos compañerismo con Él. Por esta razón Él puso una sed especial en nuestro corazón y un deseo que sólo Él puede saciar (Mt 5.6). Su prioridad máxima para nosotros es que disfrutemos su presencia y cuidado íntimos.

7 Un abismo llama a otro a la voz de tus cascadas;
Todas tus ondas y tus olas han pasado sobre mí.
8 Pero de día mandará Jehová su misericordia,
Y de noche su cántico estará conmigo,
Y mi oración al Dios de mi vida.

9 Diré a Dios: Roca mía, ¿por qué te has olvidado de mí?
¿Por qué andaré yo enlutado por la opresión del enemigo?
10 Como quien hiere mis huesos, mis enemigos me afrentan,
Diciéndome cada día:
¿Dónde está tu Dios?

➤11 ¿Por qué te abates, oh alma mía,
Y por qué te turbas dentro de mí?
Espera en Dios; porque aún he de alabarle,
Salvación mía y Dios mío.

Plegaria pidiendo vindicación y liberación

43 JÚZGAME, oh Dios, y defiende mi causa;
Líbrame de gente impía, y del hombre engañoso e inicuo.
2 Pues que tú eres el Dios de mi fortaleza, ¿por qué me has desechado?
¿Por qué andaré enlutado por la opresión del enemigo?
➤3 Envía tu luz y tu verdad; éstas me guiarán;
Me conducirán a tu santo monte,
Y a tus moradas.
4 Entraré al altar de Dios,
Al Dios de mi alegría y de mi gozo;
Y te alabaré con arpa, oh Dios, Dios mío.

5 ¿Por qué te abates, oh alma mía,
Y por qué te turbas dentro de mí?
Espera en Dios; porque aún he de alabarle,
Salvación mía y Dios mío.

Liberaciones pasadas y pruebas presentes

Al músico principal. Masquil de los hijos de Coré.

44 OH Dios, con nuestros oídos hemos oído, nuestros padres nos han contado,
La obra que hiciste en sus días, en los tiempos antiguos.
2 Tú con tu mano echaste las naciones, y los plantaste a ellos;
Afligiste a los pueblos, y los arrojaste.
3 Porque no se apoderaron de la tierra por su espada,
Ni su brazo los libró;
Sino tu diestra, y tu brazo, y la luz de tu rostro,
Porque te complaciste en ellos.

4 Tú, oh Dios, eres mi rey;
Manda salvación a Jacob.
5 Por medio de ti sacudiremos a nuestros enemigos;
En tu nombre hollaremos a nuestros adversarios.
6 Porque no confiaré en mi arco, ➤
Ni mi espada me salvará;
7 Pues tú nos has guardado de nuestros enemigos,
Y has avergonzado a los que nos aborrecían.
8 En Dios nos gloriaremos todo el tiempo,
Y para siempre alabaremos tu nombre.
Selah

9 Pero nos has desechado,
y nos has hecho avergonzar;
Y no sales con nuestros ejércitos.
10 Nos hiciste retroceder delante del enemigo,
Y nos saquean para sí los que nos aborrecen.
11 Nos entregas como ovejas al matadero,
Y nos has esparcido entre las naciones.
12 Has vendido a tu pueblo de balde;
No exigiste ningún precio.

13 Nos pones por afrenta de nuestros vecinos,

LECCIONES DE VIDA

➤ ***42.11 — ¿Por qué te abates, oh alma mía, y por qué te turbas dentro de mí? Espera en Dios; porque aún he de alabarle.***

A veces no sabemos por qué nos sentimos desanimados, deprimidos o tristes. En esos momentos es bueno que de manera consciente volvamos a fijar nuestra mirada en Dios, reafirmemos nuestra esperanza en Él, nos apoyemos en su fuerza y anticipemos la gracia que nos mostrará.

➤ ***43.3 — Envía tu luz y tu verdad; éstas me guiarán; me conducirán a tu santo monte, y a tus moradas.***

El santo monte al que se refería el salmista era el monte de Sion en Jerusalén, sobre el cual estaba el templo. Fue el lugar designado para que Israel se congregara a buscar el Señor y celebrar sus festividades sagradas. Una de las maneras en que Dios nos acerca a Él es llevándonos a adorarlo en compañía de su pueblo. Su Palabra nos exhorta una y otra vez a juntarnos con otros creyentes para oír su verdad y alabarlo en unidad.

➤ ***44.6, 7 — Porque no confiaré en mi arco, ni mi espada me salvará; pues tú nos has guardado de nuestros enemigos.***

Independientemente de los recursos que Dios nos dé, no debemos confiar en ellos para tener éxito, sino poner nuestra esperanza sólo en Él. Debemos pedirle que nos enseñe cómo usar esos dones y emplearlos para glorificarlo, pero nunca depender de ellos para nuestra salvación.

Por escarnio y por burla de los que nos rodean.
14 Nos pusiste por proverbio entre las naciones;
Todos al vernos menean la cabeza.
15 Cada día mi vergüenza está delante de mí,
Y la confusión de mi rostro me cubre,
16 Por la voz del que me vitupera y deshonra,
Por razón del enemigo y del vengativo.

17 Todo esto nos ha venido, y no nos hemos olvidado de ti,
Y no hemos faltado a tu pacto.
18 No se ha vuelto atrás nuestro corazón,
Ni se han apartado de tus caminos nuestros pasos,
19 Para que nos quebrantases en el lugar de chacales,
Y nos cubrieses con sombra de muerte.

20 Si nos hubiésemos olvidado del nombre de nuestro Dios,
O alzado nuestras manos a dios ajeno,
21 ¿No demandaría Dios esto?
Porque él conoce los secretos del corazón.
➤22 Pero por causa de ti nos matan cada día;
Somos contados como ovejas para el matadero.[a]

23 Despierta; ¿por qué duermes, Señor?
Despierta, no te alejes para siempre.
24 ¿Por qué escondes tu rostro,
Y te olvidas de nuestra aflicción, y de la opresión nuestra?
25 Porque nuestra alma está agobiada hasta el polvo,
Y nuestro cuerpo está postrado hasta la tierra.
26 Levántate para ayudarnos,
Y redímenos por causa de tu misericordia.

Cánticos de las bodas del rey

Al músico principal; sobre Lirios. Masquil de los hijos de Coré. Canción de amores.

45 REBOSA mi corazón palabra buena;
Dirijo al rey mi canto;
Mi lengua es pluma de escribiente muy ligero.
2 Eres el más hermoso de los hijos de los hombres;
La gracia se derramó en tus labios;
Por tanto, Dios te ha bendecido para siempre.
3 Ciñe tu espada sobre el muslo, oh valiente,
Con tu gloria y con tu majestad.

4 En tu gloria sé prosperado;
Cabalga sobre palabra de verdad, de humildad y de justicia,
Y tu diestra te enseñará cosas terribles.
5 Tus saetas agudas,
Con que caerán pueblos debajo de ti,
Penetrarán en el corazón de los enemigos del rey.

6 Tu trono, oh Dios, es eterno y para siempre;
Cetro de justicia es el cetro de tu reino.
7 Has amado la justicia y aborrecido la maldad; ➤
Por tanto, te ungió Dios, el Dios tuyo,
Con óleo de alegría más que a tus compañeros.[a]
8 Mirra, áloe y casia exhalan todos tus vestidos;
Desde palacios de marfil te recrean.
9 Hijas de reyes están entre tus ilustres;
Está la reina a tu diestra con oro de Ofir.

10 Oye, hija, y mira, e inclina tu oído;
Olvida tu pueblo, y la casa de tu padre;
11 Y deseará el rey tu hermosura;
E inclínate a él, porque él es tu señor.
12 Y las hijas de Tiro vendrán con presentes;
Implorarán tu favor los ricos del pueblo.

13 Toda gloriosa es la hija del rey en su morada;
De brocado de oro es su vestido.
14 Con vestidos bordados será llevada al rey;
Vírgenes irán en pos de ella,
Compañeras suyas serán traídas a ti.
15 Serán traídas con alegría y gozo;
Entrarán en el palacio del rey.

16 En lugar de tus padres serán tus hijos,

a. 44.22 Ro 8.36. **a. 45.6-7** He 1.8-9.

LECCIONES DE VIDA

➤ *44.22 — por causa de ti nos matan cada día; somos contados como ovejas para el matadero.*

Pablo cita este versículo inquietante en medio de un pasaje que celebra el amor de Dios (Ro 8.35–39). ¿Por qué? El apóstol quería que supiéramos que hasta en las peores circunstancias, el amor de Dios por nosotros permanece igual.

➤ *45.7 — Has amado la justicia y aborrecido la maldad; por tanto, te ungió Dios, el Dios tuyo, con óleo de alegría más que a tus compañeros.*

Realmente, *no* es más divertido hacer el mal que hacer el bien. Cuando obedecemos de buena voluntad a Dios, Él recompensa nuestra obediencia con el «óleo de alegría», una satisfacción y un deleite que hacen rebosar nuestro corazón.

A quienes harás príncipes en toda la
tierra.
17 Haré perpetua la memoria de tu nombre
en todas las generaciones,
Por lo cual te alabarán los pueblos
eternamente y para siempre.

Dios es nuestro amparo y fortaleza

Al músico principal; de los hijos de Coré. Salmo sobre Alamot.

➤46 DIOS es nuestro amparo y fortaleza,
Nuestro pronto auxilio en las tribulaciones.
2 Por tanto, no temeremos, aunque la
tierra sea removida,
Y se traspasen los montes al corazón
del mar;
3 Aunque bramen y se turben sus aguas,
Y tiemblen los montes a causa de su
braveza. *Selah*
4 Del río sus corrientes alegran la ciudad
de Dios,
El santuario de las moradas del
Altísimo.
5 Dios está en medio de ella; no será
conmovida.
Dios la ayudará al clarear la mañana.
6 Bramaron las naciones, titubearon los
reinos;
Dio él su voz, se derritió la tierra.
7 Jehová de los ejércitos está con
nosotros;
Nuestro refugio es el Dios de Jacob.
Selah
8 Venid, ved las obras de Jehová,
Que ha puesto asolamientos en la tierra.
9 Que hace cesar las guerras hasta los
fines de la tierra.
Que quiebra el arco, corta la lanza,
Y quema los carros en el fuego.
➤10 Estad quietos, y conoced que yo soy
Dios;
Seré exaltado entre las naciones;
enaltecido seré en la tierra.
11 Jehová de los ejércitos está con
nosotros;
Nuestro refugio es el Dios de Jacob.
Selah

Dios, el Rey de toda la tierra

Al músico principal. Salmo de los hijos de Coré.

47 PUEBLOS todos, batid las manos;
Aclamad a Dios con voz de júbilo.
2 Porque Jehová el Altísimo es temible;
Rey grande sobre toda la tierra.
3 Él someterá a los pueblos debajo de
nosotros,
Y a las naciones debajo de nuestros
pies.
4 Él nos elegirá nuestras heredades;
La hermosura de Jacob, al cual amó.
Selah

5 Subió Dios con júbilo,
Jehová con sonido de trompeta.
6 Cantad a Dios, cantad;
Cantad a nuestro Rey, cantad;
7 Porque Dios es el Rey de toda la tierra; ➤
Cantad con inteligencia.

8 Reinó Dios sobre las naciones;
Se sentó Dios sobre su santo trono.
9 Los príncipes de los pueblos se
reunieron
Como pueblo del Dios de Abraham;
10 Porque de Dios son los escudos de la
tierra;
Él es muy exaltado.

Hermosura y gloria de Sion

Cántico. Salmo de los hijos de Coré.

48 GRANDE es Jehová, y digno de ser en
gran manera alabado
En la ciudad de nuestro Dios, en su
monte santo.
2 Hermosa provincia, el gozo de toda la
tierra,

LECCIONES DE VIDA

➤ ***46.1, 2 — Dios es nuestro amparo y fortaleza, nuestro pronto auxilio en las tribulaciones. Por tanto, no temeremos, aunque la tierra sea removida, y se traspasen los montes al corazón del mar.***

Hay días en los que sentimos como si nuestro mundo ha sido sacudido y todo aquello que damos por sentado y de lo cual dependemos parece hundirse en el mar. Pero si ponemos nuestra esperanza en Dios, no tenemos por qué temer. Él es nuestro refugio inconmovible. De hecho, habrá momentos en que el Señor permitirá que todas nuestras fuentes terrenales de seguridad nos fallen, para que aprendamos a depender de Él más perfectamente.

➤ ***46.10 — Estad quietos, y conoced que yo soy Dios.***

Aunque Dios a veces mostrará su gloria de maneras asombrosas que resulta imposible ignorar, la mayor parte del tiempo nos encontramos con Él en la quietud de nuestros corazones. Así que ante la amenaza de caos, acuérdese de buscarlo y tendrá paz. «En quietud y en confianza será vuestra fortaleza» (Is 30.15).

➤ ***47.7 — Dios es el Rey de toda la tierra; cantad con inteligencia.***

¿Acaso cantar «con inteligencia» se refiere a que los himnos clásicos sean mejores que los cánticos de alabanza? ¿Serán superiores los coros a las cantatas? Este tipo de preguntas son una pérdida de tiempo. Más bien deberíamos preguntar: «¿Estoy creciendo en mi entendimiento y mi relación con Dios a través de mi adoración?»

LO QUE LA BIBLIA DICE ACERCA DE
CONFIANZA EN TIEMPOS DE ANSIEDAD

Sal 46.1–11

La mayoría de nosotros nos sentimos angustiados en algún punto de nuestra vida. Cuando la tensión en la vida diaria se vuelve insoportable, sentimos ganas de escapar. Queremos salirnos del trabajo, de las relaciones, de la iglesia, del vecindario, o de cualquier otra situación difícil. Nos parece que no podemos manejar los problemas porque nos producen mucho estrés, así que optamos por darles la espalda y alejarnos. Preferimos irnos a cualquier lugar con tal de no estar donde estamos.

¿Qué nos dice la Biblia acerca de cómo manejar la ansiedad? ¿Cómo debemos reaccionar cuando nuestra naturaleza humana caída nos impele a evadir y salir corriendo?

Dios tiene una verdad poderosa para nosotros. Las situaciones angustiosas no se manejan luchando contra ellas. Más bien, Dios nos llama a vivir descansando en Él. Para el salmista, esto significó estar quieto y conocer a Dios (Sal 46.10). Para el apóstol Pedro, el cuidado es una carga que la fe quita al hombre y echa sobre su Dios: «echando toda vuestra ansiedad sobre él, porque él tiene cuidado de vosotros» (1 P 5.7). Jesús lo describió como una paz interior, cuando venimos cargados y hallamos descanso al pasar tiempo aprendiendo de Él (Mt 11.28–30). Nuestro instinto humano nos pide a gritos que escapemos, pero Dios nos llama a acercarnos y absorber las verdades de la Escritura.

Por encima de todo, el Señor quiere que lo conozcamos. Al creer en su soberanía (1 Cr 29.11) y aceptar tanto la bondad absoluta de sus planes (Jer 29.11) y su amor profundo, que excede todo conocimiento (Ef 3.17–19), nuestra confianza pueda crecer. Así nos resultará más fácil estar «quietos» en lugar de reaccionar como el mundo que dice: «¡me voy de aquí!».

Nuestro estrés no tiene por qué convertirse en angustia. Cada vez que sintamos estrés, no tenemos que sentirnos derrotados y ceder a la tentación de rendirnos y huir. Con un entendimiento correcto de nuestro Padre celestial y una creencia firme en su cuidado, podremos atravesar las peores circunstancias sin perder la paz interior (Gá 5.22) y la confianza genuina (He 13.6).

Éste es nuestro privilegio como hijos de Dios.

Dios nos llama a vivir descansando en Él.

Para un estudio más a fondo, véase el Índice de Principios de vida:
12. La paz con Dios es fruto de nuestra unidad con Él.

Es el monte de Sion, a los lados del norte,
La ciudad del gran Rey.[a]
3 En sus palacios Dios es conocido por refugio.
4 Porque he aquí los reyes de la tierra se reunieron;
Pasaron todos.
5 Y viéndola ellos así, se maravillaron,
Se turbaron, se apresuraron a huir.
6 Les tomó allí temblor;
Dolor como de mujer que da a luz.
7 Con viento solano
Quiebras tú las naves de Tarsis.
8 Como lo oímos, así lo hemos visto
En la ciudad de Jehová de los ejércitos, en la ciudad de nuestro Dios;
La afirmará Dios para siempre.
Selah
9 Nos acordamos de tu misericordia, oh Dios,
En medio de tu templo.
➤ 10 Conforme a tu nombre, oh Dios,
Así es tu loor hasta los fines de la tierra;
De justicia está llena tu diestra.
11 Se alegrará el monte de Sion;
Se gozarán las hijas de Judá Por tus juicios.
12 Andad alrededor de Sion, y rodeadla;
Contad sus torres.
13 Considerad atentamente su antemuro,
Mirad sus palacios;
Para que lo contéis a la generación venidera.
* 14 Porque este Dios es Dios nuestro eternamente y para siempre;
Él nos guiará aun más allá de la muerte.

La insensatez de confiar en las riquezas

Al músico principal. Salmo de los hijos de Coré.

49 OÍD esto, pueblos todos;
Escuchad, habitantes todos del mundo,
2 Así los plebeyos como los nobles,
El rico y el pobre juntamente.
3 Mi boca hablará sabiduría,
Y el pensamiento de mi corazón inteligencia.
4 Inclinaré al proverbio mi oído;
Declararé con el arpa mi enigma.
5 ¿Por qué he de temer en los días de adversidad,
Cuando la iniquidad de mis opresores me rodeare?
6 Los que confían en sus bienes,
Y de la muchedumbre de sus riquezas se jactan,
7 Ninguno de ellos podrá en manera alguna redimir al hermano,
Ni dar a Dios su rescate
8 (Porque la redención de su vida es de gran precio,
Y no se logrará jamás),
9 Para que viva en adelante para siempre,
Y nunca vea corrupción.

10 Pues verá que aun los sabios mueren;
Que perecen del mismo modo que el insensato y el necio,
Y dejan a otros sus riquezas.
11 Su íntimo pensamiento es que sus casas serán eternas,
Y sus habitaciones para generación y generación;
Dan sus nombres a sus tierras.
12 Mas el hombre no permanecerá en honra;
Es semejante a las bestias que perecen.

13 Este su camino es locura;
Con todo, sus descendientes se complacen en el dicho de ellos.
Selah
14 Como a rebaños que son conducidos al Seol,
La muerte los pastoreará,
Y los rectos se enseñorearán de ellos por la mañana;
Se consumirá su buen parecer, y el Seol será su morada.
15 Pero Dios redimirá mi vida del poder del Seol, ➤
Porque él me tomará consigo.
Selah

16 No temas cuando se enriquece alguno,
Cuando aumenta la gloria de su casa;
17 Porque cuando muera no llevará nada,
Ni descenderá tras él su gloria.

a. 48.2 Mt 5.35.

LECCIONES DE VIDA

➤ ***48.10 — Conforme a tu nombre, oh Dios, así es tu loor hasta los fines de la tierra.***

Dios merece nuestra alabanza y adoración más sinceras, porque Él tiene el nombre más maravilloso en todo el universo. El estilo nunca importa tanto como el corazón (1 Cr 28.9; 1 S 16.7). Aparte de lo bien que cantemos, ¿damos al Señor lo mejor de nosotros?

➤ ***49.15 — Dios redimirá mi vida del poder del Seol, porque él me tomará consigo.***

La muerte nos tocará a todos, a menos que sigamos aquí cuando Jesús regrese. No obstante, Dios quebranta el poder de la muerte sobre nosotros y nos lleva a plenitud de vida (Jn 17.3; 1 Co 15.53–57; He 2.14, 15). Él nos recibe en el nombre de Jesús en nuestro hogar eterno en el cielo (Jn 14.1–6).

18 Aunque mientras viva, llame dichosa a
su alma,
Y sea loado cuando prospere,
19 Entrará en la generación de sus padres,
Y nunca más verá la luz.
➤20 El hombre que está en honra y no
entiende,
Semejante es a las bestias que perecen.

Dios juzgará al mundo

Salmo de Asaf.

50 EL Dios de dioses, Jehová, ha hablado,
y convocado la tierra,
Desde el nacimiento del sol hasta donde
se pone.
2 De Sion, perfección de hermosura,
Dios ha resplandecido.

➤3 Vendrá nuestro Dios, y no callará;
Fuego consumirá delante de él,
Y tempestad poderosa le rodeará.
4 Convocará a los cielos de arriba,
Y a la tierra, para juzgar a su pueblo.
5 Juntadme mis santos,
Los que hicieron conmigo pacto con
sacrificio.
6 Y los cielos declararán su justicia,
Porque Dios es el juez.
Selah
7 Oye, pueblo mío, y hablaré;
Escucha, Israel, y testificaré contra ti:
Yo soy Dios, el Dios tuyo.
8 No te reprenderé por tus sacrificios,
Ni por tus holocaustos, que están
continuamente delante de mí.
9 No tomaré de tu casa becerros,
Ni machos cabríos de tus apriscos.
10 Porque mía es toda bestia del bosque,
Y los millares de animales en los
collados.
11 Conozco a todas las aves de los montes,
Y todo lo que se mueve en los campos
me pertenece.

➤12 Si yo tuviese hambre, no te lo diría a ti;
Porque mío es el mundo y su plenitud.
13 ¿He de comer yo carne de toros,
O de beber sangre de machos cabríos?
14 Sacrifica a Dios alabanza,
Y paga tus votos al Altísimo;
15 E invócame en el día de la angustia;
Te libraré, y tú me honrarás. *

16 Pero al malo dijo Dios:
¿Qué tienes tú que hablar de mis leyes,
Y que tomar mi pacto en tu boca?
17 Pues tú aborreces la corrección,
Y echas a tu espalda mis palabras.
18 Si veías al ladrón, tú corrías con él,
Y con los adúlteros era tu parte.

19 Tu boca metías en mal,
Y tu lengua componía engaño.
20 Tomabas asiento, y hablabas contra tu
hermano;
Contra el hijo de tu madre ponías infamia.
21 Estas cosas hiciste, y yo he callado;
Pensabas que de cierto sería yo como tú;
Pero te reprenderé, y las pondré delante
de tus ojos.

22 Entended ahora esto, los que os olvidáis
de Dios,
No sea que os despedace, y no haya
quien os libre.
23 El que sacrifica alabanza me honrará;
Y al que ordenare su camino,
Le mostraré la salvación de Dios.

Arrepentimiento, y plegaria pidiendo purificación

Al músico principal. Salmo de David, cuando después que se llegó a Betsabé, vino a él Natán el profeta.[a]

51 TEN piedad de mí, oh Dios, conforme a
tu misericordia;
Conforme a la multitud de tus piedades
borra mis rebeliones.
2 Lávame más y más de mi maldad,
Y límpiame de mi pecado.

3 Porque yo reconozco mis rebeliones,
Y mi pecado está siempre delante de mí.

a. 51 tít. 2 S 12.1-15.

LECCIONES DE VIDA

➤ ***49.20 — El hombre que está en honra y no entiende, semejante es a las bestias que perecen.***

Acumular una fortuna o ganar la admiración de millones no cuenta para nada en la eternidad, si la persona en cuestión no conoce al Señor. «¿Qué aprovechará al hombre si ganare todo el mundo, y perdiere su alma?» (Mr 8.36).

➤ ***50.3 — Vendrá nuestro Dios, y no callará; fuego consumirá delante de él, y tempestad poderosa le rodeará.***

Cuando el Señor Jesús vuelva, llegará «con los ángeles de su poder, en llama de fuego, para dar retribución a los que no conocieron a Dios, ni obedecen al evangelio de nuestro Señor Jesucristo» (2 Ts 1.7, 8). Él vino primero como el Siervo sufriente para morir por nuestros pecados (Is 53), pero volverá como el Rey soberano para juzgar a las naciones (Ap 17.14; 19—22).

➤ ***50.12 — Si yo tuviese hambre, no te lo diría a ti; porque mío es el mundo y su plenitud.***

Dios no tiene necesidades, Él no tiene alguna deficiencia divina que podamos suplir con nuestro servicio. Sin embargo, Él nos invita a servirlo, porque nos ama.

➢4 Contra ti, contra ti solo he pecado,
Y he hecho lo malo delante de tus ojos;
Para que seas reconocido justo en tu palabra,
Y tenido por puro en tu juicio.[b]
5 He aquí, en maldad he sido formado,
Y en pecado me concibió mi madre.

6 He aquí, tú amas la verdad en lo íntimo,
Y en lo secreto me has hecho comprender sabiduría.
7 Purifícame con hisopo, y seré limpio;
Lávame, y seré más blanco que la nieve.
8 Hazme oír gozo y alegría,
Y se recrearán los huesos que has abatido.
9 Esconde tu rostro de mis pecados,
Y borra todas mis maldades.

10 Crea en mí, oh Dios, un corazón limpio,
Y renueva un espíritu recto dentro de mí.
11 No me eches de delante de ti,
Y no quites de mí tu santo Espíritu.
➢12 Vuélveme el gozo de tu salvación,
Y espíritu noble me sustente.

13 Entonces enseñaré a los transgresores tus caminos,
Y los pecadores se convertirán a ti.
14 Líbrame de homicidios, oh Dios, Dios de mi salvación;
Cantará mi lengua tu justicia.

15 Señor, abre mis labios,
Y publicará mi boca tu alabanza.
16 Porque no quieres sacrificio, que yo lo daría;
No quieres holocausto.
➢17 Los sacrificios de Dios son el espíritu quebrantado;
Al corazón contrito y humillado no despreciarás tú, oh Dios.

18 Haz bien con tu benevolencia a Sion;
Edifica los muros de Jerusalén.
19 Entonces te agradarán los sacrificios de justicia, el holocausto u ofrenda del todo quemada;
Entonces ofrecerán becerros sobre tu altar.

Futilidad de la jactancia del malo

Al músico principal. Masquil de David, cuando vino Doeg edomita y dio cuenta a Saúl diciéndole: David ha venido a casa de Ahimelec.[a]

52 ¿POR qué te jactas de maldad, oh poderoso?
La misericordia de Dios es continua.
2 Agravios maquina tu lengua;
Como navaja afilada hace engaño.
3 Amaste el mal más que el bien,
La mentira más que la verdad. *Selah*
4 Has amado toda suerte de palabras perniciosas,
Engañosa lengua.

5 Por tanto, Dios te destruirá para siempre;
Te asolará y te arrancará de tu morada,
Y te desarraigará de la tierra de los vivientes. *Selah*
6 Verán los justos, y temerán;
Se reirán de él, diciendo:
7 He aquí el hombre que no puso a Dios por su fortaleza, ➢
Sino que confió en la multitud de sus riquezas,
Y se mantuvo en su maldad.

8 Pero yo estoy como olivo verde en la casa de Dios; ➢
En la misericordia de Dios confío eternamente y para siempre.

b. 51.4 Ro 3.4. **a. 52 tít.** 1 S 22.9-10.

LECCIONES DE VIDA

➢ ***51.4 — Contra ti, contra ti solo he pecado, y he hecho lo malo delante de tus ojos; para que seas reconocido justo en tu palabra, y tenido por puro en tu juicio.***

David pecó al cometer adulterio con la esposa de Urías y maquinar su muerte violenta (2 S 11). Convirtió a Betsabé en adúltera y deshonró a su pueblo Israel. Pero en últimas, todo pecado es contra Dios y requiere ante todo su perdón.

➢ ***51.12 — Vuélveme el gozo de tu salvación, y espíritu noble me sustente.***

Aunque nunca podemos perder nuestra salvación una vez que hayamos venido genuinamente a Cristo por la fe, sí podemos perder el *gozo* de nuestra salvación como resultado de nuestro pecado. Sólo mediante la confesión y la dependencia total de su Espíritu podemos volver a estar en paz con el Señor y gozar contentamiento en nuestra alma.

➢ ***51.17 — Los sacrificios de Dios son el espíritu quebrantado; al corazón contrito y humillado no despreciarás tú, oh Dios.***

No tenemos que ser perfectos para acudir al Señor. Tan solo tenemos que estar dispuestos a someternos a Él y reconocer que Él sabe lo que es mejor para nosotros.

➢ ***52.7 — He aquí el hombre que no puso a Dios por su fortaleza, sino que confió en la multitud de sus riquezas, y se mantuvo en su maldad.***

¿Es Dios su fortaleza? Cuando surge una amenaza, ¿acude a sus propios recursos o al Señor? ¿Su éxito en la vida le ha hecho humilde o arrogante? ¿Cuál sería la respuesta de sus familiares y asociados a la pregunta anterior?

➢ ***52.8 — En la misericordia de Dios confío eternamente y para siempre.***

A Dios nunca se le agotarán la misericordia, el amor ni la gracia. Jamás llegará el día en que Él nos diga: «Ya estoy

9 Te alabaré para siempre, porque lo has
hecho así;
Y esperaré en tu nombre, porque es
bueno, delante de tus santos.

Insensatez y maldad de los hombres

(Sal 14.1-7) Al músico principal; sobre Mahalat. Masquil de David.

53 DICE el necio en su corazón: No hay Dios.
Se han corrompido, e hicieron
abominable maldad;
No hay quien haga bien.

2 Dios desde los cielos miró sobre los
hijos de los hombres,
Para ver si había algún entendido
Que buscara a Dios.

3 Cada uno se había vuelto atrás; todos se
habían corrompido;
No hay quien haga lo bueno, no hay ni
aun uno.[a]

4 ¿No tienen conocimiento todos los que
hacen iniquidad,
Que devoran a mi pueblo como si
comiesen pan,
Y a Dios no invocan?

5 Allí se sobresaltaron de pavor donde no
había miedo,
Porque Dios ha esparcido los huesos del
que puso asedio contra ti;
Los avergonzaste, porque Dios los
desechó.

6 ¡Oh, si saliera de Sion la salvación de
Israel!
Cuando Dios hiciere volver de la
cautividad a supueblo,
Se gozará Jacob, y se alegrará Israel.

Plegaria pidiendo protección contra los enemigos

Al músico principal; en Neginot. Masquil de David, cuando vinieron los zifeos y dijeron a Saúl: ¿No está David escondido en nuestra tierra?[a]

54 OH Dios, sálvame por tu nombre,
Y con tu poder defiéndeme.

2 Oh Dios, oye mi oración;
Escucha las razones de mi boca.

3 Porque extraños se han levantado
contra mí,
Y hombres violentos buscan mi vida;
No han puesto a Dios delante de sí.
Selah

4 He aquí, Dios es el que me ayuda;
El Señor está con los que sostienen mi
vida.

5 Él devolverá el mal a mis enemigos;
Córtalos por tu verdad.

6 Voluntariamente sacrificaré a ti;
Alabaré tu nombre, oh Jehová, porque
es bueno.

7 Porque él me ha librado de toda
angustia,
Y mis ojos han visto la ruina de mis
enemigos.

Plegaria pidiendo la destrucción de enemigos traicioneros

Al músico principal; en Neginot. Masquil de David.

55 ESCUCHA, oh Dios, mi oración,
Y no te escondas de mi súplica.

2 Está atento, y respóndeme;
Clamo en mi oración, y me conmuevo,

3 A causa de la voz del enemigo,
Por la opresión del impío;
Porque sobre mí echaron iniquidad,
Y con furor me persiguen.

4 Mi corazón está dolorido dentro de mí,
Y terrores de muerte sobre mí han
caído.

5 Temor y temblor vinieron sobre mí,
Y terror me ha cubierto.

6 Y dije: ¡Quién me diese alas como de
paloma!
Volaría yo, y descansaría.

7 Ciertamente huiría lejos;
Moraría en el desierto.
Selah

8 Me apresuraría a escapar
Del viento borrascoso, de la tempestad.

9 Destrúyelos, oh Señor; confunde la
lengua de ellos;

a. 53.1-3 Ro 3.10-12. **a. 54 tít.** 1 S 23.19; 26.1.

LECCIONES DE VIDA

cansado; regresen el mes próximo». Por cuanto Él nunca cambia, nosotros tenemos una esperanza firme e inalterable (He 13.8).

➤ ***53.6 — Cuando Dios hiciere volver de la cautividad a su pueblo, se gozará Jacob, y se alegrará Israel.***

Quizás haya notado la gran similitud entre el Salmo 53 y el Salmo 14. Cada vez que algo se reitera en la Palabra de Dios, nos indica que es imperativo que lo aprendamos. Aquí la lección esencial es que si queremos ser restaurados, gozosos y verdaderamente sabios, debemos buscar al Señor en todas las situaciones, pues Él es el único que puede salvarnos. Este es un mensaje que no puede recalcarse demasiado, ya que es el fundamento mismo de la vida.

➤ ***54.6 — Voluntariamente sacrificaré a ti; alabaré tu nombre, oh Jehová, porque es bueno.***

¿Qué significa sacrificar voluntariamente? Significa que de buena voluntad y con alegría hemos puesto algo valioso para nosotros en la mano bondadosa de Dios, sabiendo que nunca podemos superarlo en generosidad. En últimas, ninguna ofrenda es un sacrificio porque no podemos darle a Él algo que no nos haya dado primero.

Porque he visto violencia y rencilla en
la ciudad.
10 Día y noche la rodean sobre sus muros,
E iniquidad y trabajo hay en medio de
ella.
11 Maldad hay en medio de ella,
Y el fraude y el engaño no se apartan de
sus plazas.

12 Porque no me afrentó un enemigo,
Lo cual habría soportado;
Ni se alzó contra mí el que me
aborrecía,
Porque me hubiera ocultado de él;
13 Sino tú, hombre, al parecer íntimo mío,
Mi guía, y mi familiar;
14 Que juntos comunicábamos dulcemente
los secretos,
Y andábamos en amistad en la casa de
Dios.
15 Que la muerte les sorprenda;
Desciendan vivos al Seol,
Porque hay maldades en sus moradas,
en medio de ellos.

16 En cuanto a mí, a Dios clamaré;
Y Jehová me salvará.
17 Tarde y mañana y a mediodía oraré y
clamaré,
Y él oirá mi voz.
18 Él redimirá en paz mi alma de la guerra
contra mí,
Aunque contra mí haya muchos.
19 Dios oirá, y los quebrantará luego,
El que permanece desde la antigüedad;
Por cuanto no cambian,
Ni temen a Dios. *Selah*

20 Extendió el inicuo sus manos contra los
que estaban en paz con él;
Violó su pacto.
21 Los dichos de su boca son más blandos
que mantequilla,
Pero guerra hay en su corazón;
Suaviza sus palabras más que el aceite,
Mas ellas son espadas desnudas.

*22 Echa sobre Jehová tu carga, y él te
sustentará;
No dejará para siempre caído al justo.
23 Mas tú, oh Dios, harás descender
aquéllos al pozo de perdición.
Los hombres sanguinarios y
engañadores no llegarán a la mitad
de sus días;
Pero yo en ti confiaré.

Oración de confianza

Al músico principal; sobre La paloma silenciosa en paraje muy distante. Mictam de David, cuando los filisteos le prendieron en Gat.[a]

56 TEN misericordia de mí, oh Dios, porque me devoraría el hombre;
Me oprime combatiéndome cada día.
2 Todo el día mis enemigos me pisotean;
Porque muchos son los que pelean
contra mí con soberbia.
3 En el día que temo,
Yo en ti confío.
4 En Dios alabaré su palabra;
En Dios he confiado; no temeré;
¿Qué puede hacerme el hombre?

5 Todos los días ellos pervierten mi causa;
Contra mí son todos sus pensamientos
para mal.
6 Se reúnen, se esconden,
Miran atentamente mis pasos,
Como quienes acechan a mi alma.
7 Pésalos según su iniquidad, oh Dios,
Y derriba en tu furor a los pueblos.

8 Mis huidas tú has contado;
Pon mis lágrimas en tu redoma;
¿No están ellas en tu libro?
9 Serán luego vueltos atrás mis enemigos,
el día en que yo clamare;
Esto sé, que Dios está por mí.
10 En Dios alabaré su palabra;
En Jehová su palabra alabaré.
11 En Dios he confiado; no temeré;
¿Qué puede hacerme el hombre?

12 Sobre mí, oh Dios, están tus votos;
Te tributaré alabanzas.
13 Porque has librado mi alma de la
muerte,

a. 56 tít. 1 S 21.13-15.

LECCIONES DE VIDA

➤ ***55.6 — ¡Quién me diese alas como de paloma! Volaría yo, y descansaría.***

Cuando nuestras circunstancias se tornan abrumadoras, vamos a querer escapar, pero Dios casi siempre quiere que nos quedemos justo donde estamos. En lugar de salir corriendo, acuda a Él porque Él está en el proceso de entrenarle para algo mayor. Confíe en Él y Él se lo revelará.

➤ ***56.3 — En el día que temo, yo en ti confío.***

El salmista no dice «*si* acaso llego a temer» sino «*en el día* que temo». El temor es una reacción humana natural ante el peligro. Dios no nos dice que ignoremos nuestras ansiedades, sino que las traigamos a Él y sepamos que Él puede vencer cualquier terror que nos toque enfrentar.

➤ ***56.11 — En Dios he confiado; no temeré; ¿qué puede hacerme el hombre?***

Jamás deberíamos temer a otra persona, porque nadie puede hacerle frente a nuestro Dios soberano. Jesús dijo a Pilato: «Ninguna autoridad tendrías contra mí, si no te fuese dada de arriba» (Jn 19.11).

Y mis pies de caída,
Para que ande delante de Dios
En la luz de los que viven.

Plegaria pidiendo ser librado de los perseguidores

(Sal 108.1-5) Al músico principal; sobre No destruyas. Mictam de David, cuando huyó de delante de Saúl a la cueva.[a]

➤57 TEN misericordia de mí, oh Dios, ten misericordia de mí;
Porque en ti ha confiado mi alma,
Y en la sombra de tus alas me ampararé
Hasta que pasen los quebrantos.
2 Clamaré al Dios Altísimo,
Al Dios que me favorece.
3 Él enviará desde los cielos, y me salvará
De la infamia del que me acosa; *Selah*
Dios enviará su misericordia y su verdad.
4 Mi vida está entre leones;
Estoy echado entre hijos de hombres que vomitan llamas;
Sus dientes son lanzas y saetas,
Y su lengua espada aguda.

5 Exaltado seas sobre los cielos, oh Dios;
Sobre toda la tierra sea tu gloria.
6 Red han armado a mis pasos;
Se ha abatido mi alma;
Hoyo han cavado delante de mí;
En medio de él han caído ellos mismos. *Selah*

➤7 Pronto está mi corazón, oh Dios, mi corazón está dispuesto;
Cantaré, y trovaré salmos.
8 Despierta, alma mía; despierta, salterio y arpa;
Me levantaré de mañana.
9 Te alabaré entre los pueblos, oh Señor;
Cantaré de ti entre las naciones.
10 Porque grande es hasta los cielos tu misericordia,
Y hasta las nubes tu verdad.
11 Exaltado seas sobre los cielos, oh Dios;
Sobre toda la tierra sea tu gloria.

Plegaria pidiendo el castigo de los malos

Al músico principal; sobre No destruyas. Mictam de David.

58 OH congregación, ¿pronunciáis en verdad justicia?
¿Juzgáis rectamente, hijos de los hombres?
2 Antes en el corazón maquináis iniquidades;
Hacéis pesar la violencia de vuestras manos en la tierra.
3 Se apartaron los impíos desde la matriz;
Se descarriaron hablando mentira desde que nacieron.
4 Veneno tienen como veneno de serpiente;
Son como el áspid sordo que cierra su oído,

5 Que no oye la voz de los que encantan,
Por más hábil que el encantador sea.

6 Oh Dios, quiebra sus dientes en sus bocas;
Quiebra, oh Jehová, las muelas de los leoncillos.
7 Sean disipados como aguas que corren;
Cuando disparen sus saetas, sean hechas pedazos.
8 Pasen ellos como el caracol que se deslíe;
Como el que nace muerto, no vean el sol.
9 Antes que vuestras ollas sientan la llama de los espinos,
Así vivos, así airados, los arrebatará él con tempestad.

10 Se alegrará el justo cuando viere la venganza;
Sus pies lavará en la sangre del impío.
11 Entonces dirá el hombre: ➤
Ciertamente hay galardón para el justo;

a. 57 tít. 1 S 22.1; 24.3.

LECCIONES DE VIDA

➤ ***57.1 — en ti ha confiado mi alma, y en la sombra de tus alas me ampararé hasta que pasen los quebrantos.***

Mientras huía del rey Saúl, David pensó que ningún lugar era seguro para él. Pero él no corría peligro, porque Dios estaba atento a la situación y tenía resguardado a su siervo. David descubrió un santuario de paz en el Señor. Aunque Dios no siempre nos aparta de la calamidad, nos invita a hacer de Él nuestro refugio mientras pasamos por ella. Cuando confiamos en Él, la adversidad puede ser un puente a una gran bendición.

➤ ***57.7 — Pronto está mi corazón, oh Dios, mi corazón está dispuesto; cantaré, y trovaré salmos.***

Nuestras emociones pueden abatirnos y nuestros sentimientos pueden llevarnos de la cumbre al abismo, pero si por medio de un acto de nuestra voluntad alabamos a nuestro Dios y le entregamos nuestras cargas, Él nos calmará y traerá paz a nuestro corazón (Jn 14.27; Fil 4.6, 7).

➤ ***58.11 — Ciertamente hay galardón para el justo; ciertamente hay Dios que juzga en la tierra.***

En toda la Biblia, Dios promete a su pueblo obediente que recompensará su fidelidad más allá de lo que ameriten sus buenas obras. «He aquí yo vengo pronto, y mi galardón conmigo», dice Jesús, «para recompensar a cada uno según sea su obra» (Ap 22.12). Así que no se angustie si su buena labor para Él no es reconocida aquí en la tierra, porque usted se está haciendo tesoros en el cielo que nadie le puede quitar (Mt 6.19–21).

Ciertamente hay Dios que juzga en la tierra.

Oración pidiendo ser librado de los enemigos

Al músico principal; sobre No destruyas. Mictam de David, cuando envió Saúl, y vigilaron la casa para matarlo.[a]

59 LÍBRAME de mis enemigos, oh Dios mío;
Ponme a salvo de los que se levantan contra mí.
2 Líbrame de los que cometen iniquidad,
Y sálvame de hombres sanguinarios.
3 Porque he aquí están acechando mi vida;
Se han juntado contra mí poderosos.
No por falta mía, ni pecado mío, oh Jehová;
4 Sin delito mío corren y se aperciben.
Despierta para venir a mi encuentro, y mira.
5 Y tú, Jehová Dios de los ejércitos, Dios de Israel,
Despierta para castigar a todas las naciones;
No tengas misericordia de todos los que se rebelan con iniquidad.
Selah
6 Volverán a la tarde, ladrarán como perros,
Y rodearán la ciudad.
7 He aquí proferirán con su boca;
Espadas hay en sus labios,
Porque dicen: ¿Quién oye?

8 Mas tú, Jehová, te reirás de ellos;
Te burlarás de todas las naciones.
9 A causa del poder del enemigo esperaré en ti,
Porque Dios es mi defensa.
10 El Dios de mi misericordia irá delante de mí;
Dios hará que vea en mis enemigos mi deseo.

11 No los mates, para que mi pueblo no olvide;
Dispérsalos con tu poder, y abátelos,
Oh Jehová, escudo nuestro.
12 Por el pecado de su boca, por la palabra de sus labios,
Sean ellos presos en su soberbia,
Y por la maldición y mentira que profieren.
13 Acábalos con furor, acábalos, para que no sean;
Y sépase que Dios gobierna en Jacob
Hasta los fines de la tierra.
Selah
14 Vuelvan, pues, a la tarde, y ladren como perros,
Y rodeen la ciudad.
15 Anden ellos errantes para hallar qué comer;
Y si no se sacian, pasen la noche quejándose.

16 Pero yo cantaré de tu poder,
Y alabaré de mañana tu misericordia;
Porque has sido mi amparo
Y refugio en el día de mi angustia.
17 Fortaleza mía, a ti cantaré;
Porque eres, oh Dios, mi refugio, el Dios de mi misericordia.

Plegaria pidiendo ayuda contra el enemigo

(Sal 108.6-13) Al músico principal; sobre Lirios. Testimonio. Mictam de David, para enseñar, cuando tuvo guerra contra Aram-Naharaim y contra Aram de Soba, y volvió Joab, y destrozó a doce mil de Edom en el valle de la Sal.[a]

60 OH Dios, tú nos has desechado, nos quebrantaste;
Te has airado; ¡vuélvete a nosotros!
2 Hiciste temblar la tierra, la has hendido;
Sana sus roturas, porque titubea.
3 Has hecho ver a tu pueblo cosas duras;
Nos hiciste beber vino de aturdimiento.
4 Has dado a los que te temen bandera
Que alcen por causa de la verdad.
Selah
5 Para que se libren tus amados,
Salva con tu diestra, y óyeme.

6 Dios ha dicho en su santuario:
Yo me alegraré;
Repartiré a Siquem, y mediré el valle de Sucot.
7 Mío es Galaad, y mío es Manasés;
Y Efraín es la fortaleza de mi cabeza;
Judá es mi legislador.
8 Moab, vasija para lavarme;
Sobre Edom echaré mi calzado;
Me regocijaré sobre Filistea.

9 ¿Quién me llevará a la ciudad fortificada?
¿Quién me llevará hasta Edom?

a. 59 tít. 1 S 19.11. **a. 60 tít.** 2 S 8.13; 1 Cr 18.12.

LECCIONES DE VIDA

➤ ***59.16 — yo cantaré de tu poder... porque has sido mi amparo y refugio en el día de mi angustia.***

Muchos de nosotros carecemos de buena voz para cantar, ¿por qué entonces los cánticos de alabanza ocupan un lugar tan importante en el crecimiento espiritual? Se debe a que el acto de cantar tiende a unir nuestras emociones con nuestro intelecto, y Dios quiere que nos dediquemos a Él con cada fibra de nuestro ser.

10 ¿No serás tú, oh Dios, que nos habías desechado,
Y no salías, oh Dios, con nuestros ejércitos?
11 Danos socorro contra el enemigo,
Porque vana es la ayuda de los hombres.
➤ 12 En Dios haremos proezas,
Y él hollará a nuestros enemigos.

Confianza en la protección de Dios

Al músico principal, sobre *Neginot*. Salmo de David.

61 OYE, oh Dios, mi clamor;
A mi oración atiende.
➤ 2 Desde el cabo de la tierra clamaré a ti, cuando mi corazón desmayare.

Llévame a la roca que es más alta que yo,
3 Porque tú has sido mi refugio,
Y torre fuerte delante del enemigo.
4 Yo habitaré en tu tabernáculo para siempre;
Estaré seguro bajo la cubierta de tus alas. *Selah*
5 Porque tú, oh Dios, has oído mis votos;
Me has dado la heredad de los que temen tu nombre.

6 Días sobre días añadirás al rey;
Sus años serán como generación y generación.
7 Estará para siempre delante de Dios;
Prepara misericordia y verdad para que lo conserven.

8 Así cantaré tu nombre para siempre,
Pagando mis votos cada día.

Dios, el único refugio

Al músico principal; a Jedutún. Salmo de David.

62 EN Dios solamente está acallada mi alma;
De él viene mi salvación.
2 Él solamente es mi roca y mi salvación;
Es mi refugio, no resbalaré mucho.
3 ¿Hasta cuándo maquinaréis contra un hombre,
Tratando todos vosotros de aplastarle
Como pared desplomada y como cerca derribada?
4 Solamente consultan para arrojarle de su grandeza.
Aman la mentira;
Con su boca bendicen, pero maldicen en su corazón. *Selah*

5 Alma mía, en Dios solamente reposa, ➤
Porque de él es mi esperanza.
6 Él solamente es mi roca y mi salvación.
Es mi refugio, no resbalaré.
7 En Dios está mi salvación y mi gloria;
En Dios está mi roca fuerte, y mi refugio.

8 Esperad en él en todo tiempo, oh pueblos;
Derramad delante de él vuestro corazón;
Dios es nuestro refugio. *Selah*
9 Por cierto, vanidad son los hijos de los hombres, mentira los hijos de varón;
Pesándolos a todos igualmente en la balanza,
Serán menos que nada.
10 No confiéis en la violencia,
Ni en la rapiña; no os envanezcáis;
Si se aumentan las riquezas, no pongáis el corazón en ellas.

11 Una vez habló Dios;
Dos veces he oído esto:
Que de Dios es el poder,
12 Y tuya, oh Señor, es la misericordia; ➤
Porque tú pagas a cada uno conforme a su obra.[a]

a. **62.12** Job 34.11; Jer 17.10; Mt 16.27; Ro 2.6; Ap 2.23.

LECCIONES DE VIDA

➤ *60.12 — En Dios haremos proezas, y él hollará a nuestros enemigos.*

Por nuestra cuenta no podemos lograr mucho, pero mediante la fe en Dios podemos ser más valientes y hacer «proezas». Pablo dijo al respecto: «No osaría hablar sino de lo que Cristo ha hecho por medio de mí» (Ro 15.18). Porque es solamente por medio de su poder y sabiduría que de verdad tenemos fuerzas para hacer cualquier cosa que trascienda a la eternidad.

➤ *61.2 — Desde el cabo de la tierra clamaré a ti, cuando mi corazón desmayare. Llévame a la roca que es más alta que yo.*

El Señor es nuestra roca, un cimiento inconmovible que jamás fallará. Sin importar a dónde viajemos en el mundo, sean cuales sean los retos que enfrentemos, Dios va delante de nosotros y nos invita a confiarle nuestros problemas y emociones. Si tan solo levantamos la mirada, Él estará allí, y nos llevará de triunfo en triunfo.

➤ *62.5 — Alma mía, en Dios solamente reposa, porque de él es mi esperanza.*

¿Por qué nos instruye Dios a esperarlo en silencio? Porque la oración no es un espectáculo, y no deberíamos tratar de ganarnos su amor y sus bendiciones con ella (Mt 6.5–8). Más bien, consiste en una comunión personal, íntima y profunda con Él, por lo cual siempre deberíamos disfrutar su presencia y escuchar con anhelo su voz (Ec 5.1, 2; Hab 2.20).

➤ *62.12 — tú pagas a cada uno conforme a su obra.*

La salvación es un regalo; las recompensas se ganan. Mientras que todo cristiano verdadero tiene un hogar en el cielo, no todos recibirán galardones por su servicio fiel. No estará solo el creyente que «sufrirá pérdida, si bien él mismo será salvo, aunque así como por fuego» (1 Co 3.15). Todos seremos juzgados conforme a la verdad que sepamos acerca del Señor, las oportunidades que tuvimos para compartirla, y cómo lo glorificamos en esas circunstancias.

Dios, satisfacción del alma

Salmo de David, cuando estaba en el desierto de Judá.[a]

➢63 DIOS, Dios mío eres tú;
De madrugada te buscaré;
Mi alma tiene sed de ti, mi carne te anhela,
En tierra seca y árida donde no hay aguas,
2 Para ver tu poder y tu gloria,
Así como te he mirado en el santuario.
3 Porque mejor es tu misericordia que la vida;
Mis labios te alabarán.
4 Así te bendeciré en mi vida;
En tu nombre alzaré mis manos.
5 Como de meollo y de grosura será saciada mi alma,
Y con labios de júbilo te alabará mi boca,
➢6 Cuando me acuerde de ti en mi lecho,
Cuando medite en ti en las vigilias de la noche.
7 Porque has sido mi socorro,
Y así en la sombra de tus alas me regocijaré.
8 Está mi alma apegada a ti;
Tu diestra me ha sostenido.
9 Pero los que para destrucción buscaron mi alma
Caerán en los sitios bajos de la tierra.
10 Los destruirán a filo de espada;
Serán porción de los chacales.
11 Pero el rey se alegrará en Dios;
Será alabado cualquiera que jura por él;
Porque la boca de los que hablan mentira será cerrada.

Plegaria pidiendo protección contra enemigos ocultos

Al músico principal. Salmo de David.

64 ESCUCHA, oh Dios, la voz de mi queja;
Guarda mi vida del temor del enemigo.
➢2 Escóndeme del consejo secreto de los malignos,
De la conspiración de los que hacen iniquidad,
3 Que afilan como espada su lengua;
Lanzan cual saeta suya, palabra amarga,
4 Para asaetear a escondidas al íntegro;
De repente lo asaetean, y no temen.
5 Obstinados en su inicuo designio,
Tratan de esconder los lazos,
Y dicen: ¿Quién los ha de ver?
6 Inquieren iniquidades, hacen una investigación exacta;
Y el íntimo pensamiento de cada uno de ellos, así como su corazón, es profundo.
7 Mas Dios los herirá con saeta;
De repente serán sus plagas.
8 Sus propias lenguas los harán caer;
Se espantarán todos los que los vean.
9 Entonces temerán todos los hombres,
Y anunciarán la obra de Dios,
Y entenderán sus hechos.
10 Se alegrará el justo en Jehová, y confiará en él;
Y se gloriarán todos los rectos de corazón.

La generosidad de Dios en la naturaleza

Al músico principal. Salmo. Cántico de David.

65 TUYA es la alabanza en Sion, oh Dios,
Y a ti se pagarán los votos.
2 Tú oyes la oración;
A ti vendrá toda carne.
3 Las iniquidades prevalecen contra mí; *
Mas nuestras rebeliones tú las perdonarás.
4 Bienaventurado el que tú escogieres y atrajeres a ti,
Para que habite en tus atrios;
Seremos saciados del bien de tu casa,
De tu santo templo.

a. **63 tít.** 2 S 15.23, 28.

LECCIONES DE VIDA

➢ ***63.1 — Dios, Dios mío eres tú; de madrugada te buscaré; mi alma tiene sed de ti, mi carne te anhela, en tierra seca y árida donde no hay aguas.***

¿Anhela a Dios como David lo hizo? ¿Lo busca con ansias y procura estar con Él en el transcurso de su día? Su intimidad con el Señor determinará el impacto de su vida. Por eso, vaya delante de su trono a menudo y con confianza, porque sólo Él puede saciar el hambre de su alma.

➢ ***63.6 — Cuando me acuerde de ti en mi lecho, cuando medite en ti en las vigilias de la noche.***

Cada vez que Dios le llame la atención sobre algún asunto a la hora de acostarse, no lo ignore. Medite en ello. Si le permite tener algún desvelo o inquietud, pregúntele qué quiere que usted haga. Él siempre le habla cuando usted se pone a su disposición.

➢ ***64.2 — Escóndeme del consejo secreto de los malignos, de la conspiración de los que hacen iniquidad.***

Los creyentes a veces se convierten en blanco de la gente por ponerse del lado de Dios (Mt 5.10–12; Lc 10.16). Hay enemigos invisibles que pueden tratar de hacernos daño y crearnos problemas. Sin embargo, Dios no quiere que nos preocupemos por estas cosas, sino que las sometamos a Él y lo obedezcamos. Él sabe todo sobre el asunto y sabe qué hacer al respecto.

➤5 Con tremendas cosas nos responderás
tú en justicia,
Oh Dios de nuestra salvación,
Esperanza de todos los términos de la
tierra,
Y de los más remotos confines del mar.
6 Tú, el que afirma los montes con su
poder,
Ceñido de valentía;
➤7 El que sosiega el estruendo de los
mares, el estruendo de sus ondas,
Y el alboroto de las naciones.
8 Por tanto, los habitantes de los fines de
la tierra temen de tus maravillas.
Tú haces alegrar las salidas de la
mañana y de la tarde.

9 Visitas la tierra, y la riegas;
En gran manera la enriqueces;
Con el río de Dios, lleno de aguas,
Preparas el grano de ellos, cuando así la
dispones.
10 Haces que se empapen sus surcos,
Haces descender sus canales;
La ablandas con lluvias,
Bendices sus renuevos.
11 Tú coronas el año con tus bienes,
Y tus nubes destilan grosura.
12 Destilan sobre los pastizales del desierto,
Y los collados se ciñen de alegría.
13 Se visten de manadas los llanos,
Y los valles se cubren de grano;
Dan voces de júbilo, y aun cantan.

Alabanza por los hechos poderosos de Dios

Al músico principal. Cántico. Salmo.

66 ACLAMAD a Dios con alegría, toda la
tierra.
2 Cantad la gloria de su nombre;
Poned gloria en su alabanza.
3 Decid a Dios: ¡Cuán asombrosas son tus
obras!
Por la grandeza de tu poder se
someterán a ti tus enemigos.
4 Toda la tierra te adorará,
Y cantará a ti;
Cantarán a tu nombre.
Selah

5 Venid, y ved las obras de Dios,
Temible en hechos sobre los hijos de los
hombres.
6 Volvió el mar en seco;[a]
Por el río pasaron a pie;[b]
Allí en él nos alegramos.
7 Él señorea con su poder para siempre;
Sus ojos atalayan sobre las naciones;
Los rebeldes no serán enaltecidos.
Selah
8 Bendecid, pueblos, a nuestro Dios,
Y haced oír la voz de su alabanza.
9 Él es quien preservó la vida a nuestra
alma,
Y no permitió que nuestros pies
resbalasen.
➤10 Porque tú nos probaste, oh Dios;
Nos ensayaste como se afina la plata.
11 Nos metiste en la red;
Pusiste sobre nuestros lomos pesada
carga.
12 Hiciste cabalgar hombres sobre nuestra
cabeza;
Pasamos por el fuego y por el agua,
Y nos sacaste a abundancia.

13 Entraré en tu casa con holocaustos;
Te pagaré mis votos,
14 Que pronunciaron mis labios
Y habló mi boca, cuando estaba
angustiado.
15 Holocaustos de animales engordados te
ofreceré,
Con sahumerio de carneros;
Te ofreceré en sacrificio bueyes y
machos cabríos.
Selah

16 Venid, oíd todos los que teméis a Dios,
Y contaré lo que ha hecho a mi alma.
17 A él clamé con mi boca,
Y fue exaltado con mi lengua.

a. 66.6 Éx 14.21. **b. 66.6** Jos 3.14-17.

LECCIONES DE VIDA

➤ ***65.5 — Con tremendas cosas nos responderás tú en justicia, oh Dios de nuestra salvación.***

Algunas respuestas a la oración no pueden describirse mejor que como «tremendas cosas». ¿Alguna vez Dios ha contestado sus oraciones de una manera que le llenó de asombro total? ¿Necesita ahora mismo una intervención tremenda de su parte? Entonces ore y espere con fe que Él haga cosas tremendas a su favor.

➤ ***65.7 — El que sosiega el estruendo de los mares... y el alboroto de las naciones.***

Durante su ministerio terrenal, Jesús sosegó tanto el mar embravecido como la multitud airada (Mr 4.39; Lc 4.29, 30), y demostró su soberanía como Señor de todo y sobre todo.

➤ ***66.10 — tú nos probaste, oh Dios; nos ensayaste como se afina la plata.***

Dios prueba a cada creyente para revelar el carácter de su corazón, y también para llevarle a una relación más profunda con Él. Tendemos a aprender más en el valle que en la cima.

➤ ***66.18 — Si en mi corazón hubiese yo mirado a la iniquidad, el Señor no me habría escuchado.***

Si rehusamos admitir algún pecado, a pesar de la convicción del Espíritu Santo en nuestro corazón, estorbamos nuestras propias oraciones. Dios bendice la obediencia, no la obstinación.

➤18 Si en mi corazón hubiese yo mirado a la iniquidad,
El Señor no me habría escuchado.
19 Mas ciertamente me escuchó Dios;
Atendió a la voz de mi súplica.

20 Bendito sea Dios,
Que no echó de sí mi oración, ni de mí su misericordia.

Exhortación a las naciones, para que alaben a Dios

Al músico principal; en Neginot. Salmo. Cántico.

67 DIOS tenga misericordia de nosotros, y nos bendiga;
Haga resplandecer su rostro sobre nosotros; *Selah*
2 Para que sea conocido en la tierra tu camino,
En todas las naciones tu salvación.
3 Te alaben los pueblos, oh Dios;
Todos los pueblos te alaben.

4 Alégrense y gócense las naciones,
Porque juzgarás los pueblos con equidad,
Y pastorearás las naciones en la tierra. *Selah*
5 Te alaben los pueblos, oh Dios;
Todos los pueblos te alaben.

➤6 La tierra dará su fruto;
Nos bendecirá Dios, el Dios nuestro.
*7 Bendíganos Dios,
Y témanlo todos los términos de la tierra.

El Dios del Sinaí y del santuario

Al músico principal. Salmo de David. Cántico.

68 LEVÁNTESE Dios, sean esparcidos sus enemigos,
Y huyan de su presencia los que le aborrecen.
2 Como es lanzado el humo, los lanzarás;
Como se derrite la cera delante del fuego,
Así perecerán los impíos delante de Dios.
3 Mas los justos se alegrarán; se gozarán delante de Dios,
Y saltarán de alegría.

4 Cantad a Dios, cantad salmos a su nombre;
Exaltad al que cabalga sobre los cielos.
JAH es su nombre; alegraos delante de él.

5 Padre de huérfanos y defensor de viudas
Es Dios en su santa morada.
6 Dios hace habitar en familia a los desamparados; ➤
Saca a los cautivos a prosperidad;
Mas los rebeldes habitan en tierra seca.

7 Oh Dios, cuando tú saliste delante de tu pueblo,
Cuando anduviste por el desierto, *Selah*

8 La tierra tembló;
También destilaron los cielos ante la presencia de Dios;
Aquel Sinaí tembló delante de Dios,[a] del Dios de Israel.
9 Abundante lluvia esparciste, oh Dios;
A tu heredad exhausta tú la reanimaste.
10 Los que son de tu grey han morado en ella;
Por tu bondad, oh Dios, has provisto al pobre.
11 El Señor daba palabra;
Había grande multitud de las que llevaban buenas nuevas.
12 Huyeron, huyeron reyes de ejércitos,
Y las que se quedaban en casa repartían los despojos.
13 Bien que fuisteis echados entre los tiestos,
Seréis como alas de paloma cubiertas de plata,
Y sus plumas con amarillez de oro.
14 Cuando esparció el Omnipotente los reyes allí,
Fue como si hubiese nevado en el monte Salmón.

15 Monte de Dios es el monte de Basán;
Monte alto el de Basán.

a. 68.8 Éx 19.18.

LECCIONES DE VIDA

➤ *67.6 — La tierra dará su fruto; nos bendecirá Dios, el Dios nuestro.*

Nunca se plantan semillas para volver al día siguiente con la expectativa de ver plantas totalmente crecidas. Si bien esto nos parece absurdo, a veces pensamos que Dios nos tiene que bendecir así. Sin embargo, sus mejores bendiciones toman tiempo en madurar, así que somos sabios si esperamos con paciencia, sabiendo que Él obra a favor de aquellos que esperan en Él.

➤ *68.6 — Dios hace habitar en familia a los desamparados; saca a los cautivos a prosperidad.*

Dios diseñó la iglesia para ser nuestra familia espiritual. Jesús dijo: «Cualquiera que haya dejado casas, o hermanos, o hermanas, o padre, o madre, o mujer, o hijos, o tierras, por mi nombre, recibirá cien veces más» (Mt 19.29). Aunque no debemos descuidar nuestra propia familia, siempre podemos hallar ánimo y apoyo en la iglesia.

16 ¿Por qué observáis, oh montes altos,
Al monte que deseó Dios para su morada?
Ciertamente Jehová habitará en él para siempre.
17 Los carros de Dios se cuentan por veintenas de millares de millares;
El Señor viene del Sinaí a su santuario.
18 Subiste a lo alto, cautivaste la cautividad,
Tomaste dones para los hombres,[b]
Y también para los rebeldes, para que habite entre ellos JAH Dios.

➤ 19 Bendito el Señor; cada día nos colma de beneficios
El Dios de nuestra salvación. *Selah*
20 Dios, nuestro Dios ha de salvarnos,
Y de Jehová el Señor es el librar de la muerte.

21 Ciertamente Dios herirá la cabeza de sus enemigos,
La testa cabelluda del que camina en sus pecados.
22 El Señor dijo: De Basán te haré volver;
Te haré volver de las profundidades del mar;
23 Porque tu pie se enrojecerá de sangre de tus enemigos,
Y de ella la lengua de tus perros.
24 Vieron tus caminos, oh Dios;
Los caminos de mi Dios, de mi Rey, en el santuario.
25 Los cantores iban delante, los músicos detrás;
En medio las doncellas con panderos.
26 Bendecid a Dios en las congregaciones;
Al Señor, vosotros de la estirpe de Israel.
27 Allí estaba el joven Benjamín, señoreador de ellos,
Los príncipes de Judá en su congregación,
Los príncipes de Zabulón, los príncipes de Neftalí.

28 Tu Dios ha ordenado tu fuerza;
Confirma, oh Dios, lo que has hecho para nosotros.
29 Por razón de tu templo en Jerusalén
Los reyes te ofrecerán dones.
30 Reprime la reunión de gentes armadas,
La multitud de toros con los becerros de los pueblos,
Hasta que todos se sometan con sus piezas de plata;
Esparce a los pueblos que se complacen en la guerra.
31 Vendrán príncipes de Egipto;
Etiopía se apresurará a extender sus manos hacia Dios.

32 Reinos de la tierra, cantad a Dios,
Cantad al Señor;
Selah
33 Al que cabalga sobre los cielos de los cielos, que son desde la antigüedad;
He aquí dará su voz, poderosa voz.
34 Atribuid poder a Dios;
Sobre Israel es su magnificencia,
Y su poder está en los cielos.
35 Temible eres, oh Dios, desde tus santuarios;
El Dios de Israel, él da fuerza y vigor a su pueblo.
Bendito sea Dios.

Un grito de angustia

Al músico principal; sobre Lirios. Salmo de David.

69 SÁLVAME, oh Dios,
Porque las aguas han entrado hasta el alma.
2 Estoy hundido en cieno profundo, donde no puedo hacer pie;
He venido a abismos de aguas, y la corriente me ha anegado.
3 Cansado estoy de llamar; mi garganta se ha enronquecido;
Han desfallecido mis ojos esperando a mi Dios.
4 Se han aumentado más que los cabellos de mi cabeza los que me aborrecen sin causa;[a]
Se han hecho poderosos mis enemigos, los que me destruyen sin tener por qué.
¿Y he de pagar lo que no robé?
5 Dios, tú conoces mi insensatez,
Y mis pecados no te son ocultos.
6 No sean avergonzados por causa mía ➤
los que en ti confían, oh Señor Jehová de los ejércitos;

b. 68.18 Ef 4.8. **a. 69.4** Sal 35.19; Jn 15.25.

LECCIONES DE VIDA

➤ ***68.19 — Bendito el Señor; cada día nos colma de beneficios el Dios de nuestra salvación.***

Tal vez nunca sepamos cómo el Señor nos ha colmado de beneficios cada día de nuestras vidas, pero jamás deberíamos dar por sentadas sus múltiples bendiciones como la vida, el alimento, el abrigo, los amigos y la familia. Más bien, siempre deberíamos alabarlo por ser tan generoso y bueno.

➤ ***69.6 — No sean avergonzados por causa mía los que en ti confían, oh Señor Jehová de los ejércitos.***

Lo que hacemos y cómo vivimos tiene un profundo efecto en los demás. La gente nos está mirando, incluso cuando no nos damos cuenta. Por eso debemos pedirle a Dios que nos capacite para representarlo bien todo el tiempo.

No sean confundidos por mí los que te buscan, oh Dios de Israel.
7 Porque por amor de ti he sufrido afrenta;
Confusión ha cubierto mi rostro.
8 Extraño he sido para mis hermanos,
Y desconocido para los hijos de mi madre.
9 Porque me consumió el celo de tu casa;[b]
Y los denuestos de los que te vituperaban cayeron sobre mí.[c]
10 Lloré afligiendo con ayuno mi alma,
Y esto me ha sido por afrenta.
11 Puse además cilicio por mi vestido,
Y vine a serles por proverbio.
12 Hablaban contra mí los que se sentaban a la puerta,
Y me zaherían en sus canciones los bebedores.

13 Pero yo a ti oraba, oh Jehová, al tiempo de tu buena voluntad;
Oh Dios, por la abundancia de tu misericordia,
Por la verdad de tu salvación, escúchame.
14 Sácame del lodo, y no sea yo sumergido;
Sea yo libertado de los que me aborrecen, y de lo profundo de las aguas.
15 No me anegue la corriente de las aguas,
Ni me trague el abismo,
Ni el pozo cierre sobre mí su boca.

16 Respóndeme, Jehová, porque benigna es tu misericordia;
Mírame conforme a la multitud de tus piedades.
17 No escondas de tu siervo tu rostro,
Porque estoy angustiado; apresúrate, óyeme.
18 Acércate a mi alma, redímela;
Líbrame a causa de mis enemigos.
19 Tú sabes mi afrenta, mi confusión y mi oprobio;
Delante de ti están todos mis adversarios.
20 El escarnio ha quebrantado mi corazón, y estoy acongojado.
Esperé quien se compadeciese de mí, y no lo hubo;
Y consoladores, y ninguno hallé.
➤21 Me pusieron además hiel por comida,
Y en mi sed me dieron a beber vinagre.[d]
22 Sea su convite delante de ellos por lazo,
Y lo que es para bien, por tropiezo.
23 Sean oscurecidos sus ojos para que no vean,
Y haz temblar continuamente sus lomos.[e]
24 Derrama sobre ellos tu ira,
Y el furor de tu enojo los alcance.
25 Sea su palacio asolado;
En sus tiendas no haya morador.[f]
26 Porque persiguieron al que tú heriste,
Y cuentan del dolor de los que tú llagaste.
27 Pon maldad sobre su maldad,
Y no entren en tu justicia.
28 Sean raídos del libro de los vivientes,[g]
Y no sean escritos entre los justos.

29 Mas a mí, afligido y miserable,
Tu salvación, oh Dios, me ponga en alto.

30 Alabaré yo el nombre de Dios con cántico,
Lo exaltaré con alabanza.
31 Y agradará a Jehová más que sacrificio de buey,
O becerro que tiene cuernos y pezuñas;
32 Lo verán los oprimidos, y se gozarán.
Buscad a Dios, y vivirá vuestro corazón,
33 Porque Jehová oye a los menesterosos,
Y no menosprecia a sus prisioneros.

34 Alábenle los cielos y la tierra,
Los mares, y todo lo que se mueve en ellos.
35 Porque Dios salvará a Sion, y reedificará las ciudades de Judá;
Y habitarán allí, y la poseerán.
36 La descendencia de sus siervos la heredará,
Y los que aman su nombre habitarán en ella.

Súplica por la liberación

(Sal 40.13-17) Al músico principal. Salmo de David, para conmemorar.

70 OH Dios, acude a librarme;
Apresúrate, oh Dios, a socorrerme.
2 Sean avergonzados y confundidos
Los que buscan mi vida;

b. 69.9 Jn 2.17. **c. 69.9** Ro 15.3. **d. 69.21** Mt 27.48; Mr 15.36; Jn 19.28-29. **e. 69.22-23** Ro 11.9-10. **f. 69.25** Hch 1.20. **g. 69.28** Ap 3.5; 13.8; 17.8.

LECCIONES DE VIDA

➤ ***69.21 — Me pusieron además hiel por comida, y en mi sed me dieron a beber vinagre.***

En cumplimiento de este pasaje, los soldados romanos que crucificaron a Jesús le dieron vinagre mezclado con hiel, para volverlo amargo. Más tarde, otros empaparon una esponja con vinagre y le dieron a beber (Mt 27.34, 48; Jn 19.28–30).

Sean vueltos atrás y avergonzados
Los que mi mal desean.
3 Sean vueltos atrás, en pago de su afrenta hecha,
Los que dicen: ¡Ah! ¡Ah!

➤4 Gócense y alégrense en ti todos los que te buscan,
Y digan siempre los que aman tu salvación:
Engrandecido sea Dios.
5 Yo estoy afligido y menesteroso;
Apresúrate a mí, oh Dios.
Ayuda mía y mi libertador eres tú;
Oh Jehová, no te detengas.

Oración de un anciano

71 EN ti, oh Jehová, me he refugiado;
No sea yo avergonzado jamás.
2 Socórreme y líbrame en tu justicia;
Inclina tu oído y sálvame.
3 Sé para mí una roca de refugio, adonde recurra yo continuamente.
Tú has dado mandamiento para salvarme,
Porque tú eres mi roca y mi fortaleza.
4 Dios mío, líbrame de la mano del impío,
De la mano del perverso y violento.
➤5 Porque tú, oh Señor Jehová, eres mi esperanza,
Seguridad mía desde mi juventud.
6 En ti he sido sustentado desde el vientre;
De las entrañas de mi madre tú fuiste el que me sacó;
De ti será siempre mi alabanza.
7 Como prodigio he sido a muchos,
Y tú mi refugio fuerte.
8 Sea llena mi boca de tu alabanza,
De tu gloria todo el día.
9 No me deseches en el tiempo de la vejez;
Cuando mi fuerza se acabare, no me desampares.
10 Porque mis enemigos hablan de mí,
Y los que acechan mi alma consultaron juntamente,
11 Diciendo: Dios lo ha desamparado;
Perseguidle y tomadle, porque no hay quien le libre.
12 Oh Dios, no te alejes de mí;
Dios mío, acude pronto en mi socorro.
13 Sean avergonzados, perezcan los adversarios de mi alma;
Sean cubiertos de vergüenza y de confusión los que mi mal buscan.
14 Mas yo esperaré siempre,
Y te alabaré más y más.
15 Mi boca publicará tu justicia
Y tus hechos de salvación todo el día,
Aunque no sé su número.
16 Vendré a los hechos poderosos de Jehová el Señor;
Haré memoria de tu justicia, de la tuya sola.

17 Oh Dios, me enseñaste desde mi juventud,
Y hasta ahora he manifestado tus maravillas.
18 Aun en la vejez y las canas, oh Dios, no me desampares,
Hasta que anuncie tu poder a la posteridad,
Y tu potencia a todos los que han de venir,
19 Y tu justicia, oh Dios, hasta lo excelso.

Tú has hecho grandes cosas;
Oh Dios, ¿quién como tú?
20 Tú, que me has hecho ver muchas angustias y males,
Volverás a darme vida,
Y de nuevo me levantarás de los abismos de la tierra.
21 Aumentarás mi grandeza,
Y volverás a consolarme.

22 Asimismo yo te alabaré con instrumento de salterio,
Oh Dios mío; tu verdad cantaré a ti en el arpa,
Oh Santo de Israel.
23 Mis labios se alegrarán cuando cante a ti,
Y mi alma, la cual redimiste.
24 Mi lengua hablará también de tu justicia todo el día; ➤
Por cuanto han sido avergonzados, porque han sido confundidos los que mi mal procuraban.

LECCIONES DE VIDA

➤ ***70.4 — digan siempre los que aman tu salvación: Engrandecido sea Dios.***

Dios nos invita a expresar nuestro gozo en Él testificando de ello a los demás. No debemos reservarnos las buenas nuevas sino compartirlas con quienes necesitan de Jesús, el regalo de la salvación.

➤ ***71.5 — tú, oh Señor Jehová, eres mi esperanza, seguridad mía desde mi juventud.***

Algunos advierten en contra de conducir a los niños a Cristo a una edad demasiado temprana, pero esto es un error. Si usted no enseña a sus hijos a tener fe en Jesús, otros los convencerán de poner su confianza en algo distinto (Pr 22.6; Mt 19.13, 14; 2 Ti 3.14–16).

➤ ***71.24 — Mi lengua hablará también de tu justicia todo el día.***

Aunque la fe es profundamente personal, Dios nunca dispuso que fuera un asunto privado. Por lo general nos encanta hablar de aquello que nos produce alegría, y si el Señor es la fuente de nuestro gozo, también debería ser nuestro tema principal de conversación.

El reino de un rey justo

Para Salomón.

72 OH Dios, da tus juicios al rey,
Y tu justicia al hijo del rey.
2 Él juzgará a tu pueblo con justicia,
Y a tus afligidos con juicio.
3 Los montes llevarán paz al pueblo,
Y los collados justicia.
*4 Juzgará a los afligidos del pueblo,
Salvará a los hijos del menesteroso,
Y aplastará al opresor.

5 Te temerán mientras duren el sol
Y la luna, de generación en generación.
6 Descenderá como la lluvia sobre la hierba cortada;
Como el rocío que destila sobre la tierra.
7 Florecerá en sus días justicia,
Y muchedumbre de paz, hasta que no haya luna.
8 Dominará de mar a mar,
Y desde el río hasta los confines de la tierra.[a]
9 Ante él se postrarán los moradores del desierto,
Y sus enemigos lamerán el polvo.
10 Los reyes de Tarsis y de las costas traerán presentes;
Los reyes de Sabá y de Seba ofrecerán dones.
➤11 Todos los reyes se postrarán delante de él;
Todas las naciones le servirán.
12 Porque él librará al menesteroso que clamare,
Y al afligido que no tuviere quien le socorra.
13 Tendrá misericordia del pobre y del menesteroso,
Y salvará la vida de los pobres.
14 De engaño y de violencia redimirá sus almas,
Y la sangre de ellos será preciosa ante sus ojos.
15 Vivirá, y se le dará del oro de Sabá,
Y se orará por él continuamente;
Todo el día se le bendecirá.
16 Será echado un puñado de grano en la tierra, en las cumbres de los montes;
Su fruto hará ruido como el Líbano,
Y los de la ciudad florecerán como la hierba de la tierra.
17 Será su nombre para siempre, ➤
Se perpetuará su nombre mientras dure el sol.
Benditas serán en él todas las naciones;
Lo llamarán bienaventurado.
18 Bendito Jehová Dios, el Dios de Israel,
El único que hace maravillas.
19 Bendito su nombre glorioso para siempre,
Y toda la tierra sea llena de su gloria.
Amén y Amén.
20 Aquí terminan las oraciones de David, hijo de Isaí.

LIBRO III

El destino de los malos

Salmo de Asaf.

73 CIERTAMENTE es bueno Dios para con Israel,
Para con los limpios de corazón.
2 En cuanto a mí, casi se deslizaron mis pies;
Por poco resbalaron mis pasos.
3 Porque tuve envidia de los arrogantes,
Viendo la prosperidad de los impíos.

4 Porque no tienen congojas por su muerte,
Pues su vigor está entero.
5 No pasan trabajos como los otros mortales,
Ni son azotados como los demás hombres.
6 Por tanto, la soberbia los corona;
Se cubren de vestido de violencia.
7 Los ojos se les saltan de gordura;
Logran con creces los antojos del corazón.
8 Se mofan y hablan con maldad de hacer violencia;
Hablan con altanería.
9 Ponen su boca contra el cielo,
Y su lengua pasea la tierra.

a. 72.8 Zac 9.10.

LECCIONES DE VIDA

➤ ***72.11 — Todos los reyes se postrarán delante de él; todas las naciones le servirán.***

Un día, quizá muy pronto, «toda rodilla se doblará» y «toda lengua confesará» que «Jesucristo es el Señor, para gloria de Dios Padre» (Fil 2.10, 11).

➤ ***72.17 — Será su nombre para siempre, se perpetuará su nombre mientras dure el sol. Benditas serán en él todas las naciones; lo llamarán bienaventurado.***

Jesús recibirá un reino que jamás terminará, y gobernará sobre todas las naciones en justicia y verdad. Entonces veremos la verdadera bienaventuranza de nuestra obediencia.

10 Por eso Dios hará volver a su pueblo aquí,
Y aguas en abundancia serán extraídas para ellos.
11 Y dicen: ¿Cómo sabe Dios?
¿Y hay conocimiento en el Altísimo?
12 He aquí estos impíos,
Sin ser turbados del mundo, alcanzaron riquezas.
➤13 Verdaderamente en vano he limpiado mi corazón,
Y lavado mis manos en inocencia;
14 Pues he sido azotado todo el día,
Y castigado todas las mañanas.

15 Si dijera yo: Hablaré como ellos,
He aquí, a la generación de tus hijos engañaría.
16 Cuando pensé para saber esto,
Fue duro trabajo para mí,
17 Hasta que entrando en el santuario de Dios,
Comprendí el fin de ellos.
18 Ciertamente los has puesto en deslizaderos;
En asolamientos los harás caer.
19 ¡Cómo han sido asolados de repente!
Perecieron, se consumieron de terrores.
20 Como sueño del que despierta,
Así, Señor, cuando despertares, menospreciarás su apariencia.

21 Se llenó de amargura mi alma,
Y en mi corazón sentía punzadas.
➤22 Tan torpe era yo, que no entendía;
Era como una bestia delante de ti.
23 Con todo, yo siempre estuve contigo;
Me tomaste de la mano derecha.
24 Me has guiado según tu consejo,
Y después me recibirás en gloria.
25 ¿A quién tengo yo en los cielos sino a ti?
Y fuera de ti nada deseo en la tierra.
➤26 Mi carne y mi corazón desfallecen;
Mas la roca de mi corazón y mi porción es Dios para siempre.

27 Porque he aquí, los que se alejan de ti perecerán;
Tú destruirás a todo aquel que de ti se aparta.
28 Pero en cuanto a mí, el acercarme a Dios es el bien;
He puesto en Jehová el Señor mi esperanza,
Para contar todas tus obras.

Apelación a Dios en contra del enemigo

Masquil de Asaf.

74 ¿POR qué, oh Dios, nos has desechado para siempre? ➤
¿Por qué se ha encendido tu furor contra las ovejas de tu prado?
2 Acuérdate de tu congregación, la que adquiriste desde tiempos antiguos,
La que redimiste para hacerla la tribu de tu herencia;
Este monte de Sion, donde has habitado.
3 Dirige tus pasos a los asolamientos eternos,
A todo el mal que el enemigo ha hecho en el santuario.

4 Tus enemigos vociferan en medio de tus asambleas;
Han puesto sus divisas por señales.
5 Se parecen a los que levantan
El hacha en medio de tupido bosque.
6 Y ahora con hachas y martillos
Han quebrado todas sus entalladuras.
7 Han puesto a fuego tu santuario,
Han profanado el tabernáculo de tu nombre, echándolo a tierra.
8 Dijeron en su corazón:
Destruyámoslos de una vez;

LECCIONES DE VIDA

➤ *73.13 — Verdaderamente en vano he limpiado mi corazón.*

Todos pasan por épocas en las que se preguntan si obedecer al Señor en realidad vale la pena, especialmente cuando ven a personas que no sirven a Dios, disfrutando el éxito y la prosperidad que ellos mismos quisieran tener. Sin embargo, nuestra obediencia a Dios nunca es en vano. El salmista Asaf nos recuerda que todos recogeremos nuestra cosecha en la eternidad (Sal 73.17–19). Recuerde que siempre cosechamos lo que sembramos, más de lo que sembramos, después de sembrarlo.

➤ *73.22 — Tan torpe era yo, que no entendía; era como una bestia delante de ti.*

Cuando nos salimos del sendero que Dios nos traza y andamos por nuestra propia cuenta, tal vez pensemos que sea posible encontrar un camino mejor o más placentero; pero el pecado siempre es la decisión equivocada. Siempre. Y cuando nos damos cuenta de la destrucción que acarrea nuestro pecado, vamos a reconocer cuán insensatos e ignorantes hemos sido.

➤ *73.26 — Mi carne y mi corazón desfallecen; mas la roca de mi corazón y mi porción es Dios para siempre.*

Algunas personas creen falsamente que los débiles son los únicos que necesitan a Dios, pero la verdad es que *todos* nosotros somos endebles, inadecuados, vulnerables e indefensos en algún punto o en un momento de la vida. Cuando hallamos nuestras fuerzas en Dios, su poder se perfecciona en nuestra debilidad (2 Co 12.9, 10).

➤ *74.1 — ¿Por qué, oh Dios, nos has desechado para siempre?*

El salmista no sabía de ningún pecado no resuelto en su vida y, sin embargo, sus circunstancias seguían pareciendo inciertas. Quizás no sepamos por qué Dios parece guardar silencio en cuanto a nuestras oraciones, pero aún en esos tiempos sombríos Él nos llama a confiar en Él.

Han quemado todas las sinagogas de
Dios en la tierra.
9 No vemos ya nuestras señales;
No hay más profeta,
Ni entre nosotros hay quien sepa hasta
cuándo.
10 ¿Hasta cuándo, oh Dios, nos afrentará el
angustiador?
¿Ha de blasfemar el enemigo
perpetuamente tu nombre?
11 ¿Por qué retraes tu mano?
¿Por qué escondes tu diestra en tu seno?
12 Pero Dios es mi rey desde tiempo
antiguo;
El que obra salvación en medio de la
tierra.
13 Dividiste el mar con tu poder;[a]
Quebrantaste cabezas de monstruos en
las aguas.
14 Magullaste las cabezas del leviatán,[b]
Y lo diste por comida a los moradores
del desierto.
15 Abriste la fuente y el río;
Secaste ríos impetuosos.
16 Tuyo es el día, tuya también es la noche;
Tú estableciste la luna y el sol.
17 Tú fijaste todos los términos de la tierra;
El verano y el invierno tú los formaste.

18 Acuérdate de esto: que el enemigo ha
afrentado a Jehová,
Y pueblo insensato ha blasfemado tu
nombre.
19 No entregues a las fieras el alma de tu
tórtola,
Y no olvides para siempre la
congregación de tus afligidos.

20 Mira al pacto,
Porque los lugares tenebrosos de la
tierra están llenos de habitaciones de
violencia.
21 No vuelva avergonzado el abatido;
El afligido y el menesteroso alabarán tu
nombre.

➤22 Levántate, oh Dios, aboga tu causa;
Acuérdate de cómo el insensato te
injuria cada día.
23 No olvides las voces de tus enemigos;
El alboroto de los que se levantan
contra ti sube continuamente.

Dios abate al malo y exalta al justo

Al músico principal; sobre No destruyas. Salmo de Asaf. Cántico.

75 GRACIAS te damos, oh Dios, gracias te damos,
Pues cercano está tu nombre;
Los hombres cuentan tus maravillas.

2 Al tiempo que señalaré
Yo juzgaré rectamente.
3 Se arruinaban la tierra y sus moradores;
Yo sostengo sus columnas.
Selah
4 Dije a los insensatos: No os infatuéis;
Y a los impíos: No os enorgullezcáis;
5 No hagáis alarde de vuestro poder;
No habléis con cerviz erguida.

6 Porque ni de oriente ni de occidente, ➤
Ni del desierto viene el enaltecimiento.
7 Mas Dios es el juez;
A éste humilla, y a aquél enaltece.
8 Porque el cáliz está en la mano de
Jehová, y el vino está fermentado,
Lleno de mistura; y él derrama del
mismo;
Hasta el fondo lo apurarán, y lo beberán
todos los impíos de la tierra.

9 Pero yo siempre anunciaré
Y cantaré alabanzas al Dios de Jacob.
10 Quebrantaré todo el poderío de los
pecadores,
Pero el poder del justo será exaltado.

El Dios de la victoria y del juicio

Al músico principal; sobre Neginot. Salmo de Asaf. Cántico.

76 DIOS es conocido en Judá;
En Israel es grande su nombre.
2 En Salem está su tabernáculo,
Y su habitación en Sion.
3 Allí quebró las saetas del arco,

a. 74.13 Éx 14.21. **b. 74.14** Job 41.1; Sal 104.26; Is 27.1.

LECCIONES DE VIDA

➤ ***74.22 — Levántate, oh Dios, aboga tu causa; acuérdate de cómo el insensato te injuria cada día.***

Muchas oraciones en la Biblia se basan en un interés genuino en la reputación y la gloria de Dios. Cuando nos enfocamos obedientemente en el Señor, pidiéndole que defienda su nombre y sea exaltado a través de nosotros, estamos orando de acuerdo con su voluntad.

➤ ***75.6 — ni de oriente ni de occidente, ni del desierto viene el enaltecimiento.***

El pueblo de Dios no debe buscar el favor de figuras poderosas en un intento egoísta por avanzar sus propias carreras o posiciones. Hemos de trabajar «como para el Señor» (Col 3.23) y dejar el resultado de nuestra vida en sus manos.

El escudo, la espada y las armas de
guerra.
Selah
4 Glorioso eres tú, poderoso más que los
montes de caza.
5 Los fuertes de corazón fueron
despojados, durmieron su sueño;
No hizo uso de sus manos ninguno de
los varones fuertes.
6 A tu reprensión, oh Dios de Jacob,
El carro y el caballo fueron
entorpecidos.
➤7 Tú, temible eres tú;
¿Y quién podrá estar en pie delante de ti
cuando se encienda tu ira?
8 Desde los cielos hiciste oír juicio;
La tierra tuvo temor y quedó suspensa
9 Cuando te levantaste, oh Dios, para
juzgar,
Para salvar a todos los mansos de la
tierra.
Selah
10 Ciertamente la ira del hombre te
alabará;
Tú reprimirás el resto de las iras.
11 Prometed, y pagad a Jehová vuestro
Dios;
Todos los que están alrededor de él,
traigan ofrendas al Temible.
12 Cortará él el espíritu de los príncipes;
Temible es a los reyes de la tierra.

Meditación sobre los hechos poderosos de Dios

Al músico principal; para Jedutún. Salmo de Asaf.

77 CON mi voz clamé a Dios,
A Dios clamé, y él me escuchará.
2 Al Señor busqué en el día de mi
angustia;
Alzaba a él mis manos de noche, sin
descanso;
Mi alma rehusaba consuelo.
3 Me acordaba de Dios, y me conmovía;
Me quejaba, y desmayaba mi espíritu.
Selah
4 No me dejabas pegar los ojos;
Estaba yo quebrantado, y no hablaba.
5 Consideraba los días desde el principio,
Los años de los siglos.
6 Me acordaba de mis cánticos de noche;
Meditaba en mi corazón,
Y mi espíritu inquiría:
7 ¿Desechará el Señor para siempre,
Y no volverá más a sernos propicio?
8 ¿Ha cesado para siempre su ➤
misericordia?
¿Se ha acabado perpetuamente su
promesa?
9 ¿Ha olvidado Dios el tener misericordia?
¿Ha encerrado con ira sus piedades?
Selah
10 Dije: Enfermedad mía es ésta; ➤
Traeré, pues, a la memoria los años de
la diestra del Altísimo.
11 Me acordaré de las obras de JAH;
Sí, haré yo memoria de tus maravillas
antiguas.
12 Meditaré en todas tus obras,
Y hablaré de tus hechos.
13 Oh Dios, santo es tu camino;
¿Qué dios es grande como nuestro Dios?
14 Tú eres el Dios que hace maravillas;
Hiciste notorio en los pueblos tu poder.
15 Con tu brazo redimiste a tu pueblo,
A los hijos de Jacob y de José.
Selah
16 Te vieron las aguas, oh Dios;
Las aguas te vieron, y temieron;
Los abismos también se estremecieron.
17 Las nubes echaron inundaciones de
aguas;
Tronaron los cielos,
Y discurrieron tus rayos.
18 La voz de tu trueno estaba en el
torbellino;
Tus relámpagos alumbraron el mundo;
Se estremeció y tembló la tierra.
19 En el mar fue tu camino,
Y tus sendas en las muchas aguas;
Y tus pisadas no fueron conocidas.
20 Condujiste a tu pueblo como ovejas
Por mano de Moisés y de Aarón.

LECCIONES DE VIDA

➤ *76.7 — Tú, temible eres tú; ¿Y quién podrá estar en pie delante de ti cuando se encienda tu ira?*

Como creyentes, nunca debemos perder nuestra reverencia a Dios, de lo contrario vamos a volvernos débiles, indecisos y complacientes. Él es nuestro Juez y Rey, y merece nada menos que nuestro compromiso y obediencia de todo corazón.

➤ *77.8 — ¿Ha cesado para siempre su misericordia? ¿Se ha acabado perpetuamente su promesa?*

En medio de alguna adversidad, las respuestas a estas preguntas parecerían ser «sí», pero en realidad la misericordia de Dios *jamás* cesa y sus promesas *nunca* fallan. El Señor siempre es compasivo y fiel a sus promesas. Siempre.

➤ *77.10 — Dije: enfermedad mía es esta; traeré, pues, a la memoria los años de la diestra del Altísimo.*

Cuando una penalidad nos golpea y nos sentimos abatidos, siempre nos trae gran consuelo meditar en el hecho de que Dios nunca cambia y que siempre actuará a favor de aquellos que en Él esperan (Is 64.4).

Fidelidad de Dios hacia su pueblo infiel

Masquil de Asaf.

78 ESCUCHA, pueblo mío, mi ley;
Inclinad vuestro oído a las palabras de mi boca.
2 Abriré mi boca en proverbios;
Hablaré cosas escondidas desde tiempos antiguos,[a]
3 Las cuales hemos oído y entendido;
Que nuestros padres nos las contaron.
➤4 No las encubriremos a sus hijos,
Contando a la generación venidera las alabanzas de Jehová,
Y su potencia, y las maravillas que hizo.

5 Él estableció testimonio en Jacob,
Y puso ley en Israel,
La cual mandó a nuestros padres
Que la notificasen a sus hijos;
6 Para que lo sepa la generación venidera, y los hijos que nacerán;
Y los que se levantarán lo cuenten a sus hijos,
7 A fin de que pongan en Dios su confianza,
Y no se olviden de las obras de Dios;
Que guarden sus mandamientos,
8 Y no sean como sus padres,
Generación contumaz y rebelde;
Generación que no dispuso su corazón,
Ni fue fiel para con Dios su espíritu.

9 Los hijos de Efraín, arqueros armados,
Volvieron las espaldas en el día de la batalla.
10 No guardaron el pacto de Dios,
Ni quisieron andar en su ley;
11 Sino que se olvidaron de sus obras,
Y de sus maravillas que les había mostrado.
12 Delante de sus padres hizo maravillas
En la tierra de Egipto,[b] en el campo de Zoán.
13 Dividió el mar y los hizo pasar;
Detuvo las aguas como en un montón.[c]
14 Les guió de día con nube,
Y toda la noche con resplandor de fuego.[d]
15 Hendió las peñas en el desierto,
Y les dio a beber como de grandes abismos,
16 Pues sacó de la peña corrientes,
E hizo descender aguas como ríos.[e]

17 Pero aún volvieron a pecar contra él,
Rebelándose contra el Altísimo en el desierto;
18 Pues tentaron a Dios en su corazón,
Pidiendo comida a su gusto.
19 Y hablaron contra Dios,
Diciendo: ¿Podrá poner mesa en el desierto?
20 He aquí ha herido la peña, y brotaron aguas,
Y torrentes inundaron la tierra;
¿Podrá dar también pan?
¿Dispondrá carne para su pueblo?

21 Por tanto, oyó Jehová, y se indignó;
Se encendió el fuego contra Jacob,
Y el furor subió también contra Israel,
22 Por cuanto no habían creído a Dios,
Ni habían confiado en su salvación.
23 Sin embargo, mandó a las nubes de arriba,
Y abrió las puertas de los cielos,
24 E hizo llover sobre ellos maná para que comiesen,
Y les dio trigo de los cielos.[f]
25 Pan de nobles comió el hombre;
Les envió comida hasta saciarles.
26 Movió el solano en el cielo,
Y trajo con su poder el viento sur,
27 E hizo llover sobre ellos carne como polvo,
Como arena del mar, aves que vuelan.
28 Las hizo caer en medio del campamento,
Alrededor de sus tiendas.
29 Comieron, y se saciaron;
Les cumplió, pues, su deseo.
30 No habían quitado de sí su anhelo,
Aún estaba la comida en su boca,
31 Cuando vino sobre ellos el furor de Dios,
E hizo morir a los más robustos de ellos,
Y derribó a los escogidos de Israel.[g]

32 Con todo esto, pecaron aún,
Y no dieron crédito a sus maravillas.
33 Por tanto, consumió sus días en vanidad,
Y sus años en tribulación.
34 Si los hacía morir, entonces buscaban a Dios;
Entonces se volvían solícitos en busca suya,

a. 78.2 Mt 13.35. **b. 78.12** Éx 7.8—12.32.
c. 78.13 Éx 14.21-22. **d. 78.14** Éx 13.21-22.
e. 78.15-16 Éx 17.1-7; Nm 20.2-13. **f. 78.24** Jn 6.31.
g. 78.18-31 Éx 16.2-15; Nm 11.4-23, 31-35.

LECCIONES DE VIDA

➤ ***78.4 — No las encubriremos a sus hijos, contando a la generación venidera las alabanzas de Jehová, y su potencia, y las maravillas que hizo.***

Es nuestro deber contar a nuestros hijos y a las generaciones futuras, no solamente las grandes cosas que Dios hizo en tiempos bíblicos, sino también las obras maravillosas que ha realizado en nuestras vidas. Ellos necesitan ver al Señor obrando en nosotros.

35 Y se acordaban de que Dios era su refugio,
Y el Dios Altísimo su redentor.
36 Pero le lisonjeaban con su boca,
Y con su lengua le mentían;
37 Pues sus corazones no eran rectos con él,[h]
Ni estuvieron firmes en su pacto.
➤38 Pero él, misericordioso, perdonaba la maldad, y no los destruía;
Y apartó muchas veces su ira,
Y no despertó todo su enojo.
39 Se acordó de que eran carne,
Soplo que va y no vuelve.
40 ¡Cuántas veces se rebelaron contra él en el desierto,
Lo enojaron en el yermo!
41 Y volvían, y tentaban a Dios,
Y provocaban al Santo de Israel.
42 No se acordaron de su mano,
Del día que los redimió de la angustia;
43 Cuando puso en Egipto sus señales,
Y sus maravillas en el campo de Zoán;
44 Y volvió sus ríos en sangre,
Y sus corrientes, para que no bebiesen.[i]
45 Envió entre ellos enjambres de moscas[j] que los devoraban,
Y ranas[k] que los destruían.
46 Dio también a la oruga sus frutos,
Y sus labores a la langosta.[l]
47 Sus viñas destruyó con granizo,
Y sus higuerales con escarcha;
48 Entregó al pedrisco sus bestias,
Y sus ganados a los rayos.[m]
49 Envió sobre ellos el ardor de su ira;
Enojo, indignación y angustia,
Un ejército de ángeles destructores.
50 Dispuso camino a su furor;
No eximió la vida de ellos de la muerte,
Sino que entregó su vida a la mortandad.
51 Hizo morir a todo primogénito en Egipto,[n]
Las primicias de su fuerza en las tiendas de Cam.
➤52 Hizo salir a su pueblo como ovejas,
Y los llevó por el desierto como un rebaño.[o]
53 Los guió con seguridad, de modo que no tuvieran temor;
Y el mar cubrió a sus enemigos.[p]
54 Los trajo después a las fronteras de su tierra santa,[q]
A este monte que ganó su mano derecha.
55 Echó las naciones de delante de ellos;[r]
Con cuerdas repartió sus tierras en heredad,
E hizo habitar en sus moradas a las tribus de Israel.

56 Pero ellos tentaron y enojaron al Dios Altísimo,[s]
Y no guardaron sus testimonios;
57 Sino que se volvieron y se rebelaron como sus padres;
Se volvieron como arco engañoso.
58 Le enojaron con sus lugares altos,
Y le provocaron a celo con sus imágenes de talla.
59 Lo oyó Dios y se enojó,
Y en gran manera aborreció a Israel.
60 Dejó, por tanto, el tabernáculo de Silo,
La tienda en que habitó entre los hombres,[t]
61 Y entregó a cautiverio su poderío,
Y su gloria en mano del enemigo.[u]
62 Entregó también su pueblo a la espada,
Y se irritó contra su heredad.
63 El fuego devoró a sus jóvenes,
Y sus vírgenes no fueron loadas en cantos nupciales.
64 Sus sacerdotes cayeron a espada,
Y sus viudas no hicieron lamentación.
65 Entonces despertó el Señor como quien duerme,
Como un valiente que grita excitado del vino,
66 E hirió a sus enemigos por detrás;
Les dio perpetua afrenta.

67 Desechó la tienda de José,
Y no escogió la tribu de Efraín,

h. 78.37 Hch 8.21. **i. 78.44** Éx 7.17-21. **j. 78.45** Éx 8.20-24.
k. 78.45 Éx 8.1-6. **l. 78.46** Éx 10.12-15.
m. 78.47-48 Éx 9.22-25. **n. 78.51** Éx 12.29.
o. 78.52 Éx 13.17-22. **p. 78.53** Éx 14.26-28.
q. 78.54 Éx 15.17; Jos 3.14-17. **r. 78.55** Jos 11.16-23.
s. 78.56 Jue 2.11-15. **t. 78.60** Jos 18.1; Jer 7.12-14; 26.6.
u. 78.61 1 S 4.4-22.

LECCIONES DE VIDA

➤ 78.38 — él, misericordioso, perdonaba la maldad, y no los destruía; y apartó muchas veces su ira, y no despertó todo su enojo.

Es una verdad venturosa que Dios «no ha hecho con nosotros conforme a nuestras iniquidades» (Sal 103.10). Por causa de su nombre, Él restringe su enojo y derrama misericordia en lugar de ira sobre aquellos que ponen su fe en su Hijo Jesucristo (Ro 5.8–11).

➤ 78.52, 53 — Hizo salir a su pueblo como ovejas, y los llevó por el desierto como un rebaño. Los guió con seguridad, de modo que no tuvieran temor.

Los israelitas desmoralizados y esclavizados necesitaron la dirección firme y bondadosa del Buen Pastor. Él no se encargó solamente de sus necesidades y los protegió de sus enemigos, también les dio un recordatorio visible de su presencia poderosa para infundirles confianza (Éx 13.21). Él también le guiará a usted a través del desierto, le llevará a un lugar seguro y será su fuente de confianza en cada situación, así que mantenga su mirada en Él.

68 Sino que escogió la tribu de Judá,
El monte de Sion, al cual amó.
69 Edificó su santuario a manera de eminencia,
Como la tierra que cimentó para siempre.
70 Eligió a David su siervo,
Y lo tomó de las majadas de las ovejas;
71 De tras las paridas lo trajo,
Para que apacentase a Jacob su pueblo,
Y a Israel su heredad.[v]
72 Y los apacentó conforme a la integridad de su corazón,
Los pastoreó con la pericia de sus manos.

Lamento por la destrucción de Jerusalén

Salmo de Asaf.

79 OH Dios, vinieron las naciones a tu heredad;
Han profanado tu santo templo;
Redujeron a Jerusalén a escombros.[a]
2 Dieron los cuerpos de tus siervos por comida a las aves de los cielos,
La carne de tus santos a las bestias de la tierra.
3 Derramaron su sangre como agua en los alrededores de Jerusalén,
Y no hubo quien los enterrase.
4 Somos afrentados de nuestros vecinos,
Escarnecidos y burlados de los que están en nuestros alrededores.

5 ¿Hasta cuándo, oh Jehová?
¿Estarás airado para siempre?
¿Arderá como fuego tu celo?
6 Derrama tu ira sobre las naciones que no te conocen,
Y sobre los reinos que no invocan tu nombre.
7 Porque han consumido a Jacob,
Y su morada han asolado.

8 No recuerdes contra nosotros las iniquidades de nuestros antepasados;
Vengan pronto tus misericordias a encontrarnos,
Porque estamos muy abatidos.
➤ 9 Ayúdanos, oh Dios de nuestra salvación, por la gloria de tu nombre;
Y líbranos, y perdona nuestros pecados por amor de tu nombre.
10 Porque dirán las gentes:
¿Dónde está su Dios?
Sea notoria en las gentes, delante de nuestros ojos,
La venganza de la sangre de tus siervos que fue derramada.

11 Llegue delante de ti el gemido de los presos;
Conforme a la grandeza de tu brazo preserva a los sentenciados a muerte,
12 Y devuelve a nuestros vecinos en su seno siete tantos
De su infamia, con que te han deshonrado, oh Jehová.
13 Y nosotros, pueblo tuyo, y ovejas de tu prado,
Te alabaremos para siempre;
De generación en generación cantaremos tus alabanzas.

Súplica por la restauración

Al músico principal; sobre Lirios. Testimonio. Salmo de Asaf.

80 OH Pastor de Israel, escucha;
Tú que pastoreas como a ovejas a José,
Que estás entre querubines,[a] resplandece.
2 Despierta tu poder delante de Efraín, de Benjamín y de Manasés,
Y ven a salvarnos.
3 Oh Dios, restáuranos; ➤
Haz resplandecer tu rostro, y seremos salvos.

4 Jehová, Dios de los ejércitos,
¿Hasta cuándo mostrarás tu indignación contra la oración de tu pueblo?
5 Les diste a comer pan de lágrimas,
Y a beber lágrimas en gran abundancia.
6 Nos pusiste por escarnio a nuestros vecinos,
Y nuestros enemigos se burlan entre sí.

7 Oh Dios de los ejércitos, restáuranos;
Haz resplandecer tu rostro, y seremos salvos.

v. 78.70-71 1 S 16.11-12; 2 S 7.8; 1 Cr 17.7.
a. 79.1 2 R 25.8-10; 2 Cr 36.17-19; Jer 52.12-14.
a. 80.1 Éx 25.22.

LECCIONES DE VIDA

➤ ***79.9 — Ayúdanos, oh Dios de nuestra salvación, por la gloria de tu nombre; y líbranos, y perdona nuestros pecados por amor de tu nombre.***

Cuando oramos acerca de algo por causa del nombre de Dios, le urgimos a actuar en defensa de su reputación para dar a conocer su gloria, para que Él sea honrado y así el mundo pueda ver su majestad y grandeza.

➤ ***80.3 — Oh Dios, restáuranos; haz resplandecer tu rostro, y seremos salvos.***

Sería ideal si todos pasáramos de la niñez a la madurez espiritual sin interrupciones, pero lo cierto es que todos necesitamos detenernos para ser restaurados de vez en cuando. La oración, la confesión y el arrepentimiento son pasos necesarios para nuestra restauración.

8 Hiciste venir una vid de Egipto;
Echaste las naciones, y la plantaste.
9 Limpiaste sitio delante de ella,
E hiciste arraigar sus raíces, y llenó la tierra.
10 Los montes fueron cubiertos de su sombra,
Y con sus sarmientos los cedros de Dios.
11 Extendió sus vástagos hasta el mar,
Y hasta el río sus renuevos.
12 ¿Por qué aportillaste sus vallados,
Y la vendimian todos los que pasan por el camino?
13 La destroza el puerco montés,
Y la bestia del campo la devora.

14 Oh Dios de los ejércitos, vuelve ahora;
Mira desde el cielo, y considera, y visita esta viña,
15 La planta que plantó tu diestra,
Y el renuevo que para ti afirmaste.
16 Quemada a fuego está, asolada;
Perezcan por la reprensión de tu rostro.
17 Sea tu mano sobre el varón de tu diestra,
Sobre el hijo de hombre que para ti afirmaste.
18 Así no nos apartaremos de ti;
Vida nos darás, e invocaremos tu nombre.
19 ¡Oh Jehová, Dios de los ejércitos, restáuranos!
Haz resplandecer tu rostro, y seremos salvos.

Bondad de Dios y perversidad de Israel

Al músico principal; sobre Gitit. Salmo de Asaf.

81 CANTAD con gozo a Dios, fortaleza nuestra;
Al Dios de Jacob aclamad con júbilo.
2 Entonad canción, y tañed el pandero,
El arpa deliciosa y el salterio.
3 Tocad la trompeta en la nueva luna,
En el día señalado, en el día de nuestra fiesta solemne.[a]
4 Porque estatuto es de Israel,
Ordenanza del Dios de Jacob.
5 Lo constituyó como testimonio en José
Cuando salió por la tierra de Egipto.
Oí lenguaje que no entendía;
6 Aparté su hombro de debajo de la carga;
Sus manos fueron descargadas de los cestos.
7 En la calamidad clamaste, y yo te libré;
Te respondí en lo secreto del trueno;
Te probé junto a las aguas de Meriba.[b] *Selah*
8 Oye, pueblo mío, y te amonestaré.
Israel, si me oyeres,
9 No habrá en ti dios ajeno,
Ni te inclinarás a dios extraño.[c]
10 Yo soy Jehová tu Dios,
Que te hice subir de la tierra de Egipto;
Abre tu boca, y yo la llenaré.

11 Pero mi pueblo no oyó mi voz,
E Israel no me quiso a mí.
12 Los dejé, por tanto, a la dureza de su corazón;
Caminaron en sus propios consejos.
13 ¡Oh, si me hubiera oído mi pueblo,
Si en mis caminos hubiera andado Israel!
14 En un momento habría yo derribado a sus enemigos,
Y vuelto mi mano contra sus adversarios.
15 Los que aborrecen a Jehová se le habrían sometido,
Y el tiempo de ellos sería para siempre.
16 Les sustentaría Dios con lo mejor del trigo,
Y con miel de la peña les saciaría.

Amonestación contra los juicios injustos

Salmo de Asaf.

82 DIOS está en la reunión de los dioses;
En medio de los dioses juzga.
2 ¿Hasta cuándo juzgaréis injustamente,
Y aceptaréis las personas de los impíos? *Selah*
3 Defended al débil y al huérfano;
Haced justicia al afligido y al menesteroso.

a. 81.3 Nm 10.10. **b. 81.7** Éx 17.7; Nm 20.13.
c. 81.9 Éx 20.2-3; Dt 5.6-7.

LECCIONES DE VIDA

➤ ***81.10 — Yo soy Jehová tu Dios, que te hice subir de la tierra de Egipto; abre tu boca, y yo la llenaré.***

Aquí vemos el corazón de Dios: Él desea bendecir a su pueblo más de lo que uno se pueda imaginar. Pero también debemos ver nuestra parte en el proceso: recibir de buena voluntad lo que Él nos ofrece, sometiéndonos a Él. Para ser llenos necesitamos obedecer su instrucción.

➤ ***81.13, 16 — ¡Oh, si me hubiera oído mi pueblo, si en mis caminos hubiera andado Israel!... Les sustentaría Dios con lo mejor del trigo, y con miel de la peña les saciaría.***

El Salmo 81 era un himno usado durante las fiestas para celebrar cómo el Señor había librado a Israel de Egipto. Les recordaba los grandes milagros que Él hizo a su favor cuando ellos se sometieron a su dirección. A Dios le encanta bendecirnos cuando obedecemos sus mandamientos. Él quiere que siempre recordemos que la satisfacción, la paz y el gozo verdaderos vienen a nosotros únicamente a través de Él, y no por algún otro medio.

RESPUESTAS A PREGUNTAS DE LA VIDA

¿Cómo afecta mi relación con el Señor lo que oigo de su parte?

SAL 79.13

Nuestra relación con Dios es el aspecto más importante de nuestra vida y afecta en gran medida lo que oímos cuando oramos y nos disponemos a escuchar. El único mensaje que un incrédulo oirá de parte de Dios es que es un pecador que necesita a Jesús como su Salvador. Hasta que esa persona conozca a Cristo como su Mesías personal, no oirá hablar a Dios sobre un tema distinto a la salvación.

En la vida de un creyente, esa relación entre la persona que habla y la persona que escucha tiene dos características principales.

En primer lugar, somos salvos. Cuando recibimos por fe a Jesucristo como nuestro Salvador personal, la Biblia dice que somos nacidos de nuevo. Dios nos traslada del reino de las tinieblas y nos establece en el reino de la luz. Llegamos a ser hijos de Dios. Nuestra experiencia de salvación da inicio a nuestra relación con Él.

Jesús es ahora mi Sumo Sacerdote, fiel y misericordioso. Él es mi Padre con quien disfruto una comunicación íntima. Ya no tengo que quedarme en los alrededores, divisando desde lejos, para ver si alcanzo a ver brevemente un reflejo de su presencia. Jesús ha pagado el precio de mi relación con Dios a través de su sangre derramada, así que yo ahora soy un miembro con pleno derecho de su propia familia, que puede sentarse diariamente a su mesa y vivir totalmente seguro de su condición de hijo.

Segundo, somos identificados con Él. Nuestra salvación sella nuestra seguridad eterna, mientras que nuestra identificación garantiza nuestro andar diario en victoria. Al hablar de identificación me refiero a que la vida de Cristo ahora es mía y la mía es suya: «Con Cristo estoy juntamente crucificado, y ya no vivo yo, mas vive Cristo en mí; y lo que ahora vivo en la carne, lo vivo en la fe del Hijo de Dios, el cual me amó y se entregó a sí mismo por mí» (Gá 2.20). Lo que Cristo experimentó en el Calvario, también me sucedió a mí. Cristo fue crucificado; yo fui crucificado. Cristo fue sepultado; yo fui sepultado; Cristo fue resucitado; yo fui resucitado.

Aquel que está seguro y firme en el amor de Dios, y vive sustentado por su gracia, ya no oye de un Dios distante. Ahora escucha a Alguien que le ama lo suficiente como para afianzarle en una relación cercana y personal. Esto cambia la situación por completo. Ya no venimos a Él implorando a tientas, sin saber con certeza si Él nos acepta o no.

A través de mi identificación con Él, yo me acerco alegre y confiadamente, sabiendo que soy aceptado, no en virtud de mi conducta sino a causa de mi firme creencia en Él y en lo que Él ya ha hecho realidad. Por esa razón puedo acercarme a Él con convicción y gran certidumbre.

Para un estudio más a fondo, véase el Índice de Principios de vida:

4. *Estar conscientes de la presencia de Dios nos da energías para desempeñar nuestro trabajo.*
1. *Nuestra intimidad con Dios, que es su prioridad para nosotros, determina el impacto que causen nuestras vidas.*
17. *De rodillas somos más altos y más fuertes.*

4 Librad al afligido y al necesitado;
Libradlo de mano de los impíos.

5 No saben, no entienden,
Andan en tinieblas;
Tiemblan todos los cimientos de la tierra.

6 Yo dije: Vosotros sois dioses,[a]
Y todos vosotros hijos del Altísimo;
7 Pero como hombres moriréis,
Y como cualquiera de los príncipes caeréis.

8 Levántate, oh Dios, juzga la tierra;
Porque tú heredarás todas las naciones.

a. 82.6 Jn 10.34.

PRINCIPIO DE VIDA 13

ESCUCHAR A DIOS ES ESENCIAL PARA ANDAR CON ÉL.

SAL 81.8

Una de las lecciones más importantes que podemos aprender es cómo escuchar a Dios. En nuestras vidas complicadas y ajetreadas, nada es más urgente, nada es más necesario y nada es más satisfactorio que oír lo que Dios quiere decirnos y obedecerlo.

Por supuesto, una conversación de verdad implica tanto hablar como escuchar, y a la mayoría de nosotros nos va mejor con la primera parte.

En mi caso personal, llegué a un punto en que estuve tan ocupado haciendo la obra del Señor que me quedaba muy poco tiempo para cualquier otra cosa. Predicaba seis veces a la semana, grababa dos programas de televisión y pastoreaba una iglesia grande. También desarrollábamos el lanzamiento de la trasmisión de programas de alcance internacional. Pasaba mucho tiempo hablándole a Dios, pero un día me di cuenta que no pasaba la misma cantidad de tiempo *escuchando* lo que Él me decía. Supe que algo tenía que cambiar. Si no aprendemos a escuchar al Señor, vamos a cometer errores que nos van a salir muy caro.

Tal vez pregunte: «¿Acaso el Señor realmente nos habla en la actualidad?» La Biblia nos asegura que así es. El libro de Hebreos empieza con estas palabras: «Dios, habiendo hablado muchas veces y de muchas maneras en otro tiempo a los padres por los profetas, en estos postreros días nos ha hablado por el Hijo, a quien constituyó heredero de todo, y por quien asimismo hizo el universo» (He 1.1, 2). Dios no está callado. Nuestro Padre celestial está vivo y se mantiene activo. Él nos habla individualmente y de una manera en que podemos escucharlo, recibir su mensaje y

Una conversación de verdad implica tanto hablar como escuchar.

obedecerlo. Él es infinito y plenamente capaz de comunicarse con cada uno de nosotros, justamente donde estamos, en medio de nuestras circunstancias, y de una manera muy personal.

Este puede ser uno de los conceptos más importantes que usted debe entender para aprender a escuchar a Dios. Cuando el Señor habla, le está hablando a *usted*. La Palabra de Dios contiene su verdad; por lo tanto, recíbala como algo personal. Permita al Espíritu Santo abrir su corazón para que usted tenga un entendimiento más profundo de las Escrituras. Así podrá reclamar las promesas de Dios para su vida y también entenderá a un nivel más profundo su provisión, su cuidado y su amor.

Dios es serio en cuanto a su relación con usted. Él habla para su beneficio y es importante que usted lo escuche y responda en obediencia. A veces va a instarle a cambiar su manera de pensar o liberarle de ciertos sentimientos malsanos y opiniones erróneas. En otros casos le mandará cambiar aspectos de su conducta. Usted puede tener plena certeza que cada instrucción que le dé, es por su bien. Él desea animarle y madurarle para que pueda vivir con mayor gozo y vitalidad. También quiere transformarle a la semejanza de su Hijo Jesucristo, así como ayudarle a convertirse en lo mejor que usted pueda llegar a ser.

Aprender a escuchar a Dios mediante la lectura de su Palabra es lo más importante que usted puede hacer, porque no existe ninguna otra metodología para disfrutar la vida abundante y maravillosa que Él ofrece. En consecuencia, preste mucha atención a lo que Él le quiere decir, y Él ciertamente cumplirá su promesa: «te enseñaré cosas grandes y ocultas que tú no conoces» (Jer 33.3).

Dios siempre habla en serio y hará exactamente lo que ha prometido.

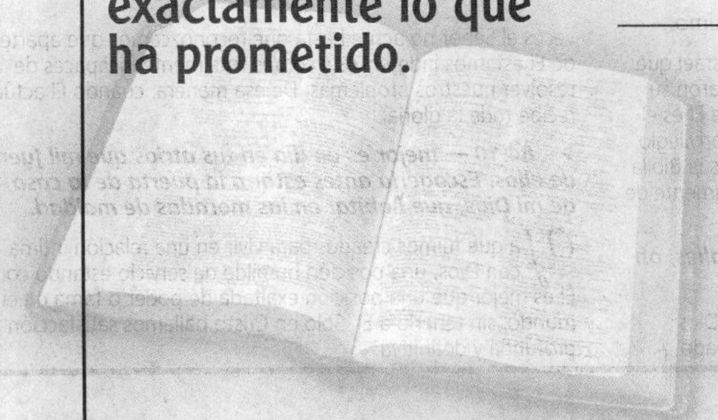

Para un estudio más a fondo, véase el Índice de Principios de vida.

Plegaria pidiendo la destrucción de los enemigos de Israel

Cántico. Salmo de Asaf.

83 OH Dios, no guardes silencio;
No calles, oh Dios, ni te estés quieto.
2 Porque he aquí que rugen tus enemigos,
Y los que te aborrecen alzan cabeza.
3 Contra tu pueblo han consultado astuta y secretamente,
Y han entrado en consejo contra tus protegidos.
4 Han dicho: Venid, y destruyámoslos para que no sean nación,
Y no haya más memoria del nombre de Israel.
5 Porque se confabulan de corazón a una,
Contra ti han hecho alianza
6 Las tiendas de los edomitas y de los ismaelitas,
Moab y los agarenos;
7 Gebal, Amón y Amalec,
Los filisteos y los habitantes de Tiro.
8 También el asirio se ha juntado con ellos;
Sirven de brazo a los hijos de Lot. *Selah*

9 Hazles como a Madián,[a]
Como a Sísara, como a Jabín en el arroyo de Cisón;[b]
10 Que perecieron en Endor,
Fueron hechos como estiércol para la tierra.
11 Pon a sus capitanes como a Oreb y a Zeeb;[c]
Como a Zeba y a Zalmuna[d] a todos sus príncipes,
12 Que han dicho: Heredemos para nosotros
Las moradas de Dios.

13 Dios mío, ponlos como torbellinos,
Como hojarascas delante del viento,
14 Como fuego que quema el monte,
Como llama que abrasa el bosque.
15 Persíguelos así con tu tempestad,
Y atérralos con tu torbellino.
16 Llena sus rostros de vergüenza,
Y busquen tu nombre, oh Jehová.
17 Sean afrentados y turbados para siempre;
Sean deshonrados, y perezcan.
18 Y conozcan que tu nombre es Jehová;
Tú solo Altísimo sobre toda la tierra.
Anhelo por la casa de Dios

Súplica por la misericordia de Dios sobre Israel

Al músico principal; sobre Gitit. Salmo para los hijos de Coré.

84 ¡CUÁN amables son tus moradas, oh Jehová de los ejércitos!
2 Anhela mi alma y aun ardientemente desea los atrios de Jehová;
Mi corazón y mi carne cantan al Dios vivo.

3 Aun el gorrión halla casa,
Y la golondrina nido para sí, donde ponga sus polluelos,
Cerca de tus altares, oh Jehová de los ejércitos,
Rey mío, y Dios mío.
4 Bienaventurados los que habitan en tu casa;
Perpetuamente te alabarán. *Selah*
5 Bienaventurado el hombre que tiene en ti sus fuerzas,
En cuyo corazón están tus caminos.
6 Atravesando el valle de lágrimas lo cambian en fuente,
Cuando la lluvia llena los estanques.
7 Irán de poder en poder;
Verán a Dios en Sion.

8 Jehová Dios de los ejércitos, oye mi oración;
Escucha, oh Dios de Jacob. *Selah*
9 Mira, oh Dios, escudo nuestro,
Y pon los ojos en el rostro de tu ungido.

10 Porque mejor es un día en tus atrios que mil fuera de ellos.

a. 83.9 Jue 7.1-23. **b. 83.9** Jue 4.6-22.
c. 83.11 Jue 7.25. **d. 83.11** Jue 8.12.

LECCIONES DE VIDA

82.6 — todos vosotros [sois] hijos del Altísimo.

Este versículo se refiere a los jueces y líderes de Israel que representaron a Dios ante el pueblo y les enseñaron su Palabra (Éx 4.16; 7.1). Jesús lo citó para mostrar que Él es el verdadero Hijo de Dios y para resaltar el tremendo privilegio de recibir la Palabra de Dios (Jn 10.34–36). Tratemos la Biblia como el gran regalo que es, y alimentémonos diariamente de ella para honrar a Aquel que nos dio su Palabra viva.

83.1 — Oh Dios, no guardes silencio; no calles, oh Dios, ni te estés quieto.

El libro de Salmos está lleno de ruegos para que Dios despliegue su poder y rescate a su pueblo asediado. A veces el Señor no actúa hasta que reconozcamos que aparte de Él estamos indefensos y somos totalmente incapaces de resolver nuestros problemas. De esa manera, cuando Él actúe, recibe toda la gloria.

84.10 — mejor es un día en tus atrios que mil fuera de ellos. Escogería antes estar a la puerta de la casa de mi Dios, que habitar en las moradas de maldad.

Ya que fuimos creados para vivir en una relación íntima con Dios, una posición humilde de servicio estando con Él es mejor que una posición exaltada de poder o fama en el mundo, sin tenerlo a Él. Sólo en Cristo hallamos satisfacción profunda y definitiva.

Escogería antes estar a la puerta de la
casa de mi Dios,
Que habitar en las moradas de maldad.
*11 Porque sol y escudo es Jehová Dios;
Gracia y gloria dará Jehová.
No quitará el bien a los que andan en
integridad.
12 Jehová de los ejércitos,
Dichoso el hombre que en ti confía.

Súplica por la misericordia de Dios sobre Israel

Al músico principal. Salmo para los hijos de Coré.

85 FUISTE propicio a tu tierra, oh Jehová;
Volviste la cautividad de Jacob.
2 Perdonaste la iniquidad de tu pueblo;
Todos los pecados de ellos cubriste.
Selah
3 Reprimiste todo tu enojo;
Te apartaste del ardor de tu ira.

4 Restáuranos, oh Dios de nuestra
salvación,
Y haz cesar tu ira de sobre nosotros.
5 ¿Estarás enojado contra nosotros para
siempre?
¿Extenderás tu ira de generación en
generación?
➤6 ¿No volverás a darnos vida,
Para que tu pueblo se regocije en ti?
7 Muéstranos, oh Jehová, tu misericordia,
Y danos tu salvación.

➤8 Escucharé lo que hablará Jehová Dios;
Porque hablará paz a su pueblo y a sus
santos,
Para que no se vuelvan a la locura.
9 Ciertamente cercana está su salvación a
los que le temen,
Para que habite la gloria en nuestra
tierra.

10 La misericordia y la verdad se
encontraron;
La justicia y la paz se besaron.
11 La verdad brotará de la tierra,
Y la justicia mirará desde los cielos.
12 Jehová dará también el bien,
Y nuestra tierra dará su fruto.
13 La justicia irá delante de él,
Y sus pasos nos pondrá por camino.

Oración pidiendo la continuada misericordia de Dios

Oración de David.

86 INCLINA, oh Jehová, tu oído, y escúchame,
Porque estoy afligido y menesteroso.
2 Guarda mi alma, porque soy piadoso;
Salva tú, oh Dios mío, a tu siervo que en
ti confía.
3 Ten misericordia de mí, oh Jehová;
Porque a ti clamo todo el día.
4 Alegra el alma de tu siervo,
Porque a ti, oh Señor, levanto mi alma.
5 Porque tú, Señor, eres bueno y
perdonador,
Y grande en misericordia para con
todos los que te invocan.
6 Escucha, oh Jehová, mi oración, ➤
Y está atento a la voz de mis ruegos.
7 En el día de mi angustia te llamaré, ➤
Porque tú me respondes.

8 Oh Señor, ninguno hay como tú entre
los dioses,
Ni obras que igualen tus obras.
9 Todas las naciones que hiciste vendrán
y adorarán delante de ti, Señor,
Y glorificarán tu nombre.[a]
10 Porque tú eres grande, y hacedor de
maravillas;
Sólo tú eres Dios.
11 Enséñame, oh Jehová, tu camino; ➤
caminaré yo en tu verdad;
Afirma mi corazón para que tema tu
nombre.

a. 86.9 Ap 15.4.

LECCIONES DE VIDA

➤ ***85.6 — ¿No volverás a darnos vida, para que tu pueblo se regocije en ti?***

El avivamiento espiritual no consiste solamente en que seamos restaurados a una relación correcta con Dios; también se trata de volver a una situación en la que nos podamos deleitar en Él y celebrar gozosamente su bondad, su amor y su misericordia.

➤ ***85.8 — hablará paz a su pueblo y a sus santos, para que no se vuelvan a la locura.***

La salvación de Dios no nos rescata solamente del castigo de nuestros pecados, también nos libera de la servidumbre a nuestras transgresiones y el impulso a practicarlas (Ro 6.17–19). Pablo escribió: «Estad, pues, firmes en la libertad con que Cristo nos hizo libres, y no estéis otra vez sujetos al yugo de esclavitud» (Gá 5.1).

➤ ***86.6 — Escucha, oh Jehová, mi oración.***

Si Dios ya conoce todos nuestros deseos y necesidades, ¿por qué tenemos que orar? Una palabra: *relación*. El Señor quiere que nos sinceremos con Él. Si siempre procediera a satisfacer nuestras necesidades sin que nosotros lo buscásemos para expresarlas, jamás seríamos vulnerables con Él. En cambio, cada vez que oramos le abrimos nuestra vida para recibir su amor, poder, sabiduría y provisión.

➤ ***86.7 — te llamaré, porque tú me respondes.***

Se requiere fe para orar. Tal vez sea por esto que a veces nos resulte difícil ponernos de rodillas ante Dios, pues nos preguntamos: *¿De qué servirá?* No obstante, es posible tener certeza que el Señor nos oye y provee para nuestras necesidades cuando lo buscamos. Por lo tanto, no busque otras maneras de resolver sus problemas; más bien, invoque al Señor con plena seguridad que Él le ayudará.

12 Te alabaré, oh Jehová Dios mío, con todo mi corazón,
Y glorificaré tu nombre para siempre.
13 Porque tu misericordia es grande para conmigo,
Y has librado mi alma de las profundidades del Seol.
14 Oh Dios, los soberbios se levantaron contra mí,
Y conspiración de violentos ha buscado mi vida,
Y no te pusieron delante de sí.
15 Mas tú, Señor, Dios misericordioso y clemente,
Lento para la ira, y grande en misericordia y verdad,
16 Mírame, y ten misericordia de mí;
Da tu poder a tu siervo,
Y guarda al hijo de tu sierva.
17 Haz conmigo señal para bien,
Y véanla los que me aborrecen, y sean avergonzados;
Porque tú, Jehová, me ayudaste y me consolaste.

El privilegio de morar en Sion

A los hijos de Coré. Salmo. Cántico.

87 SU cimiento está en el monte santo.
2 Ama Jehová las puertas de Sion
Más que todas las moradas de Jacob.
➤3 Cosas gloriosas se han dicho de ti,
Ciudad de Dios. *Selah*
4 Yo me acordaré de Rahab y de Babilonia entre los que me conocen;
He aquí Filistea y Tiro, con Etiopía;
Éste nació allá.
5 Y de Sion se dirá: Éste y aquél han nacido en ella,
Y el Altísimo mismo la establecerá.
6 Jehová contará al inscribir a los pueblos:
Éste nació allí. *Selah*
7 Y cantores y tañedores en ella dirán:
Todas mis fuentes están en ti.

Súplica por la liberación de la muerte

Cántico. Salmo para los hijos de Coré. Al músico principal, para cantar sobre Mahalat. Masquil de Hemán ezraíta.

88 OH Jehová, Dios de mi salvación,
Día y noche clamo delante de ti.
2 Llegue mi oración a tu presencia;
Inclina tu oído a mi clamor.
3 Porque mi alma está hastiada de males, ➤
Y mi vida cercana al Seol.
4 Soy contado entre los que descienden al sepulcro;
Soy como hombre sin fuerza,
5 Abandonado entre los muertos,
Como los pasados a espada que yacen en el sepulcro,
De quienes no te acuerdas ya,
Y que fueron arrebatados de tu mano.
6 Me has puesto en el hoyo profundo,
En tinieblas, en lugares profundos.
7 Sobre mí reposa tu ira,
Y me has afligido con todas tus ondas. *Selah*
8 Has alejado de mí mis conocidos;
Me has puesto por abominación a ellos;
Encerrado estoy, y no puedo salir.
9 Mis ojos enfermaron a causa de mi aflicción;
Te he llamado, oh Jehová, cada día;
He extendido a ti mis manos.
10 ¿Manifestarás tus maravillas a los muertos?
¿Se levantarán los muertos para alabarte? *Selah*
11 ¿Será contada en el sepulcro tu misericordia,
O tu verdad en el Abadón?
12 ¿Serán reconocidas en las tinieblas tus maravillas,
Y tu justicia en la tierra del olvido?
13 Mas yo a ti he clamado, oh Jehová,
Y de mañana mi oración se presentará delante de ti.
14 ¿Por qué, oh Jehová, desechas mi alma?

LECCIONES DE VIDA

➤ ***86.11 — Afirma mi corazón para que tema tu nombre.***

Nuestros corazones pueden ser una maraña de emociones conflictivas e intereses cruzados, por eso nos sentimos arrastrados en varias direcciones. La solución de Dios es que oremos para recibir un corazón afirmado como resultado de estar unido al suyo.

➤ ***87.3 — Cosas gloriosas se han dicho de ti, ciudad de Dios.***

Jerusalén significa «enseñanza de paz» y es un lugar donde el Señor ha provisto de forma poderosa para su pueblo. Para Abraham, fue el lugar donde Dios detuvo el sacrificio de Isaac y proveyó un carnero (Gn 22.12–14). Allí habitó Dios entre su pueblo, en el templo (2 Cr 5.11–14). Es donde vino para reconciliarnos con Él mismo (Mt 16.21). También es el lugar donde Él regresará un día a establecer para siempre su reino de paz (Ap 21—22).

➤ ***88.3 — mi alma está hastiada de males, y mi vida cercana al Seol.***

La obediencia lleva a la bendición, pero eso no significa que usted tendrá una vida libre de problemas. Pablo y Bernabé dijeron: «Es necesario que a través de muchas tribulaciones entremos en el reino de Dios» (Hch 14.22).

¿Por qué escondes de mí tu rostro?
15 Yo estoy afligido y menesteroso;
Desde la juventud he llevado tus terrores, he estado medroso.
16 Sobre mí han pasado tus iras,
Y me oprimen tus terrores.
17 Me han rodeado como aguas continuamente;
A una me han cercado.
18 Has alejado de mí al amigo y al compañero,
Y a mis conocidos has puesto en tinieblas.

Pacto de Dios con David

Masquil de Etán ezraíta.[a]

89 LAS misericordias de Jehová cantaré perpetuamente;
De generación en generación haré notoria tu fidelidad con mi boca.
2 Porque dije:
Para siempre será edificada misericordia;
En los cielos mismos afirmarás tu verdad.
3 Hice pacto con mi escogido;
Juré a David mi siervo, diciendo:
4 Para siempre confirmaré tu descendencia,
Y edificaré tu trono por todas las generaciones.[b]
Selah
5 Celebrarán los cielos tus maravillas, oh Jehová,
Tu verdad también en la congregación de los santos.
➤6 Porque ¿quién en los cielos se igualará a Jehová?
¿Quién será semejante a Jehová entre los hijos de los potentados?
7 Dios temible en la gran congregación de los santos,
Y formidable sobre todos cuantos están alrededor de él.
8 Oh Jehová, Dios de los ejércitos,
¿Quién como tú? Poderoso eres, Jehová,
Y tu fidelidad te rodea.
9 Tú tienes dominio sobre la braveza del mar;
Cuando se levantan sus ondas, tú las sosiegas.
10 Tú quebrantaste a Rahab como a herido de muerte;
Con tu brazo poderoso esparciste a tus enemigos.
11 Tuyos son los cielos, tuya también la tierra;
El mundo y su plenitud, tú lo fundaste.
12 El norte y el sur, tú los creaste;
El Tabor y el Hermón cantarán en tu nombre.
13 Tuyo es el brazo potente;
Fuerte es tu mano, exaltada tu diestra.
14 Justicia y juicio son el cimiento de tu trono;
Misericordia y verdad van delante de tu rostro.
15 Bienaventurado el pueblo que sabe aclamarte;
Andará, oh Jehová, a la luz de tu rostro.
16 En tu nombre se alegrará todo el día,
Y en tu justicia será enaltecido.
17 Porque tú eres la gloria de su potencia,
Y por tu buena voluntad acrecentarás nuestro poder.
18 Porque Jehová es nuestro escudo,
Y nuestro rey es el Santo de Israel.

19 Entonces hablaste en visión a tu santo,
Y dijiste: He puesto el socorro sobre uno que es poderoso;
He exaltado a un escogido de mi pueblo.
20 Hallé a David[c] mi siervo;
Lo ungí con mi santa unción.[d]
21 Mi mano estará siempre con él,
Mi brazo también lo fortalecerá.
22 No lo sorprenderá el enemigo,
Ni hijo de iniquidad lo quebrantará;
23 Sino que quebrantaré delante de él a sus enemigos,
Y heriré a los que le aborrecen.
24 Mi verdad y mi misericordia estarán con él,
Y en mi nombre será exaltado su poder.
25 Asimismo pondré su mano sobre el mar,
Y sobre los ríos su diestra.
26 Él me clamará: Mi padre eres tú,
Mi Dios, y la roca de mi salvación.
27 Yo también le pondré por primogénito,
El más excelso de los reyes de la tierra.[e]
28 Para siempre le conservaré mi misericordia,
Y mi pacto será firme con él.

a. 89 tít. 1 R 4.31. **b. 89.4** 2 S 7.12-16; 1 Cr 17.11-14; Sal 132.11; Hch 2.30. **c. 89.20** 1 S 13.14; Hch 13.22. **d. 89.20** 1 S 16.12. **e. 89.27** Ap 1.5.

LECCIONES DE VIDA

➤ ***89.6 — ¿Quién será semejante a Jehová entre los hijos de los potentados?***

Aunque otras personas nos van a defraudar, sea de manera intencional o sin proponérselo, Dios nunca lo hará. Entonces, ¿por qué seguimos apoyándonos en otros más que en Él? Quizá sea porque podemos ver, oír y tocar a la gente, mientras que el Señor no es tangible con nuestros sentidos físicos. No obstante, Él es real, y siempre nos ayudará mas allá de lo que cualquier persona humanamente pudiera llegar a hacer por nosotros.

29 Pondré su descendencia para siempre,
Y su trono como los días de los cielos.
30 Si dejaren sus hijos mi ley,
Y no anduvieren en mis juicios,
31 Si profanaren mis estatutos,
Y no guardaren mis mandamientos,
32 Entonces castigaré con vara su rebelión,
Y con azotes sus iniquidades.
➤33 Mas no quitaré de él mi misericordia
Ni falsearé mi verdad.
34 No olvidaré mi pacto,
Ni mudaré lo que ha salido de mis labios.
➤35 Una vez he jurado por mi santidad,
Y no mentiré a David.
36 Su descendencia será para siempre,
Y su trono como el sol delante de mí.
37 Como la luna será firme para siempre,
Y como un testigo fiel en el cielo. *Selah*
38 Mas tú desechaste y menospreciaste a tu ungido,
Y te has airado con él.
39 Rompiste el pacto de tu siervo;
Has profanado su corona hasta la tierra.
40 Aportillaste todos sus vallados;
Has destruido sus fortalezas.
41 Lo saquean todos los que pasan por el camino;
Es oprobio a sus vecinos.
42 Has exaltado la diestra de sus enemigos;
Has alegrado a todos sus adversarios.
43 Embotaste asimismo el filo de su espada,
Y no lo levantaste en la batalla.
44 Hiciste cesar su gloria,
Y echaste su trono por tierra.
45 Has acortado los días de su juventud;
Le has cubierto de afrenta. *Selah*
46 ¿Hasta cuándo, oh Jehová?
¿Te esconderás para siempre?
¿Arderá tu ira como el fuego?
47 Recuerda cuán breve es mi tiempo;
¿Por qué habrás creado en vano a todo hijo de hombre?
48 ¿Qué hombre vivirá y no verá muerte?
¿Librará su vida del poder del Seol? *Selah*
49 Señor, ¿dónde están tus antiguas misericordias,
Que juraste a David por tu verdad?
50 Señor, acuérdate del oprobio de tus siervos;
Oprobio de muchos pueblos, que llevo en mi seno.
51 Porque tus enemigos, oh Jehová, han deshonrado,
Porque tus enemigos han deshonrado los pasos de tu ungido.
52 Bendito sea Jehová para siempre.
Amén, y Amén.

LIBRO IV

La eternidad de Dios y la transitoriedad del hombre

Oración de Moisés, varón de Dios.

90 SEÑOR, tú nos has sido refugio
De generación en generación.
2 Antes que naciesen los montes
Y formases la tierra y el mundo,
Desde el siglo y hasta el siglo, tú eres Dios.
3 Vuelves al hombre hasta ser quebrantado,
Y dices: Convertíos, hijos de los hombres.
4 Porque mil años delante de tus ojos ➤
Son como el día de ayer, que pasó,[a]
Y como una de las vigilias de la noche.
5 Los arrebatas como con torrente de aguas; son como sueño,
Como la hierba que crece en la mañana.
6 En la mañana florece y crece;
A la tarde es cortada, y se seca.
7 Porque con tu furor somos consumidos,
Y con tu ira somos turbados.
8 Pusiste nuestras maldades delante de ti,
Nuestros yerros a la luz de tu rostro.

a. 90.4 2 P 3.8.

LECCIONES DE VIDA

➤ ***89.33 — no quitaré de él mi misericordia, ni falsearé mi verdad.***

Dios escarmienta a sus hijos errantes, pero jamás deberíamos interpretar su disciplina como un rechazo. Él jamás nos fallará, y aún cuando nos corrige, sigue siendo fiel y nos trata con misericordia (He 12.4–11).

➤ ***89.35, 36 — Una vez he jurado por mi santidad, y no mentiré a David. Su descendencia será para siempre, y su trono como el sol delante de mí.***

El cumplimiento de la promesa de Dios a David vino a través de Jesucristo. Jesús no cumplió solamente la garantía que el Señor le dio a David (2 S 7.12–16), sino también más de trescientas profecías y juramentos en el transcurso de la historia, dadas a toda clase de personas desde Adán hasta Zacarías. Dios siempre cumple sus promesas al pie de la letra.

➤ ***90.4 — mil años delante de tus ojos son como el día de ayer, que pasó, y como una de las vigilias de la noche.***

Por cuanto Dios es infinito y vive para siempre (Is 57.15), Él no está sujeto a las mismas restricciones espacio-temporales que tanto nos limitan y frustran. Lo que nos parece una tardanza es justo a tiempo para Él.

9 Porque todos nuestros días declinan a causa de tu ira;
Acabamos nuestros años como un pensamiento.
10 Los días de nuestra edad son setenta años;
Y si en los más robustos son ochenta años,
Con todo, su fortaleza es molestia y trabajo,
Porque pronto pasan, y volamos.

11 ¿Quién conoce el poder de tu ira,
Y tu indignación según que debes ser temido?
12 Enséñanos de tal modo a contar nuestros días,
Que traigamos al corazón sabiduría.

13 Vuélvete, oh Jehová; ¿hasta cuándo?
Y aplácate para con tus siervos.
➤ 14 De mañana sácianos de tu misericordia,
Y cantaremos y nos alegraremos todos nuestros días.
15 Alégranos conforme a los días que nos afligiste,
Y los años en que vimos el mal.
16 Aparezca en tus siervos tu obra,
Y tu gloria sobre sus hijos.
17 Sea la luz de Jehová nuestro Dios sobre nosotros,
Y la obra de nuestras manos confirma sobre nosotros;
Sí, la obra de nuestras manos confirma.

Morando bajo la sombra del Omnipotente

91

EL que habita al abrigo del Altísimo
Morará bajo la sombra del Omnipotente.
2 Diré yo a Jehová:
Esperanza mía, y castillo mío;
Mi Dios, en quien confiaré.
3 Él te librará del lazo del cazador,
De la peste destructora.
4 Con sus plumas te cubrirá,
Y debajo de sus alas estarás seguro;
Escudo y adarga es su verdad.
5 No temerás el terror nocturno, ➤
Ni saeta que vuele de día,
6 Ni pestilencia que ande en oscuridad,
Ni mortandad que en medio del día destruya.

7 Caerán a tu lado mil,
Y diez mil a tu diestra;
Mas a ti no llegará.
8 Ciertamente con tus ojos mirarás
Y verás la recompensa de los impíos.

9 Porque has puesto a Jehová, que es mi esperanza,
Al Altísimo por tu habitación,
10 No te sobrevendrá mal,
Ni plaga tocará tu morada.

11 Pues a sus ángeles mandará acerca de ti,[a]
Que te guarden en todos tus caminos.
12 En las manos te llevarán,
Para que tu pie no tropiece en piedra.[b]
13 Sobre el león y el áspid pisarás;
Hollarás al cachorro del león y al dragón.[c]
14 Por cuanto en mí ha puesto su amor, yo también lo libraré; *
Le pondré en alto, por cuanto ha conocido mi nombre.
15 Me invocará, y yo le responderé; ➤
Con él estaré yo en la angustia;
Lo libraré y le glorificaré.
16 Lo saciaré de larga vida,
Y le mostraré mi salvación.

Alabanza por la bondad de Dios

Salmo. Cántico para el día de reposo.

92

BUENO es alabarte, oh Jehová,
Y cantar salmos a tu nombre, oh Altísimo;
2 Anunciar por la mañana tu misericordia, ➤
Y tu fidelidad cada noche,

a. 91.11 Mt 4.6; Lc 4.10. **b. 91.12** Mt 4.6; Lc 4.11. **c. 91.13** Lc 10.19.

LECCIONES DE VIDA

➤ ***90.14 — De mañana sácianos de tu misericordia, y cantaremos y nos alegraremos todos nuestros días.***

Dios quiere que nuestra relación con Él nos llene de gozo y alegría, como un ejemplo al mundo de su bondad y misericordia. «En tu presencia hay plenitud de gozo» (Sal 16.11).

➤ ***91.5 — No temerás el terror nocturno, ni saeta que vuele de día.***

A veces podemos sentir como si nuestras noches están llenas de terror, y de día hasta tenemos la sensación de ser un tiro al blanco. No obstante, cuando buscamos nuestra seguridad en el Señor, ni las flechas ni los temores tienen que asustarnos o intimidarnos; Él es nuestra seguridad, y en Él hallamos reposo.

➤ ***91.15 — Me invocará, y yo le responderé; con él estaré yo en la angustia; lo libraré y le glorificaré.***

La oración nos permite conectar nuestra necesidad a la provisión de Dios. Traemos nuestro vacío delante de su amor y su provisión interminable, y le pedimos que nos satisfaga. Nuestras carencias no se comparan con su abundancia, y Él asume toda la responsabilidad por nuestras necesidades cuando lo obedecemos (Fil 4.19).

➤ ***92.2 — Anunciar por la mañana tu misericordia, y tu fidelidad cada noche.***

Este versículo apunta a la relación momento a momento que Dios quiere tener con nosotros. Él quiere que andemos en su presencia y disfrutemos su compañía todo el día.

3 En el decacordio y en el salterio,
En tono suave con el arpa.
4 Por cuanto me has alegrado, oh Jehová, con tus obras;
En las obras de tus manos me gozo.

5 ¡Cuán grandes son tus obras, oh Jehová!
Muy profundos son tus pensamientos.
6 El hombre necio no sabe,
Y el insensato no entiende esto.
7 Cuando brotan los impíos como la hierba,
Y florecen todos los que hacen iniquidad,
Es para ser destruidos eternamente.
8 Mas tú, Jehová, para siempre eres Altísimo.
9 Porque he aquí tus enemigos, oh Jehová,
Porque he aquí, perecerán tus enemigos;
Serán esparcidos todos los que hacen maldad.
10 Pero tú aumentarás mis fuerzas como las del búfalo;
Seré ungido con aceite fresco.
11 Y mirarán mis ojos sobre mis enemigos;
Oirán mis oídos de los que se levantaron contra mí, de los malignos.

12 El justo florecerá como la palmera;
Crecerá como cedro en el Líbano.
13 Plantados en la casa de Jehová,
En los atrios de nuestro Dios florecerán.
➤ 14 Aun en la vejez fructificarán;
Estarán vigorosos y verdes,
15 Para anunciar que Jehová mi fortaleza es recto,
Y que en él no hay injusticia.

La majestad de Jehová

➤ **93** JEHOVÁ reina; se vistió de magnificencia;
Jehová se vistió, se ciñó de poder.
Afirmó también el mundo, y no se moverá.
2 Firme es tu trono desde entonces;
Tú eres eternamente.
3 Alzaron los ríos, oh Jehová,
Los ríos alzaron su sonido;
Alzaron los ríos sus ondas.
4 Jehová en las alturas es más poderoso
Que el estruendo de las muchas aguas,
Más que las recias ondas del mar.
5 Tus testimonios son muy firmes;
La santidad conviene a tu casa,
Oh Jehová, por los siglos y para siempre.

Oración clamando por venganza

94 JEHOVÁ, Dios de las venganzas,
Dios de las venganzas, muéstrate.
2 Engrandécete, oh Juez de la tierra;
Da el pago a los soberbios.
3 ¿Hasta cuándo los impíos,
Hasta cuándo, oh Jehová, se gozarán los impíos?

4 ¿Hasta cuándo pronunciarán, hablarán cosas duras,
Y se vanagloriarán todos los que hacen iniquidad?
5 A tu pueblo, oh Jehová, quebrantan,
Y a tu heredad afligen.
6 A la viuda y al extranjero matan,
Y a los huérfanos quitan la vida.
7 Y dijeron: No verá JAH,
Ni entenderá el Dios de Jacob.

8 Entended, necios del pueblo;
Y vosotros, fatuos, ¿cuándo seréis sabios?
9 El que hizo el oído, ¿no oirá?
El que formó el ojo, ¿no verá?
10 El que castiga a las naciones, ¿no reprenderá?
¿No sabrá el que enseña al hombre la ciencia?
11 Jehová conoce los pensamientos de los hombres,
Que son vanidad.[a]

12 Bienaventurado el hombre a quien tú, JAH, corriges, ➤
Y en tu ley lo instruyes,

a. 94.11 1 Co 3.20.

LECCIONES DE VIDA

➤ ***92.14 — Aun en la vejez fructificarán; estarán vigorosos y verdes.***

Nuestro cuerpo envejece y se vuelve más frágil, pero Dios quiere que llevemos fruto mientras vivamos en la tierra. Además, así como ciertas cosechas mejoran al añejarse el árbol, andar fielmente con el Señor en el correr de los años debería producir la mejor cosecha en la vida del creyente. Nuestro servicio puede variar con las limitaciones de la vejez, pero Él nos llama a ser fructíferos en todas las temporadas de la vida (Jn 15.4, 5).

➤ ***93.1 — Jehová reina; se vistió de magnificencia; Jehová se vistió, se ciñó de poder.***

Somos hijos del Señor, quien es soberano sobre todo lo que existe, y Él tiene el poder y la sabiduría para hacer que todo suceda como lo desea. Nada puede frustrar sus planes y nadie puede derribar sus promesas. ¡Por eso es que podemos confiar en Él!

➤ ***94.12, 13 — Bienaventurado el hombre a quien tú, JAH, corriges, y en tu ley lo instruyes, para hacerle descansar en los días de aflicción.***

En este versículo Dios nos da una razón adicional para estudiar su Palabra. Por medio de las Escrituras, Él nos muestra cómo hemos contribuido a nuestras aflicciones y nos muestra de qué debemos arrepentirnos. Él también nos instruye para que evitemos tropezar en el futuro.

13 Para hacerle descansar en los días de aflicción,
En tanto que para el impío se cava el hoyo.
14 Porque no abandonará Jehová a su pueblo,
Ni desamparará su heredad,
15 Sino que el juicio será vuelto a la justicia,
Y en pos de ella irán todos los rectos de corazón.

16 ¿Quién se levantará por mí contra los malignos?
¿Quién estará por mí contra los que hacen iniquidad?
17 Si no me ayudara Jehová,
Pronto moraría mi alma en el silencio.
18 Cuando yo decía: Mi pie resbala,
Tu misericordia, oh Jehová, me sustentaba.
➤ 19 En la multitud de mis pensamientos dentro de mí,
Tus consolaciones alegraban mi alma.
20 ¿Se juntará contigo el trono de iniquidades
Que hace agravio bajo forma de ley?
21 Se juntan contra la vida del justo,
Y condenan la sangre inocente.
22 Mas Jehová me ha sido por refugio,
Y mi Dios por roca de mi confianza.
23 Y él hará volver sobre ellos su iniquidad
Y los destruirá en su propia maldad;
Los destruirá Jehová nuestro Dios.

Cántico de alabanza y de adoración

95 VENID, aclamemos alegremente a Jehová;
Cantemos con júbilo a la roca de nuestra salvación.
2 Lleguemos ante su presencia con alabanza;
Aclamémosle con cánticos.
3 Porque Jehová es Dios grande,
Y Rey grande sobre todos los dioses.
4 Porque en su mano están las profundidades de la tierra,
Y las alturas de los montes son suyas.
5 Suyo también el mar, pues él lo hizo;
Y sus manos formaron la tierra seca.

6 Venid, adoremos y postrémonos; ➤
Arrodillémonos delante de Jehová nuestro Hacedor.
7 Porque él es nuestro Dios; ➤
Nosotros el pueblo de su prado, y ovejas de su mano.

Si oyereis hoy su voz,
8 No endurezcáis vuestro corazón,[a] como en Meriba,
Como en el día de Masah en el desierto,
9 Donde me tentaron vuestros padres,
Me probaron,[b] y vieron mis obras.
10 Cuarenta años estuve disgustado con la nación,
Y dije: Pueblo es que divaga de corazón,
Y no han conocido mis caminos.
11 Por tanto, juré en mi furor
Que no entrarían en mi reposo.[c, d]

Cántico de alabanza
(1 Cr 16.23-33)

96 CANTAD a Jehová cántico nuevo; ➤
Cantad a Jehová, toda la tierra.
2 Cantad a Jehová, bendecid su nombre;
Anunciad de día en día su salvación.
3 Proclamad entre las naciones su gloria,
En todos los pueblos sus maravillas.
4 Porque grande es Jehová, y digno de suprema alabanza;
Temible sobre todos los dioses.

a. 95.7-8 He 3.15; 4.7. **b. 95.8-9** Éx 17.1-7; Nm 20.2-13.
c. 95.11 Nm 14.26-35; Dt 1.34-36; He 4.3, 5.
d. 95.7-11 He 3.7-11.

LECCIONES DE VIDA

➤ ***94.19 — En la multitud de mis pensamientos dentro de mí, tus consolaciones alegraban mi alma.***

Dios es un consuelo siempre presente, razón por la cual siempre debemos buscarlo. Esto incluye las veces que tenemos dificultad para controlar nuestras emociones. El Señor quiere calmar nuestras ansiedades y darnos esperanza para sobreponernos a la angustia.

➤ ***95.6 — Venid, adoremos y postrémonos; arrodillémonos delante de Jehová nuestro Hacedor.***

¿Se postra usted físicamente delante de Dios en adoración? ¿Se arrodilla ante Él para orar? Una postura humilde puede ayudarnos a tener presente la majestad del Señor.

➤ ***95.7, 8 — Si oyereis hoy su voz, no endurezcáis vuestro corazón, como en Meriba, como en el día de Masah en el desierto.***

Mientras viajaban por el desierto, los israelitas murmuraron contra el Señor porque no encontraron agua. Sus quejas revelaron la infidelidad en sus corazones y su menosprecio a la santidad y la provisión de Dios (Éx 17.2–7). Debemos cuidarnos de no imitar esa actitud incrédula. El escritor de Hebreos cita este versículo en tres ocasiones para alentar a los creyentes a escuchar cuidadosamente al Señor y demostrar su fe por medio de obedecerle (He 3.7, 8, 15; 4.7). Cuando dejamos de hacerle caso al Señor, nos metemos en líos.

➤ **96.1 — Cantad a Jehová cántico nuevo.**

¿Por qué nos anima la Biblia a cantar un cántico *nuevo* al Señor? Las canciones nuevas, especialmente las de alabanza, nos ayudan a ver a Dios desde la frescura de un nuevo día. A medida que proseguimos en nuestro andar diario con el Señor, deberíamos ver constantemente la evidencia de su obra en nuestras vidas, que nos madura y nos lleva a una relación más profunda con Él.

5 Porque todos los dioses de los pueblos son ídolos;
Pero Jehová hizo los cielos.
6 Alabanza y magnificencia delante de él;
Poder y gloria en su santuario.

7 Tributad a Jehová, oh familias de los pueblos,
Dad a Jehová la gloria y el poder.
8 Dad a Jehová la honra debida a su nombre;
Traed ofrendas, y venid a sus atrios.
9 Adorad a Jehová en la hermosura de la santidad;[a]
Temed delante de él, toda la tierra.

* 10 Decid entre las naciones: Jehová reina.
También afirmó el mundo, no será conmovido;
Juzgará a los pueblos en justicia.
11 Alégrense los cielos, y gócese la tierra;
Brame el mar y su plenitud.
12 Regocíjese el campo, y todo lo que en él está;
Entonces todos los árboles del bosque rebosarán de contento,
13 Delante de Jehová que vino;
Porque vino a juzgar la tierra.
Juzgará al mundo con justicia,
Y a los pueblos con su verdad.

El dominio y el poder de Jehová

97 JEHOVÁ reina; regocíjese la tierra,
Alégrense las muchas costas.
2 Nubes y oscuridad alrededor de él;
Justicia y juicio son el cimiento de su trono.
3 Fuego irá delante de él,
Y abrasará a sus enemigos alrededor.
4 Sus relámpagos alumbraron el mundo;
La tierra vio y se estremeció.
5 Los montes se derritieron como cera delante de Jehová,
Delante del Señor de toda la tierra.

6 Los cielos anunciaron su justicia,
Y todos los pueblos vieron su gloria.
7 Avergüéncense todos los que sirven a las imágenes de talla,
Los que se glorían en los ídolos.
Póstrense a él todos los dioses.
8 Oyó Sion, y se alegró;
Y las hijas de Judá,
Oh Jehová, se gozaron por tus juicios.
9 Porque tú, Jehová, eres excelso sobre toda la tierra;
Eres muy exaltado sobre todos los dioses.
10 Los que amáis a Jehová, aborreced el mal;
Él guarda las almas de sus santos;
De mano de los impíos los libra.
11 Luz está sembrada para el justo,
Y alegría para los rectos de corazón.
12 Alegraos, justos, en Jehová,
Y alabad la memoria de su santidad.

Alabanza por la justicia de Dios
Salmo.

98 CANTAD a Jehová cántico nuevo,
Porque ha hecho maravillas;
Su diestra lo ha salvado, y su santo brazo.
2 Jehová ha hecho notoria su salvación;
A vista de las naciones ha descubierto su justicia.
3 Se ha acordado de su misericordia y de su verdad para con la casa de Israel;
Todos los términos de la tierra han visto la salvación de nuestro Dios.

4 Cantad alegres a Jehová, toda la tierra;
Levantad la voz, y aplaudid, y cantad salmos.
5 Cantad salmos a Jehová con arpa;
Con arpa y voz de cántico.
6 Aclamad con trompetas y sonidos de bocina,
Delante del rey Jehová.

7 Brame el mar y su plenitud,
El mundo y los que en él habitan;
8 Los ríos batan las manos,
Los montes todos hagan regocijo
9 Delante de Jehová, porque vino a juzgar la tierra.
Juzgará al mundo con justicia,
Y a los pueblos con rectitud.

a. 96.7-9 Sal 29.1-2.

LECCIONES DE VIDA

➤ ***97.10 — Los que amáis a Jehová, aborreced el mal.***

A medida que anhelamos adorar al Señor y crecemos en santidad, nuestro disgusto hacia todo lo que le deshonra y desagrada también debería aumentar. Nuestro amor a Dios debería motivarnos a ayudar a otros a acercarse a Él también.

➤ ***98.9 — Juzgará al mundo con justicia, y a los pueblos con rectitud.***

Cuando Jesús vuelva, cumplirá este versículo y traerá justicia a nuestro mundo atribulado. Pedro lo afirmó de este modo: «nos mandó que predicásemos al pueblo, y testificásemos que él es el que Dios ha puesto por Juez de vivos y muertos… todos los que en él creyeren, recibirán perdón de pecados por su nombre» (Hch 10.42, 43).

Fidelidad de Jehová para con Israel

➢ 99 JEHOVÁ reina; temblarán los pueblos.
Él está sentado sobre los querubines,[a]
se conmoverá la tierra.
2 Jehová en Sion es grande,
Y exaltado sobre todos los pueblos.
3 Alaben tu nombre grande y temible;
Él es santo.
4 Y la gloria del rey ama el juicio;
Tú confirmas la rectitud;
Tú has hecho en Jacob juicio y justicia.
5 Exaltad a Jehová nuestro Dios,
Y postraos ante el estrado de sus pies;
Él es santo.

6 Moisés y Aarón entre sus sacerdotes,
Y Samuel entre los que invocaron su nombre;
Invocaban a Jehová, y él les respondía.
7 En columna de nube hablaba con ellos;[b]
Guardaban sus testimonios, y el estatuto que les había dado.

➢ 8 Jehová Dios nuestro, tú les respondías;
Les fuiste un Dios perdonador,
Y retribuidor de sus obras.
9 Exaltad a Jehová nuestro Dios,
Y postraos ante su santo monte,
Porque Jehová nuestro Dios es santo.

Exhortación a la gratitud
Salmo de alabanza.

100 Cantad alegres a Dios, habitantes de toda la tierra.
➢ 2 Servid a Jehová con alegría;
Venid ante su presencia con regocijo.
3 Reconoced que Jehová es Dios; ➤
Él nos hizo, y no nosotros a nosotros mismos;
Pueblo suyo somos, y ovejas de su prado.
4 Entrad por sus puertas con acción de gracias,
Por sus atrios con alabanza;
Alabadle, bendecid su nombre.

5 Porque Jehová es bueno; para siempre es su misericordia,[a] *
Y su verdad por todas las generaciones.

Promesa de vivir rectamente
Salmo de David.

101 Misericordia y juicio cantaré;
A ti cantaré yo, oh Jehová.
2 Entenderé el camino de la perfección ➤
Cuando vengas a mí.

En la integridad de mi corazón andaré en medio de mi casa.
3 No pondré delante de mis ojos cosa injusta. ➤

Aborrezco la obra de los que se desvían;
Ninguno de ellos se acercará a mí.
4 Corazón perverso se apartará de mí;
No conoceré al malvado.

a. 99.1 Éx 25.22. **b. 99.7** Éx 33.9. **a. 100.5** 1 Cr 16.34; 2 Cr 5.13; 7.3; Esd 3.11; Sal 106.1; 107.1; 118.1; 136.1; Jer 33.11.

LECCIONES DE VIDA

➢ ***99.1 — Jehová reina; temblarán los pueblos. Él está sentado sobre los querubines, se conmoverá la tierra.***

¿Por qué deberíamos temblar al considerar la soberanía de Dios? ¿Por qué nuestros corazones deberían conmoverse al sentir su presencia? Porque Él es «el bienaventurado y solo Soberano, Rey de reyes, y Señor de señores, el único que tiene inmortalidad, que habita en luz inaccesible… al cual sea la honra y el imperio sempiterno» (1 Ti 6.15, 16).

➢ ***99.8 — les fuiste un Dios perdonador, y retribuidor de sus obras.***

El perdón de Dios no es incompatible con su disciplina y jamás entra en conflicto con ella. Si ponemos nuestra fe en Cristo, Él perdona nuestros pecados pasados, presentes y futuros, pero también promete disciplinarnos cuando sea necesario (He 12.4–11).

➢ ***100.2 — Servid a Jehová con alegría; venid ante su presencia con regocijo.***

Si la presencia del Señor nos produce gozo, servirle debería alegrarnos. Si no disfrutamos la presencia de Dios, obedecerlo nos parecerá una tarea y carga gravosa.

➢ ***100.3 — Reconoced que Jehová es Dios; Él nos hizo, y no nosotros a nosotros mismos; pueblo suyo somos, y ovejas de su prado.***

Dios es el Pastor; nosotros somos su rebaño. Él es nuestro Padre; nosotros somos sus hijos. Él es el Creador; nosotros fuimos formados por su mano. Si recordamos estas verdades básicas, honraremos al Señor y tendremos más motivación y confianza en cualquier situación que se presente.

➢ ***101.2 — Entenderé el camino de la perfección cuando vengas a mí.***

Una cosa es comportarse piadosamente en público, cuando uno sabe que muchos lo observan. Otra muy distinta es reflejar la bondad y la justicia de Dios en el hogar, donde somos vistos únicamente por nuestros familiares. Dios nos llama a hacer ambas cosas.

➢ ***101.3 — No pondré delante de mis ojos cosa injusta.***

¿Cuántas relaciones pecaminosas empiezan con una simple mirada inocente? ¿Cuántos robos empiezan con un simple asomo de envidia? ¿Cuántos hábitos adictivos se consolidan por la exposición prolongada al objeto de su error? Si queremos evitar hacer lo malo, debemos mantenernos lo más lejos posible de cualquier situación, actitud o hábito que nos haga tropezar.

5 Al que solapadamente infama a su
prójimo, yo lo destruiré;
No sufriré al de ojos altaneros y de
corazón vanidoso.

6 Mis ojos pondré en los fieles de la tierra,
para que estén conmigo;
El que ande en el camino de la
perfección, éste me servirá.

7 No habitará dentro de mi casa el que
hace fraude;
El que habla mentiras no se afirmará
delante de mis ojos.

8 De mañana destruiré a todos los impíos
de la tierra,
Para exterminar de la ciudad de Jehová
a todos los que hagan iniquidad.

Oración de un afligido

Oración del que sufre, cuando está angustiado, y delante de Jehová derrama su lamento.

102 Jehová, escucha mi oración,
Y llegue a ti mi clamor.
2 No escondas de mí tu rostro en el día de
mi angustia;
Inclina a mí tu oído;
Apresúrate a responderme el día que te
invocare.

3 Porque mis días se han consumido como
humo,
Y mis huesos cual tizón están
quemados.
4 Mi corazón está herido, y seco como la
hierba,
Por lo cual me olvido de comer mi pan.
5 Por la voz de mi gemido
Mis huesos se han pegado a mi carne.
6 Soy semejante al pelícano del desierto;
Soy como el búho de las soledades;
7 Velo, y soy
Como el pájaro solitario sobre el tejado.
8 Cada día me afrentan mis enemigos
Los que contra mí se enfurecen, se han
conjurado contra mí.
9 Por lo cual yo como ceniza a manera de
pan,
Y mi bebida mezclo con lágrimas,
10 A causa de tu enojo y de tu ira;
Pues me alzaste, y me has arrojado.
11 Mis días son como sombra que se va,
Y me he secado como la hierba.
12 Mas tú, Jehová, permanecerás para
siempre,
Y tu memoria de generación en
generación.
13 Te levantarás y tendrás misericordia de
Sion,
Porque es tiempo de tener misericordia
de ella, porque el plazo ha llegado.
14 Porque tus siervos aman sus piedras,
Y del polvo de ella tienen compasión.
15 Entonces las naciones temerán el
nombre de Jehová,
Y todos los reyes de la tierra tu gloria;
16 Por cuanto Jehová habrá edificado a
Sion
Y en su gloria será visto;
17 Habrá considerado la oración de los
desvalidos,
Y no habrá desechado el ruego de ellos.
18 Se escribirá esto para la generación
venidera;
Y el pueblo que está por nacer alabará
a JAH,
19 Porque miró desde lo alto de su
santuario;
Jehová miró desde los cielos a la tierra,
20 Para oír el gemido de los presos,
Para soltar a los sentenciados a muerte;
21 Para que publique en Sion el nombre de
Jehová,
Y su alabanza en Jerusalén,
22 Cuando los pueblos y los reinos se
congreguen
En uno para servir a Jehová.
23 Él debilitó mi fuerza en el camino;
Acortó mis días.
24 Dije: Dios mío, no me cortes en la mitad
de mis días;
Por generación de generaciones son tus
años.

25 Desde el principio tú fundaste la tierra,
Y los cielos son obra de tus manos.
26 Ellos perecerán, mas tú permanecerás;
Y todos ellos como una vestidura se
envejecerán;
Como un vestido los mudarás, y serán
mudados;
27 Pero tú eres el mismo,
Y tus años no se acabarán.[a]
28 Los hijos de tus siervos habitarán seguros
Y su descendencia será establecida
delante de ti.

a. 102.25-27 He 1.10-12.

LECCIONES DE VIDA

➤ ***102.18 — Se escribirá esto para la generación venidera; y el pueblo que está por nacer alabará a JAH.***

Somos «la generación venidera» que se menciona en este versículo. ¡*Usted* es un cumplimiento de la profecía bíblica! Por supuesto, para cumplirla totalmente debe tener por hábito alabar al Señor. ¿Usted lo hace?

Alabanza por las bendiciones de Dios

Salmo de David.

103 Bendice, alma mía, a Jehová,
Y bendiga todo mi ser su santo nombre.
2 Bendice, alma mía, a Jehová,
Y no olvides ninguno de sus beneficios.
3 Él es quien perdona todas tus iniquidades,
El que sana todas tus dolencias;
4 El que rescata del hoyo tu vida,
El que te corona de favores y misericordias;
5 El que sacia de bien tu boca
De modo que te rejuvenezcas como el águila.

6 Jehová es el que hace justicia
Y derecho a todos los que padecen violencia.
7 Sus caminos notificó a Moisés,
Y a los hijos de Israel sus obras.
8 Misericordioso y clemente es Jehová;[a]
Lento para la ira, y grande en misericordia.
9 No contenderá para siempre,
Ni para siempre guardará el enojo.
10 No ha hecho con nosotros conforme a nuestras iniquidades,
Ni nos ha pagado conforme a nuestros pecados.
11 Porque como la altura de los cielos sobre la tierra,
Engrandeció su misericordia sobre los que le temen.
12 Cuanto está lejos el oriente del occidente,
Hizo alejar de nosotros nuestras rebeliones.
13 Como el padre se compadece de los hijos,
Se compadece Jehová de los que le temen.
14 Porque él conoce nuestra condición;
Se acuerda de que somos polvo.
15 El hombre, como la hierba son sus días;
Florece como la flor del campo,
16 Que pasó el viento por ella, y pereció,
Y su lugar no la conocerá más.
17 Mas la misericordia de Jehová es desde la eternidad y hasta la eternidad sobre los que le temen,
Y su justicia sobre los hijos de los hijos;
18 Sobre los que guardan su pacto,
Y los que se acuerdan de sus mandamientos para ponerlos por obra.

19 Jehová estableció en los cielos su trono,
Y su reino domina sobre todos.
20 Bendecid a Jehová, vosotros sus ángeles,
Poderosos en fortaleza, que ejecutáis su palabra,
Obedeciendo a la voz de su precepto.
21 Bendecid a Jehová, vosotros todos sus ejércitos,
Ministros suyos, que hacéis su voluntad.
22 Bendecid a Jehová, vosotras todas sus obras,
En todos los lugares de su señorío.
Bendice, alma mía, a Jehová.

Dios cuida de su creación

104 Bendice, alma mía, a Jehová.
Jehová Dios mío, mucho te has engrandecido;
Te has vestido de gloria y de magnificencia.

---

a. 103.8 Stg 5.11.

LECCIONES DE VIDA

➤ ***102.25–27 — los cielos son obra de tus manos. Ellos perecerán, mas tú permanecerás... tú eres el mismo, y tus años no se acabarán.***

En comparación a la brevedad de nuestra vida, las estrellas nos pueden parecer perdurables por su refulgente brillo, pero comparadas a nuestro Dios glorioso y eterno son como ropa gastada que se pone en el cajón de los trapos viejos. Sin embargo, con todo y su majestad, eternidad y magnificencia, el Señor dirige su amor *a nosotros*. Verdaderamente, ¡Él es digno de nuestra alabanza!

➤ ***103.1 — Bendice, alma mía, a Jehová, y bendiga todo mi ser su santo nombre.***

Dios quiere que cada parte de nosotros (cuerpo, alma y espíritu) este cada vez más conectada a Él, y que accedamos íntegramente a una relación gozosa con Él. El Señor busca adoradores que le entreguen con gusto y alegría cada parte de sus vidas.

➤ ***103.13 — Como el padre se compadece de los hijos, se compadece Jehová de los que le temen.***

¿Cómo es que un padre se compadece de sus hijos? Considera su debilidad, su inmadurez y su ignorancia, por lo cual se abstiene de exigirles más de lo que puedan dar. También les enseña con paciencia y misericordia. Nuestro Padre hace lo mismo con nosotros (1 Co 10.13).

➤ ***103.19 — Jehová estableció en los cielos su trono, y su reino domina sobre todos.***

El Señor es *omnisciente* (todo lo sabe), *omnipotente* (todo lo puede), *omnipresente* (siempre está con usted), y le ama con amor perfecto. Esto significa que Él *puede* y *quiere* encaminar cada circunstancia de su vida de tal modo que todo obre para su beneficio.

➤ ***103.20 — Bendecid a Jehová, vosotros sus ángeles, poderosos en fortaleza, que ejecutáis su palabra.***

Los ángeles de Dios no son los querubines tiernos e inofensivos que retrata la cultura popular. Son mensajeros poderosos que Dios envía para hacer su voluntad. El Señor en su misericordia los ha provisto para defendernos y guardarnos (Sal 34.7; 91.11).

2 El que se cubre de luz como de
vestidura,
Que extiende los cielos como una
cortina,
3 Que establece sus aposentos entre las
aguas,
El que pone las nubes por su carroza,
El que anda sobre las alas del viento;
4 El que hace a los vientos sus
mensajeros,
Y a las flamas de fuego sus ministros.[a]

5 Él fundó la tierra sobre sus cimientos;
No será jamás removida.
6 Con el abismo, como con vestido, la
cubriste;
Sobre los montes estaban las aguas.
7 A tu reprensión huyeron;
Al sonido de tu trueno se apresuraron;
8 Subieron los montes, descendieron los
valles,
Al lugar que tú les fundaste.
9 Les pusiste término, el cual no
traspasarán,
Ni volverán a cubrir la tierra.

10 Tú eres el que envía las fuentes por los
arroyos;
Van entre los montes;
11 Dan de beber a todas las bestias del
campo;
Mitigan su sed los asnos monteses.
12 A sus orillas habitan las aves de los
cielos;
Cantan entre las ramas.
13 Él riega los montes desde sus aposentos;
Del fruto de sus obras se sacia la tierra.

14 Él hace producir el heno para las
bestias,
Y la hierba para el servicio del hombre,
Sacando el pan de la tierra,
15 Y el vino que alegra el corazón del
hombre,
El aceite que hace brillar el rostro,
Y el pan que sustenta la vida del
hombre.
16 Se llenan de savia los árboles de Jehová,
Los cedros del Líbano que él plantó.
17 Allí anidan las aves;
En las hayas hace su casa la cigüeña.
18 Los montes altos para las cabras
monteses;
Las peñas, madrigueras para los
conejos.
19 Hizo la luna para los tiempos;
El sol conoce su ocaso.
20 Pones las tinieblas, y es la noche;
En ella corretean todas las bestias de la
selva.
21 Los leoncillos rugen tras la presa,
Y para buscar de Dios su comida.
22 Sale el sol, se recogen,
Y se echan en sus cuevas.
23 Sale el hombre a su labor,
Y a su labranza hasta la tarde.

24 ¡Cuán innumerables son tus obras, oh
Jehová!
Hiciste todas ellas con sabiduría;
La tierra está llena de tus beneficios.
25 He allí el grande y anchuroso mar,
En donde se mueven seres
innumerables,
Seres pequeños y grandes.
26 Allí andan las naves;
Allí este leviatán[b] que hiciste para que
jugase en él.

27 Todos ellos esperan en ti,
Para que les des su comida a su tiempo.
28 Les das, recogen;
Abres tu mano, se sacian de bien.
29 Escondes tu rostro, se turban;
Les quitas el hálito, dejan de ser,
Y vuelven al polvo.
30 Envías tu Espíritu, son creados,
Y renuevas la faz de la tierra.

31 Sea la gloria de Jehová para siempre;
Alégrese Jehová en sus obras.
32 Él mira a la tierra, y ella tiembla;
Toca los montes, y humean.
33 A Jehová cantaré en mi vida;
A mi Dios cantaré salmos mientras viva.
34 Dulce será mi meditación en él;
Yo me regocijaré en Jehová.
35 Sean consumidos de la tierra los
pecadores,
Y los impíos dejen de ser.
Bendice, alma mía, a Jehová.
Aleluya.

Maravillas de Jehová a favor de Israel
(1 Cr 16.7-22)

105 Alabad a Jehová, invocad su nombre;
Dad a conocer sus obras en los pueblos.
2 Cantadle, cantadle salmos;
Hablad de todas sus maravillas.
3 Gloriaos en su santo nombre;

a. **104.4** He 1.7. b. **104.26** Job 41.1; Sal 74.14; Is 27.1.

LECCIONES DE VIDA

➤ ***104.24 — ¡Cuán innumerables son tus obras, oh Jehová! Hiciste todas ellas con sabiduría.***

La creación revela que Dios tiene un intelecto inmenso que nuestra mente no puede comprender. Aunque nuestro conocimiento es finito y el suyo es infinito, nosotros como creyentes tenemos la mente de Jesucristo, y Él provee la sabiduría que necesitamos para cada situación (1 Co 2.16).

Alégrese el corazón de los que buscan a
Jehová.
➤4 Buscad a Jehová y su poder;
Buscad siempre su rostro.
5 Acordaos de las maravillas que él ha
hecho,
De sus prodigios y de los juicios de su
boca,
6 Oh vosotros, descendencia de Abraham
su siervo,
Hijos de Jacob, sus escogidos.

7 Él es Jehová nuestro Dios;
En toda la tierra están sus juicios.
8 Se acordó para siempre de su pacto;
De la palabra que mandó para mil
generaciones,
9 La cual concertó con Abraham,[a]
Y de su juramento a Isaac.[b]
10 La estableció a Jacob por decreto,
A Israel por pacto sempiterno,
11 Diciendo: A ti te daré la tierra de
Canaán
Como porción de vuestra heredad.[c]
12 Cuando ellos eran pocos en número,
Y forasteros en ella,
13 Y andaban de nación en nación,
De un reino a otro pueblo,
14 No consintió que nadie los agraviase,
Y por causa de ellos castigó a los reyes.
15 No toquéis, dijo, a mis ungidos,
Ni hagáis mal a mis profetas.[d]

16 Trajo hambre sobre la tierra,
Y quebrantó todo sustento de pan.[e]
17 Envió un varón delante de ellos;
A José, que fue vendido por siervo.[f]
18 Afligieron sus pies con grillos;
En cárcel fue puesta su persona.
➤19 Hasta la hora que se cumplió su
palabra,
El dicho de Jehová le probó.[g]
20 Envió el rey, y le soltó;
El señor de los pueblos, y le dejó ir
libre.[h]
21 Lo puso por señor de su casa,
Y por gobernador de todas sus
posesiones,[i]
22 Para que reprimiera a sus grandes como
él quisiese,
Y a sus ancianos enseñara sabiduría.

23 Después entró Israel en Egipto,[j]
Y Jacob moró en la tierra de Cam[k]
24 Y multiplicó su pueblo en gran manera,
Y lo hizo más fuerte que sus enemigos.
25 Cambió el corazón de ellos para que
aborreciesen a su pueblo,
Para que contra sus siervos pensas en
mal.[l]
26 Envió a su siervo Moisés,
Y a Aarón, al cual escogió.[m]
27 Puso en ellos las palabras de sus
señales,
Y sus prodigios en la tierra de Cam.
28 Envió tinieblas que lo oscurecieron
todo;[n]
No fueron rebeldes a su palabra.
29 Volvió sus aguas en sangre,
Y mató sus peces.[o]
30 Su tierra produjo ranas
Hasta en las cámaras de sus reyes.[p]
31 Habló, y vinieron enjambres de
moscas,[q]
Y piojos[r] en todos sus términos.
32 Les dio granizo por lluvia,
Y llamas de fuego en su tierra.
33 Destrozó sus viñas y sus higueras,
Y quebró los árboles de su territorio.[s]
34 Habló, y vinieron langostas,
Y pulgón sin número;
35 Y comieron toda la hierba de su país,
Y devoraron el fruto de su tierra.[t]
36 Hirió de muerte a todos los
primogénitos en su tierra,
Las primicias de toda su fuerza.[u]

37 Los sacó con plata y oro;
Y no hubo en sus tribus enfermo.
38 Egipto se alegró de que salieran,
Porque su terror había caído sobre
ellos.[v]
39 Extendió una nube por cubierta,
Y fuego para alumbrar la noche.[w]

a. 105.9 Gn 12.7; 17.8. **b. 105.9** Gn 26.3.
c. 105.10-11 Gn 28.13. **d. 105.14-15** Gn 20.3-7.
e. 105.16 Gn 41.53-57. **f. 105.17** Gn 37.28; 45.5.
g. 105.18-19 Gn 39.20—40.23. **h. 105.20** Gn 41.14.
i. 105.21 Gn 41.39-41. **j. 105.23** Gn 46.6.
k. 105.23 Gn 47.11. **l. 105.24-25** Éx 1.7-14.
m. 105.26 Éx 3.1—4.17. **n. 105.28** Éx 10.21-23.
o. 105.29 Éx 7.17-21. **p. 105.30** Éx 8.1-6.
q. 105.31 Éx 8.20-24. **r. 105.31** Éx 8.16-17.
s. 105.32-33 Éx 9.22-25. **t. 105.34-35** Éx 10.12-15.
u. 105.36 Éx 12.29. **v. 105.37-38** Éx 12.33-36.
w. 105.39 Éx 13.21-22.

LECCIONES DE VIDA

➤ 105.4 — Buscad a Jehová y su poder; buscad siempre su rostro.

Puesto que Dios es infinito, nunca se nos agotará el territorio para que exploremos con asombro su carácter santo y su naturaleza inmutable. La gran aventura de buscar al Señor y sus caminos continuará el resto de nuestras vidas.

➤ 105.19 — Hasta la hora que se cumplió su palabra, el dicho de Jehová le probó.

Toda persona que Dios usa grandemente, Él primero la somete a toda clase de pruebas. Siendo muy joven, José vio en sueños que sus hermanos y su padre un día se inclinarían ante él (Gn 37.5–10). Pero antes que eso sucediera, tuvo que soportar muchas penalidades (Gn 50.20).

40 Pidieron, e hizo venir codornices;
Y los sació de pan del cielo.[x]
41 Abrió la peña, y fluyeron aguas;
Corrieron por los sequedales como un río.[y]
42 Porque se acordó de su santa palabra
Dada a Abraham su siervo.

43 Sacó a su pueblo con gozo;
Con júbilo a sus escogidos.
44 Les dio las tierras de las naciones,[z]
Y las labores de los pueblos heredaron;
45 Para que guardasen sus estatutos,
Y cumpliesen sus leyes. Aleluya.

La rebelión de Israel

106 Aleluya.
Alabad a Jehová, porque él es bueno;
Porque para siempre es su misericordia.[a]
2 ¿Quién expresará las poderosas obras de Jehová?
¿Quién contará sus alabanzas?
➤3 Dichosos los que guardan juicio,
Los que hacen justicia en todo tiempo.

4 Acuérdate de mí, oh Jehová, según tu benevolencia para con tu pueblo;
Visítame con tu salvación,
5 Para que yo vea el bien de tus escogidos,
Para que me goce en la alegría de tu nación,
Y me glorie con tu heredad.

6 Pecamos nosotros, como nuestros padres;
Hicimos iniquidad, hicimos impiedad.
7 Nuestros padres en Egipto no entendieron tus maravillas;
No se acordaron de la muchedumbre de tus misericordias,
Sino que se rebelaron junto al mar, el Mar Rojo.[b]
8 Pero él los salvó por amor de su nombre,
Para hacer notorio su poder.
9 Reprendió al Mar Rojo y lo secó,[c]
Y les hizo ir por el abismo como por un desierto.
10 Los salvó de mano del enemigo,
Y los rescató de mano del adversario.
11 Cubrieron las aguas a sus enemigos;
No quedó ni uno de ellos.
12 Entonces creyeron a sus palabras
Y cantaron su alabanza.[d]

13 Bien pronto olvidaron sus obras;
No esperaron su consejo.
14 Se entregaron a un deseo desordenado en el desierto;
Y tentaron a Dios en la soledad.
15 Y él les dio lo que pidieron; ➤
Mas envió mortandad sobre ellos.[e]

16 Tuvieron envidia de Moisés en el campamento,
Y contra Aarón, el santo de Jehová.
17 Entonces se abrió la tierra y tragó a Datán,
Y cubrió la compañía de Abiram.
18 Y se encendió fuego en su junta;
La llama quemó a los impíos.[f]

19 Hicieron becerro en Horeb,
Se postraron ante una imagen de fundición.[g]
20 Así cambiaron su gloria
Por la imagen de un buey que come hierba.
21 Olvidaron al Dios de su salvación,
Que había hecho grandezas en Egipto,
22 Maravillas en la tierra de Cam,
Cosas formidables sobre el Mar Rojo.
23 Y trató de destruirlos,
De no haberse interpuesto
Moisés su escogido delante de él,
A fin de apartar su indignaciónpara que no los destruyese.

24 Pero aborrecieron la tierra deseable;
No creyeron a su palabra,
25 Antes murmuraron en sus tiendas,
Y no oyeron la voz de Jehová.
26 Por tanto, alzó su mano contra ellos
Para abatirlos en el desierto,[h]
27 Y humillar su pueblo entre las naciones,
Y esparcirlos por las tierras.[i]

x. 105.40 Éx 16.2-15. **y. 105.41** Éx 17.1-7; Nm 20.2-13. **z. 105.44** Jos 11.16-23. **a. 106.1** 1 Cr 16.34; 2 Cr 5.13; 7.3; Esd 3.11; Sal 100.5; 107.1; 118.1; 136.1; Jer 33.11. **b. 106.7** Éx 14.10-12. **c. 106.9-12** Éx 14.21-31. **d. 106.12** Éx 15.1-21. **e. 106.14-15** Nm 11.4-34. **f. 106.16-18** Nm 16.1-35. **g. 106.19-23** Éx 32.1-14. **h. 106.24-26** Nm 14.1-35. **i. 106.27** Lv 26.33.

LECCIONES DE VIDA

➤ ***106.3 — Dichosos los que guardan juicio, los que hacen justicia en todo tiempo.***

Dios a menudo equipara la justicia con el juicio. Él insiste en que las cosas buenas que hace dentro de nosotros deben manifestarse fuera de nosotros para bendecir a los demás (Fil 2.12).

➤ ***106.15 — él les dio lo que pidieron; mas envió mortandad sobre ellos.***

Cuando los israelitas exigieron carne en el desierto, Dios contestó sus demandas. Pero debido a sus quejas, su incredulidad y su descontento con lo que Él ya les había provisto, esa petición les costó la vida a millares (Nm 11). Cuando Dios no contesta sus oraciones como usted piensa que debería hacerlo, déle gracias por su sabiduría. Él siempre proveerá lo que es mejor para usted en el momento preciso.

28 Se unieron asimismo a Baal-peor,
Y comieron los sacrificios de los muertos.
29 Provocaron la ira de Dios con sus obras,
Y se desarrolló la mortandad entre ellos.
30 Entonces se levantó Finees e hizo juicio,
Y se detuvo la plaga;
31 Y le fue contado por justicia
De generación en generación para siempre.[j]

32 También le irritaron en las aguas de Meriba;
Y le fue mal a Moisés por causa de ellos,
33 Porque hicieron rebelar a su espíritu,
Y habló precipitadamente con sus labios.[k]
34 No destruyeron a los pueblos
Que Jehová les dijo;
35 Antes se mezclaron con las naciones,
Y aprendieron sus obras,
36 Y sirvieron a sus ídolos,
Los cuales fueron causa de su ruina.[l]
37 Sacrificaron sus hijos y sus hijas a los demonios,[m]
38 Y derramaron la sangre inocente, la sangre de sus hijos y de sus hijas,
Que ofrecieron en sacrificio a los ídolos de Canaán,
Y la tierra fue contaminada con sangre.[n]
39 Se contaminaron así con sus obras,
Y se prostituyeron con sus hechos.

40 Se encendió, por tanto, el furor de Jehová sobre su pueblo,
Y abominó su heredad;
41 Los entregó en poder de las naciones,
Y se enseñorearon de ellos los que les aborrecían.
42 Sus enemigos los oprimieron,
Y fueron quebrantados debajo de su mano.
43 Muchas veces los libró;
Mas ellos se rebelaron contra su consejo,
Y fueron humillados por su maldad.
44 Con todo, él miraba cuando estaban en angustia,
Y oía su clamor;
45 Y se acordaba de su pacto con ellos,
Y se arrepentía conforme a la muchedumbre de sus misericordias.
46 Hizo asimismo que tuviesen de ellos misericordia todos los que los tenían cautivos.[o]

47 Sálvanos, Jehová Dios nuestro,
Y recógenos de entre las naciones,
Para que alabemos tu santo nombre,
Para que nos gloriemos en tus alabanzas.

48 Bendito Jehová Dios de Israel,
Desde la eternidad y hasta la eternidad;
Y diga todo el pueblo, Amén.
Aleluya.[p]

LIBRO V

Dios libra de la aflicción

107 Alabad a Jehová, porque él es bueno;
Porque para siempre es su misericordia.[a]
2 Díganlo los redimidos de Jehová,
Los que ha redimido del poder del enemigo,
3 Y los ha congregado de las tierras,
Del oriente y del occidente,
Del norte y del sur.

4 Anduvieron perdidos por el desierto, por la soledad sin camino,
Sin hallar ciudad en donde vivir.
5 Hambrientos y sedientos,
Su alma desfallecía en ellos.
6 Entonces clamaron a Jehová en su angustia,
Y los libró de sus aflicciones.
7 Los dirigió por camino derecho,
Para que viniesen a ciudad habitable.
8 Alaben la misericordia de Jehová,
Y sus maravillas para con los hijos de los hombres.
9 Porque sacia al alma menesterosa, ➤
Y llena de bien al alma hambrienta.

10 Algunos moraban en tinieblas y sombra de muerte,
Aprisionados en aflicción y en hierros,
11 Por cuanto fueron rebeldes a las palabras de Jehová,
Y aborrecieron el consejo del Altísimo.
12 Por eso quebrantó con el trabajo sus corazones;
Cayeron, y no hubo quien los ayudase.
13 Luego que clamaron a Jehová en su angustia,

j. 106.28-31 Nm 25.1-13. **k. 106.32-33** Nm 20.2-13. **l. 106.34-36** Jue 2.1-3; 3.5-6. **m. 106.37** 2 R 17.17. **n. 106.38** Nm 35.33. **o. 106.40-46** Jue 2.14-18. **p. 106.47-48** 1 Cr 16.35-36. **a. 107.1** 1 Cr 16.34; 2 Cr 5.13; 7.3; Esd 3.11; Sal 100.5; 106.1; 118.1; 136.1; Jer 33.11.

LECCIONES DE VIDA

➤ ***107.9 — sacia al alma menesterosa, y llena de bien al alma hambrienta.***

Dios quiere que ese anhelo indefinible que sentimos en nuestra alma nos impulse a Él. Su presencia satisface nuestra hambre espiritual (Mt 5.6).

Los libró de sus aflicciones;
14 Los sacó de las tinieblas y de la sombra de muerte,
Y rompió sus prisiones.
15 Alaben la misericordia de Jehová,
Y sus maravillas para con los hijos de los hombres.
16 Porque quebrantó las puertas de bronce,
Y desmenuzó los cerrojos de hierro.
17 Fueron afligidos los insensatos, a causa del camino de su rebelión
Y a causa de sus maldades;
18 Su alma abominó todo alimento,
Y llegaron hasta las puertas de la muerte.
➤ 19 Pero clamaron a Jehová en su angustia,
Y los libró de sus aflicciones.
20 Envió su palabra, y los sanó,
Y los libró de su ruina.
21 Alaben la misericordia de Jehová,
Y sus maravillas para con los hijos de los hombres;
22 Ofrezcan sacrificios de alabanza,
Y publiquen sus obras con júbilo.

23 Los que descienden al mar en naves,
Y hacen negocio en las muchas aguas,
24 Ellos han visto las obras de Jehová,
Y sus maravillas en las profundidades.
25 Porque habló, e hizo levantar un viento tempestuoso,
Que encrespa sus ondas.
26 Suben a los cielos, descienden a los abismos;
Sus almas se derriten con el mal.
27 Tiemblan y titubean como ebrios,
Y toda su ciencia es inútil.
28 Entonces claman a Jehová en su angustia,
Y los libra de sus aflicciones.
29 Cambia la tempestad en sosiego,
Y se apaciguan sus ondas.
30 Luego se alegran, porque se apaciguaron;
Y así los guía al puerto que deseaban.
31 Alaben la misericordia de Jehová,
Y sus maravillas para con los hijos de los hombres.
32 Exáltenlo en la congregación del pueblo,
Y en la reunión de ancianos lo alaben.

33 Él convierte los ríos en desierto,
Y los manantiales de las aguas en sequedales;
34 La tierra fructífera en estéril,
Por la maldad de los que la habitan.
35 Vuelve el desierto en estanques de aguas,
Y la tierra seca en manantiales.
36 Allí establece a los hambrientos,
Y fundan ciudad en donde vivir.
37 Siembran campos, y plantan viñas,
Y rinden abundante fruto.
38 Los bendice, y se multiplican en gran manera;
Y no disminuye su ganado.

39 Luego son menoscabados y abatidos
A causa de tiranía, de males y congojas.
40 Él esparce menosprecio sobre los príncipes,
Y les hace andar perdidos, vagabundos y sin camino.
41 Levanta de la miseria al pobre,
Y hace multiplicar las familias como rebaños de ovejas.
42 Véanlo los rectos, y alégrense,
Y todos los malos cierren su boca.
43 ¿Quién es sabio y guardará estas cosas
Y entenderá las misericordias de Jehová?

Petición de ayuda contra el enemigo

(Sal 57.7-11; 60.5-12) Cántico. Salmo de David.

108 Mi corazón está dispuesto, oh Dios;
Cantaré y entonaré salmos; ésta es mi gloria.
2 Despiértate, salterio y arpa;
Despertaré al alba.
3 Te alabaré, oh Jehová, entre los pueblos;
A ti cantaré salmos entre las naciones.
4 Porque más grande que los cielos es tu misericordia,
Y hasta los cielos tu verdad.

5 Exaltado seas sobre los cielos, oh Dios,
Y sobre toda la tierra sea enaltecida tu gloria.
6 Para que sean librados tus amados,
Salva con tu diestra y respóndeme.
7 Dios ha dicho en su santuario: Yo me alegraré;
Repartiré a Siquem, y mediré el valle de Sucot.
8 Mío es Galaad, mío es Manasés,
Y Efraín es la fortaleza de mi cabeza;
Judá es mi legislador.
9 Moab, la vasija para lavarme;
Sobre Edom echaré mi calzado;
Me regocijaré sobre Filistea.

10 ¿Quién me guiará a la ciudad fortificada?
¿Quién me guiará hasta Edom?

LECCIONES DE VIDA

➤ *107.19 — clamaron a Jehová en su angustia, y los libró de sus aflicciones.*

A veces, la angustia que nos sobreviene es realmente una bendición disfrazada, porque nos motiva a buscar a Dios como nunca antes. ¿Está en algún tipo de angustia hoy? Clame al Señor, porque Él se deleita en librarle.

11 ¿No serás tú, oh Dios, que nos habías
desechado,
Y no salías, oh Dios, con nuestros
ejércitos?
➤12 Danos socorro contra el adversario,
Porque vana es la ayuda del hombre.
13 En Dios haremos proezas,
Y él hollará a nuestros enemigos.

Clamor de venganza

Al músico principal. Salmo de David.

109 Oh Dios de mi alabanza, no calles;
2 Porque boca de impío y boca de
engañador se han abierto contra mí;
Han hablado de mí con lengua
mentirosa;
3 Con palabras de odio me han rodeado,
Y pelearon contra mí sin causa.
➤4 En pago de mi amor me han sido
adversarios;
Mas yo oraba.
5 Me devuelven mal por bien,
Y odio por amor.

6 Pon sobre él al impío,
Y Satanás esté a su diestra.
7 Cuando fuere juzgado, salga culpable;
Y su oración sea para pecado.
8 Sean sus días pocos;
Tome otro su oficio.[a]
9 Sean sus hijos huérfanos,
Y su mujer viuda.
10 Anden sus hijos vagabundos, y
mendiguen;
Y procuren su pan lejos de sus
desolados hogares.
11 Que el acreedor se apodere de todo lo
que tiene,
Y extraños saqueen su trabajo.
12 No tenga quien le haga misericordia,
Ni haya quien tenga compasión de sus
huérfanos.
13 Su posteridad sea destruida;
En la segunda generación sea borrado
su nombre.
14 Venga en memoria ante
Jehová la maldad de sus padres,
Y el pecado de su madre no sea
borrado.
15 Estén siempre delante de Jehová,
Y él corte de la tierra su memoria,
16 Por cuanto no se acordó de hacer
misericordia,
Y persiguió al hombre afligido y
menesteroso,
Al quebrantado de corazón, para darle
muerte.
17 Amó la maldición, y ésta le sobrevino;
Y no quiso la bendición, y ella se alejó
de él.
18 Se vistió de maldición como de su
vestido,
Y entró como agua en sus entrañas,
Y como aceite en sus huesos.
19 Séale como vestido con que se cubra,
Y en lugar de cinto con que se ciña
siempre.

20 Sea éste el pago de parte de Jehová a
los que me calumnian,
Y a los que hablan mal contra mi alma.
21 Y tú, Jehová, Señor mío,
favoréceme por amor de tu nombre;
Líbrame, porque tu misericordia es
buena.
22 Porque yo estoy afligido y necesitado,
Y mi corazón está herido dentro de mí.
23 Me voy como la sombra cuando declina;
Soy sacudido como langosta.
24 Mis rodillas están debilitadas a causa
del ayuno,
Y mi carne desfallece por falta de
gordura.
25 Yo he sido para ellos objeto de oprobio;
Me miraban, y burlándose meneaban su
cabeza.[b]

26 Ayúdame, Jehová Dios mío;
Sálvame conforme a tu misericordia.
27 Y entiendan que ésta es tu mano; ➤
Que tú, Jehová, has hecho esto.
28 Maldigan ellos, pero bendice tú;
Levántense, mas sean avergonzados, y
regocíjese tu siervo.

a. 109.8 Hch 1.20. **b. 109.25** Mt 27.39; Mr 15.29.

LECCIONES DE VIDA

➤ ***108.12 — Danos socorro contra el adversario, porque vana es la ayuda del hombre.***

La pregunta que nos debemos hacer es: ¿a quién acudimos *primero* cuando surge un problema? ¿Nos apresuramos a conseguir la ayuda de un amigo o un pariente? ¿O le llevamos nuestros problemas directamente al Señor, y le pedimos a Él que envíe la ayuda que necesitamos?

➤ ***109.4 — En pago de mi amor me han sido adversarios; mas yo oraba.***

Cuando alguien nos traiciona o se vuelve contra nosotros, Dios nos instruye que no procuremos vengarnos sino que busquemos su rostro en oración. Él sabe cuál es la mejor manera de manejar la situación, y necesitamos oír de Él.

➤ ***109.27 — entiendan que esta es tu mano; que tú, Jehová, has hecho esto.***

Cuando oramos por la liberación de una persona o para que Dios intervenga en alguna situación, es totalmente apropiado pedirle al Señor que nos muestre claramente que lo que pasa no es ninguna coincidencia, sino que Él está involucrado de manera activa en la situación.

29 Sean vestidos de ignominia los que me
calumnian;
Sean cubiertos de confusión como con
manto.
30 Yo alabaré a Jehová en gran manera
con mi boca,
Y en medio de muchos le alabaré.
31 Porque él se pondrá a la diestra del
pobre,
Para librar su alma de los que le juzgan.

Jehová da dominio al rey

Salmo de David.

➤ **110** Jehová dijo a mi Señor: Siéntate a
mi diestra,
Hasta que ponga a tus enemigos por
estrado de tus pies.[a]
2 Jehová enviará desde Sion la vara de tu
poder;
Domina en medio de tus enemigos.
3 Tu pueblo se te ofrecerá
voluntariamente en el día de tu
poder,
En la hermosura de la santidad.
Desde el seno de la aurora
Tienes tú el rocío de tu juventud.
➤4 Juró Jehová, y no se arrepentirá:
Tú eres sacerdote para siempre
Según el orden de Melquisedec.[b]

5 El Señor está a tu diestra;
Quebrantará a los reyes en el día de su
ira.
6 Juzgará entre las naciones,
Las llenará de cadáveres;
Quebrantará las cabezas en muchas
tierras.
7 Del arroyo beberá en el camino,
Por lo cual levantará la cabeza.

Dios cuida a su pueblo

Aleluya.

111 Alabaré a Jehová con todo el corazón
En la compañía y congregación de los
rectos.
2 Grandes son las obras de Jehová, ➤
Buscadas de todos los que las quieren.
3 Gloria y hermosura es su obra,
Y su justicia permanece para siempre.
4 Ha hecho memorables sus maravillas;
Clemente y misericordioso es Jehová.
5 Ha dado alimento a los que le temen;
Para siempre se acordará de su pacto.
6 El poder de sus obras manifestó a su
pueblo,
Dándole la heredad de las naciones.
7 Las obras de sus manos son verdad y
juicio;
Fieles son todos sus mandamientos,
8 Afirmados eternamente y para siempre,
Hechos en verdad y en rectitud.
9 Redención ha enviado a su pueblo;
Para siempre ha ordenado su pacto;
Santo y temible es su nombre.
10 El principio de la sabiduría es el temor ➤
de Jehová;[a]
Buen entendimiento tienen todos los
que practican sus mandamientos;
Su loor permanece para siempre.

Prosperidad del que teme a Jehová

Aleluya.

112 Bienaventurado el hombre que teme
a Jehová,
Y en sus mandamientos se deleita en
gran manera.

a. 110.1 Mt 22.44; Mr 12.36; Lc 20.42-43; Hch 2.34-35; 1 Co 15.25; Ef 1.20-22; Col 3.1; He 1.13; 8.1; 10.12-13. **b. 110.4** He 5.6; 6.20; 7.17, 21. **a. 111.10** Job 28.28; Pr 1.7; 9.10.

LECCIONES DE VIDA

➤ ***110.1 — Jehová dijo a mi Señor: siéntate a mi diestra, hasta que ponga a tus enemigos por estrado de tus pies.***

El Nuevo Testamento cita este salmo escrito por David más que cualquier otro. Jesús lo usó para demostrar que Él, siendo el Mesías era tanto el «Hijo de David» (Mt 1.1) como el Señor de David (Mt 22.41–46).

➤ ***110.4 — Tú eres sacerdote para siempre según el orden de Melquisedec.***

Melquisedec era el rey de Salem, un personaje misterioso del Antiguo Testamento quien por su vida piadosa, sirvió como sacerdote de Dios mucho antes que Aarón fuese ordenado (Gn 14.18–20; He 7.1–10). Después de Aarón, los sacerdotes debían proceder de la tribu de Leví (Éx 28.1; Nm 3.3–10). El libro de Hebreos nos enseña que aunque Jesús no fue de la tribu de Leví, Él ahora es nuestro sumo sacerdote perfecto y eterno, según el orden de Melquisedec (He 5.5–7; 7.11–28).

➤ ***111.2 — Grandes son las obras de Jehová, buscadas de todos los que las quieren.***

Por lo general mostramos interés en las actividades y los proyectos de aquellos que amamos profundamente. Nosotros también deberíamos deleitarnos con toda naturalidad en estudiar las obras de Dios registradas en la Biblia.

➤ ***111.10 — Buen entendimiento tienen todos los que practican sus mandamientos.***

A medida que obedecemos los mandamientos de Dios, Él nos alumbra más el entendimiento. Cuanto más conocemos su Palabra, más entendemos cuán sabio es practicar sus mandamientos. Jesús dijo: «El que quiera hacer la voluntad de Dios, conocerá si la doctrina es de Dios» (Jn 7.17).

➢2 Su descendencia será poderosa en la tierra;
La generación de los rectos será bendita.
3 Bienes y riquezas hay en su casa,
Y su justicia permanece para siempre.
4 Resplandeció en las tinieblas luz a los rectos;
Es clemente, misericordioso y justo.
5 El hombre de bien tiene misericordia, y presta;
Gobierna sus asuntos con juicio,
6 Por lo cual no resbalará jamás;
En memoria eterna será el justo.
7 No tendrá temor de malas noticias;
Su corazón está firme, confiado en Jehová.
8 Asegurado está su corazón; no temerá,
Hasta que vea en sus enemigos su deseo.
9 Reparte, da a los pobres;
Su justicia permanece para siempre;[a]
Su poder será exaltado en gloria.
10 Lo verá el impío y se irritará;
Crujirá los dientes, y se consumirá.
El deseo de los impíos perecerá.

Dios levanta al pobre

Aleluya.

113 Alabad, siervos de Jehová,
Alabad el nombre de Jehová.
2 Sea el nombre de Jehová bendito
Desde ahora y para siempre.
3 Desde el nacimiento del sol hasta donde se pone,
Sea alabado el nombre de Jehová.
4 Excelso sobre todas las naciones es Jehová,
Sobre los cielos su gloria.

5 ¿Quién como Jehová nuestro Dios,
Que se sienta en las alturas,
6 Que se humilla a mirar
En el cielo y en la tierra?
7 Él levanta del polvo al pobre, ➤
Y al menesteroso alza del muladar,
8 Para hacerlos sentar con los príncipes,
Con los príncipes de su pueblo.
9 Él hace habitar en familia a la estéril,
Que se goza en ser madre de hijos.
Aleluya.

Las maravillas del Éxodo

114 Cuando salió Israel de Egipto,[a]
La casa de Jacob del pueblo extranjero,
2 Judá vino a ser su santuario,
E Israel su señorío.

3 El mar lo vio, y huyó;[b]
El Jordán se volvió atrás[c]
4 Los montes saltaron como carneros,
Los collados como corderitos.

5 ¿Qué tuviste, oh mar, que huiste?
¿Y tú, oh Jordán, que te volviste atrás?
6 Oh montes, ¿por qué saltasteis como carneros,
Y vosotros, collados, como corderitos?

7 A la presencia de Jehová tiembla la tierra, ➤
A la presencia del Dios de Jacob,
8 El cual cambió la peña en estanque de aguas,[d]
Y en fuente de aguas la roca.

Dios y los ídolos

115 No a nosotros, oh Jehová, no a nosotros, ➤
Sino a tu nombre da gloria,
Por tu misericordia, por tu verdad.

a. 112.9 2 Co 9.9. **a. 114.1** Éx 12.51. **b. 114.3** Éx 14.21. **c. 114.3** Jos 3.16. **d. 114.8** Éx 17.1-7; Nm 20.2-13.

LECCIONES DE VIDA

➢ ***112.2 — La generación de los rectos será bendita.***

Dios se complace en bendecir a los obedientes y se deleita en ser clemente: «hago misericordia a millares, a los que me aman y guardan mis mandamientos» (Éx 20.6).

➢ ***113.7, 8 — levanta del polvo al pobre, y al menesteroso alza del muladar, para hacerlos sentar con los príncipes, con los príncipes de su pueblo.***

A lo largo de la Biblia, vemos a Dios exaltando a los humildes y humillando a los orgullosos. Jesús lo puso en estos términos: «los primeros serán postreros, y los postreros, primeros» (Mt 20.16).

➢ ***114.7 — A la presencia de Jehová tiembla la tierra, a la presencia del Dios de Jacob.***

Existen por lo menos dos clases de temblor en las Escrituras, y ambos describen temor genuino en la poderosa presencia de Dios. Uno refleja alabanza por su gloria y el otro exhibe pavor a causa de la pecaminosidad humana. Como creyentes que hemos sido perdonados, deberíamos hallar un gozo tremendo en su presencia, a tal punto que queramos caer postrados ante Él en humilde adoración y fervor.

➢ ***115.1 — No a nosotros, oh Jehová, no a nosotros, sino a tu nombre da gloria, por tu misericordia, por tu verdad.***

Nuestra tarea siempre es glorificar a Dios (Mt 5.16; Jn 8.54; 1 Co 6.20). Él es exaltado cuando reflejamos su misericordia y su verdad en nuestra vida. Por esa razón 1 Pedro 4.16 nos dice: «pero si alguno padece como cristiano, no se avergüence, sino glorifique a Dios por ello». Cuando los demás ven cómo el Señor nos sustenta a través de las penalidades y contesta nuestras peticiones con la clase de poder que puede mover montañas, ellos se dan cuenta que hay algo maravilloso y único acerca de Él, y querrán conocerlo mejor.

2 ¿Por qué han de decir las gentes:
¿Dónde está ahora su Dios?

➤3 Nuestro Dios está en los cielos;
Todo lo que quiso ha hecho.
4 Los ídolos de ellos son plata y oro,
Obra de manos de hombres.
5 Tienen boca, mas no hablan;
Tienen ojos, mas no ven;
6 Orejas tienen, mas no oyen;
Tienen narices, mas no huelen;
7 Manos tienen, mas no palpan;
Tienen pies, mas no andan;
No hablan con su garganta.
8 Semejantes a ellos son los que los hacen,
Y cualquiera que confía en ellos.[a]

9 Oh Israel, confía en Jehová;
Él es tu ayuda y tu escudo.
10 Casa de Aarón, confiad en Jehová;
Él es vuestra ayuda y vuestro escudo.
11 Los que teméis a Jehová, confiad en Jehová;
Él es vuestra ayuda y vuestro escudo.

12 Jehová se acordó de nosotros; nos bendecirá;
Bendecirá a la casa de Israel;
Bendecirá a la casa de Aarón.
➤13 Bendecirá a los que temen a Jehová,
A pequeños y a grandes.[b]

14 Aumentará Jehová bendición sobre vosotros;
Sobre vosotros y sobre vuestros hijos.
15 Benditos vosotros de Jehová,
Que hizo los cielos y la tierra.

16 Los cielos son los cielos de Jehová;
Y ha dado la tierra a los hijos de los hombres.
17 No alabarán los muertos a JAH,
Ni cuantos descienden al silencio;
18 Pero nosotros bendeciremos a JAH
Desde ahora y para siempre.
Aleluya.

Acción de gracias por haber sido librado de la muerte

116 Amo a Jehová, pues ha oído
Mi voz y mis súplicas;
2 Porque ha inclinado a mí su oído;
Por tanto, le invocaré en todos mis días.
3 Me rodearon ligaduras de muerte,
Me encontraron las angustias del Seol;
Angustia y dolor había yo hallado.
4 Entonces invoqué el nombre de Jehová, diciendo:
Oh Jehová, libra ahora mi alma.

5 Clemente es Jehová, y justo;
Sí, misericordioso es nuestro Dios.
6 Jehová guarda a los sencillos;
Estaba yo postrado, y me salvó.
7 Vuelve, oh alma mía, a tu reposo,
Porque Jehová te ha hecho bien.

8 Pues tú has librado mi alma de la muerte,
Mis ojos de lágrimas,
Y mis pies de resbalar.
9 Andaré delante de Jehová
En la tierra de los vivientes.
10 Creí; por tanto hablé,[a] ➤
Estando afligido en gran manera.
11 Y dije en mi apresuramiento:
Todo hombre es mentiroso.

12 ¿Qué pagaré a Jehová
Por todos sus beneficios para conmigo?
13 Tomaré la copa de la salvación,
E invocaré el nombre de Jehová.
14 Ahora pagaré mis votos a Jehová
Delante de todo su pueblo.
15 Estimada es a los ojos de Jehová ➤
La muerte de sus santos.
16 Oh Jehová, ciertamente yo soy tu siervo,
Siervo tuyo soy, hijo de tu sierva;
Tú has roto mis prisiones.
17 Te ofreceré sacrificio de alabanza,
E invocaré el nombre de Jehová.

a. 115.4-8 Sal 135.15-18; Ap 9.20. **b. 115.13** Ap 11.18; 19.5.
a. 116.10 2 Co 4.13.

LECCIONES DE VIDA

➤ ***115.3 — Nuestro Dios está en los cielos; todo lo que quiso ha hecho.***

Decir que Dios es soberano es afirmar que tiene el poder y la sabiduría para lograr todo lo que desea. Él es Monarca absoluto del universo, y su voluntad nos rige a todos.

➤ ***115.13 — Bendecirá a los que temen a Jehová, a pequeños y a grandes.***

Dios no tiene favoritos en lo que respecta a sus bendiciones. Él no da preferencia a los pastores por encima de los policías ni favorece a los misioneros más que a las madres. Si usted teme al Señor y lo obedece, Él le bendecirá.

➤ **116.10 — Creí; por tanto hablé.**

Pablo usa este versículo para mostrar que quienes realmente creen en la muerte y la resurrección de Cristo deberían hablar de su convicción personal a los demás (2 Co 4.13–15). Debemos actuar conforme a lo que sabemos es cierto.

➤ ***116.15 — Estimada es a los ojos de Jehová la muerte de sus santos.***

Nos dolemos cuando un ser querido fallece. Aunque Dios se identifica con nuestro dolor, también se regocija porque otro de sus hijos ha entrado a su presencia eterna. La muerte no es el fin, sino un nuevo comienzo.

18 A Jehová pagaré ahora mis votos
Delante de todo su pueblo,
19 En los atrios de la casa de Jehová,
En medio de ti, oh Jerusalén. Aleluya.

Alabanza por la misericordia de Jehová

117 Alabad a Jehová, naciones todas;
Pueblos todos, alabadle.[a]
➤2 Porque ha engrandecido sobre nosotros su misericordia,
Y la fidelidad de Jehová es para siempre.
Aleluya.

Acción de gracias por la salvación recibida de Jehová

118 Alabad a Jehová, porque él es bueno;
Porque para siempre es su misericordia.[a]
2 Diga ahora Israel,
Que para siempre es su misericordia.
3 Diga ahora la casa de Aarón,
Que para siempre es su misericordia.
4 Digan ahora los que temen a Jehová,
Que para siempre es su misericordia.
5 Desde la angustia invoqué a JAH,
Y me respondió JAH, poniéndome en lugar espacioso.
6 Jehová está conmigo; no temeré
Lo que me pueda hacer el hombre.[b]
7 Jehová está conmigo entre los que me ayudan;
Por tanto, yo veré mi deseo en los que me aborrecen.
➤8 Mejor es confiar en Jehová
Que confiar en el hombre.
9 Mejor es confiar en Jehová
Que confiar en príncipes.
10 Todas las naciones me rodearon;
Mas en el nombre de Jehová yo las destruiré.
11 Me rodearon y me asediaron;
Mas en el nombre de Jehová yo las destruiré.
12 Me rodearon como abejas; se enardecieron como fuego de espinos;
Mas en el nombre de Jehová yo las destruiré.
13 Me empujaste con violencia para que cayese,
Pero me ayudó Jehová.
14 Mi fortaleza y mi cántico es JAH,
Y él me ha sido por salvación.[c]
15 Voz de júbilo y de salvación hay en las tiendas de los justos;
La diestra de Jehová hace proezas.
16 La diestra de Jehová es sublime;
La diestra de Jehová hace valentías.
17 No moriré, sino que viviré,
Y contaré las obras de JAH.
18 Me castigó gravemente JAH,
Mas no me entregó a la muerte.
19 Abridme las puertas de la justicia;
Entraré por ellas, alabaré a JAH.
20 Ésta es puerta de Jehová;
Por ella entrarán los justos.
21 Te alabaré porque me has oído,
Y me fuiste por salvación.
22 La piedra que desecharon los edificadores
Ha venido a ser cabeza del ángulo.[d]
23 De parte de Jehová es esto,
Y es cosa maravillosa a nuestros ojos.[e]
24 Éste es el día que hizo Jehová;
Nos gozaremos y alegraremos en él.
25 Oh Jehová, sálvanos[f] ahora, te ruego;
Te ruego, oh Jehová, que nos hagas prosperar ahora.
26 Bendito el que viene en el nombre de Jehová;[g]
Desde la casa de Jehová os bendecimos.
27 Jehová es Dios, y nos ha dado luz;
Atad víctimas con cuerdas a los cuernos del altar.
28 Mi Dios eres tú, y te alabaré;
Dios mío, te exaltaré.
29 Alabad a Jehová, porque él es bueno;
Porque para siempre es su misericordia.

a. 117.1 Ro 15.11. **a. 118.1** 1 Cr 16.34; 2 Cr 5.13; 7.3; Esd 3.11; Sal 100.5; 106.1; 107.1; 136.1; Jer 33.11. **b. 118.6** He 13.6. **c. 118.14** Éx 15.2; Is 12.2. **d. 118.22** Lc 20.17; Hch 4.11; 1 P 2.7. **e. 118.22-23** Mt 21.42; Mr 12.10-11. **f. 118.25** Mt 21.9; Mr 11.9; Jn 12.13. **g. 118.26** Mt 21.9; 23.39; Mr 11.10; Lc 13.35; 19.38; Jn 12.13.

LECCIONES DE VIDA

➤ ***117.2 — la fidelidad de Jehová es para siempre.***

La verdad de Dios no cambia de un año al otro, de una década a la siguiente, ni del siglo pasado al presente. No varía conforme a las tendencias del momento ni se ajusta a la opinión popular. En un mundo cambiante, su verdad permanece absolutamente constante e inalterable.

➤ ***118.8, 9 — Mejor es confiar en Jehová que confiar en el hombre. Mejor es confiar en Jehová que confiar en príncipes.***

Hasta los mejores amigos pueden decir una cosa y hacer otra. Hasta los servidores públicos más confiados pueden renegar de sus compromisos. Pero Dios siempre hace lo que dice y cumple cada promesa que hace. Así que, ¡confíe en Él!

➤ ***118:22 — La piedra que desecharon los edificadores ha venido a ser cabeza del ángulo.***

Los líderes religiosos del tiempo de Jesús lo rechazaron como el Mesías (Mt 21.42), pero como Pedro declaró: «a este Jesús a quien vosotros crucificasteis, Dios le ha hecho Señor y Cristo» (Hch 2.36).

Excelencias de la ley de Dios

Alef

119 Bienaventurados los perfectos de camino,
Los que andan en la ley de Jehová.
2 Bienaventurados los que guardan sus testimonios,
Y con todo el corazón le buscan;
3 Pues no hacen iniquidad
Los que andan en sus caminos.
4 Tú encargaste
Que sean muy guardados tus mandamientos.
5 ¡Ojalá fuesen ordenados mis caminos
Para guardar tus estatutos!
6 Entonces no sería yo avergonzado,
Cuando atendiese a todos tus mandamientos.
7 Te alabaré con rectitud de corazón
Cuando aprendiere tus justos juicios.
8 Tus estatutos guardaré;
No me dejes enteramente.

Bet

➤ 9 ¿Con qué limpiará el joven su camino?
Con guardar tu palabra.
10 Con todo mi corazón te he buscado;
No me dejes desviarme de tus mandamientos.
➤ 11 En mi corazón he guardado tus dichos,
Para no pecar contra ti.
12 Bendito tú, oh Jehová;
Enséñame tus estatutos.
13 Con mis labios he contado
Todos los juicios de tu boca.
14 Me he gozado en el camino de tus testimonios
Más que de toda riqueza.
15 En tus mandamientos meditaré;
Consideraré tus caminos.
16 Me regocijaré en tus estatutos;
No me olvidaré de tus palabras.

Guímel

17 Haz bien a tu siervo; que viva,
Y guarde tu palabra.
18 Abre mis ojos, y miraré
Las maravillas de tu ley.
19 Forastero soy yo en la tierra;
No encubras de mí tus mandamientos.
20 Quebrantada está mi alma de desear
Tus juicios en todo tiempo.
21 Reprendiste a los soberbios, los malditos,
Que se desvían de tus mandamientos.
22 Aparta de mí el oprobio y el menosprecio,
Porque tus testimonios he guardado.
23 Príncipes también se sentaron y hablaron contra mí;
Mas tu siervo meditaba en tus estatutos,
24 Pues tus testimonios son mis delicias
Y mis consejeros.

Dálet

25 Abatida hasta el polvo está mi alma;
Vivifícame según tu palabra.
26 Te he manifestado mis caminos, y me has respondido;
Enséñame tus estatutos.
27 Hazme entender el camino de tus mandamientos,
Para que medite en tus maravillas.
28 Se deshace mi alma de ansiedad; ◄
Susténtame según tu palabra.
29 Aparta de mí el camino de la mentira,
Y en tu misericordia concédeme tu ley.
30 Escogí el camino de la verdad;
He puesto tus juicios delante de mí.
31 Me he apegado a tus testimonios;
Oh Jehová, no me avergüences.
32 Por el camino de tus mandamientos correré,
Cuando ensanches mi corazón.

He

33 Enséñame, oh Jehová, el camino de tus estatutos,
Y lo guardaré hasta el fin.
34 Dame entendimiento, y guardaré tu ley,
Y la cumpliré de todo corazón.
35 Guíame por la senda de tus mandamientos,
Porque en ella tengo mi voluntad.
36 Inclina mi corazón a tus testimonios,
Y no a la avaricia.

LECCIONES DE VIDA

➤ *119.9 — ¿Con qué limpiará el joven su camino? Con guardar tu palabra.*

Si queremos agradar al Señor y honrarlo con nuestras vidas, debemos conocer su Palabra. La Biblia nos advierte de los peligros que tenemos por delante, nos acerca al corazón de Dios y nos da sabiduría para triunfar.

➤ *119.11 — En mi corazón he guardado tus dichos, para no pecar contra ti.*

Son muchos los cristianos que nunca han experimentado el poder y el ánimo que tienen a su disposición mediante la memorización de las Escrituras. Cuando «atesoramos y guardamos» en nuestro corazón y nuestra mente la Palabra de Dios, ella permanece allí, siempre disponible para ayudarnos y fortalecernos en tiempos difíciles.

➤ *119.28 — Se deshace mi alma de ansiedad; susténtame según tu palabra.*

Cuando nos sentimos desalentados, abatidos y débiles, leer la porción precisa de la Palabra de Dios puede renovar nuestra esperanza y devolvernos las fuerzas. Por medio del Espíritu Santo, el poder del Señor fluye a través de las Escrituras de manera indescriptible.

37 Aparta mis ojos, que no vean la
vanidad;
Avívame en tu camino.
38 Confirma tu palabra a tu siervo,
Que te teme.
39 Quita de mí el oprobio que he temido,
Porque buenos son tus juicios.
40 He aquí yo he anhelado tus
mandamientos;
Vivifícame en tu justicia.

Vau

41 Venga a mí tu misericordia, oh Jehová;
Tu salvación, conforme a tu dicho.
42 Y daré por respuesta a mi avergonzador,
Que en tu palabra he confiado.
43 No quites de mi boca en ningún tiempo
la palabra de verdad,
Porque en tus juicios espero.
44 Guardaré tu ley siempre,
Para siempre y eternamente.
45 Y andaré en libertad,
Porque busqué tus mandamientos.
46 Hablaré de tus testimonios delante de
los reyes,
Y no me avergonzaré;
47 Y me regocijaré en tus mandamientos,
Los cuales he amado.
48 Alzaré asimismo mis manos a tus
mandamientos que amé,
Y meditaré en tus estatutos.

Zain

49 Acuérdate de la palabra dada a tu
siervo,
En la cual me has hecho esperar.
50 Ella es mi consuelo en mi aflicción,
Porque tu dicho me ha vivificado.
51 Los soberbios se burlaron mucho de mí,
Mas no me he apartado de tu ley.
52 Me acordé, oh Jehová, de tus juicios
antiguos,
Y me consolé.
53 Horror se apoderó de mí a causa de los
inicuos
Que dejan tu ley.
54 Cánticos fueron para mí tus estatutos
En la casa en donde fui extranjero.
55 Me acordé en la noche de tu nombre,
oh Jehová,
Y guardé tu ley.
56 Estas bendiciones tuve
Porque guardé tus mandamientos.

Chet

57 Mi porción es Jehová;
He dicho que guardaré tus palabras.
58 Tu presencia supliqué de todo corazón;
Ten misericordia de mí según tu
palabra.
59 Consideré mis caminos,
Y volví mis pies a tus testimonios.
60 Me apresuré y no me retardé
En guardar tus mandamientos.
61 Compañías de impíos me han rodeado,
Mas no me he olvidado de tu ley.
62 A medianoche me levanto para alabarte
Por tus justos juicios.
63 Compañero soy yo de todos los que te
temen
Y guardan tus mandamientos.
64 De tu misericordia, oh Jehová, está llena
la tierra;
Enséñame tus estatutos.

Tet

65 Bien has hecho con tu siervo,
Oh Jehová, conforme a tu palabra.
66 Enséñame buen sentido y sabiduría,
Porque tus mandamientos he creído.
67 Antes que fuera yo humillado, ➤
descarriado andaba;
Mas ahora guardo tu palabra.
68 Bueno eres tú, y bienhechor;
Enséñame tus estatutos.
69 Contra mí forjaron mentira los
soberbios,
Mas yo guardaré de todo corazón tus
mandamientos.
70 Se engrosó el corazón de ellos como
sebo,
Mas yo en tu ley me he regocijado.
71 Bueno me es haber sido humillado,
Para que aprenda tus estatutos.
72 Mejor me es la ley de tu boca
Que millares de oro y plata.

Yod

73 Tus manos me hicieron y me formaron;
Hazme entender, y aprenderé tus
mandamientos.
74 Los que te temen me verán, y se
alegrarán,
Porque en tu palabra he esperado.
75 Conozco, oh Jehová, que tus juicios son
justos,
Y que conforme a tu fidelidad me
afligiste.

LECCIONES DE VIDA

➤ ***119.67 — Antes que fuera yo humillado, descarriado andaba; mas ahora guardo tu palabra.***

Los creyentes pueden elegir cómo reaccionarán a las tempestades de la vida. Una de sus opciones es buscar culpables, resentirse y amargarse, pero igualmente pueden recurrir al Señor y preguntarle: «¿Cuál es tu propósito?» Dios quiere usar la adversidad para acercarnos a Él. Si reaccionamos a ella en fe, nuestra aflicción se convierte en un puente hacia una relación más profunda con Él.

76 Sea ahora tu misericordia para
consolarme,
Conforme a lo que has dicho a tu siervo.
77 Vengan a mí tus misericordias, para que
viva,
Porque tu ley es mi delicia.
78 Sean avergonzados los soberbios,
porque sin causa me han
calumniado;
Pero yo meditaré en tus mandamientos.
79 Vuélvanse a mí los que te temen
Y conocen tus testimonios.
80 Sea mi corazón íntegro en tus estatutos,
Para que no sea yo avergonzado.

Caf

81 Desfallece mi alma por tu salvación,
Mas espero en tu palabra.
82 Desfallecieron mis ojos por tu palabra,
Diciendo: ¿Cuándo me consolarás?
83 Porque estoy como el odre al humo;
Pero no he olvidado tus estatutos.
84 ¿Cuántos son los días de tu siervo?
¿Cuándo harás juicio contra los que me
persiguen?
85 Los soberbios me han cavado hoyos;
Mas no proceden según tu ley.
86 Todos tus mandamientos son verdad;
Sin causa me persiguen; ayúdame.
87 Casi me han echado por tierra,
Pero no he dejado tus mandamientos.
88 Vivifícame conforme a tu misericordia,
Y guardaré los testimonios de tu boca.

Lámed

89 Para siempre, oh Jehová,
Permanece tu palabra en los cielos.
90 De generación en generación es tu
fidelidad;
Tú afirmaste la tierra, y subsiste.
91 Por tu ordenación subsisten todas las
cosas hasta hoy,
Pues todas ellas te sirven.
92 Si tu ley no hubiese sido mi delicia,
Ya en mi aflicción hubiera perecido.
93 Nunca jamás me olvidaré de tus
mandamientos,
Porque con ellos me has vivificado.
94 Tuyo soy yo, sálvame,
Porque he buscado tus mandamientos.
95 Los impíos me han aguardado para
destruirme;
Mas yo consideraré tus testimonios.
96 A toda perfección he visto fin;
Amplio sobremanera es tu
mandamiento.

Men

97 ¡Oh, cuánto amo yo tu ley!
Todo el día es ella mi meditación.
98 Me has hecho más sabio que mis
enemigos con tus mandamientos,
Porque siempre están conmigo.
99 Más que todos mis enseñadores he
entendido,
Porque tus testimonios son mi
meditación.
100 Más que los viejos he entendido,
Porque he guardado tus mandamientos;
101 De todo mal camino contuve mis pies,
Para guardar tu palabra.
102 No me aparté de tus juicios,
Porque tú me enseñaste.
103 ¡Cuán dulces son a mi paladar tus
palabras!
Más que la miel a mi boca.
104 De tus mandamientos he adquirido
inteligencia;
Por tanto, he aborrecido todo camino de
mentira.

Nun

105 Lámpara es a mis pies tu palabra, ➤
Y lumbrera a mi camino.
106 Juré y ratifiqué
Que guardaré tus justos juicios.
107 Afligido estoy en gran manera;
Vivifícame, oh Jehová, conforme a tu
palabra.
108 Te ruego, oh Jehová, que te sean
agradables los sacrificios voluntarios
de mi boca,
Y me enseñes tus juicios.
109 Mi vida está de continuo en peligro,
Mas no me he olvidado de tu ley.
110 Me pusieron lazo los impíos,
Pero yo no me desvié de tus
mandamientos.
111 Por heredad he tomado tus testimonios
para siempre,
Porque son el gozo de mi corazón.
112 Mi corazón incliné a cumplir tus
estatutos
De continuo, hasta el fin.

Sámec

113 Aborrezco a los hombres hipócritas;
Mas amo tu ley.
114 Mi escondedero y mi escudo eres tú;
En tu palabra he esperado.
115 Apartaos de mí, malignos,

LECCIONES DE VIDA

➤ ***119.105 — Lámpara es a mis pies tu palabra, y lumbrera a mi camino.***

Abandonados a nuestros propios recursos, no sabremos con certeza cuál camino lleva a la vida y cuál termina en la muerte (Pr 14.12; 16.25); quedaremos en tinieblas. Pero a través de su Palabra, Dios arroja luz sobre nuestra situación y nos conduce a un lugar seguro.

Pues yo guardaré los mandamientos de
mi Dios.
116 Susténtame conforme a tu palabra, y
viviré;
Y no quede yo avergonzado de mi
esperanza.
117 Sosténme, y seré salvo,
Y me regocijaré siempre en tus
estatutos.
118 Hollaste a todos los que se desvían de
tus estatutos,
Porque su astucia es falsedad.
119 Como escorias hiciste consumir a todos
los impíos de la tierra;
Por tanto, yo he amado tus testimonios.
120 Mi carne se ha estremecido por temor
de ti,
Y de tus juicios tengo miedo.

Ayin

121 Juicio y justicia he hecho;
No me abandones a mis opresores.
122 Afianza a tu siervo para bien;
No permitas que los soberbios me
opriman.
123 Mis ojos desfallecieron por tu salvación,
Y por la palabra de tu justicia.
124 Haz con tu siervo según tu misericordia,
Y enséñame tus estatutos.
125 Tu siervo soy yo, dame entendimiento
Para conocer tus testimonios.
126 Tiempo es de actuar, oh Jehová,
Porque han invalidado tu ley.
127 Por eso he amado tus mandamientos
Más que el oro, y más que oro muy puro.
128 Por eso estimé rectos todos tus
mandamientos sobre todas las cosas,
Y aborrecí todo camino de mentira.

Pe

129 Maravillosos son tus testimonios;
Por tanto, los ha guardado mi alma.
130 La exposición de tus palabras alumbra;
Hace entender a los simples.
131 Mi boca abrí y suspiré,
Porque deseaba tus mandamientos.
132 Mírame, y ten misericordia de mí,
Como acostumbras con los que aman tu
nombre.
133 Ordena mis pasos con tu palabra,
Y ninguna iniquidad se enseñoree de
mí.
134 Líbrame de la violencia de los hombres,
Y guardaré tus mandamientos.
135 Haz que tu rostro resplandezca sobre tu
siervo,
Y enséñame tus estatutos.
136 Ríos de agua descendieron de mis ojos,
Porque no guardaban tu ley.

Tsade

137 Justo eres tú, oh Jehová,
Y rectos tus juicios.
138 Tus testimonios, que has recomendado,
Son rectos y muy fieles.
139 Mi celo me ha consumido,
Porque mis enemigos se olvidaron de
tus palabras.
140 Sumamente pura es tu palabra,
Y la ama tu siervo.
141 Pequeño soy yo, y desechado,
Mas no me he olvidado de tus
mandamientos.
142 Tu justicia es justicia eterna,
Y tu ley la verdad.
143 Aflicción y angustia se han apoderado
de mí,
Mas tus mandamientos fueron mi
delicia.
144 Justicia eterna son tus testimonios;
Dame entendimiento, y viviré.

Cof

145 Clamé con todo mi corazón;
respóndeme, Jehová,
Y guardaré tus estatutos.
146 A ti clamé; sálvame,
Y guardaré tus testimonios.
147 Me anticipé al alba, y clamé;
Esperé en tu palabra.
148 Se anticiparon mis ojos a las vigilias de
la noche,
Para meditar en tus mandatos.
149 Oye mi voz conforme a tu misericordia;
Oh Jehová, vivifícame conforme a tu
juicio.
150 Se acercaron a la maldad los que me
persiguen;
Se alejaron de tu ley.
151 Cercano estás tú, oh Jehová,
Y todos tus mandamientos son verdad.
152 Hace ya mucho que he entendido tus
testimonios,
Que para siempre los has establecido.

Resh

153 Mira mi aflicción, y líbrame,
Porque de tu ley no me he olvidado.
154 Defiende mi causa, y redímeme;
Vivifícame con tu palabra.
155 Lejos está de los impíos la salvación,
Porque no buscan tus estatutos.
156 Muchas son tus misericordias, oh
Jehová;
Vivifícame conforme a tus juicios.
157 Muchos son mis perseguidores y mis
enemigos,
Mas de tus testimonios no me he
apartado.
158 Veía a los prevaricadores, y me
disgustaba,
Porque no guardaban tus palabras.
159 Mira, oh Jehová, que amo tus
mandamientos;
Vivifícame conforme a tu misericordia.
160 La suma de tu palabra es verdad,
Y eterno es todo juicio de tu justicia.

Sin

161 Príncipes me han perseguido sin causa,
Pero mi corazón tuvo temor de tus palabras.
➤162 Me regocijo en tu palabra
Como el que halla muchos despojos.
163 La mentira aborrezco y abomino;
Tu ley amo.
164 Siete veces al día te alabo
A causa de tus justos juicios.
*165 Mucha paz tienen los que aman tu ley,
Y no hay para ellos tropiezo.
166 Tu salvación he esperado, oh Jehová,
Y tus mandamientos he puesto por obra.
167 Mi alma ha guardado tus testimonios,
Y los he amado en gran manera.
168 He guardado tus mandamientos y tus testimonios,
Porque todos mis caminos están delante de ti.

Tau

169 Llegue mi clamor delante de ti, oh Jehová;
Dame entendimiento conforme a tu palabra.
170 Llegue mi oración delante de ti;
Líbrame conforme a tu dicho.
171 Mis labios rebosarán alabanza
Cuando me enseñes tus estatutos.
172 Hablará mi lengua tus dichos,
Porque todos tus mandamientos son justicia.
173 Esté tu mano pronta para socorrerme,
Porque tus mandamientos he escogido.
174 He deseado tu salvación, oh Jehová,
Y tu ley es mi delicia.
175 Viva mi alma y te alabe,
Y tus juicios me ayuden.
176 Yo anduve errante como oveja extraviada; busca a tu siervo,
Porque no me he olvidado de tus mandamientos.

Plegaria ante el peligro de la lengua engañosa

Cántico gradual.

120 A Jehová clamé estando en angustia,
Y él me respondió.
2 Libra mi alma, oh Jehová, del labio mentiroso,
Y de la lengua fraudulenta.
3 ¿Qué te dará, o qué te aprovechará,
Oh lengua engañosa?
4 Agudas saetas de valiente,
Con brasas de enebro.
5 ¡Ay de mí, que moro en Mesec,
Y habito entre las tiendas de Cedar!
6 Mucho tiempo ha morado mi alma
Con los que aborrecen la paz.
7 Yo soy pacífico;
Mas ellos, así que hablo, me hacen guerra.

Jehová es tu guardador

Cántico gradual.

121 Alzaré mis ojos a los montes;
¿De dónde vendrá mi socorro?
2 Mi socorro viene de Jehová,
Que hizo los cielos y la tierra.
3 No dará tu pie al resbaladero, ➤
Ni se dormirá el que te guarda.
4 He aquí, no se adormecerá ni dormirá
El que guarda a Israel.
5 Jehová es tu guardador;
Jehová es tu sombra a tu mano derecha.
6 El sol no te fatigará de día,
Ni la luna de noche.
7 Jehová te guardará de todo mal; *
Él guardará tu alma.
8 Jehová guardará tu salida y tu entrada
Desde ahora y para siempre.

Oración por la paz de Jerusalén

Cántico gradual; de David.

122 Yo me alegré con los que me decían: ➤
A la casa de Jehová iremos.
2 Nuestros pies estuvieron
Dentro de tus puertas, oh Jerusalén.
3 Jerusalén, que se ha edificado
Como una ciudad que está bien unida entre sí.

LECCIONES DE VIDA

➤ ***119.162 — Me regocijo en tu palabra como el que halla muchos despojos.***

Si la Biblia nos parece un libro misterioso y difícil de entender, no la valoraremos mucho y la leeremos todavía menos. En cambio, si la vemos como un tesoro invaluable, nos sumergiremos en ella con frecuencia y cosecharemos sus asombrosos beneficios.

➤ ***121.3 — ni se dormirá el que te guarda.***

Dios nunca duerme. Él está en guardia cada momento de cada día, velando por usted con cuidado infinito. ¿Para qué preocuparse? El Señor omnipotente del universo ha declarado su amor eterno por usted y jamás le fallará ni dejará de protegerle.

➤ ***122.1 — Yo me alegré con los que me decían: a la casa de Jehová iremos.***

¿Qué hizo alegre al salmista? En primer lugar, lo vio como la oportunidad de tener un encuentro con Dios. Segundo, era una ocasión para adorar en compañía de sus amigos. Tercero, cumplía el propósito para el cual Dios lo había creado.

4 Y allá subieron las tribus, las tribus de
JAH,
Conforme al testimonio dado a Israel,
Para alabar el nombre de Jehová.
5 Porque allá están las sillas del juicio,
Los tronos de la casa de David.

6 Pedid por la paz de Jerusalén;
Sean prosperados los que te aman.
7 Sea la paz dentro de tus muros,
Y el descanso dentro de tus palacios.
8 Por amor de mis hermanos y mis
compañeros
Diré yo: La paz sea contigo.
9 Por amor a la casa de Jehová nuestro
Dios
Buscaré tu bien.

Plegaria pidiendo misericordia

Cántico gradual.

123 A ti alcé mis ojos,
A ti que habitas en los cielos.
➤2 He aquí, como los ojos de los siervos
miran a la mano de sus señores,
Y como los ojos de la sierva a la mano
de su señora,
Así nuestros ojos miran a Jehová
nuestro Dios,
Hasta que tenga misericordia de nosotros.

3 Ten misericordia de nosotros, oh Jehová,
ten misericordia de nosotros,
Porque estamos muy hastiados de
menosprecio.
4 Hastiada está nuestra alma
Del escarnio de los que están en holgura,
Y del menosprecio de los soberbios.

Alabanza por haber sido librado de los enemigos

Cántico gradual; de David.

➤124 A no haber estado Jehová por nosotros,
Diga ahora Israel;
2 A no haber estado Jehová por nosotros,
Cuando se levantaron contra nosotros
los hombres,
3 Vivos nos habrían tragado entonces,
Cuando se encendió su furor contra
nosotros.
4 Entonces nos habrían inundado las
aguas;
Sobre nuestra alma hubiera pasado el
torrente;
5 Hubieran entonces pasado sobre
nuestra alma las aguas impetuosas.

6 Bendito sea Jehová,
Que no nos dio por presa a los dientes
de ellos.
7 Nuestra alma escapó cual ave del lazo
de los cazadores;
Se rompió el lazo, y escapamos
nosotros.

8 Nuestro socorro está en el nombre de
Jehová,
Que hizo el cielo y la tierra.

Dios protege a su pueblo

Cántico gradual.

125 Los que confían en Jehová son como
el monte de Sion,
Que no se mueve, sino que permanece
para siempre.
2 Como Jerusalén tiene montes alrededor ➤
de ella,
Así Jehová está alrededor de su pueblo
Desde ahora y para siempre.
3 Porque no reposará la vara de la
impiedad sobre la heredad de los
justos;
No sea que extiendan los justos sus
manos a la iniquidad.
4 Haz bien, oh Jehová, a los buenos,
Y a los que son rectos en su corazón.
5 Mas a los que se apartan tras sus
perversidades,

LECCIONES DE VIDA

➤ *123.2 — He aquí, como los ojos de los siervos miran a la mano de sus señores... así nuestros ojos miran a Jehová nuestro Dios, hasta que tenga misericordia de nosotros.*

Puede haber muchas razones por las cuales Dios no contesta de inmediato nuestras oraciones pidiendo ayuda y misericordia. Él tiene un mejor plan, bendiciones más grandes, o sabe algo que no sabemos. Lo que sí sabemos con certeza es que Dios nos instruye a seguir pidiendo hasta que Él responda (Lc 18.1-8). Así es como Él nos envía sus bendiciones.

➤ *124.1, 3 — A no haber estado Jehová por nosotros... vivos nos habrían tragado entonces, cuando se encendió su furor contra nosotros.*

¿Por qué escribió David este salmo? Para recordar a los israelitas que cuando estuvieron al borde de la extinción, el Señor se manifestó e hizo un milagro a favor de la nación. Dios nos instruye en su Palabra para que nos animemos unos a otros recordándonos verbalmente cómo nos ha rescatado en el pasado. Ninguno de nosotros ha sido llamado a andar «solitario» en la fe, sino que todos debemos ser instrumentos de su paz y esperanza (Col 3.16, 17).

➤ *125.2 — Como Jerusalén tiene montes alrededor de ella, así Jehová está alrededor de su pueblo desde ahora y para siempre.*

En la época del salmista, Jerusalén era prácticamente inasequible para ejércitos invasores debido a su ubicación entre el monte de los Olivos y el monte Scopus, y los valles de Hinom, Tiropeon y Cedrón. De igual modo, Dios rodea a su pueblo como un baluarte impenetrable. Él nos cubre por todos los ángulos para que nada pueda alcanzarnos sin pasar primero por sus manos amorosas.

Jehová los llevará con los que hacen
iniquidad;
Paz sea sobre Israel.

Oración por la restauración

Cántico gradual.

126 Cuando Jehová hiciere volver la cautividad de Sion,
Seremos como los que sueñan.
2 Entonces nuestra boca se llenará de risa,
Y nuestra lengua de alabanza;
Entonces dirán entre las naciones:
Grandes cosas ha hecho Jehová con éstos.
3 Grandes cosas ha hecho Jehová con nosotros;
Estaremos alegres.

4 Haz volver nuestra cautividad, oh Jehová,
Como los arroyos del Neguev.
*5 Los que sembraron con lágrimas, con regocijo segarán.
6 Irá andando y llorando el que lleva la preciosa semilla;
Mas volverá a venir con regocijo, trayendo sus gavillas.

La prosperidad viene de Jehová

Cántico gradual; para Salomón.

127 Si Jehová no edificare la casa,
En vano trabajan los que la edifican;
Si Jehová no guardare la ciudad,
En vano vela la guardia.
2 Por demás es que os levantéis de madrugada, y vayáis tarde a reposar,
Y que comáis pan de dolores;
Pues que a su amado dará Dios el sueño.

3 He aquí, herencia de Jehová son los hijos;
Cosa de estima el fruto del vientre.
4 Como saetas en mano del valiente,
Así son los hijos habidos en la juventud.
5 Bienaventurado el hombre que llenó su aljaba de ellos;
No será avergonzado
Cuando hablare con los enemigos en la puerta.

La bienaventuranza del que teme a Jehová

Cántico gradual.

128 Bienaventurado todo aquel que teme a Jehová,
Que anda en sus caminos.
2 Cuando comieres el trabajo de tus manos,
Bienaventurado serás, y te irá bien.

3 Tu mujer será como vid que lleva fruto a los lados de tu casa;
Tus hijos como plantas de olivo alrededor de tu mesa.
4 He aquí que así será bendecido el hombre
Que teme a Jehová.

5 Bendígate Jehová desde Sion,
Y veas el bien de Jerusalén todos los días de tu vida,
6 Y veas a los hijos de tus hijos.
Paz sea sobre Israel.

Plegaria pidiendo la destrucción de los enemigos de Sion

Cántico gradual.

129 Mucho me han angustiado desde mi juventud,
Puede decir ahora Israel;
2 Mucho me han angustiado desde mi juventud;
Mas no prevalecieron contra mí.
3 Sobre mis espaldas araron los aradores;
Hicieron largos surcos.
4 Jehová es justo;
Cortó las coyundas de los impíos.
5 Serán avergonzados y vueltos atrás
Todos los que aborrecen a Sion.
6 Serán como la hierba de los tejados,
Que se seca antes que crezca;
7 De la cual no llenó el segador su mano,
Ni sus brazos el que hace gavillas.
8 Ni dijeron los que pasaban:
Bendición de Jehová sea sobre vosotros;
Os bendecimos en el nombre de Jehová.

LECCIONES DE VIDA

➤ *126.5 — Los que sembraron con lágrimas, con regocijo segarán.*

Dios no promete que esta vida será libre de penurias o dolor, pero insiste que para aquellos que lo conocemos y amamos, nuestras lágrimas son semillas que un día brotarán en un fruto de gozo inefable e inmenso.

➤ *127.1 — Si Jehová no edificare la casa, en vano trabajan los que la edifican; si Jehová no guardare la ciudad, en vano vela la guardia.*

Todos nuestros esfuerzos son inútiles y triviales si no nos asociamos con Dios en función de lo que Él quiere, y en el tiempo y la manera que Él desea realizarlo. La bendición del Señor marca la diferencia entre el éxito y el fracaso, la satisfacción y el remordimiento.

Esperanza en que Jehová dará redención
Cántico gradual.

130 De lo profundo, oh Jehová, a ti clamo.
2 Señor, oye mi voz;
Estén atentos tus oídos
A la voz de mi súplica.

3 JAH, si mirares a los pecados,
¿Quién, oh Señor, podrá mantenerse?
4 Pero en ti hay perdón,
Para que seas reverenciado.
➤5 Esperé yo a Jehová, esperó mi alma;
En su palabra he esperado.
6 Mi alma espera a Jehová
Más que los centinelas a la mañana,
Más que los vigilantes a la mañana.

7 Espere Israel a Jehová,
Porque en Jehová hay misericordia,
Y abundante redención con él;
8 Y él redimirá a Israel
De todos sus pecados.[a]

Confiando en Dios como un niño
Cántico gradual; de David.

➤131 Jehová, no se ha envanecido mi corazón, ni mis ojos se enaltecieron;
Ni anduve en grandezas,
Ni en cosas demasiado sublimes para mí.
2 En verdad que me he comportado y he acallado mi alma
Como un niño destetado de su madre;
Como un niño destetado está mi alma.
3 Espera, oh Israel, en Jehová,
Desde ahora y para siempre.

Plegaria por bendición sobre el santuario
Cántico gradual.

132 Acuérdate, oh Jehová, de David,
Y de toda su aflicción;
2 De cómo juró a Jehová,
Y prometió al Fuerte de Jacob:
3 No entraré en la morada de mi casa,
Ni subiré sobre el lecho de mi estrado;
4 No daré sueño a mis ojos,
Ni a mis párpados adormecimiento,
5 Hasta que halle lugar para Jehová,
Morada para el Fuerte de Jacob.
6 He aquí en Efrata lo oímos;
Lo hallamos en los campos del bosque.
7 Entraremos en su tabernáculo;
Nos postraremos ante el estrado de sus pies.
8 Levántate, oh Jehová, al lugar de tu reposo,
Tú y el arca de tu poder.
9 Tus sacerdotes se vistan de justicia,
Y se regocijen tus santos.
10 Por amor de David tu siervo
No vuelvas de tu ungido el rostro.[a]
11 En verdad juró Jehová a David,
Y no se retractará de ello:
De tu descendencia pondré sobre tu trono.[b]
12 Si tus hijos guardaren mi pacto,
Y mi testimonio que yo les enseñaré,
Sus hijos también se sentarán sobre tu trono para siempre.
13 Porque Jehová ha elegido a Sion;
La quiso por habitación para sí.
14 Éste es para siempre el lugar de mi reposo;
Aquí habitaré, porque la he querido.
15 Bendeciré abundantemente su provisión;
A sus pobres saciaré de pan.
16 Asimismo vestiré de salvación a sus sacerdotes,
Y sus santos darán voces de júbilo.
17 Allí haré retoñar el poder de David;
He dispuesto lámpara a mi ungido.[c]
18 A sus enemigos vestiré de confusión,
Mas sobre él florecerá su corona.

a. 130.8 Mt 1.21; Tit 2.14. **a. 132.8-10** 2 Cr 6.41-42.
b. 132.11 2 S 7.12-16; 1 Cr 17.11-14; Sal 89.3-4; Hch 2.30.
c. 132.17 1 R 11.36.

LECCIONES DE VIDA

➤ ***130.5 — Esperé yo a Jehová, esperó mi alma; en su palabra he esperado.***

Dios no se precipita a actuar siguiendo nuestro calendario de actividades. De hecho, Él espera la llegada de cada momento preciso. ¿Por qué? La espera es parte del entrenamiento que Dios utiliza para edificar y fortalecer nuestra fe. Mientras esperamos, aprendemos a confiar en Él.

➤ ***131.1 — Jehová, no se ha envanecido mi corazón, ni mis ojos se enaltecieron; ni anduve en grandezas, ni en cosas demasiado sublimes para mí.***

Se requiere humildad para admitir que ciertas cosas son más grandes que nosotros o trascienden nuestra capacidad de comprensión. Hasta el gran David se llamó a sí mismo «pulga» y «perro muerto» (1 S 24.14). También sabemos que «Moisés era muy manso, más que todos los hombres que había sobre la tierra» (Nm 12.3). Vemos cuán cierto es que «al humilde de espíritu [le] sustenta la honra» (Pr 29.23).

La bienaventuranza del amor fraternal
Cántico gradual; de David.

➤ 133 ¡Mirad cuán bueno y cuán delicioso es
Habitar los hermanos juntos en armonía!
2 Es como el buen óleo sobre la cabeza,
El cual desciende sobre la barba,
La barba de Aarón,
Y baja hasta el borde de sus vestiduras;
3 Como el rocío de Hermón,
Que desciende sobre los montes de Sion;
Porque allí envía Jehová bendición,
Y vida eterna.

Exhortación a los guardas del templo
Cántico gradual

134 Mirad, bendecid a Jehová,
Vosotros todos los siervos de Jehová,
Los que en la casa de Jehová estáis por las noches.
2 Alzad vuestras manos al santuario,
Y bendecid a Jehová.
3 Desde Sion te bendiga Jehová,
El cual ha hecho los cielos y la tierra.

La grandeza del Señor y la vanidad de los ídolos
Aleluya

135 Alabad el nombre de Jehová;
Alabadle, siervos de Jehová;
2 Los que estáis en la casa de Jehová,
En los atrios de la casa de nuestro Dios.
3 Alabad a JAH, porque él es bueno;
Cantad salmos a su nombre, porque él es benigno.
4 Porque JAH ha escogido a Jacob para sí,
A Israel por posesión suya.

5 Porque yo sé que Jehová es grande,
Y el Señor nuestro, mayor que todos los dioses.
➤6 Todo lo que Jehová quiere, lo hace,
En los cielos y en la tierra, en los mares y en todos los abismos.
7 Hace subir las nubes de los extremos de la tierra;
Hace los relámpagos para la lluvia;
Saca de sus depósitos los vientos.
8 Él es quien hizo morir a los primogénitos de Egipto,
Desde el hombre hasta la bestia.
9 Envió señales y prodigios en medio de ti, oh Egipto,
Contra Faraón, y contra todos sus siervos.
10 Destruyó a muchas naciones,
Y mató a reyes poderosos;
11 A Sehón rey amorreo,
A Og rey de Basán,
Y a todos los reyes de Canaán.
12 Y dio la tierra de ellos en heredad,
En heredad a Israel su pueblo.

13 Oh Jehová, eterno es tu nombre;
Tu memoria, oh Jehová, de generación en generación.
14 Porque Jehová juzgará a su pueblo
Y se compadecerá de sus siervos.

15 Los ídolos de las naciones son plata y oro,
Obra de manos de hombres.
16 Tienen boca, y no hablan;
Tienen ojos, y no ven;
17 Tienen orejas, y no oyen;
Tampoco hay aliento en sus bocas.
18 Semejantes a ellos son los que los hacen,
Y todos los que en ellos confían.[a]

19 Casa de Israel, bendecid a Jehová;
Casa de Aarón, bendecid a Jehová;
20 Casa de Leví, bendecid a Jehová;
Los que teméis a Jehová, bendecid a Jehová.
21 Desde Sion sea bendecido Jehová,
Quien mora en Jerusalén.
Aleluya.

Alabanza por la misericordia eterna de Jehová

136 Alabad a Jehová, porque él es bueno,
Porque para siempre es su misericordia.[a]
2 Alabad al Dios de los dioses,
Porque para siempre es su misericordia.
3 Alabad al Señor de los señores,
Porque para siempre es su misericordia.

a. 135.15-18 Sal 115.4-8; Ap 9.20. **a. 136.1** 1 Cr 16.34; 2 Cr 5.13; 7.3; Esd 3.11; Sal 100.5; 106.1; 107.1; 118.1; Jer 33.11.

LECCIONES DE VIDA

➤ *133.1 — ¡Mirad cuán bueno y cuán delicioso es habitar los hermanos juntos en armonía!*

Si como creyentes todos servimos al único Dios verdadero, ¿por qué no debería expresarse su amor en nosotros a través de la unidad (Ef 4.1–16)? Ese es nuestro propósito. Por lo tanto, debemos ser «de un mismo sentir» y vivir en paz (2 Co 13.11).

➤ *135.6 — Todo lo que Jehová quiere, lo hace, en los cielos y en la tierra, en los mares y en todos los abismos.*

¿Qué *quiere* hacer Dios? Al Señor le agrada hacer bien, tener misericordia y conceder gracia, y nadie puede detenerlo. Sin embargo, como es su justo derecho, Él también juzgará a los pecadores que no se arrepientan.

4 Al único que hace grandes maravillas,
Porque para siempre es su misericordia.
5 Al que hizo los cielos[b] con entendimiento,
Porque para siempre es su misericordia.
6 Al que extendió la tierra sobre las aguas,[c]
Porque para siempre es su misericordia.
7 Al que hizo las grandes lumbreras,[d]
Porque para siempre es su misericordia.
8 El sol para que señorease en el día,
Porque para siempre es su misericordia.
9 La luna y las estrellas para que señoreasen en la noche,
Porque para siempre es su misericordia.

10 Al que hirió a Egipto en sus primogénitos,[e]
Porque para siempre es su misericordia.
11 Al que sacó a Israel de en medio de ellos,[f]
Porque para siempre es su misericordia.
12 Con mano fuerte, y brazo extendido,
Porque para siempre es su misericordia.
13 Al que dividió el Mar Rojo en partes,[g]
Porque para siempre es su misericordia;
14 E hizo pasar a Israel por en medio de él,
Porque para siempre es su misericordia;
15 Y arrojó a Faraón y a su ejército en el Mar Rojo,
Porque para siempre es su misericordia.
16 Al que pastoreó a su pueblo por el desierto,
Porque para siempre es su misericordia.
17 Al que hirió a grandes reyes,
Porque para siempre es su misericordia;
18 Y mató a reyes poderosos,
Porque para siempre es su misericordia;
19 A Sehón rey amorreo,[h]
Porque para siempre es su misericordia;
20 Y a Og rey de Basán,[i]
Porque para siempre es su misericordia;
21 Y dio la tierra de ellos en heredad,
Porque para siempre es su misericordia;
22 En heredad a Israel su siervo,
Porque para siempre es su misericordia.

23 Él es el que en nuestro abatimiento se acordó de nosotros,
Porque para siempre es su misericordia;
24 Y nos rescató de nuestros enemigos,
Porque para siempre es su misericordia.
25 El que da alimento a todo ser viviente,
Porque para siempre es su misericordia.
26 Alabad al Dios de los cielos,
Porque para siempre es su misericordia.

Lamento de los cautivos en Babilonia

137 Junto a los ríos de Babilonia,
Allí nos sentábamos, y aun llorábamos,
Acordándonos de Sion.
2 Sobre los sauces en medio de ella
Colgamos nuestras arpas.
3 Y los que nos habían llevado cautivos nos pedían que cantásemos,
Y los que nos habían desolado nos pedían alegría, diciendo:
Cantadnos algunos de los cánticos de Sion.

4 ¿Cómo cantaremos cántico de Jehová
En tierra de extraños?
5 Si me olvidare de ti, oh Jerusalén,
Pierda mi diestra su destreza.
6 Mi lengua se pegue a mi paladar,
Si de ti no me acordare;
Si no enalteciere a Jerusalén
Como preferente asunto de mi alegría.

7 Oh Jehová, recuerda contra los hijos de Edom el día de Jerusalén,
Cuando decían: Arrasadla, arrasadla
Hasta los cimientos.
8 Hija de Babilonia la desolada,
Bienaventurado el que te diere el pago
De lo que tú nos hiciste.[a]
9 Dichoso el que tomare y estrellare tus niños
Contra la peña.

Acción de gracias por el favor de Jehová

Salmo de David.

138 Te alabaré con todo mi corazón;
Delante de los dioses te cantaré salmos.
2 Me postraré hacia tu santo templo,
Y alabaré tu nombre por tu misericordia y tu fidelidad;

b. 136.5 Gn 1.1. **c. 136.6** Gn 1.2. **d. 136.7-9** Gn 1.16. **e. 136.10** Éx 12.29. **f. 136.11** Éx 12.51. **g. 136.13-15** Éx 14.21-29. **h. 136.19** Nm 21.21-30. **i. 136.20** Nm 21.31-35. **a. 137.8** Ap 18.6.

LECCIONES DE VIDA

➢ ***137.4 — ¿Cómo cantaremos cántico de Jehová en tierra de extraños?***

Aunque nuestro contexto y nuestras circunstancias puedan influir en nuestro deseo de adorar a Dios, la adoración verdadera requiere nuestra decisión firme de mantenernos enfocados en el Señor y su carácter. No permitamos que las condiciones exteriores afecten nuestra decisión de alabar a Dios. «Dad gracias en todo, porque esta es la voluntad de Dios para con vosotros en Cristo Jesús» (1 Ts 5.18).

➢ ***138.2 — has engrandecido tu nombre, y tu palabra sobre todas las cosas.***

La Biblia no es un simple libro entre muchos otros; es la revelación santa del Señor a la humanidad. Nada en el mundo se compara con la maravillosa Palabra de Dios.

Porque has engrandecido tu nombre, y
tu palabra sobre todas las cosas.
3 El día que clamé, me respondiste;
Me fortaleciste con vigor en mi alma.

4 Te alabarán, oh Jehová, todos los reyes
de la tierra,
Porque han oído los dichos de tu boca.
5 Y cantarán de los caminos de Jehová,
Porque la gloria de Jehová es grande.
6 Porque Jehová es excelso, y atiende al
humilde,
Mas al altivo mira de lejos.

*7 Si anduviere yo en medio de la angustia,
tú me vivificarás;
Contra la ira de mis enemigos
extenderás tu mano,
Y me salvará tu diestra.
8 Jehová cumplirá su propósito en mí;
Tu misericordia, oh Jehová, es para
siempre;
No desampares la obra de tus manos.

Omnipresencia y omnisciencia de Dios

Al músico principal. Salmo de David.

139 Oh Jehová, tú me has examinado y
conocido.
2 Tú has conocido mi sentarme y mi
levantarme;
Has entendido desde lejos mis
pensamientos.
3 Has escudriñado mi andar y mi reposo,
Y todos mis caminos te son conocidos.
4 Pues aún no está la palabra en mi
lengua,
Y he aquí, oh Jehová, tú la sabes toda.
5 Detrás y delante me rodeaste,
Y sobre mí pusiste tu mano.
6 Tal conocimiento es demasiado
maravilloso para mí;
Alto es, no lo puedo comprender.

➤7 ¿A dónde me iré de tu Espíritu?
¿Y a dónde huiré de tu presencia?
8 Si subiere a los cielos, allí estás tú;
Y si en el Seol hiciere mi estrado, he
aquí, allí tú estás.
9 Si tomare las alas del alba
Y habitare en el extremo del mar,
10 Aun allí me guiará tu mano,
Y me asirá tu diestra.
11 Si dijere: Ciertamente las tinieblas me
encubrirán;
Aun la noche resplandecerá alrededor
de mí.
12 Aun las tinieblas no encubren de ti,
Y la noche resplandece como el día;
Lo mismo te son las tinieblas que la
luz.

13 Porque tú formaste mis entrañas;
Tú me hiciste en el vientre de mi
madre.
14 Te alabaré; porque formidables,
maravillosas son tus obras;
Estoy maravillado,
Y mi alma lo sabe muy bien.
15 No fue encubierto de ti mi cuerpo,
Bien que en oculto fui formado,
Y entretejido en lo más profundo de la
tierra.
16 Mi embrión vieron tus ojos,
Y en tu libro estaban escritas todas
aquellas cosas
Que fueron luego formadas,
Sin faltar una de ellas.
17 ¡Cuán preciosos me son, oh Dios, tus
pensamientos!
¡Cuán grande es la suma de ellos!
18 Si los enumero, se multiplican más que
la arena;
Despierto, y aún estoy contigo.

19 De cierto, oh Dios, harás morir al impío;
Apartaos, pues, de mí, hombres
sanguinarios.
20 Porque blasfemias dicen ellos contra ti;
Tus enemigos toman en vano tu
nombre.
21 ¿No odio, oh Jehová, a los que te
aborrecen,
Y me enardezco contra tus enemigos?
22 Los aborrezco por completo;
Los tengo por enemigos.
23 Examíname, oh Dios, y conoce mi
corazón;
Pruébame y conoce mis pensamientos;
24 Y ve si hay en mí camino de
perversidad,
Y guíame en el camino eterno.

LECCIONES DE VIDA

➤ ***139.7 — ¿A dónde me iré de tu Espíritu? ¿Y a dónde huiré de tu presencia?***

Dios contesta la pregunta del salmista en Jeremías 23.24: «¿Se ocultará alguno, dice Jehová, en escondrijos que yo no lo vea? ¿No lleno yo, dice Jehová, el cielo y la tierra?» Esto significa que no importa dónde vayamos, podemos contar con su presencia en todo lugar. Él está a su alcance, y nadie puede impedirle buscar refugio en sus brazos de amor.

➤ ***139.23 — Examíname, oh Dios, y conoce mi corazón; pruébame y conoce mis pensamientos.***

Cuando no podemos entendernos ni explicar lo que sentimos, Dios nos invita a llevarle nuestras luchas internas y pedirle que nos ilumine. Él entiende lo que nosotros no entendemos, y sabe qué hacer cuando estamos a la deriva.

Súplica de protección contra los perseguidores

Al músico principal. Salmo de David.

140 Líbrame, oh Jehová, del hombre malo;
Guárdame de hombres violentos,
2 Los cuales maquinan males en el corazón,
Cada día urden contiendas.
3 Aguzaron su lengua como la serpiente;
Veneno de áspid hay debajo de sus labios.[a]
Selah

4 Guárdame, oh Jehová, de manos del impío;
Líbrame de hombres injuriosos,
Que han pensado trastornar mis pasos.
5 Me han escondido lazo y cuerdas los soberbios;
Han tendido red junto a la senda;
Me han puesto lazos.
Selah

6 He dicho a Jehová: Dios mío eres tú;
Escucha, oh Jehová, la voz de mis ruegos.
➤7 Jehová Señor, potente salvador mío,
Tú pusiste a cubierto mi cabeza en el día de batalla.
8 No concedas, oh Jehová, al impío sus deseos;
No saques adelante su pensamiento, para que no se ensoberbezca.
Selah
9 En cuanto a los que por todas partes me rodean,
La maldad de sus propios labios cubrirá su cabeza.
10 Caerán sobre ellos brasas;
Serán echados en el fuego,
En abismos profundos de donde no salgan.
11 El hombre deslenguado no será firme en la tierra;
El mal cazará al hombre injusto para derribarle.

*12 Yo sé que Jehová tomará a su cargo la causa del afligido,
Y el derecho de los necesitados.
13 Ciertamente los justos alabarán tu nombre;
Los rectos morarán en tu presencia.

Oración a fin de ser guardado del mal

Salmo de David.

141 Jehová, a ti he clamado; apresúrate a mí;
Escucha mi voz cuando te invocare.
2 Suba mi oración delante de ti como el incienso,[a]
El don de mis manos como la ofrenda de la tarde.

3 Pon guarda a mi boca, oh Jehová;
Guarda la puerta de mis labios.
4 No dejes que se incline mi corazón a cosa mala,
A hacer obras impías
Con los que hacen iniquidad;
Y no coma yo de sus deleites.

5 Que el justo me castigue, será un favor, ≺
Y que me reprenda será un excelente bálsamo
Que no me herirá la cabeza;
Pero mi oración será continuamente contra las maldades de aquéllos.
6 Serán despeñados sus jueces,
Y oirán mis palabras, que son verdaderas.
7 Como quien hiende y rompe la tierra,
Son esparcidos nuestros huesos a la boca del Seol.

8 Por tanto, a ti, oh Jehová, Señor, miran mis ojos;
En ti he confiado; no desampares mi alma.
9 Guárdame de los lazos que me han tendido,
Y de las trampas de los que hacen iniquidad.
10 Caigan los impíos a una en sus redes,
Mientras yo pasaré adelante.

a. 140.3 Ro 3.13. **a. 141.2** Ap 5.8.

LECCIONES DE VIDA

➤ ***140.7 — Jehová Señor, potente salvador mío, Tú pusiste a cubierto mi cabeza en el día de batalla.***

Si obedecemos a Dios, lo más probable es que vamos a provocarles furia a quienes se oponen a Él (Mt 5.11, 12; Jn 15.20). Sin embargo, debemos mantenernos firmes en la fe, así tengamos que enfrentar persecución por ello, porque Dios intervendrá para protegernos, y veremos su triunfo y su gloria en nuestra situación (Hch 16.16–34).

➤ ***141.5 — Que el justo me castigue, será un favor, y que me reprenda será un excelente bálsamo que no me herirá la cabeza.***

Cuando los justos nos amonestan con una exhortación firme o una corrección dolorosa, lo hacen por nuestro propio bien. Dios obra a través de nuestros hermanos y hermanas en Cristo, a fin de aumentar nuestra eficacia como ministros del evangelio. «Hierro con hierro se aguza; y así el hombre aguza el rostro de su amigo» (Pr 27.17).

Petición de ayuda en medio de la prueba

Masquil de David. Oración que hizo cuando estaba en la cueva.[a]

142 Con mi voz clamaré a Jehová;
Con mi voz pediré a Jehová misericordia.
2 Delante de él expondré mi queja;
Delante de él manifestaré mi angustia.
3 Cuando mi espíritu se angustiaba dentro de mí, tú conociste mi senda.

En el camino en que andaba, me escondieron lazo.
4 Mira a mi diestra y observa, pues no hay quien me quiera conocer;
No tengo refugio, ni hay quien cuide de mi vida.
5 Clamé a ti, oh Jehová;
Dije: Tú eres mi esperanza,
Y mi porción en la tierra de los vivientes.
6 Escucha mi clamor, porque estoy muy afligido.

Líbrame de los que me persiguen, porque son más fuertes que yo.
➤7 Saca mi alma de la cárcel, para que alabe tu nombre;
Me rodearán los justos,
Porque tú me serás propicio.

Súplica de liberación y dirección

Salmo de David.

143 Oh Jehová, oye mi oración, escucha mis ruegos;
Respóndeme por tu verdad, por tu justicia.
2 Y no entres en juicio con tu siervo;
Porque no se justificará delante de ti ningún ser humano.[a]

3 Porque ha perseguido el enemigo mi alma;
Ha postrado en tierra mi vida;
Me ha hecho habitar en tinieblas como los ya muertos.
4 Y mi espíritu se angustió dentro de mí;
Está desolado mi corazón.
5 Me acordé de los días antiguos;
Meditaba en todas tus obras;
Reflexionaba en las obras de tus manos.
6 Extendí mis manos a ti,
Mi alma a ti como la tierra sedienta.
Selah
7 Respóndeme pronto, oh Jehová, porque desmaya mi espíritu;
No escondas de mí tu rostro,
No venga yo a ser semejante a los que descienden a la sepultura.
8 Hazme oír por la mañana tu misericordia, ➤
Porque en ti he confiado;
Hazme saber el camino por donde ande,
Porque a ti he elevado mi alma.

9 Líbrame de mis enemigos, oh Jehová;
En ti me refugio.
10 Enséñame a hacer tu voluntad, porque tú eres mi Dios; ➤
Tu buen espíritu me guíe a tierra de rectitud.
11 Por tu nombre, oh Jehová, me vivificarás;
Por tu justicia sacarás mi alma de angustia.
12 Y por tu misericordia disiparás a mis enemigos,
Y destruirás a todos los adversarios de mi alma,
Porque yo soy tu siervo.

Oración pidiendo socorro y prosperidad

Salmo de David.

144 Bendito sea Jehová, mi roca,
Quien adiestra mis manos para la batalla,
Y mis dedos para la guerra;
2 Misericordia mía y mi castillo,
Fortaleza mía y mi libertador,
Escudo mío, en quien he confiado;
El que sujeta a mi pueblo debajo de mí.

a. 142 tít. 1 S 22.1; 24.3. **a. 143.2** Ro 3.20; Gá 2.16.

LECCIONES DE VIDA

➤ *142.7 — Saca mi alma de la cárcel, para que alabe tu nombre.*

Algunas veces somos sometidos a servidumbre a causa del pecado. Otras veces quedamos cautivos debido a una actitud errónea. Sólo Dios puede ponernos en libertad de nuestros yugos emocionales y espirituales, y lo hará si confiamos en Él (Is 61.1; Jn 8.32, 36; Ro 7.24, 25; 8.20, 21; 2 Co 3.17; Gá 5.1; Stg 1.25).

➤ *143.8 — Hazme saber el camino por donde ande, porque a ti he elevado mi alma.*

Si queremos ser guiados por Dios (y todos necesitamos su guía diariamente), debemos pedírsela. Tenemos el deber de pedir su sabiduría en fe y disponernos de inmediato a escuchar su voz. Él siempre guía a los que realmente quieren ser sus seguidores.

➤ *143.10 — Enséñame a hacer tu voluntad, porque tú eres mi Dios.*

Cada día optamos por ceder a nuestro pecado, que lleva a la muerte, o decidimos obedecer a Dios, que conduce a la justicia (Ro 6.16). Si Dios es nuestro Señor, ¿no deberíamos aprender a someternos a Él?

3 Oh Jehová, ¿qué es el hombre, para que en él pienses,
O el hijo de hombre, para que lo estimes?[a]
4 El hombre es semejante a la vanidad;
Sus días son como la sombra que pasa.

5 Oh Jehová, inclina tus cielos y desciende;
Toca los montes, y humeen.
6 Despide relámpagos y disípalos,
Envía tus saetas y túrbalos.
7 Envía tu mano desde lo alto;
Redímeme, y sácame de las muchas aguas,
De la mano de los hombres extraños,
8 Cuya boca habla vanidad,
Y cuya diestra es diestra de mentira.

➤ 9 Oh Dios, a ti cantaré cántico nuevo;
Con salterio, con decacordio cantaré a ti.
10 Tú, el que da victoria a los reyes,
El que rescata de maligna espada a David su siervo.
11 Rescátame, y líbrame de la mano de los hombres extraños,
Cuya boca habla vanidad,
Y cuya diestra es diestra de mentira.

12 Sean nuestros hijos como plantas crecidas en su juventud,
Nuestras hijas como esquinas labradas como las de un palacio;
13 Nuestros graneros llenos, provistos de toda suerte de grano;
Nuestros ganados, que se multipliquen a millares y decenas de millares en nuestros campos;
14 Nuestros bueyes estén fuertes para el trabajo;
No tengamos asalto, ni que hacer salida,
Ni grito de alarma en nuestras plazas.
15 Bienaventurado el pueblo que tiene esto;
Bienaventurado el pueblo cuyo Dios es Jehová.

Alabanza por la bondad y el poder de Dios

Salmo de alabanza; de David.

145 Te exaltaré, mi Dios, mi Rey,
Y bendeciré tu nombre eternamente y para siempre.
2 Cada día te bendeciré,
Y alabaré tu nombre eternamente y para siempre.
3 Grande es Jehová, y digno de suprema alabanza;
Y su grandeza es inescrutable.
4 Generación a generación celebrará tus obras,
Y anunciará tus poderosos hechos.
5 En la hermosura de la gloria de tu magnificencia, ➤
Y en tus hechos maravillosos meditaré.
6 Del poder de tus hechos estupendos hablarán los hombres,
Y yo publicaré tu grandeza.
7 Proclamarán la memoria de tu inmensa bondad,
Y cantarán tu justicia.

8 Clemente y misericordioso es Jehová,
Lento para la ira, y grande en misericordia.
9 Bueno es Jehová para con todos,
Y sus misericordias sobre todas sus obras.

10 Te alaben, oh Jehová, todas tus obras,
Y tus santos te bendigan.
11 La gloria de tu reino digan,
Y hablen de tu poder,
12 Para hacer saber a los hijos de los hombres sus poderosos hechos,
Y la gloria de la magnificencia de su reino.
13 Tu reino es reino de todos los siglos,
Y tu señorío en todas las generaciones.

14 Sostiene Jehová a todos los que caen,
Y levanta a todos los oprimidos.
15 Los ojos de todos esperan en ti, ➤
Y tú les das su comida a su tiempo.

a. 144.3 Job 7.17-18; Sal 8.4.

LECCIONES DE VIDA

➤ ***144.9 — a ti cantaré cántico nuevo; con salterio, con decacordio cantaré a ti.***

El Señor nos invita a usar todos los talentos y habilidades que nos ha dado, para alabarlo. Le pertenecemos a Él, por eso debemos adorarlo con todo lo que tenemos.

➤ ***145.5 — En la hermosura de la gloria de tu magnificencia, y en tus hechos maravillosos meditaré.***

¿Cómo podemos meditar en el esplendor majestuoso de Dios? Podemos recordar las victorias personales que nos ha dado. Podemos reflexionar en sus atributos. Podemos ver su gloria por medio de la naturaleza y otros creyentes. Por encima de todo, podemos enfocarnos en su Hijo.

➤ ***145.15 — Los ojos de todos esperan en ti, y tú les das su comida a su tiempo.***

El Señor es el gran Proveedor. Como Pablo dijo: «Él es quien da a todos vida y aliento y todas las cosas» (Hch 17.25). No acudimos a Dios con presunción jactanciosa para reclamarle lo que necesitamos, sino con actitud anhelante de expectación y esperanzados en su gran amor.

Lo que la Biblia dice acerca de EL DESEO DE DIOS DE COMUNICARSE CON NOSOTROS

Sal 139.1–24

Cuántas veces hemos oído a alguien decir: «¿Por qué querría Dios hablarme *a mí*? No soy predicador ni estoy de tiempo completo en el ministerio. ¿De qué le serviría a Dios comunicarse conmigo?»

Lo cierto es que todos somos salvos por su gracia (Ef 2.8). Cuando conocemos a Cristo como nuestro Salvador, todos somos lavados y santificados (1 Co 6.11) y todos somos hechos hijos del Dios viviente (Jn 1.12). Como nuestro Padre celestial, es natural que Dios quiera tener comunión con nosotros.

Muchas veces podemos vernos como indignos y nos preguntamos por qué nuestro Dios grandioso y magnífico tendría interés alguno en hablarnos. En esos casos, el Señor podría estar gritándonos al oído pero tendríamos mucha dificultad para oírlo.

Debemos vernos como el Señor nos ve, esto es, como hijos que necesitan que Él les hable, que necesitan escucharlo y requieren ser guiados por Él todos los días de sus vidas. Si tenemos una imagen pobre de nosotros mismos y nos preguntamos por qué el Dios que creó los cielos y la tierra querría entablar una conversación significativa con personas insignificantes como nosotros, se daña por completo la comunicación.

Como nuestro Padre celestial, es natural que Dios quiera tener comunión con nosotros.

Todo depende de nuestra relación con Él. Nosotros somos hijos de Dios, y podemos estar seguros que nuestro Padre ¡procura hablarnos por todos los medios! El Salmo 139 nos provee un vistazo maravilloso al conocimiento perfecto que el Padre tiene de nosotros y a su amor abundante por nosotros, tal como somos. Él sabe de qué estamos hechos. Él conoce nuestras debilidades. Él conoce nuestros deseos pecaminosos y nuestras transgresiones no le son ocultas. Él conoce nuestros dolores más profundos, así como nuestros temores y frustraciones más grandes, y a pesar de esto Él anhela establecer una intimidad con nosotros.

Jesús ha elegido poner su presencia sin igual en estos vasos de barro llenos de grietas y cicatrices. Él se siente en su casa dentro de nuestras rasgadas tiendas terrenales. No tenemos por qué sentirnos incómodos, sino más bien relajarnos y disfrutar su dulce compañía, sabiendo que Él murió por nosotros siendo pecadores perdidos, sin esperanza (Ro 5.6–8). Él nos ha aceptado permanentemente en su familia, con *todo* nuestro bagaje indeseable. Somos suyos por completo, de pies a cabeza, hasta el último poro.

Por eso, abra sus oídos a lo que Él le diga y reciba con gozo todas las maravillas de las que quiere hacerle partícipe.

Para un estudio más a fondo, véase el Índice de Principios de vida:

13. Escuchar a Dios es esencial para andar con Él.

18. Como hijos del Dios soberano, jamás somos víctimas de nuestras circunstancias.

16 Abres tu mano,
Y colmas de bendición a todo ser viviente.
17 Justo es Jehová en todos sus caminos,
Y misericordioso en todas sus obras.
*18 Cercano está Jehová a todos los que le invocan,
A todos los que le invocan de veras.
19 Cumplirá el deseo de los que le temen;
Oirá asimismo el clamor de ellos, y los salvará.
20 Jehová guarda a todos los que le aman,
Mas destruirá a todos los impíos.

21 La alabanza de Jehová proclamará mi boca;
Y todos bendigan su santo nombre eternamente y para siempre.

Alabanza por la justicia de Dios

Aleluya.

146 Alaba, oh alma mía, a Jehová.
2 Alabaré a Jehová en mi vida;
Cantaré salmos a mi Dios mientras viva.

3 No confiéis en los príncipes,
Ni en hijo de hombre, porque no hay en él salvación.
4 Pues sale su aliento, y vuelve a la tierra;
En ese mismo día perecen sus pensamientos.

5 Bienaventurado aquel cuyo ayudador es el Dios de Jacob,
Cuya esperanza está en Jehová su Dios,
6 El cual hizo los cielos y la tierra,
El mar, y todo lo que en ellos hay;
Que guarda verdad para siempre,
7 Que hace justicia a los agraviados,
Que da pan a los hambrientos.

Jehová liberta a los cautivos;
➤8 Jehová abre los ojos a los ciegos;
Jehová levanta a los caídos;
Jehová ama a los justos.
9 Jehová guarda a los extranjeros;
Al huérfano y a la viuda sostiene,
Y el camino de los impíos trastorna.
10 Reinará Jehová para siempre;
Tu Dios, oh Sion, de generación en generación. Aleluya.

Alabanza por el favor de Dios hacia Jerusalén

147 Alabad a JAH,
Porque es bueno cantar salmos a nuestro Dios;
Porque suave y hermosa es la alabanza.
2 Jehová edifica a Jerusalén;
A los desterrados de Israel recogerá.
3 Él sana a los quebrantados de corazón, ➤
Y venda sus heridas.
4 Él cuenta el número de las estrellas;
A todas ellas llama por sus nombres.
5 Grande es el Señor nuestro, y de mucho poder;
Y su entendimiento es infinito.
6 Jehová exalta a los humildes,
Y humilla a los impíos hasta la tierra.

7 Cantad a Jehová con alabanza,
Cantad con arpa a nuestro Dios.
8 Él es quien cubre de nubes los cielos,
El que prepara la lluvia para la tierra,
El que hace a los montes producir hierba.
9 Él da a la bestia su mantenimiento,
Y a los hijos de los cuervos que claman.
10 No se deleita en la fuerza del caballo,
Ni se complace en la agilidad del hombre.
11 Se complace Jehová en los que le temen, ➤
Y en los que esperan en su misericordia.

12 Alaba a Jehová, Jerusalén;
Alaba a tu Dios, oh Sion.
13 Porque fortificó los cerrojos de tus puertas;
Bendijo a tus hijos dentro de ti.

LECCIONES DE VIDA

➤ ***146.8 — Jehová abre los ojos a los ciegos.***

Los profetas del Antiguo Testamento realizaron muchos milagros portentosos, pero ninguno de ellos hizo ver a un hombre ciego. Jesús en cambio les abrió los ojos a los ciegos físicos y también a los ciegos espirituales (Is 61.1; Mt 9.30; 11.5; 12.22; 20.34; Mr 10.52; Lc 4.18; 7.21; Jn 9.1–7, 32, 33).

➤ ***147.3 — El sana a los quebrantados de corazón, y venda sus heridas.***

Isaías hace eco de esta verdad: «El Espíritu de Jehová el Señor está sobre mí, porque me ungió Jehová; me ha enviado… a vendar a los quebrantados de corazón» (Is 61.1). Jesús citó a Isaías como una declaración pública de su ministerio terrenal (Lc 4.18). Él no entra a nuestra vida para arreglar lo que ya ha sido restaurado, sino que nos sana de los daños que hemos sufrido y perdona nuestro pecado. «Los sanos no tienen necesidad de médico, sino los enfermos. No he venido a llamar a justos, sino a pecadores» (Mr 2.17).

➤ ***147.11 — Se complace Jehová en los que le temen, y en los que esperan en su misericordia.***

Puede parecer extraño que uno tenga «temor» y pueda «esperar en… la misericordia» de la misma Persona. Pero nuestra reverencia al Señor y nuestra confianza paciente en su voluntad obran juntas para producir una fe profunda que puede llevarnos con seguridad a través de cualquier penalidad y calamidad.

14 Él da en tu territorio la paz;
Te hará saciar con lo mejor del trigo.
15 Él envía su palabra a la tierra;
Velozmente corre su palabra.
16 Da la nieve como lana,
Y derrama la escarcha como ceniza.
17 Echa su hielo como pedazos;
Ante su frío, ¿quién resistirá?
18 Enviará su palabra, y los derretirá;
Soplará su viento, y fluirán las aguas.
19 Ha manifestado sus palabras a Jacob,
Sus estatutos y sus juicios a Israel.
20 No ha hecho así con ninguna otra de las naciones;
Y en cuanto a sus juicios, no los conocieron.
Aleluya.

Exhortación a la creación para que alabe a Jehová

Aleluya.

148 Alabad a Jehová desde los cielos;
Alabadle en las alturas.
2 Alabadle, vosotros todos sus ángeles;
Alabadle, vosotros todos sus ejércitos.

3 Alabadle, sol y luna;
Alabadle, vosotras todas, lucientes estrellas.
4 Alabadle, cielos de los cielos,
Y las aguas que están sobre los cielos.

5 Alaben el nombre de Jehová;
Porque él mandó, y fueron creados.
6 Los hizo ser eternamente y para siempre;
Les puso ley que no será quebrantada.

7 Alabad a Jehová desde la tierra,
Los monstruos marinos y todos los abismos;
➤8 El fuego y el granizo, la nieve y el vapor,
El viento de tempestad que ejecuta su palabra;

9 Los montes y todos los collados,
El árbol de fruto y todos los cedros;
10 La bestia y todo animal,
Reptiles y volátiles;
11 Los reyes de la tierra y todos los pueblos,
Los príncipes y todos los jueces de la tierra;
12 Los jóvenes y también las doncellas,
Los ancianos y los niños.

13 Alaben el nombre de Jehová,
Porque sólo su nombre es enaltecido.
Su gloria es sobre tierra y cielos.
14 Él ha exaltado el poderío de su pueblo;
Alábenle todos sus santos, los hijos de Israel,
El pueblo a él cercano.
Aleluya.

Exhortación a Israel, para que alabe a Jehová

Aleluya.

149 Cantad a Jehová cántico nuevo;
Su alabanza sea en la congregación de los santos.
2 Alégrese Israel en su Hacedor;
Los hijos de Sion se gocen en su Rey.
3 Alaben su nombre con danza;
Con pandero y arpa a él canten.
4 Porque Jehová tiene contentamiento en su pueblo; ➤
Hermoseará a los humildes con la salvación.
5 Regocíjense los santos por su gloria,
Y canten aun sobre sus camas.
6 Exalten a Dios con sus gargantas,
Y espadas de dos filos en sus manos,
7 Para ejecutar venganza entre las naciones,
Y castigo entre los pueblos;
8 Para aprisionar a sus reyes con grillos,
Y a sus nobles con cadenas de hierro;
9 Para ejecutar en ellos el juicio decretado;
Gloria será esto para todos sus santos.
Aleluya.

LECCIONES DE VIDA

➤ ***148.8 — El fuego y el granizo, la nieve y el vapor, el viento de tempestad que ejecuta su palabra.***

Dios ha utilizado fuego (Éx 3.2), granizo (Éx 9.19), nieve (Sal 147.16), nubes (Dt 4.11), tormenta (Éx 9.24) y viento (Gn 8.1) para ejecutar su voluntad. Toda la naturaleza obedece al susurro de su mandato. ¿Y nosotros?

➤ ***149.4 — Jehová tiene contentamiento en su pueblo; hermoseará a los humildes con la salvación.***

¿Sabe que Dios tiene contentamiento en *usted*? Él se deleita en su crecimiento y se regocija por su deseo de obedecerlo. Un día Él le transformará para que se asemeje a su expresión máxima de belleza, santidad y esplendor. Él le conformará a la imagen de su Hijo (1 Jn 3.2).

RESPUESTAS A PREGUNTAS DE LA VIDA

¿Qué sucede cuando alabamos a Dios?

SAL 150.1–6

Creo que ningún libro ejemplifica mejor el espíritu de alabanza y adoración que Salmos. Contiene más expresiones de alabanza que cualquier otro libro de la Biblia. Obviamente, Dios quiere las alabanzas de su pueblo.

Dios nos dice que le demos gracias en todo (1 Ts 5.18), incluso cuando algo ejerza mucha presión contra nuestras almas. Tal vez no entendamos lo que nos sucede y es muy posible que nunca lo entendamos, pero la voluntad de Dios en cada circunstancia es que le alabemos y le demos gracias.

Pero, ¿por qué? La razón es que la alabanza es el medio más claro y directo por el cual usted declara su dependencia de Dios. Es una ratificación de su confianza en Él en medio de las tinieblas más densas. Es una confesión de su lealtad y devoción a Aquel que fue crucificado por usted y a quien usted está unido eternamente.

Considere algunos beneficios específicos que derivamos de alabar al Señor:

La alabanza magnifica a Dios: La alabanza pone nuestro enfoque en Dios, no en nuestros problemas. El poder, la presencia y la capacidad de Dios transforman nuestra manera de pensar.

La alabanza nos hace humildes: Cuando adoramos a Dios, adquirimos una perspectiva correcta de nosotros mismos. La alabanza desinfla el orgullo y el ego. Ganamos una imagen personal saludable, basada en la perspectiva que Dios tiene de nosotros. Al quitarnos el orgullo, la alabanza nos fortalece contra la tentación.

La alabanza revela nuestra devoción a Dios: Si yo amo a Cristo, voy a alabarlo. Si Él ocupa el primer lugar en mi vida, voy a honrarlo con adoración y acción de gracias.

La alabanza nos motiva a vivir en santidad: La alabanza abre nuestros corazones para que vivamos como Dios lo desea, santos y apartados para Él, para que hagamos su voluntad por encima de la nuestra, y queramos ser más como Él por encima de cualquier otra persona. Cuanto más lo adoramos, más semejantes seremos a Él.

La alabanza aumenta nuestro gozo: El gozo es el compañero constante de la alabanza. Si nos sentimos deprimidos o desanimados, alabar a Dios nos traerá gozo prontamente.

La alabanza establece nuestra fe: Cuanto más grande veamos a nuestro Dios, más pequeños veremos nuestros problemas.

La alabanza eleva nuestras emociones: Las preocupaciones, los temores y las dudas no pueden sobrevivir por mucho tiempo en una atmósfera de alabanza.

Si quiere ver una diferencia en su relación con Cristo y su andar con Él, empiece a alabarlo hoy mismo. No deje de hacerlo, así se sienta inclinado a rendirse. Comprométase a una vida de alabanza y compañerismo con Jesús, y experimente la plenitud de lo que la palabra «gozo» significa para Dios.

Para un estudio más a fondo, véase el Índice de Principios de vida:

1. *Nuestra intimidad con Dios, que es su prioridad para nosotros, determina el impacto que causen nuestras vidas.*

Exhortación a alabar a Dios con instrumentos de música

Aleluya.

150 Alabad a Dios en su santuario;
Alabadle en la magnificencia de su firmamento.

2 Alabadle por sus proezas;
Alabadle conforme a la muchedumbre
de su grandeza.
3 Alabadle a son de bocina;
Alabadle con salterio y arpa.
4 Alabadle con pandero y danza;
Alabadle con cuerdas y flautas.
5 Alabadle con címbalos resonantes;
Alabadle con címbalos de júbilo.
6 Todo lo que respira alabe a JAH.
Aleluya.

LECCIONES DE VIDA

➤ ***150.6 — Todo lo que respira alabe a JAH. Aleluya.***

¿Usted respira? Entonces alabe al Señor, ¡el Autor de la vida! Adórelo antes de voltear esta página. Alábelo en su automóvil. Aclámelo en su casa. Exáltelo mientras trabaja. Con cada aliento de vida, y en cada situación, ¡alabe al Señor! Porque Él, verdaderamente, es digno.

EL LIBRO DE

PROVERBIOS

La palabra clave en el libro de Proverbios es «sabiduría», que se define como la facultad de vivir la vida en sumisión completa a la dirección y los principios de Dios. Como sabemos, vivir una vida piadosa en un mundo impío no es una tarea fácil. Proverbios ofrece un comentario divino que nos enseña a abordar con éxito los asuntos prácticos de la vida: cómo relacionarnos con Dios, nuestros padres, nuestros hijos, nuestro prójimo, el gobierno y demás. Proverbios trata temas variados como el orgullo, la avaricia, la dilación, la pereza, el pecado sexual, el enojo, la amistad y el uso de la palabra, entre muchos otros.

Salomón, el autor principal, escribe con el propósito de capacitar al pueblo de Dios mediante la adquisición de la perspectiva divina que se necesita para manejar los asuntos de la vida. El autor nos dice en esencia: «Si ustedes viven sabiamente, conforme a las pautas establecidas en la Palabra de Dios, podrán esperar la bendición como resultado. En cambio, si viven neciamente y se empeñan en seguir su propio sendero, deben esperar como resultado el remordimiento, el dolor y la destrucción».

Salomón representa el pináculo de la tradición literaria de sabiduría, y siendo el autor principal, se entiende que el libro se titulara en hebreo *Mishléi Shelomoh*, que significa «Los Proverbios de Salomón» (Pr 1.1). El título en latín, *Liber Proverbiorum*, «Libro de Proverbios», combina las palabras *Pro* («por») y *Verba* («palabras»), dando a entender que estos proverbios concentran el significado de muchas palabras en unas cuantas.

Tema: Proverbios nos ofrece sabiduría piadosa que ha pasado la prueba del tiempo: el éxito en la vida es resultado de temer a Dios y evitar la maldad. El libro toma los principios de la ley de Moisés y los expresa en forma práctica y fácil de entender, que cualquier persona puede aplicar. La frase «el temor de Jehová» aparece veinte veces en Proverbios y es el concepto teológico central de todo el libro.

Autor: Salomón se acepta generalmente como el autor de Proverbios 1–29. Agur y Lemuel reciben crédito como autores de los capítulos 30 y 31.

Fecha: Salomón reinó sobre Israel en el siglo décimo a.C. Al parecer, escribanos del rey Ezequías compilaron y editaron muchos de sus proverbios durante el avivamiento de su época (entre 715–686 a.C.), un hecho al que se alude brevemente en Proverbios 25.1.

Estructura: Los primeros siete capítulos de Proverbios (1.1—7.27) toman la forma de «consejos paternales» en cuanto a la adquisición de sabiduría. Los siguientes dos capítulos (8.1—9.18) contienen el llamado de Salomón a la sabiduría. Los diez capítulos continuos (10.1—20.30) contrastan la sabiduría y la necedad, la piedad y la impiedad, el bien y el mal. Los cuatro capítulos siguientes (21.1—24.34) ofrecen sabiduría en la forma de máximas y consejos. Los capítulos posteriores (25.1—29.27) presentan aquellos proverbios de Salomón que fueron compilados y editados durante el tiempo del rey Ezequías. Los subsiguientes (30.1–33) nos ofrecen las palabras de Agur, mientras que el último capítulo retoma las palabras que proceden del rey Lemuel (31.1–9) y los versículos finales (31.10–31) describen a la esposa ideal.

A medida que lea Proverbios, fíjese en los principios de vida que juegan un papel importante en este libro:

28. **Ningún creyente ha sido llamado a transitar solitario en su peregrinaje de fe.** *Véase Proverbios 12.25; 15.22; páginas 719, 723.*

6. **Cosechamos lo que sembramos, más de lo que sembramos, después de sembrarlo.** *Véase Proverbios 11.30; 20.4; 26.27; páginas 718, 728, 735.*

10. **Si es necesario, Dios moverá cielo y tierra para mostrarnos su voluntad.** *Véase Proverbios 19.21; página 728.*

1. **Nuestra intimidad con Dios, que es su prioridad para nosotros, determina el impacto que causen nuestras vidas.** *Véase Proverbios 21.3; 23.4, 5; páginas 729, 731.*

Motivo de los proverbios

1 LOS proverbios de Salomón,[a] hijo de David, rey de Israel.

2 Para entender sabiduría y doctrina,
Para conocer razones prudentes,
3 Para recibir el consejo de prudencia,
Justicia, juicio y equidad;
4 Para dar sagacidad a los simples,
Y a los jóvenes inteligencia y cordura.
5 Oirá el sabio, y aumentará el saber,
Y el entendido adquirirá consejo,
6 Para entender proverbio y declaración,
Palabras de sabios, y sus dichos profundos.

➤7 El principio de la sabiduría es el temor de Jehová;[b]
Los insensatos desprecian la sabiduría y la enseñanza.

Amonestaciones de la Sabiduría

8 Oye, hijo mío, la instrucción de tu padre,
Y no desprecies la dirección de tu madre;
9 Porque adorno de gracia serán a tu cabeza,
Y collares a tu cuello.
➤10 Hijo mío, si los pecadores te quisieren engañar,
No consientas.
11 Si dijeren: Ven con nosotros;
Pongamos asechanzas para derramar sangre,
Acechemos sin motivo al inocente;
12 Los tragaremos vivos como el Seol,
Y enteros, como los que caen en un abismo;
13 Hallaremos riquezas de toda clase,
Llenaremos nuestras casas de despojos;
14 Echa tu suerte entre nosotros;
Tengamos todos una bolsa,
15 Hijo mío, no andes en camino con ellos.
Aparta tu pie de sus veredas,
16 Porque sus pies corren hacia el mal,
Y van presurosos a derramar sangre.
17 Porque en vano se tenderá la red
Ante los ojos de toda ave;
18 Pero ellos a su propia sangre ponen asechanzas,
Y a sus almas tienden lazo.
19 Tales son las sendas de todo el que es dado a la codicia,
La cual quita la vida de sus poseedores.

20 La sabiduría clama en las calles,
Alza su voz en las plazas;
21 Clama en los principales lugares de reunión;
En las entradas de las puertas de la ciudad dice sus razones.[c]
22 ¿Hasta cuándo, oh simples, amaréis la simpleza,
Y los burladores desearán el burlar,
Y los insensatos aborrecerán la ciencia?
23 Volveos a mi reprensión;
He aquí yo derramaré mi espíritu sobre vosotros,
Y os haré saber mis palabras.
24 Por cuanto llamé, y no quisisteis oír,
Extendí mi mano, y no hubo quien atendiese,
25 Sino que desechasteis todo consejo mío
Y mi reprensión no quisisteis,
26 También yo me reiré en vuestra calamidad,
Y me burlaré cuando os viniere lo que teméis;
27 Cuando viniere como una destrucción lo que teméis,
Y vuestra calamidad llegare como un torbellino;
Cuando sobre vosotros viniere tribulación y angustia.
28 Entonces me llamarán, y no responderé;
Me buscarán de mañana, y no me hallarán.
29 Por cuanto aborrecieron la sabiduría,
Y no escogieron el temor de Jehová,
30 Ni quisieron mi consejo,
Y menospreciaron toda reprensión mía,
31 Comerán del fruto de su camino,
Y serán hastiados de sus propios consejos.
32 Porque el desvío de los ignorantes los matará,
Y la prosperidad de los necios los echará a perder;
33 Mas el que me oyere, habitará confiadamente
Y vivirá tranquilo, sin temor del mal.

a. 1.1 1 R 4.32. **b. 1.7** Job 28.28; Sal 111.10; Pr 9.10.
c. 1.20-21 Pr 8.1-3.

LECCIONES DE VIDA

➤ ***1.7 — El principio de la sabiduría es el temor de Jehová.***

Si basamos nuestra vida en la verdad de Dios, que es su santidad, su poder, su amor, su sabiduría, su bondad y su salvación, edificaremos sobre el único fundamento sólido, eterno e inmutable para la vida (Lc 6.47–49).

➤ ***1.10 — Hijo mío, si los pecadores te quisieren engañar, no consientas.***

Ni el diablo ni ninguna otra persona, tienen poder para hacer pecar a nadie. Nosotros somos quienes elegimos conscientemente actuar en contra de la voluntad de Dios. Debemos recordar siempre que el sendero del pecado termina en la devastación, mientras que el Señor nos conduce a la sabiduría y a la vida. Si no olvidamos esta verdad, nos resultará más fácil obedecer sus mandatos (Ro 6.11–23).

RESPUESTAS A PREGUNTAS DE LA VIDA

¿Cómo puedo obtener sabiduría de Dios?

PR 2.1–7

Cada vez son más las personas en nuestro mundo que no buscan a Dios para obtener sabiduría. En lugar de ello, se empeñan en saciar sus pasiones y deseos sin considerar su propio futuro ni las consecuencias de sus decisiones.

Esta manera de vivir acarrea un gran peligro espiritual. Cuando tratamos de vivir ignorando el consejo de la sabiduría de Dios, sufrimos desilusión, temor, duda, ansiedad y frustración. Nuestras vidas se desbaratan cuando no involucramos al Salvador en nuestras decisiones.

La manera más sabia de abordar los retos de la vida es buscar a Dios para conocer su plan, dirección y entendimiento espiritual. Pero, ¿cómo podemos hacerlo? La próxima vez que se enfrente a un reto o a una decisión importante, busque la sabiduría de Dios haciendo lo siguiente:

- *Búsquelo*— Si quiere conocer el corazón de Dios con respecto a un asunto dado, o si tiene que tomar una decisión difícil, pregúntele. Saque tiempo para orar, pero no se ponga a hablar todo el tiempo. Procure escuchar la voz apacible y delicada de Dios que le susurra sus palabras de guía y ánimo.
- *Medite en la Palabra de Dios*— Usted tendrá acceso a la mente y al corazón de Dios si estudia las Escrituras y medita en su verdad. Las decisiones difíciles son más fáciles de tomar cuando Dios le guía.
- *Obedezca los preceptos de las Escrituras*— Si usted se propone en su corazón obedecer a Dios, Él le enseñará cómo aplicar su verdad a su vida. Así conocerá el camino de la sabiduría.
- *Observe la fidelidad de Dios*— El Señor nunca ha dejado de cumplir una sola promesa que haya hecho. La Biblia está repleta de testimonios que celebran su bondad y su amor. Aprenda a reclamar sus promesas a medida que lee su Palabra.
- *Siga los consejos piadosos*— Dios puede usar a un pastor o un amigo cristiano de confianza que le ayude a ver más allá de sus debilidades. No dude en compartir sus necesidades y temores con aquellos que aman al Señor y a usted también.
- *Relaciónese con personas sabias*— Escoja sabiamente sus amistades. Incluya a Dios en cada relación, así establecerá una base sólida y piadosa de consejeros que le apoyarán en la toma de decisiones sabias.

Por cuanto Dios nos ama, no tenemos que preocuparnos por el futuro. Él tiene un plan, no sólo para nuestras vidas sino también para cada problema que enfrentamos. Oswald Chambers dijo: «Todas nuestras ansiedades y preocupaciones son el resultado de hacer cálculos sin tomar en cuenta a Dios». Dedique hoy mismo unos momentos para renovar su confianza en Dios y su capacidad para proveer la sabiduría que usted necesita.

Para un estudio más a fondo, véase el Índice de Principios de vida:
3. La Palabra de Dios es ancla inconmovible en las tormentas.

Excelencias de la sabiduría

2 HIJO mío, si recibieres mis palabras,
Y mis mandamientos guardares dentro de ti,
2 Haciendo estar atento tu oído a la sabiduría;
Si inclinares tu corazón a la prudencia,
3 Si clamares a la inteligencia,
Y a la prudencia dieres tu voz;
4 Si como a la plata la buscares,
Y la escudriñares como a tesoros,
5 Entonces entenderás el temor de Jehová,
Y hallarás el conocimiento de Dios.
6 Porque Jehová da la sabiduría,
Y de su boca viene el conocimiento y la inteligencia.
7 Él provee de sana sabiduría a los rectos;
Es escudo a los que caminan rectamente.
8 Es el que guarda las veredas del juicio,
Y preserva el camino de sus santos.
9 Entonces entenderás justicia, juicio
Y equidad, y todo buen camino.

10 Cuando la sabiduría entrare en tu corazón,
Y la ciencia fuere grata a tu alma,
11 La discreción te guardará;
Te preservará la inteligencia,
12 Para librarte del mal camino,
De los hombres que hablan perversidades,
13 Que dejan los caminos derechos,
Para andar por sendas tenebrosas;
14 Que se alegran haciendo el mal,
Que se huelgan en las perversidades del vicio;
15 Cuyas veredas son torcidas,
Y torcidos sus caminos.
16 Serás librado de la mujer extraña,
De la ajena que halaga con sus palabras,
17 La cual abandona al compañero de su juventud,
Y se olvida del pacto de su Dios.
18 Por lo cual su casa está inclinada a la muerte,
Y sus veredas hacia los muertos;
19 Todos los que a ella se lleguen, no volverán,
Ni seguirán otra vez los senderos de la vida.

20 Así andarás por el camino de los buenos,
Y seguirás las veredas de los justos;
21 Porque los rectos habitarán la tierra,
Y los perfectos permanecerán en ella,
22 Mas los impíos serán cortados de la tierra,
Y los prevaricadores serán de ella desarraigados.

Exhortación a la obediencia

3 HIJO mío, no te olvides de mi ley,
Y tu corazón guarde mis mandamientos;
2 Porque largura de días y años de vida
Y paz te aumentarán.
➤3 Nunca se aparten de ti la misericordia y la verdad;
Átalas a tu cuello,
Escríbelas en la tabla de tu corazón;
4 Y hallarás gracia y buena opinión
Ante los ojos de Dios y de los hombres.[a]

5 Fíate de Jehová de todo tu corazón, *
Y no te apoyes en tu propia prudencia. ➤
6 Reconócelo en todos tus caminos,
Y él enderezará tus veredas.
7 No seas sabio en tu propia opinión;[b]
Teme a Jehová, y apártate del mal;
8 Porque será medicina a tu cuerpo,
Y refrigerio para tus huesos.

9 Honra a Jehová con tus bienes,
Y con las primicias de todos tus frutos;
10 Y serán llenos tus graneros con abundancia,
Y tus lagares rebosarán de mosto.

11 No menosprecies, hijo mío, el castigo de Jehová,
Ni te fatigues de su corrección;[c]
12 Porque Jehová al que ama castiga,[d]
Como el padre al hijo a quien quiere.[e]

13 Bienaventurado el hombre que halla la sabiduría,
Y que obtiene la inteligencia;
14 Porque su ganancia es mejor que la ganancia de la plata,
Y sus frutos más que el oro fino.
15 Más preciosa es que las piedras preciosas;
Y todo lo que puedes desear, no se puede comparar a ella.
16 Largura de días está en su mano derecha;
En su izquierda, riquezas y honra.
17 Sus caminos son caminos deleitosos,
Y todas sus veredas paz.
18 Ella es árbol de vida a los que de ella echan mano,
Y bienaventurados son los que la retienen.

a. 3.4 Lc 2.52; Ro 12.17; 2 Co 8.21. **b. 3.7** Ro 12.16. **c. 3.11** Job 5.17. **d. 3.12** Ap 3.19. **e. 3.11-12** He 12.5-6.

LECCIONES DE VIDA

➤ ***2.6 — Jehová da la sabiduría, y de su boca viene el conocimiento y la inteligencia.***

La sabiduría es la capacidad de ver nuestra vida desde la perspectiva del Señor y vivir de acuerdo a su voluntad. ¿Cómo adquirimos su sabiduría? Pidiéndola: «si alguno de vosotros tiene falta de sabiduría, pídala a Dios, el cual da a todos abundantemente y sin reproche, y le será dada» (Stg 1.5).

➤ ***3.3, 4 — Nunca se aparten de ti la misericordia y la verdad; átalas a tu cuello… y hallarás gracia y buena opinión ante los ojos de Dios y de los hombres.***

La misericordia sin verdad puede llevarnos a hacer concesiones pecaminosas; la verdad sin misericordia puede llevar al legalismo insensible. Si buscamos ambas virtudes de manera equitativa y simultánea, conforme a la voluntad de Dios, reflejaremos su corazón y le traeremos gran beneplácito.

➤ ***3.5, 6 — Fíate de Jehová de todo tu corazón, y no te apoyes en tu propia prudencia. Reconócelo en todos tus caminos, y él enderezará tus veredas.***

Si quiere vivir su vida de la mejor manera posible, usted debe poner toda su fe en Dios, rechazando su propia perspectiva limitada y honrándolo en cada área de su vida. Esta es la esencia de la vida piadosa, someterse a la dirección del Señor sabiendo que Él tiene la respuesta a todas sus necesidades y es fiel en proveerla (Fil 4.19).

Ejemplos de vida

EL REY SALOMÓN

Todos necesitamos la sabiduría de Dios

PR 3.5, 6

Cuando Dios invitó a Salomón a pedirle cualquier cosa que deseara, el rey pidió sabiduría (1 R 3.9). La sabiduría que Dios le dio, le enseñó a Salomón que sólo un necio trata de resolver los problemas de la vida sin la ayuda de Dios.

Cada minuto que pasemos preguntándonos de qué manera podemos salir de una situación delicada, es un minuto desperdiciado. La guía de Dios es más que suficiente para todas las pruebas y tribulaciones que tengamos que enfrentar, pero para beneficiarnos de ella tenemos que buscarla, tal como Salomón lo hizo hace tantos siglos.

En esta vida, las pruebas vienen en todos los tamaños y formas. Algunas las podemos anticipar, y otras nos toman por sorpresa. Hay pruebas que nos toca soportar, mientras otras requieren que tomemos cuanto antes la decisión correcta. Sea cual sea la dificultad, Dios nos instruye acudir a Él para recibir la sabiduría que necesitamos con gran urgencia.

Para un estudio más a fondo, véase el Índice de Principios de vida:
13. Escuchar a Dios es esencial para andar con Él.

19 Jehová con sabiduría fundó la tierra;
Afirmó los cielos con inteligencia.
20 Con su ciencia los abismos fueron divididos,
Y destilan rocío los cielos.

21 Hijo mío, no se aparten estas cosas de tus ojos;
Guarda la ley y el consejo,
22 Y serán vida a tu alma,
Y gracia a tu cuello.
23 Entonces andarás por tu camino confiadamente,
Y tu pie no tropezará.
24 Cuando te acuestes, no tendrás temor,
Sino que te acostarás, y tu sueño será grato.
25 No tendrás temor de pavor repentino,
Ni de la ruina de los impíos cuando viniere,
26 Porque Jehová será tu confianza,
Y él preservará tu pie de quedar preso.

27 No te niegues a hacer el bien a quien es debido,
Cuando tuvieres poder para hacerlo.
28 No digas a tu prójimo: Anda, y vuelve,
Y mañana te daré,
Cuando tienes contigo qué darle.
29 No intentes mal contra tu prójimo
Que habita confiado junto a ti.
30 No tengas pleito con nadie sin razón,
Si no te han hecho agravio.
31 No envidies al hombre injusto,
Ni escojas ninguno de sus caminos.
32 Porque Jehová abomina al perverso;
Mas su comunión íntima es con los justos.
33 La maldición de Jehová está en la casa del impío,
Pero bendecirá la morada de los justos.
34 Ciertamente él escarnecerá a los escarnecedores,
Y a los humildes dará gracia.[f]
35 Los sabios heredarán honra,
Mas los necios llevarán ignominia.

Beneficios de la sabiduría

4 OÍD, hijos, la enseñanza de un padre,
Y estad atentos, para que conozcáis cordura.
2 Porque os doy buena enseñanza;
No desamparéis mi ley.
3 Porque yo también fui hijo de mi padre,

f. 3.34 Stg 4.6; 1 P 5.5.

LECCIONES DE VIDA

3.26 — Porque Jehová será tu confianza, y él preservará tu pie de quedar preso.

Cuando escuchamos a Dios y obedecemos sus mandatos, Él nos da la sabiduría que necesitamos para evitar malos negocios y fraudes. Como dice el Salmo 91.3, 4: «Él te librará del lazo del cazador… debajo de sus alas estarás seguro; escudo y adarga es su verdad».

3.27 — No te niegues a hacer el bien a quien es debido, cuando tuvieres poder para hacerlo.

El Señor nos colma de buenas dádivas todos los días, y deberíamos buscar maneras de bendecir a otros, porque así es como demostramos al mundo el amor sin límites de Dios.

Delicado y único delante de mi madre.
4 Y él me enseñaba, y me decía:
Retenga tu corazón mis razones,
Guarda mis mandamientos, y vivirás.
5 Adquiere sabiduría, adquiere inteligencia;
No te olvides ni te apartes de las razones de mi boca;
6 No la dejes, y ella te guardará;
Ámala, y te conservará.
7 Sabiduría ante todo; adquiere sabiduría;
Y sobre todas tus posesiones adquiere inteligencia.
8 Engrandécela, y ella te engrandecerá;
Ella te honrará, cuando tú la hayas abrazado.
9 Adorno de gracia dará a tu cabeza;
Corona de hermosura te entregará.

10 Oye, hijo mío, y recibe mis razones,
Y se te multiplicarán años de vida.
11 Por el camino de la sabiduría te he encaminado,
Y por veredas derechas te he hecho andar.
12 Cuando anduvieres, no se estrecharán tus pasos,
Y si corrieres, no tropezarás.
13 Retén el consejo, no lo dejes;
Guárdalo, porque eso es tu vida.
14 No entres por la vereda de los impíos,
Ni vayas por el camino de los malos.
15 Déjala, no pases por ella;
Apártate de ella, pasa.
16 Porque no duermen ellos si no han hecho mal,
Y pierden el sueño si no han hecho caer a alguno.
17 Porque comen pan de maldad, y beben vino de robos;
18 Mas la senda de los justos es como la luz de la aurora,
Que va en aumento hasta que el día es perfecto.
19 El camino de los impíos es como la oscuridad;
No saben en qué tropiezan.

20 Hijo mío, está atento a mis palabras;
Inclina tu oído a mis razones.
21 No se aparten de tus ojos;
Guárdalas en medio de tu corazón;
22 Porque son vida a los que las hallan,
Y medicina a todo su cuerpo.
23 Sobre toda cosa guardada, guarda tu corazón;
Porque de él mana la vida.
24 Aparta de ti la perversidad de la boca,
Y aleja de ti la iniquidad de los labios.
25 Tus ojos miren lo recto,
Y diríjanse tus párpados hacia lo que tienes delante.
26 Examina la senda de tus pies,[a]
Y todos tus caminos sean rectos.
27 No te desvíes a la derecha ni a la izquierda;
Aparta tu pie del mal.

Amonestación contra la impureza

5 HIJO mío, está atento a mi sabiduría,
Y a mi inteligencia inclina tu oído,
2 Para que guardes consejo,
Y tus labios conserven la ciencia.
3 Porque los labios de la mujer extraña destilan miel,
Y su paladar es más blando que el aceite;
4 Mas su fin es amargo como el ajenjo,
Agudo como espada de dos filos.
5 Sus pies descienden a la muerte;
Sus pasos conducen al Seol.
6 Sus caminos son inestables; no los conocerás,
Si no considerares el camino de vida.

7 Ahora pues, hijos, oídme,
Y no os apartéis de las razones de mi boca.
8 Aleja de ella tu camino,
Y no te acerques a la puerta de su casa;
9 Para que no des a los extraños tu honor,
Y tus años al cruel;
10 No sea que extraños se sacien de tu fuerza,
Y tus trabajos estén en casa del extraño;
11 Y gimas al final,
Cuando se consuma tu carne y tu cuerpo,

a. 4.26 He 12.13.

LECCIONES DE VIDA

➤ ***4.23 — Sobre toda cosa guardada, guarda tu corazón; porque de él mana la vida.***

Aquello a lo cual usted permite afectar su corazón, influirá en todos los aspectos de su vida (Mt 12.33–35; 15.18, 19; Lc 6.44, 45). Si se ocupa constantemente en asuntos mundanos y perversos, eso mismo fluirá de usted. En cambio, si llena su corazón con la Palabra y la presencia del Señor, su gloria le iluminará y Dios atraerá a otros a Él por medio de usted.

➤ ***4.26 — Examina la senda de tus pies.***

Dios nos llama a mantenernos en alerta espiritual a cada momento, y eso requiere examinar nuestra vida y constatar que vayamos en la dirección correcta (Sal 139.23, 24).

➤ ***5.8 — Aleja de ella tu camino, y no te acerques a la puerta de su casa.***

La Palabra de Dios nos manda «*huir* de la fornicación» (1 Co 6.18), no que probemos nuestra madurez espiritual viendo cuánto podemos acercarnos a la tentación sin caer en ella. Si usted sabe que algo le hace tropezar, manténgase lo más lejos posible de tal cosa (Mt 18.8, 9; 1 Co 10.12–14).

12 Y digas: ¡Cómo aborrecí el consejo,
Y mi corazón menospreció la reprensión;
13 No oí la voz de los que me instruían,
Y a los que me enseñaban no incliné mi oído!
14 Casi en todo mal he estado,
En medio de la sociedad y de la congregación.
15 Bebe el agua de tu misma cisterna,
Y los raudales de tu propio pozo.
16 ¿Se derramarán tus fuentes por las calles,
Y tus corrientes de aguas por las plazas?
17 Sean para ti solo,
Y no para los extraños contigo.
18 Sea bendito tu manantial,
Y alégrate con la mujer de tu juventud,
19 Como cierva amada y graciosa gacela.
Sus caricias te satisfagan en todo tiempo,
Y en su amor recréate siempre.
20 ¿Y por qué, hijo mío, andarás ciego con la mujer ajena,
Y abrazarás el seno de la extraña?
➤21 Porque los caminos del hombre están ante los ojos de Jehová,
Y él considera todas sus veredas.
22 Prenderán al impío sus propias iniquidades,
Y retenido será con las cuerdas de su pecado.
23 Él morirá por falta de corrección,
Y errará por lo inmenso de su locura.

Amonestación contra la pereza y la falsedad

6 HIJO mío, si salieres fiador por tu amigo,
Si has empeñado tu palabra a un extraño,
2 Te has enlazado con las palabras de tu boca,
Y has quedado preso en los dichos de tus labios.
3 Haz esto ahora, hijo mío, y líbrate,
Ya que has caído en la mano de tu prójimo;
Ve, humíllate, y asegúrate de tu amigo.
4 No des sueño a tus ojos,
Ni a tus párpados adormecimiento;
5 Escápate como gacela de la mano del cazador,
Y como ave de la mano del que arma lazos.

6 Ve a la hormiga, oh perezoso, ➤
Mira sus caminos, y sé sabio;
7 La cual no teniendo capitán,
Ni gobernador, ni señor,
8 Prepara en el verano su comida,
Y recoge en el tiempo de la siega su mantenimiento.
9 Perezoso, ¿hasta cuándo has de dormir?
¿Cuándo te levantarás de tu sueño?
10 Un poco de sueño, un poco de dormitar,
Y cruzar por un poco las manos para reposo;
11 Así vendrá tu necesidad como caminante,
Y tu pobreza como hombre armado.[a]

12 El hombre malo, el hombre depravado,
Es el que anda en perversidad de boca;
13 Que guiña los ojos, que habla con los pies,
Que hace señas con los dedos.
14 Perversidades hay en su corazón;
anda pensando el mal en todo tiempo;
Siembra las discordias.
15 Por tanto, su calamidad vendrá de repente;
Súbitamente será quebrantado, y no habrá remedio.

16 Seis cosas aborrece Jehová,
Y aun siete abomina su alma:
17 Los ojos altivos, la lengua mentirosa,
Las manos derramadoras de sangre inocente,
18 El corazón que maquina pensamientos inicuos,
Los pies presurosos para correr al mal,
19 El testigo falso que habla mentiras,
Y el que siembra discordia entre hermanos.

Amonestación contra el adulterio

20 Guarda, hijo mío, el mandamiento de tu padre,

a. 6.10-11 Pr 24.33-34.

LECCIONES DE VIDA

➤ ***5.21 — los caminos del hombre están ante los ojos de Jehová, y él considera todas sus veredas.***

Dios vela por nosotros todo el tiempo y conoce todas nuestras decisiones, observa nuestra conducta y examina nuestro corazón. Él sabe exactamente qué necesitamos en cada situación y nos invita a pedirle su consejo.

➤ ***6.6 — Ve a la hormiga, oh perezoso, mira sus caminos, y sé sabio.***

Aunque observar la naturaleza no substituye el pasar tiempo en la Palabra de Dios, Él puede abrir nuestros ojos a la verdad espiritual por medio de la observación. La hormiga, por ejemplo, nos da una lección valiosa sobre la pereza. Proverbios 30.24, 25 dice que «son de las más pequeñas de la tierra, y las mismas son más sabias que los sabios: las hormigas, pueblo no fuerte, y en el verano preparan su comida». A pesar de ser diminutas y aparentemente débiles, las hormigas planean por adelantado y trabajan arduamente, y debido a que son diligentes e industriosas, son reconocidas por su sabiduría.

Y no dejes la enseñanza de tu madre;
21 Átalos siempre en tu corazón,
Enlázalos a tu cuello.
22 Te guiarán cuando andes; cuando duermas te guardarán;
Hablarán contigo cuando despiertes.
➤23 Porque el mandamiento es lámpara, y la enseñanza es luz,
Y camino de vida las reprensiones que te instruyen,
24 Para que te guarden de la mala mujer,
De la blandura de la lengua de la mujer extraña.
25 No codicies su hermosura en tu corazón,
Ni ella te prenda con sus ojos;
26 Porque a causa de la mujer ramera el hombre es reducido a un bocado de pan;
Y la mujer caza la preciosa alma del varón.
27 ¿Tomará el hombre fuego en su seno
Sin que sus vestidos ardan?
28 ¿Andará el hombre sobre brasas
Sin que sus pies se quemen?
29 Así es el que se llega a la mujer de su prójimo;
No quedará impune ninguno que la tocare.
30 No tienen en poco al ladrón si hurta
Para saciar su apetito cuando tiene hambre;
31 Pero si es sorprendido, pagará siete veces;
Entregará todo el haber de su casa.
32 Mas el que comete adulterio es falto de entendimiento;
Corrompe su alma el que tal hace.
33 Heridas y vergüenza hallará,
Y su afrenta nunca será borrada.
34 Porque los celos son el furor del hombre,
Y no perdonará en el día de la venganza.
35 No aceptará ningún rescate,
Ni querrá perdonar, aunque multipliques los dones.

Las artimañas de la ramera

7 HIJO mío, guarda mis razones,
Y atesora contigo mis mandamientos.
2 Guarda mis mandamientos y vivirás, ➤
Y mi ley como las niñas de tus ojos.
3 Lígalos a tus dedos;
Escríbelos en la tabla de tu corazón.
4 Di a la sabiduría: Tú eres mi hermana;
Y a la inteligencia llama parienta;
5 Para que te guarden de la mujer ajena,
Y de la extraña que ablanda sus palabras.

6 Porque mirando yo por la ventana de mi casa,
Por mi celosía,
7 Vi entre los simples,
Consideré entre los jóvenes,
A un joven falto de entendimiento,
8 El cual pasaba por la calle, junto a la esquina,
E iba camino a la casa de ella,
9 A la tarde del día, cuando ya oscurecía,
En la oscuridad y tinieblas de la noche.

10 Cuando he aquí, una mujer le sale al encuentro,
Con atavío de ramera y astuta de corazón.
11 Alborotadora y rencillosa,
Sus pies no pueden estar en casa;
12 Unas veces está en la calle, otras veces en las plazas,
Acechando por todas las esquinas.
13 Se asió de él, y le besó. ➤
Con semblante descarado le dijo:
14 Sacrificios de paz había prometido,
Hoy he pagado mis votos;
15 Por tanto, he salido a encontrarte,
Buscando diligentemente tu rostro, y te he hallado.
16 He adornado mi cama con colchas
Recamadas con cordoncillo de Egipto;
17 He perfumado mi cámara
Con mirra, áloes y canela.
18 Ven, embriaguémonos de amores hasta la mañana;

LECCIONES DE VIDA

➤ ***6.23 — el mandamiento es lámpara, y la enseñanza es luz.***

Vivimos en un mundo lleno de pecado, y si no estamos familiarizados con la Palabra de Dios ni aprendemos a iluminar nuestros problemas con su luz, ciertamente tropezaremos en las tinieblas.

➤ ***7.2 — Guarda mis mandamientos y vivirás, y mi ley como las niñas de tus ojos.***

¿Cómo aprovechamos el tiempo que pasamos en las Escrituras? ¿Como un deber mecánico que cumplimos tan ligeramente como sea posible, o como una oportunidad exquisita y pausada que nos permite conocer mejor a Dios? David exclamó: «¡Oh, cuánto amo yo tu ley!» (Sal 119.97). Cuanto más tiempo pasemos en la Palabra, más creceremos en nuestro amor y apreciación de la manera como el Señor nos habla a través de ella.

➤ ***7.13, 14 — Se asió de él, y le besó. Con semblante descarado le dijo: Sacrificios de paz había prometido, hoy he pagado mis votos.***

Por mucho tiempo la gente ha utilizado el lenguaje religioso para engatusar a creyentes ingenuos y hacerlos pecar (Ef 5.6). Hay otros que revuelven prácticas legalistas con piedad genuina (Mt 7.21–23; 23.27, 28). Jamás deberíamos confundir el servicio o el sentimiento ritualista que suena espiritual con una verdadera relación con Dios. Debemos conocer sus caminos y su Palabra, y procurar escuchar su voz en cada decisión que tomamos.

Alegrémonos en amores.
19 Porque el marido no está en casa;
Se ha ido a un largo viaje.
20 La bolsa de dinero llevó en su mano;
El día señalado volverá a su casa.

21 Lo rindió con la suavidad de sus muchas palabras,
Le obligó con la zalamería de sus labios.
22 Al punto se marchó tras ella,
Como va el buey al degolladero,
Y como el necio a las prisiones para ser castigado;
23 Como el ave que se apresura a la red,
Y no sabe que es contra su vida,
Hasta que la saeta traspasa su corazón.

24 Ahora pues, hijos, oídme,
Y estad atentos a las razones de mi boca.
25 No se aparte tu corazón a sus caminos;
No yerres en sus veredas.
26 Porque a muchos ha hecho caer heridos,
Y aun los más fuertes han sido muertos por ella.
27 Camino al Seol es su casa,
Que conduce a las cámaras de la muerte.

Excelencia y eternidad de la Sabiduría

8 ¿NO clama la sabiduría,
Y da su voz la inteligencia?
2 En las alturas junto al camino,
A las encrucijadas de las veredas se para;
3 En el lugar de las puertas, a la entrada de la ciudad,
A la entrada de las puertas da voces:[a]
4 Oh hombres, a vosotros clamo;
Dirijo mi voz a los hijos de los hombres.
5 Entended, oh simples, discreción;
Y vosotros, necios, entrad en cordura.
6 Oíd, porque hablaré cosas excelentes,
Y abriré mis labios para cosas rectas.
7 Porque mi boca hablará verdad,
Y la impiedad abominan mis labios.
8 Justas son todas las razones de mi boca;
No hay en ellas cosa perversa ni torcida.
9 Todas ellas son rectas al que entiende,
Y razonables a los que han hallado sabiduría.
10 Recibid mi enseñanza, y no plata;
Y ciencia antes que el oro escogido.
11 Porque mejor es la sabiduría que las piedras preciosas;
Y todo cuanto se puede desear, no es de compararse con ella.
12 Yo, la sabiduría, habito con la cordura,
Y hallo la ciencia de los consejos.
13 El temor de Jehová es aborrecer el mal; ➤
La soberbia y la arrogancia, el mal camino,
Y la boca perversa, aborrezco.
14 Conmigo está el consejo y el buen juicio;
Y soy la inteligencia; mío es el poder.
15 Por mí reinan los reyes,
Y los príncipes determinan justicia.
16 Por mí dominan los príncipes,
Y todos los gobernadores juzgan la tierra.
17 Yo amo a los que me aman,
Y me hallan los que temprano me buscan.
18 Las riquezas y la honra están conmigo;
Riquezas duraderas, y justicia.
19 Mejor es mi fruto que el oro, y que el oro refinado;
Y mi rédito mejor que la plata escogida.
20 Por vereda de justicia guiaré,
Por en medio de sendas de juicio,
21 Para hacer que los que me aman tengan su heredad,
Y que yo llene sus tesoros.

22 Jehová me poseía en el principio,
Ya de antiguo, antes de sus obras.[b]
23 Eternamente tuve el principado, desde el principio,
Antes de la tierra.
24 Antes de los abismos fui engendrada;
Antes que fuesen las fuentes de las muchas aguas.
25 Antes que los montes fuesen formados,
Antes de los collados, ya había sido yo engendrada;
26 No había aún hecho la tierra, ni los campos,
Ni el principio del polvo del mundo.
27 Cuando formaba los cielos, allí estaba yo;
Cuando trazaba el círculo sobre la faz del abismo;
28 Cuando afirmaba los cielos arriba,
Cuando afirmaba las fuentes del abismo;
29 Cuando ponía al mar su estatuto,
Para que las aguas no traspasasen su mandamiento;
Cuando establecía los fundamentos de la tierra,
30 Con él estaba yo ordenándolo todo,

a. 8.1-3 Pr 1.20-21. **b. 8.22** Ap 3.14.

LECCIONES DE VIDA

➤ ***8.13 — El temor de Jehová es aborrecer el mal.***

A medida que crecemos en nuestra vida espiritual, cambiamos gradualmente nuestra actitud hacia el pecado. Al principio nos debatimos mucho entre abstenernos de caer y dar rienda suelta a la mala conducta que tanto disfrutamos. Sin embargo, nuestro crecimiento llegará a un punto en que literalmente aborreceremos la mala conducta y ya no vamos a querer practicarla.

Y era su delicia de día en día,
Teniendo solaz delante de él en todo tiempo.
31 Me regocijo en la parte habitable de su tierra;
Y mis delicias son con los hijos de los hombres.

32 Ahora, pues, hijos, oídme,
Y bienaventurados los que guardan mis caminos.
33 Atended el consejo y sed sabios,
Y no lo menospreciéis.
34 Bienaventurado el hombre que me escucha,
Velando a mis puertas cada día,
Aguardando a los postes de mis puertas.
35 Porque el que me halle, hallará la vida,
Y alcanzará el favor de Jehová.
36 Mas el que peca contra mí, defrauda su alma;
Todos los que me aborrecen aman la muerte.

La Sabiduría y la mujer insensata

9 LA sabiduría edificó su casa,
Labró sus siete columnas.
2 Mató sus víctimas, mezcló su vino,
Y puso su mesa.
3 Envió sus criadas;
Sobre lo más alto de la ciudad clamó.
4 Dice a cualquier simple: Ven acá.
A los faltos de cordura dice:
5 Venid, comed mi pan,
Y bebed del vino que yo he mezclado.
6 Dejad las simplezas, y vivid,
Y andad por el camino de la inteligencia.

7 El que corrige al escarnecedor, se acarrea afrenta;
El que reprende al impío, se atrae mancha.
8 No reprendas al escarnecedor, para que no te aborrezca;
Corrige al sabio, y te amará.
9 Da al sabio, y será más sabio;
Enseña al justo, y aumentará su saber.
10 El temor de Jehová es el principio de la sabiduría,[a]
Y el conocimiento del Santísimo es la inteligencia.
11 Porque por mí se aumentarán tus días,
Y años de vida se te añadirán.
12 Si fueres sabio, para ti lo serás;
Y si fueres escarnecedor, pagarás tú solo.

13 La mujer insensata es alborotadora;
Es simple e ignorante.
14 Se sienta en una silla a la puerta de su casa,
En los lugares altos de la ciudad,
15 Para llamar a los que pasan por el camino,
Que van por sus caminos derechos.
16 Dice a cualquier simple: Ven acá.
A los faltos de cordura dijo:
17 Las aguas hurtadas son dulces,
Y el pan comido en oculto es sabroso.
18 Y no saben que allí están los muertos;
Que sus convidados están en lo profundo del Seol.

Contraste entre el justo y el malvado

10 LOS proverbios de Salomón.
El hijo sabio alegra al padre,
Pero el hijo necio es tristeza de su madre.
2 Los tesoros de maldad no serán de provecho;
Mas la justicia libra de muerte.
3 Jehová no dejará padecer hambre al justo;
Mas la iniquidad lanzará a los impíos.
4 La mano negligente empobrece;
Mas la mano de los diligentes enriquece.
5 El que recoge en el verano es hombre entendido;
El que duerme en el tiempo de la siega es hijo que avergüenza.
6 Hay bendiciones sobre la cabeza del justo;
Pero violencia cubrirá la boca de los impíos.
7 La memoria del justo será bendita;
Mas el nombre de los impíos se pudrirá.

a. 9.10 Job 28.28; Sal 111.10; Pr 1.7.

LECCIONES DE VIDA

➤ ***9.17, 18 — Las aguas hurtadas son dulces, y el pan comido en oculto es sabroso. Y no saben que allí están los muertos; que sus convidados están en lo profundo del Seol.***

Para algunos, lo prohibido les produce emociones fuertes de aventura, sobre todo cuando creen que nadie los observa. La oferta engañosa de placer inmediato y sin castigo va a acompañada casi siempre por una infusión de adrenalina, pero ¡tenga cuidado! El pecado lleva a la destrucción, y todo pecado termina en consecuencias desastrosas (Pr 8.36; Ro 6.23; Stg 1.15).

➤ ***10.2 — Los tesoros de maldad no serán de provecho.***

La Biblia no niega que los malvados puedan acumular tesoros mediante sus actos de maldad. Pero la Palabra de Dios también insiste en que al final de cuentas, las ganancias mal habidas no traerán beneficio alguno al pecador (Sal 73).

➤ ***10.7 — La memoria del justo será bendita; mas el nombre de los impíos se pudrirá.***

El tiempo mostrará la calidad de todas nuestras obras y acciones. Aquellos que fueron escarnecidos porque

8 El sabio de corazón recibirá los mandamientos;
Mas el necio de labios caerá.
9 El que camina en integridad anda confiado;
Mas el que pervierte sus caminos será quebrantado.
10 El que guiña el ojo acarrea tristeza;
Y el necio de labios será castigado.
11 Manantial de vida es la boca del justo;
Pero violencia cubrirá la boca de los impíos.
➤12 El odio despierta rencillas;
Pero el amor cubrirá todas las faltas.[a]
13 En los labios del prudente se halla sabiduría;
Mas la vara es para las espaldas del falto de cordura.
14 Los sabios guardan la sabiduría;
Mas la boca del necio es calamidad cercana.
15 Las riquezas del rico son su ciudad fortificada;
Y el desmayo de los pobres es su pobreza.
16 La obra del justo es para vida;
Mas el fruto del impío es para pecado.
17 Camino a la vida es guardar la instrucción;
Pero quien desecha la reprensión, yerra.
18 El que encubre el odio es de labios mentirosos;
Y el que propaga calumnia es necio.
19 En las muchas palabras no falta pecado;
Mas el que refrena sus labios es prudente.
20 Plata escogida es la lengua del justo;
Mas el corazón de los impíos es como nada.
21 Los labios del justo apacientan a muchos,
Mas los necios mueren por falta de entendimiento.
*22 La bendición de Jehová es la que enriquece,
Y no añade tristeza con ella.
23 El hacer maldad es como una diversión al insensato;
Mas la sabiduría recrea al hombre de entendimiento.
24 Lo que el impío teme, eso le vendrá;
Pero a los justos les será dado lo que desean.
25 Como pasa el torbellino, así el malo no permanece;
Mas el justo permanece para siempre.
26 Como el vinagre a los dientes, y como el humo a los ojos,
Así es el perezoso a los que lo envían.
27 El temor de Jehová aumentará los días,
Mas los años de los impíos serán acortados.
28 La esperanza de los justos es alegría;
Mas la esperanza de los impíos perecerá.
29 El camino de Jehová es fortaleza al perfecto;
Pero es destrucción a los que hacen maldad.
30 El justo no será removido jamás;
Pero los impíos no habitarán la tierra.
31 La boca del justo producirá sabiduría;
Mas la lengua perversa será cortada.
32 Los labios del justo saben hablar lo que agrada;
Mas la boca de los impíos habla perversidades.

11 EL peso falso es abominación a Jehová; ➤
Mas la pesa cabal le agrada.
2 Cuando viene la soberbia, viene también la deshonra;
Mas con los humildes está la sabiduría.
3 La integridad de los rectos los encaminará;
Pero destruirá a los pecadores la perversidad de ellos.
4 No aprovecharán las riquezas en el día de la ira;
Mas la justicia librará de muerte.
5 La justicia del perfecto enderezará su camino;
Mas el impío por su impiedad caerá.
6 La justicia de los rectos los librará;
Mas los pecadores serán atrapados en su pecado.
7 Cuando muere el hombre impío, perece su esperanza;

a. **10.12** Stg 5.20; 1 P 4.8.

LECCIONES DE VIDA

honraron a Dios serán reivindicados (Sal 7.8–10; 26.1–3; 35.22–28; 54), mientras aquellos que se elevaron a lugares de prominencia por medios perversos serán revelados finalmente como lo que ellos realmente son (Sal 73.12–19; Mt 5.11–12; 1 Co 3.13; Gá 6.7, 8).

➤ ***10.12 — El odio despierta rencillas; pero el amor cubrirá todas las faltas.***

Todos cometemos errores en nuestras relaciones, y la reacción natural a una ofensa es el enojo. Pero, si queremos que nuestras relaciones personales funcionen bien, debemos aprender a aplicar el amor sanador de Dios a las heridas que sufrimos, en lugar de amargarnos (Mt 5.39–48; Lc 23.34; Hch 7.60; Ro 12.17–21; 1 Co 13.4–7; Stg 5.20).

➤ ***11.1 — El peso falso es abominación a Jehová; mas la pesa cabal le agrada.***

La deshonestidad es una «abominación a Jehová» porque viola el carácter santo que sus hijos deberían demostrar. A Dios le interesa que practiquemos la honestidad y la equidad en los negocios, tanto como desea que le honremos con nuestra sexualidad (Lv 19.35–37; Dt 25.13–16; Pr 20.23). A Él le agrada «la pesa cabal» porque es un reflejo de su justicia.

Y la expectación de los malos perecerá.
8 El justo es librado de la tribulación;
Mas el impío entra en lugar suyo.
9 El hipócrita con la boca daña a su prójimo;
Mas los justos son librados con la sabiduría.
10 En el bien de los justos la ciudad se alegra;
Mas cuando los impíos perecen hay fiesta.
11 Por la bendición de los rectos la ciudad será engrandecida;
Mas por la boca de los impíos será trastornada.
12 El que carece de entendimiento menosprecia a su prójimo;
Mas el hombre prudente calla.
13 El que anda en chismes descubre el secreto;
Mas el de espíritu fiel lo guarda todo.
14 Donde no hay dirección sabia, caerá el pueblo;
Mas en la multitud de consejeros hay seguridad.
15 Con ansiedad será afligido el que sale por fiador de un extraño;
Mas el que aborreciere las fianzas vivirá seguro.
16 La mujer agraciada tendrá honra,
Y los fuertes tendrán riquezas.
➤17 A su alma hace bien el hombre misericordioso;
Mas el cruel se atormenta a sí mismo.
18 El impío hace obra falsa;
Mas el que siembra justicia tendrá galardón firme.
19 Como la justicia conduce a la vida,
Así el que sigue el mal lo hace para su muerte.
20 Abominación son a Jehová los perversos de corazón;
Mas los perfectos de camino le son agradables.
21 Tarde o temprano, el malo será castigado;
Mas la descendencia de los justos será librada.
22 Como zarcillo de oro en el hocico de un cerdo
Es la mujer hermosa y apartada de razón.
23 El deseo de los justos es solamente el bien;
Mas la esperanza de los impíos es el enojo.
24 Hay quienes reparten, y les es añadido más;
Y hay quienes retienen más de lo que es justo, pero vienen a pobreza.
25 El alma generosa será prosperada;
Y el que saciare, él también será saciado.
26 Al que acapara el grano, el pueblo lo maldecirá;
Pero bendición será sobre la cabeza del que lo vende.
27 El que procura el bien buscará favor;
Mas al que busca el mal, éste le vendrá.
28 El que confía en sus riquezas caerá;
Mas los justos reverdecerán como ramas.
29 El que turba su casa heredará viento;
Y el necio será siervo del sabio de corazón.
30 El fruto del justo es árbol de vida; ≺
Y el que gana almas es sabio.
31 Ciertamente el justo será recompensado en la tierra;
¡Cuánto más el impío y el pecador![a]

12 EL que ama la instrucción ama la sabiduría; ≺
Mas el que aborrece la reprensión es ignorante.
2 El bueno alcanzará favor de Jehová;
Mas él condenará al hombre de malos pensamientos.
3 El hombre no se afirmará por medio de la impiedad;
Mas la raíz de los justos no será removida.
4 La mujer virtuosa es corona de su marido;

a. 11.31 1 P 4.18.

LECCIONES DE VIDA

➤ ***11.17 — A su alma hace bien el hombre misericordioso; mas el cruel se atormenta a sí mismo.***

El Señor nos llama a hacer lo que es bueno y justo, no sólo porque la vida piadosa refleja su propio carácter santo, sino también porque nos beneficia y trae bendición. Vivir según la Palabra de Dios y conforme a su voluntad es vivir de la mejor manera posible.

➤ ***11.30 — el que gana almas es sabio.***

La persona prudente no se enfoca en los asuntos triviales del mundo ni en cómo se ha visto afectada por las acciones de otros. Más bien, entiende que cada persona necesita seguridad de eterna salvación (Jn 3.36), y se esfuerza en producir frutos que perduran para siempre (1 Co 3.13, 14). La persona que es sabia opera con las prioridades y la perspectiva de la mente de Dios. Habla a otros acerca de su salvación (Mr 10.45; Lc 19.10) y lo glorifica con su vida (Mt 5.16; Jn 15.8).

➤ ***12.1 — El que ama la instrucción ama la sabiduría; mas el que aborrece la reprensión es ignorante.***

No siempre es fácil recibir críticas, pero la mejor manera de manejarlas es preguntar a Dios qué verdad contienen. Puede ser que Él use las palabras de otra persona para revelar áreas de nuestro carácter que requieren atención. Recuerde que la corrección siempre es una oportunidad para el crecimiento.

Mas la mala, como carcoma en sus huesos.
5 Los pensamientos de los justos son rectitud;
Mas los consejos de los impíos, engaño.
6 Las palabras de los impíos son asechanzas para derramar sangre;
Mas la boca de los rectos los librará.
7 Dios trastornará a los impíos, y no serán más;
Pero la casa de los justos permanecerá firme.
8 Según su sabiduría es alabado el hombre;
Mas el perverso de corazón será menospreciado.
9 Más vale el despreciado que tiene servidores,
Que el que se jacta, y carece de pan.
10 El justo cuida de la vida de su bestia;
Mas el corazón de los impíos es cruel.
11 El que labra su tierra se saciará de pan;
Mas el que sigue a los vagabundos es falto de entendimiento.
12 Codicia el impío la red de los malvados;
Mas la raíz de los justos dará fruto.
13 El impío es enredado en la prevaricación de sus labios;
Mas el justo saldrá de la tribulación.
14 El hombre será saciado de bien del fruto de su boca;
Y le será pagado según la obra de sus manos.
➤ 15 El camino del necio es derecho en su opinión;
Mas el que obedece al consejo es sabio.
16 El necio al punto da a conocer su ira;
Mas el que no hace caso de la injuria es prudente.
17 El que habla verdad declara justicia;
Mas el testigo mentiroso, engaño.
18 Hay hombres cuyas palabras son como golpes de espada;
Mas la lengua de los sabios es medicina.
19 El labio veraz permanecerá para siempre;
Mas la lengua mentirosa sólo por un momento.
20 Engaño hay en el corazón de los que piensan el mal;
Pero alegría en el de los que piensan el bien.
21 Ninguna adversidad acontecerá al justo;
Mas los impíos serán colmados de males.
22 Los labios mentirosos son abominación a Jehová; ➤
Pero los que hacen verdad son su contentamiento.
23 El hombre cuerdo encubre su saber;
Mas el corazón de los necios publica la necedad.
24 La mano de los diligentes señoreará;
Mas la negligencia será tributaria.
25 La congoja en el corazón del hombre lo abate; ➤
Mas la buena palabra lo alegra.
26 El justo sirve de guía a su prójimo;
Mas el camino de los impíos les hace errar.
27 El indolente ni aun asará lo que ha cazado;
Pero haber precioso del hombre es la diligencia.
28 En el camino de la justicia está la vida;
Y en sus caminos no hay muerte.

13 EL hijo sabio recibe el consejo del padre;
Mas el burlador no escucha las reprensiones.
2 Del fruto de su boca el hombre comerá el bien;

LECCIONES DE VIDA

➤ ***12.15 — El camino del necio es derecho en su opinión; mas el que obedece al consejo es sabio.***

Todos suponemos por naturaleza que nuestras propias opiniones son correctas; nadie piensa: *Voy a creer esto, porque sé que no es cierto*. No obstante, la gente sabia oye los consejos sensatos y piadosos de otros pues reconocen que no lo saben todo. Siempre están aprendiendo, corrigiendo errores que hayan cometido, y mejorando su andar con el Señor.

➤ ***12.22 — Los labios mentirosos son abominación a Jehová; pero los que hacen verdad son su contentamiento.***

Decir que Dios siempre cumple sus promesas es otra manera de decir que Él siempre dice la verdad. De hecho, Él es la verdad (Jn 14.6); por eso agradamos a Dios cuando, en fe, somos honestos con los demás en cuanto a Él, incluso si el practicar la verdad nos resulte difícil o nos salga caro (Jn 3.21; 8.32; 17.16–21).

➤ ***12.25 — La congoja en el corazón del hombre lo abate; mas la buena palabra lo alegra.***

Deberíamos volvernos expertos en dar ánimo (He 3.13). El mundo ya tiene suficientes pesimistas, críticos, burladores, comentaristas y detractores. Es difícil encontrar «la buena palabra», razón por la cual Colosenses 3.16 nos exhorta: «La palabra de Cristo more en abundancia en vosotros, enseñándoos y exhortándoos unos a otros en toda sabiduría, cantando con gracia en vuestros corazones al Señor con salmos e himnos y cánticos espirituales».

➤ ***13.3 — El que guarda su boca guarda su alma; mas el que mucho abre sus labios tendrá calamidad.***

Había un dicho popular en la Segunda Guerra Mundial: «los labios sueltos hunden buques». Servía para que todos se acordaran de tener cuidado con lo que dijeran para no poner en peligro innecesario a las tropas estadounidenses. Evitar pérdidas en la guerra espiritual que libramos todos los días como creyentes requiere el mismo tipo de precaución. No debemos arriesgar nuestro testimonio con chismes, en nuestra misión de ganar a los perdidos (Stg 3.5–10).

RESPUESTAS A PREGUNTAS DE LA VIDA

¿Dónde puedo encontrar un buen consejo?

PR 13.10

Proverbios tiene mucho que decir acerca del valor de un consejo sabio. Proverbios 13.10 afirma: «Ciertamente la soberbia concebirá contienda; mas con los avisados está la sabiduría». Proverbios 15.22 proclama: «Los pensamientos son frustrados donde no hay consejo; mas en la multitud de consejeros se afirman». También, Proverbios 20.5 nos instruye: «Como aguas profundas es el consejo en el corazón del hombre; mas el hombre entendido lo alcanzará».

Recuerdo las palabras de mi abuelo: «Charles, sea lo que sea que hagas en la vida, siempre obedece a Dios totalmente. Si te llega a decir que atravieses una pared de concreto con la cabeza, toma impulso y empieza a correr, esperando que Él abra un boquete». Nunca he olvidado ese consejo, y ha sido la piedra angular de mi ministerio personal en el transcurso de los años. Me recuerda que el consejo más importante que podemos recibir viene del Señor mismo.

Sea cual sea la situación o la circunstancia, siempre debemos acudir primero a Dios para recibir *su* consejo. Debemos recordar lo que el rey Josafat dijo al rey Acab de Israel: «Yo te ruego que consultes hoy la palabra de Jehová» (1 R 22.5). Al hacerlo, estamos yendo directamente al manantial de toda la sabiduría, ya que acudimos a «Jehová de los ejércitos, para hacer maravilloso el consejo y engrandecer la sabiduría» (Is 28.29).

Dios a veces nos dirige a buscar el consejo de otros, y en esos casos requiere que examinemos el estilo de vida de la persona de quien esperamos recibir consejo. Si «el temor de Jehová es el principio de la sabiduría» (Pr 9.10), entonces es muy importante que sepamos cómo es la relación de esa persona con el Señor. Considere el desempeño espiritual y moral de cualquier persona de la que obtenga consejo o asesoría, sobre todo si la decisión que va a tomar afecta a su familia y a su futuro.

Para un estudio más a fondo, véase el Índice de Principios de vida:

3. La Palabra de Dios es ancla inconmovible en las tormentas.

Mas el alma de los prevaricadores hallará el mal.

➤3 El que guarda su boca guarda su alma;
Mas el que mucho abre sus labios tendrá calamidad.

4 El alma del perezoso desea, y nada alcanza;
Mas el alma de los diligentes será prosperada.

5 El justo aborrece la palabra de mentira;
Mas el impío se hace odioso e infame.

6 La justicia guarda al de perfecto camino;
Mas la impiedad trastornará al pecador.

7 Hay quienes pretenden ser ricos, y no tienen nada;
Y hay quienes pretenden ser pobres, y tienen muchas riquezas.

8 El rescate de la vida del hombre está en sus riquezas;
Pero el pobre no oye censuras.

9 La luz de los justos se alegrará;
Mas se apagará la lámpara de los impíos.

10 Ciertamente la soberbia concebirá contienda;
Mas con los avisados está la sabiduría.

11 Las riquezas de vanidad disminuirán;
Pero el que recoge con mano laboriosa las aumenta.

12 La esperanza que se demora es tormento del corazón;
Pero árbol de vida es el deseo cumplido.

13 El que menosprecia el precepto perecerá por ello;
Mas el que teme el mandamiento será recompensado.

14 La ley del sabio es manantial de vida
Para apartarse de los lazos de la muerte.

15 El buen entendimiento da gracia;
Mas el camino de los transgresores es duro.

16 Todo hombre prudente procede con sabiduría;
Mas el necio manifestará necedad.

17 El mal mensajero acarrea desgracia;
Mas el mensajero fiel acarrea salud.

➤ 18 Pobreza y vergüenza tendrá el que menosprecia el consejo;
Mas el que guarda la corrección recibirá honra.
19 El deseo cumplido regocija el alma;
Pero apartarse del mal es abominación a los necios.
20 El que anda con sabios, sabio será;
Mas el que se junta con necios será quebrantado.
21 El mal perseguirá a los pecadores,
Mas los justos serán premiados con el bien.
22 El bueno dejará herederos a los hijos de sus hijos;
Pero la riqueza del pecador está guardada para el justo.
23 En el barbecho de los pobres hay mucho pan;
Mas se pierde por falta de juicio.
24 El que detiene el castigo, a su hijo aborrece;
Mas el que lo ama, desde temprano lo corrige.
25 El justo come hasta saciar su alma;
Mas el vientre de los impíos tendrá necesidad.

14 LA mujer sabia edifica su casa;
Mas la necia con sus manos la derriba.
2 El que camina en su rectitud teme a Jehová;
Mas el de caminos pervertidos lo menosprecia.
3 En la boca del necio está la vara de la soberbia;
Mas los labios de los sabios los guardarán.
4 Sin bueyes el granero está vacío;
Mas por la fuerza del buey hay abundancia de pan.
5 El testigo verdadero no mentirá;
Mas el testigo falso hablará mentiras.
6 Busca el escarnecedor la sabiduría y no la halla;
Mas al hombre entendido la sabiduría le es fácil.
7 Vete de delante del hombre necio,
Porque en él no hallarás labios de ciencia.
8 La ciencia del prudente está en entender su camino;
Mas la indiscreción de los necios es engaño.
9 Los necios se mofan del pecado;
Mas entre los rectos hay buena voluntad.
10 El corazón conoce la amargura de su alma;
Y extraño no se entremeterá en su alegría.
11 La casa de los impíos será asolada;
Pero florecerá la tienda de los rectos.
12 Hay camino que al hombre le parece derecho;
Pero su fin es camino de muerte.[a]
13 Aun en la risa tendrá dolor el corazón;
Y el término de la alegría es congoja.
14 De sus caminos será hastiado el necio de corazón;
Pero el hombre de bien estará contento del suyo.
15 El simple todo lo cree;
Mas el avisado mira bien sus pasos.
16 El sabio teme y se aparta del mal;
Mas el insensato se muestra insolente y confiado.
17 El que fácilmente se enoja hará locuras;
Y el hombre perverso será aborrecido.
18 Los simples heredarán necedad;
Mas los prudentes se coronarán de sabiduría.
19 Los malos se inclinarán delante de los buenos,
Y los impíos a las puertas del justo.
20 El pobre es odioso aun a su amigo;
Pero muchos son los que aman al rico.
21 Peca el que menosprecia a su prójimo;
Mas el que tiene misericordia de los pobres es bienaventurado.
22 ¿No yerran los que piensan el mal?
Misericordia y verdad alcanzarán los que piensan el bien.
23 En toda labor hay fruto;
Mas las vanas palabras de los labios empobrecen.
24 Las riquezas de los sabios son su corona;
Pero la insensatez de los necios es infatuación.
25 El testigo verdadero libra las almas;
Mas el engañoso hablará mentiras.

a. **14.12** Pr 16.25.

LECCIONES DE VIDA

➤ ***13.18 — Pobreza y vergüenza tendrá el que menosprecia el consejo; mas el que guarda la corrección recibirá honra.***

Todos necesitamos corrección en muchos puntos del camino de la vida, pero no todos aceptamos con buena actitud la amonestación que recibimos. Por eso, si hacemos caso a la disciplina de Dios, Él nos mantendrá en el camino de la bendición y alejados del sendero que lleva a la destrucción (He 12.4–13).

➤ ***14.29 — El que tarda en airarse es grande de entendimiento; mas el que es impaciente de espíritu enaltece la necedad.***

Se puede sentir bien por un rato descargar nuestro enojo en alguien, pero «la ira del hombre no obra la justicia de Dios» (Stg 1.20). Si el mal genio no se mantiene bajo control, tarde o temprano causará mucho dolor y pesadumbre (Ef 4.26, 27).

RESPUESTAS A PREGUNTAS DE LA VIDA

¿Qué puedo hacer ante el enojo o la amargura de otra persona?

PR 14.10

Es triste, pero lo cierto es que tarde o temprano todos vamos a tropezarnos con alguien que siente enojo o amargura hacia nosotros. ¿Qué debe hacer cuando se convierta en el objeto de la amargura de otra persona? ¿Cómo debería reaccionar ante la furia que alguien le dirija específicamente? Responder a la amargura con más amargura siempre desemboca en una situación combativa o hasta explosiva. ¿Qué debería hacer entonces?

Primero, declárese la verdad del asunto. ¿Qué sucedió? ¿Cómo se inició y desarrolló el problema? ¿Cometió usted algún error? Puede ser que usted no puede reconstruir por completo los hechos para entender la situación, pero trate de recordar con toda honestidad cómo se produjo el arrebato.

Segundo, escuche atentamente lo que dice la otra persona. La amargura y el enojo casi siempre se desprenden de una herida más profunda. Diga algo similar a esto: «Parece que esto te produce mucho enojo. ¿Podemos hablar del asunto?» El simple hecho de hacer la pregunta puede ayudar a calmar los ánimos. Aunque usted tal vez no pueda arrancar la raíz de amargura en la vida de otra persona, sí puede impedir que se arraigue en su propio corazón y pedirle a Dios que le ayude a entender por qué esta persona se siente de esa manera.

En tercer lugar, siempre que esté bajo algún ataque personal, es muy importante que recuerde el amor personal de Dios hacia usted. Puede ser que haya cometido errores, pero eso no cambia los sentimientos del Señor en cuanto a usted. Pídale que le anime a través de su Palabra.

Cuarto, pídale a Dios que le ayude a responder con su amor y su gracia, y que le proteja de ataques airados. En el Salmo 64, vemos que David oró pidiendo que Dios lo librara de ataques enemigos llenos de amargura. Escribió: «lanzan cual saeta suya, palabra amarga, para asaetear a escondidas al íntegro» (Sal 64.3, 4). A veces la persona airada le atacará poniendo a otros en su contra, con acusaciones. Sin embargo, usted no debe temer a tal veneno, porque Dios protege y defiende a su pueblo (Sal 64.7–10).

La amargura es una reacción mucho más profunda y compleja que una simple expresión momentánea de enojo. Es una fortaleza satánica que debe enfrentarse con toda franqueza. Dios nos manda tener cuidado en esta área: «no sea que alguno deje de alcanzar la gracia de Dios; que brotando alguna raíz de amargura, os estorbe, y por ella muchos sean contaminados» (He 12.15).

Si usted llega a ser blanco de acusaciones amargas o ataques personales odiosos, invoque la protección de Dios. Pídale que le dé sabiduría en su trato con la otra persona, así como una perspectiva sana sobre todo el asunto. Su reacción al ataque es lo que más le interesa a Dios, así que sea firme sin perder el amor en todo lo que haga y diga.

Para un estudio más a fondo, véase el Índice de Principios de vida:

8. *Libremos nuestras batallas de rodillas y siempre obtendremos la victoria.*
27. *No hay nada como la oración para ahorrar tiempo.*

26 En el temor de Jehová está la fuerte confianza;
Y esperanza tendrán sus hijos.
27 El temor de Jehová es manantial de vida
Para apartarse de los lazos de la muerte.
28 En la multitud del pueblo está la gloria del rey;
Y en la falta de pueblo la debilidad del príncipe.
29 El que tarda en airarse es grande de entendimiento;
Mas el que es impaciente de espíritu enaltece la necedad.
30 El corazón apacible es vida de la carne;
Mas la envidia es carcoma de los huesos.
31 El que oprime al pobre afrenta a su Hacedor;

Mas el que tiene misericordia del pobre,
lo honra.
32 Por su maldad será lanzado el impío;
Mas el justo en su muerte tiene
esperanza.
33 En el corazón del prudente reposa la
sabiduría;
Pero no es conocida en medio de los
necios.
34 La justicia engrandece a la nación;
Mas el pecado es afrenta de las
naciones.
35 La benevolencia del rey es para con el
servidor entendido;
Mas su enojo contra el que lo
avergüenza.

15 LA blanda respuesta quita la ira;
Mas la palabra áspera hace subir el
furor.
2 La lengua de los sabios adornará la
sabiduría;
Mas la boca de los necios hablará
sandeces.
➤3 Los ojos de Jehová están en todo lugar,
Mirando a los malos y a los buenos.
4 La lengua apacible es árbol de vida;
Mas la perversidad de ella es
quebrantamiento de espíritu.
5 El necio menosprecia el consejo de su
padre;
Mas el que guarda la corrección vendrá
a ser prudente.
6 En la casa del justo hay gran provisión;
Pero turbación en las ganancias del
impío.
7 La boca de los sabios esparce sabiduría;
No así el corazón de los necios.
8 El sacrificio de los impíos es
abominación a Jehová;
Mas la oración de los rectos es su gozo.
9 Abominación es a Jehová el camino del
impío;
Mas él ama al que sigue justicia.
10 La reconvención es molesta al que deja
el camino;
Y el que aborrece la corrección morirá.
11 El Seol y el Abadón están delante de
Jehová;
¡Cuánto más los corazones de los
hombres!
12 El escarnecedor no ama al que le
reprende,
Ni se junta con los sabios.
13 El corazón alegre hermosea el rostro;
Mas por el dolor del corazón el espíritu
se abate.
14 El corazón entendido busca la sabiduría;
Mas la boca de los necios se alimenta de
necedades.
15 Todos los días del afligido son difíciles;
Mas el de corazón contento tiene un
banquete continuo.
16 Mejor es lo poco con el temor de
Jehová,
Que el gran tesoro donde hay turbación.
17 Mejor es la comida de legumbres donde
hay amor,
Que de buey engordado donde hay odio.
18 El hombre iracundo promueve
contiendas;
Mas el que tarda en airarse apacigua la
rencilla.
19 El camino del perezoso es como seto de
espinos;
Mas la vereda de los rectos, como una
calzada.
20 El hijo sabio alegra al padre;
Mas el hombre necio menosprecia a su
madre.
21 La necedad es alegría al falto de
entendimiento;
Mas el hombre entendido endereza sus
pasos.
22 Los pensamientos son frustrados donde ➤
no hay consejo;
Mas en la multitud de consejeros se
afirman.
23 El hombre se alegra con la respuesta de
su boca;
Y la palabra a su tiempo, ¡cuán buena
es!
24 El camino de la vida es hacia arriba al
entendido,
Para apartarse del Seol abajo.
25 Jehová asolará la casa de los soberbios;
Pero afirmará la heredad de la viuda.
26 Abominación son a Jehová los
pensamientos del malo;
Mas las expresiones de los limpios son
limpias.
27 Alborota su casa el codicioso;
Mas el que aborrece el soborno vivirá.
28 El corazón del justo piensa para
responder;
Mas la boca de los impíos derrama
malas cosas.

LECCIONES DE VIDA

➤ ***15.3 — Los ojos de Jehová están en todo lugar, mirando a los malos y a los buenos.***

Nada se escapa de la mirada de Dios, por eso nada lo toma por sorpresa. Él siempre tiene listos los planes perfectos para lograr lo que quiere, sea para recompensa o para juicio.

➤ ***15.22 — Los pensamientos son frustrados donde no hay consejo; mas en la multitud de consejeros se afirman.***

Puesto que ninguno de nosotros tiene una perspectiva ilimitada, necesitamos con frecuencia la experiencia piadosa y los puntos de vista de otros para cristalizar nuestras decisiones y nuestros planes más importantes. Dios usa a menudo el consejo de otros creyentes para mostrarnos su voluntad.

29 Jehová está lejos de los impíos;
Pero él oye la oración de los justos.
30 La luz de los ojos alegra el corazón,
Y la buena nueva conforta los huesos.
31 El oído que escucha las amonestaciones de la vida,
Entre los sabios morará.
32 El que tiene en poco la disciplina menosprecia su alma;
Mas el que escucha la corrección tiene entendimiento.
33 El temor de Jehová es enseñanza de sabiduría;
Y a la honra precede la humildad.

Proverbios sobre la vida y la conducta

16 DEL hombre son las disposiciones del corazón;
Mas de Jehová es la respuesta de la lengua.
2 Todos los caminos del hombre son limpios en su propia opinión;
Pero Jehová pesa los espíritus.
➤3 Encomienda a Jehová tus obras,
Y tus pensamientos serán afirmados.
4 Todas las cosas ha hecho Jehová para sí mismo,
Y aun al impío para el día malo.
5 Abominación es a Jehová todo altivo de corazón;
Ciertamente no quedará impune.
6 Con misericordia y verdad se corrige el pecado,
Y con el temor de Jehová los hombres se apartan del mal.
7 Cuando los caminos del hombre son agradables a Jehová,
Aun a sus enemigos hace estar en paz con él.
8 Mejor es lo poco con justicia
Que la muchedumbre de frutos sin derecho.
*9 El corazón del hombre piensa su camino;
Mas Jehová endereza sus pasos.
10 Oráculo hay en los labios del rey;
En juicio no prevaricará su boca.
11 Peso y balanzas justas son de Jehová;
Obra suya son todas las pesas de la bolsa.
12 Abominación es a los reyes hacer impiedad,
Porque con justicia será afirmado el trono.
13 Los labios justos son el contentamiento de los reyes,
Y éstos aman al que habla lo recto.
14 La ira del rey es mensajero de muerte;
Mas el hombre sabio la evitará.
15 En la alegría del rostro del rey está la vida,
Y su benevolencia es como nube de lluvia tardía.
16 Mejor es adquirir sabiduría que oro preciado;
Y adquirir inteligencia vale más que la plata.
17 El camino de los rectos se aparta del mal;
Su vida guarda el que guarda su camino.
18 Antes del quebrantamiento es la soberbia,
Y antes de la caída la altivez de espíritu.
19 Mejor es humillar el espíritu con los humildes
Que repartir despojos con los soberbios.
20 El entendido en la palabra hallará el bien, ➤
Y el que confía en Jehová es bienaventurado.
21 El sabio de corazón es llamado prudente,
Y la dulzura de labios aumenta el saber.
22 Manantial de vida es el entendimiento al que lo posee;
Mas la erudición de los necios es necedad.
23 El corazón del sabio hace prudente su boca,
Y añade gracia a sus labios.
24 Panal de miel son los dichos suaves;
Suavidad al alma y medicina para los huesos.
25 Hay camino que parece derecho al hombre,
Pero su fin es camino de muerte.[a]
26 El alma del que trabaja, trabaja para sí,
Porque su boca le estimula.
27 El hombre perverso cava en busca del mal,

a. **16.25** Pr 14.12.

LECCIONES DE VIDA

➤ ***16.3 — Encomienda a Jehová tus obras, y tus pensamientos serán afirmados.***

¿Cómo encomendamos nuestras obras al Señor? No pidiéndole meramente que bendiga lo que ya hemos hecho, sino consagrándonos por completo a *sus* planes antes, durante y después de nuestras obras y actividades.

➤ ***16.20 — el que confía en Jehová es bienaventurado.***

Nadie encontrará jamás la dicha verdadera desobedeciendo un mandato claro de Dios. Nuestro gozo consiste en confiar en el Señor y llegar a ser todo lo que Él nos creó para ser. Quienes lo desobedecen muestran que no confían en Él de verdad ni creen que quiere lo mejor para ellos.

LO QUE LA BIBLIA DICE ACERCA DE
CUÁNTO ABORRECE DIOS LA SOBERBIA HUMANA

Pr 16.18

La Biblia es muy clara. Dios aborrece la soberbia humana. Santiago 4.6 lo establece sin rodeos: «Dios resiste a los soberbios, y da gracia a los humildes». Es un mensaje que se repite a lo largo de las Escrituras (Pr 3.34; 16.5, 6; 18.12; Is 2.11; Fil 2.3; 1 P 5.5).

La Biblia describe la soberbia como una de las cuatro cosas que el Señor más aborrece, además de la arrogancia, el mal camino y la boca perversa (Pr 8.13). En otro pasaje, la soberbia forma parte de otras siete cosas que son una abominación para el Señor: «Los ojos altivos, la lengua mentirosa, las manos derramadoras de sangre inocente, el corazón que maquina pensamientos inicuos, los pies presurosos para correr al mal, el testigo falso que habla mentiras, y el que siembra discordia entre hermanos» (Pr 6.17–19).

¡Dios pone la soberbia en la misma categoría que el homicidio!

Caemos presa de la soberbia cuando olvidamos que el Señor no vive en función de nosotros, sino que nosotros existimos para Él. ¿Por qué Dios aborrece tanto la soberbia humana? Porque nos impide sometemos a su propósito para nuestra vida. El orgullo nos vuelve inútiles para el reino de Dios. Cuando nos comprometemos a hacer las cosas a nuestro modo, estamos rechazando implícitamente su manera de hacer las cosas.

El Señor no comparte su gloria con nadie, y lo cierto es que tratamos de quedarnos con algo de su gloria cada vez que decimos: «Miren lo que he logrado, mírenme a mí, ¡miren quién he llegado a ser!» Al hacer esto negamos que Él es quien nos capacitó y dio el poder para vivir. Cualquier bien que haya en nosotros es por su designio y redención. Todo lo digno que lleguemos a ser se debe a que Él así lo dispuso. No tenemos más bondad que la que Dios nos imparte.

Proverbios 16.18 enseña: «Antes del quebrantamiento es la soberbia, y antes de la caída la altivez de espíritu». Aunque no toda ruina es causada por nuestra soberbia, la soberbia siempre termina en devastación. Por lo general, perderemos aquellos logros que nos hayan producido más orgullo, pues todo lo que adquirimos fuera de la voluntad de Dios termina convirtiéndose en cenizas.

El Señor no comparte su gloria con nadie.

Para un estudio más a fondo, véase el Índice de Principios de vida:
15. El quebrantamiento es el requisito de Dios para que seamos útiles al máximo.

Y en sus labios hay como llama de fuego.
28 El hombre perverso levanta contienda,
Y el chismoso aparta a los mejores amigos.
29 El hombre malo lisonjea a su prójimo,
Y le hace andar por camino no bueno.
30 Cierra sus ojos para pensar perversidades;
Mueve sus labios, efectúa el mal.
31 Corona de honra es la vejez
Que se halla en el camino de justicia.
32 Mejor es el que tarda en airarse que el fuerte;
Y el que se enseñorea de su espíritu, que el que toma una ciudad.
33 La suerte se echa en el regazo;
Mas de Jehová es la decisión de ella.

17 MEJOR es un bocado seco, y en paz,
Que casa de contiendas llena de provisiones.
2 El siervo prudente se enseñoreará del hijo que deshonra,
Y con los hermanos compartirá la herencia.
3 El crisol para la plata, y la hornaza para el oro;
Pero Jehová prueba los corazones.
4 El malo está atento al labio inicuo;
Y el mentiroso escucha la lengua detractora.
➤5 El que escarnece al pobre afrenta a su Hacedor;
Y el que se alegra de la calamidad no quedará sin castigo.
6 Corona de los viejos son los nietos,
Y la honra de los hijos, sus padres.
7 No conviene al necio la altilocuencia;
¡Cuánto menos al príncipe el labio mentiroso!
8 Piedra preciosa es el soborno para el que lo practica;
Adondequiera que se vuelve, halla prosperidad.
9 El que cubre la falta busca amistad;
Mas el que la divulga, aparta al amigo.
10 La reprensión aprovecha al entendido,
Más que cien azotes al necio.
11 El rebelde no busca sino el mal,
Y mensajero cruel será enviado contra él.
12 Mejor es encontrarse con una osa a la cual han robado sus cachorros,
Que con un fatuo en su necedad.
13 El que da mal por bien,
No se apartará el mal de su casa.
14 El que comienza la discordia es como quien suelta las aguas;
Deja, pues, la contienda, antes que se enrede.
15 El que justifica al impío, y el que condena al justo,
Ambos son igualmente abominación a Jehová.
16 ¿De qué sirve el precio en la mano del necio para comprar sabiduría,
No teniendo entendimiento?
17 En todo tiempo ama el amigo,
Y es como un hermano en tiempo de angustia.
18 El hombre falto de entendimiento presta fianzas,
Y sale por fiador en presencia de su amigo.
19 El que ama la disputa, ama la transgresión;
Y el que abre demasiado la puerta busca su ruina.
20 El perverso de corazón nunca hallará el bien,
Y el que revuelve con su lengua caerá en el mal.
21 El que engendra al insensato, para su tristeza lo engendra;
Y el padre del necio no se alegrará.
22 El corazón alegre constituye buen remedio;
Mas el espíritu triste seca los huesos.
23 El impío toma soborno del seno
Para pervertir las sendas de la justicia.
24 En el rostro del entendido aparece la sabiduría;
Mas los ojos del necio vagan hasta el extremo de la tierra.
25 El hijo necio es pesadumbre de su padre,
Y amargura a la que lo dio a luz.
26 Ciertamente no es bueno condenar al justo,
Ni herir a los nobles que hacen lo recto.
27 El que ahorra sus palabras tiene sabiduría;
De espíritu prudente es el hombre entendido.
28 Aun el necio, cuando calla, es contado por sabio; ➤
El que cierra sus labios es entendido.

LECCIONES DE VIDA

➤ ***17.5 — El que escarnece al pobre afrenta a su Hacedor.***

Dios nos hizo a todos y cada uno a su imagen, y ridiculizar a una persona es hacer mofa de Él. A veces juzgamos a los demás por su falta de dinero, inteligencia o belleza, porque queremos sentirnos mejor con nosotros mismos. Sin embargo, eso va en contra de todo lo que Cristo nos enseñó. Más bien, debemos ser como Jesús, «con humildad, estimando cada uno a los demás como superiores» a nosotros mismos (Fil 2.3).

➤ ***17.28 — Aun el necio, cuando calla, es contado por sabio; el que cierra sus labios es entendido.***

Hay momentos en los que debemos hablar (Est 4.14; Hch 18.9), pero son muchos más los momentos en que deberíamos guardar silencio. Debemos oír la instrucción del Señor y tener la mente clara antes de abrir la boca.

18 SU deseo busca el que se desvía,
Y se entremete en todo negocio.
2 No toma placer el necio en la inteligencia,
Sino en que su corazón se descubra.
3 Cuando viene el impío, viene también el menosprecio,
Y con el deshonrador la afrenta.
4 Aguas profundas son las palabras de la boca del hombre;
Y arroyo que rebosa, la fuente de la sabiduría.
5 Tener respeto a la persona del impío,
Para pervertir el derecho del justo, no es bueno.
6 Los labios del necio traen contienda;
Y su boca los azotes llama.
7 La boca del necio es quebrantamiento para sí,
Y sus labios son lazos para su alma.
8 Las palabras del chismoso son como bocados suaves,
Y penetran hasta las entrañas.
9 También el que es negligente en su trabajo
Es hermano del hombre disipador.
➤10 Torre fuerte es el nombre de Jehová;
A él correrá el justo, y será levantado.
11 Las riquezas del rico son su ciudad fortificada,
Y como un muro alto en su imaginación.
➤12 Antes del quebrantamiento se eleva el corazón del hombre,
Y antes de la honra es el abatimiento.
13 Al que responde palabra antes de oír,
Le es fatuidad y oprobio.
14 El ánimo del hombre soportará su enfermedad;
Mas ¿quién soportará al ánimo angustiado?
15 El corazón del entendido adquiere sabiduría;
Y el oído de los sabios busca la ciencia.
16 La dádiva del hombre le ensancha el camino
Y le lleva delante de los grandes.
➤17 Justo parece el primero que aboga por su causa;
Pero viene su adversario, y le descubre.
18 La suerte pone fin a los pleitos,
Y decide entre los poderosos.
19 El hermano ofendido es más tenaz que una ciudad fuerte,
Y las contiendas de los hermanos son como cerrojos de alcázar.
20 Del fruto de la boca del hombre se llenará su vientre;
Se saciará del producto de sus labios.
21 La muerte y la vida están en poder de la lengua,
Y el que la ama comerá de sus frutos.
22 El que halla esposa halla el bien,
Y alcanza la benevolencia de Jehová.
23 El pobre habla con ruegos,
Mas el rico responde durezas.
24 El hombre que tiene amigos ha de mostrarse amigo;
Y amigo hay más unido que un hermano.

19 MEJOR es el pobre que camina en integridad,
Que el de perversos labios y fatuo.
2 El alma sin ciencia no es buena,
Y aquel que se apresura con los pies, peca.
3 La insensatez del hombre tuerce su camino,
Y luego contra Jehová se irrita su corazón.
4 Las riquezas traen muchos amigos;
Mas el pobre es apartado de su amigo.
5 El testigo falso no quedará sin castigo,
Y el que habla mentiras no escapará.
6 Muchos buscan el favor del generoso,
Y cada uno es amigo del hombre que da.
7 Todos los hermanos del pobre le aborrecen;
¡Cuánto más sus amigos se alejarán de él!
Buscará la palabra, y no la hallará.
8 El que posee entendimiento ama su alma;
El que guarda la inteligencia hallará el bien.
9 El testigo falso no quedará sin castigo,
Y el que habla mentiras perecerá.
10 No conviene al necio el deleite;

LECCIONES DE VIDA

➤ ***18.10 — Torre fuerte es el nombre de Jehová; a él correrá el justo, y será levantado.***

¿Adónde corre usted cuando llegan los problemas? ¿Cómo reacciona a la primera señal de dificultad? ¿Corre directamente a Dios, o escapa por la tangente en busca de recursos terrenales que de seguro van a defraudarle?

➤ ***18.12 — Antes del quebrantamiento se eleva el corazón del hombre, y antes de la honra es el abatimiento.***

Tenga cuidado con la tentación del orgullo, que consiste en prestar demasiada atención a nosotros mismos y a nuestros deseos. Dios aborrece el orgullo, y todo lo que el Señor aborrece debe ser eliminado de su vida. Preste atención a sus pensamientos y palabras. Si su forma de hablar se caracteriza casi siempre por muchos «yo», «mí» y «mío», se está enfocando demasiado en su propio ego. Asegúrese de tener su atención centrada en Dios.

➤ ***18.17 — Justo parece el primero que aboga por su causa; pero viene su adversario, y le descubre.***

Debemos cuidarnos de hacer juicios apresurados. La Biblia insiste en que escuchemos el testimonio de dos o tres testigos antes de dirimir cualquier asunto (Dt 19.15; Mt 18.16; 2 Co 13.1; 1 Ti 5.19), precisamente para que no cometamos errores penosos.

¡Cuánto menos al siervo ser señor de los príncipes!

➤11 La cordura del hombre detiene su furor,
Y su honra es pasar por alto la ofensa.

12 Como rugido de cachorro de león es la ira del rey,
Y su favor como el rocío sobre la hierba.

13 Dolor es para su padre el hijo necio,
Y gotera continua las contiendas de la mujer.

14 La casa y las riquezas son herencia de los padres;
Mas de Jehová la mujer prudente.

15 La pereza hace caer en profundo sueño,
Y el alma negligente padecerá hambre.

16 El que guarda el mandamiento guarda su alma;
Mas el que menosprecia sus caminos morirá.

➤17 A Jehová presta el que da al pobre,
Y el bien que ha hecho, se lo volverá a pagar.

18 Castiga a tu hijo en tanto que hay esperanza;
Mas no se apresure tu alma para destruirlo.

19 El de grande ira llevará la pena;
Y si usa de violencias, añadirá nuevos males.

20 Escucha el consejo, y recibe la corrección,
Para que seas sabio en tu vejez.

➤21 Muchos pensamientos hay en el corazón del hombre;
Mas el consejo de Jehová permanecerá.

22 Contentamiento es a los hombres hacer misericordia;
Pero mejor es el pobre que el mentiroso.

*23 El temor de Jehová es para vida,
Y con él vivirá lleno de reposo el hombre;
No será visitado de mal.

24 El perezoso mete su mano en el plato,
Y ni aun a su boca la llevará.

25 Hiere al escarnecedor, y el simple se hará avisado;
Y corrigiendo al entendido, entenderá ciencia.

26 El que roba a su padre y ahuyenta a su madre,
Es hijo que causa vergüenza y acarrea oprobio.

27 Cesa, hijo mío, de las enseñanzas ➤
Que te hacen divagar de las razones de sabiduría.

28 El testigo perverso se burlará del juicio,
Y la boca de los impíos encubrirá la iniquidad.

29 Preparados están juicios para los escarnecedores,
Y azotes para las espaldas de los necios.

20 EL vino es escarnecedor, la sidra alborotadora,
Y cualquiera que por ellos yerra no es sabio.

2 Como rugido de cachorro de león es el terror del rey;
El que lo enfurece peca contra sí mismo.

3 Honra es del hombre dejar la contienda;
Mas todo insensato se envolverá en ella.

4 El perezoso no ara a causa del invierno; ➤
Pedirá, pues, en la siega, y no hallará.

5 Como aguas profundas es el consejo en el corazón del hombre;
Mas el hombre entendido lo alcanzará.

6 Muchos hombres proclaman cada uno su propia bondad,

LECCIONES DE VIDA

➤ ***19.11 — La cordura del hombre detiene su furor, y su honra es pasar por alto la ofensa.***

Con mucha frecuencia nos metemos en líos en nuestras relaciones personales porque insistimos en tener la razón. Exigimos que todos vean las cosas como nosotros las vemos. Cuando nos negamos a pasar por alto una ofensa, terminamos alienando a nuestros amigos y familiares. La Palabra de Dios nos amonesta a ser amables y perdonadores con los que nos ofenden, para que otros alcancen la salvación y crezcan en su relación con el Señor (Mt 5.39–48; 2 Ti 2.24–26).

➤ ***19.17 — A Jehová presta el que da al pobre, y el bien que ha hecho, se lo volverá a pagar.***

Nada que usted haga por los necesitados es en vano. Aunque sus acciones no sean apreciadas ni reconocidas aquí en la tierra, Dios sabe lo que usted ha hecho y será fiel para recompensarle (Mt 25.34–40).

➤ ***19.21 — Muchos pensamientos hay en el corazón del hombre; mas el consejo de Jehová permanecerá.***

Es lamentable cuando hacemos nuestros propios planes y nos olvidamos de buscar el consejo de Dios, porque su plan se mantiene en pie, no el nuestro. Por lo tanto, busque al Señor en todo y obedézcalo. Él moverá el cielo y la tierra para mostrarle qué hacer, y su obediencia a Él traerá mayores bendiciones que las que habría alcanzado fijando su esperanza en sus propios planes.

➤ ***19.27 — Cesa, hijo mío, de oír las enseñanzas que te hacen divagar de las razones de sabiduría.***

En cuestiones de sabiduría, nunca dejamos de aprender. No sólo necesitamos acordarnos de los principios que ya hemos acogido (2 P. 1.12), siempre tendremos lecciones nuevas delante de nosotros para aprender, las cuales nos permitirán continuar nuestra transformación en la imagen y el carácter de Cristo (Ro 8.29).

➤ ***20.4 — El perezoso no ara a causa del invierno; pedirá, pues, en la siega, y no hallará.***

Dios no nos ha llamado a ser perezosos. La pereza tiene consecuencias. La persona que no se toma la molestia de trabajar ni prepararse para el futuro se llevará una gran decepción. Dios trabajó seis días y luego descansó. Deberíamos seguir su ejemplo para tener éxito en todo lo que emprendamos, y lo mismo se aplica a nuestra vida espiritual. Pasar tiempo con Él nos trae una recompensa abundante.

Pero hombre de verdad, ¿quién lo
hallará?
7 Camina en su integridad el justo;
Sus, hijos son dichosos después de él.
8 El rey que se sienta en el trono de juicio,
Con su mirar disipa todo mal.
9 ¿Quién podrá decir:
Yo he limpiado mi corazón,
Limpio estoy de mi pecado?
10 Pesa falsa y medida falsa,
Ambas cosas son abominación a
Jehová.
11 Aun el muchacho es conocido por sus
hechos,
Si su conducta fuere limpia y recta.
12 El oído que oye, y el ojo que ve,
Ambas cosas igualmente ha hecho
Jehová.
13 No ames el sueño, para que no te
empobrezcas;
Abre tus ojos, y te saciarás de pan.
14 El que compra dice: Malo es, malo es;
Mas cuando se aparta, se alaba.
15 Hay oro y multitud de piedras preciosas;
Mas los labios prudentes son joya
preciosa.
16 Quítale su ropa al que salió por fiador
del extraño,
Y toma prenda del que sale fiador por
los extraños.
17 Sabroso es al hombre el pan de mentira;
Pero después su boca será llena de
cascajo.
18 Los pensamientos con el consejo se
ordenan;
Y con dirección sabia se hace la guerra.
19 El que anda en chismes descubre el
secreto;
No te entremetas, pues, con el suelto de
lengua.
20 Al que maldice a su padre o a su madre,
Se le apagará su lámpara en oscuridad
tenebrosa.
21 Los bienes que se adquieren de prisa al
principio,
No serán al final bendecidos.
22 No digas: Yo me vengaré;
Espera a Jehová, y él te salvará.
23 Abominación son a Jehová las pesas
falsas,
Y la balanza falsa no es buena.
24 De Jehová son los pasos del hombre;
¿Cómo, pues, entenderá el hombre su
camino?
25 Lazo es al hombre hacer
apresuradamente voto de
consagración,
Y después de hacerlo, reflexionar.
26 El rey sabio avienta a los impíos,
Y sobre ellos hace rodar la rueda.
27 Lámpara de Jehová es el espíritu del
hombre,
La cual escudriña lo más profundo del
corazón.
28 Misericordia y verdad guardan al rey,
Y con clemencia se sustenta su trono.
29 La gloria de los jóvenes es su fuerza,
Y la hermosura de los ancianos es su
vejez.
30 Los azotes que hieren son medicina
para el malo,
Y el castigo purifica el corazón.

21 COMO los repartimientos de las aguas,
Así está el corazón del rey en la mano
de Jehová;
A todo lo que quiere lo inclina.
2 Todo camino del hombre es recto en su
propia opinión;
Pero Jehová pesa los corazones.
3 Hacer justicia y juicio es a Jehová
Más agradable que sacrificio.
4 Altivez de ojos, y orgullo de corazón,
Y pensamiento de impíos, son pecado.

LECCIONES DE VIDA

➤ *20.7 — Camina en su integridad el justo; sus hijos son dichosos después de él.*

Sería difícil pensar en un legado más grande que un testimonio personal de integridad y obediencia piadosa. Aquellos que demuestran fielmente un amor profundo y constante por el Señor, y exhiben un carácter moral sólido en obediencia a Él, bendicen a sus hijos con un patrimonio que perdurará para todas las generaciones.

➤ *20.19 — El que anda en chismes descubre el secreto; no te entremetas, pues, con el suelto de lengua.*

Una persona que disfruta el hablar negativamente de otros puede tratar de hacerle partícipe de los secretos que sabe. Sin embargo, la Palabra de Dios es clara al instruirnos que no nos asociemos con el chismoso. Santiago 3.6 explica: «la lengua es un fuego, un mundo de maldad. La lengua está puesta entre nuestros miembros, y contamina todo el cuerpo, e inflama la rueda de la creación». Los chismes destruyen vidas y ofenden a Dios.

➤ *20.22 — No digas: Yo me vengaré; espera a Jehová, y él te salvará.*

La venganza no es responsabilidad suya, sino de Dios (Lc 18.7; Ro 12.19). Aunque es humano el deseo de asegurar nuestra propia vindicación, no es la voluntad de Dios que usted tome la justicia en sus propias manos. El Señor es quien le vengará, y así nunca vea que se haga justicia en la tierra, usted puede tener plena seguridad que Dios llevará a cabo lo que le ha prometido.

➤ *21.3 — Hacer justicia y juicio es a Jehová más agradable que sacrificio.*

Dios quiere su corazón. A Él no le interesa la observancia externa carente del deseo interno de obedecerle de buena voluntad y actitud gozosa. De hecho, Él aborrece el fingimiento religioso porque muestra el desprecio total a su deseo principal, que es tener una relación íntima y profunda con nosotros (Am 5.21–24).

5 Los pensamientos del diligente
ciertamente tienden a la abundancia;
Mas todo el que se apresura
alocadamente, de cierto va a la
pobreza.
6 Amontonar tesoros con lengua
mentirosa
Es aliento fugaz de aquellos que buscan
la muerte.
7 La rapiña de los impíos los destruirá,
Por cuanto no quisieron hacer juicio.
8 El camino del hombre perverso es
torcido y extraño;
Mas los hechos del limpio son rectos.
9 Mejor es vivir en un rincón del terrado
Que con mujer rencillosa en casa
espaciosa.
10 El alma del impío desea el mal;
Su prójimo no halla favor en sus ojos.
11 Cuando el escarnecedor es castigado, el
simple se hace sabio;
Y cuando se le amonesta al sabio,
aprende ciencia.
12 Considera el justo la casa del impío,
Cómo los impíos son trastornados por
el mal.
13 El que cierra su oído al clamor del
pobre,
También él clamará, y no será oído.
14 La dádiva en secreto calma el furor,
Y el don en el seno, la fuerte ira.
15 Alegría es para el justo el hacer juicio;
Mas destrucción a los que hacen
iniquidad.
16 El hombre que se aparta del camino de
la sabiduría
Vendrá a parar en la compañía de los
muertos.
17 Hombre necesitado será el que ama el
deleite,
Y el que ama el vino y los ungüentos no
se enriquecerá.
18 Rescate del justo es el impío,
Y por los rectos, el prevaricador.
19 Mejor es morar en tierra desierta
Que con la mujer rencillosa e iracunda.
20 Tesoro precioso y aceite hay en la casa
del sabio;
Mas el hombre insensato todo lo disipa.
21 El que sigue la justicia y la misericordia
Hallará la vida, la justicia y la honra.
22 Tomó el sabio la ciudad de los fuertes,
Y derribó la fuerza en que ella confiaba.
23 El que guarda su boca y su lengua,
Su alma guarda de angustias.
24 Escarnecedor es el nombre del soberbio
y presuntuoso
Que obra en la insolencia de su
presunción.
25 El deseo del perezoso le mata,
Porque sus manos no quieren trabajar.
26 Hay quien todo el día codicia;
Pero el justo da, y no detiene su mano.
27 El sacrificio de los impíos es
abominación;
¡Cuánto más ofreciéndolo con maldad!
28 El testigo mentiroso perecerá;
Mas el hombre que oye, permanecerá en
su dicho.
29 El hombre impío endurece su rostro;
Mas el recto ordena sus caminos.
30 No hay sabiduría, ni inteligencia,
Ni consejo, contra Jehová.
31 El caballo se alista para el día de la ➤
batalla;
Mas Jehová es el que da la victoria.

22 DE más estima es el buen nombre que
las muchas riquezas,
Y la buena fama más que la plata y el
oro.
2 El rico y el pobre se encuentran;
A ambos los hizo Jehová.
3 El avisado ve el mal y se esconde;
Mas los simples pasan y reciben el
daño.
4 Riquezas, honra y vida ➤
Son la remuneración de la humildad y
del temor de Jehová.
5 Espinos y lazos hay en el camino del
perverso;
El que guarda su alma se alejará de
ellos.
6 Instruye al niño en su camino,
Y aun cuando fuere viejo no se apartará
de él.
7 El rico se enseñorea de los pobres,
Y el que toma prestado es siervo del que
presta.
8 El que sembrare iniquidad, iniquidad
segará,
Y la vara de su insolencia se quebrará.
9 El ojo misericordioso será bendito,
Porque dio de su pan al indigente.
10 Echa fuera al escarnecedor, y saldrá la
contienda,
Y cesará el pleito y la afrenta.

LECCIONES DE VIDA

➤ ***21.31 — El caballo se alista para el día de la batalla; mas Jehová es el que da la victoria.***

La preparación no tiene nada de malo. De hecho, es esencial que estemos siempre listos para cualquier cosa que el Señor nos llame a hacer (Mt 25.1–13). Sin embargo, el poder y la sabiduría detrás de cualquier victoria provienen de Dios. Nuestros recursos nunca serán suficientes, pero la voluntad del Señor nunca falla.

➤ ***22.4 — Riquezas, honra y vida son la remuneración de la humildad y del temor de Jehová.***

Los humildes de verdad reconocen dos cosas: que ellos no son Dios, y que Él debería ser respetado por ser quien Él es. Cuando servimos a nuestro Creador todopoderoso con humildad y gratitud, Él nos bendice de maneras que ni siquiera podemos imaginarnos.

11 El que ama la limpieza de corazón,
Por la gracia de sus labios tendrá la amistad del rey.
12 Los ojos de Jehová velan por la ciencia;
Mas él trastorna las cosas de los prevaricadores.
13 Dice el perezoso: El león está fuera;
Seré muerto en la calle.
14 Fosa profunda es la boca de la mujer extraña;
Aquel contra el cual Jehová estuviere airado caerá en ella.
15 La necedad está ligada en el corazón del muchacho;
Mas la vara de la corrección la alejará de él.
16 El que oprime al pobre para aumentar sus ganancias,
O que da al rico, ciertamente se empobrecerá.

Preceptos y amonestaciones

17 Inclina tu oído y oye las palabras de los sabios,
Y aplica tu corazón a mi sabiduría;
18 Porque es cosa deliciosa, si las guardares dentro de ti;
Si juntamente se afirmaren sobre tus labios.
19 Para que tu confianza sea en Jehová,
Te las he hecho saber hoy a ti también.
20 ¿No te he escrito tres veces
En consejos y en ciencia,
21 Para hacerte saber la certidumbre de las palabras de verdad,
A fin de que vuelvas a llevar palabras de verdad a los que te enviaron?
22 No robes al pobre, porque es pobre,
Ni quebrantes en la puerta al afligido;
23 Porque Jehová juzgará la causa de ellos,
Y despojará el alma de aquellos que los despojaren.
24 No te entremetas con el iracundo,
Ni te acompañes con el hombre de enojos,
25 No sea que aprendas sus maneras,
Y tomes lazo para tu alma.
26 No seas de aquellos que se comprometen,
Ni de los que salen por fiadores de deudas.
27 Si no tuvieres para pagar,
¿Por qué han de quitar tu cama de debajo de ti?
28 No traspases los linderos antiguos
Que pusieron tus padres.
29 ¿Has visto hombre solícito en su trabajo?
Delante de los reyes estará;
No estará delante de los de baja condición.

23 CUANDO te sientes a comer con algun señor,
Considera bien lo que está delante de ti,
2 Y pon cuchillo a tu garganta,
Si tienes gran apetito.
3 No codicies sus manjares delicados,
Porque es pan engañoso,
4 No te afanes por hacerte rico;
Sé prudente, y desiste.
5 ¿Has de poner tus ojos en las riquezas, siendo ningunas?
Porque se harán alas
Como alas de águila, y volarán al cielo.
6 No comas pan con el avaro,
Ni codicies sus manjares;
7 Porque cual es su pensamiento en su corazón, tal es él.
Come y bebe, te dirá;
Mas su corazón no está contigo.
8 Vomitarás la parte que comiste,
Y perderás tus suaves palabras.
9 No hables a oídos del necio,
Porque menospreciará la prudencia de tus razones.
10 No traspases el lindero antiguo,
Ni entres en la heredad de los huérfanos;
11 Porque el defensor de ellos es el Fuerte,
El cual juzgará la causa de ellos contra ti.
12 Aplica tu corazón a la enseñanza,
Y tus oídos a las palabras de sabiduría.
13 No rehúses corregir al muchacho;
Porque si lo castigas con vara, no morirá.
14 Lo castigarás con vara,
Y librarás su alma del Seol.
15 Hijo mío, si tu corazón fuere sabio,
También a mí se me alegrará el corazón;

LECCIONES DE VIDA

➤ ***23.4, 5 — No te afanes por hacerte rico; sé prudente, y desiste... Porque [las riquezas] se harán alas.***

¿Le parece que nunca tiene dinero suficiente? Esa es la naturaleza de las riquezas, sin importar cuántas acumule siempre va a querer un poco más. Por esa razón Jesús dijo: «No podéis servir a Dios y a las riquezas» (Lc 16.13). Si usted enfoca su energía en ganar riquezas, no puede enfocar la atención en su relación íntima con el Señor.

➤ ***23.11 — Porque el defensor de ellos es el Fuerte, el cual juzgará la causa de ellos contra ti.***

En tiempos antiguos, las personas más indefensas eran los huérfanos y las viudas. Debido a su situación precaria y vulnerable, Dios se comprometió a ser su redentor y defensor. Todos los que se aprovechaban de ellos porque parecían ser un blanco fácil, se daban cuenta en poco tiempo que el Señor Dios era su Protector.

16 Mis entrañas también se alegrarán
Cuando tus labios hablaren cosas rectas.
17 No tenga tu corazón envidia de los pecadores,
Antes persevera en el temor de Jehová todo el tiempo;
18 Porque ciertamente hay fin,
Y tu esperanza no será cortada.

19 Oye, hijo mío, y sé sabio,
Y endereza tu corazón al camino.
20 No estés con los bebedores de vino,
Ni con los comedores de carne;
21 Porque el bebedor y el comilón empobrecerán,
Y el sueño hará vestir vestidos rotos.

22 Oye a tu padre, a aquel que te engendró;
Y cuando tu madre envejeciere, no la menosprecies.
23 Compra la verdad, y no la vendas;
La sabiduría, la enseñanza y la inteligencia.
24 Mucho se alegrará el padre del justo,
Y el que engendra sabio se gozará con él.
25 Alégrense tu padre y tu madre,
Y gócese la que te dio a luz.
26 Dame, hijo mío, tu corazón,
Y miren tus ojos por mis caminos.
27 Porque abismo profundo es la ramera,
Y pozo angosto la extraña.
28 También ella, como robador, acecha,
Y multiplica entre los hombres los prevaricadores.

29 ¿Para quién será el ay? ¿Para quién el dolor? ¿Para quién las rencillas?
¿Para quién las quejas? ¿Para quién las heridas en balde?
¿Para quién lo amoratado de los ojos?
30 Para los que se detienen mucho en el vino,
Para los que van buscando la mistura.
31 No mires al vino cuando rojea,
Cuando resplandece su color en la copa.
Se entra suavemente;
32 Mas al fin como serpiente morderá,
Y como áspid dará dolor.
33 Tus ojos mirarán cosas extrañas,
Y tu corazón hablará perversidades.
34 Serás como el que yace en medio del mar,
O como el que está en la punta de un mastelero.
35 Y dirás: Me hirieron, mas no me dolió;
Me azotaron, mas no lo sentí;
Cuando despertare, aún lo volveré a buscar.

24 NO tengas envidia de los hombres malos, ➤
Ni desees estar con ellos;
2 Porque su corazón piensa en robar,
E iniquidad hablan sus labios.
3 Con sabiduría se edificará la casa,
Y con prudencia se afirmará;
4 Y con ciencia se llenarán las cámaras
De todo bien preciado y agradable.
5 El hombre sabio es fuerte,
Y de pujante vigor el hombre docto.
6 Porque con ingenio harás la guerra,
Y en la multitud de consejeros está la victoria.
7 Alta está para el insensato la sabiduría;
En la puerta no abrirá él su boca.
8 Al que piensa hacer el mal,
Le llamarán hombre de malos pensamientos.
9 El pensamiento del necio es pecado,
Y abominación a los hombres el escarnecedor.

10 Si fueres flojo en el día de trabajo,
Tu fuerza será reducida.
11 Libra a los que son llevados a la muerte;
Salva a los que están en peligro de muerte.
12 Porque si dijeres: Ciertamente no lo supimos,
¿Acaso no lo entenderá el que pesa los corazones?
El que mira por tu alma, él lo conocerá,
Y dará al hombre según sus obras.

13 Come, hijo mío, de la miel, porque es buena,
Y el panal es dulce a tu paladar.
14 Así será a tu alma el conocimiento de la sabiduría;
Si la hallares tendrás recompensa,
Y al fin tu esperanza no será cortada.

15 Oh impío, no aceches la tienda del justo,
No saquees su cámara;
16 Porque siete veces cae el justo, y vuelve a levantarse;
Mas los impíos caerán en el mal.
17 Cuando cayere tu enemigo, no te regocijes,

LECCIONES DE VIDA

➤ ***24.1, 2 — No tengas envidia de los hombres malos, ni desees estar con ellos; porque su corazón piensa en robar, e iniquidad hablan sus labios.***

Nos puede parecer que los malvados viven mejor que nosotros, pero es un gran error tenerles envidia. Al final, ellos quedan sin nada, mientras el creyente puede decir: «la roca de mi corazón y mi porción es Dios para siempre» (Sal 73.26).

Y cuando tropezare, no se alegre tu
corazón;
18 No sea que Jehová lo mire, y le
desagrade,
Y aparte de sobre él su enojo.
19 No te entremetas con los malignos,
Ni tengas envidia de los impíos;
20 Porque para el malo no habrá buen fin,
Y la lámpara de los impíos será
apagada.
21 Teme a Jehová, hijo mío, y al rey;
No te entremetas con los veleidosos;
22 Porque su quebrantamiento vendrá de
repente;
Y el quebrantamiento de ambos, ¿quién
lo comprende?
23 También éstos son dichos de los sabios:

Hacer acepción de personas en el juicio
no es bueno.
24 El que dijere al malo: Justo eres,
Los pueblos lo maldecirán, y le
detestarán las naciones;
25 Mas los que lo reprendieren tendrán
felicidad,
Y sobre ellos vendrá gran bendición.
26 Besados serán los labios
Del que responde palabras rectas.
27 Prepara tus labores fuera,
Y disponlas en tus campos,
Y después edificarás tu casa.

28 No seas sin causa testigo contra tu
prójimo,
Y no lisonjees con tus labios.
➤29 No digas: Como me hizo, así le haré;
Daré el pago al hombre según su obra.

30 Pasé junto al campo del hombre
perezoso,
Y junto a la viña del hombre falto de
entendimiento;
31 Y he aquí que por toda ella habían
crecido los espinos,
Ortigas habían ya cubierto su faz,
Y su cerca de piedra estaba ya
destruida.
32 Miré, y lo puse en mi corazón;
Lo vi, y tomé consejo.
33 Un poco de sueño, cabeceando otro
poco,
Poniendo mano sobre mano otro poco
para dormir;
34 Así vendrá como caminante tu
necesidad,
Y tu pobreza como hombre armado.[a]

Comparaciones y lecciones morales

25 TAMBIÉN éstos son proverbios de
Salomón, los cuales copiaron los varones de Ezequías, rey de Judá:
2 Gloria de Dios es encubrir un asunto; ➤
Pero honra del rey es escudriñarlo.
3 Para la altura de los cielos, y para la
profundidad de la tierra,
Y para el corazón de los reyes, no hay
investigación.
4 Quita las escorias de la plata,
Y saldrá alhaja al fundidor.
5 Aparta al impío de la presencia del rey,
Y su trono se afirmará en justicia.
6 No te alabes delante del rey,
Ni estés en el lugar de los grandes;
7 Porque mejor es que se te diga: Sube
acá,
Y no que seas humillado delante del
príncipe
A quien han mirado tus ojos.[a]
8 No entres apresuradamente en pleito,
No sea que no sepas qué hacer al fin,
Después que tu prójimo te haya
avergonzado.
9 Trata tu causa con tu compañero,
Y no descubras el secreto a otro,
10 No sea que te deshonre el que lo oyere,
Y tu infamia no pueda repararse.

11 Manzana de oro con figuras de plata
Es la palabra dicha como conviene.
12 Como zarcillo de oro y joyel de oro fino
Es el que reprende al sabio que tiene
oído dócil.
13 Como frío de nieve en tiempo de la
siega,

a. 24.33-34 Pr 6.10-11. **a. 25.6-7** Lc 14.8-10.

LECCIONES DE VIDA

➤ ***24.29 — No digas: Como me hizo, así le haré; daré el pago al hombre según su obra.***

No nos atañe ajustar cuentas ni vengar lo que vemos como injusticias. A menudo, no tenemos todos los hechos y no entendemos todo lo que está sucediendo en cada situación. Puesto que Dios es quien todo lo sabe, nos asegura: «Mía es la venganza, yo pagaré» (Ro 12.19). Hasta que llegue ese momento, Jesús nos amonesta: «No resistáis al que es malo; antes, a cualquiera que te hiera en la mejilla derecha, vuélvele también la otra... yo os digo: Amad a vuestros enemigos, bendecid a los que os maldicen, haced bien a los que os aborrecen, y orad por los que os ultrajan y os persiguen» (Mt 5.39, 44).

➤ ***25.2 — Gloria de Dios es encubrir un asunto.***

Dios no sólo revela cosas que no sabíamos, también encubre otras para que *no podamos* conocerlas. Eliseo aprendió esto (2 R 4.27), al igual que Moisés (Dt 29.29), e Isaías lo confirma: «Verdaderamente tú eres Dios que te encubres» (Is 45.15). Jamás deberíamos pensar que sabemos tanto como nuestro Señor omnisciente. Más bien, deberíamos confiar en Él y recordar siempre que tiene propósito en su manera de hacer las cosas. Él conoce el futuro y todo lo que nos espera en el recorrido.

Así es el mensajero fiel a los que lo envían,
Pues al alma de su señor da refrigerio.
14 Como nubes y vientos sin lluvia,
Así es el hombre que se jacta de falsa liberalidad.
15 Con larga paciencia se aplaca el príncipe,
Y la lengua blanda quebranta los huesos.
16 ¿Hallaste miel? Come lo que te basta,
No sea que hastiado de ella la vomites.
17 Detén tu pie de la casa de tu vecino,
No sea que hastiado de ti te aborrezca.
18 Martillo y cuchillo y saeta aguda
Es el hombre que habla contra su prójimo falso testimonio.
19 Como diente roto y pie descoyuntado
Es la confianza en el prevaricador en tiempo de angustia.
20 El que canta canciones al corazón afligido
Es como el que quita la ropa en tiempo de frío, o el que sobre el jabón echa vinagre.
21 Si el que te aborrece tuviere hambre, dale de comer pan,
Y si tuviere sed, dale de beber agua;
22 Porque ascuas amontonarás sobre su cabeza,[b]
Y Jehová te lo pagará.
23 El viento del norte ahuyenta la lluvia,
Y el rostro airado la lengua detractora.
24 Mejor es estar en un rincón del terrado,
Que con mujer rencillosa en casa espaciosa.
25 Como el agua fría al alma sedienta,
Así son las buenas nuevas de lejanas tierras.
26 Como fuente turbia y manantial corrompido,
Es el justo que cae delante del impío.
27 Comer mucha miel no es bueno,
Ni el buscar la propia gloria es gloria.
28 Como ciudad derribada y sin muro
Es el hombre cuyo espíritu no tiene rienda.

26 COMO no conviene la nieve en el verano, ni la lluvia en la siega,
Así no conviene al necio la honra.
2 Como el gorrión en su vagar, y como la golondrina en su vuelo,
Así la maldición nunca vendrá sin causa.
3 El látigo para el caballo, el cabestro para el asno,
Y la vara para la espalda del necio.
4 Nunca respondas al necio de acuerdo con su necedad,
Para que no seas tú también como él.
5 Responde al necio como merece su necedad,
Para que no se estime sabio en su propia opinión.
6 Como el que se corta los pies y bebe su daño,
Así es el que envía recado por mano de un necio.
7 Las piernas del cojo penden inútiles;
Así es el proverbio en la boca del necio.
8 Como quien liga la piedra en la honda,
Así hace el que da honra al necio.
9 Espinas hincadas en mano del embriagado,
Tal es el proverbio en la boca de los necios.
10 Como arquero que a todos hiere,
Es el que toma a sueldo insensatos y vagabundos.
11 Como perro que vuelve a su vómito,[a]
Así es el necio que repite su necedad.
12 ¿Has visto hombre sabio en su propia opinión?
Más esperanza hay del necio que de él.
13 Dice el perezoso: El león está en el camino;
El león está en las calles.
14 Como la puerta gira sobre sus quicios,
Así el perezoso se vuelve en su cama.
15 Mete el perezoso su mano en el plato;
Se cansa de llevarla a su boca.
16 En su propia opinión el perezoso es más sabio
Que siete que sepan aconsejar.
17 El que pasando se deja llevar de la ira en pleito ajeno
Es como el que toma al perro por las orejas.
18 Como el que enloquece, y echa llamas
Y saetas y muerte,
19 Tal es el hombre que engaña a su amigo,
Y dice: Ciertamente lo hice por broma.
20 Sin leña se apaga el fuego,
Y donde no hay chismoso, cesa la contienda.
21 El carbón para brasas, y la leña para el fuego;
Y el hombre rencilloso para encender contienda.
22 Las palabras del chismoso son como bocados suaves,
Y penetran hasta las entrañas.
23 Como escoria de plata echada sobre el tiesto
Son los labios lisonjeros y el corazón malo.
24 El que odia disimula con sus labios;
Mas en su interior maquina engaño.
25 Cuando hablare amigablemente, no le creas;
Porque siete abominaciones hay en su corazón.
26 Aunque su odio se cubra con disimulo,
Su maldad será descubierta en la congregación.

b. 25.21-22 Ro 12.20. **a. 26.11** 2 P 2.22.

➤27 El que cava foso caerá en él;
Y al que revuelve la piedra, sobre él le volverá.
28 La lengua falsa atormenta al que ha lastimado,
Y la boca lisonjera hace resbalar.

27 NO te jactes del día de mañana;
Porque no sabes qué dará de sí el día.[a]
➤2 Alábete el extraño, y no tu propia boca;
El ajeno, y no los labios tuyos.
3 Pesada es la piedra, y la arena pesa;
Mas la ira del necio es más pesada que ambas.
4 Cruel es la ira, e impetuoso el furor;
Mas ¿quién podrá sostenerse delante de la envidia?
5 Mejor es reprensión manifiesta
Que amor oculto.
6 Fieles son las heridas del que ama;
Pero importunos los besos del que aborrece.
7 El hombre saciado desprecia el panal de miel;
Pero al hambriento todo lo amargo es dulce.
8 Cual ave que se va de su nido,
Tal es el hombre que se va de su lugar.
9 El ungüento y el perfume alegran el corazón,
Y el cordial consejo del amigo, al hombre.
10 No dejes a tu amigo, ni al amigo de tu padre;
Ni vayas a la casa de tu hermano en el día de tu aflicción.
Mejor es el vecino cerca que el hermano lejos.
11 Sé sabio, hijo mío, y alegra mi corazón,
Y tendré qué responder al que me agravie.
➤12 El avisado ve el mal y se esconde;
Mas los simples pasan y llevan el daño.
13 Quítale su ropa al que salió fiador por el extraño;
Y al que fía a la extraña, tómale prenda.
14 El que bendice a su amigo en alta voz, madrugando de mañana,
Por maldición se le contará.
15 Gotera continua en tiempo de lluvia
Y la mujer rencillosa, son semejantes;
16 Pretender contenerla es como refrenar el viento,
O sujetar el aceite en la mano derecha.
17 Hierro con hierro se aguza;
Y así el hombre aguza el rostro de su amigo.
18 Quien cuida la higuera comerá su fruto,
Y el que mira por los intereses de su señor, tendrá honra.
19 Como en el agua el rostro corresponde al rostro,
Así el corazón del hombre al del hombre.
20 El Seol y el Abadón nunca se sacian;
Así los ojos del hombre nunca están satisfechos.
21 El crisol prueba la plata, y la hornaza el oro,
Y al hombre la boca del que lo alaba.
22 Aunque majes al necio en un mortero entre granos de trigo majados con el pisón,
No se apartará de él su necedad.
23 Sé diligente en conocer el estado de tus ovejas,
Y mira con cuidado por tus rebaños;
24 Porque las riquezas no duran para siempre;
¿Y será la corona para perpetuas generaciones?
25 Saldrá la grama, aparecerá la hierba,
Y se segarán las hierbas de los montes.
26 Los corderos son para tus vestidos,
Y los cabritos para el precio del campo;
27 Y abundancia de leche de las cabras para tu mantenimiento, para mantenimiento de tu casa,
Y para sustento de tus criadas.

Proverbios antitéticos

28 HUYE el impío sin que nadie lo persiga;
Mas el justo está confiado como un león.
2 Por la rebelión de la tierra sus príncipes son muchos;

a. **27.1** Stg 4.13-16.

LECCIONES DE VIDA

➤ ***26.27 — El que cava foso caerá en él.***

Si nuestras acciones no son guiadas por el Señor, sino realizadas por un deseo egoísta de ganancia o venganza, volverán a nosotros como una trampa y nos destruirán. Cosechamos lo que sembramos, más de lo que sembramos, y después de sembrarlo (Est 7.10; Sal 7.15; Pr 22.8; 28.10; Os 8.7; Gá 6.7, 8).

➤ ***27.2 — Alábete el extraño, y no tu propia boca; el ajeno, y no los labios tuyos.***

Nuestro Señor aborrece la promoción del ego. Nuestra sociedad parece considerarlo algo normal, sobre todo en los deportes y el entretenimiento, pero lo cierto es que «Dios es el juez; a éste humilla, y a aquél enaltece» (Sal 75.7).

➤ ***27.12 — El avisado ve el mal y se esconde; mas los simples pasan y llevan el daño.***

Confiar en Dios no significa que nos volvamos alocados e irresponsables, viviendo nuestra vida sin considerar los peligros y los desafíos que existen en este mundo caído. Más bien, debemos usar el discernimiento para evaluar nuestra situación con cuidado, así como buscar la guía y la protección del Señor frente a los peligros tanto visibles como invisibles. Los necios son ajenos a los peligros que los acechan, mientras los sabios se mantienen alerta y emprenden acciones apropiadas (Neh 4.7–23; 2 P 3.17, 18).

Mas por el hombre entendido y sabio
permanece estable.
3 El hombre pobre y robador de los
pobres
Es como lluvia torrencial que deja sin
pan.
4 Los que dejan la ley alaban a los impíos;
Mas los que la guardan contenderán
con ellos.
5 Los hombres malos no entienden el
juicio;
Mas los que buscan a Jehová entienden
todas las cosas.
➤6 Mejor es el pobre que camina en su
integridad,
Que el de perversos caminos y rico.
7 El que guarda la ley es hijo prudente;
Mas el que es compañero de glotones
avergüenza a su padre.
8 El que aumenta sus riquezas con usura
y crecido interés,
Para aquel que se compadece de los
pobres las aumenta.
9 El que aparta su oído para no oír la ley,
Su oración también es abominable.
10 El que hace errar a los rectos por el mal
camino,
Él caerá en su misma fosa;
Mas los perfectos heredarán el bien.
11 El hombre rico es sabio en su propia
opinión;
Mas el pobre entendido lo escudriña.
12 Cuando los justos se alegran, grande es
la gloria;
Mas cuando se levantan los impíos,
tienen que esconderse los hombres.
➤13 El que encubre sus pecados no
prosperará;
Mas el que los confiesa y se aparta
alcanzará misericordia.
14 Bienaventurado el hombre que siempre
teme a Dios;
Mas el que endurece su corazón caerá
en el mal.
15 León rugiente y oso hambriento
Es el príncipe impío sobre el pueblo
pobre.
16 El príncipe falto de entendimiento
multiplicará la extorsión;
Mas el que aborrece la avaricia
prolongará sus días.
17 El hombre cargado de la sangre de
alguno
Huirá hasta el sepulcro, y nadie le
detendrá.
18 El que en integridad camina será salvo;
Mas el de perversos caminos caerá en
alguno.
19 El que labra su tierra se saciará de pan;
Mas el que sigue a los ociosos se llenará
de pobreza.
20 El hombre de verdad tendrá muchas
bendiciones;
Mas el que se apresura a enriquecerse
no será sin culpa.
21 Hacer acepción de personas no es
bueno;
Hasta por un bocado de pan prevaricará
el hombre.
22 Se apresura a ser rico el avaro,
Y no sabe que le ha de venir pobreza.
23 El que reprende al hombre, hallará
después mayor gracia
Que el que lisonjea con la lengua.
24 El que roba a su padre o a su madre, y
dice que no es maldad,
Compañero es del hombre destruidor.
25 El altivo de ánimo suscita contiendas;
Mas el que confía en Jehová prosperará.
26 El que confía en su propio corazón es
necio;
Mas el que camina en sabiduría será
librado.
27 El que da al pobre no tendrá pobreza;
Mas el que aparta sus ojos tendrá
muchas maldiciones.
28 Cuando los impíos son levantados se
esconde el hombre;
Mas cuando perecen, los justos se
multiplican.

29 EL hombre que reprendido endurece
la cerviz,
De repente será quebrantado, y no
habrá para él medicina.
2 Cuando los justos dominan, el pueblo se
alegra;
Mas cuando domina el impío, el pueblo
gime.
3 El hombre que ama la sabiduría alegra
a su padre;
Mas el que frecuenta rameras perderá
los bienes.
4 El rey con el juicio afirma la tierra;

LECCIONES DE VIDA

➤ ***28.6 — Mejor es el pobre que camina en su integridad, que el de perversos caminos y rico.***

Ninguna cantidad de dinero puede hacer honorable a una persona vil, y ningún nivel de pobreza puede quitarle la honra a una persona de integridad.

➤ ***28.13 — El que encubre sus pecados no prosperará; mas el que los confiesa y se aparta alcanzará misericordia.***

Los pecados que se dejan encubiertos en la oscuridad retienen su poder destructivo sobre nosotros, mientras los pecados expuestos a la luz de la verdad mediante la confesión y el arrepentimiento pierden su poder para mantenernos atados. La confesión no consiste en flagelarnos a causa de nuestro pecado, sino en recibir con brazos abiertos la libertad que Cristo nos ofrece del poder que el pecado ejerce sobre nosotros.

Mas el que exige presentes la destruye.
5 El hombre que lisonjea a su prójimo,
Red tiende delante de sus pasos.
➤6 En la transgresión del hombre malo hay lazo;
Mas el justo cantará y se alegrará.
7 Conoce el justo la causa de los pobres;
Mas el impío no entiende sabiduría.
8 Los hombres escarnecedores ponen la ciudad en llamas;
Mas los sabios apartan la ira.
9 Si el hombre sabio contendiere con el necio,
Que se enoje o que se ría, no tendrá reposo.
10 Los hombres sanguinarios aborrecen al perfecto,
Mas los rectos buscan su contentamiento.
11 El necio da rienda suelta a toda su ira,
Mas el sabio al fin la sosiega.
12 Si un gobernante atiende la palabra mentirosa,
Todos sus servidores serán impíos.
13 El pobre y el usurero se encuentran;
Jehová alumbra los ojos de ambos.
14 Del rey que juzga con verdad a los pobres,
El trono será firme para siempre.
15 La vara y la corrección dan sabiduría;
Mas el muchacho consentido avergonzará a su madre.
16 Cuando los impíos son muchos, mucha es la transgresión;
Mas los justos verán la ruina de ellos.
17 Corrige a tu hijo, y te dará descanso,
Y dará alegría a tu alma.
➤18 Sin profecía el pueblo se desenfrena;
Mas el que guarda la ley es bienaventurado.
19 El siervo no se corrige con palabras;
Porque entiende, mas no hace caso.
20 ¿Has visto hombre ligero en sus palabras?
Más esperanza hay del necio que de él.
21 El siervo mimado desde la niñez por su amo,
A la postre será su heredero.
22 El hombre iracundo levanta contiendas,
Y el furioso muchas veces peca.
23 La soberbia del hombre le abate;
Pero al humilde de espíritu sustenta la honra.
24 El cómplice del ladrón aborrece su propia alma;
Pues oye la imprecación y no dice nada.
25 El temor del hombre pondrá lazo;
Mas el que confía en Jehová será exaltado.
26 Muchos buscan el favor del príncipe;
Mas de Jehová viene el juicio de cada uno.
27 Abominación es a los justos el hombre inicuo;
Y abominación es al impío el de caminos rectos.

Las palabras de Agur

30 PALABRAS de Agur, hijo de Jaqué; la profecía que dijo el varón a Itiel, a Itiel y a Ucal.
2 Ciertamente más rudo soy yo que ninguno,
Ni tengo entendimiento de hombre.
3 Yo ni aprendí sabiduría,
Ni conozco la ciencia del Santo.
4 ¿Quién subió al cielo, y descendió?
¿Quién encerró los vientos en sus puños?
¿Quién ató las aguas en un paño?
¿Quién afirmó todos los términos de la tierra?
¿Cuál es su nombre, y el nombre de su hijo, si sabes?

5 Toda palabra de Dios es limpia; *
Él es escudo a los que en él esperan.
6 No añadas a sus palabras, para que no te reprenda, ➤
Y seas hallado mentiroso.

7 Dos cosas te he demandado;
No me las niegues antes que muera:
8 Vanidad y palabra mentirosa aparta de mí;

LECCIONES DE VIDA

➤ ***29.6 — En la transgresión del hombre malo hay lazo; mas el justo cantará y se alegrará.***

En nuestra sociedad muchos creen que «en el fondo todos somos buenas personas». Incrédulos y creyentes por igual afirman serlo, después de hacer algo que la Palabra de Dios llama pecado. Sin embargo, nuestras buenas obras son incapaces de salvarnos y nuestras transgresiones requieren arrepentimiento, no que nos tratemos de justificar ni que reneguemos. Debemos confiar en Cristo para que nos libre de nuestra servidumbre al pecado, porque sólo así tendremos una razón válida para cantar y alegrarnos.

➤ ***29.18 — Sin profecía el pueblo se desenfrena.***

¿Qué sucede cuando una sociedad rechaza la revelación de Dios y cada persona hace lo que bien le parece? Terminamos con una cultura pervertida, similar a la que se describe en el libro de Jueces (17.6; 21.25). Esa sí que es una sociedad condenada al fracaso.

➤ ***30.6 — No añadas a sus palabras, para que no te reprenda, y seas hallado mentiroso.***

Debemos tener cuidado para distinguir entre nuestras propias opiniones e interpretaciones de las Escrituras, y lo que Dios dice realmente en su Palabra. Pablo dice que aprendamos «a no pensar más de lo que está escrito» (1 Co 4.6).

No me des pobreza ni riquezas;
Manténme del pan necesario;
9 No sea que me sacie, y te niegue, y diga: ¿Quién es Jehová?
O que siendo pobre, hurte,
Y blasfeme el nombre de mi Dios.

10 No acuses al siervo ante su señor,

11 Hay generación que maldice a su padre
Y a su madre no bendice.
12 Hay generación limpia en su propia opinión,
Si bien no se ha limpiado de su inmundicia.
13 Hay generación cuyos ojos son altivos
Y cuyos párpados están levantados en alto.
14 Hay generación cuyos dientes son espadas, y sus muelas cuchillos,
Para devorar a los pobres de la tierra, y a los menesterosos de entre los hombres.

15 La sanguijuela tiene dos hijas que dicen: ¡Dame! ¡dame!
Tres cosas hay que nunca se sacian;
Aun la cuarta nunca dice: ¡Basta!
16 El Seol, la matriz estéril,
La tierra que no se sacia de aguas,
Y el fuego que jamás dice: ¡Basta!

17 El ojo que escarnece a su padre
Y menosprecia la enseñanza de la madre,
Los cuervos de la cañada lo saquen,
Y lo devoren los hijos del águila.
18 Tres cosas me son ocultas;
Aun tampoco sé la cuarta:
19 El rastro del águila en el aire;
El rastro de la culebra sobre la peña;
El rastro de la nave en medio del mar;
Y el rastro del hombre en la doncella.

20 El proceder de la mujer adúltera es así:
Come, y limpia su boca
Y dice: No he hecho maldad.
21 Por tres cosas se alborota la tierra,
Y la cuarta ella no puede sufrir:
22 Por el siervo cuando reina;
Por el necio cuando se sacia de pan;
23 Por la mujer odiada cuando se casa;
Y por la sierva cuando hereda a su señora.

24 Cuatro cosas son de las más pequeñas de la tierra,
Y las mismas son más sabias que los sabios:
25 Las hormigas, pueblo no fuerte,
Y en el verano preparan su comida;
26 Los conejos, pueblo nada esforzado,
Y ponen su casa en la piedra;
27 Las langostas, que no tienen rey,
Y salen todas por cuadrillas;
28 La araña que atrapas con la mano,
Y está en palacios de rey.
29 Tres cosas hay de hermoso andar,
Y la cuarta pasea muy bien:
30 El león, fuerte entre todos los animales,
Que no vuelve atrás por nada;
31 El ceñido de lomos; asimismo el macho cabrío;
Y el rey, a quien nadie resiste.

32 Si neciamente has procurado enaltecerte,
O si has pensado hacer mal,
Pon el dedo sobre tu boca.
33 Ciertamente el que bate la leche sacará mantequilla,
Y el que recio se suena las narices sacará sangre;
Y el que provoca la ira causará contienda.

Exhortación a un rey

31 PALABRAS del rey Lemuel; la profecía con que le enseñó su madre.
2 ¿Qué, hijo mío? ¿y qué, hijo de mi vientre?
¿Y qué, hijo de mis deseos?
3 No des a las mujeres tu fuerza,
Ni tus caminos a lo que destruye a los reyes.
4 No es de los reyes, oh Lemuel, no es de los reyes beber vino,
Ni de los príncipes la sidra;
5 No sea que bebiendo olviden la ley,
Y perviertan el derecho de todos los afligidos.
6 Dad la sidra al desfallecido,
Y el vino a los de amargado ánimo.
7 Beban, y olvídense de su necesidad,
Y de su miseria no se acuerden más.
8 Abre tu boca por el mudo
En el juicio de todos los desvalidos.
9 Abre tu boca, juzga con justicia,
Y defiende la causa del pobre y del menesteroso.

LECCIONES DE VIDA

➤ ***30.32 — Si neciamente has procurado enaltecerte, o si has pensado hacer mal, pon el dedo sobre tu boca.***

Debemos controlar nuestra lengua por el Espíritu, o seremos controlados por ella (Stg 3.4–8). Pídale a Dios que perdone las palabras que haya dicho erróneamente.

Elogio de la mujer virtuosa

10 Mujer virtuosa, ¿quién la hallará?
Porque su estima sobrepasa largamente
a la de las piedras preciosas.
11 El corazón de su marido está en ella
confiado,
Y no carecerá de ganancias.
12 Le da ella bien y no mal
Todos los días de su vida.
13 Busca lana y lino,
Y con voluntad trabaja con sus manos.
14 Es como nave de mercader;
Trae su pan de lejos.
15 Se levanta aun de noche
Y da comida a su familia
Y ración a sus criadas.
16 Considera la heredad, y la compra,
Y planta viña del fruto de sus manos.
17 Ciñe de fuerza sus lomos,
Y esfuerza sus brazos.
18 Ve que van bien sus negocios;
Su lámpara no se apaga de noche.
19 Aplica su mano al huso,
Y sus manos a la rueca.
20 Alarga su mano al pobre,
Y extiende sus manos al menesteroso.
21 No tiene temor de la nieve por su
familia,
Porque toda su familia está vestida de
ropas dobles.
22 Ella se hace tapices;
De lino fino y púrpura es su vestido.
23 Su marido es conocido en las puertas,
Cuando se sienta con los ancianos de la
tierra.
24 Hace telas, y vende,
Y da cintas al mercader.
25 Fuerza y honor son su vestidura;
Y se ríe de lo por venir.
26 Abre su boca con sabiduría,
Y la ley de clemencia está en su lengua.
27 Considera los caminos de su casa,
Y no come el pan de balde.
28 Se levantan sus hijos y la llaman
bienaventurada;
Y su marido también la alaba:
29 Muchas mujeres hicieron el bien;
Mas tú sobrepasas a todas.
30 Engañosa es la gracia, y vana la
hermosura;
La mujer que teme a Jehová, ésa será
alabada.
31 Dadle del fruto de sus manos,
Y alábenla en las puertas sus hechos.

LECCIONES DE VIDA

➤ ***31.30 — Engañosa es la gracia, y vana la hermosura; la mujer que teme a Jehová, ésa será alabada.***

El libro de Proverbios termina donde empezó, con la importancia central de temer al Señor (Pr 1.7). Aquellos que conocen y adoran a Dios como Él es de verdad, que lo obedecen y lo aman de todo corazón, encuentran el éxito en la vida y tienen reservados tesoros maravillosos en el cielo (Mt 6.19–21).

EL LIBRO DE

ECLESIASTÉS

La palabra clave en Eclesiastés es «vanidad», aquel vacío que resulta de nuestros intentos por ser felices aparte de Dios. El Predicador (identificado tradicionalmente como Salomón, el rey más sabio y acaudalado en la historia de Israel; Ec 1.1, 12) observa la vida «debajo del sol» (Ec 1.9), y desde una perspectiva puramente humana declara que todo es vano. El poder, la popularidad, el prestigio, el placer —nada puede llenar el vacío creado por Dios en la vida del hombre, sino Dios mismo.

Sin embargo, tan pronto se ve la vida desde la perspectiva de Dios, adquiere un gran significado y propósito. El escepticismo y la angustia se desvanecen cuando vemos la vida como un regalo que Dios nos da todos los días.

El título hebreo es *Qohélet* o «Predicador», un término inusual en la Biblia que sólo ocurre en Eclesiastés (Ec 1.1, 2, 12; 7.27; 12.8–10). Proviene de la palabra *qahal* que significa «convocar una asamblea, congregar». Por ende, se refiere a «aquel que llama o congrega al pueblo». La Septuaginta emplea la palabra *Ekklesiastés* para designar este libro, un término que se deriva del griego *ekklesía* (asamblea, congregación o iglesia).

Debido al tono mayormente negativo y pesimista del libro, los hebreos antiguos debatieron si debía o no formar parte de la Biblia. En la soberanía de Dios, Eclesiastés llegó a ocupar su lugar junto a los demás treinta y ocho libros del Antiguo Testamento, y sus tremendas verdades siguen hablando con relevancia a nuestra cultura, la cual cada día se torna más secularizada. Lo cierto es que la vida sin Dios no funciona, ni siquiera si el individuo se las arregla para acumular riquezas, fama, popularidad y poder. Por eso la conclusión del antiguo Predicador sigue vigente: «Teme a Dios, y guarda sus mandamientos; porque esto es el todo del hombre» (Ec 12.13).

Tema: Aparte de una relación real y dinámica con Dios, hasta una vida «exitosa» estará repleta de futilidad y vanidad.

Autor: Incierto, pero se cree que fue el rey Salomón.

Fecha: Salomón gobernó a Israel en el siglo décimo a.C.

Estructura: La introducción a Eclesiastés declara la futilidad del esfuerzo humano independiente de una relación viva con Dios (1.1–11). No obstante, la vida debe disfrutarse como una dádiva de la mano misma de Dios (1.12—11.6); además, como la muerte viene antes de lo que uno espera, en nuestro disfrute de la vida debemos recordar que el juicio de Dios también nos espera (11.7—12.8). El libro concluye con el encargo de temer a Dios y obedecer sus mandamientos (12.9–14).

A medida que lea Eclesiastés, fíjese en los principios de vida que juegan un papel importante en este libro:

11. Dios asume toda la responsabilidad en cuanto a nuestras necesidades, si lo obedecemos. *Véase Eclesiastés 4.6; página 744.*

28. Ningún creyente ha sido llamado a transitar solitario en su peregrinaje de fe. *Véase Eclesiastés 4.9–12; páginas 744-745.*

26. La adversidad es un puente que nos conduce a una relación más profunda con Dios. *Véase Eclesiastés 7.14; página 746.*

20. Las decepciones son inevitables; el desánimo es por elección nuestra. *Véase Eclesiastés 12.1; página 750.*

Todo es vanidad

1 PALABRAS del Predicador, hijo de David,
rey en Jerusalén.
2 Vanidad de vanidades, dijo el Predicador;
vanidad de vanidades, todo es vanidad.
3 ¿Qué provecho tiene el hombre de todo su
trabajo con que se afana debajo del sol?
4 Generación va, y generación viene; mas la
tierra siempre permanece.
5 Sale el sol, y se pone el sol, y se apresura a
volver al lugar de donde se levanta.
6 El viento tira hacia el sur, y rodea al norte;
va girando de continuo, y a sus giros vuelve el
viento de nuevo.
7 Los ríos todos van al mar, y el mar no se
llena; al lugar de donde los ríos vinieron, allí
vuelven para correr de nuevo.
8 Todas las cosas son fatigosas más de lo que
el hombre puede expresar; nunca se sacia el
ojo de ver, ni el oído de oír.
9 ¿Qué es lo que fue? Lo mismo que será.
¿Qué es lo que ha sido hecho? Lo mismo que
se hará; y nada hay nuevo debajo del sol.
10 ¿Hay algo de que se puede decir: He aquí
esto es nuevo? Ya fue en los siglos que nos han
precedido.
11 No hay memoria de lo que precedió, ni
tampoco de lo que sucederá habrá memoria
en los que serán después.

La experiencia del Predicador

12 Yo el Predicador fui rey sobre Israel en
Jerusalén.
13 Y di mi corazón a inquirir y a buscar con
sabiduría sobre todo lo que se hace debajo del
cielo; este penoso trabajo dio Dios a los hijos
de los hombres, para que se ocupen en él.
14 Miré todas las obras que se hacen debajo
del sol; y he aquí, todo ello es vanidad y aflicción de espíritu.
15 Lo torcido no se puede enderezar, y lo
incompleto no puede contarse.
16 Hablé yo en mi corazón, diciendo: He aquí
yo me he engrandecido, y he crecido en sabiduría[a] sobre todos los que fueron antes de
mí en Jerusalén; y mi corazón ha percibido
mucha sabiduría y ciencia.
17 Y dediqué mi corazón a conocer la sabiduría, y también a entender las locuras y los
desvaríos; conocí que aun esto era aflicción
de espíritu.
➤ 18 Porque en la mucha sabiduría hay mucha
molestia; y quien añade ciencia, añade dolor.

2 DIJE yo en mi corazón: Ven ahora, te probaré con alegría, y gozarás de bienes. Mas
he aquí esto también era vanidad.
2 A la risa dije: Enloqueces; y al placer: ¿De
qué sirve esto?
3 Propuse en mi corazón agasajar mi carne
con vino, y que anduviese mi corazón en sabiduría, con retención de la necedad, hasta ver
cuál fuese el bien de los hijos de los hombres,
en el cual se ocuparan debajo del cielo todos
los días de su vida.
4 Engrandecí mis obras, edifiqué para mí
casas, planté para mí viñas;
5 me hice huertos y jardines, y planté en ellos
árboles de todo fruto.
6 Me hice estanques de aguas, para regar de
ellos el bosque donde crecían los árboles.
7 Compré siervos y siervas, y tuve siervos
nacidos en casa; también tuve posesión grande de vacas y de ovejas, más que todos los que
fueron antes de mí en Jerusalén.
8 Me amontoné también plata y oro, y tesoros
preciados de reyes y de provincias; me hice de
cantores y cantoras, de los deleites de los hijos
de los hombres, y de toda clase de instrumentos de música.[a]
9 Y fui engrandecido y aumentado más que
todos los que fueron antes de mí en Jerusalén; a más de esto, conservé conmigo mi
sabiduría.
10 No negué a mis ojos ninguna cosa que
desearan, ni aparté mi corazón de placer alguno, porque mi corazón gozó de todo mi trabajo; y ésta fue mi parte de toda mi faena.
11 Miré yo luego todas las obras que habían
hecho mis manos, y el trabajo que tomé para
hacerlas; y he aquí, todo era vanidad y aflicción de espíritu, y sin provecho debajo del
sol.
12 Después volví yo a mirar para ver la sabiduría y los desvaríos y la necedad; porque ¿qué podrá hacer el hombre que venga
después del rey? Nada, sino lo que ya ha sido
hecho.
13 Y he visto que la sabiduría sobrepasa a la
necedad, como la luz a las tinieblas.
14 El sabio tiene sus ojos en su cabeza, mas el
necio anda en tinieblas; pero también entendí
yo que un mismo suceso acontecerá al uno
como al otro.

a. 1.16 1 R 4.29-31. **a. 2.4-8** 1 R 10.23-27; 2 Cr 9.22-27.

LECCIONES DE VIDA

➤ ***1.18 — en la mucha sabiduría hay mucha molestia; y quien añade ciencia, añade dolor.***

El gran error de Salomón fue depender de su gran sabiduría y no de su relación con Dios. Fuimos creados para vivir en relación íntima con el Señor, e ir en pos de *cualquier cosa* aparte de Él nos llevará a la desilusión total.

➤ ***2.11 — Miré yo luego todas las obras que habían hecho mis manos… y he aquí, todo era vanidad y aflicción de espíritu, y sin provecho debajo del sol.***

Salomón subió la escalera mundana del éxito, y al llegar a la cima se dio cuenta que estaba apoyada en la pared errónea. Sólo cuando andamos con Dios en este mundo, es que hallamos significado para nuestra vida.

LO QUE LA BIBLIA DICE ACERCA DE
DISFRUTAR LA PRESENCIA DE DIOS

Ec 2.24–26

Vemos reiteradamente en las Escrituras que hay gran gozo y deleite para los creyentes que disfrutan la presencia del Señor (Sal 16.11; 21.6; 95.2; Is 64.3–5; Jud 1.24, 25). Eclesiastés 2.26 nos dice que «al hombre que le agrada, Dios le da sabiduría, ciencia y gozo». ¿Por qué entonces hay tantos que no disfrutan la presencia de Dios?

En primer lugar, es posible que algunos no conozcan realmente a Dios. A veces la gente se desvía porque ven a Dios como una fuerza inasequible e invisible cuya creación le tiene sin cuidado. Nada podría estar más lejos de la verdad. Dios desea una relación estrecha y permanente con usted, y cuando usted no capta la profundidad de su amor, se pierde una gran bendición. Dios le dice hoy mismo: «Con amor eterno te he amado; por tanto, te prolongué mi misericordia» (Jer 31.3). Dios se interesa profundamente en usted, y si pasa tiempo con Él, Él va a expresarle ese amor.

En segundo lugar, algunos tienen una visión errónea de la actitud de Dios. Dios no es legalista; Él no espera que usted viva bajo la opresión de ciertos rituales y regulaciones. No, a Él le interesa su corazón, el amor que usted le tenga y su deseo sincero de obedecerlo. Recuerde que «no envió Dios a su Hijo al mundo para condenar al mundo, sino para que el mundo sea salvo por él» (Jn 3.17). Usted no tiene que ganarse la aceptación divina. No tiene que trabajar para ser merecedor de su gracia. Si pasa tiempo en su presencia, Él le enseñará sus caminos y cómo vivir cada día.

Tercero, aunque sea difícil imaginarlo, algunos simplemente le tienen miedo al Señor. Lo ven como un ser impredecible y lleno de ira. Aunque Dios le llama a tener reverencia por Él y respetar su santidad, Él no quiere que usted le tenga miedo con un temor apabullante. Él nos dice que lo temamos, pero esto se hace con un temor reverente, el cual nos permite adorar al Señor y expresar nuestro amor por Él.

Primera Juan 4.18 nos dice: «En el amor no hay temor, sino que el perfecto amor echa fuera el temor; porque el temor lleva en sí castigo». Es por esto que Dios dice tantas veces a los suyos: «No temas» (Gn 15.1; Jos 8.1; Lc 1.30). Nuestras vidas están en sus manos y Él no nos castigará sino que nos guiará, nos protegerá y proveerá para nosotros cuando lo busquemos.

En cuarto lugar, el pecado rompe el compañerismo que Dios quiere disfrutar con nosotros. El pecado no sólo nos impide el acceso a lo mejor que Dios nos tiene reservado, también nos impide experimentar su presencia maravillosa. Dios no solamente se limita a perdonarnos, Él también promete restaurarnos. Cuando abandonamos nuestro pecado como resultado de arrepentirnos genuinamente, Él nos trae de vuelta a la comunión y la bendición de su amor.

Quinto, algunos rehúsan creer que Dios los acepta. No hay nada en absoluto que usted pueda hacer para salvarse a sí mismo ni para llegar a ser aceptable a Dios. ¡El Señor le ama tal como es! Él nunca aprueba el pecado, pero sí está comprometido a amarle y enseñarle a conocerlo mejor.

¿Cómo puede empezar a disfrutar a Dios? Entienda que Él disfruta estar con usted, y luego aprenda a pasar tiempo con Él, confiando en Él para saciar todas y cada una de sus necesidades.

Él disfruta estar con usted.

Para un estudio más a fondo, véase el Índice de Principios de vida:

1. *Nuestra intimidad con Dios, que es su prioridad para nosotros, determina el impacto que causen nuestras vidas.*
4. *Estar conscientes de la presencia de Dios nos da energías para desempeñar nuestro trabajo.*

15 Entonces dije yo en mi corazón: Como
sucederá al necio, me sucederá también a mí.
¿Para qué, pues, he trabajado hasta ahora por
hacerme más sabio? Y dije en mi corazón, que
también esto era vanidad.
16 Porque ni del sabio ni del necio habrá
memoria para siempre; pues en los días venideros
ya todo será olvidado, y también morirá
el sabio como el necio.
➤ 17 Aborrecí, por tanto, la vida, porque la obra
que se hace debajo del sol me era fastidiosa;
por cuanto todo es vanidad y aflicción de
espíritu.
18 Asimismo aborrecí todo mi trabajo que
había hecho debajo del sol, el cual tendré que
dejar a otro que vendrá después de mí.
19 Y ¿quién sabe si será sabio o necio el que se
enseñoreará de todo mi trabajo en que yo me
afané y en que ocupé debajo del sol mi sabiduría?
Esto también es vanidad.
20 Volvió, por tanto, a desesperanzarse mi
corazón acerca de todo el trabajo en que me
afané, y en que había ocupado debajo del sol
mi sabiduría.
21 ¡Que el hombre trabaje con sabiduría, y
con ciencia y con rectitud, y que haya de dar
su hacienda a hombre que nunca trabajó en
ello! También es esto vanidad y mal grande.
22 Porque ¿qué tiene el hombre de todo su trabajo,
y de la fatiga de su corazón, con que se
afana debajo del sol?
23 Porque todos sus días no son sino dolores,
y sus trabajos molestias; aun de noche su
corazón no reposa. Esto también es vanidad.
24 No hay cosa mejor para el hombre sino
que coma y beba, y que su alma se alegre en
su trabajo. También he visto que esto es de la
mano de Dios.
25 Porque ¿quién comerá, y quién se cuidará,
mejor que yo?
* 26 Porque al hombre que le agrada, Dios le da
sabiduría, ciencia y gozo; mas al pecador da el
trabajo de recoger y amontonar, para darlo al
que agrada a Dios. También esto es vanidad y
aflicción de espíritu.

Todo tiene su tiempo

➤ 3 TODO tiene su tiempo, y todo lo que se
quiere debajo del cielo tiene su hora.
2 Tiempo de nacer, y tiempo de morir; tiempo
de plantar, y tiempo de arrancar lo plantado;
3 tiempo de matar, y tiempo de curar; tiempo
de destruir, y tiempo de edificar;

Ejemplos de vida

EL PREDICADOR

Lo costoso no siempre es valioso

EC 2.1–11

El Predicador es un gran ejemplo de cómo «la buena vida» carece de poder para hacernos verdaderamente felices. Nos relata que construyó casas, plantó viñedos, dispuso jardines y huertos, poseyó rebaños y hatos, recolectó plata y oro y acumuló tesoros dignos de reyes. No se negó ningún deseo, y ¿cuál fue el resultado? «Todo era vanidad y aflicción de espíritu» (Ec 2.11).

Los momentos más valiosos de la vida por lo general *no* son los más costosos: la risa de un niño, el abrazo de un abuelo, una taza de café con un amigo, un paseo con la familia, un «te quiero» de papá y mamá. La próxima vez que anhele tener más riquezas terrenales, pídale a Dios que le muestre cuánta riqueza ya posee en Él. Dese cuenta que al creer en Dios, usted cuenta con la bendición de los tesoros inmensos del cielo, los cuales jamás se esfumarán como las riquezas terrenales (Mt 6.19–21; Ef 1.3, 4; 1 Ti 6.10–19).

Para un estudio más a fondo, véase el Índice de Principios de vida:

11. Dios asume toda la responsabilidad en cuanto a nuestras necesidades, si lo obedecemos.

9. Confiar en Dios quiere decir ver más allá de lo que podemos, hacia lo que Dios ve.

LECCIONES DE VIDA

➤ ***2.17 — Aborrecí, por tanto, la vida, porque la obra que se hace debajo del sol me era fastidiosa; por cuanto todo es vanidad y aflicción de espíritu.***

¿Cuántos a través de la historia han conquistado vastos territorios, erigido grandes obras, escrito brillante prosa, ganado inmensas riquezas y fama mundial, tan solo para terminar aborreciendo la vida? Sin Dios, la decepción en la vida es inevitable.

➤ ***3.1 — Todo tiene su tiempo, y todo lo que se quiere debajo del cielo tiene su hora.***

En su sabiduría y soberanía, Dios establece la hora exacta para todo. En la hora exacta, Cristo nació (Gá 4.4); en el tiempo justo, Él nos exalta (1 P 5.6). No se adelante a Dios porque Él siempre está justo a tiempo, y bien vale la pena esperar sus bendiciones.

4 tiempo de llorar, y tiempo de reír; tiempo de
endechar, y tiempo de bailar;
5 tiempo de esparcir piedras, y tiempo de juntar piedras; tiempo de abrazar, y tiempo de
abstenerse de abrazar;
6 tiempo de buscar, y tiempo de perder; tiempo de guardar, y tiempo de desechar;
7 tiempo de romper, y tiempo de coser; tiempo
de callar, y tiempo de hablar;
8 tiempo de amar, y tiempo de aborrecer;
tiempo de guerra, y tiempo de paz.
9 ¿Qué provecho tiene el que trabaja, de aquello en que se afana?
10 Yo he visto el trabajo que Dios ha dado a
los hijos de los hombres para que se ocupen
en él.
11 Todo lo hizo hermoso en su tiempo; y ha
puesto eternidad en el corazón de ellos, sin
que alcance el hombre a entender la obra que
ha hecho Dios desde el principio hasta el fin.
12 Yo he conocido que no hay para ellos cosa
mejor que alegrarse, y hacer bien en su vida;
13 y también que es don de Dios que todo
hombre coma y beba, y goce el bien de toda
su labor.
14 He entendido que todo lo que Dios hace
será perpetuo; sobre aquello no se añadirá, ni
de ello se disminuirá; y lo hace Dios, para que
delante de él teman los hombres.
15 Aquello que fue, ya es; y lo que ha de ser,
fue ya; y Dios restaura lo que pasó.

Injusticias de la vida

16 Vi más debajo del sol: en lugar del juicio,
allí impiedad; y en lugar de la justicia, allí
iniquidad.
17 Y dije yo en mi corazón: Al justo y al impío
juzgará Dios; porque allí hay un tiempo para
todo lo que se quiere y para todo lo que se hace.
18 Dije en mi corazón: Es así, por causa de
los hijos de los hombres, para que Dios los
pruebe, y para que vean que ellos mismos son
semejantes a las bestias.
19 Porque lo que sucede a los hijos de los
hombres, y lo que sucede a las bestias, un
mismo suceso es: como mueren los unos, así
mueren los otros, y una misma respiración tienen todos; ni tiene más el hombre que la bestia; porque todo es vanidad.
20 Todo va a un mismo lugar; todo es hecho
del polvo, y todo volverá al mismo polvo.
21 ¿Quién sabe que el espíritu de los hijos de
los hombres sube arriba, y que el espíritu del
animal desciende abajo a la tierra?
22 Así, pues, he visto que no hay cosa mejor
para el hombre que alegrarse en su trabajo, porque ésta es su parte; porque ¿quién lo llevará
para que vea lo que ha de ser después de él?

4 ME volví y vi todas las violencias que
se hacen debajo del sol; y he aquí las
lágrimas de los oprimidos, sin tener quien los
consuele; y la fuerza estaba en la mano de sus
opresores, y para ellos no había consolador.
2 Y alabé yo a los finados, los que ya murieron, más que a los vivientes, los que viven
todavía.
3 Y tuve por más feliz que unos y otros al
que no ha sido aún, que no ha visto las malas
obras que debajo del sol se hacen.
4 He visto asimismo que todo trabajo y toda
excelencia de obras despierta la envidia del
hombre contra su prójimo. También esto es
vanidad y aflicción de espíritu.
5 El necio cruza sus manos y come su misma carne.
6 Más vale un puño lleno con descanso, que
ambos puños llenos con trabajo y aflicción
de espíritu.
7 Yo me volví otra vez, y vi vanidad debajo
del sol.
8 Está un hombre solo y sin sucesor, que no
tiene hijo ni hermano; pero nunca cesa de trabajar, ni sus ojos se sacian de sus riquezas, ni
se pregunta: ¿Para quién trabajo yo, y defrau-
do mi alma del bien? También esto es vanidad,
y duro trabajo.
9 Mejores son dos que uno; porque tienen
mejor paga de su trabajo.

LECCIONES DE VIDA

➤ *3.12, 13 — Yo he conocido que no hay para ellos cosa mejor que alegrarse, y hacer bien en su vida; y también que es don de Dios que todo hombre coma y beba, y goce el bien de toda su labor.*

Dios «nos da todas las cosas en abundancia para que las disfrutemos», pero nos advierte que no pongamos «la esperanza en las riquezas, las cuales son inciertas» y nos insta a ser «ricos en buenas obras, dadivosos, generosos» (1 Ti 6.17, 18). Nada hay más satisfactorio ni gozoso en la vida que hacer la voluntad de Dios y cumplir el propósito para el cual fuimos creados (Ef 2.10). Por lo tanto, siempre debemos mantenernos enfocados en Él, en lugar de dejarnos distraer por los afanes de este mundo (1 Ti 6.10–19).

➤ *4.6 — Más vale un puño lleno con descanso, que ambos puños llenos con trabajo y aflicción de espíritu.*

Pablo escribió que «gran ganancia es la piedad acompañada de contentamiento» (1 Ti 6.6). Es decir, cuando nos sometemos a Dios —descansando en Él y confiando en que Él se encarga de las consecuencias de nuestra obediencia— Él provee todo lo que necesitamos. Por tanto, deberíamos hallar todo nuestro gozo y satisfacción en Él. Aquellos que andan con Dios, muy cerca de Él, pueden llegar a aprender lo mismo que Pablo: «he aprendido a contentarme, cualquiera que sea mi situación… así para estar saciado como para tener hambre, así para tener abundancia como para padecer necesidad» (Fil 4.11, 12).

➤ *4.9, 10 — Mejores son dos que uno… Porque si cayeren, el uno levantará a su compañero…*

Dios nunca llama a uno solo de sus hijos a «arreglárselas como pueda» en su andar con Él. Nos necesitamos los unos a los otros, no sólo para recibir ayuda y ánimo, sino para darlo.

10 Porque si cayeren, el uno levantará a su compañero; pero ¡ay del solo! que cuando cayere, no habrá segundo que lo levante.
11 También si dos durmieren juntos, se calentarán mutuamente; mas ¿cómo se calentará uno solo?
12 Y si alguno prevaleciere contra uno, dos le resistirán; y cordón de tres dobleces no se rompe pronto.
13 Mejor es el muchacho pobre y sabio, que el rey viejo y necio que no admite consejos;
14 porque de la cárcel salió para reinar, aunque en su reino nació pobre.
15 Vi a todos los que viven debajo del sol caminando con el muchacho sucesor, que estará en lugar de aquél.
16 No tenía fin la muchedumbre del pueblo que le seguía; sin embargo, los que vengan después tampoco estarán contentos de él. Y esto es también vanidad y aflicción de espíritu.

La insensantez de hacer votos a la ligera

5 CUANDO fueres a la casa de Dios, guarda tu pie; y acércate más para oír que para ofrecer el sacrificio de los necios; porque no saben que hacen mal.
2 No te des prisa con tu boca, ni tu corazón se apresure a proferir palabra delante de Dios; porque Dios está en el cielo, y tú sobre la tierra; por tanto, sean pocas tus palabras.
3 Porque de la mucha ocupación viene el sueño, y de la multitud de las palabras la voz del necio.
4 Cuando a Dios haces promesa, no tardes en cumplirla; porque él no se complace en los insensatos. Cumple lo que prometes.
5 Mejor es que no prometas, y no que prometas y no cumplas.
6 No dejes que tu boca te haga pecar, ni digas delante del ángel, que fue ignorancia. ¿Por qué harás que Dios se enoje a causa de tu voz, y que destruya la obra de tus manos?
7 Donde abundan los sueños, también abundan las vanidades y las muchas palabras; mas tú, teme a Dios.

La vanidad de la vida

8 Si opresión de pobres y perversión de derecho y de justicia vieres en la provincia, no te maravilles de ello; porque sobre el alto vigila otro más alto, y uno más alto está sobre ellos.
9 Además, el provecho de la tierra es para todos; el rey mismo está sujeto a los campos.
10 El que ama el dinero, no se saciará de dinero; y el que ama el mucho tener, no sacará fruto. También esto es vanidad.
11 Cuando aumentan los bienes, también aumentan los que los consumen. ¿Qué bien, pues, tendrá su dueño, sino verlos con sus ojos?
12 Dulce es el sueño del trabajador, coma mucho, coma poco; pero al rico no le deja dormir la abundancia.
13 Hay un mal doloroso que he visto debajo del sol: las riquezas guardadas por sus dueños para su mal;
14 las cuales se pierden en malas ocupaciones, y a los hijos que engendraron, nada les queda en la mano.
15 Como salió del vientre de su madre, desnudo, así vuelve, yéndose tal como vino; y nada tiene de su trabajo para llevar en su mano.
16 Éste también es un gran mal, que como vino, así haya de volver. ¿Y de qué le aprovechó trabajar en vano?
17 Además de esto, todos los días de su vida comerá en tinieblas, con mucho afán y dolor y miseria.
18 He aquí, pues, el bien que yo he visto: que lo bueno es comer y beber, y gozar uno del bien de todo su trabajo con que se fatiga debajo del sol, todos los días de su vida que Dios le ha dado; porque ésta es su parte.
19 Asimismo, a todo hombre a quien Dios da riquezas y bienes, y le da también facultad para que coma de ellas, y tome su parte, y goce de su trabajo, esto es don de Dios.
20 Porque no se acordará mucho de los días de su vida; pues Dios le llenará de alegría el corazón.

6 HAY un mal que he visto debajo del cielo, y muy común entre los hombres:
2 El del hombre a quien Dios da riquezas y bienes y honra, y nada le falta de todo lo que su alma desea; pero Dios no le da facultad de disfrutar de ello, sino que lo disfrutan los extraños. Esto es vanidad, y mal doloroso.
3 Aunque el hombre engendrare cien hijos, y viviere muchos años, y los días de su edad fueren numerosos; si su alma no se sació del bien, y también careció de sepultura, yo digo que un abortivo es mejor que él.

LECCIONES DE VIDA

➢ ***5.15 — Como salió del vientre de su madre, desnudo, así vuelve, yéndose tal como vino; y nada tiene de su trabajo para llevar en su mano.***

¿Pasaríamos menos tiempo en actividades triviales e inútiles si recordáramos con frecuencia esta verdad? Pablo dijo que «nada hemos traído a este mundo, y sin duda nada podremos sacar» (1 Ti 6.7). Por eso es tan importante acumular tesoros en el cielo (Mt 6.19–21), porque esas son las bendiciones que perduran.

➢ ***5.19 — Asimismo, a todo hombre a quien Dios da riquezas y bienes, y le da también facultad para que coma de ellas, y tome su parte, y goce de su trabajo, esto es don de Dios.***

Dios permite que ciertas cantidades de riqueza y posesiones vengan a nuestras manos, no sólo para que nos sirvan de sustento y respaldo, sino también para que podamos usarlas para bendecir a otros y glorificarlo a Él. Debemos ser como embudos que Dios usa para derramar sus bendiciones, no frascos herméticos que las acaparan.

4 Porque éste en vano viene, y a las tinieblas
va, y con tinieblas su nombre es cubierto.
5 Además, no ha visto el sol, ni lo ha conocido;
más reposo tiene éste que aquél.
6 Porque si aquél viviere mil años dos veces,
sin gustar del bien, ¿no van todos al mismo
lugar?
7 Todo el trabajo del hombre es para su boca,
y con todo eso su deseo no se sacia.
8 Porque ¿qué más tiene el sabio que el necio?
¿Qué más tiene el pobre que supo caminar
entre los vivos?
9 Más vale vista de ojos que deseo que pasa.
Y también esto es vanidad y aflicción de
espíritu.
10 Respecto de lo que es, ya ha mucho que tiene nombre, y se sabe que es hombre y que no
puede contender con Aquel que es más poderoso que él.
11 Ciertamente las muchas palabras multiplican la vanidad. ¿Qué más tiene el hombre?
12 Porque ¿quién sabe cuál es el bien del hombre en la vida, todos los días de la vida de su
vanidad, los cuales él pasa como sombra? Porque ¿quién enseñará al hombre qué será después de él debajo del sol?

Contraste entre la sabiduría y la insensatez

7 MEJOR es la buena fama que el buen
ungüento; y mejor el día de la muerte que
el día del nacimiento.
2 Mejor es ir a la casa del luto que a la casa
del banquete; porque aquello es el fin de todos
los hombres, y el que vive lo pondrá en su
corazón.
3 Mejor es el pesar que la risa; porque con la
tristeza del rostro se enmendará el corazón.
4 El corazón de los sabios está en la casa del
luto; mas el corazón de los insensatos, en la
casa en que hay alegría.
➤ 5 Mejor es la reprensión del sabio que la canción de los necios.
6 Porque la risa del necio es como el estrépito de los espinos debajo de la olla. Y también
esto es vanidad.
7 Ciertamente la opresión hace entontecer al
sabio, y las dádivas corrompen el corazón.
8 Mejor es el fin del negocio que su principio; mejor es el sufrido de espíritu que el altivo de espíritu.
9 No te apresures en tu espíritu a enojarte; porque el enojo reposa en el seno de los
necios.
10 Nunca digas: ¿Cuál es la causa de que
los tiempos pasados fueron mejores que
éstos? Porque nunca de esto preguntarás con
sabiduría.
11 Buena es la ciencia con herencia, y provechosa para los que ven el sol.
12 Porque escudo es la ciencia, y escudo es
el dinero; mas la sabiduría excede, en que da
vida a sus poseedores.
13 Mira la obra de Dios; porque ¿quién podrá
enderezar lo que él torció?
14 En el día del bien goza del bien; y en el día ➤
de la adversidad considera. Dios hizo tanto lo
uno como lo otro, a fin de que el hombre nada
halle después de él.
15 Todo esto he visto en los días de mi vanidad. Justo hay que perece por su justicia, y
hay impío que por su maldad alarga sus días.
16 No seas demasiado justo, ni seas sabio con
exceso; ¿por qué habrás de destruirte?
17 No hagas mucho mal, ni seas insensato; *
¿por qué habrás de morir antes de tu tiempo?
18 Bueno es que tomes esto, y también de
aquello no apartes tu mano; porque aquel que
a Dios teme, saldrá bien en todo.
19 La sabiduría fortalece al sabio más que
diez poderosos que haya en una ciudad.
20 Ciertamente no hay hombre justo en la tierra, que haga el bien y nunca peque.
21 Tampoco apliques tu corazón a todas las
cosas que se hablan, para que no oigas a tu
siervo cuando dice mal de ti;
22 porque tu corazón sabe que tú también
dijiste mal de otros muchas veces.
23 Todas estas cosas probé con sabiduría,
diciendo: Seré sabio; pero la sabiduría se alejó de mí.
24 Lejos está lo que fue; y lo muy profundo,
¿quién lo hallará?
25 Me volví y fijé mi corazón para saber y
examinar e inquirir la sabiduría y la razón, y
para conocer la maldad de la insensatez y el
desvarío del error.
26 Y he hallado más amarga que la muerte a la mujer cuyo corazón es lazos y redes,
y sus manos ligaduras. El que agrada a Dios

LECCIONES DE VIDA

➤ ***7.5 — Mejor es oír la reprensión del sabio que la canción de los necios.***

Vivimos en la era del entretenimiento, donde la gente valora cada vez más las diversiones insulsas y absortas por encima de las actividades de contenido y sustanciales que puedan requerir el uso de sus facultades mentales. Sin embargo, todo lo que oímos afecta nuestra manera de pensar y tomar decisiones, sea para hacer el bien o para hacer el mal. Por esa razón, nosotros como cristianos debemos vivir «derribando argumentos y toda altivez que se levanta contra el conocimiento de Dios, y llevando cautivo todo pensamiento a la obediencia a Cristo» (2 Co 10.5).

➤ ***7.14 — En el día del bien goza del bien; y en el día de la adversidad considera. Dios hizo tanto lo uno como lo otro, a fin de que el hombre nada halle después de él.***

Tendemos a ver los buenos tiempos como la bendición de Dios y los malos tiempos como la obra del diablo, pero esta es una visión miope del asunto. Nada nos alcanza sin pasar primero por las manos de nuestro Dios soberano, y Él usa la adversidad para profundizar nuestra relación con Él.

escapará de ella; mas el pecador quedará en
ella preso.
27 He aquí que esto he hallado, dice el Predicador, pesando las cosas una por una para
hallar la razón;
28 lo que aún busca mi alma, y no lo encuentra: un hombre entre mil he hallado, pero
mujer entre todas éstas nunca hallé.
29 He aquí, solamente esto he hallado: que
Dios hizo al hombre recto, pero ellos buscaron muchas perversiones.
8 ¿QUIÉN como el sabio? ¿y quién como el
que sabe la declaración de las cosas? La
sabiduría del hombre ilumina su rostro, y la
tosquedad de su semblante se mudará.
2 Te aconsejo que guardes el mandamiento
del rey y la palabra del juramento de Dios.
3 No te apresures a irte de su presencia, ni en
cosa mala persistas; porque él hará todo lo
que quiere.
4 Pues la palabra del rey es con potestad, ¿y
quién le dirá: ¿Qué haces?
➤5 El que guarda el mandamiento no experimentará mal; y el corazón del sabio discierne
el tiempo y el juicio.
6 Porque para todo lo que quisieres hay tiempo y juicio; porque el mal del hombre es grande sobre él;
7 pues no sabe lo que ha de ser; y el cuándo
haya de ser, ¿quién se lo enseñará?
8 No hay hombre que tenga potestad sobre el
espíritu para retener el espíritu, ni potestad
sobre el día de la muerte; y no valen armas
en tal guerra, ni la impiedad librará al que la
posee.
9 Todo esto he visto, y he puesto mi corazón
en todo lo que debajo del sol se hace; hay
tiempo en que el hombre se enseñorea del
hombre para mal suyo.

Desigualdades de la vida

10 Asimismo he visto a los inicuos sepultados
con honra; mas los que frecuentaban el lugar
santo fueron luego puestos en olvido en la ciudad donde habían actuado con rectitud. Esto
también es vanidad.
11 Por cuanto no se ejecuta luego sentencia
sobre la mala obra, el corazón de los hijos
de los hombres está en ellos dispuesto para
hacer el mal.
12 Aunque el pecador haga mal cien veces, y ➤
prolongue sus días, con todo yo también sé
que les irá bien a los que a Dios temen, los que
temen ante su presencia;
13 y que no le irá bien al impío, ni le serán
prolongados los días, que son como sombra;
por cuanto no teme delante de la presencia
de Dios.
14 Hay vanidad que se hace sobre la tierra:
que hay justos a quienes sucede como si hicieran obras de impíos, y hay impíos a quienes
acontece como si hicieran obras de justos.
Digo que esto también es vanidad.
15 Por tanto, alabé yo la alegría; que no tiene
el hombre bien debajo del sol, sino que coma
y beba y se alegre; y que esto le quede de su
trabajo los días de su vida que Dios le concede debajo del sol.
16 Yo, pues, dediqué mi corazón a conocer
sabiduría, y a ver la faena que se hace sobre
la tierra (porque hay quien ni de noche ni de
día ve sueño en sus ojos);
17 y he visto todas las obras de Dios, que el
hombre no puede alcanzar la obra que debajo del sol se hace; por mucho que trabaje el
hombre buscándola, no la hallará; aunque
diga el sabio que la conoce, no por eso podrá
alcanzarla.
9 CIERTAMENTE he dado mi corazón a
todas estas cosas, para declarar todo esto:
que los justos y los sabios, y sus obras, están
en la mano de Dios; que sea amor o que
sea odio, no lo saben los hombres; todo está
delante de ellos.
2 Todo acontece de la misma manera a todos; ➤
un mismo suceso ocurre al justo y al impío; al
bueno, al limpio y al no limpio; al que sacrifica, y al que no sacrifica; como al bueno, así
al que peca; al que jura, como al que teme el
juramento.
3 Este mal hay entre todo lo que se hace debajo del sol, que un mismo suceso acontece a
todos, y también que el corazón de los hijos de
los hombres está lleno de mal y de insensatez
en su corazón durante su vida; y después de
esto se van a los muertos.

LECCIONES DE VIDA

➤ ***8.5 — el corazón del sabio discierne el tiempo y el juicio.***

Los más sabios hombres y mujeres buscan la voluntad de Dios, el tiempo de Dios y el método de Dios. Dios mueve el cielo y la tierra para mostrarnos su voluntad cuando lo buscamos sin corazones divididos.

➤ ***8.12 — Aunque el pecador haga mal cien veces, y prolongue sus días, con todo yo también sé que les irá bien a los que a Dios temen, los que temen ante su presencia.***

Para entender realmente las promesas de Dios, tenemos que ver el panorama completo. A veces los malvados prosperan, por un tiempo, y a veces los justos sufren, por un tiempo. Pero todas las cuentas se balancean y ajustan en la eternidad.

➤ ***9.2 — Todo acontece de la misma manera a todos; un mismo suceso ocurre al justo y al impío; al bueno, al limpio y al no limpio…***

A los malos pueden sucederles cosas buenas, y a la gente buena cosas malas. Así es el mundo caído en que vivimos, pero este mundo se acerca a su fin, y cuando todo termine Dios revelará una historia muy diferente.

RESPUESTAS A PREGUNTAS DE LA VIDA

¿Cómo puedo realizarme en mi trabajo?

EC 9.10

Todos disfrutamos el fin de semana. El tiempo de descanso con nuestros familiares y amigos es importante para una vida bien balanceada. Pero si vivimos solamente en función del fin de semana, frustramos el deseo que Dios tiene de bendecirnos en la tarea que ocupa la mayor parte de nuestra vida adulta: el trabajo. Esto se aplica a todos nosotros, desde el ama de casa hasta la persona que sale todos los días a una oficina o un empleo cualquiera.

El trabajo no es resultado de la maldición impuesta a la humanidad cuando Adán y Eva pecaron. Dios les había mandado sacar el fruto de la tierra *antes* de la caída (Gn 1.27–30). El trabajo es un regalo de Dios para nuestro bienestar y bendición. Por esa razón el Predicador escribió: «Yo he conocido que no hay para ellos cosa mejor que alegrarse, y hacer bien en su vida; y también que es don de Dios que todo hombre coma y beba, y goce el bien de toda su labor» (Ec 3.12, 13).

«Espere un momento», podría decirme usted. «Si supiera quién es mi jefe, ¡me entendería! ¿Cómo puedo disfrutar mi trabajo con un supervisor tan fastidioso?»

Es cierto que algunas situaciones laborales no se ajustan a nuestra descripción del trabajo ideal, pero considere la alternativa. ¿Conoce a alguien que se sienta feliz y satisfecho mientras espera en la fila de los desempleados? Si tiene un trabajo, dé gracias a Dios por ello.

Dondequiera que trabaje, sea en la fábrica, debajo de un lavaplatos, en un escritorio, en un camión o en el teléfono, dé gracias al Señor por su trabajo. Tal vez sea menos que perfecto, pero allí es donde Dios le ha puesto, al menos por el momento.

Debemos llegar a ver cada detalle de nuestros trabajos como una oportunidad para servir a Dios. El apóstol Pablo nos dice: «Si, pues, coméis o bebéis, o hacéis otra cosa, hacedlo todo para la gloria de Dios» (1 Co 10.31). También nos recuerda: «Y todo lo que hagáis, hacedlo de corazón, como para el Señor y no para los hombres; sabiendo que del Señor recibiréis la recompensa de la herencia, porque a Cristo el Señor servís» (Col 3.23, 24). Tal actitud puede transformar su empleo, de un simple lugar de trabajo a una expresión práctica de su testimonio que dice más acerca de su relación con Cristo que cualquier discurso.

¡Vea el trabajo como un don de Dios! Déle gracias por la oportunidad y el privilegio de trabajar, no sólo para ganarse la vida sino para agradarlo a Él. De esa manera, podrá empezar a anticipar la semana laboral con tanta alegría como el fin de semana.

Para un estudio más a fondo, véase el Índice de Principios de vida:

4. *Estar conscientes de la presencia de Dios nos da energías para desempeñar nuestro trabajo.*

4 Aún hay esperanza para todo aquel que está
entre los vivos; porque mejor es perro vivo
que león muerto.
5 Porque los que viven saben que han de
morir; pero los muertos nada saben, ni tienen más paga; porque su memoria es puesta en olvido.
6 También su amor y su odio y su envidia
fenecieron ya; y nunca más tendrán parte en
todo lo que se hace debajo del sol.
7 Anda, y come tu pan con gozo, y bebe tu
vino con alegre corazón; porque tus obras ya
son agradables a Dios.
8 En todo tiempo sean blancos tus vestidos, y
nunca falte ungüento sobre tu cabeza.
9 Goza de la vida con la mujer que amas,
todos los días de la vida de tu vanidad que
te son dados debajo del sol, todos los días
de tu vanidad; porque ésta es tu parte en la
vida, y en tu trabajo con que te afanas debajo del sol.
10 Todo lo que te viniere a la mano para hacer,
hazlo según tus fuerzas; porque en el Seol,
adonde vas, no hay obra, ni trabajo, ni ciencia, ni sabiduría.
11 Me volví y vi debajo del sol, que ni es de los
ligeros la carrera, ni la guerra de los fuertes,

ni aun de los sabios el pan, ni de los prudentes
las riquezas, ni de los elocuentes el favor; sino
que tiempo y ocasión acontecen a todos.
12 Porque el hombre tampoco conoce su tiempo; como los peces que son presos en la mala
red, y como las aves que se enredan en lazo,
así son enlazados los hijos de los hombres en
el tiempo malo, cuando cae de repente sobre
ellos.
13 También vi esta sabiduría debajo del sol, la
cual me parece grande:
14 una pequeña ciudad, y pocos hombres en
ella; y viene contra ella un gran rey, y la asedia y levanta contra ella grandes baluartes;
15 y se halla en ella un hombre pobre, sabio,
el cual libra a la ciudad con su sabiduría; y
nadie se acordaba de aquel hombre pobre.
16 Entonces dije yo: Mejor es la sabiduría
que la fuerza, aunque la ciencia del pobre
sea menospreciada, y no sean escuchadas sus
palabras.
17 Las palabras del sabio escuchadas en quietud, son mejores que el clamor del señor entre
los necios.
18 Mejor es la sabiduría que las armas de guerra; pero un pecador destruye mucho bien.

Excelencia de la sabiduría

10 LAS moscas muertas hacen heder y dar
mal olor al perfume del perfumista; así
una pequeña locura, al que es estimado como
sabio y honorable.
2 El corazón del sabio está a su mano derecha, mas el corazón del necio a su mano
izquierda.
3 Y aun mientras va el necio por el camino,
le falta cordura, y va diciendo a todos que es
necio.
4 Si el espíritu del príncipe se exaltare contra
ti, no dejes tu lugar; porque la mansedumbre
hará cesar grandes ofensas.
5 Hay un mal que he visto debajo del sol, a
manera de error emanado del príncipe:
6 la necedad está colocada en grandes alturas,
y los ricos están sentados en lugar bajo.
7 Vi siervos a caballo, y príncipes que andaban
como siervos sobre la tierra.
8 El que hiciere hoyo caerá en él; y al que
aportillare vallado, le morderá la serpiente.
9 Quien corta piedras, se hiere con ellas; el
que parte leña, en ello peligra.
10 Si se embotare el hierro, y su filo no fuere
amolado, hay que añadir entonces más fuerza;
pero la sabiduría es provechosa para dirigir.
11 Si muerde la serpiente antes de ser encan-
tada, de nada sirve el encantador.
12 Las palabras de la boca del sabio son llenas de gracia, mas los labios del necio causan
su propia ruina.
13 El principio de las palabras de su boca
es necedad; y el fin de su charla, nocivo
desvarío.
14 El necio multiplica palabras, aunque no
sabe nadie lo que ha de ser; ¿y quién le hará
saber lo que después de él será?
15 El trabajo de los necios los fatiga; porque
no saben por dónde ir a la ciudad.
16 ¡Ay de ti, tierra, cuando tu rey es muchacho, y tus príncipes banquetean de mañana!
17 ¡Bienaventurada tú, tierra, cuando tu rey
es hijo de nobles, y tus príncipes comen a
su hora, para reponer sus fuerzas y no para
beber!
18 Por la pereza se cae la techumbre, y por la
flojedad de las manos se llueve la casa.
19 Por el placer se hace el banquete, y el vino
alegra a los vivos; y el dinero sirve para todo.
20 Ni aun en tu pensamiento digas mal del
rey, ni en lo secreto de tu cámara digas mal
del rico; porque las aves del cielo llevarán
la voz, y las que tienen alas harán saber la
palabra.

11 ECHA tu pan sobre las aguas: porque
después de muchos días lo hallarás.
2 Reparte a siete, y aun a ocho; porque no
sabes el mal que vendrá sobre la tierra.
3 Si las nubes fueren llenas de agua, sobre la
tierra la derramarán; y si el árbol cayere al
sur, o al norte, en el lugar que el árbol cayere, allí quedará.
4 El que al viento observa, no sembrará; y el
que mira a las nubes, no segará.
5 Como tú no sabes cuál es el camino del viento, o cómo crecen los huesos en el vientre de
la mujer encinta, así ignoras la obra de Dios,
el cual hace todas las cosas.

LECCIONES DE VIDA

➤ *9.10 — Todo lo que te viniere a la mano para hacer, hazlo según tus fuerzas...*

Dios no aprecia la obediencia parcial, sino que la ve como desobediencia y denuncia la devoción mediocre, poco entusiasta (Ap 3.15, 16). Dios nos urge a trabajar de todo corazón en lo que nos asigne hacer (Col 3.23). Nuestro entusiasmo por Él debería verse reflejado en una vida productiva y dinámica.

➤ *10.18 — Por la pereza se cae la techumbre, y por la flojedad de las manos se llueve la casa.*

La Biblia contrasta a menudo la pereza con el trabajo diligente. La consecución de metas piadosas requiere energía. La consolidación de relaciones piadosas requiere diligencia y esfuerzo. La búsqueda de la vida cristiana abundante requiere devoción de todo corazón a Dios y un compromiso total a hacer su voluntad. La pereza no tiene lugar en esa clase de vida.

➤ *11.4 — El que al viento observa, no sembrará; y el que mira a las nubes, no segará.*

La persona que deja todo para después puede perderse por completo lo mejor que Dios le tiene reservado. Nuestro llamado es obedecer siempre las indicaciones iniciales de su Espíritu Santo. Por lo tanto, haga de este su lema: «Obedeceré de inmediato, en la medida en que el Señor me dirija y me capacite para hacerlo».

6 Por la mañana siembra tu semilla, y a la tarde no dejes reposar tu mano; porque no sabes
cuál es lo mejor, si esto o aquello, o si lo uno y
lo otro es igualmente bueno.
7 Suave ciertamente es la luz, y agradable a
los ojos ver el sol;
8 pero aunque un hombre viva muchos años,
y en todos ellos tenga gozo, acuérdese sin
embargo que los días de las tinieblas serán
muchos. Todo cuanto viene es vanidad.

Consejos para la juventud

9 Alégrate, joven, en tu juventud, y tome placer tu corazón en los días de tu adolescencia;
y anda en los caminos de tu corazón y en la
vista de tus ojos; pero sabe, que sobre todas
estas cosas te juzgará Dios.
10 Quita, pues, de tu corazón el enojo, y aparta de tu carne el mal; porque la adolescencia
y la juventud son vanidad.

➤ 12 ACUÉRDATE de tu Creador en los días
de tu juventud, antes que vengan los
días malos, y lleguen los años de los cuales
digas: No tengo en ellos contentamiento;
2 antes que se oscurezca el sol, y la luz, y la
luna y las estrellas, y vuelvan las nubes tras
la lluvia;
3 cuando temblarán los guardas de la casa, y
se encorvarán los hombres fuertes, y cesarán
las muelas porque han disminuido, y se oscurecerán los que miran por las ventanas;
4 y las puertas de afuera se cerrarán, por lo
bajo del ruido de la muela; cuando se levantará a la voz del ave, y todas las hijas del canto
serán abatidas;
5 cuando también temerán de lo que es alto,
y habrá terrores en el camino; y florecerá el
almendro, y la langosta será una carga, y se
perderá el apetito; porque el hombre va a su
morada eterna, y los endechadores andarán
alrededor por las calles;
6 antes que la cadena de plata se quiebre, y se
rompa el cuenco de oro, y el cántaro se quiebre junto a la fuente, y la rueda sea rota sobre
el pozo;
7 y el polvo vuelva a la tierra, como era, y el
espíritu vuelva a Dios que lo dio.
8 Vanidad de vanidades, dijo el Predicador,
todo es vanidad.

Resumen del deber del hombre

9 Y cuanto más sabio fue el Predicador, tanto
más enseñó sabiduría al pueblo; e hizo escuchar, e hizo escudriñar, y compuso muchos
proverbios.
10 Procuró el Predicador hallar palabras
agradables, y escribir rectamente palabras
de verdad.
11 Las palabras de los sabios son como aguijones; y como clavos hincados son las de los
maestros de las congregaciones, dadas por
un Pastor.
12 Ahora, hijo mío, a más de esto, sé amonestado. No hay fin de hacer muchos libros; y el
mucho estudio es fatiga de la carne.
13 El fin de todo el discurso oído es éste: Teme ≺
a Dios, y guarda sus mandamientos; porque
esto es el todo del hombre.
14 Porque Dios traerá toda obra a juicio, jun- *
tamente con toda cosa encubierta, sea buena
o sea mala.

LECCIONES DE VIDA

➤ ***11.5 — Como tú no sabes cuál es el camino del viento, o cómo crecen los huesos en el vientre de la mujer encinta, así ignoras la obra de Dios, el cual hace todas las cosas.***

Los caminos de Dios siempre son más altos que los nuestros, y sus pensamientos mucho más elevados y grandiosos (Is 55.8, 9). Sin embargo, Él revela con exactitud lo que necesitamos, para que podamos seguirlo gozosa y exitosamente (Dt 29.29). ¡Atesoremos la Palabra de Dios!

➤ ***12.1 — Acuérdate de tu Creador en los días de tu juventud, antes que vengan los días malos, y lleguen los años de los cuales digas: No tengo en ellos contentamiento.***

Es bueno aprender a confiar en Dios temprano en la vida, antes que las desilusiones propias de la vida tornen nuestros corazones al desánimo y el cinismo (Lm 3.27–33). Pero, sin importar cuándo hayamos creído en Cristo como Salvador, debemos reconocer que Él es el único que sacia nuestras necesidades más profundas. Como aprendió el Predicador, sólo Dios satisface. Por eso, confíele al Señor su vida (Ec 12.13, 14).

➤ ***12.13 — Teme a Dios, y guarda sus mandamientos; porque esto es el todo del hombre.***

De Génesis a Apocalipsis, Dios instruye y urge a su pueblo a obedecer sus mandatos y temer su santo nombre, pero debemos hacerlo con gozo en nuestras almas y amor en nuestros corazones (Dt 6.5, 6; Mt 22.37; Jn 15: 9–11; Ef 6.24).

LO QUE LA BIBLIA DICE ACERCA DE
EL VALOR DE LA DILIGENCIA

Ec 11.6

Usted probablemente haya escuchado los refranes populares «al que madruga Dios lo ayuda» y «para cuchillo que corta, no hay carne dura». Pero, ¿ha considerado alguna vez que ambos describen un rasgo del carácter que la Biblia considera vital para cualquier empresa exitosa?

Ese rasgo de carácter es la diligencia, que en la Biblia se contrasta frecuentemente con la pereza y el postergar lo que tenemos que hacer. El lenguaje hebreo emplea dos palabras muy interesantes para describir la diligencia: «alba» y «cuchillo». Ambas aluden a un individuo que se mantiene despierto y alerta (que madruga), y se dedica a mejorar y pulir sus habilidades (como un cuchillo bien afilado).

«El que al viento observa, no sembrará; y el que mira a las nubes, no segará», nos dice el Predicador (Ec 11.4). No podemos pasar nuestro tiempo soñando despiertos, ni esperar hasta que todas las condiciones parezcan totalmente óptimas antes de empezar. «Por la mañana siembra tu semilla, y a la tarde no dejes reposar tu mano; porque no sabes cuál es lo mejor, si esto o aquello, o si lo uno y lo otro es igualmente bueno» (Ec 11.6).

El hombre perezoso siempre está soñando y desea alcanzar el éxito, pero nunca está dispuesto a pagar el precio de la perseverancia. Por eso termina sumido en la frustración y el vacío. En cambio, un hombre diligente es un hombre satisfecho.

Un hombre diligente es un hombre satisfecho.

Antes que el apóstol Pedro procediera a conectar los bloques fundamentales del carácter como la fe, la virtud, el conocimiento y el dominio propio, él exhortó a sus lectores a poner «toda diligencia» en adquirirlos (2 P 1.5). Tales cualidades no se encuentran en un cristiano superficial. La única manera como se arraigan en nuestro carácter es mediante su búsqueda y aplicación constantes.

La motivación primordial para el cultivo y el ejercicio de la diligencia no es la ganancia material sino la urgencia de nuestro testimonio cristiano. «Me es necesario hacer las obras del que me envió, entre tanto que el día dura», dijo Jesús; «la noche viene, cuando nadie puede trabajar» (Jn 9.4).

Nuestro peregrinaje en la tierra es breve. Un creyente diligente y alerta a cada oportunidad para compartir a Cristo y darlo a conocer, tendrá la mayor influencia en el reino de Dios. Queda poco tiempo, pero podremos redimirlo para los propósitos divinos si nos mantenemos diligentes en nuestro trabajo, nuestro estudio, nuestro testimonio y nuestra vida de oración.

Para un estudio más a fondo, véase el Índice de Principios de vida:

4. *Estar conscientes de la presencia de Dios nos da energías para desempeñar nuestro trabajo.*

CANTAR DE LOS

CANTARES

¿Tiene Dios algo que decirnos acerca del amor, la sexualidad y la intimidad física? Para muchas personas, las palabras «romance» y «Biblia» evocan una larga lista de prohibiciones religiosas, pero Dios nunca quiso que viéramos el amor con un sesgo negativo. Él nos creó en el amor y para el amor, y por esa razón la Biblia tiene mucho que decir acerca del amor romántico. De hecho, utiliza con frecuencia imágenes del amor humano para ayudarnos a entender el amor de Dios hacia nosotros.

Un ejemplo categórico es Cantar de los cantares, un bello poema de amor escrito por Salomón que abunda en metáforas exuberantes de la literatura oriental. Su lectura embellecida con figuras literarias nos presenta el galanteo y la boda de una joven pastoril con el rey Salomón, así como las alegrías, las emociones, las frustraciones y las sorpresas del amor matrimonial.

A lo largo de la historia, los eruditos han visto el libro a través de un lente alegórico. Al considerarse de este modo, la nación de Israel representa la novia prometida de Dios (Os 2.19, 20) y la iglesia es la novia de Cristo (Ef 5.25–32). El poema nos enseña que nuestra mayor realización la encontramos en el amor incondicional de Dios.

El título en hebreo es *Shir Ha-shirim* y viene de 1.1: «Cantar de los cantares». Esta expresión superlativa lo declara como el canto más exquisito de Salomón. El título en latín es *Canticum Canticorum* que se traduce «Cántico de los cánticos» o «El mejor de los cánticos». El nombre alternativo del libro, *Cantares,* se deriva del título en latín. Puesto que Salomón es mencionado en 1.1, el libro también se conoce como el Canto de Salomón.

Tema: Dios demuestra su gracia hacia nosotros mediante las alegrías del amor romántico, el cual permite disfrutar y compartir entre esposo y esposa. Ese amor humano también sirve como una ilustración de su amor divino por nosotros.

Autor: Salomón.

Fecha: Salomón gobernó sobre Israel en el siglo décimo a.C.

Estructura: El libro se divide en las escenas de un drama con tres interlocutores principales: la novia, o doncella sulamita (1.1—3.5); el novio, Salomón (3.6—5.1); y el diálogo con las doncellas, las hijas de Jerusalén (5.2—8.14).

A medida que lea Cantar de los cantares, fíjese en los principios de vida que juegan un papel importante en este libro:

28. Ningún creyente ha sido llamado a transitar solitario en su peregrinaje de fe. *Véase Cantares 1.4; página 753.*

1. Nuestra intimidad con Dios, que es su prioridad para nosotros, determina el impacto que causen nuestras vidas. *Véase Cantares 2.13; página 755.*

La esposa y las hijas de Jerusalén

1 CANTAR de los cantares, el cual es de Salomón.[a]

2 ¡Oh, si él me besara con besos de su boca!
Porque mejores son tus amores que el vino.
3 A más del olor de tus suaves ungüentos,
Tu nombre es como ungüento derramado;
Por eso las doncellas te aman.
➤4 Atráeme; en pos de ti correremos.
El rey me ha metido en sus cámaras;
Nos gozaremos y alegraremos en ti;
Nos acordaremos de tus amores más que del vino;
Con razón te aman.

5 Morena soy, oh hijas de Jerusalén, pero codiciable
Como las tiendas de Cedar,
Como las cortinas de Salomón.
6 No reparéis en que soy morena,
Porque el sol me miró.
Los hijos de mi madre se airaron contra mí;
Me pusieron a guardar las viñas;
Y mi viña, que era mía, no guardé.
7 Hazme saber, oh tú a quien ama mi alma,
Dónde apacientas, dónde sesteas al mediodía;
Pues ¿por qué había de estar yo como errante
Junto a los rebaños de tus compañeros?

8 Si tú no lo sabes, oh hermosa entre las mujeres,
Ve, sigue las huellas del rebaño,
Y apacienta tus cabritas junto a las cabañas de los pastores.

La esposa y el esposo

9 A yegua de los carros de Faraón
Te he comparado, amiga mía.
10 Hermosas son tus mejillas entre los pendientes,
Tu cuello entre los collares.
11 Zarcillos de oro te haremos,
Tachonados de plata.

12 Mientras el rey estaba en su reclinatorio,
Mi nardo dio su olor.
13 Mi amado es para mí un manojito de mirra,
Que reposa entre mis pechos.
14 Racimo de flores de alheña en las viñas de En-gadi
Es para mí mi amado.

15 He aquí que tú eres hermosa, amiga mía; ➤
He aquí eres bella; tus ojos son como palomas.

16 He aquí que tú eres hermoso, amado mío, y dulce;
Nuestro lecho es de flores.
17 Las vigas de nuestra casa son de cedro,
Y de ciprés los artesonados.

2 YO soy la rosa de Sarón,
Y el lirio de los valles.

2 Como el lirio entre los espinos,
Así es mi amiga entre las doncellas.

3 Como el manzano entre los árboles silvestres, ➤
Así es mi amado entre los jóvenes;
Bajo la sombra del deseado me senté,
Y su fruto fue dulce a mi paladar.
4 Me llevó a la casa del banquete,
Y su bandera sobre mí fue amor.
5 Sustentadme con pasas, confortadme con manzanas;
Porque estoy enferma de amor.

a. 1.1 1 R 4.32.

LECCIONES DE VIDA

➤ ***1.4 — nos gozaremos y alegraremos en ti; nos acordaremos de tus amores más que del vino.***

Ningún creyente ha sido llamado a «transitar solitario» en su peregrinaje de fe. Para que tanto nuestros matrimonios como nuestras iglesias funcionen como Dios quiere, debemos asociarnos con creyentes maduros y dignos de confianza que nos ayuden a crecer en nuestra relación con Cristo y el desarrollo de nuestros dones y talentos. Nadie crece en la soledad perpetua y en el aislamiento. Por lo tanto, debemos hacer el esfuerzo necesario y consagrar tiempo a cimentar nuestras amistades con otros creyentes piadosos.

➤ ***1.15 — He aquí que tú eres hermosa, amiga mía; he aquí eres bella; tus ojos son como palomas.***

El amor humano crece más fuerte en una atmósfera radiante de elogios frecuentes y halagos sinceros. Los amantes no se cansan de oír a sus amados celebrar sus atributos. De hecho, eso tampoco le disgusta a Dios. Él desea nuestro amor y nunca se cansa de oírnos decir: «Te amo, Señor».

➤ ***2.3 — Como el manzano entre los árboles silvestres, así es mi amado entre los jóvenes.***

Los enamorados son prácticamente incapaces de dejar de hablar a los demás de su amada o amado. Esta clase de expresiones hace que se encariñen mutuamente y les ayuda a ganar el cariño público de sus semejantes. De manera similar, el evangelismo más eficaz fluye naturalmente de nuestro amor exuberante a Dios.

LO QUE LA BIBLIA DICE ACERCA DE **DIOS COMO NUESTRO AMANTE**

Cnt 2.4

El amor es el regalo más grande que Dios nos ofrece, sin embargo es el que más nos cuesta recibir. ¿Por qué?

En primer lugar, a veces nos sentimos indignos de su amor, aunque es cierto que no podemos ganarnos su amor: «Dios muestra su amor para con nosotros, en que siendo aún pecadores, Cristo murió por nosotros» (Ro 5.8).

En segundo lugar, a menudo no entendemos el amor incondicional de Dios porque difiere mucho del nuestro. De alguna manera, creemos que Él nos ama como nosotros amamos a los demás. Ese es un punto de vista que nos hace dudar que Él nos ame siempre, como la Biblia promete que lo hará (Jer 31.1).

El amor es el compromiso de sacrificarnos por la paz, la seguridad, el gozo y el desarrollo de la otra persona (1 Co 13.4–8). El amor de Dios no se basa en emociones sino que fluye de su carácter invariable. La Biblia nos dice que Dios *es* amor (1 Jn 4.8). Es imposible que Él haga algo contrario a su naturaleza, por eso su amor permanecerá para siempre y es una certeza digna de nuestra plena confianza.

Además, Él nos da su amor como un regalo. Santiago 1.17 enseña: «Toda buena dádiva y todo don perfecto desciende de lo alto, del Padre de las luces, en el cual no hay mudanza, ni sombra de variación». Puesto que Dios no cambia, su amor por nosotros existe independientemente de nuestras acciones. No podemos ganárnoslo ni dar nada a cambio por él; Dios nos ofrece libremente su amor, como un regalo gratuito.

El amor de nuestro Padre celestial es perfecto, maravilloso, invariable, infalible, perdonador e incondicional. Usted no puede aumentar el amor que Dios le tiene, y ciertamente tampoco puede impedirle que cuide de usted. Puesto que el amor de Dios por usted es perfecto, puede tener seguridad que Él está con usted para siempre, guiándole por el camino que más le conviene y proveyéndole todo lo que necesite. Por lo tanto, olvídese de los conceptos errados que tiene sobre si el Señor le acepta o no. Záfese de todos esos sentimientos de indignidad y sus temores a ser víctima del desamparo. Dios siempre le ha amado y siempre le amará, ¡así que acéptelo! Y regocíjese, porque su bandera sobre usted es amor (Cnt 2.4).

Su amor siempre será una certeza digna de nuestra plena confianza.

Para un estudio más a fondo, véase el Índice de Principios de vida:

1. *Nuestra intimidad con Dios, que es su prioridad para nosotros, determina el impacto que causen nuestras vidas.*

6 Su izquierda esté debajo de mi cabeza,
Y su derecha me abrace.
7 Yo os conjuro, oh doncellas de Jerusalén,
Por los corzos y por las ciervas del campo,
Que no despertéis ni hagáis velar al amor,
Hasta que quiera.

8 ¡La voz de mi amado! He aquí él viene
Saltando sobre los montes,
Brincando sobre los collados.
9 Mi amado es semejante al corzo,
O al cervatillo.
Helo aquí, está tras nuestra pared,
Mirando por las ventanas,
Atisbando por las celosías.
10 Mi amado habló, y me dijo:
Levántate, oh amiga mía, hermosa mía, y ven.
11 Porque he aquí ha pasado el invierno,
Se ha mudado, la lluvia se fue;
12 Se han mostrado las flores en la tierra,
El tiempo de la canción ha venido,
Y en nuestro país se ha oído la voz de la tórtola.
➤13 La higuera ha echado sus higos,
Y las vides en cierne dieron olor;
Levántate, oh amiga mía, hermosa mía, y ven.
14 Paloma mía, que estás en los agujeros de la peña, en lo escondido de escarpados parajes,
Muéstrame tu rostro, hazme tu voz;
Porque dulce es la voz tuya, y hermoso tu aspecto.
15 Cazadnos las zorras, las zorras pequeñas, que echan a perder las viñas;
Porque nuestras viñas están en cierne.

*16 Mi amado es mío, y yo suya;
Él apacienta entre lirios.
17 Hasta que apunte el día, y huyan las sombras,
Vuélvete, amado mío; sé semejante al corzo, o como el cervatillo
Sobre los montes de Beter.

El ensueño de la esposa

3 POR las noches busqué en mi lecho al que ama mi alma;
Lo busqué, y no lo hallé.
2 Y dije: Me levantaré ahora, y rodearé por la ciudad;
Por las calles y por las plazas
Buscaré al que ama mi alma;
Lo busqué, y no lo hallé.
3 Me hallaron los guardas que rondan la ciudad,
Y les dije: ¿Habéis visto al que ama mi alma?
4 Apenas hube pasado de ellos un poco,
Hallé luego al que ama mi alma;
Lo así, y no lo dejé,
Hasta que lo metí en casa de mi madre,
Y en la cámara de la que me dio a luz.
5 Yo os conjuro, oh doncellas de Jerusalén,
Por los corzos y por las ciervas del campo,
Que no despertéis ni hagáis velar al amor,
Hasta que quiera.

El cortejo de bodas

6 ¿Quién es ésta que sube del desierto como columna de humo,
Sahumada de mirra y de incienso
Y de todo polvo aromático?
7 He aquí es la litera de Salomón;
Sesenta valientes la rodean,
De los fuertes de Israel.
8 Todos ellos tienen espadas, diestros en la guerra;
Cada uno su espada sobre su muslo,
Por los temores de la noche.
9 El rey Salomón se hizo una carroza
De madera del Líbano.
10 Hizo sus columnas de plata,
Su respaldo de oro,
Su asiento de grana,
Su interior recamado de amor
Por las doncellas de Jerusalén.
11 Salid, oh doncellas de Sion, y ved al rey Salomón
Con la corona con que le coronó su madre en el día de su desposorio,
Y el día del gozo de su corazón.

El esposo alaba a la esposa

4 HE aquí que tú eres hermosa, amiga mía; he aquí que tú eres hermosa;
Tus ojos entre tus guedejas como de paloma;
Tus cabellos como manada de cabras
Que se recuestan en las laderas de Galaad.
2 Tus dientes como manadas de ovejas trasquiladas,

LECCIONES DE VIDA

➤ ***2.13 — Levántate, oh amiga mía, hermosa mía, y ven.***

El amor marital no florecerá sin que los amantes pasen «tiempo a solas». De manera similar, nuestra relación con Dios no crecerá sin que pasemos tiempo con Él en privado.

Que suben del lavadero,
Todas con crías gemelas,
Y ninguna entre ellas estéril.
3 Tus labios como hilo de grana,
Y tu habla hermosa;
Tus mejillas, como cachos de granada
detrás de tu velo.
4 Tu cuello, como la torre de David,
edificada para armería;
Mil escudos están colgados en ella,
Todos escudos de valientes.
5 Tus dos pechos, como gemelos de
gacela,
Que se apacientan entre lirios.
6 Hasta que apunte el día y huyan las
sombras,
Me iré al monte de la mirra,
Y al collado del incienso.
7 Toda tú eres hermosa, amiga mía,
Y en ti no hay mancha.
8 Ven conmigo desde el Líbano, oh esposa
mía;
Ven conmigo desde el Líbano.
Mira desde la cumbre de Amana,
Desde la cumbre de Senir y de Hermón,
Desde las guaridas de los leones,
Desde los montes de los leopardos.

➤9 Prendiste mi corazón, hermana, esposa
mía;
Has apresado mi corazón con uno de
tus ojos,
Con una gargantilla de tu cuello.
10 ¡Cuán hermosos son tus amores,
hermana, esposa mía!
¡Cuánto mejores que el vino tus amores,
Y el olor de tus ungüentos que todas las
especias aromáticas!
11 Como panal de miel destilan tus labios,
oh esposa;
Miel y leche hay debajo de tu lengua;
Y el olor de tus vestidos como el olor
del Líbano.
12 Huerto cerrado eres, hermana mía,
esposa mía;
Fuente cerrada, fuente sellada.
13 Tus renuevos son paraíso de granados,
con frutos suaves,
De flores de alheña y nardos;
14 Nardo y azafrán, caña aromática y
canela,
Con todos los árboles de incienso;
Mirra y áloes, con todas las principales
especias aromáticas.
15 Fuente de huertos,
Pozo de aguas vivas,
Que corren del Líbano.

16 Levántate, Aquilón, y ven, Austro; ➤
Soplad en mi huerto, despréndanse sus
aromas.
Venga mi amado a su huerto,
Y coma de su dulce fruta.

5 YO vine a mi huerto, oh hermana, esposa
mía;
He recogido mi mirra y mis aromas;
He comido mi panal y mi miel,
Mi vino y mi leche he bebido.
Comed, amigos; bebed en abundancia,
oh amados.

El tormento de la separación

2 Yo dormía, pero mi corazón velaba.
Es la voz de mi amado que llama:
Ábreme, hermana mía, amiga mía,
paloma mía, perfecta mía,
Porque mi cabeza está llena de rocío,
Mis cabellos de las gotas de la noche.
3 Me he desnudado de mi ropa; ¿cómo me
he de vestir?
He lavado mis pies; ¿cómo los he de
ensuciar?
4 Mi amado metió su mano por la
ventanilla,
Y mi corazón se conmovió dentro de mí.
5 Yo me levanté para abrir a mi amado,
Y mis manos gotearon mirra,
Y mis dedos mirra, que corría
Sobre la manecilla del cerrojo.
6 Abrí yo a mi amado;
Pero mi amado se había ido, había ya
pasado;
Y tras su hablar salió mi alma.
Lo busqué, y no lo hallé;
Lo llamé, y no me respondió.
7 Me hallaron los guardas que rondan la
ciudad;
Me golpearon, me hirieron;
Me quitaron mi manto de encima los
guardas de los muros.
8 Yo os conjuro, oh doncellas de
Jerusalén, si halláis a mi amado,
Que le hagáis saber que estoy enferma
de amor.

LECCIONES DE VIDA

➤ ***4.9 — Prendiste mi corazón, hermana, esposa mía; has apresado mi corazón con uno de tus ojos.***

Los esposos y las esposas no sólo necesitan elogiarse el uno al otro sus buenas cualidades, en los mejores matrimonios también les encanta describir lo maravilloso que se hacen sentir mutuamente.

➤ ***4.16 — Venga mi amado a su huerto, y coma de su dulce fruta.***

El sexo no es la cima absoluta de una relación como lo propone nuestra cultura, sino un aspecto exquisito e importante en el crecimiento de cualquier matrimonio. Por eso Pablo instruye: «No os neguéis el uno al otro, a no ser por algún tiempo de mutuo consentimiento» (1 Co 7.5).

La esposa alaba al esposo

9 ¿Qué es tu amado más que otro amado,
Oh la más hermosa de todas las mujeres?
¿Qué es tu amado más que otro amado,
Que así nos conjuras?
10 Mi amado es blanco y rubio,
Señalado entre diez mil.
11 Su cabeza como oro finísimo;
Sus cabellos crespos, negros como el cuervo.
12 Sus ojos, como palomas junto a los arroyos de las aguas,
Que se lavan con leche, y a la perfección colocados.
13 Sus mejillas, como una era de especias aromáticas, como fragantes flores;
Sus labios, como lirios que destilan mirra fragante.
14 Sus manos, como anillos de oro engastados de jacintos;
Su cuerpo, como claro marfil cubierto de zafiros.
15 Sus piernas, como columnas de mármol fundadas sobre basas de oro fino;
Su aspecto como el Líbano, escogido como los cedros.
➢16 Su paladar, dulcísimo, y todo él codiciable.
Tal es mi amado, tal es mi amigo,
Oh doncellas de Jerusalén.

Mutuo encanto del esposo y de la esposa

6 ¿A dónde se ha ido tu amado, oh la más hermosa de todas las mujeres?
¿A dónde se apartó tu amado,
Y lo buscaremos contigo?
2 Mi amado descendió a su huerto, a las eras de las especias,
Para apacentar en los huertos, y para recoger los lirios.
➢3 Yo soy de mi amado, y mi amado es mío;
Él apacienta entre los lirios.
4 Hermosa eres tú, oh amiga mía, como Tirsa;
De desear, como Jerusalén;
Imponente como ejércitos en orden.
5 Aparta tus ojos de delante de mí,
Porque ellos me vencieron.
Tu cabello es como manada de cabras
Que se recuestan en las laderas de Galaad.
6 Tus dientes, como manadas de ovejas que suben del lavadero,
Todas con crías gemelas,
Y estéril no hay entre ellas.
7 Como cachos de granada son tus mejillas
Detrás de tu velo.
8 Sesenta son las reinas, y ochenta las concubinas,
Y las doncellas sin número;
9 Mas una es la paloma mía, la perfecta mía;
Es la única de su madre,
La escogida de la que la dio a luz.
La vieron las doncellas, y la llamaron bienaventurada;
Las reinas y las concubinas, y la alabaron.
10 ¿Quién es ésta que se muestra como el alba,
Hermosa como la luna,
Esclarecida como el sol,
Imponente como ejércitos en orden?

11 Al huerto de los nogales descendí
A ver los frutos del valle,
Y para ver si brotaban las vides,
Si florecían los granados.
12 Antes que lo supiera, mi alma me puso
Entre los carros de Aminadab.

13 Vuélvete, vuélvete, oh sulamita;
Vuélvete, vuélvete, y te miraremos.

¿Qué veréis en la sulamita?
Algo como la reunión de dos campamentos.

7 ¡CUÁN hermosos son tus pies en las sandalias,
Oh hija de príncipe!
Los contornos de tus muslos son como joyas,
Obra de mano de excelente maestro.
2 Tu ombligo como una taza redonda
Que no le falta bebida.
Tu vientre como montón de trigo
Cercado de lirios.

LECCIONES DE VIDA

➢ ***5.16 — Tal es mi amado, tal es mi amigo, oh doncellas de Jerusalén.***

¿Cuántos matrimonios se deshacen porque los cónyuges olvidan nutrir su amistad a la par de su romance? Todas las relaciones importantes son primero buenas amistades, y eso incluye la que tenemos con Dios (Stg 2.23).

➢ ***6.3 — Yo soy de mi amado, y mi amado es mío.***

El esposo no es «dueño» de la esposa ni la esposa es «dueña» del esposo, pero sí se pertenecen el uno al otro de una manera exclusiva en la que nadie más puede participar, puesto que se han convertido en «una sola carne» (Gn 2.24; Mt 19.5, 6). Cuando aceptamos al Señor, somos completamente suyos: «¿No sabéis que vuestros cuerpos son miembros de Cristo?… El que se une al Señor, un espíritu es con él… habéis sido comprados por precio; glorificad, pues, a Dios en vuestro cuerpo» (1 Co 6.15, 17, 20).

LO QUE LA BIBLIA DICE ACERCA DE NUESTRO MEJOR AMIGO EN LA VIDA

Cnt 5.16

Muchos de nosotros conocemos el himno «Oh, qué amigo nos es Cristo». Todos consideramos a nuestro Salvador un gran amigo, pero ninguno de nosotros tiene un conocimiento exhaustivo de la altura, la profundidad y la anchura de su amistad sin igual. Considere tan solo algunos aspectos de la relación de amor que Jesús quiere tener con usted.

1. Él se ha comprometido a ser su amigo de por vida. De hecho, este compromiso dura más que la vida terrenal porque es eterno. Él jamás le abandonará, sin importar qué haga usted. Tal vez pudiera tener sus esperanzas hechas trizas por alguna situación en particular, pero el Señor siempre es Él mismo nunca le va a decepcionar o defraudar.

2. Él se mantiene disponible para usted en todo momento. Jesús le mostrará tanto acerca de Él mismo como usted desee aprender y sea capaz de apreciar. Él nunca le ocultará nada suyo que usted necesite conocer.

3. Él renueva sus misericordias y amor para usted cada mañana. Él sabe cómo satisfacer sus anhelos más profundos y siempre es sensible tanto a sus deseos como a sus necesidades.

Jesús es un interlocutor que nos inspira y reconforta pues oye con precisión lo que le decimos y siempre pone lo mejor de todo a nuestro alcance.

¿Qué clase de amigo es Jesús? Juan 15.13 tiene la respuesta: «Nadie tiene mayor amor que este, que uno ponga su vida por sus amigos». Jesús es la clase de amigo que estuvo dispuesto a sacrificar su vida por usted, a fin de pagar el castigo de sus pecados pasados, presentes y futuros. Sin queja alguna, llevó sobre sí todas sus tristezas y sufrimientos, al mismo tiempo que juró nunca dejarle ni desampararle (Jn 14.18). Jesús es el amigo que es más unido que un hermano (Pr 18.24), el amigo que camina junto a usted en todas las situaciones de la vida.

Además, puesto que Jesús se entregó por todas las personas, nosotros como sus seguidores debemos entregarnos a Él por completo (2 Co 5.14, 15). «Así que, somos embajadores en nombre de Cristo, como si Dios rogase por medio de nosotros; os rogamos en nombre de Cristo: Reconciliaos con Dios» (2 Co 5.20). ¿Quién en su círculo de influencia necesita reconciliarse con Dios? ¿Conoce a alguien que necesita tener a Cristo como su mejor amigo?

Jesús es nuestro mejor y más grande amigo.

Para un estudio más a fondo, véase el Índice de Principios de vida:

1. *Nuestra intimidad con Dios, que es su prioridad para nosotros, determina el impacto que causen nuestras vidas.*
25. *Dios nos bendice para que nosotros podamos bendecir a otros.*

RESPUESTAS A PREGUNTAS DE LA VIDA

¿Qué aspecto tiene el amor de Dios?

CNT 8.6, 7

La noción de «amor verdadero» predomina en la cultura popular. Compramos tarjetas con mensajes poéticos, buscamos el regalo perfecto y planeamos citas románticas con la ilusión de agradar a la persona que nos hace suspirar.

Dios asigna un valor supremo al amor (1 Co 13.13) y se deleita en expresarnos su amor maravilloso. No obstante, gran parte del tiempo no nos *sentimos* amados. ¿Le pasa lo mismo a usted? Es porque el pecado ha estropeado nuestra capacidad para procesar el amor de Dios, recibirlo plenamente y corresponderle con nuestro amor.

Gracias a Dios que nuestro Salvador, Jesucristo, ¡ha remediado este problema! Al liberarnos del poder del pecado y proveernos una naturaleza nueva, ahora podemos entender, así sea un poco, el amor maravilloso que nos tiene nuestro Padre celestial.

El amor divino es *incondicional.* Él nos ama sin importar quiénes seamos, dónde hayamos estado, ni qué errores hayamos cometido. Lo que le importa al Señor es que le pertenecemos a Él.

Su amor por nosotros también es *absoluto.* Nunca oscila ni varía, y no conoce límites. Siempre procura lo mejor para nosotros, ayudándonos a crecer para que seamos semejantes a Jesús. Aun cuando Dios nos disciplina, lo hace como un Padre amoroso.

Entender lo mucho que somos amados y aceptar el amor de Dios por nosotros, nos libera para vivir y amar a la manera de Dios. Al amarle con todo nuestro corazón, alma, mente y fuerzas, encontramos la sabiduría y el poder para amar a nuestros semejantes.

¿Qué aspecto tiene el amor de Dios? Amar a Dios significa que dedicamos tiempo a profundizar nuestra relación con Jesucristo. Lo amamos cuando nos entregamos de todo corazón a conocerlo y aprender qué le agrada. Expresamos nuestro amor dándonos a Él y haciendo un compromiso firme de obedecerlo.

La Palabra de Dios también nos dice que cuando amamos a otros, estamos amando a Jesús (Mt 25.40). Amar a los demás a la manera de Dios significa que vamos a procurar lo mejor de Dios para ellos. Vamos a pedirle que nos muestre qué podemos decir y hacer en beneficio de los demás. Trataremos de contestar esta pregunta: «¿Cómo puedo edificar a esta persona y ayudarle a crecer para que se asemeje más a Cristo?» Cuando amamos a las personas en obediencia a Dios, buscaremos maneras de expresarles el amor de Dios. El amor demuestra que pertenecemos a Jesús (Jn 13.35).

Fuimos creados para amar a Dios y a nuestro prójimo. Querido(a) hijo(a) de Dios, le invito a recibir hoy mismo el torrente de amor que Dios quiere hacer rebosar en su vida.

Para un estudio más a fondo, véase el Índice de Principios de vida:

1. *Nuestra intimidad con Dios, que es su prioridad para nosotros, determina el impacto que causen nuestras vidas.*
12. *La paz con Dios es fruto de nuestra unidad con Él.*
25. *Dios nos bendice para que nosotros podamos bendecir a otros.*

3 Tus dos pechos, como gemelos de
gacela.
4 Tu cuello, como torre de marfil;
Tus ojos, como los estanques de Hesbón
junto a la puerta de Bat-rabim;
Tu nariz, como la torre del Líbano,
Que mira hacia Damasco.
5 Tu cabeza encima de ti, como el
Carmelo;
Y el cabello de tu cabeza, como la
púrpura del rey
Suspendida en los corredores.

6 ¡Qué hermosa eres, y cuán suave,
Oh amor deleitoso!
7 Tu estatura es semejante a la palmera,
Y tus pechos a los racimos.

8 Yo dije: Subiré a la palmera,
Asiré sus ramas.
Deja que tus pechos sean como racimos de vid,
Y el olor de tu boca como de manzanas,
9 Y tu paladar como el buen vino,
Que se entra a mi amado suavemente,
Y hace hablar los labios de los viejos.
* 10 Yo soy de mi amado,
Y conmigo tiene su contentamiento.
11 Ven, oh amado mío, salgamos al campo,
Moremos en las aldeas.
12 Levantémonos de mañana a las viñas;
Veamos si brotan las vides, si están en cierne,
Si han florecido los granados;
Allí te daré mis amores.
13 Las mandrágoras han dado olor,
Y a nuestras puertas hay toda suerte de dulces frutas,
Nuevas y añejas, que para ti, oh amado mío, he guardado.

8 ¡OH, si tú fueras como un hermano mío
Que mamó los pechos de mi madre!
Entonces, hallándote fuera, te besaría,
Y no me menospreciarían.
2 Yo te llevaría, te metería en casa de mi madre;
Tú me enseñarías,
Y yo te haría beber vino
Adobado del mosto de mis granadas.
3 Su izquierda esté debajo de mi cabeza,
Y su derecha me abrace.
4 Os conjuro, oh doncellas de Jerusalén,
Que no despertéis ni hagáis velar al amor,
Hasta que quiera.

El poder del amor

5 ¿Quién es ésta que sube del desierto,
Recostada sobre su amado?
Debajo de un manzano te desperté;
Allí tuvo tu madre dolores,
Allí tuvo dolores la que te dio a luz.
6 Ponme como un sello sobre tu corazón, ➤
como una marca sobre tu brazo;
Porque fuerte es como la muerte el amor;
Duros como el Seol los celos;
Sus brasas, brasas de fuego, fuerte llama.
7 Las muchas aguas no podrán apagar el amor, *
Ni lo ahogarán los ríos.
Si diese el hombre todos los bienes de su casa por este amor,
De cierto lo menospreciarían.
8 Tenemos una pequeña hermana,
Que no tiene pechos;
¿Qué haremos a nuestra hermana
Cuando de ella se hablare?
9 Si ella es muro,
Edificaremos sobre él un palacio de plata;
Si fuere puerta,
La guarneceremos con tablas de cedro.
10 Yo soy muro, y mis pechos como torres,
Desde que fui en sus ojos como la que halla paz.
11 Salomón tuvo una viña en Baal-hamón,
La cual entregó a guardas,
Cada uno de los cuales debía traer mil monedas de plata por su fruto.
12 Mi viña, que es mía, está delante de mí;
Las mil serán tuyas, oh Salomón,
Y doscientas para los que guardan su fruto.
13 Oh, tú que habitas en los huertos,
Los compañeros escuchan tu voz;
Házmela oír.
14 Apresúrate, amado mío,
Y sé semejante al corzo, o al cervatillo,
Sobre las montañas de los aromas.

LECCIONES DE VIDA

➤ ***8.6 — Ponme como un sello sobre tu corazón, como una marca sobre tu brazo.***

La devoción verdadera empieza en el corazón y se manifiesta en expresiones de amor que involucran el resto de nuestro ser. Los cónyuges se anhelan y necesitan el uno al otro en todo sentido, y Dios quiere lo mismo de nosotros. Él quiere nuestra devoción y nos corresponde de todo corazón, ya que se ha comprometido a estar con nosotros en todos los momentos de la vida.

EL LIBRO DE ISAÍAS

La estructura del libro de Isaías es como la Biblia en miniatura. Aunque las divisiones en capítulos y versículos de las Escrituras se desarrollaron con el paso del tiempo, hasta en las divisiones del libro de Isaías resulta muy interesante que los primeros treinta y nueve capítulos (de forma similar a los treinta y nueve libros del Antiguo Testamento) contengan anuncios de todos los juicios sobre el pueblo inmoral e idólatra. Judá ha pecado; las naciones de alrededor han pecado; la tierra entera ha pecado. El juicio es inminente, pues Dios no puede permitir que tanto pecado flagrante quede indefinidamente sin castigo. Los últimos veintisiete capítulos (al igual que los veintisiete libros del Nuevo Testamento) se enfocan más en un mensaje de esperanza. El Mesías viene como nuestro Salvador y Soberano, cargando una cruz y llevando una corona; el Señor restaurará a su pueblo y les dará un corazón para que lo sigan en todos sus caminos.

El nombre «Isaías» proviene del hebreo *Yesha'yahu* y su forma abreviada *Yeshayáh* que significa «Yahvé es salvación». Este nombre constituye una síntesis excelente de los contenidos del libro. ¡Dios salva! Y no lo hace porque su pueblo lo merezca, sino por amor de su nombre y por su gloria incomparable (Is 43.25; 48.11).

El ministerio profético de Isaías abarcó los reinados de cuatro reyes de Judá (Uzías, Jotam, Acaz y Ezequías) y duró como mínimo cuarenta años, pero pudo extenderse hasta sesenta años. Según la tradición, este profeta murió aserrado durante el reinado del perverso rey Manasés (compárese He 11.37).

Isaías es el libro más citado del Antiguo Testamento en el Nuevo Testamento, y el profeta Isaías se considera el más grande de los «profetas escritores» (aquellos cuyos escritos fueron incluidos en la Biblia), puesto que muchas de sus profecías se centran en el Mesías venidero y un tiempo de gran bendición divina, cuando «la tierra será llena del conocimiento de Jehová, como las aguas cubren el mar» (Is 11.9).

Tema: El «Santo de Israel» (Is 1.4; 5.19; 10.20; etc.) llama a su pueblo a una vida de rectitud y justicia, pero cuando ellos le dan la espalda y rechazan sus caminos, el resultado inevitable es juicio. Sin embargo, Dios siempre preserva un remanente fiel, al cual salvará y rescatará de maneras asombrosas que en últimas traerán bendición al mundo entero.

Autor: Isaías, el hijo de Amoz. Algunos eruditos creen que un segundo profeta se encargó de escribir los capítulos 40—66. Otros fragmentan aun más la autoría, postulando divisiones entre los capítulos 40—55 (*Deutero-Isaías*; escrito durante el exilio) y 56—66 (*Trito-Isaías*; compuesto tras el exilio). No obstante, el descubrimiento de los rollos del Mar Muerto parece confirmar que tuvo un autor solamente.

Fecha: Isaías profetizó desde el tiempo de Uzías (ca. 740 a.C.) hasta el tiempo de Ezequías (ca. 681 a.C.).

Estructura: La primera parte de Isaías cubre los sucesos y las profecías en la historia de Israel que culminan en el cautiverio babilónico (1.1—39.8). La segunda parte del libro contiene advertencias, predicciones y profecías relacionadas con Judá desde el tiempo del cautiverio en Babilonia hasta la llegada del Mesías, Jesucristo, y hacia el futuro lejano (40.1—66.24).

A medida que lea Isaías, fíjese en los principios de vida que juegan un papel importante en este libro:

29. Aprendemos más en nuestras experiencias por el valle de lágrimas que en las de la cumbre del éxito. *Véase Isaías 29.24; página 784.*

14. Dios actúa a favor de quienes esperan en Él. *Véase Isaías 30.18; 64.4; páginas 786, 815.*

12. La paz con Dios es fruto de nuestra unidad con Él. *Véase Isaías 57.21; página 810.*

Una nación pecadora

1 VISIÓN de Isaías hijo de Amoz, la cual
vio acerca de Judá y Jerusalén en días
de Uzías,[a] Jotam,[b] Acaz[c] y Ezequías,[d] reyes
de Judá.
2 Oíd, cielos, y escucha tú, tierra; porque
habla Jehová: Crié hijos, y los engrandecí, y
ellos se rebelaron contra mí.
3 El buey conoce a su dueño, y el asno el pesebre de su señor; Israel no entiende, mi pueblo
no tiene conocimiento.
4 ¡Oh gente pecadora, pueblo cargado de maldad, generación de malignos, hijos deprava-
dos! Dejaron a Jehová, provocaron a ira al
Santo de Israel, se volvieron atrás.
➢ 5 ¿Por qué querréis ser castigados aún? ¿Todavía os rebelaréis? Toda cabeza está enferma, y
todo corazón doliente.
6 Desde la planta del pie hasta la cabeza no
hay en él cosa sana, sino herida, hinchazón y
podrida llaga; no están curadas, ni vendadas,
ni suavizadas con aceite.
7 Vuestra tierra está destruida, vuestras ciudades puestas a fuego, vuestra tierra delante
de vosotros comida por extranjeros, y asolada
como asolamiento de extraños.
8 Y queda la hija de Sion como enramada en
viña, y como cabaña en melonar, como ciudad asolada.
9 Si Jehová de los ejércitos no nos hubiese
dejado un resto pequeño, como Sodoma fuéramos, y semejantes a Gomorra.[e]

Llamamiento al arrepentimiento verdadero

10 Príncipes de Sodoma, oíd la palabra de
Jehová; escuchad la ley de nuestro Dios, pueblo de Gomorra.
11 ¿Para qué me sirve, dice Jehová, la multitud de vuestros sacrificios? Hastiado estoy de
holocaustos de carneros y de sebo de animales gordos; no quiero sangre de bueyes, ni de
ovejas, ni de machos cabríos.
12 ¿Quién demanda esto de vuestras manos,
cuando venís a presentaros delante de mí para
hollar mis atrios?
13 No me traigáis más vana ofrenda; el
incienso me es abominación; luna nueva y
día de reposo,* el convocar asambleas, no lo
puedo sufrir; son iniquidad vuestras fiestas
solemnes.
14 Vuestras lunas nuevas y vuestras fiestas
solemnes las tiene aborrecidas mi alma; me
son gravosas; cansado estoy de soportarlas.[f]
15 Cuando extendáis vuestras manos, yo
esconderé de vosotros mis ojos; asimismo
cuando multipliquéis la oración, yo no oiré;
llenas están de sangre vuestras manos.
16 Lavaos y limpiaos; quitad la iniquidad de
vuestras obras de delante de mis ojos; dejad
de hacer lo malo;
17 aprended a hacer el bien; buscad el juicio,
restituid al agraviado, haced justicia al huérfano, amparad a la viuda.
18 Venid luego, dice Jehová, y estemos a cuen- ≺
ta: si vuestros pecados fueren como la grana,
como la nieve serán emblanquecidos; si fueren rojos como el carmesí, vendrán a ser como
blanca lana.
19 Si quisiereis y oyereis, comeréis el bien de *
la tierra;
20 si no quisiereis y fuereis rebeldes, seréis
consumidos a espada; porque la boca de Jehová lo ha dicho.

Juicio y redención de Jerusalén

21 ¿Cómo te has convertido en ramera, oh ciudad fiel? Llena estuvo de justicia, en ella habitó la equidad; pero ahora, los homicidas.
22 Tu plata se ha convertido en escorias, tu
vino está mezclado con agua.
23 Tus príncipes, prevaricadores y compañeros de ladrones; todos aman el soborno, y
van tras las recompensas; no hacen justicia al
huérfano, ni llega a ellos la causa de la viuda.
24 Por tanto, dice el Señor, Jehová de los ejércitos, el Fuerte de Israel: Ea, tomaré satisfacción de mis enemigos, me vengaré de mis
adversarios;
25 y volveré mi mano contra ti, y limpiaré hasta lo más puro tus escorias, y quitaré toda tu
impureza.

* Aquí equivale *a sábado*.

a. 1.1 2 R 15.1-7; 2 Cr 26.1-23. **b. 1.1** 2 R 15.32-38; 2 Cr 27.1-9. **c. 1.1** 2 R 16.1-20; 2 Cr 28.1-27. **d. 1.1** 2 R 18.1—20.21; 2 Cr 29.1—32.33. **e. 1.9** Gn 19.24; Ro 9.29. **f. 1.11-14** Am 5.21-22.

LECCIONES DE VIDA

➢ ***1.5 — ¿Por qué querréis ser castigados aún?***

El Señor quiere bendecirnos por nuestra obediencia, no disciplinarnos por nuestra desobediencia. Por eso nos insta a apartarnos de nuestro pecado y seguirlo a Él, de tal modo que pueda llevarnos de vuelta a una relación sana con Él.

➢ ***1.18 — Venid luego, dice Jehová, y estemos a cuenta: si vuestros pecados fueren como la grana, como la nieve serán emblanquecidos.***

Esta es una invitación a establecer una relación que sólo Dios puede ofrecer, porque sólo Él puede quitar el pecado que nos separa de Él. Dios nos emblanquece como la nieve y nos limpia por completo de nuestro pecado por medio de su Hijo, Jesucristo (Ef 2.13; Ap 7.9–14). Además, nos invita a que «estemos a cuenta» con Él, lo cual significa que debemos presentarle nuestro caso. Este diálogo edifica nuestra relación con Él y nos ayuda a aprender que Dios es justo en todo lo que dice y hace.

26 Restauraré tus jueces como al principio, y tus consejeros como eran antes; entonces te llamarán Ciudad de justicia, Ciudad fiel.
27 Sion será rescatada con juicio, y los convertidos de ella con justicia.
28 Pero los rebeldes y pecadores a una serán quebrantados, y los que dejan a Jehová serán consumidos.
29 Entonces os avergonzarán las encinas que amasteis, y os afrentarán los huertos que escogisteis.
30 Porque seréis como encina a la que se le cae la hoja, y como huerto al que le faltan las aguas.
31 Y el fuerte será como estopa, y lo que hizo como centella; y ambos serán encendidos juntamente, y no habrá quien apague.

Reinado universal de Jehová
(Mi 4.1-3)

2 LO que vio Isaías hijo de Amoz acerca de Judá y de Jerusalén.
2 Acontecerá en lo postrero de los tiempos, que será confirmado el monte de la casa de Jehová como cabeza de los montes, y será exaltado sobre los collados, y correrán a él todas las naciones.
➤ 3 Y vendrán muchos pueblos, y dirán: Venid, y subamos al monte de Jehová, a la casa del Dios de Jacob; y nos enseñará sus caminos, y caminaremos por sus sendas. Porque de Sion saldrá la ley, y de Jerusalén la palabra de Jehová.
4 Y juzgará entre las naciones, y reprenderá a muchos pueblos; y volverán sus espadas en rejas de arado, y sus lanzas en hoces;[a] no alzará espada nación contra nación, ni se adiestrarán más para la guerra.

Juicio de Jehová contra los soberbios

5 Venid, oh casa de Jacob, y caminaremos a la luz de Jehová.
6 Ciertamente tú has dejado tu pueblo, la casa de Jacob, porque están llenos de costumbres traídas del oriente, y de agoreros, como los filisteos; y pactan con hijos de extranjeros.
7 Su tierra está llena de plata y oro, sus tesoros no tienen fin. También está su tierra llena de caballos, y sus carros son innumerables.
8 Además su tierra está llena de ídolos, y se han arrodillado ante la obra de sus manos y ante lo que fabricaron sus dedos.
9 Y se ha inclinado el hombre, y el varón se ha humillado; por tanto, no los perdones.
10 Métete en la peña,[b] escóndete en el polvo, de la presencia temible de Jehová, y del resplandor de su majestad.
11 La altivez de los ojos del hombre será abatida, y la soberbia de los hombres será humillada; y Jehová solo será exaltado en aquel día.
12 Porque día de Jehová de los ejércitos vendrá sobre todo soberbio y altivo, sobre todo enaltecido, y será abatido;
13 sobre todos los cedros del Líbano altos y erguidos, y sobre todas las encinas de Basán;
14 sobre todos los montes altos, y sobre todos los collados elevados;
15 sobre toda torre alta, y sobre todo muro fuerte;
16 sobre todas las naves de Tarsis, y sobre todas las pinturas preciadas.
17 La altivez del hombre será abatida, y la soberbia de los hombres será humillada; y solo Jehová será exaltado en aquel día. ➤
18 Y quitará totalmente los ídolos.
19 Y se meterán en las cavernas de las peñas y en las aberturas de la tierra, por la presencia temible de Jehová, y por el resplandor de su majestad, cuando él se levante para castigar la tierra.
20 Aquel día arrojará el hombre a los topos y murciélagos sus ídolos de plata y sus ídolos de oro, que le hicieron para que adorase,
21 y se meterá en las hendiduras de las rocas y en las cavernas de las peñas, por la presencia formidable de Jehová, y por el resplandor de su majestad, cuando se levante para castigar la tierra.
22 Dejaos del hombre, cuyo aliento está en su nariz; porque ¿de qué es él estimado?

Juicio de Jehová contra Judá y Jerusalén

3 PORQUE he aquí que el Señor Jehová de los ejércitos quita de Jerusalén y de Judá al sustentador y al fuerte, todo sustento de pan y todo socorro de agua;

a. 2.4 Jl 3.10. **b. 2.10** Ap 6.15.

LECCIONES DE VIDA

➤ ***2.3 — nos enseñará sus caminos, y caminaremos por sus sendas.***

Dios dispuso que la vida de fe se viviera y expresara en una comunidad de creyentes que comparten la misma fe y la mente de Cristo (1 Co 12.7–14; Ef 4.4–13; He 10.24, 25). Él *nos* enseña sus caminos para que *podamos* caminar en sus sendas. Si está tratando de lograrlo por su cuenta, en su propia fe individual, usted nunca crecerá como Dios quiere.

➤ ***2.17 — La altivez del hombre será abatida, y la soberbia de los hombres será humillada; y solo Jehová será exaltado en aquel día.***

Viene el día cuando la soberbia y la arrogancia del hombre serán aplastadas para siempre, y el mundo entero reconocerá que Dios es el único Rey. Como seguidores de Cristo, podemos anticipar aquel día siendo humildes ante Él, por iniciativa propia.

2 el valiente y el hombre de guerra, el juez y el
profeta, el adivino y el anciano;
3 el capitán de cincuenta y el hombre de respeto, el consejero, el artífice excelente y el
hábil orador.
4 Y les pondré jóvenes por príncipes, y muchachos serán sus señores.
5 Y el pueblo se hará violencia unos a otros,
cada cual contra su vecino; el joven se levantará contra el anciano, y el villano contra el
noble.
6 Cuando alguno tomare de la mano a su hermano, de la familia de su padre, y le dijere:
Tú tienes vestido, tú serás nuestro príncipe, y
toma en tus manos esta ruina;
7 él jurará aquel día, diciendo: No tomaré ese
cuidado; porque en mi casa ni hay pan, ni qué
vestir; no me hagáis príncipe del pueblo.
➤ 8 Pues arruinada está Jerusalén, y Judá ha
caído; porque la lengua de ellos y sus obras
han sido contra Jehová para irritar los ojos de
su majestad.
9 La apariencia de sus rostros testifica contra
ellos; porque como Sodoma publican su pecado, no lo disimulan. ¡Ay del alma de ellos! porque amontonaron mal para sí.
➤ 10 Decid al justo que le irá bien, porque
comerá de los frutos de sus manos.
11 ¡Ay del impío! Mal le irá, porque según las
obras de sus manos le será pagado.
12 Los opresores de mi pueblo son muchachos, y mujeres se enseñorearon de él. Pueblo
mío, los que te guían te engañan, y tuercen el
curso de tus caminos.
13 Jehová está en pie para litigar, y está para
juzgar a los pueblos.
14 Jehová vendrá a juicio contra los ancianos
de su pueblo y contra sus príncipes; porque
vosotros habéis devorado la viña, y el despojo
del pobre está en vuestras casas.
15 ¿Qué pensáis vosotros que majáis mi pueblo y moléis las caras de los pobres? dice el
Señor, Jehová de los ejércitos.

Juicio contra las hijas de Sion

16 Asimismo dice Jehová: Por cuanto las hijas
de Sion se ensoberbecen, y andan con cuello
erguido y con ojos desvergonzados; cuando andan van danzando, y haciendo son con
los pies;
17 por tanto, el Señor raerá la cabeza de
las hijas de Sion, y Jehová descubrirá sus
vergüenzas.
18 Aquel día quitará el Señor el atavío del calzado, las redecillas, las lunetas,
19 los collares, los pendientes y los
brazaletes,
20 las cofias, los atavíos de las piernas, los
partidores del pelo, los pomitos de olor y los
zarcillos,
21 los anillos, y los joyeles de las narices,
22 las ropas de gala, los mantoncillos, los
velos, las bolsas,
23 los espejos, el lino fino, las gasas y los
tocados.
24 Y en lugar de los perfumes aromáticos vendrá hediondez; y cuerda en lugar de cinturón,
y cabeza rapada en lugar de la compostura del
cabello; en lugar de ropa de gala ceñimiento
de cilicio, y quemadura en vez de hermosura.
25 Tus varones caerán a espada, y tu fuerza
en la guerra.
26 Sus puertas se entristecerán y enlutarán, y
ella, desamparada, se sentará en tierra.
4 ECHARÁN mano de un hombre siete mujeres en aquel tiempo, diciendo: Nosotras
comeremos de nuestro pan, y nos vestiremos
de nuestras ropas; solamente permítenos llevar tu nombre, quita nuestro oprobio.

Futuro glorioso de Jerusalén

2 En aquel tiempo el renuevo de Jehová será ➤
para hermosura y gloria, y el fruto de la tierra para grandeza y honra, a los sobrevivientes de Israel.
3 Y acontecerá que el que quedare en Sion, y
el que fuere dejado en Jerusalén, será llamado
santo; todos los que en Jerusalén estén registrados entre los vivientes,
4 cuando el Señor lave las inmundicias de las
hijas de Sion, y limpie la sangre de Jerusalén
de en medio de ella, con espíritu de juicio y
con espíritu de devastación.

LECCIONES DE VIDA

➤ ***3.8 — Judá ha caído; porque la lengua de ellos y sus obras han sido contra Jehová para irritar los ojos de su majestad.***

El pecado es una afrenta a la gloria de Dios, un insulto a su bondad y rectitud. Es especialmente serio cuando un creyente peca, pues ofende el carácter santo del Señor al cual ha sido relacionado por la redención.

➤ ***3.10 — Decid al justo que le irá bien, porque comerá de los frutos de sus manos.***

Dios siempre recompensa la fidelidad y la obediencia. Aunque Dios iba a juzgar a Judá por su pecado, quería animar a los contados creyentes justos que quedaban a que siguieran viviendo para Él, pues Él se acordaría de sus buenas acciones.

➤ ***4.2 — En aquel tiempo el renuevo de Jehová será para hermosura y gloria.***

Isaías es el primer profeta que llama al Mesías venidero por el nombre «renuevo», que lo describe como Aquel que lleva el fruto de la salvación para el reino de Dios (Is 45.8). Isaías ve llegar un tiempo en que Jesús reinará en gloria y traerá justicia y rectitud al mundo entero (Is 11.1; Jer 23.5; 33.15; Zac 3.8–9).

5 Y creará Jehová sobre toda la morada del
monte de Sion, y sobre los lugares de sus convocaciones, nube y oscuridad de día, y de
noche resplandor de fuego que eche llamas;
porque sobre toda gloria habrá un dosel,
6 y habrá un abrigo para sombra contra el
calor del día, para refugio y escondedero contra el turbión y contra el aguacero.

Parábola de la viña

5 AHORA cantaré por mi amado el cantar
de mi amado a su viña.[a] Tenía mi amado
una viña en una ladera fértil.
2 La había cercado y despedregado y plantado de vides escogidas; había edificado en
medio de ella una torre, y hecho también en
ella un lagar; y esperaba que diese uvas, y dio
uvas silvestres.
3 Ahora, pues, vecinos de Jerusalén y varones
de Judá, juzgad ahora entre mí y mi viña.
4 ¿Qué más se podía hacer a mi viña, que yo
no haya hecho en ella? ¿Cómo, esperando yo
que diese uvas, ha dado uvas silvestres?
5 Os mostraré, pues, ahora lo que haré yo a mi
viña: Le quitaré su vallado, y será consumida;
aportillaré su cerca, y será hollada.
6 Haré que quede desierta; no será podada
ni cavada, y crecerán el cardo y los espinos;
y aun a las nubes mandaré que no derramen
lluvia sobre ella.
7 Ciertamente la viña de Jehová de los ejércitos es la casa de Israel, y los hombres de Judá
planta deliciosa suya. Esperaba juicio, y he
aquí vileza; justicia, y he aquí clamor.

Ayes sobre los malvados

8 ¡Ay de los que juntan casa a casa, y añaden heredad a heredad hasta ocuparlo todo!
¿Habitaréis vosotros solos en medio de la tierra?
9 Ha llegado a mis oídos de parte de Jehová de los ejércitos, que las muchas casas han
de quedar asoladas, sin morador las grandes
y hermosas.
10 Y diez yugadas de viña producirán un bato,
y un homer de semilla producirá un efa.
11 ¡Ay de los que se levantan de mañana para
seguir la embriaguez; que se están hasta la
noche, hasta que el vino los enciende!
➤12 Y en sus banquetes hay arpas, vihuelas, tamboriles, flautas y vino, y no miran la
obra de Jehová, ni consideran la obra de sus
manos.
13 Por tanto, mi pueblo fue llevado cautivo, porque no tuvo conocimiento; y su gloria pereció de hambre, y su multitud se secó
de sed.
14 Por eso ensanchó su interior el Seol, y sin
medida extendió su boca; y allá descenderá la
gloria de ellos, y su multitud, y su fausto, y el
que en él se regocijaba.
15 Y el hombre será humillado, y el varón
será abatido, y serán bajados los ojos de los
altivos.
16 Pero Jehová de los ejércitos será exaltado en juicio, y el Dios Santo será santificado
con justicia.
17 Y los corderos serán apacentados según su
costumbre; y extraños devorarán los campos
desolados de los ricos.
18 ¡Ay de los que traen la iniquidad con cuerdas de vanidad, y el pecado como con coyundas de carreta,
19 los cuales dicen: Venga ya, apresúrese su
obra, y veamos; acérquese, y venga el consejo
del Santo de Israel, para que lo sepamos!
20 ¡Ay de los que a lo malo dicen bueno, y a ➤
lo bueno malo; que hacen de la luz tinieblas, y
de las tinieblas luz; que ponen lo amargo por
dulce, y lo dulce por amargo!
21 ¡Ay de los sabios en sus propios ojos, y de
los que son prudentes delante de sí mismos!
22 ¡Ay de los que son valientes para beber
vino, y hombres fuertes para mezclar bebida;
23 los que justifican al impío mediante cohecho, y al justo quitan su derecho!
24 Por tanto, como la lengua del fuego consume el rastrojo, y la llama devora la paja, así
será su raíz como podredumbre, y su flor se
desvanecerá como polvo; porque desecharon
la ley de Jehová de los ejércitos, y abominaron la palabra del Santo de Israel.
25 Por esta causa se encendió el furor de
Jehová contra su pueblo, y extendió contra
él su mano, y le hirió; y se estremecieron los
montes, y sus cadáveres fueron arrojados en
medio de las calles. Con todo esto no ha cesado su furor, sino que todavía su mano está
extendida.

a. 5.1-2 Mt 21.33; Mr 12.1; Lc 20.9.

LECCIONES DE VIDA

➤ ***5.12 — en sus banquetes hay arpas, vihuelas, tamboriles, flautas y vino, y no miran la obra de Jehová.***

Dios nos da la música, la comida y las celebraciones para disfrutarlas, pero no quiere que lo hagamos aparte de Él ni en lugar de disfrutarlo a Él. Dios debe estar en el centro de todo lo que hacemos, todo el tiempo.

➤ ***5.20 — ¡Ay de los que a lo malo dicen bueno, y a lo bueno malo; que hacen de la luz tinieblas, y de las tinieblas luz; que ponen lo amargo por dulce, y lo dulce por amargo!***

Cuando Dios en su Palabra dice que algo es malo, lo es. Cuando designa una cosa como amarga, ninguna multitud de autoridades religiosas podrá hacerla dulce mediante sus declaraciones solemnes. Dios es nuestra autoridad absoluta.

26 Alzará pendón a naciones lejanas, y silbará al que está en el extremo de la tierra; y he aquí que vendrá pronto y velozmente.
27 No habrá entre ellos cansado, ni quien tropiece; ninguno se dormirá, ni le tomará sueño; a ninguno se le desatará el cinto de los lomos, ni se le romperá la correa de sus sandalias.
28 Sus saetas estarán afiladas, y todos sus arcos entesados; los cascos de sus caballos parecerán como de pedernal, y las ruedas de sus carros como torbellino.
29 Su rugido será como de león; rugirá a manera de leoncillo, crujirá los dientes, y arrebatará la presa; se la llevará con seguridad, y nadie se la quitará.
30 Y bramará sobre él en aquel día como bramido del mar; entonces mirará hacia la tierra, y he aquí tinieblas de tribulación, y en sus cielos se oscurecerá la luz.

Visión y llamamiento de Isaías

➤ 6 EN el año que murió el rey Uzías[a] vi yo al Señor sentado sobre un trono alto y sublime, y sus faldas llenaban el templo.
2 Por encima de él había serafines; cada uno tenía seis alas; con dos cubrían sus rostros, con dos cubrían sus pies, y con dos volaban.
➤ 3 Y el uno al otro daba voces, diciendo: Santo, santo, santo, Jehová de los ejércitos;[b] toda la tierra está llena de su gloria.
4 Y los quiciales de las puertas se estremecieron con la voz del que clamaba, y la casa se llenó de humo.[c]
5 Entonces dije: ¡Ay de mí! que soy muerto; porque siendo hombre inmundo de labios, y habitando en medio de pueblo que tiene labios inmundos, han visto mis ojos al Rey, Jehová de los ejércitos.
6 Y voló hacia mí uno de los serafines, teniendo en su mano un carbón encendido, tomado del altar con unas tenazas;
7 y tocando con él sobre mi boca, dijo: He aquí que esto tocó tus labios, y es quitada tu culpa, y limpio tu pecado.
➤ 8 Después oí la voz del Señor, que decía: ¿A quién enviaré, y quién irá por nosotros? Entonces respondí yo: Heme aquí, envíame a mí.
9 Y dijo: Anda, y di a este pueblo: Oíd bien, y no entendáis; ved por cierto, mas no comprendáis.
10 Engruesa el corazón de este pueblo, y agrava sus oídos, y ciega sus ojos, para que no vea con sus ojos, ni oiga con sus oídos, ni su corazón entienda, ni se convierta, y haya para él sanidad.[d]
11 Y yo dije: ¿Hasta cuándo, Señor? Y respondió él: Hasta que las ciudades estén asoladas y sin morador, y no haya hombre en las casas, y la tierra esté hecha un desierto;

Ejemplos de vida

ISAÍAS

El encuentro que le cambió la vida

IS 6.1–8

La vida de Isaías cambió por completo cuando el profeta vio al Señor majestuoso sentado sobre su trono celestial. Su visión imponente de Dios lo atravesó hasta la médula y lo motivó a exclamar: «¡Ay de mí! … porque siendo hombre inmundo de labios… han visto mis ojos al Rey, Jehová de los ejércitos» (Is 6.5).

Usted jamás enfrentará eficazmente su pecado sin darse cuenta primero de quién es Dios. Si estudia su Palabra y empieza a captar la magnitud de su santidad, una reverencia profunda por Él empezará a surgir de su corazón. Como Isaías, usted necesita ser humillado delante de Él y entender cuán alejado está de su santidad. Pero antes de sucumbir al desánimo, recuerde que Dios le ama con un amor eterno.

Por medio de la muerte de Jesús en la cruz, Dios quita sus pecados y le muestra su amor admirable. La crucifixión y la resurrección son las visiones hermosas que Dios le da *a usted* de su santidad y su gloriosa majestad.

¿Ha tenido un encuentro con el Señor que le haya cambiado la vida? Isaías lo experimentó, y su vida quedó transformada para siempre.

Para un estudio más a fondo, véase el Índice de Principios de vida:

4. *Estar conscientes de la presencia de Dios nos da energías para desempeñar nuestro trabajo.*
15. *El quebrantamiento es el requisito de Dios para que seamos útiles al máximo.*

12 hasta que Jehová haya echado lejos a los hombres, y multiplicado los lugares abandonados en medio de la tierra.

a. 6.1 2 R 15.7; 2 Cr 26.23. **b. 6.3** Ap 4.8. **c. 6.4** Ap 15.8.
d. 6.9-10 Mt 13.14-15; Mr 4.12; Lc 8.10; Jn 12.40; Hch 28.26-27.

13 Y si quedare aún en ella la décima parte, ésta volverá a ser destruida; pero como el roble y la encina, que al ser cortados aún queda el tronco, así será el tronco, la simiente santa.

Mensaje de Isaías a Acaz

7 ACONTECIÓ en los días de Acaz hijo de Jotam, hijo de Uzías, rey de Judá, que Rezín rey de Siria y Peka hijo de Remalías, rey de Israel, subieron contra Jerusalén para combatirla; pero no la pudieron tomar.[a]
2 Y vino la nueva a la casa de David, diciendo: Siria se ha confederado con Efraín. Y se le estremeció el corazón, y el corazón de su pueblo, como se estremecen los árboles del monte a causa del viento.
3 Entonces dijo Jehová a Isaías: Sal ahora al encuentro de Acaz, tú, y Sear-jasub[1] tu hijo, al extremo del acueducto del estanque de arriba, en el camino de la heredad del Lavador,
4 y dile: Guarda, y repósate; no temas, ni se turbe tu corazón a causa de estos dos cabos de tizón que humean, por el ardor de la ira de Rezín y de Siria, y del hijo de Remalías.
5 Ha acordado maligno consejo contra ti el sirio, con Efraín y con el hijo de Remalías, diciendo:
6 Vamos contra Judá y aterroricémosla, y repartámosla entre nosotros, y pongamos en medio de ella por rey al hijo de Tabeel.
7 Por tanto, Jehová el Señor dice así: No subsistirá, ni será.
8 Porque la cabeza de Siria es Damasco, y la cabeza de Damasco, Rezín; y dentro de sesenta y cinco años Efraín será quebrantado hasta dejar de ser pueblo.
9 Y la cabeza de Efraín es Samaria, y la cabeza de Samaria el hijo de Remalías. Si vosotros no creyereis, de cierto no permaneceréis.
10 Habló también Jehová a Acaz, diciendo:
11 Pide para ti señal de Jehová tu Dios, demandándola ya sea de abajo en lo profundo, o de arriba en lo alto.
12 Y respondió Acaz: No pediré, y no tentaré a Jehová.
13 Dijo entonces Isaías: Oíd ahora, casa de David. ¿Os es poco el ser molestos a los hombres, sino que también lo seáis a mi Dios?
14 Por tanto, el Señor mismo os dará señal: He aquí que la virgen concebirá, y dará a luz un hijo,[b] y llamará su nombre Emanuel.[2]
15 Comerá mantequilla y miel, hasta que sepa desechar lo malo y escoger lo bueno.
16 Porque antes que el niño sepa desechar lo malo y escoger lo bueno, la tierra de los dos reyes que tú temes será abandonada.
17 Jehová hará venir sobre ti, sobre tu pueblo y sobre la casa de tu padre, días cuales nunca vinieron desde el día que Efraín se apartó de Judá, esto es, al rey de Asiria.

1 Esto es, *Un remanente volverá.* **2** Esto es, *Dios con nosotros.*
a. 7.1 2 R 16.5; 2 Cr 28.5-6. **b. 7.14** Mt 1.23.

LECCIONES DE VIDA

➤ ***6.1 — vi yo al Señor sentado sobre un trono alto y sublime.***

Mientras Isaías adoraba en el templo, recibió una vislumbre de Dios que le cambió la vida. La visión lo llevó a un lugar de conciencia absoluta de su propia pecaminosidad. Confrontado ante la profundidad de sus transgresiones, confesó sus pecados y reconoció que era indigno de estar en presencia de Dios Todopoderoso. Cuando adoramos al Señor, es posible que tengamos una experiencia similar en la que nos volvemos concientes de nuestra pecaminosidad e indignidad. Sin embargo, jamás deberíamos tener miedo de estar delante del Señor, porque Él nos ama y promete quitarnos toda nuestra culpa y limpiarnos de todo pecado (Is 6.7). De ese modo, podremos servirlo sin temores ni reservas, con gran gozo, humildad y devoción (Is 6.8).

➤ ***6.3 — Santo, santo, santo, Jehová de los ejércitos; toda la tierra está llena de su gloria.***

Cuando los serafines anunciaron la santidad de Dios, estaban declarando una verdad inconmovible. El Señor es totalmente perfecto en su santidad. La reiteración recalca que Él es absolutamente puro, completamente apartado del pecado, enteramente justo, recto y sin mancha. Por eso cuando nos dice «Sed santos, porque yo soy santo» (1 P 1.16), sabemos que sólo podemos lograrlo mediante la sangre de Jesús que nos limpia, el poder del Padre que nos capacita, y la guía del Espíritu Santo en nuestro interior (Mt 28.19, 20; Tit 3.5–7).

➤ ***6.8 — ¿A quién enviaré, y quién irá por nosotros? Entonces respondí yo: Heme aquí, envíame a mí.***

Isaías reconoció la santidad y la soberanía de Dios, y fue humillado en su presencia. Se sintió indigno de servir al Señor, pero fue agradecido por la oportunidad. Note que Dios primero *preparó* a Isaías para el servicio, y luego Isaías *se ofreció* a sí mismo al Señor. Dios nunca nos llamará a hacer algo para lo cual no nos haya equipado. Él quiere siervos preparados y dispuestos que lo obedezcan de todo corazón.

➤ ***7.9 — Si vosotros no creyereis, de cierto no permaneceréis.***

Nunca nos equivocaremos si ponemos nuestra confianza en Dios y vivimos conforme a sus promesas, pero nunca se nos acabarán los problemas si rehusamos creer que Él hará exactamente lo que ha dicho.

➤ ***7.14 — la virgen concebirá, y dará a luz un hijo, y llamará su nombre Emanuel.***

Aunque pueda parecer un detalle secundario, el nacimiento virginal de Jesucristo es central para nuestra salvación. Es un hecho irrefutable que el Cordero de Dios tenía que ser absolutamente perfecto (Lv 22.17–21; Mal 1.6–14). Debido a su nacimiento virginal, Jesús no tiene la misma naturaleza pecaminosa que nosotros tenemos (Gn 3.15; Ro 5.12), razón por la cual fue capaz de cargar con todas nuestras iniquidades y perdonarnos de ellas en la cruz. «Emanuel» significa «Dios con nosotros» (Mt 1.23). El Señor mismo vino a habitar entre nosotros y salvarnos de nuestros pecados (Fil 2.5, 6; Col 1.15, 19; 2.9).

18 Y acontecerá que aquel día silbará Jehová a la mosca que está en el fin de los ríos de
Egipto, y a la abeja que está en la tierra de
Asiria;
19 y vendrán y acamparán todos en los valles
desiertos, y en las cavernas de las piedras, y
en todos los zarzales, y en todas las matas.
20 En aquel día el Señor raerá con navaja
alquilada, con los que habitan al otro lado del
río, esto es, con el rey de Asiria, cabeza y pelo
de los pies, y aun la barba también quitará.
21 Acontecerá en aquel tiempo, que criará un
hombre una vaca y dos ovejas;
22 y a causa de la abundancia de leche que
darán, comerá mantequilla; ciertamente mantequilla y miel comerá el que quede en medio
de la tierra.
23 Acontecerá también en aquel tiempo, que
el lugar donde había mil vides que valían mil
siclos de plata, será para espinos y cardos.
24 Con saetas y arco irán allá, porque toda la
tierra será espinos y cardos.
25 Y a todos los montes que se cavaban con
azada, no llegarán allá por el temor de los
espinos y de los cardos, sino que serán para
pasto de bueyes y para ser hollados de los
ganados.

Sea Jehová vuestro temor

8 ME dijo Jehová: Toma una tabla grande,
y escribe en ella con caracteres legibles
tocante a Maher-salal-hasbaz.[1]
2 Y junté conmigo por testigos fieles al sacerdote Urías y a Zacarías hijo de Jeberequías.
3 Y me llegué a la profetisa, la cual concibió, y
dio a luz un hijo. Y me dijo Jehová: Ponle por
nombre Maher-salal-hasbaz.
4 Porque antes que el niño sepa decir: Padre
mío, y Madre mía, será quitada la riqueza de
Damasco y los despojos de Samaria delante
del rey de Asiria.
5 Otra vez volvió Jehová a hablarme, diciendo:
6 Por cuanto desechó este pueblo las aguas de
Siloé, que corren mansamente, y se regocijó
con Rezín y con el hijo de Remalías;
7 he aquí, por tanto, que el Señor hace subir
sobre ellos aguas de ríos, impetuosas y
muchas, esto es, al rey de Asiria con todo su
poder; el cual subirá sobre todos sus ríos, y
pasará sobre todas sus riberas;
8 y pasando hasta Judá, inundará y pasará
adelante, y llegará hasta la garganta; y extendiendo sus alas, llenará la anchura de tu tierra, oh Emanuel.
9 Reuníos, pueblos, y seréis quebrantados;
oíd, todos los que sois de lejanas tierras;
ceñíos, y seréis quebrantados; disponeos, y
seréis quebrantados.
10 Tomad consejo, y será anulado; proferid
palabra, y no será firme, porque Dios está con
nosotros.
11 Porque Jehová me dijo de esta manera con
mano fuerte, y me enseñó que no caminase
por el camino de este pueblo, diciendo:
12 No llaméis conspiración a todas las cosas
que este pueblo llama conspiración; ni temáis
lo que ellos temen, ni tengáis miedo.
13 A Jehová de los ejércitos, a él santificad;[a]
sea él vuestro temor, y él sea vuestro miedo.
14 Entonces él será por santuario; pero a las
dos casas de Israel, por piedra para tropezar,
y por tropezadero para caer, y por lazo y por
red al morador de Jerusalén.
15 Y muchos tropezarán entre ellos, y caerán,
y serán quebrantados;[b] y se enredarán y serán
apresados.
16 Ata el testimonio, sella la ley entre mis discípulos.
17 Esperaré, pues, a Jehová, el cual escondió su rostro de la casa de Jacob, y en él
confiaré.[c]
18 He aquí, yo y los hijos que me dio Jehová[d]
somos por señales y presagios en Israel, de
parte de Jehová de los ejércitos, que mora en
el monte de Sion.
19 Y si os dijeren: Preguntad a los encantadores y a los adivinos, que susurran hablando, responded: ¿No consultará el pueblo a
su Dios? ¿Consultará a los muertos por los
vivos?
20 ¡A la ley y al testimonio! Si no dijeren conforme a esto, es porque no les ha amanecido.
21 Y pasarán por la tierra fatigados y hambrientos, y acontecerá que teniendo hambre,

1 Esto es, *El despojo se apresura, la presa se precipita.*
a. 8.12-13 1 P 3.14-15. **b. 8.14-15** 1 P 2.8.
c. 8.17 He 2.13. **d. 8.18** He 2.13.

LECCIONES DE VIDA

➤ ***8.13 — A Jehová de los ejércitos, a él santificad; sea él vuestro temor, y él sea vuestro miedo.***

No tenemos que temer las amenazas de los hombres si tememos a Dios por encima de todo lo demás. Cuando las amenazas humanas nos parezcan más reales que las promesas de Dios, debemos recordar que la Palabra de Dios seguirá en pie cuando los hombres se vuelvan polvo.

➤ ***8.20 — ¡A la ley y al testimonio! Si no dijeren conforme a esto, es porque no les ha amanecido.***

Vivimos en un tiempo cuando la gente denigra la Biblia y valora su propia sabiduría y sus opiniones por encima de todo lo demás. Pero es una gran necedad ignorar la Palabra de Dios. Sin importar la opinión del momento, las Escrituras proclaman la verdad y a la final serán confirmadas completamente. En lo que respecta a todos aquellos que se atrevan a desafiar al Señor, «serán sumidos en las tinieblas» (Is 8.22).

se enojarán y maldecirán a su rey y a su Dios,
levantando el rostro en alto.
22 Y mirarán a la tierra, y he aquí tribulación y tinieblas, oscuridad y angustia; y serán
sumidos en las tinieblas.

Nacimiento y reinado del Mesías

➤ 9 MAS no habrá siempre oscuridad para la
que está ahora en angustia, tal como la
aflicción que le vino en el tiempo que livianamente tocaron la primera vez a la tierra de
Zabulón y a la tierra de Neftalí; pues al fin
llenará de gloria el camino del mar, de aquel
lado del Jordán, en Galilea de los gentiles.[a]
2 El pueblo que andaba en tinieblas vio gran
luz; los que moraban en tierra de sombra de
muerte, luz resplandeció sobre ellos.[b]
3 Multiplicaste la gente, y aumentaste la alegría. Se alegrarán delante de ti como se alegran en la siega, como se gozan cuando
reparten despojos.
4 Porque tú quebraste su pesado yugo, y la
vara de su hombro, y el cetro de su opresor,
como en el día de Madián.
5 Porque todo calzado que lleva el guerrero en el tumulto de la batalla, y todo manto
revolcado en sangre serán quemados, pasto
del fuego.
➤ 6 Porque un niño nos es nacido, hijo nos es
dado, y el principado sobre su hombro; y se
llamará su nombre Admirable, Consejero,
Dios fuerte, Padre eterno, Príncipe de paz.
✱ 7 Lo dilatado de su imperio y la paz no tendrán límite, sobre el trono de David y sobre su
reino, disponiéndolo y confirmándolo en juicio y en justicia desde ahora y para siempre.[c]
El celo de Jehová de los ejércitos hará esto.

La ira de Jehová contra Israel

8 El Señor envió palabra a Jacob, y cayó en
Israel.
9 Y la sabrá todo el pueblo, Efraín y los moradores de Samaria, que con soberbia y con altivez de corazón dicen:
10 Los ladrillos cayeron, pero edificaremos de
cantería; cortaron los cabrahigos, pero en su
lugar pondremos cedros.
11 Pero Jehová levantará los enemigos de
Rezín contra él, y juntará a sus enemigos;
12 del oriente los sirios, y los filisteos del
poniente; y a boca llena devorarán a Israel. Ni
con todo eso ha cesado su furor, sino que todavía su mano está extendida.
13 Pero el pueblo no se convirtió al que lo cas- ➤
tigaba, ni buscó a Jehová de los ejércitos.
14 Y Jehová cortará de Israel cabeza y cola,
rama y caña en un mismo día.
15 El anciano y venerable de rostro es la cabeza; el profeta que enseña mentira, es la cola.
16 Porque los gobernadores de este pueblo son
engañadores, y sus gobernados se pierden.
17 Por tanto, el Señor no tomará contentamiento en sus jóvenes, ni de sus huérfanos y
viudas tendrá misericordia; porque todos son
falsos y malignos, y toda boca habla despro-
pósitos. Ni con todo esto ha cesado su furor,
sino que todavía su mano está extendida.
18 Porque la maldad se encendió como fuego,
cardos y espinos devorará; y se encenderá en
lo espeso del bosque, y serán alzados como
remolinos de humo.
19 Por la ira de Jehová de los ejércitos se
oscureció la tierra, y será el pueblo como pasto del fuego; el hombre no tendrá piedad de
su hermano.
20 Cada uno hurtará a la mano derecha, y
tendrá hambre, y comerá a la izquierda, y no
se saciará; cada cual comerá la carne de su
brazo;
21 Manasés a Efraín, y Efraín a Manasés, y
ambos contra Judá. Ni con todo esto ha cesado su furor, sino que todavía su mano está
extendida.
10 ¡AY de los que dictan leyes injustas, y
prescriben tiranía,
2 para apartar del juicio a los pobres, y para
quitar el derecho a los afligidos de mi pueblo;

a. 9.1 Mt 4.15. **b. 9.2** Mt 4.16; Lc 1.79. **c. 9.7** Lc 1.32-33.

LECCIONES DE VIDA

➤ ***9.1, 2 — livianamente tocaron la primera vez a la tierra de Zabulón y a la tierra de Neftalí; pues al fin llenará de Gloria... Galilea de los gentiles. El pueblo que andaba en tinieblas vio gran luz.***

Esta profecía mesiánica fue cumplida en Mateo 4.13–16. Jesús creció en Nazaret de Galilea y predicó el evangelio a los habitantes de las regiones de Zabulón y Neptalí. Él demostró ser realmente «luz para revelación a los gentiles» (Lc 2.32) y «la luz del mundo» (Jn 8.12).

➤ ***9.6 — se llamará su nombre Admirable, Consejero, Dios Fuerte, Padre Eterno, Príncipe de Paz.***

Jesucristo vino al mundo a ser nuestro Príncipe de Paz, algo que excede por completo lo que podamos experimentar a nivel terrenal (Jn 14.27). Él también vino para ser nuestro Admirable Consejero a través del Espíritu Santo (Jn 14.16–21; 15.26; 16.7–15). También quiso revelarse como nuestro Dios Fuerte (Mt 1.23; 11.27; Jn 1.14; 14.9; He 1.1–3), y se manifestó en la tierra para restaurar nuestra relación con Él mismo, nuestro Padre Eterno (Ro 5.10, 11; 2 Co 5.18–21; Col 1.19–22). En últimas, Jesucristo vino para hacernos uno con Él (Jn 17.21–23; Ro 12.4, 5; 1 Co 1.30, 31; Ef 4.3–6; Col 3.14, 15).

➤ ***9.13 — el pueblo no se convirtió al que lo castigaba, ni buscó a Jehová de los ejércitos.***

Dios advirtió a Israel durante muchos años que se apartara de sus perversiones, antes de Él enviar finalmente a los asirios a destruir la nación y llevarse cautivo al pueblo. Dios usa la adversidad para convertirnos a Él, no para destruirnos.

para despojar a las viudas, y robar a los huérfanos!
3 ¿Y qué haréis en el día del castigo? ¿A quién os acogeréis para que os ayude, cuando venga de lejos el asolamiento? ¿En dónde dejaréis vuestra gloria?
4 Sin mí se inclinarán entre los presos, y entre los muertos caerán. Ni con todo esto ha cesado su furor, sino que todavía su mano está extendida.

Asiria, instrumento de Dios

5 Oh Asiria,[a] vara y báculo de mi furor, en su mano he puesto mi ira.
6 Le mandaré contra una nación pérfida, y sobre el pueblo de mi ira le enviaré, para que quite despojos, y arrebate presa, y lo ponga para ser hollado como lodo de las calles.
7 Aunque él no lo pensará así, ni su corazón lo imaginará de esta manera, sino que su pensamiento será desarraigar y cortar naciones no pocas.
8 Porque él dice: Mis príncipes, ¿no son todos reyes?
9 ¿No es Calno como Carquemis, Hamat como Arfad, y Samaria como Damasco?
10 Como halló mi mano los reinos de los ídolos, siendo sus imágenes más que las de Jerusalén y de Samaria;
11 como hice a Samaria y a sus ídolos, ¿no haré también así a Jerusalén y a sus ídolos?
12 Pero acontecerá que después que el Señor haya acabado toda su obra en el monte de Sion y en Jerusalén, castigará el fruto de la soberbia del corazón del rey de Asiria, y la gloria de la altivez de sus ojos.
13 Porque dijo: Con el poder de mi mano lo he hecho, y con mi sabiduría, porque he sido prudente; quité los territorios de los pueblos, y saqueé sus tesoros, y derribé como valientes a los que estaban sentados;
14 y halló mi mano como nido las riquezas de los pueblos; y como se recogen los huevos abandonados, así me apoderé yo de toda la tierra; y no hubo quien moviese ala, ni abriese boca y graznase.
➤ 15 ¿Se gloriará el hacha contra el que con ella corta? ¿Se ensoberbecerá la sierra contra el que la mueve? ¡Como si el báculo levantase al que lo levanta; como si levantase la vara al que no es leño!
16 Por esto el Señor, Jehová de los ejércitos, enviará debilidad sobre sus robustos, y debajo de su gloria encenderá una hoguera como ardor de fuego.
17 Y la luz de Israel será por fuego, y su Santo por llama, que abrase y consuma en un día sus cardos y sus espinos.
18 La gloria de su bosque y de su campo fértil consumirá totalmente, alma y cuerpo, y vendrá a ser como abanderado en derrota.
19 Y los árboles que queden en su bosque serán en número que un niño los pueda contar.
20 Acontecerá en aquel tiempo, que los que hayan quedado de Israel y los que hayan quedado de la casa de Jacob, nunca más se apoyarán en el que los hirió, sino que se apoyarán con verdad en Jehová, el Santo de Israel.
21 El remanente volverá, el remanente de Jacob volverá al Dios fuerte.
22 Porque si tu pueblo, oh Israel, fuere como las arenas del mar, el remanente de él volverá; la destrucción acordada rebosará justicia.
23 Pues el Señor, Jehová de los ejércitos, hará consumación ya determinada en medio de la tierra.[b]
24 Por tanto el Señor, Jehová de los ejércitos, dice así: Pueblo mío, morador de Sion, no temas de Asiria. Con vara te herirá, y contra ti alzará su palo, a la manera de Egipto;
25 mas de aquí a muy poco tiempo se acabará mi furor y mi enojo, para destrucción de ellos. ➤
26 Y levantará Jehová de los ejércitos azote contra él como la matanza de Madián en la peña de Oreb, y alzará su vara sobre el mar como hizo por la vía de Egipto.
27 Acontecerá en aquel tiempo que su carga será quitada de tu hombro, y su yugo de tu cerviz, y el yugo se pudrirá a causa de la unción.
28 Vino hasta Ajat, pasó hasta Migrón; en Micmas contará su ejército.
29 Pasaron el vado; se alojaron en Geba; Ramá tembló; Gabaa de Saúl huyó.
30 Grita en alta voz, hija de Galim; haz que se oiga hacia Lais, pobrecilla Anatot.

a. 10.5-34 Is 14.24-27; Nah 1.1—3.19; Sof 2.13-15.
b. 10.22-23 Ro 9.27-28.

LECCIONES DE VIDA

➤ ***10.15 — ¿Se gloriará el hacha contra el que con ella corta? ¿Se ensoberbecerá la sierra contra el que la mueve?***

Asiria fue una simple herramienta en la mano de Dios y la jactancia de su rey fue insensata. Debemos recordar siempre que cualquier éxito que alcancemos y todos los logros que acumulemos, todo lo debemos a la voluntad y el favor de Dios. Por eso Pablo preguntó: «¿Qué tienes que no hayas recibido?» (1 Co 4.7).

➤ ***10.25 — de aquí a muy poco tiempo se acabará mi furor y mi enojo, para destrucción de ellos.***

Los momentos sombríos durarán solo el tiempo que Dios juzgue necesario para que Él lleve a cabo su propósito en nosotros. «Porque un momento será su ira, pero su favor dura toda la vida» (Sal 30.5).

31 Madmena se alborotó; los moradores de
Gebim huyen.
32 Aún vendrá día cuando reposará en Nob;
alzará su mano al monte de la hija de Sion, al
collado de Jerusalén.
33 He aquí el Señor, Jehová de los ejércitos,
desgajará el ramaje con violencia, y los árboles de gran altura serán cortados, y los altos
serán humillados.
34 Y cortará con hierro la espesura del bosque, y el Líbano caerá con estruendo.

Reinado justo del Mesías

➤ 11 SALDRÁ una vara del tronco de Isaí, y
un vástago[a] retoñará de sus raíces.[b]
2 Y reposará sobre él el Espíritu de Jehová;
espíritu de sabiduría y de inteligencia, espíritu
de consejo y de poder, espíritu de conocimiento y de temor de Jehová.
3 Y le hará entender diligente en el temor de
Jehová. No juzgará según la vista de sus ojos,
ni argüirá por lo que oigan sus oídos;
4 sino que juzgará con justicia a los pobres, y
argüirá con equidad por los mansos de la tierra; y herirá la tierra con la vara de su boca, y
con el espíritu de sus labios matará al impío.[c]
5 Y será la justicia cinto de sus lomos,[d] y la
fidelidad ceñidor de su cintura.
* 6 Morará el lobo con el cordero, y el leopardo con el cabrito se acostará; el becerro y el
león y la bestia doméstica andarán juntos, y
un niño los pastoreará.
7 La vaca y la osa pacerán, sus crías se echarán
juntas; y el león como el buey comerá paja.
8 Y el niño de pecho jugará sobre la cueva
del áspid, y el recién destetado extenderá su
mano sobre la caverna de la víbora.
➤ 9 No harán mal ni dañarán en todo mi santo
monte;[e] porque la tierra será llena del conocimiento de Jehová, como las aguas cubren el mar.[f]
* 10 Acontecerá en aquel tiempo que la raíz
de Isaí,[g] la cual estará puesta por pendón a
los pueblos, será buscada por las gentes; y su
habitación será gloriosa.
11 Asimismo acontecerá en aquel tiempo, que
Jehová alzará otra vez su mano para recobrar
el remanente de su pueblo que aún quede en
Asiria, Egipto, Patros, Etiopía, Elam, Sinar y
Hamat, y en las costas del mar.
12 Y levantará pendón a las naciones, y juntará los desterrados de Israel, y reunirá los
esparcidos de Judá de los cuatro confines de
la tierra.
13 Y se disipará la envidia de Efraín, y los enemigos de Judá serán destruidos. Efraín no tendrá envidia de Judá, ni Judá afligirá a Efraín;
14 sino que volarán sobre los hombros de los
filisteos al occidente, saquearán también a los
de oriente; Edom y Moab les servirán, y los
hijos de Amón los obedecerán.
15 Y secará Jehová la lengua del mar de Egipto; y levantará su mano con el poder de su espíritu sobre el río, y lo herirá en sus siete brazos,
y hará que pasen por él con sandalias.[h]
16 Y habrá camino para el remanente de su
pueblo, el que quedó de Asiria, de la manera
que lo hubo para Israel el día que subió de la
tierra de Egipto.

Cántico de acción de gracias

12 EN aquel día dirás: Cantaré a ti, oh
Jehová; pues aunque te enojaste contra
mí, tu indignación se apartó, y me has consolado.
2 He aquí Dios es salvación mía; me asegura- ➤
ré y no temeré; porque mi fortaleza y mi canción es JAH Jehová,[a] quien ha sido salvación
para mí.
3 Sacaréis con gozo aguas de las fuentes de ➤
la salvación.

a. **11.1** Mt 2.23. b. **11.1** Ap 5.5; 22.16. c. **11.4** 2 Ts 2.8.
d. **11.5** Ef 6.14. e. **11.6-9** Is 65.25. f. **11.9** Hab 2.14.
g. **11.10** Ro 15.12. h. **11.15** Ap 16.12.
a. **12.2** Éx 15.2; Sal 118.14.

LECCIONES DE VIDA

➤ ***11.1 — Saldrá una vara del tronco de Isaí.***

Isaí fue el padre de David (Rt 4.22; 1 S 16.11–13) y este versículo explica que el Mesías, Jesucristo, saldría de su linaje. Aunque Israel sufriría destrucción a manos de Asiria, Isaías vio por adelantado que el Mesías cumpliría el pacto de Dios con David (2 S 7.8–16; 1 Cr 17.7–14; Ap 22.16, 17). El Mesías «levantará pendón a las naciones, y juntará los desterrados de Israel, y reunirá los esparcidos de Judá de los cuatro confines de la tierra» (Is 11.12). Siempre deberíamos admirar la manera asombrosa en que nuestro Dios Todopoderoso ha obrado a lo largo de la historia. Él cumple su Palabra en maneras más asombrosas que las que podríamos imaginar.

➤ ***11.9 — la tierra será llena del conocimiento de Jehová, como las aguas cubren el mar.***

Anticipamos la llegada de aquel día en que Dios reinará sobre la tierra como lo hace en el cielo, un día cuando la justicia regirá y la maldad no podrá oprimir a nadie.

➤ ***12.2 — Dios es salvación mía; me aseguraré y no temeré.***

Cuando llegan los tiempos difíciles, siempre podemos decidir entre confiar en Dios o tener miedo. Sin importar cuán abrumadoras sean sus circunstancias, confiar en el Señor es la decisión correcta. La fe nos da la capacidad de ver lo que Dios ve. Por eso, no tema. Más bien, tenga confianza plena que el Señor será su defensa.

➤ ***12.3 — Sacaréis con gozo aguas de las fuentes de la salvación.***

Nuestra salvación debería darnos gozo todos los días, no solamente durante un tiempo breve después de nuestra conversión. La salvación de Dios no consiste nada más en la vida eterna, sino también en una vida abundante aquí y ahora mismo.

4 Y diréis en aquel día: Cantad a Jehová, aclamad su nombre, haced célebres en los pueblos sus obras, recordad que su nombre es engrandecido.
5 Cantad salmos a Jehová, porque ha hecho cosas magníficas; sea sabido esto por toda la tierra.
6 Regocíjate y canta, oh moradora de Sion; porque grande es en medio de ti el Santo de Israel.

Profecía sobre Babilonia

13 PROFECÍA sobre Babilonia,[a] revelada a Isaías hijo de Amoz.
2 Levantad bandera sobre un alto monte; alzad la voz a ellos, alzad la mano, para que entren por puertas de príncipes.
3 Yo mandé a mis consagrados, asimismo llamé a mis valientes para mi ira, a los que se alegran con mi gloria.
4 Estruendo de multitud en los montes, como de mucho pueblo; estruendo de ruido de reinos, de naciones reunidas; Jehová de los ejércitos pasa revista a las tropas para la batalla.
5 Vienen de lejana tierra, de lo postrero de los cielos, Jehová y los instrumentos de su ira, para destruir toda la tierra.
6 Aullad, porque cerca está el día de Jehová; vendrá como asolamiento del Todopoderoso.[b]
7 Por tanto, toda mano se debilitará, y desfallecerá todo corazón de hombre,
8 y se llenarán de terror; angustias y dolores se apoderarán de ellos; tendrán dolores como mujer de parto; se asombrará cada cual al mirar a su compañero; sus rostros, rostros de llamas.
9 He aquí el día de Jehová viene, terrible, y de indignación y ardor de ira, para convertir la tierra en soledad, y raer de ella a sus pecadores.
10 Por lo cual las estrellas de los cielos y sus luceros no darán su luz; y el sol se oscurecerá al nacer, y la luna no dará su resplandor.[c]
➤ 11 Y castigaré al mundo por su maldad, y a los impíos por su iniquidad; y haré que cese la arrogancia de los soberbios, y abatiré la altivez de los fuertes.
12 Haré más precioso que el oro fino al varón, y más que el oro de Ofir al hombre.
13 Porque haré estremecer los cielos, y la tierra se moverá de su lugar, en la indignación de Jehová de los ejércitos, y en el día del ardor de su ira.
14 Y como gacela perseguida, y como oveja sin pastor, cada cual mirará hacia su pueblo, y cada uno huirá a su tierra.
15 Cualquiera que sea hallado será alanceado; y cualquiera que por ellos sea tomado, caerá a espada.
16 Sus niños serán estrellados delante de ellos; sus casas serán saqueadas, y violadas sus mujeres.
17 He aquí que yo despierto contra ellos a los medos, que no se ocuparán de la plata, ni codiciarán oro. ➤
18 Con arco tirarán a los niños, y no tendrán misericordia del fruto del vientre, ni su ojo perdonará a los hijos.
19 Y Babilonia, hermosura de reinos y ornamento de la grandeza de los caldeos, será como Sodoma y Gomorra, a las que trastornó Dios.[d]
20 Nunca más será habitada, ni se morará en ella de generación en generación; ni levantará allí tienda el árabe, ni pastores tendrán allí majada;
21 sino que dormirán allí las fieras del desierto, y sus casas se llenarán de hurones;[e] allí habitarán avestruces, y allí saltarán las cabras salvajes.
22 En sus palacios aullarán hienas, y chacales en sus casas de deleite; y cercano a llegar está su tiempo, y sus días no se alargarán.

Escarnio contra el rey de Babilonia

14 PORQUE Jehová tendrá piedad de Jacob, y todavía escogerá a Israel, y lo hará reposar en su tierra; y a ellos se unirán extranjeros, y se juntarán a la familia de Jacob.
2 Y los tomarán los pueblos, y los traerán a su lugar; y la casa de Israel los poseerá por siervos y criadas en la tierra de Jehová; y cautivarán a los que los cautivaron, y señorearán sobre los que los oprimieron.

a. 13.1—14.23 Is 47.1-15; Jer 50.1—51.64. **b. 13.6** Jl 1.15. **c. 13.10** Mt 24.29; Mr 13.24-25; Lc 21.25; Ap 6.12-13; 8.12. **d. 13.19** Gn 19.24. **e. 13.21** Ap 18.2.

LECCIONES DE VIDA

➤ ***13.11 — castigaré al mundo por su maldad, y a los impíos por su iniquidad.***

Hollywood podrá maquillar el pecado, los comentaristas podrán hacerle mofa, los líderes podrán ignorarlo y la mayoría podrán dejarse confundir por él, pero el Día del Juicio realmente viene en camino. Ahora es el tiempo de ponernos a cuentas con Dios.

➤ ***13.17 — yo despierto contra ellos a los medos.***

Cuando Isaías declaró esta profecía, a los babilonios les faltaban más de ciento cincuenta años para conquistar a Judá. Sin embargo, Dios previó tanto su ascenso *como* su caída. Llegado el momento, los medos y los persas fueron quienes derribaron Babilonia, tal como Dios declaró que lo harían.

3 Y en el día que Jehová te dé reposo de tu trabajo y de tu temor, y de la dura servidumbre en que te hicieron servir,
4 pronunciarás este proverbio contra el rey de Babilonia, y dirás: ¡Cómo paró el opresor, cómo acabó la ciudad codiciosa de oro!
5 Quebrantó Jehová el báculo de los impíos, el cetro de los señores;
6 el que hería a los pueblos con furor, con llaga permanente, el que se enseñoreaba de las naciones con ira, y las perseguía con crueldad.
7 Toda la tierra está en reposo y en paz; se cantaron alabanzas.
8 Aun los cipreses se regocijaron a causa de ti, y los cedros del Líbano, diciendo: Desde que tú pereciste, no ha subido cortador contra nosotros.
9 El Seol abajo se espantó de ti; despertó muertos que en tu venida saliesen a recibirte, hizo levantar de sus sillas a todos los príncipes de la tierra, a todos los reyes de las naciones.
10 Todos ellos darán voces, y te dirán: ¿Tú también te debilitaste como nosotros, y llegaste a ser como nosotros?
11 Descendió al Seol tu soberbia, y el sonido de tus arpas; gusanos serán tu cama, y gusanos te cubrirán.
12 ¡Cómo caíste del cielo,[a] oh Lucero, hijo de la mañana! Cortado fuiste por tierra, tú que debilitabas a las naciones.
➤ 13 Tú que decías en tu corazón: Subiré al cielo; en lo alto, junto a las estrellas de Dios, levantaré mi trono, y en el monte del testimonio me sentaré, a los lados del norte;
14 sobre las alturas de las nubes subiré, y seré semejante al Altísimo.
15 Mas tú derribado eres hasta el Seol[b], a los lados del abismo.
16 Se inclinarán hacia ti los que te vean, te contemplarán, diciendo: ¿Es éste aquel varón que hacía temblar la tierra, que trastornaba los reinos;
17 que puso el mundo como un desierto, que asoló sus ciudades, que a sus presos nunca abrió la cárcel?
18 Todos los reyes de las naciones, todos ellos yacen con honra cada uno en su morada;
19 pero tú echado eres de tu sepulcro como vástago abominable, como vestido de muertos pasados a espada, que descendieron al fondo de la sepultura; como cuerpo muerto hollado.
20 No serás contado con ellos en la sepultura; porque tú destruiste tu tierra, mataste a tu pueblo. No será nombrada para siempre la descendencia de los malignos.
21 Preparad sus hijos para el matadero, por la maldad de sus padres; no se levanten, ni posean la tierra, ni llenen de ciudades la faz del mundo.
22 Porque yo me levantaré contra ellos, dice Jehová de los ejércitos, y raeré de Babilonia el nombre y el remanente, hijo y nieto, dice Jehová.
23 Y la convertiré en posesión de erizos, y en lagunas de agua; y la barreré con escobas de destrucción, dice Jehová de los ejércitos.

Asiria será destruida

24 Jehová de los ejércitos juró diciendo: Ciertamente se hará de la manera que lo he pensado, y será confirmado como lo he determinado; ➤
25 que quebrantaré al asirio[c] en mi tierra, y en mis montes lo hollaré; y su yugo será apartado de ellos, y su carga será quitada de su hombro.
26 Este es el consejo que está acordado sobre toda la tierra, y esta, la mano extendida sobre todas las naciones.
27 Porque Jehová de los ejércitos lo ha determinado, ¿y quién lo impedirá? Y su mano extendida, ¿quién la hará retroceder?

Profecía sobre Filistea

28 En el año que murió el rey Acaz[d] fue esta profecía:
29 No te alegres tú, Filistea[e] toda, por haberse quebrado la vara del que te hería; porque de

a. 14.12 Ap 8.10. **b. 14.13-15** Mt 11.23; Lc 10.15. **c. 14.24-27** Is 10.5-34; Nah 1.1—3.19; Sof 2.13-15. **d. 14.28** 2 R 16.20; 2 Cr 28.27. **e. 14.29-31** Jer 47.1-7; Ez 25.15-17; Jl 3.4-8; Am 1.6-8; Sof 2.4-7; Zac 9.5-7.

LECCIONES DE VIDA

➤ *14.13 — Tú que decías en tu corazón: Subiré al cielo; en lo alto, junto a las estrellas de Dios.*

Isaías usa la arrogancia del rey de Babilonia para ilustrar el orgullo insolente de Satanás. El diablo cayó de su alta posición porque quiso hacerse «semejante al Altísimo» (Is 14.14). El orgullo es una insistencia exagerada en uno mismo, y nos hace llegar al punto en que nos creemos iguales o superiores a Dios, pensamos que no lo necesitamos o que nuestras metas y deseos son más importantes que los de Él. Considérese advertido: «Antes del quebrantamiento es la soberbia, y antes de la caída la altivez de espíritu. Mejor es humillar el espíritu con los humildes» (Pr 16.18, 19).

➤ *14.24 — Ciertamente se hará de la manera que lo he pensado, y será confirmado como lo he determinado.*

La desobediencia nunca tiene sentido porque Dios siempre —*siempre*— garantiza por igual el cumplimiento de sus promesas y de sus advertencias. Por eso nos dice que «todo lo que el hombre sembrare, eso también segará» (Gá 6.7), y somos insensatos si no hacemos caso de su advertencia.

la raíz de la culebra saldrá áspid, y su fruto, serpiente voladora.

30 Y los primogénitos de los pobres serán apacentados, y los menesterosos se acostarán confiados; mas yo haré morir de hambre tu raíz, y destruiré lo que de ti quedare.

31 Aúlla, oh puerta; clama, oh ciudad; disuelta estás toda tú, Filistea; porque humo vendrá del norte, no quedará uno solo en sus asambleas.

32 ¿Y qué se responderá a los mensajeros de las naciones? Que Jehová fundó a Sion, y que a ella se acogerán los afligidos de su pueblo.

Profecía sobre Moab

15 PROFECÍA sobre Moab.[a] Cierto, de noche fue destruida Ar de Moab, puesta en silencio. Cierto, de noche fue destruida Kir de Moab, reducida a silencio.

2 Subió a Bayit y a Dibón, lugares altos, a llorar; sobre Nebo y sobre Medeba aullará Moab; toda cabeza de ella será rapada, y toda barba rasurada.

3 Se ceñirán de cilicio en sus calles; en sus terrados y en sus plazas aullarán todos, deshaciéndose en llanto.

4 Hesbón y Eleale gritarán, hasta Jahaza se oirá su voz; por lo que aullarán los guerreros de Moab, se lamentará el alma de cada uno dentro de él.

5 Mi corazón dará gritos por Moab; sus fugitivos huirán hasta Zoar, como novilla de tres años. Por la cuesta de Luhit subirán llorando, y levantarán grito de quebrantamiento por el camino de Horonaim.

6 Las aguas de Nimrim serán consumidas, y se secará la hierba, se marchitarán los retoños, todo verdor perecerá.

7 Por tanto, las riquezas que habrán adquirido, y las que habrán reservado, las llevarán al torrente de los sauces.

8 Porque el llanto rodeó los límites de Moab; hasta Eglaim llegó su alarido, y hasta Beerelim su clamor.

9 Y las aguas de Dimón se llenarán de sangre; porque yo traeré sobre Dimón males mayores, leones a los que escaparen de Moab, y a los sobrevivientes de la tierra.

16 ENVIAD cordero al señor de la tierra, desde Sela del desierto al monte de la hija de Sion.

2 Y cual ave espantada que huye de su nido, así serán las hijas de Moab en los vados de Arnón.

3 Reúne consejo, haz juicio; pon tu sombra en medio del día como la noche; esconde a los desterrados, no entregues a los que andan errantes.

4 Moren contigo mis desterrados, oh Moab; sé para ellos escondedero de la presencia del devastador; porque el atormentador fenecerá, el devastador tendrá fin, el pisoteador será consumido de sobre la tierra.

5 Y se dispondrá el trono en misericordia; y sobre él se sentará firmemente, en el tabernáculo de David, quien juzgue y busque el juicio, y apresure la justicia. *

6 Hemos oído la soberbia de Moab; muy grandes son su soberbia, su arrogancia y su altivez; pero sus mentiras no serán firmes.

7 Por tanto, aullará Moab, todo él aullará; gemiréis en gran manera abatidos, por las tortas de uvas de Kirhareset.

8 Porque los campos de Hesbón fueron talados, y las vides de Sibma; señores de naciones pisotearon sus generosos sarmientos; habían llegado hasta Jazer, y se habían extendido por el desierto; se extendieron sus plantas, pasaron el mar.

9 Por lo cual lamentaré con lloro de Jazer por la viña de Sibma; te regaré con mis lágrimas, oh Hesbón y Eleale; porque sobre tus cosechas y sobre tu siega caerá el grito de guerra.

10 Quitado es el gozo y la alegría del campo fértil; en las viñas no cantarán, ni se regocijarán; no pisará vino en los lagares el pisador; he hecho cesar el grito del lagarero.

11 Por tanto, mis entrañas vibrarán como arpa por Moab, y mi corazón por Kir-hareset.

12 Y cuando apareciere Moab cansado sobre los lugares altos, cuando venga a su santuario a orar, no le valdrá.

13 Esta es la palabra que pronunció Jehová sobre Moab desde aquel tiempo;

14 pero ahora Jehová ha hablado, diciendo: Dentro de tres años, como los años de un jornalero, será abatida la gloria de Moab, con toda su gran multitud; y los sobrevivientes serán pocos, pequeños y débiles.

Profecía sobre Damasco

17 PROFECÍA sobre Damasco.[a] He aquí que Damasco dejará de ser ciudad, y será montón de ruinas.

2 Las ciudades de Aroer están desamparadas, en majadas se convertirán; dormirán allí, y no habrá quien los espante.

3 Y cesará el socorro de Efraín, y el reino de Damasco; y lo que quede de Siria será como la gloria de los hijos de Israel, dice Jehová de los ejércitos.

Juicio sobre Israel

4 En aquel tiempo la gloria de Jacob se atenuará, y se enflaquecerá la grosura de su carne.

5 Y será como cuando el segador recoge la mies, y con su brazo siega las espigas; será también como el que recoge espigas en el valle de Refaim.

6 Y quedarán en él rebuscos, como cuando sacuden el olivo; dos o tres frutos en la punta de la rama, cuatro o cinco en sus ramas más fructíferas, dice Jehová Dios de Israel.

a. 15.1—16.14 Is 25.10-12; Jer 48.1-47; Ez 25.8-11; Am 2.1-3; Sof 2.8-11. **a. 17.1-3** Jer 49.23-27; Am 1.3-5; Zac 9.1.

➤ 7 En aquel día mirará el hombre a su Hacedor, y sus ojos contemplarán al Santo de Israel.

8 Y no mirará a los altares que hicieron sus manos, ni mirará a lo que hicieron sus dedos, ni a los símbolos de Asera, ni a las imágenes del sol.

9 En aquel día sus ciudades fortificadas serán como los frutos que quedan en los renuevos y en las ramas, los cuales fueron dejados a causa de los hijos de Israel; y habrá desolación.

10 Porque te olvidaste del Dios de tu salvación, y no te acordaste de la roca de tu refugio; por tanto, sembrarás plantas hermosas, y plantarás sarmiento extraño.

11 El día que las plantes, las harás crecer, y harás que su simiente brote de mañana; pero la cosecha será arrebatada en el día de la angustia, y del dolor desesperado.

12 ¡Ay! multitud de muchos pueblos que harán ruido como estruendo del mar, y murmullo de naciones que harán alboroto como bramido de muchas aguas.

13 Los pueblos harán estrépito como de ruido de muchas aguas; pero Dios los reprenderá, y huirán lejos; serán ahuyentados como el tamo de los montes delante del viento, y como el polvo delante del torbellino.

14 Al tiempo de la tarde, he aquí la turbación, pero antes de la mañana el enemigo ya no existe. Esta es la parte de los que nos aplastan, y la suerte de los que nos saquean.

Profecía sobre Etiopía

18 ¡AY de la tierra que hace sombra con las alas, que está tras los ríos de Etiopía;[a]

2 que envía mensajeros por el mar, y en naves de junco sobre las aguas! Andad, mensajeros veloces, a la nación de elevada estatura y tez brillante, al pueblo temible desde su principio y después, gente fuerte y conquistadora, cuya tierra es surcada por ríos.

3 Vosotros, todos los moradores del mundo y habitantes de la tierra, cuando se levante bandera en los montes, mirad; y cuando se toque trompeta, escuchad.

4 Porque Jehová me dijo así: Me estaré quieto, y los miraré desde mi morada, como sol claro después de la lluvia, como nube de rocío en el calor de la siega.

5 Porque antes de la siega, cuando el fruto sea perfecto, y pasada la flor se maduren los frutos, entonces podará con podaderas las ramitas, y cortará y quitará las ramas.

6 Y serán dejados todos para las aves de los montes y para las bestias de la tierra; sobre ellos tendrán el verano las aves, e invernarán todas las bestias de la tierra.

7 En aquel tiempo será traída ofrenda a Jehová de los ejércitos, del pueblo de elevada estatura y tez brillante, del pueblo temible desde su principio y después, gente fuerte y conquistadora, cuya tierra es surcada por ríos, al lugar del nombre de Jehová de los ejércitos, al monte de Sion.

Profecía sobre Egipto

19 PROFECÍA sobre Egipto.[a] He aquí que Jehová monta sobre una ligera nube, y entrará en Egipto; y los ídolos de Egipto temblarán delante de él, y desfallecerá el corazón de los egipcios dentro de ellos.

2 Levantaré egipcios contra egipcios, y cada uno peleará contra su hermano, cada uno contra su prójimo; ciudad contra ciudad, y reino contra reino.

3 Y el espíritu de Egipto se desvanecerá en medio de él, y destruiré su consejo; y preguntarán a sus imágenes, a sus hechiceros, a sus evocadores y a sus adivinos.

4 Y entregaré a Egipto en manos de señor duro, y rey violento se enseñoreará de ellos, dice el Señor, Jehová de los ejércitos.

5 Y las aguas del mar faltarán, y el río se agotará y secará.

6 Y se alejarán los ríos, se agotarán y secarán las corrientes de los fosos; la caña y el carrizo serán cortados.

7 La pradera de junto al río, de junto a la ribera del río, y toda sementera del río, se secarán, se perderán, y no serán más.

8 Los pescadores también se entristecerán; harán duelo todos los que echan anzuelo en el río, y desfallecerán los que extienden red sobre las aguas.

9 Los que labran lino fino y los que tejen redes serán confundidos,

10 porque todas sus redes serán rotas; y se entristecerán todos los que hacen viveros para peces.

a. **18.1-7** Sof 2.12. a. **19.1-25** Jer 46.2-26; Ez 29.1—32.32.

LECCIONES DE VIDA

➤ ***17.7 — En aquel día mirará el hombre a su Hacedor, y sus ojos contemplarán al Santo de Israel.***

Isaías describe cómo el rey asirio Tiglat-pileser habría de invadir y conquistar Damasco e Israel. No obstante, en el versículo 7, Isaías también ve por adelantado que el pueblo se volvería al Señor. No deberíamos esperar hasta que el desastre sea lo que nos lleve a la postración. Más bien, podemos buscar a nuestro Hacedor y contemplar con respeto al Santo de Israel ahora mismo. En este mismo momento podemos disfrutar las bendiciones de una relación íntima con Dios.

11 Ciertamente son necios los príncipes de
Zoán; el consejo de los prudentes consejeros
de Faraón se ha desvanecido. ¿Cómo diréis a
Faraón: Yo soy hijo de los sabios, e hijo de los
reyes antiguos?
12 ¿Dónde están ahora aquellos tus sabios?
Que te digan ahora, o te hagan saber qué es
lo que Jehová de los ejércitos ha determinado
sobre Egipto.
13 Se han desvanecido los príncipes de Zoán,
se han engañado los príncipes de Menfis;
engañaron a Egipto los que son la piedra
angular de sus familias.
14 Jehová mezcló espíritu de vértigo en medio
de él; e hicieron errar a Egipto en toda su
obra, como tambalea el ebrio en su vómito.
15 Y no aprovechará a Egipto cosa que haga la
cabeza o la cola, la rama o el junco.
16 En aquel día los egipcios serán como mujeres;
porque se asombrarán y temerán en la
presencia de la mano alta de Jehová de los
ejércitos, que él levantará contra ellos.
17 Y la tierra de Judá será de espanto a Egipto;
todo hombre que de ella se acordare temerá
por causa del consejo que Jehová de los
ejércitos acordó sobre aquél.
18 En aquel tiempo habrá cinco ciudades en
la tierra de Egipto que hablen la lengua de
Canaán, y que juren por Jehová de los ejércitos;
una será llamada la ciudad de Herez.
19 En aquel tiempo habrá altar para Jehová
en medio de la tierra de Egipto, y monumento
a Jehová junto a su frontera.
➤ 20 Y será por señal y por testimonio a Jehová
de los ejércitos en la tierra de Egipto; porque
clamarán a Jehová a causa de sus opresores,
y él les enviará salvador y príncipe que
los libre.
21 Y Jehová será conocido de Egipto, y los
de Egipto conocerán a Jehová en aquel día,
y harán sacrificio y oblación; y harán votos a
Jehová, y los cumplirán.
22 Y herirá Jehová a Egipto; herirá y sanará,
y se convertirán a Jehová, y les será clemente
y los sanará.
23 En aquel tiempo habrá una calzada de
Egipto a Asiria, y asirios entrarán en Egipto, y
egipcios en Asiria; y los egipcios servirán con
los asirios a Jehová.
24 En aquel tiempo Israel será tercero con
Egipto y con Asiria para bendición en medio
de la tierra;
25 porque Jehová de los ejércitos los bendecirá ➤
diciendo: Bendito el pueblo mío Egipto,
y el asirio obra de mis manos, e Israel mi
heredad.

Predicción de la conquista de Egipto y de Etiopía por Asiria

20 EN el año que vino el Tartán a Asdod,
cuando lo envió Sargón rey de Asiria, y
peleó contra Asdod y la tomó;
2 en aquel tiempo habló Jehová por medio ➤
de Isaías hijo de Amoz, diciendo: Ve y quita
el cilicio de tus lomos, y descalza las sandalias
de tus pies. Y lo hizo así, andando desnudo
y descalzo.
3 Y dijo Jehová: De la manera que anduvo mi
siervo Isaías desnudo y descalzo tres años,
por señal y pronóstico sobre Egipto y sobre
Etiopía,
4 así llevará el rey de Asiria a los cautivos de
Egipto y los deportados de Etiopía, a jóvenes
y a ancianos, desnudos y descalzos, y descubiertas
las nalgas para vergüenza de Egipto.
5 Y se turbarán y avergonzarán de Etiopía su
esperanza, y de Egipto su gloria.
6 Y dirá en aquel día el morador de esta costa:
Mirad qué tal fue nuestra esperanza, a donde
nos acogimos por socorro para ser libres de la
presencia del rey de Asiria; ¿y cómo escaparemos
nosotros?

LECCIONES DE VIDA

➤ ***19.20 — clamarán a Jehová a causa de sus opresores, y él les enviará salvador y príncipe que los libre.***

Esperamos que la Biblia nos hable del Salvador que viene a librar a Israel, pero este texto habla del Salvador que viene a rescatar a Egipto, ¡quien fuera la retribución del justo juicio para Israel! Nuestro Dios quiere bendecir a todos los pueblos.

➤ ***19.25 — Jehová de los ejércitos los bendecirá diciendo: Bendito el pueblo mío Egipto, y el asirio obra de mis manos, e Israel mi heredad.***

En el éxodo, Dios juzgó severamente a Egipto; también destruyó a Asiria tras la deportación del reino del norte y juzgó muchas veces al rebelde Israel. Pero a Dios le gusta mostrar misericordia, no ejecutar juicio. Él castiga con la esperanza de sanar y hacer volver a Él todos los corazones rebeldes (Is 19.22).

➤ ***20.2 — Ve y quita el cilicio de tus lomos, y descalza las sandalias de tus pies. Y lo hizo así, andando desnudo y descalzo.***

La vulnerabilidad extremada de Isaías ilustró la manera en que los egipcios y los exiliados de Cus serían llevados por los asirios, como cautivos derrotados, avergonzados y dolidos. El profeta les mostró así cómo Egipto y Cus defraudarían a los israelitas, quienes estaban dependiendo de alianzas militares en lugar de Dios para su protección (Is 20.4–6). Dios tomará medidas extraordinarias para captar nuestra atención cuando nos hayamos alejado de Él y corramos peligro de sufrir una disciplina severa.

Profecía sobre el desierto del mar

21 PROFECÍA sobre el desierto del mar.
Como torbellino del Neguev, así viene
del desierto, de la tierra horrenda.
2 Visión dura me ha sido mostrada. El prevaricador prevarica, y el destructor destruye.
Sube, oh Elam; sitia, oh Media. Todo su gemido hice cesar.
3 Por tanto, mis lomos se han llenado de
dolor; angustias se apoderaron de mí, como
angustias de mujer de parto; me agobié oyendo, y al ver me he espantado.
4 Se pasmó mi corazón, el horror me ha inti-
midado; la noche de mi deseo se me volvió en
espanto.
5 Ponen la mesa, extienden tapices; comen,
beben. ¡Levantaos, oh príncipes, ungid el
escudo!
6 Porque el Señor me dijo así: Ve, pon centinela que haga saber lo que vea.
7 Y vio hombres montados, jinetes de dos en
dos, montados sobre asnos, montados sobre
camellos; y miró más atentamente,
8 y gritó como un león: Señor, sobre la atalaya
estoy yo continuamente de día, y las noches
enteras sobre mi guarda;
9 y he aquí vienen hombres montados, jinetes de dos en dos. Después habló y dijo: Cayó,
cayó Babilonia;[a] y todos los ídolos de sus dioses quebrantó en tierra.
10 Oh pueblo mío, trillado y aventado, os he
dicho lo que oí de Jehová de los ejércitos, Dios
de Israel.

Profecía sobre Duma

11 Profecía sobre Duma. Me dan voces de
Seir: Guarda, ¿qué de la noche? Guarda, ¿qué
de la noche?
12 El guarda respondió: La mañana viene, y
después la noche; preguntad si queréis, preguntad; volved, venid.

Profecía sobre Arabia

13 Profecía sobre Arabia. En el bosque pasaréis la noche en Arabia, oh caminantes de
Dedán.
14 Salid a encontrar al sediento; llevadle
agua, moradores de tierra de Tema, socorred
con pan al que huye.
15 Porque ante la espada huye, ante la espada
desnuda, ante el arco entesado, ante el peso
de la batalla.
16 Porque así me ha dicho Jehová: De aquí a
un año, semejante a años de jornalero, toda la
gloria de Cedar será deshecha;
17 y los sobrevivientes del número de los
valientes flecheros, hijos de Cedar, serán
reducidos; porque Jehová Dios de Israel lo
ha dicho.

Profecía sobre el valle de la visión

22 PROFECÍA sobre el valle de la visión.
¿Qué tienes ahora, que con todos los
tuyos has subido sobre los terrados?
2 Tú, llena de alborotos, ciudad turbulenta,
ciudad alegre; tus muertos no son muertos a
espada, ni muertos en guerra.
3 Todos tus príncipes juntos huyeron del arco,
fueron atados; todos los que en ti se hallaron,
fueron atados juntamente, aunque habían huido lejos.
4 Por esto dije: Dejadme, lloraré amargamente; no os afanéis por consolarme de la destrucción de la hija de mi pueblo.
5 Porque día es de alboroto, de angustia y de
confusión, de parte del Señor, Jehová de los
ejércitos, en el valle de la visión, para derribar
el muro, y clamar al monte.
6 Y Elam tomó aljaba, con carros y con jinetes,
y Kir sacó el escudo.
7 Tus hermosos valles fueron llenos de carros,
y los de a caballo acamparon a la puerta.
8 Y desnudó la cubierta de Judá; y miraste en
aquel día hacia la casa de armas del bosque.
9 Visteis las brechas de la ciudad de David,
que se multiplicaron; y recogisteis las aguas
del estanque de abajo.
10 Y contasteis las casas de Jerusalén, y derri-
basteis casas para fortificar el muro.
11 Hicisteis foso entre los dos muros para las
aguas del estanque viejo; y no tuvisteis respeto al que lo hizo, ni mirasteis de lejos al que
lo labró.
12 Por tanto, el Señor, Jehová de los ejércitos, llamó en este día a llanto y a endechas, a
raparse el cabello y a vestir cilicio;
13 y he aquí gozo y alegría, matando vacas y
degollando ovejas, comiendo carne y bebiendo
vino, diciendo: Comamos y bebamos, porque
mañana moriremos.[a]
14 Esto fue revelado a mis oídos de parte de
Jehová de los ejércitos: Que este pecado no
os será perdonado hasta que muráis, dice el
Señor, Jehová de los ejércitos.

Sebna será sustituido por Eliaquim

15 Jehová de los ejércitos dice así: Ve, entra a
este tesorero, a Sebna el mayordomo, y dile:
16 ¿Qué tienes tú aquí, o a quién tienes aquí,
que labraste aquí sepulcro para ti, como el que
en lugar alto labra su sepultura, o el que escul-
pe para sí morada en una peña?
17 He aquí que Jehová te transportará en duro
cautiverio, y de cierto te cubrirá el rostro.
18 Te echará a rodar con ímpetu, como a bola
por tierra extensa; allá morirás, y allá estarán los carros de tu gloria, oh vergüenza de la
casa de tu señor.
19 Y te arrojaré de tu lugar, y de tu puesto te
empujaré.

a. 21.9 Ap 14.8; 18.2. **a. 22.13** 1 Co 15.32.

20 En aquel día llamaré a mi siervo Eliaquim
hijo de Hilcías,
21 y lo vestiré de tus vestiduras, y lo ceñiré
de tu talabarte, y entregaré en sus manos tu
potestad; y será padre al morador de Jerusalén, y a la casa de Judá.
➤ 22 Y pondré la llave de la casa de David sobre
su hombro; y abrirá,[b] y nadie cerrará; cerrará,
y nadie abrirá.
23 Y lo hincaré como clavo en lugar firme; y será
por asiento de honra a la casa de su padre.
24 Colgarán de él toda la honra de la casa de
su padre, los hijos y los nietos, todos los vasos
menores, desde las tazas hasta toda clase de
jarros.
25 En aquel día, dice Jehová de los ejércitos,
el clavo hincado en lugar firme será quitado;
será quebrado y caerá, y la carga que sobre
él se puso se echará a perder; porque Jehová habló.

Profecía sobre Tiro

23 PROFECÍA sobre Tiro.[a] Aullad, naves
de Tarsis, porque destruida es Tiro
hasta no quedar casa, ni a donde entrar; desde
la tierra de Quitim les es revelado.
2 Callad, moradores de la costa, mercaderes
de Sidón, que pasando el mar te abastecían.
3 Su provisión procedía de las sementeras
que crecen con las muchas aguas del Nilo, de
la mies del río. Fue también emporio de las
naciones.
4 Avergüénzate, Sidón, porque el mar, la fortaleza del mar habló, diciendo: Nunca estuve
de parto, ni di a luz, ni crié jóvenes, ni levanté vírgenes.
5 Cuando llegue la noticia a Egipto, tendrán
dolor de las nuevas de Tiro.
6 Pasaos a Tarsis; aullad, moradores de la
costa.
7 ¿No era ésta vuestra ciudad alegre, con
muchos días de antigüedad? Sus pies la llevarán a morar lejos.
8 ¿Quién decretó esto sobre Tiro, la que repartía coronas, cuyos negociantes eran príncipes,
cuyos mercaderes eran los nobles de la tierra?
9 Jehová de los ejércitos lo decretó, para envi-
lecer la soberbia de toda gloria, y para abatir
a todos los ilustres de la tierra.
10 Pasa cual río de tu tierra, oh hija de Tarsis,
porque no tendrás ya más poder.
11 Extendió su mano sobre el mar, hizo temblar los reinos; Jehová mandó respecto a
Canaán, que sus fortalezas sean destruidas.
12 Y dijo: No te alegrarás más, oh oprimida
virgen hija de Sidón. Levántate para pasar a
Quitim, y aun allí no tendrás reposo.
13 Mira la tierra de los caldeos. Este pueblo
no existía; Asiria la fundó para los moradores
del desierto. Levantaron sus fortalezas, edificaron sus palacios; él la convirtió en ruinas.
14 Aullad, naves de Tarsis, porque destruida
es vuestra fortaleza.
15 Acontecerá en aquel día, que Tiro será
puesta en olvido por setenta años, como días
de un rey. Después de los setenta años, cantará Tiro canción como de ramera.
16 Toma arpa, y rodea la ciudad, oh ramera
olvidada; haz buena melodía, reitera la canción, para que seas recordada.
17 Y acontecerá que al fin de los setenta años
visitará Jehová a Tiro; y volverá a comerciar,
y otra vez fornicará con todos los reinos del
mundo sobre la faz de la tierra.
18 Pero sus negocios y ganancias serán consagrados a Jehová; no se guardarán ni se ateso-
rarán, porque sus ganancias serán para los que
estuvieren delante de Jehová, para que coman
hasta saciarse, y vistan espléndidamente.

El juicio de Jehová sobre la tierra

24 HE aquí que Jehová vacía la tierra y
la desnuda, y trastorna su faz, y hace
esparcir a sus moradores.
2 Y sucederá así como al pueblo, también al
sacerdote; como al siervo, así a su amo; como
a la criada, a su ama; como al que compra, al
que vende; como al que presta, al que toma
prestado; como al que da a logro, así al que
lo recibe.
3 La tierra será enteramente vaciada, y completamente saqueada; porque Jehová ha pronunciado esta palabra.
4 Se destruyó, cayó la tierra; enfermó, cayó
el mundo; enfermaron los altos pueblos de la
tierra.
5 Y la tierra se contaminó bajo sus morado- ➤
res; porque traspasaron las leyes, falsearon el
derecho, quebrantaron el pacto sempiterno.

b. 22.22 Ap 3.7. **a. 23.1-18** Ez 26.1—28.19; Jl 3.4-8; Am 1.9-10; Zac 9.1-4; Mt 11.21-22; Lc 10.13-14.

LECCIONES DE VIDA

➤ ***22.22 — abrirá, y nadie cerrará; cerrará, y nadie abrirá.***

El escritor de Apocalipsis 3.7 aplicó estas palabras similares a Jesús. Cuando Él nos da una puerta abierta y nos llama a entrar por ella, Él espera que demos ese paso por fe.

➤ ***24.5, 6 — la tierra se contaminó bajo sus moradores; porque traspasaron las leyes, falsearon el derecho, quebrantaron el pacto sempiterno. Por esta causa la maldición consumió la tierra, y sus moradores fueron asolados.***

El pecado no sólo nos destruye espiritualmente, también afecta todo a nuestro alrededor. Hasta la tierra está

6 Por esta causa la maldición consumió la tierra, y sus moradores fueron asolados; por esta
causa fueron consumidos los habitantes de la
tierra, y disminuyeron los hombres.
7 Se perdió el vino, enfermó la vid, gimieron
todos los que eran alegres de corazón.
8 Cesó el regocijo de los panderos, se acabó
el estruendo de los que se alegran, cesó la alegría del arpa.
9 No beberán vino con cantar; la sidra les será
amarga a los que la bebieren.
10 Quebrantada está la ciudad por la vanidad; toda casa se ha cerrado, para que no
entre nadie.
11 Hay clamores por falta de vino en las
calles; todo gozo se oscureció, se desterró la
alegría de la tierra.
12 La ciudad quedó desolada, y con ruina fue
derribada la puerta.
13 Porque así será en medio de la tierra, en
medio de los pueblos, como olivo sacudido,
como rebuscos después de la vendimia.
14 Estos alzarán su voz, cantarán gozosos por la
grandeza de Jehová; desde el mar darán voces.
15 Glorificad por esto a Jehová en los valles;
en las orillas del mar sea nombrado Jehová
Dios de Israel.
16 De lo postrero de la tierra oímos cánticos:
Gloria al justo. Y yo dije: ¡Mi desdicha, mi desdicha, ay de mí! Prevaricadores han prevaricado; y
han prevaricado con prevaricación de desleales.
17 Terror, foso y red sobre ti, oh morador de
la tierra.
18 Y acontecerá que el que huyere de la voz
del terror caerá en el foso; y el que saliere de
en medio del foso será preso en la red; porque
de lo alto se abrirán ventanas, y temblarán los
cimientos de la tierra.
19 Será quebrantada del todo la tierra, enteramente desmenuzada será la tierra, en gran
manera será la tierra conmovida.
➤ 20 Temblará la tierra como un ebrio, y será
removida como una choza; y se agravará
sobre ella su pecado, y caerá, y nunca más se
levantará.
21 Acontecerá en aquel día, que Jehová castigará al ejército de los cielos en lo alto, y a los
reyes de la tierra sobre la tierra.
22 Y serán amontonados como se amontona
a los encarcelados en mazmorra, y en prisión
quedarán encerrados, y serán castigados después de muchos días.
23 La luna se avergonzará, y el sol se confun- *
dirá, cuando Jehová de los ejércitos reine en
el monte de Sion y en Jerusalén, y delante de
sus ancianos sea glorioso.

Cántico de alabanza por el favor de Jehová

25 JEHOVÁ, tú eres mi Dios; te exaltaré,
alabaré tu nombre, porque has hecho
maravillas; tus consejos antiguos son verdad
y firmeza.
2 Porque convertiste la ciudad en montón, la
ciudad fortificada en ruina; el alcázar de los
extraños para que no sea ciudad, ni nunca
jamás sea reedificado.
3 Por esto te dará gloria el pueblo fuerte, te
temerá la ciudad de gentes robustas.
4 Porque fuiste fortaleza al pobre, fortaleza
al menesteroso en su aflicción, refugio contra
el turbión, sombra contra el calor; porque el
ímpetu de los violentos es como turbión contra el muro.
5 Como el calor en lugar seco, así humillarás
el orgullo de los extraños; y como calor debajo de nube harás marchitar el renuevo de los
robustos.
6 Y Jehová de los ejércitos hará en este monte a todos los pueblos banquete de manjares
suculentos, banquete de vinos refinados, de
gruesos tuétanos y de vinos purificados.
7 Y destruirá en este monte la cubierta con
que están cubiertos todos los pueblos, y el
velo que envuelve a todas las naciones.
8 Destruirá a la muerte para siempre;[a] y enju- *
gará Jehová el Señor toda lágrima de todos
los rostros;[b] y quitará la afrenta de su pueblo
de toda la tierra; porque Jehová lo ha dicho.

a. 25.8 1 Co 15.54. **b. 25.8** Ap 7.17; 21.4.

LECCIONES DE VIDA

bajo maldición por el pecado del hombre (Gn 3.17), como Pablo escribió: «toda la creación gime a una, y a una está con dolores de parto» (Ro 8.22). No obstante, viene un día cuando veremos «un cielo nuevo y una tierra nueva; porque el primer cielo y la primera tierra pasaron» (Ap 21.1; véase también 20.11).

➤ ***24.20 — Temblará la tierra como un ebrio, y será removida como una choza; y se agravará sobre ella su pecado, y caerá, y nunca más se levantará.***

Los profetas hablan con frecuencia sobre «el día de Jehová», y lo describen como un tiempo de destrucción horripilante, juicios a escala planetaria y gran ira divina (Is 13.6–9; Ez 30.3; Jl 1.15; 2.1–11, 30, 31; Am 5.18–20; Sof 1.14–18; Ap 6—7). Jesús dijo al respecto: «habrá entonces gran tribulación, cual no la ha habido desde el principio del mundo hasta ahora, ni la habrá» (Mt 24.21). No obstante, también sabemos que el Señor rescatará a su pueblo, aquellos que lo aman, lo obedecen y han aceptado su salvación (Mt 24.36–46; Lc 17.30–36; 1 Ts 1.10; 5.9).

➤ ***25.4 — fuiste fortaleza al pobre, fortaleza al menesteroso en su aflicción, refugio contra el turbión, sombra contra el calor.***

Dios da fuerzas al débil, refugio al desposeído y sombra a los que desfallecen bajo el sol ardiente. Nuestro Redentor es todo esto para nosotros, y mucho más. Además, Él asume toda la responsabilidad en cuanto a nuestras necesidades, si lo obedecemos.

RESPUESTAS A PREGUNTAS DE LA VIDA

¿Cuál es el tiempo apropiado para alabar al Señor?

IS 25.1

Alabe al Señor con frecuencia, sin importar cuáles sean sus circunstancias. Muchas personas exaltan a Dios únicamente cuando les sucede algo bueno o cuando reciben una bendición inesperada, pero el Señor es digno de nuestra adoración en todo tiempo, en todas las circunstancias.

Nunca deberíamos alabar a Dios basados en nuestras circunstancias; lo exaltamos porque Él es digno de nuestra devoción y porque lo amamos. Por lo tanto, alábelo sobre la base de quién es Él, en medio de cualquier circunstancia.

No limite su adoración a las canciones que entona los domingos en la iglesia. Alabe al Señor a menudo, usando palabras y cánticos creados por usted de manera espontánea. En todo alrededor y en todos los momentos, usted puede encontrar un sinnúmero de razones por las cuales alabar a Dios. Busque esos motivos de alabanza, y en el transcurso del día, articule con su propia voz su alabanza sincera y ofrezca sus expresiones personales de gratitud a Él.

Mientras viaja solo en su auto, si entra a un elevador sin ocupantes, si está solo en su oficina o en su lugar de trabajo, o se encuentra a solas en su casa, aproveche cada oportunidad para exclamar alabanzas al Señor por ser quien es. Hónrelo por lo que ha hecho a través de los tiempos, por lo que ha hecho en su vida y en las vidas de sus seres queridos, y por lo que sabe sin lugar a duda que el Señor está haciendo ahora y lo que hará por usted, tanto en esta vida como por toda la eternidad.

¡Nunca se le acabarán los motivos por los cuales alabar al Señor!

Cuando vocaliza su gratitud a Dios, usted se abre a la posibilidad de experimentar la presencia inmediata de Dios. La Biblia nos dice que el Señor «habita» en las alabanzas de su pueblo (Sal 22.3).

Cuanto mayor sea su alabanza, más pequeños se verán sus problemas.

Cuanto más frecuente sea su alabanza, menos razones tendrá para preocuparse o sentir ansiedad.

Cuanto más alabe a Dios, más podrá ver las cosas que lo hacen digno de ser alabado.

A medida que usted lo exalte, su actitud entera pasará del enfoque insalubre en su propio ego y en sus problemas, a un enfoque sano y gozoso en Dios y en sus respuestas. Así que únase al profeta Isaías y proclame: «Jehová, tú eres mi Dios; te exaltaré, alabaré tu nombre, porque has hecho maravillas; tus consejos antiguos son verdad y firmeza» (Is 25.1).

Para un estudio más a fondo, véase el Índice de Principios de vida:

2. *Obedezcamos a Dios y dejemos las consecuencias en sus manos.*
1. *Nuestra intimidad con Dios, que es su prioridad para nosotros, determina el impacto que causen nuestras vidas.*

9 Y se dirá en aquel día: He aquí, éste es nuestro Dios, le hemos esperado, y nos salvará; éste
es Jehová a quien hemos esperado, nos gozaremos y nos alegraremos en su salvación.
10 Porque la mano de Jehová reposará en este
monte; pero Moab[c] será hollado en su mismo
sitio, como es hollada la paja en el muladar.
11 Y extenderá su mano por en medio de
él, como la extiende el nadador para nadar;
y abatirá su soberbia y la destreza de sus
manos;
12 Y abatirá la fortaleza de tus altos muros; la
humillará y la echará a tierra, hasta el polvo.

Cántico de confianza en la protección de Jehová

26 EN aquel día cantarán este cántico en
tierra de Judá: Fuerte ciudad tenemos;
salvación puso Dios por muros y antemuro.

c. 25.10-12 Is 15.1—16.14; Jer 48.1-47; Ez 25.8-11; Am 2.1-3; Sof 2.8-11.

RESPUESTAS A PREGUNTAS DE LA VIDA

¿Cómo puedo tener la paz de Dios?

IS 26.3

El ingrediente definitivo para la paz verdadera y duradera es la presencia de Dios. Isaías dijo a Dios: «Tú guardarás en completa paz a aquel cuyo pensamiento en ti persevera; porque en ti ha confiado» (Is 26.3). Cristo es nuestra paz, y su presencia es la presencia de la paz dentro de nosotros (Ef 2.14). Jesús nos dice: «Estas cosas os he hablado para que en mí tengáis paz» (Jn 16.33).

¿En qué consiste esta paz? Es un sentido interior de contentamiento y tranquilidad, sin importar cuáles sean las circunstancias de la vida. Es una confianza permanente en nuestro Padre celestial, quien es siempre fiel e inmutable. Es la presencia de gozo en medio de la desdicha.

La paz verdadera no adormece nuestro dolor. Una persona que tiene paz verdadera puede soportar una avalancha de penurias y dificultades, y todavía gozar de una paz interior que sobrepasa todo entendimiento humano. ¿Por qué? Porque no es producto de circunstancias agradables, ocasiones bonitas ni buenas acciones que nuestros semejantes puedan hacer por nosotros. Más bien, está basada en el hecho de que el Espíritu de nuestro Dios santo, omnipotente y que nunca cambia, vive en nosotros.

Ahora bien, si usted disfruta la paz perfecta de Dios, ¿significa que nunca sentirá los efectos de las tormentas que arrecian a su alrededor? Claro que no, pero la paz de Dios es completa, adecuada y suficiente para todo lo que usted enfrente. Tenga presentes estos tres requisitos para experimentar paz duradera:

❶ *Enfóquese en Dios.* La paz perfecta viene cuando usted fija su mente en Dios. Debe disciplinarse para meditar en la presencia y en la obra de Dios. Si pasa tiempo concentrándose en un problema, ¿no se torna cada vez más grande y complejo? Del mismo modo, usted tendrá una comprensión más grande de la presencia y la provisión de Dios en la medida en que mantenga su mente fija en Él.

❷ *Confíe en Él.* Jamás tiene que preocuparle que Dios actúe demasiado tarde o provea ayuda insuficiente. Sus tiempos y sus propósitos son perfectos; de hecho, usa sus tribulaciones para revelarle aun más del carácter de Dios en su vida. Su Palabra está llena de promesas sólidas y firmes, muchas de las cuales incluyen concederle paz. ¡Tenga por seguro que Él siempre las cumplirá!

❸ *Medite en su Palabra.* El Salmo 119.165 hace hincapié en que quienes aman la Palabra de Dios, tienen mucha paz. Su posesión material más valiosa es su Biblia. Todo creyente debería amar la Palabra de Dios y tener un banquete de ella a diario. Si la ama, creerá lo que dice, y ella será su guía y el ancla de su vida.

Para un estudio más a fondo, véase el Índice de Principios de vida:
12. La paz con Dios es fruto de nuestra unidad con Él.

2 Abrid las puertas, y entrará la gente justa, guardadora de verdades.
3 Tú guardarás en completa paz a aquel cuyo pensamiento en ti persevera; porque en ti ha confiado. *
4 Confiad en Jehová perpetuamente, porque en Jehová el Señor está la fortaleza de los siglos.
5 Porque derribó a los que moraban en lugar sublime; humilló a la ciudad exaltada, la humilló hasta la tierra, la derribó hasta el polvo.
6 La hollará pie, los pies del afligido, los pasos de los menesterosos.
7 El camino del justo es rectitud; tú, que eres recto, pesas el camino del justo.
8 También en el camino de tus juicios, oh Jehová, te hemos esperado; tu nombre y tu memoria son el deseo de nuestra alma. ≺
9 Con mi alma te he deseado en la noche, y en tanto que me dure el espíritu dentro de mí, madrugaré a buscarte; porque luego que hay juicios tuyos en la tierra, los moradores del mundo aprenden justicia.
10 Se mostrará piedad al malvado, y no aprenderá justicia; en tierra de rectitud hará iniquidad, y no mirará a la majestad de Jehová.

11 Jehová, tu mano está alzada, pero ellos no
ven; verán al fin, y se avergonzarán los que
envidian a tu pueblo; y a tus enemigos fuego
los consumirá[a]
➤ 12 Jehová, tú nos darás paz, porque también
hiciste en nosotros todas nuestras obras.
13 Jehová Dios nuestro, otros señores fuera
de ti se han enseñoreado de nosotros; pero en
ti solamente nos acordaremos de tu nombre.
14 Muertos son, no vivirán; han fallecido, no
resucitarán; porque los castigaste, y destruiste y deshiciste todo su recuerdo.
15 Aumentaste el pueblo, oh Jehová, aumentaste el pueblo; te hiciste glorioso; ensanchaste todos los confines de la tierra.
16 Jehová, en la tribulación te buscaron;
derramaron oración cuando los castigaste.
17 Como la mujer encinta cuando se acerca el
alumbramiento gime y da gritos en sus dolores, así hemos sido delante de ti, oh Jehová.
18 Concebimos, tuvimos dolores de parto,
dimos a luz viento; ninguna liberación hicimos en la tierra, ni cayeron los moradores del
mundo.
* 19 Tus muertos vivirán; sus cadáveres resucitarán. ¡Despertad y cantad, moradores del
polvo! porque tu rocío es cual rocío de hortalizas, y la tierra dará sus muertos.
20 Anda, pueblo mío, entra en tus aposentos, cierra tras ti tus puertas; escóndete un
poquito, por un momento, en tanto que pasa
la indignación.
21 Porque he aquí que Jehová sale de su lugar
para castigar al morador de la tierra por su
maldad contra él; y la tierra descubrirá la sangre derramada sobre ella, y no encubrirá ya
más a sus muertos.

Liberación y regreso de Israel

27 EN aquel día Jehová castigará con su espada dura, grande y fuerte al leviatán[a] serpiente veloz, y al leviatán serpiente tortuosa; y matará al dragón que está en el mar.
2 En aquel día cantad acerca de la viña del
vino rojo.
3 Yo Jehová la guardo, cada momento la regaré; la guardaré de noche y de día, para que
nadie la dañe.
4 No hay enojo en mí. ¿Quién pondrá contra
mí en batalla espinos y cardos? Yo los hollaré,
los quemaré a una.
5 ¿O forzará alguien mi fortaleza? Haga conmigo paz; sí, haga paz conmigo.
6 Días vendrán cuando Jacob echará raíces,
florecerá y echará renuevos Israel, y la faz del
mundo llenará de fruto.
7 ¿Acaso ha sido herido como quien lo hirió, o
ha sido muerto como los que lo mataron?
8 Con medida lo castigarás en sus vástagos.
Él los remueve con su recio viento en el día
del aire solano.
9 De esta manera, pues, será perdonada la iniquidad de Jacob, y éste será todo el fruto, la
remoción de su pecado; cuando haga todas las
piedras del altar como piedras de cal desmenuzadas, y no se levanten los símbolos de Asera ni las imágenes del sol.
10 Porque la ciudad fortificada será desolada,
la ciudad habitada será abandonada y dejada
como un desierto; allí pastará el becerro, allí
tendrá su majada, y acabará sus ramas.
11 Cuando sus ramas se sequen, serán quebradas; mujeres vendrán a encenderlas; porque aquel no es pueblo de entendimiento; por
tanto, su Hacedor no tendrá de él misericordia, ni se compadecerá de él el que lo formó.
12 Acontecerá en aquel día, que trillará Jehová desde el río Éufrates hasta el torrente de
Egipto, y vosotros, hijos de Israel, seréis reunidos uno a uno.
13 Acontecerá también en aquel día, que se
tocará con gran trompeta, y vendrán los que
habían sido esparcidos en la tierra de Asiria, y los que habían sido desterrados a Egipto, y adorarán a Jehová en el monte santo, en
Jerusalén.

Condenación de Efraín

28 ¡AY de la corona de soberbia de los ebrios de Efraín, y de la flor caduca de la hermosura de su gloria, que está sobre la cabeza del valle fértil de los aturdidos del vino!

a. 26.11 He 10.27. **a. 27.1** Job 41.1; Sal 74.14; 104.26.

LECCIONES DE VIDA

➤ ***25.9 — He aquí, éste es nuestro Dios, le hemos esperado, y nos salvará.***

A lo largo de la Biblia, Dios promete actuar a favor de aquellos que lo esperan. En el acto de esperar, demostramos que creemos las promesas de Dios y confiamos que Él las cumplirá todas.

➤ ***26.8 — tu nombre y tu memoria son el deseo de nuestra alma.***

Dios nos diseñó para disfrutar una cercanía de corazón a corazón con Él, y hallamos nuestro llamamiento supremo y la prioridad máxima de nuestra vida en conocerlo íntimamente, obedecerlo fielmente y amarlo profundamente.

➤ ***26.12 — Jehová, tú nos darás paz, porque también hiciste en nosotros todas nuestras obras.***

Vivir la vida cristiana es permitir que Jesús viva su vida en nosotros y por medio de nosotros. Eso significa que todo lo que logramos, lo hacemos por medio de su Espíritu, y esa clase de asociación maravillosa trae como fruto la paz.

2 He aquí, Jehová tiene uno que es fuerte y poderoso; como turbión de granizo y
como torbellino trastornador, como ímpetu de
recias aguas que inundan, con fuerza derriba a tierra.
3 Con los pies será pisoteada la corona de
soberbia de los ebrios de Efraín.
4 Y será la flor caduca de la hermosura de su
gloria que está sobre la cabeza del valle fértil,
como la fruta temprana, la primera del verano, la cual, apenas la ve el que la mira, se la
traga tan luego como la tiene a mano.
➤ 5 En aquel día Jehová de los ejércitos será por
corona de gloria y diadema de hermosura al
remanente de su pueblo;
6 y por espíritu de juicio al que se sienta en
juicio, y por fuerzas a los que rechacen la
batalla en la puerta.
7 Pero también éstos erraron con el vino, y
con sidra se entontecieron; el sacerdote y el
profeta erraron con sidra, fueron trastornados
por el vino; se aturdieron con la sidra, erraron
en la visión, tropezaron en el juicio.
8 Porque toda mesa está llena de vómito y
suciedad, hasta no haber lugar limpio.
9 ¿A quién se enseñará ciencia, o a quién se
hará entender doctrina? ¿A los destetados? ¿a
los arrancados de los pechos?
10 Porque mandamiento tras mandamiento,
mandato sobre mandato, renglón tras renglón, línea sobre línea, un poquito allí, otro
poquito allá;
11 porque en lengua de tartamudos, y en
extraña lengua hablará a este pueblo,
12 a los cuales él dijo: Éste es el reposo; dad
reposo al cansado; y éste es el refrigerio; mas
no quisieron oír.[a]
13 La palabra, pues, de Jehová les será mandamiento tras mandamiento, mandato sobre
mandato, renglón tras renglón, línea sobre
línea, un poquito allí, otro poquito allá; hasta
que vayan y caigan de espaldas, y sean quebrantados, enlazados y presos.

Amonestación a Jerusalén

14 Por tanto, varones burladores que gober-
náis a este pueblo que está en Jerusalén, oíd
la palabra de Jehová.
15 Por cuanto habéis dicho: Pacto tenemos
hecho con la muerte, e hicimos convenio con
el Seol; cuando pase el turbión del azote,
no llegará a nosotros, porque hemos puesto
nuestro refugio en la mentira, y en la falsedad
nos esconderemos;
16 por tanto, Jehová el Señor dice así: He
aquí que yo he puesto en Sion por fundamento una piedra, piedra probada, angular, preciosa, de cimiento estable; el que creyere, no
se apresure.[b]
17 Y ajustaré el juicio a cordel, y a nivel la justicia; y granizo barrerá el refugio de la mentira, y aguas arrollarán el escondrijo.
18 Y será anulado vuestro pacto con la muerte, y vuestro convenio con el Seol no será firme; cuando pase el turbión del azote, seréis de
él pisoteados.
19 Luego que comience a pasar, él os arrebatará; porque de mañana en mañana pasará, de
día y de noche; y será ciertamente espanto el
entender lo oído.
20 La cama será corta para poder estirarse, y
la manta estrecha para poder envolverse.
21 Porque Jehová se levantará como en el monte Perazim,[c] como en el valle de Gabaón[d] se enojará; para hacer su obra, su extraña obra, y para
hacer su operación, su extraña operación.
22 Ahora, pues, no os burléis, para que no se
aprieten más vuestras ataduras; porque destrucción ya determinada sobre toda la tierra
he oído del Señor, Jehová de los ejércitos.
23 Estad atentos, y oíd mi voz; atended, y oíd
mi dicho.
24 El que ara para sembrar, ¿arará todo el día?
¿Romperá y quebrará los terrones de la tierra?
25 Cuando ha igualado su superficie, ¿no
derrama el eneldo, siembra el comino, pone el
trigo en hileras, y la cebada en el lugar señalado, y la avena en su borde apropiado?
26 Porque su Dios le instruye, y le enseña lo
recto;
27 que el eneldo no se trilla con trillo, ni sobre
el comino se pasa rueda de carreta; sino que
con un palo se sacude el eneldo, y el comino
con una vara.
28 El grano se trilla; pero no lo trillará para siempre, ni lo comprime con la rueda de su carreta, ni lo quebranta con los dientes de su trillo.
29 También esto salió de Jehová de los ejér- ➤
citos, para hacer maravilloso el consejo y
engrandecer la sabiduría.

a. 28.11-12 1 Co 14.21. **b. 28.16** Ro 9.33; 10.11; 1 P 2.6.
c. 28.21 2 S 5.20; 1 Cr 14.11. **d. 28.21** Jos 10.10-12.

LECCIONES DE VIDA

➤ ***28.5 — En aquel día Jehová de los ejércitos será por corona de gloria y diadema de hermosura al remanente de su pueblo.***

¿Considera su relación con el Señor su más grande tesoro y el gozo más profundo de su corazón? Él anhela estar más cercano y ser más querido para nosotros que padres, cónyuges, amigos o hijos. Nosotros somos su tesoro, y Él quiere ser el nuestro.

➤ ***28.29 — También esto salió de Jehová de los ejércitos, para hacer maravilloso el consejo y engrandecer la sabiduría.***

¿Ha experimentado el consejo maravilloso de Dios? ¿Le ha pedido que le guíe para que pueda hacer su voluntad? Él quiere encaminarle a un futuro grandioso, pero usted debe escuchar su voz y obedecer sus instrucciones.

Ariel y sus enemigos

29 ¡AY de Ariel, de Ariel, ciudad donde
habitó David! Añadid un año a otro, las
fiestas sigan su curso.
2 Mas yo pondré a Ariel en apretura, y será
desconsolada y triste; y será a mí como Ariel.
3 Porque acamparé contra ti alrededor, y te
sitiaré con campamentos, y levantaré contra
ti baluartes.
4 Entonces serás humillada, hablarás desde
la tierra, y tu habla saldrá del polvo; y será tu
voz de la tierra como la de un fantasma, y tu
habla susurrará desde el polvo.
5 Y la muchedumbre de tus enemigos será
como polvo menudo, y la multitud de los fuertes como tamo que pasa; y será repentinamente, en un momento.
6 Por Jehová de los ejércitos serás visitada
con truenos, con terremotos y con gran ruido, con torbellino y tempestad, y llama de fuego consumidor.
7 Y será como sueño de visión nocturna la
multitud de todas las naciones que pelean
contra Ariel, y todos los que pelean contra ella y su fortaleza, y los que la ponen en
apretura.
8 Y les sucederá como el que tiene hambre y
sueña, y le parece que come, pero cuando despierta, su estómago está vacío; o como el que
tiene sed y sueña, y le parece que bebe, pero
cuando despierta, se halla cansado y sediento;
así será la multitud de todas las naciones que
pelearán contra el monte de Sion.

Ceguera e hipocresía de Israel

9 Deteneos y maravillaos; ofuscaos y cegaos;
embriagaos, y no de vino; tambalead, y no de
sidra.
10 Porque Jehová derramó sobre vosotros
espíritu de sueño, y cerró los ojos[a] de vuestros profetas, y puso velo sobre las cabezas de
vuestros videntes.
11 Y os será toda visión como palabras de
libro sellado, el cual si dieren al que sabe leer,
y le dijeren: Lee ahora esto; él dirá: No puedo,
porque está sellado.
12 Y si se diere el libro al que no sabe leer,
diciéndole: Lee ahora esto; él dirá: No sé leer.
➤ 13 Dice, pues, el Señor: Porque este pueblo se
acerca a mí con su boca, y con sus labios me
honra, pero su corazón está lejos de mí,[b] y su
temor de mí no es más que un mandamiento
de hombres que les ha sido enseñado;
14 por tanto, he aquí que nuevamente excita-
ré yo la admiración de este pueblo con un prodigio grande y espantoso; porque perecerá la
sabiduría de sus sabios, y se desvanecerá la
inteligencia de sus entendidos.[c]
15 ¡Ay de los que se esconden de Jehová,
encubriendo el consejo, y sus obras están en
tinieblas, y dicen: ¿Quién nos ve, y quién nos
conoce?
16 Vuestra perversidad ciertamente será repu-
tada como el barro del alfarero. ¿Acaso la
obra dirá de su hacedor: No me hizo? ¿Dirá
la vasija de aquel que la ha formado: No
entendió?

Redención de Israel

17 ¿No se convertirá de aquí a muy poco tiempo el Líbano en campo fructífero, y el campo
fértil será estimado por bosque?
18 En aquel tiempo los sordos oirán las palabras del libro, y los ojos de los ciegos verán en
medio de la oscuridad y de las tinieblas.
19 Entonces los humildes crecerán en alegría
en Jehová, y aun los más pobres de los hombres se gozarán en el Santo de Israel.
20 Porque el violento será acabado, y el
escarnecedor será consumido; serán destruidos todos los que se desvelan para hacer
iniquidad,
21 los que hacen pecar al hombre en palabra; los que arman lazo al que reprendía en
la puerta, y pervierten la causa del justo con
vanidad.
22 Por tanto, Jehová, que redimió a Abraham, dice así a la casa de Jacob: No será ahora avergonzado Jacob, ni su rostro se pondrá pálido;
23 porque verá a sus hijos, obra de mis manos
en medio de ellos, que santificarán mi nombre; y santificarán al Santo de Jacob, y temerán al Dios de Israel.
24 Y los extraviados de espíritu aprenderán
inteligencia, y los murmuradores aprenderán
doctrina.

a. 29.10 Ro 11.8. **b. 29.13** Mt 15.8-9; Mr 7.6-7.
c. 29.14 1 Co 1.19.

LECCIONES DE VIDA

➤ ***29.13 — este pueblo se acerca a mí con su boca, y con sus labios me honra, pero su corazón está lejos de mí.***

A Dios no lo conmueven las oraciones frías e indiferentes ni la devoción muerta, además que las detesta. Él no tiene interés alguno en el cumplimiento externo carente de un deseo interno de agradarle. Él nos quiere *a nosotros*, no sólo nuestras palabras, obras o posesiones.

➤ ***29.24 — los extraviados de espíritu aprenderán inteligencia, y los murmuradores aprenderán doctrina.***

Dios nos disciplina para santificarnos, para conformarnos a su voluntad y a la imagen de Cristo (He 12.1–14). Él usa la adversidad para fortalecernos y enseñarnos acerca de Él mismo y su gran amor que nunca falla. Muchas veces aprendemos más en nuestras experiencias por el valle de lágrimas que en las de la cumbre del éxito.

Lo que la Biblia dice acerca de
LA AVENTURA DE LA OBEDIENCIA

Is 30.21

A veces los cristianos ven la obediencia como la manera de evitar las consecuencias negativas de la desobediencia. Les parece que la obediencia es una carga y no la valoran como el camino a la bendición.

Pero Dios siempre quiso que nuestro andar de fe fuera una gran aventura, avivada por nuestro amor a Jesucristo. La obediencia consiste en expresar nuestro amor a Dios y nuestra confianza en Dios, no en evitar consecuencias desagradables. Por esa razón, Juan puede decir que «este es el amor a Dios, que guardemos sus mandamientos; y sus mandamientos no son gravosos» (1 Jn 5.3).

Cuando ponemos nuestra confianza en la omnipotencia del Señor y actuamos conforme a sus indicaciones, la vida cobra sentido y propósito. No tenemos por qué temer al futuro, pues Dios ya conoce el resultado de nuestra obediencia y podemos confiar en su promesa, que Él obra para que todas las cosas nos ayuden a bien (Ro 8.28). Así no entendamos cómo lo hace, podemos tener plena certeza que el Señor nos hace pasar por toda clase de circunstancias que nos llevan a su propósito perfecto para nuestra vida. Sin embargo, si dejamos de obedecer por un deseo equivocado de seguridad, rechazamos la oportunidad para que Dios demuestre su poder asombroso en nosotros.

Las decisiones pequeñas que tomamos a diario para someternos a la voluntad de Dios, podrán parecernos insignificantes en su momento, pero nos conducen a un andar con Él de por vida. Como sus hijos, deberíamos pedirle que dirija cada día nuestros pasos. «¿Qué quieres que diga en cuanto a esto, Señor?» O, «¿cuál es la mejor decisión en este momento?» Debemos aprender a oír a nuestro Padre celestial y mantenernos sensibles a la voz apacible que nos guía paso a paso en el transcurso de cada día. Isaías nos dice: «Entonces tus oídos oirán a tus espaldas palabra que diga: Este es el camino, andad por él; y no echéis a la mano derecha, ni tampoco torzáis a la mano izquierda» (Is 30.21).

Cuando mantenemos nuestra mente enfocada en Él, empezamos a entender la importancia de nuestras decisiones y cómo Él nos está guiando a lo largo de la aventura que es seguir el sendero de su voluntad. En últimas, este entendimiento nos llevará a una vida satisfactoria y llena de significado, andando con el Señor y recibiendo lo mejor de Él para nosotros.

Al despertarse y considerar el día que le espera, ¿cuál será *su* próximo paso de obediencia? Sea cual sea la dirección que reciba de Dios, confíe en Él y haga exactamente lo que le indique. Se alegrará mucho de haberlo hecho.

Dios siempre quiere que nuestro andar de fe sea una gran aventura.

Para un estudio más a fondo, véase el Índice de Principios de vida:

2. *Obedezcamos a Dios y dejemos las consecuencias en sus manos.*
11. *Dios asume toda la responsabilidad en cuanto a nuestras necesidades, si lo obedecemos.*
21. *La obediencia siempre trae bendición consigo.*

La futilidad de confiar en Egipto

30 ¡AY de los hijos que se apartan, dice
Jehová, para tomar consejo, y no de
mí; para cobijarse con cubierta, y no de mi
espíritu, añadiendo pecado a pecado!
2 Que se apartan para descender a Egipto, y
no han preguntado de mi boca; para forta-
lecerse con la fuerza de Faraón, y poner su
esperanza en la sombra de Egipto.
3 Pero la fuerza de Faraón se os cambiará en
vergüenza, y el amparo en la sombra de Egipto en confusión.
4 Cuando estén sus príncipes en Zoán, y sus
embajadores lleguen a Hanes,
5 todos se avergonzarán del pueblo que no
les aprovecha, ni los socorre, ni les trae provecho; antes les será para vergüenza y aun
para oprobio.
6 Profecía sobre las bestias del Neguev: Por
tierra de tribulación y de angustia, de donde
salen la leona y el león, la víbora y la serpiente que vuela, llevan sobre lomos de asnos sus
riquezas, y sus tesoros sobre jorobas de camellos, a un pueblo que no les será de provecho.
7 Ciertamente Egipto en vano e inútilmente
dará ayuda; por tanto yo le di voces, que su
fortaleza sería estarse quietos.
8 Ve, pues, ahora, y escribe esta visión en una
tabla delante de ellos, y regístrala en un libro,
para que quede hasta el día postrero, eternamente y para siempre.
9 Porque este pueblo es rebelde, hijos mentirosos, hijos que no quisieron oír la ley de
Jehová;
10 que dicen a los videntes: No veáis; y a los
profetas: No nos profeticéis lo recto, decidnos
cosas halagüeñas, profetizad mentiras;
11 dejad el camino, apartaos de la senda, quitad de nuestra presencia al Santo de Israel.
12 Por tanto, el Santo de Israel dice así: Porque desechasteis esta palabra, y confiasteis en
violencia y en iniquidad, y en ello os habéis
apoyado;
13 por tanto, os será este pecado como grie-
ta que amenaza ruina, extendiéndose en una
pared elevada, cuya caída viene súbita y
repentinamente.
14 Y se quebrará como se quiebra un vaso de
alfarero, que sin misericordia lo hacen pedazos; tanto, que entre los pedazos no se halla
tiesto para traer fuego del hogar, o para sacar
agua del pozo.
15 Porque así dijo Jehová el Señor, el Santo de
Israel: En descanso y en reposo seréis salvos;
en quietud y en confianza será vuestra fortaleza. Y no quisisteis,
16 sino que dijisteis: No, antes huiremos en
caballos; por tanto, vosotros huiréis. Sobre
corceles veloces cabalgaremos; por tanto,
serán veloces vuestros perseguidores.
17 Un millar huirá a la amenaza de uno; a la
amenaza de cinco huiréis vosotros todos, hasta que quedéis como mástil en la cumbre de
un monte, y como bandera sobre una colina.

Promesa de la gracia de Dios a Israel

18 Por tanto, Jehová esperará para tener piedad de vosotros, y por tanto, será exaltado
teniendo de vosotros misericordia; porque
Jehová es Dios justo; bienaventurados todos
los que confían en él.
19 Ciertamente el pueblo morará en Sion, en
Jerusalén; nunca más llorarás; el que tiene
misericordia se apiadará de ti; al oír la voz de
tu clamor te responderá.
20 Bien que os dará el Señor pan de congoja y agua de angustia, con todo, tus maestros
nunca más te serán quitados, sino que tus ojos
verán a tus maestros.

LECCIONES DE VIDA

➤ *30.1 — ¡Ay de los hijos que se apartan, dice Jehová, para tomar consejo, y no de mí; para cobijarse con cubierta, y no de mi espíritu!*

Nos resulta terriblemente fácil adelantarnos al Señor, implementar nuestros planes y poner en marcha nuestros proyectos antes de pedirle su consejo, pero Dios quiere ser el agente activo en nuestra deliberación, no un componente secundario. Recuerde que vivir la vida cristiana es permitir al Señor Jesús vivir su vida en y por medio de nosotros. Debemos obedecer sus planes, no exigirle que bendiga los nuestros.

➤ *30.15 — En descanso y en reposo seréis salvos; en quietud y en confianza será vuestra fortaleza.*

Pablo nos dice: «Así que, hermanos míos amados, estad firmes y constantes, creciendo en la obra del Señor siempre, sabiendo que vuestro trabajo en el Señor no es en vano» (1 Co 15.58). Nunca se esfuerce por sacar *algo* adelante sin el poder que da el Espíritu Santo. Cuando aprenda a depender del Señor, tendrá un espíritu reposado y confiado.

➤ *30.18 — Jehová esperará para tener piedad de vosotros, y por tanto, será exaltado teniendo de vosotros misericordia.*

El Señor quiere lo mejor de lo mejor para nosotros. A veces, esto incluye atrasar su respuesta hasta que llegue el momento perfecto. ¿Está tardando el Señor con respecto a alguna situación importante en su vida? ¿Ha estado esperando largo tiempo el cumplimiento de alguna promesa preciosa? Recuerde que Dios actúa a favor de aquellos que esperan en Él. El Señor no se ha olvidado de usted, Él está operando detrás del escenario para su beneficio. Sea paciente y confíe en Él, porque Dios anhela mostrarle piedad y misericordia en tanto que se perfecciona la bendición que le tiene reservada.

➤ *30.20 — Bien que os dará el Señor pan de congoja y agua de angustia... tus ojos verán a tus maestros.*

La adversidad es un puente que nos conduce a una relación más profunda con Dios. A través de ella, el Señor se revela a nosotros, nos ayuda a entender sus caminos, nos enseña a escucharlo y madura nuestra fe en Él.

➤21 Entonces tus oídos oirán a tus espaldas
palabra que diga: Este es el camino, andad por
él; y no echéis a la mano derecha, ni tampoco
torzáis a la mano izquierda.
22 Entonces profanarás la cubierta de tus
esculturas de plata, y la vestidura de tus imágenes fundidas de oro; las apartarás como trapo asqueroso; ¡Sal fuera! les dirás.
23 Entonces dará el Señor lluvia a tu sementera, cuando siembres la tierra, y dará pan del
fruto de la tierra, y será abundante y pingüe;
tus ganados en aquel tiempo serán apacentados en espaciosas dehesas.
24 Tus bueyes y tus asnos que labran la tierra comerán grano limpio, aventado con pala
y criba.
25 Y sobre todo monte alto, y sobre todo collado elevado, habrá ríos y corrientes de aguas
el día de la gran matanza, cuando caerán las
torres.
26 Y la luz de la luna será como la luz del sol, y
la luz del sol siete veces mayor, como la luz de
siete días, el día que vendare Jehová la herida
de su pueblo, y curare la llaga que él causó.

El juicio de Jehová sobre Asiria

27 He aquí que el nombre de Jehová viene
de lejos; su rostro encendido, y con llamas de
fuego devorador; sus labios llenos de ira, y su
lengua como fuego que consume.
28 Su aliento, cual torrente que inunda; llegará hasta el cuello, para zarandear a las naciones con criba de destrucción; y el freno estará
en las quijadas de los pueblos, haciéndoles
errar.
29 Vosotros tendréis cántico como de noche
en que se celebra pascua, y alegría de corazón, como el que va con flauta para venir al
monte de Jehová, al Fuerte de Israel.
30 Y Jehová hará oír su potente voz, y hará
ver el descenso de su brazo, con furor de rostro y llama de fuego consumidor, con torbellino, tempestad y piedra de granizo.
31 Porque Asiria que hirió con vara, con la
voz de Jehová será quebrantada.
32 Y cada golpe de la vara justiciera que
asiente Jehová sobre él, será con panderos
y con arpas; y en batalla tumultuosa peleará
contra ellos.
33 Porque Tofet ya de tiempo está dispuesto y
preparado para el rey, profundo y ancho, cuya
pira es de fuego, y mucha leña; el soplo de
Jehová, como torrente de azufre, lo enciende.

Los egipcios son hombres y no dioses

31 ¡AY de los que descienden a Egipto por ➤
ayuda, y confían en caballos; y su esperanza ponen en carros, porque son muchos, y
en jinetes, porque son valientes; y no miran al
Santo de Israel, ni buscan a Jehová!
2 Pero él también es sabio, y traerá el mal, y
no retirará sus palabras. Se levantará, pues,
contra la casa de los malignos, y contra el
auxilio de los que hacen iniquidad.
3 Y los egipcios hombres son, y no Dios; y sus
caballos carne, y no espíritu; de manera que
al extender Jehová su mano, caerá el ayudador y caerá el ayudado, y todos ellos desfallecerán a una.
4 Porque Jehová me dijo a mí de esta manera: Como el león y el cachorro de león ruge
sobre la presa, y si se reúne cuadrilla de pastores contra él, no lo espantarán sus voces, ni
se acobardará por el tropel de ellos; así Jehová de los ejércitos descenderá a pelear sobre
el monte de Sion, y sobre su collado.
5 Como las aves que vuelan, así amparará
Jehová de los ejércitos a Jerusalén, amparando, librando, preservando y salvando.
6 Volved a aquel contra quien se rebelaron
profundamente los hijos de Israel.
7 Porque en aquel día arrojará el hombre
sus ídolos de plata y sus ídolos de oro, que
para vosotros han hecho vuestras manos
pecadoras.
8 Entonces caerá Asiria por espada no de
varón, y la consumirá espada no de hombre; y
huirá de la presencia de la espada, y sus jóvenes serán tributarios.
9 Y de miedo pasará su fortaleza, y sus príncipes, con pavor, dejarán sus banderas, dice
Jehová, cuyo fuego está en Sion, y su horno
en Jerusalén.

El Rey justo

32 HE aquí que para justicia reinará un
rey, y príncipes presidirán en juicio.
2 Y será aquel varón como escondedero contra el viento, y como refugio contra el turbión;
como arroyos de aguas en tierra de sequedad, como sombra de gran peñasco en tierra
calurosa.

LECCIONES DE VIDA

➤ 30.21 — *tus oídos oirán a tus espaldas palabra que diga: Este es el camino, andad por él; y no echéis a la mano derecha, ni tampoco torzáis a la mano izquierda.*

El Señor promete conducir y guiar a su pueblo. Él no nos dificulta el hallarle y saber su voluntad. Por el contrario, si es necesario, Dios moverá el cielo y la tierra para mostrarnos su voluntad. Si realmente queremos hacer su voluntad, Él promete hacerla diáfana e inteligible para nosotros.

➤ 31.1 — *¡Ay de los que descienden a Egipto por ayuda, y confían en caballos… y no miran al Santo de Israel, ni buscan a Jehová!*

¿A qué acude usted instintivamente en busca de ayuda, aparte de Dios? Esos recursos temporales pueden verse más «prácticos» en nuestra perspectiva carnal, pero Dios es el único que suministra ayuda perdurable, y eso es lo único que nos lleva a la victoria.

3 No se ofuscarán entonces los ojos de los que
ven, y los oídos de los oyentes oirán atentos.
4 Y el corazón de los necios entenderá para
saber, y la lengua de los tartamudos hablará
rápida y claramente.
5 El ruin nunca más será llamado generoso, ni
el tramposo será llamado espléndido.
6 Porque el ruin hablará ruindades, y su corazón fabricará iniquidad, para cometer impiedad y para hablar escarnio contra Jehová,
dejando vacía el alma hambrienta, y quitando
la bebida al sediento.
7 Las armas del tramposo son malas; trama
intrigas inicuas para enredar a los simples
con palabras mentirosas, y para hablar en juicio contra el pobre.
8 Pero el generoso pensará generosidades, y
por generosidades será exaltado.

Advertencia a las mujeres de Jerusalén

9 Mujeres indolentes, levantaos, oíd mi voz;
hijas confiadas, escuchad mi razón.
10 De aquí a algo más de un año tendréis
espanto, oh confiadas; porque la vendimia faltará, y la cosecha no vendrá.
11 Temblad, oh indolentes; turbaos, oh confiadas; despojaos, desnudaos, ceñid los lomos
con cilicio.
12 Golpeándose el pecho lamentarán por los
campos deleitosos, por la vid fértil.
13 Sobre la tierra de mi pueblo subirán espinos y cardos, y aun sobre todas las casas en
que hay alegría en la ciudad de alegría.
14 Porque los palacios quedarán desiertos,
la multitud de la ciudad cesará; las torres y
fortalezas se volverán cuevas para siempre,
donde descansen asnos monteses, y ganados
hagan majada;
15 hasta que sobre nosotros sea derramado el
Espíritu de lo alto, y el desierto se convierta
en campo fértil, y el campo fértil sea estimado por bosque.
16 Y habitará el juicio en el desierto, y en el
campo fértil morará la justicia.
* 17 Y el efecto de la justicia será paz; y la
labor de la justicia, reposo y seguridad para
siempre.
18 Y mi pueblo habitará en morada de paz, en
habitaciones seguras, y en recreos de reposo.
19 Y cuando caiga granizo, caerá en los montes; y la ciudad será del todo abatida.
20 Dichosos vosotros los que sembráis junto a todas las aguas, y dejáis libres al buey y
al asno.

Jehová traerá salvación

33 ¡AY de ti, que saqueas, y nunca fuiste
saqueado; que haces deslealtad, bien
que nadie contra ti la hizo! Cuando acabes de
saquear, serás tú saqueado; y cuando acabes
de hacer deslealtad, se hará contra ti.
2 Oh Jehová, ten misericordia de nosotros,
a ti hemos esperado; tú, brazo de ellos en
la mañana, sé también nuestra salvación en
tiempo de la tribulación.
3 Los pueblos huyeron a la voz del estruendo; las naciones fueron esparcidas al levan-
tarte tú.
4 Sus despojos serán recogidos como cuando
recogen orugas; correrán sobre ellos como de
una a otra parte corren las langostas.
5 Será exaltado Jehová, el cual mora en las
alturas; llenó a Sion de juicio y de justicia.
6 Y reinarán en tus tiempos la sabiduría y la
ciencia, y abundancia de salvación; el temor
de Jehová será su tesoro.
7 He aquí que sus embajadores darán voces
afuera; los mensajeros de paz llorarán amargamente.
8 Las calzadas están deshechas, cesaron los
caminantes; ha anulado el pacto, aborreció las
ciudades, tuvo en nada a los hombres.
9 Se enlutó, enfermó la tierra; el Líbano se
avergonzó, y fue cortado; Sarón se ha vuelto como desierto, y Basán y el Carmelo fueron sacudidos.
10 Ahora me levantaré, dice Jehová; ahora
seré exaltado, ahora seré engrandecido.
11 Concebisteis hojarascas, rastrojo daréis a
luz; el soplo de vuestro fuego os consumirá.
12 Y los pueblos serán como cal quemada;
como espinos cortados serán quemados con
fuego.
13 Oíd, los que estáis lejos, lo que he hecho;
y vosotros los que estáis cerca, conoced mi
poder.
14 Los pecadores se asombraron en Sion,
espanto sobrecogió a los hipócritas. ¿Quién
de nosotros morará con el fuego consumidor? ¿Quién de nosotros habitará con las llamas eternas?
15 El que camina en justicia y habla lo recto;
el que aborrece la ganancia de violencias, el
que sacude sus manos para no recibir cohecho, el que tapa sus oídos para no oír propues-
tas sanguinarias; el que cierra sus ojos para
no ver cosa mala;

LECCIONES DE VIDA

➤ ***33.2 — [Sé el] brazo de ellos en la mañana.***

Cuando usted se levanta de su cama cada mañana, ¿acude al Señor en oración? Cada uno de nosotros debería empezar el día dedicándolo a Él y reconociendo con gratitud su amor, poder, sabiduría y guía. Si estamos al tanto de su presencia, tendremos la energía necesaria para emprender todo lo que tengamos por delante.

16 éste habitará en las alturas; fortaleza de
rocas será su lugar de refugio; se le dará su
pan, y sus aguas serán seguras.
* 17 Tus ojos verán al Rey en su hermosura;
verán la tierra que está lejos.
18 Tu corazón imaginará el espanto, y dirá:
¿Qué es del escriba? ¿qué del pesador del tributo? ¿qué del que pone en lista las casas más
insignes?
19 No verás a aquel pueblo orgulloso, pueblo
de lengua difícil de entender, de lengua tartamuda que no comprendas.
20 Mira a Sion, ciudad de nuestras fiestas
solemnes; tus ojos verán a Jerusalén, morada
de quietud, tienda que no será desarmada, ni
serán arrancadas sus estacas, ni ninguna de
sus cuerdas será rota.
21 Porque ciertamente allí será Jehová para
con nosotros fuerte, lugar de ríos, de arroyos
muy anchos, por el cual no andará galera de
remos, ni por él pasará gran nave.
➢ 22 Porque Jehová es nuestro juez, Jehová es
nuestro legislador, Jehová es nuestro Rey; él
mismo nos salvará.
23 Tus cuerdas se aflojaron; no afirmaron
su mástil, ni entesaron la vela; se repartirá
entonces botín de muchos despojos; los cojos
arrebatarán el botín.
24 No dirá el morador: Estoy enfermo; al pueblo que more en ella le será perdonada la
iniquidad.

La ira de Jehová contra las naciones

34 ACERCAOS, naciones, juntaos para
oír; y vosotros, pueblos, escuchad. Oiga
la tierra y cuanto hay en ella, el mundo y todo
lo que produce.
2 Porque Jehová está airado contra todas las
naciones, e indignado contra todo el ejército de ellas; las destruirá y las entregará al
matadero.
3 Y los muertos de ellas serán arrojados, y de
sus cadáveres se levantará hedor; y los montes se disolverán por la sangre de ellos.
➢ 4 Y todo el ejército de los cielos se disolverá, y
se enrollarán los cielos como un libro; y caerá todo su ejército, como se cae la hoja de la
parra, y como se cae la de la higuera.[a]
5 Porque en los cielos se embriagará mi espada; he aquí que descenderá sobre Edom[b] en
juicio, y sobre el pueblo de mi anatema.
6 Llena está de sangre la espada de Jehová, engrasada está de grosura, de sangre de
corderos y de machos cabríos, de grosura
de riñones de carneros; porque Jehová tiene
sacrificios en Bosra, y grande matanza en tierra de Edom.
7 Y con ellos caerán búfalos, y toros con becerros; y su tierra se embriagará de sangre, y su
polvo se engrasará de grosura.
8 Porque es día de venganza de Jehová, año
de retribuciones en el pleito de Sion.
9 Y sus arroyos se convertirán en brea, y su
polvo en azufre, y su tierra en brea ardiente.
10 No se apagará de noche ni de día, perpetuamente subirá su humo;[c] de generación en
generación será asolada, nunca jamás pasará nadie por ella.
11 Se adueñarán de ella el pelícano y el erizo, la lechuza y el cuervo morarán en ella; y
se extenderá sobre ella cordel de destrucción,
y niveles de asolamiento.
12 Llamarán a sus príncipes, príncipes sin reino; y todos sus grandes serán nada.
13 En sus alcázares crecerán espinos, y ortigas y cardos en sus fortalezas; y serán morada de chacales, y patio para los pollos de los
avestruces.
14 Las fieras del desierto se encontrarán con
las hienas, y la cabra salvaje gritará a su compañero; la lechuza también tendrá allí morada, y hallará para sí reposo.
15 Allí anidará el búho, pondrá sus huevos, y
sacará sus pollos, y los juntará debajo de sus
alas; también se juntarán allí buitres, cada
uno con su compañera.
16 Inquirid en el libro de Jehová, y leed si faltó alguno de ellos; ninguno faltó con su compañera; porque su boca mandó, y los reunió su
mismo Espíritu.
17 Y él les echó suertes, y su mano les repartió con cordel; para siempre la tendrán por
heredad; de generación en generación morarán allí.

a. 34.4 Ap 6.13-14. **b. 34.5-17** Is 63.1-6; Jer 49.7-22; Ez 25.12-14; 35.1-15; Am 1.11-12; Abd 1-14; Mal 1.2-5.
c. 34.10 Ap 14.11; 19.3.

LECCIONES DE VIDA

➢ ***33.22 — Jehová es nuestro juez, Jehová es nuestro legislador, Jehová es nuestro Rey; él mismo nos salvará.***

Dios es nuestro juez. Él es quien decide si nuestras obras son buenas o malas (2 Co 5.10). Él es nuestro legislador, quien nos instruye cómo vivir. Además es nuestro Rey, pues Él nos rige a todos. ¡Cuán maravilloso que también sea nuestro Salvador!

➢ ***34.4 — todo el ejército de los cielos se disolverá, y se enrollarán los cielos como un libro.***

Pedro escribió acerca de este mismo acontecimiento potente y sin precedentes (2 P 3.10), y tras su descripción nos exhorta: «Así que vosotros, oh amados, sabiéndolo de antemano, guardaos, no sea que arrastrados por el error de los inicuos, caigáis de vuestra firmeza. Antes bien, creced en la gracia y el conocimiento de nuestro Señor y Salvador Jesucristo. A él sea gloria ahora y hasta el día de la eternidad» (2 P 3.17, 18).

Futuro glorioso de Sion

35 SE alegrarán el desierto y la soledad; el yermo se gozará y florecerá como la rosa.

➤2 Florecerá profusamente, y también se alegrará y cantará con júbilo; la gloria del Líbano le será dada, la hermosura del Carmelo y de Sarón. Ellos verán la gloria de Jehová, la hermosura del Dios nuestro.

3 Fortaleced las manos cansadas, afirmad las rodillas endebles.[a]

*4 Decid a los de corazón apocado: Esforzaos, no temáis; he aquí que vuestro Dios viene con retribución, con pago; Dios mismo vendrá, y os salvará.

5 Entonces los ojos de los ciegos serán abiertos, y los oídos de los sordos se abrirán.

6 Entonces el cojo saltará como un ciervo, y cantará la lengua del mudo;[b] porque aguas serán cavadas en el desierto, y torrentes en la soledad.

7 El lugar seco se convertirá en estanque, y el sequedal en manaderos de aguas; en la morada de chacales, en su guarida, será lugar de cañas y juncos.

8 Y habrá allí calzada y camino, y será llamado Camino de Santidad; no pasará inmundo por él, sino que él mismo estará con ellos; el que anduviere en este camino, por torpe que sea, no se extraviará.

9 No habrá allí león, ni fiera subirá por él, ni allí se hallará, para que caminen los redimidos.

➤10 Y los redimidos de Jehová volverán, y vendrán a Sion con alegría; y gozo perpetuo será sobre sus cabezas; y tendrán gozo y alegría, y huirán la tristeza y el gemido.

La invasión de Senaquerib
(2 R 18.13-37; 2 Cr 32.1-19)

36 ACONTECIÓ en el año catorce del rey Ezequías, que Senaquerib rey de Asiria subió contra todas las ciudades fortificadas de Judá, y las tomó.

2 Y el rey de Asiria envió al Rabsaces con un gran ejército desde Laquis a Jerusalén contra el rey Ezequías; y acampó junto al acueducto del estanque de arriba, en el camino de la heredad del Lavador.

3 Y salió a él Eliaquim hijo de Hilcías, mayordomo, y Sebna, escriba, y Joa hijo de Asaf, canciller,

4 a los cuales dijo el Rabsaces: Decid ahora a Ezequías: El gran rey, el rey de Asiria, dice así: ¿Qué confianza es esta en que te apoyas?

5 Yo digo que el consejo y poderío para la guerra, de que tú hablas, no son más que palabras vacías. Ahora bien, ¿en quién confías para que te rebeles contra mí?

6 He aquí que confías en este báculo de caña frágil, en Egipto, en el cual si alguien se apoyare, se le entrará por la mano, y la atravesará. Tal es Faraón rey de Egipto para con todos los que en él confían.

7 Y si me decís: En Jehová nuestro Dios confiamos; ¿no es éste aquel cuyos lugares altos y cuyos altares hizo quitar Ezequías, y dijo a Judá y a Jerusalén: Delante de este altar adoraréis? ◄

8 Ahora, pues, yo te ruego que des rehenes al rey de Asiria mi señor, y yo te daré dos mil caballos, si tú puedes dar jinetes que cabalguen sobre ellos.

9 ¿Cómo, pues, podrás resistir a un capitán, al menor de los siervos de mi señor, aunque estés confiado en Egipto con sus carros y su gente de a caballo?

10 ¿Acaso vine yo ahora a esta tierra para destruirla sin Jehová? Jehová me dijo: Sube a esta tierra y destrúyela.

11 Entonces dijeron Eliaquim, Sebna y Joa al Rabsaces: Te rogamos que hables a tus siervos en arameo, porque nosotros lo entendemos; y no hables con nosotros en lengua de

a. 35.3 He 12.12. **b. 35.5-6** Mt 11.5; Lc 7.22.

LECCIONES DE VIDA

➤ ***35.2 — Ellos verán la gloria de Jehová, la hermosura del Dios nuestro.***

Aunque ahora podemos experimentar algo de la gloria y la excelencia de Dios, «vemos por espejo, oscuramente» (1 Co 13.12). Sin embargo, un día no solo veremos su gloria, sino que seremos glorificados con Él (Ro 8.17).

➤ ***35.10 — los redimidos de Jehová volverán, y vendrán a Sion con alegría; y gozo perpetuo será sobre sus cabezas… y huirán la tristeza y el gemido.***

Anticipamos la llegada del tiempo en que veremos a Dios cara a cara, cuando su bondad y justicia bendecirán a todo creyente y Él desterrará toda maldad, todo dolor y toda congoja. Nuestras tristezas de ahora no pueden compararse a la abundancia de gozo que tendremos con Él (Ro 8.18; 2 Co 4.17).

➤ ***36.7 — si me decís: En Jehová nuestro Dios confiamos; ¿no es éste aquel cuyos lugares altos y cuyos altares hizo quitar Ezequías?***

El jefe militar asirio o el Rabsaces no hizo distinción entre los lugares altos y el templo verdadero del Señor en Jerusalén, pero Ezequías había quitado aquellos altares paganos en obediencia a Dios (Éx 34.12–17; Nm 33.50–55; Dt 12.2–5), y confío en que Él protegería a Judá a pesar de la amenaza de los asirios (2 R 18—19; 2 Cr 29.1—32.23). Aquellos que no conocen al Señor simplemente son incapaces de entender lo que es la fe verdadera (1 Co 1.18–31; 2.14, 15). Aunque un lugar o un ritual pueda considerarse religioso, eso no significa que honre al Señor. La gente puede tratar de agrupar todos los credos y prácticas espirituales en un mismo costal, pero solamente existe un Dios verdadero y hay un solo camino de salvación, Jesucristo (Hch 4.10–12).

Judá, porque lo oye el pueblo que está sobre
el muro.
12 Y dijo el Rabsaces: ¿Acaso me envió mi
señor a que dijese estas palabras a ti y a tu
señor, y no a los hombres que están sobre el
muro, expuestos a comer su estiércol y beber
su orina con vosotros?
13 Entonces el Rabsaces se puso en pie y gritó a gran voz en lengua de Judá, diciendo: Oíd
las palabras del gran rey, el rey de Asiria.
14 El rey dice así: No os engañe Ezequías,
porque no os podrá librar.
15 Ni os haga Ezequías confiar en Jehová,
diciendo: Ciertamente Jehová nos librará; no
será entregada esta ciudad en manos del rey
de Asiria.
16 No escuchéis a Ezequías, porque así dice el
rey de Asiria: Haced conmigo paz, y salid a mí;
y coma cada uno de su viña, y cada uno de su
higuera, y beba cada cual las aguas de su pozo,
17 hasta que yo venga y os lleve a una tierra
como la vuestra, tierra de grano y de vino, tierra de pan y de viñas.
18 Mirad que no os engañe Ezequías diciendo:
Jehová nos librará. ¿Acaso libraron los dioses
de las naciones cada uno su tierra de la mano
del rey de Asiria?
19 ¿Dónde está el dios de Hamat y de Arfad?
¿Dónde está el dios de Sefarvaim? ¿Libraron
a Samaria de mi mano?
20 ¿Qué dios hay entre los dioses de estas tierras que haya librado su tierra de mi mano, para
que Jehová libre de mi mano a Jerusalén?
21 Pero ellos callaron, y no le respondieron
palabra; porque el rey así lo había mandado,
diciendo: No le respondáis.
22 Entonces Eliaquim hijo de Hilcías, mayordomo, y Sebna escriba, y Joa hijo de Asaf,
canciller, vinieron a Ezequías, rasgados
sus vestidos, y le contaron las palabras del
Rabsaces.

Judá es librado de Senaquerib

(2 R 19.1-37; 2 Cr 32.20-23)

37 ACONTECIÓ, pues, que cuando el rey
Ezequías oyó esto, rasgó sus vestidos, y
cubierto de cilicio vino a la casa de Jehová.
2 Y envió a Eliaquim mayordomo, a Sebna escriba y a los ancianos de los sacerdotes, cubiertos de cilicio, al profeta Isaías hijo
de Amoz.
3 Los cuales le dijeron: Así ha dicho Ezequías:
Día de angustia, de reprensión y de blasfemia
es este día; porque los hijos han llegado hasta el punto de nacer, y la que da a luz no tiene fuerzas.
4 Quizá oirá Jehová tu Dios las palabras del
Rabsaces, al cual el rey de Asiria su señor
envió para blasfemar al Dios vivo, y para
vituperar con las palabras que oyó Jehová tu
Dios; eleva, pues, oración tú por el remanente
que aún ha quedado.
5 Vinieron, pues, los siervos de Ezequías a
Isaías.
6 Y les dijo Isaías: Diréis así a vuestro señor:
Así ha dicho Jehová: No temas por las palabras que has oído, con las cuales me han blasfemado los siervos del rey de Asiria.
7 He aquí que yo pondré en él un espíritu, y
oirá un rumor, y volverá a su tierra; y haré que
en su tierra perezca a espada.
8 Vuelto, pues, el Rabsaces, halló al rey de
Asiria que combatía contra Libna; porque ya
había oído que se había apartado de Laquis.
9 Mas oyendo decir de Tirhaca rey de Etiopía: He aquí que ha salido para hacerte guerra; al oírlo, envió embajadores a Ezequías,
diciendo:
10 Así diréis a Ezequías rey de Judá: No te
engañe tu Dios en quien tú confías, diciendo:
Jerusalén no será entregada en mano del rey
de Asiria.
11 He aquí que tú oíste lo que han hecho los
reyes de Asiria a todas las tierras, que las destruyeron; ¿y escaparás tú?
12 ¿Acaso libraron sus dioses a las naciones
que destruyeron mis antepasados, a Gozán,
Harán, Resef y a los hijos de Edén que moraban en Telasar?
13 ¿Dónde está el rey de Hamat, el rey de
Arfad, y el rey de la ciudad de Sefarvaim, de
Hena y de Iva?

LECCIONES DE VIDA

➤ ***36.15 — Ni os haga Ezequías confiar en Jehová, diciendo: Ciertamente Jehová nos librará.***

La gente puede tratar de hacernos dudar de la existencia, el poder y el amor de Dios todo el tiempo. Tratarán de inducirnos a abandonar lo que consideran una fe simplista y religiosidad barata. Pero Dios sigue en el trono, y nuestra responsabilidad es honrarlo a Él, no preocuparnos de lo que opinen los demás.

➤ ***37.4 — eleva, pues, oración tú por el remanente que aún ha quedado.***

La oración individual es crucial, pero la oración colectiva también es importante. En toda la Biblia vemos a líderes piadosos que organizan a su gente para orar como grupo. Pero, ¿cómo podremos orar colectivamente si nunca nos congregamos con el pueblo de Dios?

➤ ***37.10 — Así diréis a Ezequías rey de Judá: No te engañe tu Dios en quien tú confías.***

Los enemigos de Dios tratarán muchas veces de convencer a su pueblo de que Él no es digno de confianza. Esta fue la táctica de Satanás en el huerto de Edén, y hoy sigue usando la misma estrategema.

14 Y tomó Ezequías las cartas de mano de los
embajadores, y las leyó; y subió a la casa de
Jehová, y las extendió delante de Jehová.
15 Entonces Ezequías oró a Jehová, diciendo:
16 Jehová de los ejércitos, Dios de Israel, que
moras entre los querubines,[a] sólo tú eres Dios
de todos los reinos de la tierra; tú hiciste los
cielos y la tierra.
17 Inclina, oh Jehová, tu oído, y oye; abre, oh
Jehová, tus ojos, y mira; y oye todas las palabras de Senaquerib, que ha enviado a blasfemar al Dios viviente.
18 Ciertamente, oh Jehová, los reyes de Asiria
destruyeron todas las tierras y sus comarcas,
19 y entregaron los dioses de ellos al fuego;
porque no eran dioses, sino obra de manos
de hombre, madera y piedra; por eso los
destruyeron.
➤ 20 Ahora pues, Jehová Dios nuestro, líbranos
de su mano, para que todos los reinos de la tierra conozcan que sólo tú eres Jehová.
21 Entonces Isaías hijo de Amoz envió a
decir a Ezequías: Así ha dicho Jehová Dios
de Israel: Acerca de lo que me rogaste sobre
Senaquerib rey de Asiria,
22 estas son las palabras que Jehová habló
contra él: La virgen hija de Sion te menosprecia, te escarnece; detrás de ti mueve su cabeza la hija de Jerusalén.
23 ¿A quién vituperaste, y a quién blasfemas-
te? ¿Contra quién has alzado tu voz, y levantado tus ojos en alto? Contra el Santo de Israel.
24 Por mano de tus siervos has vituperado al
Señor, y dijiste: Con la multitud de mis carros
subiré a las alturas de los montes, a las laderas del Líbano; cortaré sus altos cedros, sus
cipreses escogidos; llegaré hasta sus más
elevadas cumbres, al bosque de sus feraces
campos.
25 Yo cavé, y bebí las aguas, y con las pisadas
de mis pies secaré todos los ríos de Egipto.
26 ¿No has oído decir que desde tiempos antiguos yo lo hice, que desde los días de la antigüedad lo tengo ideado? Y ahora lo he hecho
venir, y tú serás para reducir las ciudades fortificadas a montones de escombros.
27 Sus moradores fueron de corto poder; fueron acobardados y confusos, fueron como
hierba del campo y hortaliza verde, como
heno de los terrados, que antes de sazón se
seca.
28 He conocido tu condición, tu salida y tu
entrada, y tu furor contra mí.
29 Porque contra mí te airaste, y tu arrogancia
ha subido a mis oídos; pondré, pues, mi garfio
en tu nariz, y mi freno en tus labios, y te haré
volver por el camino por donde viniste.
30 Y esto te será por señal: Comeréis este
año lo que nace de suyo, y el año segundo lo
que nace de suyo; y el año tercero sembraréis y segaréis, y plantaréis viñas, y comeréis
su fruto.
31 Y lo que hubiere quedado de la casa de
Judá y lo que hubiere escapado, volverá a
echar raíz abajo, y dará fruto arriba.
32 Porque de Jerusalén saldrá un remanente,
y del monte de Sion los que se salven. El celo
de Jehová de los ejércitos hará esto.
33 Por tanto, así dice Jehová acerca del rey de
Asiria: No entrará en esta ciudad, ni arrojará saeta en ella; no vendrá delante de ella con
escudo, ni levantará contra ella baluarte.
34 Por el camino que vino, volverá, y no entrará en esta ciudad, dice Jehová.
35 Porque yo ampararé a esta ciudad para salvarla, por amor de mí mismo, y por amor de
David mi siervo.
36 Y salió el ángel de Jehová y mató a ciento
ochenta y cinco mil en el campamento de los
asirios; y cuando se levantaron por la mañana, he aquí que todo era cuerpos de muertos.
37 Entonces Senaquerib rey de Asiria se fue, e
hizo su morada en Nínive.
38 Y aconteció que mientras adoraba en el
templo de Nisroc su dios, sus hijos Adramelec y Sarezer le mataron a espada, y huyeron
a la tierra de Ararat; y reinó en su lugar Esar-
hadón su hijo.

Enfermedad de Ezequías
(2 R 20.1-11; 2 Cr 32.24-26)

38 EN aquellos días Ezequías enfermó de
muerte. Y vino a él el profeta Isaías hijo
de Amoz, y le dijo: Jehová dice así: Ordena tu
casa, porque morirás, y no vivirás.
2 Entonces volvió Ezequías su rostro a la
pared, e hizo oración a Jehová,
3 y dijo: Oh Jehová, te ruego que te acuerdes
ahora que he andado delante de ti en verdad
y con íntegro corazón, y que he hecho lo que
ha sido agradable delante de tus ojos. Y lloró
Ezequías con gran lloro.
4 Entonces vino palabra de Jehová a Isaías,
diciendo:

a. 37.16 Éx 25.22.

LECCIONES DE VIDA

➤ ***37.20 — Ahora pues, Jehová Dios nuestro, líbranos de su mano, para que todos los reinos de la tierra conozcan que sólo tú eres Jehová.***

Ezequías rogó a Dios que actuara a favor de Judá, para que así el mundo supiera que Él es Señor, «y que es galardonador de los que le buscan» (He 11.6).

5 Ve y di a Ezequías: Jehová Dios de David
tu padre dice así: He oído tu oración, y visto
tus lágrimas; he aquí que yo añado a tus días
quince años.
6 Y te libraré a ti y a esta ciudad, de mano del
rey de Asiria; y a esta ciudad ampararé.
7 Y esto te será señal de parte de Jehová, que
Jehová hará esto que ha dicho:
8 He aquí yo haré volver la sombra por los
grados que ha descendido con el sol, en el
reloj de Acaz, diez grados atrás. Y volvió el
sol diez grados atrás, por los cuales había ya
descendido.
9 Escritura de Ezequías rey de Judá, de cuando enfermó y sanó de su enfermedad:
10 Yo dije: A la mitad de mis días iré a las
puertas del Seol; privado soy del resto de mis
años.
11 Dije: No veré a JAH, a JAH en la tierra de
los vivientes; ya no veré más hombre con los
moradores del mundo.
12 Mi morada ha sido movida y traspasada de
mí, como tienda de pastor. Como tejedor corté mi vida; me cortará con la enfermedad; me
consumirás entre el día y la noche.
13 Contaba yo hasta la mañana. Como un
león molió todos mis huesos; de la mañana a
la noche me acabarás.
➤ 14 Como la grulla y como la golondrina me
quejaba; gemía como la paloma; alzaba en
alto mis ojos. Jehová, violencia padezco;
fortaléceme.
15 ¿Qué diré? El que me lo dijo, él mismo lo ha
hecho. Andaré humildemente todos mis años,
a causa de aquella amargura de mi alma.
16 Oh Señor, por todas estas cosas los hombres vivirán, y en todas ellas está la vida de
mi espíritu; pues tú me restablecerás, y harás
que viva.
➤ 17 He aquí, amargura grande me sobrevino en
la paz, mas a ti agradó librar mi vida del hoyo
de corrupción; porque echaste tras tus espaldas todos mis pecados.
18 Porque el Seol no te exaltará, ni te alabará la muerte; ni los que descienden al sepulcro
esperarán tu verdad.
19 El que vive, el que vive, éste te dará alabanza, como yo hoy; el padre hará notoria tu verdad a los hijos.
20 Jehová me salvará; por tanto cantaremos
nuestros cánticos en la casa de Jehová todos
los días de nuestra vida.
21 Y había dicho Isaías: Tomen masa de higos,
y pónganla en la llaga, y sanará.
22 Había asimismo dicho Ezequías: ¿Qué señal
tendré de que subiré a la casa de Jehová?

Ezequías recibe a los enviados de Babilonia
(2 R 20.12-19; 2 Cr 32.27-31)

39 EN aquel tiempo Merodac-baladán hijo
de Baladán, rey de Babilonia, envió
cartas y presentes a Ezequías; porque supo
que había estado enfermo, y que había convalecido.
2 Y se regocijó con ellos Ezequías, y les mostró la casa de su tesoro, plata y oro, especias,
ungüentos preciosos, toda su casa de armas, y
todo lo que se hallaba en sus tesoros; no hubo
cosa en su casa y en todos sus dominios, que
Ezequías no les mostrase.
3 Entonces el profeta Isaías vino al rey Ezequías, y le dijo: ¿Qué dicen estos hombres, y
de dónde han venido a ti? Y Ezequías respondió: De tierra muy lejana han venido a mí, de
Babilonia.
4 Dijo entonces: ¿Qué han visto en tu casa? Y
dijo Ezequías: Todo lo que hay en mi casa han
visto, y ninguna cosa hay en mis tesoros que
no les haya mostrado.
5 Entonces dijo Isaías a Ezequías: Oye palabra de Jehová de los ejércitos:
6 He aquí vienen días en que será llevado a ➤
Babilonia todo lo que hay en tu casa, y lo que
tus padres han atesorado hasta hoy; ninguna
cosa quedará, dice Jehová.
7 De tus hijos que saldrán de ti, y que habrás
engendrado, tomarán, y serán eunucos en el
palacio del rey de Babilonia.[a]
8 Y dijo Ezequías a Isaías: La palabra de Jehová que has hablado es buena. Y añadió: A lo
menos, haya paz y seguridad en mis días.

a. 39.7 Dn 1.1-7; 2 R 24.10-16; 2 Cr 36.10.

LECCIONES DE VIDA

➤ ***38.14 — Alzaba en alto mis ojos. Jehová, violencia padezco; fortaléceme.***

No debería sorprendernos que Dios parezca tardar en librarnos de algún problema. A veces Él nos hace esperar más de lo que nos creemos capaces de aguardar, pero la confianza genuina persevera pase lo que pase.

➤ ***38.17 — amargura grande me sobrevino en la paz.***

La adversidad es un puente que nos conduce a una relación más profunda con Dios. Aunque Él permite penalidades en nuestra vida, su propósito es que podamos aprender a confiar en Él y llegar a experimentar su maravillosa paz.

➤ ***39.6 — He aquí vienen días en que será llevado a Babilonia todo lo que hay en tu casa, y lo que tus padres han atesorado hasta hoy.***

La profecía de Isaías se hizo realidad un siglo y medio más tarde en el año 586 a.C., cuando las fuerzas babilónicas de Nabucodonosor destruyeron Jerusalén. Lo que Dios dice siempre se cumple.

RESPUESTAS A PREGUNTAS DE LA VIDA

¿Qué hago si estoy quemado espiritualmente?

IS 40.28–31

Quemado(a) espiritualmente. La expresión misma parece asfixiarnos, ¿no es verdad? En este mundo acelerado donde se trabaja en exceso, la mayoría de nosotros hemos sentido el agotamiento paulatino que nos termina quemando espiritualmente. ¿Cómo debe responder un creyente en Cristo a la parálisis espiritual que empieza a sentir?

❶ *Rendirse.* Tal vez piense que esto se refiera a decir «¡me rindo!» y a darse por vencido, pero eso no es lo que debemos hacer. Más bien, debemos rendir todo lo que tenemos al Señor. Sus manos son lo bastante grandes para encargarse de todo lo que necesitamos entregarle. Recuerde lo que Dios dice: «Yo hice la tierra, y creé sobre ella al hombre. Yo, mis manos, extendieron los cielos, y a todo su ejército mandé» (Is 45.12). Cuando tratamos de mantener todas las cosas bajo control en nuestras manos diminutas, tarde o temprano, terminamos dejándolas caer.

❷ *Depender de Dios.* ¿Alguna vez le ha entregado una preocupación al Señor, para luego tratar de arrebatarla de su mano? Nuestra inclinación natural es tratar de arreglar las cosas por nuestra cuenta. Sin embargo, Dios tiene tanto el poder como la perspectiva para encauzar todos los asuntos por sus caminos inescrutables (Ro 11.33–36). Cuando tratamos de quitarle las cosas que le hemos dado, lo único que logramos es interferir con la solución que Él quiere implementar.

❸ *Confiar en Él.* No pase por alto este paso crucial, pues ¡Dios le ama! Es a causa de su gran amor que Dios quiere cuidar de usted, y eso significa que Él quiere encargarse de todos sus afanes y calmar todas sus ansiedades (Mt 6.25–34).

Dios no quiere que usted corra hasta quedar exhausto, ni siquiera haciendo «buenas obras» o «trabajo para la iglesia». En lugar de eso, Él desea que usted descanse en Él (Mt 11.29, 30). Tal vez haya llegado al final de sus fuerzas, pero eso jamás le sucederá a Dios: «¿No has sabido, no has oído que el Dios eterno es Jehová, el cual creó los confines de la tierra? No desfallece, ni se fatiga con cansancio, y su entendimiento no hay quien lo alcance. Él da esfuerzo al cansado, y multiplica las fuerzas al que no tiene ningunas. Los muchachos se fatigan y se cansan, los jóvenes flaquean y caen; pero los que esperan a Jehová tendrán nuevas fuerzas; levantarán alas como las águilas; correrán, y no se cansarán; caminarán, y no se fatigarán» (Is 40.28–31).

¿Se siente quemado espiritualmente y sin fuerzas, hasta el agotamiento total? De ser así, acuda nuevamente a la Fuente de vida y renueve sus fuerzas.

Para un estudio más a fondo, véase el Índice de Principios de vida:

4. *Estar conscientes de la presencia de Dios nos da energías para desempeñar nuestro trabajo.*

Jehová consuela a Sion

40 CONSOLAOS, consolaos, pueblo mío, ≺
dice vuestro Dios.
2 Hablad al corazón de Jerusalén; decidle a
voces que su tiempo es ya cumplido, que su
pecado es perdonado; que doble ha recibido
de la mano de Jehová por todos sus pecados.
3 Voz que clama en el desierto: Preparad camino a Jehová; enderezad calzada en la soledad
a nuestro Dios.[a]
4 Todo valle sea alzado, y bájese todo monte
y collado; y lo torcido se enderece, y lo áspero se allane.
5 Y se manifestará la gloria de Jehová, y toda
carne juntamente la verá; porque la boca de
Jehová ha hablado.[b]
6 Voz que decía: Da voces. Y yo respondí: ¿Qué
tengo que decir a voces? Que toda carne es
hierba, y toda su gloria como flor del campo.
7 La hierba se seca, y la flor se marchita, porque el viento de Jehová sopló en ella; ciertamente como hierba es el pueblo.
8 Sécase la hierba, marchítase la flor; mas ≺
la palabra del Dios nuestro permanece para
siempre.[c]

a. 40.3 Mt 3.3; Mr 1.3; Jn 1.23. **b. 40.3-5** Lc 3.4-6. **c. 40.6-8** Stg 1.10-11; 1 P 1.24-25.

9 Súbete sobre un monte alto, anunciadora de
Sion; levanta fuertemente tu voz, anunciadora
de Jerusalén; levántala, no temas; di a las ciudades de Judá: ¡Ved aquí al Dios vuestro!
10 He aquí que Jehová el Señor vendrá con
poder, y su brazo señoreará; he aquí que su
recompensa viene con él, y su paga delante
de su rostro.[d]
➤ 11 Como pastor apacentará su rebaño; en su
brazo llevará los corderos, y en su seno los
llevará; pastoreará suavemente a las recién
paridas.

El incomparable Dios de Israel

12 ¿Quién midió las aguas con el hueco de su
mano y los cielos con su palmo, con tres dedos
juntó el polvo de la tierra, y pesó los montes
con balanza y con pesas los collados?
13 ¿Quién enseñó al Espíritu de Jehová, o le
aconsejó enseñándole?[e]
14 ¿A quién pidió consejo para ser avisado? ¿Quién le enseñó el camino del juicio, o
le enseñó ciencia, o le mostró la senda de la
prudencia?
15 He aquí que las naciones le son como la
gota de agua que cae del cubo, y como menudo
polvo en las balanzas le son estimadas; he aquí
que hace desaparecer las islas como polvo.
16 Ni el Líbano bastará para el fuego, ni todos
sus animales para el sacrificio.
17 Como nada son todas las naciones delante
de él; y en su comparación serán estimadas en
menos que nada, y que lo que no es.
➤ 18 ¿A qué, pues, haréis semejante a Dios, o
qué imagen le compondréis?
19 El artífice prepara la imagen de talla, el
platero le extiende el oro y le funde cadenas
de plata.
20 El pobre escoge, para ofrecerle, madera
que no se apolille; se busca un maestro sabio,
que le haga una imagen de talla que no se
mueva.
21 ¿No sabéis? ¿No habéis oído? ¿Nunca os lo
han dicho desde el principio? ¿No habéis sido
enseñados desde que la tierra se fundó?
22 Él está sentado sobre el círculo de la tierra, cuyos moradores son como langostas; él
extiende los cielos como una cortina, los despliega como una tienda para morar.
23 Él convierte en nada a los poderosos, y a los
que gobiernan la tierra hace como cosa vana.
24 Como si nunca hubieran sido plantados,
como si nunca hubieran sido sembrados, como
si nunca su tronco hubiera tenido raíz en la tierra; tan pronto como sopla en ellos se secan, y
el torbellino los lleva como hojarasca.
25 ¿A qué, pues, me haréis semejante o me
compararéis? dice el Santo.
26 Levantad en alto vuestros ojos, y mirad
quién creó estas cosas; él saca y cuenta su
ejército; a todas llama por sus nombres; ninguna faltará; tal es la grandeza de su fuerza, y
el poder de su dominio.
27 ¿Por qué dices, oh Jacob, y hablas tú,
Israel: Mi camino está escondido de Jehová, y
de mi Dios pasó mi juicio?
28 ¿No has sabido, no has oído que el Dios eterno es Jehová, el cual creó los confines de la tierra? No desfallece, ni se fatiga con cansancio, y
su entendimiento no hay quien lo alcance.
29 Él da esfuerzo al cansado, y multiplica las ➤
fuerzas al que no tiene ningunas.

d. 40.10 Is 62.11; Ap 22.12. **e. 40.13** Ro 11.34; 1 Co 2.16.

LECCIONES DE VIDA

➤ ***40.1 — Consolaos, consolaos, pueblo mío, dice vuestro Dios.***

Dios reveló a Isaías la destrucción de Israel, así como el evento futuro de liberación y redención. Aún antes que su juicio cayera, Él tenía un plan concreto para mostrar gracia a su pueblo. Ese es el estilo de Dios, traer esperanza en medio del sufrimiento.

➤ ***40.8 — Sécase la hierba, marchítase la flor; mas la palabra del Dios nuestro permanece para siempre.***

Los críticos han atacado la Biblia durante siglos, pero ella sigue en pie. Ellos mueren pero ella permanece. Las obras de ellos se olvidan, mientras la Palabra de Dios sigue cambiando vidas mediante el poder del Espíritu Santo. Podemos depender de la Palabra de Dios porque es digna de confianza.

➤ ***40.11 — Como pastor apacentará su rebaño; en su brazo llevará los corderos, y en su seno los llevará; pastoreará suavemente a las recién paridas.***

Isaías describe la gran liberación del Señor como un acontecimiento gozoso. El amor y la ternura con que Dios nos restaura es una noticia maravillosa para su pueblo. Jesús se refirió al cumplimiento de esta profecía en Él como el Buen Pastor del pueblo de Dios (Jn 10.11–16). Los escritores del Nuevo Testamento también vieron a Jesús como su Pastor (He 13.20; 1 P 5.4). Además, Apocalipsis 7.17 confirma que Él es el Cordero de Dios y que Él nos pastoreará.

➤ ***40.18 — ¿A qué, pues, haréis semejante a Dios?***

Dios es más grande que todas las cosas, y deberíamos adorarlo como tal. Él está por encima de la creación porque Él la formó en su totalidad (Is 40.12). Él es más grande que las naciones (Is 40.15) y nuestros ídolos sin vida que no pueden hablar, oír, oler ni ver (Is 40.19, 20). Ninguna de estas cosas puede contestar nuestras oraciones, investirnos de poder ni ayudarnos en todos nuestros problemas, pero Dios sí puede y lo hace.

➤ ***40.29 — Él da esfuerzo al cansado, y multiplica las fuerzas al que no tiene ningunas.***

Pablo dijo: «de buena gana me gloriaré más bien en mis debilidades, para que repose sobre mí el poder de Cristo… porque cuando soy débil, entonces soy fuerte» (2 Co 12.9, 10). Somos verdaderamente fuertes, sólo cuando dependemos de la fortaleza de Dios: «lo débil de Dios es más fuerte que los hombres» (1 Co 1.25).

30 Los muchachos se fatigan y se cansan, los
jóvenes flaquean y caen;
31 pero los que esperan a Jehová tendrán nuevas fuerzas; levantarán alas como las águilas;
correrán, y no se cansarán; caminarán, y no
se fatigarán.

Seguridad de Dios para Israel

41 ESCUCHADME, costas, y esfuércense
los pueblos; acérquense, y entonces
hablen; estemos juntamente a juicio.
2 ¿Quién despertó del oriente al justo, lo llamó para que le siguiese, entregó delante de
él naciones, y le hizo enseñorear de reyes; los
entregó a su espada como polvo, como hojarasca que su arco arrebata?
3 Los siguió, pasó en paz por camino por donde sus pies nunca habían entrado.
4 ¿Quién hizo y realizó esto? ¿Quién llama las
generaciones desde el principio? Yo Jehová, el
primero, y yo mismo con los postreros.
5 Las costas vieron, y tuvieron temor; los confines de la tierra se espantaron; se congregaron, y vinieron.
6 Cada cual ayudó a su vecino, y a su hermano dijo: Esfuérzate.
7 El carpintero animó al platero, y el que ali-
saba con martillo al que batía en el yunque,
diciendo: Buena está la soldadura; y lo afirmó
con clavos, para que no se moviese.
8 Pero tú, Israel, siervo mío eres; tú, Jacob, a
quien yo escogí, descendencia de Abraham mi
amigo.[a]
9 Porque te tomé de los confines de la tierra, y
de tierras lejanas te llamé, y te dije: Mi siervo
eres tú; te escogí, y no te deseché.
10 No temas, porque yo estoy contigo; no desmayes, porque yo soy tu Dios que te esfuerzo;
siempre te ayudaré, siempre te sustentaré con
la diestra de mi justicia.
11 He aquí que todos los que se enojan contra
ti serán avergonzados y confundidos; serán
como nada y perecerán los que contienden
contigo.
12 Buscarás a los que tienen contienda contigo, y no los hallarás; serán como nada, y
como cosa que no es, aquellos que te hacen
la guerra.
13 Porque yo Jehová soy tu Dios, quien te sostiene de tu mano derecha, y te dice: No temas,
yo te ayudo.
14 No temas, gusano de Jacob, oh vosotros los
pocos de Israel; yo soy tu socorro, dice Jehová;
el Santo de Israel es tu Redentor.
15 He aquí que yo te he puesto por trillo, trillo
nuevo, lleno de dientes; trillarás montes y los
molerás, y collados reducirás a tamo.
16 Los aventarás, y los llevará el viento, y los
esparcirá el torbellino; pero tú te regocijarás
en Jehová, te gloriarás en el Santo de Israel.
17 Los afligidos y menesterosos buscan las
aguas, y no las hay; seca está de sed su lengua; yo Jehová los oiré, yo el Dios de Israel no
los desampararé.
18 En las alturas abriré ríos, y fuentes en
medio de los valles; abriré en el desierto
estanques de aguas, y manantiales de aguas
en la tierra seca.
19 Daré en el desierto cedros, acacias, arra-
yanes y olivos; pondré en la soledad cipreses,
pinos y bojes juntamente,
20 para que vean y conozcan, y adviertan y
entiendan todos, que la mano de Jehová hace
esto, y que el Santo de Israel lo creó.

Dios reta a los falsos dioses

21 Alegad por vuestra causa, dice Jehová;
presentad vuestras pruebas, dice el Rey de
Jacob.
22 Traigan, anúnciennos lo que ha de venir;
díganos lo que ha pasado desde el principio, y pondremos nuestro corazón en ello;
sepamos también su postrimería, y hacednos
entender lo que ha de venir.
23 Dadnos nuevas de lo que ha de ser después, para que sepamos que vosotros sois

a. 41.8 2 Cr 20.7; Stg 2.23.

LECCIONES DE VIDA

➤ ***40.31 — los que esperan a Jehová tendrán nuevas fuerzas; levantarán alas como las águilas; correrán, y no se cansarán; caminarán, y no se fatigarán.***

Dios renueva y fortalece a los que son débiles. Él es quien nos levanta, nos revitaliza y nos capacita para perseverar cuando todo en nuestro interior nos dice que no podemos dar un solo paso más. Cuando rendimos a Él nuestros problemas, adquirimos su capacidad y poder para correr cualquier distancia que Él nos quiera asignar.

➤ ***41.4 — Yo Jehová, el primero, y yo mismo con los postreros.***

En el libro de Apocalipsis descubrimos que Jesús es llamado «el primero y el último» (Ap 1.17; 2.8; 22.13). Aquel que ha existido siempre desde antes del principio de todas las cosas, y quien reinará siempre por la eternidad, sabe cómo rescatarnos de todas nuestras tribulaciones.

➤ ***41.10 — No temas, porque yo estoy contigo.***

Tarde o temprano, cada uno de nosotros enfrentará circunstancias que nos producirán ansiedad. En ese momento, debemos recordar que somos hijos de Dios. Tenemos el poder para vencer el temor cuando aplicamos su Palabra a nuestras vidas, recordando que Él siempre está con nosotros y jamás nos fallará ni nos desamparará.

➤ ***41.17 — yo Jehová los oiré, yo el Dios de Israel no los desampararé.***

Cuando lleguen los tiempos difíciles y se nos agoten los recursos que necesitamos para vivir, debemos recordar que Dios nunca nos ha desamparado y nunca lo hará (Dt 31.6, 8). Dios no promete librarnos de pasar por tiempos difíciles, pero sí sustentarnos durante ellos. Y es a través de esas circunstancias difíciles que Él edifica nuestra fe y profundiza nuestra relación con Él.

dioses; o a lo menos haced bien, o mal, para
que tengamos qué contar, y juntamente nos
maravillemos.
24 He aquí que vosotros sois nada, y vuestras obras vanidad; abominación es el que os
escogió.
25 Del norte levanté a uno, y vendrá; del nacimiento del sol invocará mi nombre; y pisotea-
rá príncipes como lodo, y como pisa el barro
el alfarero.
26 ¿Quién lo anunció desde el principio, para
que sepamos; o de tiempo atrás, y diremos: Es
justo? Cierto, no hay quien anuncie; sí, no hay
quien enseñe; ciertamente no hay quien oiga
vuestras palabras.
27 Yo soy el primero que he enseñado estas
cosas a Sion, y a Jerusalén daré un mensajero
de alegres nuevas.
28 Miré, y no había ninguno; y pregunté de
estas cosas, y ningún consejero hubo; les pregunté, y no respondieron palabra.
29 He aquí, todos son vanidad, y las obras de
ellos nada; viento y vanidad son sus imágenes fundidas.

El Siervo de Jehová

42 HE aquí mi siervo, yo le sostendré;
mi escogido, en quien mi alma tiene
contentamiento;[a] he puesto sobre él mi
Espíritu; él traerá justicia a las naciones.
2 No gritará, ni alzará su voz, ni la hará oír
en las calles.
➤ 3 No quebrará la caña cascada, ni apagará el
pábilo que humeare; por medio de la verdad
traerá justicia.
4 No se cansará ni desmayará, hasta que establezca en la tierra justicia; y las costas esperarán su ley.[b]
5 Así dice Jehová Dios, Creador de los cielos,
y el que los despliega; el que extiende la tierra y sus productos; el que da aliento al pueblo que mora sobre ella,[c] y espíritu a los que
por ella andan:
6 Yo Jehová te he llamado en justicia, y te sostendré por la mano; te guardaré y te pondré
por pacto al pueblo, por luz de las naciones,[d]
7 para que abras los ojos de los ciegos, para
que saques de la cárcel a los presos, y de casas
de prisión a los que moran en tinieblas.
8 Yo Jehová; éste es mi nombre; y a otro no
daré mi gloria, ni mi alabanza a esculturas.
9 He aquí se cumplieron las cosas primeras, y ➤
yo anuncio cosas nuevas; antes que salgan a
luz, yo os las haré notorias.

Alabanza por la liberación poderosa de Jehová

10 Cantad a Jehová un nuevo cántico, su alabanza desde el fin de la tierra; los que descen-
déis al mar, y cuanto hay en él, las costas y los
moradores de ellas.
11 Alcen la voz el desierto y sus ciudades, las
aldeas donde habita Cedar; canten los moradores de Sela, y desde la cumbre de los montes den voces de júbilo.
12 Den gloria a Jehová, y anuncien sus loores
en las costas.
13 Jehová saldrá como gigante, y como hombre de guerra despertará celo; gritará, voceará, se esforzará sobre sus enemigos.
14 Desde el siglo he callado, he guardado
silencio, y me he detenido; daré voces como
la que está de parto; asolaré y devoraré juntamente.
15 Convertiré en soledad montes y collados,
haré secar toda su hierba; los ríos tornaré en
islas, y secaré los estanques.
16 Y guiaré a los ciegos por camino que no
sabían, les haré andar por sendas que no
habían conocido; delante de ellos cambiaré
las tinieblas en luz, y lo escabroso en llanura.
Estas cosas les haré, y no los desampararé.
17 Serán vueltos atrás y en extremo confundidos los que confían en ídolos, y dicen a las
imágenes de fundición: Vosotros sois nuestros dioses.

Israel no aprende de la disciplina

18 Sordos, oíd, y vosotros, ciegos, mirad para
ver.
19 ¿Quién es ciego, sino mi siervo? ¿Quién es
sordo, como mi mensajero que envié? ¿Quién
es ciego como mi escogido, y ciego como el
siervo de Jehová,

a. 42.1 Mt 3.17; 17.5; Mr 1.11; Lc 3.22; 9.35.
b. 42.1-4 Mt 12.18-21. **c. 42.5** Hch 17.24-25.
d. 42.6 Is 49.6; Lc 2.32; Hch 13.47; 26.23.

LECCIONES DE VIDA

➤ ***42.3 — No quebrará la caña cascada, ni apagará el pábilo que humeare.***

Dios levanta a los quebrantados de corazón. Si dirigimos a Él nuestros corazones, Él no nos aplastará. Podremos pasar por pruebas, pero no vamos a experimentar la derrota espiritual. Él trata con inmensa ternura a la persona que se siente abatida y debilitada.

➤ ***42.9 — He aquí se cumplieron las cosas primeras, y yo anuncio cosas nuevas; antes que salgan a luz, yo os las haré notorias.***

A menudo esperamos que el Señor actúe de cierta manera, pero Dios tiene planes que ignoramos por completo. Aunque el pueblo de Israel esperaba que el Mesías viniera como un gran guerrero al estilo de David, Dios tenía un plan diferente que conduciría a la salvación de todos los que creyeran en Él. Nunca subestime la habilidad de Dios para rectificar una situación. Más bien, confíe en Él y obedezca su voluntad maravillosa.

20 que ve muchas cosas y no advierte, que
abre los oídos y no oye?
21 Jehová se complació por amor de su justicia en magnificar la ley y engrandecerla.
22 Mas éste es pueblo saqueado y pisoteado,
todos ellos atrapados en cavernas y escondidos en cárceles; son puestos para despojo, y
no hay quien libre; despojados, y no hay quien
diga: Restituid.
23 ¿Quién de vosotros oirá esto? ¿Quién aten-
derá y escuchará respecto al porvenir?
24 ¿Quién dio a Jacob en botín, y entregó a
Israel a saqueadores? ¿No fue Jehová, contra
quien pecamos? No quisieron andar en sus
caminos, ni oyeron su ley.
25 Por tanto, derramó sobre él el ardor de su
ira, y fuerza de guerra; le puso fuego por todas
partes, pero no entendió; y le consumió, mas
no hizo caso.

Jehová es el único Redentor

➤ 43 AHORA, así dice Jehová, Creador tuyo,
oh Jacob, y Formador tuyo, oh Israel:
* No temas, porque yo te redimí; te puse nombre, mío eres tú.
* 2 Cuando pases por las aguas, yo estaré contigo; y si por los ríos, no te anegarán. Cuando
pases por el fuego, no te quemarás, ni la llama arderá en ti.
3 Porque yo Jehová, Dios tuyo, el Santo de
Israel, soy tu Salvador; a Egipto he dado por
tu rescate, a Etiopía y a Seba por ti.
4 Porque a mis ojos fuiste de gran estima, fuiste honorable, y yo te amé; daré, pues, hombres
por ti, y naciones por tu vida.
5 No temas, porque yo estoy contigo; del
oriente traeré tu generación, y del occidente
te recogeré.
6 Diré al norte: Da acá; y al sur: No detengas;
trae de lejos mis hijos, y mis hijas de los confines de la tierra,
➤ 7 todos los llamados de mi nombre; para gloria mía los he creado, los formé y los hice.
8 Sacad al pueblo ciego que tiene ojos, y a los
sordos que tienen oídos.
9 Congréguense a una todas las naciones, y
júntense todos los pueblos. ¿Quién de ellos
hay que nos dé nuevas de esto, y que nos haga
oír las cosas primeras? Presenten sus testigos,
y justifíquense; oigan, y digan: Verdad es.
10 Vosotros sois mis testigos, dice Jehová, y
mi siervo que yo escogí, para que me conozcáis y creáis, y entendáis que yo mismo soy;
antes de mí no fue formado dios, ni lo será
después de mí.
11 Yo, yo Jehová, y fuera de mí no hay quien
salve.
12 Yo anuncié, y salvé, e hice oír, y no hubo
entre vosotros dios ajeno. Vosotros, pues, sois
mis testigos, dice Jehová, que yo soy Dios.
13 Aun antes que hubiera día, yo era; y no
hay quien de mi mano libre. Lo que hago yo,
¿quién lo estorbará?
14 Así dice Jehová, Redentor vuestro, el Santo de Israel: Por vosotros envié a Babilonia, e
hice descender como fugitivos a todos ellos,
aun a los caldeos en las naves de que se glo-
riaban.
15 Yo Jehová, Santo vuestro, Creador de Israel,
vuestro Rey.
16 Así dice Jehová, el que abre camino en el
mar, y senda en las aguas impetuosas;
17 el que saca carro y caballo, ejército y fuerza; caen juntamente para no levantarse; fene-
cen, como pábilo quedan apagados.
18 No os acordéis de las cosas pasadas, ni
traigáis a memoria las cosas antiguas.
19 He aquí que yo hago cosa nueva; pronto ➤
saldrá a luz; ¿no la conoceréis? Otra vez abriré camino en el desierto, y ríos en la soledad.
20 Las fieras del campo me honrarán, los cha- ➤
cales y los pollos del avestruz; porque daré
aguas en el desierto, ríos en la soledad, para
que beba mi pueblo, mi escogido.
21 Este pueblo he creado para mí; mis alabanzas publicará.
22 Y no me invocaste a mí, oh Jacob, sino que
de mí te cansaste, oh Israel.
23 No me trajiste a mí los animales de tus
holocaustos, ni a mí me honraste con tus

LECCIONES DE VIDA

➤ ***43.1, 2 — No temas, porque yo te redimí... Cuando pases por las aguas, yo estaré contigo.***

Sin importar la situación por la que usted atraviese, Dios se mantendrá a su lado, le dará fuerzas y le librará. Su sufrimiento y su angustia pueden ser el resultado de muchas variables en su vida, pero de una cosa puede estar seguro, que Jesucristo no le ha abandonado, y jamás lo hará.

➤ ***43.7 — todos los llamados de mi nombre; para gloria mía los he creado.***

¿Ya se dio cuenta que Dios, para su gloria, le creó a *usted*? Él quiere que el mundo vea su majestad y su bondad por medio de usted, y quiere coronarle con su propio esplendor.

➤ ***43.19 — yo hago cosa nueva; pronto saldrá a luz; ¿no la conoceréis?***

A Dios le encanta obrar en nuestras vidas de maneras novedosas. No deberíamos buscar siempre que Él haga en nosotros lo mismo que hizo en el pasado, sino aprender a esperar lo imprevisible.

➤ ***43.20 — daré aguas en el desierto, ríos en la soledad, para que beba mi pueblo, mi escogido.***

Dios no promete aislarnos del desierto ni librarnos de la soledad, pero si le pertenecemos, Él sí promete sustentarnos allí y renovar nuestras vidas aun en los tiempos más difíciles.

LO QUE LA BIBLIA DICE ACERCA DE
CÓMO MANEJAR LOS SENTIMIENTOS DE CULPA

Is 44.9–11

Hay muchos maestros que consideran las pruebas de evaluación de verdadero o falso como una herramienta útil para determinar cuánto saben sus estudiantes. Algunas personas son capaces de discernir la verdad. Otras ponderan cada pregunta con detenimiento hasta que reconocen ser incapaces de identificar con certeza qué es lo correcto y cuál es el error.

¿Cómo contestaría *usted* las siguientes preguntas?

¿Verdadero o falso? *Es responsabilidad del Espíritu Santo darnos convicción de pecado.*

La respuesta es VERDADERO (Jn 16.8). Cuando hemos pecado, el Espíritu Santo nos revelará nuestra culpa. ¿Por qué? Para que pidamos el perdón de Dios y para permitirle que nos restaure a una relación correcta de comunión con Él.

Por supuesto, es posible pecar durante tanto tiempo que los sentimientos de vergüenza y culpa se esfuman. A Isaías le asombró que sus compatriotas pudieran crear ídolos sin vida para adorarlos, sin sentirse avergonzados (Is 44.9–11). El apóstol Pablo dijo que la gente puede revolcarse a tal punto en sus transgresiones, que sus conciencias quedan cauterizadas (1 Ti 4.2). No obstante, es trabajo del Espíritu Santo, y *no* de nosotros, convencer a la gente de su pecado.

¿Verdadero o falso? *Todos los sentimientos de culpa son resultado del pecado.*

La respuesta es FALSO. Podemos sentirnos culpables por varias razones. Un concepto equivocado de Dios puede hacernos sentir vergüenza, especialmente si nos lo imaginamos fijándose meticulosamente en todos nuestros errores, apuntándonos el dedo o pronunciando juicios a diestra y siniestra. En otros casos, puede ser que tengamos un sentimiento de culpa falsa sin saber por qué. El Nuevo Testamento proclama: «Ninguna condenación hay para los que están en Cristo Jesús» (Ro 8.1). Jesús vino para llevarse nuestra culpa (Is 53.10), y la vida llena del Espíritu consiste en que rebosemos de gozo y paz.

Por lo tanto, cuando se sienta culpable, pregúntele a Dios si es su Espíritu dándole convicción de pecado o si es una culpabilidad falsa. Si hay pecado, Dios se lo revelará para que usted pueda arrepentirse y apartarse del pecado. Recuerde que cuando usted pide perdón, Él es fiel y le limpia de todo pecado (1 Jn 1.9).

Parte de la culpa que experimentamos se deriva de tener una visión errada de Dios. El enemigo nos tienta a creer que el Señor es un capataz severo que sería incapaz de amarnos. Lo cierto es todo lo contrario. Dios es amoroso, compasivo y está íntimamente involucrado en nuestras vidas. Él está eternamente comprometido a darnos lo mejor y quiere que sepamos cuánto cuida de nosotros. Cuando Satanás presente una acusación contra usted, señálele la cruz y recuérdele que usted es un hijo o una hija de Dios perdonado y amado incondicionalmente por Él, para toda la eternidad. Acepte esta verdad: el Señor le ama. Tan pronto lo haga, deje que cualquier sentimiento de culpa falsa se disipe.

Acepte esta verdad: el Señor le ama.

Para un estudio más a fondo, véase el Índice de Principios de vida:

15. El quebrantamiento es el requisito de Dios para que seamos útiles al máximo.

sacrificios; no te hice servir con ofrenda, ni te
hice fatigar con incienso.
24 No compraste para mí caña aromática por
dinero, ni me saciaste con la grosura de tus
sacrificios, sino pusiste sobre mí la carga de
tus pecados, me fatigaste con tus maldades.
* 25 Yo, yo soy el que borro tus rebeliones por
amor de mí mismo, y no me acordaré de tus
pecados.
26 Hazme recordar, entremos en juicio juntamente; habla tú para justificarte.
27 Tu primer padre pecó, y tus enseñadores
prevaricaron contra mí.
28 Por tanto, yo profané los príncipes del santuario, y puse por anatema a Jacob y por oprobio a Israel.

Jehová es el único Dios

44 AHORA pues, oye, Jacob, siervo mío, y
tú, Israel, a quien yo escogí.
2 Así dice Jehová, Hacedor tuyo, y el que te
formó desde el vientre, el cual te ayudará: No
temas, siervo mío Jacob, y tú, Jesurún, a quien
yo escogí.
3 Porque yo derramaré aguas sobre el sequedal, y ríos sobre la tierra árida; mi Espíritu
derramaré sobre tu generación, y mi bendición sobre tus renuevos;
4 y brotarán entre hierba, como sauces junto
a las riberas de las aguas.
5 Este dirá: Yo soy de Jehová; el otro se llamará del nombre de Jacob, y otro escribirá
con su mano: A Jehová, y se apellidará con el
nombre de Israel.
6 Así dice Jehová Rey de Israel, y su Redentor,
Jehová de los ejércitos: Yo soy el primero, y yo
soy el postrero,[a] y fuera de mí no hay Dios.
7 ¿Y quién proclamará lo venidero, lo declarará, y lo pondrá en orden delante de mí, como
hago yo desde que establecí el pueblo antiguo? Anúncienles lo que viene, y lo que está
por venir.
➤ 8 No temáis, ni os amedrentéis; ¿no te lo hice
oír desde la antigüedad, y te lo dije? Luego
vosotros sois mis testigos. No hay Dios sino
yo. No hay Fuerte; no conozco ninguno.

La insensatez de la idolatría

9 Los formadores de imágenes de talla, todos
ellos son vanidad, y lo más precioso de ellos
para nada es útil; y ellos mismos son testigos
para su confusión, de que los ídolos no ven ni
entienden.
10 ¿Quién formó un dios, o quién fundió una
imagen que para nada es de provecho?
11 He aquí que todos los suyos serán avergonzados, porque los artífices mismos son
hombres. Todos ellos se juntarán, se presentarán, se asombrarán, y serán avergonzados a una.
12 El herrero toma la tenaza, trabaja en las
ascuas, le da forma con los martillos, y trabaja
en ello con la fuerza de su brazo; luego tiene
hambre, y le faltan las fuerzas; no bebe agua,
y se desmaya.
13 El carpintero tiende la regla, lo señala con
almagre, lo labra con los cepillos, le da figura con el compás, lo hace en forma de varón,
a semejanza de hombre hermoso, para tenerlo en casa.
14 Corta cedros, y toma ciprés y encina, que
crecen entre los árboles del bosque; planta
pino, que se críe con la lluvia.
15 De él se sirve luego el hombre para quemar, y toma de ellos para calentarse; enciende
también el horno, y cuece panes; hace además
un dios, y lo adora; fabrica un ídolo, y se arrodilla delante de él.
16 Parte del leño quema en el fuego; con parte
de él come carne, prepara un asado, y se sacia;
después se calienta, y dice: ¡Oh! me he calentado, he visto el fuego;
17 y hace del sobrante un dios, un ídolo suyo;
se postra delante de él, lo adora, y le ruega
diciendo: Líbrame, porque mi dios eres tú.
18 No saben ni entienden; porque cerrados
están sus ojos para no ver, y su corazón para
no entender.
19 No discurre para consigo, no tiene sentido ni entendimiento para decir: Parte de esto
quemé en el fuego, y sobre sus brasas cocí
pan, asé carne, y la comí. ¿Haré del resto de él
una abominación? ¿Me postraré delante de un
tronco de árbol?
20 De ceniza se alimenta; su corazón engañado le desvía, para que no libre su alma, ni
diga: ¿No es pura mentira lo que tengo en mi
mano derecha?

Jehová es el Redentor de Israel

21 Acuérdate de estas cosas, oh Jacob, e
Israel, porque mi siervo eres. Yo te formé, siervo mío eres tú; Israel, no me olvides.
22 Yo deshice como una nube tus rebeliones, ➤
y como niebla tus pecados; vuélvete a mí, porque yo te redimí.

a. 44.6 Is 48.12; Ap 1.17; 22.13.

LECCIONES DE VIDA

➤ ***44.8 — No hay Dios sino yo. No hay Fuerte; no conozco ninguno.***

La sólida enseñanza de las Escrituras es que solamente existe un Dios verdadero. Todos los demás «que se llamen dioses» (1 Co 8.5) en realidad no son más que demonios que tratan de usurpar la adoración que pertenece única y exclusivamente a Dios (1 Co 10.20).

23 Cantad loores, oh cielos, porque Jehová lo hizo; gritad con júbilo, profundidades
de la tierra; prorrumpid, montes, en alabanza; bosque, y todo árbol que en él está; porque Jehová redimió a Jacob, y en Israel será
glorificado.
24 Así dice Jehová, tu Redentor, que te formó
desde el vientre: Yo Jehová, que lo hago todo,
que extiendo solo los cielos, que extiendo la
tierra por mí mismo;
25 que deshago las señales de los adivinos, y enloquezco a los agoreros; que hago
volver atrás a los sabios, y desvanezco su
sabiduría.[b]
26 Yo, el que despierta la palabra de su siervo,
y cumple el consejo de sus mensajeros; que
dice a Jerusalén: Serás habitada; y a las ciudades de Judá: Reconstruidas serán, y sus ruinas reedificaré;
27 que dice a las profundidades: Secaos, y tus
ríos haré secar;
28 que dice de Ciro: Es mi pastor, y cumplirá todo lo que yo quiero,[c] al decir a Jerusalén:
Serás edificada; y al templo: Serás fundado.

Encargo de Dios para Ciro

45 ASÍ dice Jehová a su ungido, a Ciro,
al cual tomé yo por su mano derecha,
para sujetar naciones delante de él y desatar
lomos de reyes; para abrir delante de él puertas, y las puertas no se cerrarán:
2 Yo iré delante de ti, y enderezaré los lugares torcidos; quebrantaré puertas de bronce, y
cerrojos de hierro haré pedazos;
3 y te daré los tesoros escondidos, y los secretos muy guardados, para que sepas que yo
soy Jehová, el Dios de Israel, que te pongo
nombre.
4 Por amor de mi siervo Jacob, y de Israel
mi escogido, te llamé por tu nombre; te puse
sobrenombre, aunque no me conociste.
5 Yo soy Jehová, y ninguno más hay; no hay
Dios fuera de mí. Yo te ceñiré, aunque tú no
me conociste,
6 para que se sepa desde el nacimiento del sol,
y hasta donde se pone, que no hay más que yo;
yo Jehová, y ninguno más que yo,
7 que formo la luz y creo las tinieblas, que
hago la paz y creo la adversidad. Yo Jehová
soy el que hago todo esto.

Jehová el Creador

8 Rociad, cielos, de arriba, y las nubes destilen la justicia; ábrase la tierra, y prodúzcanse
la salvación y la justicia; háganse brotar juntamente. Yo Jehová lo he creado.
9 ¡Ay del que pleitea con su Hacedor! ¡el tiesto con los tiestos de la tierra! ¿Dirá el barro al
que lo labra: ¿Qué haces?;[a] o tu obra: ¿No tiene manos?
10 ¡Ay del que dice al padre: ¿Por qué engendraste? y a la mujer: ¿Por qué diste a luz?
11 Así dice Jehová, el Santo de Israel, y su
Formador: Preguntadme de las cosas por
venir; mandadme acerca de mis hijos, y acerca de la obra de mis manos.
12 Yo hice la tierra, y creé sobre ella al hombre. Yo, mis manos, extendieron los cielos, y a
todo su ejército mandé.
13 Yo lo desperté en justicia, y enderezaré todos sus caminos; él edificará mi ciudad,
y soltará mis cautivos, no por precio ni por
dones, dice Jehová de los ejércitos.
14 Así dice Jehová: El trabajo de Egipto, las
mercaderías de Etiopía, y los sabeos, hombres
de elevada estatura, se pasarán a ti y serán
tuyos; irán en pos de ti, pasarán con grillos;
te harán reverencia y te suplicarán diciendo:
Ciertamente en ti está Dios, y no hay otro fuera de Dios.
15 Verdaderamente tú eres Dios que te encubres, Dios de Israel, que salvas.
16 Confusos y avergonzados serán todos
ellos; irán con afrenta todos los fabricadores
de imágenes.

b. 44.25 1 Co 1.20. **c. 44.28** 2 Cr 36.23; Esd 1.2.
a. 45.9 Ro 9.20.

LECCIONES DE VIDA

➤ ***44.22 — Yo deshice como una nube tus rebeliones, y como niebla tus pecados; vuélvete a mí, porque yo te redimí.***

Dios no quiere que pequemos, pero cada vez que pecamos nos insta a volver a Él y nos recuerda que Él es fiel para perdonarnos si nos arrepentimos (1 Jn 1.9), y que ya nos ha redimido mediante el amor incomparable que nos demostró en la cruz (Ro 5.8).

➤ ***45.2 — Yo iré delante de ti, y enderezaré los lugares torcidos.***

Dios irá delante de nosotros y enderezará los lugares torcidos; esto significa que Él se encargará de las situaciones que de alguna manera nos afecten. No tenemos que preocuparnos. Podemos ser valientes y esforzados, pase lo que pase. ¿Cómo puede usted volverse valiente en medio de circunstancias difíciles? Meditando en la Palabra de Dios (Jos 1.8). Si usted se apropia de las Escrituras y las hace parte de su vida, el Espíritu Santo podrá traerlas a su memoria cuando necesite fortaleza y ánimo.

➤ ***45.6, 7 — yo Jehová, y ninguno más que yo, que formo la luz y creo las tinieblas, que hago la paz y creo la adversidad.***

Dios es omnipotente. Él todo lo puede y todo está bajo su control. Como hijo suyo, usted jamás es una víctima de sus circunstancias. Más bien, todo lo que Él permita en su vida es por un propósito, y Él puede y está dispuesto a ayudarle si usted se vuelve a Él en arrepentimiento y obediencia. No dude jamás de la resolución ni de la fortaleza de Dios.

17 Israel será salvo en Jehová con salvación eterna; no os avergonzaréis ni os afrentaréis, por todos los siglos.
18 Porque así dijo Jehová, que creó los cielos; él es Dios, el que formó la tierra, el que la hizo y la compuso; no la creó en vano, para que fuese habitada la creó: Yo soy Jehová, y no hay otro.
➤ 19 No hablé en secreto, en un lugar oscuro de la tierra; no dije a la descendencia de Jacob: En vano me buscáis. Yo soy Jehová que hablo justicia, que anuncio rectitud.

Jehová y los ídolos de Babilonia

20 Reuníos, y venid; juntaos todos los sobrevivientes de entre las naciones. No tienen conocimiento aquellos que erigen el madero de su ídolo, y los que ruegan a un dios que no salva.
21 Proclamad, y hacedlos acercarse, y entren todos en consulta; ¿quién hizo oír esto desde el principio, y lo tiene dicho desde entonces, sino yo Jehová? Y no hay más Dios que yo; Dios justo y Salvador; ningún otro fuera de mí.
* 22 Mirad a mí, y sed salvos, todos los términos de la tierra, porque yo soy Dios, y no hay más.
23 Por mí mismo hice juramento, de mi boca salió palabra en justicia, y no será revocada: Que a mí se doblará toda rodilla, y jurará toda lengua.[b]
24 Y se dirá de mí: Ciertamente en Jehová está la justicia y la fuerza; a él vendrán, y todos los que contra él se enardecen serán avergonzados.
25 En Jehová será justificada y se gloriará toda la descendencia de Israel.

46 SE postró Bel, se abatió Nebo; sus imágenes fueron puestas sobre bestias, sobre animales de carga; esas cosas que vosotros solíais llevar son alzadas cual carga, sobre las bestias cansadas.
2 Fueron humillados, fueron abatidos juntamente; no pudieron escaparse de la carga, sino que tuvieron ellos mismos que ir en cautiverio.
3 Oídme, oh casa de Jacob, y todo el resto de la casa de Israel, los que sois traídos por mí desde el vientre, los que sois llevados desde la matriz.
4 Y hasta la vejez yo mismo, y hasta las canas os soportaré yo; yo hice, yo llevaré, yo soportaré y guardaré. ➤
5 ¿A quién me asemejáis, y me igualáis, y me comparáis, para que seamos semejantes?
6 Sacan oro de la bolsa, y pesan plata con balanzas, alquilan un platero para hacer un dios de ello; se postran y adoran.
7 Se lo echan sobre los hombros, lo llevan, y lo colocan en su lugar; allí se está, y no se mueve de su sitio. Le gritan, y tampoco responde, ni libra de la tribulación.
8 Acordaos de esto, y tened vergüenza; volved en vosotros, prevaricadores.
9 Acordaos de las cosas pasadas desde los tiempos antiguos; porque yo soy Dios, y no hay otro Dios, y nada hay semejante a mí, ➤
10 que anuncio lo por venir desde el principio, y desde la antigüedad lo que aún no era hecho; que digo: Mi consejo permanecerá, y haré todo lo que quiero;
11 que llamo desde el oriente al ave, y de tierra lejana al varón de mi consejo. Yo hablé, y lo haré venir; lo he pensado, y también lo haré.
12 Oídme, duros de corazón, que estáis lejos de la justicia:
13 Haré que se acerque mi justicia; no se alejará, y mi salvación no se detendrá. Y pondré salvación en Sion, y mi gloria en Israel.

Juicio sobre Babilonia

47 DESCIENDE y siéntate en el polvo, virgen hija de Babilonia.[a] Siéntate en

b. 45.23 Ro 14.11; Fil 2.10-11. **a. 47.1-15** Is 13.1—14.23; Jer 50.1—51.64.

LECCIONES DE VIDA

➤ ***45.15 — Verdaderamente tú eres Dios que te encubres, Dios de Israel, que salvas.***

Dios nos somete a prueba de diversas maneras, incluso a través del silencio. La Biblia dice esto en cuanto al rey Ezequías: «Dios lo dejó, para probarle, para hacer conocer todo lo que estaba en su corazón» (2 Cr 32.31).

➤ ***45.19 — No hablé en secreto, en un lugar oscuro de la tierra; no dije a la descendencia de Jacob: En vano me buscáis.***

Si en verdad deseamos conocer la voluntad de Dios para que podamos hacerla, Dios moverá el cielo y la tierra, de ser necesario, para mostrárnosla. Nunca tenemos que preocuparnos de haberla pasado por alto.

➤ ***46.4 — hasta la vejez yo mismo, y hasta las canas os soportaré yo.***

A medida que pasan los años nos volvemos más débiles y frágiles, pero eso nunca le pasa a Dios. Él es el «Anciano de días» (Dn 7.9, 13, 22). Dios se mantiene infinitamente fuerte y nos sustenta cada día como sustentó a Pablo, Moisés, Abraham, Noé y Adán.

➤ ***46.9, 10 — yo soy Dios, y no hay otro Dios, y nada hay semejante a mí, que anuncio lo por venir desde el principio, y desde la antigüedad lo que aún no era hecho.***

Según algunos cálculos, en la época en que fue escrita la Biblia, casi la tercera parte tenía que ver con acontecimientos futuros. Dios nos declara «lo por venir desde el principio» para que podamos confiar tanto en Él como en su Palabra.

la tierra, sin trono, hija de los caldeos; porque nunca más te llamarán tierna y delicada.

2 Toma el molino y muele harina; descubre tus guedejas, descalza los pies, descubre las piernas, pasa los ríos.

3 Será tu vergüenza descubierta, y tu deshonra será vista; haré retribución, y no se librará hombre alguno.

4 Nuestro Redentor, Jehová de los ejércitos es su nombre, el Santo de Israel.

5 Siéntate, calla, y entra en tinieblas, hija de los caldeos; porque nunca más te llamarán señora de reinos.

6 Me enojé contra mi pueblo, profané mi heredad, y los entregué en tu mano; no les tuviste compasión; sobre el anciano agravaste mucho tu yugo.

7 Dijiste: Para siempre seré señora; y no has pensado en esto, ni te acordaste de tu postrimería.

8 Oye, pues, ahora esto, mujer voluptuosa, tú que estás sentada confiadamente, tú que dices en tu corazón: Yo soy, y fuera de mí no hay más; no quedaré viuda, ni conoceré orfandad.

9 Estas dos cosas te vendrán de repente en un mismo día, orfandad y viudez;[b] en toda su fuerza vendrán sobre ti, a pesar de la multitud de tus hechizos y de tus muchos encantamientos.

10 Porque te confiaste en tu maldad, diciendo: Nadie me ve. Tu sabiduría y tu misma ciencia te engañaron, y dijiste en tu corazón: Yo, y nadie más.

11 Vendrá, pues, sobre ti mal, cuyo nacimiento no sabrás; caerá sobre ti quebrantamiento, el cual no podrás remediar; y destrucción que no sepas vendrá de repente sobre ti.

12 Estate ahora en tus encantamientos y en la multitud de tus hechizos, en los cuales te fatigaste desde tu juventud; quizá podrás mejorarte, quizá te fortalecerás.

13 Te has fatigado en tus muchos consejos. Comparezcan ahora y te defiendan los contempladores de los cielos, los que observan las estrellas, los que cuentan los meses, para pronosticar lo que vendrá sobre ti.

14 He aquí que serán como tamo; fuego los quemará, no salvarán sus vidas del poder de la llama; no quedará brasa para calentarse, ni lumbre a la cual se sienten.

15 Así te serán aquellos con quienes te fatigaste, los que traficaron contigo desde tu juventud; cada uno irá por su camino, no habrá quien te salve.

Dios reprende la infidelidad de Israel

48 OÍD esto, casa de Jacob, que os llamáis del nombre de Israel, los que salieron de las aguas de Judá, los que juran en el nombre de Jehová, y hacen memoria del Dios de Israel, mas no en verdad ni en justicia;

2 porque de la santa ciudad se nombran, y en el Dios de Israel confían; su nombre es Jehová de los ejércitos.

3 Lo que pasó, ya antes lo dije, y de mi boca salió; lo publiqué, lo hice pronto, y fue realidad.

4 Por cuanto conozco que eres duro, y barra de hierro tu cerviz, y tu frente de bronce,

5 te lo dije ya hace tiempo; antes que sucediera te lo advertí, para que no dijeras: Mi ídolo lo hizo, mis imágenes de escultura y de fundición mandaron estas cosas.

6 Lo oíste, y lo viste todo; ¿y no lo anunciaréis vosotros? Ahora, pues, te he hecho oír cosas nuevas y ocultas que tú no sabías.

7 Ahora han sido creadas, no en días pasados, ni antes de este día las habías oído, para que no digas: He aquí que yo lo sabía.

8 Sí, nunca lo habías oído, ni nunca lo habías conocido; ciertamente no se abrió antes tu oído; porque sabía que siendo desleal habías de desobedecer, por tanto te llamé rebelde desde el vientre.

9 Por amor de mi nombre diferiré mi ira, y para alabanza mía la reprimiré para no destruirte.

10 He aquí te he purificado, y no como a plata; te he escogido en horno de aflicción.

11 Por mí, por amor de mí mismo lo haré, para que no sea amancillado mi nombre, y mi honra no la daré a otro.

12 Óyeme, Jacob, y tú, Israel, a quien llamé: Yo mismo, yo el primero, yo también el postrero.[a]

13 Mi mano fundó también la tierra, y mi mano derecha midió los cielos con el palmo; al llamarlos yo, comparecieron juntamente.

14 Juntaos todos vosotros, y oíd. ¿Quién hay entre ellos que anuncie estas cosas? Aquel a quien Jehová amó ejecutará su voluntad en Babilonia, y su brazo estará sobre los caldeos.

15 Yo, yo hablé, y le llamé y le traje; por tanto, será prosperado su camino.

16 Acercaos a mí, oíd esto: desde el principio no hablé en secreto; desde que eso se hizo, allí

b. 47.8-9 Ap 18.7-8. **a. 48.12** Is 44.6; Ap 1.17; 22.13.

LECCIONES DE VIDA

➤ ***48.9 — Por amor de mi nombre diferiré mi ira, y para alabanza mía la reprimiré para no destruirte.***

Debemos nuestra salvación al amor y la gracia de Dios que fue expresada en la muerte y resurrección del Señor Jesucristo (Ro 5.8), a nada más ni nada menos. Dios nos salvó por amor de su nombre, no porque lo mereciéramos ni porque fuéramos dignos en algún sentido (Ef 2.8, 9; 2 Ti 1.9).

estaba yo; y ahora me envió Jehová el Señor, y su Espíritu.
➤ 17 Así ha dicho Jehová, Redentor tuyo, el Santo de Israel: Yo soy Jehová Dios tuyo, que te enseña provechosamente, que te encamina por el camino que debes seguir.
18 ¡Oh, si hubieras atendido a mis mandamientos! Fuera entonces tu paz como un río, y tu justicia como las ondas del mar.
19 Fuera como la arena tu descendencia, y los renuevos de tus entrañas como los granos de arena; nunca su nombre sería cortado, ni raído de mi presencia.
20 Salid de Babilonia,[b] huid de entre los caldeos; dad nuevas de esto con voz de alegría, publicadlo, llevadlo hasta lo postrero de la tierra; decid: Redimió Jehová a Jacob su siervo.
21 No tuvieron sed cuando los llevó por los desiertos; les hizo brotar agua de la piedra; abrió la peña, y corrieron las aguas.
➤ 22 No hay paz para los malos, dijo Jehová.[c]

Israel, siervo de Jehová

49 OÍDME, costas, y escuchad, pueblos lejanos. Jehová me llamó desde el vientre, desde las entrañas de mi madre tuvo mi nombre en memoria.
2 Y puso mi boca como espada aguda, me cubrió con la sombra de su mano; y me puso por saeta bruñida, me guardó en su aljaba;
3 y me dijo: Mi siervo eres, oh Israel, porque en ti me gloriaré.
4 Pero yo dije: Por demás he trabajado, en vano y sin provecho he consumido mis fuerzas; pero mi causa está delante de Jehová, y mi recompensa con mi Dios.
5 Ahora pues, dice Jehová, el que me formó desde el vientre para ser su siervo, para hacer volver a él a Jacob y para congregarle a Israel (porque estimado seré en los ojos de Jehová, y el Dios mío será mi fuerza);
6 dice: Poco es para mí que tú seas mi siervo para levantar las tribus de Jacob, y para que restaures el remanente de Israel; también te di por luz de las naciones,[a] para que seas mi salvación hasta lo postrero de la tierra.[b]
7 Así ha dicho Jehová, Redentor de Israel, el Santo suyo, al menospreciado de alma, al abominado de las naciones, al siervo de los tiranos: Verán reyes, y se levantarán príncipes, y adorarán por Jehová; porque fiel es el Santo de Israel, el cual te escogió.

Dios promete restaurar a Sion

8 Así dijo Jehová: En tiempo aceptable te oí, y en el día de salvación te ayudé;[c] y te guardaré, y te daré por pacto al pueblo, para que restaures la tierra, para que heredes asoladas heredades;
9 para que digas a los presos: Salid; y a los que están en tinieblas: Mostraos. En los caminos serán apacentados, y en todas las alturas tendrán sus pastos.
10 No tendrán hambre ni sed, ni el calor ni el sol los afligirá; porque el que tiene de ellos misericordia los guiará, y los conducirá a manantiales de aguas.[d]
11 Y convertiré en camino todos mis montes, y mis calzadas serán levantadas.
12 He aquí éstos vendrán de lejos; y he aquí éstos del norte y del occidente, y éstos de la tierra de Sinim.
13 Cantad alabanzas, oh cielos, y alégrate, tierra; y prorrumpid en alabanzas, oh montes; porque Jehová ha consolado a su pueblo, y de sus pobres tendrá misericordia. *
14 Pero Sion dijo: Me dejó Jehová, y el Señor se olvidó de mí.
15 ¿Se olvidará la mujer de lo que dio a luz, para dejar de compadecerse del hijo de su vientre? Aunque olvide ella, yo nunca me olvidaré de ti. ≺
16 He aquí que en las palmas de las manos te tengo esculpida; delante de mí están siempre tus muros.
17 Tus edificadores vendrán aprisa; tus destruidores y tus asoladores saldrán de ti.
18 Alza tus ojos alrededor, y mira: todos éstos se han reunido, han venido a ti. Vivo yo, dice

b. 48.20 Ap 18.4. **c. 48.22** Is 57.21. **a. 49.6** Is 42.6; Lc 2.32; Hch 26.23. **b. 49.6** Hch 13.47. **c. 49.8** 2 Co 6.2. **d. 49.10** Ap 7.16-17.

LECCIONES DE VIDA

➤ ***48.17 — Yo soy Jehová Dios tuyo, que te enseña provechosamente, que te encamina por el camino que debes seguir.***

Dios puede encaminarle por circunstancias difíciles (Mr 6.45–51), pero dondequiera le guíe, Él lo hace «para a la postre hacerte bien» (Dt 8.16).

➤ ***48.22 — No hay paz para los malos, dijo Jehová.***

¿Qué vuelve mala a una persona? ¿Acaso tiene que ser un ladrón, un homicida o un adúltero? Usualmente, consideramos a los malos como gente inmoral que hace ciertas cosas inmorales. Sin embargo, la maldad más grande que se puede cometer es dar la espalda a Dios y negar al Señor Jesucristo como Salvador personal. Negarle deliberadamente al Señor su lugar que merece ocupar en nuestra vida es la cosa más perversa que podemos hacer, pues es el rechazo de su amor eterno e incondicional.

➤ ***49.15 — ¿Se olvidará la mujer de lo que dio a luz, para dejar de compadecerse del hijo de su vientre? Aunque olvide ella, yo nunca me olvidaré de ti.***

Dios le ama más que cualquier madre ha amado a su propio hijo o hija. Todo lo que Él hace en su vida, lo hace por amor. Hasta los tiempos difíciles, Él los permite para su beneficio.

Jehová, que de todos, como de vestidura de honra, serás vestida; y de ellos serás ceñida como novia.

19 Porque tu tierra devastada, arruinada y desierta, ahora será estrecha por la multitud de los moradores, y tus destruidores serán apartados lejos.

20 Aun los hijos de tu orfandad dirán a tus oídos: Estrecho es para mí este lugar; apártate, para que yo more.

21 Y dirás en tu corazón: ¿Quién me engendró éstos? Porque yo había sido privada de hijos y estaba sola, peregrina y desterrada; ¿quién, pues, crió éstos? He aquí yo había sido dejada sola; ¿dónde estaban éstos?

22 Así dijo Jehová el Señor: He aquí, yo tenderé mi mano a las naciones, y a los pueblos levantaré mi bandera; y traerán en brazos a tus hijos, y tus hijas serán traídas en hombros.

23 Reyes serán tus ayos, y sus reinas tus nodrizas; con el rostro inclinado a tierra te adorarán, y lamerán el polvo de tus pies; y conocerás que yo soy Jehová, que no se avergonzarán los que esperan en mí.

24 ¿Será quitado el botín al valiente? ¿Será rescatado el cautivo de un tirano?

25 Pero así dice Jehová: Ciertamente el cautivo será rescatado del valiente, y el botín será arrebatado al tirano; y tu pleito yo lo defenderé, y yo salvaré a tus hijos.

26 Y a los que te despojaron haré comer sus propias carnes, y con su sangre serán embriagados como con vino; y conocerá todo hombre que yo Jehová soy Salvador tuyo y Redentor tuyo, el Fuerte de Jacob.

Jehová ayuda a quienes confían en él

50 ASÍ dijo Jehová: ¿Qué es de la carta de repudio de vuestra madre, con la cual yo la repudié? ¿O quiénes son mis acreedores, a quienes yo os he vendido? He aquí que por vuestras maldades sois vendidos, y por vuestras rebeliones fue repudiada vuestra madre.

2 ¿Por qué cuando vine, no hallé a nadie, y cuando llamé, nadie respondió? ¿Acaso se ha acortado mi mano para no redimir? ¿No hay en mí poder para librar? He aquí que con mi reprensión hago secar el mar; convierto los ríos en desierto; sus peces se pudren por falta de agua, y mueren de sed.

3 Visto de oscuridad los cielos, y hago como cilicio su cubierta.

4 Jehová el Señor me dio lengua de sabios, para saber hablar palabras al cansado; despertará mañana tras mañana, despertará mi oído para que oiga como los sabios.

5 Jehová el Señor me abrió el oído, y yo no fui rebelde, ni me volví atrás.

6 Di mi cuerpo a los heridores, y mis mejillas a los que me mesaban la barba; no escondí mi rostro de injurias y de esputos.[a]

7 Porque Jehová el Señor me ayudará, por tanto no me avergoncé; por eso puse mi rostro como un pedernal, y sé que no seré avergonzado.

8 Cercano está de mí el que me salva; ¿quién contenderá conmigo? Juntémonos. ¿Quién es el adversario de mi causa? Acérquese a mí.

9 He aquí que Jehová el Señor me ayudará; ¿quién hay que me condene? He aquí que todos ellos se envejecerán como ropa de vestir, serán comidos por la polilla.

10 ¿Quién hay entre vosotros que teme a Jehová, y oye la voz de su siervo? El que anda en tinieblas y carece de luz, confíe en el nombre de Jehová, y apóyese en su Dios.

11 He aquí que todos vosotros encendéis fuego, y os rodeáis de teas; andad a la luz de vuestro fuego, y de las teas que encendisteis. De mi mano os vendrá esto; en dolor seréis sepultados.

Palabras de consuelo para Sion

51 OÍDME, los que seguís la justicia, los que buscáis a Jehová. Mirad a la piedra de donde fuisteis cortados, y al hueco de la cantera de donde fuisteis arrancados.

2 Mirad a Abraham vuestro padre, y a Sara que os dio a luz; porque cuando no era más que uno solo lo llamé, y lo bendije y lo multipliqué.

3 Ciertamente consolará Jehová a Sion; consolará todas sus soledades, y cambiará su desierto en paraíso, y su soledad en huerto de Jehová; se hallará en ella alegría y gozo, alabanza y voces de canto.

a. 50.6 Mt 26.67; Mr 14.65.

LECCIONES DE VIDA

➤ ***50.7 — Jehová el Señor me ayudará, por tanto no me avergoncé; por eso puse mi rostro como un pedernal, y sé que no seré avergonzado.***

Si usted sabe que Dios está a su favor, también podrá poner su rostro como un pedernal y mantenerse «firme y constante, creciendo en la obra del Señor siempre, sabiendo que [su] trabajo en el Señor no es en vano» (1 Co 15.58).

➤ ***50.10 — ¿Quién… anda en tinieblas y carece de luz? Confíe en el nombre de Jehová, y apóyese en su Dios.***

Todos pasamos por tiempos sombríos. Son parte de la vida en un mundo caído. Pero no tenemos que andar a tientas, como aquellos que no tienen esperanza. Confiamos en Dios en medio de las tinieblas, nos aferramos de su mano y vamos por donde Él nos dirija.

4 Estad atentos a mí, pueblo mío, y oídme, nación mía; porque de mí saldrá la ley, y mi justicia para luz de los pueblos.
5 Cercana está mi justicia, ha salido mi salvación, y mis brazos juzgarán a los pueblos; a mí me esperan los de la costa, y en mi brazo ponen su esperanza.
6 Alzad a los cielos vuestros ojos, y mirad abajo a la tierra; porque los cielos serán deshechos como humo, y la tierra se envejecerá como ropa de vestir, y de la misma manera perecerán sus moradores; pero mi salvación será para siempre, mi justicia no perecerá.
* 7 Oídme, los que conocéis justicia, pueblo en cuyo corazón está mi ley. No temáis afrenta de hombre, ni desmayéis por sus ultrajes.
8 Porque como a vestidura los comerá polilla, como a lana los comerá gusano; pero mi justicia permanecerá perpetuamente, y mi salvación por siglos de siglos.
9 Despiértate, despiértate, vístete de poder, oh brazo de Jehová; despiértate como en el tiempo antiguo, en los siglos pasados. ¿No eres tú el que cortó a Rahab, y el que hirió al dragón?
10 ¿No eres tú el que secó el mar, las aguas del gran abismo; el que transformó en camino las profundidades del mar para que pasaran los redimidos?
11 Ciertamente volverán los redimidos de Jehová; volverán a Sion cantando, y gozo perpetuo habrá sobre sus cabezas; tendrán gozo y alegría, y el dolor y el gemido huirán.
➤ 12 Yo, yo soy vuestro consolador. ¿Quién eres tú para que tengas temor del hombre, que es mortal, y del hijo de hombre, que es como heno?
13 Y ya te has olvidado de Jehová tu Hacedor, que extendió los cielos y fundó la tierra; y todo el día temiste continuamente del furor del que aflige, cuando se disponía para destruir. ¿Pero en dónde está el furor del que aflige?
14 El preso agobiado será libertado pronto; no morirá en la mazmorra, ni le faltará su pan.
15 Porque yo Jehová, que agito el mar y hago rugir sus ondas, soy tu Dios, cuyo nombre es Jehová de los ejércitos.
16 Y en tu boca he puesto mis palabras, y con la sombra de mi mano te cubrí, extendiendo los cielos y echando los cimientos de la tierra, y diciendo a Sion: Pueblo mío eres tú.
17 Despierta, despierta, levántate, oh Jerusalén, que bebiste de la mano de Jehová el cáliz de su ira;[a] porque el cáliz de aturdimiento bebiste hasta los sedimentos.
18 De todos los hijos que dio a luz, no hay quien la guíe; ni quien la tome de la mano, de todos los hijos que crió.
19 Estas dos cosas te han acontecido: asolamiento y quebrantamiento, hambre y espada. ¿Quién se dolerá de ti? ¿Quién te consolará?
20 Tus hijos desmayaron, estuvieron tendidos en las encrucijadas de todos los caminos, como antílope en la red, llenos de la indignación de Jehová, de la ira del Dios tuyo.
21 Oye, pues, ahora esto, afligida, ebria, y no de vino:
22 Así dijo Jehová tu Señor, y tu Dios, el cual aboga por su pueblo: He aquí he quitado de tu mano el cáliz de aturdimiento, los sedimentos del cáliz de mi ira; nunca más lo beberás.
23 Y lo pondré en mano de tus angustiadores, que dijeron a tu alma: Inclínate, y pasaremos por encima de ti. Y tú pusiste tu cuerpo como tierra, y como camino, para que pasaran.

Dios librará del cautiverio a Sion

52 DESPIERTA, despierta, vístete de poder, oh Sion; vístete tu ropa hermosa, oh Jerusalén, ciudad santa;[a] porque nunca más vendrá a ti incircunciso ni inmundo.
2 Sacúdete del polvo; levántate y siéntate, Jerusalén; suelta las ataduras de tu cuello, cautiva hija de Sion.
3 Porque así dice Jehová: De balde fuisteis vendidos; por tanto, sin dinero seréis rescatados. ➤
4 Porque así dijo Jehová el Señor: Mi pueblo descendió a Egipto en tiempo pasado, para morar allá, y el asirio lo cautivó sin razón.
5 Y ahora ¿qué hago aquí, dice Jehová, ya que mi pueblo es llevado injustamente? Y los que en él se enseñorean, lo hacen aullar, dice Jehová, y continuamente es blasfemado mi nombre[b] todo el día.

a. 51.17 Ap 14.10; 16.19. **a. 52.1** Ap 21.2, 27. **b. 52.5** Ro 2.24.

LECCIONES DE VIDA

➤ ***51.12 — Yo, yo soy vuestro consolador.***

Dios no nos deja sin consuelo. Él siempre viene con palabras de esperanza y misericordia. Su meta al permitir nuestro dolor no es dejarnos en el quebrantamiento, sino enseñarnos cómo acercarnos a Él en tiempos de angustia y presión extrema.

➤ ***52.3 — De balde fuisteis vendidos; por tanto, sin dinero seréis rescatados.***

¿Por qué pecamos? Aunque haya muchas razones, tales como temor, celos, inseguridad, lujuria, falta de perdón, abdicación, etc., el núcleo de todas es el orgullo. Pecamos porque creemos que sabemos mejor que Dios qué es lo que necesitamos. Por supuesto, siempre salimos perdiendo cuando seguimos nuestros planes en lugar del suyo (Pr 14.12). Nos vendemos a la destrucción perdidamente. Sin embargo, Él se sacrifica y nos rescata.

6 Por tanto, mi pueblo sabrá mi nombre por
esta causa en aquel día; porque yo mismo que
hablo, he aquí estaré presente.
7 ¡Cuán hermosos son sobre los montes los
pies del que trae alegres nuevas, del que anuncia la paz,[c] del que trae nuevas del bien, del
que publica salvación, del que dice a Sion: ¡Tu
Dios reina!
8 ¡Voz de tus atalayas! Alzarán la voz, juntamente darán voces de júbilo; porque ojo a ojo
verán que Jehová vuelve a traer a Sion.
9 Cantad alabanzas, alegraos juntamente,
soledades de Jerusalén; porque Jehová ha consolado a su pueblo, a Jerusalén ha redimido.
10 Jehová desnudó su santo brazo ante los ojos
de todas las naciones, y todos los confines de la
tierra verán la salvación del Dios nuestro.
11 Apartaos, apartaos, salid de ahí, no toquéis
cosa inmunda;[d] salid de en medio de ella; purificaos los que lleváis los utensilios de Jehová.
12 Porque no saldréis apresurados, ni iréis
huyendo; porque Jehová irá delante de vosotros, y os congregará el Dios de Israel.

Sufrimientos del Siervo de Jehová

13 He aquí que mi siervo será prosperado,
será engrandecido y exaltado, y será puesto
muy en alto.
14 Como se asombraron de ti muchos, de tal
manera fue desfigurado de los hombres su
parecer, y su hermosura más que la de los
hijos de los hombres,
15 así asombrará él a muchas naciones; los
reyes cerrarán ante él la boca, porque verán
lo que nunca les fue contado, y entenderán lo
que jamás habían oído.[e]
53 ¿QUIÉN ha creído a nuestro anuncio?[a]
¿y sobre quién se ha manifestado el
brazo de Jehová?[b]
2 Subirá cual renuevo delante de él, y como
raíz de tierra seca; no hay parecer en él, ni
hermosura; le veremos, mas sin atractivo para
que le deseemos.
3 Despreciado y desechado entre los hombres, varón de dolores, experimentado en
quebranto; y como que escondimos de él el rostro, fue menospreciado, y no lo estimamos.
4 Ciertamente llevó él nuestras enfermedades, y sufrió nuestros dolores;[c] y nosotros le
tuvimos por azotado, por herido de Dios y
abatido.
5 Mas él herido fue por nuestras rebeliones,
molido por nuestros pecados; el castigo de
nuestra paz fue sobre él, y por su llaga fuimos
nosotros curados.[d]
6 Todos nosotros nos descarriamos como
ovejas,[e] cada cual se apartó por su camino;
mas Jehová cargó en él el pecado de todos
nosotros.
7 Angustiado él, y afligido, no abrió su boca;
como cordero fue llevado al matadero;[f] y
como oveja delante de sus trasquiladores,
enmudeció, y no abrió su boca.
8 Por cárcel y por juicio fue quitado; y su
generación, ¿quién la contará? Porque fue
cortado de la tierra de los vivientes,[g] y por la
rebelión de mi pueblo fue herido.
9 Y se dispuso con los impíos su sepultura, mas
con los ricos fue en su muerte; aunque nunca
hizo maldad, ni hubo engaño en su boca.[h]
10 Con todo eso, Jehová quiso quebrantarlo, sujetándole a padecimiento. Cuando haya
puesto su vida en expiación por el pecado,
verá linaje, vivirá por largos días, y la voluntad de Jehová será en su mano prosperada.
11 Verá el fruto de la aflicción de su alma, y
quedará satisfecho; por su conocimiento justificará mi siervo justo a muchos, y llevará las
iniquidades de ellos.
12 Por tanto, yo le daré parte con los grandes, y con los fuertes repartirá despojos; por
cuanto derramó su vida hasta la muerte, y fue
contado con los pecadores,[i] habiendo él llevado el pecado de muchos, y orado por los
transgresores.

c. 52.7 Nah 1.15; Ro 10.15; Ef 6.15. **d. 52.11** 2 Co 6.17. **e. 52.15** Ro 15.21. **a. 53.1** Ro 10.16. **b. 53.1** Jn 12.38. **c. 53.4** Mt 8.17. **d. 53.5** 1 P 2.24. **e. 53.6** 1 P 2.25. **f. 53.7** Ap 5.6. **g. 53.7-8** Hch 8.32-33. **h. 53.9** 1 P 2.22. **i. 53.12** Mr 15.28; Lc 22.37.

LECCIONES DE VIDA

➤ ***52.14 — de tal manera fue desfigurado de los hombres su parecer, y su hermosura más que la de los hijos de los hombres.***

Jesús pasó por una agonía indescriptible por causa de nosotros. Él sufrió, no por alguna falta propia, sino a causa de nuestros pecados. Él murió voluntariamente por nosotros, para que pudiéramos vivir. ¿Qué nos pide a cambio? «Si me amáis», nos dice, «guardad mis mandamientos» (Jn 14.15).

➤ ***53.5 — Mas él herido fue por nuestras rebeliones, molido por nuestros pecados; el castigo de nuestra paz fue sobre él, y por su llaga fuimos nosotros curados.***

Jesucristo es el cumplimiento de todas las profecías acerca del Mesías, como esta que fue escrita varios siglos antes de su crucifixión. En la cruz, Él se convirtió voluntariamente en nuestro substituto. Jesús, «que no conoció pecado, por nosotros lo hizo pecado, para que nosotros fuésemos hechos justicia de Dios en él» (2 Co 5.21). Él fue herido y molido a causa de nuestro pecado, y por su sacrificio somos restaurados.

➤ ***53.11 — por su conocimiento justificará mi siervo justo a muchos, y llevará las iniquidades de ellos.***

Jesús clavó nuestros pecados a la cruz y nos «dio vida juntamente con él, [perdonándonos] todos los pecados, anulando el acta de los decretos que había contra nosotros, que nos era contraria, quitándola de en medio y clavándola en la cruz» (Col 2.13, 14).

El amor eterno de Jehová hacia Israel

54 REGOCÍJATE, oh estéril, la que no
daba a luz; levanta canción y da voces
de júbilo, la que nunca estuvo de parto; porque más son los hijos de la desamparada que
los de la casada,[a] ha dicho Jehová.
2 Ensancha el sitio de tu tienda, y las cortinas de tus habitaciones sean extendidas; no
seas escasa; alarga tus cuerdas, y refuerza tus
estacas.
3 Porque te extenderás a la mano derecha y a
la mano izquierda; y tu descendencia heredará naciones, y habitará las ciudades asoladas.
4 No temas, pues no serás confundida; y no te
avergüences, porque no serás afrentada, sino
que te olvidarás de la vergüenza de tu juventud, y de la afrenta de tu viudez no tendrás
más memoria.
5 Porque tu marido es tu Hacedor; Jehová de
los ejércitos es su nombre; y tu Redentor, el
Santo de Israel; Dios de toda la tierra será
llamado.
6 Porque como a mujer abandonada y triste
de espíritu te llamó Jehová, y como a la esposa de la juventud que es repudiada, dijo el
Dios tuyo.
7 Por un breve momento te abandoné, pero te
recogeré con grandes misericordias.
➤ 8 Con un poco de ira escondí mi rostro de ti
por un momento; pero con misericordia eterna tendré compasión de ti, dijo Jehová tu
Redentor.
9 Porque esto me será como en los días de
Noé, cuando juré que nunca más las aguas de
Noé pasarían sobre la tierra;[b] así he jurado
que no me enojaré contra ti, ni te reñiré.
10 Porque los montes se moverán, y los collados temblarán, pero no se apartará de ti mi
misericordia, ni el pacto de mi paz se quebrantará, dijo Jehová, el que tiene misericordia de ti.
11 Pobrecita, fatigada con tempestad, sin consuelo; he aquí que yo cimentaré tus piedras
sobre carbunclo, y sobre zafiros te fundaré.
12 Tus ventanas pondré de piedras preciosas,
tus puertas de piedras de carbunclo, y toda tu
muralla de piedras preciosas.[c]
13 Y todos tus hijos serán enseñados por
Jehová;[d] y se multiplicará la paz de tus hijos.
14 Con justicia serás adornada; estarás lejos
de opresión, porque no temerás, y de temor,
porque no se acercará a ti.
15 Si alguno conspirare contra ti, lo hará sin
mí; el que contra ti conspirare, delante de ti
caerá.
16 He aquí que yo hice al herrero que sopla
las ascuas en el fuego, y que saca la herramienta para su obra; y yo he creado al destruidor para destruir.
17 Ninguna arma forjada contra ti prosperará, y condenarás toda lengua que se levante
contra ti en juicio. Esta es la herencia de los
siervos de Jehová, y su salvación de mí vendrá, dijo Jehová.

Misericordia gratuita para todos

55 A todos los sedientos: Venid a las
aguas;[a] y los que no tienen dinero,
venid, comprad y comed. Venid, comprad sin
dinero y sin precio, vino y leche.
2 ¿Por qué gastáis el dinero en lo que no es
pan, y vuestro trabajo en lo que no sacia? Oídme atentamente, y comed del bien, y se deleitará vuestra alma con grosura.
3 Inclinad vuestro oído, y venid a mí; oíd, y
vivirá vuestra alma; y haré con vosotros pacto
eterno, las misericordias firmes a David.[b]
4 He aquí que yo lo di por testigo a los pueblos, por jefe y por maestro a las naciones.
5 He aquí, llamarás a gente que no conociste, y gentes que no te conocieron correrán a
ti, por causa de Jehová tu Dios, y del Santo de
Israel que te ha honrado.
6 Buscad a Jehová mientras puede ser hallado, llamadle en tanto que está cercano.
7 Deje el impío su camino, y el hombre inicuo *
sus pensamientos, y vuélvase a Jehová, el cual
tendrá de él misericordia, y al Dios nuestro, el
cual será amplio en perdonar.
8 Porque mis pensamientos no son vuestros
pensamientos, ni vuestros caminos mis caminos, dijo Jehová.

a. 54.1 Gá 4.27. **b. 54.9** Gn 9.8-17. **c. 54.11-12** Ap 21.18-21.
d. 54.13 Jn 6.45. **a. 55.1** Ap 21.6; 22.17. **b. 55.3** Hch 13.34.

LECCIONES DE VIDA

➤ ***54.8 — Con un poco de ira escondí mi rostro de ti por un momento; pero con misericordia eterna tendré compasión de ti.***

Dios le llama a obedecerlo, «para que Jehová se aparte del ardor de su ira, y tenga de ti misericordia, y tenga compasión de ti, y te multiplique» (Dt 13.17). Él no quiere hacernos daño sino bien.

➤ ***55.2 — Oídme atentamente, y comed del bien, y se deleitará vuestra alma con grosura.***

Si usted obedece a Dios, es bendecido; si lo desobedece, se maldice a sí mismo. «Yo he venido», dijo Jesús, «para que tengan vida, y para que la tengan en abundancia» (Jn 10.10).

➤ ***55.6 — Buscad a Jehová mientras puede ser hallado, llamadle en tanto que está cercano.***

El Señor nos invita a entrar confiadamente en su presencia, a cualquier hora del día o de la noche, para recibir su consejo, confesar nuestros pecados, presentar nuestros motivos de oración, así como disfrutar simplemente de su compañía (He 4.16).

➢ 9 Como son más altos los cielos que la tierra, así son mis caminos más altos que vuestros caminos, y mis pensamientos más que vuestros pensamientos.
10 Porque como desciende de los cielos la lluvia y la nieve, y no vuelve allá, sino que riega la tierra, y la hace germinar y producir, y da semilla al que siembra, y pan al que come,[c]
➢ 11 así será mi palabra que sale de mi boca; no volverá a mí vacía, sino que hará lo que yo quiero, y será prosperada en aquello para que la envié.
12 Porque con alegría saldréis, y con paz seréis vueltos; los montes y los collados levantarán canción delante de vosotros, y todos los árboles del campo darán palmadas de aplauso.
13 En lugar de la zarza crecerá ciprés, y en lugar de la ortiga crecerá arrayán; y será a Jehová por nombre, por señal eterna que nunca será raída.

Recompensa de los que guardan el pacto de Dios

56 ASÍ dijo Jehová: Guardad derecho, y haced justicia; porque cercana está mi salvación para venir, y mi justicia para manifestarse.
2 Bienaventurado el hombre que hace esto, y el hijo de hombre que lo abraza; que guarda el día de reposo para no profanarlo, y que guarda su mano de hacer todo mal.
3 Y el extranjero que sigue a Jehová no hable diciendo: Me apartará totalmente Jehová de su pueblo. Ni diga el eunuco: He aquí yo soy árbol seco.
4 Porque así dijo Jehová: A los eunucos que guarden mis días de reposo,* y escojan lo que yo quiero, y abracen mi pacto,
5 yo les daré lugar en mi casa y dentro de mis muros, y nombre mejor que el de hijos e hijas; nombre perpetuo les daré, que nunca perecerá.
6 Y a los hijos de los extranjeros que sigan a Jehová para servirle, y que amen el nombre de Jehová para ser sus siervos; a todos los que guarden el día de reposo* para no profanarlo, y abracen mi pacto,
7 yo los llevaré a mi santo monte, y los recrearé en mi casa de oración; sus holocaustos y sus sacrificios serán aceptos sobre mi altar; porque mi casa será llamada casa de oración para todos los pueblos.[a] ➢
8 Dice Jehová el Señor, el que reúne a los dispersos de Israel: Aún juntaré sobre él a sus congregados.
9 Todas las bestias del campo, todas las fieras del bosque, venid a devorar.
10 Sus atalayas son ciegos, todos ellos ignorantes; todos ellos perros mudos, no pueden ladrar; soñolientos, echados, aman el dormir.
11 Y esos perros comilones son insaciables; y los pastores mismos no saben entender; todos ellos siguen sus propios caminos, cada uno busca su propio provecho, cada uno por su lado.
12 Venid, dicen, tomemos vino, embriaguémonos de sidra; y será el día de mañana como éste, o mucho más excelente.

Condenación de la idolatría de Israel

57 PERECE el justo, y no hay quien piense en ello; y los piadosos mueren, y no hay quien entienda que de delante de la aflicción es quitado el justo. ➢
2 Entrará en la paz; descansarán en sus lechos todos los que andan delante de Dios.
3 Mas vosotros llegaos acá, hijos de la hechicera, generación del adúltero y de la fornicaria.
4 ¿De quién os habéis burlado? ¿Contra quién ensanchasteis la boca, y alargasteis la lengua?

* Aquí equivale *a sábado*.

c. 55.10 2 Co 9.10. **a. 56.7** Mt 21.13; Mr 11.17; Lc 19.46.

LECCIONES DE VIDA

➢ ***55.9 — Como son más altos los cielos que la tierra, así son mis caminos más altos que vuestros caminos, y mis pensamientos más que vuestros pensamientos.***

Dios no nos demanda que entendamos su voluntad, sino que la obedezcamos aunque nos parezca poco razonable. Aun cuando no comprendamos lo que el Señor esté haciendo en nuestra vida, Él quiere que le tengamos confianza. Su sabiduría y su perspectiva son mucho mayores que las nuestras. Aunque no podamos discernir sus métodos ni su tiempo de hacer las cosas, debemos confiar en Él porque su camino es el mejor.

➢ ***55.11 — mi palabra… no volverá a mí vacía, sino que hará lo que yo quiero, y será prosperada en aquello para que la envié.***

La Palabra de Dios es «es viva y eficaz, y más cortante que toda espada de dos filos; y penetra hasta partir el alma y el espíritu» (He 4.12). El Señor promete bendecir su Palabra, y seremos sabios si lo honramos exponiendo las Escrituras con la mayor precisión y eficacia posible, siempre que tengamos ocasión de hablar a otros en representación suya (2 Co 5.20).

➢ ***56.7 — mi casa será llamada casa de oración para todos los pueblos.***

Jesús citó este versículo cuando expulsó a los mercaderes y los cambistas del templo (Mr 11.15–17). Dios trata con seriedad la oración y defiende a su pueblo cuando se congrega para orar e interceder en unidad.

➢ ***57.1 — de delante de la aflicción es quitado el justo.***

Hasta que lleguemos al cielo, nunca sabremos cuántos hombres y mujeres de Dios han muerto prematuramente como resultado de la gracia de Dios. Él se lleva a algunos al hogar celestial para que no puedan ser tocados por la maldad.

¿No sois vosotros hijos rebeldes, generación
mentirosa,
5 que os enfervorizáis con los ídolos debajo de todo árbol frondoso, que sacrificáis los
hijos en los valles, debajo de los peñascos?
6 En las piedras lisas del valle está tu parte;
ellas, ellas son tu suerte; y a ellas derramaste
libación, y ofreciste presente. ¿No habré de
castigar estas cosas?
7 Sobre el monte alto y empinado pusiste tu
cama; allí también subiste a hacer sacrificio.
8 Y tras la puerta y el umbral pusiste tu recuerdo; porque a otro, y no a mí, te descubriste, y
subiste, y ensanchaste tu cama, e hiciste con
ellos pacto; amaste su cama dondequiera que
la veías.
9 Y fuiste al rey con ungüento, y multiplicaste tus perfumes, y enviaste tus embajadores
lejos, y te abatiste hasta la profundidad del
Seol.
10 En la multitud de tus caminos te cansaste, pero no dijiste: No hay remedio; hallaste nuevo vigor en tu mano, por tanto, no te
desalentaste.
11 ¿Y de quién te asustaste y temiste, que has
faltado a la fe, y no te has acordado de mí,
ni te vino al pensamiento? ¿No he guardado
silencio desde tiempos antiguos, y nunca me
has temido?
12 Yo publicaré tu justicia y tus obras, que no
te aprovecharán.
13 Cuando clames, que te libren tus ídolos;
pero a todos ellos llevará el viento, un soplo
los arrebatará; mas el que en mí confía tendrá la tierra por heredad, y poseerá mi santo monte.
14 Y dirá: Allanad, allanad; barred el camino,
quitad los tropiezos del camino de mi pueblo.
➤ 15 Porque así dijo el Alto y Sublime, el que
habita la eternidad, y cuyo nombre es el Santo: Yo habito en la altura y la santidad, y con el
quebrantado y humilde de espíritu, para hacer
vivir el espíritu de los humildes, y para vivificar el corazón de los quebrantados.
16 Porque no contenderé para siempre, ni
para siempre me enojaré; pues decaería ante
mí el espíritu, y las almas que yo he creado.
17 Por la iniquidad de su codicia me enojé, y
le herí, escondí mi rostro y me indigné; y él
siguió rebelde por el camino de su corazón.
18 He visto sus caminos; pero le sanaré, y
le pastorearé, y le daré consuelo a él y a sus
enlutados;
19 produciré fruto de labios: Paz, paz al que *
está lejos y al cercano,[a] dijo Jehová; y lo
sanaré.
20 Pero los impíos son como el mar en tempestad, que no puede estarse quieto, y sus
aguas arrojan cieno y lodo.
21 No hay paz, dijo mi Dios, para los impíos.[b] ➤

El verdadero ayuno

58 CLAMA a voz en cuello, no te detengas; alza tu voz como trompeta, y
anuncia a mi pueblo su rebelión, y a la casa
de Jacob su pecado.
2 Que me buscan cada día, y quieren saber
mis caminos, como gente que hubiese hecho
justicia, y que no hubiese dejado la ley de su
Dios; me piden justos juicios, y quieren acercarse a Dios.
3 ¿Por qué, dicen, ayunamos, y no hiciste
caso; humillamos nuestras almas, y no te diste
por entendido? He aquí que en el día de vuestro ayuno buscáis vuestro propio gusto, y oprimís a todos vuestros trabajadores.
4 He aquí que para contiendas y debates ayunáis, y para herir con el puño inicuamente; no
ayunéis como hoy, para que vuestra voz sea
oída en lo alto.
5 ¿Es tal el ayuno que yo escogí, que de
día aflija el hombre su alma, que incline su

a. 57.19 Ef 2.13. **b. 57.21** Is 48.22.

LECCIONES DE VIDA

➤ ***57.15 — Yo habito en la altura y la santidad, y con el quebrantado y humilde de espíritu.***

El Señor anhela tener una relación íntima con nosotros. Pasar tiempo en comunicación con Él es la mejor manera de acercarnos a Él, reconociendo su majestad y nuestra propia necesidad de su presencia y su amor.

➤ ***57.21 — No hay paz, dijo mi Dios, para los impíos.***

Una persona que no ha experimentado el perdón de Dios no tiene paz eterna. Ninguna cantidad de posesiones o relaciones terrenales pueden darnos seguridad ni la paz duradera que anhelamos tener. Nada puede llenar el vacío que sólo el Señor puede ocupar en nuestra vida. Si no tenemos paz *con* Dios mediante la fe en Cristo (Ro 5.1), no podemos tener la paz *de* Dios (Fil 4.7), la cual llena nuestro corazón de seguridad, confianza y reposo. La paz con el Señor es el fruto de nuestra unidad con Él, y sólo podemos unirnos con Él por medio de su don admirable de salvación.

➤ ***58.6 — ¿No es más bien el ayuno que yo escogí, desatar las ligaduras de impiedad, soltar las cargas de opresión, y dejar ir libres a los quebrantados, y que rompáis todo yugo?***

El ayuno que tenía como propósito llevar al pueblo de vuelta a Dios en humildad y arrepentimiento, se convirtió en un fin en sí mismo. El pueblo usaba su observancia del ayuno como evidencia de su piedad, aunque siguieran actuando de manera impía (Is 58.3, 4). Dios quiere que la misma justicia que ha puesto en nuestros corazones por medio de la fe en Jesucristo, se manifieste en acciones piadosas como parte de nuestra obediencia a Él. Estas acciones incluyen hacer justicia a los oprimidos y ser misericordiosos con las personas menesterosas que tenemos en derredor. No ayunamos ni oramos para probar que somos piadosos; más bien, lo hacemos para acercarnos más a Dios.

cabeza como junco, y haga cama de cilicio y de ceniza? ¿Llamaréis esto ayuno, y día agradable a Jehová?
➤ 6 ¿No es más bien el ayuno que yo escogí, desatar las ligaduras de impiedad, soltar las cargas de opresión, y dejar ir libres a los quebrantados, y que rompáis todo yugo?
7 ¿No es que partas tu pan con el hambriento, y a los pobres errantes albergues en casa; que cuando veas al desnudo, lo cubras, y no te escondas de tu hermano?
8 Entonces nacerá tu luz como el alba, y tu salvación se dejará ver pronto; e irá tu justicia delante de ti, y la gloria de Jehová será tu retaguardia.
9 Entonces invocarás, y te oirá Jehová; clamarás, y dirá él: Heme aquí. Si quitares de en medio de ti el yugo, el dedo amenazador, y el hablar vanidad;
10 y si dieres tu pan al hambriento, y saciares al alma afligida, en las tinieblas nacerá tu luz, y tu oscuridad será como el mediodía.
11 Jehová te pastoreará siempre, y en las sequías saciará tu alma, y dará vigor a tus huesos; y serás como huerto de riego, y como manantial de aguas, cuyas aguas nunca faltan.
12 Y los tuyos edificarán las ruinas antiguas; los cimientos de generación y generación levantarás, y serás llamado reparador de portillos, restaurador de calzadas para habitar.

La observancia del día de reposo

13 Si retrajeres del día de reposo[*] tu pie, de hacer tu voluntad en mi día santo, y lo llamares delicia, santo, glorioso de Jehová; y lo venerares, no andando en tus propios caminos, ni buscando tu voluntad, ni hablando tus propias palabras,
14 entonces te deleitarás en Jehová; y yo te haré subir sobre las alturas de la tierra, y te daré a comer la heredad de Jacob tu padre; porque la boca de Jehová lo ha hablado.

Confesión del pecado de Israel

59 HE aquí que no se ha acortado la mano de Jehová para salvar, ni se ha agravado su oído para oír;
➤ 2 pero vuestras iniquidades han hecho división entre vosotros y vuestro Dios, y vuestros pecados han hecho ocultar de vosotros su rostro para no oír.
3 Porque vuestras manos están contaminadas de sangre, y vuestros dedos de iniquidad; vuestros labios pronuncian mentira, habla maldad vuestra lengua.
4 No hay quien clame por la justicia, ni quien juzgue por la verdad; confían en vanidad, y hablan vanidades; conciben maldades, y dan a luz iniquidad.
5 Incuban huevos de áspides, y tejen telas de arañas; el que comiere de sus huevos, morirá; y si los apretaren, saldrán víboras.
6 Sus telas no servirán para vestir, ni de sus obras serán cubiertos; sus obras son obras de iniquidad, y obra de rapiña está en sus manos.
7 Sus pies corren al mal, se apresuran para derramar la sangre inocente; sus pensamientos, pensamientos de iniquidad; destrucción y quebrantamiento hay en sus caminos.
8 No conocieron camino de paz,[a] ni hay justicia en sus caminos; sus veredas son torcidas; cualquiera que por ellas fuere, no conocerá paz.
9 Por esto se alejó de nosotros la justicia, y no nos alcanzó la rectitud; esperamos luz, y he aquí tinieblas; resplandores, y andamos en oscuridad.
10 Palpamos la pared como ciegos, y andamos a tientas como sin ojos; tropezamos a mediodía como de noche; estamos en lugares oscuros como muertos.
11 Gruñimos como osos todos nosotros, y gemimos lastimeramente como palomas; esperamos justicia, y no la hay; salvación, y se alejó de nosotros.
12 Porque nuestras rebeliones se han multiplicado delante de ti, y nuestros pecados han atestiguado contra nosotros; porque con nosotros están nuestras iniquidades, y conocemos nuestros pecados:
13 el prevaricar y mentir contra Jehová, y el apartarse de en pos de nuestro Dios; el hablar calumnia y rebelión, concebir y proferir de corazón palabras de mentira.
14 Y el derecho se retiró, y la justicia se puso lejos; porque la verdad tropezó en la plaza, y la equidad no pudo venir.
15 Y la verdad fue detenida, y el que se apartó del mal fue puesto en prisión; y lo vio Jehová, y desagradó a sus ojos, porque pereció el derecho.
16 Y vio que no había hombre, y se maravilló que no hubiera quien se interpusiese; y lo salvó su brazo, y le afirmó su misma justicia.[b]

[*] Aquí equivale a *sábado*.

a. 59.7-8 Ro 3.15-17. **b. 59.16** Is 63.5.

LECCIONES DE VIDA

➤ ***59.2 — vuestras iniquidades han hecho división entre vosotros y vuestro Dios, y vuestros pecados han hecho ocultar de vosotros su rostro para no oír.***

Dios puede negarse a oír nuestras oraciones cuando tercamente nos negamos a dejar algún pecado o un plan malintencionado. Pedro dice, por ejemplo, que los esposos pueden estorbar sus oraciones al tratar a su cónyuge con irrespeto (1 P 3.7).

17 Pues de justicia se vistió como de una
coraza,[c] con yelmo de salvación en su cabeza;[d]
tomó ropas de venganza por vestidura, y se
cubrió de celo como de manto,
18 como para vindicación, como para retribuir con ira a sus enemigos, y dar el pago
a sus adversarios; el pago dará a los de la
costa.
19 Y temerán desde el occidente el nombre de
Jehová, y desde el nacimiento del sol su gloria; porque vendrá el enemigo como río, mas
el Espíritu de Jehová levantará bandera contra él.
20 Y vendrá el Redentor a Sion, y a los que
se volvieren de la iniquidad en Jacob,[e] dice
Jehová.
21 Y éste será mi pacto con ellos, dijo Jehová:
El Espíritu mío que está sobre ti, y mis palabras que puse en tu boca, no faltarán de tu
boca, ni de la boca de tus hijos, ni de la boca
de los hijos de tus hijos, dijo Jehová, desde
ahora y para siempre.

La futura gloria de Sion

60 LEVÁNTATE, resplandece; porque ha
venido tu luz, y la gloria de Jehová ha
nacido sobre ti.
2 Porque he aquí que tinieblas cubrirán la tierra, y oscuridad las naciones; mas sobre ti
amanecerá Jehová, y sobre ti será vista su
gloria.
3 Y andarán las naciones a tu luz, y los reyes
al resplandor de tu nacimiento.
4 Alza tus ojos alrededor y mira, todos éstos
se han juntado, vinieron a ti; tus hijos vendrán
de lejos, y tus hijas serán llevadas en brazos.
5 Entonces verás, y resplandecerás; se mara-
villará y ensanchará tu corazón, porque se
haya vuelto a ti la multitud del mar, y las
riquezas de las naciones hayan venido a ti.
6 Multitud de camellos te cubrirá; dromeda-
rios de Madián y de Efa; vendrán todos los de
Sabá; traerán oro e incienso, y publicarán alabanzas de Jehová.
7 Todo el ganado de Cedar será juntado para
ti; carneros de Nebaiot te serán servidos;
serán ofrecidos con agrado sobre mi altar, y
glorificaré la casa de mi gloria.
8 ¿Quiénes son éstos que vuelan como nubes,
y como palomas a sus ventanas?
9 Ciertamente a mí esperarán los de la costa,
y las naves de Tarsis desde el principio, para
traer tus hijos de lejos, su plata y su oro con
ellos, al nombre de Jehová tu Dios, y al Santo
de Israel, que te ha glorificado.
10 Y extranjeros edificarán tus muros, y sus
reyes te servirán; porque en mi ira te castigué,
mas en mi buena voluntad tendré de ti misericordia.
11 Tus puertas estarán de continuo abiertas;
no se cerrarán de día ni de noche, para que a
ti sean traídas las riquezas de las naciones,[a] y
conducidos a ti sus reyes.
12 Porque la nación o el reino que no te sirviere perecerá, y del todo será asolado.
13 La gloria del Líbano vendrá a ti, cipreses, pinos y bojes juntamente, para decorar el
lugar de mi santuario; y yo honraré el lugar
de mis pies.
14 Y vendrán a ti humillados los hijos de los
que te afligieron, y a las pisadas de tus pies
se encorvarán todos los que te escarnecían,[b] y
te llamarán Ciudad de Jehová, Sion del Santo de Israel.
15 En vez de estar abandonada y aborrecida,
tanto que nadie pasaba por ti, haré que seas
una gloria eterna, el gozo de todos los siglos.
16 Y mamarás la leche de las naciones, el
pecho de los reyes mamarás; y conocerás que
yo Jehová soy el Salvador tuyo y Redentor
tuyo, el Fuerte de Jacob.
17 En vez de bronce traeré oro, y por hierro
plata, y por madera bronce, y en lugar de piedras hierro; y pondré paz por tu tributo, y justicia por tus opresores.
18 Nunca más se oirá en tu tierra violencia,
destrucción ni quebrantamiento en tu territorio, sino que a tus muros llamarás Salvación,
y a tus puertas Alabanza.
19 El sol nunca más te servirá de luz para el
día, ni el resplandor de la luna te alumbrará,
sino que Jehová te será por luz perpetua, y el
Dios tuyo por tu gloria.[c]
20 No se pondrá jamás tu sol, ni menguará tu
luna; porque Jehová te será por luz perpetua,
y los días de tu luto serán acabados.
21 Y tu pueblo, todos ellos serán justos,
para siempre heredarán la tierra; renuevos de mi plantío, obra de mis manos, para
glorificarme.
22 El pequeño vendrá a ser mil, el menor, un
pueblo fuerte. Yo Jehová, a su tiempo haré que
esto sea cumplido pronto.

c. **59.17** Ef 6.14. d. **59.17** Ef 6.17; 1 Ts 5.8.
e. **59.20** Ro 11.26. a. **60.11** Ap 21.25-26. b. **60.14** Ap 3.9.
c. **60.19** Ap 21.23; 22.5.

LECCIONES DE VIDA

➤ ***60.19 — Jehová te será por luz perpetua, y el Dios tuyo por tu gloria.***

Juan nos enseña que en la futura Nueva Jerusalén, no habrá «necesidad de sol ni de luna que brillen en ella; porque la gloria de Dios la ilumina, y el Cordero es su lumbrera» (Ap 21.23).

Buenas nuevas de salvación para Sion

➤ 61 EL Espíritu de Jehová el Señor está sobre mí, porque me ungió Jehová; me ha enviado a predicar buenas nuevas a los abatidos,[a] a vendar a los quebrantados de corazón, a publicar libertad a los cautivos, y a los presos apertura de la cárcel;

2 a proclamar el año de la buena voluntad de Jehová,[b] y el día de venganza del Dios nuestro; a consolar a todos los enlutados;[c]

3 a ordenar que a los afligidos de Sion se les dé gloria en lugar de ceniza, óleo de gozo en lugar de luto, manto de alegría en lugar del espíritu angustiado; y serán llamados árboles de justicia, plantío de Jehová, para gloria suya.

4 Reedificarán las ruinas antiguas, y levantarán los asolamientos primeros, y restaurarán las ciudades arruinadas, los escombros de muchas generaciones.

5 Y extranjeros apacentarán vuestras ovejas, y los extraños serán vuestros labradores y vuestros viñadores.

6 Y vosotros seréis llamados sacerdotes de Jehová, ministros de nuestro Dios seréis llamados; comeréis las riquezas de las naciones, y con su gloria seréis sublimes.

7 En lugar de vuestra doble confusión y de vuestra deshonra, os alabarán en sus heredades; por lo cual en sus tierras poseerán doble honra, y tendrán perpetuo gozo.

8 Porque yo Jehová soy amante del derecho, aborrecedor del latrocinio para holocausto; por tanto, afirmaré en verdad su obra, y haré con ellos pacto perpetuo.

9 Y la descendencia de ellos será conocida entre las naciones, y sus renuevos en medio de los pueblos; todos los que los vieren, reconocerán que son linaje bendito de Jehová.

10 En gran manera me gozaré en Jehová, mi alma se alegrará en mi Dios; porque me vistió con vestiduras de salvación, me rodeó de manto de justicia, como a novio me atavió, y como a novia adornada con sus joyas.[d]

* 11 Porque como la tierra produce su renuevo, y como el huerto hace brotar su semilla, así Jehová el Señor hará brotar justicia y alabanza delante de todas las naciones.

62 POR amor de Sion no callaré, y por amor de Jerusalén no descansaré, hasta que salga como resplandor su justicia, y su salvación se encienda como una antorcha.

2 Entonces verán las gentes tu justicia, y todos los reyes tu gloria; y te será puesto un nombre nuevo, que la boca de Jehová nombrará.

3 Y serás corona de gloria en la mano de Jehová, y diadema de reino en la mano del Dios tuyo.

4 Nunca más te llamarán Desamparada, ni tu tierra se dirá más Desolada; sino que serás llamada Hefzi-bá,[1] y tu tierra, Beula;[2] porque el amor de Jehová estará en ti, y tu tierra será desposada.

5 Pues como el joven se desposa con la virgen, se desposarán contigo tus hijos; y como el gozo del esposo con la esposa, así se gozará contigo el Dios tuyo.

6 Sobre tus muros, oh Jerusalén, he puesto guardas; todo el día y toda la noche no callarán jamás. Los que os acordáis de Jehová, no reposéis,

7 ni le deis tregua, hasta que restablezca a Jerusalén, y la ponga por alabanza en la tierra.

8 Juró Jehová por su mano derecha, y por su poderoso brazo: Que jamás daré tu trigo por comida a tus enemigos, ni beberán los extraños el vino que es fruto de tu trabajo;

9 sino que los que lo cosechan lo comerán, y alabarán a Jehová; y los que lo vendimian, lo beberán en los atrios de mi santuario.

10 Pasad, pasad por las puertas; barred el camino al pueblo; allanad, allanad la calzada, quitad las piedras, alzad pendón a los pueblos.

11 He aquí que Jehová hizo oír hasta lo último ➤ de la tierra: Decid a la hija de Sion: He aquí viene tu Salvador; he aquí su recompensa con él, y delante de él su obra.[a]

12 Y les llamarán Pueblo Santo, Redimidos de Jehová; y a ti te llamarán Ciudad Deseada, no desamparada.

El día de la venganza de Jehová

63 ¿QUIÉN es éste que viene de Edom,[a] de Bosra, con vestidos rojos? ¿éste hermo-

---

[1] Esto es, *Mi deleite está en ella.* [2] Esto es, *Desposada.*

a. 61.1 Mt 11.5; Lc 7.22. **b. 61.1-2** Lc 4.18-19. **c. 61.2** Mt 5.4. **d. 61.10** Ap 21.2. **a. 62.11** Is 40.10; Ap 22.12. **a. 63.1-6** Is 34.5-17; Jer 49.7-22; Ez 25.12-14; 35.1-15; Am 1.11-12; Abd 1-14; Mal 1.2-5.

LECCIONES DE VIDA

➤ ***61.1 — El Espíritu de Jehová el Señor está sobre mí, porque me ungió Jehová; me ha enviado a predicar buenas nuevas a los abatidos.***

Poco después de iniciar su ministerio público, Jesús regresó a su sinagoga de la infancia en Nazaret y pronunció un sermón basado en este pasaje (Lc 4.16–21). Jesús explica a la multitud asombrada que Él es el cumplimiento de esta porción de las Escrituras.

➤ ***62.11 — He aquí viene tu Salvador; he aquí su recompensa con él.***

Jesús es nuestra salvación, y Él vendrá otra vez para juzgar al mundo y galardonar a sus seguidores. Él dice: «He aquí yo vengo pronto, y mi galardón conmigo, para recompensar a cada uno según sea su obra» (Ap 22.12).

RESPUESTAS A PREGUNTAS DE LA VIDA

¿Dónde está Dios cuando sufrimos?

IS 63.9

Los niños necesitan periódicamente ciertas vacunas que les producen dolor. En muchos casos, ellos no entienden que si bien las inyecciones les duelen, también los protegen de graves enfermedades. Desde su punto de vista, el doctor los está atacando mientras la persona que los ama [su padre] lo está permitiendo.

Tal experiencia nos da una pequeña idea de cómo Dios trata a sus hijos. Esta ilustración nos ayuda a contestar una de las preguntas que más formulamos, cada vez que nos suceden cosas dolorosas: *¿Dónde está Dios?*

La Biblia nos dice que cuando los israelitas sufrían penalidades, Dios por lo general hacía manifiesta su presencia. Se situaba justo en medio de ellos. Asimismo, el profeta Isaías apunta a la venida de Jesucristo y su capacidad para identificarse con nuestras necesidades: «En toda angustia de ellos él fue angustiado» (Is 63.9).

¿Recuerda cuando su padre o su madre tuvieron que restringirle sus movimientos, para que el doctor pudiera administrarle la dolorosa inyección? Quizás recuerde algún comentario de su parte, diciendo que toda la experiencia le dolía más a él que a usted. Eso es exactamente lo que Dios describe en este pasaje. En la mente del niño, tal acción parece totalmente incomprensible, pero cuando llegamos a tener hijos propios, la entendemos sin ningún problema. Entonces empezamos a entender qué clase de Padre tenemos en realidad. Él mismo traspasó los cielos para padecer toda nuestra agonía, y participó de nuestros sufrimientos (He 2.17, 18; 4.14–16).

¿Dónde está Dios cuando sufrimos? Él está donde esté el dolor: «herido fue por nuestras rebeliones, molido por nuestros pecados; el castigo de nuestra paz fue sobre él» (Is 53.5). Dios no se levanta y se va cuando llegan los tiempos difíciles, sino que se queda ahí con nosotros, siempre consciente del dolor que padecemos.

Pero Dios no se limita a «sentir» nuestro dolor, Él también actúa a favor nuestro, aun cuando no nos percatemos de ello. Por esa razón Isaías dice acerca del Israel antiguo, que «el ángel de su faz los salvó; en su amor y en su clemencia los redimió, y los trajo, y los levantó todos los días de la antigüedad» (Is 63.9). ¿Se dieron cuenta los israelitas de cómo el Señor los llevó de la mano a través de todas sus pruebas? No. Sin embargo, así lo hizo el Señor.

Cuando se enfrente a la adversidad, fíjese en el rostro del Salvador cubierto de lágrimas, y lo único que verá es amor de verdad. Si seguimos a Jesús, debemos participar de sus padecimientos. Como Pablo nos recuerda: «a vosotros os es concedido a causa de Cristo, no sólo que creáis en él, sino también que padezcáis por él» (Fil 1.29). Debemos ir donde Él está, y así como Él fue a la cruz, nosotros debemos tomar nuestra cruz cada día (Lc 9.23). Esto debe alegrarnos, pues nuestra aflicción es una de las oportunidades más grandes que tendremos para disfrutar la dulzura de su presencia. Si encontramos al Señor en nuestra aflicción, no sólo experimentaremos su libertad sino también la vida verdadera y el poder de su resurrección en nosotros (Ro 8.20, 21; 2 Co 4.10, 11; Fil 3.7–11).

Para un estudio más a fondo, véase el Índice de Principios de vida:
26. *La adversidad es un puente que nos conduce a una relación más profunda con Dios.*
29. *Aprendemos más en nuestras experiencias por el valle de lágrimas que en las de la cumbre del éxito.*

so en su vestido, que marcha en la grandeza
de su poder? Yo, el que hablo en justicia, grande para salvar.
2 ¿Por qué es rojo tu vestido, y tus ropas como
del que ha pisado en lagar?

3 He pisado yo solo el lagar,[b] y de los pueblos
nadie había conmigo; los pisé con mi ira, y
los hollé con mi furor; y su sangre salpicó mis
vestidos, y manché todas mis ropas.[c]
4 Porque el día de la venganza está en mi corazón, y el año de mis redimidos ha llegado.
5 Miré, y no había quien ayudara, y me mara-
villé que no hubiera quien sustentase; y me
salvó mi brazo, y me sostuvo mi ira.[d]
6 Y con mi ira hollé los pueblos, y los embria-
gué en mi furor, y derramé en tierra su
sangre.

Bondad de Jehová hacia Israel

7 De las misericordias de Jehová haré memoria, de las alabanzas de Jehová, conforme a
todo lo que Jehová nos ha dado, y de la grandeza de sus beneficios hacia la casa de Israel,
que les ha hecho según sus misericordias, y
según la multitud de sus piedades.
8 Porque dijo: Ciertamente mi pueblo son,
hijos que no mienten; y fue su Salvador.
➤ 9 En toda angustia de ellos él fue angustiado, y el ángel de su faz los salvó; en su amor y
en su clemencia los redimió, y los trajo, y los
levantó todos los días de la antigüedad.
10 Mas ellos fueron rebeldes, e hicieron enojar su santo espíritu; por lo cual se les volvió
enemigo, y él mismo peleó contra ellos.
11 Pero se acordó de los días antiguos, de
Moisés y de su pueblo, diciendo: ¿Dónde está
el que les hizo subir del mar con el pastor de
su rebaño? ¿dónde el que puso en medio de él
su santo espíritu,
12 el que los guió por la diestra de Moisés
con el brazo de su gloria; el que dividió las
aguas delante de ellos,[e] haciéndose así nombre perpetuo,
13 el que los condujo por los abismos, como un
caballo por el desierto, sin que tropezaran?
14 El Espíritu de Jehová los pastoreó, como
a una bestia que desciende al valle; así pas-
toreaste a tu pueblo, para hacerte nombre
glorioso.

Plegaria pidiendo misericordia y ayuda

15 Mira desde el cielo, y contempla desde tu
santa y gloriosa morada. ¿Dónde está tu celo,
y tu poder, la conmoción de tus entrañas y tus
piedades para conmigo? ¿Se han estrechado?
16 Pero tú eres nuestro padre, si bien Abraham nos ignora, e Israel no nos conoce; tú, oh
Jehová, eres nuestro padre; nuestro Redentor
perpetuo es tu nombre.
17 ¿Por qué, oh Jehová, nos has hecho errar
de tus caminos, y endureciste nuestro corazón
a tu temor? Vuélvete por amor de tus siervos,
por las tribus de tu heredad.
18 Por poco tiempo lo poseyó tu santo pueblo;
nuestros enemigos han hollado tu santuario.
19 Hemos venido a ser como aquellos de quienes nunca te enseñoreaste, sobre los cuales
nunca fue llamado tu nombre.

64 ¡OH, si rompieses los cielos, y descendieras, y a tu presencia se escurriesen
los montes,
2 como fuego abrasador de fundiciones, fuego que hace hervir las aguas, para que hicie-
ras notorio tu nombre a tus enemigos, y las
naciones temblasen a tu presencia!
3 Cuando, haciendo cosas terribles cuales
nunca esperábamos, descendiste, fluyeron los
montes delante de ti.
4 Ni nunca oyeron, ni oídos percibieron, ni ojo *
ha visto a Dios fuera de ti, que hiciese por el ≺
que en él espera.[a]
5 Saliste al encuentro del que con alegría
hacía justicia, de los que se acordaban de ti
en tus caminos; he aquí, tú te enojaste porque pecamos; en los pecados hemos perseve-
rado por largo tiempo; ¿podremos acaso ser
salvos?
6 Si bien todos nosotros somos como sucie- ≺
dad, y todas nuestras justicias como trapo de
inmundicia; y caímos todos nosotros como la
hoja, y nuestras maldades nos llevaron como
viento.

b. 63.3 Ap 14.20; 19.15. **c. 63.3** Ap 19.13. **d. 63.5** Is 59.16.
e. 63.12 Éx 14.21. **a. 64.4** 1 Co 2.9.

LECCIONES DE VIDA

➤ ***63.9 — En toda angustia de ellos él fue angustiado, y el ángel de su faz los salvó.***

Dios entiende todo aquello por lo que estemos pasando; ninguna de nuestras angustias y debilidades se escapa de su atención (He 2.17, 18; 4.14–16). Además, Él actúa para salvarnos y rescatarnos.

➤ ***64.4 — Ni nunca oyeron, ni oídos percibieron, ni ojo ha visto a Dios fuera de ti, que hiciese por el que en él espera.***

Mientras Dios preparaba su juicio sobre el reino de Judá, también dispuso la liberación del pueblo que permaneció obediente a Él, y el Señor fue fiel en llevarlos de regreso a Jerusalén en el momento preciso, cuando sus corazones se volvieron a Él (véase Esdras y Nehemías). No podemos imaginar cómo Dios se moverá a favor nuestro, pero sí podemos anticipar con plena confianza que Él *actuará* cuando le esperamos en fe.

➤ ***64.6 — todas nuestras justicias [son] como trapo de inmundicia.***

Usted puede creer que sus buenas obras sean suficientes para darle entrada al cielo, pero nunca lo serán. Sus obras no pueden borrar los pecados que haya cometido. La salvación viene únicamente por medio de la cruz de Jesucristo, y cuando usted lo rechaza como su Salvador, ha negado al Único que puede quitar sus pecados y restaurar su relación con Dios.

PRINCIPIO DE VIDA 14

DIOS ACTÚA A FAVOR DE QUIENES ESPERAN EN ÉL.

IS 64.4

En este mundo agitado, el simple acto de esperar puede hacernos perder los estribos y el buen juicio, ¡con más frecuencia de lo que quisiéramos admitir! A nadie le gusta hacer fila más de diez minutos; tampoco nos gusta detenernos en los cruces de calles; y preferiríamos no esperar tanto para recibir nuestra orden en el restaurante. Ni siquiera nos gusta esperar mientras llegan las cosas buenas, como por ejemplo, que un pez muerda el anzuelo. Queremos lo que queremos, y lo queremos *ahora mismo.*

Por otro lado, la Palabra de Dios insiste en que aprendamos algunas de las lecciones más grandes de la vida mientras esperamos. Las salas de espera pueden ser salones de clase muy agobiantes, pero Dios promete grandes recompensas a quienes esperan en Él. Su plan consiste en usar las pausas prolongadas de la vida para nuestra bendición… si sabemos esperar.

¿Por qué Dios nos pide con tanta insistencia que esperemos? Consideremos cinco recompensas principales de esperar en Él.

1. *Descubrimos la voluntad de Dios.*

«Bueno es Jehová a los que en él esperan, al alma que le busca» (Lm 3.25). Dios no se toma su tiempo para darnos el deseo de nuestro corazón con el fin de controlarnos. Más bien, sabemos que aún durante la espera, Él está obrando para que todo resulte en nuestro bien y su gloria (Ro 8.28). Mientras anticipamos con anhelo su provisión, debemos mantener nuestra mirada en Él y estar atentos a su voz y su dirección. De ese modo, aprendemos a hacer su voluntad y nuestra relación con Él se fortalece y se profundiza.

2. *Recibimos energías y fuerzas sobrenaturales.*

Dios nos invita a reclamar su promesa en Isaías 40.29–31: «Él da esfuerzo al cansado, y multiplica las fuerzas al que no tiene ningunas. Los muchachos se fatigan y se cansan, los jóvenes flaquean y caen; pero los que esperan a Jehová tendrán nuevas fuerzas; levantarán alas como las águilas; correrán, y no se cansarán; caminarán, y no se fatigarán».

Así como Dios profundiza nuestra relación con Él durante los tiempos de espera, también aumenta nuestra energía, fe, paciencia y firmeza. Crecemos en la semejanza a Cristo y en todos sus atributos, que incluyen amor, gozo, paz, paciencia, benignidad, bondad, fe, mansedumbre y templanza (Gá 5.22, 23). Es evidente que esperar en Él no es ninguna pérdida de tiempo.

3. *Ganamos batallas.*

«Espera a Jehová, y él te salvará» (Pr 20.22). ¡Qué maravilloso es ver al Señor rescatarnos y bendecirnos con su favor! Cuando hacemos las cosas a nuestra manera y en nuestro propio tiempo prematuro, terminamos en derrota. En cambio, si esperamos en Dios

Él está obrando para que todo resulte en nuestro bien y su gloria.

y obedecemos sus mandatos, Él asegura nuestra victoria y nos libra de cometer actos necios y precipitados.

4. *Vemos el cumplimiento de nuestra fe.*

«No se avergonzarán los que esperan en mí» (Is 49.23). A la final, nunca nos sentiremos avergonzados por esperar en Dios, que es la decisión más inteligente en todos los casos. Aunque otros nos inducen a abrirnos paso sin esperar en el Señor, debemos recordar que Él es el único que puede ayudarnos de verdad, y que jamás nos dejará decepcionados. Si confiamos en Él y obedecemos, seguramente veremos el cumplimiento de toda esperanza que hayamos puesto en Él.

5. *Veremos a Dios obrando a favor nuestro.*

Isaías lo expresó así: «Nunca oyeron, ni oídos percibieron, ni ojo ha visto a Dios fuera de ti, que hiciese por el que en él espera» (Is 64.4). ¡Qué promesa tan maravillosa! Mientras nos ocupamos en esperar activamente, Él se ocupa en obrar activamente. Piense en esto: cada día que pasa, contamos con la intervención del Mediador más grande e influyente del universo. Aún cuando las cosas parezcan ir por mal camino, Él se encarga que todas las cosas se encaminen hacia el cumplimiento de su propósito.

Aunque esperar puede ser uno de los aspectos más difíciles de la vida cristiana, *nunca* tiene que ser una pérdida de tiempo. Dios nos da instrucciones a seguir durante los períodos de espera activa. Él puede cambiar nuestras circunstancias mientras esperamos. Él nos mantiene firmes en sus caminos y nos prepara para sus respuestas. Él usa el tiempo de espera para purificar nuestros motivos y fortalecer nuestra fe, y cuando optamos por esperar de ese modo, Dios nos recompensa con bendiciones grandiosas que no nos esperábamos.

Considere el esperar en Dios como algo similar a sembrar un jardín. Usted pone una semilla bajo la tierra y le echa agua. Luego espera.

Y espera.

Y espera.

Después que el sol y la lluvia nutren la tierra, las semillas empiezan a crecer, y un día, por fin, usted empieza a ver la evidencia de lo que ha plantado. Suponga ahora que hubiera sido impaciente, y que hubiera desenterrado las semillas porque nada parecía estar sucediendo. Habría arruinado su huerta.

Recuerde que algunos frutos requieren mucho tiempo para madurar, y Aquel que quiere hacer crecer el mejor fruto en nuestra vida, sabe con exactitud cuánto tiempo nos toca esperar. Por lo tanto, confíe en Él y sea paciente, porque Él está produciendo el fruto más maravilloso y precioso que usted podría esperar o imaginarse.

Mientras nos ocupamos en esperar activamente, Él se ocupa en obrar activamente.

Para un estudio más a fondo, véase el Índice de Principios de vida.

LO QUE LA BIBLIA DICE ACERCA DE CÓMO CONTROLAR NUESTRO ENOJO

Is 64.9

En Isaías 64.9, el profeta implora a Dios con estas palabras: «No te enojes sobremanera, Jehová, ni tengas perpetua memoria de la iniquidad». Aprendemos en este pasaje que Dios mide su enojo de manera apropiada a cada caso. Nosotros también podemos aprender a controlar nuestro enojo y enfocarlo para que no hagamos daño. ¿Cómo lo logramos?

Efesios 4.26 nos exhorta a controlar nuestra ira para que no pequemos. Aunque el enojo en sí mismo no es pecaminoso, puede llevarnos rápidamente a pecar. Hay una línea que no debemos cruzar. ¿Cómo sabemos si ya la hemos cruzado? Es evidente que debemos evitar el maltrato verbal y la violencia física, pero la ira puede llevar a otros pecados igualmente mortíferos. Cada vez que usted note lo siguiente en su vida, sabrá que ha cruzado la línea:

1. *Contiendas*— Proverbios 29.22 nos dice que «el hombre iracundo levanta contiendas, y el furioso muchas veces peca». Las contiendas pueden tomar muchas formas pero siempre crean enfrentamientos personales, así las cosas no se tornen bulliciosas o violentas. Isaías advirtió en contra de los patronos que se aprovechaban de sus trabajadores y trataban de encubrir su maldad con la observancia religiosa: «He aquí que en el día de vuestro ayuno buscáis vuestro propio gusto, y oprimís a todos vuestros trabajadores. He aquí que para contiendas y debates ayunáis y para herir con el puño inicuamente» (Is 58.3, 4). Eso no les funcionó. A pesar de todos sus rituales, la voz de ellos no sería «oída en lo alto» (Is 58.4).

2. *Amargura* — Salmo 30.5 dice acerca de Dios que «un momento será su ira», y Efesios 4.26 nos advierte en contra de irnos a dormir enojados. La ira prorrogada conduce por lo general a la amargura. Por eso Dios nos instruye: «Quítense de vosotros toda amargura, enojo, ira, gritería y maledicencia, y toda malicia» (Ef 4.31).

3. *Aislamiento*— Alimentar un enojo hace que las personas empiecen a eludirse, y los lleva en últimas a cortar por completo sus vínculos. Proverbios 18.1 advierte: «Su deseo busca el que se desvía, y se entremete en todo negocio». Para tal persona, tener la razón sobre un asunto se vuelve más importante que mostrar el amor de Dios a los demás, lo cual contradice el mandato del Señor: «el siervo del Señor no debe ser contencioso, sino amable para con todos, apto para enseñar, sufrido; que con mansedumbre corrija a los que se oponen, por si quizá Dios les conceda que se arrepientan para conocer la verdad» (2 Ti 2.24, 25).

4. *Venganza*— Romanos 12.19 trata este asunto de frente: «No os venguéis vosotros mismos, amados míos, sino dejad lugar a la ira de Dios; porque escrito está: Mía es la venganza, yo pagaré, dice el Señor».

Recuerde que «la ira del hombre no obra la justicia de Dios» (Stg 1.20). Por lo tanto, cuando se encuentre cruzando la línea y llenándose de enojo de manera desmesurada, ríndase delante del Señor y no dé «lugar al diablo» (Ef 4.27). Confiese al Señor en oración sus sentimientos, ore por la persona que le ha ofendido, y pida la guía de Dios en esa situación específica. Seguramente, el Señor le dará a usted una palabra «que sea buena para la necesaria edificación, a fin de dar gracia a los oyentes» (Ef 4.29).

Hay una línea que no debemos cruzar.

Para un estudio más a fondo, véase el Índice de Principios de vida:

5. *Dios no nos demanda que entendamos su voluntad, sino que la obedezcamos aunque nos parezca poco razonable.*
24. *Vivir la vida cristiana es permitir al Señor Jesús vivir su vida en y por medio de nosotros.*

7 Nadie hay que invoque tu nombre, que se despierte para apoyarse en ti; por lo cual escondiste de nosotros tu rostro, y nos dejaste marchitar en poder de nuestras maldades.
➢ 8 Ahora pues, Jehová, tú eres nuestro padre; nosotros barro, y tú el que nos formaste; así que obra de tus manos somos todos nosotros.
9 No te enojes sobremanera, Jehová, ni tengas perpetua memoria de la iniquidad; he aquí, mira ahora, pueblo tuyo somos todos nosotros.
10 Tus santas ciudades están desiertas, Sion es un desierto, Jerusalén una soledad.
11 La casa de nuestro santuario y de nuestra gloria, en la cual te alabaron nuestros padres, fue consumida al fuego; y todas nuestras cosas preciosas han sido destruidas.
12 ¿Te estarás quieto, oh Jehová, sobre estas cosas? ¿Callarás, y nos afligirás sobremanera?

Castigo de los rebeldes

65 FUI buscado por los que no preguntaban por mí; fui hallado por los que no me buscaban.[a] Dije a gente que no invocaba mi nombre: Heme aquí, heme aquí.
2 Extendí mis manos todo el día a pueblo rebelde,[b] el cual anda por camino no bueno, en pos de sus pensamientos;
3 pueblo que en mi rostro me provoca de continuo a ira, sacrificando en huertos, y quemando incienso sobre ladrillos;
4 que se quedan en los sepulcros, y en lugares escondidos pasan la noche; que comen carne de cerdo, y en sus ollas hay caldo de cosas inmundas;
5 que dicen: Estate en tu lugar, no te acerques a mí, porque soy más santo que tú; éstos son humo en mi furor, fuego que arde todo el día.
6 He aquí que escrito está delante de mí; no callaré, sino que recompensaré, y daré el pago en su seno
7 por vuestras iniquidades, dice Jehová, y por las iniquidades de vuestros padres juntamente, los cuales quemaron incienso sobre los montes, y sobre los collados me afrentaron; por tanto, yo les mediré su obra antigua en su seno.
8 Así ha dicho Jehová: Como si alguno hallase mosto en un racimo, y dijese: No lo desperdicies, porque bendición hay en él; así haré yo por mis siervos, que no lo destruiré todo.
9 Sacaré descendencia de Jacob, y de Judá heredero de mis montes; y mis escogidos poseerán por heredad la tierra, y mis siervos habitarán allí.
10 Y será Sarón para habitación de ovejas, y el valle de Acor[c] para majada de vacas, para mi pueblo que me buscó.
11 Pero vosotros los que dejáis a Jehová, que olvidáis mi santo monte, que ponéis mesa para la Fortuna, y suministráis libaciones para el Destino;
12 yo también os destinaré a la espada, y todos vosotros os arrodillaréis al degolladero, por cuanto llamé, y no respondisteis; hablé, y no oísteis, sino que hicisteis lo malo delante de mis ojos, y escogisteis lo que me desagrada.
13 Por tanto, así dijo Jehová el Señor: He aquí que mis siervos comerán, y vosotros tendréis hambre; he aquí que mis siervos beberán, y vosotros tendréis sed; he aquí que mis siervos se alegrarán, y vosotros seréis avergonzados;
14 he aquí que mis siervos cantarán por júbilo del corazón, y vosotros clamaréis por el dolor del corazón, y por el quebrantamiento de espíritu aullaréis.
15 Y dejaréis vuestro nombre por maldición a mis escogidos, y Jehová el Señor te matará, y a sus siervos llamará por otro nombre.
16 El que se bendijere en la tierra, en el Dios de verdad se bendecirá; y el que jurare en la tierra, por el Dios de verdad jurará; porque las angustias primeras serán olvidadas, y serán cubiertas de mis ojos.

Cielos nuevos y tierra nueva

17 Porque he aquí que yo crearé nuevos cielos y nueva tierra;[d] y de lo primero no habrá memoria, ni más vendrá al pensamiento. *
18 Mas os gozaréis y os alegraréis para siempre en las cosas que yo he creado; porque he ➢

a. 65.1 Ro 10.20. b. 65.2 Ro 10.21. c. 65.10 Jos 7.24-26. d. 65.17 Is 66.22; 2 P 3.13; Ap 21.1.

LECCIONES DE VIDA

➢ *64.8 — Jehová, tú eres nuestro padre; nosotros barro, y tú el que nos formaste; así que obra de tus manos somos todos nosotros.*

Como nuestro Padre, Dios actúa para nuestro beneficio en maneras que nuestras mentes no siempre pueden entender. Como nuestro alfarero, Él nos moldea y nos da forma en maneras que a veces duelen, pero Él siempre nos trata con amor.

➢ *65.18 — os gozaréis y os alegraréis para siempre en las cosas que yo he creado; porque he aquí que yo traigo a Jerusalén alegría, y a su pueblo gozo.*

Nuestro Dios está rodeado de gozo, una alegría que Él comparte generosamente con nosotros (Jn 15.11; Ro 14.17; Gá 5.22, 23; Jud 1.24, 25). Podemos regocijarnos por conocer a Cristo como nuestro Salvador, pues veremos a nuestro Señor cara a cara y habitaremos en su presencia maravillosa por siempre: «me llenarás de gozo con tu presencia» (Hch 2.28).

aquí que yo traigo a Jerusalén alegría, y a su pueblo gozo.

19 Y me alegraré con Jerusalén, y me gozaré con mi pueblo; y nunca más se oirán en ella voz de lloro, ni voz de clamor.[e]

20 No habrá más allí niño que muera de pocos días, ni viejo que sus días no cumpla; porque el niño morirá de cien años, y el pecador de cien años será maldito.

21 Edificarán casas, y morarán en ellas; plantarán viñas, y comerán el fruto de ellas.

22 No edificarán para que otro habite, ni plantarán para que otro coma; porque según los días de los árboles serán los días de mi pueblo, y mis escogidos disfrutarán la obra de sus manos.

23 No trabajarán en vano, ni darán a luz para maldición; porque son linaje de los benditos de Jehová, y sus descendientes con ellos.

* 24 Y antes que clamen, responderé yo; mientras aún hablan, yo habré oído.

25 El lobo y el cordero serán apacentados juntos, y el león comerá paja como el buey; y el polvo será el alimento de la serpiente. No afligirán, ni harán mal en todo mi santo monte, dijo Jehová.[f]

Los juicios de Jehová y la futura prosperidad de Sion

66 JEHOVÁ dijo así: El cielo es mi trono,[a] y la tierra estrado de mis pies;[b] ¿dónde está la casa que me habréis de edificar, y dónde el lugar de mi reposo?[c]

* 2 Mi mano hizo todas estas cosas, y así todas estas cosas fueron, dice Jehová; pero miraré a aquel que es pobre y humilde de espíritu, y que tiembla a mi palabra.

3 El que sacrifica buey es como si matase a un hombre; el que sacrifica oveja, como si degollase un perro; el que hace ofrenda, como si ofreciese sangre de cerdo; el que quema incienso, como si bendijese a un ídolo. Y porque escogieron sus propios caminos, y su alma amó sus abominaciones,

4 también yo escogeré para ellos escarnios, y traeré sobre ellos lo que temieron; porque llamé, y nadie respondió; hablé, y no oyeron, sino que hicieron lo malo delante de mis ojos, y escogieron lo que me desagrada.

5 Oíd palabra de Jehová, vosotros los que tembláis a su palabra: Vuestros hermanos que os aborrecen, y os echan fuera por causa de mi nombre, dijeron: Jehová sea glorificado. Pero él se mostrará para alegría vuestra, y ellos serán confundidos.

6 Voz de alboroto de la ciudad, voz del templo, voz de Jehová que da el pago a sus enemigos.

7 Antes que estuviese de parto, dio a luz; antes que le viniesen dolores, dio a luz hijo.[d]

8 ¿Quién oyó cosa semejante? ¿quién vio tal cosa? ¿Concebirá la tierra en un día? ¿Nacerá una nación de una vez? Pues en cuanto Sion estuvo de parto, dio a luz sus hijos.

9 Yo que hago dar a luz, ¿no haré nacer? dijo Jehová. Yo que hago engendrar, ¿impediré el nacimiento? dice tu Dios.

10 Alegraos con Jerusalén, y gozaos con ella, todos los que la amáis; llenaos con ella de gozo, todos los que os enlutáis por ella;

11 para que maméis y os saciéis de los pechos de sus consolaciones; para que bebáis, y os deleitéis con el resplandor de su gloria.

12 Porque así dice Jehová: He aquí que yo extiendo sobre ella paz como un río, y la gloria de las naciones como torrente que se desborda; y mamaréis, y en los brazos seréis traídos, y sobre las rodillas seréis mimados.

13 Como aquel a quien consuela su madre, así os consolaré yo a vosotros, y en Jerusalén tomaréis consuelo.

14 Y veréis, y se alegrará vuestro corazón, y vuestros huesos reverdecerán como la hierba; y la mano de Jehová para con sus siervos será conocida, y se enojará contra sus enemigos.

15 Porque he aquí que Jehová vendrá con fuego, y sus carros como torbellino, para descargar su ira con furor, y su reprensión con llama de fuego.

16 Porque Jehová juzgará con fuego y con su espada a todo hombre; y los muertos de Jehová serán multiplicados.

17 Los que se santifican y los que se purifican en los huertos, unos tras otros, los que comen carne de cerdo y abominación y ratón, juntamente serán talados, dice Jehová.

18 Porque yo conozco sus obras y sus pensamientos; tiempo vendrá para juntar a todas las naciones y lenguas; y vendrán, y verán mi gloria. *

19 Y pondré entre ellos señal, y enviaré de los escapados de ellos a las naciones, a Tarsis, a Fut y Lud que disparan arco, a Tubal y a Javán, a las costas lejanas que no oyeron de mí, ni vieron mi gloria; y publicarán mi gloria entre las naciones.

20 Y traerán a todos vuestros hermanos de entre todas las naciones, por ofrenda a Jehová, en caballos, en carros, en literas, en mulos y en camellos, a mi santo monte de Jerusalén, dice Jehová, al modo que los hijos de Israel traen la ofrenda en utensilios limpios a la casa de Jehová.

21 Y tomaré también de ellos para sacerdotes y levitas, dice Jehová.

22 Porque como los cielos nuevos y la nueva tierra[e] que yo hago permanecerán delante de mí, dice Jehová, así permanecerá vuestra descendencia y vuestro nombre.

---

e. 65.19 Ap 21.4. **f. 65.25** Is 11.6-9. **a. 66.1** Mt 5.34; 23.22. **b. 66.1** Mt 5.35. **c. 66.1** Hch 7.49-50. **d. 66.7** Ap 12.5. **e. 66.22** Is 65.17; 2 P 3.13; Ap 21.1.

23 Y de mes en mes, y de día de reposo* en día
de reposo,* vendrán todos a adorar delante de
mí, dijo Jehová.
24 Y saldrán, y verán los cadáveres de los hombres que se rebelaron contra mí; porque su
gusano nunca morirá, ni su fuego se apagará,[f]
y serán abominables a todo hombre.

* Aquí equivale *a sábado*.

f. 66.24 Mr 9.48.

LECCIONES DE VIDA

➤ ***66.22 — como los cielos nuevos y la nueva tierra que yo hago permanecerán delante de mí, dice Jehová, así permanecerá vuestra descendencia y vuestro nombre.***

Dios nos ama tanto que su deseo es que nuestra relación con Él siga creciendo por toda la eternidad. Él jamás se cansará de nosotros ni nos abandonará, y siempre habrá más de Él que nosotros podremos conocer y amar.

EL LIBRO DE

JEREMÍAS

El libro de Jeremías registra las profecías desde la soledad del profeta, de un hombre oriundo de la ciudad sacerdotal de Anatot, a quien Dios llamó a un difícil ministerio profético a una edad muy temprana.

El significado literal de *Yirmeyahu* o *Yirmeyáh* es «Yahvé arroja», quizás en el sentido de establecer un cimiento. Puede significar «Yahvé establece, a quien Jehová ha señalado o enviado». La forma del nombre en latín es *Jeremías.*

Jeremías, quien se dio a conocer como «el profeta llorón», trajina durante más de cuarenta años proclamando un mensaje de condenación al pueblo obstinado de Judá que no quiere arrepentirse. En el transcurso de su largo ministerio, Jeremías escribió un libro igualmente largo, y cuando el pueblo de Judá y su rey rechazaron su mensaje, el libro se alargó aun más (Jer 36.32). Por todas estas razones, Jeremías es un profeta con el corazón partido, comunicando un mensaje que nos parte el corazón. Despreciado y perseguido por sus compatriotas, Jeremías empapa sus duras profecías con lágrimas de compasión.

Jeremías reprende a su pueblo una y otra vez por haberse olvidado de Dios, y por negarse a oír su voz. El persistente profeta acusa a líderes tanto religiosos como civiles de abandonar el plan de Dios y suplantarlo con un sistema corrupto e inmoral que ellos mismos se inventaron. Por medio de sermones irrebatibles y ejemplos gráficos e inolvidables, el profeta declara fielmente que la rendición total a la voluntad de Dios es la única vía de escape de la calamidad, y la única ruta a la bendición duradera.

Tema: Jeremías denuncia la apostasía del pueblo elegido de Dios, predice su servidumbre a manos de los babilonios, y anticipa su futura restauración por la misericordia y la gracia de Dios.

Autor: Jeremías, el hijo de Hilcías.

Fecha: El libro de Jeremías cubre un período tenebroso en la historia de Judá, desde el año decimotercero del reinado de Josías (ca. 627 a.C.), el último rey bueno y piadoso de la nación (por quien Jeremías expresó un profundo y emotivo lamento en 2 Cr 35.25), hasta varios años después del cautiverio babilónico (ca. 586 a.C.).

Estructura: El corazón quebrantado de Jeremías lo motiva a escribir un libro que no se somete fácilmente a un arreglo cronológico o temático. En su forma actual, el libro empieza con una descripción del llamamiento divino del profeta (1.1–19); luego incluye varias advertencias y exhortaciones a la nación rebelde (2.1—35.19); describe las penalidades del profeta perseguido (36.1—38.28); narra la destrucción de Jerusalén y la consecutiva ruina de la nación (39.1—45.5); declara juicio contra muchas naciones de alrededor (46.1—51.64) y termina con un epílogo histórico (52.1–34).

A medida que lea Jeremías, fíjese en los principios de vida que juegan un papel importante en este libro:

5. Dios no nos demanda que entendamos su voluntad, sino que la obedezcamos aunque nos parezca poco razonable. *Véase Jeremías 13.1; 32.17; páginas 838, 861.*

10. Si es necesario, Dios moverá cielo y tierra para mostrarnos su voluntad. *Véase Jeremías 29.13; 44.4; páginas 857, 874.*

15. El quebrantamiento es el requisito de Dios para que seamos útiles al máximo. *Véase Jeremías 15.19; página 840.*

Llamamiento y misión de Jeremías

1 LAS palabras de Jeremías hijo de Hilcías,
de los sacerdotes que estuvieron en Anatot,
en tierra de Benjamín.
2 Palabra de Jehová que le vino en los días de
Josías[a] hijo de Amón, rey de Judá, en el año
decimotercero de su reinado.
3 Le vino también en días de Joacim[b] hijo de
Josías, rey de Judá, hasta el fin del año undécimo de Sedequías[c] hijo de Josías, rey de
Judá, hasta la cautividad de Jerusalén en el
mes quinto.
4 Vino, pues, palabra de Jehová a mí, diciendo:
➤ 5 Antes que te formase en el vientre te conocí, y antes que nacieses te santifiqué, te di por
profeta a las naciones.
6 Y yo dije: ¡Ah! ¡ah, Señor Jehová! He aquí,
no sé hablar, porque soy niño.
7 Y me dijo Jehová: No digas: Soy un niño;
porque a todo lo que te envíe irás tú, y dirás
todo lo que te mande.
✻ 8 No temas delante de ellos, porque contigo
estoy para librarte, dice Jehová.
9 Y extendió Jehová su mano y tocó mi boca,
y me dijo Jehová: He aquí he puesto mis palabras en tu boca.
10 Mira que te he puesto en este día sobre
naciones y sobre reinos, para arrancar y para
destruir, para arruinar y para derribar, para
edificar y para plantar.
11 La palabra de Jehová vino a mí, diciendo:
¿Qué ves tú, Jeremías? Y dije: Veo una vara de
almendro.[1]
12 Y me dijo Jehová: Bien has visto; porque yo
apresuro[2] mi palabra para ponerla por obra.
13 Vino a mí la palabra de Jehová por segunda
vez, diciendo: ¿Qué ves tú? Y dije: Veo una olla
que hierve; y su faz está hacia el norte.
14 Me dijo Jehová: Del norte se soltará el mal
sobre todos los moradores de esta tierra.
15 Porque he aquí que yo convoco a todas las
familias de los reinos del norte, dice Jehová; y
vendrán, y pondrá cada uno su campamento a
la entrada de las puertas de Jerusalén, y junto
a todos sus muros en derredor, y contra todas
las ciudades de Judá.
16 Y a causa de toda su maldad, proferiré mis
juicios contra los que me dejaron, e incensaron a dioses extraños, y la obra de sus manos
adoraron.
17 Tú, pues, ciñe tus lomos, levántate, y hábla- ≺
les todo cuanto te mande; no temas delante
de ellos, para que no te haga yo quebrantar
delante de ellos.
18 Porque he aquí que yo te he puesto en este
día como ciudad fortificada, como columna
de hierro, y como muro de bronce contra toda
esta tierra, contra los reyes de Judá, sus príncipes, sus sacerdotes, y el pueblo de la tierra.
19 Y pelearán contra ti, pero no te vencerán;
porque yo estoy contigo, dice Jehová, para
librarte.

Jehová y la apostasía de Israel

2 VINO a mí palabra de Jehová, diciendo:
2 Anda y clama a los oídos de Jerusalén,
diciendo: Así dice Jehová: Me he acordado de
ti, de la fidelidad de tu juventud, del amor de
tu desposorio, cuando andabas en pos de mí
en el desierto, en tierra no sembrada.
3 Santo era Israel a Jehová, primicias de sus
nuevos frutos. Todos los que le devoraban
eran culpables; mal venía sobre ellos, dice
Jehová.
4 Oíd la palabra de Jehová, casa de Jacob, y
todas las familias de la casa de Israel.
5 Así dijo Jehová: ¿Qué maldad hallaron en ≺
mí vuestros padres, que se alejaron de mí, y se
fueron tras la vanidad y se hicieron vanos?
6 Y no dijeron: ¿Dónde está Jehová, que nos
hizo subir de la tierra de Egipto, que nos condujo por el desierto, por una tierra desierta y despoblada, por tierra seca y de sombra
de muerte, por una tierra por la cual no pasó
varón, ni allí habitó hombre?

---

1 Heb *shaked.* **2** Heb *shoked.*
a. 1.2 2 R 22.3—23.27; 2 Cr 34.8—35.19.
b. 1.3 2 R 23.36—24.7; 2 Cr 36.5-8. **c. 1.3** 2 R 24.18—25.21; 2 Cr 36.11-21.

LECCIONES DE VIDA

➤ ***1.5 — Antes que te formase en el vientre te conocí, y antes que nacieses te santifiqué, te di por profeta a las naciones.***

Dios tiene un plan para nuestras vidas. No somos accidentes ni existimos por casualidad. Él nos formó desde antes que diéramos nuestro primer aliento de vida. Además, Dios nos conoce por nombre (Is 43.1), sabe cuántos años vamos a vivir (Sal 139.16), así como todo lo que fuimos creados para ser y hacer (Ef 2.10). Ni nuestras capacidades ni nuestras debilidades son factores determinantes de esa realidad, y ni siquiera son tan importantes para el Señor. El asunto principal para Él es que nos sometamos a Él en amor. Él obrará en y a través de nosotros poderosamente, cuando le somos obedientes.

➤ ***1.17 — ciñe tus lomos, levántate, y háblales todo cuanto te mande.***

Como siervos del Dios viviente, hemos de hablar *sus* palabras, incluso cuando sean difíciles o inoportunas para quien las escucha (Jer 1.19). Pablo lo expresó de este modo a los líderes en Éfeso: «no he rehuido anunciaros todo el consejo de Dios» (Hch 20.27). No deberíamos tenerle miedo a lo que la gente piense ni a cómo vayan a reaccionar. Más bien, debemos obedecer a Dios y dejarle a Él las consecuencias.

➤ ***2.5 — ¿Qué maldad hallaron en mí vuestros padres, que se alejaron de mí...?***

Nadie jamás podrá culpar a Dios en cuanto a su propio pecado ni a sus malos hábitos. Santiago dice: «cada uno es tentado, cuando de su propia concupiscencia es atraído y seducido» (Stg 1.14).

LO QUE LA BIBLIA DICE ACERCA DE LA PODEROSA PRESENCIA DE DIOS

Jer 1.6–10

¿Cuándo fue la última vez que sintió la presencia de Dios en su vida? No me refiero a la simple confirmación intelectual de que Él está con usted, pues Dios está en todas partes. ¿Recuerda la última vez que reconoció en su corazón que el Señor permanece con usted de manera personal e íntima?

Si usted se parece a muchos creyentes, puede ser que haya pasado mucho tiempo desde la última vez que sintió realmente la presencia del Señor. Demasiadas personas pasan por la vida sin un sentido genuino de la cercanía de Dios. ¡Es una tragedia!

Una y otra vez en las Escrituras, vemos que cada vez que Dios llama a una persona a su servicio, primero le recuerda su presencia constante. Lo vemos en las historias de Moisés (Éx 3.11, 12), Josué (Jos 1.1–9), Gedeón (Jue 6.12) y Jeremías (Jer 1.6–8), por nombrar apenas unos cuantos. Estos hombres descubrieron, como también es posible para nosotros, que ser conscientes de la presencia de Dios nos da energías para desempeñar nuestro trabajo.

¿Por qué asegura Dios reiteradamente a sus seguidores que su presencia está con ellos? Porque todos necesitamos acordarnos de la razón de nuestra confianza. Cada vez que Dios llama un siervo a la acción, le dice en esencia: «Puedes ser fuerte y valiente porque estoy contigo. La victoria no depende de *tus* habilidades, *tus* fuerzas, *tu* experiencia, *tu* armadura, *tus* talentos ni *tu* dedicación; depende de *Mi* presencia. Puedes ser fuerte porque yo seré fuerte en ti».

Cuando Jeremías tembló al pensar en el difícil ministerio que tenía por delante, el Señor lo fortaleció con estas palabras: «pelearán contra ti, pero no te vencerán; porque yo estoy contigo… para librarte» (Jer 1.19).

Dios sabe cuán difícil puede ser la vida, y conoce cada detalle de cada lucha que usted enfrenta en la vida. Como creyente en Cristo Jesús, puede confiar que su Padre celestial cumplirá su Palabra. Él está con usted ahora mismo, y siempre lo estará, tal como promete en su Palabra: «No te desampararé, ni te dejaré; de manera que podemos decir confiadamente: El Señor es mi ayudador; no temeré lo que me pueda hacer el hombre» (He 13.5, 6).

Dios sabe cuán difícil puede ser la vida.

Para un estudio más a fondo, véase el Índice de Principios de vida:

4. Estar conscientes de la presencia de Dios nos da energías para desempeñar nuestro trabajo.

7 Y os introduje en tierra de abundancia, para que comieseis su fruto y su bien; pero entrasteis y contaminasteis mi tierra, e hicisteis abominable mi heredad.
8 Los sacerdotes no dijeron: ¿Dónde está Jehová? y los que tenían la ley no me conocieron; y los pastores se rebelaron contra mí, y los profetas profetizaron en nombre de Baal, y anduvieron tras lo que no aprovecha.
9 Por tanto, contenderé aún con vosotros, dijo Jehová, y con los hijos de vuestros hijos pleitearé.
10 Porque pasad a las costas de Quitim y mirad; y enviad a Cedar, y considerad cuidadosamente, y ved si se ha hecho cosa semejante a ésta.
➢ 11 ¿Acaso alguna nación ha cambiado sus dioses, aunque ellos no son dioses? Sin embargo, mi pueblo ha trocado su gloria por lo que no aprovecha.
12 Espantaos, cielos, sobre esto, y horrorizaos; desolaos en gran manera, dijo Jehová.
13 Porque dos males ha hecho mi pueblo: me dejaron a mí, fuente de agua viva, y cavaron para sí cisternas, cisternas rotas que no retienen agua.
14 ¿Es Israel siervo? ¿es esclavo? ¿Por qué ha venido a ser presa?
15 Los cachorros del león rugieron contra él, alzaron su voz, y asolaron su tierra; quemadas están sus ciudades, sin morador.
16 Aun los hijos de Menfis y de Tafnes te quebrantaron la coronilla.
17 ¿No te acarreó esto el haber dejado a Jehová tu Dios, cuando te conducía por el camino?
18 Ahora, pues, ¿qué tienes tú en el camino de Egipto, para que bebas agua del Nilo? ¿Y qué tienes tú en el camino de Asiria, para que bebas agua del Éufrates?
➢ 19 Tu maldad te castigará, y tus rebeldías te condenarán; sabe, pues, y ve cuán malo y amargo es el haber dejado tú a Jehová tu Dios, y faltar mi temor en ti, dice el Señor, Jehová de los ejércitos.
20 Porque desde muy atrás rompiste tu yugo y tus ataduras, y dijiste: No serviré. Con todo eso, sobre todo collado alto y debajo de todo árbol frondoso te echabas como ramera.
21 Te planté de vid escogida, simiente verdadera toda ella; ¿cómo, pues, te me has vuelto sarmiento de vid extraña?
22 Aunque te laves con lejía, y amontones jabón sobre ti, la mancha de tu pecado permanecerá aún delante de mí, dijo Jehová el Señor.
23 ¿Cómo puedes decir: No soy inmunda, nunca anduve tras los baales? Mira tu proceder en el valle, conoce lo que has hecho, dromedaria ligera que tuerce su camino,
24 asna montés acostumbrada al desierto, que en su ardor olfatea el viento. De su lujuria, ¿quién la detendrá? Todos los que la buscaren no se fatigarán, porque en el tiempo de su celo la hallarán.
25 Guarda tus pies de andar descalzos, y tu garganta de la sed. Mas dijiste: No hay remedio en ninguna manera, porque a extraños he amado, y tras ellos he de ir.
26 Como se avergüenza el ladrón cuando es descubierto, así se avergonzará la casa de Israel, ellos, sus reyes, sus príncipes, sus sacerdotes y sus profetas,
27 que dicen a un leño: Mi padre eres tú; y a una piedra: Tú me has engendrado. Porque me volvieron la cerviz, y no el rostro; y en el tiempo de su calamidad dicen: Levántate, y líbranos.
28 ¿Y dónde están tus dioses que hiciste para ti? Levántense ellos, a ver si te podrán librar en el tiempo de tu aflicción; porque según el número de tus ciudades, oh Judá, fueron tus dioses.
29 ¿Por qué porfías conmigo? Todos vosotros prevaricasteis contra mí, dice Jehová.
30 En vano he azotado a vuestros hijos; no han recibido corrección. Vuestra espada devoró a vuestros profetas como león destrozador.
31 ¡Oh generación! atended vosotros a la palabra de Jehová. ¿He sido yo un desierto para Israel, o tierra de tinieblas? ¿Por qué ha dicho mi pueblo: Somos libres; nunca más vendremos a ti?
32 ¿Se olvida la virgen de su atavío, o la desposada de sus galas? Pero mi pueblo se ha olvidado de mí por innumerables días. ➢
33 ¿Por qué adornas tu camino para hallar amor? Aun a las malvadas enseñaste tus caminos.

LECCIONES DE VIDA

➢ ***2.11 — mi pueblo ha trocado su gloria por lo que no aprovecha.***

Nunca hacemos un buen negocio cuando canjeamos a Dios por cualquier cosa. Si llegamos a escoger el dinero, la fama, el poder, el sexo, el placer, la influencia o cualquier otra cosa en lugar de Dios, terminamos con nada al final, excepto la muerte.

➢ ***2.19 — Tu maldad te castigará, y tus rebeldías te condenarán.***

Algunas de las consecuencias de elegir el pecado van envueltas en el pecado mismo, pues éste acarrea castigo en sí mismo de su propio resultado (Ro 1.18–32).

➢ ***2.32 — ¿Se olvida la virgen de su atavío, o la desposada de sus galas? Pero mi pueblo se ha olvidado de mí por innumerables días.***

Tendemos a no olvidar aquello que amamos de verdad. Lo que captura nuestro corazón también tiende a capturar nuestro tiempo y nuestras energías. Dios quiere una relación íntima con nosotros, no cinco minutos en nuestra agenda.

RESPUESTAS A PREGUNTAS DE LA VIDA

¿Cómo define Dios el pecado?

JER 2.12–17

El pecado se define como «errar al blanco», de la misma manera que una flecha lanzada con un arco no acierta en el centro del objetivo. La santidad de Dios es nuestro objetivo, y desatinamos por completo cada vez que pecamos.

Otra manera de ver el pecado es que «frustramos» la voluntad perfecta de Dios. Dios desea que vivamos en plenitud y obedezcamos todos sus mandamientos; cuando fallamos en este sentido, dejamos de cumplir el propósito para el cual fuimos creados, y no glorificamos al Señor.

Hay otro aspecto del pecado que consiste en «transgredir» o violar la ley de Dios, lo cual incurre el castigo debido a nuestra culpabilidad. Dios dice específicamente que ciertas conductas son destructivas y prohibidas, y cuando las desafiamos, sufrimos las consecuencias de nuestra desobediencia.

Jeremías 2.13 nos dice: «dos males ha hecho mi pueblo: me dejaron a mí, fuente de agua viva, y cavaron para sí cisternas, cisternas rotas que no retienen agua». Las cisternas son reservorios cavados en la tierra, por lo general en la roca sólida, diseñados para recolectar agua de lluvia. Por otro lado, una fuente es un manantial que brota de la tierra con un suministro inagotable de agua potable.

Cada vez que intentamos satisfacer nuestras propias necesidades o lograr algo sin Dios, pecamos y nos condenamos al fracaso. Cavamos cisternas rotas que no pueden retener agua. Una vez Jesús declaró a una mujer samaritana junto al pozo de Sicar: «Si conocieras el don de Dios, y quién es el que te dice: Dame de beber; tú le pedirías, y él te daría agua viva» (Jn 4.10).

Demasiadas veces, en lugar de escoger el agua viva de Dios que puede saciar por completo nuestra sed (Sal 107.9; Jn 4.14; 6.35; Ap 7.16, 17), cavamos nuestras propias cisternas y forjamos nuestros propios senderos de satisfacción y hasta de salvación, los cuales por su propia naturaleza son incapaces de darnos lo que necesitamos (Jn 4.13). Esta es la naturaleza del pecado. Es el desatino completo de elegir nuestro camino en lugar de la provisión santa de Dios. Es nuestra frustración total del plan perfecto de Dios, que nos deja completamente secos de la esperanza y la paz que Él quiere darnos. Es nuestra transgresión flagrante de los mandatos del Señor, que nos lleva a sufrir las consecuencias de nuestras malas decisiones.

Proverbios 16.25 nos dice: «Hay camino que parece derecho al hombre, pero su fin es camino de muerte». El Señor pregunta con absoluta tristeza: «¿No te acarreó esto el haber dejado a Jehová tu Dios, cuando te conducía por el camino?» (Jer 2.17).

Tenemos una decisión que tomar. Podemos cavar nuestras propias cisternas rotas y sufrir a causa de nuestro orgullo; o podemos elegir el camino de Dios, sabiendo que sólo Él puede traernos la realización en el cumplimiento de sus promesas.

Jesús tiene vida para dar, la cual es eterna y se ofrece gratuitamente. Su perdón, y la vida eterna que está asociada con ese perdón, es la fuente que nunca nos defraudará. Así pues, ¿por qué no acudimos a Él y saciamos nuestra sed con su agua viva? A la verdad, Él saciará hasta la sed más profunda de nuestra alma.

Para un estudio más a fondo, véase el Índice de Principios de vida:

1. *Nuestra intimidad con Dios, que es su prioridad para nosotros, determina el impacto que causen nuestras vidas.*
16. *Todo lo que adquirimos fuera de la voluntad de Dios termina convirtiéndose en cenizas.*

34 Aun en tus faldas se halló la sangre de los pobres, de los inocentes. No los hallaste en ningún delito; sin embargo, en todas estas cosas dices:

35 Soy inocente, de cierto su ira se apartó de
mí. He aquí yo entraré en juicio contigo, porque dijiste: No he pecado.
36 ¿Para qué discurres tanto, cambiando tus
caminos? También serás avergonzada de
Egipto, como fuiste avergonzada de Asiria.
37 También de allí saldrás con tus manos
sobre tu cabeza, porque Jehová desechó a
aquellos en quienes tú confiabas, y no prospe-
rarás por ellos.
➤ 3 DICEN: Si alguno dejare a su mujer, y
yéndose ésta de él se juntare a otro hombre, ¿volverá a ella más? ¿No será tal tierra
del todo amancillada? Tú, pues, has fornicado
con muchos amigos; mas ¡vuélvete a mí! dice
Jehová.
2 Alza tus ojos a las alturas, y ve en qué lugar
no te hayas prostituido. Junto a los caminos te
sentabas para ellos como árabe en el desierto,
y con tus fornicaciones y con tu maldad has
contaminado la tierra.
3 Por esta causa las aguas han sido detenidas,
y faltó la lluvia tardía; y has tenido frente de
ramera, y no quisiste tener vergüenza.
4 A lo menos desde ahora, ¿no me llamarás a
mí, Padre mío, guiador de mi juventud?
5 ¿Guardará su enojo para siempre? ¿Eternamente lo guardará? He aquí que has hablado
y hecho cuantas maldades pudiste.

Jehová exhorta a Israel y a Judá al arrepentimiento

6 Me dijo Jehová en días del rey Josías:[a] ¿Has
visto lo que ha hecho la rebelde Israel? Ella
se va sobre todo monte alto y debajo de todo
árbol frondoso, y allí fornica.
7 Y dije: Después de hacer todo esto, se volverá a mí; pero no se volvió, y lo vio su hermana la rebelde Judá.
8 Ella vio que por haber fornicado la rebelde
Israel, yo la había despedido y dado carta de
repudio; pero no tuvo temor la rebelde Judá su
hermana, sino que también fue ella y fornicó.
9 Y sucedió que por juzgar ella cosa liviana su
fornicación, la tierra fue contaminada, y adulteró con la piedra y con el leño.
10 Con todo esto, su hermana la rebelde Judá
no se volvió a mí de todo corazón, sino fingi-
damente, dice Jehová.
11 Y me dijo Jehová: Ha resultado justa la
rebelde Israel en comparación con la desleal Judá.
➤ 12 Ve y clama estas palabras hacia el norte, y
di: Vuélvete, oh rebelde Israel, dice Jehová; no
haré caer mi ira sobre ti, porque misericordioso soy yo, dice Jehová, no guardaré para siempre el enojo.
13 Reconoce, pues, tu maldad, porque contra
Jehová tu Dios has prevaricado, y fornicaste
con los extraños debajo de todo árbol frondoso, y no oíste mi voz, dice Jehová.
14 Convertíos, hijos rebeldes, dice Jehová,
porque yo soy vuestro esposo; y os tomaré
uno de cada ciudad, y dos de cada familia, y
os introduciré en Sion;
15 y os daré pastores según mi corazón, que
os apacienten con ciencia y con inteligencia.
16 Y acontecerá que cuando os multipliquéis
y crezcáis en la tierra, en esos días, dice Jehová, no se dirá más: Arca del pacto de Jehová;
ni vendrá al pensamiento, ni se acordarán de
ella, ni la echarán de menos, ni se hará otra.
17 En aquel tiempo llamarán a Jerusalén: Trono de Jehová, y todas las naciones vendrán
a ella en el nombre de Jehová en Jerusalén;
ni andarán más tras la dureza de su malvado corazón.
18 En aquellos tiempos irán de la casa de Judá
a la casa de Israel, y vendrán juntamente de la
tierra del norte a la tierra que hice heredar a
vuestros padres.
19 Yo preguntaba: ¿Cómo os pondré por hijos,
y os daré la tierra deseable, la rica heredad de
las naciones? Y dije: Me llamaréis: Padre mío,
y no os apartaréis de en pos de mí.
20 Pero como la esposa infiel abandona a su
compañero, así prevaricasteis contra mí, oh
casa de Israel, dice Jehová.
21 Voz fue oída sobre las alturas, llanto de los
ruegos de los hijos de Israel; porque han torcido su camino, de Jehová su Dios se han olvidado.
22 Convertíos, hijos rebeldes, y sanaré vues- *
tras rebeliones. He aquí nosotros venimos a ti,
porque tú eres Jehová nuestro Dios.
23 Ciertamente vanidad son los collados, y
el bullicio sobre los montes; ciertamente en
Jehová nuestro Dios está la salvación de
Israel.
24 Confusión consumió el trabajo de nuestros
padres desde nuestra juventud; sus ovejas, sus
vacas, sus hijos y sus hijas.
25 Yacemos en nuestra confusión, y nuestra afrenta nos cubre; porque pecamos contra Jehová nuestro Dios, nosotros y nuestros

a. 3.6 2 R 22.1—23.30; 2 Cr 34.1—35.27.

LECCIONES DE VIDA

➤ ***3.1 — Tú, pues, has fornicado con muchos amigos; mas ¡vuélvete a mí! dice Jehová.***

A pesar de nuestro pecado, rebelión y nuestra tendencia a desviarnos, Dios aún quiere desarrollar una relación sólida de amor con nosotros. Dondequiera haya estado, Él le llama a arrepentirse de su pecado y volver a Él.

➤ ***3.12 — Vuélvete, oh rebelde Israel, dice Jehová; no haré caer mi ira sobre ti, porque misericordioso soy yo, dice Jehová, no guardaré para siempre el enojo.***

Dios no quiere infligir su ira sobre nosotros, más bien desea mostrarnos misericordia (Ez 18.21–23, 32; Ro 2.4; 2 P 3.9). Él hace posible que volvamos a Él y lo conozcamos como nuestro Salvador que tanto nos ama.

padres, desde nuestra juventud y hasta este
día, y no hemos escuchado la voz de Jehová
nuestro Dios.

4 SI te volvieres, oh Israel, dice Jehová,
vuélvete a mí. Y si quitares de delante de
mí tus abominaciones, y no anduvieres de acá
para allá,
2 y jurares: Vive Jehová, en verdad, en juicio y
en justicia, entonces las naciones serán benditas en él, y en él se gloriarán.
3 Porque así dice Jehová a todo varón de Judá
y de Jerusalén: Arad campo para vosotros,[a] y
no sembréis entre espinos.
4 Circuncidaos a Jehová, y quitad el prepucio
de vuestro corazón, varones de Judá y moradores de Jerusalén; no sea que mi ira salga
como fuego, y se encienda y no haya quien la
apague, por la maldad de vuestras obras.

Judá es amenazada de invasión

5 Anunciad en Judá, y proclamad en Jerusalén, y decid: Tocad trompeta en la tierra;
pregonad, juntaos, y decid: Reuníos, y entré-
monos en las ciudades fortificadas.
6 Alzad bandera en Sion, huid, no os detengáis; porque yo hago venir mal del norte, y
quebrantamiento grande.
7 El león sube de la espesura, y el destruidor
de naciones está en marcha, y ha salido de su
lugar para poner tu tierra en desolación; tus
ciudades quedarán asoladas y sin morador.
8 Por esto vestíos de cilicio, endechad y aullad;
porque la ira de Jehová no se ha apartado de
nosotros.
9 En aquel día, dice Jehová, desfallecerá el
corazón del rey y el corazón de los príncipes,
y los sacerdotes estarán atónitos, y se maravillarán los profetas.
10 Y dije: ¡Ay, ay, Jehová Dios! Verdaderamente en gran manera has engañado a este pueblo y a Jerusalén, diciendo: Paz tendréis; pues
la espada ha venido hasta el alma.
11 En aquel tiempo se dirá a este pueblo y
a Jerusalén: Viento seco de las alturas del
desierto vino a la hija de mi pueblo, no para
aventar, ni para limpiar.
12 Viento más vehemente que este vendrá
a mí; y ahora yo pronunciaré juicios contra
ellos.
13 He aquí que subirá como nube, y su carro
como torbellino; más ligeros son sus caballos
que las águilas. ¡Ay de nosotros, porque entregados somos a despojo!
14 Lava tu corazón de maldad, oh Jerusalén, para que seas salva. ¿Hasta cuándo permitirás en medio de ti los pensamientos de
iniquidad?
15 Porque una voz trae las nuevas desde Dan,
y hace oír la calamidad desde el monte de
Efraín.
16 Decid a las naciones: He aquí, haced oír
sobre Jerusalén: Guardas vienen de tierra
lejana, y lanzarán su voz contra las ciudades
de Judá.
17 Como guardas de campo estuvieron en
derredor de ella, porque se rebeló contra mí,
dice Jehová.
18 Tu camino y tus obras te hicieron esto; ésta
es tu maldad, por lo cual amargura penetrará
hasta tu corazón.
19 ¡Mis entrañas, mis entrañas! Me duelen las
fibras de mi corazón; mi corazón se agita dentro de mí; no callaré; porque sonido de trompeta has oído, oh alma mía, pregón de guerra.
20 Quebrantamiento sobre quebrantamiento
es anunciado; porque toda la tierra es destruida; de repente son destruidas mis tiendas, en
un momento mis cortinas.
21 ¿Hasta cuándo he de ver bandera, he de oír
sonido de trompeta?
22 Porque mi pueblo es necio, no me conocieron; son hijos ignorantes y no son entendidos;
sabios para hacer el mal, pero hacer el bien
no supieron.
23 Miré a la tierra, y he aquí que estaba asolada y vacía; y a los cielos, y no había en ellos
luz.
24 Miré a los montes, y he aquí que temblaban, y todos los collados fueron destruidos.
25 Miré, y no había hombre, y todas las aves
del cielo se habían ido.
26 Miré, y he aquí el campo fértil era un
desierto, y todas sus ciudades eran asoladas delante de Jehová, delante del ardor de
su ira.

a. **4.3** Os 10.12.

LECCIONES DE VIDA

➤ ***4.14 — Lava tu corazón de maldad, oh Jerusalén, para que seas salva. ¿Hasta cuándo permitirás en medio de ti los pensamientos de iniquidad?***

Cuando aceptamos a Cristo como nuestro Salvador, Él no solamente nos salva del castigo eterno que merecen nuestros pecados, sino del poder mismo del pecado (Jn 8.34–36; Ro 6). Es por eso que su Palabra dice: «Apártese de iniquidad todo aquel que invoca el nombre de Cristo» (2 Ti 2.19). Puesto que ya no somos esclavos del pecado, debemos ser obedientes al Señor (1 Co 6.12; Gá 5.1).

➤ ***4.22 — mi pueblo es necio, no me conocieron; son… sabios para hacer el mal, pero hacer el bien no supieron.***

En Mateo 7.16, 17 Jesús nos dice: «Por sus frutos los conoceréis… todo buen árbol da buenos frutos, pero el árbol malo da frutos malos». En el caso del pueblo de Judá, su deseo de hacer el mal evidenció sus verdaderos sentimientos hacia Dios: «Profesan conocer a Dios, pero con los hechos lo niegan» (Tit 1.16). Recuerde que conocer a Dios es respetar su santidad (Col 1.19–22). Amar a Dios es vivir en rectitud (Jn 14.15). Servir a Dios es obedecerle de todo corazón (1 S 15.22).

27 Porque así dijo Jehová: Toda la tierra será asolada; pero no la destruiré del todo.
28 Por esto se enlutará la tierra, y los cielos arriba se oscurecerán, porque hablé, lo pensé, y no me arrepentí, ni desistiré de ello.
29 Al estruendo de la gente de a caballo y de los flecheros huyó toda la ciudad; entraron en las espesuras de los bosques, y subieron a los peñascos; todas las ciudades fueron abandonadas, y no quedó en ellas morador alguno.
30 Y tú, destruida, ¿qué harás? Aunque te vistas de grana, aunque te adornes con atavíos de oro, aunque pintes con antimonio tus ojos, en vano te engalanas; te menospreciarán tus amantes, buscarán tu vida.
31 Porque oí una voz como de mujer que está de parto, angustia como de primeriza; voz de la hija de Sion que lamenta y extiende sus manos, diciendo: ¡Ay ahora de mí! que mi alma desmaya a causa de los asesinos.

Impiedad de Jerusalén y de Judá

5 RECORRED las calles de Jerusalén, y mirad ahora, e informaos; buscad en sus plazas a ver si halláis hombre, si hay alguno que haga justicia, que busque verdad; y yo la perdonaré.
2 Aunque digan: Vive Jehová, juran falsamente.
3 Oh Jehová, ¿no miran tus ojos a la verdad? Los azotaste, y no les dolió; los consumiste, y no quisieron recibir corrección; endurecieron sus rostros más que la piedra, no quisieron convertirse.
4 Pero yo dije: Ciertamente éstos son pobres, han enloquecido, pues no conocen el camino de Jehová, el juicio de su Dios.
5 Iré a los grandes, y les hablaré; porque ellos conocen el camino de Jehová, el juicio de su Dios. Pero ellos también quebraron el yugo, rompieron las coyundas.
6 Por tanto, el león de la selva los matará, los destruirá el lobo del desierto, el leopardo acechará sus ciudades; cualquiera que de ellas saliere será arrebatado; porque sus rebeliones se han multiplicado, se han aumentado sus deslealtades.
7 ¿Cómo te he de perdonar por esto? Sus hijos me dejaron, y juraron por lo que no es Dios. Los sacié, y adulteraron, y en casa de rameras se juntaron en compañías.
➤ 8 Como caballos bien alimentados, cada cual relinchaba tras la mujer de su prójimo.
9 ¿No había de castigar esto? dijo Jehová. De una nación como ésta, ¿no se había de vengar mi alma?
10 Escalad sus muros y destruid, pero no del todo; quitad las almenas de sus muros, porque no son de Jehová.
11 Porque resueltamente se rebelaron contra mí la casa de Israel y la casa de Judá, dice Jehová.
12 Negaron a Jehová, y dijeron: Él no es, y no vendrá mal sobre nosotros, ni veremos espada ni hambre; ➤
13 antes los profetas serán como viento, porque no hay en ellos palabra; así se hará a ellos.
14 Por tanto, así ha dicho Jehová Dios de los ejércitos: Porque dijeron esta palabra, he aquí yo pongo mis palabras en tu boca por fuego, y a este pueblo por leña, y los consumirá.
15 He aquí yo traigo sobre vosotros gente de lejos, oh casa de Israel, dice Jehová; gente robusta, gente antigua, gente cuya lengua ignorarás, y no entenderás lo que hablare.
16 Su aljaba como sepulcro abierto, todos valientes.
17 Y comerá tu mies y tu pan, comerá a tus hijos y a tus hijas; comerá tus ovejas y tus vacas, comerá tus viñas y tus higueras, y a espada convertirá en nada tus ciudades fortificadas en que confías.
18 No obstante, en aquellos días, dice Jehová, no os destruiré del todo.
19 Y cuando dijeren: ¿Por qué Jehová el Dios nuestro hizo con nosotros todas estas cosas?, entonces les dirás: De la manera que me dejasteis a mí, y servisteis a dioses ajenos en vuestra tierra, así serviréis a extraños en tierra ajena.
20 Anunciad esto en la casa de Jacob, y haced que esto se oiga en Judá, diciendo:
21 Oíd ahora esto, pueblo necio y sin corazón, que tiene ojos y no ve, que tiene oídos y no oye:[a]
22 ¿A mí no me temeréis? dice Jehová. ¿No os amedrentaréis ante mí, que puse arena por término al mar, por ordenación eterna la cual no quebrantará? Se levantarán tempestades, mas no prevalecerán; bramarán sus ondas, mas no lo pasarán[b]
23 No obstante, este pueblo tiene corazón falso y rebelde; se apartaron y se fueron.

a. 5.21 Is 6.9-10; Ez 12.2; Mr 9.18. **b. 5.22** Job 38.8-11.

LECCIONES DE VIDA

➤ ***5.8 — Como caballos bien alimentados, cada cual relinchaba tras la mujer de su prójimo.***

En una cultura donde existe la inmoralidad con libertinaje, se torna cada vez más difícil mantener un estilo de vida que honre a Dios. Pero también cobra mayor importancia el hacer brillar la luz en medio de las tinieblas (Mt 5.15, 16; Jn 12.46–48).

➤ ***5.12 — Negaron a Jehová, y dijeron: El no es, y no vendrá mal sobre nosotros, ni veremos espada ni hambre.***

Negamos al Señor cuando decimos que Él se complace en lo que la Biblia llama malo, o cuando decimos que Él bendecirá aquello que ha jurado juzgar. Dios *siempre* juzga el pecado y bendice la obediencia.

24 Y no dijeron en su corazón: Temamos ahora a Jehová Dios nuestro, que da lluvia temprana y tardía en su tiempo, y nos guarda los
tiempos establecidos de la siega.
25 Vuestras iniquidades han estorbado estas
cosas, y vuestros pecados apartaron de vosotros el bien.
26 Porque fueron hallados en mi pueblo
impíos; acechaban como quien pone lazos,
pusieron trampa para cazar hombres.
27 Como jaula llena de pájaros, así están sus
casas llenas de engaño; así se hicieron grandes y ricos.
28 Se engordaron y se pusieron lustrosos, y
sobrepasaron los hechos del malo; no juzgaron la causa, la causa del huérfano; con todo,
se hicieron prósperos, y la causa de los pobres
no juzgaron.
29 ¿No castigaré esto? dice Jehová; ¿y de tal
gente no se vengará mi alma?
30 Cosa espantosa y fea es hecha en la tierra;
➤ 31 los profetas profetizaron mentira, y los
sacerdotes dirigían por manos de ellos; y mi
pueblo así lo quiso. ¿Qué, pues, haréis cuando llegue el fin?

El juicio contra Jerusalén y Judá

6 HUID, hijos de Benjamín, de en medio
de Jerusalén, y tocad bocina en Tecoa, y
alzad por señal humo sobre Bet-haquerem;
porque del norte se ha visto mal, y quebrantamiento grande.
2 Destruiré a la bella y delicada hija de Sion.
3 Contra ella vendrán pastores y sus rebaños;
junto a ella plantarán sus tiendas alrededor;
cada uno apacentará en su lugar.
4 Anunciad guerra contra ella; levantaos y
asaltémosla a mediodía. ¡Ay de nosotros! que
va cayendo ya el día, que las sombras de la
tarde se han extendido.
5 Levantaos y asaltemos de noche, y destruyamos sus palacios.
6 Porque así dijo Jehová de los ejércitos: Cortad árboles, y levantad vallado contra Jerusalén; ésta es la ciudad que ha de ser castigada;
toda ella está llena de violencia.
7 Como la fuente nunca cesa de manar sus
aguas, así ella nunca cesa de manar su maldad; injusticia y robo se oyen en ella; continuamente en mi presencia, enfermedad y
herida.
8 Corrígete, Jerusalén, para que no se aparte mi alma de ti, para que no te convierta en
desierto, en tierra inhabitada.
9 Así dijo Jehová de los ejércitos: Del todo
rebuscarán como a vid el resto de Israel; vuelve tu mano como vendimiador entre los sarmientos.
10 ¿A quién hablaré y amonestaré, para que
oigan? He aquí que sus oídos son incircuncisos, y no pueden escuchar; he aquí que la
palabra de Jehová les es cosa vergonzosa, no
la aman.
11 Por tanto, estoy lleno de la ira de Jehová,
estoy cansado de contenerme; la derramaré
sobre los niños en la calle, y sobre la reunión
de los jóvenes igualmente; porque será preso
tanto el marido como la mujer, tanto el viejo
como el muy anciano.
12 Y sus casas serán traspasadas a otros, sus
heredades y también sus mujeres; porque
extenderé mi mano sobre los moradores de la
tierra, dice Jehová.
13 Porque desde el más chico de ellos hasta
el más grande, cada uno sigue la avaricia; y
desde el profeta hasta el sacerdote, todos son
engañadores.
14 Y curan la herida de mi pueblo con livian- ◄
dad, diciendo: Paz, paz; y no hay paz.[a]
15 ¿Se han avergonzado de haber hecho abo- ◄
minación? Ciertamente no se han avergonzado, ni aun saben tener vergüenza; por tanto,
caerán entre los que caigan; cuando los castigue caerán, dice Jehová.[b]
16 Así dijo Jehová: Paraos en los caminos, y *
mirad, y preguntad por las sendas antiguas,
cuál sea el buen camino, y andad por él, y
hallaréis descanso para vuestra alma.[c] Mas
dijeron: No andaremos.

a. 6.14 Ez 13.10. **b. 6.12-15** Jer 8.10-12.
c. 6.16 Mt 11.29.

LECCIONES DE VIDA

➤ ***5.31 — los profetas profetizaron mentira, y los sacerdotes dirigían por manos de ellos; y mi pueblo así lo quiso. ¿Qué, pues, haréis cuando llegue el fin?***

Vivimos en una era en la que muchos líderes religiosos tratan de bendecir lo que Dios ha condenado, y en su arrogancia reemplazan la autoridad divina con la opinión pública. Dios les permite continuar en sus actividades por un tiempo, mas no para siempre.

➤ ***6.14 — curan la herida de mi pueblo con liviandad, diciendo: Paz, paz; y no hay paz.***

Fue a causa del amor de Dios que Jeremías advirtió a su pueblo errante que se arrepintiera y se volviera a Dios. Nunca hay paz ni seguridad verdaderas cuando desobedecemos a Dios, sin importar quién nos diga algo distinto. Si queremos estar seguros en los brazos de Dios, debemos arrepentirnos de nuestros pecados, dejar de buscar formas humanas de comodidad y seguridad, y comprometernos completamente con Él.

➤ ***6.15 — ¿Se han avergonzado de haber hecho abominación? Ciertamente no se han avergonzado, ni aun saben tener vergüenza.***

La vergüenza es una consecuencia del pecado, hasta que no seamos sensibles a nuestras transgresiones no dejamos de sentirla. Sin embargo, lo que Dios desea es que nos volvamos a Él de inmediato en arrepentimiento y confesión, tan pronto sintamos convicción de nuestra pecaminosidad. Cuando empezamos a confundir el bien con el mal y el mal con el bien, el juicio divino es inminente.

17 Puse también sobre vosotros atalayas, que
dijesen: Escuchad al sonido de la trompeta. Y
dijeron ellos: No escucharemos.
18 Por tanto, oíd, naciones, y entended, oh
congregación, lo que sucederá.
19 Oye, tierra: He aquí yo traigo mal sobre
este pueblo, el fruto de sus pensamientos; porque no escucharon mis palabras, y aborrecieron mi ley.
20 ¿Para qué a mí este incienso de Sabá, y la
buena caña olorosa de tierra lejana? Vuestros
holocaustos no son aceptables, ni vuestros
sacrificios me agradan.
21 Por tanto, Jehová dice esto: He aquí yo
pongo a este pueblo tropiezos, y caerán en
ellos los padres y los hijos juntamente; el vecino y su compañero perecerán.
22 Así ha dicho Jehová: He aquí que viene pueblo de la tierra del norte, y una nación grande
se levantará de los confines de la tierra.
23 Arco y jabalina empuñarán; crueles son,
y no tendrán misericordia; su estruendo brama como el mar, y montarán a caballo como
hombres dispuestos para la guerra, contra ti,
oh hija de Sion.
24 Su fama oímos, y nuestras manos se descoyuntaron; se apoderó de nosotros angustia,
dolor como de mujer que está de parto.
25 No salgas al campo, ni andes por el camino; porque espada de enemigo y temor hay
por todas partes.
26 Hija de mi pueblo, cíñete de cilicio, y
revuélcate en ceniza; ponte luto como por hijo
único, llanto de amarguras; porque pronto
vendrá sobre nosotros el destruidor.
27 Por fortaleza te he puesto en mi pueblo, por
torre; conocerás, pues, y examinarás el camino de ellos.
28 Todos ellos son rebeldes, porfiados, andan
chismeando; son bronce y hierro; todos ellos
son corruptores.
29 Se quemó el fuelle, por el fuego se ha consumido el plomo; en vano fundió el fundidor,
pues la escoria no se ha arrancado.
30 Plata desechada los llamarán, porque Jehová los desechó.

Mejorad vuestros caminos y vuestras obras

7 PALABRA de Jehová que vino a Jeremías,
diciendo:
2 Ponte a la puerta de la casa de Jehová, y proclama allí esta palabra, y di: Oíd palabra de
Jehová, todo Judá, los que entráis por estas
puertas para adorar a Jehová.
3 Así ha dicho Jehová de los ejércitos, Dios de
Israel: Mejorad vuestros caminos y vuestras
obras, y os haré morar en este lugar.
4 No fiéis en palabras de mentira, diciendo:
Templo de Jehová, templo de Jehová, templo
de Jehová es éste.
5 Pero si mejorareis cumplidamente vuestros
caminos y vuestras obras; si con verdad hiciereis justicia entre el hombre y su prójimo,
6 y no oprimiereis al extranjero, al huérfano y
a la viuda, ni en este lugar derramareis la sangre inocente, ni anduviereis en pos de dioses
ajenos para mal vuestro,
7 os haré morar en este lugar, en la tierra que
di a vuestros padres para siempre.
8 He aquí, vosotros confiáis en palabras de
mentira, que no aprovechan.
9 Hurtando, matando, adulterando, jurando
en falso, e incensando a Baal, y andando tras
dioses extraños que no conocisteis,
10 ¿vendréis y os pondréis delante de mí en
esta casa sobre la cual es invocado mi nombre, y diréis: Librados somos; para seguir
haciendo todas estas abominaciones?
11 ¿Es cueva de ladrones[a] delante de vuestros
ojos esta casa sobre la cual es invocado mi nombre? He aquí que también yo lo veo, dice Jehová.
12 Andad ahora a mi lugar en Silo, donde hice
morar mi nombre al principio, y ved lo que le
hice por la maldad de mi pueblo Israel.
13 Ahora, pues, por cuanto vosotros habéis
hecho todas estas obras, dice Jehová, y aunque os hablé desde temprano y sin cesar, no
oísteis, y os llamé, y no respondisteis;
14 haré también a esta casa sobre la cual es
invocado mi nombre, en la que vosotros confiáis, y a este lugar que di a vosotros y a vuestros padres, como hice a Silo.[b]
15 Os echaré de mi presencia, como eché a
todos vuestros hermanos, a toda la generación de Efraín.
16 Tú, pues, no ores por este pueblo, ni levantes por ellos clamor ni oración, ni me ruegues;
porque no te oiré.
17 ¿No ves lo que éstos hacen en las ciudades
de Judá y en las calles de Jerusalén?
18 Los hijos recogen la leña, los padres
encienden el fuego, y las mujeres amasan la

a. 7.11 Mt 21.13; Mr 11.17; Lc 19.46. **b. 7.12-14** Jos 18.1; Sal 78.60; Jer 26.6.

LECCIONES DE VIDA

➤ ***7.12 — Andad ahora a mi lugar en Silo, donde hice morar mi nombre al principio, y ved lo que le hice por la maldad de mi pueblo Israel.***

Silo quedaba a unos 48 kilómetros al norte de Jerusalén, y fue donde los israelitas erigieron por primera vez el tabernáculo cuando entraron a la tierra prometida (Jos 18.1). Durante el tiempo del profeta Elí, Israel pecó contra el Señor y por eso Él permitió que la nación y el arca del pacto cayeran en manos de los filisteos (1 S 3.11—4.22). En 1 Samuel 4.22 leemos el grave anuncio: «Traspasada es la gloria de Israel; porque ha sido tomada el arca de Dios». Cuando el Señor permitió que Israel recuperara el arca, ésta no regresó a Silo, que estaba en ruinas, sino que permaneció en Quiriat-jearim (1 S 5.1—7.1). Varias décadas más tarde, David la llevó a Jerusalén (2 S 6.12–19).

masa, para hacer tortas a la reina del cielo y
para hacer ofrendas a dioses ajenos, para provocarme a ira.
19 ¿Me provocarán ellos a ira? dice Jehová.
¿No obran más bien ellos mismos su propia
confusión?
20 Por tanto, así ha dicho Jehová el Señor:
He aquí que mi furor y mi ira se derramarán
sobre este lugar, sobre los hombres, sobre los
animales, sobre los árboles del campo y sobre
los frutos de la tierra; se encenderán, y no se
apagarán.

Castigo de la rebelión de Judá

21 Así ha dicho Jehová de los ejércitos, Dios
de Israel: Añadid vuestros holocaustos sobre
vuestros sacrificios, y comed la carne.
22 Porque no hablé yo con vuestros padres, ni
nada les mandé acerca de holocaustos y de víctimas el día que los saqué de la tierra de Egipto.
➤ 23 Mas esto les mandé, diciendo: Escuchad
mi voz, y seré a vosotros por Dios, y vosotros
me seréis por pueblo; y andad en todo camino
que os mande, para que os vaya bien.
24 Y no oyeron ni inclinaron su oído; antes
caminaron en sus propios consejos, en la
dureza de su corazón malvado, y fueron hacia
atrás y no hacia adelante,
25 desde el día que vuestros padres salieron
de la tierra de Egipto hasta hoy. Y os envié
todos los profetas mis siervos, enviándolos
desde temprano y sin cesar;
26 pero no me oyeron ni inclinaron su oído,
sino que endurecieron su cerviz, e hicieron
peor que sus padres.
27 Tú, pues, les dirás todas estas palabras,
pero no te oirán; los llamarás, y no te responderán.
28 Les dirás, por tanto: Ésta es la nación que
no escuchó la voz de Jehová su Dios, ni admitió corrección; pereció la verdad, y de la boca
de ellos fue cortada.
29 Corta tu cabello, y arrójalo, y levanta llanto
sobre las alturas; porque Jehová ha aborrecido y dejado la generación objeto de su ira.
30 Porque los hijos de Judá han hecho lo malo
ante mis ojos, dice Jehová; pusieron sus abominaciones en la casa sobre la cual fue invocado mi nombre, amancillándola.
31 Y han edificado los lugares altos de Tofet,
que está en el valle del hijo de Hinom,[c] para
quemar al fuego a sus hijos y a sus hijas,[d] cosa
que yo no les mandé, ni subió en mi corazón.
32 Por tanto, he aquí vendrán días, ha dicho
Jehová, en que no se diga más, Tofet, ni valle
del hijo de Hinom, sino Valle de la Matanza; y
serán enterrados en Tofet, por no haber lugar.
33 Y serán los cuerpos muertos de este pueblo
para comida de las aves del cielo y de las bestias de la tierra; y no habrá quien las espante.
34 Y haré cesar de las ciudades de Judá, y de
las calles de Jerusalén, la voz de gozo y la
voz de alegría, la voz del esposo y la voz de la
esposa;[e] porque la tierra será desolada.
8 EN aquel tiempo, dice Jehová, sacarán los
huesos de los reyes de Judá, y los huesos
de sus príncipes, y los huesos de los sacerdotes, y los huesos de los profetas, y los huesos
de los moradores de Jerusalén, fuera de sus
sepulcros;
2 y los esparcirán al sol y a la luna y a todo el
ejército del cielo, a quienes amaron y a quienes sirvieron, en pos de quienes anduvieron, a quienes preguntaron, y ante quienes se
postraron. No serán recogidos ni enterrados;
serán como estiércol sobre la faz de la tierra.
3 Y escogerá la muerte antes que la vida todo
el resto que quede de esta mala generación, en
todos los lugares adonde arroje yo a los que
queden, dice Jehová de los ejércitos.
4 Les dirás asimismo: Así ha dicho Jehová: El
que cae, ¿no se levanta? El que se desvía, ¿no
vuelve al camino?
5 ¿Por qué es este pueblo de Jerusalén rebelde con rebeldía perpetua? Abrazaron el engaño, y no han querido volverse.
6 Escuché y oí; no hablan rectamente, no hay
hombre que se arrepienta de su mal, diciendo:
¿Qué he hecho? Cada cual se volvió a su propia carrera, como caballo que arremete con
ímpetu a la batalla.
7 Aun la cigüeña en el cielo conoce su tiempo,
y la tórtola y la grulla y la golondrina guardan el tiempo de su venida; pero mi pueblo no
conoce el juicio de Jehová.

c. 7.31 2 R 23.10; Jer 32.35. **d. 7.31** Lv 18.21. **e. 7.34** Jer 16.9; 25.10; Ap 18.23.

LECCIONES DE VIDA

➤ ***7.23 — Escuchad mi voz, y seré a vosotros por Dios, y vosotros me seréis por pueblo; y andad en todo camino que os mande, para que os vaya bien.***

Dios desea que usted sea una persona íntegra, que crezca a la semejanza de Jesucristo, dé mucho fruto y cumpla el propósito de Dios para su vida. El Señor asume plena responsabilidad por nuestras necesidades cuando lo obedecemos.

➤ ***7.31 — han edificado los lugares altos de Tofet... para quemar al fuego a sus hijos y a sus hijas, cosa que yo no les mandé, ni subió en mi corazón.***

Algunas deidades paganas requerían sacrificios humanos, lo cual confirmaba su obsesión con la muerte y la destrucción. En cambio, el énfasis de Dios es la vida (Jn 10.10; 17.3). Él quiere dar vida, no quitarla. Él quiere bendecirnos, no aterrorizarnos. Él quiere que lo amemos y lo honremos, no que le tengamos miedo.

➤ ***8.7 — la tórtola y la grulla y la golondrina guardan el tiempo de su venida; pero mi pueblo no conoce el juicio de Jehová.***

El instinto hace que muchos animales sigan ciclos regulares de hibernación o migración, los cuales son necesarios para su supervivencia. Si ellos pueden ser tan sabios para

8 ¿Cómo decís: Nosotros somos sabios, y la
ley de Jehová está con nosotros? Ciertamente
la ha cambiado en mentira la pluma mentirosa de los escribas.
9 Los sabios se avergonzaron, se espantaron
y fueron consternados; he aquí que aborrecieron la palabra de Jehová; ¿y qué sabiduría tienen?
10 Por tanto, daré a otros sus mujeres, y sus
campos a quienes los conquisten; porque desde el más pequeño hasta el más grande cada
uno sigue la avaricia; desde el profeta hasta el
sacerdote todos hacen engaño.
11 Y curaron la herida de la hija de mi pueblo con liviandad, diciendo: Paz, paz; y no
hay paz.[a]
12 ¿Se han avergonzado de haber hecho abominación? Ciertamente no se han avergonzado
en lo más mínimo, ni supieron avergonzarse;
caerán, por tanto, entre los que caigan; cuando los castigue caerán, dice Jehová.[b]
13 Los cortaré del todo, dice Jehová. No quedarán uvas en la vid, ni higos en la higuera,
y se caerá la hoja; y lo que les he dado pasará de ellos.
14 ¿Por qué nos estamos sentados? Reuníos,
y entremos en las ciudades fortificadas, y
perezcamos allí; porque Jehová nuestro Dios
nos ha destinado a perecer, y nos ha dado a
beber aguas de hiel, porque pecamos contra
Jehová.
15 Esperamos paz, y no hubo bien; día de
curación, y he aquí turbación.
16 Desde Dan se oyó el bufido de sus caballos; al sonido de los relinchos de sus corceles
tembló toda la tierra; y vinieron y devoraron
la tierra y su abundancia, a la ciudad y a los
moradores de ella.
17 Porque he aquí que yo envío sobre vosotros
serpientes, áspides contra los cuales no hay
encantamiento, y os morderán, dice Jehová.

Lamento sobre Judá y Jerusalén
18 A causa de mi fuerte dolor, mi corazón desfallece en mí.
19 He aquí voz del clamor de la hija de mi
pueblo, que viene de la tierra lejana: ¿No está
Jehová en Sion? ¿No está en ella su Rey? ¿Por
qué me hicieron airar con sus imágenes de
talla, con vanidades ajenas?
20 Pasó la siega, terminó el verano, y nosotros
no hemos sido salvos.
21 Quebrantado estoy por el quebrantamiento
de la hija de mi pueblo; entenebrecido estoy,
espanto me ha arrebatado.
22 ¿No hay bálsamo en Galaad? ¿No hay allí
médico? ¿Por qué, pues, no hubo medicina
para la hija de mi pueblo?
9 ¡OH, si mi cabeza se hiciese aguas, y mis
ojos fuentes de lágrimas, para que llore
día y noche los muertos de la hija de mi pueblo!
2 ¡Oh, quién me diese en el desierto un
albergue de caminantes, para que dejase a
mi pueblo, y de ellos me apartase! Porque
todos ellos son adúlteros, congregación de
prevaricadores.
3 Hicieron que su lengua lanzara mentira
como un arco, y no se fortalecieron para la
verdad en la tierra; porque de mal en mal procedieron, y me han desconocido, dice Jehová.
4 Guárdese cada uno de su compañero, y
en ningún hermano tenga confianza; porque
todo hermano engaña con falacia, y todo compañero anda calumniando.
5 Y cada uno engaña a su compañero, y ninguno habla verdad; acostumbraron su lengua a hablar mentira, se ocupan de actuar
perversamente.
6 Su morada está en medio del engaño; por
muy engañadores no quisieron conocerme,
dice Jehová.
7 Por tanto, así ha dicho Jehová de los ejércitos: He aquí que yo los refinaré y los probaré; porque ¿qué más he de hacer por la hija
de mi pueblo?
8 Saeta afilada es la lengua de ellos; engaño
habla; con su boca dice paz a su amigo, y dentro de sí pone sus asechanzas.
9 ¿No los he de castigar por estas cosas? dice
Jehová. De tal nación, ¿no se vengará mi
alma?
10 Por los montes levantaré lloro y lamentación, y llanto por los pastizales del desierto; porque fueron desolados hasta no quedar
quien pase, ni oírse bramido de ganado; desde

a. **8.11** Ez 13.10. b. **8.10-12** Jer 6.12-15.

LECCIONES DE VIDA

sobrevivir, ¿por qué no usamos nosotros la sabiduría que Dios nos dio para acercarnos a Él? Al fin y al cabo, «las cosas invisibles de él, su eterno poder y deidad, se hacen claramente visibles desde la creación del mundo, siendo entendidas por medio de las cosas hechas, de modo que no [tenemos] excusa» (Ro 1.20). Necesitamos a Dios, así que, ¿por qué no lo buscamos?

➤ ***8.9 — he aquí que aborrecieron la palabra de Jehová; ¿y qué sabiduría tienen?***

Cada vez que desobedecemos la Palabra de Dios, rechazamos la sabiduría de Dios por seguir la nuestra. Esto nunca tiene buenos resultados. «Hay camino que al hombre le parece derecho; pero su fin es camino de muerte» (Pr 14.12). Cualquier camino aparte del camino de Dios lleva a la destrucción.

➤ ***8.22 — ¿No hay bálsamo en Galaad? ¿No hay allí médico? ¿Por qué, pues, no hubo medicina para la hija de mi pueblo?***

Hasta en el tiempo de Jeremías, Dios ofreció esperanza y sanidad a su pueblo enfermo espiritualmente, pero ellos tenían que venir a Él y aceptar su remedio para hallar la vida. En nadie más hallaremos la vida.

Lo que la Biblia dice acerca de DIOS COMO NUESTRO CONSOLADOR

Jer 8.18

Reconocer el poder de Dios para sanar sus heridas es un requisito indispensable para que usted experimente su amor tierno. En medio de un gran dolor, Jeremías reconoció su tristeza, pero también la capacidad de Dios para consolarlo. Por eso clamó: «A causa de mi fuerte dolor, mi corazón desfallece en mí» (Jer 8.18).

Siglos atrás, el rey David se lamentó: «El escarnio ha quebrantado mi corazón, y estoy acongojado. Esperé quien se compadeciese de mí, y no lo hubo; y consoladores, y ninguno hallé» (Sal 69.20). David no pudo hallar consuelo en las personas que lo rodeaban, pero al final de aquel canto triste su tono había cambiado: «Buscad a Dios, y vivirá vuestro corazón, porque Jehová oye a los menesterosos, y no menosprecia a sus prisioneros» (Sal 69.32, 33).

¿Dónde busca *usted* consuelo? Si se ha apoyado en remedios humanos, ya sabe que su eficacia disminuye con el paso del tiempo. Algunos se refugian en la comida, el alcohol, las drogas o algún escape fantasioso. Están dispuestos a probar lo que sea con tal de calmar su dolor. Pero tan pronto el alivio artificial se desvanece y el sueño termina, el dolor se queda.

La vida sin dolor ni pruebas no existe, por eso tampoco existe una sola persona que no necesite ser consolada. No se deje engañar por alguien que le haga pensar que el secreto para tener una vida cristiana llena de gozo, es evitar el dolor. Eso no es posible en este mundo lleno de pecado, y tampoco nos trae beneficio alguno. Dios podría optar por aislarle del dolor, pero en lugar de eso le permite experimentar los tiempos difíciles que le acercan más a Él.

El producto de su dolor es que usted tendrá mayor necesidad de Dios, y a medida que Él le ministra y usted lo acepta con acción de gracias y un deseo de aprender, será equipado para ministrar a las personas que Él ponga a su alcance (2 Co 1.3, 4). Quienes sufren saben que nada puede reemplazar la experiencia directa y personal.

Usted puede acceder al consuelo de Dios ahora mismo. Pídale que sea su refugio, y déjese envolver por el amor que no le dejará ir.

Usted puede acceder al consuelo de Dios ahora mismo.

Para un estudio más a fondo, véase el Índice de Principios de vida:

12. La paz con Dios es fruto de nuestra unidad con Él.
15. El quebrantamiento es el requisito de Dios para que seamos útiles al máximo.

las aves del cielo hasta las bestias de la tierra
huyeron, y se fueron.
11 Reduciré a Jerusalén a un montón de ruinas, morada de chacales; y convertiré las ciudades de Judá en desolación en que no quede morador.

Amenaza de ruina y exilio

12 ¿Quién es varón sabio que entienda esto? ¿y a quién habló la boca de Jehová, para que pueda declararlo? ¿Por qué causa la tierra ha perecido, ha sido asolada como desierto, hasta no haber quien pase?
13 Dijo Jehová: Porque dejaron mi ley, la cual di delante de ellos, y no obedecieron a mi voz, ni caminaron conforme a ella;
14 antes se fueron tras la imaginación de su corazón, y en pos de los baales, según les enseñaron sus padres.
15 Por tanto, así ha dicho Jehová de los ejércitos, Dios de Israel: He aquí que a este pueblo yo les daré a comer ajenjo, y les daré a beber aguas de hiel.
16 Y los esparciré entre naciones que ni ellos ni sus padres conocieron; y enviaré espada en pos de ellos, hasta que los acabe.
17 Así dice Jehová de los ejércitos: Considerad, y llamad plañideras que vengan; buscad a las hábiles en su oficio;
18 y dense prisa, y levanten llanto por nosotros, y desháganse nuestros ojos en lágrimas, y nuestros párpados se destilen en aguas.
19 Porque de Sion fue oída voz de endecha: ¡Cómo hemos sido destruidos! En gran manera hemos sido avergonzados, porque abandonamos la tierra, porque han destruido nuestras moradas.
20 Oíd, pues, oh mujeres, palabra de Jehová, y vuestro oído reciba la palabra de su boca: Enseñad endechas a vuestras hijas, y lamentación cada una a su amiga.
21 Porque la muerte ha subido por nuestras ventanas, ha entrado en nuestros palacios, para exterminar a los niños de las calles, a los jóvenes de las plazas.
22 Habla: Así ha dicho Jehová: Los cuerpos de los hombres muertos caerán como estiércol sobre la faz del campo, y como manojo tras el segador, que no hay quien lo recoja.

El conocimiento de Dios es la gloria del hombre

23 Así dijo Jehová: No se alabe el sabio en su sabiduría, ni en su valentía se alabe el valiente, ni el rico se alabe en sus riquezas.
24 Mas alábese en esto el que se hubiere de alabar: en entenderme y conocerme,[a] que yo soy Jehová, que hago misericordia, juicio y justicia en la tierra; porque estas cosas quiero, dice Jehová.
25 He aquí que vienen días, dice Jehová, en que castigaré a todo circuncidado, y a todo incircunciso;
26 a Egipto y a Judá, a Edom y a los hijos de Amón y de Moab, y a todos los arrinconados en el postrer rincón, los que moran en el desierto; porque todas las naciones son incircuncisas, y toda la casa de Israel es incircuncisa de corazón.

Los falsos dioses y el Dios verdadero

10 OÍD la palabra que Jehová ha hablado sobre vosotros, oh casa de Israel.
2 Así dijo Jehová: No aprendáis el camino de las naciones, ni de las señales del cielo tengáis temor, aunque las naciones las teman.
3 Porque las costumbres de los pueblos son vanidad; porque leño del bosque cortaron, obra de manos de artífice con buril.
4 Con plata y oro lo adornan; con clavos y martillo lo afirman para que no se mueva.
5 Derechos están como palmera, y no hablan; son llevados, porque no pueden andar. No tengáis temor de ellos, porque ni pueden hacer mal, ni para hacer bien tienen poder.
6 No hay semejante a ti, oh Jehová; grande eres tú, y grande tu nombre en poderío.
7 ¿Quién no te temerá, oh Rey de las naciones?[a] Porque a ti es debido el temor; porque entre todos los sabios de las naciones y en todos sus reinos, no hay semejante a ti.
8 Todos se infatuarán y entontecerán. Enseñanza de vanidades es el leño.
9 Traerán plata batida de Tarsis y oro de Ufaz, obra del artífice, y de manos del fundidor; los vestirán de azul y de púrpura, obra de peritos es todo.

a. 9.24 1 Co 1.31; 2 Co 10.17. **a. 10.7** Ap 15.4.

LECCIONES DE VIDA

➤ ***9.24 — alábese en esto el que se hubiere de alabar: en entenderme y conocerme.***

La inteligencia, el poder y las riquezas pueden dar a los seres humanos la ilusión de estar en control, pero la ilusión siempre se desvanece. En cambio, si ponemos nuestra confianza solamente en Dios, descubrimos que Él es verdaderamente digno de nuestra alabanza. El Señor es soberano sobre toda la creación (Sal 103.19), ¡y se deleita en que lo conozcamos! Conocer a Dios es un privilegio asombroso que hemos recibido, así que pase tiempo disfrutando su presencia todos los días, y acoja las bendiciones inigualables de su amor, su poder, su sabiduría y su protección.

➤ ***10.7 — ¿Quién no te temerá, oh Rey de las naciones? Porque a ti es debido el temor.***

Las deidades de las naciones no son más que «obra del artífice, y de manos del fundidor… Mas Jehová es el Dios verdadero; él es Dios vivo y Rey eterno» (Jer 10.9, 10). Es absurdo que la gente honre a los ídolos impotentes de este mundo y al mismo tiempo nieguen al Único que realmente merece nuestro respeto, amor y obediencia.

10 Mas Jehová es el Dios verdadero; él es Dios vivo y Rey eterno; a su ira tiembla la tierra, y las naciones no pueden sufrir su indignación.
11 Les diréis así: Los dioses que no hicieron los cielos ni la tierra, desaparezcan de la tierra y de debajo de los cielos.
12 El que hizo la tierra con su poder, el que puso en orden el mundo con su saber, y extendió los cielos con su sabiduría;
13 a su voz se produce muchedumbre de aguas en el cielo, y hace subir las nubes de lo postrero de la tierra; hace los relámpagos con la lluvia, y saca el viento de sus depósitos.
14 Todo hombre se embrutece, y le falta ciencia; se avergüenza de su ídolo todo fundidor, porque mentirosa es su obra de fundición, y no hay espíritu en ella.
15 Vanidad son, obra vana; al tiempo de su castigo perecerán.
16 No es así la porción de Jacob; porque él es el Hacedor de todo, e Israel es la vara de su heredad; Jehová de los ejércitos es su nombre.

Asolamiento de Judá

17 Recoge de las tierras tus mercaderías, la que moras en lugar fortificado.
18 Porque así ha dicho Jehová: He aquí que esta vez arrojaré con honda los moradores de la tierra, y los afligiré, para que lo sientan.
19 ¡Ay de mí, por mi quebrantamiento! mi llaga es muy dolorosa. Pero dije: Ciertamente enfermedad mía es ésta, y debo sufrirla.
20 Mi tienda está destruida, y todas mis cuerdas están rotas; mis hijos me han abandonado y perecieron; no hay ya más quien levante mi tienda, ni quien cuelgue mis cortinas.
21 Porque los pastores se infatuaron, y no buscaron a Jehová; por tanto, no prosperaron, y todo su ganado se esparció.
22 He aquí que voz de rumor viene, y alboroto grande de la tierra del norte, para convertir en soledad todas las ciudades de Judá, en morada de chacales.
➤ 23 Conozco, oh Jehová, que el hombre no es señor de su camino, ni del hombre que camina es el ordenar sus pasos.
24 Castígame, oh Jehová, mas con juicio; no con tu furor, para que no me aniquiles.
25 Derrama tu enojo sobre los pueblos que no te conocen, y sobre las naciones que no invocan tu nombre; porque se comieron a Jacob, lo devoraron, le han consumido, y han asolado su morada.

El pacto violado

11 PALABRA que vino de Jehová a Jeremías, diciendo:
2 Oíd las palabras de este pacto, y hablad a todo varón de Judá, y a todo morador de Jerusalén.
3 Y les dirás tú: Así dijo Jehová Dios de Israel: Maldito el varón que no obedeciere las palabras de este pacto,
4 el cual mandé a vuestros padres el día que los saqué de la tierra de Egipto, del horno de hierro, diciéndoles: Oíd mi voz, y cumplid mis palabras, conforme a todo lo que os mando; y me seréis por pueblo, y yo seré a vosotros por Dios;
5 para que confirme el juramento que hice a vuestros padres, que les daría la tierra que fluye leche y miel, como en este día.
Y respondí y dije: Amén, oh Jehová.
6 Y Jehová me dijo: Pregona todas estas palabras en las ciudades de Judá y en las calles de Jerusalén, diciendo: Oíd las palabras de este pacto, y ponedlas por obra.
7 Porque solemnemente protesté a vuestros padres el día que les hice subir de la tierra de Egipto, amonestándoles desde temprano y sin cesar hasta el día de hoy, diciendo: Oíd mi voz.
8 Pero no oyeron, ni inclinaron su oído, antes se fueron cada uno tras la imaginación de su malvado corazón; por tanto, traeré sobre ellos todas las palabras de este pacto, el cual mandé que cumpliesen, y no lo cumplieron.
9 Y me dijo Jehová: Conspiración se ha hallado entre los varones de Judá, y entre los moradores de Jerusalén.
10 Se han vuelto a las maldades de sus primeros padres, los cuales no quisieron escuchar mis palabras, y se fueron tras dioses ajenos para servirles; la casa de Israel y la casa de Judá invalidaron mi pacto, el cual había yo concertado con sus padres.
11 Por tanto, así ha dicho Jehová: He aquí yo traigo sobre ellos mal del que no podrán salir; y clamarán a mí, y no los oiré.
12 E irán las ciudades de Judá y los moradores de Jerusalén, y clamarán a los dioses a quienes queman ellos incienso, los cuales no los podrán salvar en el tiempo de su mal.
13 Porque según el número de tus ciudades fueron tus dioses, oh Judá; y según el número de tus calles, oh Jerusalén, pusiste los altares de ignominia, altares para ofrecer incienso a Baal.
14 Tú, pues, no ores por este pueblo, ni levantes por ellos clamor ni oración; porque yo no oiré en el día que en su aflicción clamen a mí. ➤

LECCIONES DE VIDA

➤ ***10.23 — Conozco, oh Jehová, que el hombre no es señor de su camino, ni del hombre que camina es el ordenar sus pasos.***

Dios nos hizo para depender de Él, para buscar su guía, dirección y consejo. A Él encomendamos nuestras vidas, no sólo para salvación sino para todo lo que necesitemos y hagamos en cada momento de nuestra vida.

15 ¿Qué derecho tiene mi amada en mi casa,
habiendo hecho muchas abominaciones?
¿Crees que los sacrificios y las carnes santificadas de las víctimas pueden evitarte el castigo? ¿Puedes gloriarte de eso?
16 Olivo verde, hermoso en su fruto y en su
parecer, llamó Jehová tu nombre. A la voz de
recio estrépito hizo encender fuego sobre él, y
quebraron sus ramas.
17 Porque Jehová de los ejércitos que te plantó ha pronunciado mal contra ti, a causa de la
maldad que la casa de Israel y la casa de Judá
han hecho, provocándome a ira con incen-
sar a Baal.

Complot contra Jeremías

18 Y Jehová me lo hizo saber, y lo conocí;
entonces me hiciste ver sus obras.
19 Y yo era como cordero inocente que llevan
a degollar, pues no entendía que maquinaban
designios contra mí, diciendo: Destruyamos el
árbol con su fruto, y cortémoslo de la tierra de
los vivientes, para que no haya más memoria
de su nombre.
20 Pero, oh Jehová de los ejércitos, que juzgas
con justicia, que escudriñas la mente y el corazón, vea yo tu venganza de ellos; porque ante
ti he expuesto mi causa.
21 Por tanto, así ha dicho Jehová acerca de los
varones de Anatot que buscan tu vida, diciendo: No profetices en nombre de Jehová, para
que no mueras a nuestras manos;
22 así, pues, ha dicho Jehová de los ejércitos: He aquí que yo los castigaré; los jóvenes
morirán a espada, sus hijos y sus hijas morirán de hambre,
23 y no quedará remanente de ellos, pues yo
traeré mal sobre los varones de Anatot, el año
de su castigo.

Queja de Jeremías y respuesta de Dios

12 JUSTO eres tú, oh Jehová, para que yo
dispute contigo; sin embargo, alegaré
mi causa ante ti. ¿Por qué es prosperado el
camino de los impíos, y tienen bien todos los
que se portan deslealmente?
2 Los plantaste, y echaron raíces; crecieron
y dieron fruto; cercano estás tú en sus bocas,
pero lejos de sus corazones.
3 Pero tú, oh Jehová, me conoces; me viste, y
probaste mi corazón para contigo; arrebátalos
como a ovejas para el degolladero, y señálalos
para el día de la matanza.
4 ¿Hasta cuándo estará desierta la tierra, y
marchita la hierba de todo el campo? Por la
maldad de los que en ella moran, faltaron los
ganados y las aves; porque dijeron: No verá
Dios nuestro fin.
5 Si corriste con los de a pie, y te cansaron,
¿cómo contenderás con los caballos? Y si en la
tierra de paz no estabas seguro, ¿cómo harás
en la espesura del Jordán?
6 Porque aun tus hermanos y la casa de tu
padre, aun ellos se levantaron contra ti, aun
ellos dieron grito en pos de ti. No los creas
cuando bien te hablen.
7 He dejado mi casa, desamparé mi heredad,
he entregado lo que amaba mi alma en mano
de sus enemigos.
8 Mi heredad fue para mí como león en la
selva; contra mí dio su rugido; por tanto, la
aborrecí.
9 ¿Es mi heredad para mí como ave de rapiña de muchos colores? ¿No están contra ella
aves de rapiña en derredor? Venid, reuníos,
vosotras todas las fieras del campo, venid a
devorarla.
10 Muchos pastores han destruido mi viña,
hollaron mi heredad, convirtieron en desierto
y soledad mi heredad preciosa.
11 Fue puesta en asolamiento, y lloró sobre mí
desolada; fue asolada toda la tierra, porque no
hubo hombre que reflexionase.
12 Sobre todas las alturas del desierto vinieron destruidores; porque la espada de Jehová
devorará desde un extremo de la tierra hasta
el otro; no habrá paz para ninguna carne.
13 Sembraron trigo, y segaron espinos; tuvieron la heredad, mas no aprovecharon nada;
se avergonzarán de sus frutos a causa de la
ardiente ira de Jehová.
14 Así dijo Jehová contra todos mis malos
vecinos, que tocan la heredad que hice poseer
a mi pueblo Israel: He aquí que yo los arrancaré de su tierra, y arrancaré de en medio de
ellos a la casa de Judá.
15 Y después que los haya arrancado, volveré y tendré misericordia de ellos, y los haré
volver cada uno a su heredad y cada cual a
su tierra.
16 Y si cuidadosamente aprendieren los caminos de mi pueblo, para jurar en mi nombre,

LECCIONES DE VIDA

➤ ***11.14 — Tú, pues, no ores por este pueblo, ni levantes por ellos clamor ni oración; porque yo no oiré en el día que en su aflicción clamen a mí.***

Dios prohibió a Jeremías orar por el bienestar de su pueblo rebelde. Habían descendido tan bajo por un sendero de destrucción, que les había llegado la hora del juicio.

➤ ***12.15 — después que los haya arrancado, volveré y tendré misericordia de ellos, y los haré volver cada uno a su heredad y cada cual a su tierra.***

El Señor habló a Jeremías sobre el juicio inminente, pero también aseguró al profeta que traería de regreso a su pueblo nuevamente a la tierra prometida. De igual modo, cuando Él nos disciplina y nos recuerda cuán importante es obedecer sus mandatos, lo hace para nuestro beneficio, con la meta de restaurarnos, madurarnos y animarnos. Él nos habla tiernamente cuando necesitamos su consuelo, y nos corrige para que no nos perdamos de sus mejores experiencias para nuestras vidas. Él siempre provee exactamente lo que necesitamos.

Ejemplos de vida

JEREMÍAS

Compasión dolorosa por el perdido

JER 14.17

Jeremías se llama con frecuencia «el profeta llorón», pues en sus escritos es muy escaso lo que evoca consuelo o alivio. Jeremías lloraba porque el pueblo de su tiempo le había dado la espalda a Dios, y había empezado a cosechar las consecuencias pavorosas de su pecado.

También lloró porque siendo un profeta verdadero de Dios, Jeremías vio la devastación inminente, y aunque en ciertas ocasiones instó al Señor a darle a su pueblo errante la medida plena de lo que merecían (Jer 11.20), la mayor parte del tiempo rogó pidiendo misericordia y la gracia divina que los llevara a arrepentirse (Jer 8.20–22).

¿Lloramos cuando vemos a la gente alejarse de Dios e ir rumbo al juicio? ¿Nos esforzamos por mostrar compasión a quienes están en grave peligro espiritual? O, ¿acaso guardamos silencio, esperando ver la ira de Dios derramada sobre nuestros enemigos?

Para un estudio más a fondo, véase el Índice de Principios de vida:

24. Vivir la vida cristiana es permitir al Señor Jesús vivir su vida en y por medio de nosotros.

diciendo: Vive Jehová, así como enseñaron a
mi pueblo a jurar por Baal, ellos serán prosperados en medio de mi pueblo.
17 Mas si no oyeren, arrancaré esa nación,
sacándola de raíz y destruyéndola, dice
Jehová.

La señal de cinto podrido

13 ASÍ me dijo Jehová: Ve y cómprate un
cinto de lino, y cíñelo sobre tus lomos,
y no lo metas en agua.
2 Y compré el cinto conforme a la palabra de
Jehová, y lo puse sobre mis lomos.
3 Vino a mí segunda vez palabra de Jehová,
diciendo:
4 Toma el cinto que compraste, que está sobre
tus lomos, y levántate y vete al Éufrates, y
escóndelo allá en la hendidura de una peña.
5 Fui, pues, y lo escondí junto al Éufrates,
como Jehová me mandó.
6 Y sucedió que después de muchos días me
dijo Jehová: Levántate y vete al Éufrates, y
toma de allí el cinto que te mandé esconder
allá.
7 Entonces fui al Éufrates, y cavé, y tomé el
cinto del lugar donde lo había escondido; y he
aquí que el cinto se había podrido; para ninguna cosa era bueno.
8 Y vino a mí palabra de Jehová, diciendo:
9 Así ha dicho Jehová: Así haré podrir la
soberbia de Judá, y la mucha soberbia de
Jerusalén.
10 Este pueblo malo, que no quiere oír mis
palabras, que anda en las imaginaciones de
su corazón, y que va en pos de dioses ajenos para servirles, y para postrarse ante ellos,
vendrá a ser como este cinto, que para ninguna cosa es bueno.
11 Porque como el cinto se junta a los lomos
del hombre, así hice juntar a mí toda la casa de
Israel y toda la casa de Judá, dice Jehová, para
que me fuesen por pueblo y por fama, por alabanza y por honra; pero no escucharon.

La señal de las tinajas llenas

12 Les dirás, pues, esta palabra: Así ha dicho
Jehová, Dios de Israel: Toda tinaja se llenará de vino. Y ellos te dirán: ¿No sabemos que
toda tinaja se llenará de vino?

LECCIONES DE VIDA

➤ ***13.1 — Así me dijo Jehová: Ve y cómprate un cinto de lino, y cíñelo sobre tus lomos, y no lo metas en agua.***

En muchas ocasiones, Dios mandó a sus profetas que hicieran demostraciones didácticas que ilustraban claramente su mensaje al pueblo (Is 20; Jer 19; 32; Ez 4–5). ¿Por qué Jeremías tuvo que comprarse un cinto de lino que luego quedó inservible (Jer 13.1–7)? El Señor no le dijo a Jeremías cuál era su propósito final, sino después que el profeta obedeció sus instrucciones (Jer 13.8–11). Sin embargo, el episodio se convirtió en una condenación contundente en contra de Judá. Debemos obedecer, incluso cuando las instrucciones de Dios no nos parezcan lógicas.

➤ ***13.11 — hice juntar a mí toda la casa de Israel y toda la casa de Judá, dice Jehová, para que me fuesen por pueblo y por fama, por alabanza y por honra.***

Aquí vemos el corazón de Dios y su anhelo apasionado de llegar a ser uno con su pueblo. Él quiere que su pueblo se identifique de una manera tan íntima con Él, que se regocije cada vez que Él reciba la gloria; y que cada vez que tengamos éxito, todos a nuestro alrededor sepan que fue su poder y su sabiduría los que realmente obtuvieron la victoria (Mt 5.16).

13 Entonces les dirás: Así ha dicho Jehová: He
aquí que yo lleno de embriaguez a todos los
moradores de esta tierra, y a los reyes de la
estirpe de David que se sientan sobre su trono,
a los sacerdotes y profetas, y a todos los moradores de Jerusalén;
14 y los quebrantaré el uno contra el otro, los
padres con los hijos igualmente, dice Jehová;
no perdonaré, ni tendré piedad ni misericordia, para no destruirlos.

Judá será llevada en cautiverio

15 Escuchad y oíd; no os envanezcáis, pues
Jehová ha hablado.
16 Dad gloria a Jehová Dios vuestro, antes
que haga venir tinieblas, y antes que vuestros
pies tropiecen en montes de oscuridad, y espe-
réis luz, y os la vuelva en sombra de muerte
y tinieblas.
17 Mas si no oyereis esto, en secreto llorará
mi alma a causa de vuestra soberbia; y llorando amargamente se desharán mis ojos
en lágrimas, porque el rebaño de Jehová fue
hecho cautivo.
18 Di al rey y a la reina: Humillaos, sentaos
en tierra; porque la corona de vuestra gloria
ha caído de vuestras cabezas.
19 Las ciudades del Neguev fueron cerradas, y no hubo quien las abriese; toda Judá
fue transportada, llevada en cautiverio fue
toda ella.
20 Alzad vuestros ojos, y ved a los que vienen
del norte. ¿Dónde está el rebaño que te fue
dado, tu hermosa grey?
21 ¿Qué dirás cuando él ponga como cabeza
sobre ti a aquellos a quienes tú enseñaste a
ser tus amigos? ¿No te darán dolores como de
mujer que está de parto?
22 Si dijeres en tu corazón: ¿Por qué me ha
sobrevenido esto? Por la enormidad de tu
maldad fueron descubiertas tus faldas, fueron
desnudados tus calcañares.
23 ¿Mudará el etíope su piel, y el leopardo
sus manchas? Así también, ¿podréis vosotros
hacer bien, estando habituados a hacer mal?
24 Por tanto, yo los esparciré al viento del
desierto, como tamo que pasa.
25 Ésta es tu suerte, la porción que yo he
medido para ti, dice Jehová, porque te olvidaste de mí y confiaste en la mentira.
26 Yo, pues, descubriré también tus faldas
delante de tu rostro, y se manifestará tu
ignominia,
27 tus adulterios, tus relinchos, la maldad de
tu fornicación sobre los collados; en el campo vi tus abominaciones. ¡Ay de ti, Jerusalén!
¿No serás al fin limpia? ¿Cuánto tardarás tú
en purificarte?

Mensaje con motivo de la sequía

14 PALABRA de Jehová que vino a
Jeremías, con motivo de la sequía.
2 Se enlutó Judá, y sus puertas se despobla-
ron; se sentaron tristes en tierra, y subió el
clamor de Jerusalén.
3 Los nobles enviaron sus criados al agua;
vinieron a las lagunas, y no hallaron agua;
volvieron con sus vasijas vacías; se avergonzaron, se confundieron, y cubrieron sus
cabezas.
4 Porque se resquebrajó la tierra por no haber
llovido en el país, están confusos los labradores, cubrieron sus cabezas.
5 Aun las ciervas en los campos parían y dejaban la cría, porque no había hierba.
6 Y los asnos monteses se ponían en las alturas, aspiraban el viento como chacales; sus
ojos se ofuscaron porque no había hierba.
7 Aunque nuestras iniquidades testifican contra nosotros, oh Jehová, actúa por amor de tu
nombre; porque nuestras rebeliones se han
multiplicado, contra ti hemos pecado.
8 Oh esperanza de Israel, Guardador suyo en
el tiempo de la aflicción, ¿por qué te has hecho
como forastero en la tierra, y como caminante
que se retira para pasar la noche?
9 ¿Por qué eres como hombre atónito, y como
valiente que no puede librar? Sin embargo, tú estás entre nosotros, oh Jehová, y
sobre nosotros es invocado tu nombre; no nos
desampares.
10 Así ha dicho Jehová acerca de este pueblo:
Se deleitaron en vagar, y no dieron reposo a
sus pies; por tanto, Jehová no se agrada de
ellos; se acordará ahora de su maldad, y castigará sus pecados.
11 Me dijo Jehová: No ruegues por este pueblo para bien.
12 Cuando ayunen, yo no oiré su clamor, y
cuando ofrezcan holocausto y ofrenda no lo
aceptaré, sino que los consumiré con espada,
con hambre y con pestilencia.
13 Y yo dije: ¡Ah! ¡ah, Señor Jehová! He aquí
que los profetas les dicen: No veréis espada, ni
habrá hambre entre vosotros, sino que en este
lugar os daré paz verdadera.
14 Me dijo entonces Jehová: Falsamente profetizan los profetas en mi nombre; no los
envié, ni les mandé, ni les hablé; visión mentirosa, adivinación, vanidad y engaño de su
corazón os profetizan.
15 Por tanto, así ha dicho Jehová sobre los
profetas que profetizan en mi nombre, los
cuales yo no envié, y que dicen: Ni espada ni
hambre habrá en esta tierra; con espada y con
hambre serán consumidos esos profetas.
16 Y el pueblo a quien profetizan será echado
en las calles de Jerusalén por hambre y por
espada, y no habrá quien los entierre a ellos,
a sus mujeres, a sus hijos y a sus hijas; y sobre
ellos derramaré su maldad.
17 Les dirás, pues, esta palabra: Derramen
mis ojos lágrimas noche y día, y no cesen; porque de gran quebrantamiento es quebrantada la virgen hija de mi pueblo, de plaga muy
dolorosa.
18 Si salgo al campo, he aquí muertos a espada; y si entro en la ciudad, he aquí enfermos
de hambre; porque tanto el profeta como el

sacerdote anduvieron vagando en la tierra, y
no entendieron.
19 ¿Has desechado enteramente a Judá? ¿Ha
aborrecido tu alma a Sion? ¿Por qué nos hiciste herir sin que haya remedio? Esperamos
paz, y no hubo bien; tiempo de curación, y he
aquí turbación.
➤ 20 Reconocemos, oh Jehová, nuestra impiedad, la iniquidad de nuestros padres; porque
contra ti hemos pecado.
21 Por amor de tu nombre no nos deseches,
ni deshonres tu glorioso trono; acuérdate, no
invalides tu pacto con nosotros.
➤ 22 ¿Hay entre los ídolos de las naciones quien
haga llover? ¿y darán los cielos lluvias? ¿No
eres tú, Jehová, nuestro Dios? En ti, pues,
esperamos, pues tú hiciste todas estas cosas.

La implacable ira de Dios contra Judá

15 ME dijo Jehová: Si Moisés[a] y Samuel[b]
se pusieran delante de mí, no estaría
mi voluntad con este pueblo; échalos de mi
presencia, y salgan.
2 Y si te preguntaren: ¿A dónde saldremos?
les dirás: Así ha dicho Jehová: El que a muerte, a muerte; el que a espada, a espada; el que
a hambre, a hambre; y el que a cautiverio, a
cautiverio.[c]
3 Y enviaré sobre ellos cuatro géneros de castigo, dice Jehová: espada para matar, y perros
para despedazar, y aves del cielo y bestias de
la tierra para devorar y destruir.[d]
4 Y los entregaré para terror a todos los reinos de la tierra, a causa de Manasés hijo de
Ezequías, rey de Judá, por lo que hizo en
Jerusalén.[e]
5 Porque ¿quién tendrá compasión de ti, oh
Jerusalén? ¿Quién se entristecerá por tu causa,
o quién vendrá a preguntar por tu paz?
6 Tú me dejaste, dice Jehová; te volviste atrás;
por tanto, yo extenderé sobre ti mi mano y te
destruiré; estoy cansado de arrepentirme.
7 Aunque los aventé con aventador hasta las
puertas de la tierra, y dejé sin hijos a mi pueblo y lo desbaraté, no se volvieron de sus
caminos.
8 Sus viudas se me multiplicaron más que la
arena del mar; traje contra ellos destruidor
a mediodía sobre la madre y sobre los hijos;
hice que de repente cayesen terrores sobre la
ciudad.
9 Languideció la que dio a luz siete; se llenó
de dolor su alma, su sol se puso siendo aún de
día; fue avergonzada y llena de confusión; y
lo que de ella quede, lo entregaré a la espada
delante de sus enemigos, dice Jehová.
10 ¡Ay de mí, madre mía, que me engendraste
hombre de contienda y hombre de discordia
para toda la tierra! Nunca he dado ni tomado
en préstamo, y todos me maldicen.
11 ¡Sea así, oh Jehová, si no te he rogado por *
su bien, si no he suplicado ante ti en favor del
enemigo en tiempo de aflicción y en época de
angustia!
12 ¿Puede alguno quebrar el hierro, el hierro
del norte y el bronce?
13 Tus riquezas y tus tesoros entregaré a la
rapiña sin ningún precio, por todos tus pecados, y en todo tu territorio.
14 Y te haré servir a tus enemigos en tierra
que no conoces; porque fuego se ha encendido
en mi furor, y arderá sobre vosotros.

Jehová reanima a Jeremías

15 Tú lo sabes, oh Jehová; acuérdate de mí,
y visítame, y véngame de mis enemigos. No
me reproches en la prolongación de tu enojo;
sabes que por amor de ti sufro afrenta.
16 Fueron halladas tus palabras, y yo las ➤
comí; y tu palabra me fue por gozo y por alegría de mi corazón; porque tu nombre se invocó sobre mí, oh Jehová Dios de los ejércitos.
17 No me senté en compañía de burladores,
ni me engreí a causa de tu profecía; me senté
solo, porque me llenaste de indignación.
18 ¿Por qué fue perpetuo mi dolor, y mi herida desahuciada no admitió curación? ¿Serás
para mí como cosa ilusoria, como aguas que
no son estables?
19 Por tanto, así dijo Jehová: Si te convirtieres, yo te restauraré, y delante de mí estarás;
y si entresacares lo precioso de lo vil, serás

a. 15.1 Éx 32.11-14; Nm 14.13-19. **b. 15.1** 1 S 7.5-9.
c. 15.2 Ap 13.10. **d. 15.3** Ap 6.8. **e. 15.4** 2 R 21.1-16;
2 Cr 33.1-9.

LECCIONES DE VIDA

➤ ***14.20 — Reconocemos, oh Jehová, nuestra impiedad, la iniquidad de nuestros padres; porque contra ti hemos pecado.***

Cuando confesamos nuestro pecado, Dios remueve las tinieblas de vergüenza y culpa que sentimos, y permite que su luz invada nuestras almas y nos llene de vida y gozo.

➤ ***14.22 — ¿darán los cielos lluvias? ¿No eres tú, Jehová, nuestro Dios? En ti, pues, esperamos, pues tú hiciste todas estas cosas.***

Oramos a Dios porque sólo Él es el Creador. Él creó la lluvia; Él hizo las nubes para nutrir la tierra con el agua vivificante. Puesto que Él es el único que creó el mundo, también es el único que tiene el poder para contestar nuestras oraciones.

➤ ***15.16 — tu palabra me fue por gozo y por alegría de mi corazón; porque tu nombre se invocó sobre mí, oh Jehová Dios de los ejércitos.***

Dios nos invita a pasar tiempo con Él a diario en su Palabra, y hacer memoria del poder, la sabiduría y el amor tan grandes que ha mostrado a su pueblo a lo largo de la historia, los cuales también están a nuestra disposición. Por medio de las Escrituras y la obra de su Espíritu Santo, Él nos provee la guía espiritual, el gozo y las fuerzas que necesitamos para afrontar todos nuestros desafíos (véase Mt 4.4).

como mi boca. Conviértanse ellos a ti, y tú no
te conviertas a ellos.
20 Y te pondré en este pueblo por muro fortificado de bronce, y pelearán contra ti, pero
no te vencerán; porque yo estoy contigo para
guardarte y para defenderte, dice Jehová.
21 Y te libraré de la mano de los malos, y te
redimiré de la mano de los fuertes.

Juicio de Jehová contra Judá

16 VINO a mí palabra de Jehová, diciendo:
2 No tomarás para ti mujer, ni tendrás hijos ni
hijas en este lugar.
3 Porque así ha dicho Jehová acerca de los
hijos y de las hijas que nazcan en este lugar,
de sus madres que los den a luz y de los
padres que los engendren en esta tierra:
4 De dolorosas enfermedades morirán; no
serán plañidos ni enterrados; serán como
estiércol sobre la faz de la tierra; con espada
y con hambre serán consumidos, y sus cuerpos servirán de comida a las aves del cielo y a
las bestias de la tierra.
5 Porque así ha dicho Jehová: No entres en
casa de luto, ni vayas a lamentar, ni los con-
sueles; porque yo he quitado mi paz de este
pueblo, dice Jehová, mi misericordia y mis
piedades.
6 Morirán en esta tierra grandes y pequeños;
no se enterrarán, ni los plañirán, ni se rasga-
rán ni se raerán los cabellos por ellos;
7 ni partirán pan por ellos en el luto para conso-
larlos de sus muertos; ni les darán a beber vaso
de consolaciones por su padre o por su madre.
8 Asimismo no entres en casa de banquete,
para sentarte con ellos a comer o a beber.
9 Porque así ha dicho Jehová de los ejércitos,
Dios de Israel: He aquí que yo haré cesar en este
lugar, delante de vuestros ojos y en vuestros
días, toda voz de gozo y toda voz de alegría, y
toda voz de esposo y toda voz de esposa.[a]
10 Y acontecerá que cuando anuncies a este
pueblo todas estas cosas, te dirán ellos: ¿Por
qué anuncia Jehová contra nosotros todo este
mal tan grande? ¿Qué maldad es la nuestra, o
qué pecado es el nuestro, que hemos cometido contra Jehová nuestro Dios?
11 Entonces les dirás: Porque vuestros padres
me dejaron, dice Jehová, y anduvieron en pos
de dioses ajenos, y los sirvieron, y ante ellos
se postraron, y me dejaron a mí y no guardaron mi ley;
12 y vosotros habéis hecho peor que vuestros
padres; porque he aquí que vosotros camináis
cada uno tras la imaginación de su malvado
corazón, no oyéndome a mí.
13 Por tanto, yo os arrojaré de esta tierra a
una tierra que ni vosotros ni vuestros padres
habéis conocido, y allá serviréis a dioses ajenos de día y de noche; porque no os mostraré clemencia.
14 No obstante, he aquí vienen días, dice
Jehová, en que no se dirá más: Vive Jehová,
que hizo subir a los hijos de Israel de tierra
de Egipto;
15 sino: Vive Jehová, que hizo subir a los hijos
de Israel de la tierra del norte, y de todas las
tierras adonde los había arrojado; y los volveré a su tierra, la cual di a sus padres.
16 He aquí que yo envío muchos pescadores,
dice Jehová, y los pescarán, y después enviaré muchos cazadores, y los cazarán por todo
monte y por todo collado, y por las cavernas
de los peñascos.
17 Porque mis ojos están sobre todos sus caminos, los cuales no se me ocultaron, ni su maldad se esconde de la presencia de mis ojos.
18 Pero primero pagaré al doble su iniquidad
y su pecado; porque contaminaron mi tierra
con los cadáveres de sus ídolos, y de sus abominaciones llenaron mi heredad.
19 Oh Jehová, fortaleza mía y fuerza mía,
y refugio mío en el tiempo de la aflicción,
a ti vendrán naciones desde los extremos
de la tierra, y dirán: Ciertamente mentira
poseyeron nuestros padres, vanidad, y no hay
en ellos provecho.
20 ¿Hará acaso el hombre dioses para sí? Mas
ellos no son dioses.
21 Por tanto, he aquí les enseñaré esta vez, les
haré conocer mi mano y mi poder, y sabrán
que mi nombre es Jehová.

El pecado escrito en el corazón de Judá

17 EL pecado de Judá escrito está con cincel de hierro y con punta de diamante;
esculpido está en la tabla de su corazón, y en
los cuernos de sus altares,
2 mientras sus hijos se acuerdan de sus altares
y de sus imágenes de Asera, que están junto a
los árboles frondosos y en los collados altos,
3 sobre las montañas y sobre el campo. Todos
tus tesoros entregaré al pillaje por el pecado
de tus lugares altos en todo tu territorio.
4 Y perderás la heredad que yo te di, y te haré
servir a tus enemigos en tierra que no conociste; porque fuego habéis encendido en mi
furor, que para siempre arderá.
5 Así ha dicho Jehová: Maldito el varón que ➤
confía en el hombre, y pone carne por su brazo, y su corazón se aparta de Jehová.

a. 16.9 Jer 7.34; 25.10; Ap 18.23.

LECCIONES DE VIDA

➤ ***17.5 — Maldito el varón que confía en el hombre, y pone carne por su brazo, y su corazón se aparta de Jehová.***

Dios nos hizo para tener una relación dinámica y profunda con Él, y tratar de reemplazarlo con *cualquier* persona o cosa siempre resultará en graves problemas. Debemos hallar nuestras fuerzas en Él, no en nosotros mismos.

PRINCIPIO DE VIDA 15

EL QUEBRANTAMIENTO ES EL REQUISITO DE DIOS PARA QUE SEAMOS ÚTILES AL MÁXIMO.

JER 15.19

Con mucha frecuencia, los cristianos luchan por llegar a lo que perciben como la cima. Elaboran largas listas de logros personales, con la esperanza de un día poder dársela a Dios y decir: «Mira todo lo que hice por ti».

Sin embargo, Dios nunca nos acepta con base en lo que hayamos hecho, Él nos recibe gracias a lo que Cristo hizo en la cruz (Ef 2.8, 9). Es por esta razón que nos instruye a dejar de depender de nuestros logros y apoyarnos sólo en Él (Pr 3.5, 6). Esto es algo que no se aplica solamente a la salvación, sino a *todos* los aspectos de la vida. El Señor nos llama a arrepentirnos de nuestros hábitos pecaminosos, de nuestra autosuficiencia y de la búsqueda de nuestros deseos orgullosos, hasta que podamos decir honestamente: «Todo lo que soy y todo lo que tengo es de Dios. Él está en mí y yo en Él, y eso es todo lo que cuenta».

¿Hay algo que Dios esté arrancando de su vida? ¿Hay algo en lo que usted confíe más que en el Señor? Dios romperá su dependencia de todo, sin importar cuánto tarde en hacerlo o cuán difícil pueda ser el proceso. Él se ha comprometido a llevarle a la plenitud y la madurez espiritual, conformándole a la imagen de su Hijo (Ro 8.29) para que pueda obrar por medio de usted y llevar a otros a la plenitud y la madurez espiritual usando su testimonio (2 Co 1.3–7).

Tal vez usted esté pasando por un período de quebrantamiento y sienta que el dolor emocional es más de lo que puede aguantar. Tal vez haya tenido que enfrentar una serie de decepciones que han menoscabado por completo su sentido de seguridad. En lugar de ceder al temor, pídale al Señor que le revele lo que le está enseñando.

El apóstol Pablo pasó por un tiempo similar de sufrimiento, y

¿Hay algo que Dios esté arrancando de su vida?

escribió: «respecto a lo cual tres veces he rogado al Señor, que lo quite de mí» (2 Co 12.8). Aunque Dios no le quitó a Pablo el «aguijón» que tenía en su carne, sí le ayudó a entender que le fue dado para evitar que se enalteciera y se apoyara en algo fuera de Cristo (2 Co 12.7–11). El Señor también le enseñó al apóstol que su gracia siempre sería más que suficiente para todas sus debilidades.

Esta misma verdad se aplica a usted. Cada vez que experimente el quebrantamiento, la gracia de Dios puede sostenerle y madurarle. Él le mostrará cómo dejar de apoyarse en formas terrenales de seguridad y le enseñará a descansar en su provisión poderosa y en su amor. De esa manera usted crece en la semejanza a Cristo, y Dios le prepara para servir en el futuro.

Pedro escribió: «Amados, no os sorprendáis del fuego de prueba que os ha sobrevenido, como si alguna cosa extraña os aconteciese, sino gozaos por cuanto sois participantes de los padecimientos de Cristo, para que también en la revelación de su gloria os gocéis con gran alegría» (1 P 4.12, 13).

El quebrantamiento es una señal del amor de Dios y de su actividad en su vida.

Tenga en cuenta que Dios usa el quebrantamiento para profundizar su entendimiento, por lo menos en tres áreas:

- Adquirirá una perspectiva nueva de la misericordia y la provisión del Señor, y aprenderá a depender más de Él.
- Desarrollará una comprensión más real y completa de sí mismo(a).
- Crecerá su compasión y su entendimiento del sufrimiento de otros.

¿Está usted enfrentando un tiempo de pruebas y de quebrantamiento? Aprópiese entonces de esta promesa de Dios en Jeremías 15.19: «si entresacares lo precioso de lo vil, serás como mi boca». Esto significa que si usted confía en Dios y aprende de Él por medio de sus pruebas, Él se le revelará y hará grandes maravillas por medio de usted.

El Señor tiene un propósito en mente con su quebrantamiento: la victoria espiritual. Por eso, tenga plena confianza que Jesucristo puede tomar su debilidad y convertirla en fortaleza, esperanza y honra.

Para un estudio más a fondo, véase el Índice de Principios de vida.

6 Será como la retama en el desierto, y no
verá cuando viene el bien, sino que morará en
los sequedales en el desierto, en tierra despoblada y deshabitada.
*7 Bendito el varón que confía en Jehová, y
➢cuya confianza es Jehová.
8 Porque será como el árbol plantado junto a
las aguas,[a] que junto a la corriente echará sus
raíces, y no verá cuando viene el calor, sino
que su hoja estará verde; y en el año de sequía
no se fatigará, ni dejará de dar fruto.
➢9 Engañoso es el corazón más que todas las
cosas, y perverso; ¿quién lo conocerá?
10 Yo Jehová, que escudriño la mente, que
pruebo el corazón,[b] para dar a cada uno según
su camino,[c] según el fruto de sus obras.
11 Como la perdiz que cubre lo que no puso,
es el que injustamente amontona riquezas; en
la mitad de sus días las dejará, y en su postrimería será insensato.
12 Trono de gloria, excelso desde el principio,
es el lugar de nuestro santuario.
13 ¡Oh Jehová, esperanza de Israel! todos los
que te dejan serán avergonzados; y los que se
apartan de mí serán escritos en el polvo, porque dejaron a Jehová, manantial de aguas
vivas.
14 Sáname, oh Jehová, y seré sano; sálvame, y
seré salvo; porque tú eres mi alabanza.
15 He aquí que ellos me dicen: ¿Dónde está la
palabra de Jehová? ¡Que se cumpla ahora!
16 Mas yo no he ido en pos de ti para incitarte a su castigo, ni deseé día de calamidad, tú
lo sabes. Lo que de mi boca ha salido, fue en
tu presencia.
17 No me seas tú por espanto, pues mi refugio
eres tú en el día malo.
18 Avergüéncense los que me persiguen, y no
me avergüence yo; asómbrense ellos, y yo no
me asombre; trae sobre ellos día malo, y quebrántalos con doble quebrantamiento.

Observancia del día de reposo

19 Así me ha dicho Jehová: Ve y ponte a la
puerta de los hijos del pueblo, por la cual
entran y salen los reyes de Judá, y ponte en
todas las puertas de Jerusalén,
20 y diles: Oíd la palabra de Jehová, reyes de
Judá, y todo Judá y todos los moradores de
Jerusalén que entráis por estas puertas.
21 Así ha dicho Jehová: Guardaos por vuestra
vida de llevar carga en el día de reposo,* y de
meterla por las puertas de Jerusalén.[d]
22 Ni saquéis carga de vuestras casas en el
día de reposo,* ni hagáis trabajo alguno, sino
santificad el día de reposo,* como mandé a
vuestros padres.[e]
23 Pero ellos no oyeron, ni inclinaron su oído,
sino endurecieron su cerviz para no oír, ni
recibir corrección.
24 No obstante, si vosotros me obedeciereis,
dice Jehová, no metiendo carga por las puertas de esta ciudad en el día de reposo,* sino
que santificareis el día de reposo, no haciendo en él ningún trabajo,
25 entrarán por las puertas de esta ciudad, en
carros y en caballos, los reyes y los príncipes
que se sientan sobre el trono de David, ellos y
sus príncipes, los varones de Judá y los moradores de Jerusalén; y esta ciudad será habitada para siempre.
26 Y vendrán de las ciudades de Judá, de los
alrededores de Jerusalén, de tierra de Benjamín, de la Sefela, de los montes y del Neguev,
trayendo holocausto y sacrificio, y ofrenda e
incienso, y trayendo sacrificio de alabanza a
la casa de Jehová.
27 Pero si no me oyereis para santificar el día
de reposo, y para no traer carga ni meterla
por las puertas de Jerusalén en día de reposo, yo haré descender fuego en sus puertas,
y consumirá los palacios de Jerusalén, y no
se apagará.

La señal del alfarero y el barro

18 PALABRA de Jehová que vino a
Jeremías, diciendo:
2 Levántate y vete a casa del alfarero, y allí te
haré oír mis palabras.
3 Y descendí a casa del alfarero, y he aquí que
él trabajaba sobre la rueda.
4 Y la vasija de barro que él hacía se echó
a perder en su mano; y volvió y la hizo otra
vasija, según le pareció mejor hacerla.
5 Entonces vino a mí palabra de Jehová,
diciendo:

* Aquí equivale a *sábado*.

a. 17.8 Sal 1.3. **b. 17.10** Ap 2.23. **c. 17.10** Sal 62.12.
d. 17.21 Neh 13.15-22. **e. 17.22** Éx 20.8-10; Dt 5.12-14.

LECCIONES DE VIDA

➢ ***17.7, 8 — Bendito el varón que confía en Jehová, y cuya confianza es Jehová. Porque será como el árbol plantado junto a las aguas.***

A Dios le encanta bendecir a sus hijos obedientes. Él va por delante de nosotros preparando el camino, y siempre provee para todas y cada una de nuestras necesidades, a medida que lo seguimos en fe y amor (Fil 4.19). Él no promete ausencia de pruebas pero sí promete victoria definitiva.

➢ ***17.9 — Engañoso es el corazón más que todas las cosas, y perverso; ¿quién lo conocerá?***

Nuestro corazón nos mentirá, y nuestros sentimientos no son confiables. Aunque sean una parte esencial de nuestra identidad, debemos reconocer que nuestras emociones pueden desviarnos con resultados devastadores (Pr 16.25; Ec 9.3). Sólo Dios conoce el corazón humano y sabe cómo redimirlo. Por eso, cuando nuestro corazón nos haga daño o nos incline a ir por un rumbo destructivo, debemos acudir por ayuda a nuestro Hacedor (1 Jn 3.20).

➢ 6 ¿No podré yo hacer de vosotros como este
alfarero, oh casa de Israel? dice Jehová. He
aquí que como el barro en la mano del alfarero, así sois vosotros en mi mano, oh casa
de Israel.
7 En un instante hablaré contra pueblos y
contra reinos, para arrancar, y derribar, y
destruir.
➢ 8 Pero si esos pueblos se convirtieren de su
maldad contra la cual hablé, yo me arrepentiré del mal que había pensado hacerles,
9 y en un instante hablaré de la gente y del
reino, para edificar y para plantar.
10 Pero si hiciere lo malo delante de mis ojos,
no oyendo mi voz, me arrepentiré del bien que
había determinado hacerle.
11 Ahora, pues, habla luego a todo hombre de
Judá y a los moradores de Jerusalén, diciendo: Así ha dicho Jehová: He aquí que yo dis-
pongo mal contra vosotros, y trazo contra
vosotros designios; conviértase ahora cada
uno de su mal camino, y mejore sus caminos
y sus obras.
12 Y dijeron: Es en vano; porque en pos de
nuestros ídolos iremos, y haremos cada uno el
pensamiento de nuestro malvado corazón.
13 Por tanto, así dijo Jehová: Preguntad ahora
a las naciones, quién ha oído cosa semejante.
Gran fealdad ha hecho la virgen de Israel.
14 ¿Faltará la nieve del Líbano de la piedra del
campo? ¿Faltarán las aguas frías que corren
de lejanas tierras?
15 Porque mi pueblo me ha olvidado, incensando a lo que es vanidad, y ha tropezado en sus caminos, en las sendas antiguas,
para que camine por sendas y no por camino transitado,
16 para poner su tierra en desolación, objeto
de burla perpetua; todo aquel que pasare por
ella se asombrará, y meneará la cabeza.
17 Como viento solano los esparciré delante
del enemigo; les mostraré las espaldas y no el
rostro, en el día de su perdición.

Conspiración del pueblo y oración de Jeremías

18 Y dijeron: Venid y maquinemos contra Jeremías; porque la ley no faltará al sacerdote, ni
el consejo al sabio, ni la palabra al profeta.
Venid e hirámoslo de lengua, y no atendamos
a ninguna de sus palabras.
19 Oh Jehová, mira por mí, y oye la voz de los
que contienden conmigo.
20 ¿Se da mal por bien, para que hayan cavado hoyo a mi alma? Acuérdate que me puse
delante de ti para hablar bien por ellos, para
apartar de ellos tu ira.
21 Por tanto, entrega sus hijos a hambre, dispérsalos por medio de la espada, y queden
sus mujeres sin hijos, y viudas; y sus maridos
sean puestos a muerte, y sus jóvenes heridos
a espada en la guerra.
22 Óigase clamor de sus casas, cuando traigas
sobre ellos ejército de repente; porque cavaron hoyo para prenderme, y a mis pies han
escondido lazos.
23 Pero tú, oh Jehová, conoces todo su consejo contra mí para muerte; no perdones su
maldad, ni borres su pecado de delante de tu
rostro; y tropiecen delante de ti; haz así con
ellos en el tiempo de tu enojo.

La señal de la vasija rota

19 ASÍ dijo Jehová: Ve y compra una vasija
de barro del alfarero, y lleva contigo de
los ancianos del pueblo, y de los ancianos de
los sacerdotes;
2 y saldrás al valle del hijo de Hinom,[a] que
está a la entrada de la puerta oriental, y pro-
clamarás allí las palabras que yo te hablaré.
3 Dirás, pues: Oíd palabra de Jehová, oh reyes
de Judá, y moradores de Jerusalén. Así dice
Jehová de los ejércitos, Dios de Israel: He aquí
que yo traigo mal sobre este lugar, tal que a
todo el que lo oyere, le retiñan los oídos.
4 Porque me dejaron, y enajenaron este lugar,
y ofrecieron en él incienso a dioses ajenos,
los cuales no habían conocido ellos, ni sus
padres, ni los reyes de Judá; y llenaron este
lugar de sangre de inocentes.
5 Y edificaron lugares altos a Baal, para quemar con fuego a sus hijos en holocaustos al
mismo Baal;[b] cosa que no les mandé, ni hablé,
ni me vino al pensamiento.
6 Por tanto, he aquí vienen días, dice Jehová, que este lugar no se llamará más Tofet,
ni valle del hijo de Hinom, sino Valle de la
Matanza.
7 Y desvaneceré el consejo de Judá y de Jerusalén en este lugar, y les haré caer a espada
delante de sus enemigos, y en las manos de
los que buscan sus vidas; y daré sus cuerpos

a. 19.2 2 R 23.10; Jer 7.30-32; 32.34-35. **b. 19.5** Lv 18.21.

LECCIONES DE VIDA

➢ *18.6 — He aquí que como el barro en la mano del alfarero, así sois vosotros en mi mano, oh casa de Israel.*

Dios quiere moldearnos y formarnos como una creación de belleza indescriptible. El proceso no es rápido, ni se siente agradable todo el tiempo, pero podemos confiar que la mano del Alfarero terminará lo que ha empezado.

➢ *18.8 — si esos pueblos se convirtieren de su maldad contra la cual hablé, yo me arrepentiré del mal que había pensado hacerles.*

En los días del profeta Jonás, Dios libró a la ciudad perversa de Nínive, aunque había enviado allí a Jonás para anunciar su juicio: «De aquí a cuarenta días Nínive será destruida» (Jon 3.4). No obstante, el pueblo de Nínive se arrepintió y Dios les dio misericordia en vez de juicio (Jon 3.5–10).

LO QUE LA BIBLIA DICE ACERCA DE
EL PROCESO DE CRECIMIENTO ESPIRITUAL

Jer 18.1–6

Los cristianos nuevos se quejan a veces del proceso de crecimiento en la vida cristiana, porque les parece lento y tedioso. Algunos se desaniman y dejan de buscar a Dios mediante la oración, el estudio bíblico, el servicio y el compañerismo con otros creyentes. Esto se debe a que quieren tener conocimiento y madurez instantáneos, sin invertir el tiempo y el esfuerzo que se requieren para desarrollar su fe.

Los cristianos veteranos pueden tener algunas de las mismas dificultades, con algunas diferencias. A veces se equivocan creyendo que tienen todo el conocimiento necesario para vivir la vida cristiana, y hacen lo mismo que los creyentes más nuevos: dejan de buscar a Dios a través de la oración, el estudio bíblico, el servicio y el compañerismo con otros creyentes. De hecho, corren el peligro de volverse resistentes a los mandatos del Señor, e insensibles al pecado, tanto propio como ajeno.

Todos los creyentes por igual deben ser moldeados en la semejanza de Cristo, un proceso que dura toda la vida. Hemos de crecer como hijos de Dios y amar a Cristo tan profundamente, que ni el aburrimiento ni el orgullo tendrán la más mínima ocasión para estropear nuestra devoción a Él. A medida que le permitimos al Señor formarnos y moldearnos, «traeremos también la imagen del celestial», es decir, Jesucristo (1 Co 15.49).

Sin embargo, ser moldeados y formados en la imagen de Cristo puede tomar más tiempo del que pensamos e incluir lecciones que jamás nos imaginamos. Tal vez no seamos capaces de discernir qué forma quiera darnos el Señor, lo cual puede hacer que resistamos su obra y salgamos perdiendo. Pero el Señor nos dice: «He aquí que como el barro en la mano del alfarero, así sois vosotros en mi mano, oh casa de Israel» (Jer 18.6). A fin de llegar a ser a la imagen de lo que fuimos creados para ser, debemos someternos y permitir que Dios nos forme y nos moldee en sus manos amorosas. Así no podamos entender su plan, debemos seguir confiando en Él para hacer realidad todo nuestro potencial.

El Alfarero anhela moldear y formar su vida para convertirle en algo más bello y maravilloso de lo que usted se podría imaginar. Por lo tanto, deje que Él se tome todo el tiempo que necesite para crear en usted un gozo y una devoción de valor incalculable.

El Alfarero anhela moldear y formar su vida.

Para un estudio más a fondo, véase el Índice de Principios de vida:

7. *Los momentos sombríos durarán solo el tiempo necesario para que Dios lleve a cabo su propósito en nosotros.*
14. *Dios actúa a favor de quienes esperan en Él.*

para comida a las aves del cielo y a las bestias de la tierra.
8 Pondré a esta cViudad por espanto y burla; todo aquel que pasare por ella se asombrará, y se burlará sobre toda su destrucción.
9 Y les haré comer la carne de sus hijos y la carne de sus hijas, y cada uno comerá la carne de su amigo, en el asedio y en el apuro con que los estrecharán sus enemigos y los que buscan sus vidas.
10 Entonces quebrarás la vasija ante los ojos de los varones que van contigo,
11 y les dirás: Así ha dicho Jehová de los ejércitos: Así quebrantaré a este pueblo y a esta ciudad, como quien quiebra una vasija de barro, que no se puede restaurar más; y en Tofet se enterrarán, porque no habrá otro lugar para enterrar.
12 Así haré a este lugar, dice Jehová, y a sus moradores, poniendo esta ciudad como Tofet.
13 Las casas de Jerusalén, y las casas de los reyes de Judá, serán como el lugar de Tofet, inmundas, por todas las casas sobre cuyos tejados ofrecieron incienso a todo el ejército del cielo, y vertieron libaciones a dioses ajenos.
14 Y volvió Jeremías de Tofet, adonde le envió Jehová a profetizar, y se paró en el atrio de la casa de Jehová y dijo a todo el pueblo:
15 Así ha dicho Jehová de los ejércitos, Dios de Israel: He aquí, yo traigo sobre esta ciudad y sobre todas sus villas todo el mal que hablé contra ella; porque han endurecido su cerviz para no oír mis palabras.

Profecía contra Pasur

20 EL sacerdote Pasur hijo de Imer, que presidía como príncipe en la casa de Jehová, oyó a Jeremías que profetizaba estas palabras.
➤ 2 Y azotó Pasur al profeta Jeremías, y lo puso en el cepo que estaba en la puerta superior de Benjamín, la cual conducía a la casa de Jehová.
3 Y el día siguiente Pasur sacó a Jeremías del cepo. Le dijo entonces Jeremías: Jehová no ha llamado tu nombre Pasur, sino Magormisabib.[1]
4 Porque así ha dicho Jehová: He aquí, haré que seas un terror a ti mismo y a todos los que bien te quieren, y caerán por la espada de sus enemigos, y tus ojos lo verán; y a todo Judá entregaré en manos del rey de Babilonia, y los llevará cautivos a Babilonia, y los matará a espada.
5 Entregaré asimismo toda la riqueza de esta ciudad, todo su trabajo y todas sus cosas preciosas; y daré todos los tesoros de los reyes de Judá en manos de sus enemigos, y los saquearán, y los tomarán y los llevarán a Babilonia.
6 Y tú, Pasur, y todos los moradores de tu casa iréis cautivos; entrarás en Babilonia, y allí morirás, y allí serás enterrado tú, y todos los que bien te quieren, a los cuales has profetizado con mentira.

Lamento de Jeremías

7 Me sedujiste, oh Jehová, y fui seducido; más fuerte fuiste que yo, y me venciste; cada día he sido escarnecido, cada cual se burla de mí.
8 Porque cuantas veces hablo, doy voces, grito: Violencia y destrucción; porque la palabra de Jehová me ha sido para afrenta y escarnio cada día.
9 Y dije: No me acordaré más de él, ni hablaré más en su nombre; no obstante, había en mi corazón como un fuego ardiente metido en mis huesos; traté de sufrirlo, y no pude. ➤
10 Porque oí la murmuración de muchos, temor de todas partes: Denunciad, denunciémosle. Todos mis amigos miraban si claudicaría. Quizá se engañará, decían, y prevaleceremos contra él, y tomaremos de él nuestra venganza.
11 Mas Jehová está conmigo como poderoso gigante; por tanto, los que me persiguen tropezarán, y no prevalecerán; serán avergonzados en gran manera, porque no prosperarán; tendrán perpetua confusión que jamás será olvidada. *
12 Oh Jehová de los ejércitos, que pruebas a los justos, que ves los pensamientos y el corazón, vea yo tu venganza de ellos; porque a ti he encomendado mi causa.
13 Cantad a Jehová, load a Jehová; porque ha librado el alma del pobre de mano de los malignos.
14 Maldito el día en que nací;[a] el día en que mi madre me dio a luz no sea bendito.

1 Esto es, *Terror por todas partes.*
a. 20.14-18 Job 3.1-19.

LECCIONES DE VIDA

➤ ***20.2 — azotó Pasur al profeta Jeremías, y lo puso en el cepo que estaba en la puerta superior de Benjamín, la cual conducía a la casa de Jehová.***

Jeremías sufrió en gran manera por proclamar fielmente el mensaje que el Señor le mandó a decir. Un observador casual podría pensar que el Señor no estaba recompensando la obediencia de Jeremías, pero este tiempo de sufrimiento no definió la vida del profeta. Sabemos que el Señor vengó a Jeremías (Jer 20.4–6), cumplió su Palabra por medio de él (2 Cr 36.21; Esd 1.1; Dn 9.2; Mt 2.17; 27.9), y siempre fue fiel en librarlo (Jer 1.8).

➤ ***20.9 — había en mi corazón como un fuego ardiente metido en mis huesos; traté de sufrirlo, y no pude.***

Si sus metas verdaderamente proceden del Señor, su espíritu testificará que usted *debe* llevarlas a cabo. No podrá hacer nada distinto.

15 Maldito el hombre que dio nuevas a mi
padre, diciendo: Hijo varón te ha nacido,
haciéndole alegrarse así mucho.
16 Y sea el tal hombre como las ciudades que
asoló Jehová, y no se arrepintió; oiga gritos de
mañana, y voces a mediodía,
17 porque no me mató en el vientre, y mi
madre me hubiera sido mi sepulcro, y su vientre embarazado para siempre.
18 ¿Para qué salí del vientre? ¿Para ver trabajo y dolor, y que mis días se gastasen en
afrenta?

Jerusalén será destruida

21 PALABRA de Jehová que vino a
Jeremías, cuando el rey Sedequías
envió a él a Pasur hijo de Malquías y al sacerdote Sofonías hijo de Maasías, para que le
dijesen:
2 Consulta ahora acerca de nosotros a Jehová, porque Nabucodonosor rey de Babilonia
hace guerra contra nosotros;[a] quizá Jehová
hará con nosotros según todas sus maravillas,
y aquél se irá de sobre nosotros.
3 Y Jeremías les dijo: Diréis así a Sedequías:
4 Así ha dicho Jehová Dios de Israel: He aquí
yo vuelvo atrás las armas de guerra que están
en vuestras manos, con que vosotros peleáis
contra el rey de Babilonia; y a los caldeos que
están fuera de la muralla y os tienen sitiados,
yo los reuniré en medio de esta ciudad.
5 Pelearé contra vosotros con mano alzada y con brazo fuerte, con furor y enojo e ira
grande.
6 Y heriré a los moradores de esta ciudad, y
los hombres y las bestias morirán de pestilencia grande.
7 Después, dice Jehová, entregaré a Sedequías rey de Judá, a sus criados, al pueblo y a
los que queden de la pestilencia, de la espada
y del hambre en la ciudad, en mano de Nabucodonosor rey de Babilonia, en mano de sus
enemigos y de los que buscan sus vidas, y él
los herirá a filo de espada; no los perdonará, ni tendrá compasión de ellos, ni tendrá de
ellos misericordia.
8 Y a este pueblo dirás: Así ha dicho Jehová:
He aquí pongo delante de vosotros camino de
vida y camino de muerte.
9 El que quedare en esta ciudad morirá a
espada, de hambre o de pestilencia; mas el
que saliere y se pasare a los caldeos que os
tienen sitiados, vivirá, y su vida le será por
despojo.
10 Porque mi rostro he puesto contra esta ciudad para mal, y no para bien, dice Jehová; en
mano del rey de Babilonia será entregada, y la
quemará a fuego.
11 Y a la casa del rey de Judá dirás: Oíd palabra de Jehová:
12 Casa de David, así dijo Jehová: Haced de
mañana juicio, y librad al oprimido de mano
del opresor, para que mi ira no salga como
fuego, y se encienda y no haya quien lo apague, por la maldad de vuestras obras.
13 He aquí yo estoy contra ti, moradora del
valle, y de la piedra de la llanura, dice Jehová;
los que decís: ¿Quién subirá contra nosotros, y
quién entrará en nuestras moradas?
14 Yo os castigaré conforme al fruto de vuestras obras, dice Jehová, y haré encender fuego en su bosque, y consumirá todo lo que está
alrededor de él.

Profecías contra los reyes de Judá

22 ASÍ dijo Jehová: Desciende a la casa
del rey de Judá, y habla allí esta palabra,
2 y di: Oye palabra de Jehová, oh rey de Judá
que estás sentado sobre el trono de David, tú,
y tus siervos, y tu pueblo que entra por estas
puertas.
3 Así ha dicho Jehová: Haced juicio y justicia,
y librad al oprimido de mano del opresor, y no
engañéis ni robéis al extranjero, ni al huérfano ni a la viuda, ni derraméis sangre inocente en este lugar.
4 Porque si efectivamente obedeciereis esta
palabra, los reyes que en lugar de David se
sientan sobre su trono, entrarán montados en
carros y en caballos por las puertas de esta
casa; ellos, y sus criados y su pueblo.
5 Mas si no oyereis estas palabras, por mí mismo he jurado, dice Jehová, que esta casa será
desierta.
6 Porque así ha dicho Jehová acerca de la
casa del rey de Judá: Como Galaad eres
tú para mí, y como la cima del Líbano; sin
embargo, te convertiré en soledad, y como ciudades deshabitadas.
7 Prepararé contra ti destruidores, cada uno
con sus armas, y cortarán tus cedros escogidos y los echarán en el fuego.
8 Y muchas gentes pasarán junto a esta ciudad, y dirán cada uno a su compañero: ¿Por
qué hizo así Jehová con esta gran ciudad?
9 Y se les responderá: Porque dejaron el pacto de Jehová su Dios, y adoraron dioses ajenos y les sirvieron.
10 No lloréis al muerto, ni de él os condoláis;
llorad amargamente por el que se va, porque no volverá jamás, ni verá la tierra donde nació.
11 Porque así ha dicho Jehová acerca de
Salum[a] hijo de Josías, rey de Judá, el cual reinó en lugar de Josías su padre, y que salió de
este lugar: No volverá más aquí,
12 sino que morirá en el lugar adonde lo llevaron cautivo, y no verá más esta tierra.
13 ¡Ay del que edifica su casa sin justicia, y
sus salas sin equidad, sirviéndose de su prójimo de balde, y no dándole el salario de su
trabajo!
14 Que dice: Edificaré para mí casa espaciosa,
y salas airosas; y le abre ventanas, y la cubre
de cedro, y la pinta de bermellón.

---

a. 21.2 2 R 25.1-11; 2 Cr 36.17-21. **a. 22.11** 2 R 23.31-34; 2 Cr 36.1-4.

15 ¿Reinarás, porque te rodeas de cedro? ¿No comió y bebió tu padre, e hizo juicio y justicia, y entonces le fue bien?

16 Él juzgó la causa del afligido y del menesteroso, y entonces estuvo bien. ¿No es esto conocerme a mí? dice Jehová.

17 Mas tus ojos y tu corazón no son sino para tu avaricia, y para derramar sangre inocente, y para opresión y para hacer agravio.

18 Por tanto, así ha dicho Jehová acerca de Joacim[b] hijo de Josías, rey de Judá: No lo llorarán, diciendo: ¡Ay, hermano mío! y ¡Ay, hermana! ni lo lamentarán, diciendo: ¡Ay, señor! ¡Ay, su grandeza!

19 En sepultura de asno será enterrado, arrastrándole y echándole fuera de las puertas de Jerusalén.

20 Sube al Líbano y clama, y en Basán da tu voz, y grita hacia todas partes; porque todos tus enamorados son destruidos.

21 Te he hablado en tus prosperidades, mas dijiste: No oiré. Éste fue tu camino desde tu juventud, que nunca oíste mi voz.

22 A todos tus pastores pastoreará el viento, y tus enamorados irán en cautiverio; entonces te avergonzarás y te confundirás a causa de toda tu maldad.

23 Habitaste en el Líbano, hiciste tu nido en los cedros. ¡Cómo gemirás cuando te vinieren dolores, dolor como de mujer que está de parto!

24 Vivo yo, dice Jehová, que si Conías[c] hijo de Joacim rey de Judá fuera anillo en mi mano derecha, aun de allí te arrancaría.

25 Te entregaré en mano de los que buscan tu vida, y en mano de aquellos cuya vista temes; sí, en mano de Nabucodonosor rey de Babilonia, y en mano de los caldeos.

26 Te haré llevar cautivo a ti y a tu madre que te dio a luz, a tierra ajena en que no nacisteis; y allá moriréis.

27 Y a la tierra a la cual ellos con toda el alma anhelan volver, allá no volverán.

28 ¿Es este hombre Conías una vasija despreciada y quebrada? ¿Es un trasto que nadie estima? ¿Por qué fueron arrojados él y su generación, y echados a tierra que no habían conocido?

29 ¡Tierra, tierra, tierra! oye palabra de Jehová.

30 Así ha dicho Jehová: Escribid lo que sucederá a este hombre privado de descendencia, hombre a quien nada próspero sucederá en todos los días de su vida; porque ninguno de su descendencia logrará sentarse sobre el trono de David, ni reinar sobre Judá.

Regreso del remanente

23 ¡AY de los pastores que destruyen y dispersan las ovejas de mi rebaño! dice Jehová.

2 Por tanto, así ha dicho Jehová Dios de Israel a los pastores que apacientan mi pueblo: Vosotros dispersasteis mis ovejas, y las espantasteis, y no las habéis cuidado. He aquí que yo castigo la maldad de vuestras obras, dice Jehová.

3 Y yo mismo recogeré el remanente de mis ovejas de todas las tierras adonde las eché, y las haré volver a sus moradas; y crecerán y se multiplicarán.

4 Y pondré sobre ellas pastores que las apacienten; y no temerán más, ni se amedrentarán, ni serán menoscabadas, dice Jehová.

5 He aquí que vienen días, dice Jehová, en que levantaré a David renuevo justo, y reinará como Rey, el cual será dichoso, y hará juicio y justicia en la tierra.

6 En sus días será salvo Judá, e Israel habitará confiado; y éste será su nombre con el cual le llamarán: Jehová, justicia nuestra.[a]

---

b. 22.18 2 R 23.36—24.6; 2 Cr 36.5-7. **c. 22.24** 2 R 24.8-15; 2 Cr 36.9-10. **a. 23.5-6** Jer 33.14-16.

LECCIONES DE VIDA

➤ ***22.16 — El juzgó la causa del afligido y del menesteroso, y entonces estuvo bien. ¿No es esto conocerme a mí? dice Jehová.***

Conocer a Dios no equivale a tener una sensación de paz en el corazón; conocer a Dios significa obedecerlo actuando en beneficio de nuestros semejantes, especialmente aquellos que no pueden devolvernos el favor (Mt 28.19-20; Jn 15.10–14; 2 Co 9.6–9; Stg 2.15–17). Aquellos que conocen a Dios aman servirlo.

➤ ***22.21 — Este fue tu camino desde tu juventud, que nunca oíste mi voz.***

Dios nos habla tanto en nuestra prosperidad como en nuestra escasez; nuestra responsabilidad en ambas situaciones es mantenernos a la expectativa para escuchar su voz atentamente y obedecer lo que Él diga. ¿Qué ha estado diciéndole Dios últimamente?

➤ ***23.3 — yo mismo recogeré el remanente de mis ovejas de todas las tierras adonde las eché, y las haré volver a sus moradas; y crecerán y se multiplicarán.***

Dios desea bendecir a su pueblo y hacerlo fructífero. Este pasaje anticipó el día en que el Señor habría de recoger a su pueblo para que habitase de nuevo en la tierra prometida, lo cual sucedió durante el mandato del rey persa Ciro (2 Cr 36.22, 23; Esd 1.1–3). Tal como Él cumplió su promesa de reunir y bendecir un día a Judá e Israel, el anhelo de Dios es bendecirle cuando usted lo obedece.

➤ ***23.6 — En sus días será salvo Judá, e Israel habitará confiado; y este será su nombre con el cual le llamarán: Jehová, justicia nuestra.***

Un día, Jesús regresará como el Rey soberano, y «hará juicio y justicia en la tierra» (Jer 23.5) en cumplimiento de su promesa a David (2 S 7.8–16; 1 Cr 17.7–14; Is 11.1; Ap 22.16, 17). Cuando venimos a Cristo en fe, *Él* se convierte en nuestra justicia. Somos justificados delante de Dios, no por esfuerzos personales o nuestro historial, sino debido a lo que Él ha hecho por nosotros en la cruz, y lo que sigue haciendo en nuestras vidas y a través de la historia.

RESPUESTAS A PREGUNTAS DE LA VIDA

¿Por qué a veces no oigo a Dios cuando Él habla?

JER 22.21

¿Cuál es la razón por la que muchos de nosotros no oímos lo que Dios está diciendo? Queremos saber su voluntad para nosotros, pero no podemos captar lo que nos dice. Nos preguntamos, como David: «Dios mío, clamo de día, y no respondes; y de noche, y no hay para mí reposo» (Sal 22.2). ¿Por qué no podemos oír su voz?

Un obstáculo grande es que consideramos el acto de oír como una experiencia pasiva, y suponemos que simplemente podemos sentarnos y absorber lo que se esté diciendo. Sin embargo, oír bien es un ejercicio activo que requiere tanto actitud como acción.

Tendremos dificultad para escuchar si acudimos a Dios con incertidumbre, dudando que vaya a hablar. Más bien, debemos acercarnos a Dios con confianza y expectación, anticipando que se comunicará con nosotros. Tal actitud expresa nuestra fe y demuestra que creemos sus promesas.

Otro problema es la desobediencia. Dios nos instruye, pero no nos gusta su respuesta. Tal vez queramos tener más información antes de dar un paso de fe (Jue 6.36–40). Quizá el Señor nos manda que nos liberemos de algo que es importante para nosotros (2 S 12.13–23) o nos dirija a actuar de una manera que nos resulta intimidante, difícil o desagradable (Jon 1.1–3). Sea como sea, queremos que Él cambie de parecer y ajuste su plan.

El profeta Jeremías recordó una y otra vez a su pueblo que aunque Dios les había estado hablando, ellos rehusaban oír. «Te he hablado en tus prosperidades», declaró el Señor a través del profeta, «mas dijiste: No oiré. Este fue tu camino desde tu juventud, que nunca oíste mi voz» (Jer 22.21). Con frecuencia tenemos el mismo problema y el Señor nos está hablando al respeto, pero hemos bloqueado su voz. Por eso debemos arrepentirnos de nuestra infidelidad y desobediencia, y hacer de inmediato aquello que Él nos haya mandado hacer.

A veces Dios guarda silencio por la sencilla razón de fortalecer nuestra fe y nuestra relación con Él. A veces retiene información hasta que estemos listos para prestar atención y obedecerlo, y dispuestos a confiar así no podamos oír su voz. En tales situaciones, el consejo que recibimos es: «Estad quietos, y conoced que yo soy Dios» (Sal 46.10). Debemos acercarnos al Señor con una actitud de paciencia y confianza (Sal 40.1), procurando escucharlo activamente. Colosenses 3.16 dice: «La palabra de Cristo more en abundancia en vosotros… en toda sabiduría». En otras palabras, a medida que leemos la Biblia y meditamos en la Palabra de Dios, debemos permitir humilde y sumisamente que la verdad divina llegue hasta lo profundo de nuestros corazones y luego que rebose en nuestras acciones. Debemos venir a Él en silencio y dejar que sea Él quien hable. Aunque no tiene nada malo que usted lleve una lista con sus motivos de oración, su tiempo devocional debería incluir más que una letanía de peticiones. Debemos sacar tiempo para oír lo que Dios nos dice.

Por lo tanto, manténgase escuchando atentamente y prepárese para someterse a lo que el Señor le diga. Su Padre celestial *hablará*, y cuando lo haga, le bendecirá grandemente.

Para un estudio más a fondo, véase el Índice de Principios de vida:

11. Dios asume toda la responsabilidad en cuanto a nuestras necesidades, si lo obedecemos.

10. Si es necesario, Dios moverá cielo y tierra para mostrarnos su voluntad.

7 Por tanto, he aquí que vienen días, dice
Jehová, en que no dirán más: Vive Jehová que
hizo subir a los hijos de Israel de la tierra de
Egipto,
8 sino: Vive Jehová que hizo subir y trajo la
descendencia de la casa de Israel de tierra

del norte, y de todas las tierras adonde yo los
había echado; y habitarán en su tierra.

Denunciación de los falsos profetas

9 A causa de los profetas mi corazón está quebrantado dentro de mí, todos mis huesos tiemblan; estoy como un ebrio, y como hombre a
quien dominó el vino, delante de Jehová, y
delante de sus santas palabras.
10 Porque la tierra está llena de adúlteros; a
causa de la maldición la tierra está desierta;
los pastizales del desierto se secaron; la carrera de ellos fue mala, y su valentía no es recta.
11 Porque tanto el profeta como el sacerdote
son impíos; aun en mi casa hallé su maldad,
dice Jehová.
12 Por tanto, su camino será como resbalade-
ros en oscuridad; serán empujados, y caerán
en él; porque yo traeré mal sobre ellos en el
año de su castigo, dice Jehová.
13 En los profetas de Samaria he visto desati-
nos; profetizaban en nombre de Baal, e hicieron errar a mi pueblo de Israel.
14 Y en los profetas de Jerusalén he visto torpezas; cometían adulterios, y andaban
en mentiras, y fortalecían las manos de los
malos, para que ninguno se convirtiese de su
maldad; me fueron todos ellos como Sodoma,[b]
y sus moradores como Gomorra.
15 Por tanto, así ha dicho Jehová de los ejércitos contra aquellos profetas: He aquí que yo
les hago comer ajenjos, y les haré beber agua
de hiel; porque de los profetas de Jerusalén
salió la hipocresía sobre toda la tierra.
16 Así ha dicho Jehová de los ejércitos: No
escuchéis las palabras de los profetas que os
profetizan; os alimentan con vanas esperanzas; hablan visión de su propio corazón, no de
la boca de Jehová.
➤ 17 Dicen atrevidamente a los que me irritan:
Jehová dijo: Paz tendréis; y a cualquiera que
anda tras la obstinación de su corazón, dicen:
No vendrá mal sobre vosotros.
18 Porque ¿quién estuvo en el secreto de Jehová, y vio, y oyó su palabra? ¿Quién estuvo
atento a su palabra, y la oyó?
19 He aquí que la tempestad de Jehová saldrá
con furor; y la tempestad que está preparada
caerá sobre la cabeza de los malos.
20 No se apartará el furor de Jehová hasta
que lo haya hecho, y hasta que haya cumplido
los pensamientos de su corazón; en los postreros días lo entenderéis cumplidamente.
21 No envié yo aquellos profetas, pero
ellos corrían; yo no les hablé, mas ellos
profetizaban.
22 Pero si ellos hubieran estado en mi secreto,
habrían hecho oír mis palabras a mi pueblo, y
lo habrían hecho volver de su mal camino, y
de la maldad de sus obras.
23 ¿Soy yo Dios de cerca solamente, dice
Jehová, y no Dios desde muy lejos?
24 ¿Se ocultará alguno, dice Jehová, en escon- ➤
drijos que yo no lo vea? ¿No lleno yo, dice
Jehová, el cielo y la tierra?
25 Yo he oído lo que aquellos profetas dijeron,
profetizando mentira en mi nombre, diciendo: Soñé, soñé.
26 ¿Hasta cuándo estará esto en el corazón de
los profetas que profetizan mentira, y que profetizan el engaño de su corazón?
27 ¿No piensan cómo hacen que mi pueblo se
olvide de mi nombre con sus sueños que cada
uno cuenta a su compañero, al modo que sus
padres se olvidaron de mi nombre por Baal?
28 El profeta que tuviere un sueño, cuente el
sueño; y aquel a quien fuere mi palabra, cuente mi palabra verdadera. ¿Qué tiene que ver la
paja con el trigo? dice Jehová.
29 ¿No es mi palabra como fuego, dice Jeho- ➤
vá, y como martillo que quebranta la piedra?
30 Por tanto, he aquí que yo estoy contra los
profetas, dice Jehová, que hurtan mis palabras cada uno de su más cercano.
31 Dice Jehová: He aquí que yo estoy contra
los profetas que endulzan sus lenguas y dicen:
Él ha dicho.
32 He aquí, dice Jehová, yo estoy contra
los que profetizan sueños mentirosos, y los
cuentan, y hacen errar a mi pueblo con sus

b. 23.14 Gn 18.20.

LECCIONES DE VIDA

➤ ***23.17 — Dicen atrevidamente a los que me irritan: Jehová dijo: Paz tendréis.***

Los falsos profetas estaban engañando al pueblo, diciéndoles que no habría juicio por sus actos perversos y profanos (Jer 23.9–15). Sin embargo, cuando Dios llama cierta conducta pecado y declara que la juzgará, deberíamos huir de cualquier persona que afirme que la gracia de Dios ya no condena tal actividad perversa. La gracia de Dios nunca convierte el pecado en algo aceptable, más bien nos da el poder para apartarnos del pecado.

➤ ***23.24 — ¿Se ocultará alguno, dice Jehová, en escondrijos que yo no lo vea? ¿No lleno yo, dice Jehová, el cielo y la tierra?***

Dios nunca está tan ocupado manejando el universo que no tenga tiempo para usted. Él puede oír sus oraciones al mismo tiempo que se encarga de todo lo demás.

➤ ***23.29 — ¿No es mi palabra como fuego, dice Jehová...?***

La Palabra de Dios es eterna y siempre cumple su voluntad (Is 55.11). Si nos atrevemos a torcerla para nuestros propios propósitos tergiversados, como los profetas falsos lo hicieron en el tiempo de Jeremías, ella nos destruirá como el fuego cuando se maneja mal. «Aquel a quien fuere mi palabra, cuente mi palabra verdadera» (Jer 23.28).

mentiras y con sus lisonjas, y yo no los envié
ni les mandé; y ningún provecho hicieron a
este pueblo, dice Jehová.
33 Y cuando te preguntare este pueblo, o el
profeta, o el sacerdote, diciendo: ¿Cuál es la
profecía de Jehová? les dirás: Esta es la profecía: Os dejaré, ha dicho Jehová.
34 Y al profeta, al sacerdote o al pueblo que
dijere: Profecía de Jehová, yo enviaré castigo
sobre tal hombre y sobre su casa.
35 Así diréis cada cual a su compañero, y cada
cual a su hermano: ¿Qué ha respondido Jehová, y qué habló Jehová?
36 Y nunca más os vendrá a la memoria decir:
Profecía de Jehová; porque la palabra de cada
uno le será por profecía; pues pervertisteis las
palabras del Dios viviente, de Jehová de los
ejércitos, Dios nuestro.
37 Así dirás al profeta: ¿Qué te respondió
Jehová, y qué habló Jehová?
38 Mas si dijereis: Profecía de Jehová; por eso
Jehová dice así: Porque dijisteis esta palabra,
Profecía de Jehová, habiendo yo enviado a
deciros: No digáis: Profecía de Jehová,
39 por tanto, he aquí que yo os echaré en
olvido, y arrancaré de mi presencia a vosotros y a la ciudad que di a vosotros y a vuestros padres;
40 y pondré sobre vosotros afrenta perpetua, y eterna confusión que nunca borrará el
olvido.

La señal de los higos buenos y malos

24 DESPUÉS de haber transportado
Nabucodonosor rey de Babilonia a
Jeconías hijo de Joacim, rey de Judá, a los
príncipes de Judá y los artesanos y herreros
de Jerusalén, y haberlos llevado a Babilonia,[a]
me mostró Jehová dos cestas de higos puestas
delante del templo de Jehová.
2 Una cesta tenía higos muy buenos, como
brevas; y la otra cesta tenía higos muy malos,
que de malos no se podían comer.
3 Y me dijo Jehová: ¿Qué ves tú, Jeremías?
Y dije: Higos; higos buenos, muy buenos; y
malos, muy malos, que de malos no se pueden comer.
4 Y vino a mí palabra de Jehová, diciendo:
5 Así ha dicho Jehová Dios de Israel: Como a
estos higos buenos, así miraré a los transportados de Judá, a los cuales eché de este lugar
a la tierra de los caldeos, para bien.
6 Porque pondré mis ojos sobre ellos para
bien, y los volveré a esta tierra, y los edificaré, y no los destruiré; los plantaré y no los
arrancaré.
7 Y les daré corazón para que me conozcan ➤
que yo soy Jehová; y me serán por pueblo, y
yo les seré a ellos por Dios; porque se volverán a mí de todo su corazón.
8 Y como los higos malos, que de malos no se
pueden comer, así ha dicho Jehová, pondré
a Sedequías rey de Judá, a sus príncipes y al
resto de Jerusalén que quedó en esta tierra, y
a los que moran en la tierra de Egipto.
9 Y los daré por escarnio y por mal a todos los
reinos de la tierra; por infamia, por ejemplo,
por refrán y por maldición a todos los lugares
adonde yo los arroje.
10 Y enviaré sobre ellos espada, hambre y
pestilencia, hasta que sean exterminados de la
tierra que les di a ellos y a sus padres.

Setenta años de desolación

25 PALABRA que vino a Jeremías acerca
de todo el pueblo de Judá en el año
cuarto de Joacim[a] hijo de Josías, rey de Judá,
el cual era el año primero de Nabucodonosor
rey de Babilonia;
2 la cual habló el profeta Jeremías a todo el
pueblo de Judá y a todos los moradores de
Jerusalén, diciendo:
3 Desde el año trece de Josías hijo de Amón,
rey de Judá, hasta este día, que son veintitrés
años, ha venido a mí palabra de Jehová, y he
hablado desde temprano y sin cesar; pero no
oísteis.
4 Y envió Jehová a vosotros todos sus siervos
los profetas, enviándoles desde temprano y
sin cesar; pero no oísteis, ni inclinasteis vuestro oído para escuchar
5 cuando decían: Volveos ahora de vuestro
mal camino y de la maldad de vuestras obras,
y moraréis en la tierra que os dio Jehová a
vosotros y a vuestros padres para siempre;
6 y no vayáis en pos de dioses ajenos, sirvién- ➤
doles y adorándoles, ni me provoquéis a ira
con la obra de vuestras manos; y no os haré
mal.

a. 24.1 2 R 24.12-16; 2 Cr 36.10. **a. 25.1** 2 R 24.1; 2 Cr 36.5-7; Dn 1.1-2.

LECCIONES DE VIDA

➤ ***24.7 — les daré corazón para que me conozcan que yo soy Jehová; y me serán por pueblo, y yo les seré a ellos por Dios; porque se volverán a mí de todo su corazón.***

Dios desea un corazón íntegro. Él quiere una relación íntima con nosotros que afecte cada área de nuestra vida: nuestro trabajo, nuestras familias, nuestras amistades, nuestras finanzas, todo. Él quiere lo que *somos*, no tan solo lo que tenemos.

➤ ***25.6 — no vayáis en pos de dioses ajenos, sirviéndoles y adorándoles, ni me provoquéis a ira con la obra de vuestras manos; y no os haré mal.***

Aunque Dios advirtió a los habitantes de Judá lo que sucedería si lo desobedecían (Jer 13.8–11; 20.4, 5; 21.5–10), ellos decidieron hacer sus propios ídolos. No vaya a cometer el mismo error tan terrible. El Señor nos hizo para Él, y *algo* aparte de Él es indigno de nuestra adoración. Por lo tanto, no elija algo que no puede amarle ni ayudarle, y que un día será destruido. Ponga toda su fe y toda su confianza

7 Pero no me habéis oído, dice Jehová, para
provocarme a ira con la obra de vuestras
manos para mal vuestro.
8 Por tanto, así ha dicho Jehová de los ejércitos: Por cuanto no habéis oído mis palabras,
9 he aquí enviaré y tomaré a todas las tribus
del norte, dice Jehová, y a Nabucodonosor
rey de Babilonia, mi siervo, y los traeré contra
esta tierra y contra sus moradores, y contra
todas estas naciones en derredor; y los destruiré, y los pondré por escarnio y por burla y
en desolación perpetua.
10 Y haré que desaparezca de entre ellos la
voz de gozo y la voz de alegría, la voz de desposado y la voz de desposada,[b] ruido de molino y luz de lámpara.[c]
➤ 11 Toda esta tierra será puesta en ruinas y en
espanto; y servirán estas naciones al rey de
Babilonia setenta años.[d]
12 Y cuando sean cumplidos los setenta años,
castigaré al rey de Babilonia y a aquella
nación por su maldad, ha dicho Jehová, y a la
tierra de los caldeos; y la convertiré en desiertos para siempre.
13 Y traeré sobre aquella tierra todas mis
palabras que he hablado contra ella, con todo
lo que está escrito en este libro, profetizado
por Jeremías contra todas las naciones.
14 Porque también ellas serán sojuzgadas por
muchas naciones y grandes reyes; y yo les
pagaré conforme a sus hechos, y conforme a
la obra de sus manos.

La copa de ira para las naciones

15 Porque así me dijo Jehová Dios de Israel:
Toma de mi mano la copa del vino de este
furor, y da a beber de él a todas las naciones a
las cuales yo te envío.
16 Y beberán, y temblarán y enloquecerán, a
causa de la espada que yo envío entre ellas.
17 Y tomé la copa de la mano de Jehová, y di
de beber a todas las naciones, a las cuales me
envió Jehová:
18 a Jerusalén, a las ciudades de Judá y a sus
reyes, y a sus príncipes, para ponerlos en ruinas, en escarnio y en burla y en maldición,
como hasta hoy;
19 a Faraón rey de Egipto, a sus siervos, a sus
príncipes y a todo su pueblo;
20 y a toda la mezcla de naciones, a todos los
reyes de tierra de Uz, y a todos los reyes de la
tierra de Filistea, a Ascalón, a Gaza, a Ecrón y
al remanente de Asdod;
21 a Edom, a Moab y a los hijos de Amón;
22 a todos los reyes de Tiro, a todos los reyes
de Sidón, a los reyes de las costas que están
de ese lado del mar;
23 a Dedán, a Tema y a Buz, y a todos los que
se rapan las sienes;
24 a todos los reyes de Arabia, a todos los
reyes de pueblos mezclados que habitan en
el desierto;
25 a todos los reyes de Zimri, a todos los reyes
de Elam, a todos los reyes de Media;
26 a todos los reyes del norte, los de cerca y
los de lejos, los unos con los otros, y a todos
los reinos del mundo que están sobre la faz
de la tierra; y el rey de Babilonia beberá después de ellos.
27 Les dirás, pues: Así ha dicho Jehová de los
ejércitos, Dios de Israel: Bebed, y embriagaos,
y vomitad, y caed, y no os levantéis, a causa de
la espada que yo envío entre vosotros.
28 Y si no quieren tomar la copa de tu mano
para beber, les dirás tú: Así ha dicho Jehová
de los ejércitos: Tenéis que beber.
29 Porque he aquí que a la ciudad en la cual
es invocado mi nombre yo comienzo a hacer
mal; ¿y vosotros seréis absueltos? No seréis
absueltos; porque espada traigo sobre todos
los moradores de la tierra, dice Jehová de los
ejércitos.
30 Tú, pues, profetizarás contra ellos todas
estas palabras y les dirás: Jehová rugirá desde
lo alto, y desde su morada santa dará su voz;
rugirá fuertemente contra su morada; canción
de lagareros cantará contra todos los moradores de la tierra.
31 Llegará el estruendo hasta el fin de la tierra, porque Jehová tiene juicio contra las
naciones; él es el Juez de toda carne; entregará los impíos a espada, dice Jehová.
32 Así ha dicho Jehová de los ejércitos: He
aquí que el mal irá de nación en nación, y
grande tempestad se levantará de los fines de
la tierra.
33 Y yacerán los muertos de Jehová en aquel
día desde un extremo de la tierra hasta el otro;
no se endecharán ni se recogerán ni serán
enterrados; como estiércol quedarán sobre la
faz de la tierra.

b. 25.10 Jer 7.34; 16.9. **c. 25.10** Ap 18.22-23.
d. 25.11 2 Cr 36.21; Jer 29.10; Dn 9.2.

LECCIONES DE VIDA

en el Dios viviente y eterno, quien verdaderamente es digno de su alabanza.

➤ ***25.11 — Toda esta tierra será puesta en ruinas y en espanto; y servirán estas naciones al rey de Babilonia setenta años.***

Antes que las tropas enemigas pusieran pie en Judá, Jeremías profetizó que el cautiverio babilónico duraría setenta años. Como siempre, la Palabra de Dios fue totalmente digna de confianza. Pasaron casi siete décadas desde la primera deportación de habitantes de Judá en 605 a.C. (Dn 1.1–4) hasta el primer retorno de los cautivos en 538 a.C. (2 Cr 36.22, 23). Otras deportaciones sucesivas se dieron alrededor de 597 a.C. (2 R 24.10–16) y en 586 a.C., tras la destrucción de Jerusalén y el templo (2 R 25.8–21).

34 Aullad, pastores, y clamad; revolcaos
en el polvo, mayorales del rebaño; porque
cumplidos son vuestros días para que seáis
degollados y esparcidos, y caeréis como vaso
precioso.
35 Y se acabará la huida de los pastores, y el
escape de los mayorales del rebaño.
36 ¡Voz de la gritería de los pastores, y aullido de los mayorales del rebaño! porque Jehová asoló sus pastos.
37 Y los pastos delicados serán destruidos por
el ardor de la ira de Jehová.
38 Dejó cual leoncillo su guarida; pues asolada fue la tierra de ellos por la ira del opresor,
y por el furor de su saña.

Jeremías es amenazado de muerte

26 EN el principio del reinado de Joacim[a]
hijo de Josías, rey de Judá, vino esta
palabra de Jehová, diciendo:
➤ 2 Así ha dicho Jehová: Ponte en el atrio de la
casa de Jehová, y habla a todas las ciudades
de Judá, que vienen para adorar en la casa de
Jehová, todas las palabras que yo te mandé
hablarles; no retengas palabra.
3 Quizá oigan, y se vuelvan cada uno de su
mal camino, y me arrepentiré yo del mal que
pienso hacerles por la maldad de sus obras.
4 Les dirás, pues: Así ha dicho Jehová: Si no
me oyereis para andar en mi ley, la cual puse
ante vosotros,
5 para atender a las palabras de mis siervos
los profetas, que yo os envío desde temprano
y sin cesar, a los cuales no habéis oído,
6 yo pondré esta casa como Silo,[b] y esta ciudad la pondré por maldición a todas las naciones de la tierra.
7 Y los sacerdotes, los profetas y todo el pueblo oyeron a Jeremías hablar estas palabras
en la casa de Jehová.
8 Y cuando terminó de hablar Jeremías todo
lo que Jehová le había mandado que hablase
a todo el pueblo, los sacerdotes y los profetas
y todo el pueblo le echaron mano, diciendo:
De cierto morirás.
9 ¿Por qué has profetizado en nombre de
Jehová, diciendo: Esta casa será como Silo,
y esta ciudad será asolada hasta no quedar
morador? Y todo el pueblo se juntó contra
Jeremías en la casa de Jehová.
10 Y los príncipes de Judá oyeron estas cosas,
y subieron de la casa del rey a la casa de
Jehová, y se sentaron en la entrada de la puerta nueva de la casa de Jehová.
11 Entonces hablaron los sacerdotes y los
profetas a los príncipes y a todo el pueblo,
diciendo: En pena de muerte ha incurrido
este hombre; porque profetizó contra esta ciudad, como vosotros habéis oído con vuestros
oídos.
12 Y habló Jeremías a todos los príncipes y a
todo el pueblo, diciendo: Jehová me envió a
profetizar contra esta casa y contra esta ciudad, todas las palabras que habéis oído.
13 Mejorad ahora vuestros caminos y vues- ➤
tras obras, y oíd la voz de Jehová vuestro
Dios, y se arrepentirá Jehová del mal que ha
hablado contra vosotros.
14 En lo que a mí toca, he aquí estoy en vuestras manos; haced de mí como mejor y más
recto os parezca.
15 Mas sabed de cierto que si me matáis, sangre inocente echaréis sobre vosotros, y sobre
esta ciudad y sobre sus moradores; porque en
verdad Jehová me envió a vosotros para que
dijese todas estas palabras en vuestros oídos.
16 Y dijeron los príncipes y todo el pueblo a
los sacerdotes y profetas: No ha incurrido este
hombre en pena de muerte, porque en nombre
de Jehová nuestro Dios nos ha hablado.
17 Entonces se levantaron algunos de los
ancianos de la tierra y hablaron a toda la
reunión del pueblo, diciendo:
18 Miqueas de Moreset profetizó en tiempo de
Ezequías rey de Judá, y habló a todo el pueblo de Judá, diciendo: Así ha dicho Jehová
de los ejércitos: Sion será arada como campo, y Jerusalén vendrá a ser montones de ruinas, y el monte de la casa como cumbres de
bosque.[c]
19 ¿Acaso lo mataron Ezequías rey de Judá y
todo Judá? ¿No temió a Jehová, y oró en presencia de Jehová, y Jehová se arrepintió del
mal que había hablado contra ellos? ¿Haremos, pues, nosotros tan gran mal contra nuestras almas?
20 Hubo también un hombre que profetizaba
en nombre de Jehová, Urías hijo de Semaías,
de Quiriat-jearim, el cual profetizó contra esta

a. 26.1 2 R 23.36—24.6; 2 Cr 36.5-7. **b. 26.6** Jos 18.1; Sal 78.60; Jer 7.12-14. **c. 26.18** Miq 3.12.

LECCIONES DE VIDA

➤ ***26.2 — Así ha dicho Jehová: Ponte en el atrio de la casa de Jehová, y habla a todas las ciudades de Judá, que vienen para adorar en la casa de Jehová, todas las palabras que yo te mandé hablarles; no retengas palabra.***

Jeremías sabía que la obediencia parcial es rebelión flagrante. El profeta pudo haber temido decir todas las palabras que Dios le mandó proclamar, pero lo hizo. Sólo a través del Espíritu podemos obedecer de esa manera.

➤ ***26.13 — oíd la voz de Jehová vuestro Dios, y se arrepentirá Jehová del mal que ha hablado contra vosotros.***

Dios se deleita en mostrar misericordia muchísimo más que en cumplir sus amenazas de juicio. Él quiere bendecirnos, no juzgarnos, pero debemos someternos a Él o enfrentar las consecuencias de nuestra desobediencia.

ciudad y contra esta tierra, conforme a todas las palabras de Jeremías;

21 y oyeron sus palabras el rey Joacim y todos sus grandes, y todos sus príncipes, y el rey procuró matarle; entendiendo lo cual Urías, tuvo temor, y huyó a Egipto.

22 Y el rey Joacim envió hombres a Egipto, a Elnatán hijo de Acbor y otros hombres con él, a Egipto;

23 los cuales sacaron a Urías de Egipto y lo trajeron al rey Joacim, el cual lo mató a espada, y echó su cuerpo en los sepulcros del vulgo.

➤ 24 Pero la mano de Ahicam hijo de Safán estaba a favor de Jeremías, para que no lo entregasen en las manos del pueblo para matarlo.

La señal de los yugos

27 EN el principio del reinado de Joacim[a] hijo de Josías, rey de Judá, vino esta palabra de Jehová a Jeremías, diciendo:

2 Jehová me ha dicho así: Hazte coyundas y yugos, y ponlos sobre tu cuello;

3 y los enviarás al rey de Edom, y al rey de Moab, y al rey de los hijos de Amón, y al rey de Tiro, y al rey de Sidón, por mano de los mensajeros que vienen a Jerusalén a Sedequías rey de Judá.

4 Y les mandarás que digan a sus señores: Así ha dicho Jehová de los ejércitos, Dios de Israel: Así habéis de decir a vuestros señores:

5 Yo hice la tierra, el hombre y las bestias que están sobre la faz de la tierra, con mi gran poder y con mi brazo extendido, y la di a quien yo quise.

6 Y ahora yo he puesto todas estas tierras en mano de Nabucodonosor rey de Babilonia, mi siervo, y aun las bestias del campo le he dado para que le sirvan.

7 Y todas las naciones le servirán a él, a su hijo, y al hijo de su hijo, hasta que venga también el tiempo de su misma tierra, y la reduzcan a servidumbre muchas naciones y grandes reyes.

8 Y a la nación y al reino que no sirviere a Nabucodonosor rey de Babilonia, y que no pusiere su cuello debajo del yugo del rey de Babilonia, castigaré a tal nación con espada y con hambre y con pestilencia, dice Jehová, hasta que la acabe yo por su mano.

9 Y vosotros no prestéis oído a vuestros profetas, ni a vuestros adivinos, ni a vuestros soñadores, ni a vuestros agoreros, ni a vuestros encantadores, que os hablan diciendo: No serviréis al rey de Babilonia.

10 Porque ellos os profetizan mentira, para haceros alejar de vuestra tierra, y para que yo os arroje y perezcáis.

11 Mas a la nación que sometiere su cuello al yugo del rey de Babilonia y le sirviere, la dejaré en su tierra, dice Jehová, y la labrará y morará en ella.

12 Hablé también a Sedequías rey de Judá conforme a todas estas palabras, diciendo: Someted vuestros cuellos al yugo del rey de Babilonia, y servidle a él y a su pueblo, y vivid.

13 ¿Por qué moriréis tú y tu pueblo a espada, de hambre y de pestilencia, según ha dicho Jehová de la nación que no sirviere al rey de Babilonia?

14 No oigáis las palabras de los profetas que os hablan diciendo: No serviréis al rey de Babilonia; porque os profetizan mentira.

15 Porque yo no los envié, dice Jehová, y ellos profetizan falsamente en mi nombre, para que yo os arroje y perezcáis vosotros y los profetas que os profetizan.

16 También a los sacerdotes y a todo este pueblo hablé diciendo: Así ha dicho Jehová: No oigáis las palabras de vuestros profetas que os profetizan diciendo: He aquí que los utensilios de la casa de Jehová volverán de Babilonia ahora pronto; porque os profetizan mentira.

17 No los oigáis; servid al rey de Babilonia y vivid; ¿por qué ha de ser desolada esta ciudad?

18 Y si ellos son profetas, y si está con ellos la palabra de Jehová, oren ahora a Jehová de los ejércitos para que los utensilios que han quedado en la casa de Jehová y en la casa del rey de Judá y en Jerusalén, no vayan a Babilonia.

19 Porque así ha dicho Jehová de los ejércitos acerca de aquellas columnas, del estanque, de las basas y del resto de los utensilios que quedan en esta ciudad,

20 que no quitó Nabucodonosor rey de Babilonia cuando transportó de Jerusalén a Babilonia a Jeconías hijo de Joacim, rey de Judá, y a todos los nobles de Judá y de Jerusalén;

21 así, pues, ha dicho Jehová de los ejércitos, Dios de Israel, acerca de los utensilios que quedaron en la casa de Jehová, y en la casa del rey de Judá, y en Jerusalén:

22 A Babilonia serán transportados, y allí estarán hasta el día en que yo los visite, dice Jehová; y después los traeré y los restauraré a este lugar. ➤

a. **27.1** 2 R 24.18-20; 2 Cr 36.11-13.

LECCIONES DE VIDA

➤ ***26.24 — la mano de Ahicam hijo de Safán estaba a favor de Jeremías, para que no lo entregasen en las manos del pueblo para matarlo.***

En puntos estratégicos a lo largo de su difícil ministerio, Dios proveyó ánimo a Jeremías, así como amigos que le ayudaron a completar su misión. Dios hace lo mismo por nosotros, para ayudarnos a triunfar en las tareas asignada por el Espíritu Santo.

Falsa profecía de Hananías

28 ACONTECIÓ en el mismo año, en el principio del reinado de Sedequías[a] rey de Judá, en el año cuarto, en el quinto mes, que Hananías hijo de Azur, profeta que era de Gabaón, me habló en la casa de Jehová delante de los sacerdotes y de todo el pueblo, diciendo:
2 Así habló Jehová de los ejércitos, Dios de Israel, diciendo: Quebranté el yugo del rey de Babilonia.
3 Dentro de dos años haré volver a este lugar todos los utensilios de la casa de Jehová, que Nabucodonosor rey de Babilonia tomó de este lugar para llevarlos a Babilonia,
4 y yo haré volver a este lugar a Jeconías hijo de Joacim, rey de Judá, y a todos los transportados de Judá que entraron en Babilonia, dice Jehová; porque yo quebrantaré el yugo del rey de Babilonia.
5 Entonces respondió el profeta Jeremías al profeta Hananías, delante de los sacerdotes y delante de todo el pueblo que estaba en la casa de Jehová.
6 Y dijo el profeta Jeremías: Amén, así lo haga Jehová. Confirme Jehová tus palabras, con las cuales profetizaste que los utensilios de la casa de Jehová, y todos los transportados, han de ser devueltos de Babilonia a este lugar.
7 Con todo eso, oye ahora esta palabra que yo hablo en tus oídos y en los oídos de todo el pueblo:
8 Los profetas que fueron antes de mí y antes de ti en tiempos pasados, profetizaron guerra, aflicción y pestilencia contra muchas tierras y contra grandes reinos.
9 El profeta que profetiza de paz, cuando se cumpla la palabra del profeta, será conocido como el profeta que Jehová en verdad envió.
10 Entonces el profeta Hananías quitó el yugo del cuello del profeta Jeremías, y lo quebró.
11 Y habló Hananías en presencia de todo el pueblo, diciendo: Así ha dicho Jehová: De esta manera romperé el yugo de Nabucodonosor rey de Babilonia, del cuello de todas las naciones, dentro de dos años. Y siguió Jeremías su camino.
12 Y después que el profeta Hananías rompió el yugo del cuello del profeta Jeremías, vino palabra de Jehová a Jeremías, diciendo:
13 Ve y habla a Hananías, diciendo: Así ha dicho Jehová: Yugos de madera quebraste, mas en vez de ellos harás yugos de hierro.
14 Porque así ha dicho Jehová de los ejércitos, Dios de Israel: Yugo de hierro puse sobre el cuello de todas estas naciones, para que sirvan a Nabucodonosor rey de Babilonia, y han de servirle; y aun también le he dado las bestias del campo.
15 Entonces dijo el profeta Jeremías al profeta Hananías: Ahora oye, Hananías: Jehová no te envió, y tú has hecho confiar en mentira a este pueblo.
16 Por tanto, así ha dicho Jehová: He aquí que ➤
yo te quito de sobre la faz de la tierra; morirás en este año, porque hablaste rebelión contra Jehová.
17 Y en el mismo año murió Hananías, en el mes séptimo.

Carta de Jeremías a los cautivos

29 ESTAS son las palabras de la carta que el profeta Jeremías envió de Jerusalén a los ancianos que habían quedado de los que fueron transportados, y a los sacerdotes y profetas y a todo el pueblo que Nabucodonosor llevó cautivo de Jerusalén a Babilonia
2 (después que salió el rey Jeconías, la reina, los del palacio, los príncipes de Judá y de Jerusalén, los artífices y los ingenieros de Jerusalén),[a]
3 por mano de Elasa hijo de Safán y de Gemarías hijo de Hilcías, a quienes envió Sedequías rey de Judá a Babilonia, a Nabucodonosor rey de Babilonia. Decía:
4 Así ha dicho Jehová de los ejércitos, Dios de Israel, a todos los de la cautividad que hice transportar de Jerusalén a Babilonia:
5 Edificad casas, y habitadlas; y plantad huertos, y comed del fruto de ellos.
6 Casaos, y engendrad hijos e hijas; dad mujeres a vuestros hijos, y dad maridos a vuestras hijas, para que tengan hijos e hijas; y multiplicaos ahí, y no os disminuyáis.
7 Y procurad la paz de la ciudad a la cual os ➤
hice transportar, y rogad por ella a Jehová; porque en su paz tendréis vosotros paz.
8 Porque así ha dicho Jehová de los ejércitos, Dios de Israel: No os engañen vuestros

a. 28.1 2 R 24.18-20; 2 Cr 36.11-13. **a. 29.1-2** 2 R 24.12-16; 2 Cr 36.10.

LECCIONES DE VIDA

➤ ***27.22 — A Babilonia serán transportados, y allí estarán hasta el día en que yo los visite, dice Jehová.***

El Señor nunca abandonó a su pueblo, aunque pasaron muchos años en cautiverio, anhelando regresar a su patria. Aunque podamos sentirnos igualmente alejados de las bendiciones y las promesas que Él nos ha dado, Dios todavía está con nosotros. Ciertamente, Él cumplirá su compromiso con nosotros, pero debemos esperar hasta que Él se mueva con su poder y su sabiduría.

➤ ***28.16, 17 — morirás en este año, porque hablaste rebelión contra Jehová. Y en el mismo año murió Hananías, en el mes séptimo.***

¿Cómo es que Hananías habló rebelión contra el Señor? Lo hizo a través de un mensaje de paz falsa (Jer 28.1–4). Nunca podemos ganarnos el favor de Dios convenciendo a alguien que el pecado es otra cosa que no sea pecado. Por el contrario, un juicio terrible le espera a todo aquel que manipule la Palabra de Dios para su propia ganancia.

RESPUESTAS A PREGUNTAS DE LA VIDA

¿Cómo puedo superar el desánimo?

JER 29.11

¿Se siente a veces tentado a darse por vencido? Quizás ahora mismo se sienta ignorado, olvidado y maltratado, y quiera rendirse. La meta de Satanás es que usted haga justamente eso, que tire la toalla y renuncie a seguirlo intentando. El desánimo es una de sus armas más eficaces.

Por eso, recuerde esto: las decepciones son inevitables; pero el desánimo es por elección nuestra. No tiene que ceder a los susurros debilitadores del diablo que son las dudas y los temores, ni tampoco revolcarse sintiendo lástima de sí mismo.

Durante un tiempo muy atribulado en la historia de Israel, Dios dirigió a Jeremías a pronunciar palabras de esperanza y ánimo a los exiliados que se sentían descorazonados en Babilonia: «yo sé los pensamientos que tengo acerca de vosotros, dice Jehová, pensamientos de paz, y no de mal, para daros el fin que esperáis». El pueblo de Israel podía evitar el desánimo si recordaban que Dios tenía planes maravillosos para su futuro.

En Babilonia, Israel examinó su fe y redescubrió su profunda necesidad del Señor. Debemos hacer lo mismo. Si es que vamos a alcanzar todo nuestro potencial, debemos entender una verdad muy importante: *Dios es por nosotros.* Él no está en contra de nosotros. A menudo usa pruebas para colocarnos en la posición de recibir mayores bendiciones, y hasta en aquellos tiempos de gran desilusión podemos confiar que Él nos tiene reservado lo mejor, y hará que todas las cosas nos ayuden a bien. Él sabe cómo usar cada decepción y cada penuria para nuestro beneficio, y desea que lo veamos como nuestra única fuente de salvación y bendición.

Cuando usted se sienta tentado(a) a caer en el desánimo, acuda a Dios en oración. Dígale todo lo que esté sintiendo. Dios tiene una visión objetiva de la situación. Él ve el futuro y conoce la dirección que tomará su vida. También quiere que usted dependa totalmente de Él y no se apoye en los halagos de otros, en los éxitos terrenales ni en los recursos mundanos para ser feliz. Aunque las decepciones vendrán, porque al fin y al cabo vivimos en un mundo caído, usted puede elevarse por encima de todo ello si enfoca su corazón en Jesucristo.

Si se encuentra en una situación difícil, bien sea emocional o físicamente, no se descorazone. Pídale al Señor que le revele su voluntad y su plan para su vida. Comprométase totalmente a Él y obedézcalo sin importar cuánto le cueste. Si aborda la situación de esta manera, Dios proveerá para usted en formas que superan por completo el entendimiento humano.

Para un estudio más a fondo, véase el Índice de Principios de vida:

20. *Las decepciones son inevitables; el desánimo es por elección nuestra.*
8. *Libremos nuestras batallas de rodillas y siempre obtendremos la victoria.*

profetas que están entre vosotros, ni vuestros adivinos; ni atendáis a los sueños que soñáis.
9 Porque falsamente os profetizan ellos en mi nombre; no los envié, ha dicho Jehová.
10 Porque así dijo Jehová: Cuando en Babilonia se cumplan los setenta años[b], yo os visitaré, y despertaré sobre vosotros mi buena palabra, para haceros volver a este lugar.
11 Porque yo sé los pensamientos que tengo *
acerca de vosotros, dice Jehová, pensamientos ≺
de paz, y no de mal, para daros el fin que esperáis.
12 Entonces me invocaréis, y vendréis y oraréis a mí, y yo os oiré;
13 y me buscaréis y me hallaréis, porque me ≺
buscaréis de todo vuestro corazón.[c]
14 Y seré hallado por vosotros, dice Jehová, y haré volver vuestra cautividad, y os reuniré de todas las naciones y de todos los lugares adonde os arrojé, dice Jehová; y os haré volver al lugar de donde os hice llevar.
15 Mas habéis dicho: Jehová nos ha levantado profetas en Babilonia.
16 Pero así ha dicho Jehová acerca del rey que está sentado sobre el trono de David, y de todo el pueblo que mora en esta ciudad, de

b. 29.10 2 Cr 36.21; Jer 25.11; Dn 9.2. **c. 29.13** Dt 4.29.

vuestros hermanos que no salieron con vosotros en cautiverio;
17 así ha dicho Jehová de los ejércitos: He aquí envío yo contra ellos espada, hambre y pestilencia, y los pondré como los higos malos, que de tan malos no se pueden comer.
18 Los perseguiré con espada, con hambre y con pestilencia, y los daré por escarnio a todos los reinos de la tierra, por maldición y por espanto, y por burla y por afrenta para todas las naciones entre las cuales los he arrojado;
19 por cuanto no oyeron mis palabras, dice Jehová, que les envié por mis siervos los profetas, desde temprano y sin cesar; y no habéis escuchado, dice Jehová.
20 Oíd, pues, palabra de Jehová, vosotros todos los transportados que envié de Jerusalén a Babilonia.
21 Así ha dicho Jehová de los ejércitos, Dios de Israel, acerca de Acab hijo de Colaías, y acerca de Sedequías hijo de Maasías, que os profetizan falsamente en mi nombre: He aquí los entrego yo en mano de Nabucodonosor rey de Babilonia, y él los matará delante de vuestros ojos.
22 Y todos los transportados de Judá que están en Babilonia harán de ellos una maldición, diciendo: Póngate Jehová como a Sedequías y como a Acab, a quienes asó al fuego el rey de Babilonia.
23 Porque hicieron maldad en Israel, y cometieron adulterio con las mujeres de sus prójimos, y falsamente hablaron en mi nombre palabra que no les mandé; lo cual yo sé y testifico, dice Jehová.
24 Y a Semaías de Nehelam hablarás, diciendo:
25 Así habló Jehová de los ejércitos, Dios de Israel, diciendo: Tú enviaste cartas en tu nombre a todo el pueblo que está en Jerusalén, y al sacerdote Sofonías hijo de Maasías, y a todos los sacerdotes, diciendo:
26 Jehová te ha puesto por sacerdote en lugar del sacerdote Joiada, para que te encargues en la casa de Jehová de todo hombre loco que profetice, poniéndolo en el calabozo y en el cepo.
27 ¿Por qué, pues, no has reprendido ahora a Jeremías de Anatot, que os profetiza?
28 Porque él nos envió a decir en Babilonia: Largo será el cautiverio; edificad casas, y habitadlas; plantad huertos, y comed el fruto de ellos.
29 Y el sacerdote Sofonías había leído esta carta a oídos del profeta Jeremías.
30 Y vino palabra de Jehová a Jeremías, diciendo:
31 Envía a decir a todos los cautivos: Así ha dicho Jehová de Semaías de Nehelam: Porque os profetizó Semaías, y yo no lo envié, y os hizo confiar en mentira;
32 por tanto, así ha dicho Jehová: He aquí que yo castigaré a Semaías de Nehelam y a su descendencia; no tendrá varón que more entre este pueblo, ni verá el bien que haré yo a mi pueblo, dice Jehová; porque contra Jehová ha hablado rebelión.

Dios promete que los cautivos volverán

30 PALABRA de Jehová que vino a Jeremías, diciendo:
2 Así habló Jehová Dios de Israel, diciendo: Escríbete en un libro todas las palabras que te he hablado.
3 Porque he aquí que vienen días, dice Jehová, en que haré volver a los cautivos de mi pueblo Israel y Judá, ha dicho Jehová, y los traeré a la tierra que di a sus padres, y la disfrutarán.
4 Éstas, pues, son las palabras que habló Jehová acerca de Israel y de Judá.
5 Porque así ha dicho Jehová: Hemos oído voz de temblor; de espanto, y no de paz.
6 Inquirid ahora, y mirad si el varón da a luz; porque he visto que todo hombre tenía las manos sobre sus lomos, como mujer que está de parto, y se han vuelto pálidos todos los rostros.
7 ¡Ah, cuán grande es aquel día! tanto, que no hay otro semejante a él; tiempo de angustia para Jacob; pero de ella será librado.

LECCIONES DE VIDA

➤ *29.7 — procurad la paz de la ciudad a la cual os hice transportar, y rogad por ella a Jehová; porque en su paz tendréis vosotros paz.*

Dios hizo que su pueblo rebelde fuese llevado a la fuerza a la perversa Babilonia, pero les instruyó que orasen por la paz de la ciudad pagana y fuesen obedientes a Él. Aun en Babilonia, Dios quiso mantener una relación íntima con ellos y bendecir grandemente a su pueblo.

➤ *29.11 — yo sé los pensamientos que tengo acerca de vosotros, dice Jehová, pensamientos de paz, y no de mal, para daros el fin que esperáis.*

Los planes de Dios para nosotros siempre son para nuestro bien (Ro 12.1, 2). Aunque podamos sufrir tiempos de adversidad, siempre tenemos esperanza gracias a su amor y su bondad admirable hacia nosotros (Ro 8.28). Si lo esperamos con paciencia y obediencia, Él ciertamente cumplirá sus promesas y sus propósitos para nosotros, de un modo que está por encima y mas allá lo que podamos pedir o imaginarnos (Sal 138.8; Ef 3.20).

➤ *29.13 — me buscaréis y me hallaréis, porque me buscaréis de todo vuestro corazón.*

¿A qué nos referimos cuando decimos que buscamos al Señor? No tiene que ver con algo que queramos recibir de Él, sino más bien que nuestro deseo es conocerlo *a Él*. ¿Realmente quiere conoce al Señor y los planes que tiene para su vida? Si es necesario, Dios moverá el cielo y la tierra para mostrarle su voluntad. Por lo tanto, búsquelo y obedezca todo lo que le instruya hacer, así le *hallará* y su obediencia traerá gran bendición.

8 En aquel día, dice Jehová de los ejércitos, yo
quebraré su yugo de tu cuello, y romperé tus
coyundas, y extranjeros no lo volverán más a
poner en servidumbre,
9 sino que servirán a Jehová su Dios y a David
su rey, a quien yo les levantaré.
10 Tú, pues, siervo mío Jacob, no temas, dice
Jehová, ni te atemorices, Israel; porque he
aquí que yo soy el que te salvo de lejos a ti y
a tu descendencia de la tierra de cautividad; y
Jacob volverá, descansará y vivirá tranquilo, y
no habrá quien le espante.
➤ 11 Porque yo estoy contigo para salvarte, dice
Jehová, y destruiré a todas las naciones entre
las cuales te esparcí; pero a ti no te destruiré,
sino que te castigaré con justicia; de ninguna
manera te dejaré sin castigo.[a]
12 Porque así ha dicho Jehová: Incurable es tu
quebrantamiento, y dolorosa tu llaga.
13 No hay quien juzgue tu causa para sanarte;
no hay para ti medicamentos eficaces.
14 Todos tus enamorados te olvidaron; no te
buscan; porque como hiere un enemigo te
herí, con azote de adversario cruel, a causa de
la magnitud de tu maldad y de la multitud de
tus pecados.
15 ¿Por qué gritas a causa de tu quebrantamiento? Incurable es tu dolor, porque por la
grandeza de tu iniquidad y por tus muchos
pecados te he hecho esto.
16 Pero serán consumidos todos los que te
consumen; y todos tus adversarios, todos irán
en cautiverio; hollados serán los que te hollaron, y a todos los que hicieron presa de ti daré
en presa.
17 Mas yo haré venir sanidad para ti, y sanaré tus heridas, dice Jehová; porque desechada
te llamaron, diciendo: Ésta es Sion, de la que
nadie se acuerda.
18 Así ha dicho Jehová: He aquí yo hago volver los cautivos de las tiendas de Jacob, y de
sus tiendas tendré misericordia, y la ciudad
será edificada sobre su colina, y el templo
será asentado según su forma.
19 Y saldrá de ellos acción de gracias, y voz de
nación que está en regocijo, y los multiplicaré,
y no serán disminuidos; los multiplicaré, y no
serán menoscabados.
20 Y serán sus hijos como antes, y su congregación delante de mí será confirmada; y castigaré a todos sus opresores.
21 De ella saldrá su príncipe, y de en medio
de ella saldrá su señoreador; y le haré llegar
cerca, y él se acercará a mí; porque ¿quién
es aquel que se atreve a acercarse a mí? dice
Jehová.
22 Y me seréis por pueblo, y yo seré vuestro
Dios.
23 He aquí, la tempestad de Jehová sale con
furor; la tempestad que se prepara, sobre la
cabeza de los impíos reposará.
24 No se calmará el ardor de la ira de Jehová, hasta que haya hecho y cumplido los pensamientos de su corazón; en el fin de los días
entenderéis esto.
31 EN aquel tiempo, dice Jehová, yo seré
por Dios a todas las familias de Israel,
y ellas me serán a mí por pueblo.
2 Así ha dicho Jehová: El pueblo que escapó
de la espada halló gracia en el desierto, cuando Israel iba en busca de reposo.
3 Jehová se manifestó a mí hace ya mucho ➤
tiempo, diciendo: Con amor eterno te he amado; por tanto, te prolongué mi misericordia.
4 Aún te edificaré, y serás edificada, oh virgen
de Israel; todavía serás adornada con tus panderos, y saldrás en alegres danzas.
5 Aún plantarás viñas en los montes de Samaria; plantarán los que plantan, y disfrutarán
de ellas.
6 Porque habrá día en que clamarán los guardas en el monte de Efraín: Levantaos, y subamos a Sion, a Jehová nuestro Dios.
7 Porque así ha dicho Jehová: Regocijaos en
Jacob con alegría, y dad voces de júbilo a la
cabeza de naciones; haced oír, alabad, y decid:
Oh Jehová, salva a tu pueblo, el remanente de
Israel.
8 He aquí yo los hago volver de la tierra del
norte, y los reuniré de los fines de la tierra, y
entre ellos ciegos y cojos, la mujer que está
encinta y la que dio a luz juntamente; en gran
compañía volverán acá.
9 Irán con lloro, mas con misericordia los
haré volver, y los haré andar junto a arroyos
de aguas, por camino derecho en el cual no
tropezarán; porque soy a Israel por padre, y
Efraín es mi primogénito.
10 Oíd palabra de Jehová, oh naciones, y
hacedlo saber en las costas que están lejos,

a. 30.10-11 Jer 46.27-28.

LECCIONES DE VIDA

➤ ***30.11 — yo estoy contigo… destruiré a todas las naciones entre las cuales te esparcí; pero a ti no te destruiré, sino que te castigaré con justicia.***

El perdón completo y total del pecado no implica necesariamente la erradicación completa y total de todas las consecuencias del pecado. Jesús perdonó al ladrón en la cruz y le dio vida eterna, pero el ladrón de todas maneras murió (Lc 23.43).

➤ ***31.3 — Jehová se manifestó a mí hace ya mucho tiempo, diciendo: Con amor eterno te he amado; por tanto, te prolongué mi misericordia.***

Dios le ha jurado a usted amor eterno. Él le acompaña en medio de todas sus tristezas y penalidades, y nada puede separarle de su amor (Ro 8.31–39). Por esa razón, acéptelo, aférrese a Él y confíe que su voluntad para usted siempre es lo mejor de lo mejor.

y decid: El que esparció a Israel lo reunirá y
guardará, como el pastor a su rebaño.
11 Porque Jehová redimió a Jacob, lo redimió
de mano del más fuerte que él.
12 Y vendrán con gritos de gozo en lo alto de
Sion, y correrán al bien de Jehová, al pan, al
vino, al aceite, y al ganado de las ovejas y de
las vacas; y su alma será como huerto de riego, y nunca más tendrán dolor.
13 Entonces la virgen se alegrará en la danza,
los jóvenes y los viejos juntamente; y cambiaré su lloro en gozo, y los consolaré, y los alegraré de su dolor.
➤ 14 Y el alma del sacerdote satisfaré con abundancia, y mi pueblo será saciado de mi bien,
dice Jehová.
15 Así ha dicho Jehová: Voz fue oída en Ramá,
llanto y lloro amargo; Raquel que lamenta por
sus hijos,[a] y no quiso ser consolada acerca de
sus hijos, porque perecieron.[b]
* 16 Así ha dicho Jehová: Reprime del llanto tu
voz, y de las lágrimas tus ojos; porque salario
hay para tu trabajo, dice Jehová, y volverán de
la tierra del enemigo.
17 Esperanza hay también para tu porvenir,
dice Jehová, y los hijos volverán a su propia
tierra.
18 Escuchando, he oído a Efraín que se lamentaba: Me azotaste, y fui castigado como novillo indómito; conviérteme, y seré convertido,
porque tú eres Jehová mi Dios.
19 Porque después que me aparté tuve arrepentimiento, y después que reconocí mi falta,
herí mi muslo; me avergoncé y me confundí,
porque llevé la afrenta de mi juventud.
➤ 20 ¿No es Efraín hijo precioso para mí? ¿no
es niño en quien me deleito? pues desde que
hablé de él, me he acordado de él constantemente. Por eso mis entrañas se conmovieron
por él; ciertamente tendré de él misericordia,
dice Jehová.
21 Establécete señales, ponte majanos altos,
nota atentamente la calzada; vuélvete por
el camino por donde fuiste, virgen de Israel,
vuelve a estas tus ciudades.
22 ¿Hasta cuándo andarás errante, oh hija
contumaz? Porque Jehová creará una cosa
nueva sobre la tierra: la mujer rodeará al
varón.
23 Así ha dicho Jehová de los ejércitos, Dios
de Israel: Aún dirán esta palabra en la tierra
de Judá y en sus ciudades, cuando yo haga
volver sus cautivos: Jehová te bendiga, oh
morada de justicia, oh monte santo.
24 Y habitará allí Judá, y también en todas
sus ciudades labradores, y los que van con
rebaño.
25 Porque satisfaré al alma cansada, y saciaré
a toda alma entristecida.
26 En esto me desperté, y vi, y mi sueño me
fue agradable.

El nuevo pacto

27 He aquí vienen días, dice Jehová, en que
sembraré la casa de Israel y la casa de Judá de
simiente de hombre y de simiente de animal.
28 Y así como tuve cuidado de ellos para
arrancar y derribar, y trastornar y perder y
afligir, tendré cuidado de ellos para edificar y
plantar, dice Jehová.
29 En aquellos días no dirán más: Los padres
comieron las uvas agrias y los dientes de los
hijos tienen la dentera,[c]
30 sino que cada cual morirá por su propia maldad; los dientes de todo hombre que
comiere las uvas agrias, tendrán la dentera.
31 He aquí que vienen días, dice Jehová, en ➤
los cuales haré nuevo pacto[d] con la casa de
Israel y con la casa de Judá.
32 No como el pacto que hice con sus padres
el día que tomé su mano para sacarlos de la
tierra de Egipto; porque ellos invalidaron mi
pacto, aunque fui yo un marido para ellos,
dice Jehová.
33 Pero éste es el pacto que haré con la casa
de Israel después de aquellos días, dice Jehová: Daré mi ley en su mente, y la escribiré en
su corazón;[e] y yo seré a ellos por Dios, y ellos
me serán por pueblo.
34 Y no enseñará más ninguno a su prójimo,
ni ninguno a su hermano, diciendo: Conoce

a. 31.15 Gn 35.16-19. **b. 31.15** Mt 2.18. **c. 31.29** Ez 18.2.
d. 31.31 Mt 26.28; Mr 14.24; Lc 22.20; 1 Co 11.25; 2 Co 3.6.
e. 31.33 He 10.16.

LECCIONES DE VIDA

➤ ***31.14 — el alma del sacerdote satisfaré con abundancia, y mi pueblo será saciado de mi bien, dice Jehová.***

El Señor no quiere esperar hasta el cielo para saciar nuestra alma con abundancia y llenarnos con su bondad. Él desea bendecirnos *ahora mismo* con todas las cosas buenas de su Espíritu.

➤ ***31.20 — mis entrañas se conmovieron por él; ciertamente tendré de él misericordia, dice Jehová.***

En estas palabras se puede oír la angustia que a veces causamos a nuestro Señor. Él nos ama y quiere bendecirnos, pero no puede ignorar nuestra rebelión y nuestro pecado. No obstante, puesto que Él ama la misericordia más que el juicio, arrepintámonos de todas nuestras transgresiones. «Él es fiel y justo para perdonar nuestros pecados, y limpiarnos de toda maldad» (1 Jn 1.9).

➤ ***31.31 — He aquí que vienen días, dice Jehová, en los cuales haré nuevo pacto con la casa de Israel y con la casa de Judá.***

Somos un pueblo del «nuevo pacto», un grupo bienaventurado de hombres y mujeres que podemos acercarnos confiadamente a la presencia de Dios por su Espíritu y mediante la fe en su Hijo Jesucristo (He 8.7–13; 9.15; 12.24).

a Jehová; porque todos me conocerán, desde
el más pequeño de ellos hasta el más grande,
dice Jehová; porque perdonaré la maldad de
ellos, y no me acordaré más de su pecado.[f, g]
35 Así ha dicho Jehová, que da el sol para luz
del día, las leyes de la luna y de las estrellas
para luz de la noche, que parte el mar, y bra-
man sus ondas; Jehová de los ejércitos es su
nombre:
36 Si faltaren estas leyes delante de mí, dice
Jehová, también la descendencia de Israel
faltará para no ser nación delante de mí
eternamente.
37 Así ha dicho Jehová: Si los cielos arriba
se pueden medir, y explorarse abajo los fundamentos de la tierra, también yo desecharé
toda la descendencia de Israel por todo lo que
hicieron, dice Jehová.
38 He aquí que vienen días, dice Jehová, en
que la ciudad será edificada a Jehová, desde la
torre de Hananeel hasta la puerta del Ángulo.
39 Y saldrá más allá el cordel de la medida delante de él sobre el collado de Gareb, y
rodeará a Goa.
40 Y todo el valle de los cuerpos muertos y de
la ceniza, y todas las llanuras hasta el arroyo de Cedrón, hasta la esquina de la puerta
de los caballos al oriente, será santo a Jehová; no será arrancada ni destruida más para
siempre.

Jeremías compra la heredad de Hananeel

32 PALABRA de Jehová que vino a
Jeremías, el año décimo de Sedequías[a]
rey de Judá, que fue el año decimoctavo de
Nabucodonosor.
2 Entonces el ejército del rey de Babilonia
tenía sitiada a Jerusalén, y el profeta Jeremías
estaba preso en el patio de la cárcel que estaba en la casa del rey de Judá.
3 Porque Sedequías rey de Judá lo había
puesto preso, diciendo: ¿Por qué profetizas
tú diciendo: Así ha dicho Jehová: He aquí yo
entrego esta ciudad en mano del rey de Babilonia, y la tomará;
4 y Sedequías rey de Judá no escapará de la
mano de los caldeos, sino que de cierto será
entregado en mano del rey de Babilonia, y
hablará con él boca a boca, y sus ojos verán
sus ojos,
5 y hará llevar a Sedequías a Babilonia, y allá
estará hasta que yo le visite; y si peleareis contra los caldeos, no os irá bien, dice Jehová?
6 Dijo Jeremías: Palabra de Jehová vino a mí,
diciendo:
7 He aquí que Hanameel hijo de Salum tu tío
viene a ti, diciendo: Cómprame mi heredad
que está en Anatot; porque tú tienes derecho
a ella para comprarla.
8 Y vino a mí Hanameel hijo de mi tío, conforme a la palabra de Jehová, al patio de la cárcel, y me dijo: Compra ahora mi heredad, que
está en Anatot en tierra de Benjamín, porque
tuyo es el derecho de la herencia, y a ti corresponde el rescate; cómprala para ti. Entonces
conocí que era palabra de Jehová.
9 Y compré la heredad de Hanameel, hijo de
mi tío, la cual estaba en Anatot, y le pesé el
dinero; diecisiete siclos de plata.
10 Y escribí la carta y la sellé, y la hice certifi-
car con testigos, y pesé el dinero en balanza.
11 Tomé luego la carta de venta, sellada según
el derecho y costumbre, y la copia abierta.
12 Y di la carta de venta a Baruc hijo de
Nerías, hijo de Maasías, delante de Hanameel el hijo de mi tío, y delante de los testigos
que habían suscrito la carta de venta, delante de todos los judíos que estaban en el patio
de la cárcel.
13 Y di orden a Baruc delante de ellos,
diciendo:
14 Así ha dicho Jehová de los ejércitos, Dios
de Israel: Toma estas cartas, esta carta de venta sellada, y esta carta abierta, y ponlas en
una vasija de barro, para que se conserven
muchos días.
15 Porque así ha dicho Jehová de los ejércitos,
Dios de Israel: Aún se comprarán casas, heredades y viñas en esta tierra.
16 Y después que di la carta de venta a Baruc
hijo de Nerías, oré a Jehová, diciendo:
17 ¡Oh Señor Jehová! he aquí que tú hiciste el cielo y la tierra con tu gran poder, y con
tu brazo extendido, ni hay nada que sea difícil para ti;
18 que haces misericordia a millares, y castigas la maldad de los padres en sus hijos después de ellos; Dios grande, poderoso, Jehová
de los ejércitos es su nombre;
19 grande en consejo, y magnífico en hechos;
porque tus ojos están abiertos sobre todos los
caminos de los hijos de los hombres, para dar

f. 31.34 He 10.17. **g. 31.31-34** He 8.8-12.
a. 32.1 2 R 25.1-7.

LECCIONES DE VIDA

➤ ***32.17 — ¡Oh Señor Jehová! he aquí que tú hiciste el cielo y la tierra con tu gran poder, y con tu brazo extendido, ni hay nada que sea difícil para ti.***

Aunque Jeremías sabía que Dios es soberano, cuestionó la razón por la que el Señor le mandó comprar un campo mientras los caldeos (babilonios) atacaban (Jer 32.25). ¡Nosotros somos iguales! Reconocemos que Dios puede hacer todo lo que quiera, pero ponemos en duda lo que Él nos llame a hacer. Sin embargo, el Señor no requiere que entendamos su voluntad sino que la obedezcamos solamente, aunque nos parezca poco razonable. Dios quiso que Jeremías comprara aquella heredad para mostrar que Él sería fiel en traer su pueblo de vuelta a la tierra prometida (Jer 32.37–44). El Señor tiene un propósito para todo lo que nos manda hacer. Recuerde que nada es difícil para Dios, así que sométase a Él y véale obrar a su favor.

a cada uno según sus caminos, y según el fruto de sus obras.
20 Tú hiciste señales y portentos en tierra de
Egipto hasta este día, y en Israel, y entre los
hombres; y te has hecho nombre, como se ve
en el día de hoy.
21 Y sacaste a tu pueblo Israel de la tierra
de Egipto con señales y portentos, con mano
fuerte y brazo extendido, y con terror grande;
22 y les diste esta tierra, de la cual juraste a
sus padres que se la darías, la tierra que fluye leche y miel;
23 y entraron, y la disfrutaron; pero no oyeron
tu voz, ni anduvieron en tu ley; nada hicieron
de lo que les mandaste hacer; por tanto, has
hecho venir sobre ellos todo este mal.
24 He aquí que con arietes han acometido
la ciudad para tomarla, y la ciudad va a ser
entregada en mano de los caldeos que pelean
contra ella, a causa de la espada, del hambre y
de la pestilencia; ha venido, pues, a suceder lo
que tú dijiste, y he aquí lo estás viendo.
25 ¡Oh Señor Jehová! ¿y tú me has dicho:
Cómprate la heredad por dinero, y pon testigos; aunque la ciudad sea entregada en
manos de los caldeos?
26 Y vino palabra de Jehová a Jeremías,
diciendo:
➤ 27 He aquí que yo soy Jehová, Dios de toda
carne; ¿habrá algo que sea difícil para mí?
28 Por tanto, así ha dicho Jehová: He aquí voy
a entregar esta ciudad en mano de los caldeos,
y en mano de Nabucodonosor rey de Babilonia, y la tomará.[b]
29 Y vendrán los caldeos que atacan esta ciudad, y la pondrán a fuego y la quemarán,
asimismo las casas sobre cuyas azoteas ofrecieron incienso a Baal y derramaron libaciones a dioses ajenos, para provocarme a ira.
30 Porque los hijos de Israel y los hijos de
Judá no han hecho sino lo malo delante de
mis ojos desde su juventud; porque los hijos
de Israel no han hecho más que provocarme a
ira con la obra de sus manos, dice Jehová.
31 De tal manera que para enojo mío y para
ira mía me ha sido esta ciudad desde el día
que la edificaron hasta hoy, para que la haga
quitar de mi presencia,
32 por toda la maldad de los hijos de Israel
y de los hijos de Judá, que han hecho para
enojarme, ellos, sus reyes, sus príncipes, sus
sacerdotes y sus profetas, y los varones de
Judá y los moradores de Jerusalén.
33 Y me volvieron la cerviz, y no el rostro; y
cuando los enseñaba desde temprano y sin
cesar, no escucharon para recibir corrección.
34 Antes pusieron sus abominaciones en la
casa en la cual es invocado mi nombre,
contaminándola.[c]
35 Y edificaron lugares altos a Baal, los cuales están en el valle del hijo de Hinom,[d] para
hacer pasar por el fuego sus hijos y sus hijas
a Moloc;[e] lo cual no les mandé, ni me vino al
pensamiento que hiciesen esta abominación,
para hacer pecar a Judá.
36 Y con todo, ahora así dice Jehová Dios de
Israel a esta ciudad, de la cual decís vosotros:
Entregada será en mano del rey de Babilonia
a espada, a hambre y a pestilencia:
37 He aquí que yo los reuniré de todas las
tierras a las cuales los eché con mi furor,
y con mi enojo e indignación grande; y los
haré volver a este lugar, y los haré habitar
seguramente;
38 y me serán por pueblo, y yo seré a ellos
por Dios.
39 Y les daré un corazón, y un camino, para ➤
que me teman perpetuamente, para que tengan bien ellos, y sus hijos después de ellos.
40 Y haré con ellos pacto eterno, que no me
volveré atrás de hacerles bien, y pondré mi
temor en el corazón de ellos, para que no se
aparten de mí.
41 Y me alegraré con ellos haciéndoles bien, y ➤
los plantaré en esta tierra en verdad, de todo
mi corazón y de toda mi alma.
42 Porque así ha dicho Jehová: Como tra- ➤
je sobre este pueblo todo este gran mal, así

b. 32.28 2 R 25.1-11; 2 Cr 36.17-21. **c. 32.34** 2 R 23.10; Jer 7.30-31; 19.1-6. **d. 32.35** 2 R 23.10; Jer 7.31. **e. 32.35** Lv 18.21.

LECCIONES DE VIDA

➤ ***32.27 — He aquí que yo soy Jehová, Dios de toda carne; ¿habrá algo que sea difícil para mí?***

Abraham tuvo que aprender esta lección (Gn 18.14). María, la madre de Jesús, tuvo que aprender esta lección (Lc 1.37). Pedro y los demás discípulos tuvieron que aprender esta lección (Lc 18.27). Y nosotros también.

➤ ***32.39 — les daré un corazón, y un camino, para que me teman perpetuamente, para que tengan bien ellos, y sus hijos después de ellos.***

Todo lo que Dios hace por nosotros, lo hace por nuestro bien. Él nos da un corazón para amarlo, una voluntad para obedecerlo y un espíritu para temerlo, por nuestro bien y el bien de nuestros hijos.

➤ ***32.41 — me alegraré con ellos haciéndoles bien, y los plantaré en esta tierra en verdad, de todo mi corazón.***

Dios quiere bendecirnos con todo lo que hay en su ser. ¿Quién puede medir esa clase de bendición? ¿Quién puede comprenderla? Pero eso es exactamente lo que tiene dispuesto para nosotros (Ef 1.3).

➤ ***32.42 — así ha dicho Jehová: Como traje sobre este pueblo todo este gran mal, así traeré sobre ellos todo el bien que acerca de ellos hablo.***

Dios cumple todas sus promesas, tanto para juicio como para bendición, pero a Él le encanta bendecir a su pueblo, no juzgarlo. Él no vacila en juzgarnos (1 P 4.17), pero prefiere mil veces bendecirnos.

RESPUESTAS A PREGUNTAS DE LA VIDA

¿Cómo puedo renovar y avivar mi vida de oración?

JER 33.1–3

El profeta Jeremías no fue un hombre popular. Cuando declaró la verdad que Dios le había dado, que Judá pronto empezaría setenta largos años de cautiverio, el pueblo lo privó de su libertad.

No obstante, en medio de aquella situación tan precaria, Jeremías aprendió algo profundo acerca de la oración. Jeremías 33.1–3 dice: «Vino palabra de Jehová a Jeremías la segunda vez, estando él aún preso en el patio de la cárcel, diciendo: Así ha dicho Jehová, que hizo la tierra, Jehová que la formó para afirmarla; Jehová es su nombre: Clama a mí, y yo te responderé, y te enseñaré cosas grandes y ocultas que tú no conoces».

La oración es una parte muy real de una relación vital con Dios. No está reservada para un grupo especial de gente muy espiritual; es para *usted*. Hay tres principios en estos versículos que pueden transformar sus viejas nociones acerca de la oración y darle un entendimiento nuevo y refrescante.

Primero, Dios le dice: «Clama a mí». Él quiere oír de su parte. Su corazón amoroso y omnipotente desea escuchar sus pensamientos y sentimientos más profundos. Él quiere oír su voz en los momentos difíciles y también cuando las cosas marchan bien. De hecho, sus tiempos de oración más gratificantes vendrán cuando usted acuda ante el Señor tan solo para alabar, adorar y darle gracias por lo que ha hecho.

Segundo, Dios le dice: «yo te responderé». ¿Lo cree? Tal vez haya pedido a Dios algo que Él no le dio, y desde entonces usted alberga en secreto la duda de si Él le oyó, o si ni siquiera le importó darle una respuesta. Pero Dios mismo le dice: «yo te responderé». Puede ser que la respuesta no se presente en la forma que usted anticipa ni llegue cuando usted lo desee, pero Él *responderá*. Su respuesta podría ser «sí», «no» o «espera». Tal vez no entienda las razones detrás de su respuesta, pero puede confiar que son las mejores para usted (Ro 8.28).

Tercero, Dios le dice: «te enseñaré cosas grandes y ocultas que tú no conoces». Usted tiene sabiduría y entendimiento finito, mientras que Dios todo lo sabe. Él conoce la realidad en todas sus dimensiones, mientras que usted apenas ve una parte del cuadro. Cuando usted le pide su guía, Él interviene y le dirige para dar cumplimiento a su visión y su llamamiento supremo.

Si usted da el primer paso y clama a Él, la oración puede convertirse en parte importante de una relación dinámica con el Dios todopoderoso. Hágalo hoy mismo. Él está esperando oír su voz.

Para un estudio más a fondo, véase el Índice de Principios de vida:

8. Libremos nuestras batallas de rodillas y siempre obtendremos la victoria.

17. De rodillas somos más altos y más fuertes.

traeré sobre ellos todo el bien que acerca de
ellos hablo.
43 Y poseerán heredad en esta tierra de la
cual vosotros decís: Está desierta, sin hombres y sin animales, es entregada en manos
de los caldeos.
44 Heredades comprarán por dinero, y harán
escritura y la sellarán y pondrán testigos, en
tierra de Benjamín y en los contornos de Jerusalén, y en las ciudades de Judá; y en las ciudades de las montañas, y en las ciudades de la
Sefela, y en las ciudades del Neguev; porque
yo haré regresar sus cautivos, dice Jehová.

Restauración de la prosperidad de Jerusalén

33 VINO palabra de Jehová a Jeremías la
segunda vez, estando él aún preso en el
patio de la cárcel, diciendo:
2 Así ha dicho Jehová, que hizo la tierra, Jehová que la formó para afirmarla; Jehová es su
nombre:
3 Clama a mí, y yo te responderé, y te enseñaré cosas grandes y ocultas que tú no conoces.
4 Porque así ha dicho Jehová Dios de Israel
acerca de las casas de esta ciudad, y de las
casas de los reyes de Judá, derribadas con
arietes y con hachas
5 (porque vinieron para pelear contra los caldeos, para llenarlas de cuerpos de hombres
muertos, a los cuales herí yo con mi furor y
con mi ira, pues escondí mi rostro de esta ciudad a causa de toda su maldad):

➤ 6 He aquí que yo les traeré sanidad y medicina; y los curaré, y les revelaré abundancia de paz y de verdad.
7 Y haré volver los cautivos de Judá y los cautivos de Israel, y los restableceré como al principio.
8 Y los limpiaré de toda su maldad con que pecaron contra mí; y perdonaré todos sus pecados con que contra mí pecaron, y con que contra mí se rebelaron.
➤ 9 Y me será a mí por nombre de gozo, de alabanza y de gloria, entre todas las naciones de la tierra, que habrán oído todo el bien que yo les hago; y temerán y temblarán de todo el bien y de toda la paz que yo les haré.
10 Así ha dicho Jehová: En este lugar, del cual decís que está desierto sin hombres y sin animales, en las ciudades de Judá y en las calles de Jerusalén, que están asoladas, sin hombre y sin morador y sin animal,
11 ha de oírse aún voz de gozo y de alegría, voz de desposado y voz de desposada, voz de los que digan: Alabad a Jehová de los ejércitos, porque Jehová es bueno, porque para siempre es su misericordia;[a] voz de los que traigan ofrendas de acción de gracias a la casa de Jehová. Porque volveré a traer los cautivos de la tierra como al principio, ha dicho Jehová.
12 Así dice Jehová de los ejércitos: En este lugar desierto, sin hombre y sin animal, y en todas sus ciudades, aún habrá cabañas de pastores que hagan pastar sus ganados.
13 En las ciudades de las montañas, en las ciudades de la Sefela, en las ciudades del Neguev, en la tierra de Benjamín, y alrededor de Jerusalén y en las ciudades de Judá, aún pasarán ganados por las manos del que los cuente, ha dicho Jehová.
14 He aquí vienen días, dice Jehová, en que yo confirmaré la buena palabra que he hablado a la casa de Israel y a la casa de Judá.
15 En aquellos días y en aquel tiempo haré brotar a David un Renuevo de justicia, y hará juicio y justicia en la tierra.
16 En aquellos días Judá será salvo, y Jerusalén habitará segura, y se le llamará: Jehová, justicia nuestra.[b]
17 Porque así ha dicho Jehová: No faltará a David varón que se siente sobre el trono de la casa de Israel.[c]
18 Ni a los sacerdotes y levitas faltará varón que delante de mí ofrezca holocausto y encienda ofrenda, y que haga sacrificio todos los días.[d]
19 Vino palabra de Jehová a Jeremías, diciendo:
20 Así ha dicho Jehová: Si pudiereis invalidar mi pacto con el día y mi pacto con la noche, de tal manera que no haya día ni noche a su tiempo,
21 podrá también invalidarse mi pacto con mi siervo David, para que deje de tener hijo que reine sobre su trono, y mi pacto con los levitas y sacerdotes, mis ministros.
22 Como no puede ser contado el ejército del cielo, ni la arena del mar se puede medir, así multiplicaré la descendencia de David mi siervo, y los levitas que me sirven.
23 Vino palabra de Jehová a Jeremías, diciendo:
24 ¿No has echado de ver lo que habla este pueblo, diciendo: Dos familias que Jehová escogiera ha desechado? Y han tenido en poco a mi pueblo, hasta no tenerlo más por nación.
25 Así ha dicho Jehová: Si no permanece mi pacto con el día y la noche, si yo no he puesto las leyes del cielo y la tierra,
26 también desecharé la descendencia de Jacob, y de David mi siervo, para no tomar de su descendencia quien sea señor sobre la posteridad de Abraham, de Isaac y de Jacob. Porque haré volver sus cautivos, y tendré de ellos misericordia.

Jeremías amonesta a Sedequías

34 PALABRA de Jehová que vino a Jeremías cuando Nabucodonosor rey de Babilonia y todo su ejército, y todos los

a. 33.11 1 Cr 16.34; 2 Cr 5.13; 7.3; Esd 3.11; Sal 100.5; 106.1; 107.1; 118.1; 136.1. **b. 33.14-16** Jer 23.5-6. **c. 33.17** 2 S 7.12-16; 1 R 2.4; 1 Cr 17.11-14. **d. 33.18** Nm 3.5-10.

LECCIONES DE VIDA

➤ ***33.3 — Clama a mí, y yo te responderé, y te enseñaré cosas grandes y ocultas que tú no conoces.***

En toda la Biblia, Dios promete hablar a sus hijos, pero debemos vivir atentos a su voz. Para escuchar activamente, debemos venir delante del Señor con expectación. Debemos esperarlo deseosos que Él nos hable.

➤ ***33.6 — He aquí que yo les traeré sanidad y medicina; y los curaré, y les revelaré abundancia de paz y de verdad.***

Aunque es un libro bastante sombrío, Jeremías contiene bellas promesas de redención y bendición. Dios desea traernos salud y sanidad, no enfermedad y heridas. Él quiere darnos paz y verdad en abundancia, no impedirnos el acceso a ellas.

➤ ***33.9 — me será a mí por nombre de gozo, de alabanza y de gloria, entre todas las naciones de la tierra, que habrán oído todo el bien que yo les hago; y temerán y temblarán de todo el bien y de toda la paz que yo les haré.***

¿Cuando aprenderemos que el corazón de Dios se desvive por prodigar a su pueblo obediente gozo, alabanza, honra, bondad y paz? Él no está en los cielos esperando que fallemos, sino que mira «desde los cielos sobre los hijos de los hombres, para ver si [hay] algún entendido, que [busque] a Dios» (Sal 14.2), porque anhela bendecirnos.

reinos de la tierra bajo el señorío de su mano, y todos los pueblos, peleaban contra Jerusalén[a] y contra todas sus ciudades, la cual dijo:
2 Así ha dicho Jehová Dios de Israel: Ve y habla a Sedequías rey de Judá, y dile: Así ha dicho Jehová: He aquí yo entregaré esta ciudad al rey de Babilonia, y la quemará con fuego;
3 y no escaparás tú de su mano, sino que ciertamente serás apresado, y en su mano serás entregado; y tus ojos verán los ojos del rey de Babilonia, y te hablará boca a boca, y en Babilonia entrarás.
4 Con todo eso, oye palabra de Jehová, Sedequías rey de Judá: Así ha dicho Jehová acerca de ti: No morirás a espada.
5 En paz morirás, y así como quemaron especias por tus padres, los reyes primeros que fueron antes de ti, las quemarán por ti, y te endecharán, diciendo, ¡Ay, señor! Porque yo he hablado la palabra, dice Jehová.
6 Y habló el profeta Jeremías a Sedequías rey de Judá todas estas palabras en Jerusalén.
7 Y el ejército del rey de Babilonia peleaba contra Jerusalén, y contra todas las ciudades de Judá que habían quedado, contra Laquis y contra Azeca; porque de las ciudades fortificadas de Judá éstas habían quedado.

Violación del pacto de libertar a los siervos hebreos

8 Palabra de Jehová que vino a Jeremías, después que Sedequías hizo pacto con todo el pueblo en Jerusalén para promulgarles libertad;
9 que cada uno dejase libre a su siervo y a su sierva, hebreo y hebrea; que ninguno usase a los judíos, sus hermanos, como siervos.
10 Y cuando oyeron todos los príncipes, y todo el pueblo que había convenido en el pacto de dejar libre cada uno a su siervo y cada uno a su sierva, que ninguno los usase más como siervos, obedecieron, y los dejaron.
11 Pero después se arrepintieron, e hicieron volver a los siervos y a las siervas que habían dejado libres, y los sujetaron como siervos y siervas.
12 Vino, pues, palabra de Jehová a Jeremías, diciendo:
13 Así dice Jehová Dios de Israel: Yo hice pacto con vuestros padres el día que los saqué de tierra de Egipto, de casa de servidumbre, diciendo:
14 Al cabo de siete años dejará cada uno a su hermano hebreo que le fuere vendido; le servirá seis años, y lo enviará libre;[b] pero vuestros padres no me oyeron, ni inclinaron su oído.
15 Y vosotros os habíais hoy convertido, y hecho lo recto delante de mis ojos, anunciando cada uno libertad a su prójimo; y habíais hecho pacto en mi presencia, en la casa en la cual es invocado mi nombre.
16 Pero os habéis vuelto y profanado mi nombre, y habéis vuelto a tomar cada uno a su siervo y cada uno a su sierva, que habíais dejado libres a su voluntad; y los habéis sujetado para que os sean siervos y siervas.
17 Por tanto, así ha dicho Jehová: Vosotros no me habéis oído para promulgar cada uno libertad a su hermano, y cada uno a su compañero; he aquí que yo promulgo libertad, dice Jehová, a la espada y a la pestilencia y al hambre; y os pondré por afrenta ante todos los reinos de la tierra.
18 Y entregaré a los hombres que traspasaron mi pacto, que no han llevado a efecto las palabras del pacto que celebraron en mi presencia, dividiendo en dos partes el becerro y pasando por medio de ellas;
19 a los príncipes de Judá y a los príncipes de Jerusalén, a los oficiales y a los sacerdotes y a todo el pueblo de la tierra, que pasaron entre las partes del becerro,
20 los entregaré en mano de sus enemigos y en mano de los que buscan su vida; y sus cuerpos muertos serán comida de las aves del cielo, y de las bestias de la tierra.
21 Y a Sedequías rey de Judá y a sus príncipes los entregaré en mano de sus enemigos, y en mano de los que buscan su vida, y en mano del ejército del rey de Babilonia, que se ha ido de vosotros.
22 He aquí, mandaré yo, dice Jehová, y los haré volver a esta ciudad, y pelearán contra ella y la tomarán, y la quemarán con fuego; y reduciré a soledad las ciudades de Judá, hasta no quedar morador.

Obediencia de los recabitas

35 PALABRA de Jehová que vino a Jeremías en días de Joacim[a] hijo de Josías, rey de Judá, diciendo:
2 Ve a casa de los recabitas y habla con ellos, e introdúcelos en la casa de Jehová, en uno de los aposentos, y dales a beber vino.
3 Tomé entonces a Jaazanías hijo de Jeremías, hijo de Habasinías, a sus hermanos, a todos sus hijos, y a toda la familia de los recabitas;
4 y los llevé a la casa de Jehová, al aposento de los hijos de Hanán hijo de Igdalías, varón de Dios, el cual estaba junto al aposento de los príncipes, que estaba sobre el aposento de Maasías hijo de Salum, guarda de la puerta.
5 Y puse delante de los hijos de la familia de los recabitas tazas y copas llenas de vino, y les dije: Bebed vino.
6 Mas ellos dijeron: No beberemos vino; porque Jonadab hijo de Recab nuestro padre nos ordenó diciendo: No beberéis jamás vino vosotros ni vuestros hijos;
7 ni edificaréis casa, ni sembraréis sementera, ni plantaréis viña, ni la retendréis; sino que moraréis en tiendas todos vuestros días,

---

a. 34.1 2 R 25.1-11; 2 Cr 36.17-21. **b. 34.14** Éx 21.2; Dt 15.12. **a. 35.1** 2 R 23.36—24.6; 2 Cr 36.5-7.

para que viváis muchos días sobre la faz de la
tierra donde vosotros habitáis.
8 Y nosotros hemos obedecido a la voz de
nuestro padre Jonadab hijo de Recab en todas
las cosas que nos mandó, de no beber vino en
todos nuestros días, ni nosotros, ni nuestras
mujeres, ni nuestros hijos ni nuestras hijas;
9 y de no edificar casas para nuestra morada,
y de no tener viña, ni heredad, ni sementera.
10 Moramos, pues, en tiendas, y hemos obedecido y hecho conforme a todas las cosas que
nos mandó Jonadab nuestro padre.
11 Sucedió, no obstante, que cuando Nabucodonosor rey de Babilonia subió a la tierra,
dijimos: Venid, y ocultémonos en Jerusalén,
de la presencia del ejército de los caldeos y de
la presencia del ejército de los de Siria; y en
Jerusalén nos quedamos.
12 Y vino palabra de Jehová a Jeremías,
diciendo:
13 Así ha dicho Jehová de los ejércitos, Dios
de Israel: Ve y di a los varones de Judá, y a los
moradores de Jerusalén: ¿No aprenderéis a
obedecer mis palabras? dice Jehová.
14 Fue firme la palabra de Jonadab hijo de
Recab, el cual mandó a sus hijos que no bebiesen vino, y no lo han bebido hasta hoy, por
obedecer al mandamiento de su padre; y yo os
he hablado a vosotros desde temprano y sin
cesar, y no me habéis oído.
15 Y envié a vosotros todos mis siervos los
profetas, desde temprano y sin cesar, para
deciros: Volveos ahora cada uno de vuestro
mal camino, y enmendad vuestras obras, y
no vayáis tras dioses ajenos para servirles, y
viviréis en la tierra que di a vosotros y a vuestros padres; mas no inclinasteis vuestro oído,
ni me oísteis.
16 Ciertamente los hijos de Jonadab hijo de
Recab tuvieron por firme el mandamiento
que les dio su padre; pero este pueblo no me
ha obedecido.
17 Por tanto, así ha dicho Jehová Dios de
los ejércitos, Dios de Israel: He aquí traeré
yo sobre Judá y sobre todos los moradores
de Jerusalén todo el mal que contra ellos he
hablado; porque les hablé, y no oyeron; los llamé, y no han respondido.
18 Y dijo Jeremías a la familia de los recabitas: Así ha dicho Jehová de los ejércitos, Dios
de Israel: Por cuanto obedecisteis al mandamiento de Jonadab vuestro padre, y guardasteis todos sus mandamientos, e hicisteis
conforme a todas las cosas que os mandó;
19 por tanto, así ha dicho Jehová de los ejércitos, Dios de Israel: No faltará de Jonadab hijo
de Recab un varón que esté en mi presencia
todos los días.

El rey quema el rollo

36 ACONTECIÓ en el cuarto año de
Joacim[a] hijo de Josías, rey de Judá,
que vino esta palabra de Jehová a Jeremías,
diciendo:
2 Toma un rollo de libro, y escribe en él todas
las palabras que te he hablado contra Israel y
contra Judá, y contra todas las naciones, desde el día que comencé a hablarte, desde los
días de Josías hasta hoy.
3 Quizá oiga la casa de Judá todo el mal que
yo pienso hacerles, y se arrepienta cada uno
de su mal camino, y yo perdonaré su maldad
y su pecado.
4 Y llamó Jeremías a Baruc hijo de Nerías,
y escribió Baruc de boca de Jeremías, en un
rollo de libro, todas las palabras que Jehová
le había hablado.
5 Después mandó Jeremías a Baruc, diciendo: A mí se me ha prohibido entrar en la casa
de Jehová.
6 Entra tú, pues, y lee de este rollo que escribiste de mi boca, las palabras de Jehová a los
oídos del pueblo, en la casa de Jehová, el día
del ayuno; y las leerás también a oídos de
todos los de Judá que vienen de sus ciudades.
7 Quizá llegue la oración de ellos a la presencia de Jehová, y se vuelva cada uno de su mal
camino; porque grande es el furor y la ira que
ha expresado Jehová contra este pueblo.
8 Y Baruc hijo de Nerías hizo conforme a
todas las cosas que le mandó Jeremías profeta, leyendo en el libro las palabras de Jehová
en la casa de Jehová.
9 Y aconteció en el año quinto de Joacim hijo
de Josías, rey de Judá, en el mes noveno, que
promulgaron ayuno en la presencia de Jehová a todo el pueblo de Jerusalén y a todo el
pueblo que venía de las ciudades de Judá a
Jerusalén.
10 Y Baruc leyó en el libro las palabras de
Jeremías en la casa de Jehová, en el aposento
de Gemarías hijo de Safán escriba, en el atrio
de arriba, a la entrada de la puerta nueva de la
casa de Jehová, a oídos del pueblo.
11 Y Micaías hijo de Gemarías, hijo de Safán,
habiendo oído del libro todas las palabras de
Jehová,
12 descendió a la casa del rey, al aposento del
secretario, y he aquí que todos los príncipes
estaban allí sentados, esto es: Elisama secretario, Delaía hijo de Semaías, Elnatán hijo de

a. 36.1 2 R 24.1; 2 Cr 36.5-7; Dn 1.1-2.

LECCIONES DE VIDA

➤ ***36.7 — Quizá llegue la oración de ellos a la presencia de Jehová, y se vuelva cada uno de su mal camino.***

Siempre deberíamos instar a nuestros semejantes a arrepentirse y volverse al Señor, para que Él pueda sanarlos (2 Co 5.20).

Acbor, Gemarías hijo de Safán, Sedequías hijo de Ananías, y todos los príncipes.
13 Y les contó Micaías todas las palabras que había oído cuando Baruc leyó en el libro a oídos del pueblo.
14 Entonces enviaron todos los príncipes a Jehudí hijo de Netanías, hijo de Selemías, hijo de Cusi, para que dijese a Baruc: Toma el rollo en el que leíste a oídos del pueblo, y ven. Y Baruc hijo de Nerías tomó el rollo en su mano y vino a ellos.
15 Y le dijeron: Siéntate ahora, y léelo a nosotros. Y se lo leyó Baruc.
16 Cuando oyeron todas aquellas palabras, cada uno se volvió espantado a su compañero, y dijeron a Baruc: Sin duda contaremos al rey todas estas palabras.
17 Preguntaron luego a Baruc, diciendo: Cuéntanos ahora cómo escribiste de boca de Jeremías todas estas palabras.
18 Y Baruc les dijo: Él me dictaba de su boca todas estas palabras, y yo escribía con tinta en el libro.
19 Entonces dijeron los príncipes a Baruc: Ve y escóndete, tú y Jeremías, y nadie sepa dónde estáis.
20 Y entraron a donde estaba el rey, al atrio, habiendo depositado el rollo en el aposento de Elisama secretario; y contaron a oídos del rey todas estas palabras.
21 Y envió el rey a Jehudí a que tomase el rollo, el cual lo tomó del aposento de Elisama secretario, y leyó en él Jehudí a oídos del rey, y a oídos de todos los príncipes que junto al rey estaban.
22 Y el rey estaba en la casa de invierno en el mes noveno, y había un brasero ardiendo delante de él.
23 Cuando Jehudí había leído tres o cuatro planas, lo rasgó el rey con un cortaplumas de escriba, y lo echó en el fuego que había en el brasero, hasta que todo el rollo se consumió sobre el fuego que en el brasero había.
➤ 24 Y no tuvieron temor ni rasgaron sus vestidos el rey y todos sus siervos que oyeron todas estas palabras.
25 Y aunque Elnatán y Delaía y Gemarías rogaron al rey que no quemase aquel rollo, no los quiso oír.
26 También mandó el rey a Jerameel hijo de Hamelec, a Seraías hijo de Azriel y a Selemías hijo de Abdeel, para que prendiesen a Baruc el escribiente y al profeta Jeremías; pero Jehová los escondió.
27 Y vino palabra de Jehová a Jeremías, después que el rey quemó el rollo, las palabras que Baruc había escrito de boca de Jeremías, diciendo:
28 Vuelve a tomar otro rollo, y escribe en él todas las palabras primeras que estaban en el primer rollo que quemó Joacim rey de Judá.
29 Y dirás a Joacim rey de Judá: Así ha dicho Jehová: Tú quemaste este rollo, diciendo: ¿Por qué escribiste en él, diciendo: De cierto vendrá el rey de Babilonia, y destruirá esta tierra, y hará que no queden en ella ni hombres ni animales?
30 Por tanto, así ha dicho Jehová acerca de Joacim rey de Judá: No tendrá quien se siente sobre el trono de David; y su cuerpo será echado al calor del día y al hielo de la noche.
31 Y castigaré su maldad en él, y en su descendencia y en sus siervos; y traeré sobre ellos, y sobre los moradores de Jerusalén y sobre los varones de Judá, todo el mal que les he anunciado y no escucharon.
32 Y tomó Jeremías otro rollo y lo dio a Baruc hijo de Nerías escriba; y escribió en él de boca de Jeremías todas las palabras del libro que quemó en el fuego Joacim rey de Judá; y aun fueron añadidas sobre ellas muchas otras palabras semejantes.

Encarcelamiento de Jeremías

37 EN lugar de Conías hijo de Joacim reinó el rey Sedequías hijo de Josías, al cual Nabucodonosor rey de Babilonia constituyó por rey en la tierra de Judá.[a]
2 Pero no obedeció él ni sus siervos ni el pueblo de la tierra a las palabras de Jehová, las cuales dijo por el profeta Jeremías.
3 Y envió el rey Sedequías a Jucal hijo de Selemías, y al sacerdote Sofonías hijo de Maasías, para que dijesen al profeta Jeremías: Ruega ahora por nosotros a Jehová nuestro Dios.
4 Y Jeremías entraba y salía en medio del pueblo; porque todavía no lo habían puesto en la cárcel.
5 Y cuando el ejército de Faraón había salido de Egipto, y llegó noticia de ello a oídos de los caldeos que tenían sitiada a Jerusalén, se retiraron de Jerusalén.
6 Entonces vino palabra de Jehová al profeta Jeremías, diciendo:
7 Así ha dicho Jehová Dios de Israel: Diréis así al rey de Judá, que os envió a mí para que me consultaseis: He aquí que el ejército de

a. 37.1 2 R 24.17; 2 Cr 36.10.

LECCIONES DE VIDA

➤ ***36.24 — no tuvieron temor ni rasgaron sus vestidos el rey y todos sus siervos que oyeron todas estas palabras.***

Hasta que Dios venga a juzgar (Ap 20.11–15), algunos pueden hacer mofa de su Palabra y ridiculizar a sus siervos, pero viene un día cuando «en el nombre de Jesús se [doblará] toda rodilla de los que están en los cielos, y en la tierra, y debajo de la tierra; y toda lengua [confesará] que Jesucristo es el Señor, para gloria de Dios Padre» (Fil 2.10, 11).

Ejemplos de vida

EL REY JOACIM

La Palabra de Dios permanece

JER 36.20–32

El malvado rey Joacim de Judá demuestra que aunque alguien pueda destruir físicamente las páginas de la Biblia, nadie puede impedir el cumplimiento de una sola palabra que salga de la boca de Dios. Su Palabra permanece, sin importar qué haga el hombre.

Cuando Joacim oyó palabras de juicio divino pronunciadas sobre él y su reinado perverso, el rey tomó el rollo que lo ofendió y «lo rasgó con un cortaplumas de escriba, y lo echó en el fuego que había en el brasero, hasta que todo el rollo se consumió sobre el fuego que en el brasero había» (Jer 36.23). Probablemente, Joacim hizo esto para expresar su desprecio al mensajero y para demostrar su irreverencia al mensaje.

Dios permitió que la insolencia del rey quedara impune durante siete años, pero cuando Joacim rehusó arrepentirse, el Señor cumplió cada una de las amenazas que había hecho acerca del rey (Jer 36.30, 31). Dios siempre cumple sus promesas, sea para bendición o para juicio.

Para un estudio más a fondo, véase el Índice de Principios de vida:

3. La Palabra de Dios es ancla inconmovible en las tormentas.

Faraón que había salido en vuestro socorro, se
volvió a su tierra en Egipto.
8 Y volverán los caldeos y atacarán esta ciudad, y la tomarán y la pondrán a fuego.
9 Así ha dicho Jehová: No os engañéis a vosotros mismos, diciendo: Sin duda ya los caldeos se apartarán de nosotros; porque no se
apartarán.
10 Porque aun cuando hirieseis a todo el ejército de los caldeos que pelean contra vosotros,
y quedasen de ellos solamente hombres heridos, cada uno se levantará de su tienda, y pondrán esta ciudad a fuego.
11 Y aconteció que cuando el ejército de los
caldeos se retiró de Jerusalén a causa del ejército de Faraón,
12 salía Jeremías de Jerusalén para irse a tierra de Benjamín, para apartarse de en medio
del pueblo.
13 Y cuando fue a la puerta de Benjamín, estaba allí un capitán que se llamaba Irías hijo de
Selemías, hijo de Hananías, el cual apresó al
profeta Jeremías, diciendo: Tú te pasas a los
caldeos.
14 Y Jeremías dijo: Falso; no me paso a los
caldeos. Pero él no lo escuchó, sino prendió Irías a Jeremías, y lo llevó delante de los
príncipes.
15 Y los príncipes se airaron contra Jeremías,
y le azotaron y le pusieron en prisión en la
casa del escriba Jonatán, porque la habían
convertido en cárcel.
16 Entró, pues, Jeremías en la casa de la cis- ➤
terna, y en las bóvedas. Y habiendo estado allá
Jeremías por muchos días,
17 el rey Sedequías envió y le sacó; y le preguntó el rey secretamente en su casa, y dijo:
¿Hay palabra de Jehová? Y Jeremías dijo: Hay.
Y dijo más: En mano del rey de Babilonia
serás entregado.
18 Dijo también Jeremías al rey Sedequías:
¿En qué pequé contra ti, y contra tus siervos,
y contra este pueblo, para que me pusieseis
en la cárcel?
19 ¿Y dónde están vuestros profetas que os
profetizaban diciendo: No vendrá el rey de
Babilonia contra vosotros, ni contra esta
tierra?
20 Ahora pues, oye, te ruego, oh rey mi señor;
caiga ahora mi súplica delante de ti, y no me
hagas volver a casa del escriba Jonatán, para
que no muera allí.
21 Entonces dio orden el rey Sedequías, y cus-
todiaron a Jeremías en el patio de la cárcel,
haciéndole dar una torta de pan al día, de la
calle de los Panaderos, hasta que todo el pan
de la ciudad se gastase. Y quedó Jeremías en
el patio de la cárcel.

LECCIONES DE VIDA

➤ ***37.16 — Entró, pues, Jeremías en la casa de la cisterna, y en las bóvedas. Y habiendo estado allá Jeremías por muchos días.***

Dios nunca abandonó a Jeremías, pero el profeta pasó muchos días desalentadores y en soledad en el ejercicio de su servicio. La obediencia de Jeremías no se tradujo en bendición instantánea y obvia. Al profeta le tocó tener fe para creer que Dios permanecería fiel hasta el fin.

Jeremías en la cisterna

38 OYERON Sefatías hijo de Matán, Gedalías hijo de Pasur, Jucal hijo de Selemías, y Pasur hijo de Malquías, las palabras que Jeremías hablaba a todo el pueblo, diciendo:

2 Así ha dicho Jehová: El que se quedare en esta ciudad morirá a espada, o de hambre, o de pestilencia; mas el que se pasare a los caldeos vivirá, pues su vida le será por botín, y vivirá.

3 Así ha dicho Jehová: De cierto será entregada esta ciudad en manos del ejército del rey de Babilonia, y la tomará.

4 Y dijeron los príncipes al rey: Muera ahora este hombre; porque de esta manera hace desmayar las manos de los hombres de guerra que han quedado en esta ciudad, y las manos de todo el pueblo, hablándoles tales palabras; porque este hombre no busca la paz de este pueblo, sino el mal.

5 Y dijo el rey Sedequías: He aquí que él está en vuestras manos; pues el rey nada puede hacer contra vosotros.

➤ 6 Entonces tomaron ellos a Jeremías y lo hicieron echar en la cisterna de Malquías hijo de Hamelec, que estaba en el patio de la cárcel; y metieron a Jeremías con sogas. Y en la cisterna no había agua, sino cieno, y se hundió Jeremías en el cieno.

7 Y oyendo Ebed-melec, hombre etíope, eunuco de la casa real, que habían puesto a Jeremías en la cisterna, y estando sentado el rey a la puerta de Benjamín,

8 Ebed-melec salió de la casa del rey y habló al rey, diciendo:

➤ 9 Mi señor el rey, mal hicieron estos varones en todo lo que han hecho con el profeta Jeremías, al cual hicieron echar en la cisterna; porque allí morirá de hambre, pues no hay más pan en la ciudad.

10 Entonces mandó el rey al mismo etíope Ebed-melec, diciendo: Toma en tu poder treinta hombres de aquí, y haz sacar al profeta Jeremías de la cisterna, antes que muera.

11 Y tomó Ebed-melec en su poder a los hombres, y entró a la casa del rey debajo de la tesorería, y tomó de allí trapos viejos y ropas raídas y andrajosas, y los echó a Jeremías con sogas en la cisterna.

12 Y dijo el etíope Ebed-melec a Jeremías: Pon ahora esos trapos viejos y ropas raídas y andrajosas, bajo los sobacos, debajo de las sogas. Y lo hizo así Jeremías.

13 De este modo sacaron a Jeremías con sogas, y lo subieron de la cisterna; y quedó Jeremías en el patio de la cárcel.

Sedequías consulta secretamente a Jeremías

14 Después envió el rey Sedequías, e hizo traer al profeta Jeremías a su presencia, en la tercera entrada de la casa de Jehová. Y dijo el rey a Jeremías: Te haré una pregunta; no me encubras ninguna cosa.

15 Y Jeremías dijo a Sedequías: Si te lo declarare, ¿no es verdad que me matarás? y si te diere consejo, no me escucharás.

16 Y juró el rey Sedequías en secreto a Jeremías, diciendo: Vive Jehová que nos hizo esta alma, que no te mataré, ni te entregaré en mano de estos varones que buscan tu vida.

17 Entonces dijo Jeremías a Sedequías: Así ha dicho Jehová Dios de los ejércitos, Dios de Israel: Si te entregas en seguida a los príncipes del rey de Babilonia, tu alma vivirá, y esta ciudad no será puesta a fuego, y vivirás tú y tu casa.

18 Pero si no te entregas a los príncipes del rey de Babilonia, esta ciudad será entregada en mano de los caldeos, y la pondrán a fuego, y tú no escaparás de sus manos.

19 Y dijo el rey Sedequías a Jeremías: Tengo temor de los judíos que se han pasado a los caldeos, no sea que me entreguen en sus manos y me escarnezcan.

20 Y dijo Jeremías: No te entregarán. Oye ahora la voz de Jehová que yo te hablo, y te irá bien y vivirás. ➤

21 Pero si no quieres entregarte, ésta es la palabra que me ha mostrado Jehová:

22 He aquí que todas las mujeres que han quedado en casa del rey de Judá serán sacadas a los príncipes del rey de Babilonia; y ellas mismas dirán: Te han engañado, y han prevalecido contra ti tus amigos; hundieron en el cieno tus pies, se volvieron atrás.

23 Sacarán, pues, todas tus mujeres y tus hijos a los caldeos, y tú no escaparás de sus manos, sino que por mano del rey de Babilonia serás apresado, y a esta ciudad quemará a fuego.

LECCIONES DE VIDA

➤ ***38.6 — tomaron ellos a Jeremías y lo hicieron echar en la cisterna... y metieron a Jeremías con sogas... y se hundió Jeremías en el cieno.***

Jeremías pasó de una situación mala a una peor, pero al igual que José mucho antes de él (Gn 37.24), hasta en la cisterna cenagosa Dios estuvo con el profeta para librarlo.

➤ ***38.9 — Mi señor el rey, mal hicieron estos varones en todo lo que han hecho con el profeta Jeremías.***

Con todos sus compatriotas alrededor, fue un extranjero, Ebed-melec el etíope, quien prestó a Jeremías la ayuda que necesitaba. Dios a veces nos trae su ayuda de fuentes inesperadas, para mostrar que Él ha llevado a cabo la victoria y merece la gloria.

➤ ***38.20 — Oye ahora la voz de Jehová que yo te hablo, y te irá bien y vivirás.***

Someterse a la voluntad del Señor siempre es la decisión más sabia. La obediencia siempre trae bendición consigo, y ayudamos en gran manera a los demás cuando les recordamos esta simple pero poderosa verdad.

24 Y dijo Sedequías a Jeremías: Nadie sepa estas palabras, y no morirás.
25 Y si los príncipes oyeren que yo he hablado contigo, y vinieren a ti y te dijeren: Decláranos ahora qué hablaste con el rey, no nos lo encubras, y no te mataremos; asimismo qué te dijo el rey;
26 les dirás: Supliqué al rey que no me hiciese volver a casa de Jonatán para que no me muriese allí.
27 Y vinieron luego todos los príncipes a Jeremías, y le preguntaron; y él les respondió conforme a todo lo que el rey le había mandado. Con esto se alejaron de él, porque el asunto no se había oído.
28 Y quedó Jeremías en el patio de la cárcel hasta el día que fue tomada Jerusalén; y allí estaba cuando Jerusalén fue tomada.[a]

Caída de Jerusalén
(2 R 24.20—25.21; 2 Cr 36.17-21; Jer 52.3-30)

39 EN el noveno año de Sedequías rey de Judá, en el mes décimo, vino Nabucodonosor rey de Babilonia con todo su ejército contra Jerusalén, y la sitiaron.
2 Y en el undécimo año de Sedequías, en el mes cuarto, a los nueve días del mes se abrió brecha en el muro de la ciudad.
3 Y entraron todos los príncipes del rey de Babilonia, y acamparon a la puerta de en medio: Nergal-sarezer, Samgar-nebo, Sarsequim el Rabsaris, Nergal-sarezer el Rabmag y todos los demás príncipes del rey de Babilonia.
4 Y viéndolos Sedequías rey de Judá y todos los hombres de guerra, huyeron y salieron de noche de la ciudad por el camino del huerto del rey, por la puerta entre los dos muros; y salió el rey por el camino del Arabá.
5 Pero el ejército de los caldeos los siguió, y alcanzaron a Sedequías en los llanos de Jericó; y le tomaron, y le hicieron subir a Ribla en tierra de Hamat, donde estaba Nabucodonosor rey de Babilonia, y le sentenció.
6 Y degolló el rey de Babilonia a los hijos de Sedequías en presencia de éste en Ribla, haciendo asimismo degollar el rey de Babilonia a todos los nobles de Judá.
7 Y sacó los ojos del rey Sedequías, y le aprisionó con grillos para llevarle a Babilonia.
8 Y los caldeos pusieron a fuego la casa del rey y las casas del pueblo, y derribaron los muros de Jerusalén.
9 Y al resto del pueblo que había quedado en la ciudad, y a los que se habían adherido a él, con todo el resto del pueblo que había quedado, Nabuzaradán capitán de la guardia los transportó a Babilonia.
10 Pero Nabuzaradán capitán de la guardia hizo quedar en tierra de Judá a los pobres del pueblo que no tenían nada, y les dio viñas y heredades.

Nabucodonosor cuida de Jeremías

11 Y Nabucodonosor había ordenado a Nabuzaradán capitán de la guardia acerca de Jeremías, diciendo:
12 Tómale y vela por él, y no le hagas mal alguno, sino que harás con él como él te dijere.
13 Envió, por tanto, Nabuzaradán capitán de la guardia, y Nabusazbán el Rabsaris, Nergal-sarezer el Rabmag y todos los príncipes del rey de Babilonia;
14 enviaron entonces y tomaron a Jeremías del patio de la cárcel, y lo entregaron a Gedalías hijo de Ahicam, hijo de Safán, para que lo sacase a casa; y vivió entre el pueblo.

Dios promete librar a Ebed-melec

15 Y había venido palabra de Jehová a Jeremías, estando preso en el patio de la cárcel, diciendo:
16 Ve y habla a Ebed-melec etíope, diciendo: Así ha dicho Jehová de los ejércitos, Dios de Israel: He aquí yo traigo mis palabras sobre esta ciudad para mal, y no para bien; y sucederá esto en aquel día en presencia tuya.
17 Pero en aquel día yo te libraré, dice Jehová, y no serás entregado en manos de aquellos a quienes tú temes.
18 Porque ciertamente te libraré, y no caerás a espada, sino que tu vida te será por botín, porque tuviste confianza en mí, dice Jehová.

Jeremías y el remanente con Gedalías

40 PALABRA de Jehová que vino a Jeremías, después que Nabuzaradán capitán de la guardia le envió desde Ramá, cuando le tomó estando atado con cadenas entre todos los cautivos de Jerusalén y de Judá que iban deportados a Babilonia.
2 Tomó, pues, el capitán de la guardia a Jeremías y le dijo: Jehová tu Dios habló este mal contra este lugar;
3 y lo ha traído y hecho Jehová según lo había dicho; porque pecasteis contra Jehová, y no oísteis su voz, por eso os ha venido esto.
4 Y ahora yo te he soltado hoy de las cadenas que tenías en tus manos. Si te parece bien venir conmigo a Babilonia, ven, y yo velaré por ti; pero si no te parece bien venir conmigo a Babilonia, déjalo. Mira, toda la tierra está delante de ti; ve a donde mejor y más cómodo te parezca ir.

a. 38.28 Ez 33.21.

LECCIONES DE VIDA

➤ ***39.18 — ciertamente te libraré, y no caerás a espada, sino que tu vida te será por botín, porque tuviste confianza en mí, dice Jehová.***

Ebed-melec el etíope no tenía manera de saber que cuando ayudó a Jeremías en realidad se estaba ayudando a sí mismo. Demostró su fe genuina al arriesgar su vida por el profeta, y Dios le dio su vida como recompensa.

5 Si prefieres quedarte, vuélvete a Gedalías hijo de Ahicam, hijo de Safán, al cual el rey de Babilonia ha puesto sobre todas las ciudades de Judá, y vive con él en medio del pueblo; o ve a donde te parezca más cómodo ir. Y le dio el capitán de la guardia provisiones y un presente, y le despidió.

6 Se fue entonces Jeremías a Gedalías hijo de Ahicam, a Mizpa, y habitó con él en medio del pueblo que había quedado en la tierra.

7 Cuando todos los jefes del ejército que estaban por el campo, ellos y sus hombres, oyeron que el rey de Babilonia había puesto a Gedalías hijo de Ahicam para gobernar la tierra, y que le había encomendado los hombres y las mujeres y los niños, y los pobres de la tierra que no fueron transportados a Babilonia,

8 vinieron luego a Gedalías en Mizpa; esto es, Ismael hijo de Netanías, Johanán y Jonatán hijos de Carea, Seraías hijo de Tanhumet, los hijos de Efai netofatita, y Jezanías hijo de un maacateo, ellos y sus hombres.

9 Y les juró Gedalías hijo de Ahicam, hijo de Safán, a ellos y a sus hombres, diciendo: No tengáis temor de servir a los caldeos; habitad en la tierra, y servid al rey de Babilonia, y os irá bien.[a]

10 Y he aquí que yo habito en Mizpa, para estar delante de los caldeos que vendrán a nosotros; mas vosotros tomad el vino, los frutos del verano y el aceite, y ponedlos en vuestros almacenes, y quedaos en vuestras ciudades que habéis tomado.

11 Asimismo todos los judíos que estaban en Moab, y entre los hijos de Amón, y en Edom, y los que estaban en todas las tierras, cuando oyeron decir que el rey de Babilonia había dejado a algunos en Judá, y que había puesto sobre ellos a Gedalías hijo de Ahicam, hijo de Safán,

12 todos estos judíos regresaron entonces de todos los lugares adonde habían sido echados, y vinieron a tierra de Judá, a Gedalías en Mizpa; y recogieron vino y abundantes frutos.

Conspiración de Ismael contra Gedalías

13 Y Johanán hijo de Carea y todos los príncipes de la gente de guerra que estaban en el campo, vinieron a Gedalías en Mizpa,

14 Y le dijeron: ¿No sabes que Baalis rey de los hijos de Amón ha enviado a Ismael hijo de Netanías para matarte? Mas Gedalías hijo de Ahicam no les creyó.

15 Entonces Johanán hijo de Carea habló a Gedalías en secreto en Mizpa, diciendo: Yo iré ahora y mataré a Ismael hijo de Netanías, y ningún hombre lo sabrá. ¿Por qué te ha de matar, y todos los judíos que se han reunido a ti se dispersarán, y perecerá el resto de Judá?

16 Pero Gedalías hijo de Ahicam dijo a Johanán hijo de Carea: No hagas esto, porque es falso lo que tú dices de Ismael.

41 ACONTECIÓ en el mes séptimo que vino Ismael hijo de Netanías, hijo de Elisama, de la descendencia real, y algunos príncipes del rey y diez hombres con él, a Gedalías hijo de Ahicam en Mizpa; y comieron pan juntos allí en Mizpa.

2 Y se levantó Ismael hijo de Netanías y los diez hombres que con él estaban, e hirieron a espada a Gedalías hijo de Ahicam, hijo de Safán, matando así a aquel a quien el rey de Babilonia había puesto para gobernar la tierra.

3 Asimismo mató Ismael a todos los judíos que estaban con Gedalías en Mizpa, y a los soldados caldeos que allí estaban.[a]

4 Sucedió además, un día después que mató a Gedalías, cuando nadie lo sabía aún,

5 que venían unos hombres de Siquem, de Silo y de Samaria, ochenta hombres, raída la barba y rotas las ropas, y rasguñados, y traían en sus manos ofrenda e incienso para llevar a la casa de Jehová.

6 Y de Mizpa les salió al encuentro, llorando, Ismael el hijo de Netanías. Y aconteció que cuando los encontró, les dijo: Venid a Gedalías hijo de Ahicam.

7 Y cuando llegaron dentro de la ciudad, Ismael hijo de Netanías los degolló, y los echó dentro de una cisterna, él y los hombres que con él estaban.

8 Mas entre aquéllos fueron hallados diez hombres que dijeron a Ismael: No nos mates; porque tenemos en el campo tesoros de trigos y cebadas y aceites y miel. Y los dejó, y no los mató entre sus hermanos.

9 Y la cisterna en que echó Ismael todos los cuerpos de los hombres que mató a causa de Gedalías, era la misma que había hecho el rey Asa a causa de Baasa rey de Israel; Ismael hijo de Netanías la llenó de muertos.

10 Después llevó Ismael cautivo a todo el resto del pueblo que estaba en Mizpa, a las hijas del rey y a todo el pueblo que en Mizpa había quedado, el cual había encargado Nabuzaradán capitán de la guardia a Gedalías hijo de Ahicam. Los llevó, pues, cautivos Ismael hijo de Netanías, y se fue para pasarse a los hijos de Amón.

11 Y oyeron Johanán hijo de Carea y todos los príncipes de la gente de guerra que estaban con él, todo el mal que había hecho Ismael hijo de Netanías.

12 Entonces tomaron a todos los hombres y fueron a pelear contra Ismael hijo de Netanías, y lo hallaron junto al gran estanque que está en Gabaón.

13 Y aconteció que cuando todo el pueblo que estaba con Ismael vio a Johanán hijo de Carea y a todos los capitanes de la gente de guerra que estaban con él, se alegraron.

14 Y todo el pueblo que Ismael había traído cautivo de Mizpa se volvió y fue con Johanán hijo de Carea.

a. 40.7-9 2 R 25.22-24. **a. 41.1-3** 2 R 25.25.

➤ 15 Pero Ismael hijo de Netanías escapó delante de Johanán con ocho hombres, y se fue a
los hijos de Amón.
16 Y Johanán hijo de Carea y todos los capitanes de la gente de guerra que con él estaban tomaron a todo el resto del pueblo que
había recobrado de Ismael hijo de Netanías,
a quienes llevó de Mizpa después que mató a
Gedalías hijo de Ahicam; hombres de guerra,
mujeres, niños y eunucos, que Johanán había
traído de Gabaón;
17 y fueron y habitaron en Gerutquimam, que
está cerca de Belén, a fin de ir y meterse en
Egipto,
18 a causa de los caldeos; porque los temían,
por haber dado muerte Ismael hijo de Netanías a Gedalías hijo de Ahicam, al cual el rey
de Babilonia había puesto para gobernar la
tierra.

Mensaje a Johanán

42 VINIERON todos los oficiales de la
gente de guerra, y Johanán hijo de
Carea, Jezanías hijo de Osaías, y todo el pueblo desde el menor hasta el mayor,
➤ 2 y dijeron al profeta Jeremías: Acepta ahora
nuestro ruego delante de ti, y ruega por nosotros a Jehová tu Dios por todo este resto (pues
de muchos hemos quedado unos pocos, como
nos ven tus ojos),
3 para que Jehová tu Dios nos enseñe el camino por donde vayamos, y lo que hemos de
hacer.
4 Y el profeta Jeremías les dijo: He oído. He
aquí que voy a orar a Jehová vuestro Dios,
como habéis dicho, y todo lo que Jehová os
respondiere, os enseñaré; no os reservaré
palabra.
5 Y ellos dijeron a Jeremías: Jehová sea entre
nosotros testigo de la verdad y de la lealtad, si
no hiciéremos conforme a todo aquello para
lo cual Jehová tu Dios te enviare a nosotros.
6 Sea bueno, sea malo, a la voz de Jehová
nuestro Dios al cual te enviamos, obedeceremos, para que obedeciendo a la voz de Jehová
nuestro Dios nos vaya bien.
7 Aconteció que al cabo de diez días vino
palabra de Jehová a Jeremías.
8 Y llamó a Johanán hijo de Carea y a todos
los oficiales de la gente de guerra que con él
estaban, y a todo el pueblo desde el menor
hasta el mayor;
9 y les dijo: Así ha dicho Jehová Dios de
Israel, al cual me enviasteis para presentar
vuestros ruegos en su presencia:
10 Si os quedareis quietos en esta tierra, os
edificaré, y no os destruiré; os plantaré, y no
os arrancaré; porque estoy arrepentido del
mal que os he hecho.
11 No temáis de la presencia del rey de Babilonia, del cual tenéis temor; no temáis de su presencia, ha dicho Jehová, porque con vosotros
estoy yo para salvaros y libraros de su mano;
12 y tendré de vosotros misericordia, y él tendrá misericordia de vosotros y os hará regresar a vuestra tierra.
13 Mas si dijereis: No moraremos en esta tierra, no obedeciendo así a la voz de Jehová
vuestro Dios,
14 diciendo: No, sino que entraremos en la tierra de Egipto, en la cual no veremos guerra, ni
oiremos sonido de trompeta, ni padeceremos
hambre, y allá moraremos;
15 ahora por eso, oíd la palabra de Jehová,
remanente de Judá: Así ha dicho Jehová de
los ejércitos, Dios de Israel: Si vosotros volviereis vuestros rostros para entrar en Egipto,
y entrareis para morar allá,
16 sucederá que la espada que teméis, os
alcanzará allí en la tierra de Egipto, y el hambre de que tenéis temor, allá en Egipto os perseguirá; y allí moriréis.
17 Todos los hombres que volvieren sus rostros para entrar en Egipto para morar allí,
morirán a espada, de hambre y de pestilencia; no habrá de ellos quien quede vivo, ni
quien escape delante del mal que traeré yo
sobre ellos.
18 Porque así ha dicho Jehová de los ejércitos, Dios de Israel: Como se derramó mi enojo y mi ira sobre los moradores de Jerusalén,
así se derramará mi ira sobre vosotros cuando entrareis en Egipto; y seréis objeto de
execración y de espanto, y de maldición y de
afrenta; y no veréis más este lugar.
19 Jehová habló sobre vosotros, oh remanente
de Judá: No vayáis a Egipto; sabed ciertamente que os lo aviso hoy.
20 ¿Por qué hicisteis errar vuestras almas? ➤
Pues vosotros me enviasteis a Jehová vuestro

LECCIONES DE VIDA

➤ ***41.15 — Ismael hijo de Netanías escapó delante de Johanán con ocho hombres, y se fue a los hijos de Amón.***

En Hollywood, el tipo malo usualmente es atrapado o derrotado al final de la película. Pero la Biblia es realista y admite que aquí en la tierra la vida no siempre tiene el mismo desenlace. Por supuesto, nadie se escapa del juicio final (Ap 20.11–15).

➤ ***42.2, 3 — ruega por nosotros… para que Jehová tu Dios nos enseñe el camino por donde vayamos, y lo que hemos de hacer.***

No es difícil actuar como un asistente típico de los servicios de la iglesia, cantando los himnos y oyendo los sermones, pero lo que a Dios le interesa es la fe genuina, no las frases bien memorizadas dichas en un discurso convincente. Los hombres dijeron todas las palabras correctas, pero no tenían intención alguna de obedecer al Señor. Ya tenían su propio plan y simplemente querían que Jeremías se los bendijera. Tales oraciones y planes jamás serán honrados por Dios.

RESPUESTAS A PREGUNTAS DE LA VIDA

¿Qué importancia tiene la obediencia en la vida de un cristiano maduro?

JER 42.1–6

Quienes conocen la grandeza y la bondad de Dios, y procuran identificarse plenamente con la vida de Cristo, tienen una gran pasión por obedecer a Dios.

La obediencia es activa, no pasiva. Es vivir gozosamente lo que sabemos con certeza que es lo verdadero, justo y bueno. Es seguir al Señor todos los días, diciendo y haciendo lo que Jesús diría y haría si viviera en nuestro lugar. La obediencia es el sometimiento total a los deseos de Dios.

Nuestro Padre celestial asigna un gran valor a la obediencia. Él la prefiere incluso al sacrificio o las expresiones exteriores de adoración (1 S 15.22). De hecho, nuestra obediencia es la máxima expresión de adoración y servicio (Pr 21.3).

Los cristianos maduros expresan su deseo de obedecer a Dios en tres áreas:

❶ *Una pasión por conocer la Biblia.* Para saber qué requiere Dios de nosotros, debemos saber lo que Él nos ha mandado. Los mandamientos de Dios no han cambiado a lo largo de la historia, ni han sido alterados conforme a la cultura, las costumbres o los avances tecnológicos. La Palabra de Dios es absoluta y permanece siempre igual (Jos 24.24; Sal 119.15, 16, 105, 106).

❷ *Una pasión por vivir en integridad.* Es muy simple, vivir en integridad es hacer lo que es justo delante del Señor. Significa cumplir con alegría sus mandamientos y estatutos. Es alejarse del pecado y hacer lo que es santo y aceptable a Dios (Sal 97.10–12; 143.10; Pr 11.30; 12.12, 13; Ro 2.7–10; He 12.1, 2).

❸ *Una pasión por recibir a diario la dirección del Señor.* El corazón inclinado a la obediencia tiene un deseo profundo de recibir la dirección del Espíritu Santo diariamente. Obedecer es «andar en sus caminos», paso a paso, confiando que Dios nos dirige y nos corregirá tan pronto cometamos un error. Debemos observar lo que Dios está haciendo a nuestro alrededor y preguntarle todos los días: «Señor, ¿cuál es tu voluntad?» (Sal 25.4, 5; 141.3, 4, 8–10; Jer 42.1–6).

Estos tres deseos obran conjuntamente. Cuanto más exploramos la Palabra de Dios, mayor será nuestro entendimiento de la justicia y de cómo el Espíritu Santo obra en nosotros para que hagamos la voluntad de Dios. Cuanto más confiamos en el Espíritu Santo, más Él nos recuerda la Palabra de Dios y nos guía en la justicia. Cuanto más deseamos ser justos delante del Padre, más vamos a querer leer su Palabra y escuchar su voz.

Para un estudio más a fondo, véase el Índice de Principios de vida:

2. *Obedezcamos a Dios y dejemos las consecuencias en sus manos.*
11. *Dios asume toda la responsabilidad en cuanto a nuestras necesidades, si lo obedecemos.*
21. *La obediencia siempre trae bendición consigo.*

Dios, diciendo: Ora por nosotros a Jehová nuestro Dios, y haznos saber todas las cosas que Jehová nuestro Dios dijere, y lo haremos.
21 Y os lo he declarado hoy, y no habéis obedecido a la voz de Jehová vuestro Dios, ni a todas las cosas por las cuales me envió a vosotros.
22 Ahora, pues, sabed de cierto que a espada, de hambre y de pestilencia moriréis en el lugar donde deseasteis entrar para morar allí.

La emigración a Egipto

43 ACONTECIÓ que cuando Jeremías acabó de hablar a todo el pueblo todas las palabras de Jehová Dios de ellos, todas estas palabras por las cuales Jehová Dios de ellos le había enviado a ellos mismos,
2 dijo Azarías hijo de Osaías y Johanán hijo de Carea, y todos los varones soberbios dijeron a Jeremías: Mentira dices; no te ha enviado Jehová nuestro Dios para decir: No vayáis a Egipto para morar allí,
3 sino que Baruc hijo de Nerías te incita contra nosotros, para entregarnos en manos de los caldeos, para matarnos y hacernos transportar a Babilonia.

4 No obedeció, pues, Johanán hijo de Carea y todos los oficiales de la gente de guerra y todo el pueblo, a la voz de Jehová para quedarse en tierra de Judá,

➤ 5 sino que tomó Johanán hijo de Carea y todos los oficiales de la gente de guerra, a todo el remanente de Judá que se había vuelto de todas las naciones donde había sido echado, para morar en tierra de Judá;

6 a hombres y mujeres y niños, y a las hijas del rey y a toda persona que había dejado Nabuzaradán capitán de la guardia con Gedalías hijo de Ahicam, hijo de Safán, y al profeta Jeremías y a Baruc hijo de Nerías,

7 y entraron en tierra de Egipto,[a] porque no obedecieron a la voz de Jehová; y llegaron hasta Tafnes.

8 Y vino palabra de Jehová a Jeremías en Tafnes, diciendo:

9 Toma con tu mano piedras grandes, y cúbrelas de barro en el enladrillado que está a la puerta de la casa de Faraón en Tafnes, a vista de los hombres de Judá;

10 y diles: Así ha dicho Jehová de los ejércitos, Dios de Israel: He aquí yo enviaré y tomaré a Nabucodonosor rey de Babilonia, mi siervo, y pondré su trono sobre estas piedras que he escondido, y extenderá su pabellón sobre ellas.

11 Y vendrá y asolará la tierra de Egipto; los que a muerte, a muerte, y los que a cautiverio, a cautiverio, y los que a espada, a espada.

12 Y pondrá fuego a los templos de los dioses de Egipto y los quemará, y a ellos los llevará cautivos; y limpiará la tierra de Egipto, como el pastor limpia su capa, y saldrá de allá en paz.

13 Además quebrará las estatuas de Betsemes, que está en tierra de Egipto, y los templos de los dioses de Egipto quemará a fuego.

Jeremías profetiza a los judíos en Egipto

44 PALABRA que vino a Jeremías acerca de todos los judíos que moraban en la tierra de Egipto, que vivían en Migdol, en Tafnes, en Menfis y en tierra de Patros, diciendo:

2 Así ha dicho Jehová de los ejércitos, Dios de Israel: Vosotros habéis visto todo el mal que traje sobre Jerusalén y sobre todas las ciudades de Judá; y he aquí que ellas están el día de hoy asoladas; no hay quien more en ellas,

3 a causa de la maldad que ellos cometieron para enojarme, yendo a ofrecer incienso, honrando a dioses ajenos que ellos no habían conocido, ni vosotros ni vuestros padres.

4 Y envié a vosotros todos mis siervos los profetas, desde temprano y sin cesar, para deciros: No hagáis esta cosa abominable que yo aborrezco. ➤

5 Pero no oyeron ni inclinaron su oído para convertirse de su maldad, para dejar de ofrecer incienso a dioses ajenos.

6 Se derramó, por tanto, mi ira y mi furor, y se encendió en las ciudades de Judá y en las calles de Jerusalén, y fueron puestas en soledad y en destrucción, como están hoy.

7 Ahora, pues, así ha dicho Jehová de los ejércitos, Dios de Israel: ¿Por qué hacéis tan grande mal contra vosotros mismos, para ser destruidos el hombre y la mujer, el muchacho y el niño de pecho de en medio de Judá, sin que os quede remanente alguno,

8 haciéndome enojar con las obras de vuestras manos, ofreciendo incienso a dioses ajenos en la tierra de Egipto, adonde habéis entrado para vivir, de suerte que os acabéis, y seáis por maldición y por oprobio a todas las naciones de la tierra?

9 ¿Os habéis olvidado de las maldades de vuestros padres, de las maldades de los reyes de Judá, de las maldades de sus mujeres, de vuestras maldades y de las maldades de vuestras mujeres, que hicieron en la tierra de Judá y en las calles de Jerusalén?

10 No se han humillado hasta el día de hoy, ni han tenido temor, ni han caminado en mi ley ni en mis estatutos, los cuales puse delante de vosotros y delante de vuestros padres.

11 Por tanto, así ha dicho Jehová de los ejércitos, Dios de Israel: He aquí que yo vuelvo mi rostro contra vosotros para mal, y para destruir a todo Judá.

a. 43.5-7 2 R 25.26.

LECCIONES DE VIDA

➤ ***42.20 — hicisteis errar vuestras almas… diciendo… haznos saber todas las cosas que Jehová nuestro Dios dijere, y lo haremos.***

Antes que estos hombres actuaran conforme a su engaño, Jeremías reveló abiertamente sus corazones. Podemos engañar a los demás, pero a Dios no lo engañamos. Nunca podemos manipularlo para que nos dé lo que queremos.

➤ ***43.5, 6 — tomó Johanán… y todos los oficiales de la gente de guerra, a todo el remanente de Judá… y al profeta Jeremías y a Baruc hijo de Nerías.***

Jeremías dijo al remanente que no se trasladara a Egipto, pero ellos desobedecieron y también lo llevaron cautivo al profeta, quien sufrió por la desobediencia del pueblo. Por fe, que era lo único que le quedaba, Jeremías esperaba que Dios lo reivindicara.

➤ ***44.4 — envié a vosotros todos mis siervos los profetas, desde temprano y sin cesar, para deciros: No hagáis esta cosa abominable que yo aborrezco.***

Si es necesario, Dios moverá cielo y tierra para mostrarnos su voluntad y convencernos de nuestro pecado. ¿Escucharemos atentamente lo que nos diga y le obedeceremos? O, ¿seguiremos pecando sin arrepentirnos?

12 Y tomaré el resto de Judá que volvieron sus
rostros para ir a tierra de Egipto para morar
allí, y en tierra de Egipto serán todos consumidos; caerán a espada, y serán consumidos de
hambre; a espada y de hambre morirán desde
el menor hasta el mayor, y serán objeto de execración, de espanto, de maldición y de oprobio.
13 Pues castigaré a los que moran en tierra de
Egipto como castigué a Jerusalén, con espada,
con hambre y con pestilencia.
14 Y del resto de los de Judá que entraron en
la tierra de Egipto para habitar allí, no habrá
quien escape, ni quien quede vivo para volver
a la tierra de Judá, por volver a la cual suspi-
ran ellos para habitar allí; porque no volverán
sino algunos fugitivos.
15 Entonces todos los que sabían que sus mujeres habían ofrecido incienso a dioses ajenos, y
todas las mujeres que estaban presentes, una
gran concurrencia, y todo el pueblo que habitaba en tierra de Egipto, en Patros, respondieron a Jeremías, diciendo:
16 La palabra que nos has hablado en nombre
de Jehová, no la oiremos de ti;
17 sino que ciertamente pondremos por obra
toda palabra que ha salido de nuestra boca, para
ofrecer incienso a la reina del cielo, derramán-
dole libaciones, como hemos hecho nosotros y
nuestros padres, nuestros reyes y nuestros príncipes, en las ciudades de Judá y en las plazas de
Jerusalén, y tuvimos abundancia de pan, y estuvimos alegres, y no vimos mal alguno.
➤ 18 Mas desde que dejamos de ofrecer incienso
a la reina del cielo y de derramarle libaciones,
nos falta todo, y a espada y de hambre somos
consumidos.
19 Y cuando ofrecimos incienso a la reina del
cielo, y le derramamos libaciones, ¿acaso le
hicimos nosotras tortas para tributarle culto, y
le derramamos libaciones, sin consentimiento
de nuestros maridos?
20 Y habló Jeremías a todo el pueblo, a los
hombres y a las mujeres y a todo el pueblo
que le había respondido esto, diciendo:
21 ¿No se ha acordado Jehová, y no ha venido
a su memoria el incienso que ofrecisteis en las
ciudades de Judá, y en las calles de Jerusalén,
vosotros y vuestros padres, vuestros reyes y
vuestros príncipes y el pueblo de la tierra?
22 Y no pudo sufrirlo más Jehová, a causa de
la maldad de vuestras obras, a causa de las
abominaciones que habíais hecho; por tanto, vuestra tierra fue puesta en asolamiento,
en espanto y en maldición, hasta quedar sin
morador, como está hoy.
23 Porque ofrecisteis incienso y pecasteis contra Jehová, y no obedecisteis a la voz de Jehová, ni anduvisteis en su ley ni en sus estatutos
ni en sus testimonios; por tanto, ha venido
sobre vosotros este mal, como hasta hoy.
24 Y dijo Jeremías a todo el pueblo, y a todas
las mujeres: Oíd palabra de Jehová, todos los
de Judá que estáis en tierra de Egipto.
25 Así ha hablado Jehová de los ejércitos, Dios
de Israel, diciendo: Vosotros y vuestras mujeres
hablasteis con vuestras bocas, y con vuestras
manos lo ejecutasteis, diciendo: Cumpliremos
efectivamente nuestros votos que hicimos, de
ofrecer incienso a la reina del cielo y derramarle libaciones; confirmáis a la verdad vuestros
votos, y ponéis vuestros votos por obra.
26 Por tanto, oíd palabra de Jehová, todo Judá
que habitáis en tierra de Egipto: He aquí he
jurado por mi grande nombre, dice Jehová,
que mi nombre no será invocado más en toda
la tierra de Egipto por boca de ningún hombre
de Judá, diciendo: Vive Jehová el Señor.
27 He aquí que yo velo sobre ellos para mal,
y no para bien; y todos los hombres de Judá
que están en tierra de Egipto serán consumidos a espada y de hambre, hasta que perezcan del todo.
28 Y los que escapen de la espada volverán de ➤
la tierra de Egipto a la tierra de Judá, pocos
hombres; sabrá, pues, todo el resto de Judá que
ha entrado en Egipto a morar allí, la palabra de
quién ha de permanecer: si la mía, o la suya.
29 Y esto tendréis por señal, dice Jehová, de
que en este lugar os castigo, para que sepáis
que de cierto permanecerán mis palabras
para mal sobre vosotros.
30 Así ha dicho Jehová: He aquí que yo entrego a Faraón Hofra rey de Egipto en mano de
sus enemigos, y en mano de los que buscan
su vida, así como entregué a Sedequías rey
de Judá en mano de Nabucodonosor rey de
Babilonia,[a] su enemigo que buscaba su vida.

a. 44.30 2 R 25.1-7.

LECCIONES DE VIDA

➤ 44.18 — desde que dejamos de ofrecer incienso a la reina del cielo y de derramarle libaciones, nos falta todo, y a espada y de hambre somos consumidos.

Los rebeldes del tiempo de Jeremías nunca se arrepintieron de verdad (Jer 44.10, 15). Aunque fingieran obediencia, sus corazones realmente nunca se volvieron a Dios con remordimiento sincero por la manera como habían pecado contra Él (2 Co 7.9–11). Si lo hubieran hecho, nunca habrían considerado la posibilidad de volver a sus sacrificios paganos ni habrían permitido que sus familiares continuaran tales prácticas impías. Se limitaron a obedecer mecánicamente a Dios y luego se quejaron que no les funcionó.

➤ 44.28 — los que escapen de la espada... sabrá, pues, todo el resto de Judá... la palabra de quién ha de permanecer: si la mía, o la suya.

Dios conoce las intenciones verdaderas de su pueblo (1 Cr 28.9; Jer 17.10). Él sabía que la mayoría de los que habían escapado a Egipto no estaban genuinamente arrepentidos ni creían en Él de verdad (Jer 44.24–28). Solamente aquellos que fueron realmente obedientes a Dios habrían de experimentar la bendición de regresar a la tierra prometida.

Mensaje a Baruc

45 PALABRA que habló el profeta Jeremías a Baruc hijo de Nerías, cuando escribía en el libro estas palabras de boca de Jeremías, en el año cuarto de Joacim[a] hijo de Josías rey de Judá, diciendo:

2 Así ha dicho Jehová Dios de Israel a ti, oh Baruc:

3 Tú dijiste: ¡Ay de mí ahora! porque ha añadido Jehová tristeza a mi dolor; fatigado estoy de gemir, y no he hallado descanso.

4 Así le dirás: Ha dicho Jehová: He aquí que yo destruyo a los que edifiqué, y arranco a los que planté, y a toda esta tierra.

➤ 5 ¿Y tú buscas para ti grandezas? No las busques; porque he aquí que yo traigo mal sobre toda carne, ha dicho Jehová; pero a ti te daré tu vida por botín en todos los lugares adonde fueres.

Profecías acerca de Egipto

46 PALABRA de Jehová que vino al profeta Jeremías, contra las naciones.

2 Con respecto a Egipto:[a] contra el ejército de Faraón Necao rey de Egipto, que estaba cerca del río Éufrates en Carquemis, a quien destruyó Nabucodonosor rey de Babilonia, en el año cuarto de Joacim hijo de Josías, rey de Judá.

3 Preparad escudo y pavés, y venid a la guerra.

4 Uncid caballos y subid, vosotros los jinetes, y poneos con yelmos; limpiad las lanzas, vestíos las corazas.

5 ¿Por qué los vi medrosos, retrocediendo? Sus valientes fueron deshechos, y huyeron sin volver a mirar atrás; miedo de todas partes, dice Jehová.

6 No huya el ligero, ni el valiente escape; al norte junto a la ribera del Éufrates tropezaron y cayeron.

7 ¿Quién es este que sube como río, y cuyas aguas se mueven como ríos?

8 Egipto como río se ensancha, y las aguas se mueven como ríos, y dijo: Subiré, cubriré la tierra, destruiré a la ciudad y a los que en ella moran.

9 Subid, caballos, y alborotaos, carros, y salgan los valientes; los etíopes y los de Put que toman escudo, y los de Lud que toman y entesan arco.

10 Mas ese día será para Jehová Dios de los ejércitos día de retribución, para vengarse de sus enemigos; y la espada devorará y se saciará, y se embriagará de la sangre de ellos; porque sacrificio será para Jehová Dios de los ejércitos, en tierra del norte junto al río Éufrates.

11 Sube a Galaad, y toma bálsamo, virgen hija de Egipto; por demás multiplicarás las medicinas; no hay curación para ti.

12 Las naciones oyeron tu afrenta, y tu clamor llenó la tierra; porque valiente tropezó contra valiente, y cayeron ambos juntos.

13 Palabra que habló Jehová al profeta Jeremías acerca de la venida de Nabucodonosor rey de Babilonia, para asolar la tierra de Egipto:[b]

14 Anunciad en Egipto, y haced saber en Migdol; haced saber también en Menfis y en Tafnes; decid: Ponte en pie y prepárate, porque espada devorará tu comarca.

15 ¿Por qué ha sido derribada tu fortaleza? No pudo mantenerse firme, porque Jehová la empujó.

16 Multiplicó los caídos, y cada uno cayó sobre su compañero; y dijeron: Levántate y volvámonos a nuestro pueblo, y a la tierra de nuestro nacimiento, huyamos ante la espada vencedora.

17 Allí gritaron: Faraón rey de Egipto es destruido; dejó pasar el tiempo señalado.

18 Vivo yo, dice el Rey, cuyo nombre es Jehová de los ejércitos, que como Tabor entre los montes, y como Carmelo junto al mar, así vendrá.

19 Hazte enseres de cautiverio, moradora hija de Egipto; porque Menfis será desierto, y será asolada hasta no quedar morador.

20 Becerra hermosa es Egipto; mas viene destrucción, del norte viene.

21 Sus soldados mercenarios también en medio de ella como becerros engordados; porque también ellos volvieron atrás, huyeron todos sin pararse, porque vino sobre ellos el día de su quebrantamiento, el tiempo de su castigo.

22 Su voz saldrá como de serpiente; porque vendrán los enemigos, y con hachas vendrán a ella como cortadores de leña.

23 Cortarán sus bosques, dice Jehová, aunque sean impenetrables; porque serán más numerosos que langostas, no tendrán número.

24 Se avergonzará la hija de Egipto; entregada será en manos del pueblo del norte.

25 Jehová de los ejércitos, Dios de Israel, ha dicho: He aquí que yo castigo a Amón dios de Tebas, a Faraón, a Egipto, y a sus dioses y a sus reyes; así a Faraón como a los que en él confían.

a. 45.1 2 R 24.1; 2 Cr 36.5-7; Dn 1.1-2.
a. 46.2-26 Is 19.1-25; Ez 29.1—32.32. **b. 46.13** Jer 43.10-13.

LECCIONES DE VIDA

➤ ***45.5 — ¿Y tú buscas para ti grandezas? No las busques... a ti te daré tu vida por botín en todos los lugares adonde fueres.***

Como lo hizo con Ebed-melec, Dios prometió salvar la vida a Baruc, el siervo de Jeremías, aunque su juicio destruiría a Jerusalén. Debemos recordar que Dios tiene un plan distinto y especial para cada uno de nosotros, y que siempre es el mejor para nosotros.

Ejemplos de vida

BARUC

Su vida preservada como recompensa

JER 45.1–5

Baruc sirvió a Jeremías durante la mayor parte del difícil ministerio del profeta. Cuando Jeremías le dio instrucciones para poner por escrito sus palabras aterradoras y leerlas al pueblo, Baruc lo hizo (Jer 36.4–19). Cuando el pueblo culpó por error a Baruc de haber inspirado las amenazas contenidas en las profecías de Jeremías, él soportó su ira y aceptó la misma suerte del profeta (Jer 43.3–7).

Dios vio la lealtad y la fidelidad de Baruc, y no permitió que su obediencia quedara sin recompensa. Sin embargo, no le prometió al escriba una vida fácil. «¿Y tú buscas para ti grandezas?» preguntó el Señor a Baruc; «No las busques... pero a ti te daré tu vida por botín en todos los lugares adonde fueres» (Jer 45.5).

Para un estudio más a fondo, véase el Índice de Principios de vida:

21. La obediencia siempre trae bendición consigo.

2. Obedezcamos a Dios y dejemos las consecuencias en sus manos.

26 Y los entregaré en mano de los que buscan
su vida, en mano de Nabucodonosor rey de
Babilonia y en mano de sus siervos; pero después será habitado como en los días pasados,
dice Jehová.
27 Y tú no temas, siervo mío Jacob, ni desmayes, Israel; porque he aquí yo te salvaré de lejos, y a tu descendencia de la tierra
de su cautividad. Y volverá Jacob, y descansará y será prosperado, y no habrá quién lo
atemorice.
28 Tú, siervo mío Jacob, no temas, dice Jehová, porque yo estoy contigo; porque destruiré a todas las naciones entre las cuales te he
dispersado; pero a ti no te destruiré del todo,
sino que te castigaré con justicia; de ninguna
manera te dejaré sin castigo.[c]

Profecía sobre los filisteos

47 PALABRA de Jehová que vino al profeta Jeremías acerca de los filisteos,[a]
antes que Faraón destruyese a Gaza.
2 Así ha dicho Jehová: He aquí que suben
aguas del norte, y se harán torrente; inun-
darán la tierra y su plenitud; la ciudad y los
moradores de ella; y los hombres clamarán, y
lamentará todo morador de la tierra.
3 Por el sonido de los cascos de sus caballos,
por el alboroto de sus carros, por el estruendo de sus ruedas, los padres no cuidaron a los
hijos por la debilidad de sus manos;
4 a causa del día que viene para destrución
de todos los filisteos, para destruir a Tiro y a
Sidón todo aliado que les queda todavía; porque Jehová destruirá a los filisteos, al resto de
la costa de Caftor.
5 Gaza fue rapada, Ascalón ha perecido, y el
resto de su valle; ¿hasta cuándo te sajarás?
6 Oh espada de Jehová, ¿hasta cuándo reposarás? Vuelve a tu vaina, reposa y sosiégate.
7 ¿Cómo reposarás? pues Jehová te ha enviado contra Ascalón, y contra la costa del mar,
allí te puso.

Profecía sobre Moab

48 ACERCA de Moab.[a] Así ha dicho
Jehová de los ejércitos, Dios de Israel:
¡Ay de Nebo! porque fue destruida y avergonzada: Quiriataim fue tomada; fue confundida
Misgab, y desmayó.
2 No se alabará ya más Moab; en Hesbón
maquinaron mal contra ella, diciendo: Venid,
y quitémosla de entre las naciones. También
tú, Madmena, serás cortada; espada irá en
pos de ti.
3 ¡Voz de clamor de Horonaim, destrucción y
gran quebrantamiento!
4 Moab fue quebrantada; hicieron que se oyese el clamor de sus pequeños.
5 Porque a la subida de Luhit con llanto subirá
el que llora; porque a la bajada de Horonaim
los enemigos oyeron clamor de quebranto.
6 Huid, salvad vuestra vida, y sed como retama en el desierto.

c. 46.27-28 Jer 30.10-11. **a. 47.1-7** Is 14.29-31; Ez 25.15-17; Jl 3.4-8; Am 1.6-8; Sof 2.4-7; Zac 9.5-7. **a. 48.1-47** Is 15.1—16.14; 25.10-12; Ez 25.8-11; Am 2.1-3; Sof 2.8-11.

LECCIONES DE VIDA

➤ ***46.28 — Tú, siervo mío Jacob, no temas, dice Jehová, porque yo estoy contigo.***

Si Dios llena nuestro corazón, el temor no tendrá ocasión de establecer morada allí. Las tormentas de la vida pueden golpearnos, pero cuando Él está con nosotros no tenemos razón para temer, pues su «perfecto amor echa fuera el temor» (1 Jn 4.18). Sabemos que estamos seguros en su cuidado, sin importar qué circunstancias surjan.

7 Pues por cuanto confiaste en tus bienes y en tus tesoros, tú también serás tomada; y Quemos será llevado en cautiverio, sus sacerdotes y sus príncipes juntamente.

8 Y vendrá destruidor a cada una de las ciudades, y ninguna ciudad escapará; se arruinará también el valle, y será destruida la llanura, como ha dicho Jehová.

9 Dad alas a Moab, para que se vaya volando; pues serán desiertas sus ciudades hasta no quedar en ellas morador.

➤ 10 Maldito el que hiciere indolentemente la obra de Jehová, y maldito el que detuviere de la sangre su espada.

11 Quieto estuvo Moab desde su juventud, y sobre su sedimento ha estado reposado, y no fue vaciado de vasija en vasija, ni nunca estuvo en cautiverio; por tanto, quedó su sabor en él, y su olor no se ha cambiado.

12 Por eso vienen días, ha dicho Jehová, en que yo le enviaré trasvasadores que le trasvasarán; y vaciarán sus vasijas, y romperán sus odres.

13 Y se avergonzará Moab de Quemos, como la casa de Israel se avergonzó de Bet-el, su confianza.

14 ¿Cómo, pues, diréis: Somos hombres valientes, y robustos para la guerra?

15 Destruido fue Moab, y sus ciudades asoladas, y sus jóvenes escogidos descendieron al degolladero, ha dicho el Rey, cuyo nombre es Jehová de los ejércitos.

16 Cercano está el quebrantamiento de Moab para venir, y su mal se apresura mucho.

17 Compadeceos de él todos los que estáis alrededor suyo; y todos los que sabéis su nombre, decid: ¡Cómo se quebró la vara fuerte, el báculo hermoso!

18 Desciende de la gloria, siéntate en tierra seca, moradora hija de Dibón; porque el destruidor de Moab subió contra ti, destruyó tus fortalezas.

19 Párate en el camino, y mira, oh moradora de Aroer; pregunta a la que va huyendo, y a la que escapó; dile: ¿Qué ha acontecido?

20 Se avergonzó Moab, porque fue quebrantado; lamentad y clamad; anunciad en Arnón que Moab es destruido.

21 Vino juicio sobre la tierra de la llanura; sobre Holón, sobre Jahaza, sobre Mefaat,

22 sobre Dibón, sobre Nebo, sobre Bet-diblataim,

23 sobre Quiriataim, sobre Bet-gamul, sobre Bet-meón,

24 sobre Queriot, sobre Bosra y sobre todas las ciudades de tierra de Moab, las de lejos y las de cerca.

25 Cortado es el poder de Moab, y su brazo quebrantado, dice Jehová.

26 Embriagadle, porque contra Jehová se engrandeció; y revuélquese Moab sobre su vómito, y sea también él por motivo de escarnio.

27 ¿Y no te fue a ti Israel por motivo de escarnio, como si lo tomaran entre ladrones? Porque cuando de él hablaste, tú te has burlado.

28 Abandonad las ciudades y habitad en peñascos, oh moradores de Moab, y sed como la paloma que hace nido en la boca de la caverna.

29 Hemos oído la soberbia de Moab, que es muy soberbio, arrogante, orgulloso, altivo y altanero de corazón.

30 Yo conozco, dice Jehová, su cólera, pero no tendrá efecto; sus jactancias no le aprovecharán.

31 Por tanto, yo aullaré sobre Moab; sobre todo Moab haré clamor, y sobre los hombres de Kir-hares gemiré.

32 Con llanto de Jazer lloraré por ti, oh vid de Sibma; tus sarmientos pasaron el mar, llegaron hasta el mar de Jazer; sobre tu cosecha y sobre tu vendimia vino el destruidor.

33 Y será cortada la alegría y el regocijo de los campos fértiles, de la tierra de Moab; y de los lagares haré que falte el vino; no pisarán con canción; la canción no será canción.

34 El clamor de Hesbón llega hasta Eleale; hasta Jahaza dieron su voz; desde Zoar hasta Horonaim, becerra de tres años; porque también las aguas de Nimrim serán destruidas.

35 Y exterminaré de Moab, dice Jehová, a quien sacrifique sobre los lugares altos, y a quien ofrezca incienso a sus dioses.

36 Por tanto, mi corazón resonará como flautas por causa de Moab, asimismo resonará mi corazón a modo de flautas por los hombres de Kirhares; porque perecieron las riquezas que habían hecho.

37 Porque toda cabeza será rapada, y toda barba raída; sobre toda mano habrá rasguños, y cilicio sobre todo lomo.

38 Sobre todos los terrados de Moab, y en sus calles, todo él será llanto; porque yo quebranté a Moab como a vasija que no agrada, dice Jehová.

39 ¡Lamentad! ¡Cómo ha sido quebrantado! ¡Cómo volvió la espalda Moab, y fue avergonzado! Fue Moab objeto de escarnio y de espanto a todos los que están en sus alrededores.

40 Porque así ha dicho Jehová: He aquí que como águila volará, y extenderá sus alas contra Moab.

LECCIONES DE VIDA

➤ ***48.10 — Maldito el que hiciere indolentemente la obra de Jehová.***

Dios fue estricto con quienes recibieron su mandato de ejecutar juicio contra Moab, para que lo obedecieran a cabalidad. Pero aquí rige un principio mayor, y es que en cualquier aspecto de nuestro trabajo, nunca existe una sola excusa para la pereza: debemos hacer nuestro trabajo de la mejor manera posible, para la gloria de Dios.

41 Tomadas serán las ciudades, y tomadas
serán las fortalezas; y será aquel día el corazón de los valientes de Moab como el corazón
de mujer en angustias.
➤ 42 Y Moab será destruido hasta dejar de ser
pueblo, porque se engrandeció contra Jehová.
43 Miedo y hoyo y lazo contra ti, oh morador
de Moab, dice Jehová.
44 El que huyere del miedo caerá en el hoyo,
y el que saliere del hoyo será preso en el lazo;
porque yo traeré sobre él, sobre Moab, el año
de su castigo, dice Jehová.
45 A la sombra de Hesbón se pararon sin fuerzas los que huían; mas salió, fuego de Hesbón, y llama de en medio de Sehón, y quemó
el rincón de Moab, y la coronilla de los hijos
revoltosos.
46 ¡Ay de ti, Moab! pereció el pueblo de Quemos; porque tus hijos fueron puestos presos
para cautividad, y tus hijas para cautiverio.
47 Pero haré volver a los cautivos de Moab en
lo postrero de los tiempos, dice Jehová. Hasta
aquí es el juicio de Moab.

Profecía sobre los amonitas

49 ACERCA de los hijos de Amón.[a] Así ha
dicho Jehová: ¿No tiene hijos Israel?
¿No tiene heredero? ¿Por qué Milcom ha desposeído a Gad, y su pueblo se ha establecido
en sus ciudades?
2 Por tanto, vienen días, ha dicho Jehová, en
que haré oír clamor de guerra en Rabá de los
hijos de Amón; y será convertida en montón
de ruinas, y sus ciudades serán puestas a fuego, e Israel tomará por heredad a los que los
tomaron a ellos, ha dicho Jehová.
3 Lamenta, oh Hesbón, porque destruida es
Hai; clamad, hijas de Rabá, vestíos de cilicio,
endechad, y rodead los vallados, porque Milcom fue llevado en cautiverio, sus sacerdotes
y sus príncipes juntamente.
4 ¿Por qué te glorías de los valles? Tu valle se
deshizo, oh hija contumaz, la que confía en
sus tesoros, la que dice: ¿Quién vendrá contra mí?
5 He aquí yo traigo sobre ti espanto, dice el
Señor, Jehová de los ejércitos, de todos tus
alrededores; y seréis lanzados cada uno derecho hacia adelante, y no habrá quien recoja a
los fugitivos.
6 Y después de esto haré volver a los cautivos
de los hijos de Amón, dice Jehová.

Profecía sobre Edom

7 Acerca de Edom.[b] Así ha dicho Jehová de los
ejércitos: ¿No hay más sabiduría en Temán?
¿Se ha acabado el consejo en los sabios? ¿Se
corrompió su sabiduría?
8 Huid, volveos atrás, habitad en lugares profundos, oh moradores de Dedán; porque el
quebrantamiento de Esaú traeré sobre él en el
tiempo en que lo castigue.
9 Si vendimiadores hubieran venido contra
ti, ¿no habrían dejado rebuscos? Si ladrones de noche, ¿no habrían tomado lo que les
bastase?
10 Mas yo desnudaré a Esaú, descubriré sus
escondrijos, y no podrá esconderse; será destruida su descendencia, sus hermanos y sus
vecinos, y dejará de ser.
11 Deja tus huérfanos, yo los criaré; y en mí
confiarán tus viudas.
12 Porque así ha dicho Jehová: He aquí que
los que no estaban condenados a beber el
cáliz, beberán ciertamente; ¿y serás tú absuelto del todo? No serás absuelto, sino que ciertamente beberás.
13 Porque por mí he jurado, dice Jehová, que
asolamiento, oprobio, soledad y maldición
será Bosra, y todas sus ciudades serán desolaciones perpetuas.
14 La noticia oí, que de Jehová había sido
enviado mensajero a las naciones, diciendo:
Juntaos y venid contra ella, y subid a la batalla.
15 He aquí que te haré pequeño entre las
naciones, menospreciado entre los hombres.
16 Tu arrogancia te engañó, y la soberbia de
tu corazón. Tú que habitas en cavernas de
peñas, que tienes la altura del monte, aunque
alces como águila tu nido, de allí te haré descender, dice Jehová.
17 Y se convertirá Edom en desolación; todo
aquel que pasare por ella se asombrará, y se
burlará de todas sus calamidades.
18 Como sucedió en la destrucción de Sodoma y de Gomorra y de sus ciudades vecinas,[c]
dice Jehová, así no morará allí nadie, ni la
habitará hijo de hombre.
19 He aquí que como león subirá de la espe- ➤
sura del Jordán contra la bella y robusta; porque muy pronto le haré huir de ella, y al que
fuere escogido la encargaré; porque ¿quién es

a. 49.1-6 Ez 21.28-32; 25.1-7; Am 1.13-15; Sof 2.8-11.
b. 49.7-22 Is 34.5-17; 63.1-6; Ez 25.12-14; 35.1-15; Am 1.11-12; Abd 1.14; Mal 1.2-5. **c. 49.18** Gn 19.24-25.

LECCIONES DE VIDA

➤ ***48.42 — Moab será destruido hasta dejar de ser pueblo, porque se engrandeció contra Jehová.***

Dios *siempre* juzga la soberbia. Siempre. Bien sea que encuentre la arrogancia y el orgullo en el corazón de un ángel (Satanás), un hombre (Nabucodonosor), o una nación (Moab), Él siempre los juzgará.

➤ ***49.19 — ¿quién es semejante a mí, y quién me emplazará? ¿Quién será aquel pastor que me podrá resistir?***

Nadie se asemeja a Dios (Is 40.10–31). Él no tiene iguales, ni colegas, ni jueces, ni acusadores. Nadie le impedirá llevar a cabo *exactamente* lo que Él haya planeado.

semejante a mí, y quién me emplazará? ¿Quién será aquel pastor que me podrá resistir?

20 Por tanto, oíd el consejo que Jehová ha acordado sobre Edom, y sus pensamientos que ha resuelto sobre los moradores de Temán. Ciertamente a los más pequeños de su rebaño los arrastrarán, y destruirán sus moradas con ellos.

21 Del estruendo de la caída de ellos la tierra temblará, y el grito de su voz se oirá en el Mar Rojo.

22 He aquí que como águila subirá y volará, y extenderá sus alas contra Bosra; y el corazón de los valientes de Edom será en aquel día como el corazón de mujer en angustias.

Profecía sobre Damasco

23 Acerca de Damasco[d]. Se confundieron Hamat y Arfad, porque oyeron malas nuevas; se derritieron en aguas de desmayo, no pueden sosegarse.

24 Se desmayó Damasco, se volvió para huir, y le tomó temblor y angustia, y dolores le tomaron, como de mujer que está de parto.

25 ¡Cómo dejaron a la ciudad tan alabada, la ciudad de mi gozo!

26 Por tanto, sus jóvenes caerán en sus plazas, y todos los hombres de guerra morirán en aquel día, ha dicho Jehová de los ejércitos.

27 Y haré encender fuego en el muro de Damasco, y consumirá las casas de Ben-adad.

Profecía sobre Cedar y Hazor

28 Acerca de Cedar y de los reinos de Hazor, los cuales asoló Nabucodonosor rey de Babilonia. Así ha dicho Jehová: Levantaos, subid contra Cedar, y destruid a los hijos del oriente.

29 Sus tiendas y sus ganados tomarán; sus cortinas y todos sus utensilios y sus camellos tomarán para sí, y clamarán contra ellos: Miedo alrededor.

30 Huid, idos muy lejos, habitad en lugares profundos, oh moradores de Hazor, dice Jehová; porque tomó consejo contra vosotros Nabucodonosor rey de Babilonia, y contra vosotros ha formado un designio.

31 Levantaos, subid contra una nación pacífica que vive confiadamente, dice Jehová, que ni tiene puertas ni cerrojos, que vive solitaria.

32 Serán sus camellos por botín, y la multitud de sus ganados por despojo; y los esparciré por todos los vientos, arrojados hasta el último rincón; y de todos lados les traeré su ruina, dice Jehová.

33 Hazor será morada de chacales, soledad para siempre; ninguno morará allí, ni la habitará hijo de hombre.

Profecía sobre Elam

34 Palabra de Jehová que vino al profeta Jeremías acerca de Elam, en el principio del reinado de Sedequías rey de Judá, diciendo:

35 Así ha dicho Jehová de los ejércitos: He aquí que yo quiebro el arco de Elam, parte principal de su fortaleza.

36 Traeré sobre Elam los cuatro vientos de los cuatro puntos del cielo, y los aventaré a todos estos vientos; y no habrá nación a donde no vayan fugitivos de Elam.

37 Y haré que Elam se intimide delante de sus enemigos, y delante de los que buscan su vida; y traeré sobre ellos mal, y el ardor de mi ira, dice Jehová; y enviaré en pos de ellos espada hasta que los acabe.

38 Y pondré mi trono en Elam, y destruiré a su rey y a su príncipe, dice Jehová.

39 Pero acontecerá en los últimos días, que haré volver a los cautivos de Elam, dice Jehová.

Profecía sobre Babilonia

50 PALABRA que habló Jehová contra Babilonia,[a] contra la tierra de los caldeos, por medio del profeta Jeremías.

2 Anunciad en las naciones, y haced saber; levantad también bandera, publicad, y no encubráis; decid: Tomada es Babilonia, Bel es confundido, deshecho es Merodac; destruidas son sus esculturas, quebrados son sus ídolos.

3 Porque subió contra ella una nación del norte, la cual pondrá su tierra en asolamiento, y no habrá ni hombre ni animal que en ella more; huyeron, y se fueron.

4 En aquellos días y en aquel tiempo, dice Jehová, vendrán los hijos de Israel, ellos y los hijos de Judá juntamente; e irán andando y llorando, y buscarán a Jehová su Dios.

5 Preguntarán por el camino de Sion, hacia donde volverán sus rostros, diciendo: Venid, y juntémonos a Jehová con pacto eterno que jamás se ponga en olvido.

6 Ovejas perdidas fueron mi pueblo; sus pastores las hicieron errar, por los montes las descarriaron; anduvieron de monte en collado, y se olvidaron de sus rediles.

7 Todos los que los hallaban, los devoraban; y decían sus enemigos: No pecaremos, porque ellos pecaron contra Jehová morada de justicia, contra Jehová esperanza de sus padres.

8 Huid de en medio de Babilonia,[b] y salid de la tierra de los caldeos, y sed como los machos cabríos que van delante del rebaño.

9 Porque yo levanto y hago subir contra Babilonia reunión de grandes pueblos de la tierra del norte; desde allí se prepararán contra ella, y será tomada; sus flechas son como de valiente diestro, que no volverá vacío.

10 Y Caldea será para botín; todos los que la saquearen se saciarán, dice Jehová.

11 Porque os alegrasteis, porque os gozasteis destruyendo mi heredad, porque os llenasteis

d. 49.23-27 Is 17.1-3; Am 1.3-5; Zac 9.1.
a. 50.1—51.64 Is 13.1—14.23; 47.1-15. **b. 50.8** Ap 18.4.

como novilla sobre la hierba, y relinchasteis
como caballos.
12 Vuestra madre se avergonzó mucho, se
afrentó la que os dio a luz; he aquí será la
última de las naciones; desierto, sequedal y
páramo.
13 Por la ira de Jehová no será habitada, sino
será asolada toda ella; todo hombre que pasare por Babilonia se asombrará, y se burlará de
sus calamidades.
14 Poneos en orden contra Babilonia alrededor, todos los que entesáis arco; tirad contra ella, no escatiméis las saetas, porque pecó
contra Jehová.
15 Gritad contra ella en derredor; se rindió;
han caído sus cimientos, derribados son sus
muros, porque es venganza de Jehová. Tomad
venganza de ella; haced con ella como ella
hizo.
16 Destruid en Babilonia al que siembra, y al
que mete hoz en tiempo de la siega; delante
de la espada destructora cada uno volverá el
rostro hacia su pueblo, cada uno huirá hacia
su tierra.
17 Rebaño descarriado es Israel; leones lo dispersaron; el rey de Asiria lo devoró primero,
Nabucodonosor rey de Babilonia lo deshue-
só después.
18 Por tanto, así ha dicho Jehová de los ejércitos, Dios de Israel: Yo castigo al rey de Babilonia y a su tierra, como castigué al rey de
Asiria.
19 Y volveré a traer a Israel a su morada, y
pacerá en el Carmelo y en Basán; y en el monte de Efraín y en Galaad se saciará su alma.
20 En aquellos días y en aquel tiempo, dice
Jehová, la maldad de Israel será buscada, y
no aparecerá; y los pecados de Judá, y no
se hallarán; porque perdonaré a los que yo
hubiere dejado.
21 Sube contra la tierra de Merataim,[1] contra
ella y contra los moradores de Pecod;[2] destruye y mata en pos de ellos, dice Jehová, y haz
conforme a todo lo que yo te he mandado.
22 Estruendo de guerra en la tierra, y quebrantamiento grande.
23 ¡Cómo fue cortado y quebrado el martillo
de toda la tierra! ¡cómo se convirtió Babilonia
en desolación entre las naciones!
24 Te puse lazos, y fuiste tomada, oh Babilonia, y tú no lo supiste; fuiste hallada, y aun
presa, porque provocaste a Jehová.
25 Abrió Jehová su tesoro, y sacó los instrumentos de su furor; porque ésta es obra de
Jehová, Dios de los ejércitos, en la tierra de
los caldeos.
26 Venid contra ella desde el extremo de la tierra; abrid sus almacenes, convertidla en montón de ruinas, y destruidla; que no le quede
nada.
27 Matad a todos sus novillos; que vayan al
matadero. ¡Ay de ellos! pues ha venido su día,
el tiempo de su castigo.
28 Voz de los que huyen y escapan de la tierra de Babilonia, para dar en Sion las nuevas
de la retribución de Jehová nuestro Dios, de la
venganza de su templo.
29 Haced juntar contra Babilonia flecheros,
a todos los que entesan arco; acampad contra ella alrededor; no escape de ella ninguno; pagadle según su obra;[c] conforme a todo
lo que ella hizo, haced con ella; porque contra Jehová se ensoberbeció, contra el Santo
de Israel.
30 Por tanto, sus jóvenes caerán en sus plazas,
y todos sus hombres de guerra serán destruidos en aquel día, dice Jehová.
31 He aquí yo estoy contra ti, oh soberbio, dice
el Señor, Jehová de los ejércitos; porque tu día
ha venido, el tiempo en que te castigaré.
32 Y el soberbio tropezará y caerá, y no tendrá
quien lo levante; y encenderé fuego en sus ciudades, y quemaré todos sus alrededores.
33 Así ha dicho Jehová de los ejércitos: Oprimidos fueron los hijos de Israel y los hijos de
Judá juntamente; y todos los que los tomaron cautivos los retuvieron; no los quisieron
soltar.
34 El redentor de ellos es el Fuerte; Jehová de
los ejércitos es su nombre; de cierto abogará
la causa de ellos para hacer reposar la tierra,
y turbar a los moradores de Babilonia.
35 Espada contra los caldeos, dice Jehová, y
contra los moradores de Babilonia, contra sus
príncipes y contra sus sabios.
36 Espada contra los adivinos, y se entontecerán; espada contra sus valientes, y serán
quebrantados.
37 Espada contra sus caballos, contra sus
carros, y contra todo el pueblo que está en
medio de ella, y serán como mujeres; espada
contra sus tesoros, y serán saqueados.
38 Sequedad sobre sus aguas, y se secarán;
porque es tierra de ídolos, y se entontecen con
imágenes.
39 Por tanto, allí morarán fieras del desierto
y chacales,[d] morarán también en ella polluelos de avestruz; nunca más será poblada ni se
habitará por generaciones y generaciones.
40 Como en la destrucción que Dios hizo
de Sodoma y de Gomorra y de sus ciudades
vecinas,[e] dice Jehová, así no morará allí hombre, ni hijo de hombre la habitará.
41 He aquí viene un pueblo del norte, y una
nación grande y muchos reyes se levantarán
de los extremos de la tierra.
42 Arco y lanza manejarán; serán crueles, y
no tendrán compasión; su voz rugirá como el
mar, y montarán sobre caballos; se prepararán contra ti como hombres a la pelea, oh hija
de Babilonia.
43 Oyó la noticia el rey de Babilonia, y sus
manos se debilitaron; angustia le tomó, dolor
como de mujer de parto.

1 O, *doble rebelión.* **2** O, *castigo.*

c. 50.29 Ap 18.6. **d. 50.39** Ap 18.2. **e. 50.40** Gn 19.24-25.

44 He aquí que como león subirá de la espesura del Jordán a la morada fortificada; porque muy pronto le haré huir de ella, y al que yo escoja la encargaré; porque ¿quién es semejante a mí? ¿y quién me emplazará? ¿o quién será aquel pastor que podrá resistirme?
45 Por tanto, oíd la determinación que Jehová ha acordado contra Babilonia, y los pensamientos que ha formado contra la tierra de los caldeos: Ciertamente a los más pequeños de su rebaño los arrastrarán, y destruirán sus moradas con ellos.
46 Al grito de la toma de Babilonia la tierra tembló, y el clamor se oyó entre las naciones.

Juicios de Jehová contra Babilonia

51 ASÍ ha dicho Jehová: He aquí que yo levanto un viento destruidor contra Babilonia, y contra sus moradores que se levantan contra mí.
2 Y enviaré a Babilonia aventadores que la avienten, y vaciarán su tierra; porque se pondrán contra ella de todas partes en el día del mal.
3 Diré al flechero que entesa su arco, y al que se enorgullece de su coraza: No perdonéis a sus jóvenes, destruid todo su ejército.
4 Y caerán muertos en la tierra de los caldeos, y alanceados en sus calles.
➤ 5 Porque Israel y Judá no han enviudado de su Dios, Jehová de los ejércitos, aunque su tierra fue llena de pecado contra el Santo de Israel.
6 Huid de en medio de Babilonia, y librad cada uno su vida, para que no perezcáis a causa de su maldad; porque el tiempo es de venganza de Jehová; le dará su pago.
7 Copa de oro fue Babilonia en la mano de Jehová, que embriagó a toda la tierra; de su vino bebieron los pueblos;[a] se aturdieron, por tanto, las naciones.
8 En un momento cayó Babilonia, y se despedazó; gemid sobre ella; tomad bálsamo para su dolor, quizá sane.
9 Curamos a Babilonia, y no ha sanado; dejadla y vámonos cada uno a su tierra; porque ha llegado hasta el cielo su juicio,[b] y se ha alzado hasta las nubes.
10 Jehová sacó a luz nuestras justicias; venid, y contemos en Sion la obra de Jehová nuestro Dios.
11 Limpiad las saetas, embrazad los escudos; ha despertado Jehová el espíritu de los reyes de Media; porque contra Babilonia es su pensamiento para destruirla; porque venganza es de Jehová, y venganza de su templo.
12 Levantad bandera sobre los muros de Babilonia, reforzad la guardia, poned centinelas, disponed celadas; porque deliberó Jehová, y aun pondrá en efecto lo que ha dicho contra los moradores de Babilonia.
13 Tú, la que moras entre muchas aguas,[c] rica en tesoros, ha venido tu fin, la medida de tu codicia.
14 Jehová de los ejércitos juró por sí mismo, diciendo: Yo te llenaré de hombres como de langostas, y levantarán contra ti gritería.
15 El es el que hizo la tierra con su poder, el que afirmó el mundo con su sabiduría, y extendió los cielos con su inteligencia.
16 A su voz se producen tumultos de aguas en los cielos, y hace subir las nubes de lo último de la tierra; él hace relámpagos con la lluvia, y saca el viento de sus depósitos.
17 Todo hombre se ha infatuado, y no tiene ciencia; se avergüenza todo artífice de su escultura, porque mentira es su ídolo, no tiene espíritu.
18 Vanidad son, obra digna de burla; en el tiempo del castigo perecerán.
19 No es como ellos la porción de Jacob; porque él es el Formador de todo, e Israel es el cetro de su herencia; Jehová de los ejércitos es su nombre.
20 Martillo me sois, y armas de guerra; y por medio de ti quebrantaré naciones, y por medio de ti destruiré reinos.
21 Por tu medio quebrantaré caballos y a sus jinetes, y por medio de ti quebrantaré carros y a los que en ellos suben.
22 Asimismo por tu medio quebrantaré hombres y mujeres, y por medio de ti quebrantaré viejos y jóvenes, y por tu medio quebrantaré jóvenes y vírgenes.
23 También quebrantaré por medio de ti al pastor y a su rebaño; quebrantaré por tu medio a labradores y a sus yuntas; a jefes y a príncipes quebrantaré por medio de ti.
24 Y pagaré a Babilonia y a todos los moradores de Caldea, todo el mal que ellos hicieron en Sion delante de vuestros ojos, dice Jehová.
25 He aquí yo estoy contra ti, oh monte destruidor, dice Jehová, que destruiste toda la tierra; y extenderé mi mano contra ti, y te haré rodar de las peñas, y te reduciré a monte quemado.
26 Y nadie tomará de ti piedra para esquina, ni piedra para cimiento; porque perpetuo asolamiento serás, ha dicho Jehová.
27 Alzad bandera en la tierra, tocad trompeta en las naciones, preparad pueblos contra ella; juntad contra ella los reinos de Ararat, de

a. **51.7** Ap 17.2-4; 18.3. b. **51.9** Ap 18.5. c. **51.13** Ap 17.1.

LECCIONES DE VIDA

➤ ***51.5 — Israel y Judá no han enviudado de su Dios, Jehová de los ejércitos, aunque su tierra fue llena de pecado contra el Santo de Israel.***

Jeremías sabía que aunque Dios ciertamente juzgaría a su pueblo por su pecado, nunca los abandonaría por completo. Él había prometido a Abraham que estaría con su pueblo para siempre, y Él siempre cumple sus promesas.

Mini y de Askenaz; señalad contra ella capitán, haced subir caballos como langostas erizadas.

28 Preparad contra ella naciones; los reyes de Media, sus capitanes y todos sus príncipes, y todo territorio de su dominio.

29 Temblará la tierra, y se afligirá; porque es confirmado contra Babilonia todo el pensamiento de Jehová, para poner la tierra de Babilonia en soledad, para que no haya morador en ella.

30 Los valientes de Babilonia dejaron de pelear, se encerraron en sus fortalezas; les faltaron las fuerzas, se volvieron como mujeres; incendiadas están sus casas, rotos sus cerrojos.

31 Correo se encontrará con correo, mensajero se encontrará con mensajero, para anunciar al rey de Babilonia que su ciudad es tomada por todas partes.

32 Los vados fueron tomados, y los baluartes quemados a fuego, y se consternaron los hombres de guerra.

33 Porque así ha dicho Jehová de los ejércitos, Dios de Israel: La hija de Babilonia es como una era cuando está de trillar; de aquí a poco le vendrá el tiempo de la siega.

34 Me devoró, me desmenuzó Nabucodonosor rey de Babilonia, y me dejó como vaso vacío; me tragó como dragón, llenó su vientre de mis delicadezas, y me echó fuera.

35 Sobre Babilonia caiga la violencia hecha a mí y a mi carne, dirá la moradora de Sion; y mi sangre caiga sobre los moradores de Caldea, dirá Jerusalén.

36 Por tanto, así ha dicho Jehová: He aquí que yo juzgo tu causa y haré tu venganza; y secaré su mar, y haré que su corriente quede seca.

37 Y será Babilonia montones de ruinas, morada de chacales, espanto y burla, sin morador.

38 Todos a una rugirán como leones; como cachorros de leones gruñirán.

39 En medio de su calor les pondré banquetes, y haré que se embriaguen, para que se alegren, y duerman eterno sueño y no despierten, dice Jehová.

40 Los haré traer como corderos al matadero, como carneros y machos cabríos.

41 ¡Cómo fue apresada Babilonia, y fue tomada la que era alabada por toda la tierra! ¡Cómo vino a ser Babilonia objeto de espanto entre las naciones!

42 Subió el mar sobre Babilonia; de la multitud de sus olas fue cubierta.

43 Sus ciudades fueron asoladas, la tierra seca y desierta, tierra en que no morará nadie, ni pasará por ella hijo de hombre.

44 Y juzgaré a Bel en Babilonia, y sacaré de su boca lo que se ha tragado; y no vendrán más naciones a él, y el muro de Babilonia caerá.

45 Salid de en medio de ella, pueblo mío, y salvad cada uno su vida del ardor de la ira de Jehová.

46 Y no desmaye vuestro corazón, ni temáis a causa del rumor que se oirá por la tierra; en un año vendrá el rumor, y después en otro año rumor, y habrá violencia en la tierra, dominador contra dominador.

47 Por tanto, he aquí vienen días en que yo destruiré los ídolos de Babilonia, y toda su tierra será avergonzada, y todos sus muertos caerán en medio de ella.

48 Los cielos y la tierra y todo lo que está en ellos cantarán de gozo sobre Babilonia;[d] porque del norte vendrán contra ella destruidores, dice Jehová.

49 Por los muertos de Israel caerá Babilonia, como por Babilonia cayeron los muertos de toda la tierra.[e]

50 Los que escapasteis de la espada, andad, no os detengáis; acordaos por muchos días de Jehová, y acordaos de Jerusalén.

51 Estamos avergonzados, porque oímos la afrenta; la confusión cubrió nuestros rostros, porque vinieron extranjeros contra los santuarios de la casa de Jehová.

52 Por tanto, vienen días, dice Jehová, en que yo destruiré sus ídolos, y en toda su tierra gemirán los heridos.

53 Aunque suba Babilonia hasta el cielo, y se fortifique en las alturas, de mí vendrán a ella destruidores, dice Jehová.

54 ¡Oyese el clamor de Babilonia, y el gran quebrantamiento de la tierra de los caldeos!

55 Porque Jehová destruirá a Babilonia, y quitará de ella la mucha jactancia; y bramarán sus olas, y como sonido de muchas aguas será la voz de ellos.

56 Porque vino destruidor contra ella, contra Babilonia, y sus valientes fueron apresados; el arco de ellos fue quebrado; porque Jehová, Dios de retribuciones, dará la paga.

57 Y embriagaré a sus príncipes y a sus sabios, a sus capitanes, a sus nobles y a sus fuertes; y dormirán sueño eterno y no despertarán, dice el Rey, cuyo nombre es Jehová de los ejércitos.

58 Así ha dicho Jehová de los ejércitos: El muro ancho de Babilonia será derribado enteramente, y sus altas puertas serán quemadas a fuego; en vano trabajaron los pueblos, y las naciones se cansaron sólo para el fuego.

59 Palabra que envió el profeta Jeremías a Seraías hijo de Nerías, hijo de Maasías, cuando iba con Sedequías rey de Judá a Babilonia, en el cuarto año de su reinado. Y era Seraías el principal camarero.

60 Escribió, pues, Jeremías en un libro todo el mal que había de venir sobre Babilonia, todas las palabras que están escritas contra Babilonia.

61 Y dijo Jeremías a Seraías: Cuando llegues a Babilonia, y veas y leas todas estas cosas,

d. 51.48 Ap 18.20. **e. 51.49** Ap 18.24.

62 dirás: Oh Jehová, tú has dicho contra este lugar que lo habías de destruir, hasta no quedar en él morador, ni hombre ni animal, sino que para siempre ha de ser asolado.

63 Y cuando acabes de leer este libro, le atarás una piedra, y lo echarás en medio del Éufrates,

64 y dirás: Así se hundirá Babilonia, y no se levantará[f] del mal que yo traigo sobre ella; y serán rendidos. Hasta aquí son las palabras de Jeremías.

Reinado de Sedequías

(2 R 24.18-20; 2 Cr 36.11-16)

52 ERA Sedequías de edad de veintiún años cuando comenzó a reinar, y reinó once años en Jerusalén. Su madre se llamaba Hamutal, hija de Jeremías de Libna.

2 E hizo lo malo ante los ojos de Jehová, conforme a todo lo que hizo Joacim.

3 Y a causa de la ira de Jehová contra Jerusalén y Judá, llegó a echarlos de su presencia. Y se rebeló Sedequías contra el rey de Babilonia.

Caída de Jerusalén

(2 R 24.20—25.7; Jer 39.1-7)

4 Aconteció, por tanto, a los nueve años de su reinado, en el mes décimo, a los diez días del mes, que vino Nabucodonosor rey de Babilonia, él y todo su ejército, contra Jerusalén, y acamparon contra ella,[a] y de todas partes edificaron contra ella baluartes.

5 Y estuvo sitiada la ciudad hasta el undécimo año del rey Sedequías.

6 En el mes cuarto, a los nueve días del mes, prevaleció el hambre en la ciudad, hasta no haber pan para el pueblo.

7 Y fue abierta una brecha en el muro de la ciudad,[b] y todos los hombres de guerra huyeron, y salieron de la ciudad de noche por el camino de la puerta entre los dos muros que había cerca del jardín del rey, y se fueron por el camino del Arabá, estando aún los caldeos junto a la ciudad alrededor.

8 Y el ejército de los caldeos siguió al rey, y alcanzaron a Sedequías en los llanos de Jericó; y lo abandonó todo su ejército.

9 Entonces prendieron al rey, y le hicieron venir al rey de Babilonia, a Ribla en tierra de Hamat, donde pronunció sentencia contra él.

10 Y degolló el rey de Babilonia a los hijos de Sedequías delante de sus ojos, y también degolló en Ribla a todos los príncipes de Judá.

11 No obstante, el rey de Babilonia sólo le sacó los ojos a Sedequías, y le ató con grillos, y lo hizo llevar a Babilonia;[c] y lo puso en la cárcel hasta el día en que murió.

Cautividad de Judá

12 Y en el mes quinto, a los diez días del mes, que era el año diecinueve del reinado de Nabucodonosor rey de Babilonia, vino a Jerusalén Nabuzaradán capitán de la guardia, que solía estar delante del rey de Babilonia.

13 Y quemó la casa de Jehová,[d] y la casa del rey, y todas las casas de Jerusalén; y destruyó con fuego todo edificio grande.

14 Y todo el ejército de los caldeos, que venía con el capitán de la guardia, destruyó todos los muros en derredor de Jerusalén.

15 E hizo transportar Nabuzaradán capitán de la guardia a los pobres del pueblo, y a toda la otra gente del pueblo que había quedado en la ciudad, a los desertores que se habían pasado al rey de Babilonia, y a todo el resto de la multitud del pueblo.

16 Mas de los pobres del país dejó Nabuzaradán capitán de la guardia para viñadores y labradores.

17 Y los caldeos quebraron las columnas de bronce que estaban en la casa de Jehová, y las basas, y el mar de bronce que estaba en la casa de Jehová, y llevaron todo el bronce a Babilonia.

18 Se llevaron también los calderos, las palas, las despabiladeras, los tazones, las cucharas, y todos los utensilios de bronce con que se ministraba,

19 y los incensarios, tazones, copas, ollas, candeleros, escudillas y tazas; lo de oro por oro, y lo de plata por plata, se llevó el capitán de la guardia.

20 Las dos columnas, un mar, y los doce bueyes de bronce que estaban debajo de las basas, que había hecho el rey Salomón en la casa de Jehová; el peso del bronce de todo esto era incalculable.

21 En cuanto a las columnas, la altura de cada columna era de dieciocho codos, y un cordón de doce codos la rodeaba; y su espesor era de cuatro dedos, y eran huecas.

22 Y el capitel de bronce que había sobre ella era de una altura de cinco codos, con una red y granadas alrededor del capitel, todo de bronce; y lo mismo era lo de la segunda columna con sus granadas.

23 Había noventa y seis granadas en cada hilera; todas ellas eran ciento sobre la red alrededor.[e]

24 Tomó también el capitán de la guardia a Seraías el principal sacerdote, a Sofonías el segundo sacerdote, y tres guardas del atrio.

25 Y de la ciudad tomó a un oficial que era capitán de los hombres de guerra, a siete hombres de los consejeros íntimos del rey, que estaban en la ciudad, y al principal secretario de la milicia, que pasaba revista al pueblo de la tierra para la guerra, y sesenta hombres del pueblo que se hallaron dentro de la ciudad.

---

f. 51.63-64 Ap 18.21. **a. 52.4** Ez 24.2. **b. 52.7** Ez 33.21.
c. 52.11 Ez 12.13. **d. 52.13** 1 R 9.8.
e. 52.17-23 1 R 7.15-47.

26 Los tomó, pues, Nabuzaradán capitán de
la guardia, y los llevó al rey de Babilonia en
Ribla.
27 Y el rey de Babilonia los hirió, y los mató
en Ribla en tierra de Hamat. Así Judá fue
transportada de su tierra.
28 Éste es el pueblo que Nabucodonosor llevó cautivo: En el año séptimo, a tres mil veintitrés hombres de Judá.
29 En el año dieciocho de Nabucodonosor
él llevó cautivas de Jerusalén a ochocientas
treinta y dos personas.
30 El año veintitrés de Nabucodonosor, Nabuzaradán capitán de la guardia llevó cautivas a
setecientas cuarenta y cinco personas de los
hombres de Judá; todas las personas en total
fueron cuatro mil seiscientas.

Joaquín es libertado y recibe honores en Babilonia

(2 R 25.27-30)

31 Y sucedió que en el año treinta y siete del
cautiverio de Joaquín rey de Judá, en el mes
duodécimo, a los veinticinco días del mes,
Evil-merodac rey de Babilonia, en el año primero de su reinado, alzó la cabeza de Joaquín
rey de Judá y lo sacó de la cárcel.
32 Y habló con él amigablemente, e hizo poner
su trono sobre los tronos de los reyes que estaban con él en Babilonia.
33 Le hizo mudar también los vestidos de prisionero, y comía pan en la mesa del rey siempre todos los días de su vida.
34 Y continuamente se le daba una ración de parte del rey de Babilonia, cada día durante todos
los días de su vida, hasta el día de su muerte.

LECCIONES DE VIDA

➤ ***52.34 — continuamente se le daba una ración de parte del rey de Babilonia, cada día durante todos los días de su vida, hasta el día de su muerte.***

Mientras que Jeremías había profetizado que el rey Joaquín (llamado también Conías) moriría en Babilonia (Jer 22.24–26), el falso profeta Hananías predijo que el rey regresaría triunfante a Jerusalén (Jer 28.4). Este pasaje muestra que al final, las profecías de Jeremías se cumplieron con precisión, y Dios reivindicó al profeta. Primera Juan 4.1 exhorta: «probad los espíritus si son de Dios». Debemos ser cuidadosos en discernir la verdad y obedecer al Señor completamente, para que no seamos llevados a la destrucción por personas que no tienen temor de Dios.

EL LIBRO DE

LAMENTACIONES

Lamentaciones describe el funeral de una ciudad. En este libro el profeta Jeremías expone la horrible realidad tras la caída de Jerusalén y el exilio de los judíos a manos de los babilonios. Es un retrato manchado en lágrimas, de la antes célebre y populosa Ciudad de David, reducida ahora a escombros por invasores que destruyen todo a su paso.

Jerusalén yace abatida y desolada, y en esta elegía de cinco poemas Jeremías desnuda su alma abatida y desolada. El profeta se lamenta profundamente por la ciudad caída, sus habitantes y su propio sufrimiento personal.

Pero aún en medio de su lamento, Jeremías puede exclamar triunfalmente: «grande es tu fidelidad» (Lm 3.23). Ante la muerte y la destrucción inminentes, con la vida a punto de ser trastocada, el profeta aparta su mirada de la tragedia y se fija en la misericordia, la compasión y la bondad de Dios. El Señor nunca le había fallado y jamás lo defraudaría. Con toda certeza, Dios permanece fiel a todos los que lo aman y obedecen. Al enfocarse en el Dios a quien conoce y ama, Jeremías halla esperanza y consuelo.

El título hebreo de este libro viene de la primera palabra en los capítulos 1, 2 y 4: *Ekah* o «¡Cómo...!» que es una expresión de desmayo. Otra palabra hebrea es *quinot* («Elegías» o «Lamentaciones»), que es representativa del contenido del libro y también se ha utilizado como título. Este es el subtítulo en latín en la Vulgata de Jerónimo: «*Id est lamentationes Jeremiae prophetae*». De aquí se deriva el título popular «Las Lamentaciones de Jeremías».

Tema: Si rehusamos arrepentirnos de nuestro pecado, la consecuencia inevitable es adversidad.

Autor: El profeta Jeremías.

Fecha: Lamentaciones se escribió tras la caída de Jerusalén, durante el tiempo del exilio babilónico (ca. 586 a.C.).

Estructura: Jeremías escribe su lamento con acrósticos basados en el alfabeto hebreo. Cada versículo empieza con la primera letra (Alef), y en los primeros cuatro capítulos se siguen en su orden alfabético las 22 letras con el mismo número de versículos (1.1–22; 2.1–22; 3.1–66; 4.1–22; con la letra inicial verso a verso en los capítulos 1, 2 y 4, y en el capítulo 3 cada letra abarca tres versículos), como haciendo lamento, literalmente, de principio a fin. El quinto capítulo es el único que no sigue este formato, aunque también tiene el mismo número de versículos (5.1–22).

A medida que lea Lamentaciones, fíjese en los principios de vida que juegan un papel importante en este libro:

14. Dios actúa a favor de quienes esperan en Él. *Véase Lamentaciones 3.25; página 890.*

26. La adversidad es un puente que nos conduce a una relación más profunda con Dios. *Véase Lamentaciones 3.31, 32; página 890.*

Tristezas de Sion la cautiva

1 ¡CÓMO ha quedado sola la ciudad populosa!
La grande entre las naciones se ha vuelto como viuda,
La señora de provincias ha sido hecha tributaria.

2 Amargamente llora en la noche, y sus lágrimas están en sus mejillas.
No tiene quien la consuele de todos sus amantes;
Todos sus amigos le faltaron, se le volvieron enemigos.

3 Judá ha ido en cautiverio a causa de la aflicción y de la dura servidumbre;
Ella habitó entre las naciones, y no halló descanso;
Todos sus perseguidores la alcanzaron entre las estrechuras.

4 Las calzadas de Sion tienen luto, porque no hay quien venga a las fiestas solemnes;
Todas sus puertas están asoladas, sus sacerdotes gimen,
Sus vírgenes están afligidas, y ella tiene amargura.

5 Sus enemigos han sido hechos príncipes, sus aborrecedores fueron prosperados,
Porque Jehová la afligió por la multitud de sus rebeliones;
Sus hijos fueron en cautividad delante del enemigo.

6 Desapareció de la hija de Sion toda su hermosura;
Sus príncipes fueron como ciervos que no hallan pasto,
Y anduvieron sin fuerzas delante del perseguidor.

7 Jerusalén, cuando cayó su pueblo en mano del enemigo y no hubo quien la ayudase,
Se acordó de los días de su aflicción, y de sus rebeliones,
Y de todas las cosas agradables que tuvo desde los tiempos antiguos.
La miraron los enemigos, y se burlaron de su caída.

8 Pecado cometió Jerusalén, por lo cual ella ha sido removida;
Todos los que la honraban la han menospreciado, porque vieron su vergüenza;
Y ella suspira, y se vuelve atrás.

9 Su inmundicia está en sus faldas, y no se acordó de su fin;
Por tanto, ella ha descendido sorprendentemente, y no tiene quien la consuele.
Mira, oh Jehová, mi aflicción, porque el enemigo se ha engrandecido.

10 Extendió su mano el enemigo a todas sus cosas preciosas;
Ella ha visto entrar en su santuario a las naciones
De las cuales mandaste que no entrasen en tu congregación.

11 Todo su pueblo buscó su pan suspirando;
Dieron por la comida todas sus cosas preciosas, para entretener la vida.
Mira, oh Jehová, y ve que estoy abatida.

12 ¿No os conmueve a cuantos pasáis por el camino?
Mirad, y ved si hay dolor como mi dolor que me ha venido;
Porque Jehová me ha angustiado en el día de su ardiente furor.

13 Desde lo alto envió fuego que consume mis huesos;
Ha extendido red a mis pies, me volvió atrás,
Me dejó desolada, y con dolor todo el día.

14 El yugo de mis rebeliones ha sido atado por su mano;
Ataduras han sido echadas sobre mi cerviz; ha debilitado mis fuerzas;

LECCIONES DE VIDA

➤ *1.8 — Pecado cometió Jerusalén, por lo cual ella ha sido removida.*

A pesar de lo que el mundo pueda sugerir, el pecado no nos hace elegantes, ni a la moda, ni sofisticados, ni atractivos. Solamente nos destruye y nos hace viles. Por lo tanto, debemos abandonar nuestros intentos de impresionar a aquellos que van rumbo a la destrucción, y obedecer a Aquel quien nos creó y nos salva. En Él está toda la aceptación y todo el amor que necesitamos.

➤ *1.9 — no se acordó de su fin; por tanto, ella ha descendido sorprendentemente.*

Cada uno de nosotros está, o bien siguiendo la voluntad de Dios para nosotros, o corriendo afanosamente por su propio sendero. ¿Estamos buscando al Señor en todas nuestras decisiones y obedeciéndolo así sea difícil? Hacer esto es seguir el camino de los sabios, y ciertamente conduce a la bendición (Sal 16.11; Pr 10.16, 17; 12.28; 15.24). En cambio, si eludimos la dirección de Dios porque nos parece demasiado restrictiva o difícil, descubriremos que vamos encaminados al desastre (Pr 14.12).

Me ha entregado el Señor en manos
contra las cuales no podré
levantarme.

15 El Señor ha hollado a todos mis
hombres fuertes en medio de mí;
Llamó contra mí compañía para
quebrantar a mis jóvenes;
Como lagar ha hollado el Señor a la
virgen hija de Judá.

16 Por esta causa lloro; mis ojos, mis ojos
fluyen aguas,
Porque se alejó de mí el consolador que
dé reposo a mi alma;
Mis hijos son destruidos, porque el
enemigo prevaleció.

17 Sion extendió sus manos; no tiene quien
la consuele;
Jehová dio mandamiento contra Jacob,
que sus vecinos fuesen sus enemigos;
Jerusalén fue objeto de abominación
entre ellos.

18 Jehová es justo; yo contra su palabra me
rebelé.
Oíd ahora, pueblos todos, y ved mi
dolor;
Mis vírgenes y mis jóvenes fueron
llevados en cautiverio.

19 Di voces a mis amantes, mas ellos me
han engañado;
Mis sacerdotes y mis ancianos en la
ciudad perecieron,
Buscando comida para sí con que
entretener su vida.

20 Mira, oh Jehová, estoy atribulada, mis
entrañas hierven.
Mi corazón se trastorna dentro de mí,
porque me rebelé en gran manera.
Por fuera hizo estragos la espada; por
dentro señoreó la muerte.

21 Oyeron que gemía, mas no hay
consolador para mí;
Todos mis enemigos han oído mi mal, se
alegran de lo que tú hiciste.
Harás venir el día que has anunciado, y
serán como yo.

22 Venga delante de ti toda su maldad,
Y haz con ellos como hiciste conmigo
por todas mis rebeliones;
Porque muchos son mis suspiros, y mi
corazón está adolorido.

Las tristezas de Sion vienen de Jehová

2 ¡CÓMO oscureció el Señor en su furor a
la hija de Sion!
Derribó del cielo a la tierra la
hermosura de Israel,
Y no se acordó del estrado de sus pies
en el día de su furor.

2 Destruyó el Señor, y no perdonó;
Destruyó en su furor todas las tiendas
de Jacob;
Echó por tierra las fortalezas de la hija
de Judá,
Humilló al reino y a sus príncipes.

3 Cortó con el ardor de su ira todo el
poderío de Israel;
Retiró de él su diestra frente al enemigo,
Y se encendió en Jacob como llama de
fuego que ha devorado alrededor.

4 Entesó su arco como enemigo, afirmó su
mano derecha como adversario,
Y destruyó cuanto era hermoso.
En la tienda de la hija de Sion derramó
como fuego su enojo.

5 El Señor llegó a ser como enemigo,
destruyó a Israel;
Destruyó todos sus palacios, derribó sus
fortalezas,
Y multiplicó en la hija de Judá la
tristeza y el lamento.

6 Quitó su tienda como enramada de
huerto;
Destruyó el lugar en donde se
congregaban;
Jehová ha hecho olvidar las fiestas
solemnes y los días de reposo* en
Sion,
Y en el ardor de su ira ha desechado al
rey y al sacerdote.

7 Desechó el Señor su altar, menospreció
su santuario;
Ha entregado en mano del enemigo los
muros de sus palacios;
Hicieron resonar su voz en la casa de
Jehová como en día de fiesta.

8 Jehová determinó destruir el muro de la
hija de Sion;
Extendió el cordel, no retrajo su mano
de la destrucción;
Hizo, pues, que se lamentara el
antemuro y el muro; fueron
desolados juntamente.

9 Sus puertas fueron echadas por tierra,
destruyó y quebrantó sus cerrojos;
Su rey y sus príncipes están entre las
naciones donde no hay ley;
Sus profetas tampoco hallaron visión de
Jehová.

10 Se sentaron en tierra, callaron los
ancianos de la hija de Sion;
Echaron polvo sobre sus cabezas, se
ciñeron de cilicio;

* Aquí equivale a *sábado*.

Las vírgenes de Jerusalén bajaron sus
cabezas a tierra.

11 Mis ojos desfallecieron de lágrimas, se conmovieron mis entrañas,
Mi hígado se derramó por tierra a causa del quebrantamiento de la hija de mi pueblo,
Cuando desfallecía el niño y el que mamaba, en las plazas de la ciudad.

12 Decían a sus madres: ¿Dónde está el trigo y el vino?
Desfallecían como heridos en las calles de la ciudad,
Derramando sus almas en el regazo de sus madres.

13 ¿Qué testigo te traeré, o a quién te haré semejante, hija de Jerusalén?
¿A quién te compararé para consolarte, oh virgen hija de Sion?
Porque grande como el mar es tu quebrantamiento; ¿quién te sanará?

➢14 Tus profetas vieron para ti vanidad y locura;
Y no descubrieron tu pecado para impedir tu cautiverio,
Sino que te predicaron vanas profecías y extravíos.

15 Todos los que pasaban por el camino batieron las manos sobre ti;
Silbaron, y movieron despectivamente sus cabezas sobre la hija de Jerusalén, diciendo:
¿Es ésta la ciudad que decían de perfecta hermosura, el gozo de toda la tierra?

16 Todos tus enemigos abrieron contra ti su boca;
Se burlaron, y crujieron los dientes; dijeron: Devorémosla;
Ciertamente éste es el día que esperábamos; lo hemos hallado, lo hemos visto.

➢17 Jehová ha hecho lo que tenía determinado;
Ha cumplido su palabra, la cual él había mandado desde tiempo antiguo.
Destruyó, y no perdonó;
Y ha hecho que el enemigo se alegre sobre ti,
Y enalteció el poder de tus adversarios.

18 El corazón de ellos clamaba al Señor;
Oh hija de Sion, echa lágrimas cual arroyo día y noche;
No descanses, ni cesen las niñas de tus ojos.

19 Levántate, da voces en la noche, al comenzar las vigilias;
Derrama como agua tu corazón ante la presencia del Señor;
Alza tus manos a él implorando la vida de tus pequeñitos,
Que desfallecen de hambre en las entradas de todas las calles.

20 Mira, oh Jehová, y considera a quién has hecho así.
¿Han de comer las mujeres el fruto de sus entrañas, los pequeñitos a su tierno cuidado?
¿Han de ser muertos en el santuario del Señor el sacerdote y el profeta?

21 Niños y viejos yacían por tierra en las calles;
Mis vírgenes y mis jóvenes cayeron a espada;
Mataste en el día de tu furor; degollaste, no perdonaste.

22 Has convocado de todas partes mis temores, como en un día de solemnidad;
Y en el día del furor de Jehová no hubo quien escapase ni quedase vivo;
Los que crié y mantuve, mi enemigo los acabó.

Esperanza de liberación por la misericordia de Dios

3 YO soy el hombre que ha visto aflicción bajo el látigo de su enojo.
2 Me guió y me llevó en tinieblas, y no en luz;
3 Ciertamente contra mí volvió y revolvió su mano todo el día.

4 Hizo envejecer mi carne y mi piel; quebrantó mis huesos;

LECCIONES DE VIDA

➢ ***2.14 — Tus profetas vieron para ti vanidad y locura; y no descubrieron tu pecado.***

Podemos confiar en la Palabra de Dios, no sólo porque nos habla de realidades hermosas como el cielo, la gracia y el amor, sino también porque descubre nuestros pecados, para que podamos apartarnos de ellos y vivir.

➢ ***2.17 — Jehová ha hecho lo que tenía determinado; ha cumplido su palabra, la cual él había mandado desde tiempo antiguo.***

Nunca tenemos que preguntarnos si el Señor cumplirá o no sus promesas. No tenemos por qué dudar si realmente hará cumplir su Palabra. Todo lo que Él dice, lo hará (Mt 5.18).

5 Edificó baluartes contra mí, y me rodeó
de amargura y de trabajo.
6 Me dejó en oscuridad, como los ya
muertos de mucho tiempo.
7 Me cercó por todos lados, y no puedo
salir; ha hecho más pesadas mis
cadenas;
8 Aun cuando clamé y di voces, cerró los
oídos a mi oración;
9 Cercó mis caminos con piedra labrada,
torció mis senderos.
10 Fue para mí como oso que acecha, como
león en escondrijos;
11 Torció mis caminos, y me despedazó;
me dejó desolado.
12 Entesó su arco, y me puso como blanco
para la saeta.
13 Hizo entrar en mis entrañas las saetas
de su aljaba.
14 Fui escarnio a todo mi pueblo, burla de
ellos todos los días;
15 Me llenó de amarguras, me embriagó de
ajenjos.

16 Mis dientes quebró con cascajo, me
cubrió de ceniza;
17 Y mi alma se alejó de la paz, me olvidé
del bien,
18 Y dije: Perecieron mis fuerzas, y mi
esperanza en Jehová.

19 Acuérdate de mi aflicción y de mi
abatimiento, del ajenjo y de la hiel;
20 Lo tendré aún en memoria, porque mi
alma está abatida dentro de mí;
21 Esto recapacitaré en mi corazón, por lo
tanto esperaré.

*➤ 22 Por la misericordia de Jehová no hemos
sido consumidos, porque nunca
decayeron sus misericordias.
23 Nuevas son cada mañana; grande es tu
fidelidad.
24 Mi porción es Jehová, dijo mi alma; por
tanto, en él esperaré.

25 Bueno es Jehová a los que en él esperan, ➤
al alma que le busca.
26 Bueno es esperar en silencio la
salvación de Jehová.
27 Bueno le es al hombre llevar el yugo
desde su juventud.

28 Que se siente solo y calle, porque es
Dios quien se lo impuso;
29 Ponga su boca en el polvo, por si aún
hay esperanza;
30 Dé la mejilla al que le hiere, y sea
colmado de afrentas.

31 Porque el Señor no desecha para *
siempre; ➤
32 Antes si aflige, también se compadece
según la multitud de sus
misericordias;
33 Porque no aflige ni entristece
voluntariamente a los hijos de los
hombres.

34 Desmenuzar bajo los pies a todos los
encarcelados de la tierra,
35 Torcer el derecho del hombre delante de
la presencia del Altísimo,
36 Trastornar al hombre en su causa, el
Señor no lo aprueba.

37 ¿Quién será aquel que diga que sucedió
algo que el Señor no mandó?
38 ¿De la boca del Altísimo no sale lo malo
y lo bueno?
39 ¿Por qué se lamenta el hombre viviente?
Laméntese el hombre en su pecado.

40 Escudriñemos nuestros caminos, y
busquemos, y volvámonos a Jehová;
41 Levantemos nuestros corazones y
manos a Dios en los cielos;
42 Nosotros nos hemos rebelado, y fuimos
desleales; tú no perdonaste.

LECCIONES DE VIDA

➤ ***3.22 — Por la misericordia de Jehová no hemos sido consumidos, porque nunca decayeron sus misericordias.***

¿Tiene fe que el Señor es fidedigno, confiable y consecuente? O, ¿se pregunta si Dios estará con usted en su hora de necesidad? Desde Génesis a Apocalipsis, la Biblia proclama que Él nos ayudará cuando lo busquemos, y que nunca nos abandonará. Por lo tanto, confíe en Dios y obedézcalo, porque Él nunca le defraudará.

➤ ***3.25 — Bueno es Jehová a los que en él esperan, al alma que le busca.***

Esperar en Dios no es un concepto pasivo. La idea no es que nos sentemos de brazos cruzados a esperar que Él actúe a favor nuestro. En vez de eso, lo alabamos y lo adoramos, buscamos sus caminos, oramos y obedecemos lo que nos mande hacer. Pedimos, buscamos y tocamos la puerta de manera prudente, con fe y confianza que Él hará tal como ha prometido.

➤ ***3.31, 32 — el Señor no desecha para siempre; antes si aflige, también se compadece según la multitud de sus misericordias.***

El Señor a veces trae aflicción a nuestras vidas, no para lastimarnos sino para formarnos y moldearnos cada vez más en la imagen de su Hijo (Ro 8.29; Ro 12.1, 2). La adversidad es un puente que nos conduce a una relación más profunda con Dios, y solo durará lo que sea necesario para que Él lleve a cabo su propósito en nosotros.

LO QUE LA BIBLIA DICE ACERCA DE LA CONFIANZA QUE TENEMOS EN DIOS

Lm 3.21–26

El pueblo de Dios tiene una sola manera de enfrentar la vida: confiadamente. Al fin de cuentas, Él nos ama, nos ha salvado de muerte eterna, y está comprometido a guiarnos a través de cada momento de la vida. Dios quiere que vivamos confiados, pero muchas veces dejamos que nuestra fe se descarrile porque nos sentimos inadecuados e indignos.

El apóstol Pablo vivió en medio de circunstancias horrendas: fue rechazado por sus compatriotas judíos, apedreado, dejado por muerto, ridiculizado, ignorado, y varias veces golpeado y encarcelado por su devoción a Cristo. Pero Pablo nunca dejó de mantener una esperanza confiada hasta el final. ¿Cómo lo logró?

El apóstol recordó una sencilla verdad: «Todo lo puedo en Cristo que me fortalece» (Fil 4.13). Pablo se enfocó en su Señor, tal como Jeremías lo hizo: «Grande es tu fidelidad. Mi porción es Jehová, dijo mi alma; por tanto, en él esperaré» (Lm 3.23, 24).

Deposite la carga de su corazón en Él.

El himno clásico «Grande es tu fidelidad» amplía esta idea importante. La próxima vez que lo cante, no se pierda su mensaje maravilloso: Dios es fiel y no cambia (He 13.8). En esta verdad hallamos nuestra razón para tener esperanza y una confianza constante. La naturaleza inmutable del Señor nos enseña que aun cuando nos sintamos indignos de ser amados, seguimos siendo preciosos para Él. No hay nada que podamos hacer para cambiar su amor por nosotros, porque es un amor incondicional que fluye libremente de su trono de gracia. Él nunca cambia, y es fiel en cumplir todas sus promesas.

¿Confía usted en Él? ¿Ha experimentado la seguridad firme que viene como resultado de poner su fe en el amor infalible del Señor? Él le amó incondicionalmente ayer, y le ama con ese mismo amor hoy y mañana, para siempre. Por lo tanto, deposite la carga de su corazón en Él, y descubrirá que también puede cantar: «Grande es tu fidelidad».

Para un estudio más a fondo, véase el Índice de Principios de vida:

11. Dios asume toda la responsabilidad en cuanto a nuestras necesidades, si lo obedecemos.

RESPUESTAS A PREGUNTAS DE LA VIDA

¿Cómo puedo alabar a Dios cuando la vida no marcha bien?

LM 3.37–41

Cuando las vueltas que da la vida le llevan por senderos inesperados y siniestros, a veces nos resulta difícil alabar al Señor. No obstante, Él busca nuestra alabanza en todas las situaciones, bien sea que nos parezcan buenas o no (He 13.15).

Entonces, ¿cómo puede alabar a Dios cuando la adversidad llega a su vida?

En primer lugar, recuerde que nuestro Dios es bueno y *siempre* nos da amplia razón para alabarlo. Cuando se encuentre sin saber cómo alabar a Dios debido a sus circunstancias, intente algunas de las siguientes ideas:

- Haga una lista de las bendiciones que Dios le ha concedido, desde sus amigos y su familia hasta la salvación por medio de su Hijo.
- Cuéntele a alguien su experiencia de salvación. Relatar el momento en que Dios en su amor le adoptó para formar parte de su familia, le ayudará a recordar la belleza de su gracia sin par.
- Lea un salmo cada día. David alabó a Dios en medio de grandes pruebas y dificultades. Podemos aprender de su ejemplo.
- Trate de imaginar cómo Dios podría usar circunstancias negativas para ser glorificado. ¿Podría usar la pérdida de un empleo para ayudarle a enfocarse en Él y descubrir cómo puede experimentar lo mejor que tiene para usted? ¿Podría usar una enfermedad para darle la oportunidad de ministrar a las almas enfermas de sus doctores y enfermeras, mientras ellos atienden su cuerpo aquejado?

En segundo lugar, recuerde que el propósito principal de Dios en su vida es moldearle en la semejanza de Cristo (Ro 8.29), para que pueda tener una relación íntima con Él y glorificarlo. Por ende, pídale que cambie su perspectiva, para que pueda ver las circunstancias de su vida como Él las ve. Por ejemplo, Dios tiene un punto de vista totalmente diferente al nuestro en cuanto a la muerte de los creyentes: «Estimada es a los ojos de Jehová la muerte de sus santos» (Sal 116.15). Cuando empezamos a ver las cosas como Él las ve, nuestros ojos se abren a la verdad y la alabanza vuelve a ser parte integral de nuestras vidas.

En tercer lugar, usted puede hacer uso de su voluntad y hacer la elección racional de alabar a Dios. Esto fue lo que hizo David: «Alabaré a Jehová en mi vida; cantaré salmos a mi Dios mientras viva» (Sal 146.2).

Sin importar cómo se sienta en este momento, la alabanza realmente puede fluir de usted como una fuente, ahora mismo.

Para un estudio más a fondo, véase el Índice de Principios de vida:

9. *Confiar en Dios quiere decir ver más allá de lo que podemos, hacia lo que Dios ve.*
20. *Las decepciones son inevitables; el desánimo es por elección nuestra.*

43 Desplegaste la ira y nos perseguiste;
mataste, y no perdonaste;
44 Te cubriste de nube para que no pasase
la oración nuestra;
45 Nos volviste en oprobio y abominación
en medio de los pueblos.

46 Todos nuestros enemigos abrieron
contra nosotros su boca;
47 Temor y lazo fueron para nosotros,
asolamiento y quebranto;
48 Ríos de aguas echan mis ojos por el
quebrantamiento de la hija de mi
pueblo.

49 Mis ojos destilan y no cesan, porque no
hay alivio
50 Hasta que Jehová mire y vea desde los
cielos;
51 Mis ojos contristaron mi alma por todas
las hijas de mi ciudad.

52 Mis enemigos me dieron caza como a
ave, sin haber por qué;

53 Ataron mi vida en cisterna, pusieron
piedra sobre mí;
54 Aguas cubrieron mi cabeza; yo dije:
Muerto soy.

55 Invoqué tu nombre, oh Jehová, desde la
cárcel profunda;
56 Oíste mi voz; no escondas tu oído al
clamor de mis suspiros.
57 Te acercaste el día que te invoqué;
dijiste: No temas.

58 Abogaste, Señor, la causa de mi alma;
redimiste mi vida.
59 Tú has visto, oh Jehová, mi agravio;
defiende mi causa.
60 Has visto toda su venganza, todos sus
pensamientos contra mí.

61 Has oído el oprobio de ellos, oh Jehová,
todas sus maquinaciones contra mí;
62 Los dichos de los que contra mí se
levantaron, y su designio contra mí
todo el día.
63 Su sentarse y su levantarse mira; yo soy
su canción.

64 Dales el pago, oh Jehová, según la obra
de sus manos.
65 Entrégalos al endurecimiento de
corazón; tu maldición caiga sobre
ellos.
66 Persíguelos en tu furor, y quebrántalos
de debajo de los cielos, oh Jehová.

El castigo de Sion consumado

4 ¡CÓMO se ha ennegrecido el oro!
¡Cómo el buen oro ha perdido su brillo!
Las piedras del santuario están
esparcidas por las encrucijadas de
todas las calles.

2 Los hijos de Sion, preciados y estimados
más que el oro puro,
¡Cómo son tenidos por vasijas de barro,
obra de manos de alfarero!

3 Aun los chacales dan la teta, y
amamantan a sus cachorros;
La hija de mi pueblo es cruel como los
avestruces en el desierto.

4 La lengua del niño de pecho se pegó a
su paladar por la sed;
Los pequeñuelos pidieron pan, y no
hubo quien se lo repartiese.

5 Los que comían delicadamente fueron
asolados en las calles;
Los que se criaron entre púrpura se
abrazaron a los estercoleros.

6 Porque se aumentó la iniquidad de la
hija de mi pueblo más que el pecado
de Sodoma,[a]
Que fue destruida en un momento,
sin que acamparan contra ella
compañías.

7 Sus nobles fueron más puros que la
nieve, más blancos que la leche;
Más rubios eran sus cuerpos que el
coral, su talle más hermoso que el
zafiro.

8 Oscuro más que la negrura es su
aspecto; no los conocen por las
calles;
Su piel está pegada a sus huesos, seca
como un palo.

9 Más dichosos fueron los muertos
a espada que los muertos por el
hambre;
Porque éstos murieron poco a poco por
falta de los frutos de la tierra.

10 Las manos de mujeres piadosas
cocieron a sus hijos;[b]
Sus propios hijos les sirvieron
de comida en el día del
quebrantamiento de la hija de mi
pueblo.

11 Cumplió Jehová su enojo, derramó el
ardor de su ira;
Y encendió en Sion fuego que consumió
hasta sus cimientos.

12 Nunca los reyes de la tierra, ni todos los
que habitan en el mundo,
Creyeron que el enemigo y el adversario
entrara por las puertas de Jerusalén.

13 Es por causa de los pecados de sus
profetas, y las maldades de sus
sacerdotes,
Quienes derramaron en medio de ella la
sangre de los justos.

14 Titubearon como ciegos en las calles,
fueron contaminados con sangre,
De modo que no pudiesen tocarse sus
vestiduras.

15 ¡Apartaos! ¡Inmundos! les gritaban;
¡Apartaos, apartaos, no toquéis!
Huyeron y fueron dispersados; se dijo
entre las naciones:
Nunca más morarán aquí.

16 La ira de Jehová los apartó, no los
mirará más;
No respetaron la presencia de los
sacerdotes, ni tuvieron compasión de
los viejos.

a. 4.6 Gn 19.24. **b. 4.10** Dt 28.57; Ez 5.10.

➤17 Aun han desfallecido nuestros ojos
esperando en vano nuestro socorro;
En nuestra esperanza aguardamos a
una nación que no puede salvar.

18 Cazaron nuestros pasos, para que no
anduviésemos por nuestras calles;
Se acercó nuestro fin, se cumplieron
nuestros días; porque llegó nuestro
fin.

19 Ligeros fueron nuestros perseguidores
más que las águilas del cielo;
Sobre los montes nos persiguieron, en el
desierto nos pusieron emboscadas.

20 El aliento de nuestras vidas, el ungido
de Jehová,
De quien habíamos dicho: A su sombra
tendremos vida entre las naciones,
fue apresado en sus lazos.

21 Gózate y alégrate, hija de Edom, la que
habitas en tierra de Uz;
Aun hasta ti llegará la copa; te
embriagarás, y vomitarás.

22 Se ha cumplido tu castigo, oh hija de
Sion;
Nunca más te hará llevar cautiva.
Castigará tu iniquidad, oh hija de Edom;
Descubrirá tus pecados.

Oración del pueblo afligido

5 ACUÉRDATE, oh Jehová, de lo que nos
ha sucedido;
Mira, y ve nuestro oprobio.
2 Nuestra heredad ha pasado a extraños,
Nuestras casas a forasteros.
3 Huérfanos somos sin padre;
Nuestras madres son como viudas.
4 Nuestra agua bebemos por dinero;
Compramos nuestra leña por precio.
5 Padecemos persecución sobre nosotros;
Nos fatigamos, y no hay para nosotros
reposo.
6 Al egipcio y al asirio extendimos la
mano, para saciarnos de pan.
7 Nuestros padres pecaron, y han muerto; ➤
Y nosotros llevamos su castigo.
8 Siervos se enseñorearon de nosotros;
No hubo quien nos librase de su mano.
9 Con peligro de nuestras vidas traíamos
nuestro pan
Ante la espada del desierto.
10 Nuestra piel se ennegreció como un
horno
A causa del ardor del hambre.
11 Violaron a las mujeres en Sion,
A las vírgenes en las ciudades de Judá.
12 A los príncipes colgaron de las manos;
No respetaron el rostro de los viejos.
13 Llevaron a los jóvenes a moler,
Y los muchachos desfallecieron bajo el
peso de la leña.
14 Los ancianos no se ven más en la
puerta,
Los jóvenes dejaron sus canciones.
15 Cesó el gozo de nuestro corazón;
Nuestra danza se cambió en luto.
16 Cayó la corona de nuestra cabeza;
¡Ay ahora de nosotros! porque pecamos.
17 Por esto fue entristecido nuestro
corazón,
Por esto se entenebrecieron nuestros
ojos,
18 Por el monte de Sion que está asolado;
Zorras andan por él.
19 Mas tú, Jehová, permanecerás para ➤
siempre;
Tu trono de generación en generación.
20 ¿Por qué te olvidas completamente de
nosotros,
Y nos abandonas tan largo tiempo?
21 Vuélvenos, oh Jehová, a ti, y nos
volveremos;
Renueva nuestros días como al
principio.
22 Porque nos has desechado;
Te has airado contra nosotros en gran
manera.

LECCIONES DE VIDA

➤ ***4.17 — en nuestra esperanza aguardamos a una nación que no puede salvar.***

El pueblo de Judá buscó a Egipto para recibir ayuda en contra de la amenaza babilónica, en vez de acudir a Dios. Al final descubrieron cuán desastroso fue poner en el lugar equivocado su confianza. Cuando la tormenta de la tribulación golpea su vida, ¿cuál es el *primer* lugar donde usted busca ayuda? Recuerde siempre que sólo Dios salva.

➤ ***5.7 — Nuestros padres pecaron, y han muerto; y nosotros llevamos su castigo.***

Dios no castiga al hijo por los pecados de su padre (Dt 24.16; Ez 18.20), pero el padre sí puede, por medio de su pecado, infligir grandes sufrimientos a su hijo o influenciarlo a hacer el mal. Los padres siempre deben tener presente en la crianza de sus hijos, el enseñarles a amar y respetar al Señor (Pr 22.6; Ef 6.4; Col 3.21). Jesús mismo lo dijo: «Dejad a los niños venir a mí, y no se lo impidáis; porque de los tales es el reino de los cielos» (Mt 19.14).

➤ ***5.19 — tú, Jehová, permanecerás para siempre; tu trono de generación en generación.***

Vivimos en un tiempo de cambios enormes y rápidos. No obstante, Dios sigue siendo exactamente el mismo hoy, tal como lo fue en el tiempo de Jeremías, y lo seguirá siendo para siempre (He 13.8). Los cambios no lo toman por sorpresa, ni tampoco lo estorban en absoluto. Por eso, ¡alábelo hoy!

EL LIBRO DE

EZEQUIEL

Ezequiel fue un sacerdote y profeta que ministró durante el período más tenebroso en la historia de Judá, los setenta años de cautiverio babilónico. Ezequiel fue llevado a Babilonia antes del ataque final contra Jerusalén, y sus profecías incluyen parábolas y demostraciones didácticas cuyo impacto sirvió para comunicar claramente el mensaje de Dios a su pueblo exiliado. Aunque los exiliados sean como huesos secos que se tuestan bajo el sol, Dios volverá a juntarlos y soplará una vez más su aliento de vida en la nación (Ez 37.1–14). El Señor promete que el juicio presente será seguido por gloria futura, para que ellos conozcan «que yo soy Jehová» (Ez 6.7).

El nombre hebreo *Yejezkél* significa «Dios fortalece» o «fortalecido por Dios». Ezequiel ciertamente recibió el poder de Dios para ejercer el ministerio profético al que Dios le llamó (Ez 3.8, 9). El nombre ocurre dos veces en el libro y no aparece en ningún otro texto del Antiguo Testamento.

Las profecías de Ezequiel para el pueblo de Dios pueden ser vistas como complementarias a las de Jeremías. Mientras que Jeremías dio principalmente un mensaje sobrecogedor de juicio y destrucción, el mensaje de Ezequiel se enfoca más en los aspectos de restauración y reconstrucción.

Una porción considerable del libro (Ez 40—48) se concentra en un templo en Jerusalén que aún no se ha construido. Sus dimensiones y características lo distinguen de cualquier otro templo judío antes erigido, y esto lleva a muchos eruditos a suponer que este templo juega un papel importante en la historia futura de Israel. En la visión de Ezequiel, el Señor dice lo siguiente acerca de este templo: «este es el lugar de mi trono, el lugar donde posaré las plantas de mis pies, en el cual habitaré entre los hijos de Israel para siempre» (Ez 43.7). Hasta la ciudad donde se sitúa el templo tendrá un nombre nuevo: «el nombre de la ciudad desde aquel día será Jehová-sama» (Ez 48.35).

Tema: Dios promete restaurar a su pueblo cuando se arrepientan de su pecado y vuelvan a Él de todo corazón.

Autor: El profeta Ezequiel.

Fecha: Las profecías de Ezequiel fueron dadas en las postrimerías de la decadencia de Judá y en el transcurso del exilio babilónico (592–570 a.C.).

Estructura: La primera parte del libro (1.1—24.27) detalla el juicio de Dios contra su pueblo rebelde. La segunda parte (25.1—32.32) habla del juicio de Dios contra las naciones. La tercera parte (33.1—48.35) predice la bendición renovada de Dios sobre su pueblo arrepentido.

A medida que lea Ezequiel, fíjese en los principios de vida que juegan un papel importante en este libro:

11. Dios asume toda la responsabilidad en cuanto a nuestras necesidades, si lo obedecemos. *Véase Ezequiel 2.1, 2; 11.16; páginas 897, 904.*

13. Escuchar a Dios es esencial para andar con Él. *Véase Ezequiel 3.10; página 897.*

5. Dios no nos demanda que entendamos su voluntad, sino que la obedezcamos aunque nos parezca poco razonable. *Véase Ezequiel 8.3; página 901.*

10. Si es necesario, Dios moverá cielo y tierra para mostrarnos su voluntad. *Véase Ezequiel 24.24; página 920.*

16. Todo lo que adquirimos fuera de la voluntad de Dios termina convirtiéndose en cenizas. *Véase Ezequiel 25.6, 7; página 921.*

La visión de la gloria divina

➤ 1 ACONTECIÓ en el año treinta, en el mes cuarto, a los cinco días del mes, que estando yo en medio de los cautivos junto al río Quebar, los cielos se abrieron,[a] y vi visiones de Dios.

2 En el quinto año de la deportación del rey Joaquín,[b] a los cinco días del mes,

3 vino palabra de Jehová al sacerdote Ezequiel hijo de Buzi, en la tierra de los caldeos, junto al río Quebar; vino allí sobre él la mano de Jehová.

4 Y miré, y he aquí venía del norte un viento tempestuoso, y una gran nube, con un fuego envolvente, y alrededor de él un resplandor, y en medio del fuego algo que parecía como bronce refulgente,

5 y en medio de ella la figura de cuatro seres vivientes.[c] Y ésta era su apariencia: había en ellos semejanza de hombre.

6 Cada uno tenía cuatro caras y cuatro alas.

7 Y los pies de ellos eran derechos, y la planta de sus pies como planta de pie de becerro; centelleaban a manera de bronce muy bruñido.

8 Debajo de sus alas, a sus cuatro lados, tenían manos de hombre; y sus caras y sus alas por los cuatro lados.

9 Con las alas se juntaban el uno al otro. No se volvían cuando andaban, sino que cada uno caminaba derecho hacia adelante.

10 Y el aspecto de sus caras era cara de hombre, y cara de león al lado derecho de los cuatro, y cara de buey a la izquierda en los cuatro; asimismo había en los cuatro cara de águila.[d]

11 Así eran sus caras. Y tenían sus alas extendidas por encima, cada uno dos, las cuales se juntaban; y las otras dos cubrían sus cuerpos.

12 Y cada uno caminaba derecho hacia adelante; hacia donde el espíritu les movía que anduviesen, andaban; y cuando andaban, no se volvían.

13 Cuanto a la semejanza de los seres vivientes, su aspecto era como de carbones de fuego encendidos,[e] como visión de hachones encendidos que andaba entre los seres vivientes; y el fuego resplandecía, y del fuego salían relámpagos.

14 Y los seres vivientes corrían y volvían a semejanza de relámpagos.

15 Mientras yo miraba los seres vivientes, he aquí una rueda sobre la tierra junto a los seres vivientes, a los cuatro lados.

16 El aspecto de las ruedas y su obra era semejante al color del crisólito. Y las cuatro tenían una misma semejanza; su apariencia y su obra eran como rueda en medio de rueda.

17 Cuando andaban, se movían hacia sus cuatro costados; no se volvían cuando andaban.

18 Y sus aros eran altos y espantosos, y llenos de ojos alrededor[f] en las cuatro.

19 Y cuando los seres vivientes andaban, las ruedas andaban junto a ellos; y cuando los seres vivientes se levantaban de la tierra, las ruedas se levantaban.

20 Hacia donde el espíritu les movía que anduviesen, andaban; hacia donde les movía el espíritu que anduviesen, las ruedas también se levantaban tras ellos; porque el espíritu de los seres vivientes estaba en las ruedas.

21 Cuando ellos andaban, andaban ellas, y cuando ellos se paraban, se paraban ellas; asimismo cuando se levantaban de la tierra, las ruedas se levantaban tras ellos; porque el espíritu de los seres vivientes estaba en las ruedas.[g]

22 Y sobre las cabezas de los seres vivientes aparecía una expansión a manera de cristal[h] maravilloso, extendido encima sobre sus cabezas.

23 Y debajo de la expansión las alas de ellos estaban derechas, extendiéndose la una hacia la otra; y cada uno tenía dos alas que cubrían su cuerpo.

24 Y oí el sonido de sus alas cuando andaban, como sonido de muchas aguas,[i] como la voz del Omnipotente, como ruido de muchedumbre, como el ruido de un ejército. Cuando se paraban, bajaban sus alas.

25 Y cuando se paraban y bajaban sus alas, se oía una voz de arriba de la expansión que había sobre sus cabezas.

26 Y sobre la expansión que había sobre sus cabezas se veía la figura de un trono que parecía de piedra de zafiro; y sobre la figura del trono había una semejanza que parecía de hombre sentado sobre él.[j]

27 Y vi apariencia como de bronce refulgente, como apariencia de fuego dentro de ella en derredor, desde el aspecto de sus lomos para arriba; y desde sus lomos para abajo, vi que parecía como fuego, y que tenía resplandor alrededor.[k]

a. 1.1 Ap 19.11. **b. 1.2** 2 R 24.10-16; 2 Cr 36.9-10.
c. 1.5 Ap 4.6. **d. 1.10** Ez 10.14; Ap 4.7. **e. 1.13** Ap 4.5.
f. 1.18 Ap 4.8. **g. 1.15-21** Ez 10.9-13. **h. 1.22** Ap 4.6.
i. 1.24 Ap 1.14-15; 19.6. **j. 1.26** Ez 10.1; Ap 4.2-3.
k. 1.27 Ez 8.2.

LECCIONES DE VIDA

➤ ***1.1 — los cielos se abrieron, y vi visiones de Dios.***

Ezequiel no fue quien eligió ver «visiones de Dios», sino fue el Señor quien tomó la iniciativa y lo eligió a él. «Nunca la profecía fue traída por voluntad humana, sino que los santos hombres de Dios hablaron siendo inspirados por el Espíritu Santo» (2 P 1.21).

28 Como parece el arco iris que está en las
nubes el día que llueve, así era el parecer del
resplandor alrededor. Ésta fue la visión de la
semejanza de la gloria de Jehová. Y cuando yo
la vi, me postré sobre mi rostro, y oí la voz de
uno que hablaba.

Llamamiento de Ezequiel

2 ME dijo: Hijo de hombre, ponte sobre tus
pies, y hablaré contigo.
2 Y luego que me habló, entró el Espíritu en
mí y me afirmó sobre mis pies, y oí al que me
hablaba.
3 Y me dijo: Hijo de hombre, yo te envío a los
hijos de Israel, a gentes rebeldes que se rebelaron contra mí; ellos y sus padres se han
rebelado contra mí hasta este mismo día.
4 Yo, pues, te envío a hijos de duro rostro y
de empedernido corazón; y les dirás: Así ha
dicho Jehová el Señor.
5 Acaso ellos escuchen; pero si no escucha-
ren, porque son una casa rebelde, siempre
conocerán que hubo profeta entre ellos.
6 Y tú, hijo de hombre, no les temas, ni tengas
miedo de sus palabras, aunque te hallas entre
zarzas y espinos, y moras con escorpiones; no
tengas miedo de sus palabras, ni temas delante de ellos, porque son casa rebelde.
7 Les hablarás, pues, mis palabras, escuchen o
dejen de escuchar; porque son muy rebeldes.
8 Mas tú, hijo de hombre, oye lo que yo te
hablo; no seas rebelde como la casa rebelde;
abre tu boca, y come lo que yo te doy.
9 Y miré, y he aquí una mano extendida hacia
mí, y en ella había un rollo de libro.
10 Y lo extendió delante de mí, y estaba escrito por delante y por detrás; y había escritas en
él endechas y lamentaciones y ayes.[a]

3 ME dijo: Hijo de hombre, come lo que
hallas; come este rollo, y ve y habla a la
casa de Israel.
2 Y abrí mi boca, y me hizo comer aquel
rollo.
3 Y me dijo: Hijo de hombre, alimenta tu vientre, y llena tus entrañas de este rollo que yo te
doy. Y lo comí, y fue en mi boca dulce como
miel.[a]
4 Luego me dijo: Hijo de hombre, ve y entra a
la casa de Israel, y habla a ellos con mis palabras.
5 Porque no eres enviado a pueblo de habla
profunda ni de lengua difícil, sino a la casa
de Israel.
6 No a muchos pueblos de habla profunda ni
de lengua difícil, cuyas palabras no entiendas;
y si a ellos te enviara, ellos te oyeran.
7 Mas la casa de Israel no te querrá oír, porque no me quiere oír a mí; porque toda la
casa de Israel es dura de frente y obstinada
de corazón.
8 He aquí yo he hecho tu rostro fuerte contra los rostros de ellos, y tu frente fuerte contra sus frentes.
9 Como diamante, más fuerte que pedernal he
hecho tu frente; no los temas, ni tengas miedo
delante de ellos, porque son casa rebelde.
10 Y me dijo: Hijo de hombre, toma en tu corazón todas mis palabras que yo te hablaré, y
oye con tus oídos.
11 Y ve y entra a los cautivos, a los hijos de tu
pueblo, y háblales y diles: Así ha dicho Jehová
el Señor; escuchen, o dejen de escuchar.
12 Y me levantó el Espíritu, y oí detrás de mí
una voz de gran estruendo, que decía: Bendita
sea la gloria de Jehová desde su lugar.
13 Oí también el sonido de las alas de los
seres vivientes que se juntaban la una con la
otra, y el sonido de las ruedas delante de ellos,
y sonido de gran estruendo.
14 Me levantó, pues, el Espíritu, y me tomó;
y fui en amargura, en la indignación de mi
espíritu, pero la mano de Jehová era fuerte
sobre mí.

a. **2.9-10** Ap 5.1. a. **3.1-3** Ap 10.9-10.

LECCIONES DE VIDA

1.28 — Esta fue la visión de la semejanza de la gloria de Jehová.

Es imposible describir el esplendor de Dios en su totalidad. Lo mejor que pudieron hacer Ezequiel o el apóstol Juan fue compararlo a algo que ya hubieran visto, como un arco iris o el resplandor del sol (Ap 1.16). Por supuesto, la gloria de Dios es radicalmente diferente a todo lo que conocemos.

2.1, 2 — Hijo de hombre, ponte sobre tus pies, y hablaré contigo. Y luego que me habló, entró el Espíritu en mí y me afirmó sobre mis pies.

Dios nunca nos da un mandato sin darnos también la capacidad de cumplirlo. Él nunca nos llama a realizar una tarea sin capacitarnos también para llevarla a cabo. Él asume plena responsabilidad por nuestras necesidades cuando lo obedecemos.

2.6 — Y tú, hijo de hombre, no les temas, ni tengas miedo de sus palabras, aunque te hallas entre zarzas y espinos, y moras con escorpiones.

Dios envió a Ezequiel para hablar a una nación que llamó «rebelde» (Ez 2.6), de «duro rostro» y de « empedernido corazón» (Ez 2.4). ¡No era una tarea fácil! Sin embargo, Dios iba a estar con Ezequiel, así que el profeta no tenía por qué temer.

3.10 — Hijo de hombre, toma en tu corazón todas mis palabras que yo te hablaré, y oye con tus oídos.

Escuchar a Dios es esencial para andar con Él. Es algo que no requiere solamente prestar atención a su voz, sino también tomar sus palabras con toda seriedad, de tal forma que nuestro mayor deseo sea aplicar sus principios a nuestros corazones y a nuestras vidas.

15 Y vine a los cautivos en Tel-abib, que moraban junto al río Quebar, y me senté donde
ellos estaban sentados, y allí permanecí siete
días atónito entre ellos.

El atalaya de Israel
(Ez 33.1-9)

16 Y aconteció que al cabo de los siete días
vino a mí palabra de Jehová, diciendo:
17 Hijo de hombre, yo te he puesto por atalaya
a la casa de Israel; oirás, pues, tú la palabra de
mi boca, y los amonestarás de mi parte.
18 Cuando yo dijere al impío: De cierto morirás; y tú no le amonestares ni le hablares, para
que el impío sea apercibido de su mal camino
a fin de que viva, el impío morirá por su maldad, pero su sangre demandaré de tu mano.
19 Pero si tú amonestares al impío, y él no se
convirtiere de su impiedad y de su mal camino, él morirá por su maldad, pero tú habrás
librado tu alma.
20 Si el justo se apartare de su justicia e hiciere maldad, y pusiere yo tropiezo delante de
él, él morirá, porque tú no le amonestaste; en
su pecado morirá, y sus justicias que había
hecho no vendrán en memoria; pero su sangre demandaré de tu mano.
* 21 Pero si al justo amonestares para que no
peque, y no pecare, de cierto vivirá, porque
fue amonestado; y tú habrás librado tu alma.

El profeta mudo

22 Vino allí la mano de Jehová sobre mí, y me
dijo: Levántate, y sal al campo, y allí hablaré contigo.
23 Y me levanté y salí al campo; y he aquí que
allí estaba la gloria de Jehová, como la gloria
que había visto junto al río Quebar; y me postré sobre mi rostro.
24 Entonces entró el Espíritu en mí y me afirmó sobre mis pies, y me habló, y me dijo:
Entra, y enciérrate dentro de tu casa.
25 Y tú, oh hijo de hombre, he aquí que pondrán sobre ti cuerdas, y con ellas te ligarán, y
no saldrás entre ellos.
26 Y haré que se pegue tu lengua a tu paladar,
y estarás mudo, y no serás a ellos varón que
reprende; porque son casa rebelde.
➤ 27 Mas cuando yo te hubiere hablado, abriré tu boca, y les dirás: Así ha dicho Jehová el
Señor: El que oye, oiga; y el que no quiera oír,
no oiga; porque casa rebelde son.

Predicción del sitio de Jerusalén

4 TÚ, hijo de hombre, tómate un adobe, y ➤
ponlo delante de ti, y diseña sobre él la
ciudad de Jerusalén.
2 Y pondrás contra ella sitio, y edificarás contra ella fortaleza, y sacarás contra ella baluarte, y pondrás delante de ella campamento, y
colocarás contra ella arietes alrededor.
3 Tómate también una plancha de hierro, y
ponla en lugar de muro de hierro entre ti y la
ciudad; afirmarás luego tu rostro contra ella,
y será en lugar de cerco, y la sitiarás. Es señal
a la casa de Israel.
4 Y tú te acostarás sobre tu lado izquierdo,
y pondrás sobre él la maldad de la casa de
Israel. El número de los días que duermas
sobre él, llevarás sobre ti la maldad de ellos.
5 Yo te he dado los años de su maldad por el
número de los días, trescientos noventa días; y
así llevarás tú la maldad de la casa de Israel.
6 Cumplidos éstos, te acostarás sobre tu lado
derecho segunda vez, y llevarás la maldad de
la casa de Judá cuarenta días; día por año, día
por año te lo he dado.
7 Al asedio de Jerusalén afirmarás tu rostro, y
descubierto tu brazo, profetizarás contra ella.
8 Y he aquí he puesto sobre ti ataduras, y no
te volverás de un lado a otro, hasta que hayas
cumplido los días de tu asedio.
9 Y tú toma para ti trigo, cebada, habas, lentejas, millo y avena, y ponlos en una vasija, y
hazte pan de ellos el número de los días que
te acuestes sobre tu lado; trescientos noventa
días comerás de él.
10 La comida que comerás será de peso de
veinte siclos al día; de tiempo en tiempo la
comerás.
11 Y beberás el agua por medida, la sexta parte de un hin; de tiempo en tiempo la beberás.
12 Y comerás pan de cebada cocido debajo de
la ceniza; y lo cocerás a vista de ellos al fuego
de excremento humano.
13 Y dijo Jehová: Así comerán los hijos de
Israel su pan inmundo, entre las naciones a
donde los arrojaré yo.

LECCIONES DE VIDA

➤ ***3.27 — El que oye, oiga; y el que no quiera oír, no oiga.***

Dios nos deja elegir si vamos a abrir nuestros oídos o nos negaremos a oír. Jesús dijo: «El que tiene oídos para oír, oiga» (Mr 4.9). Podemos decidir someternos a sus mandatos y honrarlo, o desobedecerlo y hacer las cosas a nuestra manera, como lo hizo la «casa rebelde» de Israel. Sin embargo, siempre debemos recordar que la obediencia trae bendición y la rebelión lleva a la destrucción (Pr 16.25).

➤ ***4.1 — Tú, hijo de hombre, tómate un adobe, y ponlo delante de ti, y diseña sobre él la ciudad de Jerusalén.***

Ezequiel debía «sitiar» públicamente su maqueta de la ciudad para ilustrar la devastación inminente que venía sobre la Jerusalén real. Hasta la escasa cantidad de comida y agua que fue instruido a consumir, representaba las raciones minúsculas que los habitantes de Jerusalén recibirían cuando la ciudad fuera conquistada (Ez 4.9–17). Dios usa una gran variedad de métodos para ayudarnos a entender y obedecer su Palabra.

14 Y dije: ¡Ah, Señor Jehová! he aquí que mi
alma no es inmunda, ni nunca desde mi juventud hasta este tiempo comí cosa mortecina ni
despedazada, ni nunca en mi boca entró carne inmunda.
➤ 15 Y me respondió: He aquí te permito usar
estiércol de bueyes en lugar de excremento
humano para cocer tu pan.
16 Me dijo luego: Hijo de hombre, he aquí
quebrantaré el sustento del pan en Jerusalén;
y comerán el pan por peso y con angustia, y
beberán el agua por medida y con espanto,
17 para que al faltarles el pan y el agua, se
miren unos a otros con espanto, y se consuman en su maldad.
5 Y tú, hijo de hombre, tómate un cuchillo
agudo, toma una navaja de barbero, y
hazla pasar sobre tu cabeza y tu barba; toma
después una balanza de pesar y divide los
cabellos.
2 Una tercera parte quemarás a fuego en
medio de la ciudad, cuando se cumplan los
días del asedio; y tomarás una tercera parte y
la cortarás con espada alrededor de la ciudad;
y una tercera parte esparcirás al viento, y yo
desenvainaré espada en pos de ellos.
3 Tomarás también de allí unos pocos en
número, y los atarás en la falda de tu manto.
4 Y tomarás otra vez de ellos, y los echarás en
medio del fuego, y en el fuego los quemarás;
de allí saldrá el fuego a toda la casa de Israel.
5 Así ha dicho Jehová el Señor: Ésta es Jerusalén; la puse en medio de las naciones y de
las tierras alrededor de ella.
6 Y ella cambió mis decretos y mis ordenanzas en impiedad más que las naciones, y más
que las tierras que están alrededor de ella;
porque desecharon mis decretos y mis mandamientos, y no anduvieron en ellos.
7 Por tanto, así ha dicho Jehová: ¿Por haberos
multiplicado más que las naciones que están
alrededor de vosotros, no habéis andado en mis
mandamientos, ni habéis guardado mis leyes?
Ni aun según las leyes de las naciones que están
alrededor de vosotros habéis andado.
8 Así, pues, ha dicho Jehová el Señor: He aquí
yo estoy contra ti; sí, yo, y haré juicios en
medio de ti ante los ojos de las naciones.
9 Y haré en ti lo que nunca hice, ni jamás
haré cosa semejante, a causa de todas tus
abominaciones.
10 Por eso los padres comerán a los hijos[a] en
medio de ti, y los hijos comerán a sus padres;
y haré en ti juicios, y esparciré a todos los
vientos todo lo que quedare de ti.
11 Por tanto, vivo yo, dice Jehová el Señor,
ciertamente por haber profanado mi santuario con todas tus abominaciones, te quebrantaré yo también; mi ojo no perdonará, ni
tampoco tendré yo misericordia.
12 Una tercera parte de ti morirá de pestilencia y será consumida de hambre en medio de
ti; y una tercera parte caerá a espada alrededor de ti; y una tercera parte esparciré a todos
los vientos, y tras ellos desenvainaré espada.
13 Y se cumplirá mi furor y saciaré en ellos mi
enojo, y tomaré satisfacción; y sabrán que yo
Jehová he hablado en mi celo, cuando cumpla
en ellos mi enojo.
14 Y te convertiré en soledad y en oprobio
entre las naciones que están alrededor de ti, a
los ojos de todo transeúnte.
15 Y serás oprobio y escarnio y escarmiento ➤
y espanto a las naciones que están alrededor
de ti, cuando yo haga en ti juicios con furor e
indignación, y en reprensiones de ira. Yo Jehová he hablado.
16 Cuando arroje yo sobre ellos las perniciosas saetas del hambre, que serán para destrucción, las cuales enviaré para destruiros,
entonces aumentaré el hambre sobre vosotros, y quebrantaré entre vosotros el sustento del pan.
17 Enviaré, pues, sobre vosotros hambre, y
bestias feroces que te destruyan; y pestilencia
y sangre pasarán por en medio de ti, y enviaré
sobre ti espada.[b] Yo Jehová he hablado.

Profecía contra los montes de Israel

6 VINO a mí palabra de Jehová, diciendo:
2 Hijo de hombre, pon tu rostro hacia los
montes de Israel, y profetiza contra ellos.
3 Y dirás: Montes de Israel, oíd palabra de
Jehová el Señor: Así ha dicho Jehová el Señor

a. 5.10 Lm 4.10. **b. 5.17** Ap 6.8.

LECCIONES DE VIDA

➤ ***4.15 — He aquí te permito usar estiércol de bueyes en lugar de excremento humano para cocer tu pan.***

Dios en su gracia obra con y por medio de nosotros para realizar su propósito. Si lo reverenciamos, Él nos honra con su bondad. Cuando Ezequiel, siendo un sacerdote, se opuso a una demostración didáctica que implicaba una contaminación ceremonial (Lv 21—22; Dt 23.12–14), Dios ajustó el plan para complacerlo. Sin embargo, logró de todas maneras hacer una ilustración aturdidora y espantosa de la pobreza, la desolación y la inmundicia espiritual de Judá e Israel.

➤ ***5.15 — serás oprobio y escarnio y escarmiento y espanto a las naciones que están alrededor de ti, cuando yo haga en ti juicios con furor e indignación, y en reprensiones de ira.***

Desde un principio, Dios se había propuesto que Jerusalén sirviera como un ejemplo a las naciones del mundo en lo referente a su bondad y santidad (Is 26.9; Jer 22.8, 9). Pero se convirtieron en un ejemplo triste, por cuanto el pueblo rehusó obedecerlo y sufrieron su juicio en lugar de recibir sus bendiciones (Dt 28.25; Ez 5.5–9).

a los montes y a los collados, a los arroyos y a
los valles: He aquí que yo, yo haré venir sobre
vosotros espada, y destruiré vuestros lugares altos.
4 Vuestros altares serán asolados, y vuestras
imágenes del sol serán quebradas; y haré que
caigan vuestros muertos delante de vuestros
ídolos.
5 Y pondré los cuerpos muertos de los hijos de
Israel delante de sus ídolos, y vuestros huesos
esparciré en derredor de vuestros altares.
6 Dondequiera que habitéis, serán desiertas
las ciudades, y los lugares altos serán asolados, para que sean asolados y se hagan desiertos vuestros altares; y vuestros ídolos serán
quebrados y acabarán, vuestras imágenes del
sol serán destruidas, y vuestras obras serán
deshechas.
7 Y los muertos caerán en medio de vosotros;
y sabréis que yo soy Jehová.
8 Mas dejaré un resto, de modo que tengáis
entre las naciones algunos que escapen de la
espada, cuando seáis esparcidos por las tierras.
➤ 9 Y los que de vosotros escaparen se acordarán de mí entre las naciones en las cuales serán cautivos; porque yo me quebranté a
causa de su corazón fornicario que se apartó de mí, y a causa de sus ojos que fornicaron tras sus ídolos; y se avergonzarán de sí
mismos, a causa de los males que hicieron en
todas sus abominaciones.
10 Y sabrán que yo soy Jehová; no en vano
dije que les había de hacer este mal.
11 Así ha dicho Jehová el Señor: Palmotea
con tus manos, y golpea con tu pie, y di: ¡Ay,
por todas las grandes abominaciones de la
casa de Israel! porque con espada y con hambre y con pestilencia caerán.
12 El que esté lejos morirá de pestilencia, el
que esté cerca caerá a espada, y el que quede
y sea asediado morirá de hambre; así cumpliré en ellos mi enojo.
13 Y sabréis que yo soy Jehová, cuando sus
muertos estén en medio de sus ídolos, en
derredor de sus altares, sobre todo collado alto, en todas las cumbres de los montes,
debajo de todo árbol frondoso y debajo de
toda encina espesa, lugares donde ofrecieron
incienso a todos sus ídolos.
14 Y extenderé mi mano contra ellos, y dondequiera que habiten haré la tierra más asolada y devastada que el desierto hacia Diblat; y
conocerán que yo soy Jehová.

El fin viene

7 VINO a mí palabra de Jehová, diciendo:
2 Tú, hijo de hombre, así ha dicho Jehová
el Señor a la tierra de Israel: El fin, el fin viene
sobre los cuatro extremos de la tierra.
3 Ahora será el fin sobre ti, y enviaré sobre
ti mi furor, y te juzgaré según tus caminos; y
pondré sobre ti todas tus abominaciones.
4 Y mi ojo no te perdonará, ni tendré misericordia; antes pondré sobre ti tus caminos, y
en medio de ti estarán tus abominaciones; y
sabréis que yo soy Jehová.
5 Así ha dicho Jehová el Señor: Un mal, he
aquí que viene un mal.
6 Viene el fin, el fin viene; se ha despertado
contra ti; he aquí que viene.
7 La mañana viene para ti, oh morador de la
tierra; el tiempo viene, cercano está el día; día
de tumulto, y no de alegría, sobre los montes.
8 Ahora pronto derramaré mi ira sobre
ti, y cumpliré en ti mi furor, y te juzgaré según tus caminos; y pondré sobre ti tus
abominaciones.
9 Y mi ojo no perdonará, ni tendré misericordia; según tus caminos pondré sobre ti, y
en medio de ti estarán tus abominaciones; y
sabréis que yo Jehová soy el que castiga.
10 He aquí el día, he aquí que viene; ha salido
la mañana; ha florecido la vara, ha reverdecido la soberbia.
11 La violencia se ha levantado en vara de
maldad; ninguno quedará de ellos, ni de su
multitud, ni uno de los suyos, ni habrá entre
ellos quien se lamente.
12 El tiempo ha venido, se acercó el día; el que
compra, no se alegre, y el que vende, no llore,
porque la ira está sobre toda la multitud.
13 Porque el que vende no volverá a lo vendido, aunque queden vivos; porque la visión
sobre toda la multitud no se revocará, y a
causa de su iniquidad ninguno podrá amparar su vida.
14 Tocarán trompeta, y prepararán todas las
cosas, y no habrá quien vaya a la batalla; porque mi ira está sobre toda la multitud.

LECCIONES DE VIDA

➤ ***6.9 — yo me quebranté a causa de su corazón fornicario que se apartó de mí, y a causa de sus ojos que fornicaron tras sus ídolos.***

El Señor nos ama y se ha entregado de lleno a su relación con nosotros, como un esposo que al casarse se entrega libremente a su esposa (Is 54.5; 62.4, 5; Ap 21.2, 9–27). Dios se ha dado completamente a nosotros, y debemos ser exclusivos en nuestra devoción a Él (Éx 20.5; 34.13–16; Cnt 8.6; Ef 5.22–30; Ap 19.7–9). Él nos creó para conectarnos con Él mediante una relación íntima, y cuando damos nuestro corazón a algo distinto, se apena profundamente (Is 63.9, 10).

➤ ***6.14 — conocerán que yo soy Jehová.***

Esta frase es recurrente en todo el libro de Ezequiel. De forma reiterada, Dios dice que ejecutará juicios poderosos y proveerá redención, para que el mundo entero sepa que sólo Él es Dios.

15 De fuera espada, de dentro pestilencia y hambre; el que esté en el campo morirá a espada, y al que esté en la ciudad lo consumirá el hambre y la pestilencia.
16 Y los que escapen de ellos huirán y estarán sobre los montes como palomas de los valles, gimiendo todos, cada uno por su iniquidad.
17 Toda mano se debilitará, y toda rodilla será débil como el agua.
18 Se ceñirán también de cilicio, y les cubrirá terror; en todo rostro habrá vergüenza, y todas sus cabezas estarán rapadas.
➤ 19 Arrojarán su plata en las calles, y su oro será desechado; ni su plata ni su oro podrá librarlos en el día del furor de Jehová; no saciarán su alma, ni llenarán sus entrañas, porque ha sido tropiezo para su maldad.
20 Por cuanto convirtieron la gloria de su ornamento en soberbia, e hicieron de ello las imágenes de sus abominables ídolos, por eso se lo convertí en cosa repugnante.
21 En mano de extraños la entregué para ser saqueada, y será presa de los impíos de la tierra, y la profanarán.
22 Y apartaré de ellos mi rostro, y será violado mi lugar secreto; pues entrarán en él invasores y lo profanarán.
23 Haz una cadena, porque la tierra está llena de delitos de sangre, y la ciudad está llena de violencia.
24 Traeré, por tanto, los más perversos de las naciones, los cuales poseerán las casas de ellos; y haré cesar la soberbia de los poderosos, y sus santuarios serán profanados.
25 Destrucción viene; y buscarán la paz, y no la habrá.
26 Quebrantamiento vendrá sobre quebrantamiento, y habrá rumor sobre rumor; y buscarán respuesta del profeta, mas la ley se alejará del sacerdote, y de los ancianos el consejo.
➤ 27 El rey se enlutará, y el príncipe se vestirá de tristeza, y las manos del pueblo de la tierra temblarán; según su camino haré con ellos, y con los juicios de ellos los juzgaré; y sabrán que yo soy Jehová.

Visión de las abominaciones en Jerusalén

8 EN el sexto año, en el mes sexto, a los cinco días del mes, aconteció que estaba yo sentado en mi casa, y los ancianos de Judá estaban sentados delante de mí, y allí se posó sobre mí la mano de Jehová el Señor.
2 Y miré, y he aquí una figura que parecía de hombre; desde sus lomos para abajo, fuego; y desde sus lomos para arriba parecía resplandor, el aspecto de bronce refulgente.[a]
3 Y aquella figura extendió la mano, y me tomó por las guedejas de mi cabeza; y el Espíritu me alzó entre el cielo y la tierra, y me llevó en visiones de Dios a Jerusalén, a la entrada de la puerta de adentro que mira hacia el norte, donde estaba la habitación de la imagen del celo, la que provoca a celos. ➤
4 Y he aquí, allí estaba la gloria del Dios de Israel, como la visión que yo había visto en el campo.[b]
5 Y me dijo: Hijo de hombre, alza ahora tus ojos hacia el lado del norte. Y alcé mis ojos hacia el norte, y he aquí al norte, junto a la puerta del altar, aquella imagen del celo en la entrada.
6 Me dijo entonces: Hijo de hombre, ¿no ves lo que éstos hacen, las grandes abominaciones que la casa de Israel hace aquí para alejarme de mi santuario? Pero vuélvete aún, y verás abominaciones mayores.
7 Y me llevó a la entrada del atrio, y miré, y he aquí en la pared un agujero.
8 Y me dijo: Hijo de hombre, cava ahora en la pared. Y cavé en la pared, y he aquí una puerta.
9 Me dijo luego: Entra, y ve las malvadas abominaciones que éstos hacen allí.
10 Entré, pues, y miré; y he aquí toda forma de reptiles y bestias abominables, y todos los ídolos de la casa de Israel, que estaban pintados en la pared por todo alrededor.
11 Y delante de ellos estaban setenta varones de los ancianos de la casa de Israel, y Jaazanías hijo de Safán en medio de ellos, cada uno

a. 8.2 Ez 1.27. **b. 8.4** Ez 1.28.

LECCIONES DE VIDA

➤ ***7.19 — ni su plata ni su oro podrá librarlos en el día del furor de Jehová.***

Cuando llegue el tiempo del juicio de Dios, ninguna cantidad de planificación ni maquinaciones podrá rescatar a una persona que se niegue a obedecerlo. Nada puede interponerse entre Dios y el cumplimiento de sus propósitos.

➤ ***7.27 — según su camino haré con ellos, y con los juicios de ellos los juzgaré.***

La Biblia nos dice que Dios lleva un registro detallado de lo que decimos, hacemos y hasta lo que pensamos, para garantizar que todos reciban lo justo en el juicio final (Dn 7.10; Ap 20.12).

➤ ***8.3 — el Espíritu me alzó entre el cielo y la tierra, y me llevó en visiones de Dios a Jerusalén.***

Ezequiel nos da más descripciones vívidas del proceso profético que cualquier otro profeta del Antiguo Testamento. Aquí el Espíritu Santo le muestra lo que sucede en Jerusalén, aunque Ezequiel está en Babilonia. Dios nos habla de innumerables maneras, y algunas pueden ser realmente prodigiosas (Gn 32.24–30; Éx 3.1–10; Nm 22.22–34; Mt 17.1–6; Ap 1.9–19). ¿Está usted a la expectativa, pendiente de escuchar a Dios? O, ¿ignora lo que Él dice, en especial cuando le parece demasiado difícil de aceptar? Recuerde que Dios no nos demanda que entendamos su voluntad, solamente que la obedezcamos.

con su incensario en su mano; y subía una
nube espesa de incienso.
12 Y me dijo: Hijo de hombre, ¿has visto las
cosas que los ancianos de la casa de Israel
hacen en tinieblas, cada uno en sus cámaras pintadas de imágenes? Porque dicen ellos:
No nos ve Jehová; Jehová ha abandonado la
tierra.
13 Me dijo después: Vuélvete aún, verás abominaciones mayores que hacen éstos.
14 Y me llevó a la entrada de la puerta de la
casa de Jehová, que está al norte; y he aquí
mujeres que estaban allí sentadas endechando a Tamuz.
15 Luego me dijo: ¿No ves, hijo de hombre?
Vuélvete aún, verás abominaciones mayores
que éstas.
16 Y me llevó al atrio de adentro de la casa
de Jehová; y he aquí junto a la entrada del
templo de Jehová, entre la entrada y el altar,
como veinticinco varones, sus espaldas vueltas al templo de Jehová y sus rostros hacia el
oriente, y adoraban al sol, postrándose hacia
el oriente.
➤ 17 Y me dijo: ¿No has visto, hijo de hombre?
¿Es cosa liviana para la casa de Judá hacer las
abominaciones que hacen aquí? Después que
han llenado de maldad la tierra, se volvieron a
mí para irritarme; he aquí que aplican el ramo
a sus narices.
18 Pues también yo procederé con furor; no
perdonará mi ojo, ni tendré misericordia; y
gritarán a mis oídos con gran voz, y no los
oiré.

Visión de la muerte de los culpables

9 CLAMÓ en mis oídos con gran voz,
diciendo: Los verdugos de la ciudad han
llegado, y cada uno trae en su mano su instrumento para destruir.
2 Y he aquí que seis varones venían del camino de la puerta de arriba que mira hacia el
norte, y cada uno traía en su mano su instrumento para destruir. Y entre ellos había un
varón vestido de lino, el cual traía a su cintura un tintero de escribano; y entrados, se pararon junto al altar de bronce.
3 Y la gloria del Dios de Israel se elevó de
encima del querubín, sobre el cual había estado, al umbral de la casa; y llamó Jehová al
varón vestido de lino, que tenía a su cintura el
tintero de escribano,
4 y le dijo Jehová: Pasa por en medio de la ciudad, por en medio de Jerusalén, y ponles una ➤
señal en la frente[a] a los hombres que gimen y
que claman a causa de todas las abominaciones que se hacen en medio de ella.
5 Y a los otros dijo, oyéndolo yo: Pasad por la
ciudad en pos de él, y matad; no perdone vuestro ojo, ni tengáis misericordia.
6 Matad a viejos, jóvenes y vírgenes, niños y
mujeres, hasta que no quede ninguno; pero a
todo aquel sobre el cual hubiere señal, no os
acercaréis; y comenzaréis por mi santuario.
Comenzaron, pues, desde los varones ancianos que estaban delante del templo.
7 Y les dijo: Contaminad la casa, y llenad los
atrios de muertos; salid. Y salieron, y mataron
en la ciudad.
8 Aconteció que cuando ellos iban matando
y quedé yo solo, me postré sobre mi rostro, y
clamé y dije: ¡Ah, Señor Jehová! ¿destruirás
a todo el remanente de Israel derramando tu
furor sobre Jerusalén?
9 Y me dijo: La maldad de la casa de Israel y ➤
de Judá es grande sobremanera, pues la tierra
está llena de sangre, y la ciudad está llena de
perversidad; porque han dicho: Ha abandonado Jehová la tierra, y Jehová no ve.
10 Así, pues, haré yo; mi ojo no perdonará, ni
tendré misericordia; haré recaer el camino de
ellos sobre sus propias cabezas.
11 Y he aquí que el varón vestido de lino, que
tenía el tintero a su cintura, respondió una

a. 9.4 Ap 7.3; 9.4; 14.1.

LECCIONES DE VIDA

➤ ***8.17 — ¿Es cosa liviana para la casa de Judá hacer las abominaciones que hacen aquí?***

El pecado *nunca* es cosa liviana, mucho menos el tipo de abominación que los habitantes de Judá estaban cometiendo, al adorar deidades paganas en el templo del Señor. Sin embargo, eso mismo hacemos nosotros cuando olvidamos a Dios y nos dedicamos a lo que sea en el altar de nuestro corazón. Es posible que nos habituemos tanto a una ofensa, que nos parezca inofensiva y hasta libre de consecuencias, pero la naturaleza santa de Dios nunca cambia. El pecado *jamás* será aceptable para Él.

➤ ***9.4 — ponles una señal en la frente a los hombres que gimen y que claman a causa de todas las abominaciones que se hacen en medio de ella.***

Dios ordenó a sus ángeles distinguir entre aquellos que lo honraban y los demás (véase también Éx 12.7, 11–13; Ap 7.1–3). Cuando llegó el tiempo del juicio, Él libraría a su pueblo fiel: «a todo aquel sobre el cual hubiere señal, no os acercaréis» (Ez 9.6).

➤ ***9.9 — La maldad de la casa de Israel y de Judá es grande sobremanera… porque han dicho: Ha abandonado Jehová la tierra, y Jehová no ve.***

La mayoría del pueblo de Dios recurrieron a excusas por lo sucedido durante las invasiones de los babilonios. No las reconocieron como lo que fueron: un juicio divino profetizado, a causa de su maldad e idolatría. Por el contrario, le echaron la culpa al Señor, creyendo que su destrucción probaba que Él los había abandonado y que lo tenía sin cuidado el pecado de ellos. Dios consideró totalmente malévola su perspectiva. Para arrepentirnos, debemos aceptar la responsabilidad por nuestro pecado. Sabemos que si lo hacemos, Él es fiel y justo para perdonarnos (1 Jn 1.9).

palabra, diciendo: He hecho conforme a todo
lo que me mandaste.

La gloria de Dios abandona el templo

10 MIRÉ, y he aquí en la expansión que
había sobre la cabeza de los querubines como una piedra de zafiro, que parecía
como semejanza de un trono que se mostró
sobre ellos.[a]
2 Y habló al varón vestido de lino, y le dijo:
Entra en medio de las ruedas debajo de los
querubines, y llena tus manos de carbones
encendidos de entre los querubines, y espár-
celos sobre la ciudad.[b] Y entró a vista mía.
3 Y los querubines estaban a la mano derecha
de la casa cuando este varón entró; y la nube
llenaba el atrio de adentro.
4 Entonces la gloria de Jehová se elevó de
encima del querubín al umbral de la puerta; y
la casa fue llena de la nube, y el atrio se llenó
del resplandor de la gloria de Jehová.
5 Y el estruendo de las alas de los querubines
se oía hasta el atrio de afuera, como la voz del
Dios Omnipotente cuando habla.
6 Aconteció, pues, que al mandar al varón
vestido de lino, diciendo: Toma fuego de entre
las ruedas, de entre los querubines, él entró y
se paró entre las ruedas.
7 Y un querubín extendió su mano de en
medio de los querubines al fuego que estaba entre ellos, y tomó de él y lo puso en las
manos del que estaba vestido de lino, el cual
lo tomó y salió.
8 Y apareció en los querubines la figura de
una mano de hombre debajo de sus alas.
9 Y miré, y he aquí cuatro ruedas junto a los
querubines, junto a cada querubín una rueda; y el aspecto de las ruedas era como de crisólito.
10 En cuanto a su apariencia, las cuatro eran
de una misma forma, como si estuviera una en
medio de otra.
11 Cuando andaban, hacia los cuatro frentes andaban; no se volvían cuando andaban,
sino que al lugar adonde se volvía la primera, en pos de ella iban; ni se volvían cuando
andaban.
12 Y todo su cuerpo, sus espaldas, sus manos,
sus alas y las ruedas estaban llenos de ojos
alrededor[c] en sus cuatro ruedas.
13 A las ruedas, oyéndolo yo, se les gritaba:
¡Rueda![d]
14 Y cada uno tenía cuatro caras. La primera era rostro de querubín; la segunda, de
hombre; la tercera, cara de león; la cuarta,
cara de águila.[e]
15 Y se levantaron los querubines; éste es el
ser viviente que vi en el río Quebar.
16 Y cuando andaban los querubines, andaban las ruedas junto con ellos; y cuando los
querubines alzaban sus alas para levantarse de la tierra, las ruedas tampoco se apartaban de ellos.
17 Cuando se paraban ellos, se paraban ellas,
y cuando ellos se alzaban, se alzaban con
ellos; porque el espíritu de los seres vivientes
estaba en ellas.
18 Entonces la gloria de Jehová se elevó de ➤
encima del umbral de la casa, y se puso sobre
los querubines.
19 Y alzando los querubines sus alas, se levantaron de la tierra delante de mis ojos; cuando
ellos salieron, también las ruedas se alzaron al lado de ellos; y se pararon a la entrada de la puerta oriental de la casa de Jehová,
y la gloria del Dios de Israel estaba por encima sobre ellos.
20 Éstos eran los mismos seres vivientes que
vi debajo del Dios de Israel junto al río Quebar; y conocí que eran querubines.
21 Cada uno tenía cuatro caras y cada uno
cuatro alas, y figuras de manos de hombre
debajo de sus alas.
22 Y la semejanza de sus rostros era la de los
rostros que vi junto al río Quebar, su misma
apariencia y su ser; cada uno caminaba derecho hacia adelante.

Reprensión de los príncipes malvados

11 EL Espíritu me elevó, y me llevó por la
puerta oriental de la casa de Jehová, la
cual mira hacia el oriente; y he aquí a la entrada de la puerta veinticinco hombres, entre los
cuales vi a Jaazanías hijo de Azur y a Pelatías
hijo de Benaía, principales del pueblo.
2 Y me dijo: Hijo de hombre, éstos son los
hombres que maquinan perversidad, y dan en
esta ciudad mal consejo;
3 los cuales dicen: No será tan pronto; edifiquemos casas; ésta será la olla, y nosotros la
carne.
4 Por tanto profetiza contra ellos; profetiza,
hijo de hombre.

a. 10.1 Ez 1.26; Ap 4.2. **b. 10.2** Ap 8.5. **c. 10.12** Ap 4.8.
d. 10.9-13 Ez 1.15-21. **e. 10.14** Ez 1.10; Ap 4.7.

LECCIONES DE VIDA

➤ ***10.18 — Entonces la gloria de Jehová se elevó de encima del umbral de la casa, y se puso sobre querubines.***

Muchos en Israel creían erróneamente que Jerusalén nunca sería destruida porque allí se ubicaba el templo, que era la morada de Dios. No podían imaginar que Él estuviera dispuesto a abandonar el templo, aunque Él mismo les advirtió que así sucedería (1 R 9.6, 7; Jer 7.9–14).

➤ 5 Y vino sobre mí el Espíritu de Jehová, y
me dijo: Di: Así ha dicho Jehová: Así habéis
hablado, oh casa de Israel, y las cosas que
suben a vuestro espíritu, yo las he entendido.
6 Habéis multiplicado vuestros muertos en
esta ciudad, y habéis llenado de muertos sus
calles.
7 Por tanto, así ha dicho Jehová el Señor:
Vuestros muertos que habéis puesto en medio
de ella, ellos son la carne, y ella es la olla; mas
yo os sacaré a vosotros de en medio de ella.
8 Espada habéis temido, y espada traeré sobre
vosotros, dice Jehová el Señor.
9 Y os sacaré de en medio de ella, y os entregaré en manos de extraños, y haré juicios
entre vosotros.
10 A espada caeréis; en los límites de Israel os
juzgaré, y sabréis que yo soy Jehová.
11 La ciudad no os será por olla, ni vosotros
seréis en medio de ella la carne; en los límites
de Israel os juzgaré.
12 Y sabréis que yo soy Jehová; porque no
habéis andado en mis estatutos, ni habéis
obedecido mis decretos, sino según las costumbres de las naciones que os rodean habéis
hecho.
13 Y aconteció que mientras yo profetizaba,
aquel Pelatías hijo de Benaía murió. Entonces
me postré rostro a tierra y clamé con gran voz,
y dije: ¡Ah, Señor Jehová! ¿Destruirás del todo
al remanente de Israel?

Promesa de restauración y renovación

14 Y vino a mí palabra de Jehová, diciendo:
15 Hijo de hombre, tus hermanos, tus hermanos, los hombres de tu parentesco y toda la
casa de Israel, toda ella son aquellos a quienes dijeron los moradores de Jerusalén: Alejaos de Jehová; a nosotros es dada la tierra
en posesión.
➤ 16 Por tanto, di: Así ha dicho Jehová el Señor:
Aunque les he arrojado lejos entre las naciones, y les he esparcido por las tierras, con todo
eso les seré por un pequeño santuario en las
tierras adonde lleguen.
17 Di, por tanto: Así ha dicho Jehová el Señor:
Yo os recogeré de los pueblos, y os congregaré
de las tierras en las cuales estáis esparcidos, y
os daré la tierra de Israel.
18 Y volverán allá, y quitarán de ella todas sus
idolatrías y todas sus abominaciones.
19 Y les daré un corazón, y un espíritu nuevo *
pondré dentro de ellos; y quitaré el corazón de
piedra de en medio de su carne, y les daré un
corazón de carne,
20 para que anden en mis ordenanzas, y guarden mis decretos y los cumplan, y me sean por
pueblo, y yo sea a ellos por Dios.[a]
21 Mas a aquellos cuyo corazón anda tras el
deseo de sus idolatrías y de sus abominaciones, yo traigo su camino sobre sus propias
cabezas, dice Jehová el Señor.
22 Después alzaron los querubines sus alas, y
las ruedas en pos de ellos; y la gloria del Dios
de Israel estaba sobre ellos.
23 Y la gloria de Jehová se elevó de en medio
de la ciudad, y se puso sobre el monte que está
al oriente de la ciudad.[b]
24 Luego me levantó el Espíritu y me volvió a
llevar en visión del Espíritu de Dios a la tierra
de los caldeos, a los cautivos. Y se fue de mí la
visión que había visto.
25 Y hablé a los cautivos todas las cosas que
Jehová me había mostrado.

Salida de Ezequiel en señal de la cautividad

12 VINO a mí palabra de Jehová, diciendo:
2 Hijo de hombre, tú habitas en medio de casa
rebelde, los cuales tienen ojos para ver y no
ven, tienen oídos para oír y no oyen,[a] porque
son casa rebelde.
3 Por tanto tú, hijo de hombre, prepárate ense- ➤
res de marcha, y parte de día delante de sus
ojos; y te pasarás de tu lugar a otro lugar a vista de ellos, por si tal vez atienden, porque son
casa rebelde.

a. 11.19-20 Ez 36.26-28. **b. 11.22-23** Ez 43.2-5.
a. 12.2 Is 6.9-10; Jer 5.21; Mr 8.18.

LECCIONES DE VIDA

➤ 11.5 — las cosas que suben a vuestro espíritu, yo las he entendido.

El Señor nos conoce totalmente: nuestros pensamientos, nuestros planes, nuestras esperanzas, nuestros sentimientos, etc. Nada hay que podamos ocultarle, y nunca lo tomamos por sorpresa. Él nos conoce mejor que nosotros mismos, y es por eso que podemos confiar en Él. También es la razón por la que debemos respetarlo y honrarlo (2 Co 5.9–11; 10.5).

➤ 11.16 — Aunque les he arrojado lejos entre las naciones… con todo eso les seré por un pequeño santuario.

Dondequiera que vamos, Dios es un santuario para nosotros. Incluso cuando juzgó a la nación de Israel y la envió al cautiverio, el Señor mantuvo seguro a su remanente fiel. También prometió reunirlos de entre los países donde habían sido desterrados, y hacerlos retornar a su tierra (Ez 11.17, 19–20). Con el Señor, siempre hay esperanza.

➤ 12.3 — prepárate enseres de marcha, y parte de día delante de sus ojos… por si tal vez atienden, porque son casa rebelde.

Dios instruyó a Ezequiel que realizara muchas acciones insólitas para ilustrar a los israelitas rebeldes lo que les sucedería al ser juzgados. El pueblo no tenía razón alguna para dudar de lo que estaba a punto de suceder, ni que Dios les hablaba en serio en cuanto a sus planes de juzgar su pecado.

4 Y sacarás tus enseres de día delante de sus
ojos, como enseres de cautiverio; mas tú saldrás por la tarde a vista de ellos, como quien
sale en cautiverio.
5 Delante de sus ojos te abrirás paso por entre
la pared, y saldrás por ella.
6 Delante de sus ojos los llevarás sobre tus
hombros, de noche los sacarás; cubrirás tu
rostro, y no mirarás la tierra; porque por señal
te he dado a la casa de Israel.
7 Y yo hice así como me fue mandado; saqué
mis enseres de día, como enseres de cautiverio, y a la tarde me abrí paso por entre la
pared con mi propia mano; salí de noche, y los
llevé sobre los hombros a vista de ellos.
8 Y vino a mí palabra de Jehová por la mañana, diciendo:
9 Hijo de hombre, ¿no te ha dicho la casa de
Israel, aquella casa rebelde: ¿Qué haces?
10 Diles: Así ha dicho Jehová el Señor: Esta
profecía se refiere al príncipe en Jerusalén,
y a toda la casa de Israel que está en medio
de ella.
11 Diles: Yo soy vuestra señal; como yo hice,
así se hará con vosotros; partiréis al destierro,
en cautividad.
12 Y al príncipe que está en medio de ellos
llevarán a cuestas de noche, y saldrán; por
la pared abrirán paso para sacarlo por ella;
cubrirá su rostro para no ver con sus ojos la
tierra.
13 Mas yo extenderé mi red sobre él, y caerá preso en mi trampa, y haré llevarlo a Babilonia, a tierra de caldeos, pero no la verá,[b] y
allá morirá.
14 Y a todos los que estuvieren alrededor de
él para ayudarle, y a todas sus tropas, esparciré a todos los vientos, y desenvainaré espada en pos de ellos.
15 Y sabrán que yo soy Jehová, cuando los
esparciere entre las naciones, y los dispersa-
re por la tierra.
16 Y haré que unos pocos de ellos escapen de
la espada, del hambre y de la peste, para que
cuenten todas sus abominaciones entre las
naciones adonde llegaren; y sabrán que yo
soy Jehová.
17 Vino a mí palabra de Jehová, diciendo:
18 Hijo de hombre, come tu pan con temblor,
y bebe tu agua con estremecimiento y con
ansiedad.
19 Y di al pueblo de la tierra: Así ha dicho
Jehová el Señor sobre los moradores de
Jerusalén y sobre la tierra de Israel: Su pan
comerán con temor, y con espanto beberán
su agua; porque su tierra será despojada de
su plenitud, por la maldad de todos los que en
ella moran.
20 Y las ciudades habitadas quedarán desiertas, y la tierra será asolada; y sabréis que yo
soy Jehová.
21 Vino a mí palabra de Jehová, diciendo:
22 Hijo de hombre, ¿qué refrán es este que
tenéis vosotros en la tierra de Israel, que dice:
Se van prolongando los días, y desaparecerá
toda visión?
23 Diles, por tanto: Así ha dicho Jehová el
Señor: Haré cesar este refrán, y no repetirán
más este refrán en Israel. Diles, pues: Se han
acercado aquellos días, y el cumplimiento de
toda visión.
24 Porque no habrá más visión vana, ni habrá
adivinación de lisonjeros en medio de la casa
de Israel.
25 Porque yo Jehová hablaré, y se cumplirá la
palabra que yo hable; no se tardará más, sino
que en vuestros días, oh casa rebelde, hablaré
palabra y la cumpliré, dice Jehová el Señor.
26 Y vino a mí palabra de Jehová, diciendo:
27 Hijo de hombre, he aquí que los de la casa
de Israel dicen: La visión que éste ve es para
de aquí a muchos días, para lejanos tiempos
profetiza éste.
28 Diles, por tanto: Así ha dicho Jehová el
Señor: No se tardará más ninguna de mis
palabras, sino que la palabra que yo hable se
cumplirá, dice Jehová el Señor.

Condenación de los falsos profetas

13 VINO a mí palabra de Jehová, diciendo:
2 Hijo de hombre, profetiza contra los profetas de Israel que profetizan, y di a los que profetizan de su propio corazón: Oíd palabra de
Jehová.
3 Así ha dicho Jehová el Señor: ¡Ay de los profetas insensatos, que andan en pos de su propio espíritu, y nada han visto!
4 Como zorras en los desiertos fueron tus profetas, oh Israel.
5 No habéis subido a las brechas, ni habéis
edificado un muro alrededor de la casa de
Israel, para que resista firme en la batalla en
el día de Jehová.

b. 12.13 2 R 25.7; Jer 52.11.

LECCIONES DE VIDA

12.25— Porque yo Jehová hablaré, y se cumplirá la palabra que yo hable; no se tardará más.

Aunque la gente en Israel pensaba que las profecías estaban todavía lejos de cumplirse, o que en últimas no se harían realidad (Ez 12.22), Dios fue muy claro: «Se han acercado aquellos días, y el cumplimiento de toda visión» (Ez 12.23). Podemos apoyarnos por completo en la verdad y la precisión de la Palabra de Dios. Jesús dijo: «Velad, pues, porque no sabéis a qué hora ha de venir vuestro Señor» (Mt 24.42). No sabemos cuánto tiempo tendremos para estar a cuentas con Dios, así que procuremos cuanto antes una buena relación con Él por medio de Jesucristo.

6 Vieron vanidad y adivinación mentirosa.
Dicen: Ha dicho Jehová, y Jehová no los
envió; con todo, esperan que él confirme la
palabra de ellos.
7 ¿No habéis visto visión vana, y no habéis
dicho adivinación mentirosa, pues que decís:
Dijo Jehová, no habiendo yo hablado?
8 Por tanto, así ha dicho Jehová el Señor: Por
cuanto vosotros habéis hablado vanidad, y
habéis visto mentira, por tanto, he aquí yo
estoy contra vosotros, dice Jehová el Señor.
9 Estará mi mano contra los profetas que ven
vanidad y adivinan mentira; no estarán en la
congregación de mi pueblo, ni serán inscritos en
el libro de la casa de Israel, ni a la tierra de Israel
volverán; y sabréis que yo soy Jehová el Señor.
10 Sí, por cuanto engañaron a mi pueblo,
diciendo: Paz, no habiendo paz;[a] y uno edificaba la pared, y he aquí que los otros la recubrían con lodo suelto,
11 di a los recubridores con lodo suelto, que
caerá; vendrá lluvia torrencial, y enviaré piedras de granizo que la hagan caer, y viento
tempestuoso la romperá.
12 Y he aquí cuando la pared haya caído, ¿no
os dirán: ¿Dónde está la embarradura con que
la recubristeis?
13 Por tanto, así ha dicho Jehová el Señor:
Haré que la rompa viento tempestuoso con mi
ira, y lluvia torrencial vendrá con mi furor, y
piedras de granizo con enojo para consumir.
14 Así desbarataré la pared que vosotros
recubristeis con lodo suelto, y la echaré a tierra, y será descubierto su cimiento, y caerá, y
seréis consumidos en medio de ella; y sabréis
que yo soy Jehová.
15 Cumpliré así mi furor en la pared y en los
que la recubrieron con lodo suelto; y os diré:
No existe la pared, ni los que la recubrieron,
16 los profetas de Israel que profetizan acerca
de Jerusalén, y ven para ella visión de paz, no
habiendo paz, dice Jehová el Señor.
17 Y tú, hijo de hombre, pon tu rostro contra las hijas de tu pueblo que profetizan de su
propio corazón, y profetiza contra ellas,
18 y di: Así ha dicho Jehová el Señor: ¡Ay
de aquellas que cosen vendas mágicas para
todas las manos, y hacen velos mágicos para
la cabeza de toda edad, para cazar las almas!
¿Habéis de cazar las almas de mi pueblo, para
mantener así vuestra propia vida?
19 ¿Y habéis de profanarme entre mi pueblo
por puñados de cebada y por pedazos de pan,
matando a las personas que no deben morir,
y dando vida a las personas que no deben
vivir, mintiendo a mi pueblo que escucha la
mentira?
20 Por tanto, así ha dicho Jehová el Señor: He
aquí yo estoy contra vuestras vendas mágicas,
con que cazáis las almas al vuelo; yo las libraré de vuestras manos, y soltaré para que vuelen como aves las almas que vosotras cazáis
volando.
21 Romperé asimismo vuestros velos mágicos, y libraré a mi pueblo de vuestra mano, y
no estarán más como presa en vuestra mano;
y sabréis que yo soy Jehová.
22 Por cuanto entristecisteis con mentiras el
corazón del justo, al cual yo no entristecí, y
fortalecisteis las manos del impío, para que
no se apartase de su mal camino, infundiéndole ánimo,
23 por tanto, no veréis más visión vana, ni
practicaréis más adivinación; y libraré mi
pueblo de vuestra mano, y sabréis que yo soy
Jehová.

Juicio contra los idólatras que consultan al profeta

14 VINIERON a mí algunos de los ancianos de Israel, y se sentaron delante de
mí.
2 Y vino a mí palabra de Jehová, diciendo:
3 Hijo de hombre, estos hombres han puesto sus ídolos en su corazón, y han establecido
el tropiezo de su maldad delante de su rostro.
¿Acaso he de ser yo en modo alguno consultado por ellos?

a. 13.10 Jer 6.14; 8.11.

LECCIONES DE VIDA

➤ ***13.19 — ¿Y habéis de profanarme entre mi pueblo por puñados de cebada y por pedazos de pan?***

Cuando examinamos honestamente por qué nos hemos apartado del Señor y lo hemos desobedecido, caemos en cuenta que lo hicimos por cosas sin valor que ni siquiera son duraderas (Ro 1.22–25). Si nos alejamos de la verdad de Dios, vamos a terminar cometiendo una serie de transgresiones terribles como blasfemia, soborno, prevaricación y otras peores. Un pecado abre la puerta para cometer muchos más, con lujurias que no satisfacen y placeres que son efímeros. En cambio, nuestra obediencia a Él siempre trae bendición.

➤ ***13.22 — Por cuanto entristecisteis con mentiras el corazón del justo, al cual yo no entristecí, y fortalecisteis las manos del impío, para que no se apartase de su mal camino, infundiéndole ánimo.***

Debemos tener mucho cuidado con nuestra manera de representar el mensaje de Dios, para no añadirle ni quitarle nada. Cualquier palabra verdadera del Señor infundirá ánimo a su pueblo y urgirá a los impíos a apartarse de la maldad.

➤ ***14.3 — Hijo de hombre, estos hombres han puesto sus ídolos en su corazón.***

No necesariamente tenemos que poner ídolos de madera y piedra en un santuario físico a fin de practicar la idolatría. Si existe algo que honramos por encima de Dios, ya lo hemos convertido en un ídolo en nuestro corazón.

4 Háblales, por tanto, y diles: Así ha dicho Jehová el Señor: Cualquier hombre de la casa de Israel que hubiere puesto sus ídolos en su corazón, y establecido el tropiezo de su maldad delante de su rostro, y viniere al profeta, yo Jehová responderé al que viniere conforme a la multitud de sus ídolos,
5 para tomar a la casa de Israel por el corazón, ya que se han apartado de mí todos ellos por sus ídolos.
6 Por tanto, di a la casa de Israel: Así dice Jehová el Señor: Convertíos, y volveos de vuestros ídolos, y apartad vuestro rostro de todas vuestras abominaciones.
7 Porque cualquier hombre de la casa de Israel, y de los extranjeros que moran en Israel, que se hubiere apartado de andar en pos de mí, y hubiere puesto sus ídolos en su corazón, y establecido delante de su rostro el tropiezo de su maldad, y viniere al profeta para preguntarle por mí, yo Jehová le responderé por mí mismo;
8 y pondré mi rostro contra aquel hombre, y le pondré por señal y por escarmiento, y lo cortaré de en medio de mi pueblo; y sabréis que yo soy Jehová.
9 Y cuando el profeta fuere engañado y hablare palabra, yo Jehová engañé al tal profeta; y extenderé mi mano contra él, y lo destruiré de en medio de mi pueblo Israel.
10 Y llevarán ambos el castigo de su maldad; como la maldad del que consultare, así será la maldad del profeta,
11 para que la casa de Israel no se desvíe más de en pos de mí, ni se contamine más en todas sus rebeliones; y me sean por pueblo, y yo les sea por Dios, dice Jehová el Señor.

Justicia del castigo de Jerusalén

12 Vino a mí palabra de Jehová, diciendo:
13 Hijo de hombre, cuando la tierra pecare contra mí rebelándose pérfidamente, y extendiere yo mi mano sobre ella, y le quebrantare el sustento del pan, y enviare en ella hambre, y cortare de ella hombres y bestias,
14 si estuviesen en medio de ella estos tres varones, Noé, Daniel y Job, ellos por su justicia librarían únicamente sus propias vidas, dice Jehová el Señor.
15 Y si hiciere pasar bestias feroces por la tierra y la asolaren, y quedare desolada de modo que no haya quien pase a causa de las fieras,
16 y estos tres varones estuviesen en medio de ella, vivo yo, dice Jehová el Señor, ni a sus hijos ni a sus hijas librarían; ellos solos serían librados, y la tierra quedaría desolada.
17 O si yo trajere espada sobre la tierra, y dijere: Espada, pasa por la tierra; e hiciere cortar de ella hombres y bestias,
18 y estos tres varones estuviesen en medio de ella, vivo yo, dice Jehová el Señor, no librarían a sus hijos ni a sus hijas; ellos solos serían librados.
19 O si enviare pestilencia sobre esa tierra y derramare mi ira sobre ella en sangre, para cortar de ella hombres y bestias,
20 y estuviesen en medio de ella Noé, Daniel y Job, vivo yo, dice Jehová el Señor, no librarían a hijo ni a hija; ellos por su justicia librarían solamente sus propias vidas.
21 Por lo cual así ha dicho Jehová el Señor: ¿Cuánto más cuando yo enviare contra Jerusalén mis cuatro juicios terribles, espada, hambre, fieras y pestilencia,[a] para cortar de ella hombres y bestias?
22 Sin embargo, he aquí quedará en ella un remanente, hijos e hijas, que serán llevados fuera; he aquí que ellos vendrán a vosotros, y veréis su camino y sus hechos, y seréis consolados del mal que hice venir sobre Jerusalén, de todas las cosas que traje sobre ella.
23 Y os consolarán cuando viereis su camino y sus hechos, y conoceréis que no sin causa hice todo lo que he hecho en ella, dice Jehová el Señor.

Jerusalén es como una vid inútil

15 VINO a mí palabra de Jehová, diciendo:
2 Hijo de hombre, ¿qué es la madera de la vid más que cualquier otra madera? ¿Qué es el sarmiento entre los árboles del bosque?
3 ¿Tomarán de ella madera para hacer alguna obra? ¿Tomarán de ella una estaca para colgar en ella alguna cosa?
4 He aquí, es puesta en el fuego para ser consumida; sus dos extremos consumió el fuego, y la parte de en medio se quemó; ¿servirá para obra alguna?
5 He aquí que cuando estaba entera no servía para obra alguna; ¿cuánto menos después que el fuego la hubiere consumido, y fuere quemada? ¿Servirá más para obra alguna?
6 Por tanto, así ha dicho Jehová el Señor: Como la madera de la vid entre los árboles del bosque, la cual di al fuego para que la consumiese, así haré a los moradores de Jerusalén.
7 Y pondré mi rostro contra ellos; aunque del fuego se escaparon, fuego los consumirá; y sabréis que yo soy Jehová, cuando pusiere mi rostro contra ellos.

a. 14.21 Ap 6.8.

LECCIONES DE VIDA

➢ ***15.8 — convertiré la tierra en asolamiento, por cuanto cometieron prevaricación, dice Jehová el Señor.***

Persistir en la infidelidad es invitar el juicio de Dios. Pablo escribió: «Si, pues, nos examinásemos a nosotros mismos, no seríamos juzgados; mas siendo juzgados,

➤ 8 Y convertiré la tierra en asolamiento, por cuanto cometieron prevaricación, dice Jehová el Señor.

Infidelidad de Jerusalén

16 VINO a mí palabra de Jehová, diciendo:
2 Hijo de hombre, notifica a Jerusalén sus abominaciones,
3 y di: Así ha dicho Jehová el Señor sobre Jerusalén: Tu origen, tu nacimiento, es de la tierra de Canaán; tu padre fue amorreo, y tu madre hetea.
4 Y en cuanto a tu nacimiento, el día que naciste no fue cortado tu ombligo, ni fuiste lavada con aguas para limpiarte, ni salada con sal, ni fuiste envuelta con fajas.
5 No hubo ojo que se compadeciese de ti para hacerte algo de esto, teniendo de ti misericordia; sino que fuiste arrojada sobre la faz del campo, con menosprecio de tu vida, en el día que naciste.
6 Y yo pasé junto a ti, y te vi sucia en tus sangres, y cuando estabas en tus sangres te dije: ¡Vive! Sí, te dije, cuando estabas en tus sangres: ¡Vive!
7 Te hice multiplicar como la hierba del campo; y creciste y te hiciste grande, y llegaste a ser muy hermosa; tus pechos se habían formado, y tu pelo había crecido; pero estabas desnuda y descubierta.
8 Y pasé yo otra vez junto a ti, y te miré, y he aquí que tu tiempo era tiempo de amores; y extendí mi manto sobre ti, y cubrí tu desnudez; y te di juramento y entré en pacto contigo, dice Jehová el Señor, y fuiste mía.
9 Te lavé con agua, y lavé tus sangres de encima de ti, y te ungí con aceite;
10 y te vestí de bordado, te calcé de tejón, te ceñí de lino y te cubrí de seda.
11 Te atavié con adornos, y puse brazaletes en tus brazos y collar a tu cuello.
12 Puse joyas en tu nariz, y zarcillos en tus orejas, y una hermosa diadema en tu cabeza.
13 Así fuiste adornada de oro y de plata, y tu vestido era de lino fino, seda y bordado; comiste flor de harina de trigo, miel y aceite; y fuiste hermoseada en extremo, prosperaste hasta llegar a reinar.
14 Y salió tu renombre entre las naciones a causa de tu hermosura; porque era perfecta, a causa de mi hermosura que yo puse sobre ti, dice Jehová el Señor. ➤
15 Pero confiaste en tu hermosura, y te prostituiste a causa de tu renombre, y derramaste tus fornicaciones a cuantos pasaron; suya eras.
16 Y tomaste de tus vestidos, y te hiciste diversos lugares altos, y fornicaste sobre ellos; cosa semejante nunca había sucedido, ni sucederá más.
17 Tomaste asimismo tus hermosas alhajas de oro y de plata que yo te había dado, y te hiciste imágenes de hombre y fornicaste con ellas;
18 y tomaste tus vestidos de diversos colores y las cubriste; y mi aceite y mi incienso pusiste delante de ellas.
19 Mi pan también, que yo te había dado, la flor de la harina, el aceite y la miel, con que yo te mantuve, pusiste delante de ellas para olor agradable; y fue así, dice Jehová el Señor.
20 Además de esto, tomaste tus hijos y tus hijas que habías dado a luz para mí, y los sacrificaste a ellas para que fuesen consumidos. ¿Eran poca cosa tus fornicaciones,
21 para que degollases también a mis hijos y los ofrecieras a aquellas imágenes como ofrenda que el fuego consumía?
22 Y con todas tus abominaciones y tus fornicaciones no te has acordado de los días de tu juventud, cuando estabas desnuda y descubierta, cuando estabas envuelta en tu sangre.
23 Y sucedió que después de toda tu maldad (¡ay, ay de ti! dice Jehová el Señor),
24 te edificaste lugares altos, y te hiciste altar en todas las plazas.
25 En toda cabeza de camino edificaste lugar alto, e hiciste abominable tu hermosura, y te ofreciste a cuantos pasaban, y multiplicaste tus fornicaciones.
26 Y fornicaste con los hijos de Egipto, tus vecinos, gruesos de carnes; y aumentaste tus fornicaciones para enojarme.
27 Por tanto, he aquí que yo extendí contra ti mi mano, y disminuí tu provisión ordinaria, y te entregué a la voluntad de las hijas de

LECCIONES DE VIDA

somos castigados por el Señor» (1 Co 11.31, 32). Debemos examinarnos a nosotros mismos y permanecer obedientes a Él. Nuestra desobediencia acarrea su disciplina (He 12.4–11), pero la obediencia siempre trae bendición consigo.

➤ ***16.14 — salió tu renombre entre las naciones a causa de tu hermosura; porque era perfecta, a causa de mi hermosura que yo puse sobre ti.***

Judá olvidó que cualquier bien que tuviera lo había recibido de Dios. Él la redimió cuando era como un bebé no deseado entre las naciones (Ez 16.6), y la moldeó con su propia sabiduría, gloria y poder. Pero cuando la nación se puso fuerte y hermosa, también decidió volverse orgullosa y se apartó de Él. Esto mismo es cierto con nosotros. Cuando nos apartamos del Señor, nos espera su disciplina. Por esa razón debemos recordar que cualquier éxito, talento, habilidad, sabiduría o fortaleza viene de Él, y deberíamos usar todo ello para su gloria. De otro modo, podríamos cometer el mismo error de Judá.

RESPUESTAS A PREGUNTAS DE LA VIDA

¿Cómo puedo confrontar a un creyente que ha caído espiritualmente?

EZ 16.2

Dios asignó a Ezequiel una tarea tremenda. El profeta tenía que confrontar al pueblo en cuanto a su pecado. «Hijo de hombre», le dijo al profeta, «notifica a Jerusalén sus abominaciones» (Ez 16.2; también 20.4; 22.2; 23.36). Esta fue una tarea difícil, pero en ciertas ocasiones Dios también nos hará un llamado similar para que confrontemos a alguna persona que reincide en pecar sin arrepentimiento genuino. ¿Cómo podemos ser eficaces y ministrar piadosamente en tales casos?

En primer lugar, debemos examinar el espíritu en que nos dirigimos al creyente caído, siendo firmes pero amables (Gá 6.1). Estamos hablando de personas frágiles que no necesitan nuestra condenación. No deberíamos confrontarles motivados por la ira ni para desahogar nuestra propia frustración; más bien, debemos tratarles con bondad, siendo sensibles a su dolor y con el deseo de restaurarles a la comunión con la familia de la fe.

En segundo lugar, hemos de confrontar a la persona con humildad: «el que se cree ser algo, no siendo nada, a sí mismo se engaña» (Gá 6.3). No podemos acercarnos con actitud jactanciosa, como si jamás pudiéramos cometer pecado. Esa mentalidad ofende profundamente a Dios (Mt 7.1–5; 1 Jn 1.10). Si abordamos al creyente caído con un complejo de superioridad, ciertamente no responderá bien a nuestros esfuerzos. De hecho, lo único que logramos es levantar una pared que obstruye el proceso de restauración, que es la meta de nuestra confrontación. En lugar de esto, debemos recordar que *todos* somos vulnerables a la tentación, y que solamente es por la gracia de Dios que no hemos sido esclavizados por la misma iniquidad. También debemos entender que no convencemos a nadie de su pecado, porque esa es la obra exclusiva del Espíritu Santo (Jn 16.8). Nuestra única responsabilidad de estar allí es instar a la persona a hacer todo lo que Dios dice, y a recibir su gracia.

En tercer lugar, debemos acercarnos a la persona con amor, haciendo y diciendo todo lo que Dios requiere de nosotros, para que el hermano o la hermana se arrepientan. No deberíamos interpretar automáticamente su incapacidad para expresar pena por sus acciones como una falta de remordimiento o arrepentimiento. Puede ser que sufran grandemente y teman mostrar sus lágrimas. Sea como sea, debemos permanecer firmes en nuestros esfuerzos de alentarles a obedecer a Dios y estar de acuerdo con Él, confesando a Él su pecado. Todo esto debe hacerse en amor. Porque si nosotros no vamos con el espíritu correcto, honrando a Dios y cuidando de la persona, es mejor que ni siquiera lo intentemos.

Aquellos que andan con el Padre deben confrontar con amabilidad, humildad y amor a la persona que se ha desviado, con la esperanza de que experimente «la tristeza que es según Dios», la cual «produce arrepentimiento para salvación» (2 Co 7.10). La confrontación nunca es fácil, pero con frecuencia es un requisito previo a la restauración, que es el objetivo real.

Para un estudio más a fondo, véase el Índice de Principios de vida:

2. *Obedezcamos a Dios y dejemos las consecuencias en sus manos.*
24. *Vivir la vida cristiana es permitir al Señor Jesús vivir su vida en y por medio de nosotros.*

los filisteos, que te aborrecen, las cuales se avergüenzan de tu camino deshonesto.
28 Fornicaste también con los asirios, por no haberte saciado; y fornicaste con ellos y tampoco te saciaste.
29 Multiplicaste asimismo tu fornicación en la tierra de Canaán y de los caldeos, y tampoco con esto te saciaste.
30 ¡Cuán inconstante es tu corazón, dice Jehová el Señor, habiendo hecho todas estas cosas, obras de una ramera desvergonzada,

31 edificando tus lugares altos en toda cabeza
de camino, y haciendo tus altares en todas las
plazas! Y no fuiste semejante a ramera, en que
menospreciaste la paga,
32 sino como mujer adúltera, que en lugar de
su marido recibe a ajenos.
33 A todas las rameras les dan dones; mas tú
diste tus dones a todos tus enamorados; y les
diste presentes, para que de todas partes se
llegasen a ti en tus fornicaciones.
34 Y ha sucedido contigo, en tus fornicaciones, lo contrario de las demás mujeres: porque ninguno te ha solicitado para fornicar, y
tú das la paga, en lugar de recibirla; por esto
has sido diferente.
35 Por tanto, ramera, oye palabra de Jehová.
36 Así ha dicho Jehová el Señor: Por cuanto
han sido descubiertas tus desnudeces en tus
fornicaciones, y tu confusión ha sido manifestada a tus enamorados, y a los ídolos de tus
abominaciones, y en la sangre de tus hijos, los
cuales les diste;
37 por tanto, he aquí que yo reuniré a todos
tus enamorados con los cuales tomaste placer, y a todos los que amaste, con todos los
que aborreciste; y los reuniré alrededor de ti y
les descubriré tu desnudez, y ellos verán toda
tu desnudez.
38 Y yo te juzgaré por las leyes de las adúlteras, y de las que derraman sangre; y traeré
sobre ti sangre de ira y de celos.
39 Y te entregaré en manos de ellos; y destruirán tus lugares altos, y derribarán tus altares, y te despojarán de tus ropas, se llevarán
tus hermosas alhajas, y te dejarán desnuda y
descubierta.
40 Y harán subir contra ti muchedumbre de
gente, y te apedrearán, y te atravesarán con
sus espadas.
41 Quemarán tus casas a fuego, y harán en ti
juicios en presencia de muchas mujeres; y así
haré que dejes de ser ramera, y que ceses de
prodigar tus dones.
42 Y saciaré mi ira sobre ti, y se apartará de ti
mi celo, y descansaré y no me enojaré más.
43 Por cuanto no te acordaste de los días de tu
juventud, y me provocaste a ira en todo esto,
por eso, he aquí yo también traeré tu camino
sobre tu cabeza, dice Jehová el Señor; pues ni
aun has pensado sobre toda tu lujuria.
44 He aquí, todo el que usa de refranes te aplicará a ti el refrán que dice: Cual la madre, tal
la hija.
45 Hija eres tú de tu madre, que desechó a su
marido y a sus hijos; y hermana eres tú de tus
hermanas, que desecharon a sus maridos y a
sus hijos; vuestra madre fue hetea, y vuestro
padre amorreo.
46 Y tu hermana mayor es Samaria, ella y sus
hijas, que habitan al norte de ti; y tu hermana
menor es Sodoma con sus hijas, la cual habita al sur de ti.
47 Ni aun anduviste en sus caminos, ni hiciste
según sus abominaciones; antes, como si esto
fuera poco y muy poco, te corrompiste más
que ellas en todos tus caminos.
48 Vivo yo, dice Jehová el Señor, que Sodoma
tu hermana y sus hijas no han hecho como
hiciste tú y tus hijas.
49 He aquí que ésta fue la maldad de Sodoma tu hermana: soberbia, saciedad de pan, y
abundancia de ociosidad tuvieron ella y sus
hijas; y no fortaleció la mano del afligido y
del menesteroso.
50 Y se llenaron de soberbia, e hicieron abominación delante de mí, y cuando lo vi las
quité.
51 Y Samaria no cometió ni la mitad de tus
pecados; porque tú multiplicaste tus abominaciones más que ellas, y has justificado a tus
hermanas con todas las abominaciones que
tú hiciste.
52 Tú también, que juzgaste a tus hermanas,
lleva tu vergüenza en los pecados que tú hiciste, más abominables que los de ellas; más justas son que tú; avergüénzate, pues, tú también,
y lleva tu confusión, por cuanto has justificado a tus hermanas.
53 Yo, pues, haré volver a sus cautivos, los cautivos de Sodoma y de sus hijas, y los cautivos
de Samaria y de sus hijas, y haré volver los
cautivos de tus cautiverios entre ellas,
54 para que lleves tu confusión, y te avergüences de todo lo que has hecho, siendo tú motivo
de consuelo para ellas.
55 Y tus hermanas, Sodoma con sus hijas y
Samaria con sus hijas, volverán a su primer
estado; tú también y tus hijas volveréis a vuestro primer estado.
56 No era tu hermana Sodoma digna de mención en tu boca en el tiempo de tus soberbias,
57 antes que tu maldad fuese descubierta. Así
también ahora llevas tú la afrenta de las hijas
de Siria y de todas las hijas de los filisteos, las
cuales por todos lados te desprecian.
58 Sufre tú el castigo de tu lujuria y de tus
abominaciones, dice Jehová.
59 Pero más ha dicho Jehová el Señor: ¿Haré
yo contigo como tú hiciste, que menospreciaste
el juramento para invalidar el pacto?
60 Antes yo tendré memoria de mi pacto que
concerté contigo en los días de tu juventud, y
estableceré contigo un pacto sempiterno.
61 Y te acordarás de tus caminos y te avergonzarás, cuando recibas a tus hermanas, las
mayores que tú y las menores que tú, las cuales yo te daré por hijas, mas no por tu pacto,
62 sino por mi pacto que yo confirmaré contigo; y sabrás que yo soy Jehová;
63 para que te acuerdes y te avergüences, y
nunca más abras la boca, a causa de tu vergüenza, cuando yo perdone todo lo que hiciste, dice Jehová el Señor.

Parábola de las águilas y la vid

17 VINO a mí palabra de Jehová, diciendo:
2 Hijo de hombre, propón una figura, y compón una parábola a la casa de Israel.
3 Y dirás: Así ha dicho Jehová el Señor: Una gran águila, de grandes alas y de largos miembros, llena de plumas de diversos colores, vino al Líbano, y tomó el cogollo del cedro.
4 Arrancó el principal de sus renuevos y lo llevó a tierra de mercaderes, y lo puso en una ciudad de comerciantes.
5 Tomó también de la simiente de la tierra, y la puso en un campo bueno para sembrar, la plantó junto a aguas abundantes, la puso como un sauce.
6 Y brotó, y se hizo una vid de mucho ramaje, de poca altura, y sus ramas miraban al águila, y sus raíces estaban debajo de ella; así que se hizo una vid, y arrojó sarmientos y echó mugrones.
7 Había también otra gran águila, de grandes alas y de muchas plumas; y he aquí que esta vid juntó cerca de ella sus raíces, y extendió hacia ella sus ramas, para ser regada por ella por los surcos de su plantío.
8 En un buen campo, junto a muchas aguas, fue plantada, para que hiciese ramas y diese fruto, y para que fuese vid robusta.
9 Diles: Así ha dicho Jehová el Señor: ¿Será prosperada? ¿No arrancará sus raíces, y destruirá su fruto, y se secará? Todas sus hojas lozanas se secarán; y eso sin gran poder ni mucha gente para arrancarla de sus raíces.
10 Y he aquí está plantada; ¿será prosperada? ¿No se secará del todo cuando el viento solano la toque? En los surcos de su verdor se secará.
11 Y vino a mí palabra de Jehová, diciendo:
12 Di ahora a la casa rebelde: ¿No habéis entendido qué significan estas cosas? Diles: He aquí que el rey de Babilonia vino a Jerusalén, y tomó a tu rey y a sus príncipes, y los llevó consigo a Babilonia.
13 Tomó también a uno de la descendencia real e hizo pacto con él, y le hizo prestar juramento; y se llevó consigo a los poderosos de la tierra,
14 para que el reino fuese abatido y no se levantase, a fin de que guardando el pacto, permaneciese en pie.
15 Pero se rebeló contra él,[a] enviando embajadores a Egipto para que le diese caballos y mucha gente. ¿Será prosperado, escapará el que estas cosas hizo? El que rompió el pacto, ¿podrá escapar?
16 Vivo yo, dice Jehová el Señor, que morirá en medio de Babilonia, en el lugar donde habita el rey que le hizo reinar, cuyo juramento menospreció, y cuyo pacto hecho con él rompió.
17 Y ni con gran ejército ni con mucha compañía hará Faraón nada por él en la batalla, cuando se levanten vallados y se edifiquen torres para cortar muchas vidas.
18 Por cuanto menospreció el juramento y quebrantó el pacto, cuando he aquí que había dado su mano, y ha hecho todas estas cosas, no escapará.
19 Por tanto, así ha dicho Jehová el Señor: Vivo yo, que el juramento mío que menospreció, y mi pacto que ha quebrantado, lo traeré sobre su misma cabeza.
20 Extenderé sobre él mi red, y será preso en mi lazo, y lo haré venir a Babilonia, y allí entraré en juicio con él por su prevaricación con que contra mí se ha rebelado.
21 Y todos sus fugitivos, con todas sus tropas, caerán a espada, y los que queden serán esparcidos a todos los vientos; y sabréis que yo Jehová he hablado.
22 Así ha dicho Jehová el Señor: Tomaré yo del cogollo de aquel alto cedro, y lo plantaré; del principal de sus renuevos cortaré un tallo, y lo plantaré sobre el monte alto y sublime.
23 En el monte alto de Israel lo plantaré, y alzará ramas, y dará fruto, y se hará magnífico cedro; y habitarán debajo de él todas las aves de toda especie; a la sombra de sus ramas habitarán.
24 Y sabrán todos los árboles del campo que yo Jehová abatí el árbol sublime, levanté el árbol bajo, hice secar el árbol verde, e hice reverdecer el árbol seco. Yo Jehová lo he dicho, y lo haré.

El alma que pecare morirá

18 VINO a mí palabra de Jehová, diciendo:
2 ¿Qué pensáis vosotros, los que usáis este refrán sobre la tierra de Israel, que dice: Los padres comieron las uvas agrias, y los dientes de los hijos tienen la dentera?[a]
3 Vivo yo, dice Jehová el Señor, que nunca más tendréis por qué usar este refrán en Israel.

a. 17.12-15 2 R 24.15-20; 2 Cr 36.10-13. **a. 18.2** Jer 31.29.

LECCIONES DE VIDA

➤ ***17.24 — yo Jehová abatí el árbol sublime, levanté el árbol bajo, hice secar el árbol verde, e hice reverdecer el árbol seco. Yo Jehová lo he dicho, y lo haré.***

El Señor quiere que nos acordemos que Él es absolutamente soberano. Si una nación llega a ser poderosa y prominente, es porque Él así lo permitió. Si una nación cae, es porque Él permitió que sucediera. Dios rige entre las naciones, y sólo Él puede dar esperanza verdadera a sus hijos.

4 He aquí que todas las almas son mías; como
el alma del padre, así el alma del hijo es mía;
el alma que pecare, ésa morirá.
5 Y el hombre que fuere justo, e hiciere según
el derecho y la justicia;
6 que no comiere sobre los montes, ni alzare
sus ojos a los ídolos de la casa de Israel, ni violare la mujer de su prójimo, ni se llegare a la
mujer menstruosa,
7 ni oprimiere a ninguno; que al deudor devolviere su prenda, que no cometiere robo, y que
diere de su pan al hambriento y cubriere al
desnudo con vestido,
8 que no prestare a interés ni tomare usura;
que de la maldad retrajere su mano, e hiciere
juicio verdadero entre hombre y hombre,
9 en mis ordenanzas caminare, y guardare
mis decretos para hacer rectamente, éste es
justo; éste vivirá,[b] dice Jehová el Señor.
10 Mas si engendrare hijo ladrón, derramador
de sangre, o que haga alguna cosa de éstas,
11 y que no haga las otras, sino que comiere sobre los montes, o violare la mujer de su
prójimo,
12 al pobre y menesteroso oprimiere, cometiere robos, no devolviere la prenda, o alzare sus
ojos a los ídolos e hiciere abominación,
13 prestare a interés y tomare usura; ¿vivirá éste? No vivirá. Todas estas abominaciones hizo; de cierto morirá, su sangre será
sobre él.
14 Pero si éste engendrare hijo, el cual viere
todos los pecados que su padre hizo, y viéndolos no hiciere según ellos;
15 no comiere sobre los montes, ni alzare sus
ojos a los ídolos de la casa de Israel; la mujer
de su prójimo no violare,
16 ni oprimiere a nadie, la prenda no retuvie-
re, ni cometiere robos; al hambriento diere de
su pan, y cubriere con vestido al desnudo;
17 apartare su mano del pobre, interés y usura no recibiere; guardare mis decretos y anduviere en mis ordenanzas; éste no morirá por la
maldad de su padre; de cierto vivirá.
18 Su padre, por cuanto hizo agravio, despojó violentamente al hermano, e hizo en medio
de su pueblo lo que no es bueno, he aquí que
él morirá por su maldad.
19 Y si dijereis: ¿Por qué el hijo no llevará el
pecado de su padre? Porque el hijo hizo según
el derecho y la justicia, guardó todos mis estatutos y los cumplió, de cierto vivirá.
20 El alma que pecare, ésa morirá; el hijo no
llevará el pecado del padre, ni el padre llevará el pecado del hijo;[c] la justicia del justo será sobre él, y la impiedad del impío será
sobre él.

El camino de Dios es justo
(Ez 33.10-20)

21 Mas el impío, si se apartare de todos sus
pecados que hizo, y guardare todos mis estatutos e hiciere según el derecho y la justicia,
de cierto vivirá; no morirá.
22 Todas las transgresiones que cometió, no
le serán recordadas; en su justicia que hizo
vivirá.
23 ¿Quiero yo la muerte del impío? dice Jehová el Señor. ¿No vivirá, si se apartare de sus
caminos?
24 Mas si el justo se apartare de su justicia y
cometiere maldad, e hiciere conforme a todas
las abominaciones que el impío hizo, ¿vivirá
él? Ninguna de las justicias que hizo le serán
tenidas en cuenta; por su rebelión con que
prevaricó, y por el pecado que cometió, por
ello morirá.
25 Y si dijereis: No es recto el camino del
Señor; oíd ahora, casa de Israel: ¿No es recto mi camino? ¿no son vuestros caminos torcidos?
26 Apartándose el justo de su justicia, y
haciendo iniquidad, él morirá por ello; por la
iniquidad que hizo, morirá.
27 Y apartándose el impío de su impiedad que
hizo, y haciendo según el derecho y la justicia,
hará vivir su alma.
28 Porque miró y se apartó de todas sus transgresiones que había cometido, de cierto vivirá; no morirá.
29 Si aún dijere la casa de Israel: No es recto
el camino del Señor; ¿no son rectos mis caminos, casa de Israel? Ciertamente, vuestros
caminos no son rectos.
30 Por tanto, yo os juzgaré a cada uno según
sus caminos, oh casa de Israel, dice Jehová el
Señor. Convertíos, y apartaos de todas vuestras transgresiones, y no os será la iniquidad
causa de ruina.
31 Echad de vosotros todas vuestras transgresiones con que habéis pecado, y haceos un

b. 18.9 Lv 18.5. **c. 18.20** Dt 24.16.

LECCIONES DE VIDA

18.4 — He aquí que todas las almas son mías; como el alma del padre, así el alma del hijo es mía.

Dios es nuestro Creador, y cada ser humano le pertenece (Hch 17.28). No obstante, sólo aquellos que ponen su fe en Cristo han sido adoptados como miembros de su familia celestial (Ro 8.14–17, 23; Gá 4.4–7; 6.10; Ef 1.5, 6).

18.20 — El alma que pecare, esa morirá.

Este es el resultado de la caída de Adán y Eva en el huerto de Edén (Gn 3; Ro 5.12). Todos hemos sido condenados a muerte y separación eterna de Dios por causa de nuestras transgresiones (Ro 3.23; 6.23). Pero el Señor nos dice que si escogemos su provisión de perdón mediante la fe en Cristo, en lugar de la muerte, tendremos vida eterna (Mt 10.39).

corazón nuevo y un espíritu nuevo. ¿Por qué
moriréis, casa de Israel?
➤32 Porque no quiero la muerte del que muere, dice Jehová el Señor; convertíos, pues, y
viviréis.

Lamentación sobre los príncipes de Israel

19 Y tú, levanta endecha sobre los príncipes de Israel.
2 Dirás: ¡Cómo se echó entre los leones tu
madre la leona! Entre los leoncillos crio sus
cachorros,
3 e hizo subir uno de sus cachorros; vino a ser
leoncillo, y aprendió a arrebatar la presa, y a
devorar hombres.
4 Y las naciones oyeron de él; fue tomado en
la trampa de ellas, y lo llevaron con grillos a
la tierra de Egipto.
5 Viendo ella que había esperado mucho tiempo, y que se perdía su esperanza, tomó otro de
sus cachorros, y lo puso por leoncillo.
6 Y él andaba entre los leones; se hizo leoncillo, aprendió a arrebatar la presa, devoró
hombres.
7 Saqueó fortalezas, y asoló ciudades; y la tierra fue desolada, y cuanto había en ella, al
estruendo de sus rugidos.
8 Arremetieron contra él las gentes de las provincias de alrededor, y extendieron sobre él su
red, y en el foso fue apresado.
9 Y lo pusieron en una jaula y lo llevaron con
cadenas, y lo llevaron al rey de Babilonia; lo
pusieron en las fortalezas, para que su voz no
se oyese más sobre los montes de Israel.
10 Tu madre fue como una vid en medio de la
viña, plantada junto a las aguas, dando fruto y echando vástagos a causa de las muchas
aguas.
11 Y ella tuvo varas fuertes para cetros de
reyes; y se elevó su estatura por encima entre
las ramas, y fue vista por causa de su altura y
la multitud de sus sarmientos.
12 Pero fue arrancada con ira, derribada en
tierra, y el viento solano secó su fruto; sus
ramas fuertes fueron quebradas y se secaron;
las consumió el fuego.
13 Y ahora está plantada en el desierto, en tierra de sequedad y de aridez.
14 Y ha salido fuego de la vara de sus ramas,
que ha consumido su fruto, y no ha quedado
en ella vara fuerte para cetro de rey. Endecha
es ésta, y de endecha servirá.

Modo de proceder de Dios con Israel

20 ACONTECIÓ en el año séptimo, en el
mes quinto, a los diez días del mes, que
vinieron algunos de los ancianos de Israel a
consultar a Jehová, y se sentaron delante de
mí.
2 Y vino a mí palabra de Jehová, diciendo:
3 Hijo de hombre, habla a los ancianos de
Israel, y diles: Así ha dicho Jehová el Señor:
¿A consultarme venís vosotros? Vivo yo, que
no os responderé, dice Jehová el Señor.
4 ¿Quieres tú juzgarlos? ¿Los quieres juzgar
tú, hijo de hombre? Hazles conocer las abominaciones de sus padres,
5 y diles: Así ha dicho Jehová el Señor: El día
que escogí a Israel, y que alcé mi mano para
jurar a la descendencia de la casa de Jacob,
cuando me di a conocer a ellos en la tierra de
Egipto, cuando alcé mi mano y les juré diciendo: Yo soy Jehová vuestro Dios;
6 aquel día que les alcé mi mano, jurando así
que los sacaría de la tierra de Egipto a la tierra que les había provisto, que fluye leche y
miel, la cual es la más hermosa de todas las
tierras;[a]
7 entonces les dije: Cada uno eche de sí las
abominaciones de delante de sus ojos, y no os
contaminéis con los ídolos de Egipto. Yo soy
Jehová vuestro Dios.
8 Mas ellos se rebelaron contra mí, y no quisieron obedecerme; no echó de sí cada uno las
abominaciones de delante de sus ojos, ni dejaron los ídolos de Egipto; y dije que derramaría
mi ira sobre ellos, para cumplir mi enojo en
ellos en medio de la tierra de Egipto.
9 Con todo, a causa de mi nombre, para que
no se infamase ante los ojos de las naciones
en medio de las cuales estaban, en cuyos ojos
fui conocido, actué para sacarlos de la tierra
de Egipto.
10 Los saqué de la tierra de Egipto, y los traje al desierto,
11 y les di mis estatutos, y les hice conocer
mis decretos, por los cuales el hombre que los
cumpliere vivirá.
12 Y les di también mis días de reposo,* para
que fuesen por señal entre mí y ellos,[b] para
que supiesen que yo soy Jehová que los
santifico.

* Aquí equivale a *sábado*.

a. 20.5-6 Éx 6.2-8. **b. 20.12** Éx 31.13-17.

LECCIONES DE VIDA

➤ ***18.32 — Porque no quiero la muerte del que muere, dice Jehová el Señor; convertíos, pues, y viviréis.***

Romanos 6.23 nos dice que «la paga del pecado es muerte, mas la dádiva de Dios es vida eterna en Cristo Jesús Señor nuestro». El deseo de Dios es que nos arrepintamos y recibamos el regalo gratuito de la vida eterna que Él nos ofrece (2 P 3.9). Dios ya pagó el castigo de nuestro pecado por medio del sacrificio substitutorio y totalmente suficiente de su Hijo Jesucristo; por lo tanto, debemos aceptar humildemente su regalo y venir a Él conforme a sus términos establecidos.

13 Mas se rebeló contra mí la casa de Israel
en el desierto; no anduvieron en mis estatutos, y desecharon mis decretos, por los cuales el hombre que los cumpliere, vivirá;[c] y mis
días de reposo* profanaron en gran manera;
dije, por tanto, que derramaría sobre ellos mi
ira en el desierto para exterminarlos.
➤ 14 Pero actué a causa de mi nombre, para que
no se infamase a la vista de las naciones ante
cuyos ojos los había sacado.
15 También yo les alcé mi mano en el desierto, jurando que no los traería a la tierra que les
había dado, que fluye leche y miel, la cual es
la más hermosa de todas las tierras;[d]
16 porque desecharon mis decretos, y no
anduvieron en mis estatutos, y mis días de
reposo* profanaron, porque tras sus ídolos iba
su corazón.
17 Con todo, los perdonó mi ojo, pues no los
maté, ni los exterminé en el desierto;
18 antes dije en el desierto a sus hijos: No
andéis en los estatutos de vuestros padres, ni
guardéis sus leyes, ni os contaminéis con sus
ídolos.
19 Yo soy Jehová vuestro Dios; andad en mis
estatutos, y guardad mis preceptos, y ponedlos por obra;
20 y santificad mis días de reposo,* y sean por
señal entre mí y vosotros, para que sepáis que
yo soy Jehová vuestro Dios.
21 Mas los hijos se rebelaron contra mí; no
anduvieron en mis estatutos, ni guardaron mis
decretos para ponerlos por obra, por los cuales el hombre que los cumpliere vivirá; profanaron mis días de reposo.* Dije entonces que
derramaría mi ira sobre ellos, para cumplir mi
enojo en ellos en el desierto.
22 Mas retraje mi mano a causa de mi nombre,
para que no se infamase a la vista de las naciones ante cuyos ojos los había sacado.
23 También les alcé yo mi mano en el desierto,
jurando que los esparciría entre las naciones,
y que los dispersaría por las tierras,[e]
24 porque no pusieron por obra mis decretos,
sino que desecharon mis estatutos y profanaron mis días de reposo,* y tras los ídolos de
sus padres se les fueron los ojos.
➤ 25 Por eso yo también les di estatutos que
no eran buenos, y decretos por los cuales no
podrían vivir.
26 Y los contaminé en sus ofrendas cuando
hacían pasar por el fuego a todo primogénito, para desolarlos y hacerles saber que yo
soy Jehová.
27 Por tanto, hijo de hombre, habla a la casa
de Israel, y diles: Así ha dicho Jehová el Señor:
Aun en esto me afrentaron vuestros padres
cuando cometieron rebelión contra mí.
28 Porque yo los traje a la tierra sobre la cual
había alzado mi mano jurando que había
de dársela, y miraron a todo collado alto y
a todo árbol frondoso, y allí sacrificaron sus
víctimas, y allí presentaron ofrendas que me
irritan, allí pusieron también su incienso agradable, y allí derramaron sus libaciones.
29 Y yo les dije: ¿Qué es ese lugar alto adonde vosotros vais? Y fue llamado su nombre
Bama[1] hasta el día de hoy.
30 Di, pues, a la casa de Israel: Así ha dicho
Jehová el Señor: ¿No os contamináis vosotros
a la manera de vuestros padres, y fornicáis
tras sus abominaciones?
31 Porque ofreciendo vuestras ofrendas,
haciendo pasar vuestros hijos por el fuego, os
habéis contaminado con todos vuestros ídolos hasta hoy; ¿y he de responderos yo, casa
de Israel? Vivo yo, dice Jehová el Señor, que no
os responderé.
32 Y no ha de ser lo que habéis pensado. Porque vosotros decís: Seamos como las naciones, como las demás familias de la tierra, que
sirven al palo y a la piedra.
33 Vivo yo, dice Jehová el Señor, que con
mano fuerte y brazo extendido, y enojo derramado, he de reinar sobre vosotros;
34 y os sacaré de entre los pueblos, y os reuniré de las tierras en que estáis esparcidos,
con mano fuerte y brazo extendido, y enojo
derramado;
35 y os traeré al desierto de los pueblos, y allí
litigaré con vosotros cara a cara.
36 Como litigué con vuestros padres en el
desierto de la tierra de Egipto, así litigaré con
vosotros, dice Jehová el Señor.
37 Os haré pasar bajo la vara, y os haré entrar
en los vínculos del pacto;

* Aquí equivale a *sábado*. **1** Esto es, *lugar alto*.

c. 20.11, 13 Lv 18.5. **d. 20.15** Nm 14.26-35.
e. 20.23 Lv 26.33.

LECCIONES DE VIDA

➤ ***20.14 — Pero actué a causa de mi nombre, para que no se infamase a la vista de las naciones ante cuyos ojos los había sacado.***

Dios rescató a los endurecidos israelitas de la esclavitud en Egipto, no porque lo merecieran, sino como una demostración de su gracia y su misericordia. Él quiere que el mundo vea y disfrute su amor y su bondad.

➤ ***20.25 — yo también les di estatutos que no eran buenos, y decretos por los cuales no podrían vivir.***

Si rehusamos vivir conforme a la sabiduría de Dios, Él nos dejará seguir nuestro propio camino (Sal 81.11, 12; Ro 1.24–26), el cual tarde o temprano lleva a la destrucción (Pr 14.12). En este caso, los habitantes de Israel estaban tan empeñados en rendir culto a dioses falsos, que ellos voluntariamente sacrificaron a sus primogénitos (Ez 20.26), imponiéndose a sí mismos un castigo mucho mayor que el requerido por Dios.

38 y apartaré de entre vosotros a los rebeldes,
y a los que se rebelaron contra mí; de la tierra de sus peregrinaciones los sacaré, mas a
la tierra de Israel no entrarán; y sabréis que
yo soy Jehová.
39 Y a vosotros, oh casa de Israel, así ha dicho
Jehová el Señor: Andad cada uno tras sus ídolos, y servidles, si es que a mí no me obedecéis; pero no profanéis más mi santo nombre
con vuestras ofrendas y con vuestros ídolos.
40 Pero en mi santo monte, en el alto monte
de Israel, dice Jehová el Señor, allí me servirá
toda la casa de Israel, toda ella en la tierra; allí
los aceptaré, y allí demandaré vuestras ofrendas, y las primicias de vuestros dones, con
todas vuestras cosas consagradas.
41 Como incienso agradable os aceptaré,
cuando os haya sacado de entre los pueblos, y
os haya congregado de entre las tierras en que
estáis esparcidos; y seré santificado en vosotros a los ojos de las naciones.
42 Y sabréis que yo soy Jehová, cuando os
haya traído a la tierra de Israel, la tierra por
la cual alcé mi mano jurando que la daría a
vuestros padres.
43 Y allí os acordaréis de vuestros caminos,
y de todos vuestros hechos en que os contaminasteis; y os aborreceréis a vosotros mismos a causa de todos vuestros pecados que
cometisteis.
➤ 44 Y sabréis que yo soy Jehová, cuando haga
con vosotros por amor de mi nombre, no
según vuestros caminos malos ni según vuestras perversas obras, oh casa de Israel, dice
Jehová el Señor.

Profecía contra el Neguev

45 Vino a mí palabra de Jehová, diciendo:
46 Hijo de hombre, pon tu rostro hacia el sur,
derrama tu palabra hacia la parte austral, profetiza contra el bosque del Neguev.
47 Y dirás al bosque del Neguev: Oye la palabra de Jehová: Así ha dicho Jehová el Señor:
He aquí que yo enciendo en ti fuego, el cual
consumirá en ti todo árbol verde y todo árbol
seco; no se apagará la llama del fuego; y serán
quemados en ella todos los rostros, desde el
sur hasta el norte.
48 Y verá toda carne que yo Jehová lo encen-
dí; no se apagará.
49 Y dije: ¡Ah, Señor Jehová! ellos dicen de
mí: ¿No profiere éste parábolas?

La espada afilada de Jehová

21 VINO a mí palabra de Jehová, diciendo:
2 Hijo de hombre, pon tu rostro contra Jerusalén, y derrama palabra sobre los santuarios, y
profetiza contra la tierra de Israel.
3 Dirás a la tierra de Israel: Así ha dicho Jehová: He aquí que yo estoy contra ti, y sacaré
mi espada de su vaina, y cortaré de ti al justo y al impío.
4 Y por cuanto he de cortar de ti al justo y al
impío, por tanto, mi espada saldrá de su vaina
contra toda carne, desde el sur hasta el norte.
5 Y sabrá toda carne que yo Jehová saqué mi
espada de su vaina; no la envainaré más.
6 Y tú, hijo de hombre, gime con quebrantamiento de tus lomos y con amargura; gime
delante de los ojos de ellos.
7 Y cuando te dijeren: ¿Por qué gimes tú?
dirás: Por una noticia que cuando llegue hará
que desfallezca todo corazón, y toda mano se
debilitará, y se angustiará todo espíritu, y toda
rodilla será débil como el agua; he aquí que
viene, y se hará, dice Jehová el Señor.
8 Vino a mí palabra de Jehová, diciendo:
9 Hijo de hombre, profetiza, y di: Así ha dicho
Jehová el Señor: Di: La espada, la espada está
afilada, y también pulida.
10 Para degollar víctimas está afilada, pulida
está para que relumbre. ¿Hemos de alegrarnos? Al cetro de mi hijo ha despreciado como
a un palo cualquiera.
11 Y la dio a pulir para tenerla a mano; la
espada está afilada, y está pulida para entre-
garla en mano del matador.
12 Clama y lamenta, oh hijo de hombre; porque ésta será sobre mi pueblo, será ella sobre
todos los príncipes de Israel; caerán ellos a
espada juntamente con mi pueblo; hiere, pues,
tu muslo;
13 porque está probado. ¿Y qué, si la espada
desprecia aun al cetro? Él no será más, dice
Jehová el Señor.
14 Tú, pues, hijo de hombre, profetiza, y bate
una mano contra otra, y duplíquese y triplí-
quese el furor de la espada homicida; ésta es
la espada de la gran matanza que los traspasará,
15 para que el corazón desmaye, y los estragos se multipliquen; en todas las puertas de
ellos he puesto espanto de espada. ¡Ah! dispuesta está para que relumbre, y preparada
para degollar.
16 Corta a la derecha, hiere a la izquierda,
adonde quiera que te vuelvas.

LECCIONES DE VIDA

➤ ***20.44 — Y sabréis que yo soy Jehová, cuando haga con vosotros por amor de mi nombre.***

Si Dios no nos tratara sobre la base de su misericordia y su gracia, ni uno solo de nosotros tendría esperanza alguna sobre el futuro. Pero gracias a que Él actúa conforme a su naturaleza que es amor, y ha provisto salvación para nosotros por medio de Jesucristo, tenemos el futuro más brillante que se pueda imaginar.

17 Y yo también batiré mi mano contra mi
mano, y haré reposar mi ira. Yo Jehová he
hablado.
18 Vino a mí palabra de Jehová, diciendo:
19 Tú, hijo de hombre, traza dos caminos por
donde venga la espada del rey de Babilonia;
de una misma tierra salgan ambos; y pon una
señal al comienzo de cada camino, que indique la ciudad adonde va.
20 El camino señalarás por donde venga la
espada a Rabá de los hijos de Amón, y a Judá
contra Jerusalén, la ciudad fortificada.
21 Porque el rey de Babilonia se ha detenido en una encrucijada, al principio de los dos
caminos, para usar de adivinación; ha sacudido las saetas, consultó a sus ídolos, miró el
hígado.
22 La adivinación señaló a su mano derecha,
sobre Jerusalén, para dar la orden de ataque,
para dar comienzo a la matanza, para levantar la voz en grito de guerra, para poner arietes contra las puertas, para levantar vallados,
y edificar torres de sitio.
23 Mas para ellos esto será como adivinación
mentirosa, ya que les ha hecho solemnes juramentos; pero él trae a la memoria la maldad
de ellos, para apresarlos.
24 Por tanto, así ha dicho Jehová el Señor: Por
cuanto habéis hecho traer a la memoria vuestras maldades, manifestando vuestras traicio-
nes, y descubriendo vuestros pecados en todas
vuestras obras; por cuanto habéis venido en
memoria, seréis entregados en su mano.
25 Y tú, profano e impío príncipe de Israel,
cuyo día ha llegado ya, el tiempo de la consumación de la maldad,
26 así ha dicho Jehová el Señor: Depón la tiara, quita la corona; esto no será más así; sea
exaltado lo bajo, y humillado lo alto.
➤ 27 A ruina, a ruina, a ruina lo reduciré, y esto
no será más, hasta que venga aquel cuyo es el
derecho, y yo se lo entregaré.

Juicio contra los amonitas

28 Y tú, hijo de hombre, profetiza, y di: Así ha
dicho Jehová el Señor acerca de los hijos de
Amón,[a] y de su oprobio. Dirás, pues: La espada, la espada está desenvainada para degollar;
para consumir está pulida con resplandor.
29 Te profetizan vanidad, te adivinan mentira,
para que la emplees sobre los cuellos de los
malos sentenciados a muerte, cuyo día vino
en el tiempo de la consumación de la maldad.
30 ¿La volveré a su vaina? En el lugar donde te criaste, en la tierra donde has vivido, te
juzgaré,
31 y derramaré sobre ti mi ira; el fuego de mi
enojo haré encender sobre ti, y te entregaré
en mano de hombres temerarios, artífices de
destrucción.
32 Serás pasto del fuego, se empapará la tierra de tu sangre; no habrá más memoria de ti,
porque yo Jehová he hablado.

Los pecados de Jerusalén

22 VINO a mí palabra de Jehová, diciendo:
2 Tú, hijo de hombre, ¿no juzgarás tú, no juzgarás tú a la ciudad derramadora de sangre, y
le mostrarás todas sus abominaciones?
3 Dirás, pues: Así ha dicho Jehová el Señor:
¡Ciudad derramadora de sangre en medio de
sí, para que venga su hora, y que hizo ídolos
contra sí misma para contaminarse!
4 En tu sangre que derramaste has pecado, y
te has contaminado en tus ídolos que hiciste; y
has hecho acercar tu día, y has llegado al término de tus años; por tanto, te he dado en oprobio
a las naciones, y en escarnio a todas las tierras.
5 Las que están cerca de ti y las que están
lejos se reirán de ti, amancillada de nombre, y
de grande turbación.
6 He aquí que los príncipes de Israel, cada
uno según su poder, se esfuerzan en derramar sangre.
7 Al padre y a la madre despreciaron en ti;[a] al
extranjero trataron con violencia en medio de
ti; al huérfano y a la viuda despojaron en ti.[b]
8 Mis santuarios menospreciaste, y mis días
de reposo* has profanado.[c]
9 Calumniadores hubo en ti para derramar
sangre; y sobre los montes comieron en ti;
hicieron en medio de ti perversidades.
10 La desnudez del padre descubrieron en
ti, y en ti hicieron violencia a la que estaba
inmunda por su menstruo.
11 Cada uno hizo abominación con la mujer
de su prójimo, cada uno contaminó perverti-
damente a su nuera, y cada uno violó en ti a
su hermana, hija de su padre.[d]

* Aquí equivale a *sábado*.
a. 21.28-32 Jer 49.1-6; Ez 25.1-7; Am 1.13-15; Sof 2.8-11.
a. 22.7 Éx 20.12; Dt 5.16. **b. 22.7** Éx 22.21-22; Dt 24.17.
c. 22.8 Lv 19.30; 26.2. **d. 22.10-11** Lv 18.7-20.

LECCIONES DE VIDA

➤ ***21.27 — y esto no será más, hasta que venga aquel cuyo es el derecho, y yo se lo entregaré.***

Con la destrucción de Jerusalén por parte de los babilonios, el linaje de David dejó de regir en el trono de Judá, y tampoco había regido en el reino de Israel al norte desde que la nación fue dividida en dos (véase 1 R 12). De acuerdo a esta profecía, ningún otro rey davídico reinaría hasta que el Mesías estableciera su reino. Como bien sabemos, el Mesías es Jesucristo y su reino durará para siempre.

12 Precio recibieron en ti[e] para derramar sangre; interés y usura tomaste,[f] y a tus prójimos
defraudaste con violencia; te olvidaste de mí,
dice Jehová el Señor.
13 Y he aquí que batí mis manos a causa de tu
avaricia que cometiste, y a causa de la sangre
que derramaste en medio de ti.
➤ 14 ¿Estará firme tu corazón? ¿Serán fuertes
tus manos en los días en que yo proceda contra ti? Yo Jehová he hablado, y lo haré.
15 Te dispersaré por las naciones, y te esparciré por las tierras; y haré fenecer de ti tu
inmundicia.
16 Y por ti misma serás degradada a la vista
de las naciones; y sabrás que yo soy Jehová.
17 Vino a mí palabra de Jehová, diciendo:
18 Hijo de hombre, la casa de Israel se me ha
convertido en escoria; todos ellos son bronce
y estaño y hierro y plomo en medio del horno;
y en escorias de plata se convirtieron.
19 Por tanto, así ha dicho Jehová el Señor: Por
cuanto todos vosotros os habéis convertido en
escorias, por tanto, he aquí que yo os reuniré
en medio de Jerusalén.
20 Como quien junta plata y bronce y hierro
y plomo y estaño en medio del horno, para
encender fuego en él para fundirlos, así os
juntaré en mi furor y en mi ira, y os pondré
allí, y os fundiré.
21 Yo os juntaré y soplaré sobre vosotros en
el fuego de mi furor, y en medio de él seréis
fundidos.
22 Como se funde la plata en medio del horno,
así seréis fundidos en medio de él; y sabréis
que yo Jehová habré derramado mi enojo
sobre vosotros.
23 Vino a mí palabra de Jehová, diciendo:
24 Hijo de hombre, di a ella: Tú no eres tierra limpia, ni rociada con lluvia en el día del
furor.
25 Hay conjuración de sus profetas en medio
de ella, como león rugiente que arrebata presa; devoraron almas, tomaron haciendas y
honra, multiplicaron sus viudas en medio de
ella.
26 Sus sacerdotes violaron mi ley, y contaminaron mis santuarios; entre lo santo y lo profano no hicieron diferencia, ni distinguieron
entre inmundo y limpio;[g] y de mis días de
reposo* apartaron sus ojos, y yo he sido profanado en medio de ellos.
27 Sus príncipes en medio de ella son como
lobos que arrebatan presa, derramando sangre, para destruir las almas, para obtener
ganancias injustas.
28 Y sus profetas recubrían con lodo suelto,
profetizándoles vanidad y adivinándoles mentira, diciendo: Así ha dicho Jehová el Señor; y
Jehová no había hablado.
29 El pueblo de la tierra usaba de opresión y
cometía robo, al afligido y menesteroso hacía
violencia, y al extranjero oprimía sin derecho.
30 Y busqué entre ellos hombre que hiciese ➤
vallado y que se pusiese en la brecha delante de mí, a favor de la tierra, para que yo no la
destruyese; y no lo hallé.
31 Por tanto, derramé sobre ellos mi ira; con
el ardor de mi ira los consumí; hice volver el
camino de ellos sobre su propia cabeza, dice
Jehová el Señor.

Las dos hermanas

23 VINO a mí palabra de Jehová, diciendo:
2 Hijo de hombre, hubo dos mujeres, hijas de
una madre,
3 las cuales fornicaron en Egipto; en su juventud fornicaron. Allí fueron apretados sus
pechos, allí fueron estrujados sus pechos
virginales.
4 Y se llamaban, la mayor, Ahola,[1] y su hermana, Aholiba;[2] las cuales llegaron a ser mías, y
dieron a luz hijos e hijas. Y se llamaron: Samaria, Ahola; y Jerusalén, Aholiba.
5 Y Ahola cometió fornicación aun estando en
mi poder; y se enamoró de sus amantes los
asirios, vecinos suyos,
6 vestidos de púrpura, gobernadores y capitanes, jóvenes codiciables todos ellos, jinetes
que iban a caballo.

1 Esto es, *Tabernáculo de ella*. **2** Esto es, *Mi tabernáculo en ella*.
* Aquí equivale a *sábado*.

e. 22.12 Éx 23.8; Dt 16.19. **f. 22.12** Éx 22.25; Lv 25.36-37; Dt 23.19. **g. 22.26** Lv 10.10.

LECCIONES DE VIDA

➤ ***22.14 — ¿Estará firme tu corazón? ¿Serán fuertes tus manos en los días en que yo proceda contra ti? Yo Jehová he hablado, y lo haré.***

Algunos creen que en el juicio ante el gran trono blanco, ellos podrán presentar sus quejas y sus excusas a Dios. Sin embargo, ese no es el caso. Si el juicio que Él envió a Jerusalén fue tan terrible para que el pueblo lo soportara, «¿cuánto mayor castigo pensáis que merecerá el que pisoteare al Hijo de Dios?» (He 10.29). Como creyentes, nuestros nombres están escritos en el libro de la vida del Cordero, y no tenemos en absoluto razón alguna para temer, sino plena certeza que disfrutaremos el cielo con Él para siempre.

➤ ***22.30 — busqué entre ellos hombre que hiciese vallado y que se pusiese en la brecha delante de mí, a favor de la tierra, para que yo no la destruyese.***

Dios nos llama a nosotros, su pueblo, a que «nos pongamos en la brecha» y llamemos a quienes nos rodean al arrepentimiento y a una vida nueva en Cristo. ¿Conoce a alguien que necesite oír las buenas nuevas? ¿Alguien cuyo corazón necesite sus oraciones y su testimonio fiel?

RESPUESTAS A PREGUNTAS DE LA VIDA

¿Cómo puedo convertirme en una influencia piadosa en los demás?

EZ 22.30

El Cuerpo de Infantería de Marina de los Estados Unidos siempre busca lo que llama «algunos hombres buenos». Del mismo modo, los ojos del Señor sondean la tierra para encontrar hombres y mujeres piadosos que den un paso al frente y usen su influencia para exaltarlo (2 Cr 16.9). Vemos esto en Ezequiel, donde Dios dice: «Y busqué entre ellos hombre que hiciese vallado y que se pusiese en la brecha delante de mí, a favor de la tierra, para que yo no la destruyese» (Ez 22.30).

Una «brecha» es un lugar donde algún error o falsedad ha entrado sigilosamente, permitiendo la confusión satánica y desatando el juicio de Dios. En ciertas ocasiones estas brechas pueden ser tan serias que ponen en grave peligro a naciones enteras. Israel pasó por uno de esos períodos después del éxodo, pero la Palabra de Dios hace una declaración asombrosa al respecto: «Y trató de destruirlos, de no haberse interpuesto Moisés su escogido delante de él, a fin de apartar su indignación para que no los destruyese» (Sal 106.23).

Pocos de nosotros seremos llamados a salvar una nación, pero sí podemos construir vallados de protección alrededor de nuestras familias y nuestras iglesias, mediante nuestro compromiso firme de anunciar todo el consejo de Dios (Hch 20.26–31). Podemos resistir al diablo diariamente y rehusar la sensualidad y las perversiones de este mundo. En el tiempo de Moisés, un hombre marcó la diferencia. ¿Por qué no podría ser usted la persona que lo haga en nuestro tiempo?

Una prostituta llamada Rahab tomó la decisión correcta y se convirtió en antepasada del Mesías (Jos 6.17, 25; Mt 1.5; He 11.31; Stg 2.25). Una viuda llamada Rut escogió al Dios de Israel y se convirtió en la bisabuela del rey David, siendo también antecesora de Cristo (Rt 1.16, 17; 4.13–22; Mt 1.5). Una esposa estéril llamada Ana le derramó su alma a Dios y se convirtió en la madre de Samuel (1 S 1.9–20). Un hombre llamado Abram respondió a Dios, dejó atrás su parentela, y se convirtió en el padre de todos los creyentes (Gn 12.1–5; Ro 4; Gá 3). Una mujer llamada María bañó con un perfume costoso la cabeza de Jesús y se ganó un monumento eterno en la historia (Mr 14.3–9).

¿Quiénes son las personas influyentes en esta tierra? Aquellos que lo dejan todo para seguir al Señor; hombres y mujeres que demuestran ser «irreprensibles y sencillos, hijos de Dios sin mancha en medio de una generación maligna y perversa, en medio de la cual [resplandecen] como luminares en el mundo» (Fil 2.15). Tal vez usted dude que su luz resplandezca como un luminar según los paradigmas de este mundo, pero Dios es quien le ha llamado a ser una lumbrera, así que ¡siga brillando!

Para un estudio más a fondo, véase el Índice de Principios de vida:

8. *Libremos nuestras batallas de rodillas y siempre obtendremos la victoria.*
14. *Dios actúa a favor de quienes esperan en Él.*

7 Y se prostituyó con ellos, con todos los más
escogidos de los hijos de los asirios, y con
todos aquellos de quienes se enamoró; se contaminó con todos los ídolos de ellos.
8 Y no dejó sus fornicaciones de Egipto; porque con ella se echaron en su juventud, y ellos
comprimieron sus pechos virginales, y derramaron sobre ella su fornicación.
9 Por lo cual la entregué en mano de sus
amantes, en mano de los hijos de los asirios,
de quienes se había enamorado.
10 Ellos descubrieron su desnudez, tomaron
sus hijos y sus hijas, y a ella mataron a espada; y vino a ser famosa entre las mujeres, pues
en ella hicieron escarmiento.
11 Y lo vio su hermana Aholiba, y enloqueció
de lujuria más que ella; y sus fornicaciones fueron más que las fornicaciones de su hermana.
12 Se enamoró de los hijos de los asirios sus
vecinos, gobernadores y capitanes, vestidos
de ropas y armas excelentes, jinetes que iban
a caballo, todos ellos jóvenes codiciables.
13 Y vi que se había contaminado; un mismo
camino era el de ambas.

14 Y aumentó sus fornicaciones; pues cuando
vio a hombres pintados en la pared, imágenes
de caldeos pintadas de color,
15 ceñidos por sus lomos con talabartes, y tiaras de colores en sus cabezas, teniendo todos
ellos apariencia de capitanes, a la manera de
los hombres de Babilonia, de Caldea, tierra de
su nacimiento,
16 se enamoró de ellos a primera vista, y les
envió mensajeros a la tierra de los caldeos.
17 Así, pues, se llegaron a ella los hombres de
Babilonia en su lecho de amores, y la contaminaron, y ella también se contaminó con ellos,
y su alma se hastió de ellos.
18 Así hizo patentes sus fornicaciones y descubrió sus desnudeces, por lo cual mi alma se
hastió de ella, como se había ya hastiado mi
alma de su hermana.
19 Aun multiplicó sus fornicaciones, trayendo en memoria los días de su juventud, en los
cuales había fornicado en la tierra de Egipto.
20 Y se enamoró de sus rufianes, cuya lujuria
es como el ardor carnal de los asnos, y cuyo
flujo como flujo de caballos.
21 Así trajiste de nuevo a la memoria la lujuria de tu juventud, cuando los egipcios comprimieron tus pechos, los pechos de tu juventud.
22 Por tanto, Aholiba, así ha dicho Jehová el
Señor: He aquí que yo suscitaré contra ti a tus
amantes, de los cuales se hastió tu alma, y les
haré venir contra ti en derredor;
23 los de Babilonia, y todos los caldeos, los
de Pecod, Soa y Coa, y todos los de Asiria
con ellos; jóvenes codiciables, gobernadores y
capitanes, nobles y varones de renombre, que
montan a caballo todos ellos.
24 Y vendrán contra ti carros, carretas y ruedas, y multitud de pueblos. Escudos, paveses y yelmos pondrán contra ti en derredor; y
yo pondré delante de ellos el juicio, y por sus
leyes te juzgarán.
25 Y pondré mi celo contra ti, y procederán
contigo con furor; te quitarán tu nariz y tus
orejas, y lo que te quedare caerá a espada.
Ellos tomarán a tus hijos y a tus hijas, y tu
remanente será consumido por el fuego.
26 Y te despojarán de tus vestidos, y te arrebatarán todos los adornos de tu hermosura.
27 Y haré cesar de ti tu lujuria, y tu fornicación de la tierra de Egipto; y no levantarás ya
más a ellos tus ojos, ni nunca más te acordarás
rás de Egipto.
28 Porque así ha dicho Jehová el Señor: He
aquí, yo te entrego en mano de aquellos que
aborreciste, en mano de aquellos de los cuales se hastió tu alma;
29 los cuales procederán contigo con odio, y
tomarán todo el fruto de tu labor, y te dejarán desnuda y descubierta; y se descubrirá la
inmundicia de tus fornicaciones, y tu lujuria y
tu prostitución.
30 Estas cosas se harán contigo porque fornicaste en pos de las naciones, con las cuales te
contaminaste en sus ídolos.
31 En el camino de tu hermana anduviste; yo,
pues, pondré su cáliz en tu mano.
32 Así ha dicho Jehová el Señor: Beberás el
hondo y ancho cáliz de tu hermana, que es de
gran capacidad; de ti se mofarán las naciones,
y te escarnecerán.
33 Serás llena de embriaguez y de dolor por el
cáliz de soledad y de desolación, por el cáliz
de tu hermana Samaria.
34 Lo beberás, pues, y lo agotarás, y quebrarás sus tiestos; y rasgarás tus pechos, porque
yo he hablado, dice Jehová el Señor.
35 Por tanto, así ha dicho Jehová el Señor: Por
cuanto te has olvidado de mí, y me has echado tras tus espaldas, por eso, lleva tú también
tu lujuria y tus fornicaciones.
36 Y me dijo Jehová: Hijo de hombre, ¿no juzgarás tú a Ahola y a Aholiba, y les denuncia-
rás sus abominaciones?
37 Porque han adulterado, y hay sangre en
sus manos, y han fornicado con sus ídolos;
y aun a sus hijos que habían dado a luz para
mí, hicieron pasar por el fuego, quemándolos.
38 Aun esto más me hicieron: contaminaron
mi santuario en aquel día, y profanaron mis
días de reposo.*
39 Pues habiendo sacrificado sus hijos a sus
ídolos, entraban en mi santuario el mismo día
para contaminarlo; y he aquí, así hicieron en
medio de mi casa.
40 Además, enviaron por hombres que viniesen de lejos, a los cuales había sido enviado
mensajero, y he aquí vinieron; y por amor de
ellos te lavaste, y pintaste tus ojos, y te ata-
viaste con adornos;
41 y te sentaste sobre suntuoso estrado, y fue
preparada mesa delante de él, y sobre ella
pusiste mi incienso y mi aceite.
42 Y se oyó en ella voz de compañía que se
solazaba con ella; y con los varones de la gente común fueron traídos los sabeos del desierto, y pusieron pulseras en sus manos, y bellas
coronas sobre sus cabezas.
43 Y dije respecto de la envejecida en adulterios: ¿Todavía cometerán fornicaciones con
ella, y ella con ellos?
44 Porque han venido a ella como quien viene
a mujer ramera; así vinieron a Ahola y a Aholiba, mujeres depravadas.
45 Por tanto, hombres justos las juzgarán por
la ley de las adúlteras, y por la ley de las que
derraman sangre; porque son adúlteras, y
sangre hay en sus manos.
46 Por lo que así ha dicho Jehová el Señor: Yo
haré subir contra ellas tropas, las entregaré a
turbación y a rapiña,

* Aquí equivale a *sábado*.

47 y las turbas las apedrearán, y las atravesarán con sus espadas; matarán a sus hijos y a
sus hijas, y sus casas consumirán con fuego.
48 Y haré cesar la lujuria de la tierra, y escar-
mentarán todas las mujeres, y no harán según
vuestras perversidades.
49 Y sobre vosotras pondrán vuestras perversidades, y pagaréis los pecados de vuestra idolatría; y sabréis que yo soy Jehová el
Señor.

Parábola de la olla hirviente

24 VINO a mí palabra de Jehová en el año
noveno, en el mes décimo, a los diez
días del mes, diciendo:
2 Hijo de hombre, escribe la fecha de este día;
el rey de Babilonia puso sitio a Jerusalén[a]
este mismo día.
3 Y habla por parábola a la casa rebelde, y
diles: Así ha dicho Jehová el Señor: Pon una
olla, ponla, y echa también en ella agua;
4 junta sus piezas de carne en ella; todas buenas piezas, pierna y espalda; llénala de huesos escogidos.
5 Toma una oveja escogida, y también enciende los huesos debajo de ella; haz que hierva
bien; cuece también sus huesos dentro de ella.
6 Pues así ha dicho Jehová el Señor: ¡Ay de
la ciudad de sangres, de la olla herrumbrosa
cuya herrumbre no ha sido quitada! Por sus
piezas, por sus piezas sácala, sin echar suerte sobre ella.
7 Porque su sangre está en medio de ella;
sobre una piedra alisada la ha derramado;
no la derramó sobre la tierra para que fuese
cubierta con polvo.
8 Habiendo, pues, hecho subir la ira para
hacer venganza, yo pondré su sangre sobre la
dura piedra, para que no sea cubierta.
9 Por tanto, así ha dicho Jehová el Señor: ¡Ay
de la ciudad de sangres! Pues también haré yo
gran hoguera,
10 multiplicando la leña, y encendiendo el
fuego para consumir la carne y hacer la salsa;
y los huesos serán quemados.
11 Asentando después la olla vacía sobre sus
brasas, para que se caldee, y se queme su fondo, y se funda en ella su suciedad, y se consuma su herrumbre.
12 En vano se cansó, y no salió de ella su
mucha herrumbre. Sólo en fuego será su
herrumbre consumida.
13 En tu inmunda lujuria padecerás, porque te
limpié, y tú no te limpiaste de tu inmundicia;
nunca más te limpiarás, hasta que yo sacie mi
ira sobre ti.
14 Yo Jehová he hablado; vendrá, y yo lo haré.
No me volveré atrás, ni tendré misericordia, ni
me arrepentiré; según tus caminos y tus obras
te juzgarán, dice Jehová el Señor.

Muerte de la esposa de Ezequiel

15 Vino a mí palabra de Jehová, diciendo:
16 Hijo de hombre, he aquí que yo te quito de ➤
golpe el deleite de tus ojos; no endeches, ni
llores, ni corran tus lágrimas.
17 Reprime el suspirar, no hagas luto de mortuorios; ata tu turbante sobre ti, y pon tus
zapatos en tus pies, y no te cubras con rebozo,
ni comas pan de enlutados.
18 Hablé al pueblo por la mañana, y a la tarde murió mi mujer; y a la mañana hice como
me fue mandado.
19 Y me dijo el pueblo: ¿No nos enseñarás
qué significan para nosotros estas cosas que
haces?
20 Y yo les dije: La palabra de Jehová vino a
mí, diciendo:
21 Di a la casa de Israel: Así ha dicho Jehová el Señor: He aquí yo profano mi santuario,
la gloria de vuestro poderío, el deseo de vuestros ojos y el deleite de vuestra alma; y vuestros hijos y vuestras hijas que dejasteis caerán
a espada.
22 Y haréis de la manera que yo hice; no os
cubriréis con rebozo, ni comeréis pan de hombres en luto.
23 Vuestros turbantes estarán sobre vuestras
cabezas, y vuestros zapatos en vuestros pies;
no endecharéis ni lloraréis, sino que os consumiréis a causa de vuestras maldades, y gemiréis unos con otros.
24 Ezequiel, pues, os será por señal; según ➤
todas las cosas que él hizo, haréis; cuando
esto ocurra, entonces sabréis que yo soy Jehová el Señor.

a. 24.2 2 R 25.1; Jer 52.4.

LECCIONES DE VIDA

➤ ***24.16 — Hijo de hombre, he aquí que yo te quito de golpe el deleite de tus ojos; no endeches, ni llores, ni corran tus lágrimas.***

Dios requirió algunas acciones difíciles de sus siervos los profetas. A Ezequiel le dijo que no llorara ni hiciera las señales acostumbradas de duelo cuando falleció su amada esposa, a fin de mostrar al pueblo de Israel que ellos también perderían pronto el deseo de sus ojos, que eran el templo en Jerusalén y los seres queridos que habían dejado atrás (Ez 24.20, 21). Esto es exactamente lo que sucedió. Sin embargo, esta escena terrible debería recordarnos la asombrosa obra de restauración que Cristo nos brindó al salvarnos. No contamos solamente con un Consolador fiel (Jn 14.16, 17; 16.13, 14), también tenemos esperanza eterna en Él.

➤ ***24.24 — Ezequiel, pues, os será por señal; según todas las cosas que él hizo, haréis; cuando esto ocurra, entonces sabréis que yo soy Jehová el Señor.***

Dios usó la vida entera de Ezequiel como un mensaje vivo para Israel y Judá. Él moverá el cielo y la tierra, si es necesario, para mostrarnos su voluntad. Nuestro deber es obedecerla mediante el poder del Espíritu.

25 Y tú, hijo de hombre, el día que yo arrebate a ellos su fortaleza, el gozo de su gloria, el
deleite de sus ojos y el anhelo de sus almas, y
también sus hijos y sus hijas,
26 ese día vendrá a ti uno que haya escapado
para traer las noticias.
27 En aquel día se abrirá tu boca para hablar
con el fugitivo, y hablarás, y no estarás más
mudo; y les serás por señal, y sabrán que yo
soy Jehová.

Profecía contra Amón

25 VINO a mí palabra de Jehová, diciendo:
2 Hijo de hombre, pon tu rostro hacia los hijos
de Amón,[a] y profetiza contra ellos.
3 Y dirás a los hijos de Amón: Oíd palabra de
Jehová el Señor. Así dice Jehová el Señor: Por
cuanto dijiste: ¡Ea, bien!, cuando mi santuario
era profanado, y la tierra de Israel era asolada, y llevada en cautiverio la casa de Judá;
4 por tanto, he aquí yo te entrego por heredad
a los orientales, y pondrán en ti sus apriscos y
plantarán en ti sus tiendas; ellos comerán tus
sementeras, y beberán tu leche.
5 Y pondré a Rabá por habitación de camellos,
y a los hijos de Amón por majada de ovejas; y
sabréis que yo soy Jehová.
6 Porque así ha dicho Jehová el Señor: Por
cuanto batiste tus manos, y golpeaste con tu
pie, y te gozaste en el alma con todo tu menosprecio para la tierra de Israel,
7 por tanto, he aquí yo extenderé mi mano
contra ti, y te entregaré a las naciones para
ser saqueada; te cortaré de entre los pueblos,
y te destruiré de entre las tierras; te exterminaré, y sabrás que yo soy Jehová.

Profecía contra Moab

8 Así ha dicho Jehová el Señor: Por cuanto
dijo Moab[b] y Seir: He aquí la casa de Judá es
como todas las naciones;
9 por tanto, he aquí yo abro el lado de Moab
desde las ciudades, desde sus ciudades que
están en su confín, las tierras deseables de
Bet-jesimot, Baal-meón y Quiriataim,
10 a los hijos del oriente contra los hijos de
Amón; y la entregaré por heredad, para que
no haya más memoria de los hijos de Amón
entre las naciones.
11 También en Moab haré juicios, y sabrán
que yo soy Jehová.

Profecía contra Edom

12 Así ha dicho Jehová el Señor: Por lo que
hizo Edom,[c] tomando venganza de la casa de
Judá, pues, delinquieron en extremo, y se vengaron de ellos;
13 por tanto, así ha dicho Jehová el Señor: Yo
también extenderé mi mano sobre Edom, y
cortaré de ella hombres y bestias, y la asolaré;
desde Temán hasta Dedán caerán a espada.
14 Y pondré mi venganza contra Edom en
manos de mi pueblo Israel, y harán en Edom
según mi enojo y conforme a mi ira; y conocerán mi venganza, dice Jehová el Señor.

Profecía contra los filisteos

15 Así ha dicho Jehová el Señor: Por lo que
hicieron los filisteos[d] con venganza, cuando se
vengaron con despecho de ánimo, destruyendo por antiguas enemistades;
16 por tanto, así ha dicho Jehová: He aquí yo
extiendo mi mano contra los filisteos, y cortaré a los cereteos, y destruiré el resto que queda en la costa del mar.
17 Y haré en ellos grandes venganzas con
reprensiones de ira; y sabrán que yo soy Jehová, cuando haga mi venganza en ellos.

Profecía contra Tiro

26 ACONTECIÓ en el undécimo año, en
el día primero del mes, que vino a mí
palabra de Jehová, diciendo:
2 Hijo de hombre, por cuanto dijo Tiro[a] contra
Jerusalén: Ea, bien; quebrantada está la que
era puerta de las naciones; a mí se volvió; yo
seré llena, y ella desierta;
3 por tanto, así ha dicho Jehová el Señor: He
aquí yo estoy contra ti, oh Tiro, y haré subir
contra ti muchas naciones, como el mar hace
subir sus olas.
4 Y demolerán los muros de Tiro, y derribarán
sus torres; y barreré de ella hasta su polvo, y
la dejaré como una peña lisa.
5 Tendedero de redes será en medio del mar,
porque yo he hablado, dice Jehová el Señor; y
será saqueada por las naciones.

a. 25.1-7 Jer 49.1-6; Ez 21.28-32; Am 1.13-15; Sof 2.8-11.
b. 25.8-11 Is 15.1—16.14; 25.10-12; Jer 48.1-47; Am 2.1-3; Sof 2.8-11. **c. 25.12-14** Is 34.5-17; 63.1-6; Jer 49.7-22; Ez 35.1-15; Am 1.11-12; Abd 1-14; Mal 1.2-5.
d. 25.15-17 Is 14.29-31; Jer 47.1-7; Jl 3.4-8; Am 1.6-8; Sof 2.4-7; Zac 9.5-7. **a. 26.1—28.19** Is 23.1-18; Jl 3.4-8; Am 1.9-10; Zac 9.1-4; Mt 11.21-22; Lc 10.13-14.

LECCIONES DE VIDA

➤ ***26.4, 5 — Y demolerán los muros de Tiro, y derribarán sus torres; y barreré de ella hasta su polvo, y la dejaré como una peña lisa. Tendedero de redes será.***

Aunque Tiro estaba en la cúspide de su poder en el tiempo de Ezequiel, el profeta predijo que se convertiría en un lugar para secar redes de pesca, algo que la historia nos muestra, sucedió como resultado de las conquistas de Nabucodonosor (Ez 26.7–11; 586–571 a.C.) y Alejandro Magno (Ez 26.12–14; 332 a.C.). La profecía de Ezequiel sobre el destino de Tiro, que actualmente se ubica en Líbano, es un ejemplo prodigioso de cómo Dios cumple fielmente su Palabra.

PRINCIPIO DE VIDA 16

TODO LO QUE ADQUIRIMOS FUERA DE LA VOLUNTAD DE DIOS TERMINA CONVIRTIÉNDOSE EN CENIZAS.

EZ 25.6, 7

Algunas personas creen que si Dios no les concede algún deseo entrañable, sería lo peor que podría pasarles en la vida. Creen que quedarán totalmente desilusionados y devastados si aquel deseo profundo sigue sin hacerse realidad.

Por esa razón, optan por vivir en función de su deseo, sea en oposición a la voluntad de Dios o en desconsideración de ella, y terminan *verdaderamente* frustrados, incluso si llegan a conseguir aquello que creyeron necesitar tanto. Son como los israelitas en el tiempo de Moisés, que se quejaron ante Dios e insistieron en tener carne en su dieta (Nm 11.4, 31–34; Sal 78.27–31). Salmo 106.15 nos dice que Dios «les dio lo que pidieron; mas envió mortandad sobre ellos». El deseo se convierte en maldición.

G. K. Chesterton dijo: «Existen dos maneras de conseguir lo suficiente; una es acumular más y más, la otra es desear menos». Aunque usted siempre puede obtener más posesiones, relaciones, éxitos y demás, siempre quedará espacio para muchas más cosas. Si usted tiene espacio para acumular más, tendrá la opción de apetecer más. El ciclo nunca termina.

Si elige la segunda ruta del consejo de Chesterton, que es «desear menos», la probabilidad de vivir una vida satisfactoria aumenta. Pero, ¿cómo podemos desear menos?

Debemos volver al deseo más profundo que existe en todo corazón humano, aquella cosa singular que anhelamos de verdad: conocer a Dios. Tan pronto quedemos satisfechos con su presencia, requeriremos mucho menos de lo que el mundo nos ofrece.

Quizás no reconozca el anhelo que tiene en su interior como un deseo intenso de Dios. De hecho, es posible que simplemente se sienta insatisfecho con su vida. Tal vez la relación que quería y que al fin consiguió no es todo lo que pensó que iba a ser. Quizás ya tenga todo lo que hubiera querido tener en la vida, y sin embargo pase por períodos melancólicos de nostalgia, tristeza y soledad.

La insatisfacción, las expectativas frustradas y los sentimientos de derrota y aislamiento tienen el mismo origen: un hambre voraz de Dios. Siglos atrás, Agustín escribió: «Nos hiciste, Señor, para ti, y nuestro corazón está inquieto, hasta que descanse en ti».

Siempre habrá algo más que podamos aprender acerca de Dios, y mientras vivamos en la tierra nunca vamos a conocerlo a plenitud (1 Co 13.12), pero

¿Cómo podemos desear menos?

tan pronto entramos a una relación con el Señor, Él promete revelarnos más de sí mismo, a medida que tenemos compañerismo diario con Él. Oseas 2.19, 20 dice: «te desposaré conmigo para siempre; te desposaré conmigo en justicia, juicio, benignidad y misericordia. Y te desposaré conmigo en fidelidad, y conocerás a Jehová».

Tener compañerismo con el Señor consiste en hablar con Él y escucharlo, a medida que usted estudia la Biblia, ora y lo adora. Eso es lo que significa conocerlo mejor. Él ha «desposado» (o comprometido) a su pueblo consigo mismo por una razón: darse a conocer a nosotros.

Cuando usted desarrolla su relación con Dios y descubre más acerca de su carácter santo, Él ilumina su corazón y su mente, dándole un mayor deseo de conocerlo más íntimamente. En ese proceso maravilloso, usted irá dejando atrás sus deseos carnales. Sus deseos mundanos simplemente no pueden compararse a la satisfacción profunda, el gozo y la realización que Dios le ofrece. Usted verá cómo las cosas que adquiere fuera de la voluntad del Señor se convierten en cenizas, mientras las bendiciones que Él le da son duraderas y satisfacen su alma.

Este es un proceso que profundiza:

- *Nuestra humildad.* A medida que vemos la soberanía de Dios revelada, vamos a entender a mayor profundidad nuestra necesidad de Él.
- *Nuestra gratitud.* Saber que la benignidad de Dios es lo que motiva su perdón, liberación y dirección para con nosotros, nos da un corazón agradecido. En lugar de venir a Dios con quejas en cuanto a nuestros deseos egoístas no satisfechos, nos acercamos a Él con adoración y alabanza.
- *Nuestro propósito.* A medida que el Espíritu Santo ilumina con nueva luz aquellos versos que hemos leído muchas veces antes, nuestra búsqueda por tener una relación con Él llega a ser más fuerte, más profunda, y más personal. Nuestra apreciación de la Palabra de Dios nos brinda un deleite más profundo en estudiar y aplicar su verdad.
- *Nuestra reverencia.* Aprender algo nuevo acerca de nuestro Creador nos recuerda que no lo sabemos todo sobre Él. Apreciamos más la profundidad, la altura y la anchura del amor, el poder y la sabiduría de Dios, y esto intensifica nuestro temor reverente mientras nuestra admiración hacia Él crece.
- *Nuestro deseo de agradar a Dios.* Cuando tenemos un temor santo y respetuoso del Señor, nuestro deseo de satisfacción personal se desvanece y se convierte en el servicio a nuestro Dios. Agradarlo no es una carga, más bien llega a ser un gozo que emprendemos con humildad y gratitud.

Es asombroso que cuando procuramos satisfacer nuestro deseo de Dios, Él cumple los demás deseos que nos ha dado (Sal 37.4). Así aprendemos de nuevo esta poderosa lección: adquirir cualquier cosa fuera de su voluntad nos defraudará en últimas, en cambio Él nos llena con la satisfacción verdadera de sus «delicias… para siempre» (Sal 16.11).

Siempre habrá algo más que podamos aprender acerca de Dios.

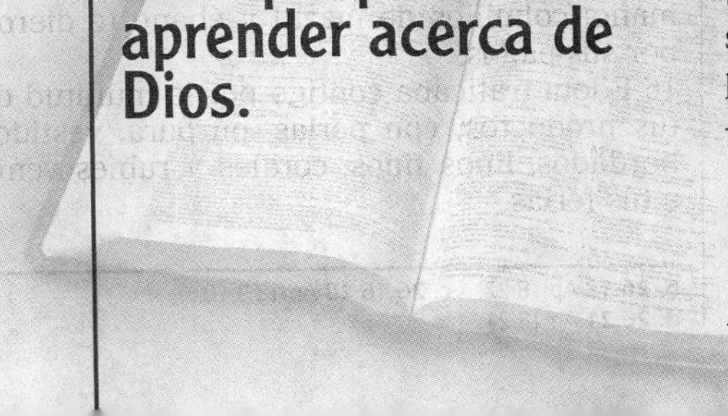

Para un estudio más a fondo, véase el Índice de Principios de vida.

6 Y sus hijas que están en el campo serán muertas a espada; y sabrán que yo soy Jehová.
7 Porque así ha dicho Jehová el Señor: He
aquí que del norte traigo yo contra Tiro
a Nabucodonosor rey de Babilonia, rey de
reyes, con caballos y carros y jinetes, y tropas
y mucho pueblo.
8 Matará a espada a tus hijas que están en
el campo, y pondrá contra ti torres de sitio, y
levantará contra ti baluarte, y escudo afirmará contra ti.
9 Y pondrá contra ti arietes, contra tus muros,
y tus torres destruirá con hachas.
10 Por la multitud de sus caballos te cubrirá el
polvo de ellos; con el estruendo de su caballería y de las ruedas y de los carros, temblarán
tus muros, cuando entre por tus puertas como
por portillos de ciudad destruida.
11 Con los cascos de sus caballos hollará todas
tus calles; a tu pueblo matará a filo de espada,
y tus fuertes columnas caerán a tierra.
12 Y robarán tus riquezas y saquearán tus
mercaderías; arruinarán tus muros, y tus
casas preciosas destruirán; y pondrán tus piedras y tu madera y tu polvo en medio de las
aguas.
13 Y haré cesar el estrépito de tus canciones, y
no se oirá más el son de tus cítaras.[b]
14 Y te pondré como una peña lisa; tendedero de redes serás, y nunca más serás edificada; porque yo Jehová he hablado, dice Jehová el Señor.
15 Así ha dicho Jehová el Señor a Tiro: ¿No se
estremecerán las costas al estruendo de tu caída, cuando griten los heridos, cuando se haga
la matanza en medio de ti?
16 Entonces todos los príncipes del mar descenderán de sus tronos, y se quitarán sus
mantos, y desnudarán sus ropas bordadas; de
espanto se vestirán, se sentarán sobre la tierra, y temblarán a cada momento, y estarán
atónitos sobre ti.
17 Y levantarán sobre ti endechas, y te dirán:
¿Cómo pereciste tú, poblada por gente de
mar, ciudad que era alabada, que era fuerte
en el mar, ella y sus habitantes, que infundían
terror a todos los que la rodeaban?
18 Ahora se estremecerán las islas en el día
de tu caída; sí, las islas que están en el mar se
espantarán a causa de tu fin.[c]
19 Porque así ha dicho Jehová el Señor: Yo te
convertiré en ciudad asolada, como las ciudades que no se habitan; haré subir sobre ti el
abismo, y las muchas aguas te cubrirán.
20 Y te haré descender con los que descienden
al sepulcro, con los pueblos de otros siglos,
y te pondré en las profundidades de la tierra, como los desiertos antiguos, con los que
descienden al sepulcro, para que nunca más
seas poblada; y daré gloria en la tierra de los
vivientes.
21 Te convertiré en espanto, y dejarás de ser;
serás buscada, y nunca más serás hallada,[d]
dice Jehová el Señor.

27 VINO a mí palabra de Jehová, diciendo:
2 Tú, hijo de hombre, levanta endechas sobre
Tiro.
3 Dirás a Tiro, que está asentada a las orillas del mar, la que trafica con los pueblos
de muchas costas: Así ha dicho Jehová el
Señor: Tiro, tú has dicho: Yo soy de perfecta
hermosura.
4 En el corazón de los mares están tus confines; los que te edificaron completaron tu
belleza.
5 De hayas del monte Senir te fabricaron todo
el maderaje; tomaron cedros del Líbano para
hacerte el mástil.
6 De encinas de Basán hicieron tus remos;
tus bancos de pino de las costas de Quitim,
incrustados de marfil.
7 De lino fino bordado de Egipto era tu cortina, para que te sirviese de vela; de azul y púrpura de las costas de Elisa era tu pabellón.
8 Los moradores de Sidón y de Arvad fueron
tus remeros; tus sabios, oh Tiro, estaban en ti;
ellos fueron tus pilotos.
9 Los ancianos de Gebal y sus más hábiles obreros calafateaban tus junturas; todas
las naves del mar y los remeros de ellas fueron a ti para negociar, para participar de tus
negocios.
10 Persas y los de Lud y Fut fueron en tu ejército tus hombres de guerra; escudos y yelmos
colgaron en ti; ellos te dieron tu esplendor.
11 Y los hijos de Arvad con tu ejército estuvieron sobre tus muros alrededor, y los gama-
deos en tus torres; sus escudos colgaron sobre
tus muros alrededor; ellos completaron tu
hermosura.
12 Tarsis comerciaba contigo por la abundancia de todas tus riquezas; con plata, hierro,
estaño y plomo comerciaba en tus ferias.
13 Javán, Tubal y Mesec comerciaban también contigo; con hombres y con utensilios de
bronce comerciaban en tus ferias.
14 Los de la casa de Togarma, con caballos y
corceles de guerra y mulos, comerciaban en
tu mercado.
15 Los hijos de Dedán traficaban contigo;
muchas costas tomaban mercadería de tu
mano; colmillos de marfil y ébano te dieron
por sus pagos.
16 Edom traficaba contigo por la multitud de
tus productos; con perlas, púrpura, vestidos
bordados, linos finos, corales y rubíes venía
a tus ferias.

b. 26.13 Ap 18.22. **c. 26.16-18** Ap 18.9-10.
d. 26.21 Ap 18.21.

17 Judá, y la tierra de Israel comerciaban contigo; con trigos de Minit y Panag, miel, aceite y
resina negociaban en tus mercados.
18 Damasco comerciaba contigo por tus
muchos productos, por la abundancia de toda
riqueza; con vino de Helbón y lana blanca
negociaban.
19 Asimismo Dan y el errante Javán vinieron a tus ferias, para negociar en tu mercado con hierro labrado, mirra destilada y caña
aromática.
20 Dedán comerciaba contigo en paños preciosos para carros.
21 Arabia y todos los príncipes de Cedar traficaban contigo en corderos y carneros y
machos cabríos; en estas cosas fueron tus
mercaderes.
22 Los mercaderes de Sabá y de Raama fueron también tus mercaderes; con lo principal
de toda especiería, y toda piedra preciosa, y
oro, vinieron a tus ferias.
23 Harán, Cane, Edén, y los mercaderes de
Sabá, de Asiria y de Quilmad, contrataban
contigo.
24 Estos mercaderes tuyos negociaban contigo en varias cosas; en mantos de azul y bordados, y en cajas de ropas preciosas, enlazadas
con cordones, y en madera de cedro.
25 Las naves de Tarsis eran como tus carava-
nas que traían tus mercancías; así llegaste a
ser opulenta, te multiplicaste en gran manera
en medio de los mares.
26 En muchas aguas te engolfaron tus remeros; viento solano te quebrantó en medio de
los mares.
27 Tus riquezas, tus mercaderías, tu tráfico,
tus remeros, tus pilotos, tus calafateadores y
los agentes de tus negocios, y todos tus hombres de guerra que hay en ti, con toda tu compañía que en medio de ti se halla, caerán en
medio de los mares el día de tu caída.
28 Al estrépito de las voces de tus marineros
temblarán las costas.
29 Descenderán de sus naves todos los que
toman remo; remeros y todos los pilotos del
mar se quedarán en tierra,
30 y harán oír su voz sobre ti, y gritarán amargamente, y echarán polvo sobre sus cabezas,
y se revolcarán en ceniza.
31 Se raerán por ti los cabellos, se ceñirán de
cilicio, y endecharán por ti endechas amargas,
con amargura del alma.
32 Y levantarán sobre ti endechas en sus
lamentaciones, y endecharán sobre ti, diciendo: ¿Quién como Tiro, como la destruida en
medio del mar?
33 Cuando tus mercaderías salían de las
naves, saciabas a muchos pueblos; a los reyes
de la tierra enriqueciste con la multitud de tus
riquezas y de tu comercio.
34 En el tiempo en que seas quebrantada
por los mares en lo profundo de las aguas,
tu comercio y toda tu compañía caerán en
medio de ti.
35 Todos los moradores de las costas se maravillarán sobre ti, y sus reyes temblarán de
espanto; demudarán sus rostros.
36 Los mercaderes en los pueblos silbarán
contra ti; vendrás a ser espanto, y para siempre, dejarás de ser.[a]

28 VINO a mí palabra de Jehová, diciendo:
2 Hijo de hombre, di al príncipe de Tiro: Así
ha dicho Jehová el Señor: Por cuanto se enalteció tu corazón, y dijiste: Yo soy un dios, en
el trono de Dios estoy sentado en medio de
los mares (siendo tú hombre y no Dios), y has
puesto tu corazón como corazón de Dios;
3 he aquí que tú eres más sabio que Daniel; no
hay secreto que te sea oculto.
4 Con tu sabiduría y con tu prudencia has
acumulado riquezas, y has adquirido oro y
plata en tus tesoros.
5 Con la grandeza de tu sabiduría en tus contrataciones has multiplicado tus riquezas; y
a causa de tus riquezas se ha enaltecido tu
corazón.
6 Por tanto, así ha dicho Jehová el Señor: Por
cuanto pusiste tu corazón como corazón de
Dios,
7 por tanto, he aquí yo traigo sobre ti extranjeros, los fuertes de las naciones, que desenvainarán sus espadas contra la hermosura de
tu sabiduría, y mancharán tu esplendor.
8 Al sepulcro te harán descender, y morirás
con la muerte de los que mueren en medio de
los mares.
9 ¿Hablarás delante del que te mate, diciendo:
Yo soy Dios? Tú, hombre eres, y no Dios, en la
mano de tu matador.
10 De muerte de incircuncisos morirás por
mano de extranjeros; porque yo he hablado,
dice Jehová el Señor.
11 Vino a mí palabra de Jehová, diciendo:
12 Hijo de hombre, levanta endechas sobre
el rey de Tiro, y dile: Así ha dicho Jehová el
Señor: Tú eras el sello de la perfección, lleno
de sabiduría, y acabado de hermosura.
13 En Edén, en el huerto de Dios estuviste; de
toda piedra preciosa era tu vestidura; de cor-
nerina, topacio, jaspe, crisólito, berilo y ónice;
de zafiro, carbunclo, esmeralda y oro; los pri-
mores de tus tamboriles y flautas estuvieron
preparados para ti en el día de tu creación.
14 Tú, querubín grande, protector, yo te puse
en el santo monte de Dios, allí estuviste; en
medio de las piedras de fuego te paseabas.
15 Perfecto eras en todos tus caminos desde
el día que fuiste creado, hasta que se halló en
ti maldad.

a. 27.25-36 Ap 18.11-19.

➤ 16 A causa de la multitud de tus contrataciones fuiste lleno de iniquidad, y pecaste; por lo que yo te eché del monte de Dios, y te arrojé de entre las piedras del fuego, oh querubín protector.
17 Se enalteció tu corazón a causa de tu hermosura, corrompiste tu sabiduría a causa de tu esplendor; yo te arrojaré por tierra; delante de los reyes te pondré para que miren en ti.
18 Con la multitud de tus maldades y con la iniquidad de tus contrataciones profanaste tu santuario; yo, pues, saqué fuego de en medio de ti, el cual te consumió, y te puse en ceniza sobre la tierra a los ojos de todos los que te miran.
19 Todos los que te conocieron de entre los pueblos se maravillarán sobre ti; espanto serás, y para siempre dejarás de ser.

Profecía contra Sidón

20 Vino a mí palabra de Jehová, diciendo:
21 Hijo de hombre, pon tu rostro hacia Sidón,[a] y profetiza contra ella,
22 y dirás: Así ha dicho Jehová el Señor: He aquí yo estoy contra ti, oh Sidón, y en medio de ti seré glorificado; y sabrán que yo soy Jehová, cuando haga en ella juicios, y en ella me santifique.
23 Enviaré a ella pestilencia y sangre en sus calles, y caerán muertos en medio de ella, con espada contra ella por todos lados; y sabrán que yo soy Jehová.
24 Y nunca más será a la casa de Israel espina desgarradora, ni aguijón que le dé dolor, en medio de cuantos la rodean y la menosprecian; y sabrán que yo soy Jehová.
25 Así ha dicho Jehová el Señor: Cuando recoja a la casa de Israel de los pueblos entre los cuales está esparcida, entonces me santificaré en ellos ante los ojos de las naciones, y habitarán en su tierra, la cual di a mi siervo Jacob.
26 Y habitarán en ella seguros, y edificarán casas, y plantarán viñas, y vivirán confiadamente, cuando yo haga juicios en todos los que los despojan en sus alrededores; y sabrán que yo soy Jehová su Dios.

Profecías contra Egipto

29 EN el año décimo, en el mes décimo, a los doce días del mes, vino a mí palabra de Jehová, diciendo:
2 Hijo de hombre, pon tu rostro contra Faraón rey de Egipto, y profetiza contra él y contra todo Egipto.[a]
3 Habla, y di: Así ha dicho Jehová el Señor: He aquí yo estoy contra ti, Faraón rey de Egipto, el gran dragón que yace en medio de sus ríos, el cual dijo: Mío es el Nilo, pues yo lo hice.
4 Yo, pues, pondré garfios en tus quijadas, y pegaré los peces de tus ríos a tus escamas, y te sacaré de en medio de tus ríos, y todos los peces de tus ríos saldrán pegados a tus escamas.
5 Y te dejaré en el desierto a ti y a todos los peces de tus ríos; sobre la faz del campo caerás; no serás recogido, ni serás juntado; a las fieras de la tierra y a las aves del cielo te he dado por comida.
6 Y sabrán todos los moradores de Egipto que yo soy Jehová, por cuanto fueron báculo de caña a la casa de Israel.
7 Cuando te tomaron con la mano, te quebraste, y les rompiste todo el hombro; y cuando se apoyaron en ti, te quebraste, y les rompiste sus lomos enteramente.
8 Por tanto, así ha dicho Jehová el Señor: He aquí que yo traigo contra ti espada, y cortaré de ti hombres y bestias.
9 Y la tierra de Egipto será asolada y desierta, y sabrán que yo soy Jehová; por cuanto dijo: El Nilo es mío, y yo lo hice.
10 Por tanto, he aquí yo estoy contra ti, y contra tus ríos; y pondré la tierra de Egipto en desolación, en la soledad del desierto, desde Migdol hasta Sevene, hasta el límite de Etiopía.
11 No pasará por ella pie de hombre, ni pie de animal pasará por ella, ni será habitada, por cuarenta años.
12 Y pondré a la tierra de Egipto en soledad entre las tierras asoladas, y sus ciudades entre las ciudades destruidas estarán desoladas por cuarenta años; y esparciré a Egipto entre las naciones, y lo dispersaré por las tierras.
13 Porque así ha dicho Jehová el Señor: Al fin de cuarenta años recogeré a Egipto de entre los pueblos entre los cuales fueren esparcidos;

a. 28.20-26 Jl 3.4-8; Zac 9.1-2; Mt 11.21-22; Lc 10.13-14.
a. 29.1—32.32 Is 19.1-25; Jer 46.2-26.

LECCIONES DE VIDA

➤ ***28.16, 17 — yo te eché del monte de Dios, y te arrojé de entre las piedras del fuego, oh querubín protector. Se enalteció tu corazón a causa de tu hermosura, corrompiste tu sabiduría a causa de tu esplendor.***

Muchos eruditos creen que este pasaje habla de Satanás y su rebelión que le llevó a ser expulsado del cielo (Ez 28.12–17). El diablo cayó de su alta posición porque quiso ser «semejante al Altísimo» (Is 14.14). El orgullo siempre hace énfasis excesivo en el ego, y nos hace llegar a un punto en que pensamos que ya no necesitamos a Dios. Tanto Satanás como el rey de Tiro olvidaron que cualquier poder, sabiduría, belleza o esplendor que tuvieran les había llegado como un regalo de Dios. Debemos cuidarnos de no cometer el mismo error fatal.

Lo que la Biblia dice acerca de
EL ORIGEN, LA OBRA Y EL DESTINO DE SATANÁS

Ez 28.12–19

Ezequiel 28.12–19 nos enseña que Dios creó a Satanás como un ángel bello y eminente, un ser tan real como cualquiera de nosotros. Sin embargo, el diablo codició arrogantemente hacerse a sí mismo «semejante al Altísimo» (Is 14.14). Por eso se rebeló contra su Creador, que a su vez lo expulsó junto con sus demás conspiradores, a la tierra. Aquí él instaló un reino falso para poder mandar como el dios de este mundo.

Satanás usa el engaño y la división para tender trampas a los creyentes. Labora sin descanso para tentarnos, esperando que caigamos en pecado, dañando así nuestra relación con Dios y arruinando nuestro testimonio para Cristo. También desea mantener a los incrédulos alejados de la gracia salvadora de Jesucristo, causando así su destrucción. Jesús lo llamó homicida y padre de mentira (Jn 8.44). Como tal, su meta es instigar dolor, aflicción y muerte a lo largo y ancho del mundo. Satanás acusa y engaña. Se dedica a condenarnos, suscitarnos al antagonismo y confundirnos en su intento por llenarnos de duda y desesperanza.

Pero los cristianos no tenemos causa alguna para temer a Satanás. Esto es cierto por dos razones.

En primer lugar, sabemos que «mayor es el que está en [nosotros], que el que está en el mundo» (1 Jn 4.4). Vivimos bajo la protección del Espíritu Santo; nada nos puede suceder que Dios no lo permita, y sabemos que todo lo que Él permita, sin importar cuán malo parezca ser, Él puede usarlo para bien (Ro 8.28).

En segundo lugar, todos los que hemos leído las Escrituras conocemos el final de Satanás. Apocalipsis 12.10, 11 nos dice: «Ahora ha venido la salvación, el poder, y el reino de nuestro Dios, y la autoridad de su Cristo; porque ha sido lanzado fuera el acusador de nuestros hermanos, el que los acusaba delante de nuestro Dios día y noche. Y ellos le han vencido por medio de la sangre del Cordero y de la palabra del testimonio de ellos». El enemigo será arrojado al lago de fuego y será castigado eternamente por su rebelión contra Dios todopoderoso (Ap 20.10). Y él nunca nos molestará otra vez.

El apóstol Pedro se refiere a Satanás como un «león rugiente, [que] anda alrededor buscando a quien devorar» (1 P 5.8). Sin embargo, aunque el diablo es tan peligroso como un león, está bajo control. Su destino eterno está decidido. Aunque pueda acosarnos, tentarnos e instigarnos a tropezar, nuestra victoria final sobre él y su obra quedó asegurada para nosotros cuando Jesucristo derrotó al pecado una vez y para siempre en la cruz.

Los cristianos no tenemos causa alguna para temer a Satanás.

Para un estudio más a fondo, véase el Índice de Principios de vida:

9. *Confiar en Dios quiere decir ver más allá de lo que podemos, hacia lo que Dios ve.*
18. *Como hijos del Dios soberano, jamás somos víctimas de nuestras circunstancias.*

14 y volveré a traer los cautivos de Egipto, y
los llevaré a la tierra de Patros, a la tierra de
su origen; y allí serán un reino despreciable.
➤ 15 En comparación con los otros reinos será
humilde; nunca más se alzará sobre las naciones; porque yo los disminuiré, para que no
vuelvan a tener dominio sobre las naciones.
16 Y no será ya más para la casa de Israel
apoyo de confianza, que les haga recordar el
pecado de mirar en pos de ellos; y sabrán que
yo soy Jehová el Señor.
17 Aconteció en el año veintisiete, en el mes
primero, el día primero del mes, que vino a mí
palabra de Jehová, diciendo:
18 Hijo de hombre, Nabucodonosor rey de
Babilonia hizo a su ejército prestar un arduo
servicio contra Tiro. Toda cabeza ha quedado
calva, y toda espalda desollada; y ni para él ni
para su ejército hubo paga de Tiro, por el servicio que prestó contra ella.
19 Por tanto, así ha dicho Jehová el Señor;
He aquí que yo doy a Nabucodonosor, rey de
Babilonia, la tierra de Egipto; y él tomará sus
riquezas, y recogerá sus despojos, y arrebatará botín, y habrá paga para su ejército.
20 Por su trabajo con que sirvió contra ella le
he dado la tierra de Egipto; porque trabajaron
para mí, dice Jehová el Señor.
21 En aquel tiempo haré retoñar el poder de
la casa de Israel. Y abriré tu boca en medio de
ellos, y sabrán que yo soy Jehová.

30 VINO a mí palabra de Jehová, diciendo:
2 Hijo de hombre, profetiza, y di: Así ha dicho
Jehová el Señor: Lamentad: ¡Ay de aquel día!
3 Porque cerca está el día, cerca está el día de
Jehová; día de nublado, día de castigo de las
naciones será.
4 Y vendrá espada a Egipto, y habrá miedo en
Etiopía, cuando caigan heridos en Egipto; y
tomarán sus riquezas, y serán destruidos sus
fundamentos.
5 Etiopía, Fut, Lud, toda Arabia, Libia, y los
hijos de las tierras aliadas, caerán con ellos a
filo de espada.
6 Así ha dicho Jehová: También caerán los
que sostienen a Egipto, y la altivez de su poderío caerá; desde Migdol hasta Sevene caerán
en él a filo de espada, dice Jehová el Señor.
7 Y serán asolados entre las tierras asoladas, y sus ciudades serán entre las ciudades
desiertas.
8 Y sabrán que yo soy Jehová, cuando ponga
fuego a Egipto, y sean quebrantados todos sus
ayudadores.
9 En aquel tiempo saldrán mensajeros de
delante de mí en naves, para espantar a Etiopía la confiada; y tendrán espanto como en el
día de Egipto; porque he aquí viene.
10 Así ha dicho Jehová el Señor: Destruiré las
riquezas de Egipto por mano de Nabucodonosor rey de Babilonia.
11 Él, y con él su pueblo, los más fuertes de las
naciones, serán traídos para destruir la tierra;
y desenvainarán sus espadas sobre Egipto, y
llenarán de muertos la tierra.
12 Y secaré los ríos, y entregaré la tierra en
manos de malos, y por mano de extranjeros destruiré la tierra y cuanto en ella hay. Yo
Jehová he hablado.
13 Así ha dicho Jehová el Señor: Destruiré también las imágenes, y destruiré los ídolos de Menfis; y no habrá más príncipe de la
tierra de Egipto, y en la tierra de Egipto pondré temor.
14 Asolaré a Patros, y pondré fuego a Zoán, y
haré juicios en Tebas.
15 Y derramaré mi ira sobre Sin, fortaleza de
Egipto, y exterminaré a la multitud de Tebas.
16 Y pondré fuego a Egipto; Sin tendrá gran
dolor, y Tebas será destrozada, y Menfis tendrá continuas angustias.
17 Los jóvenes de Avén y de Pibeset caerán a filo de espada, y las mujeres irán en
cautiverio.
18 Y en Tafnes se oscurecerá el día, cuando
quebrante yo allí el poder de Egipto, y cesará en ella la soberbia de su poderío; tiniebla
la cubrirá, y los moradores de sus aldeas irán
en cautiverio.
19 Haré, pues, juicios en Egipto, y sabrán que
yo soy Jehová.
20 Aconteció en el año undécimo, en el mes
primero, a los siete días del mes, que vino a mí
palabra de Jehová diciendo:
21 Hijo de hombre, he quebrado el brazo de
Faraón rey de Egipto; y he aquí que no ha sido
vendado poniéndole medicinas, ni poniéndole
faja para ligarlo, a fin de fortalecerlo para que
pueda sostener la espada.
22 Por tanto, así ha dicho Jehová el Señor:
Heme aquí contra Faraón rey de Egipto, y quebraré sus brazos, el fuerte y el fracturado, y
haré que la espada se le caiga de la mano.
23 Y esparciré a los egipcios entre las naciones, y los dispersaré por las tierras.
24 Y fortaleceré los brazos del rey de Babilonia, y pondré mi espada en su mano; mas quebraré los brazos de Faraón, y delante de aquél
gemirá con gemidos de herido de muerte.

LECCIONES DE VIDA

➤ ***29.15 — En comparación con los otros reinos será humilde; nunca más se alzará sobre las naciones.***

¿Quién sino Dios habría podido declarar que Egipto, el antiguo avasallador de naciones, caería de manera tan aplastante de su posición tan encumbrada? Nadie en aquella época, excepto Dios.

25 Fortaleceré, pues, los brazos del rey de
Babilonia, y los brazos de Faraón caerán; y
sabrán que yo soy Jehová, cuando yo ponga
mi espada en la mano del rey de Babilonia, y
él la extienda contra la tierra de Egipto.
26 Y esparciré a los egipcios entre las naciones, y los dispersaré por las tierras; y sabrán
que yo soy Jehová.

31 ACONTECIÓ en el año undécimo, en el
mes tercero, el día primero del mes, que
vino a mí palabra de Jehová, diciendo:
2 Hijo de hombre, di a Faraón rey de Egipto,
y a su pueblo: ¿A quién te comparaste en tu
grandeza?
3 He aquí era el asirio cedro en el Líbano, de
hermosas ramas, de frondoso ramaje y de
grande altura, y su copa estaba entre densas ramas.
4 Las aguas lo hicieron crecer, lo encumbró el
abismo; sus ríos corrían alrededor de su pie,
y a todos los árboles del campo enviaba sus
corrientes.
5 Por tanto, se encumbró su altura sobre todos
los árboles del campo, y se multiplicaron sus
ramas, y a causa de las muchas aguas se alargó su ramaje que había echado.
6 En sus ramas hacían nido todas las aves del
cielo, y debajo de su ramaje parían todas las
bestias del campo, y a su sombra habitaban
muchas naciones.
7 Se hizo, pues, hermoso en su grandeza con
la extensión de sus ramas; porque su raíz estaba junto a muchas aguas.
8 Los cedros no lo cubrieron en el huerto de
Dios;[a] las hayas no fueron semejantes a sus
ramas, ni los castaños fueron semejantes a su
ramaje; ningún árbol en el huerto de Dios fue
semejante a él en su hermosura.
9 Lo hice hermoso con la multitud de sus
ramas; y todos los árboles del Edén, que
estaban en el huerto de Dios, tuvieron de él
envidia.
10 Por tanto, así dijo Jehová el Señor: Ya que
por ser encumbrado en altura, y haber levantado su cumbre entre densas ramas, su corazón se elevó con su altura,
11 yo lo entregaré en manos del poderoso de
las naciones, que de cierto le tratará según su
maldad. Yo lo he desechado.
12 Y lo destruirán extranjeros, los poderosos
de las naciones, y lo derribarán; sus ramas
caerán sobre los montes y por todos los valles,
y por todos los arroyos de la tierra será quebrado su ramaje; y se irán de su sombra todos
los pueblos de la tierra, y lo dejarán.
13 Sobre su ruina habitarán todas las aves del
cielo, y sobre sus ramas estarán todas las bestias del campo,
14 para que no se exalten en su altura todos
los árboles que crecen junto a las aguas, ni
levanten su copa entre la espesura, ni confíen en su altura todos los que beben aguas;
porque todos están destinados a muerte, a lo
profundo de la tierra, entre los hijos de los
hombres, con los que descienden a la fosa.
15 Así ha dicho Jehová el Señor: El día que
descendió al Seol, hice hacer luto, hice cubrir
por él el abismo, y detuve sus ríos, y las
muchas aguas fueron detenidas; al Líbano
cubrí de tinieblas por él, y todos los árboles
del campo se desmayaron.
16 Del estruendo de su caída hice temblar a
las naciones, cuando las hice descender al
Seol con todos los que descienden a la sepultura; y todos los árboles escogidos del Edén,
y los mejores del Líbano, todos los que beben
aguas, fueron consolados en lo profundo de
la tierra.
17 También ellos descendieron con él al Seol,
con los muertos a espada, los que fueron su
brazo, los que estuvieron a su sombra en
medio de las naciones.
18 ¿A quién te has comparado así en gloria y
en grandeza entre los árboles del Edén? Pues
derribado serás con los árboles del Edén en
lo profundo de la tierra; entre los incircuncisos yacerás, con los muertos a espada. Éste
es Faraón y todo su pueblo, dice Jehová el
Señor.

32 ACONTECIÓ en el año duodécimo,
en el mes duodécimo, el día primero
del mes, que vino a mí palabra de Jehová,
diciendo:
2 Hijo de hombre, levanta endechas sobre
Faraón rey de Egipto, y dile: A leoncillo de
naciones eres semejante, y eres como el dragón en los mares; pues secabas tus ríos, y
enturbiabas las aguas con tus pies, y hollabas
sus riberas.
3 Así ha dicho Jehová el Señor: Yo extenderé
sobre ti mi red con reunión de muchos pueblos, y te harán subir con mi red.
4 Y te dejaré en tierra, te echaré sobre la faz
del campo, y haré posar sobre ti todas las aves
del cielo, y saciaré de ti a las fieras de toda
la tierra.
5 Pondré tus carnes sobre los montes, y llenaré los valles de tus cadáveres.
6 Y regaré de tu sangre la tierra donde nadas,
hasta los montes; y los arroyos se llenarán
de ti.
7 Y cuando te haya extinguido, cubriré los cielos, y haré entenebrecer sus estrellas; el sol
cubriré con nublado, y la luna no hará resplandecer su luz.[a]
8 Haré entenebrecer todos los astros brillantes del cielo por ti, y pondré tinieblas sobre tu
tierra, dice Jehová el Señor.
9 Y entristeceré el corazón de muchos pueblos, cuando lleve al cautiverio a los tuyos

a. 31.8 Gn 2.9. **a. 32.7** Mt 24.29; Mr 13.24-25; Lc 21.25; Ap 6.12-13; 8.12.

entre las naciones, por las tierras que no conociste.
10 Y dejaré atónitos por ti a muchos pueblos,
y sus reyes tendrán horror grande a causa
de ti, cuando haga resplandecer mi espada
delante de sus rostros; y todos se sobresalta-
rán en sus ánimos a cada momento en el día
de tu caída.
11 Porque así ha dicho Jehová el Señor: La
espada del rey de Babilonia vendrá sobre ti.
12 Con espadas de fuertes haré caer tu pueblo; todos ellos serán los poderosos de las
naciones; y destruirán la soberbia de Egipto, y
toda su multitud será deshecha.
13 Todas sus bestias destruiré de sobre las
muchas aguas; ni más las enturbiará pie de
hombre, ni pezuña de bestia las enturbiará.
14 Entonces haré asentarse sus aguas, y haré
correr sus ríos como aceite, dice Jehová el
Señor.
15 Cuando asuele la tierra de Egipto, y la tierra quede despojada de todo cuanto en ella
hay, cuando mate a todos los que en ella
moran, sabrán que yo soy Jehová.
16 Ésta es la endecha, y la cantarán; las hijas
de las naciones la cantarán; endecharán sobre
Egipto y sobre toda su multitud, dice Jehová
el Señor.
17 Aconteció en el año duodécimo, a los quince días del mes, que vino a mí palabra de
Jehová, diciendo:
18 Hijo de hombre, endecha sobre la multitud
de Egipto, y despéñalo a él, y a las hijas de las
naciones poderosas, a lo profundo de la tierra,
con los que descienden a la sepultura.
19 Porque eres tan hermoso, desciende, y yace
con los incircuncisos.
20 Entre los muertos a espada caerá; a la
espada es entregado; traedlo a él y a todos
sus pueblos.
21 De en medio del Seol hablarán a él los
fuertes de los fuertes, con los que le ayudaron,
que descendieron y yacen con los incircuncisos muertos a espada.
22 Allí está Asiria con toda su multitud; en
derredor de él están sus sepulcros; todos ellos
cayeron muertos a espada.
23 Sus sepulcros fueron puestos a los lados
de la fosa, y su gente está por los alrededores
de su sepulcro; todos ellos cayeron muertos a
espada, los cuales sembraron el terror en la
tierra de los vivientes.
24 Allí Elam, y toda su multitud por los alrededores de su sepulcro; todos ellos cayeron
muertos a espada, los cuales descendieron
incircuncisos a lo más profundo de la tierra,
porque sembraron su terror en la tierra de los
vivientes, mas llevaron su confusión con los
que descienden al sepulcro.
25 En medio de los muertos le pusieron
lecho con toda su multitud; a sus alrededores
están sus sepulcros; todos ellos incircuncisos,
muertos a espada, porque fue puesto su espanto en la tierra de los vivientes, mas llevaron su
confusión con los que descienden al sepulcro;
él fue puesto en medio de los muertos.
26 Allí Mesec y Tubal, y toda su multitud; sus
sepulcros en sus alrededores; todos ellos incircuncisos, muertos a espada, porque habían
sembrado su terror en la tierra de los vivientes.
27 Y no yacerán con los fuertes de los incircuncisos que cayeron, los cuales descendieron
al Seol con sus armas de guerra, y sus espadas puestas debajo de sus cabezas; mas sus
pecados estarán sobre sus huesos, por cuanto fueron terror de fuertes en la tierra de los
vivientes.
28 Tú, pues, serás quebrantado entre los incircuncisos, y yacerás con los muertos a espada.
29 Allí Edom, sus reyes y todos sus príncipes, los cuales con su poderío fueron puestos con los muertos a espada; ellos yacerán
con los incircuncisos, y con los que descienden al sepulcro.
30 Allí los príncipes del norte, todos ellos, y
todos los sidonios, que con su terror descendieron con los muertos, avergonzados de su
poderío, yacen también incircuncisos con los
muertos a espada, y comparten su confusión
con los que descienden al sepulcro.
31 A éstos verá Faraón, y se consolará sobre
toda su multitud; Faraón muerto a espada, y
todo su ejército, dice Jehová el Señor.
32 Porque puse mi terror en la tierra de los
vivientes, también Faraón y toda su multitud
yacerán entre los incircuncisos con los muertos a espada, dice Jehová el Señor.

El deber del atalaya
(Ez 3.16-21)

33 VINO a mí palabra de Jehová, diciendo:
2 Hijo de hombre, habla a los hijos de tu pueblo, y diles: Cuando trajere yo espada sobre la
tierra, y el pueblo de la tierra tomare un hombre de su territorio y lo pusiere por atalaya,
3 y él viere venir la espada sobre la tierra, y
tocare trompeta y avisare al pueblo,
4 cualquiera que oyere el sonido de la trompeta
y no se apercibiere, y viniendo la espada lo
hiriere, su sangre será sobre su cabeza.
5 El sonido de la trompeta oyó, y no se apercibió; su sangre será sobre él; mas el que se
apercibiere librará su vida.
6 Pero si el atalaya viere venir la espada y no
tocare la trompeta, y el pueblo no se apercibiere, y viniendo la espada, hiriere de él a alguno,
éste fue tomado por causa de su pecado, pero
demandaré su sangre de mano del atalaya.
7 A ti, pues, hijo de hombre, te he puesto por
atalaya a la casa de Israel, y oirás la palabra
de mi boca, y los amonestarás de mi parte.
8 Cuando yo dijere al impío: Impío, de cierto
morirás; si tú no hablares para que se guarde el impío de su camino, el impío morirá por

su pecado, pero su sangre yo la demandaré
de tu mano.
9 Y si tú avisares al impío de su camino para
que se aparte de él, y él no se apartare de
su camino, él morirá por su pecado, pero tú
libraste tu vida.

El camino de Dios es justo

(Ez 18.21-32)

10 Tú, pues, hijo de hombre, di a la casa de
Israel: Vosotros habéis hablado así, diciendo:
Nuestras rebeliones y nuestros pecados están
sobre nosotros, y a causa de ellos somos consumidos; ¿cómo, pues, viviremos?
➤ 11 Diles: Vivo yo, dice Jehová el Señor, que no
quiero la muerte del impío, sino que se vuelva el impío de su camino, y que viva. Volveos,
volveos de vuestros malos caminos; ¿por qué
moriréis, oh casa de Israel?
12 Y tú, hijo de hombre, di a los hijos de tu
pueblo: La justicia del justo no lo librará el día
que se rebelare; y la impiedad del impío no le
será estorbo el día que se volviere de su impiedad; y el justo no podrá vivir por su justicia el
día que pecare.
13 Cuando yo dijere al justo: De cierto vivirás,
y él confiado en su justicia hiciere iniquidad,
todas sus justicias no serán recordadas, sino
que morirá por su iniquidad que hizo.
14 Y cuando yo dijere al impío: De cierto morirás; si él se convirtiere de su pecado, e hiciere
según el derecho y la justicia,
15 si el impío restituyere la prenda, devolviere
lo que hubiere robado, y caminare en los estatutos de la vida, no haciendo iniquidad, vivirá
ciertamente y no morirá.
16 No se le recordará ninguno de sus pecados
que había cometido; hizo según el derecho y
la justicia; vivirá ciertamente.
17 Luego dirán los hijos de tu pueblo: No es
recto el camino del Señor; el camino de ellos
es el que no es recto.
18 Cuando el justo se apartare de su justicia, e
hiciere iniquidad, morirá por ello.
19 Y cuando el impío se apartare de su impiedad, e hiciere según el derecho y la justicia,
vivirá por ello.
20 Y dijisteis: No es recto el camino del Señor.
Yo os juzgaré, oh casa de Israel, a cada uno
conforme a sus caminos.

Nuevas de la caída de Jerusalén

21 Aconteció en el año duodécimo de nuestro
cautiverio, en el mes décimo, a los cinco días
del mes, que vino a mí un fugitivo de Jerusalén,
diciendo: La ciudad ha sido conquistada.[a]
22 Y la mano de Jehová había sido sobre mí la
tarde antes de llegar el fugitivo, y había abierto mi boca, hasta que vino a mí por la mañana;
y abrió mi boca, y ya no más estuve callado.
23 Y vino a mí palabra de Jehová, diciendo:
24 Hijo de hombre, los que habitan aquellos
lugares asolados en la tierra de Israel hablan
diciendo: Abraham era uno, y poseyó la tierra;
pues nosotros somos muchos; a nosotros nos
es dada la tierra en posesión.
25 Por tanto, diles: Así ha dicho Jehová el
Señor: ¿Comeréis con sangre, y a vuestros
ídolos alzaréis vuestros ojos, y derramaréis
sangre, y poseeréis vosotros la tierra?
26 Estuvisteis sobre vuestras espadas, hicisteis abominación, y contaminasteis cada cual
a la mujer de su prójimo; ¿y habréis de poseer
la tierra?
27 Les dirás así: Así ha dicho Jehová el Señor:
Vivo yo, que los que están en aquellos lugares
asolados caerán a espada, y al que está sobre
la faz del campo entregaré a las fieras para
que lo devoren; y los que están en las fortalezas y en las cuevas, de pestilencia morirán.
28 Y convertiré la tierra en desierto y en soledad, y cesará la soberbia de su poderío; y los
montes de Israel serán asolados hasta que no
haya quien pase.
29 Y sabrán que yo soy Jehová, cuando convierta la tierra en soledad y desierto, por todas
las abominaciones que han hecho.
30 Y tú, hijo de hombre, los hijos de tu pueblo
se mofan de ti junto a las paredes y a las puertas de las casas, y habla el uno con el otro,
cada uno con su hermano, diciendo: Venid
ahora, y oíd qué palabra viene de Jehová.
31 Y vendrán a ti como viene el pueblo, y estarán delante de ti como pueblo mío, y oirán tus
palabras, y no las pondrán por obra; antes
hacen halagos con sus bocas, y el corazón de
ellos anda en pos de su avaricia.
32 Y he aquí que tú eres a ellos como cantor ➤
de amores, hermoso de voz y que canta bien;

a. **33.21** 2 R 25.3-10; Jer 39.2-8; 52.4-14.

LECCIONES DE VIDA

➤ ***33.11 — no quiero la muerte del impío, sino que se vuelva el impío de su camino, y que viva.***

Dios no quiere condenarnos, razón por la cual nos insta a que nos apartemos de nuestros malos caminos y volvamos a Él de todo corazón y con toda nuestra alma. Dios nunca rechazará a alguien que tenga un corazón genuinamente arrepentido.

➤ ***33.32 — oirán tus palabras, pero no las pondrán por obra.***

El Nuevo Testamento nos dice que, al igual que las personas en este pasaje, el rey Herodes le tenía miedo a Juan el Bautista «pero le escuchaba de buena gana» (Mr 6.20); esto es, hasta que Herodes lo mandó matar. Mucha gente tiene sus predicadores favoritos y los escuchan porque los entretienen. No obstante, el propósito no es meramente oír la Palabra de Dios sino acogernos a ella y cumplirla de todo corazón, en obediencia al Señor (Stg 1.22).

y oirán tus palabras, pero no las pondrán por
obra.
33 Pero cuando ello viniere (y viene ya),
sabrán que hubo profeta entre ellos.

Profecía contra los pastores de Israel

34 VINO a mí palabra de Jehová, diciendo:
2 Hijo de hombre, profetiza contra los pastores de Israel; profetiza, y di a los pastores: Así
ha dicho Jehová el Señor: ¡Ay de los pastores
de Israel, que se apacientan a sí mismos! ¿No
apacientan los pastores a los rebaños?
3 Coméis la grosura, y os vestís de la lana; la
engordada degolláis, mas no apacentáis a las
ovejas.
4 No fortalecisteis las débiles, ni curasteis la
enferma; no vendasteis la perniquebrada, ni
volvisteis al redil la descarriada, ni buscasteis
la perdida, sino que os habeis enseñoreado de
ellas con dureza y con violencia.
5 Y andan errantes por falta de pastor,[a] y son
presa de todas las fieras del campo, y se han
dispersado.
6 Anduvieron perdidas mis ovejas por todos
los montes, y en todo collado alto; y en toda
la faz de la tierra fueron esparcidas mis ovejas, y no hubo quien las buscase, ni quien preguntase por ellas.
7 Por tanto, pastores, oíd palabra de Jehová:
8 Vivo yo, ha dicho Jehová el Señor, que por
cuanto mi rebaño fue para ser robado, y mis
ovejas fueron para ser presa de todas las fieras del campo, sin pastor; ni mis pastores buscaron mis ovejas, sino que los pastores se
apacentaron a sí mismos, y no apacentaron
mis ovejas;
9 por tanto, oh pastores, oíd palabra de
Jehová.
10 Así ha dicho Jehová el Señor: He aquí, yo
estoy contra los pastores; y demandaré mis
ovejas de su mano, y les haré dejar de apacentar las ovejas; ni los pastores se apacentarán
más a sí mismos, pues yo libraré mis ovejas de
sus bocas, y no les serán más por comida.
11 Porque así ha dicho Jehová el Señor: He
aquí yo, yo mismo iré a buscar mis ovejas, y
las reconoceré.
*12 Como reconoce su rebaño el pastor el día
que está en medio de sus ovejas esparcidas,
así reconoceré mis ovejas, y las libraré de
todos los lugares en que fueron esparcidas el
día del nublado y de la oscuridad.
13 Y yo las sacaré de los pueblos, y las juntaré de las tierras; las traeré a su propia tierra,
y las apacentaré en los montes de Israel, por
las riberas, y en todos los lugares habitados
del país.
14 En buenos pastos las apacentaré, y en los
altos montes de Israel estará su aprisco; allí
dormirán en buen redil, y en pastos suculentos serán apacentadas sobre los montes de
Israel.
15 Yo apacentaré mis ovejas, y yo les daré
aprisco, dice Jehová el Señor.
16 Yo buscaré la perdida, y haré volver al redil
la descarriada, vendaré la perniquebrada, y
fortaleceré la débil; mas a la engordada y a la
fuerte destruiré; las apacentaré con justicia.
17 Mas en cuanto a vosotras, ovejas mías, así
ha dicho Jehová el Señor: He aquí yo juzgo
entre oveja y oveja, entre carneros y machos
cabríos.
18 ¿Os es poco que comáis los buenos pastos,
sino que también holláis con vuestros pies lo
que de vuestros pastos queda; y que bebiendo
las aguas claras, enturbiáis además con vuestros pies las que quedan?
19 Y mis ovejas comen lo hollado de vuestros
pies, y beben lo que con vuestros pies habéis
enturbiado.
20 Por tanto, así les dice Jehová el Señor: He
aquí yo, yo juzgaré entre la oveja engordada
y la oveja flaca,
21 por cuanto empujasteis con el costado y
con el hombro, y acorneasteis con vuestros
cuernos a todas las débiles, hasta que las
echasteis y las dispersasteis.
22 Yo salvaré a mis ovejas, y nunca más serán
para rapiña; y juzgaré entre oveja y oveja.
23 Y levantaré sobre ellas a un pastor, y él las
apacentará; a mi siervo David, él las apacentará, y él les será por pastor.[b]
24 Yo Jehová les seré por Dios, y mi siervo
David príncipe en medio de ellos.[c] Yo Jehová
he hablado.
25 Y estableceré con ellos pacto de paz, y quitaré de la tierra las fieras; y habitarán en el
desierto con seguridad, y dormirán en los bosques.
26 Y daré bendición a ellas y a los alrededores
de mi collado, y haré descender la lluvia en su
tiempo; lluvias de bendición serán.
27 Y el árbol del campo dará su fruto, y la tierra dará su fruto, y estarán sobre su tierra con
seguridad; y sabrán que yo soy Jehová, cuando rompa las coyundas de su yugo, y los libre
de mano de los que se sirven de ellos.

a. 34.5 Mt 9.36; Mr 6.34. **b. 34.23** Ap 7.17. **c. 34.24** Ez 37.24.

LECCIONES DE VIDA

➤ ***34.15 — Yo apacentaré mis ovejas, y yo les daré aprisco, dice Jehová el Señor.***

El Señor actúa para nuestro beneficio y para su gloria. Él nos alimenta con lo que sabe que nos dará salud. Él nos hace acostar cuando necesitamos reposo. Él es el buen pastor que da la vida por sus ovejas (Sal 23; 28.9; Is 40.10, 11; Jn 10.11, 14; He 13.20; 1 P 2.25; 5.4; Ap 7.17).

28 No serán más por despojo de las naciones, ni las fieras de la tierra las devorarán; sino que habitarán con seguridad, y no habrá quien las espante.
29 Y levantaré para ellos una planta de renombre, y no serán ya más consumidos de hambre en la tierra, ni ya más serán avergonzados por las naciones.
30 Y sabrán que yo Jehová su Dios estoy con ellos, y ellos son mi pueblo, la casa de Israel, dice Jehová el Señor.
➤ 31 Y vosotras, ovejas mías, ovejas de mi pasto, hombres sois, y yo vuestro Dios, dice Jehová el Señor.

Profecía contra el Monte Seir

35 VINO a mí palabra de Jehová, diciendo:
2 Hijo de hombre, pon tu rostro hacia el monte de Seir, y profetiza contra él,
3 y dile: Así ha dicho Jehová el Señor: He aquí yo estoy contra ti, oh monte de Seir,[a] y extenderé mi mano contra ti, y te convertiré en desierto y en soledad.
4 A tus ciudades asolaré, y tú serás asolado; y sabrás que yo soy Jehová.
5 Por cuanto tuviste enemistad perpetua, y entregaste a los hijos de Israel al poder de la espada en el tiempo de su aflicción, en el tiempo extremadamente malo,
6 por tanto, vivo yo, dice Jehová el Señor, que a sangre te destinaré, y sangre te perseguirá; y porque la sangre no aborreciste, sangre te perseguirá.
7 Y convertiré al monte de Seir en desierto y en soledad, y cortaré de él al que vaya y al que venga.
8 Y llenaré sus montes de sus muertos; en tus collados, en tus valles y en todos tus arroyos, caerán muertos a espada.
9 Yo te pondré en asolamiento perpetuo, y tus ciudades nunca más se restaurarán; y sabréis que yo soy Jehová.
10 Por cuanto dijiste: Las dos naciones y las dos tierras serán mías, y tomaré posesión de ellas; estando allí Jehová;
11 por tanto, vivo yo, dice Jehová el Señor, yo haré conforme a tu ira, y conforme a tu celo con que procediste, a causa de tus enemistades con ellos; y seré conocido en ellos, cuando te juzgue.
12 Y sabrás que yo Jehová he oído todas tus injurias que proferiste contra los montes de Israel, diciendo: Destruidos son, nos han sido dados para que los devoremos.
13 Y os engrandecisteis contra mí con vuestra boca, y multiplicasteis contra mí vuestras palabras. Yo lo oí.
14 Así ha dicho Jehová el Señor: Para que toda la tierra se regocije, yo te haré una desolación.
15 Como te alegraste sobre la heredad de la casa de Israel, porque fue asolada, así te haré a ti; asolado será el monte de Seir, y todo Edom, todo él; y sabrán que yo soy Jehová.

Restauración futura de Israel

36 TÚ, hijo de hombre, profetiza a los montes de Israel, y di: Montes de Israel, oíd palabra de Jehová.
2 Así ha dicho Jehová el Señor: Por cuanto el enemigo dijo de vosotros: ¡Ea! también las alturas eternas nos han sido dadas por heredad;
3 profetiza, por tanto, y di: Así ha dicho Jehová el Señor: Por cuanto os asolaron y os tragaron de todas partes, para que fueseis heredad de las otras naciones, y se os ha hecho caer en boca de habladores y ser el oprobio de los pueblos,
4 por tanto, montes de Israel, oíd palabra de Jehová el Señor: Así ha dicho Jehová el Señor a los montes y a los collados, a los arroyos y a los valles, a las ruinas y asolamientos y a las ciudades desamparadas, que fueron puestas por botín y escarnio de las otras naciones alrededor;
5 por eso, así ha dicho Jehová el Señor: He hablado por cierto en el fuego de mi celo contra las demás naciones, y contra todo Edom, que se disputaron mi tierra por heredad con alegría, de todo corazón y con enconamiento de ánimo, para que sus expulsados fuesen presa suya.
6 Por tanto, profetiza sobre la tierra de Israel, y di a los montes y a los collados, y a los arroyos y a los valles: Así ha dicho Jehová el Señor: He aquí, en mi celo y en mi furor he hablado, por cuanto habéis llevado el oprobio de las naciones.
7 Por lo cual así ha dicho Jehová el Señor: Yo he alzado mi mano, he jurado que las naciones que están a vuestro alrededor han de llevar su afrenta.

a. 35.1-15 Is 34.5-17; 63.1-6; Jer 49.7-22; Ez 25.12-14; Am 1.11-12; Abd 1-14; Mal 1.2-5.

LECCIONES DE VIDA

➤ ***34.31 — Y vosotras, ovejas mías, ovejas de mi pasto, hombres sois, y yo vuestro Dios, dice Jehová el Señor.***

En ambos Testamentos, Dios llama a su pueblo su «rebaño» (Sal 80.1; Is 40.11; Mi 5.4; Lc 12.32; 1 P 5.2). ¿Por qué? Por un lado, es un término cariñoso y un símbolo de conexión cercana y personal. Por el otro, revela nuestra dependencia total de Él. En tercer lugar, es un término que lo honra a Él como nuestro Pastor.

8 Mas vosotros, oh montes de Israel, daréis vuestras ramas, y llevaréis vuestro fruto para mi pueblo Israel; porque cerca están para venir.

9 Porque he aquí, yo estoy por vosotros, y a vosotros me volveré, y seréis labrados y sembrados.

10 Y haré multiplicar sobre vosotros hombres, a toda la casa de Israel, toda ella; y las ciudades serán habitadas, y edificadas las ruinas.

11 Multiplicaré sobre vosotros hombres y ganado, y serán multiplicados y crecerán; y os haré morar como solíais antiguamente, y os haré mayor bien que en vuestros principios; y sabréis que yo soy Jehová.

12 Y haré andar hombres sobre vosotros, a mi pueblo Israel; y tomarán posesión de ti, y les serás por heredad, y nunca más les matarás los hijos.

13 Así ha dicho Jehová el Señor: Por cuanto dicen de vosotros: Comedora de hombres, y matadora de los hijos de tu nación has sido;

14 por tanto, no devorarás más hombres, y nunca más matarás a los hijos de tu nación, dice Jehová el Señor.

15 Y nunca más te haré oír injuria de naciones, ni más llevarás denuestos de pueblos, ni harás más morir a los hijos de tu nación, dice Jehová el Señor.

16 Vino a mí palabra de Jehová, diciendo:

17 Hijo de hombre, mientras la casa de Israel moraba en su tierra, la contaminó con sus caminos y con sus obras; como inmundicia de menstruosa fue su camino delante de mí.

18 Y derramé mi ira sobre ellos por la sangre que derramaron sobre la tierra; porque con sus ídolos la contaminaron.

19 Les esparcí por las naciones, y fueron dispersados por las tierras; conforme a sus caminos y conforme a sus obras les juzgué.

20 Y cuando llegaron a las naciones adonde fueron, profanaron mi santo nombre, diciéndose de ellos: Éstos son pueblo de Jehová, y de la tierra de él han salido.

➤ 21 Pero he tenido dolor al ver mi santo nombre profanado por la casa de Israel entre las naciones adonde fueron.

22 Por tanto, di a la casa de Israel: Así ha dicho Jehová el Señor: No lo hago por vosotros, oh casa de Israel, sino por causa de mi santo nombre, el cual profanasteis vosotros entre las naciones adonde habéis llegado.

23 Y santificaré mi grande nombre, profanado entre las naciones, el cual profanasteis vosotros en medio de ellas; y sabrán las naciones que yo soy Jehová, dice Jehová el Señor, cuando sea santificado en vosotros delante de sus ojos.

24 Y yo os tomaré de las naciones, y os recogeré de todas las tierras, y os traeré a vuestro país. ≺

25 Esparciré sobre vosotros agua limpia, y seréis limpiados de todas vuestras inmundicias; y de todos vuestros ídolos os limpiaré.

26 Os daré corazón nuevo, y pondré espíritu nuevo dentro de vosotros; y quitaré de vuestra carne el corazón de piedra, y os daré un corazón de carne. ≺

27 Y pondré dentro de vosotros mi Espíritu, y haré que andéis en mis estatutos, y guardéis mis preceptos, y los pongáis por obra. *

28 Habitaréis en la tierra que di a vuestros padres, y vosotros me seréis por pueblo, y yo seré a vosotros por Dios.[a]

29 Y os guardaré de todas vuestras inmundicias; y llamaré al trigo, y lo multiplicaré, y no os daré hambre.

30 Multiplicaré asimismo el fruto de los árboles, y el fruto de los campos, para que nunca más recibáis oprobio de hambre entre las naciones.

31 Y os acordaréis de vuestros malos caminos, y de vuestras obras que no fueron buenas; y os avergonzaréis de vosotros mismos por vuestras iniquidades y por vuestras abominaciones.

32 No lo hago por vosotros, dice Jehová el Señor, sabedlo bien; avergonzaos y cubríos de confusión por vuestras iniquidades, casa de Israel.

33 Así ha dicho Jehová el Señor: El día que os limpie de todas vuestras iniquidades, haré

a. **36.26-28** Ez 11.19-20.

LECCIONES DE VIDA

➤ ***36.21 — Pero he tenido dolor al ver mi santo nombre profanado por la casa de Israel entre las naciones adonde fueron.***

Nuestra conducta no sólo refleja cuán poco o mucho amamos a Dios (Jn 14.15; 1 Jn 5.3), sino que también atrae o repele a quienes todavía no lo conocen. Nuestra relación con el Señor debería atraer a otros a Él.

➤ ***36.24 — Y yo os tomaré de las naciones, y os recogeré de todas las tierras, y os traeré a vuestro país.***

Dios prometió llevar a su pueblo de vuelta a su tierra prometida, y darles allí un corazón para que lo siguieran con gozo. Sabemos que Dios les cumplió esta promesa por medio del rey de Persia, Ciro (2 Cr 36.22, 23; Esd 1.1–3).

➤ ***36.26 — Os daré corazón nuevo, y pondré espíritu nuevo dentro de vosotros; y quitaré de vuestra carne el corazón de piedra, y os daré un corazón de carne.***

Dios no quiere corazones remendados, sino totalmente nuevos. Él no quiere un carácter reformado, sino un espíritu nuevo que ame el hacer su voluntad. Él quiere transformación, no mera adaptación. Esta es la razón por la que Cristo vino; Él vino a cambiar nuestras vidas por completo (Ro 12.1, 2; 2 Co 5.17).

también que sean habitadas las ciudades, y
las ruinas serán reedificadas.
34 Y la tierra asolada será labrada, en lugar
de haber permanecido asolada a ojos de todos
los que pasaron.
35 Y dirán: Esta tierra que era asolada ha
venido a ser como huerto del Edén; y estas
ciudades que eran desiertas y asoladas y
arruinadas, están fortificadas y habitadas.
36 Y las naciones que queden en vuestros alrededores sabrán que yo reedifiqué lo que estaba derribado, y planté lo que estaba desolado;
yo Jehová he hablado, y lo haré.
37 Así ha dicho Jehová el Señor: Aún seré
solicitado por la casa de Israel, para hacerles
esto; multiplicaré los hombres como se multiplican los rebaños.
38 Como las ovejas consagradas, como las ovejas de Jerusalén en sus fiestas solemnes, así las
ciudades desiertas serán llenas de rebaños de
hombres; y sabrán que yo soy Jehová.

El valle de los huesos secos

37 LA mano de Jehová vino sobre mí, y
me llevó en el Espíritu de Jehová, y me
puso en medio de un valle que estaba lleno
de huesos.
2 Y me hizo pasar cerca de ellos por todo
en derredor; y he aquí que eran muchísimos
sobre la faz del campo, y por cierto secos en
gran manera.
3 Y me dijo: Hijo de hombre, ¿vivirán estos
huesos? Y dije: Señor Jehová, tú lo sabes.
4 Me dijo entonces: Profetiza sobre estos huesos, y diles: Huesos secos, oíd palabra de Jehová.
5 Así ha dicho Jehová el Señor a estos huesos: He aquí, yo hago entrar espíritu en vosotros, y viviréis.
➤ 6 Y pondré tendones sobre vosotros, y haré
subir sobre vosotros carne, y os cubriré de
piel, y pondré en vosotros espíritu, y viviréis;
y sabréis que yo soy Jehová.
7 Profeticé, pues, como me fue mandado; y
hubo un ruido mientras yo profetizaba, y he
aquí un temblor; y los huesos se juntaron cada
hueso con su hueso.
8 Y miré, y he aquí tendones sobre ellos, y la
carne subió, y la piel cubrió por encima de
ellos; pero no había en ellos espíritu.
9 Y me dijo: Profetiza al espíritu, profetiza, hijo
de hombre, y di al espíritu: Así ha dicho Jehová
el Señor: Espíritu, ven de los cuatro vientos, y
sopla sobre estos muertos, y vivirán.
10 Y profeticé como me había mandado, y
entró espíritu en ellos, y vivieron, y estuvieron sobre sus pies;[a] un ejército grande en
extremo.
11 Me dijo luego: Hijo de hombre, todos estos
huesos son la casa de Israel. He aquí, ellos
dicen: Nuestros huesos se secaron, y pereció nuestra esperanza, y somos del todo destruidos.
12 Por tanto, profetiza, y diles: Así ha dicho
Jehová el Señor: He aquí yo abro vuestros
sepulcros, pueblo mío, y os haré subir de
vuestras sepulturas, y os traeré a la tierra de
Israel.
13 Y sabréis que yo soy Jehová, cuando abra
vuestros sepulcros, y os saque de vuestras
sepulturas, pueblo mío.
14 Y pondré mi Espíritu en vosotros, y viviréis, y os haré reposar sobre vuestra tierra;
y sabréis que yo Jehová hablé, y lo hice, dice
Jehová.

La reunión de Judá e Israel

15 Vino a mí palabra de Jehová, diciendo:
16 Hijo de hombre, toma ahora un palo, y
escribe en él: Para Judá, y para los hijos de
Israel sus compañeros. Toma después otro
palo, y escribe en él: Para José, palo de Efraín,
y para toda la casa de Israel sus compañeros.
17 Júntalos luego el uno con el otro, para que
sean uno solo, y serán uno solo en tu mano.
18 Y cuando te pregunten los hijos de tu pueblo, diciendo: ¿No nos enseñarás qué te propones con eso?,
19 diles: Así ha dicho Jehová el Señor: He aquí,
yo tomo el palo de José que está en la mano de
Efraín, y a las tribus de Israel sus compañeros,
y los pondré con el palo de Judá, y los haré un
solo palo, y serán uno en mi mano.
20 Y los palos sobre que escribas estarán en tu
mano delante de sus ojos,
21 y les dirás: Así ha dicho Jehová el Señor: ➤
He aquí, yo tomo a los hijos de Israel de entre
las naciones a las cuales fueron, y los recogeré de todas partes, y los traeré a su tierra;

a. **37.10** Ap 11.11.

LECCIONES DE VIDA

➤ ***37.6 — pondré tendones sobre vosotros, y haré subir sobre vosotros carne, y os cubriré de piel, y pondré en vosotros espíritu, y viviréis; y sabréis que yo soy Jehová.***

Este pasaje anticipaba el día en que Dios reuniría el remanente de su pueblo y lo traería a Israel de nuevo, lo cual sucedió durante el reinado de Ciro el rey de Persia (2 Cr 36.22, 23; Esd 1.1–3). Sin embargo, no fue sino hasta 1948 que Israel se restableció como una nación y le fue reconocido su derecho a reclamar la tierra prometida. Dios sopló vida nueva en ellos de tal manera, que el mundo entero fue compelido a reconocer su existencia.

➤ ***37.21 — He aquí, yo tomo a los hijos de Israel de entre las naciones… y los recogeré de todas partes, y los traeré a su tierra.***

Ninguna otra nación en la historia ha vuelto a existir como tal tras haber sido esparcida y sometida bajo la tutela de

RESPUESTAS A PREGUNTAS DE LA VIDA

¿Cómo puedo ayudar a una persona a restaurar su comunión con Dios?

EZ 36.16–38

El concepto de «restaurar» es interesante. En el griego antiguo, el término alude a poner un hueso fracturado en su lugar. Restaurar a una persona no consiste en aplicarle curas sobre unas cortadas pequeñas, sino en componer huesos espirituales fracturados. Por lo tanto, el proceso en muchos casos es prolongado y doloroso.

Los pasos hacia la restauración son los siguientes:

❶ *Dirija a la persona a reconocer su falla.* Ayúdele a ver la naturaleza del problema y a llamarlo por su nombre correcto: pecado. Mientras la persona pueda justificar su conducta, jamás asumirá responsabilidad por ella.

❷ *Guíe a la persona a reconocer su responsabilidad por su pecado.* Culpar a otros no mejora la situación. Es posible que haya otros implicados, pero la persona eligió pecar, y asumir la responsabilidad personal en el asunto es esencial para su restauración.

❸ *Guíe al creyente caído a arrepentirse.* Ore para que el Espíritu Santo convenza a la persona de sentir remordimiento, pesar y pena. Arrepentirse significa tener un cambio en la manera de pensar que conduce a un cambio de conducta. Pablo enseñó que nuestra mente debe cambiar primero, y nuestras acciones seguirán esa pauta (Ro 12.2).

❹ *Instruya a la persona a recibir el mensaje que Dios quiere enseñarle.* A veces la persona es obstinada y esto le dificulta el aprendizaje. Las fallas no aprovechan en lo más mínimo si nos negamos a ser enseñados por la experiencia, a fin de cambiar nuestros hábitos. En cambio, si aprovechamos la oportunidad para aprender de nuestros errores, creceremos en nuestro entendimiento de nosotros mismos y de Dios.

❺ *Conduzca al creyente que ha pecado a responder con gratitud a la disciplina del Señor.* Podría exhortarle con dos porciones bíblicas muy oportunas: «Antes que fuera yo humillado, descarriado andaba; mas ahora guardo tu palabra»; y «Bueno me es haber sido humillado, para que aprenda tus estatutos» (Sal 119.67, 71). Recuérdele amablemente a la persona cuán maravilloso es que Dios nos ame lo suficiente como para disciplinarnos y corregirnos.

La meta de toda restauración espiritual es ayudar a nuestros hermanos y hermanas que han pecado a que «escapen del lazo del diablo, en que están cautivos a voluntad de él» (2 Ti 2.26). Es un motivo de gran gozo para nosotros ver cómo Dios pone un corazón nuevo y un espíritu nuevo en ellos, con lo cual pueden andar gozosa y voluntariamente en sus caminos, y guardar sus mandamientos por su propio bien (Ez 36.26, 27).

Para un estudio más a fondo, véase el Índice de Principios de vida:

15. El quebrantamiento es el requisito de Dios para que seamos útiles al máximo.

29. Aprendemos más en nuestras experiencias por el valle de lágrimas que en las de la cumbre del éxito.

22 y los haré una nación en la tierra, en los montes de Israel, y un rey será a todos ellos por rey; y nunca más serán dos naciones, ni nunca más serán divididos en dos reinos.
23 Ni se contaminarán ya más con sus ídolos, con sus abominaciones y con todas sus rebeliones; y los salvaré de todas sus rebeliones con las cuales pecaron, y los limpiaré; y me serán por pueblo, y yo a ellos por Dios.
24 Mi siervo David será rey sobre ellos,[b] y todos ellos tendrán un solo pastor; y andarán en mis preceptos, y mis estatutos guardarán, y los pondrán por obra.
25 Habitarán en la tierra que di a mi siervo Jacob, en la cual habitaron vuestros padres; en ella habitarán ellos, sus hijos y los hijos de sus hijos para siempre; y mi siervo David será príncipe de ellos para siempre.

b. 37.24 Ez 34.24.

*26 Y haré con ellos pacto de paz, pacto perpe-
tuo será con ellos; y los estableceré y los multiplicaré, y pondré mi santuario entre ellos
para siempre.
27 Estará en medio de ellos mi tabernáculo,
y seré a ellos por Dios, y ellos me serán por
pueblo.[c]
28 Y sabrán las naciones que yo Jehová santifico a Israel, estando mi santuario en medio
de ellos para siempre.

Profecía contra Gog

38 VINO a mí palabra de Jehová, diciendo:
2 Hijo de hombre, pon tu rostro contra Gog en
tierra de Magog,[a] príncipe soberano de Mesec
y Tubal, y profetiza contra él,
3 y di: Así ha dicho Jehová el Señor: He aquí,
yo estoy contra ti, oh Gog, príncipe soberano
de Mesec y Tubal.
4 Y te quebrantaré, y pondré garfios en tus
quijadas, y te sacaré a ti y a todo tu ejército,
caballos y jinetes, de todo en todo equipados,
gran multitud con paveses y escudos, teniendo todos ellos espadas;
5 Persia, Cus y Fut con ellos; todos ellos con
escudo y yelmo;
6 Gomer, y todas sus tropas; la casa de Togarma, de los confines del norte, y todas sus tropas; muchos pueblos contigo.
7 Prepárate y apercíbete, tú y toda tu multitud
que se ha reunido a ti, y sé tú su guarda.
8 De aquí a muchos días serás visitado; al
cabo de años vendrás a la tierra salvada de
la espada, recogida de muchos pueblos, a
los montes de Israel, que siempre fueron una
desolación; mas fue sacada de las naciones, y
todos ellos morarán confiadamente.
9 Subirás tú, y vendrás como tempestad; como
nublado para cubrir la tierra serás tú y todas
tus tropas, y muchos pueblos contigo.
10 Así ha dicho Jehová el Señor: En aquel día
subirán palabras en tu corazón, y concebirás
mal pensamiento,
11 y dirás: Subiré contra una tierra indefensa,
iré contra gentes tranquilas que habitan confiadamente; todas ellas habitan sin muros, y
no tienen cerrojos ni puertas;
12 para arrebatar despojos y para tomar botín,
para poner tus manos sobre las tierras desiertas ya pobladas, y sobre el pueblo recogido
de entre las naciones, que se hace de ganado
y posesiones, que mora en la parte central de
la tierra.
13 Sabá y Dedán, y los mercaderes de Tarsis
y todos sus príncipes, te dirán: ¿Has venido
a arrebatar despojos? ¿Has reunido tu multitud para tomar botín, para quitar plata y oro,
para tomar ganados y posesiones, para tomar
grandes despojos?
14 Por tanto, profetiza, hijo de hombre, y di a
Gog: Así ha dicho Jehová el Señor: En aquel
tiempo, cuando mi pueblo Israel habite con
seguridad, ¿no lo sabrás tú?
15 Vendrás de tu lugar, de las regiones del norte, tú y muchos pueblos contigo, todos ellos a
caballo, gran multitud y poderoso ejército,
16 y subirás contra mi pueblo Israel como
nublado para cubrir la tierra; será al cabo de
los días; y te traeré sobre mi tierra, para que
las naciones me conozcan, cuando sea santificado en ti, oh Gog, delante de sus ojos.
17 Así ha dicho Jehová el Señor: ¿No eres tú
aquel de quien hablé yo en tiempos pasados
por mis siervos los profetas de Israel, los cuales profetizaron en aquellos tiempos que yo te
había de traer sobre ellos?
18 En aquel tiempo, cuando venga Gog contra
la tierra de Israel, dijo Jehová el Señor, subirá
mi ira y mi enojo.
19 Porque he hablado en mi celo, y en el fuego de mi ira: Que en aquel tiempo habrá gran
temblor sobre la tierra de Israel;
20 que los peces del mar, las aves del cielo, las
bestias del campo y toda serpiente que se arrastra sobre la tierra, y todos los hombres que
están sobre la faz de la tierra, temblarán ante
mi presencia; y se desmoronarán los montes, y
los vallados caerán, y todo muro caerá a tierra.
21 Y en todos mis montes llamaré contra él
la espada, dice Jehová el Señor; la espada de
cada cual será contra su hermano.
22 Y yo litigaré contra él con pestilencia y con
sangre; y haré llover sobre él, sobre sus tropas y sobre los muchos pueblos que están con
él, impetuosa lluvia, y piedras de granizo, fuego y azufre.
23 Y seré engrandecido y santificado, y seré
conocido ante los ojos de muchas naciones; y
sabrán que yo soy Jehová.
39 TÚ pues, hijo de hombre, profetiza
contra Gog, y di: Así ha dicho Jehová

c. 37.27 2 Co 6.16; Ap 21.3. **a. 38.2** Ap 20.8.

LECCIONES DE VIDA

tantas naciones extranjeras, pero Israel lo logró. Después de diecinueve siglos brutales, el 14 de mayo de 1948, Israel y Judá se juntaron de nuevo (Ez 37.22) y fueron reconocidos como una nación autónoma. ¿Cómo sobrevivió Israel? Por haberse aferrado al Señor su Dios y la identidad que Él les dio.

➤ ***38.16 — será al cabo de los días; y te traeré sobre mi tierra, para que las naciones me conozcan, cuando sea santificado en ti, oh Gog, delante de sus ojos.***

Tal como Dios usó al obstinado Faraón para ser glorificado ante los ojos de las naciones que observaban el asunto (Jos 2.10; 9.9), también usará a Gog un día y será glorificado en el escenario global.

Ejemplos de vida

EZEQUIEL

Vio huesos secos cobrando vida

EZ 37.1–14

En su tiempo, la esperanza se había convertido en un recurso escaso. Como cautivo en la tierra de Babilonia, Ezequiel debió haberse sentido tan desolado e inútil como el montón de huesos que había visto en la visión portentosa que Dios le dio (Ez 37.1–10). El profeta sabía que sólo un milagro podría llevar de vuelta a la tierra prometida al diezmado y esparcido pueblo de Judá.

Sin embargo, mientras Ezequiel estaba sentado en el valle y observaba la obra prodigiosa del Señor, un milagro sucedió ante sus ojos. Donde antes sólo había huesos secos y esparcidos por todo el contorno, el Señor añadió músculos, tendones y tejido. Luego, en aquellos cuerpos restaurados y silenciosos, Dios sopló aliento de vida nueva. Era un testimonio patente de lo que haría por Judá: tomaría a la nación muerta espiritualmente y dispersada físicamente, y por su poder la traería de vuelta a la vida.

Tal vez usted se sienta en total sequía, derrotado(a) y emocionalmente disperso(a).Quizás su valle de huesos secos sea una gran pérdida, una relación fracasada, una enfermedad que le consume o una circunstancia que está absolutamente fuera de su control y requiere un milagro. ¡No se desespere! El mismo Dios que sopló aliento de vida en aquellos huesos secos en el pasado, es Él mismo que le sustenta hoy, y es capaz de infundirle un nuevo propósito y una nueva esperanza de vida. Tal como Él proveyó la victoria a Ezequiel y Judá, Dios está cercano a usted y puede hacerle triunfante. Un simple hálito de Dios, y su vida jamás será la misma.

Para un estudio más a fondo, véase el Índice de Principios de vida:

20. Las decepciones son inevitables; el desánimo es por elección nuestra.

7. Los momentos sombríos durarán solo el tiempo necesario para que Dios lleve a cabo su propósito en nosotros.

el Señor: He aquí yo estoy contra ti, oh Gog, príncipe soberano de Mesec y Tubal.
2 Y te quebrantaré, y te conduciré y te haré subir de las partes del norte, y te traeré sobre los montes de Israel;
3 y sacaré tu arco de tu mano izquierda, y derribaré tus saetas de tu mano derecha.
4 Sobre los montes de Israel caerás tú y todas tus tropas, y los pueblos que fueron contigo; a aves de rapiña de toda especie, y a las fieras del campo, te he dado por comida.
5 Sobre la faz del campo caerás; porque yo he hablado, dice Jehová el Señor.
6 Y enviaré fuego sobre Magog, y sobre los que moran con seguridad en las costas; y sabrán que yo soy Jehová.
7 Y haré notorio mi santo nombre en medio de mi pueblo Israel, y nunca más dejaré profanar mi santo nombre; y sabrán las naciones que yo soy Jehová, el Santo en Israel.
8 He aquí viene, y se cumplirá, dice Jehová el Señor; éste es el día del cual he hablado.
9 Y los moradores de las ciudades de Israel saldrán, y encenderán y quemarán armas, escudos, paveses, arcos y saetas, dardos de mano y lanzas; y los quemarán en el fuego por siete años.
10 No traerán leña del campo, ni cortarán de los bosques, sino quemarán las armas en el fuego; y despojarán a sus despojadores, y robarán a los que les robaron, dice Jehová el Señor.
11 En aquel tiempo yo daré a Gog lugar para sepultura allí en Israel, el valle de los que pasan al oriente del mar; y obstruirá el paso a los transeúntes, pues allí enterrarán a Gog y a toda su multitud; y lo llamarán el Valle de Hamón-gog.[1]
12 Y la casa de Israel los estará enterrando por siete meses, para limpiar la tierra.
13 Los enterrará todo el pueblo de la tierra; y será para ellos célebre el día en que yo sea glorificado, dice Jehová el Señor.
14 Y tomarán hombres a jornal que vayan por el país con los que viajen, para enterrar a los que queden sobre la faz de la tierra, a fin de limpiarla; al cabo de siete meses harán el reconocimiento.
15 Y pasarán los que irán por el país, y el que vea los huesos de algún hombre pondrá junto

1 Esto es, *la multitud de Gog.*

a ellos una señal, hasta que los entierren los
sepultureros en el valle de Hamón-gog.
16 Y también el nombre de la ciudad será
Hamona;[1] y limpiarán la tierra.
17 Y tú, hijo de hombre, así ha dicho Jehová el
Señor: Di a las aves de toda especie, y a toda
fiera del campo: Juntaos, y venid; reuníos de
todas partes a mi víctima que sacrifico para
vosotros, un sacrificio grande sobre los montes de Israel; y comeréis carne y beberéis sangre.
18 Comeréis carne de fuertes, y beberéis sangre de príncipes de la tierra; de carneros, de
corderos, de machos cabríos, de bueyes y de
toros, engordados todos en Basán.
19 Comeréis grosura hasta saciaros, y beberéis hasta embriagaros de sangre de las víctimas que para vosotros sacrifiqué.
20 Y os saciaréis sobre mi mesa, de caballos
y de jinetes fuertes y de todos los hombres de
guerra, dice Jehová el Señor.[a]
21 Y pondré mi gloria entre las naciones, y
todas las naciones verán mi juicio que habré
hecho, y mi mano que sobre ellos puse.
➢ 22 Y de aquel día en adelante sabrá la casa de
Israel que yo soy Jehová su Dios.
23 Y sabrán las naciones que la casa de Israel
fue llevada cautiva por su pecado, por cuanto
se rebelaron contra mí, y yo escondí de ellos
mi rostro, y los entregué en manos de sus enemigos, y cayeron todos a espada.
24 Conforme a su inmundicia y conforme a
sus rebeliones hice con ellos, y de ellos escondí mi rostro.
25 Por tanto, así ha dicho Jehová el Señor:
Ahora volveré la cautividad de Jacob, y tendré
misericordia de toda la casa de Israel, y me
mostraré celoso por mi santo nombre.
26 Y ellos sentirán su vergüenza, y toda su
rebelión con que prevaricaron contra mí,
cuando habiten en su tierra con seguridad, y
no haya quien los espante;
27 cuando los saque de entre los pueblos, y
los reúna de la tierra de sus enemigos, y sea
santificado en ellos ante los ojos de muchas
naciones.
28 Y sabrán que yo soy Jehová su Dios, cuando después de haberlos llevado al cautiverio
entre las naciones, los reúna sobre su tierra,
sin dejar allí a ninguno de ellos.
29 Ni esconderé más de ellos mi rostro; porque habré derramado de mi Espíritu sobre la
casa de Israel, dice Jehová el Señor. *

La visión del templo

40 EN el año veinticinco de nuestro cautiverio, al principio del año, a los diez
días del mes, a los catorce años después que
la ciudad fue conquistada, en aquel mismo
día vino sobre mí la mano de Jehová, y me
llevó allá.
2 En visiones de Dios me llevó a la tierra de
Israel, y me puso sobre un monte muy alto,
sobre el cual había un edificio parecido a una
gran ciudad, hacia la parte sur.[a]
3 Me llevó allí, y he aquí un varón, cuyo aspecto era como aspecto de bronce; y tenía un cordel de lino en su mano, y una caña de medir;[b]
y él estaba a la puerta.
4 Y me habló aquel varón, diciendo: Hijo
de hombre, mira con tus ojos, y oye con tus
oídos, y pon tu corazón a todas las cosas que
te muestro; porque para que yo te las mostrase has sido traído aquí. Cuenta todo lo que ves
a la casa de Israel.
5 Y he aquí un muro fuera de la casa;[c] y la
caña de medir que aquel varón tenía en la
mano era de seis codos de a codo y palmo
menor; y midió el espesor del muro, de una
caña, y la altura, de otra caña.
6 Después vino a la puerta que mira hacia el
oriente, y subió por sus gradas, y midió un
poste de la puerta, de una caña de ancho, y el
otro poste, de otra caña de ancho.
7 Y cada cámara tenía una caña de largo, y
una caña de ancho; y entre las cámaras había
cinco codos de ancho; y cada poste de la puerta junto a la entrada de la puerta por dentro,
una caña.
8 Midió asimismo la entrada de la puerta por
dentro, una caña.
9 Midió luego la entrada del portal, de ocho
codos, y sus postes de dos codos; y la puerta
del portal estaba por el lado de adentro.

1 Esto es, *multitud*.

a. 39.17-20 Ap 19.17-18. **a. 40.2** Ap 21.10.
b. 40.3 Ap 11.1; 21.15. **c. 40.5—42.20** 1 R 6.1-38; 2 Cr 3.1-9.

LECCIONES DE VIDA

➢ ***38.23 — seré engrandecido y santificado, y seré conocido ante los ojos de muchas naciones; y sabrán que yo soy Jehová.***

Durante el tiempo del juicio, Dios mostrará a toda la tierra su poder y su fuerza. Ningún ejército, nación o coalición serán capaces de hacerle oposición. Mediante la derrota de los enemigos de Israel con calamidades terribles, todas las naciones sabrán que Él es el Señor (Zac 14.1–9).

➢ ***39.22 — Y de aquel día en adelante sabrá la casa de Israel que yo soy Jehová su Dios.***

No sabemos por qué Dios espera para hacer algunas de las cosas buenas que ha prometido hacer, pero podemos tener certeza absoluta que Él las llevará a cabo en su tiempo perfecto. Por eso nos llama a esperar y confiar.

10 Y la puerta oriental tenía tres cámaras a cada lado, las tres de una medida; también de una medida los portales a cada lado.
11 Midió el ancho de la entrada de la puerta, de diez codos, y la longitud del portal, de trece codos.
12 El espacio delante de las cámaras era de un codo a un lado, y de otro codo al otro lado; y cada cámara tenía seis codos por un lado, y seis codos por el otro.
13 Midió la puerta desde el techo de una cámara hasta el techo de la otra, veinticinco codos de ancho, puerta contra puerta.
14 Y midió los postes, de sesenta codos, cada poste del atrio y del portal todo en derredor.
15 Y desde el frente de la puerta de la entrada hasta el frente de la entrada de la puerta interior, cincuenta codos.
16 Y había ventanas estrechas en las cámaras, y en sus portales por dentro de la puerta alrededor, y asimismo en los corredores; y las ventanas estaban alrededor por dentro; y en cada poste había palmeras.
17 Me llevó luego al atrio exterior, y he aquí había cámaras, y estaba enlosado todo en derredor; treinta cámaras había alrededor en aquel atrio.
18 El enlosado a los lados de las puertas, en proporción a la longitud de los portales, era el enlosado más bajo.
19 Y midió la anchura desde el frente de la puerta de abajo hasta el frente del atrio interior por fuera, de cien codos hacia el oriente y el norte.
20 Y de la puerta que estaba hacia el norte en el atrio exterior, midió su longitud y su anchura.
21 Sus cámaras eran tres de un lado, y tres del otro; y sus postes y sus arcos eran como la medida de la puerta primera: cincuenta codos de longitud, y veinticinco de ancho.
22 Y sus ventanas y sus arcos y sus palmeras eran conforme a la medida de la puerta que estaba hacia el oriente; y se subía a ella por siete gradas, y delante de ellas estaban sus arcos.
23 La puerta del atrio interior estaba enfrente de la puerta hacia el norte, y así al oriente; y midió de puerta a puerta, cien codos.
24 Me llevó después hacia el sur, y he aquí una puerta hacia el sur; y midió sus portales y sus arcos conforme a estas medidas.
25 Y tenía sus ventanas y sus arcos alrededor, como las otras ventanas; la longitud era de cincuenta codos, y el ancho de veinticinco codos.
26 Sus gradas eran de siete peldaños, con sus arcos delante de ellas; y tenía palmeras, una de un lado, y otra del otro lado, en sus postes.
27 Había también puerta hacia el sur del atrio interior; y midió de puerta a puerta hacia el sur cien codos.
28 Me llevó después en el atrio de adentro a la puerta del sur, y midió la puerta del sur conforme a estas medidas.
29 Sus cámaras y sus postes y sus arcos eran conforme a estas medidas, y tenía sus ventanas y sus arcos alrededor; la longitud era de cincuenta codos, y de veinticinco codos el ancho.
30 Los arcos alrededor eran de veinticinco codos de largo, y cinco codos de ancho.
31 Y sus arcos caían afuera al atrio, con palmeras en sus postes; y sus gradas eran de ocho peldaños.
32 Y me llevó al atrio interior hacia el oriente, y midió la puerta conforme a estas medidas.
33 Eran sus cámaras y sus postes y sus arcos conforme a estas medidas, y tenía sus ventanas y sus arcos alrededor; la longitud era de cincuenta codos, y la anchura de veinticinco codos.
34 Y sus arcos caían afuera al atrio, con palmeras en sus postes de un lado y de otro; y sus gradas eran de ocho peldaños.
35 Me llevó luego a la puerta del norte, y midió conforme a estas medidas;
36 sus cámaras, sus postes, sus arcos y sus ventanas alrededor; la longitud era de cincuenta codos, y de veinticinco codos el ancho.
37 Sus postes caían afuera al atrio, con palmeras a cada uno de sus postes de un lado y de otro; y sus gradas eran de ocho peldaños.
38 Y había allí una cámara, y su puerta con postes de portales; allí lavarán el holocausto.
39 Y en la entrada de la puerta había dos mesas a un lado, y otras dos al otro, para degollar sobre ellas el holocausto y la expiación y el sacrificio por el pecado.
40 A un lado, por fuera de las gradas, a la entrada de la puerta del norte, había dos mesas; y al otro lado que estaba a la entrada de la puerta, dos mesas.
41 Cuatro mesas a un lado, y cuatro mesas al otro lado, junto a la puerta; ocho mesas, sobre las cuales degollarán las víctimas.
42 Las cuatro mesas para el holocausto eran de piedra labrada, de un codo y medio de longitud, y codo y medio de ancho, y de un codo de altura; sobre éstas pondrán los utensilios con que degollarán el holocausto y el sacrificio.
43 Y adentro, ganchos, de un palmo menor, dispuestos en derredor; y sobre las mesas la carne de las víctimas.
44 Y fuera de la puerta interior, en el atrio de adentro que estaba al lado de la puerta del norte, estaban las cámaras de los cantores, las cuales miraban hacia el sur; una estaba al lado de la puerta del oriente que miraba hacia el norte.
45 Y me dijo: Esta cámara que mira hacia el sur es de los sacerdotes que hacen la guardia del templo.

46 Y la cámara que mira hacia el norte es de
los sacerdotes que hacen la guardia del altar;
éstos son los hijos de Sadoc, los cuales son
llamados de los hijos de Leví para ministrar
a Jehová.
47 Y midió el atrio, cien codos de longitud,
y cien codos de anchura; era cuadrado; y el
altar estaba delante de la casa.
48 Y me llevó al pórtico del templo, y midió
cada poste del pórtico, cinco codos de un lado,
y cinco codos de otro; y la anchura de la puerta tres codos de un lado, y tres codos de otro.
49 La longitud del pórtico, veinte codos, y el
ancho once codos, al cual subían por gradas;
y había columnas junto a los postes, una de un
lado y otra de otro.
41 ME introdujo luego en el templo, y
midió los postes, siendo el ancho seis
codos de un lado, y seis codos de otro, que era
el ancho del tabernáculo.
2 El ancho de la puerta era de diez codos, y los
lados de la puerta, de cinco codos de un lado,
y cinco del otro. Y midió su longitud, de cuarenta codos, y la anchura de veinte codos.
3 Y pasó al interior, y midió cada poste de
la puerta, de dos codos; y la puerta, de seis
codos; y la anchura de la entrada, de siete
codos.
4 Midió también su longitud, de veinte codos,
y la anchura de veinte codos, delante del templo; y me dijo: Éste es el lugar santísimo.
5 Después midió el muro de la casa, de seis
codos; y de cuatro codos la anchura de las
cámaras, en torno de la casa alrededor.
6 Las cámaras laterales estaban sobrepuestas
unas a otras, treinta en cada uno de los tres
pisos; y entraban modillones en la pared de
la casa alrededor, sobre los que estribasen las
cámaras, para que no estribasen en la pared
de la casa.
7 Y había mayor anchura en las cámaras de
más arriba; la escalera de caracol de la casa
subía muy alto alrededor por dentro de la
casa; por tanto, la casa tenía más anchura
arriba. Del piso inferior se podía subir al de
en medio, y de éste al superior.
8 Y miré la altura de la casa alrededor; los
cimientos de las cámaras eran de una caña
entera de seis codos largos.
9 El ancho de la pared de afuera de las
cámaras era de cinco codos, igual al espacio
que quedaba de las cámaras de la casa por
dentro.
10 Y entre las cámaras había anchura de veinte codos por todos lados alrededor de la casa.
11 La puerta de cada cámara salía al espacio que quedaba, una puerta hacia el norte, y
otra puerta hacia el sur; y el ancho del espacio que quedaba era de cinco codos por todo
alrededor.
12 Y el edificio que estaba delante del espacio abierto al lado del occidente era de
setenta codos; y la pared del edificio, de cinco codos de grueso alrededor, y noventa
codos de largo.
13 Luego midió la casa, cien codos de largo; y
el espacio abierto y el edificio y sus paredes,
de cien codos de longitud.
14 Y el ancho del frente de la casa y del espacio abierto al oriente era de cien codos.
15 Y midió la longitud del edificio que estaba
delante del espacio abierto que había detrás
de él, y las cámaras de uno y otro lado, cien
codos; y el templo de dentro, y los portales
del atrio.
16 Los umbrales y las ventanas estrechas y
las cámaras alrededor de los tres pisos estaba todo cubierto de madera desde el suelo
hasta las ventanas; y las ventanas también
cubiertas.
17 Por encima de la puerta, y hasta la casa de
adentro, y afuera de ella, y por toda la pared
en derredor por dentro y por fuera, tomó
medidas.
18 Y estaba labrada con querubines y palmeras, entre querubín y querubín una palmera; y
cada querubín tenía dos rostros;
19 un rostro de hombre hacia la palmera del
un lado, y un rostro de león hacia la palmera
del otro lado, por toda la casa alrededor.
20 Desde el suelo hasta encima de la puerta había querubines labrados y palmeras, por
toda la pared del templo.
21 Cada poste del templo era cuadrado, y el
frente del santuario era como el otro frente.
22 La altura del altar de madera era de tres
codos, y su longitud de dos codos; y sus esquinas, su superficie y sus paredes eran de madera. Y me dijo: Ésta es la mesa que está delante
de Jehová.
23 El templo y el santuario tenían dos
puertas.
24 Y en cada puerta había dos hojas, dos hojas
que giraban; dos hojas en una puerta, y otras
dos en la otra.
25 En las puertas del templo había labrados
de querubines y palmeras, así como los que
había en las paredes; y en la fachada del atrio
al exterior había un portal de madera.
26 Y había ventanas estrechas, y palmeras de
uno y otro lado a los lados del pórtico; así eran
las cámaras de la casa y los umbrales.
42 ME trajo luego al atrio exterior hacia el
norte, y me llevó a la cámara que estaba delante del espacio abierto que quedaba
enfrente del edificio, hacia el norte.
2 Por delante de la puerta del norte su longitud era de cien codos, y el ancho de cincuenta codos.
3 Frente a los veinte codos que había en el
atrio interior, y enfrente del enlosado que
había en el atrio exterior, estaban las cámaras,
las unas enfrente de las otras en tres pisos.

4 Y delante de las cámaras había un corredor
de diez codos de ancho hacia adentro, con una
vía de un codo; y sus puertas daban al norte.
5 Y las cámaras más altas eran más estrechas;
porque las galerías quitaban de ellas más que
de las bajas y de las de en medio del edificio.
6 Porque estaban en tres pisos, y no tenían
columnas como las columnas de los atrios;
por tanto, eran más estrechas que las de abajo y las de en medio, desde el suelo.
7 Y el muro que estaba afuera enfrente de las
cámaras, hacia el atrio exterior delante de las
cámaras, tenía cincuenta codos de largo.
8 Porque la longitud de las cámaras del atrio
de afuera era de cincuenta codos; y delante de
la fachada del templo había cien codos.
9 Y debajo de las cámaras estaba la entrada al
lado oriental, para entrar en él desde el atrio
exterior.
10 A lo largo del muro del atrio, hacia el oriente, enfrente del espacio abierto, y delante del
edificio, había cámaras.
11 Y el corredor que había delante de ellas era
semejante al de las cámaras que estaban hacia
el norte; tanto su longitud como su ancho eran
lo mismo, y todas sus salidas, conforme a sus
puertas y conforme a sus entradas.
12 Así también eran las puertas de las cámaras que estaban hacia el sur; había una puerta
al comienzo del corredor que había enfrente
del muro al lado oriental, para quien entraba
en las cámaras.
13 Y me dijo: Las cámaras del norte y las del
sur, que están delante del espacio abierto, son
cámaras santas en las cuales los sacerdotes
que se acercan a Jehová comerán las santas
ofrendas; allí pondrán las ofrendas santas, la
ofrenda y la expiación y el sacrificio por el
pecado, porque el lugar es santo.
14 Cuando los sacerdotes entren, no saldrán
del lugar santo al atrio exterior, sino que allí
dejarán sus vestiduras con que ministran, porque son santas; y se vestirán otros vestidos, y
así se acercarán a lo que es del pueblo.
15 Y luego que acabó las medidas de la casa
de adentro, me sacó por el camino de la puerta que miraba hacia el oriente, y lo midió todo
alrededor.
16 Midió el lado oriental con la caña de
medir, quinientas cañas de la caña de medir
alrededor.
17 Midió al lado del norte, quinientas cañas
de la caña de medir alrededor.
18 Midió al lado del sur, quinientas cañas de
la caña de medir.
19 Rodeó al lado del occidente, y midió quinientas cañas de la caña de medir.
20 A los cuatro lados lo midió; tenía un
muro todo alrededor, de quinientas cañas de
longitud y quinientas cañas de ancho, para
hacer separación entre el santuario y el lugar
profano.

La gloria de Jehová llena el templo

43 ME llevó luego a la puerta, a la puerta
que mira hacia el oriente;
2 y he aquí la gloria del Dios de Israel, que ➤
venía del oriente;[a] y su sonido era como el
sonido de muchas aguas, y la tierra resplandecía a causa de su gloria.
3 Y el aspecto de lo que vi era como una visión,
como aquella visión que vi cuando vine para
destruir la ciudad; y las visiones eran como la
visión que vi junto al río Quebar; y me postré
sobre mi rostro.
4 Y la gloria de Jehová entró en la casa por la
vía de la puerta que daba al oriente.
5 Y me alzó el Espíritu y me llevó al atrio interior; y he aquí que la gloria de Jehová llenó
la casa.

Leyes del templo

6 Y oí uno que me hablaba desde la casa; y un
varón estaba junto a mí,
7 y me dijo: Hijo de hombre, éste es el lugar *
de mi trono, el lugar donde posaré las plantas
de mis pies, en el cual habitaré entre los hijos
de Israel para siempre; y nunca más profanará la casa de Israel mi santo nombre, ni ellos
ni sus reyes, con sus fornicaciones, ni con los
cuerpos muertos de sus reyes en sus lugares altos.
8 Porque poniendo ellos su umbral junto a mi
umbral, y su contrafuerte junto a mi contrafuerte, mediando sólo una pared entre mí y
ellos, han contaminado mi santo nombre con
sus abominaciones que hicieron; por tanto, los
consumí en mi furor.

a. 43.2 Ez 10.3-4, 18-19; 11.22-23.

LECCIONES DE VIDA

➤ ***43.2 — y he aquí la gloria del Dios de Israel, que venía del oriente; y su sonido era como el sonido de muchas aguas, y la tierra resplandecía a causa de su gloria.***

Ezequiel había visto por adelantado la gloria del Señor abandonando el templo (Ez 10); no obstante, también anticipaba el día en que la *Shekináh*, o presencia majestuosa del Señor, regresaría jubilosa y triunfalmente (Ez 43.4, 5).

Hoy día, mientras las tinieblas espirituales y la pecaminosidad aumentan en el mundo, puede ser difícil ver vislumbres de su gloria. Sin embargo, se acerca el día en que el Señor vendrá a redimir a su pueblo, su resplandor iluminará todo lo que existe, y Él reinará por siempre y para siempre (Ap 21.23–26; 22.5).

9 Ahora arrojarán lejos de mí sus fornicaciones, y los cuerpos muertos de sus reyes, y habitaré en medio de ellos para siempre.
10 Tú, hijo de hombre, muestra a la casa de Israel esta casa, y avergüéncense de sus pecados; y midan el diseño de ella.
11 Y si se avergonzaren de todo lo que han hecho, hazles entender el diseño de la casa, su disposición, sus salidas y sus entradas, y todas sus formas, y todas sus descripciones, y todas sus configuraciones, y todas sus leyes; y descríbelo delante de sus ojos, para que guarden toda su forma y todas sus reglas, y las pongan por obra.
12 Ésta es la ley de la casa: Sobre la cumbre del monte, el recinto entero, todo en derredor, será santísimo. He aquí que ésta es la ley de la casa.
13 Éstas son las medidas del altar por codos (el codo de a codo y palmo menor). La base, de un codo, y de un codo el ancho; y su remate por su borde alrededor, de un palmo. Éste será el zócalo del altar.
14 Y desde la base, sobre el suelo, hasta el lugar de abajo, dos codos, y la anchura de un codo; y desde la cornisa menor hasta la cornisa mayor, cuatro codos, y el ancho de un codo.
15 El altar era de cuatro codos, y encima del altar había cuatro cuernos.
16 Y el altar tenía doce codos de largo, y doce de ancho, cuadrado a sus cuatro lados.
17 El descanso era de catorce codos de longitud y catorce de anchura en sus cuatro lados, y de medio codo el borde alrededor; y la base de un codo por todos lados; y sus gradas estaban al oriente.[b]
18 Y me dijo: Hijo de hombre, así ha dicho Jehová el Señor: Éstas son las ordenanzas del altar el día en que sea hecho, para ofrecer holocausto sobre él y para esparcir sobre él sangre.
19 A los sacerdotes levitas que son del linaje de Sadoc, que se acerquen a mí, dice Jehová el Señor, para ministrar ante mí, darás un becerro de la vacada para expiación.
20 Y tomarás de su sangre, y pondrás en los cuatro cuernos del altar, y en las cuatro esquinas del descanso, y en el borde alrededor; así lo limpiarás y purificarás.
21 Tomarás luego el becerro de la expiación, y lo quemarás conforme a la ley de la casa, fuera del santuario.
22 Al segundo día ofrecerás un macho cabrío sin defecto, para expiación; y purificarán el altar como lo purificaron con el becerro.
23 Cuando acabes de expiar, ofrecerás un becerro de la vacada sin defecto, y carnero sin tacha de la manada;
24 y los ofrecerás delante de Jehová, y los sacerdotes echarán sal sobre ellos, y los ofrecerán en holocausto a Jehová.
25 Por siete días sacrificarán un macho cabrío cada día en expiación; asimismo sacrificarán el becerro de la vacada y un carnero sin tacha del rebaño.
26 Por siete días harán expiación por el altar, y lo limpiarán, y así lo consagrarán.
27 Y acabados estos días, del octavo día en adelante, los sacerdotes sacrificarán sobre el altar vuestros holocaustos y vuestras ofrendas de paz; y me seréis aceptos, dice Jehová el Señor.[c]

44 ME hizo volver hacia la puerta exterior del santuario, la cual mira hacia el oriente; y estaba cerrada.
2 Y me dijo Jehová: Esta puerta estará cerrada; no se abrirá, ni entrará por ella hombre, porque Jehová Dios de Israel entró por ella; estará, por tanto, cerrada.
3 En cuanto al príncipe, por ser el príncipe, él se sentará allí para comer pan delante de Jehová; por el vestíbulo de la puerta entrará, y por ese mismo camino saldrá.
4 Y me llevó hacia la puerta del norte por delante de la casa; y miré, y he aquí la gloria de Jehová había llenado la casa de Jehová; y me postré sobre mi rostro.
5 Y me dijo Jehová: Hijo de hombre, pon atención, y mira con tus ojos, y oye con tus oídos todo lo que yo hablo contigo sobre todas las ordenanzas de la casa de Jehová, y todas sus leyes; y pon atención a las entradas de la casa, y a todas las salidas del santuario.
6 Y dirás a los rebeldes, a la casa de Israel: Así ha dicho Jehová el Señor: Basta ya de todas vuestras abominaciones, oh casa de Israel;
7 de traer extranjeros, incircuncisos de corazón e incircuncisos de carne, para estar en mi santuario y para contaminar mi casa; de ofrecer mi pan, la grosura y la sangre, y de invalidar mi pacto con todas vuestras abominaciones.
8 Pues no habéis guardado lo establecido acerca de mis cosas santas, sino que habéis puesto extranjeros como guardas de las ordenanzas en mi santuario.
9 Así ha dicho Jehová el Señor: Ningún hijo de extranjero, incircunciso de corazón e incircunciso de carne, entrará en mi santuario, de todos los hijos de extranjeros que están entre los hijos de Israel.
10 Y los levitas que se apartaron de mí cuando Israel se alejó de mí, yéndose tras sus ídolos, llevarán su iniquidad.
11 Y servirán en mi santuario como porteros a las puertas de la casa y sirvientes en la casa; ellos matarán el holocausto y la víctima para el pueblo, y estarán ante él para servirle.
12 Por cuanto les sirvieron delante de sus ídolos, y fueron a la casa de Israel por tropezadero de maldad; por tanto, he alzado mi

b. 43.13-17 Éx 27.1-2; 2 Cr 4.1. **c. 43.18-27** Éx 29.35-37.

mano y jurado, dice Jehová el Señor, que ellos llevarán su iniquidad.

13 No se acercarán a mí para servirme como sacerdotes, ni se acercarán a ninguna de mis cosas santas, a mis cosas santísimas, sino que llevarán su vergüenza y las abominaciones que hicieron.

14 Les pondré, pues, por guardas encargados de la custodia de la casa, para todo el servicio de ella, y para todo lo que en ella haya de hacerse.

15 Mas los sacerdotes levitas hijos de Sadoc, que guardaron el ordenamiento del santuario cuando los hijos de Israel se apartaron de mí, ellos se acercarán para ministrar ante mí, y delante de mí estarán para ofrecerme la grosura y la sangre, dice Jehová el Señor.

16 Ellos entrarán en mi santuario, y se acercarán a mi mesa para servirme, y guardarán mis ordenanzas.

17 Y cuando entren por las puertas del atrio interior, se vestirán vestiduras de lino; no llevarán sobre ellos cosa de lana, cuando ministren en las puertas del atrio interior y dentro de la casa.

18 Turbantes de lino tendrán sobre sus cabezas, y calzoncillos de lino sobre sus lomos;[a] no se ceñirán cosa que los haga sudar.

19 Cuando salgan al atrio exterior, al atrio de afuera, al pueblo, se quitarán las vestiduras con que ministraron, y las dejarán en las cámaras del santuario,[b] y se vestirán de otros vestidos, para no santificar al pueblo con sus vestiduras.

20 Y no se raparán su cabeza, ni dejarán crecer su cabello,[c] sino que lo recortarán solamente.

21 Ninguno de los sacerdotes beberá vino cuando haya de entrar en el atrio interior.[d]

22 Ni viuda ni repudiada tomará por mujer, sino que tomará virgen del linaje de la casa de Israel, o viuda que fuere viuda de sacerdote.[e]

23 Y enseñarán a mi pueblo a hacer diferencia entre lo santo y lo profano, y les enseñarán a discernir entre lo limpio y lo no limpio.[f]

24 En los casos de pleito ellos estarán para juzgar; conforme a mis juicios juzgarán; y mis leyes y mis decretos guardarán en todas mis fiestas solemnes, y santificarán mis días de reposo.*

25 No se acercarán a hombre muerto para contaminarse;[g] pero por padre o madre, hijo o hija, hermano, o hermana que no haya tenido marido, sí podrán contaminarse.

26 Y después de su purificación, le contarán siete días.

27 Y el día que entre al santuario, al atrio interior, para ministrar en el santuario, ofrecerá su expiación, dice Jehová el Señor.

28 Y habrá para ellos heredad;[h] yo seré su heredad, pero no les daréis posesión en Israel; yo soy su posesión.

29 La ofrenda y la expiación y el sacrificio por el pecado comerán, y toda cosa consagrada en Israel será de ellos.

30 Y las primicias de todos los primeros frutos de todo, y toda ofrenda de todo lo que se presente de todas vuestras ofrendas, será de los sacerdotes; asimismo daréis al sacerdote las primicias de todas vuestras masas, para que repose la bendición en vuestras casas.[i]

31 Ninguna cosa mortecina ni desgarrada, así de aves como de animales, comerán los sacerdotes.[j]

45 CUANDO repartáis por suertes la tierra en heredad, apartaréis una porción para Jehová, que le consagraréis en la tierra, de longitud de veinticinco mil cañas y diez mil de ancho; esto será santificado en todo su territorio alrededor.

2 De esto será para el santuario quinientas cañas de longitud y quinientas de ancho, en cuadro alrededor; y cincuenta codos en derredor para sus ejidos.

3 Y de esta medida medirás en longitud veinticinco mil cañas, y en ancho diez mil, en lo cual estará el santuario y el lugar santísimo.

4 Lo consagrado de esta tierra será para los sacerdotes, ministros del santuario, que se acercan para ministrar a Jehová; y servirá de lugar para sus casas, y como recinto sagrado para el santuario.

5 Asimismo veinticinco mil cañas de longitud y diez mil de ancho, lo cual será para los levitas ministros de la casa, como posesión para sí, con veinte cámaras.

6 Para propiedad de la ciudad señalaréis cinco mil de anchura y veinticinco mil de longitud, delante de lo que se apartó para el santuario; será para toda la casa de Israel.

7 Y la parte del príncipe estará junto a lo que se apartó para el santuario, de uno y otro lado, y junto a la posesión de la ciudad, delante de lo que se apartó para el santuario, y delante de la posesión de la ciudad, desde el extremo occidental hasta el extremo oriental, y la longitud será desde el límite occidental hasta el límite oriental.

8 Esta tierra tendrá por posesión en Israel, y nunca más mis príncipes oprimirán a mi pueblo; y darán la tierra a la casa de Israel conforme a sus tribus.

9 Así ha dicho Jehová el Señor: ¡Basta ya, oh príncipes de Israel! Dejad la violencia y la rapiña. Haced juicio y justicia; quitad vuestras imposiciones de sobre mi pueblo, dice Jehová el Señor.

---

* Aquí equivale a *sábado*.

a. 44.17-18 Éx 28.39-43; Lv 16.4. **b. 44.19** Lv 16.23.
c. 44.20 Lv 21.5. **d. 44.21** Lv 10.9. **e. 44.22** Lv 21.7, 13-14.
f. 44.23 Lv 10.10. **g. 44.25** Lv 21.1-4. **h. 44.28** Nm 18.20.
i. 44.29-30 Nm 18.8-19. **j. 44.31** Lv 22.8.

10 Balanzas justas, efa justo, y bato justo
tendréis.[a]
11 El efa y el bato serán de una misma medida: que el bato tenga la décima parte del
homer, y la décima parte del homer el efa; la
medida de ellos será según el homer.
12 Y el siclo será de veinte geras. Veinte siclos,
veinticinco siclos, quince siclos, os serán una
mina.
13 Ésta será la ofrenda que ofreceréis: la sexta parte de un efa por cada homer del trigo,
y la sexta parte de un efa por cada homer de
la cebada.
14 La ordenanza para el aceite será que ofreceréis un bato de aceite, que es la décima parte de un coro; diez batos harán un homer;
porque diez batos son un homer.
15 Y una cordera del rebaño de doscientas,
de las engordadas de Israel, para sacrificio, y
para holocausto y para ofrendas de paz, para
expiación por ellos, dice Jehová el Señor.
16 Todo el pueblo de la tierra estará obligado
a dar esta ofrenda para el príncipe de Israel.
17 Mas al príncipe corresponderá el dar el
holocausto y el sacrificio y la libación en las
fiestas solemnes, en las lunas nuevas, en los
días de reposo* y en todas las fiestas de la casa
de Israel; él dispondrá la expiación, la ofrenda, el holocausto y las ofrendas de paz, para
hacer expiación por la casa de Israel.
18 Así ha dicho Jehová el Señor: El mes primero, el día primero del mes, tomarás de la
vacada un becerro sin defecto, y purificarás
el santuario.
19 Y el sacerdote tomará de la sangre de la
expiación, y pondrá sobre los postes de la
casa, y sobre los cuatro ángulos del descanso
del altar, y sobre los postes de las puertas del
atrio interior.
20 Así harás el séptimo día del mes para los
que pecaron por error y por engaño, y harás
expiación por la casa.
21 El mes primero, a los catorce días del mes,
tendréis la pascua, fiesta de siete días; se
comerá pan sin levadura.[b]
22 Aquel día el príncipe sacrificará por sí mismo y por todo el pueblo de la tierra, un becerro por el pecado.
23 Y en los siete días de la fiesta solemne ofrecerá holocausto a Jehová, siete becerros y siete carneros sin defecto, cada día de los siete
días; y por el pecado un macho cabrío cada
día.
24 Y con cada becerro ofrecerá ofrenda de un
efa, y con cada carnero un efa; y por cada efa
un hin de aceite.
25 En el mes séptimo, a los quince días del
mes, en la fiesta, hará como en estos siete
días[c] en cuanto a la expiación, en cuanto al
holocausto, en cuanto al presente y en cuanto al aceite.

46 ASÍ ha dicho Jehová el Señor: La puerta del atrio interior que mira al oriente
estará cerrada los seis días de trabajo, y el día
de reposo* se abrirá; se abrirá también el día
de la luna nueva.
2 Y el príncipe entrará por el camino del portal de la puerta exterior, y estará en pie junto
al umbral de la puerta mientras los sacerdotes ofrezcan su holocausto y sus ofrendas de
paz, y adorará junto a la entrada de la puerta; después saldrá; pero no se cerrará la puerta hasta la tarde.
3 Asimismo adorará el pueblo de la tierra
delante de Jehová, a la entrada de la puerta,
en los días de reposo* y en las lunas nuevas.
4 El holocausto que el príncipe ofrecerá a
Jehová en el día de reposo será seis corderos
sin defecto, y un carnero sin tacha;
5 y por ofrenda un efa con cada carnero; y
con cada cordero una ofrenda conforme a sus
posibilidades, y un hin de aceite con el efa.
6 Mas el día de la luna nueva, un becerro sin
tacha de la vacada, seis corderos, y un carnero; deberán ser sin defecto.
7 Y hará ofrenda de un efa con el becerro, y
un efa con cada carnero; pero con los corderos, conforme a sus posibilidades; y un hin de
aceite por cada efa.
8 Y cuando el príncipe entrare, entrará por el
camino del portal de la puerta, y por el mismo
camino saldrá.
9 Mas cuando el pueblo de la tierra entrare
delante de Jehová en las fiestas, el que entrare por la puerta del norte saldrá por la puerta
del sur, y el que entrare por la puerta del sur
saldrá por la puerta del norte; no volverá por
la puerta por donde entró, sino que saldrá por
la de enfrente de ella.
10 Y el príncipe, cuando ellos entraren, entrará en medio de ellos; y cuando ellos salieren,
él saldrá.
11 Y en las fiestas y en las asambleas solemnes será la ofrenda un efa con cada becerro,
y un efa con cada carnero; y con los corderos, conforme a sus posibilidades; y un hin de
aceite con cada efa.
12 Mas cuando el príncipe libremente hiciere holocausto u ofrendas de paz a Jehová, le
abrirán la puerta que mira al oriente, y hará
su holocausto y sus ofrendas de paz, como
hace en el día de reposo;* después saldrá, y
cerrarán la puerta después que saliere.
13 Y ofrecerás en sacrificio a Jehová cada día
en holocausto un cordero de un año sin defecto; cada mañana lo sacrificarás.
14 Y con él harás todas las mañanas ofrenda
de la sexta parte de un efa, y la tercera parte de un hin de aceite para mezclar con la flor

* Aquí equivale a *sábado*.

a. 45.10 Lv 19.36. **b. 45.21** Éx 12.1-20; Nm 28.16-25.
c. 45.25 Lv 23.33-36; Nm 29.12-38.

de harina; ofrenda para Jehová continuamente, por estatuto perpetuo.

15 Ofrecerán, pues, el cordero y la ofrenda y el aceite, todas las mañanas en holocausto continuo.

16 Así ha dicho Jehová el Señor: Si el príncipe diere parte de su heredad a sus hijos, será de ellos; posesión de ellos será por herencia.

17 Mas si de su heredad diere parte a alguno de sus siervos, será de él hasta el año del jubileo,[a] y volverá al príncipe; mas su herencia será de sus hijos.

18 Y el príncipe no tomará nada de la herencia del pueblo, para no defraudarlos de su posesión; de lo que él posee dará herencia a sus hijos, a fin de que ninguno de mi pueblo sea echado de su posesión.

19 Me trajo después por la entrada que estaba hacia la puerta, a las cámaras santas de los sacerdotes, las cuales miraban al norte, y vi que había allí un lugar en el fondo del lado de occidente.

20 Y me dijo: Éste es el lugar donde los sacerdotes cocerán la ofrenda por el pecado y la expiación; allí cocerán la ofrenda, para no sacarla al atrio exterior, santificando así al pueblo.

21 Y luego me sacó al atrio exterior, y me llevó por los cuatro rincones del atrio; y en cada rincón había un patio.

22 En los cuatro rincones del atrio había patios cercados, de cuarenta codos de longitud y treinta de ancho; una misma medida tenían los cuatro.

23 Y había una pared alrededor de ellos, alrededor de los cuatro, y abajo fogones alrededor de las paredes.

24 Y me dijo: Éstas son las cocinas, donde los servidores de la casa cocerán la ofrenda del pueblo.

Las aguas salutíferas

47 ME hizo volver luego a la entrada de la casa; y he aquí aguas que salían de debajo del umbral de la casa[a] hacia el oriente; porque la fachada de la casa estaba al oriente; y las aguas descendían de debajo, hacia el lado derecho de la casa, al sur del altar.

2 Y me sacó por el camino de la puerta del norte, y me hizo dar la vuelta por el camino exterior, fuera de la puerta, al camino de la que mira al oriente; y vi que las aguas salían del lado derecho.

3 Y salió el varón hacia el oriente, llevando un cordel en su mano; y midió mil codos, y me hizo pasar por las aguas hasta los tobillos.

4 Midió otros mil, y me hizo pasar por las aguas hasta las rodillas. Midió luego otros mil, y me hizo pasar por las aguas hasta los lomos.

5 Midió otros mil, y era ya un río que yo no podía pasar, porque las aguas habían crecido de manera que el río no se podía pasar sino a nado.

6 Y me dijo: ¿Has visto, hijo de hombre? Después me llevó, y me hizo volver por la ribera del río.

7 Y volviendo yo, vi que en la ribera del río había muchísimos árboles a uno y otro lado.

8 Y me dijo: Estas aguas salen a la región del oriente, y descenderán al Arabá, y entrarán en el mar; y entradas en el mar, recibirán sanidad las aguas.

9 Y toda alma viviente que nadare por dondequiera que entraren estos dos ríos, vivirá; y habrá muchísimos peces por haber entrado allá estas aguas, y recibirán sanidad; y vivirá todo lo que entrare en este río.

10 Y junto a él estarán los pescadores, y desde En-gadi hasta En-eglaim será su tendedero de redes; y por sus especies serán los peces tan numerosos como los peces del Mar Grande.

11 Sus pantanos y sus lagunas no se sanearán; quedarán para salinas.

12 Y junto al río, en la ribera, a uno y otro lado, crecerá toda clase de árboles frutales; sus hojas nunca caerán, ni faltará su fruto. A su tiempo madurará, porque sus aguas salen del santuario; y su fruto será para comer, y su hoja para medicina.

Límites y repartición de la tierra

13 Así ha dicho Jehová el Señor: Éstos son los límites en que repartiréis la tierra por heredad entre las doce tribus de Israel. José tendrá dos partes.

14 Y la heredaréis así los unos como los otros; por ella alcé mi mano jurando que la había de dar a vuestros padres; por tanto, ésta será la tierra de vuestra heredad.

15 Y éste será el límite de la tierra hacia el lado del norte; desde el Mar Grande, camino de Hetlón viniendo a Zedad,

a. 46.17 Lv 25.10. **a. 47.1** Zac 14.8; Jn 7.38; Ap 22.1.

LECCIONES DE VIDA

➤ ***47.8 — Estas aguas salen... al Arabá, y entrarán en el mar; y entradas en el mar, recibirán sanidad las aguas.***

El Arabá es donde se localiza el Mar Muerto, cuya agua es tan salada que nada puede sobrevivir en ella. No obstante, Dios la transforma en agua potable, salubre y llena de vida. Juan, al igual que Ezequiel, también tuvo esa visión de «un río limpio de agua de vida, resplandeciente como cristal, que salía del trono de Dios y del Cordero» (Ap 22.1). Estos dos ríos vivificantes ilustran por igual la vida abundante que Dios ofrece a todo aquel que acude a Él en fe (Jn 4.14; 7.38; Ap 22.17).

16 Hamat, Berota, Sibraim, que está entre
el límite de Damasco y el límite de Hamat;
Hazar-haticón, que es el límite de Haurán.
17 Y será el límite del norte desde el mar hasta
Hazar-enán en el límite de Damasco al norte,
y al límite de Hamat al lado del norte.
18 Del lado del oriente, en medio de Haurán
y de Damasco, y de Galaad y de la tierra de
Israel, al Jordán; esto mediréis de límite hasta el mar oriental.
19 Del lado meridional, hacia el sur, desde
Tamar hasta las aguas de las rencillas; desde
Cades y el arroyo hasta el Mar Grande; y esto
será el lado meridional, al sur.
20 Del lado del occidente el Mar Grande
será el límite hasta enfrente de la entrada de
Hamat; éste será el lado occidental.
21 Repartiréis, pues, esta tierra entre vosotros
según las tribus de Israel.
22 Y echaréis sobre ella suertes por heredad para vosotros, y para los extranjeros que
moran entre vosotros, que entre vosotros han
engendrado hijos; y los tendréis como naturales entre los hijos de Israel; echarán suertes
con vosotros para tener heredad entre las tribus de Israel.
23 En la tribu en que morare el extranjero,
allí le daréis su heredad, ha dicho Jehová el
Señor.

48 ÉSTOS son los nombres de las tribus:
Desde el extremo norte por la vía de
Hetlón viniendo a Hamat, Hazar-enán, en los
confines de Damasco, al norte, hacia Hamat,
tendrá Dan una parte, desde el lado oriental
hasta el occidental.
2 Junto a la frontera de Dan, desde el lado
del oriente hasta el lado del mar, tendrá Aser
una parte.
3 Junto al límite de Aser, desde el lado del
oriente hasta el lado del mar, Neftalí, otra.
4 Junto al límite de Neftalí, desde el lado del
oriente hasta el lado del mar, Manasés, otra.
5 Junto al límite de Manasés, desde el lado del
oriente hasta el lado del mar, Efraín, otra.
6 Junto al límite de Efraín, desde el lado del
oriente hasta el lado del mar, Rubén, otra.
7 Junto al límite de Rubén, desde el lado del
oriente hasta el lado del mar, Judá, otra.
8 Junto al límite de Judá, desde el lado del
oriente hasta el lado del mar, estará la porción
que reservaréis de veinticinco mil cañas de
anchura, y de longitud como cualquiera de las
otras partes, esto es, desde el lado del oriente hasta el lado del mar; y el santuario estará
en medio de ella.
9 La porción que reservaréis para Jehová tendrá de longitud veinticinco mil cañas, y diez
mil de ancho.
10 La porción santa que pertenecerá a los
sacerdotes será de veinticinco mil cañas al
norte, y de diez mil de anchura al occidente, y de diez mil de ancho al oriente, y de
veinticinco mil de longitud al sur; y el santuario de Jehová estará en medio de ella.
11 Los sacerdotes santificados de los hijos de
Sadoc que me guardaron fidelidad, que no
erraron cuando erraron los hijos de Israel,
como erraron los levitas,
12 ellos tendrán como parte santísima la porción de la tierra reservada, junto al límite de
la de los levitas.
13 Y la de los levitas, al lado de los límites de
la de los sacerdotes, será de veinticinco mil
cañas de longitud, y de diez mil de anchura;
toda la longitud de veinticinco mil, y la anchura de diez mil.
14 No venderán nada de ello, ni lo permuta-
rán, ni traspasarán las primicias de la tierra;
porque es cosa consagrada a Jehová.
15 Y las cinco mil cañas de anchura que quedan de las veinticinco mil, serán profanas,
para la ciudad, para habitación y para ejido; y
la ciudad estará en medio.
16 Éstas serán sus medidas: al lado del norte cuatro mil quinientas cañas, al lado del sur
cuatro mil quinientas, al lado del oriente cuatro mil quinientas, y al lado del occidente cuatro mil quinientas.
17 Y el ejido de la ciudad será al norte de doscientas cincuenta cañas, al sur de doscientas
cincuenta, al oriente de doscientas cincuenta,
y de doscientas cincuenta al occidente.
18 Y lo que quedare de longitud delante de la
porción santa, diez mil cañas al oriente y diez
mil al occidente, que será lo que quedará de la
porción santa, será para sembrar para los que
sirven a la ciudad.
19 Y los que sirvan a la ciudad serán de todas
las tribus de Israel.
20 Toda la porción reservada de veinticinco
mil cañas por veinticinco mil en cuadro, reservaréis como porción para el santuario, y para
la posesión de la ciudad.
21 Y del príncipe será lo que quedare a uno
y otro lado de la porción santa y de la posesión de la ciudad, esto es, delante de las veinticinco mil cañas de la porción hasta el límite
oriental, y al occidente delante de las veinticinco mil hasta el límite occidental, delante
de las partes dichas será del príncipe; porción
santa será, y el santuario de la casa estará en
medio de ella.
22 De este modo la parte del príncipe será la
comprendida desde la porción de los levitas y
la porción de la ciudad, entre el límite de Judá
y el límite de Benjamín.
23 En cuanto a las demás tribus, desde el lado
del oriente hasta el lado del mar, tendrá Benjamín una porción.
24 Junto al límite de Benjamín, desde el lado
del oriente hasta el lado del mar, Simeón,
otra.
25 Junto al límite de Simeón, desde el lado del
oriente hasta el lado del mar, Isacar, otra.

26 Junto al límite de Isacar, desde el lado del oriente hasta el lado del mar, Zabulón, otra.
27 Junto al límite de Zabulón, desde el lado del oriente hasta el lado del mar, Gad, otra.
28 Junto al límite de Gad, al lado meridional al sur, será el límite desde Tamar hasta las aguas de las rencillas, y desde Cades y el arroyo hasta el Mar Grande.
29 Ésta es la tierra que repartiréis por suertes en heredad a las tribus de Israel, y éstas son sus porciones, ha dicho Jehová el Señor.
30 Y éstas son las salidas de la ciudad:[a] al lado del norte, cuatro mil quinientas cañas por medida.
31 Y las puertas de la ciudad serán según los nombres de las tribus de Israel: tres puertas al norte: la puerta de Rubén, una; la puerta de Judá, otra; la puerta de Leví, otra.
32 Al lado oriental cuatro mil quinientas cañas, y tres puertas: la puerta de José, una; la puerta de Benjamín, otra; la puerta de Dan, otra.
33 Al lado del sur, cuatro mil quinientas cañas por medida, y tres puertas: la puerta de Simeón, una; la puerta de Isacar, otra; la puerta de Zabulón, otra.
34 Y al lado occidental cuatro mil quinientas cañas, y sus tres puertas: la puerta de Gad, una; la puerta de Aser, otra; la puerta de Neftalí, otra.
35 En derredor tendrá dieciocho mil cañas. Y el nombre de la ciudad desde aquel día será Jehová-sama.[1] *

---

1 Esto es, *Jehová allí.*

a. 48.30-34 Ap 21.12-13.

EL LIBRO DE

DANIEL

La vida y el ministerio de Daniel abarcaron el período completo de setenta años del cautiverio babilónico. Habiendo sido deportado a Babilonia aproximadamente a sus dieciséis años de edad, y seleccionado específicamente para el servicio gubernamental, Daniel se convirtió en el portavoz profético de Dios al mundo gentil y judío, declarando su propósito presente y eterno. Daniel, siendo un hebreo, se convirtió en el primer ministro de Babilonia y trabajó para tres reyes: Nabucodonosor, Belsasar y Darío. Este libro inspirado cita tanto a Nabucodonosor como a Darío declarando que el Dios de Daniel es el Señor verdadero y viviente sobre todos.

El nombre *Daniye'l* o *Daniel* significa «Dios es mi Juez». La Septuaginta lo translitera *Daniél* en griego y es la base del título en latín y demás idiomas.

El libro de Daniel detalla la vida y las profecías de este siervo de confianza de Dios. Incluye una gran cantidad de profecías cumplidas y es citado por Cristo (Mt 24.15). Varios de los doce capítulos del libro giran en torno a sueños con visiones que Dios le dio, las cuales incluyen árboles, animales, bestias y muchas imágenes.

Aunque muchas de las historias en Daniel se relatan en libros de niños, son demasiado importantes y relevantes como para ser relegadas a las páginas de la literatura infantil. Daniel en el foso de los leones; Sadrac, Mesac y Abed-nego librados en el horno de fuego ardiente; y la mano incorpórea que deletrea cifrando en la pared la condena del déspota y último rey de Babilonia. Todas estas son narraciones espectaculares y apasionantes, pero lo que sobresale en todas ellas es que nuestro Dios soberano y omnipotente actúe con tanta constancia e inmediatez en respuesta a las oraciones fervientes de sus siervos fieles.

Daniel profetizó acerca del ascenso y la caída del anticristo, y la gloriosa segunda venida de Cristo. El libro de Daniel al incluir predicciones precisas de hechos futuros es visto con frecuencia al mismo nivel que el libro de Apocalipsis en el Nuevo Testamento, en gran parte porque ambos contienen muchas imágenes proféticas semejantes.

Tema: Dios manda sobre los asuntos de los hombres, y nadie puede trastocar sus planes ni impedirle actuar. Él es absolutamente soberano.

Autor: Daniel.

Fecha: Durante y poco después del cautiverio babilónico de Judá que duró setenta años (ca. 605–530 a.C.).

Estructura: Los primeros seis capítulos de Daniel incluyen las biografías de varios personajes importantes así como la historia del lugar (1.1—6.28). Los últimos seis capítulos cubren visiones y profecías acerca de la mano soberana de Dios en los asuntos de los hombres (7.1—12.13).

A medida que lea Daniel, fíjese en los principios de vida que juegan un papel importante en este libro:

9. Confiar en Dios quiere decir ver más allá de lo que podemos, hacia lo que Dios ve. *Véase Daniel 2.16; página 952.*

2. Obedezcamos a Dios y dejemos las consecuencias en sus manos. *Véase Daniel 3.15; páginas 953-954.*

17. De rodillas somos más altos y más fuertes. *Véase Daniel 6.10, 11; página 959.*

13. Escuchar a Dios es esencial para andar con Él. *Véase Daniel 9.3; página 965.*

1. Nuestra intimidad con Dios, que es su prioridad para nosotros, determina el impacto que causen nuestras vidas. *Véase Daniel 11.32; página 969.*

Daniel y sus compañeros en Babilonia

1 EN el año tercero del reinado de Joacim
rey de Judá, vino Nabucodonosor rey de
Babilonia a Jerusalén, y la sitió.[a]
2 Y el Señor entregó en sus manos a Joacim
rey de Judá, y parte de los utensilios de la casa
de Dios; y los trajo a tierra de Sinar, a la casa
de su dios, y colocó los utensilios en la casa
del tesoro de su dios.
3 Y dijo el rey a Aspenaz, jefe de sus eunucos,
que trajese de los hijos de Israel, del linaje real
de los príncipes,
4 muchachos en quienes no hubiese tacha
alguna, de buen parecer, enseñados en
toda sabiduría, sabios en ciencia y de buen

RESPUESTAS A PREGUNTAS DE LA VIDA

¿Cómo puedo convertirme en un cristiano más obediente?

DN 1

La obediencia es el criterio definitivo en la vida cristiana. Se define como nuestro cumplimiento del plan y el modelo de Dios, la observancia de sus mandatos, la adherencia a sus parámetros y el sometimiento a su voluntad.

Si queremos obedecer al Señor, necesitamos saber qué acción quiere que emprendamos, cuál es la actitud que más le agrada y qué requiere de nosotros. ¿Cómo logramos llegar a ese nivel de obediencia?

Primero tenemos que saber cuáles son los mandatos de Dios. No podemos obedecer aquello que no conocemos o entendemos. Para empezar a entender la perspectiva de Dios necesitamos familiarizarnos con su Palabra.

Sin embargo, conocer la Palabra de Dios no es suficiente. También debemos tener acceso a su poder. Lo cual logramos al someternos a las indicaciones del Espíritu Santo, quien nos ayuda a aplicar sus mandatos a nuestra propia situación, y nos asiste en determinar las acciones más sabias a emprender.

Tan pronto decidamos obedecer, podemos anticipar que seremos retados a hacer concesiones. Puesto que Satanás no quiere que sigamos a Dios, ofrecerá una tentación tras otra para desviarnos o para debilitar nuestra devoción al Señor, dando pequeños pasos de desobediencia. No olvide que la obediencia parcial es desobediencia.

Se requiere compromiso y valentía para obedecer a Dios ante tales desafíos. Necesitamos valentía para renunciar a lo que nos gusta a fin de hacer lo que Él nos pide; debemos ser valientes para hacer ciertas cosas que pueden traer resultados no bien recibidos; se necesita valor para modificar nuestra agenda a fin de sincronizarla con el plan de Dios; valor para amar a los que cuesta amar, para perdonar a los que parecen imperdonables, y para dar cuando queremos guardar para nosotros. ¿Cómo podemos responder frente al desafío de hacer concesiones? Renovando nuestra decisión de obedecer.

Cuando Jesús se acercaba al final de cuarenta días de ayuno y oración tras su bautismo, Satanás lo tentó a abandonar su llamado (Mt 4.1–11). Jesús fue valiente y se mantuvo firme ante las asechanzas del diablo, respondiendo a una tentación tras otra con la Palabra de Dios. Si deseamos tener un compromiso igualmente resuelto con Él, debemos amar a Dios por encima de todo, ser obedientes en nuestras acciones, tener una actitud firme y estar dispuestos a sufrir cualquier consecuencia que resulte.

Siempre que se sienta tentado(a) a desobedecer a Dios, recuerde que su fidelidad y su devoción a Cristo están en juego. Pregúntese: «¿Está aumentando mi entendimiento de las Escrituras? ¿Soy capaz de cumplir con el plan de Dios sin comprometer mi fe? ¿Cuán firme es mi compromiso de obedecer a Dios? Si lo amo, voy a obedecerlo, así que, ¿cuánto lo amo realmente?»

Para un estudio más a fondo, véase el Índice de Principios de vida:

2. *Obedezcamos a Dios y dejemos las consecuencias en sus manos.*
21. *La obediencia siempre trae bendición consigo.*

a. 1.1 2 R 24.1; 2 Cr 36.5-7.

entendimiento, e idóneos para estar en el palacio del rey; y que les enseñase las letras y la lengua de los caldeos.[b]
5 Y les señaló el rey ración para cada día, de la provisión de la comida del rey, y del vino que él bebía; y que los criase tres años, para que al fin de ellos se presentasen delante del rey.
6 Entre éstos estaban Daniel, Ananías, Misael y Azarías, de los hijos de Judá.
7 A éstos el jefe de los eunucos puso nombres: puso a Daniel, Beltsasar; a Ananías, Sadrac; a Misael, Mesac; y a Azarías, Abed-nego.
➤ 8 Y Daniel propuso en su corazón no contaminarse con la porción de la comida del rey, ni con el vino que él bebía; pidió, por tanto, al jefe de los eunucos que no se le obligase a contaminarse.
9 Y puso Dios a Daniel en gracia y en buena voluntad con el jefe de los eunucos;
10 y dijo el jefe de los eunucos a Daniel: Temo a mi señor el rey, que señaló vuestra comida y vuestra bebida; pues luego que él vea vuestros rostros más pálidos que los de los muchachos que son semejantes a vosotros, condenaréis para con el rey mi cabeza.
11 Entonces dijo Daniel a Melsar, que estaba puesto por el jefe de los eunucos sobre Daniel, Ananías, Misael y Azarías:
12 Te ruego que hagas la prueba con tus siervos por diez días, y nos den legumbres a comer, y agua a beber.
13 Compara luego nuestros rostros con los rostros de los muchachos que comen de la ración de la comida del rey, y haz después con tus siervos según veas.
14 Consintió, pues, con ellos en esto, y probó con ellos diez días.
15 Y al cabo de los diez días pareció el rostro de ellos mejor y más robusto que el de los otros muchachos que comían de la porción de la comida del rey.
16 Así, pues, Melsar se llevaba la porción de la comida de ellos y el vino que habían de beber, y les daba legumbres.
➤ 17 A estos cuatro muchachos Dios les dio conocimiento e inteligencia en todas las letras y ciencias; y Daniel tuvo entendimiento en toda visión y sueños.
18 Pasados, pues, los días al fin de los cuales había dicho el rey que los trajesen, el jefe de los eunucos los trajo delante de Nabucodonosor.
19 Y el rey habló con ellos, y no fueron hallados entre todos ellos otros como Daniel, Ananías, Misael y Azarías; así, pues, estuvieron delante del rey.
20 En todo asunto de sabiduría e inteligencia que el rey les consultó, los halló diez veces mejores que todos los magos y astrólogos que había en todo su reino.
21 Y continuó Daniel hasta el año primero del rey Ciro.

Daniel interpreta el sueño de Nabucodonosor

2 EN el segundo año del reinado de Nabucodonosor, tuvo Nabucodonosor sueños, y se perturbó su espíritu, y se le fue el sueño.
2 Hizo llamar el rey a magos, astrólogos, encantadores y caldeos, para que le explicasen sus sueños. Vinieron, pues, y se presentaron delante del rey.
3 Y el rey les dijo: He tenido un sueño, y mi espíritu se ha turbado por saber el sueño.
4 Entonces hablaron los caldeos al rey en lengua aramea: Rey, para siempre vive; di el sueño a tus siervos, y te mostraremos la interpretación.
5 Respondió el rey y dijo a los caldeos: El asunto lo olvidé; si no me mostráis el sueño y su interpretación, seréis hechos pedazos, y vuestras casas serán convertidas en muladares.
6 Y si me mostrareis el sueño y su interpretación, recibiréis de mí dones y favores y gran honra. Decidme, pues, el sueño y su interpretación.
7 Respondieron por segunda vez, y dijeron: Diga el rey el sueño a sus siervos, y le mostraremos la interpretación.
8 El rey respondió y dijo: Yo conozco ciertamente que vosotros ponéis dilaciones, porque veis que el asunto se me ha ido.
9 Si no me mostráis el sueño, una sola sentencia hay para vosotros. Ciertamente preparáis respuesta mentirosa y perversa que decir delante de mí, entre tanto que pasa el tiempo. Decidme, pues, el sueño, para que yo sepa que me podéis dar su interpretación.

b. 1.2-4 2 R 20.17-18; Is 39.7-8; 2 R 24.10-16; 2 Cr 36.10.

LECCIONES DE VIDA

➤ ***1.8 — Daniel propuso en su corazón no contaminarse.***

La obediencia piadosa empieza con el compromiso absoluto de honrar a Dios por encima de todo. Cuando «proponemos en nuestro corazón» poner a Dios en primer lugar, entonces no habrá tentación ni desafío que pueda controlarnos.

➤ ***1.17 — A estos cuatro muchachos Dios les dio conocimiento e inteligencia en todas las letras y ciencias; y Daniel tuvo entendimiento en toda visión y sueños.***

Dios tiene el poder, la sabiduría y la resolución para equiparle por completo en el desempeño de cualquier tarea o posición que Él quiera que usted emprenda. Nunca fallaremos en la realización de una tarea que Dios nos asigne porque Él no nos haya dado lo necesario.

10 Los caldeos respondieron delante del rey, y dijeron: No hay hombre sobre la tierra que pueda declarar el asunto del rey; además de esto, ningún rey, príncipe ni señor preguntó cosa semejante a ningún mago ni astrólogo ni caldeo.

11 Porque el asunto que el rey demanda es difícil, y no hay quien lo pueda declarar al rey, salvo los dioses cuya morada no es con la carne.

12 Por esto el rey con ira y con gran enojo mandó que matasen a todos los sabios de Babilonia.

13 Y se publicó el edicto de que los sabios fueran llevados a la muerte; y buscaron a Daniel y a sus compañeros para matarlos.

14 Entonces Daniel habló sabia y prudentemente a Arioc, capitán de la guardia del rey, que había salido para matar a los sabios de Babilonia.

15 Habló y dijo a Arioc capitán del rey: ¿Cuál es la causa de que este edicto se publique de parte del rey tan apresuradamente? Entonces Arioc hizo saber a Daniel lo que había.

➤ 16 Y Daniel entró y pidió al rey que le diese tiempo, y que él mostraría la interpretación al rey.

17 Luego se fue Daniel a su casa e hizo saber lo que había a Ananías, Misael y Azarías, sus compañeros,

18 para que pidiesen misericordias del Dios del cielo sobre este misterio, a fin de que Daniel y sus compañeros no pereciesen con los otros sabios de Babilonia.

19 Entonces el secreto fue revelado a Daniel en visión de noche, por lo cual bendijo Daniel al Dios del cielo.

* 20 Y Daniel habló y dijo: Sea bendito el nombre de Dios de siglos en siglos, porque suyos son el poder y la sabiduría.

21 Él muda los tiempos y las edades; quita reyes, y pone reyes; da la sabiduría a los sabios, y la ciencia a los entendidos.

22 Él revela lo profundo y lo escondido; conoce lo que está en tinieblas, y con él mora la luz.

23 A ti, oh Dios de mis padres, te doy gracias y te alabo, porque me has dado sabiduría y fuerza, y ahora me has revelado lo que te pedimos; pues nos has dado a conocer el asunto del rey.

24 Después de esto fue Daniel a Arioc, al cual el rey había puesto para matar a los sabios de Babilonia, y le dijo así: No mates a los sabios de Babilonia; llévame a la presencia del rey, y yo le mostraré la interpretación.

25 Entonces Arioc llevó prontamente a Daniel ante el rey, y le dijo así: He hallado un varón de los deportados de Judá, el cual dará al rey la interpretación.

26 Respondió el rey y dijo a Daniel, al cual llamaban Beltsasar: ¿Podrás tú hacerme conocer el sueño que vi, y su interpretación?

27 Daniel respondió delante del rey, diciendo: El misterio que el rey demanda, ni sabios, ni astrólogos, ni magos ni adivinos lo pueden revelar al rey.

28 Pero hay un Dios en los cielos, el cual revela los misterios, y él ha hecho saber al rey Nabucodonosor lo que ha de acontecer en los postreros días. He aquí tu sueño, y las visiones que has tenido en tu cama:

29 Estando tú, oh rey, en tu cama, te vinieron pensamientos por saber lo que había de ser en lo por venir; y el que revela los misterios te mostró lo que ha de ser.

30 Y a mí me ha sido revelado este misterio, no porque en mí haya más sabiduría que en todos los vivientes, sino para que se dé a conocer al rey la interpretación, y para que entiendas los pensamientos de tu corazón.

31 Tú, oh rey, veías, y he aquí una gran imagen. Esta imagen, que era muy grande, y cuya gloria era muy sublime, estaba en pie delante de ti, y su aspecto era terrible.

32 La cabeza de esta imagen era de oro fino; su pecho y sus brazos, de plata; su vientre y sus muslos, de bronce;

33 sus piernas, de hierro; sus pies, en parte de hierro y en parte de barro cocido.

34 Estabas mirando, hasta que una piedra fue cortada, no con mano, e hirió a la imagen en sus pies de hierro y de barro cocido, y los desmenuzó.

35 Entonces fueron desmenuzados también el hierro, el barro cocido, el bronce, la plata y el oro, y fueron como tamo de las eras del verano, y se los llevó el viento sin que de ellos quedara[o] rastro alguno. Mas la piedra que hirió a la imagen fue hecha un gran monte que llenó toda la tierra.

36 Éste es el sueño; también la interpretación de él diremos en presencia del rey.

37 Tú, oh rey, eres rey de reyes; porque el Dios del cielo te ha dado reino, poder, fuerza y majestad.

38 Y dondequiera que habitan hijos de hombres, bestias del campo y aves del cielo, él los ha entregado en tu mano, y te ha dado el dominio sobre todo; tú eres aquella cabeza de oro.

LECCIONES DE VIDA

➤ ***2.16 — Y Daniel entró y pidió al rey que le diese tiempo, y que él mostraría la interpretación al rey.***

Antes que Daniel presentara su solicitud urgente a Dios, demostró su confianza en que el Señor le interpretaría el sueño al rey. Confiar en Dios significa ver más allá de lo que podemos ver, hacia lo que Él ve.

39 Y después de ti se levantará otro reino inferior al tuyo; y luego un tercer reino de bronce, el cual dominará sobre toda la tierra.
40 Y el cuarto reino será fuerte como hierro; y como el hierro desmenuza y rompe todas las cosas, desmenuzará y quebrantará todo.
41 Y lo que viste de los pies y los dedos, en parte de barro cocido de alfarero y en parte de hierro, será un reino dividido; mas habrá en él algo de la fuerza del hierro, así como viste hierro mezclado con barro cocido.
42 Y por ser los dedos de los pies en parte de hierro y en parte de barro cocido, el reino será en parte fuerte, y en parte frágil.
43 Así como viste el hierro mezclado con barro, se mezclarán por medio de alianzas humanas; pero no se unirán el uno con el otro, como el hierro no se mezcla con el barro.
➤ 44 Y en los días de estos reyes el Dios del cielo levantará un reino que no será jamás destruido, ni será el reino dejado a otro pueblo; desmenuzará y consumirá a todos estos reinos, pero él permanecerá para siempre,
45 de la manera que viste que del monte fue cortada una piedra, no con mano, la cual desmenuzó el hierro, el bronce, el barro, la plata y el oro. El gran Dios ha mostrado al rey lo que ha de acontecer en lo por venir; y el sueño es verdadero, y fiel su interpretación.
46 Entonces el rey Nabucodonosor se postró sobre su rostro y se humilló ante Daniel, y mandó que le ofreciesen presentes e incienso.
47 El rey habló a Daniel, y dijo: Ciertamente el Dios vuestro es Dios de dioses, y Señor de los reyes, y el que revela los misterios, pues pudiste revelar este misterio.
48 Entonces el rey engrandeció a Daniel, y le dio muchos honores y grandes dones, y le hizo gobernador de toda la provincia de Babilonia, y jefe supremo de todos los sabios de Babilonia.
49 Y Daniel solicitó del rey, y obtuvo que pusiera sobre los negocios de la provincia de Babilonia a Sadrac, Mesac y Abed-nego; y Daniel estaba en la corte del rey.

Rescatados del horno de fuego

3 EL rey Nabucodonosor hizo una estatua de oro cuya altura era de sesenta codos, y su anchura de seis codos; la levantó en el campo de Dura, en la provincia de Babilonia.
2 Y envió el rey Nabucodonosor a que se reuniesen los sátrapas, los magistrados y capitanes, oidores, tesoreros, consejeros, jueces, y todos los gobernadores de las provincias, para que viniesen a la dedicación de la estatua que el rey Nabucodonosor había levantado.
3 Fueron, pues, reunidos los sátrapas, magistrados, capitanes, oidores, tesoreros, consejeros, jueces, y todos los gobernadores de las provincias, a la dedicación de la estatua que el rey Nabucodonosor había levantado; y estaban en pie delante de la estatua que había levantado el rey Nabucodonosor.
4 Y el pregonero anunciaba en alta voz: Mándase a vosotros, oh pueblos, naciones y lenguas,
5 que al oír el son de la bocina, de la flauta, del tamboril, del arpa, del salterio, de la zampoña y de todo instrumento de música, os postréis y adoréis la estatua de oro que el rey Nabucodonosor ha levantado;
6 y cualquiera que no se postre y adore, inmediatamente será echado dentro de un horno de fuego ardiendo.
7 Por lo cual, al oír todos los pueblos el son de la bocina, de la flauta, del tamboril, del arpa, del salterio, de la zampoña y de todo instrumento de música, todos los pueblos, naciones y lenguas se postraron y adoraron la estatua de oro que el rey Nabucodonosor había levantado.
8 Por esto en aquel tiempo algunos varones caldeos vinieron y acusaron maliciosamente a los judíos.
9 Hablaron y dijeron al rey Nabucodonosor: Rey, para siempre vive.
10 Tú, oh rey, has dado una ley que todo hombre, al oír el son de la bocina, de la flauta, del tamboril, del arpa, del salterio, de la zampoña y de todo instrumento de música, se postre y adore la estatua de oro;
11 y el que no se postre y adore, sea echado dentro de un horno de fuego ardiendo.
12 Hay unos varones judíos, los cuales pusiste sobre los negocios de la provincia de Babilonia: Sadrac, Mesac y Abed-nego; estos varones, oh rey, no te han respetado; no adoran tus dioses, ni adoran la estatua de oro que has levantado.
13 Entonces Nabucodonosor dijo con ira y con enojo que trajesen a Sadrac, Mesac y Abed-nego. Al instante fueron traídos estos varones delante del rey.
14 Habló Nabucodonosor y les dijo: ¿Es verdad, Sadrac, Mesac y Abed-nego, que vosotros no honráis a mi dios, ni adoráis la estatua de oro que he levantado?
15 Ahora, pues, ¿estáis dispuestos para que ➤
al oír el son de la bocina, de la flauta, del

LECCIONES DE VIDA

➤ ***2.44 — el Dios del cielo levantará un reino que no será jamás destruido.***

Por supuesto, este es el reino eterno del que Jesús nos invita a ser parte cuando lo aceptamos como nuestro Salvador (Lc 1.32, 33). Cuando enfrentamos diferentes dificultades y retos, puede darnos gran esperanza el recordar que, pase lo que pase, estamos íntimamente conectados a Aquel quien es siempre victorioso.

➤ ***3.15 — ¿y qué dios será aquel que os libre de mis manos?***

Nabucodonosor no podía concebir una deidad con el poder para frustrar sus deseos. ¿Acaso no había

Ejemplos de vida

SADRAC, MESAC Y ABED-NEGO

De cara al fuego

DN 3.19–29

Nabucodonosor divisó el horizonte y vio gente de muchas nacionalidades inclinarse ante la imagen que había hecho. Había declarado que tan pronto empezara la música, todos debían postrarse y adorar la inmensa estatua de oro que había erigido. Hasta donde podía ver, la muchedumbre estaba obedeciendo.

Pero entonces el rey fue informado sobre tres hebreos que rehusaron postrarse: Sadrac, Mesac y Abed-nego. Nabucodonosor se enfureció sobremanera y amenazó lanzar a los tres hombres en un horno ardiente de fuego. Ellos debían tomar una decisión: obedecer a Dios y encarar el fuego, o rendir honores a Nabucodonosor y deshonrar a Dios.

Ellos eligieron lo primero, y Dios los libró.

Dios es capaz de librarle de cualquier fuego que usted enfrente. Por tanto, confíe en Él, pues Él puede y quiere ayudarle hoy, cualquiera que sea su lucha.

Para un estudio más a fondo, véase el Índice de Principios de vida:

2. *Obedezcamos a Dios y dejemos las consecuencias en sus manos.*

tamboril, del arpa, del salterio, de la zampoña y de todo instrumento de música, os
postréis y adoréis la estatua que he hecho?
Porque si no la adoraréis, en la misma hora
seréis echados en medio de un horno de fuego
ardiendo; ¿y qué dios será aquel que os libre
de mis manos?
16 Sadrac, Mesac y Abed-nego respondieron al rey Nabucodonosor, diciendo: No es
necesario que te respondamos sobre este
asunto.
17 He aquí nuestro Dios a quien servimos
puede librarnos del horno de fuego ardiendo;
y de tu mano, oh rey, nos librará.
18 Y si no, sepas, oh rey, que no serviremos a
tus dioses, ni tampoco adoraremos la estatua
que has levantado.
19 Entonces Nabucodonosor se llenó de ira,
y se demudó el aspecto de su rostro contra
Sadrac, Mesac y Abed-nego, y ordenó que
el horno se calentase siete veces más de lo
acostumbrado.
20 Y mandó a hombres muy vigorosos que
tenía en su ejército, que atasen a Sadrac,
Mesac y Abed-nego, para echarlos en el horno de fuego ardiendo.
21 Entonces estos varones fueron atados con
sus mantos, sus calzas, sus turbantes y sus
vestidos, y fueron echados dentro del horno
de fuego ardiendo.
22 Y como la orden del rey era apremiante, y
lo habían calentado mucho, la llama del fuego
mató a aquellos que habían alzado a Sadrac,
Mesac y Abed-nego.
23 Y estos tres varones, Sadrac, Mesac y
Abed-nego, cayeron atados dentro del horno
de fuego ardiendo.
24 Entonces el rey Nabucodonosor se espantó, y se levantó apresuradamente y dijo a los
de su consejo: ¿No echaron a tres varones atados dentro del fuego? Ellos respondieron al
rey: Es verdad, oh rey.
25 Y él dijo: He aquí yo veo cuatro varones
sueltos, que se pasean en medio del fuego sin
sufrir ningún daño; y el aspecto del cuarto es
semejante a hijo de los dioses.
26 Entonces Nabucodonosor se acercó a la
puerta del horno de fuego ardiendo, y dijo:
Sadrac, Mesac y Abed-nego, siervos del Dios
Altísimo, salid y venid. Entonces Sadrac,
Mesac y Abed-nego salieron de en medio del
fuego.
27 Y se juntaron los sátrapas, los gobernadores, los capitanes y los consejeros del rey, para
mirar a estos varones, cómo el fuego no había
tenido poder alguno sobre sus cuerpos, ni aun
el cabello de sus cabezas se había quemado;
sus ropas estaban intactas, y ni siquiera olor
de fuego tenían.

LECCIONES DE VIDA

destruido ya a Jerusalén, donde estaba el templo del Señor? Por supuesto, Dios no iba a pasar por alto este desafío irreverente. Sadrac, Mesac y Abed-nego permanecieron fieles al Señor, bien fuera que los salvara o no, porque reconocieron su derecho a disponer de sus vidas (Dn 3.16–17). Usted puede seguir el ejemplo de ellos. Sin importar qué esté enfrentando, obedezca a Dios y deje a Él las consecuencias. Él rescató a sus tres siervos fieles (Dn 3.24–26), y también puede librarle a usted.

➢28 Entonces Nabucodonosor dijo: Bendito sea
el Dios de ellos, de Sadrac, Mesac y Abed-
nego, que envió su ángel y libró a sus siervos
que confiaron en él, y que no cumplieron el
edicto del rey, y entregaron sus cuerpos antes
que servir y adorar a otro dios que su Dios.
29 Por lo tanto, decreto que todo pueblo,
nación o lengua que dijere blasfemia contra
el Dios de Sadrac, Mesac y Abed-nego, sea
descuartizado, y su casa convertida en muladar; por cuanto no hay dios que pueda librar
como éste.
30 Entonces el rey engrandeció a Sadrac,
Mesac y Abed-nego en la provincia de
Babilonia.

La locura de Nabucodonosor

4 NABUCODONOSOR rey, a todos los pueblos, naciones y lenguas que moran en
toda la tierra: Paz os sea multiplicada.
2 Conviene que yo declare las señales y milagros que el Dios Altísimo ha hecho conmigo.
3 ¡Cuán grandes son sus señales, y cuán potentes sus maravillas! Su reino, reino sempiterno,
y su señorío de generación en generación.
4 Yo Nabucodonosor estaba tranquilo en mi
casa, y floreciente en mi palacio,
5 Vi un sueño que me espantó, y tendido en
cama, las imaginaciones y visiones de mi
cabeza me turbaron.
6 Por esto mandé que vinieran delante de mí
todos los sabios de Babilonia, para que me
mostrasen la interpretación del sueño.
7 Y vinieron magos, astrólogos, caldeos y adivinos, y les dije el sueño, pero no me pudieron
mostrar su interpretación,
8 hasta que entró delante de mí Daniel, cuyo
nombre es Beltsasar, como el nombre de mi
dios, y en quien mora el espíritu de los dioses santos. Conté delante de él el sueño,
diciendo:
9 Beltsasar, jefe de los magos, ya que he
entendido que hay en ti espíritu de los dioses
santos, y que ningún misterio se te esconde,
declárame las visiones de mi sueño que he visto, y su interpretación.
10 Éstas fueron las visiones de mi cabeza
mientras estaba en mi cama: Me parecía ver
en medio de la tierra un árbol, cuya altura era
grande.
11 Crecía este árbol, y se hacía fuerte, y su
copa llegaba hasta el cielo, y se le alcanzaba a
ver desde todos los confines de la tierra.
12 Su follaje era hermoso y su fruto abundante, y había en él alimento para todos. Debajo de él se ponían a la sombra las bestias del
campo, y en sus ramas hacían morada las aves
del cielo, y se mantenía de él toda carne.
13 Vi en las visiones de mi cabeza mientras
estaba en mi cama, que he aquí un vigilante y
santo descendía del cielo.
14 Y clamaba fuertemente y decía así: Derri-
bad el árbol, y cortad sus ramas, quitadle el
follaje, y dispersad su fruto; váyanse las bestias que están debajo de él, y las aves de sus
ramas.
15 Mas la cepa de sus raíces dejaréis en la tierra, con atadura de hierro y de bronce entre
la hierba del campo; sea mojado con el rocío
del cielo, y con las bestias sea su parte entre
la hierba de la tierra.
16 Su corazón de hombre sea cambiado, y le
sea dado corazón de bestia, y pasen sobre él
siete tiempos.
17 La sentencia es por decreto de los vigilantes, y por dicho de los santos la resolución,
para que conozcan los vivientes que el Altísimo gobierna el reino de los hombres, y que a
quien él quiere lo da, y constituye sobre él al
más bajo de los hombres.
18 Yo el rey Nabucodonosor he visto este sueño. Tú, pues, Beltsasar, dirás la interpretación
de él, porque todos los sabios de mi reino no
han podido mostrarme su interpretación; mas
tú puedes, porque mora en ti el espíritu de los
dioses santos.
19 Entonces Daniel, cuyo nombre era Beltsasar, quedó atónito casi una hora, y sus
pensamientos lo turbaban. El rey habló y dijo:
Beltsasar, no te turben ni el sueño ni su interpretación. Beltsasar respondió y dijo: Señor
mío, el sueño sea para tus enemigos, y su
interpretación para los que mal te quieren.
20 El árbol que viste, que crecía y se hacía
fuerte, y cuya copa llegaba hasta el cielo, y
que se veía desde todos los confines de la
tierra,
21 cuyo follaje era hermoso, y su fruto abundante, y en que había alimento para todos,
debajo del cual moraban las bestias del campo, y en cuyas ramas anidaban las aves del
cielo,
22 tú mismo eres, oh rey, que creciste y te
hiciste fuerte, pues creció tu grandeza y ha llegado hasta el cielo, y tu dominio hasta los confines de la tierra.
23 Y en cuanto a lo que vio el rey, un vigilante
y santo que descendía del cielo y decía: Cortad el árbol y destruidlo; mas la cepa de sus
raíces dejaréis en la tierra, con atadura de hierro y de bronce en la hierba del campo; y sea
mojado con el rocío del cielo, y con las bestias

LECCIONES DE VIDA

➢ ***3.28 — Dios… envió su ángel y libró a sus siervos que confiaron en él.***

Nabucodonosor se dio cuenta por lo menos de dos cualidades que tenían los tres jóvenes hebreos: servían a Dios (trabajaban para Él en primera instancia) y confiaban en Dios (habían puesto sus vidas en su mano). Dios siempre actúa a favor de aquellos que esperan en Él, confían en Él, lo honran y lo obedecen.

del campo sea su parte, hasta que pasen sobre él siete tiempos;
24 ésta es la interpretación, oh rey, y la sentencia del Altísimo, que ha venido sobre mi señor el rey:
25 Que te echarán de entre los hombres, y con las bestias del campo será tu morada, y con hierba del campo te apacentarán como a los bueyes, y con el rocío del cielo serás bañado; y siete tiempos pasarán sobre ti, hasta que conozcas que el Altísimo tiene dominio en el reino de los hombres, y que lo da a quien él quiere.
➢26 Y en cuanto a la orden de dejar en la tierra la cepa de las raíces del mismo árbol, significa que tu reino te quedará firme, luego que reconozcas que el cielo gobierna.
27 Por tanto, oh rey, acepta mi consejo: tus pecados redime con justicia, y tus iniquidades haciendo misericordias para con los oprimidos, pues tal vez será eso una prolongación de tu tranquilidad.
28 Todo esto vino sobre el rey Nabucodonosor.
29 Al cabo de doce meses, paseando en el palacio real de Babilonia,
30 habló el rey y dijo: ¿No es ésta la gran Babilonia que yo edifiqué para casa real con la fuerza de mi poder, y para gloria de mi majestad?
31 Aún estaba la palabra en la boca del rey, cuando vino una voz del cielo: A ti se te dice, rey Nabucodonosor: El reino ha sido quitado de ti;
32 y de entre los hombres te arrojarán, y con las bestias del campo será tu habitación, y como a los bueyes te apacentarán; y siete tiempos pasarán sobre ti, hasta que reconozcas que el Altísimo tiene el domino en el reino de los hombres, y lo da a quien él quiere.
33 En la misma hora se cumplió la palabra sobre Nabucodonosor, y fue echado de entre los hombres; y comía hierba como los bueyes, y su cuerpo se mojaba con el rocío del cielo, hasta que su pelo creció como plumas de águila, y sus uñas como las de las aves.
34 Mas al fin del tiempo yo Nabucodonosor alcé mis ojos al cielo, y mi razón me fue devuelta; y bendije al Altísimo, y alabé y glorifiqué al que vive para siempre, cuyo dominio es sempiterno, y su reino por todas las edades.
35 Todos los habitantes de la tierra son considerados como nada; y él hace según su voluntad en el ejército del cielo, y en los habitantes de la tierra, y no hay quien detenga su mano, y le diga: ¿Qué haces?
36 En el mismo tiempo mi razón me fue devuelta, y la majestad de mi reino, mi dignidad y mi grandeza volvieron a mí, y mis gobernadores y mis consejeros me buscaron; y fui restablecido en mi reino, y mayor grandeza me fue añadida.

Ejemplos de vida

NABUCODONOSOR

Una lección de humildad

DN 4.30–37

Babilonia se expandió y creció en poder y fama bajo el mandato de Nabucodonosor. El mundo lo veía como un dios, y él neciamente empezó a creer en su propio renombre.

Se elogió a sí mismo diciendo: «¿No es ésta la gran Babilonia que yo edifiqué para casa real con la fuerza de mi poder, y para gloria de mi majestad?» (Dn 4.30). Pero en un instante, Nabucodonosor perdió su reino y vivió como una bestia salvaje (Dn 4.31–33). Fue sólo tras un período de humillación severa que él recobró el juicio: «Ahora yo Nabucodonosor alabo, engrandezco y glorifico al Rey del cielo… él puede humillar a los que andan con soberbia» (Dn 4.37).

Dios es amor, pero debemos andar humildemente ante Él. Cuando empezamos a exaltarnos, Dios nos humillará (Stg 4.6). Él merece todo nuestro amor y afecto, y debemos recordar que Él es quien manda sobre todas las cosas, no nosotros.

Para un estudio más a fondo, véase el Índice de Principios de vida:

6. *Cosechamos lo que sembramos, más de lo que sembramos, después de sembrarlo.*

LECCIONES DE VIDA

➢ ***4.26 — tu reino te quedará firme, luego que reconozcas que el cielo gobierna.***

El Dios del cielo es soberano sobre todos. Esa es la primera lección que todo líder debería aprender. El Señor «gobierna el reino de los hombres, y… a quien él quiere lo da, y constituye sobre él al más bajo de los hombres» (Dn 4.17). Aquellos que se niegan a reconocer que existe una autoridad mayor a ellos mismos, descubrirán en poco tiempo que han perdido toda autoridad (Sal 53; Pr 14.12).

➤ 37 Ahora yo Nabucodonosor alabo, engrandezco y glorifico al Rey del cielo, porque todas sus obras son verdaderas, y sus caminos justos; y él puede humillar a los que andan con soberbia.

La escritura en la pared

5 EL rey Belsasar hizo un gran banquete a mil de sus príncipes, y en presencia de los mil bebía vino.

2 Belsasar, con el gusto del vino, mandó que trajesen los vasos de oro y de plata que Nabucodonosor su padre había traído del templo de Jerusalén, para que bebiesen en ellos el rey y sus grandes, sus mujeres y sus concubinas.

3 Entonces fueron traídos los vasos de oro que habían traído del templo de la casa de Dios que estaba en Jerusalén, y bebieron en ellos el rey y sus príncipes, sus mujeres y sus concubinas.

4 Bebieron vino, y alabaron a los dioses de oro y de plata, de bronce, de hierro, de madera y de piedra.

5 En aquella misma hora aparecieron los dedos de una mano de hombre, que escribía delante del candelero sobre lo encalado de la pared del palacio real, y el rey veía la mano que escribía.

6 Entonces el rey palideció, y sus pensamientos lo turbaron, y se debilitaron sus lomos, y sus rodillas daban la una contra la otra.

7 El rey gritó en alta voz que hiciesen venir magos, caldeos y adivinos; y dijo el rey a los sabios de Babilonia: Cualquiera que lea esta escritura y me muestre su interpretación, será vestido de púrpura, y un collar de oro llevará en su cuello, y será el tercer señor en el reino.

8 Entonces fueron introducidos todos los sabios del rey, pero no pudieron leer la escritura ni mostrar al rey su interpretación.

9 Entonces el rey Belsasar se turbó sobremanera, y palideció, y sus príncipes estaban perplejos.

10 La reina, por las palabras del rey y de sus príncipes, entró a la sala del banquete, y dijo: Rey, vive para siempre; no te turben tus pensamientos, ni palidezca tu rostro.

11 En tu reino hay un hombre en el cual mora el espíritu de los dioses santos, y en los días de tu padre se halló en él luz e inteligencia y sabiduría, como sabiduría de los dioses; al que el rey Nabucodonosor tu padre, oh rey, constituyó jefe sobre todos los magos, astrólogos, caldeos y adivinos,

12 por cuanto fue hallado en él mayor espíritu y ciencia y entendimiento, para interpretar sueños y descifrar enigmas y resolver dudas; esto es, en Daniel, al cual el rey puso por nombre Beltsasar. Llámese, pues, ahora a Daniel, y él te dará la interpretación.

13 Entonces Daniel fue traído delante del rey. Y dijo el rey a Daniel: ¿Eres tú aquel Daniel de los hijos de la cautividad de Judá que mi padre trajo de Judea?

14 Yo he oído de ti que el espíritu de los dioses santos está en ti, y que en ti se halló luz, entendimiento y mayor sabiduría.

15 Y ahora fueron traídos delante de mí sabios y astrólogos para que leyesen esta escritura y me diesen su interpretación; pero no han podido mostrarme la interpretación del asunto.

16 Yo, pues, he oído de ti que puedes dar interpretaciones y resolver dificultades. Si ahora puedes leer esta escritura y darme su interpretación, serás vestido de púrpura, y un collar de oro llevarás en tu cuello, y serás el tercer señor en el reino.

17 Entonces Daniel respondió y dijo delante del rey: Tus dones sean para ti, y da tus recompensas a otros. Leeré la escritura al rey, y le daré la interpretación. ➤

18 El Altísimo Dios, oh rey, dio a Nabucodonosor tu padre el reino y la grandeza, la gloria y la majestad.

19 Y por la grandeza que le dio, todos los pueblos, naciones y lenguas temblaban y temían delante de él. A quien quería mataba, y a quien quería daba vida; engrandecía a quien quería, y a quien quería humillaba.

20 Mas cuando su corazón se ensoberbeció, y su espíritu se endureció en su orgullo, fue depuesto del trono de su reino, y despojado de su gloria.

21 Y fue echado de entre los hijos de los hombres, y su mente se hizo semejante a la de las bestias, y con los asnos monteses fue su morada. Hierba le hicieron comer como a buey, y su cuerpo fue mojado con el rocío del cielo, hasta que reconoció que el Altísimo Dios tiene

LECCIONES DE VIDA

➤ ***4.37 — y él puede humillar a los que andan con soberbia.***

Dios se opone al orgullo humano dondequiera que lo halle, y siempre le hará oposición (Is 13.11; Stg 4.6). No obstante, el orgullo debe ser expuesto como tal antes que podamos ser librados de su control. Tal como lo hizo con Nabucodonosor, el Señor a veces nos dejará tocar fondo para que nos demos cuenta que todo lo bueno que tenemos viene de Él y no se debe a nuestros propios talentos y esfuerzos. El rey Nabucodonosor aprendió esta dura lección a las malas. Aunque el profeta Daniel le advirtió que necesitaba arrepentirse de su soberbia y dar la gloria a Dios, el rey rehusó hacerlo hasta que el Señor intervino en sus circunstancias.

➤ ***5.17 — Tus dones sean para ti, y da tus recompensas a otros.***

Como lo hizo Abraham mucho antes que él, Daniel no tenía interés alguno en ser enriquecido por un gobernante impío (Gn 14.21–23). Tampoco le tenía miedo al rey de los babilonios, pues temía al Señor por encima de todo (Sal 118.6; Is 51.12, 13; Mt 10.28).

dominio sobre el reino de los hombres, y que
pone sobre él al que le place.
22 Y tú, su hijo Belsasar, no has humillado tu
corazón, sabiendo todo esto;
➤23 sino que contra el Señor del cielo te has
ensoberbecido, e hiciste traer delante de ti los
vasos de su casa, y tú y tus grandes, tus mujeres y tus concubinas, bebisteis vino en ellos;
además de esto, diste alabanza a dioses de
plata y oro, de bronce, de hierro, de madera y
de piedra, que ni ven, ni oyen, ni saben; y al
Dios en cuya mano está tu vida, y cuyos son
todos tus caminos, nunca honraste.
24 Entonces de su presencia fue enviada la
mano que trazó esta escritura.
25 Y la escritura que trazó es: Mene, Mene,
Tekel, Uparsin.
26 Esta es la interpretación del asunto: Mene:
Contó Dios tu reino, y le ha puesto fin.
27 Tekel: Pesado has sido en balanza, y fuiste hallado falto.
28 Peres: Tu reino ha sido roto, y dado a los
medos y a los persas.
29 Entonces mandó Belsasar vestir a Daniel
de púrpura, y poner en su cuello un collar de
oro, y proclamar que él era el tercer señor del
reino.
30 La misma noche fue muerto Belsasar rey
de los caldeos.
31 Y Darío de Media tomó el reino, siendo de
sesenta y dos años.

Daniel en el foso de los leones

6 PARECIÓ bien a Darío constituir sobre el
reino ciento veinte sátrapas, que goberna-
sen en todo el reino.
2 Y sobre ellos tres gobernadores, de los cuales Daniel era uno, a quienes estos sátrapas diesen cuenta, para que el rey no fuese
perjudicado.
3 Pero Daniel mismo era superior a estos
sátrapas y gobernadores, porque había en él
un espíritu superior; y el rey pensó en poner-
lo sobre todo el reino.
4 Entonces los gobernadores y sátrapas buscaban ocasión para acusar a Daniel en lo
relacionado al reino; mas no podían hallar
ocasión alguna o falta, porque él era fiel, y
ningún vicio ni falta fue hallado en él.
➤5 Entonces dijeron aquellos hombres: No
hallaremos contra este Daniel ocasión alguna
para acusarle, si no la hallamos contra él en
relación con la ley de su Dios.

Ejemplos de vida

DANIEL

Un hombre de oración

DN 6

La historia de Daniel en el foso de los leones está tan llena de acción y drama que es fácil perder de vista la razón por la que terminó en medio de fieras hambrientas.

Daniel fue lanzado a los leones debido a su hábito diario de oración. Normalmente, su fidelidad no le habría causado problemas, pero los enemigos de Daniel decidieron usar su piedad en su contra convirtiendo en delito orar a otro que no fuera el rey Darío (Dn 6.7).

Cuando Daniel se enteró del agraviante edicto, fue a su casa y oró, justo frente a la ventana de su aposento, donde sus enemigos pudieran verlo fácilmente (Dn 6.10). Daniel se negó a alterar su compromiso a Dios para protegerse a sí mismo. Aunque pudo haber orado en un cuarto sin ventanas, Daniel sabía que los ojos de sus enemigos no eran los únicos que lo tenían en la mira. El Señor estaba viendo, al igual que su pueblo atemorizado y exiliado. Fue debido a que Daniel se mantuvo fiel, que Dios lo libró de los leones (Dn 6.16–27).

Pueda ser que nosotros siempre elijamos la fidelidad al Señor como Daniel lo hizo, aun cuando la infidelidad parezca más fácil.

Para un estudio más a fondo, véase el Índice de Principios de vida:

8. Libremos nuestras batallas de rodillas y siempre obtendremos la victoria.

LECCIONES DE VIDA

➤ *5.23 — al Dios en cuya mano está tu vida, y cuyos son todos tus caminos.*

Bien sea que los hombres crean en Dios o no, Él es quien los mantiene con vida. Sírvanle o no, Él les da aliento. Ya sea que lo reverencien o no, ellos siguen vivos porque a Él le place. Dios gobierna sobre todos y merece amor, obediencia y alabanza de nuestra parte.

➤ *6.5 — No hallaremos contra este Daniel ocasión alguna para acusarle, si no la hallamos contra él en relación con la ley de su Dios.*

¿Por qué los gobernadores y sátrapas no pudieron hallar razones válidas para acusar a Daniel? Porque era un hombre íntegro y justo que amaba a Dios y lo obedecía de todo corazón. El Señor nunca nos guiará a hacer lo malo. Por el contrario, siempre nos dirige en santidad y verdad, obrando

6 Entonces estos gobernadores y sátrapas se
juntaron delante del rey, y le dijeron así: ¡Rey
Darío, para siempre vive!
7 Todos los gobernadores del reino, magistrados, sátrapas, príncipes y capitanes han acordado por consejo que promulgues un edicto
real y lo confirmes, que cualquiera que en el
espacio de treinta días demande petición de
cualquier dios u hombre fuera de ti, oh rey,
sea echado en el foso de los leones.
8 Ahora, oh rey, confirma el edicto y fírmalo,
para que no pueda ser revocado, conforme a
la ley de Media y de Persia, la cual no puede
ser abrogada.
9 Firmó, pues, el rey Darío el edicto y la
prohibición.
10 Cuando Daniel supo que el edicto había
sido firmado, entró en su casa, y abiertas las
ventanas de su cámara que daban hacia Jerusalén, se arrodillaba tres veces al día, y oraba y daba gracias delante de su Dios, como lo
solía hacer antes.
11 Entonces se juntaron aquellos hombres, y
hallaron a Daniel orando y rogando en presencia de su Dios.
12 Fueron luego ante el rey y le hablaron del
edicto real: ¿No has confirmado edicto que
cualquiera que en el espacio de treinta días
pida a cualquier dios u hombre fuera de ti, oh
rey, sea echado en el foso de los leones? Respondió el rey diciendo: Verdad es, conforme a
la ley de Media y de Persia, la cual no puede
ser abrogada.
13 Entonces respondieron y dijeron delante
del rey: Daniel, que es de los hijos de los cautivos de Judá, no te respeta a ti, oh rey, ni acata
el edicto que confirmaste, sino que tres veces
al día hace su petición.
14 Cuando el rey oyó el asunto, le pesó en
gran manera, y resolvió librar a Daniel; y hasta la puesta del sol trabajó para librarle.
15 Pero aquellos hombres rodearon al rey y le
dijeron: Sepas, oh rey, que es ley de Media y
de Persia que ningún edicto u ordenanza que
el rey confirme puede ser abrogado.
* 16 Entonces el rey mandó, y trajeron a Daniel,
y le echaron en el foso de los leones. Y el rey
dijo a Daniel: El Dios tuyo, a quien tú continuamente sirves, él te libre.
17 Y fue traída una piedra y puesta sobre la
puerta del foso, la cual selló el rey con su anillo y con el anillo de sus príncipes, para que el
acuerdo acerca de Daniel no se alterase.
18 Luego el rey se fue a su palacio, y se acostó
ayuno; ni instrumentos de música fueron traídos delante de él, y se le fue el sueño.
19 El rey, pues, se levantó muy de mañana, y
fue apresuradamente al foso de los leones.
20 Y acercándose al foso llamó a voces a
Daniel con voz triste, y le dijo: Daniel, siervo del Dios viviente, el Dios tuyo, a quien tú
continuamente sirves, ¿te ha podido librar de
los leones?
21 Entonces Daniel respondió al rey: Oh rey,
vive para siempre.
22 Mi Dios envió su ángel, el cual cerró la
boca de los leones, para que no me hiciesen daño, porque ante él fui hallado inocente; y aun delante de ti, oh rey, yo no he hecho
nada malo.
23 Entonces se alegró el rey en gran manera a causa de él, y mandó sacar a Daniel del
foso; y fue Daniel sacado del foso, y ninguna lesión se halló en él, porque había confiado en su Dios.
24 Y dio orden el rey, y fueron traídos aquellos
hombres que habían acusado a Daniel, y fueron echados en el foso de los leones ellos, sus
hijos y sus mujeres; y aún no habían llegado
al fondo del foso, cuando los leones se apoderaron de ellos y quebraron todos sus huesos.
25 Entonces el rey Darío escribió a todos los
pueblos, naciones y lenguas que habitan en
toda la tierra: Paz os sea multiplicada.
26 De parte mía es puesta esta ordenanza: *
Que en todo el dominio de mi reino todos
teman y tiemblen ante la presencia del Dios
de Daniel; porque él es el Dios viviente y permanece por todos los siglos, y su reino no será
jamás destruido, y su dominio perdurará hasta el fin.
27 Él salva y libra, y hace señales y maravillas
en el cielo y en la tierra; él ha librado a Daniel
del poder de los leones.
28 Y este Daniel prosperó durante el reina- ≺
do de Darío y durante el reinado de Ciro el
persa.

Visión de las cuatro bestias

7 EN el primer año de Belsasar rey de
Babilonia tuvo Daniel un sueño, y visiones de su cabeza mientras estaba en su lecho;
luego escribió el sueño, y relató lo principal
del asunto.
2 Daniel dijo: Miraba yo en mi visión de
noche, y he aquí que los cuatro vientos del cielo combatían en el gran mar.

LECCIONES DE VIDA

a través de nosotros para mostrar su amor a otros. Como instruye Romanos 13.10: «El amor no hace mal al prójimo; así que el cumplimiento de la ley es el amor». Puesto que sus enemigos no pudieron encontrarle una sola falla, trataron de usar su devoción a Dios en su contra, un error que les costó la vida (Dn 6.24).

➤ ***6.28 — Daniel prosperó durante el reinado de Darío y durante el reinado de Ciro el persa.***

Dios desea que usted prospere sin importar cuáles sean sus circunstancias. Daniel vivió bien y alcanzó gran éxito en medio de su situación, porque honró al Señor sobre todas las cosas. Somos llamados a hacer lo mismo.

RESPUESTAS A PREGUNTAS DE LA VIDA

¿Por qué Dios permite que enfrentemos pruebas y tribulaciones?

DN 6

Vivimos en un mundo caído y todos enfrentamos períodos de sufrimiento y pesadumbre. A veces Dios nos mantiene al margen de ciertas pruebas y tribulaciones, pero en otras ocasiones las permite, sabiendo que la prueba fortalece y perfecciona nuestra fe en Él.

Dios quiere que tengamos una fe inquebrantable y firme. Si las pruebas, las dificultades y el sufrimiento son lo que se requiere para que la tengamos, entonces Él permitirá todo esto. Aunque tener la fe más fuerte en Dios no significa que seremos guardados o aislados de las pruebas de la vida.

La fe de Daniel fue sometida a duras pruebas, pero él salió invicto. Sabemos que debido a que Daniel fue muy exitoso y el rey Darío lo favoreció, los demás oficiales y sátrapas se pusieron celosos y decidieron tenderle una trampa. Daniel 6.7 nos narra lo dicho por los conspiradores al rey: «Todos los gobernadores del reino… han acordado por consejo que promulgues un edicto real y lo confirmes, que cualquiera que en el espacio de treinta días demande petición de cualquier dios u hombre fuera de ti, oh rey, sea echado en el foso de los leones».

Tal como sabían que lo haría, Daniel se negó a traicionar su amor a Dios rindiendo adoración al rey Darío, aunque sabía muy bien que su obediencia al Señor pondría en peligro su vida (Dn 6.16). Daniel eligió seguir los pasos de otros creyentes fieles que «menospreciaron sus vidas hasta la muerte» (Ap 12.11). Los conspiradores lo atraparon en el acto de orar al Señor y lo condenaron al foso de los leones (Dn 6.10–13).

Muchos de los santos en la Biblia y otros en la historia de la cristiandad, enfrentaron diversos grados de sufrimiento. Sin embargo, todos ellos desarrollaron una fe inamovible que proveyó la fortaleza interior que necesitaban para enfrentar cada dificultad con esperanza y seguridad bienaventurada.

¿Tiene una fe inamovible? ¿Está en medio de una prueba extrema?

Si ese es el caso, no tema. Dios ha planeado este mismo momento, y le enseñará a confiar en Él perfectamente.

Una persona con fe inamovible nunca juzga la fidelidad de Dios conforme a sus propios sentimientos. Más bien, cree y confía en el Señor en todos los temporales de la vida, sabiendo que al final, el plan de Dios se cumplirá a la perfección.

En ciertas ocasiones en su andar con Dios, Él puede requerirle hacer algo que, desde una perspectiva humana, parece ilógico. Desde su punto de vista, sin embargo, estará perfectamente alineado con su Palabra y en últimas resultará en beneficio suyo.

Por lo tanto, abra su corazón al amor del Señor y déle la oportunidad de demostrar su fidelidad. Eso es lo que hizo Daniel, y Dios hizo posible que él saliera ileso del foso de los leones, con un canto de victoria en sus labios (Dn 6.19–28).

¿Cuál es su nivel de fe en Dios? ¿Cree que hará exactamente lo que ha prometido? ¿Tiene la convicción de que Él ya ha movido el cielo y la tierra por usted, y todo lo que tiene que hacer es encaminarse hacia su bendición?

Para un estudio más a fondo, véase el Índice de Principios de vida:

20. *Las decepciones son inevitables; el desánimo es por elección nuestra.*
26. *La adversidad es un puente que nos conduce a una relación más profunda con Dios.*

3 Y cuatro bestias grandes, diferentes la una
de la otra, subían del mar.[a]
4 La primera era como león, y tenía alas de
águila. Yo estaba mirando hasta que sus alas
fueron arrancadas, y fue levantada del suelo
y se puso enhiesta sobre los pies a manera de
hombre, y le fue dado corazón de hombre.

a. 7.3 Ap 13.1; 17.8.

5 Y he aquí otra segunda bestia, semejante a
un oso, la cual se alzaba de un costado más
que del otro, y tenía en su boca tres costillas
entre los dientes; y le fue dicho así: Levántate,
devora mucha carne.
6 Después de esto miré, y he aquí otra, semejante a un leopardo, con cuatro alas de ave en
sus espaldas; tenía también esta bestia cuatro
cabezas; y le fue dado dominio.[b]
7 Después de esto miraba yo en las visiones de la noche, y he aquí la cuarta bestia,
espantosa y terrible y en gran manera fuerte,
la cual tenía unos dientes grandes de hierro;
devoraba y desmenuzaba, y las sobras hollaba con sus pies, y era muy diferente de todas
las bestias que vi antes de ella, y tenía diez
cuernos.[c]
8 Mientras yo contemplaba los cuernos, he
aquí que otro cuerno pequeño salía entre
ellos, y delante de él fueron arrancados tres
cuernos de los primeros; y he aquí que este
cuerno tenía ojos como de hombre, y una boca
que hablaba grandes cosas.[d]
9 Estuve mirando hasta que fueron puestos
tronos,[e] y se sentó un Anciano de días, cuyo
vestido era blanco como la nieve, y el pelo
de su cabeza como lana limpia;[f] su trono llama de fuego, y las ruedas del mismo, fuego
ardiente.
10 Un río de fuego procedía y salía de delante
de él; millares de millares le servían, y millones de millones asistían delante de él;[g] el Juez
se sentó, y los libros fueron abiertos.[h]
11 Yo entonces miraba a causa del sonido de
las grandes palabras que hablaba el cuerno;
miraba hasta que mataron a la bestia, y su
cuerpo fue destrozado y entregado para ser
quemado en el fuego.
12 Habían también quitado a las otras bestias
su dominio, pero les había sido prolongada la
vida hasta cierto tiempo.
➢ 13 Miraba yo en la visión de la noche, y he
aquí con las nubes del cielo venía uno como
un hijo de hombre,[i] que vino hasta el Anciano
de días, y le hicieron acercarse delante de él.
14 Y le fue dado dominio, gloria y reino, para
que todos los pueblos, naciones y lenguas
le sirvieran;[j] su dominio es dominio eterno,
que nunca pasará, y su reino uno que no será
destruido.
15 Se me turbó el espíritu a mí, Daniel, en
medio de mi cuerpo, y las visiones de mi cabeza me asombraron.
16 Me acerqué a uno de los que asistían, y le
pregunté la verdad acerca de todo esto. Y me
habló, y me hizo conocer la interpretación de
las cosas.
17 Estas cuatro grandes bestias son cuatro
reyes que se levantarán en la tierra.
18 Después recibirán el reino los santos del
Altísimo, y poseerán el reino hasta el siglo,
eternamente y para siempre.[k]
19 Entonces tuve deseo de saber la verdad
acerca de la cuarta bestia, que era tan diferente de todas las otras, espantosa en gran
manera, que tenía dientes de hierro y uñas de
bronce, que devoraba y desmenuzaba, y las
sobras hollaba con sus pies;
20 asimismo acerca de los diez cuernos que
tenía en su cabeza, y del otro que le había salido, delante del cual habían caído tres; y este
mismo cuerno tenía ojos, y boca que hablaba
grandes cosas, y parecía más grande que sus
compañeros.
21 Y veía yo que este cuerno hacía guerra contra los santos, y los vencía,[l]
22 hasta que vino el Anciano de días, y se dio
el juicio a los santos del Altísimo;[m] y llegó el
tiempo, y los santos recibieron el reino.
23 Dijo así: La cuarta bestia será un cuarto reino en la tierra, el cual será diferente de
todos los otros reinos, y a toda la tierra devorará, trillará y despedazará.
24 Y los diez cuernos significan que de aquel
reino se levantarán diez reyes;[n] y tras ellos
se levantará otro, el cual será diferente de los
primeros, y a tres reyes derribará.
25 Y hablará palabras contra el Altísimo, y a ➢
los santos del Altísimo quebrantará, y pensará
en cambiar los tiempos y la ley; y serán entregados en su mano hasta tiempo, y tiempos, y
medio tiempo.[o]
26 Pero se sentará el Juez, y le quitarán su
dominio para que sea destruido y arruinado
hasta el fin,

b. 7.4-6 Ap 13.2. **c. 7.7** Ap 12.3; 13.1. **d. 7.8** Ap 13.5-6.
e. 7.9 Ap 20.4. **f. 7.9** Ap 1.14. **g. 7.10** Ap 5.11.
h. 7.10 Ap 20.12. **i. 7.13** Mt 24.30; 26.64; Mr 13.26; 14.62;
Lc 21.27; Ap 1.7, 13; 14.14. **j. 7.14** Ap 11.15. **k. 7.18** Ap 22.5.
l. 7.21 Ap 13.7. **m. 7.22** Ap 20.4. **n. 7.24** Ap 17.12.
o. 7.25 Ap 12.14; 13.5-6.

LECCIONES DE VIDA

➢ ***7.13 — Miraba yo en la visión de la noche, y he aquí con las nubes del cielo venía uno como un hijo de hombre.***

En Mateo 26.64, Jesús explicó que la visión de Daniel se aplicaba a su segunda venida, una verdad que provocó gran escándalo en el Sanedrín. Los líderes judíos consideraron su aserción una blasfemia, pero la única blasfemia cometida aquel día fue la de ellos, al no reconocer que el Mesías estaba parado frente a ellos.

➢ ***7.25 — y serán entregados en su mano hasta tiempo, y tiempos, y medio tiempo.***

La bendición por la obediencia no siempre es obvia o inmediata. Muchos creyentes han muerto por su obediencia, y muchos más morirán (Ap 6.11), pero vale la pena esperar a recibir la corona de la vida (Ap 2.10).

PRINCIPIO DE VIDA 17

DE RODILLAS SOMOS MÁS ALTOS Y MÁS FUERTES.

Dn 6.10, 11

Un pastor de edad avanzada tenía el hábito de retar a su congregación citando Jeremías 33.3: «Clama a mí, y yo te responderé, y te enseñaré cosas grandes y ocultas que tú no conoces». Luego fijaba su mirada en las personas que estaban reunidas frente a él y les decía: «Inténtenlo. ¡Sí funciona!»

Es una noción sencilla, pero conlleva una verdad tremenda: Dios quiere que clamemos a Él. De hecho, muchas veces permite desilusiones y dificultades en nuestras vidas para que nos acerquemos más a Él en comunión íntima.

La oración es una herramienta muy poderosa para los creyentes. Por medio de ella el Señor nos bendice y nos libra de ataduras. En oración profesamos nuestra necesidad de Cristo y pedimos su solución a nuestros problemas. También aprendemos a adorarlo y crecemos espiritualmente en su presencia amorosa.

Al pasar tiempo con Él, Dios nos enseña con amor y paciencia a comunicarnos con Él y a escuchar su voz apacible y delicada. Como resultado de ese proceso, nuestra relación con Él llega a ser más profunda.

Hay varios requisitos esenciales para establecer una poderosa vida de oración:

1. *Consagre un tiempo específico a estar con el Señor en oración.* No importa si es temprano en la mañana o tarde en la noche, aquí la clave es la constancia. Pídale a Dios que le muestre el tiempo perfecto cuando usted pueda estar a solas con Él.

2. *Seleccione un lugar donde pueda estar a solas con Él.* Tal vez tenga ciertas limitaciones en cuanto a los lugares donde puede ir para pasar tiempo a solas con el Señor, pero Él proveerá el lugar perfecto para que usted lo busque.

3. *Haga el compromiso de orar diariamente.* Al hacerlo, le está diciendo a Dios que su corazón está abierto a Él y que usted quiere aprender más acerca de Él y lo que tiene planeado para su vida.

A veces, las lágrimas son tan elocuentes como las palabras.

4. *Escriba en un diario sus peticiones y las respuestas de Dios a sus oraciones como un testimonio continuo de la obra de Dios en su vida.* Recuerde escribir también los versículos específicos que Él aplique a su situación, así como las promesas que le dé en su Palabra.

Dios honra las oraciones de su pueblo. Si acude a Él, buscándole con fervor y obedeciendo sus mandatos, Él proveerá todo lo que necesite. Así que no se preocupe de lo que vaya a decir; el Espíritu Santo se lo mostrará. A veces, las lágrimas son tan elocuentes como las palabras, y Dios es sensible a cada una de sus lágrimas. Así como Él entiende el dolor que siente, también sabe cómo guiarle en medio de cualquier prueba que usted deba enfrentar.

Por lo tanto, cada vez que le llegue una prueba, acuda de inmediato a Él en oración. Su presencia le llenará de esperanza, y Él le dará la fortaleza y la sabiduría que necesita para enfrentar la situación con confianza. Durante su vida, tal vez tenga que afrontar muchas situaciones difíciles. Algunas serán muy emocionantes y en otras usted sentirá que le van a partir el corazón. Sean cuales sean las dificultades, puede estar seguro que Dios está con usted en medio de la dificultad. Él se alegra cuando le ve regocijarse por sus bendiciones, pero también se duele con usted cuando la tragedia le golpea.

Recuerde siempre que Dios es más grande que cualquier problema que usted enfrente, y la distancia entre su éxito y el fracaso o su victoria y la derrota es la distancia entre sus rodillas y el piso. Usted alcanza su mayor estatura y fuerza cuando se arrodilla ante su Señor y Salvador maravilloso, en oración y rendición total. ¿Por qué? Porque Él conoce el camino que usted tiene por delante, y puede guiarle en medio de la dificultad si confía en Él. Además, si se somete a Él en obediencia, Él aplica sus recursos, su sabiduría y su poder ilimitados para ayudarle.

Mi reto para usted es simple: sea cual sea su situación, ponga su confianza en Dios. Pídale que se lleve la ansiedad, el temor y los sentimientos de frustración. Tenga fe en el Señor y descanse en su cuidado. Jamás sentirá mayor aceptación o seguridad que estando en la presencia de Dios. La victoria le espera, así que venga a Él.

Sea cual sea su situación, ponga su confianza en Dios.

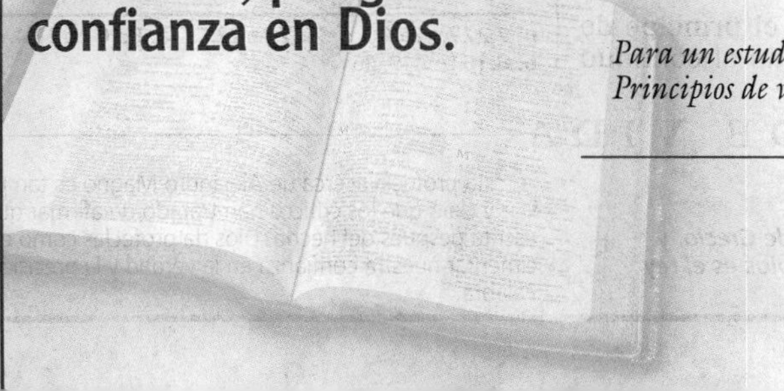

Para un estudio más a fondo, véase el Índice de Principios de vida.

*27 y que el reino, y el dominio y la majestad
de los reinos debajo de todo el cielo, sea dado
al pueblo de los santos del Altísimo,[p] cuyo reino es reino eterno,[q] y todos los dominios le
servirán y obedecerán.
28 Aquí fue el fin de sus palabras. En cuanto
a mí, Daniel, mis pensamientos me turbaron
y mi rostro se demudó; pero guardé el asunto en mi corazón.

Visión del carnero y del macho cabrío

8 EN el año tercero del reinado del rey
Belsasar me apareció una visión a mí,
Daniel, después de aquella que me había aparecido antes.
2 Vi en visión; y cuando la vi, yo estaba en
Susa, que es la capital del reino en la provincia de Elam; vi, pues, en visión, estando junto al río Ulai.
3 Alcé los ojos y miré, y he aquí un carnero
que estaba delante del río, y tenía dos cuernos; y aunque los cuernos eran altos, uno
era más alto que el otro; y el más alto creció
después.
4 Vi que el carnero hería con los cuernos al
poniente, al norte y al sur, y que ninguna bestia podía parar delante de él, ni había quien
escapase de su poder; y hacía conforme a su
voluntad, y se engrandecía.
5 Mientras yo consideraba esto, he aquí un
macho cabrío venía del lado del poniente
sobre la faz de toda la tierra, sin tocar tierra;
y aquel macho cabrío tenía un cuerno notable
entre sus ojos.
6 Y vino hasta el carnero de dos cuernos, que
yo había visto en la ribera del río, y corrió
contra él con la furia de su fuerza.
7 Y lo vi que llegó junto al carnero, y se levantó contra él y lo hirió, y le quebró sus dos cuernos, y el carnero no tenía fuerzas para pararse
delante de él; lo derribó, por tanto, en tierra,
y lo pisoteó, y no hubo quien librase al carnero de su poder.
8 Y el macho cabrío se engrandeció sobremanera; pero estando en su mayor fuerza, aquel
gran cuerno fue quebrado, y en su lugar salieron otros cuatro cuernos notables hacia los
cuatro vientos del cielo.
9 Y de uno de ellos salió un cuerno pequeño,
que creció mucho al sur, y al oriente, y hacia
la tierra gloriosa.
10 Y se engrandeció hasta el ejército del cielo;
y parte del ejército y de las estrellas echó por
tierra,[a] y las pisoteó.
11 Aun se engrandeció contra el príncipe de
los ejércitos, y por él fue quitado el continuo
sacrificio, y el lugar de su santuario fue echado por tierra.
12 Y a causa de la prevaricación le fue entregado el ejército junto con el continuo sacrificio; y echó por tierra la verdad, e hizo cuanto
quiso, y prosperó.
13 Entonces oí a un santo que hablaba; y otro
de los santos preguntó a aquel que hablaba: ¿Hasta cuándo durará la visión del continuo sacrificio, y la prevaricación asoladora
entregando el santuario y el ejército para ser
pisoteados?
14 Y él dijo: Hasta dos mil trescientas tardes y
mañanas; luego el santuario será purificado.
15 Y aconteció que mientras yo Daniel consideraba la visión y procuraba comprenderla,
he aquí se puso delante de mí uno con apariencia de hombre.
16 Y oí una voz de hombre entre las riberas
del Ulai, que gritó y dijo: Gabriel,[b] enseña a
éste la visión.
17 Vino luego cerca de donde yo estaba; y con
su venida me asombré, y me postré sobre mi
rostro. Pero él me dijo: Entiende, hijo de hombre, porque la visión es para el tiempo del
fin.
18 Mientras él hablaba conmigo, caí dormido
en tierra sobre mi rostro; y él me tocó, y me
hizo estar en pie.
19 Y dijo: He aquí yo te enseñaré lo que ha
de venir al fin de la ira; porque eso es para el
tiempo del fin.
20 En cuanto al carnero que viste, que tenía
dos cuernos, éstos son los reyes de Media y
de Persia.
21 El macho cabrío es el rey de Grecia, y el
cuerno grande que tenía entre sus ojos es el
rey primero.
22 Y en cuanto al cuerno que fue quebrado, y
sucedieron cuatro en su lugar, significa que
cuatro reinos se levantarán de esa nación,
aunque no con la fuerza de él.
23 Y al fin del reinado de éstos, cuando los
transgresores lleguen al colmo, se levantará un rey altivo de rostro y entendido en
enigmas.
24 Y su poder se fortalecerá, mas no con fuerza propia; y causará grandes ruinas, y prosperará, y hará arbitrariamente, y destruirá a los
fuertes y al pueblo de los santos.

p. 7.27 Ap 20.4. **q. 7.27** Ap 22.5. **a. 8.10** Ap 12.4.
b. 8.16 Lc 1.19, 26.

LECCIONES DE VIDA

➤ ***8.21 — El macho cabrío es el rey de Grecia, y el cuerno grande que tenía entre sus ojos es el rey primero.***

Esta profecía acerca de Alejandro Magno es tan precisa y clara que los críticos han tratado de afirmar que fue escrita después del hecho. Dios da profecías como esta para cimentar nuestra confianza en la verdad y la precisión de su Palabra.

25 Con su sagacidad hará prosperar el engaño en su mano; y en su corazón se engrandecerá, y sin aviso destruirá a muchos; y se levantará contra el Príncipe de los príncipes, pero será quebrantado, aunque no por mano humana.
26 La visión de las tardes y mañanas que se ha referido es verdadera; y tú guarda la visión, porque es para muchos días.
27 Y yo Daniel quedé quebrantado, y estuve enfermo algunos días, y cuando convalecí, atendí los negocios del rey; pero estaba espantado a causa de la visión, y no la entendía.

Oración de Daniel por su pueblo

9 EN el año primero de Darío hijo de Asuero, de la nación de los medos, que vino a ser rey sobre el reino de los caldeos,
2 en el año primero de su reinado, yo Daniel miré atentamente en los libros el número de los años de que habló Jehová al profeta Jeremías, que habían de cumplirse las desolaciones de Jerusalén en setenta años.[a]
➤ 3 Y volví mi rostro a Dios el Señor, buscándole en oración y ruego, en ayuno, cilicio y ceniza.
4 Y oré a Jehová mi Dios e hice confesión diciendo: Ahora, Señor, Dios grande, digno de ser temido, que guardas el pacto y la misericordia con los que te aman y guardan tus mandamientos;
5 hemos pecado, hemos cometido iniquidad, hemos hecho impíamente, y hemos sido rebeldes, y nos hemos apartado de tus mandamientos y de tus ordenanzas.
6 No hemos obedecido a tus siervos los profetas, que en tu nombre hablaron a nuestros reyes, a nuestros príncipes, a nuestros padres y a todo el pueblo de la tierra.
7 Tuya es, Señor, la justicia, y nuestra la confusión de rostro, como en el día de hoy lleva todo hombre de Judá, los moradores de Jerusalén, y todo Israel, los de cerca y los de lejos, en todas las tierras adonde los has echado a causa de su rebelión con que se rebelaron contra ti.
8 Oh Jehová, nuestra es la confusión de rostro, de nuestros reyes, de nuestros príncipes y de nuestros padres; porque contra ti pecamos.
9 De Jehová nuestro Dios es el tener misericordia y el perdonar, aunque contra él nos hemos rebelado,
10 y no obedecimos a la voz de Jehová nuestro Dios, para andar en sus leyes que él puso delante de nosotros por medio de sus siervos los profetas.
11 Todo Israel traspasó tu ley apartándose para no obedecer tu voz; por lo cual ha caído sobre nosotros la maldición y el juramento que está escrito en la ley de Moisés, siervo de Dios; porque contra él pecamos.
12 Y él ha cumplido la palabra que habló contra nosotros y contra nuestros jefes que nos gobernaron, trayendo sobre nosotros tan grande mal; pues nunca fue hecho debajo del cielo nada semejante a lo que se ha hecho contra Jerusalén.
13 Conforme está escrito en la ley de Moisés, todo este mal vino sobre nosotros; y no hemos implorado el favor de Jehová nuestro Dios, para convertirnos de nuestras maldades y entender tu verdad.
14 Por tanto, Jehová veló sobre el mal y lo trajo sobre nosotros; porque justo es Jehová nuestro Dios en todas sus obras que ha hecho, porque no obedecimos a su voz.
15 Ahora pues, Señor Dios nuestro, que sacaste tu pueblo de la tierra de Egipto con mano poderosa, y te hiciste renombre cual lo tienes hoy; hemos pecado, hemos hecho impíamente.
16 Oh Señor, conforme a todos tus actos de justicia, apártese ahora tu ira y tu furor de sobre tu ciudad Jerusalén, tu santo monte; porque a causa de nuestros pecados, y por la maldad de nuestros padres, Jerusalén y tu pueblo son el oprobio de todos en derredor nuestro.
17 Ahora pues, Dios nuestro, oye la oración de tu siervo, y sus ruegos; y haz que tu rostro resplandezca sobre tu santuario asolado, por amor del Señor.
18 Inclina, oh Dios mío, tu oído, y oye; abre tus ojos, y mira nuestras desolaciones, y la ciudad sobre la cual es invocado tu nombre; porque no elevamos nuestros ruegos ante ti confiados en nuestras justicias, sino en tus muchas misericordias.
19 Oye, Señor; oh Señor, perdona; presta oído, Señor, y hazlo; no tardes, por amor de ti mismo, Dios mío; porque tu nombre es invocado sobre tu ciudad y sobre tu pueblo.

a. **9.2** Jer 25.11; 29.10.

LECCIONES DE VIDA

➤ ***9.3 — volví mi rostro a Dios el Señor, buscándole en oración y ruego, en ayuno, cilicio y ceniza.***

Habían pasado casi 70 años desde que Daniel fue llevado a Babilonia. Al leer la profecía de Jeremías, supo que el tiempo del cautiverio ya estaba casi por cumplirse (Jer 25.11, 12; 29.10). Por eso, en una de las oraciones más bellas de la Biblia, buscó la guía del Señor en ayuno y oración. Como resultado de su devoción sincera, el Señor envió a Gabriel para darle entendimiento acerca de cómo Dios restauraría Jerusalén (Dn 9.20–27).

➤ ***9.18 — porque no elevamos nuestros ruegos ante ti confiados en nuestras justicias, sino en tus muchas misericordias.***

Traemos nuestras oraciones a Dios sobre la base de quién es Él, no basados en nosotros mismos ni en lo que hayamos hecho. Somos más altos y más fuertes, al postrarnos de rodillas en oración.

RESPUESTAS A PREGUNTAS DE LA VIDA

¿Cómo puedo aprender a orar eficazmente?

DN 9.1–23

Daniel demuestra cómo se ora con poder y confianza. Tan pronto descubrió que el cautiverio de setenta años en Babilonia profetizado por Jeremías ya se acercaba a su final (Dn 9.2), se puso de rodillas y empezó a interceder por su pueblo (Dn 9.4–19).

En Daniel 9 vemos un gran ejemplo de lo que debería ser la oración. Su enfoque es Dios todopoderoso y su carácter. Incluye confesión sincera, generosidad y total dependencia en la Palabra de Dios.

Tal oración tiene gran poder. En el caso de Daniel, Dios envió al ángel Gabriel con su respuesta aun antes que el profeta terminara de hacer su súplica.

Para buscar a Dios en medio de su propia situación difícil, asuma la postura humilde de Daniel y póngase de rodillas. Siga el modelo de oración de este siervo de Dios, quien dijo en Daniel 11.32: «mas el pueblo que conoce a su Dios se esforzará y actuará».

La Biblia nos dice: «La oración eficaz del justo puede mucho» (Stg 5.16). *Eficaz:* así queremos que sean nuestras oraciones, especialmente en una crisis. Cuando somos obedientes a Dios y le buscamos en sinceridad y verdad, podemos sentirnos confiados que Él contestará nuestras oraciones fervientes. ¿Cuáles son sus requisitos para nosotros?

Requisito #1: Oración ferviente.

Las oraciones fervientes están llenas de pasión y el reconocimiento de nuestra insuficiencia personal. También se enfocan en alguna dificultad específica. La Biblia llama este tipo de oración «ruego encarecido» (véase Col 4.12).

Requisito #2: Justicia.

En nuestra salvación, quedamos establecidos en una relación correcta con Dios como sus hijos. Él nos pone el sello permanente de su Espíritu Santo y nos declara justos para siempre, a causa de nuestra posición en Jesucristo. Pero la Biblia también usa la palabra «justo» para describir la conducta de un creyente. Esto significa que para ser llamados «justos» debemos ser hallados en Cristo (Fil 3.9) *y también* convertir en hábito el obedecer a Dios (Ef 4.1; Col 1.10). Significa además que mientras oramos, también estamos atentos a escucharlo y nos sometemos de todo corazón a Él, confesando nuestro pecado y obedeciendo todo lo que nos mande hacer. Si optamos por pecar a sabiendas, no vivimos justamente y nuestras oraciones carecen de poder.

Cuando el Señor oye la oración apasionada de una persona justa cuya vida refleja los caminos de Dios, las Escrituras prometen que el Espíritu Santo empezará su obra divina (Ro 8.26, 27; 1 Co 2.12, 13). Dios responde con gran poder a las oraciones hasta de una sola persona justa. Amigo, ¡esa persona puede ser *usted*!

Para un estudio más a fondo, véase el Índice de Principios de vida:

8. *Libremos nuestras batallas de rodillas y siempre obtendremos la victoria.*
17. *De rodillas somos más altos y más fuertes.*

Profecía de las setenta semanas

20 Aún estaba hablando y orando, y confesando mi pecado y el pecado de mi pueblo Israel, y derramaba mi ruego delante de Jehová mi Dios por el monte santo de mi Dios;
21 aún estaba hablando en oración, cuando el varón Gabriel,[b] a quien había visto en la visión al principio, volando con presteza, vino a mí como a la hora del sacrificio de la tarde.
22 Y me hizo entender, y habló conmigo, diciendo: Daniel, ahora he salido para darte sabiduría y entendimiento.
23 Al principio de tus ruegos fue dada la orden, y yo he venido para enseñártela, porque tú eres muy amado. Entiende, pues, la orden, y entiende la visión.
24 Setenta semanas están determinadas sobre tu pueblo y sobre tu santa ciudad, para terminar la prevaricación, y poner fin al pecado, y expiar la iniquidad, para traer la justicia perdurable, y sellar la visión y la profecía, y ungir al Santo de los santos.

b. 9.21 Lc 1.19, 26.

25 Sabe, pues, y entiende, que desde la salida de la orden para restaurar y edificar a Jerusalén hasta el Mesías Príncipe, habrá siete semanas, y sesenta y dos semanas; se volverá a edificar la plaza y el muro en tiempos angustiosos.
➤ 26 Y después de las sesenta y dos semanas se quitará la vida al Mesías, mas no por sí; y el pueblo de un príncipe que ha de venir destruirá la ciudad y el santuario; y su fin será con inundación, y hasta el fin de la guerra durarán las devastaciones.
27 Y por otra semana confirmará el pacto con muchos; a la mitad de la semana hará cesar el sacrificio y la ofrenda. Después con la muchedumbre de las abominaciones vendrá el desolador,[c] hasta que venga la consumación, y lo que está determinado se derrame sobre el desolador.

Visión de Daniel junto al río

10 EN el año tercero de Ciro rey de Persia fue revelada palabra a Daniel, llamado Beltsasar; y la palabra era verdadera, y el conflicto grande; pero él comprendió la palabra, y tuvo inteligencia en la visión.
2 En aquellos días yo Daniel estuve afligido por espacio de tres semanas.
3 No comí manjar delicado, ni entró en mi boca carne ni vino, ni me ungí con ungüento, hasta que se cumplieron las tres semanas.
4 Y el día veinticuatro del mes primero estaba yo a la orilla del gran río Hidekel.
5 Y alcé mis ojos y miré, y he aquí un varón vestido de lino,[a] y ceñidos sus lomos de oro de Ufaz.
6 Su cuerpo era como de berilo, y su rostro parecía un relámpago, y sus ojos como antorchas de fuego, y sus brazos y sus pies como de color de bronce bruñido, y el sonido de sus palabras como el estruendo de una multitud.
➤ 7 Y sólo yo, Daniel, vi aquella visión, y no la vieron los hombres que estaban conmigo, sino que se apoderó de ellos un gran temor, y huyeron y se escondieron.
8 Quedé, pues, yo solo, y vi esta gran visión, y no quedó fuerza en mí, antes mi fuerza se cambió en desfallecimiento, y no tuve vigor alguno.
9 Pero oí el sonido de sus palabras; y al oír el sonido de sus palabras, caí sobre mi rostro en un profundo sueño, con mi rostro en tierra.
10 Y he aquí una mano me tocó, e hizo que me pusiese sobre mis rodillas y sobre las palmas de mis manos.
11 Y me dijo: Daniel, varón muy amado, está atento a las palabras que te hablaré, y ponte en pie; porque a ti he sido enviado ahora. Mientras hablaba esto conmigo, me puse en pie temblando.
12 Entonces me dijo: Daniel, no temas; porque desde el primer día que dispusiste tu corazón a entender y a humillarte en la presencia de tu Dios, fueron oídas tus palabras; y a causa de tus palabras yo he venido.
13 Mas el príncipe del reino de Persia se me opuso durante veintiún días; pero he aquí Miguel,[b] uno de los principales príncipes, vino para ayudarme, y quedé allí con los reyes de Persia. ➤
14 He venido para hacerte saber lo que ha de venir a tu pueblo en los postreros días; porque la visión es para esos días.
15 Mientras me decía estas palabras, estaba yo con los ojos puestos en tierra, y enmudecido.
16 Pero he aquí, uno con semejanza de hijo de hombre tocó mis labios. Entonces abrí mi boca y hablé, y dije al que estaba delante de mí: Señor mío, con la visión me han sobrevenido dolores, y no me queda fuerza.
17 ¿Cómo, pues, podrá el siervo de mi señor hablar con mi señor? Porque al instante me faltó la fuerza, y no me quedó aliento.
18 Y aquel que tenía semejanza de hombre me tocó otra vez, y me fortaleció,
19 y me dijo: Muy amado, no temas; la paz sea contigo; esfuérzate y aliéntate. Y mientras él me hablaba, recobré las fuerzas, y dije: Hable mi señor, porque me has fortalecido.

c. 9.27 Dn 11.31; 12.11; Mt 24.15; Mr 13.14.
a. 10.5 Ap 1.13-15; 19.12. **b. 10.13, 21** Ap 12.7.

LECCIONES DE VIDA

➤ ***9.26 — después de las sesenta y dos semanas se quitará la vida al Mesías…***

La única figura de la historia que se ajusta al tiempo exacto de esta profecía es Jesús de Nazaret. Él murió, porque fue «cortado de la tierra de los vivientes» y por la rebelión de nuestros pecados fue herido, no por sus propios pecados pues Él jamás cometió uno solo. «Él herido fue por nuestras rebeliones, molido por nuestros pecados» (Is 53.5).

➤ ***10.7 — Y sólo yo, Daniel, vi aquella visión, y no la vieron los hombres que estaban conmigo, sino que se apoderó de ellos un gran temor.***

El Señor dijo a Moisés: «no me verá hombre, y vivirá» (Éx 33.20). Pablo dijo que Dios «habita en luz inaccesible; a quien ninguno de los hombres ha visto ni puede ver» (1 Ti 6.16). Sin embargo, hasta la presencia invisible de Dios hace temblar a los hombres.

➤ ***10.13 — Mas el príncipe del reino de Persia se me opuso durante veintiún días.***

Alcanzamos a tener una pequeña vislumbre de las realidades espirituales de la guerra invisible que se libra en conexión a las oraciones del pueblo de Dios. Aunque nuestras oraciones son oídas de inmediato en el cielo (Dn 10.12), la respuesta de Dios puede tardar en llegar por razones desconocidas e imperceptibles para nosotros, aunque ciertamente viene en camino (2 Co 4.18; He 11.1). Por lo tanto, como Jesús dijo, tenemos «la necesidad de orar siempre, y no desmayar» (Lc 18.1).

20 Él me dijo: ¿Sabes por qué he venido a ti?
Pues ahora tengo que volver para pelear contra el príncipe de Persia; y al terminar con él, el príncipe de Grecia vendrá.
21 Pero yo te declararé lo que está escrito en el libro de la verdad; y ninguno me ayuda contra ellos, sino Miguel vuestro príncipe.

11 Y yo mismo, en el año primero de Darío el medo, estuve para animarlo y fortalecerlo.

Los reyes del norte y del sur

2 Y ahora yo te mostraré la verdad. He aquí que aún habrá tres reyes en Persia, y el cuarto se hará de grandes riquezas más que todos ellos; y al hacerse fuerte con sus riquezas, levantará a todos contra el reino de Grecia.
3 Se levantará luego un rey valiente, el cual dominará con gran poder y hará su voluntad.
4 Pero cuando se haya levantado, su reino será quebrantado y repartido hacia los cuatro vientos del cielo; no a sus descendientes, ni según el dominio con que él dominó; porque su reino será arrancado, y será para otros fuera de ellos.
5 Y se hará fuerte el rey del sur; mas uno de sus príncipes será más fuerte que él, y se hará poderoso; su dominio será grande.
6 Al cabo de años harán alianza, y la hija del rey del sur vendrá al rey del norte para hacer la paz. Pero ella no podrá retener la fuerza de su brazo, ni permanecerá él, ni su brazo; porque será entregada ella y los que la habían traído, asimismo su hijo, y los que estaban de parte de ella en aquel tiempo.
7 Pero un renuevo de sus raíces se levantará sobre su trono, y vendrá con ejército contra el rey del norte, y entrará en la fortaleza, y hará en ellos a su arbitrio, y predominará.
8 Y aun a los dioses de ellos, sus imágenes fundidas y sus objetos preciosos de plata y de oro, llevará cautivos a Egipto; y por años se mantendrá él contra el rey del norte.
9 Así entrará en el reino el rey del sur, y volverá a su tierra.
10 Mas los hijos de aquél se airarán, y reunirán multitud de grandes ejércitos; y vendrá apresuradamente e inundará, y pasará adelante; luego volverá y llevará la guerra hasta su fortaleza.
11 Por lo cual se enfurecerá el rey del sur, y saldrá y peleará contra el rey del norte; y pondrá en campaña multitud grande, y toda aquella multitud será entregada en su mano.
12 Y al llevarse él la multitud, se elevará su corazón, y derribará a muchos millares; mas no prevalecerá.
13 Y el rey del norte volverá a poner en campaña una multitud mayor que la primera, y al cabo de algunos años vendrá apresuradamente con gran ejército y con muchas riquezas.
14 En aquellos tiempos se levantarán muchos contra el rey del sur; y hombres turbulentos de tu pueblo se levantarán para cumplir la visión, pero ellos caerán.
15 Vendrá, pues, el rey del norte, y levantará baluartes, y tomará la ciudad fuerte; y las fuerzas del sur no podrán sostenerse, ni sus tropas escogidas, porque no habrá fuerzas para resistir.
16 Y el que vendrá contra él hará su voluntad, y no habrá quien se le pueda enfrentar; y estará en la tierra gloriosa, la cual será consumida en su poder.
17 Afirmará luego su rostro para venir con el poder de todo su reino; y hará con aquél convenios, y le dará una hija de mujeres para destruirle; pero no permanecerá, ni tendrá éxito.
18 Volverá después su rostro a las costas, y tomará muchas; mas un príncipe hará cesar su afrenta, y aun hará volver sobre él su oprobio.
19 Luego volverá su rostro a las fortalezas de su tierra; mas tropezará y caerá, y no será hallado.
20 Y se levantará en su lugar uno que hará pasar un cobrador de tributos por la gloria del reino; pero en pocos días será quebrantado, aunque no en ira, ni en batalla.
21 Y le sucederá en su lugar un hombre despreciable, al cual no darán la honra del reino; pero vendrá sin aviso y tomará el reino con halagos.
22 Las fuerzas enemigas serán barridas delante de él como con inundación de aguas; serán del todo destruidos, junto con el príncipe del pacto.
23 Y después del pacto con él, engañará y subirá, y saldrá vencedor con poca gente.
24 Estando la provincia en paz y en abundancia, entrará y hará lo que no hicieron sus padres, ni los padres de sus padres; botín, despojos y riquezas repartirá a sus soldados, y contra las fortalezas formará sus designios; y esto por un tiempo.
25 Y despertará sus fuerzas y su ardor contra el rey del sur con gran ejército; y el rey del sur se empeñará en la guerra con grande y muy fuerte ejército; mas no prevalecerá, porque le harán traición.
26 Aun los que coman de sus manjares le quebrantarán; y su ejército será destruido, y caerán muchos muertos.
27 El corazón de estos dos reyes será para hacer mal, y en una misma mesa hablarán mentira; mas no servirá de nada, porque el plazo aún no habrá llegado.
28 Y volverá a su tierra con gran riqueza, y su corazón será contra el pacto santo; hará su voluntad, y volverá a su tierra.
29 Al tiempo señalado volverá al sur; mas no será la postrera venida como la primera.
30 Porque vendrán contra él naves de Quitim, y él se contristará, y volverá, y se enojará contra el pacto santo, y hará según su voluntad; volverá, pues, y se entenderá con los que abandonen el santo pacto.
31 Y se levantarán de su parte tropas que profanarán el santuario y la fortaleza, y quitarán

el continuo sacrificio, y pondrán la abominación desoladora.[a]
➤ 32 Con lisonjas seducirá a los violadores del
pacto; mas el pueblo que conoce a su Dios se
esforzará y actuará.
33 Y los sabios del pueblo instruirán a muchos;
y por algunos días caerán a espada y a fuego,
en cautividad y despojo.
34 Y en su caída serán ayudados de pequeño socorro; y muchos se juntarán a ellos con
lisonjas.
✻ 35 También algunos de los sabios caerán para
ser depurados y limpiados y emblanquecidos,
hasta el tiempo determinado; porque aun para
esto hay plazo.
36 Y el rey hará su voluntad, y se ensoberbecerá, y se engrandecerá sobre todo dios;[b] y contra el Dios de los dioses hablará maravillas,[c]
y prosperará, hasta que sea consumada la ira;
porque lo determinado se cumplirá.
➤ 37 Del Dios de sus padres no hará caso, ni del
amor de las mujeres; ni respetará a dios alguno, porque sobre todo se engrandecerá.
38 Mas honrará en su lugar al dios de las fortalezas, dios que sus padres no conocieron; lo
honrará con oro y plata, con piedras preciosas
y con cosas de gran precio.
39 Con un dios ajeno se hará de las fortalezas más inexpugnables, y colmará de honores
a los que le reconozcan, y por precio repartirá la tierra.
40 Pero al cabo del tiempo el rey del sur contenderá con él; y el rey del norte se levantará
contra él como una tempestad, con carros y
gente de a caballo, y muchas naves; y entrará
por las tierras, e inundará, y pasará.
41 Entrará a la tierra gloriosa, y muchas provincias caerán; mas éstas escaparán de su
mano: Edom y Moab, y la mayoría de los hijos
de Amón.
42 Extenderá su mano contra las tierras, y no
escapará el país de Egipto.
43 Y se apoderará de los tesoros de oro y plata, y de todas las cosas preciosas de Egipto; y
los de Libia y de Etiopía le seguirán.
44 Pero noticias del oriente y del norte lo ate-
morizarán, y saldrá con gran ira para destruir
y matar a muchos.
45 Y plantará las tiendas de su palacio entre
los mares y el monte glorioso y santo; mas llegará a su fin, y no tendrá quien le ayude.

El tiempo del fin

12 EN aquel tiempo se levantará Miguel,[a]
el gran príncipe que está de parte de los
hijos de tu pueblo; y será tiempo de angustia,
cual nunca fue desde que hubo gente hasta
entonces;[b] pero en aquel tiempo será libertado
tu pueblo, todos los que se hallen escritos en
el libro.
2 Y muchos de los que duermen en el pol- ➤
vo de la tierra serán despertados, unos para
vida eterna, y otros para vergüenza y confusión perpetua.[c]
3 Los entendidos resplandecerán como el res- ✻
plandor del firmamento; y los que enseñan la
justicia a la multitud, como las estrellas a perpetua eternidad.
4 Pero tú, Daniel, cierra las palabras y sella el
libro[d] hasta el tiempo del fin. Muchos correrán
de aquí para allá, y la ciencia se aumentará.
5 Y yo Daniel miré, y he aquí otros dos que
estaban en pie, el uno a este lado del río, y el
otro al otro lado del río.
6 Y dijo uno al varón vestido de lino, que estaba sobre las aguas del río: ¿Cuándo será el fin
de estas maravillas?
7 Y oí al varón vestido de lino, que estaba
sobre las aguas del río, el cual alzó su diestra
y su siniestra al cielo, y juró por el que vive
por los siglos,[e] que será por tiempo, tiempos,
y la mitad de un tiempo.[f] Y cuando se acabe la
dispersión del poder del pueblo santo, todas
estas cosas serán cumplidas.

a. 11.31 Dn 9.27; 12.11; Mt 24.15; Mr 13.14. **b. 11.36** 2 Ts 2.3-4. **c. 11.36** Ap 13.5-6. **a. 12.1** Ap 12.7. **b. 12.1** Mt 24.21; Mr 13.19; Ap 7.14; 12.7. **c. 12.2** Mt 25.46; Jn 5.29. **d. 12.4** Ap 22.10. **e. 12.7** Ap 10.5. **f. 12.7** Ap 12.14.

LECCIONES DE VIDA

➤ ***11.32 — mas el pueblo que conoce a su Dios se esforzará y actuará.***

La intimidad con Dios es su prioridad máxima para nosotros. Cuanto más conozcamos y amemos a Dios, mejor le serviremos, no en nuestro propio poder sino en el suyo. Siempre será importante defender la verdad de Dios y hacer su voluntad de todo corazón, pero esto será especialmente imperativo en tanto que se aproximan los últimos días. No podemos ser disuadidos ni intimidados por la maldad; más bien, debemos mantenernos pegados al Señor y servirlo con obediencia y amor supremos.

➤ ***11.37 — sobre todo se engrandecerá.***

La mayoría de eruditos conservadores creen que este versículo describe al anticristo, «el cual se opone y se levanta contra todo lo que se llama Dios o es objeto de culto; tanto que se sienta en el templo de Dios como Dios, haciéndose pasar por Dios» (2 Ts 2.4).

➤ ***12.2 — muchos de los que duermen en el polvo de la tierra serán despertados, unos para vida eterna, y otros para vergüenza y confusión perpetua.***

Cualquier penalidad que Dios nos mande soportar por causa de su nombre, un día parecerá como nada en comparación a su recompensa (Ro 8.18). En cambio, si dejamos de creer en Cristo o elegimos algo distinto en su lugar, un juicio terrible nos espera (Ap 20.11–15). Como Jesús dijo en Marcos 8.35: «todo el que quiera salvar su vida, la perderá; y todo el que pierda su vida por causa de mí y del evangelio, la salvará».

8 Y yo oí, mas no entendí. Y dije: Señor mío,
¿cuál será el fin de estas cosas?
9 Él respondió: Anda, Daniel, pues estas palabras están cerradas y selladas hasta el tiempo del fin.
10 Muchos serán limpios, y emblanquecidos y purificados; los impíos procederán impíamente,[g] y ninguno de los impíos entenderá, pero los entendidos comprenderán.
11 Y desde el tiempo que sea quitado el continuo sacrificio hasta la abominación desoladora,[h] habrá mil doscientos noventa días.
12 Bienaventurado el que espere, y llegue a mil trescientos treinta y cinco días.
13 Y tú irás hasta el fin, y reposarás, y te levantarás para recibir tu heredad al fin de los días.

g. 12.10 Ap 22.11. **h. 12.11** Dn 9.27; 11.31; Mt 24.15; Mr 13.14.

LECCIONES DE VIDA

12.8 — yo oí, mas no entendí.

¿Hay pasajes de la Biblia que le confunden? No se desanime. Ni siquiera el gran profeta Daniel pudo entender algunas de las visiones que le fueron dadas, pues eran para un tiempo que aún estaba por venir. No obstante, Dios nos ayudará a entender todo lo que necesitemos saber, por medio de su Espíritu y en su tiempo (1 Co 2.10–13).

EL LIBRO DE

OSEAS

El profeta Oseas ministró al reino de Israel en el norte antes de su destrucción y deportación a manos de los asirios. Durante este tiempo, la nación pareció disfrutar una temporada de prosperidad y crecimiento, pero en su interior, la corrupción moral y el adulterio espiritual habían infectado totalmente al pueblo.

Cuando Dios instruyó a Oseas que se casara con una mujer promiscua llamada Gomer, el profeta descubrió que su vida doméstica era una dramatización trágica de la infidelidad del pueblo de Dios. El Señor incluso mandó al profeta llamar a sus hijos Lo-ruhama («No compadecida») y Lo-ammi («No pueblo mío»), para que el pueblo de Israel se diera cuenta de cuán hondo habían caído y cuán alejados estaban de su Dios.

Durante su ministerio profético que duró medio siglo, Oseas hizo eco reiterado de un mensaje triple: Dios aborrece los pecados de su pueblo; el juicio es inevitable; pero el amor fiel de Dios se mantiene firme. Oseas insistió bastante en que así Dios castigase al pueblo por sus pecados persistentes y flagrantes, como lo hizo en cumplimiento literal de las profecías sobre la invasión de los asirios en 722 a.C., Él jamás rechazaría por completo a su pueblo. Vendría un tiempo igualmente cierto cuando les daría un corazón para obedecerlo gozosamente, de tal modo que pudiera bendecirlos abundantemente.

Los nombres Oseas, Josué y Jesús se derivan de la misma raíz hebrea. Mientras que la palabra *hoshéa* significa «salvación», los nombres de Josué y Jesús incluyen una noción adicional: «Yahvé es salvación». Como mensajero de Dios, Oseas informó al pueblo extraviado que si se apartaban de su idolatría y volvían a Dios, Él ciertamente los salvaría.

El libro de Oseas presenta una historia de amor conmovedora que refleja el cuidado constante y esmerado de Dios para con su pueblo a pesar de la infidelidad, la ingratitud y la rebelión reiterada de ellos. Mientras el pueblo de Dios lo abandonó por ídolos paganos, Él en su amor siguió llamándolos de vuelta a sus brazos.

Tema: El adulterio espiritual siempre acarrea el juicio divino, pero Dios nunca dejará de amar a su pueblo del pacto.

Autor: Oseas.

Fecha: Durante los últimos años del reino de Israel en el norte, entre 755–715 a.C.

Estructura: La primera sección de Oseas (1.1—3.5) registra la apostasía del reino del norte de Israel, simbolizada en el matrimonio del profeta con la prostituta Gomer. La segunda sección (4.1—13.16) narra los pecados de Israel y las consecuencias proféticas de los mismos. La sección más corta (14.1–9) describe las bendiciones que Dios promete como resultado del arrepentimiento.

A medida que lea Oseas, fíjese en los principios de vida que juegan un papel importante en este libro:

18. Como hijos del Dios soberano, jamás somos víctimas de nuestras circunstancias. *Véase Oseas 3.4, 5; página 973.*

11. Dios asume toda la responsabilidad en cuanto a nuestras necesidades, si lo obedecemos. *Véase Oseas 4.10; página 974.*

26. La adversidad es un puente que nos conduce a una relación más profunda con Dios. *Véase Oseas 7.14; página 980.*

6. Cosechamos lo que sembramos, más de lo que sembramos, después de sembrarlo. *Véase Oseas 8.7; página 980.*

La esposa infiel de Oseas, y sus hijos

1 PALABRA de Jehová que vino a Oseas
hijo de Beeri, en días de Uzías,[a] Jotam,[b]
Acaz[c] y Ezequías,[d] reyes de Judá, y en días de
Jeroboam[e] hijo de Joás, rey de Israel.
2 El principio de la palabra de Jehová por
medio de Oseas. Dijo Jehová a Oseas: Ve,
tómate una mujer fornicaria, e hijos de fornicación; porque la tierra fornica apartándose de Jehová.
3 Fue, pues, y tomó a Gomer hija de Diblaim,
la cual concibió y le dio a luz un hijo.
4 Y le dijo Jehová: Ponle por nombre Jezreel;
porque de aquí a poco yo castigaré a la casa
de Jehú por causa de la sangre de Jezreel,[f] y
haré cesar el reino de la casa de Israel.
5 Y en aquel día quebraré yo el arco de Israel
en el valle de Jezreel.
➤ 6 Concibió ella otra vez, y dio a luz una hija.
Y le dijo Dios: Ponle por nombre Lo-ruhama,[1]
porque no me compadeceré más de la casa de
Israel, sino que los quitaré del todo.
7 Mas de la casa de Judá tendré misericordia,
y los salvaré por Jehová su Dios; y no los salvaré con arco, ni con espada, ni con batalla, ni
con caballos ni jinetes.
8 Después de haber destetado a Lo-ruhama,
concibió y dio a luz un hijo.
9 Y dijo Dios: Ponle por nombre Lo-ammi,[2] porque vosotros no sois mi pueblo, ni yo seré
vuestro Dios.
➤ 10 Con todo, será el número de los hijos de
Israel como la arena del mar, que no se puede
medir ni contar. Y en el lugar en donde les fue
dicho: Vosotros no sois pueblo mío, les será
dicho: Sois hijos del Dios viviente.[g]
11 Y se congregarán los hijos de Judá y de
Israel, y nombrarán un solo jefe, y subirán
de la tierra; porque el día de Jezreel será
grande.

El amor de Jehová hacia su pueblo infiel

2 DECID a vuestros hermanos: Ammi;[3] y a
vuestras hermanas: Ruhama.[4]
2 Contended con vuestra madre, contended;
porque ella no es mi mujer, ni yo su marido;
aparte, pues, sus fornicaciones de su rostro, y
sus adulterios de entre sus pechos;
3 no sea que yo la despoje y desnude, la ponga
como el día en que nació, la haga como un desierto, la deje como tierra seca, y la mate de sed.
4 Ni tendré misericordia de sus hijos, porque
son hijos de prostitución.
5 Porque su madre se prostituyó; la que los
dio a luz se deshonró, porque dijo: Iré tras mis
amantes, que me dan mi pan y mi agua, mi
lana y mi lino, mi aceite y mi bebida.
6 Por tanto, he aquí yo rodearé de espinos su camino, y la cercaré con seto, y no hallará sus caminos.
7 Seguirá a sus amantes, y no los alcanzará;
los buscará, y no los hallará. Entonces dirá:
Iré y me volveré a mi primer marido; porque
mejor me iba entonces que ahora.
8 Y ella no reconoció que yo le daba el trigo, ➤
el vino y el aceite, y que le multipliqué la plata y el oro que ofrecían a Baal.
9 Por tanto, yo volveré y tomaré mi trigo a su
tiempo, y mi vino a su sazón, y quitaré mi lana y
mi lino que había dado para cubrir su desnudez.
10 Y ahora descubriré yo su locura delante de
los ojos de sus amantes, y nadie la librará de
mi mano.
11 Haré cesar todo su gozo, sus fiestas, sus
nuevas lunas y sus días de reposo,* y todas
sus festividades.
12 Y haré talar sus vides y sus higueras, de las
cuales dijo: Mi salario son, salario que me han
dado mis amantes. Y las reduciré a un mato-
rral, y las comerán las bestias del campo.

---

1. Esto es, *No compadecida.* **2.** Esto es, *No pueblo mío.* **3.** Esto es, *Pueblo mío.* **4.** Esto es, *Compadecida.*
* Aquí equivale a *sábado.*

a. 1.1 2 R 15.1-7; 2 Cr 26.1-23. **b. 1.1** 2 R 15.32-38; 2 Cr 27.1-8. **c. 1.1** 2 R 16.1-20; 2 Cr 28.1-27. **d. 1.1** 2 R 18.1—20.21; 2 Cr 29.1—32.33. **e. 1.1** 2 R 14.23-29. **f. 1.4** 2 R 10.11. **g. 1.10** Ro 9.26.

LECCIONES DE VIDA

➤ ***1.6, 7 — no me compadeceré más de la casa de Israel, sino que los quitaré del todo. Mas de la casa de Judá tendré misericordia.***

Dios permitió que la nación de Israel fuera conquistada por Asiria a causa de todos sus años de pecado bajo el gobierno de reyes perversos e idólatras. En cambio, protegió a Judá de la amenaza gracias a reyes como Ezequías, quien por su propia voluntad se arrepintió y buscó al Señor (2 R 19.15–36). Sin embargo, hay que entender que Dios no deseaba calamidad alguna para su pueblo (Jer 29.11); más bien, quería restaurar a Israel a su compañerismo con Él por medio del juicio (Os 2.14–23). La misericordia no se gana ni se merece. El Señor es claro al respecto: «Tendré misericordia del que yo tenga misericordia» (Ro 9.15). Podemos estar agradecidos porque Él siempre nos trata con gracia y compasión.

➤ ***1.10 — en el lugar en donde les fue dicho: Vosotros no sois pueblo mío, les será dicho: Sois hijos del Dios viviente.***

Hasta en el juicio, Dios muestra misericordia. En todos los escritos de los profetas, las declaraciones de juicio terrible están entrelazadas con promesas de restauración y misericordia. Aquí, Dios ofrece un anticipo de la venida de Cristo, con la cual no rescataría al pueblo en un sentido terrenal y nacional, sino que ofrecería la salvación al mundo eterno, a un nivel eterno y personal (Jer 31.31–34; Ez 11.16–20; 36.22–28). Lo debemos todo a la gracia de Dios.

➤ ***2.8 — ella no reconoció que yo le daba el trigo, el vino y el aceite, y que le multipliqué la plata y el oro que ofrecían a Baal.***

Cada cosa buena que tenemos y disfrutamos es un regalo de la mano de Dios (Stg 1.17). Nunca debemos atribuir las buenas dádivas de Dios a persona o cosa alguna aparte de Él, ni usarlas para malos fines.

Ejemplos de vida

GOMER

¿Qué es lo que ella quería?

OS 2.14

Es difícil entender a una mujer como Gomer. El profeta Oseas la amó fielmente, proveyó para ella constantemente y la invitó a disfrutar una relación segura y satisfactoria con él. Sin embargo, ella optó por una serie de «amantes» que no buscaban más que su propio placer. ¿Cuál era su problema? ¿Qué quería esta mujer?

La Biblia nos describe el motivo de su adulterio (y el de Israel): «Iré tras mis amantes, que me dan mi pan y mi agua, mi lana y mi lino, mi aceite y mi bebida» (Os 2.5). En otras palabras, estaba buscando a alguien que saciara sus necesidades a su manera, no a la de Dios. Esta es la definición de la arrogancia: creer que sabemos más que el Señor.

Desafortunadamente, el mismo orgullo que corrompió el corazón de Gomer amenaza apartarnos también de nuestro primer amor. Esto sucede cuando buscamos algo aparte del Señor para satisfacer los anhelos profundos que llevamos por dentro.

¿Cuáles son las cosas en las que usted busca significado, aceptación y valía?

- una casa más grande
- un trabajo mejor
- más riquezas y posesiones
- una relación emocionante
- belleza
- inteligencia

Ante todo esto, el Señor nos afirma lo mismo que dijo en cuanto a ella: «he aquí que yo la atraeré y la llevaré al desierto, y hablaré a su corazón» (Os 2.14). Por eso mi amigo, acuda al Señor, porque Él es el único que verdaderamente puede saciar el hambre que hay en su corazón.

Para un estudio más a fondo, véase el Índice de Principios de vida:
15. El quebrantamiento es el requisito de Dios para que seamos útiles al máximo.

13 Y la castigaré por los días en que incensa-
ba a los baales, y se adornaba de sus zarcillos
y de sus joyeles, y se iba tras sus amantes y se
olvidaba de mí, dice Jehová.
14 Pero he aquí que yo la atraeré y la llevaré
al desierto, y hablaré a su corazón.
15 Y le daré sus viñas desde allí, y el valle de
Acor[a] por puerta de esperanza; y allí cantará
como en los tiempos de su juventud, y como
en el día de su subida de la tierra de Egipto.
16 En aquel tiempo, dice Jehová, me llamarás ≺
Ishi,[1] y nunca más me llamarás Baali.[2]
17 Porque quitaré de su boca los nombres de
los baales, y nunca más se mencionarán sus
nombres.
18 En aquel tiempo haré para ti pacto con las
bestias del campo, con las aves del cielo y con
las serpientes de la tierra; y quitaré de la tierra arco y espada y guerra, y te haré dormir
segura.
19 Y te desposaré conmigo para siempre; te *
desposaré conmigo en justicia, juicio, benignidad y misericordia.
20 Y te desposaré conmigo en fidelidad, y ≺
conocerás a Jehová.
21 En aquel tiempo responderé, dice Jehová,
yo responderé a los cielos, y ellos responderán a la tierra;
22 Y la tierra responderá al trigo, al vino y al
aceite, y ellos responderán a Jezreel.[3]
23 Y la sembraré para mí en la tierra, y tendré
misericordia de Lo-ruhama; y diré a Lo-ammi:
Tú eres pueblo mío,[b] y él dirá: Dios mío.

Oseas y la adúltera

3 ME dijo otra vez Jehová: Ve, ama a una
mujer amada de su compañero, aunque
adúltera, como el amor de Jehová para con
los hijos de Israel, los cuales miran a dioses
ajenos, y aman tortas de pasas.
2 La compré entonces para mí por quince siclos de plata y un homer y medio de
cebada.
3 Y le dije: Tú serás mía durante muchos días;
no fornicarás, ni tomarás otro varón; lo mismo haré yo contigo.
4 Porque muchos días estarán los hijos de
Israel sin rey, sin príncipe, sin sacrificio, sin
estatua, sin efod y sin terafines.
5 Después volverán los hijos de Israel, y bus- ≺
carán a Jehová su Dios, y a David su rey; y
temerán a Jehová y a su bondad en el fin de
los días.

Controversia de Jehová con Israel

4 OÍD palabra de Jehová, hijos de Israel,
porque Jehová contiende con los moradores de la tierra; porque no hay verdad, ni
misericordia, ni conocimiento de Dios en la
tierra.

1. Esto es, *Mi marido.* **2.** Esto es, *Mi señor.* **3.** Esto es, *Dios siembra.*
a. 2.15 Jos 7.24-26. **b. 2.23** Ro 9.25; 1 P 2.10.

2 Perjurar, mentir, matar, hurtar y adulterar prevalecen, y homicidio tras homicidio se suceden.
3 Por lo cual se enlutará la tierra, y se extenuará todo morador de ella, con las bestias del campo y las aves del cielo; y aun los peces del mar morirán.
4 Ciertamente hombre no contienda ni reprenda a hombre, porque tu pueblo es como los que resisten al sacerdote.
5 Caerás por tanto en el día, y caerá también contigo el profeta de noche; y a tu madre destruiré.
➤ 6 Mi pueblo fue destruido, porque le faltó conocimiento. Por cuanto desechaste el conocimiento, yo te echaré del sacerdocio; y porque olvidaste la ley de tu Dios, también yo me olvidaré de tus hijos.
7 Conforme a su grandeza, así pecaron contra mí; también yo cambiaré su honra en afrenta.
8 Del pecado de mi pueblo comen, y en su maldad levantan su alma.
9 Y será el pueblo como el sacerdote; le castigaré por su conducta, y le pagaré conforme a sus obras.
➤ 10 Comerán, pero no se saciarán; fornicarán, mas no se multiplicarán, porque dejaron de servir a Jehová.
11 Fornicación, vino y mosto quitan el juicio.
12 Mi pueblo a su ídolo de madera pregunta, y el leño le responde; porque espíritu de fornicaciones lo hizo errar, y dejaron a su Dios para fornicar.
13 Sobre las cimas de los montes sacrificaron, e incensaron sobre los collados, debajo de las encinas, álamos y olmos que tuviesen buena sombra; por tanto, vuestras hijas fornicarán, y adulterarán vuestras nueras.
14 No castigaré a vuestras hijas cuando forniquen, ni a vuestras nueras cuando adulteren; porque ellos mismos se van con rameras, y con malas mujeres sacrifican; por tanto, el pueblo sin entendimiento caerá.
15 Si fornicas tú, Israel, a lo menos no peque Judá; y no entréis en Gilgal, ni subáis a Betavén, ni juréis: Vive Jehová.
16 Porque como novilla indómita se apartó Israel; ¿los apacentará ahora Jehová como a corderos en lugar espacioso?
17 Efraín es dado a ídolos; déjalo.
18 Su bebida se corrompió; fornicaron sin cesar; sus príncipes amaron lo que avergüenza.
19 El viento los ató en sus alas, y de sus sacrificios serán avergonzados.

Castigo de la apostasía de Israel

5 SACERDOTES, oíd esto, y estad atentos, casa de Israel, y casa del rey, escuchad; porque para vosotros es el juicio, pues habéis sido lazo en Mizpa, y red tendida sobre Tabor.
2 Y haciendo víctimas han bajado hasta lo profundo; por tanto, yo castigaré a todos ellos.
3 Yo conozco a Efraín, e Israel no me es desconocido; porque ahora, oh Efraín, te has prostituido, y se ha contaminado Israel.
4 No piensan en convertirse a su Dios, porque espíritu de fornicación está en medio de ellos, y no conocen a Jehová.
5 La soberbia de Israel le desmentirá en su cara; Israel y Efraín tropezarán en su pecado, y Judá tropezará también con ellos.
6 Con sus ovejas y con sus vacas andarán buscando a Jehová, y no le hallarán; se apartó de ellos.

LECCIONES DE VIDA

➤ *2.16 — En aquel tiempo, dice Jehová, me llamarás Ishi, y nunca más me llamarás Baali.*

La palabra hebrea *Ishi* significa «mi esposo», mientras que *Baali* significa «mi dueño». La primera palabra expresa el deseo más sincero del corazón de Dios para nosotros, que lo conozcamos íntimamente como una esposa ama a su cónyuge y le tiene confianza. Jamás deberíamos servir a Dios por obligación o tradición, nuestra obediencia a Él debería brotar de la adoración y el respeto que sentimos y reservamos sólo a Él.

➤ *2.20 — te desposaré conmigo en fidelidad, y conocerás a Jehová.*

Dios extiende su benignidad a nosotros, aún cuando nos alejamos de Él. Nuestro propósito más sublime y el que más nos realiza es una relación íntima con el Señor nuestro Dios. Ciertamente, cuando lo busquemos, lo hallaremos (Jer 29.11–13; Mt 7.7, 8; Lc 11.9, 10).

➤ *3.5 — Después volverán los hijos de Israel, y buscarán a Jehová su Dios, y a David su rey; y temerán a Jehová y a su bondad en el fin de los días.*

Puede ser que sepamos qué significa temer al Señor, pero ¿qué significa temer «su bondad»? Aquí Oseas anticipa la venida del Mesías, el descendiente de David que sería el Rey de reyes (Ap 19.16). Como hemos visto a través de Cristo, la bondad, la santidad y el amor abundante de Dios hacia nosotros son tan grandes e inmerecidos, que deberían hacernos temblar.

➤ *4.6 — Mi pueblo fue destruido, porque le faltó conocimiento.*

Si sólo en el Señor hallamos la vida, más nos vale hacer prioritario el aprender todo cuanto nos sea posible acerca de Él y sus caminos, y eso significa pasar tiempo prolongado en oración, en su presencia y en su Palabra.

➤ *4.10 — Comerán, pero no se saciarán; fornicarán, mas no se multiplicarán, porque dejaron de servir a Jehová.*

Los israelitas buscaban a los dioses falsos de los cananeos porque se suponía que traían fertilidad y prosperidad. Al hacerlo abandonaron a Dios, quien era el proveedor verdadero para todas sus necesidades. Sus intentos soberbios e idólatras de saciar sus propias necesidades terminarían en desastre. Cuando obedecemos al Señor, Él asume toda la responsabilidad por nuestras necesidades y nos satisface con su abundancia. Si lo desobedecemos, cualquier cosa que adquiramos se convertirá en cenizas.

LO QUE LA BIBLIA DICE ACERCA DE CÓMO CONOCER A DIOS TOTALMENTE

Os 2.19, 20

Siempre hay algo más que podemos aprender acerca del Señor. Nunca tendremos un entendimiento completo de su naturaleza porque sus caminos son mucho más altos que los nuestros (Is 55.8, 9). No obstante, tan pronto entramos en una relación con el Señor, Él promete revelarnos más de Él. Oseas 2.19, 20 dice: «te desposaré conmigo para siempre; te desposaré conmigo en justicia, juicio, benignidad y misericordia. Y te desposaré conmigo en fidelidad, y conocerás a Jehová». Él ha «desposado» (o comprometido) a su pueblo consigo mismo por una razón: para darse a conocer.

Por supuesto, para conocer a alguien íntimamente no basta con saber qué hace la persona, uno debe conocer su carácter y su corazón. Es necesario saber qué le motiva.

Lo mismo sucede con Dios. Tristemente, muchas veces sabemos mucho *acerca de* Dios, sin conocerlo *a Él* realmente. Más triste todavía es que quedemos satisfechos con saber unos cuantos hechos acerca de Él, cuando lo que Dios quiere es que lo conozcamos y lo amemos de verdad, en una relación profunda e íntima. Estas son siete razones por las cuales deberíamos conocer los caminos de Dios.

1. *Deberíamos conocer los caminos de Dios porque son esenciales para conocerlo a Él.* En el Salmo 25.4–5 David escribió: «Muéstrame, oh Jehová, tus caminos; enséñame tus sendas. Encamíname en tu verdad, y enséñame, porque tú eres el Dios de mi salvación; en ti he esperado todo el día». A medida que conocemos sus caminos, llegamos a conocer su corazón, y el gozo más grande de la vida es conocer a Dios personal e íntimamente.

2. *Deberíamos conocer los caminos de Dios porque Él requiere que los conozcamos.* Deuteronomio 10.12, 13 explica: «¿qué pide Jehová tu Dios de ti, sino que temas a Jehová tu Dios, que andes en todos sus caminos, y que lo ames, y sirvas a Jehová tu Dios con todo tu corazón y con toda tu alma; que guardes los mandamientos de Jehová y sus estatutos, que yo te prescribo hoy, para que tengas prosperidad?» En otras palabras, Él desea que vayamos más allá de una relación superficial con Él. No debemos verlo meramente como nuestro Maestro, sino tratarlo como nuestro Amado. Ciertamente, Él nos ayudará a entender todo aquello que nos requiera conocer.

Dios quiere que lo conozcamos y lo amemos de verdad.

3. *Deberíamos conocer los caminos de Dios porque ese es el anhelo de su corazón para nosotros.* El Señor nos dice: «Clama a mí, y yo te responderé, y te enseñaré cosas grandes y ocultas que tú no conoces» (Jer 33.3). Él desea nuestro compañerismo, es decir, que lo busquemos y lo adoremos de todo corazón. Este hecho por sí solo debería motivarnos a buscar una relación profunda y significativa con Él.

4. *Deberíamos conocer los caminos de Dios porque Él nos ama.* Nuestro Padre celestial también nos dice: «Con amor eterno te he amado; por tanto, te prolongué mi misericordia» (Jer 31.3). Él desea lo mejor para nosotros y quiere que cada uno de nosotros reconozca que sus planes siempre superarán todo lo que podamos pedir o imaginar (1 Co 2.9; Ef 3.20).

5. *Deberíamos conocer los caminos de Dios porque son los mejores.* «Yo sé los pensamientos que tengo acerca de vosotros, dice Jehová, pensamientos de paz, y no de mal, para daros el fin que esperáis» (Jer 29.11). Sin importar qué situación debamos soportar o cuán difícil sea alguna decisión que debamos tomar, podemos tener por seguro que el camino de Dios es el mejor método para abordar el problema. Él nos guiará y nos dará la fortaleza y la sabiduría para manejar nuestras circunstancias como a Él le agrada.

6. *Deberíamos conocer los caminos de Dios porque son la vía al éxito.* Aunque el mundo defina el éxito en términos de logros que implican riqueza y poder, para el Señor el éxito verdadero descansa en la base de la obediencia a la voluntad de Dios. Como lo establece 1 Juan 2.17: «el mundo pasa, y sus deseos; pero el que hace la voluntad de Dios permanece para siempre». En últimas, nadie puede trastocar los planes de Dios; Él tendrá éxito y alcanzará la victoria (Job 42.2). Si nos sometemos a Él, participaremos de su triunfo.

Por lo tanto, disponga su corazón a conocer todo acerca de Dios: sus obras, sus caminos y su voluntad para su vida. Esta es su promesa: «me buscaréis y me hallaréis, porque me buscaréis de todo vuestro corazón» (Jer 29.13).

Para un estudio más a fondo, véase el Índice de Principios de vida:

1. *Nuestra intimidad con Dios, que es su prioridad para nosotros, determina el impacto que causen nuestras vidas.*

PRINCIPIO DE VIDA 18

COMO HIJOS DEL DIOS SOBERANO, JAMÁS SOMOS VÍCTIMAS DE NUESTRAS CIRCUNSTANCIAS.

OS 3.4, 5

La vida no es fácil. Nos esperan muchos baches y vueltas a lo largo del camino. La carrera es real, la batalla continua, y las experiencias dolorosas pueden atravesarnos el corazón. Sin embargo, nuestras circunstancias no deberían definir quiénes somos ni cómo reaccionamos. Más bien, como creyentes, nuestra conducta en cada situación debería honrar al Señor Jesús y nuestra identidad siempre debería basarse en la salvación que Él nos ha provisto.

El capítulo 11 de Hebreos nos recuerda aquellos hombres y mujeres que se mantuvieron firmes a pesar de sus circunstancias adversas. Usted podrá decir: «Por supuesto que ellos perseveraron; Dios obró poderosamente en su situación, ¡nada más mire el desenlace de sus historias!» Pero entienda que, tal como usted, los santos del pasado no supieron cómo iba a terminar su historia, ni tampoco cuándo cumpliría Dios las promesas que les había hecho. No obstante, 1 Reyes 8.56 declara: «ninguna palabra de todas sus promesas… ha faltado».

Entonces, ¿cómo fue que ellos demostraron tener una fe tan fuerte en Dios? La tenían porque confiaron en el hecho de que el Señor era capaz de ayudarles y hacer que todas las cosas obraran para bien (Ro 8.28; He 11.1). Aunque nada más tuviera sentido para ellos, decidieron poner su esperanza en el Señor soberano, y Él los recompensó por su confianza (He 11.6).

En el quinto grado, un joven que ahora es pastor de una iglesia, tuvo que memorizar la lista inspiradora de personajes piadosos en Hebreos 11, con todos los nombres de aquellos siervos fieles del Señor que perseveraron en sus grandes pruebas por medio de su confianza en Dios. Fue una de las lecciones más transformadoras de su vida. Cada vez que pasaba por una situación difícil en el ministerio, el Señor le recordaba estos grandes campeones de la fe, y le daba la confianza para soportar como ellos.

Al considerar la nube invisible de testigos en la Biblia (He 12.1), nosotros también deberíamos ser animados por sus testimonios. Deberíamos ser alentados por la historia de José, quien soportó aunque la vida pareciera ser tan injusta (Gn 45.4–8; 50.20). O David, quien obedeció a Dios aunque en ciertas ocasiones todo pareciera impedirle el llegar a ser rey de Israel, que había sido la promesa del Señor (1 S 23.14). O Moisés, quien «se sostuvo como viendo al Invisible» (He 11.27) y dirigió al pueblo de Israel a la tierra prometida.

Dios sabe que la vida cristiana no es fácil.

O los discípulos, quienes quedaron desolados en la crucifixión de Cristo, pero fueron fortalecidos, animados y llenos de propósito para sus vidas en su resurrección.

Si cualquiera de estas personas se hubiera considerado víctima de sus circunstancias, habrían empezado su peregrinaje con Dios en derrota y desánimo. En lugar de eso, se enfocaron en la mano todopoderosa del Señor y triunfaron con Él.

De igual modo, podemos decir: «Dios, si ellos soportaron yo también puedo, porque Tú eres tan soberano hoy como lo fuiste entonces, y Tú me amas tanto como los amaste a ellos. Por lo tanto, no me consideraré una víctima de mis circunstancias. Más bien, veré cada situación como una oportunidad para que tu gloria resplandezca en victoria».

Dios sabe que la vida cristiana no es fácil. Cuando usted recibió al Señor Jesús como su Salvador, Él le fijó un curso a seguir. Como su Señor soberano, Él trazó en el mapa cada obstáculo, cada vuelta, cada desvío, cada colina y cada valle. Él supo de antemano todas las dificultades que usted tendría que enfrentar. Él entendió que estaría en conflicto permanente con el mundo, la carne y el diablo hasta que partiera con Él a su hogar celestial. Pero, Él no le puso simplemente en el camino, esperanzado que usted encontrara la ruta por su cuenta. Él envió al Espíritu Santo a morar en usted para guiarle y animarle. Para poder aguantar hasta el final, se requiere algo que no se consigue fácilmente, y es que usted confíe totalmente en su Dios invisible y soberano. Sin embargo, cuenta con el Espíritu Santo, quien le recuerda la fidelidad y el poder del Señor (Jn 14.26), de manera que usted sí pueda mantener su compromiso con Él.

Cuando las dificultades del camino entorpezcan su avance, y ciertamente las tendrá, usted no puede salir huyendo. No puede darse por vencido. A medida que usted obedece al Señor fielmente sin importar las circunstancias, su fe será cada vez más fuerte. Esta es su preparación para prestar un servicio más grande y tener un ministerio de mayor alcance. Así es como usted llega a ser un creyente fuerte, firme y con una fe inquebrantable.

Aquel que sufrió la cruz vive en usted, y le ha equipado plenamente para cualquier tarea que le llame a ejecutar. Si tropieza, Él está presto para levantarle. Tan solo acuérdese de mantener siempre la mirada puesta en Jesús. No se rinda. Persevere.

Usted no está solo(a). Su Señor soberano está a su lado en cada situación. Por lo tanto, clame a Él para que le infunda su poder y sabiduría, y obedezca en todo lo que le llame a hacer. Recuerde también que usted *nunca* es una víctima de sus circunstancias, pues su Dios soberano puede usar todo lo que le suceda para bendecirle y para ser glorificado.

Aquel que sufrió la cruz vive en usted.

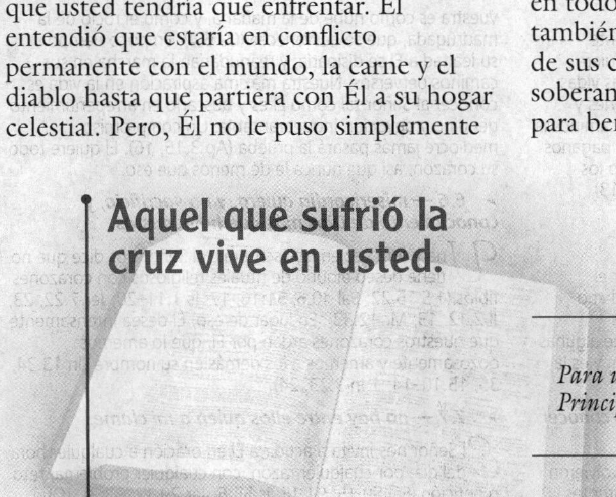

Para un estudio más a fondo, véase el Índice de Principios de vida.

7 Contra Jehová prevaricaron, porque han
engendrado hijos extraños; ahora en un solo
mes serán consumidos ellos y sus heredades.
8 Tocad bocina en Gabaa, trompeta en Ramá:
sonad alarma en Bet-avén; tiembla, oh Benjamín.
9 Efraín será asolado en el día del castigo; en
las tribus de Israel hice conocer la verdad.
10 Los príncipes de Judá fueron como los que
traspasan los linderos; derramaré sobre ellos
como agua mi ira.
➤ 11 Efraín es vejado, quebrantado en juicio,
porque quiso andar en pos de vanidades.
12 Yo, pues, seré como polilla a Efraín, y como
carcoma a la casa de Judá.
13 Y verá Efraín su enfermedad, y Judá su
llaga; irá entonces Efraín a Asiria, y enviará
al rey Jareb; mas él no os podrá sanar, ni os
curará la llaga.
14 Porque yo seré como león a Efraín, y como
cachorro de león a la casa de Judá; yo, yo arre-
bataré, y me iré; tomaré, y no habrá quien
liberte.

Insinceridad del arrepentimiento de Israel

➤ 15 Andaré y volveré a mi lugar, hasta que
reconozcan su pecado y busquen mi rostro.
En su angustia me buscarán.
* 6 VENID y volvamos a Jehová; porque él arrebató, y nos curará; hirió, y nos vendará.
2 Nos dará vida después de dos días; en el
tercer día nos resucitará,[a] y viviremos delante de él.
➤ 3 Y conoceremos, y proseguiremos en conocer
a Jehová; como el alba está dispuesta su salida, y vendrá a nosotros como la lluvia, como
la lluvia tardía y temprana a la tierra.
4 ¿Qué haré a ti, Efraín? ¿Qué haré a ti, oh
Judá? La piedad vuestra es como nube de la
mañana, y como el rocío de la madrugada,
que se desvanece.
5 Por esta causa los corté por medio de los
profetas, con las palabras de mi boca los maté;
y tus juicios serán como luz que sale.
6 Porque misericordia quiero, y no sacrificio,[b] ≺
y conocimiento de Dios más que holocaustos.
7 Mas ellos, cual Adán, traspasaron el pacto;
allí prevaricaron contra mí.
8 Galaad, ciudad de hacedores de iniquidad,
manchada de sangre.
9 Y como ladrones que esperan a algún hombre, así una compañía de sacerdotes mata
en el camino hacia Siquem; así cometieron
abominación.
10 En la casa de Israel he visto inmundicia;
allí fornicó Efraín, y se contaminó Israel.
11 Para ti también, oh Judá, está preparada
una siega, cuando yo haga volver el cautiverio de mi pueblo.

Iniquidad y rebelión de Israel

7 MIENTRAS curaba yo a Israel, se descubrió la iniquidad de Efraín, y las maldades
de Samaria; porque hicieron engaño; y entra
el ladrón, y el salteador despoja por fuera.
2 Y no consideran en su corazón que tengo en
memoria toda su maldad; ahora les rodearán
sus obras; delante de mí están.
3 Con su maldad alegran al rey, y a los príncipes con sus mentiras.
4 Todos ellos son adúlteros; son como horno encendido por el hornero, que cesa de avi-

a. 6.2 Lc 24.46; 1 Co 15.4. **b. 6.6** Mt 9.13; 12.7.

LECCIONES DE VIDA

➤ ***5.11 — Efraín es vejado, quebrantado en juicio, porque quiso andar en pos de vanidades.***

Dios quiere que lo busquemos y vengamos delante de Él con nuestras peticiones y preguntas. Él quiere conducirnos y guiarnos a cada momento de nuestras vidas. No obstante, si lo excluimos de nuestras deliberaciones y dependemos de nuestras inclinaciones humanas pecaminosas (como lo hicieron los israelitas sirviendo a los dioses paganos de la fertilidad; Os 2.8) y de nuestros recursos (como los israelitas cuando buscaron la ayuda de Asiria; Os 5.13), quedamos expuestos a penalidades innecesarias.

➤ ***5.15 — En su angustia me buscarán.***

Dios no usa la aflicción porque Él lo disfrute. Por el contrario, Lamentaciones 3.33 confirma que Él «no aflige ni entristece voluntariamente a los hijos de los hombres». Más bien, Él permite la adversidad porque algunas veces es la única manera de captar nuestra atención, y es la única advertencia de la que haremos caso.

➤ ***6.3 — Y conoceremos, y proseguiremos en conocer a Jehová.***

En lugar de arrepentirse de verdad, los israelitas volvieron al Señor de labios para afuera, con sacrificios carentes de significado. Por esa razón Dios les respondió: «La piedad vuestra es como nube de la mañana, y como el rocío de la madrugada, que se desvanece» (Os 6.4). En poco tiempo su lealtad a Él se disiparía, y reanudarían la marcha en sus caminos perversos. Nuestra máxima aspiración en la vida es conocer al Señor tal como Él es y buscarlo en arrepentimiento genuino y devoción inquebrantable. Un compromiso mediocre jamás pasará la prueba (Ap 3.15, 16). Él quiere todo su corazón, así que nunca le dé menos que eso.

➤ ***6.6 — misericordia quiero, y no sacrificio, y conocimiento de Dios más que holocaustos.***

Una y otra vez en las Escrituras, el Señor nos dice que no tiene deseo alguno de rituales religiosos con corazones tibios (1 S 15.22; Sal 40.6; 51.16, 17; Is 1.11–20; Jer 7.22, 23; Jl 2.12, 13; Mr 12.33). En lugar de eso, Él desea intensamente que nuestros corazones ardan por Él, que lo amemos gozosamente y amemos a los demás en su nombre (Jn 13.34, 35; 15.10–14; 1 Jn 3.23, 24).

➤ ***7.7 — no hay entre ellos quien a mí clame.***

El Señor nos invita a acudir a Él en oración a cualquier hora del día, por cualquier razón, con cualquier problema, reto o petición (Sal 50.15; 91.15; Is 55.6; Jer 29.12; 33.3). ¿Qué nos impide aprovechar su oferta?

RESPUESTAS A PREGUNTAS DE LA VIDA

¿Cómo puedo *realmente* conocer a Dios?

OS 6.6

¿Sabía que Dios quiere mostrarle más de Él cada día? ¿Está buscando a Dios con todas sus fuerzas? ¿Le revitaliza el tiempo que pasa con el Señor, o lo siente más como si fuera un ritual?

Contraste la experiencia de Gomer con la de Ana, otra israelita del pasado (1 S 1–2). A Gomer le tenía sin cuidado conocer a Dios. En cambio, Ana buscó a Dios con todo su corazón. ¿Cuál fue la diferencia? El conocimiento de Dios.

Dios es muy claro en Oseas 6.6: «misericordia quiero, y no sacrificio, y conocimiento de Dios más que holocaustos». A fin de profundizar su relación con Dios y mantener su devoción a Él:

- *Usted debe acercarse a Él honestamente.* Confesar sus pecados e invitar a Jesucristo en su corazón requiere que usted sea vulnerable. Aunque tal humildad y arrepentimiento puedan ser intimidantes, aceptar a Cristo es la mejor decisión que cualquier persona puede tomar en la vida.
- *Usted debe entender su dependencia de Él.* Ana veía a Dios como su única fuente de consuelo y poder: «ella con amargura de alma oró a Jehová, y lloró abundantemente» (1 S 1.10). Por cuanto hizo esto, Dios la trató con compasión y gracia (1 S 1.19, 20).
- *Usted debe interesarse en lo que le interesa a Él.* ¿Ha disminuido su deseo de tener conocimiento espiritual y sabiduría piadosa? En ese caso, pídale al Señor que restaure su anhelo por Él y por las cosas que más le conciernen a Él.
- *Usted debe conocer su Palabra.* Con la lectura de la Biblia, usted abre su corazón al Señor. Dios le ha dado el Espíritu Santo para ayudarle a entender su Palabra, y Él quiere que usted medite en ella para que pueda aplicarla a su vida.
- *Usted debe observar las características y los caminos de Dios.* Lea las promesas que el Señor hace en su Palabra. Pídale que le recuerde cómo ha obrado ya en su vida, con toda la sabiduría, el amor y el poder que usted necesitará para cualquier reto que le toque enfrentar, de aquí a la eternidad.
- *Usted debe aceptar su invitación y seguir sus mandatos.* Dios le está invitando constantemente a andar con Él. Entregue al Señor el control total de sus decisiones, su tiempo, sus talentos y sus posesiones. Eso es lo que significa andar en sumisión completa a Él. Su obediencia ciertamente traerá grandes bendiciones.

Su conocimiento de Dios crece a medida que usted reconoce día tras día el amor de Dios por usted. Dios se deleita en su alabanza entusiasta y su adoración ferviente a Él. Salmo 46.10 dice: «Estad quietos, y conoced que yo soy Dios; seré exaltado entre las naciones; enaltecido seré en la tierra». A medida que usted llega a conocer a Dios a niveles más profundos, su capacidad para confiar en Él y obedecerlo aumentará. Usted descubrirá la mayor satisfacción en su vida cuando llegue a conocer y exaltar al Señor de toda la creación.

Para un estudio más a fondo, véase el Índice de Principios de vida:

1. *Nuestra intimidad con Dios, que es su prioridad para nosotros, determina el impacto que causen nuestras vidas.*
12. *La paz con Dios es fruto de nuestra unidad con Él.*

var el fuego después que está hecha la masa,
hasta que se haya leudado.
5 En el día de nuestro rey los príncipes lo
hicieron enfermar con copas de vino; extendió su mano con los escarnecedores.
6 Aplicaron su corazón, semejante a un horno,
a sus artificios; toda la noche duerme su hornero; a la mañana está encendido como llama de fuego.
7 Todos ellos arden como un horno, y devoraron a sus jueces; cayeron todos sus reyes; no
hay entre ellos quien a mí clame.
8 Efraín se ha mezclado con los demás pueblos; Efraín fue torta no volteada.
9 Devoraron extraños su fuerza, y él no lo
supo; y aun canas le han cubierto, y él no lo
supo.

10 Y la soberbia de Israel testificará contra él
en su cara; y no se volvieron a Jehová su Dios,
ni lo buscaron con todo esto.
11 Efraín fue como paloma incauta, sin entendimiento; llamarán a Egipto, acudirán a Asiria.
12 Cuando fueren, tenderé sobre ellos mi red;
les haré caer como aves del cielo; les castigaré conforme a lo que se ha anunciado en sus
congregaciones.
13 ¡Ay de ellos! porque se apartaron de mí;
destrucción vendrá sobre ellos, porque contra
mí se rebelaron; yo los redimí, y ellos hablaron mentiras contra mí.
➤ 14 Y no clamaron a mí con su corazón cuando gritaban sobre sus camas; para el trigo y
el mosto se congregaron, se rebelaron contra mí.
15 Y aunque yo los enseñé y fortalecí sus brazos, contra mí pensaron mal.
16 Volvieron, pero no al Altísimo; fueron como
arco engañoso; cayeron sus príncipes a espada por la soberbia de su lengua; esto será su
escarnio en la tierra de Egipto.

Reprensión de la idolatría de Israel

8 PON a tu boca trompeta. Como águila
viene contra la casa de Jehová, porque
traspasaron mi pacto, y se rebelaron contra
mi ley.
2 A mí clamará Israel: Dios mío, te hemos
conocido.
3 Israel desechó el bien; enemigo lo
perseguirá.
➤ 4 Ellos establecieron reyes, pero no escogidos
por mí; constituyeron príncipes, mas yo no lo
supe; de su plata y de su oro hicieron ídolos
para sí, para ser ellos mismos destruidos.
5 Tu becerro, oh Samaria, te hizo alejarte; se
encendió mi enojo contra ellos, hasta que no
pudieron alcanzar purificación.
6 Porque de Israel es también éste, y artífice lo
hizo; no es Dios; por lo que será deshecho en
pedazos el becerro de Samaria.
7 Porque sembraron viento, y torbellino sega- ≺
rán; no tendrán mies, ni su espiga hará harina; y si la hiciere, extraños la comerán.
8 Devorado será Israel; pronto será entre las
naciones como vasija que no se estima.
9 Porque ellos subieron a Asiria, como asno
montés para sí solo; Efraín con salario alquiló amantes.
10 Aunque alquilen entre las naciones, ahora
las juntaré, y serán afligidos un poco de tiempo por la carga del rey y de los príncipes.
11 Porque multiplicó Efraín altares para pecar,
tuvo altares para pecar.
12 Le escribí las grandezas de mi ley, y fueron
tenidas por cosa extraña.
13 En los sacrificios de mis ofrendas sacrificaron carne, y comieron; no los quiso Jehová;
ahora se acordará de su iniquidad, y castigará
su pecado; ellos volverán a Egipto.
14 Olvidó, pues, Israel a su Hacedor, y edificó
templos, y Judá multiplicó ciudades fortificadas; mas yo meteré fuego en sus ciudades, el
cual consumirá sus palacios.

Castigo de la persistente infidelidad de Israel

9 NO te alegres, oh Israel, hasta saltar de
gozo como los pueblos, pues has fornicado apartándote de tu Dios; amaste salario de
ramera en todas las eras de trigo.
2 La era y el lagar no los mantendrán, y les
fallará el mosto.
3 No quedarán en la tierra de Jehová, sino
que volverá Efraín a Egipto y a Asiria, donde
comerán vianda inmunda.
4 No harán libaciones a Jehová, ni sus sacrificios le serán gratos; como pan de enlutados les serán a ellos; todos los que coman de
él serán inmundos. Será, pues, el pan de ellos
para sí mismos; ese pan no entrará en la casa
de Jehová.
5 ¿Qué haréis en el día de la solemnidad, y en ≺
el día de la fiesta de Jehová?
6 Porque he aquí se fueron ellos a causa de la
destrucción. Egipto los recogerá, Menfis los

LECCIONES DE VIDA

➤ ***7.14 — no clamaron a mí con su corazón cuando gritaban sobre sus camas.***

Un grito de angustia no es lo mismo que un clamor por misericordia. Pablo escribió: «la tristeza que es según Dios produce arrepentimiento para salvación, de que no hay que arrepentirse; pero la tristeza del mundo produce muerte» (2 Co 7.10). La aflicción no nos trae necesariamente de vuelta al Señor, eso depende de lo que hagamos con ella. Sin embargo, si acudimos al Señor con devoción en nuestro sufrimiento, descubriremos que nuestra adversidad es un puente que conduce a una relación más profunda con Él.

➤ ***8.4 — Ellos establecieron reyes, pero no escogidos por mí.***

Dios quiere estar íntimamente involucrado en todos los detalles de nuestra vida, sobre todo en las decisiones grandes que determinan nuestro futuro. Cuando Israel escogió sus reyes sin la guía del Señor, terminaron lamentándolo.

➤ ***8.7 — sembraron viento, y torbellino segarán.***

Siempre sufriremos las consecuencias de nuestras acciones necias y pecaminosas. Cosechamos lo que sembramos, más de lo que sembramos, después de sembrarlo.

➤ ***9.5 — ¿Qué haréis en el día de la solemnidad, y en el día de la fiesta de Jehová?***

Así es como los israelitas por fin entendieron su terrible situación. En la tierra de su exilio no podrían servir al Señor de ninguna manera, ni hacer memoria de su gran provisión con todas las fiestas solemnes y las convocaciones santas que se habían acostumbrado a celebrar (Lv 23). Nunca interprete la gran paciencia del Señor con su pueblo como una aceptación tácita del mal. Cuando nos salimos de su voluntad a sabiendas, Él nos llama a volver a su lado. Si rehusamos volver a Él, nos espera gran desolación.

enterrará. La ortiga conquistará lo deseable de su plata, y espino crecerá en sus moradas.
7 Vinieron los días del castigo,[a] vinieron los días de la retribución; e Israel lo conocerá. Necio es el profeta, insensato es el varón de espíritu, a causa de la multitud de tu maldad, y grande odio.
8 Atalaya es Efraín para con mi Dios; el profeta es lazo de cazador en todos sus caminos, odio en la casa de su Dios.
9 Llegaron hasta lo más bajo en su corrupción, como en los días de Gabaa;[b] ahora se acordará de su iniquidad, castigará su pecado.
10 Como uvas en el desierto hallé a Israel; como la fruta temprana de la higuera en su principio vi a vuestros padres. Ellos acudieron a Baal-peor,[c] se apartaron para vergüenza, y se hicieron abominables como aquello que amaron.
11 La gloria de Efraín volará cual ave, de modo que no habrá nacimientos, ni embarazos, ni concepciones.
12 Y si llegaren a grandes sus hijos, los quitaré de entre los hombres, porque ¡ay de ellos también, cuando de ellos me aparte!
13 Efraín, según veo, es semejante a Tiro, situado en lugar delicioso; pero Efraín sacará sus hijos a la matanza.
14 Dales, oh Jehová, lo que les has de dar; dales matriz que aborte, y pechos enjutos.
15 Toda la maldad de ellos fue en Gilgal; allí, pues, les tomé aversión; por la perversidad de sus obras los echaré de mi casa; no los amaré más; todos sus príncipes son desleales.
16 Efraín fue herido, su raíz está seca, no dará más fruto; aunque engendren, yo mataré lo deseable de su vientre.
➤ 17 Mi Dios los desechará, porque ellos no le oyeron; y andarán errantes entre las naciones.

10 ISRAEL es una frondosa viña, que da abundante fruto para sí mismo; conforme a la abundancia de su fruto multiplicó también los altares, conforme a la bondad de su tierra aumentaron sus ídolos.
2 Está dividido su corazón. Ahora serán hallados culpables; Jehová demolerá sus altares, destruirá sus ídolos.
3 Seguramente dirán ahora: No tenemos rey, porque no temimos a Jehová; ¿y qué haría el rey por nosotros?
4 Han hablado palabras jurando en vano al hacer pacto; por tanto, el juicio florecerá como ajenjo en los surcos del campo.
5 Por las becerras de Bet-avén[a] serán atemorizados los moradores de Samaria; porque su pueblo lamentará a causa del becerro, y sus sacerdotes que en él se regocijaban por su gloria, la cual será disipada.
6 Aun será él llevado a Asiria como presente al rey Jareb; Efraín será avergonzado, e Israel se avergonzará de su consejo.
7 De Samaria fue cortado su rey como espuma sobre la superficie de las aguas.
8 Y los lugares altos de Avén serán destruidos, el pecado de Israel; crecerá sobre sus altares espino y cardo. Y dirán a los montes: Cubridnos; y a los collados: Caed sobre nosotros.[b] ➤
9 Desde los días de Gabaa[c] has pecado, oh Israel; allí estuvieron; no los tomó la batalla en Gabaa contra los inicuos.
10 Y los castigaré cuando lo desee; y pueblos se juntarán sobre ellos cuando sean atados por su doble crimen.
11 Efraín es novilla domada, que le gusta trillar, mas yo pasaré sobre su lozana cerviz; haré llevar yugo a Efraín; arará Judá, quebrará sus terrones Jacob.
12 Sembrad para vosotros en justicia, segad para vosotros en misericordia; haced para vosotros barbecho;[d] porque es el tiempo de buscar a Jehová, hasta que venga y os enseñe justicia. *
13 Habéis arado impiedad, y segasteis iniquidad; comeréis fruto de mentira, porque confiaste en tu camino y en la multitud de tus valientes. ➤

a. 9.7 Lc 21.22. **b. 9.9** Jue 19.1-30. **c. 9.10** Nm 25.1-5.
a. 10.5 1 R 12.28-29. **b. 10.8** Lc 23.30; Ap 6.16.
c. 10.9 Jue 19.1-30. **d. 10.12** Jer 4.3.

LECCIONES DE VIDA

➤ ***9.17 — Mi Dios los desechará, porque ellos no le oyeron.***

Un caso crónico de desobediencia puede revelar no tan solo un corazón rebelde, sino además incrédulo. Los hebreos que murieron errantes en el desierto rehusaron obedecer «a causa de incredulidad» (He 3.19). Aquí leemos que la nación de Israel sería esparcida por todas las naciones. Aunque les resultaría mucho más difícil mantenerse fieles a Dios en culturas paganas a las que fueron exiliados, sería de vital importancia que lo hicieran porque Dios había prometido que un día reuniría otra vez a Israel y los llevaría de vuelta a la tierra (Ez 28.25; 36.23–38; 37.21).

➤ ***10.8 — dirán a los montes: Cubridnos; y a los collados: Caed sobre nosotros.***

Jesús citó este versículo mientras los romanos lo llevaban para crucificarlo (Lc 23.30). Lo hizo para advertir sobre la adversidad terrible que resultaría en la destrucción del templo y Jerusalén en el año 70 d.C. Juan también lo menciona en referencia a la angustia, el temor y la desesperanza totales que la gente sentirá durante la tribulación (Ap 6.16). ¡Cuánto mejor es clamar a Dios en amor y arrepentimiento que afrontar su juicio!

➤ ***10.13 — Habéis arado impiedad, y segasteis iniquidad; comeréis fruto de mentira, porque confiaste en tu camino y en la multitud de tus valientes.***

Dios quiere que desarrollemos tanto nuestra mente como nuestras relaciones, pero Él nunca quiere que pongamos nuestra esperanza para el futuro ni en lo uno ni en lo otro. «Estos confían en carros, y aquéllos en caballos; mas nosotros del nombre de Jehová nuestro Dios tendremos memoria» (Sal 20.7).

14 Por tanto, en tus pueblos se levantará alboroto, y todas tus fortalezas serán destruidas,
como destruyó Salmán a Bet-arbel en el día
de la batalla, cuando la madre fue destrozada con los hijos.
15 Así hará a vosotros Bet-el, por causa de
vuestra gran maldad; a la mañana será del
todo cortado el rey de Israel.

Dios se compadece de su pueblo obstinado

11 CUANDO Israel era muchacho, yo lo
amé, y de Egipto llamé a mi hijo.[a]
2 Cuanto más yo los llamaba, tanto más se
alejaban de mí; a los baales sacrificaban, y a
los ídolos ofrecían sahumerios.
➤ 3 Yo con todo eso enseñaba a andar al mismo
Efraín, tomándole de los brazos; y no conoció
que yo le cuidaba.
➤ 4 Con cuerdas humanas los atraje, con cuerdas de amor; y fui para ellos como los que
alzan el yugo de sobre su cerviz, y puse delante de ellos la comida.
5 No volverá a tierra de Egipto, sino que el
asirio mismo será su rey, porque no se quisieron convertir.
6 Caerá espada sobre sus ciudades, y consumirá sus aldeas; las consumirá a causa de sus
propios consejos.
7 Entre tanto, mi pueblo está adherido a la
rebelión contra mí; aunque me llaman el
Altísimo, ninguno absolutamente me quiere
enaltecer.
8 ¿Cómo podré abandonarte, oh Efraín? ¿Te
entregaré yo, Israel? ¿Cómo podré yo hacerte
como Adma, o ponerte como a Zeboim?[b] Mi
corazón se conmueve dentro de mí, se inflama toda mi compasión.
* 9 No ejecutaré el ardor de mi ira, ni volveré
para destruir a Efraín; porque Dios soy, y no
hombre, el Santo en medio de ti; y no entraré en la ciudad.
10 En pos de Jehová caminarán; él rugirá
como león; rugirá, y los hijos vendrán temblando desde el occidente.
11 Como ave acudirán velozmente de Egipto, y de la tierra de Asiria como paloma; y los
haré habitar en sus casas, dice Jehová.
12 Me rodeó Efraín de mentira, y la casa de
Israel de engaño. Judá aún gobierna con Dios,
y es fiel con los santos.

Efraín reprendido por su falsedad y opresión

12 EFRAÍN se apacienta de viento, y sigue
al solano; mentira y destrucción aumenta
continuamente; porque hicieron pacto con los
asirios, y el aceite se lleva a Egipto.
2 Pleito tiene Jehová con Judá para castigar a
Jacob conforme a sus caminos; le pagará conforme a sus obras.

Ejemplos de vida

OSEAS

El anhelo de intimidad

OS 11.1–9

Sin cuestionar a Dios, Oseas lo obedeció y recibió a la prostituta Gomer para convertirla en su esposa. Aunque ella se apartó y tropezó varias veces con infidelidades, Oseas obedeció al Señor y no la desechó.

La poesía conmovedora de Oseas revela el anhelo de Dios por una intimidad sin interrupciones con su pueblo. ¿Alcanza a percibir la agonía en sus palabras? «¿Cómo podré abandonarte, oh Efraín? ¿Te entregaré yo, Israel?… Mi corazón se conmueve dentro de mí, se inflama toda mi compasión» (Os 11.8).

Dios anhela una relación íntima con usted, y la demostración más dramática de amor de todos los tiempos, fue la provisión de su Hijo Jesucristo como el único medio para hacer posible tal intimidad. Dios es el Amante apasionado y fiel de su alma.

Para un estudio más a fondo, véase el Índice de Principios de vida:

1. *Nuestra intimidad con Dios, que es su prioridad para nosotros, determina el impacto que causen nuestras vidas.*

a. 11.1 Mt 2.15. **b. 11.8** Dt 29.23.

LECCIONES DE VIDA

➤ ***11.3 — Yo con todo eso enseñaba a andar al mismo Efraín, tomándole de los brazos; y no conoció que yo le cuidaba.***

Dios «cuidó» a Efraín una y otra vez, incluso cuando ellos no tuvieron la sensatez de reconocer su mano amorosa. ¿Cómo le ha cuidado Dios? ¿Reconoce la mano de Dios en *su* vida?

➤ ***11.4 — Con cuerdas humanas los atraje, con cuerdas de amor; y fui para ellos como los que alzan el yugo de sobre su cerviz.***

Dios prefiere tratar a su pueblo con amor y gracia, no con ira y juicio. Sin embargo, jamás deberíamos olvidar cuán en serio Él toma nuestra relación con Él. Dios nos llama a la santidad y la obediencia motivadas por amor y gratitud en vista de todo lo que ha hecho por nosotros (1 P 1.13–23).

3 En el seno materno tomó por el calcañar a
su hermano,[a] y con su poder venció al ángel.
4 Venció al ángel, y prevaleció; lloró, y le
rogó;[b] en Bet-el le halló,[c] y allí habló con
nosotros.
5 Mas Jehová es Dios de los ejércitos; Jehová
es su nombre.
6 Tú, pues, vuélvete a tu Dios; guarda misericordia y juicio, y en tu Dios confía siempre.
7 Mercader que tiene en su mano peso falso,
amador de opresión,
8 Efraín dijo: Ciertamente he enriquecido, he
hallado riquezas para mí; nadie hallará iniquidad en mí, ni pecado en todos mis trabajos.
9 Pero yo soy Jehová tu Dios desde la tierra de
Egipto; aún te haré morar en tiendas, como en
los días de la fiesta.[d]
10 Y he hablado a los profetas, y aumenté la
profecía, y por medio de los profetas usé parábolas.
11 ¿Es Galaad iniquidad? Ciertamente vanidad han sido; en Gilgal sacrificaron bueyes,
y sus altares son como montones en los surcos del campo.
12 Pero Jacob huyó a tierra de Aram, Israel
sirvió para adquirir mujer, y por adquirir
mujer fue pastor.[e]
13 Y por un profeta Jehová hizo subir a Israel
de Egipto,[f] y por un profeta fue guardado.
14 Efraín ha provocado a Dios con amarguras; por tanto, hará recaer sobre él la sangre que ha derramado, y su Señor le pagará
su oprobio.

Destrucción total de Efraín predicha

13 CUANDO Efraín hablaba, hubo temor;
fue exaltado en Israel; mas pecó en
Baal, y murió.
2 Y ahora añadieron a su pecado, y de su plata
se han hecho según su entendimiento imágenes de fundición, ídolos, toda obra de artífices,
acerca de los cuales dicen a los hombres que
sacrifican, que besen los becerros.
3 Por tanto, serán como la niebla de la mañana,
y como el rocío de la madrugada que se pasa;
como el tamo que la tempestad arroja de la era,
y como el humo que sale de la chimenea.
4 Mas yo soy Jehová tu Dios desde la tierra de
Egipto; no conocerás, pues, otro dios fuera de
mí, ni otro salvador sino a mí.
5 Yo te conocí en el desierto,[a] en tierra seca.
6 En sus pastos se saciaron, y repletos, se ensoberbeció su corazón; por esta causa se olvidaron de mí.
7 Por tanto, yo seré para ellos como león;
como un leopardo en el camino los acecharé.
8 Como osa que ha perdido los hijos los
encontraré, y desgarraré las fibras de su corazón, y allí los devoraré como león; fiera del
campo los despedazará.
9 Te perdiste, oh Israel, mas en mí está tu ayuda.
10 ¿Dónde está tu rey, para que te guarde con
todas tus ciudades; y tus jueces, de los cuales
dijiste: Dame rey y príncipes?[b]
11 Te di rey en mi furor,[c] y te lo quité en mi
ira.[d]
12 Atada está la maldad de Efraín; su pecado
está guardado.
13 Dolores de mujer que da a luz le vendrán;
es un hijo no sabio, porque ya hace tiempo
que no debiera detenerse al punto mismo de
nacer.
14 De la mano del Seol los redimiré, los libraré de la muerte. Oh muerte, yo seré tu muerte;
y seré tu destrucción, oh Seol;[e] la compasión
será escondida de mi vista.
15 Aunque él fructifique entre los hermanos,
vendrá el solano, viento de Jehová; se levantará desde el desierto, y se secará su manantial,
y se agotará su fuente; él saqueará el tesoro de
todas sus preciosas alhajas.
16 Samaria será asolada, porque se rebeló
contra su Dios; caerán a espada; sus niños
serán estrellados, y sus mujeres encintas
serán abiertas.

a. 12.3 Gn 25.26. **b. 12.3-4** Gn 32.24-26.
c. 12.4 Gn 28.10-22. **d. 12.9** Lv 23.39-43.
e. 12.12 Gn 29.1-20. **f. 12.13** Éx 12.50-51.
a. 13.5 Dt 8.12-16. **b. 13.10** 1 S 8.5-6.
c. 13.11 1 S 10.17-24. **d. 13.11** 1 S 15.26.
e. 13.14 1 Co 15.55.

LECCIONES DE VIDA

➤ *12.6 — vuélvete a tu Dios; guarda misericordia y juicio, y en tu Dios confía siempre.*

Dios quiere guiarnos y proveer para nosotros en cada aspecto de nuestra vida con Él, incluso las veces que necesitamos arrepentirnos. De hecho, ¡Él es quien nos ayuda a volver a Él! Sin la guía y el poder de su Espíritu, no podríamos ser misericordiosos ni impartir justicia, y ni siquiera podríamos esperar en Él.

➤ *13.4 — no conocerás, pues, otro dios fuera de mí, ni otro salvador sino a mí.*

Pasajes como este nos muestran la verdad de la Trinidad, que Jesús y el Padre son uno (Jn 10.30). Existe solamente un Dios, y Él es nuestro único Salvador; sin embargo, las Escrituras también llaman claramente a Jesús nuestro Salvador (Hch 13.23; Fil 3.20; 2 P 1.11). Sólo existe un Dios (Dt 4.35, 39; 6.4; Is 43.10; 44.6; 46.9; Jn 17.3; 1 Co 8.4), pero Él existe en tres personas divinas, eternas e iguales: Padre, Hijo y Espíritu Santo (Gn 1.1–3, 26; Mt 28.19; Jn 1.1–3, 14, 18; 1 Co 8.6; 12.4–6; Ef 4.4–7; Jud 20, 21).

➤ *13.6 — En sus pastos se saciaron, y repletos, se ensoberbeció su corazón; por esta causa se olvidaron de mí.*

La historia de Israel indica que la mayoría de las veces la nación se apartó de Dios, no en tiempos de penuria sino en tiempos de prosperidad. Debemos vivir en alerta para no caer en la misma trampa (Dt 8.10–18).

Súplica a Israel para que vuelva a Jehová

14 VUELVE, oh Israel, a Jehová tu Dios;
porque por tu pecado has caído.
➤2 Llevad con vosotros palabras de súplica,
y volved a Jehová, y decidle: Quita toda iniquidad, y acepta el bien, y te ofreceremos la ofrenda de nuestros labios.
3 No nos librará el asirio; no montaremos en caballos, ni nunca más diremos a la obra de nuestras manos: Dioses nuestros; porque en ti el huérfano alcanzará misericordia.
*4 Yo sanaré su rebelión, los amaré de pura gracia; porque mi ira se apartó de ellos.
5 Yo seré a Israel como rocío; él florecerá como lirio, y extenderá sus raíces como el Líbano.
6 Se extenderán sus ramas, y será su gloria como la del olivo, y perfumará como el Líbano.
7 Volverán y se sentarán bajo su sombra; serán vivificados como trigo, y florecerán como la vid; su olor será como de vino del Líbano.
8 Efraín dirá: ¿Qué más tendré ya con los ídolos? Yo lo oiré, y miraré; yo seré a él como la haya verde; de mí será hallado tu fruto.
9 ¿Quién es sabio para que entienda esto, y ➤
prudente para que lo sepa? Porque los caminos de Jehová son rectos, y los justos andarán por ellos; mas los rebeldes caerán en ellos.

LECCIONES DE VIDA

➤ ***14.2 — Llevad con vosotros palabras de súplica, y volved a Jehová.***

¿Por qué Dios insiste en que le confesemos nuestros pecados (Sal 32.5; 1 Jn 1.9)? ¿Por qué deberíamos llevar «palabras de súplica» con nosotros cuando volvemos al Señor? Porque debemos expresar verbalmente que estamos de acuerdo con Dios, que sí hemos hecho lo malo al elegir nuestro criterio de santidad en lugar del suyo. El pecado ejerce poder sobre nosotros cuando permanece oculto, pero si lo confesamos a Dios, Él rompe su yugo y nos da libertad del mismo (Pr 28.13).

➤ ***14.9 — los caminos de Jehová son rectos, y los justos andarán por ellos.***

Jesús murió no sólo para salvarnos del castigo del pecado, sino también de su poder. Su gracia nos capacita para andar justamente en sus caminos rectos.

EL LIBRO DE

JOEL

El desastre era inminente para el reino de Judá en el sur. Una funesta nube de langostas descendería sobre la tierra y la diezmaría. Sin embargo, ese apenas fue el comienzo del terror y la desolación que el pueblo de Judá experimentaría a causa de su pecaminosidad. Los juicios posteriores de Dios durante «el día de Jehová» ciertamente harían palidecer aquella plaga en comparación.

Aunque no es claro si el profeta Joel aludía a un enjambre literal de langostas o si tuvo una visión futura de las cosas por venir, empleó esa imagen aterradora para proclamar el mensaje de Dios al pueblo de Judá: iban a enfrentar un juicio terrible por su maldad, y debían arrepentirse de todo corazón.

Joel escribió: «grande es el día de Jehová, y muy terrible; ¿quién podrá soportarlo? Por eso pues, ahora, dice Jehová, convertíos a mí con todo vuestro corazón, con ayuno y lloro y lamento. Rasgad vuestro corazón… convertíos a Jehová vuestro Dios; porque misericordioso es y clemente… ¿Quién sabe si volverá y se arrepentirá y dejará bendición tras de él» (Jl 2.11–14). En aquel día, Dios juzgaría y destruiría a sus enemigos, pero también prometió traer bendiciones incomparables a quienes lo obedecieran fielmente. Por lo tanto, el pueblo tenía el deber de abandonar sus costumbres pecaminosas, demostrar arrepentimiento genuino y obediencia al Señor su Dios, y experimentar el avivamiento que necesitaban con tanta urgencia.

El nombre hebreo *Yoél* significa «Jehová es Dios». El nombre es apropiado para el tema del libro, que recalca la obra soberana de Dios en la historia. Tanto la naturaleza como las naciones están en su mano. Joel sirvió como el portavoz de Dios, y algunos eruditos lo consideran uno de los más antiguos entre los escritos de los profetas.

Pedro citó a Joel cuando se puso en pie para explicar a los hombres de Jerusalén lo que habían visto en el día de Pentecostés (Hch 2.16–21). Pedro les explicó que habían sido testigos del derramamiento del Espíritu Santo sobre toda carne, tal como fue profetizado en Joel 2.28, 29.

Tema: El arrepentimiento y la obediencia deben preceder al avivamiento y la bendición de Dios.

Autor: El profeta Joel.

Fecha: Pudo ser escrito durante el reinado de Joás en Judá (835–796 a.C.), aunque algunos afirman por ciertas características del libro un tiempo posterior.

Estructura: El primer capítulo de Joel (1.1–20) se enfoca en lo que podría ser una plaga literal o simbólica de langostas sobre el territorio de Judá. El segundo capítulo (2.1–32) se concentra en «el día de Jehová», un tiempo de juicio severo y el llamado de Dios al arrepentimiento y la oración. El tercer capítulo (3.1–17) cubre el juicio de las naciones gentiles y las bendiciones de Dios sobre Sion.

A medida que lea Joel, fíjese en los principios de vida que juegan un papel importante en este libro:

11. Dios asume toda la responsabilidad en cuanto a nuestras necesidades, si lo obedecemos. *Véase Joel 2.11; página 987.*

1. Nuestra intimidad con Dios, que es su prioridad para nosotros, determina el impacto que causen nuestras vidas. *Véase Joel 2.13; página 988.*

Devastación de la tierra por la langosta

1 PALABRA de Jehová que vino a Joel, hijo de Petuel.

2 Oíd esto, ancianos, y escuchad, todos los moradores de la tierra. ¿Ha acontecido esto en vuestros días, o en los días de vuestros padres?

3 De esto contaréis a vuestros hijos, y vuestros hijos a sus hijos, y sus hijos a la otra generación.

4 Lo que quedó de la oruga comió el saltón, y lo que quedó del saltón comió el revoltón; y la langosta comió lo que del revoltón había quedado.

5 Despertad, borrachos, y llorad; gemid, todos los que bebéis vino, a causa del mosto, porque os es quitado de vuestra boca.

6 Porque pueblo fuerte e innumerable subió a mi tierra; sus dientes son dientes de león,[a] y sus muelas, muelas de león.

7 Asoló mi vid, y descortezó mi higuera; del todo la desnudó y derribó; sus ramas quedaron blancas.

8 Llora tú como joven vestida de cilicio por el marido de su juventud.

9 Desapareció de la casa de Jehová la ofrenda y la libación; los sacerdotes ministros de Jehová están de duelo.

10 El campo está asolado, se enlutó la tierra; porque el trigo fue destruido, se secó el mosto, se perdió el aceite.

11 Confundíos, labradores; gemid, viñeros, por el trigo y la cebada, porque se perdió la mies del campo.

12 La vid está seca, y pereció la higuera; el granado también, la palmera y el manzano; todos los árboles del campo se secaron, por lo cual se extinguió el gozo de los hijos de los hombres.

13 Ceñíos y lamentad, sacerdotes; gemid, ministros del altar; venid, dormid en cilicio, ministros de mi Dios; porque quitada es de la casa de vuestro Dios la ofrenda y la libación.

14 Proclamad ayuno, convocad a asamblea; congregad a los ancianos y a todos los moradores de la tierra en la casa de Jehová vuestro Dios, y clamad a Jehová.

15 ¡Ay del día! porque cercano está el día de Jehová, y vendrá como destrucción por el Todopoderoso.[b]

16 ¿No fue arrebatado el alimento de delante de nuestros ojos, la alegría y el placer de la casa de nuestro Dios?

17 El grano se pudrió debajo de los terrones, los graneros fueron asolados, los alfolíes destruidos; porque se secó el trigo.

18 ¡Cómo gimieron las bestias! ¡cuán turbados anduvieron los hatos de los bueyes, porque no tuvieron pastos! También fueron asolados los rebaños de las ovejas.

19 A ti, oh Jehová, clamaré; porque fuego consumió los pastos del desierto, y llama abrasó todos los árboles del campo.

20 Las bestias del campo bramarán también a ti, porque se secaron los arroyos de las aguas, y fuego consumió las praderas del desierto.

2 TOCAD trompeta en Sion, y dad alarma en mi santo monte; tiemblen todos los moradores de la tierra, porque viene el día de Jehová, porque está cercano.

2 Día de tinieblas y de oscuridad, día de nube y de sombra; como sobre los montes se extiende el alba, así vendrá un pueblo grande y fuerte; semejante a él no lo hubo jamás, ni después de él lo habrá en años de muchas generaciones.

3 Delante de él consumirá fuego, tras de él abrasará llama; como el huerto del Edén será la tierra delante de él, y detrás de él como desierto asolado; ni tampoco habrá quien de él escape.

4 Su aspecto, como aspecto de caballos, y como gente de a caballo correrán.

5 Como estruendo de carros saltarán sobre las cumbres de los montes; como sonido de llama de fuego que consume hojarascas, como pueblo fuerte dispuesto para la batalla.[a]

6 Delante de él temerán los pueblos; se pondrán pálidos todos los semblantes.

7 Como valientes correrán, como hombres de guerra subirán el muro; cada cual marchará por su camino, y no torcerá su rumbo.

8 Ninguno estrechará a su compañero, cada uno irá por su carrera; y aun cayendo sobre la espada no se herirán.

9 Irán por la ciudad, correrán por el muro, subirán por las casas, entrarán por las ventanas a manera de ladrones.

a. 1.6 Ap 9.8. **b. 1.15** Is 13.6. **a. 2.4-5** Ap 9.7-9.

LECCIONES DE VIDA

➤ ***1.18 — ¡Cómo gimieron las bestias! ¡cuán turbados anduvieron los hatos de los bueyes, porque no tuvieron pastos! También fueron asolados los rebaños de las ovejas.***

Tal vez haya oído muchas veces algo similar a esto: «Lo que yo haga no le incumbe a nadie, con tal que no cause algún daño». Es un argumento que se apoya en una suposición falsa: que las consecuencias de lo que hacemos no repercutirán más allá de nuestra propia vida. Sin embargo, el pecado *siempre* hace daño a los demás. Cuando Dios juzgó a Judá por sus transgresiones, envió langostas que devoraron todos los campos. Joel reportó: «¿No fue arrebatado el alimento de delante de nuestros ojos…?» (Jl 1.16). La destrucción del grano a lo largo y ancho del territorio afectó a todos los habitantes, incluido el ganado. De igual modo, nuestro pecado puede acarrear penalidad y desolación a las generaciones venideras (Éx 34.6, 7; Dt 5.9, 10; Nm 14.18; 2 Cr 30.6–9; Sal 78.8, 57; 106.6; Zac 1.4), en tanto que nuestra obediencia puede redundar en grandes bendiciones para nuestros descendientes (Gn 17.5–8; 1 R 15.11; 2 R 18.1, 3; 2 Cr 17.3; 34.1–3). ¿Qué legado dejará a los que vienen después de usted (Jer 32.17–19)?

RESPUESTAS A PREGUNTAS DE LA VIDA

¿Cómo puede un Dios bueno permitir el sufrimiento en la vida del creyente?

JL 1.19

¿Ha expresado alguna vez el deseo nostálgico de volver a «los viejos buenos tiempos»? Casi todos hemos tenido esa clase de añoranza. Sin embargo, lo cierto es que si tuviéramos la oportunidad de viajar a alguna época pasada, encontraríamos los mismos problemas y las mismas pruebas que enfrentamos ahora. Las pruebas vienen, sin importar quiénes seamos o qué hagamos.

El sufrimiento nos prepara y nos perfecciona de varias maneras. La presión exterior aumenta la presión interior. Sentimos como si las tinieblas tardan en disiparse, el dolor aumenta y la desilusión continúa indefinidamente.

Sin embargo, en el campo espiritual no tenemos que ceder a las presiones crecientes. Podemos desactivarlas poniéndolas en el altar de Dios y dejando que Él se encargue de sanar nuestras heridas.

Las pruebas que van más allá de nuestra capacidad de control nos demuestran que sencillamente no somos omnipotentes, pero Dios sí lo es. De repente, somos agudamente conscientes de nuestra necesidad de Él y de su sabiduría eterna, que supera en rango a la nuestra. Necesitamos un Salvador. Alguien más grande que nuestro temor más grande. Alguien que pueda encargarse de todas nuestras necesidades. Sólo por medio de su gracia podemos aprender la verdad en cuanto al sufrimiento: que Dios lo usa para ayudarnos a experimentar su inmenso amor.

Tal vez usted afronta un tiempo de sufrimiento y cree que el dolor emocional es más de lo que puede soportar. O quizás trata con una serie de desengaños y frustraciones. En lugar de atemorizarse —un frecuente ardid del diablo para alejarle de la voluntad de Dios— pídale al Señor que le muestre lo que se propone hacer en este punto específico de su vida.

El gran predicador Charles Spurgeon escribió: «Dios sabe que los soldados están hechos únicamente para la batalla, y que ellos no se cultivan ni han crecido en tiempos de paz. Podemos hacer crecer el material del cual están hechos los soldados, pero los guerreros se educan realmente con el olor de la pólvora, en medio de lluvias de balas y estrépitos de cañones». ¿Acaso Dios no desarrolla en usted las mejores cualidades del soldado, cada vez que le lanza al fragor de la batalla? Por esa razón, usted puede salir de cada batalla como más que un vencedor.

Para un estudio más a fondo, véase el Índice de Principios de vida:

7. *Los momentos sombríos durarán solo el tiempo necesario para que Dios lleve a cabo su propósito en nosotros.*
29. *Aprendemos más en nuestras experiencias por el valle de lágrimas que en las de la cumbre del éxito.*

10 Delante de él temblará la tierra, se estremecerán los cielos; el sol y la luna se oscurecerán, y las estrellas retraerán su resplandor.[b]
➤ 11 Y Jehová dará su orden delante de su ejército; porque muy grande es su campamento;
fuerte es el que ejecuta su orden; porque grande es el día de Jehová, y muy terrible; ¿quién
podrá soportarlo?[c]

La misericordia de Jehová

12 Por eso pues, ahora, dice Jehová, convertíos a mí con todo vuestro corazón, con ayuno
y lloro y lamento.

b. 2.10 Ap 8.12. **c. 2.11** Ap 6.17.

LECCIONES DE VIDA

➤ ***2.11 — fuerte es el que ejecuta su orden.***

Nuestro Señor omnipotente usará todo su poder para cumplir cada una de sus promesas. Ninguna de ellas faltará. Por esa razón, podemos edificar nuestras vidas sobre el fundamento de su Palabra, y obedecerlo en todo lo que nos dice. Si aceptamos el llamado a cumplir sus órdenes, sabemos que Él nos dará el poder y la sabiduría para hacerlo. Dios asume plena responsabilidad por nuestras necesidades y el éxito de su plan cuando lo obedecemos.

13 Rasgad vuestro corazón, y no vuestros vestidos, y convertíos a Jehová vuestro Dios; porque misericordioso es y clemente, tardo para
la ira y grande en misericordia, y que se duele del castigo.
14 ¿Quién sabe si volverá y se arrepentirá y
dejará bendición tras de él, esto es, ofrenda y
libación para Jehová vuestro Dios?
15 Tocad trompeta en Sion, proclamad ayuno,
convocad asamblea.
16 Reunid al pueblo, santificad la reunión,
juntad a los ancianos, congregad a los niños y
a los que maman, salga de su cámara el novio,
y de su tálamo la novia.
17 Entre la entrada y el altar lloren los sacerdotes ministros de Jehová, y digan: Perdona,
oh Jehová, a tu pueblo, y no entregues al oprobio tu heredad, para que las naciones se enseñoreen de ella. ¿Por qué han de decir entre los
pueblos: Dónde está su Dios?
18 Y Jehová, solícito por su tierra, perdonará
a su pueblo.
19 Responderá Jehová, y dirá a su pueblo: He
aquí yo os envío pan, mosto y aceite, y seréis
saciados de ellos; y nunca más os pondré en
oprobio entre las naciones.
20 Y haré alejar de vosotros al del norte, y lo
echaré en tierra seca y desierta; su faz será
hacia el mar oriental, y su fin al mar occidental; y exhalará su hedor, y subirá su pudrición,
porque hizo grandes cosas.
21 Tierra, no temas; alégrate y gózate, porque
Jehová hará grandes cosas.
22 Animales del campo, no temáis; porque los
pastos del desierto reverdecerán, porque los
árboles llevarán su fruto, la higuera y la vid
darán sus frutos.
23 Vosotros también, hijos de Sion, alegraos y
gozaos en Jehová vuestro Dios; porque os ha
dado la primera lluvia a su tiempo, y hará descender sobre vosotros lluvia temprana y tardía como al principio.
24 Las eras se llenarán de trigo, y los lagares
rebosarán de vino y aceite.
25 Y os restituiré los años que comió la oruga, el saltón, el revoltón y la langosta, mi gran
ejército que envié contra vosotros.
26 Comeréis hasta saciaros, y alabaréis el
nombre de Jehová vuestro Dios, el cual hizo
maravillas con vosotros; y nunca jamás será
mi pueblo avergonzado.
27 Y conoceréis que en medio de Israel estoy
yo, y que yo soy Jehová vuestro Dios, y no
hay otro; y mi pueblo nunca jamás será
avergonzado.

Derramamiento del Espíritu de Dios

28 Y después de esto derramaré mi Espíritu
sobre toda carne, y profetizarán vuestros hijos
y vuestras hijas; vuestros ancianos soñarán
sueños, y vuestros jóvenes verán visiones.
29 Y también sobre los siervos y sobre las siervas derramaré mi Espíritu en aquellos días.
30 Y daré prodigios en el cielo y en la tierra,
sangre, y fuego, y columnas de humo.
31 El sol se convertirá en tinieblas, y la luna
en sangre,[d] antes que venga el día grande y
espantoso de Jehová.
32 Y todo aquel que invocare el nombre de
Jehová será salvo;[e, f] porque en el monte de
Sion y en Jerusalén habrá salvación, como ha
dicho Jehová, y entre el remanente al cual él
habrá llamado.

Juicio de Jehová sobre las naciones

3 PORQUE he aquí que en aquellos días,
y en aquel tiempo en que haré volver la
cautividad de Judá y de Jerusalén,
2 reuniré a todas las naciones, y las haré descender al valle de Josafat, y allí entraré en juicio con ellas a causa de mi pueblo, y de Israel
mi heredad, a quien ellas esparcieron entre
las naciones, y repartieron mi tierra;
3 y echaron suertes sobre mi pueblo, y dieron los niños por una ramera, y vendieron las
niñas por vino para beber.
4 Y también, ¿qué tengo yo con vosotras, Tiro
y Sidón,[a] y todo el territorio de Filistea?[b]

d. 2.31 Mt 24.29; Mr 13.24-25; Lc 21.25; Ap 6.12-13.
e. 2.28-32 Hch 2.17-21. **f. 2.32** Ro 10.13. **a. 3.4-8** Is 23.1-18; Ez 26.1—28.26; Am 1.9-10; Zac 9.1-4; Mt 11.21-22; Lc 10.13-14.
b. 3.4-8 Is 14.29-31; Jer 47.1-7; Ez 25.15-17; Am 1.6-8; Sof 2.4-7; Zac 9.5-7.

LECCIONES DE VIDA

➤ ***2.13 — Rasgad vuestro corazón, y no vuestros vestidos.***

Dios siempre está interesado en el corazón, no en las expresiones religiosas externas (1 S 15.22; Sal 40.6; 51.16, 17; Is 1.11–20; Jer 7.22, 23; Os 6.6; Mr 12.33). Él quiere oración sincera, no oratoria grandilocuente que impresione (Mt 6.7). Él quiere nuestra devoción genuina, no las declaraciones santurronas que usamos para justificarnos (Lc 18.9–14). Dios quiere su corazón, es decir, su amor, su adoración, su gratitud y su obediencia, porque su prioridad suprema para su vida es una relación profunda e íntima con Él.

➤ ***2.14 — ¿Quién sabe si volverá y se arrepentirá y dejará bendición tras de él...?***

Dios no está bajo ninguna obligación de mostrar a los pecadores su misericordia, pero gracias a que se deleita en ella (Mi 7.18), podemos abrigar la esperanza, no sólo de ser perdonados cuando nos arrepentimos, sino también de recibir una gran bendición.

➤ ***2.29 — también sobre los siervos y sobre las siervas derramaré mi Espíritu en aquellos días.***

Vivimos en un tiempo cuando Dios ha derramado su Espíritu sobre todos los creyentes en Cristo, llenándolos y capacitándolos para servirlo en santidad y gran gozo (Ro 8.11). El Espíritu Santo de Dios viene a morar dentro de nosotros plenamente en el momento de la salvación (Jn 7.39; 14.16–18, 26; 15.26; Ro 8.9). Sin embargo, un creyente *lleno del Espíritu* es aquel que se ha rendido por completo al control del Espíritu Santo. Permitimos que el Espíritu nos capacite con su poder en mayor medida cada vez que nos sometemos a Dios en obediencia. ¿Está permitiendo que el Señor le llene hoy?

Lo que la Biblia dice acerca de
EL QUEBRANTAMIENTO: EL CAMINO A LA BENDICIÓN

Jl 2.12–20

A nadie le gusta experimentar aflicciones emocionales, físicas o espirituales. Es difícil entender cómo el fortalecimiento y la bendición puedan ser producto de la adversidad, aunque sea con frecuencia el caso. Muy rara vez reconocemos el beneficio del quebrantamiento estando en medio del dolor.

El apóstol Pablo se enfrentó al desánimo y tuvo que pasar muchas pruebas intensas, pero siempre creyó que Dios estaba en control. Por esa razón, puso su esperanza y su fe en Jesucristo. En Segunda Corintios escribió: «estamos atribulados en todo, mas no angustiados; en apuros, mas no desesperados; perseguidos, mas no desamparados; derribados, pero no destruidos; llevando en el cuerpo siempre por todas partes la muerte de Jesús, para que también la vida de Jesús se manifieste en nuestros cuerpos» (4.8–10).

Pablo creyó que las pruebas en su vida venían por un propósito. Las consideraba como herramientas en la mano de Dios, quien transformaba, refinaba y orientaba su vida para que pudiera reflejar mejor la vida de Cristo, llena de propósito y bienaventuranza.

Tal como nosotros, Pablo luchó con dificultades emocionales y físicas. En sus epístolas fue franco acerca de las pruebas que estaba soportando, pero también llenó sus cartas con palabras de esperanza y certidumbre de la intervención divina. Pablo alentaba con frecuencia a quienes enfrentaban la agonía del quebrantamiento, recordándoles la fidelidad infalible y el propósito de Dios (Ro 8.18; 2 Co 1.3–10; 4.16–18; 12.7–10; Fil 1.29, 30; 2.12–18; 3.7–12; 4.12, 13; Col 1.24, 2 Ti 1.8–10; 2.3; 3.10–12; 4.5–8). Al principio le puede parecer que la obra de Dios en su vida no tiene sentido, pero Él sabe qué es lo que le espera más adelante en la vida. Él disciplina, guía y corrige, no para coartarle sino para colocarle en una mejor posición que le permita vivir una vida libre y bendecida.

Entienda que aferrarse a lo que desea y considera adecuado para su vida puede prolongar el proceso de quebrantamiento. Como cristiano, usted debe enfocar su corazón en Cristo y obedecerlo sin dudas ni reservas, lo cual significa muchas veces renunciar a lo que piense que necesita. Entienda que Él sabe lo que su corazón necesita de verdad, y aunque se sienta morir por tener que renunciar a ciertas metas y conductas, si usted simplemente transfiere su temor y su ansiedad a Jesús, algo asombroso sucederá. No solamente empezará el proceso de transformación en la imagen del Hijo de Dios, sino también sentirá una fortaleza mayor que crece en su interior.

Usted debe enfocar su corazón en Cristo.

Para un estudio más a fondo, véase el Índice de Principios de vida:
15. El quebrantamiento es el requisito de Dios para que seamos útiles al máximo.

Ejemplos de vida

JOEL

El profeta del avivamiento

JL 2.13

Poco se conoce acerca del profeta Joel, quien ministró a Judá, el reino del sur. Toda su historia personal se resume en un versículo que declara: «Palabra de Jehová que vino a Joel, hijo de Petuel» (Jl 1.1).

Joel ha sido llamado «el profeta del avivamiento religioso». Este fue su mensaje insistente al pueblo de Judá: el arrepentimiento *debe* preceder al avivamiento. Por eso les dijo: «Rasgad vuestro corazón, y no vuestros vestidos, y convertíos a Jehová vuestro Dios; porque misericordioso es y clemente, tardo para la ira y grande en misericordia, y que se duele del castigo» (Jl 2.13).

Dios no se deleita en enviar penalidades ni se gloría en la calamidad, pero para llevar a un pueblo rebelde o a un creyente desobediente al arrepentimiento, Él usará las pruebas si es necesario. Dios quiere bendecir a su pueblo, no juzgarlo; si la bendición requiere medidas drásticas, Él las tomará.

Para un estudio más a fondo, véase el Índice de Principios de vida:

26. La adversidad es un puente que nos conduce a una relación más profunda con Dios.

¿Queréis vengaros de mí? Y si de mí os vengáis, bien pronto haré yo recaer la paga sobre
vuestra cabeza.
5 Porque habéis llevado mi plata y mi oro, y
mis cosas preciosas y hermosas metisteis en
vuestros templos;
6 y vendisteis los hijos de Judá y los hijos de
Jerusalén a los hijos de los griegos, para alejarlos de su tierra.
7 He aquí yo los levantaré del lugar donde los
vendisteis, y volveré vuestra paga sobre vuestra cabeza;
8 y venderé vuestros hijos y vuestras hijas
a los hijos de Judá, y ellos los venderán a
los sabeos, nación lejana; porque Jehová ha
hablado.
9 Proclamad esto entre las naciones, proclamad guerra, despertad a los valientes, acérquense, vengan todos los hombres de guerra.
10 Forjad espadas de vuestros azadones, lanzas
de vuestras hoces;[c] diga el débil: Fuerte soy.
11 Juntaos y venid, naciones todas de alrededor, y congregaos; haz venir allí, oh Jehová, a
tus fuertes.
12 Despiértense las naciones, y suban al valle
de Josafat; porque allí me sentaré para juzgar
a todas las naciones de alrededor.
13 Echad la hoz, porque la mies está ya
madura.[d] Venid, descended, porque el lagar
está lleno,[e] rebosan las cubas; porque mucha
es la maldad de ellos.
14 Muchos pueblos en el valle de la decisión;
porque cercano está el día de Jehová en el
valle de la decisión.
15 El sol y la luna se oscurecerán, y las estrellas retraerán su resplandor.

Liberación de Judá

16 Y Jehová rugirá desde Sion, y dará su voz *
desde Jerusalén,[f] y temblarán los cielos y la
tierra; pero Jehová será la esperanza de su
pueblo, y la fortaleza de los hijos de Israel.
17 Y conoceréis que yo soy Jehová vuestro
Dios, que habito en Sion, mi santo monte; y
Jerusalén será santa, y extraños no pasarán
más por ella.
18 Sucederá en aquel tiempo, que los montes destilarán mosto, y los collados fluirán
leche, y por todos los arroyos de Judá correrán aguas; y saldrá una fuente de la casa de
Jehová, y regará el valle de Sitim.
19 Egipto será destruido, y Edom será vuelto
en desierto asolado, por la injuria hecha a los
hijos de Judá; porque derramaron en su tierra
sangre inocente.
20 Pero Judá será habitada para siempre, y
Jerusalén por generación y generación.
21 Y limpiaré la sangre de los que no había
limpiado; y Jehová morará en Sion.

c. 3.10 Is 2.4; Mi 4.3. **d. 3.13** Ap 14.14-16.
e. 3.13 Ap 14.19-20; 19.15. **f. 3.16** Am 1.2.

LECCIONES DE VIDA

➤ ***3.21 — limpiaré la sangre... Jehová morará en Sion.***

A pesar de su gracia, a pesar de su misericordia y a pesar de su amor, si continuamos en desobediencia a Dios y seguimos rechazando su Palabra, podemos llegar al punto en que no podamos darnos la vuelta, y su juicio caerá inexorablemente sobre nosotros (Gn 15.16; Ap 2.5). No obstante, como creyentes, podemos animarnos sabiendo que el Señor «mora en Sion». Siempre hay esperanza para aquellos que confían en el Señor y lo obedecen. Lamentaciones 3.31, 32 nos dice que «el Señor no desecha para siempre; antes si aflige, también se compadece según la multitud de sus misericordias».

EL LIBRO DE AMÓS

Amós profetizó durante un período de optimismo nacional en Israel. Los negocios prosperaban y las fronteras nacionales se expandían, pero bajo esta fachada, el pueblo yacía infestado de avaricia e injusticia. Rituales religiosos hipócritas habían reemplazado la adoración verdadera, creando un falso sentido de seguridad y una dureza creciente contra la disciplina de Dios.

El reino complaciente de Israel estaba a punto de ser juzgado a causa de su hipocresía y su indiferencia espiritual. Amós, el agricultor convertido en profeta, arremetió resueltamente en contra del pecado, con la meta de revelar la inminencia del juicio de Dios y movilizar la nación al arrepentimiento.

Amós vino de Judá en el reino del sur, pero realizó su labor profética en el reino del norte conocido como Israel, poco antes del ministerio profético de Oseas. Provenía de Tecoa, una aldea pequeña ubicada 15 km al sur de Jerusalén. No se consideró a sí mismo un profeta ni el hijo de un profeta (Am 7.14). Su única calificación fue el llamado de Dios. Amós recibió su capacitación como profeta directamente de la mano de Dios.

El nombre de Amós se deriva de la raíz hebrea *amas*, que significa «levantar o llevar una carga». Por ende, su nombre se traduce «carga» o «llevador de cargas». Amós vivió conforme a la reputación de su nombre pues se encargó de llevar la carga divina de declarar el juicio de Dios sobre el pueblo rebelde de Israel. Los títulos en griego y latín se transliteran igualmente como *Amós*.

Tema: Dios disciplinará a aquellos que se vuelven indiferentes en los asuntos espirituales o que cometen idolatría.

Autor: Amós.

Fecha: Amós profetizó durante el reinado de Uzías en Judá (792–740 a.C.) y mientras Jeroboam II fue rey de Israel (793–753 a.C.).

Estructura: En los primeros dos capítulos el profeta pronuncia juicio contra las naciones vecinas (1.1—2.16). Los últimos siete capítulos de Amós (3.1—9.15); hablan de juicio en contra del reino de Israel a causa de su opresión, su injusticia social y su hipocresía. Cinco de las visiones de Amós (7—9) informaron al pueblo que todavía les quedaba tiempo para volverse a Dios; no obstante, en las últimas dos visiones, el juicio se volvió inevitable. Únicamente los versículos finales del capítulo 9 expresan esperanza tras el juicio de Dios.

A medida que lea Amós, fíjese en los principios de vida que juegan un papel importante en este libro:

19. Todo aquello a lo que nos aferremos, lo perderemos. *Véase Amós 6.6, 7; página 998.*

28. Ningún creyente ha sido llamado a transitar solitario en su peregrinaje de fe. *Véase Amós 8.5; página 999.*

Juicios contra las naciones vecinas

1 LAS palabras de Amós, que fue uno de los pastores de Tecoa, que profetizó acerca de Israel en días de Uzías[a] rey de Judá y en días de Jeroboam[b] hijo de Joás, rey de Israel, dos años antes del terremoto.

2 Dijo: Jehová rugirá desde Sion, y dará su voz desde Jerusalén,[c] y los campos de los pastores se enlutarán, y se secará la cumbre del Carmelo.

3 Así ha dicho Jehová: Por tres pecados de Damasco,[d] y por el cuarto, no revocaré su castigo; porque trillaron a Galaad con trillos de hierro.

4 Prenderé fuego en la casa de Hazael, y consumirá los palacios de Ben-adad.

5 Y quebraré los cerrojos de Damasco, y destruiré a los moradores del valle de Avén, y los gobernadores de Bet-edén; y el pueblo de Siria será transportado a Kir, dice Jehová.

6 Así ha dicho Jehová: Por tres pecados de Gaza, y por el cuarto, no revocaré su castigo; porque llevó cautivo a todo un pueblo para entregarlo a Edom.

7 Prenderé fuego en el muro de Gaza, y consumirá sus palacios.

8 Y destruiré a los moradores de Asdod, y a los gobernadores de Ascalón; y volveré mi mano contra Ecrón, y el resto de los filisteos[e] perecerá, ha dicho Jehová el Señor.

9 Así ha dicho Jehová: Por tres pecados de Tiro,[f] y por el cuarto, no revocaré su castigo; porque entregaron a todo un pueblo cautivo a Edom, y no se acordaron del pacto de hermanos.

10 Prenderé fuego en el muro de Tiro, y consumirá sus palacios.

11 Así ha dicho Jehová: Por tres pecados de Edom,[g] y por el cuarto, no revocaré su castigo; porque persiguió a espada a su hermano, y violó todo afecto natural; y en su furor le ha robado siempre, y perpetuamente ha guardado el rencor.

12 Prenderé fuego en Temán, y consumirá los palacios de Bosra.

13 Así ha dicho Jehová: Por tres pecados de los hijos de Amón,[h] y por el cuarto, no revocaré su castigo; porque para ensanchar sus tierras abrieron a las mujeres de Galaad que estaban encintas.

14 Encenderé fuego en el muro de Rabá, y consumirá sus palacios con estruendo en el día de la batalla, con tempestad en día tempestuoso;

15 y su rey irá en cautiverio, él y todos sus príncipes, dice Jehová.

2 ASÍ ha dicho Jehová: Por tres pecados de Moab,[a] y por el cuarto, no revocaré su castigo; porque quemó los huesos del rey de Edom hasta calcinarlos.

2 Prenderé fuego en Moab, y consumirá los palacios de Queriot; y morirá Moab con tumulto, con estrépito y sonido de trompeta.

3 Y quitaré el juez de en medio de él, y mataré con él a todos sus príncipes, dice Jehová.

4 Así ha dicho Jehová: Por tres pecados de Judá, y por el cuarto, no revocaré su castigo; porque menospreciaron la ley de Jehová, y no guardaron sus ordenanzas, y les hicieron errar sus mentiras, en pos de las cuales anduvieron sus padres. ≺

5 Prenderé, por tanto, fuego en Judá, el cual consumirá los palacios de Jerusalén.

Juicio contra Israel

6 Así ha dicho Jehová: Por tres pecados de Israel, y por el cuarto, no revocaré su castigo; porque vendieron por dinero al justo, y al pobre por un par de zapatos.

7 Pisotean en el polvo de la tierra las cabezas de los desvalidos, y tuercen el camino de los humildes; y el hijo y su padre se llegan a la misma joven, profanando mi santo nombre.

8 Sobre las ropas empeñadas se acuestan junto a cualquier altar; y el vino de los multados beben en la casa de sus dioses.

9 Yo destruí delante de ellos al amorreo,[b] cuya altura era como la altura de los cedros, y fuerte como una encina; y destruí su fruto arriba y sus raíces abajo.

10 Y a vosotros os hice subir de la tierra de Egipto, y os conduje por el desierto cuaren- ≺

---

a. **1.1** 2 R 15.1-7; 2 Cr 26.1-23. b. **1.1** 2 R 14.23-29.
c. **1.2** Jl 3.16. d. **1.3-5** Is 17.1-3; Jer 49.23-27; Zac 9.1.
e. **1.6-8** Is 14.29-31; Jer 47.1-7; Ez 25.15-17; Jl 3.4-8; Sof 2.4-7; Zac 9.5-7. f. **1.9-10** Is 23.1-18; Ez 26.1—28.19; Jl 3.4-8; Zac 9.1-4; Mt 11.21-22; Lc 10.13-14. g. **1.11-12** Is 34.5-17; 63.1-6; Jer 49.7-22; Ez 25.12-14; 35.1-15; Abd 1-14; Mal 1.2-5.
h. **1.13-15** Jer 49.1-6; Ez 21.28-32; 25.1-7; Sof 2.8-11.
a. **2.1-3** Is 15.1—16.14; 25.10-12; Jer 48.1-47; Ez 25.8-11; Sof 2.8-11. b. **2.9** Dt 3.8-11.

LECCIONES DE VIDA

➤ ***2.4 — les hicieron errar sus mentiras, en pos de las cuales anduvieron sus padres.***

Si no nos sumergimos en la verdad de la Palabra de Dios, las mentiras que proliferan a nuestro alrededor fácilmente pueden arraigarse en nuestras mentes y hacernos desviar, hacia nuestra propia destrucción.

➤ ***2.10 — a vosotros os hice subir de la tierra de Egipto, y os conduje por el desierto cuarenta años, para que entraseis en posesión de la tierra del amorreo.***

Es bueno que nos acordemos con regularidad de cómo el Señor nos ha ayudado y librado en el pasado. De otro modo, es posible que olvidemos su bondad con nosotros o empecemos a imaginar que nos hemos ganado esas bendiciones por mérito propio, como lo habían hecho los israelitas en este pasaje. Debemos recordar siempre que todo lo que tenemos y cada bendición que disfrutamos nos llega de la mano del Señor Dios (Stg 1.17).

Ejemplos de vida

AMÓS

La obediencia sin concesiones

AM 7.14, 15

Dios llamó a Amós a dejar sus rebaños y sus campos en Judá para profetizar a Israel en el reino del norte. Aunque el rey Jeroboam II había expandido el territorio de Israel y la nación gozaba un tiempo de prosperidad, el pueblo era corrupto, inmoral e idólatra. Sin vacilar ni excusarse, el pastor cumplió la orden de Dios y declaró el juicio del Señor sobre Israel y las naciones de alrededor.

Amós sabía que iba a librar una batalla difícil y empinada. Durante los años dorados de la economía, el pueblo no recibió bien sus advertencias y exhortaciones. Sin embargo, él entendió que el pueblo tendría que arrepentirse para poder ser librado de la ira de Dios. Debían apartarse de sus malos caminos y servir al Señor de todo corazón. Por eso el fiel pastor proclamó el llamado de Dios al arrepentimiento: «Aborreced el mal, y amad el bien, y estableced la justicia en juicio; quizá Jehová Dios de los ejércitos tendrá piedad del remanente de José» (Am 5.15).

¿Cuántos de nosotros hoy día tenemos el espíritu férreo de Amós? ¿Cuántos hacemos frente a un mundo hostil con denuedo y valor, proclamando fielmente la verdad del Señor? ¿Cuántos obedecemos, sin preocuparnos por las repercusiones? ¿Cuántos asimilamos golpe tras golpe del enemigo, sólo para reanudar la marcha y dar el próximo paso de obediencia en nuestro andar de fe?

Para un estudio más a fondo, véase el Índice de Principios de vida:

2. *Obedezcamos a Dios y dejemos las consecuencias en sus manos.*

ta años, para que entraseis en posesión de la
tierra del amorreo.
11 Y levanté de vuestros hijos para profetas, y de vuestros jóvenes para que fuesen
nazareos.[c] ¿No es esto así, dice Jehová, hijos
de Israel?
12 Mas vosotros disteis de beber vino a los
nazareos, y a los profetas mandasteis diciendo: No profeticéis.
13 Pues he aquí, yo os apretaré en vuestro lugar, como se aprieta el carro lleno de
gavillas;
14 y el ligero no podrá huir, y al fuerte no le
ayudará su fuerza, ni el valiente librará su
vida.
15 El que maneja el arco no resistirá, ni escapará el ligero de pies, ni el que cabalga en
caballo salvará su vida.
16 El esforzado de entre los valientes huirá
desnudo aquel día, dice Jehová.

El rugido del león

3 OÍD esta palabra que ha hablado Jehová
contra vosotros, hijos de Israel, contra
toda la familia que hice subir de la tierra de
Egipto. Dice así:
2 A vosotros solamente he conocido de todas
las familias de la tierra; por tanto, os castigaré por todas vuestras maldades.
3 ¿Andarán dos juntos, si no estuvieren de
acuerdo?
4 ¿Rugirá el león en la selva sin haber presa?
¿Dará el leoncillo su rugido desde su guarida,
si no apresare?
5 ¿Caerá el ave en lazo sobre la tierra, sin
haber cazador? ¿Se levantará el lazo de la tierra, si no ha atrapado algo?
6 ¿Se tocará la trompeta en la ciudad, y no se
alborotará el pueblo? ¿Habrá algún mal en la
ciudad, el cual Jehová no haya hecho?
7 Porque no hará nada Jehová el Señor, sin que
revele su secreto a sus siervos los profetas.
8 Si el león ruge, ¿quién no temerá? Si habla
Jehová el Señor, ¿quién no profetizará?

Destrucción de Samaria

9 Proclamad en los palacios de Asdod, y en
los palacios de la tierra de Egipto, y decid:
Reuníos sobre los montes de Samaria, y ved
las muchas opresiones en medio de ella, y las
violencias cometidas en su medio.
10 No saben hacer lo recto, dice Jehová, atesorando rapiña y despojo en sus palacios.
11 Por tanto, Jehová el Señor ha dicho así: Un
enemigo vendrá por todos lados de la tierra,
y derribará tu fortaleza, y tus palacios serán
saqueados.
12 Así ha dicho Jehová: De la manera que el
pastor libra de la boca del león dos piernas, o
la punta de una oreja, así escaparán los hijos
de Israel que moran en Samaria en el rincón
de una cama, y al lado de un lecho.
13 Oíd y testificad contra la casa de Jacob, ha
dicho Jehová Dios de los ejércitos:
14 Que el día que castigue las rebeliones
de Israel, castigaré también los altares de

c. 2.11 Nm 6.1-8.

Bet-el;[a] y serán cortados los cuernos del altar,
y caerán a tierra.
➤ 15 Y heriré la casa de invierno con la casa
de verano, y las casas de marfil perecerán; y
muchas casas serán arruinadas, dice Jehová.
4 OÍD esta palabra, vacas de Basán, que
estáis en el monte de Samaria, que oprimís a los pobres y quebrantáis a los menesterosos, que decís a vuestros señores: Traed,
y beberemos.
➤ 2 Jehová el Señor juró por su santidad: He
aquí, vienen sobre vosotras días en que os llevarán con ganchos, y a vuestros descendientes con anzuelos de pescador;
3 y saldréis por las brechas una tras otra, y
seréis echadas del palacio, dice Jehová.

Aunque castigado, Israel no aprende

4 Id a Bet-el, y prevaricad; aumentad en Gilgal
la rebelión, y traed de mañana vuestros sacrificios, y vuestros diezmos cada tres días.
5 Y ofreced sacrificio de alabanza con pan leudado, y proclamad, publicad ofrendas voluntarias, pues que así lo queréis, hijos de Israel,
dice Jehová el Señor.
6 Os hice estar a diente limpio en todas vuestras ciudades, y hubo falta de pan en todos
vuestros pueblos; mas no os volvisteis a mí,
dice Jehová.
7 También os detuve la lluvia tres meses antes
de la siega; e hice llover sobre una ciudad, y
sobre otra ciudad no hice llover; sobre una
parte llovió, y la parte sobre la cual no llovió, se secó.
8 Y venían dos o tres ciudades a una ciudad
para beber agua, y no se saciaban; con todo,
no os volvisteis a mí, dice Jehová.
9 Os herí con viento solano y con oruga; la
langosta devoró vuestros muchos huertos y
vuestras viñas, y vuestros higuerales y vuestros olivares; pero nunca os volvisteis a mí,
dice Jehová.
10 Envié contra vosotros mortandad tal como
en Egipto; maté a espada a vuestros jóvenes,
con cautiverio de vuestros caballos, e hice
subir el hedor de vuestros campamentos hasta vuestras narices; mas no os volvisteis a mí,
dice Jehová.
11 Os trastorné como cuando Dios trastornó ➤
a Sodoma y a Gomorra,[a] y fuisteis como tizón
escapado del fuego; mas no os volvisteis a mí,
dice Jehová.
12 Por tanto, de esta manera te haré a ti, oh
Israel; y porque te he de hacer esto, prepárate
para venir al encuentro de tu Dios, oh Israel.
13 Porque he aquí, el que forma los montes, y
crea el viento, y anuncia al hombre su pensamiento; el que hace de las tinieblas mañana, y
pasa sobre las alturas de la tierra; Jehová Dios
de los ejércitos es su nombre.

Llamamiento al arrepentimiento

5 OÍD esta palabra que yo levanto para
lamentación sobre vosotros, casa de
Israel.
2 Cayó la virgen de Israel, y no podrá levantarse ya más; fue dejada sobre su tierra, no
hay quien la levante.
3 Porque así ha dicho Jehová el Señor: La ciudad que salga con mil, volverá con ciento, y
la que salga con ciento volverá con diez, en la
casa de Israel.

---

a. 3.14 2 R 23.15. **a. 4.11** Gn 19.24.

LECCIONES DE VIDA

➤ ***3.2 — A vosotros solamente he conocido de todas las familias de la tierra; por tanto, os castigaré por todas vuestras maldades.***

Una relación con Dios no es solamente un privilegio fenomenal, también es una gran responsabilidad. Cuando Él coloca su nombre sobre nosotros, lo hace para que podamos representarlo en el mundo y toda la gente lo busque y acepte su salvación. Esta fue la intención del Señor cuando le prometió a Abram: «serán benditas en ti todas las familias de la tierra» (Gn 12.3; también Gn 26.4; 28.14; Hch 3.25, 26; Gá 3.6–9). Igualmente, nosotros debemos ser un ejemplo de fe y representarlo fielmente a quienes aún están perdidos (2 Co 5.20).

➤ ***3.15 — heriré la casa de invierno con la casa de verano, y las casas de marfil perecerán; y muchas casas serán arruinadas, dice Jehová.***

Los israelitas antiguos dejaron que su búsqueda de abundancia material eclipsara su compromiso con Dios. El Señor no permitirá que algo o alguien tome el lugar que le pertenece sólo a Él. Tarde o temprano, Él juzgará la iniquidad y afirmará su posición legítima como Señor.

➤ ***4.2 — Jehová el Señor juró por su santidad.***

El Señor llamó a Israel a ser «un reino de sacerdotes, y gente santa» (Éx 19.6), pero el pueblo prefirió desdeñar sus mandatos e ir por su propio sendero de pecado. Aunque el Señor ama a su pueblo, es «muy limpio… de ojos para ver el mal» (Hab 1.13). Debido a su santidad, no podía aceptar sus transgresiones y tendría que juzgarlos. Debemos dar gracias a Dios pues a nosotros, como creyentes, Cristo nos ha perdonado todos nuestros pecados en la cruz y se ha convertido en nuestra justicia (Ro 3.21–26; 2 Co 5.21; Tit 3.4–6; 1 P 2.24).

➤ ***4.11 — Os trastorné como cuando Dios trastornó a Sodoma y a Gomorra, y fuisteis como tizón escapado del fuego; mas no os volvisteis a mí, dice Jehová.***

Aunque Sodoma y Gomorra fueron destruidas por completo (Gn 19.1–29), Dios salvó a Israel de una devastación completa por su gracia admirable para con su pueblo. Aun así, ellos lo siguieron rechazando. Vieron las consecuencias abrumadoras y terribles de la desobediencia, pero persistieron en su pecaminosidad. Cuando rehusamos obedecer al Señor, Él «subirá la temperatura» gradualmente, para apremiarnos a proceder al arrepentimiento y volver a Él. ¿Qué tendrá que usar Dios para captar su atención? Recuerde que «su benignidad [le] guía al arrepentimiento» (Ro 2.4), mientras el camino de la desobediencia le lleva a la destrucción (Ro 6.23).

4 Pero así dice Jehová a la casa de Israel: Buscadme, y viviréis;
5 y no busquéis a Bet-el, ni entréis en Gilgal,
ni paséis a Beerseba; porque Gilgal será llevada en cautiverio, y Bet-el será deshecha.
6 Buscad a Jehová, y vivid; no sea que acometa como fuego a la casa de José y la consuma,
sin haber en Bet-el quien lo apague.
7 Los que convertís en ajenjo el juicio, y la justicia la echáis por tierra,
8 buscad al que hace las Pléyades y el Orión,[a]
y vuelve las tinieblas en mañana, y hace oscu-
recer el día como noche; el que llama a las
aguas del mar, y las derrama sobre la faz de
la tierra; Jehová es su nombre;
9 que da esfuerzo al despojador sobre el fuerte, y hace que el despojador venga sobre la
fortaleza.
10 Ellos aborrecieron al reprensor en la puerta de la ciudad, y al que hablaba lo recto abominaron.
11 Por tanto, puesto que vejáis al pobre y recibís de él carga de trigo, edificasteis casas de
piedra labrada, mas no las habitaréis; plantasteis hermosas viñas, mas no beberéis el vino
de ellas.
12 Porque yo sé de vuestras muchas rebeliones, y de vuestros grandes pecados; sé que
afligís al justo, y recibís cohecho, y en los tribunales hacéis perder su causa a los pobres.
13 Por tanto, el prudente en tal tiempo calla,
porque el tiempo es malo.
* 14 Buscad lo bueno, y no lo malo, para que
➤ viváis; porque así Jehová Dios de los ejércitos
estará con vosotros, como decís.
15 Aborreced el mal, y amad el bien, y estableced la justicia en juicio; quizá Jehová Dios
de los ejércitos tendrá piedad del remanente de José.
16 Por tanto, así ha dicho Jehová, Dios de los
ejércitos: En todas las plazas habrá llanto, y
en todas las calles dirán: ¡Ay! ¡Ay!, y al labrador llamarán a lloro, y a endecha a los que
sepan endechar.
17 Y en todas las viñas habrá llanto; porque
pasaré en medio de ti, dice Jehová.
18 ¡Ay de los que desean el día de Jehová!
¿Para qué queréis este día de Jehová? Será de
tinieblas, y no de luz;
19 como el que huye de delante del león, y
se encuentra con el oso; o como si entrare
en casa y apoyare su mano en la pared, y le
muerde una culebra.
20 ¿No será el día de Jehová tinieblas, y no
luz; oscuridad, que no tiene resplandor?
21 Aborrecí, abominé vuestras solemnidades,
y no me complaceré en vuestras asambleas.
22 Y si me ofreciereis vuestros holocaustos
y vuestras ofrendas, no los recibiré, ni miraré a las ofrendas de paz de vuestros animales
engordados.[b]
23 Quita de mí la multitud de tus cantares, pues no escucharé las salmodias de tus
instrumentos.
24 Pero corra el juicio como las aguas, y la ➤
justicia como impetuoso arroyo.
25 ¿Me ofrecisteis sacrificios y ofrendas en el
desierto en cuarenta años, oh casa de Israel?
26 Antes bien, llevabais el tabernáculo de
vuestro Moloc y Quiún, ídolos vuestros, la
estrella de vuestros dioses que os hicisteis.
27 Os haré, pues, transportar más allá de
Damasco,[c] ha dicho Jehová, cuyo nombre es
Dios de los ejércitos.

Destrucción de Israel

6 ¡AY de los reposados en Sion, y de los
confiados en el monte de Samaria, los
notables y principales entre las naciones, a los
cuales acude la casa de Israel!
2 Pasad a Calne, y mirad; y de allí id a la gran
Hamat; descended luego a Gat de los filisteos; ved si son aquellos reinos mejores que
estos reinos, si su extensión es mayor que la
vuestra,
3 oh vosotros que dilatáis el día malo, y acer-
cáis la silla de iniquidad.
4 Duermen en camas de marfil, y reposan sobre sus lechos; y comen los corderos
del rebaño, y los novillos de en medio del
engordadero;
5 gorjean al son de la flauta, e inventan instrumentos musicales, como David;

a. 5.8 Job 9.9; 38.31. **b. 5.21-22** Is 1.11-14.
c. 5.25-27 Hch 7.42-43.

LECCIONES DE VIDA

➤ ***5.14 — Buscad lo bueno, y no lo malo, para que viváis; porque así Jehová Dios de los ejércitos estará con vosotros.***

Hallamos la vida cuando buscamos al Señor (Jn 17.3). Cristo nos libra de nuestros pecados para que podamos vivir gozosamente la vida abundante, libres de ellos (Jn 8.36; 10.10; Ro 7.24—8.6).

➤ ***5.24 — corra el juicio como las aguas, y la justicia como impetuoso arroyo.***

Los israelitas seguían practicando sus festivales y asambleas solemnes, ofreciendo sacrificios y entonando himnos (Am 5.21–23). Sin embargo, también rechazaban la Palabra de Dios, rendían culto a dioses falsos, oprimían a los pobres y negaban la justicia (Am 2.6–8; 5.10–12, 26). Por tanto, el Señor les dijo que si en verdad querían volver a Él, tendrían que empezar a vivir justamente como pueblo suyo (Am 5.14, 15, 24). Dios quiere que nuestro andar con Él se exprese por medio de una devoción obediente a Él y un amor a los demás con acciones de servicio (Jn 13.34, 35; 15.10–14; 1 Jn 3.23, 24). Al fin y al cabo, «el fruto del Espíritu es amor, gozo, paz, paciencia, benignidad, bondad, fe, mansedumbre, [y] templanza» (Gá 5.22, 23). Si no vivimos expresando un carácter piadoso, ¿de qué nos sirve la piedad (Stg 1.26, 27; 2.15, 16)?

PRINCIPIO DE VIDA 19

TODO AQUELLO A LO QUE NOS AFERREMOS, LO PERDEREMOS.

AM 6.6, 7

En la Francia del siglo diecisiete, un humilde líder eclesiástico llamado François Fénelon escribió una carta de ánimo a creyentes que buscaban una perspectiva espiritual al pasar por pruebas desalentadoras. Les dijo:

> No se preocupen por el futuro. De nada les sirve preocuparse, cuando Dios los ama y cuida de ustedes. Eso sí, cuando Dios los bendiga, acuérdense de mantener su mirada en Él y no en la bendición. Disfruten sus bendiciones día tras día, tal como los israelitas disfrutaron su maná; pero no traten de acaparar las bendiciones para el futuro…
>
> A veces en esta vida de fe, Dios va a quitarles sus bendiciones, pero recuerden que Él sabe cómo y cuando reemplazarlas, bien sea por el ministerio de otros o por Él mismo. Dios puede sacar hijos suyos hasta de las piedras.
>
> Coman su pan de cada día sin afanarse por el mañana. Ya habrá tiempo suficiente mañana para pensar en las cosas que están porvenir. El mismo Dios que los alimenta hoy, también los alimentará mañana. Dios se encargará de hacer caer maná del cielo en medio del desierto, antes que cualquier bien les falte a sus hijos.

Si tuviéramos esa clase de fe, dejaríamos de vivir tan ansiosos y preocupados por todos nuestros problemas. ¿Estamos dispuestos a ser humildes y depender de Dios para su provisión?

Admítalo: en una situación difícil, su primera reacción emocional es tomar las riendas. *Todos* queremos tener control. Queremos vivir con certidumbre total que todo va a estar bien, y que todos los problemas pueden arreglarse con esfuerzo y concentración. A menudo pensamos en secreto: «Si hago un plan meticuloso y trabajo lo suficiente, puedo superar cualquier dificultad».

El problema surge cuando sus esfuerzos no son suficientes. El problema que enfrenta es más grande que todos sus recursos o está totalmente fuera del alcance de su influencia. Dios permite esas pruebas por una razón importante: quiere que usted reconozca que *Él* está en control. Por supuesto, el Señor no quiere solamente ser el recurso que usted

> «En el día que temo,
> yo en ti confío» (Sal 56.3).

puede utilizar cuando está en problemas. Dios quiere ser en todo suficiente como su Señor y Maestro, como su Salvador y su Amigo. Él le conoce íntimamente; Él le formó hasta en sus células y cada una fibra de su ser (Sal 139.13–16); Él tiene un buen plan para cada día de su vida (Ef 2.10), y sabe cómo cumplir su propósito para usted (Sal 138.8).

Al enfrentar circunstancias que agoten rápidamente sus reservas espirituales, emocionales y físicas, es posible que quiera aferrarse por temor a algo sólido. La pregunta que debe hacerse es si sus preocupaciones le llevan corriendo a los brazos de Dios o a sus propios recursos.

¿Se está aferrando a algo aparte del Señor? ¿Depende de alguna manifestación de seguridad terrenal en vez de confiar en Dios para recibir ayuda? Recuerde que todo aquello a lo que se aferre ciegamente, va a perderlo. Aquella cosa a la que usted se sujeta firmemente para sentirse seguro, se le ha convertido en un ídolo. Puede tratarse de su riqueza, sus talentos, una relación, rituales religiosos o lo que sea. Dios no va a permitir que usted lo mantenga como su fuente de confianza, porque esa función le corresponde a Él solamente. Por el contrario, Él permitirá que ese recurso le falle, para que usted pueda ver que Él verdaderamente es su Señor soberano e infalible.

Dios anhela que usted se abandone por completo a su control y su apoyo eterno. Él se encarga de todo lo que le concierne de la mejor manera posible, y también le sustentará en el proceso (Fil 4.6, 7).

Cuando sienta que ya está listo para rendirse completamente al Señor, el Salmo 56 le ofrece una maravillosa oración modelo: «En el día que temo, yo en ti confío. En Dios alabaré su palabra; en Dios he confiado; no temeré; ¿qué puede hacerme el hombre?» (vv. 3, 4).

Quizás hasta este punto en su relación con el Señor usted no haya experimentado una prueba tan severa que le hizo evaluar el fundamento verdadero de su confianza. Dios le ha bendecido con un período de fortalecimiento sosegado.

Pero entienda que Él le ama demasiado como para permitirle vivir bajo cualquier noción de autosuficiencia. Él le pondrá a prueba en algún momento, pero siempre con el propósito de demostrar su amor abundante y eterno.

¿Se ha aferrado a un sistema de apoyo aparte del Señor?

Para un estudio más a fondo, véase el Índice de Principios de vida.

6 beben vino en tazones, y se ungen con los
ungüentos más preciosos; y no se afligen por
el quebrantamiento de José.
7 Por tanto, ahora irán a la cabeza de los que
van a cautividad, y se acercará el duelo de los
que se entregan a los placeres.
8 Jehová el Señor juró por sí mismo, Jehová Dios de los ejércitos ha dicho: Abomino
la grandeza de Jacob, y aborrezco sus palacios; y entregaré al enemigo la ciudad y cuanto hay en ella.
9 Y acontecerá que si diez hombres quedaren
en una casa, morirán.
10 Y un pariente tomará a cada uno, y lo quemará para sacar los huesos de casa; y dirá al
que estará en los rincones de la casa: ¿Hay
aún alguno contigo? Y dirá: No. Y dirá aquél:
Calla, porque no podemos mencionar el nombre de Jehová.
11 Porque he aquí, Jehová mandará, y herirá
con hendiduras la casa mayor, y la casa menor
con aberturas.
12 ¿Correrán los caballos por las peñas? ¿Ararán en ellas con bueyes? ¿Por qué habéis vosotros convertido el juicio en veneno, y el fruto
de justicia en ajenjo?
13 Vosotros que os alegráis en nada, que
decís: ¿No hemos adquirido poder con nuestra fuerza?
14 Pues he aquí, oh casa de Israel, dice Jehová
Dios de los ejércitos, levantaré yo sobre vosotros a una nación que os oprimirá desde la
entrada de Hamat hasta el arroyo del Arabá.

Tres visiones de destrucción

7 ASÍ me ha mostrado Jehová el Señor: He aquí, él criaba langostas cuando comenzaba a crecer el heno tardío; y he aquí era el
heno tardío después de las siegas del rey.
2 Y aconteció que cuando acabó de comer la
hierba de la tierra, yo dije: Señor Jehová, perdona ahora; ¿quién levantará a Jacob? porque
es pequeño.
3 Se arrepintió Jehová de esto: No será, dijo
Jehová.
4 Jehová el Señor me mostró así: He aquí,
Jehová el Señor llamaba para juzgar con fuego; y consumió un gran abismo, y consumió una parte de la tierra.
5 Y dije: Señor Jehová, cesa ahora; ¿quién
levantará a Jacob? porque es pequeño.
6 Se arrepintió Jehová de esto: No será esto
tampoco, dijo Jehová el Señor.
7 Me enseñó así: He aquí el Señor estaba
sobre un muro hecho a plomo, y en su mano
una plomada de albañil.
8 Jehová entonces me dijo: ¿Qué ves, Amós?
Y dije: Una plomada de albañil. Y el Señor
dijo: He aquí, yo pongo plomada de albañil
en medio de mi pueblo Israel; no lo toleraré más.
9 Los lugares altos de Isaac serán destruidos, y los santuarios de Israel serán asolados, y me levantaré con espada sobre la casa
de Jeroboam.

Amós y Amasías

10 Entonces el sacerdote Amasías de Bet-el
envió a decir a Jeroboam rey de Israel: Amós
se ha levantado contra ti en medio de la casa
de Israel; la tierra no puede sufrir todas sus
palabras.
11 Porque así ha dicho Amós: Jeroboam morirá a espada, e Israel será llevado de su tierra
en cautiverio.
12 Y Amasías dijo a Amós: Vidente, vete, huye
a tierra de Judá, y come allá tu pan, y profetiza allá;
13 y no profetices más en Bet-el, porque es
santuario del rey, y capital del reino.
14 Entonces respondió Amós, y dijo a Amasías: No soy profeta, ni soy hijo de profeta,
sino que soy boyero, y recojo higos silvestres.
15 Y Jehová me tomó de detrás del ganado, y
me dijo: Ve y profetiza a mi pueblo Israel.
16 Ahora, pues, oye palabra de Jehová. Tú
dices: No profetices contra Israel, ni hables
contra la casa de Isaac.
17 Por tanto, así ha dicho Jehová: Tu mujer
será ramera en medio de la ciudad, y tus hijos
y tus hijas caerán a espada, y tu tierra será
repartida por suertes; y tú morirás en tierra
inmunda, e Israel será llevado cautivo lejos
de su tierra.

LECCIONES DE VIDA

6.6, 7 — *se ungen con los ungüentos más preciosos; y no se afligen por el quebrantamiento de José. Por tanto, ahora irán a la cabeza de los que van a cautividad.*

Los israelitas estaban tan enamorados de su prosperidad que olvidaron a Dios (Os 10.1–3). Se enorgullecieron tanto de su afluencia y sus victorias militares, que llegaron a pensar que ya no lo necesitaban. Por eso cuando Dios los llamó al arrepentimiento, rehusaron obedecer. No estuvieron dispuestos a renunciar a sus riquezas y comodidades para tenerlo a Él, y eso les costó todo lo que tenían.

7.8 — *He aquí, yo pongo plomada de albañil en medio de mi pueblo Israel; no lo toleraré más.*

Así como una plomada de albañilería confirma que un muro quedará derecho, Dios emplearía una plomada para evaluar cuidadosamente los corazones y la conducta de su pueblo. Debemos vivir conforme a los parámetros de Dios, y Él no aceptará nada menos que la santidad. Por supuesto, esta es la razón misma por la que Jesús vino (1 Co 1.30; 2 Co 5.21; Fil 3.8–11).

7.14 — *No soy profeta, ni soy hijo de profeta, sino que soy boyero, y recojo higos silvestres.*

No importa quién sea o qué haga para ganarse la vida, Dios quiere usarle para llevar las buenas nuevas a las personas que le rodean, y en últimas al mundo entero. Si ama a Cristo, usted es su embajador (2 Co 5.20).

El canastillo de fruta de verano

8 ASÍ me ha mostrado Jehová el Señor: He
aquí un canastillo de fruta de verano.
2 Y dijo: ¿Qué ves, Amós? Y respondí: Un
canastillo de fruta de verano. Y me dijo Jehová: Ha venido el fin sobre mi pueblo Israel; no
lo toleraré más.
3 Y los cantores del templo gemirán en aquel
día, dice Jehová el Señor; muchos serán los
cuerpos muertos; en todo lugar los echarán
fuera en silencio.

El juicio sobre Israel se acerca

4 Oíd esto, los que explotáis a los menesterosos, y arruináis a los pobres de la tierra,
➤5 diciendo: ¿Cuándo pasará el mes, y venderemos el trigo; y la semana, y abriremos los
graneros del pan, y achicaremos la medida, y
subiremos el precio, y falsearemos con engaño la balanza,
6 para comprar los pobres por dinero, y los
necesitados por un par de zapatos, y venderemos los desechos del trigo?
7 Jehová juró por la gloria de Jacob: No me
olvidaré jamás de todas sus obras.
8 ¿No se estremecerá la tierra sobre esto? ¿No
llorará todo habitante de ella? Subirá toda,
como un río, y crecerá y mermará como el río
de Egipto.
9 Acontecerá en aquel día, dice Jehová el
Señor, que haré que se ponga el sol a mediodía, y cubriré de tinieblas la tierra en el día
claro.
10 Y cambiaré vuestras fiestas en lloro, y
todos vuestros cantares en lamentaciones; y
haré poner cilicio sobre todo lomo, y que se
rape toda cabeza; y la volveré como en llanto de unigénito, y su postrimería como día
amargo.
➤11 He aquí vienen días, dice Jehová el Señor,
en los cuales enviaré hambre a la tierra, no
hambre de pan, ni sed de agua, sino de oír la
palabra de Jehová.
12 E irán errantes de mar a mar; desde el norte hasta el oriente discurrirán buscando palabra de Jehová, y no la hallarán.
13 En aquel tiempo las doncellas hermosas y
los jóvenes desmayarán de sed.
14 Los que juran por el pecado de Samaria, y
dicen: Por tu Dios, oh Dan, y: Por el camino de
Beerseba, caerán, y nunca más se levantarán.

Los juicios de Jehová son ineludibles

9 VI al Señor que estaba sobre el altar, y
dijo: Derriba el capitel, y estremézcanse
las puertas, y hazlos pedazos sobre la cabeza de todos; y al postrero de ellos mataré a
espada; no habrá de ellos quien huya, ni quien
escape.
2 Aunque cavasen hasta el Seol, de allá los ➤
tomará mi mano; y aunque subieren hasta el
cielo, de allá los haré descender.
3 Si se escondieren en la cumbre del Carmelo, allí los buscaré y los tomaré; y aunque se
escondieren de delante de mis ojos en lo profundo del mar, allí mandaré a la serpiente y
los morderá.
4 Y si fueren en cautiverio delante de sus enemigos, allí mandaré la espada, y los matará;
y pondré sobre ellos mis ojos para mal, y no
para bien.
5 El Señor, Jehová de los ejércitos, es el que
toca la tierra, y se derretirá, y llorarán todos
los que en ella moran; y crecerá toda como un
río, y mermará luego como el río de Egipto.
6 Él edificó en el cielo sus cámaras, y ha establecido su expansión sobre la tierra; él llama
las aguas del mar, y sobre la faz de la tierra las
derrama; Jehová es su nombre.
7 Hijos de Israel, ¿no me sois vosotros como
hijos de etíopes, dice Jehová? ¿No hice yo
subir a Israel de la tierra de Egipto, y a los
filisteos de Caftor, y de Kir a los arameos?
8 He aquí los ojos de Jehová el Señor están
contra el reino pecador, y yo lo asolaré de la
faz de la tierra; mas no destruiré del todo la
casa de Jacob, dice Jehová.
9 Porque he aquí yo mandaré y haré que la
casa de Israel sea zarandeada entre todas las
naciones, como se zarandea el grano en una
criba, y no cae un granito en la tierra.

LECCIONES DE VIDA

➤ ***8.5 — ¿Cuándo pasará el mes, y venderemos el trigo; y la semana, y abriremos los graneros del pan…?***

Algo anda seriamente mal en nuestro corazón cuando vemos los mandamientos de Dios y la adoración frecuente en el cuerpo de creyentes como una carga que debemos soportar, y no como un gran privilegio que deberíamos anhelar y disfrutar. Ningún creyente ha sido llamado a «transitar solitario» en su peregrinaje de fe. Es por eso que deberíamos decir como David: «Yo me alegré con los que me decían: A la casa de Jehová iremos» (Sal 122.1).

➤ ***8.11 — He aquí vienen días, dice Jehová el Señor, en los cuales enviaré hambre a la tierra, no hambre de pan, ni sed de agua, sino de oír la palabra de Jehová.***

Desde el tiempo del profeta Malaquías hasta el tiempo de Juan el Bautista, un período de cuatrocientos años, esta falta de comunicación por parte del Señor hizo languidecer al pueblo. Tengamos un banquete diario con la Palabra de Dios, para evitar la desnutrición de nuestras almas.

➤ ***9.2 — Aunque cavasen hasta el Seol, de allá los tomará mi mano; y aunque subieren hasta el cielo, de allá los haré descender.***

Nadie puede escapar el juicio del Señor porque Él es omnipresente. Dios está en todas partes y ningún lugar es inasequible para Él. Aunque esto podría ser una mala noticia para los enemigos de Dios, como creyentes podemos estar agradecidos que vayamos dondequiera, el Señor está con nosotros para ayudarnos, guiarnos y rescatarnos (Sal 139.5–14).

10 A espada morirán todos los pecadores de
mi pueblo, que dicen: No se acercará, ni nos
alcanzará el mal.

Restauración futura de Israel

➤ 11 En aquel día yo levantaré el tabernáculo
caído de David, y cerraré sus portillos y levantaré sus ruinas, y lo edificaré como en el tiempo pasado;
12 para que aquellos sobre los cuales es invocado mi nombre posean el resto de Edom, y a
todas las naciones, dice Jehová que hace esto.[a]
* 13 He aquí vienen días, dice Jehová, en que el
que ara alcanzará al segador, y el pisador de
las uvas al que lleve la simiente; y los montes destilarán mosto, y todos los collados se
derretirán.
14 Y traeré del cautiverio a mi pueblo Israel,
y edificarán ellos las ciudades asoladas, y las
habitarán; plantarán viñas, y beberán el vino
de ellas, y harán huertos, y comerán el fruto de ellos.
15 Pues los plantaré sobre su tierra, y nunca
más serán arrancados de su tierra que yo les
di, ha dicho Jehová Dios tuyo.

a. 9.11-12 Hch 15.16-18.

LECCIONES DE VIDA

➤ ***9.11, 12 — En aquel día yo levantaré el tabernáculo caído de David... para que aquellos sobre los cuales es invocado mi nombre posean el resto de Edom.***

Este versículo profetiza la venida del Mesías, Jesucristo, quien no solamente ofrece salvación al pueblo de Israel, sino a toda persona que crea en Él y su provisión en la cruz (Jn 3.16–18; Ro 1.15–17; Gá 3.8). Nuestro Dios llama a hombres y mujeres, niños y niñas por igual, a formar parte de su familia, de toda tribu y nación en la tierra, para que todos juntos «exaltemos a una su nombre» (Sal 34.3; también Ap 5.9; 7.9, 10; 14.6, 7).

EL LIBRO DE

ABDÍAS

Una lucha que empezó en el vientre materno entre los hermanos gemelos Esaú y Jacob (Gn 25.19–26), degeneró más tarde en una riña permanente entre sus respectivos descendientes, los edomitas y los israelitas. El profeta Abdías condenó tajantemente a los edomitas por su empecinamiento en negarle ayuda a Israel, primero durante el tiempo en que anduvieron errantes en el desierto (Nm 20.14–21) y después en el tiempo de la invasión babilónica. Este profeta describió sus crímenes, juzgó su caso y pronunció su juicio: destrucción total. Por otro lado, Dios prometió que en últimas su pueblo destruiría a sus enemigos y viviría en paz.

Abdías es el libro más corto del Antiguo Testamento, y en éste Abdías trata la actitud soberbia de Edom, que le hizo jactarse de superioridad cuando los enemigos de Israel la aplastaron. El profeta sabía que Edom tendría un fin similar, y que Dios eventualmente restauraría a Israel, a su tierra y a su lugar de prominencia.

El nombre hebreo *Obádiah* significa «adorador de Jehová» o «siervo de Jehová». No se sabe más acerca del profeta más de lo que se revela en los veintiún versículos breves de su profecía.

Tema: Dios provee y cuida de su pueblo, y ejecutará juicio en contra de quienes se le opongan.

Autor: Abdías.

Fecha: Posiblemente alrededor de 840 a.C., durante la invasión de una coalición de filisteos y árabes; o en 586 a.C., durante la conquista babilónica de Jerusalén.

Estructura: Los primeros 16 versículos (vv. 1–16) de Abdías predicen la destrucción de Edom, mientras los siguientes versos (vv. 17–21) hablan de la liberación de Sion.

A medida que lea Abdías, fíjese en los principios de vida que juegan un papel importante en este libro:

16. Todo lo que adquirimos fuera de la voluntad de Dios termina convirtiéndose en cenizas. *Véase Abdías 3; página 1002.*

6. Cosechamos lo que sembramos, más de lo que sembramos, después de sembrarlo. *Véase Abdías 15; página 1002.*

La humillación de Edom

1 Visión de Abdías. Jehová el Señor ha dicho
así en cuanto a Edom:[a] Hemos oído el pregón
de Jehová, y mensajero ha sido enviado a las
naciones. Levantaos, y levantémonos contra
este pueblo en batalla.
2 He aquí, pequeño te he hecho entre las
naciones; estás abatido en gran manera.
➤ 3 La soberbia de tu corazón te ha engañado,
tú que moras en las hendiduras de las peñas,
en tu altísima morada; que dices en tu corazón: ¿Quién me derribará a tierra?
4 Si te remontares como águila, y aunque
entre las estrellas pusieres tu nido, de ahí te
derribaré, dice Jehová.
5 Si ladrones vinieran a ti, o robadores de
noche (¡cómo has sido destruido!), ¿no hurtarían lo que les bastase? Si entraran a ti vendimiadores, ¿no dejarían algún rebusco?
6 ¡Cómo fueron escudriñadas las cosas
de Esaú! Sus tesoros escondidos fueron
buscados.
7 Todos tus aliados te han engañado; hasta los
confines te hicieron llegar; los que estaban en
paz contigo prevalecieron contra ti; los que
comían tu pan pusieron lazo debajo de ti; no
hay en ello entendimiento.
8 ¿No haré que perezcan en aquel día, dice
Jehová, los sabios de Edom, y la prudencia del
monte de Esaú?
9 Y tus valientes, oh Temán, serán amedrentados; porque todo hombre será cortado del
monte de Esaú por el estrago.
10 Por la injuria a tu hermano Jacob te cubrirá vergüenza, y serás cortado para siempre.
11 El día que estando tú delante, llevaban
extraños cautivo su ejército, y extraños entraban por sus puertas, y echaban suertes sobre
Jerusalén, tú también eras como uno de ellos.
12 Pues no debiste tú haber estado mirando en el día de tu hermano, en el día de su
infortunio; no debiste haberte alegrado de los
hijos de Judá en el día en que se perdieron,
ni debiste haberte jactado en el día de la
angustia.
13 No debiste haber entrado por la puerta de
mi pueblo en el día de su quebrantamiento;
no, no debiste haber mirado su mal en el día
de su quebranto, ni haber echado mano a sus
bienes en el día de su calamidad.
14 Tampoco debiste haberte parado en las
encrucijadas para matar a los que de ellos
escapasen; ni debiste haber entregado a los
que quedaban en el día de angustia.

La exaltación de Israel

15 Porque cercano está el día de Jehová sobre ➤
todas las naciones; como tú hiciste se hará
contigo; tu recompensa volverá sobre tu cabeza.
16 De la manera que vosotros bebisteis en mi
santo monte, beberán continuamente todas
las naciones; beberán, y engullirán, y serán
como si no hubieran sido.
17 Mas en el monte de Sion habrá un remanente que se salve; y será santo, y la casa de ✻
Jacob recuperará sus posesiones.
18 La casa de Jacob será fuego, y la casa de
José será llama, y la casa de Esaú estopa, y
los quemarán y los consumirán; ni aun resto quedará de la casa de Esaú, porque Jehová lo ha dicho.
19 Y los del Neguev poseerán el monte de
Esaú, y los de la Sefela a los filisteos; poseerán también los campos de Efraín, y los campos de Samaria; y Benjamín a Galaad.
20 Y los cautivos de este ejército de los hijos
de Israel poseerán lo de los cananeos hasta
Sarepta; y los cautivos de Jerusalén que están
en Sefarad poseerán las ciudades del Neguev.
21 Y subirán salvadores al monte de Sion para
juzgar al monte de Esaú; y el reino será de
Jehová.

a. 1-14 Is 34.5-17; 63.1-6; Jer 49.7-22; Ez 25.12-14; 35.1-15; Am 1.11-12; Mal 1.2-5.

LECCIONES DE VIDA

➤ ***3 — La soberbia de tu corazón te ha engañado.***

Al ver la invasión de Judá por parte de sus enemigos, los edomitas se alborozaron e hicieron mofa de su desventura. Ellos vivían en ciudades aparentemente impenetrables labradas en la roca de montañas escarpadas, como las que pueden verse hoy día en Petra. Por eso creían soberbiamente que nada podía afectarlos. Sin embargo, como Abdías lo revelaría, estaban equivocados. Dios aborrece la soberbia (Pr 8.13; Stg 4.6) porque es una concentración indebida en nosotros mismos. Esto nos lleva a creer la misma mentira que creyeron los edomitas, que sabemos más que el Señor. No obstante, tal arrogancia asegura solamente la destrucción (Pr 16.18). Recuerde siempre que todo lo que adquirimos fuera de la voluntad de Dios termina convirtiéndose en cenizas.

➤ ***15 — como tú hiciste se hará contigo; tu recompensa volverá sobre tu cabeza.***

Una y otra vez en las Escrituras, Dios dice que juzgará al hombre usando su propio pecado en su contra (Est 7.10; Sal 57.6; Pr 26.27; 28.10; Ec 10.8; Is 33.1; Hab 2.8). «Pozo ha cavado, y lo ha ahondado», dijo David del hombre malvado, «y en el hoyo que hizo caerá» (Sal 7.15). En otras palabras, cosechamos lo que sembramos, más de lo que sembramos, después de haberlo sembrado. Sin embargo, como creyentes en el Señor Jesucristo y recipientes de la salvación que Él proveyó en la cruz, podemos estar agradecidos que Dios no sólo ha perdonado nuestros pecados, sino que los ha borrado y olvidado (Sal 103.12; Is 38.17; 43.25; Jer 31.34; Mi 7.9; He 8.12; 9.26; 10.17).

EL LIBRO DE

JONÁS

Cuando Dios llamó a Jonás a dejar su hogar en Israel y viajar con rumbo noreste a Nínive, para predicar a los pecadores que residían en la ciudad, el profeta rehuyó el encargo divino y se dirigió a Tarsis en el occidente. Siendo un verdadero profeta del Señor (2 R 14.25), Jonás conocía a Dios y sabía cuán misericordioso y lleno de gracia es: «Tú eres Dios clemente y piadoso, tardo en enojarte, y de grande misericordia, y que te arrepientes del mal» (Jon 4.2). No obstante, Jonás detestaba la brutal ciudad asiria de Nínive y no quería dar a sus ciudadanos oportunidad alguna de arrepentirse y poder así experimentar la misericordia de Dios. Por eso huyó en dirección opuesta.

Sin embargo, tan pronto Dios logró captar la atención del profeta, haciendo primero que los marineros lo echaran al mar tempestuoso y enviando luego un gran pez que se lo tragó, Jonás entendió cuán en serio había tomado Dios esta orden. Nínive *debía* oír la palabra del Señor. Por esa razón, Jonás se arrepintió de su desobediencia, viajó a Nínive y predicó allí el mensaje que Dios le dio.

La mayoría de los predicadores se sentirían dichosos de poder dirigirse a un auditorio tan receptivo y deseoso de responder positivamente al mensaje, pero la reacción humilde de los ninivitas encolerizó a Jonás. Dicho de otro modo, la gracia con que Dios respondió al arrepentimiento de los ninivitas amargó al profeta. Jonás tuvo que aprender la lección básica de ser agradecido por la compasión de Dios hacia los pecadores, no importando quiénes sean.

En tiempos modernos, la historia de Jonás ha sido ridiculizada muchas veces y descartada como un mito, pero el pueblo hebreo la aceptaba como histórica. Jesucristo mismo avaló la veracidad del libro y los acontecimientos extraordinarios que relata (Mt 12.39–41).

Yónah es el término hebreo para «paloma». La Vulgata en latín usó el título *Jonás.*

Tema: Dios moverá el cielo y la tierra para mostrarnos su voluntad; por eso cuando nos llama debemos obedecer, sea que entendamos o no sus planes, o que estemos o no de acuerdo con ellos. Además, su mensaje de gracia es para todos los que estén dispuestos a creer y arrepentirse, independientemente de nuestros prejuicios.

Autor: El profeta Jonás.

Fecha: Jonás vivió durante el reino del rey Jeroboam II, alrededor de 760 a.C.

Estructura: El primer capítulo de Jonás registra el llamado del profeta y su desobediencia (1.1–17). El segundo capítulo describe su angustia en el vientre del pez (2.1–10). El tercer capítulo recuenta la declaración de juicio del profeta a la gente de Nínive (3.1–10). El cuarto capítulo narra el disgusto de Jonás con Dios por abstenerse de juzgar a los ninivitas después que se arrepintieron (4.1–11).

A medida que lea Jonás, fíjese en los principios de vida que juegan un papel importante en este libro:

13. Escuchar a Dios es esencial para andar con Él. *Véase Jonás 1.1–3; página 1004.*

26. La adversidad es un puente que nos conduce a una relación más profunda con Dios. *Véase Jonás 2.1–9; página 1005.*

20. Las decepciones son inevitables; el desánimo es por elección nuestra. *Véase Jonás 4.1–11; páginas 1005-1007.*

Jonás huye de Jehová

1 VINO palabra de Jehová a Jonás[a] hijo de Amitai, diciendo:
2 Levántate y ve a Nínive, aquella gran ciudad, y pregona contra ella; porque ha subido su maldad delante de mí.
3 Y Jonás se levantó para huir de la presencia de Jehová a Tarsis, y descendió a Jope, y halló una nave que partía para Tarsis; y pagando su pasaje, entró en ella para irse con ellos a Tarsis, lejos de la presencia de Jehová.
4 Pero Jehová hizo levantar un gran viento en el mar, y hubo en el mar una tempestad tan grande que se pensó que se partiría la nave.
5 Y los marineros tuvieron miedo, y cada uno clamaba a su dios; y echaron al mar los enseres que había en la nave, para descargarla de ellos. Pero Jonás había bajado al interior de la nave, y se había echado a dormir.
6 Y el patrón de la nave se le acercó y le dijo: ¿Qué tienes, dormilón? Levántate, y clama a tu Dios; quizá él tendrá compasión de nosotros, y no pereceremos.
7 Y dijeron cada uno a su compañero: Venid y echemos suertes, para que sepamos por causa de quién nos ha venido este mal. Y echaron suertes, y la suerte cayó sobre Jonás.
8 Entonces le dijeron ellos: Decláranos ahora por qué nos ha venido este mal. ¿Qué oficio tienes, y de dónde vienes? ¿Cuál es tu tierra, y de qué pueblo eres?
9 Y él les respondió: Soy hebreo, y temo a Jehová, Dios de los cielos, que hizo el mar y la tierra.
10 Y aquellos hombres temieron sobremanera, y le dijeron: ¿Por qué has hecho esto? Porque ellos sabían que huía de la presencia de Jehová, pues él se lo había declarado.
11 Y le dijeron: ¿Qué haremos contigo para que el mar se nos aquiete? Porque el mar se iba embraveciendo más y más.
➤ 12 Él les respondió: Tomadme y echadme al mar, y el mar se os aquietará; porque yo sé que por mi causa ha venido esta gran tempestad sobre vosotros.
13 Y aquellos hombres trabajaron para hacer volver la nave a tierra; mas no pudieron, porque el mar se iba embraveciendo más y más contra ellos.
14 Entonces clamaron a Jehová y dijeron: Te rogamos ahora, Jehová, que no perezcamos nosotros por la vida de este hombre, ni pongas sobre nosotros la sangre inocente; porque tú, Jehová, has hecho como has querido.
15 Y tomaron a Jonás, y lo echaron al mar; y el mar se aquietó de su furor.
➤ 16 Y temieron aquellos hombres a Jehová con gran temor, y ofrecieron sacrificio a Jehová, e hicieron votos.
17 Pero Jehová tenía preparado un gran pez que tragase a Jonás; y estuvo Jonás en el vientre del pez tres días y tres noches.[b]

Ejemplos de vida

JONÁS

A dónde huiremos de Dios, si está en todas partes

JON 1.1–3

La Biblia nos dice que Jonás huyó a Tarsis en un esfuerzo por escapar de la presencia del Señor, y evitar de ese modo su encargo divino de predicar a un pueblo que detestaba. No lo hizo pensando que su misión sería un fracaso, sino porque temía tener éxito en su misión.

Al parecer, Jonás olvidó lo que el rey David sabía muy bien: «¿A dónde me iré de tu Espíritu? ¿Y a dónde huiré de tu presencia?» (Sal 139.7). Por supuesto, la respuesta es que no existe lugar alguno al que podamos escabullirnos, donde el Señor no pueda encontrarnos. Dios está en todas partes. De hecho, Él dijo claramente: «¿Soy yo Dios de cerca solamente… y no Dios desde muy lejos? ¿Se ocultará alguno, dice Jehová, en escondrijos que yo no lo vea? ¿No lleno yo… el cielo y la tierra?» (Jer 23.23, 24).

Servimos al Dios que llena el cielo y la tierra. Dondequiera estemos, Él allí está. De hecho, estuvo allí mucho antes que nosotros llegáramos. Por lo tanto, no deberíamos huir de Él sino buscarlo y acogernos a Él con todo nuestro corazón, nuestra mente, nuestra alma y nuestras fuerzas. También deberíamos obedecer todo lo que nos mande hacer, porque ciertamente Él puede y quiere bendecirnos, sin importar a dónde nos mande a ir.

Para un estudio más a fondo, véase el Índice de Principios de vida:

18. Como hijos del Dios soberano, jamás somos víctimas de nuestras circunstancias.

a. 1.1 2 R 14.25. **b. 1.17** Mt 12.40.

Oración de Jonás

2 ENTONCES oró Jonás a Jehová su Dios desde el vientre del pez,
➤2 y dijo:
Invoqué en mi angustia a Jehová, y él me oyó;
Desde el seno del Seol clamé,
Y mi voz oíste.
3 Me echaste a lo profundo, en medio de los mares,
Y me rodeó la corriente;
Todas tus ondas y tus olas pasaron sobre mí.
4 Entonces dije: Desechado soy de delante de tus ojos;
Mas aún veré tu santo templo.
5 Las aguas me rodearon hasta el alma,
Rodeóme el abismo;
El alga se enredó a mi cabeza.
*6 Descendí a los cimientos de los montes;
La tierra echó sus cerrojos sobre mí para siempre;
Mas tú sacaste mi vida de la sepultura, oh Jehová Dios mío.
➤7 Cuando mi alma desfallecía en mí, me acordé de Jehová,
Y mi oración llegó hasta ti en tu santo templo.
8 Los que siguen vanidades ilusorias,
Su misericordia abandonan.
9 Mas yo con voz de alabanza te ofreceré sacrificios;
Pagaré lo que prometí.
La salvació,n es de Jehová.
10 Y mandó Jehová al pez, y vomitó a Jonás en tierra.

Nínive se arrepiente

3 VINO palabra de Jehová por segunda vez ➤
a Jonás, diciendo:
2 Levántate y ve a Nínive, aquella gran ciudad, y proclama en ella el mensaje que yo te
diré.
3 Y se levantó Jonás, y fue a Nínive conforme
a la palabra de Jehová. Y era Nínive ciudad
grande en extremo, de tres días de camino.
4 Y comenzó Jonás a entrar por la ciudad,
camino de un día, y predicaba diciendo: De
aquí a cuarenta días Nínive será destruida.
5 Y los hombres de Nínive creyeron a Dios, y
proclamaron ayuno, y se vistieron de cilicio
desde el mayor hasta el menor de ellos.[a]
6 Y llegó la noticia hasta el rey de Nínive, y se
levantó de su silla, se despojó de su vestido, y
se cubrió de cilicio y se sentó sobre ceniza.
7 E hizo proclamar y anunciar en Nínive, por
mandato del rey y de sus grandes, diciendo: Hombres y animales, bueyes y ovejas, no
gusten cosa alguna; no se les dé alimento, ni
beban agua;
8 sino cúbranse de cilicio hombres y animales, y clamen a Dios fuertemente; y conviértase cada uno de su mal camino, de la rapiña
que hay en sus manos.
9 ¿Quién sabe si se volverá y se arrepentirá
Dios, y se apartará del ardor de su ira, y no
pereceremos?
10 Y vio Dios lo que hicieron, que se convirtie- ➤
ron de su mal camino; y se arrepintió del mal
que había dicho que les haría, y no lo hizo.

El enojo de Jonás

4 PERO Jonás se apesadumbró en extremo,
y se enojó.

a. 3.4-5 Mt 12.41; Lc 11.32.

LECCIONES DE VIDA

➤ *1.12 — Tomadme y echadme al mar, y el mar se os aquietará; porque yo sé que por mi causa ha venido esta gran tempestad sobre vosotros.*

Jonás entendió de inmediato que su desobediencia había puesto la embarcación en peligro, y que por causa de él sus compañeros de viaje podrían perecer. Por eso les dijo que lo echaran a las aguas turbulentas, sabiendo que esto podría causarle la muerte (Jon 1.14). Sin embargo, Dios no abandonó a Jonás ni lo dejó morir solo en el mar. Más bien, envió un pez que se tragó a su profeta para asegurar que estuviera en un lugar donde se dispusiera a arrepentirse y cumplir la tarea que Dios le había asignado. Jonás hizo exactamente eso. Tan pronto el pez lo dejó en tierra, Jonás se dirigió a Nínive (Jon 2.10).

➤ *1.16 — temieron aquellos hombres a Jehová con gran temor, y ofrecieron sacrificio a Jehová, e hicieron votos.*

Dios inspira la profecía, no para satisfacer nuestra curiosidad sino para activar nuestra fe en su gracia y su gloria. Él nos habla acerca del futuro para que podamos vivir bien en el presente y prepararnos para lo que está por venir.

➤ *2.2 — Invoqué en mi angustia a Jehová, y él me oyó.*

Dios nunca da la espalda a un corazón verdaderamente arrepentido, aun si ese corazón latiera en un hombre que tratara de rehuirlo. El Señor a menudo usa la aflicción, no para castigarnos sino para traernos de vuelta a Él.

➤ *2.7 — Cuando mi alma desfallecía en mí, me acordé de Jehová.*

A veces es sólo cuando tocamos fondo, que estamos realmente dispuestos a arrepentirnos. Dios tiene tanto amor y tanta gracia, que no importa cuán débil, torpe o sencilla sea nuestra oración, Él responde con perdón y misericordia en abundancia.

➤ *3.1 — Vino palabra de Jehová por segunda vez a Jonás.*

¿Se merecía Jonás una segunda oportunidad para llevar a cabo la misión divina? No. Tampoco nosotros, pero Dios en su misericordia, no está manteniendo un registro para ajustarnos a cuentas sino para moldearnos a semejanza de su Hijo.

RESPUESTAS A PREGUNTAS DE LA VIDA

¿Cómo trata Dios nuestra desobediencia?

JON 2

A la luz de la omnisciencia y la omnipresencia de Dios, es fácil preguntarse por qué los cristianos de todos modos intentan huir del Señor. Ciertamente, Jonás demostró que es algo imposible, pero muchos siguen empeñados en lograrlo. ¿Por qué?

A veces actuamos por puro egoísmo. Creemos saber qué es lo mejor para nosotros, aparte de lo que Dios diga. Otras veces somos renuentes por simple temor. Nos preocupa el fracaso, o que los demás critiquen nuestros esfuerzos, o que nuestra obediencia nos cueste demasiado. Sin embargo, no nos damos cuenta que pagamos un precio mucho más alto por huir del Señor.

Jonás pagó muy caro su rebelión. No sólo sufrió vergüenza, terror y culpa, sino que también puso en peligro las vidas de muchas personas a las que Dios quería salvar. Jonás pasó por alto dos verdades esenciales que todos deberíamos tener presentes.

En primer lugar, supuso incorrectamente que huir del Señor le libraría de tener que obedecerlo. Nunca se imaginó cuán persistente podía ser el Señor cuando lo llamó a cumplir su deber. Jonás finalmente aprendió que Dios nos perseguirá en amor, incluso hasta las profundidades del mar, para conformarnos a su voluntad y su plan para nuestra vida. Simplemente, nuestra desobediencia no será un obstáculo para Dios.

En segundo lugar, Jonás olvidó que la desobediencia al Señor conduce únicamente a la destrucción, tanto la nuestra como la de aquellos que Dios quiere bendecir por medio de nosotros. ¿Cuántas personas dicen «yo puedo hacer lo que quiero, es mi vida»? No, no lo es. Si somos cristianos, Dios nos dice: «no sois vuestros». De hecho, «habéis sido comprados por precio», y tanto nuestro cuerpo como nuestra vida le pertenecen a Él (1 Co 6.19, 20). Usted no puede pecar contra el Señor sin pagar un precio terrible y hacer daño a los demás en el proceso.

A pesar de estas realidades funestas, la verdad es que Dios está dispuesto a perdonar. Él estuvo en pos de Jonás todo el tiempo necesario para que el profeta respondiera con su obediencia, para que el pueblo de Nínive pudiera oír la advertencia de Dios y proceder al arrepentimiento. Él hará lo mismo con usted. Por lo tanto, obedezca a Dios y deje en sus manos todas las consecuencias. No vale la pena optar por algo distinto.

Para un estudio más a fondo, véase el Índice de Principios de vida:

7. *Los momentos sombríos durarán solo el tiempo necesario para que Dios lleve a cabo su propósito en nosotros.*
15. *El quebrantamiento es el requisito de Dios para que seamos útiles al máximo.*

2 Y oró a Jehová y dijo: Ahora, oh Jehová, *
¿no es esto lo que yo decía estando aún en
mi tierra? Por eso me apresuré a huir a Tarsis; porque sabía yo que tú eres Dios clemente y piadoso, tardo en enojarte, y de grande misericordia,[a] y que te arrepientes del mal.
3 Ahora pues, oh Jehová, te ruego que me quites la vida; porque mejor me es la muerte que la vida.
4 Y Jehová le dijo: ¿Haces tú bien en enojarte tanto?
5 Y salió Jonás de la ciudad, y acampó hacia el oriente de la ciudad, y se hizo allí una enramada, y se sentó debajo de ella a la sombra, hasta ver qué acontecería en la ciudad.
6 Y preparó Jehová Dios una calabacera, la <
cual creció sobre Jonás para que hiciese sombra sobre su cabeza, y le librase de su malestar; y Jonás se alegró grandemente por la calabacera.
7 Pero al venir el alba del día siguiente, Dios preparó un gusano, el cual hirió la calabacera, y se secó.
8 Y aconteció que al salir el sol, preparó Dios un recio viento solano, y el sol hirió a Jonás en la cabeza, y se desmayaba, y deseaba la muerte, diciendo: Mejor sería para mí la muerte que la vida.

a. 4.2 Éx 34.6.

9 Entonces dijo Dios a Jonás: ¿Tanto te enojas
por la calabacera? Y él respondió: Mucho me
enojo, hasta la muerte.
10 Y dijo Jehová: Tuviste tú lástima de la calabacera, en la cual no trabajaste, ni tú la hiciste crecer; que en espacio de una noche nació,
y en espacio de otra noche pereció.
11 ¿Y no tendré yo piedad de Nínive, aquella
gran ciudad donde hay más de ciento veinte
mil personas que no saben discernir entre su
mano derecha y su mano izquierda, y muchos
animales?

LECCIONES DE VIDA

➤ ***3.10 — vio Dios lo que hicieron, que se convirtieron de su mal camino; y se arrepintió del mal que había dicho que les haría.***

Repetidas veces en las Escrituras, vemos que Dios no quiere traer calamidad ni juicio sobre nadie. Por eso apela a nosotros y nos insta a que nos arrepintamos. Sólo Dios, quien es verdaderamente misericordioso y lleno de gracia, estaría dispuesto a ir hasta lo último para restaurar nuestra relación con Él. Claramente, esa es la misma razón por la que estuvo dispuesto a enviar a Jesús (Jn 3.17, 18; Ef 2).

➤ ***4.6–8 — preparó Jehová Dios una calabacera... Pero al venir el alba del día siguiente, Dios preparó un gusano... al salir el sol, preparó Dios un recio viento solano.***

Dios está al tanto de todos los detalles de nuestra vida. La planta, el gusano y el viento representan todas las cosas que Él está dispuesto a preparar y utilizar para moldearnos como personas que sean lo más semejantes a su Hijo.

➤ ***4.11 — ¿Y no tendré yo piedad de Nínive...?***

Jonás no se compadeció de Nínive, pero Dios sí. Él les perdonó la vida a los ninivitas porque ama la misericordia, no el juicio.

EL LIBRO DE

MIQUEAS

Miqueas, llamado de su hogar en Moréset a ser un profeta, pronunció un mensaje severo de juicio al pueblo de Israel y Judá. Airado por el maltrato a los pobres por parte de los ricos e influyentes, el profeta dirigió sus reprimendas verbales a cualquiera que usara su poder social o político para ganancia personal.

Miqueas insistió en que las demandas justas de Dios sobre su pueblo habían sido claras en todas las épocas y en todos los casos: «solamente hacer justicia, y amar misericordia, y humillarte ante tu Dios» (Mi 6.8).

Miqueas no solamente reprendió a su pueblo, también profirió varias profecías acerca del Mesías venidero y describió un tiempo futuro de paz y prosperidad, cuando Israel volvería de nuevo a servir al Señor en santo regocijo. La más famosa de sus profecías mesiánicas es una de las favoritas en la época navideña: «Pero tú, Belén Efrata, pequeña para estar entre las familias de Judá, de ti me saldrá el que será Señor en Israel; y sus salidas son desde el principio, desde los días de la eternidad» (Mi 5.2).

El título del libro es una abreviación del nombre hebreo *Mikayahu* («¿Quién es como Jehová?»).

Tema: Dios insiste en que su pueblo debe reflejar su carácter santo en su forma de vivir; si rehúsan hacerlo, el juicio es el resultado inevitable. Sin embargo, Dios nunca abandonará a su pueblo del pacto y enviará al Mesías para rescatarlos de sus pecados y a reinar sobre ellos un día, en justicia y verdad.

Autor: Miqueas, oriundo de Moréset en el sur de Judá.

Fecha: Miqueas profetizó durante los reinos de Jotam, Acaz y Ezequías (750–686 a.C.), y fue un contemporáneo de los profetas Isaías y Oseas.

Estructura: La primera porción del libro de Miqueas expone en términos generales los pecados de sus compatriotas (1.1—3.12); luego se enfoca en el castigo que Dios está a punto de enviar (4.1—5.15). La porción final incluye la promesa de restauración tan pronto se haya terminado de aplicar la disciplina (6.1—7.20).

A medida que lea Miqueas, fíjese en los principios de vida que juegan un papel importante en este libro:

24. Vivir la vida cristiana es permitir al Señor Jesús vivir su vida en y por medio de nosotros. *Véase Miqueas 4.2; 6.8; páginas 1010, 1013.*

7. Los momentos sombríos durarán solo el tiempo necesario para que Dios lleve a cabo su propósito en nosotros. *Véase Miqueas 7.8; página 1013.*

Lamento sobre Samaria y Jerusalén

1 PALABRA de Jehová que vino a Miqueas de Moreset en días de Jotam,[a] Acaz[b] y Ezequías,[c] reyes de Judá; lo que vio sobre Samaria y Jerusalén.
2 Oíd, pueblos todos; está atenta, tierra, y cuanto hay en ti; y Jehová el Señor, el Señor desde su santo templo, sea testigo contra vosotros.
3 Porque he aquí, Jehová sale de su lugar, y descenderá y hollará las alturas de la tierra.
4 Y se derretirán los montes debajo de él, y los valles se hendirán como la cera delante del fuego, como las aguas que corren por un precipicio.
5 Todo esto por la rebelión de Jacob, y por los pecados de la casa de Israel. ¿Cuál es la rebelión de Jacob? ¿No es Samaria? ¿Y cuáles son los lugares altos de Judá? ¿No es Jerusalén?
6 Haré, pues, de Samaria montones de ruinas, y tierra para plantar viñas; y derramaré sus piedras por el valle, y descubriré sus cimientos.
7 Y todas sus estatuas serán despedazadas, y todos sus dones serán quemados en fuego, y asolaré todos sus ídolos; porque de dones de rameras los juntó, y a dones de rameras volverán.
8 Por esto lamentaré y aullaré, y andaré despojado y desnudo; haré aullido como de chacales, y lamento como de avestruces.
9 Porque su llaga es dolorosa, y llegó hasta Judá; llegó hasta la puerta de mi pueblo, hasta Jerusalén.
10 No lo digáis en Gat, ni lloréis mucho; revuélcate en el polvo de Bet-le-afra.
11 Pásate, oh morador de Safir, desnudo y con vergüenza; el morador de Zaanán no sale; el llanto de Bet-esel os quitará su apoyo.
12 Porque los moradores de Marot anhelaron ansiosamente el bien; pues de parte de Jehová el mal había descendido hasta la puerta de Jerusalén.
13 Uncid al carro bestias veloces, oh moradores de Laquis, que fuisteis principio de pecado a la hija de Sion; porque en vosotros se hallaron las rebeliones de Israel.
14 Por tanto, vosotros daréis dones a Moreset-gat; las casas de Aczib serán para engaño a los reyes de Israel.
15 Aun os traeré nuevo poseedor, oh moradores de Maresa; la flor de Israel huirá hasta Adulam.
16 Ráete y trasquílate por los hijos de tus delicias; hazte calvo como águila, porque en cautiverio se fueron de ti.

¡Ay de los que oprimen a los pobres!

2 ¡AY de los que en sus camas piensan iniquidad y maquinan el mal, y cuando llega la mañana lo ejecutan, porque tienen en su mano el poder!
2 Codician las heredades, y las roban; y casas, y las toman; oprimen al hombre y a su casa, al hombre y a su heredad.
3 Por tanto, así ha dicho Jehová: He aquí, yo pienso contra esta familia un mal del cual no sacaréis vuestros cuellos, ni andaréis erguidos; porque el tiempo será malo.
4 En aquel tiempo levantarán sobre vosotros refrán, y se hará endecha de lamentación, diciendo: Del todo fuimos destruidos; él ha cambiado la porción de mi pueblo. ¡Cómo nos quitó nuestros campos! Los dio y los repartió a otros.
5 Por tanto, no habrá quien a suerte reparta heredades en la congregación de Jehová.
6 No profeticéis, dicen a los que profetizan; no les profeticen, porque no les alcanzará vergüenza.
7 Tú que te dices casa de Jacob, ¿se ha acortado el Espíritu de Jehová? ¿Son éstas sus obras? ¿No hacen mis palabras bien al que camina rectamente?
8 El que ayer era mi pueblo, se ha levantado como enemigo; de sobre el vestido quitasteis las capas atrevidamente a los que pasaban, como adversarios de guerra.
9 A las mujeres de mi pueblo echasteis fuera de las casas que eran su delicia; a sus niños quitasteis mi perpetua alabanza.
10 Levantaos y andad, porque no es éste el lugar de reposo, pues está contaminado, corrompido grandemente.
11 Si alguno andando con espíritu de falsedad mintiere diciendo: Yo te profetizaré de vino y de sidra; este tal será el profeta de este pueblo.
12 De cierto te juntaré todo, oh Jacob; recogeré ciertamente el resto de Israel; lo reuniré como ovejas de Bosra, como rebaño en medio de su aprisco; harán estruendo por la multitud de hombres.

a. 1.1 2 R 15.32-38; 2 Cr 27.1-7. **b. 1.1** 2 R 16.1-20; 2 Cr 28.1-27. **c. 1.1** 2 R 18.1—20.21; 2 Cr 29.1—32.33.

LECCIONES DE VIDA

➤ ***2.7 — ¿No hacen mis palabras bien al que camina rectamente?***

Los profetas falsos del tiempo de Miqueas no querían oír el juicio justo de Dios, sino solamente palabras de consuelo y prosperidad. No entendían que Dios desea bendecirnos y no castigarnos, de tal modo que hasta sus palabras de reprensión y corrección son buenas para nosotros (Dt 8.5–7; Pr 3.11, 12; 15.32; 19.20; He 12.5–11; Ap 3.19). «Que el justo me castigue, será un favor, y que me reprenda será un excelente bálsamo que no me herirá la cabeza» (Sal 141.5).

13 Subirá el que abre caminos delante de
ellos; abrirán camino y pasarán la puerta, y
saldrán por ella; y su rey pasará delante de
ellos, y a la cabeza de ellos Jehová.

Acusación contra los dirigentes de Israel

3 DIJE: Oíd ahora, príncipes de Jacob, y
jefes de la casa de Israel: ¿No concierne a
vosotros saber lo que es justo?
2 Vosotros que aborrecéis lo bueno y amáis
lo malo, que les quitáis su piel y su carne de
sobre los huesos;
3 que coméis asimismo la carne de mi pueblo,
y les desolláis su piel de sobre ellos, y les quebrantáis los huesos y los rompéis como para
el caldero, y como carnes en olla.
4 Entonces clamaréis a Jehová, y no os responderá; antes esconderá de vosotros su rostro en aquel tiempo, por cuanto hicisteis
malvadas obras.
5 Así ha dicho Jehová acerca de los profetas
que hacen errar a mi pueblo, y claman: Paz,
cuando tienen algo que comer, y al que no les
da de comer, proclaman guerra contra él:
6 Por tanto, de la profecía se os hará noche,
y oscuridad del adivinar; y sobre los profetas se pondrá el sol, y el día se entenebrece-
rá sobre ellos.
7 Y serán avergonzados los profetas, y se con-
fundirán los adivinos; y ellos todos cerrarán
sus labios, porque no hay respuesta de Dios.
➤ 8 Mas yo estoy lleno de poder del Espíritu de
Jehová, y de juicio y de fuerza, para denunciar
a Jacob su rebelión, y a Israel su pecado.
9 Oíd ahora esto, jefes de la casa de Jacob, y
capitanes de la casa de Israel, que abomináis
el juicio, y pervertís todo el derecho;
10 que edificáis a Sion con sangre, y a Jerusalén con injusticia.
11 Sus jefes juzgan por cohecho, y sus sacerdotes enseñan por precio, y sus profetas adivinan por dinero; y se apoyan en Jehová,
diciendo: ¿No está Jehová entre nosotros? No
vendrá mal sobre nosotros.
12 Por tanto, a causa de vosotros Sion será
arada como campo, y Jerusalén vendrá a ser
montones de ruinas, y el monte de la casa
como cumbres de bosque.[a]

Reinado universal de Jehová
(Is 2.1-4)

4 ACONTECERÁ en los postreros tiempos
que el monte de la casa de Jehová será
establecido por cabecera de montes, y más
alto que los collados, y correrán a él los pueblos.
2 Vendrán muchas naciones, y dirán: Venid, y ➤
subamos al monte de Jehová, y a la casa del
Dios de Jacob; y nos enseñará en sus caminos, y andaremos por sus veredas; porque de
Sion saldrá la ley, y de Jerusalén la palabra
de Jehová.
3 Y él juzgará entre muchos pueblos, y corre- *
girá a naciones poderosas hasta muy lejos; y
martillarán sus espadas para azadones, y sus
lanzas para hoces;[a] no alzará espada nación
contra nación, ni se ensayarán más para la
guerra.
4 Y se sentará cada uno debajo de su vid y
debajo de su higuera,[b] y no habrá quien los
amedrente; porque la boca de Jehová de los
ejércitos lo ha hablado.
5 Aunque todos los pueblos anden cada uno
en el nombre de su dios, nosotros con todo
andaremos en el nombre de Jehová nuestro
Dios eternamente y para siempre.

Israel será redimido del cautiverio

6 En aquel día, dice Jehová, juntaré la que
cojea, y recogeré la descarriada, y a la que
afligí;
7 y pondré a la coja como remanente, y a la
descarriada como nación robusta; y Jehová
reinará sobre ellos en el monte de Sion desde
ahora y para siempre.
8 Y tú, oh torre del rebaño, fortaleza de la hija
de Sion, hasta ti vendrá el señorío primero, el
reino de la hija de Jerusalén.
9 Ahora, ¿por qué gritas tanto? ¿No hay rey
en ti? ¿Pereció tu consejero, que te ha tomado
dolor como de mujer de parto?
10 Duélete y gime, hija de Sion, como mujer
que está de parto;[c] porque ahora saldrás de
la ciudad y morarás en el campo, y llegarás

a. 3.12 Jer 26.18. **a. 4.3** Jl 3.10. **b. 4.4** Zac 3.10.
c. 4.10 Ap 12.2.

LECCIONES DE VIDA

➤ ***3.8 — Mas yo estoy lleno de poder del Espíritu de Jehová.***

Dios cortaría el ministerio de los profetas falsos que pervertían al pueblo. En cambio Miqueas, quien atribuyó al Señor todo el poder y la sabiduría de su ministerio, continuaría siendo un testigo poderoso. De igual modo, Dios no nos ha dado un espíritu de temor sino de poder (2 Ti 1.7), el cual procede de su Espíritu: «recibiréis poder, cuando haya venido sobre vosotros el Espíritu Santo» (Hch 1.8; véase también Ef 3.16). Aunque tengamos que ponernos en contra de aquellos que rechazan la obra y el pueblo de Dios, debemos recordar que sus acusaciones pasarán, «mas la palabra del Señor permanece para siempre» (1 P 1.25).

➤ ***4.2 — nos enseñará en sus caminos, y andaremos por sus veredas.***

Este versículo describe un tiempo cuando tanto judíos como gentiles serían invitados a venir al Señor, y enseñados a obedecerlo de una manera nueva (Jer 31.31–34). También anticipa «los postreros tiempos» (Mi 4.1). Dios no nos deja en las sombras en lo que respecta a su naturaleza y su voluntad. De hecho, si es necesario está dispuesto a mover el cielo y la tierra para mostrarnos su voluntad. A través de su Espíritu, Él nos capacita para reflejar su carácter y llevar a cabo todo lo que nos llame a hacer. Andamos en sus veredas cuando dejamos que Jesús viva a través de nosotros.

hasta Babilonia; allí serás librada, allí te redimirá Jehová de la mano de tus enemigos.

11 Pero ahora se han juntado muchas naciones contra ti, y dicen: Sea profanada, y vean nuestros ojos su deseo en Sion.

➤ 12 Mas ellos no conocieron los pensamientos de Jehová, ni entendieron su consejo; por lo cual los juntó como gavillas en la era.

13 Levántate y trilla, hija de Sion, porque haré tu cuerno como de hierro, y tus uñas de bronce, y desmenuzarás a muchos pueblos; y consagrarás a Jehová su botín, y sus riquezas al Señor de toda la tierra.

El reinado del libertador desde Belén

5 RODÉATE ahora de muros, hija de guerreros; nos han sitiado; con vara herirán en la mejilla al juez de Israel.

➤ 2 Pero tú, Belén Efrata, pequeña para estar entre las familias de Judá, de ti me saldrá el que será Señor en Israel;[a] y sus salidas son desde el principio, desde los días de la eternidad.

➤ 3 Pero los dejará hasta el tiempo que dé a luz la que ha de dar a luz; y el resto de sus hermanos se volverá con los hijos de Israel.

* 4 Y él estará, y apacentará con poder de Jehová, con grandeza del nombre de Jehová su Dios; y morarán seguros, porque ahora será engrandecido hasta los fines de la tierra.

5 Y éste será nuestra paz. Cuando el asirio viniere a nuestra tierra, y cuando hollare nuestros palacios, entonces levantaremos contra él siete pastores, y ocho hombres principales;

6 y devastarán la tierra de Asiria a espada, y con sus espadas la tierra de Nimrod;[b] y nos librará del asirio, cuando viniere contra nuestra tierra y hollare nuestros confines.

7 El remanente de Jacob será en medio de muchos pueblos como el rocío de Jehová, como las lluvias sobre la hierba, las cuales no esperan a varón, ni aguardan a hijos de hombres.

8 Asimismo el remanente de Jacob será entre las naciones, en medio de muchos pueblos, como el león entre las bestias de la selva, como el cachorro del león entre las manadas de las ovejas, el cual si pasare, y hollare, y arrebatare, no hay quien escape.

9 Tu mano se alzará sobre tus enemigos, y todos tus adversarios serán destruidos.

10 Acontecerá en aquel día, dice Jehová, que haré matar tus caballos de en medio de ti, y haré destruir tus carros.

11 Haré también destruir las ciudades de tu tierra, y arruinaré todas tus fortalezas.

12 Asimismo destruiré de tu mano las hechicerías, y no se hallarán en ti agoreros.

13 Y haré destruir tus esculturas y tus imágenes de en medio de ti, y nunca más te inclinarás a la obra de tus manos.

14 Arrancaré tus imágenes de Asera de en medio de ti, y destruiré tus ciudades;

15 y con ira y con furor haré venganza en las naciones que no obedecieron.

Controversia de Jehová contra Israel

6 OÍD ahora lo que dice Jehová: Levántate, contiende contra los montes, y oigan los collados tu voz.

2 Oíd, montes, y fuertes cimientos de la tierra, el pleito de Jehová; porque Jehová tiene pleito con su pueblo, y altercará con Israel.

3 Pueblo mío, ¿qué te he hecho, o en qué te he molestado? Responde contra mí.

4 Porque yo te hice subir de la tierra de Egipto,[a] y de la casa de servidumbre te redimí; y envié delante de ti a Moisés, a Aarón[b] y a María.[c]

a. 5.2 Mt 2.6; Jn 7.42. **b. 5.6** Gn 10.8-11. **a. 6.4** Éx 12.50-51. **b. 6.4** Éx 4.10-16. **c. 6.4** Éx 15.20.

LECCIONES DE VIDA

➤ ***4.12 — ellos no conocieron los pensamientos de Jehová, ni entendieron su consejo.***

Aunque las naciones que se juntaron en contra de Judá creyeron que finalmente tenían ventaja sobre ella (Mi 4.11), estaban equivocadas. No se daban cuenta que el Señor había permitido esta conquista con el único fin de llevarla al arrepentimiento y redimirla (Mi 4.10). Sin una rendición total a Dios, una persona no puede entender sus pensamientos ni su consejo. Esto se debe a que «el hombre natural no percibe las cosas que son del Espíritu de Dios, porque para él son locura, y no las puede entender, porque se han de discernir espiritualmente» (1 Co 2.14). Cuando aceptamos a Jesucristo como nuestro Salvador, Dios nos da entendimiento espiritual y la capacidad de conocer su voluntad para nuestras vidas.

➤ ***5.2 — de ti me saldrá el que será Señor en Israel; y sus salidas son desde el principio, desde los días de la eternidad.***

Cuando Jesús dijo a los fariseos «Antes que Abraham fuese, yo soy» (Jn 8.58), simplemente estaba ratificando lo escrito aquí por Miqueas, que el Mesías sería el Dios eterno que vendría encarnado a la tierra.

➤ ***5.3–5 — los dejará hasta el tiempo... y el resto de sus hermanos se volverá con los hijos de Israel. Y él estará, y apacentará con poder de Jehová, con grandeza del nombre de Jehová su Dios... Y éste será nuestra paz.***

Miqueas profetizó con precisión la caída de Samaria la capital de Israel (Mi 1.6; en el año 722 a.C.), de Jerusalén la capital de Judá (Mi 4.10; en el año 586 a.C.), y la dispersión de sus habitantes en las naciones del mundo. Sin embargo, como testificaron también otros profetas, un Gran Pastor se levantaría para reunirlos (Is 11.12; 40.10, 11; Jer 50.4, 5; Ez 34.11–16, 22–31; 37.15–28; Os 1.11). Dios cumplió su promesa de llevarlos de vuelta a la tierra por medio de Ciro el rey de Persia (2 Cr 36.22, 23; Esd 1.1–3). Sin embargo, Él los uniría verdaderamente en paz, espíritu, verdad y salvación por medio de su Hijo, el Señor Jesucristo (Jn 4.1–26). Jesús dijo: «Yo soy el buen pastor; el buen pastor su vida da por las ovejas» (Jn 10.11).

LO QUE LA BIBLIA DICE ACERCA DE
LA VERDADERA RELIGIÓN

Mi 6.8

¿Hemos perdido nuestra capacidad de funcionar en la sociedad de la manera que el Señor dispuso originalmente? Él nos dejó aquí para ser una luz a nuestro mundo. La gente debería ser capaz de mirarnos y ver algo maravillosamente diferente acerca de nosotros. No nuestra manera de vestir ni nuestro peinado, sino ¡*nosotros mismos*! La vida abundante y llena del Espíritu que Dios nos ha dado, debería ser expresada de forma piadosa, obediente y práctica delante de quienes nos rodean. ¿La tiene?

El profeta Miqueas lo puso en estos términos: «Oh hombre, él te ha declarado lo que es bueno, y qué pide Jehová de ti: solamente hacer justicia, y amar misericordia, y humillarte ante tu Dios» (Mi 6.8). Esta no fue una perspectiva exclusiva del Antiguo Testamento. De hecho, el Nuevo Testamento refleja este mismo principio en Santiago 1.27: «La religión pura y sin mácula delante de Dios el Padre es esta: Visitar a los huérfanos y a las viudas en sus tribulaciones, y guardarse sin mancha del mundo».

Esto significa que debería haber algo diferente y piadoso en la manera como hacemos negocios y tratamos a los demás. También deberían verse diferencias claras en la manera como criamos a nuestros hijos. Nuestros matrimonios deberían testificar del amor de Cristo. Las personas fuera de la iglesia deberían sentirse poderosamente atraídas a la unidad y el amor que ven entre los creyentes.

«Oh hombre, él te ha declarado lo que es bueno, y qué pide Jehová de ti: solamente hacer justicia, y amar misericordia, y humillarte ante tu Dios» (Mi 6.8).

¿Estamos guiando a otros al Señor por nuestra vida y nuestro testimonio? ¿Estamos exhibiendo las características de ser llenos del Espíritu que fluyen naturalmente de un creyente verdadero en Jesucristo: «amor, gozo, paz, paciencia, benignidad, bondad, fe, mansedumbre, [y] templanza» (Gá 5.22, 23)? ¿Estamos «poniendo toda diligencia» para añadir a nuestra fe virtud y excelencia moral, conocimiento, disciplina y dominio propio, perseverancia y paciencia, piedad y afecto fraternal en nuestras vidas, a fin de asegurar que seamos fructíferos para el reino de Dios (2 P 1.5–8)? ¿Estamos honrándole expresando amor y cuidado los unos con los otros (Jn 13.35)? De no ser así, necesitamos pedirle a Dios que nos enseñe a vivir de tal modo que nuestras vidas reflejen su amor y su cuidado en cada circunstancia.

No podemos esperar que alguien se acoja a un Salvador del cual no han visto evidencias. Como el cuerpo de Cristo, nosotros somos sus manos y sus pies, sus portavoces, sus representantes, «somos grato olor de Cristo en los que se salvan, y en los que se pierden» (2 Co 2.15). Además, como embajadores de Cristo, Dios nos ha dado la responsabilidad de vivir de tal modo que los demás lo vean en nosotros, por medio de hacer justicia, amar misericordia y andar humildemente con nuestro Dios. Por lo tanto, fíjese la meta de conocerlo mejor y dejarse amar por Él con su amor infinito e incondicional. Cuando permanece en Él, obedeciendo sus mandatos y expresando su carácter, usted hace posible que los demás «vean [sus] buenas obras, y glorifiquen a [su] Padre que está en los cielos» (Mt 5.16).

Para un estudio más a fondo, véase el Índice de Principios de vida:

24. Vivir la vida cristiana es permitir al Señor Jesús vivir su vida en y por medio de nosotros.

5 Pueblo mío, acuérdate ahora qué aconsejó
Balac rey de Moab, y qué le respondió Balaam
hijo de Beor,[d] desde Sitim hasta Gilgal,[e] para
que conozcas las justicias de Jehová.

Lo que pide Jehová

6 ¿Con qué me presentaré ante Jehová, y adoraré al Dios Altísimo? ¿Me presentaré ante él
con holocaustos, con becerros de un año?
7 ¿Se agradará Jehová de millares de carneros, o de diez mil arroyos de aceite? ¿Daré mi
primogénito por mi rebelión, el fruto de mis
entrañas por el pecado de mi alma?
➤ 8 Oh hombre, él te ha declarado lo que es bueno, y qué pide Jehová de ti: solamente hacer
justicia, y amar misericordia, y humillarte
ante tu Dios.
9 La voz de Jehová clama a la ciudad; es sabio
temer a tu nombre. Prestad atención al castigo, y a quien lo establece.
10 ¿Hay aún en casa del impío tesoros de
impiedad, y medida escasa que es detestable?
11 ¿Daré por inocente al que tiene balanza
falsa y bolsa de pesas engañosas?
12 Sus ricos se colmaron de rapiña, y sus
moradores hablaron mentira, y su lengua es
engañosa en su boca.
13 Por eso yo también te hice enflaquecer
hiriéndote, asolándote por tus pecados.
14 Comerás, y no te saciarás, y tu abatimiento estará en medio de ti; recogerás, mas no
salvarás, y lo que salvares, lo entregaré yo a
la espada.
15 Sembrarás, mas no segarás; pisarás aceitunas, mas no te ungirás con el aceite; y mosto,
mas no beberás el vino.
16 Porque los mandamientos de Omri[f] se han
guardado, y toda obra de la casa de Acab;[g] y
en los consejos de ellos anduvisteis, para que
yo te pusiese en asolamiento, y tus moradores para burla. Llevaréis, por tanto, el oprobio
de mi pueblo.

Corrupción moral de Israel

7 ¡AY de mí! porque estoy como cuando han
recogido los frutos del verano, como cuando han rebuscado después de la vendimia, y
no queda racimo para comer; mi alma deseó
los primeros frutos.
2 Faltó el misericordioso de la tierra, y ninguno hay recto entre los hombres; todos acechan por sangre; cada cual arma red a su
hermano.
3 Para completar la maldad con sus manos, el
príncipe demanda, y el juez juzga por recompensa; y el grande habla el antojo de su alma,
y lo confirman.
4 El mejor de ellos es como el espino; el más
recto, como zarzal; el día de tu castigo viene,
el que anunciaron tus atalayas; ahora será su
confusión.
5 No creáis en amigo, ni confiéis en príncipe;
de la que duerme a tu lado cuídate, no abras
tu boca.
6 Porque el hijo deshonra al padre, la hija se
levanta contra la madre, la nuera contra su
suegra, y los enemigos del hombre son los de
su casa.[a]
7 Mas yo a Jehová miraré, esperaré al Dios de ➤
mi salvación; el Dios mío me oirá.

Jehová trae luz y libertad

8 Tú, enemiga mía, no te alegres de mí, porque aunque caí, me levantaré; aunque more ➤
en tinieblas, Jehová será mi luz.
9 La ira de Jehová soportaré, porque pequé
contra él, hasta que juzgue mi causa y haga mi
justicia; él me sacará a luz; veré su justicia.
10 Y mi enemiga lo verá, y la cubrirá vergüenza; la que me decía: ¿Dónde está Jehová tu
Dios? Mis ojos la verán; ahora será hollada
como lodo de las calles.
11 Viene el día en que se edificarán tus muros;
aquel día se extenderán los límites.
12 En ese día vendrán hasta ti desde Asiria y
las ciudades fortificadas, y desde las ciudades
fortificadas hasta el Río, y de mar a mar, y de
monte a monte.

d. 6.5 Nm 22.2—24.25. **e. 6.5** Jos 3.1—4.19.
f. 6.16 1 R 16.23-28. **g. 6.16** 1 R 16.29-34; 21.25-26.
a. 7.6 Mt 10.35-36; Lc 12.53.

LECCIONES DE VIDA

➤ *6.8 — qué pide Jehová de ti: solamente hacer justicia, y amar misericordia, y humillarte ante tu Dios.*

Ser un «buen cristiano» no consiste en el mero cumplimiento de rituales religiosos. Vivir la vida cristiana es permitir al Señor Jesús vivir su vida en y a través de nosotros. Dios quiere que mostremos al mundo lo que Él está haciendo en nuestro interior, lo cual requiere acciones de humildad y misericordia, siguiendo el ejemplo de conducta que Cristo exhibió.

➤ *7.7 — yo a Jehová miraré, esperaré al Dios de mi salvación; el Dios mío me oirá.*

Gústenos o no, esperar en Dios es un aspecto significativo de nuestro andar de fe. Muchos piensan que esperar es una pérdida de tiempo, pero no lo es. Cuando obedecemos el mandato divino de esperar, demostramos fe y confianza verdaderas en su capacidad para hacer realidad todas las cosas en el momento justo.

➤ *7.8 — aunque more en tinieblas, Jehová será mi luz.*

Tanto Israel como Judá pasaron por épocas muy tenebrosas. Sin embargo, la promesa divina de redención fue una luz de esperanza en un tiempo de gran oscuridad. De igual modo, todos nosotros vamos a experimentar dificultades, pero podemos permanecer confiados en medio de ellas porque los momentos sombríos en nuestra vida durarán solo el tiempo necesario para que Dios lleve a cabo su propósito en nosotros.

13 Y será asolada la tierra a causa de sus moradores, por el fruto de sus obras.

Compasión de Jehová por Israel

14 Apacienta tu pueblo con tu cayado, el rebaño de tu heredad, que mora solo en la montaña, en campo fértil; busque pasto en Basán y Galaad, como en el tiempo pasado.
15 Yo les mostraré maravillas como el día que saliste de Egipto.
16 Las naciones verán, y se avergonzarán de todo su poderío; pondrán la mano sobre su boca, ensordecerán sus oídos.
17 Lamerán el polvo como la culebra; como las serpientes de la tierra, temblarán en sus encierros; se volverán amedrentados ante Jehová nuestro Dios, y temerán a causa de ti.
18 ¿Qué Dios como tú, que perdona la maldad, y olvida el pecado del remanente de su heredad? No retuvo para siempre su enojo, porque se deleita en misericordia.
19 Él volverá a tener misericordia de nosotros; sepultará nuestras iniquidades, y echará en lo profundo del mar todos nuestros pecados.
20 Cumplirás la verdad a Jacob, y a Abraham la misericordia, que juraste a nuestros padres desde tiempos antiguos.

LECCIONES DE VIDA

➤ ***7.18 — ¿Qué Dios como tú, que perdona la maldad, y olvida el pecado del remanente de su heredad?***

Dios nunca estuvo bajo obligación alguna de perdonar nuestros pecados o remitir nuestra iniquidad. Ninguno de nosotros merece su misericordia. Pero Él nos ama, y por eso envió a su Hijo a morir por nuestros pecados. En verdad, ¿quién es como nuestro Dios?

➤ ***7.19 — echará en lo profundo del mar todos nuestros pecados.***

Cuando Dios nos perdona en Cristo, no da la espalda a nuestros pecados ni se esfuerza en pasarlos por alto. Él hace algo totalmente radical y definitivo, quitándolos de nosotros de una sola vez y por todas, para siempre (Sal 103.12; Is 43.25; He 8.12; 9.26; 10.17).

EL LIBRO DE

NAHUM

Jesús declaró: «a todo aquel a quien se haya dado mucho, mucho se le demandará» (Lc 12.48). Sus palabras son ilustradas vívidamente por la antigua Nínive, la afamada capital de Asiria.

Aquella inmensa ciudad gentil había tenido el privilegio de conocer al único Dios verdadero. Como resultado de la predicación de Jonás, los habitantes de la metrópolis se arrepintieron y Dios en su gracia se abstuvo de juzgarlos como lo había advertido.

Sin embargo, cien años después, Nahum proclama la caída de la misma ciudad. Los asirios olvidaron el avivamiento que les salvó la vida y recayeron en sus hábitos de violencia, idolatría y arrogancia. Como resultado, los babilonios destruirían en tal medida la ciudad, que no quedaría rastro alguno. Esta profecía se cumplió en todos sus detalles dolorosos. De hecho, hasta tiempos modernos, la ubicación exacta de Nínive (cerca de la ciudad actual de Mosul en Irak) había caído en el olvido.

La palabra hebrea *najúm* («consuelo», «consolación») es una forma abreviada de Nehemías («consuelo de Jehová»). La destrucción de la ciudad capital de Asiria trajo consuelo y consolación a Judá y a todos los que vivían atemorizados ante la crueldad de los asirios.

Tema: Dios juzga la desobediencia, pero muestra misericordia al que se arrepiente. Nahum se puede considerar como la continuación del libro de Jonás.

Autor: Nahum.

Fecha: Escrito entre 663 y 612 a.C., antes de la caída de Nínive (612 a.C.).

Estructura: El libro de Nahum puede dividirse sencillamente en tres partes. En el primer capítulo Nahum describe al Señor como el juez de Nínive (1.1–15). En el segundo capítulo proclama el juicio de Nínive (2.1–13). En el tercer capítulo profetiza la ruina completa de Nínive (3.1–19).

A medida que lea Nahum, fíjese en los principios de vida que juegan un papel importante en este libro:

1. Nuestra intimidad con Dios, que es su prioridad para nosotros, determina el impacto que causen nuestras vidas. *Véase Nahum 1.2; página 1016.*

21. La obediencia siempre trae bendición consigo. *Véase Nahum 2.13; página 1016.*

1 PROFECÍA sobre Nínive.[a] Libro de la
visión de Nahum de Elcos.
➢ 2 Jehová es Dios celoso y vengador; Jehová
es vengador y lleno de indignación; se venga
de sus adversarios, y guarda enojo para sus
enemigos.
* 3 Jehová es tardo para la ira y grande en
poder, y no tendrá por inocente al culpable.
Jehová marcha en la tempestad y el torbellino,
y las nubes son el polvo de sus pies.
4 Él amenaza al mar, y lo hace secar, y agosta
todos los ríos; Basán fue destruido, y el Carmelo, y la flor del Líbano fue destruida.
5 Los montes tiemblan delante de él, y los
collados se derriten; la tierra se conmueve a
su presencia, y el mundo, y todos los que en
él habitan.
6 ¿Quién permanecerá delante de su ira? ¿y
quién quedará en pie en el ardor de su enojo? Su ira se derrama como fuego, y por él se
hienden las peñas.
* 7 Jehová es bueno, fortaleza en el día de la
angustia; y conoce a los que en él confían.
8 Mas con inundación impetuosa consumirá a
sus adversarios, y tinieblas perseguirán a sus
enemigos.
➢ 9 ¿Qué pensáis contra Jehová? Él hará consumación; no tomará venganza dos veces de
sus enemigos.
10 Aunque sean como espinos entretejidos,
y estén empapados en su embriaguez, serán
consumidos como hojarasca completamente seca.
11 De ti salió el que imaginó mal contra Jehová, un consejero perverso.
12 Así ha dicho Jehová: Aunque reposo tengan, y sean tantos, aun así serán talados, y
él pasará. Bastante te he afligido; no te afligiré ya más.
13 Porque ahora quebraré su yugo de sobre ti,
y romperé tus coyundas.
14 Mas acerca de ti mandará Jehová, que no
quede ni memoria de tu nombre; de la casa de
tu dios destruiré escultura y estatua de fundición; allí pondré tu sepulcro, porque fuiste vil.

Anuncio de la caída de Nínive
15 He aquí sobre los montes los pies del que
trae buenas nuevas, del que anuncia la paz.[b]
Celebra, oh Judá, tus fiestas, cumple tus votos;
porque nunca más volverá a pasar por ti el
malvado; pereció del todo.

2 SUBIÓ destruidor contra ti; guarda la fortaleza, vigila el camino, cíñete los lomos,
refuerza mucho tu poder.
2 Porque Jehová restaurará la gloria de Jacob
como la gloria de Israel; porque saqueadores
los saquearon, y estropearon sus mugrones.
3 El escudo de sus valientes estará enrojecido,
los varones de su ejército vestidos de grana; el
carro como fuego de antorchas; el día que se
prepare, temblarán las hayas.
4 Los carros se precipitarán a las plazas, con
estruendo rodarán por las calles; su aspecto será como antorchas encendidas, correrán
como relámpagos.
5 Se acordará él de sus valientes; se atropella-
rán en su marcha; se apresurarán a su muro,
y la defensa se preparará.
6 Las puertas de los ríos se abrirán, y el palacio será destruido.
7 Y la reina será cautiva; mandarán que suba,
y sus criadas la llevarán gimiendo como palomas, golpeándose sus pechos.
8 Fue Nínive de tiempo antiguo como estanque de aguas; pero ellos huyen. Dicen: ¡Deteneos, deteneos!; pero ninguno mira.
9 Saquead plata, saquead oro; no hay fin de
las riquezas y suntuosidad de toda clase de
efectos codiciables.
10 Vacía, agotada y desolada está, y el corazón
desfallecido; temblor de rodillas, dolor en las
entrañas, rostros demudados.
11 ¿Qué es de la guarida de los leones, y de la
majada de los cachorros de los leones, donde
se recogía el león y la leona, y los cachorros
del león, y no había quien los espantase?
12 El león arrebataba en abundancia para sus
cachorros, y ahogaba para sus leonas, y llenaba de presa sus cavernas, y de robo sus
guaridas.

a. 1.1—3.19 Is 10.5-34; 14.24-27; Sof 2.13-15. **b. 1.15** Is 52.7.

LECCIONES DE VIDA

➢ ***1.2 — Jehová es Dios celoso y vengador.***

Dios no compartirá nuestra devoción con nadie más. De hecho, nos dice que su «nombre es Celoso» (Éx 34.14). Esto se debe a que su prioridad máxima para nuestras vidas es que tengamos una relación íntima con Él. En advertencia contra lealtades dobles en nosotros, el Nuevo Testamento nos hace cuestionarnos: «¿provocaremos a celos al Señor?» (1 Co 10.22). ¡Más nos vale no hacerlo!

➢ ***1.9 — ¿Qué pensáis contra Jehová? Él hará consumación.***

La desobediencia y el pecado carecen por completo de sentido. Nadie jamás tendrá éxito en desafiar al Señor. De hecho, vendrá un día cuando «se doblará toda rodilla, y toda lengua confesará a Dios» y «cada uno de nosotros dará a Dios cuenta de sí» (Ro 14.11, 12). Así que, ¿por qué no elegir la obediencia y la bendición?

➢ ***2.13 — Heme aquí contra ti, dice Jehová de los ejércitos.***

Usted jamás quiere que Dios le diga «estoy contra ti». Aquello a lo que Dios se opone termina en miseria y destrucción; lo que Él apoya termina en gozo y victoria. Recuerde que la obediencia siempre trae bendición consigo.

Destrucción total de Nínive

13 Heme aquí contra ti, dice Jehová de los ejércitos. Encenderé y reduciré a humo tus carros, y espada devorará tus leoncillos; y cortaré de la tierra tu robo, y nunca más se oirá la voz de tus mensajeros.

3 ¡AY de ti, ciudad sanguinaria, toda llena de mentira y de rapiña, sin apartarte del pillaje!
2 Chasquido de látigo, y fragor de ruedas, caballo atropellador, y carro que salta;
3 jinete enhiesto, y resplandor de espada, y resplandor de lanza; y multitud de muertos, y multitud de cadáveres; cadáveres sin fin, y en sus cadáveres tropezarán,
4 a causa de la multitud de las fornicaciones de la ramera de hermosa gracia, maestra en hechizos, que seduce a las naciones con sus fornicaciones, y a los pueblos con sus hechizos.
5 Heme aquí contra ti, dice Jehová de los ejércitos, y descubriré tus faldas en tu rostro, y mostraré a las naciones tu desnudez, y a los reinos tu vergüenza.
6 Y echaré sobre ti inmundicias, y te afrentaré, y te pondré como estiércol.
7 Todos los que te vieren se apartarán de ti, y dirán: Nínive es asolada; ¿quién se compadecerá de ella? ¿Dónde te buscaré consoladores?
8 ¿Eres tú mejor que Tebas, que estaba asentada junto al Nilo, rodeada de aguas, cuyo baluarte era el mar, y aguas por muro?
9 Etiopía era su fortaleza, también Egipto, y eso sin límite; Fut y Libia fueron sus ayudadores.
10 Sin embargo ella fue llevada en cautiverio; también sus pequeños fueron estrellados en las encrucijadas de todas las calles, y sobre sus varones echaron suertes, y todos sus grandes fueron aprisionados con grillos.
11 Tú también serás embriagada, y serás encerrada; tú también buscarás refugio a causa del enemigo.
12 Todas tus fortalezas serán cual higueras con brevas, que si las sacuden, caen en la boca del que las ha de comer.
13 He aquí, tu pueblo será como mujeres en medio de ti; las puertas de tu tierra se abrirán de par en par a tus enemigos; fuego consumirá tus cerrojos.
14 Provéete de agua para el asedio, refuerza tus fortalezas; entra en el lodo, pisa el barro, refuerza el horno.
15 Allí te consumirá el fuego, te talará la espada, te devorará como pulgón; multiplícate como langosta, multiplícate como el langostón.
16 Multiplicaste tus mercaderes más que las estrellas del cielo; la langosta hizo presa, y voló.
17 Tus príncipes serán como langostas, y tus grandes como nubes de langostas que se sientan en vallados en día de frío; salido el sol se van, y no se conoce el lugar donde están.
18 Durmieron tus pastores, oh rey de Asiria, reposaron tus valientes; tu pueblo se derramó por los montes, y no hay quien lo junte.
19 No hay medicina para tu quebradura; tu herida es incurable; todos los que oigan tu fama batirán las manos sobre ti, porque ¿sobre quién no pasó continuamente tu maldad?

LECCIONES DE VIDA

➤ *3.14 — Provéete de agua para el asedio, refuerza tus fortalezas; entra en el lodo, pisa el barro, refuerza el horno.*

Estos eran los preparativos militares usuales antes de una puesta de sitio. No obstante, sin importar cuánto se esforzaran los asirios por impedir el juicio de Dios, no podían evadirlo por sus propios medios (Nah 3.15). Sólo la misericordia del Señor podía apartarlo de ellos, pero rehusaron arrepentirse y buscarlo (Sal 20.7, 8).

➤ *3.19 — No hay medicina para tu quebradura; tu herida es incurable.*

Quienes rehúsan acudir a Dios para su sanidad espiritual jamás serán curados (Jn 3.17, 18). Fuimos hechos para tener intimidad con Dios, y buscar aparte de Él una cura para nuestras heridas espirituales, es buscar en vano.

EL LIBRO DE

HABACUC

Habacuc ministró durante los últimos días antes que la nación de Judá fuese conquistada por los babilonios. Aunque Dios había llamado reiteradamente a la nación al arrepentimiento, Judá rehusó tercamente cambiar su conducta pecaminosa.

El profeta, conociendo la dureza de corazón de sus compatriotas, preguntó a Dios cuánto tiempo más podría continuar esa condición tan intolerable. La respuesta del Señor no era lo que el profeta quería oír. Le contestó que usaría la fuerza brutal de los babilonios como su vara de castigo sobre la nación rebelde, un anuncio que puso de rodillas al profeta. ¿Cómo podía Dios usar una nación más malvada que Judá para castigarlos? Dios contestó que, en su tiempo, Él también castigaría a los babilonios.

Habacuc no entendió por completo el plan de Dios, pero reconoció que los justos en cualquier generación deben vivir por fe (Hab 2.4). Por eso decidió dejar la situación en las manos santas de Dios. Habacuc concluyó su libro alabando la sabiduría de Dios, aunque no logró comprender plenamente los caminos misteriosos de Dios.

Habaqquq o *Javaqúq* es un nombre hebreo inusual. Se deriva del verbo *habaq*, «abrazar». Es probable que su nombre signifique «uno que es abrazado», «el que abraza o se aferra». Al final del libro su nombre se torna bastante apropiado pues Habacuc optó por aferrarse firmemente a Dios, sin importar qué les sucediera a él o a su nación (Hab 3.17–19).

Tema: Dios gobierna sobre toda la tierra y usa a quien Él elija para sus propósitos. Debemos confiar en Dios, aún cuando no entendamos su voluntad.

Autor: Habacuc.

Fecha: Incierta. Muchos eruditos ubican su ministerio al final del reinado de Josías (640–609 a.C.), pero algunos creen que profetizó durante el reinado de su sucesor, Joacim (609–598 a.C.).

Estructura: Los primeros dos capítulos de Habacuc contienen una conversación entre Dios y el profeta acerca del mal y el juicio (1.1—2.20). El tercer y último capítulo es un salmo de oración y alabanza por la soberanía y la providencia de Dios (3.1–19).

A medida que lea Habacuc, fíjese en los principios de vida que juegan un papel importante en este libro:

5. Dios no nos demanda que entendamos su voluntad, sino que la obedezcamos aunque nos parezca poco razonable. *Véase Habacuc 1.12—2.1; página 1019.*

20. Las decepciones son inevitables; el desánimo es por elección nuestra. *Véase Habacuc 3.17–19; página 1024.*

9. Confiar en Dios quiere decir ver más allá de lo que podemos, hacia lo que Dios ve. *Véase Habacuc 3.18; página 1024.*

Habacuc se queja de injustica

1 LA profecía que vio el profeta Habacuc.
2 ¿Hasta cuándo, oh Jehová, clamaré, y no
oirás; y daré voces a ti a causa de la violencia,
y no salvarás?
3 ¿Por qué me haces ver iniquidad, y haces
que vea molestia? Destrucción y violencia
están delante de mí, y pleito y contienda se
levantan.
4 Por lo cual la ley es debilitada, y el juicio no
sale según la verdad; por cuanto el impío asedia al justo, por eso sale torcida la justicia.

Los caldeos castigarán a Judá

5 Mirad entre las naciones, y ved, y asombraos; porque haré una obra en vuestros
días, que aun cuando se os contare, no la
creeréis.[a]
6 Porque he aquí, yo levanto a los caldeos,[b]
nación cruel y presurosa, que camina por la
anchura de la tierra para poseer las moradas ajenas.
7 Formidable es y terrible; de ella misma procede su justicia y su dignidad.
8 Sus caballos serán más ligeros que leopardos, y más feroces que lobos nocturnos, y sus
jinetes se multiplicarán; vendrán de lejos sus
jinetes, y volarán como águilas que se apresuran a devorar.
9 Toda ella vendrá a la presa; el terror va
delante de ella, y recogerá cautivos como
arena.
10 Escarnecerá a los reyes, y de los príncipes
hará burla; se reirá de toda fortaleza, y levantará terraplén y la tomará.
11 Luego pasará como el huracán, y ofenderá
atribuyendo su fuerza a su dios.

Protesta de Habacuc

12 ¿No eres tú desde el principio, oh Jehová,
Dios mío, Santo mío? No moriremos. Oh Jehová, para juicio lo pusiste; y tú, oh Roca, lo fundaste para castigar.
13 Muy limpio eres de ojos para ver el mal,
ni puedes ver el agravio; ¿por qué ves a los
menospreciadores, y callas cuando destruye
el impío al más justo que él,
14 y haces que sean los hombres como los
peces del mar, como reptiles que no tienen
quien los gobierne?
15 Sacará a todos con anzuelo, los recogerá
con su red, y los juntará en sus mallas; por lo
cual se alegrará y se regocijará.
16 Por esto hará sacrificios a su red, y ofrecerá sahumerios a sus mallas; porque con ellas
engordó su porción, y engrasó su comida.
17 ¿Vaciará por eso su red, y no tendrá piedad
de aniquilar naciones continuamente?

Jehová responde a Habacuc

2 SOBRE mi guarda estaré, y sobre la fortaleza afirmaré el pie, y velaré para ver lo
que se me dirá, y qué he de responder tocante
a mi queja.
2 Y Jehová me respondió, y dijo: Escribe la
visión, y declárala en tablas, para que corra el
que leyere en ella.
3 Aunque la visión tardará aún por un tiempo, mas se apresura hacia el fin, y no mentirá; aunque tardare, espéralo, porque sin duda
vendrá, no tardará.[a]
4 He aquí que aquel cuya alma no es recta, se
enorgullece; mas el justo por su fe vivirá.[b]

a. 1.5 Hch 13.41. **b. 1.6** 2 R 24.2. **a. 2.3** He 10.37.
b. 2.4 Ro 1.17; Gá 3.11; He 10.38.

LECCIONES DE VIDA

➤ *1.3 — ¿Por qué me haces ver iniquidad, y haces que vea molestia?*

Si nos enfocamos en el pecado y en los problemas que nos rodean, en poco tiempo estaremos desanimados, confundidos y angustiados. Nos preguntaremos como Habacuc: *¿Por qué Dios no hace algo al respecto?* En tales situaciones, Dios quiere que pongamos nuestra mirada en Él y que hagamos todo lo que nos diga para tratar el mal.

➤ *1.13 — ¿por qué ves a los menospreciadores, y callas cuando destruye el impío al más justo que él?*

Habacuc estaba confundido en cuanto a la razón por la que Dios enviaría a la nación pagana de Babilonia (conocida también como los caldeos) para juzgar a su pueblo. ¿Dónde estaba la justicia en tal solución? ¿Acaso los babilonios no merecían más la ira del Señor que el pueblo de Judá? Sin embargo, Dios le aseguró al profeta que también tenía otro plan para tratar a los invasores (Hab 2); tal como lo prometió, ellos fueron conquistados por los persas (2 Cr 36.20; Dn 5.25–31; en el año 539 a.C.). Podríamos preferir un mundo donde Dios al instante juzga cada mal perpetrado, pero ese no es el mundo que tenemos (¡y ninguno de nosotros sobreviviría mucho tiempo en él!). En su tiempo, el Señor ciertamente juzgará el mal y recompensará el bien.

➤ *2.2 — Escribe la visión, y declárala en tablas, para que corra el que leyere en ella.*

Dios dijo a Jeremías: «Escríbete en un libro todas las palabras que te he hablado» (Jer 30.2). También instruyó a los reyes de Israel que hicieran copias de su Palabra (Dt 17.18). ¿Por qué? Por una sencilla razón: retenemos mejor en la memoria aquello que escribimos. Además, todos los libros de la Biblia constituyen una prueba ineludible que Dios siempre hace exactamente lo que dice.

➤ *2.4 — He aquí que aquel cuya alma no es recta, se enorgullece; mas el justo por su fe vivirá.*

¿Por qué Dios establece un contraste entre el orgullo y la fe? Porque nuestro orgullo se deriva de creer que sabemos más que Dios, mientras que la fe nos permite entender que dependemos completamente de Él (Sal 75.5–7; He 11.1, 6). Los babilonios atribuyeron «su fuerza a su dios» (Hab 1.11), y en últimas también caerían. En cambio, si el pueblo de Judá se arrepentía y buscaba a Dios, sobreviviría. La historia muestra que Judá no solamente perseveró, sino que el Señor usó a Persia para llevarlos de regreso a la tierra prometida (2 Cr 36.22, 23; Esd 1.1–3). Asimismo, Persia fue la nación que Dios usó para juzgar a los babilonios (2 Cr 36.20; Dn 5.25–31).

5 Y también, el que es dado al vino es traicio-
nero, hombre soberbio, que no permanecerá;
ensanchó como el Seol su alma, y es como la
muerte, que no se saciará; antes reunió para
sí todas las gentes, y juntó para sí todos los
pueblos.

Ayes contra los injustos

6 ¿No han de levantar todos éstos refrán
sobre él, y sarcasmos contra él? Dirán: ¡Ay
del que multiplicó lo que no era suyo! ¿Hasta cuándo había de acumular sobre sí prenda tras prenda?
7 ¿No se levantarán de repente tus deudores,
y se despertarán los que te harán temblar, y
serás despojo para ellos?
8 Por cuanto tú has despojado a muchas
naciones, todos los otros pueblos te despojarán, a causa de la sangre de los hombres, y
de los robos de la tierra, de las ciudades y de
todos los que habitan en ellas.
9 ¡Ay del que codicia injusta ganancia para su
casa, para poner en alto su nido, para escaparse del poder del mal!
10 Tomaste consejo vergonzoso para tu casa,
asolaste muchos pueblos, y has pecado contra tu vida.
11 Porque la piedra clamará desde el muro, y
la tabla del enmaderado le responderá.
12 ¡Ay del que edifica la ciudad con sangre, y
del que funda una ciudad con iniquidad!
13 ¿No es esto de Jehová de los ejércitos? Los
pueblos, pues, trabajarán para el fuego, y las
naciones se fatigarán en vano.
* 14 Porque la tierra será llena del conocimiento de la gloria de Jehová, como las aguas
cubren el mar.[c]
15 ¡Ay del que da de beber a su prójimo! ¡Ay
de ti, que le acercas tu hiel, y le embriagas
para mirar su desnudez!
16 Te has llenado de deshonra más que de
honra; bebe tú también, y serás descubierto;
el cáliz de la mano derecha de Jehová vendrá
hasta ti, y vómito de afrenta sobre tu gloria.
17 Porque la rapiña del Líbano caerá sobre ti,
y la destrucción de las fieras te quebrantará, a
causa de la sangre de los hombres, y del robo
de la tierra, de las ciudades y de todos los que
en ellas habitaban.
18 ¿De qué sirve la escultura que esculpió
el que la hizo? ¿la estatua de fundición que
enseña mentira, para que haciendo imágenes
mudas confíe el hacedor en su obra?
19 ¡Ay del que dice al palo: Despiértate; y a la
piedra muda: Levántate! ¿Podrá él enseñar?
He aquí está cubierto de oro y plata, y no hay
espíritu dentro de él.
20 Mas Jehová está en su santo templo; calle
delante de él toda la tierra.

Oración de Habacuc

3 ORACIÓN del profeta Habacuc, sobre
Sigionot.
➢2 Oh Jehová, he oído tu palabra, y temí.

Ejemplos de vida

HABACUC

Confiar en Dios en las tinieblas

HAB 3.17–19

Confiamos que Dios cumplirá lo que nos promete en su Palabra. Pero la batalla real de la fe viene cuando Dios responde de una manera que no esperamos o que percibimos como negativa. ¿Qué debemos hacer cuando no entendemos el plan de Dios o su cumplimiento implique nuestro sufrimiento? ¿Seguiremos confiando en Él a pesar de la decepción? O ¿nos apartaremos del Señor, desalentados?

El profeta Habacuc tuvo que tomar esa decisión. Clamó al Señor para que juzgara la maldad de Judá (Hab 1.1–4) y se horrorizó al enterarse que Dios lo haría mediante la «nación cruel y presurosa» de los babilonios (conocidos también como los caldeos; Hab 1.6). Habacuc clamó: «Oh Jehová, para juicio lo pusiste… ¿por qué ves a los menospreciadores, y callas cuando destruye el impío al más justo que él?» (Hab 1.12, 13). El profeta no podía entender por qué Dios eligió obrar como lo hizo, pero también demostró la esencia verdadera de la fe: Habacuc siguió confiando en la sabiduría y la fidelidad del Señor, sin importar qué sucediera o qué decidiera hacer.

En tiempos difíciles, la fe se vuelve una cuestión de lealtad devota al Señor Jesucristo. ¿Tenemos confianza en Él sin importar las circunstancias? ¿Nos aferramos a Dios y su Palabra, aún cuando significa que debamos sufrir penalidad? ¿Podemos decir, junto con Habacuc, que así todos nuestros recursos y nuestras reservas se agoten, «con todo, yo me alegraré en Jehová» (Hab 3.18)?

Para un estudio más a fondo, véase el Índice de Principios de vida:

9. *Confiar en Dios quiere decir ver más allá de lo que podemos, hacia lo que Dios ve.*
3. *La Palabra de Dios es ancla inconmovible en las tormentas.*

Oh Jehová, aviva tu obra en medio de
los tiempos,
En medio de los tiempos hazla conocer;
En la ira acuérdate de la misericordia.
3 Dios vendrá de Temán,

c. **2.14** Is 11.9.

RESPUESTAS A PREGUNTAS DE LA VIDA

¿Qué puedo hacer si mis sentimientos pasan del desánimo a la desesperanza?

HAB 3.17–19

Si se siente desesperanzado, indefenso, débil e incapaz de lidiar con la gente o los problemas, si se encuentra al borde del agotamiento total, anímese con la emotiva conclusión de Habacuc a su corto libro.

Sabiendo que un ejército atroz de babilonios arrasaría en breve su nación, Habacuc estaba descorazonado. De seguro, la destrucción inminente sería absolutamente insoportable. Sin embargo, en medio de aquella situación tan deplorable, Habacuc puso por escrito una respuesta admirable: «Con todo, yo me alegraré en Jehová, y me gozaré en el Dios de mi salvación. Jehová el Señor es mi fortaleza, el cual hace mis pies como de ciervas, y en mis alturas me hace andar» (Hab 3.18, 19). Así todas las cosechas se perdieran, todo el ganado pereciera y todo aquello de lo cual dependía fuera arruinado, Habacuc seguiría confiando en el Señor (Hab 3.17).

¿Dónde halló esperanza el profeta, ante una calamidad tan terrible? Por un lado, es evidente que había sido fortalecido por la Palabra de Dios. Su expresión de fe hace eco de las palabras dichas por David siglos atrás: «Jehová, roca mía y castillo mío, y mi libertador; Dios mío, fortaleza mía, en él confiaré; mi escudo, y la fuerza de mi salvación, mi alto refugio. Invocaré a Jehová, quien es digno de ser alabado, y seré salvo de mis enemigos» (Sal 18.2, 3).

Además, Habacuc había pasado bastante tiempo a solas con el Señor. De hecho, el libro que lleva su nombre es un registro de su conversación extensa con Dios acerca de sus caminos y sus planes. Aunque Habacuc no entendió, ni le fue particularmente de su agrado lo que Dios dijo, reconoció que sus caminos son lo mejor. El profeta confió en el Señor con respecto al futuro de Israel y su propia vida. A pesar de las circunstancias, el profeta sabía que el Señor estaba obrando y que algún bien sacaría de aquellas circunstancias horrendas. Esa es la promesa de Dios para nosotros. Él siempre obra en nuestras vidas para que hasta las situaciones más difíciles ayuden a bien (Ro 8.28).

Cuando el panorama se vea funesto, Cristo es su fortaleza. Cuando sus circunstancias se sientan caóticas, Cristo es su estabilidad. Cuando el futuro parezca fatídico, Cristo sigue siendo su esperanza. La fortaleza de Cristo es inagotable e inmensurable, y es suya si se dispone a recibirla.

Dios se deleita en dar fuerzas al fatigado y multiplicar el vigor de los desfallecidos (Is 40.29–31). Sus reservas de energía emocional y física pueden estar casi agotadas, pero la provisión divina de fortaleza espiritual nunca se extingue. Acuda a Él y reciba de su Palabra fuerzas para seguir, Él proveerá el poder que usted necesita para recorrer el terreno escabroso que tiene por delante. Esa es su promesa, y Dios siempre las cumple.

Para un estudio más a fondo, véase el Índice de Principios de vida:

2. *Obedezcamos a Dios y dejemos las consecuencias en sus manos.*
29. *Aprendemos más en nuestras experiencias por el valle de lágrimas que en las de la cumbre del éxito.*

Y el Santo desde el monte de Parán.
Selah
Su gloria cubrió los cielos,
Y la tierra se llenó de su alabanza.
4 Y el resplandor fue como la luz;
Rayos brillantes salían de su mano,
Y allí estaba escondido su poder.
5 Delante de su rostro iba mortandad,
Y a sus pies salían carbones encendidos.
6 Se levantó, y midió la tierra;
Miró, e hizo temblar las gentes;
Los montes antiguos fueron desmenuzados,
Los collados antiguos se humillaron.
Sus caminos son eternos.
7 He visto las tiendas de Cusán en aflicción;
Las tiendas de la tierra de Madián temblaron.
8 ¿Te airaste, oh Jehová, contra los ríos?
¿Contra los ríos te airaste?
¿Fue tu ira contra el mar
Cuando montaste en tus caballos,
Y en tus carros de victoria?

PRINCIPIO DE VIDA 20

LAS DECEPCIONES SON INEVITABLES; EL DESÁNIMO ES POR ELECCIÓN NUESTRA.

HAB 3.17–19

Toda persona ha conocido la tristeza que se siente cuando la vida se mueve en una dirección no anticipada ni deseada. La desilusión puede venir como resultado de circunstancias negativas, un cambio súbito de planes o un asunto personal que le tiene frustrado. Si alguien cercano a usted se comporta de una manera que le decepciona, tal vez experimente una sensación profunda de pérdida. Por ejemplo, si alguien se ha propuesto arruinar sus planes, usted puede sentirse tentado a denigrar a la persona. No obstante, sin importar qué haya causado su decepción, le parecerá que su sueño anhelado quedó vuelto trizas. Tal vez no sepa cómo reaccionar, pues le resulta difícil procesar todas sus emociones.

Puede ser que esto mismo le sucedió a José, el carpintero nazareno que se había comprometido para casarse con la joven piadosa llamada María. Como cualquier hombre judío, él anticipaba el día en que tomaría su esposa y empezaría su propia familia.

Entonces recibió la noticia.

Imagine las emociones en el corazón de José al oír que María estaba encinta. Fue un golpe devastador para sus esperanzas y sus planes, puesto que la ley era muy clara: «si hubiere una muchacha virgen desposada con alguno, y alguno la hallare en la ciudad, y se acostare con ella; entonces los sacaréis a ambos a la puerta de la ciudad, y los apedrearéis, y morirán; la joven porque no dio voces en la ciudad, y el hombre porque humilló a la mujer de su prójimo; así quitarás el mal de en medio de ti» (Dt 22.23, 24). No sólo se quedaría sin novia, sino que su prometida sería sometida a muerte. La desilusión tuvo que haber sido sobrecogedora.

Mateo 1.19 nos muestra que José consideró un plan de acción distinto, quizás en un intento por atenuar en alguna medida aquella situación tan penosa: «José su marido, como era justo, y no quería infamarla, quiso dejarla secretamente».

Sin embargo, como sabemos, María no había violado la ley en absoluto. De hecho, Dios tenía planes muy especiales con aquel embarazo (Is 7.14; Mt 1.18; Lc 1.26–38). El ángel del Señor le dijo a

Dios tiene un plan único para su vida.

María: «concebirás en tu vientre, y darás a luz un hijo, y llamarás su nombre JESÚS. Este será grande, y será llamado Hijo del Altísimo» (Lc 1.31, 32).

El Señor envió a un ángel para confirmarle su plan extraordinario a José. Le dijo: «José, hijo de David, no temas recibir a María tu mujer, porque lo que en ella es engendrado, del Espíritu Santo es. Y dará a luz un hijo, y llamarás su nombre JESÚS, porque él salvará a su pueblo de sus pecados» (Mt 1.20, 21). José no se desanimó a pesar de su desencanto inicial, sino que aceptó la voluntad de Dios, obedeció al Señor y recibió a María para que viviera con él, siendo todavía una virgen, hasta el nacimiento de Jesús (Mt 1.24, 25).

De igual modo, Dios tiene un plan único para su vida, un plan que no cambia por circunstancias inesperadas. Cuando enfronte una situación que no esté en línea con su propio entendimiento de cómo es que Dios quiere que su vida proceda, usted debe detenerse y mirarlo a Él para recibir dirección. Algunas veces Él permite que ocurran decepciones para que usted aprenda a apoyarse más en Él, a andar por fe y no por vista. Pero nunca olvide esto: mientras que las decepciones son inevitables, el desánimo es por elección nuestra. No debería permitir que las dificultades que surjan le roben su entusiasmo o su confianza en Él.

En las desilusiones diarias que amenazan agotar sus recursos emocionales y desviar su atención del Señor, usted tiene esperanza verdadera y una alternativa real de gozo y vida abundante en Cristo. Las circunstancias no le controlan, sino Jesús. Usted jamás tiene que ser la víctima de sus sentimientos. Puede optar por mirar a Dios, escuchar, aprender y seguir adelante. Al hacer esto, las tristezas y las heridas de su corazón, así como las cicatrices de las viejas desilusiones, se disiparán en el amor restaurador de Dios.

Dios sí tiene bendiciones para usted, más de las que pueda imaginar. Suéltese de las desilusiones y el miedo, y sujétese de la esperanza y la confianza en el Señor una vez más. Dios tiene su futuro en sus manos, y usted jamás saldrá perdiendo si vive esperando en lo que Él ya le ha reservado.

Dios tiene su futuro en sus manos.

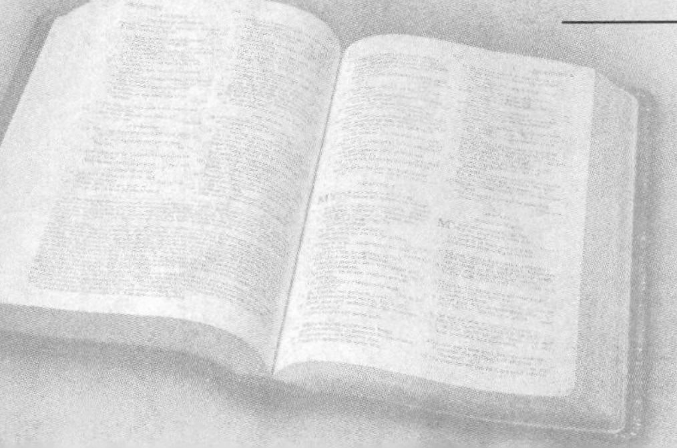

Para un estudio más a fondo, véase el Índice de Principios de vida.

9 Se descubrió enteramente tu arco;
Los juramentos a las tribus fueron palabra segura.
Selah
Hendiste la tierra con ríos.
10 Te vieron y tuvieron temor los montes;
Pasó la inundación de las aguas;
El abismo dio su voz,
A lo alto alzó sus manos.
11 El sol y la luna se pararon en su lugar;
A la luz de tus saetas anduvieron,
Y al resplandor de tu fulgente lanza.
12 Con ira hollaste la tierra,
Con furor trillaste las naciones.
13 Saliste para socorrer a tu pueblo,
Para socorrer a tu ungido.
Traspasaste la cabeza de la casa del impío,
Descubriendo el cimiento hasta la roca.
Selah
14 Horadaste con sus propios dardos las cabezas de sus guerreros,
Que como tempestad acometieron para dispersarme,
Cuyo regocijo era como para devorar al pobre encubiertamente.
15 Caminaste en el mar con tus caballos,
Sobre la mole de las grandes aguas.
16 Oí, y se conmovieron mis entrañas;
A la voz temblaron mis labios;
Pudrición entró en mis huesos, y dentro de mí me estremecí;
Si bien estaré quieto en el día de la angustia,
Cuando suba al pueblo el que lo invadirá con sus tropas.
17 Aunque la higuera no florezca,
Ni en las vides haya frutos,
Aunque falte el producto del olivo,
Y los labrados no den mantenimiento,
Y las ovejas sean quitadas de la majada,
Y no haya vacas en los corrales;
18 Con todo, yo me alegraré en Jehová, ≺
Y me gozaré en el Dios de mi salvación.
19 Jehová el Señor es mi fortaleza, *
El cual hace mis pies como de ciervas,[a]
Y en mis alturas me hace andar.

a. 3.19 2 S 22.34; Sal 18.33.

LECCIONES DE VIDA

➤ ***3.2 — En la ira acuérdate de la misericordia.***

El salmista preguntó: «JAH, si mirares a los pecados, ¿quién, oh Señor, podrá mantenerse?» (Sal 130.3). La respuesta, por supuesto, es «nadie». Incluso cuando Dios debe actuar para juzgar el pecado, se muestra misericordioso.

➤ ***3.18 — Con todo, yo me alegraré en Jehová, y me gozaré en el Dios de mi salvación.***

¿Cómo deberíamos responder cuando nuestra situación es precaria o aun desahuciada? ¿Qué deberíamos hacer cuando Dios parece guardar silencio o permite que suframos? Confiar en Dios significa ver más allá de lo que podemos, hacia lo que Dios ve. Si queremos honrarlo como Dios, debemos seguir teniendo fe en Él y glorificarlo en todo lo que digamos y hagamos, sin importar cuáles sean las circunstancias. Sin embargo, también deberíamos traer esto a la memoria y abrigar esperanza: «Por la misericordia de Jehová no hemos sido consumidos, porque nunca decayeron sus misericordias. Nuevas son cada mañana; grande es tu fidelidad… Bueno es Jehová a los que en él esperan» (Lm 3.22, 23, 25).

EL LIBRO DE SOFONÍAS

De vez en cuando en la caótica historia política y religiosa de Judá, se hicieron ciertas reformas espirituales. El enérgico ministerio profético de Sofonías pudo haber sido un factor en la reforma que ocurrió durante el reinado de Josías, un «avivamiento» que produjo cambios externos pero no extirpó por completo la corrupción que había llegado a caracterizar la nación.

Sofonías reitera elocuentemente su mensaje, que el día del Señor, o el Día del Juicio, vendrá como un diluvio, y Dios tratará contundentemente la malignidad del pecado. Judá y sus vecinos gentiles experimentarán en corto tiempo la mano aplastante de la ira de Dios. Una vez completado el proceso divino de escarmiento, la bendición vendrá de nuevo, esta vez en la persona del Mesías, lo cual es motivo de gran alabanza y cánticos.

Tsefániah significa «Jehová esconde» o «Jehová ha atesorado». Es evidente que Sofonías nació durante la última parte del reino de Manasés; su nombre puede indicar que logró «esconderse» de las atrocidades de aquel rey inicuo. Al parecer fue un hombre de gran estatura social y pudo haber tenido vínculos con la familia real. En cualquier caso, demostró estar familiarizado con la vida en la corte así como un gran conocimiento de la situación política de la época.

Tema: Sofonías ilustra en términos memorables «la bondad y la severidad» del Dios todopoderoso que se describen en Romanos 11.22. El Señor nunca aceptará el pecado, pero tampoco abandonará del todo a su pueblo del pacto.

Autor: El profeta Sofonías, hijo de Cusi.

Fecha: Sofonías empezó su ministerio como profeta al inicio del reinado de Josías (640–609 a.C.).

Estructura: Los primeros dos capítulos de Sofonías pintan un cuadro desolador del juicio de Dios sobre las naciones del mundo y sobre Judá (1.1—2.15), pero el último capítulo se enfoca en la necesidad de salvación y las promesas divinas de restauración y salvación para su pueblo (3.1–20).

A medida que lea Sofonías, fíjese en los principios de vida que juegan un papel importante en este libro:

21. La obediencia siempre trae bendición consigo. *Véase Sofonías 1.12; página 1026.*

26. La adversidad es un puente que nos conduce a una relación más profunda con Dios. *Véase Sofonías 2.3; página 1026.*

El día de la ira de Jehová

1 Palabra de Jehová que vino a Sofonías
hijo de Cusi, hijo de Gedalías, hijo de
Amarías, hijo de Ezequías, en días de Josías[a]
hijo de Amón, rey de Judá.
2 Destruiré por completo todas las cosas de
sobre la faz de la tierra, dice Jehová.
3 Destruiré los hombres y las bestias; destruiré las aves del cielo y los peces del mar, y cortaré a los impíos; y raeré a los hombres de
sobre la faz de la tierra, dice Jehová.
4 Extenderé mi mano sobre Judá, y sobre
todos los habitantes de Jerusalén, y exterminaré de este lugar los restos de Baal, y el
nombre de los ministros idólatras con sus
sacerdotes;
5 y a los que sobre los terrados se postran al
ejército del cielo, y a los que se postran jurando por Jehová y jurando por Milcom;
6 y a los que se apartan de en pos de Jehová, y a los que no buscaron a Jehová, ni le
consultaron.
➤ 7 Calla en la presencia de Jehová el Señor,
porque el día de Jehová está cercano; porque Jehová ha preparado sacrificio, y ha dispuesto a sus convidados.
8 Y en el día del sacrificio de Jehová castigaré
a los príncipes, y a los hijos del rey, y a todos
los que visten vestido extranjero.
9 Asimismo castigaré en aquel día a todos los
que saltan la puerta, los que llenan las casas
de sus señores de robo y de engaño.
10 Y habrá en aquel día, dice Jehová, voz de
clamor desde la puerta del Pescado, y aullido desde la segunda puerta, y gran quebrantamiento desde los collados.
11 Aullad, habitantes de Mactes, porque todo
el pueblo mercader es destruido; destruidos
son todos los que traían dinero.
➤ 12 Acontecerá en aquel tiempo que yo escudriñaré a Jerusalén con linterna, y castigaré a
los hombres que reposan tranquilos como el
vino asentado, los cuales dicen en su corazón:
Jehová ni hará bien ni hará mal.
13 Por tanto, serán saqueados sus bienes, y
sus casas asoladas; edificarán casas, mas no
las habitarán, y plantarán viñas, mas no beberán el vino de ellas.
14 Cercano está el día grande de Jehová,
cercano y muy próximo; es amarga la voz
del día de Jehová; gritará allí el valiente.
15 Día de ira aquel día, día de angustia y de
aprieto, día de alboroto y de asolamiento, día
de tiniebla y de oscuridad, día de nublado y de
entenebrecimiento,
16 día de trompeta y de algazara sobre las ciudades fortificadas, y sobre las altas torres.
17 Y atribularé a los hombres, y andarán
como ciegos, porque pecaron contra Jehová;
y la sangre de ellos será derramada como
polvo, y su carne como estiércol.
18 Ni su plata ni su oro podrá librarlos en el
día de la ira de Jehová, pues toda la tierra
será consumida con el fuego de su celo; porque ciertamente destrucción apresurada hará
de todos los habitantes de la tierra.

Juicio contra las naciones vecinas

2 Congregaos y meditad, oh nación sin
pudor,
2 antes que tenga efecto el decreto, y el día
se pase como el tamo; antes que venga sobre
vosotros el furor de la ira de Jehová, antes
que el día de la ira de Jehová venga sobre
vosotros.
3 Buscad a Jehová todos los humildes de la *
tierra, los que pusisteis por obra su juicio; ➤
buscad justicia, buscad mansedumbre; quizás seréis guardados en el día del enojo de
Jehová.
4 Porque Gaza será desamparada, y Ascalón
asolada; saquearán a Asdod en pleno día, y
Ecrón será desarraigada.

a. 1.1 2 R 22.1—23.30; 2 Cr 34.1—35.27.

LECCIONES DE VIDA

➤ ***1.7 — Calla en la presencia de Jehová el Señor.***

Aquí Dios instruye al pueblo de Judá a callar porque viene el juicio, y ninguna de sus rogativas y quejas volvería a ser atendida. Aunque creyeran que podían sacarle el cuerpo a su pecado con retórica o con excusas, la única respuesta válida a la transgresión era su arrepentimiento sincero, humilde y completo. Ellos no querían saber nada de eso. Sin embargo, Dios también puede llamarnos a estar en silencio delante de Él por muchas otras razones. Debemos callar a causa de su autoridad sobre nosotros, y debido a que su poder y su gloria admirables rebasan todo lo que podamos decir (Hab 2.20; Zac 2.13). Para oír su voz, necesitamos permanecer callados y escuchar atentamente, anticipando que su obra poderosa nos deje sin poder decir palabra (Ec 5.1, 2; Mt 6.6–8).

➤ ***1.12 — castigaré a los hombres que reposan tranquilos como el vino asentado, los cuales dicen en su corazón: Jehová ni hará bien ni hará mal.***

La complacencia siempre es peligrosa, especialmente al considerar que hemos de rendir cuentas a Dios (Ap 3.16). Desde nuestro punto de vista, puede parecer que Él está inactivo, que no detecta ni el bien ni el mal que hacemos. Sin embargo, Él observa, planea, espera y actúa. ¿Estamos postergando nuestra obediencia porque creemos que tenemos tiempo de sobra (Ez 12.25–28)? No se estanque ni se rebele en su espíritu. Más bien, sométase a Él de inmediato porque la obediencia siempre trae bendición consigo.

➤ ***2.3 — Buscad a Jehová todos los humildes de la tierra, los que pusisteis por obra su juicio; buscad justicia, buscad mansedumbre.***

Sofonías amonestó al pueblo de Judá para que se humillara antes que cayera el juicio. Sin embargo, a aquellos que ya estuvieran buscando al Señor en humildad y obediencia, los exhortó a seguir honrando al Señor sin importar qué sucediera. En medio del sufrimiento, podemos desanimarnos y preguntarnos si nuestra obediencia a Dios sirve de algo (Sal 73.13, 14). Tenga por seguro que sí (Sal 73.16–28). Su adversidad puede ser un puente a una relación

5 ¡Ay de los que moran en la costa del mar,
del pueblo de los cereteos! La palabra de
Jehová es contra vosotros, oh Canaán, tierra
de los filisteos,[a] y te haré destruir hasta no
dejar morador.
6 Y será la costa del mar praderas para pastores, y corrales de ovejas.
7 Será aquel lugar para el remanente de la
casa de Judá; allí apacentarán; en las casas de
Ascalón dormirán de noche; porque Jehová su
Dios los visitará, y levantará su cautiverio.
8 Yo he oído las afrentas de Moab,[b] y los
denuestos de los hijos de Amón[c] con que
deshonraron a mi pueblo, y se engrandecieron sobre su territorio.
9 Por tanto, vivo yo, dice Jehová de los ejércitos, Dios de Israel, que Moab será como Sodoma, y los hijos de Amón como Gomorra;[d]
campo de ortigas, y mina de sal, y asolamiento perpetuo; el remanente de mi pueblo los
saqueará, y el remanente de mi pueblo los
heredará.
10 Esto les vendrá por su soberbia, porque
afrentaron y se engrandecieron contra el pueblo de Jehová de los ejércitos.
➤ 11 Terrible será Jehová contra ellos, porque
destruirá a todos los dioses de la tierra, y desde sus lugares se inclinarán a él todas las tierras de las naciones.
12 También vosotros los de Etiopía[e] seréis
muertos con mi espada.
13 Y extenderá su mano sobre el norte, y destruirá a Asiria,[f] y convertirá a Nínive en asolamiento y en sequedal como un desierto.
14 Rebaños de ganado harán en ella majada,
todas las bestias del campo; el pelícano también y el erizo dormirán en sus dinteles; su
voz cantará en las ventanas; habrá desolación
en las puertas, porque su enmaderamiento de
cedro será descubierto.
15 Ésta es la ciudad alegre que estaba confiada, la que decía en su corazón: Yo, y no más.
¡Cómo fue asolada, hecha guarida de fieras!
Cualquiera que pasare junto a ella, se burlará
y sacudirá su mano.

El pecado de Jerusalén, y su redención

3 ¡Ay de la ciudad rebelde y contaminada y
opresora!
2 No escuchó la voz, ni recibió la corrección;
no confió en Jehová, no se acercó a su Dios.
3 Sus príncipes en medio de ella son leones
rugientes; sus jueces, lobos nocturnos que no
dejan hueso para la mañana.
4 Sus profetas son livianos, hombres prevaricadores; sus sacerdotes contaminaron el santuario, falsearon la ley.
5 Jehová en medio de ella es justo, no hará *
iniquidad; de mañana sacará a luz su juicio,
nunca faltará; pero el perverso no conoce la
vergüenza.
6 Hice destruir naciones; sus habitaciones
están asoladas; hice desiertas sus calles, hasta no quedar quien pase; sus ciudades están
asoladas hasta no quedar hombre, hasta no
quedar habitante.
7 Dije: Ciertamente me temerá; recibirá
corrección, y no será destruida su morada
según todo aquello por lo cual la castigué.
Mas ellos se apresuraron a corromper todos
sus hechos.
8 Por tanto, esperadme, dice Jehová, hasta el
día que me levante para juzgaros; porque mi
determinación es reunir las naciones, juntar
los reinos, para derramar sobre ellos mi enojo, todo el ardor de mi ira; por el fuego de mi
celo será consumida toda la tierra.
9 En aquel tiempo devolveré yo a los pueblos *
pureza de labios, para que todos invoquen ➤
el nombre de Jehová, para que le sirvan de
común consentimiento.
10 De la región más allá de los ríos de Etiopía
me suplicarán; la hija de mis esparcidos traerá mi ofrenda.

a. 2.4-7 Is 14.29-31; Jer 47.1-7; Ez 25.15-17; Jl 3.4-8; Am 1.6-8; Zac 9.5-7. **b. 2.8-11** Is 15.1—16.14; 25.10-12; Jer 48.1-47; Ez 25.8-11; Am 2.1-3. **c. 2.8-11** Jer 49.1-6; Ez 21.28-32; 25.1-7; Am 1.13-15. **d. 2.9** Gn 19.24. **e. 2.12** Is 18.1-7. **f. 2.13-15** Is 10.5-34; 14.24-27; Nah 1.1—3.19.

LECCIONES DE VIDA

todavía más profunda con Dios, si se somete a Él de todo corazón, no importando las circunstancias.

➤ ***2.11 — Terrible será Jehová contra ellos, porque destruirá a todos los dioses de la tierra, y desde sus lugares se inclinarán a él todas las tierras de las naciones.***

El Señor quiere que el mundo entero lo conozca, lo sirva, lo adore y lo ame. Un día será obvio a todos en todas partes que sólo existe un Dios verdadero y que no hay otro (Is 45.22–24; Ro 14.7–11; Fil 2.5–11). El evangelio es para todo reino, toda tribu, toda nación y toda lengua en la tierra, y Dios nos ha comisionado como embajadores suyos (2 Co 5.20). ¿Estamos hablando a otros de Cristo para que puedan anhelar esperanzados su regreso, y para que puedan inclinarse a Él por reverencia y amor, no por temor y pavor?

➤ ***3.9 — devolveré yo a los pueblos pureza de labios, para que todos invoquen el nombre de Jehová, para que le sirvan de común consentimiento.***

Este pasaje evoca la visión de Isaías, en la que Dios purificó los labios del profeta y lo llamó al ministerio (Is 6.1–10). Asimismo, anticipa la venida del Mesías, quien no sólo habría de purificar nuestros labios sino también nuestros corazones: «lo que sale de la boca, del corazón sale; y esto contamina al hombre» (Mt 15.18). Él también nos comisiona a servirlo hombro a hombro en la predicación del evangelio (Mt 28.18–20).

RESPUESTAS A PREGUNTAS DE LA VIDA

¿Cómo puedo perseverar en mi fe durante los tiempos difíciles?

SOF 3.17

Usted es la obra maestra de Dios, y Él le ha dado su Palabra como testimonio del amor y el gozo que siente hacia usted. Sofonías 3.17 dice: «Jehová está en medio de ti, poderoso, él salvará; se gozará sobre ti con alegría, callará de amor, se regocijará sobre ti con cánticos».

Dios se regocija sobre usted y está transformando su vida para reflejar su bondad a otros. Él tiene un plan asombroso para su vida. Usted aún no es lo que será cuando entre a la presencia eterna de Dios (1 Co 13.12; 1 Jn 3.2). Hasta que llegue ese momento, Dios le moldeará y formará pacientemente conforme a la imagen de su Hijo. Por lo tanto, nunca tendrá razón alguna para darse por vencido (Gá 6.9). ¡No está solo! Jesús está con usted, vitoreando y celebrando su avance a la victoria. Él está a su lado para fortalecerle y animarle. Si fija sus ojos en Él y no en sus circunstancias, empezará a ver la vida muy diferente. En lugar de pensar negativamente, el Espíritu Santo le enseñará a pensar en las cosas de Dios, con pensamientos que honren a Jesucristo.

Dios también deja en claro que le ama con un amor eterno y ha jurado no dejarle ni desampararle jamás (Dt 31.6, 8; Jn 14.18; He 13.5). Él camina con usted a través de las decepciones, y cuando confiesa sus pecados «es fiel y justo para perdonar [sus] pecados, y [limpiarle] de toda maldad» (1 Jn 1.9). ¡Él ya vio el cuadro terminado! Usted no puede lograrlo por su cuenta, pero Él sabe que por medio de Cristo sí puede, y sí triunfará (Fil 1.6; 4.13). Esto no significa que no vaya a sufrir ni sentir dolor. Jesús sufrió y sintió dolor, pero no se dio por vencido. Él sabía que para completar su misión tendría que soportar hasta el final, y lo que más quería era cumplir la voluntad del Padre.

¿Cómo pudo Él soportar el peso de todos nuestros pecados y todavía ser victorioso? Porque tenía una perspectiva eterna (He 12.2). Mucho antes que sucediera, Jesús vio la resurrección como un hecho ya realizado (Mt 20.18, 19). Tres días después, Él se levantaría de la tumba y andaría en victoria sobre el pecado y la muerte (1 Co 15.55–57). Usted puede andar confiado y triunfante porque Jesús es su ejemplo y su Espíritu vive dentro de usted (Pr 3.5–6). Como los colores en la paleta de un artista, Dios puede usar cada situación de su vida, incluida la que enfrenta ahora mismo, para acercarle más a Él (Jer 29.11–13; Ro 8.28).

Para un estudio más a fondo, véase el Índice de Principios de vida:

12. *La paz con Dios es fruto de nuestra unidad con Él.*
18. *Como hijos del Dios soberano, jamás somos víctimas de nuestras circunstancias.*

11 En aquel día no serás avergonzada por
ninguna de tus obras con que te rebelaste
contra mí; porque entonces quitaré de en
medio de ti a los que se alegran en tu soberbia, y nunca más te ensoberbecerás en mi
santo monte.
12 Y dejaré en medio de ti un pueblo humilde y pobre, el cual confiará en el nombre de
Jehová.
13 El remanente de Israel no hará injusticia ni
dirá mentira, ni en boca de ellos se hallará lengua engañosa;[a] porque ellos serán apacentados,
y dormirán, y no habrá quien los atemorice.
14 Canta, oh hija de Sion; da voces de júbilo,
oh Israel; gózate y regocíjate de todo corazón, hija de Jerusalén.
15 Jehová ha apartado tus juicios, ha echado
fuera tus enemigos; Jehová es Rey de Israel en
medio de ti; nunca más verás el mal.
16 En aquel tiempo se dirá a Jerusalén: No
temas; Sion, no se debiliten tus manos.
17 Jehová está en medio de ti, poderoso, él sal- *
vará; se gozará sobre ti con alegría, callará de
amor, se regocijará sobre ti con cánticos.
18 Reuniré a los fastidiados por causa del largo tiempo; tuyos fueron, para quienes el oprobio de ella era una carga.
19 He aquí, en aquel tiempo yo apremiaré a
todos tus opresores; y salvaré a la que cojea,
y recogeré la descarriada; y os pondré por alabanza y por renombre en toda la tierra.
20 En aquel tiempo yo os traeré, en aquel tiempo os reuniré yo; pues os pondré para renombre y para alabanza entre todos los pueblos
de la tierra, cuando levante vuestro cautiverio
delante de vuestros ojos, dice Jehová.

a. 3.13 Ap 14.5.

EL LIBRO DE

HAGEO

Habían transcurrido dieciséis años desde que los judíos volvieron del exilio a la tierra prometida y comenzaron la reconstrucción del templo, pero aún no habían terminado. La restauración de la casa del Señor había sido prioritaria para ellos cuando regresaron a Jerusalén (Esd 1.2–6), pero sus asuntos cotidianos y personales interfirieron cada vez más con las labores de reparación. Llegó un momento en que el letargo del pueblo y la oposición constante de sus enemigos detuvieron por completo el progreso en la estructura sagrada (Esd 4.4, 5).

En respuesta, el profeta Hageo predicó una serie de mensajes vehementes para amonestar a la nación a terminar el templo. Llamó a los constructores a renovar su valentía, su fe en el Señor y su santidad en su manera de vivir.

El significado del nombre del profeta (Jagái) es incierto, pero puede derivarse del vocablo hebreo *chag* («festival»). También puede ser una forma abreviada de *chaggiyah*, «festival de Jehová». Es probable que el nombre de Hageo signifique «festivo» o «festejo», debido quizás a que nació en el día de una fiesta importante como la de los tabernáculos. De hecho, Hageo pronuncia su segundo mensaje durante esa fiesta (Hag 2.1).

Hageo ha sido llamado «el profeta del templo» y posiblemente nació durante el cautiverio babilónico. Regresó a Jerusalén con Zorobabel, el gobernador de Jerusalén.

El llamado solemne de Hageo al cumplimiento del deber demostró ser justo lo que necesitaba el pueblo de Judá para motivarse a terminar lo que habían empezado. En respuesta al reto del profeta, el sumo sacerdote Josué, Zorobabel y el pueblo, emprendieron con nuevas fuerzas la restauración del templo (Esd 5.1, 2).

Tema: Hageo reprende al pueblo por dejar inconclusa la obra de Dios y describe sus promesas de bendición para ellos cuando la hayan completado.

Autor: Hageo.

Fecha: El ministerio de Hageo tuvo lugar en 520 a.C., dieciocho años tras la proclamación de Ciro que permitió al pueblo regresar a Jerusalén (538 a.C.), y dieciséis después del inicio original del proyecto de reconstrucción (ca. 536 a.C.).

Estructura: El libro se organiza alrededor de cuatro sermones. En el primer mensaje, Hageo llamó al pueblo a reconstruir el templo, y ellos respondieron (1.1–15). En el segundo, Hageo predijo que el templo reconstruido se llenaría de la gloria de Dios (2.1–9). En el tercero, el profeta denunció el pecado del pueblo y declaró de qué manera bendeciría Dios la obediencia (2.10–19). En el cuarto, Hageo animó a Zorobabel con profecías de bendición por su obediencia (2.20–23).

A medida que lea Hageo, fíjese en los principios de vida que juegan un papel importante en este libro:

11. Dios asume toda la responsabilidad en cuanto a nuestras necesidades, si lo obedecemos. *Véase Hageo 1.13; página 1030.*

4. Estar conscientes de la presencia de Dios nos da energías para desempeñar nuestro trabajo. *Véase Hageo 2.4; página 1033.*

14. Dios actúa a favor de quienes esperan en Él. *Véase Hageo 2.19; página 1033.*

Exhortación a edificar el templo

1 EN el año segundo del rey Darío, en el
mes sexto, en el primer día del mes, vino
palabra de Jehová por medio del profeta
Hageo[a] a Zorobabel hijo de Salatiel, gobernador de Judá, y a Josué hijo de Josadac, sumo
sacerdote, diciendo:
2 Así ha hablado Jehová de los ejércitos,
diciendo: Este pueblo dice: No ha llegado aún
el tiempo, el tiempo de que la casa de Jehová
sea reedificada.
3 Entonces vino palabra de Jehová por medio
del profeta Hageo, diciendo:
4 ¿Es para vosotros tiempo, para vosotros, de
habitar en vuestras casas artesonadas, y esta
casa está desierta?
5 Pues así ha dicho Jehová de los ejércitos:
Meditad bien sobre vuestros caminos.
6 Sembráis mucho, y recogéis poco; coméis, y
no os saciáis; bebéis, y no quedáis satisfechos;
os vestís, y no os calentáis; y el que trabaja a
jornal recibe su jornal en saco roto.
➤ 7 Así ha dicho Jehová de los ejércitos: Meditad sobre vuestros caminos.
8 Subid al monte, y traed madera, y reedificad
la casa; y pondré en ella mi voluntad, y seré
glorificado, ha dicho Jehová.
9 Buscáis mucho, y halláis poco; y encerráis
en casa, y yo lo disiparé en un soplo. ¿Por
qué? dice Jehová de los ejércitos. Por cuanto
mi casa está desierta, y cada uno de vosotros
corre a su propia casa.
10 Por eso se detuvo de los cielos sobre vosotros la lluvia, y la tierra detuvo sus frutos.
11 Y llamé la sequía sobre esta tierra, y sobre
los montes, sobre el trigo, sobre el vino, sobre
el aceite, sobre todo lo que la tierra produce,
sobre los hombres y sobre las bestias, y sobre
todo trabajo de manos.
12 Y oyó Zorobabel hijo de Salatiel, y Josué
hijo de Josadac, sumo sacerdote, y todo el resto del pueblo, la voz de Jehová su Dios, y las
palabras del profeta Hageo, como le había
enviado Jehová su Dios; y temió el pueblo
delante de Jehová.
13 Entonces Hageo, enviado de Jehová, habló *
por mandato de Jehová al pueblo, diciendo: Yo ≺
estoy con vosotros, dice Jehová.
14 Y despertó Jehová el espíritu de Zorobabel
hijo de Salatiel, gobernador de Judá, y el espíritu de Josué hijo de Josadac, sumo sacerdote, y el espíritu de todo el resto del pueblo; y
vinieron y trabajaron en la casa de Jehová de
los ejércitos, su Dios,
15 en el día veinticuatro del mes sexto, en el
segundo año del rey Darío.

La gloria del nuevo templo

2 EN el mes séptimo, a los veintiún días del
mes, vino palabra de Jehová por medio del
profeta Hageo, diciendo:
2 Habla ahora a Zorobabel hijo de Salatiel,
gobernador de Judá, y a Josué hijo de Josadac, sumo sacerdote, y al resto del pueblo,
diciendo:
3 ¿Quién ha quedado entre vosotros que haya ≺
visto esta casa en su gloria primera,[a] y cómo
la veis ahora? ¿No es ella como nada delante
de vuestros ojos?
4 Pues ahora, Zorobabel, esfuérzate, dice Jeho- ≺
vá; esfuérzate también, Josué hijo de Josadac,
sumo sacerdote; y cobrad ánimo, pueblo todo
de la tierra, dice Jehová, y trabajad; porque

---

a. 1.1 Esd 4.24—5.2; 6.14. **a. 2.3** Esd 3.12.

LECCIONES DE VIDA

➤ ***1.7 — Así ha dicho Jehová de los ejércitos: Meditad sobre vuestros caminos.***

A los habitantes de Jerusalén les parecía que todavía no era tiempo de reconstruir el templo; sus razones eran claramente egoístas (Hag 1.2, 4). Por eso Dios les mandó examinarse y preguntarse por qué nada de lo que hacían daba fruto (Hag 1.6). Siempre debemos evaluar nuestras vidas en relación con la luz y la verdad de la Palabra de Dios. Por medio de las Escrituras, el Espíritu Santo puede alertarnos sobre alguna tendencia peligrosa en nosotros o confirmar si vamos en la dirección correcta (He 4.12).

➤ ***1.13 — Hageo, enviado de Jehová, habló por mandato de Jehová al pueblo, diciendo: Yo estoy con vosotros, dice Jehová.***

Un mes después de oír el mensaje de Hageo, los pobladores de Jerusalén se sacudieron su pereza, su temor y su egoísmo, y reanudaron sus labores en el templo. No era usual que un mensaje profético se arraigara con tal rapidez en la comunidad, pero recuerde que el Espíritu Santo es quien nos capacita para cumplir los mandatos de Dios. Él nos da el valor, las fuerzas y le habilidad que necesitamos. No vacile en obedecer a Dios en medio de su problema. Él va a equiparle para llevar a cabo todo lo que le llame hacer, porque Él asume plena responsabilidad por sus necesidades cuando usted se somete a Él.

➤ ***2.3 — ¿Quién ha quedado entre vosotros que haya visto esta casa en su gloria primera, y cómo la veis ahora? ¿No es ella como nada delante de vuestros ojos?***

El segundo sermón de Hageo tuvo lugar en la fiesta de los tabernáculos (tiendas hechas de ramas; se conoce también como la fiesta de la cosecha; Lv 23.33–44). En esta ocasión el pueblo celebraba la provisión que habían recibido de Dios, tanto en el pasado como en el presente. Quedaban muy pocas personas vivas que habían visto el templo en su gloria anterior, siete décadas atrás, pero el conocimiento de su antigua magnificencia debió descorazonar mucho al pueblo, pues sabían que sin importar qué construyeran, iba a ser muy inferior. No obstante, Dios prometió que obraría por medio de ellos para crear una casa con una gloria mayor a la de antes (Hag 2.9). A veces un problema puede parecernos tan abrumador que preferimos ignorarlo. Sin embargo, cuando Dios nos llama a realizar una tarea, somos responsables de emprenderla con nuestros mejores esfuerzos. Él quiere que fijemos nuestros ojos en Él y en las cosas todavía más grandes que tiene planeadas para nosotros.

LO QUE LA BIBLIA DICE ACERCA DE LA MIOPÍA ESPIRITUAL EN EL DAR CON GENEROSIDAD

Hag 1.2–11

Durante el tiempo de Hageo, la miopía espiritual plagaba al pueblo de Dios. Aunque habían pasado dieciséis años desde que los judíos regresaron de su cautiverio y comenzaron a reconstruir el templo, este seguía sin reparar. Al pueblo le interesaban más sus propias casas que la casa del Señor. Por eso el Señor los reprendió, diciendo: «Buscáis mucho, y halláis poco; y encerráis en casa, y yo lo disiparé en un soplo. ¿Por qué?… Por cuanto mi casa está desierta, y cada uno de vosotros corre a su propia casa» (Hag 1.9).

El problema fue que el pueblo supuso que podían anteponer sus propios intereses a los de Dios y prosperarían de todas maneras. En lugar de dar generosamente al Señor y honrarlo por su provisión, se mantuvieron ocupados buscando su propia prosperidad. El Señor había advertido mucho tiempo atrás en contra de esta manera errada de pensar: «No te afanes por hacerte rico; sé prudente, y desiste. ¿Has de poner tus ojos en las riquezas, siendo ningunas? Porque se harán alas como alas de águila, y volarán al cielo» (Pr 23.4, 5).

Algo similar sucedió en el tiempo de Malaquías. El pueblo acaparaba posesiones en lugar de traer fielmente sus diezmos y sus ofrendas al Señor. Dios llamó esto un robo y los amonestó a «traer todos los diezmos al alfolí» (Mal 3.10). Además les hizo esta promesa si lo honraban: «Reprenderé también por vosotros al devorador, y no os destruirá el fruto de la tierra»; además, los convertiría en una «tierra deseable» (Mal 3.11, 12).

¿Confía que al honrar a Dios con su ofrenda, Él le bendice a cambio?

¿Usted cree esto? ¿Confía que al honrar a Dios con sus ofrendas y diezmos, Él le bendice a cambio? Si no vive con esta confianza, usted tiene miopía espiritual. Al dar, usted muestra su gratitud por la provisión del Señor, y su certidumbre en que Él seguirá cuidando de todas sus necesidades (Fil 4.19). Su disposición para dar a Dios declara su nivel de fe. Si rehúsa obedecer con su tiempo, sus talentos y el diezmo, el devorador viene y consume el fruto de su trabajo. Como Dios dijo al pueblo en Jerusalén: «Sembráis mucho, y recogéis poco… el que trabaja a jornal recibe su jornal en saco roto» (Hag 1.6).

No se conforme con la miopía que roba a Dios lo que le corresponde legítimamente. El apóstol Pablo instruye: «El que siembra escasamente, también segará escasamente; y el que siembra generosamente, generosamente también segará. Cada uno dé como propuso en su corazón: no con tristeza, ni por necesidad, porque Dios ama al dador alegre» (2 Co 9.6, 7). Por lo tanto, dé generosa y alegremente a Dios, porque Él le ha dado todo lo que tiene y tiene muchas más bendiciones para otorgarle. Honre a Dios, dándole la mejor parte de su tiempo y sus recursos, porque ciertamente jamás podrá superar a Dios en generosidad. Él multiplicará todo lo que usted le entregue y le mostrará todo lo que realmente le pertenece como hijo suyo.

Para un estudio más a fondo, véase el Índice de Principios de vida:
23. Jamás podremos superar a Dios en generosidad.

RESPUESTAS A PREGUNTAS DE LA VIDA

¿Cómo puedo confiar en el Señor durante los tiempos difíciles?

HAG 2.4–9

Cuando usted conoce a Jesucristo como su Señor y Salvador, puede tener una certeza absoluta en medio de cualquier tribulación, sufrimiento, penuria, dificultad, dolor o tragedia: ¡El Señor está con usted! Una y otra vez en su Palabra, Él nos asegura su presencia:

- «Jehová estará con vosotros, si vosotros estuviereis con él; y si le buscareis, será hallado de vosotros» (2 Cr 15.2).
- «Paraos, estad quietos, y ved la salvación de Jehová con vosotros… no temáis ni desmayéis» (2 Cr 20.17).
- «No temáis de su presencia», declara el Señor, «porque con vosotros estoy yo para salvaros y libraros de su mano» (Jer 42.11).
- «cobrad ánimo, pueblo todo de la tierra, dice Jehová, y trabajad; porque yo estoy con vosotros» (Hag 2.4).

Jesús dijo lo mismo a sus discípulos: «yo estoy con vosotros todos los días» (Mt 28.20).

El apóstol Pablo consideró esta verdad y preguntó: «Si Dios es por nosotros, ¿quién contra nosotros?» (Ro 8.31). No responda esta pregunta con demasiada rapidez. La verdad es que son bastantes los que pueden levantarse en contra de nosotros. Son muchos los que nos pueden estafar, acosar, perseguir, insultar, burlarse de nosotros y hasta hacernos daño físicamente. Pero este es el hecho: *En últimas, no pueden ganar.*

Es por eso que Jesús dijo: «seréis entregados… y matarán a algunos de vosotros; y seréis aborrecidos de todos por causa de mi nombre. Pero ni un cabello de vuestra cabeza perecerá» (Lc 21.16–18). Si usted pertenece a Dios, Él le da la victoria eterna. Punto final. Nadie puede quitar lo que Él ha provisto para usted con tanta generosidad.

Cuando vengan los tiempos difíciles, sumérjase en la Palabra de Dios. Lea las promesas del Señor para usted, su hijo amado. Lea acerca de su poder, su fortaleza, su sabiduría y su amor. Lea acerca de la manera como Él ha ayudado a incontables hombres y mujeres a lo largo de la historia, cuando ellos depositaron su confianza en Él. Lea acerca de su poder para salvar, librar y restaurar.

Cuanto más lea y estudie la Palabra de Dios, más fuerte crecerá su fe.

Cuanto más confíe en Dios, más crecerá en entender que Él es digno de confianza en todas las cosas, en todo tiempo.

Cuanto más cobre ánimo y valor en la presencia del Señor con usted, más seguro se sentirá, incluso en los tiempos más atribulados y en las circunstancias más arduas. Porque solamente el Señor es su seguridad, a cada momento de su vida.

Para un estudio más a fondo véase el Índice de Principios de vida

4. *Estar conscientes de la presencia de Dios nos da energías para desempeñar nuestro trabajo.*

yo estoy con vosotros, dice Jehová de los
ejércitos.
5 Según el pacto que hice con vosotros cuan- *
do salisteis de Egipto, así mi Espíritu estará en
medio de vosotros,[b] no temáis.
6 Porque así dice Jehová de los ejércitos: De
aquí a poco yo haré temblar los cielos y la
tierra,[c] el mar y la tierra seca;
7 y haré temblar a todas las naciones, y vendrá el Deseado de todas las naciones; y llenaré de gloria esta casa, ha dicho Jehová de los
ejércitos.
8 Mía es la plata, y mío es el oro, dice Jehová
de los ejércitos.
9 La gloria postrera de esta casa será mayor
que la primera, ha dicho Jehová de los ejércitos; y daré paz en este lugar, dice Jehová de
los ejércitos.

La infidelidad del pueblo es reprendida

10 A los veinticuatro días del noveno mes, en el
segundo año de Darío, vino palabra de Jehová
por medio del profeta Hageo, diciendo:

b. 2.5 Éx 33.14. **c. 2.6** He 12.26.

11 Así ha dicho Jehová de los ejércitos: Pregunta ahora a los sacerdotes acerca de la ley,
diciendo:
12 Si alguno llevare carne santificada en la
falda de su ropa, y con el vuelo de ella tocare
pan, o vianda, o vino, o aceite, o cualquier otra
comida, ¿será santificada? Y respondieron los
sacerdotes y dijeron: No.
13 Y dijo Hageo: Si un inmundo a causa de
cuerpo muerto[d] tocare alguna cosa de éstas,
¿será inmunda? Y respondieron los sacerdotes, y dijeron: Inmunda será.
14 Y respondió Hageo y dijo: Así es este pueblo y esta gente delante de mí, dice Jehová; y
asimismo toda obra de sus manos; y todo lo
que aquí ofrecen es inmundo.
15 Ahora, pues, meditad en vuestro corazón
desde este día en adelante, antes que pongan
piedra sobre piedra en el templo de Jehová.
16 Antes que sucediesen estas cosas, venían
al montón de veinte efas, y había diez; venían
al lagar para sacar cincuenta cántaros y había
veinte.
17 Os herí con viento solano, con tizoncillo y
con granizo en toda obra de vuestras manos;
mas no os convertisteis a mí, dice Jehová.
18 Meditad, pues, en vuestro corazón, desde
este día en adelante, desde el día veinticuatro
del noveno mes, desde el día que se echó el
cimiento del templo de Jehová; meditad, pues,
en vuestro corazón.
19 ¿No está aún la simiente en el granero? Ni
la vid, ni la higuera, ni el granado, ni el árbol
de olivo ha florecido todavía; mas desde este
día os bendeciré.

Promesa de Jehová sobre Zorobabel

20 Vino por segunda vez palabra de Jehová a
Hageo, a los veinticuatro días del mismo mes,
diciendo:
21 Habla a Zorobabel gobernador de Judá,
diciendo: Yo haré temblar los cielos y la
tierra;
22 y trastornaré el trono de los reinos, y destruiré la fuerza de los reinos de las naciones;
trastornaré los carros y los que en ellos suben,
y vendrán abajo los caballos y sus jinetes,
cada cual por la espada de su hermano.
23 En aquel día, dice Jehová de los ejércitos,
te tomaré, oh Zorobabel hijo de Salatiel, siervo mío, dice Jehová, y te pondré como anillo
de sellar; porque yo te escogí, dice Jehová de
los ejércitos.

d. 2.13 Nm 19.11-22.

LECCIONES DE VIDA

➤ ***2.4 — pueblo todo de la tierra, dice Jehová... trabajad; porque yo estoy con vosotros.***

Podemos trabajar ardua y eficazmente para el Señor si recordamos que Él ha prometido estar con nosotros. Estar conscientes de la presencia de Dios nos da energías para desempeñar nuestro trabajo.

➤ ***2.19 — ¿No está aún la simiente en el granero? Ni la vid, ni la higuera, ni el granado, ni el árbol de olivo ha florecido todavía; mas desde este día os bendeciré.***

Mientras el pueblo de Jerusalén persiguió sus propias metas, sus vidas fueron improductivas e insatisfactorias (Hag 1.6–11). En cambio, tan pronto reanudaron su labor en el templo y echaron sus cimientos (Hag 2.18), Dios volvió a bendecirlos. Aunque no vieron las bendiciones de inmediato, más adelante podrían vincular el rendimiento fructífero de sus cosechas y la realización satisfactoria de sus vidas con el día en que se sometieron al Señor. Dios pide nuestra obediencia hoy para que pueda bendecirnos mañana. Aunque es posible que sus bendiciones no aparezcan tan pronto obedezcamos, podemos estar seguros que cosecharemos lo que sembremos, más de lo que sembremos y después de haberlo sembrado. También podemos vivir confiados que Dios está obrando a favor nuestro cuando esperamos en Él.

EL LIBRO DE

ZACARÍAS

Dieciséis años después que los judíos volvieron de su exilio en Babilonia y empezaron a reconstruir el templo, su tarea seguía apenas a mitad de camino. Dios comisionó a Zacarías para exhortar al pueblo en Jerusalén a asumir responsabilidad por su trabajo inconcluso. Siendo profeta y también sacerdote, Zacarías procuró motivar a sus compatriotas a reanudar las labores de construcción en la casa del Señor, recordándoles su importancia para el futuro. Les explicó que el templo debía ser reconstruido, pues algún día la gloria del Mesías moraría en él. Esto los motivó a emprender el proyecto con celo renovado.

Mientras que Zacarías y su colega Hageo profetizaron en relación al mismo asunto del templo inconcluso, emplearon métodos diferentes para comunicar el mensaje. Hageo reprendió al pueblo por su letargo, sus intereses egoístas y su desobediencia (Hag 1.3–11), mientras que Zacarías procuró retarlos y animarlos. Dios inspiró ambos métodos, y como puede verse con frecuencia en las Escrituras, usó la temática dual de las consecuencias negativas de la desobediencia y las bendiciones positivas del sometimiento a su voluntad. Por ende, su objetivo era motivar al pueblo a la obediencia voluntaria.

Zacarías contiene una serie importante de profecías mesiánicas que incluyen: la venida del Mesías a Jerusalén, en lo que hoy conocemos como el domingo de ramos (Zac 9.9); la cantidad de dinero que se pagó al traidor del Mesías (Zac 11.12, 13); la muerte de Cristo y la desbandada de sus discípulos (Zac 13.7); y el gobierno de Cristo a su regreso (Zac 14.3–9).

El nombre del profeta, *Zejáriah*, significa en hebreo «Jehová recuerda» o «Jehová ha recordado». Este tema del recuerdo de Dios domina todo el libro de Zacarías: Israel será bendecida porque Jehová se acuerda del pacto que hizo con sus padres. La versión griega y latina del nombre del profeta es *Zacarías.*

Tema: Dios nos prepara y fortalece para hacer el trabajo al que nos llama.

Autor: Zacarías.

Fecha: Zacarías empezó su ministerio profético poco después de Hageo (ca. 520 a.C.).

Estructura: Los primeros ocho capítulos de Zacarías se enfocan en la importancia de terminar el templo (1.1—8.23). Los últimos seis capítulos se enfocan en las promesas del reino mesiánico venidero (9.1—14.21).

A medida que lea Zacarías, fíjese en los principios de vida que juegan un papel importante en este libro:

1. Nuestra intimidad con Dios, que es su prioridad para nosotros, determina el impacto que causen nuestras vidas. *Véase Zacarías 7.5; página 1040.*

21. La obediencia siempre trae bendición consigo. *Véase Zacarías 8.9; página 1040.*

25. Dios nos bendice para que nosotros podamos bendecir a otros. *Véase Zacarías 8.13; página 1041.*

24. Vivir la vida cristiana es permitir al Señor Jesús vivir su vida en y por medio de nosotros. *Véase Zacarías 10.12; página 1042.*

Llamamiento a volver a Jehová

1 En el octavo mes del año segundo de
Darío, vino palabra de Jehová al Profeta
Zacarías[a] hijo de Berequías, hijo de Iddo,
diciendo:
2 Se enojó Jehová en gran manera contra
vuestros padres.
➤ 3 Diles, pues: Así ha dicho Jehová de los ejércitos: Volveos a mí, dice Jehová de los ejércitos, y yo me volveré a vosotros, ha dicho
Jehová de los ejércitos.
4 No seáis como vuestros padres, a los cuales
clamaron los primeros profetas, diciendo: Así
ha dicho Jehová de los ejércitos: Volveos ahora de vuestros malos caminos y de vuestras
malas obras; y no atendieron, ni me escucharon, dice Jehová.
5 Vuestros padres, ¿dónde están? y los profetas, ¿han de vivir para siempre?
6 Pero mis palabras y mis ordenanzas que
mandé a mis siervos los profetas, ¿no alcanzaron a vuestros padres? Por eso volvieron
ellos y dijeron: Como Jehová de los ejércitos
pensó tratarnos conforme a nuestros caminos, y conforme a nuestras obras, así lo hizo
con nosotros.

La visión de los caballos

7 A los veinticuatro días del mes undécimo,
que es el mes de Sebat, en el año segundo de
Darío, vino palabra de Jehová al profeta Zacarías hijo de Berequías, hijo de Iddo, diciendo:
8 Vi de noche, y he aquí un varón que cabalgaba sobre un caballo alazán,[b] el cual estaba entre los mirtos que había en la hondura;
y detrás de él había caballos alazanes, overos
y blancos.[c]
9 Entonces dije: ¿Qué son éstos, señor mío? Y
me dijo el ángel que hablaba conmigo: Yo te
enseñaré lo que son éstos.
10 Y aquel varón que estaba entre los mirtos
respondió y dijo: Éstos son los que Jehová ha
enviado a recorrer la tierra.
11 Y ellos hablaron a aquel ángel de Jehová
que estaba entre los mirtos, y dijeron: Hemos
recorrido la tierra, y he aquí toda la tierra está
reposada y quieta.
12 Respondió el ángel de Jehová y dijo: Oh
Jehová de los ejércitos, ¿hasta cuándo no tendrás piedad de Jerusalén, y de las ciudades
de Judá, con las cuales has estado airado por
espacio de setenta años?
13 Y Jehová respondió buenas palabras, palabras consoladoras, al ángel que hablaba
conmigo.
14 Y me dijo el ángel que hablaba conmigo:
Clama diciendo: Así ha dicho Jehová de los
ejércitos: Celé con gran celo a Jerusalén y a
Sion.
15 Y estoy muy airado contra las naciones que
están reposadas; porque cuando yo estaba
enojado un poco, ellos agravaron el mal.
16 Por tanto, así ha dicho Jehová: Yo me he
vuelto a Jerusalén con misericordia; en ella
será edificada mi casa, dice Jehová de los
ejércitos, y la plomada será tendida sobre
Jerusalén.
17 Clama aún, diciendo: Así dice Jehová de ➤
los ejércitos: Aún rebosarán mis ciudades con
la abundancia del bien, y aún consolará Jehová a Sion, y escogerá todavía a Jerusalén.

Visión de los cuernos y los carpinteros

18 Después alcé mis ojos y miré, y he aquí
cuatro cuernos.
19 Y dije al ángel que hablaba conmigo: ¿Qué
son éstos? Y me respondió: Éstos son los
cuernos que dispersaron a Judá, a Israel y a
Jerusalén.
20 Me mostró luego Jehová cuatro carpinteros.
21 Y yo dije: ¿Qué vienen éstos a hacer? Y me
respondió, diciendo: Aquéllos son los cuernos que dispersaron a Judá, tanto que ninguno alzó su cabeza; mas éstos han venido para
hacerlos temblar, para derribar los cuernos
de las naciones que alzaron el cuerno sobre la
tierra de Judá para dispersarla.

Llamamiento a los cautivos

2 Alcé después mis ojos y miré, y he aquí
un varón que tenía en su mano un cordel
de medir.

a. 1.1 Esd 4.24—5.1; 6.14. **b. 1.8** Ap 6.4. **c. 1.8** Ap 6.2.

LECCIONES DE VIDA

➤ ***1.3 — Volveos a mí, dice Jehová de los ejércitos, y yo me volveré a vosotros.***

Los habitantes de Jerusalén volvieron a su hogar, pero al cabo de poco tiempo olvidaron por qué la ciudad era tan preciosa para ellos. Habían abandonado su primer amor y su compromiso con Dios, y sin darse cuenta fueron encaminándose hacia el mismo despeñadero de maldad, culto pagano y complacencia que condujo a sus antepasados al exilio en un principio (Jer 25.4–11). Para que ellos evitaran el mismo juicio enviado a las generaciones anteriores, Dios les mandó seguirlo de todo corazón. Esto mismo sucede en nuestras vidas cuando vamos a la deriva en nuestra devoción al Señor. ¿Cómo evitamos tomar el sendero del juicio? De la manera que Santiago nos amonesta: «Acercaos a Dios, y él se acercará a vosotros» (Stg 4.8). Tan pronto sintamos que el Espíritu de Dios nos da convicción para que nos acerquemos a Él, necesitamos responder con corazones humildes, arrepintiéndonos y renovando nuestro compromiso con Él, siendo íntegros de corazón. Al hacerlo, su paz nos sustentará y rebosará en nosotros como evidencia de su presencia en nuestro interior.

➤ ***1.17 — aún consolará Jehová a Sion, y escogerá todavía a Jerusalén.***

Dios juzgó a Israel y a Judá, no para desatar su enojo sino para que el corazón de su pueblo se volviese a Él.

2 Y le dije: ¿A dónde vas? Y él me respondió: A medir a Jerusalén, para ver cuánta es su anchura, y cuánta su longitud.
3 Y he aquí, salía aquel ángel que hablaba conmigo, y otro ángel le salió al encuentro,
4 y le dijo: Corre, habla a este joven, diciendo: Sin muros será habitada Jerusalén, a causa de la multitud de hombres y de ganado en medio de ella.
➤ 5 Yo seré para ella, dice Jehová, muro de fuego en derredor, y para gloria estaré en medio de ella.
6 Eh, eh, huid de la tierra del norte, dice Jehová, pues por los cuatro vientos de los cielos os esparcí, dice Jehová.
7 Oh Sion, la que moras con la hija de Babilonia, escápate.
8 Porque así ha dicho Jehová de los ejércitos: Tras la gloria me enviará él a las naciones que os despojaron; porque el que os toca, toca a la niña de su ojo.
9 Porque he aquí yo alzo mi mano sobre ellos, y serán despojo a sus siervos, y sabréis que Jehová de los ejércitos me envió.
✻➤ 10 Canta y alégrate, hija de Sion; porque he aquí vengo, y moraré en medio de ti, ha dicho Jehová.
➤ 11 Y se unirán muchas naciones a Jehová en aquel día, y me serán por pueblo, y moraré en medio de ti; y entonces conocerás que Jehová de los ejércitos me ha enviado a ti.
12 Y Jehová poseerá a Judá su heredad en la tierra santa, y escogerá aún a Jerusalén.
13 Calle toda carne delante de Jehová; porque él se ha levantado de su santa morada.

Visión del sumo sacerdote Josué

3 Me mostró al sumo sacerdote Josué,[a] el cual estaba delante del ángel de Jehová, y Satanás estaba a su mano derecha para acusarle.[b] ➤
2 Y dijo Jehová a Satanás: Jehová te reprenda,[c] oh Satanás; Jehová que ha escogido a Jerusalén te reprenda. ¿No es éste un tizón arrebatado del incendio?
3 Y Josué estaba vestido de vestiduras viles, y estaba delante del ángel.
4 Y habló el ángel, y mandó a los que estaban delante de él, diciendo: Quitadle esas vestiduras viles. Y a él le dijo: Mira que he quitado de ti tu pecado, y te he hecho vestir de ropas de gala. ➤
5 Después dijo: Pongan mitra limpia sobre su cabeza. Y pusieron una mitra limpia sobre su cabeza, y le vistieron las ropas. Y el ángel de Jehová estaba en pie.

a. 3.1 Esd 5.2. **b. 3.1** Ap 12.10. **c. 3.2** Jud 9.

LECCIONES DE VIDA

➤ ***2.5 — Yo seré para ella, dice Jehová, muro de fuego en derredor, y para gloria estaré en medio de ella.***

En este pasaje Zacarías describe el esplendor de la Jerusalén reconstruida, repleta de habitantes e iluminada y protegida totalmente por la gloria y el poder del Señor. También anticipa la llegada de la Nueva Jerusalén, aquella ciudad que «no tiene necesidad de sol ni de luna que brillen en ella; porque la gloria de Dios la ilumina, y el Cordero es su lumbrera» (Ap 21.23). Como creyentes, también podemos anticipar con anhelo y expectación el día en que Dios establezca su nuevo reino. Segunda Corintios 4.6, 7 nos dice: «Dios... es el que resplandeció en nuestros corazones, para iluminación del conocimiento de la gloria de Dios en la faz de Jesucristo. Pero tenemos este tesoro en vasos de barro, para que la excelencia del poder sea de Dios, y no de nosotros». Lo que nos da ánimo y debemos recordar es que Dios se revela hoy a nosotros de incontables maneras. Tenemos la oportunidad de experimentar los toques de su gloria, y al hacerlo quedamos impactados por lo asombroso de su amor. Si bien, el cielo es su promesa futura para todos los que creen en Él, por su gracia admirable, podemos tener una relación personal con Él ahora mismo.

➤ ***2.10 — Canta y alégrate, hija de Sion; porque he aquí vengo, y moraré en medio de ti, ha dicho Jehová.***

Podemos confiar en las promesas de Dios porque Él dedica su amor y su poder infinito a asegurar su cumplimiento. Esta profecía fue cumplida por medio de Jesús, quien también es llamado «Emanuel, que traducido es: Dios con nosotros» (Mt 1.23; también Ez 37.27; Jn 1.14; 14.23; 2 Co 6.16; Ap 21.3). Si sabemos que Dios está con nosotros y desea que tengamos un compañerismo íntimo con Él, ¿cómo no vamos a irrumpir en canto y regocijarnos de todo corazón?

➤ ***2.11 — se unirán muchas naciones a Jehová en aquel día, y me serán por pueblo.***

El plan del Señor siempre ha sido redimir personas «de todo linaje y lengua y pueblo y nación» por la sangre de Cristo (Ap 5.9; también Gn 12.3; 22.18; Gá 3.7–9). ¡Su amor cubre el mundo!

➤ ***3.1 — Me mostró al sumo sacerdote Josué, el cual estaba delante del ángel de Jehová, y Satanás estaba a su mano derecha para acusarle.***

La Biblia llama a Satanás «el acusador de nuestros hermanos», quien se opone al pueblo del Señor «delante de nuestro Dios día y noche» (Ap 12.10). Gracias a Dios, «abogado tenemos para con el Padre, a Jesucristo el justo. Y él es la propiciación por nuestros pecados; y no solamente por los nuestros, sino también por los de todo el mundo» (1 Jn 2.1, 2). *Propiciación* significa «apaciguar». El sacrificio de Jesucristo al morir por el pecado de la humanidad aplacó o satisfizo la ira de Dios. Pablo escribió: «por cuanto todos pecaron, y están destituidos de la gloria de Dios» (Ro 3.23). La naturaleza misma del pecado demanda un sacrificio, y debido a que el peso de nuestro pecado contra Dios es tan grande, Él envió a su Hijo a morir por nosotros. Jesús fue el sacrificio perfecto, y por medio de su muerte, se encargó por completo del castigo eterno de nuestro pecado. Tan pronto lo hizo, pudo mostrarnos misericordia y quitar todo residuo de culpa y vergüenza mediante su amor incondicional y su perdón.

➤ ***3.4 — Quitadle esas vestiduras viles. Y a él le dijo: Mira que he quitado de ti tu pecado, y te he hecho vestir de ropas de gala.***

Cristo mismo nos hace dignos de su presencia, vistiéndonos en su justicia mediante su muerte y resurrección (Is 61.10; Col 3.9, 10).

RESPUESTAS A PREGUNTAS DE LA VIDA

¿Cómo evito quemarme sirviendo en la obra de Dios?

ZAC 4.6–9

Durante décadas, los judíos que estuvieron cautivos en Babilonia oraron para que Dios les permitiera regresar a Jerusalén, de tal modo que pudieran reconstruir el templo y restaurar la tierra que había sido su hogar (Sal 137.1–6). Dios les contestó enviando al rey Ciro de Persia a derrocar a los babilonios y enviar a los judíos de regreso a la tierra prometida. En Esdras 1.2, 3 Ciro declaró: «Jehová el Dios de los cielos me ha dado todos los reinos de la tierra, y me ha mandado que le edifique casa en Jerusalén, que está en Judá. Quien haya entre vosotros de su pueblo, sea Dios con él, y suba a Jerusalén que está en Judá, y edifique la casa a Jehová Dios de Israel».

Muchos aprovecharon esta oportunidad y regresaron a Jerusalén para llevar a cabo la tarea monumental de restauración. Sin embargo, el trabajo era bastante difícil y el pueblo se desanimó. Al enfrentar oposición externa, abandonaron el proyecto por completo. Durante dieciséis años la obra permaneció suspendida.

¿Se pregunta a veces cómo es que unas personas que sirven al Dios viviente puedan desanimarse o distraerse a tal punto que abandonen la importante tarea que Dios les ha llamado a hacer? En la mayoría de los casos, parece totalmente ilógico. Por supuesto, existen ciertas presiones que son parte normal de la vida, sobre todo cuando se ocupa una posición de responsabilidad. No obstante, existe una razón común por la que muchos siervos de Dios no experimentan el éxito, y es la siguiente: no hacen la obra de Dios a la manera de Dios. En consecuencia, son presa fácil del estrés, las distracciones, las desilusiones y el fracaso.

Dios sabía que el pueblo, como sus predecesores, enfrentaría oposición. A fin de prepararlos para lo que les esperaba, Él los animó por medio del profeta Zacarías, quien dijo estas palabras memorables: «No con ejército, ni con fuerza, sino con mi Espíritu, ha dicho Jehová de los ejércitos» (Zac 4.6). Dios los animó diciéndoles que no esperaba que terminaran la obra con sus propias fuerzas. Por el contrario, la construcción del templo sólo podría completarse si ellos confiaban en Él y lo obedecían.

La obra de Dios se puede hacer de dos maneras: en la carne, dependiendo de nuestra propia influencia y personalidad, nuestros talentos, recursos, educación y experiencia; o, podemos realizar cada tarea a la manera de Dios, mediante la dirección y en el poder del Espíritu Santo. ¿Cuál es la diferencia? Primera Corintios 3.13–15 lo explica: «la obra de cada uno se hará manifiesta; porque el día la declarará, pues por el fuego será revelada; y la obra de cada uno cuál sea, el fuego la probará. Si permaneciere la obra de alguno que sobreedificó, recibirá recompensa. Si la obra de alguno se quemare, él sufrirá pérdida, si bien él mismo será salvo, aunque así como por fuego». ¿Cuál es la obra que será consumida? Todo aquello que hagamos según la carne, para nosotros mismos y no conforme a los planes y los mandatos de Dios. Al fin de cuentas, las únicas cosas que permanecerán serán las que se hayan hecho en obediencia a Él.

Como creyentes, hemos sido comisionados a participar en lo que Él está haciendo a lo largo y ancho en todo el mundo (Mt 28.19, 20; Hch 1.8). Podemos estar confiados que no existen obstáculos insuperables ni retos inconquistables. Cuando el Espíritu de Dios obra en nosotros, vamos a lograr las metas que Él nos instruya fijarnos. Si nos sometemos a su plan, recibimos fuerzas y valor renovados. Sin importar cuán abrumadora, complicada o imposible pueda parecer la tarea, Dios provee exactamente lo que necesitamos. Él también asume plena responsabilidad por ayudarnos a alcanzar esas metas. Cuando lo obedecemos, Dios hace prodigios y maravillas. Nunca nos equivocaremos confiando en el Salvador.

Para un estudio más a fondo, véase el Índice de Principios de vida:

24. *Vivir la vida cristiana es permitir al Señor Jesús vivir su vida en y por medio de nosotros.*

6 Y el ángel de Jehová amonestó a Josué,
diciendo:
7 Así dice Jehová de los ejércitos: Si anduvieres por mis caminos, y si guardares mi
ordenanza, también tú gobernarás mi casa,
también guardarás mis atrios, y entre éstos
que aquí están te daré lugar.
8 Escucha pues, ahora, Josué sumo sacerdote, tú y tus amigos que se sientan delante de
ti, porque son varones simbólicos. He aquí, yo
traigo a mi siervo el Renuevo.[d]
9 Porque he aquí aquella piedra que puse
delante de Josué; sobre esta única piedra hay
siete ojos; he aquí yo grabaré su escultura,
dice Jehová de los ejércitos, y quitaré el pecado de la tierra en un día.
10 En aquel día, dice Jehová de los ejércitos,
cada uno de vosotros convidará a su compañero, debajo de su vid y debajo de su higuera.[e]

El candelabro de oro y los olivos

4 Volvió el ángel que hablaba conmigo, y me
despertó, como un hombre que es despertado de su sueño.
2 Y me dijo: ¿Qué ves? Y respondí: He mirado,
y he aquí un candelabro todo de oro, con un
depósito encima, y sus siete lámparas encima
del candelabro, y siete tubos para las lámparas que están encima de él;
3 Y junto a él dos olivos,[a] el uno a la derecha
del depósito, y el otro a su izquierda.
4 Proseguí y hablé, diciendo a aquel ángel que
hablaba conmigo: ¿Qué es esto, señor mío?
➤ 5 Y el ángel que hablaba conmigo respondió y me
dijo: ¿No sabes qué es esto? Y dije: No, señor mío.
6 Entonces respondió y me habló diciendo:
Ésta es palabra de Jehová a Zorobabel,[b] que
dice: No con ejército, ni con fuerza, sino con
mi Espíritu, ha dicho Jehová de los ejércitos.
7 ¿Quién eres tú, oh gran monte? Delante de
Zorobabel serás reducido a llanura; él sacará
la primera piedra con aclamaciones de: Gracia, gracia a ella.
8 Vino palabra de Jehová a mí, diciendo:
9 Las manos de Zorobabel echarán el cimiento de esta casa, y sus manos la acabarán; y
conocerás que Jehová de los ejércitos me
envió a vosotros.
10 Porque los que menospreciaron el día de las ≺
pequeñeces se alegrarán, y verán la plomada
en la mano de Zorobabel. Estos siete son los
ojos de Jehová,[c] que recorren toda la tierra.
11 Hablé más, y le dije: ¿Qué significan estos
dos olivos;[d] a la derecha del candelabro y a su
izquierda?
12 Hablé aún de nuevo, y le dije: ¿Qué significan las dos ramas de olivo que por medio de dos
tubos de oro vierten de sí aceite como oro?
13 Y me respondió diciendo: ¿No sabes qué es
esto? Y dije: Señor mío, no.
14 Y él dijo: Éstos son los dos ungidos que
están delante del Señor de toda la tierra.

El rollo volante

5 De nuevo alcé mis ojos y miré, y he aquí
un rollo que volaba.
2 Y me dijo: ¿Qué ves? Y respondí: Veo un rollo
que vuela, de veinte codos de largo, y diez
codos de ancho.
3 Entonces me dijo: Ésta es la maldición que
sale sobre la faz de toda la tierra; porque todo
aquel que hurta (como está de un lado del
rollo) será destruido; y todo aquel que jura
falsamente (como está del otro lado del rollo)
será destruido.
4 Yo la he hecho salir, dice Jehová de los ejércitos, y vendrá a la casa del ladrón, y a la casa
del que jura falsamente en mi nombre; y permanecerá en medio de su casa y la consumirá, con sus maderas y sus piedras.

La mujer en el efa

5 Y salió aquel ángel que hablaba conmigo,
y me dijo: Alza ahora tus ojos, y mira qué es
esto que sale.
6 Y dije: ¿Qué es? Y él dijo: Éste es un efa que
sale. Además dijo: Ésta es la iniquidad de ellos
en toda la tierra.
7 Y he aquí, levantaron la tapa de plomo, y una
mujer estaba sentada en medio de aquel efa.
8 Y él dijo: Ésta es la Maldad; y la echó dentro del efa, y echó la masa de plomo en la boca
del efa.

d. 3.8 Jer 23.5; 33.15; Zac 6.12. **e. 3.10** Mi 4.4. **a. 4.3** Ap 11.4.
b. 4.6 Esd 5.2. **c. 4.10** Ap 5.6. **d. 4.11** Ap 11.4.

LECCIONES DE VIDA

➤ 4.5 — el ángel que hablaba conmigo respondió y me dijo: ¿No sabes qué es esto? Y dije: No, señor mío.

Nunca tenga miedo de admitirle a Dios que no puede comprender algo en su Palabra. Cuando llegue a un pasaje bíblico que no entienda, pídale que le enseñe lo que significa, y cómo quiere aplicarlo a su vida. A Él le encanta revelar su Palabra a aquellos que anhelan oír y obedecer (Stg 1.5).

➤ 4.10 — los que menospreciaron el día de las pequeñeces…

A los enemigos de Judá les parecía totalmente innecesaria la reconstrucción del templo en Jerusalén (Hag 1.2). A los que habían visto la casa del Señor en su gloria primera, este nuevo edificio les pareció desalentadoramente pequeño e insignificante (Hag 2.3). Sin embargo, en Hageo 2.9 Dios prometió: «La gloria postrera de esta casa será mayor que la primera… y daré paz en este lugar». El punto importante es este: Dios anhela habitar en medio de su pueblo y obrar a través de nosotros en formas asombrosas. Nunca deberíamos menospreciar las labores que nos parecen secundarias, ni ignorar las tareas pequeñas que Dios nos asigna. Otros podrán considerarlos insignificantes, pero el Señor conoce el valor inestimable de un corazón dispuesto y una vida rendida. Habrá ocasiones en las que no entendamos cómo puede obrar por medio de nosotros, pero Él siempre lo hace de maneras asombrosas cuando lo obedecemos.

Ejemplos de vida

JOSUÉ

Un retrato del Mesías

ZAC 6.9–13

Los sumos sacerdotes de Israel siempre habían llevado mitras en sus cabezas, no coronas ornamentadas (Éx 28.4, 36–38). Pero en los días del profeta Zacarías, Dios mandó que se hicieran unas coronas reales de plata y oro para Josué el sumo sacerdote, y que fueran puestas en su cabeza.

Además, el Señor dijo a través del profeta: «él llevará gloria, y se sentará y dominará en su trono, y habrá sacerdote a su lado; y consejo de paz habrá entre ambos» (Zac 6.13). Desde un principio, los judíos reconocieron este pasaje como una profecía del Mesías venidero. En el Mesías, las funciones de sacerdocio y realeza se fusionarían en majestad y santidad, algo totalmente único y sin precedentes. El sumo sacerdote Josué (cuyo nombre significa «Dios salva») proveyó una ilustración impactante del Salvador, Jesús (nombre derivado de la misma raíz hebrea). El Señor sirve como nuestro sumo sacerdote y el Cordero santo de Dios (Jn 1.29; He 9.11–14; Ap 21.22), y también reinará como nuestro Rey eterno por los siglos de los siglos (Ap 17.14; 19.16).

Para un estudio más a fondo, véase el Índice de Principios de vida:

3. La Palabra de Dios es ancla inconmovible en las tormentas.

9 Alcé luego mis ojos, y miré, y he aquí dos
mujeres que salían, y traían viento en sus alas,
y tenían alas como de cigüeña, y alzaron el efa
entre la tierra y los cielos.
10 Dije al ángel que hablaba conmigo: ¿A
dónde llevan el efa?
11 Y él me respondió: Para que le sea edificada casa en tierra de Sinar; y cuando esté preparada lo pondrán sobre su base.

Los cuatro carros

6 De nuevo alcé mis ojos y miré, y he aquí
cuatro carros que salían de entre dos montes; y aquellos montes eran de bronce.
2 En el primer carro había caballos alazanes,[a]
en el segundo carro caballos negros,[b]
3 en el tercer carro caballos blancos,[c] y en el
cuarto carro caballos overos rucios rodados.
4 Respondí entonces y dije al ángel que hablaba conmigo: Señor mío, ¿qué es esto?
5 Y el ángel me respondió y me dijo: Éstos son
los cuatro vientos de los cielos,[d] que salen después de presentarse delante del Señor de toda
la tierra.
6 El carro con los caballos negros salía hacia la
tierra del norte, y los blancos salieron tras ellos,
y los overos salieron hacia la tierra del sur.
7 Y los alazanes salieron y se afanaron por ir
a recorrer la tierra. Y dijo: Id, recorred la tierra. Y recorrieron la tierra.
8 Luego me llamó, y me habló diciendo: Mira,
los que salieron hacia la tierra del norte hicieron reposar mi Espíritu en la tierra del norte.

Coronación simbólica de Josué

9 Vino a mí palabra de Jehová, diciendo:
10 Toma de los del cautiverio a Heldai, a
Tobías y a Jedaías, los cuales volvieron de
Babilonia; e irás tú en aquel día, y entrarás en
casa de Josías hijo de Sofonías.
11 Tomarás, pues, plata y oro, y harás coronas, y las pondrás en la cabeza del sumo
sacerdote Josué, hijo de Josadac.
12 Y le hablarás, diciendo: Así ha hablado
Jehová de los ejércitos, diciendo: He aquí el
varón cuyo nombre es el Renuevo,[e] el cual
brotará de sus raíces, y edificará el templo de
Jehová.
13 Él edificará el templo de Jehová, y él llevará gloria, y se sentará y dominará en su trono,
y habrá sacerdote a su lado; y consejo de paz
habrá entre ambos.
14 Las coronas servirán a Helem, a Tobías, a
Jedaías y a Hen hijo de Sofonías, como memoria en el templo de Jehová.
15 Y los que están lejos vendrán y ayudarán a ➤
edificar el templo de Jehová, y conoceréis que
Jehová de los ejércitos me ha enviado a vosotros. Y esto sucederá si oyereis obedientes la
voz de Jehová vuestro Dios.

a. 6.2 Ap 6.4. **b. 6.2** Ap 6.5. **c. 6.3** Ap 6.2.
d. 6.5 Ap 7.1. **e. 6.12** Jer 23.5; 33.15; Zac 3.8.

LECCIONES DE VIDA

➤ ***6.15 — esto sucederá si oyereis obedientes la voz de Jehová vuestro Dios.***

Muchas de las promesas de Dios, tanto en el Antiguo como en el Nuevo Testamento, son condicionales. Cuando vea la palabra «si», entienda que Dios circunscribe su acción a nuestra obediencia.

El ayuno que Dios reprueba

7 Aconteció que en el año cuarto del rey
Darío vino palabra de Jehová a Zacarías,
a los cuatro días del mes noveno, que es
Quisleu,
2 cuando el pueblo de Bet-el había enviado a
Sarezer, con Regem-melec y sus hombres, a
implorar el favor de Jehová,
3 y a hablar a los sacerdotes que estaban en
la casa de Jehová de los ejércitos, y a los profetas, diciendo: ¿Lloraremos en el mes quinto? ¿Haremos abstinencia como hemos hecho
ya algunos años?
4 Vino, pues, a mí palabra de Jehová de los
ejércitos, diciendo:
➤5 Habla a todo el pueblo del país, y a los
sacerdotes, diciendo: Cuando ayunasteis y llorasteis en el quinto y en el séptimo mes estos
setenta años, ¿habéis ayunado para mí?
6 Y cuando coméis y bebéis, ¿no coméis y
bebéis para vosotros mismos?
7 ¿No son éstas las palabras que proclamó
Jehová por medio de los profetas primeros,
cuando Jerusalén estaba habitada y tranquila,
y sus ciudades en sus alrededores y el Neguev
y la Sefela estaban también habitados?

La desobediencia, causa del cautiverio

8 Y vino palabra de Jehová a Zacarías,
diciendo:
➤9 Así habló Jehová de los ejércitos, diciendo:
Juzgad conforme a la verdad, y haced misericordia y piedad cada cual con su hermano;
10 no oprimáis a la viuda, al huérfano, al
extranjero ni al pobre; ni ninguno piense mal
en su corazón contra su hermano.
11 Pero no quisieron escuchar, antes volvieron
la espalda, y taparon sus oídos para no oír;
12 y pusieron su corazón como diamante, para
no oír la ley ni las palabras que Jehová de los
ejércitos enviaba por su Espíritu, por medio
de los profetas primeros; vino, por tanto, gran
enojo de parte de Jehová de los ejércitos.
13 Y aconteció que así como él clamó, y no
escucharon, también ellos clamaron, y yo no
escuché, dice Jehová de los ejércitos;
14 sino que los esparcí con torbellino por
todas las naciones que ellos no conocían, y la
tierra fue desolada tras ellos, sin quedar quien
fuese ni viniese; pues convirtieron en desierto
la tierra deseable.

Promesa de la restauración de Jerusalén

8 Vino a mí palabra de Jehová de los ejércitos, diciendo:
2 Así ha dicho Jehová de los ejércitos: Celé a
Sion con gran celo, y con gran ira la celé.
3 Así dice Jehová: Yo he restaurado a Sion, y
moraré en medio de Jerusalén; y Jerusalén se
llamará Ciudad de la Verdad, y el monte de
Jehová de los ejércitos, Monte de Santidad.
4 Así ha dicho Jehová de los ejércitos: Aún
han de morar ancianos y ancianas en las
calles de Jerusalén, cada cual con bordón en
su mano por la multitud de los días.
5 Y las calles de la ciudad estarán llenas de
muchachos y muchachas que jugarán en ellas.
6 Así dice Jehová de los ejércitos: Si esto pare- ➤
cerá maravilloso a los ojos del remanente de
este pueblo en aquellos días, ¿también será
maravilloso delante de mis ojos? dice Jehová
de los ejércitos.
7 Así ha dicho Jehová de los ejércitos: He
aquí, yo salvo a mi pueblo de la tierra del
oriente, y de la tierra donde se pone el sol;

LECCIONES DE VIDA

➤ ***7.5 — Cuando ayunasteis y llorasteis en el quinto y en el séptimo mes estos setenta años, ¿habéis ayunado para mí?***

Durante su cautiverio, los judíos hicieron ayuno para conmemorar la destrucción del templo y Jerusalén. Sin embargo, mientras la ciudad y la casa del Señor eran reconstruidas, se preguntaron si debían continuar la práctica (Zac 7.3). Dios les recordó que a Él no le interesan ni la observancia religiosa ni los rituales. Más bien, quería que lo sirvieran por amor y reverencia (Zac 7.5–11). Dios desea una relación genuina y de corazón con nosotros. Él quiere que lo obedezcamos, no por obligación sino con corazones dispuestos y llenos de amor (1 S 15.22; Sal 51.16, 17; Jer 7.22, 23; Os 6.6; Mr 12.33). La profundidad de la intimidad que tenemos con Él determina el impacto y el fruto de nuestra vida. Por lo tanto, necesitamos asegurarnos que todo lo que hagamos esté en armonía con su voluntad y su plan para nuestras vidas (Jn 15.4, 5).

➤ ***7.9 — Así habló Jehová de los ejércitos, diciendo: Juzgad conforme a la verdad, y haced misericordia y piedad cada cual con su hermano.***

Cuando tenemos una relación genuina y dinámica con Dios, nuestras vidas lo demuestran (Mt 5.3–12; Jn 13.34, 35; 1 Co 13.4–8; Gá 5.22, 23; 2 P 1.5–8). Expresaremos el carácter de Cristo tratando a nuestros semejantes con el amor, la amabilidad, el perdón y la verdad que Él nos ha mostrado, para así representarlo fielmente delante de cualquier persona que encontremos por el camino (2 Co 1.3–7; 5.20; Ef 4.32; Col 3.12–17).

➤ ***8.6 — Si esto parecerá maravilloso a los ojos del remanente de este pueblo en aquellos días, ¿también será maravilloso delante de mis ojos?***

Lo que es imposible para nosotros es muy fácil para el Señor (Gn 18.14; Jer 32.27; Mt 19.26; Lc 1.37; 18.27). Por esta razón podemos confiar en Él, sin importar cuán difícil parezca nuestra situación.

➤ ***8.9 — Esfuércense vuestras manos, los que oís en estos días estas palabras de la boca de los profetas.***

Cada vez que se sienta débil y necesitado de fortalecimiento espiritual, pase más tiempo en las Escrituras. Dios se deleita en darle fortaleza por medio de su Palabra. Recuerde también la importancia de la obediencia. Hacer lo que Él le manda hacer siempre le conducirá a la bendición.

8 y los traeré, y habitarán en medio de Jerusalén; y me serán por pueblo, y yo seré a ellos
por Dios en verdad y en justicia.
➤ 9 Así ha dicho Jehová de los ejércitos: Esfuércense vuestras manos, los que oís en estos días
estas palabras de la boca de los profetas, desde
el día que se echó el cimiento a la casa de Jehová de los ejércitos, para edificar el templo.
10 Porque antes de estos días no ha habido
paga de hombre ni paga de bestia, ni hubo paz
para el que salía ni para el que entraba, a causa del enemigo; y yo dejé a todos los hombres
cada cual contra su compañero.
11 Mas ahora no lo haré con el remanente de
este pueblo como en aquellos días pasados,
dice Jehová de los ejércitos.
12 Porque habrá simiente de paz; la vid dará
su fruto, y dará su producto la tierra, y los cielos darán su rocío; y haré que el remanente de
este pueblo posea todo esto.
* 13 Y sucederá que como fuisteis maldición
➤ entre las naciones, oh casa de Judá y casa de
Israel, así os salvaré y seréis bendición. No
temáis, mas esfuércense vuestras manos.
14 Porque así ha dicho Jehová de los ejércitos: Como pensé haceros mal cuando vuestros padres me provocaron a ira, dice Jehová
de los ejércitos, y no me arrepentí,
15 así al contrario he pensado hacer bien a
Jerusalén y a la casa de Judá en estos días;
no temáis.
16 Éstas son las cosas que habéis de hacer:
Hablad verdad cada cual con su prójimo;[a] juzgad según la verdad y lo conducente a la paz
en vuestras puertas.
17 Y ninguno de vosotros piense mal en su
corazón contra su prójimo, ni améis el juramento falso; porque todas éstas son cosas que
aborrezco, dice Jehová.
18 Vino a mí palabra de Jehová de los ejércitos, diciendo:
19 Así ha dicho Jehová de los ejércitos: El
ayuno del cuarto mes, el ayuno del quinto,
el ayuno del séptimo, y el ayuno del décimo,
se convertirán para la casa de Judá en gozo
y alegría, y en festivas solemnidades. Amad,
pues, la verdad y la paz.
20 Así ha dicho Jehová de los ejércitos: Aún
vendrán pueblos, y habitantes de muchas ciudades;
21 y vendrán los habitantes de una ciudad
a otra, y dirán: Vamos a implorar el favor de
Jehová, y a buscar a Jehová de los ejércitos.
Yo también iré.
22 Y vendrán muchos pueblos y fuertes naciones a buscar a Jehová de los ejércitos en Jerusalén, y a implorar el favor de Jehová.
23 Así ha dicho Jehová de los ejércitos: En
aquellos días acontecerá que diez hombres
de las naciones de toda lengua tomarán del
manto a un judío, diciendo: Iremos con vosotros, porque hemos oído que Dios está con
vosotros.

Castigo de las naciones vecinas

9 La profecía de la palabra de Jehová está contra la tierra de Hadrac y sobre Damasco;[a]
porque a Jehová deben mirar los ojos de
los hombres, y de todas las tribus de Israel.
2 También Hamat será comprendida en el
territorio de éste; Tiro y Sidón,[b] aunque sean
muy sabias.
3 Bien que Tiro se edificó fortaleza, y amon-
tonó plata como polvo, y oro como lodo de
las calles,
4 he aquí, el Señor la empobrecerá, y herirá en el mar su poderío, y ella será consumida de fuego.
5 Verá Ascalón, y temerá; Gaza también, y se
dolerá en gran manera; asimismo Ecrón, porque su esperanza será confundida; y perecerá
el rey de Gaza, y Ascalón no será habitada.
6 Habitará en Asdod un extranjero, y pondré
fin a la soberbia de los filisteos.[c]
7 Quitaré la sangre de su boca, y sus abominaciones de entre sus dientes, y quedará también un remanente para nuestro Dios, y serán

a. 8.16 Ef 4.25. **a. 9.1** Is 17.1-3; Jer 49.23-27; Am 1.3-5. **b. 9.1-4** Is 23.1-18; Ez 26.1—28.26; Jl 3.4-8; Am 1.9-10; Mt 11.21-22; Lc 10.13-14. **c. 9.5-7** Is 14.29-31; Jer 47.1-7; Ez 25.15-17; Jl 3.4-8; Am 1.6-8; Sof 2.4-7.

LECCIONES DE VIDA

➤ ***8.13 — os salvaré y seréis bendición.***

Dios nos bendice para que podamos bendecir a otros. Aunque Israel y Judá habían sufrido muchos años de penalidades y sufrimientos, el Señor cambiaría por completo su situación, y les daría un tiempo de paz y bendición. Dios había prometido a Abram: «serán benditas en ti todas las familias de la tierra» (Gn 12.3). El Señor no había olvidado su pacto con su siervo fiel, y aquí renueva su juramento diciendo: «En aquellos días acontecerá que diez hombres de las naciones de toda lengua tomarán del manto a un judío, diciendo: Iremos con vosotros, porque hemos oído que Dios está con vosotros» (Zac 8.23). Dios cumplió su promesa por medio de la simiente de Abraham, el Señor Jesús (Gá 3.6–29). De igual modo, Él quiere que funcionemos como un canal de bendición a quienes nos rodean, y que también les guiemos a la fe en Cristo.

➤ ***9.9 — he aquí tu rey vendrá a ti, justo y salvador, humilde, y cabalgando sobre un asno, sobre un pollino hijo de asna.***

Esta profecía se cumplió 500 años más tarde con la entrada triunfal de Cristo a Jerusalén (Mt 21.1–11; Jn 12.12–16). Nuestro humilde Salvador cabalgó sobre un asnillo, haciendo así evidente su legítima estirpe real como el Mesías reinante y el heredero de David (1 R 1.33). Es por esta razón que el pueblo lo recibió clamando: «¡Hosanna al Hijo de David! ¡Bendito el que viene en el nombre del Señor! ¡Hosanna en las alturas!» (Mt 21.9; *Hosanna* significa «oh Jehová, sálvanos ahora» o «salva, te ruego»). ¿Cómo no vamos a alabar, adorar y recibir alegremente a un Rey tan glorioso?

como capitanes en Judá, y Ecrón será como
el jebuseo.
8 Entonces acamparé alrededor de mi casa
como un guarda, para que ninguno vaya ni
venga, y no pasará más sobre ellos el opresor;
porque ahora miraré con mis ojos.

El futuro rey de Sion

➤ 9 Alégrate mucho, hija de Sion; da voces de
júbilo, hija de Jerusalén; he aquí tu rey vendrá
a ti, justo y salvador, humilde, y cabalgando
sobre un asno, sobre un pollino hijo de asna.[d]
10 Y de Efraín destruiré los carros, y los caballos de Jerusalén, y los arcos de guerra serán
quebrados; y hablará paz a las naciones, y su
señorío será de mar a mar, y desde el río hasta los fines de la tierra.[e]
11 Y tú también por la sangre de tu pacto
serás salva; yo he sacado tus presos de la cisterna en que no hay agua.
12 Volveos a la fortaleza, oh prisioneros de
esperanza; hoy también os anuncio que os
restauraré el doble.
13 Porque he entesado para mí a Judá como
arco, e hice a Efraín su flecha, y despertaré a
tus hijos, oh Sion, contra tus hijos, oh Grecia,
y te pondré como espada de valiente.
14 Y Jehová será visto sobre ellos, y su dardo
saldrá como relámpago; y Jehová el Señor tocará trompeta, e irá entre torbellinos del austro.
15 Jehová de los ejércitos los amparará, y
ellos devorarán, y hollarán las piedras de la
honda, y beberán, y harán estrépito como
tomados de vino; y se llenarán como tazón, o
como cuernos del altar.
* 16 Y los salvará en aquel día Jehová su Dios
➤ como rebaño de su pueblo; porque como piedras de diadema serán enaltecidos en su tierra.
17 Porque ¡cuánta es su bondad, y cuánta su
hermosura! El trigo alegrará a los jóvenes, y
el vino a las doncellas.

Jehová redimirá a su pueblo

10 Pedid a Jehová lluvia en la estación tardía. Jehová hará relámpagos, y os dará
lluvia abundante, y hierba verde en el campo
a cada uno.
2 Porque los terafines han dado vanos orácu-
los, y los adivinos han visto mentira, han
hablado sueños vanos, y vano es su consuelo;
por lo cual el pueblo vaga como ovejas, y sufre
porque no tiene pastor.[a]
3 Contra los pastores se ha encendido mi enojo, y castigaré a los jefes; pero Jehová de los
ejércitos visitará su rebaño, la casa de Judá,
y los pondrá como su caballo de honor en la
guerra.
4 De él saldrá la piedra angular, de él la clavi-
ja, de él el arco de guerra, de él también todo
apremiador.
5 Y serán como valientes que en la batalla huellan al enemigo en el lodo de las
calles; y pelearán, porque Jehová estará con
ellos; y los que cabalgan en caballos serán
avergonzados.
6 Porque yo fortaleceré la casa de Judá, y
guardaré la casa de José, y los haré volver;
porque de ellos tendré piedad, y serán como
si no los hubiera desechado; porque yo soy
Jehová su Dios, y los oiré.
7 Y será Efraín como valiente, y se alegrará
su corazón como a causa del vino; sus hijos
también verán, y se alegrarán; su corazón se
gozará en Jehová.
8 Yo los llamaré con un silbido, y los reuniré,
porque los he redimido; y serán multiplicados
tanto como fueron antes.
9 Bien que los esparciré entre los pueblos, aun
en lejanos países se acordarán de mí; y vivirán con sus hijos, y volverán.
10 Porque yo los traeré de la tierra de Egipto,
y los recogeré de Asiria; y los traeré a la tierra
de Galaad y del Líbano, y no les bastará.
11 Y la tribulación pasará por el mar, y herirá en el mar las ondas, y se secarán todas las
profundidades del río; y la soberbia de Asiria será derribada, y se perderá el cetro de
Egipto.
12 Y yo los fortaleceré en Jehová, y caminarán
en su nombre, dice Jehová.

d. 9.9 Mt 21.5; Jn 12.15. **e. 9.10** Sal 72.8. **a. 10.2** Mt 9.36; Mr 6.34.

LECCIONES DE VIDA

➤ ***9.16 — los salvará en aquel día Jehová su Dios como rebaño de su pueblo.***

Dios es nuestro Pastor amoroso, presto y deseoso de rescatarnos de los enemigos traicioneros y de los problemas que, de no ser por Él, nos abrumarían (Sal 23; 28.9; Is 40.10, 11; Ez 34.11–31; Jn 10.11, 14; He 13.20; 1 P 2.25; 5.4; Ap 7.17).

➤ ***10.6 — yo fortaleceré la casa de Judá, y guardaré la casa de José, y los haré volver.***

Aquí Dios promete restaurar tanto a Judá (el reino del sur) como a José (o Israel, el reino del norte). También sabemos por Ezequiel que el Señor juntaría a ambos pueblos en una sola nación, en la tierra de la promesa (como se estableció el 14 de mayo de 1948), y en últimas los reuniría para siempre bajo un Rey, el Mesías, nuestro Señor Jesús (Ez 37.15–28). Hasta en su juicio, Dios nos extiende misericordia. Él no desea castigarnos ni rechazar a nadie, sino que a todos nos llama por igual, al arrepentimiento y a la vida (Ez 33.11; 1 Ti 2.4; 2 P 3.9).

➤ ***10.12 — yo los fortaleceré en Jehová, y caminarán en su nombre, dice Jehová.***

Dios quiere que seamos sus representantes en el mundo, testimonios vivos de su amor, su gracia, su misericordia y su santidad. Sin embargo, esto es algo que sucede únicamente si permitimos que Jesús viva su vida en y a través de nosotros.

11 Oh Líbano, abre tus puertas, y consuma
el fuego tus cedros.
2 Aúlla, oh ciprés, porque el cedro cayó, porque los árboles magníficos son derribados.
Aullad, encinas de Basán, porque el bosque
espeso es derribado.
3 Voz de aullido de pastores, porque su magnificencia es asolada; estruendo de rugidos de
cachorros de leones, porque la gloria del Jordán es destruida.

Los pastores inútiles

4 Así ha dicho Jehová mi Dios: Apacienta las
ovejas de la matanza,
5 a las cuales matan sus compradores, y no se
tienen por culpables; y el que las vende, dice:
Bendito sea Jehová, porque he enriquecido; ni
sus pastores tienen piedad de ellas.
6 Por tanto, no tendré ya más piedad de los
moradores de la tierra, dice Jehová; porque
he aquí, yo entregaré los hombres cada cual
en mano de su compañero y en mano de su
rey; y asolarán la tierra, y yo no los libraré de
sus manos.
7 Apacenté, pues, las ovejas de la matanza,
esto es, a los pobres del rebaño. Y tomé para
mí dos cayados: al uno puse por nombre Gracia, y al otro Ataduras; y apacenté las ovejas.
8 Y destruí a tres pastores en un mes; pues mi
alma se impacientó contra ellos, y también el
alma de ellos me aborreció a mí.
9 Y dije: No os apacentaré; la que muriere, que
muera; y la que se perdiere, que se pierda; y
las que quedaren, que cada una coma la carne
de su compañera.
10 Tomé luego mi cayado Gracia, y lo quebré,
para romper mi pacto que concerté con todos
los pueblos.
11 Y fue deshecho en ese día, y así conocieron
los pobres del rebaño que miraban a mí, que
era palabra de Jehová.
12 Y les dije: Si os parece bien, dadme mi salario; y si no, dejadlo. Y pesaron por mi salario
treinta piezas de plata.
➤ 13 Y me dijo Jehová: Échalo al tesoro; ¡hermoso precio con que me han apreciado! Y tomé
las treinta piezas de plata, y las eché en la
casa de Jehová al tesoro.[a]
14 Quebré luego el otro cayado, Ataduras, para
romper la hermandad entre Judá e Israel.
15 Y me dijo Jehová: Toma aún los aperos de
un pastor insensato;
16 porque he aquí, yo levanto en la tierra a un
pastor que no visitará las perdidas, ni buscará
la pequeña, ni curará la perniquebrada, ni llevará la cansada a cuestas, sino que comerá la
carne de la gorda, y romperá sus pezuñas.
17 ¡Ay del pastor inútil que abandona el ganado! Hiera la espada su brazo, y su ojo derecho;
del todo se secará su brazo, y su ojo derecho
será enteramente oscurecido.

Liberación futura de Jerusalén

12 Profecía de la palabra de Jehová acer- ➤
ca de Israel. Jehová, que extiende los
cielos y funda la tierra, y forma el espíritu del
hombre dentro de él, ha dicho:
2 He aquí yo pongo a Jerusalén por copa que
hará temblar a todos los pueblos de alrededor
contra Judá, en el sitio contra Jerusalén.
3 Y en aquel día yo pondré a Jerusalén por
piedra pesada a todos los pueblos; todos los
que se la cargaren serán despedazados, bien
que todas las naciones de la tierra se juntarán contra ella.
4 En aquel día, dice Jehová, heriré con pánico a todo caballo, y con locura al jinete; mas
sobre la casa de Judá abriré mis ojos, y a todo
caballo de los pueblos heriré con ceguera.
5 Y los capitanes de Judá dirán en su corazón:
Tienen fuerza los habitantes de Jerusalén en
Jehová de los ejércitos, su Dios.
6 En aquel día pondré a los capitanes de Judá
como brasero de fuego entre leña, y como
antorcha ardiendo entre gavillas; y consumirán a diestra y a siniestra a todos los pueblos
alrededor; y Jerusalén será otra vez habitada
en su lugar, en Jerusalén.
7 Y librará Jehová las tiendas de Judá primero, para que la gloria de la casa de David y
del habitante de Jerusalén no se engrandezca sobre Judá.
8 En aquel día Jehová defenderá al morador
de Jerusalén; el que entre ellos fuere débil, en

a. 11.12-13 Mt 27.9-10.

LECCIONES DE VIDA

➤ ***11.13 — me dijo Jehová: Échalo al tesoro; ¡hermoso precio con que me han apreciado!***

Judas Iscariote cumplió esta profecía cuando traicionó al Señor Jesús por treinta piezas de plata (Mt 26.14–16; 27.1–10), la cantidad que se pagaba por un siervo que muriera acorneado por un buey (Éx 21.32). El Señor reveló en este pasaje lo que realmente pensaban de Él los líderes religiosos de la época. El «hermoso precio» fue un reflejo de su rechazo ofensivo del Único Dios Verdadero.

➤ ***12.1 — Jehová, que extiende los cielos y funda la tierra, y forma el espíritu del hombre dentro de él.***

El mismo Dios que diseñó y creó el vasto universo que le rodea, quien planeó y formó el planeta donde usted vive, también le moldeó y formó a usted. Él le conoce por dentro y por fuera, y quiere que usted lo conozca.

➤ ***12.10 — derramaré sobre la casa de David, y sobre los moradores de Jerusalén, espíritu de gracia y de oración; y mirarán a mí, a quien traspasaron.***

Esta profecía vio su primer cumplimiento durante el Pentecostés, cuando el Espíritu Santo fue dado para morar en los creyentes (Hch 2). Sin embargo, también refleja un tiempo futuro cuando el mundo por fin entenderá que Jesús es el único Rey verdadero y eterno (Zac 12.8–14; 14.9; también Is 45.22–25; Jl 2.28–32; Ro 14.10–2; Fil 2.9–11; Ap 11.15). ¡Será un tiempo inolvidable!

aquel tiempo será como David; y la casa de
David como Dios, como el ángel de Jehová
delante de ellos.
9 Y en aquel día yo procuraré destruir a todas
las naciones que vinieren contra Jerusalén.
✻ 10 Y derramaré sobre la casa de David, y
➤ sobre los moradores de Jerusalén, espíritu de
gracia y de oración; y mirarán a mí, a quien
traspasaron,[a] y llorarán como se llora por hijo
unigénito, afligiéndose por él como quien se
aflige por el primogénito.
11 En aquel día habrá gran llanto en Jerusalén, como el llanto de Hadad-rimón en el valle
de Meguido.
12 Y la tierra lamentará, cada linaje aparte;
los descendientes de la casa de David por sí,
y sus mujeres por sí; los descendientes de la
casa de Natán por sí, y sus mujeres por sí;
13 los descendientes de la casa de Leví por
sí, y sus mujeres por sí; los descendientes de
Simei por sí, y sus mujeres por sí;
14 todos los otros linajes, cada uno por sí, y
sus mujeres por sí.

➤ **13** En aquel tiempo habrá un manantial
abierto para la casa de David y para los
habitantes de Jerusalén, para la purificación
del pecado y de la inmundicia.
2 Y en aquel día, dice Jehová de los ejércitos,
quitaré de la tierra los nombres de las imágenes, y nunca más serán recordados; y también
haré cortar de la tierra a los profetas y al espíritu de inmundicia.
3 Y acontecerá que cuando alguno profetizare aún, le dirán su padre y su madre que lo
engendraron: No vivirás, porque has hablado
mentira en el nombre de Jehová; y su padre y
su madre que lo engendraron le traspasarán
cuando profetizare.
4 Y sucederá en aquel tiempo, que todos los
profetas se avergonzarán de su visión cuando
profetizaren; ni nunca más vestirán el manto
velloso para mentir.
5 Y dirá: No soy profeta; labrador soy de la
tierra, pues he estado en el campo desde mi
juventud.
6 Y le preguntarán: ¿Qué heridas son éstas en
tus manos? Y él responderá: Con ellas fui herido en casa de mis amigos.

El pastor de Jehová es herido

7 Levántate, oh espada, contra el pastor, y ➤
contra el hombre compañero mío, dice Jehová de los ejércitos. Hiere al pastor,[a] y serán
dispersadas las ovejas; y haré volver mi mano
contra los pequeñitos.
8 Y acontecerá en toda la tierra, dice Jehová, que las dos terceras partes serán cortadas
en ella, y se perderán; mas la tercera quedará en ella.
9 Y meteré en el fuego a la tercera parte, y los
fundiré como se funde la plata, y los probaré
como se prueba el oro. Él invocará mi nombre,
y yo le oiré, y diré: Pueblo mío; y él dirá: Jehová es mi Dios.

Jerusalén y las naciones

14 He aquí, el día de Jehová viene, y en
medio de ti serán repartidos tus despojos.
2 Porque yo reuniré a todas las naciones para
combatir contra Jerusalén; y la ciudad será
tomada, y serán saqueadas las casas, y violadas las mujeres; y la mitad de la ciudad irá en
cautiverio, mas el resto del pueblo no será cortado de la ciudad.
3 Después saldrá Jehová y peleará con aquellas naciones, como peleó en el día de la
batalla.
4 Y se afirmarán sus pies en aquel día sobre
el monte de los Olivos, que está en frente de
Jerusalén al oriente; y el monte de los Olivos se partirá por en medio, hacia el oriente
y hacia el occidente, haciendo un valle muy
grande; y la mitad del monte se apartará hacia
el norte, y la otra mitad hacia el sur.
5 Y huiréis al valle de los montes, porque el ➤
valle de los montes llegará hasta Azal; huiréis de la manera que huisteis por causa del

a. 12.10 Jn 19.37; Ap 1.7. **a. 13.7** Mt 26.31; Mr 14.27.

LECCIONES DE VIDA

➤ *13.1 — En aquel tiempo habrá un manantial abierto para la casa de David y para los habitantes de Jerusalén, para la purificación del pecado y de la inmundicia.*

El Salmo 36.9 nos dice: «contigo está el manantial de la vida». En verdad, el Señor es nuestra fuente de salvación y nuestro manantial de agua de vida que rebosa con misericordia y gracia (Jn 4.10). Apocalipsis 22.17 lo confirma: «el que tiene sed, venga; y el que quiera, tome del agua de la vida gratuitamente». ¿Ya ha sido limpiado de su pecado e inmundicia? ¿Ha aceptado al Señor Jesús como su Salvador?

➤ *13.7 — Levántate, oh espada, contra el pastor, y contra el hombre compañero mío.*

Piense en esto: *el Señor* ordenó a la espada levantarse en contra de su Hijo Jesucristo. *Él* planeó los acontecimientos de la cruz; *Él* hirió voluntariamente a su Hijo unigénito (Is 53.10; Hch 4.27, 28). Y Él hizo todo esto *por usted.* Para que usted pueda ser reconciliado con Dios y tenga la oportunidad de disfrutar su compañía para siempre (Ro 5.10, 11; 2 Co 5.18, 19).

➤ *14.5 — vendrá Jehová mi Dios, y con él todos los santos.*

¿Sabía que la Biblia tiene casi el triple de profecías acerca de la segunda venida en comparación a la primera? Aquí Zacarías describe el tiempo cuando Jesús vendrá a juzgar a las naciones. Mateo 25.31, 32 lo explica: «Cuando el Hijo del Hombre venga en su gloria, y todos los santos ángeles con él, entonces se sentará en su trono de gloria, y serán reunidas delante de él todas las naciones; y apartará los unos de los otros, como aparta el pastor las ovejas de los cabritos» (también Ap 19.11–21). Jesús viene otra vez, amigo, y Él quiere que usted esté preparado (Mt 24.44).

terremoto en los días de Uzías rey de Judá;
y vendrá Jehová mi Dios, y con él todos los
santos.
6 Y acontecerá que en ese día no habrá luz
clara, ni oscura.
7 Será un día, el cual es conocido de Jehová,
que no será ni día ni noche; pero sucederá que
al caer la tarde habrá luz.
➢ 8 Acontecerá también en aquel día, que saldrán de Jerusalén aguas vivas,[a] la mitad de
ellas hacia el mar oriental, y la otra mitad
hacia el mar occidental, en verano y en
invierno.
✻ 9 Y Jehová será rey sobre toda la tierra. En
➢ aquel día Jehová será uno, y uno su nombre.
10 Toda la tierra se volverá como llanura desde Geba hasta Rimón al sur de Jerusalén; y
ésta será enaltecida, y habitada en su lugar
desde la puerta de Benjamín hasta el lugar de
la puerta primera, hasta la puerta del Ángulo,
y desde la torre de Hananeel hasta los lagares del rey.
11 Y morarán en ella, y no habrá nunca más
maldición,[b] sino que Jerusalén será habitada
confiadamente.
12 Y ésta será la plaga con que herirá Jehová
a todos los pueblos que pelearon contra Jerusalén: la carne de ellos se corromperá estando ellos sobre sus pies, y se consumirán en
las cuencas sus ojos, y la lengua se les deshará en su boca.
13 Y acontecerá en aquel día que habrá entre
ellos gran pánico enviado por Jehová; y tra-
bará cada uno de la mano de su compañero, y levantará su mano contra la mano de su
compañero.
14 Y Judá también peleará en Jerusalén.
Y serán reunidas las riquezas de todas las
naciones de alrededor: oro y plata, y ropas de
vestir, en gran abundancia.
15 Así también será la plaga de los caballos,
de los mulos, de los camellos, de los asnos y
de todas las bestias que estuvieren en aquellos campamentos.
16 Y todos los que sobrevivieren de las naciones que vinieron contra Jerusalén, subirán
de año en año para adorar al Rey, a Jehová
de los ejércitos, y a celebrar la fiesta de los
tabernáculos.[c]
17 Y acontecerá que los de las familias de la
tierra que no subieren a Jerusalén para adorar al Rey, Jehová de los ejércitos, no vendrá
sobre ellos lluvia.
18 Y si la familia de Egipto no subiere y no
viniere, sobre ellos no habrá lluvia; vendrá
la plaga con que Jehová herirá las naciones
que no subieren a celebrar la fiesta de los
tabernáculos.
19 Ésta será la pena del pecado de Egipto, y del pecado de todas las naciones que
no subieren para celebrar la fiesta de los
tabernáculos.
20 En aquel día estará grabado sobre las campanillas de los caballos: Santidad a Jehová; y
las ollas de la casa de Jehová serán como los
tazones del altar.
21 Y toda olla en Jerusalén y Judá será consagrada a Jehová de los ejércitos; y todos los
que sacrificaren vendrán y tomarán de ellas,
y cocerán en ellas; y no habrá en aquel día
más mercader en la casa de Jehová de los
ejércitos.

a. 14.8 Ez 47.1; Jn 7.38; Ap 22.1. **b. 14.11** Ap 22.3.
c. 14.16 Lv 23.39-43.

LECCIONES DE VIDA

➢ ***14.8 — en aquel día... saldrán de Jerusalén aguas vivas.***

El agua viva del Señor Jesús trae vida eterna (Jn 4.10; Ap 22.17). Aquí Zacarías pinta el día cuando el evangelio correrá como un río, de oriente a occidente y por todo el mundo, lavando los pecados de todos los que tomen parte en él por fe (He 10.22).

➢ ***14.9 — En aquel día Jehová será uno, y uno su nombre.***

Un día, dice el Señor: «a mí se doblará toda rodilla, y jurará toda lengua» (Is 45.23); y todos dirán: «Jesucristo es el Señor, para gloria de Dios Padre» (Fil 2.11).

EL LIBRO DE

MALAQUÍAS

Algunos años después que Dios restauró a su pueblo y los hizo volver a la tierra prometida, ellos empezaron otra vez a cometer los mismos pecados que habían conducido previamente al juicio de Dios y el cautiverio babilónico de siete décadas. Los sacerdotes deshonraban a Dios guiando al pueblo por el mal camino, y los judíos se daban en matrimonio mezclándose con las naciones paganas que los rodeaban. Sus corazones se estaban endureciendo y pervirtiendo, y Dios envió al profeta Malaquías para reprenderlos por su pecaminosidad.

Malaquías, un contemporáneo de Nehemías, dirigió su mensaje a un pueblo plagado de sacerdotes corruptos, inmoralidad y creciente cinismo. Varias décadas después que el templo quedó terminado, fueron incapaces de reconocer cómo se hicieron realidad las bendiciones que Dios les había prometido, específicamente aquellas que fueron profetizadas por Hageo y Zacarías, y en general todas las anunciadas por los demás profetas del Señor. En lugar de ser el esplendoroso pueblo escogido de Dios que veía su gloria llenar el templo, a duras penas eran una diminuta provincia persa, y estaban perdiendo la esperanza de experimentar la presencia y el poder de Dios en la nación. Esto los desanimó en gran manera, tanto que optaron por volverse apáticos a los mandatos del Señor. Usando un formato de preguntas y respuestas, Malaquías confronta las dudas infieles de ellos en cuanto al amor de Dios, y también denuncia su hipocresía, su infidelidad, sus matrimonios mixtos y sus divorcios, sus cultos falsos y su arrogancia.

Malaquías pudo haber profetizado después que Nehemías partió de Jerusalén para seguir sirviendo al rey persa (433 a.C.), puesto que los problemas que trató de combatir son similares a los que Nehemías confrontó más adelante, cuando regresó a Jerusalén para su segunda gestión como gobernador (Neh 13.7–31). El nombre *Maláji* («Mi mensajero») puede ser una forma abreviada de *Mal'akya*, «Mensajero de Jehová», un autor muy apropiado para un libro que habla de la venida del «mensajero del pacto». La frase «palabra de Jehová contra Israel por medio de Malaquías», que aparece en Mal 1.1, dice en hebreo: «palabra de Jehová por medio de mi mensajero», la palabra «mensajero» ocurre también dos veces más, véase Mal 2.7; 3.1.

Tema: El pueblo de Dios necesita reformar sus hábitos rebeldes a fin de preparar el camino para el Mesías venidero.

Autor: Probablemente Malaquías, aunque algunos creen que el nombre Malaquías es más bien un título («Mi mensajero»).

Fecha: Escrito casi al final del período profético en la historia de Israel, ca. 430 a.C.

Estructura: Malaquías tiene tres partes principales: apuntes introductorios en los que Dios reafirma su amor prometido a Israel (1.1–5); reprensiones severas por infidelidades de todo tipo (1.6—2.16); y profecías de la venida del Señor (2.17—4.6).

A medida que lea Malaquías, fíjese en los principios de vida que juegan un papel importante en este libro:

23. Jamás podremos superar a Dios en generosidad. *Véase Malaquías 3.8–12; páginas 1049, 1051.*

28. Ningún creyente ha sido llamado a transitar solitario en su peregrinaje de fe. *Véase Malaquías 3.16; página 1051.*

10. Si es necesario, Dios moverá cielo y tierra para mostrarnos su voluntad. *Véase Malaquías 4.5; página 1051.*

Amor de Jehová por Jacob

1 Profecía de la palabra de Jehová contra
Israel, por medio de Malaquías.
➤ 2 Yo os he amado, dice Jehová; y dijisteis: ¿En
qué nos amaste? ¿No era Esaú hermano de
Jacob? dice Jehová. Y amé a Jacob,
3 y a Esaú aborrecí,[a] y convertí sus montes en
desolación, y abandoné su heredad para los
chacales del desierto.
4 Cuando Edom[b] dijere: Nos hemos empobre-
cido, pero volveremos a edificar lo arruinado;
así ha dicho Jehová de los ejércitos: Ellos edificarán, y yo destruiré; y les llamarán territorio de impiedad, y pueblo contra el cual
Jehová está indignado para siempre.
5 Y vuestros ojos lo verán, y diréis: Sea Jehová engrandecido más allá de los límites de
Israel.

Jehová reprende a los sacerdotes

6 El hijo honra al padre, y el siervo a su señor.
Si, pues, soy yo padre, ¿dónde está mi honra? y si soy señor, ¿dónde está mi temor? dice
Jehová de los ejércitos a vosotros, oh sacerdotes, que menospreciáis mi nombre. Y decís:
¿En qué hemos menospreciado tu nombre?
7 En que ofrecéis sobre mi altar pan inmundo. Y dijisteis: ¿En qué te hemos deshonrado? En que pensáis que la mesa de Jehová es
despreciable.
8 Y cuando ofrecéis el animal ciego para el
sacrificio,[c] ¿no es malo? Asimismo cuando
ofrecéis el cojo o el enfermo, ¿no es malo? Pre-
séntalo, pues, a tu príncipe; ¿acaso se agradará de ti, o le serás acepto? dice Jehová de los
ejércitos.
9 Ahora, pues, orad por el favor de Dios, para
que tenga piedad de nosotros. Pero ¿cómo
podéis agradarle, si hacéis estas cosas? dice
Jehová de los ejércitos.
10 ¿Quién también hay de vosotros que cierre
las puertas o alumbre mi altar de balde? Yo no
tengo complacencia en vosotros, dice Jehová
de los ejércitos, ni de vuestra mano aceptaré ofrenda.
11 Porque desde donde el sol nace hasta donde se pone, es grande mi nombre entre las
naciones; y en todo lugar se ofrece a mi nombre incienso y ofrenda limpia, porque grande
es mi nombre entre las naciones, dice Jehová
de los ejércitos.
12 Y vosotros lo habéis profanado cuando
decís: Inmunda es la mesa de Jehová, y cuando decís que su alimento es despreciable.
13 Habéis además dicho: ¡Oh, qué fastidio es ➤
esto! y me despreciáis, dice Jehová de los ejércitos; y trajisteis lo hurtado, o cojo, o enfermo,
y presentasteis ofrenda. ¿Aceptaré yo eso de
vuestra mano? dice Jehová.
14 Maldito el que engaña, el que teniendo ➤
machos en su rebaño, promete, y sacrifica a
Jehová lo dañado. Porque yo soy Gran Rey,
dice Jehová de los ejércitos, y mi nombre es
temible entre las naciones.

Reprensión de la infidelidad de Israel

2 Ahora, pues, oh sacerdotes, para vosotros
es este mandamiento.
2 Si no oyereis, y si no decidís de corazón dar
gloria a mi nombre, ha dicho Jehová de los
ejércitos, enviaré maldición sobre vosotros,
y maldeciré vuestras bendiciones; y aun las

a. 1.2-3 Ro 9.13. **b. 1.2-5** Is 34.5-17; 63.1-6; Jer 49.7-22; Ez 25.12-14; 35.1-15; Am 1.11-12; Abd 1-14. **c. 1.8** Dt 15.21.

LECCIONES DE VIDA

➤ ***1.2 — Yo os he amado, dice Jehová.***

El pueblo de Israel estaba desanimado. Habían pasado décadas desde que finalizaron el templo, y aún les faltaba experimentar las recompensas por la obediencia que Dios les había prometido con Hageo y Zacarías (Hag 2; Zac 8). ¿Acaso el Señor se había olvidado de ellos? ¡Absolutamente no! Simplemente, no había llegado el tiempo para que Él los bendijera. Cuando usted deba pasar por un tiempo de espera, podría imaginar que Dios de algún modo ya no le ama. Sin embargo, Él sí le ama, ¡absolutamente! Como Isaías 30.18 testifica: «Jehová esperará para tener piedad de vosotros, y por tanto, será exaltado teniendo de vosotros misericordia; porque Jehová es Dios justo; bienaventurados todos los que confían en él». No permita sentimientos falsos que le tienten a caer en el pecado y la apatía. Además, es un error tratar el Antiguo Testamento como una declaración de juicio divino, a diferencia del Nuevo Testamento que declara el amor de Dios. Tanto el Antiguo como el Nuevo Testamento proclaman el amor de Dios por su pueblo y lo revelan como nuestro Redentor compasivo.

➤ ***1.13 — trajisteis lo hurtado, o cojo, o enfermo, y presentasteis ofrenda. ¿Aceptaré yo eso de vuestra mano? dice Jehová.***

En Levítico 22.19, 20, Dios fue claro en cuanto a los sacrificios que el pueblo debía traer: «para que sea aceptado, ofreceréis macho sin defecto de entre el ganado vacuno, de entre los corderos, o de entre las cabras. Ninguna cosa en que haya defecto ofreceréis, porque no será acepto por vosotros». Él esperaba lo mejor de su pueblo, pero los judíos se habían vuelto tan apáticos a sus mandatos que estaban trayendo lo peor de sus rebaños como ofrendas a Él (Mal 1.6–8), lo cual no agradó a Dios (Mal 1.10). Esto se aplica igualmente a nosotros. Como sacrificios vivos (Ro 12.1), nunca deberíamos traer a Dios algo que nos sobre o que no queramos, ni alguna ofrenda que no nos cueste (1 Cr 21.24). Hacemos el mal cuando realizamos nuestro esfuerzo mínimo para cumplir en el trabajo, en el hogar, en la comunidad y en la iglesia, porque nuestro Dios se merece lo mejor de nosotros en cada situación.

➤ ***1.14 — yo soy Gran Rey, dice Jehová de los ejércitos, y mi nombre es temible entre las naciones.***

Los reyes han de ser obedecidos, y siendo el «Rey de reyes» (Ap 19.16), el Señor merece nuestra completa obediencia. Al desobedecer, profanamos su nombre entre aquellos que no lo conocen, y ellos no ven razón alguna para temerlo. Nuestra relación con el Señor siempre debería atraer a los demás a Él (Mt 5.16; 2 Co 5.20; 1 P 2.12; 4.11).

he maldecido, porque no os habéis decidido
de corazón.
3 He aquí, yo os dañaré la sementera, y os
echaré al rostro el estiércol, el estiércol de
vuestros animales sacrificados, y seréis arrojados juntamente con él.
4 Y sabréis que yo os envié este mandamiento, para que fuese mi pacto con Leví,[a] ha dicho
Jehová de los ejércitos.
➤ 5 Mi pacto con él fue de vida y de paz,[b] las
cuales cosas yo le di para que me temiera;
y tuvo temor de mí, y delante de mi nombre
estuvo humillado.
6 La ley de verdad estuvo en su boca, e iniquidad no fue hallada en sus labios; en paz y
en justicia anduvo conmigo, y a muchos hizo
apartar de la iniquidad.
7 Porque los labios del sacerdote han de guardar la sabiduría, y de su boca el pueblo buscará la ley; porque mensajero es de Jehová de
los ejércitos.
8 Mas vosotros os habéis apartado del camino; habéis hecho tropezar a muchos en la ley;
habéis corrompido el pacto de Leví, dice Jehová de los ejércitos.
9 Por tanto, yo también os he hecho viles y
bajos ante todo el pueblo, así como vosotros
no habéis guardado mis caminos, y en la ley
hacéis acepción de personas.
10 ¿No tenemos todos un mismo padre? ¿No
nos ha creado un mismo Dios? ¿Por qué,
pues, nos portamos deslealmente el uno contra el otro, profanando el pacto de nuestros
padres?
11 Prevaricó Judá, y en Israel y en Jerusalén
se ha cometido abominación; porque Judá ha
profanado el santuario de Jehová que él amó,
y se casó con hija de dios extraño.
12 Jehová cortará de las tiendas de Jacob al
hombre que hiciere esto, al que vela y al que
responde, y al que ofrece ofrenda a Jehová de
los ejércitos.
13 Y esta otra vez haréis cubrir el altar de
Jehová de lágrimas, de llanto, y de clamor; así
que no miraré más a la ofrenda, para aceptarla con gusto de vuestra mano.
14 Mas diréis: ¿Por qué? Porque Jehová ha
atestiguado entre ti y la mujer de tu juventud,
contra la cual has sido desleal, siendo ella tu
compañera, y la mujer de tu pacto.
15 ¿No hizo él uno, habiendo en él abundancia de espíritu? ¿Y por qué uno? Porque buscaba una descendencia para Dios. Guardaos,
pues, en vuestro espíritu, y no seáis desleales
para con la mujer de vuestra juventud.
16 Porque Jehová Dios de Israel ha dicho que
él aborrece el repudio, y al que cubre de iniquidad su vestido, dijo Jehová de los ejércitos. Guardaos, pues, en vuestro espíritu, y no
seáis desleales.

El día del juicio se acerca

17 Habéis hecho cansar a Jehová con vuestras
palabras. Y decís: ¿En qué le hemos cansado?
En que decís: Cualquiera que hace mal agrada a Jehová, y en los tales se complace; o si no,
¿dónde está el Dios de justicia?
3 He aquí, yo envío mi mensajero, el cual
preparará el camino delante de mí;[a] y
vendrá súbitamente a su templo el Señor a
quien vosotros buscáis, y el ángel del pacto,
a quien deseáis vosotros. He aquí viene, ha
dicho Jehová de los ejércitos.
2 ¿Y quién podrá soportar el tiempo de su
venida? ¿o quién podrá estar en pie cuando él
se manifieste?[b] Porque él es como fuego purificador, y como jabón de lavadores.
3 Y se sentará para afinar y limpiar la plata;
porque limpiará a los hijos de Leví, los afinará
como a oro y como a plata, y traerán a Jehová
ofrenda en justicia.
4 Y será grata a Jehová la ofrenda de Judá
y de Jerusalén, como en los días pasados, y
como en los años antiguos.
5 Y vendré a vosotros para juicio; y seré pronto testigo contra los hechiceros y adúlteros,
contra los que juran mentira, y los que defrau-
dan en su salario al jornalero, a la viuda y al
huérfano, y los que hacen injusticia al extranjero, no teniendo temor de mí, dice Jehová de
los ejércitos.

a. 2.4 Nm 3.11-13. **b. 2.5** Nm 25.12. **a. 3.1** Mt 11.10; Mr 1.2; Lc 1.76; 7.27. **b. 3.2** Ap 6.17.

LECCIONES DE VIDA

➤ *2.5 — Mi pacto con él fue de vida y de paz.*

Aquí el Señor se dirige a los sacerdotes que a sabiendas guiaron al pueblo a deshonrar su nombre y sus mandatos, lo cual los llevaría únicamente a su destrucción (Mal 2.8, 9). Dios les recuerda su propósito verdadero: «los labios del sacerdote han de guardar la sabiduría, y de su boca el pueblo buscará la ley; porque mensajero es de Jehová de los ejércitos» (Mal 2.7). Todos los mandamientos, las promesas y las advertencias del Señor son para nuestro beneficio, para bendecirnos con vida y paz. Cuando rechazamos su Palabra, y contribuimos a que otros se aparten de Él por nuestra ganancia egoísta, debemos entender que «recibiremos mayor condenación» (Stg 3.1; también Mt 18.5, 6; Lc 17.1, 2). Como creyentes, Dios nos sujeta a un estándar más alto.

➤ *3.6 — yo Jehová no cambio; por esto, hijos de Jacob, no habéis sido consumidos.*

¿Por qué no serían consumidos los hijos de Jacob? Porque Dios hizo pactos con sus antepasados: Abraham (Gn 17.1–13) y David (2 S 7.8–16), y debido a su carácter insuperable y su gran santidad, Él siempre se ha comprometido a cumplir lo que les prometió. Nuestro Dios es inmutable, lo cual significa que nunca cambia (He 13.8). Él opera con base en principios eternos e invariables. Es por eso que podemos edificar nuestras vidas sobre sus promesas. Él ha sido verdaderamente fiel en el pasado y lo seguirá siendo en el futuro (He 10.23).

RESPUESTAS A PREGUNTAS DE LA VIDA

¿Debería diezmar cuando paso por dificultades económicas?

MAL 3.8–12

Desde un punto de vista humano, la Biblia puede parecer un libro lleno de paradojas. Por ejemplo, dice que si realmente queremos tener vida, primero debemos perderla (Mt 10.39). Si queremos entender la autoridad, primero debemos volvernos servidores (Mt 20.26, 27). Si queremos ser exaltados, debemos primero humillarnos (1 P 5.6).

Y dar a Dios es el primer paso hacia la libertad financiera.

Tal vez pregunte: «¿Cómo puedo darle *cualquier cosa* a Dios cuando ni siquiera puedo pagar mis cuentas? ¿Acaso Dios no espera que me encargue primero de mis deudas?»

A primera vista, ese cuestionamiento suena razonable. El problema es que ignora la autoridad y la perspectiva de Dios. Él insiste en que si no damos, lo estamos robando y vamos a terminar en peores condiciones económicas que nunca (Mal 3.8, 9).

Siempre deberíamos tener presente que todo lo que tenemos, Dios nos lo da, y que todo es suyo desde un principio: «Pues todo es tuyo, y de lo recibido de tu mano te damos» (1 Cr 29.14). Por lo tanto, lo que Dios pida de nosotros no es irrazonable. Él nos instruye: «Indefectiblemente diezmarás todo… para que aprendas a temer a Jehová tu Dios todos los días» (Dt 14.22, 23). Este diezmo es meramente el diez por ciento de todo lo que Él ha provisto para nosotros, y nos lo pide de vuelta como un reconocimiento de su provisión y como evidencia de nuestra confianza en Él. Además, cuando depositamos en Él nuestra confianza, Él nos recompensa con sus muchas bendiciones. Tal como nos promete en Malaquías 3.10: «Traed todos los diezmos al alfolí y haya alimento en mi casa; y probadme ahora en esto, dice Jehová de los ejércitos, si no os abriré las ventanas de los cielos, y derramaré sobre vosotros bendición hasta que sobreabunde». Como sabemos, las promesas de Dios han sido probadas y demostradas, así que podemos confiar que si lo obedecemos, Él derramará sus bendiciones sobre nosotros, tal como lo ha prometido.

Usted podrá preguntarse: *¿Debería diezmar cuando lucho con mis finanzas? ¿Debería apartar la décima parte de mi ingreso al Señor, cuando ya me resulta imposible cubrir mis gastos?* La respuesta es inequívoca: ¡Sí!

Puesto que Dios es el dueño de todo, usted puede confiarle todo lo que tiene. Él puede bendecir su noventa por ciento y hacerlo estirar más allá de lo que usted jamás imaginó (1 R 17.8–16; 2 R 4.1–7; Mt 14.15–21; 15.32–38). Este no es un ejercicio de ingenuidad fiscal, sino de fe. Dios no necesita su dinero; más bien, quiere que usted descubra las recompensas de la obediencia. Por esa razón, someterse a Él en el área de las finanzas es el prerrequisito para disfrutar la libertad verdadera. Es sólo cuando usted confíe de verdad en Dios y lo obedezca en todo, que verá todo lo que Él puede hacer en usted y por medio de usted. Por lo tanto, confíe en Dios y véale obrar en su vida.

Para un estudio más a fondo, véase el Índice de Principios de vida:

21. *La obediencia siempre trae bendición consigo.*
23. *Jamás podremos superar a Dios en generosidad.*

El pago de los diezmos

6 Porque yo Jehová no cambio; por esto, hijos *
de Jacob, no habéis sido consumidos.
7 Desde los días de vuestros padres os habéis
apartado de mis leyes, y no las guardasteis.
Volveos a mí, y yo me volveré a vosotros, ha
dicho Jehová de los ejércitos. Mas dijisteis:
¿En qué hemos de volvernos?
8 ¿Robará el hombre a Dios? Pues vosotros me habéis robado. Y dijisteis: ¿En qué
te hemos robado? En vuestros diezmos y
ofrendas.
9 Malditos sois con maldición, porque vosotros, la nación toda, me habéis robado.
10 Traed todos los diezmos al alfolí[c] y haya ali- *
mento en mi casa; y probadme ahora en esto,
dice Jehová de los ejércitos, si no os abriré

c. 3.10 Lv 27.30; Nm 18.21-24; Dt 12.5-7; 14.22-29; Neh 13.12.

LO QUE DICE LA BIBLIA ACERCA DE
DIEZMOS Y OFRENDAS

Mal 3.8-12

Dios ha establecido directivas muy específicas sobre lo que espera que le devolvamos (Lv 27.30; Dt 14.22, 23). Malaquías 3.8–12 enseña claramente que debemos darle un diezmo, que es el diez por ciento de lo que producimos o ganamos (la palabra *diezmo* se basa en el número 10 en hebreo).

Las ofrendas eran dádivas, casi siempre de bienes materiales, que se daban por encima y aparte del diezmo. Normalmente, la gente daba ofrendas por razones específicas. En este caso era un requisito de la ley, como el sacrificio de la pascua, y en otros casos era un acto voluntario para atender alguna necesidad específica o como acción de gracias por alguna bendición especial (Lv 1.1—7.21; 23). Los hijos de Israel dieron una ofrenda tan generosa cuando construyeron el tabernáculo, que Moisés literalmente tuvo que decirles que dejaran de ofrendar (Éx 35.4—36.7).

El diezmo se entrega a Dios *de* nuestro aumento y *para* nuestro incremento. Al darlo reconocemos que todo lo que tengamos y todo lo que podamos lograr viene directamente de la mano de Dios (Mr 12.41–44). También es nuestra manera de abrir la puerta de nuestras finanzas para dar y recibir su bendición. Cuando apartamos primero el diez por ciento de nuestras ganancias para el Señor, le devolvemos lo que era suyo desde un principio, y aquello que Él nos manda darle primero indica que Él sigue siendo nuestra prioridad (Mt 6.19–24).

El Señor es muy específico sobre la manera como hemos de dar nuestros diezmos y ofrendas.

Primero, debemos traerlas a su alfolí. Esto se refería por lo general a su tabernáculo o su templo en el Antiguo Testamento, y la iglesia en el Nuevo Testamento. Debemos dar nuestros diezmos donde rindamos culto regularmente al Señor, no sólo para el mantenimiento de las instalaciones y el sustento de quienes laboran allí, sino para apoyar la expansión del reino de Dios con la extensión del evangelio y el ministerio comunitario por amor de su nombre (2 Co 9.7–14).

Le devolvemos lo que era suyo desde un principio.

Segundo, debemos dar nuestras ofrendas con regularidad. Pablo aconsejó a los corintios: «Cada primer día de la semana cada uno de vosotros ponga aparte algo, según haya prosperado, guardándolo, para que cuando yo llegue no se recojan entonces ofrendas» (1 Co 16.2). De esta manera, hacemos de nuestra obediencia a Dios una práctica habitual y tenemos un recordatorio constante de su señorío y su provisión en nuestra vida.

Tercero, elegir obedecer a Dios diezmando nuestro ingreso indica el nivel de nuestra fe en Él. Cuando lo obedecemos, estamos diciendo en esencia: «Señor, confío en ti para todas mis necesidades». No sólo honramos al Señor cuando damos, también demostramos nuestra fe en su capacidad de proveer para nosotros. No es posible que superemos a Dios en generosidad. Por lo tanto, necesitamos dar con un corazón dispuesto, sabiendo que Él nos ha dado mucho más de lo que podríamos devolverle.

Cuarto, debemos dar con alegría. Aquellos que dan con enfado, únicamente por cumplir un deber, no abren realmente sus vidas al propósito de Dios y las bendiciones que les tiene reservadas (Mt 6.1–4; 2 Co 8.1–15). El gozo que haya en nuestros corazones cuando damos, es una expresión directa de nuestra confianza en Dios para satisfacer nuestras necesidades (Fil 4.19).

Para un estudio más a fondo, véase el Índice de Principios de vida:

23. Jamás podremos superar a Dios en generosidad.

las ventanas de los cielos, y derramaré sobre
vosotros bendición hasta que sobreabunde.
11 Reprenderé también por vosotros al devorador, y no os destruirá el fruto de la tierra, ni
vuestra vid en el campo será estéril, dice Jehová de los ejércitos.
12 Y todas las naciones os dirán bienaventurados; porque seréis tierra deseable, dice Jehová
de los ejércitos.

Diferencia entre el justo y el malo

13 Vuestras palabras contra mí han sido violentas, dice Jehová. Y dijisteis: ¿Qué hemos
hablado contra ti?
14 Habéis dicho: Por demás es servir a Dios.
¿Qué aprovecha que guardemos su ley, y que
andemos afligidos en presencia de Jehová de
los ejércitos?
15 Decimos, pues, ahora: Bienaventurados
son los soberbios, y los que hacen impiedad
no sólo son prosperados, sino que tentaron a
Dios y escaparon.
16 Entonces los que temían a Jehová hablaron
cada uno a su compañero; y Jehová escuchó y
oyó, y fue escrito libro de memoria delante de
él para los que temen a Jehová, y para los que
piensan en su nombre.
17 Y serán para mí especial tesoro, ha dicho
Jehová de los ejércitos, en el día en que yo
actúe; y los perdonaré, como el hombre que
perdona a su hijo que le sirve.
18 Entonces os volveréis, y discerniréis la
diferencia entre el justo y el malo, entre el que
sirve a Dios y el que no le sirve.

El advenimiento del día de Jehová

4 Porque he aquí, viene el día ardiente como
un horno, y todos los soberbios y todos los
que hacen maldad serán estopa; aquel día que
vendrá los abrasará, ha dicho Jehová de los
ejércitos, y no les dejará ni raíz ni rama.
2 Mas a vosotros los que teméis mi nombre,
nacerá el Sol de justicia, y en sus alas traerá
salvación; y saldréis, y saltaréis como becerros de la manada.
3 Hollaréis a los malos, los cuales serán ceniza bajo las plantas de vuestros pies, en el
día en que yo actúe, ha dicho Jehová de los
ejércitos.
4 Acordaos de la ley de Moisés mi siervo, al
cual encargué en Horeb ordenanzas y leyes
para todo Israel.
5 He aquí, yo os envío el profeta Elías,[a] antes
que venga el día de Jehová, grande y terrible.
6 Él hará volver el corazón de los padres
hacia los hijos, y el corazón de los hijos hacia
los padres, no sea que yo venga y hiera la tierra con maldición.

a. 4.5 Mt 11.14; 17.10-13; Mr 9.11-13; Lc 1.17; Jn 1.21.

LECCIONES DE VIDA

3.16 — Jehová escuchó y oyó, y fue escrito libro de memoria delante de él para los que temen a Jehová, y para los que piensan en su nombre.

Ninguno de nosotros va solitario por el camino de la fe. Necesitamos animarnos mutuamente, así que «considerémonos unos a otros para estimularnos al amor y a las buenas obras» (He 10.24). Lo mejor de todo es que el Señor promete recompensar nuestra obediencia (Mr 9.41; He 6.10; Ap 22.12).

4.5 — yo os envío el profeta Elías, antes que venga el día de Jehová, grande y terrible.

Después de Malaquías no hubo otro profeta durante cuatrocientos años. En este tiempo de silencio, Dios preparó al pueblo de Israel y al mundo para la venida del Mesías, y este fue su preparativo final: «Voz del que clama en el desierto: Preparad el camino del Señor, enderezad sus sendas» (Mt 3.3; también Is 40.3). Por supuesto, aquella voz fue la de Juan el Bautista, quien vino «con el espíritu y el poder de Elías» (Lc 1.17) para instar al pueblo a arrepentirse de sus pecados (Mt 3.2). Jesús lo confirmó: «si queréis recibirlo, él es aquel Elías que había de venir» (Mt 11.14; también Mt 17.11–13). Esta fue tan solo una de las muchas maneras en que Dios ratificó que Jesús era el Mesías, Aquel que habría de proveer salvación para todos nosotros. No tenemos que adivinar cuál es la voluntad de Dios. Si es necesario, Él moverá el cielo y la tierra para mostrarnos qué hacer y cómo desea que procedamos. Sin embargo, debemos prestar atención y obedecerlo, incluso cuando no entendamos la envergadura total de su plan.

4.6 — Él hará volver el corazón de los padres hacia los hijos, y el corazón de los hijos hacia los padres, no sea que yo venga y hiera la tierra con maldición.

El campo misionero que tenemos más cerca es nuestra propia familia. Los hijos deben ser enseñados a ser piadosos, y esta labor es responsabilidad de sus padres (Pr 22.6).

Nuevo Testamento

EL EVANGELIO SEGÚN

SAN MATEO

El Evangelio de Mateo presenta a Jesús como el Rey de los judíos, el Mesías prometido y esperado. Mateo escribió su Evangelio para los judíos en primer lugar, puesto que ellos habían esperado varios siglos la venida del Salvador.

Mediante una serie de citas cuidadosamente seleccionadas del Antiguo Testamento, Mateo emplea alrededor de unas cien citas diretas e indirectas en alusiones a las Escrituras, en donde documenta la evidencia de Jesucristo como el Mesías. La genealogía, el bautismo, el mensaje y los milagros de Jesús apuntan a la misma conclusión ineludible: Cristo es Rey. Por medio de su resurrección, Él convierte en victoria lo que pareció una derrota con su muerte en la cruz. El mensaje hace eco en toda la creación: el Rey de los judíos *vive*.

En un principio, este Evangelio recibió el título *Kata Matthaion*, «según Mateo». Como lo sugiere el nombre, ya se conocían otros relatos del evangelio en la época. Mateo (cuyo nombre significa «don de Dios») también se llamaba Leví (Mr 2.14; Lc 5.27). Mateo es el primero de los tres Evangelios *sinópticos*, llamados así porque «armonizan juntos» la vida y las enseñanzas de Jesús. Mateo, Marcos y Lucas registran básicamente los mismos acontecimientos, pero les dan énfasis diferentes.

Tema: La expresión *para que se cumpliese* aparece como una constante repetidamente en el Evangelio de Mateo, mayormente en referencia al cumplimiento de las profecías mesiánicas del Antiguo Testamento realizadas en Jesús.

Autor: Mateo, un judío que recolectaba impuestos para los Romanos.

Fecha: La mayoría de autoridades creen que el Evangelio de Marcos precede al de Mateo, el cual sigue el registro de Marcos en muchas de sus narraciones. De ser así, Mateo pudo haberse escrito entre 70 y 80 d.C. Otros creen que Mateo se escribió antes, entre 50 y 70 d.C.

Estructura: El Evangelio de Mateo empieza trazando la historia familiar de Jesús hasta Abraham, y registrando algunos incidentes que rodearon su nacimiento (1.1—2.23). Después procede a describir la preparación y el inicio de su ministerio terrenal, incluyendo su bautismo y las maniobras de Satanás para tentarlo. Mateo también nos da una perspectiva interesante del ministerio de Juan el Bautista (3.1—4.25). El Sermón del Monte (5.1—7.29) va seguido por varios relatos de las sanidades y las enseñanzas de Jesús (8.1—9.38), y sus palabras en cuanto a las misiones (10.1–42). A continuación, el Evangelio reporta los viajes de Jesús, en los cuales realizó grandes milagros y enseñó a las multitudes (11.1—23.39). Una sección especial que predice los eventos conducentes a los últimos tiempos (24.1—25.46) va seguida por un segmento final que describe el arresto de Jesús, su sentencia de muerte, su crucifixión y su resurrección (26.1—28.20).

A medida que lea Mateo, fíjese en los principios de vida que juegan un papel importante en este libro:

11. Dios asume toda la responsabilidad en cuanto a nuestras necesidades, si lo obedecemos. *Véase Mateo 6.32; 7.24; páginas 1066; 1067.*

25. Dios nos bendice para que nosotros podamos bendecir a otros. *Véase Mateo 10.8; página 1070.*

30. El deseo ferviente del regreso del Señor nos mantiene viviendo productivamente. *Véase Mateo 25.13; página 1093.*

Genealogía de Jesucristo
(Lc 3.23-38)

1 LIBRO de la genealogía de Jesucristo, hijo
de David, hijo de Abraham.
2 Abraham engendró a Isaac, Isaac a Jacob, y
Jacob a Judá y a sus hermanos.
3 Judá engendró de Tamar a Fares y a Zara,
Fares a Esrom, y Esrom a Aram.
4 Aram engendró a Aminadab, Aminadab a
Naasón, y Naasón a Salmón.
➤ 5 Salmón engendró de Rahab a Booz, Booz
engendró de Rut a Obed, y Obed a Isaí.
6 Isaí engendró al rey David, y el rey David
engendró a Salomón de la que fue mujer de Urías.
7 Salomón engendró a Roboam, Roboam a
Abías, y Abías a Asa.
8 Asa engendró a Josafat, Josafat a Joram, y
Joram a Uzías.
9 Uzías engendró a Jotam, Jotam a Acaz, y
Acaz a Ezequías.
10 Ezequías engendró a Manasés, Manasés a
Amón, y Amón a Josías.
11 Josías engendró a Jeconías y a sus hermanos, en el tiempo de la deportación a
Babilonia.[a]
12 Después de la deportación a Babilonia,
Jeconías engendró a Salatiel, y Salatiel a
Zorobabel.
13 Zorobabel engendró a Abiud, Abiud a Eliaquim, y Eliaquim a Azor.
14 Azor engendró a Sadoc, Sadoc a Aquim, y
Aquim a Eliud.
15 Eliud engendró a Eleazar, Eleazar a Matán,
Matán a Jacob;
16 y Jacob engendró a José, marido de María,
de la cual nació Jesús, llamado el Cristo.
17 De manera que todas las generaciones desde Abraham hasta David son catorce; hasta la
deportación a Babilonia, catorce; y desde la
deportación a Babilonia hasta Cristo, catorce.

Nacimiento de Jesucristo
(Lc 2.1-7)

➤ 18 El nacimiento de Jesucristo fue así: Estando desposada María su madre con José,[b] antes
que se juntasen, se halló que había concebido
del Espíritu Santo.
19 José su marido, como era justo, y no quería
infamarla, quiso dejarla secretamente.
20 Y pensando él en esto, he aquí un ángel del ≺
Señor le apareció en sueños y le dijo: José,
hijo de David, no temas recibir a María tu
mujer, porque lo que en ella es engendrado,
del Espíritu Santo es.
21 Y dará a luz un hijo, y llamarás su nom- *
bre[c] Jesús,[1] porque él salvará a su pueblo de
sus pecados.[d]
22 Todo esto aconteció para que se cumpliese lo dicho por el Señor por medio del profeta, cuando dijo:
23 He aquí, una virgen concebirá y dará a
luz un hijo,
Y llamarás su nombre Emanuel[e],
el que traducido es: Dios con nosotros.
24 Y despertando José del sueño, hizo como
el ángel del Señor le había mandado, y recibió a su mujer.
25 Pero no la conoció hasta que dio a luz a
su hijo primogénito; y le puso por nombre
Jesús.[f]

La visita de los magos

2 CUANDO Jesús nació en Belén de Judea
en días del rey Herodes, vinieron del
oriente a Jerusalén unos magos,
2 diciendo: ¿Dónde está el rey de los judíos,
que ha nacido? Porque su estrella hemos visto
en el oriente, y venimos a adorarle.
3 Oyendo esto, el rey Herodes se turbó, y toda
Jerusalén con él.
4 Y convocados todos los principales sacer- ≺
dotes, y los escribas del pueblo, les preguntó
dónde había de nacer el Cristo.
5 Ellos le dijeron: En Belén de Judea; porque
así está escrito por el profeta:

---

1 Esto es, *Salvador.*

a. 1.11 2 R 24.14-15; 2 Cr 36.10; Jer 27.20. **b. 1.18** Lc 1.27. **c.1.21** Lc 1.31. **d. 1.21** Sal 130.8. **e. 1.23** Is 7.14. **f. 1.25** Lc 2.21.

LECCIONES DE VIDA

➤ ***1.5 — Salmón engendró de Rahab a Booz, Booz engendró de Rut a Obed, y Obed a Isaí.***

En 1.1–17, Mateo escribe que Cristo es el heredero de Abraham y el cumplimiento de la promesa que Dios le hizo (Gn 22.16–18). Es sobre todo significativo que se incluyen cuatro mujeres en la genealogía y que tres de ellas, Tamar, Rut y Rahab, eran gentiles. Pablo explica en Gálatas 3.28–29: «Ya no hay judío ni griego; no hay esclavo ni libre; no hay varón ni mujer; porque todos vosotros sois uno en Cristo Jesús. Y si vosotros sois de Cristo, ciertamente linaje de Abraham sois, y herederos según la promesa». ¡Cuán apropiado es que el Mesías, quien habría de salvar al mundo del pecado, mostrase por medio de su propio linaje que nadie queda excluido de la promesa de Dios!

➤ ***1.18 — El nacimiento de Jesucristo fue así: Estando desposada María su madre con José, antes que se juntasen, se halló que había concebido del Espíritu Santo.***

Jesucristo es el único que puede llevar nuestras iniquidades, pues Él fue el único que nació sin pecado, de manera milagrosa. Debido a su nacimiento virginal, quedó libre de la mancha del pecado, y demostró ser plenamente hombre y plenamente Dios (Is 7.14).

➤ ***1.20 — Y pensando él en esto, he aquí un ángel del Señor le apareció en sueños.***

¿Por qué el ángel Gabriel no se apareció a José al mismo tiempo que a María? El texto no nos lo dice, pero Dios siempre nos revela su voluntad en el momento preciso.

RESPUESTAS A PREGUNTAS DE LA VIDA

¿Cuáles son las características de un hombre piadoso?

MT 1.18–25

Hasta que se comprometió para casarse con María, la vida de José debió ser como la de cualquier varón de su ciudad natal. Seguramente tenía desvelos económicos y metas para el futuro, pero nada interrumpió tan abruptamente su rutina diaria como la noticia que le dio María, al informarle que estaba embarazada. En ese momento su vida dio un giro drástico y veloz.

La noticia lo tomó por sorpresa y José empezó a hacer planes para dejar a María sin que nadie se diera cuenta, y no exponerla así a una afrenta (Mt 1.19). Dios vio la confusión que inundó la mente de José y envió a su ángel para guiarlo. «José, hijo de David, no temas recibir a María tu mujer, porque lo que en ella es engendrado, del Espíritu Santo es. Y dará a luz un hijo, y llamarás su nombre JESÚS, porque él salvará a su pueblo de sus pecados» (Mt 1.20, 21). A partir de ese momento, José nunca cuestionó ni el método ni los motivos del Señor. Reconoció que el Dios del universo lo había escogido para cuidar de María y el Hijo que traería al mundo. Se mantuvo fiel, tanto a su esposa como al Señor.

José mostró valentía al ignorar los rumores desagradables que circulaban por el pueblo acerca de la condición de María; valoró el plan de Dios por encima de lo que pensaran de él los demás. Permaneció sensible al Espíritu Santo y lo demostró aceptando su guía. Tras el nacimiento de Jesús, un ángel se le apareció para advertirle sobre el peligro inminente. De inmediato, José tomó a María y a Jesús y los llevó a Egipto, donde encontraron un lugar seguro hasta que pasara la amenaza (Mt 2.13–15). Al examinar la vida de José, descubrimos que fue un hombre humilde que honró a Dios obedeciendo su Palabra. Se mantuvo constante y contento, y el Señor pudo contar con él para que lo siguiera, a cualquier costo personal.

¿Cómo puede usted crecer en su fe para llegar a ser también una persona piadosa? Para empezar, comprométase a andar constante y diariamente con Cristo. Asista a una iglesia donde se proclame la Palabra de Dios como la pauta para vivir. Haga un compromiso con Dios y sus seres queridos, que no abandonará su devoción a Cristo ni a ellos.

Usted adquiere un sentido de responsabilidad piadosa cuando defiende lo que es correcto. Un cristiano comprometido no se deja llevar fácilmente de un lado para el otro, sino que está lleno de convicción, fe y un deseo de conocer íntimamente a Dios. Cuando José no tuvo quién lo guiara y consolara, acudió a Dios y halló las fuerzas y el amor que necesitaba para superar las circunstancias más difíciles.

Usted tendrá la misma experiencia si se dispone a hacerlo hoy. ¿Hará usted el mismo compromiso espiritual de José, de seguir al Señor sin temer al costo personal?

Para un estudio más a fondo, véase el Índice de Principios de vida:

2. *Obedezcamos a Dios y dejemos las consecuencias en sus manos.*
22. *Andar en el Espíritu es obedecer las indicaciones iniciales del Espíritu.*
1. *Nuestra intimidad con Dios, que es su prioridad para nosotros, determina el impacto que causen nuestras vidas.*

6 Y tú, Belén, de la tierra de Judá,
No eres la más pequeña entre los
príncipes de Judá;
Porque de ti saldrá un guiador,
Que apacentará[2] a mi pueblo Israel.[a]

7 Entonces Herodes, llamando en secreto a
los magos, indagó de ellos diligentemente el
tiempo de la aparición de la estrella;
8 y enviándolos a Belén, dijo: Id allá y averiguad con diligencia acerca del niño; y cuando
le halléis, hacédmelo saber, para que yo también vaya y le adore.

2 Esto es, *regirá.*

a. 2.6 Mi 5.2.

Ejemplos de vida

LOS MAGOS

Alabanza abundante y con pasión

MT 2.1–12

Los magos viajaron anhelantes hacia Belén para darle una bienvenida propia de la realeza al pequeño Jesús, el regalo prometido de Dios a la humanidad. Empacaron oro, incienso y mirra para sumarse a la adoración celestial del Rey nacido. Aquellos hombres fueron una parte importante de la celebración que rodeó el nacimiento de Cristo. De hecho, le representaron a usted en el gran plan de Dios. Ellos vinieron a adorar al Señor de señores y al Rey de reyes, y su visita al niño Jesús simboliza los miles de hombres y mujeres que han buscado humildemente al Mesías a lo largo de la historia.

A través de su propia búsqueda y su servicio, usted se convierte en parte de la sinfonía celestial que da alabanza apasionada al Salvador. Permita que su ser rebose en melodías gozosas por la presencia real de Cristo. Al igual que los reyes magos, usted se ha sumado a una gran multitud en una adoración que durará por toda la eternidad. Búsquelo y ofrézcale su alabanza, porque Él ciertamente es digno.

Para un estudio más a fondo, véase el Índice de Principios de vida:

1. *Nuestra intimidad con Dios, que es su prioridad para nosotros, determina el impacto que causen nuestras vidas.*
12. *La paz con Dios es fruto de nuestra unidad con Él.*

9 Ellos, habiendo oído al rey, se fueron; y he
aquí la estrella que habían visto en el oriente iba delante de ellos, hasta que llegando, se detuvo sobre donde estaba el niño.
10 Y al ver la estrella, se regocijaron con muy grande gozo.
11 Y al entrar en la casa, vieron al niño con su madre María, y postrándose, lo adoraron; y abriendo sus tesoros, le ofrecieron presentes: oro, incienso y mirra.
12 Pero siendo avisados por revelación en sueños que no volviesen a Herodes, regresaron a su tierra por otro camino

Matanza de los niños

13 Después que partieron ellos, he aquí un ángel del Señor apareció en sueños a José y dijo: Levántate, y toma al niño y a su madre, y huye a Egipto, y permanece allá hasta que yo te diga; porque acontecerá que Herodes buscará al niño para matarlo.
14 Y él, despertando, tomó de noche al niño y a su madre, y se fue a Egipto,
15 y estuvo allá hasta la muerte de Herodes; para que se cumpliese lo que dijo el Señor por medio del profeta, cuando dijo: De Egipto llamé a mi Hijo.[b]
16 Herodes entonces, cuando se vio burlado por los magos, se enojó mucho, y mandó matar a todos los niños menores de dos años que había en Belén y en todos sus alrededores, conforme al tiempo que había inquirido de los magos.
17 Entonces se cumplió lo que fue dicho por el profeta Jeremías, cuando dijo:
18 Voz fue oída en Ramá,
Grande lamentación, lloro y gemido;
Raquel que llora a sus hijos,
Y no quiso ser consolada, porque
perecieron.[c]
19 Pero después de muerto Herodes, he aquí un ángel del Señor apareció en sueños a José en Egipto,
20 diciendo: Levántate, toma al niño y a su madre, y vete a tierra de Israel, porque han muerto los que procuraban la muerte del niño.
21 Entonces él se levantó, y tomó al niño y a su madre, y vino a tierra de Israel.
22 Pero oyendo que Arquelao reinaba en Judea en lugar de Herodes su padre, tuvo temor de ir allá; pero avisado por revelación en sueños, se fue a la región de Galilea,

b. 2.15 Os 11.1. **c. 2.18** Jer 31.15.

LECCIONES DE VIDA

➤ ***2.4 — Y convocados todos los principales sacerdotes, y los escribas del pueblo, les preguntó dónde había de nacer el Cristo.***

Herodes creía lo suficiente en las profecías como para averiguar dónde nacería el Mesías, pero su intención no era conocer al Hijo de Dios y tampoco era honorable. Herodes quería matar a Jesús. Las concesiones y el pecado son muy peligrosos. La avaricia y la sed de poder pueden ser mortales. Este dirigente quería asegurar su dominio sobre el pueblo judío, por eso buscó la manera de impedir el cumplimiento de esta profecía.

23 y vino y habitó en la ciudad que se llama
Nazaret,[d] para que se cumpliese lo que fue
dicho por los profetas, que habría de ser llamado nazareno.[e]

Predicación de Juan el Bautista

(Mr 1.1-8; Lc 3.1-9, 15-17; Jn 1.19-28)

3 EN aquellos días vino Juan el Bautista
predicando en el desierto de Judea,
2 y diciendo: Arrepentíos, porque el reino de
los cielos[a] se ha acercado.[b]
3 Pues éste es aquel de quien habló el profeta
Isaías, cuando dijo:

Voz del que clama en el desierto:
Preparad el camino del Señor,
Enderezad sus sendas.[c]

4 Y Juan estaba vestido de pelo de camello,
y tenía un cinto de cuero alrededor de sus
lomos;[d] y su comida era langostas y miel silvestre.
5 Y salía a él Jerusalén, y toda Judea, y toda la
provincia de alrededor del Jordán,
6 y eran bautizados por él en el Jordán, confesando sus pecados.
7 Al ver él que muchos de los fariseos y de
los saduceos venían a su bautismo, les decía:
¡Generación de víboras![e] ¿Quién os enseñó a
huir de la ira venidera?
➤ 8 Haced, pues, frutos dignos de arrepentimiento,
9 y no penséis decir dentro de vosotros mismos: A Abraham tenemos por padre;[f] porque
yo os digo que Dios puede levantar hijos a
Abraham aun de estas piedras.
10 Y ya también el hacha está puesta a la raíz
de los árboles; por tanto, todo árbol que no
da buen fruto es cortado y echado en el
fuego.[g]
11 Yo a la verdad os bautizo en agua para
arrepentimiento; pero el que viene tras mí,
cuyo calzado yo no soy digno de llevar, es más
poderoso que yo; él os bautizará en Espíritu
Santo y fuego.
12 Su aventador está en su mano, y limpiará su era; y recogerá su trigo en el granero, y quemará la paja en fuego que nunca se
apagará.

El bautismo de Jesús

(Mr 1.9-11; Lc 3.21-22)

13 Entonces Jesús vino de Galilea a Juan al
Jordán, para ser bautizado por él.
14 Mas Juan se le oponía, diciendo: Yo necesito ser bautizado por ti, ¿y tú vienes a mí?
15 Pero Jesús le respondió: Deja ahora, por- ➤
que así conviene que cumplamos toda justicia.
Entonces le dejó.
16 Y Jesús, después que fue bautizado, subió
luego del agua; y he aquí los cielos le fueron
abiertos, y vio al Espíritu de Dios que descendía como paloma, y venía sobre él.
17 Y hubo una voz de los cielos, que decía:
Éste es mi Hijo amado, en quien tengo
complacencia.[h]

Tentación de Jesús

(Mr 1.12-13; Lc 4.1-13)

4 ENTONCES Jesús fue llevado por el ➤
Espíritu al desierto, para ser tentado por
el diablo.[a]

---

d. 2.23 Lc 2.39. **e. 2.23** Is 11.1. **a. 3.2** Dn 2.44. **b. 3.2** Mt 4.17; Mr 1.15. **c. 3.3** Is 40.3. **d. 3.4** 2 R 1.8. **e. 3.7** Mt 12.34; 23.33. **f. 3.9** Jn 8.33. **g. 3.10** Mt 7.19. **h. 3.17** Is 42.1; Mt 12.18; 17.5; Mr 9.7; Lc 9.35. **a. 4.1** He 2.18; 4.15.

LECCIONES DE VIDA

➤ ***2.8 — Id allá y averiguad con diligencia acerca del niño; y cuando le halléis, hacédmelo saber, para que yo también vaya y le adore.***

Herodes trató de ser un actor sagaz y usar su habilidad para el engaño a fin de convencer a los magos que era sincero. Cualquiera puede fingir que ama a Dios, pero la prueba está en el carácter de una persona, y el de Herodes estaba notablemente manchado de pecado. Por la providencia divina, aquellos hombres no fueron engañados. El Señor les advirtió acerca de Herodes y ellos volvieron a su país sin decirle que habían visto al Mesías (Mt 2.12).

➤ ***2.11 — al entrar en la casa, vieron al niño con su madre María, y postrándose, lo adoraron.***

Es probable que los magos visitaran a Jesús cuando estaba en su primera infancia. Llegaron a una casa, no a un establo, y vieron al niño, no a un recién nacido. A pesar de su tierna edad, ellos lo adoraron y lo reconocieron como el Mesías (Mt 2.6).

➤ ***2.22 — avisado por revelación en sueños, se fue a la región de Galilea.***

Cuatro veces en esta breve narración, José recibió instrucciones divinas por medio de sueños. Los magos también recibieron el mensaje de advertencia y guía de Dios a través de un sueño. El Señor usa muchos métodos para comunicarnos su voluntad. Pedirle que nos haga sensibles a la voz de su Espíritu es una forma segura de aprender su plan para el futuro.

➤ ***3.8 — Haced, pues, frutos dignos de arrepentimiento.***

El arrepentimiento genuino no lleva solamente a un cambio de actitud sino también de conducta. Lamentar someramente una acción errónea no es lo mismo que arrepentirse.

➤ ***3.15 — Jesús le respondió: Deja ahora, porque así conviene que cumplamos toda justicia.***

En su santidad, Jesús se sometió al bautismo de Juan para darnos un ejemplo perfecto de cómo se vive en rectitud y obediencia al Padre (Ro 6.3, 4).

➤ ***4.1 — Jesús fue llevado por el Espíritu al desierto, para ser tentado por el diablo.***

El Espíritu Santo condujo a Jesús a un lugar desierto donde el diablo lo aguardaba para tentarlo. Nunca debemos dudar de la dirección de Dios solamente porque nos encontremos con la tentación. Aunque Dios jamás nos tentará

2 Y después de haber ayunado cuarenta días y
cuarenta noches, tuvo hambre.
➤ 3 Y vino a él el tentador, y le dijo: Si eres Hijo
de Dios, di que estas piedras se conviertan
en pan.
➤ 4 Él respondió y dijo: Escrito está: No sólo de
pan vivirá el hombre, sino de toda palabra que
sale de la boca de Dios.[b]
5 Entonces el diablo le llevó a la santa ciudad,
y le puso sobre el pináculo del templo,
6 y le dijo: Si eres Hijo de Dios, échate abajo;
porque escrito está:

A sus ángeles mandará acerca de ti,[c]

y,

En sus manos te sostendrán,
Para que no tropieces con tu pie en
piedra.[d]

7 Jesús le dijo: Escrito está también: No tentarás al Señor tu Dios.[e]
8 Otra vez le llevó el diablo a un monte muy
alto, y le mostró todos los reinos del mundo y
la gloria de ellos,
9 y le dijo: Todo esto te daré, si postrado me
adorares.
10 Entonces Jesús le dijo: Vete, Satanás, porque escrito está: Al Señor tu Dios adorarás, y
a él solo servirás.[f]
11 El diablo entonces le dejó; y he aquí vinieron ángeles y le servían.

Jesús principia su ministerio
(Mr 1.14-20; Lc 4.14-15; 5.1-11; 6.17-19)

12 Cuando Jesús oyó que Juan estaba preso,[g]
volvió a Galilea;
13 y dejando a Nazaret, vino y habitó en
Capernaum,[h] ciudad marítima, en la región de
Zabulón y de Neftalí,
14 para que se cumpliese lo dicho por el profeta Isaías, cuando dijo:
15 Tierra de Zabulón y tierra de Neftalí,
Camino del mar, al otro lado del Jordán,
Galilea de los gentiles;
16 El pueblo asentado en tinieblas vio gran
luz;
Y a los asentados en región de sombra
de muerte,
Luz les resplandeció.[i]
17 Desde entonces comenzó Jesús a predicar,
y a decir: Arrepentíos, porque el reino de los
cielos[j] se ha acercado.[k]
18 Andando Jesús junto al mar de Galilea,
vio a dos hermanos, Simón, llamado Pedro, y
Andrés su hermano, que echaban la red en el
mar; porque eran pescadores.
19 Y les dijo: Venid en pos de mí, y os haré pescadores de hombres.
20 Ellos entonces, dejando al instante las
redes, le siguieron.
21 Pasando de allí, vio a otros dos hermanos,
Jacobo hijo de Zebedeo, y Juan su hermano,
en la barca con Zebedeo su padre, que remendaban sus redes; y los llamó.
22 Y ellos, dejando al instante la barca y a su
padre, le siguieron.
23 Y recorrió Jesús toda Galilea, enseñando en las sinagogas de ellos, y predicando el ➤
evangelio del reino, y sanando toda enfermedad y toda dolencia en el pueblo.[l]
24 Y se difundió su fama por toda Siria; y le
trajeron todos los que tenían dolencias, los
afligidos por diversas enfermedades y tormentos, los endemoniados, lunáticos y paralíticos; y los sanó.
25 Y le siguió mucha gente de Galilea, de
Decápolis, de Jerusalén, de Judea y del otro
lado del Jordán.

El Sermón del monte: Las bienaventuranzas
(Lc 6.20-23)

5 VIENDO la multitud, subió al monte; y
sentándose, vinieron a él sus discípulos.
2 Y abriendo su boca les enseñaba, diciendo:

b. 4.4 Dt 8.3. **c. 4.6** Sal 91.11. **d. 4.6** Sal 91.12. **e. 4.7** Dt 6.16. **f. 4.10** Dt 6.13. **g. 4.12** Mt 14.3; Mr 6.17; Lc 3.19-20. **h. 4.13** Jn 2.12. **i. 4.15-16** Is 9.1-2. **j. 4.17** Dn 2.44. **k. 4.17** Mt 3.2. **l. 4.23** Mt 9.35; Mr 1.39.

LECCIONES DE VIDA

(Stg 1.13), sí someterá a prueba nuestra fe para ver si nos mantenemos en el rumbo que Él nos ha mandado transitar. Si tiene incertidumbre, pídale al Señor que le confirme su voluntad. Él contestará si usted ora pidiéndole su guía.

➤ ***4.3 — el tentador, y le dijo: Si eres Hijo de Dios…***

Satanás es un enemigo implacable que no desistirá de tentarnos como sea, con tal que dudemos de la Palabra de Dios y sus promesas. Tal como lo hizo con Eva en el huerto de Edén (Gn 3), nos susurrará palabras de duda diciendo que en el Señor no se puede confiar, o que Él no ha dicho toda la verdad. Sabemos que Satanás es un mentiroso. Cuando Dios nos da una palabra de dirección o una promesa, podemos reclamarla y creerla con base en quién nos está hablando: el Dios soberano del universo.

➤ ***4.4, 7, 10 — Escrito está… Escrito está… escrito está.***

Jesús respondió a cada una de las tres tentaciones de Satanás apelando a la Palabra inmutable de Dios: «¡Escrito está!» Si queremos tener éxito en vencer la tentación, *debemos* hacer lo mismo: usar la Palabra de Dios como nuestra arma ofensiva contra un enemigo inferior. Esto significa que debemos pasar tiempo leyendo y estudiando las Escrituras. Ningún soldado sale al campo de batalla sin su arma, pero muchos creyentes hacen esto precisamente, al ignorar la Biblia y los principios que contiene.

➤ ***4.23 — recorrió Jesús toda Galilea, enseñando en las sinagogas de ellos, y predicando el evangelio del reino, y sanando toda enfermedad y toda dolencia en el pueblo.***

El ministerio terrenal de Jesús se enfocó en la enseñanza, la predicación y la sanidad. Él instruyó, exhortó y sanó a la gente. ¿Por qué? La razón era demostrar el amor de Dios y su cuidado de nosotros. Jesús quería que la gente supiera que podían tener una relación personal e íntima con el Padre.

3 Bienaventurados los pobres en espíritu,
porque de ellos es el reino de los cielos.
4 Bienaventurados los que lloran,[a] porque
ellos recibirán consolación.
5 Bienaventurados los mansos,[b] porque ellos
recibirán la tierra por heredad.
➤ 6 Bienaventurados los que tienen hambre
y sed[c] de justicia, porque ellos serán saciados.
7 Bienaventurados los misericordiosos, porque ellos alcanzarán misericordia.
8 Bienaventurados los de limpio corazón,[d]
porque ellos verán a Dios.
9 Bienaventurados los pacificadores, porque
ellos serán llamados hijos de Dios.
10 Bienaventurados los que padecen persecución por causa de la justicia,[e] porque de
ellos es el reino de los cielos.
11 Bienaventurados sois cuando por mi causa os vituperen y os persigan, y digan toda
clase de mal contra vosotros, mintiendo.[f]
12 Gozaos y alegraos, porque vuestro galardón es grande en los cielos; porque así persiguieron a los profetas[g] que fueron antes
de vosotros.

La sal de la tierra

➤ 13 Vosotros sois la sal de la tierra; pero si la
sal se desvaneciere, ¿con qué será salada?
No sirve más para nada, sino para ser echada fuera y hollada por los hombres.[h]

La luz del mundo

14 Vosotros sois la luz del mundo;[i] una ciudad
asentada sobre un monte no se puede esconder.
15 Ni se enciende una luz y se pone debajo de un almud, sino sobre el candelero,[j] y
alumbra a todos los que están en casa.
➤ 16 Así alumbre vuestra luz delante de los
hombres, para que vean vuestras buenas
obras, y glorifiquen a vuestro Padre que está
en los cielos.[k]

Jesús y la ley

17 No penséis que he venido para abrogar la ➤
ley o los profetas; no he venido para abrogar,
sino para cumplir.
18 Porque de cierto os digo que hasta que *
pasen el cielo y la tierra, ni una jota ni una
tilde pasará de la ley, hasta que todo se haya
cumplido.[l]
19 De manera que cualquiera que quebrante
uno de estos mandamientos muy pequeños, y
así enseñe a los hombres, muy pequeño será
llamado en el reino de los cielos; mas cualquiera que los haga y los enseñe, éste será llamado grande en el reino de los cielos.
20 Porque os digo que si vuestra justicia no
fuere mayor que la de los escribas y fariseos,
no entraréis en el reino de los cielos.

Jesús y la ira

(Lc 12.57-59)

21 Oísteis que fue dicho a los antiguos: No
matarás;[m] y cualquiera que matare será culpable de juicio.
22 Pero yo os digo que cualquiera que se enoje contra su hermano, será culpable de juicio;
y cualquiera que diga: Necio, a su hermano,
será culpable ante el concilio; y cualquiera
que le diga: Fatuo, quedará expuesto al infierno de fuego.
23 Por tanto, si traes tu ofrenda al altar, y allí
te acuerdas de que tu hermano tiene algo contra ti,
24 deja allí tu ofrenda delante del altar, y
anda, reconcíliate primero con tu hermano, y
entonces ven y presenta tu ofrenda.
25 Ponte de acuerdo con tu adversario pronto,
entre tanto que estás con él en el camino, no

a. 5.4 Is 61.2. **b. 5.5** Sal 37.11. **c. 5.6** Is 55.1-2.
d. 5.8 Sal 24.4. **e. 5.10** 1 P 3.14. **f. 5.11** 1 P 4.14.
g. 5.12 2 Cr 36.16; Hch 7.52. **h. 5.13** Mr 9.50; Lc 14.34-35.
i. 5.14 Jn 8.12; 9.5. **j. 5.15** Mr 4.21; Lc 8.16; 11.33.
k. 5.16 1 P 2.12. **l. 5.18** Lc 16.17 **m. 5.21** Éx 20.13; Dt 5.17.

LECCIONES DE VIDA

➤ ***5.6 — Bienaventurados los que tienen hambre y sed de justicia, porque ellos serán saciados.***

Tener hambre y sed de justicia tiene que ver en últimas con nuestro anhelo de Dios. Aquellos que anhelan al Señor, al verdadero Rey de reyes y no a un dios falso que se hayan imaginado, lo encontrarán y serán saciados hasta rebosar de gozo, paz, dicha y contentamiento real.

➤ ***5.13 — Vosotros sois la sal de la tierra; pero si la sal se desvaneciere, ¿con qué será salada? No sirve más para nada, sino para ser echada fuera y hollada por los hombres.***

Jesús quiere que tomemos en serio nuestra función como la sal, tanto para preservar como para sazonar. Por medio de nosotros, los perdidos han de ser atraídos al Señor y preservados para vida eterna. Ellos entonces «[gustarán], y [verán] que es bueno Jehová» (Sal 34.8) y estarán en capacidad de darse cuenta que seguir al Señor es la mejor manera de vivir.

➤ ***5.16 — Así alumbre vuestra luz delante de los hombres, para que vean vuestras buenas obras, y glorifiquen a vuestro Padre que está en los cielos.***

¿Sabe alguien que usted es una luz que arde con el fuego del cielo? ¿Qué «buenas obras» le ven hacer los demás, que sean un reflejo digno de su Padre celestial? ¿De qué manera su fe le hace comportarse de manera distintiva, en comparación a los demás?

➤ ***5.17 — No penséis que he venido para abrogar la ley o los profetas; no he venido para abrogar, sino para cumplir.***

Algunos piensan, erróneamente, que la revelación de Dios en Jesús difiere por completo del Antiguo Testamento, pero esto es totalmente falso. Jesús es «la imagen misma de su sustancia» (He 1.3), tal como lo fue desde siempre en el pasado y lo será por toda la eternidad. Él vino en cumplimiento de la ley y la promesa de salvación a este mundo perdido.

sea que el adversario te entregue al juez, y el juez al alguacil, y seas echado en la cárcel.

26 De cierto te digo que no saldrás de allí, hasta que pagues el último cuadrante.

Jesús y el adulterio

27 Oísteis que fue dicho: No cometerás adulterio.[n]

➤ 28 Pero yo os digo que cualquiera que mira a una mujer para codiciarla, ya adulteró con ella en su corazón.

29 Por tanto, si tu ojo derecho te es ocasión de caer, sácalo, y échalo de ti; pues mejor te es que se pierda uno de tus miembros, y no que todo tu cuerpo sea echado al infierno.[o]

30 Y si tu mano derecha te es ocasión de caer, córtala, y échala de ti; pues mejor te es que se pierda uno de tus miembros, y no que todo tu cuerpo sea echado al infierno.[p]

Jesús y el divorcio

31 También fue dicho: Cualquiera que repudie a su mujer, dele carta de divorcio.[q]

32 Pero yo os digo que el que repudia a su mujer, a no ser por causa de fornicación, hace que ella adultere; y el que se casa con la repudiada, comete adulterio.[r]

Jesús y los juramentos

33 Además habéis oído que fue dicho a los antiguos: No perjurarás,[s] sino cumplirás al Señor tus juramentos.[t]

34 Pero yo os digo: No juréis en ninguna manera;[u] ni por el cielo, porque es el trono de Dios;[v]

35 ni por la tierra, porque es el estrado de sus pies;[w] ni por Jerusalén, porque es la ciudad del gran Rey.[x]

36 Ni por tu cabeza jurarás, porque no puedes hacer blanco o negro un solo cabello.

➤ 37 Pero sea vuestro hablar: Sí, sí; no, no; porque lo que es más de esto, de mal procede.

El amor hacia los enemigos

(Lc 6.27-36)

38 Oísteis que fue dicho: Ojo por ojo, y diente por diente.[y]

39 Pero yo os digo: No resistáis al que es malo; antes, a cualquiera que te hiera en la mejilla derecha, vuélvele también la otra;

40 y al que quiera ponerte a pleito y quitarte la túnica, déjale también la capa;

41 y a cualquiera que te obligue a llevar carga por una milla, ve con él dos.

42 Al que te pida, dale; y al que quiera tomar de ti prestado, no se lo rehúses.

43 Oísteis que fue dicho: Amarás a tu prójimo,[z] y aborrecerás a tu enemigo.

44 Pero yo os digo: Amad a vuestros enemigos, bendecid a los que os maldicen, haced bien a los que os aborrecen, y orad por los que os ultrajan y os persiguen;

45 para que seáis hijos de vuestro Padre que está en los cielos, que hace salir su sol sobre malos y buenos, y que hace llover sobre justos e injustos.

46 Porque si amáis a los que os aman, ¿qué recompensa tendréis? ¿No hacen también lo mismo los publicanos?

47 Y si saludáis a vuestros hermanos solamente, ¿qué hacéis de más? ¿No hacen también así los gentiles?

48 Sed, pues, vosotros perfectos, como vuestro Padre que está en los cielos es perfecto.[a] ➤

Jesús y la limosna

6 GUARDAOS de hacer vuestra justicia delante de los hombres, para ser vistos de ellos;[a] de otra manera no tendréis recompensa de vuestro Padre que está en los cielos.

2 Cuando, pues, des limosna, no hagas tocar trompeta delante de ti, como hacen los hipócritas en las sinagogas y en las calles, para ser alabados por los hombres; de cierto os digo que ya tienen su recompensa.

3 Mas cuando tú des limosna, no sepa tu izquierda lo que hace tu derecha,

n. 5.27 Éx 20.14; Dt 5.18. **o. 5.29** Mt 18.9; Mr 9.47.
p. 5.30 Mt 18.8; Mr 9.43. **q. 5.31** Dt 24.1-4; Mt 19.7; Mr 10.4.
r. 5.32 Mt 19.9; Mr 10.11-12; Lc 16.18; 1 Co 7.10-11.
s. 5.33 Lv 19.12. **t. 5.33** Nm 30.2; Dt 23.21. **u. 5.34** Stg 5.12.
v. 5.34 Is 66.1; Mt 23.22. **w. 5.35** Is 66.1. **x. 5.35** Sal 48.2.
y. 5.38 Éx 21.24; Lv 24.20; Dt 19.21. **z. 5.43** Lv 19.18.
a. 5.48 Dt 18.13. **a. 6.1** Mt 23.5.

LECCIONES DE VIDA

➤ ***5.28 — yo os digo que cualquiera que mira a una mujer para codiciarla, ya adulteró con ella en su corazón.***

Jesús dejó en claro que Dios no quiere observancia exterior sino cambio interior. Él no quiere fanáticos religiosos sino hombres y mujeres transformados espiritualmente, cuyas vidas estén dedicadas por completo a Él. Dios quiere gente que ame el hacer su voluntad.

➤ ***5.37 — sea vuestro hablar: Sí, sí; no, no; porque lo que es más de esto, de mal procede.***

Jesús desaprobó los juramentos porque creaban una dependencia de las obras humanas. Cuando rompemos un juramento, dañamos nuestro carácter piadoso y reflejamos un mal testimonio del Señor Jesús. Como creyentes, nuestras palabras deberían ser tan fidedignas como cualquier voto.

➤ ***5.48 — Sed, pues, vosotros perfectos, como vuestro Padre que está en los cielos es perfecto.***

La única manera de ser perfectos como lo es el Padre es vestirnos, por medio de la fe, con la justicia de Cristo (Is 61.10; Gá 3.26, 27; Col 3.9–17). Esto es necesario, pues sin santidad «nadie verá al Señor» (He 12.14).

4 para que sea tu limosna en secreto; y tu Padre que ve en lo secreto te recompensará en público.

Jesús y la oración
(Lc 11.2-4)
5 Y cuando ores, no seas como los hipócritas; porque ellos aman el orar en pie en las sinagogas y en las esquinas de las calles, para ser vistos de los hombres;[b] de cierto os digo que ya tienen su recompensa.
6 Mas tú, cuando ores, entra en tu aposento, y cerrada la puerta,[c] ora a tu Padre que está en secreto; y tu Padre que ve en lo secreto te recompensará en público.
7 Y orando, no uséis vanas repeticiones, como los gentiles, que piensan que por su palabrería serán oídos.
8 No os hagáis, pues, semejantes a ellos; porque vuestro Padre sabe de qué cosas tenéis necesidad, antes que vosotros le pidáis.
9 Vosotros, pues, oraréis así: Padre nuestro que estás en los cielos, Santificado sea tu nombre.
10 Venga tu reino. Hágase tu voluntad, como en el cielo, así también en la tierra.
11 El pan nuestro de cada día, dánoslo hoy.
12 Y perdónanos nuestras deudas, como también nosotros perdonamos a nuestros deudores.
13 Y no nos metas en tentación, mas líbranos del mal; porque tuyo es el reino, y el poder, y la gloria,[d] por todos los siglos. Amén.
14 Porque si perdonáis a los hombres sus ofensas, os perdonará también a vosotros vuestro Padre celestial;
15 mas si no perdonáis a los hombres sus ofensas, tampoco vuestro Padre os perdonará vuestras ofensas.[e]

Jesús y el ayuno
16 Cuando ayunéis, no seáis austeros, como los hipócritas; porque ellos demudan sus rostros para mostrar a los hombres que ayunan; de cierto os digo que ya tienen su recompensa.
17 Pero tú, cuando ayunes, unge tu cabeza y lava tu rostro,
18 para no mostrar a los hombres que ayunas, sino a tu Padre que está en secreto; y tu Padre que ve en lo secreto te recompensará en público.

Tesoros en el cielo
(Lc 12.32-34)
19 No os hagáis tesoros en la tierra, donde la polilla y el orín corrompen,[f] y donde ladrones minan y hurtan;
20 sino haceos tesoros en el cielo, donde ni la polilla ni el orín corrompen, y donde ladrones no minan ni hurtan.
21 Porque donde esté vuestro tesoro, allí estará también vuestro corazón.

La lámpara del cuerpo
(Lc 11.33-36)
22 La lámpara del cuerpo es el ojo; así que, si tu ojo es bueno, todo tu cuerpo estará lleno de luz;
23 pero si tu ojo es maligno, todo tu cuerpo estará en tinieblas. Así que, si la luz que en ti hay es tinieblas, ¿cuántas no serán las mismas tinieblas?

Dios y las riquezas
(Lc 13.16)
24 Ninguno puede servir a dos señores; porque o aborrecerá al uno y amará al otro, o estimará al uno y menospreciará al otro. No podéis servir a Dios y a las riquezas.[1]

El afán y la ansiedad
(Lc 12.22-31)
25 Por tanto os digo: No os afanéis por vuestra vida, qué habéis de comer o qué habéis de beber; ni por vuestro cuerpo, qué habéis de

1 Gr. *Mamón.*
b. 6.5 Lc 18.10-14. **c. 6.6** Is 26.20. **d. 6.13** 1 Cr 29.11. **e. 6.14-15** Mr 11.25-26. **f. 6.19** Stg 5.2-3.

LECCIONES DE VIDA

6.4 — Y tu Padre que ve en lo secreto te recompensará en público.

No necesitamos jactarnos de nuestras buenas obras guiadas por el Espíritu, ni publicar las buenas acciones que de otro modo pasarían desapercibidas. Dios da las únicas recompensas que importan, y Él sabe llevar bien las cuentas.

6.7 — Y orando, no uséis vanas repeticiones, como los gentiles, que piensan que por su palabrería serán oídos.

La oración eficaz no funciona por arte de magia; tampoco consiste en decir las frases correctas ni usar la fórmula precisa para que Dios se mueva a favor nuestro. Más bien, se trata de comunicarnos de corazón a corazón con el Señor del universo. Aprovechemos esta magnífica oportunidad de acercarnos a Él y aprender sus caminos.

6.21 — donde esté vuestro tesoro, allí estará también vuestro corazón.

¿En qué es lo que usted más piensa en el transcurso del día? ¿Qué pone a latir rápidamente su corazón en asombro y anticipación? ¿Qué considera indispensable para poder vivir? Aquello que capte su atención es su tesoro, pero Dios es el único verdaderamente digno de su corazón.

6.24 — Ninguno puede servir a dos señores; porque o aborrecerá al uno y amará al otro, o estimará al uno y menospreciará al otro.

Somos demasiados los que tratamos de servir a dos señores. Dios *y* el trabajo, o Dios *y* las cuentas bancarias, o Dios *y* la familia. Jesús nos dice que esto es imposible, ya que inevitablemente, las exigencias de ambos serán contradictorias. ¿A quién servirá *usted*?

LO QUE LA BIBLIA DICE ACERCA DE **AMAR A QUIENES ES DIFÍCIL AMAR**

Mt 5.44

¿Cómo reacciona usted cuando alguien se le atraviesa en la calle o un amigo le ofende? ¿Le hacen daño las acciones desconsideradas o deliberadas que se hagan en su contra? ¿Perdona de inmediato a quienes le hieren, o se ofusca con sentimientos que le impiden pasar por alto la ofensa? ¿Cuál es su reacción típica?

Jesús nos dice que nuestra conducta debe ser radicalmente diferente a la del mundo. «Yo os digo: Amad a vuestros enemigos, bendecid a los que os maldicen, haced bien a los que os aborrecen, y orad por los que os ultrajan y os persiguen» (Mt 5.44). ¿Qué debería hacer entonces, cuando alguien le ofende? Siga estos pasos básicos para asegurar una respuesta centrada en Cristo:

1. Perdone al ofensor.

Las heridas que no se tratan adecuadamente producen amargura y un espíritu no perdonador. Por la gracia de Jesucristo, usted cuenta con los recursos espirituales para perdonar a los demás (Mt 18.21–35; Ef 4.32). Cuando usted libera a alguien de una deuda que le debían, se desata de cualquier espíritu de amargura o falta de perdón. Así queda en libertad y puede ver a la persona como Cristo la ve; como resultado, el enojo queda sin poder para regir su vida o sus decisiones. El perdón no significa que sea aceptable lo que la persona hizo incorrectamente. Significa más bien que usted ha puesto a esa persona en las manos de Dios. Puesto que ha optado por no aferrarse a su falta de perdón, usted ha quedado en libertad de vivir a plenitud para Jesucristo.

¿Cuál es su reacción típica?

2. Procure entender antes de insistir en ser entendido.

Practique la habilidad de escuchar y trate de imaginar la perspectiva del ofensor. ¿Qué pudo haber motivado sus acciones? ¿Qué está sucediendo en su vida? Muchas veces, la persona que hiere también es víctima de alguna herida. Entender el dolor privado del ofensor podría ser un paso definitivo hacia la reconciliación y la prevención de conflictos más perjudiciales.

3. Diga la verdad asertivamente, sin agresividad.

Decir la verdad en amor no significa que sus palabras carezcan de impacto. A veces la verdad puede ser perturbadora en extremo, y es posible que el individuo que le haya lastimado necesite tratar algunos asuntos difíciles relacionados con sus propias acciones desconsideradas hacia usted.

Sólo el Señor puede obrar en el corazón de una persona. Usted puede presionarle para que se disculpe, pero Dios es quien convence a la persona de su error. El mejor curso de acción es extender su paciencia, su amor y su perdón, porque eso mismo es lo que el Señor le ha extendido a usted. Un día, hasta su «peor enemigo» podría convertirse en su mejor amigo en Cristo. Sea cual sea el resultado, puede estar seguro de la bendición de Dios cuando usted busca agradar al Señor al hacer bien a quienes le hacen daño.

Para un estudio más a fondo, véase el Índice de Principios de vida:

24. *Vivir la vida cristiana es permitir al Señor Jesús vivir su vida en y por medio de nosotros.*
28. *Ningún creyente ha sido llamado a transitar solitario en su peregrinaje de fe.*

RESPUESTAS A PREGUNTAS DE LA VIDA

¿Cómo puedo vencer la ansiedad?

MT 6.25–34

Dios no le diseñó para vivir preocupado y ansioso. En su Sermón del Monte, Jesús enseñó a la muchedumbre: «No os afanéis, pues, diciendo: ¿Qué comeremos, o qué beberemos, o qué vestiremos? ... no os afanéis por el día de mañana» (Mt 6.31, 34).

En algún punto, todos nos hemos afanado por los aspectos básicos de la vida. La mayoría de nuestras ansiedades se relacionan con cuestiones fundamentales como dónde vamos a vivir, qué vamos a comer, qué ropa nos vamos a poner, qué amigos vamos a tener, y qué piensan de nosotros los demás. En todos estos asuntos, el factor determinante es nuestra fe y nuestra confianza en Dios. ¿Creemos realmente que Él hará lo que ha prometido hacer en su Palabra?

Si da por sentado que usted es quien está a cargo de su vida, batallará con la ansiedad y el temor. En cambio, si entiende los caminos del Señor, sabrá que Él está a cargo y que el Dios soberano del universo cuida de usted. Si se preocupa y duda de la bondad de Dios, jamás tendrá la paz que Él quiere que usted experimente. ¿Dedica algún tiempo para reconocerlo como su Proveedor? Su respuesta tiene todo lo que se necesita para saber sobre su nivel de ansiedad.

¿Alguna vez ha visto a un ratón corriendo dentro de una esfera de plástico? Si corre más rápido la rueda da más vueltas, pero el ratón no avanza ni un milímetro. Al pobre animal ni siquiera se le ocurre salirse de la rueda. Esto es exactamente lo mismo que la ansiedad le produce a usted. A medida que su mente se llena de temores, usted empieza a correr más rápido, redoblando sus esfuerzos para cumplir las exigencias de los demás o para prevenir un desastre incierto. Pero usted jamás tendrá control completo sobre sus circunstancias porque Dios es el único que realmente está en control de todo.

Existe una sola manera de salirse de la rueda del temor, y es reconocer la capacidad del Señor para encargarse de todas y cada una de sus necesidades. Dios le creó. Él conoce sus necesidades y los deseos más profundos de su corazón (Sal 37.4). Él anhela que usted ponga fin al ciclo de la ansiedad y lo deje guiarle (Mt 11.28). Primera Pedro 5.6, 7 dice: «Humillaos, pues, bajo la poderosa mano de Dios, para que él os exalte cuando fuere tiempo; echando toda vuestra ansiedad sobre él, porque él tiene cuidado de vosotros». La palabra «echar» corresponde al verbo griego usado en Lucas 19.35, donde los dos discípulos enviados echaron sus mantos sobre un pollino para que Jesús lo montara. La raíz de este verbo describe el movimiento brusco de soltar algo y a la misma vez descargarlo.

Jesús quiere que usted le entregue todas sus ansiedades y preocupaciones, y que *las descargue en Él.* Usted depende de Él para la vida misma, y lo reconoce al decir: «Aquí tienes, Jesús. Toma mis problemas. ¡Tú tienes las respuestas! Confío en que me mostrarás qué hacer y te encargarás de las consecuencias».

Para un estudio más a fondo, véase el Índice de Principios de vida:

11. Dios asume toda la responsabilidad en cuanto a nuestras necesidades, si lo obedecemos.
9. Confiar en Dios quiere decir ver más allá de lo que podemos, hacia lo que Dios ve.

vestir. ¿No es la vida más que el alimento, y el
cuerpo más que el vestido?
26 Mirad las aves del cielo, que no siembran,
ni siegan, ni recogen en graneros; y vuestro
Padre celestial las alimenta. ¿No valéis vosotros mucho más que ellas?
27 ¿Y quién de vosotros podrá, por mucho que
se afane, añadir a su estatura un codo?
28 Y por el vestido, ¿por qué os afanáis? Considerad los lirios del campo, cómo crecen: no
trabajan ni hilan;

29 pero os digo, que ni aun Salomón con toda
su gloria[g] se vistió así como uno de ellos.
30 Y si la hierba del campo que hoy es, y
mañana se echa en el horno, Dios la viste así,
¿no hará mucho más a vosotros, hombres de
poca fe?
31 No os afanéis, pues, diciendo: ¿Qué comeremos, o qué beberemos, o qué vestiremos?
➤ 32 Porque los gentiles buscan todas estas
cosas; pero vuestro Padre celestial sabe que
tenéis necesidad de todas estas cosas.
* 33 Mas buscad primeramente el reino de Dios
y su justicia, y todas estas cosas os serán
añadidas.
34 Así que, no os afanéis por el día de mañana, porque el día de mañana traerá su afán.
Basta a cada día su propio mal.

El juzgar a los demás
(Lc 6.37-38, 41-42)

7 NO juzguéis, para que no seáis juzgados.
➤ 2 Porque con el juicio con que juzgáis,
seréis juzgados, y con la medida con que
medís, os será medido.[a]
3 ¿Y por qué miras la paja que está en el ojo
de tu hermano, y no echas de ver la viga que
está en tu propio ojo?
4 ¿O cómo dirás a tu hermano: Déjame sacar
la paja de tu ojo, y he aquí la viga en el ojo
tuyo?
5 ¡Hipócrita! saca primero la viga de tu propio
ojo, y entonces verás bien para sacar la paja
del ojo de tu hermano.
6 No deis lo santo a los perros, ni echéis vuestras perlas delante de los cerdos, no sea que
las pisoteen, y se vuelvan y os despedacen.

La oración, y la regla de oro
(Lc 11.9-13; 6.31)

➤ 7 Pedid, y se os dará; buscad, y hallaréis; llamad, y se os abrirá.
8 Porque todo aquel que pide, recibe; y el que
busca, halla; y al que llama, se le abrirá.
9 ¿Qué hombre hay de vosotros, que si su hijo
le pide pan, le dará una piedra?
10 ¿O si le pide un pescado, le dará una
serpiente?
11 Pues si vosotros, siendo malos, sabéis dar *
buenas dádivas a vuestros hijos, ¿cuánto más
vuestro Padre que está en los cielos dará buenas cosas a los que le pidan?
12 Así que, todas las cosas que queráis que ➤
los hombres hagan con vosotros, así también
haced vosotros con ellos; porque esto es la ley
y los profetas.

La puerta estrecha
(Lc 13.24)

13 Entrad por la puerta estrecha; porque
ancha es la puerta, y espacioso el camino que
lleva a la perdición, y muchos son los que
entran por ella;
14 porque estrecha es la puerta, y angosto el
camino que lleva a la vida, y pocos son los
que la hallan.

Por sus frutos los conoceréis
(Lc 6.43-44)

15 Guardaos de los falsos profetas, que vienen a vosotros con vestidos de ovejas, pero
por dentro son lobos rapaces.
16 Por sus frutos los conoceréis. ¿Acaso se
recogen uvas de los espinos, o higos de los
abrojos?
17 Así, todo buen árbol da buenos frutos, pero
el árbol malo da frutos malos.
18 No puede el buen árbol dar malos frutos, ni
el árbol malo dar frutos buenos.
19 Todo árbol que no da buen fruto, es cortado y echado en el fuego.[b]
20 Así que, por sus frutos los conoceréis.[c]

g. 6.29 1 R 10.4-7; 2 Cr 9.3-6. **a. 7.2** Mr 4.24. **b. 7.19** Mt 3.10; Lc 3.9. **c. 7.20** Mt 12.33.

LECCIONES DE VIDA

➤ ***6.32 — vuestro Padre celestial sabe que tenéis necesidad de todas estas cosas.***

Dios no nos dice que dejemos de preocuparnos por la comida, la vivienda y el abrigo porque no necesitemos tales cosas. Él *sabe* que las necesitamos, pero quiere que dejemos de preocuparnos porque ha prometido encargarse de nuestras necesidades.

➤ ***7.2 — con el juicio con que juzgáis, seréis juzgados, y con la medida con que medís, os será medido.***

Si viviéramos conforme a esta pauta, eliminaríamos la mayoría de nuestros conflictos. En lugar de esto, muchas veces juzgamos sin pensar si podríamos adherirnos al mismo criterio. ¿Es usted la clase de persona que demuestra la gracia de Dios a otros? O, ¿exige más de lo que puede sobrellevar en su propia vida?

➤ ***7.7 — Pedid, y se os dará; buscad, y hallaréis; llamad, y se os abrirá.***

Dios tiene un plan maravilloso para su vida, pero usted debe humillarse delante de Él y pedirle que se lo revele. Cuando llame a la puerta del corazón de Dios mediante oración y acción de gracias, Él se abrirá a usted. Las bendiciones más grandes que podemos recibir no son materiales. Son las bendiciones de su amor infinito y su cuidado tierno para nosotros. Él se deleita en saturarnos de cosas buenas, pero debemos presentarle nuestras peticiones.

➤ ***7.12 — todas las cosas que queráis que los hombres hagan con vosotros, así también haced vosotros con ellos; porque esto es la ley y los profetas.***

Si queremos ser tratados bondadosamente, debemos tratar a los demás con bondad. Si queremos que nos den el beneficio de la duda, debemos dar a otros el beneficio de la duda. Si queremos cosas buenas para nosotros, debemos querer cosas buenas para los demás.

Nunca os conocí
(Lc 13.25-27)
21 No todo el que me dice: Señor, Señor, entrará en el reino de los cielos, sino el que hace la
voluntad de mi Padre que está en los cielos.
22 Muchos me dirán en aquel día: Señor,
Señor, ¿no profetizamos en tu nombre, y en
tu nombre echamos fuera demonios, y en tu
nombre hicimos muchos milagros?
23 Y entonces les declararé: Nunca os conocí;
apartaos de mí, hacedores de maldad.[d]

Los dos cimientos
(Lc 6.46-49)
24 Cualquiera, pues, que me oye estas palabras, y las hace, le compararé a un hombre
prudente, que edificó su casa sobre la roca.
25 Descendió lluvia, y vinieron ríos, y soplaron
vientos, y golpearon contra aquella casa; y no
cayó, porque estaba fundada sobre la roca.
26 Pero cualquiera que me oye estas palabras y no las hace, le compararé a un hombre
insensato, que edificó su casa sobre la arena;
27 y descendió lluvia, y vinieron ríos, y soplaron vientos, y dieron conT ímpetu contra
aquella casa; y cayó, y fue grande su ruina.
28 Y cuando terminó Jesús estas palabras, la
gente se admiraba de su doctrina;
29 porque les enseñaba como quien tiene
autoridad, y no como los escribas.[e]

Jesús sana a un leproso
(Mr 1.40-45; Lc 5.12-16)
8 CUANDO descendió Jesús del monte, le
seguía mucha gente.
2 Y he aquí vino un leproso y se postró ante él,
diciendo: Señor, si quieres, puedes limpiarme.
3 Jesús extendió la mano y le tocó, diciendo: Quiero; sé limpio. Y al instante su lepra
desapareció.
4 Entonces Jesús le dijo: Mira, no lo digas a
nadie; sino ve, muéstrate al sacerdote, y presenta la ofrenda que ordenó Moisés,[a] para testimonio a ellos.

Jesús sana al siervo de un centurión
(Lc 7.1-10)
5 Entrando Jesús en Capernaum, vino a él un
centurión, rogándole,
6 y diciendo: Señor, mi criado está postrado
en casa, paralítico, gravemente atormentado.
7 Y Jesús le dijo: Yo iré y le sanaré.
8 Respondió el centurión y dijo: Señor, no soy
digno de que entres bajo mi techo; solamente
di la palabra, y mi criado sanará.
9 Porque también yo soy hombre bajo autoridad, y tengo bajo mis órdenes soldados; y digo
a éste: Ve, y va; y al otro: Ven, y viene; y a mi
siervo: Haz esto, y lo hace.
10 Al oírlo Jesús, se maravilló, y dijo a los que
le seguían: De cierto os digo, que ni aun en
Israel he hallado tanta fe.
11 Y os digo que vendrán muchos del oriente
y del occidente, y se sentarán con Abraham e
Isaac y Jacob en el reino de los cielos;[b]
12 mas los hijos del reino serán echados a las
tinieblas de afuera; allí será el lloro y el crujir de dientes.[c]
13 Entonces Jesús dijo al centurión: Ve, y
como creíste, te sea hecho. Y su criado fue
sanado en aquella misma hora.

Jesús sana a la suegra de Pedro
(Mr 1.29-34; Lc 4.38-41)
14 Vino Jesús a casa de Pedro, y vio a la suegra
de éste postrada en cama, con fiebre.

---

d. 7.23 Sal 6.8. **e. 7.28-29** Mr 1.22; Lc 4.32. **a. 8.4** Lv 14.1-32. **b. 8.11** Lc 13.29. **c. 8.12** Mt 22.13; 25.30; Lc 13.28.

LECCIONES DE VIDA

➤ *7.21 — No todo el que me dice: Señor, Señor, entrará en el reino de los cielos, sino el que hace la voluntad de mi Padre que está en los cielos.*

La pregunta que debe responderse aquí es: «¿Cuál es la voluntad del Padre?» La fe y la creencia firme en su Hijo, el Señor Jesucristo, es la única respuesta. La obediencia voluntaria y dispuesta es el sello distintivo de quienes han venido realmente a la fe en Cristo. Ellos obedecen, no porque quieran ganarse el favor de Dios, sino porque se deleitan en haberlo ya recibido.

➤ *7.24 — Cualquiera, pues, que me oye estas palabras, y las hace, le compararé a un hombre prudente, que edificó su casa sobre la roca.*

La obediencia a Dios crea un cimiento firme para vivir la vida cristiana. Aquellos que obedecen por amor a Jesús edifican una vida sólida, firme y resistente. Podrán ser golpeados por tormentas terribles, pero nunca serán destruidos por ellas.

➤ *7.29 — les enseñaba como quien tiene autoridad, y no como los escribas.*

Jesús es el Verbo encarnado de Dios (Jn 1.1). Él enseñó con autoridad porque esto es lo que Él es: la autoridad final de la verdad del Señor, dada a la humanidad. Dedique tiempo a leer su Biblia, de Génesis a Apocalipsis, y note el impacto de las declaraciones encabezadas con «Así dice Jehová», y las palabras de Jesús cuando dice «Yo os digo». Cuando Dios nos habla, nuestro espíritu sabe que es su voz, y deberíamos tener una fuerte urgencia para escucharlo y obedecerlo.

➤ *8.9 — también yo soy hombre bajo autoridad, y tengo bajo mis órdenes soldados.*

El centurión romano reconoció en Jesús una autoridad que iba mucho más allá de lo que entendían la mayoría de observadores. Podía confiar en el poder y la palabra de Jesús porque primero vio y reconoció su autoridad divina.

➤ *8.13 — Jesús dijo al centurión: Ve, y como creíste, te sea hecho. Y su criado fue sanado en aquella misma hora.*

¿Por qué es necesaria la fe para que experimentemos los milagros de Dios? El Señor se deleita en hacer cosas extraordinarias por aquellos que confían en su bondad y su gracia. Cuando ejercitamos la fe en Dios, le estamos diciendo: «creo en ti».

Ejemplos de vida

MATEO

Dejarlo todo atrás

MT 9.9–13

Después de varios años de contar monedas, escribir recibos de pago y recolectar impuestos para los romanos de sus compatriotas judíos, Mateo por fin oyó una oferta que no pudo rechazar. «Sígueme», le dijo Jesús, y tan pronto Mateo oyó esas palabras, «dejándolo todo, se levantó y le siguió» (Lc 5.27, 28).

Note las palabras que utiliza para recalcar su llamado al ministerio. Nos dice que *lo dejó todo*: el dinero, sus conexiones con el gobierno romano y la poderosa posición que ocupaba. Lo dejó todo excepto, a Dios gracias, su talento para llevar un registro exacto de los hechos. Antes de su conversión, su nombre había sido Leví, el hijo de Alfeo (Mr 2.14). Pero tan pronto aceptó el llamado de Cristo al ministerio, Jesús le dio un nombre nuevo que significa «don de Dios». Cuando Lucas y Marcos se refieren a Mateo, lo identifican como Leví, pero en Mateo 10.3 él se refiere a sí mismo como «Mateo el publicano», una señal recordatoria del pasado al cual había renunciado.

¿Cuál «vida vieja» dejó usted atrás para seguir totalmente al Hijo de Dios?

Para un estudio más a fondo, véase el Índice de Principios de vida:

23. Jamás podremos superar a Dios en generosidad.

2. Obedezcamos a Dios y dejemos las consecuencias en sus manos.

15 Y tocó su mano, y la fiebre la dejó; y ella se
levantó, y les servía.
16 Y cuando llegó la noche, trajeron a él
muchos endemoniados; y con la palabra echó
fuera a los demonios, y sanó a todos los
enfermos;
17 para que se cumpliese lo dicho por el profeta Isaías, cuando dijo: Él mismo tomó nuestras
enfermedades, y llevó nuestras dolencias.[d]

Los que querían seguir a Jesús
(Lc 9.57-62)

18 Viéndose Jesús rodeado de mucha gente,
mandó pasar al otro lado.
19 Y vino un escriba y le dijo: Maestro, te
seguiré adondequiera que vayas.
20 Jesús le dijo: Las zorras tienen guaridas, y
las aves del cielo nidos; mas el Hijo del Hombre no tiene dónde recostar su cabeza.
21 Otro de sus discípulos le dijo: Señor, permíteme que vaya primero y entierre a mi padre.
22 Jesús le dijo: Sígueme; deja que los muertos entierren a sus muertos.

Jesús calma la tempestad
(Mr 4.35-41; Lc 8.22-25)

23 Y entrando él en la barca, sus discípulos le
siguieron.
24 Y he aquí que se levantó en el mar una tempestad tan grande que las olas cubrían la barca; pero él dormía.
25 Y vinieron sus discípulos y le despertaron,
diciendo: ¡Señor, sálvanos, que perecemos!
26 Él les dijo: ¿Por qué teméis, hombres de
poca fe? Entonces, levantándose, reprendió
a los vientos y al mar; y se hizo grande
bonanza.
27 Y los hombres se maravillaron, diciendo:
¿Qué hombre es éste, que aun los vientos y el
mar le obedecen?

Los endemoniados gadarenos
(Mr 5.1-20; Lc 8.26-39)

28 Cuando llegó a la otra orilla, a la tierra de
los gadarenos, vinieron a su encuentro dos
endemoniados que salían de los sepulcros,
feroces en gran manera, tanto que nadie podía
pasar por aquel camino.
29 Y clamaron diciendo: ¿Qué tienes con nosotros, Jesús, Hijo de Dios? ¿Has venido acá
para atormentarnos antes de tiempo?

d. 8.17 Is 53.4.

LECCIONES DE VIDA

➤ ***8.26 — Él les dijo: ¿Por qué teméis, hombres de poca fe? Entonces, levantándose, reprendió a los vientos y al mar; y se hizo grande bonanza.***

La tormenta aterrorizó a los discípulos, pero no al Señor. ¿Cuál fue la diferencia? Jesús es Dios. Él está sobre todas las cosas. Una tempestad borrascosa no es ningún desafío para Él porque Él sabe que el viento y las olas están sujetos a su mando. Por lo tanto, los discípulos no tenían por qué temer, pues Él estaba con ellos.

30 Estaba paciendo lejos de ellos un hato de
muchos cerdos.
31 Y los demonios le rogaron diciendo: Si nos
echas fuera, permítenos ir a aquel hato de
cerdos.
32 Él les dijo: Id. Y ellos salieron, y se fueron
a aquel hato de cerdos; y he aquí, todo el hato
de cerdos se precipitó en el mar por un despeñadero, y perecieron en las aguas.
33 Y los que los apacentaban huyeron, y
viniendo a la ciudad, contaron todas las cosas,
y lo que había pasado con los endemoniados.
34 Y toda la ciudad salió al encuentro de
Jesús; y cuando le vieron, le rogaron que se
fuera de sus contornos.

Jesús sana a un paralítico
(Mr 2.1-12; Lc 5.17-26)

9 ENTONCES, entrando Jesús en la barca,
pasó al otro lado y vino a su ciudad.
2 Y sucedió que le trajeron un paralítico, tendido sobre una cama; y al ver Jesús la fe de
ellos, dijo al paralítico: Ten ánimo, hijo; tus
pecados te son perdonados.
3 Entonces algunos de los escribas decían
dentro de sí: Éste blasfema.
4 Y conociendo Jesús los pensamientos de
ellos, dijo: ¿Por qué pensáis mal en vuestros
corazones?
5 Porque ¿qué es más fácil, decir: Los pecados
te son perdonados, o decir: Levántate y anda?
6 Pues para que sepáis que el Hijo del Hombre tiene potestad en la tierra para perdonar
pecados (dice entonces al paralítico): Levántate, toma tu cama, y vete a tu casa.
7 Entonces él se levantó y se fue a su casa.
8 Y la gente, al verlo, se maravilló y glorificó a Dios, que había dado tal potestad a los
hombres.

Llamamiento de Mateo
(Mr 2.13-17; Lc 5.27-32)

9 Pasando Jesús de allí, vio a un hombre llamado Mateo, que estaba sentado al banco de
los tributos públicos, y le dijo: Sígueme. Y se
levantó y le siguió.
10 Y aconteció que estando él sentado a la
mesa en la casa, he aquí que muchos publicanos y pecadores, que habían venido, se sentaron juntamente a la mesa con Jesús y sus
discípulos.
11 Cuando vieron esto los fariseos, dijeron a
los discípulos: ¿Por qué come vuestro Maestro
con los publicanos y pecadores?[a]
12 Al oír esto Jesús, les dijo: Los sanos no tienen necesidad de médico, sino los enfermos.
13 Id, pues, y aprended lo que significa:[b] Misericordia quiero, y no sacrificio.[c] Porque no he
venido a llamar a justos, sino a pecadores, al
arrepentimiento.

La pregunta sobre el ayuno
(Mr 2.18-22; Lc 5.33-39)

14 Entonces vinieron a él los discípulos de
Juan, diciendo: ¿Por qué nosotros y los fariseos ayunamos muchas veces, y tus discípulos no ayunan?
15 Jesús les dijo: ¿Acaso pueden los que están
de bodas tener luto entre tanto que el esposo
está con ellos? Pero vendrán días cuando el
esposo les será quitado, y entonces ayunarán.
16 Nadie pone remiendo de paño nuevo en
vestido viejo; porque tal remiendo tira del vestido, y se hace peor la rotura.
17 Ni echan vino nuevo en odres viejos; de
otra manera los odres se rompen, y el vino se
derrama, y los odres se pierden; pero echan el
vino nuevo en odres nuevos, y lo uno y lo otro
se conservan juntamente.

La hija de Jairo, y la mujer que tocó el manto de Jesús
(Mr 5.21-43; Lc 8.40-56)

18 Mientras él les decía estas cosas, vino un
hombre principal y se postró ante él, diciendo:

a. 9.10-11 Lc 15.1-2. **b. 9.13** Mt 12.7. **c. 9.13** Os 6.6.

LECCIONES DE VIDA

➤ ***8.34 — toda la ciudad salió al encuentro de Jesús; y cuando le vieron, le rogaron que se fuera de sus contornos.***

Este versículo revela el carácter pecaminoso de la humanidad. Jesús había acabado de expulsar demonios de dos hombres y mandó los espíritus malignos a un hato grande de cerdos, todos los cuales se precipitaron por un despeñadero y se ahogaron en el mar. Cuando los que apacentaban los cerdos informaron lo sucedido a los habitantes del pueblo aledaño, la comunidad entera se enfureció con el Salvador. ¿Cuál era el interés principal de ellos? Las posibles repercusiones económicas y las pérdidas para su comercio. Estaban más preocupados por su bienestar financiero que por su salud espiritual. Cuando vieron que Jesús se acercaba a su ciudad, le exigieron que se fuera. Tristemente, somos culpables de lo mismo. Nos hemos acostumbrado a vivir con el pecado, y no queremos pensar en que Dios nos lo quite, especialmente si implica para nosotros alguna pérdida de comodidad, placer o ingresos. Obviamente, aferrarnos al pecado es uno de los errores más mortíferos que podemos cometer.

➤ ***9.2 — al ver Jesús la fe de ellos.***

Sería difícil *ver* la fe si nunca se expresara en alguna acción significativa. Si nuestra fe no afecta nuestra manera de vivir o los demás nunca la notan, tal vez no sea una fe genuina al fin de cuentas (Stg 2.14–22).

➤ ***9.13 — Id, pues, y aprended lo que significa: Misericordia quiero, y no sacrificio.***

A través de la Biblia, Dios deja en claro que quiere que nuestros corazones estén dirigidos a Él, no que le ofrezcamos un servicio de labios hacia afuera. Él quiere nuestra devoción genuina, la cual resulta en un cambio en nuestro estilo de vida, y en adoración exclusiva a Él. El cumplimiento religioso carece de significado sin una rendición personal al Señor.

Mi hija acaba de morir; mas ven y pon tu
mano sobre ella, y vivirá.
19 Y se levantó Jesús, y le siguió con sus
discípulos.
20 Y he aquí una mujer enferma de flujo de
sangre desde hacía doce años, se le acercó por
detrás y tocó el borde de su manto;
21 porque decía dentro de sí: Si tocare solamente su manto, seré salva.
22 Pero Jesús, volviéndose y mirándola, dijo:
Ten ánimo, hija; tu fe te ha salvado. Y la mujer
fue salva desde aquella hora.
23 Al entrar Jesús en la casa del principal,
viendo a los que tocaban flautas, y la gente
que hacía alboroto,
➤ 24 les dijo: Apartaos, porque la niña no está
muerta, sino duerme. Y se burlaban de él.
25 Pero cuando la gente había sido echada
fuera, entró, y tomó de la mano a la niña, y
ella se levantó.
26 Y se difundió la fama de esto por toda
aquella tierra.

Dos ciegos reciben la vista

27 Pasando Jesús de allí, le siguieron dos ciegos, dando voces y diciendo: ¡Ten misericordia de nosotros, Hijo de David!
28 Y llegado a la casa, vinieron a él los ciegos;
y Jesús les dijo: ¿Creéis que puedo hacer esto?
Ellos dijeron: Sí, Señor.
29 Entonces les tocó los ojos, diciendo: Conforme a vuestra fe os sea hecho.
30 Y los ojos de ellos fueron abiertos. Y Jesús
les encargó rigurosamente, diciendo: Mirad
que nadie lo sepa.
31 Pero salidos ellos, divulgaron la fama de él
por toda aquella tierra.

Un mudo habla

32 Mientras salían ellos, he aquí, le trajeron
un mudo, endemoniado.
33 Y echado fuera el demonio, el mudo habló;
y la gente se maravillaba, y decía: Nunca se ha
visto cosa semejante en Israel.
34 Pero los fariseos decían: Por el príncipe de
los demonios echa fuera los demonios.[d]

La mies es mucha

35 Recorría Jesús todas las ciudades y aldeas,
enseñando en las sinagogas de ellos, y
predicando el evangelio del reino, y sanando
toda enfermedad y toda dolencia en el pueblo.[e]
36 Y al ver las multitudes, tuvo compasión de
ellas; porque estaban desamparadas y dispersas como ovejas que no tienen pastor.[f]
37 Entonces dijo a sus discípulos: A la verdad
la mies es mucha, mas los obreros pocos.
38 Rogad, pues, al Señor de la mies, que envíe
obreros a su mies.[g]

Elección de los doce apóstoles

(Mr 3.13-19; Lc 6.12-16)

10 ENTONCES llamando a sus doce discípulos, les dio autoridad sobre los espíritus inmundos, para que los echasen fuera, y
para sanar toda enfermedad y toda dolencia.
2 Los nombres de los doce apóstoles son éstos:
primero Simón, llamado Pedro, y Andrés su
hermano; Jacobo hijo de Zebedeo, y Juan su
hermano;
3 Felipe, Bartolomé, Tomás, Mateo el publicano, Jacobo hijo de Alfeo, Lebeo, por sobrenombre Tadeo,
4 Simón el cananista, y Judas Iscariote, el que
también le entregó.

Misión de los doce

(Mr 6.7-13; Lc 9.1-6)

5 A estos doce envió Jesús, y les dio instrucciones, diciendo: Por camino de gentiles no vayáis, y en ciudad de samaritanos no
entréis,
6 sino id antes a las ovejas perdidas de la casa
de Israel.
7 Y yendo, predicad, diciendo: El reino de los
cielos se ha acercado.
8 Sanad enfermos, limpiad leprosos, resucitad muertos, echad fuera demonios; de gracia
recibisteis, dad de gracia.
9 No os proveáis de oro, ni plata, ni cobre en
vuestros cintos;[a]
10 ni de alforja para el camino, ni de dos túnicas, ni de calzado, ni de bordón; porque el
obrero es digno de su alimento.[b]

d. 9.34 Mt 10.25; 12.24; Mr 3.22; Lc 11.15. **e. 9.35** Mt 4.23; Mr 1.39; Lc 4.44. **f. 9.36** 1 R 22.17; 2 Cr 18.16; Zac 10.2; Mr 6.34. **g. 9.37-38** Lc 10.2. **a. 10.7-15** Lc 10.4-12. **b. 10.10** 1 Co 9.14; 1 Ti 5.18.

LECCIONES DE VIDA

➤ ***9.24 — Apartaos, porque la niña no está muerta, sino duerme. Y se burlaban de él.***

Imagine decirle al Salvador, el Hijo de Dios, qué hacer. Al principio, las acciones y las instrucciones de Cristo les parecieron extrañas a los presentes, pero ellos vieron después que Él tenía la razón. La fe a veces parece ridícula a quienes no la tienen, pero de todas maneras debemos confiar en Dios y obedecer en todo lo que nos mande hacer. Así veremos al Señor hacer lo que nadie más puede hacer.

➤ ***9.36 — al ver las multitudes, tuvo compasión de ellas; porque estaban desamparadas y dispersas como ovejas que no tienen pastor.***

Cuando Jesús veía a las multitudes exhaustas, no podía evitar sentir compasión por ellas, y por eso continuaba ministrándolas. Él es el Buen Pastor.

➤ ***10.8 — de gracia recibisteis, dad de gracia.***

Dios nos bendice para que podamos bendecir a otros. Él no nos muestra su bondad para que la acumulemos para nosotros mismos, Él nos la da para que nos preocupemos por quienes sufren a nuestro alrededor.

11 Mas en cualquier ciudad o aldea donde
entréis, informaos quién en ella sea digno, y
posad allí hasta que salgáis.
12 Y al entrar en la casa, saludadla.
13 Y si la casa fuere digna, vuestra paz vendrá
sobre ella; mas si no fuere digna, vuestra paz
se volverá a vosotros.
14 Y si alguno no os recibiere, ni oyere vuestras palabras, salid de aquella casa o ciudad, y
sacudid el polvo de vuestros pies.[c]
15 De cierto os digo que en el día del juicio,
será más tolerable el castigo para la tierra
de Sodoma y de Gomorra,[d] que para aquella ciudad.[e]

Persecuciones venideras

➤ 16 He aquí, yo os envío como a ovejas en
medio de lobos;[f] sed, pues, prudentes como
serpientes, y sencillos como palomas.
17 Y guardaos de los hombres, porque os
entregarán a los concilios, y en sus sinagogas
os azotarán;
18 y aun ante gobernadores y reyes seréis llevados por causa de mí, para testimonio a ellos
y a los gentiles.
19 Mas cuando os entreguen, no os preocupéis
por cómo o qué hablaréis; porque en aquella
hora os será dado lo que habéis de hablar.
20 Porque no sois vosotros los que habláis,
sino el Espíritu de vuestro Padre que habla
en vosotros.
21 El hermano entregará a la muerte al
hermano, y el padre al hijo; y los hijos se
levantarán contra los padres, y los harán
morir.[g]
22 Y seréis aborrecidos de todos por causa de
mi nombre;[h] mas el que persevere hasta el fin,
éste será salvo.[i]
23 Cuando os persigan en esta ciudad, huid a
la otra; porque de cierto os digo, que no acabaréis de recorrer todas las ciudades de Israel,
antes que venga el Hijo del Hombre.
24 El discípulo no es más que su maestro,[j] ni
el siervo más que su señor.[k]
25 Bástale al discípulo ser como su maestro, y al siervo como su señor. Si al padre de
familia llamaron Beelzebú,[l] ¿cuánto más a los
de su casa?

A quién se debe temer

(Lc 12.2-9)

26 Así que, no los temáis; porque nada hay
encubierto, que no haya de ser manifestado;
ni oculto, que no haya de saberse.[m]
27 Lo que os digo en tinieblas, decidlo en la
luz; y lo que oís al oído, proclamadlo desde
las azoteas.
28 Y no temáis a los que matan el cuerpo, mas
el alma no pueden matar; temed más bien a
aquel que puede destruir el alma y el cuerpo
en el infierno.
29 ¿No se venden dos pajarillos por un cuarto? Con todo, ni uno de ellos cae a tierra sin
vuestro Padre.
30 Pues aun vuestros cabellos están todos
contados.
31 Así que, no temáis; más valéis vosotros que
muchos pajarillos.
32 A cualquiera, pues, que me confiese delante de los hombres, yo también le confesaré
delante de mi Padre que está en los cielos.
33 Y a cualquiera que me niegue delante de
los hombres, yo también le negaré delante de
mi Padre que está en los cielos.[n]

Jesús, causa de división

(Lc 12.49-53; 14.26-27)

34 No penséis que he venido para traer paz
a la tierra; no he venido para traer paz, sino
espada.
35 Porque he venido para poner en disensión
al hombre contra su padre, a la hija contra su
madre, y a la nuera contra su suegra;
36 y los enemigos del hombre serán los de su
casa.[o]

c. 10.14 Hch 13.51. **d. 10.15** Gn 19.24-28. **e. 10.15** Mt 11.23-24. **f. 10.16** Lc 10.3. **g. 10.17-21** Mr 13.9-12; Lc 12.11-12; 21.12-16. **h. 10.22** Mt 24.9; Mr 13.13; Lc 21.17. **i. 10.22** Mt 24.13; Mr 13.13. **j. 10.24** Lc 6.40. **k. 10.24** Jn 13.16; 15.20. **l. 10.25** Mt 9.34; 12.24; Mr 3.22; Lc 11.15. **m. 10.26** Mr 4.22; Lc 8.17. **n. 10.33** 2 Ti 2.12. **o. 10.35-36** Mi 7.6.

LECCIONES DE VIDA

➤ ***10.16 — os envío como a ovejas en medio de lobos.***

Jesús no se hizo ilusiones cuando envió a sus discípulos a ministrar. Sabía lo que les esperaba, y también sabe qué nos espera a nosotros. De todas maneras nos envía, para representarlo bajo su protección, con su sabiduría y su poder.

➤ ***10.28 — no temáis a los que matan el cuerpo, mas el alma no pueden matar; temed más bien a aquel que puede destruir el alma y el cuerpo en el infierno.***

Justo antes de su ejecución, Jesús dijo al gobernador romano Pilato: «Ninguna autoridad tendrías contra mí, si no te fuese dada de arriba» (Jn 19.11). Él no temió a Pilato, porque sabía que su arresto y crucifixión eran una parte integral del plan divino de proveer para la salvación de la humanidad (Mt 26.55, 56).

➤ ***10.34 — No penséis que he venido para traer paz a la tierra; no he venido para traer paz, sino espada.***

Fuera de contexto, estas palabras parecen contradecir textos como Lucas 2.14 y Juan 14.27, donde Jesús habla puntualmente acerca de la paz que nos ofrece a todos y cada uno. La paz de Dios no es el resultado de vivir como a uno le plazca. Es resultado de vivir en el temor de Dios, que es un estilo de vida caracterizado por la obediencia y la fe en el Señor. En este sentido, Jesús trae una espada a los corazones y las mentes de aquellos que viven en pecado y rebelión. A quienes lo siguen con un corazón íntegro, Él les brinda su paz inalterable.

37 El que ama a padre o madre más que a mí,
no es digno de mí; el que ama a hijo o hija más
que a mí, no es digno de mí;
38 y el que no toma su cruz y sigue en pos de
mí, no es digno de mí.[p]
39 El que halla su vida, la perderá; y el que
pierde su vida por causa de mí, la hallará.[q]

Recompensas
(Mr 9.41)

40 El que a vosotros recibe, a mí me recibe;[r]
y el que me recibe a mí, recibe al que me
envió.[s]
41 El que recibe a un profeta por cuanto es
profeta, recompensa de profeta recibirá; y
el que recibe a un justo por cuanto es justo,
recompensa de justo recibirá.
➤ 42 Y cualquiera que dé a uno de estos pequeñitos un vaso de agua fría solamente, por
cuanto es discípulo, de cierto os digo que no
perderá su recompensa.

Los mensajeros de Juan el Bautista
(Lc 7.18-35)

11 CUANDO Jesús terminó de dar instrucciones a sus doce discípulos, se fue
de allí a enseñar y a predicar en las ciudades
de ellos.
2 Y al oír Juan, en la cárcel, los hechos de Cristo, le envió dos de sus discípulos,
3 para preguntarle: ¿Eres tú aquel que había
de venir, o esperaremos a otro?
4 Respondiendo Jesús, les dijo: Id, y haced
saber a Juan las cosas que oís y veis.
5 Los ciegos ven, los cojos andan, los leprosos
son limpiados, los sordos oyen,[a] los muertos
son resucitados, y a los pobres es anunciado
el evangelio;[b]
6 y bienaventurado es el que no halle tropiezo en mí.
7 Mientras ellos se iban, comenzó Jesús a
decir de Juan a la gente: ¿Qué salisteis a ver al
desierto? ¿Una caña sacudida por el viento?
8 ¿O qué salisteis a ver? ¿A un hombre cubierto de vestiduras delicadas? He aquí, los que
llevan vestiduras delicadas, en las casas de los
reyes están.
9 Pero ¿qué salisteis a ver? ¿A un profeta? Sí,
os digo, y más que profeta.
10 Porque éste es de quien está escrito:

He aquí, yo envío mi mensajero delante
de tu faz,
El cual preparará tu camino delante de
ti.[c]

11 De cierto os digo: Entre los que nacen de ➤
mujer no se ha levantado otro mayor que Juan
el Bautista; pero el más pequeño en el reino de
los cielos, mayor es que él.
12 Desde los días de Juan el Bautista hasta
ahora, el reino de los cielos sufre violencia, y
los violentos lo arrebatan.
13 Porque todos los profetas y la ley profetizaron hasta Juan.[d]
14 Y si queréis recibirlo, él es aquel Elías que
había de venir.[e]
15 El que tiene oídos para oír, oiga.
16 Mas ¿a qué compararé esta generación? Es
semejante a los muchachos que se sientan en
las plazas, y dan voces a sus compañeros,
17 diciendo: Os tocamos flauta, y no bailasteis; os endechamos, y no lamentasteis.
18 Porque vino Juan, que ni comía ni bebía, y
dicen: Demonio tiene.
19 Vino el Hijo del Hombre, que come y bebe,
y dicen: He aquí un hombre comilón, y bebedor de vino, amigo de publicanos y de pecadores. Pero la sabiduría es justificada por sus
hijos.

Ayes sobre las ciudades impenitentes
(Lc 10.13-16)

20 Entonces comenzó a reconvenir a las ciudades en las cuales había hecho muchos de
sus milagros, porque no se habían arrepentido, diciendo:
21 ¡Ay de ti, Corazín! ¡Ay de ti, Betsaida! Porque si en Tiro y en Sidón[f] se hubieran hecho
los milagros que han sido hechos en vosotras,
tiempo ha que se hubieran arrepentido en cilicio y en ceniza.
22 Por tanto os digo que en el día del juicio,
será más tolerable el castigo para Tiro y para
Sidón, que para vosotras.

p. 10.38 Mt 16.24; Mr 8.34; Lc 9.23. **q. 10.39** Mt 16.25; Mr 8.35; Lc 9.24; 17.33; Jn 12.25. **r. 10.40** Lc 10.16; Jn 13.20. **s. 10.40** Mr 9.37; Lc 9.48. **a. 11.5** Is 35.5-6. **b. 11.5** Is 61.1. **c. 11.10** Mal 3.1. **d. 11.12-13** Lc 16.16. **e. 11.14** Mal 4.5; Mt 17.10-13; Mr 9.11-13. **f. 11.21** Is 23.1-18; Ez 26.1—28.26; Jl 3.4-8; Am 1.9-10; Zac 9.2-4.

LECCIONES DE VIDA

➤ ***10.42 — cualquiera que dé a uno de estos pequeñitos un vaso de agua fría solamente, por cuanto es discípulo, de cierto os digo que no perderá su recompensa.***

Dios no recompensa tan solo las grandes obras y los proyectos importantes. Él se deleita en dar, y le encanta recompensar la obediencia, sin importar cuán pequeña o insignificante nos parezca.

➤ ***11.11 — De cierto os digo: Entre los que nacen de mujer no se ha levantado otro mayor que Juan el Bautista; pero el más pequeño en el reino de los cielos, mayor es que él.***

Hoy día, los creyentes tenemos algo que fue desconocido para los hombres y las mujeres en los tiempos del Antiguo Testamento: la presencia del Espíritu Santo morando en nuestro interior. Somos el templo del Espíritu Santo, y eso nos hace grandes ante los ojos de Dios. Aunque la vida y el mensaje de Juan el Bautista fueron de extrema importancia, también tenemos inmenso valor en virtud de la vida de Cristo en nosotros.

23 Y tú, Capernaum, que eres levantada hasta
el cielo, hasta el Hades[1] serás abatida;[g] porque
si en Sodoma[h] se hubieran hecho los milagros
que han sido hechos en ti, habría permanecido hasta el día de hoy.
24 Por tanto os digo que en el día del juicio,
será más tolerable el castigo para la tierra de
Sodoma,[i] que para ti.

Venid a mí y descansada

(Lc 10.21-22)

25 En aquel tiempo, respondiendo Jesús, dijo:
Te alabo, Padre, Señor del cielo y de la tierra,
porque escondiste estas cosas de los sabios y
de los entendidos, y las revelaste a los niños.
26 Sí, Padre, porque así te agradó.
27 Todas las cosas me fueron entregadas por
mi Padre;[j] y nadie conoce al Hijo,[k] sino el
Padre, ni al Padre conoce alguno, sino el Hijo,
y aquel a quien el Hijo lo quiera revelar.
28 Venid a mí todos los que estáis trabajados y
cargados, y yo os haré descansar.
29 Llevad mi yugo sobre vosotros, y aprended
de mí, que soy manso y humilde de corazón; y
hallaréis descanso para vuestras almas;[l]
30 porque mi yugo es fácil, y ligera mi carga.

Los discípulos recogen espigas en el día de reposo

(Mr 2.23-28; Lc 6.1-5)

12 EN aquel tiempo iba Jesús por los
sembrados en un día de reposo;* y sus
discípulos tuvieron hambre, y comenzaron a
arrancar espigas[a] y a comer.
2 Viéndolo los fariseos, le dijeron: He aquí tus
discípulos hacen lo que no es lícito hacer en
el día de reposo.*
3 Pero él les dijo: ¿No habéis leído lo que hizo
David, cuando él y los que con él estaban
tuvieron hambre;
4 cómo entró en la casa de Dios, y comió los
panes de la proposición,[b] que no les era lícito
comer ni a él ni a los que con él estaban, sino
solamente a los sacerdotes?[c]
5 ¿O no habéis leído en la ley, cómo en el día
de reposo* los sacerdotes en el templo profanan el día de reposo,* y son sin culpa?[d]
6 Pues os digo que uno mayor que el templo
está aquí.
7 Y si supieseis qué significa:[e] Misericordia
quiero, y no sacrificio,[f] no condenaríais a los
inocentes;
8 porque el Hijo del Hombre es Señor del día
de reposo.*

El hombre de la mano seca

(Mr 3.1-6; Lc 6.6-11)

9 Pasando de allí, vino a la sinagoga de ellos.
10 Y he aquí había allí uno que tenía seca
una mano; y preguntaron a Jesús, para
poder acusarle: ¿Es lícito sanar en el día de
reposo?*
11 Él les dijo: ¿Qué hombre habrá de vosotros, que tenga una oveja, y si ésta cayere en
un hoyo en día de reposo,* no le eche mano, y
la levante?[g]
12 Pues ¿cuánto más vale un hombre que una
oveja? Por consiguiente, es lícito hacer el bien
en los días de reposo.*
13 Entonces dijo a aquel hombre: Extiende
tu mano. Y él la extendió, y le fue restaurada
sana como la otra.
14 Y salidos los fariseos, tuvieron consejo contra Jesús para destruirle.

El siervo escogido

15 Sabiendo esto Jesús, se apartó de allí; y le
siguió mucha gente, y sanaba a todos,
16 y les encargaba rigurosamente que no le
descubriesen;
17 para que se cumpliese lo dicho por el profeta Isaías, cuando dijo:
18 He aquí mi siervo, a quien he escogido;
Mi Amado, en quien se agrada mi alma;
Pondré mi Espíritu sobre él,
Y a los gentiles anunciará juicio.
19 No contenderá, ni voceará,
Ni nadie oirá en las calles su voz.
20 La caña cascada no quebrará,
Y el pábilo que humea no apagará,
Hasta que saque a victoria el juicio.
21 Y en su nombre esperarán los gentiles.[h]

1 Nombre griego del lugar de los muertos.

* Aquí equivale a *sábado.*

g. 11.23 Is 14.13-15. **h. 11.23** Gn 19.24-28. **i. 11.24** Mt 10.15; Lc 10.12. **j. 11.27** Jn 3.35. **k. 11.27** Jn 10.15. **l. 11.29** Jer 6.16. **a. 12.1** Dt 23.25. **b. 12.3-4** 1 S 21.1-6. **c. 12.4** Lv 24.9. **d. 12.5** Nm 28.9-10. **e. 12.7** Mt 9.13. **f. 12.7** Os 6.6. **g. 12.11** Lc 14.5. **h. 12.18-21** Is 42.1-4.

LECCIONES DE VIDA

11.29 — Llevad mi yugo sobre vosotros, y aprended de mí, que soy manso y humilde de corazón; y hallaréis descanso para vuestras almas.

Todos necesitamos descanso, y Jesús promete dárnoslo si hallamos nuestro descanso en Él. Cristo es quien lleva nuestras cargas, y cuando rendimos a Él las circunstancias de nuestra vida, Él nos levanta e infunde nuestros corazones de esperanza y sabiduría renovadas. Algunas situaciones son demasiado difíciles para nosotros sobrellevarlas, pero para Dios nada es demasiado grande. Él promete refrescar nuestras almas cansadas cuando clamamos a Él.

12.8 — el Hijo del Hombre es Señor del día de reposo.

Como el Creador del cielo y la tierra, Jesús era mucho más grande que el día de reposo, el cual fue instituido para recordar su obra de la creación (Gn 2.1–3). Jesús es Señor de todo, y la razón de ser del día de reposo era honrarlo a Él (Éx 20.8–11).

La blasfemia contra el Espíritu Santo

(Mr 3.20-30; Lc 11.14-23)

22 Entonces fue traído a él un endemoniado, ciego y mudo; y le sanó, de tal manera que el ciego y mudo veía y hablaba.

23 Y toda la gente estaba atónita, y decía: ¿Será éste aquel Hijo de David?

24 Mas los fariseos, al oírlo, decían: Éste no echa fuera los demonios sino por Beelzebú, príncipe de los demonios.[i]

➢ 25 Sabiendo Jesús los pensamientos de ellos, les dijo: Todo reino dividido contra sí mismo, es asolado, y toda ciudad o casa dividida contra sí misma, no permanecerá.

26 Y si Satanás echa fuera a Satanás, contra sí mismo está dividido; ¿cómo, pues, permanecerá su reino?

27 Y si yo echo fuera los demonios por Beelzebú, ¿por quién los echan vuestros hijos? Por tanto, ellos serán vuestros jueces.

28 Pero si yo por el Espíritu de Dios echo fuera los demonios, ciertamente ha llegado a vosotros el reino de Dios.

29 Porque ¿cómo puede alguno entrar en la casa del hombre fuerte, y saquear sus bienes, si primero no le ata? Y entonces podrá saquear su casa.

30 El que no es conmigo, contra mí es;[j] y el que conmigo no recoge, desparrama.

➢ 31 Por tanto os digo: Todo pecado y blasfemia será perdonado a los hombres; mas la blasfemia contra el Espíritu no les será perdonada.

32 A cualquiera que dijere alguna palabra contra el Hijo del Hombre, le será perdonado; pero al que hable contra el Espíritu Santo, no le será perdonado, ni en este siglo ni en el venidero.[k]

33 O haced el árbol bueno, y su fruto bueno, o haced el árbol malo, y su fruto malo; porque por el fruto se conoce el árbol.[l]

34 ¡Generación de víboras![m] ¿Cómo podéis hablar lo bueno, siendo malos? Porque de la abundancia del corazón habla la boca.[n]

35 El hombre bueno, del buen tesoro del corazón saca buenas cosas; y el hombre malo, del mal tesoro saca malas cosas.

36 Mas yo os digo que de toda palabra ociosa que hablen los hombres, de ella darán cuenta en el día del juicio.

37 Porque por tus palabras serás justificado, y por tus palabras serás condenado.

La generación perversa demanda señal

(Lc 11.29-32)

38 Entonces respondieron algunos de los escribas y de los fariseos, diciendo: Maestro, deseamos ver de ti señal.[o]

39 Él respondió y les dijo: La generación mala y adúltera demanda señal;[p] pero señal no le será dada, sino la señal del profeta Jonás.

40 Porque como estuvo Jonás en el vientre del gran pez tres días y tres noches,[q] así estará el Hijo del Hombre en el corazón de la tierra tres días y tres noches.

41 Los hombres de Nínive se levantarán en el juicio con esta generación, y la condenarán; porque ellos se arrepintieron a la predicación de Jonás,[r] y he aquí más que Jonás en este lugar.

42 La reina del Sur se levantará en el juicio con esta generación, y la condenará; porque ella vino de los fines de la tierra para oír la sabiduría de Salomón,[s] y he aquí más que Salomón en este lugar.

El espíritu inmundo que vuelve

(Lc 11.24-26)

43 Cuando el espíritu inmundo sale del hombre, anda por lugares secos, buscando reposo, y no lo halla.

44 Entonces dice: Volveré a mi casa de donde salí; y cuando llega, la halla desocupada, barrida y adornada.

45 Entonces va, y toma consigo otros siete espíritus peores que él, y entrados, moran allí; y el postrer estado de aquel hombre viene a ser peor que el primero. Así también acontecerá a esta mala generación.

i. 12.24 Mt 9.34; 10.25. **j. 12.30** Mr 9.40. **k. 12.32** Lc 12.10. **l. 12.33** Mt 7.20; Lc 6.44. **m. 12.34** Mt 3.7; 23.33; Lc 3.7. **n. 12.34** Mt 15.18; Lc 6.45. **o. 12.38** Mt 16.1; Mr 8.11; Lc 11.16. **p. 12.39** Mt 16.4; Mr 8.12. **q. 12.40** Jon 1.17. **r. 12.41** Jon 3.5. **s. 12.42** 1 R 10.1-10; 2 Cr 9.1-12.

LECCIONES DE VIDA

➢ ***12.25 — Sabiendo Jesús los pensamientos de ellos, les dijo.***

El libro de Hebreos dice: «todas las cosas están desnudas y abiertas a los ojos de aquel a quien tenemos que dar cuenta» (4.13). Pablo dice además que el Señor «manifestará las intenciones de los corazones» (1 Co 4.5). A menudo somos tentados a pensar que Dios no notará lo que estemos haciendo. Pero Él sí se da cuenta. Dios está profundamente interesado en cada aspecto de nuestras vidas, inclusive en cada pensamiento que tenemos. Por lo tanto, necesitamos pedirle que guarde nuestros corazones y nuestras mentes (Sal 25.20; 2 Co 10.5).

➢ ***12.31 — Todo pecado y blasfemia será perdonado a los hombres; mas la blasfemia contra el Espíritu no les será perdonada.***

La blasfemia contra el Espíritu es imperdonable porque significa negar que Jesucristo es quien dice ser y rechazar su regalo de salvación. Este es el pecado imperdonable, porque la persona está rechazando literalmente al Único que puede salvarle. Dios no va a obligar a nadie a aceptar a Jesús como su Salvador. Sin embargo, si usted se niega a confiar en Cristo, tendrá que enfrentar las consecuencias de su decisión, que son juicio y condenación (Jn 3.18). Dios *nunca* rechaza a alguien que se arrepienta de verdad. Además, si usted ha aceptado a Jesús como su Salvador, entonces usted nunca puede cometer el pecado imperdonable.

La madre y los hermanos de Jesús
(Mr 3.31-35; Lc 8.19-21)

46 Mientras él aún hablaba a la gente, he aquí su madre y sus hermanos estaban afuera, y le querían hablar.
47 Y le dijo uno: He aquí tu madre y tus hermanos están afuera, y te quieren hablar.
48 Respondiendo él al que le decía esto, dijo: ¿Quién es mi madre, y quiénes son mis hermanos?
49 Y extendiendo su mano hacia sus discípulos, dijo: He aquí mi madre y mis hermanos.
50 Porque todo aquel que hace la voluntad de mi Padre que está en los cielos, ése es mi hermano, y hermana, y madre.

Parábola del sembrador
(Mr 4.1-9; Lc 8.4-8)

13 AQUEL día salió Jesús de la casa y se sentó junto al mar.
2 Y se le juntó mucha gente; y entrando él en la barca, se sentó,[a] y toda la gente estaba en la playa.
3 Y les habló muchas cosas por parábolas, diciendo: He aquí, el sembrador salió a sembrar.
4 Y mientras sembraba, parte de la semilla cayó junto al camino; y vinieron las aves y la comieron.
5 Parte cayó en pedregales, donde no había mucha tierra; y brotó pronto, porque no tenía profundidad de tierra;
6 pero salido el sol, se quemó; y porque no tenía raíz, se secó.
7 Y parte cayó entre espinos; y los espinos crecieron, y la ahogaron.
8 Pero parte cayó en buena tierra, y dio fruto, cuál a ciento, cuál a sesenta, y cuál a treinta por uno.
9 El que tiene oídos para oír, oiga.

Propósito de las parábolas
(Mr 4.10-12; Lc 8.9-10)

10 Entonces, acercándose los discípulos, le dijeron: ¿Por qué les hablas por parábolas?
11 Él respondiendo, les dijo: Porque a vosotros os es dado saber los misterios del reino de los cielos; mas a ellos no les es dado.
12 Porque a cualquiera que tiene, se le dará, y tendrá más; pero al que no tiene, aun lo que tiene le será quitado.[b]
13 Por eso les hablo por parábolas: porque viendo no ven, y oyendo no oyen, ni entienden.
14 De manera que se cumple en ellos la profecía de Isaías, que dijo:

De oído oiréis, y no entenderéis;
Y viendo veréis, y no percibiréis.
15 Porque el corazón de este pueblo se ha engrosado,
Y con los oídos oyen pesadamente,
Y han cerrado sus ojos;
Para que no vean con los ojos,
Y oigan con los oídos,
Y con el corazón entiendan,
Y se conviertan, Y yo los sane.[c]

16 Pero bienaventurados vuestros ojos, porque ven; y vuestros oídos, porque oyen.
17 Porque de cierto os digo, que muchos profetas y justos desearon ver lo que veis, y no lo vieron; y oír lo que oís, y no lo oyeron.[d]

Jesús explica la parábola del sembrador
(Mr 4.13-20; Lc 8.11-15)

18 Oíd, pues, vosotros la parábola del sembrador:
19 Cuando alguno oye la palabra del reino y no la entiende, viene el malo, y arrebata lo que fue sembrado en su corazón. Éste es el que fue sembrado junto al camino.
20 Y el que fue sembrado en pedregales, éste es el que oye la palabra, y al momento la recibe con gozo;
21 pero no tiene raíz en sí, sino que es de corta duración, pues al venir la aflicción o la persecución por causa de la palabra, luego tropieza.
22 El que fue sembrado entre espinos, éste es el que oye la palabra, pero el afán de este siglo y el engaño de las riquezas ahogan la palabra, y se hace infructuosa.
23 Mas el que fue sembrado en buena tierra, éste es el que oye y entiende la palabra, y da

a. 13.2 Lc 5.1-3. **b. 13.12** Mt 25.29; Mr 4.25; Lc 8.18; 19.26. **c. 13.14-15** Is 6.9-10. **d. 13.16-17** Lc 10.23-24.

LECCIONES DE VIDA

12.50 — todo aquel que hace la voluntad de mi Padre que los cielos, ése es mi hermano, y hermana, y madre.

Jesús vino a la tierra para hacer la voluntad de su Padre, así que cualquier persona que lo acepta como Señor y Salvador es adoptada en la familia de Dios. La voluntad del Señor para su vida es que crea en Aquel a quien Él envió. Como instruye Hechos 16.31: «Cree en el Señor Jesucristo, y serás salvo». Un deseo de agradarlo, sin contar con la salvación en Cristo, jamás será suficiente. Debe haber un cambio sincero en la vida de una persona, una transformación de carácter y conducta que sólo puede resultar de la fe genuina en Él.

13.12 — a cualquiera que tiene, se le dará, y tendrá más; pero al que no tiene, aun lo que tiene le será quitado.

Rendir cuentas de nuestras acciones y ser responsables son distintivos de la vida cristiana, y esta combinación de promesa y advertencia condensa una buena parte de la instrucción de Dios en su Palabra. Él nos motiva a buscarlo, pero también nos advierte acerca de tener una actitud negligente, sobre todo cuando Él provee la sabiduría y la inteligencia que necesitamos para vivir cada día. Por esa razón, el apóstol nos amonesta que andemos como hombres y mujeres sabios (Ef 5.15).

fruto; y produce a ciento, a sesenta, y a treinta por uno.

Parábola del trigo y la cizaña

24 Les refirió otra parábola, diciendo: El reino de los cielos es semejante a un hombre que sembró buena semilla en su campo;

25 pero mientras dormían los hombres, vino su enemigo y sembró cizaña entre el trigo, y se fue.

26 Y cuando salió la hierba y dio fruto, entonces apareció también la cizaña.

27 Vinieron entonces los siervos del padre de familia y le dijeron: Señor, ¿no sembraste buena semilla en tu campo? ¿De dónde, pues, tiene cizaña?

28 Él les dijo: Un enemigo ha hecho esto. Y los siervos le dijeron: ¿Quieres, pues, que vayamos y la arranquemos?

29 Él les dijo: No, no sea que al arrancar la cizaña, arranquéis también con ella el trigo.

30 Dejad crecer juntamente lo uno y lo otro hasta la siega; y al tiempo de la siega yo diré a los segadores: Recoged primero la cizaña, y atadla en manojos para quemarla; pero recoged el trigo en mi granero.

Parábola de la semilla de mostaza

(Mr 4.30-32; Lc 13.18-19)

31 Otra parábola les refirió, diciendo: El reino de los cielos es semejante al grano de mostaza, que un hombre tomó y sembró en su campo;

32 el cual a la verdad es la más pequeña de todas las semillas; pero cuando ha crecido, es la mayor de las hortalizas, y se hace árbol, de tal manera que vienen las aves del cielo y hacen nidos en sus ramas.

Parábola de la levadura

(Lc 13.20-21)

33 Otra parábola les dijo: El reino de los cielos es semejante a la levadura que tomó una mujer, y escondió en tres medidas de harina, hasta que todo fue leudado.

El uso que Jesús hace de las parábolas

(Mr 4.33-34)

34 Todo esto habló Jesús por parábolas a la gente, y sin parábolas no les hablaba;

35 para que se cumpliese lo dicho por el profeta, cuando dijo:

Abriré en parábolas mi boca;
Declararé cosas escondidas desde la fundación del mundo.[e]

Jesús explica la parábola de la cizaña

36 Entonces, despedida la gente, entró Jesús en la casa; y acercándose a él sus discípulos, le dijeron: Explícanos la parábola de la cizaña del campo.

37 Respondiendo él, les dijo: El que siembra la buena semilla es el Hijo del Hombre.

38 El campo es el mundo; la buena semilla son los hijos del reino, y la cizaña son los hijos del malo.

39 El enemigo que la sembró es el diablo; la siega es el fin del siglo; y los segadores son los ángeles.

40 De manera que como se arranca la cizaña, y se quema en el fuego, así será en el fin de este siglo.

41 Enviará el Hijo del Hombre a sus ángeles, y recogerán de su reino a todos los que sirven de tropiezo, y a los que hacen iniquidad,

42 y los echarán en el horno de fuego; allí será el lloro y el crujir de dientes.

43 Entonces los justos resplandecerán como el sol en el reino de su Padre. El que tiene oídos para oír, oiga.

El tesoro escogido

44 Además, el reino de los cielos es semejante a un tesoro escondido en un campo, el cual un hombre halla, y lo esconde de nuevo; y gozoso por ello va y vende todo lo que tiene, y compra aquel campo.

La perla de gran precio

45 También el reino de los cielos es semejante a un mercader que busca buenas perlas,

46 que habiendo hallado una perla preciosa, fue y vendió todo lo que tenía, y la compró.

La red

47 Asimismo el reino de los cielos es semejante a una red, que echada en el mar, recoge de toda clase de peces;

e. **13.35** Sal 78.2.

LECCIONES DE VIDA

➤ ***13.23 — el que fue sembrado en buena tierra, éste es el que oye y entiende la palabra, y da fruto; y produce a ciento, a sesenta, y a treinta por uno.***

El Señor quiere que oigamos, entendamos y pongamos en práctica su consejo y su instrucción. Él no nos ve como cofres en los que deposita y esconde las Escrituras, sino como huertos en los que su Palabra puede germinar, crecer y dar fruto para su gloria. Por lo tanto, es esencial que cultivemos la Palabra de Dios en nuestras vidas. Esto incluye la devoción sincera a Él, el estudio de la Biblia, la oración y el compromiso de adorarlo semanalmente en la casa de Dios.

➤ ***13.38 — El campo es el mundo; la buena semilla son los hijos del reino, y la cizaña son los hijos del malo.***

Puede ser que no nos guste, pero Dios permite que justos e impíos vivan lado a lado. Sin embargo, un día esa situación cambiará. Jesús volverá por su iglesia. El enemigo será derrotado. ¿Cómo se puede vivir la vida cristiana mientras la presente era de oscuridad espiritual parece estar a punto de consumirnos? Sólo existe una manera: la fe en el Hijo de Dios. Su amor es lo que nos une firmemente a Él y nos protege del enemigo.

48 y una vez llena, la sacan a la orilla; y sentados, recogen lo bueno en cestas, y lo malo
echan fuera.
49 Así será al fin del siglo: saldrán los ángeles,
y apartarán a los malos de entre los justos,
50 y los echarán en el horno de fuego; allí será
el lloro y el crujir de dientes.

Tesoros nuevos y viejos

51 Jesús les dijo: ¿Habéis entendido todas
estas cosas? Ellos respondieron: Sí, Señor.
52 Él les dijo: Por eso todo escriba docto en el
reino de los cielos es semejante a un padre de
familia, que saca de su tesoro cosas nuevas y
cosas viejas.

Jesús en Nazaret

(Mr 6.1-6; Lc 4.16-30)

53 Aconteció que cuando terminó Jesús estas
parábolas, se fue de allí.
54 Y venido a su tierra, les enseñaba en la
sinagoga de ellos, de tal manera que se maravillaban, y decían: ¿De dónde tiene éste esta
sabiduría y estos milagros?
55 ¿No es éste el hijo del carpintero? ¿No se
llama su madre María, y sus hermanos, Jacobo, José, Simón y Judas?
56 ¿No están todas sus hermanas con nosotros?
¿De dónde, pues, tiene éste todas estas cosas?
57 Y se escandalizaban de él. Pero Jesús les
dijo: No hay profeta sin honra, sino en su propia tierra y en su casa.[f]
➤ 58 Y no hizo allí muchos milagros, a causa de
la incredulidad de ellos.

Muerte de Juan el Bautista

(Mr 6.14-29; Lc 9.7-9)

14 EN aquel tiempo Herodes el tetrarca
oyó la fama de Jesús,
2 y dijo a sus criados: Éste es Juan el Bautista;
ha resucitado de los muertos, y por eso actúan
en él estos poderes.
3 Porque Herodes había prendido a Juan, y
le había encadenado y metido en la cárcel,
por causa de Herodías, mujer de Felipe su
hermano;
4 porque Juan le decía: No te es lícito
tenerla.[a,b]
5 Y Herodes quería matarle, pero temía al pueblo; porque tenían a Juan por profeta.
6 Pero cuando se celebraba el cumpleaños de
Herodes, la hija de Herodías danzó en medio,
y agradó a Herodes,
7 por lo cual éste le prometió con juramento
darle todo lo que pidiese.
8 Ella, instruida primero por su madre, dijo:
Dame aquí en un plato la cabeza de Juan el
Bautista.
9 Entonces el rey se entristeció; pero a causa
del juramento, y de los que estaban con él a la
mesa, mandó que se la diesen,
10 y ordenó decapitar a Juan en la cárcel.
11 Y fue traída su cabeza en un plato, y dada a
la muchacha; y ella la presentó a su madre.
12 Entonces llegaron sus discípulos, y tomaron el cuerpo y lo enterraron; y fueron y dieron las nuevas a Jesús.

Alimentación de los cinco mil

(Mr 6.30-44; Lc 9.10-17; Jn 6.1-14)

13 Oyéndolo Jesús, se apartó de allí en una
barca a un lugar desierto y apartado; y cuando la gente lo oyó, le siguió a pie desde las
ciudades.
14 Y saliendo Jesús, vio una gran multitud, y ➤
tuvo compasión de ellos, y sanó a los que de
ellos estaban enfermos.
15 Cuando anochecía, se acercaron a él sus
discípulos, diciendo: El lugar es desierto, y
la hora ya pasada; despide a la multitud,
para que vayan por las aldeas y compren de
comer.
16 Jesús les dijo: No tienen necesidad de irse;
dadles vosotros de comer.
17 Y ellos dijeron: No tenemos aquí sino cinco
panes y dos peces.
18 Él les dijo: Traédmelos acá.
19 Entonces mandó a la gente recostarse
sobre la hierba; y tomando los cinco panes y
los dos peces, y levantando los ojos al cielo,
bendijo, y partió y dio los panes a los discípulos, y los discípulos a la multitud.
20 Y comieron todos, y se saciaron; y recogieron lo que sobró de los pedazos, doce cestas llenas.
21 Y los que comieron fueron como cinco mil
hombres, sin contar las mujeres y los niños.

f. 13.57 Jn 4.44. **a. 14.4** Lv 18.16; 20.21. **b. 14.3-4** Lc 3.19-20.

LECCIONES DE VIDA

➤ ***13.58 — no hizo allí muchos milagros, a causa de la incredulidad de ellos.***

La incredulidad actúa como una sábana empapada sobre las brasas de un fuego, impidiendo que se encienda cualquier llama. Aunque no tenemos el poder para impedir que el Señor actúe a favor nuestro, una falta de fe puede impedir que derrame su bondad sobre nuestras vidas. Él es omnisciente, y conoce el nivel de nuestra fe. ¿Por qué alguien habría de dudar de Él? Esta es la única respuesta: una falta de conocimiento verdadero acerca de quién es Dios. Él es el Señor admirable y creador del universo que tiene un interés profundo e íntimo en usted y en mí.

➤ ***14.14 — saliendo Jesús, vio una gran multitud, y tuvo compasión de ellos, y sanó a los que de ellos estaban enfermos.***

La compasión es la reacción natural de Dios al sufrimiento humano. Jesús se había ido a un lugar remoto para estar solo, pero cuando las multitudes lo siguieron, Él les ministró y se negó a ignorarlas.

Jesús anda sobre el mar
(Mr 6.45-52; Jn 6.15-21)

22 En seguida Jesús hizo a sus discípulos entrar en la barca e ir delante de él a la otra ribera, entre tanto que él despedía a la multitud.

➤ 23 Despedida la multitud, subió al monte a orar aparte; y cuando llegó la noche, estaba allí solo.

24 Y ya la barca estaba en medio del mar, azotada por las olas; porque el viento era contrario.

25 Mas a la cuarta vigilia de la noche, Jesús vino a ellos andando sobre el mar.

26 Y los discípulos, viéndole andar sobre el mar, se turbaron, diciendo: ¡Un fantasma! Y dieron voces de miedo.

➤ 27 Pero en seguida Jesús les habló, diciendo: ¡Tened ánimo; yo soy, no temáis!

28 Entonces le respondió Pedro, y dijo: Señor, si eres tú, manda que yo vaya a ti sobre las aguas.

29 Y él dijo: Ven. Y descendiendo Pedro de la barca, andaba sobre las aguas para ir a Jesús.

30 Pero al ver el fuerte viento, tuvo miedo; y comenzando a hundirse, dio voces, diciendo: ¡Señor, sálvame!

31 Al momento Jesús, extendiendo la mano, asió de él, y le dijo: ¡Hombre de poca fe! ¿Por qué dudaste?

32 Y cuando ellos subieron en la barca, se calmó el viento.

33 Entonces los que estaban en la barca vinieron y le adoraron, diciendo: Verdaderamente eres Hijo de Dios.

Jesús sana a los enfermos en Genesaret
(Mr 6.53-56)

34 Y terminada la travesía, vinieron a tierra de Genesaret.

35 Cuando le conocieron los hombres de aquel lugar, enviaron noticia por toda aquella tierra alrededor, y trajeron a él todos los enfermos;

36 y le rogaban que les dejase tocar solamente el borde de su manto; y todos los que lo tocaron, quedaron sanos.

Lo que contamina al hombre
(Mr 7.1-23)

15 ENTONCES se acercaron a Jesús ciertos escribas y fariseos de Jerusalén, diciendo:

2 ¿Por qué tus discípulos quebrantan la tradición de los ancianos? Porque no se lavan las manos cuando comen pan.

3 Respondiendo él, les dijo: ¿Por qué también vosotros quebrantáis el mandamiento de Dios por vuestra tradición? ➤

4 Porque Dios mandó diciendo: Honra a tu padre y a tu madre;[a] y: El que maldiga al padre o a la madre, muera irremisiblemente.[b]

5 Pero vosotros decís: Cualquiera que diga a su padre o a su madre: Es mi ofrenda a Dios todo aquello con que pudiera ayudarte,

6 ya no ha de honrar a su padre o a su madre. Así habéis invalidado el mandamiento de Dios por vuestra tradición.

7 Hipócritas, bien profetizó de vosotros Isaías, cuando dijo:

8 Este pueblo de labios me honra; ➤
Mas su corazón está lejos de mí.
9 Pues en vano me honran,
Enseñando como doctrinas,
mandamientos de hombres.[c]

10 Y llamando a sí a la multitud, les dijo: Oíd, y entended:

11 No lo que entra en la boca contamina al hombre; mas lo que sale de la boca, esto contamina al hombre.

a. 15.4 Éx 20.12; Dt 5.16. **b. 15.4** Éx 21.17; Lv 20.9.
c. 15.8-9 Is 29.13.

LECCIONES DE VIDA

➤ ***14.23 — Despedida la multitud, subió al monte a orar aparte; y cuando llegó la noche, estaba allí solo.***

Jesús pasaba una buena parte de su tiempo a solas, en oración. Él hizo de esta una práctica habitual porque sabía que no podía hacer nada aparte de su Padre. Necesitamos tener este mismo modo de pensar. Si vivimos afanados cada día, sin detenernos nunca a orar y escuchar a Dios, muy fácilmente vamos a terminar exhaustos y quemados. Nuestro refrigerio lo recibimos únicamente en relación íntima con el Señor, y ésta la podemos tener solamente mediante la oración y el tiempo que pasemos tranquilos en su presencia.

➤ ***14.27 — en seguida Jesús les habló, diciendo: ¡Tened ánimo; yo soy, no temáis!***

La forma inesperada como Dios a menudo hace las cosas puede sorprendernos o hasta asustarnos. Tal vez no entendamos por qué obra de cierta manera, y es por eso que nos dice continuamente: «No tengas miedo. ¡Soy YO!»

➤ ***15.3 — Respondiendo él, les dijo: ¿Por qué también vosotros quebrantáis el mandamiento de Dios por vuestra tradición?***

Debemos cuidarnos de permitir que costumbres y rituales religiosos o las actividades en la iglesia tomen prioridad sobre la Palabra de Dios. Simplemente porque algo se haya hecho de cierta manera por mucho tiempo, no significa que agrade al Señor.

➤ ***15.8 — Este pueblo de labios me honra; mas su corazón está lejos de mí.***

Los seres humanos tenemos una afición natural al protocolo, a la pompa, a la ceremonia y al ritual. Ellos en sí, no tienen nada de malo, a menos que comiencen a suplantar la conexión genuina con el Dios viviente. Nuestro Señor quiere nuestros corazones, no sólo que lo honremos de labios; por eso debemos tener cuidado que todo lo que hagamos sea por obediencia y amor a Él, no por espectáculo a los hombres.

12 Entonces acercándose sus discípulos, le dijeron: ¿Sabes que los fariseos se ofendieron cuando oyeron esta palabra?

13 Pero respondiendo él, dijo: Toda planta que no plantó mi Padre celestial, será desarraigada.

14 Dejadlos; son ciegos guías de ciegos; y si el ciego guiare al ciego, ambos caerán en el hoyo.[d]

15 Respondiendo Pedro, le dijo: Explícanos esta parábola.

16 Jesús dijo: ¿También vosotros sois aún sin entendimiento?

17 ¿No entendéis que todo lo que entra en la boca va al vientre, y es echado en la letrina?

18 Pero lo que sale de la boca, del corazón sale;[e] y esto contamina al hombre.

19 Porque del corazón salen los malos pensamientos, los homicidios, los adulterios, las fornicaciones, los hurtos, los falsos testimonios, las blasfemias.

20 Estas cosas son las que contaminan al hombre; pero el comer con las manos sin lavar no contamina al hombre.

La fe de la mujer cananea

(Mr 7.24-30)

21 Saliendo Jesús de allí, se fue a la región de Tiro y de Sidón.

22 Y he aquí una mujer cananea que había salido de aquella región clamaba, diciéndole: ¡Señor, Hijo de David, ten misericordia de mí! Mi hija es gravemente atormentada por un demonio.

23 Pero Jesús no le respondió palabra. Entonces acercándose sus discípulos, le rogaron, diciendo: Despídela, pues da voces tras nosotros.

24 Él respondiendo, dijo: No soy enviado sino a las ovejas perdidas de la casa de Israel.

25 Entonces ella vino y se postró ante él, diciendo: ¡Señor, socórreme!

26 Respondiendo él, dijo: No está bien tomar el pan de los hijos, y echarlo a los perrillos.

27 Y ella dijo: Sí, Señor; pero aun los perrillos comen de las migajas que caen de la mesa de sus amos.

28 Entonces respondiendo Jesús, dijo: Oh mujer, grande es tu fe; hágase contigo como quieres. Y su hija fue sanada desde aquella hora.

Jesús sana a muchos

29 Pasó Jesús de allí y vino junto al mar de Galilea; y subiendo al monte, se sentó allí.

30 Y se le acercó mucha gente que traía consigo a cojos, ciegos, mudos, mancos, y otros muchos enfermos; y los pusieron a los pies de Jesús, y los sanó;

31 de manera que la multitud se maravillaba, viendo a los mudos hablar, a los mancos sanados, a los cojos andar, y a los ciegos ver; y glorificaban al Dios de Israel.

Ejemplos de vida

PEDRO

Dispuesto a cambiar

MT 16.13–19

La gente se pregunta a veces sobre el significado de los nombres. Esto tiene mucha importancia en la perspectiva divina. En muchos casos, nuestros nombres reflejan algo acerca de nosotros, y Jesús escogió sabiamente los nombres que dio a sus discípulos. El nombre original de Pedro era Simón Bariona (o hijo de Jonás). El nombre Pedro viene del término griego *pétros* que significa «roca» o «piedra». Fue un hombre fiel y constante, y aunque también fue impetuoso, impulsivo, tosco, temerario, bullicioso, fanfarrón y hasta arrogante, Simón llegó a ser una piedra sólida en su amor por Jesús.

¿Por qué el Salvador elegiría a un hombre que llegado el momento negó conocerlo (Mt 26.69–75)? Por la misma razón que nos elige a nosotros. Él ve potencial en nuestras vidas. Aunque fallemos, Él sabe qué contiene nuestra vida y quiere transformar nuestro quebranto y nuestras faltas en algo útil para sus propósitos (1 Co 1.26–31; 2 Co 12.9, 10).

Podemos aprender una lección magnífica de fidelidad estudiando la vida de Pedro. Esto es lo que hallaremos: su característica más inspiradora no fue su impulsividad ni su franqueza, sino su disposición a cambiar, y en las manos de Jesús, llegar a ser una persona poderosamente usada por Dios.

¿Qué significa su nombre? Hoy no es tan importante cómo nos llamemos, pero sí lo es que escuchemos y obedezcamos cada vez que Dios nos llame.

Para un estudio más a fondo, véase el Índice de Principios de vida:

21. La obediencia siempre trae bendición consigo.

d. 15.14 Lc 6.39. **e. 15.18** Mt 12.34.

Alimentación de los cuatro mil
(Mr 8.1-10)

32 Y Jesús, llamando a sus discípulos, dijo:
Tengo compasión de la gente, porque ya hace
tres días que están conmigo, y no tienen qué
comer; y enviarlos en ayunas no quiero, no
sea que desmayen en el camino.
33 Entonces sus discípulos le dijeron: ¿De dónde tenemos nosotros tantos panes en el desierto, para saciar a una multitud tan grande?
34 Jesús les dijo: ¿Cuántos panes tenéis? Y
ellos dijeron: Siete, y unos pocos pececillos.
35 Y mandó a la multitud que se recostase en
tierra.
36 Y tomando los siete panes y los peces, dio
gracias, los partió y dio a sus discípulos, y los
discípulos a la multitud.
37 Y comieron todos, y se saciaron; y recogieron lo que sobró de los pedazos, siete canastas llenas.
38 Y eran los que habían comido, cuatro mil
hombres, sin contar las mujeres y los niños.
39 Entonces, despedida la gente, entró en la
barca, y vino a la región de Magdala.

La demanda de una señal
(Mr 8.11-13; Lc 12.54-56)

16 VINIERON los fariseos y los saduceos
para tentarle, y le pidieron que les mostrase señal[a] del cielo.
2 Mas él respondiendo, les dijo: Cuando anochece, decís: Buen tiempo; porque el cielo tiene arreboles.
3 Y por la mañana: Hoy habrá tempestad; porque tiene arreboles el cielo nublado. ¡Hipócritas! que sabéis distinguir el aspecto del cielo,
¡mas las señales de los tiempos no podéis!
4 La generación mala y adúltera demanda
señal;[b] pero señal no le será dada, sino la
señal del profeta Jonás.[c] Y dejándolos, se fue.

La levadura de los fariseos
(Mr 8.14-21)

5 Llegando sus discípulos al otro lado, se
habían olvidado de traer pan.
6 Y Jesús les dijo: Mirad, guardaos de la levadura de los fariseos[d] y de los saduceos.
7 Ellos pensaban dentro de sí, diciendo: Esto
dice porque no trajimos pan.
8 Y entendiéndolo Jesús, les dijo: ¿Por qué
pensáis dentro de vosotros, hombres de poca
fe, que no tenéis pan?
9 ¿No entendéis aún, ni os acordáis de los cinco panes entre cinco mil hombres,[e] y cuántas
cestas recogisteis?
10 ¿Ni de los siete panes entre cuatro mil,[f] y
cuántas canastas recogisteis?
11 ¿Cómo es que no entendéis que no fue por
el pan que os dije que os guardaseis de la levadura de los fariseos y de los saduceos?
12 Entonces entendieron que no les había
dicho que se guardasen de la levadura del
pan, sino de la doctrina de los fariseos y de
los saduceos.

La confesión de Pedro
(Mr 8.27-30; Lc 9.18-21)

13 Viniendo Jesús a la región de Cesarea de
Filipo, preguntó a sus discípulos, diciendo:
¿Quién dicen los hombres que es el Hijo del
Hombre?
14 Ellos dijeron: Unos, Juan el Bautista;
otros, Elías; y otros, Jeremías, o alguno de los
profetas.[g]
15 Él les dijo: Y vosotros, ¿quién decís que
soy yo?
16 Respondiendo Simón Pedro, dijo: Tú eres
el Cristo, el Hijo del Dios viviente.[h]
17 Entonces le respondió Jesús: Bienaventurado eres, Simón, hijo de Jonás, porque no te

a. 16.1 Mt 12.38; Lc 11.16. **b. 16.4** Mt 12.39; Lc 11.29. **c. 16.4** Jon 3.4-5. **d. 16.6** Lc 12.1. **e. 16.9** Mt 14.17-21. **f. 16.10** Mt 15.34-38. **g. 16.14** Mt 14.1-2; Mr 6.14-15; Lc 9.7-8. **h. 16.16** Jn 6.68-69.

LECCIONES DE VIDA

➤ ***15.28 — Jesús, dijo: Oh mujer, grande es tu fe; hágase contigo como quieres. Y su hija fue sanada desde aquella hora.***

En los evangelios únicamente se hace mención de dos personas que tuvieron una fe *grande*, y ambas fueron gentiles (esta mujer, y un centurión romano; Mt 8.10). La grandeza de la fe no depende del trasfondo personal ni de la posición social, sino de la actitud del corazón. Si usted tiene un compromiso firme y total con Dios, su vida entera será una expresión de culto y adoración a Él.

➤ ***16.4 — La generación mala y adúltera demanda señal; pero señal no le será dada, sino la señal del profeta Jonás.***

Nuestra fe en Jesús debería basarse en el hecho de que Él es Dios, no en señales ni en milagros. Cuando la gente veía los milagros de Cristo, creían en Él, pero su creencia era fácilmente sacudida si tenían una fe débil. Por eso Jesús les dio la señal de Jonás. Así como Jonás había pasado tres días en el vientre del gran pez, Jesús pasaría tres días «en el corazón de la tierra» antes de su resurrección (Mt 12.40). Esto probaría a la gente que Él era el Mesías, pero a pesar de esto fueron muchos los que no creyeron. Es sólo cuando miramos más allá del milagro la razón de su resurrección, la cual es su gran plan de redención, que tenemos una fe firme. Por lo tanto, no busque al Señor para ver señales y prodigios; más bien, confíe en Él porque es Dios y está en capacidad de ayudarle en todas sus circunstancias.

➤ ***16.15 — Él les dijo: Y vosotros, ¿quién decís que soy yo?***

Jesús no tenía interés en las opiniones imparciales e hipotéticas acerca de su vida y su obra. Él quería saber qué pensaban de Él sus seguidores y sus discípulos. Hoy, Él le pregunta a usted: «¿Quién dices *tú* que soy yo?»

LO QUE LA BIBLIA DICE ACERCA DE
ATAR A SATANÁS

Mt 16.19

Jesús triunfó sobre Satanás en la cruz en una victoria absoluta, sin un solo rastro de derrota. Usted también puede reclamar la victoria sobre el enemigo en las batallas diarias, porque como creyente, el poder triunfante de Jesucristo mora en su interior, en la presencia del Espíritu Santo. Usted tiene el privilegio de reclamar el poder de lo alto, y esto significa en últimas que tiene autoridad sobre Satanás y todos sus demonios (1 Jn 4.4).

¿De qué manera se ata al enemigo con el poder del Espíritu Santo y se experimenta la liberación y la restauración del Señor? Usted debe dar los siguientes tres pasos:

1. Reclame el nombre de Jesús.

La Biblia nos manda orar en el nombre de Jesús (Jn 16.23). A lo largo del Nuevo Testamento, los apóstoles realizaron sanidades y otras obras del Señor en el nombre de Jesús (Hch 3.6). Usted y yo hacemos transacciones espirituales, por así decirlo, usando el nombre del Señor Jesucristo. Cuando usamos el nombre de Jesús, estamos haciendo lo que Él nos llamó a hacer: actuando con autoridad sobre el enemigo y demostrando quiénes somos en Cristo. ¿Puede imaginar lo que le sucedería a la iglesia si los creyentes tomaran en serio la Palabra de Dios y se apropiaran del poder del Espíritu Santo?

El poder para derrotar a Satanás está a disposición de todo creyente.

2. Reclame la sangre de Jesús.

Ni siquiera tratemos de entrar valientemente en la batalla contra Satanás, sin la protección de la sangre derramada de Jesucristo. A lo largo de las Escrituras aprendemos que su sangre es nuestra protección y la base de nuestra redención (Éx 12; Mt 26.28; Ef 1.7; He 9.11–28). La sangre del sacrificio de Cristo pagó el precio del pecado y rompió para siempre el poder de Satanás sobre nosotros.

3. Reclame la Palabra de Dios.

Jesús puso fin a las palabras de la tentación de Satanás citando las Escrituras. Él confrontó al enemigo con la Palabra de Dios, y nosotros debemos hacer lo mismo. Nunca discuta con Satanás. Note que Jesús no entró en una batalla de palabras. Pronunció la verdad de la Palabra de Dios, y detuvo el avance del enemigo.

El poder para derrotar a Satanás está a disposición de todo creyente. Cada uno de nosotros tiene la capacidad de lidiar con el enemigo por el poder ilimitado y sobrenatural de Dios. Tenemos el derecho de declarar a Satanás atado, su obra restringida y los prisioneros puestos en libertad. Permita que Dios le muestre la victoria y obre al máximo por medio de usted, día tras día.

Para un estudio más a fondo, véase el Índice de Principios de vida:

8. *Libremos nuestras batallas de rodillas y siempre obtendremos la victoria.*
3. *La Palabra de Dios es ancla inconmovible en las tormentas.*

lo reveló carne ni sangre, sino mi Padre que
está en los cielos.
✻ 18 Y yo también te digo, que tú eres Pedro,[1] y
sobre esta roca[2] edificaré mi iglesia; y las
puertas del Hades no prevalecerán contra
ella.
19 Y a ti te daré las llaves del reino de los cielos; y todo lo que atares en la tierra será atado
en los cielos; y todo lo que desatares en la tierra será desatado en los cielos.[i]
20 Entonces mandó a sus discípulos que a
nadie dijesen que él era Jesús el Cristo.

Jesús anuncia su muerte

(Mr 8.31–9.1; Lc 9.22-27)

➤ 21 Desde entonces comenzó Jesús a declarar
a sus discípulos que le era necesario ir a Jerusalén y padecer mucho de los ancianos, de los
principales sacerdotes y de los escribas; y ser
muerto, y resucitar al tercer día.
22 Entonces Pedro, tomándolo aparte, comenzó a reconvenirle, diciendo: Señor, ten compasión de ti; en ninguna manera esto te
acontezca.
➤ 23 Pero él, volviéndose, dijo a Pedro: ¡Quítate
de delante de mí, Satanás!; me eres tropiezo,
porque no pones la mira en las cosas de Dios,
sino en las de los hombres.
➤ 24 Entonces Jesús dijo a sus discípulos: Si
alguno quiere venir en pos de mí, niéguese a
sí mismo, y tome su cruz, y sígame.[j]
✻ 25 Porque todo el que quiera salvar su vida, la
perderá; y todo el que pierda su vida por causa de mí, la hallará.[k]
26 Porque ¿qué aprovechará al hombre, si
ganare todo el mundo, y perdiere su alma? ¿O
qué recompensa dará el hombre por su alma?
27 Porque el Hijo del Hombre vendrá en la ➤
gloria de su Padre con sus ángeles,[l] y entonces
pagará a cada uno conforme a sus obras.[m]
28 De cierto os digo que hay algunos de los
que están aquí, que no gustarán la muerte, hasta que hayan visto al Hijo del Hombre
viniendo en su reino.

La transfiguración

(Mr 9.2-13; Lc 9.28-36)

17 SEIS días después, Jesús tomó a Pedro,
a Jacobo y a Juan su hermano, y los
llevó aparte a un monte alto;
2 y se transfiguró delante de ellos,[a] y resplandeció su rostro como el sol, y sus vestidos se
hicieron blancos como la luz.
3 Y he aquí les aparecieron Moisés y Elías,
hablando con él.
4 Entonces Pedro dijo a Jesús: Señor, bueno
es para nosotros que estemos aquí; si quieres,
hagamos aquí tres enramadas: una para ti,
otra para Moisés, y otra para Elías.
5 Mientras él aún hablaba, una nube de luz los ➤
cubrió; y he aquí una voz desde la nube, que
decía: Este es mi Hijo amado, en quien tengo
complacencia;[b] a él oíd.

---

1 Gr. *Petros*. **2** Gr. *petra*.

i. 16.19 Mt 18.18; Jn 20.23. **j. 16.24** Mt 10.38; Lc 14.27. **k. 16.25** Mt 10.39; Lc 17.33; Jn 12.25. **l. 16.27** Mt 25.31. **m. 16.27** Sal 62.12. **a. 17.1-5** 2 P 1.17-18. **b. 17.5** Is 42.1; Mt 3.17; 12.18; Mr 1.11; Lc 3.22.

LECCIONES DE VIDA

➤ ***16.21 — Desde entonces comenzó Jesús a declarar a sus discípulos que le era necesario ir a Jerusalén y padecer mucho… y ser muerto, y resucitar al tercer día.***

Jesús habló en repetidas ocasiones a sus discípulos acerca del sufrimiento que le esperaba en Jerusalén, pero ellos no entendieron hasta después de la resurrección (Mr 9.32; Lc 24.8). El Espíritu Santo todavía no había llegado y sus ojos y sus mentes estaban cegados a las cosas eternas del Señor. Sin embargo, tan pronto vieron al Cristo resucitado, supieron que Él era el Salvador. La Palabra de Dios siempre da fruto en el momento preciso.

➤ ***16.23 — volviéndose, dijo a Pedro: ¡Quítate de delante de mí, Satanás!; me eres tropiezo, porque no pones la mira en las cosas de Dios, sino en las de los hombres.***

Jesús no gastó tiempo lidiando con Satanás y nosotros tampoco deberíamos hacerlo. Pedro había caído en la tentación del enemigo y permitió que sus pensamientos se enfocaran en él mismo y en sus deseos para la nación de Israel. Jesús procedió de inmediato a cancelar el pensamiento erróneo de Pedro. Nunca permita que pensamientos de orgullo o pecado perduren indefinidamente. Mantenga su enfoque en Dios y pídale que le revele su voluntad perfecta para usted. Él conoce el plan y el desenlace de su vida. Puede confiar en Él plenamente porque Él sabe exactamente lo que el futuro tiene para usted.

➤ ***16.24 — Jesús dijo a sus discípulos: Si alguno quiere venir en pos de mí, niéguese a sí mismo, y tome su cruz, y sígame.***

Tomamos la cruz de Jesús cada vez que sufrimos de alguna manera por identificarnos con Él y con su causa. «Tomar la cruz» no siempre incluye aflicción o persecución en términos generales. Puede significar que renunciemos a lo que deseamos profundamente a fin de hacer la voluntad de Dios. Cuando lo obedecemos, nos colocamos en posición para recibir mayor bendición. Tome su cruz y sepa que el Señor la llevará con usted.

➤ ***16.27 — el Hijo del Hombre vendrá en la gloria de su Padre con sus ángeles, y entonces pagará a cada uno conforme a sus obras.***

Jesús motivaba frecuentemente a sus discípulos al amor y a las buenas obras, recordándoles que Él volvería un día en gran gloria para recompensar a todos sus siervos fieles por todo lo que hubieran logrado en su nombre.

➤ ***17.5 — Este es mi Hijo amado, en quien tengo complacencia; a él oíd.***

Tanto en el bautismo de Jesús como en su transfiguración, Dios el Padre declaró públicamente su gran complacencia en Jesús, su Hijo único. Jesús y el Padre son uno (Jn 10.30), y debemos obedecerlo de todo corazón modelando nuestras vidas tras su ejemplo de amor.

6 Al oír esto los discípulos, se postraron sobre sus rostros, y tuvieron gran temor.
7 Entonces Jesús se acercó y los tocó, y dijo: Levantaos, y no temáis.
8 Y alzando ellos los ojos, a nadie vieron sino a Jesús solo.
9 Cuando descendieron del monte, Jesús les mandó, diciendo: No digáis a nadie la visión, hasta que el Hijo del Hombre resucite de los muertos.
10 Entonces sus discípulos le preguntaron, diciendo: ¿Por qué, pues, dicen los escribas que es necesario que Elías venga primero?[c]
11 Respondiendo Jesús, les dijo: A la verdad, Elías viene primero, y restaurará todas las cosas.
12 Mas os digo que Elías ya vino,[d] y no le conocieron, sino que hicieron con él todo lo que quisieron; así también el Hijo del Hombre padecerá de ellos.
13 Entonces los discípulos comprendieron que les había hablado de Juan el Bautista.

Jesús sana a un muchacho lunático
(Mr 9.14-29; Lc 9.37-43)
14 Cuando llegaron al gentío, vino a él un hombre que se arrodilló delante de él, diciendo:
15 Señor, ten misericordia de mi hijo, que es lunático, y padece muchísimo; porque muchas veces cae en el fuego, y muchas en el agua.
16 Y lo he traído a tus discípulos, pero no le han podido sanar.
17 Respondiendo Jesús, dijo: ¡Oh generación incrédula y perversa! ¿Hasta cuándo he de estar con vosotros? ¿Hasta cuándo os he de soportar? Traédmelo acá.
18 Y reprendió Jesús al demonio, el cual salió del muchacho, y éste quedó sano desde aquella hora.
19 Viniendo entonces los discípulos a Jesús, aparte, dijeron: ¿Por qué nosotros no pudimos echarlo fuera?
20 Jesús les dijo: Por vuestra poca fe; porque de cierto os digo, que si tuviereis fe como un grano de mostaza, diréis a este monte: Pásate de aquí allá, y se pasará;[e] y nada os será imposible.
21 Pero este género no sale sino con oración y ayuno.

Jesús anuncia otra vez su muerte
(Mr 9.30-32; Lc 9.43-45)
22 Estando ellos en Galilea, Jesús les dijo: El Hijo del Hombre será entregado en manos de hombres,
23 y le matarán; mas al tercer día resucitará. Y ellos se entristecieron en gran manera.

Pago del impuesto del templo
24 Cuando llegaron a Capernaum, vinieron a Pedro los que cobraban las dos dracmas,[f] y le dijeron: ¿Vuestro Maestro no paga las dos dracmas?
25 Él dijo: Sí. Y al entrar él en casa, Jesús le habló primero, diciendo: ¿Qué te parece, Simón? Los reyes de la tierra, ¿de quiénes cobran los tributos o los impuestos? ¿De sus hijos, o de los extraños?
26 Pedro le respondió: De los extraños. Jesús le dijo: Luego los hijos están exentos.
27 Sin embargo, para no ofenderles, ve al mar, y echa el anzuelo, y el primer pez que saques, tómalo, y al abrirle la boca, hallarás un estatero;[1] tómalo, y dáselo por mí y por ti.

¿Quién es el mayor?
(Mr 9.33-37; Lc 9.46-48)
18 EN aquel tiempo los discípulos vinieron a Jesús, diciendo: ¿Quién es el mayor en el reino de los cielos?[a]
2 Y llamando Jesús a un niño, lo puso en medio de ellos,
3 y dijo: De cierto os digo, que si no os volvéis y os hacéis como niños, no entraréis en el reino de los cielos.[b]
4 Así que, cualquiera que se humille como este niño, ése es el mayor en el reino de los cielos.
5 Y cualquiera que reciba en mi nombre a un niño como éste, a mí me recibe.

c. 17.10 Mal 4.5. **d. 17.12** Mt 11.14. **e. 17.20** Mt 21.21; Mr 11.23; 1 Co 13.2. **f. 17.24** Éx 30.13; 38.26.
a. 18.1 Lc 22.24. **b. 18.3** Mr 10.15; Lc 18.17.

LECCIONES DE VIDA

➤ ***17.17 — Respondiendo Jesús, dijo: ¡Oh generación incrédula y perversa! ¿Hasta cuándo he de estar con vosotros? ¿Hasta cuándo os he de soportar?***

Jesús espera que crezcamos en nuestra fe. Nuestra confianza en Él debe profundizarse a medida que dependemos de Él para ayudarnos a enfrentar dificultades y a superar retos. Una fe estancada no lo complace en absoluto.

➤ ***17.26 — Jesús le dijo: Luego los hijos están exentos.***

La libertad es uno de los grandes regalos que Jesús nos ha brindado. Sin embargo, Jesús deja en claro que así no estemos bajo la ley para nuestra salvación, debemos sujetarnos a las leyes del gobierno.

➤ ***18.3 — De cierto os digo, que si no os volvéis y os hacéis como niños, no entraréis en el reino de los cielos.***

Jesús aludía a la humildad de los niños pequeños y su despreocupación por la posición social o la opinión pública. También quería que sus seguidores entendieran la importancia de ser como un niño que confía en su padre o su madre. Debido a dificultades familiares, algunos tienen problema con este concepto, pero Jesús ha prometido nunca fallarnos ni abandonar a quienes depositan su confianza en Él.

Ocasiones de caer

(Mr 9.42-48; Lc 17.1-2)

6 Y cualquiera que haga tropezar a alguno de estos pequeños que creen en mí, mejor le fuera que se le colgase al cuello una piedra de molino de asno, y que se le hundiese en lo profundo del mar.

7 ¡Ay del mundo por los tropiezos! porque es necesario que vengan tropiezos, pero ¡ay de aquel hombre por quien viene el tropiezo!

8 Por tanto, si tu mano o tu pie te es ocasión de caer, córtalo y échalo de ti; mejor te es entrar en la vida cojo o manco, que teniendo dos manos o dos pies ser echado en el fuego eterno.[c]

9 Y si tu ojo te es ocasión de caer, sácalo y échalo de ti; mejor te es entrar con un solo ojo en la vida, que teniendo dos ojos ser echado en el infierno de fuego.[d]

Parábola de la oveja perdida

(Lc 15.3-7)

10 Mirad que no menospreciéis a uno de estos pequeños; porque os digo que sus ángeles en los cielos ven siempre el rostro de mi Padre que está en los cielos.

11 Porque el Hijo del Hombre ha venido para salvar lo que se había perdido.[e]

12 ¿Qué os parece? Si un hombre tiene cien ovejas, y se descarría una de ellas, ¿no deja las noventa y nueve y va por los montes a buscar la que se había descarriado?

13 Y si acontece que la encuentra, de cierto os digo que se regocija más por aquélla, que por las noventa y nueve que no se descarriaron.

➤ 14 Así, no es la voluntad de vuestro Padre que está en los cielos, que se pierda uno de estos pequeños.

Cómo se debe perdonar al hermano

15 Por tanto, si tu hermano peca contra ti, ve y repréndele estando tú y él solos; si te oyere, has ganado a tu hermano.[f]

16 Mas si no te oyere, toma aún contigo a uno o dos, para que en boca de dos o tres testigos[g] conste toda palabra.

17 Si no los oyere a ellos, dilo a la iglesia; y si no oyere a la iglesia, tenle por gentil y publicano.

18 De cierto os digo que todo lo que atéis en la tierra, será atado en el cielo; y todo lo que desatéis en la tierra, será desatado en el cielo.[h]

19 Otra vez os digo, que si dos de vosotros se pusieren de acuerdo en la tierra acerca de cualquiera cosa que pidieren, les será hecho por mi Padre que está en los cielos. *

20 Porque donde están dos o tres congregados en mi nombre, allí estoy yo en medio de ellos. ≺

21 Entonces se le acercó Pedro y le dijo: Señor, ¿cuántas veces perdonaré a mi hermano que peque contra mí? ¿Hasta siete?

22 Jesús le dijo: No te digo hasta siete, sino aun hasta setenta veces siete.[i]

Los dos deudores

23 Por lo cual el reino de los cielos es semejante a un rey que quiso hacer cuentas con sus siervos.

24 Y comenzando a hacer cuentas, le fue presentado uno que le debía diez mil talentos.

25 A éste, como no pudo pagar, ordenó su señor venderle, y a su mujer e hijos, y todo lo que tenía, para que se le pagase la deuda.

26 Entonces aquel siervo, postrado, le suplicaba, diciendo: Señor, ten paciencia conmigo, y yo te lo pagaré todo.

27 El señor de aquel siervo, movido a misericordia, le soltó y le perdonó la deuda.

28 Pero saliendo aquel siervo, halló a uno de sus consiervos, que le debía cien denarios; y asiendo de él, le ahogaba, diciendo: Págame lo que me debes.

29 Entonces su consiervo, postrándose a sus pies, le rogaba diciendo: Ten paciencia conmigo, y yo te lo pagaré todo.

30 Mas él no quiso, sino fue y le echó en la cárcel, hasta que pagase la deuda.

31 Viendo sus consiervos lo que pasaba, se entristecieron mucho, y fueron y refirieron a su señor todo lo que había pasado.

32 Entonces, llamándole su señor, le dijo: Siervo malvado, toda aquella deuda te perdoné, porque me rogaste.

33 ¿No debías tú también tener misericordia de tu consiervo, como yo tuve misericordia de ti?

34 Entonces su señor, enojado, le entregó a los verdugos, hasta que pagase todo lo que le debía.

1 Moneda correspondiente a cuatro dracmas.

c. 18.8 Mt 5.30. **d. 18.9** Mt 5.29. **e. 18.11** Lc 19.10. **f. 18.15** Lc 17.3. **g. 18.16** Dt 17.6; 19.15. **h. 18.18** Mt 16.19; Jn 20.23. **i. 18.21-22** Lc 17.3-4.

LECCIONES DE VIDA

➤ ***18.14 — no es la voluntad de vuestro Padre que está en los cielos, que se pierda uno de estos pequeños.***

Dios «quiere que todos los hombres sean salvos y vengan al conocimiento de la verdad» (1 Ti 2.4), «no queriendo que ninguno perezca, sino que todos procedan al arrepentimiento» (2 P 3.9). Esto incluye a los niños.

➤ ***18.20 — donde están dos o tres congregados en mi nombre, allí estoy yo en medio de ellos.***

El Espíritu de Jesús vive en cada cristiano individualmente, pero Él promete estar con los creyentes de una manera única y especial cuando se congregan en su nombre para adorar, servir y animarse los unos a los otros.

35 Así también mi Padre celestial hará con vosotros si no perdonáis de todo corazón cada uno a su hermano sus ofensas.

Jesús enseña sobre el divorcio

(Mr 10.1-12; Lc 16.18)

19 ACONTECIÓ que cuando Jesús terminó estas palabras, se alejó de Galilea, y fue a las regiones de Judea al otro lado del Jordán.

2 Y le siguieron grandes multitudes, y los sanó allí.

3 Entonces vinieron a él los fariseos, tentándole y diciéndole: ¿Es lícito al hombre repudiar a su mujer por cualquier causa?

4 Él, respondiendo, les dijo: ¿No habéis leído que el que los hizo al principio, varón y hembra los hizo,[a]

5 y dijo: Por esto el hombre dejará padre y madre, y se unirá a su mujer, y los dos serán una sola carne?[b]

➤ 6 Así que no son ya más dos, sino una sola carne; por tanto, lo que Dios juntó, no lo separe el hombre.

7 Le dijeron: ¿Por qué, pues, mandó Moisés dar carta de divorcio, y repudiarla?[c]

8 Él les dijo: Por la dureza de vuestro corazón Moisés os permitió repudiar a vuestras mujeres; mas al principio no fue así.

9 Y yo os digo que cualquiera que repudia a su mujer, salvo por causa de fornicación, y se casa con otra, adultera; y el que se casa con la repudiada, adultera.[d]

10 Le dijeron sus discípulos: Si así es la condición del hombre con su mujer, no conviene casarse.

11 Entonces él les dijo: No todos son capaces de recibir esto, sino aquellos a quienes es dado.

12 Pues hay eunucos que nacieron así del vientre de su madre, y hay eunucos que son hechos eunucos por los hombres, y hay eunucos que a sí mismos se hicieron eunucos por causa del reino de los cielos. El que sea capaz de recibir esto, que lo reciba.

Jesús bendice a los niños

(Mr 10.13-16; Lc 18.15-17)

13 Entonces le fueron presentados unos niños, para que pusiese las manos sobre ellos, y orase; y los discípulos les reprendieron.

14 Pero Jesús dijo: Dejad a los niños venir a mí, y no se lo impidáis; porque de los tales es el reino de los cielos.

15 Y habiendo puesto sobre ellos las manos, se fue de allí.

El joven rico

(Mr 10.17-31; Lc 18.18-30)

16 Entonces vino uno y le dijo: Maestro bueno, ¿qué bien haré para tener la vida eterna?

17 Él le dijo: ¿Por qué me llamas bueno? Ninguno hay bueno sino uno: Dios. Mas si quieres entrar en la vida, guarda los mandamientos.

18 Le dijo: ¿Cuáles? Y Jesús dijo: No matarás.[e] No adulterarás.[f] No hurtarás.[g] No dirás falso testimonio.[h]

19 Honra a tu padre y a tu madre;[i] y, Amarás a tu prójimo como a ti mismo.[j]

20 El joven le dijo: Todo esto lo he guardado desde mi juventud. ¿Qué más me falta?

21 Jesús le dijo: Si quieres ser perfecto, anda, vende lo que tienes, y dalo a los pobres, y tendrás tesoro en el cielo; y ven y sígueme.

22 Oyendo el joven esta palabra, se fue triste, porque tenía muchas posesiones.

23 Entonces Jesús dijo a sus discípulos: De cierto os digo, que difícilmente entrará un rico en el reino de los cielos. ➤

24 Otra vez os digo, que es más fácil pasar un camello por el ojo de una aguja, que entrar un rico en el reino de Dios.

25 Sus discípulos, oyendo esto, se asombraron en gran manera, diciendo: ¿Quién, pues, podrá ser salvo?

26 Y mirándolos Jesús, les dijo: Para los hombres esto es imposible; mas para Dios todo es posible.

27 Entonces respondiendo Pedro, le dijo: He aquí, nosotros lo hemos dejado todo, y te hemos seguido; ¿qué, pues, tendremos?

28 Y Jesús les dijo: De cierto os digo que en la regeneración, cuando el Hijo del Hombre se siente en el trono de su gloria,[k] vosotros que me habéis seguido también os sentaréis sobre doce tronos, para juzgar a las doce tribus de Israel.[l]

a. 19.4 Gn 1.27; 5.2. **b. 19.5** Gn 2.24.
c. 19.7 Dt 24.1-4; Mt 5.31. **d. 19.9** Mt 5.32; 1 Co 7.10-11.
f. 19.18 Éx 20.14; Dt 5.18. **g. 19.18** Éx 20.15; Dt 5.19.
h. 19.18 Éx 20.16; Dt 5.20. **i. 19.19** Éx 20.12; Dt 5.16.
j. 19.19 Lv 19.18. **k. 19.28** Mt 25.31. **l. 19.28** Lc 22.30.

LECCIONES DE VIDA

➤ *19.6 — no son ya más dos, sino una sola carne; por tanto, lo que Dios juntó, no lo separe el hombre.*

El matrimonio no es una mera convención social, como muchos lo entienden hoy. Es mucho más que palabras escritas en un documento legal. En el matrimonio, *Dios* une a un hombre y a una mujer en una sola entidad familiar. Por esta razón el divorcio es una gran tragedia.

➤ *19.23 — Jesús dijo a sus discípulos: De cierto os digo, que difícilmente entrará un rico en el reino de los cielos.*

¿Por qué es tan difícil que los ricos entren al cielo? Por la misma razón que es difícil para el fuerte, el sabelotodo o el que depende de sus conexiones políticas. Ellos tienden a depender de sus propios recursos y el orgullo les impide confiar en la provisión de Dios.

✻29 Y cualquiera que haya dejado casas, o hermanos, o hermanas, o padre, o madre, o mujer,
o hijos, o tierras, por mi nombre, recibirá cien
veces más, y heredará la vida eterna.
➤30 Pero muchos primeros serán postreros, y
postreros, primeros.[m]

Los obreros de la viña

20 PORQUE el reino de los cielos es semejante a un hombre, padre de familia,
que salió por la mañana a contratar obreros
para su viña.
2 Y habienvdo convenido con los obreros en
un denario al día, los envió a su viña.
3 Saliendo cerca de la hora tercera del día, vio
a otros que estaban en la plaza desocupados;
4 y les dijo: Id también vosotros a mi viña, y
os daré lo que sea justo. Y ellos fueron.
5 Salió otra vez cerca de las horas sexta y
novena, e hizo lo mismo.
6 Y saliendo cerca de la hora undécima, halló
a otros que estaban desocupados; y les dijo:
¿Por qué estáis aquí todo el día desocupados?
7 Le dijeron: Porque nadie nos ha contrata-
do. Él les dijo: Id también vosotros a la viña, y
recibiréis lo que sea justo.
8 Cuando llegó la noche, el señor de la viña
dijo a su mayordomo: Llama a los obreros y
págales el jornal,[a] comenzando desde los postreros hasta los primeros.
9 Y al venir los que habían ido cerca de la hora
undécima, recibieron cada uno un denario.
10 Al venir también los primeros, pensaron
que habían de recibir más; pero también ellos
recibieron cada uno un denario.
11 Y al recibirlo, murmuraban contra el padre
de familia,
12 diciendo: Estos postreros han trabajado
una sola hora, y los has hecho iguales a nosotros, que hemos soportado la carga y el calor
del día.
13 Él, respondiendo, dijo a uno de ellos: Amigo, no te hago agravio; ¿no conviniste conmigo en un denario?
14 Toma lo que es tuyo, y vete; pero quiero dar
a este postrero, como a ti.
➤15 ¿No me es lícito hacer lo que quiero con
lo mío? ¿O tienes tú envidia, porque yo soy
bueno?
16 Así, los primeros serán postreros, y los postreros, primeros; porque muchos son llamados, mas pocos escogidos.[b]

Nuevamente Jesús anuncia su muerte
(Mr 10.32-34; Lc 18.31-34)

17 Subiendo Jesús a Jerusalén, tomó a sus
doce discípulos aparte en el camino, y les dijo:
18 He aquí subimos a Jerusalén, y el Hijo
del Hombre será entregado a los principales
sacerdotes y a los escribas, y le condenarán
a muerte;
19 y le entregarán a los gentiles para que le
escarnezcan, le azoten, y le crucifiquen; mas
al tercer día resucitará.

Petición de Santiago a Juan
(Mr 10.35-45)

20 Entonces se le acercó la madre de los hijos
de Zebedeo con sus hijos, postrándose ante él
y pidiéndole algo.
21 Él le dijo: ¿Qué quieres? Ella le dijo: Ordena que en tu reino se sienten estos dos hijos
míos, el uno a tu derecha, y el otro a tu
izquierda.
22 Entonces Jesús respondiendo, dijo: No
sabéis lo que pedís. ¿Podéis beber del vaso
que yo he de beber, y ser bautizados con el
bautismo con que yo soy bautizado? Y ellos le
dijeron: Podemos.
23 Él les dijo: A la verdad, de mi vaso beberéis, y con el bautismo con que yo soy bautizado, seréis bautizados; pero el sentaros a
mi derecha y a mi izquierda, no es mío darlo, sino a aquellos para quienes está preparado por mi Padre.
24 Cuando los diez oyeron esto, se enojaron
contra los dos hermanos.
25 Entonces Jesús, llamándolos, dijo: Sabéis
que los gobernantes de las naciones se enseñorean de ellas, y los que son grandes ejercen
sobre ellas potestad.
26 Mas entre vosotros no será así,[c] sino que el ➤
que quiera hacerse grande entre vosotros será
vuestro servidor,

m. 19.30 Mt 20.16; Lc 13.30. **a. 20.8** Lv 19.13; Dt 24.15.
b. 20.16 Mt 19.30; Mr 10.31; Lc 13.30. **c. 20.25-26** Lc 22.25-26.

LECCIONES DE VIDA

➤ ***19.30 — muchos primeros serán postreros, y postreros, primeros.***

A Dios le encanta exaltar a los humildes y humillar a los orgullosos. Por es Pablo dice: «no sois muchos sabios según la carne, ni muchos poderosos, ni muchos nobles… El que se gloría, gloríese en el Señor» (1 Co 1.26, 31).

➤ ***20.15 — ¿No me es lícito hacer lo que quiero con lo mío? ¿O tienes tú envidia, porque yo soy bueno?***

El Señor puede y de hecho distribuye sus dones y su bondad como quiere. Por definición, la gracia no puede ganarse ni merecerse, así que Dios es completamente libre de conceder su favor, como sea que Él opte por hacerlo.

➤ ***20.26 — el que quiera hacerse grande entre vosotros será vuestro servidor.***

El liderazgo cristiano nunca consiste en ejercer poder sobre alguien o poner a alguien en su lugar. Si llega a convertirse en eso, el componente «cristiano» se ha esfumado. Cuando los creyentes sirven como líderes, primero siempre son servidores.

27 y el que quiera ser el primero entre vosotros será vuestro siervo;[d]
28 como el Hijo del Hombre no vino para ser
servido, sino para servir, y para dar su vida en
rescate por muchos.

Dos ciegos reciben la vista
(Mr 10.46-52; Lc 18.35-43)
29 Al salir ellos de Jericó, le seguía una gran
multitud.
30 Y dos ciegos que estaban sentados junto al
camino, cuando oyeron que Jesús pasaba, clamaron, diciendo: ¡Señor, Hijo de David, ten
misericordia de nosotros!
31 Y la gente les reprendió para que callasen;
pero ellos clamaban más, diciendo: ¡Señor,
Hijo de David, ten misericordia de nosotros!
32 Y deteniéndose Jesús, los llamó, y les dijo:
¿Qué queréis que os haga?
33 Ellos le dijeron: Señor, que sean abiertos
nuestros ojos.
34 Entonces Jesús, compadecido, les tocó los
ojos, y en seguida recibieron la vista; y le
siguieron.

La entrada triunfal en Jerusalén
(Mr 11.1-11; Lc 19.28-40; Jn 12.12-19)
21 CUANDO se acercaron a Jerusalén,
y vinieron a Betfagé, al monte de los
Olivos, Jesús envió dos discípulos,
2 diciéndoles: Id a la aldea que está enfrente de
vosotros, y luego hallaréis una asna atada, y un
pollino con ella; desatadla, y traédmelos.
3 Y si alguien os dijere algo, decid: El Señor
los necesita; y luego los enviará.
4 Todo esto aconteció para que se cumpliese
lo dicho por el profeta, cuando dijo:
5 Decid a la hija de Sion:
He aquí, tu Rey viene a ti,
Manso, y sentado sobre una asna,
Sobre un pollino, hijo de animal de carga.[a]
6 Y los discípulos fueron, e hicieron como
Jesús les mandó;
7 y trajeron el asna y el pollino, y pusieron
sobre ellos sus mantos; y él se sentó encima.
8 Y la multitud, que era muy numerosa, tendía
sus mantos en el camino; y otros cortaban ramas
de los árboles, y las tendían en el camino.
9 Y la gente que iba delante y la que iba detrás
aclamaba, diciendo: ¡Hosanna[b] al Hijo de
David! ¡Bendito el que viene en el nombre del
Señor![c] ¡Hosanna en las alturas!
10 Cuando entró él en Jerusalén, toda la ciudad se conmovió, diciendo: ¿Quién es éste?
11 Y la gente decía: Este es Jesús el profeta, de
Nazaret de Galilea.

Purificación del templo
(Mr 11.15-19; Lc 19.45-48; Jn 2.13-22)
12 Y entró Jesús en el templo de Dios, y echó
fuera a todos los que vendían y compraban en
el templo, y volcó las mesas de los cambistas,
y las sillas de los que vendían palomas;
13 y les dijo: Escrito está: Mi casa, casa de
oración será llamada;[d] mas vosotros la habéis
hecho cueva de ladrones.[e]
14 Y vinieron a él en el templo ciegos y cojos,
y los sanó.
15 Pero los principales sacerdotes y los escribas, viendo las maravillas que hacía, y a los
muchachos aclamando en el templo y diciendo: ¡Hosanna al Hijo de David! se indignaron,
16 y le dijeron: ¿Oyes lo que éstos dicen? Y
Jesús les dijo: Sí; ¿nunca leísteis:
De la boca de los niños y de los que
maman
Perfeccionaste la alabanza[f]?
17 Y dejándolos, salió fuera de la ciudad, a
Betania, y posó allí.

Maldición de la higuera estéril
(Mr 11.12-14, 20-26)
18 Por la mañana, volviendo a la ciudad, tuvo
hambre.

---

d. 20.26-27 Mt 23.11; Mr 9.35; Lc 22.26. **a. 21.5** Zac 9.9.
b. 21.9 Sal 118.25. **c. 21.9** Sal 118.26. **d. 21.13** Is 56.7.
e. 21.13 Jer 7.11. **f. 21.16** Sal 8.2.

LECCIONES DE VIDA

20.28 — el Hijo del Hombre no vino para ser servido, sino para servir, y para dar su vida en rescate por muchos.

Nadie consideraba a Jesús como algo distinto a un líder, pero lo cierto es que Él vino a servir. De hecho, prestó el servicio máximo al dar su vida en expiación por nuestros pecados, para que pudiéramos tener vida eterna. Existe un solo camino al cielo, y es por medio de la fe en Jesucristo y el reconocimiento de nuestra pecaminosidad y nuestra necesidad de perdón. De manera similar, cuando ejercemos el liderazgo deberíamos hacerlo como Él lo hizo, en actitud de un siervo humilde. No para gloriarnos, sino para exaltar a Aquel que nos salvó.

21.4 — Todo esto aconteció para que se cumpliese lo dicho por el profeta.

Dios toma en serio el cumplimiento de su Palabra. El nacimiento, la vida y la muerte de Jesucristo fueron anunciados por los profetas. En el momento preciso, Dios hizo exactamente lo que prometió y envió al Salvador para salvarnos de nuestros pecados. Si Él se asegura que cada detalle de la profecía se cumpla (Mt 2.15; 13.35; Jn 19.24, 28), podemos esperar con plena seguridad que cumplirá todas sus promesas para nosotros.

21.12 — entró Jesús en el templo de Dios, y echó fuera a todos los que vendían y compraban en el templo, y volcó las mesas de los cambistas.

Al Señor le apasiona la santidad del templo, que su nombre sea honrado y que su pueblo sea tratado bien. Su silencio puede desconcertarnos a veces y tal vez nos preguntemos si sabe cuánta gente está difamando su nombre o si acaso hará algo al respecto. Tenga plena seguridad que Él no pasa por alto ni un solo detalle, y el día de su justicia viene en camino.

19 Y viendo una higuera cerca del camino,
vino a ella, y no halló nada en ella, sino hojas
solamente; y le dijo: Nunca jamás nazca de ti
fruto. Y luego se secó la higuera.
20 Viendo esto los discípulos, decían maravillados: ¿Cómo es que se secó en seguida la
higuera?
21 Respondiendo Jesús, les dijo: De cierto os
digo, que si tuviereis fe, y no dudareis, no sólo
haréis esto de la higuera, sino que si a este
monte dijereis: Quítate y échate en el mar,
será hecho.[g]
22 Y todo lo que pidiereis en oración, creyendo, lo recibiréis.

La autoridad de Jesús
(Mr 11.27-33; Lc 20.1-8)
23 Cuando vino al templo, los principales
sacerdotes y los ancianos del pueblo se acercaron a él mientras enseñaba, y le dijeron:
¿Con qué autoridad haces estas cosas? ¿y
quién te dio esta autoridad?
24 Respondiendo Jesús, les dijo: Yo también
os haré una pregunta, y si me la contestáis,
también yo os diré con qué autoridad hago
estas cosas.
25 El bautismo de Juan, ¿de dónde era? ¿Del
cielo, o de los hombres? Ellos entonces discutían entre sí, diciendo: Si decimos, del cielo,
nos dirá: ¿Por qué, pues, no le creísteis?
26 Y si decimos, de los hombres, tememos
al pueblo; porque todos tienen a Juan por
profeta.
27 Y respondiendo a Jesús, dijeron: No sabemos. Y él también les dijo: Tampoco yo os digo
con qué autoridad hago estas cosas.

Parábola de los dos hijos
28 Pero ¿qué os parece? Un hombre tenía dos
hijos, y acercándose al primero, le dijo: Hijo,
ve hoy a trabajar en mi viña.
29 Respondiendo él, dijo: No quiero; pero después, arrepentido, fue.
30 Y acercándose al otro, le dijo de la misma
manera; y respondiendo él, dijo: Sí, señor, voy.
Y no fue.
31 ¿Cuál de los dos hizo la voluntad de su
padre? Dijeron ellos: El primero. Jesús les
dijo: De cierto os digo, que los publicanos y
las rameras van delante de vosotros al reino
de Dios.
32 Porque vino a vosotros Juan en camino de
justicia, y no le creísteis; pero los publicanos
y las rameras le creyeron;[h] y vosotros, viendo esto, no os arrepentisteis después para
creerle.

Los labradores malvados
(Mr 12.1-12; Lc 20.9-19)
33 Oíd otra parábola: Hubo un hombre, padre
de familia, el cual plantó una viña,[i] la cercó de vallado, cavó en ella un lagar, edificó
una torre, y la arrendó a unos labradores, y
se fue lejos.
34 Y cuando se acercó el tiempo de los frutos,
envió sus siervos a los labradores, para que
recibiesen sus frutos.
35 Mas los labradores, tomando a los siervos, a uno golpearon, a otro mataron, y a otro
apedrearon.
36 Envió de nuevo otros siervos, más que los primeros; e hicieron con ellos de la misma manera.
37 Finalmente les envió su hijo, diciendo: Tendrán respeto a mi hijo.
38 Mas los labradores, cuando vieron al hijo,
dijeron entre sí: Este es el heredero; venid,
matémosle, y apoderémonos de su heredad.
39 Y tomándole, le echaron fuera de la viña, y
le mataron.
40 Cuando venga, pues, el señor de la viña,
¿qué hará a aquellos labradores?
41 Le dijeron: A los malos destruirá sin misericordia, y arrendará su viña a otros labradores, que le paguen el fruto a su tiempo.
42 Jesús les dijo: ¿Nunca leísteis en las Escrituras:

La piedra que desecharon los
edificadores,
Ha venido a ser cabeza del ángulo.
El Señor ha hecho esto,
Y es cosa maravillosa a nuestros ojos[j]?

43 Por tanto os digo, que el reino de Dios será
quitado de vosotros, y será dado a gente que
produzca los frutos de él.
44 Y el que cayere sobre esta piedra será
quebrantado; y sobre quien ella cayere, le
desmenuzará.
45 Y oyendo sus parábolas los principales
sacerdotes y los fariseos, entendieron que
hablaba de ellos.
46 Pero al buscar cómo echarle mano, temían
al pueblo, porque éste le tenía por profeta.

Parábola de la fiesta de bodas
22 RESPONDIENDO Jesús, les volvió a
hablar en parábolas, diciendo:
2 El reino de los cielos es semejante a un rey
que hizo fiesta de bodas a su hijo;
3 y envió a sus siervos a llamar a los convidados a las bodas; mas éstos no quisieron venir.
4 Volvió a enviar otros siervos, diciendo: Decid
a los convidados: He aquí, he preparado mi
comida; mis toros y animales engordados han
sido muertos, y todo está dispuesto; venid a
las bodas.
5 Mas ellos, sin hacer caso, se fueron, uno a su
labranza, y otro a sus negocios;
6 y otros, tomando a los siervos, los afrentaron y los mataron.
7 Al oírlo el rey, se enojó; y enviando sus ejércitos, destruyó a aquellos homicidas, y quemó su ciudad.
8 Entonces dijo a sus siervos: Las bodas a la
verdad están preparadas; mas los que fueron
convidados no eran dignos.

g. 21.21 Mt 17.20; 1 Co 13.2. **h. 21.32** Lc 3.12; 7.29-30.
i. 21.33 Is 5.1-2. **j. 21.42** Sal 118.22-23.

9 Id, pues, a las salidas de los caminos, y llamad a las bodas a cuantos halléis.
10 Y saliendo los siervos por los caminos, juntaron a todos los que hallaron, juntamente
malos y buenos; y las bodas fueron llenas de
convidados.
11 Y entró el rey para ver a los convidados,
y vio allí a un hombre que no estaba vestido de boda.
12 Y le dijo: Amigo, ¿cómo entraste aquí, sin
estar vestido de boda? Mas él enmudeció.
13 Entonces el rey dijo a los que servían: Atadle de pies y manos, y echadle en las tinieblas de afuera; allí será el lloro y el crujir de
dientes.[a]
➤ 14 Porque muchos son llamados, y pocos
escogidos.

La cuestión del tributo
(Mr 12.13-17; Lc 20.20-26)

15 Entonces se fueron los fariseos y consultaron cómo sorprenderle en alguna palabra.
16 Y le enviaron los discípulos de ellos con los
herodianos, diciendo: Maestro, sabemos que
eres amante de la verdad, y que enseñas con
verdad el camino de Dios, y que no te cuidas
de nadie, porque no miras la apariencia de los
hombres.
17 Dinos, pues, qué te parece: ¿Es lícito dar
tributo a César, o no?
18 Pero Jesús, conociendo la malicia de ellos,
les dijo: ¿Por qué me tentáis, hipócritas?
19 Mostradme la moneda del tributo. Y ellos le
presentaron un denario.
20 Entonces les dijo: ¿De quién es esta imagen, y la inscripción?
21 Le dijeron: De César. Y les dijo: Dad, pues,
a César lo que es de César, y a Dios lo que es
de Dios.
22 Oyendo esto, se maravillaron, y dejándole, se fueron.

La pregunta sobre la resurrección
(Mr 12.18-27; Lc 20.27-40)

23 Aquel día vinieron a él los saduceos, que
dicen que no hay resurrección,[b] y le preguntaron,
24 diciendo: Maestro, Moisés dijo: Si alguno muriere sin hijos, su hermano se casará
con su mujer, y levantará descendencia a su
hermano.[c]
25 Hubo, pues, entre nosotros siete hermanos;
el primero se casó, y murió; y no teniendo descendencia, dejó su mujer a su hermano.
26 De la misma manera también el segundo, y
el tercero, hasta el séptimo.
27 Y después de todos murió también la mujer.
28 En la resurrección, pues, ¿de cuál de los siete será ella mujer, ya que todos la tuvieron?
29 Entonces respondiendo Jesús, les dijo: ➤
Erráis, ignorando las Escrituras y el poder
de Dios.
30 Porque en la resurrección ni se casarán ni
se darán en casamiento, sino serán como los
ángeles de Dios en el cielo.
31 Pero respecto a la resurrección de los
muertos, ¿no habéis leído lo que os fue dicho
por Dios, cuando dijo:
32 Yo soy el Dios de Abraham, el Dios de Isaac
y el Dios de Jacob[d]? Dios no es Dios de muertos, sino de vivos.
33 Oyendo esto la gente, se admiraba de su
doctrina.

El gran mandamiento
(Mr 12.28-34)

34 Entonces los fariseos, oyendo que había
hecho callar a los saduceos, se juntaron a una.
35 Y uno de ellos, intérprete de la ley, preguntó por tentarle,[e] diciendo:
36 Maestro, ¿cuál es el gran mandamiento en
la ley?
37 Jesús le dijo: Amarás al Señor tu Dios con
todo tu corazón, y con toda tu alma, y con toda
tu mente.[f]
38 Éste es el primero y grande mandamiento.
39 Y el segundo es semejante: Amarás a tu
prójimo como a ti mismo.[g]
40 De estos dos mandamientos depende toda ➤
la ley y los profetas.

¿De quién es hijo el Cristo?
(Mr 12.35-37; Lc 20.41-44)

41 Y estando juntos los fariseos, Jesús les preguntó,

a. 22.13 Mt 8.12; 25.30; Lc 13.28. **b. 22.23** Hch 23.8. **c. 22.24** Dt 25.5. **d. 22.32** Éx 3.6. **e. 22.35-40** Lc 10.25-28. **f. 22.37** Dt 6.5. **g. 22.39** Lv 19.18.

LECCIONES DE VIDA

➤ ***22.14 — muchos son llamados, y pocos escogidos.***

Dios nos instruye que compartamos el evangelio con todos los que estén dispuestos a oír. Puesto que no sabemos quién responderá positivamente y quién no, y además los candidatos menos esperados son los que acceden a la fe, debemos hacer el llamado a todos los que podamos alcanzar.

➤ ***22.29 — respondiendo Jesús, les dijo: Erráis, ignorando las Escrituras y el poder de Dios.***

No basamos nuestra fe en la lógica ni en el razonamiento humano, sino en la Palabra de Dios y el poder todopoderoso que la ha hecho realidad para nosotros. Si parece locura para algunos, que así sea. La Palabra de Dios se mantendrá en pie mientras todo lo demás cae.

➤ ***22.40 — De estos dos mandamientos depende toda la ley y los profetas.***

El amor a Dios y a quienes Él hizo a su imagen es la esencia de todo lo que Dios nos dice en su Palabra. Por eso Pablo puede decir que «el cumplimiento de la ley es el amor» (Ro 13.10).

42 diciendo: ¿Qué pensáis del Cristo? ¿De
quién es hijo? Le dijeron: De David.
43 Él les dijo: ¿Pues cómo David en el Espíritu le llama Señor, diciendo:
44 Dijo el Señor a mi Señor:
Siéntate a mi derecha,
Hasta que ponga a tus enemigos por
estrado de tus pies?[h]
45 Pues si David le llama Señor, ¿cómo es su
hijo?
46 Y nadie le podía responder palabra; ni osó
alguno desde aquel día preguntarle más.

Jesús acusa a escribas y fariseos

(Mr 12.38-40; Lc 11.37-54; 20.45-47)

23 ENTONCES habló Jesús a la gente y a
sus discípulos, diciendo:
2 En la cátedra de Moisés se sientan los escribas y los fariseos.
3 Así que, todo lo que os digan que guardéis,
guardadlo y hacedlo; mas no hagáis conforme
a sus obras, porque dicen, y no hacen.
4 Porque atan cargas pesadas y difíciles de
llevar, y las ponen sobre los hombros de los
hombres; pero ellos ni con un dedo quieren
moverlas.
5 Antes, hacen todas sus obras para ser vistos por los hombres.[a] Pues ensanchan sus
filacterias,[b] y extienden los flecos[c] de sus
mantos;
6 y aman los primeros asientos en las cenas, y
las primeras sillas en las sinagogas,
7 y las salutaciones en las plazas, y que los
hombres los llamen: Rabí, Rabí.
8 Pero vosotros no queráis que os llamen
Rabí; porque uno es vuestro Maestro, el Cristo, y todos vosotros sois hermanos.
9 Y no llaméis padre vuestro a nadie en la tierra; porque uno es vuestro Padre, el que está
en los cielos.
10 Ni seáis llamados maestros; porque uno es
vuestro Maestro, el Cristo.
11 El que es el mayor de vosotros, sea vuestro siervo.[d]
* 12 Porque el que se enaltece será humillado, y
el que se humilla será enaltecido.[e]
➤ 13 Mas ¡ay de vosotros, escribas y fariseos,
hipócritas! porque cerráis el reino de los cielos delante de los hombres; pues ni entráis
vosotros, ni dejáis entrar a los que están
entrando.
14 ¡Ay de vosotros, escribas y fariseos, hipócritas! porque devoráis las casas de las viudas,
y como pretexto hacéis largas oraciones; por
esto recibiréis mayor condenación.
15 ¡Ay de vosotros, escribas y fariseos, hipócritas! porque recorréis mar y tierra para
hacer un prosélito, y una vez hecho, le hacéis
dos veces más hijo del infierno que vosotros.
16 ¡Ay de vosotros, guías ciegos! que decís: Si
alguno jura por el templo, no es nada; pero si
alguno jura por el oro del templo, es deudor.
17 ¡Insensatos y ciegos! porque ¿cuál es mayor,
el oro, o el templo que santifica al oro?
18 También decís: Si alguno jura por el altar,
no es nada; pero si alguno jura por la ofrenda
que está sobre él, es deudor.
19 ¡Necios y ciegos! porque ¿cuál es mayor, la
ofrenda, o el altar que santifica la ofrenda?
20 Pues el que jura por el altar, jura por él, y
por todo lo que está sobre él;
21 y el que jura por el templo, jura por él, y
por el que lo habita;
22 y el que jura por el cielo, jura por el trono
de Dios,[f] y por aquel que está sentado en él.
23 ¡Ay de vosotros, escribas y fariseos, hipócritas! porque diezmáis la menta y el eneldo
y el comino,[g] y dejáis lo más importante de la
ley: la justicia, la misericordia y la fe. Esto era
necesario hacer, sin dejar de hacer aquello.
24 ¡Guías ciegos, que coláis el mosquito, y tra-
gáis el camello!
25 ¡Ay de vosotros, escribas y fariseos, hipócritas! porque limpiáis lo de fuera del vaso y
del plato, pero por dentro estáis llenos de robo
y de injusticia.
26 ¡Fariseo ciego! Limpia primero lo de dentro del vaso y del plato, para que también lo
de fuera sea limpio.
27 ¡Ay de vosotros, escribas y fariseos, hipócritas! porque sois semejantes a sepulcros
blanqueados,[h] que por fuera, a la verdad, se
muestran hermosos, mas por dentro están llenos de huesos de muertos y de toda inmundicia.

h. 22.44 Sal 110.1. **a. 23.5** Mt 6.1. **b. 23.5** Dt 6.8. **c. 23.5** Nm 15.38. **d. 23.11** Mt 20.26-27; Mr 9.35; 10.43-44; Lc 22.26. **e. 23.12** Lc 14.11; 18.14. **f. 23.22** Is 66.1; Mt 5.34. **g. 23.23** Lv 27.30. **h. 23.27** Hch 23.3.

LECCIONES DE VIDA

➤ *23.13 — ¡ay de vosotros, escribas y fariseos, hipócritas!*

Ocho veces en Mateo 23, Jesús pronuncia sus «ayes» sobre aquellos a quienes llama hipócritas, necios y serpientes. El significado más hondo de las palabras de Cristo es este: aquellos que rehúsan hacer caso a la Palabra de Dios sufrirán graves consecuencias —muerte eterna y separación de Él. El pecado divide la mente y nos impide conocer al Señor y tener un compañerismo continuo con Él. No permita que su corazón sea enceguecido por las cosas de este mundo. Pídale que le dé la capacidad de conocer su voluntad y obedecerlo.

➤ *23.28 — también vosotros por fuera, a la verdad, os mostráis justos a los hombres, pero por dentro estáis llenos de hipocresía e iniquidad.*

Dios aborrece la desobediencia de cualquier tipo, pero parece tener un desprecio particular hacia el fingimiento religioso. ¿Por qué? Quizás se deba a que quienes solamente aparentan amar al Señor hacen mucho daño, al convertirse en un estorbo, manteniendo a otros lejos del camino del Señor.

28 Así también vosotros por fuera, a la verdad,
os mostráis justos a los hombres, pero por
dentro estáis llenos de hipocresía e iniquidad.
29 ¡Ay de vosotros, escribas y fariseos, hipócritas! porque edificáis los sepulcros de los
profetas, y adornáis los monumentos de los
justos,
30 y decís: Si hubiésemos vivido en los días de
nuestros padres, no hubiéramos sido sus cómplices en la sangre de los profetas.
31 Así que dais testimonio contra vosotros
mismos, de que sois hijos de aquellos que
mataron a los profetas.
32 ¡Vosotros también llenad la medida de
vuestros padres!
33 ¡Serpientes, generación de víboras![i] ¿Cómo
escaparéis de la condenación del infierno?
34 Por tanto, he aquí yo os envío profetas y
sabios y escribas; y de ellos, a unos mataréis
y crucificaréis, y a otros azotaréis en vuestras sinagogas, y perseguiréis de ciudad en
ciudad;
35 para que venga sobre vosotros toda la sangre justa que se ha derramado sobre la tierra,
desde la sangre de Abel[j] el justo hasta la sangre de Zacarías[k] hijo de Berequías, a quien
matasteis entre el templo y el altar.
36 De cierto os digo que todo esto vendrá
sobre esta generación.

Lamento de Jesús sobre Jerusalén
(Lc 13.34-35)

37 ¡Jerusalén, Jerusalén, que matas a los profetas, y apedreas a los que te son enviados!
¡Cuántas veces quise juntar a tus hijos, como
la gallina junta sus polluelos debajo de las
alas, y no quisiste!
38 He aquí vuestra casa os es dejada
desierta.
39 Porque os digo que desde ahora no me
veréis, hasta que digáis: Bendito el que viene
en el nombre del Señor.[l]

Jesús predice la destrucción del templo
(Mr 13.1-2; Lc 21.5-6)

24 CUANDO Jesús salió del templo y se
iba, se acercaron sus discípulos para
mostrarle los edificios del templo.
2 Respondiendo él, les dijo: ¿Veis todo esto?
De cierto os digo, que no quedará aquí piedra
sobre piedra, que no sea derribada.

Señales antes del fin
(Mr 13.3-23; Lc 21.7-24)

3 Y estando él sentado en el monte de los Olivos, los discípulos se le acercaron aparte,
diciendo: Dinos, ¿cuándo serán estas cosas,
y qué señal habrá de tu venida, y del fin del
siglo?
4 Respondiendo Jesús, les dijo: Mirad que
nadie os engañe.
5 Porque vendrán muchos en mi nombre, diciendo: Yo soy el Cristo; y a muchos
engañarán.
6 Y oiréis de guerras y rumores de guerras;
mirad que no os turbéis, porque es necesario que todo esto acontezca; pero aún no es
el fin.
7 Porque se levantará nación contra nación, y
reino contra reino; y habrá pestes y hambres
y terremotos en diferentes lugares.
8 Y todo esto será principio de dolores.
9 Entonces os entregarán a tribulación, y os
matarán, y seréis aborrecidos de todas las
gentes por causa de mi nombre.[a]
10 Muchos tropezarán entonces, y se entregarán unos a otros, y unos a otros se
aborrecerán.
11 Y muchos falsos profetas se levantarán, y
engañarán a muchos;
12 y por haberse multiplicado la maldad, el
amor de muchos se enfriará.
13 Mas el que persevere hasta el fin, éste será
salvo.[b]
14 Y será predicado este evangelio del reino
en todo el mundo, para testimonio a todas las
naciones; y entonces vendrá el fin.
15 Por tanto, cuando veáis en el lugar santo la
abominación desoladora de que habló el profeta Daniel[c] (el que lee, entienda),

i. 23.33 Mt 3.7; 12.34; Lc 3.7. **j. 23.35** Gn 4.8. **k. 23.35** 2 Cr 24.20-21. **l. 23.39** Sal 118.26.
a. 24.9 Mt 10.22. **b. 24.13** Mt 10.22. **c. 24.15** Dn 9.27; 11.31; 12.11. **d. 24.17-18** Lc 17.31.

LECCIONES DE VIDA

23.37 — ¡Cuántas veces quise juntar a tus hijos, como la gallina junta sus polluelos debajo de las alas, y no quisiste!

El deseo más grande de Dios para nosotros siempre es desarrollar y nutrir una relación creciente y satisfactoria con Él. Dios nos creó para tener una comunión profunda con Él, pero nos toca decidir si vamos a cumplir nuestro propósito y corresponder a su amor.

24.5 — vendrán muchos en mi nombre, diciendo: Yo soy el Cristo; y a muchos engañarán.

Siempre ha habido engañadores en la iglesia que alejan a la gente de una relación con Cristo y las llevan a la esclavitud religiosa. Cuando el tiempo de su regreso se acerque, Jesús nos advierte que tal engaño aumentará notablemente.

24.14 — será predicado este evangelio del reino en todo el mundo, para testimonio a todas las naciones; y entonces vendrá el fin.

El Señor Jesús no regresará hasta que el mundo entero haya tenido la oportunidad de oír las Buenas Nuevas de salvación. Su paciencia asombrosa conduce a nuestra redención.

16 entonces los que estén en Judea, huyan a los montes.
17 El que esté en la azotea, no descienda para tomar algo de su casa;
18 y el que esté en el campo, no vuelva atrás para tomar su capa.[d]
19 Mas ¡ay de las que estén encintas, y de las que críen en aquellos días!
20 Orad, pues, que vuestra huida no sea en invierno ni en día de reposo;*
21 porque habrá entonces gran tribulación,[e] cual no la ha habido desde el principio del mundo hasta ahora, ni la habrá.
22 Y si aquellos días no fuesen acortados, nadie sería salvo; mas por causa de los escogidos, aquellos días serán acortados.
23 Entonces, si alguno os dijere: Mirad, aquí está el Cristo, o mirad, allí está, no lo creáis.
24 Porque se levantarán falsos Cristos, y falsos profetas, y harán grandes señales y prodigios, de tal manera que engañarán, si fuere posible, aun a los escogidos.
25 Ya os lo he dicho antes.
26 Así que, si os dijeren: Mirad, está en el desierto, no salgáis; o mirad, está en los aposentos, no lo creáis.
27 Porque como el relámpago que sale del oriente y se muestra hasta el occidente, así será también la venida del Hijo del Hombre.[f]
28 Porque dondequiera que estuviere el cuerpo muerto, allí se juntarán las águilas.[g]

La venida del Hijo del Hombre

(Mr 13.24-37; Lc 21.25-36; 17.25-36; 12.41-48)

29 E inmediatamente después de la tribulación de aquellos días, el sol se oscurecerá, y la luna no dará su resplandor, y las estrellas caerán del cielo,[h] y las potencias de los cielos serán conmovidas.
30 Entonces aparecerá la señal del Hijo del Hombre en el cielo; y entonces lamentarán todas las tribus de la tierra, y verán al Hijo del Hombre viniendo sobre las nubes del cielo,[i] con poder y gran gloria.
31 Y enviará sus ángeles con gran voz de trompeta, y juntarán a sus escogidos, de los cuatro vientos, desde un extremo del cielo hasta el otro.
32 De la higuera aprended la parábola: Cuando ya su rama está tierna, y brotan las hojas, sabéis que el verano está cerca.
33 Así también vosotros, cuando veáis todas estas cosas, conoced que está cerca, a las puertas.
34 De cierto os digo, que no pasará esta generación hasta que todo esto acontezca.
35 El cielo y la tierra pasarán, pero mis palabras no pasarán. *
36 Pero del día y la hora nadie sabe, ni aun los ángeles de los cielos, sino sólo mi Padre.
37 Mas como en los días de Noé,[j] así será la venida del Hijo del Hombre.
38 Porque como en los días antes del diluvio estaban comiendo y bebiendo, casándose y dando en casamiento, hasta el día en que Noé entró en el arca,
39 y no entendieron hasta que vino el diluvio y se los llevó a todos,[k] así será también la venida del Hijo del Hombre.
40 Entonces estarán dos en el campo; el uno será tomado, y el otro será dejado.
41 Dos mujeres estarán moliendo en un molino; la una será tomada, y la otra será dejada.
42 Velad, pues, porque no sabéis a qué hora ha de venir vuestro Señor.
43 Pero sabed esto, que si el padre de familia supiese a qué hora el ladrón habría de venir, velaría, y no dejaría minar su casa.
44 Por tanto, también vosotros estad preparados; porque el Hijo del Hombre vendrá a la hora que no pensáis.[l] ≺
45 ¿Quién es, pues, el siervo fiel y prudente, al cual puso su señor sobre su casa para que les dé el alimento a tiempo?
46 Bienaventurado aquel siervo al cual, cuando su señor venga, le halle haciendo así.
47 De cierto os digo que sobre todos sus bienes le pondrá.
48 Pero si aquel siervo malo dijere en su corazón: Mi señor tarda en venir;
49 y comenzare a golpear a sus consiervos, y aun a comer y a beber con los borrachos,
50 vendrá el señor de aquel siervo en día que éste no espera, y a la hora que no sabe,
51 y lo castigará duramente, y pondrá su parte con los hipócritas; allí será el lloro y el crujir de dientes.

Parábola de las diez vírgenes

25 ENTONCES el reino de los cielos será semejante a diez vírgenes que tomando sus lámparas,[a] salieron a recibir al esposo.

* Aquí equivale a *sábado*.

e. 24.21 Dn 12.1; Ap 7.14. **f. 24.26-27** Lc 17.23-24. **g. 24.28** Lc 17.37. **h. 24.29** Is 13.10; Ez 32.7; Jl 2.31; Ap 6.12-13. **i. 24.30** Dn 7.13; Ap 1.7. **j. 24.37** Gn 6.5-8. **k. 24.39** Gn 7.6-24. **l. 24.43-44** Lc 12.39-40. **a. 25.1** Lc 12.35.

LECCIONES DE VIDA

➤ ***24.44 — Por tanto, también vosotros estad preparados; porque el Hijo del Hombre vendrá a la hora que no pensáis.***

A pesar de muchos intentos en el transcurso de los siglos para precisar el tiempo de la segunda venida de Jesús, la Palabra de Dios se mantiene vigente. Él vendrá «a la hora que no pensáis». Así es como Él obra siempre en nuestras vidas, en su tiempo y no en el nuestro. Por esa razón es tan importante que vivamos preparados y andemos en el centro de su voluntad en todo momento. Bien sea que atestigüemos su regreso glorioso o muramos y vayamos al cielo, podríamos verlo hoy mismo. Así que, hónrelo siempre teniendo esto presente.

2 Cinco de ellas eran prudentes y cinco insensatas.
3 Las insensatas, tomando sus lámparas, no tomaron consigo aceite;
4 mas las prudentes tomaron aceite en sus vasijas, juntamente con sus lámparas.
5 Y tardándose el esposo, cabecearon todas y se durmieron.
6 Y a la medianoche se oyó un clamor: ¡Aquí viene el esposo; salid a recibirle!
7 Entonces todas aquellas vírgenes se levantaron, y arreglaron sus lámparas.
8 Y las insensatas dijeron a las prudentes: Dadnos de vuestro aceite; porque nuestras lámparas se apagan.
9 Mas las prudentes respondieron diciendo: Para que no nos falte a nosotras y a vosotras, id más bien a los que venden, y comprad para vosotras mismas.
10 Pero mientras ellas iban a comprar, vino el esposo; y las que estaban preparadas entraron con él a las bodas; y se cerró la puerta.
11 Después vinieron también las otras vírgenes, diciendo: ¡Señor, señor, ábrenos!
12 Mas él, respondiendo, dijo: De cierto os digo, que no os conozco.[b]
➤ 13 Velad, pues, porque no sabéis el día ni la hora en que el Hijo del Hombre ha de venir.

Parábola de los talentos

14 Porque el reino de los cielos es como un hombre que yéndose lejos, llamó a sus siervos y les entregó sus bienes.
15 A uno dio cinco talentos, y a otro dos, y a otro uno, a cada uno conforme a su capacidad; y luego se fue lejos.
16 Y el que había recibido cinco talentos fue y negoció con ellos, y ganó otros cinco talentos.
17 Asimismo el que había recibido dos, ganó también otros dos.
18 Pero el que había recibido uno fue y cavó en la tierra, y escondió el dinero de su señor.
19 Después de mucho tiempo vino el señor de aquellos siervos, y arregló cuentas con ellos.
20 Y llegando el que había recibido cinco talentos, trajo otros cinco talentos, diciendo: Señor, cinco talentos me entregaste; aquí tienes, he ganado otros cinco talentos sobre ellos.
21 Y su señor le dijo: Bien, buen siervo y fiel; sobre poco has sido fiel, sobre mucho te pondré; entra en el gozo de tu señor.
22 Llegando también el que había recibido dos talentos, dijo: Señor, dos talentos me entregaste; aquí tienes, he ganado otros dos talentos sobre ellos.
23 Su señor le dijo: Bien, buen siervo y fiel; sobre poco has sido fiel, sobre mucho te pondré; entra en el gozo de tu señor.
24 Pero llegando también el que había recibido un talento, dijo: Señor, te conocía que eres hombre duro, que siegas donde no sembraste y recoges donde no esparciste;
25 por lo cual tuve miedo, y fui y escondí tu talento en la tierra; aquí tienes lo que es tuyo.
26 Respondiendo su señor, le dijo: Siervo malo y negligente, sabías que siego donde no sembré, y que recojo donde no esparcí.
27 Por tanto, debías haber dado mi dinero a los banqueros, y al venir yo, hubiera recibido lo que es mío con los intereses.
28 Quitadle, pues, el talento, y dadlo al que tiene diez talentos.
29 Porque al que tiene, le será dado, y tendrá más; y al que no tiene, aun lo que tiene le será quitado.[c]
30 Y al siervo inútil echadle en las tinieblas de afuera; allí será el lloro y el crujir de dientes.[d,e]

El juicio de las naciones

31 Cuando el Hijo del Hombre venga en su gloria, y todos los santos ángeles con él,[f] entonces se sentará en su trono de gloria,[g]
32 y serán reunidas delante de él todas las naciones; y apartará los unos de los otros, como aparta el pastor las ovejas de los cabritos.
33 Y pondrá las ovejas a su derecha, y los cabritos a su izquierda.
34 Entonces el Rey dirá a los de su derecha: Venid, benditos de mi Padre, heredad el reino preparado para vosotros desde la fundación del mundo. ➤
35 Porque tuve hambre, y me disteis de comer; tuve sed, y me disteis de beber; fui forastero, y me recogisteis;
36 estuve desnudo, y me cubristeis; enfermo, y me visitasteis; en la cárcel, y vinisteis a mí.
37 Entonces los justos le responderán diciendo: Señor, ¿cuándo te vimos hambriento, y te sustentamos, o sediento, y te dimos de beber?

b. 25.11-12 Lc 13.25. **c. 25.29** Mt 13.12; Mr 4.25; Lc 8.18. **d. 25.14-30** Lc 19.11-27. **e. 25.30** Mt 8.12; 22.13; Lc 13.28. **f. 25.31** Mt 16.27. **g. 25.31** Mt 19.28.

LECCIONES DE VIDA

➤ ***25.13 — Velad, pues, porque no sabéis el día ni la hora en que el Hijo del Hombre ha de venir.***

Algunos han afirmado saber cuál será el tiempo del regreso de Cristo, aunque la Biblia dice que nadie puede determinar el día ni la hora. Tales especulaciones son inútiles. La idea aquí es que vivamos pendientes de su venida. Hemos de permanecer en un estado perpetuo de preparación y de una anticipación anhelante por su regreso; todo lo cual debería motivarnos a llevar vidas productivas.

➤ ***25.34 — el Rey dirá a los de su derecha: Venid, benditos de mi Padre, heredad el reino preparado para vosotros desde la fundación del mundo.***

El reino venidero ha sido preparado para el pueblo de Dios «desde la fundación del mundo». Su plan es tan antiguo como seguro.

38 ¿Y cuándo te vimos forastero, y te recogi-
mos, o desnudo, y te cubrimos?
39 ¿O cuándo te vimos enfermo, o en la cárcel,
y vinimos a ti?
40 Y respondiendo el Rey, les dirá: De cierto os digo que en cuanto lo hicisteis a uno de
estos mis hermanos más pequeños, a mí lo
hicisteis.
41 Entonces dirá también a los de la izquierda: Apartaos de mí, malditos, al fuego eterno
preparado para el diablo y sus ángeles.
42 Porque tuve hambre, y no me disteis de
comer; tuve sed, y no me disteis de beber;
43 fui forastero, y no me recogisteis; estuve
desnudo, y no me cubristeis; enfermo, y en la
cárcel, y no me visitasteis.
44 Entonces también ellos le responderán
diciendo: Señor, ¿cuándo te vimos hambriento, sediento, forastero, desnudo, enfermo, o en
la cárcel, y no te servimos?
45 Entonces les responderá diciendo: De cierto os digo que en cuanto no lo hicisteis a
uno de estos más pequeños, tampoco a mí lo
hicisteis.
➤46 E irán éstos al castigo eterno, y los justos a
la vida eterna.[h]

El complot para prender a Jesús
(Mr 14.1-2; Lc 22.1-2; Jn 11.45-53)

26 CUANDO hubo acabado Jesús todas
estas palabras, dijo a sus discípulos:
2 Sabéis que dentro de dos días se celebra la
pascua,[a] y el Hijo del Hombre será entregado
para ser crucificado.
3 Entonces los principales sacerdotes, los
escribas, y los ancianos del pueblo se reunieron en el patio del sumo sacerdote llamado
Caifás,
4 y tuvieron consejo para prender con engaño
a Jesús, y matarle.
5 Pero decían: No durante la fiesta, para que
no se haga alboroto en el pueblo.

Jesús es ungido en Betania
(Mr 14.3-9; Jn 12.1-8)
6 Y estando Jesús en Betania, en casa de
Simón el leproso,
7 vino a él una mujer, con un vaso de alabastro de perfume de gran precio, y lo derramó
sobre la cabeza de él, estando sentado a la
mesa.[b]
8 Al ver esto, los discípulos se enojaron,
diciendo: ¿Para qué este desperdicio?
9 Porque esto podía haberse vendido a gran
precio, y haberse dado a los pobres.
10 Y entendiéndolo Jesús, les dijo: ¿Por qué
molestáis a esta mujer? pues ha hecho conmigo una buena obra.
11 Porque siempre tendréis pobres con
vosotros,[c] pero a mí no siempre me tendréis.
12 Porque al derramar este perfume sobre mi
cuerpo, lo ha hecho a fin de prepararme para
la sepultura.
13 De cierto os digo que dondequiera que se
predique este evangelio, en todo el mundo,
también se contará lo que ésta ha hecho, para
memoria de ella.

Judas ofrece entregar a Jesús
(Mr 14.10-11; Lc 22.3-6)
14 Entonces uno de los doce, que se llamaba Judas Iscariote, fue a los principales sacerdotes,
15 y les dijo: ¿Qué me queréis dar, y yo os lo
entregaré? Y ellos le asignaron treinta piezas
de plata.
16 Y desde entonces buscaba oportunidad
para entregarle.

Institución de la Cena del Señor
(Mr 14.12-25; Lc 22.7-23; Jn 13.21-30;
1 Co 11.23-26)
17 El primer día de la fiesta de los panes
sin levadura, vinieron los discípulos a Jesús,
diciéndole: ¿Dónde quieres que preparemos
para que comas la pascua?
18 Y él dijo: Id a la ciudad a cierto hombre, y
decidle: El Maestro dice: Mi tiempo está cerca; en tu casa celebraré la pascua con mis
discípulos.
19 Y los discípulos hicieron como Jesús les
mandó, y prepararon la pascua.
20 Cuando llegó la noche, se sentó a la mesa
con los doce.
21 Y mientras comían, dijo: De cierto os digo,
que uno de vosotros me va a entregar.
22 Y entristecidos en gran manera, comenzó
cada uno de ellos a decirle: ¿Soy yo, Señor?
23 Entonces él respondiendo, dijo: El que
mete la mano conmigo en el plato, ése me va
a entregar.
24 A la verdad el Hijo del Hombre va, según
está escrito de él,[d] mas ¡ay de aquel hombre

h. 25.46 Dn 12.2. **a. 26.2** Éx 12.1-27. **b. 26.7** Lc 7.37-38.
c. 26.11 Dt 15.11. **d. 26.24** Sal 41.9.

LECCIONES DE VIDA

➤ ***25.46 — irán éstos al castigo eterno, y los justos a la vida eterna.***

Lo que hagamos con las Buenas Nuevas de Jesús tiene consecuencias enormes, porque el castigo de aquellos que rechacen a Jesús es tan eterno como la recompensa de quienes le sirven.

➤ ***26.13 — De cierto os digo que dondequiera que se predique este evangelio, en todo el mundo, también se contará lo que ésta ha hecho, para memoria de ella.***

La mujer no habría podido saber que su acción quedaría registrada en la Palabra de Dios y sería contada hasta los fines de la tierra. Al Señor le encanta recompensar la devoción fiel a Él, es lo único de todo lo que hacemos, que realmente durará para siempre.

Ejemplos de vida

JESÚS

¿Ejemplo o sacrificio?

MT 26.39

Algunos creen que Jesús vino para mostrarnos cómo vivir una vida recta, y es innegable que Él *es* nuestro máximo ejemplo de rectitud. Debemos llegar a ser como Él, pero esa no es la razón por la que Jesús vino. Él vino a la tierra para poder morir como el sacrificio substitutivo y plenamente suficiente que hace propiciación por nuestros pecados.

Si Jesús no hubiera venido, no habría crucifixión ni resurrección. El Nuevo Testamento nos confronta reiteradamente con este mensaje: *Cristo murió por nosotros.* Jesús vino para que usted y yo pudiéramos tener vida eterna mediante el perdón que Él provee. A nosotros nos toca venir a Él y confesar nuestras transgresiones. Al hacerlo, Él nos salva y nos quita la carga de nuestra culpa y nuestra vergüenza.

Aceptar a Jesús como Salvador es un acto de fe y no de obras. No hay nada que usted pueda hacer para ganar la salvación. Es un don gratuito que Él da a aquellos que acuden a Él en busca de su misericordia.

Si está buscando perdón con base en sus ruegos, sus promesas y sus actos, usted se quedará en sus pecados. Sólo si acepta el sacrificio de Cristo, podrá usted recibir la plenitud del Espíritu vivificante de Dios. Dedique unos minutos ahora mismo para decirle que lo necesita y que quiere ser puesto en libertad de todo pecado que le impida experimentar lo mejor de Él. Cuando lo haga, su vida cambiará. La carga de su corazón será levantada y usted será libre para experimentar la plenitud del amor incondicional de Dios.

Para un estudio más a fondo, véase el Índice de Principios de vida:

24. Vivir la vida cristiana es permitir al Señor Jesús vivir su vida en y por medio de nosotros.

12. La paz con Dios es fruto de nuestra unidad con Él.

por quien el Hijo del Hombre es entregado! Bueno le fuera a ese hombre no haber
nacido.
25 Entonces respondiendo Judas, el que le
entregaba, dijo: ¿Soy yo, Maestro? Le dijo: Tú
lo has dicho.
26 Y mientras comían, tomó Jesús el pan, y
bendijo, y lo partió, y dio a sus discípulos, y
dijo: Tomad, comed; esto es mi cuerpo.
27 Y tomando la copa, y habiendo dado gracias, les dio, diciendo: Bebed de ella todos;
28 porque esto es mi sangre[e] del nuevo pacto,[f]
que por muchos es derramada para remisión
de los pecados.
29 Y os digo que desde ahora no beberé más
de este fruto de la vid, hasta aquel día en que
lo beba nuevo con vosotros en el reino de mi
Padre.

Jesús anuncia la negación de Pedro

(Mr 14.26-31; Lc 22.31-34; Jn 13.36-38)

30 Y cuando hubieron cantado el himno, salieron al monte de los Olivos.
31 Entonces Jesús les dijo: Todos vosotros
os escandalizaréis de mí esta noche; porque
escrito está: Heriré al pastor, y las ovejas del
rebaño serán dispersadas.[g]
32 Pero después que haya resucitado, iré
delante de vosotros a Galilea.[h]
33 Respondiendo Pedro, le dijo: Aunque
todos se escandalicen de ti, yo nunca me
escandalizaré.
34 Jesús le dijo: De cierto te digo que esta
noche, antes que el gallo cante, me negarás
tres veces.
35 Pedro le dijo: Aunque me sea necesario
morir contigo, no te negaré. Y todos los discípulos dijeron lo mismo.

Jesús ora en Getsemaní

(Mr 14.32-42; Lc 22.39-46)

36 Entonces llegó Jesús con ellos a un lugar
que se llama Getsemaní, y dijo a sus discípulos: Sentaos aquí, entre tanto que voy allí
y oro.
37 Y tomando a Pedro, y a los dos hijos de
Zebedeo, comenzó a entristecerse y a angustiarse en gran manera.
38 Entonces Jesús les dijo: Mi alma está muy
triste, hasta la muerte; quedaos aquí, y velad
conmigo.
39 Yendo un poco adelante, se postró sobre
su rostro, orando y diciendo: Padre mío, si
es posible, pase de mí esta copa; pero no sea
como yo quiero, sino como tú.
40 Vino luego a sus discípulos, y los halló durmiendo, y dijo a Pedro: ¿Así que no habéis
podido velar conmigo una hora?
41 Velad y orad, para que no entréis en tentación; el espíritu a la verdad está dispuesto,
pero la carne es débil.

e. 26.28 Éx 24.6-8. **f. 26.28** Jer 31.31-34. **g. 26.31** Zac 13.7. **h. 26.32** Mt 28.16.

42 Otra vez fue, y oró por segunda vez, diciendo: Padre mío, si no puede pasar de mí esta copa sin que yo la beba, hágase tu voluntad.
43 Vino otra vez y los halló durmiendo, porque los ojos de ellos estaban cargados de sueño.
44 Y dejándolos, se fue de nuevo, y oró por tercera vez, diciendo las mismas palabras.
45 Entonces vino a sus discípulos y les dijo: Dormid ya, y descansad. He aquí ha llegado la hora, y el Hijo del Hombre es entregado en manos de pecadores.
46 Levantaos, vamos; ved, se acerca el que me entrega.

Arresto de Jesús

(Mr 14.43-50; Lc 22.47-53; Jn 18.2-11)

47 Mientras todavía hablaba, vino Judas, uno de los doce, y con él mucha gente con espadas y palos, de parte de los principales sacerdotes y de los ancianos del pueblo.
48 Y el que le entregaba les había dado señal, diciendo: Al que yo besare, ése es; prendedle.
49 Y en seguida se acercó a Jesús y dijo: ¡Salve, Maestro! Y le besó.
50 Y Jesús le dijo: Amigo, ¿a qué vienes? Entonces se acercaron y echaron mano a Jesús, y le prendieron.
51 Pero uno de los que estaban con Jesús, extendiendo la mano, sacó su espada, e hiriendo a un siervo del sumo sacerdote, le quitó la oreja.
52 Entonces Jesús le dijo: Vuelve tu espada a su lugar; porque todos los que tomen espada, a espada perecerán.
53 ¿Acaso piensas que no puedo ahora orar a mi Padre, y que él no me daría más de doce legiones de ángeles?
54 ¿Pero cómo entonces se cumplirían las Escrituras, de que es necesario que así se haga?
55 En aquella hora dijo Jesús a la gente: ¿Como contra un ladrón habéis salido con espadas y con palos para prenderme? Cada día me sentaba con vosotros enseñando en el templo,[i] y no me prendisteis.
56 Mas todo esto sucede, para que se cumplan las Escrituras de los profetas. Entonces todos los discípulos, dejándole, huyeron.

Jesús ante el concilio

(Mr 14.53-65; Lc 22.54, 63-71; Jn 18.12-14, 19-24)

57 Los que prendieron a Jesús le llevaron al sumo sacerdote Caifás, adonde estaban reunidos los escribas y los ancianos.
58 Mas Pedro le seguía de lejos hasta el patio del sumo sacerdote; y entrando, se sentó con los alguaciles, para ver el fin.
59 Y los principales sacerdotes y los ancianos y todo el concilio, buscaban falso testimonio contra Jesús, para entregarle a la muerte,
60 y no lo hallaron, aunque muchos testigos falsos se presentaban. Pero al fin vinieron dos testigos falsos,
61 que dijeron: Éste dijo: Puedo derribar el templo de Dios, y en tres días reedificarlo.[j]
62 Y levantándose el sumo sacerdote, le dijo: ¿No respondes nada? ¿Qué testifican éstos contra ti?
63 Mas Jesús callaba. Entonces el sumo sacerdote le dijo: Te conjuro por el Dios viviente, que nos digas si eres tú el Cristo, el Hijo de Dios.
64 Jesús le dijo: Tú lo has dicho; y además os digo, que desde ahora veréis al Hijo del Hombre sentado a la diestra del poder de Dios, y viniendo en las nubes del cielo.[k] *
65 Entonces el sumo sacerdote rasgó sus vestiduras, diciendo: ¡Ha blasfemado! ¿Qué más necesidad tenemos de testigos? He aquí, ahora mismo habéis oído su blasfemia.
66 ¿Qué os parece? Y respondiendo ellos, dijeron: ¡Es reo de muerte![l]
67 Entonces le escupieron en el rostro, y le dieron de puñetazos, y otros le abofeteaban,[m]
68 diciendo: Profetízanos, Cristo, quién es el que te golpeó.

Pedro niega a Jesús

(Mr 14.66-72; Lc 22.55-62; Jn 18.15-18, 25-27)

69 Pedro estaba sentado fuera en el patio; y se le acercó una criada, diciendo: Tú también estabas con Jesús el galileo.
70 Mas él negó delante de todos, diciendo: No sé lo que dices.
71 Saliendo él a la puerta, le vio otra, y dijo a los que estaban allí: También éste estaba con Jesús el nazareno.
72 Pero él negó otra vez con juramento: No conozco al hombre.
73 Un poco después, acercándose los que por allí estaban, dijeron a Pedro: Verdaderamente

i. 26.55 Lc 19.47; 21.37. **j. 26.61** Jn 2.19.
k. 26.64 Dn 7.13. **l. 26.65-66** Lv 24.16. **m. 26.67** Is 50.6.

LECCIONES DE VIDA

➤ ***26.29 — os digo que desde ahora no beberé más de este fruto de la vid, hasta aquel día en que lo beba nuevo con vosotros en el reino de mi Padre.***

La Cena del Señor no sólo evoca el sacrificio de la muerte de Cristo, también mira hacia el futuro de su reinado glorioso. Conmemora y anticipa la obra redentora de Cristo y nos invita tanto a recordar como a celebrar su perdón y su obra de salvación para todos los que creen en Él.

➤ ***26.37 — tomando a Pedro, y a los dos hijos de Zebedeo, comenzó a entristecerse y a angustiarse en gran manera.***

Isaías llamó al Mesías venidero «varón de dolores, experimentado en quebranto» (Is 53.3), y en el huerto de Getsemaní, Jesús experimentó un dolor que jamás había conocido. Verdaderamente, Él «fue tentado en todo según nuestra semejanza, pero sin pecado» (He 4.15). Él entiende nuestro dolor y nuestras aflicciones, razón por la cual es nuestro Salvador perfecto (He 2.14–18).

también tú eres de ellos, porque aun tu manera de hablar te descubre.
74 Entonces él comenzó a maldecir, y a jurar: No conozco al hombre. Y en seguida cantó el gallo.
75 Entonces Pedro se acordó de las palabras de Jesús, que le había dicho: Antes que cante el gallo, me negarás tres veces. Y saliendo fuera, lloró amargamente.

Jesús ante Pilato

(Mr 15.1; Lc 23.1-2; Jn 18.28-32)

27 VENIDA la mañana, todos los principales sacerdotes y los ancianos del pueblo entraron en consejo contra Jesús, para entregarle a muerte.
2 Y le llevaron atado, y le entregaron a Poncio Pilato, el gobernador.

Muerte de Judas

3 Entonces Judas, el que le había entregado, viendo que era condenado, devolvió arrepentido las treinta piezas de plata a los principales sacerdotes y a los ancianos,
4 diciendo: Yo he pecado entregando sangre inocente. Mas ellos dijeron: ¿Qué nos importa a nosotros? ¡Allá tú!
5 Y arrojando las piezas de plata en el templo, salió, y fue y se ahorcó.
6 Los principales sacerdotes, tomando las piezas de plata, dijeron: No es lícito echarlas en el tesoro de las ofrendas, porque es precio de sangre.
7 Y después de consultar, compraron con ellas el campo del alfarero, para sepultura de los extranjeros.
8 Por lo cual aquel campo se llama hasta el día de hoy: Campo de sangre.[a]
9 Así se cumplió lo dicho por el profeta Jeremías, cuando dijo: Y tomaron las treinta piezas de plata, precio del apreciado, según precio puesto por los hijos de Israel;
10 y las dieron para el campo del alfarero, como me ordenó el Señor.[b]

Pilato interroga a Jesús

(Mr 15.2-5; Lc 23.3-5; Jn 18.33-38)

11 Jesús, pues, estaba en pie delante del gobernador; y éste le preguntó, diciendo: ¿Eres tú el Rey de los judíos? Y Jesús le dijo: Tú lo dices.
12 Y siendo acusado por los principales sacerdotes y por los ancianos, nada respondió.
13 Pilato entonces le dijo: ¿No oyes cuántas cosas testifican contra ti?
14 Pero Jesús no le respondió ni una palabra; de tal manera que el gobernador se maravillaba mucho.

Jesús sentenciado a muerte

(Mr 15.6-20; Lc 23.13-25; Jn 18.38–19.16)

15 Ahora bien, en el día de la fiesta acostumbraba el gobernador soltar al pueblo un preso, el que quisiesen.
16 Y tenían entonces un preso famoso llamado Barrabás.
17 Reunidos, pues, ellos, les dijo Pilato: ¿A quién queréis que os suelte: a Barrabás, o a Jesús, llamado el Cristo?
18 Porque sabía que por envidia le habían entregado.
19 Y estando él sentado en el tribunal, su mujer le mandó decir: No tengas nada que ver con ese justo; porque hoy he padecido mucho en sueños por causa de él.
20 Pero los principales sacerdotes y los ancianos persuadieron a la multitud que pidiese a Barrabás, y que Jesús fuese muerto.
21 Y respondiendo el gobernador, les dijo: ¿A cuál de los dos queréis que os suelte? Y ellos dijeron: A Barrabás.
22 Pilato les dijo: ¿Qué, pues, haré de Jesús, llamado el Cristo? Todos le dijeron: ¡Sea crucificado!
23 Y el gobernador les dijo: Pues ¿qué mal ha hecho? Pero ellos gritaban aún más, diciendo: ¡Sea crucificado!
24 Viendo Pilato que nada adelantaba, sino que se hacía más alboroto, tomó agua y se lavó las manos[c] delante del pueblo, diciendo: Inocente soy yo de la sangre de este justo; allá vosotros.
25 Y respondiendo todo el pueblo, dijo: Su sangre sea sobre nosotros, y sobre nuestros hijos.
26 Entonces les soltó a Barrabás; y habiendo azotado a Jesús, le entregó para ser crucificado.

a. 27.3-8 Hch 1.18-19. **b. 27.9-10** Zac 11.12-13.
c. 27.24 Dt 21.6-9.

LECCIONES DE VIDA

➤ ***27.14 — Jesús no le respondió ni una palabra; de tal manera que el gobernador se maravillaba mucho.***

Pilato estaba acostumbrado a que los prisioneros se acobardaran en su presencia, y le sorprendió que Jesús no pronunciara palabra ante quienes testificaron contra Él. Isaías había predicho que el Mesías guardaría silencio ante sus acusadores, y es exactamente lo que Jesús hizo (Is 53.7).

➤ ***27.19 — estando él sentado en el tribunal, su mujer le mandó decir: No tengas nada que ver con ese justo; porque hoy he padecido mucho en sueños por causa de él.***

Dios usa métodos diferentes para hablarnos, y no podemos ignorarlo sin importar cómo elija hacerlo. Habría sido sabio por parte de Pilato hacer caso a la advertencia del Señor dada a través de su esposa, pues Jesús ciertamente era justo e inocente de todo mal. En lugar de eso, Pilato optó por permitir que el proceso continuara, pero simbólicamente se lavó las manos de la muerte de Cristo.

27 Entonces los soldados del gobernador llevaron a Jesús al pretorio, y reunieron alrededor de él a toda la compañía;

28 y desnudándole, le echaron encima un manto de escarlata,

29 y pusieron sobre su cabeza una corona tejida de espinas, y una caña en su mano derecha; e hincando la rodilla delante de él, le escarnecían, diciendo: ¡Salve, Rey de los judíos!

30 Y escupiéndole, tomaban la caña y le golpeaban en la cabeza.

31 Después de haberle escarnecido, le quitaron el manto, le pusieron sus vestidos, y le llevaron para crucificarle.

Crucifixión y muerte de Jesús

(Mr 15.21-41; Lc 23.26-49; Jn 19.17-30)

32 Cuando salían, hallaron a un hombre de Cirene que se llamaba Simón; a éste obligaron a que llevase la cruz.

33 Y cuando llegaron a un lugar llamado Gólgota, que significa: Lugar de la Calavera,

34 le dieron a beber vinagre mezclado con hiel; pero después de haberlo probado, no quiso beberlo.

35 Cuando le hubieron crucificado, repartieron entre sí sus vestidos, echando suertes,[d] para que se cumpliese lo dicho por el profeta: Partieron entre sí mis vestidos, y sobre mi ropa echaron suertes.

36 Y sentados le guardaban allí.

37 Y pusieron sobre su cabeza su causa escrita: Éste es Jesús, el Rey de los judíos.

38 Entonces crucificaron con él a dos ladrones, uno a la derecha, y otro a la izquierda.

39 Y los que pasaban le injuriaban, meneando la cabeza,[e]

40 y diciendo: Tú que derribas el templo, y en tres días lo reedificas,[f] sálvate a ti mismo; si eres Hijo de Dios, desciende de la cruz.

41 De esta manera también los principales sacerdotes, escarneciéndole con los escribas y los fariseos y los ancianos, decían:

42 A otros salvó, a sí mismo no se puede salvar; si es el Rey de Israel, descienda ahora de la cruz, y creeremos en él.

43 Confió en Dios; líbrele ahora si le quiere;[g] porque ha dicho: Soy Hijo de Dios.

➢ 44 Lo mismo le injuriaban también los ladrones que estaban crucificados con él.

45 Y desde la hora sexta hubo tinieblas sobre toda la tierra hasta la hora novena.

46 Cerca de la hora novena, Jesús clamó a gran voz, diciendo: Elí, Elí, ¿lama sabactani? Esto es: Dios mío, Dios mío, ¿por qué me has desamparado?[h]

47 Algunos de los que estaban allí decían, al oírlo: A Elías llama éste.

48 Y al instante, corriendo uno de ellos, tomó una esponja, y la empapó de vinagre, y poniéndola en una caña, le dio a beber.[i]

49 Pero los otros decían: Deja, veamos si viene Elías a librarle.

50 Mas Jesús, habiendo otra vez clamado a gran voz, entregó el espíritu.

51 Y he aquí, el velo[j] del templo se rasgó en dos, de arriba abajo; y la tierra tembló, y las rocas se partieron;

52 y se abrieron los sepulcros, y muchos cuerpos de santos que habían dormido, se levantaron;

53 y saliendo de los sepulcros, después de la resurrección de él, vinieron a la santa ciudad, y aparecieron a muchos.

54 El centurión, y los que estaban con él guardando a Jesús, visto el terremoto, y las cosas que habían sido hechas, temieron en gran manera, y dijeron: Verdaderamente éste era Hijo de Dios.

55 Estaban allí muchas mujeres mirando de lejos, las cuales habían seguido a Jesús desde Galilea, sirviéndole,

56 entre las cuales estaban María Magdalena, María la madre de Jacobo y de José, y la madre de los hijos de Zebedeo.[k]

Jesús es sepultado

(Mr 15.42-47; Lc 23.50-56; Jn 19.38-42)

57 Cuando llegó la noche, vino un hombre rico de Arimatea, llamado José, que también había sido discípulo de Jesús.

58 Éste fue a Pilato y pidió el cuerpo de Jesús. Entonces Pilato mandó que se le diese el cuerpo.

59 Y tomando José el cuerpo, lo envolvió en una sábana limpia,

d. 27.35 Sal 22.18. **e. 27.39** Sal 22.7; 109.25.
f. 27.40 Mt 26.61; Jn 2.19. **g. 27.43** Sal 22.8. **h. 27.46** Sal 22.1.
i. 27.48 Sal 69.21. **j. 27.51** Éx 26.31-33. **k. 27.55-56** Lc 8.2-3.

LECCIONES DE VIDA

➢ ***27.44 — Lo mismo le injuriaban también los ladrones que estaban crucificados con él.***

Al comienzo de la crucifixión, ambos ladrones escarnecieron a Jesús, pero cuando un criminal vio cómo Jesús reaccionó con gracia y perdón ante la multitud enardecida, fue impactado en su corazón y llegó a tener fe en el Hijo de Dios (Lc 23.40–43).

➢ ***27.63 — Señor, nos acordamos que aquel engañador dijo, viviendo aún: Después de tres días resucitaré.***

Cuando llegó el momento de sellar la tumba, los principales sacerdotes y los fariseos exigieron que Pilato tomara medidas adicionales para asegurar el sello. Aunque no creían que Él era el Mesías, sí se acordaron de su enseñanza, en especial con respecto a la resurrección. También les preocupaba que sus seguidores fueran a robarse el cuerpo. Por lo tanto, la tumba fue sellada y se asignaron guardias, aunque fue en vano. Dios tenía su plan y lo llevó a cabo.

RESPUESTAS A PREGUNTAS DE LA VIDA

¿Tengo alguna función en la comunicación de la verdad de Dios a otros?

MT 28.19, 20

Dios nunca quiere que acaparemos lo que nos da y nos enseña. Trátese de dinero, sabiduría o verdad, Él quiere que lo compartamos con los demás. Podemos ganar grandes bendiciones si abrimos nuestros corazones y nuestras vidas a aquellos que necesitan saber del amor incondicional y el perdón de Jesucristo.

Lo cierto es que Jesús nos lo ha ordenado: «haced discípulos a todas las naciones… enseñándoles que guarden todas las cosas que os he mandado» (Mt 28.19, 20). Justo antes de ascender al cielo, Él dijo a sus discípulos: «me seréis testigos en Jerusalén, en toda Judea, en Samaria, y hasta lo último de la tierra» (Hch 1.8). Él nunca quiso que sus discípulos almacenaran la verdad de su Palabra en depósitos personales de conocimiento. Por el contrario, les instruyó que dieran a otros todo lo que recibieran de Él, y a nosotros nos manda hacer lo mismo.

Pablo también amonestó a su joven aprendiz Timoteo, que comunicara a otros la verdad que había aprendido, y que ellos a su vez la impartieran a otros (2 Ti 2.2). En otra de sus epístolas comentó que «somos embajadores en nombre de Cristo» (2 Co 5.20). El propósito primordial de un embajador es divulgar las políticas y las decisiones de sus superiores a los habitantes de los países donde presta su servicio. De igual modo, tenemos la obligación de declarar el plan divino y las políticas escriturales de nuestro Maestro.

Cada uno de nosotros comunica algo, con lo que decimos y lo que no decimos, con lo que hacemos y lo que dejamos sin hacer. Un padre que nunca lee la Biblia le dice en esencia a su familia que el Señor no le interesa lo suficiente como para estudiar su Palabra. El mensaje que envía con su falta de deseo en esta área es que se cree poseedor de la inteligencia suficiente para tomar sus propias decisiones aparte de lo que Dios le diga. El hijo que nunca ve a sus padres orar aprende erróneamente que las pruebas y las tribulaciones pueden manejarse sin dirección alguna por parte del Señor. Esta presuposición es totalmente falsa. Por otra parte, un padre que dice a su familia «vamos a confiar en el Señor, Él nos proveerá todo lo que necesitemos», declara que Dios es digno de nuestra confianza en cada faceta de la vida. Cuando los hijos oyen a sus padres orar, aprenden rápidamente a confiar en Dios para cada detalle de sus vidas. Crecen viéndolo como Él es realmente, nuestro Dios amoroso que tiene en mente lo mejor de lo mejor para nosotros.

Hasta cuando guardamos silencio, estamos haciendo una declaración sutil. Aunque el apóstol Pedro reconoció a los gentiles como recipientes legítimos de la gracia de Dios, adquirió el mal hábito de apartarse de ellos durante las comidas. Sus hermanos judíos imitaron rápidamente su práctica soberbia, y el resultado fue «que aun Bernabé fue también arrastrado por la hipocresía de ellos» (Gá 2.13). Sin decir palabra, Pedro comunicó eficazmente un mensaje según el cual los gentiles eran inferiores.

Debemos evaluar con toda honestidad nuestra respuesta a los mandatos del Señor. ¿Hacemos una aplicación diaria y deliberada de lo que Él nos ha enseñado en el correr de los años? Cuando comprendemos la verdad, ¿nos estamos conformando a la imagen de Cristo? ¿Estamos por ende, comunicando esta verdad a los demás?

Para un estudio más a fondo, véase el Índice de Principios de vida:

21. *La obediencia siempre trae bendición consigo.*
25. *Dios nos bendice para que nosotros podamos bendecir a otros.*

60 y lo puso en su sepulcro nuevo, que había
labrado en la peña; y después de hacer rodar
una gran piedra a la entrada del sepulcro, se fue.
61 Y estaban allí María Magdalena, y la otra
María, sentadas delante del sepulcro.

La guardia ante la tumba

62 Al día siguiente, que es después de la preparación, se reunieron los principales sacerdotes y los fariseos ante Pilato,
63 diciendo: Señor, nos acordamos que aquel
engañador dijo, viviendo aún: Después de tres
días resucitaré.[l]
64 Manda, pues, que se asegure el sepulcro
hasta el tercer día, no sea que vengan sus discípulos de noche, y lo hurten, y digan al pueblo: Resucitó de entre los muertos. Y será el
postrer error peor que el primero.
65 Y Pilato les dijo: Ahí tenéis una guardia; id,
aseguradlo como sabéis.
66 Entonces ellos fueron y aseguraron el sepulcro, sellando la piedra y poniendo la guardia.

La resurrección

(Mr 16.1-8; Lc 24.1-12; Jn 20.1-10)

28 PASADO el día de reposo,* al amanecer
del primer día de la semana, vinieron
María Magdalena y la otra María, a ver el
sepulcro.
2 Y hubo un gran terremoto; porque un ángel
del Señor, descendiendo del cielo y llegando,
removió la piedra, y se sentó sobre ella.
3 Su aspecto era como un relámpago, y su
vestido blanco como la nieve.
4 Y de miedo de él los guardas temblaron y se
quedaron como muertos.
5 Mas el ángel, respondiendo, dijo a las mujeres: No temáis vosotras; porque yo sé que buscáis a Jesús, el que fue crucificado.
6 No está aquí, pues ha resucitado, como dijo.
Venid, ved el lugar donde fue puesto el Señor.
7 E id pronto y decid a sus discípulos que ha
resucitado de los muertos, y he aquí va delante de vosotros a Galilea; allí le veréis. He aquí,
os lo he dicho.
8 Entonces ellas, saliendo del sepulcro con
temor y gran gozo, fueron corriendo a dar las
nuevas a sus discípulos. Y mientras iban a dar
las nuevas a los discípulos,
9 he aquí, Jesús les salió al encuentro, diciendo: ¡Salve! Y ellas, acercándose, abrazaron sus
pies, y le adoraron.
10 Entonces Jesús les dijo: No temáis; id, dad
las nuevas a mis hermanos, para que vayan a
Galilea, y allí me verán.

El informe de la guardia

11 Mientras ellas iban, he aquí unos de la
guardia fueron a la ciudad, y dieron aviso a
los principales sacerdotes de todas las cosas
que habían acontecido.
12 Y reunidos con los ancianos, y habido consejo, dieron mucho dinero a los soldados,
13 diciendo: Decid vosotros: Sus discípulos
vinieron de noche, y lo hurtaron, estando
nosotros dormidos.
14 Y si esto lo oyere el gobernador, nosotros le
persuadiremos, y os pondremos a salvo.
15 Y ellos, tomando el dinero, hicieron como
se les había instruido. Este dicho se ha divulgado entre los judíos hasta el día de hoy.

La gran comisión

(Mr 16.14-18; Lc 24.36-49; Jn 20.19-23)

16 Pero los once discípulos se fueron a Galilea,[a]
al monte donde Jesús les había ordenado.
17 Y cuando le vieron, le adoraron; pero algunos dudaban.
18 Y Jesús se acercó y les habló diciendo: Toda
potestad me es dada en el cielo y en la tierra.
19 Por tanto, id, y haced discípulos a todas
las naciones, bautizándolos en el nombre del
Padre, y del Hijo, y del Espíritu Santo [b];
20 enseñándoles que guarden todas las cosas
que os he mandado; y he aquí yo estoy con
vosotros todos los días, hasta el fin del mundo. Amén.

* Aquí equivale a *sábado*.

l. 27.63 Mt 16.21; 17.23; 20.19; Mr 8.31; 9.31; 10.33-34; Lc 9.22; 18.31-33. **a. 28.16** Mt 26.32; Mr 14.28. **b. 28.19** Hch 1.8.

LECCIONES DE VIDA

28.4, 5 — de miedo de él los guardas temblaron y se quedaron como muertos. Mas el ángel, respondiendo, dijo a las mujeres.

El ángel ignoró a los guardias estupefactos, y hasta se quedó sentado en silencio sobre la piedra que cubría la entrada al sepulcro. Pero sí habló con las mujeres asustadas. Dios habla a quienes quieren escuchar.

28.6 — No está aquí, pues ha resucitado, como dijo.

Jesús hizo exactamente lo que dijo que haría. Al tercer día, se levantó de la tumba. Así es como Dios actúa; Él siempre cumple sus promesas. Podemos contar con esto y edificar nuestras vidas sobre el hecho de que Él siempre hace lo que dice.

28.17 — cuando le vieron, le adoraron; pero algunos dudaban.

¿Por qué dudaron algunos cuando vieron a Jesús? ¿Acaso su aspecto había cambiado dramáticamente? Dios ha establecido este mundo de tal manera que siempre se requiere el elemento de la fe para conectarnos con Él. La pregunta real es: *¿Vamos a confiar en Él?*

28.18, 19 — Toda potestad me es dada en el cielo y en la tierra. Por tanto, id, y haced discípulos a todas las naciones.

Podemos llevar confiadamente la verdad de la salvación al mundo porque tenemos la autoridad divina de Jesús que nos capacita y nos da sabiduría. Nuestro trabajo es ser obedientes a su mandato y ser sus mensajeros fieles, contando a otros acerca de su gracia que nos salva por medio de la fe en Él. Cada vez que lo hagamos, el Señor Jesucristo atraerá hombres y mujeres a Él.

EL EVANGELIO SEGÚN

SAN MARCOS

La esencia del Evangelio de Marcos se aprecia en este versículo: «El Hijo del Hombre no vino para ser servido, sino para servir, y para dar su vida en rescate por muchos» (Mr 10.45). Capítulo tras capítulo, el libro expone el enfoque doble de la vida de Cristo: servicio y sacrificio.

Marcos presenta a Jesús como un Siervo en acción que responde de inmediato a la voluntad de su Padre. Predicando, enseñando y sanando, podemos ver al Salvador ministrando a las necesidades de los demás, aun hasta la muerte. Después de la resurrección, lo vemos comisionando a sus seguidores para continuar su obra bajo su poder y convirtiéndolos en discípulos que siguen los pasos del Siervo perfecto.

El título en griego que se dio a este evangelio fue *Kata Markon*, «según Marcos». Hechos 12.12 se refiere al autor como «Juan, el que tenía por sobrenombre Marcos» (véase también Hch 12.25).

Se sabe poco acerca de Marcos. En un tiempo estuvo asociado con el apóstol Pablo y su compañero en las misiones, Bernabé, con quienes anduvo en un viaje misionero a Antioquía. Aunque Marcos no fue uno de los doce apóstoles de Jesús, según la tradición fue muy cercano a Pedro y probablemente basó su narración del evangelio, en gran parte, en el testimonio presencial del apóstol. Puesto que nunca cita la ley judía, Marcos parece haber sido escrito para cristianos griegos y romanos del primer siglo. Marcos cita el Antiguo Testamento para confirmar el cumplimiento de lo dicho por los profetas, y hace uso frecuente de traducciones personales al griego de palabras y frases arameas.

Marcos es el más breve de los cuatro evangelios, y la mayoría de eruditos están de acuerdo en que fue el primero en escribirse. Otros escritores del evangelio lo usaron como base para sus documentos. Mateo y Lucas son ediciones expandidas que incorporan más reportes de testigos oculares e información acerca del Mesías. Marcos no hace referencia alguna a la genealogía de Jesús ni a su nacimiento virginal, y tampoco incluye el famoso «Sermón del Monte», el cual Mateo cubre en tres capítulos. Su libro avanza a paso ligero y las expresiones «luego» y «en seguida» ocurren con bastante frecuencia.

Tema: Jesucristo, el Siervo sufriente, es el Salvador del mundo.

Autor: Juan Marcos.

Fecha: Se considera por lo general que Marcos fue el primer evangelio que se escribió, probablemente entre los años 50 y 65 d.C.

Estructura: La primera parte de Marcos describe los años que condujeron al ministerio público de Jesús, con atención especial en Juan el Bautista (1.1–13). Después el libro se enfoca en el ministerio de Jesús en Galilea (1.14—6.29), seguido por su ministerio fuera de Galilea (6.30—9.32), y otro esfuerzo final dentro de Galilea (9.33–50). Marcos describe a continuación la labor de Jesús en Judea y Perea (10.1–52); los acontecimientos que llevaron a su arresto, crucifixión y sepultura (11.1—15.47); y su resurrección (16.1–20).

A medida que lea Marcos, fíjese en los principios de vida que juegan un papel importante en este libro:

28. Ningún creyente ha sido llamado a transitar solitario en su peregrinaje de fe. *Véase Marcos 2.5; 4.17; páginas 1103; 1107.*

4. Estar conscientes de la presencia de Dios nos da energías para desempeñar nuestro trabajo. *Véase Marcos 3.14; página 1105.*

9. Confiar en Dios quiere decir ver más allá de lo que podemos, hacia lo que Dios ve. *Véase Marcos 5.19; 14.10; 16.8, 11; páginas 1109; 1122; 1128.*

30. El deseo ferviente del regreso del Señor nos mantiene viviendo productivamente. *Véase Marcos 13.23, 34; páginas 1121; 1122.*

Predicación de Juan el Bautista
(Mt 3.1-12; Lc 3.1-9, 15-17; Jn 1.19-28)

1 PRINCIPIO del evangelio de Jesucristo,
Hijo de Dios.
2 Como está escrito en Isaías el profeta:
He aquí yo envío mi mensajero delante
de tu faz,
El cual preparará tu camino delante de
ti.[a]
3 Voz del que clama en el desierto:
Preparad el camino del Señor;
Enderezad sus sendas.[b]
4 Bautizaba Juan en el desierto, y predicaba
el bautismo de arrepentimiento para perdón
de pecados.
➤ 5 Y salían a él toda la provincia de Judea, y
todos los de Jerusalén; y eran bautizados por
él en el río Jordán, confesando sus pecados.
6 Y Juan estaba vestido de pelo de camello,
y tenía un cinto de cuero alrededor de sus
lomos;[c] y comía langostas y miel silvestre.
7 Y predicaba, diciendo: Viene tras mí el que es
más poderoso que yo, a quien no soy digno de
desatar encorvado la correa de su calzado.
8 Yo a la verdad os he bautizado con agua;
pero él os bautizará con Espíritu Santo.

El bautismo de Jesús
(Mt 3.13-17; Lc 3.21-22)

9 Aconteció en aquellos días, que Jesús vino
de Nazaret de Galilea, y fue bautizado por
Juan en el Jordán.
10 Y luego, cuando subía del agua, vio abrirse
los cielos, y al Espíritu como paloma que descendía sobre él.
11 Y vino una voz de los cielos que decía: Tú eres
mi Hijo amado; en ti tengo complacencia.[d]

Tentación de Jesús
(Mt 4.1-11; Lc 4.1-13)

12 Y luego el Espíritu le impulsó al desierto.
13 Y estuvo allí en el desierto cuarenta días, y
era tentado por Satanás, y estaba con las fieras; y los ángeles le servían.

Jesús principia su ministerio
(Mt 4.12-17; Lc 4.14-15)

14 Después que Juan fue encarcelado, Jesús
vino a Galilea predicando el evangelio del reino de Dios,
15 diciendo: El tiempo se ha cumplido, y el
reino de Dios[e] se ha acercado; arrepentíos,[f] y
creed en el evangelio.

Jesús llama a cuatro pescadores
(Mt 4.18-22; Lc 5.1-11)

16 Andando junto al mar de Galilea, vio a
Simón y a Andrés su hermano, que echaban la
red en el mar; porque eran pescadores.
17 Y les dijo Jesús: Venid en pos de mí, y haré ✱
que seáis pescadores de hombres.
18 Y dejando luego sus redes, le siguieron.
19 Pasando de allí un poco más adelante, vio
a Jacobo hijo de Zebedeo, y a Juan su hermano, también ellos en la barca, que remendaban las redes.
20 Y luego los llamó; y dejando a su padre
Zebedeo en la barca con los jornaleros, le
siguieron.

Un hombre que tenía un espíritu inmundo
(Lc 4.31-37)

21 Y entraron en Capernaum; y los días de
reposo,* entrando en la sinagoga, enseñaba.
22 Y se admiraban de su doctrina; porque les
enseñaba como quien tiene autoridad, y no
como los escribas.[g]
23 Pero había en la sinagoga de ellos un hombre con espíritu inmundo, que dio voces,
24 diciendo: ¡Ah! ¿qué tienes con nosotros,
Jesús nazareno? ¿Has venido para destruirnos? Sé quién eres, el Santo de Dios.
25 Pero Jesús le reprendió, diciendo: ¡Cállate, y sal de él!
26 Y el espíritu inmundo, sacudiéndole con
violencia, y clamando a gran voz, salió de él.
27 Y todos se asombraron, de tal manera que ≺
discutían entre sí, diciendo: ¿Qué es esto? ¿Qué
nueva doctrina es ésta, que con autoridad manda
aun a los espíritus inmundos, y le obedecen?
28 Y muy pronto se difundió su fama por toda
la provincia alrededor de Galilea.

Jesús sana a la suegra de Pedro
(Mt 8.14-15; Lc 4.38-39)

29 Al salir de la sinagoga, vinieron a casa de
Simón y Andrés, con Jacobo y Juan.

* Aquí equivale a *sábado*.

a. 1.2 Mal 3.1. **b. 1.3** Is 40.3. **c. 1.6** 2 R 1.8. **d. 1.11** Is 42.1; Mt 12.18; 17.5; Mr 9.7; Lc 9.35. **e. 1.15** Dn 2.44. **f. 1.15** Mt 3.2. **g. 1.22** Mt 7.28-29.

LECCIONES DE VIDA

➤ *1.5 — salían a él toda la provincia de Judea... y eran bautizados por él en el río Jordán, confesando sus pecados.*

Confesar nuestros pecados nos hace recordar nuestra culpa e incapacidad de hacernos justos a nosotros mismos, al mismo tiempo que nos dirige a la gracia de Dios, quien es el único que da vida eterna.

≻ *1.27 — ¿... con autoridad manda aun a los espíritus inmundos, y le obedecen?*

Los milagros demostraban la autoridad de Cristo sobre todo. Nada supera en rango al Hijo de Dios. El poder del enemigo queda completamente anulado en su presencia. Cuando Jesucristo habla, los demonios son silenciados y están obligados a obedecer cada Palabra suya.

30 Y la suegra de Simón estaba acostada con
fiebre; y en seguida le hablaron de ella.
31 Entonces él se acercó, y la tomó de la mano
y la levantó; e inmediatamente le dejó la fiebre, y ella les servía.

Muchos sanados al ponerse el sol

(Mt 8.16-17; Lc 4.40-41)
32 Cuando llegó la noche, luego que el sol se
puso, le trajeron todos los que tenían enfermedades, y a los endemoniados;
33 y toda la ciudad se agolpó a la puerta.
➤ 34 Y sanó a muchos que estaban enfermos de
diversas enfermedades, y echó fuera muchos
demonios; y no dejaba hablar a los demonios,
porque le conocían.

Jesús recorre Galilea predicando

(Lc 4.42-44)
➤ 35 Levantándose muy de mañana, siendo aún
muy oscuro, salió y se fue a un lugar desierto, y allí oraba.
36 Y le buscó Simón, y los que con él estaban;
37 y hallándole, le dijeron: Todos te buscan.
38 Él les dijo: Vamos a los lugares vecinos,
para que predique también allí; porque para
esto he venido.
39 Y predicaba en las sinagogas de ellos en
toda Galilea, y echaba fuera los demonios.[h]

Jesús sana a un leproso

(Mt 8.1-4; Lc 5.12-16)
40 Vino a él un leproso, rogándole; e hincada la
rodilla, le dijo: Si quieres, puedes limpiarme.
41 Y Jesús, teniendo misericordia de él, extendió
la mano y le tocó, y le dijo: Quiero, sé limpio.
42 Y así que él hubo hablado, al instante la
lepra se fue de aquél, y quedó limpio.
43 Entonces le encargó rigurosamente, y le
despidió luego,
44 y le dijo: Mira, no digas a nadie nada, sino
ve, muéstrate al sacerdote, y ofrece por tu
purificación lo que Moisés mandó,[i] para testimonio a ellos.
45 Pero ido él, comenzó a publicarlo mucho y
a divulgar el hecho, de manera que ya Jesús
no podía entrar abiertamente en la ciudad,
sino que se quedaba fuera en los lugares
desiertos; y venían a él de todas partes.

Jesús sana a un paralítico

(Mt 9.1-8; Lc 5.17-26)
2 ENTRÓ Jesús otra vez en Capernaum después de algunos días; y se oyó que estaba
en casa.
2 E inmediatamente se juntaron muchos, de
manera que ya no cabían ni aun a la puerta; y
les predicaba la palabra.
3 Entonces vinieron a él unos trayendo un
paralítico, que era cargado por cuatro.
4 Y como no podían acercarse a él a causa de
la multitud, descubrieron el techo de donde
estaba, y haciendo una abertura, bajaron el
lecho en que yacía el paralítico.
5 Al ver Jesús la fe de ellos, dijo al paralítico: ➤
Hijo, tus pecados te son perdonados.
6 Estaban allí sentados algunos de los escribas, los cuales cavilaban en sus corazones:
7 ¿Por qué habla éste así? Blasfemias dice.
¿Quién puede perdonar pecados, sino sólo Dios?
8 Y conociendo luego Jesús en su espíritu que
cavilaban de esta manera dentro de sí mismos, les dijo: ¿Por qué caviláis así en vuestros
corazones?
9 ¿Qué es más fácil, decir al paralítico: Tus
pecados te son perdonados, o decirle: Levántate, toma tu lecho y anda?
10 Pues para que sepáis que el Hijo del Hombre tiene potestad en la tierra para perdonar
pecados (dijo al paralítico):

h. 1.39 Mt 4.23; 9.35. **i. 1.44** Lv 14.1-32.

LECCIONES DE VIDA

➤ ***1.34 — no dejaba hablar a los demonios, porque le conocían.***

Jesús no necesita el testimonio de espíritus malignos para que corroboren su identidad ni para que den fe de su carácter santo. Nuestro mundo puede verse tentado a creerles a tales testigos viles, pero Jesús los descartó. Nunca permita que el rumbo de su vida se defina según los valores de la sociedad. Mantenga los ojos de su corazón puestos en Jesucristo. Obedézcalo, y experimentará su bondad y su esperanza a un nivel que supera todo lo que este mundo pueda ofrecer. Las Palabras de Cristo son eternas y sus promesas son verdaderas.

➤ ***1.35 — Levantándose muy de mañana, siendo aún muy oscuro, salió y se fue a un lugar desierto, y allí oraba.***

Jesús siempre sacaba tiempo para estar con su Padre Celestial. Esta era su prioridad, y también debería ser la nuestra. De hecho, no debería pasar un solo día sin que abramos su Palabra y le pidamos que hable a nuestro corazón por medio de la oración. Cuando vivimos afanados y nos saltamos el tiempo que pasamos con Él, enfrentamos desilusiones y presiones que rebasan nuestra capacidad para manejarlas.

➤ ***2.5 — Al ver Jesús la fe de ellos, dijo al paralítico: Hijo, tus pecados te son perdonados.***

Jesús sanó al hombre y perdonó sus pecados debido a la fe asombrosa que demostraron tener él y sus amigos. Superaron grandes obstáculos con el único fin de ver al Señor, y Él se los recompensó. De igual modo, seremos sabios si conseguimos la ayuda de amigos piadosos que oren por nosotros y atraviesen con nosotros las tormentas de la vida. Jesús prometió «que si dos de vosotros se pusieren de acuerdo en la tierra acerca de cualquiera cosa que pidieren, les será hecho por mi Padre que está en los cielos. Porque donde están dos o tres congregados en mi nombre, allí estoy yo en medio de ellos» (Mt 18.19, 20).

Ejemplos de vida

JUAN EL BAUTISTA

Un hombre con discernimiento

MR 1.1–11

¿Qué pensaría de un hombre que vive solo en el desierto, se viste con pieles de camello y come miel silvestre y langostas? ¿Cómo se sentiría si este hombre le dijera que necesita dejar que Dios le cambie su vida?

Puede ver por qué tanta gente que oía acerca de Juan el Bautista iba a verlo, por pura curiosidad. Pero Juan no era un lunático, y lo que proclamaba tampoco era su propio mensaje. Durante casi treinta años, Dios preparó a Juan para anunciar la venida de Jesucristo, el Mesías. Juan fue un hombre de gran discernimiento espiritual que conocía la diferencia entre aquellos que venían con corazones humildes y arrepentidos, y los que venían para mofarse o criticar.

Si usted pide a Dios discernimiento, Él se lo dará en abundancia. A quienes verdaderamente buscan su rostro y su dirección para sus vidas, el Señor les brinda una sabiduría que procede solamente de Él.

Para un estudio más a fondo, véase el Índice de Principios de vida:

11. Dios asume toda la responsabilidad en cuanto a nuestras necesidades, si lo obedecemos.

10. Si es necesario, Dios moverá cielo y tierra para mostrarnos su voluntad.

11 A ti te digo: Levántate, toma tu lecho, y
vete a tu casa.
12 Entonces él se levantó en seguida, y tomando su lecho, salió delante de todos, de manera que todos se asombraron, y glorificaron a Dios, diciendo: Nunca hemos visto tal cosa.

Llamamiento de Leví

(Mt 9.9-13; Lc 5.27-32)

13 Después volvió a salir al mar; y toda la gente venía a él, y les enseñaba.
14 Y al pasar, vio a Leví hijo de Alfeo, sentado al banco de los tributos públicos, y le dijo: Sígueme. Y levantándose, le siguió.
15 Aconteció que estando Jesús a la mesa en casa de él, muchos publicanos y pecadores estaban también a la mesa juntamente con Jesús y sus discípulos; porque había muchos que le habían seguido.
16 Y los escribas y los fariseos, viéndole comer con los publicanos y con los pecadores, dijeron a los discípulos: ¿Qué es esto, que él come y bebe con los publicanos y pecadores?
17 Al oír esto Jesús, les dijo: Los sanos no tienen necesidad de médico, sino los enfermos. No he venido a llamar a justos, sino a pecadores.

La pregunta sobre el ayuno

(Mt 9.14-17; Lc 5.33-39)

18 Y los discípulos de Juan y los de los fariseos ayunaban; y vinieron, y le dijeron: ¿Por qué los discípulos de Juan y los de los fariseos ayunan, y tus discípulos no ayunan?
19 Jesús les dijo: ¿Acaso pueden los que están de bodas ayunar mientras está con ellos el esposo? Entre tanto que tienen consigo al esposo, no pueden ayunar.
20 Pero vendrán días cuando el esposo les será quitado, y entonces en aquellos días ayunarán.
21 Nadie pone remiendo de paño nuevo en vestido viejo; de otra manera, el mismo remiendo nuevo tira de lo viejo, y se hace peor la rotura.
22 Y nadie echa vino nuevo en odres viejos; de otra manera, el vino nuevo rompe los odres, y el vino se derrama, y los odres se pierden; pero el vino nuevo en odres nuevos se ha de echar.

LECCIONES DE VIDA

➤ 2.17 — *Los sanos no tienen necesidad de médico, sino los enfermos. No he venido a llamar a justos, sino a pecadores.*

A veces nos sentimos como si necesitáramos ser perfectos para buscar a Dios, pero lo cierto es todo lo contrario. Jesús vino para ayudarnos en nuestra necesidad más profunda y urgente: la falta de un Salvador. Si se siente agotado, desanimado y sin esperanza, Jesús es el Médico que necesita, y Él está disponible para usted ahora mismo.

➤ 2.22 — *nadie echa vino nuevo en odres viejos; de otra manera, el vino nuevo rompe los odres, y el vino se derrama, y los odres se pierden.*

Todos tendemos a resistir el cambio, pero el Espíritu de Dios se mueve continuamente en nuevas maneras y en nuevas direcciones. La enseñanza central de este pasaje es que la novedad del mensaje del evangelio no puede guardarse en los odres viejos de la tradición. Si queremos marchar a la par con el Espíritu, necesitamos estar dispuestos a cambiar la manera como hacemos las cosas.

Los discípulos recogen espigas en el día de reposo

(Mt 12.1-8; Lc 6.1-5)

23 Aconteció que al pasar él por los sembrados un día de reposo,* sus discípulos, andando, comenzaron a arrancar espigas.[a]
24 Entonces los fariseos le dijeron: Mira, ¿por
qué hacen en el día de reposo* lo que no es
lícito?
25 Pero él les dijo: ¿Nunca leísteis lo que hizo
David cuando tuvo necesidad, y sintió hambre, él y los que con él estaban;
26 cómo entró en la casa de Dios, siendo
Abiatar sumo sacerdote, y comió los panes de
la proposición, de los cuales no es lícito comer
sino a los sacerdotes,[b] y aun dio a los que con
él estaban?[c]
27 También les dijo: El día de reposo* fue
hecho por causa del hombre, y no el hombre
por causa del día de reposo.*
28 Por tanto, el Hijo del Hombre es Señor aun
del día de reposo.*

El hombre de la mano seca

(Mt 12.9-14; Lc 6.6-11)

3 OTRA vez entró Jesús en la sinagoga; y había
allí un hombre que tenía seca una mano.
2 Y le acechaban para ver si en el día de reposo* le sanaría, a fin de poder acusarle.
3 Entonces dijo al hombre que tenía la mano
seca: Levántate y ponte en medio.
4 Y les dijo: ¿Es lícito en los días de reposo*
hacer bien, o hacer mal; salvar la vida, o quitarla? Pero ellos callaban.
5 Entonces, mirándolos alrededor con enojo, entristecido por la dureza de sus corazones, dijo al hombre: Extiende tu mano.
Y él la extendió, y la mano le fue restaurada sana.
6 Y salidos los fariseos, tomaron consejo con
los herodianos contra él para destruirle.

La multitud a la orilla del mar

7 Mas Jesús se retiró al mar con sus discípulos, y le siguió gran multitud de Galilea. Y de
Judea,
8 de Jerusalén, de Idumea, del otro lado del
Jordán, y de los alrededores de Tiro y de
Sidón, oyendo cuán grandes cosas hacía,
grandes multitudes vinieron a él.
9 Y dijo a sus discípulos que le tuviesen siempre lista la barca, a causa del gentío, para que
no le oprimiesen.
10 Porque había sanado a muchos; de manera
que por tocarle, cuantos tenían plagas caían
sobre él.[a]
11 Y los espíritus inmundos, al verle, se postraban delante de él, y daban voces, diciendo:
Tú eres el Hijo de Dios.
12 Mas él les reprendía mucho para que no le
descubriesen.

Elección de los doce apóstoles

(Mt 10.1-4; Lc 6.12-16)

13 Después subió al monte, y llamó a sí a los
que él quiso; y vinieron a él.
14 Y estableció a doce, para que estuviesen
con él, y para enviarlos a predicar,
15 y que tuviesen autoridad para sanar enfermedades y para echar fuera demonios:
16 a Simón, a quien puso por sobrenombre
Pedro;
17 a Jacobo hijo de Zebedeo, y a Juan hermano de Jacobo, a quienes apellidó Boanerges,
esto es, Hijos del trueno;

* Aquí equivale a *sábado*.

a. 2.23 Dt 23.25. **b. 2.26** Lv 24.9. **c. 2.25-26** 1 S 21.1-6.
a. 3.9-10 Mr 4.1; Lc 5.1-3.

LECCIONES DE VIDA

➢ *2.27 — También les dijo: El día de reposo fue hecho por causa del hombre, y no el hombre por causa del día de reposo.*

Dios creó el día de reposo para bendecir a la humanidad, para dar a todos los hombres y las mujeres una oportunidad muy necesaria de descansar, relajarse y renovar las fuerzas. El día de reposo nunca debió convertirse en una carga sino en una bendición.

➢ *3.2 — le acechaban para ver si en el día de reposo le sanaría, a fin de poder acusarle.*

Terminaremos cambiando la libertad del Espíritu por la camisa de fuerza del legalismo si permitimos que las reglas se vuelvan más importantes que la vida, cuando el propósito de tales reglas siempre fue salvaguardar la vida. El legalismo le succiona la vida a todo aquel que toca. La ley de Dios fue dada para que la gente tuviera un marco de referencia sobre sus principios divinos. Sin embargo, los fariseos se volvieron tan estrictos en sus puntos de vista que no reconocieron el cumplimiento de la ley en el Señor Jesús.

➢ *3.5 — mirándolos alrededor con enojo, entristecido por la dureza de sus corazones.*

¿Se puede usted imaginar a Jesús enojado y a la vez entristecido por la dureza de corazón de la gente? Al Señor lo enoja el pecado pero al mismo tiempo le entristecen los corazones no arrepentidos. Él toma el pecado muy en serio.

➢ *3.14 — estableció a doce, para que estuviesen con él.*

En primera instancia, Jesús capacitó a sus discípulos estando *con* ellos, andando con ellos, hablando con ellos, comiendo con ellos, riendo con ellos y escuchándolos. Él recibía con agrado sus preguntas, y hoy hace lo mismo con nosotros. Nada puede sustituir el pasar tiempo con el Salvador. Muchos quieren conocer la voluntad de Dios para sus vidas, la cual se logra comprender fácilmente cuando pasamos tiempo con Él en oración, compañerismo y el estudio de su Palabra. Además, estar conscientes de la presencia del Señor nos da energías para trabajar en su obra.

18 a Andrés, Felipe, Bartolomé, Mateo,
Tomás, Jacobo hijo de Alfeo, Tadeo, Simón el
cananista,
19 y Judas Iscariote, el que le entregó. Y vinieron a casa.

La blasfemia contra el Espíritu Santo

(Mt 12.22-32; Lc 11.14-23)

20 Y se agolpó de nuevo la gente, de modo que
ellos ni aun podían comer pan.
➤ 21 Cuando lo oyeron los suyos, vinieron para
prenderle; porque decían: Está fuera de sí.
22 Pero los escribas que habían venido de
Jerusalén decían que tenía a Beelzebú, y que
por el príncipe de los demonios echaba fuera
los demonios.[b]
23 Y habiéndolos llamado, les decía en parábolas: ¿Cómo puede Satanás echar fuera a
Satanás?
24 Si un reino está dividido contra sí mismo,
tal reino no puede permanecer.
25 Y si una casa está dividida contra sí misma,
tal casa no puede permanecer.
26 Y si Satanás se levanta contra sí mismo, y
se divide, no puede permanecer, sino que ha
llegado su fin.
27 Ninguno puede entrar en la casa de un
hombre fuerte y saquear sus bienes, si antes
no le ata, y entonces podrá saquear su casa.
28 De cierto os digo que todos los pecados
serán perdonados a los hijos de los hombres,
y las blasfemias cualesquiera que sean;
➤ 29 pero cualquiera que blasfeme contra el
Espíritu Santo, no tiene jamás perdón,[c] sino
que es reo de juicio eterno.
30 Porque ellos habían dicho: Tiene espíritu
inmundo.

La madre y los hermanos de Jesús

(Mt 12.46-50; Lc 8.19-21)

31 Vienen después sus hermanos y su madre,
y quedándose afuera, enviaron a llamarle.
32 Y la gente que estaba sentada alrededor de
él le dijo: Tu madre y tus hermanos están afuera, y te buscan.
33 Él les respondió diciendo: ¿Quién es mi
madre y mis hermanos?
34 Y mirando a los que estaban sentados alrededor de él, dijo: He aquí mi madre y mis
hermanos.
35 Porque todo aquel que hace la voluntad de
Dios, ése es mi hermano, y mi hermana, y mi
madre.

Parábola del sembrador

(Mt 13.1-23; Lc 8.4-15)

4 OTRA vez comenzó Jesús a enseñar junto
al mar, y se reunió alrededor de él mucha
gente, tanto que entrando en una barca, se
sentó en ella en el mar;[a] y toda la gente estaba
en tierra junto al mar.
2 Y les enseñaba por parábolas muchas cosas,
y les decía en su doctrina:
3 Oíd: He aquí, el sembrador salió a sembrar;
4 y al sembrar, aconteció que una parte cayó
junto al camino, y vinieron las aves del cielo
y la comieron.
5 Otra parte cayó en pedregales, donde no
tenía mucha tierra; y brotó pronto, porque no
tenía profundidad de tierra.
6 Pero salido el sol, se quemó; y porque no
tenía raíz, se secó.
7 Otra parte cayó entre espinos; y los espinos
crecieron y la ahogaron, y no dio fruto.
8 Pero otra parte cayó en buena tierra, y dio
fruto, pues brotó y creció, y produjo a treinta,
a sesenta, y a ciento por uno.
9 Entonces les dijo: El que tiene oídos para ➤
oír, oiga.
10 Cuando estuvo solo, los que estaban cerca de él con los doce le preguntaron sobre la
parábola.

b. 3.22 Mt 9.34; 10.25. **c. 3.29** Lc 12.10. **a. 4.1** Lc 5.1-3.

LECCIONES DE VIDA

➤ ***3.21 — Cuando lo oyeron los suyos, vinieron para prenderle; porque decían: Está fuera de sí.***

No todos veían el ministerio de Jesús como algo razonable. Nosotros podríamos pensar lo mismo si nos dejamos inundar la mente con pensamientos de duda o incredulidad. El Espíritu Santo todavía no había llegado, y por eso la familia de Jesús no tenía una perspectiva clara de su ministerio. Su preocupación por Él iba en aumento y determinaron que lo mejor sería llevárselo de vuelta a su hogar. Aún no sabían que Él era el Mesías. Antes de emitir juicios precipitados acerca de los métodos de Dios, necesitamos pedirle que nos ayude a entender su voluntad para nuestras circunstancias. Tan pronto tengamos su perspectiva, estaremos de acuerdo en que su manera de hacer las cosas es siempre la mejor.

➤ ***3.29 — cualquiera que blasfeme contra el Espíritu Santo, no tiene jamás perdón, sino que es reo de juicio eterno.***

Los fariseos acusaron a Jesús de usar el poder de Satanás para expulsar demonios (Mr 3.22). Sabían que si llegaban a admitir que su poder provenía de Dios, tendrían que cederle toda su autoridad. Eso era lo último que estarían dispuestos a hacer. Esta es la esencia del pecado imperdonable (Mt 12.31). Los fariseos rechazaron la obra del Espíritu Santo, decidiendo por voluntad propia no creer en Cristo como su Salvador, bajo ninguna condición. Debido a su incredulidad, optaron por quedarse sin recibir el perdón por sus transgresiones (Jn 3.17, 18).

➤ ***4.9 — El que tiene oídos para oír, oiga.***

Dios no obligará a ninguno de nosotros a oír sus palabras ni a hacer caso a su consejo. Él puede emplear una serie de situaciones incómodas para tratar de captar nuestra atención, pero a nosotros nos corresponde decidir si vamos a escucharlo o no.

11 Y les dijo: A vosotros os es dado saber el
misterio del reino de Dios; mas a los que están
fuera, por parábolas todas las cosas;
12 para que viendo, vean y no perciban; y oyendo, oigan y no entiendan; para que no se conviertan, y les sean perdonados los pecados.[b]
13 Y les dijo: ¿No sabéis esta parábola? ¿Cómo,
pues, entenderéis todas las parábolas?
14 El sembrador es el que siembra la palabra.
15 Y éstos son los de junto al camino: en quienes se siembra la palabra, pero después que
la oyen, en seguida viene Satanás, y quita la
palabra que se sembró en sus corazones.
16 Éstos son asimismo los que fueron sembrados en pedregales: los que cuando han oído la
palabra, al momento la reciben con gozo;
➤ 17 pero no tienen raíz en sí, sino que son de
corta duración, porque cuando viene la tribulación o la persecución por causa de la palabra, luego tropiezan.
18 Éstos son los que fueron sembrados entre
espinos: los que oyen la palabra,
19 pero los afanes de este siglo, y el engaño de
las riquezas, y las codicias de otras cosas, entran
y ahogan la palabra, y se hace infructuosa.
20 Y éstos son los que fueron sembrados en
buena tierra: los que oyen la palabra y la reciben, y dan fruto a treinta, a sesenta, y a ciento por uno.

Nada oculto que no haya de ser manifestado
(Lc 8.16-18)

21 También les dijo: ¿Acaso se trae la luz
para ponerla debajo del almud, o debajo de la
cama? ¿No es para ponerla en el candelero?[c]
✻ 22 Porque no hay nada oculto que no haya de
ser manifestado; ni escondido, que no haya de
salir a luz.[d]
23 Si alguno tiene oídos para oír, oiga.
24 Les dijo también: Mirad lo que oís; porque con la medida con que medís, os será
medido,[e] y aun se os añadirá a vosotros los
que oís.
25 Porque al que tiene, se le dará; y al que no
tiene, aun lo que tiene se le quitará.[f]

Parábola del crecimiento de la semilla

26 Decía además: Así es el reino de Dios,
como cuando un hombre echa semilla en la
tierra;
27 y duerme y se levanta, de noche y de día, y
la semilla brota y crece sin que él sepa cómo.
28 Porque de suyo lleva fruto la tierra, primero hierba, luego espiga, después grano lleno
en la espiga;
29 y cuando el fruto está maduro, en seguida
se mete la hoz, porque la siega ha llegado.

Parábola de la semilla de mostaza
(Mt 13.31-32; Lc 13.18-19)

30 Decía también: ¿A qué haremos semejante
el reino de Dios, o con qué parábola lo com-
pararemos?
31 Es como el grano de mostaza, que cuando se siembra en tierra, es la más pequeña de
todas las semillas que hay en la tierra;
32 pero después de sembrado, crece, y se hace
la mayor de todas las hortalizas, y echa grandes ramas, de tal manera que las aves del cielo pueden morar bajo su sombra.

El uso que Jesús hace de las parábolas
(Mt 13.34-35)

33 Con muchas parábolas como estas les
hablaba la palabra, conforme a lo que podían
oír.
34 Y sin parábolas no les hablaba; aunque
a sus discípulos en particular les declaraba
todo.

Jesús calma la tempestad
(Mt 8.23-27; Lc 8.22-25)

35 Aquel día, cuando llegó la noche, les dijo:
Pasemos al otro lado.
36 Y despidiendo a la multitud, le tomaron
como estaba, en la barca; y había también con
él otras barcas.
37 Pero se levantó una gran tempestad de
viento, y echaba las olas en la barca, de tal
manera que ya se anegaba.
38 Y él estaba en la popa, durmiendo sobre un ➤
cabezal; y le despertaron, y le dijeron: Maestro, ¿no tienes cuidado que perecemos?
39 Y levantándose, reprendió al viento, y dijo
al mar: Calla, enmudece. Y cesó el viento, y se
hizo grande bonanza.

b. 4.12 Is 6.9-10. **c. 4.21** Mt 5.15; Lc 11.33. **d. 4.22** Mt 10.26; Lc 12.2. **e. 4.24** Mt 7.2; Lc 6.38. **f. 4.25** Mt 13.12; 25.29; Lc 19.26.

LECCIONES DE VIDA

➤ *4.17 — no tienen raíz en sí, sino que son de corta duración, porque cuando viene la tribulación o la persecución por causa de la palabra, luego tropiezan.*

Todos necesitamos la ayuda y el ánimo de los demás para crecer en nuestra fe y para arraigarnos firmemente en el suelo fértil de la gracia de Dios. No podemos perdurar por nuestra cuenta, nos necesitamos unos a otros para avanzar en nuestro andar cristiano.

➤ *4.38 — él estaba en la popa, durmiendo sobre un cabezal; y le despertaron, y le dijeron: Maestro, ¿no tienes cuidado que perecemos?*

¿Cuán a menudo le hacemos ese tipo de pregunta a nuestro Señor? Nos metemos en algún problema y ponemos en duda su amor, no su capacidad. Sin embargo, a pesar de nuestra falta de fe, Él extiende su mano y nos salva.

LO QUE LA BIBLIA DICE ACERCA DE
CÓMO LA ADVERSIDAD REVELA NUESTRO NIVEL DE FE

Mr 4.35–41

Cuando las dificultades nos golpean, ¿reaccionamos diciendo «Dios, confío que me ayudarás a superar esto»? O, ¿tendemos a decir «Estoy condenado, y nadie puede hacer nada al respecto»?

En cierto momento, Jesús permitió que sus discípulos navegaran directo a una tempestad terrible. Estos hombres eran pescadores veteranos, pero la intensidad del oleaje y del viento los llevó a creer que iban a morir en el Mar de Galilea. Sin embargo, Jesús tenía un plan que no incluía la destrucción de sus discípulos.

El Señor les enseñó una tremenda lección de fe. Desde un principio les había dado esta clara instrucción: «Pasemos al otro lado» (Mr 4.35). Debieron haber tomado esta declaración como la garantía de un viaje seguro, pues Él obviamente no estaba preocupado. De hecho, había quedado profundamente dormido en la popa, sobre un cabezal. Cuando el viento arreció y las olas amenazaron hundir su pequeña barca, ellos entraron en pánico y exclamaron: «Maestro, ¿no tienes cuidado que perecemos?»

¿Cuántas veces se ha sentido así? La vida se torna tempestuosa y haga lo que haga, pareciera que va a perecer. Por eso usted exclama: «Señor, ¿no te importa lo que me está pasando? Dios, ¿no me amas lo suficiente como para hacer algo en respuesta a esta penalidad?»

Los discípulos despertaron a Jesús y Él de inmediato reprendió al viento, por lo cual una gran calma se posó sobre el lago. Luego se dirigió a sus discípulos y dijo: «¿Por qué estáis así amedrentados? ¿Cómo no tenéis fe?» (Mr 4.40).

Dios nos ha dado a cada uno de nosotros la capacidad de confiar en Él, y espera que la usemos para superar la duda, el temor y la ansiedad. Muchas veces, estos son los sentimientos que acompañan la adversidad. Nuestras pruebas nos tientan a pensar lo peor y preguntarnos si acaso vamos a recuperarnos. A Satanás le encanta decirnos que toda esperanza está perdida y que nunca alcanzaremos nuestras metas. Pero sus palabras son pura necedad.

Como vemos en las Escrituras, Jesús tiene autoridad sobre todas las cosas. Él está en control y hará que «a los que aman a Dios, todas las cosas les [ayuden] a bien» (Ro 8.28). Por lo tanto, debemos mantener el curso, seguir confiando y saber que por cuanto Cristo está con nosotros, lograremos pasar al otro lado. Sin importar cuán seria sea la dificultad, nos *recuperaremos* y nuestro estado final *será* mejor que todo lo que hayamos experimentado.

Permita que la adversidad motive su fe a la acción y no al cuestionamiento. Si lo hace, descubrirá que le revela áreas en las que necesita actuar confiadamente en lugar de atemorizarse. Cuando lleguen los tiempos difíciles, en lugar de buscar un escondite, comprométase a confiar en Dios. Cuanto más dependa de Él, más grande y fuerte será su fe.

La fe dice que Dios está en control.

Para un estudio más a fondo, véase el Índice de Principios de vida:

29. Aprendemos más en nuestras experiencias por el valle de lágrimas que en las de la cumbre del éxito.

9. Confiar en Dios quiere decir ver más allá de lo que podemos, hacia lo que Dios ve.

40 Y les dijo: ¿Por qué estáis así amedrentados? ¿Cómo no tenéis fe?
41 Entonces temieron con gran temor, y se
decían el uno al otro: ¿Quién es éste, que aun
el viento y el mar le obedecen?

El endemoniado gadareno
(Mt 8.28-34; Lc 8.26-39)

5 VINIERON al otro lado del mar, a la
región de los gadarenos.
2 Y cuando salió él de la barca, en seguida
vino a su encuentro, de los sepulcros, un hombre con un espíritu inmundo,
3 que tenía su morada en los sepulcros, y
nadie podía atarle, ni aun con cadenas.
4 Porque muchas veces había sido atado con
grillos y cadenas, mas las cadenas habían sido
hechas pedazos por él, y desmenuzados los
grillos; y nadie le podía dominar.
5 Y siempre, de día y de noche, andaba dando voces en los montes y en los sepulcros, e
hiriéndose con piedras.
6 Cuando vio, pues, a Jesús de lejos, corrió, y
se arrodilló ante él.
7 Y clamando a gran voz, dijo: ¿Qué tienes
conmigo, Jesús, Hijo del Dios Altísimo? Te
conjuro por Dios que no me atormentes.
8 Porque le decía: Sal de este hombre, espíritu inmundo.
9 Y le preguntó: ¿Cómo te llamas? Y respondió diciendo: Legión me llamo; porque somos
muchos.
10 Y le rogaba mucho que no los enviase fuera de aquella región.
11 Estaba allí cerca del monte un gran hato de
cerdos paciendo.
12 Y le rogaron todos los demonios, diciendo: Envíanos a los cerdos para que entremos
en ellos.
13 Y luego Jesús les dio permiso. Y saliendo
aquellos espíritus inmundos, entraron en los
cerdos, los cuales eran como dos mil; y el hato
se precipitó en el mar por un despeñadero, y
en el mar se ahogaron.
14 Y los que apacentaban los cerdos huyeron,
y dieron aviso en la ciudad y en los campos.
Y salieron a ver qué era aquello que había
sucedido.
15 Vienen a Jesús, y ven al que había sido
atormentado del demonio, y que había tenido
la legión, sentado, vestido y en su juicio cabal;
y tuvieron miedo.
16 Y les contaron los que lo habían visto,
cómo le había acontecido al que había tenido
el demonio, y lo de los cerdos.
17 Y comenzaron a rogarle que se fuera de sus
contornos.
18 Al entrar él en la barca, el que había estado endemoniado le rogaba que le dejase estar
con él.
19 Mas Jesús no se lo permitió, sino que le
dijo: Vete a tu casa, a los tuyos, y cuéntales
cuán grandes cosas el Señor ha hecho contigo, y cómo ha tenido misericordia de ti.
20 Y se fue, y comenzó a publicar en Decápolis cuán grandes cosas había hecho Jesús con
él; y todos se maravillaban.

La hija de Jairo, y la mujer que tocó el manto de Jesús
(Mt 9.18-26; Lc 8.40-56)

21 Pasando otra vez Jesús en una barca a la
otra orilla, se reunió alrededor de él una gran
multitud; y él estaba junto al mar.
22 Y vino uno de los principales de la sinagoga, llamado Jairo; y luego que le vio, se postró a sus pies,
23 y le rogaba mucho, diciendo: Mi hija está
agonizando; ven y pon las manos sobre ella
para que sea salva, y vivirá.
24 Fue, pues, con él; y le seguía una gran multitud, y le apretaban.
25 Pero una mujer que desde hacía doce años
padecía de flujo de sangre,
26 y había sufrido mucho de muchos médicos, y gastado todo lo que tenía, y nada había
aprovechado, antes le iba peor,
27 cuando oyó hablar de Jesús, vino por
detrás entre la multitud, y tocó su manto.
28 Porque decía: Si tocare tan solamente su
manto, seré salva.
29 Y en seguida la fuente de su sangre se secó;
y sintió en el cuerpo que estaba sana de aquel
azote.
30 Luego Jesús, conociendo en sí mismo el
poder que había salido de él, volviéndose
a la multitud, dijo: ¿Quién ha tocado mis
vestidos?
31 Sus discípulos le dijeron: Ves que la multitud te aprieta, y dices: ¿Quién me ha tocado?

LECCIONES DE VIDA

➤ ***5.19 — Jesús no se lo permitió, sino que le dijo: Vete a tu casa, a los tuyos, y cuéntales cuán grandes cosas el Señor ha hecho contigo, y cómo ha tenido misericordia de ti.***

El que había estado endemoniado realmente quería seguir a Jesús, pero el Señor no se lo permitió. La razón es que la compasión del Salvador se extiende mucho más allá de permitir que seamos simplemente creyentes agradables que hacen lo que les place. En su sabiduría, Él tiene en mente un propósito de alcance mucho mayor. Jesús le mandó a este hombre que regresara con su familia para que ellos pudieran ver lo que Dios había hecho por su hijo y para que también fueran salvos. De igual manera, el Señor puede impedirle hacer cosas buenas que a usted le gustaría lograr dentro de su servicio a Él, pero tenga plena seguridad de que los planes de Dios son mejores y que verá su gloria si confía en Él y obedece.

32 Pero él miraba alrededor para ver quién
había hecho esto.
33 Entonces la mujer, temiendo y temblando,
sabiendo lo que en ella había sido hecho,
vino y se postró delante de él, y le dijo toda
la verdad.
34 Y él le dijo: Hija, tu fe te ha hecho salva; ve
en paz, y queda sana de tu azote.
35 Mientras él aún hablaba, vinieron de casa
del principal de la sinagoga, diciendo: Tu hija
ha muerto; ¿para qué molestas más al Maestro?
➤ 36 Pero Jesús, luego que oyó lo que se decía,
dijo al principal de la sinagoga: No temas,
cree solamente.
37 Y no permitió que le siguiese nadie sino
Pedro, Jacobo, y Juan hermano de Jacobo.
38 Y vino a casa del principal de la sinagoga,
y vio el alboroto y a los que lloraban y lamentaban
mucho.
39 Y entrando, les dijo: ¿Por qué alborotáis y
lloráis? La niña no está muerta, sino duerme.
40 Y se burlaban de él. Mas él, echando fuera
a todos, tomó al padre y a la madre de la
niña, y a los que estaban con él, y entró donde
estaba la niña.
41 Y tomando la mano de la niña, le dijo: Talita
cumi; que traducido es: Niña, a ti te digo,
levántate.
42 Y luego la niña se levantó y andaba, pues
tenía doce años. Y se espantaron grandemente.
➤ 43 Pero él les mandó mucho que nadie lo
supiese, y dijo que se le diese de comer.

Jesús en Nazaret

(Mt 13.53-58; Lc 4.16-30)

6 SALIÓ Jesús de allí y vino a su tierra, y le
seguían sus discípulos.
2 Y llegado el día de reposo,* comenzó a enseñar
en la sinagoga; y muchos, oyéndole, se
admiraban, y decían: ¿De dónde tiene éste
estas cosas? ¿Y qué sabiduría es esta que le
es dada, y estos milagros que por sus manos
son hechos?
3 ¿No es éste el carpintero, hijo de María,
hermano de Jacobo, de José, de Judas y de
Simón? ¿No están también aquí con nosotros
sus hermanas? Y se escandalizaban de él.
4 Mas Jesús les decía: No hay profeta sin
honra sino en su propia tierra,[a] y entre sus
parientes, y en su casa.
5 Y no pudo hacer allí ningún milagro, salvo
que sanó a unos pocos enfermos, poniendo
sobre ellos las manos.
6 Y estaba asombrado de la incredulidad ≺
de ellos. Y recorría las aldeas de alrededor,
enseñando.

Misión de los doce discípulos

(Mt 10.5-15; Lc 9.1-6)

7 Después llamó a los doce, y comenzó a
enviarlos de dos en dos; y les dio autoridad
sobre los espíritus inmundos.
8 Y les mandó[b] que no llevasen nada para el
camino, sino solamente bordón; ni alforja, ni
pan, ni dinero en el cinto,
9 sino que calzasen sandalias, y no vistiesen
dos túnicas.
10 Y les dijo: Dondequiera que entréis en una
casa, posad en ella hasta que salgáis de aquel
lugar.
11 Y si en algún lugar no os recibieren ni os
oyeren, salid de allí, y sacudid el polvo que
está debajo de vuestros pies, para testimonio
a ellos.[c] De cierto os digo que en el día
del juicio, será más tolerable el castigo para
los de Sodoma y Gomorra, que para aquella
ciudad.
12 Y saliendo, predicaban que los hombres se
arrepintiesen.
13 Y echaban fuera muchos demonios, y
ungían con aceite a muchos enfermos, y los
sanaban.[d]

Muerte de Juan el Bautista

(Mt 14.1-12; Lc 9.7-9)

14 Oyó el rey Herodes la fama de Jesús, porque
su nombre se había hecho notorio; y dijo:
Juan el Bautista ha resucitado de los muertos,
y por eso actúan en él estos poderes.

---

* Aquí equivale a *sábado*.

a. 6.4 Jn 4.44. **b. 6.8-13** Lc 10.4-11. **c. 6.11** Hch 13.51. **d. 6.13** Stg 5.14.

LECCIONES DE VIDA

➤ ***5.36 — Jesús, luego que oyó lo que se decía, dijo al principal de la sinagoga: No temas, cree solamente.***

Jesús no consoló al hombre cuando oyó la noticia del fallecimiento de su hija, sino que lo retó a tener fe. Sin importar cuáles sean nuestras circunstancias, Dios siempre nos insta a tener fe en lugar de temor.

➤ ***5.43 — él... dijo que se le diese de comer.***

Jesús trajo a la niña de vuelta a la vida, ¿por qué no le puso también algo en su estómago vacío? Muchas veces, Dios quiere que seamos parte de lo que está haciendo. Él revivió a la niña, pero quiso que quienes lo rodeaban, aquellos que inicialmente dudaron de su capacidad, le dieran algo de comer y la observaran disfrutar cada bocado. Así no quedarían dudas de su omnipotencia y de su gran misericordia.

➤ ***6.6 — estaba asombrado de la incredulidad de ellos.***

La incredulidad siempre asombra a Jesús porque Él es omnipotente, omnisciente, omnipresente y todo amor. ¿Por qué alguien querría *no* confiar en Él? La idea misma es ajena a todo entendimiento.

15 Otros decían: Es Elías. Y otros decían: Es un profeta, o alguno de los profetas.[e]

16 Al oír esto Herodes, dijo: Éste es Juan el que yo decapité, que ha resucitado de los muertos.

17 Porque el mismo Herodes había enviado y prendido a Juan, y le había encadenado en la cárcel por causa de Herodías, mujer de Felipe su hermano; pues la había tomado por mujer.

18 Porque Juan decía a Herodes: No te es lícito tener la mujer de tu hermano.[f]

19 Pero Herodías le acechaba, y deseaba matarle, y no podía;

20 porque Herodes temía a Juan, sabiendo que era varón justo y santo, y le guardaba a salvo; y oyéndole, se quedaba muy perplejo, pero le escuchaba de buena gana.

21 Pero venido un día oportuno, en que Herodes, en la fiesta de su cumpleaños, daba una cena a sus príncipes y tribunos y a los principales de Galilea,

22 entrando la hija de Herodías, danzó, y agradó a Herodes y a los que estaban con él a la mesa; y el rey dijo a la muchacha: Pídeme lo que quieras, y yo te lo daré.

23 Y le juró: Todo lo que me pidas te daré, hasta la mitad de mi reino.

24 Saliendo ella, dijo a su madre: ¿Qué pediré? Y ella le dijo: La cabeza de Juan el Bautista.

25 Entonces ella entró prontamente al rey, y pidió diciendo: Quiero que ahora mismo me des en un plato la cabeza de Juan el Bautista.

26 Y el rey se entristeció mucho; pero a causa del juramento, y de los que estaban con él a la mesa, no quiso desecharla.

27 Y en seguida el rey, enviando a uno de la guardia, mandó que fuese traída la cabeza de Juan.

28 El guarda fue, le decapitó en la cárcel, y trajo su cabeza en un plato y la dio a la muchacha, y la muchacha la dio a su madre.

29 Cuando oyeron esto sus discípulos, vinieron y tomaron su cuerpo, y lo pusieron en un sepulcro[g].

Alimentación de los cinco mil

(Mt 14.13-21; Lc 9.10-17; Jn 6.1-14)

30 Entonces los apóstoles se juntaron con Jesús, y le contaron todo lo que habían hecho, y lo que habían enseñado.

31 Él les dijo: Venid vosotros aparte a un lugar desierto, y descansad un poco. Porque eran muchos los que iban y venían, de manera que ni aun tenían tiempo para comer.

32 Y se fueron solos en una barca a un lugar desierto.

33 Pero muchos los vieron ir, y le reconocieron; y muchos fueron allá a pie desde las ciudades, y llegaron antes que ellos, y se juntaron a él.

34 Y salió Jesús y vio una gran multitud, y tuvo compasión de ellos, porque eran como ovejas que no tenían pastor;[g] y comenzó a enseñarles muchas cosas.

35 Cuando ya era muy avanzada la hora, sus discípulos se acercaron a él, diciendo: El lugar es desierto, y la hora ya muy avanzada.

36 Despídelos para que vayan a los campos y aldeas de alrededor, y compren pan, pues no tienen qué comer.

37 Respondiendo él, les dijo: Dadles vosotros de comer. Ellos le dijeron: ¿Que vayamos y compremos pan por doscientos denarios, y les demos de comer?

38 Él les dijo: ¿Cuántos panes tenéis? Id y vedlo. Y al saberlo, dijeron: Cinco, y dos peces.

39 Y les mandó que hiciesen recostar a todos por grupos sobre la hierba verde.

40 Y se recostaron por grupos, de ciento en ciento, y de cincuenta en cincuenta.

41 Entonces tomó los cinco panes y los dos peces, y levantando los ojos al cielo, bendijo, y partió los panes, y dio a sus discípulos para que los pusiesen delante; y repartió los dos peces entre todos.

42 Y comieron todos, y se saciaron.

43 Y recogieron de los pedazos doce cestas llenas, y de lo que sobró de los peces.

44 Y los que comieron eran cinco mil hombres.

Jesús anda sobre el mar

(Mt 14.22-27; Jn 6.15-21)

45 En seguida hizo a sus discípulos entrar en la barca e ir delante de él a Betsaida, en la otra ribera, entre tanto que él despedía a la multitud.

46 Y después que los hubo despedido, se fue al monte a orar;

---

e. 6.14-15 Mt 16.14; Mr 8.28; Lc 9.19. **f. 6.17-18** Lc 3.19-20. **g. 6.34** 1 R 22.17; 2 Cr 18.16; Zac 10.2; Mt 9.36.

LECCIONES DE VIDA

➤ ***6.31 — Venid vosotros aparte a un lugar desierto, y descansad un poco.***

Los discípulos trabajaban arduamente, pero el Señor se aseguró que los suyos se cuidaran tanto física como espiritualmente. Los discípulos necesitaban aprender que si seguían corriendo afanados por la vida, se perderían la parte más importante, que es tener una relación cercana con el Salvador. Hay momentos en los que necesitamos apartarnos de los problemas y las presiones de este mundo, para descansar en el cuidado del Señor. Jesús enseñó a sus discípulos que mantuvieran sus prioridades en el orden correcto: Dios primero y después todo lo demás. Seremos sabios si hacemos lo mismo.

➤ ***6.46 — se fue al monte a orar.***

A través de los evangelios encontramos a Jesús a solas con el Padre, en oración. Debemos imitar su ejemplo. Si queremos permanecer en el centro de su voluntad, tener fuerzas renovadas y desarrollar un amor profundo por el Señor, debemos cultivar nuestra relación íntima con Él y estar atentos a su voz.

47 y al venir la noche, la barca estaba en medio del mar, y él solo en tierra.
48 Y viéndoles remar con gran fatiga, porque el viento les era contrario, cerca de la cuarta vigilia de la noche vino a ellos andando sobre el mar, y quería adelantárseles.
49 Viéndole ellos andar sobre el mar, pensaron que era un fantasma, y gritaron;
50 porque todos le veían, y se turbaron. Pero en seguida habló con ellos, y les dijo: ¡Tened ánimo; yo soy, no temáis!
51 Y subió a ellos en la barca, y se calmó el viento; y ellos se asombraron en gran manera, y se maravillaban.
➤ 52 Porque aún no habían entendido lo de los panes, por cuanto estaban endurecidos sus corazones.

Jesús sana a los enfermos en Genesaret
(Mt 14.34-36)

53 Terminada la travesía, vinieron a tierra de Genesaret, y arribaron a la orilla.
54 Y saliendo ellos de la barca, en seguida la gente le conoció.
55 Y recorriendo toda la tierra de alrededor, comenzaron a traer de todas partes enfermos en lechos, a donde oían que estaba.
56 Y dondequiera que entraba, en aldeas, ciudades o campos, ponían en las calles a los que estaban enfermos, y le rogaban que les dejase tocar siquiera el borde de su manto; y todos los que le tocaban quedaban sanos.

Lo que contamina al hombre
(Mt 15.1-20)

7 SE juntaron a Jesús los fariseos, y algunos de los escribas, que habían venido de Jerusalén;
2 los cuales, viendo a algunos de los discípulos de Jesús comer pan con manos inmundas, esto es, no lavadas, los condenaban.
3 Porque los fariseos y todos los judíos, aferrándose a la tradición de los ancianos, si muchas veces no se lavan las manos, no comen.
4 Y volviendo de la plaza, si no se lavan, no comen. Y otras muchas cosas hay que tomaron para guardar, como los lavamientos de los vasos de beber, y de los jarros, y de los utensilios de metal, y de los lechos.
5 Le preguntaron, pues, los fariseos y los escribas: ¿Por qué tus discípulos no andan conforme a la tradición de los ancianos, sino que comen pan con manos inmundas?
6 Respondiendo él, les dijo: Hipócritas, ≺
bien profetizó de vosotros Isaías, como está escrito:

Este pueblo de labios me honra,
Mas su corazón está lejos de mí.
7 Pues en vano me honran,
Enseñando como doctrinas
mandamientos de hombres.[a]

8 Porque dejando el mandamiento de Dios, os aferráis a la tradición de los hombres: los lavamientos de los jarros y de los vasos de beber; y hacéis otras muchas cosas semejantes.
9 Les decía también: Bien invalidáis el mandamiento de Dios para guardar vuestra tradición.
10 Porque Moisés dijo: Honra a tu padre y a tu madre;[b] y: El que maldiga al padre o a la madre, muera irremisiblemente.[c]
11 Pero vosotros decís: Basta que diga un hombre al padre o a la madre: Es Corbán (que quiere decir, mi ofrenda a Dios) todo aquello con que pudiera ayudarte,
12 y no le dejáis hacer más por su padre o por su madre,
13 invalidando la palabra de Dios con vuestra tradición que habéis transmitido. Y muchas cosas hacéis semejantes a éstas.
14 Y llamando a sí a toda la multitud, les dijo: Oídme todos, y entended:
15 Nada hay fuera del hombre que entre en él, ≺
que le pueda contaminar; pero lo que sale de él, eso es lo que contamina al hombre.
16 Si alguno tiene oídos para oír, oiga.
17 Cuando se alejó de la multitud y entró en casa, le preguntaron sus discípulos sobre la parábola.
18 Él les dijo: ¿También vosotros estáis así sin entendimiento? ¿No entendéis que todo lo

a. 7.6-7 Is 29.13. **b. 7.10** Éx 20.12; Dt 5.16. **c. 7.10** Éx 21.17; Lv 20.9.

LECCIONES DE VIDA

➤ ***6.52 — aún no habían entendido lo de los panes, por cuanto estaban endurecidos sus corazones.***

Si los discípulos de Jesús hubieran entendido el significado detrás de sus primeros milagros, los cuales lo revelaron como el Mesías y el Hijo de Dios, sus otros milagros no los habrían sorprendido. Ellos vieron sus obras, pero no entendieron el principio. Jesús era entonces y es hoy todo lo que necesitamos. Toda hambre y todo anhelo que tengamos quedan plenamente satisfechos en Él.

➤ ***7.6 — Este pueblo de labios me honra, mas su corazón está lejos de mí.***

Tenga cuidado con líderes cristianos que *parecen* ser muy religiosos por sus acciones, pero en realidad se glorían de sí mismos antes que en el Señor. Jamás deberíamos honrar a alguien por encima de Dios. Él es el único verdaderamente digno de nuestra alabanza.

➤ ***7.15 — Nada hay fuera del hombre que entre en él, que le pueda contaminar; pero lo que sale de él, eso es lo que contamina al hombre.***

Lo que una persona come y bebe no puede contaminarle, pero lo que sale de ella en forma de palabras y acciones impías, ciertamente le contamina. Jesús quiso que sus discípulos vieran que el asunto definitivo es lo que haya dentro del corazón (1 S 16.7; 1 Cr 28.9).

de fuera que entra en el hombre, no le puede contaminar,
19 porque no entra en su corazón, sino en el vientre, y sale a la letrina? Esto decía, haciendo limpios todos los alimentos.
20 Pero decía, que lo que del hombre sale, eso contamina al hombre.
21 Porque de dentro, del corazón de los hombres, salen los malos pensamientos, los adulterios, las fornicaciones, los homicidios,
22 los hurtos, las avaricias, las maldades, el engaño, la lascivia, la envidia, la maledicencia, la soberbia, la insensatez.
23 Todas estas maldades de dentro salen, y contaminan al hombre.

La fe de la mujer sirofenicia
(Mt 15.21-28)
24 Levantándose de allí, se fue a la región de Tiro y de Sidón; y entrando en una casa, no quiso que nadie lo supiese; pero no pudo esconderse.
25 Porque una mujer, cuya hija tenía un espíritu inmundo, luego que oyó de él, vino y se postró a sus pies.
26 La mujer era griega, y sirofenicia de nación; y le rogaba que echase fuera de su hija al demonio.
27 Pero Jesús le dijo: Deja primero que se sacien los hijos, porque no está bien tomar el pan de los hijos y echarlo a los perrillos.
28 Respondió ella y le dijo: Sí, Señor; pero aun los perrillos, debajo de la mesa, comen de las migajas de los hijos.
29 Entonces le dijo: Por esta palabra, ve; el demonio ha salido de tu hija.
30 Y cuando llegó ella a su casa, halló que el demonio había salido, y a la hija acostada en la cama.

Jesús sana a un sordomudo
31 Volviendo a salir de la región de Tiro, vino por Sidón al mar de Galilea, pasando por la región de Decápolis.
32 Y le trajeron un sordo y tartamudo, y le rogaron que le pusiera la mano encima.
33 Y tomándole aparte de la gente, metió los dedos en las orejas de él, y escupiendo, tocó su lengua;
34 y levantando los ojos al cielo, gimió, y le dijo: Efata, es decir: Sé abierto.
35 Al momento fueron abiertos sus oídos, y se desató la ligadura de su lengua, y hablaba bien.
36 Y les mandó que no lo dijesen a nadie; pero cuanto más les mandaba, tanto más y más lo divulgaban.
37 Y en gran manera se maravillaban, diciendo: Bien lo ha hecho todo; hace a los sordos oír, y a los mudos hablar.

Alimentación de los cuatro mil
(Mt 15.32-39)
8 EN aquellos días, como había una gran multitud, y no tenían qué comer, Jesús llamó a sus discípulos, y les dijo:
2 Tengo compasión de la gente, porque ya hace tres días que están conmigo, y no tienen qué comer;
3 y si los enviare en ayunas a sus casas, se desmayarán en el camino, pues algunos de ellos han venido de lejos.
4 Sus discípulos le respondieron: ¿De dónde podrá alguien saciar de pan a éstos aquí en el desierto?
5 Él les preguntó: ¿Cuántos panes tenéis? Ellos dijeron: Siete.
6 Entonces mandó a la multitud que se recostase en tierra; y tomando los siete panes, habiendo dado gracias, los partió, y dio a sus discípulos para que los pusiesen delante; y los pusieron delante de la multitud.
7 Tenían también unos pocos pececillos; y los bendijo, y mandó que también los pusiesen delante.
8 Y comieron, y se saciaron; y recogieron de los pedazos que habían sobrado, siete canastas.
9 Eran los que comieron, como cuatro mil; y los despidió.
10 Y luego entrando en la barca con sus discípulos, vino a la región de Dalmanuta.

La demanda de una señal
(Mt 16.1-4; Lc 12.54-56)
11 Vinieron entonces los fariseos y comenzaron a discutir con él, pidiéndole señal del cielo,[a] para tentarle.
12 Y gimiendo en su espíritu, dijo: ¿Por qué pide señal esta generación?[b] De cierto os digo que no se dará señal a esta generación.
13 Y dejándolos, volvió a entrar en la barca, y se fue a la otra ribera.

a. 8.11 Mt 12.38; Lc 11.16. **b. 8.12** Mt 12.39; Lc 11.29.

LECCIONES DE VIDA

➤ ***7.37 — en gran manera se maravillaban, diciendo: bien lo ha hecho todo.***

Jesús hace bien todas las cosas, pero por lo general también las hace de maneras inesperadas. Él nos deja maravillados, no solo por las obras poderosas que realiza, sino también porque muchas veces nos toma por sorpresa.

➤ ***8.12 — gimiendo en su espíritu.***

Jesús demostró su desilusión con los líderes espirituales de su tiempo. Puesto que conocía sus corazones, no esperaba nada bueno de ellos. Sin embargo, expresó cuánto lo decepcionaba su falta de anhelo por la verdad de Dios. Estaban buscando señales que revelaran quién era, pero sabía que así les fueran dadas, no iban a creer en Él. Sus corazones habían sido endurecidos por sus deseos pecaminosos, y eran incapaces de entender la verdad del Señor.

La levadura de los fariseos

(Mt 16.5-12)

14 Habían olvidado de traer pan, y no tenían sino un pan consigo en la barca.

15 Y él les mandó, diciendo: Mirad, guardaos de la levadura de los fariseos,[c] y de la levadura de Herodes.

16 Y discutían entre sí, diciendo: Es porque no trajimos pan.

17 Y entendiéndolo Jesús, les dijo: ¿Qué discutís, porque no tenéis pan? ¿No entendéis ni comprendéis? ¿Aún tenéis endurecido vuestro corazón?

18 ¿Teniendo ojos no veis, y teniendo oídos no oís?[d] ¿Y no recordáis?

19 Cuando partí los cinco panes entre cinco mil, ¿cuántas cestas llenas de los pedazos recogisteis? Y ellos dijeron: Doce.

20 Y cuando los siete panes entre cuatro mil, ¿cuántas canastas llenas de los pedazos recogisteis? Y ellos dijeron: Siete.

➢ 21 Y les dijo: ¿Cómo aún no entendéis?

Un ciego sanado en Betsaida

22 Vino luego a Betsaida; y le trajeron un ciego, y le rogaron que le tocase.

23 Entonces, tomando la mano del ciego, le sacó fuera de la aldea; y escupiendo en sus ojos, le puso las manos encima, y le preguntó si veía algo.

24 Él, mirando, dijo: Veo los hombres como árboles, pero los veo que andan.

25 Luego le puso otra vez las manos sobre los ojos, y le hizo que mirase; y fue restablecido, y vio de lejos y claramente a todos.

26 Y lo envió a su casa, diciendo: No entres en la aldea, ni lo digas a nadie en la aldea.

La confesión de Pedro

(Mt 16.13-20; Lc 9.18-21)

27 Salieron Jesús y sus discípulos por las aldeas de Cesarea de Filipo. Y en el camino preguntó a sus discípulos, diciéndoles: ¿Quién dicen los hombres que soy yo?

28 Ellos respondieron: Unos, Juan el Bautista; otros, Elías; y otros, alguno de los profetas.[e]

29 Entonces él les dijo: Y vosotros, ¿quién decís que soy? Respondiendo Pedro, le dijo: Tú eres el Cristo.[f]

30 Pero él les mandó que no dijesen esto de él a ninguno.

Jesús anuncia su muerte

(Mt 16.21-28; Lc 9.22-27)

31 Y comenzó a enseñarles que le era necesario al Hijo del Hombre padecer mucho, y ser desechado por los ancianos, por los principales sacerdotes y por los escribas, y ser muerto, y resucitar después de tres días.

32 Esto les decía claramente. Entonces Pedro le tomó aparte y comenzó a reconvenirle.

33 Pero él, volviéndose y mirando a los discípulos, reprendió a Pedro, diciendo: ¡Quítate de delante de mí, Satanás! porque no pones la mira en las cosas de Dios, sino en las de los hombres.

34 Y llamando a la gente y a sus discípulos, les dijo: Si alguno quiere venir en pos de mí, niéguese a sí mismo, y tome su cruz, y sígame.[g]

35 Porque todo el que quiera salvar su vida, la perderá; y todo el que pierda su vida por causa de mí y del evangelio, la salvará.[h] *

36 Porque ¿qué aprovechará al hombre si ganare todo el mundo, y perdiere su alma? ≺

37 ¿O qué recompensa dará el hombre por su alma?

38 Porque el que se avergonzare de mí y de mis palabras en esta generación adúltera y pecadora, el Hijo del Hombre se avergonzará también de él, cuando venga en la gloria de su Padre con los santos ángeles.

9 TAMBIÉN les dijo: De cierto os digo que hay algunos de los que están aquí, que no gustarán la muerte hasta que hayan visto el reino de Dios venido con poder.

La transfiguración

(Mt 17.1-13; Lc 9.28-36)

2 Seis días después, Jesús tomó a Pedro, a Jacobo y a Juan, y los llevó aparte solos a un monte alto; y se transfiguró delante de ellos.[a]

3 Y sus vestidos se volvieron resplandecientes, muy blancos, como la nieve, tanto que ningún lavador en la tierra los puede hacer tan blancos.

4 Y les apareció Elías con Moisés, que hablaban con Jesús. ≺

c. 8.15 Lc 12.1. **d. 8.18** Is 6.9-10; Jer 5.21; Ez 12.2.
e. 8.28 Mr 6.14-15; Lc 9.7-8. **f. 8.29** Jn 6.68-69.
g. 8.34 Mt 10.38; Lc 14.27. **h. 8.35** Mt 10.39; Lc 17.33; Jn 12.25.
a. 9.2-7 2 P 1.17-18.

LECCIONES DE VIDA

➤ ***8.21 — Y les dijo: ¿Cómo aún no entendéis?***

A veces pensamos erradamente que la gracia nos excusa de hacer el trabajo arduo de crecer espiritualmente. No es así. La Biblia dice que la madurez se alcanza con la práctica, «por el uso» que nos permite tener nuestros «sentidos ejercitados en el discernimiento del bien y del mal» (He 5.14). Esto significa que para crecer debemos permitirle al Espíritu Santo dirigirnos, por medio de obedecer a Dios y tomar toda clase de decisiones piadosas.

➤ ***8.36 — ¿qué aprovechará al hombre si ganare todo el mundo, y perdiere su alma?***

La pregunta es retórica, nada puede darse a cambio por la pérdida del alma. Sin embargo, ¿cuántos de nosotros intercambiamos regularmente nuestras vidas por mucho menos que «todo el mundo»?

5 Entonces Pedro dijo a Jesús: Maestro, bueno
es para nosotros que estemos aquí; y hagamos
tres enramadas, una para ti, otra para Moisés,
y otra para Elías.
6 Porque no sabía lo que hablaba, pues estaban espantados.
7 Entonces vino una nube que les hizo sombra, y desde la nube una voz que decía: Éste
es mi Hijo amado;[b] a él oíd.
8 Y luego, cuando miraron, no vieron más a
nadie consigo, sino a Jesús solo.
9 Y descendiendo ellos del monte, les mandó
que a nadie dijesen lo que habían visto, sino
cuando el Hijo del Hombre hubiese resucitado de los muertos.
➤ 10 Y guardaron la palabra entre sí, discutiendo qué sería aquello de resucitar de los
muertos.
11 Y le preguntaron, diciendo: ¿Por qué dicen
los escribas que es necesario que Elías venga primero?[c]
12 Respondiendo él, les dijo: Elías a la verdad
vendrá primero, y restaurará todas las cosas;
¿y cómo está escrito del Hijo del Hombre, que
padezca mucho y sea tenido en nada?
13 Pero os digo que Elías ya vino, y le hicieron
todo lo que quisieron, como está escrito de él.

Jesús sana a un muchacho endemoniado

(Mt 17.14-21; Lc 9.37-43)

14 Cuando llegó a donde estaban los discípulos, vio una gran multitud alrededor de ellos,
y escribas que disputaban con ellos.
15 Y en seguida toda la gente, viéndole, se
asombró, y corriendo a él, le saludaron.
16 Él les preguntó: ¿Qué disputáis con ellos?
17 Y respondiendo uno de la multitud, dijo:
Maestro, traje a ti mi hijo, que tiene un espíritu mudo,
18 el cual, dondequiera que le toma, le sacude;
y echa espumarajos, y cruje los dientes, y se
va secando; y dije a tus discípulos que lo echasen fuera, y no pudieron.
19 Y respondiendo él, les dijo: ¡Oh generación incrédula! ¿Hasta cuándo he de estar con
vosotros? ¿Hasta cuándo os he de soportar?
Traédmelo.
20 Y se lo trajeron; y cuando el espíritu vio
a Jesús, sacudió con violencia al muchacho,
quien cayendo en tierra se revolcaba, echando espumarajos.
21 Jesús preguntó al padre: ¿Cuánto tiempo
hace que le sucede esto? Y él dijo: Desde niño.
22 Y muchas veces le echa en el fuego y en el
agua, para matarle; pero si puedes hacer algo,
ten misericordia de nosotros, y ayúdanos.
23 Jesús le dijo: Si puedes creer, al que cree *
todo le es posible.
24 E inmediatamente el padre del muchacho ➤
clamó y dijo: Creo; ayuda mi incredulidad.
25 Y cuando Jesús vio que la multitud se agolpaba, reprendió al espíritu inmundo, diciéndole: Espíritu mudo y sordo, yo te mando, sal de
él, y no entres más en él.
26 Entonces el espíritu, clamando y sacudiéndole con violencia, salió; y él quedó
como muerto, de modo que muchos decían:
Está muerto.
27 Pero Jesús, tomándole de la mano, le enderezó; y se levantó.
28 Cuando él entró en casa, sus discípulos
le preguntaron aparte: ¿Por qué nosotros no
pudimos echarle fuera?
29 Y les dijo: Este género con nada puede
salir, sino con oración y ayuno.

Jesús anuncia otra vez su muerte

(Mt 17.22-23; Lc 9.43-45)

30 Habiendo salido de allí, caminaron por
Galilea; y no quería que nadie lo supiese.
31 Porque enseñaba a sus discípulos, y les
decía: El Hijo del Hombre será entregado en
manos de hombres, y le matarán; pero después de muerto, resucitará al tercer día.
32 Pero ellos no entendían esta palabra, y
tenían miedo de preguntarle.

b. 9.7 Mt 3.17; Mr 1.11; Lc 3.22. **c. 9.11** Mal 4.5; Mt 11.14.

LECCIONES DE VIDA

➤ ***9.4 — les apareció Elías con Moisés, que hablaban con Jesús.***

¿Cómo es que Pedro y los demás reconocieron al instante a Moisés y Elías, hombres a los que jamás habían visto y que habían muerto varios siglos atrás? En la transfiguración vislumbramos un breve anticipo del cielo y sus maravillas. Ellos entendieron quiénes estaban con Jesús porque Él se los reveló. De igual modo, cuando nosotros como creyentes vayamos a estar con el Señor, Él nos revelará grandes cosas (1 Co 13.12).

➤ ***9.10 — guardaron la palabra entre sí, discutiendo qué sería aquello de resucitar de los muertos.***

Jesús hablaba a veces en sentido figurado, así que tal vez podamos identificarnos con los discípulos cuando no lograron captar lo que el Señor quiso darles a entender (Mr 9.32). Ahora bien, si queremos entender la Palabra de Dios y acoger sus principios, debemos rendir nuestros corazones a Él y pedirle que nos revele su verdad por medio de su Espíritu Santo. Puede ser que recibamos su iluminación inmediata o que el Señor prefiera enseñarnos sus lecciones esenciales en el transcurso del tiempo.

➤ ***9.24 — Creo; ayuda mi incredulidad.***

El Señor no exige que tengamos montañas de confianza antes de actuar a favor nuestro; fe genuina, como el tamaño de una pequeña semilla de mostaza, es todo lo que Él requiere. Esto basta para que Él intervenga y provea lo que nos falte.

¿Quién es el mayor?
(Mt 18.1-5; Lc 9.46-48)
33 Y llegó a Capernaum; y cuando estuvo en
casa, les preguntó: ¿Qué disputabais entre
vosotros en el camino?
34 Mas ellos callaron; porque en el camino
habían disputado entre sí, quién había de ser
el mayor.[d]
➤ 35 Entonces él se sentó y llamó a los doce, y
les dijo: Si alguno quiere ser el primero, será
el postrero de todos, y el servidor de todos.[e]
36 Y tomó a un niño, y lo puso en medio de
ellos; y tomándole en sus brazos, les dijo:
37 El que reciba en mi nombre a un niño como
éste, me recibe a mí; y el que a mí me recibe, no me recibe a mí sino al que me envió.[f]

El que no es contra nosotros, por nosotros es
(Lc 9.49-50)
38 Juan le respondió diciendo: Maestro,
hemos visto a uno que en tu nombre echaba
fuera demonios, pero él no nos sigue; y se lo
prohibimos, porque no nos seguía.
39 Pero Jesús dijo: No se lo prohibáis; porque
ninguno hay que haga milagro en mi nombre,
que luego pueda decir mal de mí.
40 Porque el que no es contra nosotros, por
nosotros es.[g]
41 Y cualquiera que os diere un vaso de agua
en mi nombre, porque sois de Cristo, de cierto
os digo que no perderá su recompensa.[h]

Ocaciones de caer
(Mt 18.6-9; Lc 17.1-2)
42 Cualquiera que haga tropezar a uno de
estos pequeñitos que creen en mí, mejor le
fuera si se le atase una piedra de molino al
cuello, y se le arrojase en el mar.
43 Si tu mano te fuere ocasión de caer, córtala; mejor te es entrar en la vida manco, que
teniendo dos manos ir al infierno, al fuego que
no puede ser apagado,[i]
44 donde el gusano de ellos no muere, y el fuego nunca se apaga.
45 Y si tu pie te fuere ocasión de caer, córtalo;
mejor te es entrar a la vida cojo, que teniendo
dos pies ser echado en el infierno, al fuego que
no puede ser apagado,
46 donde el gusano de ellos no muere, y el fuego nunca se apaga.
47 Y si tu ojo te fuere ocasión de caer, sácalo; mejor te es entrar en el reino de Dios con
un ojo, que teniendo dos ojos ser echado al
infierno,[j]
48 donde el gusano de ellos no muere, y el fuego nunca se apaga.[k]
49 Porque todos serán salados con fuego, y
todo sacrificio será salado con sal.
50 Buena es la sal; mas si la sal se hace insí-
pida, ¿con qué la sazonaréis?[l] Tened sal en
vosotros mismos; y tened paz los unos con
los otros.

Jesús enseña sobre el divorcio
(Mt 19.1-12; Lc 16.18)
10 LEVANTÁNDOSE de allí, vino a la
región de Judea y al otro lado del
Jordán; y volvió el pueblo a juntarse a él, y de
nuevo les enseñaba como solía.
2 Y se acercaron los fariseos y le preguntaron,
para tentarle, si era lícito al marido repudiar
a su mujer.
3 Él, respondiendo, les dijo: ¿Qué os mandó Moisés?
4 Ellos dijeron: Moisés permitió dar carta de
divorcio, y repudiarla.[a]
5 Y respondiendo Jesús, les dijo: Por la ➤
dureza de vuestro corazón os escribió este
mandamiento;
6 pero al principio de la creación, varón y
hembra los hizo Dios.[b]
7 Por esto dejará el hombre a su padre y a su
madre, y se unirá a su mujer,
8 y los dos serán una sola carne; así que no
son ya más dos, sino uno.[c]
9 Por tanto, lo que Dios juntó, no lo separe
el hombre.

d. 9.34 Lc 22.24. **e. 9.35** Mt 20.26-27; 23.11; Mr 10.43-44; Lc 22.26. **f. 9.37** Mt 10.40; Lc 10.16; Jn 13.20. **g. 9.40** Mt 12.30; Lc 11.23. **h. 9.41** Mt 10.42. **i. 9.43** Mt 5.30. **j. 9.47** Mt 5.29. **k. 9.48** Is 66.24. **l. 9.50** Mt 5.13; Lc 14.34-35. **a. 10.4** Dt 24.1-4; Mt 5.31. **b. 10.6** Gn 1.27; 5.2. **c. 10.7-8** Gn 2.24.

LECCIONES DE VIDA

➤ ***9.35 — Si alguno quiere ser el primero, será el postrero de todos, y el servidor de todos.***

A veces caemos en la trampa de creer que podemos medir nuestro éxito tal como el mundo lo hace. Creemos erróneamente que si el Señor recibe gloria de nuestro servicio, también deberíamos gloriarnos por nuestro esfuerzo. Si traemos a la memoria los siervos fieles de Dios que vemos en la Biblia, nos damos cuenta que sus situaciones casi siempre estuvieron lejos de ser fáciles o placenteras. De igual modo, el Señor puede llamarnos a realizar aquellos actos sencillos y humildes que muestran compasión hacia los demás y reflejan el carácter de Cristo. Estas acciones no se hacen por ganancia personal, puesto que fluyen de su amor en nosotros y son para su gloria.

➤ ***10.5 — respondiendo Jesús, les dijo: Por la dureza de vuestro corazón os escribió este mandamiento.***

Dios es realista en cuanto a nuestras faltas. Él nos da un objetivo alto al que debemos apuntar, pero «conoce nuestra condición; se acuerda de que somos polvo» (Sal 103.14). Por esa razón, tiene en cuenta nuestras debilidades en su trato con nosotros. Sin embargo, esta no es una excusa para que pequemos. Él siempre nos llama a obedecerlo y negarnos a hacer concesiones en lo que sabemos que deberíamos hacer. Cuando lo honramos con nuestra conducta, Él nos bendice con abundancia de paz, gozo y bondad.

10 En casa volvieron los discípulos a preguntarle de lo mismo,
11 y les dijo: Cualquiera que repudia a su
mujer y se casa con otra, comete adulterio
contra ella;
12 y si la mujer repudia a su marido y se casa
con otro, comete adulterio.[d]

Jesús bendice a los niños
(Mt 19.13-15; Lc 18.15-17)

13 Y le presentaban niños para que los tocase; y los discípulos reprendían a los que los
presentaban.
14 Viéndolo Jesús, se indignó, y les dijo:
Dejad a los niños venir a mí, y no se lo impidáis; porque de los tales es el reino de Dios.
* 15 De cierto os digo, que el que no reciba el
reino de Dios como un niño, no entrará en él.[e]
16 Y tomándolos en los brazos, poniendo las
manos sobre ellos, los bendecía.

El joven rico
(Mt 19.16-30; Lc 18.18-30)

17 Al salir él para seguir su camino, vino uno
corriendo, e hincando la rodilla delante de él,
le preguntó: Maestro bueno, ¿qué haré para
heredar la vida eterna?
➤ 18 Jesús le dijo: ¿Por qué me llamas bueno?
Ninguno hay bueno, sino sólo uno, Dios.
19 Los mandamientos sabes: No adulteres.[f] No
mates[g] No hurtes.[h] No digas falso testimonio.[i]
No defraudes. Honra a tu padre y a tu madre.[j]
20 Él entonces, respondiendo, le dijo: Maestro,
todo esto lo he guardado desde mi juventud.
21 Entonces Jesús, mirándole, le amó, y le
dijo: Una cosa te falta: anda, vende todo lo que
tienes, y dalo a los pobres, y tendrás tesoro en
el cielo; y ven, sígueme, tomando tu cruz.
22 Pero él, afligido por esta palabra, se fue
triste, porque tenía muchas posesiones.
23 Entonces Jesús, mirando alrededor, dijo a
sus discípulos: ¡Cuán difícilmente entrarán
en el reino de Dios los que tienen riquezas!
24 Los discípulos se asombraron de sus palabras; pero Jesús, respondiendo, volvió a decirles: Hijos, ¡cuán difícil les es entrar en el reino
de Dios, a los que confían en las riquezas!
25 Más fácil es pasar un camello por el ojo
de una aguja, que entrar un rico en el reino de Dios.
26 Ellos se asombraban aun más, diciendo
entre sí: ¿Quién, pues, podrá ser salvo?
27 Entonces Jesús, mirándolos, dijo: Para los *
hombres es imposible, mas para Dios, no; porque todas las cosas son posibles para Dios.
28 Entonces Pedro comenzó a decirle: He
aquí, nosotros lo hemos dejado todo, y te
hemos seguido.
29 Respondió Jesús y dijo: De cierto os digo
que no hay ninguno que haya dejado casa,
o hermanos, o hermanas, o padre, o madre,
o mujer, o hijos, o tierras, por causa de mí y
del evangelio,
30 que no reciba cien veces más ahora en
este tiempo; casas, hermanos, hermanas,
madres, hijos, y tierras, con persecuciones; y
en el siglo venidero la vida eterna.
31 Pero muchos primeros serán postreros, y
los postreros, primeros.[k]

Nuevamente Jesús anuncia su muerte
(Mt 20.17-19; Lc 18.31-34)

32 Iban por el camino subiendo a Jerusalén; ➤
y Jesús iba delante, y ellos se asombraron, y
le seguían con miedo. Entonces volviendo a
tomar a los doce aparte, les comenzó a decir
las cosas que le habían de acontecer:
33 He aquí subimos a Jerusalén, y el Hijo
del Hombre será entregado a los principales
sacerdotes y a los escribas, y le condenarán a
muerte, y le entregarán a los gentiles;
34 y le escarnecerán, le azotarán, y escupirán
en él, y le matarán; mas al tercer día resucitará.

Petición de Santiago y de Juan
(Mt 20.20-28)

35 Entonces Jacobo y Juan, hijos de Zebedeo,
se le acercaron, diciendo: Maestro, querríamos que nos hagas lo que pidiéremos.
36 Él les dijo: ¿Qué queréis que os haga?
37 Ellos le dijeron: Concédenos que en tu gloria nos sentemos el uno a tu derecha, y el otro
a tu izquierda.
38 Entonces Jesús les dijo: No sabéis lo que
pedís. ¿Podéis beber del vaso que yo bebo, o
ser bautizados con el bautismo con que yo soy
bautizado?[l]

d. 10.11-12 Mt 5.32; 1 Co 7.10-11. **e. 10.15** Mt 18.3.
f. 10.19 Éx 20.14; Dt 5.18. **g. 10.19** Éx 20.13; Dt 5.17.
h. 10.19 Éx 20.15; Dt 5.19. **i. 10.19** Éx 20.16; Dt 5.20.
j. 10.19 Éx 20.12; Dt 5.16. **k. 10.31** Mt 20.16; Lc 13.30.
l. 10.38 Lc 12.50.

LECCIONES DE VIDA

➤ ***10.18 — Jesús le dijo: ¿Por qué me llamas bueno? Ninguno hay bueno, sino sólo uno, Dios.***

Jesús no contradijo la descripción que el hombre hizo de Él como bueno. Jesús simplemente le preguntó por qué usó el término. Como Dios encarnado, Jesús es verdaderamente bueno, pero Él quiso que aquel hombre lo reconociera por sí mismo.

➤ ***10.32 — Jesús iba delante, y ellos se asombraron, y le seguían con miedo.***

Asombro y miedo, sorpresa y temor. Hay ciertas emociones que van de la mano cuando observamos lo que sucede en la presencia del Señor. Su amor nos conmueve y su poder nos hace temblar.

39 Ellos dijeron: Podemos. Jesús les dijo: A la
verdad, del vaso que yo bebo, beberéis, y con
el bautismo con que yo soy bautizado, seréis
bautizados;
40 pero el sentaros a mi derecha y a mi
izquierda, no es mío darlo, sino a aquellos
para quienes está preparado.
41 Cuando lo oyeron los diez, comenzaron a
enojarse contra Jacobo y contra Juan.
42 Mas Jesús, llamándolos, les dijo: Sabéis
que los que son tenidos por gobernantes de
las naciones se enseñorean de ellas, y sus
grandes ejercen sobre ellas potestad.
43 Pero no será así entre vosotros,[m] sino que
el que quiera hacerse grande entre vosotros
será vuestro servidor,[n]
44 y el que de vosotros quiera ser el primero,
será siervo de todos.
45 Porque el Hijo del Hombre no vino para ser
servido, sino para servir, y para dar su vida en
rescate por muchos.

El ciego Bartimeo recibe la vista

(Mt 20.29-34; Lc 18.35-43)

46 Entonces vinieron a Jericó; y al salir de
Jericó él y sus discípulos y una gran multitud,
Bartimeo el ciego, hijo de Timeo, estaba sentado junto al camino mendigando.
47 Y oyendo que era Jesús nazareno, comenzó a dar voces y a decir: ¡Jesús, Hijo de David,
ten misericordia de mí!
48 Y muchos le reprendían para que callase,
pero él clamaba mucho más: ¡Hijo de David,
ten misericordia de mí!
49 Entonces Jesús, deteniéndose, mandó llamarle; y llamaron al ciego, diciéndole: Ten
confianza; levántate, te llama.
50 Él entonces, arrojando su capa, se levantó
y vino a Jesús.
51 Respondiendo Jesús, le dijo: ¿Qué quieres
que te haga? Y el ciego le dijo: Maestro, que
recobre la vista.
52 Y Jesús le dijo: Vete, tu fe te ha salvado. Y
en seguida recobró la vista, y seguía a Jesús
en el camino.

La entrada triunfal en Jerusalén

(Mt 21.1-11; Lc 19.28-40; Jn 12.12-19)

11 CUANDO se acercaban a Jerusalén,
junto a Betfagé y a Betania, frente al
monte de los Olivos, Jesús envió dos de sus
discípulos,
2 y les dijo: Id a la aldea que está enfrente de
vosotros, y luego que entréis en ella, hallaréis
un pollino atado, en el cual ningún hombre ha
montado; desatadlo y traedlo.
3 Y si alguien os dijere: ¿Por qué hacéis eso?
decid que el Señor lo necesita, y que luego lo
devolverá.
4 Fueron, y hallaron el pollino atado afuera a la puerta, en el recodo del camino, y lo
desataron.
5 Y unos de los que estaban allí les dijeron:
¿Qué hacéis desatando el pollino?
6 Ellos entonces les dijeron como Jesús había
mandado; y los dejaron.
7 Y trajeron el pollino a Jesús, y echaron sobre
él sus mantos, y se sentó sobre él.
8 También muchos tendían sus mantos por el
camino, y otros cortaban ramas de los árboles,
y las tendían por el camino.
9 Y los que iban delante y los que venían detrás
daban voces, diciendo: ¡Hosanna![a] ¡Bendito el
que viene en el nombre del Señor![b]
10 ¡Bendito el reino de nuestro padre David
que viene! ¡Hosanna en las alturas!
11 Y entró Jesús en Jerusalén, y en el templo;
y habiendo mirado alrededor todas las cosas,
como ya anochecía, se fue a Betania con los
doce.

Maldición de la higuera estéril

(Mt 21.18-19)

12 Al día siguiente, cuando salieron de Betania, tuvo hambre.
13 Y viendo de lejos una higuera que tenía
hojas, fue a ver si tal vez hallaba en ella algo;
pero cuando llegó a ella, nada halló sino
hojas, pues no era tiempo de higos.
14 Entonces Jesús dijo a la higuera: Nunca
jamás coma nadie fruto de ti. Y lo oyeron sus
discípulos.

Purificación del templo

(Mt 21.12-17; Lc 19.45-48; Jn 2.13-22)

15 Vinieron, pues, a Jerusalén; y entrando
Jesús en el templo, comenzó a echar fuera a
los que vendían y compraban en el templo; y

m. 10.42-43 Lc 22.25-26. **n. 10.43-44** Mt 23.11; Mr 9.35; Lc 22.26. **a. 11.9** Sal 118.25. **b. 11.9** Sal 118.26.

LECCIONES DE VIDA

➤ ***11.10 — ¡Bendito el reino de nuestro padre David que viene! ¡Hosanna en las alturas!***

«Hosanna» significa «¡oh Jehová, sálvanos ahora!» Muchos en la multitud reconocieron a Jesús como el Hijo de David que vendría a reinar (Zac 9.9), pero no entendieron el tiempo en que reinaría ni la naturaleza de su reino.

➤ ***11.14 — Nunca jamás coma nadie fruto de ti.***

Este es el único milagro destructivo que se describe en los evangelios. Jesús lo utilizó para ilustrar su desagrado con la gente que aparentaba ser religiosa, pero cuyas vidas permanecieron estériles, sin producir los frutos de la piedad (Gá 5.22, 23).

volcó las mesas de los cambistas, y las sillas
de los que vendían palomas;
16 y no consentía que nadie atravesase el templo llevando utensilio alguno.
17 Y les enseñaba, diciendo: ¿No está escrito: Mi casa será llamada casa de oración para
todas las naciones[c]? Mas vosotros la habéis
hecho cueva de ladrones.[d]
18 Y lo oyeron los escribas y los principales
sacerdotes, y buscaban cómo matarle; porque le tenían miedo, por cuanto todo el pueblo estaba admirado de su doctrina.
19 Pero al llegar la noche, Jesús salió de la
ciudad.

La higuera maldecida se seca
(Mt 21.19-22)

20 Y pasando por la mañana, vieron que la
higuera se había secado desde las raíces.
21 Entonces Pedro, acordándose, le dijo:
Maestro, mira, la higuera que maldijiste se
ha secado.
22 Respondiendo Jesús, les dijo: Tened fe en
Dios.
23 Porque de cierto os digo que cualquiera que
dijere a este monte: Quítate y échate en el mar, y
no dudare en su corazón, sino creyere que será
hecho lo que dice, lo que diga le será hecho.[e]
24 Por tanto, os digo que todo lo que pidiereis
orando, creed que lo recibiréis, y os vendrá.
25 Y cuando estéis orando, perdonad, si tenéis
algo contra alguno, para que también vuestro
Padre que está en los cielos os perdone a vosotros vuestras ofensas.
26 Porque si vosotros no perdonáis, tampoco
vuestro Padre que está en los cielos os perdonará vuestras ofensas.[f]

La autoridad de Jesús
(Mt 21.23-27; Lc 20.1-8)

27 Volvieron entonces a Jerusalén; y andando
él por el templo, vinieron a él los principales
sacerdotes, los escribas y los ancianos,
28 y le dijeron: ¿Con qué autoridad haces
estas cosas, y quién te dio autoridad para
hacer estas cosas?
29 Jesús, respondiendo, les dijo: Os haré yo
también una pregunta; respondedme, y os
diré con qué autoridad hago estas cosas.
30 El bautismo de Juan, ¿era del cielo, o de los
hombres? Respondedme.
31 Entonces ellos discutían entre sí, diciendo:
Si decimos, del cielo, dirá: ¿Por qué, pues, no
le creísteis?
32 ¿Y si decimos, de los hombres...? Pero
temían al pueblo, pues todos tenían a Juan
como un verdadero profeta.
33 Así que, respondiendo, dijeron a Jesús: No
sabemos. Entonces respondiendo Jesús, les
dijo: Tampoco yo os digo con qué autoridad
hago estas cosas.

Los labradores malvados
(Mt 21.33-46; Lc 20.9-19)

12 ENTONCES comenzó Jesús a decirles
por parábolas: Un hombre plantó una
viña,[a] la cercó de vallado, cavó un lagar, edificó una torre, y la arrendó a unos labradores,
y se fue lejos.
2 Y a su tiempo envió un siervo a los labradores,
para que recibiese de éstos del fruto de la viña.
3 Mas ellos, tomándole, le golpearon, y le
enviaron con las manos vacías.
4 Volvió a enviarles otro siervo; pero ape-
dreándole, le hirieron en la cabeza, y también
le enviaron afrentado.
5 Volvió a enviar otro, y a éste mataron; y a
otros muchos, golpeando a unos y matando
a otros.
6 Por último, teniendo aún un hijo suyo, amado, lo envió también a ellos, diciendo: Tendrán
respeto a mi hijo.
7 Mas aquellos labradores dijeron entre sí:
Éste es el heredero; venid, matémosle, y la
heredad será nuestra.
8 Y tomándole, le mataron, y le echaron fuera de la viña.
9 ¿Qué, pues, hará el señor de la viña? Vendrá, y destruirá a los labradores, y dará su
viña a otros.
10 ¿Ni aun esta escritura habéis leído:
La piedra que desecharon los
edificadores
Ha venido a ser cabeza del ángulo;
11 El Señor ha hecho esto,
Y es cosa maravillosa a nuestros ojos[b]?
12 Y procuraban prenderle, porque entendían
que decía contra ellos aquella parábola; pero
temían a la multitud, y dejándole, se fueron.

La cuestión del tributo
(Mt 22.15-22; Lc 20.20-26)

13 Y le enviaron algunos de los fariseos y de
los herodianos, para que le sorprendiesen en
alguna palabra.
14 Viniendo ellos, le dijeron: Maestro, sabemos que eres hombre veraz, y que no te cuidas
de nadie; porque no miras la apariencia de
los hombres, sino que con verdad enseñas el
camino de Dios. ¿Es lícito dar tributo a César,
o no? ¿Daremos, o no daremos?
15 Mas él, percibiendo la hipocresía de ellos,
les dijo: ¿Por qué me tentáis? Traedme la
moneda para que la vea.
16 Ellos se la trajeron; y les dijo: ¿De quién
es esta imagen y la inscripción? Ellos le dijeron: De César.
17 Respondiendo Jesús, les dijo: Dad a César
lo que es de César, y a Dios lo que es de Dios.
Y se maravillaron de él.

---

c. 11.17 Is 56.7. **d. 11.17** Jer 7.11. **e. 11.23** Mt 17.20; 1 Co 13.2. **f. 11.25-26** Mt 6.14-15. **a. 12.1** Is 5.1-2. **b. 12.10-11** Sal 118.22-23.

La pregunta sobre la resurrección
(Mt 22.23-33; Lc 20.27-40)
18 Entonces vinieron a él los saduceos, que
dicen que no hay resurrección,[c] y le preguntaron, diciendo:
19 Maestro, Moisés nos escribió[d] que si el hermano de alguno muriere y dejare esposa, pero
no dejare hijos, que su hermano se case con
ella, y levante descendencia a su hermano.
20 Hubo siete herrnanos; el primero tomó
esposa, y murió sin dejar descendencia.
21 Y el segundo se casó con ella, y murió, y
tampoco dejó descendencia; y el tercero, de la
misma manera.
22 Y así los siete, y no dejaron descendencia; y
después de todos murió también la mujer.
23 En la resurrección, pues, cuando resuciten,
¿de cuál de ellos será ella mujer, ya que los
siete la tuvieron por mujer?
24 Entonces respondiendo Jesús, les dijo: ¿No
erráis por esto, porque ignoráis las Escrituras,
y el poder de Dios?
25 Porque cuando resuciten de los muertos,
ni se casarán ni se darán en casamiento, sino
serán como los ángeles que están en los cielos.
26 Pero respecto a que los muertos resucitan,
¿no habéis leído en el libro de Moisés cómo
le habló Dios en la zarza, diciendo: Yo soy el
Dios de Abraham, el Dios de Isaac y el Dios
de Jacob[e]?
27 Dios no es Dios de muertos, sino Dios de
vivos; así que vosotros mucho erráis.

El gran mandamiento
(Mt 22.34-40)
28 Acercándose uno de los escribas, que los
había oído disputar, y sabía que les había respondido bien, le preguntó:[f] ¿Cuál es el primer
mandamiento de todos?
29 Jesús le respondió: El primer mandamiento de todos es: Oye, Israel; el Señor nuestro
Dios, el Señor uno es.
30 Y amarás al Señor tu Dios con todo tu corazón, y con toda tu alma, y con toda tu mente
y con todas tus fuerzas.[g] Éste es el principal
mandamiento.
31 Y el segundo es semejante: Amarás a tu
prójimo como a ti mismo.[h] No hay otro mandamiento mayor que éstos.
32 Entonces el escriba le dijo: Bien, Maestro,
verdad has dicho, que uno es Dios, y no hay
otro fuera de él;[i]
33 y el amarle con todo el corazón, con todo
el entendimiento, con toda el alma, y con
todas las fuerzas, y amar al prójimo como a
uno mismo, es más que todos los holocaustos
y sacrificios.[j]
34 Jesús entonces, viendo que había respondido sabiamente, le dijo: No estás lejos del reino de Dios. Y ya ninguno osaba preguntarle.

¿De quién es hijo el Cristo?
(Mt 22.41-46; Lc 20.41-44)
35 Enseñando Jesús en el templo, decía:
¿Cómo dicen los escribas que el Cristo es hijo
de David?
36 Porque el mismo David dijo por el Espíritu Santo:
> Dijo el Señor a mi Señor:
> Siéntate a mi diestra,
> Hasta que ponga tus enemigos por
> estrado de tus pies.[k]

37 David mismo le llama Señor; ¿cómo, pues,
es su hijo? Y gran multitud del pueblo le oía
de buena gana.

Jesús acusa a los escribas
(Mt 23.1-36; Lc 11.37-54; 20.45-47)
38 Y les decía en su doctrina: Guardaos de
los escribas, que gustan de andar con largas
ropas, y aman las salutaciones en las plazas,
39 y las primeras sillas en las sinagogas, y los
primeros asientos en las cenas;
40 que devoran las casas de las viudas, y por
pretexto hacen largas oraciones. Éstos recibirán mayor condenación.

La ofrenda de la viuda
(Lc 21.1-4)
41 Estando Jesús sentado delante del arca
de la ofrenda, miraba cómo el pueblo echaba dinero en el arca; y muchos ricos echaban mucho.

c. 12.18 Hch 23.8. **d. 12.19** Dt 25.5. **e. 12.26** Éx 3.6.
f. 12.28-34 Lc 10.25-28. **g. 12.29-30** Dt 6.4-5.
h. 12.31 Lv 19.18. **i. 12.32** Dt 4.35. **j. 12.33** Os 6.6.
k. 12.36 Sal 110.1.

LECCIONES DE VIDA

➤ *12.17 — Respondiendo Jesús, les dijo: Dad a César lo que es de César, y a Dios lo que es de Dios.*

Tenemos deberes y responsabilidades con las autoridades civiles que nuestra fe no niega. Jesús nunca abogó por la rebelión contra la ocupación de los romanos, a pesar de su brutalidad y su impiedad.

➤ *12.27 — Dios no es Dios de muertos, sino Dios de vivos; así que vosotros mucho erráis.*

Lucas 20.38 lo complementa: «Porque Dios no es Dios de muertos, sino de vivos, *pues para él todos viven*» (cursivas añadidas). Aunque Abraham está físicamente muerto para nosotros, está vivo para Dios. Un día nos uniremos a los patriarcas y juntos estaremos ante la presencia gloriosa de Dios.

➤ *12.34 — ya ninguno osaba preguntarle.*

Los adversarios de Jesús nunca lograron enredarlo con preguntas, pero cuando el Señor les hizo una pregunta sin trucos ni indirectas, con toda la seriedad del caso, ellos se quedaron callados. Siempre es necio creerse más sabio que Dios, ¡Él es Señor de todo!

42 Y vino una viuda pobre, y echó dos blancas, o sea un cuadrante.
43 Entonces llamando a sus discípulos, les dijo: De cierto os digo que esta viuda pobre echó más que todos los que han echado en el arca;
44 porque todos han echado de lo que les sobra; pero ésta, de su pobreza echó todo lo que tenía, todo su sustento.

Jesús predice la destrucción del templo

(Mt 24.1-2; Lc 21.5-6)

13 SALIENDO Jesús del templo, le dijo uno de sus discípulos: Maestro, mira qué piedras, y qué edificios.
➤ 2 Jesús, respondiendo, le dijo: ¿Ves estos grandes edificios? No quedará piedra sobre piedra, que no sea derribada.

Señales antes del fin

(Mt 24.3-28; Lc 21.7-24; 17.22-24)

3 Y se sentó en el monte de los Olivos, frente al templo. Y Pedro, Jacobo, Juan y Andrés le preguntaron aparte:
4 Dinos, ¿cuándo serán estas cosas? ¿Y qué señal habrá cuando todas estas cosas hayan de cumplirse?
5 Jesús, respondiéndoles, comenzó a decir: Mirad que nadie os engañe;
6 porque vendrán muchos en mi nombre, diciendo: Yo soy el Cristo; y engañarán a muchos.
7 Mas cuando oigáis de guerras y de rumores de guerras, no os turbéis, porque es necesario que suceda así; pero aún no es el fin.
8 Porque se levantará nación contra nación, y reino contra reino; y habrá terremotos en muchos lugares, y habrá hambres y alborotos; principios de dolores son éstos.
9 Pero mirad por vosotros mismos; porque os entregarán a los concilios, y en las sinagogas os azotarán; y delante de gobernadores y de reyes os llevarán por causa de mí, para testimonio a ellos.
10 Y es necesario que el evangelio sea predicado antes a todas las naciones.
11 Pero cuando os trajeren para entregaros, no os preocupéis por lo que habéis de decir, ni lo penséis, sino lo que os fuere dado en aquella hora, eso hablad; porque no sois vosotros los que habláis, sino el Espíritu Santo.[a]
12 Y el hermano entregará a la muerte al hermano, y el padre al hijo; y se levantarán los hijos contra los padres, y los matarán.
13 Y seréis aborrecidos de todos por causa de mi nombre; mas el que persevere hasta el fin, éste será salvo.[b] ➤
14 Pero cuando veáis la abominación desoladora[c] de que habló el profeta Daniel, puesta donde no debe estar (el que lee, entienda), entonces los que estén en Judea huyan a los montes.
15 El que esté en la azotea, no descienda a la casa, ni entre para tomar algo de su casa;[d]
16 y el que esté en el campo, no vuelva atrás a tomar su capa.
17 Mas ¡ay de las que estén encintas, y de las que críen en aquellos días!
18 Orad, pues, que vuestra huida no sea en invierno;
19 porque aquellos días serán de tribulación[e] cual nunca ha habido desde el principio de la creación que Dios creó, hasta este tiempo, ni la habrá.
20 Y si el Señor no hubiese acortado aquellos días, nadie sería salvo; mas por causa de los escogidos que él escogió, acortó aquellos días. *
21 Entonces si alguno os dijere: Mirad, aquí está el Cristo; o, mirad, allí está, no le creáis.
22 Porque se levantarán falsos Cristos y falsos profetas, y harán señales y prodigios, para engañar, si fuese posible, aun a los escogidos.
23 Mas vosotros mirad; os lo he dicho todo antes. ➤

a. 13.9-11 Mt 10.17-20; Lc 12.11-12. **b. 13.13** Mt 10.22. **c. 13.14** Dn 9.27; 11.31; 12.11. **d. 13.15-16** Lc 17.31. **e. 13.19** Dn 12.1; Ap 7.14. **f. 13.24-25** Is 13.10; Ez 32.7; Jl 2.31; Ap 6.12-13.

LECCIONES DE VIDA

➤ ***13.2 — No quedará piedra sobre piedra, que no sea derribada.***

Sabemos que las piedras usadas para construir el templo de Herodes eran inmensas y parecían impenetrables, razón por la cual la gente se desconcertó cuando Jesús dijo que sería destruido. Sin embargo, también sabemos que la profecía de Jesús se cumplió en el año 70 d.C., cuando los ejércitos romanos destruyeron el templo. Las legiones de Tito prendieron fuego a la estructura y luego la desmantelaron literalmente piedra por piedra, con el fin de recuperar el oro de las láminas que se derritieron cuando el techo del templo se incendió. Nadie puede derribar la verdad de Dios. Sin importar cuán grande sea la prueba o el obstáculo, su Palabra siempre se mantiene digna de confianza.

➤ ***13.13 — seréis aborrecidos de todos por causa de mi nombre.***

Millones de personas han muerto a lo largo de la historia por su fe en Jesús. De hecho, la intensidad de la persecución sigue en aumento hoy día. Habrá momentos en los que suframos a causa de nuestra relación con Jesucristo, pero la gracia y la gloria que son nuestras en Él por la eternidad, superan cualquier prueba que pasemos en el presente y en el futuro (Ro 8.18; 2 Co 4.17, 18).

➤ ***13.23 — Mas vosotros mirad; os lo he dicho todo antes.***

¿Por qué nos habla Jesús de cosas temibles como la persecución y el sufrimiento en los últimos tiempos?

La venida del Hijo del Hombre
(Mt 24.29-35, 42-44; Lc 21.25-36)
24 Pero en aquellos días, después de aquella
tribulación, el sol se oscurecerá, y la luna no
dará su resplandor,
25 y las estrellas caerán del cielo,[f] y las potencias que están en los cielos serán conmovidas.
26 Entonces verán al Hijo del Hombre, que
vendrá en las nubes[g] con gran poder y gloria.
27 Y entonces enviará sus ángeles, y juntará a
sus escogidos de los cuatro vientos, desde el
extremo de la tierra hasta el extremo del cielo.
28 De la higuera aprended la parábola: Cuando ya su rama está tierna, y brotan las hojas,
sabéis que el verano está cerca.
29 Así también vosotros, cuando veáis que
suceden estas cosas, conoced que está cerca,
a las puertas.
30 De cierto os digo, que no pasará esta generación hasta que todo esto acontezca.
31 El cielo y la tierra pasarán, pero mis palabras no pasarán.
32 Pero de aquel día y de la hora nadie sabe,
ni aun los ángeles que están en el cielo, ni el
Hijo, sino el Padre.[h]
33 Mirad, velad y orad; porque no sabéis
cuándo será el tiempo.
34 Es como el hombre que yéndose lejos, dejó
su casa, y dio autoridad a sus siervos, y a cada
uno su obra, y al portero mandó que velase.[i]
35 Velad, pues, porque no sabéis cuándo vendrá
el señor de la casa; si al anochecer, o a la medianoche, o al canto del gallo, o a la mañana;
36 para que cuando venga de repente, no os
halle durmiendo.
37 Y lo que a vosotros digo, a todos lo digo: Velad.

El complot para prender a Jesús
(Mt 26.1-5; Lc 22.1-2; Jn 11.45-53)
14 DOS días después era la pascua,[a] y la
fiesta de los panes sin levadura; y buscaban los principales sacerdotes y los escribas cómo prenderle por engaño y matarle.
2 Y decían: No durante la fiesta, para que no
se haga alboroto del pueblo.

Jesús es ungido en Betania
(Mt 26.6-13; Jn 12.1-8)
3 Pero estando él en Betania, en casa de
Simón el leproso, y sentado a la mesa, vino
una mujer con un vaso de alabastro de perfume de nardo puro de mucho precio; y quebrando el vaso de alabastro, se lo derramó
sobre su cabeza.[b]
4 Y hubo algunos que se enojaron dentro de sí,
y dijeron: ¿Para qué se ha hecho este desperdicio de perfume?
5 Porque podía haberse vendido por más de
trescientos denarios, y haberse dado a los
pobres. Y murmuraban contra ella.
6 Pero Jesús dijo: Dejadla; ¿por qué la molestáis? Buena obra me ha hecho.
7 Siempre tendréis a los pobres con vosotros,[c]
y cuando queráis les podréis hacer bien; pero
a mí no siempre me tendréis.
8 Ésta ha hecho lo que podía; porque se
ha anticipado a ungir mi cuerpo para la
sepultura.
9 De cierto os digo que dondequiera que se
predique este evangelio, en todo el mundo,
también se contará lo que ésta ha hecho, para
memoria de ella.

Judas ofrece entregar a Jesús
(Mt 26.14-16; Lc 22.3-6)
10 Entonces Judas Iscariote, uno de los doce,
fue a los principales sacerdotes para entregárselo.
11 Ellos, al oírlo, se alegraron, y prometieron
darle dinero. Y Judas buscaba oportunidad
para entregarle.

g. 13.26 Dn 7.13; Ap 1.7. **h. 13.32** Mt 24.36. **i. 13.34** Lc 12.36-38. **a. 14.1** Éx 12.1-27. **b. 14.3** Lc 7.37-38. **c. 14.7** Dt 15.11.

LECCIONES DE VIDA

Dios provee vislumbres del futuro porque no quiere que estemos desinformados ni que nos sorprendamos cuando estos acontecimientos empiecen a suceder. Él nos anima a acercarnos a Él y confiar en Él sin angustiarnos por la tormenta que recrudece a nuestro alrededor, incluso en los tiempos más difíciles, porque Él está manifestando su gloria a través de la historia y quiere que expresemos nuestra fe en Él como nuestro Señor y Salvador. Además, quiere que velemos en expectación anhelante de su segunda venida, y que advirtamos a los demás sobre el juicio que les espera a quienes no lo conozcan (Ap 20.11–15).

➤ ***13.34 — Es como el hombre que yéndose lejos, dejó su casa, y dio autoridad a sus siervos, y a cada uno su obra.***

Dios nos da a cada cual nuestro propio trabajo y espera que cumplamos fielmente los deberes que nos ha asignado (Ef 2.10). Además, siempre debemos mantenernos vigilantes y alertas, velando por su regreso.

➤ ***14.10 — Judas Iscariote, uno de los doce, fue a los principales sacerdotes para entregárselo.***

Judas quiso forzar a Jesús a dar un paso en la carne y establecer un reino terrenal, pero cometió un error fatal dando por sentado que sabía cuál era el mejor plan. La mayoría de los seguidores de Cristo no entendieron su misión y estaban seguros de que Él había venido para liberarlos de la opresión romana. Sin embargo, el Salvador no vino meramente a traer paz nacional, Él vino a buscar y salvar a los perdidos. Dios tiene un plan perfecto que se seguirá cumpliendo en su tiempo perfecto en el futuro. Aunque tengamos cierta idea acerca de cómo debería actuar, debemos someternos a su sabiduría porque Él siempre tiene un propósito mucho más grande de lo que nos podríamos imaginar.

Institución de la Cena del Señor

(Mt 26.17-29; Lc 22.7-23; Jn 13.21-30; 1 Co 11.23-26)

12 El primer día de la fiesta de los panes sin levadura, cuando sacrificaban el cordero de la pascua, sus discípulos le dijeron: ¿Dónde quieres que vayamos a preparar para que comas la pascua?
13 Y envió dos de sus discípulos, y les dijo: Id a la ciudad, y os saldrá al encuentro un hombre que lleva un cántaro de agua; seguidle,
14 y donde entrare, decid al señor de la casa: El Maestro dice: ¿Dónde está el aposento donde he de comer la pascua con mis discípulos?
15 Y él os mostrará un gran aposento alto ya dispuesto; preparad para nosotros allí.
➤ 16 Fueron sus discípulos y entraron en la ciudad, y hallaron como les había dicho; y prepararon la pascua.
17 Y cuando llegó la noche, vino él con los doce.
18 Y cuando se sentaron a la mesa, mientras comían, dijo Jesús: De cierto os digo que uno de vosotros, que come conmigo, me va a entregar.
19 Entonces ellos comenzaron a entristecerse, y a decirle uno por uno: ¿Seré yo? Y el otro: ¿Seré yo?
20 Él, respondiendo, les dijo: Es uno de los doce, el que moja conmigo en el plato.
21 A la verdad el Hijo del Hombre va, según está escrito de él,[d] mas ¡ay de aquel hombre por quien el Hijo del Hombre es entregado! Bueno le fuera a ese hombre no haber nacido.
22 Y mientras comían, Jesús tomó pan y bendijo, y lo partió y les dio, diciendo: Tomad, esto es mi cuerpo.
23 Y tomando la copa, y habiendo dado gracias, les dio; y bebieron de ella todos.
24 Y les dijo: Esto es mi sangre[e] del nuevo pacto,[f] que por muchos es derramada.
25 De cierto os digo que no beberé más del fruto de la vid, hasta aquel día en que lo beba nuevo en el reino de Dios.

Jesús anuncia la negación de Pedro

(Mt 26.30-35; Lc 22.31-34; Jn 13.36-38)

26 Cuando hubieron cantado el himno, salieron al monte de los Olivos.
27 Entonces Jesús les dijo: Todos os escandalizaréis de mí esta noche; porque escrito está: Heriré al pastor, y las ovejas serán dispersadas.[g]
28 Pero después que haya resucitado, iré delante de vosotros a Galilea.[h]
29 Entonces Pedro le dijo: Aunque todos se escandalicen, yo no.
30 Y le dijo Jesús: De cierto te digo que tú, hoy, en esta noche, antes que el gallo haya cantado dos veces, me negarás tres veces.
31 Mas él con mayor insistencia decía: Si me fuere necesario morir contigo, no te negaré. También todos decían lo mismo.

Jesús ora en Getsemaní

(Mt 26.36-46; Lc 22.39-40)

32 Vinieron, pues, a un lugar que se llama Getsemaní, y dijo a sus discípulos: Sentaos aquí, entre tanto que yo oro.
33 Y tomó consigo a Pedro, a Jacobo y a Juan, y comenzó a entristecerse y a angustiarse.
34 Y les dijo: Mi alma está muy triste, hasta la muerte; quedaos aquí y velad.
35 Yéndose un poco adelante, se postró en tierra, y oró que si fuese posible, pasase de él aquella hora. ➤
36 Y decía: Abba, Padre, todas las cosas son posibles para ti; aparta de mí esta copa; mas no lo que yo quiero, sino lo que tú.
37 Vino luego y los halló durmiendo; y dijo a Pedro: Simón, ¿duermes? ¿No has podido velar una hora?
38 Velad y orad, para que no entréis en tentación; el espíritu a la verdad está dispuesto, pero la carne es débil.
39 Otra vez fue y oró, diciendo las mismas palabras.
40 Al volver, otra vez los halló durmiendo, porque los ojos de ellos estaban cargados de sueño; y no sabían qué responderle.
41 Vino la tercera vez, y les dijo: Dormid ya, y descansad. Basta, la hora ha venido; he aquí, el Hijo del Hombre es entregado en manos de los pecadores.
42 Levantaos, vamos; he aquí, se acerca el que me entrega.

d. 14.21 Sal 41.9. **e. 14.24** Éx 24.6-8. **f. 14.24** Jer 31.31-34. **g. 14.27** Zac 13.7. **h. 14.28** Mt 28.16.

LECCIONES DE VIDA

➤ ***14.16 — Fueron sus discípulos y entraron en la ciudad, y hallaron como les había dicho.***

Los discípulos encontraron los preparativos para la pascua tal como Jesús se los había indicado. Cuando lo obedecemos, también hallamos que la vida es exactamente lo que Él dice que será. El mejor sendero que se puede recorrer en la vida es el que ha sido cuidadosamente trazado conforme a las instrucciones del Maestro.

➤ ***14.35 — Yéndose un poco adelante, se postró en tierra, y oró que si fuese posible, pasase de él aquella hora.***

En el huerto de Getsemaní, Jesús se rindió a la voluntad de su Padre. La realidad de lo que estaba a punto de suceder fue abrumadora. Él sabía por qué había venido a la tierra. Por lo tanto, se sometió voluntariamente a fin de asegurar nuestra salvación. Sin embargo, la idea de estar separado del Padre, así fuera por un período breve de tiempo, era más de lo que cualquiera podría soportar.

Arresto de Jesús
(Mt 26.47-56; Lc 22.47-53; Jn 18.2-11)
43 Luego, hablando él aún, vino Judas, que
era uno de los doce, y con él mucha gente con
espadas y palos, de parte de los principales
sacerdotes y de los escribas y de los ancianos.
44 Y el que le entregaba les había dado señal,
diciendo: Al que yo besare, ése es; prendedle,
y llevadle con seguridad.
45 Y cuando vino, se acercó luego a él, y le
dijo: Maestro, Maestro. Y le besó.
46 Entonces ellos le echaron mano, y le
prendieron.
47 Pero uno de los que estaban allí, sacando
la espada, hirió al siervo del sumo sacerdote,
cortándole la oreja.
48 Y respondiendo Jesús, les dijo: ¿Como contra un ladrón habéis salido con espadas y con
palos para prenderme?
49 Cada día estaba con vosotros enseñando
en el templo,[i] y no me prendisteis; pero es así,
para que se cumplan las Escrituras.
50 Entonces todos los discípulos, dejándole,
huyeron.

El joven que huyó
51 Pero cierto joven le seguía, cubierto el
cuerpo con una sábana; y le prendieron;
52 mas él, dejando la sábana, huyó desnudo.

Jesús ante el concilio
(Mt 26.57-68; Lc 22.54-55, 63-71; Jn 18.12-14, 19-24)
53 Trajeron, pues, a Jesús al sumo sacerdote;
y se reunieron todos los principales sacerdotes y los ancianos y los escribas.
54 Y Pedro le siguió de lejos hasta dentro del
patio del sumo sacerdote; y estaba sentado
con los alguaciles, calentándose al fuego.
55 Y los principales sacerdotes y todo el concilio buscaban testimonio contra Jesús, para
entregarle a la muerte; pero no lo hallaban.
56 Porque muchos decían falso testimonio contra él, mas sus testimonios no concordaban.
57 Entonces levantándose unos, dieron falso
testimonio contra él, diciendo:
58 Nosotros le hemos oído decir: Yo derribaré
este templo hecho a mano, y en tres días edificaré otro hecho sin mano.[j]
59 Pero ni aun así concordaban en el testimonio.
60 Entonces el sumo sacerdote, levantándose
en medio, preguntó a Jesús, diciendo: ¿No respondes nada? ¿Qué testifican éstos contra ti?
61 Mas él callaba, y nada respondía. El sumo
sacerdote le volvió a preguntar, y le dijo: ¿Eres
tú el Cristo, el Hijo del Bendito?
62 Y Jesús le dijo: Yo soy; y veréis al Hijo del
Hombre sentado a la diestra del poder de
Dios, y viniendo en las nubes del cielo.[k]
63 Entonces el sumo sacerdote, rasgando su
vestidura, dijo: ¿Qué más necesidad tenemos
de testigos?
64 Habéis oído la blasfemia; ¿qué os parece?
Y todos ellos le condenaron, declarándole ser
digno de muerte.[l]
65 Y algunos comenzaron a escupirle, y a
cubrirle el rostro y a darle de puñetazos, y a
decirle: Profetiza. Y los alguaciles le daban de
bofetadas.

Pedro niega a Jesús
(Mt 26.69-75; Lc 22.55-62; Jn 18.15-18, 25-27)
66 Estando Pedro abajo, en el patio, vino una
de las criadas del sumo sacerdote;
67 y cuando vio a Pedro que se calentaba,
mirándole, dijo: Tú también estabas con Jesús
el nazareno.
68 Mas él negó, diciendo: No le conozco, ni
sé lo que dices. Y salió a la entrada; y cantó el gallo.
69 Y la criada, viéndole otra vez, comenzó a
decir a los que estaban allí: Éste es de ellos.
70 Pero él negó otra vez. Y poco después, los que
estaban allí dijeron otra vez a Pedro: Verdaderamente tú eres de ellos; porque eres galileo, y
tu manera de hablar es semejante a la de ellos.
71 Entonces él comenzó a maldecir, y a jurar:
No conozco a este hombre de quien habláis.
72 Y el gallo cantó la segunda vez. Entonces
Pedro se acordó de las palabras que Jesús
le había dicho: Antes que el gallo cante dos
veces, me negarás tres veces. Y pensando en
esto, lloraba.

Jesús ante Pilato
(Mt 27.1-2, 11-14; Lc 23.1-5; Jn 18.28-38)
15 MUY de mañana, habiendo tenido consejo los principales sacerdotes con los
ancianos, con los escribas y con todo el concilio,
llevaron a Jesús atado, y le entregaron a Pilato.
2 Pilato le preguntó: ¿Eres tú el Rey de los
judíos? Respondiendo él, le dijo: Tú lo dices.
3 Y los principales sacerdotes le acusaban
mucho.

i. 14.49 Lc 19.47; 21.37. **j. 14.58** Jn 2.19. **k. 14.62** Dn 7.13.
l. 14.64 Lv 24.16.

LECCIONES DE VIDA

➤ ***14.72 — Pedro se acordó de las palabras que Jesús le había dicho: antes que el gallo cante dos veces, me negarás tres veces. Y pensando en esto, lloraba.***

Pedro entendió de inmediato la seriedad de su pecado; algo bastante positivo. En 2 Corintios 7.10 Pablo escribió: «la tristeza que es según Dios produce arrepentimiento para salvación, de que no hay que arrepentirse». Después de la resurrección Pedro dejó de ser beligerante, como lo fue en el huerto (Jn 18.10). En lugar de eso, tuvo un corazón profundamente arrepentido, que es justo lo que él necesitaba para recibir al Salvador resucitado.

Ejemplos de vida

EL CENTURIÓN

Una confesión valerosa

MR 15.39

La coraza que le tapaba el corazón tenía grabado el sello de su señor, César. Se sentía orgulloso de comandar a cien soldados de la elite romana. El centurión observó las cruces y esperó a que la muerte redujera aquellos cuerpos a una masa de carne sin vida. No obstante, una de las víctimas había sido totalmente diferente a todo lo que un soldado veterano hubiera visto en su vida. Este Hombre no se defendió cuando los demás lo hicieron, no profirió ruegos ni maldiciones, no condenó ni suplicó misericordia. De hecho, hizo algo que estremeció el corazón del centurión.

Perdonó.

En toda su carrera, Jesús fue el único que había ofrecido misericordia al centurión. Aunque representaba todo lo que había puesto a Cristo en aquella cruz, Jesús lo perdonó. En ese momento, la única confesión que pudo hacer fue: «Verdaderamente este hombre era Hijo de Dios» (Mr 15.39).

Dos mil años después, la gente sigue mirando a Jesús, el Hijo resucitado de Dios. ¿Qué confesión hará usted acerca de Él?

Para un estudio más a fondo, véase el Índice de Principios de vida:

9. *Confiar en Dios quiere decir ver más allá de lo que podemos, hacia lo que Dios ve.*
1. *Nuestra intimidad con Dios, que es su prioridad para nosotros, determina el impacto que causen nuestras vidas.*

4 Otra vez le preguntó Pilato, diciendo: ¿Nada
respondes? Mira de cuántas cosas te acusan.
5 Mas Jesús ni aun con eso respondió; de
modo que Pilato se maravillaba.

Jesús sentenciado a muerte

(Mt 27.15-31; Lc 23.13-25; Jn 18.38—19.16)

6 Ahora bien, en el día de la fiesta les soltaba
un preso, cualquiera que pidiesen.
7 Y había uno que se llamaba Barrabás, preso con sus compañeros de motín que habían
cometido homicidio en una revuelta.
8 Y viniendo la multitud, comenzó a pedir que
hiciese como siempre les había hecho.
9 Y Pilato les respondió diciendo: ¿Queréis
que os suelte al Rey de los judíos?
10 Porque conocía que por envidia le habían
entregado los principales sacerdotes.
11 Mas los principales sacerdotes incitaron
a la multitud para que les soltase más bien a
Barrabás.
12 Respondiendo Pilato, les dijo otra vez:
¿Qué, pues, queréis que haga del que llamáis
Rey de los judíos?
13 Y ellos volvieron a dar voces: ¡Crucifícale!
14 Pilato les decía: ¿Pues qué mal ha hecho?
Pero ellos gritaban aun más: ¡Crucifícale!
15 Y Pilato, queriendo satisfacer al pueblo, les
soltó a Barrabás, y entregó a Jesús, después
de azotarle, para que fuese crucificado.
16 Entonces los soldados le llevaron dentro
del atrio, esto es, al pretorio, y convocaron a
toda la compañía.
17 Y le vistieron de púrpura, y poniéndole una
corona tejida de espinas,
18 comenzaron luego a saludarle: ¡Salve, Rey
de los judíos!
19 Y le golpeaban en la cabeza con una caña, ➤
y le escupían, y puestos de rodillas le hacían
reverencias.
20 Después de haberle escarnecido, le desnu-
daron la púrpura, y le pusieron sus propios
vestidos, y le sacaron para crucificarle.

Crucifixión y muerte de Jesús

(Mt 27.32-56; Lc 23.26-49; Jn 19.17-30)

21 Y obligaron a uno que pasaba, Simón de
Cirene, padre de Alejandro y de Rufo,[a] que
venía del campo, a que le llevase la cruz.
22 Y le llevaron a un lugar llamado Gólgota,
que traducido es: Lugar de la Calavera.
23 Y le dieron a beber vino mezclado con
mirra; mas él no lo tomó.
24 Cuando le hubieron crucificado, repartieron entre sí sus vestidos, echando suertes
sobre ellos[b] para ver qué se llevaría cada uno.
25 Era la hora tercera cuando le crucificaron. ➤
26 Y el título escrito de su causa era: EL REY
DE LOS JUDÍOS.
27 Crucificaron también con él a dos ladrones,
uno a su derecha, y el otro a su izquierda.
28 Y se cumplió la Escritura que dice: Y fue
contado con los inicuos.[c]

a. 15.21 Ro 16.13. **b. 15.24** Sal 22.18. **c. 15.28** Is 53.12.
d. 15.29 Sal 22.7; 109.25.

RESPUESTAS A PREGUNTAS DE LA VIDA

¿Qué herramientas ha provisto Dios para ayudarme a compartir mi fe?

MR 16.15

La única manera de alcanzar a las personas que están muertas, ciegas y cautivas espiritualmente, es a través de la obra prodigiosa de nuestro Dios todopoderoso, quien desea «que ninguno perezca, sino que todos procedan al arrepentimiento» (2 P 3.9). Nosotros somos sus herramientas y Él tiene el poder. El apóstol Pablo explica que «no nos ha dado Dios espíritu de cobardía, sino de poder, de amor y de dominio propio» (2 Ti 1.7). No debemos tener miedo de compartir nuestra fe porque Él nos ha dado tres herramientas importantes para ayudarnos.

Poder. El evangelio de Dios abre ojos enceguecidos, rescata a los cautivos y resucita a los muertos. Compartimos nuestra fe al declarar que Cristo murió en la cruz por nuestros pecados, fue sepultado y resucitó de entre los muertos. Conduzca a los perdidos a considerar quién es Jesús, porque Él es el único que provee salvación. De ese modo, cualquier rechazo que experimente estará centrado en Él, no en usted. Ore siempre para tener sabiduría y fortaleza de lo alto cuando hable a otros de la gracia salvadora de Dios. El poder de Dios por medio del Espíritu Santo es lo que cambia vidas (Hch 1.8).

Amor. La fuerza más grande en la tierra es el amor de Dios. «En esto conocerán todos que sois mis discípulos, si tuviereis amor los unos con los otros» (Jn 13.35). Existen incontables maneras en las que podemos demostrar el amor de Cristo (1 Jn 3.18). Escuche las palabras de un amigo. Pase tiempo con sus padres o con un ser querido. Cuide a los hijos de una pareja para que puedan pasar una velada especial. Invite a un amigo a cenar. Llévele comida a una persona enferma. Podemos amar a los demás con actos de servicio o podemos amarles con nuestras palabras (Pr 31.26). Eso significa que podemos animar a los perdidos en cuanto al Señor Jesús, quien los ama incondicionalmente y quiere darles vida nueva.

Sabiduría. La fe cristiana está basada en la inconmovible Palabra de Dios, no en la ficción. Compartir nuestra fe nunca es irrazonable ni irracional, sino que estamos haciendo exactamente lo que Jesús nos mandó hacer, que es proclamar el mensaje verdadero del evangelio a tantas personas como sea posible. Ofrecemos a otros el testimonio digno de confianza de las Escrituras y la razón de nuestra fe (1 P 3.15), que incluye:

- El hecho de la resurrección (1 Co 15.6). La resurrección es sin lugar a dudas un hecho concreto e histórico.
- El hecho del cumplimiento de las Escrituras. Literalmente hay cientos de profecías del Antiguo Testamento que se cumplieron en el Nuevo Testamento, las cuales incluyen muchos detalles precisos del nacimiento, la vida, la muerte y la resurrección de Jesús.
- El hecho de evidencias arqueológicas y los manuscritos. Miles de manuscritos antiguos atestiguan la confiabilidad de la Biblia. La evidencia arqueológica ha verificado coherentemente los datos históricos de la Biblia.

Para un estudio más a fondo, véase el Índice de Principios de vida:

8. *Libremos nuestras batallas de rodillas y siempre obtendremos la victoria.*
25. *Dios nos bendice para que nosotros podamos bendecir a otros.*

29 Y los que pasaban le injuriaban, meneando la cabeza[d] y diciendo: ¡Bah! tú que derribas el templo de Dios, y en tres días lo reedificas,[e]
30 sálvate a ti mismo, y desciende de la cruz.
31 De esta manera también los principales sacerdotes, escarneciendo, se decían unos a otros, con los escribas: A otros salvó, a sí mismo no se puede salvar.

e. 15.29 Mr 14.58; Jn 2.19. **f. 15.34** Sal 22.1.

32 El Cristo, Rey de Israel, descienda ahora
de la cruz, para que veamos y creamos. También los que estaban crucificados con él le
injuriaban.
33 Cuando vino la hora sexta, hubo tinieblas sobre toda la tierra hasta la hora novena.
➤ 34 Y a la hora novena Jesús clamó a gran
voz, diciendo: Eloi, Eloi, ¿lama sabactani? que
traducido es: Dios mío, Dios mío, ¿por qué me
has desamparado?[f]
35 Y algunos de los que estaban allí decían, al
oírlo: Mirad, llama a Elías.
36 Y corrió uno, y empapando una esponja en
vinagre, y poniéndola en una caña, le dio a
beber,[g] diciendo: Dejad, veamos si viene Elías
a bajarle.
37 Mas Jesús, dando una gran voz, expiró.
➤ 38 Entonces el velo[h] del templo se rasgó en
dos, de arriba abajo.
39 Y el centurión que estaba frente a él, viendo
que después de clamar había expirado así, dijo:
Verdaderamente este hombre era Hijo de Dios.
40 También había algunas mujeres mirando
de lejos, entre las cuales estaban María Magdalena, María la madre de Jacobo el menor y
de José, y Salomé,
41 quienes, cuando él estaba en Galilea, le
seguían y le servían;[i] y otras muchas que
habían subido con él a Jerusalén.

Jesús es sepultado

(Mt 27.57-61; Lc 23.50-56; Jn 19.38-42)

42 Cuando llegó la noche, porque era la preparación, es decir, la víspera del día de reposo,*
➤ 43 José de Arimatea, miembro noble del concilio, que también esperaba el reino de Dios,
vino y entró osadamente a Pilato, y pidió el
cuerpo de Jesús.
44 Pilato se sorprendió de que ya hubiese
muerto; y haciendo venir al centurión, le preguntó si ya estaba muerto.
45 E informado por el centurión, dio el cuerpo a José,
46 el cual compró una sábana, y quitándolo, lo
envolvió en la sábana, y lo puso en un sepulcro que estaba cavado en una peña, e hizo
rodar una piedra a la entrada del sepulcro.
47 Y María Magdalena y María madre de José
miraban dónde lo ponían.

La resurrección

(Mt 28.1-10; Lc 24.1-12; Jn 20.1-10)

16 CUANDO pasó el día de reposo,* María
Magdalena, María la madre de Jacobo,
y Salomé, compraron especias aromáticas
para ir a ungirle.
2 Y muy de mañana, el primer día de la semana, vinieron al sepulcro, ya salido el sol.
3 Pero decían entre sí: ¿Quién nos removerá la
piedra de la entrada del sepulcro?
4 Pero cuando miraron, vieron removida la
piedra, que era muy grande.
5 Y cuando entraron en el sepulcro, vieron a
un joven sentado al lado derecho, cubierto de
una larga ropa blanca; y se espantaron.
6 Mas él les dijo: No os asustéis; buscáis a
Jesús nazareno, el que fue crucificado; ha
resucitado, no está aquí; mirad el lugar en
donde le pusieron.
7 Pero id, decid a sus discípulos, y a Pedro, ➤
que él va delante de vosotros a Galilea;[a] allí le
veréis, como os dijo.

* Aquí equivale a *sábado*.

g. 15.36 Sal 69.21. **h. 15.38** Éx 26.31-33. **i. 15.40-41** Lc 8.2-3.
a. 16.7 Mt 26.32; Mr 14.28.

LECCIONES DE VIDA

➤ ***15.19 — le golpeaban en la cabeza con una caña, y le escupían, y puestos de rodillas le hacían reverencias.***

Debió ser tremendamente difícil soportar aquella brutalidad y aquel escarnio tan cruel, sabiendo que con una sola palabra habría podido llamar más de doce legiones de ángeles y ser rescatado (Mt 26.53). Sin embargo, Él soporto esto y mucho más en nuestro lugar y para nuestra salvación.

➤ ***15.25 — le crucificaron.***

La crucifixión era la forma más humillante y tormentosa de ejecución. Desfigurado y desvestido, Jesús fue crucificado públicamente para que no quedase duda alguna que había sido sometido a muerte. Pero esto es exactamente lo que nuestro Salvador vino a hacer, Él vino a morir por nuestras transgresiones. Él vino a dar su vida, clavado a un madero común y ordinario, para pagar y cancelar por completo nuestra deuda de pecado (1 P 2.24).

➤ ***15.34 — Jesús clamó a gran voz, diciendo: Eloi, Eloi, ¿lama sabactani? que traducido es: Dios mío, Dios mío, ¿por qué me has desamparado?***

En su hora más sombría, cuando llevaba los pecados del mundo entero, Jesús fijó su mente en cumplir las palabras de las Escrituras. Lea el Salmo 22 para ver cómo la Palabra lo confortó y lo consoló, aún en la cruz.

➤ ***15.38 — el velo del templo se rasgó en dos, de arriba abajo.***

Al rasgar el velo grueso y pesado del templo, de arriba abajo, Cristo demostró que por medio de su muerte Él nos ha reconciliado con el Padre, si confiamos en Él como nuestro Salvador.

➤ ***15.43 — José de Arimatea... vino y entró osadamente a Pilato, y pidió el cuerpo de Jesús.***

Hasta este punto, José había sido discípulo en secreto, pues temía arriesgar su alta posición social (Jn 19.38). No obstante, cuando los discípulos huyeron, él salió al frente e hizo pública su lealtad a Cristo.

➤ ***16.7 — id, decid a sus discípulos, y a Pedro, que él va delante de vosotros a Galilea.***

Marcos es el único Evangelio que nos dice que el ángel hizo mención especial de Pedro cuando anunció la resurrección de Cristo. Pedro había negado tres veces al Señor, pero Jesús le extendió misericordia y gracia a su discípulo.

➤ 8 Y ellas se fueron huyendo del sepulcro, porque les había tomado temblor y espanto; ni decían nada a nadie, porque tenían miedo.

Jesús se aparece a María Magdalena

(Jn 20.11-18)

9 Habiendo, pues, resucitado Jesús por la mañana, el primer día de la semana, apareció primeramente a María Magdalena, de quien había echado siete demonios.
10 Yendo ella, lo hizo saber a los que habían estado con él, que estaban tristes y llorando.
➤ 11 Ellos, cuando oyeron que vivía, y que había sido visto por ella, no lo creyeron.

Jesús se aparece a dos de sus discípulos

(Lc 24.13-35)

12 Pero después apareció en otra forma a dos de ellos que iban de camino, yendo al campo.
13 Ellos fueron y lo hicieron saber a los otros; y ni aun a ellos creyeron.

Jesús comisiona a los apóstoles

(Mt 28.16-20; Lc 24.36-49; Jn 20.19-23)

14 Finalmente se apareció a los once mismos, estando ellos sentados a la mesa, y les reprochó su incredulidad y dureza de corazón, porque no habían creído a los que le habían visto resucitado.
15 Y les dijo: Id por todo el mundo y predicad el evangelio a toda criatura.[b]
16 El que creyere y fuere bautizado, será salvo; mas el que no creyere, será condenado.
17 Y estas señales seguirán a los que creen: En mi nombre echarán fuera demonios; hablarán nuevas lenguas;
18 tomarán en las manos serpientes, y si bebieren cosa mortífera, no les hará daño; sobre los enfermos pondrán sus manos, y sanarán

La ascensión

(Lc 24.50-53)

19 Y el Señor, después que les habló, fue recibido arriba en el cielo,[c] y se sentó a la diestra de Dios.
20 Y ellos, saliendo, predicaron en todas partes, ayudándoles el Señor y confirmando la palabra con las señales que la seguían. Amén.

b. **16.15** Hch 1.8. c. **16.19** Hch 1.9-11.

LECCIONES DE VIDA

➤ ***16.8 — ellas se fueron huyendo del sepulcro, porque les había tomado temblor y espanto; ni decían nada a nadie, porque tenían miedo.***

Aunque Jesús les había dicho en repetidas ocasiones que se levantaría de los muertos, ninguno de los discípulos se imaginó que realmente lo haría. El temor reinó en ellos mientras dudaron. Nuestra responsabilidad es permanecer siempre fieles, aún cuando las cosas parezcan más tenebrosas, porque sabemos que el Señor va a redimir cada situación «mucho más abundantemente de lo que pedimos o entendemos» (Ef 3.20). La obra de Dios siempre nos asombrará, por eso debemos esperarla con paciencia y expectación.

➤ ***16.11 — Ellos, cuando oyeron que vivía, y que había sido visto por ella, no lo creyeron.***

Las primeras horas después de la resurrección fueron cualquier cosa menos un despliegue triunfal de fe y valor. De hecho, los discípulos *rehusaron creer*. Entonces Jesús se les apareció (Mr 16.14; Jn 20.19–21; 1 Co 15.5–8). Cuando por fin se dieron cuenta que Él estaba con ellos y que estaba vivo, sus corazones rebosaron de esperanza y gozo. Comprendieron que el plan de Dios para el futuro ya estaba en plena operación.

EL EVANGELIO SEGÚN

SAN LUCAS

Lucas, médico de profesión, escribe con la compasión y la calidez de un doctor de familia, a medida que documenta detallada y esmeradamente la humanidad perfecta del Hijo del Hombre, Jesucristo. Resalta el linaje de Jesús, su nacimiento y su infancia antes de hacer un cuidadoso recorrido cronológico a lo largo de su ministerio terrenal.

Desde el comienzo mismo de su Evangelio, Lucas informa a sus lectores que no fue uno de los primeros apóstoles y ni siquiera un testigo presencial de las palabras y las obras de Jesús. Muchos creen que Lucas llegó a tener fe en Cristo mediante el ministerio del apóstol Pablo, de quien se hizo amigo y a quien acompañó en algunos de sus viajes misioneros. Lucas era un gentil convertido al cristianismo, siendo así el único escritor no judío del Nuevo Testamento (también escribió los Hechos de los Apóstoles). Lucas tiene un gusto particular por las parábolas; de las veinticinco que incluye en su evangelio, diecisiete no aparecen en ningún otro escrito. También describe siete milagros de Jesús que no se mencionan en los otros dos evangelios sinópticos.

El evangelio de Lucas incluye muchos detalles de la vida de Jesús que se omiten en los otros tres evangelios. Lucas es el único que narra detalladamente el nacimiento de Jesús y los acontecimientos subsecuentes. Incluye el anuncio del ángel a María la madre de Jesús, y el hecho de que daría a luz al Mesías. También registra la historia de la concepción y el nacimiento de Juan el Bautista. Lucas también es el único que incluye una alusión a la infancia de Jesús.

Lucas presenta a Jesús como un hombre de gran compasión y emociones intensas. Por ejemplo, Lucas es el único que registra cómo Jesús divisó la ciudad santa de Jerusalén y lloró por su destrucción venidera. Lucas también nos muestra que Jesús mantuvo una actitud de gran empatía hacia las mujeres, los pobres, los pecadores, los enfermos y los moribundos. La resurrección de Cristo asegura el cumplimiento del propósito del Hijo del Hombre: «[el cual] vino a buscar y a salvar lo que se había perdido» (Lc 19.10).

Kata Loukan, «según Lucas», es el título en griego que se dio a este evangelio para su publicación. El nombre griego «Lucas» sólo aparece tres veces en el Nuevo Testamento (Col 4.14; 2 Ti 4.11; Flm 24).

Tema: Jesús es el Hijo del Hombre.

Autor: Lucas.

Fecha: La mayoría de eruditos creen que Lucas escribió su evangelio pocos años antes de escribir los Hechos de los Apóstoles, el cual probablemente escribió cerca del año 63 ó 64 d.C.

Estructura: Lucas comienza su evangelio explicando que había investigado cabalmente la historia de Jesús y había escrito su relato con base en investigaciones minuciosas (1.1–4). Los primeros dos capítulos de su evangelio contienen varios incidentes únicos en Lucas que se relacionan con el nacimiento y la infancia de Jesús (1.5—2.52); los siguientes dos incluyen la preparación para el ministerio (3.1—4.13); luego el ministerio en Galilea y en Judea (4.14—19.27); y finalmente el sufrimiento, la muerte, la resurrección y la ascensión del Hijo del Hombre (19.28—24.53).

A medida que lea Lucas, fíjese en los principios de vida que juegan un papel importante en este libro:

1. Nuestra intimidad con Dios, que es su prioridad para nosotros, determina el impacto que causen nuestras vidas. *Véase Lucas 1.4; 3.11; 5.16; 10.42; 11.1; 12.15; páginas 1130; 1135; 1138; 1148; 1153.*

22. Andar en el Espíritu es obedecer las indicaciones iniciales del Espíritu. *Véase Lucas 4.1; página 1136.*

10. Si es necesario, Dios moverá cielo y tierra para mostrarnos su voluntad. *Véase Lucas 7.30; página 1142.*

23. Jamás podremos superar a Dios en generosidad. *Véase Lucas 14.14; página 1156.*

30. El deseo ferviente del regreso del Señor nos mantiene viviendo productivamente. *Véase Lucas 21.34; página 1167.*

Dedicatoria a Teófilo

1 Puesto que ya muchos han tratado de poner en orden la historia de las cosas que entre nosotros han sido ciertísimas,

2 tal como nos lo enseñaron los que desde el principio lo vieron con sus ojos, y fueron ministros de la palabra,

3 me ha parecido también a mí, después de haber investigado con diligencia todas las cosas desde su origen, escribírtelas por orden, oh excelentísimo Teófilo,

4 para que conozcas bien la verdad de las cosas en las cuales has sido instruido.

Anuncio del nacimiento de Juan

5 Hubo en los días de Herodes, rey de Judea, un sacerdote llamado Zacarías, de la clase de Abías;[a] su mujer era de las hijas de Aarón, y se llamaba Elisabet.

6 Ambos eran justos delante de Dios, y andaban irreprensibles en todos los mandamientos y ordenanzas del Señor.

7 Pero no tenían hijo, porque Elisabet era estéril, y ambos eran ya de edad avanzada.

8 Aconteció que ejerciendo Zacarías el sacerdocio delante de Dios según el orden de su clase,

9 conforme a la costumbre del sacerdocio, le tocó en suerte ofrecer el incienso, entrando en el santuario del Señor.

10 Y toda la multitud del pueblo estaba fuera orando a la hora del incienso.

11 Y se le apareció un ángel del Señor puesto en pie a la derecha del altar del incienso.

12 Y se turbó Zacarías al verle, y le sobrecogió temor.

13 Pero el ángel le dijo: Zacarías, no temas; porque tu oración ha sido oída, y tu mujer Elisabet te dará a luz un hijo, y llamarás su nombre Juan.

14 Y tendrás gozo y alegría, y muchos se regocijarán de su nacimiento;

15 porque será grande delante de Dios. No beberá vino ni sidra,[b] y será lleno del Espíritu Santo, aun desde el vientre de su madre.

16 Y hará que muchos de los hijos de Israel se conviertan al Señor Dios de ellos.

17 E irá delante de él con el espíritu y el poder de Elías, para hacer volver los corazones de los padres a los hijos,[c] y de los rebeldes a la prudencia de los justos, para preparar al Señor un pueblo bien dispuesto.

18 Dijo Zacarías al ángel: ¿En qué conoceré esto? Porque yo soy viejo, y mi mujer es de edad avanzada.

19 Respondiendo el ángel, le dijo: Yo soy Gabriel,[d] que estoy delante de Dios; y he sido enviado a hablarte, y darte estas buenas nuevas.

20 Y ahora quedarás mudo y no podrás hablar, hasta el día en que esto se haga, por cuanto no creíste mis palabras, las cuales se cumplirán a su tiempo.

21 Y el pueblo estaba esperando a Zacarías, y se extrañaba de que él se demorase en el santuario.

22 Pero cuando salió, no les podía hablar; y comprendieron que había visto visión en el santuario. Él les hablaba por señas, y permaneció mudo.

23 Y cumplidos los días de su ministerio, se fue a su casa.

24 Después de aquellos días concibió su mujer Elisabet, y se recluyó en casa por cinco meses, diciendo:

25 Así ha hecho conmigo el Señor en los días en que se dignó quitar mi afrenta entre los hombres.

Anuncio del nacimiento de Jesús

26 Al sexto mes el ángel Gabriel fue enviado por Dios a una ciudad de Galilea, llamada Nazaret,

27 a una virgen desposada con un varón que se llamaba José, de la casa de David; y el nombre de la virgen era María.[e]

a. 1.5 1 Cr 24.10. **b. 1.15** Nm 6.3. **c. 1.17** Mal 4.5-6. **d. 1.19** Dn 8.16; 9.21. **e. 1.27** Mt 1.18.

LECCIONES DE VIDA

➤ ***1.3 — después de haber investigado con diligencia todas las cosas desde su origen.***

Lucas quería que el destinatario de su carta supiera que había investigado rigurosamente la vida de Jesucristo. Por cuanto era médico, podemos concluir que su investigación fue exhaustiva y extensa. Sólo tras realizar un estudio preciso que probablemente incluyó entrevistas a hombres y mujeres que conocieron personalmente al Salvador, fue que él empezó a escribir.

➤ ***1.4 — para que conozcas bien la verdad de las cosas en las cuales has sido instruido.***

El Señor quiere que sepamos que la Biblia contiene su verdad, y que podemos tenerle confianza en todo lo que declara (2 Ti 3.16, 17; He 4.12). Los evangelios no son una colección de cuentos religiosos ni de hadas madrinas. Son la fuente de la eterna verdad, la revelación de Dios mismo y de cómo podemos tener una relación íntima con Él.

➤ ***1.17 — irá delante de él con el espíritu y el poder de Elías... para preparar al Señor un pueblo bien dispuesto.***

En tiempos antiguos, la llegada de un rey era anunciada por un precursor, de tal modo que sus súbditos pudieran estar preparados para su aparición. Las ciudades celebraban grandes festivales, y todo se dejaba limpio y en buen estado para que el rey viera su dominio en sus mejores condiciones. Cuando el Rey de reyes vino a la tierra, se hizo lo mismo (Is 40.3, Mal 3.1). Juan el Bautista predicó «con el espíritu y el poder de Elías» a fin de preparar al pueblo para la venida de Jesucristo. Como Elías antes de él, proclamó con valentía y con poder la verdad de su necesidad de arrepentimiento y salvación.

28 Y entrando el ángel en donde ella estaba,
dijo: ¡Salve, muy favorecida! El Señor es contigo; bendita tú entre las mujeres.
29 Mas ella, cuando le vio, se turbó por sus
palabras, y pensaba qué salutación sería ésta.
➤ 30 Entonces el ángel le dijo: María, no temas,
porque has hallado gracia delante de Dios.
* 31 Y ahora, concebirás en tu vientre, y darás a
luz un hijo, y llamarás su nombre Jesús.[f]
32 Éste será grande, y será llamado Hijo del
Altísimo; y el Señor Dios le dará el trono de
David su padre;
33 y reinará sobre la casa de Jacob para siempre, y su reino no tendrá fin.[g]
34 Entonces María dijo al ángel: ¿Cómo será
esto? pues no conozco varón.
35 Respondiendo el ángel, le dijo: El Espíritu Santo vendrá sobre ti, y el poder del Altísimo te cubrirá con su sombra; por lo cual también el Santo Ser que nacerá, será llamado Hijo de Dios.
36 Y he aquí tu parienta Elisabet, ella también ha concebido hijo en su vejez; y éste es el sexto mes para ella, la que llamaban estéril;
➤ 37 porque nada hay imposible para Dios.[h]
38 Entonces María dijo: He aquí la sierva del
Señor; hágase conmigo conforme a tu palabra. Y el ángel se fue de su presencia.

María visita a Elisabet

39 En aquellos días, levantándose María, fue
de prisa a la montaña, a una ciudad de Judá;
40 y entró en casa de Zacarías, y saludó a
Elisabet.
41 Y aconteció que cuando oyó Elisabet la salutación de María, la criatura saltó en su vientre;
y Elisabet fue llena del Espíritu Santo,
42 y exclamó a gran voz, y dijo: Bendita tú entre
las mujeres, y bendito el fruto de tu vientre.
43 ¿Por qué se me concede esto a mí, que la
madre de mi Señor venga a mí?
44 Porque tan pronto como llegó la voz de tu
salutación a mis oídos, la criatura saltó de alegría en mi vientre.
➤ 45 Y bienaventurada la que creyó, porque se
cumplirá lo que le fue dicho de parte del Señor.
46 Entonces María dijo:[i]

Engrandece mi alma al Señor;
47 Y mi espíritu se regocija en Dios mi
Salvador.
48 Porque ha mirado la bajeza de su sierva;
Pues he aquí, desde ahora me
dirán bienaventurada todas las
generaciones.

Ejemplos de vida

MARÍA

Una mujer de fe

LC 1.31–38

En la época de María, la edad normal para comprometerse al matrimonio eran los trece o catorce años. Es muy probable que ella fuese una jovencita cuando José le pidió que se casara con él. ¿Puede imaginar la emoción que sintió? Sin embargo, todo cambió tan pronto el ángel Gabriel entró en su presencia y le anunció que tendría un hijo, y que Él sería el Salvador del mundo.

La tradición judía demandaba un trato severo para la mujer que quedara encinta sin estar casada. Los líderes religiosos habrían lidiado duramente con ella. No obstante, María se mantuvo fuerte en su fe. Ella sabía que había oído la Palabra de Dios que le fue hablada, y creyó que Él proveería lo que ella necesitase para hacer su voluntad.

Era una joven normal con un carácter extraordinariamente piadoso, lo cual le dio una fe fuera de lo común. Por su confianza completa en Dios, María fue en todo sentido una sierva buena y fiel. Su ejemplo nos proporciona un modelo de inspiración a todos. En gran parte vivió en relativo anonimato, feliz y agradecida de ser usada por Dios. Sin embargo, el mundo hoy sigue celebrando su obediencia al Señor.

Para un estudio más a fondo, véase el Índice de Principios de vida:

2. *Obedezcamos a Dios y dejemos las consecuencias en sus manos.*
5. *Dios no nos demanda que entendamos su voluntad, sino que la obedezcamos aunque nos parezca poco razonable.*

f. 1.31 Mt 1.21. **g. 1.32-33** Is 9.7. **h. 1.37** Gn 18.14.
i. 1.46-55 1 S 2.1-10.

LECCIONES DE VIDA

➤ ***1.30 — el ángel le dijo: María, no temas, porque has hallado gracia delante de Dios.***

El favor de Dios vale cualquier penuria que pueda implicar. El Señor escogió a María para dar nacimiento al Salvador del mundo, pero ella también tuvo que padecer el oprobio público por parte de aquellos que no entendieron lo que Dios estaba haciendo por medio de ella y por medio de Jesús.

➤ ***1.37 — nada hay imposible para Dios.***

Podemos confiar en Dios hasta en las circunstancias más difíciles, porque ningún problema es demasiado complicado para su manejo y ningún reto está más allá de su

49 Porque me ha hecho grandes cosas el
Poderoso;
Santo es su nombre,
*50 Y su misericordia es de generación en
generación
A los que le temen.
51 Hizo proezas con su brazo;
Esparció a los soberbios en el
pensamiento de sus corazones.
52 Quitó de los tronos a los poderosos,
Y exaltó a los humildes.
53 A los hambrientos colmó de bienes,
Y a los ricos envió vacíos.
54 Socorrió a Israel su siervo,
Acordándose de la misericordia
55 De la cual habló a nuestros padres,
Para con Abraham[j] y su descendencia
para siempre.
56 Y se quedó María con ella como tres meses;
después se volvió a su casa.

Nacimiento de Juan el Bautista

57 Cuando a Elisabet se le cumplió el tiempo
de su alumbramiento, dio a luz un hijo.
58 Y cuando oyeron los vecinos y los parientes
que Dios había engrandecido para con ella su
misericordia, se regocijaron con ella.
59 Aconteció que al octavo día vinieron para
circuncidar al niño;[k] y le llamaban con el
nombre de su padre, Zacarías;
60 pero respondiendo su madre, dijo: No; se
llamará Juan.
61 Le dijeron: ¿Por qué? No hay nadie en tu
parentela que se llame con ese nombre.
62 Entonces preguntaron por señas a su padre,
cómo le quería llamar.
63 Y pidiendo una tablilla, escribió, diciendo:
Juan es su nombre. Y todos se maravillaron.
64 Al momento fue abierta su boca y suelta su
lengua, y habló bendiciendo a Dios.
65 Y se llenaron de temor todos sus vecinos; y
en todas las montañas de Judea se divulgaron
todas estas cosas.
66 Y todos los que las oían las guardaban en
su corazón, diciendo: ¿Quién, pues, será este
niño? Y la mano del Señor estaba con él.

Profecía de Zacarías

67 Y Zacarías su padre fue lleno del Espíritu
Santo, y profetizó, diciendo:
68 Bendito el Señor Dios de Israel,
Que ha visitado y redimido a su pueblo,
69 Y nos levantó un poderoso Salvador
En la casa de David su siervo,
70 Como habló por boca de sus santos
profetas que fueron desde el
principio;
71 Salvación de nuestros enemigos, y
de lamano de todos los que nos
aborrecieron;
72 Para hacer misericordia con nuestros
padres,
Y acordarse de su santo pacto;
73 Del juramento que hizo a Abraham
nuestro padre,
Que nos había de conceder
74 Que, librados de nuestros enemigos,
Sin temor le serviríamos
75 En santidad y en justicia delante de él,
todos nuestros días.
76 Y tú, niño, profeta del Altísimo serás
llamado;
Porque irás delante de la presencia del
Señor, para preparar sus caminos;[l]
77 Para dar conocimiento de salvación a su
pueblo,
Para perdón de sus pecados,
78 Por la entrañable misericordia de
nuestro Dios,
Con que nos visitó desde lo alto la
aurora,
79 Para dar luz a los que habitan en
tinieblas[m] y en sombra de muerte;
Para encaminar nuestros pies por
camino de paz.
80 Y el niño crecía, y se fortalecía en espíritu;
y estuvo en lugares desiertos hasta el día de
su manifestación a Israel.

j. 1.55 Gn 17.7. **k. 1.59** Lv 12.3. **l. 1.76** Mal 3.1.
m. 1.79 Is 9.2.

LECCIONES DE VIDA

poder para superarlo. Él tiene la capacidad de hacer lo que dice que hará.

➢ ***1.45 — bienaventurada la que creyó, porque se cumplirá lo que le fue dicho de parte del Señor.***

¿Qué habría sucedido si María no hubiese creído las palabras de Gabriel? ¿Habría quedado descalificada para convertirse en la madre de Jesús? El hecho es que ella sí creyó y obedeció a Dios, y su obediencia preparó el camino para las bendiciones del Señor. Él no solamente cumplió su palabra en ella, sino que la usó para cumplir su profecía a nuestro mundo perdido y moribundo.

➢ ***1.74, 75 — sin temor le serviríamos en santidad y en justicia delante de él.***

Aquellos que temen a Dios no tienen temor alguno. Cuando nos comprometemos de corazón a servir al Señor, podemos disfrutar las grandes bendiciones que acompañan a la santidad y la rectitud.

➢ ***1.78 — nos visitó desde lo alto la aurora.***

Zacarías se refería a la profecía de Malaquías 4.2: «Mas a vosotros los que teméis mi nombre, nacerá el Sol de justicia». Por supuesto, este pasaje hablaba del Mesías. Al citar primero los pactos de Dios con David y Abraham (Lc 1.69, 73), y luego hacer referencia a las últimas palabras dichas por el Señor en Malaquías, Zacarías estaba confirmando que Dios ciertamente había cumplido cada aspecto de su promesa de enviar al Salvador. Las buenas nuevas que Israel por tanto tiempo había esperado oír, finalmente habían llegado.

Nacimiento de Jesús
(Mt 1.18-25)

2 Aconteció en aquellos días, que se promulgó un edicto de parte de Augusto César, que todo el mundo fuese empadronado.
2 Este primer censo se hizo siendo Cirenio gobernador de Siria.
3 E iban todos para ser empadronados, cada uno a su ciudad.
4 Y José subió de Galilea, de la ciudad de Nazaret, a Judea, a la ciudad de David, que se llama Belén, por cuanto era de la casa y familia de David;
5 para ser empadronado con María su mujer, desposada con él, la cual estaba encinta.
6 Y aconteció que estando ellos allí, se cumplieron los días de su alumbramiento.
➤ 7 Y dio a luz a su hijo primogénito, y lo envolvió en pañales, y lo acostó en un pesebre, porque no había lugar para ellos en el mesón.

Los ángeles y los pastores
8 Había pastores en la misma región, que velaban y guardaban las vigilias de la noche sobre su rebaño.
9 Y he aquí, se les presentó un ángel del Señor, y la gloria del Señor los rodeó de resplandor; y tuvieron gran temor.
➤ 10 Pero el ángel les dijo: No temáis; porque he aquí os doy nuevas de gran gozo, que será para todo el pueblo:
11 que os ha nacido hoy, en la ciudad de David, un Salvador, que es Cristo el Señor.
12 Esto os servirá de señal: Hallaréis al niño envuelto en pañales, acostado en un pesebre.
13 Y repentinamente apareció con el ángel una multitud de las huestes celestiales, que alababan a Dios, y decían:
14 ¡Gloria a Dios en las alturas,
Y en la tierra paz, buena voluntad para con los hombres!
15 Sucedió que cuando los ángeles se fueron de ellos al cielo, los pastores se dijeron unos a otros: Pasemos, pues, hasta Belén, y veamos esto que ha sucedido, y que el Señor nos ha manifestado.
16 Vinieron, pues, apresuradamente, y hallaron a María y a José, y al niño acostado en el pesebre.
17 Y al verlo, dieron a conocer lo que se les había dicho acerca del niño.
18 Y todos los que oyeron, se maravillaron de lo que los pastores les decían.
19 Pero María guardaba todas estas cosas, meditándolas en su corazón.
20 Y volvieron los pastores glorificando y alabando a Dios por todas las cosas que habían oído y visto, como se les había dicho.

Presentación de Jesús en el templo
21 Cumplidos los ocho días para circuncidar al niño,[a] le pusieron por nombre Jesús, el cual le había sido puesto por el ángel[b] antes que fuese concebido.

Ejemplos de vida

SIMEÓN

Completo en los brazos de Dios

LC 2.25–35

Podemos preguntarnos si acaso Simeón, mientras se encaminaba con lentitud al templo, pensó: *«Ya se me están acabando los años. ¿Cuánto más tendré que esperar hasta que Dios conteste mi oración?»* ¿Cuánto tiempo había pasado desde que recibió la palabra especial del Señor? ¿Cinco años? ¿Diez años? No importaba. Cada día lo acercaba más al cumplimiento de la promesa de Dios: «que no vería la muerte antes que viese al Ungido del Señor» (Lc 2.26).

En ese momento, una joven pareja llegó al pórtico del templo con su niño recién nacido. Simeón pensó, *¡es el Niño!* Se acercó a la joven familia, tomó al bebé en sus brazos, y supo de inmediato que *éste* era Aquel por quien había esperado tanto tiempo.

El Señor siempre cumple sus promesas, y este siervo fiel de Dios tuvo la oportunidad de ser testigo del Salvador, tal como le fue prometido. Tomó a Jesús en sus brazos y lo bendijo diciendo: «Ahora, Señor, despides a tu siervo en paz, conforme a tu palabra; porque han visto mis ojos tu salvación» (Lc 2.29, 30).

Para un estudio más a fondo, véase el Índice de Principios de vida:

5. *Dios no nos demanda que entendamos su voluntad, sino que la obedezcamos aunque nos parezca poco razonable.*
9. *Confiar en Dios quiere decir ver más allá de lo que podemos, hacia lo que Dios ve.*
14. *Dios actúa a favor de quienes esperan en Él.*

22 Y cuando se cumplieron los días de la purificación de ellos, conforme a la ley de Moisés, le trajeron a Jerusalén para presentarle al Señor
23 (como está escrito en la ley del Señor: Todo varón que abriere la matriz será llamado santo al Señor),[c]

a. 2.21 Lv 12.3. **b. 2.21** Lc 1.31. **c. 2.23** Éx 13.2, 12.

24 y para ofrecer conforme a lo que se dice en la ley del Señor: Un par de tórtolas, o dos palominos.[d]
25 Y he aquí había en Jerusalén un hombre llamado Simeón, y este hombre, justo y piadoso, esperaba la consolación de Israel; y el Espíritu Santo estaba sobre él.
26 Y le había sido revelado por el Espíritu Santo, que no vería la muerte antes que viese al Ungido del Señor.
27 Y movido por el Espíritu, vino al templo. Y cuando los padres del niño Jesús lo trajeron al templo, para hacer por él conforme al rito de la ley,
28 él le tomó en sus brazos, y bendijo a Dios, diciendo:
29 Ahora, Señor, despides a tu siervo en paz,
Conforme a tu palabra;
30 Porque han visto mis ojos tu salvación,
31 La cual has preparado en presencia de
todos los pueblos;
32 Luz para revelación a los gentiles,[e]
Y gloria de tu pueblo Israel.
33 Y José y su madre estaban maravillados de todo lo que se decía de él.
34 Y los bendijo Simeón, y dijo a su madre María: He aquí, éste está puesto para caída y para levantamiento de muchos en Israel, y para señal que será contradicha
35 (y una espada traspasará tu misma alma), para que sean revelados los pensamientos de muchos corazones.
36 Estaba también allí Ana, profetisa, hija de Fanuel, de la tribu de Aser, de edad muy avanzada, pues había vivido con su marido siete años desde su virginidad,
37 y era viuda hacía ochenta y cuatro años; y no se apartaba del templo, sirviendo de noche y de día con ayunos y oraciones.
38 Ésta, presentándose en la misma hora, daba gracias a Dios, y hablaba del niño a todos los que esperaban la redención en Jerusalén.

El regreso a Nazaret

39 Después de haber cumplido con todo lo prescrito en la ley del Señor, volvieron a Galilea, a su ciudad de Nazaret.[f]
40 Y el niño crecía y se fortalecía, y se llenaba de sabiduría; y la gracia de Dios era sobre él.

El niño Jesús en el templo

41 Iban sus padres todos los años a Jerusalén en la fiesta de la pascua;[g]
42 y cuando tuvo doce años, subieron a Jerusalén conforme a la costumbre de la fiesta.
43 Al regresar ellos, acabada la fiesta, se quedó el niño Jesús en Jerusalén, sin que lo supiesen José y su madre.
44 Y pensando que estaba entre la compañía, anduvieron camino de un día; y le buscaban entre los parientes y los conocidos;
45 pero como no le hallaron, volvieron a Jerusalén buscándole.
46 Y aconteció que tres días después le hallaron en el templo, sentado en medio de los doctores de la ley, oyéndoles y preguntándoles.
47 Y todos los que le oían, se maravillaban de su inteligencia y de sus respuestas.
48 Cuando le vieron, se sorprendieron; y le dijo su madre: Hijo, ¿por qué nos has hecho así? He aquí, tu padre y yo te hemos buscado con angustia.
49 Entonces él les dijo: ¿Por qué me buscabais? ¿No sabíais que en los negocios de mi Padre me es necesario estar?

d. 2.22-24 Lv 12.6-8. **e. 2.32** Is 42.6; 49.6.
f. 2.39 Mt 2.23. **g. 2.41** Éx 12.1-27; Dt 16.1-8.

LECCIONES DE VIDA

➤ ***2.7 — lo envolvió en pañales, y lo acostó en un pesebre.***

Asombrosamente, Dios hizo entrada a este mundo, no como Rey dominante con gran pompa y ceremonia, sino como el Niño humilde que fue envuelto en simples pañales. Lejos de ser puesto en una cuna digna de un rey, el primer lugar donde Jesús reclinó su cabeza fue el comedero primitivo de un establo.

➤ ***2.10 — el ángel les dijo: No temáis; porque he aquí os doy nuevas de gran gozo, que será para todo el pueblo.***

Dios se interesa en cada persona, sin importar cuál sea su ocupación o su posición en la sociedad. Conforme a la tradición judía, los pastores se consideraban impuros en sentido ceremonial. Sin embargo, el Señor escogió a estos hombres para proclamar y anunciar el nacimiento de su Hijo, el Salvador del mundo. El ángel les dijo que no temieran, sino que abrieran sus ojos y vieran la gran maravilla que el Señor estaba haciendo por ellos y por el mundo entero, algo que traería un gran gozo a todos.

➤ ***2.40 — el niño crecía y se fortalecía, y se llenaba de sabiduría; y la gracia de Dios era sobre él.***

Jesús tuvo que crecer al igual que cualquier otro ser humano. Él llegó a ser fuerte en espíritu y lleno de sabiduría porque creció en la gracia de Dios. El amor misericordioso del Señor es lo que nos hace tanto fuertes como sabios.

➤ ***2.47 — todos los que le oían, se maravillaban de su inteligencia y de sus respuestas.***

La sabiduría de Dios es fenomenal. Hasta los maestros de la ley y los eruditos del templo quedaron totalmente asombrados del conocimiento espiritual de Cristo, especialmente a una edad tan tierna. Pero recuerde: «El temor de Jehová es el principio de la sabiduría, y el conocimiento del Santísimo es la inteligencia» (Pr 9.10). El conocimiento y el entendimiento asombrosos del Señor están a disposición de todos los que verdaderamente crean en Él (Jer 33.3; 1 Co 1.18—2.16; Stg 1.5, 6). ¿Necesita la sabiduría de Dios para su situación? Entonces confíe en Dios y obedézcalo, porque Él seguramente se revelará a usted si persevera en buscarlo (Lc 11.9, 10).

➢50 Mas ellos no entendieron las palabras que
les habló.
➢51 Y descendió con ellos, y volvió a Nazaret,
y estaba sujeto a ellos. Y su madre guardaba
todas estas cosas en su corazón.
52 Y Jesús crecía en sabiduría y en estatura, y
en gracia para con Dios y los hombres.[h]

Predicación de Juan el Bautista
(Mt 3.1-12; Mr 1.1-8; Jn 1.19-28)

3 En el año decimoquinto del imperio de
Tiberio César, siendo gobernador de Judea
Poncio Pilato, y Herodes tetrarca de Galilea, y
su hermano Felipe tetrarca de Iturea y de la
provincia de Traconite, y Lisanias tetrarca de
Abilinia,
2 y siendo sumos sacerdotes Anás y Caifás,
vino palabra de Dios a Juan, hijo de Zacarías,
en el desierto.
3 Y él fue por toda la región contigua al Jordán, predicando el bautismo del arrepentimiento para perdón de pecados,
➢4 como está escrito en el libro de las palabras
del profeta Isaías, que dice:
Voz del que clama en el desierto:
Preparad el camino del Señor;
Enderezad sus sendas.
5 Todo valle se rellenará,
Y se bajará todo monte y collado;
Los caminos torcidos serán
enderezados,
Y los caminos ásperos allanados;
6 Y verá toda carne la salvación de Dios.[a]
7 Y decía a las multitudes que salían para ser
bautizadas por él: ¡Oh generación de víboras![b]
¿Quién os enseñó a huir de la ira venidera?
8 Haced, pues, frutos dignos de arrepentimiento, y no comencéis a decir dentro de
vosotros mismos: Tenemos a Abraham por
padre;[c] porque os digo que Dios puede levantar hijos a Abraham aun de estas piedras.
9 Y ya también el hacha está puesta a la raíz
de los árboles; por tanto, todo árbol que no da
buen fruto se corta y se echa en el fuego.[d]
10 Y la gente le preguntaba, diciendo: Entonces, ¿qué haremos?
11 Y respondiendo, les dijo: El que tiene dos ➤
túnicas, dé al que no tiene; y el que tiene qué
comer, haga lo mismo.
12 Vinieron también unos publicanos para
ser bautizados,[e] y le dijeron: Maestro, ¿qué
haremos?
13 Él les dijo: No exijáis más de lo que os está
ordenado.
14 También le preguntaron unos soldados, ➤
diciendo: Y nosotros, ¿que haremos? Y les dijo:
No hagáis extorsión a nadie, ni calumniéis; y
contentaos con vuestro salario.
15 Como el pueblo estaba en expectativa, preguntándose todos en sus corazones si acaso
Juan sería el Cristo,
16 respondió Juan, diciendo a todos: Yo a la
verdad os bautizo en agua; pero viene uno
más poderoso que yo, de quien no soy digno
de desatar la correa de su calzado; él os bautizará en Espíritu Santo y fuego.
17 Su aventador está en su mano, y limpiará su era, y recogerá el trigo en su granero, y quemará la paja en fuego que nunca se
apagará.
18 Con estas y otras muchas exhortaciones
anunciaba las buenas nuevas al pueblo.
19 Entonces Herodes el tetrarca, siendo
reprendido por Juan a causa de Herodías,
mujer de Felipe su hermano, y de todas las
maldades que Herodes había hecho,
20 sobre todas ellas, añadió además ésta:
encerró a Juan en la cárcel.[f]

h. 2.52 1 S 2.26; Pr 3.4. **a. 3.4-6** Is 40.3-5. **b. 3.7** Mt 12.34; 23.33. **c. 3.8** Jn 8.33. **d. 3.9** Mt 7.19. **e. 3.12** Lc 7.29. **f. 3.19-20** Mt 14.3-4; Mr 6.17-18.

LECCIONES DE VIDA

➢ ***2.50 — ellos no entendieron las palabras que les habló.***

Aún siendo niño, Jesús habló de asuntos espirituales en términos que sus oyentes muchas veces no entendían. Sin embargo, los seguidores serios de Cristo se esfuerzan por adquirir entendimiento, como lo hicieron María (Lc 2.51) y sus discípulos (Lc 8.9).

➢ ***2.51 — descendió con ellos, y volvió a Nazaret, y estaba sujeto a ellos.***

Jesús es el unigénito Hijo de Dios, pero fue puesto bajo el cuidado y la autoridad de sus padres terrenales, María y José. Él se sometió a ellos, no como alguien inferior sino como un ejemplo de obediencia para nosotros.

➢ ***3.4 — Voz del que clama en el desierto: Preparad el camino del Señor; enderezad sus sendas.***

Juan cumplió fielmente el llamamiento que le fue dado aún antes de su nacimiento, el cual fue anunciado por el ángel Gabriel a su padre Zacarías (Lc 1.11–19). De manera similar, Dios le creó a usted para un propósito muy especial. Incluso antes que usted naciera, Él ya tenía planes concretos para su vida (Sal 139.13–16; Ef 2.10).

➢ ***3.11 — El que tiene dos túnicas, dé al que no tiene; y el que tiene qué comer, haga lo mismo.***

Una relación íntima con Dios va mucho más allá de simplemente tener sentimientos cálidos hacia el Creador del universo. Cualquier amor genuino al Señor moverá a una persona a realizar actos reales de amor hacia los demás (Stg 2.15, 16; 1 Jn 3.16–18). También hará estremecer el corazón de la gente hacia la salvación, el compromiso y la obediencia.

➢ ***3.14 — No hagáis extorsión a nadie, ni calumniéis; y contentaos con vuestro salario.***

Juan el Bautista no aconsejó a los soldados que se dedicaran a otra profesión, pero sí les instruyó que actuaran justamente y trataran con misericordia a quienes estuviesen bajo su autoridad.

El bautismo de Jesús
(Mt 3.13-17; Mr 1.9-11)

21 Aconteció que cuando todo el pueblo se
bautizaba, también Jesús fue bautizado; y
orando, el cielo se abrió,
22 y descendió el Espíritu Santo sobre él en
forma corporal, como paloma, y vino una voz
del cielo que decía: Tú eres mi Hijo amado; en
ti tengo complacencia.[g]

Genealogía de Jesús
(Mt 1.1-17)

➤ 23 Jesús mismo al comenzar su ministerio era
como de treinta años, hijo, según se creía, de
José, hijo de Elí,
24 hijo de Matat, hijo de Leví, hijo de Melqui,
hijo de Jana, hijo de José,
25 hijo de Matatías, hijo de Amós, hijo de
Nahum, hijo de Esli, hijo de Nagai,
26 hijo de Maat, hijo de Matatías, hijo de
Semei, hijo de José, hijo de Judá,
27 hijo de Joana, hijo de Resa, hijo de Zorobabel, hijo de Salatiel, hijo de Neri,
28 hijo de Melqui, hijo de Adi, hijo de Cosam,
hijo de Elmodam, hijo de Er,
29 hijo de Josué, hijo de Eliezer, hijo de Jorim,
hijo de Matat,
30 hijo de Leví, hijo de Simeón, hijo de Judá,
hijo de José, hijo de Jonán, hijo de Eliaquim,
31 hijo de Melea, hijo de Mainán, hijo de
Matata, hijo de Natán,
32 hijo de David, hijo de Isaí, hijo de Obed, hijo
de Booz, hijo de Salmón, hijo de Naasón,
33 hijo de Aminadab, hijo de Aram, hijo de
Esrom, hijo de Fares, hijo de Judá,
34 hijo de Jacob, hijo de Isaac, hijo de Abraham, hijo de Taré, hijo de Nacor,
35 hijo de Serug, hijo de Ragau, hijo de Peleg,
hijo de Heber, hijo de Sala,
36 hijo de Cainán, hijo de Arfaxad, hijo de
Sem, hijo de Noé, hijo de Lamec,
37 hijo de Matusalén, hijo de Enoc, hijo de
Jared, hijo de Mahalaleel, hijo de Cainán,
38 hijo de Enós, hijo de Set, hijo de Adán, hijo
de Dios.

Tentación de Jesús
(Mt 4.1-11; Mr 1.12-13)

4 Jesús, lleno del Espíritu Santo, volvió del
Jordán, y fue llevado por el Espíritu al
desierto
2 por cuarenta días, y era tentado por el diablo. Y no comió nada en aquellos días, pasados los cuales, tuvo hambre.
3 Entonces el diablo le dijo: Si eres Hijo de
Dios, di a esta piedra que se convierta en pan.
4 Jesús, respondiéndole, dijo: Escrito está: No
sólo de pan vivirá el hombre,[a] sino de toda
palabra de Dios.
5 Y le llevó el diablo a un alto monte, y le mostró en un momento todos los reinos de la tierra.
6 Y le dijo el diablo: A ti te daré toda esta
potestad, y la gloria de ellos; porque a mí me
ha sido entregada, y a quien quiero la doy.
7 Si tú postrado me adorares, todos serán tuyos.
8 Respondiendo Jesús, le dijo: Vete de mí,
Satanás, porque escrito está: Al Señor tu Dios
adorarás, y a él solo servirás.[b]
9 Y le llevó a Jerusalén, y le puso sobre el
pináculo del templo, y le dijo: Si eres Hijo de
Dios, échate de aquí abajo;
10 porque escrito está:
A sus ángeles mandará acerca de ti, que
te guarden;[c]
11 y,
En las manos te sostendrán,
Para que no tropieces con tu pie en piedra.[d]
12 Respondiendo Jesús, le dijo: Dicho está:
No tentarás al Señor tu Dios.[e]
13 Y cuando el diablo hubo acabado toda tentación, se apartó de él por un tiempo.

Jesús principia su ministerio
(Mt 4.12-17; Mr 1.14-15)

14 Y Jesús volvió en el poder del Espíritu a
Galilea, y se difundió su fama por toda la tierra de alrededor.
15 Y enseñaba en las sinagogas de ellos, y era
glorificado por todos.

g. 3.22 Is 42.1; Mt 12.18; 17.5; Mr 9.7; Lc 9.35. **a. 4.4** Dt 8.3. **b. 4.8** Dt 6.13. **c. 4.10** Sal 91.11. **d. 4.11** Sal 91.12. **e. 4.12** Dt 6.16.

LECCIONES DE VIDA

➤ ***3.23 — Jesús mismo al comenzar su ministerio era como de treinta años.***

Jesús pasó tres décadas preparándose para su ministerio, y la mayor parte de ese tiempo casi en total anonimato. En la mayoría de los casos, Dios primero hace pasar aquellos a quienes usa grandemente, por un período de preparación lejos de las luces brillantes, la fama y la notoriedad.

➤ ***4.1 — Jesús, lleno del Espíritu Santo, volvió del Jordán, y fue llevado por el Espíritu al desierto.***

Andar en el Espíritu es obedecer las indicaciones iniciales del Espíritu. Esto no significa que la vida siempre será fácil o libre de problemas. A veces el Señor nos llevará al desierto o a situaciones que son difíciles. De hecho, esto sucede con frecuencia después de tiempos de gran crecimiento o victoria espiritual. No obstante, si confiamos en Él y lo obedecemos, seguramente triunfaremos y nuestra relación con Él será todavía más profunda y fuerte.

➤ ***4.13 — cuando el diablo hubo acabado toda tentación, se apartó de él por un tiempo.***

Satanás no nos ataca de la misma manera todas las veces. Busca momentos oportunos, cuando nos sentimos más débiles o más desanimados, para insinuar que en Dios no se puede confiar y que nos toca tomar los asuntos en nuestras propias manos. ¿Cómo refutamos sus mentiras? Andando a diario con el Señor en oración, estudiando su Palabra y manteniéndonos fuertes en nuestra fe (1 P 5.8–11).

Jesús en Nazaret
(Mt 13.53-58; Mr 6.1-6)

16 Vino a Nazaret, donde se había criado; y en el día de reposo* entró en la sinagoga, conforme a su costumbre, y se levantó a leer.

17 Y se le dio el libro del profeta Isaías; y habiendo abierto el libro, halló el lugar donde estaba escrito:

18 El Espíritu del Señor está sobre mí,
Por cuanto me ha ungido para dar
buenas nuevas a los pobres;
Me ha enviado a sanar a los
quebrantados de corazón;
A pregonar libertad a los cautivos,
Y vista a los ciegos;
A poner en libertad a los oprimidos;
19 A predicar el año agradable del Señor.[f]

20 Y enrollando el libro, lo dio al ministro, y se sentó; y los ojos de todos en la sinagoga estaban fijos en él.

➤ 21 Y comenzó a decirles: Hoy se ha cumplido esta Escritura delante de vosotros.

22 Y todos daban buen testimonio de él, y estaban maravillados de las palabras de gracia que salían de su boca, y decían: ¿No es éste el hijo de José?

23 Él les dijo: Sin duda me diréis este refrán: Médico, cúrate a ti mismo; de tantas cosas que hemos oído que se han hecho en Capernaum, haz también aquí en tu tierra.

24 Y añadió: De cierto os digo, que ningún profeta es acepto en su propia tierra.[g]

25 Y en verdad os digo que muchas viudas había en Israel en los días de Elías, cuando el cielo fue cerrado por tres años y seis meses, y hubo una gran hambre en toda la tierra;[h]

26 pero a ninguna de ellas fue enviado Elías, sino a una mujer viuda en Sarepta de Sidón.[i]

27 Y muchos leprosos había en Israel en tiempo del profeta Eliseo; pero ninguno de ellos fue limpiado, sino Naamán el sirio.[j]

28 Al oír estas cosas, todos en la sinagoga se llenaron de ira;

29 y levantándose, le echaron fuera de la ciudad, y le llevaron hasta la cumbre del monte sobre el cual estaba edificada la ciudad de ellos, para despeñarle.

30 Mas él pasó por en medio de ellos, y se fue.

Un hombre que tenía un espíritu inmundo
(Mr 1.21-28)

31 Descendió Jesús a Capernaum, ciudad de Galilea; y les enseñaba en los días de reposo.*

32 Y se admiraban de su doctrina, porque su palabra era con autoridad.[k]

33 Estaba en la sinagoga un hombre que tenía un espíritu de demonio inmundo, el cual exclamó a gran voz,

34 diciendo: Déjanos; ¿qué tienes con nosotros, Jesús nazareno? ¿Has venido para destruirnos? Yo te conozco quién eres, el Santo de Dios.

35 Y Jesús le reprendió, diciendo: Cállate, y sal de él. Entonces el demonio, derribándole en medio de ellos, salió de él, y no le hizo daño alguno.

36 Y estaban todos maravillados, y hablaban unos a otros, diciendo: ¿Qué palabra es esta, que con autoridad y poder manda a los espíritus inmundos, y salen?

37 Y su fama se difundía por todos los lugares de los contornos.

Jesús sana a la suegra de Pedro
(Mt 8.14-15; Mr 1.29-31)

38 Entonces Jesús se levantó y salió de la sinagoga, y entró en casa de Simón. La suegra de Simón tenía una gran fiebre; y le rogaron por ella.

39 E inclinándose hacia ella, reprendió a la fiebre; y la fiebre la dejó, y levantándose ella al instante, les servía.

Muchos sanados al ponerse el sol
(Mt 8.16-17; Mr 1.32-34)

40 Al ponerse el sol, todos los que tenían enfermos de diversas enfermedades los traían a él; y él, poniendo las manos sobre cada uno de ellos, los sanaba.

41 También salían demonios de muchos, dando voces y diciendo: Tú eres el Hijo de Dios. Pero él los reprendía y no les dejaba hablar, porque sabían que él era el Cristo.

Jesús recorre Galilea predicando
(Mr 1.35-39)

42 Cuando ya era de día, salió y se fue a un lugar desierto; y la gente le buscaba, y llegando a donde estaba, le detenían para que no se fuera de ellos.

43 Pero él les dijo: Es necesario que también a otras ciudades anuncie el evangelio del reino de Dios; porque para esto he sido enviado.

44 Y predicaba en las sinagogas de Galilea.

La pesca milagrosa
(Mt 4.18-22; Mr 1.16-20)

5 Aconteció que estando Jesús junto al lago de Genesaret, el gentío se agolpaba sobre él para oír la palabra de Dios.

* Aquí equivale a *sábado*.

f. 4.18-19 Is 61.1-2. **g. 4.24** Jn 4.44.
h. 4.25 1 R 17.1. **i. 4.26** 1 R 17.8-16. **j. 4.27** 2 R 5.1-14
k. 4.32 Mt 7.28-29.

LECCIONES DE VIDA

➤ ***4.21 — Hoy se ha cumplido esta Escritura delante de vosotros.***

Los presentes en la sinagoga entendieron que el texto leído por Jesús (en Is 61) se refería al Mesías profetizado. En consecuencia, desde el inicio de su ministerio Jesús anunció que Él era el Salvador y el Redentor que Israel y el mundo habían estado esperando.

2 Y vio dos barcas que estaban cerca de la orilla del lago; y los pescadores, habiendo descendido de ellas, lavaban sus redes.
3 Y entrando en una de aquellas barcas, la
cual era de Simón, le rogó que la apartase de
tierra un poco; y sentándose, enseñaba desde
la barca a la multitud.[a]
4 Cuando terminó de hablar, dijo a Simón: Boga
mar adentro, y echad vuestras redes para pescar.
5 Respondiendo Simón, le dijo: Maestro, toda la
noche hemos estado trabajando, y nada hemos
pescado;[b] mas en tu palabra echaré la red.
6 Y habiéndolo hecho, encerraron gran cantidad de peces,[c] y su red se rompía.
7 Entonces hicieron señas a los compañeros
que estaban en la otra barca, para que viniesen a ayudarles; y vinieron, y llenaron ambas
barcas, de tal manera que se hundían.
8 Viendo esto Simón Pedro, cayó de rodillas
ante Jesús, diciendo: Apártate de mí, Señor,
porque soy hombre pecador.
9 Porque por la pesca que habían hecho, el
temor se había apoderado de él, y de todos los
que estaban con él,
10 y asimismo de Jacobo y Juan, hijos de
Zebedeo, que eran compañeros de Simón.
Pero Jesús dijo a Simón: No temas; desde ahora serás pescador de hombres.
➤ 11 Y cuando trajeron a tierra las barcas, dejándolo todo, le siguieron.

Jesús sana a un leproso
(Mt 8.1-14; Mr 1.40-45)

12 Sucedió que estando él en una de las ciudades, se presentó un hombre lleno de lepra,
el cual, viendo a Jesús, se postró con el rostro
en tierra y le rogó, diciendo: Señor, si quieres,
puedes limpiarme.
➤ 13 Entonces, extendiendo él la mano, le tocó,
diciendo: Quiero; sé limpio. Y al instante la
lepra se fue de él.
14 Y él le mandó que no lo dijese a nadie; sino
ve, le dijo, muéstrate al sacerdote, y ofrece por
tu purificación, según mandó Moisés,[d] para
testimonio a ellos.
15 Pero su fama se extendía más y más; y se
reunía mucha gente para oírle, y para que les
sanase de sus enfermedades.
➤ 16 Mas él se apartaba a lugares desiertos, y
oraba.

Jesús sana a un paralítico
(Mt 9.1-8; Mr 2.1-12)

17 Aconteció un día, que él estaba enseñando, y estaban sentados los fariseos y doctores
de la ley, los cuales habían venido de todas
las aldeas de Galilea, y de Judea y Jerusalén;
y el poder del Señor estaba con él para sanar.
18 Y sucedió que unos hombres que traían en
un lecho a un hombre que estaba paralítico,
procuraban llevarle adentro y ponerle delante de él.
19 Pero no hallando cómo hacerlo a causa de
la multitud, subieron encima de la casa, y por
el tejado le bajaron con el lecho, poniéndole
en medio, delante de Jesús.
20 Al ver él la fe de ellos, le dijo: Hombre, tus
pecados te son perdonados.
21 Entonces los escribas y los fariseos comenzaron a cavilar, diciendo: ¿Quién es éste que
habla blasfemias? ¿Quién puede perdonar
pecados sino sólo Dios?
22 Jesús entonces, conociendo los pensamientos de ellos, respondiendo les dijo: ¿Qué caviláis en vuestros corazones?
23 ¿Qué es más fácil, decir: Tus pecados te son
perdonados, o decir: Levántate y anda?
24 Pues para que sepáis que el Hijo del Hombre tiene potestad en la tierra para perdonar pecados (dijo al paralítico): A ti te digo:
Levántate, toma tu lecho, y vete a tu casa.
25 Al instante, levantándose en presencia de
ellos, y tomando el lecho en que estaba acostado, se fue a su casa, glorificando a Dios.
26 Y todos, sobrecogidos de asombro, glorificaban a Dios; y llenos de temor, decían: Hoy
hemos visto maravillas.

Llamamiento de Leví
(Mt 9.9-13; Mr 2.13-17)

27 Después de estas cosas salió, y vio a un
publicano llamado Leví, sentado al banco de
los tributos públicos, y le dijo: Sígueme.
28 Y dejándolo todo, se levantó y le siguió.
29 Y Leví le hizo gran banquete en su casa;
y había mucha compañía de publicanos y de
otros que estaban a la mesa con ellos.

* Aquí equivale a *sábado*.
a. 5.1-3 Mt 13.1-2; Mr 3.9-10; 4.1. **b. 5.5** Jn 21.3.
c. 5.6 Jn 21.6. **d. 5.14** Lv 14.1-32.

LECCIONES DE VIDA

➤ ***5.11 — cuando trajeron a tierra las barcas, dejándolo todo, le siguieron.***

Los requisitos particulares de Jesús para sus discípulos son bastante diversos, pero lo que Él demanda de todos sus seguidores es lealtad total. Él debe ser Señor de todo, no sólo una voz significativa entre muchas otras.

➤ ***5.13 — extendiendo él la mano, le tocó, diciendo: Quiero; sé limpio. Y al instante la lepra se fue de él.***

Jesús no tenía que tocar a las personas para sanarlas (Lc 7.1–10), pero en su compasión se propuso tocar al leproso, un hombre a quien nadie se atrevía a tocar. Jesús siempre nos da exactamente lo que necesitamos.

➤ ***5.16 — él se apartaba a lugares desiertos, y oraba.***

Jesús valoraba mucho los momentos que pasaba en oración a solas. Como nuestro ejemplo, Él nos muestra que ninguno de nosotros puede darse el lujo de saltarse el tiempo devocional que pasamos a solas con el Señor. Fuimos hechos para una relación íntima con Él, lo cual no puede suceder si nunca nos comunicamos con Él ni lo escuchamos.

30 Y los escribas y los fariseos murmuraban
contra los discípulos, diciendo: ¿Por qué coméis
y bebéis con publicanos y pecadores?[e]
31 Respondiendo Jesús, les dijo: Los que están
sanos no tienen necesidad de médico, sino los
enfermos.
32 No he venido a llamar a justos, sino a pecadores al arrepentimiento.

La pregunta sobre el ayuno

(Mt 9.14-17; Mr 2.18-22)

33 Entonces ellos le dijeron: ¿Por qué los discípulos de Juan ayunan muchas veces y hacen
oraciones, y asimismo los de los fariseos, pero
los tuyos comen y beben?
34 Él les dijo: ¿Podéis acaso hacer que los
que están de bodas ayunen, entre tanto que el
esposo está con ellos?
35 Mas vendrán días cuando el esposo les será
quitado; entonces, en aquellos días ayunarán.
36 Les dijo también una parábola: Nadie corta un pedazo de un vestido nuevo y lo pone en
un vestido viejo; pues si lo hace, no solamente rompe el nuevo, sino que el remiendo sacado de él no armoniza con el viejo.
37 Y nadie echa vino nuevo en odres viejos; de
otra manera, el vino nuevo romperá los odres
y se derramará, y los odres se perderán.
38 Mas el vino nuevo en odres nuevos se ha de
echar; y lo uno y lo otro se conservan.
39 Y ninguno que beba del añejo, quiere luego
el nuevo; porque dice: El añejo es mejor.

Los discípulos recogen espigas en el día de reposo

(Mt 12.1-8; Mr 2.23-28)

6 Aconteció en un día de reposo,* que pasando Jesús por los sembrados, sus discípulos
arrancaban espigas y comían,[a] restregándolas
con las manos.
2 Y algunos de los fariseos les dijeron: ¿Por
qué hacéis lo que no es lícito hacer en los días
de reposo?*
3 Respondiendo Jesús, les dijo: ¿Ni aun esto
habéis leído, lo que hizo David cuando tuvo
hambre él, y los que con él estaban;
4 cómo entró en la casa de Dios, y tomó los
panes de la proposición, de los cuales no es
lícito comer sino sólo a los sacerdotes,[b] y
comió, y dio también a los que estaban con
él?[c]
5 Y les decía: El Hijo del Hombre es Señor aun
del día de reposo.*

El hombre de la mano seca

(Mt 12.9-14; Mr 3.1-6)

6 Aconteció también en otro día de reposo,* que
él entró en la sinagoga y enseñaba; y estaba
allí un hombre que tenía seca la mano derecha.
7 Y le acechaban los escribas y los fariseos,
para ver si en el día de reposo* lo sanaría, a
fin de hallar de qué acusarle.
8 Mas él conocía los pensamientos de ellos; y
dijo al hombre que tenía la mano seca: Levántate, y ponte en medio. Y él, levantándose, se
puso en pie.
9 Entonces Jesús les dijo: Os preguntaré una
cosa: ¿Es lícito en día de reposo* hacer bien, o
hacer mal? ¿salvar la vida, o quitarla?
10 Y mirándolos a todos alrededor, dijo al
hombre: Extiende tu mano. Y él lo hizo así, y
su mano fue restaurada.
11 Y ellos se llenaron de furor, y hablaban
entre sí qué podrían hacer contra Jesús.

Elección de los doce apóstoles

(Mt 10.1-4; Mr 3.13-19)

12 En aquellos días él fue al monte a orar, y
pasó la noche orando a Dios.
13 Y cuando era de día, llamó a sus discípulos,
y escogió a doce de ellos, a los cuales también
llamó apóstoles:
14 a Simón, a quien también llamó Pedro, a
Andrés su hermano, Jacobo y Juan, Felipe y
Bartolomé,
15 Mateo, Tomás, Jacobo hijo de Alfeo, Simón
llamado Zelote,
16 Judas hermano de Jacobo, y Judas Iscariote, que llegó a ser el traidor.

Jesús atiende a una multitud

(Mt 4.23-25)

17 Y descendió con ellos, y se detuvo en un
lugar llano, en compañía de sus discípulos y
de una gran multitud de gente de toda Judea,
de Jerusalén y de la costa de Tiro y de Sidón,
que había venido para oírle, y para ser sanados de sus enfermedades;

* Aquí equivale a *sábado*.

e. 5.30 Lc 15.1-2. **a. 6.1** Dt 23.25. **b. 6.4** Lv 24.9. **c. 6.3-4** 1 S 21.1-6.

LECCIONES DE VIDA

➤ ***6.9 — Os preguntaré una cosa: ¿Es lícito en día de reposo hacer bien, o hacer mal? ¿salvar la vida, o quitarla?***

Cada ley o mandamiento que Dios dio a su pueblo, lo dio por su propio bien (Dt 10.13). El Señor no se deleita en regulaciones que destruyen, perjudican o permiten que se perpetúe la injusticia, así que la respuesta a su pregunta debió haber sido obvia. Tristemente, estos líderes religiosos habían añadido tantas estipulaciones a sus mandatos que impedían a la gente poner en práctica el espíritu de la ley: amar a Dios y servir a los demás (Mt 23.13–28).

➤ ***6.12 — En aquellos días él fue al monte a orar, y pasó la noche orando a Dios.***

Jesús pasó toda la noche en oración, antes de proceder a elegir a los doce discípulos que lo acompañarían por todas partes. Siempre que tomemos cualquier decisión, sea grande o pequeña, deberíamos seguir su ejemplo y buscar su consejo con todo el corazón.

18 y los que habían sido atormentados de espíritus inmundos eran sanados.
19 Y toda la gente procuraba tocarle, porque poder salía de él y sanaba a todos.

Bienaventuranzas y ayes
(Mt 5.1-12)
20 Y alzando los ojos hacia sus discípulos, decía: Bienaventurados vosotros los pobres, porque vuestro es el reino de Dios.
21 Bienaventurados los que ahora tenéis hambre, porque seréis saciados. Bienaventurados los que ahora lloráis, porque reiréis.
22 Bienaventurados seréis cuando los hombres os aborrezcan, y cuando os aparten de sí, y os vituperen, y desechen vuestro nombre como malo, por causa del Hijo del Hombre.[d]
23 Gozaos en aquel día, y alegraos, porque he aquí vuestro galardón es grande en los cielos; porque así hacían sus padres con los profetas.[e]
24 Mas ¡ay de vosotros, ricos! porque ya tenéis vuestro consuelo.
25 ¡Ay de vosotros, los que ahora estáis saciados! porque tendréis hambre. ¡Ay de vosotros, los que ahora reís! porque lamentaréis y lloraréis.
26 ¡Ay de vosotros, cuando todos los hombres hablen bien de vosotros! porque así hacían sus padres con los falsos profetas.

El amor hacia los enemigos, y la regla de oro
(Mt 5.38-48; 7-12)
27 Pero a vosotros los que oís, os digo: Amad a vuestros enemigos, haced bien a los que os aborrecen;
28 bendecid a los que os maldicen, y orad por los que os calumnian.
29 Al que te hiera en una mejilla, preséntale también la otra; y al que te quite la capa, ni aun la túnica le niegues.
30 A cualquiera que te pida, dale; y al que tome lo que es tuyo, no pidas que te lo devuelva.
31 Y como queréis que hagan los hombres con vosotros, así también haced vosotros con ellos.
32 Porque si amáis a los que os aman, ¿qué mérito tenéis? Porque también los pecadores aman a los que los aman.
33 Y si hacéis bien a los que os hacen bien, ¿qué mérito tenéis? Porque también los pecadores hacen lo mismo.
34 Y si prestáis a aquellos de quienes esperáis recibir, ¿qué mérito tenéis? Porque también los pecadores prestan a los pecadores, para recibir otro tanto.
35 Amad, pues, a vuestros enemigos, y haced bien, y prestad, no esperando de ello nada; y será vuestro galardón grande, y seréis hijos del Altísimo; porque él es benigno para con los ingratos y malos.
36 Sed, pues, misericordiosos, como también vuestro Padre es misericordioso.

El juzgar a los demás
(Mt 7.1-5)
37 No juzguéis, y no seréis juzgados; no condenéis, y no seréis condenados; perdonad, y seréis perdonados.
38 Dad, y se os dará; medida buena, apretada, remecida y rebosando darán en vuestro regazo; porque con la misma medida con que medís, os volverán a medir.
39 Y les decía una parábola: ¿Acaso puede un ciego guiar a otro ciego? ¿No caerán ambos en el hoyo?[f]
40 El discípulo no es superior a su maestro;[g] mas todo el que fuere perfeccionado, será como su maestro.
41 ¿Por qué miras la paja que está en el ojo de tu hermano, y no echas de ver la viga que está en tu propio ojo?
42 ¿O cómo puedes decir a tu hermano: Hermano, déjame sacar la paja que está en tu ojo, no mirando tú la viga que está en el ojo tuyo? Hipócrita, saca primero la viga de tu propio ojo, y entonces verás bien para sacar la paja que está en el ojo de tu hermano.

Por sus frutos los conoceréis
(Mt 7.15-20)
43 No es buen árbol el que da malos frutos, ni árbol malo el que da buen fruto.
44 Porque cada árbol se conoce por su fruto;[h] pues no se cosechan higos de los espinos, ni de las zarzas se vendimian uvas.
45 El hombre bueno, del buven tesoro de su corazón saca lo bueno; y el hombre malo, del mal tesoro de su corazón saca lo malo; porque de la abundancia del corazón habla la boca.[i]

d. 6.22 1 P 4.14. **e. 6.23** 2 Cr 36.16; Hch 7.52.
f. 6.39 Mt 15.14. **g. 6.40** Mt 10.24-25; Jn 13.16; 15.20.
h. 6.44 Mt 12.33. **i. 6.45** Mt 12.34.

LECCIONES DE VIDA

➤ ***6.35 — él es benigno para con los ingratos y malos.***

Si Dios no fuera benigno hacia los ingratos y los impíos, ¿dónde estaría cualquiera de nosotros (Ro 5.8)? El Señor siempre juzga el pecado, pero desea que nos apartemos de nuestro pecado y recibamos su salvación para que pueda bendecirnos, no juzgarnos (1 P 3.9). De igual modo, debemos ser benignos con todas las personas, mostrándoles el amor y la misericordia de Dios, abrigando la esperanza de que se arrepientan y alcancen salvación (2 Ti 2.24–26).

➤ ***6.44 — cada árbol se conoce por su fruto.***

¿Qué clase de fruto da? ¿Cómo le describirían sus familiares, sus compañeros de trabajo y sus vecinos? ¿Dirían que usted es amable o egoísta? ¿Piadoso o sin escrúpulos? La manera de medir la eficacia de su andar con el Señor es ver lo que esté produciendo. ¿Son atraídas las personas a Dios por medio de usted, o pierden interés en Él al observar su estilo de vida? La única manera como usted puede contribuir a cambiar este mundo para Cristo es permaneciendo en Él (Jn 15.5).

Los dos cimientos
(Mt 7.24-27)
46 ¿Por qué me llamáis, Señor, Señor, y no hacéis lo que yo digo?
47 Todo aquel que viene a mí, y oye mis palabras y las hace, os indicaré a quién es semejante.
48 Semejante es al hombre que al edificar una casa, cavó y ahondó y puso el fundamento sobre la roca; y cuando vino una inundación, el río dio con ímpetu contra aquella casa, pero no la pudo mover, porque estaba fundada sobre la roca.
49 Mas el que oyó y no hizo, semejante es al hombre que edificó su casa sobre tierra, sin fundamento; contra la cual el río dio con ímpetu, y luego cayó, y fue grande la ruina de aquella casa.

Jesús sana al siervo de un centurión
(Mt 8.5-13)
7 Después que hubo terminado todas sus palabras al pueblo que le oía, entró en Capernaum.
2 Y el siervo de un centurión, a quien éste quería mucho, estaba enfermo y a punto de morir.
3 Cuando el centurión oyó hablar de Jesús, le envió unos ancianos de los judíos, rogándole que viniese y sanase a su siervo.
4 Y ellos vinieron a Jesús y le rogaron con solicitud, diciéndole: Es digno de que le concedas esto;
5 porque ama a nuestra nación, y nos edificó una sinagoga.
6 Y Jesús fue con ellos. Pero cuando ya no estaban lejos de la casa, el centurión envió a él unos amigos, diciéndole: Señor, no te molestes, pues no soy digno de que entres bajo mi techo;
7 por lo que ni aun me tuve por digno de venir a ti; pero di la palabra, y mi siervo será sano.
8 Porque también yo soy hombre puesto bajo autoridad, y tengo soldados bajo mis órdenes; y digo a éste: Ve, y va; y al otro: Ven, y viene; y a mi siervo: Haz esto, y lo hace.
9 Al oír esto, Jesús se maravilló de él, y volviéndose, dijo a la gente que le seguía: Os digo que ni aun en Israel he hallado tanta fe.
10 Y al regresar a casa los que habían sido enviados, hallaron sano al siervo que había estado enfermo.

Jesús resucita al hijo de la viuda de Naín
11 Aconteció después, que él iba a la ciudad que se llama Naín, e iban con él muchos de sus discípulos, y una gran multitud.
12 Cuando llegó cerca de la puerta de la ciudad, he aquí que llevaban a enterrar a un difunto, hijo único de su madre, la cual era viuda; y había con ella mucha gente de la ciudad.
13 Y cuando el Señor la vio, se compadeció de ella, y le dijo: No llores.
14 Y acercándose, tocó el féretro; y los que lo llevaban se detuvieron. Y dijo: Joven, a ti te digo, levántate.
15 Entonces se incorporó el que había muerto, y comenzó a hablar. Y lo dio a su madre.
16 Y todos tuvieron miedo, y glorificaban a Dios, diciendo: Un gran profeta se ha levantado entre nosotros; y: Dios ha visitado a su pueblo.
17 Y se extendió la fama de él por toda Judea, y por toda la región de alrededor.

Los mensajeros de Juan el Bautista
(Mt 11.2-19)
18 Los discípulos de Juan le dieron las nuevas de todas estas cosas. Y llamó Juan a dos de sus discípulos,
19 y los envió a Jesús, para preguntarle: ¿Eres tú el que había de venir, o esperaremos a otro?
20 Cuando, pues, los hombres vinieron a él, dijeron: Juan el Bautista nos ha enviado a ti, para preguntarte: ¿Eres tú el que había de venir, o esperaremos a otro?
21 En esa misma hora sanó a muchos de enfermedades y plagas, y de espíritus malos, y a muchos ciegos les dio la vista.
22 Y respondiendo Jesús, les dijo: Id, haced saber a Juan lo que habéis visto y oído: los ciegos ven, los cojos andan, los leprosos son limpiados, los sordos oyen,[a] los muertos son resucitados, y a los pobres es anunciado el evangelio;[b]

a. 7.22 Is 35.5-6. **b. 7.22** Is 61.1.

LECCIONES DE VIDA

➤ ***6.45 — El hombre bueno, del buen tesoro de su corazón saca lo bueno… porque de la abundancia del corazón habla la boca.***

Su manera de hablar dice mucho acerca de usted. ¿Están manchadas sus conversaciones por expresiones quejumbrosas o insolentes? O, ¿se caracterizan por alabanza al Señor, cordura y sabiduría? Esto demuestra lo que hay guardado en su corazón, y si es negativo, usted debería reevaluar en qué ha mantenido su enfoque. Ponga su corazón en Dios, así fluirán de usted palabras buenas y edificantes cada vez que hable.

➤ ***7.15 — se incorporó el que había muerto, y comenzó a hablar. Y lo dio a su madre.***

Esta no fue la única vez que Jesús levantó de la muerte a una persona difunta. Aquel quien es llamado el «Verbo de vida» (1 Jn 1.1) es «Señor así de los muertos como de los que viven» (Ro 14.9).

➤ ***7.21 — En esa misma hora sanó a muchos de enfermedades y plagas, y de espíritus malos, y a muchos ciegos les dio la vista.***

Encarcelado, Juan había empezado a dudar si Jesús era el Mesías prometido. En su gracia, el Señor le mostró la verdad al desalentado Juan. En la cantidad y la variedad de sus milagros, Jesús estaba haciendo lo que ningún profeta del Antiguo Testamento había logrado hacer.

23 y bienaventurado es aquel que no halle tropiezo en mí.
24 Cuando se fueron los mensajeros de Juan,
comenzó a decir de Juan a la gente: ¿Qué
salisteis a ver al desierto? ¿Una caña sacudida por el viento?
25 Mas ¿qué salisteis a ver? ¿A un hombre
cubierto de vestiduras delicadas? He aquí, los
que tienen vestidura preciosa y viven en deleites, en los palacios de los reyes están.
26 Mas ¿qué salisteis a ver? ¿A un profeta? Sí,
os digo, y más que profeta.
27 Éste es de quien está escrito:

> He aquí, envío mi mensajero delante de
> tu faz,
> El cual preparará tu camino delante de
> ti.[c]

28 Os digo que entre los nacidos de mujeres, no hay mayor profeta que Juan el Bautista; pero el más pequeño en el reino de Dios es
mayor que él.
29 Y todo el pueblo y los publicanos, cuando
lo oyeron, justificaron a Dios, bautizándose
con el bautismo de Juan.
➤ 30 Mas los fariseos y los intérpretes de la ley
desecharon los designios de Dios respecto de
sí mismos, no siendo bautizados por Juan.[d]
31 Y dijo el Señor: ¿A qué, pues, compararé
los hombres de esta generación, y a qué son
semejantes?
32 Semejantes son a los muchachos sentados en la plaza, que dan voces unos a otros y
dicen: Os tocamos flauta, y no bailasteis; os
endechamos, y no llorasteis.
33 Porque vino Juan el Bautista, que ni comía
pan ni bebía vino, y decís: Demonio tiene.
34 Vino el Hijo del Hombre, que come y bebe,
y decís: Éste es un hombre comilón y bebedor
de vino, amigo de publicanos y de pecadores.
35 Mas la sabiduría es justificada por todos
sus hijos.

Jesús en el hogar de Simón el fariseo

36 Uno de los fariseos rogó a Jesús que comiese con él. Y habiendo entrado en casa del fariseo, se sentó a la mesa.
37 Entonces una mujer de la ciudad, que era
pecadora, al saber que Jesús estaba a la mesa
en casa del fariseo, trajo un frasco de alabastro con perfume;
38 y estando detrás de él a sus pies, llorando,
comenzó a regar con lágrimas sus pies, y los
enjugaba con sus cabellos; y besaba sus pies,
y los ungía con el perfume.[e]
39 Cuando vio esto el fariseo que le había
convidado, dijo para sí: Éste, si fuera profeta,
conocería quién y qué clase de mujer es la que
le toca, que es pecadora.
40 Entonces respondiendo Jesús, le dijo:
Simón, una cosa tengo que decirte. Y él le
dijo: Di, Maestro.
41 Un acreedor tenía dos deudores: el
uno le debía quinientos denarios, y el otro
cincuenta;
42 y no teniendo ellos con qué pagar, perdonó a ambos. Di, pues, ¿cuál de ellos le amará más?
43 Respondiendo Simón, dijo: Pienso que
aquel a quien perdonó más. Y él le dijo: Rectamente has juzgado.
44 Y vuelto a la mujer, dijo a Simón: ¿Ves
esta mujer? Entré en tu casa, y no me diste
agua para mis pies; mas ésta ha regado mis
pies con lágrimas, y los ha enjugado con sus
cabellos.
45 No me diste beso; mas ésta, desde que
entré, no ha cesado de besar mis pies.
46 No ungiste mi cabeza con aceite; mas ésta
ha ungido con perfume mis pies.
47 Por lo cual te digo que sus muchos pecados ➤
le son perdonados, porque amó mucho; mas
aquel a quien se le perdona poco, poco ama.
48 Y a ella le dijo: Tus pecados te son
perdonados.
49 Y los que estaban juntamente sentados a la
mesa, comenzaron a decir entre sí: ¿Quién es
éste, que también perdona pecados?
50 Pero él dijo a la mujer: Tu fe te ha salvado, ve en paz.

Mujeres que sirven a Jesús

8 Aconteció después, que Jesús iba por
todas las ciudades y aldeas, predicando y
anunciando el evangelio del reino de Dios, y
los doce con él,
2 y algunas mujeres que habían sido sanadas ➤
de espíritus malos y de enfermedades: María,

c. 7.27 Mal 3.1. **d. 7.29-30** Mt 21.32; Lc 3.12.
e. 7.37-38 Mt 26.7; Mr 14.3; Jn 12.3.

LECCIONES DE VIDA

➤ ***7.30 — los fariseos y los intérpretes de la ley desecharon los designios de Dios respecto de sí mismos.***

Es posible rechazar la voluntad del Señor y hasta trabajar en su contra. Sin embargo, es algo que nunca sucederá de forma accidental ni en contra de sus propios deseos. Si quiere conocer la voluntad de Dios para su vida, Él moverá cielo y tierra para mostrársela, pero usted tiene que elegirla y obedecerlo.

➤ ***7.47 — aquel a quien se le perdona poco, poco ama.***

Si rehusamos ver la magnitud de nuestro pecado, el sacrificio del Señor puede no parecernos muy significativo. En cambio, si entendemos la condición verdadera de nuestros corazones pecadores y el castigo terrible de nuestras transgresiones, su sacrificio inmenso por nosotros inspira profundo amor y devoción (Ro 3.10–26; 6.23).

que se llamaba Magdalena, de la que habían
salido siete demonios,
3 Juana, mujer de Chuza intendente de Herodes, y Susana, y otras muchas que le servían
de sus bienes.[a]

Parábola del sembrador

(Mt 13.1-15; 15.18-23; Mr 4.1-20)

4 Juntándose una gran multitud, y los que de cada ciudad venían a él, les dijo por parábola:
5 El sembrador salió a sembrar su semilla; y mientras sembraba, una parte cayó junto al camino, y fue hollada, y las aves del cielo la comieron.
6 Otra parte cayó sobre la piedra; y nacida, se secó, porque no tenía humedad.
7 Otra parte cayó entre espinos, y los espinos que nacieron juntamente con ella, la ahogaron.
8 Y otra parte cayó en buena tierra, y nació y llevó fruto a ciento por uno. Hablando estas cosas, decía a gran voz: El que tiene oídos para oír, oiga.
9 Y sus discípulos le preguntaron, diciendo: ¿Qué significa esta parábola?
10 Y él dijo: A vosotros os es dado conocer los misterios del reino de Dios; pero a los otros por parábolas, para que viendo no vean, y oyendo no entiendan.[b]
11 Ésta es, pues, la parábola: La semilla es la palabra de Dios.
12 Y los de junto al camino son los que oyen, y luego viene el diablo y quita de su corazón la palabra, para que no crean y se salven.
13 Los de sobre la piedra son los que habiendo oído, reciben la palabra con gozo; pero éstos no tienen raíces; creen por algún tiempo, y en el tiempo de la prueba se apartan.
14 La que cayó entre espinos, éstos son los que oyen, pero yéndose, son ahogados por los afanes y las riquezas y los placeres de la vida, y no llevan fruto.
15 Mas la que cayó en buena tierra, éstos son los que con corazón bueno y recto retienen la palabra oída, y dan fruto con perseverancia.

Nada oculto que no haya de ser manifestado

(Mr 4.21-25)

➤16 Nadie que enciende una luz la cubre con una vasija, ni la pone debajo de la cama, sino que la pone en un candelero[c] para que los que entran vean la luz.
17 Porque nada hay oculto, que no haya de ser manifestado; ni escondido, que no haya de ser conocido, y de salir a luz.[d]
18 Mirad, pues, cómo oís; porque a todo el que tiene, se le dará; y a todo el que no tiene, aun lo que piensa tener se le quitará.[e]

La madre y los hermanos de Jesús

(Mt 12.46-50; Mr 3.31-35)

19 Entonces su madre y sus hermanos vinieron a él; pero no podían llegar hasta él por causa de la multitud.
20 Y se le avisó, diciendo: Tu madre y tus hermanos están fuera y quieren verte.
21 Él entonces respondiendo, les dijo: Mi madre y mis hermanos son los que oyen la palabra de Dios, y la hacen.

Jesús calma la tempestad

(Mt 8.23-27; Mr 4.35-41)

22 Aconteció un día, que entró en una barca con sus discípulos, y les dijo: Pasemos al otro lado del lago. Y partieron.
23 Pero mientras navegaban, él se durmió. Y se desencadenó una tempestad de viento en el lago; y se anegaban y peligraban.
24 Y vinieron a él y le despertaron, diciendo: ¡Maestro, Maestro, que perecemos! Despertando él, reprendió al viento y a las olas; y cesaron, y se hizo bonanza.
25 Y les dijo: ¿Dónde está vuestra fe? Y atemorizados, se maravillaban, y se decían unos a otros: ¿Quién es éste, que aun a los vientos y a las aguas manda, y le obedecen?

El endemoniado gadareno

(Mt 8.28-34; Mr 5.1-20)

26 Y arribaron a la tierra de los gadarenos, que está en la ribera opuesta a Galilea.
27 Al llegar él a tierra, vino a su encuentro un hombre de la ciudad, endemoniado desde hacía mucho tiempo; y no vestía ropa, ni moraba en casa, sino en los sepulcros.
28 Éste, al ver a Jesús, lanzó un gran grito, y postrándose a sus pies exclamó a gran voz:

a. 8.2-3 Mt 27.55-56; Mr 15.40-41; Lc 23.49. **b. 8.10** Is 6.9-10. **c. 8.16** Mt 5.15; Lc 11.33. **d. 8.17** Mt 10.26; Lc 12.2. **e. 8.18** Mt 25.29; Lc 19.26.

LECCIONES DE VIDA

➤ ***8.2, 3 — algunas mujeres... le servían de sus bienes.***

Lucas provenía de una cultura que en gran medida descartaba o por lo menos restaba importancia a las mujeres, pero él con frecuencia resalta contribuciones por parte de ellas en el ministerio de Jesús. De este modo anticipa el mensaje de Gálatas 3.28.

➤ ***8.16 — Nadie que enciende una luz la cubre con una vasija, ni la pone debajo de la cama, sino que la pone en un candelero para que los que entran vean la luz.***

Cuando usted acepta la Luz del mundo, Jesucristo (Jn 8.12), como su Señor y Salvador, no puede ocultar que lo conoce. Más bien, debe permitir que su luz brille a través de usted para que otros también puedan tener su luz y acepten asimismo la salvación que Él ofrece.

¿Qué tienes conmigo, Jesús, Hijo del Dios Altísimo? Te ruego que no me atormentes.
29 (Porque mandaba al espíritu inmundo que
saliese del hombre, pues hacía mucho tiempo
que se había apoderado de él; y le ataban con
cadenas y grillos, pero rompiendo las cadenas,
era impelido por el demonio a los desiertos.)
30 Y le preguntó Jesús, diciendo: ¿Cómo te llamas? Y él dijo: Legión. Porque muchos demonios habían entrado en él.
31 Y le rogaban que no los mandase ir al abismo.
32 Había allí un hato de muchos cerdos que
pacían en el monte; y le rogaron que los dejase entrar en ellos; y les dio permiso.
33 Y los demonios, salidos del hombre, entraron en los cerdos; y el hato se precipitó por un
despeñadero al lago, y se ahogó.
34 Y los que apacentaban los cerdos, cuando
vieron lo que había acontecido, huyeron, y yendo dieron aviso en la ciudad y por los campos.
35 Y salieron a ver lo que había sucedido;
y vinieron a Jesús, y hallaron al hombre de
quien habían salido los demonios, sentado a
los pies de Jesús, vestido, y en su cabal juicio;
y tuvieron miedo.
36 Y los que lo habían visto, les contaron
cómo había sido salvado el endemoniado.
37 Entonces toda la multitud de la región alrededor de los gadarenos le rogó que se marchase de ellos, pues tenían gran temor. Y Jesús,
entrando en la barca, se volvió.
38 Y el hombre de quien habían salido los
demonios le rogaba que le dejase estar con él;
pero Jesús le despidió, diciendo:
39 Vuélvete a tu casa, y cuenta cuán grandes
cosas ha hecho Dios contigo. Y él se fue, publicando por toda la ciudad cuán grandes cosas
había hecho Jesús con él.

La hija de Jairo, y la mujer que tocó el manto de Jesús

(Mt 9.18-26; Mr 5.21-43)

40 Cuando volvió Jesús, le recibió la multitud
con gozo; porque todos le esperaban.
41 Entonces vino un varón llamado Jairo,
que era principal de la sinagoga, y postrándose a los pies de Jesús, le rogaba que entrase en su casa;
42 porque tenía una hija única, como de doce
años, que se estaba muriendo. Y mientras iba,
la multitud le oprimía.
43 Pero una mujer que padecía de flujo de
sangre desde hacía doce años, y que había
gastado en médicos todo cuanto tenía, y por
ninguno había podido ser curada,
44 se le acercó por detrás y tocó el borde de
su manto; y al instante se detuvo el flujo de
su sangre.
45 Entonces Jesús dijo: ¿Quién es el que me ha
tocado? Y negando todos, dijo Pedro y los que
con él estaban: Maestro, la multitud te aprieta y
oprime, y dices: ¿Quién es el que me ha tocado?
46 Pero Jesús dijo: Alguien me ha tocado; porque yo he conocido que ha salido poder de mí.
47 Entonces, cuando la mujer vio que no
había quedado oculta, vino temblando, y postrándose a sus pies, le declaró delante de todo
el pueblo por qué causa le había tocado, y
cómo al instante había sido sanada.
48 Y él le dijo: Hija, tu fe te ha salvado; ve en paz.
49 Estaba hablando aún, cuando vino uno de
casa del principal de la sinagoga a decirle: Tu
hija ha muerto; no molestes más al Maestro.
50 Oyéndolo Jesús, le respondió: No temas;
cree solamente, y será salva.
51 Entrando en la casa, no dejó entrar a nadie
consigo, sino a Pedro, a Jacobo, a Juan, y al
padre y a la madre de la niña.
52 Y lloraban todos y hacían lamentación por
ella. Pero él dijo: No lloréis; no está muerta,
sino que duerme.
53 Y se burlaban de él, sabiendo que estaba ➤
muerta.
54 Mas él, tomándola de la mano, clamó
diciendo: Muchacha, levántate.
55 Entonces su espíritu volvió, e inmediatamente se levantó; y él mandó que se le diese de comer.
56 Y sus padres estaban atónitos; pero Jesús
les mandó que a nadie dijesen lo que había
sucedido.

Misión de los doce discípulos

(Mt 10.5-15; Mr 6.7-13)

9 Habiendo reunido a sus doce discípulos,
les dio poder y autoridad sobre todos los
demonios, y para sanar enfermedades.
2 Y los envió a predicar el reino de Dios, y a
sanar a los enfermos.
3 Y les dijo:[a] No toméis nada para el camino,
ni bordón, ni alforja, ni pan, ni dinero; ni llevéis dos túnicas.
4 Y en cualquier casa donde entréis, quedad
allí, y de allí salid.
5 Y dondequiera que no os recibieren, salid de
aquella ciudad, y sacudid el polvo de vuestros
pies en testimonio contra ellos.[b]
6 Y saliendo, pasaban por todas las aldeas,
anunciando el evangelio y sanando por todas
partes.

a. 9.3-5 Lc 10.4-11. **b. 9.5** Hch 13.51.

LECCIONES DE VIDA

➤ ***8.53 — se burlaban de él, sabiendo que estaba muerta.***

Como médico, Lucas quería que sus oyentes supieran que la niña a quien Jesús sanó estaba real y literalmente muerta. Un día, Jesús destruirá la muerte del todo (1 Co 15.26); pero aún antes que ese momento llegue, Él demostró su dominio sobre ella.

Muerte de Juan el Bautista

(Mt 14.1-12; Mr 6.14-29)

7 Herodes el tetrarca oyó de todas las cosas
que hacía Jesús; y estaba perplejo, porque
decían algunos: Juan ha resucitado de los
muertos;
8 otros: Elías ha aparecido; y otros: Algún
profeta de los antiguos ha resucitado.[c]
9 Y dijo Herodes: A Juan yo le hice decapitar; ¿quién, pues, es éste, de quien oigo tales
cosas? Y procuraba verle.

Alimentación de los cinco mil

(Mt 14.13-21; Mr 6.30-44; Jn 6.1-14)

10 Vueltos los apóstoles, le contaron todo lo
que habían hecho. Y tomándolos, se retiró
aparte, a un lugar desierto de la ciudad llamada Betsaida.
11 Y cuando la gente lo supo, le siguió; y él
les recibió, y les hablaba del reino de Dios, y
sanaba a los que necesitaban ser curados.
12 Pero el día comenzaba a declinar; y acercándose los doce, le dijeron: Despide a la gente, para que vayan a las aldeas y campos de
alrededor, y se alojen y encuentren alimentos;
porque aquí estamos en lugar desierto.
➤ 13 Él les dijo: Dadles vosotros de comer. Y dijeron ellos: No tenemos más que cinco panes y
dos pescados, a no ser que vayamos nosotros a
comprar alimentos para toda esta multitud.
14 Y eran como cinco mil hombres. Entonces
dijo a sus discípulos: Hacedlos sentar en grupos, de cincuenta en cincuenta.
15 Así lo hicieron, haciéndolos sentar a todos.
16 Y tomando los cinco panes y los dos pescados, levantando los ojos al cielo, los bendijo, y
los partió, y dio a sus discípulos para que los
pusiesen delante de la gente.
17 Y comieron todos, y se saciaron; y recogieron lo que les sobró, doce cestas de pedazos.

La confesión de Pedro

(Mt 16.13-20; Mr 8.27-30)

18 Aconteció que mientras Jesús oraba aparte, estaban con él los discípulos; y les preguntó, diciendo: ¿Quién dice la gente que soy yo?
19 Ellos respondieron: Unos, Juan el Bautista;
otros, Elías; y otros, que algún profeta de los
antiguos ha resucitado.[d]
20 Él les dijo: ¿Y vosotros, quién decís que ≺
soy? Entonces respondiendo Pedro, dijo: El
Cristo de Dios.[e]

Jesús anuncia su muerte

(Mt 16.21-28; Mr 8.31—9.1)

21 Pero él les mandó que a nadie dijesen esto,
encargándoselo rigurosamente,
22 y diciendo: Es necesario que el Hijo del
Hombre padezca muchas cosas, y sea desechado por los ancianos, por los principales
sacerdotes y por los escribas, y que sea muerto, y resucite al tercer día.
23 Y decía a todos: Si alguno quiere venir en
pos de mí, niéguese a sí mismo, tome su cruz
cada día, y sígame.[f]
24 Porque todo el que quiera salvar su vida, la
perderá; y todo el que pierda su vida por causa de mí, éste la salvará.[g]
25 Pues ¿qué aprovecha al hombre, si gana todo
el mundo, y se destruye o se pierde a sí mismo?
26 Porque el que se avergonzare de mí y de
mis palabras, de éste se avergonzará el Hijo
del Hombre cuando venga en su gloria, y en
la del Padre, y de los santos ángeles.
27 Pero os digo en verdad, que hay algunos de
los que están aquí, que no gustarán la muerte
hasta que vean el reino de Dios.

La transfiguración

(Mt 17.1-8; Mr 9.2-8)

28 Aconteció como ocho días después de estas
palabras, que tomó a Pedro, a Juan y a Jacobo,
y subió al monte a orar.[h]
29 Y entre tanto que oraba, la apariencia de ≺
su rostro se hizo otra, y su vestido blanco y
resplandeciente.
30 Y he aquí dos varones que hablaban con él,
los cuales eran Moisés y Elías;
31 quienes aparecieron rodeados de gloria, y
hablaban de su partida, que iba Jesús a cumplir en Jerusalén.
32 Y Pedro y los que estaban con él estaban rendidos de sueño; mas permaneciendo

c. 9.7-8 Mt 16.14; Mr 8.28; Lc 9.19. **d. 9.19** Mt 14.1-2; Mr 6.14-15; Lc 9.7-8. **e. 9.20** Jn 6.68-69. **f. 9.23** Mt 10.38; Lc 14.27. **g. 9.24** Mt 10.39; Lc 17.33; Jn 12.25. **h. 9.28-35** 2 P 1.17-18.

LECCIONES DE VIDA

➤ ***9.13 — Dadles vosotros de comer.***

El Señor nunca nos manda hacer algo sin proveernos también lo que se requiera para obedecer. En este caso, alimentar a cinco mil hombres parecía algo absolutamente imposible, pero Él proveyó lo que ellos necesitaron, y hasta quedó comida de sobra.

➤ ***9.20 — quién decís que soy? Entonces respondiendo Pedro, dijo: El Cristo de Dios.***

En últimas, esta es la pregunta que todos debemos responder y el fundamento de nuestra confesión de fe (Ro 10.9, 10). Decir que Jesús es el Cristo significa que creemos que Él es Dios encarnado, nacido de una virgen, crucificado y muerto, sepultado, resucitado al tercer día y totalmente capaz de perdonar nuestros pecados y reconciliarnos con Él. Confiamos que todo lo que Él enseñó es verdadero, tenemos vida eterna gracias a Él, y todo lo que ha prometido y ha sido profetizado acerca de Él será cumplido. ¿Es esto lo que usted cree? ¿Tiene fe en que Jesús es el Salvador? ¿Quién dice usted que es Él?

despiertos, vieron la gloria de Jesús, y a los
dos varones que estaban con él.
33 Y sucedió que apartándose ellos de él,
Pedro dijo a Jesús: Maestro, bueno es para
nosotros que estemos aquí; y hagamos tres
enramadas, una para ti, una para Moisés, y
una para Elías; no sabiendo lo que decía.
34 Mientras él decía esto, vino una nube que los
cubrió; y tuvieron temor al entrar en la nube.
35 Y vino una voz desde la nube, que decía:
Éste es mi Hijo amado;[i] a él oíd.
36 Y cuando cesó la voz, Jesús fue hallado
solo; y ellos callaron, y por aquellos días no
dijeron nada a nadie de lo que habían visto.

Jesús sana a un muchacho endemoniado
(Mt 17.14-21; Mr 9.14-29)
37 Al día siguiente, cuando descendieron del
monte, una gran multitud les salió al encuentro.
38 Y he aquí, un hombre de la multitud clamó
diciendo: Maestro, te ruego que veas a mi hijo,
pues es el único que tengo;
39 y sucede que un espíritu le toma, y de
repente da voces, y le sacude con violencia,
y le hace echar espuma, y estropeándole, a
duras penas se aparta de él.
40 Y rogué a tus discípulos que le echasen fuera, y no pudieron.
41 Respondiendo Jesús, dijo: ¡Oh generación
incrédula y perversa! ¿Hasta cuándo he de
estar con vosotros, y os he de soportar? Trae
acá a tu hijo.
42 Y mientras se acercaba el muchacho, el
demonio le derribó y le sacudió con violencia; pero Jesús reprendió al espíritu inmundo, y sanó al muchacho, y se lo devolvió a su
padre.
➤ 43 Y todos se admiraban de la grandeza de
Dios.

Jesús anuncia otra vez su muerte
(Mt 17.22-23; Mr 9.30-32)
Y maravillándose todos de todas las cosas que
hacía, dijo a sus discípulos:
44 Haced que os penetren bien en los oídos
estas palabras; porque acontecerá que el Hijo
del Hombre será entregado en manos de
hombres.
45 Mas ellos no entendían estas palabras,
pues les estaban veladas para que no las
entendiesen; y temían preguntarle sobre esas
palabras.

¿Quién es el mayor?
(Mt 18.1-5; Mr 9.33-37)
46 Entonces entraron en discusión sobre
quién de ellos sería el mayor.[j]
47 Y Jesús, percibiendo los pensamientos de
sus corazones, tomó a un niño y lo puso junto a sí,
48 y les dijo: Cualquiera que reciba a este
niño en mi nombre, a mí me recibe; y cualquiera que me recibe a mí, recibe al que me
envió;[k] porque el que es más pequeño entre
todos vosotros, ése es el más grande.

El que no es contra nosotros, por nosotros es
(Mr 9.38-40)
49 Entonces respondiendo Juan, dijo: Maestro, hemos visto a uno que echaba fuera
demonios en tu nombre; y se lo prohibimos,
porque no sigue con nosotros.
50 Jesús le dijo: No se lo prohibáis; porque el
que no es contra nosotros, por nosotros es.

Jesús reprende a Jacobo y a Juan
51 Cuando se cumplió el tiempo en que él
había de ser recibido arriba, afirmó su rostro
para ir a Jerusalén.
52 Y envió mensajeros delante de él, los cuales
fueron y entraron en una aldea de los samaritanos para hacerle preparativos.
53 Mas no le recibieron, porque su aspecto era
como de ir a Jerusalén.
54 Viendo esto sus discípulos Jacobo y Juan,
dijeron: Señor, ¿quieres que mandemos que
descienda fuego del cielo, como hizo Elías, y
los consuma?[l]
55 Entonces volviéndose él, los reprendió, ➤
diciendo: Vosotros no sabéis de qué espíritu sois;
56 porque el Hijo del Hombre no ha venido *
para perder las almas de los hombres, sino
para salvarlas. Y se fueron a otra aldea.

i. 9.35 Is 42.1; Mt 3.17; 12.18; Mr 1.11; Lc 3.22.
j. 9.46 Lc 22.24. **k. 9.48** Mt 10.40; Lc 10.16; Jn 13.20.
l. 9.54 2 R 1.9-16.

LECCIONES DE VIDA

➤ ***9.29, 30 — entre tanto que oraba, la apariencia de su rostro se hizo otra, y su vestido blanco y resplandeciente. Y he aquí dos varones que hablaban con él, los cuales eran Moisés y Elías.***

Pedro, Santiago y Juan conocían a Jesús como un gran Maestro y el hijo de un carpintero de Nazaret, pero aquí lo vieron como nunca lo soñaron, como el Mesías glorificado. Además, Elías y Moisés estaban hablando con Él. Moisés, el más grande de los legisladores y Elías, el más grande de los profetas del Antiguo Testamento. De ese modo, Jesús se estaba revelando a sí mismo como el cumplimiento de la ley y de los profetas (Mt 5.17, 18; Lc 24.44–47).

➤ ***9.43 — todos se admiraban de la grandeza de Dios.***

La majestad y la grandeza de Dios son expuestas de muchas maneras. En este caso, quedaron demostradas por su poder irresistible sobre un espíritu inmundo. Siempre deberíamos recordar que «su reino domina sobre todos» (Sal 103.19), y Él ciertamente es capaz de ayudarnos, sea cual sea el reto que enfrentemos.

Los que querían seguir a Jesús
(Mt 8.18-22)
57 Yendo ellos, uno le dijo en el camino: Señor,
te seguiré adondequiera que vayas.
58 Y le dijo Jesús: Las zorras tienen guaridas,
y las aves de los cielos nidos; mas el Hijo del
Hombre no tiene dónde recostar la cabeza.
59 Y dijo a otro: Sígueme. Él le dijo: Señor,
déjame que primero vaya y entierre a mi
padre.
60 Jesús le dijo: Deja que los muertos entierren a sus muertos; y tú ve, y anuncia el reino de Dios.
61 Entonces también dijo otro: Te seguiré,
Señor; pero déjame que me despida primero
de los que están en mi casa.[m]
62 Y Jesús le dijo: Ninguno que poniendo su
mano en el arado mira hacia atrás, es apto
para el reino de Dios.

Misión de los setenta
10 Después de estas cosas, designó el
Señor también a otros setenta, a quienes envió de dos en dos delante de él a toda
ciudad y lugar adonde él había de ir.
➤ 2 Y les decía: La mies a la verdad es mucha,
mas los obreros pocos; por tanto, rogad al
Señor de la mies que envíe obreros a su mies.[a]
3 Id; he aquí yo os envío como corderos en
medio de lobos.[b]
4 No llevéis bolsa, ni alforja, ni calzado; y a
nadie saludéis por el camino.
5 En cualquier casa donde entréis, primeramente decid: Paz sea a esta casa.
6 Y si hubiere allí algún hijo de paz, vuestra
paz reposará sobre él; y si no, se volverá a
vosotros.
7 Y posad en aquella misma casa, comiendo y
bebiendo lo que os den; porque el obrero es digno de su salario.[c] No os paséis de casa en casa.
8 En cualquier ciudad donde entréis, y os reciban, comed lo que os pongan delante;
9 y sanad a los enfermos que en ella haya,
y decidles: Se ha acercado a vosotros el reino de Dios.
10 Mas en cualquier ciudad donde entréis, y
no os reciban, saliendo por sus calles, decid:
11 Aun el polvo de vuestra ciudad, que se ha
pegado a nuestros pies, lo sacudimos contra vosotros.[d] Pero esto sabed, que el reino de
Dios se ha acercado a vosotros.[e]
12 Y os digo que en aquel día será más tolerable el castigo para Sodoma,[f] que para aquella ciudad.[g]

Ayes sobre las ciudades impenitentes
(Mt 11.20-24)
13 ¡Ay de ti, Corazín! ¡Ay de ti, Betsaida! que
si en Tiro y en Sidón[h] se hubieran hecho los
milagros que se han hecho en vosotras, tiempo ha que sentadas en cilicio y ceniza, se
habrían arrepentido.
14 Por tanto, en el juicio será más tolerable el
castigo para Tiro y Sidón, que para vosotras.
15 Y tú, Capernaum, que hasta los cielos eres
levantada, hasta el Hades serás abatida.[i]
16 El que a vosotros oye, a mí me oye;[j] y el que
a vosotros desecha, a mí me desecha; y el que
me desecha a mí, desecha al que me envió.

Regreso de los setenta
17 Volvieron los setenta con gozo, diciendo:
Señor, aun los demonios se nos sujetan en tu
nombre.
18 Y les dijo: Yo veía a Satanás caer del cielo
como un rayo.
19 He aquí os doy potestad de hollar serpientes y escorpiones,[k] y sobre toda fuerza del
enemigo, y nada os dañará.
20 Pero no os regocijéis de que los espíritus ➤
se os sujetan, sino regocijaos de que vuestros
nombres están escritos en los cielos.

Jesús se regocija
(Mt 11.25-27; 13.16-17)
21 En aquella misma hora Jesús se regocijó en el Espíritu, y dijo: Yo te alabo, oh Padre,

---

m. 9.61 1 R 19.20. **a. 10.2** Mt 9.37-38. **b. 10.3** Mt 10.16. **c. 10.7** 1 Co 9.14; 1 Ti 5.18. **d. 10.10-11** Hch 13.51. **e. 10.4-11** Mt 10 7-14; Mr 6.8-11; Lc 9.3-5. **f. 10.12** Gn 19.24-28; Mt 11.24. **g. 10.12** Mt 10.15. **h. 10.13** Is 23.1-18; Ez 26.1—28.26; Jl 3.4-8; Am 1.9-10; Zac 9.2-4. **i. 10.15** Is 14.13-15. **j. 10.16** Mt 10.40; Mr 9.37; Lc 9.48; Jn 13.20. **k. 10.19** Sal 91.13.

LECCIONES DE VIDA

➤ ***9.55 — volviéndose él, los reprendió, diciendo: Vosotros no sabéis de qué espíritu sois.***

Los discípulos todavía no entendían quiénes eran realmente en Cristo. A veces tampoco actuamos como los hombres y las mujeres nuevos en los que Él nos está transformando. Sin embargo, somos nuevas criaturas y debemos hacer nuestro mejor esfuerzo por representarlo con amor y misericordia para que otros también crean y sean salvos (2 Co 5.17–21; 2 Ti 2.24–26).

➤ ***10.2 — La mies a la verdad es mucha, mas los obreros pocos; por tanto, rogad al Señor de la mies que envíe obreros a su mies.***

El Señor nos invita a participar con Él en la expansión de su reino. Aunque Él es quien atrae a las personas a sí mismo y las redime, Él nos deja a nosotros la proclamación del mensaje.

➤ ***10.20 — no os regocijéis de que los espíritus se os sujetan, sino regocijaos de que vuestros nombres están escritos en los cielos.***

Tendemos a emocionarnos con milagros como la sanidad de un cáncer y la expulsión de demonios, pero el Señor nos enseña que la mayor causa de regocijo debería ser nuestra salvación. El evangelismo es por ende la labor más importante que podríamos imaginar (Jn 14.12).

Señor del cielo y de la tierra, porque escondiste estas cosas de los sabios y entendidos, y
las has revelado a los niños. Sí, Padre, porque
así te agradó.
22 Todas las cosas me fueron entregadas por
mi Padre;[l] y nadie conoce quién es el Hijo sino
el Padre; ni quién es el Padre, sino el Hijo,[m] y
aquel a quien el Hijo lo quiera revelar.
23 Y volviéndose a los discípulos, les dijo
aparte: Bienaventurados los ojos que ven lo
que vosotros veis;
24 porque os digo que muchos profetas y
reyes desearon ver lo que vosotros veis, y no
lo vieron; y oír lo que oís, y no lo oyeron.

El buen samaritano

25 Y he aquí un intérprete de la ley se levantó
y dijo, para probarle:[n] Maestro, ¿haciendo qué
cosa heredaré la vida eterna?
26 Él le dijo: ¿Qué está escrito en la ley?
¿Cómo lees?
27 Aquél, respondiendo, dijo: Amarás al Señor
tu Dios con todo tu corazón, y con toda tu
alma, y con todas tus fuerzas, y con toda tu
mente;[o] y a tu prójimo como a ti mismo.[p]
28 Y le dijo: Bien has respondido; haz esto, y
vivirás.[q]
29 Pero él, queriendo justificarse a sí mismo,
dijo a Jesús: ¿Y quién es mi prójimo?
30 Respondiendo Jesús, dijo: Un hombre
descendía de Jerusalén a Jericó, y cayó en
manos de ladrones, los cuales le despojaron;
e hiriéndole, se fueron, dejándole medio muerto.
31 Aconteció que descendió un sacerdote por
aquel camino, y viéndole, pasó de largo.
32 Asimismo un levita, llegando cerca de
aquel lugar, y viéndole, pasó de largo.
33 Pero un samaritano, que iba de camino,
vino cerca de él, y viéndole, fue movido a
misericordia;
34 y acercándose, vendó sus heridas, echán-
doles aceite y vino; y poniéndole en su cabalgadura, lo llevó al mesón, y cuidó de él.
35 Otro día al partir, sacó dos denarios, y los
dio al mesonero, y le dijo: Cuídamele; y todo
lo que gastes de más, yo te lo pagaré cuando regrese.
36 ¿Quién, pues, de estos tres te parece que
fue el prójimo del que cayó en manos de los
ladrones?
37 Él dijo: El que usó de misericordia con él.
Entonces Jesús le dijo: Ve, y haz tú lo mismo.

Jesús visita a Marta y a María

38 Aconteció que yendo de camino, entró en
una aldea; y una mujer llamada Marta le recibió en su casa.
39 Ésta tenía una hermana que se llamaba
María,[r] la cual, sentándose a los pies de Jesús,
oía su palabra.
40 Pero Marta se preocupaba con muchos
quehaceres, y acercándose, dijo: Señor, ¿no
te da cuidado que mi hermana me deje servir
sola? Dile, pues, que me ayude.
41 Respondiendo Jesús, le dijo: Marta, Marta,
afanada y turbada estás con muchas cosas.
42 Pero sólo una cosa es necesaria; y María
ha escogido la buena parte, la cual no le será
quitada.

Jesús y la oración

(Mt 6.9-15; 7.7-11)

11 Aconteció que estaba Jesús orando en
un lugar, y cuando terminó, uno de sus
discípulos le dijo: Señor, enséñanos a orar,
como también Juan enseñó a sus discípulos.
2 Y les dijo: Cuando oréis, decid: Padre nuestro que estás en los cielos, Santificado sea tu
nombre. Venga tu reino. Hágase tu voluntad,
como en el cielo, así también en la tierra.
3 El pan nuestro de cada día, dánoslo hoy.
4 Y perdónanos nuestros pecados, porque
también nosotros perdonamos a todos los que
nos deben. Y no nos metas en tentación, mas
líbranos del mal.
5 Les dijo también: ¿Quién de vosotros que
tenga un amigo, va a él a medianoche y le
dice: Amigo, préstame tres panes,
6 porque un amigo mío ha venido a mí de viaje, y no tengo qué ponerle delante;
7 y aquél, respondiendo desde adentro, le
dice: No me molestes; la puerta ya está cerrada, y mis niños están conmigo en cama; no
puedo levantarme, y dártelos?
8 Os digo, que aunque no se levante a dár-
selos por ser su amigo, sin embargo por su
importunidad se levantará y le dará todo lo
que necesite.
9 Y yo os digo: Pedid, y se os dará; buscad, y
hallaréis; llamad, y se os abrirá.
10 Porque todo aquel que pide, recibe; y el que
busca, halla; y al que llama, se le abrirá.

l. 10.22 Jn 3.35. **m. 10.22** Jn 10.15. **n. 10.25-28** Mt 22.35-40; Mr 12.28-34. **o. 10.27** Dt 6.5. **p. 10.27** Lv 19.18. **q. 10.28** Lv 18.5. **r. 10.38-39** Jn 11.1.

LECCIONES DE VIDA

➤ ***10.42 — sólo una cosa es necesaria; y María ha escogido la buena parte, la cual no le será quitada.***

Dios nos creó para disfrutar una relación profunda e íntima con Él. Aunque las obras de servicio son importantes, nunca deben eclipsar el compañerismo que Él quiere experimentar con cada uno de nosotros.

➤ ***11.1 — Señor, enséñanos a orar.***

Los discípulos vieron frecuentemente a Jesús irse a orar a solas. Viendo el poder, la sabiduría y el gozo en su vida, le pidieron que les enseñara a orar como Él lo hacía. Querían conectarse con Dios en una relación íntima y experimentar su presencia maravillosa. ¿Se caracterizan nuestras vidas por el tiempo que pasamos ante el trono de la gracia? ¿Inspiramos a otros a comunicarse con el Señor y escucharlo?

11 ¿Qué padre de vosotros, si su hijo le pide pan, le dará una piedra? ¿o si pescado, en lugar de pescado, le dará una serpiente?
12 ¿O si le pide un huevo, le dará un escorpión?
13 Pues si vosotros, siendo malos, sabéis dar buenas dádivas a vuestros hijos, ¿cuánto más vuestro Padre celestial dará el Espíritu Santo a los que se lo pidan?

Una casa dividida contra sí misma

(Mt 12.22-30; Mr 3.20-27)

14 Estaba Jesús echando fuera un demonio, que era mudo; y aconteció que salido el demonio, el mudo habló; y la gente se maravilló.
15 Pero algunos de ellos decían: Por Beelzebú, príncipe de los demonios, echa fuera los demonios.[a]
16 Otros, para tentarle, le pedían señal del cielo.[b]
17 Mas él, conociendo los pensamientos de ellos, les dijo: Todo reino dividido contra sí mismo, es asolado; y una casa dividida contra sí misma, cae.
18 Y si también Satanás está dividido contra sí mismo, ¿cómo permanecerá su reino? ya que decís que por Beelzebú echo yo fuera los demonios.
19 Pues si yo echo fuera los demonios por Beelzebú, ¿vuestros hijos por quién los echan? Por tanto, ellos serán vuestros jueces.
20 Mas si por el dedo de Dios echo yo fuera los demonios, ciertamente el reino de Dios ha llegado a vosotros.
21 Cuando el hombre fuerte armado guarda su palacio, en paz está lo que posee.
22 Pero cuando viene otro más fuerte que él y le vence, le quita todas sus armas en que confiaba, y reparte el botín.
23 El que no es conmigo, contra mí es;[c] y el que conmigo no recoge, desparrama.

El espíritu inmundo que vuelve

(Mt 12.43-45)

24 Cuando el espíritu inmundo sale del hombre, anda por lugares secos, buscando reposo; y no hallándolo, dice: Volveré a mi casa de donde salí.
25 Y cuando llega, la halla barrida y adornada.
26 Entonces va, y toma otros siete espíritus peores que él; y entrados, moran allí; y el postrer estado de aquel hombre viene a ser peor que el primero.

Los que en verdad son bienaventurados

27 Mientras él decía estas cosas, una mujer de entre la multitud levantó la voz y le dijo: Bienaventurado el vientre que te trajo, y los senos que mamaste.
28 Y él dijo: Antes bienaventurados los que oyen la palabra de Dios, y la guardan. ➤

La generación perversa demanda señal

(Mt 12.38-42)

29 Y apiñándose las multitudes, comenzó a decir: Esta generación es mala; demanda señal,[d] pero señal no le será dada, sino la señal de Jonás.
30 Porque así como Jonás fue señal a los ninivitas,[e] también lo será el Hijo del Hombre a esta generación.
31 La reina del Sur se levantará en el juicio con los hombres de esta generación, y los condenará; porque ella vino de los fines de la tierra para oír la sabiduría de Salomón, y he aquí más que Salomón[f] en este lugar.
32 Los hombres de Nínive se levantarán en el juicio con esta generación, y la condenarán; porque a la predicación de Jonás se arrepintieron,[g] y he aquí más que Jonás en este lugar.

La lámpara del cuerpo

(Mt 6.22-23)

33 Nadie pone en oculto la luz encendida, ni debajo del almud, sino en el candelero,[h] para que los que entran vean la luz.
34 La lámpara del cuerpo es el ojo; cuando tu ojo es bueno, también todo tu cuerpo está lleno de luz; pero cuando tu ojo es maligno, también tu cuerpo está en tinieblas.
35 Mira pues, no suceda que la luz que en ti hay, sea tinieblas.
36 Así que, si todo tu cuerpo está lleno de luz, no teniendo parte alguna de tinieblas, será todo luminoso, como cuando una lámpara te alumbra con su resplandor.

Jesús acusa a fariseos y a intérpretes de la ley

(Mt 23.1-36; Mr 12.38-40; Lc 20.45-47)

37 Luego que hubo hablado, le rogó un fariseo que comiese con él; y entrando Jesús en la casa, se sentó a la mesa.
38 El fariseo, cuando lo vio, se extrañó de que no se hubiese lavado antes de comer.

a. 11.15 Mt 9.34; 10.25. **b. 11.16** Mt 12.38; 16.1; Mr 8.11.
c. 11.23 Mr 9.40. **d. 11.29** Mt 16.4; Mr 8.12.
e. 11.30 Jon 3.4. **f. 11.31** 1 R 10.1-10; 2 Cr 9.1-12.
g. 11.32 Jon 3.5. **h. 11.33** Mt 5.15; Mr 4.21; Lc 8.16.

LECCIONES DE VIDA

➤ ***11.28 — bienaventurados los que oyen la palabra de Dios, y la guardan.***

Dios siempre promete bendecir la obediencia gozosa. Deleitamos su corazón cuando elegimos apoyarnos en el poder del Espíritu Santo para hacer lo que Él nos manda hacer.

PRINCIPIO DE VIDA 21

LA OBEDIENCIA SIEMPRE TRAE BENDICIÓN CONSIGO.

LC 11.28

Los requerimientos simples del Señor sirven como piedras de apoyo en nuestro andar que nos permiten acceder a las bendiciones más maravillosas de la vida. Simón Pedro ilustra lo que puede suceder cuando le decimos «sí» a Dios.

Cierto día una gran muchedumbre se apretujaba mientras Jesús les predicaba (Lc 5.1–11). El Señor quiso usar la barca de Pedro como una plataforma flotante desde la cual pudiera dirigirse a la multitud, así que le pidió al futuro apóstol que la apartara un poco de la orilla (v. 3), una petición nada fuera de lo común. Sin embargo, el acatamiento de Pedro a esta petición del Maestro preparó el camino para una bendición que le cambió la vida. También podemos aprender de su ejemplo cuán esencial es obedecer a Dios, hasta en los asuntos más pequeños.

La multitud agolpada recibió la primera bendición de la obediencia de Pedro, pues la gente por fin pudo oír claramente las palabras de Jesús. Al concluir la lección, el Señor le dijo a Pedro: «Boga mar adentro, y echad vuestras redes para pescar» (v. 4). Esta fue la segunda oportunidad de Pedro para decir «sí o no», pero esta vez pudo haberse sentido más inclinado a rehusar. Al fin y al cabo, era un pescador veterano y había vuelto con las manos vacías después de trabajar toda la noche tratando de pescar algo. Ahora aquel joven maestro que además era carpintero y no pescador, le estaba pidiendo que saliera otra vez a pescar.

La respuesta de Pedro marca el comienzo de toda una vida de fe en Dios: «Maestro, toda la noche hemos estado trabajando, y nada hemos pescado; mas en tu palabra echaré la red» (v. 5). El futuro discípulo eligió obedecer al Señor y dejarle a Él las consecuencias de su decisión.

Note ahora lo que sucedió como resultado de la obediencia de Pedro: Jesús demostró su poder y soberanía. Pedro y sus compañeros empezaron el día pensando que sus esfuerzos habían sido en vano, pero terminaron el día totalmente asombrados porque llegaron no con una sino con *dos* barcas repletas de pescado (v. 7). Decir «sí» a la petición del Señor resultó en un milagro que transformó no solamente la vida de un pescador sino también las vidas de todo un grupo de personas.

Considere tres razones por las que la obediencia es crucial para el éxito en la vida cristiana:

1. Obedecer a Dios en los asuntos pequeños es un paso esencial para recibir mayores bendiciones de Dios.

Suponga que Pedro hubiera dicho: «Mira, ahora mismo estoy ocupado limpiando mis redes. No te puedo ayudar porque esta noche me voy otra vez de pesca». También pudo haber dicho: «¿Por qué no vas a ver si puedes usar aquella otra barca?» O, «ya estuve pescando toda la noche; sería una pérdida de tiempo salir otra vez». Si Pedro hubiera dicho algo distinto a «sí», se habría perdido la experiencia de pesca más maravillosa de su vida. Pero debido a la obediencia de Pedro, el Señor proveyó un milagro que no olvidaría jamás.

Muchas veces, las bendiciones más grandes de Dios vienen como resultado de nuestra disposición a hacer algo que parece muy insignificante. Así que pregúntese:

Nuestra obediencia siempre beneficia a los demás.

«¿Me ha venido retando Dios a hacer algo aparentemente insignificante, y no he hecho esfuerzo alguno para realizarlo? ¿He sacado excusas para no hacerlo, diciendo que es muy difícil, que no siento ganas, o que primero tengo que orar al respecto?»

2. Nuestra obediencia siempre beneficia a los demás.

Piense en cuántas personas fueron bendecidas por la obediencia de Pedro. Además de la multitud que pudo ver al Señor y oír su lección, Jesús mismo salió beneficiado pues predicar desde la barca le permitió sentarse cómodamente mientras hablaba (v. 3). Como si fuera poco, los amigos de Pedro tuvieron un día muy lucrativo pues se ganaron dos barcas tan llenas de peces que empezaron a hundirse. Más importante aún, tuvieron la oportunidad de ser testigos de la provisión sobrenatural del Señor.

Dios a menudo recompensa a terceros, en particular aquellos más cercanos a nosotros, como resultado de nuestra obediencia. Por ejemplo, cuando un padre obedece al Señor, su familia entera cosecha las bendiciones de Dios. De modo similar, la obediencia de un hijo bendecirá a sus padres. Esto no significa que quienes elijan desobedecer al Señor escaparán su disciplina en virtud de la piedad de otra persona. Su llamado a la obediencia siempre demanda nuestra respuesta personal. No obstante, cuando vivimos una vida de obediencia, las personas que nos conocen y nos aman sentirán la paz y el gozo que Él nos ha dado. En lugar de conflicto habrá contentamiento, y eso les permitirá experimentar en gran medida la bondad de Dios.

3. Si obedecemos a Dios, nunca seremos decepcionados.

Muy probablemente, Pedro supuso que las instrucciones de pesca de Jesús bien podrían terminar siendo una pérdida de tiempo. No obstante, cuando acató el sencillo requerimiento del Señor, Cristo realizó un milagro que llenó de asombro al discípulo. Jesús convirtió una barca vacía en dos llenas. Nosotros también, como Pedro, debemos reconocer que obedecer a Dios *siempre* es la manera más sabia de proceder. Él también puede tomar cualquier vacío nuestro, sea en las finanzas, en las relaciones o en nuestra vida profesional, y transformarlo en algo espléndido.

Tal vez haya vacilado en obedecer a Dios porque tenga temor de las consecuencias de su decisión, pero el mandato del Señor para usted es que le tema a Él por encima de todo lo demás. El mismo Dios soberano y omnipotente que mantiene su corazón latiendo y los planetas en su órbita es más que capaz de lidiar con los resultados de su obediencia. Cuando Él le diga que haga algo, y usted sepa sin lugar a dudas que esa es su voluntad, usted necesita obedecer con base única y exclusiva en Quien lo ha dicho.

Si usted elige obedecer al Señor, Él le bendecirá. Esto se debe a que la obediencia *siempre* conduce a la bendición. Siempre he dicho a las personas que afirman no entender por qué Dios les está pidiendo que hagan cierta cosa, que si sencillamente lo obedecen, Él los recompensará con una sensación de paz y gozo que no se comparan con nada que este mundo ofrezca. Por esa razón, fíjese la meta de obedecer al Señor, y le verá obrando en su vida.

Los caminos de Dios nunca nos decepcionan.

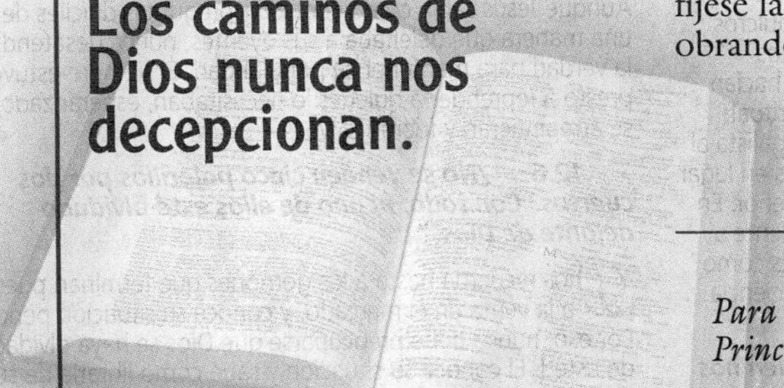

Para un estudio más a fondo véase el Índice de Principios de vida.

39 Pero el Señor le dijo: Ahora bien, vosotros los fariseos limpiáis lo de fuera del vaso y del plato, pero por dentro estáis llenos de rapacidad y de maldad.
40 Necios, ¿el que hizo lo de fuera, no hizo también lo de adentro?
41 Pero dad limosna de lo que tenéis, y entonces todo os será limpio.
42 Mas ¡ay de vosotros, fariseos! que diezmáis la menta, y la ruda, y toda hortaliza,[i] y pasáis por alto la justicia y el amor de Dios. Esto os era necesario hacer, sin dejar aquello.
43 ¡Ay de vosotros, fariseos! que amáis las primeras sillas en las sinagogas, y las salutaciones en las plazas.
➤ 44 ¡Ay de vosotros, escribas y fariseos, hipócritas! que sois como sepulcros que no se ven, y los hombres que andan encima no lo saben.
➤ 45 Respondiendo uno de los intérpretes de la ley, le dijo: Maestro, cuando dices esto, también nos afrentas a nosotros.
46 Y él dijo: ¡Ay de vosotros también, intérpretes de la ley! porque cargáis a los hombres con cargas que no pueden llevar, pero vosotros ni aun con un dedo las tocáis.
47 ¡Ay de vosotros, que edificáis los sepulcros de los profetas a quienes mataron vuestros padres!
48 De modo que sois testigos y consentidores de los hechos de vuestros padres; porque a la verdad ellos los mataron, y vosotros edificáis sus sepulcros.
49 Por eso la sabiduría de Dios también dijo: Les enviaré profetas y apóstoles; y de ellos, a unos matarán y a otros perseguirán,
50 para que se demande de esta generación la sangre de todos los profetas que se ha derramado desde la fundación del mundo,
51 desde la sangre de Abel[j] hasta la sangre de Zacarías,[k] que murió entre el altar y el templo; sí, os digo que será demandada de esta generación.
52 ¡Ay de vosotros, intérpretes de la ley! porque habéis quitado la llave de la ciencia; vosotros mismos no entrasteis, y a los que entraban se lo impedisteis.
53 Diciéndoles él estas cosas, los escribas y los fariseos comenzaron a estrecharle en gran manera, y a provocarle a que hablase de muchas cosas;
54 acechándole, y procurando cazar alguna palabra de su boca para acusarle.

La levadura de los fariseos

12 En esto, juntándose por millares la multitud, tanto que unos a otros se atropellaban, comenzó a decir a sus discípulos, primeramente: Guardaos de la levadura de los fariseos,[a] que es la hipocresía.
2 Porque nada hay encubierto, que no haya de descubrirse; ni oculto, que no haya de saberse.[b]
3 Por tanto, todo lo que habéis dicho en tinieblas, a la luz se oirá; y lo que habéis hablado al oído en los aposentos, se proclamará en las azoteas.

A quién se debe temer

(Mt 10.26-31)

4 Mas os digo, amigos míos: No temáis a los que matan el cuerpo, y después nada más pueden hacer.
5 Pero os enseñaré a quién debéis temer: Temed a aquel que después de haber quitado la vida, tiene poder de echar en el infierno; sí, os digo, a éste temed.
6 ¿No se venden cinco pajarillos por dos cuartos? Con todo, ni uno de ellos está olvidado delante de Dios. ➤
7 Pues aun los cabellos de vuestra cabeza están todos contados. No temáis, pues; más valéis vosotros que muchos pajarillos.

El que me confesare delante de los hombres

8 Os digo que todo aquel que me confesare delante de los hombres, también el Hijo del

i. 11.42 Lv 27.30. **j. 11.51** Gn 4.8. **k. 11.51** 2 Cr 24.20-21.
a. 12.1 Mt 16.6; Mr 8.15. **b. 12.2** Mr 4.22; Lc 8.17.

LECCIONES DE VIDA

➤ ***11.44 — sois como sepulcros que no se ven, y los hombres que andan encima no lo saben.***

¿Cómo se parecían los escribas y los fariseos a sepulcros encubiertos? En que así como tocar a los muertos contaminaba a una persona, las enseñanzas de ellos hacían que la gente se quedara sin acceso a la limpieza espiritual. Estos líderes religiosos recalcaban el sometimiento legalista al dogma religioso y las tradiciones hechas por hombres en lugar de alentar a la gente a someterse genuinamente al Señor. En consecuencia, realmente estaban conduciendo a la gente a una separación eterna de Dios, en lugar de mostrarles cómo ser salvos: «tienen celo de Dios, pero no conforme a ciencia… no se han sujetado a la justicia de Dios» (Ro 10.2, 3).

➤ ***11.45 — Maestro, cuando dices esto, también nos afrentas a nosotros.***

Al escuchar la reprensión a los fariseos, los intérpretes de la ley sintieron convicción por sus propios pecados de hipocresía y por hacer desviar al pueblo. Esto los perturbó. Aunque Jesús sabía cómo contestar preguntas difíciles de una manera que deleitaba a sus oyentes, nunca desatendió la verdad para mantener su popularidad. Él siempre estuvo presto a reprender a quienes lo necesitaban, esperanzado que se arrepintieran y fueran salvos.

➤ ***12.6 — ¿No se venden cinco pajarillos por dos cuartos? Con todo, ni uno de ellos está olvidado delante de Dios.***

Dios recuerda hasta a los gorriones que terminan puestos a la venta en el mercado, y conoce su situación penosa. Por eso, nunca debe preocuparse que Dios se haya olvidado de usted. Él conoce su situación y sabe cómo librarle de sus problemas, así que confíe en Él.

Hombre le confesará delante de los ángeles
de Dios;
9 mas el que me negare delante de los hombres, será negado delante de los ángeles de
Dios.
10 A todo aquel que dijere alguna palabra
contra el Hijo del Hombre, le será perdonado;
pero al que blasfemare contra el Espíritu Santo, no le será perdonado.[c]
11 Cuando os trajeren a las sinagogas, y ante
los magistrados y las autoridades, no os preocupéis por cómo o qué habréis de responder,
o qué habréis de decir;
12 porque el Espíritu Santo os enseñará en la
misma hora lo que debáis decir.[d]

El rico insensato

13 Le dijo uno de la multitud: Maestro, di a mi
hermano que parta conmigo la herencia.
14 Mas él le dijo: Hombre, ¿quién me ha puesto sobre vosotros como juez o partidor?
➤ 15 Y les dijo: Mirad, y guardaos de toda avaricia; porque la vida del hombre no consiste en
la abundancia de los bienes que posee.
16 También les refirió una parábola, diciendo: La heredad de un hombre rico había producido mucho.
17 Y él pensaba dentro de sí, diciendo: ¿Qué
haré, porque no tengo dónde guardar mis
frutos?
18 Y dijo: Esto haré: derribaré mis graneros,
y los edificaré mayores, y allí guardaré todos
mis frutos y mis bienes;
19 y diré a mi alma: Alma, muchos bienes tienes guardados para muchos años; repósate,
come, bebe, regocíjate.
20 Pero Dios le dijo: Necio, esta noche vienen
a pedirte tu alma; y lo que has provisto, ¿de
quién será?
21 Así es el que hace para sí tesoro, y no es
rico para con Dios.

El afán y la ansiedad
(Mt 6.25-34)

22 Dijo luego a sus discípulos: Por tanto os
digo: No os afanéis por vuestra vida, qué
comeréis; ni por el cuerpo, qué vestiréis.
23 La vida es más que la comida, y el cuerpo
que el vestido.
24 Considerad los cuervos, que ni siembran,
ni siegan; que ni tienen despensa, ni granero, y Dios los alimenta. ¿No valéis vosotros
mucho más que las aves?
25 ¿Y quién de vosotros podrá con afanarse
añadir a su estatura un codo?
26 Pues si no podéis ni aun lo que es menos,
¿por qué os afanáis por lo demás?
27 Considerad los lirios, cómo crecen; no trabajan, ni hilan; mas os digo, que ni aun Salomón con toda su gloria[e] se vistió como uno
de ellos.
28 Y si así viste Dios la hierba que hoy está
en el campo, y mañana es echada al horno,
¿cuánto más a vosotros, hombres de poca fe?
29 Vosotros, pues, no os preocupéis por lo que
habéis de comer, ni por lo que habéis de beber,
ni estéis en ansiosa inquietud.
30 Porque todas estas cosas buscan las gentes del mundo; pero vuestro Padre sabe que
tenéis necesidad de estas cosas.
31 Mas buscad el reino de Dios, y todas estas
cosas os serán añadidas.

Tesoro en el cielo
(Mt 6.19-21)

32 No temáis, manada pequeña, porque a *
vuestro Padre le ha placido daros el reino.
33 Vended lo que poseéis, y dad limosna;
haceos bolsas que no se envejezcan, tesoro en
los cielos que no se agote, donde ladrón no llega, ni polilla destruye.
34 Porque donde está vuestro tesoro, allí estará también vuestro corazón.

El siervo vigilante

35 Estén ceñidos vuestros lomos, y vuestras
lámparas encendidas;[f]
36 y vosotros sed semejantes a hombres que
aguardan a que su señor regrese[g] de las
bodas, para que cuando llegue y llame, le
abran en seguida.
37 Bienaventurados aquellos siervos a los ➤
cuales su señor, cuando venga, halle velando;
de cierto os digo que se ceñirá, y hará que se
sienten a la mesa, y vendrá a servirles.

c. 12.10 Mt 12.32; Mr 3.29. **d. 12.11-12** Mt 10.19-20; Mr 13.11; Lc 21.14-15. **e. 12.27** 1 R 10.4-7; 2 Cr 9.3-6. **f. 12.35** Mt 25.1-13. **g. 12.36** Mr 13.34-36.

LECCIONES DE VIDA

➤ ***12.15 — guardaos de toda avaricia; porque la vida del hombre no consiste en la abundancia de los bienes que posee.***

La satisfacción verdadera en la vida fluye de cumplir el propósito para el cual fuimos creados: disfrutar una relación íntima con Dios. La riqueza nunca puede reemplazar nuestra relación con Él, y en últimas sólo producirá un gran vacío en nuestro corazón (Ec 6.2).

➤ ***12.37 — Bienaventurados aquellos siervos a los cuales su señor, cuando venga, halle velando; de cierto os digo que se ceñirá, y hará que se sienten a la mesa, y vendrá a servirles.***

El Señor Jesús viene otra vez, y una anticipación anhelante de su regreso debería mantenernos llevando vidas productivas. Aunque los siervos atienden a sus superiores en este mundo, Jesús dice que *Él*, siendo el Señor y Maestro, bendecirá a sus discípulos fieles cuando vuelva a ajustar cuentas.

38 Y aunque venga a la segunda vigilia, y aunque venga a la tercera vigilia, si los hallare así, bienaventurados son aquellos siervos.
39 Pero sabed esto, que si supiese el padre de familia a qué hora el ladrón había de venir, velaría ciertamente, y no dejaría minar su casa.
40 Vosotros, pues, también, estad preparados, porque a la hora que no penséis, el Hijo del Hombre vendrá.[h]

El siervo infiel
(Mt 24.45-51)

41 Entonces Pedro le dijo: Señor, ¿dices esta parábola a nosotros, o también a todos?
42 Y dijo el Señor: ¿Quién es el mayordomo fiel y prudente al cual su señor pondrá sobre su casa, para que a tiempo les dé su ración?
43 Bienaventurado aquel siervo al cual, cuando su señor venga, le halle haciendo así.
44 En verdad os digo que le pondrá sobre todos sus bienes.
45 Mas si aquel siervo dijere en su corazón: Mi señor tarda en venir; y comenzare a golpear a los criados y a las criadas, y a comer y beber y embriagarse,
46 vendrá el señor de aquel siervo en día que éste no espera, y a la hora que no sabe, y le castigará duramente, y le pondrá con los infieles.
47 Aquel siervo que conociendo la voluntad de su señor, no se preparó, ni hizo conforme a su voluntad, recibirá muchos azotes.
➤ 48 Mas el que sin conocerla hizo cosas dignas de azotes, será azotado poco; porque a todo aquel a quien se haya dado mucho, mucho se le demandará; y al que mucho se le haya confiado, más se le pedirá.

Jesús causa de división
(Mt 10.34-36)

49 Fuego vine a echar en la tierra; ¿y qué quiero, si ya se ha encendido?
50 De un bautismo tengo que ser bautizado;[i] y ¡cómo me angustio hasta que se cumpla!
51 ¿Pensáis que he venido para dar paz en la tierra? Os digo: No, sino disensión.
52 Porque de aquí en adelante, cinco en una familia estarán divididos, tres contra dos, y dos contra tres.
53 Estará dividido el padre contra el hijo, y el hijo contra el padre; la madre contra la hija, y la hija contra la madre; la suegra contra su nuera, y la nuera contra su suegra.[j]

¿Cómo no reconocéis este tiempo?
(Mt 16.1-4; Mr 8.11-13)

54 Decía también a la multitud: Cuando veis la nube que sale del poniente, luego decís: Agua viene; y así sucede.
55 Y cuando sopla el viento del sur, decís: Hará calor; y lo hace.
56 ¡Hipócritas! Sabéis distinguir el aspecto del cielo y de la tierra; ¿y cómo no distinguís este tiempo?

Arréglate con tu adversario
(Mt 5.25-26)

57 ¿Y por qué no juzgáis por vosotros mismos lo que es justo?
58 Cuando vayas al magistrado con tu adversario, procura en el camino arreglarte con él, no sea que te arrastre al juez, y el juez te entregue al alguacil, y el alguacil te meta en la cárcel.
59 Te digo que no saldrás de allí, hasta que hayas pagado aun la última blanca.

Arrepentíos o pereceréis

13 En este mismo tiempo estaban allí algunos que le contaban acerca de los galileos cuya sangre Pilato había mezclado con los sacrificios de ellos.
2 Respondiendo Jesús, les dijo: ¿Pensáis que estos galileos, porque padecieron tales cosas, eran más pecadores que todos los galileos?
3 Os digo: No; antes si no os arrepentís, todos ➤
pereceréis igualmente.
4 O aquellos dieciocho sobre los cuales cayó la torre en Siloé, y los mató, ¿pensáis que eran más culpables que todos los hombres que habitan en Jerusalén?
5 Os digo: No; antes si no os arrepentís, todos pereceréis igualmente.

Parábola de la higuera estéril

6 Dijo también esta parábola: Tenía un hombre una higuera plantada en su viña, y vino a buscar fruto en ella, y no lo halló.
7 Y dijo al viñador: He aquí, hace tres años que vengo a buscar fruto en esta higuera, y no lo hallo; córtala; ¿para qué inutiliza también la tierra?
8 Él entonces, respondiendo, le dijo: Señor, déjala todavía este año, hasta que yo cave alrededor de ella, y la abone.

h. 12.39-40 Mt 24.43-44. **i. 12.50** Mr 10.38. **j. 12.53** Mi 7.6.

LECCIONES DE VIDA

➤ ***12.48 — a todo aquel a quien se haya dado mucho, mucho se le demandará.***

Jesús no da dones, talentos y recursos meramente para que los gastemos en nosotros mismos. Él nos los da para que los usemos en la expansión de su reino y para atender las necesidades de los demás, en especial los hermanos en la fe (1 Co 12.4–7; Gá 6.9, 10).

➤ ***13.3 — Os digo: No; antes si no os arrepentís, todos pereceréis igualmente.***

Las víctimas de tragedias no lo son necesariamente porque hayan recibido el juicio divino, pero debido a que vivimos en un mundo peligroso donde ocurren tragedias sin advertencia, siempre debemos estar preparados para salir al encuentro con nuestro Dios (He 9.27).

9 Y si diere fruto, bien; y si no, la cortarás después.

Jesús sana a una mujer en el día de reposo

10 Enseñaba Jesús en una sinagoga en el día de reposo;*
11 y había allí una mujer que desde hacía dieciocho años tenía espíritu de enfermedad, y andaba encorvada, y en ninguna manera se podía enderezar.
12 Cuando Jesús la vio, la llamó y le dijo: Mujer, eres libre de tu enfermedad.
13 Y puso las manos sobre ella; y ella se enderezó luego, y glorificaba a Dios.
14 Pero el principal de la sinagoga, enojado de que Jesús hubiese sanado en el día de reposo,* dijo a la gente: Seis días hay en que se debe trabajar; en éstos, pues, venid y sed sanados, y no en día de reposo.[a]*
15 Entonces el Señor le respondió y dijo: Hipócrita, cada uno de vosotros ¿no desata en el día de reposo* su buey o su asno del pesebre y lo lleva a beber?
➤ 16 Y a esta hija de Abraham, que Satanás había atado dieciocho años, ¿no se le debía desatar de esta ligadura en el día de reposo?*
17 Al decir él estas cosas, se avergonzaban todos sus adversarios; pero todo el pueblo se regocijaba por todas las cosas gloriosas hechas por él.

Parábola de la semilla de mostaza

(Mt 13.31-32; Mr 4.30-32)

18 Y dijo: ¿A qué es semejante el reino de Dios, y con qué lo compararé?
19 Es semejante al grano de mostaza, que un hombre tomó y sembró en su huerto; y creció, y se hizo árbol grande, y las aves del cielo anidaron en sus ramas.

Parábola de la levadura

(Mt 13.33)

20 Y volvió a decir: ¿A qué compararé el reino de Dios?
21 Es semejante a la levadura, que una mujer tomó y escondió en tres medidas de harina, hasta que todo hubo fermentado.

La puerta estrecha

(Mt 7.13-14, 21-23)

22 Pasaba Jesús por ciudades y aldeas, enseñando, y encaminándose a Jerusalén.
23 Y alguien le dijo: Señor, ¿son pocos los que se salvan? Y él les dijo:
24 Esforzaos a entrar por la puerta angosta; ➤
porque os digo que muchos procurarán entrar, y no podrán.
25 Después que el padre de familia se haya levantado y cerrado la puerta, y estando fuera empecéis a llamar a la puerta, diciendo: Señor, Señor, ábrenos, él respondiendo os dirá: No sé de dónde sois.
26 Entonces comenzaréis a decir: Delante de ti hemos comido y bebido, y en nuestras plazas enseñaste.
27 Pero os dirá: Os digo que no sé de dónde sois; apartaos de mí todos vosotros, hacedores de maldad.[b]
28 Allí será el llanto y el crujir de dientes,[c] cuando veáis a Abraham, a Isaac, a Jacob y a todos los profetas en el reino de Dios, y vosotros estéis excluidos.
29 Porque vendrán del oriente y del occidente, del norte y del sur, y se sentarán a la mesa en el reino de Dios.[d]
30 Y he aquí, hay postreros que serán primeros, y primeros que serán postreros.[e]

Lamento de Jesús sobre Jerusalén

(Mt 23.37-39)

31 Aquel mismo día llegaron unos fariseos, diciéndole: Sal, y vete de aquí, porque Herodes te quiere matar.
32 Y les dijo: Id, y decid a aquella zorra: He aquí, echo fuera demonios y hago curaciones hoy y mañana, y al tercer día termino mi obra.
33 Sin embargo, es necesario que hoy y mañana y pasado mañana siga mi camino; porque no es posible que un profeta muera fuera de Jerusalén.
34 ¡Jerusalén, Jerusalén, que matas a los profetas, y apedreas a los que te son enviados! ¡Cuántas veces quise juntar a tus hijos, como la gallina a sus polluelos debajo de sus alas, y no quisiste!
35 He aquí, vuestra casa os es dejada desierta; y os digo que no me veréis, hasta que llegue el tiempo en que digáis: Bendito el que viene en nombre del Señor.[f]

* Aquí equivale a *sábado*.

a. 13.14 Éx 20.9-10; Dt 5.13-14. **b. 13.27** Sal 6.8.
c. 13.28 Mt 22.13; 25.30. **d. 13.28-29** Mt 8.11-12.
e. 13.30 Mt 19.30; 20.16; Mr 10.31. **f. 13.35** Sal 118.26.

LECCIONES DE VIDA

➤ ***13.16 — ¿no se le debía desatar de esta ligadura en el día de reposo?***

Cuando nos interesa más cumplir las reglas que el bienestar de las personas creadas a imagen de Dios, nos perdemos el propósito mismo de nuestra existencia. Romanos 13.10 explica que «el cumplimiento de la ley es el amor».

➤ ***13.24 — Esforzaos a entrar por la puerta angosta; porque os digo que muchos procurarán entrar, y no podrán.***

No todos los caminos conducen al Señor. Sólo hay uno, y es a través de Jesucristo. No es que el único Dios verdadero sea exclusivo. De hecho, Él es completamente *inclusivo*. Jesús dijo en Juan 12.32: «Y yo, si fuere levantado de la tierra, a todos atraeré a mí mismo». Él ofrece salvación

Jesús sana a un hidrópico

14 Aconteció un día de reposo, que habiendo entrado para comer en casa de un
gobernante, que era fariseo, éstos le acechaban.
2 Y he aquí estaba delante de él un hombre
hidrópico.
3 Entonces Jesús habló a los intérpretes de la
ley y a los fariseos, diciendo: ¿Es lícito sanar
en el día de reposo?*
4 Mas ellos callaron. Y él, tomándole, le sanó,
y le despidió.
5 Y dirigiéndose a ellos, dijo: ¿Quién de vosotros, si su asno o su buey cae en algún pozo,
no lo sacará inmediatamente, aunque sea en
día de reposo?[a] *
6 Y no le podían replicar a estas cosas.

Los convidados a las bodas

7 Observando cómo escogían los primeros
asientos a la mesa, refirió a los convidados
una parábola, diciéndoles:
8 Cuando fueres convidado por alguno a
bodas, no te sientes en el primer lugar, no sea
que otro más distinguido que tú esté convidado por él,
9 y viniendo el que te convidó a ti y a él, te
diga: Da lugar a éste; y entonces comiences
con vergüenza a ocupar el último lugar.
10 Mas cuando fueres convidado, ve y siéntate en el último lugar, para que cuando venga el
que te convidó, te diga: Amigo, sube más arriba; entonces tendrás gloria delante de los que
se sientan contigo a la mesa.[b]
11 Porque cualquiera que se enaltece, será humillado; y el que se humilla, será enaltecido.[c]
12 Dijo también al que le había convidado:
Cuando hagas comida o cena, no llames a tus
amigos, ni a tus hermanos, ni a tus parientes,
ni a vecinos ricos; no sea que ellos a su vez te
vuelvan a convidar, y seas recompensado.
13 Mas cuando hagas banquete, llama a los
pobres, los mancos, los cojos y los ciegos;
➤ 14 y serás bienaventurado; porque ellos no te
pueden recompensar, pero te será recompensado en la resurrección de los justos.

Parábola de la gran cena

15 Oyendo esto uno de los que estaban sentados con él a la mesa, le dijo: Bienaventurado
el que coma pan en el reino de Dios.
16 Entonces Jesús le dijo: Un hombre hizo
una gran cena, y convidó a muchos.
17 Y a la hora de la cena envió a su siervo a
decir a los convidados: Venid, que ya todo está
preparado.
18 Y todos a una comenzaron a excusarse. El
primero dijo: He comprado una hacienda, y
necesito ir a verla; te ruego que me excuses.
19 Otro dijo: He comprado cinco yuntas de bueyes, y voy a probarlos; te ruego que me excuses.
20 Y otro dijo: Acabo de casarme, y por tanto no puedo ir.
21 Vuelto el siervo, hizo saber estas cosas a su
señor. Entonces enojado el padre de familia,
dijo a su siervo: Ve pronto por las plazas y las
calles de la ciudad, y trae acá a los pobres, los
mancos, los cojos y los ciegos.
22 Y dijo el siervo: Señor, se ha hecho como
mandaste, y aún hay lugar.
23 Dijo el señor al siervo: Ve por los caminos y ◄
por los vallados, y fuérzalos a entrar, para que
se llene mi casa.
24 Porque os digo que ninguno de aquellos hombres que fueron convidados, gustará mi cena.

Lo que cuesta seguir a Cristo

25 Grandes multitudes iban con él; y volviéndose, les dijo:
26 Si alguno viene a mí, y no aborrece a su ◄
padre, y madre, y mujer, e hijos, y hermanos,
y hermanas, y aun también su propia vida, no
puede ser mi discípulo.[d]
27 Y el que no lleva su cruz y viene en pos de
mí, no puede ser mi discípulo.[e]
28 Porque ¿quién de vosotros, queriendo edificar una torre, no se sienta primero y calcula
los gastos, a ver si tiene lo que necesita para
acabarla?

* Aquí equivale a *sábado*.

a. 14.5 Mt 12.11. **b. 14.8-10** Pr 25.6-7. **c. 14.11** Mt 23.12; Lc 18.14. **d. 14.26** Mt 10.37. **e. 14.27** Mt 10.38; 16.24; Mr 8.34; Lc 9.23.

LECCIONES DE VIDA

a todos y nunca rechaza a quien ponga su fe en Él (Ro 10.9–13). Jesús es la única puerta al cielo y el único camino que nos lleva a conocer al Padre (Jn 10.7; 14.6; Hch 4.12), pero absolutamente todos tienen la oportunidad de experimentar su maravillosa gracia.

➤ ***14.14 — serás bienaventurado; porque ellos no te pueden recompensar, pero te será recompensado en la resurrección de los justos.***

Nadie supera a Dios en generosidad. Cualquier acto de amabilidad que hagamos por otra persona, sin motivos egoístas, en el nombre de Jesús y para su gloria, será recompensado en el cielo. Al Señor le encanta recompensar a quienes le son fieles, especialmente cuando hacemos las cosas para su gloria y no por ganancia personal.

➤ ***14.23 — Dijo el señor al siervo: Ve por los caminos y por los vallados, y fuérzalos a entrar, para que se llene mi casa.***

Lejos de querer excluir a las personas del cielo, lo que Dios desea es «que todos los hombres sean salvos y vengan al conocimiento de la verdad» (1 Ti 2.4).

➤ ***14.26 — Si alguno viene a mí, y no aborrece a su padre, y madre, y mujer, e hijos, y hermanos, y hermanas, y aun también su propia vida, no puede ser mi discípulo.***

Jesús llama a sus discípulos a tener un compromiso exclusivo con Él. Todo lo demás debería palidecer en comparación a nuestro amor por Dios, porque solamente Él debe ocupar el trono en nuestros corazones.

29 No sea que después que haya puesto el
cimiento, y no pueda acabarla, todos los que
lo vean comiencen a hacer burla de él,
30 diciendo: Este hombre comenzó a edificar,
y no pudo acabar.
31 ¿O qué rey, al marchar a la guerra contra
otro rey, no se sienta primero y considera si
puede hacer frente con diez mil al que viene
contra él con veinte mil?
32 Y si no puede, cuando el otro está todavía
lejos, le envía una embajada y le pide condiciones de paz.
33 Así, pues, cualquiera de vosotros que no
renuncia a todo lo que posee, no puede ser mi
discípulo.

Cuando la sal pierde su sabor
(Mt 5.13; Mr 9.50)
34 Buena es la sal; mas si la sal se hiciere insí-
pida, ¿con qué se sazonará?
35 Ni para la tierra ni para el muladar es útil; la
arrojan fuera. El que tiene oídos para oír, oiga.

Parábola de la oveja perdida
(Mt 18.10-14)
15 Se acercaban a Jesús todos los publicanos y pecadores para oírle,
2 y los fariseos y los escribas murmuraban,
diciendo: Éste a los pecadores recibe, y con
ellos come.[a]
3 Entonces él les refirió esta parábola, diciendo:
4 ¿Qué hombre de vosotros, teniendo cien ovejas, si pierde una de ellas, no deja las noventa
y nueve en el desierto, y va tras la que se perdió, hasta encontrarla?
5 Y cuando la encuentra, la pone sobre sus
hombros gozoso;
➤ 6 y al llegar a casa, reúne a sus amigos y vecinos, diciéndoles: Gozaos conmigo, porque he
encontrado mi oveja que se había perdido.
* 7 Os digo que así habrá más gozo en el cielo por un pecador que se arrepiente, que por
noventa y nueve justos que no necesitan de
arrepentimiento.

Parábola de la moneda perdida
8 ¿O qué mujer que tiene diez dracmas, si pierde
una dracma, no enciende la lámpara, y barre la
casa, y busca con diligencia hasta encontrarla?
9 Y cuando la encuentra, reúne a sus amigas y
vecinas, diciendo: Gozaos conmigo, porque he
encontrado la dracma que había perdido.
10 Así os digo que hay gozo delante de ➤
los ángeles de Dios por un pecador que se
arrepiente.

Parábola del hijo pródigo
11 También dijo: Un hombre tenía dos hijos;
12 y el menor de ellos dijo a su padre: Padre,
dame la parte de los bienes que me corresponde; y les repartió los bienes.
13 No muchos días después, juntándolo todo
el hijo menor, se fue lejos a una provincia
apartada; y allí desperdició sus bienes viviendo perdidamente.
14 Y cuando todo lo hubo malgastado, vino
una gran hambre en aquella provincia, y
comenzó a faltarle.
15 Y fue y se arrimó a uno de los ciudadanos
de aquella tierra, el cual le envió a su hacienda para que apacentase cerdos.
16 Y deseaba llenar su vientre de las algarro-
bas que comían los cerdos, pero nadie le daba.
17 Y volviendo en sí, dijo: ¡Cuántos jornaleros en casa de mi padre tienen abundancia de
pan, y yo aquí perezco de hambre!
18 Me levantaré e iré a mi padre, y le diré:
Padre, he pecado contra el cielo y contra ti.
19 Ya no soy digno de ser llamado tu hijo; hazme como a uno de tus jornaleros.
20 Y levantándose, vino a su padre. Y cuando
aún estaba lejos, lo vio su padre, y fue movido a misericordia, y corrió, y se echó sobre su
cuello, y le besó.
21 Y el hijo le dijo: Padre, he pecado contra el
cielo y contra ti, y ya no soy digno de ser llamado tu hijo.
22 Pero el padre dijo a sus siervos: Sacad el
mejor vestido, y vestidle; y poned un anillo en
su mano, y calzado en sus pies.
23 Y traed el becerro gordo y matadlo, y comamos y hagamos fiesta;
24 porque este mi hijo muerto era, y ha revivido; se había perdido, y es hallado. Y comenzaron a regocijarse.
25 Y su hijo mayor estaba en el campo; y
cuando vino, y llegó cerca de la casa, oyó la
música y las danzas;
26 y llamando a uno de los criados, le preguntó qué era aquello.
27 Él le dijo: Tu hermano ha venido; y tu padre
ha hecho matar el becerro gordo, por haberle
recibido bueno y sano.

a. 15.1-2 Lc 5.29-30.

LECCIONES DE VIDA

➤ ***15.6 — al llegar a casa, reúne a sus amigos y vecinos, diciéndoles: Gozaos conmigo, porque he encontrado mi oveja que se había perdido.***

El Señor tiene pasión por redimir a los perdidos. Él se goza grandemente en restablecer un vínculo de unidad con los que han estado extraviados y han sido hallados.

➤ ***15.10 — hay gozo delante de los ángeles de Dios por un pecador que se arrepiente.***

Jesús solamente puede hablar acerca del cielo y de los redimidos que lo habitan en términos de gozo y alegría. El cielo es un lugar muy feliz porque hemos sido reconciliados con el Señor (Ro 5.11) y tenemos el privilegio de disfrutar su maravillosa presencia. El gozo es un atributo de Dios (Gá 5.22), y ciertamente seremos bendecidos en nuestra relación con Él con gran deleite para siempre.

28 Entonces se enojó, y no quería entrar. Salió
por tanto su padre, y le rogaba que entrase.
29 Mas él, respondiendo, dijo al padre: He
aquí, tantos años te sirvo, no habiéndote desobedecido jamás, y nunca me has dado ni un
cabrito para gozarme con mis amigos.
30 Pero cuando vino este tu hijo, que ha consumido tus bienes con rameras, has hecho
matar para él el becerro gordo.
31 Él entonces le dijo: Hijo, tú siempre estás
conmigo, y todas mis cosas son tuyas.
➤ 32 Mas era necesario hacer fiesta y regocijarnos, porque este tu hermano era muerto, y ha
revivido; se había perdido, y es hallado.

Parábola del mayordomo infiel

16 Dijo también a sus discípulos: Había un
hombre rico que tenía un mayordomo,
y éste fue acusado ante él como disipador de
sus bienes.
2 Entonces le llamó, y le dijo: ¿Qué es esto que
oigo acerca de ti? Da cuenta de tu mayordomía,
porque ya no podrás más ser mayordomo.
3 Entonces el mayordomo dijo para sí: ¿Qué
haré? Porque mi amo me quita la mayordomía.
Cavar, no puedo; mendigar, me da vergüenza.
4 Ya sé lo que haré para que cuando se me quite
de la mayordomía, me reciban en sus casas.
5 Y llamando a cada uno de los deudores de su
amo, dijo al primero: ¿Cuánto debes a mi amo?
6 Él dijo: Cien barriles de aceite. Y le dijo: Toma
tu cuenta, siéntate pronto, y escribe cincuenta.
7 Después dijo a otro: Y tú, ¿cuánto debes? Y
él dijo: Cien medidas de trigo. Él le dijo: Toma
tu cuenta, y escribe ochenta.
8 Y alabó el amo al mayordomo malo por
haber hecho sagazmente; porque los hijos de
este siglo son más sagaces en el trato con sus
semejantes que los hijos de luz.
9 Y yo os digo: Ganad amigos por medio de las
riquezas injustas, para que cuando éstas falten, os reciban en las moradas eternas.
10 El que es fiel en lo muy poco, también en lo ➤
más es fiel; y el que en lo muy poco es injusto,
también en lo más es injusto.
11 Pues si en las riquezas injustas no fuisteis
fieles, ¿quién os confiará lo verdadero?
12 Y si en lo ajeno no fuisteis fieles, ¿quién os
dará lo que es vuestro?
13 Ningún siervo puede servir a dos señores;
porque o aborrecerá al uno y amará al otro, o
estimará al uno y menospreciará al otro. No
podéis servir a Dios[a] y a las riquezas.[1]
14 Y oían también todas estas cosas los fariseos, que eran avaros, y se burlaban de él.
15 Entonces les dijo: Vosotros sois los que os ➤
justificáis a vosotros mismos delante de los
hombres; mas Dios conoce vuestros corazones; porque lo que los hombres tienen por
sublime, delante de Dios es abominación.

La ley y el reino de Dios

16 La ley y los profetas eran hasta Juan; desde entonces el reino de Dios es anunciado, y
todos se esfuerzan por entrar en él.[b]
17 Pero más fácil es que pasen el cielo y la tierra, que se frustre una tilde de la ley.[c]

Jesús enseña sobre el divorcio

(Mt 19.1-2; Mr 10.1-12)

18 Todo el que repudia a su mujer, y se casa
con otra, adultera; y el que se casa con la
repudiada del marido, adultera.[d]

El rico y Lázaro

19 Había un hombre rico, que se vestía de púrpura y de lino fino, y hacía cada día banquete
con esplendidez.
20 Había también un mendigo llamado Lázaro, que estaba echado a la puerta de aquél, lleno de llagas,

1 Gr. *Mamón*.
a. 16.13 Mt 6.24. **b. 16.16** Mt 11.12-13. **c. 16.17** Mt 5.18.
d. 16.18 Mt 5.32; Mr 10.11-12; 1 Co 7.10-11.

LECCIONES DE VIDA

➤ ***15.32 — era necesario hacer fiesta y regocijarnos, porque este tu hermano era muerto, y ha revivido; se había perdido, y es hallado.***

Al darle al hijo un anillo, calzado y el mejor vestido, el padre restauró aquel joven a su posición en la familia. De igual manera, cuando aceptamos a Jesús como nuestro Señor y Salvador, nuestra relación con Él queda completamente restaurada y nos es dado «el Espíritu Santo de la promesa, que es las arras de nuestra herencia» (Ef 1.13, 14). Somos adoptados irrevocablemente en la familia de Dios, lo cual trae gran alegría y gozo, tanto a nosotros como al Señor, por toda la eternidad.

➤ ***16.10 — El que es fiel en lo muy poco, también en lo más es fiel; y el que en lo muy poco es injusto, también en lo más es injusto.***

La fidelidad en las tareas pequeñas que el Señor nos asigna nos califica para tener la oportunidad de servir en funciones más grandes e influyentes. Sea obediente y fiel allí donde el Señor le plante, y vea las cosas asombrosas que hace a través de su vida.

➤ ***16.15 — lo que los hombres tienen por sublime, delante de Dios es abominación.***

Exteriormente, los fariseos eran la estampa de la piedad religiosa, observando cada ritual y cumpliendo fielmente cada regulación. Apuntaban a su riqueza como evidencia de la bendición del Señor, pero hacían todo esto para honrarse a sí mismos, no a Dios. Por eso el Señor condenó sus acciones. No tiene nada de malo ser exitosos, el problema radica en cómo tratamos de manejar nuestro éxito. Dios dice que para ser grandes en el reino de los cielos debemos servir humildemente a los demás y glorificarlo a Él, no hacer alarde de cuán grandes seamos.

21 y ansiaba saciarse de las migajas que caían
de la mesa del rico; y aun los perros venían y
le lamían las llagas.
22 Aconteció que murió el mendigo, y fue llevado por los ángeles al seno de Abraham; y
murió también el rico, y fue sepultado.
23 Y en el Hades alzó sus ojos, estando en tormentos, y vio de lejos a Abraham, y a Lázaro en su seno.
24 Entonces él, dando voces, dijo: Padre Abraham, ten misericordia de mí, y envía a Lázaro
para que moje la punta de su dedo en agua, y
refresque mi lengua; porque estoy atormentado en esta llama.
25 Pero Abraham le dijo: Hijo, acuérdate que
recibiste tus bienes en tu vida, y Lázaro también males; pero ahora éste es consolado aquí,
y tú atormentado.
26 Además de todo esto, una gran sima está
puesta entre nosotros y vosotros, de manera
que los que quisieren pasar de aquí a vosotros, no pueden, ni de allá pasar acá.
27 Entonces le dijo: Te ruego, pues, padre, que
le envíes a la casa de mi padre,
28 porque tengo cinco hermanos, para que les
testifique, a fin de que no vengan ellos también a este lugar de tormento.
29 Y Abraham le dijo: A Moisés y a los profetas tienen; óiganlos.
30 Él entonces dijo: No, padre Abraham; pero
si alguno fuere a ellos de entre los muertos, se
arrepentirán.
➤ 31 Mas Abraham le dijo: Si no oyen a Moisés
y a los profetas, tampoco se persuadirán aunque alguno se levantare de los muertos.

Ocasiones de caer
(Mt 18.6-7,21-22; Mr 9.42)

17 Dijo Jesús a sus discípulos: Imposible
es que no vengan tropiezos; mas ¡ay de
aquel por quien vienen!
2 Mejor le fuera que se le atase al cuello una
piedra de molino y se le arrojase al mar, que
hacer tropezar a uno de estos pequeñitos.
3 Mirad por vosotros mismos. Si tu hermano
pecare contra ti, repréndele; y si se arrepintiere, perdónale.[a]
4 Y si siete veces al día pecare contra ti, y sie- ➤
te veces al día volviere a ti, diciendo: Me arrepiento; perdónale.

Auméntanos la fe
5 Dijeron los apóstoles al Señor: Auménta- ➤
nos la fe.
6 Entonces el Señor dijo: Si tuvierais fe como *
un grano de mostaza, podríais decir a este
sicómoro: Desarráigate, y plántate en el mar;
y os obedecería.

El deber del siervo
7 ¿Quién de vosotros, teniendo un siervo que
ara o apacienta ganado, al volver él del campo, luego le dice: Pasa, siéntate a la mesa?
8 ¿No le dice más bien: Prepárame la cena,
cíñete, y sírveme hasta que haya comido y
bebido; y después de esto, come y bebe tú?
9 ¿Acaso da gracias al siervo porque hizo lo
que se le había mandado? Pienso que no.
10 Así también vosotros, cuando hayáis hecho ➤
todo lo que os ha sido ordenado, decid: Siervos inútiles somos, pues lo que debíamos
hacer, hicimos.

Diez leprosos son limpiados
11 Yendo Jesús a Jerusalén, pasaba entre
Samaria y Galilea.
12 Y al entrar en una aldea, le salieron al
encuentro diez hombres leprosos, los cuales
se pararon de lejos

a. 17.3 Mt 18.15.

LECCIONES DE VIDA

➤ ***16.31 — Si no oyen a Moisés y a los profetas, tampoco se persuadirán aunque alguno se levantare de los muertos.***

Dios hizo muchas maravillas por medio de Moisés y los profetas, habló a través de ellos acerca del Mesías, les advirtió acerca del juicio y los amonestó a cuidar de los pobres. Si los hermanos del hombre rico no prestaron atención a su instrucción, ¿cómo podría un milagro hacerles cambiar de opinión? De igual modo, Jesús realizó toda clase de milagros, incluso levantó a algunos de la muerte (Lc 7.12–15; 8.49–55; Jn 11.1–44), pero sus enemigos de todas maneras lo crucificaron. Tanto es así, que tras haber resucitado de los muertos al tercer día, los líderes religiosos siguieron negándose a creer en Él.

➤ ***17.4 — si siete veces al día pecare contra ti, y siete veces al día volviere a ti, diciendo: Me arrepiento; perdónale.***

Jesús no alienta una conducta irresponsable por parte del ofensor, sino una conducta misericordiosa y llena de gracia por parte de la persona que ha sido ofendida: «De la manera que Cristo os perdonó, así también hacedlo vosotros» (Col 3.13).

➤ ***17.5 —Dijeron los apóstoles al Señor: Auméntanos la fe.***

No necesitamos *más* fe para cumplir las instrucciones del Señor, sino fe *genuina*. La cantidad no es lo importante, basta con una fe sencilla, tal como una diminuta semilla de mostaza. Sin embargo, la fe debe estar basada por completo en la capacidad del Señor, no en la suya. El poder de Dios que todo lo puede, obra de manera asombrosa por medio de un vaso dispuesto (2 Co 4.7).

➤ ***17.10 — cuando hayáis hecho todo lo que os ha sido ordenado, decid: Siervos inútiles somos, pues lo que debíamos hacer, hicimos.***

Jesús no quiere que nos enorgullezcamos por las cosas que nos capacita para lograr por su Espíritu. Por eso Pablo escribe: «si anuncio el evangelio, no tengo por qué gloriarme; porque me es impuesta necesidad» (1 Co 9.16).

LO QUE LA BIBLIA DICE ACERCA DE
CRECER EN NUESTRA FE

Lc 18.1–8

Dios quiere que crezcamos en nuestra fe «conforme a la medida de fe que [Él] repartió a cada uno» (Ro 12.3). A lo largo de la vida, Él permite retos y pruebas para que nuestra fe sea probada y esforzada.

Una vez Jesús contó la parábola de una viuda que acudió con insistencia a un juez para recibir justicia, hasta que él le dio una respuesta favorable. Jesús señaló que Dios no es como aquel juez inclemente: «¿Y acaso Dios no hará justicia a sus escogidos, que claman a él día y noche? ¿Se tardará en responderles? Os digo que pronto les hará justicia». Luego añadió un comentario que refleja nuestra tendencia a darnos por vencidos demasiado pronto, en asuntos que nos exigen crecer en nuestra fe: «Pero cuando venga el Hijo del Hombre, ¿hallará fe en la tierra?» (Lc 18.8).

Hubo alguien que se dio por vencido demasiado rápido. En Mateo 14, leemos acerca de cómo una tempestad se levantó de repente y los discípulos se convencieron que estaban a punto de perecer ahogados en el mar embravecido. Pedro vio en medio del temporal lo que le pareció un fantasma que se dirigía hacia la barca. Pero no era un fantasma. Era Jesús, y el discípulo impulsivo clamó al Señor que «lo mandara» ir a Él sobre las aguas. Saltó de la barca y empezó a andar sobre las aguas en dirección al Salvador. Pero su atención se concentró en las olas que se levantaban, pues eran mucho más altas de lo que había visto en el Mar de Galilea y la marea golpeaba a su alrededor. El discípulo quedó paralizado de miedo y se empezó a hundir de inmediato. Pedro entendió que la situación era demasiado grave para él solo y sabía que necesitaba a Jesús, por eso no tuvo vergüenza en pedirle su intervención. El Señor lo alcanzó y lo sacó del peligro. Luego le dijo: «¡Hombre de poca fe! ¿Por qué dudaste?» (Mt 14.31).

Hay muchos que aunque se estén hundiendo, siguen batallando, luchando y nadando en busca de seguridad, pero todo en sus propias fuerzas. El Señor sabe que si aprendemos a confiar en Él, no perderemos el rumbo cuando arrecien los vientos de la adversidad. Jesús quiere recordarnos que la fe y la confianza en Él es todo lo que necesitamos para captar su atención. A diferencia de la viuda, quien insistía por clemencia ante el juez injusto, Pedro había apartado la mirada de la provisión de Dios, y esto causó su distracción. Es lo mismo que puede sucedernos a nosotros, si no tenemos cuidado.

Dios desea que desarrollemos una fe grande.

¿Se ha detenido a pensar que usted crece en la fe como resultado de enfrentar diversos retos y pruebas? La carencia en la vida de la viuda la llevó a mantenerse en una persistente plegaria por justicia. De la misma manera, la falta de fe de Pedro hizo evidente que estaba en un periodo de preparación, y Jesús se aseguraría que aprendiera todo lo que necesitaba saber para el futuro. Este es el proceso por el cual experimentamos nuestro mayor crecimiento en nuestro andar con Cristo: surge una necesidad y no tenemos cómo llenar el vacío, resolver el problema o reducir el dolor. Luchamos, batallamos y finalmente clamamos a la única Persona que nos conoce totalmente y nos ama incondicionalmente. Él sabe los planes que tiene para usted y para mí, y nunca nos ha fallado.

Pedro vio a Jesús y se salió de la barca. Quiso confiar en el Salvador, pero su fe no era lo suficientemente desarrollada. En cambio, la queja de una viuda persistente ante un juez inclemente hizo que accediera a resolver la petición de la viuda para librarse de ella después de muchos ruegos. Jesús interpretó la parábola indicando que si un juez, siendo injusto, administró justicia, cuánto más nuestro Dios justo nos hará justicia. Aunque eso implique que tengamos que aprender a crecer en la fe, y como a la viuda, nos requerirá constancia y perseverancia, en otros momentos como en el caso de Pedro, requerirá que nos mantengamos firmes, fuertes y vigilantes. Entonces estaremos en pleno crecimiento, y Dios proveerá la fortaleza necesaria para perseverar y la esperanza para proseguir.

Por lo tanto, reconociendo la grandeza de nuestro Dios justo, la pregunta que usted debe contestar hoy es: cuando Jesús vuelva, ¿le encontrará perseverando en la fe? ¿Clamará a Dios sin cesar como la viuda, para crecer en fe? O, ¿tendrá Jesús que decirle como a Pedro: «¿por qué dudaste?»

Para un estudio más a fondo, véase el Índice de Principios de vida:

9. *Confiar en Dios quiere decir ver más allá de lo que podemos, hacia lo que Dios ve.*
24. *Vivir la vida cristiana es permitir al Señor Jesús vivir su vida en y por medio de nosotros.*

13 y alzaron la voz, diciendo: ¡Jesús, Maestro,
ten misericordia de nosotros!
14 Cuando él los vio, les dijo: Id, mostraos
a los sacerdotes.[b] Y aconteció que mientras
iban, fueron limpiados.
15 Entonces uno de ellos, viendo que había
sido sanado, volvió, glorificando a Dios a
gran voz,
16 y se postró rostro en tierra a sus pies, dándole gracias; y éste era samaritano.
17 Respondiendo Jesús, dijo: ¿No son diez
los que fueron limpiados? Y los nueve, ¿dónde están?
➤ 18 ¿No hubo quien volviese y diese gloria a
Dios sino este extranjero?
19 Y le dijo: Levántate, vete; tu fe te ha salvado.

La venida del Reino
(Mt 24.23-28; 36-41)
20 Preguntado por los fariseos, cuándo había
de venir el reino de Dios, les respondió y dijo:
El reino de Dios no vendrá con advertencia,
21 ni dirán: Helo aquí, o helo allí;[c] porque he
aquí el reino de Dios está entre vosotros.
22 Y dijo a sus discípulos: Tiempo vendrá
cuando desearéis ver uno de los días del Hijo
del Hombre, y no lo veréis.
23 Y os dirán: Helo aquí, o helo allí. No vayáis,
ni los sigáis.
24 Porque como el relámpago que al fulgurar
resplandece desde un extremo del cielo hasta el otro, así también será el Hijo del Hombre en su día.
25 Pero primero es necesario que padezca
mucho, y sea desechado por esta generación.
26 Como fue en los días de Noé,[d] así también
será en los días del Hijo del Hombre.
27 Comían, bebían, se casaban y se daban en
casamiento, hasta el día en que entró Noé en el
arca, y vino el diluvio y los destruyó a todos.[e]
28 Asimismo como sucedió en los días de Lot;[f]
comían, bebían, compraban, vendían, plantaban, edificaban;
29 mas el día en que Lot salió de Sodoma, llovió del cielo fuego y azufre, y los destruyó a
todos.
30 Así será el día en que el Hijo del Hombre
se manifieste.
31 En aquel día, el que esté en la azotea, y sus
bienes en casa, no descienda a tomarlos; y el
que en el campo, asimismo no vuelva atrás.[g]
32 Acordaos de la mujer de Lot.[h]
33 Todo el que procure salvar su vida, la perderá; y todo el que la pierda, la salvará.[i]
34 Os digo que en aquella noche estarán dos
en una cama; el uno será tomado, y el otro
será dejado.
35 Dos mujeres estarán moliendo juntas; la
una será tomada, y la otra dejada.
36 Dos estarán en el campo; el uno será tomado, y el otro dejado.
37 Y respondiendo, le dijeron: ¿Dónde, Señor?
Él les dijo: Donde estuviere el cuerpo, allí se
juntarán también las águilas.

Parábola de la viuda y el juez injusto
18 También les refirió Jesús una parábola ➤
sobre la necesidad de orar siempre, y
no desmayar,
2 diciendo: Había en una ciudad un juez, que
ni temía a Dios, ni respetaba a hombre.
3 Había también en aquella ciudad una viuda,
la cual venía a él, diciendo: Hazme justicia de
mi adversario.
4 Y él no quiso por algún tiempo; pero después de esto dijo dentro de sí: Aunque ni temo
a Dios, ni tengo respeto a hombre,
5 sin embargo, porque esta viuda me es molesta, le haré justicia, no sea que viniendo de continuo, me agote la paciencia.
6 Y dijo el Señor: Oíd lo que dijo el juez injusto.
7 ¿Y acaso Dios no hará justicia a sus escogidos, que claman a él día y noche? ¿Se tardará
en responderles?
8 Os digo que pronto les hará justicia. Pero
cuando venga el Hijo del Hombre, ¿hallará fe
en la tierra?

Parábola del fariseo y el publicano
9 A unos que confiaban en sí mismos como
justos, y menospreciaban a los otros, dijo también esta parábola:
10 Dos hombres subieron al templo a orar:
uno era fariseo, y el otro publicano.
11 El fariseo, puesto en pie, oraba consigo mismo de esta manera: Dios, te doy gracias porque
no soy como los otros hombres, ladrones, injustos, adúlteros, ni aun como este publicano;
12 ayuno dos veces a la semana, doy diezmos
de todo lo que gano.
13 Mas el publicano, estando lejos, no quería
ni aun alzar los ojos al cielo, sino que se golpeaba el pecho, diciendo: Dios, sé propicio a
mí, pecador.

b. 17.14 Lv 14.1-32. **c. 17.20-21** Mr 13.21-22.
d. 17.26 Gn 6.5-8. **e. 17.27** Gn 7.6-24.
f. 17.28-29 Gn 18.20—19.25. **g.17.31** Mt 24.17-18;
Mr 13.15-16. **h. 17.32** Gn 19.26. **i. 17.33** Mt 10.39; 16.25;
Mr 8.35; Lc 9.24; Jn 12.25.

LECCIONES DE VIDA

➤ ***17.18 — ¿No hubo quien volviese y diese gloria a Dios sino este extranjero?***

A menudo, las personas que menos esperamos son las que obedecen a Dios y le dan la gloria. El Señor siempre acepta su alabanza y los usa frecuentemente como ejemplos de un corazón íntegro.

➤ ***18.1 — les refirió Jesús una parábola sobre la necesidad de orar siempre, y no desmayar.***

Pueden existir razones por las que Dios no contesta rápidamente nuestras oraciones, pero a menos que nos indique que dejemos de orar sobre algo, nos llama a perseverar en fe y seguirle pidiendo.

14 Os digo que éste descendió a su casa justificado antes que el otro; porque cualquiera que se enaltece, será humillado; y el que se humilla será enaltecido.[a]

Jesús bendice a los niños

(Mt 19.13-15; Mr 10.13-16)

15 Traían a él los niños para que los tocase; lo cual viendo los discípulos, les reprendieron.
16 Mas Jesús, llamándolos, dijo: Dejad a los niños venir a mí, y no se lo impidáis; porque de los tales es el reino de Dios.
* 17 De cierto os digo, que el que no recibe el reino de Dios como un niño, no entrará en él.

El joven rico

(Mt 19.16-30; Mr 10.17-31)

18 Un hombre principal le preguntó, diciendo: Maestro bueno, ¿qué haré para heredar la vida eterna?
19 Jesús le dijo: ¿Por qué me llamas bueno? Ninguno hay bueno, sino sólo Dios.
20 Los mandamientos sabes: No adulterarás;[b] no matarás;[c] no hurtarás;[d] no dirás falso testimonio;[e] honra a tu padre y a tu madre.[f]
21 Él dijo: Todo esto lo he guardado desde mi juventud.
22 Jesús, oyendo esto, le dijo: Aún te falta una cosa: vende todo lo que tienes, y dalo a los pobres, y tendrás tesoro en el cielo; y ven, sígueme.
23 Entonces él, oyendo esto, se puso muy triste, porque era muy rico.
24 Al ver Jesús que se había entristecido mucho, dijo: ¡Cuán difícilmente entrarán en el reino de Dios los que tienen riquezas!
25 Porque es más fácil pasar un camello por el ojo de una aguja, que entrar un rico en el reino de Dios.
26 Y los que oyeron esto dijeron: ¿Quién, pues, podrá ser salvo?
27 Él les dijo: Lo que es imposible para los hombres, es posible para Dios.
28 Entonces Pedro dijo: He aquí, nosotros hemos dejado nuestras posesiones y te hemos seguido.
29 Y él les dijo: De cierto os digo, que no hay nadie que haya dejado casa, o padres, o hermanos, o mujer, o hijos, por el reino de Dios,
30 que no haya de recibir mucho más en este tiempo, y en el siglo venidero la vida eterna.

Nuevamente Jesús anuncia su muerte

(Mt 20.17-19; Mr 10.32-34)

31 Tomando Jesús a los doce, les dijo: He aquí subimos a Jerusalén, y se cumplirán todas las cosas escritas por los profetas acerca del Hijo del Hombre.
32 Pues será entregado a los gentiles, y será escarnecido, y afrentado, y escupido.
33 Y después que le hayan azotado, le matarán; mas al tercer día resucitará.
34 Pero ellos nada comprendieron de estas ≺ cosas, y esta palabra les era encubierta, y no entendían lo que se les decía.

Un ciego de Jericó recibe la vista

(Mt 20.29-34; Mr 10.46-52)

35 Aconteció que acercándose Jesús a Jericó, un ciego estaba sentado junto al camino mendigando;
36 y al oír a la multitud que pasaba, preguntó qué era aquello.
37 Y le dijeron que pasaba Jesús nazareno.
38 Entonces dio voces, diciendo: ¡Jesús, Hijo de David, ten misericordia de mí!
39 Y los que iban delante le reprendían para que callase; pero él clamaba mucho más: ¡Hijo de David, ten misericordia de mí!
40 Jesús entonces, deteniéndose, mandó traerle a su presencia; y cuando llegó, le preguntó,
41 diciendo: ¿Qué quieres que te haga? Y él dijo: Señor, que reciba la vista.
42 Jesús le dijo: Recíbela, tu fe te ha salvado.
43 Y luego vio, y le seguía, glorificando a Dios; y todo el pueblo, cuando vio aquello, dio alabanza a Dios.

Jesús y Zaqueo

19 Habiendo entrado Jesús en Jericó, iba pasando por la ciudad.
2 Y sucedió que un varón llamado Zaqueo, que era jefe de los publicanos, y rico,
3 procuraba ver quién era Jesús; pero no podía a causa de la multitud, pues era pequeño de estatura.
4 Y corriendo delante, subió a un árbol sicómoro para verle; porque había de pasar por allí.
5 Cuando Jesús llegó a aquel lugar, mirando hacia arriba, le vio, y le dijo: Zaqueo, date prisa, desciende, porque hoy es necesario que pose yo en tu casa.
6 Entonces él descendió aprisa, y le recibió gozoso.
7 Al ver esto, todos murmuraban, diciendo que había entrado a posar con un hombre pecador.
8 Entonces Zaqueo, puesto en pie, dijo al Señor: He aquí, Señor, la mitad de mis bienes

a. 18.14 Mt 23.12; Lc 14.11. **b. 18.20** Éx 20.14; Dt 5.18.
c. 18.20 Éx 20.13; Dt 5.17. **d. 18.20** Éx 20.15; Dt 5.19.
e. 18.20 Éx 20.16; Dt 5.20. **f. 18.20** Éx 20.12; Dt 5.16.

LECCIONES DE VIDA

➤ ***18.34 — ellos nada comprendieron de estas cosas, y esta palabra les era encubierta.***

¿Por qué los discípulos casi siempre entendían mal las palabras de Jesús? ¿Sería por sus expectativas falsas, su desobediencia o alguna otra causa? Lucas dice que la verdad les era encubierta, y ellos no entendieron lo que Jesús quiso darles a entender hasta después que se levantó de la tumba (Lc 24.13–49). Gracias a Dios, ahora tenemos al Espíritu Santo, quien nos ayuda a entender cómo nos está dirigiendo (Jn 14.26; 16.13–15; Stg 1.5).

Ejemplos de vida

ZAQUEO

La vida que cuenta

LC 19.1–10

No era fácil ser uno de los hombres más odiados (y más cortos de estatura) en la ciudad, pero Zaqueo el publicano había aprendido a manejar la situación. Su vida se caracterizaba por la deshonestidad y la avaricia. No sólo recolectaba impuestos de la gente de su pueblo, sino además añadía una tarifa adicional para él. Además, había aprendido a superar obstáculos de maneras poco ortodoxas, lo cual explica que terminara trepado en un árbol para alcanzar a ver al Mesías cuando pasó por el lugar.

Jesús sabía quién era. También sabía que a pesar de sus riquezas, Zaqueo carecía de paz, gozo y contentamiento. Por eso cuando notó que lo buscaba desde un árbol, el Señor le dijo: «Zaqueo, date prisa, desciende, porque hoy es necesario que pose yo en tu casa» (Lc 19.5). En cuestión de instantes, el despreciado cobrador de impuestos se bajó de su percha y caminó junto al Salvador hasta su casa.

¿Ha considerado alguna vez cómo Dios está dispuesto a salir a su encuentro allí donde usted esté? Todo lo que Él quiere es que usted admita que lo necesita. Jesús quiere que usted haga lo que hizo este hombre: entregarle su vida a Él.

Tras su encuentro con Jesús, Zaqueo dejó de estafar a la gente y prometió restaurar cuatro veces lo que había tomado. Se rindió y con entusiasmo entregó todo lo que tenía a Cristo. Con todos sus defectos, Zaqueo se dio cuenta que seguir al Salvador era la única vía de significado verdadero y propósito en la vida. Había pasado muchas noches solitarias contando dinero, pero a partir de ese momento, Zaqueo quiso que su vida contara para el reino de Dios.

Para un estudio más a fondo, véase el Índice de Principios de vida:

4. *Estar conscientes de la presencia de Dios nos da energías para desempeñar nuestro trabajo.*
23. *Jamás podremos superar a Dios en generosidad.*

doy a los pobres; y si en algo he defraudado a
alguno, se lo devuelvo cuadruplicado.
9 Jesús le dijo: Hoy ha venido la salvación a
esta casa; por cuanto él también es hijo de
Abraham.
10 Porque el Hijo del Hombre vino a buscar y
a salvar lo que se había perdido.[a]

Parábola de las diez minas

11 Oyendo ellos estas cosas, prosiguió Jesús
y dijo una parábola, por cuanto estaba cerca
de Jerusalén, y ellos pensaban que el reino de
Dios se manifestaría inmediatamente.
12 Dijo, pues: Un hombre noble se fue a un
país lejano, para recibir un reino y volver.
13 Y llamando a diez siervos suyos, les dio
diez minas,[1] y les dijo: Negociad entre tanto
que vengo.
14 Pero sus conciudadanos le aborrecían, y
enviaron tras él una embajada, diciendo: No
queremos que éste reine sobre nosotros.
15 Aconteció que vuelto él, después de recibir el reino, mandó llamar ante él a aquellos
siervos a los cuales había dado el dinero, para
saber lo que había negociado cada uno.
16 Vino el primero, diciendo: Señor, tu mina
ha ganado diez minas.
17 Él le dijo: Está bien, buen siervo; por cuanto en lo poco has sido fiel, tendrás autoridad
sobre diez ciudades.
18 Vino otro, diciendo: Señor, tu mina ha producido cinco minas.
19 Y también a éste dijo: Tú también sé sobre
cinco ciudades.
20 Vino otro, diciendo: Señor, aquí está tu mina,
la cual he tenido guardada en un pañuelo;
21 porque tuve miedo de ti, por cuanto eres
hombre severo, que tomas lo que no pusiste, y
siegas lo que no sembraste.
22 Entonces él le dijo: Mal siervo, por tu propia boca te juzgo. Sabías que yo era hombre
severo, que tomo lo que no puse, y que siego
lo que no sembré;
23 ¿por qué, pues, no pusiste mi dinero en el
banco, para que al volver yo, lo hubiera recibido con los intereses?
24 Y dijo a los que estaban presentes: Quitadle
la mina, y dadla al que tiene las diez minas.
25 Ellos le dijeron: Señor, tiene diez minas.
26 Pues yo os digo que a todo el que tiene, se
le dará; mas al que no tiene, aun lo que tiene
se le quitará.[b]
27 Y también a aquellos mis enemigos que no
querían que yo reinase sobre ellos, traedlos
acá, y decapitadlos delante de mí.[c]

La entrada triunfal en Jerusalén

(Mt 21.1-11; Mr 11.1-11; Jn 12.12-19)

28 Dicho esto, iba delante subiendo a Jerusalén.

---

1 Moneda que correspondía a 100 dracmas.

a. **19.10** Mt 18.11. b. **19.26** Mt 13.12; Mr 4.25; Lc 8.18.
c. **19.11-27** Mt 25.14-30.

29 Y aconteció que llegando cerca de Betfagé
y de Betania, al monte que se llama de los Olivos, envió dos de sus discípulos,
30 diciendo: Id a la aldea de enfrente, y al entrar en ella hallaréis un pollino atado, en el cual ningún hombre ha montado jamás; desatadlo, y traedlo.
31 Y si alguien os preguntare: ¿Por qué lo desatáis? le responderéis así: Porque el Señor lo necesita.
32 Fueron los que habían sido enviados, y hallaron como les dijo.
33 Y cuando desataban el pollino, sus dueños les dijeron: ¿Por qué desatáis el pollino?
34 Ellos dijeron: Porque el Señor lo necesita.
35 Y lo trajeron a Jesús; y habiendo echado sus mantos sobre el pollino, subieron a Jesús encima.
36 Y a su paso tendían sus mantos por el camino.
37 Cuando llegaban ya cerca de la bajada del monte de los Olivos, toda la multitud de los discípulos, gozándose, comenzó a alabar a Dios a grandes voces por todas las maravillas que habían visto,
38 diciendo: ¡Bendito el rey que viene en el nombre del Señor;[d] paz en el cielo, y gloria en las alturas!
39 Entonces algunos de los fariseos de entre la multitud le dijeron: Maestro, reprende a tus discípulos.
40 Él, respondiendo, les dijo: Os digo que si éstos callaran, las piedras clamarían.
41 Y cuando llegó cerca de la ciudad, al verla, lloró sobre ella,
42 diciendo: ¡Oh, si también tú conocieses, a lo menos en este tu día, lo que es para tu paz! Mas ahora está encubierto de tus ojos.
43 Porque vendrán días sobre ti, cuando tus enemigos te rodearán con vallado, y te sitiarán, y por todas partes te estrecharán,
➤ 44 y te derribarán a tierra, y a tus hijos dentro de ti, y no dejarán en ti piedra sobre piedra, por cuanto no conociste el tiempo de tu visitación.

Purificación del templo
(Mt 21.12-17; Mr 11.15-19; Jn 2.13-22)

45 Y entrando en el templo, comenzó a echar fuera a todos los que vendían y compraban en él,
46 diciéndoles: Escrito está: Mi casa es casa de oración;[e] mas vosotros la habéis hecho cueva de ladrones.[f]
47 Y enseñaba cada día en el templo;[g] pero los principales sacerdotes, los escribas y los principales del pueblo procuraban matarle.
48 Y no hallaban nada que pudieran hacerle, porque todo el pueblo estaba suspenso oyéndole.

La autoridad de Jesús
(Mt 21.23-27; Mr 11.27-33)

20 Sucedió un día, que enseñando Jesús al pueblo en el templo, y anunciando el evangelio, llegaron los principales sacerdotes y los escribas, con los ancianos,
2 y le hablaron diciendo: Dinos: ¿con qué autoridad haces estas cosas? ¿o quién es el que te ha dado esta autoridad?
3 Respondiendo Jesús, les dijo: Os haré yo también una pregunta; respondedme:
4 El bautismo de Juan, ¿era del cielo, o de los hombres?
5 Entonces ellos discutían entre sí, diciendo: Si decimos, del cielo, dirá: ¿Por qué, pues, no le creísteis?
6 Y si decimos, de los hombres, todo el pueblo nos apedreará; porque están persuadidos de que Juan era profeta.
7 Y respondieron que no sabían de dónde fuese.
8 Entonces Jesús les dijo: Yo tampoco os diré con qué autoridad hago estas cosas.

Los labradores malvados
(Mt 21.33-44; Mr 12.1-11)

9 Comenzó luego a decir al pueblo esta parábola: Un hombre plantó una viña,[a] la arrendó a labradores, y se ausentó por mucho tiempo.
10 Y a su tiempo envió un siervo a los labradores, para que le diesen del fruto de la viña; pero los labradores le golpearon, y le enviaron con las manos vacías.
11 Volvió a enviar otro siervo; mas ellos a éste también, golpeado y afrentado, le enviaron con las manos vacías.

d. 19.38 Sal 118.26. **e. 19.46** Is 56.7. **f. 19.46** Jer 7.11. **g. 19.47** Lc 21.37. **a. 20.9** Is 5.1-2.

LECCIONES DE VIDA

➤ ***19.10 — el Hijo del Hombre vino a buscar y a salvar lo que se había perdido.***

El Señor no se limita a darnos un ejemplo de vida piadosa, también hace posible que disfrutemos una relación íntima con Él. Todos hemos pecado y estamos «destituidos de la gloria de Dios» (Ro 3.23), lo cual significa que todos estamos igualmente perdidos. No obstante, Cristo vino a la tierra para salvarnos (Jn 3.16–18). Él hizo por nosotros lo que jamás podríamos hacer por nuestra cuenta (Ro 5.1, 2).

➤ ***19.12 — Un hombre noble se fue a un país lejano, para recibir un reino y volver.***

Jesús dio algunas pistas como ésta para indicar que no volvería físicamente a la tierra por mucho tiempo, después de su ascensión. Hasta que Él regrese nuevamente en su gloria (Lc 17.24), debemos seguir haciendo fielmente su obra en el poder de su Espíritu, quien siempre está con nosotros (Jn 9.4; 14.16, 17, 26; 16.13, 14).

➤ ***19.44 — por cuanto no conociste el tiempo de tu visitación.***

¿Cómo es que la inmensa mayoría de las personas que vivían en el tiempo de Jesús no comprendieron que estaban en presencia de Dios encarnado? Más concretamente, ¿nos damos cuenta *nosotros* cuando el Señor está haciendo algo especial en medio nuestro?

12 Volvió a enviar un tercer siervo; mas ellos
también a éste echaron fuera, herido.
13 Entonces el señor de la viña dijo: ¿Qué
haré? Enviaré a mi hijo amado; quizás cuando le vean a él, le tendrán respeto.
14 Mas los labradores, al verle, discutían entre
sí, diciendo: Éste es el heredero; venid, matémosle, para que la heredad sea nuestra.
15 Y le echaron fuera de la viña, y le mataron.
¿Qué, pues, les hará el señor de la viña?
16 Vendrá y destruirá a estos labradores, y
dará su viña a otros. Cuando ellos oyeron esto,
dijeron: ¡Dios nos libre!
17 Pero él, mirándolos, dijo: ¿Qué, pues, es lo
que está escrito:

La piedra que desecharon los edificadores
Ha venido a ser cabeza del ángulo[b]?

18 Todo el que cayere sobre aquella piedra,
será quebrantado; mas sobre quien ella cayere, le desmenuzará.

La cuestión del tributo

(Mt 21.45-46; 22.15-22; Mr 12.12-17)

19 Procuraban los principales sacerdotes y
los escribas echarle mano en aquella hora,
porque comprendieron que contra ellos había
dicho esta parábola; pero temieron al pueblo.
➤ 20 Y acechándole enviaron espías que se simulasen justos, a fin de sorprenderle en alguna
palabra, para entregarle al poder y autoridad
del gobernador.
21 Y le preguntaron, diciendo: Maestro, sabemos que dices y enseñas rectamente, y que no
haces acepción de persona, sino que enseñas
el camino de Dios con verdad.
22 ¿Nos es lícito dar tributo a César, o no?
23 Mas él, comprendiendo la astucia de ellos,
les dijo: ¿Por qué me tentáis?
24 Mostradme la moneda. ¿De quién tiene la
imagen y la inscripción? Y respondiendo dijeron: De César.
25 Entonces les dijo: Pues dad a César lo que
es de César, y a Dios lo que es de Dios.
26 Y no pudieron sorprenderle en palabra
alguna delante del pueblo, sino que maravillados de su respuesta, callaron.

La pregunta sobre la resurrección

(Mt 22.23-33; Mr 12.18-27)

27 Llegando entonces algunos de los saduceos, los cuales niegan haber resurrección,[c] le
preguntaron,
28 diciendo: Maestro, Moisés nos escribió:
Si el hermano de alguno muriere teniendo
mujer, y no dejare hijos, que su hermano se
case con ella, y levante descendencia a su
hermano.[d]
29 Hubo, pues, siete hermanos; y el primero
tomó esposa, y murió sin hijos.
30 Y la tomó el segundo, el cual también
murió sin hijos.
31 La tomó el tercero, y así todos los siete, y
murieron sin dejar descendencia.
32 Finalmente murió también la mujer.
33 En la resurrección, pues, ¿de cuál de ellos será
mujer, ya que los siete la tuvieron por mujer?
34 Entonces respondiendo Jesús, les dijo: Los
hijos de este siglo se casan, y se dan en casamiento;
35 mas los que fueren tenidos por dignos
de alcanzar aquel siglo y la resurrección de
entre los muertos, ni se casan, ni se dan en
casamiento.
36 Porque no pueden ya más morir, pues son
iguales a los ángeles, y son hijos de Dios, al
ser hijos de la resurrección.
37 Pero en cuanto a que los muertos han de
resucitar, aun Moisés lo enseñó en el pasaje de la zarza, cuando llama al Señor, Dios de
Abraham, Dios de Isaac y Dios de Jacob.[e]
38 Porque Dios no es Dios de muertos, sino de
vivos, pues para él todos viven.
39 Respondiéndole algunos de los escribas,
dijeron: Maestro, bien has dicho.
40 Y no osaron preguntarle nada más.

¿De quién es hijo el Cristo?

(Mt 22.41-46; Mr 12.35-37)

41 Entonces él les dijo: ¿Cómo dicen que el
Cristo es hijo de David?
42 Pues el mismo David dice en el libro de los
Salmos:

Dijo el Señor a mi Señor:
Siéntate a mi diestra,
43 Hasta que ponga a tus enemigos por
estrado de tus pies.[f]

44 David, pues, le llama Señor; ¿cómo entonces es su hijo?

Jesús acusa a los escribas

(Mt 23.1-36; Mr 12.38-40; Lc 11.37-54)

45 Y oyéndole todo el pueblo, dijo a sus discípulos:
46 Guardaos de los escribas, que gustan de
andar con ropas largas, y aman las salutaciones en las plazas, y las primeras sillas en las
sinagogas, y los primeros asientos en las cenas;

b. 20.17 Sal 118.22. **c. 20.27** Hch 23.8. **d. 20.28** Dt 25.5. **e. 20.37** Éx 3.6. **f. 20.42-43** Sal 110.1.

LECCIONES DE VIDA

➤ ***20.20 — acechándole enviaron espías que se simulasen justos.***

Cada era tiene sus falsos maestros e impostores religiosos, incluida la nuestra. Jesús nos dijo que nos mantuviéramos alertas a ellos, pero más importante todavía, que nosotros mismos no lleguemos a ser uno de éstos. Cada uno de nosotros debe guardar su corazón contra las falsas enseñanzas y contra planes malintencionados de los incrédulos. También debemos ser cuidadosos y mantenernos en el centro de la voluntad de Dios, bajo su protección.

➤ 47 que devoran las casas de las viudas, y por
pretexto hacen largas oraciones; éstos recibirán mayor condenación.

La ofrenda de la viuda

(Mr 12.41-44)

21 Levantando los ojos, vio a los ricos que
echaban sus ofrendas en el arca de las
ofrendas.
2 Vio también a una viuda muy pobre, que
echaba allí dos blancas.
3 Y dijo: En verdad os digo, que esta viuda
pobre echó más que todos.
4 Porque todos aquéllos echaron para las
ofrendas de Dios de lo que les sobra; mas ésta,
de su pobreza echó todo el sustento que tenía.

Jesús predice la destrucción del templo

(Mt 24.1-2; Mr 13.1-2)

5 Y a unos que hablaban de que el templo
estaba adornado de hermosas piedras y ofrendas votivas, dijo:
6 En cuanto a estas cosas que veis, días vendrán en que no quedará piedra sobre piedra,
que no sea destruida.

Señales antes del fin

(Mt 24.3-28; Mr 13.3-23)

7 Y le preguntaron, diciendo: Maestro, ¿cuándo será esto? ¿y qué señal habrá cuando estas
cosas estén para suceder?
8 Él entonces dijo: Mirad que no seáis engañados; porque vendrán muchos en mi nombre,
diciendo: Yo soy el Cristo, y: El tiempo está
cerca. Mas no vayáis en pos de ellos.
9 Y cuando oigáis de guerras y de sediciones,
no os alarméis; porque es necesario que estas
cosas acontezcan primero; pero el fin no será
inmediatamente.
10 Entonces les dijo: Se levantará nación contra nación, y reino contra reino;
11 y habrá grandes terremotos, y en diferentes lugares hambres y pestilencias; y habrá
terror y grandes señales del cielo.
12 Pero antes de todas estas cosas os echarán mano, y os perseguirán, y os entregarán
a las sinagogas y a las cárceles, y seréis llevados ante reyes y ante gobernadores por causa de mi nombre.
13 Y esto os será ocasión para dar testimonio. ≺
14 Proponed en vuestros corazones no pensar antes cómo habéis de responder en vuestra defensa;
15 porque yo os daré palabra y sabiduría, la *
cual no podrán resistir ni contradecir todos
los que se opongan.[a]
16 Mas seréis entregados aun por vuestros
padres, y hermanos, y parientes, y amigos; y
matarán a algunos de vosotros;
17 y seréis aborrecidos de todos por causa de
mi nombre.
18 Pero ni un cabello de vuestra cabeza ≺
perecerá.
19 Con vuestra paciencia ganaréis vuestras
almas.
20 Pero cuando viereis a Jerusalén rodeada
de ejércitos, sabed entonces que su destrucción ha llegado.
21 Entonces los que estén en Judea, huyan a
los montes; y los que en medio de ella, váyanse; y los que estén en los campos, no entren
en ella.
22 Porque éstos son días de retribución,[b] para
que se cumplan todas las cosas que están
escritas.
23 Mas ¡ay de las que estén encintas, y de las
que críen en aquellos días! porque habrá gran
calamidad en la tierra, e ira sobre este pueblo.
24 Y caerán a filo de espada, y serán llevados ≺
cautivos a todas las naciones; y Jerusalén será

a. 21.14-15 Lc 12.11-12. **b. 21.22** Os 9.7.

LECCIONES DE VIDA

➤ ***20.47 — éstos recibirán mayor condenación.***

El juicio de Dios caerá más severamente sobre aquellos que pretenden servirlo para su propia ganancia personal y que usan sus credenciales religiosas para engañar a otros. Aunque ya no hay más condenación para los creyentes (Ro 8.1), aquellos que obedecen fielmente al Señor recibirán mayores recompensas que quienes descuidan las tareas o la misión que Dios les haya asignado, o que lo sirven por sus propios motivos egoístas. Cada uno recibirá lo que se haya ganado (Ro 2.5–8; 1 Co 3.11–15).

➤ ***21.13 — esto os será ocasión para dar testimonio.***

Así como los encarcelamientos del apóstol Pablo se convirtieron en oportunidades divinas para testificar del evangelio de Cristo (Hch 9.15; Fil 1.12), Dios usará las persecuciones para que su Palabra se divulgue.

➤ ***21.18 — ni un cabello de vuestra cabeza perecerá.***

Jesús recuerda a los creyentes que Él siempre estará en control y que cada detalle de nuestra vida está seguro en sus manos amorosas. Aunque ciertamente enfrentaremos persecución, ni un cabello de nuestra cabeza será tocado sin su permiso. Si llegamos a perder la vida por su causa, será conforme a su propósito y su tiempo perfecto. Nuestra vida eterna está asegurada y nuestra victoria está garantizada. Por eso no debemos preocuparnos, sino mantenernos siempre firmes en nuestra fe en el Señor.

➤ ***21.24 — Jerusalén será hollada por los gentiles, hasta que los tiempos de los gentiles se cumplan.***

Los «tiempos de los gentiles» empezaron cuando los babilonios destruyeron Jerusalén en 586 a.C., y durarán mientras los gentiles rijan en Jerusalén. Aunque los judíos han tenido control momentáneo de Jerusalén a través de los años, especialmente desde la guerra de los seis días en 1967, ellos no tomarán posesión verdadera de la ciudad hasta que el Mesías, nuestro Señor Jesús, regrese. Dios prometió la tierra a su pueblo y mantendrá su pacto con ellos hasta el fin (Gn 13.14–18; 28.10–16; 35.10–12; Éx 6.2–8; Ez 37.24–28).

hollada por los gentiles, hasta que los tiempos
de los gentiles se cumplan.

La venida del Hijo del Hombre

(Mt 24.29-35, 42-44; Mr 13.24-37)

25 Entonces habrá señales en el sol, en la luna
y en las estrellas,[c] y en la tierra angustia de las
gentes, confundidas a causa del bramido del
mar y de las olas;
26 desfalleciendo los hombres por el temor y
la expectación de las cosas que sobrevendrán
en la tierra; porque las potencias de los cielos
serán conmovidas.
27 Entonces verán al Hijo del Hombre, que
vendrá en una nube[d] con poder y gran gloria.
28 Cuando estas cosas comiencen a suceder,
erguíos y levantad vuestra cabeza, porque
vuestra redención está cerca.
29 También les dijo una parábola: Mirad la
higuera y todos los árboles.
30 Cuando ya brotan, viéndolo, sabéis por
vosotros mismos que el verano está ya cerca.
31 Así también vosotros, cuando veáis que
suceden estas cosas, sabed que está cerca el
reino de Dios.
32 De cierto os digo, que no pasará esta generación hasta que todo esto acontezca.
33 El cielo y la tierra pasarán, pero mis palabras no pasarán.
➤ 34 Mirad también por vosotros mismos, que
vuestros corazones no se carguen de glotonería y embriaguez y de los afanes de esta vida,
y venga de repente sobre vosotros aquel día.
35 Porque como un lazo vendrá sobre todos
los que habitan sobre la faz de toda la tierra.
36 Velad, pues, en todo tiempo orando que
seáis tenidos por dignos de escapar de todas
estas cosas que vendrán, y de estar en pie
delante del Hijo del Hombre.
37 Y enseñaba de día en el templo;[e] y de
noche, saliendo, se estaba en el monte que se
llama de los Olivos.
38 Y todo el pueblo venía a él por la mañana,
para oírle en el templo.

El complot para matar a Jesús

(Mt 26.1-5, 14-16; Mr 14.1-2, 10-11; Jn 11.45-53)

22 Estaba cerca la fiesta de los panes sin ≺
levadura, que se llama la pascua.[a]
2 Y los principales sacerdotes y los escribas
buscaban cómo matarle; porque temían al
pueblo.
3 Y entró Satanás en Judas, por sobrenom- ≺
bre Iscariote, el cual era uno del número de
los doce;
4 y éste fue y habló con los principales sacerdotes, y con los jefes de la guardia, de cómo
se lo entregaría.
5 Ellos se alegraron, y convinieron en darle dinero.
6 Y él se comprometió, y buscaba una oportunidad para entregárselo a espaldas del pueblo.

Institución de la Cena del Señor

(Mt 26.17-29; Mr 14.12-25; Jn 13.21-30;
1 Co 11.23-26)

7 Llegó el día de los panes sin levadura, en el
cual era necesario sacrificar el cordero de la
pascua.
8 Y Jesús envió a Pedro y a Juan, diciendo: Id,
preparadnos la pascua para que la comamos.
9 Ellos le dijeron: ¿Dónde quieres que la
preparemos?
10 Él les dijo: He aquí, al entrar en la ciudad
os saldrá al encuentro un hombre que lleva un
cántaro de agua; seguidle hasta la casa donde entrare,
11 y decid al padre de familia de esa casa: El
Maestro te dice: ¿Dónde está el aposento donde he de comer la pascua con mis discípulos?

c. 21.25 Is 13.10; Ez 32.7; Jl 2.31; Ap 6.12-13. **d. 21.27** Dn 7.13; Ap 1.7. **e. 21.37** Lc 19.47. **a. 22.1** Éx 12.1-27.

LECCIONES DE VIDA

➤ ***21.34 — Mirad también por vosotros mismos, que vuestros corazones no se carguen de glotonería y embriaguez y de los afanes de esta vida, y venga de repente sobre vosotros aquel día.***

Tener siempre presente que el Señor podría regresar en cualquier momento, nos mantiene en alerta espiritual constante y viviendo productivamente para el reino de Dios. Si nuestro enfoque es la segunda venida de Cristo, no nos dejaremos arrastrar tanto por los asuntos triviales de la vida, más bien nos motivaremos a obedecer al Señor y trabajar con diligencia para contar a todo el mundo de la salvación que Él ofrece.

➤ ***22.1 — Estaba cerca la fiesta de los panes sin levadura, que se llama la pascua.***

Tanto la pascua como la fiesta de los panes sin levadura conmemoraban la manera como el Señor había liberado a los israelitas de su esclavitud en Egipto (Éx 12). La pascua celebraba cómo Dios libró a los primogénitos de Israel cuando el ángel de la muerte pasó sobre sus casas, las cuales estaban marcadas con la sangre de un cordero. Durante la fiesta de los panes sin levadura, los judíos recordaban su escape apresurado de Faraón y cómo el Señor los sostuvo en el desierto. Los varones judíos tenían la obligación de ir a Jerusalén para observar estas dos fiestas. Por lo tanto, judíos de todas las naciones estuvieron presentes para ser testigos del sacrificio de Cristo en la cruz.

➤ ***22.3 — entró Satanás en Judas, por sobrenombre Iscariote, el cual era uno del número de los doce.***

Aunque otros como Saúl (1 S 16.14) y los endemoniados gadarenos (Mt 8.28–33) fueron atormentados por espíritus malignos, Judas es la única persona de quien la Biblia dice explícitamente que fue poseído por Satanás. Muchos eruditos bíblicos creen que el anticristo lo será también (Ap 12, 13), e igualmente ambos son llamados «el hijo de perdición» (Jn 17.12; 2 Ts 2.3). Sin embargo, debemos entender que cada vez que rehusamos someternos a la voluntad de Dios, estamos contribuyendo al plan del enemigo (Jn 8.42–47).

12 Entonces él os mostrará un gran aposento
alto ya dispuesto; preparad allí.
13 Fueron, pues, y hallaron como les había
dicho; y prepararon la pascua.
14 Cuando era la hora, se sentó a la mesa, y
con él los apóstoles.
15 Y les dijo: ¡Cuánto he deseado comer con
vosotros esta pascua antes que padezca!
16 Porque os digo que no la comeré más, hasta que se cumpla en el reino de Dios.
17 Y habiendo tomado la copa, dio gracias, y
dijo: Tomad esto, y repartidlo entre vosotros;
18 porque os digo que no beberé más del fruto de la vid, hasta que el reino de Dios venga.
19 Y tomó el pan y dio gracias, y lo partió y les
dio, diciendo: Esto es mi cuerpo, que por vosotros es dado; haced esto en memoria de mí.
20 De igual manera, después que hubo cenado, tomó la copa, diciendo: Esta copa es el
nuevo pacto[b] en mi sangre,[c] que por vosotros
se derrama.
21 Mas he aquí, la mano del que me entrega
está conmigo en la mesa.
22 A la verdad el Hijo del Hombre va, según lo
que está determinado;[d] pero ¡ay de aquel hombre por quien es entregado!
23 Entonces ellos comenzaron a discutir entre
sí, quién de ellos sería el que había de hacer esto.

La grandeza en el servicio

24 Hubo también entre ellos una disputa sobre
quién de ellos sería el mayor.[e]
25 Pero él les dijo: Los reyes de las naciones
se enseñorean de ellas, y los que sobre ellas
tienen autoridad son llamados bienhechores;
26 mas no así vosotros,[f] sino sea el mayor
entre vosotros como el más joven, y el que
dirige, como el que sirve.[g]
27 Porque, ¿cuál es mayor, el que se sienta a
la mesa, o el que sirve? ¿No es el que se sienta
a la mesa? Mas yo estoy entre vosotros como
el que sirve.[h]
28 Pero vosotros sois los que habéis permanecido conmigo en mis pruebas.
29 Yo, pues, os asigno un reino, como mi Padre
me lo asignó a mí,
30 para que comáis y bebáis a mi mesa en mi
reino, y os sentéis en tronos juzgando a las
doce tribus de Israel.[i]

Jesús anuncia la negación de Pedro
(Mt 26.31-35; Mr 14.27-31; Jn 13.36-38)

31 Dijo también el Señor: Simón, Simón, he
aquí Satanás os ha pedido para zarandearos
como a trigo;
32 pero yo he rogado por ti, que tu fe no
falte; y tú, una vez vuelto, confirma a tus
hermanos.
33 Él le dijo: Señor, dispuesto estoy a ir contigo
no sólo a la cárcel, sino también a la muerte.
34 Y él le dijo: Pedro, te digo que el gallo no
cantará hoy antes que tú niegues tres veces
que me conoces.

Bolsa, alforja y espada

35 Y a ellos dijo: Cuando os envié sin bolsa,
sin alforja, y sin calzado,[j] ¿os faltó algo? Ellos
dijeron: Nada.
36 Y les dijo: Pues ahora, el que tiene bolsa,
tómela, y también la alforja; y el que no tiene
espada, venda su capa y compre una.
37 Porque os digo que es necesario que se
cumpla todavía en mí aquello que está escrito:
Y fue contado con los inicuos;[k] porque lo que
está escrito de mí, tiene cumplimiento.
38 Entonces ellos dijeron: Señor, aquí hay dos
espadas. Y él les dijo: Basta.

Jesús ora en Getsemaní
(Mt 26.36-46; Mr 14.32-42)

39 Y saliendo, se fue, como solía, al monte de
los Olivos; y sus discípulos también le siguieron.
40 Cuando llegó a aquel lugar, les dijo: Orad
que no entréis en tentación.
41 Y él se apartó de ellos a distancia como de
un tiro de piedra; y puesto de rodillas oró,
42 diciendo: Padre, si quieres, pasa de mí esta
copa; pero no se haga mi voluntad, sino la tuya.
43 Y se le apareció un ángel del cielo para
fortalecerle.
44 Y estando en agonía, oraba más intensamente; y era su sudor como grandes gotas de
sangre que caían hasta la tierra.

b. 22.20 Jer 31.31-34. **c. 22.20** Éx 24.6-8. **d. 22.22** Sal 41.9. **e. 22.24** Mt 18.1; Mr 9.34; Lc 9.46. **f. 22.25-26** Mt 20.25-27; Mr 10.42-44. **g. 22.26** Mt 23.11; Mr 9.35. **h. 22.27** Jn 13.12-15. **i. 22.30** Mt 19.28. **j. 22.35** Mt 10.9-10; Mr 6.8-9; Lc 9.3; 10.4. **k. 22.37** Is 53.12.

LECCIONES DE VIDA

22.31 — Simón, Simón, he aquí Satanás os ha pedido para zarandearos como a trigo.

Cuando Pedro negó tres veces a Jesús, el enemigo estaba operando invisiblemente y detrás de escena, para inducir su fracaso espiritual. Siempre debemos permanecer en alerta para detectar la actividad de nuestro adversario, de esa manera podremos resistirlo y mantenernos firmes en la fe (1 P 5.8–11). También debemos quedarnos en el centro de la voluntad de Dios para que no demos al enemigo oportunidad alguna de hacernos daño (Ef 4.17–32).

22.42 — no se haga mi voluntad, sino la tuya.

Recibir el castigo por cada pecado jamás cometido es una carga inimaginable, y todo el pecado del mundo recayó sobre Él, por eso el corazón sin pecado de Jesús se apesadumbró en tal magnitud. Sin embargo, el Señor nos muestra aquí cómo ganar la victoria en las situaciones más difíciles y en las circunstancias más angustiosas: debemos someter nuestra voluntad por completo a su sabiduría y confiar del todo en su amor infalible.

45 Cuando se levantó de la oración, y vino a
sus discípulos, los halló durmiendo a causa
de la tristeza;
46 y les dijo: ¿Por qué dormís? Levantaos, y
orad para que no entréis en tentación.

Arresto de Jesús
(Mt 26.47-56; Mr 14.43-50; Jn 18.2-11)
47 Mientras él aún hablaba, se presentó una
turba; y el que se llamaba Judas, uno de los
doce, iba al frente de ellos; y se acercó hasta
Jesús para besarle.
48 Entonces Jesús le dijo: Judas, ¿con un
beso entregas al Hijo del Hombre?
49 Viendo los que estaban con él lo que había
de acontecer, le dijeron: Señor, ¿heriremos a
espada?
50 Y uno de ellos hirió a un siervo del sumo
sacerdote, y le cortó la oreja derecha.
51 Entonces respondiendo Jesús, dijo: Basta
ya; dejad. Y tocando su oreja, le sanó.
52 Y Jesús dijo a los principales sacerdotes, a
los jefes de la guardia del templo y a los ancianos, que habían venido contra él: ¿Como contra
un ladrón habéis salido con espadas y palos?
53 Habiendo estado con vosotros cada día en
el templo,[1] no extendisteis las manos contra
mí; mas ésta es vuestra hora, y la potestad de
las tinieblas.

Pedro niega a Jesús
(Mt 26.57-58, 69-75; Mr 14.53-54, 66-72;
Jn 18.12-18, 25-27)
54 Y prendiéndole, le llevaron, y le condujeron
a casa del sumo sacerdote. Y Pedro le seguía
de lejos.
55 Y habiendo ellos encendido fuego en
medio del patio, se sentaron alrededor; y
Pedro se sentó también entre ellos.
56 Pero una criada, al verle sentado al fuego, se
fijó en él, y dijo: También éste estaba con él.
57 Pero él lo negó, diciendo: Mujer, no lo
conozco.
58 Un poco después, viéndole otro, dijo: Tú
también eres de ellos. Y Pedro dijo: Hombre,
no lo soy.
59 Como una hora después, otro afirmaba,
diciendo: Verdaderamente también éste estaba con él, porque es galileo.
60 Y Pedro dijo: Hombre, no sé lo que dices.
Y en seguida, mientras él todavía hablaba, el
gallo cantó.
➤ 61 Entonces, vuelto el Señor, miró a Pedro; y
Pedro se acordó de la palabra del Señor, que
le había dicho: Antes que el gallo cante, me
negarás tres veces.
62 Y Pedro, saliendo fuera, lloró amargamente.

Jesús escarnecido y azotado
(Mt 26.67-68; Mr 14.65)
63 Y los hombres que custodiaban a Jesús se
burlaban de él y le golpeaban;
64 y vendándole los ojos, le golpeaban el rostro, y le preguntaban, diciendo: Profetiza,
¿quién es el que te golpeó?
65 Y decían otras muchas cosas injuriándole.

Jesús ante el concilio
(Mt 26.59-66; Mr 14.55-64; Jn 18.19-24)
66 Cuando era de día, se juntaron los ancianos del pueblo, los principales sacerdotes y los
escribas, y le trajeron al concilio, diciendo:
67 ¿Eres tú el Cristo? Dínoslo. Y les dijo: Si os
lo dijere, no creeréis;
68 y también si os preguntare, no me responderéis, ni me soltaréis.
69 Pero desde ahora el Hijo del Hombre se
sentará a la diestra del poder de Dios.
70 Dijeron todos: ¿Luego eres tú el Hijo de
Dios? Y él les dijo: Vosotros decís que lo soy.
71 Entonces ellos dijeron: ¿Qué más testimonio necesitamos? porque nosotros mismos lo
hemos oído de su boca.

Jesús ante Pilato
(Mt 27.1-2, 11-14; Mr 15.1-5; Jn 18.28-38)
23 Levantándose entonces toda la muchedumbre de ellos, llevaron a Jesús a
Pilato.
2 Y comenzaron a acusarle, diciendo: A éste
hemos hallado que pervierte a la nación, y
que prohibe dar tributo a César, diciendo que
él mismo es el Cristo, un rey.
3 Entonces Pilato le preguntó, diciendo: ¿Eres
tú el Rey de los judíos? Y respondiéndole él,
dijo: Tú lo dices.
4 Y Pilato dijo a los principales sacerdotes, y a
la gente: Ningún delito hallo en este hombre.
5 Pero ellos porfiaban, diciendo: Alborota al
pueblo, enseñando por toda Judea, comenzando desde Galilea hasta aquí.

Jesús ante Herodes
6 Entonces Pilato, oyendo decir, Galilea, preguntó si el hombre era galileo.
7 Y al saber que era de la jurisdicción de Herodes, le remitió a Herodes, que en aquellos días
también estaba en Jerusalén.
8 Herodes, viendo a Jesús, se alegró mucho, ➤
porque hacía tiempo que deseaba verle;
porque había oído muchas cosas acerca de él,
y esperaba verle hacer alguna señal.

[1] **22.53** Lc 19.47; 21.37.

LECCIONES DE VIDA

➤ ***22.61 — vuelto el Señor, miró a Pedro.***

¿Qué clase de mirada fue esa? ¿Una de compasión expresiva? ¿De decepción? ¿De resignación? ¿De tristeza? No lo sabemos. Sólo sabemos que Jesús la usó para recordarle a Pedro su palabra profética, y esa mirada lo hizo llorar.

9 Y le hacía muchas preguntas, pero él nada le respondió.
10 Y estaban los principales sacerdotes y los escribas acusándole con gran vehemencia.
11 Entonces Herodes con sus soldados le menospreció y escarneció, vistiéndole de una ropa espléndida; y volvió a enviarle a Pilato.
12 Y se hicieron amigos Pilato y Herodes aquel día; porque antes estaban enemistados entre sí.

Jesús sentenciado a muerte

(Mt 27.15-26; Mr 15.6-15; Jn 18.38–19.16)

13 Entonces Pilato, convocando a los principales sacerdotes, a los gobernantes, y al pueblo,
14 les dijo: Me habéis presentado a éste como un hombre que perturba al pueblo; pero habiéndole interrogado yo delante de vosotros, no he hallado en este hombre delito alguno de aquellos de que le acusáis.
15 Y ni aun Herodes, porque os remití a él; y he aquí, nada digno de muerte ha hecho este hombre.
16 Le soltaré, pues, después de castigarle.
17 Y tenía necesidad de soltarles uno en cada fiesta.
18 Mas toda la multitud dio voces a una, diciendo: ¡Fuera con éste, y suéltanos a Barrabás!
19 Este había sido echado en la cárcel por sedición en la ciudad, y por un homicidio.
20 Les habló otra vez Pilato, queriendo soltar a Jesús;
21 pero ellos volvieron a dar voces, diciendo: ¡Crucifícale, crucifícale!
22 Él les dijo por tercera vez: ¿Pues qué mal ha hecho éste? Ningún delito digno de muerte he hallado en él; le castigaré, pues, y le soltaré.
23 Mas ellos instaban a grandes voces, pidiendo que fuese crucificado. Y las voces de ellos y de los principales sacerdotes prevalecieron.
24 Entonces Pilato sentenció que se hiciese lo que ellos pedían;
25 y les soltó a aquel que había sido echado en la cárcel por sedición y homicidio, a quien habían pedido; y entregó a Jesús a la voluntad de ellos.

Crucifixión y muerte de Jesús

(Mt 27.32-56; Mr 15.21-41; Jn 19.17-30)

26 Y llevándole, tomaron a cierto Simón de Cirene, que venía del campo, y le pusieron encima la cruz para que la llevase tras Jesús.
27 Y le seguía gran multitud del pueblo, y de mujeres que lloraban y hacían lamentación por él.
28 Pero Jesús, vuelto hacia ellas, les dijo: Hijas de Jerusalén, no lloréis por mí, sino llorad por vosotras mismas y por vuestros hijos.
29 Porque he aquí vendrán días en que dirán: Bienaventuradas las estériles, y los vientres que no concibieron, y los pechos que no criaron.
30 Entonces comenzarán a decir a los montes: Caed sobre nosotros; y a los collados: Cubridnos.[a]
31 Porque si en el árbol verde hacen estas cosas, ¿en el seco, qué no se hará?
32 Llevaban también con él a otros dos, que eran malhechores, para ser muertos.
33 Y cuando llegaron al lugar llamado de la Calavera, le crucificaron allí, y a los malhechores, uno a la derecha y otro a la izquierda.
34 Y Jesús decía: Padre, perdónalos, porque ≺
no saben lo que hacen. Y repartieron entre sí sus vestidos, echando suertes.[b]
35 Y el pueblo estaba mirando; y aun los gobernantes se burlaban de él, diciendo: A otros salvó; sálvese a sí mismo, si éste es el Cristo, el escogido de Dios.
36 Los soldados también le escarnecían, acercándose y presentándole vinagre,
37 y diciendo: Si tú eres el Rey de los judíos, sálvate a ti mismo.
38 Había también sobre él un título escrito con letras griegas, latinas y hebreas: ÉSTE ES EL REY DE LOS JUDÍOS.
39 Y uno de los malhechores que estaban colgados le injuriaba, diciendo: Si tú eres el Cristo, sálvate a ti mismo y a nosotros.
40 Respondiendo el otro, le reprendió, diciendo: ¿Ni aun temes tú a Dios, estando en la misma condenación?
41 Nosotros, a la verdad, justamente padecemos, porque recibimos lo que merecieron nuestros hechos; mas éste ningún mal hizo.
42 Y dijo a Jesús: Acuérdate de mí cuando vengas en tu reino.
43 Entonces Jesús le dijo: De cierto te digo ≺
que hoy estarás conmigo en el paraíso.
44 Cuando era como la hora sexta, hubo tinieblas sobre toda la tierra hasta la hora novena.

a. 23.30 Os 10.8; Ap 6.16. **b. 23.34** Sal 22.18.

LECCIONES DE VIDA

➤ ***23.8 — Herodes, viendo a Jesús, se alegró mucho, porque hacía tiempo que deseaba verle; porque… esperaba verle hacer alguna señal.***

Herodes no tenía interés alguno en Jesús como Mesías o Salvador; simplemente quería ver prodigios para su propio entretenimiento. Jesús se negó hablar una sola palabra al rey. Nadie jamás puede manipularlo para cumplir esa clase de deseos egoístas.

➤ ***23.34 — Jesús decía: Padre, perdónalos, porque no saben lo que hacen.***

Aunque sus acciones fueron crueles, los soldados romanos que llevaron a cabo la crucifixión no podrían haber comprendido las implicaciones eternas de lo que ellos habían hecho, ni entender que estaban crucificando al Señor de la gloria. Por eso Jesús les extendió su misericordia, tal como la ofrece a cada uno de nosotros. Esta es la naturaleza del amor incondicional de Dios, sin importar qué hagamos le importamos, y nos invita a volvernos a Él. Además, nos llama a vivir a la altura de su mismo criterio: sin importar qué hagan los demás, debemos imitar su ejemplo de perdón (Mt 18.21–35; Ef 4.32).

45 Y el sol se oscureció, y el velo[c] del templo
se rasgó por la mitad.
46 Entonces Jesús, clamando a gran voz, dijo:
Padre, en tus manos encomiendo mi espíritu.[d]
Y habiendo dicho esto, expiró.
47 Cuando el centurión vio lo que había acontecido, dio gloria a Dios, diciendo: Verdaderamente este hombre era justo.
48 Y toda la multitud de los que estaban presentes en este espectáculo, viendo lo que había
acontecido, se volvían golpeándose el pecho.
49 Pero todos sus conocidos, y las mujeres[e]
que le habían seguido desde Galilea, estaban
lejos mirando estas cosas.

Jesús es sepultado
(Mt 27.57-61; Mr 15.42-47; Jn 19.38-42)

50 Había un varón llamado José, de Arimatea,
ciudad de Judea, el cual era miembro del concilio, varón bueno y justo.
51 Éste, que también esperaba el reino de
Dios, y no había consentido en el acuerdo ni
en los hechos de ellos,
52 fue a Pilato, y pidió el cuerpo de Jesús.
53 Y quitándolo, lo envolvió en una sábana, y
lo puso en un sepulcro abierto en una peña, en
el cual aún no se había puesto a nadie.
54 Era día de la preparación, y estaba para
comenzar el día de reposo.*
➤ 55 Y las mujeres que habían venido con él
desde Galilea, siguieron también, y vieron el
sepulcro, y cómo fue puesto su cuerpo.
56 Y vueltas, prepararon especias aromáticas
y ungüentos; y descansaron el día de reposo,*
conforme al mandamiento.[f]

La resurrección
(Mt 28.1-10; Mr 16.1-8; Jn 20.1-10)

24 El primer día de la semana, muy de
mañana, vinieron al sepulcro, trayendo
las especias aromáticas que habían preparado, y algunas otras mujeres con ellas.
2 Y hallaron removida la piedra del sepulcro;
3 y entrando, no hallaron el cuerpo del Señor
Jesús.
4 Aconteció que estando ellas perplejas por
esto, he aquí se pararon junto a ellas dos varones con vestiduras resplandecientes;
5 y como tuvieron temor, y bajaron el rostro a
tierra, les dijeron: ¿Por qué buscáis entre los
muertos al que vive?
6 No está aquí, sino que ha resucitado. Acordaos de lo que os habló, cuando aún estaba
en Galilea,
7 diciendo: Es necesario que el Hijo del Hombre sea entregado en manos de hombres pecadores, y que sea crucificado, y resucite al
tercer día.[a]
8 Entonces ellas se acordaron de sus palabras,
9 y volviendo del sepulcro, dieron nuevas de
todas estas cosas a los once, y a todos los demás.
10 Eran María Magdalena, y Juana, y María
madre de Jacobo, y las demás con ellas, quienes dijeron estas cosas a los apóstoles.
11 Mas a ellos les parecían locura las palabras ➤
de ellas, y no las creían.
12 Pero levantándose Pedro, corrió al sepulcro; y cuando miró dentro, vio los lienzos
solos, y se fue a casa maravillándose de lo que
había sucedido.

En el camino a Emaús
(Mr 16.12-13)

13 Y he aquí, dos de ellos iban el mismo día a
una aldea llamada Emaús, que estaba a sesenta estadios de Jerusalén.
14 E iban hablando entre sí de todas aquellas
cosas que habían acontecido.
15 Sucedió que mientras hablaban y discutían entre sí, Jesús mismo se acercó, y caminaba con ellos.
16 Mas los ojos de ellos estaban velados, para
que no le conociesen.
17 Y les dijo: ¿Qué pláticas son estas que
tenéis entre vosotros mientras camináis, y por
qué estáis tristes?
18 Respondiendo uno de ellos, que se llamaba Cleofas, le dijo: ¿Eres tú el único forastero en Jerusalén que no has sabido las cosas
que en ella han acontecido en estos días?
19 Entonces él les dijo: ¿Qué cosas? Y ellos
le dijeron: De Jesús nazareno, que fue varón

* Aquí equivale a *sábado*.

c. 23.45 Éx 26.31-33. **d. 23.46** Sal 31.5. **e. 23.49** Lc 8.2-3. **f. 23.56** Éx 20.10; Dt 5.14. **a. 24.6-7** Mt 16.21; 17.22-23; 20.18-19; Mr 8.31; 9.31; 10.33-34; Lc 9.22; 18.31-33.

LECCIONES DE VIDA

➤ ***23.43 — hoy estarás conmigo en el paraíso.***

Un ladrón tuvo un cambio de parecer mientras estuvo en la cruz, y Jesús aceptó su expresión de fe como genuina. ¿Mereció el ladrón tal misericordia? No. Ninguno de nosotros la merece, pero aquí lo importante es que la gracia de Dios nos salva, no nuestros méritos.

➤ ***23.55 — las mujeres que habían venido con él desde Galilea, siguieron también, y vieron el sepulcro, y cómo fue puesto su cuerpo.***

Algunos que quieren desacreditar la resurrección afirman que los discípulos fueron a la tumba equivocada, pero este versículo muestra que las mujeres se fijaron bien en la tumba donde fue puesto el cuerpo de Jesús.

➤ ***24.11 — a ellos les parecían locura las palabras de ellas, y no las creían.***

Puesto que estaban descorazonados y desilusionados, a los discípulos les resultó difícil creer que Jesús realmente había resucitado de los muertos. Fue solamente después que vieron al Señor resucitado y entendieron su victoria sobre la muerte, que se convirtieron en testigos poderosos de su nombre.

RESPUESTAS A PREGUNTAS DE LA VIDA

¿Cómo manejo las dudas que me asedian?

LC 24.38

A Satanás le gusta usar el temor y la duda para desanimar a los creyentes. Sabe que si logra hacerle cuestionar a Dios, tal vez usted se dé por vencido y abandone la voluntad de Dios para su vida. Los sentimientos de temor a menudo acompañan los sentimientos de duda e incertidumbre. Si desatiende estas emociones furtivas, pueden tentarle a dejar de confiar en el Señor y en su capacidad de proveer para usted.

El primer paso para alejarse de la duda y el desánimo es proclamar su fe en Jesucristo. Cuando le golpean los problemas, Él es su ayuda omnisciente. También es el único que en verdad le entiende por completo. Él conoce sus debilidades y sus fortalezas. Además conoce exactamente lo que se requiere para animarle y levantarle, de tal modo que usted pueda seguir adelante en la fe.

El segundo paso es fijarse la meta de leer cada día la Palabra de Dios. Es la mejor manera de combatir el temor y la duda. El Señor usa un programa diario de lectura para adiestrar su mente y enseñarle a manejar la duda. El libro de Salmos presenta muchas batallas personales con emociones de temor, duda, soledad y desánimo. Tanto David como los demás salmistas, tuvieron que tomar la decisión consciente de confiar en el Señor en medio de circunstancias tremendamente difíciles, y así aprendieron que Dios nunca los defraudó.

En tercer lugar, la oración es esencial para luchar contra el temor y la duda. En esencia, orar es poner la fe en acción. Cuando oramos, bien sea que sintamos o no ganas de hacerlo, estamos haciendo una declaración de fe. Oramos porque vemos a Dios como la solución a aquello que enfrentamos. Si enfrenta una situación difícil, no vacile en pedirle que le muestre la mejor manera de manejarla. Si su nivel de confianza parece bajo, no se angustie. El Señor es sabio y bondadoso. Él quiere enseñarle más acerca de sí mismo, no asustarle. Además, su fe crecerá a medida que usted lo conozca mejor.

Aunque sienta que no tiene la suficiente fortaleza emocional para confiar en Dios, no se preocupe. El Señor es su fortaleza (Sal 18). A. B. Simpson solía decir esto a las personas que se encontraban en una situación difícil: «Cuando Dios le pruebe, aproveche para someter a prueba las promesas de Dios, reclamando de Él tanto como sus pruebas requieran de usted».

Lo último que Satanás quiere que usted haga es acudir a Dios en oración y decirle que está teniendo dudas. Sea siempre honesto con el Señor, pues Él ya lo sabe todo. La honestidad rompe el patrón de la duda y suministra la atmósfera propicia para que Dios obre grandemente en su vida. Recuerde que Él le ama con un amor eterno, y que proveerá para todas y cada una de sus necesidades.

Para un estudio más a fondo, véase el Indice de Principios de vida:

9. *Confiar en Dios quiere decir ver más allá de lo que podemos, hacia lo que Dios ve.*
8. *Libremos nuestras batallas de rodillas y siempre obtendremos la victoria.*

profeta, poderoso en obra y en palabra delante de Dios y de todo el pueblo;
20 y cómo le entregaron los principales sacerdotes y nuestros gobernantes a sentencia de muerte, y le crucificaron.
21 Pero nosotros esperábamos que él era el que había de redimir a Israel; y ahora, además de todo esto, hoy es ya el tercer día que esto ha acontecido.
22 Aunque también nos han asombrado unas mujeres de entre nosotros, las que antes del día fueron al sepulcro;
23 y como no hallaron su cuerpo, vinieron diciendo que también habían visto visión de ángeles, quienes dijeron que él vive.
24 Y fueron algunos de los nuestros al sepulcro, y hallaron así como las mujeres habían dicho, pero a él no le vieron.

➢ 25 Entonces él les dijo: ¡Oh insensatos, y tardos de corazón para creer todo lo que los profetas han dicho!
26 ¿No era necesario que el Cristo padeciera estas cosas, y que entrara en su gloria?
27 Y comenzando desde Moisés, y siguiendo por todos los profetas, les declaraba en todas las Escrituras lo que de él decían.
28 Llegaron a la aldea adonde iban, y él hizo como que iba más lejos.
29 Mas ellos le obligaron a quedarse, diciendo: Quédate con nosotros, porque se hace tarde, y el día ya ha declinado. Entró, pues, a quedarse con ellos.
30 Y aconteció que estando sentado con ellos a la mesa, tomó el pan y lo bendijo, lo partió, y les dio.
31 Entonces les fueron abiertos los ojos, y le reconocieron; mas él se desapareció de su vista.
32 Y se decían el uno al otro: ¿No ardía nuestro corazón en nosotros, mientras nos hablaba en el camino, y cuando nos abría las Escrituras?
33 Y levantándose en la misma hora, volvieron a Jerusalén, y hallaron a los once reunidos, y a los que estaban con ellos,
34 que decían: Ha resucitado el Señor verdaderamente, y ha aparecido a Simón.
35 Entonces ellos contaban las cosas que les habían acontecido en el camino, y cómo le habían reconocido al partir el pan.

Jesús se aparece a los discípulos

(Mt 28.16-20; Mr 16.14-18; Jn 20.19-23)

36 Mientras ellos aún hablaban de estas cosas, Jesús se puso en medio de ellos, y les dijo: Paz a vosotros.
37 Entonces, espantados y atemorizados, pensaban que veían espíritu.
38 Pero él les dijo: ¿Por qué estáis turbados, y vienen a vuestro corazón estos pensamientos?
39 Mirad mis manos y mis pies, que yo mismo soy; palpad, y ved; porque un espíritu no tiene carne ni huesos, como veis que yo tengo.
40 Y diciendo esto, les mostró las manos y los pies.
41 Y como todavía ellos, de gozo, no lo creían, y estaban maravillados, les dijo: ¿Tenéis aquí algo de comer? ≺
42 Entonces le dieron parte de un pez asado, y un panal de miel.
43 Y él lo tomó, y comió delante de ellos.
44 Y les dijo: Éstas son las palabras que os hablé, estando aún con vosotros: que era necesario que se cumpliese todo lo que está escrito de mí en la ley de Moisés, en los profetas y en los salmos.
45 Entonces les abrió el entendimiento, para que comprendiesen las Escrituras; ≺
46 y les dijo: Así está escrito, y así fue necesario que el Cristo padeciese,[b] y resucitase de los muertos al tercer día;[c]
47 y que se predicase en su nombre el arrepentimiento y el perdón de pecados en todas las naciones, comenzando desde Jerusalén.
48 Y vosotros sois testigos de estas cosas.
49 He aquí, yo enviaré la promesa de mi Padre[d] sobre vosotros; pero quedaos vosotros en la ciudad de Jerusalén, hasta que seáis investidos de poder desde lo alto *

La ascensión

(Mr 16.19-20)

50 Y los sacó fuera hasta Betania, y alzando sus manos, los bendijo.
51 Y aconteció que bendiciéndolos, se separó de ellos, y fue llevado arriba al cielo.[e]
52 Ellos, después de haberle adorado, volvieron a Jerusalén con gran gozo;
53 y estaban siempre en el templo, alabando y bendiciendo a Dios. Amén.

b. 24.46 Is 53.1-12. **c. 24.46** Os 6.2. **d. 24.49** Hch 1.4. **e. 24.50-51** Hch 1.9-11.

LECCIONES DE VIDA

➢ ***24.25 — ¡Oh insensatos, y tardos de corazón para creer todo lo que los profetas han dicho!***

En muchas narraciones, los discípulos en un principio no creyeron que el Señor había resucitado ni lo reconocieron cuando se les apareció. Por lo general se requirió que oyeran su voz o le vieran realizar alguna acción familiar para que abrieran los ojos. La incredulidad puede enceguecernos a la obra del Señor, pero confiar en Dios significa ver más allá de lo que podemos ver, hacia lo que Él ve y está haciendo. Habiendo ellos creído en su palabra por los profetas, debieron con mayor razón haber esperado la resurrección con gozo en lugar de dejarse consumir por la tristeza.

➢ ***24.41 — como todavía ellos, de gozo, no lo creían, y estaban maravillados, les dijo: ¿Tenéis aquí algo de comer?***

Jesús tuvo que probarles a sus discípulos incrédulos que no era un fantasma ni un producto de su imaginación, y así finalmente estuvieron dispuestos a aceptar la verdad de su resurrección corporal. Puesto que sabemos con toda certeza que su cuerpo fue resucitado, podemos tener plena confianza que el nuestro también lo será (1 Co 15.50–54).

➢ ***24.45 — les abrió el entendimiento, para que comprendiesen las Escrituras.***

Las cosas del Espíritu de Dios son locura para el hombre natural que no cree (1 Co 2.14). Siempre se requieren la sabiduría y la influencia del Señor para ayudarnos a entender y aceptar la verdad de su Palabra.

EL EVANGELIO SEGÚN

SAN JUAN

El Evangelio de Juan es diferente a Mateo, Marcos y Lucas que se conocen como los evangelios sinópticos, los cuales presentan muchas de las mismas historias y dichos de Cristo. Por su parte, Juan ofrece una descripción única del Salvador y una visión distintiva de su persona, como el Hijo de Dios.

El escritor de este evangelio fue el apóstol Juan, quien junto a Pedro y Santiago conformó el círculo íntimo de Jesús entre los doce. Es interesante que Juan nunca se llama por nombre sino que alude a sí mismo como «el discípulo a quien Jesús amaba» (Jn 13.23; 19.26; 20.2; 21.7, 20, 24).

A diferencia de los demás evangelios, Juan se remonta al pasado eterno cuando Jesús, no encarnado, siendo «el Verbo» creó el universo (Jn 1.1–3). De ese modo, Juan destaca la gloria de Cristo como el Hijo de Dios: desde su misión como «el Cordero de Dios» (Jn 1.29, 36); pasando por sus requisitos para la salvación y la naturaleza de la misma (Jn 3); a su instrucción extensa y su oración intensa por los creyentes durante la pascua (Jn 13—17); al papel del Espíritu Santo, quien «os enseñará todas las cosas, y os recordará todo lo que yo os he dicho» (Jn 14.26; también 16.13, 14; 20.21, 22).

Juan menciona «vida» treinta y seis veces, recalcando que «en él estaba la vida, y la vida era la luz de los hombres» (Jn 1.4). También escribió que «todo aquel que en él cree, no se pierda, mas tenga vida eterna» (Jn 3.15), prestando mucha atención a la importancia de apropiarse por fe de la salvación que Jesús ofrece. Juan emplea la palabra «Padre» 122 veces para referirse a Dios, y conecta este término afectivo a la relación de amor divino que podemos experimentar con Él.

Juan, como testigo presencial, incluye una descripción extensa de la cena en el aposento alto, y registra varios sucesos que condujeron por último a la resurrección, la prueba culminante de que Jesús es quien afirmó ser: el Hijo de Dios.

El título griego del cuarto evangelio, *Kata Iōánnēn*, significa «según Juan». *Iōánnēs* se deriva del nombre hebreo *Johanan*, «Jehová ha tenido gracia».

Tema: Juan establece claramente su tema y su propósito: «éstas [señales] se han escrito para que creáis que Jesús es el Cristo, el Hijo de Dios, y para que creyendo, tengáis vida en su nombre» (Jn 20.31).

Autor: Juan, «el discípulo a quien Jesús amaba».

Fecha: Juan fue el último de los cuatro evangelios canónicos en ser escrito. Probablemente se compuso entre los años 80 y 100 d.C. Para entonces, el resto del Nuevo Testamento (aparte de los escritos de Juan) ya se había completado. Se cree ampliamente que Juan escribió su evangelio cuando ya era anciano, mientras vivía en Éfeso, Asia menor, donde sirvió como dirigente de la iglesia local.

Estructura: El Evangelio de Juan, además de ser cronológico en su estructura, contiene varios elementos temáticos: la encarnación del Verbo y el lanzamiento de su ministerio (1.1—2.11); el mensaje y la obra de Cristo (2.12—12.50); su instrucción específica a los discípulos durante la pascua y su oración por los creyentes (13.1—17.26); finalmente su juicio, crucifixión y resurrección (18.1—21.25).

A medida que lea Juan, fíjese en los principios de vida que juegan un papel importante en este libro:

30. El deseo ferviente del regreso del Señor nos mantiene viviendo productivamente. *Véase Juan 5.29; página 1183.*

9. Confiar en Dios quiere decir ver más allá de lo que podemos, hacia lo que Dios ve. *Véase Juan 6.6; 20.29; páginas 1183, 1207.*

24. Vivir la vida cristiana es permitir al Señor Jesús vivir su vida en y por medio de nosotros. *Véase Juan 10.10; 15.1–8; páginas 1191, 1198–1199.*

26. La adversidad es un puente que nos conduce a una relación más profunda con Dios. *Véase Juan 19.11; página 1204.*

El Verbo hecho carne

➤ 1 EN el principio era el Verbo, y el Verbo era
con Dios, y el Verbo era Dios.
2 Éste era en el principio con Dios.
3 Todas las cosas por él fueron hechas, y sin él
nada de lo que ha sido hecho, fue hecho.
4 En él estaba la vida, y la vida era la luz de
los hombres.
5 La luz en las tinieblas resplandece, y las
tinieblas no prevalecieron contra ella.
6 Hubo un hombre enviado de Dios, el cual se
llamaba Juan.[a]
7 Éste vino por testimonio, para que diese testimonio de la luz, a fin de que todos creyesen por él.
8 No era él la luz, sino para que diese testimonio de la luz.
9 Aquella luz verdadera, que alumbra a todo
hombre, venía a este mundo.
10 En el mundo estaba, y el mundo por él fue
hecho; pero el mundo no le conoció.
11 A lo suyo vino, y los suyos no le recibieron.
* 12 Mas a todos los que le recibieron, a los que
creen en su nombre, les dio potestad de ser
hechos hijos de Dios;
13 los cuales no son engendrados de sangre,
ni de voluntad de carne, ni de voluntad de
varón, sino de Dios.
➤ 14 Y aquel Verbo fue hecho carne, y habitó entre
nosotros (y vimos su gloria, gloria como del unigénito del Padre), lleno de gracia y de verdad.
15 Juan dio testimonio de él, y clamó diciendo: Éste es de quien yo decía: El que viene
después de mí, es antes de mí; porque era primero que yo.
16 Porque de su plenitud tomamos todos, y
gracia sobre gracia.
17 Pues la ley por medio de Moisés fue dada,
pero la gracia y la verdad vinieron por medio
de Jesucristo.
18 A Dios nadie le vio jamás; el unigénito
Hijo, que está en el seno del Padre, él le ha
dado a conocer.

Testimonio de Juan el Bautista
(Mt 3.11-12; Mr 1.7-8; Lc 3.15-17)
19 Éste es el testimonio de Juan, cuando los
judíos enviaron de Jerusalén sacerdotes y levitas para que le preguntasen: ¿Tú, quién eres?
20 Confesó, y no negó, sino confesó: Yo no soy
el Cristo.
21 Y le preguntaron: ¿Qué pues? ¿Eres tú
Elías?[b] Dijo: No soy. ¿Eres tú el profeta?[c] Y
respondió: No.
22 Le dijeron: ¿Pues quién eres? para que
demos respuesta a los que nos enviaron. ¿Qué
dices de ti mismo?
23 Dijo: Yo soy la voz de uno que clama en
el desierto: Enderezad el camino del Señor,
como dijo el profeta Isaías.[d]
24 Y los que habían sido enviados eran de los
fariseos.
25 Y le preguntaron, y le dijeron: ¿Por qué,
pues, bautizas, si tú no eres el Cristo, ni Elías,
ni el profeta?
26 Juan les respondió diciendo: Yo bautizo
con agua; mas en medio de vosotros está uno
a quien vosotros no conocéis.
27 Éste es el que viene después de mí, el que
es antes de mí, del cual yo no soy digno de
desatar la correa del calzado.
28 Estas cosas sucedieron en Betábara, al
otro lado del Jordán, donde Juan estaba
bautizando.

El Cordero de Dios
29 El siguiente día vio Juan a Jesús que venía ➤
a él, y dijo: He aquí el Cordero de Dios, que
quita el pecado del mundo.
30 Éste es aquel de quien yo dije: Después de
mí viene un varón, el cual es antes de mí; porque era primero que yo.
31 Y yo no le conocía; mas para que fuese
manifestado a Israel, por esto vine yo bautizando con agua.

a. 1.6 Mt 3.1; Mr 1.4; Lc 3.1-2. **b. 1.21** Mal 4.5.
c. 1.21 Dt 18.15, 18. **d. 1.23** Is 40.3.

LECCIONES DE VIDA

➤ ***1.1 — En el principio era el Verbo, y el Verbo era con Dios, y el Verbo era Dios.***

Transcurrieron 400 años de silencio desde que Dios habló a través de su profeta Malaquías. Como sucede con cualquier tiempo prolongado de silencio, los oídos de la gente estaban prestos para oír una nueva palabra. Entonces Dios envió al *Verbo*, no sin antes asegurarse que el mundo estuviera preparado para la llegada del evangelio. Bajo la influencia de Alejandro Magno, el griego se estableció como el lenguaje de la ciencia, la medicina y la filosofía, lo cual facilitó la comunicación mucho más que antes en toda la historia. Además, con los caminos y la paz general del imperio romano (*Pax Romana*), los misioneros pudieron desplazarse a todo lugar con menor dificultad. Finalmente, con todos los judíos esparcidos a lo largo y ancho del imperio romano, los evangelistas contaron con muchas sinagogas desde las cuales pudieron predicar las buenas nuevas en todo el mundo conocido.

➤ ***1.14 — y vimos su gloria, gloria como del unigénito del Padre, lleno de gracia y de verdad.***

Jesús es mucho más que un gran maestro o un profeta poderoso; de hecho, Él es «Dios con nosotros» (Mt 1.23). Jesús es «la imagen misma» de Dios y de su naturaleza, porque Él es Dios mismo (He 1.3). Todo lo que Jesús hace, lo hace con gracia. Todo lo que Él dice, es la verdad. Si usted quiere conocer cómo es Dios, mire a Jesús (Jn 1.18; 14.9).

➤ ***1.29 — He aquí el Cordero de Dios, que quita el pecado del mundo.***

Todos los sacrificios del Antiguo Testamento fueron sombra de lo que Jesucristo haría en la cruz. Aquí Juan identificó correctamente a Jesús como nuestro Cordero Pascual (Éx 12), quien pagó voluntariamente nuestra deuda de pecado y la canceló por completo (1 Co 5.7). Dios, «al que no conoció pecado, por nosotros lo hizo pecado, para que nosotros fuésemos hechos justicia de Dios en él» (2 Co 5.21).

32 También dio Juan testimonio, diciendo: Vi
al Espíritu que descendía del cielo como paloma, y permaneció sobre él.
33 Y yo no le conocía; pero el que me envió a
bautizar con agua, aquél me dijo: Sobre quien
veas descender el Espíritu y que permanece
sobre él, ése es el que bautiza con el Espíritu Santo.
34 Y yo le vi, y he dado testimonio de que éste
es el Hijo de Dios.

Los primeros discípulos

35 El siguiente día otra vez estaba Juan, y dos
de sus discípulos.
36 Y mirando a Jesús que andaba por allí, dijo:
He aquí el Cordero de Dios.
37 Le oyeron hablar los dos discípulos, y
siguieron a Jesús.
38 Y volviéndose Jesús, y viendo que le
seguían, les dijo: ¿Qué buscáis? Ellos le dijeron: Rabí (que traducido es, Maestro), ¿dónde moras?
39 Les dijo: Venid y ved. Fueron, y vieron donde moraba, y se quedaron con él aquel día;
porque era como la hora décima.
40 Andrés, hermano de Simón Pedro, era uno
de los dos que habían oído a Juan, y habían
seguido a Jesús.
41 Éste halló primero a su hermano Simón, y
le dijo: Hemos hallado al Mesías (que traducido es, el Cristo).
42 Y le trajo a Jesús. Y mirándole Jesús, dijo:
Tú eres Simón, hijo de Jonás; tú serás llamado Cefas[1] (que quiere decir, Pedro[2]).

Jesús llama a Felipe y a Natanael

43 El siguiente día quiso Jesús ir a Galilea, y
halló a Felipe, y le dijo: Sígueme.
44 Y Felipe era de Betsaida, la ciudad de
Andrés y Pedro.
45 Felipe halló a Natanael, y le dijo: Hemos
hallado a aquel de quien escribió Moisés en
la ley, así como los profetas: a Jesús, el hijo de
José, de Nazaret.
46 Natanael le dijo: ¿De Nazaret puede salir
algo de bueno? Le dijo Felipe: Ven y ve.
47 Cuando Jesús vio a Natanael que se le
acercaba, dijo de él: He aquí un verdadero
israelita, en quien no hay engaño.
48 Le dijo Natanael: ¿De dónde me conoces?
Respondió Jesús y le dijo: Antes que Felipe te
llamara, cuando estabas debajo de la higuera, te vi.
49 Respondió Natanael y le dijo: Rabí, tú eres
el Hijo de Dios; tú eres el Rey de Israel.
50 Respondió Jesús y le dijo: ¿Porque te dije:
Te vi debajo de la higuera, crees? Cosas mayores que éstas verás.
51 Y le dijo: De cierto, de cierto os digo: De
aquí adelante veréis el cielo abierto, y a los
ángeles de Dios que suben y descienden[e]
sobre el Hijo del Hombre.

Las bodas de Caná

2 AL tercer día se hicieron unas bodas en
Caná de Galilea; y estaba allí la madre
de Jesús.
2 Y fueron también invitados a las bodas
Jesús y sus discípulos.
3 Y faltando el vino, la madre de Jesús le dijo:
No tienen vino.
4 Jesús le dijo: ¿Qué tienes conmigo, mujer?
Aún no ha venido mi hora.
5 Su madre dijo a los que servían: Haced todo ➤
lo que os dijere.[a]
6 Y estaban allí seis tinajas de piedra para
agua, conforme al rito de la purificación de los
judíos, en cada una de las cuales cabían dos o
tres cántaros.
7 Jesús les dijo: Llenad estas tinajas de agua.
Y las llenaron hasta arriba.
8 Entonces les dijo: Sacad ahora, y llevadlo al
maestresala. Y se lo llevaron.
9 Cuando el maestresala probó el agua hecha
vino, sin saber él de dónde era, aunque lo
sabían los sirvientes que habían sacado el
agua, llamó al esposo,
10 y le dijo: Todo hombre sirve primero el
buen vino, y cuando ya han bebido mucho,
entonces el inferior; mas tú has reservado el
buen vino hasta ahora.
11 Este principio de señales hizo Jesús en
Caná de Galilea, y manifestó su gloria; y sus
discípulos creyeron en él.
12 Después de esto descendieron a
Capernaum,[b] él, su madre, sus hermanos y sus
discípulos; y estuvieron allí no muchos días.

Jesús purifica el templo

(Mt 21.12-13; Mr 11.15-18; Lc 19.45-46)

13 Estaba cerca la pascua[c] de los judíos; y
subió Jesús a Jerusalén,
14 y halló en el templo a los que vendían bueyes, ovejas y palomas, y a los cambistas allí
sentados.
15 Y haciendo un azote de cuerdas, echó fuera del templo a todos, y las ovejas y los bueyes; y esparció las monedas de los cambistas,
y volcó las mesas;
16 y dijo a los que vendían palomas: Quitad de aquí esto, y no hagáis de la casa de mi
Padre casa de mercado.

1, 2 De la palabra *piedra* en arameo y en griego, respectivamente.
e. 1.51 Gn 28.12. **a. 2.5** Gn 41.55. **b. 2.12** Mt 4.13.
c. 2.13 Éx 12.1-27.

LECCIONES DE VIDA

➤ ***2.5 — Haced todo lo que os dijere.***

La madre de Jesús no comprendió todo lo que su Hijo dijo o hizo, pero entendió lo suficiente para saber que siempre era sabio hacer lo que Él dijera. Todavía es así.

17 Entonces se acordaron sus discípulos que
está escrito: El celo de tu casa me consume.[d]
18 Y los judíos respondieron y le dijeron: ¿Qué
señal nos muestras, ya que haces esto?
19 Respondió Jesús y les dijo: Destruid este
templo, y en tres días lo levantaré.[e]
20 Dijeron luego los judíos: En cuarenta y seis
años fue edificado este templo, ¿y tú en tres
días lo levantarás?
21 Mas él hablaba del templo de su cuerpo.
22 Por tanto, cuando resucitó de entre los
muertos, sus discípulos se acordaron que
había dicho esto; y creyeron la Escritura y la
palabra que Jesús había dicho.

Jesús conoce a todos los hombres

23 Estando en Jerusalén en la fiesta de la pascua, muchos creyeron en su nombre, viendo
las señales que hacía.
24 Pero Jesús mismo no se fiaba de ellos, porque conocía a todos,
25 y no tenía necesidad de que nadie le diese testimonio del hombre, pues él sabía lo que
había en el hombre.

Jesús y Nicodemo

3 HABÍA un hombre de los fariseos que se
llamaba Nicodemo, un principal entre los
judíos.
2 Éste vino a Jesús de noche, y le dijo: Rabí,
sabemos que has venido de Dios como maestro; porque nadie puede hacer estas señales
que tú haces, si no está Dios con él.
3 Respondió Jesús y le dijo: De cierto, de cierto te digo, que el que no naciere de nuevo, no
puede ver el reino de Dios.
4 Nicodemo le dijo: ¿Cómo puede un hombre
nacer siendo viejo? ¿Puede acaso entrar por
segunda vez en el vientre de su madre, y nacer?
5 Respondió Jesús: De cierto, de cierto te digo,
que el que no naciere de agua y del Espíritu,
no puede entrar en el reino de Dios.
6 Lo que es nacido de la carne, carne es; y lo
que es nacido del Espíritu,[1] espíritu es.
7 No te maravilles de que te dije: Os es necesario nacer de nuevo.
8 El viento[2] sopla de donde quiere, y oyes
su sonido; mas ni sabes de dónde viene, ni a
dónde va; así es todo aquel que es nacido del
Espíritu.
9 Respondió Nicodemo y le dijo: ¿Cómo puede hacerse esto?
10 Respondió Jesús y le dijo: ¿Eres tú maestro
de Israel, y no sabes esto?
11 De cierto, de cierto te digo, que lo que sabemos hablamos, y lo que hemos visto, testificamos; y no recibís nuestro testimonio.
12 Si os he dicho cosas terrenales, y no creéis,
¿cómo creeréis si os dijere las celestiales?
13 Nadie subió al cielo, sino el que descendió del cielo; el Hijo del Hombre, que está en
el cielo.
14 Y como Moisés levantó la serpiente en
el desierto,[a] así es necesario que el Hijo del
Hombre sea levantado,
15 para que todo aquel que en él cree, no se
pierda, mas tenga vida eterna.

De tal manera amó Dios al mundo

16 Porque de tal manera amó Dios al mundo, *
que ha dado a su Hijo unigénito, para que todo
aquel que en él cree, no se pierda, mas tenga
vida eterna.
17 Porque no envió Dios a su Hijo al mundo para condenar al mundo, sino para que el
mundo sea salvo por él.
18 El que en él cree, no es condenado; pero
el que no cree, ya ha sido condenado, porque
no ha creído en el nombre del unigénito Hijo
de Dios.

1, 2 La misma palabra griega significa tanto *viento* como *espíritu*.
d. 2.17 Sal 69.9. **e. 2.19** Mt 26.61; 27.40; Mr 14.58; 15.29.
a. 3.14 Nm 21.9.

LECCIONES DE VIDA

➤ *2.17 — El celo de tu casa me consume.*

En lugar de sorprenderse y confundirse por las acciones de Jesús, los discípulos recordaron de inmediato el Salmo 69.9 que hablaba del Mesías venidero. Los discípulos no habrían sido capaces de recordar este texto si no estuvieran ya familiarizados con las Escrituras. Si queremos que Dios use su Palabra para animarnos e instruirnos, tenemos que dedicarle tiempo. Así tendremos la confirmación de su intervención en su obra extraordinaria dentro de nosotros y a nuestro alrededor.

➤ *2.22 — cuando resucitó de entre los muertos, sus discípulos se acordaron que había dicho esto; y creyeron.*

A veces dudamos en pasar tiempo leyendo la Palabra de Dios porque no sentimos que estemos sacando algún provecho de ello. Pero a veces un texto no nos «prende el bombillo» en nuestra mente hasta después de algún tiempo.

➤ *3.5 — el que no naciere de agua y del Espíritu, no puede entrar en el reino de Dios.*

Como fariseo, Nicodemo pertenecía al grupo religioso más prominente en Israel, y era un maestro muy respetado. Aunque observaba todas las leyes de pureza y piedad, Jesús le dijo que no era suficiente ser limpio físicamente y que el agua no bastaba para obtener una purificación verdadera. El hecho es que la naturaleza de una persona también necesita ser limpiada, o santificada, por la presencia del Espíritu Santo que mora en su interior (Ro 8; 1 Co 12.13; 2 Co 5.7).

➤ *3.7 — Os es necesario nacer de nuevo.*

¿Qué quiso decir Jesús con «nacer de nuevo»? El nuevo nacimiento es una experiencia espiritual instantánea, la cual ocurre cuando el Espíritu Santo hace que una persona entienda que Jesucristo murió en la cruz para proveerle perdón por sus pecados. Nacemos de nuevo tan pronto aceptamos que Jesucristo es el Único quien puede redimirnos, y lo confesamos como nuestro Salvador y Señor (Ro 10.9).

Ejemplos de vida

NICODEMO

Contaminado, pero intachable

JN 3.1–21

Todo empezó de noche, cuando Nicodemo, un fariseo que además era «un principal entre los judíos» (Jn 3.1), vino a la Luz (Jn 3.21). Nicodemo es mencionado en tres pasajes de la Biblia (Jn 3.1-21; 7.50-52; 19.39-42), y en la tercera ocasión vemos que la verdad plantada por Jesús en su corazón había echado raíz de forma poderosa. Aunque Jesús había sido condenado por los colegas de Nicodemo, a él ya había dejado de importarle lo que ellos pensaran. Sabía que Jesús era el Mesías verdadero, la esperanza de Israel y del mundo.

¿Cómo sabemos que llegó a tomar esa decisión? Normalmente, los cuerpos de quienes habían sido crucificados eran amontonados en el basurero de la ciudad. Después que Jesús fue quitado de la cruz, José de Arimatea reclamó su cuerpo, lo preparó para la sepultura y luego lo puso en una tumba nueva. Nicodemo estuvo todo el tiempo junto a José. También sabemos que trajo el compuesto de mirra y de áloes, y asistió en la sepultura de Cristo (Jn 19.38–41). Se cree que las especias aromáticas usadas para preparar el cuerpo de Jesús para la sepultura eran la propiedad personal de Nicodemo. En lugar de guardarlas para su propio sepelio, las entregó a Jesús como una ofrenda de amor y devoción. Juan 19.39 nos dice que estas especias pesaban «como cien libras», que habría sido la cantidad empleada para honrar a un gran rey, no tan solo a un buen hombre o a un simple maestro. Nicodemo reconoció a Jesús como el Hijo de Dios, y lo trató con gran respeto.

También sabemos que de acuerdo a la ley de Moisés, ningún sacerdote podía «[contaminarse] por un muerto» (Lv 21.1), y si llegaba a tocar un cadáver se hacía inmundo. Pero eso no le importó a Nicodemo, porque él se dio cuenta que en su nueva vida eterna, ya era completamente libre de mancha (Jn 3.16).

Hoy día, el ejemplo de Nicodemo nos sigue dando una lección. Aprendemos de él que Jesús siempre está disponible para nosotros, sea de día o de noche. Aprendemos que en el tiempo perfecto de Dios, Él contestará las preguntas que nos producen más perplejidad. Aprendemos que sea cual sea nuestra posición en la vida, nada es más importante que tener la vida de Cristo dentro de nosotros. Además, aprendemos que sin importar cuán grande sea nuestro sacrificio, nunca puede compararse al sacrificio de Cristo por nosotros.

Para un estudio más a fondo, véase el Índice de Principios de vida:
12. La paz con Dios es fruto de nuestra unidad con Él.

19 Y ésta es la condenación: que la luz vino al mundo, y los hombres amaron más las tinieblas que la luz, porque sus obras eran malas.
20 Porque todo aquel que hace lo malo, aborrece la luz y no viene a la luz, para que sus obras no sean reprendidas.
21 Mas el que practica la verdad viene a la luz, para que sea manifiesto que sus obras son hechas en Dios.

El amigo del esposo

22 Después de esto, vino Jesús con sus discípulos a la tierra de Judea, y estuvo allí con ellos, y bautizaba.
23 Juan bautizaba también en Enón, junto a Salim, porque había allí muchas aguas; y venían, y eran bautizados.
24 Porque Juan no había sido aún encarcelado.[b]
25 Entonces hubo discusión entre los discípulos de Juan y los judíos acerca de la purificación.
26 Y vinieron a Juan y le dijeron: Rabí, mira que el que estaba contigo al otro lado del Jordán, de quien tú diste testimonio, bautiza, y todos vienen a él.
27 Respondió Juan y dijo: No puede el hombre recibir nada, si no le fuere dado del cielo.
28 Vosotros mismos me sois testigos de que dije: Yo no soy el Cristo,[c] sino que soy enviado delante de él.
29 El que tiene la esposa, es el esposo; mas el amigo del esposo, que está a su lado y le oye, se goza grandemente de la voz del esposo; así pues, este mi gozo está cumplido.

b. 3.24 Mt 14.3; Mr 6.17; Lc 3.19-20. **c. 3.28** Jn 1.20.

30 Es necesario que él crezca, pero que yo
mengüe.

El que viene de arriba

31 El que de arriba viene, es sobre todos; el
que es de la tierra, es terrenal, y cosas terrenales habla; el que viene del cielo, es sobre
todos.
32 Y lo que vio y oyó, esto testifica; y nadie
recibe su testimonio.
33 El que recibe su testimonio, éste atestigua
que Dios es veraz.
34 Porque el que Dios envió, las palabras de
Dios habla; pues Dios no da el Espíritu por
medida.
35 El Padre ama al Hijo, y todas las cosas ha
entregado en su mano.[d]
36 El que cree en el Hijo tiene vida eterna;
pero el que rehúsa creer en el Hijo no verá la
vida, sino que la ira de Dios está sobre él.

Jesús y la mujer samaritana

4 CUANDO, pues, el Señor entendió que los
fariseos habían oído decir: Jesús hace y
bautiza más discípulos que Juan
2 (aunque Jesús no bautizaba, sino sus
discípulos),
3 salió de Judea, y se fue otra vez a Galilea.
4 Y le era necesario pasar por Samaria.
5 Vino, pues, a una ciudad de Samaria llamada Sicar, junto a la heredad que Jacob dio a
su hijo José.[a]
6 Y estaba allí el pozo de Jacob. Entonces
Jesús, cansado del camino, se sentó así junto
al pozo. Era como la hora sexta.
7 Vino una mujer de Samaria a sacar agua; y
Jesús le dijo: Dame de beber.
8 Pues sus discípulos habían ido a la ciudad a
comprar de comer.
9 La mujer samaritana le dijo: ¿Cómo tú, siendo judío, me pides a mí de beber, que soy
mujer samaritana? Porque judíos y samaritanos no se tratan entre sí.[b]
10 Respondió Jesús y le dijo: Si conocieras el
don de Dios, y quién es el que te dice: Dame de
beber; tú le pedirías, y él te daría agua viva.
11 La mujer le dijo: Señor, no tienes con qué
sacarla, y el pozo es hondo. ¿De dónde, pues,
tienes el agua viva?
12 ¿Acaso eres tú mayor que nuestro padre
Jacob, que nos dio este pozo, del cual bebieron él, sus hijos y sus ganados?

d. 3.35 Mt 11.27; Lc 10.22. **a. 4.5** Gn 33.19; Jos 24.32.
b. 4.9 Esd 4.1-5; Neh 4.1-2.

LECCIONES DE VIDA

➤ ***3.12 — Si os he dicho cosas terrenales, y no creéis, ¿cómo creeréis si os dijere las celestiales?***

A veces nuestra idea del cielo está distorsionada porque pensamos al respecto en términos terrenales que manejamos. El cielo es un lugar para aquellos que aman al Señor, donde todo gira en torno a su majestad, su poder, su gloria y su presencia (Ap 19.1–7). Cada persona allí lo alabará y adorará. Si alguien rehúsa honrarlo y servirlo aquí en la tierra, no le va a gustar para nada el cielo. De hecho, se sentirá completamente fuera de lugar.

➤ ***3.14 — como Moisés levantó la serpiente en el desierto, así es necesario que el Hijo del Hombre sea levantado.***

Jesús se refiere al pasaje en Números 21.4–9. El pueblo de Israel por su falta de fe se quejó contra el Señor, y Él envió serpientes venenosas a manera de juicio. Muchos de ellos murieron. Cuando los israelitas por fin se arrepintieron, el Señor le dijo a Moisés que pusiera una serpiente en un asta para que todos los que la miraran pudieran vivir. De la misma forma, aquellos que han sido sentenciados a la pena de muerte pueden mirar al sacrificio de Cristo en la cruz y recibir vida eterna.

➤ ***3.16 — de tal manera amó Dios al mundo, que ha dado a su Hijo unigénito, para que todo aquel que en él cree, no se pierda, mas tenga vida eterna.***

¿Qué significa *creer* en Jesús? ¿Significa estar de acuerdo en nuestro intelecto con el hecho de que nació en Belén de una virgen y que es un gran maestro? Sí, pero implica mucho más que eso. Tener fe en Jesucristo significa creer que Él es Dios (Jn 1.1; 10.30; 14.9) y que nos salva por su crucifixión (Ef 2.5, Ro 6.6). Si usted sigue creyendo que puede de algún modo ganarse su salvación, en realidad nunca ha nacido de nuevo. No obstante, si usted pone realmente su fe en Él, recibe su regalo de la vida eterna (Jn 6.40; 17.3).

➤ ***3.17, 18 — no envió Dios a su Hijo al mundo para condenar al mundo, sino para que el mundo sea salvo por él. El que en él cree, no es condenado; pero el que no cree, ya ha sido condenado.***

Aunque Jesús dice que todo juicio le ha sido confiado a Él (Jn 5.22), nos asegura que Él no vino a la tierra a juzgarnos sino a salvarnos. Lo que eso significa es que *ya* hemos sido perdonados. Cuando ponemos nuestra fe en Jesús, estamos aceptando que Él llevó por completo nuestro castigo y ha cancelado nuestra deuda. Pero quienes rechazan a Jesús como Salvador *también rechazan su provisión* y deben recibir el castigo pleno de sus pecados (Mr 16.16; Jn 5.24; He 2.2, 3; 2 Ts 1.8, 9).

➤ ***4.9 — ¿Cómo tú, siendo judío, me pides a mí de beber, que soy mujer samaritana? Porque judíos y samaritanos no se tratan entre sí.***

Los hombres en tiempos bíblicos por lo general no hablaban en público con las mujeres. Además, ella como samaritana y Él como judío pertenecían a dos grupos que no se trataban, porque los judíos creían que los samaritanos habían sido contaminados por las naciones paganas con las que se habían mezclado (Dt 7.1–6; 2 R 17.24–31). A pesar de todo esto, Jesús le habló. ¿Por qué? Porque Él nunca discrimina; más bien, quiere que *todos* los pueblos y etnias lo conozcan y sean salvos (2 P 3.9).

➤ ***4.10 — tú le pedirías, y él te daría agua viva.***

Incluso cuando Dios nos pide hacer ciertas cosas, es realmente una invitación a recibir cosas aún más grandes por medio de Él. Jesús pidió a la mujer agua para beber, con la intención de poder ofrecerle agua viva.

RESPUESTAS A PREGUNTAS DE LA VIDA

¿Cómo puedo saber si mi adoración agrada a Dios?

JN 4.5–26

¿Se ha preguntado alguna vez si su adoración agrada a Dios? Quizás usted ha leído sobre los reglamentos del Antiguo Testamento para el sistema mosaico de sacrificios, y se haya preguntado qué se requiera de usted ahora que Jesús ha cumplido la ley. Es importante recordar, cada vez que adore, que para Dios lo más prioritario es su corazón (1 Cr 28.9; Sal 51.17; Jl 2.13).

Ahora bien, ¿qué significa esto exactamente? ¿Qué caracteriza a un corazón que agrada al Señor? Jesús nos dice: «los verdaderos adoradores adorarán al Padre en espíritu y en verdad; porque también el Padre tales adoradores busca que le adoren. Dios es Espíritu; y los que le adoran, en espíritu y en verdad es necesario que adoren» (Jn 4.23, 24). El corazón que es guiado por el Espíritu de Dios y está lleno de su verdad lo agrada, y en realidad es el único que está en capacidad de adorarlo genuinamente.

A Jesús no lo impresionaban aquellos que hacían despliegue de su «devoción» con pomposidad y llamando la atención. Su adoración no se caracterizaba por el amor a Él y el deseo de hacer su voluntad. Por el contrario, ellos estaban motivados por sus propios planes y metas egoístas. Por esa razón, Él nos instruyó: «cuando ores, no seas como los hipócritas; porque ellos aman el orar en pie en las sinagogas y en las esquinas de las calles, para ser vistos de los hombres; de cierto os digo que ya tienen su recompensa. Mas tú, cuando ores, entra en tu aposento, y cerrada la puerta, ora a tu Padre que está en secreto; y tu Padre que ve en lo secreto te recompensará en público» (Mt 6.5, 6).

El servicio auténtico a Dios empieza por confiar de todo corazón que nada se escapa de su mirada soberana y amorosa (He 6.10; 11.6), y que Él asume plena responsabilidad por nuestras necesidades cuando lo obedecemos. Esto fue ilustrado cierto día mientras Jesús estaba sentado en el templo, y se fijó en la gente que traía sus ofrendas. Algunas personas acaudaladas depositaban grandes cantidades en el arca del tesoro, haciendo tremenda escena. Luego vino una viuda pobre que puso lo que equivaldría a un centavo. Jesús dijo a sus discípulos: «De cierto os digo que esta viuda pobre echó más que todos los que han echado en el arca; porque todos han echado de lo que les sobra; pero ésta, de su pobreza echó todo lo que tenía, todo su sustento» (Mr 12.43, 44).

¿Se da cuenta usted de qué es lo importante para el Señor? No es el tamaño de su ofrenda lo que importa, es la confianza de su corazón para dar todo lo que usted es y dedicar todo lo que usted tiene, a Él. No es la hermosura de su alabanza, ni su acción de gracias, ni su canto, ni su oración, ni su contribución monetaria lo que lo mueve; es su motivación y sus sentimientos verdaderos de amor y adoración hacia el Señor.

Cuando se disponga a adorar a Dios en espíritu y en verdad, examine la razón por la que se está acercando a su trono. ¿Es para avanzar en sus metas o para experimentar su presencia y su amor? ¿Es para obtener algo que quiere o para darle su devoción más sincera? Como nos instruye Filipenses 3.3, debemos ser aquellos que «en espíritu servimos a Dios y nos gloriamos en Cristo Jesús, no teniendo confianza en la carne». De esa manera, no solamente quedará satisfecho nuestro ser, sino que afianzaremos la intimidad en nuestra relación con Él.

Para un estudio más a fondo, véase el Índice de Principios de vida:

1. *Nuestra intimidad con Dios, que es su prioridad para nosotros, determina el impacto que causen nuestras vidas.*
12. *La paz con Dios es fruto de nuestra unidad con Él.*

13 Respondió Jesús y le dijo: Cualquiera que
bebiere de esta agua, volverá a tener sed;
* 14 mas el que bebiere del agua que yo le daré,
no tendrá sed jamás; sino que el agua que yo
le daré será en él una fuente de agua que salte para vida eterna.
15 La mujer le dijo: Señor, dame esa agua, para
que no tenga yo sed, ni venga aquí a sacarla.

16 Jesús le dijo: Ve, llama a tu marido, y ven acá.
17 Respondió la mujer y dijo: No tengo marido. Jesús le dijo: Bien has dicho: No tengo marido;
18 porque cinco maridos has tenido, y el que ahora tienes no es tu marido; esto has dicho con verdad.
19 Le dijo la mujer: Señor, me parece que tú eres profeta.
20 Nuestros padres adoraron en este monte, y vosotros decís que en Jerusalén es el lugar donde se debe adorar.
21 Jesús le dijo: Mujer, créeme, que la hora viene cuando ni en este monte ni en Jerusalén adoraréis al Padre.
22 Vosotros adoráis lo que no sabéis; nosotros adoramos lo que sabemos; porque la salvación viene de los judíos.
➤ 23 Mas la hora viene, y ahora es, cuando los verdaderos adoradores adorarán al Padre en espíritu y en verdad; porque también el Padre tales adoradores busca que le adoren.
24 Dios es Espíritu; y los que le adoran, en espíritu y en verdad es necesario que adoren.
25 Le dijo la mujer: Sé que ha de venir el Mesías, llamado el Cristo; cuando él venga nos declarará todas las cosas.
26 Jesús le dijo: Yo soy, el que habla contigo.
27 En esto vinieron sus discípulos, y se maravillaron de que hablaba con una mujer; sin embargo, ninguno dijo: ¿Qué preguntas? o, ¿Qué hablas con ella?
28 Entonces la mujer dejó su cántaro, y fue a la ciudad, y dijo a los hombres:
29 Venid, ved a un hombre que me ha dicho todo cuanto he hecho. ¿No será éste el Cristo?
30 Entonces salieron de la ciudad, y vinieron a él.
31 Entre tanto, los discípulos le rogaban, diciendo: Rabí, come.
32 Él les dijo: Yo tengo una comida que comer, que vosotros no sabéis.
33 Entonces los discípulos decían unos a otros: ¿Le habrá traído alguien de comer?
34 Jesús les dijo: Mi comida es que haga la voluntad del que me envió, y que acabe su obra.
35 ¿No decís vosotros: Aún faltan cuatro meses para que llegue la siega? He aquí os digo: Alzad vuestros ojos y mirad los campos, porque ya están blancos para la siega.
36 Y el que siega recibe salario, y recoge fruto para vida eterna, para que el que siembra goce juntamente con el que siega.
37 Porque en esto es verdadero el dicho: Uno es el que siembra, y otro es el que siega.
38 Yo os he enviado a segar lo que vosotros no labrasteis; otros labraron, y vosotros habéis entrado en sus labores.
39 Y muchos de los samaritanos de aquella ciudad creyeron en él por la palabra de la mujer, que daba testimonio diciendo: Me dijo todo lo que he hecho.
40 Entonces vinieron los samaritanos a él y le rogaron que se quedase con ellos; y se quedó allí dos días.
41 Y creyeron muchos más por la palabra de él,
42 y decían a la mujer: Ya no creemos solamente por tu dicho, porque nosotros mismos hemos oído, y sabemos que verdaderamente éste es el Salvador del mundo, el Cristo. ➤

Jesús sana al hijo de un noble

43 Dos días después, salió de allí y fue a Galilea.
44 Porque Jesús mismo dio testimonio de que el profeta no tiene honra en su propia tierra.[c]
45 Cuando vino a Galilea, los galileos le recibieron, habiendo visto todas las cosas que había hecho en Jerusalén, en la fiesta;[d] porque también ellos habían ido a la fiesta.
46 Vino, pues, Jesús otra vez a Caná de Galilea, donde había convertido el agua en vino.[e] Y había en Capernaum un oficial del rey, cuyo hijo estaba enfermo.
47 Éste, cuando oyó que Jesús había llegado de Judea a Galilea, vino a él y le rogó que descendiese y sanase a su hijo, que estaba a punto de morir.
48 Entonces Jesús le dijo: Si no viereis señales y prodigios, no creeréis.
49 El oficial del rey le dijo: Señor, desciende antes que mi hijo muera.
50 Jesús le dijo: Ve, tu hijo vive. Y el hombre creyó la palabra que Jesús le dijo, y se fue.
51 Cuando ya él descendía, sus siervos salieron a recibirle, y le dieron nuevas, diciendo: Tu hijo vive.
52 Entonces él les preguntó a qué hora había comenzado a estar mejor. Y le dijeron: Ayer a las siete le dejó la fiebre.

c. 4.44 Mt 13.57; Mr 6.4; Lc 4.24. **d. 4.45** Jn 2.23. **e. 4.46** Jn 2.1-11.

LECCIONES DE VIDA

➤ 4.23 — los verdaderos adoradores adorarán al Padre en espíritu y en verdad.

Dios es Espíritu, su naturaleza divina es pura y santa. Él es absolutamente digno de nuestra adoración. Sin embargo, nunca debemos dirigirnos a Él como el mundo lo hace al rendir culto, tratando de ganarse su favor y haciendo sacrificios que Él nunca ha pedido. En lugar de esto, el Señor busca activamente a hombres y mujeres que lo adoren con ansias y alegría, conforme a la verdad de las Escrituras y por el poder del Espíritu Santo.

➤ 4.42 — Ya no creemos solamente por tu dicho, porque nosotros mismos hemos oído, y sabemos que verdaderamente éste es el Salvador del mundo.

Cada uno de nosotros tiene que apropiarse de la fe, hacerla suya. Nuestra fe en la verdad y el poder del evangelio debe ser profundamente personal, genuina, y una expresión auténtica de nuestro corazón (Ro 10.9).

53 El padre entonces entendió que aquella era la hora en que Jesús le había dicho: Tu hijo vive; y creyó él con toda su casa.
54 Esta segunda señal hizo Jesús, cuando fue de Judea a Galilea.

El paralítico de Betesda

5 DESPUÉS de estas cosas había una fiesta de los judíos, y subió Jesús a Jerusalén.
2 Y hay en Jerusalén, cerca de la puerta de las ovejas, un estanque, llamado en hebreo Betesda, el cual tiene cinco pórticos.
3 En éstos yacía una multitud de enfermos, ciegos, cojos y paralíticos, que esperaban el movimiento del agua.
4 Porque un ángel descendía de tiempo en tiempo al estanque, y agitaba el agua; y el que primero descendía al estanque después del movimiento del agua, quedaba sano de cualquier enfermedad que tuviese.
5 Y había allí un hombre que hacía treinta y ocho años que estaba enfermo.
6 Cuando Jesús lo vio acostado, y supo que llevaba ya mucho tiempo así, le dijo: ¿Quieres ser sano?
7 Señor, le respondió el enfermo, no tengo quien me meta en el estanque cuando se agita el agua; y entre tanto que yo voy, otro desciende antes que yo.
8 Jesús le dijo: Levántate, toma tu lecho, y anda.
9 Y al instante aquel hombre fue sanado, y tomó su lecho, y anduvo. Y era día de reposo* aquel día.
10 Entonces los judíos dijeron a aquel que había sido sanado: Es día de reposo;* no te es lícito llevar tu lecho.[a]
11 Él les respondió: El que me sanó, él mismo me dijo: Toma tu lecho y anda.
12 Entonces le preguntaron: ¿Quién es el que te dijo: Toma tu lecho y anda?
13 Y el que había sido sanado no sabía quién fuese, porque Jesús se había apartado de la gente que estaba en aquel lugar.
14 Después le halló Jesús en el templo, y le dijo: Mira, has sido sanado; no peques más, para que no te venga alguna cosa peor.
15 El hombre se fue, y dio aviso a los judíos, que Jesús era el que le había sanado.
16 Y por esta causa los judíos perseguían a Jesús, y procuraban matarle, porque hacía estas cosas en el día de reposo.*
17 Y Jesús les respondió: Mi Padre hasta ahora trabaja, y yo trabajo.
18 Por esto los judíos aun más procuraban matarle, porque no sólo quebrantaba el día de reposo,* sino que también decía que Dios era su propio Padre, haciéndose igual a Dios.

La autoridad del Hijo

19 Respondió entonces Jesús, y les dijo: De cierto, de cierto os digo: No puede el Hijo hacer nada por sí mismo, sino lo que ve hacer al Padre; porque todo lo que el Padre hace, también lo hace el Hijo igualmente.
20 Porque el Padre ama al Hijo, y le muestra todas las cosas que él hace; y mayores obras que éstas le mostrará, de modo que vosotros os maravilléis.
21 Porque como el Padre levanta a los muertos, y les da vida, así también el Hijo a los que quiere da vida.
22 Porque el Padre a nadie juzga, sino que todo el juicio dio al Hijo,
23 para que todos honren al Hijo como honran al Padre. El que no honra al Hijo, no honra al Padre que le envió.
24 De cierto, de cierto os digo: El que oye mi palabra, y cree al que me envió, tiene vida eterna; y no vendrá a condenación, mas ha pasado de muerte a vida.
25 De cierto, de cierto os digo: Viene la hora, y ahora es, cuando los muertos oirán la voz del Hijo de Dios; y los que la oyeren vivirán.
26 Porque como el Padre tiene vida en sí mismo, así también ha dado al Hijo el tener vida en sí mismo;
27 y también le dio autoridad de hacer juicio, por cuanto es el Hijo del Hombre.
28 No os maravilléis de esto; porque vendrá hora cuando todos los que están en los sepulcros oirán su voz;
29 y los que hicieron lo bueno, saldrán a resurrección de vida; mas los que hicieron lo malo, a resurrección de condenación.[b]

Testigos de Cristo

30 No puedo yo hacer nada por mí mismo; según oigo, así juzgo; y mi juico es justo,

* Aquí equivale a *sábado*.

a. 5.10 Neh 13.19; Jer 17.21. **b. 5.29** Dn 12.2.

LECCIONES DE VIDA

➤ *5.6 — ¿Quieres ser sano?*

A veces nuestros problemas y enfermedades se vuelven a tal grado parte de nuestras vidas y nuestra identidad, que tenemos dificultad para soltarlos y dejar que Dios se encargue de ellos. ¿Se ha estado aferrando a alguna experiencia dolorosa o a un problema? Usted debe tomar la decisión de soltarlo. Dios le ofrece su sanidad, así que ya no tiene más excusas. Debe decidir qué es más importante para usted, ser restaurado(a) o tener una razón para decir «pobre de mí».

➤ *5.18 — los judíos aun más procuraban matarle, porque… decía que Dios era su propio Padre.*

En lugar de regocijarse por tener a Dios en medio de ellos, sus opositores se encolerizaron y se tornaron crueles a causa de sus celos y su sed de poder. ¿Cómo reacciona usted ante la presencia de Dios? ¿Se regocija porque Él está en medio suyo y usted obedece sus mandatos, o lucha con Él por mantener el control? Usted nunca perderá nada si obedece a Dios, pero puede perderlo todo si se pone en su contra, así que elija sabiamente.

porque no busco mi voluntad, sino la voluntad del que me envió, la del Padre.

31 Si yo doy testimonio acerca de mí mismo, mi testimonio no es verdadero.

32 Otro es el que da testimonio acerca de mí, y sé que el testimonio que da de mí es verdadero.

33 Vosotros enviasteis mensajeros a Juan, y él dio testimonio de la verdad.[c]

34 Pero yo no recibo testimonio de hombre alguno; mas digo esto, para que vosotros seáis salvos.

35 Él era antorcha que ardía y alumbraba; y vosotros quisisteis regocijaros por un tiempo en su luz.

36 Mas yo tengo mayor testimonio que el de Juan; porque las obras que el Padre me dio para que cumpliese, las mismas obras que yo hago, dan testimonio de mí, que el Padre me ha enviado.

37 También el Padre que me envió ha dado testimonio de mí.[d] Nunca habéis oído su voz, ni habéis visto su aspecto,

38 ni tenéis su palabra morando en vosotros; porque a quien él envió, vosotros no creéis.

39 Escudriñad las Escrituras; porque a vosotros os parece que en ellas tenéis la vida eterna; y ellas son las que dan testimonio de mí;

40 y no queréis venir a mí para que tengáis vida.

41 Gloria de los hombres no recibo.

42 Mas yo os conozco, que no tenéis amor de Dios en vosotros.

43 Yo he venido en nombre de mi Padre, y no me recibís; si otro viniere en su propio nombre, a ése recibiréis.

44 ¿Cómo podéis vosotros creer, pues recibís gloria los unos de los otros, y no buscáis la gloria que viene del Dios único?

45 No penséis que yo voy a acusaros delante del Padre; hay quien os acusa, Moisés, en quien tenéis vuestra esperanza.

46 Porque si creyeseis a Moisés, me creeríais a mí, porque de mí escribió él.

47 Pero si no creéis a sus escritos, ¿cómo creeréis a mis palabras?

Alimentación de los cinco mil

(Mt 14.13-21; Mr 6.30-44; Lc 9.10-17)

6 DESPUÉS de esto, Jesús fue al otro lado del mar de Galilea, el de Tiberias.

2 Y le seguía gran multitud, porque veían las señales que hacía en los enfermos.

3 Entonces subió Jesús a un monte, y se sentó allí con sus discípulos.

4 Y estaba cerca la pascua, la fiesta de los judíos.

5 Cuando alzó Jesús los ojos, y vio que había venido a él gran multitud, dijo a Felipe: ¿De dónde compraremos pan para que coman éstos?

6 Pero esto decía para probarle; porque él sabía lo que había de hacer. ➤

7 Felipe le respondió: Doscientos denarios de pan no bastarían para que cada uno de ellos tomase un poco.

8 Uno de sus discípulos, Andrés, hermano de Simón Pedro, le dijo:

9 Aquí está un muchacho, que tiene cinco panes de cebada y dos pececillos; mas ¿qué es esto para tantos?

10 Entonces Jesús dijo: Haced recostar la gente. Y había mucha hierba en aquel lugar; y se recostaron como en número de cinco mil varones.

11 Y tomó Jesús aquellos panes, y habiendo dado gracias, los repartió entre los discípulos, y los discípulos entre los que estaban recostados; asimismo de los peces, cuanto querían.

12 Y cuando se hubieron saciado, dijo a sus discípulos: Recoged los pedazos que sobraron, para que no se pierda nada.

13 Recogieron, pues, y llenaron doce cestas de pedazos, que de los cinco panes de cebada sobraron a los que habían comido.

14 Aquellos hombres entonces, viendo la señal que Jesús había hecho, dijeron: Éste verdaderamente es el profeta que había de venir al mundo.

15 Pero entendiendo Jesús que iban a venir para apoderarse de él y hacerle rey, volvió a retirarse al monte él solo.

c. 5.33 Jn 1.19-27; 3.27-30. **d. 5.37** Mt 3.17; Mr 1.11; Lc 3.22.

LECCIONES DE VIDA

➤ ***5.29 — los que hicieron lo bueno, saldrán a resurrección de vida; mas los que hicieron lo malo, a resurrección de condenación.***

Cada persona que haya vivido estará delante de Dios en el día del juicio; bien sea para recibir recompensas por su actividad realizada en el poder del Espíritu Santo y teniendo fe en Cristo, o para recibir condenación por su conducta centrada en su propio ego. El deseo ferviente por el regreso del Señor nos mantiene viviendo productivamente.

➤ ***5.30 — no busco mi voluntad, sino la voluntad del que me envió, la del Padre.***

Tenemos la oportunidad maravillosa de glorificar al Señor con nuestras vidas (1 Co 6.20), andando en sus pasos (Ef 5.1, 2) y siendo semejantes a Él en nuestro carácter (Gá 5.22, 23). Esto empieza por preguntarnos si vivimos en pos de nuestras propias metas o si procuramos hacer la voluntad de Dios. Como creyentes, hemos sido llamados a permitir que Jesús viva su vida a través de nosotros para que otros puedan ser salvos. Eso es justamente lo que debemos hacer.

➤ ***6.6 — esto decía para probarle; porque él sabía lo que había de hacer.***

Los discípulos aprendieron de primera mano que Dios es más grande que las necesidades de cinco mil personas, y eso les dio la seguridad de poder confiar en Él en cuanto a sus propias necesidades diarias. De igual modo, a veces el Señor nos asigna una tarea que parece imposible para probarnos y ver si vamos a reaccionar en temor o en fe. Esto se debe a que nos está entrenando para tener fe en Él, y confiar en Él significa ver más allá de lo que podemos ver, hacia lo que Él es capaz de hacer.

Jesús anda sobre el mar
(Mt 14.22-27; Mr 6.45-52)
16 Al anochecer, descendieron sus discípulos al mar,
17 y entrando en una barca, iban cruzando
el mar hacia Capernaum. Estaba ya oscuro, y
Jesús no había venido a ellos.
18 Y se levantaba el mar con un gran viento
que soplaba.
19 Cuando habían remado como veinticinco
o treinta estadios, vieron a Jesús que andaba
sobre el mar y se acercaba a la barca; y tuvieron miedo.
20 Mas él les dijo: Yo soy; no temáis.
21 Ellos entonces con gusto le recibieron en
la barca, la cual llegó en seguida a la tierra
adonde iban.

La gente busca a Jesús
22 El día siguiente, la gente que estaba al
otro lado del mar vio que no había habido allí
más que una sola barca, y que Jesús no había
entrado en ella con sus discípulos, sino que
éstos se habían ido solos.
23 Pero otras barcas habían arribado de Tiberias junto al lugar donde habían comido el
pan después de haber dado gracias el Señor.
24 Cuando vio, pues, la gente que Jesús no
estaba allí, ni sus discípulos, entraron en las
barcas y fueron a Capernaum, buscando a
Jesús.

Jesús, el pan de vida
25 Y hallándole al otro lado del mar, le dijeron: Rabí, ¿cuándo llegaste acá?
26 Respondió Jesús y les dijo: De cierto, de
cierto os digo que me buscáis, no porque
habéis visto las señales, sino porque comisteis
el pan y os saciasteis.
27 Trabajad, no por la comida que perece,
sino por la comida que a vida eterna permanece, la cual el Hijo del Hombre os dará; porque a éste señaló Dios el Padre.
28 Entonces le dijeron: ¿Qué debemos hacer
para poner en práctica las obras de Dios?
29 Respondió Jesús y les dijo: Ésta es la obra
de Dios, que creáis en el que él ha enviado.
30 Le dijeron entonces: ¿Qué señal, pues,
haces tú, para que veamos, y te creamos?
¿Qué obra haces?
31 Nuestros padres comieron el maná en el
desierto,[a] como está escrito: Pan del cielo les
dio a comer.[b]
32 Y Jesús les dijo: De cierto, de cierto os digo:
No os dio Moisés el pan del cielo, mas mi
Padre os da el verdadero pan del cielo.
33 Porque el pan de Dios es aquel que descendió del cielo y da vida al mundo.
34 Le dijeron: Señor, danos siempre este pan.
35 Jesús les dijo: Yo soy el pan de vida; el que
a mí viene, nunca tendrá hambre; y el que en
mí cree, no tendrá sed jamás.
36 Mas os he dicho, que aunque me habéis
visto, no creéis.
37 Todo lo que el Padre me da, vendrá a mí; y *
al que a mí viene, no le echo fuera.
38 Porque he descendido del cielo, no para
hacer mi voluntad, sino la voluntad del que
me envió.
39 Y ésta es la voluntad del Padre, el que me
envió: Que de todo lo que me diere, no pierda
yo nada, sino que lo resucite en el día postrero.
40 Y ésta es la voluntad del que me ha enviado: Que todo aquel que ve al Hijo, y cree en
él, tenga vida eterna; y yo le resucitaré en el
día postrero.
41 Murmuraban entonces de él los judíos, porque había dicho: Yo soy el pan que descendió
del cielo.
42 Y decían: ¿No es éste Jesús, el hijo de
José, cuyo padre y madre nosotros conocemos? ¿Cómo, pues, dice éste: Del cielo he
descendido?
43 Jesús respondió y les dijo: No murmuréis
entre vosotros.
44 Ninguno puede venir a mí, si el Padre que
me envió no le trajere; y yo le resucitaré en el
día postrero.
45 Escrito está en los profetas: Y serán todos
enseñados por Dios.[c] Así que, todo aquel que
oyó al Padre, y aprendió de él, viene a mí.
46 No que alguno haya visto al Padre, sino
aquel que vino de Dios; éste ha visto al Padre.
47 De cierto, de cierto os digo: El que cree en
mí, tiene vida eterna.
48 Yo soy el pan de vida.
49 Vuestros padres comieron el maná en el
desierto, y murieron.

a. 6.31 Éx 16.4, 15. **b. 6.31** Sal 78.24. **c. 6.45** Is 54.13.

LECCIONES DE VIDA

➤ ***6.37 — al que a mí viene, no le echo fuera.***

Ésta es la base de la seguridad eterna: Jesús jamás rechazará a alguien que auténticamente crea en Él. Usted no puede ganar su salvación (Ef 2.8, 9; Tit 3.5), así que tampoco puede perderla una vez haya aceptado a Cristo como su Salvador (Jn 5.29; 10.28, 29). En la cruz, Jesús llevó literalmente sus pecados y le dio a cambio su justicia y rectitud perfecta (2 Co 5.21). Esta es una transacción permanente y eterna que no puede ser revocada.

➤ ***6.44 — Ninguno puede venir a mí, si el Padre que me envió no le trajere; y yo le resucitaré en el día postrero.***

¿Quién tomó la iniciativa en su salvación? Tal vez usted haya confesado a Jesús como su Señor y Salvador; sin embargo, hacerlo no fue inicialmente su idea. El Señor creó dentro de usted un anhelo por su amor y su presencia, y permitió que la dificultad entrara a su vida para que usted se dispusiera a recibir de Él. Dios tomó la iniciativa y usted eligió cooperar con Él, lo cual define en esencia la vida cristiana.

50 Éste es el pan que desciende del cielo, para
que el que de él come, no muera.
51 Yo soy el pan vivo que descendió del cielo; si alguno comiere de este pan, vivirá para
siempre; y el pan que yo daré es mi carne, la
cual yo daré por la vida del mundo.
52 Entonces los judíos contendían entre sí,
diciendo: ¿Cómo puede éste darnos a comer
su carne?
53 Jesús les dijo: De cierto, de cierto os digo:
Si no coméis la carne del Hijo del Hombre, y
bebéis su sangre, no tenéis vida en vosotros.
54 El que come mi carne y bebe mi sangre, tiene
vida eterna; y yo le resucitaré en el día postrero.
55 Porque mi carne es verdadera comida, y mi
sangre es verdadera bebida.
56 El que come mi carne y bebe mi sangre, en
mí permanece, y yo en él.
57 Como me envió el Padre viviente, y yo vivo
por el Padre, asimismo el que me come, él
también vivirá por mí.
58 Éste es el pan que descendió del cielo;
no como vuestros padres comieron el maná,
y murieron; el que come de este pan, vivirá
eternamente.
59 Estas cosas dijo en la sinagoga, enseñando
en Capernaum.

Palabras de vida eterna

60 Al oírlas, muchos de sus discípulos dijeron:
Dura es esta palabra; ¿quién la puede oír?
61 Sabiendo Jesús en sí mismo que sus discípulos murmuraban de esto, les dijo: ¿Esto os
ofende?
62 ¿Pues qué, si viereis al Hijo del Hombre
subir adonde estaba primero?
63 El espíritu es el que da vida; la carne para
nada aprovecha; las palabras que yo os he
hablado son espíritu y son vida.
64 Pero hay algunos de vosotros que no creen.
Porque Jesús sabía desde el principio quiénes eran los que no creían, y quién le había de
entregar.
65 Y dijo: Por eso os he dicho que ninguno puede venir a mí, si no le fuere dado del Padre.
66 Desde entonces muchos de sus discípulos
volvieron atrás, y ya no andaban con él.
67 Dijo entonces Jesús a los doce: ¿Queréis
acaso iros también vosotros?
68 Le respondió Simón Pedro: Señor, ¿a quién
iremos? Tú tienes palabras de vida eterna.
69 Y nosotros hemos creído y conocemos que
tú eres el Cristo, el Hijo del Dios viviente.[d]
70 Jesús les respondió: ¿No os he escogido
yo a vosotros los doce, y uno de vosotros es
diablo?
71 Hablaba de Judas Iscariote, hijo de Simón;
porque éste era el que le iba a entregar, y era
uno de los doce.

Incredulidad de los hermanos de Jesús

7 DESPUÉS de estas cosas, andaba Jesús
en Galilea; pues no quería andar en Judea,
porque los judíos procuraban matarle.
2 Estaba cerca la fiesta de los judíos, la de los
tabernáculos;[a]
3 y le dijeron sus hermanos: Sal de aquí, y
vete a Judea, para que también tus discípulos
vean las obras que haces.
4 Porque ninguno que procura darse a conocer hace algo en secreto. Si estas cosas haces,
manifiéstate al mundo.
5 Porque ni aun sus hermanos creían en él.
6 Entonces Jesús les dijo: Mi tiempo aún no
ha llegado, mas vuestro tiempo siempre está
presto.
7 No puede el mundo aborreceros a vosotros;
mas a mí me aborrece, porque yo testifico de
él, que sus obras son malas.
8 Subid vosotros a la fiesta; yo no subo todavía a esa fiesta, porque mi tiempo aún no se
ha cumplido.
9 Y habiéndoles dicho esto, se quedó en
Galilea.

Jesús en la fiesta de los tabernáculos

10 Pero después que sus hermanos habían
subido, entonces él también subió a la fiesta,
no abiertamente, sino como en secreto.
11 Y le buscaban los judíos en la fiesta, y
decían: ¿Dónde está aquél?
12 Y había gran murmullo acerca de él entre
la multitud, pues unos decían: Es bueno; pero
otros decían: No, sino que engaña al pueblo.

d. 6.68-69 Mt 16.16; Mr 8.29; Lc 9.20. **a. 7.2** Lv 23.34; Dt 16.13.

LECCIONES DE VIDA

6.67 — *¿Queréis acaso iros también vosotros?*

Jesús no trató de convencer a discípulos renuentes que se quedaran con Él, y tampoco les hizo las cosas más fáciles para que reconsideraran la relación que tenían con Él. Nuestro Señor quiere seguidores dispuestos y entusiastas que entienden el precio de seguirlo.

6.68 — *Señor, ¿a quién iremos? Tú tienes palabras de vida eterna.*

Todos pasamos por épocas en las que una vida de fe en Cristo parece más difícil de lo que habíamos anticipado. Esta es la pregunta que cada uno debe responder: *¿A quién más iremos?* Jesús es el único que nos promete vida eterna, y aunque enfrentemos problemas por un tiempo breve aquí en la tierra, debido a Él tenemos «por cierto que las aflicciones del tiempo presente no son comparables con la gloria venidera que en nosotros ha de manifestarse» (Ro 8.18).

7.5 — *ni aun sus hermanos creían en él.*

Los hermanos menores de Jesús habían crecido con Él en Nazaret, y aunque habrían podido oír acerca de su nacimiento extraordinario, no creyeron en Él sino hasta después de la resurrección. Sólo entonces llegaron a tener fe.

13 Pero ninguno hablaba abiertamente de él,
por miedo a los judíos.
14 Mas a la mitad de la fiesta subió Jesús al
templo, y enseñaba.
15 Y se maravillaban los judíos, diciendo:
¿Cómo sabe éste letras, sin haber estudiado?
16 Jesús les respondió y dijo: Mi doctrina no
es mía, sino de aquel que me envió.
17 El que quiera hacer la voluntad de Dios,
conocerá si la doctrina es de Dios, o si yo
hablo por mi propia cuenta.
18 El que habla por su propia cuenta, su propia gloria busca; pero el que busca la gloria
del que le envió, éste es verdadero, y no hay
en él injusticia.
19 ¿No os dio Moisés la ley, y ninguno de
vosotros cumple la ley? ¿Por qué procuráis
matarme?
20 Respondió la multitud y dijo: Demonio tienes; ¿quién procura matarte?
21 Jesús respondió y les dijo: Una obra hice, y
todos os maravilláis.
22 Por cierto, Moisés os dio la circuncisión[b] (no
porque sea de Moisés, sino de los padres[c]); y
en el día de reposo* circuncidáis al hombre.
23 Si recibe el hombre la circuncisión en el
día de reposo,* para que la ley de Moisés no
sea quebrantada, ¿os enojáis conmigo porque
en el día de reposo* sané completamente a un
hombre?[d]
24 No juzguéis según las apariencias, sino
juzgad con justo juicio.

¿Es éste el Cristo?

25 Decían entonces unos de Jerusalén: ¿No es
éste a quien buscan para matarle?
26 Pues mirad, habla públicamente, y no le
dicen nada. ¿Habrán reconocido en verdad los
gobernantes que éste es el Cristo?
27 Pero éste, sabemos de dónde es; mas cuando venga el Cristo, nadie sabrá de dónde sea.
28 Jesús entonces, enseñando en el templo,
alzó la voz y dijo: A mí me conocéis, y sabéis
de dónde soy; y no he venido de mí mismo,
pero el que me envió es verdadero, a quien
vosotros no conocéis.
29 Pero yo le conozco, porque de él procedo,
y él me envió.
➤ 30 Entonces procuraban prenderle; pero ninguno le echó mano, porque aún no había llegado su hora.
31 Y muchos de la multitud creyeron en él, y
decían: El Cristo, cuando venga, ¿hará más
señales que las que éste hace?

Los fariseos envían alguaciles para prender a Jesús

32 Los fariseos oyeron a la gente que murmuraba de él estas cosas; y los principales sacerdotes y los fariseos enviaron alguaciles para
que le prendiesen.
33 Entonces Jesús dijo: Todavía un poco de
tiempo estaré con vosotros, e iré al que me envió.
34 Me buscaréis, y no me hallaréis; y a donde
yo estaré, vosotros no podréis venir.
35 Entonces los judíos dijeron entre sí: ¿Adónde se irá éste, que no le hallemos? ¿Se irá a
los dispersos entre los griegos, y enseñará a
los griegos?
36 ¿Qué significa esto que dijo: Me buscaréis,
y no me hallaréis; y a donde yo estaré, vosotros no podréis venir?

Ríos de agua viva

37 En el último y gran día de la fiesta,[e] Jesús
se puso en pie y alzó la voz, diciendo: Si alguno tiene sed, venga a mí y beba.
38 El que cree en mí, como dice la Escritura,
de su interior correrán ríos de agua viva.[f]
39 Esto dijo del Espíritu que habían de recibir los que creyesen en él; pues aún no había
venido el Espíritu Santo, porque Jesús no
había sido aún glorificado.

División entre la gente

40 Entonces algunos de la multitud, oyendo
estas palabras, decían: Verdaderamente éste
es el profeta.
41 Otros decían: Éste es el Cristo. Pero algunos decían: ¿De Galilea ha de venir el Cristo?
42 ¿No dice la Escritura que del linaje de
David, y de la aldea de Belén,[g] de donde era
David, ha de venir el Cristo?
43 Hubo entonces disensión entre la gente a
causa de él.
44 Y algunos de ellos querían prenderle; pero
ninguno le echó mano.

¡Nunca ha hablado hombre así!

45 Los alguaciles vinieron a los principales
sacerdotes y a los fariseos; y éstos les dijeron:
¿Por qué no le habéis traído?
46 Los alguaciles respondieron: ¡Jamás hombre alguno ha hablado como este hombre!

* Aquí equivale a *sábado*.

b. 7.22 Lv 12.3. **c. 7.22** Gn 17.10. **d. 7.23** Jn 5.9.
e. 7.37 Lv 23.36. **f. 7.38** Ez 47.1; Zac 14.8. **g. 7.42** Mi 5.2.

LECCIONES DE VIDA

➤ ***7.30 — procuraban prenderle; pero ninguno le echó mano, porque aún no había llegado su hora.***

En varias ocasiones los opositores de Jesús quisieron detenerlo a la fuerza o eliminarlo, pero Dios no permitió que ninguno de sus planes prevaleciera hasta que coincidieran con su tiempo señalado. Su voluntad soberana controla toda la historia.

➤ ***7.37 — Si alguno tiene sed, venga a mí y beba.***

Puesto que Dios nos hizo para una relación íntima con Él, nuestras necesidades más profundas no pueden ser satisfechas fuera de Él. Jesús ofrece la única satisfacción para la sed espiritual.

47 Entonces los fariseos les respondieron: ¿También vosotros habéis sido engañados?
48 ¿Acaso ha creído en él alguno de los gobernantes, o de los fariseos?
49 Mas esta gente que no sabe la ley, maldita es.
50 Les dijo Nicodemo, el que vino a él de noche,[h] el cual era uno de ellos:
51 ¿Juzga acaso nuestra ley a un hombre si primero no le oye, y sabe lo que ha hecho?
52 Respondieron y le dijeron: ¿Eres tú también galileo? Escudriña y ve que de Galilea nunca se ha levantado profeta.

La mujer adúltera

53 Cada uno se fue a su casa;

8 Y Jesús se fue al monte de los Olivos.
2 Y por la mañana volvió al templo, y todo el pueblo vino a él; y sentado él, les enseñaba.
3 Entonces los escribas y los fariseos le trajeron una mujer sorprendida en adulterio; y poniéndola en medio,
4 le dijeron: Maestro, esta mujer ha sido sorprendida en el acto mismo de adulterio.
5 Y en la ley nos mandó Moisés apedrear a tales mujeres.[a] Tú, pues, ¿qué dices?
6 Mas esto decían tentándole, para poder acusarle. Pero Jesús, inclinado hacia el suelo, escribía en tierra con el dedo.
7 Y como insistieran en preguntarle, se enderezó y les dijo: El que de vosotros esté sin pecado sea el primero en arrojar la piedra contra ella.
8 E inclinándose de nuevo hacia el suelo, siguió escribiendo en tierra.
9 Pero ellos, al oír esto, acusados por su conciencia, salían uno a uno, comenzando desde los más viejos hasta los postreros; y quedó solo Jesús, y la mujer que estaba en medio.
10 Enderezándose Jesús, y no viendo a nadie sino a la mujer, le dijo: Mujer, ¿dónde están los que te acusaban? ¿Ninguno te condenó?
➤ 11 Ella dijo: Ninguno, Señor. Entonces Jesús le dijo: Ni yo te condeno; vete, y no peques más.

Jesús, la luz del mundo

* 12 Otra vez Jesús les habló, diciendo: Yo soy la luz del mundo;[b] el que me sigue, no andará en tinieblas, sino que tendrá la luz de la vida.
13 Entonces los fariseos le dijeron: Tú das testimonio acerca de ti mismo; tu testimonio no es verdadero.[c]
14 Respondió Jesús y les dijo: Aunque yo doy testimonio acerca de mí mismo, mi testimonio es verdadero, porque sé de dónde he venido y a dónde voy; pero vosotros no sabéis de dónde vengo, ni a dónde voy.
15 Vosotros juzgáis según la carne; yo no juzgo a nadie.
16 Y si yo juzgo, mi juicio es verdadero; porque no soy yo solo, sino yo y el que me envió, el Padre.
17 Y en vuestra ley está escrito que el testimonio de dos hombres es verdadero.
18 Yo soy el que doy testimonio de mí mismo, y el Padre que me envió da testimonio de mí.
19 Ellos le dijeron: ¿Dónde está tu Padre? Respondió Jesús: Ni a mí me conocéis, ni a mi Padre; si a mí me conocieseis, también a mi Padre conoceríais.
20 Estas palabras habló Jesús en el lugar de las ofrendas, enseñando en el templo; y nadie le prendió, porque aún no había llegado su hora.

A donde yo voy, vosotros no podéis venir

21 Otra vez les dijo Jesús: Yo me voy, y me buscaréis, pero en vuestro pecado moriréis; a donde yo voy, vosotros no podéis venir.
22 Decían entonces los judíos: ¿Acaso se matará a sí mismo, que dice: A donde yo voy, vosotros no podéis venir?
23 Y les dijo: Vosotros sois de abajo, yo soy de arriba; vosotros sois de este mundo, yo no soy de este mundo.
24 Por eso os dije que moriréis en vuestros pecados; porque si no creéis que yo soy, en vuestros pecados moriréis.
25 Entonces le dijeron: ¿Tú quién eres? Entonces Jesús les dijo: Lo que desde el principio os he dicho.
26 Muchas cosas tengo que decir y juzgar de vosotros; pero el que me envió es verdadero; y yo, lo que he oído de él, esto hablo al mundo.
27 Pero no entendieron que les hablaba del Padre.
28 Les dijo, pues, Jesús: Cuando hayáis levantado al Hijo del Hombre, entonces conoceréis que yo soy, y que nada hago por mí mismo, sino que según me enseñó el Padre, así hablo.
29 Porque el que me envió, conmigo está; no me ha dejado solo el Padre, porque yo hago siempre lo que le agrada.
30 Hablando él estas cosas, muchos creyeron en él.

La verdad os hará libres

31 Dijo entonces Jesús a los judíos que habían creído en él: Si vosotros permaneciereis en mi palabra, seréis verdaderamente mis discípulos;

h. 7.50 Jn 3.1-2. **a. 8.5** Lv 20.10; Dt 22.22-24.
b. 8.12 Mt 5.14; Jn 9.5. **c. 8.13** Jn 5.31.

LECCIONES DE VIDA

➤ ***8.11 — no peques más.***

Jesús tiene gracia y misericordia, pero nunca cesa de ser santo. Él nos llama a una vida de santidad y obediencia a su Padre, y nos da los recursos espirituales que necesitamos para andar en rectitud.

RESPUESTAS A PREGUNTAS DE LA VIDA

¿Qué significa ser libre en Cristo?

JN 8.1–36

Los escribas y fariseos estaban determinados a tenderle una trampa a Jesús, así que le trajeron a una mujer que había sido atrapada en flagrante por adulterio, y le dijeron: «Maestro, esta mujer ha sido sorprendida en el acto mismo de adulterio. Y en la ley nos mandó Moisés apedrear a tales mujeres. Tú, pues, ¿qué dices?» (Jn 8.4, 5).

En lugar de dejarse enredar por sus palabras, Jesús convirtió la situación en una oportunidad para enseñar a la multitud acerca de su amor liberador en plena acción. Él dijo: «El que de vosotros esté sin pecado sea el primero en arrojar la piedra contra ella… Mujer, ¿dónde están los que te acusaban? ¿Ninguno te condenó?… Ni yo te condeno; vete, y no peques más» (Jn 8.7, 10, 11). La mujer se fue de allí perdonada, libre y salva de una muerte segura.

Un poco más tarde, Jesús proclamó: «Si vosotros permaneciereis en mi palabra, seréis verdaderamente mis discípulos; y conoceréis la verdad, y la verdad os hará libres» (Jn 8.31, 32). Considere estos versículos como la proclamación de emancipación del creyente. En los versículos 34–36, Jesús explica: «De cierto, de cierto os digo, que todo aquel que hace pecado, esclavo es del pecado. Y el esclavo no queda en la casa para siempre; el hijo sí queda para siempre. Así que, si el Hijo os libertare, seréis verdaderamente libres». ¿Cómo es que somos libres para vivir en Cristo?

1. A través de la muerte de Jesús en la cruz y la resurrección, somos liberados del *castigo* del pecado. Como la mujer sorprendida en adulterio, ya no somos condenados por lo que hemos hecho. Cristo paga y cancela del todo nuestra deuda de pecado, para que podamos ser reconciliados al Padre (Ro 5.10; 6.23; Col 1.19–22).
2. Somos liberados del *poder* del pecado. Nuestra naturaleza de pecado ya no nos domina, llevándonos de una transgresión insatisfactoria y destructiva a la siguiente, en un círculo vicioso. En lugar de ello, ahora somos libres para buscar y conocer a Dios mediante el poder y la presencia de su Espíritu Santo (Ro 8.2–17). Jesús le dijo a la mujer «vete, y no peques más» (Jn 8.11), no como un requisito legalista y severo para ganarse el perdón divino, sino como una declaración de lo que es posible para nosotros cuando seguimos al Señor (1 Co 6.11–20).
3. Somos liberados del *propósito* del pecado. Santiago 1.15 nos dice que «el pecado, siendo consumado, da a luz la muerte». La meta de nuestra iniquidad es usualmente exaltarnos a nosotros mismos o satisfacer nuestras propias necesidades, pero el resultado siempre es la ruina. Puede ser que esta mujer estuviese buscando amor, aceptación o seguridad, pero obviamente estaba tratando de conseguirlo de la manera equivocada, destruyéndose a sí misma al igual que su dignidad. En cambio, Cristo nos hace libres para que podamos llegar a ser todo lo que Dios nos creó para ser, para su honra y su gloria (Jn 10.10; Ef 2.10).
4. Somos desencadenados de la *personalidad* del pecado. Para los escribas y los fariseos, esta mujer siempre sería conocida por el calificativo de «pecadora», y quizá esa fuera la opinión que ella tenía de sí misma. Sin embargo, cuando Jesús entra en nuestra vida, ya no somos conocidos por nuestras iniquidades. En lugar de esto, ahora somos reconocidos como pertenecientes a Aquel que ha cubierto nuestras iniquidades con su sangre. Nuestras transgresiones ya no son parte de nuestra identidad, pues Cristo nos convierte en nuevas criaturas (Ro 8.1; 2 Co 5.17).

¿Qué puede hacer para empezar a vivir en la libertad que Jesús compró para usted en la cruz? No existe una fórmula para descubrir la riqueza de esta verdad, pero si usted obedece a Dios y confía en Él, se mantendrá en el camino de la vida y la libertad que Él designó para usted.

Para un estudio más a fondo, véase el Índice de Principios de vida:

21. *La obediencia siempre trae bendición consigo.*
5. *Dios no nos demanda que entendamos su voluntad, sino que la obedezcamos aunque nos parezca poco razonable.*

➤ 32 y conoceréis la verdad, y la verdad os hará libres.

33 Le respondieron: Linaje de Abraham somos,[d] y jamás hemos sido esclavos de nadie. ¿Cómo dices tú: Seréis libres?

34 Jesús les respondió: De cierto, de cierto os digo, que todo aquel que hace pecado, esclavo es del pecado.

35 Y el esclavo no queda en la casa para siempre; el hijo sí queda para siempre.

* 36 Así que, si el Hijo os libertare, seréis verdaderamente libres.

37 Sé que sois descendientes de Abraham; pero procuráis matarme, porque mi palabra no halla cabida en vosotros.

38 Yo hablo lo que he visto cerca del Padre; y vosotros hacéis lo que habéis oído cerca de vuestro padre.

Sois de vuestro padre el diablo

39 Respondieron y le dijeron: Nuestro padre es Abraham. Jesús les dijo: Si fueseis hijos de Abraham, las obras de Abraham haríais.

40 Pero ahora procuráis matarme a mí, hombre que os he hablado la verdad, la cual he oído de Dios; no hizo esto Abraham.

41 Vosotros hacéis las obras de vuestro padre. Entonces le dijeron: Nosotros no somos nacidos de fornicación; un padre tenemos, que es Dios.

42 Jesús entonces les dijo: Si vuestro padre fuese Dios, ciertamente me amaríais; porque yo de Dios he salido, y he venido; pues no he venido de mí mismo, sino que él me envió.

43 ¿Por qué no entendéis mi lenguaje? Porque no podéis escuchar mi palabra.

44 Vosotros sois de vuestro padre el diablo, y los deseos de vuestro padre queréis hacer. Él ha sido homicida desde el principio, y no ha permanecido en la verdad, porque no hay verdad en él. Cuando habla mentira, de suyo habla; porque es mentiroso, y padre de mentira.

45 Y a mí, porque digo la verdad, no me creéis.

46 ¿Quién de vosotros me redarguye de pecado? Pues si digo la verdad, ¿por qué vosotros no me creéis?

47 El que es de Dios, las palabras de Dios oye; por esto no las oís vosotros, porque no sois de Dios.

La preexistencia de Cristo

48 Respondieron entonces los judíos, y le dijeron: ¿No decimos bien nosotros, que tú eres samaritano, y que tienes demonio?

49 Respondió Jesús: Yo no tengo demonio, antes honro a mi Padre; y vosotros me deshonráis.

50 Pero yo no busco mi gloria; hay quien la busca, y juzga.

51 De cierto, de cierto os digo, que el que guarda mi palabra, nunca verá muerte.

52 Entonces los judíos le dijeron: Ahora conocemos que tienes demonio. Abraham murió, y los profetas; y tú dices: El que guarda mi palabra, nunca sufrirá muerte.

53 ¿Eres tú acaso mayor que nuestro padre Abraham, el cual murió? ¡Y los profetas murieron! ¿Quién te haces a ti mismo?

54 Respondió Jesús: Si yo me glorifico a mí mismo, mi gloria nada es; mi Padre es el que me glorifica, el que vosotros decís que es vuestro Dios.

55 Pero vosotros no le conocéis; mas yo le conozco, y si dijere que no le conozco, sería mentiroso como vosotros; pero le conozco, y guardo su palabra.

56 Abraham vuestro padre se gozó de que había de ver mi día; y lo vio, y se gozó. ➤

57 Entonces le dijeron los judíos: Aún no tienes cincuenta años, ¿y has visto a Abraham?

58 Jesús les dijo: De cierto, de cierto os digo: Antes que Abraham fuese, yo soy. ➤

59 Tomaron entonces piedras para arrojárselas; pero Jesús se escondió y salió del templo; y atravesando por en medio de ellos, se fue.

Jesús sana a un ciego de nacimiento

9 AL pasar Jesús, vio a un hombre ciego de nacimiento.

d. 8.33 Mt 3.9; Lc 3.8.

LECCIONES DE VIDA

➤ ***8.32 — conoceréis la verdad, y la verdad os hará libres.***

¿Cómo nos hace libres la verdad? Por medio de ella, el Señor rompe los yugos de servidumbre que el pecado ha puesto sobre nosotros (Jn 8.36; Ro 7.14–25; 8.2, 20, 21). Él nos muestra cómo llegaremos a ser conforme al propósito con que fuimos creados, y cómo apropiarnos de cada bendición que es nuestra en virtud de la posición que tenemos en Él (Ef 1). Además, Él nos guía a vivir la mejor vida posible, aquella que nos da gozo y lo glorifica (Jn 16.13–15; 2 Co 3.17; Gá 5.1).

➤ ***8.56 — Abraham vuestro padre se gozó de que había de ver mi día; y lo vio, y se gozó.***

La identidad de los judíos se basa en el hecho de que son descendientes de Abraham (Jn 8.33, 39), y por tanto herederos de todas las promesas que Dios le hizo (Gn 12.1–3). No obstante, Jesús demuestra que los judíos no estaban viviendo como su antepasado porque Abraham reconoció a Dios, tuvo fe en Él y lo obedeció (Jn 8.39, 40). En otras palabras, el patriarca Abraham habría reconocido a Jesús como su Mesías.

➤ ***8.58 — Antes que Abraham fuese, yo soy.***

Jesús es Dios en la carne. Aquí Él se llama a sí mismo por el nombre divino «YO SOY» (Éx 3.14; Is 42.8; 43.10, 13), y afirma que existió mucho antes que Abraham naciera. ¿Por qué es esto importante? Porque los judíos seguían aferrados a la tradición humana y a cuestiones que eran temporales, en lugar de someterse al Hijo de Dios, quien es eterno.

2 Y le preguntaron sus discípulos, diciendo:
Rabí, ¿quién pecó, éste o sus padres, para que
haya nacido ciego?
➤ 3 Respondió Jesús: No es que pecó éste, ni
sus padres, sino para que las obras de Dios se
manifiesten en él.
4 Me es necesario hacer las obras del que me
envió, entre tanto que el día dura; la noche
viene, cuando nadie puede trabajar.
5 Entre tanto que estoy en el mundo, luz soy
del mundo[a]
6 Dicho esto, escupió en tierra, e hizo lodo con
la saliva, y untó con el lodo los ojos del ciego,
7 y le dijo: Ve a lavarte en el estanque de Siloé
(que traducido es, Enviado). Fue entonces, y se
lavó, y regresó viendo.
8 Entonces los vecinos, y los que antes le
habían visto que era ciego, decían: ¿No es éste
el que se sentaba y mendigaba?
9 Unos decían: Él es; y otros: A él se parece.
Él decía: Yo soy.
10 Y le dijeron: ¿Cómo te fueron abiertos los
ojos?
11 Respondió él y dijo: Aquel hombre que se
llama Jesús hizo lodo, me untó los ojos, y me
dijo: Ve al Siloé, y lávate; y fui, y me lavé, y
recibí la vista.
12 Entonces le dijeron: ¿Dónde está él? Él
dijo: No sé.

Los fariseos interrogan al ciego sanado

13 Llevaron ante los fariseos al que había sido
ciego.
14 Y era día de reposo* cuando Jesús había
hecho el lodo, y le había abierto los ojos.
15 Volvieron, pues, a preguntarle también los
fariseos cómo había recibido la vista. Él les dijo:
Me puso lodo sobre los ojos, y me lavé, y veo.
16 Entonces algunos de los fariseos decían:
Ese hombre no procede de Dios, porque no
guarda el día de reposo.* Otros decían: ¿Cómo
puede un hombre pecador hacer estas señales? Y había disensión entre ellos.
17 Entonces volvieron a decirle al ciego: ¿Qué
dices tú del que te abrió los ojos? Y él dijo: Que
es profeta.
18 Pero los judíos no creían que él había sido
ciego, y que había recibido la vista, hasta que
llamaron a los padres del que había recibido la vista,
19 y les preguntaron, diciendo: ¿Es éste vuestro hijo, el que vosotros decís que nació ciego?
¿Cómo, pues, ve ahora?
20 Sus padres respondieron y les dijeron: Sabemos que éste es nuestro hijo, y que nació ciego;
21 pero cómo vea ahora, no lo sabemos; o
quién le haya abierto los ojos, nosotros tampoco lo sabemos; edad tiene, preguntadle a él;
él hablará por sí mismo.
22 Esto dijeron sus padres, porque tenían
miedo de los judíos, por cuanto los judíos ya
habían acordado que si alguno confesase que
Jesús era el Mesías, fuera expulsado de la
sinagoga.
23 Por eso dijeron sus padres: Edad tiene, preguntadle a él.
24 Entonces volvieron a llamar al hombre
que había sido ciego, y le dijeron: Da gloria
a Dios; nosotros sabemos que ese hombre es
pecador.
25 Entonces él respondió y dijo: Si es pecador,
no lo sé; una cosa sé, que habiendo yo sido
ciego, ahora veo.
26 Le volvieron a decir: ¿Qué te hizo? ¿Cómo
te abrió los ojos?
27 Él les respondió: Ya os lo he dicho, y no
habéis querido oír; ¿por qué lo queréis oír
otra vez? ¿Queréis también vosotros haceros
sus discípulos?
28 Y le injuriaron, y dijeron: Tú eres su discípulo; pero nosotros, discípulos de Moisés
somos.
29 Nosotros sabemos que Dios ha hablado a
Moisés; pero respecto a ése, no sabemos de
dónde sea.
30 Respondió el hombre, y les dijo: Pues esto ➤
es lo maravilloso, que vosotros no sepáis de
dónde sea, y a mí me abrió los ojos.
31 Y sabemos que Dios no oye a los pecadores; pero si alguno es temeroso de Dios, y hace
su voluntad, a ése oye.
32 Desde el principio no se ha oído decir que
alguno abriese los ojos a uno que nació ciego.
33 Si éste no viniera de Dios, nada podría
hacer.
34 Respondieron y le dijeron: Tú naciste del
todo en pecado, ¿y nos enseñas a nosotros? Y
le expulsaron.

* Aquí equivale a *sábado*.

a. 9.5 Mt 5.14; Jn 8.12.

LECCIONES DE VIDA

➤ ***9.3 — para que las obras de Dios se manifiesten en él.***

Siempre es peligroso suponer que algún pecado sea la causa de una dolencia física. En este caso, Jesús dijo que Dios tenía un designio especial con la ceguera de aquel hombre, para proporcionar una plataforma que sirviera para demostrar su gloria.

➤ ***9.30 — esto es lo maravilloso, que vosotros no sepáis de dónde sea, y a mí me abrió los ojos.***

El hombre sanado estaba ciego de nacimiento, pero los fariseos estaban enceguecidos por su propio orgullo, sus celos y su pecado (Jn 9.41). Es algo terrible creer que sabemos más que Dios, porque muestra que el orgullo está profundamente arraigado en nuestros corazones. Siempre debemos ser cuidadosos en reconocer la obra del Señor a nuestro alrededor, porque si rehusamos obedecerlo, también seremos enceguecidos por nuestro pecado y no podremos experimentar su presencia sin igual.

Ceguera espiritual
35 Oyó Jesús que le habían expulsado; y hallándole, le dijo: ¿Crees tú en el Hijo de Dios?
36 Respondió él y dijo: ¿Quién es, Señor, para
que crea en él?
37 Le dijo Jesús: Pues le has visto, y el que
habla contigo, él es.
38 Y él dijo: Creo, Señor; y le adoró.
39 Dijo Jesús: Para juicio he venido yo a este
mundo; para que los que no ven, vean, y los
que ven, sean cegados.
40 Entonces algunos de los fariseos que estaban con él, al oír esto, le dijeron: ¿Acaso nosotros somos también ciegos?
41 Jesús les respondió: Si fuerais ciegos, no
tendríais pecado; mas ahora, porque decís:
Vemos, vuestro pecado permanece.

Parábola del redil
10 DE cierto, de cierto os digo: El que no
entra por la puerta en el redil de las
ovejas, sino que sube por otra parte, ése es
ladrón y salteador.
2 Mas el que entra por la puerta, el pastor de
las ovejas es.
3 A éste abre el portero, y las ovejas oyen su
voz; y a sus ovejas llama por nombre, y las saca.
4 Y cuando ha sacado fuera todas las propias,
va delante de ellas; y las ovejas le siguen, porque conocen su voz.
5 Mas al extraño no seguirán, sino huirán de
él, porque no conocen la voz de los extraños.
6 Esta alegoría les dijo Jesús; pero ellos no
entendieron qué era lo que les decía.

Jesús, el buen pastor
7 Volvió, pues, Jesús a decirles: De cierto, de
cierto os digo: Yo soy la puerta de las ovejas.
8 Todos los que antes de mí vinieron, ladrones son y salteadores; pero no los oyeron las
ovejas.
➤ 9 Yo soy la puerta; el que por mí entrare, será
salvo; y entrará, y saldrá, y hallará pastos.
* 10 El ladrón no viene sino para hurtar y matar
➤ y destruir; yo he venido para que tengan vida,
y para que la tengan en abundancia.
➤ 11 Yo soy el buen pastor;[a] el buen pastor su
vida da por las ovejas.
12 Mas el asalariado, y que no es el pastor, de
quien no son propias las ovejas, ve venir al
lobo y deja las ovejas y huye, y el lobo arrebata las ovejas y las dispersa.
13 Así que el asalariado huye, porque es asalariado, y no le importan las ovejas.
14 Yo soy el buen pastor; y conozco mis ovejas, y las mías me conocen,
15 así como el Padre me conoce, y yo conozco
al Padre;[b] y pongo mi vida por las ovejas.
16 También tengo otras ovejas que no son de
este redil; aquéllas también debo traer, y oirán
mi voz; y habrá un rebaño, y un pastor.
17 Por eso me ama el Padre, porque yo pongo
mi vida, para volverla a tomar.
18 Nadie me la quita, sino que yo de mí mismo
la pongo. Tengo poder para ponerla, y tengo
poder para volverla a tomar. Este mandamiento recibí de mi Padre.
19 Volvió a haber disensión entre los judíos
por estas palabras.
20 Muchos de ellos decían: Demonio tiene, y
está fuera de sí; ¿por qué le oís?
21 Decían otros: Estas palabras no son de
endemoniado. ¿Puede acaso el demonio abrir
los ojos de los ciegos?

Los judíos rechazan a Jesús
22 Celebrábase en Jerusalén la fiesta de la
dedicación. Era invierno,
23 y Jesús andaba en el templo por el pórtico de Salomón.
24 Y le rodearon los judíos y le dijeron: ¿Hasta cuándo nos turbarás el alma? Si tú eres el
Cristo, dínoslo abiertamente.
25 Jesús les respondió: Os lo he dicho, y no
creéis; las obras que yo hago en nombre de mi
Padre, ellas dan testimonio de mí;
26 pero vosotros no creéis, porque no sois de
mis ovejas, como os he dicho.
27 Mis ovejas oyen mi voz, y yo las conozco, *
y me siguen,
28 y yo les doy vida eterna; y no perecerán
jamás, ni nadie las arrebatará de mi mano.
29 Mi Padre que me las dio, es mayor que
todos, y nadie las puede arrebatar de la mano
de mi Padre.

a. 10.11-13 Ez 34.11-12. **b. 10.15** Mt 11.27; Lc 10.22.

LECCIONES DE VIDA

➤ ***10.9 — Yo soy la puerta; el que por mí entrare, será salvo; y entrará, y saldrá, y hallará pastos.***

Solamente hay una puerta al cielo. Jesús no es una ruta entre varias hacia una relación íntima con Dios, sino la *única* vía. Algunos pueden pensar: «Eso sí que es tener la mente cerrada». Sin embargo. Fue la mente más grande de todas, la sabiduría más profunda y los pensamientos más profundos que jamás existieron los que implementaron el plan para que usted y yo fuésemos reconciliados con Dios y tuviésemos un hogar en el cielo. El Señor, quien nos creó, es quien decide de qué manera podemos conocerlo, y esa manera es a través de Jesucristo.

➤ ***10.10 — yo he venido para que tengan vida, y para que la tengan en abundancia.***

¿Sabe usted cómo Jesús da vida abundante? ¡Él se dio a sí mismo por nosotros! Usted podría tener todo el dinero, las relaciones, las posesiones y el poder, pero seguiría con un profundo sentido de vacío porque la vida no se encuentra en estas cosas. El Único que verdaderamente puede satisfacerle es Jesucristo. Vivir la vida cristiana abundante es permitir que Jesús viva a través de nosotros. Su amor nos motiva y nos capacita con poder de lo alto, para que lo obedezcamos puramente por gozo y gratitud.

➤ 30 Yo y el Padre uno somos.

31 Entonces los judíos volvieron a tomar piedras para apedrearle.

32 Jesús les respondió: Muchas buenas obras os he mostrado de mi Padre; ¿por cuál de ellas me apedreáis?

33 Le respondieron los judíos, diciendo: Por buena obra no te apedreamos, sino por la blasfemia;[c] porque tú, siendo hombre, te haces Dios.

34 Jesús les respondió: ¿No está escrito en vuestra ley: Yo dije, dioses sois[d]?

35 Si llamó dioses a aquellos a quienes vino la palabra de Dios (y la Escritura no puede ser quebrantada),

36 ¿al que el Padre santificó y envió al mundo, vosotros decís: Tú blasfemas, porque dije: Hijo de Dios soy?

37 Si no hago las obras de mi Padre, no me creáis.

38 Mas si las hago, aunque no me creáis a mí, creed a las obras, para que conozcáis y creáis que el Padre está en mí, y yo en el Padre.

39 Procuraron otra vez prenderle, pero él se escapó de sus manos.

40 Y se fue de nuevo al otro lado del Jordán, al lugar donde primero había estado bautizando Juan;[e] y se quedó allí.

41 Y muchos venían a él, y decían: Juan, a la verdad, ninguna señal hizo; pero todo lo que Juan dijo de éste, era verdad.

42 Y muchos creyeron en él allí.

Muerte de Lázaro

11 ESTABA entonces enfermo uno llamado Lázaro, de Betania, la aldea de María y de Marta su hermana.[a]

2 (María, cuyo hermano Lázaro estaba enfermo, fue la que ungió al Señor con perfume, y le enjugó los pies con sus cabellos.[b])

3 Enviaron, pues, las hermanas para decir a Jesús: Señor, he aquí el que amas está enfermo.

4 Oyéndolo Jesús, dijo: Esta enfermedad no es para muerte, sino para la gloria de Dios, para que el Hijo de Dios sea glorificado por ella. ◄

5 Y amaba Jesús a Marta, a su hermana y a Lázaro.

6 Cuando oyó, pues, que estaba enfermo, se quedó dos días más en el lugar donde estaba.

7 Luego, después de esto, dijo a los discípulos: Vamos a Judea otra vez.

8 Le dijeron los discípulos: Rabí, ahora procuraban los judíos apedrearte, ¿y otra vez vas allá?

9 Respondió Jesús: ¿No tiene el día doce horas? El que anda de día, no tropieza, porque ve la luz de este mundo;

10 pero el que anda de noche, tropieza, porque no hay luz en él.

11 Dicho esto, les dijo después: Nuestro amigo Lázaro duerme; mas voy para despertarle.

12 Dijeron entonces sus discípulos: Señor, si duerme, sanará.

13 Pero Jesús decía esto de la muerte de Lázaro; y ellos pensaron que hablaba del reposar del sueño.

14 Entonces Jesús les dijo claramente: Lázaro ha muerto; ◄

15 y me alegro por vosotros, de no haber estado allí, para que creáis; mas vamos a él.

16 Dijo entonces Tomás, llamado Dídimo, a sus condiscípulos: Vamos también nosotros, para que muramos con él.

Jesús, la resurrección y la vida

17 Vino, pues, Jesús, y halló que hacía ya cuatro días que Lázaro estaba en el sepulcro.

c. 10.33 Lv 24.16. **d. 10.34** Sal 82.6. **e. 10.40** Jn 1.28.
a. 11.1 Lc 10.38-39. **b. 11.2** Jn 12.3.

LECCIONES DE VIDA

➤ *10.11 — Yo soy el buen pastor; el buen pastor su vida da por las ovejas.*

Jesús dio voluntariamente su vida para salvar la nuestra, ¿cómo podríamos pensar que no esté dispuesto a darnos todo lo que nos beneficie, o que permita algo en nuestras vidas que no tenga algún propósito eterno (Ro 8.32)? Más bien, siempre debemos recordar que Él es el *Buen* Pastor. Él tiene todos nuestros problemas, presiones y provisiones bajo su control, y nada que enfrentemos le resultará demasiado difícil de manejar. Por eso, eche sobre Él sus ansiedades, porque puede estar seguro(a) que Él le ayudará.

➤ *10.30 — Yo y el Padre uno somos.*

En este versículo Jesús proclamó su unidad en naturaleza e igualdad dentro de la Deidad (Dt 6.4). Con base en su aseveración, debemos tomar una decisión. O bien creemos que Él realmente es Dios, o debemos rechazar todo lo que dice. No hay punto medio. Como creyentes, sabemos que sólo hay un Dios, y que lo conocemos en tres personas: Padre, Hijo y Espíritu Santo. También sabemos que todo lo que Jesús dijo es absolutamente cierto, porque Él es la verdad (Jn 14.6).

➤ *11.4 — Esta enfermedad no es para muerte, sino para la gloria de Dios, para que el Hijo de Dios sea glorificado por ella.*

Jesús no quiso decir que Lázaro no moriría, puesto que así sucedió (Jn 11.14), sino que su *fin* no sería en la muerte. Cuando Jesús interviene, la muerte no tiene la victoria final. Como el Señor de la vida, Él ha triunfado eternamente sobre el sepulcro a beneficio de todos lo que confían en Él (Ro 6.8, 9; 1 Co 15.54–57).

➤ *11.14, 15 — Lázaro ha muerto; y me alegro por vosotros, de no haber estado allí, para que creáis.*

Jesús se alegró de no haber estado presente con ellos cuando Lázaro murió, porque eso le dio la oportunidad perfecta para madurar la fe de ellos y enseñarles acerca de su poder de resurrección. Dios está mucho más interesado en el crecimiento de nuestra confianza en Él y en profundizar nuestra relación con Él, que en ofrecernos comodidad. La adversidad puede ser un puente a una relación más profunda con el Señor, si confiamos que Él puede obrar en cada detalle de nuestras vidas, incluidos los negativos, para que nos ayuden a bien (Ro 8.18, 28; 2 Co 4.16–18).

Ejemplos de vida

MARTA

Podemos adorar mientras trabajamos

JN 11.19–44

Después que Jesús levantó a su hermano Lázaro de los muertos, Marta finalmente entendió el poder admirable de Cristo. Ella supo que nada que pudiera hacer le honraría lo suficiente, pero también entendió que Él recibiría con agrado todo lo que se hiciera por Él con corazón humilde y devoción genuina (Jn 11.19–44).

Dios le invita a usar sus dones para expresar alabanza a Él, especialmente si los usa con un corazón agradecido y gozoso. No obstante, si se convierten en un medio para buscar aceptación y prestigio, como sucedió con Marta en un principio (Lc 10.38–42), pueden convertirse en una fuente de amargura y resentimiento. Sus acciones pueden proclamar a Cristo, o promover su propia iniciativa. Usted puede usar sus talentos con una actitud de alabanza o con una actitud de autoexaltación.

A medida que utilice hoy sus dones, considere su testimonio. ¿Servirá con el deseo de alabar a Dios? O, ¿elegirá trabajar por encima de adorarlo?

Para un estudio más a fondo, véase el Índice de Principios de vida:

4. *Estar conscientes de la presencia de Dios nos da energías para desempeñar nuestro trabajo.*
15. *El quebrantamiento es el requisito de Dios para que seamos útiles al máximo.*

18 Betania estaba cerca de Jerusalén, como a quince estadios;
19 y muchos de los judíos habían venido a Marta y a María, para consolarlas por su hermano.
20 Entonces Marta, cuando oyó que Jesús venía, salió a encontrarle; pero María se quedó en casa.
21 Y Marta dijo a Jesús: Señor, si hubieses estado aquí, mi hermano no habría muerto.
22 Mas también sé ahora que todo lo que pidas a Dios, Dios te lo dará.
23 Jesús le dijo: Tu hermano resucitará.
24 Marta le dijo: Yo sé que resucitará en la resurrección, en el día postrero.
25 Le dijo Jesús: Yo soy la resurrección y la vida; el que cree en mí, aunque esté muerto, vivirá. *
26 Y todo aquel que vive y cree en mí, no morirá eternamente. ¿Crees esto?
27 Le dijo: Sí, Señor; yo he creído que tú eres el Cristo, el Hijo de Dios, que has venido al mundo.

Jesús llora ante la tumba de Lázaro

28 Habiendo dicho esto, fue y llamó a María su hermana, diciéndole en secreto: El Maestro está aquí y te llama.
29 Ella, cuando lo oyó, se levantó de prisa y vino a él.
30 Jesús todavía no había entrado en la aldea, sino que estaba en el lugar donde Marta le había encontrado.
31 Entonces los judíos que estaban en casa con ella y la consolaban, cuando vieron que María se había levantado de prisa y había salido, la siguieron, diciendo: Va al sepulcro a llorar allí.
32 María, cuando llegó a donde estaba Jesús, al verle, se postró a sus pies, diciéndole: Señor, si hubieses estado aquí, no habría muerto mi hermano.
33 Jesús entonces, al verla llorando, y a los judíos que la acompañaban, también llorando, se estremeció en espíritu y se conmovió,
34 y dijo: ¿Dónde le pusisteis? Le dijeron: Señor, ven y ve.
35 Jesús lloró.
36 Dijeron entonces los judíos: Mirad cómo le amaba.
37 Y algunos de ellos dijeron: ¿No podía éste, que abrió los ojos al ciego, haber hecho también que Lázaro no muriera? ➤

Resurrección de Lázaro

38 Jesús, profundamente conmovido otra vez, vino al sepulcro. Era una cueva, y tenía una piedra puesta encima.
39 Dijo Jesús: Quitad la piedra. Marta, la hermana del que había muerto, le dijo: Señor, hiede ya, porque es de cuatro días.

LECCIONES DE VIDA

➤ ***11.37 — ¿No podía éste, que abrió los ojos al ciego, haber hecho también que Lázaro no muriera?***

Sí, Jesús pudo haber impedido que Lázaro muriera, pero en su sabiduría, Él eligió hacer algo mucho mejor. No les ahorró a sus amigos el dolor de su pérdida, porque a la larga, los benefició más presenciar el poder de Jesús sobre la muerte (Ro 8.18).

Ejemplos de vida

MARÍA DE BETANIA

Una vida consagrada a Dios

JN 12.1–8

Cada vez que vemos la vida de María de Betania a través de la ventana que nos abren los evangelios, la encontramos a los pies de Jesús (Lc 10.39; Jn 11.32; 12.3). En María, Jesús reconoció un corazón devoto y un amor genuino por las cosas de Dios (Lc 10.42).

María aceptó las palabras de Jesús cuando Él habló de su muerte y su resurrección, y ella las aplicó a su vida humillándose ante Dios y deseando por encima de todo servir al Señor. Su actitud la distinguió como una mujer poderosa en espíritu, y usted puede tener ese mismo rasgo distintivo si se consagra a Cristo.

Pida al Señor que le ayude a reconocer cualquier cosa que le impida sentarse a sus pies en devoción total, con integridad de corazón. Ore para que el Espíritu Santo le dé un amor profundo por la Palabra de Dios. Lo que María más atesoró fue que la Palabra de Dios hablara a su vida. Esa Palabra también puede ser su mayor fuente de consuelo y esperanza.

Para un estudio más a fondo, véase el Índice de Principios de vida:

1. *Nuestra intimidad con Dios, que es su prioridad para nosotros, determina el impacto que causen nuestras vidas.*
12. *La paz con Dios es fruto de nuestra unidad con Él.*

40 Jesús le dijo: ¿No te he dicho que si crees,
verás la gloria de Dios?
41 Entonces quitaron la piedra de donde
había sido puesto el muerto. Y Jesús, alzando los ojos a lo alto, dijo: Padre, gracias te doy
por haberme oído.
42 Yo sabía que siempre me oyes; pero lo dije
por causa de la multitud que está alrededor,
para que crean que tú me has enviado.
43 Y habiendo dicho esto, clamó a gran voz:
¡Lázaro, ven fuera!
44 Y el que había muerto salió, atadas las
manos y los pies con vendas, y el rostro
envuelto en un sudario. Jesús les dijo: Desa-
tadle, y dejadle ir.

El complot para matar a Jesús
(Mt 26.1-5; Mr 14.1-2; Lc 22.1-2)

45 Entonces muchos de los judíos que habían
venido para acompañar a María, y vieron lo
que hizo Jesús, creyeron en él.
46 Pero algunos de ellos fueron a los fariseos
y les dijeron lo que Jesús había hecho.
47 Entonces los principales sacerdotes y los
fariseos reunieron el concilio, y dijeron: ¿Qué
haremos? Porque este hombre hace muchas
señales.
48 Si le dejamos así, todos creerán en él; y
vendrán los romanos, y destruirán nuestro
lugar santo y nuestra nación.
49 Entonces Caifás, uno de ellos, sumo sacerdote aquel año, les dijo: Vosotros no sabéis nada;
50 ni pensáis que nos conviene que un hombre muera por el pueblo, y no que toda la
nación perezca.
51 Esto no lo dijo por sí mismo, sino que como
era el sumo sacerdote aquel año, profetizó que
Jesús había de morir por la nación;
52 y no solamente por la nación, sino también
para congregar en uno a los hijos de Dios que
estaban dispersos.
53 Así que, desde aquel día acordaron matarle.
54 Por tanto, Jesús ya no andaba abiertamente entre los judíos, sino que se alejó de allí a la
región contigua al desierto, a una ciudad llamada Efraín; y se quedó allí con sus discípulos.
55 Y estaba cerca la pascua de los judíos; y
muchos subieron de aquella región a Jerusalén antes de la pascua, para purificarse.
56 Y buscaban a Jesús, y estando ellos en el
templo, se preguntaban unos a otros: ¿Qué os
parece? ¿No vendrá a la fiesta?
57 Y los principales sacerdotes y los fariseos
habían dado orden de que si alguno supiese dónde estaba, lo manifestase, para que le
prendiesen.

Jesús es ungido en Betania
(Mt 26.6-13; Mr 14.3-9)

12 SEIS días antes de la pascua, vino
Jesús a Betania, donde estaba Lázaro,
el que había estado muerto, y a quien había
resucitado de los muertos.
2 Y le hicieron allí una cena; Marta servía, y
Lázaro era uno de los que estaban sentados a
la mesa con él.
3 Entonces María tomó una libra de perfume
de nardo puro, de mucho precio, y ungió los
pies de Jesús, y los enjugó con sus cabellos;[a] y
la casa se llenó del olor del perfume.
4 Y dijo uno de sus discípulos, Judas Iscariote
hijo de Simón, el que le había de entregar:

a. 12.3 Lc 7.37-38.

5 ¿Por qué no fue este perfume vendido por trescientos denarios, y dado a los pobres?
6 Pero dijo esto, no porque se cuidara de los pobres, sino porque era ladrón, y teniendo la bolsa, sustraía de lo que se echaba en ella.
7 Entonces Jesús dijo: Déjala; para el día de mi sepultura ha guardado esto.
8 Porque a los pobres siempre los tendréis con vosotros,[b] mas a mí no siempre me tendréis.

El complot contra Lázaro

9 Gran multitud de los judíos supieron entonces que él estaba allí, y vinieron, no solamente por causa de Jesús, sino también para ver a Lázaro, a quien había resucitado de los muertos.
10 Pero los principales sacerdotes acordaron dar muerte también a Lázaro,
11 porque a causa de él muchos de los judíos se apartaban y creían en Jesús.

La entrada triunfal en Jerusalén

(Mt 21.1-11; Mr 11.1-11; Lc 19.28-40)

12 El siguiente día, grandes multitudes que habían venido a la fiesta, al oír que Jesús venía a Jerusalén,
13 tomaron ramas de palmera y salieron a recibirle, y clamaban: ¡Hosanna![c] ¡Bendito el que viene en el nombre del Señor,[d] el Rey de Israel!
14 Y halló Jesús un asnillo, y montó sobre él, como está escrito:
15 No temas, hija de Sion;
He aquí tu Rey viene,
Montado sobre un pollino de asna.[e]
➤ 16 Estas cosas no las entendieron sus discípulos al principio; pero cuando Jesús fue glorificado, entonces se acordaron de que estas cosas estaban escritas acerca de él, y de que se las habían hecho.
17 Y daba testimonio la gente que estaba con él cuando llamó a Lázaro del sepulcro, y le resucitó de los muertos.
18 Por lo cual también había venido la gente a recibirle, porque había oído que él había hecho esta señal.
19 Pero los fariseos dijeron entre sí: Ya veis que no conseguís nada. Mirad, el mundo se va tras él.

Unos griegos buscan a Jesús

20 Había ciertos griegos entre los que habían subido a adorar en la fiesta.
21 Éstos, pues, se acercaron a Felipe, que era de Betsaida de Galilea, y le rogaron, diciendo: Señor, quisiéramos ver a Jesús.
22 Felipe fue y se lo dijo a Andrés; entonces Andrés y Felipe se lo dijeron a Jesús.
23 Jesús les respondió diciendo: Ha llegado la hora para que el Hijo del Hombre sea glorificado.
24 De cierto, de cierto os digo, que si el grano de trigo no cae en la tierra y muere, queda solo; pero si muere, lleva mucho fruto.
25 El que ama su vida, la perderá; y el que aborrece su vida en este mundo, para vida eterna la guardará.[f]
26 Si alguno me sirve, sígame; y donde yo estuviere, allí también estará mi servidor. Si alguno me sirviere, mi Padre le honrará. *

Jesús anuncia su muerte

27 Ahora está turbada mi alma; ¿y qué diré? ¿Padre, sálvame de esta hora? Mas para esto he llegado a esta hora.
28 Padre, glorifica tu nombre. Entonces vino una voz del cielo: Lo he glorificado, y lo glorificaré otra vez.
29 Y la multitud que estaba allí, y había oído la voz, decía que había sido un trueno. Otros decían: Un ángel le ha hablado.
30 Respondió Jesús y dijo: No ha venido esta voz por causa mía, sino por causa de vosotros.
31 Ahora es el juicio de este mundo; ahora el príncipe de este mundo será echado fuera.
32 Y yo, si fuere levantado de la tierra, a todos atraeré a mí mismo.
33 Y decía esto dando a entender de qué muerte iba a morir.
34 Le respondió la gente: Nosotros hemos oído de la ley, que el Cristo permanece para siempre.[g] ¿Cómo, pues, dices tú que es necesario que el Hijo del Hombre sea levantado? ¿Quién es este Hijo del Hombre?
35 Entonces Jesús les dijo: Aún por un poco está la luz entre vosotros; andad entre tanto que tenéis luz, para que no os sorprendan las tinieblas; porque el que anda en tinieblas, no sabe a dónde va.
36 Entre tanto que tenéis la luz, creed en la luz, para que seáis hijos de luz.

b. 12.8 Dt 15.11. **c. 12.13** Sal 118.25. **d. 12.13** Sal 118.26. **e. 12.15** Zac 9.9. **f. 12.25** Mt 10.39; 16.25; Mr 8.35; Lc 9.24; 17.33. **g. 12.34** Sal 110.4; Is 9.7; Ez 37.25; Dn 7.14.

LECCIONES DE VIDA

➤ ***12.16 — Estas cosas no las entendieron sus discípulos al principio; pero cuando Jesús fue glorificado, entonces se acordaron de que estas cosas estaban escritas acerca de él.***

Aunque los discípulos tardaron mucho en entender el significado y la trascendencia de las Escrituras, cuando por fin les llegó ese entendimiento no lo abandonaron, y así tuvieron fuerzas para perseverar en medio de grandes penalidades.

➤ ***12.32 — Y yo, si fuere levantado de la tierra, a todos atraeré a mí mismo.***

Jesús dice que Él atrae a todos los pueblos y naciones a Él mismo. Debemos representarlo tan bien como podamos y permitirle vivir a través de nosotros, pero nunca podemos convertir a una sola persona. Es responsabilidad de Cristo hacer que la fe eche raíces en los corazones humanos, no nos corresponde a nosotros.

Incredulidad de los judíos
Estas cosas habló Jesús, y se fue y se ocultó de ellos.
37 Pero a pesar de que había hecho tantas
señales delante de ellos, no creían en él;
38 para que se cumpliese la palabra del profeta Isaías, que dijo:
Señor, ¿quién ha creído a nuestro
anuncio?
¿Y a quién se ha revelado el brazo del
Señor?[h]
39 Por esto no podían creer, porque también
dijo Isaías:
40 Cegó los ojos de ellos, y endureció su
corazón;
Para que no vean con los ojos, y
entiendan con el corazón,
Y se conviertan, y yo los sane.[i]
41 Isaías dijo esto cuando vio su gloria, y
habló acerca de él.
42 Con todo eso, aun de los gobernantes,
muchos creyeron en él; pero a causa de los
fariseos no lo confesaban, para no ser expulsados de la sinagoga.
43 Porque amaban más la gloria de los hombres que la gloria de Dios.

Las palabras de Jesús juzgarán a los hombres
44 Jesús clamó y dijo: El que cree en mí, no
cree en mí, sino en el que me envió;
45 y el que me ve, ve al que me envió.
* 46 Yo, la luz, he venido al mundo, para que
todo aquel que cree en mí no permanezca en
tinieblas.
47 Al que oye mis palabras, y no las guarda,
yo no le juzgo; porque no he venido a juzgar
al mundo, sino a salvar al mundo.
48 El que me rechaza, y no recibe mis palabras, tiene quien le juzgue; la palabra que he
hablado, ella le juzgará en el día postrero.
49 Porque yo no he hablado por mi propia cuenta; el Padre que me envió, él me dio mandamiento de lo que he de decir, y de lo que he de hablar.
50 Y sé que su mandamiento es vida eterna.
Así pues, lo que yo hablo, lo hablo como el
Padre me lo ha dicho.

Jesús lava los pies de sus discípulos
13 ANTES de la fiesta de la pascua,
sabiendo Jesús que su hora había llegado para que pasase de este mundo al Padre,
como había amado a los suyos que estaban en
el mundo, los amó hasta el fin.
2 Y cuando cenaban, como el diablo ya había
puesto en el corazón de Judas Iscariote, hijo
de Simón, que le entregase,
3 sabiendo Jesús que el Padre le había dado
todas las cosas en las manos, y que había salido de Dios, y a Dios iba,
4 se levantó de la cena, y se quitó su manto, y
tomando una toalla, se la ciñó.
5 Luego puso agua en un lebrillo, y comenzó a
lavar los pies de los discípulos, y a enjugarlos
con la toalla con que estaba ceñido.
6 Entonces vino a Simón Pedro; y Pedro le
dijo: Señor, ¿tú me lavas los pies?
7 Respondió Jesús y le dijo: Lo que yo hago,
tú no lo comprendes ahora; mas lo entenderás
después.
8 Pedro le dijo: No me lavarás los pies jamás.
Jesús le respondió: Si no te lavare, no tendrás
parte conmigo.
9 Le dijo Simón Pedro: Señor, no sólo mis
pies, sino también las manos y la cabeza.
10 Jesús le dijo: El que está lavado, no necesita sino lavarse los pies, pues está todo limpio;
y vosotros limpios estáis, aunque no todos.
11 Porque sabía quién le iba a entregar; por
eso dijo: No estáis limpios todos.
12 Así que, después que les hubo lavado los
pies, tomó su manto, volvió a la mesa, y les
dijo: ¿Sabéis lo que os he hecho?
13 Vosotros me llamáis Maestro, y Señor; y
decís bien, porque lo soy.
14 Pues si yo, el Señor y el Maestro, he lavado
vuestros pies, vosotros también debéis lavaros
los pies los unos a los otros.
15 Porque ejemplo os he dado, para que como
yo os he hecho, vosotros también hagáis.[a]
16 De cierto, de cierto os digo: El siervo no es
mayor que su señor,[b] ni el enviado es mayor
que el que le envió.
17 Si sabéis estas cosas, bienaventurados
seréis si las hiciereis.

h. 12.38 Is 53.1. **i. 12.40** Is 6.10. **a. 13.12-15** Lc 22.27.
b. 13.16 Mt 10.24; Lc 6.40; Jn 15.20.

LECCIONES DE VIDA

➤ ***13.5 — puso agua en un lebrillo, y comenzó a lavar los pies de los discípulos.***

En tanto que se aproximaba el día de la pascua (Éx 12) y de su sacrificio en la cruz, Jesús aprovechó cada oportunidad para enseñarles a sus discípulos acerca de lo que estaba a punto de llevar a cabo, y de cómo debían proceder después que resucitase de los muertos. En una de las demostraciones más bellas y que más humildad producen del liderazgo servicial, el Señor se arrodilló y empezó a limpiar los pies de los discípulos, una tarea reservada para el sirviente de más bajo rango y el más sumiso del hogar. Como creyentes, debemos ser humildes como nuestro Salvador, conduciendo en amor y mansedumbre a otros a la cruz, donde puedan ser lavados y limpiados de todos sus pecados.

➤ ***13.17 — Si sabéis estas cosas, bienaventurados seréis si las hiciereis.***

Saber y hacer son dos cosas diferentes. Jesús reserva su bendición, no para quienes meramente conocen su voluntad, sino que además la hacen. La fe genuina siempre conduce a la acción piadosa, y sabemos que todo lo que Él nos dirija a hacer por causa de su nombre, lo usará poderosamente para su gloria, incluso si todavía no podemos ver de qué manera lo hará (Fil 1.6).

18 No hablo de todos vosotros; yo sé a quienes
he elegido; mas para que se cumpla la Escritura: El que come pan conmigo, levantó contra mí su calcañar.[c]
19 Desde ahora os lo digo antes que suceda,
para que cuando suceda, creáis que yo soy.
20 De cierto, de cierto os digo: El que recibe
al que yo enviare, me recibe a mí; y el que me
recibe a mí, recibe al que me envió.[d]

Jesús anuncia la traición de Judas
(Mt 26.20-25; Mr 14.17-21; Lc 22.21-23)

21 Habiendo dicho Jesús esto, se conmovió en
espíritu, y declaró y dijo: De cierto, de cierto os
digo, que uno de vosotros me va a entregar.
22 Entonces los discípulos se miraban unos a
otros, dudando de quién hablaba.
23 Y uno de sus discípulos, al cual Jesús amaba, estaba recostado al lado de Jesús.
24 A éste, pues, hizo señas Simón Pedro, para que
preguntase quién era aquel de quien hablaba.
25 Él entonces, recostado cerca del pecho de
Jesús, le dijo: Señor, ¿quién es?
26 Respondió Jesús: A quien yo diere el pan
mojado, aquél es. Y mojando el pan, lo dio a
Judas Iscariote hijo de Simón.
27 Y después del bocado, Satanás entró en él.
Entonces Jesús le dijo: Lo que vas a hacer,
hazlo más pronto.
28 Pero ninguno de los que estaban a la mesa
entendió por qué le dijo esto.
29 Porque algunos pensaban, puesto que
Judas tenía la bolsa, que Jesús le decía: Compra lo que necesitamos para la fiesta; o que
diese algo a los pobres.
30 Cuando él, pues, hubo tomado el bocado,
luego salió; y era ya de noche.

El nuevo mandamiento

31 Entonces, cuando hubo salido, dijo Jesús:
Ahora es glorificado el Hijo del Hombre, y
Dios es glorificado en él.
32 Si Dios es glorificado en él, Dios también
le glorificará en sí mismo, y en seguida le
glorificará.
33 Hijitos, aún estaré con vosotros un poco.
Me buscaréis; pero como dije a los judíos,
así os digo ahora a vosotros: A donde yo voy,
vosotros no podéis ir.[e]
34 Un mandamiento nuevo os doy: Que os
améis unos a otros;[f] como yo os he amado, que
también os améis unos a otros.
35 En esto conocerán todos que sois mis discípulos, si tuviereis amor los unos con los
otros.

Jesús anuncia la negación de Pedro
(Mt 26.31-35; Mr 14.27-31; Lc 22.31-34)

36 Le dijo Simón Pedro: Señor, ¿a dónde vas?
Jesús le respondió: A donde yo voy, no me
puedes seguir ahora; mas me seguirás después.
37 Le dijo Pedro: Señor, ¿por qué no te puedo
seguir ahora? Mi vida pondré por ti.
38 Jesús le respondió: ¿Tu vida pondrás por
mí? De cierto, de cierto te digo: No cantará el
gallo, sin que me hayas negado tres veces.

Jesús, el camino al Padre

14 NO se turbe vuestro corazón; creéis en
Dios, creed también en mí.
2 En la casa de mi Padre muchas moradas
hay; si así no fuera, yo os lo hubiera dicho;
voy, pues, a preparar lugar para vosotros.
3 Y si me fuere y os preparare lugar, vendré
otra vez, y os tomaré a mí mismo, para que
donde yo estoy, vosotros también estéis.
4 Y sabéis a dónde voy, y sabéis el camino.
5 Le dijo Tomás: Señor, no sabemos a dónde
vas; ¿cómo, pues, podemos saber el camino?
6 Jesús le dijo: Yo soy el camino, y la verdad, y
la vida; nadie viene al Padre, sino por mí.
7 Si me conocieseis, también a mi Padre conoceríais; y desde ahora le conocéis, y le habéis
visto.
8 Felipe le dijo: Señor, muéstranos el Padre, y
nos basta.
9 Jesús le dijo: ¿Tanto tiempo hace que estoy
con vosotros, y no me has conocido, Felipe? El
que me ha visto a mí, ha visto al Padre; ¿cómo,
pues, dices tú: Muéstranos el Padre?
10 ¿No crees que yo soy en el Padre, y el Padre
en mí? Las palabras que yo os hablo, no las
hablo por mi propia cuenta, sino que el Padre
que mora en mí, él hace las obras.

c. 13.18 Sal 41.9. **d. 13.20** Mt 10.40; Mr 9.37; Lc 9.48; 10.16.
e. 13.33 Jn 7.34. **f. 13.34** Jn 15.12, 17; 1 Jn 3.23; 2 Jn 5.

LECCIONES DE VIDA

➤ ***13.35 — En esto conocerán todos que sois mis discípulos, si tuviereis amor los unos con los otros.***

El método que Jesús nos dio para predicar su mensaje al mundo es el amor. El mundo no sabe que somos sus discípulos por la sana doctrina ni por los edificios ostentosos, sino por nuestro mutuo amor los unos por los otros.

➤ ***14.2 — voy, pues, a preparar lugar para vosotros.***

En la cultura judía, se acostumbraba que el varón se fuera a preparar una casa para su futura esposa. En un tiempo no especificado, el novio regresaba para cumplir el pacto matrimonial con su esposa y llevársela a su nuevo hogar. Siendo la iglesia, la novia de Cristo, sabemos que Jesús está preparando un hogar eterno para nosotros en el cielo. Y que un día Él volverá para reclamarnos y llevarnos al lugar maravilloso que ha creado para que nosotros lo amemos y lo adoremos por el resto de la eternidad (Jn 14.3; Ap 19.7–9; 21.9–27).

➤ ***14.6 — Yo soy el camino, y la verdad, y la vida; nadie viene al Padre, sino por mí.***

La verdad es muy angosta, y la única manera en que alguien puede venir al Padre es por medio de Jesús, quien vivió una vida completamente libre de pecado en pensamiento, palabra y obra.

11 Creedme que yo soy en el Padre, y el Padre
en mí; de otra manera, creedme por las mismas obras.
*12 De cierto, de cierto os digo: El que en mí
cree, las obras que yo hago, él las hará también;
y aun mayores hará, porque yo voy al Padre.
13 Y todo lo que pidiereis al Padre en mi nombre, lo haré, para que el Padre sea glorificado en el Hijo.
14 Si algo pidiereis en mi nombre, yo lo haré.

La promesa del Espíritu Santo
15 Si me amáis, guardad mis mandamientos.
16 Y yo rogaré al Padre, y os dará otro Consolador, para que esté con vosotros para
siempre:
17 el Espíritu de verdad, al cual el mundo no
puede recibir, porque no le ve, ni le conoce;
pero vosotros le conocéis, porque mora con
vosotros, y estará en vosotros.
18 No os dejaré huérfanos; vendré a vosotros.
19 Todavía un poco, y el mundo no me verá
más; pero vosotros me veréis; porque yo vivo,
vosotros también viviréis.
20 En aquel día vosotros conoceréis que yo
estoy en mi Padre, y vosotros en mí, y yo en
vosotros.
21 El que tiene mis mandamientos, y los guarda, ése es el que me ama; y el que me ama,
será amado por mi Padre, y yo le amaré, y me
manifestaré a él.
22 Le dijo Judas (no el Iscariote): Señor,
¿cómo es que te manifestarás a nosotros, y no
al mundo?
➤23 Respondió Jesús y le dijo: El que me ama,
mi palabra guardará; y mi Padre le amará, y
vendremos a él, y haremos morada con él.
24 El que no me ama, no guarda mis palabras;
y la palabra que habéis oído no es mía, sino
del Padre que me envió.
25 Os he dicho estas cosas estando con vosotros.
26 Mas el Consolador, el Espíritu Santo, a ➤
quien el Padre enviará en mi nombre, él os
enseñará todas las cosas, y os recordará todo
lo que yo os he dicho.
27 La paz os dejo, mi paz os doy; yo no os la ➤
doy como el mundo la da. No se turbe vuestro
corazón, ni tenga miedo.
28 Habéis oído que yo os he dicho: Voy, y vengo a vosotros. Si me amarais, os habríais
regocijado, porque he dicho que voy al Padre;
porque el Padre mayor es que yo.
29 Y ahora os lo he dicho antes que suceda,
para que cuando suceda, creáis.
30 No hablaré ya mucho con vosotros; porque
viene el príncipe de este mundo, y él nada tiene en mí.
31 Mas para que el mundo conozca que amo
al Padre, y como el Padre me mandó, así hago.
Levantaos, vamos de aquí.

Jesús, la vid verdadera
15 YO soy la vid verdadera, y mi Padre es
el labrador.
2 Todo pámpano que en mí no lleva fruto, lo ➤
quitará; y todo aquel que lleva fruto, lo limpiará, para que lleve más fruto.
3 Ya vosotros estáis limpios por la palabra que
os he hablado.
4 Permaneced en mí, y yo en vosotros. Como ➤
el pámpano no puede llevar fruto por sí mismo, si no permanece en la vid, así tampoco
vosotros, si no permanecéis en mí.

LECCIONES DE VIDA

➤ ***14.9 — El que me ha visto a mí, ha visto al Padre.***

En Jesús tenemos más que una simple representación de atributos teológicos. Él es Dios encarnado, y cuando nos fijamos en Él, contemplamos a nuestro Señor.

➤ ***14.23 — El que me ama, mi palabra guardará; y mi Padre le amará, y vendremos a él, y haremos morada con él.***

Amamos y obedecemos a Jesús al depender de su poder que nos capacita para realizar lo que Él nos llama a hacer. Una relación íntima con Él conduce a la obediencia voluntaria, devota y gozosa, y cuanto más profunda sea nuestra intimidad con Él, mayor será el impacto que tengan nuestras vidas para su reino.

➤ ***14.26 — el Consolador, el Espíritu Santo, a quien el Padre enviará en mi nombre, él os enseñará todas las cosas, y os recordará todo lo que yo os he dicho.***

Jesús menciona aquí todas las Personas de la Deidad: el Padre, Él mismo como el Hijo, y el Espíritu Santo. Las tres Personas de la Trinidad son iguales, divinas y comparten los mismos atributos. No obstante, debemos entender que no adoramos a tres dioses. Existe únicamente un Dios, quien se expresa en tres Personas (Dt 6.4). El Espíritu Santo trae a la mente las palabras de Jesús porque Él es uno y el mismo (1 Co 2.10–16).

➤ ***14.27 — La paz os dejo, mi paz os doy; yo no os la doy como el mundo la da. No se turbe vuestro corazón, ni tenga miedo.***

La paz de Jesús «sobrepasa todo entendimiento» (Fil 4.7) porque su fuente es Cristo mismo. Su paz nos mantiene fuera del temor y la preocupación porque nos atrae directamente a Dios y nos enseña a depender de Él en todo lo que enfrentamos. Además, sabemos que no importa cuáles sean nuestras circunstancias, el Señor nos sostendrá, nos fortalecerá y nos capacitará para atravesarlas en victoria.

➤ ***15.2 — todo aquel que lleva fruto, lo limpiará, para que lleve más fruto.***

¿Por qué Dios permite dificultades en las vidas de quienes lo aman y lo sirven? Porque el creyente es como una rama que recibe su alimento de la Vid Verdadera, Jesucristo. Cuando permanecemos unidos a Él, Él produce fruto a través de nosotros. Sin embargo, a veces permitimos ciertas cosas en nuestras vidas que disminuyen nuestro impacto para su reino. Por esa razón, Dios se encarga de podar toda la maleza y quitar la hojarasca que impide nuestro crecimiento, de tal modo que quedemos libres para producir una cosecha mejor.

5 Yo soy la vid, vosotros los pámpanos; el que
permanece en mí, y yo en él, éste lleva mucho
fruto; porque separados de mí nada podéis
hacer.
6 El que en mí no permanece, será echado
fuera como pámpano, y se secará; y los recogen, y los echan en el fuego, y arden.
* 7 Si permanecéis en mí, y mis palabras permanecen en vosotros, pedid todo lo que queréis, y os será hecho.
8 En esto es glorificado mi Padre, en que llevéis mucho fruto, y seáis así mis discípulos.
9 Como el Padre me ha amado, así también yo
os he amado; permaneced en mi amor.
10 Si guardareis mis mandamientos, permaneceréis en mi amor; así como yo he guardado
los mandamientos de mi Padre, y permanez-
co en su amor.
➤ 11 Estas cosas os he hablado, para que mi
gozo esté en vosotros, y vuestro gozo sea
cumplido.
12 Éste es mi mandamiento: Que os améis
unos a otros,[a] como yo os he amado.
➤ 13 Nadie tiene mayor amor que éste, que uno
ponga su vida por sus amigos.
14 Vosotros sois mis amigos, si hacéis lo que
yo os mando.
➤ 15 Ya no os llamaré siervos, porque el siervo
no sabe lo que hace su señor; pero os he llamado amigos, porque todas las cosas que oí
de mi Padre, os las he dado a conocer.
➤ 16 No me elegisteis vosotros a mí, sino que yo
os elegí a vosotros, y os he puesto para que
vayáis y llevéis fruto, y vuestro fruto permanezca; para que todo lo que pidiereis al Padre
en mi nombre, él os lo dé.
17 Esto os mando: Que os améis unos a otros.

El mundo os aborrecerá

18 Si el mundo os aborrece, sabed que a mí
me ha aborrecido antes que a vosotros.
19 Si fuerais del mundo, el mundo amaría lo
suyo; pero porque no sois del mundo, antes
yo os elegí del mundo, por eso el mundo os
aborrece.
20 Acordaos de la palabra que yo os he dicho:
El siervo no es mayor que su señor.[b] Si a mí
me han perseguido, también a vosotros os
perseguirán; si han guardado mi palabra, también guardarán la vuestra.
21 Mas todo esto os harán por causa de mi nombre, porque no conocen al que me ha enviado.
22 Si yo no hubiera venido, ni les hubiera
hablado, no tendrían pecado; pero ahora no
tienen excusa por su pecado.
23 El que me aborrece a mí, también a mi
Padre aborrece.
24 Si yo no hubiese hecho entre ellos obras
que ningún otro ha hecho, no tendrían pecado; pero ahora han visto y han aborrecido a
mí y a mi Padre.
25 Pero esto es para que se cumpla la palabra que está escrita en su ley: Sin causa me
aborrecieron.[c]
26 Pero cuando venga el Consolador, a quien
yo os enviaré del Padre, el Espíritu de verdad,
el cual procede del Padre, él dará testimonio
acerca de mí.
27 Y vosotros daréis testimonio también, porque habéis estado conmigo desde el principio.
16 ESTAS cosas os he hablado, para que
no tengáis tropiezo.
2 Os expulsarán de las sinagogas; y aun viene
la hora cuando cualquiera que os mate, pensará que rinde servicio a Dios.
3 Y harán esto porque no conocen al Padre
ni a mí.
4 Mas os he dicho estas cosas, para que cuando llegue la hora, os acordéis de que ya os lo
había dicho.

a. 15.12 Jn 13.34; 15.17; 1 Jn 3.23; 2 Jn 5. **b. 15.20** Mt 10.24; Lc 6.40; Jn 13.16. **c. 15.25** Sal 35.19; 69.4.

LECCIONES DE VIDA

➤ ***15.4 — Permaneced en mí, y yo en vosotros. Como el pámpano no puede llevar fruto por sí mismo, si no permanece en la vid, así tampoco vosotros, si no permanecéis en mí.***

La única manera en que podemos desempeñar un papel significativo en el reino de Dios es permitirle a Jesús vivir su vida en y a través de nosotros. Mientras que separados de Él no podemos hacer nada, en Él podemos hacer realidad todo lo que nos llame a hacer.

➤ ***15.11 — Estas cosas os he hablado, para que mi gozo esté en vosotros, y vuestro gozo sea cumplido.***

La Palabra de Dios que vive y crece dentro de nosotros, produce gozo duradero y cada vez mayor. La ausencia de gozo en la vida de un cristiano puede ser señal de una falta de tiempo devocional dedicado a la lectura de la Palabra de Dios, o de su desobediencia.

➤ ***15.13 — Nadie tiene mayor amor que este, que uno ponga su vida por sus amigos.***

Jesús es el mejor amigo que podríamos tener. Él nos ama tal como somos, pues aunque lo sepa todo acerca de nosotros, nos acepta completamente. De hecho, esa es la razón por la que entregó su vida por nosotros en la cruz, para que pudiéramos llegar a ser aceptables y tener una relación íntima con Él a través de su sacrificio y su muerte (Col 1.19–22).

➤ ***15.15 — os he llamado amigos.***

Si fuéramos meramente siervos de Dios, Él se limitaría a darnos órdenes. Sin embargo, Jesús quiere que cimentemos una relación con Él como sus amigos, amándolo, teniendo compañerismo con Él y conociendo su corazón.

➤ ***15.16 — No me elegisteis vosotros a mí, sino que yo os elegí a vosotros, y os he puesto para que vayáis y llevéis fruto, y vuestro fruto permanezca.***

Jesús no quiere que ninguno de nosotros lleve una vida improductiva ni que carezca de un enfoque específico. Él nos escogió, no solamente para salvación sino también para desempeñar un papel importante en su reino. Él quiere que cada uno de nosotros cumpla el propósito particular para el cual nos creó (Ef 2.10).

La obra del Espíritu Santo
Esto no os lo dije al principio, porque yo estaba con vosotros.
5 Pero ahora voy al que me envió; y ninguno
de vosotros me pregunta: ¿A dónde vas?
6 Antes, porque os he dicho estas cosas, tristeza ha llenado vuestro corazón.
7 Pero yo os digo la verdad: Os conviene que
yo me vaya; porque si no me fuese, el Consolador no vendría a vosotros; mas si me fuere,
os lo enviaré.
8 Y cuando él venga, convencerá al mundo de
pecado, de justicia y de juicio.
9 De pecado, por cuanto no creen en mí;
10 de justicia, por cuanto voy al Padre, y no
me veréis más;
11 y de juicio, por cuanto el príncipe de este
mundo ha sido ya juzgado.
12 Aún tengo muchas cosas que deciros, pero
ahora no las podéis sobrellevar.
* 13 Pero cuando venga el Espíritu de verdad, él
➤ os guiará a toda la verdad; porque no hablará por su propia cuenta, sino que hablará todo
lo que oyere, y os hará saber las cosas que
habrán de venir.
14 Él me glorificará; porque tomará de lo mío,
y os lo hará saber.
15 Todo lo que tiene el Padre es mío; por eso
dije que tomará de lo mío, y os lo hará saber.

La tristeza se convertirá en gozo
16 Todavía un poco, y no me veréis; y de nuevo
un poco, y me veréis; porque yo voy al Padre.
17 Entonces se dijeron algunos de sus discípulos unos a otros: ¿Qué es esto que nos dice:
Todavía un poco y no me veréis; y de nuevo un
poco, y me veréis; y, porque yo voy al Padre?
18 Decían, pues: ¿Qué quiere decir con: Todavía un poco? No entendemos lo que habla.
19 Jesús conoció que querían preguntarle, y
les dijo: ¿Preguntáis entre vosotros acerca de
esto que dije: Todavía un poco y no me veréis,
y de nuevo un poco y me veréis?
20 De cierto, de cierto os digo, que vosotros
lloraréis y lamentaréis, y el mundo se alegrará; pero aunque vosotros estéis tristes, vuestra
tristeza se convertirá en gozo.
21 La mujer cuando da a luz, tiene dolor, porque ha llegado su hora; pero después que ha
dado a luz un niño, ya no se acuerda de la
angustia, por el gozo de que haya nacido un
hombre en el mundo.
22 También vosotros ahora tenéis tristeza; ≺
pero os volveré a ver, y se gozará vuestro
corazón, y nadie os quitará vuestro gozo.
23 En aquel día no me preguntaréis nada. De
cierto, de cierto os digo, que todo cuanto pidiereis al Padre en mi nombre, os lo dará.
24 Hasta ahora nada habéis pedido en mi ≺
nombre; pedid, y recibiréis, para que vuestro
gozo sea cumplido.

Yo he vencido al mundo
25 Estas cosas os he hablado en alegorías; la
hora viene cuando ya no os hablaré por alegorías, sino que claramente os anunciaré acerca del Padre.
26 En aquel día pediréis en mi nombre; y no
os digo que yo rogaré al Padre por vosotros,
27 pues el Padre mismo os ama, porque vosotros me habéis amado, y habéis creído que yo
salí de Dios.
28 Salí del Padre, y he venido al mundo; otra
vez dejo el mundo, y voy al Padre.
29 Le dijeron sus discípulos: He aquí ahora
hablas claramente, y ninguna alegoría dices.
30 Ahora entendemos que sabes todas las
cosas, y no necesitas que nadie te pregunte;
por esto creemos que has salido de Dios.
31 Jesús les respondió: ¿Ahora creéis?
32 He aquí la hora viene, y ha venido ya, en
que seréis esparcidos cada uno por su lado, y
me dejaréis solo; mas no estoy solo, porque el
Padre está conmigo.

LECCIONES DE VIDA

➤ ***16.13 — cuando venga el Espíritu de verdad, él os guiará a toda la verdad.***

En cada área débil en nuestra vida, el Espíritu Santo habita en nosotros para satisfacer nuestras necesidades de la manera que honre a Dios (Ro 8). Él nos atrae para salvación (Jn 6.44; 1 Co 2.6–16; 12.3), nos regenera (Tit 3.5), nos convence de nuestra pecaminosidad y nos enseña a vivir en la justicia de Cristo (Jn 14.26; 16.8), y nos sella para redención (Ef 4.30). Todo lo que Dios nos llama a hacer, el Espíritu nos equipa y nos da el poder para llevarlo a cabo (Mt 10.19, 20; Hch 1.8; 1 Co 2.3–5; 12.4–13; 2 P 1.21).

➤ ***16.22 — También vosotros ahora tenéis tristeza; pero os volveré a ver, y se gozará vuestro corazón, y nadie os quitará vuestro gozo.***

La tristeza y la alegría forman parte de la experiencia humana, y ambas dependen en gran medida de nuestras circunstancias. No obstante, cuando nos unimos al Cristo resucitado, Él nos da un gozo que ningún obstáculo, problema ni situación nos puede quitar.

➤ ***16.24 — Hasta ahora nada habéis pedido en mi nombre; pedid, y recibiréis.***

Pedir en el nombre de Jesús significa conectar cada petición a la voluntad, los planes, el propósito y la soberanía del Señor.

➤ ***16.33 — En el mundo tendréis aflicción; pero confiad, yo he vencido al mundo.***

Jesús se había preparado para enfrentar la cruz y derrotar al último enemigo, la muerte (1 Co 15.26). Ahora animaba a los discípulos a tener siempre confianza en su capacidad para conducirlos a la victoria, tal como lo demostró con su resurrección. Aunque sienta como si todos sus deseos y su seguridad han sido aniquilados, su esperanza verdadera, el Señor Jesús, también puede demostrar su poder de resurrección en su situación. Cuando Él lo haga, usted seguramente no estará decepcionado(a).

LO QUE LA BIBLIA DICE ACERCA DE CÓMO NOS GUÍA EL ESPÍRITU SANTO

Jn 16.13

Si alguna vez ha deseado poder entender al instante la voluntad de Dios cuando pasa por una situación difícil, está en buena compañía. Todos hemos enfrentado circunstancias arduas que nos han abrumado a tal punto que no hemos sabido cómo proceder, y hemos anhelado recibir la guía, la ayuda y la provisión del Señor. Sin embargo, como creyentes debemos entender que el Espíritu Santo mora en nosotros a partir del momento en que aceptamos a Jesucristo como nuestro Salvador, y Él nos ha sido dado como una promesa eterna de que Dios jamás nos abandonará ni nos desamparará, pase lo que pase (Jn 14.16–18; 1 Co 3.16; 6.17; 2 Co 1.21, 22; 5.5; Ef 1.13; 4.30; 1 Jn 4.2, 13).

Aunque usted tal vez enfrente una situación que le hace sentirse aislado, indefenso o sin dirección, entienda que no está solo. El Espíritu Santo está con usted, para vivir la vida de Cristo a través suyo, ayudándole a enfrentar cada reto de una manera piadosa y victoriosa. En Juan 16.13, 14 Jesús nos promete: «cuando venga el Espíritu de verdad, él os guiará a toda la verdad; porque no hablará por su propia cuenta, sino que hablará todo lo que oyere, y os hará saber las cosas que habrán de venir. Él me glorificará; porque tomará de lo mío, y os lo hará saber».

¿Cómo le ayuda y le dirige el Espíritu Santo? Lo hace de una manera que es:

Práctica. El Espíritu Santo le advierte de peligros que vienen por delante y le equipa para triunfar en las tareas que le ha asignado. Él sabe exactamente cuánta fortaleza, sabiduría, recursos y ánimo necesita usted para todo lo que le espera en el camino.

Personal. Él vive dentro de usted y le conoce mejor de lo que usted se conoce a sí mismo(a). Él entiende con exactitud lo que usted requiere para crecer en la semejanza a Cristo, y le capacita para convertirse en la persona que el Señor se propuso que usted fuera o llegara a ser.

Disponible. Veinticuatro horas al día, 365 días al año, el Espíritu Santo está a su disposición. Él nunca duerme, sino que obra constantemente en usted y por medio de usted, para su beneficio.

Confiable. No existe problema alguno que usted enfrente, que Dios no pueda manejar. De hecho, el Espíritu Santo no solamente le ayudará a superar sus dolores y situaciones difíciles, también usará sus cargas para enseñarle acerca del amor, la sabiduría y el poder de Dios.

Incluso cuando no sepa qué pedir en oración, el Espíritu Santo intervendrá por usted (Ro 8.26–29). Si acaso no entiende la Palabra de Dios, Él le mostrará lo que quiere decir (1 Co 2.12–14). Si hay algo dentro de usted que está estorbando la obra de Dios, Él se lo revelará (Jn 16.8). Cuando se siente inadecuado(a), Él le otorga los dones y talentos que necesita para vivir la vida cristiana (1 Co 12.4–11). Además, en sus momentos de mayor debilidad o angustia, el Espíritu Santo puede darle energías, animarle y darle poder para superar todo lo que le aflija (Ro 5.3–5).

Por lo tanto, no frene al Espíritu Santo. Él es su Ayudador, y usted puede tener su guía si se la pide. Cada vez que lo necesite, ore, escuche, siga su dirección y obedezca confiadamente sus indicaciones, teniendo plena seguridad que Él jamás le llevará por mal camino.

El Espíritu Santo está con usted, para vivir la vida de Cristo a través suyo.

Para un estudio más a fondo, véase el Índice de Principios de vida:

22. Andar en el Espíritu es obedecer las indicaciones iniciales del Espíritu.

10. Si es necesario, Dios moverá cielo y tierra para mostrarnos su voluntad.

➢33 Estas cosas os he hablado para que en mí
tengáis paz. En el mundo tendréis aflicción;
pero confiad, yo he vencido al mundo.

Jesús ora por sus discípulos

17 ESTAS cosas habló Jesús, y levantando
los ojos al cielo, dijo: Padre, la hora ha
llegado; glorifica a tu Hijo, para que también
tu Hijo te glorifique a ti;
2 como le has dado potestad sobre toda carne,
para que dé vida eterna a todos los que le diste.
➢3 Y ésta es la vida eterna: que te conozcan a
ti, el único Dios verdadero, y a Jesucristo, a
quien has enviado.
4 Yo te he glorificado en la tierra; he acabado
la obra que me diste que hiciese.
5 Ahora pues, Padre, glorifícame tú al lado
tuyo, con aquella gloria que tuve contigo antes
que el mundo fuese.
6 He manifestado tu nombre a los hombres
que del mundo me diste; tuyos eran, y me los
diste, y han guardado tu palabra.
7 Ahora han conocido que todas las cosas que
me has dado, proceden de ti;
8 porque las palabras que me diste, les he
dado; y ellos las recibieron, y han conocido
verdaderamente que salí de ti, y han creído
que tú me enviaste.
9 Yo ruego por ellos; no ruego por el mundo,
sino por los que me diste; porque tuyos son,
10 y todo lo mío es tuyo, y lo tuyo mío; y he
sido glorificado en ellos.
11 Y ya no estoy en el mundo; mas éstos están
en el mundo, y yo voy a ti. Padre santo, a los
que me has dado, guárdalos en tu nombre,
para que sean uno, así como nosotros.
12 Cuando estaba con ellos en el mundo, yo
los guardaba en tu nombre; a los que me diste, yo los guardé, y ninguno de ellos se perdió,
sino el hijo de perdición, para que la Escritura se cumpliese.[a]
13 Pero ahora voy a ti; y hablo esto en el mundo,
para que tengan mi gozo cumplido en sí mismos.
14 Yo les he dado tu palabra; y el mundo los
aborreció, porque no son del mundo, como
tampoco yo soy del mundo.
15 No ruego que los quites del mundo, sino
que los guardes del mal.
16 No son del mundo, como tampoco yo soy
del mundo.
17 Santifícalos en tu verdad; tu palabra es
verdad.
18 Como tú me enviaste al mundo, así yo los
he enviado al mundo.
19 Y por ellos yo me santifico a mí mismo, para
que también ellos sean santificados en la verdad.
20 Mas no ruego solamente por éstos, sino
también por los que han de creer en mí por la
palabra de ellos,
21 para que todos sean uno; como tú, oh
Padre, en mí, y yo en ti, que también ellos sean
uno en nosotros; para que el mundo crea que
tú me enviaste.

a. 17.12 Sal 41.9.

Ejemplos de vida

JUDAS

Decir «Maestro» no basta

JN 18.3

Judas Iscariote nos recuerda contundentemente las horribles posibilidades que se esconden dentro de cada corazón humano. Aunque llamó a Jesús «Maestro» o «Rabí» (Mt 26.25, 49), no se registra que haya usado el término «Señor». Tristemente, Judas nos muestra que podemos afirmar lealtad a Cristo sin jamás creer verdaderamente en Él como nuestro Señor y Salvador (Mt 7.22, 23). Este es el caso de quienes creen que Jesús fue un buen maestro, pero niegan que es el único camino al Padre (Jn 14.6); o de aquellos que profesan conocerlo, pero solamente para su propia ganancia.

Sea cual haya sido su razón para entregar al Señor Jesús, sabemos que su pecado lo enceguecíó en tal medida, que Judas no pudo ver el Camino, la Verdad y la Vida. En su orgullo decidió tomar el asunto en sus propias manos y luego cayó presa del remordimiento por sus acciones (Mt 27.3–5).

La historia de traición de Judas sigue haciendo eco, no sólo a causa de su beso infame (Lc 22.47, 48), sino también porque nos recuerda la malignidad de nuestra propia carne. ¿Cuántos de nosotros asistimos a la iglesia con regularidad y asentimos con nuestro intelecto a Jesús, pero no con nuestros corazones? ¿Cuántos lo llamamos Rey, pero sólo como una manera furtiva de levantar nuestros propios tronos?

¿Qué clase de beso le *damos* al Señor?

Para un estudio más a fondo, véase el Índice de Principios de vida:

24. Vivir la vida cristiana es permitir al Señor Jesús vivir su vida en y por medio de nosotros.

1. Nuestra intimidad con Dios, que es su prioridad para nosotros, determina el impacto que causen nuestras vidas.

22 La gloria que me diste, yo les he dado, para
que sean uno, así como nosotros somos uno.
23 Yo en ellos, y tú en mí, para que sean perfectos en unidad, para que el mundo conozca
que tú me enviaste, y que los has amado a
ellos como también a mí me has amado.
➤ 24 Padre, aquellos que me has dado, quiero
que donde yo estoy, también ellos estén conmigo, para que vean mi gloria que me has
dado; porque me has amado desde antes de la
fundación del mundo.
25 Padre justo, el mundo no te ha conocido,
pero yo te he conocido, y éstos han conocido
que tú me enviaste.
26 Y les he dado a conocer tu nombre, y lo
daré a conocer aún, para que el amor con que
me has amado, esté en ellos, y yo en ellos.

Arresto de Jesús

(Mt 26.47-56; Mr 14.43-50; Lc 22.47-53)

18 HABIENDO dicho Jesús estas cosas,
salió con sus discípulos al otro lado del
torrente de Cedrón, donde había un huerto, en
el cual entró con sus discípulos.
2 Y también Judas, el que le entregaba, conocía aquel lugar, porque muchas veces Jesús se
había reunido allí con sus discípulos.
3 Judas, pues, tomando una compañía de soldados, y alguaciles de los principales sacerdotes y de los fariseos, fue allí con linternas y
antorchas, y con armas.
4 Pero Jesús, sabiendo todas las cosas que le
habían de sobrevenir, se adelantó y les dijo:
¿A quién buscáis?
5 Le respondieron: A Jesús nazareno. Jesús
les dijo: Yo soy. Y estaba también con ellos
Judas, el que le entregaba.
6 Cuando les dijo: Yo soy, retrocedieron, y
cayeron a tierra.
7 Volvió, pues, a preguntarles: ¿A quién buscáis? Y ellos dijeron: A Jesús nazareno.
8 Respondió Jesús: Os he dicho que yo soy;
pues si me buscáis a mí, dejad ir a éstos;
9 para que se cumpliese aquello que había
dicho: De los que me diste, no perdí ninguno.
10 Entonces Simón Pedro, que tenía una espada, la desenvainó, e hirió al siervo del sumo
sacerdote, y le cortó la oreja derecha. Y el siervo se llamaba Malco.
11 Jesús entonces dijo a Pedro: Mete tu espa- ➤
da en la vaina; la copa[a] que el Padre me ha
dado, ¿no la he de beber?

Jesús ante el sumo sacerdote

(Mt 26.57-58; Mr 14.53-54; Lc 22.54)

12 Entonces la compañía de soldados, el tribuno y los alguaciles de los judíos, prendieron
a Jesús y le ataron,
13 y le llevaron primeramente a Anás; porque
era suegro de Caifás, que era sumo sacerdote aquel año.
14 Era Caifás el que había dado el consejo a
los judíos, de que convenía que un solo hombre muriese por el pueblo.[b]

Pedro en el patio de Anás

(Mt 26.69-70; Mr 14.66-68; Lc 22.55-57)

15 Y seguían a Jesús Simón Pedro y otro discípulo. Y este discípulo era conocido del sumo
sacerdote, y entró con Jesús al patio del sumo
sacerdote;
16 mas Pedro estaba fuera, a la puerta. Salió, pues,
el discípulo que era conocido del sumo sacerdote, y habló a la portera, e hizo entrar a Pedro.
17 Entonces la criada portera dijo a Pedro:
¿No eres tú también de los discípulos de este
hombre? Dijo él: No lo soy.
18 Y estaban en pie los siervos y los alguaciles
que habían encendido un fuego; porque hacía
frío, y se calentaban; y también con ellos estaba Pedro en pie, calentándose.

Anás interroga a Jesús

(Mt 26.59-66; Mr 14.55-64; Lc 22.66-71)

19 Y el sumo sacerdote preguntó a Jesús acerca de sus discípulos y de su doctrina.
20 Jesús le respondió: Yo públicamente he
hablado al mundo; siempre he enseñado en
la sinagoga y en el templo, donde se reúnen
todos los judíos, y nada he hablado en oculto.
21 ¿Por qué me preguntas a mí? Pregunta a
los que han oído, qué les haya yo hablado; he
aquí, ellos saben lo que yo he dicho.

a. **18.11** Mt 26.39; Mr 14.36; Lc 22.42. b. **18.14** Jn 11.49-50.

LECCIONES DE VIDA

➤ ***17.3 — esta es la vida eterna: que te conozcan a ti, el único Dios verdadero, y a Jesucristo, a quien has enviado.***

Algunos creen erróneamente que la vida eterna sólo puede disfrutarse después de la muerte. Sin embargo, la Palabra de Dios es clara, usted la recibe tan pronto tenga fe en Jesucristo resucitado y empiece una relación personal con Él. Usted no recibe solamente el regalo de vivir para siempre, Dios también le da el privilegio asombroso de tener una relación dinámica y vigorosa con el Creador de todo lo que existe.

➤ ***17.24 — Padre, aquellos que me has dado, quiero que donde yo estoy, también ellos estén conmigo, para que vean mi gloria.***

Hebreos 12.2 nos dice que Jesús, «por el gozo puesto delante de él sufrió la cruz». ¿Cuál fue su gozo? Cumplir el propósito para el cual vino: restaurar nuestra relación con Él y mostrar su gloria. En el momento antes de afrontar su arresto, Jesús oró por nosotros en el huerto de Getsemaní. Y gracias a que Él triunfó en la cruz, no sólo ha cumplido su misión, también podemos ser partícipes en su gozo.

➤ ***18.11 — la copa que el Padre me ha dado, ¿no la he de beber?***

Jesús había orado tres veces en el huerto de Getsemaní, que de ser posible, Dios hiciera pasar de Él la «copa» de la cruz (Mt 26.36–46). El Padre no lo hizo, así que Jesús no permitió que nada se interpusiera entre Él y aquella copa.

22 Cuando Jesús hubo dicho esto, uno de los
alguaciles, que estaba allí, le dio una bofetada,
diciendo: ¿Así respondes al sumo sacerdote?
23 Jesús le respondió: Si he hablado mal, testifica en qué está el mal; y si bien, ¿por qué
me golpeas?
24 Anás entonces le envió atado a Caifás, el
sumo sacerdote.

Pedro niega a Jesús

(Mt 26.71-75; Mr 14.69-72; Lc 22.58-62)

25 Estaba, pues, Pedro en pie, calentándose.
Y le dijeron: ¿No eres tú de sus discípulos? Él
negó, y dijo: No lo soy.
26 Uno de los siervos del sumo sacerdote,
pariente de aquel a quien Pedro había cortado la oreja, le dijo: ¿No te vi yo en el huerto con él?
27 Negó Pedro otra vez; y en seguida cantó
el gallo.

Jesús ante Pilato

(Mt 27.1-2, 11-31; Mr 15.1-20; Lc 23.1-5, 13-25)

28 Llevaron a Jesús de casa de Caifás al pretorio. Era de mañana, y ellos no entraron en
el pretorio para no contaminarse, y así poder
comer la pascua.
29 Entonces salió Pilato a ellos, y les dijo:
¿Qué acusación traéis contra este hombre?
30 Respondieron y le dijeron: Si éste no fuera
malhechor, no te lo habríamos entregado.
31 Entonces les dijo Pilato: Tomadle vosotros,
y juzgadle según vuestra ley. Y los judíos le
dijeron: A nosotros no nos está permitido dar
muerte a nadie;
32 para que se cumpliese la palabra que Jesús
había dicho, dando a entender de qué muerte iba a morir.[c]
33 Entonces Pilato volvió a entrar en el pretorio, y llamó a Jesús y le dijo: ¿Eres tú el Rey
de los judíos?
34 Jesús le respondió: ¿Dices tú esto por ti
mismo, o te lo han dicho otros de mí?
35 Pilato le respondió: ¿Soy yo acaso judío?
Tu nación, y los principales sacerdotes, te han
entregado a mí. ¿Qué has hecho?
➤ 36 Respondió Jesús: Mi reino no es de este
mundo; si mi reino fuera de este mundo, mis
servidores pelearían para que yo no fuera entregado a los judíos; pero mi reino no es de aquí.
37 Le dijo entonces Pilato: ¿Luego, eres tú
rey? Respondió Jesús: Tú dices que yo soy rey.
Yo para esto he nacido, y para esto he venido al mundo, para dar testimonio a la verdad.
Todo aquel que es de la verdad, oye mi voz.
38 Le dijo Pilato: ¿Qué es la verdad? Y cuando
hubo dicho esto, salió otra vez a los judíos, y
les dijo: Yo no hallo en él ningún delito.
39 Pero vosotros tenéis la costumbre de que
os suelte uno en la pascua. ¿Queréis, pues, que
os suelte al Rey de los judíos?
40 Entonces todos dieron voces de nuevo,
diciendo: No a éste, sino a Barrabás. Y Barrabás era ladrón.

19 ASÍ que, entonces tomó Pilato a Jesús,
y le azotó.
2 Y los soldados entretejieron una corona de
espinas, y la pusieron sobre su cabeza, y le
vistieron con un manto de púrpura;
3 y le decían: ¡Salve, Rey de los judíos! y le
daban de bofetadas.
4 Entonces Pilato salió otra vez, y les dijo:
Mirad, os lo traigo fuera, para que entendáis
que ningún delito hallo en él.
5 Y salió Jesús, llevando la corona de espinas
y el manto de púrpura. Y Pilato les dijo: ¡He
aquí el hombre!
6 Cuando le vieron los principales sacerdotes
y los alguaciles, dieron voces, diciendo: ¡Crucifícale! ¡Crucifícale! Pilato les dijo: Tomadle
vosotros, y crucificadle; porque yo no hallo
delito en él.
7 Los judíos le respondieron: Nosotros tenemos una ley, y según nuestra ley debe morir,
porque se hizo a sí mismo Hijo de Dios.
8 Cuando Pilato oyó decir esto, tuvo más
miedo.
9 Y entró otra vez en el pretorio, y dijo a
Jesús: ¿De dónde eres tú? Mas Jesús no le dio
respuesta.
10 Entonces le dijo Pilato: ¿A mí no me hablas?
¿No sabes que tengo autoridad para crucificarte, y que tengo autoridad para soltarte?
11 Respondió Jesús: Ninguna autoridad tendrías contra mí, si no te fuese dada de arriba; ◄
por tanto, el que a ti me ha entregado, mayor
pecado tiene.
12 Desde entonces procuraba Pilato soltarle; pero los judíos daban voces, diciendo: Si a
éste sueltas, no eres amigo de César; todo el
que se hace rey, a César se opone.
13 Entonces Pilato, oyendo esto, llevó fuera a
Jesús, y se sentó en el tribunal en el lugar llamado el Enlosado, y en hebreo Gabata.
14 Era la preparación de la pascua, y como
la hora sexta. Entonces dijo a los judíos: ¡He
aquí vuestro Rey!

c. **18.32** Jn 3.14; 12.32.

LECCIONES DE VIDA

➤ ***18.36 — Mi reino no es de este mundo.***

Un día Jesús volverá a la tierra y «regirá con vara de hierro a todas las naciones» (Ap 12.5; vea también Sal 2.9; Ap 2.27; 19.15). Hasta entonces, su reino se enfoca en redimir los corazones de los perdidos.

➤ ***19.11 — Ninguna autoridad tendrías contra mí, si no te fuese dada de arriba; por tanto, el que a ti me ha entregado, mayor pecado tiene.***

Nadie ejerce autoridad alguna en este mundo sin que el Señor se la haya dado primero (Pr 21.1; Dn 4.17; Ro 13.1). Como hijos del Dios soberano, jamás somos víctimas de nuestras circunstancias.

➤ 15 Pero ellos gritaron: ¡Fuera, fuera, crucifícale! Pilato les dijo: ¿A vuestro Rey he de crucificar? Respondieron los principales sacerdotes: No tenemos más rey que César.
16 Así que entonces lo entregó a ellos para que fuese crucificado. Tomaron, pues, a Jesús, y le llevaron.

Crucifixión y muerte de Jesús
(Mt 27.32-50; Mr 15.21-37; Lc 23.26-49)
17 Y él, cargando su cruz, salió al lugar llamado de la Calavera, y en hebreo, Gólgota;
18 y allí le crucificaron, y con él a otros dos, uno a cada lado, y Jesús en medio.
19 Escribió también Pilato un título, que puso sobre la cruz, el cual decía: Jesús nazareno, Rey de los Judíos.
20 Y muchos de los judíos leyeron este título; porque el lugar donde Jesús fue crucificado estaba cerca de la ciudad, y el título estaba escrito en hebreo, en griego y en latín.
21 Dijeron a Pilato los principales sacerdotes de los judíos: No escribas: Rey de los judíos; sino, que él dijo: Soy Rey de los judíos.
22 Respondió Pilato: Lo que he escrito, he escrito.
23 Cuando los soldados hubieron crucificado a Jesús, tomaron sus vestidos, e hicieron cuatro partes, una para cada soldado. Tomaron también su túnica, la cual era sin costura, de un solo tejido de arriba abajo.
24 Entonces dijeron entre sí: No la partamos, sino echemos suertes sobre ella, a ver de quién será. Esto fue para que se cumpliese la Escritura, que dice:

Repartieron entre sí mis vestidos,
Y sobre mi ropa echaron suertes.[a]

Y así lo hicieron los soldados.
25 Estaban junto a la cruz de Jesús su madre, y la hermana de su madre, María mujer de Cleofas, y María Magdalena.
➤ 26 Cuando vio Jesús a su madre, y al discípulo a quien él amaba, que estaba presente, dijo a su madre: Mujer, he ahí tu hijo.
27 Después dijo al discípulo: He ahí tu madre. Y desde aquella hora el discípulo la recibió en su casa.
28 Después de esto, sabiendo Jesús que ya todo estaba consumado, dijo, para que la Escritura se cumpliese:[b] Tengo sed.
29 Y estaba allí una vasija llena de vinagre; entonces ellos empaparon en vinagre una esponja, y poniéndola en un hisopo, se la acercaron a la boca.
30 Cuando Jesús hubo tomado el vinagre, dijo: Consumado es. Y habiendo inclinado la cabeza, entregó el espíritu. ➤

El costado de Jesús traspasado
31 Entonces los judíos, por cuanto era la preparación de la pascua, a fin de que los cuerpos no quedasen en la cruz en el día de reposo* (pues aquel día de reposo* era de gran solemnidad), rogaron a Pilato que se les quebrasen las piernas, y fuesen quitados de allí.
32 Vinieron, pues, los soldados, y quebraron las piernas al primero, y asimismo al otro que había sido crucificado con él.
33 Mas cuando llegaron a Jesús, como le vieron ya muerto, no le quebraron las piernas.
34 Pero uno de los soldados le abrió el costado con una lanza, y al instante salió sangre y agua.
35 Y el que lo vio da testimonio, y su testimonio es verdadero; y él sabe que dice verdad, para que vosotros también creáis.
36 Porque estas cosas sucedieron para que se cumpliese la Escritura: No será quebrado hueso suyo.[c]
37 Y también otra Escritura dice: Mirarán al que traspasaron.[d]

Jesús es sepultado
(Mt 27.57-61; Mr 15.42-47; Lc 23.50-56)
38 Después de todo esto, José de Arimatea, que era discípulo de Jesús, pero secretamente por miedo de los judíos, rogó a Pilato que le permitiese llevarse el cuerpo de Jesús; y Pilato se lo concedió. Entonces vino, y se llevó el cuerpo de Jesús.

* Aquí equivale a *sábado*.
a. 19.24 Sal 22.18. **b. 19.28** Sal 69.21. **c. 19.36** Éx 12.46; Nm 9.12; Sal 34.20. **d. 19.37** Zac 12.10; Ap 1.7.

LECCIONES DE VIDA

➤ ***19.15 — Respondieron los principales sacerdotes: No tenemos más rey que César.***

Los opositores de Jesús querían tanto verlo muerto, que confesaron a César como su único rey, rechazando así a Dios como su Rey. Nadie que hable por el Espíritu del Señor podría jamás dar lealtad total a un gobernante humano.

➤ ***19.26 — Cuando vio Jesús a su madre, y al discípulo a quien él amaba, que estaba presente, dijo a su madre: Mujer, he ahí tu hijo.***

Incluso al morir, Jesús mostró su interés profundo y genuino por otros. Llamó a Juan el discípulo amado a cuidar de su madre. «El Hijo del Hombre no vino para ser servido, sino para servir, y para dar su vida en rescate por muchos» (Mr 10.45).

➤ ***19.30 — Consumado es. Y habiendo inclinado la cabeza, entregó el espíritu.***

Cada uno de nosotros tiene una deuda de pecado que *debe* ser cancelada (Ro 6.23); sin embargo, ninguno de nosotros puede pagarla debido a nuestra naturaleza pecadora. Por eso Cristo, conociendo cada pecado que habríamos de cometer, puso sobre Él mismo el registro total de nuestras transgresiones y las borró todas con su propia sangre (Mt 26.28; Ro 3.23–26; Ef 1.7; Col 1.20; He 9.11–28). Por esa razón, ¡quedó consumado para siempre! Nadie jamás puede condenarnos porque nuestro Salvador, el Señor Jesucristo, pagó la deuda y el castigo por completo.

Ejemplos de vida

TOMÁS

De la duda a la fe

JN 20.24–29

El nombre Tomás es el equivalente hebreo del nombre griego *Dídymos*, que significa «gemelo». Tomás nos recuerda las similitudes entre la duda y la fe, puesto que ambas se originan igualmente en una confrontación con lo desconocido. La diferencia es que la duda concede la derrota, en tanto que la fe reclama la victoria.

Cuando Jesús se le apareció a Tomás, la esperanza se convirtió en realidad. La resurrección renovó su confianza en Dios (Jn 20.24–29) y lo motivó a pasar el resto de su vida proclamando la certidumbre del Cristo resucitado. Según la tradición, Tomás llevó el evangelio a la India y contribuyó a disipar la incredulidad de muchos en cuanto a la resurrección.

Si las incertidumbres han asfixiado su confianza en el Señor, recuerde su poder hecho tan evidente en la tumba vacía. La crucifixión no fue el final de la historia, ni tampoco lo es la prueba que usted atraviesa. Elija el camino de la fe y declare que el triunfo le espera más adelante. Permita que la resurrección de Cristo fortalezca su esperanza, renueve su certidumbre y sea su mayor victoria.

Para un estudio más a fondo, véase el Índice de Principios de vida:

9. *Confiar en Dios quiere decir ver más allá de lo que podemos, hacia lo que Dios ve.*

39 También Nicodemo, el que antes había visitado a Jesús de noche,[e] vino trayendo un compuesto de mirra y de áloes, como cien libras.
40 Tomaron, pues, el cuerpo de Jesús, y lo
envolvieron en lienzos con especias aromáticas,
según es costumbre sepultar entre los judíos.
41 Y en el lugar donde había sido crucificado, había un huerto, y en el huerto un sepulcro nuevo, en el cual aún no había sido puesto
ninguno.
42 Allí, pues, por causa de la preparación de la
pascua de los judíos, y porque aquel sepulcro
estaba cerca, pusieron a Jesús.

La resurrección

(Mt 28.1-10; Mr 16.1-8; Lc 24.1-12)

20 EL primer día de la semana, María
Magdalena fue de mañana, siendo aún
oscuro, al sepulcro; y vio quitada la piedra del
sepulcro.
2 Entonces corrió, y fue a Simón Pedro y al
otro discípulo, aquel al que amaba Jesús, y les
dijo: Se han llevado del sepulcro al Señor, y no
sabemos dónde le han puesto.
3 Y salieron Pedro y el otro discípulo, y fueron al sepulcro.
4 Corrían los dos juntos; pero el otro discípulo corrió más aprisa que Pedro, y llegó primero al sepulcro.
5 Y bajándose a mirar, vio los lienzos puestos
allí, pero no entró.
6 Luego llegó Simón Pedro tras él, y entró en
el sepulcro, y vio los lienzos puestos allí,
7 y el sudario, que había estado sobre la cabeza de Jesús, no puesto con los lienzos, sino
enrollado en un lugar aparte.
8 Entonces entró también el otro discípulo,
que había venido primero al sepulcro; y vio,
y creyó.
9 Porque aún no habían entendido la Escritura, que era necesario que él resucitase de los
muertos.
10 Y volvieron los discípulos a los suyos.

Jesús se aparece a María Magdalena

(Mr 16.9-11)

11 Pero María estaba fuera llorando junto al
sepulcro; y mientras lloraba, se inclinó para
mirar dentro del sepulcro;
12 y vio a dos ángeles con vestiduras blancas, ≺
que estaban sentados el uno a la cabecera, y el
otro a los pies, donde el cuerpo de Jesús había
sido puesto.

e. 19.39 Jn 3.1-2.

LECCIONES DE VIDA

➤ ***20.12 — vio a dos ángeles con vestiduras blancas, que estaban sentados el uno a la cabecera, y el otro a los pies, donde el cuerpo de Jesús había sido puesto.***

Aunque María no se dio cuenta, lo que estaba viendo fue el cumplimiento del propiciatorio del Antiguo Testamento, ya que la gloria del Señor resplandeció entre ambos ángeles (Éx 25.22). La única diferencia fue que la gloria de Dios, la *Shekináh,* no estaba siendo revelada a un sacerdote que llegó con una ofrenda. Fue mostrada a una mujer que vino con el corazón quebrantado. El perdón, la guía y la presencia de Dios, que antes habían sido asequibles únicamente a un solo hombre un solo día del año (Lv 16), ahora se habían puesto a disposición de todos nosotros por toda la eternidad (He 2.17; 4.14–16; 9.23–28; 10.19–23; 1 Jn 2.2; 4.10).

13 Y le dijeron: Mujer, ¿por qué lloras? Les dijo: Porque se han llevado a mi Señor, y no sé dónde le han puesto.
14 Cuando había dicho esto, se volvió, y vio a Jesús que estaba allí; mas no sabía que era Jesús.
15 Jesús le dijo: Mujer, ¿por qué lloras? ¿A quién buscas? Ella, pensando que era el hortelano, le dijo: Señor, si tú lo has llevado, dime dónde lo has puesto, y yo lo llevaré.
16 Jesús le dijo: ¡María! Volviéndose ella, le dijo: ¡Raboni! (que quiere decir, Maestro).
17 Jesús le dijo: No me toques, porque aún no he subido a mi Padre; mas ve a mis hermanos, y diles: Subo a mi Padre y a vuestro Padre, a mi Dios y a vuestro Dios.
18 Fue entonces María Magdalena para dar a los discípulos las nuevas de que había visto al Señor, y que él le había dicho estas cosas.

Jesús se aparece a los discípulos
(Mt 28.16-20; Mr 16.14-18; Lc 24.36-49)

19 Cuando llegó la noche de aquel mismo día, el primero de la semana, estando las puertas cerradas en el lugar donde los discípulos estaban reunidos por miedo de los judíos, vino Jesús, y puesto en medio, les dijo: Paz a vosotros.
20 Y cuando les hubo dicho esto, les mostró las manos y el costado. Y los discípulos se regocijaron viendo al Señor.
➤ 21 Entonces Jesús les dijo otra vez: Paz a vosotros. Como me envió el Padre, así también yo os envío.
22 Y habiendo dicho esto, sopló, y les dijo: Recibid el Espíritu Santo.
23 A quienes remitiereis los pecados, les son remitidos; y a quienes se los retuviereis, les son retenidos.[a]

Incredulidad de Tomás

24 Pero Tomás, uno de los doce, llamado Dídimo, no estaba con ellos cuando Jesús vino.
25 Le dijeron, pues, los otros discípulos: Al Señor hemos visto. Él les dijo: Si no viere en sus manos la señal de los clavos, y metiere mi dedo en el lugar de los clavos, y metiere mi mano en su costado, no creeré.
26 Ocho días después, estaban otra vez sus discípulos dentro, y con ellos Tomás. Llegó Jesús, estando las puertas cerradas, y se puso en medio y les dijo: Paz a vosotros.
27 Luego dijo a Tomás: Pon aquí tu dedo, y mira mis manos; y acerca tu mano, y métela en mi costado; y no seas incrédulo, sino creyente.
28 Entonces Tomás respondió y le dijo: ¡Señor mío, y Dios mío!
29 Jesús le dijo: Porque me has visto, Tomás, creíste; bienaventurados los que no vieron, y creyeron. *

El propósito del libro

30 Hizo además Jesús muchas otras señales en presencia de sus discípulos, las cuales no están escritas en este libro.
31 Pero éstas se han escrito para que creáis que Jesús es el Cristo, el Hijo de Dios, y para que creyendo, tengáis vida en su nombre.

Jesús se aparece a siete de sus discípulos

21 DESPUÉS de esto, Jesús se manifestó otra vez a sus discípulos junto al mar de Tiberias; y se manifestó de esta manera:
2 Estaban juntos Simón Pedro, Tomás llamado el Dídimo, Natanael el de Caná de Galilea, los hijos de Zebedeo, y otros dos de sus discípulos.
3 Simón Pedro les dijo: Voy a pescar. Ellos le dijeron: Vamos nosotros también contigo. Fueron, y entraron en una barca; y aquella noche no pescaron nada.[a]
4 Cuando ya iba amaneciendo, se presentó Jesús en la playa; mas los discípulos no sabían que era Jesús.
5 Y les dijo: Hijitos, ¿tenéis algo de comer? Le respondieron: No.
6 Él les dijo: Echad la red a la derecha de la barca, y hallaréis. Entonces la echaron, y ya no la podían sacar, por la gran cantidad de peces.[b]
7 Entonces aquel discípulo a quien Jesús amaba dijo a Pedro: ¡Es el Señor! Simón Pedro, cuando oyó que era el Señor, se ciñó la ropa (porque se había despojado de ella), y se echó al mar.

a. 20.23 Mt 16.19; 18.18. **a. 21.3** Lc 5.5. **b. 21.6** Lc 5.6.

LECCIONES DE VIDA

➤ *20.21 — Como me envió el Padre, así también yo os envío.*

El Padre envió a su Hijo al mundo para hacer posible que hombres y mujeres pecadores lleguen a ser santos, y el Hijo ahora envía a sus seguidores al mundo para hacer posible que otros oigan acerca de su provisión.

➤ *20.29 — bienaventurados los que no vieron, y creyeron.*

Tomás declaró que debía ver y tocar al Salvador antes de poder creer en la resurrección. Sin embargo, Jesús dijo que quienes no necesitaran evidencia visual de su obra y su poder, serían especialmente bendecidos. Confiar en Dios significa ver más allá de lo que podemos ver hacia lo que Él ve. Esta es la esencia misma de la fe: no vemos cómo es que Dios obra, pero de todas maneras confiamos en Él. Debemos obedecerlo activamente y tener confianza en su amor por nosotros para que Él pueda bendecirnos.

➤ *20.31 — éstas se han escrito para que creáis que Jesús es el Cristo, el Hijo de Dios, y para que creyendo, tengáis vida en su nombre.*

Si la Palabra de Dios no tuviese el sello de aprobación del Señor, habría caído en el olvido hace mucho tiempo. Por el contrario, como Isaías 40.8 asegura, «la palabra del Dios

8 Y los otros discípulos vinieron con la barca,
arrastrando la red de peces, pues no distaban
de tierra sino como doscientos codos.
9 Al descender a tierra, vieron brasas puestas,
y un pez encima de ellas, y pan.
10 Jesús les dijo: Traed de los peces que acabáis de pescar.
11 Subió Simón Pedro, y sacó la red a tierra,
llena de grandes peces, ciento cincuenta y
tres; y aun siendo tantos, la red no se rompió.
➤ 12 Les dijo Jesús: Venid, comed. Y ninguno de
los discípulos se atrevía a preguntarle: ¿Tú,
quién eres? sabiendo que era el Señor.
13 Vino, pues, Jesús, y tomó el pan y les dio, y
asimismo del pescado.
14 Esta era ya la tercera vez que Jesús se
manifestaba a sus discípulos, después de
haber resucitado de los muertos.

Apacienta mis ovejas

15 Cuando hubieron comido, Jesús dijo a
Simón Pedro: Simón, hijo de Jonás, ¿me amas
más que éstos? Le respondió: Sí, Señor; tú
sabes que te amo. Él le dijo: Apacienta mis
corderos.
16 Volvió a decirle la segunda vez: Simón, hijo
de Jonás, ¿me amas? Pedro le respondió: Sí,
Señor; tú sabes que te amo. Le dijo: Pastorea
mis ovejas.
17 Le dijo la tercera vez: Simón, hijo de Jonás,
¿me amas? Pedro se entristeció de que le dijese la tercera vez: ¿Me amas? y le respondió:
Señor, tú lo sabes todo; tú sabes que te amo.
Jesús le dijo: Apacienta mis ovejas.
18 De cierto, de cierto te digo: Cuando eras
más joven, te ceñías, e ibas a donde querías;
mas cuando ya seas viejo, extenderás tus
manos, y te ceñirá otro, y te llevará a donde
no quieras.
19 Esto dijo, dando a entender con qué muerte había de glorificar a Dios. Y dicho esto, añadió: Sígueme. ➤

El discípulo amado

20 Volviéndose Pedro, vio que les seguía el discípulo a quien amaba Jesús, el mismo que en
la cena se había recostado al lado de él, y le
había dicho: Señor, ¿quién es el que te ha de
entregar?[c]
21 Cuando Pedro le vio, dijo a Jesús: Señor, ¿y
qué de éste?
22 Jesús le dijo: Si quiero que él quede hasta ➤
que yo venga, ¿qué a ti? Sígueme tú.
23 Este dicho se extendió entonces entre los
hermanos, que aquel discípulo no moriría.
Pero Jesús no le dijo que no moriría, sino: Si
quiero que él quede hasta que yo venga, ¿qué
a ti?
24 Éste es el discípulo que da testimonio de
estas cosas, y escribió estas cosas; y sabemos
que su testimonio es verdadero.
25 Y hay también otras muchas cosas que hizo
Jesús, las cuales si se escribieran una por una,
pienso que ni aun en el mundo cabrían los
libros que se habrían de escribir. Amén.

c. 21.20 Jn 13.25.

LECCIONES DE VIDA

nuestro permanece para siempre». La Biblia es su revelación a nosotros y por medio de la obra del Espíritu Santo, seguirá cumpliendo su propósito, que es conducir a las personas a la vida eterna en Cristo (Is 55.11; Mt 5.18; Fil 1.6).

➤ ***21.12 — Les dijo Jesús: Venid, comed.***

Si alguien estuviera inventándose esta anécdota, parecería muy extraño que el Salvador resucitado se pusiera a prepararles desayuno a sus discípulos atemorizados. Sin embargo, esto demuestra que Dios está interesado en cada detalle de nuestras vidas, hasta el más rutinario.

➤ ***21.19 — dando a entender con qué muerte había de glorificar a Dios.***

A partir de este momento, Pedro supo qué clase de muerte, por crucifixión, le esperaba. Sin embargo, él amó al Salvador, quien lo perdonó con tal pasión que el discípulo nunca renegó de cumplir su propósito, aún hasta el mismo final.

➤ ***21.22 — Jesús le dijo: Si quiero que él quede hasta que yo venga, ¿qué a ti? Sígueme tú.***

Debemos concentrarnos en lo que Dios quiere hacer en nuestra vida, no preocuparnos por lo que pueda hacer en la vida de otro. No debemos compararnos ni competir, debemos obedecer. Lo que el Señor haga con sus demás siervos es asunto suyo, no nuestro.

LOS HECHOS
DE LOS APÓSTOLES

Las últimas palabras de Jesús antes de su ascensión marcaron el inicio de las grandes hazañas registradas en el Libro de los Hechos: «me seréis testigos en Jerusalén, en toda Judea, en Samaria, y hasta lo último de la tierra» (Hch 1.8). Investidos de poder por el Espíritu Santo, hombres y mujeres piadosos tomaron en serio las últimas instrucciones que oyeron de su Señor y empezaron a divulgar las nuevas del Salvador resucitado hasta las esquinas más remotas del mundo conocido.

Siendo el segundo tomo de una obra de Lucas dividida en dos partes (Evangelio Según Lucas y Hechos de los Apóstoles), es posible que este libro no tuviera título propio en un comienzo. Todos los manuscritos griegos disponibles lo designan por el título *Praxeis*, «Hechos», o por un título ampliado tal como «Los Hechos de los Apóstoles». El término *Praxeis* se empleaba comúnmente en la literatura griega para resumir los logros de hombres y mujeres insignes.

Aunque los apóstoles son mencionados colectivamente en varios momentos, el libro resalta los hechos de Pedro (Hch 1–12) y de Pablo (Hch 13–28). Pedro asumió un papel inmediato de liderazgo en la iglesia en Jerusalén, mientras Pablo tomó la delantera en la expansión del alcance de la iglesia a los gentiles fuera de Israel.

El libro de Hechos cubre cerca de las primeras tres décadas de la iglesia después de la resurrección de Cristo y centra su atención en acontecimientos importantes que ocurrieron desde Jerusalén hasta Roma. Los eruditos han notado y apreciado su atención esmerada al registro no solamente de los éxitos de la iglesia primitiva, sino también sus dificultades y sus retos (Hch 5.1–11; 11.1, 2; 15.1–5, 36–40).

Tema: El libro de los Hechos resalta la predicación de los apóstoles acerca del Salvador resucitado, Jesucristo, y enfatiza cómo el Espíritu Santo llenó con gran poder, guió, protegió y animó a los miembros de la iglesia para que sirvieran con denuedo como testigos de Jesús.

Autor: El médico Lucas, quien usa el pronombre «nosotros» en la última parte de la narración.

Fecha: Algunos eruditos creen que este libro fue escrito cerca del año 63 d.C., mientras otros prefieren una fecha de 70 d.C. o posterior.

Estructura: Cada sección del libro (1–7; 8–12; 13–28) se enfoca en un auditorio particular, una persona clave y una fase significativa en la extensión del mensaje del evangelio. Hechos empieza con la ascensión de Cristo y procede a relatar la venida del Espíritu Santo y el crecimiento de la iglesia en Jerusalén (1.1—7.60). Seguidamente, el libro se enfoca en la expansión de la iglesia al área circundante tras una persecución intensa (8.1—12.25), y luego ajusta su enfoque en los tres viajes misioneros y el encarcelamiento de Pablo, por medio de los cuales el mensaje del evangelio llegó a Grecia y otras partes de Europa (13.1—28.31).

A medida que lea Hechos, fíjese en los principios de vida que juegan un papel importante en este libro:

22. **Andar en el Espíritu es obedecer las indicaciones iniciales del Espíritu.** *Véase Hechos 1.8; 2.38; 10.19; páginas 1210; 1213; 1225.*

28. **Ningún creyente ha sido llamado a transitar solitario en su peregrinaje de fe.** *Véase Hechos 2.42; página 1213.*

25. **Dios nos bendice para que nosotros podamos bendecir a otros.** *Véase Hechos 11.29; página 1229.*

17. **De rodillas somos más altos y más fuertes.** *Véase Hechos 12.5–11; página 1230.*

La promesa del Espíritu Santo

1 EN el primer tratado, oh Teófilo,[a] hablé
acerca de todas las cosas que Jesús comenzó a hacer y a enseñar,
2 hasta el día en que fue recibido arriba,
después de haber dado mandamientos por
el Espíritu Santo a los apóstoles que había
escogido;
3 a quienes también, después de haber padecido, se presentó vivo con muchas pruebas
indubitables, apareciéndoseles durante cuarenta días y hablándoles acerca del reino de
Dios.
4 Y estando juntos, les mandó que no se fueran de Jerusalén, sino que esperasen la promesa del Padre,[b] la cual, les dijo, oísteis de
mí.
➤ 5 Porque Juan ciertamente bautizó con agua,
mas vosotros seréis bautizados con el Espíritu Santo[c] dentro de no muchos días.

La ascensión

6 Entonces los que se habían reunido le preguntaron, diciendo: Señor, ¿restaurarás el reino a Israel en este tiempo?
7 Y les dijo: No os toca a vosotros saber los
tiempos o las sazones, que el Padre puso en
su sola potestad;
➤ 8 pero recibiréis poder, cuando haya venido
sobre vosotros el Espíritu Santo, y me seréis
testigos en Jerusalén, en toda Judea, en Samaria, y hasta lo último de la tierra.[d]
9 Y habiendo dicho estas cosas, viéndolo ellos,
fue alzado, y le recibió una nube que le ocultó de sus ojos.[e]
10 Y estando ellos con los ojos puestos en
el cielo, entre tanto que él se iba, he aquí se
pusieron junto a ellos dos varones con vestiduras blancas,
* 11 los cuales también les dijeron: Varones
➤ galileos, ¿por qué estáis mirando al cielo? Este
mismo Jesús, que ha sido tomado de vosotros al cielo, así vendrá como le habéis visto ir al cielo.

Elección del sucesor de Judas

12 Entonces volvieron a Jerusalén desde el
monte que se llama del Olivar, el cual está cerca de Jerusalén, camino de un día de reposo.*
13 Y entrados, subieron al aposento alto, donde moraban Pedro y Jacobo, Juan, Andrés,
Felipe, Tomás, Bartolomé, Mateo, Jacobo hijo
de Alfeo, Simón el Zelote y Judas hermano
de Jacobo.[f]
14 Todos éstos perseveraban unánimes en
oración y ruego, con las mujeres, y con María
la madre de Jesús, y con sus hermanos.
15 En aquellos días Pedro se levantó en medio
de los hermanos (y los reunidos eran como
ciento veinte en número), y dijo:
16 Varones hermanos, era necesario que se
cumpliese la Escritura en que el Espíritu Santo
habló antes por boca de David acerca de Judas,
que fue guía de los que prendieron a Jesús,
17 y era contado con nosotros, y tenía parte
en este ministerio.
18 Éste, pues, con el salario de su iniquidad
adquirió un campo, y cayendo de cabeza, se
reventó por la mitad, y todas sus entrañas se
derramaron.
19 Y fue notorio a todos los habitantes de
Jerusalén, de tal manera que aquel campo
se llama en su propia lengua, Acéldama, que
quiere decir, Campo de sangre.[g]
20 Porque está escrito en el libro de los Salmos:

> Sea hecha desierta su habitación,
> Y no haya quien more en ella;[h]

y:

> Tome otro su oficio.[i]

21 Es necesario, pues, que de estos hombres
que han estado juntos con nosotros todo el
tiempo que el Señor Jesús entraba y salía
entre nosotros,

---

* Aquí equivale a *sábado*.

a. 1.1 Lc 1.1-4. **b. 1.4** Lc 24.49. **c. 1.5** Mt 3.11; Mr 1.8; Lc 3.16; Jn 1.33. **d. 1.8** Mt 28.19; Mr 16.15; Lc 24.47-48. **e. 1.9** Mr 16.19; Lc 24.50-51. **f. 1.13** Mt 10.2-4; Mr 3.16-19; Lc 6.14-16. **g. 1.18-19** Mt 27.3-8. **h. 1.20** Sal 69.25. **i. 1.20** Sal 109.8.

LECCIONES DE VIDA

➤ 1.5 — vosotros seréis bautizados con el Espíritu Santo dentro de no muchos días.

El Espíritu Santo mora en todos los creyentes (1 Co 3.16) y ellos están «sellados para el día de la redención» (Ef 4.30) desde el momento en que cada uno confía en Jesucristo como su Señor y Salvador. A partir de ahí, el Espíritu conforma al creyente a la imagen de Cristo y capacita al cristiano para el servicio.

➤ 1.8 — recibiréis poder, cuando haya venido sobre vosotros el Espíritu Santo, y me seréis testigos.

Cada vez que se menciona el poder del Espíritu Santo en las Escrituras, siempre se relaciona con compartir el evangelio de la verdad para que Dios sea glorificado y las vidas de las personas sean cambiadas. Él mora dentro de cada creyente para que pueda hacer lo que el Señor le manda hacer. Específicamente, para que los creyentes seamos sus embajadores en este mundo, presentando a las personas el amor y la gracia de Dios que tienen disponibles en Cristo. Nos convertimos en testigos eficaces únicamente por el poder del Espíritu.

➤ 1.11 — Varones galileos, ¿por qué estáis mirando al cielo?

¿Por qué se quedaron ahí parados mirando al cielo? Porque Jesucristo, el Señor resucitado, estaba ascendiendo gloriosamente al cielo para sentarse a la diestra del Padre. Es fácil quedar anonadados ante el poder asombroso y los milagros prodigiosos de Dios, a tal punto que nos convertimos en meros espectadores en lugar de participantes activos en lo que Él quiere hacer en este mundo. Sin embargo, Dios nos llama a la acción investida de poder por el Espíritu Santo, y debemos contar a otros de la salvación maravillosa que Él ha provisto para nosotros.

RESPUESTAS A PREGUNTAS DE LA VIDA

¿Cuándo y cómo soy lleno(a) del Espíritu Santo?

HCH 2.4

¿Qué dice el Nuevo Testamento acerca de la relación del creyente con el Espíritu Santo? Al parecer, se debate mucho acerca la actividad del Espíritu en la vida de una persona y de cómo un creyente experimenta la vida cristiana llena del Espíritu. Pero cuando miramos las Escrituras, descubrimos que no existe una causa real para tener confusión al respecto.

El Espíritu Santo llegó para establecer la iglesia en el día de Pentecostés, y fue acompañado por manifestaciones extraordinarias de su presencia. Estas demostraciones estuvieron orientadas a señales y no basadas en el carácter. En otras palabras, la Biblia no dice que después de ser llenos del Espíritu Santo, los que estaban en el aposento alto salieron de allí con gran paciencia, bondad, mansedumbre y demás (Gá 5.22, 23). Más bien, dice que empezaron de inmediato a hablar en otras lenguas. Así es como los judíos provenientes de otras regiones que habían venido a celebrar sus festividades, al escucharlos hablar en su propio dialecto autóctono, supieron que había ocurrido un hecho sobrenatural (Hch 2.1–12).

En un principio, pareció que el Espíritu vino específicamente a habitar dentro de los que estaban congregados en el aposento alto para que salieran a difundir el evangelio (Hch 2.3, 4). Sin embargo, al poco tiempo otros creyentes también fueron llenos del Espíritu Santo tan pronto rindieron sus vidas a Jesucristo (Hch 4.31; 9.17). Entonces fue obvio que los creyentes cristianos en todo lugar estaban siendo bendecidos con el derramamiento del Espíritu y que Él estaba transformando sus vidas (Hch 10.45).

¿Cuál fue entonces la relación entre ser salvos y recibir el Espíritu? Pablo explicó: «En él también vosotros, habiendo oído la palabra de verdad, el evangelio de vuestra salvación, y habiendo creído en él, fuisteis sellados con el Espíritu Santo de la promesa, que es las arras de nuestra herencia hasta la redención de la posesión adquirida, para alabanza de su gloria» (Ef 1.13, 14).

Unos cuantos años después del día de Pentecostés, el evangelio de Jesucristo estaba siendo enseñado a lo largo y ancho del mundo conocido, y vidas estaban siendo cambiadas como resultado de la obra de su Espíritu. De hecho, después del libro de Hechos, la frase «llenos del Espíritu» no volvió a utilizarse, aparte de una mención en Efesios 5.18. En ese pasaje, Pablo habla acerca de cómo debemos rendirnos a la influencia del Espíritu, no al ministerio del Espíritu Santo que mora dentro del creyente, el cual todo cristiano recibe.

Hoy día, Dios habita en los corazones y las vidas de todos aquellos que ponen su fe en su Hijo, el Señor Jesucristo. Pablo escribió: «por un solo Espíritu fuimos todos bautizados en un cuerpo, sean judíos o griegos, sean esclavos o libres; y a todos se nos dio a beber de un mismo Espíritu» (1 Co 12.13). El apóstol Juan escribió: «En esto conocemos que permanecemos en él, y él en nosotros, en que nos ha dado de su Espíritu» (1 Jn 4.13). De hecho, «si alguno no tiene el Espíritu de Cristo, no es de él» (Ro 8.9). Sabemos que pertenecemos a Cristo porque su Espíritu habita en nosotros.

Somos llenos del Espíritu de Dios el momento en que aceptamos a Cristo como nuestro Salvador personal. No volvemos a llenarnos en repetidas ocasiones, pues ya tenemos todo lo que vamos a recibir del Espíritu al ser salvos. Sin embargo, a medida que crecemos en nuestro andar cristiano, aprendemos más acerca de los caminos de Dios, su carácter y su presencia dentro de nosotros a través de su Espíritu. Cuanto más sabemos acerca de Él y más lo amamos y lo obedecemos, más aprendemos a vivir la vida en toda su plenitud. Algunos pueden decir que recibimos más del Espíritu Santo, pero en realidad sucede todo lo contrario: el Espíritu es quien gana más de nosotros.

Para un estudio más a fondo, véase el Índice de Principios de vida:

24. Vivir la vida cristiana es permitir al Señor Jesús vivir su vida en y por medio de nosotros.

4. Estar conscientes de la presencia de Dios nos da energías para desempeñar nuestro trabajo.

22 comenzando desde el bautismo de Juan[j]
hasta el día en que de entre nosotros fue recibido arriba,[k] uno sea hecho testigo con nosotros, de su resurrección.
23 Y señalaron a dos: a José, llamado Barsabás,
que tenía por sobrenombre Justo, y a Matías.
24 Y orando, dijeron: Tú, Señor, que conoces
los corazones de todos, muestra cuál de estos
dos has escogido,
25 para que tome la parte de este ministerio
y apostolado, de que cayó Judas por transgresión, para irse a su propio lugar.
26 Y les echaron suertes, y la suerte cayó
sobre Matías; y fue contado con los once
apóstoles.

La venida del Espíritu Santo

2 CUANDO llegó el día de Pentecostés,[a]
estaban todos unánimes juntos.
2 Y de repente vino del cielo un estruendo
como de un viento recio que soplaba, el cual
llenó toda la casa donde estaban sentados;
3 y se les aparecieron lenguas repartidas,
como de fuego, asentándose sobre cada uno
de ellos.
➤ 4 Y fueron todos llenos del Espíritu Santo, y
comenzaron a hablar en otras lenguas, según
el Espíritu les daba que hablasen.
➤ 5 Moraban entonces en Jerusalén judíos,
varones piadosos, de todas las naciones bajo
el cielo.
6 Y hecho este estruendo, se juntó la multitud;
y estaban confusos, porque cada uno les oía
hablar en su propia lengua.
7 Y estaban atónitos y maravillados, diciendo: Mirad, ¿no son galileos todos estos que
hablan?
8 ¿Cómo, pues, les oímos nosotros hablar
cada uno en nuestra lengua en la que hemos
nacido?
9 Partos, medos, elamitas, y los que habitamos en Mesopotamia, en Judea, en Capadocia, en el Ponto y en Asia,
10 en Frigia y Panfilia, en Egipto y en las
regiones de África más allá de Cirene, y
romanos aquí residentes, tanto judíos como
prosélitos,
11 cretenses y árabes, les oímos hablar en
nuestras lenguas las maravillas de Dios.
12 Y estaban todos atónitos y perplejos, diciéndose unos a otros: ¿Qué quiere decir esto?
13 Mas otros, burlándose, decían: Están llenos de mosto.

Primer discurso de Pedro

14 Entonces Pedro, poniéndose en pie con los
once, alzó la voz y les habló diciendo: Varones judíos, y todos los que habitáis en Jerusalén, esto os sea notorio, y oíd mis palabras.
15 Porque éstos no están ebrios, como vosotros suponéis, puesto que es la hora tercera
del día.
16 Mas esto es lo dicho por el profeta Joel:
17 Y en los postreros días, dice Dios,
Derramaré de mi Espíritu sobre toda
carne,
Y vuestros hijos y vuestras hijas
profetizarán;
Vuestros jóvenes verán visiones,
Y vuestros ancianos soñarán sueños;
18 Y de cierto sobre mis siervos y sobre
mis siervas en aquellos días
Derramaré de mi Espíritu, y
profetizarán.
19 Y daré prodigios arriba en el cielo,
Y señales abajo en la tierra,
Sangre y fuego y vapor de humo;
20 El sol se convertirá en tinieblas,
Y la luna en sangre,
Antes que venga el día del Señor,
Grande y manifiesto;
21 Y todo aquel que invocare el nombre del
Señor, será salvo.[b]
22 Varones israelitas, oíd estas palabras: Jesús
nazareno, varón aprobado por Dios entre
vosotros con las maravillas, prodigios y señales que Dios hizo entre vosotros por medio de
él, como vosotros mismos sabéis;
23 a éste, entregado por el determinado con- ➤
sejo y anticipado conocimiento de Dios,

j. 1.22 Mt 3.16; Mr 1.9; Lc 3.21. **k. 1.22** Mr 16.19; Lc 24.51.
a. 2.1 Lv 23.15-21; Dt 16.9-11. **b. 2.17-21** Jl 2.28-32.

LECCIONES DE VIDA

➤ ***2.4 — fueron todos llenos del Espíritu Santo, y comenzaron a hablar en otras lenguas, según el Espíritu les daba que hablasen.***

Para demostrar a los discípulos, a los judíos de la época y al mundo no creyente que el Espíritu había venido con poder y de una nueva manera sobre la iglesia, los creyentes empezaron a hablar en lenguas que nunca habían aprendido. Ahora bien, entendamos que ellos hablaron en los dialectos de las personas que los oyeron hablar «en su propia lengua» (Hch 2.6). No estaban balbuciendo palabrerías sin sentido ni hablaron en algún idioma desconocido, sino en las lenguas propias de los «varones piadosos, de todas las naciones bajo el cielo» que habían llegado para las festividades (Hch 2.5; también Hch 2.9–11; 1 Co 14).

➤ ***2.5 — Moraban entonces en Jerusalén judíos, varones piadosos, de todas las naciones bajo el cielo.***

¿Por qué había gente de todas las naciones en Jerusalén? Porque era la fiesta de Pentecostés, conocida también la fiesta de las semanas (siete semanas), la cual se celebraba el quincuagésimo (50°) día de la cosecha hebrea (Lv 23.15–22; Dt 16.9–12). Era una celebración de la provisión de Dios, y judíos de todo el mundo traían sus ofrendas de acción de gracias al templo. Por supuesto, ni se imaginaron que Dios cambiaría sus vidas de una manera tan radical, puesto que ellos mismos se convirtieron en la cosecha divina (Hch 2.41).

prendisteis y matasteis por manos de inicuos,
crucificándole;[c]
24 al cual Dios levantó,[d] sueltos los dolores de
la muerte, por cuanto era imposible que fuese
retenido por ella.
25 Porque David dice de él:
Veía al Señor siempre delante de mí;
Porque está a mi diestra, no seré
conmovido.
26 Por lo cual mi corazón se alegró, y se
gozó mi lengua,
Y aun mi carne descansará en
esperanza;
27 Porque no dejarás mi alma en el Hades,
Ni permitirás que tu Santo vea
corrupción.
28 Me hiciste conocer los caminos de la
vida;
Me llenarás de gozo con tu presencia.[e]
29 Varones hermanos, se os puede decir libremente del patriarca David, que murió y fue
sepultado, y su sepulcro está con nosotros
hasta el día de hoy.
30 Pero siendo profeta, y sabiendo que con
juramento Dios le había jurado que de su
descendencia, en cuanto a la carne, levantaría al Cristo para que se sentase en su trono,[f]
31 viéndolo antes, habló de la resurrección de
Cristo, que su alma no fue dejada en el Hades,
ni su carne vio corrupción.
32 A este Jesús resucitó Dios, de lo cual todos
nosotros somos testigos.
33 Así que, exaltado por la diestra de Dios, y
habiendo recibido del Padre la promesa del
Espíritu Santo, ha derramado esto que vosotros veis y oís.
34 Porque David no subió a los cielos; pero él
mismo dice:
Dijo el Señor a mi Señor:
Siéntate a mi diestra,
35 Hasta que ponga a tus enemigos por
estrado de tus pies.[g]
36 Sepa, pues, ciertísimamente toda la casa de
Israel, que a este Jesús a quien vosotros crucificasteis, Dios le ha hecho Señor y Cristo.
37 Al oír esto, se compungieron de corazón, y
dijeron a Pedro y a los otros apóstoles: Varones hermanos, ¿qué haremos?
38 Pedro les dijo: Arrepentíos, y bautícese ✻
cada uno de vosotros en el nombre de Jesucristo para perdón de los pecados; y recibiréis
el don del Espíritu Santo.
39 Porque para vosotros es la promesa, y para
vuestros hijos, y para todos los que están lejos;
para cuantos el Señor nuestro Dios llamare.
40 Y con otras muchas palabras testificaba
y les exhortaba, diciendo: Sed salvos de esta
perversa generación.
41 Así que, los que recibieron su palabra fueron bautizados; y se añadieron aquel día
como tres mil personas.
42 Y perseveraban en la doctrina de los apóstoles, en la comunión unos con otros, en el
partimiento del pan y en las oraciones.

La vida de los primeros cristianos

43 Y sobrevino temor a toda persona; y
muchas maravillas y señales eran hechas por
los apóstoles.
44 Todos los que habían creído estaban juntos, y tenían en común todas las cosas;[h]
45 y vendían sus propiedades y sus bienes,
y lo repartían a todos según la necesidad de
cada uno.[i]
46 Y perseverando unánimes cada día en el
templo, y partiendo el pan en las casas, comían
juntos con alegría y sencillez de corazón,
47 alabando a Dios, y teniendo favor con todo
el pueblo. Y el Señor añadía cada día a la iglesia los que habían de ser salvos.

Curación de un cojo

3 PEDRO y Juan subían juntos al templo a
la hora novena, la de la oración.
2 Y era traído un hombre cojo de nacimiento,
a quien ponían cada día a la puerta del templo

c. 2.23 Mt 27.35; Mr 15.24; Lc 23.33; Jn 19.18.
d. 2.24 Mt 28 5-6; Mr 16.6; Lc 24.5. **e. 2.25-28** Sal 16.8-11.
f. 2.30 Sal 89.3-4; 132.11. **g. 2.34-35** Sal 110.1.
h. 2.44 Hch 4.32-35. **i. 2.45** Mt 19.21; Mr 10.21; Lc 12.33; 18.22.

LECCIONES DE VIDA

➤ ***2.23 — a éste, entregado por el determinado consejo y anticipado conocimiento de Dios, prendisteis y matasteis por manos de inicuos, crucificándole.***

De una manera que ninguno de nosotros puede entender del todo, Dios orquestó todos los sucesos del arresto y la muerte de Jesús, al mismo tiempo que cada individuo que participó en su ejecución siguió siendo personalmente responsable de sus decisiones y acciones.

➤ ***2.38 — recibiréis el don del Espíritu Santo.***

Cada creyente recibe el Espíritu Santo tan pronto acepta a Cristo como su Salvador. El Señor envía su Espíritu a morar en nosotros porque sabe cuán inadecuados somos y que nos resulta imposible vivir la vida cristiana por cuenta propia. Por lo tanto, el Espíritu Santo nos capacita para llevar a cabo cada buena obra que Él nos llama a hacer. Dios no nos hizo para ser suficientes en nosotros mismos, Él nos hizo para ser adecuados y completos en Él, razón por la cual es tan importante que confiemos siempre en Él y obedezcamos las indicaciones iniciales de su Espíritu a nuestro espíritu.

➤ ***2.42 — perseveraban en la doctrina de los apóstoles, en la comunión unos con otros, en el partimiento del pan y en las oraciones.***

Para crecer en la fe y cumplir la misión que Jesús nos ha dado, debemos congregarnos con regularidad en busca de instrucción, adoración, ánimo y oración. Dios nunca llama a ningún cristiano a una vida solitaria de fe. Más bien, es en el compañerismo con otros creyentes que podemos llegar a ser todo aquello para lo cual fuimos creados (He 10.24).

que se llama la Hermosa, para que pidiese
limosna de los que entraban en el templo.
3 Éste, cuando vio a Pedro y a Juan que iban
a entrar en el templo, les rogaba que le diesen limosna.
4 Pedro, con Juan, fijando en él los ojos, le
dijo: Míranos.
5 Entonces él les estuvo atento, esperando
recibir de ellos algo.
➤6 Mas Pedro dijo: No tengo plata ni oro, pero
lo que tengo te doy; en el nombre de Jesucristo de Nazaret, levántate y anda.
7 Y tomándole por la mano derecha le levantó; y al momento se le afirmaron los pies y
tobillos;
8 y saltando, se puso en pie y anduvo; y entró
con ellos en el templo, andando, y saltando, y
alabando a Dios.
9 Y todo el pueblo le vio andar y alabar a Dios.
10 Y le reconocían que era el que se sentaba a
pedir limosna a la puerta del templo, la Hermosa; y se llenaron de asombro y espanto por
lo que le había sucedido.

Discurso de Pedro en el pórtico de Salomón

11 Y teniendo asidos a Pedro y a Juan el cojo
que había sido sanado, todo el pueblo, atónito, concurrió a ellos al pórtico que se llama de
Salomón.
➤12 Viendo esto Pedro, respondió al pueblo:
Varones israelitas, ¿por qué os maravilláis de
esto? ¿o por qué ponéis los ojos en nosotros,
como si por nuestro poder o piedad hubiésemos hecho andar a éste?
13 El Dios de Abraham, de Isaac y de Jacob,
el Dios de nuestros padres, ha glorificado a
su Hijo Jesús, a quien vosotros entregasteis y
negasteis delante de Pilato, cuando éste había
resuelto ponerle en libertad.
14 Mas vosotros negasteis al Santo y al Justo,
y pedisteis que se os diese un homicida,[a]
15 y matasteis al Autor de la vida, a quien
Dios ha resucitado de los muertos, de lo cual
nosotros somos testigos.
16 Y por la fe en su nombre, a éste, que vosotros veis y conocéis, le ha confirmado su
nombre; y la fe que es por él ha dado a éste
esta completa sanidad en presencia de todos
vosotros.
17 Mas ahora, hermanos, sé que por ignorancia lo habéis hecho, como también vuestros
gobernantes.
18 Pero Dios ha cumplido así lo que había
antes anunciado por boca de todos sus profetas, que su Cristo había de padecer.
19 Así que, arrepentíos y convertíos, para que ➤
sean borrados vuestros pecados; para que
vengan de la presencia del Señor tiempos de
refrigerio,
20 y él envíe a Jesucristo, que os fue antes
anunciado;
21 a quien de cierto es necesario que el cielo
reciba hasta los tiempos de la restauración de
todas las cosas, de que habló Dios por boca de
sus santos profetas que han sido desde tiempo antiguo.
22 Porque Moisés dijo a los padres: El Señor
vuestro Dios os levantará profeta de entre
vuestros hermanos, como a mí; a él oiréis en
todas las cosas que os hable;[b]
23 y toda alma que no oiga a aquel profeta,
será desarraigada del pueblo.[c]
24 Y todos los profetas desde Samuel en
adelante, cuantos han hablado, también han
anunciado estos días.
25 Vosotros sois los hijos de los profetas, y
del pacto que Dios hizo con nuestros padres,
diciendo a Abraham: En tu simiente serán
benditas todas las familias de la tierra.[d]
26 A vosotros primeramente, Dios, habiendo
levantado a su Hijo, lo envió para que os bendijese, a fin de que cada uno se convierta de
su maldad.

Pedro y Juan ante el concilio

4 HABLANDO ellos al pueblo, vinieron
sobre ellos los sacerdotes con el jefe de la
guardia del templo, y los saduceos,

a. 3.14 Mt 27.15-23; Mr 15.6-14; Lc 23.13-23; Jn 19.12-15. **b. 3.22** Dt 18.15-16. **c. 3.23** Dt 18.19. **d. 3.25** Gn 22.18.

LECCIONES DE VIDA

➤ ***3.6 — lo que tengo te doy; en el nombre de Jesucristo de Nazaret, levántate y anda.***

El hombre pidió limosna, pero los discípulos le dieron algo mucho más valioso (Hch 3.8). Es posible que las personas acudan a nosotros de vez en cuando a pedir nuestra ayuda. Aunque no podamos darles riquezas, influencia política o muchas otras cosas que el mundo ansía dar, sí tenemos algo que realmente necesitan. Como creyentes, siempre deberíamos dirigir a las personas al Señor, como lo hicieron los discípulos. Dios ciertamente les responderá, y hasta puede obrar a través de nosotros para contestar sus oraciones de una manera que nadie habría podido anticipar.

➤ ***3.12 — ¿por qué ponéis los ojos en nosotros, como si por nuestro poder o piedad hubiésemos hecho andar a éste?***

Sin importar cuán prodigiosamente el Señor pueda decidir usarnos, debemos procurar que la gente sepa que es Dios quien obra. Él es quien realiza cualquier cosa buena que pueda ocurrir, y nosotros simplemente somos vasijas en sus manos a través de las cuales Él obra.

➤ ***3.19 — arrepentíos y convertíos, para que sean borrados vuestros pecados; para que vengan de la presencia del Señor tiempos de refrigerio.***

La sanidad del hombre cojo atrajo una gran multitud al pórtico de Salomón, y brindó a Pedro y Juan una oportunidad excelente para predicar el evangelio. Mientras que el hombre discapacitado había sido afligido en su cuerpo, Pedro señaló que los hombres de Israel eran inválidos en sus almas (Hch 3.14–18). Su sanidad vendría de la misma manera que aquel hombre la experimentó, «por la fe en su nombre» (Hch 3.16).

2 resentidos de que enseñasen al pueblo, y
anunciasen en Jesús la resurrección de entre
los muertos.
3 Y les echaron mano, y los pusieron en la cárcel hasta el día siguiente, porque era ya tarde.
4 Pero muchos de los que habían oído la palabra, creyeron; y el número de los varones era
como cinco mil.
5 Aconteció al día siguiente, que se reunieron
en Jerusalén los gobernantes, los ancianos y
los escribas,
6 y el sumo sacerdote Anás, y Caifás y Juan y
Alejandro, y todos los que eran de la familia
de los sumos sacerdotes;
7 y poniéndoles en medio, les preguntaron:
¿Con qué potestad, o en qué nombre, habéis
hecho vosotros esto?
8 Entonces Pedro, lleno del Espíritu Santo,
les dijo: Gobernantes del pueblo, y ancianos
de Israel:
9 Puesto que hoy se nos interroga acerca del
beneficio hecho a un hombre enfermo, de qué
manera éste haya sido sanado,
10 sea notorio a todos vosotros, y a todo el pueblo de Israel, que en el nombre de Jesucristo
de Nazaret, a quien vosotros crucificasteis y a
quien Dios resucitó de los muertos, por él este
hombre está en vuestra presencia sano.
11 Este Jesús es la piedra reprobada por vosotros los edificadores, la cual ha venido a ser
cabeza del ángulo.[a]
12 Y en ningún otro hay salvación; porque no
hay otro nombre bajo el cielo, dado a los hombres, en que podamos ser salvos.
13 Entonces viendo el denuedo de Pedro y de
Juan, y sabiendo que eran hombres sin letras
y del vulgo, se maravillaban; y les reconocían
que habían estado con Jesús.
14 Y viendo al hombre que había sido sanado,
que estaba en pie con ellos, no podían decir
nada en contra.
15 Entonces les ordenaron que saliesen del
concilio; y conferenciaban entre sí,
16 diciendo: ¿Qué haremos con estos hombres? Porque de cierto, señal manifiesta ha
sido hecha por ellos, notoria a todos los que
moran en Jerusalén, y no lo podemos negar.
17 Sin embargo, para que no se divulgue más
entre el pueblo, amenacémosles para que no
hablen de aquí en adelante a hombre alguno
en este nombre.
18 Y llamándolos, les intimaron que en ninguna manera hablasen ni enseñasen en el nombre de Jesús.
19 Mas Pedro y Juan respondieron diciéndoles: Juzgad si es justo delante de Dios obedecer a vosotros antes que a Dios;
20 porque no podemos dejar de decir lo que
hemos visto y oído.
21 Ellos entonces les amenazaron y les soltaron, no hallando ningún modo de castigarles,
por causa del pueblo; porque todos glorificaban a Dios por lo que se había hecho,
22 ya que el hombre en quien se había hecho
este milagro de sanidad, tenía más de cuarenta años.

Los creyentes piden confianza y valor

23 Y puestos en libertad, vinieron a los suyos y
contaron todo lo que los principales sacerdotes y los ancianos les habían dicho.
24 Y ellos, habiéndolo oído, alzaron unánimes
la voz a Dios, y dijeron: Soberano Señor, tú
eres el Dios que hiciste el cielo y la tierra, el
mar y todo lo que en ellos hay;[b]
25 que por boca de David tu siervo dijiste:
¿Por qué se amotinan las gentes,
Y los pueblos piensan cosas vanas?
26 Se reunieron los reyes de la tierra,
Y los príncipes se juntaron en uno
Contra el Señor, y contra su Cristo.[c]
27 Porque verdaderamente se unieron en esta
ciudad contra tu santo Hijo Jesús, a quien
ungiste, Herodes[d] y Poncio Pilato,[e] con los
gentiles y el pueblo de Israel,

a. 4.11 Sal 118.22. **b. 4.24** Éx 20.11; Sal 146.6. **c. 4.25-26** Sal 2.1-2. **d. 4.27** Lc 23.7-11. **e. 4.27** Mt 27.1-2; Mr 15.1; Lc 23.1; Jn 18.28-29.

LECCIONES DE VIDA

➤ ***4.12 — en ningún otro hay salvación; porque no hay otro nombre bajo el cielo, dado a los hombres, en que podamos ser salvos.***

Si Jesús realmente no hubiera tenido que morir para salvarnos, ¿por qué Dios lo habría enviado a la cruz? Dios no comete errores, y su sabiduría siempre es consecuente. Jesús murió para que pudiéramos tener vida eterna. Él dice que *únicamente* podemos venir a Él por medio de la fe y la aceptación de su vida, su muerte y su resurrección.

➤ ***4.13 — Entonces viendo el denuedo de Pedro y de Juan, y sabiendo que eran hombres sin letras y del vulgo, se maravillaban; y les reconocían que habían estado con Jesús.***

El éxito real nunca radica en su propia inteligencia, educación, belleza o talento. Más bien, tiene todo que ver con el Señor Jesucristo haciendo brillar su luz a través de usted. Pase tiempo con Él en oración y en la Palabra de Dios, y obedézcalo de todo corazón. Así es como Él podrá hacer las cosas más asombrosas por medio de usted (1 Co 1.26–31; 2 Co 4.7; 12.10).

➤ ***4.19 — Juzgad si es justo delante de Dios obedecer a vosotros antes que a Dios.***

Siempre debemos *respetar* la autoridad, incluso cuando parezca estar en un error. No obstante, si alguna autoridad nos dice que desafiemos a Dios y desacatemos sus mandatos, debemos desobedecer tal autoridad. Por causa de Jesús, aceptamos las consecuencias de nuestra lealtad a Él, sabiendo que Él nos recompensará en la vida que está por venir (Mt 5.10–12).

28 para hacer cuanto tu mano y tu consejo
habían antes determinado que sucediera.
➤ 29 Y ahora, Señor, mira sus amenazas, y concede
a tus siervos que con todo denuedo
hablen tu palabra,
30 mientras extiendes tu mano para que
se hagan sanidades y señales y prodigios
mediante el nombre de tu santo Hijo Jesús.
➤ 31 Cuando hubieron orado, el lugar en que
estaban congregados tembló; y todos fueron
llenos del Espíritu Santo, y hablaban con
denuedo la palabra de Dios.

Todas las cosas en común

32 Y la multitud de los que habían creído era
de un corazón y un alma; y ninguno decía ser
suyo propio nada de lo que poseía, sino que
tenían todas las cosas en común.[f]
33 Y con gran poder los apóstoles daban testimonio
de la resurrección del Señor Jesús, y
abundante gracia era sobre todos ellos.
34 Así que no había entre ellos ningún necesitado;
porque todos los que poseían heredades
o casas, las vendían, y traían el precio de
lo vendido,
35 y lo ponían a los pies de los apóstoles; y se
repartía a cada uno según su necesidad.[g]
36 Entonces José, a quien los apóstoles pusieron
por sobrenombre Bernabé (que traducido
es, Hijo de consolación), levita, natural de
Chipre,
37 como tenía una heredad, la vendió y trajo
el precio y lo puso a los pies de los apóstoles.

Ananías y Safira

5 PERO cierto hombre llamado Ananías,
con Safira su mujer, vendió una heredad,
2 y sustrajo del precio, sabiéndolo también su
mujer; y trayendo sólo una parte, la puso a los
pies de los apóstoles.
3 Y dijo Pedro: Ananías, ¿por qué llenó Satanás
tu corazón para que mintieses al Espíritu
Santo, y sustrajeses del precio de la heredad?
4 Reteniéndola, ¿no se te quedaba a ti? y vendida,
¿no estaba en tu poder? ¿Por qué pusiste
esto en tu corazón? No has mentido a los
hombres, sino a Dios.
5 Al oír Ananías estas palabras, cayó y expiró.
Y vino un gran temor sobre todos los que
lo oyeron.
6 Y levantándose los jóvenes, lo envolvieron, y
sacándolo, lo sepultaron.
7 Pasado un lapso como de tres horas, sucedió
que entró su mujer, no sabiendo lo que había
acontecido.
8 Entonces Pedro le dijo: Dime, ¿vendisteis
en tanto la heredad? Y ella dijo: Sí, en tanto.
9 Y Pedro le dijo: ¿Por qué convinisteis en tentar
al Espíritu del Señor? He aquí a la puerta
los pies de los que han sepultado a tu marido,
y te sacarán a ti.
10 Al instante ella cayó a los pies de él, y expiró;
y cuando entraron los jóvenes, la hallaron
muerta; y la sacaron, y la sepultaron junto a
su marido.
11 Y vino gran temor sobre toda la iglesia, y ➤
sobre todos los que oyeron estas cosas.

Muchas señales y maravillas

12 Y por la mano de los apóstoles se hacían
muchas señales y prodigios en el pueblo; y estaban
todos unánimes en el pórtico de Salomón.
13 De los demás, ninguno se atrevía a juntarse
con ellos; mas el pueblo los alababa
grandemente.
14 Y los que creían en el Señor aumentaban
más, gran número así de hombres como de
mujeres;
15 tanto que sacaban los enfermos a las
calles, y los ponían en camas y lechos, para
que al pasar Pedro, a lo menos su sombra
cayese sobre alguno de ellos.
16 Y aun de las ciudades vecinas muchos
venían a Jerusalén, trayendo enfermos y atormentados
de espíritus inmundos; y todos eran
sanados.

Pedro y Juan son perseguidos

17 Entonces levantándose el sumo sacerdote
y todos los que estaban con él, esto es, la
secta de los saduceos, se llenaron de celos;

f. 4.32 Hch 2.44-45. **g. 4.34-35** Mt 19.21; Mr 10.21; Lc 12.33; 18.22.

LECCIONES DE VIDA

➤ ***4.29 — concede a tus siervos que con todo denuedo hablen tu palabra.***

En un mundo que no parece respetar a Dios, debemos orar para recibir denuedo y fortaleza a fin de representarlo bien y que a través de nuestras palabras y acciones seamos vasos útiles por los cuales Él pueda atraer a otros a una relación salvífica con Cristo.

➤ ***4.31 — Cuando hubieron orado... todos fueron llenos del Espíritu Santo, y hablaban con denuedo la palabra de Dios.***

No existe substituto en la reunión habitual de los creyentes para orar con fervor. Dios hace cosas asombrosas en respuesta a las oraciones llenas de fe de su pueblo.

➤ ***5.11 — vino gran temor sobre toda la iglesia, y sobre todos los que oyeron estas cosas.***

Después que Ananías y Safira cayeron muertos porque habían mentido al Espíritu Santo (Hch 5.3, 9), el pueblo recordó la santidad perfecta de Dios. Esto los llenó de temor reverente a tener que afrontar el mismo fin. Deberíamos aprender una lección similar. Aunque vivimos bajo su gracia, Dios es justo y debemos ser santos como Él lo es, puesto que somos sus embajadores (Lv 11.44; 19.2; 10.7; Ef 1.4; Col 1.22; 1 P 1.13–16). La reverencia verdadera de la santidad y el poder del Señor purifica a la iglesia y nos ayuda a vivir en sumisión a Él.

18 y echaron mano a los apóstoles y los pusieron en la cárcel pública.
19 Mas un ángel del Señor, abriendo de noche
las puertas de la cárcel y sacándolos, dijo:
➤ 20 Id, y puestos en pie en el templo, anunciad
al pueblo todas las palabras de esta vida.
21 Habiendo oído esto, entraron de mañana en el templo, y enseñaban. Entre tanto,
vinieron el sumo sacerdote y los que estaban
con él, y convocaron al concilio y a todos los
ancianos de los hijos de Israel, y enviaron a la
cárcel para que fuesen traídos.
22 Pero cuando llegaron los alguaciles, no los
hallaron en la cárcel; entonces volvieron y
dieron aviso,
23 diciendo: Por cierto, la cárcel hemos hallado cerrada con toda seguridad, y los guardas
afuera de pie ante las puertas; mas cuando
abrimos, a nadie hallamos dentro.
24 Cuando oyeron estas palabras el sumo
sacerdote y el jefe de la guardia del templo
y los principales sacerdotes, dudaban en qué
vendría a parar aquello.
25 Pero viniendo uno, les dio esta noticia: He
aquí, los varones que pusisteis en la cárcel
están en el templo, y enseñan al pueblo.
26 Entonces fue el jefe de la guardia con los
alguaciles, y los trajo sin violencia, porque
temían ser apedreados por el pueblo.
27 Cuando los trajeron, los presentaron en el
concilio, y el sumo sacerdote les preguntó,
28 diciendo: ¿No os mandamos estrictamente que no enseñaseis en ese nombre? Y ahora
habéis llenado a Jerusalén de vuestra doctrina, y queréis echar sobre nosotros la sangre
de ese hombre.[a]
29 Respondiendo Pedro y los apóstoles, dijeron: Es necesario obedecer a Dios antes que
a los hombres.
30 El Dios de nuestros padres levantó a Jesús,
a quien vosotros matasteis colgándole en un
madero.
31 A éste, Dios ha exaltado con su diestra por
Príncipe y Salvador, para dar a Israel arrepentimiento y perdón de pecados.
32 Y nosotros somos testigos suyos de estas
cosas, y también el Espíritu Santo, el cual ha
dado Dios a los que le obedecen.
33 Ellos, oyendo esto, se enfurecían y querían
matarlos.
34 Entonces levantándose en el concilio un
fariseo llamado Gamaliel, doctor de la ley,
venerado de todo el pueblo, mandó que sacasen fuera por un momento a los apóstoles,
35 y luego dijo: Varones israelitas, mirad por
vosotros lo que vais a hacer respecto a estos
hombres.
36 Porque antes de estos días se levantó Teu-
das, diciendo que era alguien. A éste se unió
un número como de cuatrocientos hombres;
pero él fue muerto, y todos los que le obedecían fueron dispersados y reducidos a nada.
37 Después de éste, se levantó Judas el galileo, en los días del censo, y llevó en pos de sí a
mucho pueblo. Pereció también él, y todos los
que le obedecían fueron dispersados.
38 Y ahora os digo: Apartaos de estos hombres, y dejadlos; porque si este consejo o esta
obra es de los hombres, se desvanecerá;
39 mas si es de Dios, no la podréis destruir; no ➤
seáis tal vez hallados luchando contra Dios.
40 Y convinieron con él; y llamando a los
apóstoles, después de azotarlos, les intimaron
que no hablasen en el nombre de Jesús, y los
pusieron en libertad.
41 Y ellos salieron de la presencia del concilio, ➤
gozosos de haber sido tenidos por dignos de
padecer afrenta por causa del Nombre.
42 Y todos los días, en el templo y por las
casas, no cesaban de enseñar y predicar a
Jesucristo.

Elección de siete diáconos

6 EN aquellos días, como creciera el número de los discípulos, hubo murmuración
de los griegos contra los hebreos, de que las
viudas de aquéllos eran desatendidas en la
distribución diaria.

a. **5.28** Mt 27.25.

LECCIONES DE VIDA

➤ ***5.20 — Id, y puestos en pie en el templo, anunciad al pueblo todas las palabras de esta vida.***

Dios no sacó a los discípulos de la prisión para que pudieran escapar a un lugar seguro; Él los liberó para que volvieran de inmediato a hacer lo que habían venido haciendo, predicando acerca de la salvación de Dios a la gente de Israel. ¡Dios quiere que sus palabras de vida se oigan en todas partes!

➤ ***5.39 — si es de Dios, no la podréis destruir; no seáis tal vez hallados luchando contra Dios.***

La gran sabiduría de Gamaliel se fundaba en el principio de que todo lo que se haga fuera de la voluntad de Dios no puede perdurar y que todo lo que Él hace es eterno. Los grandes planes del Señor nunca fallarán, así que obedezca todo lo que le diga y deje a Él todas las consecuencias.

➤ ***5.41 — ellos salieron de la presencia del concilio, gozosos de haber sido tenidos por dignos de padecer afrenta por causa del Nombre.***

La Biblia enseña en varios pasajes que cuando la gente trata de injuriarnos porque confesamos a Cristo, estamos recibiendo una de las bendiciones más grandes, que es tener el privilegio de poder identificarnos con nuestro Salvador (Mt 5.10–12; Fil 3.7–12; 1 P 3.14–16; 4.14, 16). El enemigo no ataca a creyentes que han resbalado y no honran a Dios, porque ya están justo como él los quiere: complacientes, apáticos e infructuosos. Por el contrario, el diablo concentra sus peores ataques en aquellos creyentes que son agentes de cambio para el reino.

2 Entonces los doce convocaron a la multitud de los discípulos, y dijeron: No es justo que nosotros dejemos la palabra de Dios, para servir a las mesas.
3 Buscad, pues, hermanos, de entre vosotros a siete varones de buen testimonio, llenos del Espíritu Santo y de sabiduría, a quienes encarguemos de este trabajo.
➤ 4 Y nosotros persistiremos en la oración y en el ministerio de la palabra.
5 Agradó la propuesta a toda la multitud; y eligieron a Esteban, varón lleno de fe y del Espíritu Santo, a Felipe, a Prócoro, a Nicanor, a Timón, a Parmenas, y a Nicolás prosélito de Antioquía;
6 a los cuales presentaron ante los apóstoles, quienes, orando, les impusieron las manos.
7 Y crecía la palabra del Señor, y el número de los discípulos se multiplicaba grandemente en Jerusalén; también muchos de los sacerdotes obedecían a la fe.

Arresto de Esteban

8 Y Esteban, lleno de gracia y de poder, hacía grandes prodigios y señales entre el pueblo.
9 Entonces se levantaron unos de la sinagoga llamada de los libertos, y de los de Cirene, de Alejandría, de Cilicia y de Asia, disputando con Esteban.
10 Pero no podían resistir a la sabiduría y al Espíritu con que hablaba.
➤ 11 Entonces sobornaron a unos para que dijesen que le habían oído hablar palabras blasfemas contra Moisés y contra Dios.
12 Y soliviantaron al pueblo, a los ancianos y a los escribas; y arremetiendo, le arrebataron, y le trajeron al concilio.
13 Y pusieron testigos falsos que decían: Este hombre no cesa de hablar palabras blasfemas contra este lugar santo y contra la ley;
14 pues le hemos oído decir que ese Jesús de Nazaret destruirá este lugar, y cambiará las costumbres que nos dio Moisés.
15 Entonces todos los que estaban sentados en el concilio, al fijar los ojos en él, vieron su rostro como el rostro de un ángel.

Defensa y muerte de Esteban

7 EL sumo sacerdote dijo entonces: ¿Es esto así?
2 Y él dijo: Varones hermanos y padres, oíd: El Dios de la gloria apareció a nuestro padre Abraham, estando en Mesopotamia, antes que morase en Harán,
3 y le dijo: Sal de tu tierra y de tu parentela, y ven a la tierra que yo te mostraré.[a]
4 Entonces salió de la tierra de los caldeos y habitó en Harán;[b] y de allí, muerto su padre, Dios le trasladó a esta tierra, en la cual vosotros habitáis ahora.[c]
5 Y no le dio herencia en ella, ni aun para asentar un pie; pero le prometió que se la daría en posesión, y a su descendencia después de él,[d] cuando él aún no tenía hijo.
6 Y le dijo Dios así: Que su descendencia sería extranjera en tierra ajena, y que los reducirían a servidumbre y los maltratarían, por cuatrocientos años.
7 Mas yo juzgaré, dijo Dios, a la nación de la cual serán siervos; y después de esto saldrán y me servirán en este lugar.[e]
8 Y le dio el pacto de la circuncisión;[f] y así Abraham engendró a Isaac,[g] y le circuncidó al octavo día; e Isaac a Jacob,[h] y Jacob a los doce patriarcas.[i]
9 Los patriarcas, movidos por envidia,[j] vendieron a José para Egipto;[k] pero Dios estaba con él,[l]
10 y le libró de todas sus tribulaciones, y le dio gracia y sabiduría delante de Faraón rey de Egipto, el cual lo puso por gobernador sobre Egipto y sobre toda su casa.[m]

a. 7.2-3 Gn 12.1. **b. 7.4** Gn 11.31. **c. 7.4** Gn 12.4.
d. 7.5 Gn 12.7; 13.15; 15.18; 17.8. **e. 7.6-7** Gn 15.13-14.
f. 7.8 Gn 17.10-14. **g. 7.8** Gn 21.2-4. **h. 7.8** Gn 25.26.
i. 7.8 Gn 29.31—35.18. **j. 7.9** Gn 37.11. **k. 7.9** Gn 37.28.
l. 7.9 Gn 39.2, 21. **m. 7.10** Gn 41.39-41.

LECCIONES DE VIDA

➤ ***6.4 — nosotros persistiremos en la oración y en el ministerio de la palabra.***

Aunque alimentar a las viudas era un asunto importante, los discípulos entendieron que era absolutamente crucial que ellos siguieran compartiendo el evangelio e instruyendo a otros a hacer lo mismo. Por eso nombraron a siete hombres que supervisaran la distribución equitativa de los alimentos. Cuando nos dedicamos al ministerio, hay actividades buenas que pueden consumir nuestro tiempo y convertirse en enemigo de lo mejor que Dios nos tiene reservado. Al igual que los discípulos, debemos permanecer enfocados en lo que Él nos ha llamado a hacer y no ser distraídos por asuntos que el Señor no nos ha invitado a manejar.

➤ ***6.11 — para que dijesen que le habían oído hablar palabras blasfemas contra Moisés y contra Dios.***

Los opositores de Jesús instruyeron a testigos para que dieran falso testimonio en contra del Señor, y los opositores de Esteban siguieron la misma estrategia. Al igual que Jesús, Esteban no se defendió a sí mismo en contra de sus acusadores, más bien confió en que Dios a la final sacaría a relucir la verdad.

➤ ***7.5 — pero le prometió que se la daría en posesión, y a su descendencia después de él, cuando él aún no tenía hijo.***

Las promesas de Dios vienen a menudo cuando toda esperanza parece haberse perdido. Siendo tan viejo, ¿cómo podría Abraham esperar que iba a tener un hijo? Sin embargo, es en medio de lo imposible que Dios puede mostrarnos mejor su poder prodigioso y enseñarnos a tener fe.

➤ ***7.9, 10 — Dios estaba con él, y le libró de todas sus tribulaciones, y le dio gracia y sabiduría delante de Faraón rey de Egipto.***

A medida que Esteban hacía un repaso de la historia de Israel, les recordó a sus oyentes que José había sido perseguido por sus propios hermanos y que Dios usó

11 Vino entonces hambre en toda la tierra de
Egipto y de Canaán, y grande tribulación; y
nuestros padres no hallaban alimentos.[n]
12 Cuando oyó Jacob que había trigo en Egipto, envió a nuestros padres la primera vez.[o]
13 Y en la segunda, José se dio a conocer a
sus hermanos,[p] y fue manifestado a Faraón el
linaje de José.[q]
14 Y enviando José, hizo venir a su padre
Jacob,[r] y a toda su parentela, en número de
setenta y cinco personas.[s]
15 Así descendió Jacob a Egipto,[t] donde murió
él,[u] y también nuestros padres;
16 los cuales fueron trasladados a Siquem, y
puestos en el sepulcro que a precio de dinero compró Abraham de los hijos de Hamor
en Siquem.[v]
17 Pero cuando se acercaba el tiempo de la
promesa, que Dios había jurado a Abraham, el
pueblo creció y se multiplicó en Egipto,
18 hasta que se levantó en Egipto otro rey que
no conocía a José.[w]
19 Este rey, usando de astucia con nuestro
pueblo, maltrató a nuestros padres,[x] a fin de
que expusiesen a la muerte a sus niños, para
que no se propagasen.[y]
20 En aquel mismo tiempo nació Moisés, y fue
agradable a Dios; y fue criado tres meses en
casa de su padre.[z]
21 Pero siendo expuesto a la muerte, la hija de
Faraón le recogió y le crió como a hijo suyo.[a]
22 Y fue enseñado Moisés en toda la sabiduría de los egipcios; y era poderoso en sus palabras y obras.
23 Cuando hubo cumplido la edad de cuarenta años, le vino al corazón el visitar a sus hermanos, los hijos de Israel.
24 Y al ver a uno que era maltratado, lo defendió, e hiriendo al egipcio, vengó al oprimido.
25 Pero él pensaba que sus hermanos com-
prendían que Dios les daría libertad por mano
suya; mas ellos no lo habían entendido así.
26 Y al día siguiente, se presentó a unos de
ellos que reñían, y los ponía en paz, diciendo:
Varones, hermanos sois, ¿por qué os maltra-
táis el uno al otro?
27 Entonces el que maltrataba a su prójimo
le rechazó, diciendo: ¿Quién te ha puesto por
gobernante y juez sobre nosotros?
28 ¿Quieres tú matarme, como mataste ayer
al egipcio?
29 Al oír esta palabra, Moisés huyó, y vivió
como extranjero en tierra de Madián[b], donde
engendró dos hijos.[c]
30 Pasados cuarenta años, un ángel se le apareció en el desierto del monte Sinaí, en la llama de fuego de una zarza.
31 Entonces Moisés, mirando, se maravilló de
la visión; y acercándose para observar, vino a
él la voz del Señor:
32 Yo soy el Dios de tus padres, el Dios de
Abraham, el Dios de Isaac, y el Dios de Jacob.
Y Moisés, temblando, no se atrevía a mirar.
33 Y le dijo el Señor: Quita el calzado de tus
pies, porque el lugar en que estás es tierra santa.
34 Ciertamente he visto la aflicción de mi pueblo que está en Egipto, y he oído su gemido,
y he descendido para librarlos. Ahora, pues,
ven, te enviaré a Egipto.[d]
35 A este Moisés, a quien habían rechazado, ➤
diciendo: ¿Quién te ha puesto por gobernante
y juez?, a éste lo envió Dios como gobernante
y libertador por mano del ángel que se le apareció en la zarza.
36 Éste los sacó, habiendo hecho prodigios y
señales en tierra de Egipto,[e] y en el Mar Rojo,[f]
y en el desierto por cuarenta años.[g]
37 Este Moisés es el que dijo a los hijos de
Israel: Profeta os levantará el Señor vuestro
Dios de entre vuestros hermanos, como a mí;[h]
a él oiréis.
38 Éste es aquel Moisés que estuvo en la congregación en el desierto con el ángel que le
hablaba en el monte Sinaí,[i] y con nuestros
padres, y que recibió palabras de vida que
darnos;
39 al cual nuestros padres no quisieron obedecer, sino que le desecharon, y en sus corazones se volvieron a Egipto,
40 cuando dijeron a Aarón: Haznos dioses
que vayan delante de nosotros; porque a este
Moisés, que nos sacó de la tierra de Egipto, no
sabemos qué le haya acontecido.[j]

n. 7.11 Gn 41.54-57. **o. 7.12** Gn 42.1-2. **p. 7.13** Gn 45.1.
q. 7.13 Gn 45.16. **r. 7.14** Gn 45.9-10, 17-18.
s. 7.14 Gn 46.27. **t. 7.15** Gn 46.1-7. **u. 7.15** Gn 49.33.
v. 7.16 Gn 23.3-16; 33.19; 50.7-13; Jos 24.32.
w. 7.17-18 Éx 1.7-8. **x. 7.19** Éx 1.10-11. **y. 7.19** Éx 1.22.
z. 7.20 Éx 2.2. **a. 7.21** Éx 2.3-10. **b. 7.23-29** Éx 2.11-15.
c. 7.29 Éx 18.3-4. **d. 7.30-34** Éx 3.1-10. **e. 7.36** Éx 7.3.
f. 7.36 Éx 14.21. **g. 7.36** Nm 14.33. **h. 7.37** Dt 18.15, 18.
i. 7.38 Éx 19.1—20.17; Dt 5.1-33. **j. 7.40** Éx 32.1.

LECCIONES DE VIDA

hasta sus malas obras para traer bendición (Gn 37—47). Los judíos fueron siempre prontos para rechazar la manera como el Señor estaba obrando en medio de ellos, para su propio perjuicio. No obstante, Dios nunca rechazó a los que eran como José, quien permaneció obediente a Él, y el Señor en últimas exaltó a aquellos que se humillaron delante de Él (Lc 14.11; Stg 4.10; 1 P 5.6).

➤ ***7.35 — Moisés, a quien habían rechazado… a éste lo envió Dios como gobernante y libertador.***

Tal como los hebreos rechazaron inicialmente a Moisés y los líderes religiosos se negaron a reconocer a Jesús, quienes verdaderamente aman y sirven a Dios pueden experimentar oposición, hasta de aquellas personas a las que ellos están tratando de ayudar. Por lo tanto, no se desanime cuando enfrente resistencia. Obedezca a Dios y Él mostrará a todos que Él es quien está obrando a través de usted.

Ejemplos de vida

ESTEBAN

Imitando a su Salvador

HCH 7.59, 60

Esteban se desplomó en el suelo mientras brotaba de sus labios sangre mezclada con perdón. Cerca de allí, un joven observaba la escena, sin saber que esta muerte le infundiría vida al evangelismo mundial. Más adelante, aquel joven que había apoyado la ejecución de Esteban a causa de su lealtad a Cristo, se convirtió en el apóstol Pablo.

Esteban reveló más sus cualidades de semejanza a Cristo estando bajo presión. Mientras las piedras lo herían, exclamó: «Señor Jesús, recibe mi espíritu» (Hch 7.59). Y luego, mientras su muerte se acercaba con cada golpe, imitó a su Salvador rogando en voz alta: «Señor, no les tomes en cuenta este pecado» (Hch 7.60).

La belleza de las palabras finales de Esteban jamás podrá describirse en términos exagerados. Ellas expresan con la mayor elocuencia el corazón del cristiano verdadero. Testificaron que el Señor de la gracia vivía dentro de él. Hablaron de un amor sublime, y fueron las palabras que lograron captar la atención de uno que estaba cerca de la escena… observando.

Para un estudio más a fondo, véase el Índice de Principios de vida:

24. *Vivir la vida cristiana es permitir al Señor Jesús vivir su vida en y por medio de nosotros.*
1. *Nuestra intimidad con Dios, que es su prioridad para nosotros, determina el impacto que causen nuestras vidas.*
17. *De rodillas somos más altos y más fuertes.*

41 Entonces hicieron un becerro, y ofrecieron
sacrificio al ídolo, y en las obras de sus manos
se regocijaron.[k]
42 Y Dios se apartó, y los entregó a que rindiesen culto al ejército del cielo; como está escrito en el libro de los profetas:

¿Acaso me ofrecisteis víctimas y sacrificios
En el desierto por cuarenta años, casa de Israel?
43 Antes bien llevasteis el tabernáculo de Moloc,
Y la estrella de vuestro dios Renfán,
Figuras que os hicisteis para adorarlas.
Os transportaré, pues, más allá de Babilonia.[l]

44 Tuvieron nuestros padres el tabernáculo del testimonio en el desierto, como había ordenado Dios cuando dijo a Moisés que lo hiciese conforme al modelo que había visto.[m]
45 El cual, recibido a su vez por nuestros padres, lo introdujeron con Josué[n] al tomar posesión de la tierra de los gentiles, a los cuales Dios arrojó de la presencia de nuestros padres, hasta los días de David.
46 Éste halló gracia delante de Dios, y pidió proveer tabernáculo para el Dios de Jacob.[o]
47 Mas Salomón le edificó casa;[p]
48 si bien el Altísimo no habita en templos hechos de mano, como dice el profeta:

49 El cielo es mi trono,
Y la tierra el estrado de mis pies.
¿Qué casa me edificaréis? dice el Señor;
¿O cuál es el lugar de mi reposo?
50 ¿No hizo mi mano todas estas cosas?[q]

51 ¡Duros de cerviz, e incircuncisos de corazón y de oídos! Vosotros resistís siempre al Espíritu Santo; como vuestros padres, así también vosotros.[r]
52 ¿A cuál de los profetas no persiguieron vuestros padres? Y mataron a los que anunciaron de antemano la venida del Justo, de quien vosotros ahora habéis sido entregadores y matadores;
53 vosotros que recibisteis la ley por disposición de ángeles, y no la guardasteis.
54 Oyendo estas cosas, se enfurecían en sus corazones, y crujían los dientes contra él.
55 Pero Esteban, lleno del Espíritu Santo, puestos los ojos en el cielo, vio la gloria de Dios, y a Jesús que estaba a la diestra de Dios,

k. 7.41 Éx 32.2-6. **l. 7.42-43** Am 5.25-27. **m. 7.44** Éx 25.9, 40. **n. 7.45** Jos 3.14-17. **o. 7.46** 2 S 7.1-16; 1 Cr 17.1-14. **p. 7.47** 1 R 6.1-38; 2 Cr 3.1-17. **q. 7.49-50** Is 66.1-2. **r. 7.51** Is 63.10.

LECCIONES DE VIDA

➤ ***7.56 — He aquí, veo los cielos abiertos, y al Hijo del Hombre que está a la diestra de Dios.***

Aprendemos de varios pasajes bíblicos que cuando Jesús ascendió al cielo, «se sentó a la diestra de Dios» (Mr 16.19; también Col 3.1; He 1.3; 10.12; 12.2). Sin embargo, el texto original nos indica que para recibir al primer mártir cristiano, el Señor se puso de pie.

56 y dijo: He aquí, veo los cielos abiertos, y al
Hijo del Hombre que está a la diestra de Dios.
57 Entonces ellos, dando grandes voces, se taparon los oídos, y arremetieron a una contra él.
58 Y echándole fuera de la ciudad, le apedrearon; y los testigos pusieron sus ropas a los
pies de un joven que se llamaba Saulo.
59 Y apedreaban a Esteban, mientras él invocaba y decía: Señor Jesús, recibe mi espíritu.
60 Y puesto de rodillas, clamó a gran voz:
Señor, no les tomes en cuenta este pecado. Y
habiendo dicho esto, durmió.

Saulo persigue a la iglesia

8 Y Saulo consentía en su muerte. En aquel
día hubo una gran persecución contra la
iglesia que estaba en Jerusalén; y todos fueron esparcidos por las tierras de Judea y de
Samaria, salvo los apóstoles.
2 Y hombres piadosos llevaron a enterrar a
Esteban, e hicieron gran llanto sobre él.
3 Y Saulo asolaba la iglesia, y entrando casa
por casa, arrastraba a hombres y a mujeres, y
los entregaba en la cárcel.[a]

Predicación del evangelio en Samaria

4 Pero los que fueron esparcidos iban por
todas partes anunciando el evangelio.
5 Entonces Felipe, descendiendo a la ciudad
de Samaria, les predicaba a Cristo.
6 Y la gente, unánime, escuchaba atentamente las cosas que decía Felipe, oyendo y viendo
las señales que hacía.
7 Porque de muchos que tenían espíritus
inmundos, salían éstos dando grandes voces;
y muchos paralíticos y cojos eran sanados;
8 así que había gran gozo en aquella ciudad.
9 Pero había un hombre llamado Simón, que
antes ejercía la magia en aquella ciudad, y había
engañado a la gente de Samaria, haciéndose
pasar por algún grande.
10 A éste oían atentamente todos, desde el
más pequeño hasta el más grande, diciendo:
Éste es el gran poder de Dios.
11 Y le estaban atentos, porque con sus artes
mágicas les había engañado mucho tiempo.
12 Pero cuando creyeron a Felipe, que anunciaba el evangelio del reino de Dios y el nombre de Jesucristo, se bautizaban hombres y
mujeres.
13 También creyó Simón mismo, y habiéndose bautizado, estaba siempre con Felipe; y
viendo las señales y grandes milagros que se
hacían, estaba atónito.
14 Cuando los apóstoles que estaban en Jerusalén oyeron que Samaria había recibido la
palabra de Dios, enviaron allá a Pedro y a
Juan;
15 los cuales, habiendo venido, oraron por
ellos para que recibiesen el Espíritu Santo;
16 porque aún no había descendido sobre ninguno de ellos, sino que solamente habían sido
bautizados en el nombre de Jesús.
17 Entonces les imponían las manos, y recibían el Espíritu Santo.
18 Cuando vio Simón que por la imposición
de las manos de los apóstoles se daba el Espíritu Santo, les ofreció dinero,
19 diciendo: Dadme también a mí este poder,
para que cualquiera a quien yo impusiere las
manos reciba el Espíritu Santo.
20 Entonces Pedro le dijo: Tu dinero perezca contigo, porque has pensado que el don de
Dios se obtiene con dinero.
21 No tienes tú parte ni suerte en este asunto,
porque tu corazón no es recto delante de Dios.[b]

a. 8.1-3 Hch 22.4-5; 26.9-11. **b. 8.21** Sal 78.37.

LECCIONES DE VIDA

7.60 — Señor, no les tomes en cuenta este pecado.

Así como Jesús pidió a su Padre que perdonara a quienes lo crucificaron (Lc 23.34), Esteban pidió a Dios que les diera a sus asesinos una oportunidad para arrepentirse. La gracia de Dios nos capacita para hacer aquello que jamás podríamos hacer por nosotros mismos.

8.3 — Saulo asolaba la iglesia, y entrando casa por casa, arrastraba a hombres y a mujeres, y los entregaba en la cárcel.

Saulo persiguió a la iglesia porque veía a los cristianos como una amenaza terrible a la religión judía, y creía honestamente que estaba haciendo lo correcto. Esto nos muestra que sólo porque nuestras acciones sean fervorosas no significa que honren a Dios. Saulo, quien se convirtió en el apóstol Pablo, nunca pudo olvidar que «perseguía sobremanera a la iglesia de Dios, y la asolaba» (Gá 1.13), y por eso se llamó a sí mismo «el primero» de los pecadores (1 Ti 1.15). Jesús requiere a menudo un cambio radical de nuestras actitudes, acciones y entendimiento. ¿Se aferrará usted a sus ideas erróneas, o hará de inmediato lo que Él diga? Si realmente ama a Dios y lo hace todo para Él, la alternativa será clara.

8.4 — los que fueron esparcidos iban por todas partes anunciando el evangelio.

Dios es experto en usar hasta la penuria y el sufrimiento para su gloria y nuestro beneficio. Los opositores de Cristo se propusieron que su persecución arrasara con la iglesia, pero en lugar de ello se expandió con mayor rapidez a medida que los creyentes salieron huyendo a otras regiones.

8.20 — Tu dinero perezca contigo, porque has pensado que el don de Dios se obtiene con dinero.

Aunque Simón creyó en Cristo para salvación (Hch 8.13), su corazón seguía fijado en cosas mundanas como dinero y poder. Pedro lo reprendió fuertemente, no para condenarlo sino para rescatarlo. Como creyentes, siempre debemos tener cuidado y saber en qué hemos puesto nuestro corazón. Recuerde esta verdad: «No podéis servir a Dios y a las riquezas» (Mt 6.24). Si dice que ha recibido a Cristo, pero sigue manejando las situaciones con sus propias metas y ambiciones mundanas, algo anda terriblemente mal y usted debe reevaluar sus prioridades.

Lo que la Biblia dice acerca de CÓMO DIOS USA LA ADVERSIDAD PARA CAPTAR NUESTRA ATENCIÓN

Hch 9.1–20

Cualquier instructor le dirá que la primera meta de un profesor es despertar el interés del estudiante. No se puede enseñar a una persona que no esté prestando atención. Así mismo, el Señor a veces usa la adversidad en nuestras vidas para que nos enfoquemos en Él de una manera nueva.

Eso es exactamente lo que le sucedió a Saulo de Tarso mientras viajaba a Damasco, donde se proponía emprender una gran persecución contra los cristianos de aquella ciudad. La Biblia nos dice que Saulo estaba «respirando aún amenazas y muerte contra los discípulos del Señor» (Hch 9.1). Al parecer, estaba prácticamente consumido por su misión cruel e implacable.

Pero Dios captó la atención de Saulo de una manera que él jamás se imaginó. Hizo que cayera aparatosamente al suelo con una luz incandescente, y le indicó que entrara a la ciudad y esperara allí más instrucciones. Cuando abrió los ojos, descubrió que estaba ciego y tuvo que pedirles a otras personas que lo llevaran de la mano a la ciudad.

Aquel día Saulo definitivamente recibió una llamada a despertar por parte del Señor. En un momento aturdidor, Dios se ganó la atención exclusiva de Saulo, golpeándolo con la adversidad de la ceguera y humillándolo frente a sus compañeros de viaje.

El Señor tenía a Saulo exactamente donde lo quería.

El Señor tenía a Saulo exactamente donde lo quería.

De esa manera, Saulo estuvo más dispuesto a prestar atención cuando el Señor le preguntó: «¿Por qué me persigues?» (Hch 9.4). Hasta ese punto, Saulo no tenía ni idea que estaba deshonrando a Dios. De hecho, pensó que estaba sirviendo al Señor librando y deshaciendo al mundo de los cristianos. Un período de adversidad intensa resultó para Saulo en darle a su vida un giro de 180 grados. En cuestión de días, estaba proclamando a Jesús en las sinagogas (Hch 9.20).

El Señor captó la atención total de Saulo en el camino a Damasco, y usó la ceguera temporal y la humillación para transformar al celoso fariseo llamado Saulo en el eminente apóstol y eficaz misionero llamado Pablo, quien divulgó el evangelio y plantó iglesias por todo el mundo romano.

Dios sabía exactamente lo que estaba haciendo cuando salvó a Pablo. Él también sabe lo que está haciendo en su vida por medio de la aflicción que usted enfrenta. Nunca tarde en responder a su llamado. Cuando Él permite dificultades en su vida, búsquelo, déle toda su atención, responda con prontitud y humildad a sus mandatos, y esté atento a lo que Él tenga que decirle. Jamás se arrepentirá de darle su corazón y su vida al Salvador.

Para un estudio más a fondo, véase el Índice de Principios de vida:

26. *La adversidad es un puente que nos conduce a una relación más profunda con Dios.*
15. *El quebrantamiento es el requisito de Dios para que seamos útiles al máximo.*

22 Arrepiéntete, pues, de esta tu maldad, y
ruega a Dios, si quizás te sea perdonado el
pensamiento de tu corazón;
23 porque en hiel de amargura y en prisión de
maldad veo que estás.
24 Respondiendo entonces Simón, dijo: Rogad
vosotros por mí al Señor, para que nada de esto
que habéis dicho venga sobre mí.
25 Y ellos, habiendo testificado y hablado la
palabra de Dios, se volvieron a Jerusalén, y en
muchas poblaciones de los samaritanos anunciaron el evangelio.

Felipe y el etíope

26 Un ángel del Señor habló a Felipe, diciendo: Levántate y ve hacia el sur, por el camino que desciende de Jerusalén a Gaza, el cual
es desierto.
➤ 27 Entonces él se levantó y fue. Y sucedió
que un etíope, eunuco, funcionario de Candace reina de los etíopes, el cual estaba sobre
todos sus tesoros, y había venido a Jerusalén
para adorar,
28 volvía sentado en su carro, y leyendo al
profeta Isaías.
29 Y el Espíritu dijo a Felipe: Acércate y júntate a ese carro.
30 Acudiendo Felipe, le oyó que leía al profeta
Isaías, y dijo: Pero ¿entiendes lo que lees?
31 Él dijo: ¿Y cómo podré, si alguno no me
enseñare? Y rogó a Felipe que subiese y se
sentara con él.
32 El pasaje de la Escritura que leía era éste:

Como oveja a la muerte fue llevado;
Y como cordero mudo delante del que
lo trasquila,
Así no abrió su boca.
33 En su humillación no se le hizo justicia;
Mas su generación, ¿quién la contará?
Porque fue quitada de la tierra su vida.[c]

34 Respondiendo el eunuco, dijo a Felipe: Te
ruego que me digas: ¿de quién dice el profeta
esto; de sí mismo, o de algún otro?
35 Entonces Felipe, abriendo su boca, y
comenzando desde esta escritura, le anunció
el evangelio de Jesús.
36 Y yendo por el camino, llegaron a cierta
agua, y dijo el eunuco: Aquí hay agua; ¿qué
impide que yo sea bautizado?
37 Felipe dijo: Si crees de todo corazón, bien ◄
puedes. Y respondiendo, dijo: Creo que Jesucristo es el Hijo de Dios.
38 Y mandó parar el carro; y descendieron ambos al agua, Felipe y el eunuco, y le
bautizó.
39 Cuando subieron del agua, el Espíritu del
Señor arrebató a Felipe; y el eunuco no le vio
más, y siguió gozoso su camino.
40 Pero Felipe se encontró en Azoto; y pasando, anunciaba el evangelio en todas las ciudades, hasta que llegó a Cesarea.

Conversión de Saulo

(Hch 22.6-16; 26.12-18)

9 SAULO, respirando aún amenazas y muerte contra los discípulos del Señor, vino al
sumo sacerdote,
2 y le pidió cartas para las sinagogas de
Damasco, a fin de que si hallase algunos hombres o mujeres de este Camino, los trajese presos a Jerusalén.
3 Mas yendo por el camino, aconteció que al
llegar cerca de Damasco, repentinamente le
rodeó un resplandor de luz del cielo;
4 y cayendo en tierra, oyó una voz que le ◄
decía: Saulo, Saulo, ¿por qué me persigues?
5 Él dijo: ¿Quién eres, Señor? Y le dijo: Yo soy
Jesús, a quien tú persigues; dura cosa te es dar
coces contra el aguijón.
6 Él, temblando y temeroso, dijo: Señor, ¿qué
quieres que yo haga? Y el Señor le dijo: Levántate y entra en la ciudad, y se te dirá lo que
debes hacer.
7 Y los hombres que iban con Saulo se pararon atónitos, oyendo a la verdad la voz, mas
sin ver a nadie.
8 Entonces Saulo se levantó de tierra, y abriendo los ojos, no veía a nadie; así que, llevándole
por la mano, le metieron en Damasco,
9 donde estuvo tres días sin ver, y no comió
ni bebió.

---

c. **8.32-33** Is 53.7-8.

LECCIONES DE VIDA

➤ ***8.27 — él se levantó y fue.***

Felipe no perdió tiempo discutiendo con el ángel del Señor acerca de por qué debería ir, simplemente obedeció. Si Felipe hubiese exigido más detalles y pasado tiempo debatiendo la sensatez de la orden, se habría perdido la oportunidad de influenciar en un alto dignatario del tribunal etíope. La obediencia inmediata siempre es necesaria. Por eso es importante pasar tiempo a solas con el Señor. Así cuando Él llame, usted conocerá su voz y podrá actuar conforme al llamado.

➤ ***8.37 — Creo que Jesucristo es el Hijo de Dios.***

Felipe estableció como un prerrequisito para bautizar al eunuco etíope que creyera de todo corazón en la resurrección de Cristo. En el bautismo, nos identificamos con la muerte y la resurrección de Cristo, e iniciamos en su nombre una nueva manera de vivir (Ro 6.3–6).

➤ ***9.4 — Saulo, Saulo, ¿por qué me persigues?***

Antes que el apóstol Pablo conociera a Jesús como su Salvador, fue un fariseo prominente llamado Saulo que además persiguió a la iglesia. Es decir, enviaba a personas que creyeran en Jesucristo a ser torturadas y sometidas a muerte. Saulo pensó honestamente que él servía a Dios deteniendo, arrestando y encarcelando a herejes peligrosos. Pero Jesús le dijo que al matar a los cristianos estaba persiguiendo a Dios mismo. Cuando bendecimos a otros creyentes, bendecimos a Cristo, y cuando herimos a otros creyentes, le hacemos daño a Él (Mt 25.40, 45).

10 Había entonces en Damasco un discípulo llamado Ananías, a quien el Señor dijo en
visión: Ananías. Y él respondió: Heme aquí,
Señor.
➤ 11 Y el Señor le dijo: Levántate, y ve a la calle
que se llama Derecha, y busca en casa de
Judas a uno llamado Saulo, de Tarso; porque
he aquí, él ora,
12 y ha visto en visión a un varón llamado
Ananías, que entra y le pone las manos encima para que recobre la vista.
13 Entonces Ananías respondió: Señor, he oído
de muchos acerca de este hombre, cuántos
males ha hecho a tus santos en Jerusalén;
14 y aun aquí tiene autoridad de los principales sacerdotes para prender a todos los que
invocan tu nombre.
15 El Señor le dijo: Ve, porque instrumento
escogido me es éste, para llevar mi nombre en
presencia de los gentiles, y de reyes, y de los
hijos de Israel;
16 porque yo le mostraré cuánto le es necesario padecer por mi nombre.
17 Fue entonces Ananías y entró en la casa,
y poniendo sobre él las manos, dijo: Hermano Saulo, el Señor Jesús, que se te apareció
en el camino por donde venías, me ha enviado para que recibas la vista y seas lleno del
Espíritu Santo.
18 Y al momento le cayeron de los ojos como
escamas, y recibió al instante la vista; y levantándose, fue bautizado.
19 Y habiendo tomado alimento, recobró fuerzas. Y estuvo Saulo por algunos días con los
discípulos que estaban en Damasco.

Saulo predica en Damasco

20 En seguida predicaba a Cristo en las sinagogas, diciendo que éste era el Hijo de Dios.
21 Y todos los que le oían estaban atónitos, y
decían: ¿No es éste el que asolaba en Jerusalén a los que invocaban este nombre, y a eso
vino acá, para llevarlos presos ante los principales sacerdotes?
22 Pero Saulo mucho más se esforzaba, y confundía a los judíos que moraban en Damasco, demostrando que Jesús era el Cristo.

Saulo escapa de los judíos

23 Pasados muchos días, los judíos resolvie-
ron en consejo matarle;
24 pero sus asechanzas llegaron a conocimiento de Saulo. Y ellos guardaban las puertas de día y de noche para matarle.
25 Entonces los discípulos, tomándole de
noche, le bajaron por el muro, descolgándo-
le en una canasta.[a]

Saulo en Jerusalén

26 Cuando llegó a Jerusalén, trataba de juntarse con los discípulos; pero todos le tenían
miedo, no creyendo que fuese discípulo.
27 Entonces Bernabé, tomándole, lo trajo a los
apóstoles, y les contó cómo Saulo había visto
en el camino al Señor, el cual le había hablado, y cómo en Damasco había hablado valero-
samente en el nombre de Jesús.
28 Y estaba con ellos en Jerusalén; y entraba y salía,
29 y hablaba denodadamente en el nombre
del Señor, y disputaba con los griegos; pero
éstos procuraban matarle.
30 Cuando supieron esto los hermanos, le llevaron hasta Cesarea, y le enviaron a Tarso.
31 Entonces las iglesias tenían paz por toda
Judea, Galilea y Samaria; y eran edificadas,
andando en el temor del Señor, y se acrecentaban fortalecidas por el Espíritu Santo.

Curación de Eneas

32 Aconteció que Pedro, visitando a todos, vino
también a los santos que habitaban en Lida.

a. 9.23-25 2 Co 11.32-33.

LECCIONES DE VIDA

➤ *9.11 — busca en casa de Judas a uno llamado Saulo, de Tarso.*

El Señor le asignó a Ananías una tarea que no fue muy de su agrado: ministrar al hombre que había estado persiguiendo a la iglesia. Ananías verbalizó sus temores pues Saulo era un hombre peligroso, pero el Señor le reiteró su mandato de ir a visitarlo. Sus temores nunca son una excusa para desobedecer a Dios. Aunque sus desafíos para nosotros puedan parecer aterradores, en última instancia Dios está a cargo de su vida y asume plena responsabilidad por sus necesidades cuando usted se somete a Él. Ananías obedeció, y la iglesia fue bendecida con un nuevo apóstol. El Señor también le bendecirá, si usted obedece.

➤ *9.22 — Saulo mucho más se esforzaba, y confundía a los judíos que moraban en Damasco, demostrando que Jesús era el Cristo.*

Aunque Saulo recibió conocimiento humano a través de su educación farisaica, no se comparaba con la sabiduría espiritual que adquirió cuando Jesucristo se convirtió en su Salvador. Dios puede utilizar sus dones y aptitudes temporales de manera asombrosa cuando están bajo el control de su Espíritu Santo.

➤ *9.27 — Bernabé, tomándole, lo trajo a los apóstoles.*

El nombre *Bernabé* significa «Hijo de consolación» (Hch 4.36), y dondequiera le vemos en el libro de Hechos, casi siempre está consolando a alguien. En este caso dio fe por Saulo cuando todos los demás le tuvieron pánico.

➤ *9.31 — las iglesias tenían paz... y eran edificadas, andando en el temor del Señor, y se acrecentaban fortalecidas por el Espíritu Santo.*

La paz, el temor y el fortalecimiento parecen una combinación extraña, pero la paz de Cristo combinada con el temor de Dios, combinado con la fuerza del Espíritu, constituyen una receta poderosa para el crecimiento. La paz con Dios es el fruto de la unidad con Él. Cuando estamos en una relación correcta con el Señor, experimentamos nuestro mayor crecimiento y damos el mayor fruto posible (Jn 15.4, 5).

33 Y halló allí a uno que se llamaba Eneas,
que hacía ocho años que estaba en cama, pues
era paralítico.
34 Y le dijo Pedro: Eneas, Jesucristo te sana;
levántate, y haz tu cama. Y en seguida se
levantó.
35 Y le vieron todos los que habitaban en
Lida y en Sarón, los cuales se convirtieron al
Señor.

Dorcas es resucitada

36 Había entonces en Jope una discípula llamada Tabita, que traducido quiere decir, Dorcas. Ésta abundaba en buenas obras y en
limosnas que hacía.
37 Y aconteció que en aquellos días enfermó
y murió. Después de lavada, la pusieron en
una sala.
38 Y como Lida estaba cerca de Jope, los discípulos, oyendo que Pedro estaba allí, le enviaron dos hombres, a rogarle: No tardes en venir
a nosotros.
39 Levantándose entonces Pedro, fue con
ellos; y cuando llegó, le llevaron a la sala,
donde le rodearon todas las viudas, llorando y
mostrando las túnicas y los vestidos que Dorcas hacía cuando estaba con ellas.
40 Entonces, sacando a todos, Pedro se puso
de rodillas y oró; y volviéndose al cuerpo, dijo:
Tabita, levántate. Y ella abrió los ojos, y al ver
a Pedro, se incorporó.
41 Y él, dándole la mano, la levantó; entonces,
llamando a los santos y a las viudas, la presentó viva.
42 Esto fue notorio en toda Jope, y muchos
creyeron en el Señor.
43 Y aconteció que se quedó muchos días en
Jope en casa de un cierto Simón, curtidor.

Pedro y Cornelio

10 HABÍA en Cesarea un hombre llamado
Cornelio, centurión de la compañía llamada la Italiana,
2 piadoso y temeroso de Dios con toda su
casa, y que hacía muchas limosnas al pueblo,
y oraba a Dios siempre.
3 Éste vio claramente en una visión, como a
la hora novena del día, que un ángel de Dios
entraba donde él estaba, y le decía: Cornelio.
4 Él, mirándole fijamente, y atemorizado, dijo:
¿Qué es, Señor? Y le dijo: Tus oraciones y tus
limosnas han subido para memoria delante de Dios.
5 Envía, pues, ahora hombres a Jope, y haz
venir a Simón, el que tiene por sobrenombre Pedro.
6 Éste posa en casa de cierto Simón curtidor,
que tiene su casa junto al mar; él te dirá lo que
es necesario que hagas.
7 Ido el ángel que hablaba con Cornelio, éste
llamó a dos de sus criados, y a un devoto soldado de los que le asistían;
8 a los cuales envió a Jope, después de haberles contado todo.
9 Al día siguiente, mientras ellos iban por el
camino y se acercaban a la ciudad, Pedro subió
a la azotea para orar, cerca de la hora sexta.
10 Y tuvo gran hambre, y quiso comer; pero
mientras le preparaban algo, le sobrevino un
éxtasis;
11 y vio el cielo abierto, y que descendía algo
semejante a un gran lienzo, que atado de las
cuatro puntas era bajado a la tierra;
12 en el cual había de todos los cuadrúpedos
terrestres y reptiles y aves del cielo.
13 Y le vino una voz: Levántate, Pedro, mata
y come.
14 Entonces Pedro dijo: Señor, no; porque ninguna cosa común o inmunda he comido jamás.
15 Volvió la voz a él la segunda vez: Lo que ≺
Dios limpió, no lo llames tú común.
16 Esto se hizo tres veces; y aquel lienzo volvió a ser recogido en el cielo.
17 Y mientras Pedro estaba perplejo dentro de
sí sobre lo que significaría la visión que había
visto, he aquí los hombres que habían sido
enviados por Cornelio, los cuales, preguntando por la casa de Simón, llegaron a la puerta.
18 Y llamando, preguntaron si moraba allí un
Simón que tenía por sobrenombre Pedro.
19 Y mientras Pedro pensaba en la visión, ≺
le dijo el Espíritu: He aquí, tres hombres te
buscan.
20 Levántate, pues, y desciende, y no dudes de
ir con ellos, porque yo los he enviado.
21 Entonces Pedro, descendiendo a donde estaban los hombres que fueron enviados por Cornelio, les dijo: He aquí, yo soy el que buscáis;
¿cuál es la causa por la que habéis venido?

LECCIONES DE VIDA

➤ ***10.15 — Lo que Dios limpió, no lo llames tú común.***

Dios trató aquí el prejuicio de Pedro en contra de los creyentes gentiles, pero este mensaje también es para nosotros. Nunca deberíamos menospreciar a una persona a quien Dios haya salvado, sin importar su raza, su posición económica o cualquier otro factor. Como nos instruye Filipenses 2.3: «Nada hagáis por contienda o por vanagloria; antes bien con humildad, estimando cada uno a los demás como superiores a él mismo».

➤ ***10.19 — le dijo el Espíritu: He aquí, tres hombres te buscan.***

Era de gran importancia que Pedro se encontrara con Cornelio, y así se lo dijo el Señor. A Dios gracias, Pedro no ignoró las indicaciones del Espíritu Santo en razón de sus nociones preconcebidas o sus planes premeditados. De otro modo, imagínese la bendición tan grande que se hubiera perdido (Hch 10.44–48). Dios tiende a guiarnos por etapas. Cuando andamos en sus caminos y obedecemos las indicaciones iniciales del Espíritu, siempre vamos a descubrir que nuestro destino final es un nuevo lugar de alabanza y adoración para nuestro Señor maravilloso.

PRINCIPIO DE VIDA 22

Andar en el Espíritu es obedecer las indicaciones iniciales del Espíritu.

HCH 10.19

¿A quién acude diariamente para recibir guía sobre cómo vivir o qué decisión tomar?

Las Escrituras nos dicen que el único Guía digno de toda nuestra confianza es el Espíritu Santo. Nadie fuera de Él conoce totalmente nuestro pasado, desde el momento en que fuimos concebidos hasta el presente, además que también conoce nuestro futuro, desde este día hasta la eternidad. Él conoce el plan y el propósito de Dios para nosotros, cada día de nuestras vidas. También sabe qué es bueno y conveniente para nosotros.

Jesús se refirió reiteradamente al Espíritu como el «Espíritu de verdad». Note lo que dijo acerca de la actividad del Espíritu Santo en nuestra vida: «Él os guiará a toda la verdad; porque no hablará por su propia cuenta, sino que hablará todo lo que oyere, y os hará saber las cosas que habrán de venir» (Jn 16.13). El Espíritu de verdad es como un compás interno en nuestras vidas, que nos orienta siempre hacia cómo sería Jesús, qué diría o qué haría en cualquier momento dado.

Dios desea darle a conocer su voluntad. Él quiere que usted sepa qué hacer y cuándo hacerlo. Por lo tanto, puede confiar en el Espíritu Santo para que sea su Guía diaria. Después que el Señor derramó el Espíritu Santo sobre los discípulos, ellos fueron guiados de manera profunda por el Espíritu. Los versículos a continuación proveen unos cuantos ejemplos de cómo el Espíritu Santo interactuó con el pueblo de Dios, de tal manera que les proporcionó orientación y guía muy personal y específica. Lo que Él hizo por ellos entonces, desea hacerlo por usted hoy mismo.

«El Espíritu me dijo que fuese con ellos sin dudar» (Hch 11.12).

«Ministrando éstos al Señor, y ayunando, dijo el Espíritu Santo: Apartadme a Bernabé y a Saulo para la obra a que los he llamado» (Hch 13.2).

«Atravesando Frigia y la provincia de Galacia, les fue prohibido por el Espíritu Santo hablar la palabra en Asia» (Hch 16.6).

Los líderes de la iglesia primitiva se apoyaron en el Espíritu Santo para recibir

El Espíritu de verdad es como un compás interno en nuestras vidas.

esta clase de guía específica y personal, y seremos sabios si seguimos su ejemplo. Tanto Romanos 8.14 como Gálatas 5.18 hacen referencia a que somos «guiados por el Espíritu», que es la norma en la vida el cristiano.

Tal vez pregunte: «¿Existen condiciones para que podamos ser guiados por el Espíritu Santo en nuestras vidas?»

Sí.

Primero, debemos permanecer rendidos al Espíritu. Debemos decir «sí» al Espíritu cuando Él nos indique emprender cierta acción o decir cierta palabra. Debemos dar asentimiento mental a la dirección del Espíritu, y luego debemos proceder a obedecer sus indicaciones, llevando a cabo con las acciones o las palabras lo que Él nos haya llamado a hacer o a decir.

El Espíritu casi siempre nos habla en el silencio de nuestros corazones con una palabra de convicción o certidumbre. Cuando el Espíritu Santo nos dirige para que nos apartemos de algo perjudicial, con mucha frecuencia sentimos una pesadez o tenemos una sensación de intranquilidad, presentimiento o una mala corazonada en nuestro espíritu. Por otro lado, cuando el Espíritu Santo nos dirige hacia cosas beneficiosas, tendemos a sentir una profunda paz interior, un fuerte anhelo de ver qué hará Dios, y un sentimiento de gozo.

¿Cómo puede saber si ya se ha rendido al Espíritu Santo? Usted se rinde a Él cuando es capaz de decirle: «Esto es lo que yo deseo, pero si tu respuesta a ello es "no", está bien. Haré lo que Tú digas».

Segundo, debemos creer y obedecer su guía. Será mucho más probable que escuchemos lo que el Espíritu Santo tiene que decir si estamos escuchando activamente, pendientes de lo que Él vaya a decirnos. Si vivimos con la expectativa de buscar de Dios, percibiremos con mayor claridad la dirección del Espíritu Santo. Hebreos 11.6 nos dice que Dios «es galardonador de los que le buscan». Hemos de ser diligentes en buscar su guía, pedírsela, estar pendientes de ella, anticiparla y recibirla.

El Espíritu Santo ha venido a revelarnos la verdad. Él ha venido con su capacidad de omnisciencia para impartirnos lo que necesitamos saber, a fin de que vivamos en obediencia y fidelidad. Confíe en Él para recibir su guía, ¡ahora y siempre!

El Espíritu Santo ha venido a revelarnos la verdad.

Para un estudio más a fondo, véase el Índice de Principios de vida.

22 Ellos dijeron: Cornelio el centurión, varón
justo y temeroso de Dios, y que tiene buen
testimonio en toda la nación de los judíos, ha
recibido instrucciones de un santo ángel, de
hacerte venir a su casa para oír tus palabras.
23 Entonces, haciéndoles entrar, los hospedó.
Y al día siguiente, levantándose, se fue con
ellos; y le acompañaron algunos de los hermanos de Jope.
24 Al otro día entraron en Cesarea. Y Cornelio los estaba esperando, habiendo convocado
a sus parientes y amigos más íntimos.
25 Cuando Pedro entró, salió Cornelio a recibirle, y postrándose a sus pies, adoró.
26 Mas Pedro le levantó, diciendo: Levántate,
pues yo mismo también soy hombre.
27 Y hablando con él, entró, y halló a muchos
que se habían reunido.
➤ 28 Y les dijo: Vosotros sabéis cuán abominable
es para un varón judío juntarse o acercarse a
un extranjero; pero a mí me ha mostrado Dios
que a ningún hombre llame común o inmundo;
29 por lo cual, al ser llamado, vine sin replicar.
Así que pregunto: ¿Por qué causa me habéis
hecho venir?
30 Entonces Cornelio dijo: Hace cuatro días
que a esta hora yo estaba en ayunas; y a la
hora novena, mientras oraba en mi casa, vi
que se puso delante de mí un varón con vestido resplandeciente,
31 y dijo: Cornelio, tu oración ha sido oída,
y tus limosnas han sido recordadas delante de Dios.
32 Envía, pues, a Jope, y haz venir a Simón
el que tiene por sobrenombre Pedro, el cual
mora en casa de Simón, un curtidor, junto al
mar; y cuando llegue, él te hablará.
33 Así que luego envié por ti; y tú has hecho
bien en venir. Ahora, pues, todos nosotros
estamos aquí en la presencia de Dios, para oír
todo lo que Dios te ha mandado.
34 Entonces Pedro, abriendo la boca, dijo: En
verdad comprendo que Dios no hace acepción
de personas,[a]
35 sino que en toda nación se agrada del que ≺
le teme y hace justicia.
36 Dios envió mensaje a los hijos de Israel,
anunciando el evangelio de la paz por medio
de Jesucristo; éste es Señor de todos.
37 Vosotros sabéis lo que se divulgó por toda
Judea, comenzando desde Galilea, después
del bautismo que predicó Juan:
38 cómo Dios ungió con el Espíritu Santo y con
poder a Jesús de Nazaret, y cómo éste anduvo
haciendo bienes y sanando a todos los oprimidos por el diablo, porque Dios estaba con él.
39 Y nosotros somos testigos de todas las cosas
que Jesús hizo en la tierra de Judea y en Jerusalén; a quien mataron colgándole en un madero.
40 A éste levantó Dios al tercer día, e hizo que ≺
se manifestase;
41 no a todo el pueblo, sino a los testigos que
Dios había ordenado de antemano, a nosotros
que comimos y bebimos con él después que
resucitó de los muertos.
42 Y nos mandó que predicásemos al pueblo,
y testificásemos que él es el que Dios ha puesto por Juez de vivos y muertos.
43 De éste dan testimonio todos los profetas, ✻
que todos los que en él creyeren, recibirán
perdón de pecados por su nombre.
44 Mientras aún hablaba Pedro estas palabras, el Espíritu Santo cayó sobre todos los
que oían el discurso.
45 Y los fieles de la circuncisión que habían
venido con Pedro se quedaron atónitos de que
también sobre los gentiles se derramase el
don del Espíritu Santo.
46 Porque los oían que hablaban en lenguas, y
que magnificaban a Dios.
47 Entonces respondió Pedro: ¿Puede acaso
alguno impedir el agua, para que no sean bautizados estos que han recibido el Espíritu Santo también como nosotros?
48 Y mandó bautizarles en el nombre del
Señor Jesús. Entonces le rogaron que se quedase por algunos días.

a. **10.34** Dt 10.17.

LECCIONES DE VIDA

➤ ***10.28 — a mí me ha mostrado Dios que a ningún hombre llame común o inmundo.***

Como hombre temeroso de Dios, Cornelio habría creído en el Dios de Israel, pero probablemente no era un convertido o prosélito judío en el sentido formal. Esto representó un reto especial para Pedro, pues los judíos no debían asociarse con los gentiles (Hch 11.2, 3), y en esa época se formulaba la pregunta de si los gentiles podían convertirse en cristianos sin convertirse primero al judaísmo (Hch 15.1–29). Pero el Señor lo dejó en claro: ninguna persona debía ser llamada inmunda. Somos salvados solamente por Jesucristo, y la invitación está abierta a todo aquel que esté dispuesto a creer en Él (Ro 1.16; 10.9–12).

➤ ***10.35 — en toda nación se agrada del que le teme y hace justicia.***

Cornelio temía a Dios y hacía «justicia» antes de oír una sola palabra acerca del Cristo resucitado, pero de todas maneras necesitó llegar a tener fe personal en Jesús. Aquellos que realmente buscan a Dios lo hallarán (Jer 29.13), y debemos estar preparados para contarles acerca de la esperanza que tenemos en Él (Ro 10.14, 15; 1 P 3.15).

➤ ***10.40, 41 — A éste levantó Dios al tercer día, e hizo que se manifestase... a los testigos que Dios había ordenado de antemano.***

Después de su resurrección, Jesús no se apareció a Pilato, ni a Herodes, ni a Anás ni a Caifás, ni a quienes lo crucificaron. Él se manifestó a quienes lo amaron y estuvieron dispuestos a ser testigos suyos en el mundo (Hch 13.31; 1 Co 15.1–11). No obstante, un día *todos* vamos a comparecer delante de Él, los incrédulos para juicio y los creyentes para recibir su recompensa (Ro 2.5–8; 2 Co 5.10; He 9.27; Ap 20.11–15).

Informe de Pedro a la iglesia de Jerusalén

11 OYERON los apóstoles y los hermanos
que estaban en Judea, que también los
gentiles habían recibido la palabra de Dios.
2 Y cuando Pedro subió a Jerusalén, disputaban con él los que eran de la circuncisión,
3 diciendo: ¿Por qué has entrado en casa de
hombres incircuncisos, y has comido con ellos?
4 Entonces comenzó Pedro a contarles por
orden lo sucedido, diciendo:
5 Estaba yo en la ciudad de Jope orando, y
vi en éxtasis una visión; algo semejante a un
gran lienzo que descendía, que por las cuatro
puntas era bajado del cielo y venía hasta mí.
6 Cuando fijé en él los ojos, consideré y vi
cuadrúpedos terrestres, y fieras, y reptiles, y
aves del cielo.
7 Y oí una voz que me decía: Levántate, Pedro,
mata y come.
8 Y dije: Señor, no; porque ninguna cosa
común o inmunda entró jamás en mi boca.
9 Entonces la voz me respondió del cielo por
segunda vez: Lo que Dios limpió, no lo llames
tú común.
10 Y esto se hizo tres veces, y volvió todo a ser
llevado arriba al cielo.
11 Y he aquí, luego llegaron tres hombres a
la casa donde yo estaba, enviados a mí desde Cesarea.
12 Y el Espíritu me dijo que fuese con ellos
sin dudar. Fueron también conmigo estos seis
hermanos, y entramos en casa de un varón,
13 quien nos contó cómo había visto en su
casa un ángel, que se puso en pie y le dijo:
Envía hombres a Jope, y haz venir a Simón, el
que tiene por sobrenombre Pedro;
14 él te hablará palabras por las cuales serás
salvo tú, y toda tu casa.
15 Y cuando comencé a hablar, cayó el Espíritu Santo sobre ellos también, como sobre
nosotros al principio.
16 Entonces me acordé de lo dicho por el
Señor, cuando dijo: Juan ciertamente bautizó
en agua, mas vosotros seréis bautizados con
el Espíritu Santo.[a]
17 Si Dios, pues, les concedió también el mismo don que a nosotros que hemos creído en
el Señor Jesucristo, ¿quién era yo que pudiese
estorbar a Dios?
18 Entonces, oídas estas cosas, callaron, y glorificaron a Dios, diciendo: ¡De manera que
también a los gentiles ha dado Dios arrepentimiento para vida!

La iglesia en Antioquía

19 Ahora bien, los que habían sido esparcidos
a causa de la persecución que hubo con motivo de Esteban,[b] pasaron hasta Fenicia, Chipre
y Antioquía, no hablando a nadie la palabra,
sino sólo a los judíos.
20 Pero había entre ellos unos varones de Chipre y de Cirene, los cuales, cuando entraron
en Antioquía, hablaron también a los griegos,
anunciando el evangelio del Señor Jesús.
21 Y la mano del Señor estaba con ellos, y
gran número creyó y se convirtió al Señor.
22 Llegó la noticia de estas cosas a oídos de la
iglesia que estaba en Jerusalén; y enviaron a
Bernabé que fuese hasta Antioquía.
23 Éste, cuando llegó, y vio la gracia de Dios,
se regocijó, y exhortó a todos a que con propósito de corazón permaneciesen fieles al Señor.
24 Porque era varón bueno, y lleno del Espíritu Santo y de fe. Y una gran multitud fue agre-
gada al Señor.
25 Después fue Bernabé a Tarso para buscar a
Saulo; y hallándole, le trajo a Antioquía.
26 Y se congregaron allí todo un año con la
iglesia, y enseñaron a mucha gente; y a los
discípulos se les llamó cristianos por primera
vez en Antioquía.
27 En aquellos días unos profetas descendieron de Jerusalén a Antioquía.
28 Y levantándose uno de ellos, llamado Agabo,[c]
daba a entender por el Espíritu, que vendría
una gran hambre en toda la tierra habitada; la
cual sucedió en tiempo de Claudio.
29 Entonces los discípulos, cada uno conforme a lo que tenía, determinaron enviar socorro a los hermanos que habitaban en Judea;

a. 11.16 Hch 1.5. **b. 11.19** Hch 8.1-4. **c. 11.28** Hch 21.10.

LECCIONES DE VIDA

➤ ***11.18 — ¡también a los gentiles ha dado Dios arrepentimiento para vida!***

A los primeros creyentes judíos nunca se les ocurrió que Dios realmente pudiera darles el Espíritu Santo a los gentiles que creyeran, como se los había dado a los judíos que creyeron en Jesús. Pero tan pronto vieron la verdad con sus propios ojos, reaccionaron correctamente alabando a Dios. Si llegamos a reconocer algún mover claro de Dios, seremos sabios si nos unimos a Él. Tal vez no sea lo que anticipábamos o esperábamos, pero Él es quien manda, no nosotros.

➤ ***11.23 — cuando llegó, y vio la gracia de Dios, se regocijó, y exhortó a todos.***

¿Cómo se vuelve uno testigo de la gracia de Dios? Observando el fruto que produce: personas siendo salvas, adoración dinámica, espíritus perdonadores, paz, gozo y mucho más. Fomentamos el crecimiento de esa gracia al exhortarnos unos a otros a servir con alegría y empeño al Dios viviente.

➤ ***11.29 — cada uno conforme a lo que tenía, determinaron enviar socorro a los hermanos que habitaban en Judea.***

Además de persecución y altos impuestos, los residentes de Judea estaban a punto de enfrentar una gran hambruna. Por eso los discípulos decidieron de inmediato que iban a prestar su ayuda. Un corazón genuinamente tocado por el amor de Dios desea calmar las necesidades de los hermanos en la fe que padecen necesidad (Stg 2.15–17). Dios nos bendice para que nosotros podamos bendecir a otros.

30 lo cual en efecto hicieron, enviándolo a los ancianos por mano de Bernabé y de Saulo.

Jacobo, muerto; Pedro, encarcelado

12 EN aquel mismo tiempo el rey Herodes echó mano a algunos de la iglesia para maltratarles.
2 Y mató a espada a Jacobo, hermano de Juan.
3 Y viendo que esto había agradado a los judíos, procedió a prender también a Pedro. Eran entonces los días de los panes sin levadura.
4 Y habiéndole tomado preso, le puso en la cárcel, entregándole a cuatro grupos de cuatro soldados cada uno, para que le custodiasen; y se proponía sacarle al pueblo después de la pascua.[a]
➤ 5 Así que Pedro estaba custodiado en la cárcel; pero la iglesia hacía sin cesar oración a Dios por él.

Pedro es librado de la cárcel

6 Y cuando Herodes le iba a sacar, aquella misma noche estaba Pedro durmiendo entre dos soldados, sujeto con dos cadenas, y los guardas delante de la puerta custodiaban la cárcel.
7 Y he aquí que se presentó un ángel del Señor, y una luz resplandeció en la cárcel; y tocando a Pedro en el costado, le despertó, diciendo: Levántate pronto. Y las cadenas se le cayeron de las manos.
8 Le dijo el ángel: Cíñete, y átate las sandalias. Y lo hizo así. Y le dijo: Envuélvete en tu manto, y sígueme.
➤ 9 Y saliendo, le seguía; pero no sabía que era verdad lo que hacía el ángel, sino que pensaba que veía una visión.
10 Habiendo pasado la primera y la segunda guardia, llegaron a la puerta de hierro que daba a la ciudad, la cual se les abrió por sí misma; y salidos, pasaron una calle, y luego el ángel se apartó de él.
11 Entonces Pedro, volviendo en sí, dijo: Ahora entiendo verdaderamente que el Señor ha enviado su ángel, y me ha librado de la mano de Herodes, y de todo lo que el pueblo de los judíos esperaba.
12 Y habiendo considerado esto, llegó a casa de María la madre de Juan, el que tenía por sobrenombre Marcos, donde muchos estaban reunidos orando.
13 Cuando llamó Pedro a la puerta del patio, salió a escuchar una muchacha llamada Rode,
14 la cual, cuando reconoció la voz de Pedro, de gozo no abrió la puerta, sino que corriendo

Ejemplos de vida

RODE

Gozo en la oración

HCH 12.12–17

Hasta bien entrada la noche, la iglesia rogaba por la misericordia de Dios a favor de su líder encarcelado, Pedro.

Rode, una muchacha que servía en la casa, conocía bien a los creyentes que se reunieron en la amplia casa de María. Aunque intercedían incesantemente por Pedro, parecía que su ejecución a la mañana siguiente era algo inevitable.

De repente unos golpes en la puerta del patio interrumpieron sus oraciones. Rode se acercó a la entrada, se inclinó para escuchar y oyó una voz familiar. ¡Pedro estaba al otro lado de la puerta! En su emoción se le olvidó dejarlo entrar, y se fue corriendo a informarlo a la iglesia que había estado en oración. Ella exclamó que «Pedro estaba a la puerta», pero no fue sino hasta que él estuvo en medio de ellos relatando su liberación milagrosa, que ellos reconocieron jubilosamente la provisión del Señor.

Así como la alegría de Rode sustentó su corazón cuando la vida se tornó dolorosa, el gozo de Cristo le sustenta a usted cuando el futuro parece imposible. El deleite de su salvación le ayuda a perseverar cuando las desilusiones y los problemas difíciles le asedian.

Para un estudio más a fondo, véase el Índice de Principios de vida:

8. *Libremos nuestras batallas de rodillas y siempre obtendremos la victoria.*
18. *Cómo hijos del Dios soberano, jamás somos víctimas de nuestras circunstancias.*

a. **12.4** Éx 12.1-27.

LECCIONES DE VIDA

➤ ***12.5 — Pedro estaba custodiado en la cárcel; pero la iglesia hacía sin cesar oración a Dios por él.***

La iglesia ya había perdido un líder, Jacobo el hermano de Juan, quien fue ejecutado a espada (Hch 12.2). Ahora parecía que también iban a perder a Pedro, quien estaba señalado para morir al día siguiente, y la iglesia no podía hacer nada terrenalmente viable para salvarlo. Sin embargo, podían apelar al cielo. Así como Dios lo había hecho en tantas ocasiones anteriores, Él realizó un milagro en respuesta a sus oraciones. Como creyentes, siempre somos más altos y más fuertes de rodillas. Cada vez que su situación parezca

adentro, dio la nueva de que Pedro estaba a
la puerta.
15 Y ellos le dijeron: Estás loca. Pero ella aseguraba que así era. Entonces ellos decían: ¡Es
su ángel!
16 Mas Pedro persistía en llamar; y cuando
abrieron y le vieron, se quedaron atónitos.
17 Pero él, haciéndoles con la mano señal de
que callasen, les contó cómo el Señor le había
sacado de la cárcel. Y dijo: Haced saber esto
a Jacobo y a los hermanos. Y salió, y se fue a
otro lugar.
18 Luego que fue de día, hubo no poco alboroto entre los soldados sobre qué había sido
de Pedro.
19 Mas Herodes, habiéndole buscado sin
hallarle, después de interrogar a los guardas,
ordenó llevarlos a la muerte. Después descendió de Judea a Cesarea y se quedó allí.

Muerte de Herodes

20 Y Herodes estaba enojado contra los de
Tiro y de Sidón; pero ellos vinieron de acuerdo ante él, y sobornado Blasto, que era camarero mayor del rey, pedían paz, porque su
territorio era abastecido por el del rey.
21 Y un día señalado, Herodes, vestido de ropas
reales, se sentó en el tribunal y les arengó.
22 Y el pueblo aclamaba gritando: ¡Voz de
Dios, y no de hombre!
23 Al momento un ángel del Señor le hirió,
por cuanto no dio la gloria a Dios; y expiró
comido de gusanos.
24 Pero la palabra del Señor crecía y se multiplicaba.
25 Y Bernabé y Saulo, cumplido su servicio,
volvieron de Jerusalén, llevando también consigo a Juan, el que tenía por sobrenombre
Marcos.

Bernabé y Saulo comienzan su primer viaje misionero

13 HABÍA entonces en la iglesia que estaba en Antioquía, profetas y maestros:
Bernabé, Simón el que se llamaba Niger, Lucio
de Cirene, Manaén el que se había criado junto
con Herodes el tetrarca, y Saulo.
➤ 2 Ministrando éstos al Señor, y ayunando, dijo
el Espíritu Santo: Apartadme a Bernabé y a
Saulo para la obra a que los he llamado.
3 Entonces, habiendo ayunado y orado, les
impusieron las manos y los despidieron.

Los apóstoles predican en Chipre

4 Ellos, entonces, enviados por el Espíritu
Santo, descendieron a Seleucia, y de allí navegaron a Chipre.
5 Y llegados a Salamina, anunciaban la palabra de Dios en las sinagogas de los judíos.
Tenían también a Juan de ayudante.
6 Y habiendo atravesado toda la isla hasta
Pafos, hallaron a cierto mago, falso profeta,
judío, llamado Barjesús,
7 que estaba con el procónsul Sergio Paulo,
varón prudente. Éste, llamando a Bernabé y a
Saulo, deseaba oír la palabra de Dios.
8 Pero les resistía Elimas, el mago (pues así se
traduce su nombre), procurando apartar de la
fe al procónsul.
9 Entonces Saulo, que también es Pablo, lleno
del Espíritu Santo, fijando en él los ojos,
10 dijo: ¡Oh, lleno de todo engaño y de toda
maldad, hijo del diablo, enemigo de toda justicia! ¿No cesarás de trastornar los caminos
rectos del Señor?
11 Ahora, pues, he aquí la mano del Señor está
contra ti, y serás ciego, y no verás el sol por
algún tiempo. E inmediatamente cayeron sobre
él oscuridad y tinieblas; y andando alrededor,
buscaba quien le condujese de la mano.
12 Entonces el procónsul, viendo lo que había
sucedido, creyó, maravillado de la doctrina
del Señor.

Pablo y Bernabé en Atioquía de Pisidia

13 Habiendo zarpado de Pafos, Pablo y sus
compañeros arribaron a Perge de Panfilia;
pero Juan, apartándose de ellos, volvió a
Jerusalén.
14 Ellos, pasando de Perge, llegaron a Antioquía de Pisidia; y entraron en la sinagoga un
día de reposo y se sentaron.
15 Y después de la lectura de la ley y de los
profetas, los principales de la sinagoga mandaron a decirles: Varones hermanos, si tenéis
alguna palabra de exhortación para el pueblo, hablad.
16 Entonces Pablo, levantándose, hecha señal
de silencio con la mano, dijo: Varones israelitas, y los que teméis a Dios, oíd:

LECCIONES DE VIDA

imposible de resolver, humíllese, acuda a Dios en oración, y confíe que Él le oye y está dispuesto a ayudarle.

➤ ***12.9 — no sabía que era verdad lo que hacía el ángel, sino que pensaba que veía una visión.***

Pedro había recibido visiones de Dios con anterioridad, y esta escena era tan inusual que creyó que se trataba de una más. Pero no lo era, estaba sucediendo realmente, tal como lo vio. Al igual que Pedro, usted tal vez pase por momentos cuando su situación se ve tan precaria que parece totalmente carente de esperanza y sin salida. Esas son las ocasiones en que el Señor le libra de una manera que sobrepasa lo que usted podría imaginarse. ¡Nada es imposible para Dios! Así como Él libró a Pedro, puede librarle a usted. Solamente confíe en Él.

➤ ***13.2 — Apartadme a Bernabé y a Saulo para la obra a que los he llamado.***

Pablo y Bernabé encontraron el llamado para sus vidas en medio de la oración y la adoración entre sus hermanos en la fe, no aislados ni por su propia cuenta. Dios nos llama a servirlo juntos, para mostrar al mundo cómo se supone que deben funcionar las relaciones humanas.

17 El Dios de este pueblo de Israel escogió a
nuestros padres, y enalteció al pueblo, siendo
ellos extranjeros en tierra de Egipto,[a] y con
brazo levantado los sacó de ella.[b]
18 Y por un tiempo como de cuarenta años
los soportó en el desierto;[c]
19 y habiendo destruido siete naciones en
la tierra de Canaán,[d] les dio en herencia su
territorio.[e]
20 Después, como por cuatrocientos cincuenta años, les dio jueces[f] hasta el profeta
Samuel.[g]
21 Luego pidieron rey,[h] y Dios les dio a Saúl
hijo de Cis, varón de la tribu de Benjamín,[i]
por cuarenta años.
22 Quitado éste,[j] les levantó por rey a David,
de quien dio también testimonio diciendo:
He hallado a David hijo de Isaí, varón conforme a mi corazón, quien hará todo lo que
yo quiero.[k]
➤ 23 De la descendencia de éste, y conforme a
la promesa, Dios levantó a Jesús por Salvador a Israel.
24 Antes de su venida, predicó Juan el bautismo de arrepentimiento[l] a todo el pueblo de
Israel.
25 Mas cuando Juan terminaba su carrera,
dijo: ¿Quién pensáis que soy? No soy yo él;[m]
mas he aquí viene tras mí uno de quien no
soy digno de desatar el calzado de los pies.[n]
26 Varones hermanos, hijos del linaje de Abraham, y los que entre vosotros teméis a Dios, a
vosotros es enviada la palabra de esta salvación.
27 Porque los habitantes de Jerusalén y sus
gobernantes, no conociendo a Jesús, ni las
palabras de los profetas que se leen todos los
días de reposo,* las cumplieron al condenarle.
28 Y sin hallar en él causa digna de muerte,
pidieron a Pilato que se le matase.[o]
29 Y habiendo cumplido todas las cosas que
de él estaban escritas, quitándolo del madero,
lo pusieron en el sepulcro.[p]
30 Mas Dios le levantó de los muertos.
31 Y él se apareció durante muchos días a los
que habían subido juntamente con él de Galilea a Jerusalén,[q] los cuales ahora son sus testigos ante el pueblo.
32 Y nosotros también os anunciamos el evangelio de aquella promesa hecha a nuestros
padres,
33 la cual Dios ha cumplido a los hijos de
ellos, a nosotros, resucitando a Jesús; como
está escrito también en el salmo segundo: Mi
hijo eres tú, yo te he engendrado hoy.[r]
34 Y en cuanto a que le levantó de los muertos para nunca más volver a corrupción, lo
dijo así: Os daré las misericordias fieles de
David.[s]
35 Por eso dice también en otro salmo: No
permitirás que tu Santo vea corrupción.[t]
36 Porque a la verdad David, habiendo servido a su propia generación según la voluntad
de Dios, durmió, y fue reunido con sus padres,
y vio corrupción.
37 Mas aquel a quien Dios levantó, no vio
corrupción.
38 Sabed, pues, esto, varones hermanos: que
por medio de él se os anuncia perdón de
pecados,
39 y que de todo aquello de que por la ley de
Moisés no pudisteis ser justificados, en él es
justificado todo aquel que cree.
40 Mirad, pues, que no venga sobre vosotros
lo que está dicho en los profetas:
41 Mirad, oh menospreciadores, y
asombraos, y desapareced;
Porque yo hago una obra en vuestros
días,
Obra que no creeréis, si alguien os la
contare.[u]
42 Cuando salieron ellos de la sinagoga de los
judíos, los gentiles les rogaron que el siguiente día de reposo* les hablasen de estas cosas.
43 Y despedida la congregación, muchos de
los judíos y de los prosélitos piadosos siguieron a Pablo y a Bernabé, quienes hablándoles,
les persuadían a que perseverasen en la gracia de Dios.
44 El siguiente día de reposo* se juntó casi
toda la ciudad para oír la palabra de Dios.
45 Pero viendo los judíos la muchedumbre,
se llenaron de celos, y rebatían lo que Pablo
decía, contradiciendo y blasfemando.
46 Entonces Pablo y Bernabé, hablando con
denuedo, dijeron: A vosotros a la verdad era
necesario que se os hablase primero la palabra de Dios; más puesto que la desecháis, y no

* Aquí equivale a *sábado*.

a. 13.17 Éx 1.7. **b. 13.17** Éx 12.51. **c. 13.18** Nm 14.34; Dt 1.31. **d. 13.19** Dt 7.1. **e. 13.19** Jos 14.1. **f. 13.20** Jue 2.16. **g. 13.20** 1 S 3.20. **h. 13.21** 1 S 8.5. **i. 13.21** 1 S 10.21. **j. 13.22** 1 S 13.14. **k. 13.22** 1 S 16.12; Sal 89.20. **l. 13.24** Mr 1.4; Lc 3.3. **m. 13.25** Jn 1.20. **n. 13.25** Mt 3.11; Mr 1.7; Lc 3.16; Jn 1.27. **o. 13.28** Mt 27.22-23; Mr 15.13-14; Lc 23.21-23; Jn 19.15. **p. 13.29** Mt 27.57-61; Mr 15.42-47; Lc 23.50-56; Jn 19.38-42. **q. 13.31** Hch 1.3. **r. 13.33** Sal 2.7. **s. 13.34** Is 55.3. **t. 13.35** Sal 16.10. **u. 13.41** Hab 1.5.

LECCIONES DE VIDA

➤ ***13.23 — De la descendencia de éste, y conforme a la promesa, Dios levantó a Jesús por Salvador a Israel.***

Pablo siempre estaba recordándoles a los judíos que Cristo era el cumplimiento de los pactos de Dios con David y Abraham. Esto se debe a que ellos anticipaban la llegada del Mesías desde su niñez. Sin embargo, estaban buscando un libertador terrenal en lugar de la salvación eterna que el Señor les estaba ofreciendo. Su percepción tenía que cambiar. No obstante, incluso cuando Dios está cambiando nuestro entendimiento, siempre podemos recordar que Jesús no solamente nos salva, Él es la demostración por excelencia y el recordatorio supremo de cómo Dios cumple siempre sus promesas.

os juzgáis dignos de la vida eterna, he aquí, nos volvemos a los gentiles.
➤47 Porque así nos ha mandado el Señor, diciendo:

Te he puesto para luz de los gentiles,
A fin de que seas para salvación hasta
lo último de la tierra.[v]

48 Los gentiles, oyendo esto, se regocijaban y glorificaban la palabra del Señor, y creyeron todos los que estaban ordenados para vida eterna.
49 Y la palabra del Señor se difundía por toda aquella provincia.
50 Pero los judíos instigaron a mujeres piadosas y distinguidas, y a los principales de la ciudad, y levantaron persecución contra Pablo y Bernabé, y los expulsaron de sus límites.
51 Ellos entonces, sacudiendo contra ellos el polvo de sus pies,[w] llegaron a Iconio.
➤52 Y los discípulos estaban llenos de gozo y del Espíritu Santo.

Pablo y Bernabé en Iconio

14 ACONTECIÓ en Iconio que entraron juntos en la sinagoga de los judíos, y hablaron de tal manera que creyó una gran multitud de judíos, y asimismo de griegos.
2 Mas los judíos que no creían excitaron y corrompieron los ánimos de los gentiles contra los hermanos.
3 Por tanto, se detuvieron allí mucho tiempo, hablando con denuedo, confiados en el Señor, el cual daba testimonio a la palabra de su gracia, concediendo que se hiciesen por las manos de ellos señales y prodigios.
4 Y la gente de la ciudad estaba dividida: unos estaban con los judíos, y otros con los apóstoles.
5 Pero cuando los judíos y los gentiles, juntamente con sus gobernantes, se lanzaron a afrentarlos y apedrearlos,
6 habiéndolo sabido, huyeron a Listra y Derbe, ciudades de Licaonia, y a toda la región circunvecina,
7 y allí predicaban el evangelio.

Pablo es apedreado en Listra

8 Y cierto hombre de Listra estaba sentado, imposibilitado de los pies, cojo de nacimiento, que jamás había andado.
9 Éste oyó hablar a Pablo, el cual, fijando en él sus ojos, y viendo que tenía fe para ser sanado,
10 dijo a gran voz: Levántate derecho sobre tus pies. Y él saltó, y anduvo.
11 Entonces la gente, visto lo que Pablo había hecho, alzó la voz, diciendo en lengua licaónica: Dioses bajo la semejanza de hombres han descendido a nosotros.
12 Y a Bernabé llamaban Júpiter, y a Pablo, Mercurio, porque éste era el que llevaba la palabra.
13 Y el sacerdote de Júpiter, cuyo templo estaba frente a la ciudad, trajo toros y guirnaldas delante de las puertas, y juntamente con la muchedumbre quería ofrecer sacrificios.
14 Cuando lo oyeron los apóstoles Bernabé y Pablo, rasgaron sus ropas, y se lanzaron entre la multitud, dando voces
15 y diciendo: Varones, ¿por qué hacéis esto? ➤
Nosotros también somos hombres semejantes a vosotros, que os anunciamos que de estas vanidades os convirtáis al Dios vivo, que hizo el cielo y la tierra, el mar, y todo lo que en ellos hay.
16 En las edades pasadas él ha dejado a todas las gentes andar en sus propios caminos;
17 si bien no se dejó a sí mismo sin testimonio, haciendo bien, dándonos lluvias del cielo y tiempos fructíferos, llenando de sustento y de alegría nuestros corazones.
18 Y diciendo estas cosas, difícilmente lograron impedir que la multitud les ofreciese sacrificio.
19 Entonces vinieron unos judíos de Antioquía y de Iconio, que persuadieron a la multitud, y habiendo apedreado a Pablo, le arrastraron

v. 13.47 Is 42.6; 49.6. **w. 13.51** Mt 10.14; Mr 6.11; Lc 9.5; 10.11.

LECCIONES DE VIDA

➤ ***13.47 — Te he puesto para luz de los gentiles, a fin de que seas para salvación hasta lo último de la tierra.***

Pablo y Bernabé confrontaron a los judíos con este versículo de Isaías 49.6 para recordarles que debían convidar a los gentiles a conocer al Señor, no alejarlos de su salvación y sus bendiciones. Lo mismo se aplica a nosotros como creyentes, nunca debemos aislarnos por completo de los incrédulos sino ser una luz para ellos (Mt 5.14–16). Siempre debemos conducir a otros a Él, y glorificarlo por nuestra conducta y nuestro testimonio.

➤ ***13.52 — los discípulos estaban llenos de gozo y del Espíritu Santo.***

Dios se propone que la vida sometida a su Espíritu sea una vida de gozo. Eso no significa que nunca haya tristeza, pues como hemos visto, Pablo y Bernabé experimentaron bastantes quebrantos. Más bien, significa que aun en medio de la tristeza, el gozo del Espíritu nos sustenta porque sabemos que Dios siempre obrará poderosamente a través de nuestra obediencia.

➤ ***14.15 — que de estas vanidades os convirtáis al Dios vivo.***

Dios había realizado un milagro tan portentoso por medio de Pablo y Bernabé, que la gente de Listra pensó que cada uno de ellos era una deidad griega. Esto los consternó en gran manera, y ellos de inmediato encaminaron a las personas a volver sus ojos al Señor. Nuestra meta al servir a Dios nunca debería ser que los demás tengan una mejor opinión de nosotros. Obedecemos al Señor para que los demás lo conozcan a *Él.* Así como lo hicieron Pablo y Bernabé, cada vez que la gente ponga demasiada atención en nosotros, debemos recordarles que su enfoque debería ser su propia relación con el Dios viviente.

fuera de la ciudad, pensando que estaba muerto.
20 Pero rodeándole los discípulos, se levantó y entró en la ciudad; y al día siguiente salió con Bernabé para Derbe.
21 Y después de anunciar el evangelio a aquella ciudad y de hacer muchos discípulos, volvieron a Listra, a Iconio y a Antioquía,
➤22 confirmando los ánimos de los discípulos, exhortándoles a que permaneciesen en la fe, y diciéndoles: Es necesario que a través de muchas tribulaciones entremos en el reino de Dios.
23 Y constituyeron ancianos en cada iglesia, y habiendo orado con ayunos, los encomendaron al Señor en quien habían creído.

El regreso a Antioquía de Siria

24 Pasando luego por Pisidia, vinieron a Panfilia.
25 Y habiendo predicado la palabra en Perge, descendieron a Atalia.
26 De allí navegaron a Antioquía, desde donde habían sido encomendados a la gracia de Dios para la obra que habían cumplido.
27 Y habiendo llegado, y reunido a la iglesia, refirieron cuán grandes cosas había hecho Dios con ellos, y cómo había abierto la puerta de la fe a los gentiles.
28 Y se quedaron allí mucho tiempo con los discípulos.

El concilio en Jerusalén

15 ENTONCES algunos que venían de Judea enseñaban a los hermanos: Si no os circuncidáis conforme al rito de Moisés,[a] no podéis ser salvos.
2 Como Pablo y Bernabé tuviesen una discusión y contienda no pequeña con ellos, se dispuso que subiesen Pablo y Bernabé a Jerusalén, y algunos otros de ellos, a los apóstoles y los ancianos, para tratar esta cuestión.
3 Ellos, pues, habiendo sido encaminados por la iglesia, pasaron por Fenicia y Samaria, contando la conversión de los gentiles; y causaban gran gozo a todos los hermanos.
4 Y llegados a Jerusalén, fueron recibidos por la iglesia y los apóstoles y los ancianos, y refirieron todas las cosas que Dios había hecho con ellos.
5 Pero algunos de la secta de los fariseos, que habían creído, se levantaron diciendo: Es necesario circuncidarlos, y mandarles que guarden la ley de Moisés.
6 Y se reunieron los apóstoles y los ancianos para conocer de este asunto.
7 Y después de mucha discusión, Pedro se levantó y les dijo: Varones hermanos, vosotros sabéis cómo ya hace algún tiempo que Dios escogió que los gentiles oyesen por mi boca la palabra del evangelio y creyesen.[b]
8 Y Dios, que conoce los corazones, les dio testimonio, dándoles el Espíritu Santo[c] lo mismo que a nosotros;[d]
9 y ninguna diferencia hizo entre nosotros y ellos, purificando por la fe sus corazones.
10 Ahora, pues, ¿por qué tentáis a Dios, poniendo sobre la cerviz de los discípulos un yugo que ni nuestros padres ni nosotros hemos podido llevar?
11 Antes creemos que por la gracia del Señor ➤
Jesús seremos salvos, de igual modo que ellos.
12 Entonces toda la multitud calló, y oyeron a Bernabé y a Pablo, que contaban cuán grandes señales y maravillas había hecho Dios por medio de ellos entre los gentiles.
13 Y cuando ellos callaron, Jacobo respondió diciendo: Varones hermanos, oídme.
14 Simón ha contado cómo Dios visitó por primera vez a los gentiles, para tomar de ellos pueblo para su nombre.
15 Y con esto concuerdan las palabras de los profetas, como está escrito:
16 Después de esto volveré
Y reedificaré el tabernáculo de David, que está caído;
Y repararé sus ruinas,
Y lo volveré a levantar,
17 Para que el resto de los hombres busque al Señor,

a. 15.1 Lv 12.3. **b. 15.7** Hch 10.1-43. **c. 15.8** Hch 10.44. **d. 15.8** Hch 2.4.

LECCIONES DE VIDA

➤ ***14.22 — Es necesario que a través de muchas tribulaciones entremos en el reino de Dios.***

Los habitantes de Listra, Iconio y Antioquía debieron pensar que nunca verían de nuevo a Pablo, después de haberlo dejado por muerto (Hch 14.19). Sin embargo, él regresó rápidamente para que la iglesia no se desanimara. Pablo entendió que aunque podamos encontrar fortaleza y ánimo espiritual en las promesas de Dios, debemos tener presente que la vida cristiana es una guerra, y que la ganamos por medio de Cristo (Ef 6.10–18). Debemos mantenernos fieles y no rehuir aunque vengan los tiempos difíciles, porque al final entraremos en el reposo de Dios y seremos recompensados por nuestra obediencia a Él (Is 50.7–10; He 4.9–16; 10.35–39).

➤ ***15.11 — creemos que por la gracia del Señor Jesús seremos salvos, de igual modo que ellos.***

Muchos de los cristianos judíos que se conocían como *judaizantes* pensaban que a los creyentes gentiles se les debía exigir que guardaran la ley para obtener su salvación (Hch 15.1, 5). A fin de rebatir tales argumentos, los ancianos convocaron la primera conferencia de la iglesia primitiva, llamada el Concilio de Jerusalén. En esa reunión, los ancianos afirmaron la verdad: no tenemos que ganarnos nuestra salvación por medio de obras ni guardando la ley, porque Cristo nos la ha dado a todos gratuitamente, por gracia (Ef 2.4–9).

Y todos los gentiles, sobre los cuales es
invocado mi nombre,
18 Dice el Señor, que hace conocer todo
esto desde tiempos antiguos.[e]
19 Por lo cual yo juzgo que no se inquiete a los
gentiles que se convierten a Dios,
20 sino que se les escriba que se aparten
de las contaminaciones de los ídolos,[f] de
fornicación,[g] de ahogado y de sangre.[h]
21 Porque Moisés desde tiempos antiguos tiene en cada ciudad quien lo predique en las
sinagogas, donde es leído cada día de reposo.*
22 Entonces pareció bien a los apóstoles y a
los ancianos, con toda la iglesia, elegir de entre
ellos varones y enviarlos a Antioquía con Pablo
y Bernabé: a Judas que tenía por sobrenombre
Barsabás, y a Silas, varones principales entre
los hermanos;
23 y escribir por conducto de ellos: Los apóstoles y los ancianos y los hermanos, a los
hermanos de entre los gentiles que están en
Antioquía, en Siria y en Cilicia, salud.
24 Por cuanto hemos oído que algunos que
han salido de nosotros, a los cuales no dimos
orden, os han inquietado con palabras, pertur-
bando vuestras almas, mandando circuncidaros y guardar la ley,
25 nos ha parecido bien, habiendo llegado a
un acuerdo, elegir varones y enviarlos a vosotros con nuestros amados Bernabé y Pablo,
26 hombres que han expuesto su vida por el
nombre de nuestro Señor Jesucristo.
27 Así que enviamos a Judas y a Silas, los
cuales también de palabra os harán saber lo
mismo.
➤ 28 Porque ha parecido bien al Espíritu Santo, y a nosotros, no imponeros ninguna carga
más que estas cosas necesarias:
29 que os abstengáis de lo sacrificado a ídolos, de sangre, de ahogado y de fornicación;
de las cuales cosas si os guardareis, bien
haréis. Pasadlo bien.
30 Así, pues, los que fueron enviados descendieron a Antioquía, y reuniendo a la congregación, entregaron la carta;
31 habiendo leído la cual, se regocijaron por
la consolación.
32 Y Judas y Silas, como ellos también eran
profetas, consolaron y confirmaron a los hermanos con abundancia de palabras.
33 Y pasando algún tiempo allí, fueron despedidos en paz por los hermanos, para volver a
aquellos que los habían enviado.
34 Mas a Silas le pareció bien el quedarse allí.
35 Y Pablo y Bernabé continuaron en Antioquía, enseñando la palabra del Señor y anunciando el evangelio con otros muchos.

Pablo se separa de Bernabé, y comienza su segundo viaje misionero

36 Después de algunos días, Pablo dijo a Bernabé: Volvamos a visitar a los hermanos en
todas las ciudades en que hemos anunciado la
palabra del Señor, para ver cómo están.
37 Y Bernabé quería que llevasen consigo a
Juan, el que tenía por sobrenombre Marcos;
38 pero a Pablo no le parecía bien llevar consigo al que se había apartado de ellos desde
Panfilia,[i] y no había ido con ellos a la obra.
39 Y hubo tal desacuerdo entre ellos, que se ≺
separaron el uno del otro; Bernabé, tomando
a Marcos, navegó a Chipre,
40 y Pablo, escogiendo a Silas, salió encomendado por los hermanos a la gracia del Señor,
41 y pasó por Siria y Cilicia, confirmando a
las iglesias.

Timoteo acompaña a Pablo y a Silas

16 DESPUÉS llegó a Derbe y a Listra; y he
aquí, había allí cierto discípulo llamado
Timoteo, hijo de una mujer judía creyente,
pero de padre griego;
2 y daban buen testimonio de él los hermanos
que estaban en Listra y en Iconio.
3 Quiso Pablo que éste fuese con él; y tomándole, le circuncidó por causa de los judíos
que había en aquellos lugares; porque todos
sabían que su padre era griego.
4 Y al pasar por las ciudades, les entregaban
las ordenanzas que habían acordado los apóstoles y los ancianos que estaban en Jerusalén,
para que las guardasen.
5 Así que las iglesias eran confirmadas en la
fe, y aumentaban en número cada día.

---

* Aquí equivale a *sábado*.

e. 15.16-18 Am 9.11-12. **f. 15.20** Éx 34.15-17.
g. 15.20 Lv 18.6-23. **h. 15.20** Lv 17.10-16. **i. 15.38** Hch 13.13.

LECCIONES DE VIDA

➤ ***15.28 — ha parecido bien al Espíritu Santo, y a nosotros, no imponeros ninguna carga más que estas cosas necesarias.***

Aunque el Concilio de Jerusalén afirmara que no hay ningún requisito necesario para la salvación excepto la fe en Jesucristo, ellos sí instruyeron a los nuevos creyentes en cuanto a su conducta como cristianos (Hch 15.29). La iglesia primitiva llegó a un consenso acerca de este y otros asuntos cruciales a través de la discusión respetuosa, la oración ferviente, la consideración mutua y el estudio de las Escrituras. Lo mismo debería ser cierto para las iglesias y los creyentes en la actualidad.

➤ ***15.39 — hubo tal desacuerdo entre ellos, que se separaron el uno del otro.***

Hasta creyentes maduros y piadosos pueden tener desacuerdos que llevan a la separación de caminos. Sin embargo, Dios usó la división entre Pablo y Bernabé para enviar al mundo dos equipos misioneros en vez de uno.

Ejemplos de vida

SILAS

Un cántico de victoria

HCH 16.24–34

Silas se sentía exhausto, pero no podía dormir. El aire añejo de la celda recóndita hacía difícil la respiración, y el tormento de sus heridas le impedía conciliar el sueño y descansar tanto como lo necesitaba. ¿Lograrían vivir él o Pablo para ver un día más? Silas no lo sabía.

Sin embargo, Silas no meditó en aquella injusticia ni se desesperó por su situación. Más bien, la fe llenó su corazón. Cuando Silas y Pablo levantaron sus voces en alabanza al Señor, un terremoto violento sacudió la prisión. Su testimonio fue tan asombroso que pudieron conducir al carcelero y a toda su familia a aceptar al Señor.

Usted también tiene un cántico para entonar. Aunque su situación parezca abrumadora, ¿está dispuesto a confiar en Dios en medio de sus circunstancias? ¿Cree que ningún problema está fuera del alcance de su poder? A medida que usted permita a Dios dirigir la sinfonía de su vida, le verá sacudiendo los cimientos de sus propias prisiones. ¿Levantará usted su voz, como Silas, para anunciar como un heraldo la victoria que viene en camino?

Para un estudio más a fondo, véase el Índice de Principios de vida:

9. Confiar en Dios quiere decir ver más allá de lo que podemos, hacia lo que Dios ve.

17. De rodillas somos más altos y más fuertes.

La visión del varón macedonio

➤6 Y atravesando Frigia y la provincia de Galacia, les fue prohibido por el Espíritu Santo hablar la palabra en Asia;
7 y cuando llegaron a Misia, intentaron ir a Bitinia, pero el Espíritu no se los permitió.
8 Y pasando junto a Misia, descendieron a Troas.
9 Y se le mostró a Pablo una visión de noche: un varón macedonio estaba en pie, rogándole y diciendo: Pasa a Macedonia y ayúdanos.
10 Cuando vio la visión, en seguida procuramos partir para Macedonia, dando por cierto que Dios nos llamaba para que les anunciásemos el evangelio.

Encarcelados en Filipos

11 Zarpando, pues, de Troas, vinimos con rumbo directo a Samotracia, y el día siguiente a Neápolis;
12 y de allí a Filipos, que es la primera ciudad de la provincia de Macedonia, y una colonia; y estuvimos en aquella ciudad algunos días.
13 Y un día de reposo* salimos fuera de la puerta, junto al río, donde solía hacerse la oración; y sentándonos, hablamos a las mujeres que se habían reunido.
14 Entonces una mujer llamada Lidia, vendedora de púrpura, de la ciudad de Tiatira, que adoraba a Dios, estaba oyendo; y el Señor abrió el corazón de ella para que estuviese atenta a lo que Pablo decía. ➤
15 Y cuando fue bautizada, y su familia, nos rogó diciendo: Si habéis juzgado que yo sea fiel al Señor, entrad en mi casa, y posad. Y nos obligó a quedarnos.
16 Aconteció que mientras íbamos a la oración, nos salió al encuentro una muchacha que tenía espíritu de adivinación, la cual daba gran ganancia a sus amos, adivinando.
17 Ésta, siguiendo a Pablo y a nosotros, daba voces, diciendo: Estos hombres son siervos del Dios Altísimo, quienes os anuncian el camino de salvación.
18 Y esto lo hacía por muchos días; mas desagradando a Pablo, éste se volvió y dijo al espíritu: Te mando en el nombre de Jesucristo, que salgas de ella. Y salió en aquella misma hora.
19 Pero viendo sus amos que había salido la esperanza de su ganancia, prendieron a Pablo y a Silas, y los trajeron al foro, ante las autoridades;
20 y presentándolos a los magistrados, dijeron: Estos hombres, siendo judíos, alborotan nuestra ciudad,
21 y enseñan costumbres que no nos es lícito recibir ni hacer, pues somos romanos.
22 Y se agolpó el pueblo contra ellos; y los magistrados, rasgándoles las ropas, ordenaron azotarles con varas.
23 Después de haberles azotado mucho, los echaron en la cárcel, mandando al carcelero que los guardase con seguridad.
24 El cual, recibido este mandato, los metió en el calabozo de más adentro, y les aseguró los pies en el cepo.
25 Pero a medianoche, orando Pablo y Silas, cantaban himnos a Dios; y los presos los oían. ➤
26 Entonces sobrevino de repente un gran terremoto, de tal manera que los cimientos de la cárcel se sacudían; y al instante se abrieron todas las puertas, y las cadenas de todos se soltaron.
27 Despertando el carcelero, y viendo abiertas las puertas de la cárcel, sacó la espada y se iba a matar, pensando que los presos habían huido.

28 Mas Pablo clamó a gran voz, diciendo: No te
hagas ningún mal, pues todos estamos aquí.
29 Él entonces, pidiendo luz, se precipitó
adentro, y temblando, se postró a los pies de
Pablo y de Silas;
30 y sacándolos, les dijo: Señores, ¿qué debo
hacer para ser salvo?
31 Ellos dijeron: Cree en el Señor Jesucristo, y
serás salvo, tú y tu casa.
32 Y le hablaron la palabra del Señor a él y a
todos los que estaban en su casa.
33 Y él, tomándolos en aquella misma hora de
la noche, les lavó las heridas; y en seguida se
bautizó él con todos los suyos.
34 Y llevándolos a su casa, les puso la mesa;
y se regocijó con toda su casa de haber creído a Dios.
35 Cuando fue de día, los magistrados enviaron
alguaciles a decir: Suelta a aquellos hombres.
36 Y el carcelero hizo saber estas palabras a
Pablo: Los magistrados han mandado a decir
que se os suelte; así que ahora salid, y marchaos en paz.
37 Pero Pablo les dijo: Después de azotarnos
públicamente sin sentencia judicial, siendo ciudadanos romanos, nos echaron en la cárcel,
¿y ahora nos echan encubiertamente? No, por
cierto, sino vengan ellos mismos a sacarnos.
38 Y los alguaciles hicieron saber estas palabras a los magistrados, los cuales tuvieron
miedo al oír que eran romanos.
39 Y viniendo, les rogaron; y sacándolos, les
pidieron que salieran de la ciudad.
40 Entonces, saliendo de la cárcel, entraron
en casa de Lidia, y habiendo visto a los hermanos, los consolaron, y se fueron.

El alboroto en Tesalónica

17 PASANDO por Anfípolis y Apolonia,
llegaron a Tesalónica, donde había una
sinagoga de los judíos.
2 Y Pablo, como acostumbraba, fue a ellos, y
por tres días de reposo* discutió con ellos,
3 declarando y exponiendo por medio de las
Escrituras, que era necesario que el Cristo padeciese, y resucitase de los muertos; y
que Jesús, a quien yo os anuncio, decía él, es
el Cristo.
4 Y algunos de ellos creyeron, y se juntaron con
Pablo y con Silas; y de los griegos piadosos
gran número, y mujeres nobles no pocas.
5 Entonces los judíos que no creían, teniendo celos, tomaron consigo a algunos ociosos,
hombres malos, y juntando una turba, alborotaron la ciudad; y asaltando la casa de Jasón,
procuraban sacarlos al pueblo.
6 Pero no hallándolos, trajeron a Jasón y a
algunos hermanos ante las autoridades de la
ciudad, gritando: Estos que trastornan el mundo entero también han venido acá;
7 a los cuales Jasón ha recibido; y todos éstos
contravienen los decretos de César, diciendo
que hay otro rey, Jesús.
8 Y alborotaron al pueblo y a las autoridades
de la ciudad, oyendo estas cosas.
9 Pero obtenida fianza de Jasón y de los
demás, los soltaron.

Pablo y Silas en Berea

10 Inmediatamente, los hermanos enviaron de
noche a Pablo y a Silas hasta Berea. Y ellos,
habiendo llegado, entraron en la sinagoga de
los judíos.
11 Y éstos eran más nobles que los que estaban en Tesalónica, pues recibieron la palabra
con toda solicitud, escudriñando cada día las
Escrituras para ver si estas cosas eran así.
12 Así que creyeron muchos de ellos, y mujeres
griegas de distinción, y no pocos hombres.

* Aquí equivale a *sábado*.

LECCIONES DE VIDA

➤ ***16.6, 7 — les fue prohibido por el Espíritu Santo hablar la palabra en Asia… intentaron ir a Bitinia, pero el Espíritu no se lo permitió.***

Pablo y sus compañeros habían desarrollado un plan de evangelismo que trataron de seguir, pero nunca dejaron que sus planes fueran un impedimento a la guía del Espíritu. Por cuanto obedecieron la dirección del Señor, cruzaron el Mar Egeo e incursionaron en un nuevo territorio con el evangelio, Europa. Pablo plantó iglesias en Filipos, Tesalónica y Berea, lo cual demostró ser bastante estratégico en la propagación del cristianismo.

➤ ***16.14 — el Señor abrió el corazón de ella para que estuviese atenta a lo que Pablo decía.***

Nadie responderá al mensaje del evangelio a no ser que Dios vaya delante de nosotros y envíe su Espíritu a hacer su obra en los corazones humanos. Jesús dijo: «Ninguno puede venir a mí, si el Padre que me envió no le trajere» (Jn 6.44).

➤ ***16.25 — a medianoche, orando Pablo y Silas, cantaban himnos a Dios; y los presos los oían.***

Pablo y Silas habían sido atacados por un tropel de gente, golpeados por soldados, apedreados y metidos a una cisterna oscura que servía de celda en una cárcel de alta seguridad. ¿Cómo reaccionaron? ¡Orando y cantando! Sólo el Espíritu puede producir tal sometimiento completo a la voluntad del Padre. No se quejaron ni se enfocaron en sus circunstancias, porque sus corazones estaban firmemente puestos en el Señor viviente y en todo lo que Él había hecho por ellos. Sabían que Él sería fiel en librarlos, y que hasta en las peores situaciones Dios es digno de nuestra alabanza. Debido a su testimonio, el carcelero y toda su familia fueron salvos (Hch 16.27–34).

➤ ***17.11 — recibieron la palabra con toda solicitud, escudriñando cada día las Escrituras para ver si estas cosas eran así.***

Los oyentes en Berea no se apoyaron en lo que Pablo les dijo sobre cómo el Antiguo Testamento profetizó el ministerio, los sufrimientos y la resurrección de Cristo. Estudiaron las Escrituras por sí mismos, y Dios los elogió por su diligencia.

13 Cuando los judíos de Tesalónica supieron
que también en Berea era anunciada la palabra de Dios por Pablo, fueron allá, y también
alborotaron a las multitudes.
14 Pero inmediatamente los hermanos enviaron a Pablo que fuese hacia el mar; y Silas y
Timoteo se quedaron allí.
15 Y los que se habían encargado de conducir
a Pablo le llevaron a Atenas; y habiendo recibido orden para Silas y Timoteo, de que viniesen a él lo mas pronto que pudiesen, salieron.

Pablo en Atenas

16 Mientras Pablo los esperaba en Atenas, su
espíritu se enardecía viendo la ciudad entregada a la idolatría.
17 Así que discutía en la sinagoga con los
judíos y piadosos, y en la plaza cada día con
los que concurrían.
18 Y algunos filósofos de los epicúreos y de
los estoicos disputaban con él; y unos decían:
¿Qué querrá decir este palabrero? Y otros: Parece que es predicador de nuevos dioses; porque les predicaba el evangelio de Jesús, y de la
resurrección.
19 Y tomándole, le trajeron al Areópago,
diciendo: ¿Podremos saber qué es esta nueva
enseñanza de que hablas?
20 Pues traes a nuestros oídos cosas extrañas.
Queremos, pues, saber qué quiere decir esto.
21 (Porque todos los atenienses y los extranjeros residentes allí, en ninguna otra cosa se interesaban sino en decir o en oír algo nuevo.)
22 Entonces Pablo, puesto en pie en medio del
Areópago, dijo: Varones atenienses, en todo
observo que sois muy religiosos;
23 porque pasando y mirando vuestros santuarios, hallé también un altar en el cual estaba esta inscripción: AL DIOS NO CONOCIDO. Al
que vosotros adoráis, pues, sin conocerle, es a
quien yo os anuncio.
24 El Dios que hizo el mundo y todas las cosas
que en él hay, siendo Señor del cielo y de la
tierra, no habita en templos hechos por manos
humanas,
25 ni es honrado por manos de hombres,
como si necesitase de algo; pues él es quien da
a todos vida y aliento y todas las cosas.[a]
26 Y de una sangre ha hecho todo el linaje de
los hombres, para que habiten sobre toda la
faz de la tierra; y les ha prefijado el orden de
los tiempos, y los límites de su habitación;
27 para que busquen a Dios, si en alguna manera, palpando, puedan hallarle, aunque ciertamente no está lejos de cada uno de
nosotros.
28 Porque en él vivimos, y nos movemos, y
somos; como algunos de vuestros propios
poetas también han dicho: Porque linaje suyo
somos.
29 Siendo, pues, linaje de Dios, no debemos
pensar que la Divinidad sea semejante a oro,
o plata, o piedra, escultura de arte y de imaginación de hombres.
30 Pero Dios, habiendo pasado por alto los
tiempos de esta ignorancia, ahora manda
a todos los hombres en todo lugar, que se
arrepientan;
31 por cuanto ha establecido un día en el
cual juzgará al mundo con justicia, por aquel
varón a quien designó, dando fe a todos con
haberle levantado de los muertos.
32 Pero cuando oyeron lo de la resurrección
de los muertos, unos se burlaban, y otros
decían: Ya te oiremos acerca de esto otra vez.
33 Y así Pablo salió de en medio de ellos.
34 Mas algunos creyeron, juntándose con él;
entre los cuales estaba Dionisio el areopagi-
ta, una mujer llamada Dámaris, y otros con
ellos.

Pablo en Corinto

18 DESPUÉS de estas cosas, Pablo salió
de Atenas y fue a Corinto.
2 Y halló a un judío llamado Aquila, natural
del Ponto, recién venido de Italia con Priscila su mujer, por cuanto Claudio había mandado que todos los judíos saliesen de Roma.
Fue a ellos,
3 y como era del mismo oficio, se quedó con
ellos, y trabajaban juntos, pues el oficio de
ellos era hacer tiendas.
4 Y discutía en la sinagoga todos los días de
reposo,* y persuadía a judíos y a griegos.
5 Y cuando Silas y Timoteo vinieron de Macedonia, Pablo estaba entregado por entero a la
predicación de la palabra, testificando a los
judíos que Jesús era el Cristo.

* Aquí equivale a *sábado*.

a. 17.24-25 Is 42.5.

LECCIONES DE VIDA

➤ ***17.27 — que busquen a Dios, si en alguna manera, palpando, puedan hallarle, aunque ciertamente no está lejos de cada uno de nosotros.***

Pablo sabía que los atenienses estaban buscando la verdad, así que les explicó que Dios se había revelado a la humanidad a través de la naturaleza y la historia, de tal modo que todos sabemos que Él existe y no tenemos excusa (Ro 1.20). Por supuesto, las ideas del hombre acerca de Dios a veces son muy diferentes a como Él es en realidad. Menos mal, no tenemos que apoyarnos en nuestras nociones imperfectas sino que podemos conocerlo de verdad, porque se ha revelado a nosotros por medio de Cristo.

➤ ***18.4 — discutía en la sinagoga todos los días de reposo, y persuadía a judíos y a griegos.***

Pablo tenía un acercamiento centrado en la Biblia y sin desconocer el razonamiento filosófico de su época les refutó con un evangelismo argumentativo. El apóstol persuadía a la gente de la verdad del evangelio, y era capaz de responder a preguntas de todo tipo debido a su conocimiento de la Palabra de Dios y su sometimiento al

6 Pero oponiéndose y blasfemando éstos, les
dijo, sacudiéndose los vestidos: Vuestra sangre sea sobre vuestra propia cabeza; yo, limpio; desde ahora me iré a los gentiles.
7 Y saliendo de allí, se fue a la casa de uno llamado Justo, temeroso de Dios, la cual estaba
junto a la sinagoga.
8 Y Crispo, el principal de la sinagoga, creyó
en el Señor con toda su casa; y muchos de los
corintios, oyendo, creían y eran bautizados.
➤ 9 Entonces el Señor dijo a Pablo en visión de
noche: No temas, sino habla, y no calles;
10 porque yo estoy contigo, y ninguno pondrá
sobre ti la mano para hacerte mal, porque yo
tengo mucho pueblo en esta ciudad.
11 Y se detuvo allí un año y seis meses, enseñándoles la palabra de Dios.
12 Pero siendo Galión procónsul de Acaya, los
judíos se levantaron de común acuerdo contra
Pablo, y le llevaron al tribunal,
13 diciendo: Éste persuade a los hombres a
honrar a Dios contra la ley.
14 Y al comenzar Pablo a hablar, Galión dijo a
los judíos: Si fuera algún agravio o algún crimen enorme, oh judíos, conforme a derechos
yo os toleraría.
15 Pero si son cuestiones de palabras, y de
nombres, y de vuestra ley, vedlo vosotros; porque yo no quiero ser juez de estas cosas.
16 Y los echó del tribunal.
17 Entonces todos los griegos, apoderándose de Sóstenes, principal de la sinagoga, le
golpeaban delante del tribunal; pero a Galión
nada se le daba de ello.
18 Mas Pablo, habiéndose detenido aún muchos
días allí, después se despidió de los hermanos
y navegó a Siria, y con él Priscila y Aquila,
habiéndose rapado la cabeza en Cencrea porque tenía hecho voto.[a]
19 Y llegó a Éfeso, y los dejó allí; y entrando
en la sinagoga, discutía con los judíos,
20 los cuales le rogaban que se quedase con
ellos por más tiempo; mas no accedió,
21 sino que se despidió de ellos, diciendo:
Es necesario que en todo caso yo guarde en
Jerusalén la fiesta que viene; pero otra vez
volveré a vosotros, si Dios quiere. Y zarpó de
Éfeso.

Pablo regresa a Antioquía y comienza su tercer viaje misionero

22 Habiendo arribado a Cesarea, subió para
saludar a la iglesia, y luego descendió a Antioquía.
23 Y después de estar allí algún tiempo, salió,
recorriendo por orden la región de Galacia y
de Frigia, confirmando a todos los discípulos.

Apólos predica en Éfeso

24 Llegó entonces a Éfeso un judío llamado
Apolos, natural de Alejandría, varón elocuente, poderoso en las Escrituras.
25 Éste había sido instruido en el camino del
Señor; y siendo de espíritu fervoroso, hablaba y enseñaba diligentemente lo concerniente
al Señor, aunque solamente conocía el bautismo de Juan.
26 Y comenzó a hablar con denuedo en la ➤
sinagoga; pero cuando le oyeron Priscila y
Aquila, le tomaron aparte y le expusieron más
exactamente el camino de Dios.
27 Y queriendo él pasar a Acaya, los hermanos
le animaron, y escribieron a los discípulos que
le recibiesen; y llegado él allá, fue de gran provecho a los que por la gracia habían creído;
28 porque con gran vehemencia refutaba
públicamente a los judíos, demostrando por
las Escrituras que Jesús era el Cristo.

Pablo en Éfeso

19 ACONTECIÓ que entre tanto que
Apolos estaba en Corinto, Pablo, después de recorrer las regiones superiores, vino
a Éfeso, y hallando a ciertos discípulos,
2 les dijo: ¿Recibisteis el Espíritu Santo cuando creísteis? Y ellos le dijeron: Ni siquiera
hemos oído si hay Espíritu Santo.
3 Entonces dijo: ¿En qué, pues, fuisteis bautizados? Ellos dijeron: En el bautismo de
Juan.

a. 18.18 Nm 6.18.

LECCIONES DE VIDA

Espíritu. Debemos estar preparados para hacer lo mismo (2 Ti 2.15; 2 P 3.15). No obstante, también debemos reconocer que no podemos limitarnos a razonar con la gente y conducirlos a la salvación con argumentación lógica, porque el conocimiento por sí solo es insuficiente. Es necesario que cada persona sea retada a tener fe en Cristo para salvación.

➤ ***18.9, 10 — habla, y no calles; porque yo estoy contigo, y ninguno pondrá sobre ti la mano para hacerte mal, porque yo tengo mucho pueblo en esta ciudad.***

Pablo estuvo animado en sus esfuerzos evangelísticos porque: (1) Jesús le dijo que siguiera hablando; (2) le prometió que iba a estar con él; (3) le prometió protegerlo; y (4) le prometió éxito. Podemos recibir ánimo por las mismas razones. Cada vez que Dios nos llame a hacer algo, Él nos asegura que estará con nosotros.

➤ ***18.26 — cuando le oyeron Priscila y Aquila, le tomaron aparte y le expusieron más exactamente el camino de Dios.***

Apolos era un judío proveniente de Alejandría en Egipto, que era una de las comunidades más grandes de judíos de la diáspora en aquel tiempo. Aunque había aprendido muchas cosas acerca de Jesús, no entendía del todo lo que Cristo había logrado por medio de su muerte y resurrección. Priscila y Aquila se lo explicaron, y él llegó a ser un testigo muy poderoso para Cristo. Dios en su gracia nos da maestros dotados para ayudarnos a entender su Palabra y su voluntad.

4 Dijo Pablo: Juan bautizó con bautismo de arrepentimiento, diciendo al pueblo que creyesen en aquel que vendría después de él, esto es, en Jesús el Cristo.[a]

5 Cuando oyeron esto, fueron bautizados en el nombre del Señor Jesús.

6 Y habiéndoles impuesto Pablo las manos, vino sobre ellos el Espíritu Santo; y hablaban en lenguas, y profetizaban.

7 Eran por todos unos doce hombres.

8 Y entrando Pablo en la sinagoga, habló con denuedo por espacio de tres meses, discutiendo y persuadiendo acerca del reino de Dios.

9 Pero endureciéndose algunos y no creyendo, maldiciendo el Camino delante de la multitud, se apartó Pablo de ellos y separó a los discípulos, discutiendo cada día en la escuela de uno llamado Tiranno.

10 Así continuó por espacio de dos años, de manera que todos los que habitaban en Asia, judíos y griegos, oyeron la palabra del Señor Jesús.

11 Y hacía Dios milagros extraordinarios por mano de Pablo,

12 de tal manera que aun se llevaban a los enfermos los paños o delantales de su cuerpo, y las enfermedades se iban de ellos, y los espíritus malos salían.

13 Pero algunos de los judíos, exorcistas ambulantes, intentaron invocar el nombre del Señor Jesús sobre los que tenían espíritus malos, diciendo: Os conjuro por Jesús, el que predica Pablo.

14 Había siete hijos de un tal Esceva, judío, jefe de los sacerdotes, que hacían esto.

➤ 15 Pero respondiendo el espíritu malo, dijo: A Jesús conozco, y sé quién es Pablo; pero vosotros, ¿quiénes sois?

16 Y el hombre en quien estaba el espíritu malo, saltando sobre ellos y dominándolos, pudo más que ellos, de tal manera que huyeron de aquella casa desnudos y heridos.

17 Y esto fue notorio a todos los que habitaban en Éfeso, así judíos como griegos; y tuvieron temor todos ellos, y era magnificado el nombre del Señor Jesús.

18 Y muchos de los que habían creído venían, confesando y dando cuenta de sus hechos.

19 Asimismo muchos de los que habían practicado la magia trajeron los libros y los quemaron delante de todos; y hecha la cuenta de su precio, hallaron que era cincuenta mil piezas de plata.

20 Así crecía y prevalecía poderosamente la palabra del Señor. ≺

21 Pasadas estas cosas, Pablo se propuso en espíritu ir a Jerusalén, después de recorrer Macedonia y Acaya, diciendo: Después que haya estado allí, me será necesario ver también a Roma.

22 Y enviando a Macedonia a dos de los que le ayudaban, Timoteo y Erasto, él se quedó por algún tiempo en Asia.

El alboroto en Éfeso

23 Hubo por aquel tiempo un disturbio no pequeño acerca del Camino.

24 Porque un platero llamado Demetrio, que hacía de plata templecillos de Diana, daba no poca ganancia a los artífices;

25 a los cuales, reunidos con los obreros del mismo oficio, dijo: Varones, sabéis que de este oficio obtenemos nuestra riqueza;

26 pero veis y oís que este Pablo, no solamente en Éfeso, sino en casi toda Asia, ha apartado a muchas gentes con persuasión, diciendo que no son dioses los que se hacen con las manos.

27 Y no solamente hay peligro de que este nuestro negocio venga a desacreditarse, sino también que el templo de la gran diosa Diana sea estimado en nada, y comience a ser destruida la majestad de aquella a quien venera toda Asia, y el mundo entero.

28 Cuando oyeron estas cosas, se llenaron de ira, y gritaron, diciendo: ¡Grande es Diana de los efesios!

29 Y la ciudad se llenó de confusión, y a una se lanzaron al teatro, arrebatando a Gayo y a Aristarco, macedonios, compañeros de Pablo.

30 Y queriendo Pablo salir al pueblo, los discípulos no le dejaron.

31 También algunas de las autoridades de Asia, que eran sus amigos, le enviaron recado, rogándole que no se presentase en el teatro.

32 Unos, pues, gritaban una cosa, y otros otra; porque la concurrencia estaba confusa, y los más no sabían por qué se habían reunido.

33 Y sacaron de entre la multitud a Alejandro, empujándole los judíos. Entonces Alejandro,

a. 19.4 Mt 3.11; Mr 1.4, 7-8; Lc 3.4, 16; Jn 1.26-27.

LECCIONES DE VIDA

➤ ***19.15 — A Jesús conozco, y sé quién es Pablo; pero vosotros, ¿quiénes sois?***

El nombre de Jesús es poderoso, y al oírlo aquel espíritu no tuvo otra alternativa que obedecer (Mt 8.28, 29; Mr 1.23–27; 5.2–13; Lc 4.33–36; Stg 2.19). Sin embargo, el demonio se dio cuenta rápidamente que estos siete hombres no tenían relación alguna con el Señor, y por lo tanto ningún poder verdadero, así que los venció fácilmente. Cada vez que la gente usa el nombre de Dios para sus propios fines pecaminosos, con frecuencia terminan en la misma situación que los hijos de Esceva: dominados, humillados y malheridos. Dios jamás honrará tal conducta. Nunca debemos usar el nombre del Señor por ganancia egoísta (Éx 20.7).

➤ ***19.20 — Así crecía y prevalecía poderosamente la palabra del Señor.***

A Dios le encanta honrar su Palabra para que crezca poderosamente y prevalezca. Si queremos estar conectados a esa clase de mover poderoso de Dios, debemos proclamar fielmente su Palabra mediante el poder de su Espíritu.

pedido silencio con la mano, quería hablar en
su defensa ante el pueblo.
34 Pero cuando le conocieron que era judío,
todos a una voz gritaron casi por dos horas:
¡Grande es Diana de los efesios!
35 Entonces el escribano, cuando había apa-
ciguado a la multitud, dijo: Varones efesios, ¿y
quién es el hombre que no sabe que la ciudad de
los efesios es guardiana del templo de la gran
diosa Diana, y de la imagen venida de Júpiter?
36 Puesto que esto no puede contradecirse,
es necesario que os apacigüéis, y que nada
hagáis precipitadamente.
37 Porque habéis traído a estos hombres, sin ser
sacrílegos ni blasfemadores de vuestra diosa.
38 Que si Demetrio y los artífices que están
con él tienen pleito contra alguno, audiencias
se conceden, y procónsules hay; acúsense los
unos a los otros.
39 Y si demandáis alguna otra cosa, en legítima asamblea se puede decidir.
40 Porque peligro hay de que seamos acusados de sedición por esto de hoy, no habiendo
ninguna causa por la cual podamos dar razón
de este concurso.
41 Y habiendo dicho esto, despidió la asamblea.

Viaje de Pablo a Macedonia y Grecia

20 DESPUÉS que cesó el alboroto, llamó
Pablo a los discípulos, y habiéndolos
exhortado y abrazado, se despidió y salió para
ir a Macedonia.
2 Y después de recorrer aquellas regiones, y
de exhortarles con abundancia de palabras,
llegó a Grecia.
3 Después de haber estado allí tres meses, y
siéndole puestas asechanzas por los judíos
para cuando se embarcase para Siria, tomó la
decisión de volver por Macedonia.
4 Y le acompañaron hasta Asia, Sópater de Berea,
Aristarco y Segundo de Tesalónica, Gayo de
Derbe, y Timoteo; y de Asia, Tíquico y Trófimo.
5 Éstos, habiéndose adelantado, nos esperaron en Troas.
6 Y nosotros, pasados los días de los panes
sin levadura, navegamos de Filipos, y en cinco días nos reunimos con ellos en Troas, donde nos quedamos siete días.

Visita de despedida de Pablo en Troas

7 El primer día de la semana, reunidos los discípulos para partir el pan, Pablo les enseñaba,
habiendo de salir al día siguiente; y alargó el
discurso hasta la medianoche.
8 Y había muchas lámparas en el aposento
alto donde estaban reunidos;
9 y un joven llamado Eutico, que estaba sentado en la ventana, rendido de un sueño profundo, por cuanto Pablo disertaba largamente,
vencido del sueño cayó del tercer piso abajo, y
fue levantado muerto.
10 Entonces descendió Pablo y se echó sobre
él, y abrazándole, dijo: No os alarméis, pues
está vivo.
11 Después de haber subido, y partido el pan
y comido, habló largamente hasta el alba; y
así salió.
12 Y llevaron al joven vivo, y fueron grandemente consolados.

Viaje de Troas a Mileto

13 Nosotros, adelantándonos a embarcarnos,
navegamos a Asón para recoger allí a Pablo,
ya que así lo había determinado, queriendo él
ir por tierra.
14 Cuando se reunió con nosotros en Asón,
tomándole a bordo, vinimos a Mitilene.
15 Navegando de allí, al día siguiente llegamos delante de Quío, y al otro día tomamos
puerto en Samos; y habiendo hecho escala en
Trogilio, al día siguiente llegamos a Mileto.
16 Porque Pablo se había propuesto pasar de
largo a Éfeso, para no detenerse en Asia, pues
se apresuraba por estar el día de Pentecostés,
si le fuese posible, en Jerusalén.

Discurso de despedida de Pablo en Mileto

17 Enviando, pues, desde Mileto a Éfeso, hizo
llamar a los ancianos de la iglesia.
18 Cuando vinieron a él, les dijo: Vosotros
sabéis cómo me he comportado entre vosotros todo el tiempo, desde el primer día que
entré en Asia,
19 sirviendo al Señor con toda humildad, y
con muchas lágrimas, y pruebas que me han
venido por las asechanzas de los judíos;
20 y cómo nada que fuese útil he rehuido de
anunciaros y enseñaros, públicamente y por
las casas,
21 testificando a judíos y a gentiles acerca
del arrepentimiento para con Dios, y de la fe
en nuestro Señor Jesucristo.
22 Ahora, he aquí, ligado yo en espíritu, voy
a Jerusalén, sin saber lo que allá me ha de
acontecer;
23 salvo que el Espíritu Santo por todas las
ciudades me da testimonio, diciendo que me
esperan prisiones y tribulaciones.

LECCIONES DE VIDA

➤ ***20.10 — No os alarméis, pues está vivo.***

La reacción de Pablo acerca de Eutico es similar a la manera como Elías (1 R 17.17–24) y Eliseo (2 R 4.32–37) resucitaron muertos. Además, el poder de Dios que da la vida fluyó a través de él de la misma manera que lo hizo a través de aquellos profetas fieles del Antiguo Testamento. Esta es una lección importante, y es que Dios no cambia (He 13.8). Así como Él ayudó a Pablo, Elías y Eliseo, es capaz de proveer para usted si lo obedece. Cuando usted obedece a Dios en fe, Él hará cosas extraordinarias.

➤ 24 Pero de ninguna cosa hago caso, ni estimo
preciosa mi vida para mí mismo, con tal que
acabe mi carrera[a] con gozo, y el ministerio
que recibí del Señor Jesús, para dar testimonio del evangelio de la gracia de Dios.
25 Y ahora, he aquí, yo sé que ninguno de
todos vosotros, entre quienes he pasado predicando el reino de Dios, verá más mi rostro.
26 Por tanto, yo os protesto en el día de hoy,
que estoy limpio de la sangre de todos;
➤ 27 porque no he rehuido anunciaros todo el
consejo de Dios.
28 Por tanto, mirad por vosotros, y por todo
el rebaño en que el Espíritu Santo os ha puesto por obispos, para apacentar la iglesia del
Señor, la cual él ganó por su propia sangre.
29 Porque yo sé que después de mi partida
entrarán en medio de vosotros lobos rapaces,
que no perdonarán al rebaño.
30 Y de vosotros mismos se levantarán hombres que hablen cosas perversas para arrastrar tras sí a los discípulos.
31 Por tanto, velad, acordándoos que por tres
años, de noche y de día, no he cesado de amonestar con lágrimas a cada uno.
* 32 Y ahora, hermanos, os encomiendo a Dios,
y a la palabra de su gracia, que tiene poder
para sobreedificaros y daros herencia con
todos los santificados.
33 Ni plata ni oro ni vestido de nadie he
codiciado.
34 Antes vosotros sabéis que para lo que me
ha sido necesario a mí y a los que están conmigo, estas manos me han servido.
➤ 35 En todo os he enseñado que, trabajando
así, se debe ayudar a los necesitados, y recordar las palabras del Señor Jesús, que dijo:
Más bienaventurado es dar que recibir.
36 Cuando hubo dicho estas cosas, se puso de
rodillas, y oró con todos ellos.
37 Entonces hubo gran llanto de todos; y
echándose al cuello de Pablo, le besaban,
38 doliéndose en gran manera por la palabra
que dijo, de que no verían más su rostro. Y le
acompañaron al barco.

Viaje de Pablo a Jerusalén

21 DESPUÉS de separarnos de ellos, zarpamos y fuimos con rumbo directo a
Cos, y al día siguiente a Rodas, y de allí a
Pátara.
2 Y hallando un barco que pasaba a Fenicia,
nos embarcamos, y zarpamos.
3 Al avistar Chipre, dejándola a mano izquierda, navegamos a Siria, y arribamos a Tiro,
porque el barco había de descargar allí.
4 Y hallados los discípulos, nos quedamos allí ➤
siete días; y ellos decían a Pablo por el Espíritu, que no subiese a Jerusalén.
5 Cumplidos aquellos días, salimos, acompa-
ñándonos todos, con sus mujeres e hijos, hasta fuera de la ciudad; y puestos de rodillas en
la playa, oramos.
6 Y abrazándonos los unos a los otros, subimos al barco, y ellos se volvieron a sus casas.
7 Y nosotros completamos la navegación,
saliendo de Tiro y arribando a Tolemaida; y
habiendo saludado a los hermanos, nos quedamos con ellos un día.
8 Al otro día, saliendo Pablo y los que con él
estábamos, fuimos a Cesarea; y entrando en
casa de Felipe[a] el evangelista, que era uno de
los siete, posamos con él.
9 Éste tenía cuatro hijas doncellas que
profetizaban.
10 Y permaneciendo nosotros allí algunos
días, descendió de Judea un profeta llamado Agabo,[b]

a. 20.24 2 Ti 4.7. **a. 21.8** Hch 6.5; 8.5. **b. 21.10** Hch 11.28.

LECCIONES DE VIDA

➤ ***20.24 — ni estimo preciosa mi vida para mí mismo, con tal que acabe mi carrera con gozo, y el ministerio que recibí del Señor Jesús, para dar testimonio del evangelio de la gracia de Dios.***

Pablo encontró su vida perdiéndola, y valoró su vida al no estimarla (Mt 16.24, 25; Fil 1.21–24; 3.7–12). El apóstol había aprendido a amar la voluntad de Dios por encima de todo lo demás, y se dio cuenta que obedecer a su Salvador producía el gozo más grande y la satisfacción más profunda. El Señor quiere que seamos como Pablo, tan devotos en nuestro amor y servicio que nada jamás podría impedirnos obedecerle de todo corazón.

➤ ***20.27 — no he rehuido anunciaros todo el consejo de Dios.***

¿Por qué habríamos de abstenernos de anunciar «todo el consejo de Dios»? La razón es esta: en parte, no es muy popular. La Palabra de Dios requiere un cambio en la conducta. A algunos, esto les parece demasiado inconveniente y difícil. El problema es que negarnos a obedecer a Dios lleva a la destrucción.

➤ ***20.35 — [el] Señor Jesús… dijo: Más bienaventurado es dar que recibir.***

Ninguno de los cuatro evangelios canónicos registran este dicho de Jesús; sin embargo, refleja la actitud de Cristo a lo largo de su ministerio: «el Hijo del Hombre no vino para ser servido, sino para servir, y para dar su vida en rescate por muchos» (Mr 10.45). Se recibe más bendición al dar porque así es como más nos parecemos a Cristo (Mt 10.8; 25.34–40; Mr 9.35; Stg 2.15–17).

➤ ***21.4 — ellos decían a Pablo por el Espíritu, que no subiese a Jerusalén.***

Dios no se contradice a sí mismo, Él había instruido a Pablo que fuera a Jerusalén y no había cambiado de parecer (Hch 20.22). ¿Por qué entonces trataron de disuadirlo estos creyentes? Ellos pudieron darse cuenta del sufrimiento que Pablo enfrentaría por hacer lo que Dios lo había llamado a hacer. Sin embargo, el Espíritu ya le había hablado a Pablo acerca de la aflicción que le esperaba (Hch 20.23, 24), y este fue un recordatorio de ello para que él no se desanimara cuando sucediera.

11 quien viniendo a vernos, tomó el cinto de Pablo, y atándose los pies y las manos,
dijo: Esto dice el Espíritu Santo: Así atarán
los judíos en Jerusalén al varón de quien es
este cinto, y le entregarán en manos de los
gentiles.
12 Al oír esto, le rogamos nosotros y los de
aquel lugar, que no subiese a Jerusalén.
➤ 13 Entonces Pablo respondió: ¿Qué hacéis llorando y quebrantándome el corazón? Porque
yo estoy dispuesto no sólo a ser atado, mas
aun a morir en Jerusalén por el nombre del
Señor Jesús.
➤ 14 Y como no le pudimos persuadir, desisti-
mos, diciendo: Hágase la voluntad del Señor.
15 Después de esos días, hechos ya los preparativos, subimos a Jerusalén.
16 Y vinieron también con nosotros de Cesarea algunos de los discípulos, trayendo consigo a uno llamado Mnasón, de Chipre, discípulo antiguo, con quien nos hospedaríamos.

Arresto de Pablo en el templo

17 Cuando llegamos a Jerusalén, los hermanos nos recibieron con gozo.
18 Y al día siguiente Pablo entró con nosotros
a ver a Jacobo, y se hallaban reunidos todos
los ancianos;
19 a los cuales, después de haberles saludado,
les contó una por una las cosas que Dios había
hecho entre los gentiles por su ministerio.
20 Cuando ellos lo oyeron, glorificaron a Dios,
y le dijeron: Ya ves, hermano, cuántos millares
de judíos hay que han creído; y todos son celosos por la ley.
21 Pero se les ha informado en cuanto a ti,
que enseñas a todos los judíos que están entre
los gentiles a apostatar de Moisés, diciéndoles
que no circunciden a sus hijos, ni observen las
costumbres.
22 ¿Qué hay, pues? La multitud se reunirá de
cierto, porque oirán que has venido.
23 Haz, pues, esto que te decimos: Hay entre
nosotros cuatro hombres que tienen obligación de cumplir voto.
24 Tómalos contigo, purifícate con ellos,
y paga sus gastos para que se rasuren la
cabeza;[c] y todos comprenderán que no hay
nada de lo que se les informó acerca de ti, sino
que tú también andas ordenadamente, guardando la ley.
25 Pero en cuanto a los gentiles que han creído, nosotros les hemos escrito determinando
que no guarden nada de esto; solamente que
se abstengan de lo sacrificado a los ídolos, de
sangre, de ahogado y de fornicación.[d]
26 Entonces Pablo tomó consigo a aquellos
hombres, y al día siguiente, habiéndose purificado con ellos, entró en el templo, para
anunciar el cumplimiento de los días de la
purificación, cuando había de presentarse la
ofrenda por cada uno de ellos.
27 Pero cuando estaban para cumplirse los
siete días, unos judíos de Asia, al verle en el
templo, alborotaron a toda la multitud y le
echaron mano,
28 dando voces: ¡Varones israelitas, ayudad!
Éste es el hombre que por todas partes enseña
a todos contra el pueblo, la ley y este lugar; y
además de esto, ha metido a griegos en el templo, y ha profanado este santo lugar.
29 Porque antes habían visto con él en la ciudad a Trófimo,[e] de Éfeso, a quien pensaban
que Pablo había metido en el templo.
30 Así que toda la ciudad se conmovió, y se
agolpó el pueblo; y apoderándose de Pablo, le
arrastraron fuera del templo, e inmediatamente cerraron las puertas.
31 Y procurando ellos matarle, se le avisó al
tribuno de la compañía, que toda la ciudad de
Jerusalén estaba alborotada.
32 Éste, tomando luego soldados y centuriones, ➤
corrió a ellos. Y cuando ellos vieron al tribuno
y a los soldados, dejaron de golpear a Pablo.
33 Entonces, llegando el tribuno, le prendió
y le mandó atar con dos cadenas, y preguntó
quién era y qué había hecho.
34 Pero entre la multitud, unos gritaban una
cosa, y otros otra; y como no podía entender
nada de cierto a causa del alboroto, le mandó
llevar a la fortaleza.

c. 21.23-24 Nm 6.13-20. **d. 21.25** Hch 15.29.
e. 21.29 Hch 20.4.

LECCIONES DE VIDA

➤ ***21.13 — yo estoy dispuesto no sólo a ser atado, mas aun a morir en Jerusalén por el nombre del Señor Jesús.***

La posibilidad real de perder su vida no disuadió a Pablo de hacer lo que él creyó, estaba convencido, Dios lo había llamado a hacer. Así se ajustó al molde de aquellos descritos en Apocalipsis 12.11, los cuales «menospreciaron sus vidas hasta la muerte».

➤ ***21.14 — Hágase la voluntad del Señor.***

A Pablo nadie lo podía convencer de abandonar su plan riesgoso porque estaba comprometido a hacer la voluntad de Dios para su vida. Los amigos de Pablo tuvieron que someterse al Señor y abandonar a Pablo al cuidado de Dios. A veces el Señor nos llama a hacer cosas difíciles. Bien sea que Él le mande a usted o a otra persona que lo siga, responda como Jesús lo hizo en el huerto de Getsemaní: «no se haga mi voluntad, sino la tuya» (Lc 22.42).

➤ ***21.32 — cuando ellos vieron al tribuno y a los soldados, dejaron de golpear a Pablo.***

Aún antes de la conversión de Pablo, Jesús le dijo a Ananías: «yo le mostraré cuánto le es necesario padecer por mi nombre» (Hch 9.16). Pablo fue golpeado repetidas veces y estuvo a punto de perder la vida en varias ocasiones, pero no perdió su fe por causa de la adversidad (2 Co 11.23–33). Más bien, se regocijó en su identificación con Cristo y creyó que Dios lo preservaría hasta que su propósito fuera cumplido en él (2 Co 12.7–10; Fil 3.10–12).

35 Al llegar a las gradas, aconteció que era
llevado en peso por los soldados a causa de la
violencia de la multitud;
36 porque la muchedumbre del pueblo venía
detrás, gritando: ¡Muera!

Defensa de Pablo ante el pueblo

37 Cuando comenzaron a meter a Pablo en
la fortaleza, dijo al tribuno: ¿Se me permite
decirte algo? Y él dijo: ¿Sabes griego?
38 ¿No eres tú aquel egipcio que levantó una
sedición antes de estos días, y sacó al desierto
los cuatro mil sicarios?
39 Entonces dijo Pablo: Yo de cierto soy hombre judío de Tarso, ciudadano de una ciudad
no insignificante de Cilicia; pero te ruego que
me permitas hablar al pueblo.
40 Y cuando él se lo permitió, Pablo, estando
en pie en las gradas, hizo señal con la mano
al pueblo. Y hecho gran silencio, habló en lengua hebrea, diciendo:

22 VARONES hermanos y padres, oíd
ahora mi defensa ante vosotros.
2 Y al oír que les hablaba en lengua hebrea,
guardaron más silencio. Y él les dijo:
3 Yo de cierto soy judío, nacido en Tarso de
Cilicia, pero criado en esta ciudad, instruido
a los pies de Gamaliel,[a] estrictamente conforme a la ley de nuestros padres, celoso de Dios,
como hoy lo sois todos vosotros.
4 Perseguía yo este Camino hasta la muerte,
prendiendo y entregando en cárceles a hombres y mujeres;
5 como el sumo sacerdote también me es testigo, y todos los ancianos, de quienes también recibí cartas para los hermanos, y fui a
Damasco para traer presos a Jerusalén también a los que estuviesen allí, para que fuesen
castigados.[b]

Pablo relata su conversión
(Hch 9.1-19; 26.12-18)

6 Pero aconteció que yendo yo, al llegar cerca
de Damasco, como a mediodía, de repente me
rodeó mucha luz del cielo;
7 y caí al suelo, y oí una voz que me decía:
Saulo, Saulo, ¿por qué me persigues?
8 Yo entonces respondí: ¿Quién eres, Señor?
Y me dijo: Yo soy Jesús de Nazaret, a quien
tú persigues.
9 Y los que estaban conmigo vieron a la verdad la luz, y se espantaron; pero no entendieron la voz del que hablaba conmigo.
10 Y dije: ¿Qué haré, Señor? Y el Señor me
dijo: Levántate, y ve a Damasco, y allí se te
dirá todo lo que está ordenado que hagas.
11 Y como yo no veía a causa de la gloria de
la luz, llevado de la mano por los que estaban
conmigo, llegué a Damasco.
12 Entonces uno llamado Ananías, varón piadoso según la ley, que tenía buen testimonio
de todos los judíos que allí moraban,
13 vino a mí, y acercándose, me dijo: Hermano Saulo, recibe la vista. Y yo en aquella misma hora recobré la vista y lo miré.
14 Y él dijo: El Dios de nuestros padres te ha
escogido para que conozcas su voluntad, y
veas al Justo, y oigas la voz de su boca.
15 Porque serás testigo suyo a todos los hombres, de lo que has visto y oído.
16 Ahora, pues, ¿por qué te detienes? Levántate y bautízate, y lava tus pecados, invocando su nombre.

Pablo es enviado a los gentiles

17 Y me aconteció, vuelto a Jerusalén, que
orando en el templo me sobrevino un éxtasis.
18 Y le vi que me decía: Date prisa, y sal prontamente de Jerusalén; porque no recibirán tu
testimonio acerca de mí.
19 Yo dije: Señor, ellos saben que yo encarce-
laba y azotaba en todas las sinagogas a los
que creían en ti;
20 y cuando se derramaba la sangre de Esteban tu testigo, yo mismo también estaba presente, y consentía en su muerte, y guardaba
las ropas de los que le mataban.[c]
21 Pero me dijo: Ve, porque yo te enviaré lejos
a los gentiles.

Pablo en manos del tributo

22 Y le oyeron hasta esta palabra; entonces
alzaron la voz, diciendo: Quita de la tierra a
tal hombre, porque no conviene que viva.
23 Y como ellos gritaban y arrojaban sus
ropas y lanzaban polvo al aire,

a. 22.3 Hch 5.34-39. **b. 22.4-5** Hch 8.3; 26.9-11.
c. 22.20 Hch 7.58.

LECCIONES DE VIDA

➤ ***22.14 — El Dios de nuestros padres te ha escogido para que conozcas su voluntad, y veas al Justo, y oigas la voz de su boca.***

Pablo nunca olvidó las palabras de Ananías, que Dios lo había escogido tanto para ver como para oír a Jesús y conocer su voluntad. El apóstol nunca permitió que la aflicción lo hiciera tambalearse. En lugar de ello, se aferró al llamado de Dios con todo su corazón y entendió que la adversidad que experimentaba era un puente a una relación más profunda con el Señor (2 Co 1.3–10; 4.7–18).

➤ ***22.15 — serás testigo suyo a todos los hombres, de lo que has visto y oído.***

Pablo relata cómo llegó a conocer a Cristo como su Salvador y fue llamado al ministerio. El Señor le dio la responsabilidad de contar a otros acerca de la salvación que estaba disponible para ellos a través de Jesucristo. El impacto de este encuentro singular le dio un deseo de conocer al Salvador por encima de todo lo demás. De manera voluntaria, el apóstol dejó a un lado su herencia, su educación y sus logros personales, y los estimó como basura para poder conocer más profundamente a Jesucristo, y para que otros también pudieran alcanzar la salvación (Fil 3.4–14).

24 mandó el tribuno que le metiesen en la fortaleza, y ordenó que fuese examinado con azotes, para saber por qué causa clamaban así contra él.
25 Pero cuando le ataron con correas, Pablo dijo al centurión que estaba presente: ¿Os es lícito azotar a un ciudadano romano sin haber sido condenado?
26 Cuando el centurión oyó esto, fue y dio aviso al tribuno, diciendo: ¿Qué vas a hacer? Porque este hombre es ciudadano romano.
27 Vino el tribuno y le dijo: Dime, ¿eres tú ciudadano romano? Él dijo: Sí.
28 Respondió el tribuno: Yo con una gran suma adquirí esta ciudadanía. Entonces Pablo dijo: Pero yo lo soy de nacimiento.
➤ 29 Así que, luego se apartaron de él los que le iban a dar tormento; y aun el tribuno, al saber que era ciudadano romano, también tuvo temor por haberle atado.

Pablo ante el concilio

30 Al día siguiente, queriendo saber de cierto la causa por la cual le acusaban los judíos, le soltó de las cadenas, y mandó venir a los principales sacerdotes y a todo el concilio, y sacando a Pablo, le presentó ante ellos.

23 ENTONCES Pablo, mirando fijamente al concilio, dijo: Varones hermanos, yo con toda buena conciencia he vivido delante de Dios hasta el día de hoy.
2 El sumo sacerdote Ananías ordenó entonces a los que estaban junto a él, que le golpeasen en la boca.
3 Entonces Pablo le dijo: ¡Dios te golpeará a ti, pared blanqueada![a] ¿Estás tú sentado para juzgarme conforme a la ley, y quebrantando la ley me mandas golpear?
4 Los que estaban presentes dijeron: ¿Al sumo sacerdote de Dios injurias?
5 Pablo dijo: No sabía, hermanos, que era el sumo sacerdote; pues escrito está: No maldecirás a un príncipe de tu pueblo.[b]
6 Entonces Pablo, notando que una parte era de saduceos y otra de fariseos,[c] alzó la voz en el concilio: Varones hermanos, yo soy fariseo, hijo de fariseo; acerca de la esperanza y de la resurrección de los muertos se me juzga. ➤
7 Cuando dijo esto, se produjo disensión entre los fariseos y los saduceos, y la asamblea se dividió.
8 Porque los saduceos dicen que no hay resurrección,[d] ni ángel, ni espíritu; pero los fariseos afirman estas cosas.
9 Y hubo un gran vocerío; y levantándose los escribas de la parte de los fariseos, contendían, diciendo: Ningún mal hallamos en este hombre; que si un espíritu le ha hablado, o un ángel, no resistamos a Dios.
10 Y habiendo grande disensión, el tribuno, teniendo temor de que Pablo fuese despedazado por ellos, mandó que bajasen soldados y le arrebatasen de en medio de ellos, y le llevasen a la fortaleza.
11 A la noche siguiente se le presentó el Señor y le dijo: Ten ánimo, Pablo, pues como has testificado de mí en Jerusalén, así es necesario que testifiques también en Roma. ➤

Complot contra Pablo

12 Venido el día, algunos de los judíos tramaron un complot y se juramentaron bajo maldición, diciendo que no comerían ni beberían hasta que hubiesen dado muerte a Pablo.
13 Eran más de cuarenta los que habían hecho esta conjuración,

a. 23.3 Mt 23.27-28; Lc 11.44. **b. 23.5** Éx 22.28.
c. 23.6 Hch 26.5; Fil 3.5. **d. 23.8** Mt 22.23; Mr 12.18; Lc 20.27.

LECCIONES DE VIDA

➤ ***22.29 — aun el tribuno, al saber que era ciudadano romano, también tuvo temor por haberle atado.***

Era una grave ofensa arrestar o lastimar a un ciudadano romano que no hubiera sido condenado de algún delito en una corte romana. Ser ciudadano romano no era común y se trataba como un privilegio de gran valor que solamente se gozaba en los círculos más altos del gobierno y de la sociedad romana. Solamente se extendía a aquellos que hubieran prestado un servicio extraordinario a Roma, o a personas pudientes que podían adquirirlo a través de sobornos exorbitantes. Una vez adquirida, la persona confería tal ciudadanía a su familia, razón por la cual algunos nacían en calidad de ciudadanos. Pablo la consideró como un privilegio que Dios le proveyó desde antes de nacer (Hch 22.28).

➤ ***23.6 — acerca de la esperanza y de la resurrección de los muertos se me juzga.***

Pablo no había quebrantado ninguna regulación, pero nadie estuvo presente para defenderlo. Por eso atendió el consejo del Señor, según el cual debemos ser «prudentes como serpientes, y sencillos como palomas» (Mt 10.16). Así que procedió a enunciar claramente la razón para su enjuiciamiento, resaltando las diferencias teológicas entre los fariseos y los saduceos, dividiendo en efecto al sanedrín y ganando el juicio al fin de cuentas (Hch 23.10). Como creyentes no estamos sin defensa, con tal que obedezcamos a Dios por completo y dejemos a Él las consecuencias.

➤ ***23.11 — Ten ánimo, Pablo, pues como has testificado de mí en Jerusalén, así es necesario que testifiques también en Roma.***

Este fue un tiempo sombrío para Pablo. Ciertamente, sus esperanzas de seguir testificando para el Señor en Jerusalén fueron sofocadas por las disensiones entre los fariseos y los saduceos en el sanedrín (Hch 23.1–10). En medio de aquella coyuntura descorazonadora, Jesús lo animó. El Señor le había dicho a Ananías que Pablo llevaría su nombre «en presencia de los gentiles, y de reyes, y de los hijos de Israel» (Hch 9.15). Aquí Cristo le recuerda a Pablo la promesa que le había dado, y que él predicaría el evangelio en Roma. De la misma manera, sin importar cuán desalentadoras parezcan sus circunstancias, usted puede confiar que Dios cumplirá las promesas que le ha hecho.

14 los cuales fueron a los principales sacerdotes y a los ancianos y dijeron: Nosotros nos
hemos juramentado bajo maldición, a no gustar
nada hasta que hayamos dado muerte a Pablo.
15 Ahora pues, vosotros, con el concilio, reque-
rid al tribuno que le traiga mañana ante vosotros, como que queréis indagar alguna cosa
más cierta acerca de él; y nosotros estaremos
listos para matarle antes que llegue.
➤ 16 Mas el hijo de la hermana de Pablo, oyendo hablar de la celada, fue y entró en la fortaleza, y dio aviso a Pablo.
17 Pablo, llamando a uno de los centuriones,
dijo: Lleva a este joven ante el tribuno, porque
tiene cierto aviso que darle.
18 Él entonces tomándole, le llevó al tribuno, y dijo: El preso Pablo me llamó y me rogó
que trajese ante ti a este joven, que tiene algo
que hablarte.
19 El tribuno, tomándole de la mano y retirán-
dose aparte, le preguntó: ¿Qué es lo que tienes
que decirme?
20 Él le dijo: Los judíos han convenido en
rogarte que mañana lleves a Pablo ante el
concilio, como que van a inquirir alguna cosa
más cierta acerca de él.
21 Pero tú no les creas; porque más de cuarenta hombres de ellos le acechan, los cuales se
han juramentado bajo maldición, a no comer
ni beber hasta que le hayan dado muerte; y
ahora están listos esperando tu promesa.
22 Entonces el tribuno despidió al joven, man-
dándole que a nadie dijese que le había dado
aviso de esto.

Pablo es enviado a Félix el gobernador

23 Y llamando a dos centuriones, mandó que
preparasen para la hora tercera de la noche
doscientos soldados, setenta jinetes y doscientos lanceros, para que fuesen hasta Cesarea;
24 y que preparasen cabalgaduras en que
poniendo a Pablo, le llevasen en salvo a Félix
el gobernador.
25 Y escribió una carta en estos términos:
26 Claudio Lisias al excelentísimo gobernador Félix: Salud.
27 A este hombre, aprehendido por los judíos,
y que iban ellos a matar, lo libré yo acudiendo con la tropa, habiendo sabido que era ciudadano romano.
28 Y queriendo saber la causa por qué le acusaban, le llevé al concilio de ellos;
29 y hallé que le acusaban por cuestiones de
la ley de ellos, pero que ningún delito tenía
digno de muerte o de prisión.
30 Pero al ser avisado de asechanzas que los
judíos habían tendido contra este hombre, al
punto le he enviado a ti, intimando también a
los acusadores que traten delante de ti lo que
tengan contra él. Pásalo bien.
31 Y los soldados, tomando a Pablo como se
les ordenó, le llevaron de noche a Antípatris.
32 Y al día siguiente, dejando a los jinetes que
fuesen con él, volvieron a la fortaleza.
33 Cuando aquéllos llegaron a Cesarea, y dieron la carta al gobernador, presentaron también a Pablo delante de él.
34 Y el gobernador, leída la carta, preguntó de
qué provincia era; y habiendo entendido que
era de Cilicia,
35 le dijo: Te oiré cuando vengan tus acusadores. Y mandó que le custodiasen en el pretorio de Herodes.

Defensa de Pablo ante Félix

24 CINCO días después, descendió el
sumo sacerdote Ananías con algunos
de los ancianos y un cierto orador llamado
Tértulo, y comparecieron ante el gobernador
contra Pablo.
2 Y cuando éste fue llamado, Tértulo comenzó
a acusarle, diciendo: Como debido a ti gozamos de gran paz, y muchas cosas son bien
gobernadas en el pueblo por tu prudencia,
3 oh excelentísimo Félix, lo recibimos en todo
tiempo y en todo lugar con toda gratitud.
4 Pero por no molestarte más largamente, te
ruego que nos oigas brevemente conforme a
tu equidad.
5 Porque hemos hallado que este hombre es
una plaga, y promotor de sediciones entre
todos los judíos por todo el mundo, y cabeci-
lla de la secta de los nazarenos.
6 Intentó también profanar el templo; y prendiéndole, quisimos juzgarle conforme a nuestra ley.
7 Pero interviniendo el tribuno Lisias, con
gran violencia le quitó de nuestras manos,
8 mandando a sus acusadores que viniesen a ti.
Tú mismo, pues, al juzgarle, podrás informarte
de todas estas cosas de que le acusamos.
9 Los judíos también confirmaban, diciendo
ser así todo.
10 Habiéndole hecho señal el gobernador a
Pablo para que hablase, éste respondió: Porque
sé que desde hace muchos años eres juez de
esta nación, con buen ánimo hare mi defensa.
11 Como tú puedes cerciorarte, no hace más
de doce días que subí a adorar a Jerusalén;
12 y no me hallaron disputando con ninguno,
ni amotinando a la multitud; ni en el templo,
ni en las sinagogas ni en la ciudad;
13 ni te pueden probar las cosas de que ahora me acusan.

LECCIONES DE VIDA

➤ ***23.16 — el hijo de la hermana de Pablo, oyendo hablar de la celada, fue y entró en la fortaleza, y dio aviso a Pablo.***

Nunca debemos imaginar que Dios *deba* obrar de cierta manera. Aquí Él rescató a Pablo, no por medio de un milagro, sino a través del oído aguzado de su sobrino. Dios obra en maneras que no podemos anticipar.

➤ 14 Pero esto te confieso, que según el Camino
que ellos llaman herejía, así sirvo al Dios de
mis padres, creyendo todas las cosas que en la
ley y en los profetas están escritas;
15 teniendo esperanza en Dios, la cual ellos
también abrigan, de que ha de haber resurrección de los muertos, así de justos como
de injustos.
➤ 16 Y por esto procuro tener siempre una
conciencia sin ofensa ante Dios y ante los
hombres.
17 Pero pasados algunos años, vine a hacer
limosnas a mi nación y presentar ofrendas.
18 Estaba en ello, cuando unos judíos de Asia
me hallaron purificado en el templo, no con
multitud ni con alboroto.[a]
19 Ellos debieran comparecer ante ti y acusarme, si contra mí tienen algo.
20 O digan éstos mismos si hallaron en mí
alguna cosa mal hecha, cuando comparecí
ante el concilio,
21 a no ser que estando entre ellos prorrumpí
en alta voz: Acerca de la resurrección de los
muertos soy juzgado hoy por vosotros.[b]
22 Entonces Félix, oídas estas cosas, estando bien informado de este Camino, les
aplazó, diciendo: Cuando descendiere el
tribuno Lisias, acabaré de conocer de vuestro asunto.
23 Y mandó al centurión que se custodiase a
Pablo, pero que se le concediese alguna libertad, y que no impidiese a ninguno de los suyos
servirle o venir a él.
24 Algunos días después, viniendo Félix con
Drusila su mujer, que era judía, llamó a Pablo,
y le oyó acerca de la fe en Jesucristo.
➤ 25 Pero al disertar Pablo acerca de la justicia,
del dominio propio y del juicio venidero, Félix
se espantó y dijo: Ahora vete; pero cuando
tenga oportunidad te llamaré.
26 Esperaba también con esto, que Pablo le
diera dinero para que le soltase; por lo cual
muchas veces lo hacía venir y hablaba con él.
27 Pero al cabo de dos años recibió Félix por
sucesor a Porcio Festo; y queriendo Félix congraciarse con los judíos, dejó preso a Pablo.

Pablo apela a César

25 LLEGADO, pues, Festo a la provincia,
subió de Cesarea a Jerusalén tres días
después.
2 Y los principales sacerdotes y los más influyentes de los judíos se presentaron ante él
contra Pablo, y le rogaron,
3 pidiendo contra él, como gracia, que le
hiciese traer a Jerusalén; preparando ellos
una celada para matarle en el camino.
4 Pero Festo respondió que Pablo estaba custodiado en Cesarea, adonde él mismo partiría en breve.
5 Los que de vosotros puedan, dijo, desciendan conmigo, y si hay algún crimen en este
hombre, acúsenle.
6 Y deteniéndose entre ellos no más de ocho o
diez días, venido a Cesarea, al siguiente día se
sentó en el tribunal, y mandó que fuese traído Pablo.
7 Cuando éste llegó, lo rodearon los judíos
que habían venido de Jerusalén, presentando contra él muchas y graves acusaciones, las
cuales no podían probar;
8 alegando Pablo en su defensa: Ni contra la
ley de los judíos, ni contra el templo, ni contra
César he pecado en nada.
9 Pero Festo, queriendo congraciarse con los
judíos, respondiendo a Pablo dijo: ¿Quieres
subir a Jerusalén, y allá ser juzgado de estas
cosas delante de mí?
10 Pablo dijo: Ante el tribunal de César estoy,
donde debo ser juzgado. A los judíos no les he
hecho ningún agravio, como tú sabes muy bien.
11 Porque si algún agravio, o cosa alguna
digna de muerte he hecho, no rehúso morir;
pero si nada hay de las cosas de que éstos
me acusan, nadie puede entregarme a ellos.
A César apelo.
12 Entonces Festo, habiendo hablado con el
consejo, respondió: A César has apelado; a
César irás.

a. 24.17-18 Hch 21.17-28. **b. 24.21** Hch 23.6.

LECCIONES DE VIDA

➤ ***24.14 — así sirvo al Dios de mis padres, creyendo todas las cosas que en la ley y en los profetas están escritas.***

Pablo no veía la fe cristiana como una alternativa a su crianza judía, sino como el cumplimiento de la misma. El apóstol adoraba al mismo Dios que siempre había adorado, y tenía fe completa en las mismas Sagradas Escrituras.

➤ ***24.16 — por esto procuro tener siempre una conciencia sin ofensa ante Dios y ante los hombres.***

Cuando Pablo habla acerca de una conciencia sin ofensa, se refiere a la que carece de cualquier culpa con respecto a otra persona o al Señor. El apóstol nunca trató de ganarse una posición de rectitud ante Dios, pero sí se esforzó en llevar a la práctica la justicia que le había sido adjudicada mediante la fe en Jesús. Pablo quería que su conducta reflejara bien a su Salvador, y su conciencia afirmaba que en efecto sí estaba honrando a Cristo. Nuestra conciencia es un sistema divino de alarma que nos protege de tomar malas decisiones. Es un don de Dios que nos capacita para distinguir lo bueno de lo malo y de lo que está bien hacia lo que es mejor en nuestra vida.

➤ ***24.25 — al disertar Pablo acerca de la justicia, del dominio propio y del juicio venidero, Félix se espantó.***

¿Acaso el evangelio es un tema abstracto y teórico que se presta a debate, o es algo verdadero y profundamente personal? Si el cristianismo no es más que un asunto de búsqueda intelectual para usted, está impidiendo que Dios transforme su vida, tal como lo hizo Félix.

Pablo ante Agripa y Berenice
13 Pasados algunos días, el rey Agripa y Berenice vinieron a Cesarea para saludar a Festo.
14 Y como estuvieron allí muchos días, Festo expuso al rey la causa de Pablo, diciendo: Un hombre ha sido dejado preso por Félix,
15 respecto al cual, cuando fui a Jerusalén, se me presentaron los principales sacerdotes y los ancianos de los judíos, pidiendo condenación contra él.
16 A éstos respondí que no es costumbre de los romanos entregar alguno a la muerte antes que el acusado tenga delante a sus acusadores, y pueda defenderse de la acusación.
17 Así que, habiendo venido ellos juntos acá, sin ninguna dilación, al día siguiente, sentado en el tribunal, mandé traer al hombre.
18 Y estando presentes los acusadores, ningún cargo presentaron de los que yo sospechaba,
➤ 19 sino que tenían contra él ciertas cuestiones acerca de su religión, y de un cierto Jesús, ya muerto, el que Pablo afirmaba estar vivo.
20 Yo, dudando en cuestión semejante, le pregunté si quería ir a Jerusalén y allá ser juzgado de estas cosas.
21 Mas como Pablo apeló para que se le reservase para el conocimiento de Augusto, mandé que le custodiasen hasta que le enviara yo a César.
22 Entonces Agripa dijo a Festo: Yo también quisiera oír a ese hombre. Y él le dijo: Mañana le oirás.
23 Al otro día, viniendo Agripa y Berenice con mucha pompa, y entrando en la audiencia con los tribunos y principales hombres de la ciudad, por mandato de Festo fue traído Pablo.
24 Entonces Festo dijo: Rey Agripa, y todos los varones que estáis aquí juntos con nosotros, aquí tenéis a este hombre, respecto del cual toda la multitud de los judíos me ha demandado en Jerusalén y aquí, dando voces que no debe vivir más.
25 Pero yo, hallando que ninguna cosa digna de muerte ha hecho, y como él mismo apeló a Augusto, he determinado enviarle a él.
26 Como no tengo cosa cierta que escribir a mi señor, le he traído ante vosotros, y mayormente ante ti, oh rey Agripa, para que después de examinarle, tenga yo qué escribir.
27 Porque me parece fuera de razón enviar un preso, y no informar de los cargos que haya en su contra. ➤

Defensa de Pablo ante Agripa
26 ENTONCES Agripa dijo a Pablo: Se te permite hablar por ti mismo. Pablo entonces, extendiendo la mano, comenzó así su defensa:
2 Me tengo por dichoso, oh rey Agripa, de que haya de defenderme hoy delante de ti de todas las cosas de que soy acusado por los judíos.
3 Mayormente porque tú conoces todas las costumbres y cuestiones que hay entre los judíos; por lo cual te ruego que me oigas con paciencia.

Vida anterior de Pablo
4 Mi vida, pues, desde mi juventud, la cual desde el principio pasé en mi nación, en Jerusalén, la conocen todos los judíos;
5 los cuales también saben que yo desde el principio, si quieren testificarlo, conforme a la más rigurosa secta de nuestra religión, viví fariseo.[a]
6 Y ahora, por la esperanza de la promesa que hizo Dios a nuestros padres soy llamado a juicio;
7 promesa cuyo cumplimiento esperan que han de alcanzar nuestras doce tribus, sirviendo constantemente a Dios de día y de noche. Por esta esperanza, oh rey Agripa, soy acusado por los judíos.
8 ¡Qué! ¿Se juzga entre vosotros cosa increíble que Dios resucite a los muertos?

Pablo el perseguidor
9 Yo ciertamente había creído mi deber hacer muchas cosas contra el nombre de Jesús de Nazaret; ➤
10 lo cual también hice en Jerusalén. Yo encerré en cárceles a muchos de los santos, habiendo

a. 26.5 Hch 23.6; Fil 3.5.

LECCIONES DE VIDA

➤ ***25.19 — tenían contra él ciertas cuestiones acerca de su religión, y de un cierto Jesús, ya muerto, el que Pablo afirmaba estar vivo.***

Para el gobernador romano Festo, el evangelio no era más que la fantasía religiosa de un pueblo supersticioso y contencioso. No deberíamos sorprendernos cuando los no creyentes lo traten como un mito. Eso sí, deberíamos vivir de tal manera que nuestra vida testifique de la verdad del evangelio, de modo que aquellos que están perdidos puedan creer y ser salvos (2 Ti 2.24–26).

➤ ***25.27 — me parece fuera de razón enviar un preso, y no informar de los cargos que haya en su contra.***

Festo no podía ver de qué manera Pablo había violado la ley judía, y esperó que Agripa, quien conocía bien a los judíos, pudiera ayudarle a formular alguna clase de cargo legal contra él que tuviera sentido para los romanos. Tal como aprendemos por los ejemplos de Pablo, José (Gn 39) y Esteban (Hch 7.54–60), a veces la gente nos acusará injustamente porque declaramos nuestra lealtad al Señor. Sin embargo, el Señor nos reivindicará, y en esos casos debemos confiar en Él y seguir obedeciéndole fielmente (Sal 7.8–10; 10.17, 18; 26.1–3; 43; 54; 109.26–31).

recibido poderes de los principales sacerdotes; y cuando los mataron, yo di mi voto.

11 Y muchas veces, castigándolos en todas las sinagogas, los forcé a blasfemar; y enfurecido sobremanera contra ellos, los perseguí hasta en las ciudades extranjeras.[b]

Pablo relata su conversión
(Hch 9.1-19; 22.6-16)

12 Ocupado en esto, iba yo a Damasco con poderes y en comisión de los principales sacerdotes,

13 cuando a mediodía, oh rey, yendo por el camino, vi una luz del cielo que sobrepasaba el resplandor del sol, la cual me rodeó a mí y a los que iban conmigo.

14 Y habiendo caído todos nosotros en tierra, oí una voz que me hablaba, y decía en lengua hebrea: Saulo, Saulo, ¿por qué me persigues? Dura cosa te es dar coces contra el aguijón.

15 Yo entonces dije: ¿Quién eres, Señor? Y el Señor dijo: Yo soy Jesús, a quien tú persigues.

✱ 16 Pero levántate, y ponte sobre tus pies; porque para esto he aparecido a ti, para ponerte por ministro y testigo de las cosas que has visto, y de aquellas en que me apareceré a ti,

17 librándote de tu pueblo, y de los gentiles, a quienes ahora te envío,

✱ 18 para que abras sus ojos, para que se conviertan de las tinieblas a la luz, y de la potestad de Satanás a Dios; para que reciban, por la fe que es en mí, perdón de pecados y herencia entre los santificados.

Pablo obedece a la visión

19 Por lo cual, oh rey Agripa, no fui rebelde a la visión celestial,

➤ 20 sino que anuncié primeramente a los que están en Damasco,[c] y Jerusalén,[d] y por toda la tierra de Judea, y a los gentiles, que se arrepintiesen y se convirtiesen a Dios, haciendo obras dignas de arrepentimiento.

21 Por causa de esto los judíos, prendiéndome en el templo, intentaron matarme.

22 Pero habiendo obtenido auxilio de Dios, persevero hasta el día de hoy, dando testimonio a pequeños y a grandes, no diciendo nada fuera de las cosas que los profetas y Moisés dijeron que habían de suceder:

23 Que el Cristo había de padecer, y ser el primero de la resurrección de los muertos, para anunciar luz al pueblo y a los gentiles.[e]

Pablo insta a Agripa a que crea

24 Diciendo él estas cosas en su defensa, Festo a gran voz dijo: Estás loco, Pablo; las muchas letras te vuelven loco.

25 Mas él dijo: No estoy loco, excelentísimo Festo, sino que hablo palabras de verdad y de cordura.

26 Pues el rey sabe estas cosas, delante de quien también hablo con toda confianza. Porque no pienso que ignora nada de esto; pues no se ha hecho esto en algún rincón.

27 ¿Crees, oh rey Agripa, a los profetas? Yo sé que crees.

28 Entonces Agripa dijo a Pablo: Por poco me persuades a ser cristiano.

29 Y Pablo dijo: ¡Quisiera Dios que por poco o por mucho, no solamente tú, sino también todos los que hoy me oyen, fueseis hechos tales cual yo soy, excepto estas cadenas!

30 Cuando había dicho estas cosas, se levantó el rey, y el gobernador, y Berenice, y los que se habían sentado con ellos;

31 y cuando se retiraron aparte, hablaban entre sí, diciendo: Ninguna cosa digna ni de muerte ni de prisión ha hecho este hombre.

32 Y Agripa dijo a Festo: Podía este hombre ser puesto en libertad, si no hubiera apelado a César. ➤

Pablo es enviado a Roma

27 CUANDO se decidió que habíamos de navegar para Italia, entregaron a Pablo

b. 26.9-11 Hch 8.3; 22.4-5. **c. 26.20** Hch 9.20. **d. 26.20** Hch 9.28-29. **e. 26.23** Is 42.6; 49.6.

LECCIONES DE VIDA

➤ ***26.9 — Yo ciertamente había creído mi deber hacer muchas cosas contra el nombre de Jesús de Nazaret.***

Pablo podía entender la animosidad de los líderes judíos contra él, porque apenas unos años atrás él había compartido su odio atroz del cristianismo (Hch 8.1–3). Por su propia experiencia, sabía lo que ellos podían sentir hacia él, pensando que lo que hacían era correcto y que con sus actos servían a Dios, equivocándose profundamente al perseguir al mismo Jesús (Hch 9.1–5). Por esa razón es tan importante que tengamos una relación dinámica y cada vez más madura con el Señor, en lugar de meramente desempeñar actos religiosos. Es la única manera para que usted sepa si lo que está haciendo en verdad agrada a Dios (1 S 15.22; Mt 7.21–27).

➤ ***26.20 — que se arrepintiesen y se convirtiesen a Dios, haciendo obras dignas de arrepentimiento.***

El evangelio enseña que recibimos gracia divina mediante la fe en Jesucristo. Aunque nuestra salvación no depende de nuestras obras, nuestro testimonio cristiano debe ser luz a otros. Necesitamos arrepentirnos de nuestro pecado y comportarnos de manera piadosa para que el Señor sea glorificado a través de nosotros. La gracia de Dios nos da la capacidad y el deseo de obedecer, no el derecho a desobedecer.

➤ ***26.32 — Podía este hombre ser puesto en libertad, si no hubiera apelado a César.***

¿Fue este un error inmenso por parte de Pablo? No. Más bien, la apelación de Pablo a César ayudó a cumplir el mandato de Dios a Pablo: «como has testificado de mí en Jerusalén, así es necesario que testifiques también en Roma» (Hch 23.11). La meta de Pablo era llegar a Roma, y su apelación a César significó que estaba yendo por cortesía del imperio romano, ¡con todo y escolta armada!

y a algunos otros presos a un centurión llamado Julio, de la compañía Augusta.
2 Y embarcándonos en una nave adramitena que iba a tocar los puertos de Asia, zarpamos, estando con nosotros Aristarco, macedonio de Tesalónica.
3 Al otro día llegamos a Sidón; y Julio, tratando humanamente a Pablo, le permitió que fuese a los amigos, para ser atendido por ellos.
4 Y haciéndonos a la vela desde allí, navegamos a sotavento de Chipre, porque los vientos eran contrarios.
5 Habiendo atravesado el mar frente a Cilicia y Panfilia, arribamos a Mira, ciudad de Licia.
6 Y hallando allí el centurión una nave alejandrina que zarpaba para Italia, nos embarcó en ella.
7 Navegando muchos días despacio, y llegando a duras penas frente a Gnido, porque nos impedía el viento, navegamos a sotavento de Creta, frente a Salmón.
8 Y costeándola con dificultad, llegamos a un lugar que llaman Buenos Puertos, cerca del cual estaba la ciudad de Lasea.
9 Y habiendo pasado mucho tiempo, y siendo ya peligrosa la navegación, por haber pasado ya el ayuno, Pablo les amonestaba,
10 diciéndoles: Varones, veo que la navegación va a ser con perjuicio y mucha pérdida, no sólo del cargamento y de la nave, sino también de nuestras personas.
11 Pero el centurión daba más crédito al piloto y al patrón de la nave, que a lo que Pablo decía.
12 Y siendo incómodo el puerto para invernar, la mayoría acordó zarpar también de allí, por si pudiesen arribar a Fenice, puerto de Creta que mira al nordeste y sudeste, e invernar allí.

La tempestad en el mar

13 Y soplando una brisa del sur, pareciéndoles que ya tenían lo que deseaban, levaron anclas e iban costeando Creta.
14 Pero no mucho después dio contra la nave un viento huracanado llamado Euroclidón.
15 Y siendo arrebatada la nave, y no pudiendo poner proa al viento, nos abandonamos a él y nos dejamos llevar.
16 Y habiendo corrido a sotavento de una pequeña isla llamada Clauda, con dificultad pudimos recoger el esquife.
17 Y una vez subido a bordo, usaron de refuerzos para ceñir la nave; y teniendo temor de dar en la Sirte, arriaron las velas y quedaron a la deriva.
18 Pero siendo combatidos por una furiosa tempestad, al siguiente día empezaron a alijar,
19 y al tercer día con nuestras propias manos arrojamos los aparejos de la nave.
20 Y no apareciendo ni sol ni estrellas por ➤
muchos días, y acosados por una tempestad no pequeña, ya habíamos perdido toda esperanza de salvarnos.
21 Entonces Pablo, como hacía ya mucho que no comíamos, puesto en pie en medio de ellos, dijo: Habría sido por cierto conveniente, oh varones, haberme oído, y no zarpar de Creta tan sólo para recibir este perjuicio y pérdida.
22 Pero ahora os exhorto a tener buen ánimo, pues no habrá ninguna pérdida de vida entre vosotros, sino solamente de la nave.
23 Porque esta noche ha estado conmigo el ángel del Dios de quien soy y a quien sirvo,
24 diciendo: Pablo, no temas; es necesario que comparezcas ante César; y he aquí, Dios te ha concedido todos los que navegan contigo.
25 Por tanto, oh varones, tened buen ánimo; ➤
porque yo confío en Dios que será así como se me ha dicho.
26 Con todo, es necesario que demos en alguna isla.
27 Venida la decimacuarta noche, y siendo llevados a través del mar Adriático, a la medianoche los marineros sospecharon que estaban cerca de tierra;
28 y echando la sonda, hallaron veinte brazas; y pasando un poco más adelante, volviendo a echar la sonda, hallaron quince brazas.
29 Y temiendo dar en escollos, echaron cuatro anclas por la popa, y ansiaban que se hiciese de día.
30 Entonces los marineros procuraron huir de la nave, y echando el esquife al mar, aparentaban como que querían largar las anclas de proa.
31 Pero Pablo dijo al centurión y a los soldados: Si éstos no permanecen en la nave, vosotros no podéis salvaros.
32 Entonces los soldados cortaron las amarras del esquife y lo dejaron perderse.
33 Cuando comenzó a amanecer, Pablo exhortaba a todos que comiesen, diciendo: Éste es el

LECCIONES DE VIDA

➤ ***27.20 — ya habíamos perdido toda esperanza de salvarnos.***

Las penalidades y las pruebas pueden durar tanto que empezamos a perder la esperanza en que Dios nos vaya a rescatar de nuestros problemas. Pero Él permanece fiel, y las circunstancias difíciles nunca indican que haya perdido interés en nosotros. Más bien, nuestra adversidad será un puente a una relación más profunda con el Señor, si confiamos en Él.

➤ ***27.25 — oh varones, tened buen ánimo; porque yo confío en Dios que será así como se me ha dicho.***

Cuando los tiempos se tornan difíciles, aquellos que no tienen una relación real con Dios pueden ser infundidos de valor por quienes la tienen, con tal que los creyentes mantengan y manifiesten su confianza en el Señor. La fe de Pablo animó a muchos incrédulos a creer, y muchos llegaron a conocer a Jesucristo como su Salvador a través de su testimonio constante y fiel.

decimocuarto día que veláis y permanecéis en
ayunas, sin comer nada.
34 Por tanto, os ruego que comáis por vuestra
salud; pues ni aun un cabello de la cabeza de
ninguno de vosotros perecerá.
35 Y habiendo dicho esto, tomó el pan y dio
gracias a Dios en presencia de todos, y partiéndolo, comenzó a comer.
36 Entonces todos, teniendo ya mejor ánimo,
comieron también.
37 Y éramos todas las personas en la nave
doscientas setenta y seis.
38 Y ya satisfechos, aligeraron la nave, echando el trigo al mar.

El naufragio

39 Cuando se hizo de día, no reconocían la
tierra, pero veían una ensenada que tenía playa, en la cual acordaron varar, si pudiesen, la
nave.
40 Cortando, pues, las anclas, las dejaron
en el mar, largando también las amarras del
timón; e izada al viento la vela de proa, enfilaron hacia la playa.
41 Pero dando en un lugar de dos aguas, hicieron encallar la nave; y la proa, hincada, quedó inmóvil, y la popa se abría con la violencia
del mar.
42 Entonces los soldados acordaron matar
a los presos, para que ninguno se fugase
nadando.
43 Pero el centurión, queriendo salvar a Pablo,
les impidió este intento, y mandó que los que
pudiesen nadar se echasen los primeros, y
saliesen a tierra;
➤ 44 y los demás, parte en tablas, parte en cosas
de la nave. Y así aconteció que todos se salvaron saliendo a tierra.

Pablo en la isla de Malta

28 ESTANDO ya a salvo, supimos que la
isla se llamaba Malta.
2 Y los naturales nos trataron con no poca
humanidad; porque encendiendo un fuego,
nos recibieron a todos, a causa de la lluvia que
caía, y del frío.
➤ 3 Entonces, habiendo recogido Pablo algunas
ramas secas, las echó al fuego; y una víbora,
huyendo del calor, se le prendió en la mano.
4 Cuando los naturales vieron la víbora colgando de su mano, se decían unos a otros:
Ciertamente este hombre es homicida, a quien,
escapado del mar, la justicia no deja vivir.
5 Pero él, sacudiendo la víbora en el fuego,
ningún daño padeció.
6 Ellos estaban esperando que él se hinchase, o cayese muerto de repente; mas habiendo esperado mucho, y viendo que ningún mal
le venía, cambiaron de parecer y dijeron que
era un dios.
7 En aquellos lugares había propiedades del
hombre principal de la isla, llamado Publio,
quien nos recibió y hospedó solícitamente
tres días.
8 Y aconteció que el padre de Publio estaba
en cama, enfermo de fiebre y de disentería; y
entró Pablo a verle, y después de haber orado,
le impuso las manos, y le sanó.
9 Hecho esto, también los otros que en la isla
tenían enfermedades, venían, y eran sanados;
10 los cuales también nos honraron con
muchas atenciones; y cuando zarpamos, nos
cargaron de las cosas necesarias.

Pablo llega a Roma

11 Pasados tres meses, nos hicimos a la vela
en una nave alejandrina que había invernado en la isla, la cual tenía por enseña a Cástor y Pólux.
12 Y llegados a Siracusa, estuvimos allí tres
días.
13 De allí, costeando alrededor, llegamos a
Regio; y otro día después, soplando el viento
sur, llegamos al segundo día a Puteoli,
14 donde habiendo hallado hermanos, nos
rogaron que nos quedásemos con ellos siete
días; y luego fuimos a Roma,
15 de donde, oyendo de nosotros los hermanos, salieron a recibirnos hasta el Foro de ➤
Apio y las Tres Tabernas; y al verlos, Pablo dio
gracias a Dios y cobró aliento.
16 Cuando llegamos a Roma, el centurión
entregó los presos al prefecto militar, pero a
Pablo se le permitió vivir aparte, con un soldado que le custodiase.

Pablo predica en Roma

17 Aconteció que tres días después, Pablo
convocó a los principales de los judíos, a los

LECCIONES DE VIDA

➤ ***27.44 — todos se salvaron saliendo a tierra.***

Dios había prometido que todos los que iban a bordo se salvarían, y así sucedió. Algunos nadaron y otros flotaron sobre tablas o partes de la embarcación, pero todos llegaron sanos y salvos a tierra. Nunca nos equivocamos por confiar en la Palabra de Dios.

➤ ***28.3 — una víbora, huyendo del calor, se le prendió en la mano.***

Dios había acabado de rescatar a Pablo de ahogarse en el mar, y el apóstol sufrió de inmediato otra clase de revés. Sin embargo, el Señor usó ambos incidentes siniestros para demostrar la diestra de su poder, al igual que su amor, a quienes aún no habían creído en Él.

➤ ***28.15 — al verlos, Pablo dio gracias a Dios y cobró aliento.***

Por lo general, Pablo viajaba en equipos ministeriales y buscaba a hermanos y hermanas en Cristo dondequiera que iba. Siempre recurrió a la fuerza, la fe, la sabiduría y las oraciones de otros creyentes para recibir ánimo, pues sabía que ningún cristiano puede crecer en la fe sin conectarse profundamente con otros en el cuerpo de Cristo.

cuales, luego que estuvieron reunidos, les dijo:
Yo, varones hermanos, no habiendo hecho
nada contra el pueblo, ni contra las costumbres de nuestros padres, he sido entregado
preso desde Jerusalén en manos de los romanos;
18 los cuales, habiéndome examinado, me
querían soltar, por no haber en mí ninguna
causa de muerte.
19 Pero oponiéndose los judíos, me vi obligado a apelar a César;[a] no porque tenga de qué
acusar a mi nación.
20 Así que por esta causa os he llamado para
veros y hablaros; porque por la esperanza de
Israel estoy sujeto con esta cadena.
21 Entonces ellos le dijeron: Nosotros ni
hemos recibido de Judea cartas acerca de ti,
ni ha venido alguno de los hermanos que haya
denunciado o hablado algún mal de ti.
22 Pero querríamos oír de ti lo que piensas;
porque de esta secta nos es notorio que en
todas partes se habla contra ella.
23 Y habiéndole señalado un día, vinieron a él
muchos a la posada, a los cuales les declaraba y les testificaba el reino de Dios desde la
mañana hasta la tarde, persuadiéndoles acerca de Jesús, tanto por la ley de Moisés como
por los profetas.
➤24 Y algunos asentían a lo que se decía, pero
otros no creían.
25 Y como no estuviesen de acuerdo entre sí,
al retirarse, les dijo Pablo esta palabra: Bien
habló el Espíritu Santo por medio del profeta
Isaías a nuestros padres, diciendo:
26 Ve a este pueblo, y diles:
De oído oiréis, y no entenderéis;
Y viendo veréis, y no percibiréis;
27 Porque el corazón de este pueblo se ha
engrosado,
Y con los oídos oyeron pesadamente,
Y sus ojos han cerrado,
Para que no vean con los ojos,
Y oigan con los oídos,
Y entiendan de corazón,
Y se conviertan,
Y yo los sane.[b]
28 Sabed, pues, que a los gentiles es enviada
esta salvación de Dios; y ellos oirán.
29 Y cuando hubo dicho esto, los judíos se fueron, teniendo gran discusión entre sí.
30 Y Pablo permaneció dos años enteros en
una casa alquilada, y recibía a todos los que
a él venían,
31 predicando el reino de Dios y enseñando
acerca del Señor Jesucristo, abiertamente y
sin impedimento.

a. 28.19 Hch 25.11. **b. 28.26-27** Is 6.9-10.

LECCIONES DE VIDA

➤ ***28.24 — algunos asentían a lo que se decía, pero otros no creían.***

Siempre sucede así cuando el evangelio es predicado, algunos creen y otros no. Pablo dijo: «a todos me he hecho de todo, para que de todos modos salve a algunos» (1 Co 9.22). Debemos tener la misma manera de pensar, enseñando acerca de Jesús a todos, con la esperanza de que muchos sean salvos.

EL LIBRO DE ROMANOS

La epístola a los Romanos, una de las obras más grandes de Pablo, se pone en primer lugar entre sus trece epístolas del Nuevo Testamento. Mientras los cuatro evangelios presentan las palabras y las obras de Jesucristo, Romanos explora la importancia crucial del sacrificio perfecto que cubriría definitivamente el pecado de toda la humanidad. Pablo nos ofrece una presentación sistemática de la doctrina bíblica.

Romanos es un libro preeminente en cuanto a temas trascendentales como la salvación y la fe. Sin embargo, es mucho más que un tratado teológico. También es una exhortación práctica que nos enseña cómo vivir en obediencia gozosa. Las buenas nuevas de Jesucristo son más que hechos para creer; también incluyen una vida abundante para vivir, una vida de justicia y rectitud que conviene y dignifica a aquellos que han sido «justificados gratuitamente por su gracia, mediante la redención que es en Cristo Jesús» (Ro 3.24).

Esto fue ejemplificado en la vida del reformador Martín Lutero, quien al leer que «la justicia de Dios se revela por fe y para fe, como está escrito: Mas el justo por la fe vivirá» (Ro 1.17), se dio cuenta que las buenas obras y los rituales religiosos no podían salvar al cristiano. Más bien era la fe en la gracia inmerecida del Señor lo que justificaba al creyente, tal como lo había hecho con Abraham (Ro 4). Por lo tanto, las buenas obras no eran el medio por el cual uno alcanzaba la salvación, sino el desbordamiento gozoso de gratitud por la gracia de Dios.

Pablo empieza su carta exponiendo la necesidad de obedecer al Señor con amor y humildad. Nos recuerda que es a través de Jesucristo que recibimos vida eterna así como gracia para cada circunstancia que enfrentamos. Es su salvación lo que nos hace libres del poder del pecado. Hasta que lleguemos a un punto en que reconozcamos nuestra necesidad de un Salvador, no podremos apreciar cuán grande es el regalo de gracia que Dios nos ha dado.

El título *Pros Romaíous*, «A los Romanos», ha estado asociado con la epístola casi desde un principio.

Tema: Personas en todo lugar pueden disfrutar el regalo gratuito de salvación eterna de parte de Dios a través de la fe en Jesucristo, quien les da el deseo y las fuerzas para obedecer al Señor.

Autor: El apóstol Pablo.

Fecha: La mayoría de eruditos creen que Pablo escribió Romanos cerca de 57 d.C.

Estructura: La primera sección (1.1—8.39) expresa lo que se ha llamado «El Evangelio según Pablo», el cual consiste en que la única manera de tener compañerismo con Dios es por su gracia, mediante la fe en Jesucristo resucitado. La segunda sección (9.1—11.36) expone la expectativa de Pablo en cuanto a los judíos, quienes en su gran mayoría han rechazado esta enseñanza pero un día la aceptarán. La sección final (12.1—16.27) describe cómo deberían vivir y comportarse las personas salvas por gracia a través de la fe en Cristo.

A medida que lea Romanos, fíjese en los principios de vida que juegan un papel importante en este libro:

9. Confiar en Dios quiere decir ver más allá de lo que podemos, hacia lo que Dios ve. *Véase Romanos 4.13–25; páginas 1259-1261.*

12. La paz con Dios es fruto de nuestra unidad con Él. *Véase Romanos 5.1; página 1261.*

18. Como hijos del Dios soberano, jamás somos víctimas de nuestras circunstancias. *Véase Romanos 8.18; página 1266.*

28. Ningún creyente ha sido llamado a transitar solitario en su peregrinaje de fe. *Véase Romanos 12.5; página 1271.*

3. La Palabra de Dios es ancla inconmovible en las tormentas. *Véase Romanos 15.4; página 1274.*

Salutación

1 PABLO, siervo de Jesucristo, llamado a
ser apóstol, apartado para el evangelio
de Dios,
2 que él había prometido antes por sus profetas en las santas Escrituras,
3 acerca de su Hijo, nuestro Señor Jesucristo,
que era del linaje de David según la carne,
4 que fue declarado Hijo de Dios con poder,
según el Espíritu de santidad, por la resurrección de entre los muertos,
➤ 5 y por quien recibimos la gracia y el apostolado, para la obediencia a la fe en todas las
naciones por amor de su nombre;
6 entre las cuales estáis también vosotros, llamados a ser de Jesucristo;
7 a todos los que estáis en Roma, amados de
Dios, llamados a ser santos: Gracia y paz a
vosotros, de Dios nuestro Padre y del Señor
Jesucristo.

Deseo de Pablo de visitar Roma

8 Primeramente doy gracias a mi Dios mediante Jesucristo con respecto a todos vosotros, de
que vuestra fe se divulga por todo el mundo.
9 Porque testigo me es Dios, a quien sirvo en
mi espíritu en el evangelio de su Hijo, de que
sin cesar hago mención de vosotros siempre
en mis oraciones,
10 rogando que de alguna manera tenga al
fin, por la voluntad de Dios, un próspero viaje
para ir a vosotros.
11 Porque deseo veros, para comunicaros algún don espiritual, a fin de que seáis
confirmados;
12 esto es, para ser mutuamente confortados
por la fe que nos es común a vosotros y a mí.
13 Pero no quiero, hermanos, que ignoréis
que muchas veces me he propuesto ir a vosotros[a] (pero hasta ahora he sido estorbado),
para tener también entre vosotros algún fruto,
como entre los demás gentiles.
14 A griegos y a no griegos, a sabios y a no
sabios soy deudor.
15 Así que, en cuanto a mí, pronto estoy a
anunciaros el evangelio también a vosotros
que estáis en Roma.

El poder del evangelio

16 Porque no me avergüenzo del evangelio, ➤
porque es poder de Dios para salvación a todo
aquel que cree; al judío primeramente, y también al griego.
17 Porque en el evangelio la justicia de Dios ➤
se revela por fe y para fe, como está escrito:
Mas el justo por la fe vivirá.[b]

La culpabilidad del hombre

18 Porque la ira de Dios se revela desde el
cielo contra toda impiedad e injusticia de los
hombres que detienen con injusticia la verdad;
19 porque lo que de Dios se conoce les es
manifiesto, pues Dios se lo manifestó.
20 Porque las cosas invisibles de él, su eterno ➤
poder y deidad, se hacen claramente visibles
desde la creación del mundo, siendo entendidas por medio de las cosas hechas, de modo
que no tienen excusa.
21 Pues habiendo conocido a Dios, no le glorificaron como a Dios, ni le dieron gracias, sino
que se envanecieron en sus razonamientos, y
su necio corazón fue entenebrecido.
22 Profesando ser sabios, se hicieron necios,
23 y cambiaron la gloria del Dios incorruptible
en semejanza de imagen de hombre corruptible, de aves, de cuadrúpedos y de reptiles.

a. 1.13 Hch 19.21. **b. 1.17** Hab 2.4.

LECCIONES DE VIDA

➤ ***1.5 — por quien recibimos la gracia y el apostolado, para la obediencia a la fe en todas las naciones por amor de su nombre.***

Jesucristo es el Mesías prometido y el cumplimiento del pacto del Señor con el rey David (Ro 1.3; también 2 S 7.12–16). Sin embargo, Dios no tenía presente únicamente al pueblo judío cuando nos ofreció salvación (Is 42.6; 49.6; 52.15). Tal como lo explicó Pablo, su llamado fue predicar el evangelio para enseñar a *todos* los pueblos a obedecer al Señor ejerciendo la fe. Dios nos ama y ha estado preparando su salvación para nosotros desde antes de la fundación del mundo. En Romanos, Pablo explica lo que esto significa para usted y para todos los creyentes en todo lugar.

➤ ***1.16 — no me avergüenzo del evangelio, porque es poder de Dios para salvación a todo aquel que cree.***

Nunca debemos sentirnos avergonzados de nuestra conexión con Cristo ni con la salvación que Él ofrece gratuitamente a todos. Es un privilegio supremo representarlo, y debemos hacerlo con valentía y entusiasmo.

➤ ***1.17 — el justo por la fe vivirá.***

Vivimos cada aspecto de la vida cristiana por fe en el Señor, quien nos enseña, nos da su poder y nos equipa para agradarlo (He 11.1, 6). Nos asimos de la gracia para alcanzar salvación y para crecer en piedad confiando en Él. Dios se complace en honrar la fe porque la fe lo honra a Él. Es cuando nos sometemos en obediencia total al Señor que Él es glorificado en y a través de nosotros.

➤ ***1.20 — las cosas invisibles de él, su eterno poder y deidad, se hacen claramente visibles desde la creación del mundo, siendo entendidas por medio de las cosas hechas, de modo que no tienen excusa.***

Dios desea que lo conozcamos y ha provisto una vía para que tengamos una relación con Él a través de Jesucristo. Desde el principio, Él se reveló a Adán y Eva. Lamentablemente, por su desobediencia, el pecado entró al mundo (Gn 3). Desde entonces, la gente se ha rebelado contra Dios, creando sus propias deidades y hasta negando que Él existe. No obstante, incluso si alguien jamás ha visto una Biblia o nunca ha oído acerca de Jesucristo, esa persona no tiene excusa porque la creación misma testifica que Él existe.

➤ 24 Por lo cual también Dios los entregó a la inmundicia, en las concupiscencias de sus corazones, de modo que deshonraron entre sí sus propios cuerpos,
25 ya que cambiaron la verdad de Dios por la mentira, honrando y dando culto a las criaturas antes que al Creador, el cual es bendito por los siglos. Amén.
26 Por esto Dios los entregó a pasiones vergonzosas; pues aun sus mujeres cambiaron el uso natural por el que es contra naturaleza,
27 y de igual modo también los hombres, dejando el uso natural de la mujer, se encendieron en su lascivia unos con otros, cometiendo hechos vergonzosos hombres con hombres, y recibiendo en sí mismos la retribución debida a su extravío.
28 Y como ellos no aprobaron tener en cuenta a Dios, Dios los entregó a una mente reprobada, para hacer cosas que no convienen;
29 estando atestados de toda injusticia, fornicación, perversidad, avaricia, maldad; llenos de envidia, homicidios, contiendas, engaños y malignidades;
30 murmuradores, detractores, aborrecedores de Dios, injuriosos, soberbios, altivos, inventores de males, desobedientes a los padres,
31 necios, desleales, sin afecto natural, implacables, sin misericordia;
32 quienes habiendo entendido el juicio de Dios, que los que practican tales cosas son dignos de muerte, no sólo las hacen, sino que también se complacen con los que las practican.

El justo juicio de Dios

2 POR lo cual eres inexcusable, oh hombre, quienquiera que seas tú que juzgas; pues en lo que juzgas a otro, te condenas a ti mismo;[a] porque tú que juzgas haces lo mismo.
2 Mas sabemos que el juicio de Dios contra los que practican tales cosas es según verdad.
3 ¿Y piensas esto, oh hombre, tú que juzgas a los que tal hacen, y haces lo mismo, que tú escaparás del juicio de Dios?
4 ¿O menosprecias las riquezas de su benignidad, paciencia y longanimidad, ignorando que su benignidad te guía al arrepentimiento? ➤
5 Pero por tu dureza y por tu corazón no arrepentido, atesoras para ti mismo ira para el día de la ira y de la revelación del justo juicio de Dios, ➤
6 el cual pagará a cada uno conforme a sus obras:[b]
7 vida eterna a los que, perseverando en bien hacer, buscan gloria y honra e inmortalidad,
8 pero ira y enojo a los que son contenciosos y no obedecen a la verdad, sino que obedecen a la injusticia;
9 tribulación y angustia sobre todo ser humano que hace lo malo, el judío primeramente y también el griego,
10 pero gloria y honra y paz a todo el que hace lo bueno, al judío primeramente y también al griego;
11 porque no hay acepción de personas para con Dios.[c]
12 Porque todos los que sin ley han pecado, sin ley también perecerán; y todos los que bajo la ley han pecado, por la ley serán juzgados;
13 porque no son los oidores de la ley los justos ante Dios, sino los hacedores de la ley serán justificados.
14 Porque cuando los gentiles que no tienen ley, hacen por naturaleza lo que es de la ley, éstos, aunque no tengan ley, son ley para sí mismos, ➤

a. 2.1 Mt 7.1; Lc 6.37. **b. 2.6** Sal 62.12. **c. 2.11** Dt 10.17.

LECCIONES DE VIDA

➤ ***1.24 — Dios los entregó a la inmundicia, en las concupiscencias de sus corazones, de modo que deshonraron entre sí sus propios cuerpos.***

Demasiadas personas rechazan la verdad porque interfiere con su estilo de vida. Participan en toda variedad de pecado en un intento por satisfacer sus necesidades, pero todo lo que están haciendo es alejarse cada vez más de la posibilidad de llenar el vacío que llevan por dentro, algo que sólo el Señor puede hacer por ellos. El resultado siempre es que se ahonda todavía más su vacío, su insatisfacción y su desesperanza. Tarde o temprano, esas transgresiones se apoderan de sus vidas y los destruyen (Ro 1.26, 28).

➤ ***2.4 — ¿… su benignidad te guía al arrepentimiento?***

La salvación es la obra de Dios de principio a fin. Hasta nuestro arrepentimiento demuestra que su Espíritu está obrando en nuestros corazones. El Señor es tan bueno que bendice a quienes lo rechazan para conducirlos al arrepentimiento. ¿Por qué? Porque Él por naturaleza ama a la gente, aún cuando ellos no correspondan. Nos arrepentimos a causa de la bondad de Dios, no a causa de nuestros propios méritos.

➤ ***2.5, 6 — Dios… pagará a cada uno conforme a sus obras.***

Cuando se les interroga, muchos explican que van a ir al cielo diciendo: «Porque soy una buena persona». Miden sus méritos por sus propios estándares y repudian los de Dios (Ro 2.1–4). A lo largo de la Biblia aprendemos que Dios recompensará a los creyentes por sus buenas obras hechas en el poder del Espíritu Santo, y que castigará a los perdidos por su incredulidad y sus malas obras impulsadas por la carne (Sal 28.4 62.12; Pr 24.12; Jer 17.10; Mt 16.27; Ap 2.23; 20.12, 13). Al final, el juicio de Dios es lo único que cuenta, y sin tener fe en Jesucristo, nadie encontrará un hogar en el cielo.

➤ ***2.14 — los gentiles que no tienen ley, hacen por naturaleza lo que es de la ley.***

En cada cultura existe la creencia en algún tipo de deidad. Es natural que la gente crea en un ser superior porque dentro de cada uno hay una conciencia que lo hace estar consciente de su presencia. Esto lo evidencian los estándares

RESPUESTAS A PREGUNTAS DE LA VIDA

¿Cómo difiere mi conciencia de la guía del Espíritu Santo?

RO 2.14, 15

La conciencia funciona de manera similar a una computadora. Una computadora está programada para dar respuestas específicas a información específica, y también responde a información con base en comandos que ha sido programada para seguir.

Cada vez que usted presiona el icono correspondiente a su programa de procesador de palabras, su computadora sabe qué programa abrir. En su gran mayoría, las computadoras se limitan simplemente a responder comandos.

La conciencia también responde a cierta información que ha sido programada para procesar. Pablo lo describió en estos términos: «Porque cuando los gentiles que no tienen ley, hacen por naturaleza lo que es de la ley, éstos, aunque no tengan ley, son ley para sí mismos, mostrando la obra de la ley escrita en sus corazones, dando testimonio su conciencia, y acusándoles o defendiéndoles sus razonamientos» (Ro 2.14, 15).

Dios ha programado su código moral en el corazón de cada hombre y mujer. Nacemos con él. Cuando las acciones o los pensamientos de una persona violan ese código, la conciencia responde enviándole un mensaje de «No» al cerebro. Por otro lado, cuando el acto o el pensamiento están de acuerdo con el código moral preprogramado, la conciencia dice «Aprobado».

Note que Pablo dice que nuestros pensamientos a veces indican la legitimidad de ciertas acciones. Cuando eso sucede, si las acciones están conforme a la ley de Dios escrita en nuestros corazones, la conciencia emite su aprobación.

Cuando usted se convirtió en cristiano, un cambio empezó a ocurrir en su conciencia. El código moral básico que recibió al nacer, empezó a ser examinado y renovado por completo. El Espíritu de verdad estableció residencia en su corazón, y bien sea que usted se haya percatado o no de ello, empezó a reprogramar su conciencia. Mientras que usted antes tenía un sentido general del bien y del mal, el Espíritu Santo empezó a renovar su mente conforme a verdades más específicas y completas (1 Co 2.10–13).

Usted participa en este proceso de renovación cada vez que lee su Biblia, adora en la iglesia, memoriza un versículo o eleva una oración. El Espíritu Santo usa toda esta información nueva para reprogramar la base de datos a través de la cual su conciencia evalúa cada oportunidad, pensamiento, invitación, palabra y acto.

A medida que este proceso continúa, su conciencia se sintoniza con el código moral del Espíritu Santo, un código que refleja los estándares morales y éticos de Dios. Este proceso le hace sensible, no solamente a los criterios morales de Dios, sino también a la voluntad santa de Dios.

Para un estudio más a fondo, véase el Índice de Principios de vida:

22. *Andar en el Espíritu es obedecer las indicaciones iniciales del Espíritu.*
13. *Escuchar a Dios es esencial para andar con Él.*

15 mostrando la obra de la ley escrita en sus corazones, dando testimonio su conciencia, y acusándoles o defendiéndoles sus razonamientos,
16 en el día en que Dios juzgará por Jesucristo los secretos de los hombres, conforme a mi evangelio.

LECCIONES DE VIDA

del bien y el mal que existen en cada comunidad y en cada nación. Sin embargo, la conciencia no es suficiente para que conozcamos realmente a Dios. Debemos venir a Él en fe a través de Cristo, para tener una verdadera relación con Él.

➤ ***2.16 — Dios juzgará por Jesucristo los secretos de los hombres.***

Gústenos o no, tenemos que dar cuenta de *todo* lo que hacemos y decimos porque en el juicio, cada motivo, deseo y acto secreto saldrá a la luz. Jesús dijo: «nada hay

Los judíos y la ley

17 He aquí, tú tienes el sobrenombre de judío,
y te apoyas en la ley, y te glorías en Dios,
18 y conoces su voluntad, e instruido por la
ley apruebas lo mejor,
19 y confías en que eres guía de los ciegos, luz
de los que están en tinieblas,
20 instructor de los indoctos, maestro de
niños, que tienes en la ley la forma de la ciencia y de la verdad.
21 Tú, pues, que enseñas a otro, ¿no te enseñas a ti mismo? Tú que predicas que no se ha
de hurtar, ¿hurtas?
22 Tú que dices que no se ha de adulterar,
¿adulteras? Tú que abominas de los ídolos,
¿cometes sacrilegio?
23 Tú que te jactas de la ley, ¿con infracción
de la ley deshonras a Dios?
➢ 24 Porque como está escrito, el nombre de
Dios es blasfemado entre los gentiles por causa de vosotros.[d]
25 Pues en verdad la circuncisión aprovecha,
si guardas la ley; pero si eres transgresor de la
ley, tu circuncisión viene a ser incircuncisión.
26 Si, pues, el incircunciso guardare las ordenanzas de la ley, ¿no será tenida su incircuncisión como circuncisión?
27 Y el que físicamente es incircunciso, pero
guarda perfectamente la ley, te condenará a ti,
que con la letra de la ley y con la circuncisión
eres transgresor de la ley.
28 Pues no es judío el que lo es exteriormente, ni es la circuncisión la que se hace exteriormente en la carne;
29 sino que es judío el que lo es en lo interior,
y la circuncisión es la del corazón, en espíritu,
no en letra; la alabanza del cual no viene de
los hombres, sino de Dios.
3 ¿QUÉ ventaja tiene, pues, el judío? ¿o de
qué aprovecha la circuncisión?
2 Mucho, en todas maneras. Primero, ciertamente, que les ha sido confiada la palabra de
Dios.
3 ¿Pues qué, si algunos de ellos han sido
incrédulos? ¿Su incredulidad habrá hecho
nula la fidelidad de Dios?
4 De ninguna manera; antes bien sea Dios
veraz, y todo hombre mentiroso; como está
escrito:

> Para que seas justificado en tus palabras,
> Y venzas cuando fueres juzgado.[a]

5 Y si nuestra injusticia hace resaltar la justi- ➤
cia de Dios, ¿qué diremos? ¿Será injusto Dios
que da castigo? (Hablo como hombre.)
6 En ninguna manera; de otro modo, ¿cómo
juzgaría Dios al mundo?
7 Pero si por mi mentira la verdad de Dios
abundó para su gloria, ¿por qué aún soy juzgado como pecador?
8 ¿Y por qué no decir (como se nos calumnia,
y como algunos, cuya condenación es justa, afirman que nosotros decimos): Hagamos
males para que vengan bienes

No hay justo

9 ¿Qué, pues? ¿Somos nosotros mejores que
ellos? En ninguna manera; pues ya hemos
acusado a judíos y a gentiles, que todos están
bajo pecado.
10 Como está escrito: ➤
No hay justo, ni aun uno;
11 No hay quien entienda.
No hay quien busque a Dios.
12 Todos se desviaron, a una se hicieron
inútiles;
No hay quien haga lo bueno, no hay ni
siquiera uno.[b]
13 Sepulcro abierto es su garganta;
Con su lengua engañan.[c]

d. 2.24 Is 52.5. **a. 3.4** Sal 51.4. **b. 3.10-12** Sal 14.1-3; 53.1-3. **c. 3.13** Sal 5.9.

LECCIONES DE VIDA

oculto, que no haya de ser manifestado; ni escondido, que no haya de ser conocido, y de salir a luz» (Lc 8.17). ¿Hay pecados ocultos en su vida? Si Jesús es su Salvador, usted está perdonado(a) de *todas* sus transgresiones. Él ha removido el castigo de su pecado y le ha dejado sin mancha alguna.

➢ ***2.24 — el nombre de Dios es blasfemado entre los gentiles por causa de vosotros.***

Bien sea que nos demos cuenta o no, los incrédulos nos están viendo. Ellos observan nuestra conducta y cómo tratamos a los demás. Dios quiere que lo que ellos vean en nosotros los atraiga a Él (Mt 5.16). Desafortunadamente, cuando desobedecemos neciamente al Señor, lo contrario con frecuencia sucede. ¿Cómo responden otros a Dios en virtud de su ejemplo personal?

➢ ***3.5 — si nuestra injusticia hace resaltar la justicia de Dios, ¿qué diremos?***

Algunos opositores de Pablo afirmaban que la enseñanza del apóstol sobre la gracia equivalía a decir: «como ya soy salvo, no importa si peco; la gracia de Dios cubrirá mi pecado». Pablo condenó esta distorsión de la gracia. La benignidad y la misericordia del Señor nos dan el deseo y el poder para obedecerlo, no el derecho a desobedecer.

➢ ***3.10 — Como está escrito: No hay justo, ni aun uno.***

Todos somos pecadores y necesitamos el perdón de nuestra transgresión. La manera como se expresa la naturaleza pecaminosa en la vida de las personas puede ser diferente, pero su profundidad e intensidad son las mismas en todos nosotros.

➢ ***3.18 — No hay temor de Dios delante de sus ojos.***

Todo pecado resulta en últimas de haberse negado a tener temor reverente de Dios. Todas las transgresiones abominables que Pablo enumera tienen su fuente en una actitud rebelde que no quiere honrar al Señor por ser quien Él es.

RESPUESTAS A PREGUNTAS DE LA VIDA

¿Qué piensa Dios de mí?

RO 3.21–26

Nunca pensé mucho acerca de si yo le caía bien a Dios o si era aprobado por Él cuando era joven. Sabía que Él me *amaba*, pero nunca pensé si acaso le *gustaba*. Si alguien me hubiera insistido en ese asunto, probablemente hubiese concluido que le caía «más o menos bien» al Señor. No creo que hubiera dicho que yo le gustara al ciento por ciento.

Fue sólo después que experimenté verdaderamente el amor de Dios, que es su amor total, incondicional, estremecedor y abundante, que pude decir con toda honestidad: «Sí, yo le gusto a Dios. Él me aprueba. Le gusta pasar tiempo conmigo. Le gusta estar conmigo. Le gusta oírme cuando le oro, y también disfruta hablar conmigo a través de su Palabra. Yo creo que Él me ama. Él sabe que cometo errores, pero ve mi corazón y mi deseo de conocerlo mejor cada día».

No llegué a ese punto con base en mis logros ni en acciones específicas por parte mía. Más bien, llegué a asumir esa posición única y exclusivamente porque tuve una apreciación nueva de la gracia de Dios obrando en mi vida. El Señor ciertamente espera obediencia de mí, pero el hecho es que yo no había hecho nada ni podía hacer nada para ganarme su aprobación. Yo le gusto a Dios tal como soy porque Él me creó para ser tal como soy. Su aprobación de mí no se basa en algo que yo haya logrado o que pudiera lograr en el futuro. Él me aprueba porque me encuentro perdonado delante de Él, y soy perdonado porque he aceptado a Jesucristo como mi Salvador y he recibido su perdón. Eso me hace *totalmente* aceptable para Él.

Los primeros cuatro capítulos de Romanos dejan muy en claro que no podemos salvarnos a nosotros mismos. Todos somos pecadores y estamos destituidos de la gloria de Dios (Ro 3.23). Pero gracias a lo que Jesucristo hizo por nosotros en la cruz, por fe somos «justificados gratuitamente por su gracia» (Ro 3.24).

Jesús ha hecho por usted lo que usted no puede hacer. Él compró para usted aprobación plena y perdón total. Usted no puede tener gracia sin la cruz, pero a causa de la cruz, tiene acceso completo a la gracia de Dios.

La gracia es la benignidad y la bondad de Dios hacia usted sin relación a la dignidad o el mérito. Como creyente, usted tiene un deber de obedecer al Señor. Pero usted no puede ganar la gracia, comprarla ni negociar con Dios para recibirla. La gracia es su regalo gratuito para usted. Sólo hay una cosa que usted puede hacer con respecto a la gracia: ¡recibirla con alegría!

Para un estudio más a fondo, véase el Índice de Principios de vida:

12. La paz con Dios es fruto de nuestra unidad con Él.

3. La Palabra de Dios es ancla inconmovible en las tormentas.

Veneno de áspides hay debajo de sus
labios;[d]
14 Su boca está llena de maldición y de
amargura.[e]
15 Sus pies se apresuran para derramar
sangre;
16 Quebranto y desventura hay en sus
caminos;
17 Y no conocieron camino de paz.[f]
18 No hay temor de Dios delante de sus
ojos.[g]
19 Pero sabemos que todo lo que la ley dice, lo dice a los que están bajo la ley, para que toda boca se cierre y todo el mundo quede bajo el juicio de Dios;
20 ya que por las obras de la ley ningún ser humano será justificado delante de él;[h] porque por medio de la ley es el conocimiento del pecado.

La justicia es por medio de la fe

21 Pero ahora, aparte de la ley, se ha manifestado la justicia de Dios, testificada por la ley y por los profetas;

d. 3.13 Sal 140.3. **e. 3.14** Sal 10.7. **f. 3.15-17** Is 59.7-8. **g. 3.18** Sal 36.1. **h. 3.20** Sal 143.2; Gá 2.16.

22 la justicia de Dios por medio de la fe en
Jesucristo,[i] para todos los que creen en él. Porque no hay diferencia,
➤23 por cuanto todos pecaron, y están destituidos de la gloria de Dios,
24 siendo justificados gratuitamente por su
gracia, mediante la redención que es en Cristo Jesús,
25 a quien Dios puso como propiciación por
medio de la fe en su sangre, para manifestar
su justicia, a causa de haber pasado por alto,
en su paciencia, los pecados pasados,
26 con la mira de manifestar en este tiempo
su justicia, a fin de que él sea el justo, y el que
justifica al que es de la fe de Jesús.
27 ¿Dónde, pues, está la jactancia? Queda
excluida. ¿Por cuál ley? ¿Por la de las obras?
No, sino por la ley de la fe.
28 Concluimos, pues, que el hombre es justificado por fe sin las obras de la ley.
29 ¿Es Dios solamente Dios de los judíos? ¿No
es también Dios de los gentiles? Ciertamente,
también de los gentiles.
30 Porque Dios es uno, y él justificará por la fe
a los de la circuncisión, y por medio de la fe a
los de la incircuncisión.
31 ¿Luego por la fe invalidamos la ley? En
ninguna manera, sino que confirmamos la ley.

El ejemplo de Abraham

4 ¿QUÉ, pues, diremos que halló Abraham,
nuestro padre según la carne?
2 Porque si Abraham fue justificado por las
obras, tiene de qué gloriarse, pero no para
con Dios.
➤3 Porque ¿qué dice la Escritura? Creyó Abraham a Dios, y le fue contado por justicia.[a]
4 Pero al que obra, no se le cuenta el salario
como gracia, sino como deuda;
5 mas al que no obra, sino cree en aquel que
justifica al impío, su fe le es contada por
justicia.
6 Como también David habla de la bienaventuranza del hombre a quien Dios atribuye justicia sin obras,
7 diciendo:
Bienaventurados aquellos cuyas
iniquidades son perdonadas,
Y cuyos pecados son cubiertos.
8 Bienaventurado el varón a quien el
Señor no inculpa de pecado.[b]
9 ¿Es, pues, esta bienaventuranza solamente para los de la circuncisión, o también para
los de la incircuncisión? Porque decimos que a
Abraham le fue contada la fe por justicia.
10 ¿Cómo, pues, le fue contada? ¿Estando en
la circuncisión, o en la incircuncisión? No en
la circuncisión, sino en la incircuncisión.
11 Y recibió la circuncisión[c] como señal, como
sello de la justicia de la fe que tuvo estando aún incircunciso; para que fuese padre de
todos los creyentes no circuncidados, a fin de
que también a ellos la fe les sea contada por
justicia;
12 y padre de la circuncisión, para los que
no solamente son de la circuncisión, sino
que también siguen las pisadas de la fe que
tuvo nuestro padre Abraham antes de ser
circuncidado.

La promesa realizada mediante la fe

13 Porque no por la ley fue dada a Abraham
o a su descendencia la promesa de que sería
heredero del mundo,[d] sino por la justicia de
la fe.
14 Porque si los que son de la ley son los
herederos, vana resulta la fe, y anulada la
promesa.[e]
15 Pues la ley produce ira; pero donde no hay
ley, tampoco hay transgresión.
16 Por tanto, es por fe, para que sea por gracia, a fin de que la promesa sea firme para
toda su descendencia; no solamente para la
que es de la ley, sino también para la que es
de la fe de Abraham, el cual es padre de todos
nosotros[f]
17 (como está escrito: Te he puesto por padre
de muchas gentes [g]) delante de Dios, a quien

i. 3.22 Gá 2.16. **a. 4.3** Gn 15.6; Gá 3.6. **b. 4.7-8** Sal 32.1-2.
c. 4.11 Gn 17.10. **d. 4.13** Gá 3.29. **e. 4.14** Gá 3.18.
f. 4.16 Gá 3.7. **g. 4.17** Gn 17.5.

LECCIONES DE VIDA

➤ ***3.20 — por medio de la ley es el conocimiento del pecado.***

Él dio a su pueblo la ley para que pudieran entender su necesidad de la gracia, no para que pudieran tratar de ganar en sus caminos el favor de Dios. La ley nos muestra nuestro pecado para que nos demos cuenta de cuán incapaces somos por nuestra cuenta, y cuán grande es el regalo que Jesús nos ha dado.

➤ ***3.23 — todos pecaron, y están destituidos de la gloria de Dios.***

Pecamos cuando no hacemos la voluntad de Dios o quebrantamos su ley, no haciendo las cosas que Él nos creó para hacer o dejando de realizar los propósitos que Él planeó para nosotros (Ef 2.10). Así que somos juzgados culpables de cometer pecado y debemos pagar retribución (Ro 6.23). Es por esa razón que el pecado es una deuda que debemos, pues hemos quebrantado la ley contra Dios. Jesús fue el único que no conoció pecado y por eso pudo pagar toda nuestra deuda de pecado (2 Co 5.21; Col 2.13, 14; He 4.15; 7.26–28).

➤ ***4.3 — Creyó Abraham a Dios, y le fue contado por justicia.***

Pablo usó el ejemplo de Abraham, quien vivió mucho antes de la ley mosaica, para mostrar que la única manera en que cualquier persona puede llegar a tener una relación correcta con Dios, es por gracia a través de la fe.

Lo que la Biblia dice acerca de LA GRACIA EN LA CUAL ESTAMOS FIRMES

Ro 5.1–5

Al meditar en la gracia, pensamos en el favor inmerecido de Dios, y con buena razón. El Señor nos perdona por su amor incondicional y por lo tanto, no podemos ganarnos nuestra salvación, así como tampoco podemos hacer nada para perderla. Es su regalo para nosotros, dado en amor.

Lamentablemente, hay algunos que caen en el engaño, creyendo la mentira de que la gracia de Dios deja de hacer su obra en nosotros después que recibimos a Jesús como nuestro Salvador. Esas personas pierden la paz que Dios les ha provisto de forma innecesaria, porque no se dan cuenta que la gracia de Dios está fundada en un amor que es seguro, no impredecible ni temporal. En verdad, la misericordia generosa y abnegada que el Señor nos muestra continuamente, es el mismo amor que Él demostró en el Calvario.

En Romanos 5.1, 2 el apóstol Pablo nos explica que «tenemos paz para con Dios por medio de nuestro Señor Jesucristo; por quien también tenemos entrada por la fe a esta gracia en la cual estamos firmes, y nos gloriamos en la esperanza de la gloria de Dios».

Nos sostenemos con toda firmeza y seguridad en el amor de Dios en virtud de Cristo, no por nuestros propios méritos. Sin embargo, muchas personas se dejan confundir debido a los problemas que sufren. Creen que de algún modo han perdido el favor de Dios viendo el dolor que enfrentan. No obstante, Pablo demuestra que el Señor usa hasta las tribulaciones para nuestro bien.

Nos sostenemos con toda firmeza y seguridad en el amor de Dios en virtud de Cristo, no por nuestros propios méritos.

El apóstol escribió: «también nos gloriamos en las tribulaciones, sabiendo que la tribulación produce paciencia; y la paciencia, prueba; y la prueba, esperanza; y la esperanza no avergüenza; porque el amor de Dios ha sido derramado en nuestros corazones por el Espíritu Santo que nos fue dado» (Ro 5.3–5).

Entienda que los problemas entrarán a su vida como sea. Sin embargo, esto no es razón para creer que el Señor haya dejado de amarle o que usted de algún modo haya perdido su gracia. Lo cierto es todo lo contrario: Dios ha permitido ese sufrimiento para que usted aprenda a perseverar, para que usted desarrolle su carácter y para que tenga esperanza. En razón de su gran amor por usted, Él quiere que usted experimente su vida eterna y abundante a una mayor profundidad. Sin embargo, la única manera de prepararle para ello es a través de la adversidad. De modo que, tal como lo podrá ver, hasta las pruebas son una extensión de su gracia.

Por lo tanto, en vez de dudar del amor de Dios en vista de sus problemas, regocíjese en ellos. Como nos amonesta 1 Pedro 4.12, 13: «no os sorprendáis del fuego de prueba que os ha sobrevenido, como si alguna cosa extraña os aconteciese, sino gozaos por cuanto sois participantes de los padecimientos de Cristo, para que también en la revelación de su gloria os gocéis con gran alegría».

Para un estudio más a fondo véase el Índice de Principios de vida:

9. Confiar en Dios significa mirar más allá de lo que podemos ver hasta ver lo que Él ve.

creyó, el cual da vida a los muertos, y llama
las cosas que no son, como si fuesen.
18 Él creyó en esperanza contra esperanza,
para llegar a ser padre de muchas gentes, conforme a lo que se le había dicho: Así será tu
descendencia.[h]
19 Y no se debilitó en la fe al considerar su
cuerpo, que estaba ya como muerto (siendo
de casi cien años[i]), o la esterilidad de la matriz
de Sara.
➤ 20 Tampoco dudó, por incredulidad, de la promesa de Dios, sino que se fortaleció en fe,
dando gloria a Dios,
➤ 21 plenamente convencido de que era también poderoso para hacer todo lo que había
prometido;
22 por lo cual también su fe le fue contada
por justicia.
23 Y no solamente con respecto a él se escribió que le fue contada,
24 sino también con respecto a nosotros a
quienes ha de ser contada, esto es, a los que
creemos en el que levantó de los muertos a
Jesús, Señor nuestro,
25 el cual fue entregado por nuestras
transgresiones, y resucitado para nuestra
justificación.

Resultado de la justificación

➤ 5 JUSTIFICADOS, pues, por la fe, tenemos
paz para con Dios por medio de nuestro
Señor Jesucristo;
2 por quien también tenemos entrada por la
fe a esta gracia en la cual estamos firmes, y
nos gloriamos en la esperanza de la gloria de
Dios.
3 Y no sólo esto, sino que también nos gloriamos en las tribulaciones, sabiendo que la tribulación produce paciencia;
4 y la paciencia, prueba; y la prueba,
esperanza;
5 y la esperanza no avergüenza; porque el
amor de Dios ha sido derramado en nuestros corazones por el Espíritu Santo que nos
fue dado.
6 Porque Cristo, cuando aún éramos débiles, a
su tiempo murió por los impíos.
7 Ciertamente, apenas morirá alguno por un
justo; con todo, pudiera ser que alguno osara
morir por el bueno.
8 Mas Dios muestra su amor para con nosotros, en que siendo aún pecadores, Cristo
murió por nosotros.
9 Pues mucho más, estando ya justificados en
su sangre, por él seremos salvos de la ira.
10 Porque si siendo enemigos, fuimos recon- *
ciliados con Dios por la muerte de su Hijo,
mucho más, estando reconciliados, seremos
salvos por su vida.
11 Y no sólo esto, sino que también nos gloriamos en Dios por el Señor nuestro Jesucristo, por quien hemos recibido ahora la
reconciliación.

Adán y Cristo

12 Por tanto, como el pecado entró en el mundo por un hombre, y por el pecado la muerte,[a]
así la muerte pasó a todos los hombres, por
cuanto todos pecaron.

h. 4.18 Gn 15.5. **i. 4.19** Gn 17.17. **a. 5.12** Gn 3.6.

LECCIONES DE VIDA

➤ ***4.20 — Tampoco dudó, por incredulidad, de la promesa de Dios, sino que se fortaleció en fe, dando gloria a Dios.***

Dios le prometió a Abraham que él y Sara tendrían un hijo, y luego los hizo esperar un cuarto de siglo para cumplir su promesa. No obstante, Abraham siguió creyendo (Gn 12; 21.1–8). Su ejemplo nos muestra que confiar en Dios significa ver más allá de lo que podemos, hacia lo que Dios ve. Quizá veamos obstáculos que sean imposibles de superar, pero el Señor ya entrevé el día cuando reciba la gloria por cumplir promesas que solamente podrían hacerse realidad por su poder.

➤ ***4.21 — plenamente convencido de que era también poderoso para hacer todo lo que había prometido.***

Dios puede y quiere hacer entrega de todo lo que nos ha prometido. ¿Creemos esto? De ser así, lo único que tiene sentido es que pongamos toda nuestra confianza en Él, sin importar cuán sombrías puedan parecer nuestras circunstancias.

➤ ***5.1 — Justificados, pues, por la fe, tenemos paz para con Dios por medio de nuestro Señor Jesucristo.***

La paz con Dios es el fruto de nuestra unidad con Él. Antes de confiar en Cristo como nuestro Salvador, éramos enemigos suyos, hostiles a Él a causa de nuestro pecado (Col 1.21, 22). Pero en la cruz Jesús nos *justificó*, lo cual significa que nos declaró no culpables de nuestras transgresiones. Él nos viste en su justicia y nos hace libres para tener una relación profunda e íntima con Él. La enemistad que teníamos con Dios queda abolida (Ef 2.13–16), y podemos tener paz y unidad con el Señor. Somos transferidos de las tinieblas a la luz, pasamos de ser enemigos a hijos amados, y de la muerte a la vida.

➤ ***5.3, 4 — también nos gloriamos en las tribulaciones, sabiendo que la tribulación produce paciencia; y la paciencia, prueba; y la prueba, esperanza.***

Las pruebas, las dificultades y las adversidades son a menudo la manera como Dios desarrolla un carácter semejante al de Cristo en nosotros. A nadie le gustan las pruebas, pero el Señor puede usarlas para nuestro bien si confiamos en Él.

➤ ***5.8 — Dios muestra su amor para con nosotros, en que siendo aún pecadores, Cristo murió por nosotros.***

Sabiendo que no podíamos hacer nada por nosotros mismos, el Señor Jesucristo murió en la cruz para declarar que ya no somos culpables de nuestro pecado. Él eligió perdonarnos y salvarnos del castigo de nuestras transgresiones (Ro 6.23). Jesús no murió solamente por gente amable o buena. Él dio su vida por *todos*. Lo hizo debido a su amor asombroso hacia nosotros.

13 Pues antes de la ley, había pecado en el
mundo; pero donde no hay ley, no se inculpa de pecado.
14 No obstante, reinó la muerte desde Adán
hasta Moisés, aun en los que no pecaron a la
manera de la transgresión de Adán, el cual es
figura del que había de venir.
15 Pero el don no fue como la transgresión;
porque si por la transgresión de aquel uno
murieron los muchos, abundaron mucho más
para los muchos la gracia y el don de Dios por
la gracia de un hombre, Jesucristo.
16 Y con el don no sucede como en el caso de
aquel uno que pecó; porque ciertamente el juicio vino a causa de un solo pecado para condenación, pero el don vino a causa de muchas
transgresiones para justificación.
17 Pues si por la transgresión de uno solo reinó la muerte, mucho más reinarán en vida por
uno solo, Jesucristo, los que reciben la abundancia de la gracia y del don de la justicia.
18 Así que, como por la transgresión de uno
vino la condenación a todos los hombres, de
la misma manera por la justicia de uno vino a
todos los hombres la justificación de vida.
19 Porque así como por la desobediencia de
un hombre los muchos fueron constituidos
pecadores, así también por la obediencia de
uno, los muchos serán constituidos justos.
20 Pero la ley se introdujo para que el pecado abundase; mas cuando el pecado abundó,
sobreabundó la gracia;
21 para que así como el pecado reinó para
muerte, así también la gracia reine por la justicia para vida eterna mediante Jesucristo,
Señor nuestro.

Muertos al pecado

6 ¿QUÉ, pues, diremos? ¿Perseveraremos en
el pecado para que la gracia abunde?
2 En ninguna manera. Porque los que hemos
muerto al pecado, ¿cómo viviremos aún en
él?
3 ¿O no sabéis que todos los que hemos sido
bautizados en Cristo Jesús, hemos sido bautizados en su muerte?
4 Porque somos sepultados juntamente con
él para muerte por el bautismo, a fin de que
como Cristo resucitó de los muertos por la
gloria del Padre, así también nosotros andemos en vida nueva.[a]
5 Porque si fuimos plantados juntamente con
él en la semejanza de su muerte, así también
lo seremos en la de su resurrección;
6 sabiendo esto, que nuestro viejo hombre
fue crucificado juntamente con él, para que el
cuerpo del pecado sea destruido, a fin de que
no sirvamos más al pecado.
7 Porque el que ha muerto, ha sido justificado del pecado.
8 Y si morimos con Cristo, creemos que también viviremos con él;
9 sabiendo que Cristo, habiendo resucitado
de los muertos, ya no muere; la muerte no se
enseñorea más de él.
10 Porque en cuanto murió, al pecado murió
una vez por todas; mas en cuanto vive, para
Dios vive.
11 Así también vosotros consideraos muertos al pecado, pero vivos para Dios en Cristo
Jesús, Señor nuestro.

a. 6.4 Col 2.12.

LECCIONES DE VIDA

➤ ***6.2 — ¿cómo viviremos aún en [el pecado]?***

Pablo no podía imaginarse por qué alguien que ame genuinamente a Cristo querría seguir cometiendo los pecados que le costaron a Jesús su vida. ¿Cómo podría algún creyente verdadero gloriarse en lo que Dios aborrece?

➤ ***6.3 — ¿O no sabéis que todos los que hemos sido bautizados en Cristo Jesús, hemos sido bautizados en su muerte?***

El bautismo es un acto de obediencia de nuestra parte después de aceptar a Jesucristo como nuestro Señor y Salvador. Tal vez se pregunte: «¿Puedo ser salvo sin bautizarme?» Sí, puede serlo, porque usted no es salvo(a) por el bautismo. Usted es salvo(a) por la gracia de Dios. Somos bautizados en virtud de lo que tal acto representa, es decir, que amamos a Jesucristo quien nos salvó, y que queremos someter a Él nuestras vidas en obediencia.

➤ ***6.4 — somos sepultados juntamente con él para muerte por el bautismo, a fin de que como Cristo resucitó de los muertos por la gloria del Padre, así también nosotros andemos en vida nueva.***

La inmersión es el único medio de bautismo que demuestra a perfección la vida nueva. Habiendo reconocido que Jesucristo es nuestro Salvador, confesamos nuestros pecados y morimos a nuestra vida vieja, luego somos sepultados con Él en el bautismo y levantados juntamente con Él para andar en la vida nueva que Él nos ha dado. Es un testimonio público que demuestra bellamente lo que ha sucedido en nuestra vida como resultado de haber nacido de nuevo.

➤ ***6.6 — nuestro viejo hombre fue crucificado juntamente con él, para que el cuerpo del pecado sea destruido, a fin de que no sirvamos más al pecado.***

Antes que viniéramos a Cristo, el pecado tenía un yugo asfixiante sobre nuestra vida, y no podíamos hacer más que servirlo como esclavos obedientes. Pero, a través de la muerte y la resurrección de Cristo, recibimos una naturaleza nueva y el poder de Dios que nos permite vivir para Dios.

➤ ***6.11 — consideraos muertos al pecado, pero vivos para Dios en Cristo Jesús, Señor nuestro.***

Si hemos muerto al pecado aceptando a Jesús como nuestro Señor y Salvador, tendremos la vida resucitada de Cristo dentro de nosotros. Ni el pecado ni la muerte volverán a ser jamás un amo en nuestra vida. La muerte ha quedado derrotada porque Él nos da vida eterna con Él en el cielo. Hasta que lleguemos a nuestro hogar celestial, debemos apropiarnos de poder del Espíritu para someter a muerte todo pecado que pueda aflorar, y obedecer a Dios para su gloria.

RESPUESTAS A PREGUNTAS DE LA VIDA

¿Qué significa librar la batalla espiritual?

RO 7.15–25

El conflicto en su interior entre la carne y el Espíritu es una forma de guerra espiritual, y usted gana en gran medida la batalla, simplemente reconociendo que la lucha es real.

El pecado sigue siendo una fuerza poderosa, pero ya no le puede controlar a no ser que usted se lo permita. Usted no está condenado al fracaso, y creer algo distinto es permanecer en esclavitud innecesaria y dolorosa. Eso le parte el corazón al Señor y contrista al Espíritu (Ef 4.30).

La verdad es que usted no puede irse demasiado lejos, fallar demasiadas veces ni exceder el perdón de Cristo. Cuando se arrepiente y se vuelve al Señor, Él le restaura al compañerismo divino como si nada hubiese sucedido.

Pedro negó tres veces a Jesús, a pesar de sus constantes alardes de mantenerse fiel; sin embargo el Señor lo perdonó y lo convirtió en un líder poderoso en la iglesia primitiva. Pedro había aprendido bien su lección. Aunque ciertamente experimentó otros fracasos y reveses, sabía que su Salvador permanecía para siempre a su lado, listo para perdonar.

Note lo que Pedro más viejo y más sabio tuvo que decir acerca de la gracia de Dios: «Como todas las cosas que pertenecen a la vida y a la piedad nos han sido dadas por su divino poder, mediante el conocimiento de aquel que nos llamó por su gloria y excelencia, por medio de las cuales nos ha dado preciosas y grandísimas promesas, para que por ellas llegaseis a ser participantes de la naturaleza divina, habiendo huido de la corrupción que hay en el mundo a causa de la concupiscencia» (2 P 1.3, 4).

Usted está ascendiendo una cuesta cada vez más encumbrada hacia la santidad, ya que ha sido separado para los propósitos de Dios. A medida que aprende a decir «No» al poder del pecado y a descansar en la gracia del Señor, usted obtiene libertad para obedecer con vigor y entendimiento renovados. Es imperativo entender que la obediencia siempre es una elección; usted es quien decide si se rendirá a Dios y llegará a ser así más como Cristo.

Usted tiene un gran potencial para vivir en libertad y santidad a través de Jesucristo, pero Dios nunca le obligará a hacer lo que Él desea. No obstante, Él anhela que usted acuda a Él en cada conflicto espiritual, reconozca su debilidad y le pida su poder para decir «No».

¿Está cansado(a) de luchar por una batalla que parece perdida? ¿Se siente secretamente como un fracasado? ¡No es cierto! Cuanto menos tarde en aprender a regocijarse y a crecer en la realidad de su identidad en Él, más pronto experimentará el entusiasmo de la victoria.

Para un estudio más a fondo, véase el Índice de Principios de vida:

24. *Vivir la vida cristiana es permitir al Señor Jesús vivir su vida en y por medio de nosotros.*
15. *El quebrantamiento es el requisito de Dios para que seamos útiles al máximo.*

12 No reine, pues, el pecado en vuestro cuerpo mortal, de modo que lo obedezcáis en sus
concupiscencias;
13 ni tampoco presentéis vuestros miembros
al pecado como instrumentos de iniquidad,
sino presentaos vosotros mismos a Dios como
vivos de entre los muertos, y vuestros miembros a Dios como instrumentos de justicia.
14 Porque el pecado no se enseñoreará de
vosotros; pues no estáis bajo la ley, sino bajo
la gracia.

Siervos a la justicia

15 ¿Qué, pues? ¿Pecaremos, porque no estamos bajo la ley, sino bajo la gracia? En ninguna manera.
16 ¿No sabéis que si os sometéis a alguien
como esclavos para obedecerle, sois esclavos de aquel a quien obedecéis, sea del pecado para muerte, o sea de la obediencia para
justicia?

17 Pero gracias a Dios, que aunque erais esclavos del pecado, habéis obedecido de corazón a aquella forma de doctrina a la cual fuisteis entregados;

18 y libertados del pecado, vinisteis a ser siervos de la justicia.

19 Hablo como humano, por vuestra humana debilidad; que así como para iniquidad presentasteis vuestros miembros para servir a la inmundicia y a la iniquidad, así ahora para santificación presentad vuestros miembros para servir a la justicia.

20 Porque cuando erais esclavos del pecado, erais libres acerca de la justicia.

21 ¿Pero qué fruto teníais de aquellas cosas de las cuales ahora os avergonzáis? Porque el fin de ellas es muerte.

22 Mas ahora que habéis sido libertados del pecado y hechos siervos de Dios, tenéis por vuestro fruto la santificación, y como fin, la vida eterna.

*➤ 23 Porque la paga del pecado es muerte, mas la dádiva de Dios es vida eterna en Cristo Jesús Señor nuestro.

Analogía tomada del matrimonio

7 ¿ACASO ignoráis, hermanos (pues hablo con los que conocen la ley), que la ley se enseñorea del hombre entre tanto que éste vive?

2 Porque la mujer casada está sujeta por la ley al marido mientras éste vive: pero si el marido muere, ella queda libre de la ley del marido.

3 Así que, si en vida del marido se uniere a otro varón, será llamada adúltera; pero si su marido muriere, es libre de esa ley, de tal manera que si se uniere a otro marido, no será adúltera.

4 Así también vosotros, hermanos míos, habéis muerto a la ley mediante el cuerpo de Cristo, para que seáis de otro, del que resucitó de los muertos, a fin de que llevemos fruto para Dios.

5 Porque mientras estábamos en la carne, las pasiones pecaminosas que eran por la ley obraban en nuestros miembros llevando fruto para muerte.

6 Pero ahora estamos libres de la ley, por haber muerto para aquella en que estábamos sujetos, de modo que sirvamos bajo el régimen nuevo del Espíritu y no bajo el régimen viejo de la letra.

El pecado que mora en mí

7 ¿Qué diremos, pues? ¿La ley es pecado? En ninguna manera. Pero yo no conocí el pecado sino por la ley; porque tampoco conociera la codicia, si la ley no dijera: No codiciarás.[a]

8 Mas el pecado, tomando ocasión por el mandamiento, produjo en mí toda codicia; porque sin la ley el pecado está muerto.

9 Y yo sin la ley vivía en un tiempo; pero venido el mandamiento, el pecado revivió y yo morí.

10 Y hallé que el mismo mandamiento que era para vida, a mí me resultó para muerte;

11 porque el pecado, tomando ocasión por el mandamiento, me engañó, y por él me mató.

12 De manera que la ley a la verdad es santa, y el mandamiento santo, justo y bueno.

13 ¿Luego lo que es bueno, vino a ser muerte para mí? En ninguna manera; sino que el pecado, para mostrarse pecado, produjo en mí la muerte por medio de lo que es bueno, a fin de que por el mandamiento el pecado llegase a ser sobremanera pecaminoso.

14 Porque sabemos que la ley es espiritual; mas yo soy carnal, vendido al pecado.

15 Porque lo que hago, no lo entiendo; pues no hago lo que quiero, sino lo que aborrezco, eso hago.[b]

16 Y si lo que no quiero, esto hago, apruebo que la ley es buena.

a. 7.7 Éx 20.17; Dt 5.21. **b. 7.15** Gá 5.17.

LECCIONES DE VIDA

➤ ***6.23 — la paga del pecado es muerte, mas la dádiva de Dios es vida eterna en Cristo Jesús Señor nuestro.***

Lo único que nos hemos ganado con nuestro pecado es la muerte. Usted tiene dos opciones: recibe esa paga y pierde su vida, o acepta que Jesús la recibió y le da vida eterna (Mt 16.25, 26). La decisión es suya. Todas nuestras buenas obras no pueden hacernos acreedores de un lugar en el cielo. Nuestra única esperanza es recibir el regalo gratuito que Jesucristo ha comprado para nosotros en la cruz (Jn 3.16–18).

➤ ***7.7 — yo no conocí el pecado sino por la ley.***

Sin la ley, no sabríamos qué es el pecado, y con ella Dios hizo que nos diéramos cuenta de nuestras transgresiones, para que entendiéramos nuestra necesidad de la gracia y el perdón del Señor Jesús, nuestro Salvador.

➤ ***7.12 — la ley a la verdad es santa, y el mandamiento santo, justo y bueno.***

La Palabra de Dios nos revela su carácter que consiste en su santidad, su rectitud, su justicia, su bondad, su benignidad y mucho más. Como un reflejo suyo, la Palabra celebra su naturaleza perfecta al mismo tiempo que nos revela nuestras faltas para que podamos entender nuestra necesidad de su gracia.

➤ ***7.15 — lo que hago, no lo entiendo; pues no hago lo que quiero, sino lo que aborrezco, eso hago.***

Todos podemos identificarnos con la violenta lucha interna que Pablo describe. Nos hallamos sucumbiendo al pecado, aunque queramos honrar a Dios. Hasta que estemos en la presencia de Jesús, todos seguiremos pasando por esta misma batalla. La única manera de ganarla es muriendo a nuestro ego para que Cristo pueda vivir a través de nosotros, y sometiéndonos a la sabiduría y el poder vencedor del Espíritu.

RESPUESTAS A PREGUNTAS DE LA VIDA

¿Qué significa ser conformados a la verdad?

RO 8.29

Pablo escribió que el Señor nos ha predestinado para ser «hechos conformes a la imagen de su Hijo» (Ro 8.29), pero *¿cómo* es que Dios va a llevar a cabo esa gran obra?

Respuesta: revelando la verdad de su imagen.

A medida que la verdad nos confronta, podemos hacer una de dos cosas: podemos rechazar ser empujados en el molde de Dios, o rendirnos a Él y ser moldeados en su semejanza.

Una vez prediqué una serie de sermones titulada «Cómo la verdad nos hace libres». Semana tras semana, la gente me decía: «Quiero contarle cómo el Señor me ha hecho libre; el mensaje de la semana pasada cambió mi vida». Muchas veces, tan pronto se despedían de mí, yo me quedaba pensando: *Dios, ¿y qué de mí? Yo soy el que les habló de esto.* Sabía que no estaba viviendo tan libre como Dios quería que lo hiciera. Varios meses después de ver otras vidas cambiadas, Dios finalmente cambió mi propia vida de una manera asombrosa.

Aprendí que tenía que *escuchar a fin de comprender*, y *comprender a fin de ser conformado a esta verdad*. Dios nunca habla para entretenernos, Él habla para que seamos hechos semejantes a Jesús. Santiago dice: «si alguno es oidor de la palabra pero no hacedor de ella, éste es semejante al hombre que considera en un espejo su rostro natural. Porque él se considera a sí mismo, y se va, y luego olvida cómo era» (1.23, 24). La obediencia debe acompañar el entendimiento. Todos estamos, o bien en el proceso de resistir la verdad de Dios, o en el proceso de ser moldeados por su verdad.

Después de pasar varios años con Pablo, Timoteo su discípulo amado, empezó el trabajo pastoral en la obra del evangelio, tanto en Éfeso como en el resto de Asia menor. Mientras laboraba allí, Pablo le escribió lo siguiente: «Ninguno tenga en poco tu juventud, sino sé ejemplo de los creyentes en palabra, conducta, amor, espíritu, fe y pureza» (1 Ti 4.12).

En la segunda epístola a Timoteo, Pablo compuso estas palabras: «trayendo a la memoria la fe no fingida que hay en ti, la cual habitó primero en tu abuela Loida, y en tu madre Eunice, y estoy seguro que en ti también» (2 Ti 1.5).

Timoteo no solo conoció la verdad, también permitió que su poder lo transformara de tal manera que su vida se convirtió en un ejemplo constante de piedad. ¿Cómo? Por medio del ministerio de la Palabra de Dios en su manifestación creciente.

Para un estudio más a fondo, véase el Índice de Principios de vida:

2. *Obedezcamos a Dios y dejemos las consecuencias en sus manos.*
3. *La Palabra de Dios es ancla inconmovible en las tormentas.*

17 De manera que ya no soy yo quien hace aquello, sino el pecado que mora en mí.
18 Y yo sé que en mí, esto es, en mi carne, no mora el bien; porque el querer el bien está en mí, pero no el hacerlo.
19 Porque no hago el bien que quiero, sino el mal que no quiero, eso hago.
20 Y si hago lo que no quiero, ya no lo hago yo, sino el pecado que mora en mí.
21 Así que, queriendo yo hacer el bien, hallo esta ley: que el mal está en mí.
22 Porque según el hombre interior, me deleito en la ley de Dios;
23 pero veo otra ley en mis miembros, que se rebela contra la ley de mi mente, y que me

LECCIONES DE VIDA

➤ ***7.18 — yo sé que en mí, esto es, en mi carne, no mora el bien; porque el querer el bien está en mí, pero no el hacerlo.***

Sencillamente no tenemos en nosotros mismos el poder de hacer lo que agrada a Dios. Hasta las «cosas buenas» que hacemos en nuestras propias fuerzas nos vuelven orgullosos, y así lo único que logramos con ellas es deshonrar a Dios (Is 64.6).

lleva cautivo a la ley del pecado que está en
mis miembros.
24 ¡Miserable de mí! ¿quién me librará de este
cuerpo de muerte?
25 Gracias doy a Dios, por Jesucristo Señor
nuestro. Así que, yo mismo con la mente sirvo a la ley de Dios, mas con la carne a la ley
del pecado.

Viviendo en el Espíritu

*➤ 8 AHORA, pues, ninguna condenación hay
para los que están en Cristo Jesús, los que
no andan conforme a la carne, sino conforme
al Espíritu.
2 Porque la ley del Espíritu de vida en Cristo Jesús me ha librado de la ley del pecado y
de la muerte.
3 Porque lo que era imposible para la ley, por
cuanto era débil por la carne, Dios, enviando a su Hijo en semejanza de carne de pecado y a causa del pecado, condenó al pecado
en la carne;
4 para que la justicia de la ley se cumpliese en
nosotros, que no andamos conforme a la carne, sino conforme al Espíritu.
5 Porque los que son de la carne piensan en
las cosas de la carne; pero los que son del
Espíritu, en las cosas del Espíritu.
6 Porque el ocuparse de la carne es muerte,
pero el ocuparse del Espíritu es vida y paz.
7 Por cuanto los designios de la carne son
enemistad contra Dios; porque no se sujetan a
la ley de Dios, ni tampoco pueden;
8 y los que viven según la carne no pueden
agradar a Dios.
➤ 9 Mas vosotros no vivís según la carne, sino
según el Espíritu, si es que el Espíritu de Dios
mora en vosotros. Y si alguno no tiene el Espíritu de Cristo, no es de él.
10 Pero si Cristo está en vosotros, el cuerpo en
verdad está muerto a causa del pecado, mas el
espíritu vive a causa de la justicia.
11 Y si el Espíritu de aquel que levantó de
los muertos a Jesús mora en vosotros, el que
levantó de los muertos a Cristo Jesús vivificará también vuestros cuerpos mortales por su
Espíritu que mora en vosotros.
12 Así que, hermanos, deudores somos, no a la
carne, para que vivamos conforme a la carne;
13 porque si vivís conforme a la carne, mori- ➤
réis; mas si por el Espíritu hacéis morir las
obras de la carne, viviréis.
14 Porque todos los que son guiados por el
Espíritu de Dios, éstos son hijos de Dios.
15 Pues no habéis recibido el espíritu de
esclavitud para estar otra vez en temor, sino
que habéis recibido el espíritu de adopción,
por el cual clamamos: ¡Abba, Padre!
16 El Espíritu mismo da testimonio a nuestro
espíritu, de que somos hijos de Dios.
17 Y si hijos, también herederos;[a] herederos
de Dios y coherederos con Cristo, si es que
padecemos juntamente con él, para que juntamente con él seamos glorificados.
18 Pues tengo por cierto que las aflicciones ➤
del tiempo presente no son comparables con
la gloria venidera que en nosotros ha de manifestarse.
19 Porque el anhelo ardiente de la creación
es el aguardar la manifestación de los hijos
de Dios.
20 Porque la creación fue sujetada a vanidad,
no por su propia voluntad, sino por causa del
que la sujetó en esperanza;
21 porque también la creación misma será
libertada de la esclavitud de corrupción, a la
libertad gloriosa de los hijos de Dios.

a. 8.15-17 Gá 4.5-7.

LECCIONES DE VIDA

➤ 8.1 — ninguna condenación hay para los que están en Cristo Jesús.

¿Alguna vez le ha atormentado la culpa por pecados suyos que ya le han sido perdonados? Esta es una táctica del enemigo para desanimarle y disuadirle de obedecer al Señor y disfrutar la vida abundante que Él tiene para usted. Por esta razón, usted siempre debe recordar que como un creyente, su pecado le ha sido *completamente* perdonado (Sal 103.12). El Único que tiene derecho de juzgarle es Jesucristo, quien ha dado su vida para justificarle (Ro 5.1, 2; 8.33, 34). Él no le condenará si usted cree (Jn 3.16–18).

➤ 8.9 — si alguno no tiene el Espíritu de Cristo, no es de él.

Cuando acepta a Jesús como su Salvador, el Espíritu Santo viene a vivir en usted. Él es la evidencia de su redención (Ef 4.30). Por lo tanto, la salvación no es meramente algo que usted cree. A través de ella, usted recibe la vida misma de Dios. En su propia carne, no puede agradar al Señor, pero Él le ha dado su Espíritu para que pueda relacionarse con Él y darle gloria, honra y adoración.

➤ 8.13 — si vivís conforme a la carne, moriréis; mas si por el Espíritu hacéis morir las obras de la carne, viviréis.

Jesús nunca dispuso que viviéramos la vida cristiana en nuestras propias fuerzas. Más bien, Él nos da su vida por medio de su Espíritu. La gracia de Dios no cambia la naturaleza de nuestro pecado, el cual siempre lleva a la muerte. Por el contrario, la gracia nos capacita para depender del poder de su Espíritu a fin de hacer morir nuestros impulsos y deseos pecaminosos.

➤ 8.18 — tengo por cierto que las aflicciones del tiempo presente no son comparables con la gloria venidera que en nosotros ha de manifestarse.

Como hijos del Dios soberano, nunca somos víctimas de nuestras circunstancias. Aunque pasemos por tiempos difíciles, podemos estar confiados que el Señor tiene un propósito en ellos y mostrará su gloria a través de ellos. Eso no significa que finjamos que no nos causan dolor. Más bien declaramos: «Las bendiciones de Dios merecen el sacrificio y la obediencia». Nos aferramos en esperanza al Señor y esperamos con ansias las recompensas que acompañan nuestra fe.

22 Porque sabemos que toda la creación gime
a una, y a una está con dolores de parto hasta ahora;
23 y no sólo ella, sino que también nosotros
mismos, que tenemos las primicias del Espíritu, nosotros también gemimos dentro de
nosotros mismos, esperando la adopción, la
redención de nuestro cuerpo.
24 Porque en esperanza fuimos salvos; pero la
esperanza que se ve, no es esperanza; porque
lo que alguno ve, ¿a qué esperarlo?
25 Pero si esperamos lo que no vemos, con
paciencia lo aguardamos.
* 26 Y de igual manera el Espíritu nos ayuda en
➤ nuestra debilidad; pues qué hemos de pedir
como conviene, no lo sabemos, pero el Espíritu mismo intercede por nosotros con gemidos indecibles.
27 Mas el que escudriña los corazones sabe
cuál es la intención del Espíritu, porque conforme a la voluntad de Dios intercede por los
santos.

Más que vencedores

➤ 28 Y sabemos que a los que aman a Dios,
todas las cosas les ayudan a bien, esto es, a los
que conforme a su propósito son llamados.
➤ 29 Porque a los que antes conoció, también
los predestinó para que fuesen hechos conformes a la imagen de su Hijo, para que él sea el
primogénito entre muchos hermanos.
30 Y a los que predestinó, a éstos también llamó; y a los que llamó, a éstos también justificó;
y a los que justificó, a éstos también glorificó.
31 ¿Qué, pues, diremos a esto? Si Dios es por ➤
nosotros, ¿quién contra nosotros?
32 El que no escatimó ni a su propio Hijo, sino *
que lo entregó por todos nosotros, ¿cómo no
nos dará también con él todas las cosas?
33 ¿Quién acusará a los escogidos de Dios?
Dios es el que justifica.
34 ¿Quién es el que condenará? Cristo es el
que murió; más aun, el que también resucitó,
el que además está a la diestra de Dios, el que
también intercede por nosotros.
35 ¿Quién nos separará del amor de Cristo? ¿Tribulación, o angustia, o persecución, o
hambre, o desnudez, o peligro, o espada?
36 Como está escrito:

> Por causa de ti somos muertos todo el
> tiempo;
> Somos contados como ovejas de
> matadero.[b]

37 Antes, en todas estas cosas somos más que
vencedores por medio de aquel que nos amó.
38 Por lo cual estoy seguro de que ni la muerte, ni la vida, ni ángeles, ni principados, ni
potestades, ni lo presente, ni lo por venir,
39 ni lo alto, ni lo profundo, ni ninguna otra ➤
cosa creada nos podrá separar del amor de
Dios, que es en Cristo Jesús Señor nuestro.

b. 8.36 Sal 44.22.

LECCIONES DE VIDA

➤ ***8.26, 27 — de igual manera el Espíritu nos ayuda en nuestra debilidad; pues qué hemos de pedir como conviene, no lo sabemos, pero el Espíritu mismo intercede por nosotros con gemidos indecibles... porque conforme a la voluntad de Dios intercede por los santos.***

Cuando no sabemos cómo orar, el Espíritu Santo nos enseña a comunicarnos de una manera totalmente nueva. Él no solamente apacigua nuestro corazón cuando dejamos nuestras cargas en el trono de la gracia, también nos infunde poder para que lleguemos a ser todo lo que fuimos creados para ser (He 4.16; Fil 4.6, 7). Él oye nuestros clamores interiores, nos guía aplicando las Escrituras a nuestra vida, y nos instruye perfectamente acerca de cómo hacer su voluntad.

➤ ***8.28 — sabemos que a los que aman a Dios, todas las cosas les ayudan a bien, esto es, a los que conforme a su propósito son llamados.***

Hasta que lleguemos al cielo, quizá podamos comprender cómo todas las cosas puedan ayudar a bien a los hijos de Dios. Aunque no todas las cosas que experimentamos son en sí mismas agradables o útiles, y ciertamente algunas de ellas son muy dolorosas, tenemos prometido que Dios usa *todas las cosas* para nuestro beneficio. Por lo tanto, debemos tener fe que Él convertirá nuestros fracasos y dificultades en oportunidades para el crecimiento espiritual.

➤ ***8.29 — a los que antes conoció, también los predestinó para que fuesen hechos conformes a la imagen de su Hijo.***

Somos morada del Espíritu Santo, quien nos conforma a la imagen de Cristo, es decir, no a su apariencia sino a su carácter. Ser cada vez más como Jesús es la voluntad de Dios para cada creyente. Es el proceso continuo conocido como *santificación*, y todo lo que interfiera con el mismo debe ser quitado de nuestra vida inmediatamente. Con el paso del tiempo, las tentaciones que antes nos incitaron se vuelven ineficaces sobre nosotros, y el fruto del Espíritu se hace evidente en nosotros cada vez en mayor medida (Gá 5.22, 23). Somos conformados a su imagen, y el mundo es atraído a Él a través de nuestro testimonio.

➤ ***8.31 — Si Dios es por nosotros, ¿quién contra nosotros?***

Aunque la gente pueda estar en contra de nosotros, causándonos problemas, dolores y tristezas, nada en últimas puede triunfar sobre nosotros cuando somos creyentes. Dios gana y tenemos garantizado el ser partícipes de su victoria.

➤ ***8.39 — ni ninguna otra cosa creada nos podrá separar del amor de Dios, que es en Cristo Jesús Señor nuestro.***

El amor humano con frecuencia es frágil y fácilmente mudable. Cualquier cantidad de problemas pueden impedirlo, mientras que el amor de Dios es incondicional, y una vez que aceptamos su amor por fe en Jesús, absolutamente *nada* puede romper nuestra unión con Él (Jn 10.29).

La elección de Israel

9 VERDAD digo en Cristo, no miento, y mi
conciencia me da testimonio en el Espíritu
Santo,
2 que tengo gran tristeza y continuo dolor en
mi corazón.
➤ 3 Porque deseara yo mismo ser anatema,
separado de Cristo, por amor a mis hermanos,
los que son mis parientes según la carne;
4 que son israelitas, de los cuales son la adopción, la gloria, el pacto, la promulgación de la
ley, el culto y las promesas;
5 de quienes son los patriarcas, y de los cuales, según la carne, vino Cristo, el cual es Dios
sobre todas las cosas, bendito por los siglos.
Amén.
6 No que la palabra de Dios haya fallado; porque no todos los que descienden de Israel son
israelitas,
7 ni por ser descendientes de Abraham, son
todos hijos; sino: En Isaac te será llamada
descendencia.[a]
8 Esto es: no los que son hijos según la carne son los hijos de Dios, sino que los que son
hijos según la promesa son contados como
descendientes.
9 Porque la palabra de la promesa es ésta: Por
este tiempo vendré, y Sara tendrá un hijo.[b]
10 Y no sólo esto, sino también cuando Rebeca concibió de uno, de Isaac nuestro padre
11 (pues no habían aún nacido, ni habían
hecho aún ni bien ni mal, para que el propósito de Dios conforme a la elección permaneciese, no por las obras sino por el que llama),
12 se le dijo: El mayor servirá al menor.[c]
13 Como está escrito: A Jacob amé, mas a
Esaú aborrecí.[d]
14 ¿Qué, pues, diremos? ¿Que hay injusticia
en Dios? En ninguna manera.
➤ 15 Pues a Moisés dice: Tendré misericordia
del que yo tenga misericordia, y me compadeceré del que yo me compadezca.[e]
16 Así que no depende del que quiere, ni del que
corre, sino de Dios que tiene misericordia.
17 Porque la Escritura dice a Faraón: Para
esto mismo te he levantado, para mostrar en
ti mi poder, y para que mi nombre sea anunciado por toda la tierra.[f]
18 De manera que de quien quiere, tiene misericordia, y al que quiere endurecer, endurece.
19 Pero me dirás: ¿Por qué, pues, inculpa? porque ¿quién ha resistido a su voluntad?
20 Mas antes, oh hombre, ¿quién eres tú, para ◀
que alterques con Dios? ¿Dirá el vaso de barro
al que lo formó: ¿Por qué me has hecho así?[g]
21 ¿O no tiene potestad el alfarero sobre el
barro, para hacer de la misma masa un vaso
para honra y otro para deshonra?
22 ¿Y qué, si Dios, queriendo mostrar su ira
y hacer notorio su poder, soportó con mucha
paciencia los vasos de ira preparados para
destrucción,
23 y para hacer notorias las riquezas de su gloria, las mostró para con los vasos de misericordia que él preparó de antemano para gloria,
24 a los cuales también ha llamado, esto es, a
nosotros, no sólo de los judíos, sino también
de los gentiles?
25 Como también en Oseas dice:

Llamaré pueblo mío al que no era mi
pueblo,
Y a la no amada, amada.[h]

26 Y en el lugar donde se les dijo: Vosotros
no sois pueblo mío,
Allí serán llamados hijos del Dios
viviente.[i]

27 También Isaías clama tocante a Israel: Si ◀
fuere el número de los hijos de Israel como
la arena del mar, tan sólo el remanente será
salvo;

a. 9.7 Gn 21.12. **b. 9.9** Gn 18.10. **c. 9.12** Gn 25.23.
d. 9.13 Mal 1.2-3. **e. 9.15** Éx 33.19. **f. 9.17** Éx 9.16.
g. 9.20 Is 45.9. **h. 9.25** Os 2.23. **i. 9.26** Os 1.10.

LECCIONES DE VIDA

➤ ***9.3 — deseara yo mismo ser anatema, separado de Cristo, por amor a mis hermanos, los que son mis parientes según la carne.***

A pesar del maltrato frecuente que sufrió a manos de sus compatriotas judíos, Pablo tenía un deseo intenso de que llegaran a la fe en Cristo y así se dieran cuenta que cada esperanza y cada promesa que ellos habían anhelado en toda su historia, había tenido cumplimiento en Jesús. Pablo también quería que ellos experimentaran la nueva vida de libertad disponible en Él. ¿Cuán intenso es *nuestro* deseo de que la gente conozca a Jesús?

➤ ***9.15 — Tendré misericordia del que yo tenga misericordia, y me compadeceré del que yo me compadezca.***

Dios bendice a la gente con su gracia y misericordia, no porque lo merezcan sino porque es su naturaleza ser tierno de corazón, amar a las personas y cuidar de quienes sufren, carecen necesidades, están afligidos. Ni la gracia ni la misericordia pueden ser demandadas, sólo pueden ser aceptadas con gratitud.

➤ ***9.20 — ¿quién eres tú, para que alterques con Dios? ¿Dirá el vaso de barro al que lo formó: ¿Por qué me has hecho así?***

Cuando el Señor nos pone en el torno del alfarero, permite que se aplique presión en los lugares exactos para transformarnos en el pueblo que Él nos creó para ser. El proceso es doloroso, porque cuando somos quebrantados y humillados es cuando Él puede usarnos más poderosamente. Además, así como los artistas mojan las manos en el agua para reducir la fricción sobre el barro, Dios manualmente nos suaviza con su amor. Por eso debemos confiar en Él pues nos moldeará según considere mejor hacerlo.

➤ ***9.27 — Si fuere el número de los hijos de Israel como la arena del mar, tan sólo el remanente será salvo.***

El concepto del remanente aparece a lo largo de las Escrituras (2 R 19.30, 31; Esd 9.8; Is 10.20, etc.). Muchos judíos como Pablo estaban aceptando a Cristo y alcanzando

28 porque el Señor ejecutará su sentencia
sobre la tierra en justicia y con prontitud.[j]
29 Y como antes dijo Isaías:
Si el Señor de los ejércitos no nos
hubiera dejado descendencia,
Como Sodoma habríamos venido a ser,
y a Gomorra seríamos semejantes.[k]

La justicia que es por fe

30 ¿Qué, pues, diremos? Que los gentiles, que
no iban tras la justicia, han alcanzado la justicia, es decir, la justicia que es por fe;
31 mas Israel, que iba tras una ley de justicia,
no la alcanzó.
32 ¿Por qué? Porque iban tras ella no por fe,
sino como por obras de la ley, pues tropezaron en la piedra de tropiezo,
33 como está escrito:
He aquí pongo en Sion piedra de
tropiezo y roca de caída;
Y el que creyere en él, no será
avergonzado.[l]

10 HERMANOS, ciertamente el anhelo de
mi corazón, y mi oración a Dios por
Israel, es para salvación.
2 Porque yo les doy testimonio de que tienen
celo de Dios, pero no conforme a ciencia.
3 Porque ignorando la justicia de Dios, y procurando establecer la suya propia, no se han
sujetado a la justicia de Dios;
➤ 4 porque el fin de la ley es Cristo, para justicia
a todo aquel que cree.
5 Porque de la justicia que es por la ley Moisés
escribe así: El hombre que haga estas cosas,
vivirá por ellas.[a]
6 Pero la justicia que es por la fe dice así: No
digas en tu corazón: ¿Quién subirá al cielo?
(esto es, para traer abajo a Cristo);
7 o, ¿quién descenderá al abismo? (esto es, para
hacer subir a Cristo de entre los muertos).
8 Mas ¿qué dice? Cerca de ti está la palabra,
en tu boca y en tu corazón.[b] Ésta es la palabra
de fe que predicamos:
9 que si confesares con tu boca que Jesús es ✻
el Señor, y creyeres en tu corazón que Dios le ➤
levantó de los muertos, serás salvo.
10 Porque con el corazón se cree para justicia,
pero con la boca se confiesa para salvación.
11 Pues la Escritura dice: Todo aquel que en él
creyere, no será avergonzado.[c]
12 Porque no hay diferencia entre judío y griego, pues el mismo que es Señor de todos, es
rico para con todos los que le invocan;
13 porque todo aquel que invocare el nombre ➤
del Señor, será salvo.[d]
14 ¿Cómo, pues, invocarán a aquel en el cual
no han creído? ¿Y cómo creerán en aquel de
quien no han oído? ¿Y cómo oirán sin haber
quién les predique?
15 ¿Y cómo predicarán si no fueren enviados? Como está escrito: ¡Cuán hermosos son
los pies de los que anuncian la paz, de los que
anuncian buenas nuevas![e]
16 Mas no todos obedecieron al evangelio;
pues Isaías dice: Señor, ¿quién ha creído a
nuestro anuncio?[f]
17 Así que la fe es por el oír, y el oír, por la ➤
palabra de Dios.
18 Pero digo: ¿No han oído? Antes bien,
Por toda la tierra ha salido la voz de ellos,
Y hasta los fines de la tierra sus
palabras.[g]
19 También digo: ¿No ha conocido esto Israel?
Primeramente Moisés dice:
Yo os provocaré a celos con un pueblo
que no es pueblo;

j. 9.27-28 Is 10.22-23. **k. 9.29** Is 1.9. **l. 9.33** Is 28.16.
a. 10.5 Lv 18.5. **b. 10.6-8** Dt 30.12-14. **c. 10.11** Is 28.16.
d. 10.13 Jl 2.32. **e. 10.15** Is 52.7. **f. 10.16** Is 53.1.
g. 10.18 Sal 19.4.

LECCIONES DE VIDA

la salvación. Sin embargo, Dios en su gracia, y para honrar sus pactos con Abraham (Gn 12.1–3) y David (2 S 7.8–16), también prometió preservar la nación de Israel hasta el día en que Él los redima (Ez 37.21–28).

➤ *10.4 — el fin de la ley es Cristo, para justicia a todo aquel que cree.*

La meta de la ley siempre fue llevarnos al Salvador (Ro 7.7), razón por la cual Jesucristo es el cumplimiento de la ley. Él es nuestra justicia, y no hay santidad alguna aparte de Él. Jesús es el fin de toda la ley, su desempeño perfecto en la cruz hizo que sólo por el derramamiento de sangre pudiera satisfacer las demandas de la ley y mantener la comunión con Dios, de tal manera que llegue a ser nuestro a través de la fe.

➤ *10.9 — si confesares con tu boca que Jesús es el Señor, y creyeres en tu corazón que Dios le levantó de los muertos, serás salvo.*

La salvación puede venir únicamente por la fe en Jesucristo. Usted confiesa con su boca para poner su fe en acción, y para afirmar que le rinde cuentas a Jesucristo, quien es ahora su Señor. También cree en su corazón que Él ha triunfado sobre la muerte. Esto significa que Él no solamente tiene la capacidad para salvarle, sino que además posee la autoridad para guiarle y la sabiduría para transformarle.

➤ *10.13 — todo aquel que invocare el nombre del Señor, será salvo.*

Jesús es nuestro sacrificio definitivo, final y completo, y la salvación está a disposición de todas las personas, sin importar quiénes sean ni qué hayan hecho. Es por esta razón que la promesa dice: *todo aquel* que pone su fe en Cristo *será salvo* y *recibirá* la vida eterna. Esto es algo absolutamente garantizado para cualquier persona que reciba su gracia: Dios nunca le rechazará.

➤ *10.17 — la fe es por el oír, y el oír, por la palabra de Dios.*

Escuchar a Dios es esencial para andar con Él. El Señor nos bendice cuando oímos sus promesas y respondemos a ellas en fe.

Con pueblo insensato os provocaré a
ira.[h]
20 E Isaías dice resueltamente:
Fui hallado de los que no me buscaban;
Me manifesté a los que no preguntaban
por mí.[i]
21 Pero acerca de Israel dice: Todo el día
extendí mis manos a un pueblo rebelde y
contradictor.[j]

El remanente de Israel

11 DIGO, pues: ¿Ha desechado Dios a su
pueblo? En ninguna manera. Porque
también yo soy israelita, de la descendencia
de Abraham, de la tribu de Benjamín.[a]
2 No ha desechado Dios a su pueblo, al cual
desde antes conoció. ¿O no sabéis qué dice de
Elías la Escritura, cómo invoca a Dios contra
Israel, diciendo:
3 Señor, a tus profetas han dado muerte, y tus
altares han derribado; y sólo yo he quedado, y
procuran matarme[b]?
4 Pero ¿qué le dice la divina respuesta? Me
he reservado siete mil hombres, que no han
doblado la rodilla delante de Baal.[c]
5 Así también aun en este tiempo ha quedado
un remanente escogido por gracia.
6 Y si por gracia, ya no es por obras; de otra
manera la gracia ya no es gracia. Y si por
obras, ya no es gracia; de otra manera la obra
ya no es obra.
7 ¿Qué pues? Lo que buscaba Israel, no lo ha
alcanzado; pero los escogidos sí lo han alcanzado, y los demás fueron endurecidos;
8 como está escrito: Dios les dio espíritu de
estupor, ojos con que no vean y oídos con que
no oigan, hasta el día de hoy.[d]
9 Y David dice:
Sea vuelto su convite en trampa y en
red,
En tropezadero y en retribución;
10 Sean oscurecidos sus ojos para que no
vean,
Y agóbiales la espalda para siempre.[e]

La salvación de los gentiles

11 Digo, pues: ¿Han tropezado los de Israel
para que cayesen? En ninguna manera; pero
por su transgresión vino la salvación a los
gentiles, para provocarles a celos.
12 Y si su transgresión es la riqueza del mundo, y su defección la riqueza de los gentiles,
¿cuánto más su plena restauración?
13 Porque a vosotros hablo, gentiles. Por
cuanto yo soy apóstol a los gentiles, honro mi
ministerio,
14 por si en alguna manera pueda provocar a
celos a los de mi sangre, y hacer salvos a algunos de ellos.
15 Porque si su exclusión es la reconciliación
del mundo ¿qué será su admisión, sino vida de
entre los muertos?
16 Si las primicias son santas, también lo es
la masa restante; y si la raíz es santa, también
lo son las ramas.
17 Pues si algunas de las ramas fueron desgajadas, y tú, siendo olivo silvestre, has sido
injertado en lugar de ellas, y has sido hecho participante de la raíz y de la rica savia del olivo,
18 no te jactes contra las ramas; y si te jactas, sabe que no sustentas tú a la raíz, sino la
raíz a ti.
19 Pues las ramas, dirás, fueron desgajadas
para que yo fuese injertado.
20 Bien; por su incredulidad fueron desgajadas, pero tú por la fe estás en pie. No te ensoberbezcas, sino teme.
21 Porque si Dios no perdonó a las ramas
naturales, a ti tampoco te perdonará.
22 Mira, pues, la bondad y la severidad de
Dios; la severidad ciertamente para con los
que cayeron, pero la bondad para contigo,
si permaneces en esa bondad; pues de otra
manera tú también serás cortado.
23 Y aun ellos, si no permanecieren en incredulidad, serán injertados, pues poderoso es
Dios para volverlos a injertar.
24 Porque si tú fuiste cortado del que por
naturaleza es olivo silvestre, y contra naturaleza fuiste injertado en el buen olivo, ¿cuánto
más éstos, que son las ramas naturales, serán
injertados en su propio olivo?

La restauración de Israel

25 Porque no quiero, hermanos, que ignoréis
este misterio, para que no seáis arrogantes en

h. 10.19 Dt 32.21. **i. 10.20** Is 65.1. **j. 10.21** Is 65.2.
a. 11.1 Fil 3.5. **b. 11.3** 1 R 19.10, 14. **c. 11.4** 1 R 19.18.
d. 11.8 Dt 29.4; Is 29.10. **e. 11.9-10** Sal 69.22-23.

LECCIONES DE VIDA

➤ ***11.18 — si te jactas, sabe que no sustentas tú a la raíz, sino la raíz a ti.***

Pablo instruyó a los gentiles a recordar que ellos habían sido injertados en los pactos que Dios había hecho con Abraham, David y la nación de Israel por su misericordia. De igual modo, nosotros debemos recordar siempre que nuestra fe tiene un contexto y una historia. No podemos ser estudiantes verdaderos del Nuevo Testamento sin acoger también el Antiguo Testamento.

➤ ***11.22 — Mira, pues, la bondad y la severidad de Dios.***

Pablo nos insta a recordar que Dios es lleno de amor, gracia y paciencia, pero también es santo, justo y digno de nuestro respeto. El juicio cayó sobre Israel porque el pueblo lo desobedeció, y aunque Él sigue honrando su promesa de redimirlos (Is 59.20, 21), deberíamos aprender la lección de disciplina que recibieron. Pues ellos eran las ramas naturales que «por su incredulidad fueron desgajadas»; por eso, Pablo nos amonesta: «pero tú por la fe estás en pie. No te ensoberbezcas, sino teme» (Ro 11.20).

cuanto a vosotros mismos: que ha acontecido
a Israel endurecimiento en parte, hasta que
haya entrado la plenitud de los gentiles;
* 26 y luego todo Israel será salvo, como está
escrito:
Vendrá de Sion el Libertador,
Que apartará de Jacob la impiedad.[f]
27 Y éste será mi pacto con ellos,
Cuando yo quite sus pecados.[g]
28 Así que en cuanto al evangelio, son enemigos por
causa de vosotros; pero en cuanto a la elección, son amados por causa de los padres.
29 Porque irrevocables son los dones y el llamamiento de Dios.
30 Pues como vosotros también en otro tiempo erais desobedientes a Dios, pero ahora
habéis alcanzado misericordia por la desobediencia de ellos,
31 así también éstos ahora han sido desobedientes, para que por la misericordia concedida a vosotros, ellos también alcancen
misericordia.
32 Porque Dios sujetó a todos en desobediencia, para tener misericordia de todos.
➤ 33 ¡Oh profundidad de las riquezas de la sabiduría y de la ciencia de Dios! ¡Cuán insondables
son sus juicios, e inescrutables sus caminos!
34 Porque ¿quién entendió la mente del Señor?
¿O quién fue su consejero?[h]
35 ¿O quién le dio a él primero, para que le
fuese recompensado?[i]
36 Porque de él, y por él, y para él, son todas
las cosas. A él sea la gloria por los siglos.
Amén.

Deberes cristianos

➤ 12 ASÍ que, hermanos, os ruego por las
misericordias de Dios, que presentéis
vuestros cuerpos en sacrificio vivo, santo,
agradable a Dios, que es vuestro culto racional.
2 No os conforméis a este siglo, sino trans- ◄
formaos por medio de la renovación de vuestro entendimiento, para que comprobéis cuál
sea la buena voluntad de Dios, agradable y
perfecta.
3 Digo, pues, por la gracia que me es dada, a
cada cual que está entre vosotros, que no tenga más alto concepto de sí que el que debe
tener, sino que piense de sí con cordura, conforme a la medida de fe que Dios repartió a
cada uno.
4 Porque de la manera que en un cuerpo tenemos muchos miembros, pero no todos los
miembros tienen la misma función,
5 así nosotros, siendo muchos, somos un cuer- ◄
po en Cristo,[a] y todos miembros los unos de
los otros.
6 De manera que, teniendo diferentes dones,
según la gracia que nos es dada,[b] si el de profecía, úsese conforme a la medida de la fe;
7 o si de servicio, en servir; o el que enseña,
en la enseñanza;
8 el que exhorta, en la exhortación; el que
reparte, con liberalidad; el que preside,
con solicitud; el que hace misericordia, con
alegría.
9 El amor sea sin fingimiento. Aborreced lo
malo, seguid lo bueno.
10 Amaos los unos a los otros con amor fraternal; en cuanto a honra, prefiriéndoos los
unos a los otros.
11 En lo que requiere diligencia, no perezosos; fervientes en espíritu, sirviendo al Señor;

f. 11.26 Is 59.20. **g. 11.27** Jer 31.33-34. **h. 11.34** Is 40.13.
i. 11.35 Job 41.11. **a. 12.4-5** 1 Co 12.12.
b. 12.6-8 1 Co 12.4-11.

LECCIONES DE VIDA

➤ *11.33 — ¡Oh profundidad de las riquezas de la sabiduría y de la ciencia de Dios! ¡Cuán insondables son sus juicios, e inescrutables sus caminos!*

Nunca entenderemos completamente los caminos de Dios ni comprenderemos por qué hace lo que hace (Is 55.8, 9), pero *podemos* adorarlo por la bondad, el amor y la misericordia que ya nos ha mostrado en tan gran medida.

➤ *12.1 — que presentéis vuestros cuerpos en sacrificio vivo, santo, agradable a Dios, que es vuestro culto racional.*

Muchas personas aceptan a Jesucristo como su Salvador y nunca aprenden a vivir una vida que lo honre. Pero Pablo nos anima a entregarnos a Dios cada día, dejar nuestra voluntad sobre el altar delante de Él, y pedirle que nos use para su gloria y para el bien de su pueblo. En confianza y adoración total, nos comprometemos a obedecerlo, sabiendo que el Señor conoce la mejor manera de dirigirnos, pase lo que pase.

➤ *12.2 — No os conforméis a este siglo, sino transformaos por medio de la renovación de vuestro entendimiento, para que comprobéis cuál sea la buena voluntad de Dios, agradable y perfecta.*

Nuestra transformación empieza con nuestros pensamientos y con nuestra conciencia que son el compromiso firme de escuchar y obedecer a Dios. Nuestras mentes son renovadas a medida que estudiamos su Palabra y nuestros corazones son cambiados a medida que nos sometemos a Él. No se trata meramente de intentar pecar menos. Aprendemos a depender de Él, guardar sus mandatos y confiar en Él para que nos moldee como personas que lo agraden. Es entonces que descubrimos cuán maravilloso es vivir en el centro de su voluntad, porque es la vida en su mejor expresión, y nada en este mundo se le puede comparar.

➤ *12.5 — nosotros... somos un cuerpo en Cristo, y todos miembros los unos de los otros.*

Dios nunca se agrada cuando alguien dice: «Yo amo a Jesús, pero no necesito la iglesia». Ningún creyente ha sido llamado a transitar solitario en su peregrinaje de fe. Nos necesitamos los unos a los otros, y deberíamos servirnos y apoyarnos mutuamente con amor y alegría.

12 gozosos en la esperanza; sufridos en la tribulación; constantes en la oración;
13 compartiendo para las necesidades de los
santos; practicando la hospitalidad.
14 Bendecid a los que os persiguen;[c] bendecid, y no maldigáis.
➤15 Gozaos con los que se gozan; llorad con
los que lloran.
16 Unánimes entre vosotros; no altivos, sino
asociándoos con los humildes. No seáis sabios
en vuestra propia opinión.[d]
17 No paguéis a nadie mal por mal; procurad
lo bueno delante de todos los hombres.
18 Si es posible, en cuanto dependa de vosotros, estad en paz con todos los hombres.
19 No os venguéis vosotros mismos, amados
míos, sino dejad lugar a la ira de Dios; porque escrito está: Mía es la venganza, yo pagaré, dice el Señor.[e]
20 Así que, si tu enemigo tuviere hambre, dale
de comer; si tuviere sed, dale de beber; pues
haciendo esto, ascuas de fuego amontonarás
sobre su cabeza.[f]
➤21 No seas vencido de lo malo, sino vence con
el bien el mal.

➤13 SOMÉTASE toda persona a las autoridades superiores; porque no hay autoridad sino de parte de Dios, y las que hay, por
Dios han sido establecidas.
2 De modo que quien se opone a la autoridad, a
lo establecido por Dios resiste; y los que resisten, acarrean condenación para sí mismos.
3 Porque los magistrados no están para infundir temor al que hace el bien, sino al malo.
¿Quieres, pues, no temer la autoridad? Haz lo
bueno, y tendrás alabanza de ella;
4 porque es servidor de Dios para tu bien.
Pero si haces lo malo, teme; porque no en
vano lleva la espada, pues es servidor de Dios,
vengador para castigar al que hace lo malo.
5 Por lo cual es necesario estarle sujetos, no
solamente por razón del castigo, sino también
por causa de la conciencia.
6 Pues por esto pagáis también los tributos,
porque son servidores de Dios que atienden
continuamente a esto mismo.
7 Pagad a todos lo que debéis: al que tributo,
tributo; al que impuesto, impuesto; al que respeto, respeto; al que honra, honra.[a]
8 No debáis a nadie nada, sino el amaros unos
a otros; porque el que ama al prójimo, ha cumplido la ley.
9 Porque: No adulterarás,[b] no matarás,[c] no
hurtarás,[d] no dirás falso testimonio,[e] no
codiciarás,[f] y cualquier otro mandamiento, en
esta sentencia se resume: Amarás a tu prójimo como a ti mismo.[g]
10 El amor no hace mal al prójimo; así que el ➤
cumplimiento de la ley es el amor.
11 Y esto, conociendo el tiempo, que es ya
hora de levantarnos del sueño; porque ahora
está más cerca de nosotros nuestra salvación
que cuando creímos.
12 La noche está avanzada, y se acerca el día.
Desechemos, pues, las obras de las tinieblas,
y vistámonos las armas de la luz.
13 Andemos como de día, honestamente; no
en glotonerías y borracheras, no en lujurias y
lascivias, no en contiendas y envidia,
14 sino vestíos del Señor Jesucristo, y no pro- ➤
veáis para los deseos de la carne.

c. 12.14 Lc 6.28. **d. 12.16** Pr 3.7. **e. 12.19** Dt 32.35.
f. 12.20 Pr 25.21-22. **a. 13.6-7** Mt 22.21; Mr 12.17; Lc 20.25.
b. 13.9 Éx 20.14; Dt 5.18. **c. 13.9** Éx 20.13; Dt 5.17.
d. 13.9 Éx 20.15; Dt 5.19. **e. 13.9** Éx 20.16; Dt 5.20.
f. 13.9 Éx 20.17; Dt 5.21. **g. 13.9** Lv 19.18.

LECCIONES DE VIDA

➤ *12.15 — Gozaos con los que se gozan; llorad con los que lloran.*

Tanto regocijarse como llorar implican una emoción genuina y de corazón. Esta clase de conexión intensa, sentida y emotiva sucede solamente cuando elegimos invertir nuestra vida profunda y sinceramente en la de otros creyentes.

➤ *12.21 — No seas vencido de lo malo, sino vence con el bien el mal.*

Cuando alguien nos hace daño y nos desquitamos, quedamos al mismo nivel de la persona que actuó contra nosotros. No tenemos derecho de vengarnos porque eso le compete solamente a Dios (Ro 12.19). Más bien, nuestra meta es ser como Cristo nuestro Señor, quien mientras era crucificado dijo: «Padre, perdónalos, porque no saben lo que hacen» (Lc 23.34). De esa manera, el Señor es glorificado y quienes ven nuestro ejemplo pueden volverse a Él y ser salvos (Lc 23.40, 47; 2 Ti 2.24–26; 1 P 2.12; 3.15, 16).

➤ *13.1 — Sométase toda persona a las autoridades superiores; porque no hay autoridad sino de parte de Dios, y las que hay, por Dios han sido establecidas.*

El Señor es el Único que en última instancia pone a ciertas personas en puestos de autoridad sobre nosotros, trátese de nuestro lugar de trabajo o nuestro país (Dn 2.21). Nuestra responsabilidad es honrar a Dios primero y ante todo (Hch 5.27–29), respetar las leyes y las reglas que se requieran de nosotros (Mt 22.21; 1 P 3.13–15), y orar para que nuestros líderes entiendan que les toca rendir cuentas a Dios (1 Ti 2.1–3).

➤ *13.10 — El amor no hace mal al prójimo; así que el cumplimiento de la ley es el amor.*

Dios es amor, y la ley refleja su carácter. Por lo tanto, el amor es el cumplimiento de la ley. La obediencia nunca consiste en seguir reglas bajo servidumbre. Más bien, la obediencia tiene que ver con un deseo sincero de agradar al Señor quien tanto nos ama.

➤ *13.14 — vestíos del Señor Jesucristo, y no proveáis para los deseos de la carne.*

Si sabemos que deberíamos evitar cierto lugar pero vamos de todas formas, es pecado. Si reconocemos que una actividad particular es una tentación para nosotros, y sin embargo participamos en ella, estamos deshonrando al Señor. Debemos procurar hacer la voluntad de Dios

Los débiles en la fe

14 RECIBID al débil en la fe, pero no para
contender sobre opiniones.
2 Porque uno cree que se ha de comer de todo;
otro, que es débil, come legumbres.
3 El que come, no menosprecie al que no
come, y el que no come, no juzgue al que
come; porque Dios le ha recibido.
4 ¿Tú quién eres, que juzgas añ criado ajeno?
Para su propio señor está en pie, o cae; pero
estará firme, porque porderoso es el Señor
para hacerle estar firme.
➤ 5 Uno hace diferencia entre día y día; otro juzga iguales todos los días. Cada uno esté plenamente convencido en su propia mente.
6 El que hace caso del día, lo hace para el Señor;
y el que no hace caso del día, para el Señor no
lo hace. El que come, para el Señor come,
porque da gracias a Dios; y el que no come,
para el Señor no come, y da gracias a Dios.[a]
7 Porque ninguno de nosotros vive para sí, y
ninguno muere para sí.
➤ 8 Pues si vivimos, para el Señor vivimos; y si
morimos, para el Señor morimos. Así pues, sea
que vivamos, o que muramos, del Señor somos.
9 Porque Cristo para esto murió y resucitó, y
volvió a vivir, para ser Señor así de los muertos como de los que viven.
10 Pero tú, ¿por qué juzgas a tu hermano? O
tú también, ¿por qué menosprecias a tu hermano? Porque todos compareceremos ante el
tribunal de Cristo.[b]
11 Porque escrito está:

Vivo yo, dice el Señor, que ante mí se
doblará toda rodilla,
Y toda lengua confesará a Dios.[c]

➤ 12 De manera que cada uno de nosotros dará
a Dios cuenta de sí.
13 Así que, ya no nos juzguemos más los unos
a los otros, sino más bien decidid no poner
tropiezo u ocasión de caer al hermano.
14 Yo sé, y confío en el Señor Jesús, que nada
es inmundo en sí mismo; mas para el que
piensa que algo es inmundo, para él lo es.
15 Pero si por causa de la comida tu hermano
es contristado, ya no andas conforme al amor.
No hagas que por la comida tuya se pierda
aquel por quien Cristo murió.
16 No sea, pues, vituperado vuestro bien;
17 porque el reino de Dios no es comida ni
bebida, sino justicia, paz y gozo en el Espíritu Santo.
18 Porque el que en esto sirve a Cristo, agrada
a Dios, y es aprobado por los hombres.
19 Así que, sigamos lo que contribuye a la paz
y a la mutua edificación.
20 No destruyas la obra de Dios por causa de
la comida. Todas las cosas a la verdad son limpias; pero es malo que el hombre haga tropezar a otros con lo que come.
21 Bueno es no comer carne, ni beber vino, ni
nada en que tu hermano tropiece, o se ofenda, o se debilite.
22 ¿Tienes tú fe? Tenla para contigo delante
de Dios. Bienaventurado el que no se condena
a sí mismo en lo que aprueba.
23 Pero el que duda sobre lo que come, es condenado, porque no lo hace con fe; y todo lo
que no proviene de fe, es pecado.
15 ASÍ que, los que somos fuertes debemos soportar las flaquezas de los débiles, y no agradarnos a nosotros mismos.
2 Cada uno de nosotros agrade a su prójimo ➤
en lo que es bueno, para edificación.

a. 14.1-6 Col 2.16. **b. 14.10** 2 Co 5.10. **c. 14.11** Is 45.23.

LECCIONES DE VIDA

para nuestra vida, que no deja espacio para los hábitos pecaminosos que antes nos tuvieron en esclavitud. O bien nos comprometeremos de todo corazón al Señor Jesús, o seguiremos ocupados en satisfacer nuestra propia concupiscencia. No podemos hacer ambas cosas, porque son absolutamente incompatibles entre sí (Ap 3.15, 16).

➤ ***14.5 — Uno hace diferencia entre día y día; otro juzga iguales todos los días. Cada uno esté plenamente convencido en su propia mente.***

Ciertas situaciones y asuntos que son totalmente indiferentes a una persona pueden hacer que la persona que está a su lado tropiece y caiga. Dios quiere que aprendamos a vivir por fe, lo cual significa que Él quiere que desarrollemos convicciones personales con base en nuestra relación continua con Él. Honramos a Dios cuando ayudamos a nuestros hermanos y hermanas en Cristo a crecer en su fe. También debemos esforzarnos por hacer todas las cosas en amor, para que no seamos atados y atrapados por el legalismo.

➤ ***14.8 — si vivimos, para el Señor vivimos; y si morimos, para el Señor morimos. Así pues, sea que vivamos, o que muramos, del Señor somos.***

Todo lo que hacemos debería reflejar bien al Salvador y estar en sometimiento a Él, quien nos compró con su propia sangre. Aún la manera como muramos debería dar testimonio de la bondad de Jesucristo. Cada momento de cada día le pertenecemos a Él.

➤ ***14.12 — cada uno de nosotros dará a Dios cuenta de sí.***

Algunos rechazan a Dios porque quieren irse en búsqueda de sus propios planes. Creen saber qué es lo mejor para su vida y se enojan cuando alguien les dice algo distinto, incluido el Señor. Sin embargo, la verdad es que cada persona un día estará delante de Dios para ser juzgada, así que es necio rebelarse contra Él. Cada aspecto de nuestras vidas debe estar bajo la autoridad de Dios, porque un día le rendiremos cuentas de cómo hemos vivido. Nuestro mayor deseo debería ser agradarlo (2 Co 5.10).

➤ ***15.2 — Cada uno de nosotros agrade a su prójimo en lo que es bueno, para edificación.***

Si tomamos en serio nuestra fe cristiana, *debemos* considerar de qué modo nuestras acciones afectan a los demás. No podemos madurar en nuestra relación con el

3 Porque ni aun Cristo se agradó a sí mismo;
antes bien, como está escrito: Los vituperios
de los que te vituperaban, cayeron sobre mí.[a]
➤ 4 Porque las cosas que se escribieron antes,
para nuestra enseñanza se escribieron, a fin
de que por la paciencia y la consolación de las
Escrituras, tengamos esperanza.
5 Pero el Dios de la paciencia y de la consolación os dé entre vosotros un mismo sentir
según Cristo Jesús,
6 para que unánimes, a una voz, glorifiquéis
al Dios y Padre de nuestro Señor Jesucristo.

El evangelio a los gentiles

7 Por tanto, recibíos los unos a los otros,
como también Cristo nos recibió, para gloria de Dios.
8 Pues os digo, que Cristo Jesús vino a ser
siervo de la circuncisión para mostrar la verdad de Dios, para confirmar las promesas
hechas a los padres,
9 y para que los gentiles glorifiquen a Dios
por su misericordia, como está escrito:

Por tanto, yo te confesaré entre los
gentiles,
Y cantaré a tu nombre.[b]

10 Y otra vez dice:

Alegraos, gentiles, con su pueblo.[c]

11 Y otra vez:

Alabad al Señor todos los gentiles,
Y magnificadle todos los pueblos.[d]

12 Y otra vez dice Isaías:

Estará la raíz de Isaí,
Y el que se levantará a regir los gentiles;
Los gentiles esperarán en él.[e]

➤ 13 Y el Dios de esperanza os llene de todo
gozo y paz en el creer, para que abundéis en
esperanza por el poder del Espíritu Santo.
14 Pero estoy seguro de vosotros, hermanos
míos, de que vosotros mismos estáis llenos
de bondad, llenos de todo conocimiento, de
tal manera que podéis amonestaros los unos
a los otros.
15 Mas os he escrito, hermanos, en parte con
atrevimiento, como para haceros recordar, por
la gracia que de Dios me es dada
16 para ser ministro de Jesucristo a los gentiles, ministrando el evangelio de Dios, para
que los gentiles le sean ofrenda agradable,
santificada por el Espíritu Santo.
17 Tengo, pues, de qué gloriarme en Cristo
Jesús en lo que a Dios se refiere.
18 Porque no osaría hablar sino de lo que
Cristo ha hecho por medio de mí para la obediencia de los gentiles, con la palabra y con
las obras,
19 con potencia de señales y prodigios, en el
poder del Espíritu de Dios; de manera que desde Jerusalén, y por los alrededores hasta Ilíri-
co, todo lo he llenado del evangelio de Cristo.
20 Y de esta manera me esforcé a predicar el
evangelio, no donde Cristo ya hubiese sido
nombrado, para no edificar sobre fundamento ajeno,
21 sino, como está escrito:

Aquellos a quienes nunca les fue
anunciado acerca de él, verán;
Y los que nunca han oído de él,
entenderán.[f]

Pablo se propone ir a Roma

22 Por esta causa me he visto impedido
muchas veces de ir a vosotros.[g]
23 Pero ahora, no teniendo más campo en
estas regiones, y deseando desde hace muchos
años ir a vosotros,
24 cuando vaya a España, iré a vosotros; porque espero veros al pasar, y ser encaminado
allá por vosotros, una vez que haya gozado
con vosotros.
25 Mas ahora voy a Jerusalén para ministrar
a los santos.
26 Porque Macedonia y Acaya tuvieron a bien
hacer una ofrenda para los pobres que hay
entre los santos que están en Jerusalén.[h]
27 Pues les pareció bueno, y son deudores a
ellos; porque si los gentiles han sido hechos
participantes de sus bienes espirituales, deben
también ellos ministrarles de los materiales.[i]
28 Así que, cuando haya concluido esto, y les
haya entregado este fruto, pasaré entre vosotros rumbo a España.

a. 15.3 Sal 69.9. **b. 15.9** 2 S 22.50; Sal 18.49. **c. 15.10** Dt 32.43. **d. 15.11** Sal 117.1. **e. 15.12** Is 11.10. **f. 15.21** Is 52.15. **g. 15.22** Ro 1.13. **h. 15.25-26** 1 Co 16.1-4. **i. 15.27** 1 Co 9.11.

LECCIONES DE VIDA

Señor en aislamiento de otros, y cada vez que interactuamos con ellos deberíamos tener como nuestro objetivo edificarlos y glorificar a Dios.

➤ ***15.4 — Porque las cosas que se escribieron antes, para nuestra enseñanza se escribieron, a fin de que por la paciencia y la consolación de las Escrituras, tengamos esperanza.***

Todo lo que necesitamos saber en cuanto a la salvación, vivir piadosamente y mantener nuestra fe en medio de las pruebas, puede encontrarse en la Palabra de Dios. Los hombres y las mujeres de las Escrituras eran iguales a usted y a mí, y sus experiencias fueron documentadas para estimularnos e instruirnos. Así que, cada vez que enfrentemos adversidad, deberíamos acudir al Señor en oración y pedirle que nos enseñe a través de su Palabra. La Biblia es un ancla inmovible en tiempos de tempestad, y a través de ella Él puede darnos la fortaleza y la esperanza que necesitamos para perseverar.

➤ ***15.13 — el Dios de esperanza os llene de todo gozo y paz en el creer, para que abundéis en esperanza por el poder del Espíritu Santo.***

La vida cristiana debe caracterizarse por esperanza, gozo y paz. A medida que crecemos en su gracia, Dios quiere que experimentemos cada una de estas realidades en mayor medida. Si están ausentes, sabemos que algo anda mal.

29 Y sé que cuando vaya a vosotros, llegaré
con abundancia de la bendición del evangelio de Cristo.
30 Pero os ruego, hermanos, por nuestro Señor
Jesucristo y por el amor del Espíritu, que me
ayudéis orando por mí a Dios,
31 para que sea librado de los rebeldes que
están en Judea, y que la ofrenda de mi servicio
a los santos en Jerusalén sea acepta;
32 para que con gozo llegue a vosotros por la
voluntad de Dios, y que sea recreado juntamente con vosotros.
33 Y el Dios de paz sea con todos vosotros.
Amén.

Saludos personales

16 OS recomiendo además nuestra hermana Febe, la cual es diaconisa de la
iglesia en Cencrea;
2 que la recibáis en el Señor, como es digno de
los santos, y que la ayudéis en cualquier cosa
en que necesite de vosotros; porque ella ha
ayudado a muchos, y a mí mismo.
3 Saludad a Priscila y a Aquila,[a] mis colaboradores en Cristo Jesús,
4 que expusieron su vida por mí; a los cuales
no sólo yo doy gracias, sino también todas las
iglesias de los gentiles.
5 Saludad también a la iglesia de su casa.
Saludad a Epeneto amado mío, que es el primer fruto de Acaya para Cristo.
6 Saludad a María, la cual ha trabajado mucho
entre vosotros.
7 Saludad a Andrónico y a Junias, mis parientes y mis compañeros de prisiones, los cuales son muy estimados entre los apóstoles,
y que también fueron antes de mí en Cristo.
8 Saludad a Amplias, amado mío en el Señor.
9 Saludad a Urbano, nuestro colaborador en
Cristo Jesús, y a Estaquis, amado mío.
10 Saludad a Apeles, aprobado en Cristo.
Saludad a los de la casa de Aristóbulo.
11 Saludad a Herodión, mi pariente. Saludad
a los de la casa de Narciso, los cuales están
en el Señor.
12 Saludad a Trifena y a Trifosa, las cuales
trabajan en el Señor. Saludad a la amada Pér-
sida, la cual ha trabajado mucho en el Señor.
13 Saludad a Rufo,[b] escogido en el Señor, y a
su madre y mía.
14 Saludad a Asíncrito, a Flegonte, a Hermas,
a Patrobas, a Hermes y a los hermanos que
están con ellos.
15 Saludad a Filólogo, a Julia, a Nereo y a su
hermana, a Olimpas y a todos los santos que
están con ellos.
16 Saludaos los unos a los otros con ósculo
santo. Os saludan todas las iglesias de Cristo.
17 Mas os ruego, hermanos, que os fijéis en
los que causan divisiones y tropiezos en contra de la doctrina que vosotros habéis aprendido, y que os apartéis de ellos.
18 Porque tales personas no sirven a nuestro
Señor Jesucristo, sino a sus propios vientres,
y con suaves palabras y lisonjas engañan los
corazones de los ingenuos.
19 Porque vuestra obediencia ha venido a ser
notoria a todos, así que me gozo de vosotros;
pero quiero que seáis sabios para el bien, e
ingenuos para el mal.
20 Y el Dios de paz aplastará en breve a Satanás bajo vuestros pies. La gracia de nuestro
Señor Jesucristo sea con vosotros.
21 Os saludan Timoteo[c] mi colaborador, y
Lucio, Jasón y Sosípater, mis parientes.
22 Yo Tercio, que escribí la epístola, os saludo en el Señor.
23 Os saluda Gayo,[d] hospedador mío y de
toda la iglesia. Os saluda Erasto,[e] tesorero de
la ciudad, y el hermano Cuarto.
24 La gracia de nuestro Señor Jesucristo sea
con todos vosotros. Amén.

a. 16.3 Hch 18.2. **b. 16.13** Mr 15.21. **c. 16.21** Hch 16.1. **d. 16.23** Hch 19.29; 1 Co 1.14. **e. 16.23** 2 Ti 4.20.

LECCIONES DE VIDA

15.30 — por nuestro Señor Jesucristo y por el amor del Espíritu, que me ayudéis orando por mí a Dios.

Pablo, el gran apóstol, pidió frecuentemente a otros que oraran por él. A Dios le encanta responder nuestras oraciones fieles a favor de nuestros hermanos y hermanas en Cristo. El Señor quiere que levantemos nuestras oraciones regularmente los unos por los otros hacia el trono de gracia, para que todos crezcamos como el cuerpo de Cristo y así podamos experimentar en unidad su dulce presencia y su provisión poderosa (Mt 18.19, 20).

16.17 — os ruego, hermanos, que os fijéis en los que causan divisiones y tropiezos en contra de la doctrina que vosotros habéis aprendido, y que os apartéis de ellos.

La división es una marca inconfundible de la obra del enemigo. Dios llama a su pueblo a la unidad a fin de demostrar su amor al mundo (Jn 13.35; 15.8–17). Cuando esto falla, nos volvemos ineficaces (1 Co 13.1–3). Es por esto que el enemigo intentará poner a los creyentes unos en contra de otros, porque mientras nos mantengamos ocupados altercando dentro de la iglesia, no vamos a estar mostrando el amor de Cristo a los perdidos (2 Ti 2.14–26).

16.19 — quiero que seáis sabios para el bien, e ingenuos para el mal.

Estamos en el sendero equivocado, si nos la pasamos preguntando: «¿Qué tiene de malo hacer eso o aquello?» Esta es una pregunta para creyentes inmaduros, no para los que están en crecimiento. Dios quiere que nos enfoquemos en su voluntad para nosotros y crezcamos en la semejanza a Cristo, no que nos preguntemos por qué nos ha instruido que evitemos ciertas actividades y actitudes. Si estamos cuestionando todo el tiempo los mandatos del Señor y su autoridad, revelamos que hay una terrible tensión de orgullo en nuestro interior. Así el enemigo tendrá dónde asentar su pie y el asunto no terminará bien.

Doxología final

25 Y al que puede confirmaros según mi evangelio y la predicación de Jesucristo, según la
revelación del misterio que se ha mantenido
oculto desde tiempos eternos,
26 pero que ha sido manifestado ahora, y que
por las Escrituras de los profetas, según el
mandamiento del Dios eterno, se ha dado a
conocer a todas las gentes para que obedezcan a la fe,
27 al único y sabio Dios, sea gloria mediante
Jesucristo para siempre. Amén.

LECCIONES DE VIDA

➤ *16.25 — al que puede confirmaros según mi evangelio.*

Todo el crecimiento cristiano depende básicamente de que estemos dispuestos a someternos al Señor, el Único que puede conformarnos a su imagen y madurar nuestra fe (1 Co 3.7). Dios le salvó y también es capaz de enseñarle a andar con Él en obediencia gozosa, por eso confíe que Él mismo le «perfeccione, afirme, fortalezca y establezca» (1 P 5.10).

PRIMERA EPÍSTOLA DEL APÓSTOL PABLO A LOS

CORINTIOS

Corinto fue posiblemente la ciudad más importante en Grecia durante la época de Pablo. Era un eje dinámico del comercio mundial que se caracterizaba por su cultura degradada y su religiosidad idólatra. Sin embargo, en aquella metrópolis corrupta, Pablo fundó una iglesia (Hch 18.1–17). También dirigió dos de sus cartas «a la iglesia de Dios que está en Corinto» (1 Co 1.2; 2 Co 1.1).

Primera Corintios revela las dificultades, las presiones y las luchas de una iglesia joven llamada de entre una sociedad pagana. Pablo trató una variedad de problemas tocantes al estilo de vida de la iglesia en Corinto: facciones, pleitos, inmoralidad, prácticas cuestionables y abuso de la Cena del Señor y los dones espirituales. Además de palabras de disciplina, Pablo brindó palabras de consejo pare responder algunas preguntas planteadas por los creyentes de Corinto.

¿Cómo se enteró Pablo de estos problemas? Por un lado, nos cuenta que ciertos miembros llamados «los de Cloé» le habían informado acerca de las divisiones que existían dentro de la iglesia (1 Co 1.11). Además, algunos miembros de la iglesia habían visitado a Pablo para entregarle una carta con preguntas sobre varios temas acerca de los cuales tenían confusión (1 Co 7.1; 8.1; 12.1; 16.1). En una ocasión anterior, Pablo había escrito a esta iglesia dando advertencias a sus miembros en contra de la inmoralidad (1 Co 5.9, 10), en una carta que ya no se encuentra disponible. No obstante, el apóstol consideró necesario ampliar sus consejos y se propuso darle una base más sólida y espiritual a la iglesia. También les informó que tenía planeado visitar la iglesia en persona con el fin de corregir cualquier otro problema que persistiera (1 Co 4.19, 21; 16.5).

El título en griego de esta epístola es *Pros Korínthious A*, en efecto, «Primera a los Corintios». La «*A*» fue añadida posteriormente para distinguir este libro de Segunda Corintios.

Tema: Cómo Dios quiere que los creyentes en Cristo vivan en medio de una cultura corrupta.

Autor: El apóstol Pablo.

Fecha: Pablo probablemente escribió 1 Corintios hacia el final de su estadía de tres años en Éfeso, entre 55–56 d.C. (1 Co 16.5–9; Hch 20.31).

Estructura: En la primera sección (1.1—11.34), Pablo trata varios problemas dentro de la iglesia corintia, incluyendo sectarismo (1.1—4.21), inmoralidad (5.1–13), cristianos que entablaban demandas contra otros cristianos en cortes seculares (6.1–20), preguntas sobre el matrimonio (7.1–40), idolatría (8.1—10.33), y la administración indebida de la Cena del Señor (11.1–34). La segunda sección (12.1—14.40) ofrece instrucción acerca del uso correcto de los dones espirituales. La última sección (15.1—16.24) revisa la doctrina de la resurrección e incluye los comentarios finales de Pablo.

A medida que lea 1 Corintios, fíjese en los principios de vida que juegan un papel importante en este libro:

10. Si es necesario, Dios moverá cielo y tierra para mostrarnos su voluntad. *Véase 1 Corintios 2.9–12; páginas 1279-1280.*

11. Dios asume toda la responsabilidad en cuanto a nuestras necesidades, si lo obedecemos. *Véase 1 Corintios 9.17; 12.11; páginas 1289; 1293.*

28. Ningún creyente ha sido llamado a transitar solitario en su peregrinaje de fe. *Véase 1 Corintios 12.7; 13.9; 14.12; páginas 1293; 1294; 1295.*

Salutación

1 PABLO, llamado a ser apóstol de Jesucristo
por la voluntad de Dios, y el hermano
Sóstenes,
2 a la iglesia de Dios que está en Corinto,[a]
a los santificados en Cristo Jesús, llamados
a ser santos con todos los que en cualquier
lugar invocan el nombre de nuestro Señor
Jesucristo, Señor de ellos y nuestro:
3 Gracia y paz a vosotros, de Dios nuestro
Padre y del Señor Jesucristo.

Acción de gracias por dones espirituales

4 Gracias doy a mi Dios siempre por vosotros,
por la gracia de Dios que os fue dada en Cristo Jesús;
5 porque en todas las cosas fuisteis enriquecidos en él, en toda palabra y en toda ciencia;
6 así como el testimonio acerca de Cristo ha
sido confirmado en vosotros,
7 de tal manera que nada os falta en ningún
don, esperando la manifestación de nuestro
Señor Jesucristo;
8 el cual también os confirmará hasta el fin,
para que seáis irreprensibles en el día de
nuestro Señor Jesucristo.
9 Fiel es Dios, por el cual fuisteis llamados
a la comunión con su Hijo Jesucristo nuestro Señor.

¿Está dividido Cristo?

10 Os ruego, pues, hermanos, por el nombre
de nuestro Señor Jesucristo, que habléis todos
una misma cosa, y que no haya entre vosotros divisiones, sino que estéis perfectamente unidos en una misma mente y en un mismo
parecer.
11 Porque he sido informado acerca de vosotros, hermanos míos, por los de Cloé, que hay
entre vosotros contiendas.
12 Quiero decir, que cada uno de vosotros
dice: Yo soy de Pablo; y yo de Apolos;[b] y yo de
Cefas; y yo de Cristo.
13 ¿Acaso está dividido Cristo? ¿Fue crucificado Pablo por vosotros? ¿O fuisteis bautizados en el nombre de Pablo?
14 Doy gracias a Dios de que a ninguno de
vosotros he bautizado, sino a Crispo[c] y a Gayo,[d]
15 para que ninguno diga que fuisteis bautizados en mi nombre.
16 También bauticé a la familia de Estéfanas;[e]
de los demás, no sé si he bautizado a algún otro.
17 Pues no me envió Cristo a bautizar, sino
a predicar el evangelio; no con sabiduría de
palabras, para que no se haga vana la cruz
de Cristo.

Cristo, poder y sabiduría de Dios

18 Porque la palabra de la cruz es locura a los
que se pierden; pero a los que se salvan, esto
es, a nosotros, es poder de Dios.
19 Pues está escrito:
Destruiré la sabiduría de los sabios,
Y desecharé el entendimiento de los
entendidos.[f]
20 ¿Dónde está el sabio? ¿Dónde está el escriba? ¿Dónde está el disputador de este siglo?
¿No ha enloquecido Dios la sabiduría del
mundo?[g]
21 Pues ya que en la sabiduría de Dios, el
mundo no conoció a Dios mediante la sabiduría, agradó a Dios salvar a los creyentes por la
locura de la predicación.
22 Porque los judíos piden señales, y los griegos buscan sabiduría;
23 pero nosotros predicamos a Cristo crucificado, para los judíos ciertamente tropezadero,
y para los gentiles locura;

a. 1.2 Hch 18.1. **b. 1.12** Hch 18.24. **c. 1.14** Hch 18.8.
d. 1.14 Hch 19.29; Ro 16.23. **e. 1.16** 1 Co 16.15.
f. 1.19 Is 29.14. **g. 1.20** Is 44.25.

LECCIONES DE VIDA

1.2 — a la iglesia de Dios que está en Corinto, a los santificados en Cristo Jesús, llamados a ser santos.

Cada creyente en Jesús es *santificado*, es decir, separado para Dios, liberado del poder del pecado, y transformado activamente en su imagen. Por lo tanto, los cristianos somos llamados santos, miembros santificados de la familia de Dios, y deberíamos ser un pueblo «celoso de buenas obras» (Tit 2.14).

1.10 — Os ruego, pues, hermanos, por el nombre de nuestro Señor Jesucristo, que habléis todos una misma cosa, y que no haya entre vosotros divisiones, sino que estéis perfectamente unidos en una misma mente y en un mismo parecer.

Jesús oró por la unidad de sus seguidores antes de su arresto y crucifixión, y Pablo también hizo frecuentes llamados a que los creyentes «sean uno» (Jn 17.11, 22). La unidad gozosa de los cristianos es un testimonio poderoso al mundo de que el evangelio de amor que predicamos es real, único y poderoso, y es bienvenido todo aquel que crea en el Señor.

1.18 — la palabra de la cruz es locura a los que se pierden; pero a los que se salvan, esto es, a nosotros, es poder de Dios.

Las personas que tratan de conocer a Dios por su cuenta, aparte de lo que Él ha revelado en su Palabra, o que tratan de hacerse aceptables a Él en sus propios términos, sólo hallarán tristeza y destrucción (Pr 16.25). Todas las religiones del mundo excepto el cristianismo, tienen rituales por medio de los cuales sus miembros se esfuerzan por ganar la salvación. Tales sistemas se basan en el esfuerzo, apelan a la razón humana y a las expectativas culturales. No obstante, todos son inaceptables e inválidos porque glorifican al ser humano y no al Señor (Ef 2.8, 9; Tit 3.5).

1.23 — predicamos a Cristo crucificado, para los judíos ciertamente tropezadero, y para los gentiles locura.

Para los judíos, Cristo era un tropezadero porque ellos esperaban la llegada de un Rey conquistador que restauraría a Israel, no un Salvador que perdonaría sus pecados. No podían aceptar que Él fuese el cumplimiento

24 mas para los llamados, así judíos como
griegos, Cristo poder de Dios, y sabiduría de
Dios.
25 Porque lo insensato de Dios es más sabio
que los hombres, y lo débil de Dios es más
fuerte que los hombres.
26 Pues mirad, hermanos, vuestra vocación,
que no sois muchos sabios según la carne, ni
muchos poderosos, ni muchos nobles;
➤ 27 sino que lo necio del mundo escogió Dios,
para avergonzar a los sabios; y lo débil del
mundo escogió Dios, para avergonzar a lo
fuerte;
28 y lo vil del mundo y lo menospreciado
escogió Dios, y lo que no es, para deshacer
lo que es,
29 a fin de que nadie se jacte en su presencia.
30 Mas por él estáis vosotros en Cristo Jesús,
el cual nos ha sido hecho por Dios sabiduría,
justificación, santificación y redención;
31 para que, como está escrito: El que se gloría, gloríese en el Señor.[h]

Proclamando a Cristo crucificado

2 ASÍ que, hermanos, cuando fui a vosotros
para anunciaros el testimonio de Dios, no
fui con excelencia de palabras o de sabiduría.
➤ 2 Pues me propuse no saber entre vosotros cosa
alguna sino a Jesucristo, y a éste crucificado.
3 Y estuve entre vosotros con debilidad, y
mucho temor y temblor;[a]
➤ 4 y ni mi palabra ni mi predicación fue con
palabras persuasivas de humana sabiduría,
sino con demostración del Espíritu y de
poder,
5 para que vuestra fe no esté fundada en la
sabiduría de los hombres, sino en el poder
de Dios.

La revelación por el Espíritu de Dios

6 Sin embargo, hablamos sabiduría entre los
que han alcanzado madurez; y sabiduría, no
de este siglo, ni de los príncipes de este siglo,
que perecen.
7 Mas hablamos sabiduría de Dios en misterio, la sabiduría oculta, la cual Dios predestinó
antes de los siglos para nuestra gloria,
8 la que ninguno de los príncipes de este siglo
conoció; porque si la hubieran conocido, nunca habrían crucificado al Señor de gloria.
9 Antes bien, como está escrito: ➤

> Cosas que ojo no vio, ni oído oyó,
> Ni han subido en corazón de hombre,
> Son las que Dios ha preparado para los
> que le aman.[b]

10 Pero Dios nos las reveló a nosotros por el
Espíritu; porque el Espíritu todo lo escudriña,
aun lo profundo de Dios.
11 Porque ¿quién de los hombres sabe las
cosas del hombre, sino el espíritu del hombre que está en él? Así tampoco nadie conoció las cosas de Dios, sino el Espíritu de Dios.

h. 1.31 Jer 9.24. **a. 2.3** Hch 18.9. **b. 2.9** Is 64.4.

LECCIONES DE VIDA

de la ley y que tan solo fuera necesario tener fe en Él para ser salvos (Ro 9.31–33). Los griegos pensaban que un hombre que hubiese muerto en las condiciones más bajas de un criminal no podría ser Dios encarnado ni el Salvador del mundo. Jesús no se parecía en nada a su panteón de deidades mitológicas, por eso creer en Él les parecía irrazonable.

➤ ***1.27 — lo necio del mundo escogió Dios, para avergonzar a los sabios; y lo débil del mundo escogió Dios, para avergonzar a lo fuerte.***

Al Señor le encanta usar lo débil y despreciable del mundo que parece sin mayor importancia, personas rechazadas y sucesos cotidianos con el fin de demostrar su majestad, «para que la excelencia del poder sea de Dios, y no de nosotros» (2 Co 4.7).

➤ ***2.2 — me propuse no saber entre vosotros cosa alguna sino a Jesucristo, y a éste crucificado.***

Los corintios parecían gente inconstante y voluble que fácilmente se dejaban arrastrar por la última moda en filosofías falsas. Aunque Pablo tenía una gran mente y podía debatir bien, sabía muy bien que si presentaba el evangelio como un tratado intelectual, se estaría gloriando a sí mismo y no a Cristo. También sabía que los corintios necesitaban oír acerca de cómo la muerte de Cristo podía hacerlos libres del poder del pecado, no solo escuchar a un nuevo orador popular. Por eso el apóstol predicaba la verdad sencilla del evangelio que cambia vidas, sabiendo que Jesús había prometido: «Y yo, si fuere levantado de la tierra, a todos atraeré a mí mismo» (Jn 12.32).

➤ ***2.4, 5 — ni mi palabra ni mi predicación fue con palabras persuasivas de humana sabiduría, sino con demostración del Espíritu y de poder, para que vuestra fe no esté fundada en la sabiduría de los hombres, sino en el poder de Dios.***

Dios ha permitido que cada uno de nosotros tenga insuficiencias y debilidades, para que Él pueda brillar a través de nosotros. Aunque deberíamos organizar nuestros pensamientos acerca de nuestra fe y ser capaces de explicarla eficazmente a cualquiera que indague (1 P 3.15), debemos recordar que el poder del evangelio no radica en nuestras explicaciones cuidadosas sino en la poderosa resurrección de Cristo y su poder para atraer a sí mismo a la gente (Jn 6.44; 12.32).

➤ ***2.9, 10 — Cosas que ojo no vio, ni oído oyó… son las que Dios ha preparado para los que le aman. Pero Dios nos las reveló a nosotros por el Espíritu; porque el Espíritu todo lo escudriña, aun lo profundo de Dios.***

No tenemos la menor idea de todo lo que Dios quiere hacer en y a través de nosotros. Porque con nuestro entendimiento limitado, hasta nos tocaría imaginarnos todo a lo que tenemos acceso, como la intimidad con el Señor y el poder, la libertad y las bendiciones espirituales, así como la paz que nos pertenecen cuando nos convertimos en sus hijos (Ef 1). Pero Dios, quien es perfecto en su conocimiento y sabiduría, sí lo sabe, y su Espíritu Santo, quien habita en nosotros desde el momento de nuestra salvación, nos revela las profundidades de su propósito y su plan a través de su Palabra, cada vez que buscamos al Señor.

RESPUESTAS A PREGUNTAS DE LA VIDA

¿Cómo puedo comprender correctamente la verdad de Dios?

1 CO 2.9, 10

Siempre que Dios nos habla, *su primer objetivo es que podamos comprender la verdad.* Él desea que entendamos plenamente lo que nos quiere decir.

Dios nos ha dado a cada uno su Espíritu Santo. Como creyentes, podemos tener una relación personal con el Padre porque el Espíritu vive dentro de nosotros. El Espíritu Santo conoce perfectamente la mente de Dios (1 Co 2.10), y comunica a nuestros espíritus la verdad que Dios quiere que oigamos. Él quiere que crezcamos en tres áreas principales:

❶ *La verdad acerca de Él mismo.* Dios quiere que meditemos en su majestad, su santidad, su poder, su amor, su gracia y su gozo. Cuando empezamos a comprender estas verdades poderosas acerca de la persona de Dios, nuestras vidas son enriquecidas, habilitadas y energizadas. Pablo escribió que su aspiración máxima en la vida era conocer a Cristo (Fil 3.10).

❷ *La verdad acerca de nosotros mismos.* Dios quiere que entendamos cuál es nuestra parte en su plan eterno. Pero más que todo, Él quiere que sepamos cuál es nuestra posición en Cristo. Puesto que somos uno con Él, todos sus privilegios divinos llegan a ser nuestros. Su justicia es nuestra porque Él permanece en nosotros. Podemos apropiarnos de su sabiduría y su santificación porque le pertenecemos. Nuestros nombres están escritos en el libro de la vida del Cordero, y esto asegura nuestra calidad eterna como hijos de Dios.

❸ *La verdad acerca de nuestros semejantes.* Dios quiere que veamos a las personas como sus instrumentos escogidos y sus criaturas. Hace unos años Dios empezó a pulirme, a refinarme y a trasquilarme, a tal punto que llegué a pensar que me iba a quedar sin nada. Un amigo caminó junto a mí a lo largo de aquel valle profundo. En varios momentos, estoy seguro que mis palabras fueron ásperas, pero él nunca reaccionó. Tan solo me decía: «Te entiendo; ¿qué puedo hacer para ayudarte?» Mi amigo nunca me rechazó ni se mostró decepcionado de mí; nunca me amonestó airadamente. Cuando le expresaba mis sentimientos más intensos, él me manifestaba su cariño. Lloró conmigo, oró conmigo, rió conmigo y me escuchó pacientemente. Gracias a su amor indoblegable, establecimos un vínculo irrompible de amistad profunda que fortaleció mi propia intimidad con Dios.

Cuando empezamos a entender la verdad de quién es Dios, y adquirimos un mejor entendimiento de nosotros mismos así como de los demás, quedamos completamente equipados para ser siervos fructíferos y productivos en la tierra.

Para un estudio más a fondo, véase el Índice de Principios de vida:

10. *Si es necesario, Dios moverá cielo y tierra para mostrarnos su voluntad.*
3. *La Palabra de Dios es ancla inconmovible en las tormentas.*

12 Y nosotros no hemos recibido el espíritu
del mundo, sino el Espíritu que proviene de
Dios, para que sepamos lo que Dios nos ha
concedido,
13 lo cual también hablamos, no con palabras
enseñadas por sabiduría humana, sino con las
que enseña el Espíritu, acomodando lo espiritual a lo espiritual.

LECCIONES DE VIDA

➤ ***2.12 — nosotros no hemos recibido el espíritu del mundo, sino el Espíritu que proviene de Dios, para que sepamos lo que Dios nos ha concedido.***

Dios nunca quiere que adivinemos qué tenemos por delante ni qué deberíamos hacer. De hecho, si es necesario Él moverá cielo y tierra para mostrarnos su voluntad. Él nos ha dado su Palabra y su Espíritu para capacitarnos con poder de lo alto y ayudarnos a entender lo que ha planeado. Por esta razón es absolutamente esencial que permanezcamos fieles en oración y en el estudio de su Palabra, para que podamos andar con Él en una relación diaria y descubramos el plan y los principios conforme a los cuales quiere que vivamos.

➤ 14 Pero el hombre natural no percibe las cosas
que son del Espíritu de Dios, porque para él
son locura, y no las puede entender, porque se
han de discernir espiritualmente.
15 En cambio el espiritual juzga todas las
cosas; pero él no es juzgado de nadie.
➤ 16 Porque ¿quién conoció la mente del Señor?
¿Quién le instruirá?[c] Mas nosotros tenemos la
mente de Cristo.

Colaboradores de Dios

3 DE manera que yo, hermanos, no pude
hablaros como a espirituales, sino como a
carnales, como a niños en Cristo.
2 Os di a beber leche, y no vianda;[a] porque
aún no erais capaces, ni sois capaces todavía,
➤ 3 porque aún sois carnales; pues habiendo
entre vosotros celos, contiendas y disensiones,
¿no sois carnales, y andáis como hombres?
4 Porque diciendo el uno: Yo ciertamente soy
de Pablo; y el otro: Yo soy de Apolos,[b] ¿no sois
carnales?
5 ¿Qué, pues, es Pablo, y qué es Apolos? Servidores por medio de los cuales habéis creído; y eso según lo que a cada uno concedió
el Señor.
➤ 6 Yo planté,[c] Apolos regó;[d] pero el crecimiento lo ha dado Dios.
7 Así que ni el que planta es algo, ni el que riega, sino Dios, que da el crecimiento.
8 Y el que planta y el que riega son una misma cosa; aunque cada uno recibirá su recompensa conforme a su labor.
9 Porque nosotros somos colaboradores de
Dios, y vosotros sois labranza de Dios, edificio de Dios.
10 Conforme a la gracia de Dios que me ha
sido dada, yo como perito arquitecto puse el
fundamento, y otro edifica encima; pero cada
uno mire cómo sobreedifica.
11 Porque nadie puede poner otro fundamento
que el que está puesto, el cual es Jesucristo.
12 Y si sobre este fundamento alguno edificare oro, plata, piedras preciosas, madera, heno,
hojarasca,
13 la obra de cada uno se hará manifiesta; ➤
porque el día la declarará, pues por el fuego
será revelada; y la obra de cada uno cuál sea,
el fuego la probará.
14 Si permaneciere la obra de alguno que *
sobreedificó, recibirá recompensa.
15 Si la obra de alguno se quemare, él sufrirá ➤
pérdida, si bien él mismo será salvo, aunque
así como por fuego.

c. 2.16 Is 40.13. **a. 3.2** He 5.12-13. **b. 3.4** 1 Co 1.12. **c. 3.6** Hch 18.4-11. **d. 3.6** Hch 18.24-28.

LECCIONES DE VIDA

➤ ***2.14 — el hombre natural no percibe las cosas que son del Espíritu de Dios... y no las puede entender, porque se han de discernir espiritualmente.***

Satanás hará todo lo que pueda con tal de convencer a la gente de evitar o desviarse de la vida santificada que Dios nos ha llamado a vivir. El enemigo pretende convencernos que el pecado no le hace daño a nadie, y en muchos casos no es más que una diversión insignificante. Nos dice que los deseos de nuestros cuerpos deberían ser satisfechos porque son naturales. Sin embargo, entienda que sus deseos naturales no honran necesariamente al Señor, ni van a darle la gratificación que usted espera de ellos.

➤ ***2.16 — nosotros tenemos la mente de Cristo.***

En Jeremías 33.3 Dios dice: «Clama a mí, y yo te responderé, y te enseñaré cosas grandes y ocultas que tú no conoces». Hay cosas que nos son ocultas debido a nuestra perspectiva humana limitada. Sin embargo, todo le es conocido al Señor, y Él nos ha dado el privilegio de conocer su mente. Por lo tanto, deberíamos enfocar nuestros pensamientos en las cosas santas y aceptables de Dios, para que podamos empezar a ver y responder al mundo como Él, en verdad, en justicia y de acuerdo con su voluntad (Ro 12.2; 2 Co 10.5; Col 3.2).

➤ ***3.3 — pues habiendo entre vosotros celos, contiendas y disensiones, ¿no sois carnales, y andáis como hombres?***

Los creyentes dentro de la iglesia estaban librando altercados inútiles. Esta clase de contiendas sin sentido eran típicas de la ciudad de Corinto, donde mercaderes de casi todas las naciones acudían a vender sus artículos. Había competencia en todas partes, y Pablo estaba frustrado al ver que la naturaleza inmoral de la cultura seguía infectando a la iglesia que había fundado varios años atrás. Tristemente, aquellos creyentes no habían progresado espiritualmente y seguían enfrascados en sus viejas costumbres carnales.

➤ ***3.6 — Yo planté, Apolos regó; pero el crecimiento lo ha dado Dios.***

El asunto subyacente en muchas de las disensiones entre creyentes del Nuevo Testamento era determinar cuáles discípulos sostendrían más prominencia en la iglesia. Era evidente que los miembros de la iglesia estaban peleándose el poder, y lo que había empezado como un simple debate pasó a mayores, a una controversia generalizada que estaba dividiendo a la joven congregación. Por eso Pablo les recordó que existían por la gracia de Dios y para su gloria, no las suyas.

➤ ***3.13 — la obra de cada uno se hará manifiesta; porque el día la declarará, pues por el fuego será revelada; y la obra de cada uno cuál sea, el fuego la probará.***

Aquí Pablo habla acerca del juicio que los creyentes vamos a encarar, no en cuanto a la salvación sino a la calidad de nuestro servicio a Cristo. Esta advertencia iba dirigida a aquellos cuyo único objetivo era conseguir el poder y la prominencia en la iglesia. Cuando comparezcamos ante el Señor, será absolutamente claro lo que logramos hacer para Él por medio del Espíritu, y lo que hicimos en nuestras propias fuerzas. Dios conoce nuestros motivos, y nadie será capaz de objetar ni resistir su juicio.

➤ ***3.15 — Si la obra de alguno se quemare, él sufrirá pérdida, si bien él mismo será salvo, aunque así como por fuego.***

Cada creyente en Cristo ya tiene vida eterna, ese asunto quedó resuelto para siempre en la cruz. Ahora bien, las recompensas por el servicio son cuestión aparte. Algunos

16 ¿No sabéis que sois templo de Dios, y que
el Espíritu de Dios mora en vosotros?[e]
17 Si alguno destruyere el templo de Dios,
Dios le destruirá a él; porque el templo de
Dios, el cual sois vosotros, santo es.
18 Nadie se engañe a sí mismo; si alguno
entre vosotros se cree sabio en este siglo,
hágase ignorante, para que llegue a ser sabio.
19 Porque la sabiduría de este mundo es
insensatez para con Dios; pues escrito está: Él
prende a los sabios en la astucia de ellos.[f]
20 Y otra vez: El Señor conoce los pensamientos de los sabios, que son vanos.[g]
➤ 21 Así que, ninguno se gloríe en los hombres;
porque todo es vuestro:
22 sea Pablo, sea Apolos, sea Cefas, sea el
mundo, sea la vida, sea la muerte, sea lo presente, sea lo por venir, todo es vuestro,
23 y vosotros de Cristo, y Cristo de Dios.

El ministerio de los apóstoles

4 ASÍ, pues, ténganos los hombres por servidores de Cristo, y administradores de los
misterios de Dios.
2 Ahora bien, se requiere de los administradores, que cada uno sea hallado fiel.
3 Yo en muy poco tengo el ser juzgado por
vosotros, o por tribunal humano; y ni aun yo
me juzgo a mí mismo.
4 Porque aunque de nada tengo mala conciencia, no por eso soy justificado; pero el que me
juzga es el Señor.
➤ 5 Así que, no juzguéis nada antes de tiempo,
hasta que venga el Señor, el cual aclarará también lo oculto de las tinieblas, y manifestará las
intenciones de los corazones; y entonces cada
uno recibirá su alabanza de Dios.
6 Pero esto, hermanos, lo he presentado como
ejemplo en mí y en Apolos por amor de vosotros, para que en nosotros aprendáis a no pensar más de lo que está escrito, no sea que por
causa de uno, os envanezcáis unos contra otros.
7 Porque ¿quién te distingue? ¿o qué tienes que ➤
no hayas recibido? Y si lo recibiste, ¿por qué te
glorías como si no lo hubieras recibido?
8 Ya estáis saciados, ya estáis ricos, sin nosotros reináis. ¡Y ojalá reinaseis, para que nosotros reinásemos también juntamente con
vosotros!
9 Porque según pienso, Dios nos ha exhibido
a nosotros los apóstoles como postreros, como
a sentenciados a muerte; pues hemos llegado
a ser espectáculo al mundo, a los ángeles y a
los hombres.
10 Nosotros somos insensatos por amor de ➤
Cristo, mas vosotros prudentes en Cristo;
nosotros débiles, mas vosotros fuertes; vosotros honorables, mas nosotros despreciados.
11 Hasta esta hora padecemos hambre, tenemos sed, estamos desnudos, somos abofeteados, y no tenemos morada fija.
12 Nos fatigamos trabajando con nuestras
propias manos;[a] nos maldicen, y bendecimos;
padecemos persecución, y la soportamos.
13 Nos difaman, y rogamos; hemos venido a
ser hasta ahora como la escoria del mundo, el
desecho de todos.
14 No escribo esto para avergonzaros, sino ➤
para amonestaros como a hijos míos amados.
15 Porque aunque tengáis diez mil ayos en
Cristo, no tendréis muchos padres; pues en

e. 3.16 1 Co 6.19; 2 Co 6.16. **f. 3.19** Job 5.13.
g. 3.20 Sal 94.11. **a. 4.12** Hch 18.3.

LECCIONES DE VIDA

recibirán muchas y otros ninguna, pero todos de acuerdo a la verdad que comprendimos, las oportunidades que el Señor nos brindó para compartir esa verdad, y cómo respondimos en obediencia a Él.

➤ *3.21 — ninguno se gloríe en los hombres; porque todo es vuestro.*

Es absolutamente inútil preocuparse acerca de quién es más poderoso o más popular, y es contraproducente competir unos contra otros como creyentes. El Señor nos creó para trabajar *juntos*, no para ganar ventaja los unos sobre los otros. Él nos ha dado *toda* buena dádiva que tenemos, y debemos usar todos nuestros dones, recursos y talentos para su gloria, no la nuestra.

➤ *4.5 — no juzguéis nada antes de tiempo, hasta que venga el Señor, el cual aclarará también lo oculto de las tinieblas, y manifestará las intenciones de los corazones.*

Ninguno de nosotros está en posición de examinar los motivos del corazón humano, especialmente cuando se trata del servicio de otra persona al Señor. Mientras que la Biblia nos instruye que respondamos de cierta manera a la conducta pecaminosa (1 Co 5.2), no debemos juzgar las intenciones de nadie. Con frecuencia, nuestra opinión sobre sus acciones tiene que ver más con nuestras propias fallas que con las de la otra persona (Lc 6.36–49).

➤ *4.7 — ¿quién te distingue? ¿o qué tienes que no hayas recibido?*

En última, la arrogancia humana es inútil, porque *nada* logramos, sin usar los dones, los talentos, la energía, la inspiración y hasta el aliento mismo que Dios nos da.

➤ *4.10 — vosotros honorables, mas nosotros despreciados.*

Los corintios estaban discutiendo entre ellos acerca de quién tenía la visión correcta de la doctrina, pero en realidad era una tentativa de cada cual por distinguirse del resto y reclamar el ejercicio del poder en la iglesia. Pablo explicó que no buscaba ningún honor terrenal, y que el éxito de un cristiano no podía definirse en términos mundanos. Los celos son una combinación letal de miedo y orgullo, cuando nos preocupa que otra persona haya sido bendecida o sea más respetada más que nosotros. Las Escrituras son claras: esto no es lo que desea Dios para nosotros. Él quiere que nos fijemos en su voluntad y no en lo que otros tengan o hagan. Cuando nuestros corazones estén enfocados en Él, tendremos todo lo que necesitemos o queramos.

RESPUESTAS A PREGUNTAS DE LA VIDA

¿Existe un límite para el perdón de Dios?

1 CO 6.9–11

Quizá usted se haya preguntado:

- ¿Podré ser libre algún día del peso de mi pecado y mi culpa?
- ¿Será que Dios perdonará *todo* pecado que yo cometa?

¡Le tengo buenas noticias! Su amoroso Padre Celestial le perdonará *todos* sus pecados. Usted puede ser liberado(a) hoy de sus pecados si hace lo que Dios dice.

El apóstol Pablo abordó un caso escandaloso de inmoralidad sexual en la iglesia de Corinto: un hombre estaba involucrado sexualmente con su madrastra. Sobre ese telón de fondo, Pablo escribió: «No erréis; ni los fornicarios, ni los idólatras, ni los adúlteros, ni los afeminados, ni los que se echan con varones, ni los ladrones, ni los avaros, ni los borrachos, ni los maldicientes, ni los estafadores, heredarán el reino de Dios. Y esto erais algunos; mas ya habéis sido lavados, ya habéis sido santificados, ya habéis sido justificados en el nombre del Señor Jesús, y por el Espíritu de nuestro Dios» (1 Co 6.9–11).

Este pasaje contiene tres mensajes esenciales para nosotros.

Primero, nos dice que todo pecado es pecado. Dios no diferencia entre un tipo de pecado y otro. La mayoría de nosotros no pondríamos a los maldicientes en el mismo «bote de pecado» junto a los ladrones, pero pecado es pecado. Sin embargo, yo creo que algunos pecados tienden trampas de las que es más difícil salirse. El efecto del pecado sexual llega hasta lo profundo del alma. Es una trampa tan tremenda que a muchos les resulta complicado librarse, pero el amor de Dios y su capacidad para rescatar, perdonar y restaurar son mayores todavía. Hay misericordia en la cruz, y está disponible a todos los que se acerquen a Cristo.

Segundo, nos dice que el pecado es un estilo de vida o un estado de existencia. Pablo declaró que el pecado había sido la identidad de los corintios. El pecado se había convertido en una parte de su carácter que consumía todo lo demás. Pablo dijo que algunos de ellos antes habían sido *ladrones*, es decir, se habían dedicado a robar como un estilo de vida. El apóstol no dijo: «Algunos de ustedes bebieron más de la cuenta en más de una ocasión». Dijo que algunos en la iglesia de Corinto eran *borrachos.* El pecado no es simplemente algo que uno hace. Más bien, el pecado es lo que nosotros somos.

Tercero, nos dice que los pecados de todo tipo pueden ser perdonados. Pablo declaró: «Y esto *erais* algunos». A continuación, les recordó que ya no eran lo que habían sido, puesto que habían sido lavados, santificados y justificados en el nombre del Señor Jesús y por el Espíritu de Dios. Los corintios hallaron una nueva vida y una nueva identidad en Cristo Jesús. Usted también puede pasar por el mismo proceso.

Nada está más allá del perdón de Dios. Ningún pecado es demasiado grande ni demasiado atroz para que Dios no lo perdone. Ningún ser humano está tan hundido en el pecado, tan arraigado en un estilo de vida pervertido, ni tan inmerso en la maldad, que no pueda ser salvo. El único requisito para usted, es que acepte el perdón de Dios. ¿Está dispuesto(a) a hacerlo?

Para un estudio más a fondo, véase el Índice de Principios de vida:

12. *La paz con Dios es fruto de nuestra unidad con Él.*
26. *La adversidad es un puente que nos conduce a una relación más profunda con Dios.*

Cristo Jesús yo os engendré por medio del evangelio.
16 Por tanto, os ruego que me imitéis.[b]
17 Por esto mismo os he enviado a Timoteo, que es mi hijo amado y fiel en el Señor, el cual os recordará mi proceder en Cristo, de la manera que enseño en todas partes y en todas las iglesias.
18 Mas algunos están envanecidos, como si yo nunca hubiese de ir a vosotros.
19 Pero iré pronto a vosotros, si el Señor quiere, y conoceré, no las palabras, sino el poder de los que andan envanecidos.

b. 4.16 1 Co 11.1; Fil 3.17.

20 Porque el reino de Dios no consiste en
palabras, sino en poder.
21 ¿Qué queréis? ¿Iré a vosotros con vara, o
con amor y espíritu de mansedumbre?

Un caso de inmoralidad juzgado

5 DE cierto se oye que hay entre vosotros
fornicación, y tal fornicación cual ni aun
se nombra entre los gentiles; tanto que alguno
tiene la mujer de su padre.[a]
➤ 2 Y vosotros estáis envanecidos. ¿No debierais
más bien haberos lamentado, para que fuese
quitado de en medio de vosotros el que cometió tal acción?
3 Ciertamente yo, como ausente en cuerpo,
pero presente en espíritu, ya como presente he
juzgado al que tal cosa ha hecho.
4 En el nombre de nuestro Señor Jesucristo,
reunidos vosotros y mi espíritu, con el poder
de nuestro Señor Jesucristo,
➤ 5 el tal sea entregado a Satanás para destrucción de la carne, a fin de que el espíritu sea
salvo en el día del Señor Jesús.
6 No es buena vuestra jactancia. ¿No sabéis
que un poco de levadura leuda toda la masa?[b]
➤ 7 Limpiaos, pues, de la vieja levadura, para
que seáis nueva masa, sin levadura como sois;
porque nuestra pascua,[c] que es Cristo, ya fue
sacrificada por nosotros.
8 Así que celebremos la fiesta, no con la vieja levadura, ni con la levadura de malicia y de
maldad, sino con panes sin levadura,[d] de sinceridad y de verdad.
9 Os he escrito por carta, que no os juntéis con
los fornicarios;
10 no absolutamente con los fornicarios de
este mundo, o con los avaros, o con los ladrones, o con los idólatras; pues en tal caso os
sería necesario salir del mundo.
11 Más bien os escribí que no os juntéis con
ninguno que, llamándose hermano, fuere fornicario, o avaro, o idólatra, o maldiciente, o
borracho, o ladrón; con el tal ni aun comáis.
12 Porque ¿qué razón tendría yo para juzgar a
los que están fuera? ¿No juzgáis vosotros a los
que están dentro?
13 Porque a los que están fuera, Dios juzgará.
Quitad, pues, a ese perverso de entre vosotros.

Litigios delante de los incrédulos

6 ¿OSA alguno de vosotros, cuando tiene
algo contra otro, ir a juicio delante de los
injustos, y no delante de los santos?
2 ¿O no sabéis que los santos han de juzgar al
mundo? Y si el mundo ha de ser juzgado por
vosotros, ¿sois indignos de juzgar cosas muy
pequeñas?
3 ¿O no sabéis que hemos de juzgar a los
ángeles? ¿Cuánto más las cosas de esta vida?
4 Si, pues, tenéis juicios sobre cosas de esta
vida, ¿ponéis para juzgar a los que son de
menor estima en la iglesia?
5 Para avergonzaros lo digo. ¿Pues qué, no
hay entre vosotros sabio, ni aun uno, que pueda juzgar entre sus hermanos,
6 sino que el hermano con el hermano pleitea
en juicio, y esto ante los incrédulos?

a. 5.1 Dt 22.30. **b. 5.6** Gá 5.9. **c. 5.7** Éx 12.5. **d. 5.8** Éx 13.7; Dt 16.3.

LECCIONES DE VIDA

➤ ***4.14 — No escribo esto para avergonzaros, sino para amonestaros como a hijos míos amados.***

Pablo aprendió esa actitud de amor sincero de Cristo mismo. El Señor no nos corrige para humillarnos sino porque nos ama y quiere ahorrarnos el dolor que nuestras acciones pecaminosas siempre traen.

➤ ***5.2 — vosotros estáis envanecidos. ¿No debierais más bien haberos lamentado, para que fuese quitado de en medio de vosotros el que cometió tal acción?***

Aparentemente, los corintios se sentían orgullosos de su capacidad para tolerar un pecado tan escandaloso. Quizás se congratularon por tener la clase de amor que pasaba por alto una conducta que comúnmente merecía condenación. Sin embargo, esa tolerancia permitía que la iglesia permaneciera profanada. Además de arruinar su influencia en la comunidad, también estaba dañando el compañerismo fraternal, dividiendo a la congregación y sembrando confusión entre los creyentes nuevos.

➤ ***5.5 — el tal sea entregado a Satanás para destrucción de la carne, a fin de que el espíritu sea salvo en el día del Señor Jesús.***

El pecado desvergonzado y persistente por parte de los creyentes puede tener consecuencias serias, no solamente para los miembros de la iglesia sino también para quienes no creen en Cristo. Si sus seguidores no se diferencian del mundo, ¿por qué deberían ellos creer en Él? Muchas veces debemos permitir que la gente sufra todas las ramificaciones de sus acciones sin nuestra interferencia, con la esperanza de que se arrepientan de su pecado y se vuelvan a Dios.

➤ ***5.7 — nuestra pascua, que es Cristo, ya fue sacrificada.***

La celebración de la Pascua recordaba a los israelitas la gran provisión de Dios para ellos durante su éxodo de Egipto, cuando pusieron en sus puertas la sangre de un cordero sin defecto y Dios libró las vidas de sus hijos primogénitos (Éx 12). De manera similar, cuando la sangre de Jesús nos cubre, ya no tenemos que pagar el castigo de la muerte por nuestros pecados (Jn 1.29; Ef 1.7; 2.13; Col 1.20; He 9).

➤ ***5.11 — os escribí que no os juntéis con ninguno que, llamándose hermano, fuere fornicario, o avaro, o idólatra, o maldiciente, o borracho, o ladrón.***

Esta clase de disciplina en la iglesia no puede sonarle a muchos como una expresión de amor o benignidad en la actualidad. Pero el amor verdadero e incondicional obra para restaurar al pecador, no para tolerar el pecado, y en muchos casos esto significa permitir que las personas afronten las consecuencias plenas de sus acciones (1 Co 5.5). El amor piadoso también protege a quienes estarían tentados a comprometer su relación con Cristo, a causa del ejemplo del ofensor.

➢ 7 Así que, por cierto es ya una falta en vosotros
que tengáis pleitos entre vosotros mismos. ¿Por
qué no sufrís más bien el agravio? ¿Por qué no
sufrís más bien el ser defraudados?
8 Pero vosotros cometéis el agravio, y defrau-
dáis, y esto a los hermanos.
➢ 9 ¿No sabéis que los injustos no heredarán el
reino de Dios? No erréis; ni los fornicarios, ni
los idólatras, ni los adúlteros, ni los afeminados, ni los que se echan con varones,
10 ni los ladrones, ni los avaros, ni los borrachos, ni los maldicientes, ni los estafadores,
heredarán el reino de Dios.
11 Y esto erais algunos; mas ya habéis sido
lavados, ya habéis sido santificados, ya habéis
sido justificados en el nombre del Señor Jesús,
y por el Espíritu de nuestro Dios.

Glorificad a Dios en vuestro cuerpo

➢ 12 Todas las cosas me son lícitas, mas no todas
convienen;[a] todas las cosas me son lícitas, mas
yo no me dejaré dominar de ninguna.
13 Las viandas para el vientre, y el vientre
para las viandas; pero tanto al uno como a las
otras destruirá Dios. Pero el cuerpo no es para
la fornicación, sino para el Señor, y el Señor
para el cuerpo.
✻ 14 Y Dios, que levantó al Señor, también a
nosotros nos levantará con su poder.
15 ¿No sabéis que vuestros cuerpos son miembros de Cristo? ¿Quitaré, pues, los miembros
de Cristo y los haré miembros de una ramera?
De ningún modo.
16 ¿O no sabéis que el que se une con una
ramera, es un cuerpo con ella? Porque dice:
Los dos serán una sola carne.[b]
17 Pero el que se une al Señor, un espíritu es
con él.
18 Huid de la fornicación. Cualquier otro peca- ➢
do que el hombre cometa, está fuera del cuerpo;
mas el que fornica, contra su propio cuerpo peca.
19 ¿O ignoráis que vuestro cuerpo es templo ➢
del Espíritu Santo, el cual está en vosotros,[c] el
cual tenéis de Dios, y que no sois vuestros?
20 Porque habéis sido comprados por precio; ➢
glorificad, pues, a Dios en vuestro cuerpo y en
vuestro espíritu, los cuales son de Dios.

Problemas del matrimonio

7 EN cuanto a las cosas de que me escri-
bisteis, bueno le sería al hombre no tocar
mujer;
2 pero a causa de las fornicaciones, cada uno
tenga su propia mujer, y cada una tenga su
propio marido.
3 El marido cumpla con la mujer el deber conyugal, y asimismo la mujer con el marido.
4 La mujer no tiene potestad sobre su propio cuerpo, sino el marido; ni tampoco tiene

a. 6.12 1 Co 10.23. **b. 6.16** Gn 2.24. **c. 6.19** 1 Co 3.16; 2 Co 6.16.

LECCIONES DE VIDA

➢ ***6.7 — es ya una falta en vosotros que tengáis pleitos entre vosotros mismos.***

Cuando los cristianos se lanzan a pleitos legales en ejercicio de sus derechos, lo que se esconde por debajo de sus pretextos legales es con frecuencia avaricia, amargura, venganza y orgullo. Jesús nos advirtió: «si no perdonáis a los hombres sus ofensas, tampoco vuestro Padre os perdonará vuestras ofensas» (Mt 6.15). Debemos acudir a consejeros piadosos para facilitar la reconciliación, y debemos estar dispuestos a sacrificar nuestros derechos si ello significa proteger nuestro testimonio y la relación de la otra persona con Cristo (2 Ti 2.24–26).

➢ ***6.9 — ¿No sabéis que los injustos no heredarán el reino de Dios?***

Algo anda terriblemente mal cuando una persona que profesa tener fe en Cristo sigue viviendo conforme a los mismos patrones pecaminosos exhibidos antes de su salvación (1 Jn 2.4).

➢ ***6.12 — Todas las cosas me son lícitas, mas no todas convienen; todas las cosas me son lícitas, mas yo no me dejaré dominar de ninguna.***

Pablo no tenía interés alguno en permitir que los patrones pecaminosos de los que había escapado por la gracia de Dios, volvieran a esclavizarlo. El apóstol no preguntaba «¿eso qué tiene de malo?» tanto como «¿es esto parte de la voluntad del Señor para mí? ¿Le honrará y glorificará?»

➢ ***6.18 — Huid de la fornicación. Cualquier otro pecado que el hombre cometa, está fuera del cuerpo; mas el que fornica, contra su propio cuerpo peca.***

Todo pecado nos separa de Dios, pero el pecado sexual puede dañar profundamente el carácter humano. Aunque alguien pueda decir que lo que esté haciendo no hará daño a nadie más, lo cierto es que así es. Todo pecado tiene repercusiones amplias y de gran alcance. En últimas, el pecado sexual nos impide ser los testigos de Dios íntegros, valientes y poderosos que Él creó para reflejar a otros.

➢ ***6.19 — ¿O ignoráis que vuestro cuerpo es templo del Espíritu Santo, el cual está en vosotros, el cual tenéis de Dios, y que no sois vuestros?***

Cuando el Espíritu de Dios descendió sobre el tabernáculo (Éx 40) y más adelante sobre el templo (2 Cr 5) en el Antiguo Testamento, fue después de una consagración bastante extensa. Cada detalle, desde los sacerdotes y sus vestimentas hasta el inmobiliario, las ofrendas y los utensilios, tuvo que ser purificado de una manera específica. Esta consagración completa sucede en nosotros cuando confiamos en Jesús como nuestro Salvador y Él nos limpia de toda iniquidad y toda impureza.

➢ ***6.20 — habéis sido comprados por precio; glorificad, pues, a Dios en vuestro cuerpo.***

Nadie es dueño de su cuerpo, ya que o bien le pertenece a Dios, o está esclavizado por el pecado (Ro 6.6, 16–19). Si usted es un creyente, Jesús le redimió con su muerte en la cruz. Él no está siendo cruel cuando le manda abstenerse de la inmoralidad. Por el contrario, el Señor quiere que usted sea libre de los pecados que le enredan y le impiden ser todo lo que Él le ha llamado a ser. En lugar de ser controlado(a) por sus deseos pecaminosos, búsquelo a Él para que satisfaga todas sus necesidades más profundas y le dé a su vida significado y propósito.

el marido potestad sobre su propio cuerpo, sino la mujer.
➤5 No os neguéis el uno al otro, a no ser por algún tiempo de mutuo consentimiento, para ocuparos sosegadamente en la oración; y volved a juntaros en uno, para que no os tiente Satanás a causa de vuestra incontinencia.
6 Mas esto digo por vía de concesión, no por mandamiento.
7 Quisiera más bien que todos los hombres fuesen como yo; pero cada uno tiene su propio don de Dios, uno a la verdad de un modo, y otro de otro.
➤8 Digo, pues, a los solteros y a las viudas, que bueno les fuera quedarse como yo;
9 pero si no tienen don de continencia, cásense, pues mejor es casarse que estarse quemando.
10 Pero a los que están unidos en matrimonio, mando, no yo, sino el Señor: Que la mujer no se separe del marido;
11 y si se separa, quédese sin casar, o reconcíliese con su marido; y que el marido no abandone a su mujer.[a]
12 Y a los demás yo digo, no el Señor: Si algún hermano tiene mujer que no sea creyente, y ella consiente en vivir con él, no la abandone.
13 Y si una mujer tiene marido que no sea creyente, y él consiente en vivir con ella, no lo abandone.
14 Porque el marido incrédulo es santificado en la mujer, y la mujer incrédula en el marido; pues de otra manera vuestros hijos serían inmundos, mientras que ahora son santos.
15 Pero si el incrédulo se separa, sepárese; pues no está el hermano o la hermana sujeto a servidumbre en semejante caso, sino que a paz nos llamó Dios.
16 Porque ¿qué sabes tú, oh mujer, si quizá harás salvo a tu marido? ¿O qué sabes tú, oh marido, si quizá harás salva a tu mujer?
17 Pero cada uno como el Señor le repartió, y como Dios llamó a cada uno, así haga; esto ordeno en todas las iglesias.
18 ¿Fue llamado alguno siendo circunciso? Quédese circunciso. ¿Fue llamado alguno siendo incircunciso? No se circuncide.
19 La circuncisión nada es, y la incircuncisión nada es, sino el guardar los mandamientos de Dios. ➤
20 Cada uno en el estado en que fue llamado, en él se quede. ➤
21 ¿Fuiste llamado siendo esclavo? No te dé cuidado; pero también, si puedes hacerte libre, procúralo más.
22 Porque el que en el Señor fue llamado siendo esclavo, liberto es del Señor; asimismo el que fue llamado siendo libre, esclavo es de Cristo.
23 Por precio fuisteis comprados; no os hagáis esclavos de los hombres.
24 Cada uno, hermanos, en el estado en que fue llamado, así permanezca para con Dios.
25 En cuanto a las vírgenes no tengo mandamiento del Señor; mas doy mi parecer, como quien ha alcanzado misericordia del Señor para ser fiel.
26 Tengo, pues, esto por bueno a causa de la necesidad que apremia; que hará bien el hombre en quedarse como está.
27 ¿Estás ligado a mujer? No procures soltarte. ¿Estás libre de mujer? No procures casarte.
28 Mas también si te casas, no pecas; y si la doncella se casa, no peca; pero los tales tendrán aflicción de la carne, y yo os la quisiera evitar.
29 Pero esto digo, hermanos: que el tiempo es corto; resta, pues, que los que tienen esposa sean como si no la tuviesen;

a. 7.10-11 Mt 5.32; 19.9; Mr 10.11-12; Lc 16.18.

LECCIONES DE VIDA

➤ ***7.5 — No os neguéis el uno al otro, a no ser por algún tiempo de mutuo consentimiento, para ocuparos sosegadamente en la oración; y volved a juntaros en uno.***

La expresión sexual es una parte vital de todo matrimonio cristiano. Las parejas creyentes deberían abstenerse de ella únicamente (1) por consentimiento mutuo, (2) por un tiempo limitado, y (3) por una necesidad específica de oración.

➤ ***7.8 — Digo, pues, a los solteros y a las viudas, que bueno les fuera quedarse como yo.***

Hay muchas personas que se precipitan a casarse porque anhelan seguridad, aceptación, compañía y amor. También porque quieren ser como el resto de la sociedad. Sin embargo, tomar *cualquier* decisión sin la guía de Dios puede ser devastador, especialmente una como el matrimonio que afecta el resto de su vida. Por lo tanto, tanto en el matrimonio como en todo lo demás, recuerde que el plan de Dios para su vida es lo mejor, y que Él actúa a favor de quienes esperan en Él.

➤ ***7.19 — La circuncisión nada es, y la incircuncisión nada es, sino el guardar los mandamientos de Dios.***

Los rituales nos ayudan solamente en la medida en que nos ayuden a fijarnos en Dios. No tienen valor intrínseco alguno. Dios valora la obediencia devota mucho más que la adherencia a regulaciones religiosas (1 S 15.22; Fil 3.3).

➤ ***7.20 — Cada uno en el estado en que fue llamado, en él se quede.***

En el Areópago, Pablo explicó: «de una sangre ha hecho todo el linaje de los hombres, para que habiten sobre toda la faz de la tierra; y les ha prefijado el orden de los tiempos, y los límites de su habitación» (Hch 17.26). En otras palabras, Dios ha escogido el período histórico en que le tocó vivir, así como su ubicación exacta y los dones específicos que tiene para el propósito de servirlo a Él. Usted no es un error; sus puntos fuertes, sus puntos débiles y su situación en la vida son parte de su plan para ser glorificado a través de usted. Su ministerio no empieza algún día en el futuro cuando sus circunstancias cambien. Empieza en el momento que usted cree en Cristo. Sírvalo en obediencia, teniendo esto muy en cuenta.

Ejemplos de vida

BERNABÉ

Siempre con una palabra de ánimo

1 CO 9.6

Donde fuera Bernabé, los rostros de las personas se iluminaban. Todos contaban con que su presencia trajera una palabra amable, una sugerencia útil y cargada de ánimo.

De hecho, así fue como recibió su nombre. Nació como un levita de Chipre a quien llamaron José, pero sus típicas expresiones de alegría y confianza hicieron que los apóstoles le pusieran el sobrenombre *Bernabé*, que significa «Hijo de consolación» (Hch 4.36).

Sin Bernabé, quizás no habría surgido alguien conocido como el apóstol Pablo. Fue Bernabé quien presentó a Saulo a la iglesia, mientras todos los demás le tuvieron miedo (Hch 9.26–30). Además, cuando los apóstoles enviaron a Bernabé a hacer una visita de rutina a una iglesia joven, él «exhortó a todos a que con propósito de corazón permaneciesen fieles al Señor. Porque era varón bueno, y lleno del Espíritu Santo y de fe» (Hch 11.23, 24).

¿No le parece que nos convendría mucho tener más creyentes como Bernabé? ¿Sería usted uno de ellos?

Para un estudio más a fondo, véase el Índice de Principios de vida:

25. Dios nos bendice para que nosotros podamos bendecir a otros.

28. Ningún creyente ha sido llamado a transitar solitario en su peregrinaje de fe.

30 y los que lloran, como si no llorasen; y los
que se alegran, como si no se alegrasen; y los
que compran, como si no poseyesen;
31 y los que disfrutan de este mundo, como si
no lo disfrutasen; porque la apariencia de este
mundo se pasa.
32 Quisiera, pues, que estuvieseis sin congoja.
El soltero tiene cuidado de las cosas del Señor,
de cómo agradar al Señor;
33 pero el casado tiene cuidado de las cosas
del mundo, de cómo agradar a su mujer.
34 Hay asimismo diferencia entre la casada y la
doncella. La doncella tiene cuidado de las cosas
del Señor, para ser santa así en cuerpo como en
espíritu; pero la casada tiene cuidado de las
cosas del mundo, de cómo agradar a su marido.
35 Esto lo digo para vuestro provecho; no
para tenderos lazo, sino para lo honesto y
decente, y para que sin impedimento os acerquéis al Señor.
36 Pero si alguno piensa que es impropio para
su hija virgen que pase ya de edad, y es necesario que así sea, haga lo que quiera, no peca;
que se case.
37 Pero el que está firme en su corazón, sin
tener necesidad, sino que es dueño de su propia voluntad, y ha resuelto en su corazón
guardar a su hija virgen, bien hace.
38 De manera que el que la da en casamiento hace bien, y el que no la da en casamiento hace mejor.
39 La mujer casada está ligada por la ley
mientras su marido vive; pero si su marido
muriere, libre es para casarse con quien quiera, con tal que sea en el Señor.
40 Pero a mi juicio, más dichosa será si se
quedare así; y pienso que también yo tengo el
Espíritu de Dios.

Lo sacrificado a los ídolos

8 EN cuanto a lo sacrificado a los ídolos, ➤
sabemos que todos tenemos conocimiento.
El conocimiento envanece, pero el amor edifica.
2 Y si alguno se imagina que sabe algo, aún no
sabe nada como debe saberlo.
3 Pero si alguno ama a Dios, es conocido por él.
4 Acerca, pues, de las viandas que se sacrifican a los ídolos, sabemos que un ídolo nada es
en el mundo, y que no hay más que un Dios.
5 Pues aunque haya algunos que se llamen
dioses, sea en el cielo, o en la tierra (como hay
muchos dioses y muchos señores),
6 para nosotros, sin embargo, sólo hay un ➤
Dios, el Padre, del cual proceden todas las
cosas, y nosotros somos para él; y un Señor,
Jesucristo, por medio del cual son todas las
cosas, y nosotros por medio de él.

LECCIONES DE VIDA

➤ ***8.1 — El conocimiento envanece, pero el amor edifica.***

Dios quiere que sigamos aprendiendo acerca de Él y sus caminos, no meramente para añadir a nuestra base de datos y conocimiento ni para promovernos a nosotros mismos, sino para prestar un mejor servicio a Él y a su pueblo. El conocimiento que es guiado por el Espíritu y expresado con amor piadoso puede ser una herramienta poderosa que Él usa para transformar la vida de una persona.

7 Pero no en todos hay este conocimiento;
porque algunos, habituados hasta aquí a los
ídolos, comen como sacrificado a ídolos, y su
conciencia, siendo débil, se contamina.
➤8 Si bien la vianda no nos hace más aceptos
ante Dios; pues ni porque comamos seremos
más, ni porque no comamos, seremos menos.
➤9 Pero mirad que esta libertad vuestra no venga a ser tropezadero para los débiles.
10 Porque si alguno te ve a ti, que tienes conocimiento, sentado a la mesa en un lugar de ídolos,
la conciencia de aquel que es débil, ¿no será esti-
mulada a comer de lo sacrificado a los ídolos?
➤11 Y por el conocimiento tuyo, se perderá el
hermano débil por quien Cristo murió.
12 De esta manera, pues, pecando contra los
hermanos e hiriendo su débil conciencia, contra Cristo pecáis.
13 Por lo cual, si la comida le es a mi hermano
ocasión de caer, no comeré carne jamás, para
no poner tropiezo a mi hermano.

Los derechos de un apóstol

9 ¿NO soy apóstol? ¿No soy libre? ¿No he
visto a Jesús el Señor nuestro? ¿No sois
vosotros mi obra en el Señor?
➤2 Si para otros no soy apóstol, para vosotros
ciertamente lo soy; porque el sello de mi apostolado sois vosotros en el Señor.
3 Contra los que me acusan, ésta es mi defensa:
4 ¿Acaso no tenemos derecho de comer y
beber?
5 ¿No tenemos derecho de traer con nosotros una hermana por mujer como también
los otros apóstoles, y los hermanos del Señor,
y Cefas?
6 ¿O sólo yo y Bernabé no tenemos derecho
de no trabajar?
7 ¿Quién fue jamás soldado a sus propias
expensas? ¿Quién planta viña y no come de su
fruto? ¿O quién apacienta el rebaño y no toma
de la leche del rebaño?
8 ¿Digo esto sólo como hombre? ¿No dice esto
también la ley?
9 Porque en la ley de Moisés está escrito: No
pondrás bozal al buey que trilla.[a] ¿Tiene Dios
cuidado de los bueyes,
10 o lo dice enteramente por nosotros? Pues
por nosotros se escribió; porque con esperanza debe arar el que ara, y el que trilla, con
esperanza de recibir del fruto.
11 Si nosotros sembramos entre vosotros lo
espiritual, ¿es gran cosa si segáremos de vosotros lo material?[b]
12 Si otros participan de este derecho sobre
vosotros, ¿cuánto más nosotros? Pero no
hemos usado de este derecho, sino que lo
soportamos todo, por no poner ningún obstáculo al evangelio de Cristo.
13 ¿No sabéis que los que trabajan en las
cosas sagradas, comen del templo, y que los
que sirven al altar, del altar participan?[c]
14 Así también ordenó el Señor a los que anuncian el evangelio, que vivan del evangelio.[d]
15 Pero yo de nada de esto me he aprovechado, ni tampoco he escrito esto para que se

a. 9.9 Dt 25.4. **b. 9.11** Ro 15.27. **c. 9.13** Dt 18.1. **d. 9.14** Mt 10.10; Lc 10.7.

LECCIONES DE VIDA

➤ ***8.6 — sólo hay un Dios, el Padre, del cual proceden todas las cosas, y nosotros somos para él; y un Señor, Jesucristo, por medio del cual son todas las cosas, y nosotros por medio de él.***

La sociedad corintia estaba repleta de ídolos y dioses falsos. Por eso Pablo fue claro: no existe otra deidad aparte de Dios. No servimos a uno entre muchos, servimos al *único* Señor. Somos creados por Él, existimos para Él, y podemos vivir eternamente en virtud de su gracia incomparable.

➤ ***8.8 — la vianda no nos hace más aceptos ante Dios; pues ni porque comamos, seremos más, ni porque no comamos, seremos menos.***

Gran parte de la carne que se vendía en el mercado de Corinto y a través del mundo antiguo provenía de sacrificios ofrecidos en los diversos templos paganos. A algunos creyentes les preocupaba que se estuvieran contaminando involuntariamente o que de algún modo rindieran culto a esos dioses falsos por el hecho de consumir esa carne. Pablo explicó que por cuanto no nos salvamos por el alimento que comamos o evitemos comer, no tenía nada de malo comer esa carne.

➤ ***8.9 — mirad que esta libertad vuestra no venga a ser tropezadero para los débiles.***

Pablo enseñó que el hecho de comer carne no tenía nada de malo, pero sí advirtió que a veces las personas que no sean tan maduras en su relación con Dios podrían no entender nuestra decisión, y por eso deberíamos evitar hacer cualquier cosa que pudiera debilitar su fe. Con frecuencia pensamos sobre un asunto en términos de nuestras necesidades y nuestros derechos, pero Pablo tenía un punto de vista completamente distinto. El apóstol lo hacía todo con la visión de honrar a Dios, ganar otros para Cristo y edificar a los creyentes.

➤ ***8.11 — por el conocimiento tuyo, se perderá el hermano débil por quien Cristo murió.***

Jesús enseñó: «Nadie tiene mayor amor que este, que uno ponga su vida por sus amigos» (Jn 15.13). Deberíamos estar dispuestos a dar nuestras vidas por el evangelio, pero a veces la pregunta es: ¿estamos dispuestos a sacrificar nuestros prejuicios, nuestras tendencias, nuestras opiniones, nuestros derechos e ideologías políticas, para que otros puedan conocer su salvación? En amor, debemos siempre desear lo mejor para nuestros hermanos y hermanas en el Señor, aun si ello signifique negarnos a nosotros mismos.

➤ ***9.2 — el sello de mi apostolado sois vosotros en el Señor.***

Algunos de los corintios cuestionaban las credenciales de Pablo como siervo del Señor. Sin embargo, ellos mismos eran la evidencia del apostolado de Pablo, porque había llevado a muchos de ellos a la fe en Cristo (Jn 15.4, 5).

haga así conmigo; porque prefiero morir, antes
que nadie desvanezca esta mi gloria.
16 Pues si anuncio el evangelio, no tengo por
qué gloriarme; porque me es impuesta necesidad; y ¡ay de mí si no anunciare el evangelio!
➢ 17 Por lo cual, si lo hago de buena voluntad,
recompensa tendré; pero si de mala voluntad, la comisión me ha sido encomendada.
18 ¿Cuál, pues, es mi galardón? Que predicando el evangelio, presente gratuitamente
el evangelio de Cristo, para no abusar de mi
derecho en el evangelio.
19 Por lo cual, siendo libre de todos, me he hecho
siervo de todos para ganar a mayor número.
20 Me he hecho a los judíos como judío, para
ganar a los judíos; a los que están sujetos a la
ley (aunque yo no esté sujeto a la ley) como
sujeto a la ley, para ganar a los que están sujetos a la ley;
21 a los que están sin ley, como si yo estuviera sin ley (no estando yo sin ley de Dios, sino
bajo la ley de Cristo), para ganar a los que
están sin ley.
➢ 22 Me he hecho débil a los débiles, para ganar
a los débiles; a todos me he hecho de todo,
para que de todos modos salve a algunos.
23 Y esto hago por causa del evangelio, para
hacerme copartícipe de él.
➢ 24 ¿No sabéis que los que corren en el estadio, todos a la verdad corren, pero uno solo
se lleva el premio? Corred de tal manera que
lo obtengáis.
* 25 Todo aquel que lucha, de todo se abstiene; ellos, a la verdad, para recibir una corona
corruptible, pero nosotros, una incorruptible.
26 Así que, yo de esta manera corro, no como
a la ventura; de esta manera peleo, no como
quien golpea el aire,
27 sino que golpeo mi cuerpo, y lo pongo en
servidumbre, no sea que habiendo sido heraldo
para otros, yo mismo venga a ser eliminado.

Amonestaciones contra la idolatría

10 PORQUE no quiero, hermanos, que
ignoréis que nuestros padres todos estuvieron bajo la nube,[a] y todos pasaron el mar;[b]
2 y todos en Moisés fueron bautizados en la
nube y en el mar,
3 y todos comieron el mismo alimento espiritual,[c]
4 y todos bebieron la misma bebida espiritual;[d]
porque bebían de la roca espiritual que los
seguía, y la roca era Cristo.
5 Pero de los más de ellos no se agradó Dios;
por lo cual quedaron postrados en el desierto.[e]
6 Mas estas cosas sucedieron como ejemplos
para nosotros, para que no codiciemos cosas
malas, como ellos codiciaron.[f]
7 Ni seáis idólatras, como algunos de ellos,
según está escrito: Se sentó el pueblo a comer
y a beber, y se levantó a jugar.[g]
8 Ni forniquemos, como algunos de ellos fornicaron, y cayeron en un día veintitrés mil.[h]
9 Ni tentemos al Señor, como también algunos de ellos le tentaron, y perecieron por las
serpientes.[i]
10 Ni murmuréis, como algunos de ellos murmuraron, y perecieron por el destructor.[j]
11 Y estas cosas les acontecieron como ejem- ➤
plo, y están escritas para amonestarnos a
nosotros, a quienes han alcanzado los fines
de los siglos.
12 Así que, el que piensa estar firme, mire que
no caiga.
13 No os ha sobrevenido ninguna tentación *
que no sea humana; pero fiel es Dios, que no os ➤
dejará ser tentados más de lo que podéis resistir, sino que dará también juntamente con la
tentación la salida, para que podáis soportar.
14 Por tanto, amados míos, huid de la idolatría.
15 Como a sensatos os hablo; juzgad vosotros
lo que digo.
16 La copa de bendición que bendecimos, ¿no
es la comunión de la sangre de Cristo? El pan
que partimos, ¿no es la comunión del cuerpo
de Cristo?[k]

a. 10.1 Éx 13.21-22. **b. 10.1** Éx 14.22-29. **c. 10.3** Éx 16.35.
d. 10.4 Éx 17.6; Nm 20.11. **e. 10.5** Nm 14.29-30.
f. 10.6 Nm 11.4. **g. 10.7** Éx 32.6. **h. 10.8** Nm 25.1-18.
i. 10.9 Nm 21.5-6. **j. 10.10** Nm 16.41-49.
k. 10.16 Mt 26.26-28; Mr 14.22-24; Lc 22.19-20.

LECCIONES DE VIDA

➢ ***9.17 — si lo hago de buena voluntad, recompensa tendré; pero si de mala voluntad, la comisión me ha sido encomendada.***

Es un gran privilegio servir al Señor, pero también es nuestro deber sagrado. Lo asombroso es que Dios ha prometido saciar todas nuestras necesidades y recompensarnos ricamente por obedecerlo, algo que deberíamos hacer simplemente por ser Él quien es.

➢ ***9.22 — a todos me he hecho de todo, para que de todos modos salve a algunos.***

Pablo nunca cedió en sus convicciones ni en su llamado, pero estuvo más que dispuesto a establecer puntos en común y encontrar a su auditorio dondequiera que sus oyentes estuviesen. Por encima de todo, él quería conducir personas a la vida en Cristo.

➢ ***9.24 — ¿No sabéis que los que corren en el estadio, todos a la verdad corren, pero uno solo se lleva el premio? Corred de tal manera que lo obtengáis.***

Pablo se refería a los juegos ístmicos que se realizaban en Corinto. Quería recordarle a la iglesia que así como un atleta no deja de entrenar, tampoco debemos dejar de buscar y obedecer a Dios. No lograremos mucho si no acogemos el propósito del Señor para nuestras vidas y cumplimos tal propósito con constancia, dedicación y disciplina.

➢ ***10.11 — estas cosas les acontecieron como ejemplo, y están escritas para amonestarnos a nosotros.***

Todo el contenido de la Palabra de Dios está en función de servirnos como ejemplo, advertencia y exhortación (Ro 15.4). Debemos examinar lo que el pueblo de Dios hizo

17 Siendo uno solo el pan, nosotros, con ser
muchos, somos un cuerpo; pues todos participamos de aquel mismo pan.
18 Mirad a Israel según la carne; los que
comen de los sacrificios, ¿no son partícipes
del altar?[l]
19 ¿Qué digo, pues? ¿Que el ídolo es algo, o
que sea algo lo que se sacrifica a los ídolos?
20 Antes digo que lo que los gentiles sacrifican, a los demonios lo sacrifican, y no a
Dios;[m] y no quiero que vosotros os hagáis partícipes con los demonios.
21 No podéis beber la copa del Señor, y la copa
de los demonios; no podéis participar de la
mesa del Señor, y de la mesa de los demonios.
22 ¿O provocaremos a celos al Señor?[n] ¿Somos
más fuertes que él?

Haced todo para la gloria de Dios

➤ 23 Todo me es lícito, pero no todo conviene;[o]
todo me es lícito, pero no todo edifica.
24 Ninguno busque su propio bien, sino el
del otro.
25 De todo lo que se vende en la carnicería,
comed, sin preguntar nada por motivos de
conciencia;
26 porque del Señor es la tierra y su plenitud.[p]
27 Si algún incrédulo os invita, y queréis ir,
de todo lo que se os ponga delante comed, sin
preguntar nada por motivos de conciencia.
28 Mas si alguien os dijere: Esto fue sacrificado
a los ídolos; no lo comáis, por causa de aquel
que lo declaró, y por motivos de conciencia;
porque del Señor es la tierra y su plenitud.
29 La conciencia, digo, no la tuya, sino la del
otro. Pues ¿por qué se ha de juzgar mi libertad
por la conciencia de otro?
30 Y si yo con agradecimiento participo, ¿por
qué he de ser censurado por aquello de que
doy gracias?
31 Si, pues, coméis o bebéis, o hacéis otra ➤
cosa, hacedlo todo para la gloria de Dios.
32 No seáis tropiezo ni a judíos, ni a gentiles,
ni a la iglesia de Dios;
33 como también yo en todas las cosas agrado ➤
a todos, no procurando mi propio beneficio,
sino el de muchos, para que sean salvos.

11 SED imitadores de mí,[a] así como yo de
Cristo.

Atavío de las mujeres

2 Os alabo, hermanos, porque en todo os acordáis de mí, y retenéis las instrucciones tal
como os las entregué.
3 Pero quiero que sepáis que Cristo es la cabeza de todo varón, y el varón es la cabeza de la
mujer, y Dios la cabeza de Cristo.
4 Todo varón que ora o profetiza con la cabeza cubierta, afrenta su cabeza.
5 Pero toda mujer que ora o profetiza con la
cabeza descubierta, afrenta su cabeza; porque
lo mismo es que si se hubiese rapado.
6 Porque si la mujer no se cubre, que se corte también el cabello; y si le es vergonzoso a
la mujer cortarse el cabello o raparse, que se
cubra.
7 Porque el varón no debe cubrirse la cabeza,
pues él es imagen y gloria de Dios;[b] pero la
mujer es gloria del varón.

l. 10.18 Lv 7.6. **m. 10.20** Dt 32.17. **n. 10.22** Dt 32.21. **o. 10.23** 1 Co 6.12. **p. 10.26** Sal 24.1. **a. 11.1** 1 Co 4.16; Fil 3.17. **b. 11.7** Gn 1.26.

LECCIONES DE VIDA

en el pasado y de qué modo sus decisiones afectaron su relación con Él, para que avancemos sabiamente en nuestro propio peregrinaje de fe.

➤ ***10.13 — fiel es Dios, que no os dejará ser tentados más de lo que podéis resistir, sino que dará también juntamente con la tentación la salida, para que podáis soportar.***

Enfrentaremos tentaciones al igual que los santos del Antiguo Testamento, pero no tenemos que elegir la desobediencia a Dios. ¿Por qué? Porque el poder del pecado sobre nosotros quedó derrotado en la cruz. Si hemos confiado en Cristo como nuestro Salvador, su Espíritu vive en nosotros, dándonos el poder y la sabiduría para vencer nuestros impulsos pecaminosos, de tal manera que podamos obedecer a Dios. Por eso, cada vez que sea tentado(a), pídale a Dios que le recuerde las consecuencias terribles que acompañan la transgresión, y que llene su corazón de amor y obediencia a Él, porque esa es una manera segura de escape.

➤ ***10.23 — Todo me es lícito, pero no todo conviene; todo me es lícito, pero no todo edifica.***

Como creyentes, hemos sido perdonados de *todo* nuestro pecado y tenemos garantizada la salvación. Nada hay que podamos hacer para perder lo que Cristo nos ha dado gratuitamente. Aunque nada ni nadie puede quitarnos la salvación, no todas las cosas son beneficiosas para nuestro andar con Dios. Por lo tanto, no debemos limitarnos solamente a preguntar: «¿Será que esta conducta o acción es buena?» También debemos preguntar: «¿Contribuye esto a mi relación con el Señor y a mi testimonio a los perdidos?» Dios quiere que vayamos más allá de meramente debatir si algo es bueno o malo, y más bien que elijamos aquellas acciones que estén alineadas con su voluntad y edifiquen la fe de los demás.

➤ ***10.31 — Si, pues, coméis o bebéis, o hacéis otra cosa, hacedlo todo para la gloria de Dios.***

Sería difícil encontrar un mejor criterio de conducta que este. Antes de emprender cualquier acción, pregúntese: «¿Puedo hacer esto para la gloria de Dios? ¿Esta acción lo representaría de una manera digna de su nombre?»

➤ ***10.33 — también yo en todas las cosas agrado a todos, no procurando mi propio beneficio, sino el de muchos, para que sean salvos.***

Los no creyentes están tratando de llenar el vacío que hay en sus vidas. Es por eso que practican todo tipo de conductas pecaminosas. Tristemente, sus actividades impías solamente los dejan sintiéndose más vacíos, más solos y más desalentados. Lo que necesitan es a Jesús, y usted puede presentárselos si se mantiene fuerte y obediente.

8 Porque el varón no procede de la mujer, sino
la mujer del varón,
9 y tampoco el varón fue creado por causa de
la mujer, sino la mujer por causa del varón.[c]
10 Por lo cual la mujer debe tener señal de
autoridad sobre su cabeza, por causa de los
ángeles.
11 Pero en el Señor, ni el varón es sin la mujer,
ni la mujer sin el varón;
12 porque así como la mujer procede del
varón, también el varón nace de la mujer; pero
todo procede de Dios.
13 Juzgad vosotros mismos: ¿Es propio que la
mujer ore a Dios sin cubrirse la cabeza?
14 La naturaleza misma ¿no os enseña que
al varón le es deshonroso dejarse crecer el
cabello?
15 Por el contrario, a la mujer dejarse crecer
el cabello le es honroso; porque en lugar de
velo le es dado el cabello.
16 Con todo eso, si alguno quiere ser contencioso, nosotros no tenemos tal costumbre, ni
las iglesias de Dios.

Abusos en la Cena del Señor

17 Pero al anunciaros esto que sigue, no os
alabo; porque no os congregáis para lo mejor,
sino para lo peor.
18 Pues en primer lugar, cuando os reunís
como iglesia, oigo que hay entre vosotros divisiones; y en parte lo creo.
19 Porque es preciso que entre vosotros haya
disensiones, para que se hagan manifiestos
entre vosotros los que son aprobados.
➤ 20 Cuando, pues, os reunís vosotros, esto no
es comer la cena del Señor.
21 Porque al comer, cada uno se adelanta a
tomar su propia cena; y uno tiene hambre, y
otro se embriaga.
22 Pues qué, ¿no tenéis casas en que comáis y
bebáis? ¿O menospreciáis la iglesia de Dios, y
avergonzáis a los que no tienen nada? ¿Qué os
diré? ¿Os alabaré? En esto no os alabo.

Institución de la Cena del Señor

(Mt 26.26-29; Mr 14.22-25; Lc 22.14-20)

23 Porque yo recibí del Señor lo que también
os he enseñado: Que el Señor Jesús, la noche
que fue entregado, tomó pan;
24 y habiendo dado gracias, lo partió, y dijo:
Tomad, comed; esto es mi cuerpo que por vosotros es partido; haced esto en memoria de mí.
25 Asimismo tomó también la copa, después
de haber cenado, diciendo: Esta copa es el nuevo pacto[d] en mi sangre;[e] haced esto todas las
veces que la bebiereis, en memoria de mí.
26 Así, pues, todas las veces que comiereis ➤
este pan, y bebiereis esta copa, la muerte del
Señor anunciáis hasta que él venga.

Tomando la Cena indignamente

27 De manera que cualquiera que comiere
este pan o bebiere esta copa del Señor indignamente, será culpado del cuerpo y de la sangre del Señor.
28 Por tanto, pruébese cada uno a sí mismo, y
coma así del pan, y beba de la copa.
29 Porque el que come y bebe indignamente,
sin discernir el cuerpo del Señor, juicio come
y bebe para sí.
30 Por lo cual hay muchos enfermos y debili-
tados entre vosotros, y muchos duermen.
31 Si, pues, nos examinásemos a nosotros
mismos, no seríamos juzgados;
32 mas siendo juzgados, somos castigados ➤
por el Señor, para que no seamos condenados
con el mundo.
33 Así que, hermanos míos, cuando os reunís
a comer, esperaos unos a otros.
34 Si alguno tuviere hambre, coma en su casa,
para que no os reunáis para juicio. Las demás
cosas las pondré en orden cuando yo fuere.

Dones espirituales

12 NO quiero, hermanos, que ignoréis
acerca de los dones espirituales.

c. 11.8-9 Gn 2.18-23. **d. 11.25** Jer 31.31-34.
e. 11.25 Éx 24.6-8.

LECCIONES DE VIDA

➤ 11.20 — Cuando, pues, os reunís vosotros, esto no es comer la cena del Señor.

Cada vez que la iglesia efectuaba la Cena del Señor, era en conmemoración de la última pascua que Jesús celebró con sus discípulos (Mt 26.20–30; Mr 14.17–26; Lc 22.1–23; Jn 13—17). Lamentablemente, la práctica de la celebración en la iglesia de Corinto ya no reflejaba el espíritu de la Cena del Señor. En lugar de honrar al Señor en compañerismo con los hermanos en la fe, muchos llevaban sus propias comidas mientras otros se emborrachaban y otros no tenían nada qué comer. Dios nos llama a expresar nuestra fe en comunidad, pero cuando actuamos sin consideración por los demás miembros del cuerpo de Cristo y sin respeto por Él, no estamos actuando en absoluto como la iglesia del Señor.

➤ 11.26 — todas las veces que comiereis este pan, y bebiereis esta copa, la muerte del Señor anunciáis hasta que él venga.

La Cena del Señor no solo evoca el sacrificio de Cristo y le rinde alabanza por su gran regalo de salvación a nosotros, sino que también mira hacia el futuro de su reinado glorioso, el día cuando lo veremos otra vez y disfrutaremos nuestro hogar celestial con Él para siempre.

➤ 11.32 — mas siendo juzgados, somos castigados por el Señor, para que no seamos condenados con el mundo.

Dios disciplina a sus hijos extraviados porque quiere ahorrarnos el dolor más grande que acarrea la desobediencia persistente (He 12.3–11). Su misericordia motiva su disciplina.

LO QUE LA BIBLIA DICE ACERCA DE **EL AMOR QUE NUNCA DEJA DE SER**

1 Co 13.1–13

Primera Corintios 13 tal vez sea el pasaje más citado en el mundo sobre el tema del amor. El versículo 13 dice: «Y ahora permanecen la fe, la esperanza y el amor, estos tres; pero el mayor de ellos es el amor».

Reconocemos que Jesús demostró su amor sacrificial al morir por nuestros pecados, haciendo posible nuestro perdón y restaurándonos a una relación de compañerismo con el Padre. No obstante, muchas veces no nos damos cuenta que el amor de Cristo va aun más allá de la cruz.

Todo lo que hacemos y lo que no hacemos, así como lo que enfrentamos y no enfrentamos, es tocado por su amor permanente. Todo en nuestra vida depende del amor, porque Dios, quien es amor, nos creó a su imagen (1 Jn 4.8, 16). Por cuanto Dios nos ama, Él nos da bendiciones y nos permite compartirlas. Cuando oramos y la respuesta es que esperemos, se debe a que Él nos ama y sabe que necesitamos tiempo para crecer. Cuando las decisiones abrumadoras que tenemos por delante nos dificultan saber cuál será nuestro paso siguiente, nuestro Señor y Salvador nos muestra cuánto necesitamos depender de su amor para que nos guíe.

La constante más importante en nuestra vida es el amor de Dios.

Jesús demostró esta clase de amor asombroso a Marta y María con ocasión de la muerte de Lázaro. Juan 11.6 dice: «Cuando oyó, pues, que estaba enfermo, se quedó dos días más en el lugar donde estaba». Jesús sabía que Marta y María necesitaban sufrir para crecer. Él permitió el dolor de las hermanas *porque* las amaba.

Hasta que lleguemos a entender y creer en lo más profundo e íntimo de nuestro ser que Dios es amor, lucharemos para confiar en Él, rendirnos a Él, obedecerlo a Él y servirlo de todo corazón. Una de las claves para nuestro crecimiento espiritual como cristianos es creer en el amor de Dios, incluso cuando no podemos verlo.

Aunque debemos vivir en fe y esperanza, nuestra morada más permanente es el amor de Dios. Si no hacemos de su amor nuestra morada principal, no podemos vivir plenamente en fe y esperanza. Deberíamos negarnos a dar un solo paso y hasta respirar, sin que permanezcamos agudamente sensibles al «mayor de ellos» que es el amor de nuestro Padre.

Para un estudio más a fondo, véase el Índice de Principios de vida:

1. *Nuestra intimidad con Dios, que es su prioridad para nosotros, determina el impacto que causen nuestras vidas.*

14. *Dios actúa a favor de quienes esperan en Él.*

2 Sabéis que cuando erais gentiles, se os extraviaba llevándoos, como se os llevaba, a los ídolos mudos.
3 Por tanto, os hago saber que nadie que hable por el Espíritu de Dios llama anatema a Jesús; y nadie puede llamar a Jesús Señor, sino por el Espíritu Santo.
➤ 4 Ahora bien, hay diversidad de dones, pero el Espíritu es el mismo.
5 Y hay diversidad de ministerios, pero el Señor es el mismo.
6 Y hay diversidad de operaciones, pero Dios, que hace todas las cosas en todos, es el mismo.
➤ 7 Pero a cada uno le es dada la manifestación del Espíritu para provecho.
8 Porque a éste es dada por el Espíritu palabra de sabiduría; a otro, palabra de ciencia según el mismo Espíritu;
9 a otro, fe por el mismo Espíritu; y a otro, dones de sanidades por el mismo Espíritu.
10 A otro, el hacer milagros; a otro profecía; a otro, discernimiento de espíritus; a otro, diversos géneros de lenguas; y a otro, interpretación de lenguas.
➤ 11 Pero todas estas cosas las hace uno y el mismo Espíritu, repartiendo a cada uno en particular como él quiere.[a]
12 Porque así como el cuerpo es uno, y tiene muchos miembros, pero todos los miembros del cuerpo, siendo muchos, son un solo cuerpo, así también Cristo.[b]
13 Porque por un solo Espíritu fuimos todos bautizados en un cuerpo, sean judíos o griegos, sean esclavos o libres; y a todos se nos dio a beber de un mismo Espíritu.
14 Además, el cuerpo no es un solo miembro, sino muchos.
15 Si dijere el pie: Porque no soy mano, no soy del cuerpo, ¿por eso no será del cuerpo?
16 Y si dijere la oreja: Porque no soy ojo, no soy del cuerpo, ¿por eso no será del cuerpo?
17 Si todo el cuerpo fuese ojo, ¿dónde estaría el oído? Si todo fuese oído, ¿dónde estaría el olfato?
18 Mas ahora Dios ha colocado los miembros cada uno de ellos en el cuerpo, como él quiso.
19 Porque si todos fueran un solo miembro, ¿dónde estaría el cuerpo?
20 Pero ahora son muchos los miembros, pero el cuerpo es uno solo.
21 Ni el ojo puede decir a la mano: No te necesito, ni tampoco la cabeza a los pies: No tengo necesidad de vosotros.
22 Antes bien los miembros del cuerpo que parecen más débiles, son los más necesarios;
23 y a aquellos del cuerpo que nos parecen menos dignos, a éstos vestimos más dignamente; y los que en nosotros son menos decorosos, se tratan con más decoro.
24 Porque los que en nosotros son más decorosos, no tienen necesidad; pero Dios ordenó el cuerpo, dando más abundante honor al que le faltaba,
25 para que no haya desavenencia en el cuerpo, sino que los miembros todos se preocupen los unos por los otros.
26 De manera que si un miembro padece, todos los miembros se duelen con él, y si un miembro recibe honra, todos los miembros con él se gozan. ➤
27 Vosotros, pues, sois el cuerpo de Cristo, y miembros cada uno en particular.
28 Y a unos puso Dios en la iglesia, primeramente apóstoles, luego profetas, lo tercero maestros,[c] luego los que hacen milagros, después los que sanan, los que ayudan, los que administran, los que tienen don de lenguas.
29 ¿Son todos apóstoles? ¿son todos profetas? ¿todos maestros? ¿hacen todos milagros?
30 ¿Tienen todos dones de sanidad? ¿hablan todos lenguas? ¿interpretan todos?

a. 12.4-11 Ro 12.6-8. **b. 12.12** Ro 12.4-5. **c. 12.28** Ef 4.11.

LECCIONES DE VIDA

➤ ***12.4 — hay diversidad de dones, pero el Espíritu es el mismo.***

Hay gran diversidad en el cuerpo de Cristo. Son muchas las partes y las funciones, pero todas convergen en unidad mediante la guía del Espíritu Santo. Dios nunca se contradice dando órdenes a cada miembro de su cuerpo, así que cuando todos estamos sometidos fielmente a su voluntad, trabajamos armoniosamente hacia la misma meta: glorificarlo a Él y conducir a otros a la salvación.

➤ ***12.7 — a cada uno le es dada la manifestación del Espíritu para provecho.***

En el momento que llegamos a tener fe en Cristo, cada creyente recibe al menos un don espiritual, no meramente para que incentivemos y edifiquemos nuestra propia relación con el Señor, sino para edificar a la iglesia entera. Dios dispuso que la iglesia fuera interdependiente porque nunca quiere que los creyentes transitemos solitarios en nuestro peregrinaje de fe, sino que disfrutemos las bendiciones asombrosas del compañerismo con Él y con los demás.

➤ ***12.11 — uno y el mismo Espíritu, repartiendo a cada uno en particular como él quiere.***

Dios distribuye dones espirituales como lo juzga conveniente. Mientras que una iglesia puede y debería «[procurar] los dones espirituales» (1 Co 14.1), los creyentes individuales nunca son alentados a pedir dones específicos. Más bien, el Espíritu nos da los talentos que son necesarios para las tareas que Él quiere que llevemos a cabo. Además, Dios siempre asume la responsabilidad de capacitarnos para realizar todo lo que nos ha llamado a hacer.

➤ ***12.26 — si un miembro padece, todos los miembros se duelen con él, y si un miembro recibe honra, todos los miembros con él se gozan.***

Este versículo da la razón para la instrucción de Pablo: «Gozaos con los que se gozan; llorad con los que lloran» (Ro 12.15). Puesto que todos pertenecemos los unos a los otros, deberíamos desear con humildad trabajar para el beneficio de los demás, como si lo hiciéramos por nuestro propio bien (Mt 22.39).

31 Procurad, pues, los dones mejores. Mas yo
os muestro un camino aun más excelente.

La preeminencia del amor

13 SI yo hablase lenguas humanas y angélicas, y no tengo amor, vengo a ser como
metal que resuena, o címbalo que retiñe.
2 Y si tuviese profecía, y entendiese todos los
misterios y toda ciencia, y si tuviese toda la fe,
de tal manera que trasladase los montes,[a] y no
tengo amor, nada soy.
➤ 3 Y si repartiese todos mis bienes para dar de
comer a los pobres, y si entregase mi cuerpo
para ser quemado, y no tengo amor, de nada
me sirve.
4 El amor es sufrido, es benigno; el amor no
tiene envidia, el amor no es jactancioso, no se
envanece;
5 no hace nada indebido, no busca lo suyo, no
se irrita, no guarda rencor;
6 no se goza de la injusticia, mas se goza de
la verdad.
7 Todo lo sufre, todo lo cree, todo lo espera,
todo lo soporta.
➤ 8 El amor nunca deja de ser; pero las profecías se acabarán, y cesarán las lenguas, y la
ciencia acabará.
➤ 9 Porque en parte conocemos, y en parte
profetizamos;
10 mas cuando venga lo perfecto, entonces lo
que es en parte se acabará.
11 Cuando yo era niño, hablaba como niño,
pensaba como niño, juzgaba como niño; mas
cuando ya fui hombre, dejé lo que era de niño.
* 12 Ahora vemos por espejo, oscuramente; mas
entonces veremos cara a cara. Ahora conozco en parte; pero entonces conoceré como fui
conocido.
13 Y ahora permanecen la fe, la esperanza y ➤
el amor, estos tres; pero el mayor de ellos es
el amor.

El hablar en lenguas

14 SEGUID el amor; y procurad los dones
espirituales, pero sobre todo que profeticéis.
2 Porque el que habla en lenguas no habla a
los hombres, sino a Dios; pues nadie le entiende, aunque por el Espíritu habla misterios.
3 Pero el que profetiza habla a los hombres
para edificación, exhortación y consolación.
4 El que habla en lengua extraña, a sí mismo se
edifica; pero el que profetiza, edifica a la iglesia.
5 Así que, quisiera que todos vosotros habla-
seis en lenguas, pero más que profetizaseis;
porque mayor es el que profetiza que el que
habla en lenguas, a no ser que las interprete
para que la iglesia reciba edificación.
6 Ahora pues, hermanos, si yo voy a vosotros
hablando en lenguas, ¿qué os aprovechará, si
no os hablare con revelación, o con ciencia, o
con profecía, o con doctrina?
7 Ciertamente las cosas inanimadas que producen sonidos, como la flauta o la cítara, si no
dieren distinción de voces, ¿cómo se sabrá lo
que se toca con la flauta o con la cítara?
8 Y si la trompeta diere sonido incierto, ¿quién
se preparará para la batalla?
9 Así también vosotros, si por la lengua no diereis palabra bien comprensible, ¿cómo se entenderá lo que decís? Porque hablaréis al aire.
10 Tantas clases de idiomas hay, seguramente, en el mundo, y ninguno de ellos carece de
significado.

a. 13.2 Mt 17.20; 21.21; Mr 11.23.

LECCIONES DE VIDA

➤ ***13.3 — si repartiese todos mis bienes para dar de comer a los pobres, y si entregase mi cuerpo para ser quemado, y no tengo amor, de nada me sirve.***

Siempre debemos probar nuestros motivos para todo lo que hacemos. ¿Sacrificamos nuestras vidas y posesiones por obediencia y amor al Señor, o al hacerlo estamos llenando una necesidad egoísta en nuestra propia vida? ¿Manejamos nuestra conducta con una actitud de servicio piadoso, o estamos motivados por la ambición personal y la arrogancia? Si nuestras acciones no reflejan el amor de Dios, no tendrán poder alguno y ciertamente tampoco tendrán efecto duradero (Jn 13.34, 35; 15.4–14; 1 Co 3.11–15).

➤ ***13.8 — El amor nunca deja de ser.***

Por cuanto el amor santo de Dios está en nosotros, jamás deberíamos consumirnos con nuestro propio ego. Más bien, como Pablo dijo a los filipenses, vivamos «estimando cada uno a los demás como superiores a [nosotros mismos]» (Fil 2.3). El amor real, piadoso e incondicional nunca deja de perdonar ni de procurar el bien de la otra persona. Nunca deja de animar a los demás a permanecer en una relación íntima con el Señor. Cuando nuestro amor por el Señor y por los demás es sincero, salimos ganando. No podemos perder cuando su amor incondicional fluye libremente a través de nosotros.

➤ ***13.9 — en parte conocemos, y en parte profetizamos.***

Dios no da a ninguno de sus hijos un cuadro completo de lo que está haciendo o lo que tiene planeado hacer en el mundo, pero sí nos lo revela a medida que trabajamos juntos en unidad. Él nunca llama a algún creyente en particular a transitar solitario en su peregrinaje de fe, sino que nos llama a disfrutar plenamente la vida cristiana en nuestro compañerismo con los demás creyentes. Necesitamos depender los unos de los otros, no solo para experimentar el amor de Dios y conocer su voluntad, sino también para cumplir su misión en el mundo.

➤ ***13.13 — permanecen la fe, la esperanza y el amor, estos tres; pero el mayor de ellos es el amor.***

Nuestra esperanza será cumplida en el cielo porque tendremos todo lo que hemos esperado. Nuestra fe será completa porque veremos al Rey en su gloria. Y su amor permanecerá para siempre porque el fruto de su amor, que es nuestra salvación, durará por la eternidad para su honra, alabanza y gloria.

11 Pero si yo ignoro el valor de las palabras, seré como extranjero para el que habla, y el que habla será como extranjero para mí.
➤ 12 Así también vosotros; pues que anheláis dones espirituales, procurad abundar en ellos para edificación de la iglesia.
13 Por lo cual, el que habla en lengua extraña, pida en oración poder interpretarla.
14 Porque si yo oro en lengua desconocida, mi espíritu ora, pero mi entendimiento queda sin fruto.
15 ¿Qué, pues? Oraré con el espíritu, pero oraré también con el entendimiento; cantaré con el espíritu, pero cantaré también con el entendimiento.
16 Porque si bendices sólo con el espíritu, el que ocupa lugar de simple oyente, ¿cómo dirá el Amén a tu acción de gracias? pues no sabe lo que has dicho.
17 Porque tú, a la verdad, bien das gracias; pero el otro no es edificado.
18 Doy gracias a Dios que hablo en lenguas más que todos vosotros;
➤ 19 pero en la iglesia prefiero hablar cinco palabras con mi entendimiento, para enseñar también a otros, que diez mil palabras en lengua desconocida.
20 Hermanos, no seáis niños en el modo de pensar, sino sed niños en la malicia, pero maduros en el modo de pensar.
21 En la ley está escrito: En otras lenguas y con otros labios hablaré a este pueblo; y ni aun así me oirán, dice el Señor.[a]
22 Así que, las lenguas son por señal, no a los creyentes, sino a los incrédulos; pero la profecía, no a los incrédulos, sino a los creyentes.
23 Si, pues, toda la iglesia se reúne en un solo lugar, y todos hablan en lenguas, y entran indoctos o incrédulos, ¿no dirán que estáis locos?
24 Pero si todos profetizan, y entra algún incrédulo o indocto, por todos es convencido, por todos es juzgado;
25 lo oculto de su corazón se hace manifiesto; y así, postrándose sobre el rostro, adorará a Dios, declarando que verdaderamente Dios está entre vosotros.
26 ¿Qué hay, pues, hermanos? Cuando os reunís, cada uno de vosotros tiene salmo, tiene doctrina, tiene lengua, tiene revelación, tiene interpretación. Hágase todo para edificación.
27 Si habla alguno en lengua extraña, sea esto por dos, o a lo más tres, y por turno; y uno interprete.
28 Y si no hay intérprete, calle en la iglesia, y hable para sí mismo y para Dios.
29 Asimismo, los profetas hablen dos o tres, y los demás juzguen.
30 Y si algo le fuere revelado a otro que estuviere sentado, calle el primero.
31 Porque podéis profetizar todos uno por uno, para que todos aprendan, y todos sean exhortados.
32 Y los espíritus de los profetas están sujetos a los profetas;
33 pues Dios no es Dios de confusión, sino de paz. Como en todas las iglesias de los santos, ➤
34 vuestras mujeres callen en las congregaciones; porque no les es permitido hablar, sino que estén sujetas, como también la ley lo dice.
35 Y si quieren aprender algo, pregunten en casa a sus maridos; porque es indecoroso que una mujer hable en la congregación.
36 ¿Acaso ha salido de vosotros la palabra de Dios, o sólo a vosotros ha llegado?
37 Si alguno se cree profeta, o espiritual, reconozca que lo que os escribo son mandamientos del Señor.
38 Mas el que ignora, ignore.
39 Así que, hermanos, procurad profetizar, y no impidáis el hablar lenguas;
40 pero hágase todo decentemente y con orden. ➤

a. 14.21 Is 28.11-12.

LECCIONES DE VIDA

➤ ***14.12 — pues que anheláis dones espirituales, procurad abundar en ellos para edificación de la iglesia.***

Dios quiere que crezcamos en gracia, aprendamos acerca de Él y sirvamos a otros *juntos*. ¿Por qué juntos? Porque nuestra unidad de corazón y acción es la mejor muestra del poder del amor de Dios.

➤ ***14.19 — en la iglesia prefiero hablar cinco palabras con mi entendimiento, para enseñar también a otros, que diez mil palabras en lengua desconocida.***

Originalmente visto en la autoridad que recibió la iglesia en el día de Pentecostés, la habilidad de hablar en lenguas diversas fue dada a la iglesia primitiva para que el evangelio fuese propagado por todo el mundo (Hch 2.4). No obstante, de lo que Pablo está hablando aquí es que muchos de los creyentes en Corinto imitaban otras religiones en las que se balbuceaba sin sentido ni razón. Lo que estaban haciendo ni era del Espíritu ni edificaba a otros creyentes. Más bien, estaban tratando de presumir ser «súper espirituales». Por eso Pablo les reiteró que el poder real del Espíritu se evidencia en la enseñanza y la madurez de la iglesia.

➤ ***14.33 — Dios no es Dios de confusión, sino de paz.***

La iglesia es un organismo vivo que está creciendo y cambiando constantemente. Pero lo hace de una manera organizada, obediente y santa, no caótica. Dios no le dice a una persona que haga algo que contradice e invalida completamente lo que le ha mandado hacer a otra persona. Tampoco manda hacer algo que esté en oposición a su Palabra eterna. Él es Dios de orden, por eso cuando nos hace entrar en compañerismo con el resto de su iglesia, tiene planes especiales para usar nuestros dones y talentos dentro de ese grupo, y nos mantiene unificados con el resto del cuerpo a través de su Espíritu Santo.

➤ ***14.40 — hágase todo decentemente y con orden.***

La confusión nunca es una señal de la dirección divina. Cuando algo se sale de control, puede estar seguro que Él no lo dispuso así. Él sí puede guiarnos de

La resurrección de los muertos

15 ADEMÁS os declaro, hermanos, el evangelio que os he predicado, el cual también recibisteis, en el cual también perseveráis;
2 por el cual asimismo, si retenéis la palabra
que os he predicado, sois salvos, si no creísteis en vano.
3 Porque primeramente os he enseñado lo que
asimismo recibí: Que Cristo murió por nuestros pecados, conforme a las Escrituras;[a]
4 y que fue sepultado, y que resucitó al tercer
día, conforme a las Escrituras;[b]
5 y que apareció a Cefas,[c] y después a los doce.[d]
➤ 6 Después apareció a más de quinientos hermanos a la vez, de los cuales muchos viven
aún, y otros ya duermen.
7 Después apareció a Jacobo; después a todos
los apóstoles;
8 y al último de todos, como a un abortivo, me
apareció a mí.[e]
9 Porque yo soy el más pequeño de los apóstoles, que no soy digno de ser llamado apóstol,
porque perseguí a la iglesia de Dios.[f]
➤ 10 Pero por la gracia de Dios soy lo que soy;
y su gracia no ha sido en vano para conmigo, antes he trabajado más que todos ellos;
pero no yo, sino la gracia de Dios conmigo.
11 Porque o sea yo o sean ellos, así predicamos, y así habéis creído.
12 Pero si se predica de Cristo que resucitó de
los muertos, ¿cómo dicen algunos entre vosotros que no hay resurrección de muertos?
13 Porque si no hay resurrección de muertos,
tampoco Cristo resucitó.
14 Y si Cristo no resucitó, vana es entonces
nuestra predicación, vana es también vuestra fe.
15 Y somos hallados falsos testigos de Dios;
porque hemos testificado de Dios que él resucitó a Cristo, al cual no resucitó, si en verdad
los muertos no resucitan.
16 Porque si los muertos no resucitan, tampoco Cristo resucitó;
17 y si Cristo no resucitó, vuestra fe es vana;
aún estáis en vuestros pecados.
18 Entonces también los que durmieron en
Cristo perecieron.
19 Si en esta vida solamente esperamos en
Cristo, somos los más dignos de conmisera-
ción de todos los hombres.
20 Mas ahora Cristo ha resucitado de los muertos; primicias de los que durmieron es hecho.
21 Porque por cuanto la muerte entró por un
hombre, también por un hombre la resurrección de los muertos.
22 Porque así como en Adán todos mueren,
también en Cristo todos serán vivificados.
23 Pero cada uno en su debido orden: Cristo,
las primicias; luego los que son de Cristo, en
su venida.
24 Luego el fin, cuando entregue el reino al
Dios y Padre, cuando haya suprimido todo
dominio, toda autoridad y potencia.
25 Porque preciso es que él reine hasta que
haya puesto a todos sus enemigos debajo de
sus pies.[g]

a. 15.3 Is 53.5-12. **b. 15.4** Sal 16.8-10; Os 6.2. **c. 15.5** Lc 24.34. **d. 15.5** Mt 28.16-17; Mr 16.14; Lc 24.36; Jn 20.19. **e. 15.8** Hch 9.3-6. **f. 15.9** Hch 8.3. **g. 15.25** Sal 110.1.

LECCIONES DE VIDA

maneras inusuales, pero nunca nos guiará de una manera inconsecuente con su santidad y su Palabra.

➤ ***15.6 — apareció a más de quinientos hermanos a la vez.***

El evangelio no es una historia supersticiosa que sea imposible de comprobar (2 P 1.16). Jesús se apareció a más de 500 personas después de su resurrección, y muchas de ellas todavía estaban vivas cuando Pablo escribió su carta a los corintios. Existen evidencias indiscutibles de que la resurrección de Jesucristo ha sido un hecho verídico y que tiene el poder para transformar nuestras vidas.

➤ ***15.10 — antes he trabajado más que todos ellos; pero no yo, sino la gracia de Dios conmigo.***

Cualquier cosa de valor que logremos hacer para Dios, debe ser hecho conforme a su dirección en obediencia a Él y mediante el poder de su Espíritu Santo. Su gracia nos motiva a hacer su voluntad, no a volvernos perezosos.

➤ ***15.17 — si Cristo no resucitó, vuestra fe es vana; aún estáis en vuestros pecados.***

La resurrección física y corporal de Jesucristo de entre los muertos es esencial para la veracidad y el poder del evangelio. Sin la resurrección, el cristianismo sería como todas las demás religiones del mundo, carente de poder para salvar. Sin la resurrección, no habría triunfo sobre el pecado y la muerte, y tampoco tendríamos garantía ni seguridad de vida eterna. No hay esperanza alguna para nosotros sin la resurrección de Jesucristo.

➤ ***15.20 — Cristo ha resucitado de los muertos; primicias de los que durmieron.***

Durante la fiesta de los primeros frutos, los israelitas debían traer la primera siega de su cosecha de cebada al sacerdote, como símbolo de su confianza en que el Señor haría sobreabundar el resto de la mies. De la misma manera, Jesús es el primer fruto de la resurrección y así también demuestra que podemos tener confianza absoluta que Él nos resucitará de los muertos (Ro 8.23).

➤ ***15.21, 22 — la muerte entró por un hombre, también por un hombre la resurrección de los muertos. Porque así como en Adán todos mueren, también en Cristo todos serán vivificados.***

Así como el pecado entró al mundo por la caída de Adán en el huerto de Edén, la muerte también viene a nosotros por vía de aquella primera transgresión (Gn 3; Ro 5.12–15). Pero tenemos redención eterna por medio de Jesucristo quien dio su vida por nosotros. La decisión es nuestra: permanecemos en pecado o aceptamos el regalo de su perdón que nos demostró en la cruz.

26 Y el postrer enemigo que será destruido es la muerte.

27 Porque todas las cosas las sujetó debajo de sus pies[h] Y cuando dice que todas las cosas han sido sujetadas a él, claramente se exceptúa aquel que sujetó a él todas las cosas.

28 Pero luego que todas las cosas le estén sujetas, entonces también el Hijo mismo se sujetará al que le sujetó a él todas las cosas, para que Dios sea todo en todos.

29 De otro modo, ¿qué harán los que se bautizan por los muertos, si en ninguna manera los muertos resucitan? ¿Por qué, pues, se bautizan por los muertos?

30 ¿Y por qué nosotros peligramos a toda hora?

31 Os aseguro, hermanos, por la gloria que de vosotros tengo en nuestro Señor Jesucristo, que cada día muero.

32 Si como hombre batallé en Éfeso contra fieras, ¿qué me aprovecha? Si los muertos no resucitan, comamos y bebamos, porque mañana moriremos.[i]

33 No erréis; las malas conversaciones corrompen las buenas costumbres.

34 Velad debidamente, y no pequéis; porque algunos no conocen a Dios; para vergüenza vuestra lo digo.

35 Pero dirá alguno: ¿Cómo resucitarán los muertos? ¿Con qué cuerpo vendrán?

36 Necio, lo que tú siembras no se vivifica, si no muere antes.

37 Y lo que siembras no es el cuerpo que ha de salir, sino el grano desnudo, ya sea de trigo o de otro grano;

38 pero Dios le da el cuerpo como él quiso, y a cada semilla su propio cuerpo.

39 No toda carne es la misma carne, sino que una carne es la de los hombres, otra carne la de las bestias, otra la de los peces, y otra la de las aves.

40 Y hay cuerpos celestiales, y cuerpos terrenales; pero una es la gloria de los celestiales, y otra la de los terrenales.

41 Una es la gloria del sol, otra la gloria de la luna, y otra la gloria de las estrellas, pues una estrella es diferente de otra en gloria.

42 Así también es la resurrección de los muertos. Se siembra en corrupción, resucitará en incorrupción.

43 Se siembra en deshonra, resucitará en gloria; se siembra en debilidad, resucitará en poder.

44 Se siembra cuerpo animal, resucitará cuerpo espiritual. Hay cuerpo animal, y hay cuerpo espiritual.

45 Así también está escrito: Fue hecho el primer hombre Adán alma viviente;[j] el postrer Adán, espíritu vivificante.

46 Mas lo espiritual no es primero, sino lo animal; luego lo espiritual.

47 El primer hombre es de la tierra, terrenal; el segundo hombre, que es el Señor, es del cielo.

48 Cual el terrenal, tales también los terrenales; y cual el celestial, tales también los celestiales.

49 Y así como hemos traído la imagen del terrenal, traeremos también la imagen del celestial.

50 Pero esto digo, hermanos: que la carne y la sangre no pueden heredar el reino de Dios, ni la corrupción hereda la incorrupción.

51 He aquí, os digo un misterio: No todos dormiremos; pero todos seremos transformados,

52 en un momento, en un abrir y cerrar de ojos, a la final trompeta; porque se tocará la trompeta, y los muertos serán resucitados incorruptibles, y nosotros seremos transformados.[k]

53 Porque es necesario que esto corruptible se vista de incorrupción, y esto mortal se vista de inmortalidad.

54 Y cuando esto corruptible se haya vestido de incorrupción, y esto mortal se haya vestido de inmortalidad, entonces se cumplirá la palabra que está escrita: Sorbida es la muerte en victoria.[l]

55 ¿Dónde está, oh muerte, tu aguijón? ¿Dónde, oh sepulcro, tu victoria?[m]

56 Ya que el aguijón de la muerte es el pecado, y el poder del pecado, la ley.

57 Mas gracias sean dadas a Dios, que nos da la victoria por medio de nuestro Señor Jesucristo.

58 Así que, hermanos míos amados, estad firmes y constantes, creciendo en la obra del Señor siempre, sabiendo que vuestro trabajo en el Señor no es en vano.

h. 15.27 Sal 8.6. **i. 15.32** Is 22.13. **j. 15.45** Gn 2.7.
k. 15.51-52 1 Ts 4.15-17. **l. 15.54** Is 25.8. **m. 15.55** Os 13.14.

LECCIONES DE VIDA

➤ ***15.52 — en un abrir y cerrar de ojos, a la final trompeta; porque se tocará la trompeta, y los muertos serán resucitados incorruptibles, y nosotros seremos transformados.***

Cuando Jesucristo venga, aquellos que hayan creído en Él, tanto los vivos como los muertos, serán *arrebatados*. Eso significa que seremos tomados y reunidos en el aire para estar con Él, elevándonos al cielo con cuerpos imperecederos y glorificados, tal como Él. Viviremos en la presencia santa del Señor en el nuevo hogar que Él ha preparado para nosotros, por siempre y para siempre (Jn 14.1–3).

➤ ***15.58 — estad firmes y constantes, creciendo en la obra del Señor siempre, sabiendo que vuestro trabajo en el Señor no es en vano.***

Nuestra labor para Dios tiene valor y significado porque Él está detrás de la obra, capacitándonos por el poder de su Espíritu, y Él ha prometido darnos éxito y recompensarnos por nuestro servicio fiel.

La ofrenda para los santos

16 EN cuanto a la ofrenda para los santos,[a]
haced vosotros también de la manera
que ordené en las iglesias de Galacia.
➤ 2 Cada primer día de la semana cada uno de
vosotros ponga aparte algo, según haya prosperado, guardándolo, para que cuando yo llegue no se recojan entonces ofrendas.
3 Y cuando haya llegado, a quienes hubiereis
designado por carta, a éstos enviaré para que
lleven vuestro donativo a Jerusalén.
4 Y si fuere propio que yo también vaya, irán
conmigo.

Planes de Pablo

5 Iré a vosotros, cuando haya pasado por
Macedonia,[b] pues por Macedonia tengo que
pasar.
6 Y podrá ser que me quede con vosotros, o
aun pase el invierno, para que vosotros me
encaminéis a donde haya de ir.
➤ 7 Porque no quiero veros ahora de paso, pues
espero estar con vosotros algún tiempo, si el
Señor lo permite.
8 Pero estaré en Éfeso hasta Pentecostés;[c]
➤ 9 porque se me ha abierto puerta grande y eficaz, y muchos son los adversarios.[d]
10 Y si llega Timoteo,[e] mirad que esté con
vosotros con tranquilidad, porque él hace la
obra del Señor así como yo.
11 Por tanto, nadie le tenga en poco, sino
encaminadle en paz, para que venga a mí, porque le espero con los hermanos.
12 Acerca del hermano Apolos, mucho le
rogué que fuese a vosotros con los hermanos, mas de ninguna manera tuvo voluntad
de ir por ahora; pero irá cuando tenga oportunidad.

Salutaciones finales

13 Velad, estad firmes en la fe; portaos varonilmente, y esforzaos.
14 Todas vuestras cosas sean hechas con
amor.
15 Hermanos, ya sabéis que la familia de Estéfanas[f] es las primicias de Acaya, y que ellos se
han dedicado al servicio de los santos.
16 Os ruego que os sujetéis a personas como
ellos, y a todos los que ayudan y trabajan.
17 Me regocijo con la venida de Estéfanas, de
Fortunato y de Acaico, pues ellos han suplido
vuestra ausencia.
18 Porque confortaron mi espíritu y el vuestro; reconoced, pues, a tales personas.
19 Las iglesias de Asia os saludan. Aquila y
Priscila,[g] con la iglesia que está en su casa, os
saludan mucho en el Señor.
20 Os saludan todos los hermanos. Saludaos
los unos a los otros con ósculo santo.
21 Yo, Pablo, os escribo esta salutación de mi
propia mano.
22 El que no amare al Señor Jesucristo, sea ➤
anatema. El Señor viene.[1]
23 La gracia del Señor Jesucristo esté con
vosotros.
24 Mi amor en Cristo Jesús esté con todos
vosotros. Amén.

1. Gr. del arameo, *Maran ata.*
a. 16.1 Ro 15.25-26. **b. 16.5** Hch 19.21. **c. 16.8** Lv 23.15-21; Dt 16.9-11. **d. 16.8-9** Hch 19.8-10. **e. 16.10** 1 Co 4.17. **f. 16.15** 1 Co 1.16. **g. 16.19** Hch 18.2.

LECCIONES DE VIDA

➤ ***16.2 — Cada primer día de la semana cada uno de vosotros ponga aparte algo, según haya prosperado, guardándolo, para que cuando yo llegue no se recojan entonces ofrendas.***

Pablo instruye a los creyentes que presenten sus ofrendas al Señor con regularidad y en base proporcional a lo recibido. Ofrendar debería ser una disciplina constante en nuestras vidas en lugar de una práctica esporádica. Deberíamos honrar al Señor con lo que Él pide de nosotros, que es entregar un *diezmo* o el diez por ciento de nuestros salario (Mal 3.10), con un corazón agradecido por todo lo que Él ya ha provisto para nosotros.

➤ ***16.7 — no quiero veros ahora de paso, pues espero estar con vosotros algún tiempo, si el Señor lo permite.***

Pablo siempre buscó la dirección del Señor en su vida. Aunque pudo haber tenido deseos personales de quedarse en una iglesia en particular, viajar a cierta región para evangelizar a las personas o visitar a una congregación estimada, el apóstol sabiamente dejó esos planes en las manos de Dios para que los cumpliese o alterase como a Él le pareciera mejor.

➤ ***16.9 — se me ha abierto puerta grande y eficaz, y muchos son los adversarios.***

La bendición de Dios, en este caso la apertura de una puerta amplia para el ministerio, a menudo viene acompañada de dificultades, adversarios y otros desafíos. No deberíamos desanimarnos por los obstáculos ni volvernos presuntuosos a causa de las bendiciones. Más bien, debemos permanecer obedientes al Señor y buscar su voluntad en cada situación.

➤ ***16.22 — El que no amare al Señor Jesucristo, sea anatema. El Señor viene.***

Maranata significa «Ven, Señor Jesús» o «El Señor viene pronto». Llegará un tiempo cuando Jesucristo se sentará en el gran trono blanco y juzgará a todos los que rehusaron creer en Él (Ap 20.11–15). Cuando eso suceda, será demasiado tarde para que los incrédulos se vuelvan a Él en fe y reciban su regalo de salvación. Por esa razón el tiempo oportuno para ser reconciliados es *ahora mismo* (2 Co 5.10), porque no sabemos cuándo Él volverá (He 9.27).

SEGUNDA EPÍSTOLA DEL APÓSTOL PABLO A LOS

CORINTIOS

Consecutivamente a la difusión de la Primera Epístola de Pablo a los Corintios, falsos maestros habían infiltrado la iglesia y alborotaron a los hermanos, tentándolos a desatender la enseñanza paulina sobre la verdad de Dios. Alegaron que Pablo no estaba al corriente con la realidad, que era orgulloso, que no dejaba una buena impresión ni en su aspecto ni en el uso de la palabra, y que ni siquiera estaba calificado para ser un apóstol de Jesucristo. Cuando Pablo se dispuso a escribir 2 Corintios, la atmósfera en la congregación había sufrido un cambio dramático. Los creyentes se dieron cuenta de cuán alejados estaban de los parámetros divinos y de cómo habían permitido que el pecado y el engaño se introdujeran en su iglesia.

Pablo había enviado a Tito a Corinto para lidiar con estos conceptos erróneos, pero también para animarlos en su fe. A su regreso, el apóstol se regocijó tan pronto se enteró que la iglesia en Corinto estaba volviendo al camino correcto. Esta carta también fue escrita para expresar el agradecimiento de Pablo a la mayoría que se arrepintió y apelar a la minoría rebelde que aceptara su autoridad. Toda rebelión es pecado, y Pablo sabía que hasta el más mínimo rastro de rebeldía traería erosión espiritual. A lo largo del libro, el autor defiende su conducta, su carácter y su llamado como un apóstol de Jesucristo, pero también los elogia por su deseo de rendirse a Dios.

Segunda Corintios contiene el pasaje más extenso acerca de las ofrendas en todo el Nuevo Testamento (2 Co 8, 9). El apóstol no se limita a darnos la razón para la generosidad «ya conocéis la gracia de nuestro Señor Jesucristo, que por amor a vosotros se hizo pobre, siendo rico, para que vosotros con su pobreza fueseis enriquecidos» (2 Co 8.9) sino también un principio básico en cuanto a practicarla: «El que siembra escasamente, también segará escasamente; y el que siembra generosamente, generosamente también segará. Cada uno dé como propuso en su corazón: no con tristeza, ni por necesidad, porque Dios ama al dador alegre» (2 Co 9.6, 7).

Esta carta también resalta algunos detalles fascinantes acerca del apóstol Pablo. Cataloga la extensión de sus sufrimientos por Cristo (2 Co 11.22–33), incluye la famosa descripción de su visita misteriosa al «tercer cielo» (2 Co 12.1–6), y ofrece un relato de su experiencia con el «aguijón en [su] carne», a raíz de la cual el apóstol aprendió a decir: «cuando soy débil, entonces soy fuerte» (2 Co 12.7, 10).

Para distinguir esta epístola de Primera Corintios, se le asignó el título *Pros Korínthious B* o «Segunda a los Corintios».

Tema: Primordialmente es una defensa y una vindicación del ministerio apostólico de Pablo.

Autor: El apóstol Pablo.

Fecha: Se cree que fue escrita poco después de su primera epístola a los corintios, alrededor de 55–57 d.C.

Estructura: La carta se divide fácilmente en tres secciones. En la primera, Pablo explica por qué cambió la fecha de su tercera visita a Corinto (1.1—7.16). En la segunda, insta a la iglesia a prepararse para su llegada (8.1—9.15). En la última defiende su autoridad apostólica y advierte que de ser necesario, la usará para disciplinar a la iglesia (10.1—13.14).

A medida que lea 2 Corintios, fíjese en los principios de vida que juegan un papel importante en este libro:

29. Aprendemos más en nuestras experiencias por el valle de lágrimas que en las de la cumbre del éxito. *Véase 2 Corintios 1.9; página 1300.*

7. Los momentos sombríos durarán solo el tiempo necesario para que Dios lleve a cabo su propósito en nosotros. *Véase 2 Corintios 4.16; página 1303.*

4. Estar conscientes de la presencia de Dios nos da energías para desempeñar nuestro trabajo. *Véase 2 Corintios 6.10; página 1306.*

23. Jamás podremos superar a Dios en generosidad. *Véase 2 Corintios 9.8; página 1309.*

15. El quebrantamiento es el requisito de Dios para que seamos útiles al máximo. *Véase 2 Corintios 12.9; página 1316.*

Salutación

1 PABLO, apóstol de Jesucristo por la voluntad de Dios, y el hermano Timoteo, a la iglesia de Dios que está en Corinto,[a] con todos los santos que están en toda Acaya:
2 Gracia y paz a vosotros, de Dios nuestro Padre y del Señor Jesucristo.

Aflicciones de Pablo

➤3 Bendito sea el Dios y Padre de nuestro Señor Jesucristo, Padre de misericordias y Dios de toda consolación,
4 el cual nos consuela en todas nuestras tribulaciones, para que podamos también nosotros consolar a los que están en cualquier tribulación, por medio de la consolación con que nosotros somos consolados por Dios.
5 Porque de la manera que abundan en nosotros las aflicciones de Cristo, así abunda también por el mismo Cristo nuestra consolación.
6 Pero si somos atribulados, es para vuestra consolación y salvación; o si somos consolados, es para vuestra consolación y salvación, la cual se opera en el sufrir las mismas aflicciones que nosotros también padecemos.
7 Y nuestra esperanza respecto de vosotros es firme, pues sabemos que así como sois compañeros en las aflicciones, también lo sois en la consolación.
8 Porque hermanos, no queremos que ignoréis acerca de nuestra tribulación que nos sobrevino en Asia;[b] pues fuimos abrumados sobremanera más allá de nuestras fuerzas, de tal modo que aun perdimos la esperanza de conservar la vida.
➤9 Pero tuvimos en nosotros mismos sentencia de muerte, para que no confiásemos en nosotros mismos, sino en Dios que resucita a los muertos;
10 el cual nos libró, y nos libra, y en quien esperamos que aún nos librará, de tan gran muerte;
11 cooperando también vosotros a favor nuestro con la oración, para que por muchas personas sean dadas gracias a favor nuestro por el don concedido a nosotros por medio de muchos.

Por qué Pablo pospuso su visita a Corinto

12 Porque nuestra gloria es ésta: el testimonio de nuestra conciencia, que con sencillez y sinceridad de Dios, no con sabiduría humana, sino con la gracia de Dios, nos hemos conducido en el mundo, y mucho más con vosotros.
13 Porque no os escribimos otras cosas de las que leéis, o también entendéis; y espero que hasta el fin las entenderéis;
14 como también en parte habéis entendido que somos vuestra gloria, así como también vosotros la nuestra, para el día del Señor Jesús.
15 Con esta confianza quise ir primero a vosotros, para que tuvieseis una segunda gracia,
16 y por vosotros pasar a Macedonia,[c] y desde Macedonia venir otra vez a vosotros, y ser encaminado por vosotros a Judea.
17 Así que, al proponerme esto, ¿usé quizá de ligereza? ¿O lo que pienso hacer, lo pienso según la carne, para que haya en mí Sí y No?
18 Mas, como Dios es fiel, nuestra palabra a vosotros no es Sí y No.
19 Porque el Hijo de Dios, Jesucristo, que entre vosotros ha sido predicado por nosotros, por mí, Silvano y Timoteo,[d] no ha sido Sí y No; mas ha sido Sí en él;
20 porque todas las promesas de Dios son en él Sí, y en él Amén, por medio de nosotros, para la gloria de Dios. ✻ ➤
21 Y el que nos confirma con vosotros en Cristo, y el que nos ungió, es Dios, ➤
22 el cual también nos ha sellado, y nos ha dado las arras del Espíritu en nuestros corazones.

a. 1.1 Hch 18.1. **b. 1.8** 1 Co 15.32. **c. 1.16** Hch 19.21. **d. 1.19** Hch 18.5.

LECCIONES DE VIDA

➤ ***1.3, 4 — Padre de misericordias y Dios de toda consolación… el cual nos consuela en todas nuestras tribulaciones, para que podamos también nosotros consolar a los que están en cualquier tribulación.***

A medida que seguimos al Señor en obediencia, podemos tener por seguro que Él nos ayudará. ¿Por qué? Primero, porque está en su naturaleza el hacerlo. Segundo, porque a través de nuestras adversidades, nos entrena para confiar en Él a niveles más profundos y también nos capacita para que consolemos a otros. Si vamos a ser sus representantes, debemos experimentar su consuelo. Así tendremos las herramientas para ayudar a otras almas atribuladas.

➤ ***1.9 — tuvimos en nosotros mismos sentencia de muerte, para que no confiásemos en nosotros mismos, sino en Dios que resucita a los muertos.***

Pablo experimentó muchas pruebas terribles en sus viajes misioneros, pero nunca perdió su confianza en el Señor (2 Co 11.23–33). De hecho, el Señor usó esas mismas penalidades para fortalecer la fe de Pablo (2 Co 4.7–18; 12.7–10). A veces, Dios permite que suframos grandes dificultades para mostrarnos que en realidad nunca estamos en control, sino que Él siempre lo está y es capaz de rescatarnos de cualquier situación que enfrentemos, por imposible que parezca (Lc 1.37; 18.27).

➤ ***1.20 — todas las promesas de Dios son en él Sí.***

Si necesita evidencia de que el Señor le cumplirá todas sus promesas, todo lo que debe hacer es fijarse en la crucifixión y la resurrección. La venida de Cristo fue prometida desde el principio, tan pronto el pecado entró al mundo (Gn 3.15; Ro 5.12), fue el cumplimiento de los pactos hechos por Dios con Abraham (Gn 12.1–3) y con David (2 S 7.12–16), y fue profetizada por la mayoría de los profetas del Antiguo Testamento. En Jesús está todo lo que usted vaya a necesitar en la vida, de tal manera que dígale Sí, porque Él ya le ha dicho Sí a usted.

23 Mas yo invoco a Dios por testigo sobre mi
alma, que por ser indulgente con vosotros no
he pasado todavía a Corinto.
24 No que nos enseñoreemos de vuestra fe,
sino que colaboramos para vuestro gozo; porque por la fe estáis firmes.

2 ESTO, pues, determiné para conmigo, no
ir otra vez a vosotros con tristeza.
2 Porque si yo os contristo, ¿quién será luego el que me alegre, sino aquel a quien yo
contristé?
3 Y esto mismo os escribí, para que cuando llegue no tenga tristeza de parte de aquellos de
quienes me debiera gozar; confiando en vosotros todos que mi gozo es el de todos vosotros.
4 Porque por la mucha tribulación y angustia del corazón os escribí con muchas lágrimas, no para que fueseis contristados, sino
para que supieseis cuán grande es el amor
que os tengo.

Pablo perdona al ofensor

5 Pero si alguno me ha causado tristeza, no
me la ha causado a mí solo, sino en cierto
modo (por no exagerar) a todos vosotros.
6 Le basta a tal persona esta reprensión hecha
por muchos;
7 así que, al contrario, vosotros más bien
debéis perdonarle y consolarle, para que no
sea consumido de demasiada tristeza.
8 Por lo cual os ruego que confirméis el amor
para con él.
9 Porque también para este fin os escribí, para
tener la prueba de si vosotros sois obedientes en todo.
10 Y al que vosotros perdonáis, yo también;
porque también yo lo que he perdonado, si
algo he perdonado, por vosotros lo he hecho
en presencia de Cristo,
11 para que Satanás no gane ventaja alguna sobre nosotros; pues no ignoramos sus
maquinaciones.

Ansiedad de Pablo en Troas

12 Cuando llegué a Troas para predicar el
evangelio de Cristo, aunque se me abrió puerta en el Señor,
13 no tuve reposo en mi espíritu, por no haber
hallado a mi hermano Tito; así, despidiéndo-
me de ellos, partí para Macedonia.[a]

Triunfantes en Cristo

14 Mas a Dios gracias, el cual nos lleva siempre en triunfo en Cristo Jesús, y por medio de
nosotros manifiesta en todo lugar el olor de su
conocimiento.
15 Porque para Dios somos grato olor de
Cristo en los que se salvan, y en los que se
pierden;
16 a éstos ciertamente olor de muerte para
muerte, y a aquéllos olor de vida para vida. Y
para estas cosas, ¿quién es suficiente?
17 Pues no somos como muchos, que medran
falsificando la palabra de Dios, sino que con
sinceridad, como de parte de Dios, y delante
de Dios, hablamos en Cristo.

a. 2.12-13 Hch 20.1.

LECCIONES DE VIDA

➤ ***1.21, 22 — Dios... el cual también nos ha sellado, y nos ha dado las arras del Espíritu en nuestros corazones.***

Una de las razones por las que podemos vivir confiados y estar seguros de nuestra salvación es que Dios ha puesto su señal especial de redención en nosotros al enviar a su Espíritu a morar en nuestro interior. El Espíritu es nuestra identificación permanente que indica que somos separados para el Señor. Por eso portaremos la evidencia de nuestra salvación mediante su presencia, hasta el día en que vayamos a estar con Él en el cielo.

➤ ***2.4 — por la mucha tribulación y angustia del corazón os escribí con muchas lágrimas, no para que fueseis contristados, sino para que supieseis cuán grande es el amor que os tengo.***

Como la iglesia, deberíamos corregir a nuestros hermanos y hermanas en Cristo a causa de nuestro amor por ellos, no motivados por la frustración o el enojo. El objetivo de la disciplina siempre es la restauración y la renovación, no el castigo y el rechazo. Nuestra corrección posee valor solamente en la medida en que mueva a una persona a obedecer a Dios en arrepentimiento, y a ser restaurada a la comunión plena con Él.

➤ ***2.11 — para que Satanás no gane ventaja alguna sobre nosotros; pues no ignoramos sus maquinaciones.***

El enemigo quiere engañarle para que usted se ponga a pensar en todas las maneras en que una persona le ha ofendido, incluso si se encuentra en medio del proceso de perdonarla. El enemigo le convence de que la persona *necesita* sentir la vergüenza y la culpabilidad de su pecado. Tristemente, muchos son los que caen en esta trampa y además de salir lastimados terminan dividiendo a sus familias y sus iglesias por la falta de perdón.

➤ ***2.14 — a Dios gracias, el cual nos lleva siempre en triunfo en Cristo Jesús.***

Pablo no quiere decir que las cosas siempre salgan como queremos, sino que en Cristo siempre estamos en el camino a la victoria. Los reveses se dan, pero nunca son definitivos ni fatales porque el Señor ciertamente triunfará en última instancia (Ro 8.28).

➤ ***2.15 — para Dios somos grato olor de Cristo en los que se salvan, y en los que se pierden.***

En Efesios 5.2 Pablo instruye a los creyentes: «andad en amor, como también Cristo nos amó, y se entregó a sí mismo por nosotros, ofrenda y sacrificio a Dios en olor fragante». Nuestras vidas deben ser una ofrenda grata al Señor, sacrificios vivos que siempre dan testimonio a los perdidos, a través de nuestra conducta y conversación, que le pertenecemos a Él (Ro 12.1; 2 Co 4.10–12).

Ministros del nuevo pacto

3 ¿COMENZAMOS otra vez a recomendar-
nos a nosotros mismos? ¿O tenemos necesidad, como algunos, de cartas de recomendación para vosotros, o de recomendación de
vosotros?
2 Nuestras cartas sois vosotros, escritas en
nuestros corazones, conocidas y leídas por
todos los hombres;
3 siendo manifiesto que sois carta de Cristo expedida por nosotros, escrita no con tinta, sino con el Espíritu del Dios vivo; no en
tablas de piedra,[a] sino en tablas de carne del
corazón.
4 Y tal confianza tenemos mediante Cristo
para con Dios;
➤ 5 no que seamos competentes por nosotros
mismos para pensar algo como de nosotros
mismos, sino que nuestra competencia proviene de Dios,
➤ 6 el cual asimismo nos hizo ministros competentes de un nuevo pacto,[b] no de la letra, sino
del espíritu; porque la letra mata, mas el espíritu vivifica.
7 Y si el ministerio de muerte grabado con
letras en piedras fue con gloria, tanto que los
hijos de Israel no pudieron fijar la vista en el
rostro[c] de Moisés a causa de la gloria de su
rostro, la cual había de perecer,
8 ¿cómo no será más bien con gloria el ministerio del espíritu?
9 Porque si el ministerio de condenación fue
con gloria, mucho más abundará en gloria el
ministerio de justificación.
10 Porque aun lo que fue glorioso, no es glorioso en este respecto, en comparación con la
gloria más eminente.
11 Porque si lo que perece tuvo gloria, mucho
más glorioso será lo que permanece.
12 Así que, teniendo tal esperanza, usamos de
mucha franqueza;
13 y no como Moisés, que ponía un velo sobre
su rostro,[d] para que los hijos de Israel no fija-
ran la vista en el fin de aquello que había de
ser abolido.
14 Pero el entendimiento de ellos se embo-
tó; porque hasta el día de hoy, cuando leen
el antiguo pacto, les queda el mismo velo no
descubierto, el cual por Cristo es quitado.
15 Y aun hasta el día de hoy, cuando se lee
a Moisés, el velo está puesto sobre el corazón de ellos.
16 Pero cuando se conviertan al Señor, el velo ➤
se quitará.
17 Porque el Señor es el Espíritu; y donde ➤
está el Espíritu del Señor, allí hay libertad.
18 Por tanto, nosotros todos, mirando a cara ➤
descubierta como en un espejo la gloria del
Señor, somos transformados de gloria en gloria en la misma imagen, como por el Espíritu del Señor.

4 POR lo cual, teniendo nosotros este ministerio según la misericordia que hemos
recibido, no desmayamos.

---

a. 3.3 Éx 24.12. **b. 3.6** Jer 31.31-34. **c. 3.7** Éx 34.29. **d. 3.13** Éx 34.33.

LECCIONES DE VIDA

➤ 3.5 — no que seamos competentes por nosotros mismos para pensar algo como de nosotros mismos, sino que nuestra competencia proviene de Dios.

Algunos maestros falsos en la iglesia corintia cuestionaban las credenciales de Pablo y presentaron cartas falsas de recomendación para probar su propia legitimidad a los creyentes incautos. Pero el apóstol fue claro: las únicas cartas de recomendación que él necesitaba eran las vidas que Dios había cambiado a través de su ministerio. Sólo el Señor puede investir de poder a las personas para servirlo, y sólo Él puede hacernos adecuados y transformar vidas por medio de nosotros. De hecho, Jesús dijo: «separados de mí nada podéis hacer» (Jn 15.5). Nadie puede triunfar en la vida ni en el ministerio sin depender de Él a cada paso del camino. Nada más nos califica para el servicio.

➤ 3.6 — la letra mata, mas el espíritu vivifica.

La ley nos reveló los requisitos justos de Dios, con estándares tan altos que jamás podríamos esperar alcanzarlos por nuestra cuenta (Ro 7.7). El Espíritu, por otro lado, nos da vida porque nos guía a poner nuestra fe en la provisión de Cristo en la cruz.

➤ 3.16 — cuando se conviertan al Señor, el velo se quitará.

Durante el día de la expiación, el sumo sacerdote entraba detrás del velo del lugar santísimo y se presentaba ante Dios. Nadie más tenía permitida la entrada. El borde de su vestimenta tenía campanillas que daban indicio de sus movimientos, y una cuerda era atada a su tobillo para que en caso de morir en la presencia divina del Señor, los demás sacerdotes pudieran sacarlo sin tener que entrar y perder también la vida. Por esa razón, en el día de la crucifixión, el velo del templo fue rasgado de arriba abajo, para mostrar que la muerte de Jesús en la cruz quitó la separación entre Dios y el hombre. Hoy día, cuando nos volvemos a Él en fe, Dios nos recibe en su presencia y no hay por qué temer (He 4.16).

➤ 3.17 — el Señor es el Espíritu; y donde está el Espíritu del Señor, allí hay libertad.

Cuando Jesús entra a un corazón humano por la fe, Él por medio del Espíritu nos pone en libertad de la esclavitud del pecado, de las cadenas de la muerte y de nuestros intentos inútiles de ser justificados por nuestros propios esfuerzos.

➤ 3.18 — nosotros todos, mirando a cara descubierta como en un espejo la gloria del Señor, somos transformados de gloria en gloria en la misma imagen.

Éxodo 34.30 nos dice que cuando Moisés regresó al campamento tras recibir de Dios los diez mandamientos, «la piel de su rostro era resplandeciente; y [el pueblo de Israel tuvo] miedo de acercarse a él». Algo extraordinario nos sucede cada vez que pasamos tiempo con Dios, una transformación asombrosa que ningún tratamiento de belleza en el mundo entero puede imitar. No solo reflejamos su gloria, descubrimos que Él nos está moldeando a su imagen.

2 Antes bien renunciamos a lo oculto y vergonzoso, no andando con astucia, ni adulterando la palabra de Dios, sino por la
manifestación de la verdad recomendándo-
nos a toda conciencia humana delante de Dios.
3 Pero si nuestro evangelio está aún encubierto, entre los que se pierden está encubierto;
➤ 4 en los cuales el dios de este siglo cegó el
entendimiento de los incrédulos, para que
no les resplandezca la luz del evangelio de la
gloria de Cristo, el cual es la imagen de Dios.
5 Porque no nos predicamos a nosotros mismos, sino a Jesucristo como Señor, y a nosotros como vuestros siervos por amor de Jesús.
6 Porque Dios, que mandó que de las tinieblas
resplandeciese la luz,[a] es el que resplandeció
en nuestros corazones, para iluminación del
conocimiento de la gloria de Dios en la faz de
Jesucristo.

Viviendo por la fe

➤ 7 Pero tenemos este tesoro en vasos de barro,
para que la excelencia del poder sea de Dios,
y no de nosotros,
➤ 8 que estamos atribulados en todo, mas no
angustiados; en apuros, mas no desesperados;
9 perseguidos, mas no desamparados; derribados, pero no destruidos;
➤ 10 llevando en el cuerpo siempre por todas
partes la muerte de Jesús, para que también
la vida de Jesús se manifieste en nuestros
cuerpos.
11 Porque nosotros que vivimos, siempre estamos entregados a muerte por causa de Jesús,
para que también la vida de Jesús se manifieste en nuestra carne mortal.
12 De manera que la muerte actúa en nosotros, y en vosotros la vida.
13 Pero teniendo el mismo espíritu de fe, conforme a lo que está escrito: Creí, por lo cual
hablé,[b] nosotros también creemos, por lo cual
también hablamos,
14 sabiendo que el que resucitó al Señor Jesús,
a nosotros también nos resucitará con Jesús, y
nos presentará juntamente con vosotros.
15 Porque todas estas cosas padecemos por
amor a vosotros, para que abundando la gracia por medio de muchos, la acción de gracias
sobreabunde para gloria de Dios.
16 Por tanto, no desmayamos; antes aunque *
este nuestro hombre exterior se va desgas- ≺
tando, el interior no obstante se renueva de
día en día.
17 Porque esta leve tribulación momentánea ≺
produce en nosotros un cada vez más excelente y eterno peso de gloria;

a. 4.6 Gn 1.3. **b. 4.13** Sal 116.10.

LECCIONES DE VIDA

➤ *4.4 — el dios de este siglo cegó el entendimiento de los incrédulos, para que no les resplandezca la luz del evangelio de la gloria de Cristo, el cual es la imagen de Dios.*

Nos ahorraríamos mucha ansiedad en nuestros esfuerzos evangelísticos si recordáramos que testificar a otros acerca de Cristo conlleva una seria guerra espiritual y que Satanás se opone activamente a nuestros esfuerzos (Mt 13.19).

➤ *4.7 — tenemos este tesoro en vasos de barro, para que la excelencia del poder sea de Dios, y no de nosotros.*

Cuando pensamos que debemos ser fuertes y hábiles para servir a Dios, nos perdemos por completo la esencia de cómo Él trabaja. Nosotros somos como vasos de barro comunes, débiles y valorados según nuestro contenido. Es Cristo en nosotros quien nos da valía, poder, sabiduría y gozo. Cuando Él cumple su voluntad a través de nosotros, lo hace de una manera que supera y rebasa espectacularmente nuestras habilidades humanas, de tal modo que otros vean lo que Él ha hecho y quieran conocerlo igualmente.

➤ *4.8, 9 — estamos atribulados en todo, mas no angustiados; en apuros, mas no desesperados; perseguidos, mas no desamparados; derribados, pero no destruidos.*

Dios permitirá que usted sea sometido(a) a prueba hasta el punto de resistencia pero nunca más allá. ¿Por qué? Su objetivo es sacudir y eliminar todo aquello en lo cual usted se apoya aparte de Él. El Señor no quiere destruirle, su intención es hacerle más fuerte. Pero la única manera como puede hacerlo es mostrándole la fragilidad de sus puntos fuertes y de las comodidades terrenales, para que usted dependa de Él.

➤ *4.10 — llevando en el cuerpo siempre por todas partes la muerte de Jesús, para que también la vida de Jesús se manifieste en nuestros cuerpos.*

Hablando acerca de Jesús, Juan el Bautista dijo: «Es necesario que él crezca, pero que yo mengüe» (Jn 3.30). Constantemente debemos dejar morir nuestros derechos a nosotros mismos, a nuestra naturaleza pecadora, a nuestros intereses carnales y a nuestras expectativas, para que Cristo pueda brillar a través de nosotros y otros puedan ser salvos (Jn 12.23–26).

➤ *4.16 — no desmayamos; antes aunque este nuestro hombre exterior se va desgastando, el interior no obstante se renueva de día en día.*

Dios le enseña humildad, le mantiene dependiente de Él, le muestra cómo seguirlo y le protege del orgullo, por medio de las pruebas. La buena noticia es que los momentos sombríos de su vida durarán solo el tiempo necesario para que Dios lleve a cabo su propósito. Si vive con el compromiso de obedecerlo, su relación con Él crecerá más de lo que usted jamás creyó posible. Por lo tanto, cada vez que experimente una prueba, dé gracias a Dios por lo que está haciendo y comprométase a honrarlo en todo.

➤ *4.17 — esta leve tribulación momentánea produce en nosotros un cada vez más excelente y eterno peso de gloria.*

Cualquier sacrificio que hagamos o cualquier dificultad que suframos por amor al Señor y en obediencia a sus mandatos, nunca pasa desapercibido. Tenemos asegurado que Él recompensará ampliamente lo que suframos y nos bendecirá por serle fieles (Mr 10.28–30).

LO QUE LA BIBLIA DICE ACERCA DE LA RESPONSABILIDAD DE RENDIR CUENTAS A OTROS

2 Co 5.10

En la era de los derechos individuales, el principio de la responsabilidad de rendir cuentas va en contra de la corriente y la opinión popular. Nuestra mentalidad soberbia, egocéntrica y autosuficiente se rebela en contra de la idea de someter nuestra conducta al escrutinio de otra persona.

Sin embargo, la responsabilidad de rendir cuentas es una enseñanza bíblica y un fuerte concepto de las Escrituras que es crucial para nuestro crecimiento espiritual y nuestro compañerismo con Dios. La Palabra de Dios nos dice que somos responsables ante Él y también ante los demás. No tenemos derecho de hacer lo que nos plazca.

Rendir cuentas de nuestras vidas es una responsabilidad piadosa que proporciona un sabio equilibrio del estado de cuentas sobre nuestro control y balance. Trátese de un supervisor en el trabajo o un amigo cercano, necesitamos a alguien que esté dispuesto a amonestar, animar y caminar con nosotros tanto en la prueba como en la bendición. El Señor permite que otros nos observen y confronten en nuestras áreas débiles. De hecho, un amigo piadoso no será indolente y tampoco nos dirá sólo lo que queramos oír.

Seamos francos. A nadie le gusta admitir sus defectos, pero es por medio de someternos a Dios o a una persona en posición de autoridad sobre nosotros, que alcanzaremos el éxito en la vida espiritual. De esa manera somos incentivados a alcanzar nuestro mejor desempeño, y nos abstenemos de convertir nuestra libertad en una licencia para pecar.

Somos libres en Cristo, pero también somos siervos de Cristo.

Aunque Pablo era el apóstol preeminente de su tiempo, él no dejó de rendirle cuentas a su iglesia de base en Antioquía, a la cual se reportaba con cierta frecuencia para presentar informes de sus viajes. Además, les rendía cuentas a los líderes en Jerusalén. Por su parte, Timoteo, un joven predicador temperamental, le rendía cuentas a Pablo. Jesús también envió a sus discípulos de dos en dos, no solamente para que se dieran apoyo mutuo, sino también para rendirse cuentas.

Nuestra responsabilidad última, por supuesto, es el rendirle cuentas al Señor: «De manera que cada uno de nosotros dará a Dios cuenta de sí» (Ro 14.12). Saber que un día debemos responderle a Dios debería ser un fuerte incentivo para la santidad y la obediencia. «Porque es necesario que todos nosotros comparezcamos ante el tribunal de Cristo, para que cada uno reciba según lo que haya hecho mientras estaba en el cuerpo, sea bueno o sea malo» (2 Co 5.10).

Convertirnos en cristianos no nos libra de la responsabilidad personal. Aunque nuestros pecados hayan sido perdonados a través del sacrificio de Cristo, seguimos siendo responsables por nuestra conducta. Lo que hacemos en la tierra *sí importa.* Somos libres en Cristo, pero también somos siervos de Cristo.

Dios nos ha diseñado de tal manera que podamos permanecer conscientes de nuestra responsabilidad de rendirle cuentas a nuestro Creador quien todo lo sabe, y que también tenemos responsabilidades en nuestras relaciones interpersonales: «Hierro con hierro se aguza; y así el hombre aguza el rostro de su amigo» (Pr 27.17).

Para un estudio más a fondo, véase el Índice de Principios de vida:
28. Ningún creyente ha sido llamado a transitar solitario en su peregrinaje de fe.
25. Dios nos bendice para que nosotros podamos bendecir a otros.

18 no mirando nosotros las cosas que se ven,
sino las que no se ven; pues las cosas que se
ven son temporales, pero las que no se ven
son eternas.

5

PORQUE sabemos que si nuestra morada
terrestre, este tabernáculo, se deshiciere,
tenemos de Dios un edificio, una casa no
hecha de manos, eterna, en los cielos.
2 Y por esto también gemimos, deseando
ser revestidos de aquella nuestra habitación
celestial;
3 pues así seremos hallados vestidos, y no
desnudos.
4 Porque asimismo los que estamos en este
tabernáculo gemimos con angustia; porque no
quisiéramos ser desnudados, sino revestidos,
para que lo mortal sea absorbido por la vida.
5 Mas el que nos hizo para esto mismo es
Dios, quien nos ha dado las arras del Espíritu.
6 Así que vivimos confiados siempre, y sabiendo que entre tanto que estamos en el cuerpo,
estamos ausentes del Señor
7 (porque por fe andamos, no por vista);
8 pero confiamos, y más quisiéramos estar
ausentes del cuerpo, y presentes al Señor.
9 Por tanto procuramos también, o ausentes o
presentes, serle agradables.
10 Porque es necesario que todos nosotros
comparezcamos ante el tribunal de Cristo,[a]
para que cada uno reciba según lo que haya
hecho mientras estaba en el cuerpo, sea bueno o sea malo.

El ministerio de la reconciliación

11 Conociendo, pues, el temor del Señor, per-
suadimos a los hombres; pero a Dios le es
manifiesto lo que somos; y espero que también lo sea a vuestras conciencias.
12 No nos recomendamos, pues, otra vez a
vosotros, sino os damos ocasión de gloriaros
por nosotros, para que tengáis con qué responder a los que se glorían en las apariencias
y no en el corazón.
13 Porque si estamos locos, es para Dios; y si
somos cuerdos, es para vosotros.
14 Porque el amor de Cristo nos constriñe,
pensando esto: que si uno murió por todos,
luego todos murieron;
15 y por todos murió, para que los que viven,
ya no vivan para sí, sino para aquel que murió
y resucitó por ellos.
16 De manera que nosotros de aquí en adelante a nadie conocemos según la carne; y aun si
a Cristo conocimos según la carne, ya no lo
conocemos así.

a. 5.10 Ro 14.10.

LECCIONES DE VIDA

4.18 — no mirando nosotros las cosas que se ven, sino las que no se ven; pues las cosas que se ven son temporales, pero las que no se ven son eternas.

La perspectiva de Dios es mejor que la nuestra porque Él no ve solamente las cosas que hacemos, sino también factores y asuntos que no podemos percibir. Por esta razón el Señor no elimina nuestros problemas, aunque oremos para que lo haga, porque está produciendo cualidades en nosotros que son imprescindibles desde el punto de vista eterno.

5.7 — por fe andamos, no por vista.

Es fácil dejarnos distraer por la naturaleza caída de nuestros cuerpos, pero Pablo escribe que debemos andar por fe y no por vista, ya que aguardamos la resurrección de nuestros cuerpos. Esto significa que no tenemos que temer la muerte ni el sufrimiento (Jn 17.3). Un día veremos al Salvador, y recibiremos un cuerpo perfecto que no será afectado por el pecado ni por la destrucción de este mundo descompuesto.

5.8 — confiamos, y más quisiéramos estar ausentes del cuerpo, y presentes al Señor.

Como creyentes, cuando estemos ausentes del cuerpo al morir, estaremos de inmediato con el Señor, en el cielo. Todo el dolor y la tristeza desaparecerán, y disfrutaremos en compañía de Jesucristo para siempre (Jn 14.1–3; Ap 21). Esta es la razón por la que podemos tener esperanza para el futuro. Lo mejor que Dios tiene para ofrecer esta aún por venir, después de la resurrección de todos nosotros, los que hemos creído en su Hijo.

5.9 — Por tanto procuramos también, o ausentes o presentes, serle agradables.

Si amamos al Señor, haremos que nuestra meta y nuestro deleite sean el agradarlo con nuestra manera de vivir. ¿Por qué? Porque no tiene sentido que nos apoyemos en Dios para nuestro futuro eterno al mismo tiempo que dudamos de su instrucción y su provisión para el día de hoy. Si deseamos que nuestra fe en Él sea segura y madura en nuestra relación con Él, debemos tenerle plena confianza y obedecerlo sin importar qué circunstancias enfrentemos.

5.10 — es necesario que todos nosotros comparezcamos ante el tribunal de Cristo, para que cada uno reciba según lo que haya hecho mientras estaba en el cuerpo, sea bueno o sea malo.

Los cristianos no enfrentarán el juicio ante el Gran Trono Blanco (Ap 20.11–15), porque cuando confiamos en Jesús para ser nuestro Salvador, nuestros nombres son escritos en el libro de la vida del Cordero (Ap 21.27). Sin embargo, los creyentes rendiremos cuentas ante el tribunal de Cristo, conocido como la silla *Bēma o silla del juicio*, en alusión al término grecorromano que señalaba una plataforma elevada desde la cual los tribunos se sentaban para hacer juicio. No es un lugar de condenación para nosotros sino de rendición de cuentas, donde seremos recompensados por las cosas que hayamos hecho en obediencia fiel al Señor (1 Co 3.11–15).

5.14, 15 — el amor de Cristo nos constriñe, pensando esto: que si uno murió por todos, luego todos murieron; y por todos murió, para que los que viven, ya no vivan para sí, sino para aquel que murió y resucitó por ellos.

¿Cree usted que Dios querría que saciáramos el hambre física de una persona sin que le mostrásemos también cómo salvarse de las llamas del infierno? ¿Basta darle un vaso de agua al sediento o vestir al que no tiene abrigo, sin jamás aprovechar la oportunidad para presentarles el evangelio? Por supuesto que no. Si el amor de Cristo nos constriñe a proveer para las necesidades terrenales de la gente, ¿cuánto más causará su amor que les mostremos el camino al perdón y a la vida eterna, que es su necesidad más grande?

✻17 De modo que si alguno está en Cristo, nue-
➢va criatura es; las cosas viejas pasaron; he
aquí todas son hechas nuevas.
18 Y todo esto proviene de Dios, quien nos
reconcilió consigo mismo por Cristo, y nos dio
el ministerio de la reconciliación;
➢19 que Dios estaba en Cristo reconciliando
consigo al mundo, no tomándoles en cuenta
a los hombres sus pecados, y nos encargó a
nosotros la palabra de la reconciliación.
20 Así que, somos embajadores en nombre
de Cristo, como si Dios rogase por medio de
nosotros; os rogamos en nombre de Cristo:
Reconciliaos con Dios.
➢21 Al que no conoció pecado, por nosotros
lo hizo pecado, para que nosotros fuésemos
hechos justicia de Dios en él.
➢**6** ASÍ, pues, nosotros, como colaboradores
suyos, os exhortamos también a que no
recibáis en vano la gracia de Dios.
➢2 Porque dice:
En tiempo aceptable te he oído,
Y en día de salvación te he socorrido.[a]
He aquí ahora el tiempo aceptable; he aquí
ahora el día de salvación.
3 No damos a nadie ninguna ocasión de tropiezo,
para que nuestro ministerio no sea vituperado;
4 antes bien, nos recomendamos en todo como ➢
ministros de Dios, en mucha paciencia, en
tribulaciones, en necesidades, en angustias;
5 en azotes, en cárceles,[b] en tumultos, en trabajos, en desvelos, en ayunos;
6 en pureza, en ciencia, en longanimidad, en
bondad, en el Espíritu Santo, en amor sincero,
7 en palabra de verdad, en poder de Dios, con
armas de justicia a diestra y a siniestra;
8 por honra y por deshonra, por mala fama
y por buena fama; como engañadores, pero
veraces;
9 como desconocidos, pero bien conocidos;
como moribundos, mas he aquí vivimos; como
castigados, mas no muertos;
10 como entristecidos, mas siempre gozosos; ➢
como pobres, mas enriqueciendo a muchos;
como no teniendo nada, mas poseyéndolo todo.

a. 6.2 Is 49.8. **b. 6.5** Hch 16.23.

LECCIONES DE VIDA

➢ ***5.17 — si alguno está en Cristo, nueva criatura es; las cosas viejas pasaron; he aquí todas son hechas nuevas.***

La experiencia del nuevo nacimiento es exactamente lo que Dios dice que es, un nuevo comienzo. Cuando nacemos de nuevo, no solo es perdonado nuestro pecado y removida nuestra culpa, sino que también recibimos el Espíritu Santo, quien viene a morar dentro de nosotros y vivir la vida de Cristo a través de nosotros. Nunca podemos volver a ser lo que antes fuimos porque hemos nacido dentro de su vida abundante, con un espíritu nuevo y una naturaleza distinta. Debido a ello, nuestros deseos y nuestras metas deberían conformarse a lo que Dios tiene para nosotros.

➢ ***5.19 — Dios estaba en Cristo reconciliando consigo al mundo, no tomándoles en cuenta a los hombres sus pecados, y nos encargó a nosotros la palabra de la reconciliación.***

Dios nos creó para estar unidos con Él en una relación íntima de amor, y nos ha confiado la tarea de contarle al mundo lo que ha hecho posible para que todo aquel que tenga fe en Él disfrute vida eterna y una relación íntima con Él. Por medio de la cruz, tenemos el privilegio de acoger y disfrutar su presencia amorosa para siempre.

➢ ***5.21 — Al que no conoció pecado, por nosotros lo hizo pecado, para que nosotros fuésemos hechos justicia de Dios en él.***

Habacuc 1.13 dice acerca de Dios: «Muy limpio eres de ojos para ver el mal». Esto significa que el Señor no permitirá el pecado en su presencia. En la cruz, Jesucristo tomó sobre Él las iniquidades del mundo entero, aunque Él jamás cometió un solo pecado, de tal manera que ninguno de nosotros tuviera que pagar el castigo de nuestras transgresiones, que es muerte y separación de Dios por la eternidad (Ro 6.23). Él dio su vida para que pudiéramos recibir su justicia y así tener una relación con Él para siempre (Ro 8.1–4; 1 P 2.24).

➢ ***6.1 — os exhortamos también a que no recibáis en vano la gracia de Dios.***

Recibir en vano la gracia de Dios significa que despilfarramos el regalo maravilloso que Él nos ha dado, cada vez que en lugar de apropiarnos de su poder para vivir piadosamente, persistimos en nuestra pecaminosidad y tratamos continuamente de ganarnos la salvación que nos fue dada gratuitamente, o perdemos nuestra lealtad al Señor por la influencia de maestros falsos.

➢ ***6.2 — En tiempo aceptable te he oído, y en día de salvación te he socorrido. He aquí ahora el tiempo aceptable; he aquí ahora el día de salvación.***

Nunca tiene sentido postergar la decisión de aceptar la oferta de salvación de Dios. ¿Cuántos hay que han esperado demasiado? ¿Por qué alguien querría dejar para más tarde el gozo que viene de una relación vital con el Señor? Cuando Él llama, quiere obediencia inmediata. *Hoy* es el día para responder.

➢ ***6.4 — nos recomendamos en todo como ministros de Dios, en mucha paciencia, en tribulaciones, en necesidades, en angustias.***

Lo que nos recomienda a otros en nuestro andar con Dios no es nuestra fortaleza ni nuestros triunfos personales, sino nuestras debilidades. Es por medio de las áreas en las que sufrimos y somos inadecuados que exhibimos nuestra dependencia del Señor.

➢ ***6.10 — como entristecidos, mas siempre gozosos; como pobres, mas enriqueciendo a muchos; como no teniendo nada, mas poseyéndolo todo.***

¡Cuán diferente debe ser la vida de un creyente a la de alguien que no ha recibido su gracia! En lugar de buscar vanamente la felicidad, las riquezas y el poder como lo hace el mundo sin hallar satisfacción real, estamos llenos de gozo y sabemos que ya poseemos todas estas cosas por medio de Cristo. Podemos soportar sin importar qué suceda porque la presencia de Dios nos da gozo, energías y poder para enfrentar lo que sea.

11 Nuestra boca se ha abierto a vosotros, oh
corintios; nuestro corazón se ha ensanchado.
12 No estáis estrechos en nosotros, pero sí
sois estrechos en vuestro propio corazón.
13 Pues, para corresponder del mismo modo
(como a hijos hablo), ensanchaos también
vosotros.

Somos templo del Dios viviente

➤ 14 No os unáis en yugo desigual con los incrédulos; porque ¿qué compañerismo tiene la justicia con la injusticia? ¿Y qué comunión la luz
con las tinieblas?
15 ¿Y qué concordia Cristo con Belial? ¿O qué
parte el creyente con el incrédulo?
* 16 ¿Y qué acuerdo hay entre el templo de Dios
y los ídolos? Porque vosotros sois el templo
del Dios viviente,[c] como Dios dijo:

Habitaré y andaré entre ellos,
Y seré su Dios,
Y ellos serán mi pueblo.[d]

17 Por lo cual,
Salid de en medio de ellos, y apartaos,
dice el Señor,
Y no toquéis lo inmundo;
Y yo os recibiré,[e]
18 Y seré para vosotros por Padre,
Y vosotros me seréis hijos e hijas, dice
el Señor Todopoderoso.[f]

➤ 7 ASÍ que, amados, puesto que tenemos tales
promesas, limpiémonos de toda contaminación de carne y de espíritu, perfeccionando
la santidad en el temor de Dios.

Regocijo de Pablo al arrepentirse los corintios

2 Admitidnos: a nadie hemos agraviado, a nadie
hemos corrompido, a nadie hemos engañado.
3 No lo digo para condenaros; pues ya he
dicho antes que estáis en nuestro corazón,
para morir y para vivir juntamente.
4 Mucha franqueza tengo con vosotros;
mucho me glorío con respecto de vosotros;
lleno estoy de consolación; sobreabundo de
gozo en todas nuestras tribulaciones.
5 Porque de cierto, cuando vinimos a
Macedonia,[a] ningún reposo tuvo nuestro cuerpo, sino que en todo fuimos atribulados; de
fuera, conflictos; de dentro, temores.
6 Pero Dios, que consuela a los humildes, nos
consoló con la venida de Tito;
7 y no sólo con su venida, sino también con la
consolación con que él había sido consolado
en cuanto a vosotros, haciéndonos saber vuestro gran afecto, vuestro llanto, vuestra solicitud
por mí, de manera que me regocijé aun más.
8 Porque aunque os contristé con la carta, no
me pesa, aunque entonces lo lamenté; porque
veo que aquella carta, aunque por algún tiempo, os contristó.
9 Ahora me gozo, no porque hayáis sido con- ➤
tristados, sino porque fuisteis contristados
para arrepentimiento; porque habéis sido contristados según Dios, para que ninguna pérdida padecieseis por nuestra parte.
10 Porque la tristeza que es según Dios produ- ➤
ce arrepentimiento para salvación, de que no
hay que arrepentirse; pero la tristeza del mundo produce muerte.
11 Porque he aquí, esto mismo de que hayáis
sido contristados según Dios, ¡qué solicitud

c. 6.16 1 Co 3.16; 6.19. **d. 6.16** Lv 26.12; Ez 37.27.
e. 6.17 Is 52.11. **f. 6.18** 2 S 7.14; 1 Cr 17.13.
a. 7.5 2 Co 2.13.

LECCIONES DE VIDA

➤ *6.14 — No os unáis en yugo desigual con los incrédulos; porque ¿qué compañerismo tiene la justicia con la injusticia? ¿Y qué comunión la luz con las tinieblas?*

Dios nos dice que no estemos ligados a incrédulos debido a la influencia que ejercen en nuestras vidas. ¿Dijo Él que no deberíamos amar a los perdidos? No. ¿Dijo Él que los tratáramos mal? Tampoco. Más bien, dice que debemos ser cuidadosos en nuestra manera de vivir. Si el enemigo gana un espacio de territorio en nuestras vidas, tentándonos a ceder en nuestra fe y aminorarnos en nuestra demostración del amor y el perdón de Dios, avanzará mucho en su intento por menoscabar nuestra relación con el Señor y nuestro testimonio para Él.

➤ *7.1 — puesto que tenemos tales promesas, limpiémonos de toda contaminación de carne y de espíritu, perfeccionando la santidad en el temor de Dios.*

Las promesas de Dios tienen el propósito de llevarnos a la pureza de vida, pero no lo hacen de manera automática. Mientras esperamos que sean cumplidas, aprendemos a huir del pecado, a apoyarnos en Él, a recibir consuelo de su Palabra y estar atentos a su voz. A través de sus maravillosas promesas para nosotros, también nos damos cuenta que tiene un plan de vida mucho mejor que el nuestro.

➤ *7.9 — Ahora me gozo, no porque hayáis sido contristados, sino porque fuisteis contristados para arrepentimiento.*

Necesitamos llamar a rendir cuentas a nuestros hermanos en la fe por amor y para que sean restaurados en su relación con el Señor, no para que se sientan avergonzados. Nunca se proponga la meta de producir dolor, más bien comunique la verdad de Dios y su interés genuino para que la persona se convenza de pecado y opte por arrepentirse. Cuando Dios transforma un corazón, nos ganamos una bendición.

➤ *7.10 — la tristeza que es según Dios produce arrepentimiento para salvación, de que no hay que arrepentirse; pero la tristeza del mundo produce muerte.*

Si su pena por el pecado no conduce al arrepentimiento, carece de valor. Recuerde que la meta de Satanás es desanimarnos. El enemigo quiere que usted se frustre, que dirija su enojo hacia su interior y se deprima, porque estos sentimientos menoscaban su relación con el Señor. Sentir pena piadosa conduce a un cambio en la manera como usted vive y ve las cosas. Le hace más fuerte porque le ayuda a aceptar la verdad de Dios y su perdón incondicional.

produjo en vosotros, qué defensa, qué indignación, qué temor, qué ardiente afecto, qué
celo, y qué vindicación! En todo os habéis
mostrado limpios en el asunto.
12 Así que, aunque os escribí, no fue por causa del que cometió el agravio, ni por causa
del que lo padeció, sino para que se os hiciese
manifiesta nuestra solicitud que tenemos por
vosotros delante de Dios.
13 Por esto hemos sido consolados en vuestra
consolación; pero mucho más nos gozamos
por el gozo de Tito, que haya sido confortado
su espíritu por todos vosotros.
14 Pues si de algo me he gloriado con él respecto de vosotros, no he sido avergonzado,
sino que así como en todo os hemos hablado
con verdad, también nuestro gloriarnos con
Tito resultó verdad.
15 Y su cariño para con vosotros es aun más
abundante, cuando se acuerda de la obediencia de todos vosotros, de cómo lo recibisteis
con temor y temblor.
16 Me gozo de que en todo tengo confianza
en vosotros.

La ofrenda para los santos

8 ASIMISMO, hermanos, os hacemos saber
la gracia de Dios que se ha dado a las iglesias de Macedonia;
2 que en grande prueba de tribulación, la
abundancia de su gozo y su profunda pobreza
abundaron en riquezas de su generosidad.
3 Pues doy testimonio de que con agrado han
dado conforme a sus fuerzas, y aun más allá
de sus fuerzas,
4 pidiéndonos con muchos ruegos que les
concediésemos el privilegio de participar en
este servicio para los santos.[a]
➤ 5 Y no como lo esperábamos, sino que a sí
mismos se dieron primeramente al Señor, y
luego a nosotros por la voluntad de Dios;
6 de manera que exhortamos a Tito para que
tal como comenzó antes, asimismo acabe también entre vosotros esta obra de gracia.
7 Por tanto, como en todo abundáis, en fe, ➤
en palabra, en ciencia, en toda solicitud, y
en vuestro amor para con nosotros, abundad
también en esta gracia.
8 No hablo como quien manda, sino para
poner a prueba, por medio de la diligencia de
otros, también la sinceridad del amor vuestro.
9 Porque ya conocéis la gracia de nuestro ➤
Señor Jesucristo, que por amor a vosotros se
hizo pobre, siendo rico, para que vosotros con
su pobreza fueseis enriquecidos.
10 Y en esto doy mi consejo; porque esto os
conviene a vosotros, que comenzasteis antes,
no sólo a hacerlo, sino también a quererlo,
desde el año pasado.
11 Ahora, pues, llevad también a cabo el
hacerlo, para que como estuvisteis prontos a
querer, así también lo estéis en cumplir conforme a lo que tengáis.
12 Porque si primero hay la voluntad dispuesta, será acepta según lo que uno tiene, no
según lo que no tiene.
13 Porque no digo esto para que haya para
otros holgura, y para vosotros estrechez,
14 sino para que en este tiempo, con igualdad, la abundancia vuestra supla la escasez de ellos, para que también la abundancia
de ellos supla la necesidad vuestra, para que
haya igualdad,
15 como está escrito: El que recogió mucho,
no tuvo más, y el que poco, no tuvo menos.[b]
16 Pero gracias a Dios que puso en el corazón ➤
de Tito la misma solicitud por vosotros.
17 Pues a la verdad recibió la exhortación;
pero estando también muy solícito, por su
propia voluntad partió para ir a vosotros.

a. 8.1-4 Ro 15.26. **b. 8.15** Éx 16.18.

LECCIONES DE VIDA

➤ ***8.5 — a sí mismos se dieron primeramente al Señor, y luego a nosotros por la voluntad de Dios.***

Los creyentes en Jerusalén estaban sufriendo mucho. Además de la hambruna en la región (Hch 11.27–30), muchos habían sido desheredados por sus familias y habían perdido la capacidad de sostenerse a sí mismos. Para empeorar las cosas, tenían que pagar doble tributo, tanto a las autoridades judías como a las romanas. ¿Por qué estaban tan ansiosos de ayudarlos los cristianos de Macedonia? Porque estaban comprometidos de todo corazón al Señor, y habían hecho suyas las prioridades divinas.

➤ ***8.7 — como en todo abundáis… abundad también en esta gracia.***

Como los macedonios, los corintios habían prometido de antemano una ofrenda para la iglesia en Jerusalén, pero todavía no habían cumplido su promesa. Dios estaba enseñando a estos creyentes cómo madurar en su fe, mostrando activamente el amor de Dios a otros y no tan solo en palabras sino de hecho y verdad. Somos llamados a ayudar a aquellos que están sufriendo y están necesitados, para que el Señor sea glorificado y los perdidos crean y sean salvos.

➤ ***8.9 — ya conocéis la gracia de nuestro Señor Jesucristo, que por amor a vosotros se hizo pobre, siendo rico, para que vosotros con su pobreza fueseis enriquecidos.***

El Señor Jesús dejó la magnificencia y el esplendor de su reino en los cielos, donde es adorado y tiene abundancia en todo sentido. Él eligió las limitaciones, las molestias y la pequeñez de un cuerpo humano para poder demostrar personalmente su gran amor por nosotros. Dios no está interesado en nuestro tiempo, nuestros talentos ni nuestra cuenta bancaria. Él ya es el dueño del mundo y todo lo que en él hay (Éx 19.5). Su deseo más grande es tener una relación personal e íntima con usted por toda la eternidad.

➤ ***8.16, 17 — gracias a Dios que puso en el corazón de Tito la misma solicitud por vosotros. Pues… por su propia voluntad partió para ir a vosotros.***

Aquí vemos la soberanía de Dios y el libre albedrío del hombre operando hombro a hombro. El Señor puso

18 Y enviamos juntamente con él al hermano cuya alabanza en el evangelio se oye por todas las iglesias;
19 y no sólo esto, sino que también fue designado por las iglesias como compañero de nuestra peregrinación para llevar este donativo, que es administrado por nosotros para gloria del Señor mismo, y para demostrar vuestra buena voluntad;
20 evitando que nadie nos censure en cuanto a esta ofrenda abundante que administramos,
21 procurando hacer las cosas honradamente, no sólo delante del Señor sino también delante de los hombres.[c]
22 Enviamos también con ellos a nuestro hermano, cuya diligencia hemos comprobado repetidas veces en muchas cosas, y ahora mucho más diligente por la mucha confianza que tiene en vosotros.
23 En cuanto a Tito, es mi compañero y colaborador para con vosotros; y en cuanto a nuestros hermanos, son mensajeros de las iglesias, y gloria de Cristo.
24 Mostrad, pues, para con ellos ante las iglesias la prueba de vuestro amor, y de nuestro gloriarnos respecto de vosotros.

9 CUANTO a la ministración para los santos, es por demás que yo os escriba;
2 pues conozco vuestra buena voluntad, de la cual yo me glorío entre los de Macedonia, que Acaya está preparada desde el año pasado; y vuestro celo ha estimulado a la mayoría.
3 Pero he enviado a los hermanos, para que nuestro gloriarnos de vosotros no sea vano en esta parte; para que como lo he dicho, estéis preparados;
4 no sea que si vinieren conmigo algunos macedonios, y os hallaren desprevenidos, nos avergoncemos nosotros, por no decir vosotros, de esta nuestra confianza.
5 Por tanto, tuve por necesario exhortar a los hermanos que fuesen primero a vosotros y preparasen primero vuestra generosidad antes prometida, para que esté lista como de generosidad, y no como de exigencia nuestra.
6 Pero esto digo: El que siembra escasamente, también segará escasamente; y el que siembra generosamente, generosamente también segará.
7 Cada uno dé como propuso en su corazón: no con tristeza, ni por necesidad, porque Dios ama al dador alegre.
8 Y poderoso es Dios para hacer que abunde en vosotros toda gracia, a fin de que, teniendo siempre en todas las cosas todo lo suficiente, abundéis para toda buena obra;
9 como está escrito:

> Repartió, dio a los pobres;
> Su justicia permanece para siempre.[a]

10 Y el que da semilla al que siembra, y pan al que come,[b] proveerá y multiplicará vuestra sementera, y aumentará los frutos de vuestra justicia,
11 para que estéis enriquecidos en todo para toda liberalidad, la cual produce por medio de nosotros acción de gracias a Dios.
12 Porque la ministración de este servicio no solamente suple lo que a los santos falta, sino que también abunda en muchas acciones de gracias a Dios;

c. 8.21 Pr 3.4. **a. 9.9** Sal 112.9. **b. 9.10** Is 55.10.

LECCIONES DE VIDA

una carga en el corazón de Tito, quien a su vez respondió a Él en obediencia, actuando gustosamente de conformidad con esa carga, por voluntad propia.

➤ ***9.6 — El que siembra escasamente, también segará escasamente; y el que siembra generosamente, generosamente también segará.***

¿Cómo es que las personas terminan envueltas en una crisis financiera? Todo empieza cuando dejan de reconocer que Dios es el Dueño de todas las cosas y que ellos son simplemente sus administradores. No reconocen que los recursos que tienen bajo su mayordomía deberían usarse de una manera que honre a Dios, y que Él recompensará su fidelidad. No cometa el mismo error. Nunca tome decisiones basadas en estados de cuentas de un balance financiero. Obedezca a Dios en cada área, incluidas sus finanzas. Cuando usted es generoso con su fe en Él, descubrirá que la matemática divina produce ganancias mucho mayores.

➤ ***9.7 — Cada uno dé como propuso en su corazón: no con tristeza, ni por necesidad, porque Dios ama al dador alegre.***

En lo que damos, así como en las demás áreas de nuestra vida cristiana, Dios quiere que nuestros corazones respondan a Él en obediencia. Él quiere una participación voluntaria, gozosa y entusiasta en su obra, no quejándose ni cumpliendo por conformidad.

➤ ***9.8 — poderoso es Dios para hacer que abunde en vosotros toda gracia, a fin de que, teniendo siempre en todas las cosas todo lo suficiente, abundéis para toda buena obra.***

La palabra *gracia* en el Nuevo Testamento viene de la raíz que se traduce *regocijarse*. Significa «el beneficio gratuito o la expresión de benignidad absoluta», «efectos prácticos en acciones que producen gozo», y «favor conferido en bendiciones terrenales». Cuando Pablo escribe que «poderoso es Dios para hacer que abunde en vosotros toda gracia», se refiere a que el Señor quiere y puede mostrarle una superabundancia de bondad que le producirá un gozo inmenso. Dios quiere que usted disfrute la vida a un nivel de mayor excelencia, y la gracia de Dios es lo que hace esto posible.

➤ ***9.12 — la ministración de este servicio no solamente suple lo que a los santos falta, sino que también abunda en muchas acciones de gracias a Dios.***

La motivación para dar a otros pan para comer y agua para beber, para cubrir al desnudo, para recoger al extranjero, y para visitar a los enfermos y los encarcelados, es el amor de Dios. Si usted conoce a Jesús como su Señor y Salvador, usted ya es salvo. No se gana su salvación haciendo estas cosas, más bien expresa su amor al Señor por la gratitud que rebosa en su corazón.

PRINCIPIO DE VIDA 23

JAMÁS PODREMOS SUPERAR A DIOS EN GENEROSIDAD.

2 CO 9.8

El rey David sabía que Dios lo había prosperado y le había dado reposo de todos sus enemigos. Un día se fijó en cada rincón de su cómoda casa y le dijo a Natán el profeta: «Mira ahora, yo habito en casa de cedro, y el arca de Dios está entre cortinas» (2 S 7.2). El rey quiso construir un templo para Dios, una empresa nada pequeña.

Pero Dios tenía en mente una bendición mucho más grande para David. Él dijo: «Asimismo Jehová te hace saber que él te hará casa… será afirmada tu casa y tu reino para siempre delante de tu rostro» (2 S 7.11, 16).

Esta historia nos muestra claramente que *nunca* podemos superar a Dios en generosidad. Aunque Él recibe con gusto nuestros regalos y ofrendas, siempre nos dará muchísimo más de lo que podríamos darle a Él. Dios nunca será deudor de nadie.

Jesús declaró que cualquier persona que diera a uno de sus seguidores hasta un vaso de agua en su nombre, sería generosamente recompensada (Mr 9.41). En cierta ocasión ilustró la generosidad de Dios describiendo cómo un «hombre noble» recompensó a sus siervos con múltiples ciudades porque ellos duplicaron varias veces la pequeña cantidad de dinero que les había dado. Pedro se jactó una vez con el Señor diciendo: «He aquí, nosotros hemos dejado nuestras posesiones y te hemos seguido» (Lc 18.28). Pedro probablemente esperaba una palmadita en la espalda. En cambio, Jesús le dijo: «De cierto os digo, que no hay nadie que haya dejado casa, o padres, o hermanos, o mujer, o hijos, por el reino de Dios, que no haya de recibir mucho más en este tiempo, y en el siglo venidero la vida eterna» (Lc 18.29, 30).

En uno de los ejemplos más claros de este principio en las Escrituras, Jesús nos dice: «Dad, y se os dará; medida buena, apretada, remecida y rebosando darán en vuestro regazo; porque con la misma medida con que medís, os volverán a medir» (Lc 6.38).

Es un hecho: Jamás podremos superar a Dios en generosidad.

El profeta Malaquías del Antiguo Testamento creyó en este principio. A través de él, Dios dio instrucciones al pueblo para que trajeran todos los diezmos, y dijo: «probadme ahora en esto, dice Jehová de los ejércitos, si no os abriré las ventanas de los cielos, y derramaré sobre vosotros bendición hasta que sobreabunde» (Mal 3.10).

Diezmar es dar el diez por ciento de nuestros ingresos a Dios para su obra. Todo lo que tenemos es un regalo de Dios; por lo tanto, el diezmo es meramente una porción de lo que Él ya nos ha dado. Si obedecemos la Palabra de Dios y damos con alegría la porción que Él ha requerido de nosotros, nos bendecirá tanto a nosotros como a la obra de su reino.

Todo lo que tenemos es un regalo de Dios.

Hace años, Dios nos dirigió a comprar una propiedad para la ampliación de la Primera Iglesia Bautista de Atlanta. Empezamos a orar para que Él proveyera los fondos que necesitábamos.

También oré específicamente pidiendo que el Señor me mostrara qué quería que yo aportara. Había contribuido con mis finanzas, pero sentí que había algo más que Él requería de mí.

En poco tiempo el Señor empezó a indicarme que ofrendara mi equipo de fotografía al fondo de construcción. A mí me encanta la fotografía. Es mi pasatiempo favorito. Sin embargo, la convicción de Dios era fuerte y al punto. Por ninguna razón quise perderme la bendición de tomar la decisión correcta. Sabía que mi obediencia conduciría a la bendición. Si el Señor quería mis cámaras, yo quería dárselas. Al fin y al cabo, Él era su propietario real.

Unos días después, vendí mi equipo y entregué el dinero al fondo de construcción. Muchos de los otros miembros de nuestra congregación también dieron posesiones y tesoros personales. Fue una época maravillosa en nuestra congregación para buscar la voluntad de Dios en nuestras finanzas y permitirle también que Él demostrara su fidelidad a cada uno de nosotros. Cuando llegó el tiempo de diligenciar los trámites para adquirir nuestra nueva propiedad, pudimos contar con el dinero necesario y no tuvimos que pedir prestado un solo centavo.

Varios meses después, una mujer tocó a la puerta de mi casa. Al abrirla noté que ella llevaba dos bolsas de compras bastante grandes. Me preguntó: «¿Usted es Charles Stanley?» No supe qué pensar en ese momento pero le contesté: «Sí, soy yo».

Luego me dijo: «Esto es para usted». Ella dejó las bolsas en el piso y se marchó. Miré adentro y reconocí de inmediato mi equipo de fotografía. Dios me había devuelto cada lente y cada cámara. ¿Es así es como Dios obra? Yo creo que sí. Muchas veces, Él nos prueba para ver en dónde está puesta nuestra devoción verdadera: ¿en las «cosas» o en Él?

Él nos reta a darle el privilegio de probar su fidelidad y ha prometido bendecirnos a cambio (Pr 3.9, 10). Si obedecemos, Él protegerá nuestras finanzas, tal como protegió a su pueblo obediente en el Antiguo Testamento de los insectos que de otro modo habrían devorado sus cosechas.

El salmista preguntó: «¿Qué pagaré a Jehová por todos sus beneficios para conmigo?» (Sal 116.12). La pregunta podría parafrasearse: «¿Cómo puedo reembolsarle ó restituirle al Señor toda su bondad hacia mí?» La respuesta es que no podemos. Nadie puede, porque nadie supera al Señor en generosidad.

Las promesas de Dios aguardan a los obedientes.

Para un estudio más a fondo, véase el Índice de Principios de vida.

13 pues por la experiencia de esta ministración glorifican a Dios por la obediencia que
profesáis al evangelio de Cristo, y por la liberalidad de vuestra contribución para ellos y
para todos;
14 asimismo en la oración de ellos por vosotros, a quienes aman a causa de la superabun-
dante gracia de Dios en vosotros.
➤ 15 ¡Gracias a Dios por su don inefable!

Pablo defiende su ministerio

10 YO Pablo os ruego por la mansedumbre
y ternura de Cristo, yo que estando presente ciertamente soy humilde entre vosotros,
mas ausente soy osado para con vosotros;
2 ruego, pues, que cuando esté presente, no
tenga que usar de aquella osadía con que
estoy dispuesto a proceder resueltamente contra algunos que nos tienen como si anduviésemos según la carne.
➤ 3 Pues aunque andamos en la carne, no militamos según la carne;
4 porque las armas de nuestra milicia no son
carnales, sino poderosas en Dios para la destrucción de fortalezas,
➤ 5 derribando argumentos y toda altivez que se
levanta contra el conocimiento de Dios, y llevando cautivo todo pensamiento a la obediencia a Cristo,
6 y estando prontos para castigar toda desobediencia, cuando vuestra obediencia sea
perfecta.
7 Miráis las cosas según la apariencia. Si
alguno está persuadido en sí mismo que es
de Cristo, esto también piense por sí mismo,
que como él es de Cristo, así también nosotros
somos de Cristo.
8 Porque aunque me gloríe algo más todavía de nuestra autoridad, la cual el Señor
nos dio para edificación y no para vuestra
destrucción, no me avergonzaré;
9 para que no parezca como que os quiero
amedrentar por cartas.
10 Porque a la verdad, dicen, las cartas son
duras y fuertes; mas la presencia corporal
débil, y la palabra menospreciable.
11 Esto tenga en cuenta tal persona, que así
como somos en la palabra por cartas, estando ausentes, lo seremos también en hechos,
estando presentes.
12 Porque no nos atrevemos a contarnos ni a
compararnos con algunos que se alaban a sí
mismos; pero ellos, midiéndose a sí mismos
por sí mismos, y comparándose consigo mismos, no son juiciosos.
13 Pero nosotros no nos gloriaremos desmedidamente, sino conforme a la regla que Dios
nos ha dado por medida, para llegar también
hasta vosotros.
14 Porque no nos hemos extralimitado, como
si no llegásemos hasta vosotros, pues fuimos
los primeros en llegar hasta vosotros con el
evangelio de Cristo.
15 No nos gloriamos desmedidamente en
trabajos ajenos, sino que esperamos que
conforme crezca vuestra fe seremos muy
engrandecidos entre vosotros, conforme a
nuestra regla;
16 y que anunciaremos el evangelio en los
lugares más allá de vosotros, sin entrar en la
obra de otro para gloriarnos en lo que ya estaba preparado.
17 Mas el que se gloría, gloríese en el Señor;[a] ➤
18 porque no es aprobado el que se alaba a sí
mismo, sino aquel a quien Dios alaba.

11 ¡OJALÁ me toleraseis un poco de locura! Sí, toleradme.

a. **10.17** Jer 9.24.

LECCIONES DE VIDA

➤ ***9.15 — ¡Gracias a Dios por su don inefable!***

El regalo más grande que podríamos recibir en la vida es la salvación por medio de la muerte y la resurrección de nuestro Salvador Jesucristo. La razón por la que deberíamos ejercer el privilegio de dar es amor y gratitud por todo lo que Dios ya nos ha provisto.

➤ ***10.3 — aunque andamos en la carne, no militamos según la carne.***

Es de suprema importancia que entendamos, que aunque todavía no tenemos nuestros cuerpos glorificados y seguimos viviendo en estas tiendas de campaña de carne y hueso, seguimos involucrados en una batalla espiritual muy real, y la meta del enemigo es nuestra destrucción. El diablo hace todo lo que puede para menoscabar nuestra fe e impedir nuestro progreso en la voluntad de Dios, poniendo tentaciones en nuestro camino que apelan a nuestros deseos carnales. No obstante, gracias a que el Espíritu del Dios viviente mora dentro de nosotros, podemos servirle de todo corazón en fe, y ganar esta guerra mediante la obediencia a Él.

➤ ***10.5 — llevando cautivo todo pensamiento a la obediencia a Cristo.***

Pablo habla mucho acerca de entrenar la mente para pensar de una manera que honre a Dios, porque la mente es el principal campo de batalla en la guerra espiritual. Recuerde, aquello en lo que usted enfoque su mente tendrá repercusiones de largo alcance y duración. Esto se debe a que un pensamiento cosecha una acción, la acción cosecha un hábito, el hábito cosecha su carácter, y su carácter cosecha su destino. Por lo tanto, debemos rechazar todo aquello que no honre a Cristo en nuestra manera de pensar (Fil 4.8, 9; Col 3.2).

➤ ***10.17 — el que se gloría, gloríese en el Señor.***

Quienes se jactan con orgullo de sus logros llaman la atención a ellos mismos, algo totalmente carente de valor. Por el contrario, deberíamos regocijarnos en lo que Cristo ha hecho por nosotros y darle la gloria, el honor y la alabanza (Jer 9.24). Porque sólo Él es capaz de salvarnos, transformar nuestras vidas e infundir poder a nuestros ministerios.

2 Porque os celo con celo de Dios; pues os he
desposado con un solo esposo, para presentaros como una virgen pura a Cristo.
3 Pero temo que como la serpiente con su
astucia engañó a Eva,[a] vuestros sentidos sean
de alguna manera extraviados de la sincera
fidelidad a Cristo.
4 Porque si viene alguno predicando a otro
Jesús que el que os hemos predicado, o si recibís otro espíritu que el que habéis recibido,
u otro evangelio que el que habéis aceptado,
bien lo toleráis;
5 y pienso que en nada he sido inferior a
aquellos grandes apóstoles.
6 Pues aunque sea tosco en la palabra, no lo
soy en el conocimiento; en todo y por todo os
lo hemos demostrado.
7 ¿Pequé yo humillándome a mí mismo, para
que vosotros fueseis enaltecidos, por cuanto os
he predicado el evangelio de Dios de balde?
8 He despojado a otras iglesias, recibiendo
salario para serviros a vosotros.
9 Y cuando estaba entre vosotros y tuve necesidad, a ninguno fui carga, pues lo que me
faltaba, lo suplieron los hermanos que vinieron de Macedonia,[b] y en todo me guardé y me
guardaré de seros gravoso.
10 Por la verdad de Cristo que está en mí, que
no se me impedirá esta mi gloria en las regiones de Acaya.
11 ¿Por qué? ¿Porque no os amo? Dios lo sabe.
12 Mas lo que hago, lo haré aún, para quitar
la ocasión a aquellos que la desean, a fin de
que en aquello en que se glorían, sean hallados semejantes a nosotros.
13 Porque éstos son falsos apóstoles, obreros
fraudulentos, que se disfrazan como apóstoles de Cristo.
14 Y no es maravilla, porque el mismo Satanás
se disfraza como ángel de luz.
15 Así que, no es extraño si también sus
ministros se disfrazan como ministros de justicia; cuyo fin será conforme a sus obras.

Sufrimientos de Pablo como apóstol

16 Otra vez digo: Que nadie me tenga por
loco; o de otra manera, recibidme como a loco,
para que yo también me gloríe un poquito.
17 Lo que hablo, no lo hablo según el Señor,
sino como en locura, con esta confianza de
gloriarme.
18 Puesto que muchos se glorían según la carne, también yo me gloriaré;
19 porque de buena gana toleráis a los necios,
siendo vosotros cuerdos.
20 Pues toleráis si alguno os esclaviza, si alguno os devora, si alguno toma lo vuestro, si alguno se enaltece, si alguno os da de bofetadas.
21 Para vergüenza mía lo digo, para eso fuimos demasiado débiles. Pero en lo que otro
tenga osadía (hablo con locura), también yo
tengo osadía.
22 ¿Son hebreos? Yo también. ¿Son israelitas?
Yo también. ¿Son descendientes de Abraham?
También yo.
23 ¿Son ministros de Cristo? (Como si estuviera loco hablo.) Yo más; en trabajos más abundante; en azotes sin número; en cárceles[c] más;
en peligros de muerte muchas veces.
24 De los judíos cinco veces he recibido cuarenta azotes menos uno.[d]
25 Tres veces he sido azotado con varas;[e] una
vez apedreado;[f] tres veces he padecido naufragio; una noche y un día he estado como
náufrago en alta mar;
26 en caminos muchas veces; en peligros de
ríos, peligros de ladrones, peligros de los de
mi nación,[g] peligros de los gentiles,[h] peligros
en la ciudad, peligros en el desierto, peligros
en el mar, peligros entre falsos hermanos;
27 en trabajo y fatiga, en muchos desvelos, en
hambre y sed, en muchos ayunos, en frío y en
desnudez;

a. 11.3 Gn 3.1-5, 13. **b. 11.9** Fil 4.15-18. **c. 11.23** Hch 16.23. **d. 11.24** Dt 25.3. **e. 11.25** Hch 16.22. **f. 11.25** Hch 14.19. **g. 11.26** Hch 9.23. **h. 11.26** Hch 14.5.

LECCIONES DE VIDA

➤ *11.3 — temo que como la serpiente con su astucia engañó a Eva, vuestros sentidos sean de alguna manera extraviados de la sincera fidelidad a Cristo.*

Dios quiere que disfrutemos una relación íntima con Él, esa es la meta primordial de nuestra existencia. Él nos redimió por su gracia para que pudiéramos pasar la eternidad con Él. Por eso el enemigo hace todo lo posible por desanimarnos e impedirnos estar más cerca del Señor. Esta es una misión que empezó en el huerto de Edén (Gn 3) y hoy día se sigue adelantando con falsos maestros. Sin embargo, no tenemos que ser víctimas de sus tácticas. Podemos resistir al maligno permaneciendo fieles y obedientes al Señor, y no creyendo mentiras que contradicen su Palabra.

➤ *11.23 — ¿Son ministros de Cristo? ... Yo más; en trabajos más abundante; en azotes sin número; en cárceles más; en peligros de muerte muchas veces.*

Pablo defiende de nuevo su apostolado, no citando sus logros y talentos, sino recordando a los creyentes en Corinto todo lo que había sufrido. Ninguna persona en sus propias fuerzas habría podido sobrevivir las dificultades, las cargas, las pruebas y las persecuciones que padeció Pablo. Eran evidencia de cuánto dependía el apóstol del Señor y de la obra que Dios hacía por medio de él.

➤ *11.28 — lo que sobre mí se agolpa cada día, la preocupación por todas las iglesias.*

Pablo sentía una conexión tan estrecha con las iglesias que ayudó a empezar, que tomaba como algo personal todos sus problemas y desafíos que enfrentaban. ¿Es el amor que tenemos por aquellos a quienes hemos conducido al Señor tan comprometido y fiel? Es sólo a través de tales conexiones cercanas que podemos crecer como el pueblo que Dios nos llama a ser y guiar otros a servirlo de igual manera.

RESPUESTAS A PREGUNTAS DE LA VIDA

¿Qué valor podría encontrar en la debilidad?

2 CO 12.9

Ninguno de nosotros puede escapar de las presiones de la vida. Casi todos sabemos lo que se siente estar decepcionado. Conocemos el dolor de la vergüenza, la punzada del rechazo y la pena del fracaso. Siempre habrá momentos en los que nuestras circunstancias nos parezcan abrumadoras.

¿Hay algo fuera de control en su vida? ¿Alguna necesidad financiera? Tal vez enfrente una crisis en su relación y esté orando con gran urgencia para recibir la sabiduría de Dios.

Sea cual sea su situación, puede confiar en este principio: *Todo lo que le lleve a estar de rodillas en su debilidad, le ofrece el mayor potencial para su éxito personal y su victoria espiritual.*

Aunque Pablo pudo haber enumerado muchos logros personales, optó por contarles a sus oyentes lo que veía como la clave para experimentar una vida victoriosa, y que consistía en aceptar su debilidad para que la fortaleza de Cristo pudiera manifestarse plenamente en él: «de buena gana me gloriaré más bien en mis debilidades, para que repose sobre mí el poder de Cristo» (2 Co 12.9).

No sabemos cuál fue la prueba que Pablo enfrentó y la cual llamó «un aguijón en mi carne» (v. 7). En el griego, la palabra *aguijón* se refiere a una estaca utilizada para torturar o clavar a un prisionero, es decir, se trataba de una aflicción nada agradable. El apóstol escribe que lo abofeteaba, indicando que la prueba era recurrente y el hostigamiento constante. Cuando Pablo sentía que ya no podía soportar los embates, Dios le aseguraba que su gracia era suficiente para todo lo que enfrentara.

La fortaleza que soporta las presiones y los golpes de esta vida viene sólo de una Fuente: la presencia eterna de Dios que mora en nuestro ser. Lo que el mundo ve como fuerte en realidad no es más que nuestra debilidad envuelta en la gracia de Dios.

Cuando aceptamos nuestras debilidades y el hecho de que no podemos manejar la vida por nuestra cuenta, Dios entra en acción. Él envía ánimo y un sentido de creatividad, ayudándonos a intentar nuevas avenidas que conducen a la esperanza y a nuevos comienzos.

¿Se ha cansado de intentarlo? ¿Le ha dejado secuelas el agotamiento? ¿Teme que otros vean sus debilidades y se burlen? ¿Podría un aguijón en su vida sacar a luz su miedo más profundo? Suéltelos, déjelos ir. Libérese de sus temores entregándoselos a Jesús, quien le ama. Deje que Él le fortalezca. Nada se compara con la libertad que le espera en sus brazos amorosos. Nada en la vida traerá más plenitud a su corazón y a su alma que conocer el amor incondicional de Dios. Es suyo hoy, si usted lo elige.

Para un estudio más a fondo, véase el Índice de Principios de vida:

29. *Aprendemos más en nuestras experiencias por el valle de lágrimas que en las de la cumbre del éxito.*
24. *Vivir la vida cristiana es permitir al Señor Jesús vivir su vida en y por medio de nosotros.*

28 y además de otras cosas, lo que sobre mí se agolpa cada día, la preocupación por todas las iglesias. ➤

LECCIONES DE VIDA

➤ ***11.29 — ¿Quién enferma, y yo no enfermo? ¿A quién se le hace tropezar, y yo no me indigno?***

El apóstol Pablo había pasado por muchas dificultades en su obediencia al Señor, pero Dios obró a través de esas pruebas para transformarlo en un ministro eficaz del evangelio. El apóstol entendía la debilidad y la tentación, y había experimentado dolor físico, tristeza, frustración, persecución y temor. Podía identificarse con las ansiedades y las necesidades más profundas de la gente. De igual modo, el Señor usará la adversidad en nuestras vidas para llevarnos a una relación más profunda con Él y también para que podamos alcanzar a quienes lo necesitan.

Ejemplos de vida

PABLO

Fortaleza en la debilidad

2 CO 12.7

De joven, Pablo fue adiestrado bajo la tutela de uno de los eruditos judíos más destacados de su tiempo, Gamaliel. El futuro apóstol entendía los elementos de la ley y los practicaba con gran celo. Pero cuando quedó cara a cara frente a Jesucristo, su vida cambió para siempre. Ya no vio el mundo a través de ojos meramente humanos. Dios le dio una perspectiva espiritual que superaba radicalmente lo que había conocido en el pasado.

Sin embargo, él tuvo que someterse al más alto quebrantamiento para que pudiera ser usado de una manera todavía mayor. Dios permitió que Pablo fuera abofeteado por muchas prueba severas a fin de volverlo humilde y arrancar cualquier raíz de orgullo (2 Co 12.7). A través de sus tiempos de debilidad, el apóstol Pablo aprendió un principio nuevo e inesperado: *Fortaleza en la debilidad.*

Cuando Dios nos humilla ante Él, ve la mansedumbre de nuestros corazones y vierte sus fuerzas y sus bendiciones en nuestras vidas. Por esa razón, la fragilidad en algún área nunca debería producirnos vergüenza ni desconcierto.

Para un estudio más a fondo, véase el Índice de Principios de vida:

15. *El quebrantamiento es el requisito de Dios para que seamos útiles al máximo.*
26. *La adversidad es un puente que nos conduce a una relación más profunda con Dios.*

29 ¿Quién enferma, y yo no enfermo? ¿A quién se le hace tropezar, y yo no me indigno?
30 Si es necesario gloriarse, me gloriaré en lo que es de mi debilidad.
31 El Dios y Padre de nuestro Señor Jesucristo, quien es bendito por los siglos, sabe que no miento.
32 En Damasco, el gobernador de la provincia del rey Aretas guardaba la ciudad de los damascenos para prenderme;
33 y fui descolgado del muro en un canasto por una ventana, y escapé de sus manos.[i]

El aguijón en la carne

12 CIERTAMENTE no me conviene gloriarme; pero vendré a las visiones y a las revelaciones del Señor.
2 Conozco a un hombre en Cristo, que hace catorce años (si en el cuerpo, no lo sé; si fuera del cuerpo, no lo sé; Dios lo sabe) fue arrebatado hasta el tercer cielo.
3 Y conozco al tal hombre (si en el cuerpo, o fuera del cuerpo, no lo sé; Dios lo sabe),
4 que fue arrebatado al paraíso, donde oyó palabras inefables que no le es dado al hombre expresar.
5 De tal hombre me gloriaré; pero de mí mismo en nada me gloriaré, sino en mis debilidades.
6 Sin embargo, si quisiera gloriarme, no sería insensato, porque diría la verdad; pero lo dejo, para que nadie piense de mí más de lo que en mí ve, u oye de mí.
7 Y para que la grandeza de las revelaciones no me exaltase desmedidamente, me fue dado un aguijón en mi carne, un mensajero de Satanás que me abofetee, para que no me enaltezca sobremanera;
8 respecto a lo cual tres veces he rogado al Señor, que lo quite de mí.
9 Y me ha dicho: Bástate mi gracia; porque mi poder se perfecciona en la debilidad. Por tanto, de buena gana me gloriaré más bien en mis debilidades, para que repose sobre mí el poder de Cristo.
10 Por lo cual, por amor a Cristo me gozo en las debilidades, en afrentas, en necesidades, en persecuciones, en angustias; porque cuando soy débil, entonces soy fuerte.
11 Me he hecho un necio al gloriarme; vosotros me obligasteis a ello, pues yo debía ser alabado por vosotros; porque en nada he sido menos que aquellos grandes apóstoles, aunque nada soy.

i. 11.32-33 Hch 9.23-25.

LECCIONES DE VIDA

➤ ***12.2 — un hombre… fue arrebatado hasta el tercer cielo.***

Las Escrituras mencionan tres cielos. El primero rodea la tierra y produce lluvia, nieve y demás fenómenos meteorológicos. El segundo es lo que conocemos como el espacio, que contiene las estrellas, el sol, la luna, los planetas y todas las galaxias. El tercer cielo es identificado en las Escrituras como el paraíso.

12 Con todo, las señales de apóstol han sido
hechas entre vosotros en toda paciencia, por
señales, prodigios y milagros.
13 Porque ¿en qué habéis sido menos que las
otras iglesias, sino en que yo mismo no os he
sido carga? ¡Perdonadme este agravio!

Pablo anuncia su tercera visita

➢14 He aquí, por tercera vez estoy preparado
para ir a vosotros; y no os seré gravoso, porque no busco lo vuestro, sino a vosotros, pues
no deben atesorar los hijos para los padres,
sino los padres para los hijos.
15 Y yo con el mayor placer gastaré lo mío, y
aun yo mismo me gastaré del todo por amor
de vuestras almas, aunque amándoos más, sea
amado menos.
16 Pero admitiendo esto, que yo no os he sido
carga, sino que como soy astuto, os prendí
por engaño,
17 ¿acaso os he engañado por alguno de los
que he enviado a vosotros?
18 Rogué a Tito, y envié con él al hermano. ¿Os
engañó acaso Tito? ¿No hemos procedido con
el mismo espíritu y en las mismas pisadas?
19 ¿Pensáis aún que nos disculpamos con
vosotros? Delante de Dios en Cristo hablamos; y todo, muy amados, para vuestra edificación.
20 Pues me temo que cuando llegue, no os
halle tales como quiero, y yo sea hallado
de vosotros cual no queréis; que haya entre
vosotros contiendas, envidias, iras, divisiones, maledicencias, murmuraciones, soberbias, desórdenes;
21 que cuando vuelva, me humille Dios entre ➢
vosotros, y quizá tenga que llorar por muchos
de los que antes han pecado, y no se han arrepentido de la inmundicia y fornicación y lascivia que han cometido.

13 ESTA es la tercera vez que voy a vosotros. Por boca de dos o de tres testigos[a]
se decidirá todo asunto.
2 He dicho antes, y ahora digo otra vez como
si estuviera presente, y ahora ausente lo escribo a los que antes pecaron, y a todos los
demás, que si voy otra vez, no seré indulgente;
3 pues buscáis una prueba de que habla Cris- ➢
to en mí, el cual no es débil para con vosotros,
sino que es poderoso en vosotros.
4 Porque aunque fue crucificado en debilidad,
vive por el poder de Dios. Pues también nosotros somos débiles en él, pero viviremos con él
por el poder de Dios para con vosotros.
5 Examinaos a vosotros mismos si estáis en ➢
la fe; probaos a vosotros mismos. ¿O no os
conocéis a vosotros mismos, que Jesucristo
está en vosotros, a menos que estéis reprobados?

a. 13.1 Dt 17.6; 19.15.

LECCIONES DE VIDA

➢ ***12.7 — para que la grandeza de las revelaciones no me exaltase desmedidamente, me fue dado un aguijón en mi carne.***

Pablo entendió que la razón para la adversidad era mantenerlo humilde. El Señor le estaba revelando una verdad prodigiosa, y él no podía darse el lujo de vanagloriarse. Por eso, cada vez que tuviera alguna razón para sentir confianza en la carne, Dios le recordaría cuánto dependía realmente del Señor para todo en su vida. Pablo se regocijaba en sus sufrimientos porque lo mantenían cerca de Dios y obediente a Él.

➢ ***12.9 — de buena gana me gloriaré más bien en mis debilidades, para que repose sobre mí el poder de Cristo.***

El evangelio está lleno de aparentes contradicciones. Si uno quiere ser el primero, debe ser el último. Si quiere salvar su vida, debe perderla. Y si quiere ser fuerte, debe gloriarse en sus debilidades. El quebrantamiento es el requisito de Dios para que seamos útiles al máximo. Esto se debe a que es cuando usted se encuentra verdaderamente indefenso y sin recursos que debe contar con la provisión de Dios. Su poder le capacita para triunfar, y toda la gloria le pertenece a Él.

➢ ***12.10 — por amor a Cristo me gozo en las debilidades, en afrentas, en necesidades, en persecuciones, en angustias; porque cuando soy débil, entonces soy fuerte.***

Si quiere eliminar el orgullo de su carácter, acoja las penalidades y las luchas que Dios permite en su vida. Como Pablo descubrió, el amor benigno del Señor es más que suficiente para ayudarle cuando se encuentre en su punto más débil. Porque es en ese momento de pobreza absoluta, allí donde el orgullo no puede sobrevivir, que usted genuinamente está en capacidad de recibir la gracia de Dios y ver que todas las cosas buenas en su vida vienen de su mano.

➢ ***12.14 — no os seré gravoso, porque no busco lo vuestro, sino a vosotros.***

Pablo vivió de la manera como lo hizo para reflejar cómo Dios obraba en su propia vida. Pablo no quería los recursos materiales de sus amigos, los quería *a ellos*. Asimismo, Dios no necesita ni quiere nuestras posesiones. Nos quiere *a nosotros*.

➢ ***12.21 — quizá tenga que llorar por muchos de los que antes han pecado, y no se han arrepentido de la inmundicia y fornicación y lascivia que han cometido.***

Si la Palabra de Dios condena alguna práctica, tal práctica es pecado, sin importar cómo pudiéramos sentirnos con respecto a ella. Es cosa seria pecar contra el Señor, a sabiendas que es pecado y sin tomar la decisión de cambiar en arrepentimiento. El pecado sin arrepentimiento siempre acarrea la disciplina de Dios.

➢ ***13.3 — Cristo… no es débil para con vosotros, sino que es poderoso en vosotros.***

Algunos interpretan la gracia, el amor y la paciencia de Jesús como una señal de debilidad. Cuando Él no responde de inmediato a la rebelión con la disciplina, podemos sentirnos tentados a pecar desvergonzadamente. Pero Pablo nos advierte que jamás confundamos el amor de Dios con alguna limitación o permisividad de su parte. El Señor meramente está dándonos la oportunidad de arrepentirnos por iniciativa propia y por amor sincero a Él.

6 Mas espero que conoceréis que nosotros no estamos reprobados.
7Y oramos a Dios que ninguna cosa mala hagáis; no para que nosotros aparezcamos aprobados, sino para que vosotros hagáis lo bueno, aunque nosotros seamos como reprobados.
8 Porque nada podemos contra la verdad, sino por la verdad.
9 Por lo cual nos gozamos de que seamos nosotros débiles, y que vosotros estéis fuertes; y aun oramos por vuestra perfección.
10 Por esto os escribo estando ausente, para no usar de severidad cuando esté presente, conforme a la autoridad que el Señor me ha dado para edificación, y no para destrucción.

Saludos y doxología final

11 Por lo demás, hermanos, tened gozo, perfeccionaos, consolaos, sed de un mismo sentir, y vivid en paz; y el Dios de paz y de amor estará con vosotros.
12 Saludaos unos a otros con ósculo santo.
13 Todos los santos os saludan.
14 La gracia del Señor Jesucristo, el amor de Dios, y la comunión del Espíritu Santo sean con todos vosotros. Amén.

LECCIONES DE VIDA

➤ ***13.5 — Examinaos a vosotros mismos si estáis en la fe; probaos a vosotros mismos. ¿O no os conocéis a vosotros mismos, que Jesucristo está en vosotros?***

A pesar de los problemas de los creyentes en Corinto, Pablo pudo apreciar cuán genuinos eran sus dones espirituales, su arrepentimiento y su amor a Dios, y quería que estas cosas los alentaran a seguir creciendo. De igual manera, siempre debemos estar seguros que vamos madurando en nuestro andar con el Señor, examinándonos para ver si estamos o no expresando su semejanza y su carácter, cada vez en mayor medida (2 P 1.3–8).

➤ ***13.14 — La gracia del Señor Jesucristo, el amor de Dios, y la comunión del Espíritu Santo sean con todos vosotros.***

En esta sencilla pero bella bendición, Pablo enfoca la atención en las tres Personas de la Trinidad. Dios obra en unidad perfecta para nuestro crecimiento espiritual y nuestro gozo en la vida cristiana.

LA EPÍSTOLA DEL APÓSTOL PABLO A LOS

GÁLATAS

Al poco tiempo de haber sido fundadas algunas de las iglesias en la región de Galacia, muchos de los cristianos judíos empezaron a debatir si debería exigirse a los creyentes gentiles que cumplieran las tradiciones y las leyes del judaísmo, a fin de obtener la salvación. Esta fue la continuación del debate sobre la diferencia entre gracia y obras, motivado por las acciones de los judaizantes en Jerusalén y Antioquía de Siria, que fueron expuestas en el concilio de Jerusalén (Hch 15). La epístola de Pablo a los Gálatas es un ataque vigoroso contra los reclamos de estos creyentes judíos. El apóstol asevera «que el hombre no es justificado por las obras de la ley, sino por la fe de Jesucristo… por cuanto por las obras de la ley nadie será justificado» (Gá 2.16).

Pablo empieza su carta estableciendo sus credenciales como un apóstol que recibió su mensaje directamente de Dios. La bendición viene del Señor con base en la obediencia y la fe, no por la adherencia a rituales y regulaciones. En tanto que la ley declara a los hombres culpables y los condena, la gracia de Jesús pone en libertad al ser humano para que la disfrute eternamente. Esto, sin embargo, no debe interpretarse como una licencia para pecar. Por el contrario, debemos mantener nuestra libertad en Cristo andando en su Espíritu y produciendo el fruto de la justicia (Gá 5.16–25). A través de su gracia, recibimos poder para crucificar «la carne con sus pasiones y deseos» (Gá 5.24) y estamos en capacidad de agradar al Señor llevando un estilo de vida piadoso y obediente (Gá 5.13, 14).

Pablo apremia a los gálatas a considerar la necedad total de tratar de ganarse por sus propios esfuerzos lo que ya han recibido por la gracia, el poder y la sabiduría de Dios (Gá 3.3). Únicamente siguiendo el ejemplo de Jesús y dependiendo del Espíritu Santo para recibir fuerzas y dirección, podrían ellos abrigar la esperanza de experimentar una vez más el gozo inefable que sintieron al comienzo de su vida cristiana (Gá 4.15–20).

El libro se titula *Pros Galátas*, «A los Gálatas», y es la única carta de Pablo dirigida específicamente a un grupo de iglesias («a las iglesias de Galacia», Gá 1.2).

Tema: Una defensa de la doctrina de justificación por la fe en Jesucristo.

Autor: El apóstol Pablo.

Fecha: Una teoría sostiene que Pablo escribió Gálatas entre 53–54 d.C. para iglesias en el norte y centro de Asia menor. Otra insiste en que la escribió a iglesias en el sur de Galacia, entre 48–49 d.C., convirtiéndola así en la primera carta que Pablo escribió.

Estructura: Después de una breve introducción, Pablo denuncia cualquier divergencia del evangelio de la gracia (1.1–9). Seguidamente defiende su apostolado y las doctrinas esenciales (1.10—2.21). A continuación explica la justificación por fe y la libertad que los creyentes tienen en Cristo (3.1—4.31). Para finalizar su carta, presenta aplicaciones prácticas de sus enseñanzas (5.1—6.10) y concluye con algunos comentarios (6.11–18).

A medida que lea Gálatas, fíjese en los principios de vida que juegan un papel importante en este libro:

24. Vivir la vida cristiana es permitir al Señor Jesús vivir su vida en y por medio de nosotros. *Véase Gálatas 2.20; página 1321.*

1. Nuestra intimidad con Dios, que es su prioridad para nosotros, determina el impacto que causen nuestras vidas. *Véase Gálatas 4.6; página 1325.*

22. Andar en el Espíritu es obedecer las indicaciones iniciales del Espíritu. *Véase Gálatas 5.22, 23; página 1329.*

6. Cosechamos lo que sembramos, más de lo que sembramos, después de sembrarlo. *Véase Gálatas 6.7; página 1330.*

Salutación

1 PABLO, apóstol (no de hombres ni por
hombre, sino por Jesucristo y por Dios el
Padre que lo resucitó de los muertos),
2 y todos los hermanos que están conmigo, a
las iglesias de Galacia:
3 Gracia y paz sean a vosotros, de Dios el
Padre y de nuestro Señor Jesucristo,
4 el cual se dio a sí mismo por nuestros pecados para librarnos del presente siglo malo,
conforme a la voluntad de nuestro Dios y
Padre,
5 a quien sea la gloria por los siglos de los
siglos. Amén.

No hay otro evangelio

6 Estoy maravillado de que tan pronto os
hayáis alejado del que os llamó por la gracia
de Cristo, para seguir un evangelio diferente.
7 No que haya otro, sino que hay algunos que
os perturban y quieren pervertir el evangelio
de Cristo.
8 Mas si aun nosotros, o un ángel del cielo, os
anunciare otro evangelio diferente del que os
hemos anunciado, sea anatema.
9 Como antes hemos dicho, también ahora lo
repito: Si alguno os predica diferente evangelio del que habéis recibido, sea anatema.
10 Pues, ¿busco ahora el favor de los hombres,
o el de Dios? ¿O trato de agradar a los hombres? Pues si todavía agradara a los hombres,
no sería siervo de Cristo.

El ministerio de Pablo

11 Mas os hago saber, hermanos, que el evangelio anunciado por mí, no es según hombre;
12 pues yo ni lo recibí ni lo aprendí de hombre alguno, sino por revelación de Jesucristo.
13 Porque ya habéis oído acerca de mi conducta en otro tiempo en el judaísmo, que perseguía sobremanera a la iglesia de Dios, y la
asolaba;[a]
14 y en el judaísmo aventajaba a muchos de
mis contemporáneos en mi nación, siendo
mucho más celoso de las tradiciones de mis
padres.[b]
15 Pero cuando agradó a Dios, que me apartó desde el vientre de mi madre, y me llamó
por su gracia,
16 revelar a su Hijo en mí,[c] para que yo le predicase entre los gentiles, no consulté en seguida con carne y sangre,

a. 1.13 Hch 8.3; 22.4-5; 26.9-11. **b. 1.14** Hch 22.3.
c. 1.15-16 Hch 9.3-6; 22.6-10; 26.13-18.

LECCIONES DE VIDA

➤ *1.1 — Dios el Padre.*

Dios no es distante, Él está cerca de usted y es fiel para ayudarle. En muchos casos, formamos nuestras presuposiciones acerca de quién es el Señor de nuestros padres y madres terrenales, pero Dios no tiene fallas ni fragilidades humanas. Dios es digno de confianza, fuerte y verdadero. Él le ama incondicionalmente. Usted siempre puede depender de Él, porque siempre actúa para su bien.

➤ *1.3, 4 — nuestro Señor Jesucristo, el cual se dio a sí mismo por nuestros pecados para librarnos del presente siglo malo, conforme a la voluntad de nuestro Dios y Padre.*

Jesús nos salvó del presente siglo malo, un tiempo en que la gente hace lo que le place y rinde culto a lo que quiere, pero sin encontrar satisfacción, amor ni consuelo. Él hace esto para que podamos ser «irreprensibles y sencillos, hijos de Dios sin mancha en medio de una generación maligna y perversa, en medio de la cual resplandecéis como luminares en el mundo» (Fil 2.15).

➤ *1.6 — Estoy maravillado de que tan pronto os hayáis alejado del que os llamó por la gracia de Cristo, para seguir un evangelio diferente.*

Las iglesias en la región de Galacia estaban siendo desviadas por los *judaizantes*, cristianos judíos persuadidos de que a los creyentes gentiles debía exigírseles guardar la ley para alcanzar la salvación (Hch 15.1, 5). Pablo estaba asombrado de ver cómo la gente se dejaba influenciar con tanta facilidad por los argumentos de los judaizantes, y con qué rapidez olvidaron que la salvación era por la gracia de Dios y no por obras. No obstante, nosotros hacemos lo mismo cada vez que tratamos de ganarnos el amor de Dios en lugar de simplemente obedecerle por agradecimiento.

➤ *1.8 — si aun nosotros, o un ángel del cielo, os anunciare otro evangelio diferente del que os hemos anunciado, sea anatema.*

Cada vez que alguien promueva un mensaje diferente al del evangelio de Jesucristo o se desvíe de lo que la Biblia enseña claramente, aléjese cuanto antes. Esa persona promueve muerte, no vida. Los creyentes gentiles estaban confundidos porque sabían que Jesús había sido un judío y pensaban que los cristianos judíos entendían sus requerimientos mejor que ellos. Aunque esto en parte era cierto, los judaizantes estaban pervirtiendo el evangelio de la gracia y añadiéndole requisitos innecesarios.

➤ *1.11 — os hago saber, hermanos, que el evangelio anunciado por mí, no es según hombre.*

No tenemos la responsabilidad de complacer a otras personas porque el evangelio de la salvación por gracia a través de la fe, por medio del cual recibimos vida nueva mediante Jesucristo nuestro Salvador, no es de invención humana. Pablo no lo concibió, ni tampoco los otros discípulos. Viene directamente de Dios, Aquel a quien nos esforzamos en servir y honrar, pues es el Único que tiene el derecho de juzgar a los vivos y a los muertos (Hch 10.42, 43).

➤ *1.15, 16 — cuando agradó a Dios... revelar a su Hijo en mí, para que yo le predicase entre los gentiles.*

Pablo presenta una reseña biográfica de lo que le sucedió cuando fue alcanzado para salvación en el camino a Damasco. Había estado en oposición a Jesucristo y a la iglesia hasta que el Señor lo humilló (Hch 9.1–22; 22.3–21). Con este testimonio, establece sus credenciales como un apóstol verdadero, algo que los judaizantes no pudieron refutar. A menudo, podemos creer que nuestras pruebas nos descalifican para servir, pero el Señor las usa para humillarnos, llamarnos la atención, y enseñarnos sus caminos (Fil 3.7–11).

17 ni subí a Jerusalén a los que eran apóstoles antes que yo; sino que fui a Arabia, y volví de nuevo a Damasco.
18 Después, pasados tres años, subí a Jerusalén[d] para ver a Pedro, y permanecí con él quince días;
19 pero no vi a ningún otro de los apóstoles, sino a Jacobo el hermano del Señor.
20 En esto que os escribo, he aquí delante de Dios que no miento.
21 Después fui a las regiones de Siria y de Cilicia,
22 y no era conocido de vista a las iglesias de Judea, que eran en Cristo;
23 solamente oían decir: Aquel que en otro tiempo nos perseguía, ahora predica la fe que en otro tiempo asolaba.
24 Y glorificaban a Dios en mí.

2 DESPUÉS, pasados catorce años, subí otra vez a Jerusalén[a] con Bernabé, llevando también conmigo a Tito.
2 Pero subí según una revelación, y para no correr o haber corrido en vano, expuse en privado a los que tenían cierta reputación el evangelio que predico entre los gentiles.
3 Mas ni aun Tito, que estaba conmigo, con todo y ser griego, fue obligado a circuncidarse;
➤ 4 y esto a pesar de los falsos hermanos introducidos a escondidas, que entraban para espiar nuestra libertad que tenemos en Cristo Jesús, para reducirnos a esclavitud,
5 a los cuales ni por un momento accedimos a someternos, para que la verdad del evangelio permaneciese con vosotros.
6 Pero de los que tenían reputación de ser algo (lo que hayan sido en otro tiempo nada me importa; Dios no hace acepción de personas[b]), a mí, pues, los de reputación nada nuevo me comunicaron.
7 Antes por el contrario, como vieron que me había sido encomendado el evangelio de la incircuncisión, como a Pedro el de la circuncisión
8 (pues el que actuó en Pedro para el apostolado de la circuncisión, actuó también en mí para con los gentiles),
9 y reconociendo la gracia que me había sido dada, Jacobo, Cefas y Juan, que eran considerados como columnas, nos dieron a mí y a Bernabé la diestra en señal de compañerismo, para que nosotros fuésemos a los gentiles, y ellos a la circuncisión.
10 Solamente nos pidieron que nos acordásemos de los pobres; lo cual también procuré con diligencia hacer.

Pablo reprende a Pedro en Antioquía

11 Pero cuando Pedro vino a Antioquía, le resistí cara a cara, porque era de condenar.
12 Pues antes que viniesen algunos de parte de Jacobo, comía con los gentiles; pero después que vinieron, se retraía y se apartaba, porque tenía miedo de los de la circuncisión. ➤
13 Y en su simulación participaban también los otros judíos, de tal manera que aun Bernabé fue también arrastrado por la hipocresía de ellos. ➤
14 Pero cuando vi que no andaban rectamente conforme a la verdad del evangelio, dije a Pedro delante de todos: Si tú, siendo judío, vives como los gentiles y no como judío, ¿por qué obligas a los gentiles a judaizar?
15 Nosotros, judíos de nacimiento, y no pecadores de entre los gentiles,
16 sabiendo que el hombre no es justificado por las obras de la ley,[c] sino por la fe de ➤

d. 1.18 Hch 9.26-30. **a. 2.1** Hch 11.30; 15.2. **b. 2.6** Dt 10.17. **c. 2.16** Sal 143.2; Ro 3.20.

LECCIONES DE VIDA

➤ ***2.4 — los falsos hermanos introducidos a escondidas, que entraban para espiar nuestra libertad que tenemos en Cristo Jesús, para reducirnos a esclavitud.***

Los judaizantes enviaron espías para ver si Pablo estaba exigiendo que los nuevos creyentes gentiles fueran circuncidados, como era la costumbre en la religión judía (Gn 17.9–14. Hch 15.1, 5). Probablemente creyeron que estaban salvaguardando la fe, pero lo que en realidad estaban haciendo era dejarse distraer por asuntos que ya no eran relevantes, y creando conflicto dentro de la iglesia. Entienda que su libertad tiene algo que muchos no pueden tolerar, incluidos algunos dentro de la iglesia. Ellos intentarán toda clase de tácticas, tanto obvias como veladas, para ponerle bajo su control. No se los permita. Confíe en Dios.

➤ ***2.12 — antes que viniesen algunos de parte de Jacobo, comía con los gentiles; pero después que vinieron, se retraía y se apartaba, porque tenía miedo de los de la circuncisión.***

La ley desalentaba a los judíos fieles a emparentarse con los gentiles (Dt 7.1–6). Sin embargo, cuando Jesús anunció la gran comisión, incluyó a los no judíos en su mandato, diciendo claramente: «id, y haced discípulos a *todas* las naciones» (Mt 28.19). Pedro fue fiel a esta misión hasta que algunos cristianos judíos empezaron a criticarlo (Hch 11.2, 3).

➤ ***2.13 — en su simulación participaban también los otros judíos, de tal manera que aun Bernabé fue también arrastrado por la hipocresía de ellos.***

Nunca deberíamos suponer que nuestras decisiones nos afectan solamente a nosotros y a nadie más. Pedro condujo a Cornelio y a los de su casa al Señor, aunque todos eran gentiles (Hch 10), pero luego rehusó comer con los demás gentiles por ceder a las presiones de sus hermanos judíos (Gá 2.12). Su intención no fue que su ejemplo de hipocresía influyera en los demás, pero así fue. Nuestra responsabilidad es obedecer a Dios y dejar las consecuencias en sus manos, porque esa es nuestra única manera de asegurarnos que estamos edificando la iglesia en lugar de perjudicarla con nuestras acciones.

➤ ***2.16 — el hombre no es justificado por las obras de la ley, sino por la fe de Jesucristo… por cuanto por las obras de la ley nadie será justificado.***

No podemos guardar los Diez Mandamientos ni vivir conforme al Sermón del Monte, y esperar que eso sea suficiente para salvarnos. De hecho, no podemos hacer nada

Jesucristo,[d] nosotros también hemos creído
en Jesucristo, para ser justificados por la fe de
Cristo y no por las obras de la ley, por cuanto
por las obras de la ley nadie será justificado.
17 Y si buscando ser justificados en Cristo,
también nosotros somos hallados pecadores,
¿es por eso Cristo ministro de pecado? En ninguna manera.
18 Porque si las cosas que destruí, las mismas
vuelvo a edificar, transgresor me hago.
19 Porque yo por la ley soy muerto para la ley,
a fin de vivir para Dios.
20 Con Cristo estoy juntamente crucificado, y ya
no vivo yo, mas vive Cristo en mí; y lo que ahora
vivo en la carne, lo vivo en la fe del Hijo de Dios,
el cual me amó y se entregó a sí mismo por mí.
21 No desecho la gracia de Dios; pues si por la
ley fuese la justicia, entonces por demás murió
Cristo.

El Espíritu se recibe por la fe

3 ¡OH gálatas insensatos! ¿quién os fascinó
para no obedecer a la verdad, a vosotros
ante cuyos ojos Jesucristo fue ya presentado
claramente entre vosotros como crucificado?
2 Esto solo quiero saber de vosotros: ¿Recibisteis el Espíritu por las obras de la ley, o por el
oír con fe?
3 ¿Tan necios sois? ¿Habiendo comenzado por
el Espíritu, ahora vais a acabar por la carne?
4 ¿Tantas cosas habéis padecido en vano? si
es que realmente fue en vano.
5 Aquel, pues, que os suministra el Espíritu, y
hace maravillas entre vosotros, ¿lo hace por
las obras de la ley, o por el oír con fe?

El pacto de Dios con Abraham

6 Así Abraham creyó a Dios, y le fue contado
por justicia.[a]
7 Sabed, por tanto, que los que son de fe, éstos
son hijos de Abraham.[b]
8 Y la Escritura, previendo que Dios había de
justificar por la fe a los gentiles, dio de antemano la buena nueva a Abraham, diciendo:
En ti serán benditas todas las naciones.[c]
9 De modo que los de la fe son bendecidos con
el creyente Abraham.
10 Porque todos los que dependen de las
obras de la ley están bajo maldición, pues
escrito está: Maldito todo aquel que no permaneciere en todas las cosas escritas en el libro
de la ley, para hacerlas.[d]
11 Y que por la ley ninguno se justifica para
con Dios, es evidente, porque: El justo por la
fe vivirá;[e]
12 y la ley no es de fe, sino que dice: El que
hiciere estas cosas vivirá por ellas.[f]
13 Cristo nos redimió de la maldición de la
ley, hecho por nosotros maldición (porque
está escrito: Maldito todo el que es colgado en
un madero[g]),

d. 2.16 Ro 3.22. **a. 3.6** Gn 15.6; Ro 4.3. **b. 3.7** Ro 4.16. **c. 3.8** Gn 12.3. **d. 3.10** Dt 27.26. **e. 3.11** Hab 2.4. **f. 3.12** Lv 18.5. **g. 3.13** Dt 21.23.

LECCIONES DE VIDA

que obligue al Señor a perdonarnos. Nuestra única alternativa es mirar a la cruz y aceptar que cuando Jesús murió en el Calvario, su sangre vertida pagó y canceló por completo nuestra deuda de pecado. La salvación se alcanza únicamente por fe en su gran sacrificio.

➤ ***2.19 — yo por la ley soy muerto para la ley, a fin de vivir para Dios.***

Por medio de la ley, nos damos cuenta de nuestra pecaminosidad y nuestra incapacidad absoluta para salvarnos a nosotros mismos (Ro 7.7). Cuando confiamos en Jesús y recibimos así la vida eterna, no estamos evadiendo la ley. Más bien, Jesús es el cumplimiento de la ley, y al identificarnos con Él en su muerte y resurrección, hacemos lo mismo (Ro 8.2–4).

➤ ***2.20 — Con Cristo estoy juntamente crucificado, y ya no vivo yo, mas vive Cristo en mí; y lo que ahora vivo en la carne, lo vivo en la fe.***

Vivir la vida cristiana no significa simplemente que hagamos nuestros mejores esfuerzos. Más bien, vivir la vida cristiana significa que dejamos a Jesucristo vivir en y a través de nosotros por fe. Cuando invitamos a Cristo a obrar en nuestras vidas y obedecemos sus mandatos, nos convertimos en sus representantes y Él obra por medio de nosotros para que muchos más sean salvos.

➤ ***3.3 — ¿Tan necios sois? ¿Habiendo comenzado por el Espíritu, ahora vais a acabar por la carne?***

Aunque los creyentes gálatas habían sido redimidos por la gracia de Dios, pensaron que para mantener su salvación y crecer en Él tendrían que trabajar arduamente observando la ley de Moisés. Pero aquello que es empezado por el Espíritu debe también ser completado por Él. Toda la experiencia cristiana debe vivirse por fe en la provisión de Dios, de principio a fin. Somos justificados, santificados y glorificados por su gracia, de la cual nos asimos al confiar en Dios y obedecerlo.

➤ ***3.6 — Abraham creyó a Dios, y le fue contado por justicia.***

Dios no bendijo a Abraham por los sacrificios que trajo. El Señor bendijo a Abraham porque le obedeció, y Abraham le obedeció porque tuvo fe que los mandatos de Dios eran buenos y dignos de confianza. De hecho, durante toda la historia de Israel, las ofrendas nunca fueron las que trajeron perdón al pueblo. Esos sacrificios tan solo eran sombras previas de lo venidero, es decir, de Jesucristo y su muerte en el Calvario. Dios siempre bendice la obediencia, y la obediencia siempre sigue a la fe genuina. Si no obedecemos, es porque no creemos verdaderamente (He 3.18, 19).

➤ ***3.13 — Cristo nos redimió de la maldición de la ley, hecho por nosotros maldición (porque está escrito: Maldito todo el que es colgado en un madero).***

La ley es una maldición para nosotros, en tanto que denuncia nuestro pecado y por ende nos condena a separación eterna de Dios. Jesús, nuestro Salvador libre de pecado, aceptó el castigo que merecíamos cuando fue voluntariamente a la cruz. El suyo no fue un sacrificio cualquiera. El Hijo del Dios Viviente, exaltado en las alturas, recibió la peor maldición para que todos pudiéramos ser

PRINCIPIO DE VIDA 24

VIVIR LA VIDA CRISTIANA ES PERMITIR AL SEÑOR JESÚS VIVIR SU VIDA EN Y POR MEDIO DE NOSOTROS.

GÁ 2.20

Muchos cristianos hoy día parecen contentarse con vivir lo que consideran una vida cristiana *adecuada*. Creen que si van a la iglesia, leen su Biblia ocasionalmente y elevan sus oraciones de vez en cuando, habrán hecho más que suficiente para complacer a Dios. En ciertas ocasiones pueden ser inspirados a ir más allá de su rutina normal y ofrecerse de voluntarios para servir a los demás, bien sea como ujieres, como parte de un comité en la iglesia, o hasta yéndose a un viaje misionero a corto plazo. Aunque siguen la formalidad de todas las acciones propias de «un buen cristiano», no disfrutan el poder, la paz y el gozo que deberían acompañar la vida abundante que Jesús prometió (Jn 10.10). Tarde o temprano, esa vida cristiana falsificada se convierte en una carga para ellos que no los reconforta cuando arrecian las tempestades de la adversidad.

Usted no fue creado(a) para vivir de esa manera. Dios no le llama a usted ni a ningún otro creyente a una vida cristiana marginal y caracterizada por quehaceres y rituales. Él desea tener una relación diaria con usted, en la que usted experimente su presencia y confíe en Él para recibir sabiduría, valor y fortaleza en todas las situaciones. Con cada paso que dé, cada decisión que tome, cada conversación que sostenga y cada pensamiento que retenga, el Señor quiere glorificarse a través de usted. Él desea brillar en su vida, haciendo que sus talentos, sus rasgos y su personalidad sean iluminados por su amor, su gozo, su paz, su paciencia, su benignidad, su bondad, su fidelidad, su mansedumbre y su templanza, a medida que usted procede en obediencia a Él.

En otras palabras, vivir la vida cristiana es permitir al Señor Jesús vivir en y por medio de usted. Por esa razón Pablo escribió: «Con Cristo estoy juntamente crucificado, y ya no vivo yo, mas vive Cristo en mí; y lo que ahora vivo en la carne, lo vivo en la fe del Hijo de Dios, el cual me amó y se entregó a sí mismo por mí» (Gá 2.20).

¿Cómo le permite usted a Jesús hacer esto? ¿De qué manera vive Él en y por medio de usted? Si estas dos preguntas le parecen difíciles o confusas, no está solo(a). Muchas personas nunca llegan a entender cuán poderosamente Cristo podría demostrar su vida a través de ellos. Esto se debe a que muchos creen que la vida

Muchas personas nunca llegan a entender cuán poderosamente Cristo podría demostrar su vida a través de ellos.

cristiana consiste en realizar actos piadosos, cuando en realidad comienza con una relación profunda e íntima con el Señor.

Por lo tanto, para contestar la primera pregunta: *¿cómo le permite usted a Jesús hacer esto?*—usted debe entender que la respuesta viene como resultado de trabajar en su relación con Cristo. Esto lo logra por medio de estudiar la Biblia, orar, adorar y tener compañerismo con otros creyentes. No se trata solamente de aprender *acerca de* Él, sino que usted debe escucharlo *a* Él, porque Él le enseñará cómo amarlo, cómo vivir para Él y cómo andar en sus caminos.

La respuesta a la segunda pregunta: *¿de qué manera vive Él en y por medio de usted?*—es tan personal y única a medida que cada creyente lo sigue. Esto se debe a que Él tiene un propósito especial para su vida, y la acción más importante que usted puede emprender en la vida es simplemente obedecer a Dios, sin importar qué le mande hacer. Dios permitirá situaciones y problemas en su vida que sólo Él puede resolver. Esto lo hace con el fin de poder demostrar su gloria, su poder, su amor y su sabiduría a través suyo.

Él tiene un propósito especial para su vida, y la acción más importante que usted puede emprender en la vida es simplemente obedecer a Dios, sin importar qué le mande hacer.

¿Hay algo que le distraiga de tener una relación íntima con el Señor? ¿Ha dejado de confiar en la soberanía de Dios? ¿Le preocupa no estar haciendo lo suficiente para merecer una relación con Él, o que podría perder la vida eterna que Él le ha dado? De ser así, usted necesita volver a la verdad básica de que su salvación es por la fe en Cristo y no por las obras. No hay nada en absoluto que usted pueda hacer para ganarla ni para ser digno de ella. Por lo tanto, tampoco hay nada que usted pueda hacer o dejar de hacer para perderla.

Aquí el asunto no es su salvación sino el impacto de su vida para Cristo y el gozo y la satisfacción que usted reciba de Él. Dios no le llama a una vida *adecuada*, Él quiere que su vida sea *extraordinaria*. Sin embargo, para que experimente la vida que Él ha planeado para usted, debe dejar de distraerse con asuntos de la periferia y enfocar su atención completamente en Él. ¿Puede hacerlo? ¿Puede confiar que Jesús viva su vida a través de usted y se encargue de todo lo que le produce ansiedad?

¡Por supuesto que sí! El mismo Dios que le redimió puede enseñarle a vivir para Él. El mismo Salvador en quien confió para su eternidad es más que capaz de encargarse de todos los asuntos que le agobian diariamente y resplandecer radiantemente a través de usted para que otros puedan conocerlo y ser salvos. Por lo tanto, muera a sus presuposiciones de lo que debería ser la vida cristiana, para que pueda experimentar la verdadera vida en Él.

Para un estudio más a fondo véase el Índice de Principios de vida.

14 para que en Cristo Jesús la bendición de
Abraham alcanzase a los gentiles, a fin de
que por la fe recibiésemos la promesa del
Espíritu.
15 Hermanos, hablo en términos humanos:
Un pacto, aunque sea de hombre, una vez ratificado, nadie lo invalida, ni le añade.
16 Ahora bien, a Abraham fueron hechas las
promesas, y a su simiente.[h] No dice: Y a las
simientes, como si hablase de muchos, sino
como de uno: Y a tu simiente, la cual es Cristo.
17 Esto, pues, digo: El pacto previamente ratificado por Dios para con Cristo, la ley que
vino cuatrocientos treinta años después,[i] no lo
abroga, para invalidar la promesa.
18 Porque si la herencia es por la ley, ya no es
por la promesa;[j] pero Dios la concedió a Abraham mediante la promesa.

El propósito de la ley

19 Entonces, ¿para qué sirve la ley? Fue añadida a causa de las transgresiones, hasta que
viniese la simiente a quien fue hecha la promesa; y fue ordenada por medio de ángeles en
mano de un mediador.
20 Y el mediador no lo es de uno solo; pero
Dios es uno.
21 ¿Luego la ley es contraria a las promesas
de Dios? En ninguna manera; porque si la ley
dada pudiera vivificar, la justicia fuera verdaderamente por la ley.
22 Mas la Escritura lo encerró todo bajo pecado, para que la promesa que es por la fe en
Jesucristo fuese dada a los creyentes.
23 Pero antes que viniese la fe, estábamos
confinados bajo la ley, encerrados para aquella fe que iba a ser revelada.
24 De manera que la ley ha sido nuestro ayo,
para llevarnos a Cristo, a fin de que fuésemos
justificados por la fe.
25 Pero venida la fe, ya no estamos bajo ayo,
26 pues todos sois hijos de Dios por la fe en
Cristo Jesús;
27 porque todos los que habéis sido bautizados en Cristo, de Cristo estáis revestidos.
28 Ya no hay judío ni griego; no hay esclavo
ni libre; no hay varón ni mujer; porque todos
vosotros sois uno en Cristo Jesús.
29 Y si vosotros sois de Cristo, ciertamente
linaje de Abraham sois, y herederos según la
promesa.[k]

4 PERO también digo: Entre tanto que el
heredero es niño, en nada difiere del esclavo, aunque es señor de todo;
2 sino que está bajo tutores y curadores hasta
el tiempo señalado por el padre.
3 Así también nosotros, cuando éramos niños,
estábamos en esclavitud bajo los rudimentos
del mundo.
4 Pero cuando vino el cumplimiento del tiempo, Dios envió a su Hijo, nacido de mujer y
nacido bajo la ley,
5 para que redimiese a los que estaban bajo
la ley, a fin de que recibiésemos la adopción
de hijos.

h. 3.16 Gn 12.7. **i. 3.17** Éx 12.40. **j. 3.18** Ro 4.14.
k. 3.29 Ro 4.13.

LECCIONES DE VIDA

reconciliados a Él. Verdaderamente, «todos nosotros somos como suciedad, y todas nuestras justicias como trapo de inmundicia» en comparación (Is 64.6).

➤ ***3.16 — a Abraham fueron hechas las promesas, y a su simiente. No dice: Y a las simientes, como si hablase de muchos, sino como de uno: Y a tu simiente, la cual es Cristo.***

Pablo se está refiriendo a la promesa de Dios a Abraham en Génesis 22.18: «En tu simiente serán benditas todas las naciones de la tierra». El Señor cumplió esta promesa hecha a Abraham por medio de Jesucristo (Hch 3.25, 26; Ap 5.9; 7.9, 10). Gracias a Cristo, cada persona de cada país y tribu sobre la tierra tiene la bendición de poder conocer a Dios.

➤ ***3.24 — la ley ha sido nuestro ayo, para llevarnos a Cristo, a fin de que fuésemos justificados por la fe.***

El propósito de la ley fue llevarnos al reconocimiento inequívoco de nuestra total insuficiencia, y mostrarnos que por nuestros propios esfuerzos nunca podremos hacernos aceptables a Dios. Dependemos absolutamente de Él para recibir tal aceptación, y esto es algo que Él hizo posible a través de Jesucristo nuestro Salvador.

➤ ***3.28 — Ya no hay judío ni griego; no hay esclavo ni libre; no hay varón ni mujer; porque todos vosotros sois uno en Cristo Jesús.***

Pablo afirmó que *todas* las personas de todos los pueblos estamos al mismo nivel, al pie de la cruz. Todos venimos a Cristo como pecadores y con la misma necesidad de salvación. Es sólo por fe en su gracia que somos redimidos. Dios no tiene favoritos entre sus redimidos, sea por distinciones económicas o sociales, o por el papel que seamos llamados a desempeñar (Hch 10.34; Ro 2.11). Él nos convierte en una sola unidad, el cuerpo de Cristo, y nos llama a todos por igual, a servirlo en obediencia.

➤ ***4.4 — cuando vino el cumplimiento del tiempo, Dios envió a su Hijo.***

Aunque Israel oró por la llegada del Mesías durante sus múltiples tiempos de crisis nacional, Dios esperó hasta que el mundo estuviera listo para recibir a su Hijo, cuando el mensaje del evangelio pudiera ser llevado hasta lo último de la tierra. Esto fue posible después que Alejandro Magno extendiera la cultura griega por todo el mundo conocido, creando así un lenguaje común que los misioneros pudieron utilizar para comunicar el mensaje. También sucedió después que los romanos construyeron carreteras extensas que conectaban a las naciones, e hicieron los caminos y los mares seguros para viajar.

➤ ***4.5 — para que redimiese a los que estaban bajo la ley, a fin de que recibiésemos la adopción de hijos.***

Jesús vino a ocupar nuestro lugar, que es el significado mismo de la redención. Él dio su vida para que pudiéramos recibir el perdón de nuestros pecados. Pero eso no es todo,

➤6 Y por cuanto sois hijos, Dios envió a vuestros corazones el Espíritu de su Hijo, el cual
clama: ¡Abba, Padre!
7 Así que ya no eres esclavo, sino hijo; y si
hijo, también heredero de Dios por medio de
Cristo.[a]

Exhortación contra el volver a la esclavitud

8 Ciertamente, en otro tiempo, no conociendo a Dios, servíais a los que por naturaleza
no son dioses;
9 mas ahora, conociendo a Dios, o más bien,
siendo conocidos por Dios, ¿cómo es que os volvéis de nuevo a los débiles y pobres rudimentos,
a los cuales os queréis volver a esclavizar?
10 Guardáis los días, los meses, los tiempos
y los años.
11 Me temo de vosotros, que haya trabajado
en vano con vosotros.
12 Os ruego, hermanos, que os hagáis como
yo, porque yo también me hice como vosotros.
Ningún agravio me habéis hecho.
13 Pues vosotros sabéis que a causa de una
enfermedad del cuerpo os anuncié el evangelio al principio;
14 y no me despreciasteis ni desechasteis por
la prueba que tenía en mi cuerpo, antes bien
me recibisteis como a un ángel de Dios, como
a Cristo Jesús.
15 ¿Dónde, pues, está esa satisfacción que
experimentabais? Porque os doy testimonio
de que si hubieseis podido, os hubierais sacado vuestros propios ojos para dármelos.
16 ¿Me he hecho, pues, vuestro enemigo, por
deciros la verdad?
17 Tienen celo por vosotros, pero no para
bien, sino que quieren apartaros de nosotros
para que vosotros tengáis celo por ellos.
18 Bueno es mostrar celo en lo bueno siempre, y no solamente cuando estoy presente
con vosotros.
19 Hijitos míos, por quienes vuelvo a sufrir ➤
dolores de parto, hasta que Cristo sea formado en vosotros,
20 quisiera estar con vosotros ahora mismo y
cambiar de tono, pues estoy perplejo en cuanto a vosotros.

Alegoría de Sara y Agar

21 Decidme, los que queréis estar bajo la ley:
¿no habéis oído la ley?
22 Porque está escrito que Abraham tuvo dos
hijos; uno de la esclava,[b] el otro de la libre.[c]
23 Pero el de la esclava nació según la carne;
mas el de la libre, por la promesa.
24 Lo cual es una alegoría, pues estas mujeres
son los dos pactos; el uno proviene del monte Sinaí, el cual da hijos para esclavitud; éste
es Agar.
25 Porque Agar es el monte Sinaí en Arabia, y
corresponde a la Jerusalén actual, pues ésta,
junto con sus hijos, está en esclavitud.
26 Mas la Jerusalén de arriba, la cual es
madre de todos nosotros, es libre.
27 Porque está escrito:

Regocíjate, oh estéril, tú que no das a luz;
Prorrumpe en júbilo y clama, tú que no
tienes dolores de parto;
Porque más son los hijos de la desolada,
que de la que tiene marido.[d]

28 Así que, hermanos, nosotros, como Isaac,
somos hijos de la promesa.
29 Pero como entonces el que había nacido
según la carne perseguía al que había nacido
según el Espíritu,[e] así también ahora.

---

a. 4.5-7 Ro 8.15-17. **b. 4.22** Gn 16.15. **c. 4.22** Gn 21.2. **d. 4.27** Is 54.1. **e. 4.29** Gn 21.9.

LECCIONES DE VIDA

además de ser perdonados de nuestras iniquidades, también somos adoptados en la familia de Dios eternamente. Tenemos el privilegio inmenso e irrevocable de ser considerados sus verdaderos hijos e hijas, y de ser bendecidos como herederos suyos (Ro 8.15–18) «con toda bendición espiritual en los lugares celestiales en Cristo» (Ef 1.3).

➤ ***4.6 — por cuanto sois hijos, Dios envió a vuestros corazones el Espíritu de su Hijo, el cual clama: ¡Abba, Padre!***

Abba es un término diminutivo arameo que significa «padre» y alude a un apelativo cariñoso dentro de la familia, formado en los labios de los niños de pecho que dicen «papi», e implica cercanía, calidez, confianza total y deleite mutuo. Dios quiere ser nuestro Abba, y su prioridad máxima para nuestras vidas es una relación íntima con Él. Por eso envía su Espíritu a morar en nosotros, para mostrarnos qué significa ser hijos suyos, para bendecirnos con su gran amor, para revelar su propósito por el cual nos creó, y para darnos el poder para cumplir todos los planes grandiosos que tiene para nuestras vidas. Él es amoroso y asequible, por eso clame y acceda frecuentemente en oración, a su amado Padre Celestial.

➤ ***4.19 — Hijitos míos, por quienes vuelvo a sufrir dolores de parto, hasta que Cristo sea formado en vosotros.***

Pablo hizo todo lo posible por asegurar el crecimiento espiritual de las personas que él había conducido al Señor. Con frecuencia, la gente comparte el evangelio y muestra a otros cómo aceptar a Jesús como su Salvador, pero no les enseñan cómo apropiarse de la vida abundante que Él nos ha dado. No obstante, la meta de la vida cristiana no es solamente que seamos salvos y pequemos menos. Dios nos redime con el propósito de tener una relación íntima con Él y transformarnos a la imagen de Cristo (Ro 8.29).

➤ ***4.31 — no somos hijos de la esclava, sino de la libre.***

Pablo contrasta la manera natural como Agar concibió a Ismael (Gn 16) y la manera sobrenatural en que Sara concibió a Isaac (Gn 21.1–8), a fin de mostrar la gran diferencia entre religión por obras y una relación con el Señor por fe en sus promesas. Aunque hay muchas más personas que se adhieren a religiones y siguen sus respectivas leyes, sólo aquellos que confían en Cristo son llamados «herederos según la promesa» y reciben la vida eterna (Gá 3.29).

RESPUESTAS A PREGUNTAS DE LA VIDA

¿Por qué tengo todavía el impulso de pecar?

GÁ 5.16, 17

Cuando usted puso su fe en Jesucristo para que le perdonara de todos sus pecados, ¿se llenó de gozo a causa de su nueva vida en Él? ¿Perdieron su atractivo las actividades impías que antes practicaba? ¿Sintió como si nunca más quisiera volver a pecar?

A veces, en los comienzos de nuestra relación con Cristo, empezamos a sentir como si pudiéramos conquistar todos los malos impulsos. Como es de esperar, esa sensación de que somos invencibles no es muy duradera. Los tropiezos no tardan en llegar. Nuevas tentaciones y pruebas sacan a la luz áreas de debilidad en nuestras vidas que pensábamos haber conquistado ya. Nos sentimos confundidos, avergonzados y hasta alarmados. Nos preguntamos: *¿Cómo pudo suceder esto? ¡Se suponía que yo ya era libre de pecado!*

La verdad es que Jesús sí nos *ha* liberado de nuestros pecados, pero debemos cooperar con lo que Él ha hecho por nosotros. Pablo escribió: «Estad, pues, firmes en la libertad con que Cristo nos hizo libres, y no estéis otra vez sujetos al yugo de esclavitud» (Gá 5.1). En otras palabras, Dios ha quebrantado el dominio del pecado sobre nosotros y nos ha dado su Espíritu, quien nos dirige a vivir una vida de libertad que agrada a Dios. Sin embargo, podemos perder nuestra libertad si en nuestro egoísmo elegimos seguir nuestro camino y no el de Dios.

Esta es la base del pecado: desobedecemos al Señor para satisfacer nuestros propios deseos carnales. Pablo explica: «Porque el deseo de la carne es contra el Espíritu, y el del Espíritu es contra la carne; y éstos se oponen entre sí, para que no hagáis lo que quisiereis» (Gá 5.17). El impulso de pecar, llamado también la *naturaleza de pecado*, permanece dentro de nosotros y debe ser rendido a Dios. Esto no sucede de la noche a la mañana, sino que es la obra continua del Espíritu dentro de nosotros. Pablo afirma: «Andad en el Espíritu, y no satisfagáis los deseos de la carne» (Gá 5.16).

Si usted ha aceptado a Cristo como su Salvador, ha sido unido con Él. Su carácter y su santidad están presentes dentro de su vida y Él le da el poder para resistir la tentación. Por lo tanto, usted debe tener fe que Él puede romper las fortalezas de impiedad que haya en su corazón, y que Él obrará continuamente para ponerle en libertad de *todo* pecado y *toda* atadura. La responsabilidad que usted tiene es decirle «no» al pecado y «sí» al Señor, a medida que Él trae la libertad a todas las áreas donde su alma la anhela.

Para un estudio más a fondo, véase el Índice de Principios de vida:

9. *Confiar en Dios quiere decir ver más allá de lo que podemos, hacia lo que Dios ve.*
24. *Vivir la vida cristiana es permitir al Señor Jesús vivir su vida en y por medio de nosotros.*

30 Mas ¿qué dice la Escritura? Echa fuera a la esclava y a su hijo, porque no heredará el hijo de la esclava con el hijo de la libre.[f]
31 De manera, hermanos, que no somos hijos de la esclava, sino de la libre.

Estad firmes en la libertad

5 ESTAD, pues, firmes en la libertad con que Cristo nos hizo libres, y no estéis otra vez sujetos al yugo de esclavitud.

f. 4.30 Gn 21.10.

LECCIONES DE VIDA

➤ ***5.1 — Estad, pues, firmes en la libertad con que Cristo nos hizo libres, y no estéis otra vez sujetos al yugo de esclavitud.***

En cierto sentido, puede parecer más fácil vivir conforme a una serie de reglas que comprometernos de todo corazón con el Señor. Pero en realidad, vivir por la ley no es una vida real: «la letra mata, mas el espíritu vivifica» (2 Co 3.6). Debemos luchar contra cualquier impulso a conformarnos a una mentalidad legalista, porque eso conduce solamente a la esclavitud. Nuestro servicio a Dios debe ser motivado por el amor y la obediencia a Él, que es la mejor manera de vivir.

RESPUESTAS A PREGUNTAS DE LA VIDA

¿Qué es el fruto del Espíritu y cómo crece en mí?

GÁ 5.22, 23

Los creyentes que verdaderamente andan en el Espíritu irradian integridad. No esconden sus verdaderos sentimientos ni albergan intenciones egoístas, y tampoco tratarían de aprovecharse de los demás. De hecho, uno puede sentirse que puede confiarles sus secretos más íntimos, y encontrarse hasta abriendo su corazón para compartir sinceramente con ellos de una manera inusual, poco acostumbrada.

Los creyentes llenos del Espíritu no fingen ser perfectos. En efecto, casi siempre ofrecen disculpas antes de ser confrontados por algún error, porque el Espíritu les avisa cuando han ofendido o han herido los sentimientos de alguien. Seguros en su relación con el Señor y su valía en Él, son capaces de reaccionar rápidamente tan pronto se han dado cuenta y admiten su pecado o su error de juicio. Recuerdan que el Espíritu Santo los está santificando continuamente, y que los está transformando en la imagen de Cristo. Por lo tanto, no viven desanimados sino agradecidos porque la gracia de Dios siempre está disponible para ellos cuando tropiezan, y les está enseñando cómo elevarse por encima de sus propios apetitos y deseos carnales.

Específicamente, sus vidas destilan nueve virtudes: amor, gozo, paz, paciencia, benignidad, bondad, fidelidad, mansedumbre y dominio propio. Este fruto no es simplemente una marca distintiva de la vida llena del Espíritu, es la evidencia preeminente de una vida que está totalmente sometida a Jesucristo.

Cuando lea acerca del regalo de la gracia de Dios, pídale que le muestre cómo puede ser más lleno de gracia con los demás. Él puede ayudarle a recordar las acciones no bondadosas que usted realizó en el pasado, pero cuando usted rinde su voluntad a Dios, Él le hará una persona bondadosa que refleja su amor a muchos.

Ahora veamos el problema implícito en estas frases:

«*Yo* quiero ser más bondadoso».

«*Yo* necesito actuar con más amor».

«*Yo* necesito ejercer más dominio propio».

«Yo… yo… yo… yo… yo… yo…».

El fruto del Espíritu no se produce cuando nos enfocamos en nosotros mismos, es un resultado de estar singularmente centrados en Cristo (Jn 15.5). Estas virtudes no son metas que podamos proponernos alcanzar, y su razón de ser tampoco es que podamos demostrar nuestra dedicación y determinación, porque *usted y yo no podemos producir fruto*. Más bien, el Espíritu Santo es el productor y nosotros meramente somos los portadores. La cosecha que resulta de nuestro andar con Él simplemente revela nuestra dependencia de Él y nuestra sensibilidad a sus indicaciones.

Para un estudio más a fondo, véase el Índice de Principios de vida:

24. ***Vivir la vida cristiana es permitir al Señor Jesús vivir su vida en y por medio de nosotros.***

2 He aquí, yo Pablo os digo que si os circuncidáis, de nada os aprovechará Cristo.
3 Y otra vez testifico a todo hombre que se circuncida, que está obligado a guardar toda la ley.
4 De Cristo os desligasteis, los que por la ley os justificáis; de la gracia habéis caído.
5 Pues nosotros por el Espíritu aguardamos por fe la esperanza de la justicia;
6 porque en Cristo Jesús ni la circuncisión vale algo, ni la incircuncisión, sino la fe que obra por el amor.
7 Vosotros corríais bien; ¿quién os estorbó para no obedecer a la verdad?
8 Esta persuasión no procede de aquel que os llama.
9 Un poco de levadura leuda toda la masa.[a]
10 Yo confío respecto de vosotros en el Señor, que no pensaréis de otro modo; mas el que os perturba llevará la sentencia, quienquiera que sea.

a. 5.9 1 Co 5.6.

11 Y yo, hermanos, si aún predico la circuncisión, ¿por qué padezco persecución todavía? En tal caso se ha quitado el tropiezo de la cruz.
12 ¡Ojalá se mutilasen los que os perturban!
➤ 13 Porque vosotros, hermanos, a libertad fuisteis llamados; solamente que no uséis la libertad como ocasión para la carne, sino servíos por amor los unos a los otros.
14 Porque toda la ley en esta sola palabra se cumple: Amarás a tu prójimo como a ti mismo.[b]
15 Pero si os mordéis y os coméis unos a otros, mirad que también no os consumáis unos a otros.

Las obras de la carney el fruto del Espíritu

* 16 Digo, pues: Andad en el Espíritu, y no satisfagáis los deseos de la carne.
17 Porque el deseo de la carne es contra el Espíritu, y el del Espíritu es contra la carne; y éstos se oponen entre sí, para que no hagáis lo que quisiereis.[c]
18 Pero si sois guiados por el Espíritu, no estáis bajo la ley.
➤ 19 Y manifiestas son las obras de la carne, que son: adulterio, fornicación, inmundicia, lascivia,
20 idolatría, hechicerías, enemistades, pleitos, celos, iras, contiendas, disensiones, herejías,
21 envidias, homicidios, borracheras, orgías, y cosas semejantes a éstas; acerca de las cuales os amonesto, como ya os lo he dicho antes, que los que practican tales cosas no heredarán el reino de Dios.
22 Mas el fruto del Espíritu es amor, gozo, paz, paciencia, benignidad, bondad, fe, ➤
23 mansedumbre, templanza; contra tales cosas no hay ley.
24 Pero los que son de Cristo han crucificado la carne con sus pasiones y deseos. ➤
25 Si vivimos por el Espíritu, andemos también por el Espíritu.
26 No nos hagamos vanagloriosos, irritándonos unos a otros, envidiándonos unos a otros.

6 HERMANOS, si alguno fuere sorprendido en alguna falta, vosotros que sois espirituales, restauradle con espíritu de mansedumbre, considerándote a ti mismo, no sea que tú también seas tentado.
2 Sobrellevad los unos las cargas de los otros, y cumplid así la ley de Cristo. ➤
3 Porque el que se cree ser algo, no siendo nada, a sí mismo se engaña.
4 Así que, cada uno someta a prueba su propia obra, y entonces tendrá motivo de gloriarse sólo respecto de sí mismo, y no en otro; ➤

b. 5.14 Lv 19.18. **c. 5.17** Ro 7.15-23.

LECCIONES DE VIDA

➤ ***5.13 — hermanos, a libertad fuisteis llamados; solamente que no uséis la libertad como ocasión para la carne, sino servíos por amor los unos a los otros.***

Somos libres en Cristo, pero no tenemos licencia para pecar porque eso ya no concuerda con quiénes somos como hijos de Dios. Más bien, hemos sido hechos libres de todo impedimento para llegar a ser lo que Él nos creó para ser, personas que se edifican y se animan los unos a los otros por medio de ministerios creativos, guiados por el Espíritu. ¿Por qué alguien que ame de verdad a Jesús, querría usar su libertad comprada por su cruz, para hacer algo que deshonra su nombre?

➤ ***5.19 — manifiestas son las obras de la carne, que son: adulterio, fornicación, inmundicia, lascivia.***

Cuando se intensifican las presiones, se hace evidente lo que realmente llevamos por dentro (Mt 12.33–35; 15.18, 19). Podemos tratar de suprimir el enojo, la amargura, la falta de perdón o la inmoralidad en nuestra vida, pero sólo es cuestión de tiempo antes que todo salga a la superficie. ¿Por qué? Porque el esfuerzo humano no puede esconder los impulsos malos de la carne. Es por esto que Cristo debe reemplazar por completo nuestra vieja naturaleza de pecado, con su santidad. Él no sólo derrota estos impulsos malvados, sino que los reemplaza con sus propias características piadosas.

➤ ***5.22, 23 — el fruto del Espíritu es amor, gozo, paz, paciencia, benignidad, bondad, fe, mansedumbre, templanza; contra tales cosas no hay ley.***

Cuando estamos en unión con Cristo, la responsabilidad primordial del Espíritu Santo es producir su semejanza en nosotros. Él nos enseña cómo depender totalmente de Dios, lo cual a su vez produce en nosotros un desbordamiento de amor, gozo, paz, paciencia, benignidad, bondad, fe, mansedumbre y templanza. No podemos producir genuinamente estas cualidades por cuenta propia, ya que nuestra pecaminosidad las estropea. Sin embargo, cuando nos apoyamos por completo en el Señor y obedecemos las indicaciones de su Espíritu, ellas fluyen libremente de nosotros y atraen a otras personas a Dios.

➤ ***5.24 — los que son de Cristo han crucificado la carne con sus pasiones y deseos.***

Todo aquel que pertenece a Cristo ha muerto con el Salvador en la cruz. Esto significa para nosotros que hemos renunciado a nuestro derecho a dictar el curso de nuestras vidas, porque entendemos que nuestras inclinaciones carnales solamente llevan a la decepción y la ruina (Pr 14.12). Le entregamos nuestras vidas al Señor porque sólo Él puede conducirnos por el mejor sendero posible.

➤ ***6.2 — Sobrellevad los unos las cargas de los otros, y cumplid así la ley de Cristo.***

Ningún cristiano en el sendero a la madurez puede afirmar «no necesito congregarme», porque Jesús nos dice que todos tenemos trabajo que hacer *en la iglesia*, y que debemos poner a funcionar nuestros dones y talentos como parte del cuerpo de Cristo. No podemos llevar las cargas de aquellos con quienes nunca interactuamos. Por esa razón, debemos continuar participando en la obra, el compañerismo y la adoración de la iglesia, dando generosamente de nosotros mismos así como Cristo se entregó a nosotros.

➤ ***6.4 — cada uno someta a prueba su propia obra.***

Evite caer en la trampa de compararse con otras personas o competir con ellas para ver quién es el mejor cristiano. Todos dependemos de la gracia de Dios para recibir *todas* las cosas buenas de nuestra vida, inclusive nuestro crecimiento

LO QUE LA BIBLIA DICE ACERCA DE CÓMO RENDIRNOS CUENTAS UNOS A OTROS

Gá 6.1–5

Muchos creyentes se oponen a la idea de rendir cuentas porque no ven cómo las acciones de otras personas sean de su incumbencia, y prefieren tampoco someter las suyas a examen.

Otros creen erróneamente que la naturaleza personal de nuestra relación con Dios excluye nuestra necesidad de rendirnos cuentas mutuamente. Aunque es cierto que nuestra relación con el Señor es *personal* por naturaleza, no es cierto que sea por completo *privada*. La Biblia enseña que somos responsables a Dios primeramente y después los unos con los otros en lo que respecta a nuestra conducta y nuestro carácter.

La responsabilidad de rendir cuentas se define como una relación entre creyentes donde uno ha invitado al otro a observar el desarrollo de su carácter en una o más áreas. Por ejemplo, podría ser tan sencillo como pedirle a un amigo suyo que le pregunte de vez en cuándo cómo le está yendo con la disciplina de su estudio bíblico y su vida de oración. Tal vez quiera pedirle a alguien que esté pendiente de usted y le pregunte con cierta frecuencia cómo está compartiendo su fe o cuánto tiempo le está dedicando a su familia.

Un área donde la responsabilidad de rendir cuentas puede marcar una gran diferencia es la de las tentaciones recurrentes. Pablo enseñó que si un creyente es sorprendido en algún pecado, los miembros fuertes de la iglesia deben trabajar con el pecador para ayudarle a retomar el buen camino (Gá 6.1–3). A veces las personas quedan atrapadas en actividades o actitudes que se vuelven demasiado poderosas para que las venzan por sí mismas, y no saben cómo romper ese yugo para ser libres. A usted no le corresponde salvar a nadie de sus problemas, pero sí puede recordarle a un hermano o a una hermana en la fe las promesas de Dios, orar por esa persona, compartirle promesas bíblicas y escuchar cuando le hable de sus luchas. Ofrecemos apoyo a otros y compasión cuando están tratando de hacer lo correcto, y los confrontamos con la verdad cuando estén divagando en su fe, de ese modo siempre los animamos a vivir de una manera que agrade a Dios.

Recuerde que en una relación donde se rinde cuentas, usted *no* tiene que responder por la reacción de la otra persona a su intervención ni por su madurez espiritual. Pero usted sí es responsable de mantenerse disponible para que el Señor le use en la vida de esa persona, diciéndole la verdad y amándola durante todo el proceso.

Somos responsables los unos a los otros en lo que respecta a nuestra conducta y nuestro carácter.

Para un estudio más a fondo, véase el Índice de Principios de vida:

28. Ningún creyente ha sido llamado a transitar solitario en su peregrinaje de fe.

2. Obedezcamos a Dios y dejemos las consecuencias en sus manos.

5 porque cada uno llevará su propia carga.
6 El que es enseñado en la palabra, haga partícipe de toda cosa buena al que lo instruye.
➤7 No os engañéis; Dios no puede ser burlado: pues todo lo que el hombre sembrare, eso también segará.
✻8 Porque el que siembra para su carne, de la carne segará corrupción; mas el que siembra para el Espíritu, del Espíritu segará vida eterna.
✻9 No nos cansemos, pues, de hacer bien; porque a su tiempo segaremos, si no desmayamos.
10 Así que, según tengamos oportunidad, hagamos bien a todos, y mayormente a los de la familia de la fe.

Pablo se gloría en la cruz de Cristo

11 Mirad con cuán grandes letras os escribo de mi propia mano.
12 Todos los que quieren agradar en la carne, éstos os obligan a que os circuncidéis, solamente para no padecer persecución a causa de la cruz de Cristo.
13 Porque ni aun los mismos que se circuncidan guardan la ley; pero quieren que vosotros os circuncidéis, para gloriarse en vuestra carne.
14 Pero lejos esté de mí gloriarme, sino en la ➤
cruz de nuestro Señor Jesucristo, por quien el mundo me es crucificado a mí, y yo al mundo.
15 Porque en Cristo Jesús ni la circuncisión ➤
vale nada, ni la incircuncisión, sino una nueva creación.
16 Y a todos los que anden conforme a esta regla, paz y misericordia sea a ellos y al Israel de Dios.
17 De aquí en adelante nadie me cause molestias; porque yo traigo en mi cuerpo las marcas del Señor Jesús.

Bendición final

18 Hermanos, la gracia de nuestro Señor Jesucristo sea con vuestro espíritu. Amén.

LECCIONES DE VIDA

(Stg 1.17). Más bien, mida su progreso de acuerdo con los parámetros del Señor y asegúrese de estar andando de acuerdo con su voluntad. De esa manera, en vez de tratar de aventajar a los demás por celos, usted les extenderá una mano compasiva y les ministrará como Cristo mismo lo haría.

➤ ***6.7 — No os engañéis; Dios no puede ser burlado: pues todo lo que el hombre sembrare, eso también segará.***

No sea engañado por aquellos que dicen que a Dios no le importa cómo vivamos nuestra vida. De hecho, Él tiene un profundo interés en nuestra conducta y nuestros motivos. Está demostrado que cosechamos lo que sembramos, más de lo que sembramos, después de sembrarlo. Esto significa que experimentamos las consecuencias de nuestras decisiones por mucho tiempo, sean buenas o malas. Por lo tanto, debemos tener mucho cuidado y vivir en obediencia al Señor por amor a Él, para que podamos estar seguros que nuestras vidas producirán una cosecha de bendiciones que nos traerá un gran gozo.

➤ ***6.14 — lejos esté de mí gloriarme, sino en la cruz de nuestro Señor Jesucristo.***

Cuando apartamos nuestros ojos de la cruz, nos metemos en líos porque ponemos nuestra confianza en cosas que no perduran eternamente. En cambio, si mantenemos nuestro enfoque en todo lo que Cristo ha hecho por nosotros, Él nos muestra su gloria: «Y yo, si fuere levantado de la tierra, a todos atraeré a mí mismo» (Jn 12.32).

➤ ***6.15 — ni la circuncisión vale nada, ni la incircuncisión, sino una nueva creación.***

Dios nos convierte en un pueblo totalmente nuevo, no asignándonos nuevos rituales para observar, ni reformando nuestra conducta, sino haciendo de nosotros criaturas completamente nuevas (2 Co 5.17). Además, Él nos da su misma naturaleza, enviando a su Espíritu Santo a morar en nuestro interior y transformarnos en su semejanza (1 Co 6.19, 20).

LA EPÍSTOLA DEL APÓSTOL SAN PABLO A LOS

EFESIOS

Efesios se dirige a un grupo de creyentes enormemente ricos en Jesucristo, más ricos de lo que se puede medir, pero que seguían viviendo como mendigos. ¿Por qué estaban sumidos en la pobreza espiritual? Porque seguían siendo ignorantes de su verdadera riqueza.

Ningún cristiano tiene que vivir como un mendigo espiritual cuando Dios nos ofrece bendiciones espirituales más allá de lo imaginable. Sin embargo, para pasar de la pobreza a la prosperidad, los creyentes primero deben leer y meditar en lo que dice la Palabra de Dios acerca de su posición verdadera. Somos hijos de Dios, «sellados con el Espíritu Santo de la promesa, que es las arras de nuestra herencia» (Ef 1.13, 14). En segundo lugar, debemos empezar a vivir esta verdad por fe. No existe otra manera de vivir como creyente.

El título tradicional de esta epístola es *Pros Efésious*, «A los Efesios». Sin embargo, muchos manuscritos antiguos omiten «en Éfeso», in 1.1. Esto ha llevado a varios eruditos a cuestionar la visión tradicional de que Pablo hubiese dirigido este mensaje específicamente a los efesios.

La teoría encíclica propone que Efesios fue una carta circular enviada por Pablo a las iglesias en Asia. Este punto de vista sostiene que la carta es en realidad un tratado cristiano diseñado para uso general, puesto que no menciona controversias ni trata los problemas específicos de una iglesia en particular. No obstante, si Efesios realmente empezó como una circular, tarde o temprano llegó a ser asociada con Éfeso, la principal entre las iglesias en Asia.

Otra opción plausible es que esta epístola haya sido remitida directamente a los efesios, pero fue escrita de tal manera que también fuese útil para todas las iglesias en Asia. Por último, algunos eruditos aceptan la tradición antigua de tratar Efesios como la carta de Pablo a los laodicenses (Col 4.16), pero no hay manera de comprobarlo.

Tema: El galardón espiritual del cristiano y la unidad de la iglesia en Jesucristo.

Autor: El apóstol Pablo.

Fecha: Probablemente fue escrita desde la prisión en Roma, alrededor de 60–62 d.C.

Estructura: La primera mitad del libro (1.1—3.21) describe el contenido de las riquezas celestiales del cristiano: su adopción, su aceptación, su redención, su perdón, su sabiduría, su herencia, el sello del Espíritu Santo, la vida, la gracia y su ciudadanía. Es decir, toda bendición espiritual. La segunda mitad (4.1—6.24) describe un estilo de vida espiritual arraigado en este gran patrimonio espiritual. Efesios 2.10 nos ofrece una buena sinopsis del libro: «Porque somos hechura suya, creados en Cristo Jesús [1–3] para buenas obras… para que anduviésemos en ellas [4–6]».

A medida que lea Efesios, fíjese en los principios de vida que juegan un papel importante en este libro:

24. Vivir la vida cristiana es permitir al Señor Jesús vivir su vida en y por medio de nosotros. *Véase Efesios 2.10; página 1333.*

28. Ningún creyente ha sido llamado a transitar solitario en su peregrinaje de fe. *Véase Efesios 4.16; 6.18; páginas 1335; 1342.*

25. Dios nos bendice para que nosotros podamos bendecir a otros. *Véase Efesios 4.28; página 1336.*

22. Andar en el Espíritu es obedecer las indicaciones iniciales del Espíritu. *Véase Efesios 5.18; página 1341.*

26. La adversidad es un puente que nos conduce a una relación más profunda con Dios. *Véase Efesios 6.10; página 1341.*

Salutación

1 PABLO, apóstol de Jesucristo por la voluntad de Dios, a los santos y fieles en Cristo
Jesús que están en Éfeso:[a]
2 Gracia y paz a vosotros, de Dios nuestro
Padre y del Señor Jesucristo.

Bendiciones espirituales en Cristo

➤ 3 Bendito sea el Dios y Padre de nuestro
Señor Jesucristo, que nos bendijo con toda
bendición espiritual en los lugares celestiales en Cristo,
4 según nos escogió en él antes de la fundación del mundo, para que fuésemos santos y
sin mancha delante de él,
5 en amor habiéndonos predestinado para ser
adoptados hijos suyos por medio de Jesucristo, según el puro afecto de su voluntad,
6 para alabanza de la gloria de su gracia, con
la cual nos hizo aceptos en el Amado,
➤ 7 en quien tenemos redención por su sangre,
el perdón de pecados[b] según las riquezas de
su gracia,
8 que hizo sobreabundar para con nosotros
en toda sabiduría e inteligencia,
9 dándonos a conocer el misterio de su
voluntad, según su beneplácito, el cual se
había propuesto en sí mismo,
10 de reunir todas las cosas en Cristo, en la
dispensación del cumplimiento de los tiempos, así las que están en los cielos, como las
que están en la tierra.
* 11 En él asimismo tuvimos herencia, habiendo sido predestinados conforme al propósito
del que hace todas las cosas según el designio de su voluntad,
12 a fin de que seamos para alabanza de su
gloria, nosotros los que primeramente esperábamos en Cristo.
13 En él también vosotros, habiendo oído la ➤
palabra de verdad, el evangelio de vuestra salvación, y habiendo creído en él, fuisteis sellados con el Espíritu Santo de la promesa,
14 que es las arras de nuestra herencia hasta la redención de la posesión adquirida, para
alabanza de su gloria.

El espíritu de sabiduría y de revelación

15 Por esta causa también yo, habiendo oído
de vuestra fe en el Señor Jesús, y de vuestro
amor para con todos los santos,
16 no ceso de dar gracias por vosotros, haciendo memoria de vosotros en mis oraciones,
17 para que el Dios de nuestro Señor Jesucristo, el Padre de gloria, os dé espíritu de sabiduría y de revelación en el conocimiento de él,
18 alumbrando los ojos de vuestro entendi- ➤
miento, para que sepáis cuál es la esperanza a
que él os ha llamado, y cuáles las riquezas de
la gloria de su herencia en los santos,
19 y cuál la supereminente grandeza de su ➤
poder para con nosotros los que creemos,
según la operación del poder de su fuerza,
20 la cual operó en Cristo, resucitándole de
los muertos y sentándole a su diestra[c] en los
lugares celestiales,
21 sobre todo principado y autoridad y poder
y señorío, y sobre todo nombre que se nombra, no sólo en este siglo, sino también en el
venidero;
22 y sometió todas las cosas bajo sus pies,[d] y
lo dio por cabeza sobre todas las cosas a la
iglesia,
23 la cual es su cuerpo,[e] la plenitud de Aquel
que todo lo llena en todo.

a. 1.1 Hch 18.19-21; 19.1. **b. 1.7** Col 1.14. **c. 1.20** Sal 110.1. **d. 1.22** Sal 8.6. **e. 1.22-23** Col 1.18.

LECCIONES DE VIDA

➤ ***1.3 — Bendito sea el Dios y Padre de nuestro Señor Jesucristo, que nos bendijo con toda bendición espiritual en los lugares celestiales en Cristo.***

Dios es muy generoso a la hora de prodigar sus bendiciones a nosotros, sus hijos amados. De hecho, Él ya nos ha dado *toda* bendición espiritual. Dios las ha asegurado para nosotros en el cielo, donde ninguna de ellas puede ser robada, dañada, ni retenida. Trágicamente nosotros, como los efesios, vivimos a veces como indigentes espirituales porque nos enfocamos en los aspectos mecánicos del cristianismo, y no en nuestra relación con el Señor. Si queremos disfrutar todo lo que nos ha sido dado, debemos deleitarnos en nuestro Salvador.

➤ ***1.7 — en quien tenemos redención por su sangre, el perdón de pecados según las riquezas de su gracia.***

La cruz no es el recordatorio de una tragedia, sino el foco de la victoria más grande del creyente. Esto se debe a que el Calvario es el lugar donde el Señor Jesucristo tomó sobre Él nuestra deuda de pecado y la canceló con su sangre, redimiéndonos para siempre. Ya no tenemos que pagar ni soportar el castigo terrible de nuestros pecados (Ro 6.23). Ya no vivimos esclavizados por nuestras transgresiones (Ro 6.5–7). Por el contrario, debido a las riquezas de su gracia en la cruz, tenemos libertad verdadera y perdurable por siempre.

➤ ***1.13 — fuisteis sellados con el Espíritu Santo de la promesa.***

El Espíritu Santo no está con nosotros temporalmente, Él vive dentro de nosotros desde el momento en que aceptamos a Jesucristo como nuestro Salvador, y nunca nos deja. Esta es la razón por la que podemos vivir confiados y con certeza absoluta de nuestra seguridad eterna. Ni el pecado ni nada más puede hacer que el Señor nos abandone, porque su Espíritu nos ha sellado en Él para siempre, garantizando nuestra relación con Él por toda la eternidad.

➤ ***1.18 — para que sepáis cuál es la esperanza a que él os ha llamado, y cuáles las riquezas de la gloria de su herencia en los santos.***

Hay una gran diferencia entre tener las bendiciones de Dios y disfrutarlas realmente. Experimentamos las riquezas de la gracia del Señor aprendiendo primero qué bendiciones ha provisto para nosotros, y luego apropiándonos de ellas por la fe.

Salvos por gracia

2 Y él os dio vida a vosotros, cuando estabais
muertos en vuestros delitos y pecados,
2 en los cuales anduvisteis en otro tiempo,
siguiendo la corriente de este mundo, conforme al príncipe de la potestad del aire, el espíritu
que ahora opera en los hijos de desobediencia,
3 entre los cuales también todos nosotros vivimos en otro tiempo en los deseos de nuestra
carne, haciendo la voluntad de la carne y de
los pensamientos, y éramos por naturaleza
hijos de ira, lo mismo que los demás.
➤ 4 Pero Dios, que es rico en misericordia, por
su gran amor con que nos amó,
5 aun estando nosotros muertos en pecados,
nos dio vida juntamente con Cristo[a] (por gracia sois salvos),
6 y juntamente con él nos resucitó, y asimismo nos hizo sentar en los lugares celestiales
con Cristo Jesús,
7 para mostrar en los siglos venideros las
abundantes riquezas de su gracia en su bondad para con nosotros en Cristo Jesús.
➤ 8 Porque por gracia sois salvos por medio de la
fe; y esto no de vosotros, pues es don de Dios;
9 no por obras, para que nadie se glorie.
10 Porque somos hechura suya, creados en ➤
Cristo Jesús para buenas obras, las cuales
Dios preparó de antemano para que anduviésemos en ellas.

Reconciliación por medio de la cruz

11 Por tanto, acordaos de que en otro tiempo vosotros, los gentiles en cuanto a la carne,
erais llamados incircuncisión por la llamada
circuncisión hecha con mano en la carne.
12 En aquel tiempo estabais sin Cristo, alejados de la ciudadanía de Israel y ajenos a los
pactos de la promesa, sin esperanza y sin Dios
en el mundo.
13 Pero ahora en Cristo Jesús, vosotros que en ➤
otro tiempo estabais lejos, habéis sido hechos
cercanos por la sangre de Cristo.
14 Porque él es nuestra paz, que de ambos ➤
pueblos hizo uno, derribando la pared intermedia de separación,
15 aboliendo en su carne las enemistades,
la ley de los mandamientos expresados en
ordenanzas,[b] para crear en sí mismo de los
dos un solo y nuevo hombre, haciendo la paz,

a. 2.1-5 Col 2.13. **b. 2.15** Col 2.14.

LECCIONES DE VIDA

➤ 1.19, 20 — la supereminente grandeza de su poder para con nosotros los que creemos... la cual operó en Cristo, resucitándole de los muertos.

Los discípulos se maravillaban continuamente al ver los milagros asombrosos que el Señor hacía (Mt 9.33; 21.20; Mr 4.41). Sin embargo, la grandeza del poder del Señor quedó demostrada en su resurrección, cuando Él triunfó para siempre sobre el pecado y la muerte. ¿Necesita hoy el poder de la resurrección de Cristo en su vida? Está disponible para usted por la fe. Por lo tanto, confíe que Él puede y quiere ayudarle en todos los aspectos de su vida.

➤ 2.4, 5 — Dios, que es rico en misericordia... aun estando nosotros muertos en pecados, nos dio vida juntamente con Cristo (por gracia sois salvos).

Antes de creer en Jesús, estamos muertos para Dios en nuestro espíritu, ciegos a sus caminos, incapaces de comunicarnos con Él, y eternamente separados de Él a causa de nuestra naturaleza pecaminosa. No podemos cambiar nada de esto con nuestras propias obras. Lo único que puede cambiar nuestra condición es un espíritu nuevo y una vida nueva, todo lo cual es un regalo de Cristo para nosotros cuando creemos en Él como nuestro Salvador.

➤ 2.8, 9 — por gracia sois salvos por medio de la fe; y esto no de vosotros, pues es don de Dios; no por obras, para que nadie se glorie.

Si nuestra salvación dependiera de nuestras acciones, si pudiéramos ser redimidos haciendo buenas obras, guardando los mandamientos y absteniéndonos de pecar, siempre estaríamos en peligro de perderla cada vez que tropezáramos. Sin embargo, por cuanto nuestra salvación es un regalo que nos es dado gratuitamente, y no a cambio de algo que podamos hacer, está completamente segura. Por ende, nuestra salvación magnifica únicamente el amor asombroso y la gracia admirable de Dios, pues Él nos bendice, no a causa de nuestros méritos sino en virtud de su bondad.

➤ 2.10 — somos hechura suya, creados en Cristo Jesús para buenas obras, las cuales Dios preparó de antemano para que anduviésemos en ellas.

Nadie le entiende mejor que Dios. Él le conoce aun más profundamente de lo que usted puede conocerse a sí mismo(a). De hecho, el Señor sabe qué fue usted creado para ser, y supo de antemano todas las cosas grandes que podría llevar a cabo por medio de usted si llegara a rendirse a Él. Dios le ha diseñado para un propósito específico y plenamente satisfactorio, pero usted no lo puede encontrar ni alcanzar por su cuenta. Solamente si permanece en Él, podrá fructificar todo esto en su vida.

➤ 2.13 — ahora en Cristo Jesús, vosotros que en otro tiempo estabais lejos, habéis sido hechos cercanos por la sangre de Cristo.

En el tiempo de Pablo existía la tentación de ver a los cristianos judíos como mejores y más justos que los creyentes gentiles (o no judíos), debido a las promesas del Señor a Israel y la adherencia de ellos a las leyes y los rituales del judaísmo. Sin embargo, Pablo recuerda a los creyentes que delante del Señor *todos los seres humanos* tienen la mancha del pecado, y que todos por igual son salvos por su gracia solamente. Ahora, en Cristo, tanto judíos como gentiles han sido acercados y pueden disfrutar del compañerismo con Dios.

➤ 2.14 — él es nuestra paz, que de ambos pueblos hizo uno, derribando la pared intermedia de separación.

Cristo es tanto nuestra paz con Dios como con nuestros semejantes. La ley dividía a los judíos de los gentiles, y el pecado separaba a toda la humanidad del Señor. Sin embargo, Jesús es el cumplimiento de la ley y nuestros pecados han sido perdonados. Por lo tanto, aquellos que creen en Él han sido reconciliados con el Padre y han sido injertados en los pactos que Él hizo con su pueblo Israel (Ro 4.9–25; 11.13–21).

16 y mediante la cruz reconciliar con Dios a
ambos en un solo cuerpo,[c] matando en ella las
enemistades.
17 Y vino y anunció las buenas nuevas de paz
a vosotros que estabais lejos, y a los que estaban cerca;[d]
➤ 18 porque por medio de él los unos y los otros
tenemos entrada por un mismo Espíritu al Padre.
19 Así que ya no sois extranjeros ni advene-
dizos, sino conciudadanos de los santos, y
miembros de la familia de Dios,
20 edificados sobre el fundamento de los
apóstoles y profetas, siendo la principal piedra del ángulo Jesucristo mismo,
21 en quien todo el edificio, bien coordinado, va
creciendo para ser un templo santo en el Señor;
22 en quien vosotros también sois juntamente edificados para morada de Dios en el
Espíritu.

Ministerio de Pablo a los gentiles

3 POR esta causa yo Pablo, prisionero de
Cristo Jesús por vosotros los gentiles;
2 si es que habéis oído de la administración
de la gracia de Dios que me fue dada para
con vosotros;
3 que por revelación me fue declarado el misterio, como antes lo he escrito brevemente,
4 leyendo lo cual podéis entender cuál sea mi
conocimiento en el misterio de Cristo,
5 misterio que en otras generaciones no se
dio a conocer a los hijos de los hombres,
como ahora es revelado a sus santos apóstoles y profetas por el Espíritu:
6 que los gentiles son coherederos y miembros
del mismo cuerpo, y copartícipes de la promesa en Cristo Jesús por medio del evangelio,[a]
7 del cual yo fui hecho ministro por el don de
la gracia de Dios que me ha sido dado según
la operación de su poder.
8 A mí, que soy menos que el más pequeño de ➤
todos los santos, me fue dada esta gracia de
anunciar entre los gentiles el evangelio de las
inescrutables riquezas de Cristo,
9 y de aclarar a todos cuál sea la dispensación del misterio escondido desde los siglos
en Dios, que creó todas las cosas;
10 para que la multiforme sabiduría de Dios ➤
sea ahora dada a conocer por medio de la
iglesia a los principados y potestades en los
lugares celestiales,
11 conforme al propósito eterno que hizo en
Cristo Jesús nuestro Señor,
12 en quien tenemos seguridad y acceso con
confianza por medio de la fe en él;
13 por lo cual pido que no desmayéis a causa de mis tribulaciones por vosotros, las cuales son vuestra gloria.

El amor que excede a todo conocimiento

14 Por esta causa doblo mis rodillas ante el ➤
Padre de nuestro Señor Jesucristo,
15 de quien toma nombre toda familia en los
cielos y en la tierra,
16 para que os dé, conforme a las riquezas de ➤
su gloria, el ser fortalecidos con poder en el
hombre interior por su Espíritu;

c. 2.16 Col 1.20. **d. 2.17** Is 57.19. **a. 3.4-6** Col 1.26-27.

LECCIONES DE VIDA

➤ *2.18 — por medio de él los unos y los otros tenemos entrada por un mismo Espíritu al Padre.*

Antes de conocer a Cristo, estamos espiritualmente muertos en nuestras transgresiones y no podemos tener compañerismo alguno con el Padre. Pero cuando recibimos a Jesús como nuestro Salvador, podemos hablarle al Señor en cualquier momento, en cualquier lugar y acerca de cualquier asunto. Su sacrificio en el Calvario fue suficiente para hacernos espiritualmente vivos y santos ante sus ojos, completamente aceptados y en capacidad de disfrutar su presencia maravillosa para siempre (Ef 2.1–7).

➤ *3.8 — A mí, que soy menos que el más pequeño de todos los santos, me fue dada esta gracia de anunciar entre los gentiles el evangelio de las inescrutables riquezas de Cristo.*

Pablo siempre recordaba que aunque antes había tratado de destruir a la iglesia en su ignorancia (Hch 9.1, 2; 22.4, 5), el Señor lo perdonó y le concedió el gran privilegio de ayudar a edificar su iglesia por todo el mundo, un ejemplo claro de «las inescrutables riquezas de Cristo».

➤ *3.10 — para que la multiforme sabiduría de Dios sea ahora dada a conocer por medio de la iglesia a los principados y potestades en los lugares celestiales.*

Hay batallas libradas y situaciones que ocurren en el reino espiritual de las que tal vez no nos percatemos, pero la enseñanza clara que hemos recibido es que nuestra conducta tiene un efecto en lo que sucede en esa esfera (Dn 10.10–21; 2 Co 10.3–5; Ef 6.12). Es por eso que nunca deberíamos darnos por vencidos en la oración ni dejar de someternos al Señor en obediencia. Lo que sucede en nuestra vida de fe tiene repercusiones mucho mayores de lo que podemos ver. Así que debemos permanecer firmes y confiar en el Señor, incluso cuando no podamos ver lo que Él esté haciendo (2 Co 4.18).

➤ *3.14 — doblo mis rodillas ante el Padre.*

Somos hijos y herederos de Dios, y conocerlo personalmente como nuestro Padre Celestial debería tener un impacto profundo en nuestro corazón. Aunque nuestros propios padres y madres terrenales hayan podido ser imperfectos, nos hayan lastimado, fallado o estado ausentes cuando los necesitamos, el Señor Dios siempre está con nosotros para amarnos y ayudarnos en medio de cada situación. Por eso deberíamos acudir a Él con frecuencia en oración, alabanza y adoración.

➤ *3.16 — os dé, conforme a las riquezas de su gloria, el ser fortalecidos con poder en el hombre interior por su Espíritu.*

Si nos sentimos débiles, no es porque suframos de una falta de poder disponible. El poder de Dios que creó el universo y levantó a Jesús de los muertos, está disponible para nosotros en cada momento, a través de la oración de fe y la obediencia fiel.

17 para que habite Cristo por la fe en vuestros
corazones, a fin de que, arraigados y cimenta-
dos en amor,
18 seáis plenamente capaces de comprender
con todos los santos cuál sea la anchura, la
longitud, la profundidad y la altura,
19 y de conocer el amor de Cristo, que excede
a todo conocimiento, para que seáis llenos de
toda la plenitud de Dios.
➢ 20 Y a Aquel que es poderoso para hacer todas
las cosas mucho más abundantemente de lo
que pedimos o entendemos, según el poder
que actúa en nosotros,
21 a él sea gloria en la iglesia en Cristo Jesús
por todas las edades, por los siglos de los
siglos. Amén.

La unidad del Espíritu

➢ 4 YO pues, preso en el Señor, os ruego que
andéis como es digno de la vocación con
que fuisteis llamados,
2 con toda humildad y mansedumbre, soportándoos con paciencia los unos a los otros en
amor,[a]
3 solícitos en guardar la unidad del Espíritu
en el vínculo de la paz;
➢ 4 un cuerpo, y un Espíritu, como fuisteis también llamados en una misma esperanza de
vuestra vocación;
5 un Señor, una fe, un bautismo,
6 un Dios y Padre de todos, el cual es sobre
todos, y por todos, y en todos.
7 Pero a cada uno de nosotros fue dada la gracia conforme a la medida del don de Cristo.
8 Por lo cual dice:

Subiendo a lo alto, llevó cautiva la
cautividad,
Y dio dones a los hombres.[b]

9 Y eso de que subió, ¿qué es, sino que también había descendido primero a las partes
más bajas de la tierra?
10 El que descendió, es el mismo que también
subió por encima de todos los cielos para lle-
narlo todo.
11 Y él mismo constituyó a unos, apóstoles; a
otros, profetas; a otros, evangelistas; a otros,
pastores y maestros,
12 a fin de perfeccionar a los santos para la
obra del ministerio, para la edificación del
cuerpo de Cristo,
13 hasta que todos lleguemos a la unidad de
la fe y del conocimiento del Hijo de Dios, a un
varón perfecto, a la medida de la estatura de
la plenitud de Cristo;
14 para que ya no seamos niños fluctuantes,
llevados por doquiera de todo viento de doctrina, por estratagema de hombres que para
engañar emplean con astucia las artimañas
del error,
15 sino que siguiendo la verdad en amor, crezcamos en todo en aquel que es la cabeza, esto
es, Cristo,

a. 4.2 Col 3.12-13. **b. 4.8** Sal 68.18.

LECCIONES DE VIDA

➢ ***3.20 — a Aquel que es poderoso para hacer todas las cosas mucho más abundantemente de lo que pedimos o entendemos, según el poder que actúa en nosotros.***

A Dios le encanta sorprender a su pueblo fiel con respuestas a sus oraciones que exceden sobremanera cualquier cosa que ellos pudieran haber esperado o imaginado (Éx 14.10–14; 2 Cr 20.5–27; Hch 12.5–17). El Señor tiene planes maravillosos para su vida, así que no se desanime por desilusiones ni contratiempos a lo largo del camino. No deje de seguirlo fielmente, y continúe creyendo que Él dará una respuesta mejor a sus oraciones que cualquier cosa que usted haya soñado o previsto.

➢ ***4.1 — Yo... os ruego que andéis como es digno de la vocación con que fuisteis llamados.***

Andar como es digno de Cristo significa que estamos viviendo de una manera que lo honra y agrada. Fuimos «creados en Cristo Jesús para buenas obras» (Ef 2.10), y deberíamos cumplir cada tarea que Él nos asigne con amor y devoción, para que otros vean nuestro ejemplo y lo glorifiquen.

➢ ***4.4 — un cuerpo, y un Espíritu.***

La unidad debería ser una característica de la iglesia, pero existe una sola manera de ser verdaderamente unificados, y es que cada creyente en el cuerpo sea obediente de todo corazón al Señor. Dios nunca se contradice, así que cuando todos estamos sometidos fielmente a su voluntad, estaremos trabajando juntos hacia la misma meta.

➢ ***4.16 — todo el cuerpo, bien concertado y unido entre sí por todas las coyunturas... según la actividad propia de cada miembro, recibe su crecimiento para ir edificándose en amor.***

Ningún creyente ha sido llamado a «transitar solitario» en su peregrinaje de fe. Dios nos ha armonizado para convivir juntos como su iglesia de modo que podamos animarnos unos a otros (1 Co 12.7). Por lo tanto, es importante que todos vivamos en sumisión a Él, para que los demás miembros del cuerpo de Cristo puedan madurar y tener lo que necesitan para hacer su parte en el ministerio.

➢ ***4.17 — que ya no andéis como los otros gentiles, que andan en la vanidad de su mente.***

La gente crea todo tipo de religiones, doctrinas y filosofías en su entendimiento humano limitado. Sin embargo, este es un esfuerzo inútil porque los caminos de Dios están más allá de nuestra comprensión y las bendiciones que tiene para nosotros son mejores de lo que nos podemos imaginar (Is 55.8, 9). En cambio, como creyentes debemos andar por fe, confiando en Dios para que nos enseñe su voluntad y cómo servirlo. Porque Él ha prometido revelarse a sí mismo a nosotros cuando lo buscamos (Jer 29.11–13).

➢ ***4.18 — ajenos de la vida de Dios... por la dureza de su corazón.***

No es la voluntad de Dios que alguien sea condenado, pero las personas se excluyen a sí mismas de la salvación porque así lo *eligen*. Y su elección se debe a que sus corazones son duros y obstinados, y a que confían más en su propio parecer que en la sabiduría del Señor (Jn 3.17, 18; 2 P 3.9).

PRINCIPIO DE VIDA 25

DIOS NOS BENDICE PARA QUE NOSOTROS PODAMOS BENDECIR A OTROS.

EF 4.28

¿Cómo completaría usted las siguientes frases?

1. Dios me salvó porque ______________________.
2. El propósito de Dios para mí es ______________________.
3. Me parezco más a Jesús cuando ______________________.

Este breve ejercicio no tiene por objeto presionarle, sino establecer un marco de referencia para este principio de vida.

1. Dios me salvó porque Él me ama.

La única razón por la que Dios envió a su Hijo a este mundo a morir por nuestros pecados es que Él nos amó. Cuando reconocemos nuestro pecado y nuestra necesidad de un Salvador, Él nos perdona, nos otorga la vida eterna y nos obsequia el don de su Espíritu Santo en virtud de su amor y su gracia inmensurable. No hay otra razón.

Muchas personas parecen creer que Dios salva a un hombre o a una mujer debido a las buenas obras o el servicio de esa persona. Nada podría estar más lejos de la verdad. Ninguna cantidad ni calidad de servicio puede hacernos merecedores de la salvación. El apóstol Pablo dejó este punto muy en claro cuando escribió: «Porque por gracia sois salvos por medio de la fe; y esto no de vosotros, pues es don de Dios; no por obras, para que nadie se gloríe» (Ef 2.8, 9). ¡Hasta la fe por la cual creemos que Dios nos perdona y nos salva es un regalo divino que fluye de su amor!

Este punto es crucial y debe ser comprendido plenamente: cualquier bien que hagamos es en *respuesta* a las dádivas que Dios nos brinda, de salvación, vida eterna y el Espíritu Santo. Nunca sirve para ganar, merecer ni pagar la salvación.

2. El propósito de Dios para mí es darle gloria.

Dios nos salvó a usted y a mí para que sirviéramos como ejemplos a otros, de cómo su amor y su misericordia obran en y por medio de una vida humana.

Muchas personas parecen pensar que la única razón para la salvación es que una persona vaya al cielo cuando muera. La vida eterna es parte del plan de perdón de Dios, pero no es la única razón para nuestra salvación. Dios nos salvó para que cada uno de nosotros reflejara su naturaleza; para que pudiéramos ser su pueblo en esta tierra, haciendo la clase de obras que Jesús mismo haría, si Él anduviera en nuestros zapatos y en

Cualquier bien que hagamos es en *respuesta* a las dádivas que Dios nos da.

nuestro lugar en las realidades sociales de nuestra época, durante nuestro tiempo de vida en este mundo. Él desea manifestar su carácter a través de nuestras personalidades y nuestras habilidades.

Cuando permitimos que su Espíritu Santo obre en nosotros y por medio de nosotros, nos convertimos en vasos útiles de la expresión del amor de Dios en acción. Empezamos a reflejar su compasión, su amor y su misericordia a otros. Al hacerlo, nos convertimos en testigos suyos y así le traemos complacencia, honra y gloria al Señor.

3. Me parezco más a Jesús cuando sirvo a otros.

La característica más sobresaliente de la vida de Jesucristo fue y sigue siendo el *servicio*. Somos más semejantes a Él cuando servimos como Él sirvió.

Muchos parecen pensar que una persona se parece más a Jesús cuando predica como Jesús predicó, enseña como Jesús enseñó, sana como Jesús sanó o hace milagros como los hizo Jesús. Se limitan a ver la manifestación externa del testimonio y el ministerio de una persona.

Jesús vertió su vida misma para que otros pudieran ser salvos.

Necesitan ver más allá de esa manifestación externa, la motivación en la vida de Jesús. Esa motivación siempre fue el amor. Jesús predicaba, enseñaba, sanaba y hacía milagros con el fin de ayudar a los demás, nunca para ser el centro de atención. Él vertió su vida misma para que otros pudieran ser salvos. Pablo escribió: «Porque ya conocéis la gracia de nuestro Señor Jesucristo, que por amor a vosotros se hizo pobre, siendo rico, para que vosotros con su pobreza fueseis enriquecidos» (2 Co 8.9).

Dios nos llama a servirnos los unos a los otros tal como Jesús lo hizo. Él no le salvó ni le llamó a servir para que usted pudiera ser exaltado, alabado, enaltecido ni puesto sobre un pedestal. Él le salvó para que usted pudiera servirlo a Él y a los demás. Cuando hacemos esto, lo honramos con nuestras vidas. Lo más importante que usted puede hacer fuera de aceptar a Cristo como su Salvador, es darle su vida y dejarse guiar por Él cada día.

Algunos piensan erróneamente que lo que hacemos no es importante para Dios, pero esto no es cierto. Él tiene un plan para cada uno de nosotros, y cuando tomamos la decisión de andar por fe, Él nos lo revela. Además, ese plan siempre incluye servicio y dedicación a Él y a las personas que Él trae a nuestras vidas.

Dios nos amó para que pudiéramos amar a otros. Él nos bendice para que podamos bendecir a otros. De eso se trata la vida cristiana.

Para un estudio más a fondo véase el Índice de Principios de vida.

LO QUE LA BIBLIA DICE ACERCA DE
CONTRISTAR AL ESPÍRITU SANTO

Ef 4.30

¿Sabía que podemos producir un corto circuito en la obra eficaz del Espíritu Santo en nuestras vidas, si lo contristamos? Pablo escribió: «no contristéis al Espíritu Santo de Dios» (Ef 4.30).

¿Cómo contristamos al Espíritu Santo? Cada vez que desobedecemos los mandamientos de Dios, y cada situación en la que elegimos actuar de manera injusta. En otras palabras, desagradamos al Señor cuando sabemos qué debemos hacer y optamos por hacer algo distinto.

Los efesios sabían muy bien que no era de una vida piadosa el mentir, robar, quedarse enojados con alguien, ni decirse palabras hirientes ó que no edificaban el uno al otro. Sabían que tales acciones malas le daban «lugar al diablo» (Ef 4.27). No obstante, se habían enredado en todo esto y estaban sufriendo las consecuencias en sus relaciones interpersonales.

Pablo vivió y ministró entre ellos durante dos años, y su ministerio tuvo gran impacto en toda la ciudad de Éfeso. El apóstol los amonestó a no comprometer su fe haciendo las mismas cosas que eran comunes entre los no creyentes. Empezó con los fundamentos de la fe cristiana y les enseñó cómo llevar vidas piadosas.

Cuando los efesios violaron uno de los mandamientos de Dios más obvios de todos, le causaron tristeza al Espíritu Santo. En efecto, Pablo les dijo: «Su conducta impía le parte el corazón a Dios».

Su conducta impía le parte el corazón a Dios.

El Espíritu Santo no solamente se entristece porque nuestra conducta deshonre el buen nombre de Dios, sino también porque Él nos ama y su deseo profundo es recompensarnos por nuestra obediencia. Él anhela ver el fruto del Espíritu viviendo y creciendo en nuestras vidas. Él sabe que el pecado daña nuestra relación con Dios y con quienes amamos. El pecado nos pone encima cargas que Dios nunca quiso que lleváramos. Además, Él se entristece cada vez que hacemos concesiones y dejamos de vivir de acuerdo a sus principios para nuestras vidas.

¿Cómo evitamos contristar al Espíritu de Dios?

Podemos optar por guardar sus mandamientos y llevar una vida disciplinada, para lo cual debemos depender del poder del Espíritu. Cada vez que pequemos, debemos confesar el pecado de inmediato y arrepentirnos, cambiando nuestra manera de pensar y nuestra conducta para que se conformen a la Palabra de Dios.

A medida que pedimos al Espíritu Santo que nos guíe y nos ayude cada día, obtenemos su asistencia para disfrutar del éxito en nuestro andar cristiano. Él es quien afirma nuestros pasos.

Para un estudio más a fondo, véase el Índice de Principios de vida:

21. *La obediencia siempre trae bendición consigo.*
22. *Andar en el Espíritu es obedecer las indicaciones iniciales del Espíritu.*

RESPUESTAS A PREGUNTAS DE LA VIDA

¿Por qué es tan importante perdonar a los demás?

EF 4.31, 32

Todos nosotros en algún punto hemos tenido que lidiar con la falta de perdón. Cuando dejamos que un espíritu de amargura se albergue en nuestras almas, donde puede crecer y ulcerarse, se torna a la vez doloroso y destructivo. La falta de perdón es la raíz de muchos de los problemas físicos, emocionales, psicológicos y espirituales que se observan en la actualidad.

El apóstol Pablo escribió: «Quítense de vosotros toda amargura, enojo, ira, gritería y maledicencia, y toda malicia. Antes sed benignos unos con otros, misericordiosos, perdonándoos unos a otros, como Dios también os perdonó a vosotros en Cristo» (Ef 4.31, 32). Cuando Pablo hablaba de amargura, ira, enojo, gritería y maledicencia, estaba describiendo las manifestaciones nocivas y feas de un «espíritu no perdonador».

Un espíritu no perdonador va más allá de una resistencia a perdonar o una falta de perdón de carácter temporal, en referencia al tiempo que transcurre desde que una persona es ofendida hasta que perdona a su ofensor. Un espíritu no perdonador se desarrolla cuando la persona herida opta por quedarse en un estado continuo de falta de perdón.

Quienes adoptan este espíritu implacable dicen a menudo: «Es que yo no creo que algún día pueda perdonar *eso*». Hacen tales afirmaciones cuando sienten que han sido tratados de una manera tan injusta y tan perjudicial, que simplemente no podrán superar el dolor.

En algún punto, cada uno de nosotros ha sido lastimado. Algunos que están leyendo estas palabras sufren ahora mismo por esa razón, o quizá en poco tiempo vayan a ser lastimados por alguien cercano. La pregunta es, ¿qué hará usted cuando alguien le ofenda con sus palabras o haga algo deliberado para herirle? ¿Sabe cómo extenderle perdón a una persona, de la misma manera que Cristo se lo extendió a usted?

Las heridas son inevitables, pero podemos aprender a lidiar con ellas. Ningún dolor es demasiado profundo ni demasiado grande como para no ser alcanzado por el poder del perdón de Dios, cuando obra en y por medio de nosotros. Tanto perdonar como no perdonar son decisiones que tomamos con la voluntad. Negarnos a perdonar a la otra persona, sin importar cuán grave sea el delito cometido, siempre es una decisión devastadora porque nos ata y nos pone en yugo con el ofensor.

Alguien podría decir: «Pero es que usted no sabe qué es lo que me sucedió». Dios lo sabe, y Él nos amonesta a dejarle toda venganza por los males hechos contra nosotros. Nuestro perdón no implica que la persona que nos hizo daño haya tenido la razón o «quede libre de culpa». Perdonar significa que estamos dispuestos a confiar que Dios se encargará de los problemas y de aquellos que nos hacen daño, en su tiempo y a su manera.

No deberíamos olvidar que fue nuestro amoroso Salvador, Jesucristo, quien concluyó con estas palabras una historia sobre la necesidad absoluta del perdón: «Entonces su señor, enojado, le entregó a los verdugos, hasta que pagase todo lo que le debía. Así también mi Padre celestial hará con vosotros si no perdonáis de todo corazón cada uno a su hermano sus ofensas» (Mt 18.34, 35).

Para un estudio más a fondo, véase el Índice de Principios de vida:

2. *Obedezcamos a Dios y dejemos las consecuencias en sus manos.*
5. *Dios no nos demanda que entendamos su voluntad, sino que la obedezcamos aunque nos parezca poco razonable.*

16 de quien todo el cuerpo, bien concertado y
unido entre sí por todas las coyunturas que se
ayudan mutuamente, según la actividad pro-
pia de cada miembro, recibe su crecimiento
para ir edificándose en amor.[c]

La nueva vida en Cristo

17 Esto, pues, digo y requiero en el Señor:
que ya no andéis como los otros gentiles, que
andan en la vanidad de su mente,

c. 4.16 Col 2.19.

18 teniendo el entendimiento entenebrecido, ajenos de la vida de Dios por la ignorancia que en ellos hay, por la dureza de su corazón;
19 los cuales, después que perdieron toda sensibilidad, se entregaron a la lascivia para cometer con avidez toda clase de impureza.
20 Mas vosotros no habéis aprendido así a Cristo,
21 si en verdad le habéis oído, y habéis sido por él enseñados, conforme a la verdad que está en Jesús.
22 En cuanto a la pasada manera de vivir, despojaos del viejo hombre,[d] que está viciado conforme a los deseos engañosos,
23 y renovaos en el espíritu de vuestra mente,
24 y vestíos del nuevo hombre,[e] creado segun Dios[f] en la justicia y santidad de la verdad.
25 Por lo cual, desechando la mentira, hablad verdad cada uno con su prójimo;[g] porque somos miembros los unos de los otros.
26 Airaos, pero no pequéis;[h] no se ponga el sol sobre vuestro enojo,
27 ni deis lugar al diablo.
28 El que hurtaba, no hurte más, sino trabaje, haciendo con sus manos lo que es bueno, para que tenga qué compartir con el que padece necesidad.
29 Ninguna palabra corrompida salga de vuestra boca, sino la que sea buena para la necesaria edificación, a fin de dar gracia a los oyentes.
30 Y no contristéis al Espíritu Santo de Dios, con el cual fuisteis sellados para el día de la redención.
31 Quítense de vosotros toda amargura, enojo, ira, gritería y maledicencia, y toda malicia.
32 Antes sed benignos unos con otros, misericordiosos, perdonándoos unos a otros, como Dios también os perdonó a vosotros en Cristo.[i]

Andad como hijos de luz

5 SED, pues, imitadores de Dios como hijos amados.
2 Y andad en amor, como también Cristo nos amó, y se entregó a sí mismo por nosotros, ofrenda y sacrificio a Dios en olor fragante.[a]
3 Pero fornicación y toda inmundicia, o avaricia, ni aun se nombre entre vosotros, como conviene a santos;
4 ni palabras deshonestas, ni necedades, ni truhanerías, que no convienen, sino antes bien acciones de gracias.
5 Porque sabéis esto, que ningún fornicario, o inmundo, o avaro, que es idólatra, tiene herencia en el reino de Cristo y de Dios.
6 Nadie os engañe con palabras vanas, porque por estas cosas viene la ira de Dios sobre los hijos de desobediencia.
7 No seáis, pues, partícipes con ellos.
8 Porque en otro tiempo erais tinieblas, mas ahora sois luz en el Señor; andad como hijos de luz
9 (porque el fruto del Espíritu es en toda bondad, justicia y verdad),
10 comprobando lo que es agradable al Señor.
11 Y no participéis en las obras infructuosas de las tinieblas, sino más bien reprendedlas;
12 porque vergonzoso es aun hablar de lo que ellos hacen en secreto.

d. 4.22 Col 3.9. **e. 4.24** Col 3.10. **f. 4.24** Gn 1.26. **g. 4.25** Zac 8.16. **h. 4.26** Sal 4.4. **i. 4.32** Col 3.13. **a. 5.2** Éx 29.18.

LECCIONES DE VIDA

➤ ***4.24 — vestíos del nuevo hombre, creado según Dios en la justicia y santidad de la verdad.***

Cuando Pablo nos dice que nos vistamos del nuevo hombre, quiere decir que debemos tomar una decisión consciente, momento a momento, de depender del poder del Espíritu para que nos transforme en la semejanza de Cristo.

➤ ***4.26, 27 — no se ponga el sol sobre vuestro enojo, ni deis lugar al diablo.***

Obramos contra el Espíritu y le damos una ventaja al enemigo cuando permitimos que el enojo desenfrenado y la amargura nos dominen. La falta de perdón no solo nos mantiene atados, sino que corroe como un ácido, y nos consume hasta llegar a lo profundo de nuestros corazones. Cuanto más tiempo alberguemos sentimientos de los unos en contra de los otros, más devastadora se vuelve la situación porque obstaculiza la obra del Espíritu en nosotros.

➤ ***4.30 — no contristéis al Espíritu Santo de Dios, con el cual fuisteis sellados para el día de la redención.***

Fuimos sellados con el Espíritu Santo. Eso significa que Dios ha puesto su marca especial de redención en nosotros. El Espíritu es nuestra identificación permanente, lo cual significa que hemos sido separados para el Señor. Y portaremos la evidencia de nuestra salvación por su presencia interior, hasta el día cuando vayamos a estar con Él en nuestro hogar celestial.

➤ ***5.1 — Sed, pues, imitadores de Dios como hijos amados.***

Si somos los hijos de Dios, tiene sentido que nuestro deber sea imitar a nuestro Padre. Si rehusamos andar en los caminos de nuestro Padre Celestial, hay razón bíblica para preguntarnos a quien estamos sirviendo y teniendo por padre (1 Jn 3.10).

➤ ***5.6 — Nadie os engañe con palabras vanas, porque por estas cosas viene la ira de Dios sobre los hijos de desobediencia.***

Los hijos de desobediencia son personas que se rebelan contra Dios y se niegan a confiar en Jesucristo como su Salvador. Pablo dice que quienes rechazan a Cristo han sido engañados. Se han dejado desviar por filosofías vanas y religiones vacuas, y experimentarán la ira del Señor.

➤ ***5.8 — en otro tiempo erais tinieblas, mas ahora sois luz en el Señor; andad como hijos de luz.***

Dios quiere que sus hijos actúen como luminares en este mundo de tinieblas, mostrando la ruta de seguridad espiritual a aquellos que están perdidos (Mt 5.14–16).

13 Mas todas las cosas, cuando son puestas en evidencia por la luz, son hechas manifiestas; porque la luz es lo que manifiesta todo.

14 Por lo cual dice:
Despiértate, tú que duermes,
Y levántate de los muertos,
Y te alumbrará Cristo.

15 Mirad, pues, con diligencia cómo andéis, no como necios sino como sabios,

16 aprovechando bien el tiempo,[b] porque los días son malos.

17 Por tanto, no seáis insensatos, sino entendidos de cuál sea la voluntad del Señor.

18 No os embriaguéis con vino, en lo cual hay disolución; antes bien sed llenos del Espíritu,

19 hablando entre vosotros con salmos, con himnos y cánticos espirituales, cantando y alabando al Señor en vuestros corazones;

20 dando siempre gracias por todo al Dios y Padre, en el nombre de nuestro Señor Jesucristo.[c]

Someteos los unos a los otros

21 Someteos unos a otros en el temor de Dios.

22 Las casadas estén sujetas a sus propios maridos,[d] como al Señor;

23 porque el marido es cabeza de la mujer, así como Cristo es cabeza de la iglesia, la cual es su cuerpo, y él es su Salvador.

24 Así que, como la iglesia está sujeta a Cristo, así también las casadas lo estén a sus maridos en todo.

25 Maridos, amad a vuestras mujeres,[e] así como Cristo amó a la iglesia, y se entregó a sí mismo por ella,

26 para santificarla, habiéndola purificado en el lavamiento del agua por la palabra,

27 a fin de presentársela a sí mismo, una iglesia gloriosa, que no tuviese mancha ni arruga ni cosa semejante, sino que fuese santa y sin mancha.

28 Así también los maridos deben amar a sus mujeres como a sus mismos cuerpos. El que ama a su mujer, a sí mismo se ama.

29 Porque nadie aborreció jamás a su propia carne, sino que la sustenta y la cuida, como también Cristo a la iglesia,

30 porque somos miembros de su cuerpo, de su carne y de sus huesos.

31 Por esto dejará el hombre a su padre y a su madre, y se unirá a su mujer, y los dos serán una sola carne.[f]

32 Grande es este misterio; mas yo digo esto respecto de Cristo y de la iglesia.

33 Por lo demás, cada uno de vosotros ame también a su mujer como a sí mismo; y la mujer respete a su marido.

6 HIJOS, obedeced en el Señor a vuestros padres, porque esto es justo.[a]

2 Honra a tu padre y a tu madre, que es el primer mandamiento con promesa;

3 para que te vaya bien, y seas de larga vida sobre la tierra.[b]

4 Y vosotros, padres, no provoquéis a ira a vuestros hijos,[c] sino criadlos en disciplina y amonestación del Señor.

5 Siervos, obedeced a vuestros amos terrenales con temor y temblor, con sencillez de vuestro corazón, como a Cristo;

6 no sirviendo al ojo, como los que quieren agradar a los hombres, sino como siervos de Cristo, de corazón haciendo la voluntad de Dios;

7 sirviendo de buena voluntad, como al Señor y no a los hombres,

8 sabiendo que el bien que cada uno hiciere, ése recibirá del Señor, sea siervo o sea libre.[d]

9 Y vosotros, amos, haced con ellos lo mismo, dejando las amenazas, sabiendo que el Señor de ellos y vuestro está en los cielos,[e] y que para él no hay acepción de personas.[f]

La armadura de Dios

10 Por lo demás, hermanos míos, fortaleceos en el Señor, y en el poder de su fuerza.

11 Vestíos de toda la armadura de Dios, para que podáis estar firmes contra las asechanzas del diablo.

b. 5.16 Col 4.5. **c. 5.19-20** Col 3.16-17. **d. 5.22** Col 3.18; 1 P 3.1. **e. 5.25** Col 3.19; 1 P 3.7. **f. 5.31** Gn 2.24. **a. 6.1** Col 3.20. **b. 6.2-3** Éx 20.12; Dt 5.16. **c. 6.4** Col 3.21. **d. 6.5-8** Col 3.22-25. **e. 6.9** Col 4.1. **f. 6.9** Dt 10.17; Col 3.25.

LECCIONES DE VIDA

5.18 — sed llenos del Espíritu.

Cuando hablamos de ser llenos del Espíritu de Dios, esto no se refiere a que estemos esperando recibir algo más de Dios puesto que somos morada del Espíritu de manera plena desde el momento de nuestra salvación. Mejor dicho, ser llenos del Espíritu significa que vivimos en sometimiento a Dios, bajo su control. A medida que Él nos dirige y nos da indicaciones, respondemos a sus mandatos de inmediato, en obediencia.

6.8 — el bien que cada uno hiciere, ése recibirá del Señor, sea siervo o sea libre.

A lo largo de la Biblia el Señor promete que recompensará generosamente a sus hijos por las cosas buenas que hagan en obediencia a Él, sin importar cuán pequeñas o insignificantes puedan parecer. El servicio fiel produce bendiciones maravillosas.

6.10 — fortaleceos en el Señor, y en el poder de su fuerza.

La vida llena del Espíritu no es una vida de holgura, comodidad y placer. De hecho, con frecuencia está llena de adversidad, penuria y persecución. Sin embargo, no nos sentimos desesperanzados porque sabemos que podemos depender del poder y la sabiduría ilimitados de Dios. Obtenemos sus fuerzas por fe, pidiéndole que nos provea los recursos que necesitamos para que podamos permanecer constantes y fieles a Él. Y gracias a que su ayuda nunca falla, experimentamos su gozo permanente y nos regocijamos porque nuestras dificultades nos acercan más al Señor a medida que lo obedecemos.

RESPUESTAS A PREGUNTAS DE LA VIDA

¿Cómo me preparo para la batalla espiritual?

EF 6.13–18

Empezamos cada día vistiéndonos apropiadamente según el clima o la ocasión. Sin embargo, muchos creyentes salen de sus casas desprevenidos, porque no se visten adecuadamente para el combate espiritual. Por lo tanto, nuestra primera oración antes de levantarnos debería incluir una aplicación gradual, paso a paso, de toda la armadura de Dios.

Primero nos ceñimos con el cinturón de la verdad. Así como un mandil de cuero protegía el abdomen del soldado romano, nuestra faja protectora es la verdad de quiénes somos en Cristo: santos revestidos de poder sobrenatural por el Espíritu de Dios, quien mora en nuestro interior. Encima de esto, la coraza de justicia nos protege de las flechas mortíferas del enemigo. Cada vez que surgen situaciones difíciles, podemos repeler la tentación de pecar o de vivir por las emociones, bien sea de enojo, temor o descontento, y en cambio podemos reaccionar de una manera que honre a Dios.

El apresto del evangelio de la paz nos ayuda a mantenernos firmes. Las sandalias de combate de los romanos tenían suelas gruesas y con tachuelas de hierro que le permitían al soldado anclarse en el suelo y permanecer fijo. Sin importar cuán violentamente nos ataque el enemigo, podemos permanecer firmemente plantados en el conocimiento de quiénes somos en Cristo: santos redimidos e hijos del Dios viviente, con un mensaje importante para compartir con los perdidos.

El escudo de la fe no es una parte pequeña ni opcional de la armadura, es un salvaguarda de cuerpo entero que representa la protección de Cristo contra todo lo que el enemigo pueda lanzarnos. Con la plena confianza en Cristo, encaramos cada batalla, sabiendo que Él nos dará la victoria.

La fe en la gracia de Dios que fue mostrada en la cruz nos trajo la salvación, el punto de intercambio de nuestro viejo hombre pecador por una vida nueva y eterna en el Señor Jesús. En consecuencia, con el yelmo de la salvación nos estamos poniendo la mente de Cristo, que nos da discernimiento y sabiduría.

Por último, empuñamos la espada del Espíritu que es la Palabra de Dios, para que podamos combatir las mentiras del enemigo con la verdad y las promesas de las Escrituras.

Sabiendo con exactitud lo que vamos a enfrentar cada día, el Señor ha provisto en su gracia el equipo perfecto que necesitamos para afrontar todos nuestros retos. Por eso, cerciórese de haberse vestido apropiadamente para la batalla.

Para un estudio más a fondo, véase el Índice de Principios de vida:

8. *Libremos nuestras batallas de rodillas y siempre obtendremos la victoria.*
17. *De rodillas somos más altos y más fuertes.*

LECCIONES DE VIDA

➤ *6.11 — Vestíos de toda la armadura de Dios, para que podáis estar firmes contra las asechanzas del diablo.*

Es en extremo importante para nosotros entender que estamos involucrados en una batalla *real* y que la meta del enemigo es nuestra destrucción. El diablo hace todo lo posible por socavar nuestra fe y estorbar nuestro progreso en la voluntad de Dios, poniendo obstáculos perjudiciales y trampas ocultas en nuestro camino. Pero podemos resistir sus tácticas sutiles y triunfar sobre sus estratagemas confiando en Dios, armándonos de su protección y obedeciendo al Señor en cada área de nuestra vida.

➤ *6.18 — orando en todo tiempo con toda oración y súplica en el Espíritu, y velando en ello con toda perseverancia y súplica por todos los santos.*

Ningún creyente ha sido llamado a «transitar solitario» en su peregrinaje de fe. Ninguno de nosotros puede sobrevivir por mucho tiempo y mucho menos prosperar sin las oraciones, el amor, el apoyo y el ánimo que otros creyentes ofrecen sinceramente a favor nuestro. Dios ha diseñado la vida cristiana como una experiencia en comunidad, no como un certamen individual.

Ejemplos de vida

TÍQUICO

Mensajero amado

EF 6.21

Cada vez que Tíquico es mencionado en las Escrituras (Hch 20.4; Ef 6.21; 2 Ti 4.12; Tit 3.12), está cumpliendo algún encargo para el apóstol Pablo, quien entonces era un prisionero en Roma. En cierto sentido, él fue el «emisario» de Pablo.

Pablo mismo escribió: «Todo lo que a mí se refiere, os lo hará saber Tíquico, amado hermano y fiel ministro y consiervo en el Señor, el cual he enviado a vosotros para esto mismo, para que conozca lo que a vosotros se refiere, y conforte vuestros corazones» (Col 4.7, 8).

Podríamos sentirnos inclinados a calificar de importancia secundaria el ministerio de Tíquico, especialmente al compararlo con el de Pablo. Pero ¿se da cuenta que Tíquico fue quien entregó en persona los mensajes de Pablo a varias iglesias, y jugó así un papel crucial en la distribución de la Palabra de Dios? ¿Acaso esto no fue de vital importancia? Por supuesto que lo fue. Tíquico tenía un ministerio importantísimo, y lo cumplió fielmente.

¿Está dispuesto(a) a dejarse inspirar por Tíquico para cumplir su propio ministerio de vital importancia, sea el que sea?

Para un estudio más a fondo, véase el Índice de Principios de vida:

6. *Cosechamos lo que sembramos, más de lo que sembramos, después de sembrarlo.*
22. *Andar en el Espíritu es obedecer las indicaciones iniciales del Espíritu.*

12 Porque no tenemos lucha contra sangre y
carne, sino contra principados, contra potestades, contra los gobernadores de las tinieblas de este siglo, contra huestes espirituales
de maldad en las regiones celestes.
13 Por tanto, tomad toda la armadura de Dios, *
para que podáis resistir en el día malo, y
habiendo acabado todo, estar firmes.
14 Estad, pues, firmes, ceñidos vuestros lomos
con la verdad,[g] y vestidos con la coraza de
justicia,[h]
15 y calzados los pies con el apresto del evangelio de la paz.[i]
16 Sobre todo, tomad el escudo de la fe, con
que podáis apagar todos los dardos de fuego
del maligno.
17 Y tomad el yelmo de la salvación,[j] y la espada del Espíritu, que es la palabra de Dios;
18 orando en todo tiempo con toda oración y ≺
súplica en el Espíritu, y velando en ello con
toda perseverancia y súplica por todos los
santos;
19 y por mí, a fin de que al abrir mi boca
me sea dada palabra para dar a conocer con
denuedo el misterio del evangelio,
20 por el cual soy embajador en cadenas; que
con denuedo hable de él, como debo hablar.

Salutaciones finales

21 Para que también vosotros sepáis mis
asuntos, y lo que hago, todo os lo hará saber
Tíquico,[k] hermano amado y fiel ministro en
el Señor,
22 el cual envié a vosotros para esto mismo,
para que sepáis lo tocante a nosotros, y que
consuele vuestros corazones.[l]
23 Paz sea a los hermanos, y amor con fe, de
Dios Padre y del Señor Jesucristo.
24 La gracia sea con todos los que aman a
nuestro Señor Jesucristo con amor inalterable. Amén.

g. 6.14 Is 11.5. **h. 6.14** Is 59.17. **i. 6.15** Is 52.7.
j. 6.17 Is 59.17. **k. 6.21** Hch 20.4; 2 Ti 4.12.
l. 6.21-22 Col 4.7-8.

LA EPÍSTOLA DEL APÓSTOL SAN PABLO A LOS

FILIPENSES

Filipenses es la carta personal de agradecimiento de Pablo a los creyentes en la ciudad de Filipos en Macedonia, por su ayuda en su hora de necesidad. Repetidamente Pablo comunica un pensamiento central: sólo en Cristo podemos experimentar verdadera unidad y gozo. Ya contamos con el Señor como nuestro modelo de amor y gracia, así que usted también puede disfrutar la unidad en sus propósitos, sus actitudes, sus metas y sus labores.

A veces pensamos que el gozo puede darse solamente cuando las circunstancias son favorables. Sin embargo, Pablo les mostró a los filipenses que servimos al Dios que puede tomar hasta las situaciones más inesperadas y desagradables, y convertirlas en oportunidades para el gozo y la bondad. El apóstol dijo a sus amigos: «Quiero que sepáis, hermanos, que las cosas que me han sucedido, han redundado más bien para el progreso del evangelio, de tal manera que mis prisiones se han hecho patentes en Cristo en todo el pretorio, y a todos los demás. Y la mayoría de los hermanos, cobrando ánimo en el Señor con mis prisiones, se atreven mucho más a hablar la palabra sin temor» (Fil 1.12–14).

Pablo hizo hincapié en la unidad porque los creyentes en la iglesia de Filipos provenían de trasfondos muy diversos y a veces entraban en conflicto, lo cual estorbaba la labor de proclamar la vida nueva en Cristo. Debido a esto, el apóstol exhorta a la iglesia: «estad firmes… sean de un mismo sentir en el Señor… Regocijaos en el Señor siempre… sean conocidas vuestras peticiones delante de Dios en toda oración y ruego, con acción de gracias. Y la paz de Dios, que sobrepasa todo entendimiento, guardará vuestros corazones y vuestros pensamientos en Cristo Jesús» (Fil 4.1, 2, 4, 6, 7).

Esta epístola se titula *Pros Filippésious*, «A los Filipenses». Pablo fundó la iglesia en Filipos antes que cualquier otra en Macedonia. El apóstol la estableció durante su segundo viaje misionero (Hch 16.6–40). Filipenses es una carta muy cálida y llena de expresiones de afecto personal.

Tema: Dios quiere que la vida cristiana sea una experiencia gozosa, y con mayor razón en la unidad que los creyentes experimentan en comunidad.

Autor: El apóstol Pablo.

Fecha: Probablemente se escribió desde la prisión en Roma, alrededor de 60–62 d.C.

Estructura: Después de saludar a sus amigos, expresarles su gratitud y elevar sus plegarias por ellos (1.1–11), el apóstol se refiere a su encarcelamiento y explica el beneficio que éste había facilitado para la predicación del evangelio (1.12–26). En seguida los exhorta a vivir como es digno del evangelio (1.27—2.18), menciona a sus asociados (2.19–30), hace algunas advertencias (3.1—4.1), y concluye su carta (4.2–23).

A medida que lea Filipenses, fíjese en los principios de vida que juegan un papel importante en este libro:

24. Vivir la vida cristiana es permitir al Señor Jesús vivir su vida en y por medio de nosotros. *Véase Filipenses 1.9; página 1345.*

26. La adversidad es un puente que nos conduce a una relación más profunda con Dios. *Véase Filipenses 1.12; 3.10, 11; páginas 1345; 1351.*

29. Aprendemos más en nuestras experiencias por el valle de lágrimas que en las de la cumbre del éxito. *Véase Filipenses 1.29; página 1346.*

17. De rodillas somos más altos y más fuertes. *Véase Filipenses 4.6; página 1353.*

23. Jamás podremos superar a Dios en generosidad. *Véase Filipenses 4.19; página 1354.*

Salutación

1 PABLO y Timoteo, siervos de Jesucristo, a
todos los santos en Cristo Jesús que están
en Filipos,[a] con los obispos y diáconos:
2 Gracia y paz a vosotros, de Dios nuestro
Padre y del Señor Jesucristo.

Oración de Pablo por los creyentes

3 Doy gracias a mi Dios siempre que me
acuerdo de vosotros,
4 siempre en todas mis oraciones rogando con
gozo por todos vosotros,
5 por vuestra comunión en el evangelio, desde
el primer día hasta ahora;
6 estando persuadido de esto, que el que
comenzó en vosotros la buena obra, la perfeccionará hasta el día de Jesucristo;
7 como me es justo sentir esto de todos vosotros, por cuanto os tengo en el corazón; y en
mis prisiones, y en la defensa y confirmación
del evangelio, todos vosotros sois participantes conmigo de la gracia.
8 Porque Dios me es testigo de cómo os amo
a todos vosotros con el entrañable amor de
Jesucristo.
9 Y esto pido en oración, que vuestro amor
abunde aun más y más en ciencia y en todo
conocimiento,
10 para que aprobéis lo mejor, a fin de que seáis
sinceros e irreprensibles para el día de Cristo,
11 llenos de frutos de justicia que son por medio
de Jesucristo, para gloria y alabanza de Dios.

Para mí el vivir es Cristo

12 Quiero que sepáis, hermanos, que las cosas
que me han sucedido, han redundado más
bien para el progreso del evangelio,
13 de tal manera que mis prisiones[b] se han
hecho patentes en Cristo en todo el pretorio, y
a todos los demás.
14 Y la mayoría de los hermanos, cobrando
ánimo en el Señor con mis prisiones, se atreven
mucho más a hablar la palabra sin temor.
15 Algunos, a la verdad, predican a Cristo
por envidia y contienda; pero otros de buena voluntad.
16 Los unos anuncian a Cristo por contención, no sinceramente, pensando añadir aflicción a mis prisiones;
17 pero los otros por amor, sabiendo que estoy
puesto para la defensa del evangelio.
18 ¿Qué, pues? Que no obstante, de todas
maneras, o por pretexto o por verdad, Cristo es
anunciado; y en esto me gozo, y me gozaré aún.
19 Porque sé que por vuestra oración y la
suministración del Espíritu de Jesucristo, esto
resultará en mi liberación,
20 conforme a mi anhelo y esperanza de que
en nada seré avergonzado; antes bien con
toda confianza, como siempre, ahora también
será magnificado Cristo en mi cuerpo, o por
vida o por muerte.
21 Porque para mí el vivir es Cristo, y el morir
es ganancia.
22 Mas si el vivir en la carne resulta para mí en
beneficio de la obra, no sé entonces qué escoger.
23 Porque de ambas cosas estoy puesto en
estrecho, teniendo deseo de partir y estar con
Cristo, lo cual es muchísimo mejor;
24 pero quedar en la carne es más necesario
por causa de vosotros.

a. 1.1 Hch 16.12. **b. 1.13** Hch 28.30.

LECCIONES DE VIDA

➤ *1.6 — el que comenzó en vosotros la buena obra, la perfeccionará hasta el día de Jesucristo.*

Pablo amaba a los filipenses, y estando allí sentado en su celda de la prisión romana, anhelaba visitarlos (Fil 1.8). Pero también sabía que su presencia no era indispensable para el crecimiento espiritual de ellos (1 Co 3.6). Dios siempre es fiel para terminar lo que empieza, y lo hace de una manera que sobrepasa todo lo que podamos pedir o imaginar. Nunca subestime lo que Él seguirá haciendo por medio de su fidelidad, mucho tiempo después que usted haya completado su servicio obediente a Él.

➤ *1.9 — esto pido en oración, que vuestro amor abunde aun más y más en ciencia y en todo conocimiento.*

El amor no es meramente un sentimiento, es Jesús viviendo en y a través de nosotros (Jn 13.34, 35; 15.9–17; 1 Jn 4.7–21). Si decimos que creemos en Dios y estamos madurando en nuestra relación con Él, pero no estamos creciendo en nuestro amor incondicional por los demás, algo anda mal en nuestra vida (1 Co 13). A medida que Jesús es formado dentro de nosotros, es necesario que Él crezca y que nosotros mengüemos. Su naturaleza de amor debería intensificarse dentro de nosotros como la evidencia de su señorío en nuestra vida (Gá 5.22, 23; 2 P 1.3–8).

➤ *1.10 — para que aprobéis lo mejor, a fin de que seáis sinceros e irreprensibles para el día de Cristo.*

Una vez que aceptamos a Cristo como nuestro Salvador, somos *justificados* y declarados no culpables de nuestras transgresiones (Ro 5.1). Por medio de su justificación somos inocentes y libres de culpa en un sentido legal, es decir, ya no llevamos el castigo de nuestros pecados. Luego el Señor empieza su obra de santificación. Nos transforma en su imagen y nos enseña a tomar buenas decisiones, aquellas que son realmente «lo mejor». No nos limitamos pasivamente a abstenernos de conductas que dañen nuestra relación con el Señor, sino que vivimos con un propósito activo, el cual consiste en que Él sea glorificado grandemente.

➤ *1.12 — Quiero que sepáis, hermanos, que las cosas que me han sucedido, han redundado más bien para el progreso del evangelio.*

Dios tiene una forma maravillosa de convertir nuestra adversidad en oportunidades para profundizar nuestra relación con Él y atraer otros a la fe y a su salvación (Ro 8.28). Por medio de su encarcelamiento, Pablo no solamente pudo hablar a muchos en el pretorio acerca de la gracia salvadora de Jesucristo, sino que también motivó a otros creyentes a la acción mediante su testimonio. Puesto que no podía visitar todas las iglesias, Pablo escribió las cartas que ahora conforman una gran parte del Nuevo Testamento, las epístolas que Dios ha usado para animar e instruir a los creyentes durante siglos.

25 Y confiado en esto, sé que quedaré, que aún
permaneceré con todos vosotros, para vuestro
provecho y gozo de la fe,
26 para que abunde vuestra gloria de mí en
Cristo Jesús por mi presencia otra vez entre
vosotros.
27 Solamente que os comportéis como es digno del evangelio de Cristo, para que o sea que
vaya a veros, o que esté ausente, oiga de vosotros que estáis firmes en un mismo espíritu,
combatiendo unánimes por la fe del evangelio,
28 y en nada intimidados por los que se oponen, que para ellos ciertamente es indicio de
perdición, mas para vosotros de salvación; y
esto de Dios.
29 Porque a vosotros os es concedido a causa
de Cristo, no sólo que creáis en él, sino también que padezcáis por él,
30 teniendo el mismo conflicto que habéis visto en mí,[c] y ahora oís que hay en mí.

Humillación y exaltación de Cristo

2 POR tanto, si hay alguna consolación
en Cristo, si algún consuelo de amor, si
alguna comunión del Espíritu, si algún afecto
entrañable, si alguna misericordia,
2 completad mi gozo, sintiendo lo mismo,
teniendo el mismo amor, unánimes, sintiendo
una misma cosa.
3 Nada hagáis por contienda o por vanagloria; antes bien con humildad, estimando cada
uno a los demás como superiores a él mismo;
4 no mirando cada uno por lo suyo propio,
sino cada cual también por lo de los otros.
5 Haya, pues, en vosotros este sentir que hubo
también en Cristo Jesús,
6 el cual, siendo en forma de Dios, no estimó
el ser igual a Dios como cosa a que aferrarse,
7 sino que se despojó a sí mismo, tomando forma de siervo, hecho semejante a los hombres;
8 y estando en la condición de hombre, se
humilló a sí mismo, haciéndose obediente
hasta la muerte, y muerte de cruz.
9 Por lo cual Dios también le exaltó hasta lo
sumo, y le dio un nombre que es sobre todo
nombre,
10 para que en el nombre de Jesús se doble
toda rodilla de los que están en los cielos, y en
la tierra, y debajo de la tierra;

c. 1.30 Hch 16.19-40.

LECCIONES DE VIDA

➤ *1.21 — para mí el vivir es Cristo, y el morir es ganancia.*

Pablo había sufrido mucho (2 Co 11.24–28), así que nadie podía reprocharle que quisiera irse al hogar celestial a descansar en los brazos reconfortantes del Salvador, y también a esperar aquel día para recibir su recompensa eterna (2 Ti 4.7, 8). Muy pocos de nosotros elegiríamos las golpizas, los sufrimientos, la persecución, las prisiones y el maltrato que él aguantó. Sin embargo, Pablo entendió que el destino eterno de las personas era mucho más importante que su comodidad temporal y su seguridad personal (2 Co 1.8–10; 4.8–18). Es por esa razón que para él quedarse aquí en la tierra, significaba obedecer a Dios y predicar el evangelio.

➤ *1.23 — teniendo deseo de partir y estar con Cristo, lo cual es muchísimo mejor.*

Muchos en la cultura de Filipos temían sobremanera la muerte, al igual que muchos en la actualidad. Sin embargo, Pablo no tenía miedo de la muerte porque sabía que «estar ausentes del cuerpo» significa estar «presentes al Señor» (2 Co 5.8). El nuevo hogar que les espera a los creyentes en el cielo es más maravilloso de lo que nos podríamos imaginar. Todo el dolor y toda la tristeza que se derivan de nuestra pecaminosidad desaparecerán, y disfrutaremos para siempre la compañía del Señor (Jn 14.1–3; Ap 21).

➤ *1.29 — Porque a vosotros os es concedido a causa de Cristo, no sólo que creáis en él, sino también que padezcáis por él.*

La palabra «concedido» viene del término griego *cháris*, que con frecuencia se traduce «gracia». Creer en Jesús y recibir su salvación es una gracia, pero también lo es sufrir por Él (Hch 5.41). Nuestras pruebas nos mantienen cerca de Él, humildes en su presencia y dependientes de su consuelo, su sabiduría y su poder. La verdad es que aprendemos más en nuestras experiencias por el valle de lágrimas que en las de la cumbre del éxito, porque las penalidades nos enseñan más acerca de la naturaleza y la fidelidad de Dios.

➤ *2.2 — completad mi gozo, sintiendo lo mismo, teniendo el mismo amor, unánimes, sintiendo una misma cosa.*

La unidad gozosa de los creyentes en Cristo ofrece al mundo este poderoso testimonio: el evangelio de amor que predicamos es real, único y poderoso, y acoge a todo aquel que crea en el Señor Jesús. Es sólo a través del evangelio que hombres y mujeres de cada nación, raza, idioma y nivel socioeconómico, hallan el perdón y la paz, y pueden estar unidos en armonía (Ap 7.9, 10).

➤ *2.3 — Nada hagáis por contienda o por vanagloria; antes bien con humildad, estimando cada uno a los demás como superiores a él mismo.*

Como creyente, usted no compite con otros para ver quién es el cristiano más piadoso o de mayor influencia. Si esa es su meta, usted no está trabajando para Dios sino sirviendo a su propio ego. Más bien, su propósito debe ser representar a Cristo ante los perdidos, para que puedan ser salvos. Como Jesús dijo: «el que de vosotros quiera ser el primero, será siervo de todos. Porque el Hijo del Hombre no vino para ser servido, sino para servir, y para dar su vida en rescate por muchos» (Mr 10.44, 45).

➤ *2.7 — se despojó a sí mismo, tomando forma de siervo, hecho semejante a los hombres.*

El Señor Jesús dejó su trono esplendoroso en el cielo, donde Él está siempre rodeado de alabanza y adoración, y eligió la limitación, el sufrimiento y la humildad de un cuerpo humano para que pudiera venir a salvarnos y mostrarnos su gran amor. Hebreos 2.17 nos dice que Él «debía ser en todo semejante a sus hermanos, para venir a ser misericordioso y fiel sumo sacerdote». En otras palabras, Él se hizo como nosotros para entendernos, y porque es la mejor manera como Él nos consuela y provee para nosotros en todo sentido (He 4.14–16).

➤ 11 y toda lengua confiese[a] que Jesucristo es el
Señor, para gloria de Dios Padre.

Luminares en el mundo

➤ 12 Por tanto, amados míos, como siempre
habéis obedecido, no como en mi presencia solamente, sino mucho más ahora en mi
ausencia, ocupaos en vuestra salvación con
temor y temblor,
13 porque Dios es el que en vosotros produce así el querer como el hacer, por su buena
voluntad.
14 Haced todo sin murmuraciones y contiendas,
➤ 15 para que seáis irreprensibles y sencillos,
hijos de Dios sin mancha en medio de una
generación maligna y perversa,[b] en medio de
la cual resplandecéis como luminares en el
mundo;
16 asidos de la palabra de vida, para que en el
día de Cristo yo pueda gloriarme de que no he
corrido en vano, ni en vano he trabajado.
17 Y aunque sea derramado en libación sobre
el sacrificio y servicio de vuestra fe, me gozo
y regocijo con todos vosotros.
18 Y asimismo gozaos y regocijaos también
vosotros conmigo.

Timoteo y Epafrodito

19 Espero en el Señor Jesús enviaros pronto
a Timoteo, para que yo también esté de buen
ánimo al saber de vuestro estado;
20 pues a ninguno tengo del mismo ánimo, y que tan sinceramente se interese por
vosotros.
21 Porque todos buscan lo suyo propio, no lo
que es de Cristo Jesús.
22 Pero ya conocéis los méritos de él, que
como hijo a padre ha servido conmigo en el
evangelio.
23 Así que a éste espero enviaros, luego que
yo vea cómo van mis asuntos;
24 y confío en el Señor que yo también iré
pronto a vosotros.
25 Mas tuve por necesario enviaros a Epafrodito, mi hermano y colaborador y compañero
de milicia, vuestro mensajero, y ministrador
de mis necesidades;
26 porque él tenía gran deseo de veros a todos
vosotros, y gravemente se angustió porque
habíais oído que había enfermado.
27 Pues en verdad estuvo enfermo, a punto de morir; pero Dios tuvo misericordia de
él, y no solamente de él, sino también de mí,
para que yo no tuviese tristeza sobre tristeza.
28 Así que le envío con mayor solicitud, para
que al verle de nuevo, os gocéis, y yo esté con
menos tristeza.
29 Recibidle, pues, en el Señor, con todo gozo,
y tened en estima a los que son como él;
30 porque por la obra de Cristo estuvo próximo a la muerte, exponiendo su vida para suplir
lo que faltaba en vuestro servicio por mí.

Prosigo al blanco

3 POR lo demás, hermanos, gozaos en el ➤
Señor. A mí no me es molesto el escribiros
las mismas cosas, y para vosotros es seguro.
2 Guardaos de los perros, guardaos de los
malos obreros, guardaos de los mutiladores
del cuerpo.

---

a. 2.10-11 Is 45.23. **b. 2.15** Dt 32.5.

LECCIONES DE VIDA

➤ ***2.10 — en el nombre de Jesús se doble toda rodilla de los que están en los cielos, y en la tierra, y debajo de la tierra.***

Todas las personas, tanto aquellas que están redimidas como las que han rechazado a Jesucristo, se postrarán un día delante de Él y reconocerán que Él es el Salvador y el Señor. Aunque algunos piensen que están ejerciendo su independencia negándose a creer en Él, lo que en realidad están haciendo es renegar de la verdad, que Él es el Hijo de Dios y nuestro Mesías viviente.

➤ ***2.11 — toda lengua confiese que Jesucristo es el Señor, para gloria de Dios Padre.***

¿A qué nos referimos cuando decimos que Jesucristo es Señor? Esta frase significa que Él es «el bienaventurado y solo Soberano, Rey de reyes, y Señor de señores» (1 Ti 6.15). Él ejerce control absoluto de todas las cosas y nada sucede sin su permiso divino ni existe aparte de Él. Se acerca el tiempo en que *todos* reconocerán que sólo Él es verdaderamente digno de alabanza, incluidos aquellos que han pasado sus vidas oponiéndose a Él (Is 45.23, 24).

➤ ***2.12 — ocupaos en vuestra salvación con temor y temblor.***

Cuando Pablo nos dice que nos ocupemos en nuestra salvación con temor y temblor, quiere darnos a entender que debemos prestar mucha atención a nuestras acciones y nuestra conducta, estando seguros que representamos a Aquel quien nos salvó con honor y humildad.

➤ ***2.15 — para que seáis irreprensibles y sencillos, hijos de Dios sin mancha en medio de una generación maligna y perversa, en medio de la cual resplandecéis como luminares en el mundo.***

Dios quiere que sus hijos actúen como luminares en este mundo de tinieblas, mostrando la ruta de seguridad espiritual a aquellos que están perdidos (Mt 5.14–16). En cambio, si nuestra conducta está caracterizada por corrupción, quejas y egocentrismo, no seremos diferentes de los incrédulos y nada que digamos o hagamos servirá de recomendación para nosotros o para Cristo, en quien creemos para salvación.

➤ ***3.1 — gozaos en el Señor. A mí no me es molesto el escribiros las mismas cosas, y para vosotros es seguro.***

Puesto que olvidamos tan fácilmente las lecciones que hemos aprendido, muchas veces la Biblia presenta la misma enseñanza en diversas formas. Pedro escribió: «yo no dejaré de recordaros siempre estas cosas, aunque vosotros las sepáis» (2 P 1.12).

PRINCIPIO DE VIDA 26

LA ADVERSIDAD ES UN PUENTE QUE NOS CONDUCE A UNA RELACIÓN MÁS PROFUNDA CON DIOS.

FIL 3.10, 11

¿Se propone Dios alguna meta con la adversidad? Su objetivo básico es acercarnos más a Él. Dios no se gloría en el dolor ni en la tristeza, pero usa estas cosas para enseñarnos acerca de su amor y su fidelidad.

Tan pronto llega la adversidad, nuestra vulnerabilidad aumenta y quizá nos preguntemos por qué Dios ha permitido que enfrentemos tal dificultad. El dolor, la decepción y la prueba son herramientas eficaces que el Señor usa para acercarnos a Él y a la cruz, donde descubrimos nuestra necesidad personal de un Salvador. Somos impactados por un pensamiento que nos define: *Yo necesito a Dios.* Necesitamos su fortaleza, su sabiduría y su perdón.

Cada vez que sea confrontado(a) por la adversidad, recuerde siempre que Dios tiene un propósito al permitir que ella toque su vida. Él nunca pierde el control. Él tiene un plan y una meta, no sólo para esta situación en particular sino también para toda su vida. En tiempos de dificultad, Él es su fortaleza inamovible (Pr 18.10), y ha prometido que nunca le abandonará.

¿Qué puede hacer usted cuando arremete la adversidad? El libro de Hebreos nos anima con estas palabras: «No perdáis, pues, vuestra confianza, que tiene grande galardón; porque os es necesaria la paciencia, para que habiendo hecho la voluntad de Dios, obtengáis la promesa» (He 10.35, 36).

Cuando la adversidad golpea, una de las primeras cosas que deberíamos hacer es volvernos al Señor en oración y pedirle que nos muestre qué necesitamos aprender en la situación. Es posible que al principio batallemos con sentimientos de desconcierto o denegación, pero nuestro pensamiento preponderante deber ser de confianza y fe en la capacidad de Dios. El segundo paso es afirmar nuestro compromiso con Él y fijar nuestro enfoque en Él, no en las circunstancias. Vemos ambos pasos representados en las vidas de los hombres y las mujeres de la Biblia.

Un caso especial es la vida de José, que nos ofrece un estudio excelente de la fe, la confianza y la victoria en medio de la adversidad. Siendo un joven, confió en Dios y vio la manera como Él tomó el acto más cruel y lo encauzó para bendición. Vendido como esclavo por sus hermanos, José pasó años en servidumbre y confinado a una vida de esclavitud. Incluso cuando parecía

Somos impactados por un pensamiento que nos define: *Yo necesito a Dios.*

que iba a ser librado del peligro y la aflicción, la adversidad arremetió contra él por segunda vez, cuando fue acusado falsamente de un delito. Así volvió a parar al calabozo, pero esta vez para pagar una peor condena.

Podríamos sentirnos inclinados a pensar: «¡Pobre José!» Pero lo cierto es que él estaba en el centro del plan perfecto de Dios. Quizá no entendió por qué volvía a estar privado de su libertad, pero creyó y pudo confiarle a Dios toda su vida y su futuro.

La adversidad fue una herramienta precisa en la vida de José. El Señor la usó para moldear a su siervo para desempeñar el mejor servicio. José fue colocado en una posición crucial de liderazgo que condujo en últimas a la preservación de la nación de Israel. Si hubiera escapado de la prisión y hubiera vivido en el anonimato, la nación entera de Israel se habría perdido la bendición de Dios. Además, sin el adiestramiento que recibió como resultado de una decepción inicial tremenda, José habría podido volverse soberbio y autosuficiente. En lugar de eso, Dios usó la vida de este joven para cambiar el curso de la historia.

La gente se pregunta a veces: «¿Cuál es la ruta más rápida cuando me toque pasar por las temporadas de adversidad?» Muchas veces no hay una solución rápida para las pruebas que enfrentamos. Sin embargo, existe una manera segura de pasar por las dificultades de la vida, y es mediante la obediencia y la rendición de nuestros sentimientos y deseos egoístas.

La adversidad se las arregla para empujarnos más allá de nosotros mismos, donde encontramos a Dios, a la espera de tomarnos en sus brazos. La adversidad nos motiva a orar como nada más puede hacerlo, y es en la oración que encontramos refugio de las tormentas de la vida. Asimismo, al estar refugiados en la presencia reconfortante de Dios, descubrimos aquella seguridad y aquella esperanza que pensamos haber perdido.

Aun cuando su vida parezca ensombrecerse tanto emocional como espiritualmente, Dios será su luz. Puede estar seguro(a) que Dios usará las pruebas que usted enfrente para moldear su vida, de tal modo que refleje a los demás su amor y su cuidado.

Nunca olvide que Dios conoce el futuro. Él entiende las ventajas de la adversidad y cómo puede ser usada para fortalecer su fe, refinar su esperanza y aquietar su corazón, llevándole a un lugar de contentamiento y confianza en su vida. Sin los tiempos de adversidad, usted se perdería la experiencia poderosa de tener a Dios caminando junto a usted a través de los valles de lágrimas de la vida.

Por lo tanto, propóngase mantener el enfoque de su corazón en Jesús. No deje que las palabras negativas de los demás le tienten a desviarse de la ruta. Manténgase cerca del Señor en devoción y oración. Lea su Palabra. Él le guiará en medio de la dificultad más grande, y así usted sabrá lo que significa vivir en un lugar amplio y lleno de bendición.

Nunca olvide que Dios conoce el futuro.

Para un estudio más a fondo, véase el Índice de Principios de vida.

RESPUESTAS A PREGUNTAS DE LA VIDA

¿Qué tan importante es que establezcamos metas?

FIL 3.11–14

Pablo sabía lo que significa establecer metas que honren a Dios. Filipenses 3.8–11 describe no solamente dónde había estado Pablo sino también a dónde iba. Sí, él sufrió penalidades. Sí, experimentó el gozo de Cristo. Sí, también había visto a Dios usarle, incluso desde la prisión. No obstante, Pablo entendió que le faltaba mucho por conocer acerca de Dios, así que estableció metas que le permitirían tanto a él como a los demás experimentar a Dios a niveles más profundos.

¿Cómo hizo Pablo para establecer estas metas y proceder a cumplirlas con tal determinación, que sacudió toda pasividad y complacencia con cada paso que daba? ¿Será que podemos seguir su ejemplo? Estas son las recomendaciones del apóstol para cada uno de nosotros:

- *Crea y medite en las promesas de Dios.* Pablo tenía plena confianza y certidumbre que el Espíritu de Dios le daría el poder de la resurrección para vivir a la altura del potencial que Dios le había dado, en cada área de la vida (Fil 3.10,11).
- *Tenga un deseo consumado de alcanzar una meta concreta.* Pablo tenía una serie de metas claramente definidas. Por ejemplo, sabía que Dios lo había llamado a evangelizar a los perdidos (Fil 3.13).
- *Tenga el valor de intentarlo, así corra el riesgo de fracasar.* Pablo no dejó que ni sus debilidades ni sus temores lo detuvieran. Entendió que Dios usaba sus debilidades y sus temores para mantenerlo dependiendo de Cristo y fortalecido por Él (Fil 3.12).
- *Opte por la determinación.* Pablo enfrentó más oposición de la que la mayoría de nosotros podría imaginar. Sin embargo permaneció comprometido a hacer todo lo que Dios le dijera que fuese necesario, con tal de cumplir sus metas (Fil 3.14).
- *Sea persistente.* La persistencia tiene que ver con seguir adelante cuando todos los demás se han detenido. Pablo tenía días, como el resto de nosotros, cuando a duras penas avanzaba un par de milímetros. No siempre iremos a toda velocidad ni en línea recta hacia nuestra meta, habrá días en los que lo único que podremos hacer será empeñarnos en seguir la marcha. Sin embargo, nunca debemos darnos por vencidos. Pablo se mantuvo en la misma senda, sin salirse del plan de Dios, y el Señor le dio las fuerzas que necesitó para ejecutar cada tarea del recorrido.
- *Manténgase firme en la fe.* Aunque Pablo fue sometido a muchas pruebas, su fe permaneció firme porque no estaba basada en la capacidad humana. Estaba fundada en la capacidad soberana e infinita de Dios. Por lo tanto, no iba a fracasar de ninguna manera. Dios le iba a dar la victoria. Todo lo que Pablo tenía que hacer era creer en Aquel que lo envió.
- *Sea humilde.* Pablo escribe: «No que lo haya alcanzado ya, ni que ya sea perfecto» (Fil 3.12). Pablo no se puso a «dormir en los laureles» porque sabía que aún no había llegado a la meta. Nosotros tampoco.
- *Suéltese del pasado.* Aferrarse a la amargura, a un espíritu no perdonador y a viejos errores, siempre nos impedirá alcanzar el potencial que Dios nos ha asignado (Fil 3.13).

Evalúe sus propias metas y pregúntele a Dios de qué manera ellas encajan en el gran proyecto de vida de conocerlo a Él. A medida que Él le revele sus planes para este día, para este año y para esta vida en la tierra, no deje que nada ni nadie apague el entusiasmo que surja en su interior.

Para un estudio más a fondo, véase el Índice de Principios de vida:

13. *Escuchar a Dios es esencial para andar con Él.*
6. *Cosechamos lo que sembramos, más de lo que sembramos, después de sembrarlo.*

3 Porque nosotros somos la circuncisión, los que en espíritu servimos a Dios y nos gloriamos en Cristo Jesús, no teniendo confianza en la carne.

4 Aunque yo tengo también de qué confiar en la carne. Si alguno piensa que tiene de qué confiar en la carne, yo más:
5 circuncidado al octavo día, del linaje de Israel, de la tribu de Benjamín,[a] hebreo de hebreos; en cuanto a la ley, fariseo;[b]
6 en cuanto a celo, perseguidor de la iglesia;[c] en cuanto a la justicia que es en la ley, irreprensible.
7 Pero cuantas cosas eran para mí ganancia, las he estimado como pérdida por amor de Cristo.
8 Y ciertamente, aun estimo todas las cosas como pérdida por la excelencia del conocimiento de Cristo Jesús, mi Señor, por amor del cual lo he perdido todo, y lo tengo por basura, para ganar a Cristo,
9 y ser hallado en él, no teniendo mi propia justicia, que es por la ley, sino la que es por la fe de Cristo, la justicia que es de Dios por la fe;
10 a fin de conocerle, y el poder de su resurrección, y la participación de sus padecimientos, llegando a ser semejante a él en su muerte,
11 si en alguna manera llegase a la resurrección de entre los muertos.
12 No que lo haya alcanzado ya, ni que ya sea perfecto; sino que prosigo, por ver si logro asir aquello para lo cual fui también asido por Cristo Jesús.
13 Hermanos, yo mismo no pretendo haberlo ya alcanzado; pero una cosa hago: olvidando ciertamente lo que queda atrás, y extendiéndome a lo que está delante,
14 prosigo a la meta, al premio del supremo llamamiento de Dios en Cristo Jesús.
15 Así que, todos los que somos perfectos, esto mismo sintamos; y si otra cosa sentís, esto también os lo revelará Dios.
16 Pero en aquello a que hemos llegado, sigamos una misma regla, sintamos una misma cosa.

a. 3.5 Ro 11.1. **b. 3.5** Hch 23.6; 26.5. **c. 3.6** Hch 8.3; 22.4; 26.9-11.

LECCIONES DE VIDA

3.3 — nosotros somos la circuncisión, los que en espíritu servimos a Dios y nos gloriamos en Cristo Jesús, no teniendo confianza en la carne.

Cuando Pablo menciona la circuncisión, hace referencia al mandato que Dios le dio a Abraham: «Circuncidaréis… y será por señal del pacto entre mí y vosotros» (Gn 17.11). Esta fue la marca que durante siglos distinguió a los judíos como el pueblo especial del Señor. Sin embargo, cuando Cristo vino, Él dejó en claro que no era la observancia externa del ritual lo que redimiría a una persona, sino la circuncisión interna del corazón, por la cual somos salvos. La salvación es un acto de fe en la gracia maravillosa y la misericordia de Dios (Ro 2.25–29).

3.4 — Si alguno piensa que tiene de qué confiar en la carne, yo más.

Cuando Pablo escribe acerca de la *carne*, está hablando de nuestra naturaleza humana, es decir, nuestros deseos, nuestras inclinaciones y nuestras fuerzas terrenales. Nuestra carne no sigue a Dios, y casi siempre está en completa oposición a Él (Ro 7). La carne busca el placer y asigna importancia a los logros, la riqueza, la belleza y demás valores del mundo. El Espíritu, por otra parte, siempre nos dirige a ser más semejantes a Cristo por medio de la obediencia. Pablo subrayó el hecho de que la religión verdadera nunca consiste en el cumplimiento de tradiciones y rituales sino que siempre está basada en una relación íntima y genuina con Dios.

3.5 — del linaje de Israel, de la tribu de Benjamín, hebreo de hebreos; en cuanto a la ley, fariseo.

Pablo tenía credenciales impresionantes y poseía todo lo que definía el éxito en su comunidad. Desde su nacimiento había observado la ley y al crecer llegó a ser un fariseo muy destacado y un estudiante del respetado maestro Gamaliel (Hch 5.34). Podía trazar su linaje hasta Saúl el primer rey de Israel, y como si fuera poco, por el hecho de haber nacido en Tarso, disfrutaba todos los derechos y privilegios propios de un ciudadano romano. Sin embargo, nada de esto podía compararse con conocer a Cristo.

3.8 — aun estimo todas las cosas como pérdida por la excelencia del conocimiento de Cristo Jesús, mi Señor, por amor del cual lo he perdido todo, y lo tengo por basura.

A veces nuestras fortalezas y riquezas terrenales más grandes se convierten en nuestras debilidades más perjudiciales porque nos impiden depender completamente de Jesús. Pablo reconoció esto, razón por la cual estimó todas las cosas como pérdida en comparación al conocimiento de Cristo. De forma similar, el Señor puede llamarle a renunciar a algo que usted considera muy importante, para que pueda crecer en su fe cristiana. Esto puede ser difícil de hacer pero no se desanime, y recuerde que sólo su relación con Jesús y lo que Él haga a través de usted, perdurará en la eternidad (1 Jn 2.17).

3.10, 11 — a fin de conocerle, y el poder de su resurrección, y la participación de sus padecimientos, llegando a ser semejante a él en su muerte, si en alguna manera llegase a la resurrección de entre los muertos.

Muy pocos podrían igualar las credenciales y los logros de Pablo, pero eso nunca fue suficiente para el apóstol. Pablo necesitaba a Jesús. No fue a través de su éxito que él experimentó a Dios, fue a través de sus sufrimientos y adversidades. Además, el Señor lo tocó tan profunda e íntimamente durante esos tiempos de debilidad, que Pablo pudo apreciar el valor inestimable de haber experimentado la adversidad (Ro 5.3–5; 8.17, 18; 2 Co 1.3–11; 12.7–10; Col 1.24).

3.13, 14 — yo mismo no pretendo haberlo ya alcanzado; pero una cosa hago: olvidando ciertamente lo que queda atrás, y extendiéndome a lo que está delante, prosigo a la meta.

Hasta el apóstol Pablo reconoció que todavía le faltaba alcanzar la meta del Señor para él, que era conocer y reflejar plenamente a Jesús (Ro 8.29; Fil 1.21; 3.8–11). El juicio de Pablo acerca de sí mismo debería ayudarnos a ser humildes y motivarnos a reconocer que nos falta mucho camino por recorrer. No podemos estancarnos, celebrando

RESPUESTAS A PREGUNTAS DE LA VIDA

¿Se encargará Dios realmente de todas mis necesidades?

FIL 4.19

¿Alguna vez se ha puesto a meditar en las implicaciones prácticas de Filipenses 4.19? Si es así, es posible que también haya experimentado algún grado de frustración.

Quizá se haya preguntado: «¿Qué pasó con esta necesidad que he tenido todos estos años? ¿Acaso a Dios no le interesa ese vacío que tanto me duele en el corazón? ¿Por qué no lo llena de una vez, y de paso satisface mis necesidades automáticamente de ahora en adelante?» La verdad es que Dios quiere que confiemos en Él y no que busquemos solamente mirar la bendición. Mejor dicho, quiere que mantengamos nuestro enfoque en lo correcto, que es una relación personal con el Salvador. Las circunstancias tienen muy poco que ver con el gozo duradero. La paz, el gozo y el contentamiento vienen como resultado de conocer a Dios y tener una relación personal con Él. La única manera de ser felices es teniendo un corazón que se mantenga fijado en Jesucristo. Así cuando vengan las dificultades, no nos sentiremos perdidos, confundidos ni desilusionados.

Muchas personas tratan de satisfacer sus propias necesidades aparte de Dios. Pero esto nunca funciona. Tan solo lleva a la frustración y a profundas decepciones. Habrá momentos cuando nos preguntemos si acaso Él oye nuestras oraciones. Siempre las oye. Además, es el Único que puede responder correctamente y satisfacer plenamente los deseos de nuestros corazones. Entonces, ¿por qué luchamos? Por lo general, es porque pensamos que sabemos las cosas mejor que Dios. No nos damos cuenta que no podemos satisfacer nuestras propias necesidades *ni* obligarlo a cumplir con nuestros deseos personales, nuestra agenda de actividades, o nuestro concepto de cómo creemos que debería hacerse algo.

El primer paso para satisfacer nuestras necesidades es confiar completamente en Dios en todos los aspectos de nuestra vida. Él sabe qué es mejor para nosotros, y su propósito al permitir cualquier tardanza es para nuestro bien. El aprender a esperar nos prepara para recibir una bendición más grande. La paciencia fortalece nuestra fe y nuestra dependencia de Él, librándonos así del deseo de ser autosuficientes.

El segundo paso es obedecer a Dios y permitirle obrar como Él quiera en nuestras vidas. Muchas veces, Él ensancha nuestra fe permitiéndonos pasar por alguna necesidad. Él sabe cómo responderemos, pero quiere que aprendamos a decirle «sí» a su designio, incluso cuando no tengamos toda la información y no conozcamos todos los hechos.

El tercer paso es confiar y esperar en Él. En un sentido muy real, su necesidad insatisfecha es una forma de prueba y tentación. Es una prueba porque su carencia de realización puede producirle mucho dolor al no ser satisfecha, y es una tentación porque le impulsa a soltarse de Dios para querer satisfacerla por sus propios medios. Pero Santiago dice: «Bienaventurado el varón que soporta la tentación; porque cuando haya resistido la prueba, recibirá la corona de vida, que Dios ha prometido a los que le aman» (Stg 1.12).

¿Qué va a hacer entonces, cuando la tardanza se prolongue, la presión para darse por vencido(a) aumente, y se canse de flagelarse con un sentido culpabilidad falsa? Esto podrá sonarle a frase de cajón, pero mantenga su mirada en el Señor y sígalo, pase lo que pase. Santiago nos dice que la prueba de nuestra fe produce en nosotros paciencia, cuya obra completa en nosotros nos hace «perfectos y cabales, sin que [nos] falte cosa alguna» (Stg 1.4).

Si usted tiene esa clase de confianza firme e inalterable en su peregrinaje de fe, verá grandes resultados.

Para un estudio más a fondo, véase el Índice de Principios de vida:

9. *Confiar en Dios quiere decir ver más allá de lo que podemos, hacia lo que Dios ve.*
6. *Cosechamos lo que sembramos, más de lo que sembramos, después de sembrarlo.*
27. *No hay nada como la oración para ahorrar tiempo.*

17 Hermanos, sed imitadores de mí,[d] y mirad
a los que así se conducen según el ejemplo
que tenéis en nosotros.
18 Porque por ahí andan muchos, de los cuales os dije muchas veces, y aun ahora lo digo
llorando, que son enemigos de la cruz de
Cristo;
19 el fin de los cuales será perdición, cuyo
dios es el vientre, y cuya gloria es su vergüenza; que sólo piensan en lo terrenal.
* 20 Mas nuestra ciudadanía está en los cielos,
➤ de donde también esperamos al Salvador, al
Señor Jesucristo;
➤ 21 el cual transformará el cuerpo de la humillación nuestra, para que sea semejante al
cuerpo de la gloria suya, por el poder con el
cual puede también sujetar a sí mismo todas
las cosas.

Regocijaos en el Señor siempre

4 ASÍ que, hermanos míos amados y desea-
dos, gozo y corona mía, estad así firmes en
el Señor, amados.
2 Ruego a Evodia y a Síntique, que sean de un
mismo sentir en el Señor.
3 Asimismo te ruego también a ti, compañero
fiel, que ayudes a éstas que combatieron juntamente conmigo en el evangelio, con Clemente también y los demás colaboradores míos,
cuyos nombres están en el libro de la vida.
4 Regocijaos en el Señor siempre. Otra vez ➤
digo: ¡Regocijaos!
5 Vuestra gentileza sea conocida de todos los ➤
hombres. El Señor está cerca.
6 Por nada estéis afanosos, sino sean cono- ➤
cidas vuestras peticiones delante de Dios en
toda oración y ruego, con acción de gracias.
7 Y la paz de Dios, que sobrepasa todo enten- ➤
dimiento, guardará vuestros corazones y vuestros pensamientos en Cristo Jesús.

En esto pensad

8 Por lo demás, hermanos, todo lo que es ver- ➤
dadero, todo lo honesto, todo lo justo, todo lo
puro, todo lo amable, todo lo que es de buen
nombre; si hay virtud alguna, si algo digno de
alabanza, en esto pensad.

d. 3.17 1 Co 4.16; 11.1.

LECCIONES DE VIDA

victorias espirituales del pasado o lamentando las derrotas carnales. Debemos seguir hacia delante, teniendo en mente que siempre quedan más cosas por aprender, rendir, expresar y experimentar en Cristo.

➤ ***3.20 — nuestra ciudadanía está en los cielos, de donde también esperamos al Salvador, al Señor Jesucristo.***

Como creyentes, a veces la manera como el mundo funciona puede parecernos extraña y hasta inaceptable. En ciertas situaciones, podemos ser perseguidos por nuestra relación con Jesús y la postura que asumimos en defensa del bien (Mr 13.13; Jn 15.18–20; 1 P 4.12, 13; 1 Jn 3.13). Pero no se desanime, todavía no hemos llegado a casa (Jn 14.2; 2 Co 5.8; He 11.13).

➤ ***3.21 — el cual transformará el cuerpo de la humillación nuestra, para que sea semejante al cuerpo de la gloria suya.***

Cuando muramos, estaremos de inmediato en la presencia de Dios Todopoderoso. Como creyentes, no recordaremos las luchas y las tristezas de esta vida porque nuestras mentes y cuerpos serán absolutamente purificados en su presencia. De hecho, todo será diferente porque estaremos delante del Señor totalmente santos y glorificados (1 Co 13.12; 1 Jn 3.2). Si su cuerpo está quebrantado, adolorido o simplemente no le gusta, tan solo espere. Un día, usted estrenará uno totalmente nuevo, si cree en el Señor (1 Co 15.40–54).

➤ ***4.4 — Regocijaos en el Señor siempre. Otra vez digo: ¡Regocijaos!***

Los filipenses entendían el poder de regocijarse en cualquier situación, pues lo habían visto en acción a través de Pablo (Hch 16.16–34). Cuando el apóstol y Silas fueron azotados y encarcelados en Filipos, los dos cantaron himnos de alabanza al Señor. De repente, los muros de la cárcel fueron sacudidos y en cuestión de minutos el carcelero fue salvo y los misioneros puestos en libertad. De igual modo, nosotros deberíamos alabar a Dios en cualquier circunstancia, porque sabemos que el Señor redimirá nuestra situación para bien nuestro y para gloria suya, si confiamos en Él (Sal 30.5, 11; 126.5, 6).

➤ ***4.5 — Vuestra gentileza sea conocida de todos los hombres. El Señor está cerca.***

Todo creyente es habitado por el Espíritu Santo de Dios y cuenta con su poder y su sabiduría sobrenatural. Podemos ser amables, seguros y pacientes en cada situación, porque sabemos que el Señor está cercano a nosotros, que nos ama, nos defiende, provee para nosotros y nos redime.

➤ ***4.6 — Por nada estéis afanosos, sino sean conocidas vuestras peticiones delante de Dios en toda oración y ruego, con acción de gracias.***

Es normal que nos sintamos aprensivos cuando medimos nuestros problemas con la capacidad de manejarlos con resolución. Sin embargo, el afán y la ansiedad desaparecen cuando aprendemos a llevarle nuestras preocupaciones a Dios. Él es el único que tiene el poder y la sabiduría para tratar cada asunto de la manera perfecta. Es por eso que de rodillas somos más altos y más fuertes, porque cuando estamos sometidos a Aquel que siempre obra para nuestro bien, sabemos con certeza que no hay nada en absoluto que debamos temer.

➤ ***4.7 — la paz de Dios, que sobrepasa todo entendimiento, guardará vuestros corazones y vuestros pensamientos en Cristo Jesús.***

¿Cómo podía Pablo mantenerse tan positivo, seguro e imperturbable en su relación con el Señor, tras haber sido azotado, naufragado, encarcelado y perseguido? Pablo podía mantenerse optimista, confiado y sereno porque la paz con Dios es el fruto de la unidad con Él. Gracias a que estamos firmemente arraigados en una relación íntima y profunda con Él, disfrutamos una tranquilidad que trasciende cualquier explicación. Aunque todo sea un tumulto a nuestro alrededor, seguimos confiados y calmados. Esto se debe a que sabemos que cuando el Señor está con nosotros, no tenemos absolutamente nada que temer.

*9 Lo que aprendisteis y recibisteis y oísteis y
visteis en mí, esto haced; y el Dios de paz estará con vosotros.

Dádivas de los filipenses

10 En gran manera me gocé en el Señor de
que ya al fin habéis revivido vuestro cuidado
de mí; de lo cual también estabais solícitos,
pero os faltaba la oportunidad.
11 No lo digo porque tenga escasez, pues he
aprendido a contentarme, cualquiera que sea
mi situación.
12 Sé vivir humildemente, y sé tener abundancia; en todo y por todo estoy enseñado, así
para estar saciado como para tener hambre,
así para tener abundancia como para padecer necesidad.
➤13 Todo lo puedo en Cristo que me fortalece.
14 Sin embargo, bien hicisteis en participar
conmigo en mi tribulación.
15 Y sabéis también vosotros, oh filipenses,
que al principio de la predicación del evangelio, cuando partí de Macedonia, ninguna
iglesia participó conmigo en razón de dar y
recibir, sino vosotros solos;
16 pues aun a Tesalónica[a] me enviasteis una y
otra vez para mis necesidades.[b]
17 No es que busque dádivas, sino que busco
fruto que abunde en vuestra cuenta.
18 Pero todo lo he recibido, y tengo abundancia; estoy lleno, habiendo recibido de Epafrodito lo que enviasteis; olor fragante,[c] sacrificio
acepto, agradable a Dios.
19 Mi Dios, pues, suplirá todo lo que os fal- *
ta conforme a sus riquezas en gloria en Cris- ➤
to Jesús.
20 Al Dios y Padre nuestro sea gloria por los
siglos de los siglos. Amén.

Salutaciones finales

21 Saludad a todos los santos en Cristo Jesús.
Los hermanos que están conmigo os saludan.
22 Todos los santos os saludan, y especialmente los de la casa de César.
23 La gracia de nuestro Señor Jesucristo sea
con todos vosotros. Amén.

a. 4.16 Hch 17.1. **b. 4.15-16** 2 Co 11.9. **c. 4.18** Éx 29.18.

LECCIONES DE VIDA

➤ ***4.8 — todo lo que es verdadero, todo lo honesto, todo lo justo, todo lo puro... en esto pensad.***

Si dejamos albergar en nuestra mente pensamientos negativos o pecaminosos, nuestra mente se degenera. Los sentimientos de orgullo, pesimismo, egoísmo, vergüenza y destrucción nos tientan a apartarnos de Dios. En cambio, si llenamos nuestras mentes con las cosas santas y aceptables de Dios, sucede todo lo opuesto. Empezamos a ver y responder al mundo como Él, en toda verdad y justicia, de acuerdo con su voluntad (Ro 12.2; 2 Co 10.5; Col 3.2).

➤ ***4.13 — Todo lo puedo en Cristo que me fortalece.***

Sin Jesús no podemos hacer nada (Jn 15.5), pero *con* Él nada es imposible. Las exigencias y las presiones de la vida pueden abrumar fácilmente a cualquiera de nosotros, pero no pueden hacerle frente al Hijo de Dios resucitado.

➤ ***4.19 — Mi Dios, pues, suplirá todo lo que os falta conforme a sus riquezas en gloria en Cristo Jesús.***

Pablo había experimentado la provisión gloriosa de Dios por medio de los creyentes en Filipos, y aseguró a la iglesia que el Señor iba a bendecirlos por su generosidad. A veces los creyentes no le dan a Dios lo que Él les pide, porque tienen miedo que no les quedará a ellos lo suficiente. No podemos superar al Señor en generosidad, así que viva confiado(a) que Él puede y quiere satisfacer cada necesidad que usted tenga, especialmente a medida que usted lo siga en obediencia.

LA EPÍSTOLA DEL APÓSTOL SAN PABLO A LOS

COLOSENSES

En Efesios, Pablo describe el cuerpo de Cristo, la iglesia. En Colosenses, presenta a la Cabeza de la iglesia, el Señor Jesús. Por medio de su carta a la iglesia en Colosas, Pablo muestra que Jesucristo ocupa el primer lugar en todo, y que la prioridad suprema de todo cristiano debería ser reflejarlo. Él no es una deidad entre muchas a las que se rinde culto. «Él es la imagen del Dios invisible, el primogénito de toda creación. Porque en él fueron creadas todas las cosas, las que hay en los cielos y las que hay en la tierra, visibles e invisibles; sean tronos, sean dominios, sean principados, sean potestades; todo fue creado por medio de él y para él» (Col 1.15, 16).

¿Cuáles son las maneras en que Cristo es único e insuperable? Aunque Pablo no presenta una lista exhaustiva, la que nos ofrece sí es impresionante. Jesús es la encarnación del Dios todopoderoso, el Creador eterno de todo lo que existe y el que sustenta todas las cosas; Él es el primero en haberse levantado de los muertos para nunca volver a morir, Él es el único Salvador del mundo, el vencedor sobre todos los principados y las potestades, el Señor de la vida que ha prometido volver triunfante, el galardonador generoso de todo nuestro servicio fiel, y el único Amo del cielo.

Nosotros como creyentes estamos arraigados en Jesús, vivos en Él, escondidos en Él y completos en Él. Por lo tanto, es totalmente absurdo que vivamos en rebelión a Él, como si no existiera o como si nos fuera permitido dividir nuestro corazón y ser leales a otro. Vestidos en su amor y con su paz reinando en nuestros corazones, estamos equipados para hacer de Cristo el primero en cada área de la vida.

La carta de Pablo deja en claro que ya se habían filtrado enseñanzas falsas en esta joven iglesia. Lo más probable es que los creyentes habían empezado a integrar las ideas de las religiones y las filosofías paganas en la comunidad con la doctrina cristiana, en una fusión conocida como *sincretismo.* Para contrarrestarla, Pablo enfatizó la posición central de Jesucristo para el mensaje del evangelio.

Esta epístola llegó a conocerse como *Pros Kolossaeis*, «A los Colosenses», por lo que se indica en Col 1.2. Sin embargo, Pablo también quiso que fuera leída en la iglesia vecina de Laodicea (Col 4.16). Un hombre que Pablo condujo al Señor, llamado Epafras (Col 1.7; 4.12), contribuyó a la fundación de la iglesia en Colosas.

Tema: La centralidad de Jesucristo.
Autor: El apóstol Pablo.
Fecha: Probablemente fue escrita desde la cárcel en Roma, entre 60–62 d.C.
Estructura: Al igual que Efesios, el pequeño libro de Colosenses se divide claramente en dos mitades, donde la primera es doctrinal (1.1—2.23) y la segunda práctica (3.1—4.18). El capítulo 1 contempla la identidad de Jesús y lo que Él significa para los creyentes. El capítulo 2 describe una relación con Dios que crece a través de Cristo. Los capítulos 3 y 4 aplican las doctrinas contempladas en los primeros dos capítulos, cubriendo las diversas funciones de los miembros de un hogar cristiano.

A medida que lea Colosenses, fíjese en los principios de vida que juegan un papel importante en este libro:

24. Vivir la vida cristiana es permitir al Señor Jesús vivir su vida en y por medio de nosotros. *Véase Colosenses 1.10; página 1356.*

22. Andar en el Espíritu es obedecer las indicaciones iniciales del Espíritu. *Véase Colosenses 2.6; 3.12; páginas 1358; 1361.*

28. Ningún creyente ha sido llamado a transitar solitario en su peregrinaje de fe. *Véase Colosenses 3.16; página 1361.*

17. De rodillas somos más altos y más fuertes. *Véase Colosenses 4.2; página 1362.*

Salutación

1 PABLO, apóstol de Jesucristo por la voluntad de Dios, y el hermano Timoteo,
2 a los santos y fieles hermanos en Cristo que están en Colosas: Gracia y paz sean a vosotros, de Dios nuestro Padre y del Señor Jesucristo.

Pablo pide que Dios les conceda sabiduría espiritual

3 Siempre orando por vosotros, damos gracias a Dios, Padre de nuestro Señor Jesucristo,
4 habiendo oído de vuestra fe en Cristo Jesús, y del amor que tenéis a todos los santos,
5 a causa de la esperanza que os está guardada en los cielos, de la cual ya habéis oído por la palabra verdadera del evangelio,
6 que ha llegado hasta vosotros, así como a todo el mundo, y lleva fruto y crece también en vosotros, desde el día que oísteis y conocisteis la gracia de Dios en verdad,
7 como lo habéis aprendido de Epafras,[a] nuestro consiervo amado, que es un fiel ministro de Cristo para vosotros,
8 quien también nos ha declarado vuestro amor en el Espíritu.
➤ 9 Por lo cual también nosotros, desde el día que lo oímos, no cesamos de orar por vosotros, y de pedir que seáis llenos del conocimiento de su voluntad en toda sabiduría e inteligencia espiritual,
➤ 10 para que andéis como es digno del Señor, agradándole en todo, llevando fruto en toda buena obra, y creciendo en el conocimiento de Dios;
11 fortalecidos con todo poder, conforme a la potencia de su gloria, para toda paciencia y longanimidad;
12 con gozo dando gracias al Padre que nos hizo aptos para participar de la herencia de los santos en luz;
13 el cual nos ha librado de la potestad de las tinieblas, y trasladado al reino de su amado Hijo, ➤
14 en quien tenemos redención por su sangre, el perdón de pecados.[b]

Reconciliación por medio de la muerte de Cristo

15 Él es la imagen del Dios invisible, el primogénito de toda creación. ➤
16 Porque en él fueron creadas todas las cosas, las que hay en los cielos y las que hay en la tierra, visibles e invisibles; sean tronos, sean dominios, sean principados, sean potestades; todo fue creado por medio de él y para él.
17 Y él es antes de todas las cosas, y todas las cosas en él subsisten;
18 y él es la cabeza del cuerpo que es la iglesia,[c] él que es el principio, el primogénito de entre los muertos, para que en todo tenga la preeminencia;
19 por cuanto agradó al Padre que en él habitase toda plenitud, ➤
20 y por medio de él reconciliar consigo todas las cosas, así las que están en la tierra como las que están en los cielos, haciendo la paz mediante la sangre de su cruz.[d]
21 Y a vosotros también, que erais en otro tiempo extraños y enemigos en vuestra mente, haciendo malas obras, ahora os ha reconciliado *
22 en su cuerpo de carne, por medio de la muerte, para presentaros santos y sin mancha e irreprensibles delante de él;

a. 1.7 Col 4.12; Flm 23. **b. 1.14** Ef 1.7. **c. 1.18** Ef 1.22-23. **d. 1.20** Ef 2.16.

LECCIONES DE VIDA

➤ ***1.9 — no cesamos de orar por vosotros, y de pedir que seáis llenos del conocimiento de su voluntad en toda sabiduría e inteligencia espiritual.***

El deseo de Dios es que andemos en su voluntad y lo obedezcamos. Por eso conocer su plan para nuestras vidas es un tesoro inmenso, pues nos libra de desperdiciar nuestro tiempo y nuestros talentos en cosas que no tendrán valor en la eternidad. Por eso al orar por otras personas, es apropiado que pidamos que el propósito de Dios se cumpla en ellos y que vean cada situación desde el punto de vista del Señor, pues así vivirán la vida en sus mejores términos, y nada hay que pueda compararse a esto.

➤ ***1.10 — que andéis como es digno del Señor.***

¿Qué significa andar como es digno del Señor? Significa que nuestra conversación, nuestra conducta y nuestro carácter son consecuentes con la persona de Jesucristo. Vivimos de una manera que lo representa con honor. Cuando las personas se encuentran con usted, ven la semejanza de Cristo y son atraídos a Él. Esto es algo que sucede solamente si usted le permite a Jesús vivir en y a través de usted.

➤ ***1.13 — nos ha librado de la potestad de las tinieblas, y trasladado al reino de su amado Hijo.***

Los paganos en Colosas creían en aplacar las potestades caóticas y amenazadoras de la oscuridad, y habían logrado atemorizar a los cristianos del lugar. Aunque ellos tenían razón en creer que estamos indefensos y no podemos escapar por cuenta propia de nuestra servidumbre al enemigo, lo que no entendían es que el Señor Jesús ya derrotó a Satanás por medio de su muerte en la cruz y su resurrección (Mt 4.16; Jn 8.12; 12.46). Cristo nos trae a la luz y a la vida en libertad cuando creemos en Él, así que no tenemos razón alguna para temer al dominio de las tinieblas.

➤ ***1.15 — Él es la imagen del Dios invisible.***

Los maestros falsos, los paganos y las sectas siempre tratarán de menoscabar la persona de Jesús. La herejía gnóstica argüía que todo lo físico es malo y que el Señor jamás pudo haber vivido en un cuerpo humano. Otra doctrina hereje sostenía que Jesús era tan solo uno de los representantes del Señor. Sin embargo, tener fe en Jesucristo significa creer que Él es Dios en la carne (Jn 1.1; 10.30; 14.9) y que la única manera de ser salvos es por medio de la fe en Él (Ef 2.8, 9; 2 Ti 1.9; Tit 3.5).

LO QUE LA BIBLIA DICE ACERCA DE UNA ORACIÓN QUE TRANSFORMA LA VIDA

Col 1.9–12

Charles Finney, un evangelista estadounidense del siglo diecinueve, a veces luchaba ante la presencia del Señor por no saber qué decir en sus oraciones. Cierto día una conocida suya cayó en lecho de muerte. Ella no conocía a Cristo, y su esposo le pidió a Finney que orara por ella. Finney sintió de inmediato una carga por la mujer, pero no supo cómo orar.

Finalmente, después de tratar de decir las palabras correctas, Finney hizo un descubrimiento importante. Según dijo, fue «capacitado para arrojar la carga sobre Dios», y sintió al instante que la mujer no moriría. Al cabo de un rato, la mujer se recuperó por completo y entregó su vida a Cristo.

Al igual que Finney, debemos interceder por otros de acuerdo con la voluntad de Dios y creer con fe genuina que Él nos dará la respuesta (He 11.6).

A fin de suministrarles un ejemplo práctico a los creyentes, Pablo incluía oraciones poderosas en sus cartas. Encontramos una de ellas en Colosenses 1.9–12. En siete peticiones, Pablo cubre cada área de nuestras vidas que necesita el toque diario del Señor.

1. *Que seamos llenos del conocimiento de su voluntad en toda sabiduría e inteligencia espiritual* (v. 9). Pídale a Dios que le llene con el discernimiento espiritual que necesita, a medida que anda en su voluntad y estudia su Palabra.

2. *Que andemos como es digno del Señor Jesucristo* (v. 10). Jesús vivió una vida sin mancha, que es exactamente como nosotros deberíamos procurar vivir.

3. *Que agrademos a Dios en todo* (v. 10). Pablo animó a los creyentes que vivieran vidas que honraran a Dios, obedeciéndole siempre y siendo excelentes en su andar cristiano.

4. *Que llevemos fruto en toda buena obra* (v. 10). La vida de un cristiano debería tener un impacto eterno, y deberíamos estar influyendo en quienes nos rodean para el reino de Dios.

5. *Que crezcamos en el conocimiento de Dios* (v. 10). Siempre deberíamos procurar tener una relación cada vez más profunda y más íntima con el Señor.

6. *Que seamos fortalecidos con todo poder, conforme a la potencia de su gloria* (v. 11). Pídale a Dios que le capacite poderosamente para hacer su voluntad, para su gloria, y Él lo hará.

7. *Que nuestras vidas expresen gozo, dando gracias al Padre por su gracia a nosotros* (v. 12). Nuestro amor por Él debería ser tan profundo que no nos quede más remedio que darle toda la gloria y toda la honra al Señor. Así, las personas que nos rodean también se regocijarán en Él.

Pablo tenía el hábito de salpicar sus epístolas con oraciones poderosas.

Para un estudio más a fondo, véase el Índice de Principios de vida:

8. *Libremos nuestras batallas de rodillas y siempre obtendremos la victoria.*
17. *De rodillas somos más altos y más fuertes.*
27. *No hay nada como la oración para ahorrar tiempo.*

23 si en verdad permanecéis fundados y firmes en la fe, y sin moveros de la esperanza del
evangelio que habéis oído, el cual se predica
en toda la creación que está debajo del cielo;
del cual yo Pablo fui hecho ministro.

Ministerio de Pablo a los gentiles

24 Ahora me gozo en lo que padezco por
vosotros, y cumplo en mi carne lo que falta de
las aflicciones de Cristo por su cuerpo, que es
la iglesia;
25 de la cual fui hecho ministro, según la
administración de Dios que me fue dada para
con vosotros, para que anuncie cumplidamente la palabra de Dios,
26 el misterio que había estado oculto desde los siglos y edades, pero que ahora ha sido
manifestado a sus santos,
➤ 27 a quienes Dios quiso dar a conocer las
riquezas de la gloria de este misterio entre los
gentiles; que es Cristo en vosotros, la esperanza de gloria,
28 a quien anunciamos, amonestando a todo
hombre, y enseñando a todo hombre en toda
sabiduría, a fin de presentar perfecto en Cristo Jesús a todo hombre;
29 para lo cual también trabajo, luchando
según la potencia de él, la cual actúa poderosamente en mí.

2 PORQUE quiero que sepáis cuán gran
lucha sostengo por vosotros, y por los que
están en Laodicea, y por todos los que nunca
han visto mi rostro;
2 para que sean consolados sus corazones,
unidos en amor, hasta alcanzar todas las
riquezas de pleno entendimiento, a fin de
conocer el misterio de Dios el Padre, y de
Cristo,
3 en quien están escondidos todos los tesoros
de la sabiduría y del conocimiento.
4 Y esto lo digo para que nadie os engañe con
palabras persuasivas.
5 Porque aunque estoy ausente en cuerpo,
no obstante en espíritu estoy con vosotros,
gozándome y mirando vuestro buen orden y
la firmeza de vuestra fe en Cristo.
6 Por tanto, de la manera que habéis recibido ➤
al Señor Jesucristo, andad en él;
7 arraigados y sobreedificados en él, y confirmados en la fe, así como habéis sido enseñados, abundando en acciones de gracias.

Plenitud de vida en Cristo

8 Mirad que nadie os engañe por medio de
filosofías y huecas sutilezas, según las tradiciones de los hombres, conforme a los rudimentos del mundo, y no según Cristo.
9 Porque en él habita corporalmente toda la ➤
plenitud de la Deidad,
10 y vosotros estáis completos en él, que es la ➤
cabeza de todo principado y potestad.
11 En él también fuisteis circuncidados con
circuncisión no hecha a mano, al echar de
vosotros el cuerpo pecaminoso carnal, en la
circuncisión de Cristo;
12 sepultados con él en el bautismo, en el cual
fuisteis también resucitados con él, mediante la fe en el poder de Dios que le levantó de
los muertos.[a]

a. **2.12** Ro 6.4.

LECCIONES DE VIDA

➤ *1.19, 20 — por cuanto agradó al Padre... por medio de él reconciliar consigo todas las cosas... haciendo la paz mediante la sangre de su cruz.*

Antes de Cristo, estábamos distanciados de Dios, lo cual significa que le éramos hostiles, como enemigos rebeldes y llenos de pecado, completamente separados de su presencia. No obstante, el Señor nos creó para estar unidos con Él en una relación íntima y profunda. Por eso cuando hablamos acerca de ser *reconciliados* con Él, queremos decir que nuestra relación con Él ha sido restaurada por medio de la sangre de Jesús vertida en la cruz.

➤ *1.27 — Cristo en vosotros, la esperanza de Gloria.*

En tiempos del Antiguo Testamento, el Espíritu Santo descendía sobre hombres y mujeres elegidos por Dios, a fin de capacitarlos para llevar a cabo su voluntad. Pero nadie alguna vez se imaginó que Él literalmente establecería su residencia en los creyentes, como habita hoy dentro de ellos.

➤ *2.6 — de la manera que habéis recibido al Señor Jesucristo, andad en él.*

¿Cómo recibió usted a Jesús como su Señor y Salvador? Por fe. Y así exactamente es como usted crece hasta alcanzar la madurez: por fe. La capacidad de llevar a cabo todo lo que Dios tiene planeado para su vida está dentro de usted, mediante la presencia, el poder y la sabiduría del Espíritu Santo. Así que si desea desarrollar su relación con Él y llegar a ser todo para lo cual fue creado(a), debe rendirse voluntariamente a las indicaciones del Espíritu y confiar en Él, sin importar qué le mande hacer.

➤ *2.9 — en él habita corporalmente toda la plenitud de la Deidad.*

Pablo advirtió a los colosenses que se guardaran de las filosofías huecas y engañosas que estaban basadas en el razonamiento humano. Para nosotros puede ser imposible comprender cómo pudo Jesús ser totalmente humano y totalmente divino al mismo tiempo (Jn 1.1, 14; Fil 2.6–8). Pero esa es la enseñanza clara de las Escrituras, y debemos aceptarla aunque no la comprendamos. Jesús dijo: «El que me ha visto a mí, ha visto al Padre» (Jn 14.9).

➤ *2.10 — la cabeza de todo principado y potestad.*

Todo lo que existe fue creado por Él y para Él. Todo está bajo su autoridad, incluyendo todas las naciones y todos los gobiernos y dirigentes de la tierra. Por supuesto, algunas personas están en desacuerdo con esto porque no reconocen el señorío de Jesucristo, pero su opinión es irrelevante porque un día «en el nombre de Jesús se [doblará] toda rodilla de los que están en los cielos, y en la tierra, y debajo de la tierra» (Fil 2.10).

RESPUESTAS A PREGUNTAS DE LA VIDA

¿Cómo puedo llegar a contar con la compañía del Espíritu Santo en mi vida?

Col 2.6, 7

Al pensar en la compañía del Espíritu Santo, es importante que considere primero qué le permitió empezar una relación con el Señor. ¿Cómo pudo usted, siendo un pecador, entablar una amistad con el Dios santo? ¿Qué le reconcilió con Él? ¿Acaso fue dedicación por parte suya? ¿Tal vez fue resultado de sus esfuerzos incesantes? ¡Por supuesto que no! Usted accedió a su relación con Él por fe. De la misma manera, cada aspecto de su vida con Dios requiere que usted confíe en el Señor. El apóstol Pablo afirma: «de la manera que habéis recibido al Señor Jesucristo, andad en él; arraigados y sobreedificados en él, y confirmados en la fe, así como habéis sido enseñados» (Col 2.6, 7). El Señor le enseña cómo andar con Él, cómo honrarlo y cómo unírsele en su obra.

No somos la primera generación de cristianos que han tratado de tomar el asunto en sus propias manos; creyentes a través de la historia han exhibido el mismo problema. Es parte de la naturaleza humana caída querer mantener el control y hacer las cosas por nuestra cuenta. Sin embargo, cuando se trata de la justicia, bien sea para salvación o para la vida, debemos dejar que Dios haga el trabajo.

La vida llena del Espíritu es una vida de fe. Empezó por fe y es mantenida por fe, de principio a fin. ¿Qué es la fe? Fe es creer que Dios hará lo que ha prometido, tal como lo prometió. No es un poder ni algo que nosotros supuestamente tengamos que avivar en nuestro interior por nosotros mismos. Más bien, la fe es confiar que Dios honrará sus promesas. Eso es todo.

Al principio de nuestra relación con Él, creímos que Jesús nos redimiría del castigo de nuestros pecados; ahora debemos confiar en Él para que nos libere de la servidumbre a las fortalezas de pecado en nuestras vidas. Debemos tener confianza que Él nos mostrará cómo vivir de una manera que lo honre. Debemos proceder en nuestra vida tomando decisiones, manejando crisis, sosteniendo nuestras familias y demás, sabiendo que Él realmente hará lo que dijo que haría. Eso es lo que significa asociarnos con el Espíritu.

Para un estudio más a fondo, véase el Índice de Principios de vida:

22. *Andar en el Espíritu es obedecer las indicaciones iniciales del Espíritu.*
9. *Confiar en Dios quiere decir ver más allá de lo que podemos, hacia lo que Dios ve.*

13 Y a vosotros, estando muertos en pecados
y en la incircuncisión de vuestra carne, os dio
vida juntamente con él,[b] perdonándoos todos
los pecados,
14 anulando el acta de los decretos que había
contra nosotros, que nos era contraria, quitándola de en medio y clavándola en la cruz,[c]
15 y despojando a los principados y a las
potestades, los exhibió públicamente, triun-
fando sobre ellos en la cruz.
16 Por tanto, nadie os juzgue en comida o en
bebida, o en cuanto a días de fiesta, luna nueva o días de reposo,[d] *
17 todo lo cual es sombra de lo que ha de
venir; pero el cuerpo es de Cristo.
18 Nadie os prive de vuestro premio, afectando humildad y culto a los ángeles, entremetiéndose en lo que no ha visto, vanamente
hinchado por su propia mente carnal,

* Aquí equivale a *sábado*.

b. 2.13 Ef 2.1-5. **c. 2.14** Ef 2.15. **d. 2.16** Ro 14.1-6. **e. 2.19** Ef 4.16.

LECCIONES DE VIDA

2.13 — estando muertos en pecados... os dio vida juntamente con él, perdonándoos todos los pecados.

«La paga del pecado es muerte» (Ro 6.23). Eso significa que sin Jesús estamos muertos espiritualmente y no podemos tener compañerismo alguno con Dios, porque Él es Espíritu. Si nunca aceptamos a Cristo como nuestro Salvador, siendo Él quien nos da vida espiritualmente al quitar de nosotros los pecados, entonces jamás podremos tener una relación con Él.

19 y no asiéndose de la Cabeza, en virtud de
quien todo el cuerpo, nutriéndose y uniéndose
por las coyunturas y ligamentos, crece con el
crecimiento que da Dios.[e]
20 Pues si habéis muerto con Cristo en cuanto
a los rudimentos del mundo, ¿por qué, como si
vivieseis en el mundo, os sometéis a preceptos
21 tales como: No manejes, ni gustes, ni aun
toques
22 (en conformidad a mandamientos y doctrinas de hombres), cosas que todas se destruyen con el uso?
➤23 Tales cosas tienen a la verdad cierta reputación de sabiduría en culto voluntario, en humildad y en duro trato del cuerpo; pero no tienen valor alguno contra los apetitos de la carne.
3 SI, pues, habéis resucitado con Cristo,
buscad las cosas de arriba, donde está
Cristo sentado a la diestra de Dios.[a]
➤2 Poned la mira en las cosas de arriba, no en
las de la tierra.
3 Porque habéis muerto, y vuestra vida está
escondida con Cristo en Dios.
✻4 Cuando Cristo, vuestra vida, se manifieste,
➤entonces vosotros también seréis manifestados con él en gloria.

La vida antigua y la nueva

5 Haced morir, pues, lo terrenal en vosotros:
fornicación, impureza, pasiones desordenadas, malos deseos y avaricia que es idolatría;
6 cosas por las cuales la ira de Dios viene
sobre los hijos de desobediencia,
7 en las cuales vosotros también anduvisteis
en otro tiempo cuando vivíais en ellas.
8 Pero ahora dejad también vosotros todas
estas cosas: ira, enojo, malicia, blasfemia,
palabras deshonestas de vuestra boca.
9 No mintáis los unos a los otros, habiéndoos
despojado del viejo hombre[b] con sus hechos,
10 y revestido del nuevo,[c] el cual conforme a
la imagen del que lo creó[d] se va renovando
hasta el conocimiento pleno,
11 donde no hay griego ni judío, circuncisión
ni incircuncisión, bárbaro ni escita, siervo ni
libre, sino que Cristo es el todo, y en todos.
➤12 Vestíos, pues, como escogidos de Dios, santos y amados, de entrañable misericordia, de benignidad, de humildad, de mansedumbre, de paciencia;
13 soportándoos unos a otros,[e] y perdonándoos unos a otros si alguno tuviere queja contra otro. De la manera que Cristo os perdonó, así también hacedlo vosotros.[f]
14 Y sobre todas estas cosas vestíos de amor,
que es el vínculo perfecto.
15 Y la paz de Dios gobierne en vuestros corazones, a la que asimismo fuisteis llamados en un solo cuerpo; y sed agradecidos.
➤16 La palabra de Cristo more en abundancia en vosotros, enseñándoos y exhortándoos unos a otros en toda sabiduría, cantando con gracia en vuestros corazones al Señor con salmos e himnos y cánticos espirituales.

Ejemplos de vida

JUAN MARCOS

Aprendamos a terminar bien

COL 4.10

Juan Marcos había tenido un comienzo excelente. Acompañó a Bernabé y a Pablo en un emocionante viaje misionero, y vio a Dios hacer cosas asombrosas. Sin embargo, por alguna razón, los dejó a mitad de camino en la obra, y Pablo se negó a trabajar de nuevo con el joven (Hch 13.13; 15.36–40).

No obstante, la opinión que Pablo tenía de Marcos cambió más adelante (Col 4.10; 2 Ti 4.11). Marcos prosiguió a ministrar una vez más con su primo Bernabé, y también llegó a escribir el evangelio de Marcos. Aceptó el reto del ministerio, con todas sus dificultades, y terminó siendo un vencedor.

Muchos creyentes no terminan bien porque piensan erróneamente que el llamado de Dios al ministerio personal depende de su nivel de habilidad. Ninguno de nosotros es adecuado en sí mismo, así como tampoco podemos salvarnos a nosotros mismos. A lo largo de nuestras vidas debemos glorificar a Dios, y eso significa depender de Él de principio a fin.

Para un estudio más a fondo, véase el Índice de Principios de vida:

4. *Estar conscientes de la presencia de Dios nos da energías para desempeñar nuestro trabajo.*
15. *El quebrantamiento es el requisito de Dios para que seamos útiles al máximo.*

17 Y todo lo que hacéis, sea de palabra o de
hecho, hacedlo todo en el nombre del Señor
Jesús, dando gracias a Dios Padre por medio
de él.[g]

Deberes sociales de la nueva vida

18 Casadas, estad sujetas a vuestros maridos,[h]
como conviene en el Señor.

a. 3.1 Sal 110.1. **b. 3.9** Ef 4.22. **c. 3.10** Ef 4.24.
d. 3.10 Gn 1.26. **e. 3.12-13** Ef 4.2. **f. 3.13** Ef 4.32.
g. 3.16-17 Ef 5.19-20. **h. 3.18** Ef 5.22; 1 P 3.1.

19 Maridos, amad a vuestras mujeres,[i] y no seáis ásperos con ellas.
20 Hijos, obedeced a vuestros padres en todo, porque esto agrada al Señor.[j]
21 Padres, no exasperéis a vuestros hijos,[k] para que no se desalienten.
22 Siervos, obedeced en todo a vuestros amos terrenales, no sirviendo al ojo, como los que quieren agradar a los hombres, sino con corazón sincero, temiendo a Dios.
➤ 23 Y todo lo que hagáis, hacedlo de corazón, como para el Señor y no para los hombres;
✱ 24 sabiendo que del Señor recibiréis la recom-
➤ pensa de la herencia, porque a Cristo el Señor servís.
25 Mas el que hace injusticia, recibirá la injusticia que hiciere,[l] porque no hay acepción de personas.[m]

4 AMOS, haced lo que es justo y recto con vuestros siervos, sabiendo que también vosotros tenéis un Amo en los cielos.[a]
2 Perseverad en la oración, velando en ella ➤
con acción de gracias;
3 orando también al mismo tiempo por nosotros, para que el Señor nos abra puerta para la palabra, a fin de dar a conocer el misterio de Cristo, por el cual también estoy preso,
4 para que lo manifieste como debo hablar.
5 Andad sabiamente para con los de afuera, ➤
redimiendo el tiempo.[b]
6 Sea vuestra palabra siempre con gracia, sazonada con sal, para que sepáis cómo debéis responder a cada uno.

Salutaciones finales

7 Todo lo que a mí se refiere, os lo hará saber ➤
Tíquico,[c] amado hermano y fiel ministro y consiervo en el Señor,

i. 3.19 Ef 5.25; 1 P 3.7. **j. 3.20** Ef 6.1. **k. 3.21** Ef 6.4. **l. 3.22-25** Ef 6.5-8. **m. 3.25** Dt 10.17; Ef 6.9. **a. 4.1** Ef 6.9. **b. 4.5** Ef 5.16. **c. 4.7** Hch 20.4; 2 Ti 4.12.

LECCIONES DE VIDA

➤ ***2.14 — anulando el acta de los decretos que había contra nosotros, que nos era contraria... clavándola en la cruz.***

Cada uno de nosotros tiene una deuda legal de pecado que *debe* ser reconciliada (Ro 6.23). El problema es que ninguno de nosotros puede pagarla en razón de nuestra naturaleza de pecado. Por eso Cristo, conociendo todos los pecados que cometeríamos en nuestra vida, tomó nuestro registro de faltas sobre Él mismo y las borró por completo con su propia sangre (Mt 26.28; Ro 3.23–26; Ef 1.7; Col 1.20; He 9.11–28). Esa deuda quedó cancelada para siempre. Nadie jamás puede condenarnos porque nuestro Salvador, el Señor Jesucristo, pagó toda nuestra multa.

➤ ***2.17 — todo lo cual es sombra de lo que ha de venir; pero el cuerpo es de Cristo.***

Todas las fiestas, los festivales, los días sagrados de los judíos y hasta el templo mismo, predijeron la venida de Cristo. Su propósito nunca fue inspirar una adherencia legalista a la ley, sino a la fe devota y de todo corazón en el Mesías venidero.

➤ ***2.23 — Tales cosas tienen a la verdad cierta reputación de sabiduría en culto voluntario, en humildad y en duro trato del cuerpo; pero no tienen valor alguno contra los apetitos de la carne.***

En algunos sentidos, puede parecer más fácil vivir conforme a una serie de reglas que obedecer al Señor. Pero la verdad es que las regulaciones piadosas no pueden cambiar nuestra naturaleza. A duras penas pueden suprimir temporalmente nuestros impulsos naturales. Debemos luchar contra todo lo que nos tiente a conformarnos a una mentalidad legalista porque eso conduce únicamente a la esclavitud. Los problemas espirituales sólo pueden ser resueltos por el poder transformador de su Espíritu Santo.

➤ ***3.2 — Poned la mira en las cosas de arriba, no en las de la tierra.***

Su mente está trabajando todo el tiempo y procesando información constantemente. Aquello en lo que usted piensa le afecta más de lo que usted se da cuenta, porque la persona que usted es hoy es el resultado de lo que ha estado pensando todos estos años que han pasado. Es por esa razón que los creyentes somos amonestados a enfocar nuestros pensamientos en las cosas que honran al Señor, puesto que la meta de Dios es cambiarnos en la semejanza de Cristo y esa transformación empieza en nuestras mentes (Ro 12.2; Fil 4.8, 9).

➤ ***3.4 — Cuando Cristo, vuestra vida, se manifieste, entonces vosotros también seréis manifestados con él en gloria.***

Se acerca el día cuando Cristo tomará su trono y los creyentes serán revelados como su pueblo, por eso vivimos en gran anticipación de su regreso. Pero por ahora, debemos permitirle prepararnos para la eternidad, y fijar siempre nuestra esperanza, firmemente, en su promesa que viviremos juntos con Él en su gloria para siempre.

➤ ***3.12 — Vestíos... de entrañable misericordia, de benignidad, de humildad, de mansedumbre, de paciencia.***

La compasión, la bondad, la humildad, la gentileza y la paciencia no llegan a ser automáticamente nuestras características cuando aceptamos a Jesucristo como nuestro Salvador. Tenemos la responsabilidad de adoptar estas cualidades, pero no podemos lograrlo por nuestra cuenta. A medida que nos rendimos al control del Espíritu de Dios, Él nos cambia para que nuestras vidas se conviertan en un reflejo de Cristo y de sus cualidades.

➤ ***3.16 — La palabra de Cristo more en abundancia en vosotros, enseñándoos y exhortándoos unos a otros en toda sabiduría, cantando con gracia en vuestros corazones al Señor con salmos e himnos y cánticos espirituales.***

Todo lo que nos digamos unos a otros, bien sea a través de sermones, lecciones, testimonios, canciones o una simple conversación casual, debería tener el propósito de estimularnos unos a otros a amar más a Dios. No podemos crecer en nuestra relación con Jesús ni madurar en nuestra vida cristiana sin el ánimo, la ayuda y la instrucción de los demás.

8 el cual he enviado a vosotros para esto mismo, para que conozca lo que a vosotros se
refiere, y conforte vuestros corazones,[d]
9 con Onésimo,[e] amado y fiel hermano, que
es uno de vosotros. Todo lo que acá pasa, os
lo harán saber.
10 Aristarco,[f] mi compañero de prisiones, os
saluda, y Marcos[g] el sobrino de Bernabé, acerca del cual habéis recibido mandamientos; si
fuere a vosotros, recibidle;
➤ 11 y Jesús, llamado Justo; que son los únicos
de la circuncisión que me ayudan en el reino
de Dios, y han sido para mí un consuelo.
12 Os saluda Epafras,[h] el cual es uno de vosotros, siervo de Cristo, siempre rogando encarecidamente por vosotros en sus oraciones,
para que estéis firmes, perfectos y completos
en todo lo que Dios quiere.
13 Porque de él doy testimonio de que tiene
gran solicitud por vosotros, y por los que están
en Laodicea, y los que están en Hierápolis.
14 Os saluda Lucas[i] el médico amado, y ➤
Demas.[j]
15 Saludad a los hermanos que están en Laodicea, y a Ninfas y a la iglesia que está en su
casa.
16 Cuando esta carta haya sido leída entre
vosotros, haced que también se lea en la iglesia de los laodicenses, y que la de Laodicea la
leáis también vosotros.
17 Decid a Arquipo:[k] Mira que cumplas el ➤
ministerio que recibiste en el Señor.
18 La salutación de mi propia mano, de Pablo.
Acordaos de mis prisiones. La gracia sea con
vosotros. Amén.

d. 4.7-8 Ef 6.21-22. **e. 4.9** Flm 10-12. **f. 4.10** Hch 19.29; 27.2; Flm 24. **g. 4.10** Hch 12.12, 25; 13.13; 15.37-39. **h. 4.12** Col 1.7; Flm 23. **i. 4.14** 2 Ti 4.11; Flm 24. **j. 4.14** 2 Ti 4.10; Flm 24. **k. 4.17** Flm 2.

LECCIONES DE VIDA

➤ *3.23 — todo lo que hagáis, hacedlo de corazón, como para el Señor y no para los hombres.*

Cada actividad en la que participemos como creyentes debería realizarse para la gloria de Dios. Sin importar quiénes seamos, debemos ejecutar cada tarea con gozo, integridad, diligencia y energía porque representamos al Señor, y otros formarán su opinión de Él por medio de lo que vean en nosotros.

➤ *3.24 — del Señor recibiréis la recompensa de la herencia, porque a Cristo el Señor servís.*

Los dones y talentos que usted tiene le pertenecen a Dios, y cuando usted los descuida o los usa para fines egoístas, terminan siendo desperdiciados. Pero cuando usted invierte sabiamente sus dones, el Señor recompensa su fidelidad haciéndole todavía más eficaz para su reino y bendiciéndole.

➤ *4.2 — Perseverad en la oración.*

Recuerde siempre que de rodillas somos más altos y más fuertes porque esto ocurre cuando nos humillamos ante Dios y aprendemos a depender de su poder. A medida que hablamos con Él, lo escuchamos y le permitimos hablar a nuestros corazones a través de su Palabra, recibimos su sabiduría y su dirección. Y a medida que lo obedecemos en fe, Él obra poderosamente para mostrarnos la victoria.

➤ *4.5 — Andad sabiamente para con los de afuera, redimiendo el tiempo.*

Los incrédulos siempre nos están observando, sea que nos demos cuenta o no de ello, y no sabemos cuándo el Señor nos dará una oportunidad para que influyamos en sus vidas. Tal vez nos pregunten acerca del cielo, la vida eterna o de Dios, y siempre debemos estar preparados para contarles acerca de la razón de nuestra esperanza.

➤ *4.7 — [Tíquico]... os lo hará saber.*

Ningún trabajo es pequeño para el Señor. Tíquico hizo diligencias para Pablo mientras el apóstol fue un prisionero en Roma. Recorrió grandes distancias para entregar las cartas del apóstol a las iglesias y recolectó información acerca de los retos que los creyentes enfrentaban en cada lugar. A algunos esto no les parecería muy significativo, pero si Tíquico y otros como él hubieran rehusado entregar las epístolas de Pablo a las iglesias, una gran parte del Nuevo Testamento podría haberse perdido.

➤ *4.11 — son los únicos de la circuncisión que me ayudan en el reino de Dios, y han sido para mí un consuelo.*

Mientras Pablo estuvo encarcelado en Roma, Dios lo rodeó con un grupo de hombres piadosos que fueron diligentes en animarlo y proveer para sus necesidades. El apóstol no dice nada acerca de sus capacidades, sus habilidades, su experiencia ni su educación, pero sí menciona que eran hombres de gran carácter y piedad (Col 4.7–17). Esto es lo que se requiere para que cualquiera de nosotros ejerza el ministerio: fidelidad, amor, espíritu sacrificial, un corazón de siervo, y devoción absoluta al Señor. Todos tenemos la capacidad de servir con excelencia cuando nos comprometemos a obedecer al Señor de todo corazón.

➤ *4.14 — Os saluda Lucas el médico amado, y Demas.*

Aunque a estas alturas Demas es el acompañante fiel de Pablo, algún tiempo después él le daría la espalda al apóstol, quien dijo que lo desamparó y se fue «amando este mundo» (2 Ti 4.10). Terminar bien no sucede por accidente, debemos trabajar para lograrlo manteniendo nuestro enfoque en Cristo.

➤ *4.17 — Mira que cumplas el ministerio que recibiste en el Señor.*

Cada uno de nosotros tiene algún trabajo especial que el Señor nos ha asignado (Ef 2.10). ¿Qué le ha llamado a hacer Dios? El Señor tiene un plan para su vida, y si usted desea experimentar la vida a plenitud, necesita preguntarle cuál es ese propósito. Porque sólo obedeciendo al Señor podrá usted hallar la satisfacción verdadera y el significado de su vida.

LA PRIMERA EPÍSTOLA DEL APÓSTOL PABLO A LOS

TESALONICENSES

Pablo tenía muchos recuerdos gratos de los días que pasó con los creyentes en Tesalónica. La fe, la esperanza, el amor y la perseverancia que ellos demostraron en medio de una persecución severa, lo alentaron profundamente. Las labores de Pablo como un padre espiritual para la naciente iglesia fueron generosamente recompensadas, y vemos su evidente afecto por sus amigos en cada frase de esta carta.

El apóstol fundó la iglesia en Tesalónica durante su segundo viaje misionero (Hch 17.1–9), en medio de una intensa oposición por parte de los judíos. No se quedó allí mucho tiempo; la mayoría de los cálculos oscilan entre unas cuantas semanas y un par de meses, al cabo de los cuales se vio forzado a partir. De allí Pablo se encaminó hacia Atenas, pero quedó intranquilo por la joven congregación. Le preocupaba que el antagonismo que enfrentaban llegara a perjudicar o hasta destruir la iglesia. Por eso el apóstol envió a Timoteo, para animar y fortalecer a estos tiernos creyentes en Cristo. A su regreso, el informe positivo que presentó, a la par con otros asuntos pendientes, parece haber inspirado al apóstol a escribir esta epístola.

El apóstol animó a sus amigos a ser excelentes en su nueva fe, a crecer en su amor fraternal, a regocijarse, a orar y a dar gracias en todo momento. Pablo cierra cada capítulo con un recordatorio que el Señor viene otra vez. El advenimiento de Cristo significa esperanza y consuelo para todos los creyentes, tanto los que viven como los que han muerto. El que Pablo enfatice el regreso del Señor a una naciente iglesia que apenas empieza a surgir, debería indicarnos quizá la gran importancia de enseñar la doctrina de la segunda venida de una manera práctica, como un aspecto crucial para colocar los fundamentos de una fe cristiana madura.

Debido a que esta es la primera de las dos cartas que se conocen de Pablo a la iglesia en Tesalónica, recibió el título *Pros Thessalonikéis A*, o «Primera a los Tesalonicenses».

Tema: El retorno inminente de Cristo debería llenar a los creyentes de esperanza inagotable y ayudarles a encontrar fuerzas cuando son atacados por su fe.

Autor: El apóstol Pablo.

Fecha: Escrita probablemente entre 51–52 d.C. Se cuenta entre las más antiguas cartas de Pablo.

Estructura: Pablo empieza dando gracias por los tesalonicenses y su testimonio (1.1–10). En seguida defiende su propia conducta y el motivo de su ausencia (2.1—3.13) y los exhorta a una conducta piadosa, les recuerda la venida del Señor y ofrece dirección para la vida en la iglesia (4.1—5.22). Termina con una oración, saludos y una conclusión (5.23–28).

A medida que lea 1 Tesalonicenses, fíjese en los principios de vida que juegan un papel importante en este libro:

26. La adversidad es un puente que nos conduce a una relación más profunda con Dios. *Véase 1 Tesalonicenses 1.6; 4.11; páginas 1364; 1369.*

29. Aprendemos más en nuestras experiencias por el valle de lágrimas que en las de la cumbre del éxito. *Véase 1 Tesalonicenses 3.3; página 1365.*

30. El deseo ferviente del regreso del Señor nos mantiene viviendo productivamente. *Véase 1 Tesalonicenses 3.13; 5.2, 6; páginas 1367; 1369; 1370.*

Salutación

1 PABLO, Silvano y Timoteo, a la iglesia
de los tesalonicenses[a] en Dios Padre y
en el Señor Jesucristo: Gracia y paz sean a
vosotros, de Dios nuestro Padre y del Señor
Jesucristo.

Ejemplo de los tesalonicenses

2 Damos siempre gracias a Dios por todos
vosotros, haciendo memoria de vosotros en
nuestras oraciones,
➤ 3 acordándonos sin cesar delante del Dios y
Padre nuestro de la obra de vuestra fe, del trabajo de vuestro amor y de vuestra constancia
en la esperanza en nuestro Señor Jesucristo.
4 Porque conocemos, hermanos amados de
Dios, vuestra elección;
➤ 5 pues nuestro evangelio no llegó a vosotros
en palabras solamente, sino también en poder,
en el Espíritu Santo y en plena certidumbre,
como bien sabéis cuáles fuimos entre vosotros
por amor de vosotros.
➤ 6 Y vosotros vinisteis a ser imitadores de
nosotros y del Señor, recibiendo la palabra en
medio de gran tribulación,[b] con gozo del Espíritu Santo,
➤ 7 de tal manera que habéis sido ejemplo a
todos los de Macedonia y de Acaya que han
creído.
8 Porque partiendo de vosotros ha sido divulgada la palabra del Señor, no sólo en Macedonia y Acaya, sino que también en todo lugar
vuestra fe en Dios se ha extendido, de modo
que nosotros no tenemos necesidad de hablar
nada;
9 porque ellos mismos cuentan de nosotros la
manera en que nos recibisteis, y cómo os convertisteis de los ídolos a Dios, para servir al
Dios vivo y verdadero,
10 y esperar de los cielos a su Hijo, al cual *
resucitó de los muertos, a Jesús, quien nos
libra de la ira venidera.

Ministerio de Pablo en Tesalónica

2 PORQUE vosotros mismos sabéis, hermanos, que nuestra visita a vosotros no
resultó vana;
2 pues habiendo antes padecido y sido ➤
ultrajados en Filipos,[a] como sabéis, tuvimos denuedo en nuestro Dios para anunciaros el evangelio de Dios en medio de gran
oposición.[b]
3 Porque nuestra exhortación no procedió de
error ni de impureza, ni fue por engaño,
4 sino que según fuimos aprobados por
Dios para que se nos confiase el evangelio,
así hablamos; no como para agradar a los
hombres, sino a Dios, que prueba nuestros
corazones.
5 Porque nunca usamos de palabras lisonje-
ras, como sabéis, ni encubrimos avaricia; Dios
es testigo;
6 ni buscamos gloria de los hombres; ni de
vosotros, ni de otros, aunque podíamos seros
carga como apóstoles de Cristo.

a. 1.1 Hch 17.1. **b. 1.6** Hch 17.5-9. **a. 2.2** Hch 16.19-24. **b. 2.2** Hch 17.1-9.

LECCIONES DE VIDA

➤ ***1.3 — de la obra de vuestra fe, del trabajo de vuestro amor y de vuestra constancia en la esperanza en nuestro Señor Jesucristo.***

La voluntad y el plan de Dios para todos los creyentes es que las buenas obras sean nuestro estilo de vida. Una vida cristiana equilibrada y eficaz se caracteriza por la acción conjunta de la fe, la esperanza y el amor. Estos factores deben motivar todo lo que hacemos en obediencia al Señor y para su gloria.

➤ ***1.5 — nuestro evangelio no llegó a vosotros en palabras solamente, sino también en poder, en el Espíritu Santo y en plena certidumbre.***

Tesalónica era un gran puerto marítimo y un centro de comercio e industria. Ubicada en la gran *Vía Ignacia,* fue muy estratégica en la propagación del evangelio. Sin embargo, unos ochenta kilómetros al suroeste de Tesalónica se encontraba el Monte Olimpo, que era un foco de idolatría. Sólo la obra del Espíritu Santo podría mostrar a las personas que el Señor Jesús no era una deidad entre las muchas del panteón griego, sino que *solamente* Él es el Salvador del mundo y el único Dios verdadero.

➤ ***1.6 — vosotros vinisteis a ser imitadores de nosotros y del Señor, recibiendo la palabra en medio de gran tribulación, con gozo del Espíritu Santo.***

Los creyentes en Tesalónica experimentaron persecución debido a su fe (Hch 17.1–9), pero Pablo les instruyó que siguieran sirviendo a Dios con alegría. El mundo no puede ver cómo es posible que el gozo y la tribulación vayan de la mano, pero en toda la Biblia los vemos juntos. Una vida de fe puede incluir adversidad, pero es a través de ella que ganamos una relación más profunda con el Señor.

➤ ***1.7 — habéis sido ejemplo a todos los de Macedonia y de Acaya que han creído.***

Los creyentes en Tesalónica eran muy jóvenes en su fe, pero Pablo vio su potencial. Si permanecían firmes en su fe podrían llegar a convertirse en testigos poderosos para muchos otros en la región. Los elogió por inspirar a quienes oían su testimonio. El sometimiento en obediencia al Señor, y no la edad, es lo que hace de una persona un buen ejemplo a seguir. Como Pablo dijo a Timoteo: «Ninguno tenga en poco tu juventud, sino sé ejemplo de los creyentes en palabra, conducta, amor, espíritu, fe y pureza» (1 Ti 4.12)

➤ ***2.2 — habiendo antes padecido y sido ultrajados en Filipos, como sabéis, tuvimos denuedo en nuestro Dios para anunciaros el evangelio de Dios en medio de gran oposición.***

Aunque Pablo y Silas habían sido azotados y encarcelados por su fe (Hch 16.16–40), se negaron a dejar de predicar el evangelio. El mejor lugar donde podemos hallar el valor para expresar lo que creemos sin que nos afecte la adversidad, y de hecho el único lugar confiable, es *en* Dios. La valentía inspirada por el Espíritu no puede ser cohibida ni por el sufrimiento ni por los conflictos.

7 Antes fuimos tiernos entre vosotros, como
la nodriza que cuida con ternura a sus propios hijos.
8 Tan grande es nuestro afecto por vosotros,
que hubiéramos querido entregaros no sólo
el evangelio de Dios, sino también nuestras
propias vidas; porque habéis llegado a sernos
muy queridos.
9 Porque os acordáis, hermanos, de nuestro
trabajo y fatiga; cómo trabajando de noche
y de día, para no ser gravosos a ninguno de
vosotros, os predicamos el evangelio de Dios.
10 Vosotros sois testigos, y Dios también, de
cuán santa, justa e irreprensiblemente nos
comportamos con vosotros los creyentes;
11 así como también sabéis de qué modo,
como el padre a sus hijos, exhortábamos y
consolábamos a cada uno de vosotros,
12 y os encargábamos que anduvieseis como
es digno de Dios, que os llamó a su reino y
gloria.
13 Por lo cual también nosotros sin cesar
damos gracias a Dios, de que cuando recibisteis la palabra de Dios que oísteis de nosotros,
la recibisteis no como palabra de hombres,
sino según es en verdad, la palabra de Dios, la
cual actúa en vosotros los creyentes.
14 Porque vosotros, hermanos, vinisteis a ser
imitadores de las iglesias de Dios en Cristo
Jesús que están en Judea; pues habéis padecido de los de vuestra propia nación[c] las mismas cosas que ellas padecieron de los judíos,
15 los cuales mataron al Señor Jesús y a sus
propios profetas, y a nosotros nos expulsaron;[d]
y no agradan a Dios, y se oponen a todos los
hombres,
16 impidiéndonos hablar a los gentiles para
que éstos se salven; así colman ellos siempre la medida de sus pecados, pues vino sobre
ellos la ira hasta el extremo.

Ausencia de Pablo de la iglesia

17 Pero nosotros, hermanos, separados de
vosotros por un poco de tiempo, de vista pero
no de corazón, tanto más procuramos con
mucho deseo ver vuestro rostro;
18 por lo cual quisimos ir a vosotros, yo Pablo
ciertamente una y otra vez; pero Satanás nos
estorbó.
19 Porque ¿cuál es nuestra esperanza, o gozo,
o corona de que me gloríe? ¿No lo sois vosotros, delante de nuestro Señor Jesucristo, en
su venida?
20 Vosotros sois nuestra gloria y gozo.

3 POR lo cual, no pudiendo soportarlo más,
acordamos quedarnos solos en Atenas,[a]
2 y enviamos a Timoteo nuestro hermano,
servidor de Dios y colaborador nuestro en
el evangelio de Cristo, para confirmaros y
exhortaros respecto a vuestra fe,
3 a fin de que nadie se inquiete por estas tribulaciones; porque vosotros mismos sabéis
que para esto estamos puestos.
4 Porque también estando con vosotros, os
predecíamos que íbamos a pasar tribulaciones, como ha acontecido y sabéis.
5 Por lo cual también yo, no pudiendo soportar más, envié para informarme de vuestra fe,
no sea que os hubiese tentado el tentador, y
que nuestro trabajo resultase en vano.

c. 2.14 Hch 17.5. **d. 2.15** Hch 9.23, 29; 13.45, 50; 14.2, 5, 19; 17.5, 13; 18.12.

LECCIONES DE VIDA

➤ ***2.7 — fuimos tiernos entre vosotros, como la nodriza que cuida con ternura a sus propios hijos.***

Podría sorprendernos que el apóstol Pablo use la imagen de una madre amorosa que cuida tiernamente a sus hijos, para describir su ministerio. Sin embargo, es una imagen fidedigna de la manera como Dios nos trata y de cómo deberíamos tratar a los demás (Is 40.11). No podemos convencer con argumentos ni imponerles a las personas que tengan fe, sino que con el amor y la humildad de Cristo, tiernamente los conducimos a Él (2 Ti 2.24–26).

➤ ***2.11 — así como también sabéis de qué modo, como el padre a sus hijos, exhortábamos y consolábamos a cada uno de vosotros.***

Pablo no solamente les brindó cuidados tiernos a estos jóvenes creyentes cristianos, sino que también los disciplinó y los amonestó como un padre amoroso lo haría. Dios también actúa de ambas maneras hacia nosotros (He 12.5–13). Él nos ama, pero también nos instruye cómo vivir la vida que creó para nosotros. De igual modo, cuando dirigimos a otros al Señor, debemos enseñarles la responsabilidad de rendir cuentas unos a otros y a seguirlo en obediencia.

➤ ***2.18 — quisimos ir a vosotros, yo Pablo ciertamente una y otra vez; pero Satanás nos estorbó.***

La oposición de Satanás a la obra del Señor es real y puede efectivamente impedir nuestro progreso, así que tenemos que ser conscientes de ella. También debemos entender, como Pablo, que el poder del enemigo no se compara con el poder asombroso del Dios viviente. El Señor puede convertir cualquier desilusión en una bendición. Nunca debemos desanimarnos por las tretas del enemigo porque Dios tiene un plan mayor en mente. En lugar de eso, podemos perseverar en la fe, sabiendo que el Señor tiene la victoria definitiva.

➤ ***3.3 — a fin de que nadie se inquiete por estas tribulaciones; porque vosotros mismos sabéis que para esto estamos puestos.***

Podríamos suponer equivocadamente que si Dios nos ama, nos librará del sufrimiento. Sin embargo, la Palabra de Dios es clara: «todos los que quieren vivir piadosamente en Cristo Jesús padecerán persecución» (2 Ti 3.12). ¿Por qué? Jesús nos lo explica: «yo os elegí del mundo, por eso el mundo os aborrece» (Jn 15.19). Pero también se debe a que el Señor sabe que aprendemos más en nuestras experiencias por el valle de lágrimas que en las de la cumbre del éxito. Enfrentamos adversidad al igual que Jesús, para que podamos ser transformados en su imagen y reflejar su carácter a quienes tenemos en derredor (Hch 14.22; 2 Co 4.7–12).

LO QUE LA BIBLIA DICE ACERCA DE
LA IMPORTANCIA DE DAR ÁNIMO

1 Ts 3.1–10

¿Qué significa el ánimo para usted? ¿Puede recordar la última vez que alguien se puso a su lado con el único objetivo de levantarle el ánimo?

A veces tan solo se requiere una palabra, una sonrisa o un apretón de manos para alentar a alguien que esté pasando por una prueba. También puede ser el simple hecho de acompañar a alguien durante un tiempo particularmente difícil, y ayudarle a no perder la esperanza. Produce una grata sensación saber que alguien nos ama en los puntos bajos de la vida, donde no podemos ver claramente hacia delante, o cuando no entendemos la perspectiva y la visión de Dios para nuestra vida.

¿Alguna vez ha hecho algo así por una persona que sufre?

El Señor nos ha asignado a cada cual tareas especiales dentro del cuerpo de Cristo, y quienes tienen el don de exhortación o ánimo pueden regocijarse en sus ministerios especiales (Ro 12.8). Sin embargo, dar ánimo no es el dominio exclusivo de las personas que han recibido un don especial del Señor, sino que es una función maravillosa que Dios ha asignado a todo aquel que pertenece a Jesucristo.

Produce una grata sensación saber que alguien nos ama.

En los primeros días de la iglesia, los nuevos creyentes necesitaron muchísimo ánimo. Las presiones de la sociedad aumentaron, la persecución se multiplicó, y muy pocos tenían acceso a la enseñanza de los apóstoles (1 Ts 3.1–10). Con mucha frecuencia, el ánimo para la iglesia primitiva venía en la forma de una persona, como fue el caso de Timoteo cuando visitó a los tesalonicenses. Lo mismo sigue siendo cierto en nuestros días. A veces el simple hecho de ver llegar a un ser querido puede revigorizar nuestro espíritu y quitarnos el enfoque de nuestros problemas.

El ministerio del ánimo es indispensable, tanto para usted como para el cuerpo de Cristo. No existe una sola persona que no necesite ser animada. Si usted busca la manera de edificar diariamente a las personas con quienes interactúa, aumenta la probabilidad de establecer relaciones significativas y centradas en Cristo. Como Pablo dijo a los tesalonicenses perseguidos: «animaos unos a otros, y edificaos unos a otros, así como lo hacéis… que amonestéis a los ociosos, que alentéis a los de poco ánimo, que sostengáis a los débiles, que seáis pacientes para con todos» (1 Ts 5.11, 14).

Para un estudio más a fondo, véase el Índice de Principios de vida:

28. Ningún creyente ha sido llamado a transitar solitario en su peregrinaje de fe.

6 Pero cuando Timoteo volvió de vosotros a
nosotros,[b] y nos dio buenas noticias de vuestra fe y amor, y que siempre nos recordáis con cariño, deseando vernos, como también nosotros a vosotros,
7 por ello, hermanos, en medio de toda nuestra necesidad y aflicción fuimos consolados de vosotros por medio de vuestra fe;
8 porque ahora vivimos, si vosotros estáis firmes en el Señor.
9 Por lo cual, ¿qué acción de gracias podremos dar a Dios por vosotros, por todo el gozo con que nos gozamos a causa de vosotros delante de nuestro Dios,
10 orando de noche y de día con gran insistencia, para que veamos vuestro rostro, y completemos lo que falte a vuestra fe?
11 Mas el mismo Dios y Padre nuestro, y nuestro Señor Jesucristo, dirija nuestro camino a vosotros.
12 Y el Señor os haga crecer y abundar en amor unos para con otros y para con todos, como también lo hacemos nosotros para con vosotros,
13 para que sean afirmados vuestros corazones, irreprensibles en santidad delante de Dios nuestro Padre, en la venida de nuestro Señor Jesucristo con todos sus santos.

La vida que agrada a Dios

4 POR lo demás, hermanos, os rogamos y exhortamos en el Señor Jesús, que de la manera que aprendisteis de nosotros cómo os conviene conduciros y agradar a Dios, así abundéis más y más.
2 Porque ya sabéis qué instrucciones os dimos por el Señor Jesús;
3 pues la voluntad de Dios es vuestra santificación; que os apartéis de fornicación;
4 que cada uno de vosotros sepa tener su propia esposa en santidad y honor;
5 no en pasión de concupiscencia, como los gentiles que no conocen a Dios;
6 que ninguno agravie ni engañe en nada a su hermano; porque el Señor es vengador de todo esto, como ya os hemos dicho y testificado.
7 Pues no nos ha llamado Dios a inmundicia, sino a santificación.
8 Así que, el que desecha esto, no desecha a hombre, sino a Dios, que también nos dio su Espíritu Santo.
9 Pero acerca del amor fraternal no tenéis necesidad de que os escriba, porque vosotros mismos habéis aprendido de Dios que os améis unos a otros;
10 y también lo hacéis así con todos los hermanos que están por toda Macedonia. Pero os rogamos, hermanos, que abundéis en ello más y más;
11 y que procuréis tener tranquilidad, y ocuparos en vuestros negocios, y trabajar con vuestras manos de la manera que os hemos mandado,

a. 3.1 Hch 17.15. **b. 3.6** Hch 18.5.

LECCIONES DE VIDA

➤ *3.7 — en medio de toda nuestra necesidad y aflicción fuimos consolados de vosotros por medio de vuestra fe.*

Casi nada nos da tanto consuelo como ver a nuestros amigos y seres queridos que son creyentes, crecer en su intimidad con el Señor. ¿A quién podría usted animar ahora mismo por medio de su propia madurez en la fe? Su ejemplo y su testimonio pueden ayudar a muchos a perseverar y mantenerse fieles al Señor durante tiempos bastante difíciles (2 Co 1.3–11). Por lo tanto, siempre que sea apropiado, comparta sus experiencias con los demás.

➤ *3.13 — para que sean afirmados vuestros corazones, irreprensibles en santidad delante de Dios nuestro Padre, en la venida de nuestro Señor Jesucristo con todos sus santos.*

La Biblia establece una fuerte conexión entre la vida en santidad y el regreso de Cristo. No sabemos cuándo veremos al Señor, bien sea por nuestra propia muerte o con ocasión de su segunda venida. Sin embargo, el deseo ferviente del regreso del Señor debería mantenernos viviendo productivamente, e inspirarnos a dedicarnos de todo corazón al Señor.

➤ *4.3 — la voluntad de Dios es vuestra santificación; que os apartéis de fornicación.*

Dios le llama a una vida santa porque Él quiere que usted disfrute todas las bendiciones que le tiene preparadas. Eso significa que Él pone límites en la vida sexual entre la pareja conyugal para su beneficio, mandando que las relaciones sexuales sólo deben darse dentro del matrimonio establecido por Dios entre un hombre y una mujer, porque a Él le interesa lo que suceda con usted en el plano físico. No obstante, sin importar qué pecado haya cometido usted o qué adicción sexual le haya atrapado, el Señor *nunca* es su enemigo. Él es su defensor más poderoso y quiere que usted experimente su perdón, su restauración y su santificación.

➤ *4.4 — cada uno de vosotros sepa tener su propia esposa en santidad y honor.*

La razón principal por la que Dios nos creó fue para tener una relación íntima con Él mismo. De hecho, la intimidad no tiene que ver con carne ni sangre, es un asunto del espíritu que consiste en un conocimiento mutuo a un nivel bastante profundo. Es imposible ser sexualmente inmoral con alguien y al mismo tiempo tener intimidad con esa persona. ¿Por qué? Porque el pecado sexual es lujuria, que por definición es intrínsecamente egoísta. En cambio, la intimidad está basada en el amor, el cual actúa en beneficio de la otra persona.

➤ *4.8 — el que desecha esto, no desecha a hombre, sino a Dios, que también nos dio su Espíritu Santo.*

Muchas personas se niegan a aceptar a Cristo como su Salvador porque no quieren vivir según sus mandatos. Ven los principios piadosos como la obstrucción de su libertad, no como un agente protector de ella. No obstante, le conviene hacer caso de esta advertencia: aunque las tentaciones del enemigo puedan prometer placer inmediato sin castigo, siempre hay consecuencias por la pecaminosidad. Los mandatos del Señor son para nuestro bien, y quienes los rechazan niegan la sabiduría perfecta de Dios.

RESPUESTAS A PREGUNTAS DE LA VIDA

¿Qué significa «orar sin cesar»?

1 TS 5.17

¿A qué se refería Pablo cuando dijo «orad sin cesar» (1 Ts 5.17)? ¿Cómo podríamos llevar una vida normal haciendo tal cosa?

En primer lugar, el apóstol no quiso decir que tuviéramos que ir por todas partes musitando con Dios. Más bien, nos enseñó que podemos vivir en una actitud constante de intercesión, incluso mientras realizamos nuestras rutinas diarias. Por supuesto, hay días en los que oramos mucho más que otros. Pero sin importar qué actividades tengamos en nuestra lista de «cosas por hacer», podemos mantener una conversación natural y continua con el Señor, que abarque todos los aspectos de nuestra vida.

¿Debería usted orar sobre asuntos insignificantes o rutinarios? ¡Sí! Dios oye *cada* oración. Puesto que Él está interesado en cada aspecto de su vida, le invita a hablarle acerca de cualquier cosa que le preocupe, le interese, le confunda, le asuste, le rete, o que toque su vida en algún sentido. Usted debería pedirle que le ayude con los detalles pequeños, como encontrar sus anteojos extraviados o recordar algún dato que haya olvidado. Es por medio de tales peticiones que usted aprende cuán amoroso y lleno de gracia es su Padre celestial, y que usted es un hijo o una hija de Dios a quien Él ama mucho.

A las personas de afuera podría parecerles tonta esa clase de confianza total en el Señor, pero ¿eso qué importa? Es únicamente a través de la oración que podemos acceder a los recursos ilimitados del cielo. Es sólo pidiéndole al Señor que podemos probar la verdad de su promesa: «Si algo pidiereis en mi nombre, yo lo haré» (Jn 14.14). Con demasiada frecuencia limitamos nuestra oración precisamente porque no nos abandonamos de todo corazón a la gracia y la misericordia de nuestro Padre celestial.

Dios nos llamó a ser un pueblo de oración, y la comunicación frecuente crea un compañerismo íntimo con nuestro Salvador. A través del tiempo que pasamos con Él, descubrimos su bondad, su fidelidad y su dirección maravillosa para nuestra vida. También hallamos la fortaleza y la sabiduría para cada curva peligrosa en el sendero de nuestra vida, de tal modo que podamos experimentar todo aquello para lo cual Dios nos creó. Si desarrollamos una perspectiva de la vida que esté saturada en oración, llegará el momento en que nuestra comunicación con el Señor se convierta en nuestro primer instinto en *cada* situación, y no solamente cuando enfrentemos algún reto o nos encontremos en alguna dificultad. Con el tiempo, nunca se nos ocurrirá *no* orar.

Para un estudio más a fondo, véase el Índice de Principios de vida:

8. *Libremos nuestras batallas de rodillas y siempre obtendremos la victoria.*
17. *De rodillas somos más altos y más fuertes.*
27. *No hay nada como la oración para ahorrar tiempo.*

12 a fin de que os conduzcáis honradamente para con los de afuera, y no tengáis necesidad de nada.

La venida del Señor

➤13 Tampoco queremos, hermanos, que ignoréis acerca de los que duermen, para que no os entristezcáis como los otros que no tienen esperanza.
*➤14 Porque si creemos que Jesús murió y resucitó, así también traerá Dios con Jesús a los que durmieron en él.
15 Por lo cual os decimos esto en palabra del Señor: que nosotros que vivimos, que habremos quedado hasta la venida del Señor, no precederemos a los que durmieron.
16 Porque el Señor mismo con voz de mando, ➤
con voz de arcángel, y con trompeta de Dios, descenderá del cielo; y los muertos en Cristo resucitarán primero.
17 Luego nosotros los que vivimos, los que ➤
hayamos quedado, seremos arrebatados juntamente con ellos en las nubes para recibir al Señor en el aire, y así estaremos siempre con el Señor.[a]
18 Por tanto, alentaos los unos a los otros con ➤
estas palabras.

a. 4.15-17 1 Co 15.51-52.

5 PERO acerca de los tiempos y de las ocasiones, no tenéis necesidad, hermanos, de
que yo os escriba.
➤ 2 Porque vosotros sabéis perfectamente que
el día del Señor vendrá así como ladrón en
la noche;[a]
3 que cuando digan: Paz y seguridad, entonces vendrá sobre ellos destrucción repentina, como los dolores a la mujer encinta, y no
escaparán.
➤ 4 Mas vosotros, hermanos, no estáis en tinieblas, para que aquel día os sorprenda como
ladrón.
5 Porque todos vosotros sois hijos de luz e
hijos del día; no somos de la noche ni de las
tinieblas.
➤ 6 Por tanto, no durmamos como los demás,
sino velemos y seamos sobrios.
7 Pues los que duermen, de noche duermen, y los que se embriagan, de noche se
embriagan.
8 Pero nosotros, que somos del día, seamos
sobrios, habiéndonos vestido con la coraza de
fe y de amor, y con la esperanza de salvación
como yelmo.[b]
9 Porque no nos ha puesto Dios para ira, sino
para alcanzar salvación por medio de nuestro
Señor Jesucristo,
10 quien murió por nosotros para que ya sea
que velemos, o que durmamos, vivamos juntamente con él.
11 Por lo cual, animaos unos a otros, y edificaos unos a otros, así como lo hacéis.

Pablo exhorta a los hermanos

12 Os rogamos, hermanos, que reconozcáis a
los que trabajan entre vosotros, y os presiden
en el Señor, y os amonestan;
13 y que los tengáis en mucha estima y
amor por causa de su obra. Tened paz entre
vosotros.
14 También os rogamos, hermanos, que amonestéis a los ociosos, que alentéis a los de
poco ánimo, que sostengáis a los débiles, que
seáis pacientes para con todos.
15 Mirad que ninguno pague a otro mal por
mal; antes seguid siempre lo bueno unos para
con otros, y para con todos.

a. 5.2 Mt 24.43; Lc 12.39; 2 P 3.10. **b. 5.8** Is 59.17.

LECCIONES DE VIDA

➤ ***4.11 — que procuréis tener tranquilidad, y ocuparos en vuestros negocios, y trabajar con vuestras manos de la manera que os hemos mandado.***

La vida cristiana llena del Espíritu no debería caracterizarse por escándalos y desorden, sino por la paz de Dios que libera a los oprimidos, el dominio propio en todo momento y la fidelidad a los compromisos con Dios (Gá 5.22, 23). Aunque las tempestades de la adversidad sigan azotando en las circunstancias externas, el creyente continúa experimentando una confianza interior llena de paz, la cual únicamente puede provenir del Señor.

➤ ***4.13 — Tampoco queremos, hermanos, que ignoréis acerca de los que duermen, para que no os entristezcáis como los otros que no tienen esperanza.***

Mientras Pablo estuvo con ellos, les enseñó a los cristianos en Tesalónica acerca de la segunda venida del Señor. Puesto que no lograron entender todo lo que les dijo, ellos se angustiaron por sus seres queridos que ya habían fallecido. Pablo les explicó que gracias a Cristo, siempre tenemos esperanza y tenemos por cierto que veremos de nuevo a las personas que amamos.

➤ ***4.14 — si creemos que Jesús murió y resucitó, así también traerá Dios con Jesús a los que durmieron en él.***

Pablo usó la palabra *dormidos* para describir a cristianos que ya habían muerto, pues nuestra muerte no es permanente. De hecho, Pablo nos dice que «estar ausentes del cuerpo» significa estar «presentes al Señor» (2 Co 5.8). Cada creyente resucitará en cuerpo espiritual cuando vaya a vivir en el cielo con nuestro Salvador (1 Co 15.40–54). Puesto que nuestro Señor Jesús está vivo y tiene un cuerpo glorificado (1 Co 15.20), sabemos que nosotros también seremos levantados de la tumba con un cuerpo incorruptible.

➤ ***4.16 — el Señor mismo con voz de mando, con voz de arcángel, y con trompeta de Dios, descenderá del cielo; y los muertos en Cristo resucitarán primero.***

Este pasaje asombroso describe el momento cuando el Señor regresa por su iglesia, cuando los muertos en Cristo resucitarán y recibirán sus cuerpos glorificados, y aquellos que estén vivos seremos transformados para reunirnos en los aires y llevados directamente a su presencia. Esto no debería confundirse con la segunda venida del Señor, cuando Jesús se pone sobre el Monte de los Olivos y establece su reino en la tierra (Mt 25.31–46). El rapto da inicio a la cena de bodas del Cordero (Mt 25.1–13), y la segunda venida tiene lugar después que el banquete haya concluido (Ap 19.7—20.15).

➤ ***4.17 — Luego nosotros los que vivimos, los que hayamos quedado, seremos arrebatados juntamente con ellos en las nubes para recibir al Señor en el aire, y así estaremos siempre con el Señor.***

Esto se conoce como el *rapto* y es el cumplimiento de la promesa que Jesús hizo en Juan 14.1–3, de irse a preparar un lugar para que estemos con Él para siempre. Él es nuestro Novio fiel, y podemos estar seguros que Cristo regresará para llevarnos a nuestro nuevo hogar eterno en los cielos, aunque no sepamos el momento exacto de su venida (Mt 25.1–13; Lc 12.35–44; Ap 19.7–9; 21.9–27).

➤ ***4.18 — alentaos los unos a los otros con estas palabras.***

Tenemos razón para vivir confiados, consolados, asegurados y animados en cuanto a la muerte y la vida venidera. ¿Por qué? Porque tenemos a Jesucristo viviendo dentro de nosotros. Así como el sepulcro no lo pudo contener, tampoco será el destino final de todo aquel que crea en Él.

➤ ***5.2 — vosotros sabéis perfectamente que el día del Señor vendrá así como ladrón en la noche.***

¿Cuándo ataca un ladrón? Nadie lo sabe. Esto mismo sucede con el regreso de Cristo. Nadie sabe cuándo vendrá a recogernos para estar con Él, pero una anticipación anhelante de su regreso debería mantenernos viviendo con esperanza y productividad.

16 Estad siempre gozosos.
17 Orad sin cesar.
➤ 18 Dad gracias en todo, porque ésta es la
voluntad de Dios para con vosotros en Cristo Jesús.
➤ 19 No apaguéis al Espíritu.
20 No menospreciéis las profecías.
21 Examinadlo todo; retened lo bueno.
22 Absteneos de toda especie de mal.
➤ 23 Y el mismo Dios de paz os santifique por
completo; y todo vuestro ser, espíritu, alma
y cuerpo, sea guardado irreprensible para la
venida de nuestro Señor Jesucristo.
24 Fiel es el que os llama, el cual también lo
hará. ✻ ➤

Salutaciones y bendición final

25 Hermanos, orad por nosotros.
26 Saludad a todos los hermanos con ósculo santo.
27 Os conjuro por el Señor, que esta carta se
lea a todos los santos hermanos.
28 La gracia de nuestro Señor Jesucristo sea
con vosotros. Amén.

LECCIONES DE VIDA

➤ ***5.4 — vosotros, hermanos, no estáis en tinieblas, para que aquel día os sorprenda como ladrón.***

El Señor Jesucristo es «la Luz del mundo» (Jn 8.12). Tan pronto lo recibimos como Salvador, Él ilumina nuestro sendero y nos muestra cómo vivir una vida que lo honre. Aunque su segunda venida pueda tomar a algunos desprevenidos, como creyentes deberíamos estar preparados para dar la bienvenida a nuestro Rey soberano (Mt 25.1–13; Lc 12.35–44). También deberíamos estar resueltos a vivir o andar «como hijos de luz» (Ef 5.8) cada día, mientras aguardamos su regreso.

➤ ***5.6 — no durmamos como los demás, sino velemos y seamos sobrios.***

Jesús nos dijo que veláramos por Él y lo sirviéramos fielmente hasta su regreso, y Pablo amonestó a los creyentes a hacer lo mismo. Aunque la iglesia será arrebatada cuando Cristo venga (1 Co 15.20–58; 1 Ts 4.15–17), la tribulación les espera a todos los que sigan sin creer en Él, y por eso debemos ser fieles en advertirles acerca del juicio venidero (He 9.27; Ap 20.11–15). El regreso de Jesús debería inspirarnos a seguir trabajando, no volvernos indiferentes ni perezosos.

➤ ***5.9 — no nos ha puesto Dios para ira, sino para alcanzar salvación por medio de nuestro Señor Jesucristo.***

¿Cómo sabemos que la iglesia del Señor Jesucristo no sufrirá en el período de tribulación de siete años? Porque el Señor no nos ordenó para la ira, y porque ninguna de las profecías relacionadas con la tribulación, en Apocalipsis 4–18, hace mención de la iglesia.

➤ ***5.14 — os rogamos, hermanos, que amonestéis a los ociosos, que alentéis a los de poco ánimo, que sostengáis a los débiles, que seáis pacientes para con todos.***

El Señor nos ministra de maneras diferentes, dependiendo de lo que más necesitemos en el momento. Algunas personas están viviendo fuera de su voluntad y requieren su disciplina. Otros necesitan su consuelo y su ayuda para enfrentar una prueba difícil. En cada caso, Dios sabe exactamente qué es necesario para que maduremos en nuestra relación con Él. Cada vez que ministremos a otros en su nombre, necesitamos pedirle que nos haga instrumentos de su gracia y su misericordia.

➤ ***5.18 — Dad gracias en todo, porque esta es la voluntad de Dios para con vosotros en Cristo Jesús.***

Para que podamos dar gracias a Dios en todas las cosas, debemos ser capaces de verlo en cada detalle de nuestra vida. Nuestros corazones deberían ser agradecidos con Él, incluso cuando enfrentamos dificultades, porque sabemos que Él está íntimamente involucrado en nuestras circunstancias e intervendrá para que todas las cosas nos ayuden a bien, si tenemos fe y lo obedecemos (Ro 8.28).

➤ ***5.19 — No apaguéis al Espíritu.***

Andar en el Espíritu y abstenernos de apagar su autoridad en nuestras vidas, significa que obedecemos de inmediato sus indicaciones iniciales. Que cada área de nuestra vida ha sido llevada al sometimiento de su voluntad, y sin importar qué suceda o qué requiera Él de nosotros, no nos quejamos ni nos enojamos, sino que lo seguimos en obediencia fiel y con gozo.

➤ ***5.23 — el mismo Dios de paz os santifique por completo; y todo vuestro ser, espíritu, alma y cuerpo, sea guardado irreprensible para la venida de nuestro Señor Jesucristo.***

Toda persona está compuesta de un espíritu (la parte íntima del ser), un alma (el hombre interior) y el cuerpo (el componente externo). Tristemente, las personas no salvas no pueden relacionarse con Dios a través de ninguno de estos aspectos, porque están manchadas por el pecado y están limitadas. Aunque pueden tener algún conocimiento general acerca del Señor, son incapaces de tener comunión con Él. Por eso fue que Jesús murió, para salvar cada parte de nosotros de modo que podamos conocerlo plenamente, aun de la misma manera que fuimos conocidos por Él (1 Co 13.12).

➤ ***5.24 — Fiel es el que os llama, el cual también lo hará.***

Sea lo que sea que Dios nos llame a hacer, Él es fiel para llevarlo a cabo en nuestra vida. El Señor no nos asigna una tarea y luego nos abandona para que hallemos la manera de realizarla. Él asume plena responsabilidad por nuestras necesidades y por el éxito de sus planes cuando lo obedecemos. Además, Él se asegurará que todo lo que nos haya prometido se cumpla.

LA SEGUNDA EPÍSTOLA DEL APÓSTOL PABLO A LOS

TESALONICENSES

La primera carta de Pablo animó a los tesalonicenses, pero después de su llegada, semillas adicionales de falsa doctrina fueron sembradas entre los miembros de la iglesia, haciéndoles tambalear en su fe. Pablo respondió escribiendo esta carta y aclarando los asuntos doctrinales que habían sido objeto de tanta confusión.

El apóstol empieza elogiando a los creyentes por su fidelidad en medio de la persecución, y animándolos porque su sufrimiento presente será compensado en una medida mucho mayor con gloria futura. Por lo tanto, aun en medio de sus terribles pruebas, deberían vivir confiadamente y con la expectativa esperanzadora de un futuro esplendoroso.

En seguida, Pablo aborda el asunto central de su carta: corregir un malentendido en cuanto a la segunda venida del Señor Jesús. Ciertos falsos maestros dijeron que Cristo ya había regresado por su iglesia, y que los tesalonicenses se habían quedado. Por eso el apóstol les aseguró a los creyentes que el Señor aún no había llegado. Como evidencia, expuso en detalle los acontecimientos extraordinarios que tomarían lugar después que Jesús regresara por ellos:

- *La apostasía de la iglesia debe ocurrir* (2 Ts 2.3). En los últimos tiempos, la iglesia se desviará y la mayoría de sus miembros abandonarán la fe verdadera, predicarán herejías y practicarán la impiedad.
- *El «hombre de pecado» debe ser manifestado* (2 Ts 2.3, 4). Este líder perverso de crueldad extraordinaria se rebelará totalmente contra la autoridad del Señor. El inicuo se conoce por otros nombres en las Escrituras, entre ellos el anticristo, la bestia y el hijo de perdición.
- *El que detiene al inicuo debe ser quitado del mundo* (2 Ts 2.6, 7). ¿Quién detiene al hombre de pecado? Lo más probable es que sea el Espíritu Santo obrando en y a través de la iglesia.

¿Cómo debían responder entonces los tesalonicenses a esta clase de profecía? Pablo los amonestó a trabajar con diligencia por el evangelio hasta que el Señor volviera.

Siendo la segunda misiva en la correspondencia de Pablo con estos creyentes, esta carta fue titulada *Pros Thessalonikéis B*, o «Segunda a los Tesalonicenses».

Tema: La venida de Jesucristo.

Autor: El apóstol Pablo.

Fecha: Escrita quizás seis meses después de su primera carta a los tesalonicenses, 51–52 d.C.

Estructura: Tras una introducción (1.1–12), Pablo da instrucciones en cuanto a la segunda venida de Cristo (2.1–17) y luego propone algunas aplicaciones prácticas de su enseñanza (3.1–18).

A medida que lea 2 Tesalonicenses, fíjese en los principios de vida que juegan un papel importante en este libro:

3. La Palabra de Dios es ancla inconmovible en las tormentas. *Véase 2 Tesalonicenses 2.2, 9; páginas 1372; 1374.*

27. No hay nada como la oración para ahorrar tiempo. *Véase 2 Tesalonicenses 3.1; página 1374.*

30. El deseo ferviente del regreso del Señor nos mantiene viviendo productivamente. *Véase 2 Tesalonicenses 3.10; página 1375.*

12. La paz con Dios es fruto de nuestra unidad con Él. *Véase 2 Tesalonicenses 3.16; página 1375.*

Salutación

1 PABLO, Silvano y Timoteo, a la iglesia de
los tesalonicenses[a] en Dios nuestro Padre
y en el Señor Jesucristo:
2 Gracia y paz a vosotros, de Dios nuestro
Padre y del Señor Jesucristo.

Dios juzgará a los pecadores en la venida de Cristo

➤ 3 Debemos siempre dar gracias a Dios por
vosotros, hermanos, como es digno, por cuanto vuestra fe va creciendo, y el amor de todos
y cada uno de vosotros abunda para con los
demás;
4 tanto, que nosotros mismos nos gloriamos
de vosotros en las iglesias de Dios, por vuestra paciencia y fe en todas vuestras persecuciones y tribulaciones que soportáis.
5 Esto es demostración del justo juicio de Dios,
para que seáis tenidos por dignos del reino de
Dios, por el cual asimismo padecéis.
* 6 Porque es justo delante de Dios pagar con
tribulación a los que os atribulan,
➤ 7 y a vosotros que sois atribulados, daros
reposo con nosotros, cuando se manifieste el
Señor Jesús desde el cielo con los ángeles de
su poder,
8 en llama de fuego, para dar retribución a
los que no conocieron a Dios, ni obedecen al
evangelio de nuestro Señor Jesucristo;
9 los cuales sufrirán pena de eterna perdición, ➤
excluidos de la presencia del Señor y de la
gloria de su poder,
10 cuando venga en aquel día para ser glorificado en sus santos y ser admirado en todos
los que creyeron (por cuanto nuestro testimonio ha sido creído entre vosotros).
11 Por lo cual asimismo oramos siempre por
vosotros, para que nuestro Dios os tenga por
dignos de su llamamiento, y cumpla todo
propósito de bondad y toda obra de fe con su
poder,
12 para que el nombre de nuestro Señor Jesu- ➤
cristo sea glorificado en vosotros, y vosotros
en él, por la gracia de nuestro Dios y del Señor
Jesucristo.

Manifestación del hombre de pecado

2 PERO con respecto a la venida de nuestro
Señor Jesucristo, y nuestra reunión con
él,[a] os rogamos, hermanos,
2 que no os dejéis mover fácilmente de vues- ➤
tro modo de pensar, ni os conturbéis, ni por
espíritu, ni por palabra, ni por carta como si
fuera nuestra, en el sentido de que el día del
Señor está cerca.
3 Nadie os engañe en ninguna manera; porque ➤
no vendrá sin que antes venga la apostasía, y

a. 1.1 Hch 17.1. **a. 2.1** 1 Ts 4.15-17.

LECCIONES DE VIDA

➤ *1.3 — vuestra fe va creciendo, y el amor de todos y cada uno de vosotros abunda para con los demás.*

La persecución creciente que los tesalonicenses estaban enfrentando habría podido arruinar su confraternidad. Pero como ellos estaban madurando en su relación con el Señor y se habían sometido a su dirección, la iglesia se mantuvo unificada. Por esa razón, una buena manera de saber si usted está creciendo en su fe es examinar cómo actúa con sus hermanos y hermanas en Cristo. ¿Abunda su amor hacia ellos? ¿Siente cada vez más urgencia para interceder por ellos? Su amor a Dios debería fomentar e inspirar la unidad dentro de la iglesia.

➤ *1.7, 8 — a vosotros que sois atribulados, daros reposo con nosotros, cuando se manifieste el Señor Jesús desde el cielo con los ángeles de su poder, en llama de fuego.*

Los creyentes en Tesalónica no podían entender por qué enfrentaban tal persecución y adversidad. ¿Por qué Dios estaba permitiendo que fueran acosados por gente malvada? Tal vez nos sintamos de una manera similar. Sin embargo, al igual que los tesalonicenses, no somos de este mundo (Jn 15.18, 19; Fil 3.20), y Dios nos vindicará a su debido tiempo. Hasta entonces, aguardamos anhelosamente el regreso de Cristo.

➤ *1.9 — los cuales sufrirán pena de eterna perdición, excluidos de la presencia del Señor y de la gloria de su poder.*

Había falsos maestros que decían a la gente que cuando una persona muere sin Cristo, simplemente deja de vivir o es destruida de alguna manera. Pero esto no es cierto. Cada persona existirá eternamente, los creyentes en el cielo con el Señor y los incrédulos en el eterno lago de fuego y azufre que nunca se extingue (Ap 20.15; 21.8). Aunque el infierno se describe como un lugar donde «será el llanto y el crujir de dientes» (Lc 13.28), lo peor del infierno no es el sufrimiento físico sino la soledad angustiosa de la separación absoluta de Dios.

➤ *1.12 — para que el nombre de nuestro Señor Jesucristo sea glorificado en vosotros, y vosotros en él, por la gracia de nuestro Dios y del Señor Jesucristo.*

Jesús es glorificado en nosotros cuando hacemos gustosamente su voluntad, sometiéndonos a las indicaciones de su Espíritu. Debemos honrar a Jesús como Señor y reconocer que es infinitamente digno de nuestro servicio, pues cuando lo hacemos Él recibe la honra, la gloria, el poder y la alabanza por las cosas grandes que hace en y a través de nosotros.

➤ *2.2 — que no os dejéis mover fácilmente de vuestro modo de pensar, ni os conturbéis, ni por espíritu, ni por palabra, ni por carta como si fuera nuestra, en el sentido de que el día del Señor está cerca.*

La iglesia en Tesalónica era una congregación joven y en pleno crecimiento, compuesta mayormente por gentiles. Sin embargo, debido a la persecución cada vez más intensa y a los falsos maestros que enseñaban que Jesús ya había venido, los tesalonicenses empezaron a preocuparse pues según ellos, ya se habían quedado del rapto. Por supuesto, no era así. Jamás deberíamos permitir que las noticias del día sacudan nuestra fe en el Señor. Más bien, deberíamos anclarnos en la verdad de su Palabra y confiar en su carácter infalible.

RESPUESTAS A PREGUNTAS DE LA VIDA

¿Cómo me enseña Dios a perseverar?

2 TS 1.3–5

La perseverancia se puede definir como nuestra capacidad para aceptar situaciones difíciles como provenientes de Dios, sin darle a Él una fecha límite para su resolución. Sabemos que necesitamos aprender a perseverar, pero por lo general evadimos el proceso mediante el cual se arraiga esa clase de paciencia en nuestras vidas.

La nuestra es la generación de lo «instantáneo». Queremos todas las cosas *de inmediato.* Nos negamos a esperar para recibir la dirección o la provisión del Señor, y por eso cedemos al desánimo o procedemos a actuar por iniciativa propia. Sin embargo, rechazar a Dios porque no podamos hacer las cosas a nuestra manera, o adelantarnos al tiempo perfecto en el reloj de Dios, constituyen cursos de acción costosos y decepcionantes.

El Salmo 27.14 nos amonesta: «Aguarda a Jehová; esfuérzate, y aliéntese tu corazón; sí, espera a Jehová». Los tesalonicenses estaban haciendo precisamente esto con excelencia, y Pablo los elogió por mantenerse firmes en la fe, aunque enfrentaban una terrible oposición. El apóstol escribió: «vuestra fe va creciendo, y el amor de todos y cada uno de vosotros abunda para con los demás; tanto, que nosotros mismos nos gloriamos de vosotros en las iglesias de Dios, por vuestra paciencia y fe en todas vuestras persecuciones y tribulaciones que soportáis… para que seáis tenidos por dignos del reino de Dios, por el cual asimismo padecéis».

Los problemas de estos creyentes no los estaban llevando a renegar de la fe. Más bien, los tesalonicenses estaban confiando en el Señor y madurando en su relación con Él. Por medio de sus dificultades, Dios les estaba enseñando a apropiarse de una esperanza constante y la clase de perseverancia que nada podría destruir.

De modo similar, Él puede permitir que experimentemos dificultades o que nos toque esperar hasta que llegue el alivio de alguna situación u obstáculo, por diversas razones:

- El Señor nos está enseñando a tener disciplina y entereza por medio de esperar.
- Dios está usando la adversidad para revelar pecado oculto en nuestras vidas.
- El Señor quiere enseñarnos a depender de Él, no de nosotros mismos ni de otras personas.
- Dios está moldeando nuestro carácter de tal modo que lo honremos con nuestra vida.
- Dios quiere enseñarnos a confiar en sus caminos y en su tiempo de hacer las cosas, para que también reconozcamos que esto es lo mejor para nosotros.

Por esa razón, Santiago 1.2–4 nos anima con estas palabras: «tened por sumo gozo cuando os halléis en diversas pruebas, sabiendo que la prueba de vuestra fe produce paciencia. Mas tenga la paciencia su obra completa, para que seáis perfectos y cabales, sin que os falte cosa alguna». En tiempos de dificultad, aprendemos a perseverar y a asirnos del Señor como nuestra esperanza y nuestra victoria. Nuestros problemas podrán no ser agradables, pero son provechosos en nuestra relación con Él y para nuestro carácter, pues nos enseñan a confiar en Él, a esperar en Él y a tener confianza total en su provisión.

Por lo tanto, cuando enfrente adversidad, no pierda la esperanza. Aférrese a Dios y confíe en Él pase lo que pase. Él le está enseñando a perseverar, y esa es una lección que vale la pena aprender.

Para un estudio más a fondo, véase el Indice de Principios de vida:

14. *Dios actúa a favor de quienes esperan en Él.*

7. *Los momentos sombríos durarán solo el tiempo necesario para que Dios lleve a cabo su propósito en nosotros.*

se manifieste el hombre de pecado, el hijo de
perdición,
4 el cual se opone y se levanta contra todo lo
que se llama Dios o es objeto de culto;[b] tanto
que se sienta en el templo de Dios como Dios,
haciéndose pasar por Dios.
5 ¿No os acordáis que cuando yo estaba todavía con vosotros, os decía esto?
6 Y ahora vosotros sabéis lo que lo detiene, a
fin de que a su debido tiempo se manifieste.
7 Porque ya está en acción el misterio de la
iniquidad; sólo que hay quien al presente lo
detiene, hasta que él a su vez sea quitado de
en medio.
8 Y entonces se manifestará aquel inicuo, a
quien el Señor matará con el espíritu de su
boca,[c] y destruirá con el resplandor de su
venida;
9 inicuo cuyo advenimiento es por obra de
Satanás, con gran poder y señales y prodigios
mentirosos,[d]
10 y con todo engaño de iniquidad para los
que se pierden, por cuanto no recibieron el
amor de la verdad para ser salvos.
11 Por esto Dios les envía un poder engañoso,
para que crean la mentira,
12 a fin de que sean condenados todos los que
no creyeron a la verdad, sino que se compla-
cieron en la injusticia.

Escogidos para salvación

13 Pero nosotros debemos dar siempre gracias a Dios respecto a vosotros, hermanos
amados por el Señor, de que Dios os haya
escogido desde el principio para salvación,
mediante la santificación por el Espíritu y la
fe en la verdad,
14 a lo cual os llamó mediante nuestro evangelio, para alcanzar la gloria de nuestro Señor
Jesucristo.
15 Así que, hermanos, estad firmes, y retened la doctrina que habéis aprendido, sea por
palabra, o por carta nuestra.
16 Y el mismo Jesucristo Señor nuestro, y
Dios nuestro Padre, el cual nos amó y nos dio
consolación eterna y buena esperanza por
gracia,
17 conforte vuestros corazones, y os confirme
en toda buena palabra y obra.

Que la palabra de Dios sea glorificada

3 POR lo demás, hermanos, orad por nosotros, para que la palabra del Señor corra y
sea glorificada, así como lo fue entre vosotros,
2 y para que seamos librados de hombres perversos y malos; porque no es de todos la fe.
3 Pero fiel es el Señor, que os afirmará y guardará del mal.

b. 2.4 Dn 11.36. **c. 2.8** Is 11.4. **d. 2.9** Mt 24.24.

LECCIONES DE VIDA

2.3 — Nadie os engañe en ninguna manera; porque no vendrá sin que antes venga la apostasía, y se manifieste el hombre de pecado.

Viene un tiempo cuando muchos en la iglesia abandonarán la sana doctrina y darán cabida a cualquier herejía que sea popular en el momento. En aquel tiempo el anticristo será revelado, y él se rebelará abiertamente contra la autoridad de Dios. Muchos serán engañados por sus mentiras. La manera de combatir esta apostasía es permanecer siempre cerca de Jesús y enseñar a otros la verdad de su Palabra.

2.7 — ya está en acción el misterio de la iniquidad; sólo que hay quien al presente lo detiene, hasta que él a su vez sea quitado de en medio.

Pablo enseñó que el sistema maligno del mundo que culminaría en el anticristo ya estaba activo, incluso durante su tiempo. Sin embargo, el Espíritu Santo es fiel en restringir activamente el avance de la iniquidad en el mundo, hasta que llegue el tiempo preciso cuando el juicio de Dios sea derramado. Hasta entonces, al anticristo no se le permitirá implementar totalmente sus maquinaciones rebeldes.

2.9 — inicuo cuyo advenimiento es por obra de Satanás, con gran poder y señales y prodigios mentirosos.

Debemos anclar nuestra fe en la Palabra de Dios, no en señales ni en prodigios milagrosos, los cuales pueden ser simulados. Satanás muchas veces producirá artificiosamente obras prodigiosas para engañar a los débiles y lograr que abandonen a Cristo. Por lo tanto, debemos conocer la Palabra de Dios para que podamos hacer oposición a sus mentiras y no ser tomados por sorpresa.

2.13 — que Dios os haya escogido desde el principio para salvación, mediante la santificación por el Espíritu y la fe en la verdad.

Cuando ponemos nuestra confianza en el Señor Jesús como nuestro Salvador personal, somos perdonados de todo nuestro pecado. Sin embargo, aunque seamos salvos todavía no reflejamos a cabalidad la vida de santidad como hijos separados para Dios. Por esa razón, la *santificación* tiene vital importancia. Necesitamos al Espíritu Santo para que nos regenere y nos enseñe a vivir una vida nueva que honre al Señor.

2.17 — conforte vuestros corazones, y os confirme en toda buena palabra y obra.

Dios nos consuela en nuestra angustia, no meramente para acallar nuestros sentimientos, sino para que hallemos las fuerzas y la sabiduría para ministrar a otros (2 Co 1.3–7)

3.1 — orad por nosotros, para que la palabra del Señor corra y sea glorificada, así como lo fue entre vosotros.

Había tanto que hacer, tantas personas que faltaban por alcanzar y tantas iglesias por plantar, que Pablo debió sentirse abrumado por la inmensidad de la tarea, especialmente con todos los obstáculos que confrontaban a los creyentes. Sin embargo, él sabía que Dios podía llevarlo a cabo. Si Pablo se mantenía en comunicación constante con el Señor mediante la oración, Él haría rendir su tiempo al máximo, y le daría tanto la sabiduría como las fuerzas necesarias para cumplir la parte de su misión.

4 Y tenemos confianza respecto a vosotros
en el Señor, en que hacéis y haréis lo que os
hemos mandado.
➤5 Y el Señor encamine vuestros corazones al
amor de Dios, y a la paciencia de Cristo.

El deber de trabajar

6 Pero os ordenamos, hermanos, en el nombre
de nuestro Señor Jesucristo, que os apartéis
de todo hermano que ande desordenadamente, y no según la enseñanza que recibisteis de
nosotros.
7 Porque vosotros mismos sabéis de qué manera debéis imitarnos; pues nosotros no anduvimos desordenadamente entre vosotros,
8 ni comimos de balde el pan de nadie, sino
que trabajamos con afán y fatiga día y noche,
para no ser gravosos a ninguno de vosotros;
9 no porque no tuviésemos derecho, sino por
daros nosotros mismos un ejemplo para que
nos imitaseis.
➤10 Porque también cuando estábamos con
vosotros, os ordenábamos esto: Si alguno no
quiere trabajar, tampoco coma.
11 Porque oímos que algunos de entre vosotros andan desordenadamente, no trabajando en nada, sino entremetiéndose en lo
ajeno.
12 A los tales mandamos y exhortamos por
nuestro Señor Jesucristo, que trabajando sosegadamente, coman su propio pan.
13 Y vosotros, hermanos, no os canséis de
hacer bien.
14 Si alguno no obedece a lo que decimos por
medio de esta carta, a ése señaladlo, y no os
juntéis con él, para que se avergüence.
15 Mas no lo tengáis por enemigo, sino amo- ➤
nestadle como a hermano.

Bendición final

16 Y el mismo Señor de paz os dé siempre ➤
paz en toda manera. El Señor sea con todos
vosotros.
17 La salutación es de mi propia mano, de
Pablo, que es el signo en toda carta mía; así
escribo.
18 La gracia de nuestro Señor Jesucristo sea
con todos vosotros. Amén.

LECCIONES DE VIDA

➤ ***3.2 — para que seamos librados de hombres perversos y malos; porque no es de todos la fe.***

Es posible que los hombres perversos a quienes Pablo se refería fueran los judíos de Corinto que le hicieron oposición blasfema (Hch 18.1–15). Cuando la Palabra de Dios es predicada, algunos aceptarán su mensaje que les cambia la vida, y otros se opondrán a ella. Así fue en el tiempo de Pablo y sigue siendo en la actualidad, la oposición al evangelio existirá hasta que el Señor regrese. Es perfectamente legítimo orar por nuestra protección en contra de aquellos que rechazan la Palabra de Dios.

➤ ***3.3 — fiel es el Señor, que os afirmará y guardará del mal.***

A veces las personas se derrumban bajo las amenazas de gente impía y la guerra espiritual del enemigo, pues le siguen teniendo miedo a la oposición. Pero Dios ha puesto límites a los ataques del enemigo, y también nos ha cercado con sus huestes angelicales (Sal 91.11). El Señor es fiel para protegernos en toda situación, así que siempre deberíamos obedecerlo y dejar las consecuencias en sus manos.

➤ ***3.5 — el Señor encamine vuestros corazones al amor de Dios, y a la paciencia de Cristo.***

Bien fuera que Pablo estuviera o no con los tesalonicenses, el apóstol creyó que el Señor los protegería y los guiaría a medida que ellos crecieran en su fe. También sabía que el amor de ellos a Dios aumentaría a medida que ellos profundizaran en su relación con Él. De igual manera, debemos encomendarle al Señor nuestros seres queridos. Aunque los animemos, los instruyamos y los reprendamos cuando sea apropiado, en últimas confiamos en Dios para que ellos sean conducidos fielmente hacia la madurez espiritual.

➤ ***3.10 — Si alguno no quiere trabajar, tampoco coma.***

Algunos de los tesalonicenses estaban tan convencidos que Cristo regresaría de inmediato, que no consideraron necesario seguir trabajando. Otros tomaron provecho de la práctica de la caridad y la interdependencia de la iglesia (Hch 2.42–47), viviendo de los recursos de otros creyentes. Sin embargo, nuestra creencia en el regreso del Señor no nos da una excusa para ser perezosos. Por el contrario, debería inspirarnos a hacer nuestro mejor esfuerzo en cada situación, incluida nuestra ocupación, y mantenernos llevando vidas productivas por causa de su reino.

➤ ***3.15 — Mas no lo tengáis por enemigo, sino amonestadle como a hermano.***

Debemos abstenernos de asociarnos con aquellos que desobedecen a Dios, y así evitar que vayamos a pecar como ellos. Sin embargo, también debemos recordar siempre que ellos no son el enemigo (1 Jn 4.20). No deberíamos ser contenciosos ni odiosos con ellos, pues todavía necesitan de Cristo. El Señor quiere que todos lo conozcan y crezcan en una relación íntima con Él. Este debería ser también nuestro objetivo, por eso debemos disciplinar y amonestar a otros enfocados en este propósito.

➤ ***3.16 — el mismo Señor de paz os dé siempre paz en toda manera.***

La paz de Dios es un regalo, no es algo que podamos manipular porque es el fruto de la unidad con Él. Cuando nuestra relación con Él es fuerte y la adversidad arremete contra nosotros, no tenemos que desmoronarnos ni ceder a la ansiedad. Podemos optar por vivir en confianza y seguridad total en su amor, su sabiduría, su poder y su provisión. Esta es la base de su paz inconmovible, no que seamos capaces de controlar las circunstancias, sino que su ayuda siempre se hace presente y es perfecta para librarnos en cada reto que enfrentemos.

PRINCIPIO DE VIDA 27

NO HAY NADA COMO LA ORACIÓN PARA AHORRAR TIEMPO.

2 TS 3.1

El cambio nunca es fácil, especialmente cuando nuestras decisiones afectan a otras personas. El cambio implica que se tomen decisiones importantes, y esto introduce la posibilidad de cometer graves errores y sufrir consecuencias permanentes. Si tomamos esas decisiones sin buscar la dirección del Señor, vamos camino al desastre. Por otro lado, si oramos a Dios pidiendo su guía y comprometiéndonos a hacer su voluntad, Él se mueve de maneras asombrosas para ayudarnos.

Recuerdo la ocasión en que nos era preciso encontrar una propiedad nueva para albergar nuestro ministerio de televisión y radio, «En Contacto». Cuatro meses antes del traslado previsto, encontramos un edificio que nos pareció perfecto. El único problema era que costaba $2.7 millones de dólares. Varios miembros de la junta y otros en el personal ejecutivo se pusieron de acuerdo sobre la ubicación y el precio, y sugirieron que sacáramos un préstamo para adquirir la propiedad. Sin embargo, otros rechazaron tanto el precio como la noción de incurrir una gran deuda.

Después de eso, un miércoles por la tarde, algunos de nosotros nos reunimos durante varias horas para discutir la situación, pero no pudimos lograr un consenso. Era como si estuviésemos en medio de una espesa neblina. Necesitábamos la dirección divina, y supe que no la íbamos a recibir sentados alrededor de una mesa redonda. Le pedí a mi secretaria que llamara al parque estatal Unicoi e hiciera arreglos de algunas cabañas para la semana siguiente. Yo sabía que para cualquier estadía en aquel parque tocaba hacer reservaciones con cuatro a seis meses de anticipación, y era improbable que tuvieran espacio para nosotros. Sin embargo, diez minutos más tarde ella regresó y nos informó que las reservaciones de las cabañas estaban listas.

En la mañana que partimos a Unicoi, le pedí a un amigo que negociara con el dueño para ver si podíamos comprar la propiedad por $2 millones. También le pedí a nuestro administrador de la iglesia que averiguara si podíamos extender seis meses más nuestra permanencia en las instalaciones actuales. Ambos me dijeron que harían su mejor esfuerzo.

Durante las dos horas que conduje desde Atlanta hasta las cabañas, estuve pensando y orando, y Dios me trajo a la mente Zacarías 4.6: «No con ejército, ni con fuerza, sino con mi Espíritu, ha dicho Jehová de los ejércitos». Lo interpreté como una señal de que Él quería hacer algo que nosotros desconocíamos por completo. Así que oré: «Señor, sea lo que sea que tengas pensado hacer, ¡por favor no permitas que nos lo perdamos!»

Durante dos días, hablamos muy poco y oramos mucho. Clamamos a Dios con

Si tomamos decisiones sin buscar la dirección del Señor, vamos camino al desastre.

desesperación, sabiendo que se acercaba la fecha límite y que estábamos perdiendo tanto la paz como la unidad. Durante un receso, llamé a nuestro administrador y me enteré que habíamos recibido una prórroga en nuestras instalaciones vigentes, y contábamos con seis meses más antes de tener que mudarnos. Esa fue una gran noticia. Más tarde, mi amigo me llamó a contarme que el dueño de la propiedad había accedido a vendérnosla por $2 millones. Solamente había un problema. El edificio tenía un arrendatario al que todavía le quedaban seis meses en su contrato de alquiler, y pedirles desocupar antes de tiempo nos costaría un dinero extra. Nosotros seguimos orando.

Cuando nos fuimos de Unicoi dos días después, seguíamos sin tener una dirección clara acerca de cómo se llevaría a cabo la compra del edificio, pero estábamos comprometidos a esperar en Dios. Teníamos plena confianza que Él tenía en mente algo diferente a sacar un préstamo multimillonario y que su plan ya había sido puesto en marcha.

Tan pronto llegué a casa, recibí un recado para llamar a un caballero a quien no conocía. Se trataba de un televidente de «En Contacto» que estaba interesado en ayudar al ministerio. Le devolví la llamada y me dijo: «Dr. Stanley, lo he tenido a usted y a su ministerio en mi mente durante los últimos días. He notado que nunca pide dinero en sus programas, pero me preguntaba si tendría alguna necesidad».

Yo no sabía si reír o llorar. Le expliqué nuestra situación y luego le conté acerca de nuestra reunión de oración. Me preguntó cuánto costaba el edificio. Le dije que yo creía que podíamos conseguirlo por dos millones de dólares. El hermano dijo: «Yo creo que me puedo encargar de eso». Y lo hizo. Unos noventa días después, cerramos el negocio.

¿Puede imaginarse el error que habríamos cometido si no nos hubiéramos detenido a buscar la guía del Señor, y no hubiéramos confiado en su provisión? ¿Puede imaginar la cantidad de tiempo, energías y recursos que habríamos gastado si hubiéramos tratado de adquirir esa propiedad en nuestras fuerzas y no en las de Dios?

No hay nada como la oración para ahorrar tiempo. Usted puede estar enfrentando un gran cambio o una decisión que le parece abrumadora. El Señor sabe exactamente lo que usted necesita, y Él *siempre* contestará sus oraciones de la manera que sea absolutamente más beneficiosa para usted. Por lo tanto, pase tiempo escuchándolo, recibiendo su sabiduría y dirección, y bebiendo nada más que su presencia y su poder. Guarde silencio delante de Él, descanse en Él y permítale ordenar sus pasos. Él le librará de avanzar en la dirección equivocada y desperdiciar su tiempo haciendo cosas innecesarias.

¿Está dispuesto(a) a detenerse y escucharlo a Él? ¿Está listo(a) para que Él le haga rendir la mayor cantidad de fruto posible? Entonces sin importar qué enfrente, encomiéndese a su cuidado, su calendario, su sabiduría, su provisión y su guía por medio de la oración. Encontrará que su tiempo con Él es la mejor inversión que usted hace, día tras día.

El Señor sabe exactamente lo que usted necesita, y Él siempre contestará sus oraciones de la manera que sea absolutamente más beneficiosa para usted.

Para un estudio más a fondo véase el Índice de Principios de vida.

LA PRIMERA EPÍSTOLA DEL APÓSTOL PABLO A

TIMOTEO

Pablo, el apóstol anciano y con experiencia, llena su carta a Timoteo, su joven aprendiz, con palabras de ánimo, afirmación a su desempeño pastoral y guía piadosa. Es evidente que entiende la pesada carga de responsabilidad que él tiene como pastor de la iglesia en Éfeso. Pablo conoció a Timoteo durante su segundo viaje misionero (Hch 16.1–3). Poco después de su conversión, el apóstol lo reclutó para que formara parte de su equipo misionero. Los problemas en la iglesia primitiva eran terribles, pero Pablo estaba convencido de que Timoteo era capaz de manejarlos con la ayuda de Dios. Tenía el deber de corregir toda falsa doctrina, motivar la adoración piadosa y desarrollar un liderazgo maduro.

Además de la conducta de la iglesia, Pablo habla expresamente de la conducta del ministro. Timoteo debe mantenerse en guardia, para que su juventud sea un activo para el ministerio en lugar de una desventaja. Debe tener mucho cuidado y evitar tanto a los falsos maestros como las motivaciones egoístas. El apóstol lo amonesta a procurar tener la rectitud, la piedad, la fe, el amor, la perseverancia y la amabilidad que corresponden a un hombre de Dios.

El apóstol recalca especialmente los peligros del materialismo. Condena la idea de tomar «la piedad como fuente de ganancia» (1 Ti 6.5) y le dice a Timoteo que debería sentirse contento «teniendo sustento y abrigo» (1 Ti 6.8). El apóstol advierte que «los que quieren enriquecerse caen en tentación y lazo, y en muchas codicias necias y dañosas, que hunden a los hombres en destrucción y perdición» (1 Ti 6.9). En seguida escribe una frase que se ha vuelto famosa entre los creyentes: «porque raíz de todos los males es el amor al dinero». La avaricia puede hacer que los hombres se aparten de la fe, advierte Pablo, y antes que se den cuenta terminan «traspasados de muchos dolores» (1 Ti 6.10).

Esta carta también incluye dos de las descripciones más sublimes de Dios en todas las Escrituras. Pablo llama a Dios «[el] Rey de los siglos, inmortal, invisible, [el] único y sabio Dios» (1 Ti 1.17), y «el bienaventurado y solo Soberano, Rey de reyes, y Señor de señores, el único que tiene inmortalidad, que habita en luz inaccesible; a quien ninguno de los hombres ha visto ni puede ver, al cual sea la honra y el imperio sempiterno» (1 Ti 6.15, 16).

El título de esta carta en griego es *Pros Timótheon A*, o «Primera a Timoteo». Timoteo significa «el que honra a Dios» o también «el honrado por Dios».

Tema: La exhortación a un joven pastor por parte de un veterano en la fe.

Autor: El apóstol Pablo.

Fecha: Probablemente fue escrita entre 64–67 d.C.

Estructura: Tras un breve saludo (1.1, 2), Pablo advierte en contra de falsos maestros (1.3–11), da gracias por la gracia de Dios (1.12–17), instruye a Timoteo en la administración de la iglesia (1.18—6.2), ofrece sugerencias variadas (6.3–19), y finalmente insta a su joven amigo a guardar la fe (6.20, 21).

A medida que lea 1 Timoteo, fíjese en los principios de vida que juegan un papel importante en este libro:

17. De rodillas somos más altos y más fuertes. *Véase 1 Timoteo 2.8; página 1381.*

22. Andar en el Espíritu es obedecer las indicaciones iniciales del Espíritu. *Véase 1 Timoteo 4.15; página 1382.*

6. Cosechamos lo que sembramos, más de lo que sembramos, después de sembrarlo. *Véase 1 Timoteo 5.24; página 1384.*

19. Todo aquello a lo que nos aferremos, lo perderemos. *Véase 1 Timoteo 6.9; página 1385.*

25. Dios nos bendice para que nosotros podamos bendecir a otros. *Véase 1 Timoteo 6.18; página 1385.*

Salutación

1 PABLO, apóstol de Jesucristo por mandato de Dios nuestro Salvador, y del Señor Jesucristo nuestra esperanza,
2 a Timoteo,[a] verdadero hijo en la fe: Gracia, misericordia y paz, de Dios nuestro Padre y de Cristo Jesús nuestro Señor.

Advertencia contra falsas doctrinas

➢ 3 Como te rogué que te quedases en Éfeso, cuando fui a Macedonia, para que mandases a algunos que no enseñen diferente doctrina,
➢ 4 ni presten atención a fábulas y genealogías interminables, que acarrean disputas más bien que edificación de Dios que es por fe, así te encargo ahora.
➢ 5 Pues el propósito de este mandamiento es el amor nacido de corazón limpio, y de buena conciencia, y de fe no fingida,
6 de las cuales cosas desviándose algunos, se apartaron a vana palabrería,
7 queriendo ser doctores de la ley, sin entender ni lo que hablan ni lo que afirman.
8 Pero sabemos que la ley es buena, si uno la usa legítimamente;
9 conociendo esto, que la ley no fue dada para el justo, sino para los transgresores y desobedientes, para los impíos y pecadores, para los irreverentes y profanos, para los parricidas y matricidas, para los homicidas,
10 para los fornicarios, para los sodomitas, para los secuestradores, para los mentirosos y perjuros, y para cuanto se oponga a la sana doctrina,
11 según el glorioso evangelio del Dios bendito, que a mí me ha sido encomendado.

El ministerio de Pablo

12 Doy gracias al que me fortaleció, a Cristo Jesús nuestro Señor, porque me tuvo por fiel, poniéndome en el ministerio,
13 habiendo yo sido antes blasfemo, perseguidor[b] e injuriador; mas fui recibido a misericordia porque lo hice por ignorancia, en incredulidad.
14 Pero la gracia de nuestro Señor fue más abundante con la fe y el amor que es en Cristo Jesús.
➢ 15 Palabra fiel y digna de ser recibida por todos: que Cristo Jesús vino al mundo para salvar a los pecadores, de los cuales yo soy el primero.

Ejemplos de vida

TIMOTEO

Un hombre que honró a Dios

1 TI 1.2, 18

Timoteo nació mitad griego y mitad judío, y es probable que aceptó a Cristo en Listra, su ciudad natal, durante el primer viaje misionero de Pablo. El apóstol se enteró del crecimiento de Timoteo en su caminar con Cristo, y eligió al joven como su asistente durante su segundo viaje misionero.

El nombre de Timoteo significa «uno que honra a Dios», y Pablo le confió los proyectos más difíciles en Éfeso, Corinto, Macedonia y Tesalónica. Siendo ya un adulto, Timoteo demostró valientemente su compromiso con Cristo al someterse al doloroso procedimiento de la circuncisión, a fin de acomodar la predicación de Pablo a los judíos (Hch 16.3). El escritor de Hebreos informa que en algún punto, Timoteo también fue encarcelado (He 13.23).

La Biblia revela que Timoteo fue tímido en ciertas ocasiones, quizás en su infancia. No obstante, se consagró al Señor y pasó los años de su juventud adulta recorriendo el mundo y predicando el evangelio. Timoteo sigue inspirándonos a ser valientes y esforzados, incluso cuando sentimos que esas cualidades nos faltan por naturaleza.

Para un estudio más a fondo, véase el Índice de Principios de vida:

1. *Nuestra intimidad con Dios, que es su prioridad para nosotros, determina el impacto que causen nuestras vidas.*

a. 1.2 Hch 16.1. **b. 1.13** Hch 8.3; 9.4-5.

LECCIONES DE VIDA

➢ ***1.3 — Como te rogué que te quedases en Éfeso, cuando fui a Macedonia, para que mandases a algunos que no enseñen diferente doctrina.***

La iglesia que Timoteo pastoreaba estaba justo en medio de un foco de falsa doctrina e inmoralidad. Además de ser una ciudad muy próspera, Éfeso era un puerto de gran influencia y también un centro de cultos y actividades paganas. El templo de Artemisa (llamada también Diana), la diosa de la fertilidad, estaba ubicado allí. Timoteo tenía a manos llenas muchas cosas que enseñar allí sobre la sana doctrina bíblica. Las ciudades portuarias del Nuevo Testamento tenían gran potencial para convertirse en centros para la propagación del cristianismo. Habiendo capacitado a Timoteo, y estando seguro de su compromiso con Dios, Pablo dejó la doctrina de la iglesia bajo su cuidado vigilante.

16 Pero por esto fui recibido a misericordia,
para que Jesucristo mostrase en mí el primero toda su clemencia, para ejemplo de los que habrían de creer en él para vida eterna.
17 Por tanto, al Rey de los siglos, inmortal,
invisible, al único y sabio Dios, sea honor y gloria por los siglos de los siglos. Amén.
18 Este mandamiento, hijo Timoteo, te encargo, para que conforme a las profecías que se hicieron antes en cuanto a ti, milites por ellas la buena milicia,
19 manteniendo la fe y buena conciencia, desechando la cual naufragaron en cuanto a la fe algunos,
20 de los cuales son Himeneo y Alejandro, a quienes entregué a Satanás para que aprendan a no blasfemar.

Instrucciones sobre la oración

2 EXHORTO ante todo, a que se hagan rogativas, oraciones, peticiones y acciones de gracias, por todos los hombres;
2 por los reyes y por todos los que están en eminencia, para que vivamos quieta y reposadamente en toda piedad y honestidad.
3 Porque esto es bueno y agradable delante de Dios nuestro Salvador,
4 el cual quiere que todos los hombres sean salvos y vengan al conocimiento de la verdad.
5 Porque hay un solo Dios, y un solo mediador entre Dios y los hombres, Jesucristo hombre,
6 el cual se dio a sí mismo en rescate por todos, de lo cual se dio testimonio a su debido tiempo.

LECCIONES DE VIDA

➤ *1.4 — ni presten atención a fábulas y genealogías interminables, que acarrean disputas más bien que edificación de Dios que es por fe, así te encargo ahora.*

Debido a la atmósfera pagana de Éfeso, Pablo amonestó a Timoteo que no se dejara distraer por quienes trataban de entorpecer a la iglesia. Ellos se proponían desviar a la gente discutiendo sobre genealogías, mitos, teorías especulativas y extrañas filosofías. Pablo instruyó a Timoteo que no perdiera tiempo prestándoles atención. Más bien, debía procurar conducir a la gente a Cristo, enseñándoles la verdad de Dios. La meta de toda instrucción cristiana debería ser la edificación para la piedad, que no da pie a la especulación ni motiva discusiones inútiles, sino que les ayuda a las personas a crecer en su intimidad con Dios y a convivir los unos con los otros de manera práctica, experimentando la vida cristiana en comunidad.

➤ *1.5 — el propósito de este mandamiento es... de buena conciencia, y de fe no fingida.*

Aparte de los seres humanos, ninguna otra criatura tiene conciencia. Dios nos la ha dado para protegernos, y cada vez que la ignoramos vamos rumbo directo a los problemas. Una buena conciencia es aquella libre de todo sentido falso de culpa. La culpa es aquel sentimiento de responsabilidad y remordimiento por nuestras ofensas, y la Palabra de Dios nos enseña a reconocer nuestro pecado, aceptar su perdón y proseguir la marcha en la esperanza eterna de su perdón incondicional.

➤ *1.15 — Palabra fiel y digna de ser recibida por todos: que Cristo Jesús vino al mundo para salvar a los pecadores, de los cuales yo soy el primero.*

Nadie persiguió a la iglesia cristiana primitiva con más celo religioso que Pablo (conocido antes como Saulo), antes de conocer a Jesucristo, y nadie predicó el perdón con tanta pasión y fidelidad como Pablo después que aceptó la salvación del Señor (Hch 9.1–31; 22.1–21). El apóstol recibió el perdón *completo* de Dios, y usted también puede experimentar lo mismo.

➤ *1.16 — fui recibido a misericordia, para que Jesucristo mostrase en mí el primero toda su clemencia, para ejemplo de los que habrían de creer en él para vida eterna.*

¿Qué quedó establecido de forma irrebatible con la salvación de Pablo? La verdad asombrosa de la gracia inmerecida del Señor. Si Dios estuvo dispuesto a salvar a Pablo, quien intentó destruir su iglesia, estará dispuesto a salvar a cualquier persona que crea en Él (Ez 18.32; Jn 3.16–18; 1 Ti 2.4; 2 P 3.9). No es por nuestra bondad que somos aceptados por el Señor, sino es a causa de su gran amor y su provisión para nosotros en la cruz (Ef 2.8, 9; Tit 3.5).

➤ *1.19 — manteniendo la fe y buena conciencia, desechando la cual naufragaron en cuanto a la fe algunos.*

Cada día enfrentamos decisiones que involucran nuestra conciencia, la cual nos manda señales claras de advertencia cuando estamos a punto de hacer algo que viola la voluntad de Dios. Si la ignoramos y rechazamos la verdad, nuestra vida termina convertida en un naufragio. Esto se debe a que hemos elegido el sendero de la destrucción y así quedamos más vulnerables a las doctrinas falsas y al pecado. Tarde o temprano, nos volvemos tan insensibles a las indicaciones del Espíritu Santo de Dios que ya no lo escuchamos, ni sabemos cómo responderle, ni tenemos la sabiduría para elegir el ser obedientes.

➤ *2.1, 2 — Exhorto ante todo, a que se hagan rogativas, oraciones, peticiones y acciones de gracias, por todos los hombres; por los reyes y por todos los que están en eminencia, para que vivamos quieta y reposadamente en toda piedad y honestidad.*

Es nuestro deber como cristianos orar por nuestros dirigentes, en la esperanza que vivirán en el temor de Dios y tomarán decisiones sabias de acuerdo a la Palabra y la voluntad de Dios. Sólo Él puede transformarlos en hombres y mujeres que verdaderamente lo honren (Pr 21.1).

➤ *2.3, 4 — Dios nuestro Salvador, el cual quiere que todos los hombres sean salvos y vengan al conocimiento de la verdad.*

El Señor no se complace en la necesidad de juzgar a los malos, sino que anhela tener la oportunidad de redimir a quienes crean en su Hijo como Salvador (2 P 3.9). Jesucristo ha pagado el precio de nuestro pecado a través de su muerte sacrificial, substitutoria por nuestros pecados y totalmente suficiente (Ro 6.23). Esta es la única manera en que somos salvos. Si rechazamos este regalo divino de gracia, estamos rechazando la vida eterna, el gozo, la paz y el contentamiento de Dios. Un corazón endurecido y reacio le llevará a un solo lugar: directo a la tristeza y la ruina de la separación eterna de Dios.

7 Para esto yo fui constituido predicador y
apóstol (digo verdad en Cristo, no miento), y
maestro de los gentiles en fe y verdad.[a]
➤ 8 Quiero, pues, que los hombres oren en todo
lugar, levantando manos santas, sin ira ni contienda.
9 Asimismo que las mujeres se atavíen de
ropa decorosa, con pudor y modestia; no con
peinado ostentoso, ni oro, ni perlas, ni vestidos costosos,[b]
10 sino con buenas obras, como corresponde
a mujeres que profesan piedad.
11 La mujer aprenda en silencio, con toda
sujeción.
12 Porque no permito a la mujer enseñar, ni
ejercer dominio sobre el hombre, sino estar
en silencio.
13 Porque Adán fue formado primero,[c] después Eva;[d]
14 y Adán no fue engañado, sino que la mujer,
siendo engañada, incurrió en transgresión.[e]
✻ 15 Pero se salvará engendrando hijos, si permaneciere en fe, amor y santificación, con
modestia.

Requisitos de los obispos

3 PALABRA fiel: Si alguno anhela obispa-
do, buena obra desea.
2 Pero es necesario que el obispo sea irreprensible, marido de una sola mujer, sobrio, prudente, decoroso, hospedador, apto para enseñar;
3 no dado al vino, no pendenciero, no codicioso de ganancias deshonestas, sino amable,
apacible, no avaro;
4 que gobierne bien su casa, que tenga a sus
hijos en sujeción con toda honestidad
5 (pues el que no sabe gobernar su propia ≺
casa, ¿cómo cuidará de la iglesia de Dios?);
6 no un neófito, no sea que envaneciéndose ≺
caiga en la condenación del diablo.
7 También es necesario que tenga buen testimonio de los de afuera, para que no caiga en
descrédito y en lazo del diablo.[a]

Requisitos de los diáconos

8 Los diáconos asimismo deben ser honestos,
sin doblez, no dados a mucho vino, no codiciosos de ganancias deshonestas;
9 que guarden el misterio de la fe con limpia
conciencia.
10 Y éstos también sean sometidos a prueba ≺
primero, y entonces ejerzan el diaconado, si
son irreprensibles.
11 Las mujeres asimismo sean honestas, no
calumniadoras, sino sobrias, fieles en todo.
12 Los diáconos sean maridos de una sola
mujer, y que gobiernen bien sus hijos y sus
casas.
13 Porque los que ejerzan bien el diaconado, ganan para sí un grado honroso, y mucha
confianza en la fe que es en Cristo Jesús.

a. 2.7 2 Ti 1.11. **b. 2.9** 1 P 3.3. **c. 2.13** Gn 2.7.
d. 2.13 Gn 2.21-22. **e. 2.14** Gn 3.1-6. **a. 3.2-7** Tit 1.6-9.

LECCIONES DE VIDA

➤ ***2.5 — hay un solo Dios, y un solo mediador entre Dios y los hombres, Jesucristo hombre.***

Cuando Pablo escribe que hay *un solo* Dios, se está refiriendo a la *Shemá*, que era la declaración de fe de Israel (Dt 6.4–9). Como creyentes en Jesucristo, esta creencia fundamental no es reemplazada sino *profundizada*. Jesús no es *otra* deidad sino Dios mismo, quien también se ha convertido en nuestro Mediador. Un mediador es como un sacerdote, alguien que trae a acuerdo de paz las dos partes enfrentadas. Puesto que Él es nuestro sumo sacerdote, podemos «[acercarnos], pues, confiadamente al trono de la gracia» (He 4.16), porque sabemos que Él nos representará y nos conducirá fielmente en su camino (He 2.1–18; 4.14, 15; 7.22—8.6).

➤ ***2.8 — Quiero, pues, que los hombres oren en todo lugar, levantando manos santas, sin ira ni contienda.***

Las contiendas dentro de la iglesia en Éfeso eran instigadas por maestros falsos que luchaban por una posición de influencia en la congregación. El compañerismo en la iglesia nunca debe utilizarse para escalar posiciones sociales ni avanzar ambiciones egoístas. Es nuestra oportunidad para reunirnos con otros creyentes a fin de rendir culto a Dios y edificarnos mutuamente. Es por esto que Pablo llamó a los miembros de la iglesia a juntarse para orar.

➤ ***3.5 — el que no sabe gobernar su propia casa, ¿cómo cuidará de la iglesia de Dios?***

Antes que Dios pueda darnos mayores responsabilidades en una esfera más amplia de influencia, Él requiere que demostremos nuestra fidelidad a Él donde estemos, con las personas más cercanas a nosotros.

➤ ***3.6 — no un neófito, no sea que envaneciéndose caiga en la condenación del diablo.***

A veces, cuando el éxito viene demasiado pronto, una persona puede no estar preparada en lo absoluto para ello. Tal vez no sepa cómo manejar la admiración que está recibiendo, y llegue a enfocarse más en sus propios puntos fuertes, sus deseos y sus necesidades, que en lo justo y conveniente en los ojos de Dios, lo cual significa que le esperan muchos problemas.

➤ ***3.10 — éstos también sean sometidos a prueba primero, y entonces ejerzan el diaconado, si son irreprensibles.***

En ocasiones vemos la pasión, la energía, el talento y el deseo de los creyentes jóvenes, y pensamos que son capaces de asumir grandes responsabilidades. Sin embargo, no es el entusiasmo de una persona lo que le capacita para ejercer el ministerio, sino su compromiso con Cristo y su obediencia constante a Él. Cada persona debe demostrar su fidelidad y piedad en las tareas pequeñas antes de que ellos estén listos para encargarse de las más difíciles (Mt 25.14–30).

El ministerio de la piedad

➤ 14 Esto te escribo, aunque tengo la esperanza
de ir pronto a verte,
15 para que si tardo, sepas cómo debes conducirte en la casa de Dios, que es la iglesia del
Dios viviente, columna y baluarte de la verdad.
16 E indiscutiblemente, grande es el misterio
de la piedad:

Dios fue manifestado en carne,
Justificado en el Espíritu,
Visto de los ángeles,
Predicado a los gentiles,
Creído en el mundo,
Recibido arriba en gloria.

Predicción de la apostasía

➤ 4 PERO el Espíritu dice claramente que en
los postreros tiempos algunos apostatarán
de la fe, escuchando a espíritus engañadores
y a doctrinas de demonios;
2 por la hipocresía de mentirosos que, teniendo cauterizada la conciencia,
3 prohibirán casarse, y mandarán abstenerse de alimentos que Dios creó para que con
acción de gracias participasen de ellos los
creyentes y los que han conocido la verdad.
4 Porque todo lo que Dios creó es bueno, y
nada es de desecharse, si se toma con acción
de gracias;
5 porque por la palabra de Dios y por la oración es santificado.

Un buen ministro de Jesucristo

6 Si esto enseñas a los hermanos, serás
buen ministro de Jesucristo, nutrido con las
palabras de la fe y de la buena doctrina que
has seguido.
7 Desecha las fábulas profanas y de viejas.
Ejercítate para la piedad;
8 porque el ejercicio corporal para poco es *
provechoso, pero la piedad para todo aprove- ≺
cha, pues tiene promesa de esta vida presente, y de la venidera.
9 Palabra fiel es ésta, y digna de ser recibida por todos.
10 Que por esto mismo trabajamos y sufrimos oprobios, porque esperamos en el Dios
viviente, que es el Salvador de todos los hombres, mayormente de los que creen.
11 Esto manda y enseña.
12 Ninguno tenga en poco tu juventud, sino ≺
sé ejemplo de los creyentes en palabra, conducta, amor, espíritu, fe y pureza.
13 Entre tanto que voy, ocúpate en la lectura,
la exhortación y la enseñanza.
14 No descuides el don que hay en ti, que te
fue dado mediante profecía con la imposición
de las manos del presbiterio.
15 Ocúpate en estas cosas; permanece en ≺
ellas, para que tu aprovechamiento sea manifiesto a todos.
16 Ten cuidado de ti mismo y de la doctrina;
persiste en ello, pues haciendo esto, te salvarás a ti mismo y a los que te oyeren.

Deberes hacia los demás

5 NO reprendas al anciano, sino exhórtale
como a padre; a los más jóvenes, como a
hermanos;
2 a las ancianas, como a madres; a las jovencitas, como a hermanas, con toda pureza.

LECCIONES DE VIDA

➤ ***3.14, 15 — Esto te escribo... para que si tardo, sepas cómo debes conducirte en la casa de Dios.***

Todo creyente debe traer honra a Dios, pero es especialmente importante que los líderes de la iglesia den un ejemplo auténtico de lo que es la fe en acción.

➤ ***4.1, 2 — en los postreros tiempos algunos apostatarán de la fe, escuchando a espíritus engañadores y a doctrinas de demonios... teniendo cauterizada la conciencia.***

La conciencia cauterizada o quemada es aquella que no puede ser reparada. Refleja un rechazo recalcitrante de la verdad de Dios. Las doctrinas impías y engañosas siempre han plagado a la iglesia, pero cuanto más nos acercamos al regreso de Cristo, más insidiosos, imperiosos y agresivos serán los falsos maestros. Es por esa razón que debemos permanecer vigilantes y asegurarnos de estar siempre conduciendo a otros a la fe y la obediencia, en especial mientras se acerca el día del Señor.

➤ ***4.8 — el ejercicio corporal para poco es provechoso, pero la piedad para todo aprovecha, pues tiene promesa de esta vida presente, y de la venidera.***

Este mundo enfatiza la capacidad, la belleza y el éxito. Aunque ser un buen mayordomo del cuerpo que Dios le dio es importante, siempre debería ponerse la mayor relevancia en su relación con Él. Su intimidad con Dios es la prioridad que Él tiene para usted, y determinará el impacto que cause su vida. También perdurará en el cielo, mientras que su cuerpo físico será reemplazado por uno glorificado e imperecedero (1 Co 15.20, 52–54). Por lo tanto, enfóquese solamente en Cristo para que pueda crecer en la piedad, porque eso sí que es aprovechar bien el tiempo.

➤ ***4.12 — Ninguno tenga en poco tu juventud, sino sé ejemplo de los creyentes en palabra, conducta, amor, espíritu, fe y pureza.***

Sin importar su edad o cuánto tiempo haya seguido a Cristo, usted puede convertirse en un ejemplo excelente para los demás, si somete su vida a Cristo y aprende a apoyarse en el poder y la dirección del Espíritu.

➤ ***4.15 — Ocúpate en estas cosas; permanece en ellas, para que tu aprovechamiento sea manifiesto a todos.***

¿Por qué deberíamos ser diligentes en leer las Escrituras, enseñar, animar a otros y practicar los dones espirituales que el Señor nos ha dado? Porque así es como aprendemos más acerca de Dios y cómo andar en sus caminos. A medida que vivimos en obediencia activa y participativa al Señor, obedeciendo las indicaciones iniciales de su Espíritu y aferrándonos a su Palabra, crecemos y maduramos en su semejanza (Gá 5.22, 23; 2 P 1.3–8).

RESPUESTAS A PREGUNTAS DE LA VIDA

¿Cómo puedo aprender a tener contentamiento?

1 TI 6.7, 8

Hay hombres y mujeres que se sienten profundamente descontentos en su campo laboral. «Si tan solo tuviera un jefe mejor… Si me las arreglara para devengar más sueldo… Si pudiera trabajar en *aquella* empresa…» Esa es la manera de pensar de muchos.

Hace dos mil años, Juan el Bautista exhortó a unos soldados romanos insatisfechos que se contentaran con su salario (Lc 3.14). Ese sigue siendo un buen consejo para nosotros.

Podemos vivir cada vez más contentos cuando vemos a Dios como nuestro único Proveedor: «no me des pobreza ni riquezas; mantenme del pan necesario; no sea que me sacie, y te niegue, y diga: ¿Quién es Jehová? O que siendo pobre, hurte, y blasfeme el nombre de mi Dios» (Pr 30.8, 9).

También podemos volvernos cada vez más descontentos si nos enfocamos en las carencias de la vida. Pablo nos recuerda que «nada hemos traído a este mundo, y sin duda nada podremos sacar. Así que, teniendo sustento y abrigo, estemos contentos con esto» (1 Ti 6.7, 8).

Mucho de nuestro desasosiego se debe en gran parte a que apetecemos las múltiples ventajas de las ofertas opulentas de la cultura imperante. Pero, ¿acaso las necesitamos realmente? ¿Será que podemos arreglárnoslas sin ropa exclusiva de última moda? La respuesta es afirmativa. Mientras que Dios provee para muchos de nuestras necesidades por su bondad y su gracia, Él en realidad quiere que disfrutemos lo que ya nos ha dado, y que tengamos corazones agradecidos. Él promete encargarse de nuestras necesidades, y cuando nos da más allá de lo básico tenemos que ser muy humildes y agradecidos.

¿Cómo llegamos a tener contentamiento? Pidiéndole al Señor que nos enseñe a tener gratitud por lo que tenemos, en lugar de quejarnos por lo que otros tienen: «Sean vuestras costumbres sin avaricia, contentos con lo que tenéis ahora» (He 13.5). Salomón dijo: «Más vale vista de ojos que deseo que pasa» (Ec 6.9).

Dios ya nos ha bendecido en abundancia. En cambio, Satanás quiere desviar nuestra atención hacia otras cosas con su astucia torciendo nuestros corazones, para que demos cabida a un virus maligno de descontento. En lugar de dejarse enredar por sus mentiras, ¿por qué no hace un inventario de todas las bendiciones que el Señor le ha dado y le da gracias por cada una de ellas?

Por supuesto, hallamos nuestra mayor fuente de contentamiento en una relación de deleite en el Señor Jesucristo: «No lo digo porque tenga escasez, pues he aprendido a contentarme, cualquiera que sea mi situación… Todo lo puedo en Cristo que me fortalece» (Fil 4.11, 13). Pablo enfrentó muchas pruebas y dificultades. Algunas fueron bastante difíciles de soportar, pero él vivía satisfecho y contento porque tenía una relación íntima con el Salvador y nada tenía más valor que esto. ¿Puede decir que esto mismo sea cierto en su vida?

«Deléitate asimismo en Jehová, y él te concederá las peticiones de tu corazón» (Sal 37.4).

Para un estudio más a fondo, véase el Índice de Principios de vida:

11. *Dios asume toda la responsabilidad en cuanto a nuestras necesidades, si lo obedecemos.*
16. *Todo lo que adquirimos fuera de la voluntad de Dios termina convirtiéndose en cenizas.*

3 Honra a las viudas que en verdad lo son.
4 Pero si alguna viuda tiene hijos, o nietos, ➤
aprendan éstos primero a ser piadosos para
con su propia familia, y a recompensar a sus
padres; porque esto es lo bueno y agradable
delante de Dios.
5 Mas la que en verdad es viuda y ha quedado
sola, espera en Dios, y es diligente en súplicas
y oraciones noche y día.
6 Pero la que se entrega a los placeres, viviendo está muerta.

7 Manda también estas cosas, para que sean irreprensibles;
8 porque si alguno no provee para los suyos, y mayormente para los de su casa, ha negado la fe, y es peor que un incrédulo.
9 Sea puesta en la lista sólo la viuda no menor de sesenta años, que haya sido esposa de un solo marido,
10 que tenga testimonio de buenas obras; si ha criado hijos; si ha practicado la hospitalidad; si ha lavado los pies de los santos; si ha socorrido a los afligidos; si ha practicado toda buena obra.
11 Pero viudas más jóvenes no admitas; porque cuando, impulsadas por sus deseos, se rebelan contra Cristo, quieren casarse,
12 incurriendo así en condenación, por haber quebrantado su primera fe.
13 Y también aprenden a ser ociosas, andando de casa en casa; y no solamente ociosas, sino también chismosas y entremetidas, hablando lo que no debieran.
14 Quiero, pues, que las viudas jóvenes se casen, críen hijos, gobiernen su casa; que no den al adversario ninguna ocasión de maledicencia.
15 Porque ya algunas se han apartado en pos de Satanás.
16 Si algún creyente o alguna creyente tiene viudas, que las mantenga, y no sea gravada la iglesia, a fin de que haya lo suficiente para las que en verdad son viudas.
17 Los ancianos que gobiernan bien, sean tenidos por dignos de doble honor, mayormente los que trabajan en predicar y enseñar.
18 Pues la Escritura dice: No pondrás bozal al buey que trilla;[a] y: Digno es el obrero de su salario.[b]
19 Contra un anciano no admitas acusación sino con dos o tres testigos.[c]
20 A los que persisten en pecar, repréndelos delante de todos, para que los demás también teman.
21 Te encarezco delante de Dios y del Señor Jesucristo, y de sus ángeles escogidos, que guardes estas cosas sin prejuicios, no haciendo nada con parcialidad.
22 No impongas con ligereza las manos a ninguno, ni participes en pecados ajenos. Consérvate puro.
23 Ya no bebas agua, sino usa de un poco de vino por causa de tu estómago y de tus frecuentes enfermedades.
24 Los pecados de algunos hombres se hacen patentes antes que ellos vengan a juicio, mas a otros se les descubren después.
25 Asimismo se hacen manifiestas las buenas obras; y las que son de otra manera, no pueden permanecer ocultas.

6 TODOS los que están bajo el yugo de esclavitud, tengan a sus amos por dignos de todo honor, para que no sea blasfemado el nombre de Dios y la doctrina.
2 Y los que tienen amos creyentes, no los tengan en menos por ser hermanos, sino sírvanles mejor, por cuanto son creyentes y amados los que se benefician de su buen servicio. Esto enseña y exhorta.

Piedad y contentamiento

3 Si alguno enseña otra cosa, y no se conforma a las sanas palabras de nuestro Señor

a. 5.18 Dt 25.4. **b. 5.18** Mt 10.10; Lc 10.7.
c. 5.19 Dt 17.6; 19.15.

LECCIONES DE VIDA

➤ ***5.4 — si alguna viuda tiene hijos, o nietos, aprendan éstos primero a ser piadosos para con su propia familia, y a recompensar a sus padres; porque esto es lo bueno y agradable delante de Dios.***

Esto corresponde al tema planteado por Pablo, que los cristianos deberían asumir la responsabilidad por sus familias (1 Ti 3.5). Debemos honrar a nuestras viudas cuidando de ellas cuando no pueden valerse por sí mismas. Esto puede sonar bastante difícil, y en ocasiones lo será. Sin embargo, todo lo que Dios nos llame a hacer valdrá la pena y tendrá bendiciones inestimables, así sean imprevistas.

➤ ***5.8 — si alguno no provee para los suyos, y mayormente para los de su casa, ha negado la fe, y es peor que un incrédulo.***

Es fácil ser bondadoso y amable durante un período breve con gente extraña. Sin embargo, vivir una vida de sacrificio y servicio requiere mucha más disciplina y energía entre quienes nos conocen mejor. Es por eso que cada mandato que el Señor nos dé para que tratemos a los demás con amor y compasión, debe ser obedecido primero con nuestros más allegados. Si conocemos la verdad, debemos vivirla en la práctica con nuestra propia familia, porque así es como sabemos que ella es real en nuestras vidas.

➤ ***5.20 — A los que persisten en pecar, repréndelos delante de todos, para que los demás también teman.***

Pablo se refiere aquí a líderes de la iglesia. Si abusan de sus posiciones y continúan en su pecado, deben ser reprendidos públicamente, no para que sean avergonzados sino para que todos sepan que Dios no aprueba su conducta ni consiente su desobediencia. Aquellos de nosotros que nos desempeñamos como «maestros… recibiremos mayor condenación» (Stg 3.1) debido a la influencia que ejercemos en las vidas de los demás.

➤ ***5.24 — Los pecados de algunos hombres se hacen patentes antes que ellos vengan a juicio, mas a otros se les descubren después.***

Ciertas transgresiones no son tan obvias como otras. Por ejemplo, algunas personas hacen obras piadosas dentro de la iglesia para promoverse a sí mismas o para trastornar al pueblo de Dios. A nosotros podrá parecernos que están haciendo el bien, cuando en realidad menoscaban el ministerio y plantan semillas de disensión. Dios conoce las verdaderas intenciones de nuestros corazones tanto como nuestras acciones. Tarde o temprano, cosechamos lo que sembramos, más de lo que sembramos y después de haberlo sembrado. En materia de pecado, nadie se sale con las suyas.

Jesucristo, y a la doctrina que es conforme a
la piedad,
4 está envanecido, nada sabe, y delira acerca de cuestiones y contiendas de palabras, de
las cuales nacen envidias, pleitos, blasfemias,
malas sospechas,
5 disputas necias de hombres corruptos de
entendimiento y privados de la verdad, que
toman la piedad como fuente de ganancia;
apártate de los tales.
➤ 6 Pero gran ganancia es la piedad acompañada de contentamiento;
7 porque nada hemos traído a este mundo, y
sin duda nada podremos sacar.
8 Así que, teniendo sustento y abrigo, estemos
contentos con esto.
➤ 9 Porque los que quieren enriquecerse caen
en tentación y lazo, y en muchas codicias
necias y dañosas, que hunden a los hombres
en destrucción y perdición;
➤ 10 porque raíz de todos los males es el amor
al dinero, el cual codiciando algunos, se extraviaron de la fe, y fueron traspasados de
muchos dolores.

La buena batalla de la fe

11 Mas tú, oh hombre de Dios, huye de estas
cosas, y sigue la justicia, la piedad, la fe, el
amor, la paciencia, la mansedumbre.
➤ 12 Pelea la buena batalla de la fe, echa mano
de la vida eterna, a la cual asimismo fuiste
llamado, habiendo hecho la buena profesión
delante de muchos testigos.
13 Te mando delante de Dios, que da vida
a todas las cosas, y de Jesucristo, que dio
testimonio de la buena profesión delante de
Poncio Pilato,[a]
14 que guardes el mandamiento sin mácula
ni reprensión, hasta la aparición de nuestro
Señor Jesucristo,
15 la cual a su tiempo mostrará el bienaventurado y solo Soberano, Rey de reyes, y Señor
de señores,
16 el único que tiene inmortalidad, que habita en luz inaccesible; a quien ninguno de los
hombres ha visto ni puede ver, al cual sea la
honra y el imperio sempiterno. Amén.
17 A los ricos de este siglo manda que no sean
altivos, ni pongan la esperanza en las riquezas, las cuales son inciertas, sino en el Dios
vivo, que nos da todas las cosas en abundancia para que las disfrutemos.
18 Que hagan bien, que sean ricos en buenas ➤
obras, dadivosos, generosos;
19 atesorando para sí buen fundamento para
lo por venir, que echen mano de la vida
eterna.

Encargo final de Pablo a Timoteo

20 Oh Timoteo, guarda lo que se te ha encomendado, evitando las profanas pláticas sobre
cosas vanas, y los argumentos de la falsamente llamada ciencia,
21 la cual profesando algunos, se desviaron
de la fe. La gracia sea contigo. Amén.

a. 6.13 Jn 18.37.

LECCIONES DE VIDA

➤ ***6.6 — gran ganancia es la piedad acompañada de contentamiento.***

La obediencia siempre trae bendición consigo. Como promete el Salmo 37.4: «Deléitate asimismo en Jehová, y él te concederá las peticiones de tu corazón». Cuando podemos someternos a la voluntad de Dios y hallar todo nuestro gozo en Él, tenemos más de lo que este mundo jamás podría esperar ofrecernos, porque tenemos un tesoro que nunca se desvanecerá (Mt 6.19–21; Fil 4.11–13).

➤ ***6.9 — los que quieren enriquecerse caen en tentación y lazo, y en muchas codicias necias y dañosas, que hunden a los hombres en destrucción y perdición.***

La Biblia condena nuestro deseo de volvernos ricos, no porque sea pecado tener dinero, sino porque la lujuria de las riquezas conduce a la pobreza espiritual. Aquellos que se fijan la meta de adquirir posesiones materiales viven en función de un ídolo insaciable. Sólo existe una cosa que puede satisfacer nuestros anhelos más profundos y nuestras necesidades más intensas, y es una relación personal con el Señor Jesucristo. En últimas, todo aquello de valor terrenal a lo que nos aferremos, lo perderemos.

➤ ***6.10 — raíz de todos los males es el amor al dinero, el cual codiciando algunos, se extraviaron de la fe, y fueron traspasados de muchos dolores.***

El dinero es meramente un objeto, pero el *amor* del mismo es una raíz de pecaminosidad puesto que toma el lugar de Dios en nuestras vidas. Nadie puede ser leal a dos amos, como Jesús nos lo dijo claramente: «No podéis servir a Dios y a las riquezas» (Lc 16.13). A menudo pensamos que las posesiones materiales nos harán felices o nos darán un sentido de seguridad, pero sólo Cristo puede darnos el gozo y la confianza que realmente anhelamos en lo profundo de nuestro ser.

➤ ***6.12 — Pelea la buena batalla de la fe.***

Debemos estar comprometidos con Cristo sin reservas, sin importar nuestras circunstancias, desafíos u obstáculos, sabiendo que esa clase de compromiso lleva a la victoria espiritual y la esperanza eterna. Debemos creer en Él y obedecer con todo nuestro corazón, nuestra alma, nuestra mente y nuestras fuerzas, permaneciendo firmes para Él y representándolo bien en el mundo, para que otros crean en Él y sean salvos.

➤ ***6.18 — Que hagan bien, que sean ricos en buenas obras, dadivosos, generosos.***

Dios nos bendice económicamente y con nuestros talentos, no simplemente para que podamos beneficiarnos de los recursos que nos ha dado, sino para que los usemos ayudando a otros y expandiendo su reino.

LA SEGUNDA EPÍSTOLA DEL APÓSTOL PABLO A

TIMOTEO

La cárcel es el último lugar donde esperaríamos que se escriba una carta de ánimo, pero allí es donde se originó la segunda carta de Pablo a Timoteo, en una prisión romana.

El apóstol empieza asegurándole a Timoteo su amor y sus oraciones continuas, y luego le recuerda su herencia espiritual y sus responsabilidades. Sólo aquel que persevera, trátese de un soldado, un atleta, un agricultor o un ministro de Jesucristo, cosechará el galardón de Dios. Pablo también le advierte a Timoteo que su enseñanza será objeto de ataque, a medida que hombres infieles abandonen la verdad por seguir palabras que les calmen la comezón de oír (2 Ti 4.3). Pero Timoteo cuenta con el ejemplo de Pablo como su guía, y la Palabra de Dios para renovar sus fuerzas, ya que ahora es él quien tiene al frente una oposición creciente, así como también oportunidades estupendas.

Esta carta puede considerarse una de las más personales que tenemos del apóstol Pablo, quien ahora sabe que afronta sus últimos días en la tierra y se encuentra cada vez más solo. Le dice a Timoteo: «Ya sabes esto, que me abandonaron todos los que están en Asia» (2 Ti 1.15) y «Demas me ha desamparado, amando este mundo, y se ha ido a Tesalónica. Crescente fue a Galacia, y Tito a Dalmacia… A Tíquico lo envié a Efeso… En mi primera defensa ninguno estuvo a mi lado, sino que todos me desampararon… Erasto se quedó en Corinto, y a Trófimo dejé en Mileto enfermo» (2 Ti 4.10, 12, 16, 20). Por eso urge a Timoteo: «Procura venir pronto a verme… Toma a Marcos y tráele contigo… Procura venir antes del invierno» (2 Ti 4.9, 11, 21). Los informes y las peticiones del apóstol nos recuerdan que Dios diseñó la vida cristiana para que tenga lugar al interior de la comunidad y que todos, incluidos los venerables apóstoles, necesitamos el compañerismo de otros creyentes.

La última epístola de Pablo recibió el título *Pros Timótheon B*, o la carta «Segunda a Timoteo».

Tema: Estemos alerta a las falsas doctrinas y aferrémonos a la verdad.

Autor: El apóstol Pablo.

Fecha: Alrededor de 66–67 d.C., cuando Nerón mandó ejecutar a Pablo.

Estructura: Tras una breve introducción (1.1–2), Pablo expresa su amor por Timoteo (1.3–7), lo anima a mantenerse fiel a la fe verdadera (1.8—2.13), le advierte de varios peligros (2.14—3.9), lo instruye sobre su labor (3.10—4.5), le describe su propia situación precaria (4.6–18), y concluye su carta con algunas peticiones finales (4.19–22).

A medida que lea 2 Timoteo, fíjese en los principios de vida que juegan un papel importante en este libro:

8. Libremos nuestras batallas de rodillas y siempre obtendremos la victoria. *Véase 2 Timoteo 1.3; página 1388.*

18. Como hijos del Dios soberano, jamás somos víctimas de nuestras circunstancias. *Véase 2 Timoteo 1.7; página 1388.*

28. Ningún creyente ha sido llamado a transitar solitario en su peregrinaje de fe. *Véase 2 Timoteo 2.2; página 1389.*

3. La Palabra de Dios es ancla inconmovible en las tormentas. *Véase 2 Timoteo 3.16, 17; página 1393.*

26. La adversidad es un puente que nos conduce a una relación más profunda con Dios. *Véase 2 Timoteo 4.17; página 1394.*

Salutación

1 PABLO, apóstol de Jesucristo por la voluntad de Dios, según la promesa de la vida
que es en Cristo Jesús,
2 a Timoteo,[a] amado hijo: Gracia, misericordia y paz, de Dios Padre y de Jesucristo nuestro Señor.

Testificando de Cristo

➤ 3 Doy gracias a Dios, al cual sirvo desde mis
mayores con limpia conciencia, de que sin cesar
me acuerdo de ti en mis oraciones noche y día;
4 deseando verte, al acordarme de tus lágrimas, para llenarme de gozo;
5 trayendo a la memoria la fe no fingida que
hay en ti, la cual habitó primero en tu abuela
Loida, y en tu madre[b] Eunice, y estoy seguro
que en ti también.
➤ 6 Por lo cual te aconsejo que avives el fuego
del don de Dios que está en ti por la imposición de mis manos.
➤ 7 Porque no nos ha dado Dios espíritu de cobardía, sino de poder, de amor y de dominio propio.
➤ 8 Por tanto, no te avergüences de dar testimonio de nuestro Señor, ni de mí, preso suyo, sino
participa de las aflicciones por el evangelio
según el poder de Dios,
9 quien nos salvó y llamó con llamamiento san- ➤
to, no conforme a nuestras obras, sino según el
propósito suyo y la gracia que nos fue dada en
Cristo Jesús antes de los tiempos de los siglos,
10 pero que ahora ha sido manifestada por la
aparición de nuestro Salvador Jesucristo, el
cual quitó la muerte y sacó a luz la vida y la
inmortalidad por el evangelio,
11 del cual yo fui constituido predicador,
apóstol y maestro de los gentiles.[c]
12 Por lo cual asimismo padezco esto; pero no *
me avergüenzo, porque yo sé a quién he creí- ➤
do, y estoy seguro que es poderoso para guardar mi depósito para aquel día.
13 Retén la forma de las sanas palabras que
de mí oíste, en la fe y amor que es en Cristo Jesús.
14 Guarda el buen depósito por el Espíritu
Santo que mora en nosotros.
15 Ya sabes esto, que me abandonaron todos
los que están en Asia, de los cuales son Fige-
lo y Hermógenes.
16 Tenga el Señor misericordia de la casa de
Onesíforo, porque muchas veces me confortó,
y no se avergonzó de mis cadenas,

a. 1.2 Hch 16.1. **b. 1.5** Hch 16.1. **c. 1.11** 1 Ti 2.7.

LECCIONES DE VIDA

➤ ***1.3 — sin cesar me acuerdo de ti en mis oraciones noche y día.***

Esta fue la última carta de Pablo. El apóstol sabía que pronto enfrentaría la muerte, y que ya no podría animar a Timoteo ni a la multitud de aquellos que conformaban las iglesias que él había ayudado a establecer a lo largo y ancho del mundo conocido. Por supuesto, también sabía que el Espíritu Santo continuaría guiando y levantando al cuerpo de Cristo. Sin embargo, hasta el mismo final, el apóstol se mantuvo fiel en su intercesión por Timoteo. ¿Por qué? Porque Pablo sabía que todas sus batallas espirituales las ganaba sobre sus rodillas, en oración. El apóstol testificó: «yo sé a quién he creído, y estoy seguro que es poderoso para guardar mi depósito para aquel día» (2 Ti 1.12).

➤ ***1.6 — Por lo cual te aconsejo que avives el fuego del don de Dios que está en ti.***

En este versículo *avivar el fuego* significa «encender de nuevo, reanimar, mantener plenamente encendida una llama». Debemos animar y motivar a los demás a ser fieles al Señor. Dios nunca quita los dones espirituales que nos concede (Ro 11.29), pero éstos pueden perder su eficacia y extinguirse por negligencia o mal uso. Dios nos instruye a usar nuestros dones para el beneficio de su pueblo, en obediencia a Él (1 P 4.10).

➤ ***1.7 — no nos ha dado Dios espíritu de cobardía, sino de poder, de amor y de dominio propio.***

El temor enfoca nuestra atención en nosotros mismos y en cosas que no necesitamos considerar. Llena nuestras mentes con situaciones hipotéticas, todas las cuales tienen por desenlace la derrota y la ruina. Tarde o temprano, el temor termina consumiéndonos por completo. Por esa razón, no podemos rehuir la obediencia a Dios ni abstenernos de usar los dones que Él nos ha dado, porque en últimas Él está en control de nuestro futuro, y nunca somos víctimas de nuestras circunstancias. Somos inmensurablemente triunfantes en Cristo, y debemos actuar de esa misma manera.

➤ ***1.8 — no te avergüences de dar testimonio de nuestro Señor, ni de mí, preso suyo, sino participa de las aflicciones por el evangelio según el poder de Dios.***

A veces podemos ser tentados a guardar silencio acerca de nuestra fe en Cristo por nuestro temor de lo que piensen los demás de nosotros. Sin embargo, es un gran privilegio representarlo y debemos hacerlo con valentía y entusiasmo, recordando que puede significar la vida eterna para aquellos que oigan nuestro testimonio y respondan al Señor Jesús en fe.

➤ ***1.9 — no conforme a nuestras obras, sino según el propósito suyo y la gracia que nos fue dada en Cristo Jesús antes de los tiempos de los siglos.***

La gracia de Dios no empezó con nosotros, y ni siquiera empezó en la cruz. El plan del Señor para nuestra salvación fue establecido antes que Él creara el mundo. Por lo tanto, debemos confiar en su plan eterno, que fue el favor divino que nos confirió al morir en la cruz (Jn 3.16–18; Ef 2.8, 9; Tit 3.5), porque es la *única* vía que Él ha provisto para nuestra salvación.

➤ ***1.12 — yo sé a quién he creído, y estoy seguro que es poderoso para guardar mi depósito para aquel día.***

Ni Pablo ni ninguno de los discípulos habría podido sufrir tal penalidad y persecución si no hubieran estado plenamente convencidos del poder de la verdad de Dios, y que Él cumpliría todas las promesas que les había hecho (He 11.1, 6). Ellos no solamente perseveraron en la adversidad, sino que se regocijaron en sus aflicciones pues a través del sufrimiento podían identificarse con Cristo (Hch 5.41; 2 Co 12.10; Fil 3.8–11). Si queremos seguirlo, debemos tener la misma confianza absoluta en su provisión en la cruz, y en su Palabra que es la verdad infalible.

RESPUESTAS A PREGUNTAS DE LA VIDA

¿Cómo puedo combatir mis temores?

2 TI 1.7

Las palabras de Pablo a Timoteo son las mismas de Dios para usted. Él nos ha dado a cada uno «espíritu… de poder, de amor y de dominio propio» (2 Ti 1.7). Por lo tanto, nunca deberíamos responder a las circunstancias ni a las personas con temor, pues tenemos el poder de Dios viviendo dentro de nosotros, y es el mismo poder que disipa todo temor y toda ansiedad.

1. Pídale ayuda a Dios.

Cada vez que el temor le ataque, pida de inmediato la ayuda de Dios. Acceda a su poder y permítale alentar su corazón. ¿Recuerda cuando Pedro trató de caminar sobre las aguas hasta donde estaba Jesús, pero su temor lo venció (Mt 14.30)? Tan pronto se encontró en peligro y atemorizado, hundiéndose en la mar, él tuvo la reacción correcta y le pidió ayuda a Dios: «¡Señor, sálvame!» Esta es la mejor reacción inmediata que usted puede tener cada vez que se sienta atemorizado(a).

2. Pídale al Señor que llene su corazón con un sentido de su amor constante.

El amor es un antídoto poderoso contra el temor, y el amor de Dios tiene la capacidad única de eliminarlo. Recuerdo la primera vez que prediqué en la iglesia donde crecí. Era joven y tuve un «ataque de miedo». Sentía que los hermanos esperarían más de mí que un grupo de desconocidos. ¿Qué me ayudó? Leí las palabras del Señor para Josué en el libro de Josué 1.5–9, y luego enfoqué mi atención en la gente de mi iglesia. Me sentí lleno de amor por ellos y agradecido por la manera como me habían amado todos esos años. Cuando llegó el momento en que me tocaba ponerme detrás del púlpito, el temor que llevaba por dentro se había disipado por completo. Juan nos dice: «En el amor no hay temor, sino que el perfecto amor echa fuera el temor» (1 Jn 4.18). Pídale a su Padre celestial que le imparta más del amor de Cristo y eche a fuera cualquier cosa que le atormente. Si lo hace, el temor perderá la fuerza que tiene sobre usted.

3. Pídale a Dios que le de dominio propio, llenándole la mente con su Palabra para que opere según ella.

La base del dominio propio es la Palabra de Dios. Cuanto más conozca las promesas de Dios y más viva conforme a sus mandamientos, mayores serán sus fuerzas para resistir el temor. Use las Escrituras para hablarle directamente a la fuente de su temor, tal como lo hizo Jesús cuando le citó las Escrituras al diablo durante su tiempo de tentación en el desierto (Lc 4.1–13).

Cada vez que usted se sienta apresado(a) por el temor, fije su mirada en Jesús, dirija su corazón al amor de Cristo, háblele a su temor desde la Palabra de Dios, y luego responda con coraje a la situación. Hoy, el deseo del Señor para usted es: «que te esfuerces y seas valiente; no temas ni desmayes» (Jos 1.9).

Para un estudio más a fondo, véase el Índice de Principios de vida:

8. *Libremos nuestras batallas de rodillas y siempre obtendremos la victoria.*
3. *La Palabra de Dios es ancla inconmovible en las tormentas.*

17 sino que cuando estuvo en Roma, me buscó solícitamente y me halló.
18 Concédale el Señor que halle misericordia cerca del Señor en aquel día. Y cuánto nos
ayudó en Éfeso, tú lo sabes mejor.

Un buen soldado de Jesucristo

2 TÚ, pues, hijo mío, esfuérzate en la gracia
que es en Cristo Jesús.
➤2 Lo que has oído de mí ante muchos testigos,
esto encarga a hombres fieles que sean idóneos para enseñar también a otros.
3 Tú, pues, sufre penalidades como buen soldado de Jesucristo.
4 Ninguno que milita se enreda en los negocios de la vida, a fin de agradar a aquel que lo
tomó por soldado.
5 Y también el que lucha como atleta, no es
coronado si no lucha legítimamente.
6 El labrador, para participar de los frutos,
debe trabajar primero.
7 Considera lo que digo, y el Señor te dé
entendimiento en todo.

8 Acuérdate de Jesucristo, del linaje de David,
resucitado de los muertos conforme a mi
evangelio,
9 en el cual sufro penalidades, hasta prisiones
a modo de malhechor; mas la palabra de Dios
no está presa.
10 Por tanto, todo lo soporto por amor de los
escogidos, para que ellos también obtengan
la salvación que es en Cristo Jesús con gloria eterna.
✻ 11 Palabra fiel es ésta:
Si somos muertos con él, también
viviremos con él;
12 Si sufrimos, también reinaremos con él;
Si le negáremos, él también nos negará.[a]
➢ 13 Si fuéremos infieles, él permanece fiel;
Él no puede negarse a sí mismo.

Un obrero aprobado

➢ 14 Recuérdales esto, exhortándoles delante
del Señor a que no contiendan sobre palabras,
lo cual para nada aprovecha, sino que es para
perdición de los oyentes.
15 Procura con diligencia presentarte a Dios ➢
aprobado, como obrero que no tiene de qué
avergonzarse, que usa bien la palabra de
verdad.
16 Mas evita profanas y vanas palabrerías,
porque conducirán más y más a la impiedad.
17 Y su palabra carcomerá como gangrena; de
los cuales son Himeneo y Fileto,
18 que se desviaron de la verdad, diciendo que
la resurrección ya se efectuó, y trastornan la
fe de algunos.
19 Pero el fundamento de Dios está firme, ➢
teniendo este sello: Conoce el Señor a los que
son suyos; y: Apártese de iniquidad todo aquel
que invoca el nombre de Cristo.
20 Pero en una casa grande, no solamente hay
utensilios de oro y de plata, sino también de

a. 2.12 Mt 10.33; Lc 12.9.

LECCIONES DE VIDA

➢ ***2.2 — Lo que has oído de mí ante muchos testigos, esto encarga a hombres fieles que sean idóneos para enseñar también a otros.***

No podemos servir al Señor en nuestras fuerzas. Como creyentes no hemos sido llamados a «transitar solitarios» en nuestro andar de fe. Debemos elegir a gente que sea digna de confianza y piadosa para que sirvan como nuestros guías en nuestro caminar cristiano, y de la misma manera, escoger hombres y mujeres comprometidos para que sigan nuestras pisadas. Es nuestro deber enseñarles lo que hemos aprendido, para que ellos puedan servir al Señor, también. De esa manera, aseguramos que la obra seguirá aún cuando nosotros ya no hayamos ido con el Señor, y eso es algo absolutamente esencial en el ministerio (Mt 28.19, 20).

➢ ***2.3 — sufre penalidades como buen soldado.***

Debemos ser absolutamente comprometidos y disciplinados en nuestra relación con el Señor, especialmente al enfrentar pruebas. Como un soldado, estamos a las órdenes de nuestro Comandante y debemos estar enfocados en Él y obedientes a sus órdenes, sin importarnos las penalidades ni los obstáculos. Como un atleta, perseveramos a pesar del dolor y cumplimos con las reglas para alcanzar nuestra meta, que es glorificarlo. También como el agricultor, esperamos pacientemente mientras nuestras semillas de fidelidad constante germinan y producen una cosecha de justicia.

➢ ***2.7 — Considera lo que digo, y el Señor te dé entendimiento en todo.***

¿Cómo adquirimos entendimiento espiritual? Primero tenemos que meditar en lo que Dios dice en su Palabra, reflexionándola y dándole vueltas en nuestras mentes. Luego tenemos que pedirle que aplique su verdad a nuestros corazones de una manera práctica para que podamos vivirla en obediencia. Ambos aspectos funcionan de manera conjunta.

➢ ***2.13 — Si fuéremos infieles, él permanece fiel; él no puede negarse a sí mismo.***

Habrá tiempos en los que tropezaremos en nuestra fe a causa de las grandes pruebas que enfrentamos. En esos momentos de flaqueza, no debemos permitir que la culpa nos consuma. No debemos caer en la trampa del enemigo, creyendo que hemos perdido nuestra salvación o que Dios ha dejado de interesarse en nosotros. Es esencial recordar que desde el momento que creemos en Jesús, su Espíritu mora en nuestro interior. Le pertenecemos a Él y estamos sellados *en* Él por la eternidad. Por lo tanto, en lugar de angustiarnos debemos buscar de inmediato su perdón y comprometernos de nuevo a obedecerlo.

➢ ***2.14 — exhortándoles delante del Señor a que no contiendan sobre palabras, lo cual para nada aprovecha, sino que es para perdición de los oyentes.***

Algunos creen que cuando ellos argumentan con sutileza sobre los detalles de la doctrina, están defendiendo la fe. Pero lo que están haciendo en realidad es confundir a creyentes inmaduros y sacarle el cuerpo a la obediencia al Señor en cuanto a la predicación del evangelio. Grandes daños se han hecho a la iglesia en nombre de doctrinas de hombres. Recuerde las palabras de Cristo: «Nadie tiene mayor amor que este, que uno ponga su vida por sus amigos» (Jn 15.13). Nunca olvide que poner nuestras vidas a veces significa dejar a un lado nuestros puntos de vista por el bien de los demás.

➢ ***2.15 — Procura con diligencia presentarte a Dios aprobado, como obrero que no tiene de qué avergonzarse, que usa bien la palabra de verdad.***

Cuando estemos delante de Jesús para responder por lo que hayamos hecho, se verá claramente lo que hicimos en obediencia al Señor, y lo que hicimos para nuestra propia gloria. Si obedecemos fielmente al Señor y deseamos tener comunión con Él, podemos anticipar con alegría el momento en que oigamos las maravillosas palabras: «Bien, buen siervo y fiel… entra en el gozo de tu señor» (Mt 25.21).

➢ ***2.19 — Apártese de iniquidad todo aquel que invoca el nombre de Cristo.***

Si afirmamos ser cristianos, debemos vivir para Dios de acuerdo con su llamado y a la altura de sus parámetros. Su gracia no nos hace libres para pecar, nos da las fuerzas y el deseo para someternos gozosamente a la voluntad del Señor.

LO QUE LA BIBLIA DICE ACERCA DE LA IMPORTANCIA DE LAS ESCRITURAS

2 Ti 3.16, 17

La verdad de la Palabra de Dios se aplica a todos los hombres y las mujeres en cada cultura, en cada época y en cada etapa de la vida. Es su manual sobrenatural que revela su mente y sus caminos, para que la humanidad pueda conocer y experimentar su presencia y su amor eternal.

La Biblia es el registro escrito de Dios y sus obras a través de las edades. Provee evidencia sustancial de su naturaleza, su plan y sus propósitos, para que podamos poner confiadamente nuestra fe en Él. Gracias a que tenemos su Palabra, no nos toca depender de las opiniones de los arqueólogos, ni de los historiadores, ni de los teólogos para conocer la verdad a ciencia cierta. Podemos saber cómo vivir, tomar decisiones y adorar al Señor, porque «escrito está» en su Palabra.

Las Escrituras son de inspiración divina. Esto significa que Dios intervino en cada detalle que fue registrado y escrito. Es inspirada por Dios, y es la autoridad final y suprema de la vida. La Biblia tiene la «última palabra» en todos los asuntos que pertenezcan a Dios y su voluntad. Ningún individuo, institución u organización puede reemplazar la autoridad de las Escrituras. De igual modo, la Biblia es la guía de Dios para la salvación y la vida sabia. El salmista escribió: «Lámpara es a mis pies tu palabra, y lumbrera a mi camino» (Sal 119.105).

Es exactamente por esa razón que somos amonestados a no añadirle ni quitarle a las Escrituras (Ap 22.18, 19). Ella expresa perfectamente los decretos y los juicios de Dios todopoderoso. La Biblia tiene autoridad porque es la verdad: «La suma de tu palabra es verdad» (Sal 119.160).

La Biblia tiene autoridad porque es la Verdad.

Mediante el ministerio del Espíritu Santo, la Biblia alumbra a cada individuo para que reconozca su pecado, su necesidad de salvación y la mejor manera de vivir. Si no contáramos con la información y la iluminación de las Escrituras, no tendríamos esperanza ni podríamos conocer y seguir al Dios viviente y verdadero. Cada vez que decimos «¡cuánto me gustaría poder oír a Dios hablarme!» perdemos de vista el hecho de que Él *ha* hablado y nos *sigue* hablando a través de su Palabra. Él nunca está callado, siempre está activamente involucrado en cada aspecto de nuestras vidas (Ro 3.2; He 5.12).

La Biblia también nos aprovecha y nos alimenta. La Palabra nos da una clara ventaja en todas las áreas de la vida, trátese de la familia, los negocios o las relaciones personales. Es provechosa porque refleja la sabiduría de Dios, y si procedemos conforme a sus enseñanzas, aprenderemos a vivir en la paz del Señor. A medida que meditamos en su verdad y la tenemos en cuenta, nuestros espíritus y nuestras almas reciben nutrición y sustento. Somos establecidos y enriquecidos en cada experiencia de la vida cuando vivimos de acuerdo con la perspectiva de Dios.

La Biblia es el Libro para todos. Es revelación, inspiración y comunicación sobre la Persona y el plan del Dios eterno, vivo y poderoso.

Para un estudio más a fondo, véase el Índice de Principios de vida:

3. La Palabra de Dios es ancla inconmovible en las tormentas.

madera y de barro; y unos son para usos honrosos, y otros para usos viles.
21 Así que, si alguno se limpia de estas cosas,
será instrumento para honra, santificado, útil
al Señor, y dispuesto para toda buena obra.
22 Huye también de las pasiones juveniles, y
sigue la justicia, la fe, el amor y la paz, con los
que de corazón limpio invocan al Señor.
23 Pero desecha las cuestiones necias e insensatas, sabiendo que engendran contiendas.
24 Porque el siervo del Señor no debe ser contencioso, sino amable para con todos, apto
para enseñar, sufrido;
➤25 que con mansedumbre corrija a los que se
oponen, por si quizá Dios les conceda que se
arrepientan para conocer la verdad,
26 y escapen del lazo del diablo, en que están
cautivos a voluntad de él.

Carácter de los hombres en los postreros días

3 TAMBIÉN debes saber esto: que en los postreros días vendrán tiempos peligrosos.
2 Porque habrá hombres amadores de sí mis-
mos, avaros, vanagloriosos, soberbios, blas-
femos, desobedientes a los padres, ingratos,
impíos,
3 sin afecto natural, implacables, calumniadores, intemperantes, crueles, aborrecedores
de lo bueno,
4 traidores, impetuosos, infatuados, amadores
de los deleites más que de Dios,
➤5 que tendrán apariencia de piedad, pero
negarán la eficacia de ella; a éstos evita.
6 Porque de éstos son los que se meten en las
casas y llevan cautivas a las mujercillas cargadas de pecados, arrastradas por diversas
concupiscencias.
7 Éstas siempre están aprendiendo, y nunca
pueden llegar al conocimiento de la verdad.
8 Y de la manera que Janes y Jambres resistieron a Moisés,[a] así también éstos resisten a la
verdad; hombres corruptos de entendimiento,
réprobos en cuanto a la fe.
9 Mas no irán más adelante; porque su insensatez será manifiesta a todos, como también
lo fue la de aquéllos.
10 Pero tú has seguido mi doctrina, conducta,
propósito, fe, longanimidad, amor, paciencia,
11 persecuciones, padecimientos, como los
que me sobrevinieron en Antioquía,[b] en
Iconio,[c] en Listra;[d] persecuciones que he sufrido, y de todas me ha librado el Señor.
➤12 Y también todos los que quieren vivir
piadosamente en Cristo Jesús padecerán
persecución;
13 mas los malos hombres y los engañadores irán de mal en peor, engañando y siendo
engañados.
14 Pero persiste tú en lo que has aprendido y te persuadiste, sabiendo de quién has
aprendido;
15 y que desde la niñez has sabido las Sagradas Escrituras, las cuales te pueden hacer
sabio para la salvación por la fe que es en
Cristo Jesús.

Ejemplos de vida

L U C A S

Trabaje detrás del escenario

2 TI 4.11

Es muy poco lo que sabemos acerca de Lucas. La Biblia contiene apenas tres referencias a él (Col 4.14; 2 Ti 4.11; Flm 24), pero nos alcanzan para dar un vistazo al hombre a quien Dios usó para escribir dos de los libros principales del Nuevo Testamento.

Lucas fue probablemente un médico griego que viajó en varias ocasiones con Pablo (Col 4.14). Según la tradición, era oriundo de Antioquía y murió sin haberse casado ni haber tenido hijos, a la edad de ochenta y cuatro años. Escribió el Evangelio de Lucas y los Hechos de los Apóstoles para gentiles como él, asegurándoles así que Cristo vino por toda la humanidad. El evangelio de Lucas recalca la humanidad de Jesús en toda su perfección, y acentúa con profunda preocupación los rostros de dolor de las mujeres, los niños, los pobres, los enfermos y los desechados de su tiempo.

Lucas trabajó sin hacer caso de sus propias necesidades, y sin considerar la persecución que se intensificaba en derredor. Para lograrlo, murió a sí mismo y vivió para el Señor, a quien llegó a amar más y más como resultado de sus minuciosas entrevistas.

Para un estudio más a fondo, véase el Índice de Principios de vida:

4. *Estar conscientes de la presencia de Dios nos da energías para desempeñar nuestro trabajo.*
1. *Nuestra intimidad con Dios, que es su prioridad para nosotros, determina el impacto que causen nuestras vidas.*

---

a. 3.8 Éx 7.11. **b. 3.11** Hch 13.14-52. **c. 3.11** Hch 14.1-7. **d. 3.11** Hch 14.8-20.

RESPUESTAS A PREGUNTAS DE LA VIDA

¿Cómo puedo superar los sentimientos de soledad?

2 TI 4.9–22

Pablo soportó en soledad la cárcel, donde se sintió profundamente aislado. En los últimos meses de su vida, nos dio el maravilloso secreto de lo que podemos hacer durante esos tiempos de intensa soledad.

Primero, él reconoció la presencia de Dios. Escribió que el Señor había estado a su lado (2 Ti 4.17). Pablo no podía cambiar su situación, pero en aquella celda vacía y húmeda, se acordó que Dios estaba con él.

En segundo lugar, Pablo lidió con la soledad trayendo a la memoria cuán fiel había sido Dios para fortalecerlo en el pasado (2 Ti 4.17). El Señor apoyó a Pablo, infundiéndole fuerzas. El apóstol sabía que nadie podía quitarle la vida sin el permiso de Dios. Con frecuencia citamos Filipenses 4.13: «Todo lo puedo en Cristo que me fortalece». Es significativo que Pablo estuviera preso cuando escribió estas palabras. Aunque enfrentaba circunstancias desalentadoras, él llevaba por dentro una esperanza imperturbable, pues entendía la verdad de que su vida estaba totalmente bajo el cuidado omnipotente y vigilante del Señor Jesucristo.

En tercer lugar, Pablo combatió sus sentimientos de soledad acordándose que tenía el privilegio sin igual de cumplir el propósito de Dios para su vida. ¡Qué ánimo tan grande es saber que somos parte del plan providencial de Dios! David también halló ánimo en la presencia del Señor. Muchos de los salmos que compuso fueron escritos como resultado de pasar por las situaciones más desoladoras y extremas en su vida. Justamente en medio de una de ellas, escribió estas palabras: «Este pobre clamó, y le oyó Jehová, y lo libró de todas sus angustias» (Sal 34.6).

En su soledad, Pablo también atesoró la compañía de sus amigos. Escribió que Lucas se había quedado con él e instó a Timoteo y a Marcos que lo acompañaran. Mencionó a cuatro personas que lo confortaron por nombre propio: Eubulo, Pudente, Lino y Claudia (2 Ti 4.21). No sabemos nada acerca de estas cuatro personas, excepto que acompañaron al apóstol Pablo. Tuvo que ser uno de los cumplidos más grandes que ellos pudieron haber recibido.

Finalmente, Pablo le pidió a Timoteo que trajera algunos libros con él, «mayormente los pergaminos» (2 Ti 4.13). Estos documentos de inmenso valor eran sin lugar a dudas las Sagradas Escrituras. Conociendo al apóstol Pablo, podemos suponer que sentía hambre literal de la Palabra de Dios. En las horas de inmensa soledad, la Biblia puede traernos un profundo consuelo.

El Señor Jesucristo se sintió totalmente solo al enfrentar su propia muerte. La Biblia dice que «todos los discípulos, dejándole, huyeron» (Mt 26.56). Por si eso fuera poco, estando en la cruz Él exclamó: «Dios mío, Dios mío, ¿por qué me has desamparado?» (Mt 27.46). Jesús conoce todo acerca de la soledad. Sin embargo, también conoce el gozo de ser remontado sobre las alas de la fe en los tiempos más desoladores, confiando que el Padre nunca nos abandonará. Nuestro Señor es el ejemplo máximo de cómo podemos enfrentar los peligros de la soledad sin desanirmarse.

Para un estudio más a fondo, véase el Índice de Principios de vida:

4. *Estar conscientes de la presencia de Dios nos da energías para desempeñar nuestro trabajo.*

24. *Vivir la vida cristiana es permitir al Señor Jesús vivir su vida en y por medio de nosotros.*

16 Toda la Escritura es inspirada por Dios, y
útil para enseñar, para redargüir, para corregir, para instruir en justicia,
17 a fin de que el hombre de Dios sea perfecto, enteramente preparado para toda buena obra.

Predica la palabra

4 TE encarezco delante de Dios y del Señor
Jesucristo, que juzgará a los vivos y a los
muertos en su manifestación y en su reino,
2 que prediques la palabra; que instes a tiempo y fuera de tiempo; redarguye, reprende,
exhorta con toda paciencia y doctrina.

3 Porque vendrá tiempo cuando no sufrirán la
sana doctrina, sino que teniendo comezón de
oír, se amontonarán maestros conforme a sus
propias concupiscencias,
4 y apartarán de la verdad el oído y se volverán a las fábulas.
5 Pero tú sé sobrio en todo, soporta las aflicciones, haz obra de evangelista, cumple tu
ministerio.
6 Porque yo ya estoy para ser sacrificado, y el
tiempo de mi partida está cercano.
7 He peleado la buena batalla, he acabado la
carrera, he guardado la fe.
8 Por lo demás, me está guardada la corona
de justicia, la cual me dará el Señor, juez justo, en aquel día; y no sólo a mí, sino también
a todos los que aman su venida.

Instrucciones personales

9 Procura venir pronto a verme,
10 porque Demas[a] me ha desamparado,
amando este mundo, y se ha ido a Tesalónica.
Crescente fue a Galacia, y Tito[b] a Dalmacia.
11 Sólo Lucas[c] está conmigo. Toma a Marcos[d] y tráele contigo, porque me es útil para
el ministerio.
12 A Tíquico[e] lo envié a Éfeso.
13 Trae, cuando vengas, el capote que dejé en
Troas[f] en casa de Carpo, y los libros, mayormente los pergaminos.
14 Alejandro[g] el calderero me ha causado
muchos males; el Señor le pague conforme a
sus hechos.
15 Guárdate tú también de él, pues en gran
manera se ha opuesto a nuestras palabras.
16 En mi primera defensa ninguno estuvo a
mi lado, sino que todos me desampararon; no
les sea tomado en cuenta.

a. 4.10 Col 4.14; Flm 24. **b. 4.10** 2 Co 8.23; Gá 2.3; Tit 1.4. **c. 4.11** Col 4.14; Flm 24. **d. 4.11** Hch 12.12, 25; 13.13; 15.37-39; Col 4.10; Flm 24. **e. 4.12** Hch 20.4; Ef 6.21-22; Col 4.7-8. **f. 4.13** Hch 20.6. **g. 4.14** 1 Ti 1.20.

LECCIONES DE VIDA

➢ *2.25, 26 — con mansedumbre corrija a los que se oponen… que se arrepientan para conocer la verdad, y escapen del lazo del diablo.*

Debemos considerar todo lo que decimos y hacemos con la perspectiva de la eternidad, especialmente cuando otros nos tientan a enojarnos. Pregúntese: «¿Es apropiada mi reacción? O, ¿dañará el testimonio que tengo con esta persona?» El que usted le responda con gracia puede ser lo que lleve a esa persona a tener fe en el Señor, así que asegúrese de no hacer algo que arruine tal oportunidad, dejando a su prójimo enredado en el lazo del pecado.

➢ *3.5 — tendrán apariencia de piedad, pero negarán la eficacia de ella; a éstos evita.*

Hay algunos que cumplen los aspectos mecánicos de la religión pero nunca confían genuinamente en el Señor como Salvador. Debido a su incredulidad, los pecados sutiles pero letales de soberbia, codicia, lujuria, falta de perdón, chisme y demás, fluyen de sus vidas. A los tales Jesús les dirá: «Nunca os conocí; apartaos de mí, hacedores de maldad» (Mt 7.23). Son falsos profetas que hacen desviar a la gente, y no deberíamos relacionarnos con ellos en lo absoluto.

➢ *3.12 — todos los que quieren vivir piadosamente en Cristo Jesús padecerán persecución.*

En nuestro razonamiento terrenal, a veces creemos que puesto que Dios todo lo puede y nos ama con amor perfecto, debería protegernos de toda persecución y todo sufrimiento. Dejamos de recordar que Él usa la adversidad para profundizar nuestra relación con Él. Dios nos advierte que sufriremos, no para desanimarnos sino para prepararnos para lo inevitable, de tal modo que tengamos fe en Él y nos regocijemos en nuestra identificación con Él en los sufrimientos cuando llegue el tiempo.

➢ *3.16 — Toda la Escritura es inspirada por Dios, y útil para enseñar, para redargüir, para corregir, para instruir en justicia.*

Aquí *inspirada* significa que las Escrituras contienen el mismo aliento divino. A lo largo de la historia, el Señor escogió a individuos fieles para comunicar su mensaje al mundo. A través de ellos, Él nos dio su Palabra como un libro de instrucción que sirve para guiar nuestras vidas y es un ancla inmovible que nos mantiene firmes en tiempos de tempestad. La Biblia es la autoridad última de nuestra fe y de nuestras creencias, todo lo cual Dios nos lo revela por medio de su Espíritu Santo.

➢ *3.17 — a fin de que el hombre de Dios sea perfecto, enteramente preparado para toda buena obra.*

Dios nos dio su Palabra por una razón importante: nuestro crecimiento espiritual. El Espíritu Santo obra por medio de las Escrituras para reprendernos y corregirnos cuando pecamos, para adiestrarnos en la justicia, para equiparnos a fin de hacer su voluntad, y para hacernos crecer a la imagen de Cristo, de tal modo que podamos convertirnos en embajadores eficaces de su evangelio.

➢ *4.3 — vendrá tiempo cuando no sufrirán la sana doctrina.*

Se acerca un tiempo cuando la gente rechazará de plano la verdad de la Palabra de Dios, fragmentando y escogiendo lo que quieren creer de ella con base en sus deseos y conveniencias personales. Seguirán la falsa doctrina de maestros impíos que predicarán lo que sus oyentes quieran escuchar. Como lo hicieron en el tiempo de Pablo, ellos perseguirán a los creyentes. Sin embargo, debemos mantenernos firmes en nuestra fe, sabiendo que no vamos a rendirles cuentas a ellos. Nosotros respondemos a Jesús, quien «juzgará a los vivos y a los muertos» (2 Ti 4.1).

➢ *4.7 — He peleado la buena batalla, he acabado la carrera, he guardado la fe.*

Aunque Pablo había sido azotado, encarcelado, naufragado, apedreado y hasta dejado por muerto, nunca perdió su fe sino que siguió al Señor Jesús con base en la verdad de su Palabra y en anticipación de las recompensas que el Señor había guardado para él. Si queremos terminar bien como lo hizo el apóstol Pablo, debemos seguir su ejemplo, recordando el pasado con acción de gracias, viviendo comprometidos de todo corazón al llamado del Señor, y creyendo en sus promesas sin importar cuáles sean nuestras circunstancias, tal como él lo hizo.

17 Pero el Señor estuvo a mi lado, y me dio
fuerzas, para que por mí fuese cumplida la
predicación, y que todos los gentiles oyesen.
Así fui librado de la boca del león.
18 Y el Señor me librará de toda obra mala, y
me preservará para su reino celestial. A él sea
gloria por los siglos de los siglos. Amén.

Saludos y bendición final

19 Saluda a Prisca y a Aquila,[h] y a la casa de
Onesíforo[i]
20 Erasto[j] se quedó en Corinto, y a Trófimo[k]
dejé en Mileto enfermo.
21 Procura venir antes del invierno. Eubulo te
saluda, y Pudente, Lino, Claudia y todos los
hermanos.
22 El Señor Jesucristo esté con tu espíritu. La
gracia sea con vosotros. Amén.

h. 4.19 Hch 18.2. **i. 4.19** 2 Ti 1.16-17. **j. 4.20** Hch 19.22; Ro 16.23. **k. 4.20** Hch 20.4; 21.29.

LECCIONES DE VIDA

4.11 — Sólo Lucas está conmigo.

¿Por qué supone que Dios eligió a Lucas, un médico, para que viajara con Pablo y lo animara en estos últimos años de su vida? Seguramente fue porque Lucas estaba en capacidad de curar las heridas físicas y ocuparse de las necesidades de salud de Pablo. Pero también había otra razón, y es que Lucas aprendió mucho del apóstol encarcelado. Al igual que Pablo, él ministró a los gentiles, escribiendo su registro del evangelio a un auditorio no judío. Además, al viajar con Pablo pudo relatar las crónicas de la historia de la iglesia en el libro de los Hechos.

4.16 — En mi primera defensa ninguno estuvo a mi lado, sino que todos me desampararon; no les sea tomado en cuenta.

Cuando Pablo tuvo que comparecer ante el tribunal romano y recibir una sentencia de muerte, estaba completamente solo. Nadie lo apoyó ni lo defendió. Es cierto que habría sido muy riesgoso para cualquier persona ponerse a su lado, ya que también habría sido sometida a juicio. Sin embargo, Pablo se sentía solo porque extrañaba el amor y el ánimo de sus amigos. De igual manera, es posible que otros nos abandonen durante nuestro tiempo de mayor necesidad. Pero debemos recordar el ejemplo de Pablo y no reprocharles dicho abandono. Debemos perdonarlos, teniendo plena confianza que el Señor no nos dejará solos, pase lo que pase.

4.17 — el Señor estuvo a mi lado, y me dio fuerzas, para que por mí fuese cumplida la predicación.

Algunas veces, el Señor quitará todas las personas y todas las cosas de las cuales dependemos, para enseñarnos a confiar más en Él. Aprendemos que cuando todo lo demás falla, el Señor permanece firmemente a nuestro lado. Cuando nos sentimos totalmente extenuados, Él nos da fuerzas. Cuando el fracaso parece inevitable, Él interviene y nos ayuda a terminar lo que nos asignó hacer. Sin importar la situación por la que estemos atravesando ni cuán profundo sea el dolor, siempre podemos apoyarnos en el Señor.

LA EPÍSTOLA DEL APÓSTOL SAN PABLO A

TITO

Tito, un joven pastor, enfrentaba la tarea nada envidiable de poner en orden la iglesia en Creta. Esta iglesia no solamente estaba en desorganización sino también bajo una fuerte influencia de la inmoralidad característica de la cultura cretense. Pablo le aconsejó que nombrara ancianos, es decir, hombres de carácter espiritual aprobado, para que supervisaran la obra de la iglesia y así Tito pudiera salir sin problema y acompañarlo en Nicópolis.

Pablo amonestó a todos los creyentes de la iglesia en Creta que le apuntaran a la excelencia espiritual. Hombres y mujeres, jóvenes y ancianos, cada uno tenía funciones vitales que cumplir para que pudieran ser ejemplos vivos de la doctrina que profesaban. En toda su carta, Pablo hizo hincapié en que tanto lo ancianos como la congregación a la que servían, trabajaran en los aspectos prácticos de su salvación en sus vidas diarias. La obediencia a Dios, que se manifiesta en la práctica como buenas obras y conducta ejemplar, es algo deseable y provechoso para *todos* los creyentes.

Desafortunadamente, los creyentes en la isla de Creta parecían estar bastante lejos de cumplir con este criterio. Pablo citó un comentario del poeta y filósofo, Epiménides, acerca de los cretenses quienes eran llamados «siempre mentirosos, malas bestias, glotones ociosos. Este testimonio es verdadero; por tanto, repréndelos duramente, para que sean sanos en la fe» (Tit 1.12, 13). También le advirtió a Tito acerca de aquellos que «profesan conocer a Dios, pero con los hechos lo niegan, siendo abominables y rebeldes, reprobados en cuanto a toda buena obra» (Tit 1.16).

Siendo este el caso, ¿cómo iba Tito a ayudar a estos creyentes con sus luchas, para que obedecieran los mandatos justos del Señor? ¿Acaso debería condenarlos? ¿Amenazarlos? ¿Forzarlos a obedecer mediante la coerción o algún otro método recio? No. Sólo había una fuerza que podía cambiar las cosas, y era la gracia. Pablo explicó: «Porque la gracia de Dios se ha manifestado para salvación a todos los hombres, enseñándonos que, renunciando a la impiedad y a los deseos mundanos, vivamos en este siglo sobria, justa y piadosamente» (Tit 2.11, 12). Nuestro Salvador Jesucristo murió en la cruz «para redimirnos de toda iniquidad y purificar para sí un pueblo propio, celoso de buenas obras» (Tit 2.14).

Esta epístola pastoral se titula simplemente *Pros Títon*, «A Tito». Irónicamente, ese también fue el nombre del general romano que destruyó Jerusalén en 70 d.C., y quien después sucedió a su padre Vespasiano como emperador.

Tema: Dios nos salva por su gracia para que vivamos de una manera que lo honre y lo agrade.

Autor: El apóstol Pablo.

Fecha: Probablemente fue escrita alrededor de 64–66 d.C.

Estructura: Tras un breve saludo (1.1–4), Pablo da instrucciones sobre el liderazgo en la iglesia (1.5–9), hace una advertencia en cuanto a los maestros falsos (1.10–16), describe cómo es una iglesia saludable (2.1—3.11), y termina con algunas instrucciones variadas y una despedida (3.12–15).

A medida que lea Tito, fíjese en los principios de vida que juegan un papel importante en este libro:

3. La Palabra de Dios es ancla inconmovible en las tormentas. *Véase Tito 1.9; página 1397.*

1. Nuestra intimidad con Dios, que es su prioridad para nosotros, determina el impacto que causen nuestras vidas. *Véase Tito 2.14; página 1398.*

Salutación

1 PABLO, siervo de Dios y apóstol de
Jesucristo, conforme a la fe de los escogidos de Dios y el conocimiento de la verdad
que es según la piedad,
➤2 en la esperanza de la vida eterna, la cual
Dios, que no miente, prometió desde antes del
principio de los siglos,
3 y a su debido tiempo manifestó su palabra por
medio de la predicación que me fue encomendada por mandato de Dios nuestro Salvador,
4 a Tito,[a] verdadero hijo en la común fe: Gracia, misericordia y paz, de Dios Padre y del
Señor Jesucristo nuestro Salvador.

Requisitos de ancianos y obispos

➤5 Por esta causa te dejé en Creta, para que
corrigieses lo deficiente, y establecieses ancianos en cada ciudad, así como yo te mandé;
6 el que fuere irreprensible, marido de una
sola mujer, y tenga hijos creyentes que no
estén acusados de disolución ni de rebeldía.
7 Porque es necesario que el obispo sea irreprensible, como administrador de Dios; no soberbio,
no iracundo, no dado al vino, no pendenciero,
no codicioso de ganancias deshonestas,
8 sino hospedador, amante de lo bueno, sobrio,
justo, santo, dueño de sí mismo,
➤9 retenedor de la palabra fiel tal como ha sido
enseñada, para que también pueda exhortar
con sana enseñanza y convencer a los que
contradicen.[b]
10 Porque hay aún muchos contumaces, habladores de vanidades y engañadores, mayormente los de la circuncisión,
11 a los cuales es preciso tapar la boca;
que trastornan casas enteras, enseñando por
ganancia deshonesta lo que no conviene.
12 Uno de ellos, su propio profeta, dijo: Los
cretenses, siempre mentirosos, malas bestias,
glotones ociosos.
➤13 Este testimonio es verdadero; por tanto,
repréndelos duramente, para que sean sanos
en la fe,
14 no atendiendo a fábulas judaicas, ni a mandamientos de hombres que se apartan de la
verdad.
15 Todas las cosas son puras para los puros,
mas para los corrompidos e incrédulos nada
les es puro; pues hasta su mente y su conciencia están corrompidas.
➤16 Profesan conocer a Dios, pero con los
hechos lo niegan, siendo abominables y rebeldes, reprobados en cuanto a toda buena obra.

Ejemplos de vida

TITO

Servir a Dios con entusiasmo

TIT 1.4

En los días que siguieron a la conversión de Tito, un amor profundo y un respeto mutuo crecieron entre él y el apóstol Pablo, formando un vínculo que perduró todas sus vidas. Tan fuerte fue su conexión, que Pablo se refirió a Tito como su «verdadero hijo en la común fe» (Tit 1.4).

Pablo vio en este nuevo creyente una cualidad inusual y refrescante. Era tan honesto y digno de confianza, que no era ninguna sorpresa que Pablo describiera a Tito como: «mi compañero y colaborador» (2 Co 8.23). En consecuencia, Tito viajó con Pablo a lugares como Corinto, Antioquía y Jerusalén.

Tito es una estampa de la gracia de Dios. Siendo un gentil redimido, experimentó un compañerismo íntimo con Dios, y por cuanto sirvió de buena disposición y sin egoísmo en lugares donde ni siquiera fue reconocido, se convirtió en un instrumento preciado para la gloria del Señor.

¿Qué podría hacer Dios con nosotros si lo sirviéramos con el mismo entusiasmo de Tito?

Para un estudio más a fondo, véase el Índice de Principios de vida:

1. *Nuestra intimidad con Dios, que es su prioridad para nosotros, determina el impacto que causen nuestras vidas.*

a. 1.4 2 Co 8.23; Gá 2.3; 2 Ti 4.10. **b. 1.6-9** 1 Ti 3.2-7.

LECCIONES DE VIDA

➤ ***1.2 — la esperanza de la vida eterna, la cual Dios, que no miente, prometió desde antes del principio de los siglos.***

Las deidades griegas de Creta eran famosas por sus engaños. A diferencia de ellas, el Señor es la única fuente de verdad (Jn 14.6) y *jamás* le mentiría a su pueblo (He 6.18). Siempre podemos contar con Dios para que cumpla sus promesas y para que sea digno de nuestra confianza en todo lo que nos dice.

➤ ***1.5 — que corrigieses lo deficiente, y establecieses ancianos en cada ciudad, así como yo te mandé.***

Pablo envió a Tito a Creta, un lugar muy difícil para un pastor ya que era una sociedad terriblemente inmoral. A quienes Tito escogiera como ancianos tendrían que

Enseñanza de la sana doctrina

2 PERO tú habla lo que está de acuerdo con la sana doctrina.
2 Que los ancianos sean sobrios, serios, prudentes, sanos en la fe, en el amor, en la paciencia.
3 Las ancianas asimismo sean reverentes en su porte; no calumniadoras, no esclavas del vino, maestras del bien;
4 que enseñen a las mujeres jóvenes a amar a sus maridos y a sus hijos,
5 a ser prudentes, castas, cuidadosas de su casa, buenas, sujetas a sus maridos, para que la palabra de Dios no sea blasfemada.
6 Exhorta asimismo a los jóvenes a que sean prudentes;
7 presentándote tú en todo como ejemplo de buenas obras; en la enseñanza mostrando integridad, seriedad,
8 palabra sana e irreprochable, de modo que el adversario se avergüence, y no tenga nada malo que decir de vosotros.
9 Exhorta a los siervos a que se sujeten a sus amos, que agraden en todo, que no sean respondones;
10 no defraudando, sino mostrándose fieles en todo, para que en todo adornen la doctrina de Dios nuestro Salvador.
11 Porque la gracia de Dios se ha manifestado para salvación a todos los hombres,
12 enseñándonos que, renunciando a la impiedad y a los deseos mundanos, vivamos en este siglo sobria, justa y piadosamente,
13 aguardando la esperanza bienaventurada y la manifestación gloriosa de nuestro gran Dios y Salvador Jesucristo,
14 quien se dio a sí mismo por nosotros para redimirnos de toda iniquidad[a] y purificar para sí un pueblo propio[b], celoso de buenas obras.
15 Esto habla, y exhorta y reprende con toda autoridad. Nadie te menosprecie.

a. 2.14 Sal 130.8. **b. 2.14** Éx 19.5; Dt 4.20; 7.6; 14.2; 26.18; 1 P 2.9.

LECCIONES DE VIDA

ser creyentes fuertes e irreprochables que no se dejaran influenciar por la corrupción que los rodeaba. De igual modo, ahora que vivimos en una sociedad que se aleja cada vez más de Dios, debemos permanecer firmes y llevar vidas piadosas para que los demás vean a Cristo viviendo a través de nosotros, y sean salvos.

➤ *1.9 — retenedor de la palabra fiel tal como ha sido enseñada, para que también pueda exhortar con sana enseñanza y convencer a los que contradicen.*

Para ser *retenedor* se requiere *mantenerse firmemente adherido* y *aplicar fielmente* la Palabra de Dios. Esto es absolutamente esencial para vivir una vida piadosa porque la Biblia es un ancla inmovible en toda situación. Se dice que cuanto más sucias, usadas y desgastadas estén las páginas de su Biblia, más limpio estará su corazón. ¿Por qué? «Porque la palabra de Dios es viva y eficaz» (He 4.12). Mediante el poder de su Espíritu Santo, las Escrituras le transforman, equipándole en la sana doctrina para enseñar a otros, y protegiéndole de quienes se oponen al Señor.

➤ *1.13 — por tanto, repréndelos duramente, para que sean sanos en la fe.*

No es divertido reprender a alguien duramente. De hecho, el apóstol Pablo lo hacía a menudo llorando (Fil 3.18). Sin embargo, a veces resulta inevitable, como fue en el caso de los creyentes en Creta, quienes estaban siendo influenciados por la cultura impía que los rodeaba. Cuando la disciplina se hace necesaria, es el mayor acto de amor que se puede realizar.

➤ *1.16 — Profesan conocer a Dios, pero con los hechos lo niegan.*

Como creyentes estamos llamados a vivir separados para Dios y reflejar el carácter piadoso de Cristo, de tal manera que otros puedan conocerlo como Salvador. Lamentablemente, el mundo en que vivimos se opone a esto. Por eso en lugar de cuestionar las normas culturales impías o arrepentirnos de cualquier conducta pecaminosa, a veces somos tentados a hacer concesiones y evitar entrar en conflicto con la sociedad. Así sucedió en Creta, pero el resultado fue que aquellos creyentes estaban destruyendo su testimonio al negar totalmente con sus hechos que conocían a Dios. Es completamente incompatible confesar a Cristo e ignorar sus mandatos.

➤ *2.2, 3 — sean sobrios, serios, prudentes, sanos en la fe, en el amor, en la paciencia… [que enseñen el] bien.*

En toda comunidad y en cada iglesia, lo que más se necesita es que los creyentes sean obedientes a Dios, fuertes, piadosos y dispuestos a defender lo justo y verdadero, sin importar qué sacrificio se requiera. Cuando rendimos nuestras vidas a Él, el Señor obra poderosamente por medio de nosotros para transformar al mundo por causa de su reino.

➤ *2.7 — presentándote tú en todo como ejemplo de buenas obras; en la enseñanza mostrando integridad, seriedad.*

Existen ciertos rasgos que deberían caracterizar a un creyente que sirve al Señor. Debemos obedecerlo haciendo buenas obras, para que otros puedan ver su amor y su bondad a través de nosotros (Jn 13.34, 35). Debemos enseñar su Palabra con pasión y convicción para que otros aprendan a seguirlo en obediencia (2 Ti 3.14–17). Además, debemos vivir con dignidad, huyendo del pecado y viviendo en reverencia a su voluntad, porque entendemos que lo representamos en el mundo, y que las recompensas que ha reservado para nosotros son maravillosas (Col 3.23, 24).

➤ *2.8 — palabra sana e irreprochable, de modo que el adversario se avergüence, y no tenga nada malo que decir de vosotros.*

Debemos poner guardia sobre nuestras bocas para hablar siempre con honestidad, sinceridad y sabiduría, pues cuando hablamos de manera engañosa, hipócrita o necia, dañamos nuestro testimonio para el Señor. En todas las cosas debemos ser diferentes del mundo, buscando los parámetros santos de Dios en nuestra conducta y nuestro hablar.

➤ *2.11 — la gracia de Dios se ha manifestado para salvación a todos los hombres.*

La salvación está disponible para todos gracias al sacrificio del Señor Jesús en la cruz (Jn 3.16–18). Sin embargo, no todos serán salvos porque algunos rechazarán la provisión de perdón que Él ofrece y recibirán todo el castigo por sus

Justificados por gracia

3 RECUÉRDALES que se sujeten a los
gobernantes y autoridades, que obedezcan, que estén dispuestos a toda buena obra.
➤ 2 Que a nadie difamen, que no sean pendencieros, sino amables, mostrando toda mansedumbre para con todos los hombres.
➤ 3 Porque nosotros también éramos en otro
tiempo insensatos, rebeldes, extraviados, esclavos de concupiscencias y deleites diversos,
viviendo en malicia y envidia, aborrecibles, y
aborreciéndonos unos a otros.
4 Pero cuando se manifestó la bondad de
Dios nuestro Salvador, y su amor para con los
hombres,
➤ 5 nos salvó, no por obras de justicia que nosotros hubiéramos hecho, sino por su misericordia, por el lavamiento de la regeneración y por
la renovación en el Espíritu Santo,
6 el cual derramó en nosotros abundantemente por Jesucristo nuestro Salvador,
7 para que justificados por su gracia, viniése-
mos a ser herederos conforme a la esperanza
de la vida eterna.
➤ 8 Palabra fiel es ésta, y en estas cosas quiero
que insistas con firmeza, para que los que creen
en Dios procuren ocuparse en buenas obras.
Estas cosas son buenas y útiles a los hombres.
9 Pero evita las cuestiones necias, y genealo- ➤
gías, y contenciones, y discusiones acerca de
la ley; porque son vanas y sin provecho.
10 Al hombre que cause divisiones, después
de una y otra amonestación deséchalo,
11 sabiendo que el tal se ha pervertido, y peca
y está condenado por su propio juicio.

Instrucciones personales

12 Cuando envíe a ti a Artemas o a Tíquico,[a]
apresúrate a venir a mí en Nicópolis, porque
allí he determinado pasar el invierno.
13 A Zenas intérprete de la ley, y a Apolos,[b]
encamínales con solicitud, de modo que nada
les falte.
14 Y aprendan también los nuestros a ocuparse en buenas obras para los casos de necesidad, para que no sean sin fruto.

Salutaciones y bendición final

15 Todos los que están conmigo te saludan.
Saluda a los que nos aman en la fe. La gracia
sea con todos vosotros. Amén.

a. 3.12 Hch 20.4; Ef 6.21-22; Col 4.7-8; 2 Ti 4.12.
b. 3.13 Hch 18.24; 1 Co 16.12.

LECCIONES DE VIDA

pecados (Jn 3.36). Aquellos que sigan siendo obstinados y rechacen la gracia de Dios serán excluidos de la salvación, porque han escogido la desobediencia por encima de la obediencia.

➤ ***2.14 — para redimirnos de toda iniquidad y purificar para sí un pueblo propio, celoso de buenas obras.***

La noción de que el cristianismo es meramente un club social y que los creyentes no tienen más responsabilidades aparte de creer en Dios, contradice absolutamente las Escrituras. Debemos vivir procurando avanzar con celo y entusiasmo la obra que el Señor nos ha llamado a hacer (Ef 2.10), motivados por la fe y la esperanza en Él, y comprometidos a servir a los demás y conducirlos a una relación personal y creciente con Jesucristo. También debemos profundizar en nuestro amor y devoción al Señor por medio de la oración y el estudio bíblico, para que lo obedezcamos, glorifiquemos y agrademos en todo momento.

➤ ***3.2 — Que a nadie difamen, que no sean pendencieros, sino amables, mostrando toda mansedumbre para con todos los hombres.***

Aunque Jesús tenía todo el poder, Él vino a servir y no a ser servido (Mr 10.45). Por lo tanto, Pablo amonesta: «Nada hagáis por contienda o por vanagloria; antes bien con humildad, estimando cada uno a los demás como superiores a él mismo» (Fil 2.3). Debemos ser como Cristo en todo sentido, especialmente en nuestra manera de tratar a los demás.

➤ ***3.3 — nosotros también éramos en otro tiempo insensatos, rebeldes, extraviados, esclavos de concupiscencias y deleites diversos, viviendo en malicia y envidia, aborrecibles, y aborreciéndonos unos a otros.***

Dios nos ama, incluso cuando estamos en nuestras peores condiciones (Sal 73.21–24; Ro 5.8). Sin el perdón de Cristo y el Espíritu Santo viviendo dentro de nosotros, seguiríamos enlodados en las mismas conductas pecaminosas. Esto es algo que siempre debemos recordar en nuestro trato con los demás, porque nos ayudará a mantenernos humildes y compasivos hacia las personas a quienes ministramos.

➤ ***3.5 — nos salvó, no por obras de justicia que nosotros hubiéramos hecho, sino por su misericordia.***

Nada hay que podamos decir o hacer para motivar a Dios a salvarnos. Él nos ofrece salvación única y exclusivamente a causa de su gracia poderosa, la cual quedó demostrada en la cruz (Ro 11.6). Él nos limpia, nos imparte una nueva naturaleza y nos da vida eterna en virtud de su gran amor por nosotros.

➤ ***3.8 — que los que creen en Dios procuren ocuparse en buenas obras.***

¿Estamos viviendo de una manera que refleja el propósito y la obra del Señor Jesús? ¿Estamos aprendiendo a ayudar, a animar y a servir a los demás en una entrega total y desinteresada? ¿Estamos leyendo fielmente la Palabra de Dios, permaneciendo fervientes en la oración y adorando al Señor devotamente? ¿Estamos obedeciendo al Señor sin importar qué nos pida hacer? Esta es la evidencia de que creemos realmente en Dios y que verdaderamente hemos acogido su salvación (2 P 1.3–8).

➤ ***3.9 — evita las cuestiones necias, y genealogías, y contenciones, y discusiones acerca de la ley; porque son vanas y sin provecho.***

Los que trataban de perturbar a la iglesia en Creta estaban confundiendo y desviando a la gente por medio de discusiones huecas sobre genealogías, mitos, teorías especulativas y filosofías extrañas. Pablo amonestó a Tito que evitara tales polémicas inútiles porque distraían a los creyentes del propósito del Señor para sus vidas. En cambio, si Dios es el centro de nuestra conversación, todo lo que digamos y hagamos reflejará su amor y su verdad.

LA EPÍSTOLA DEL APÓSTOL SAN PABLO A

FILEMÓN

¿Realmente es posible vivir nuestro amor fraternal cristiano como Jesús lo propuso, hasta en situaciones de tensión y dificultad extraordinarias? Por ejemplo, ¿Sería factible para un propietario prominente de esclavos poner en práctica, un principio tan elevado en el caso de un esclavo que se ha fugado?

A Pablo no le cupo la menor duda que así debería ser.

El apóstol le escribe a Filemón, su amado hermano en la fe, en representación de Onésimo, ladrón y esclavo fugitivo que había desertado el hogar de Filemón. Pablo le explica que conoció a Onésimo mientras estaba encarcelado en Roma. Por medio de su ministerio, Onésimo aceptó a Jesús como su Salvador y ahora era un hermano en Cristo que llevaba fruto (Flm 10, 11; también Col 4.9). Con mucho tacto y ternura, Pablo le pide a Filemón que reciba de vuelta a Onésimo, con el mismo amor y compromiso con que recibiría a Pablo mismo. Normalmente, un esclavo fugitivo sería tratado cruentamente y hasta podía ser sometido a muerte. Pero el apóstol le recuerda esmeradamente a Filemón que en Cristo, Onésimo era ahora un coheredero de la gracia de Dios y debería ser tratado como tal. Conociendo bien a Filemón, Pablo se siente confiado que el desenlace de todo será amor fraternal y perdón, y que el Señor Jesús iba a ser glorificado en esta situación.

Filemón era probablemente uno de los convertidos de Pablo, y su casa en Colosas de seguro era usada para reuniones de la iglesia. Puesto que esta carta va dirigida a él en el versículo 1, llegó a conocerse como *Pros Filémona*, «A Filemón». De manera similar a 1 y 2 Timoteo y Tito, va dirigida a un individuo, pero a diferencia de las epístolas pastorales, Filemón también va dirigida a una familia y a una iglesia (Flm 2).

Tema: Debemos perdonar y restaurar a nuestros hermanos y hermanas en Cristo, así como nuestro Salvador nos ha perdonado y restaurado a nosotros.

Autor: El apóstol Pablo.

Fecha: Probablemente fue escrita desde la prisión en Roma alrededor de 60–62 d.C., siendo destinada a Filemón y a otros en Colosas. Pablo pudo haber escrito a Filemón durante el mismo tiempo que escribió Colosenses.

Estructura: Pablo saluda a su viejo amigo (1–3), da gracias por su vida y menciona sus oraciones por él (4–7), hace su ruego por Onésimo (8–21), y concluye su breve carta (22–25).

A medida que lea Filemón, fíjese en los principios de vida que juegan un papel importante en este libro:

28. Ningún creyente ha sido llamado a transitar solitario en su peregrinaje de fe. *Véase Filemón 1, 2; página 1400.*

2. Obedezcamos a Dios y dejemos las consecuencias en sus manos. *Véase Filemón 10, 12; página 1400.*

9. Confiar en Dios quiere decir ver más allá de lo que podemos, hacia lo que Dios ve. *Véase Filemón 14; página 1401.*

Ejemplos de vida

ONÉSIMO

Cómo hacer frente a lo más difícil

FLM 13

Por la gracia de Dios, Onésimo, un esclavo fugitivo, se cruzó en el camino de Pablo y se convirtió en un seguidor de Jesucristo. Pablo lo instó a volver con su amo, quien era un viejo amigo del apóstol y un hermano en la fe.

El apóstol le escribió a Filemón, el dueño de Onésimo, expresando su deseo de quedarse con el nuevo converso: «Yo quisiera retenerle conmigo, para que en lugar tuyo me sirviese en mis prisiones por el evangelio» (Flm 13). También menciona a Onésimo en su epístola a los Colosenses: «Onésimo, amado y fiel hermano, que es uno de vosotros» (Col 4.9).

Aunque estaba condenado por la ley romana por haber huido, Onésimo se había convertido en un amigo personal de Pablo que ministró a sus necesidades personales mientras estuvo prisionero. Sin lugar a dudas, este hombre que se había fugado de la casa de su amo tenía mucho miedo de regresar, pero lo hizo por respeto a Pablo y amor a Dios.

Para un estudio más a fondo, véase el Índice de Principios de vida:

2. *Obedezcamos a Dios y dejemos las consecuencias en sus manos.*

Salutación

1 Pablo, prisionero de Jesucristo, y el hermano Timoteo, al amado Filemón, colaborador
nuestro,
2 y a la amada hermana Apia, y a Arquipo[a]
nuestro compañero de milicia, y a la iglesia
que está en tu casa:
3 Gracia y paz a vosotros, de Dios nuestro
Padre y del Señor Jesucristo.

El amor y la fe de Filemón

4 Doy gracias a mi Dios, haciendo siempre
memoria de ti en mis oraciones,
5 porque oigo del amor y de la fe que tienes hacia el Señor Jesús, y para con todos los
santos;
6 para que la participación de tu fe sea eficaz
en el conocimiento de todo el bien que está en
vosotros por Cristo Jesús.
7 Pues tenemos gran gozo y consolación en
tu amor, porque por ti, oh hermano, han sido
confortados los corazones de los santos.

Pablo intercede por Onésimo

8 Por lo cual, aunque tengo mucha libertad en
Cristo para mandarte lo que conviene,
9 más bien te ruego por amor, siendo como
soy, Pablo ya anciano, y ahora, además, prisionero de Jesucristo;
10 te ruego por mi hijo Onésimo,[1,b] a quien
engendré en mis prisiones,
11 el cual en otro tiempo te fue inútil, pero
ahora a ti y a mí nos es útil,
12 el cual vuelvo a enviarte; tú, pues, recíbele
como a mí mismo.
13 Yo quisiera retenerle conmigo, para que en
lugar tuyo me sirviese en mis prisiones por el
evangelio;
14 pero nada quise hacer sin tu consentimiento, para que tu favor no fuese como de necesidad, sino voluntario.
15 Porque quizás para esto se apartó de ti
por algún tiempo, para que le recibieses para
siempre;

1 Esto es, *útil* (v. 11) o *provechoso* (v. 20).

a. 2 Col 4.17. b. 10 Col 4.9.

LECCIONES DE VIDA

➤ ***1, 2 — al amado Filemón... y a la iglesia que está en tu casa.***

Aunque los apóstoles predicaban en las sinagogas en un intento por evangelizar a sus paisanos judíos, los servicios en la iglesia primitiva no se realizaban en grandes edificios. Los creyentes se reunían en casas para estudiar la Palabra, orar y tener compañerismo fraternal (Hch 2.42). Filemón tenía una de esas iglesias en su casa de Colosas.

➤ ***9 — Pablo ya anciano, y ahora, además, prisionero de Jesucristo.***

Esta carta fue escrita durante el encarcelamiento de Pablo en Roma. Fue bajo su enseñanza que Onésimo, un esclavo prófugo, se había convertido en cristiano. Siéndole imposible acompañar a Onésimo a regresar a la casa de su amo en Colosas, Pablo le escribió a Filemón en representación suya, pidiéndole que perdonara a Onésimo.

➤ ***10, 12 — te ruego por mi hijo Onésimo, a quien engendré en mis prisiones... el cual vuelvo a enviarte; tú, pues, recíbele como a mí mismo.***

Debió ser en extremo difícil para Onésimo hacer lo correcto, que era regresar a Colosas y aceptar cualquier castigo que le esperara. Lo más probable es que esto también haya pesado mucho en el corazón de Pablo, quien había establecido una amistad cercana con él y lo había visto crecer en la fe bajo su guía espiritual. Seguramente, ambos eran conscientes que Filemón tenía derecho de someter a muerte al nuevo convertido a consecuencia de sus delitos. Como creyentes, no nos corresponde evitar las dificultades de la vida

➢ 16 no ya como esclavo, sino como más que
esclavo, como hermano amado, mayormente
para mí, pero cuánto más para ti, tanto en la
carne como en el Señor.
17 Así que, si me tienes por compañero, recíbele como a mí mismo.
➢ 18 Y si en algo te dañó, o te debe, ponlo a mi
cuenta.
19 Yo Pablo lo escribo de mi mano, yo lo pagaré; por no decirte que aun tú mismo te me
debes también.
➢ 20 Sí, hermano, tenga yo algún provecho de ti
en el Señor; conforta mi corazón en el Señor.
21 Te he escrito confiando en tu obediencia,
sabiendo que harás aun más de lo que te digo.
22 Prepárame también alojamiento; porque
espero que por vuestras oraciones os seré
concedido.

Salutaciones y bendición final

23 Te saludan Epafras,[c] mi compañero de prisiones por Cristo Jesús,
24 Marcos,[d] Aristarco,[e] Demas[f] y Lucas,[g] mis
colaboradores.
25 La gracia de nuestro Señor Jesucristo sea
con vuestro espíritu. Amén.

c. 23 Col 1.7; 4.12. **d. 24** Hch 12.12, 25; 13.13; 15.37-39; Col 4.10. **e. 24** Hch 19.29; 27.2; Col 4.10. **f. 24** Col 4.14; 2 Ti 4.10. **g. 24** Col 4.14; 2 Ti 4.11.

LECCIONES DE LA VIDA

sino obedecer a Dios. Por lo tanto, el mismo Onésimo fue quien llevó esta carta a Filemón.

➢ ***14 — nada quise hacer sin tu consentimiento, para que tu favor no fuese como de necesidad, sino voluntario.***

Pablo animó a Filemón a tomar la decisión correcta por voluntad propia. De igual modo, el Señor nos dará oportunidades para seguirlo en fe, y deberíamos hacer lo mismo sin importar el precio que tengamos que pagar. Dios tiene el poder para obligarnos a hacer lo que Él quiera, pero casi nunca opta por hacer uso de ese poder. ¿Por qué no? Porque quiere nuestra obediencia voluntaria y gozosa, no una sumisión a regañadientes. Si de verdad creemos que su manera de hacer las cosas es la mejor, no tendremos problema para hacer exactamente lo que Él diga.

➢ ***15 — quizás para esto se apartó de ti por algún tiempo, para que le recibieses para siempre.***

Pablo no supo por qué Onésimo había huido de su amo. Sin duda alguna su escape le ocasionó un costo económico a Filemón. Pero Pablo entendía que confiar en Dios en esta situación requería ver más allá del razonamiento humano. Es indudable que el Señor tenía un gran propósito, tanto con Onésimo como con Filemón, y Él sería glorificado a través de las vidas de estos hombres.

➢ ***16 — no ya como esclavo, sino como más que esclavo, como hermano amado, mayormente para mí.***

Quizás nos preguntemos qué clase de ministerio podría tener un esclavo fugitivo en la Roma antigua, pero Onésimo llegó a ser en extremo importante y de gran ayuda al servicio del apóstol Pablo. Esto demuestra cómo Dios puede tomar nuestros errores pecaminosos y darles la vuelta para su gloria. Mientras que nosotros veríamos solamente un criado desertor, el Señor vio a una persona con gran potencial que podía ser equipada para un ministerio especial. Lo único que sí se requirió de su parte fue que diera un paso de rendición total a los mandatos de Dios.

➢ ***18, 19 — si en algo te dañó, o te debe, ponlo a mi cuenta. Yo Pablo lo escribo de mi mano, yo lo pagaré.***

¡Qué oferta tan asombrosa! Básicamente, Pablo le recuerda a Filemón lo que Cristo hizo en la cruz por todo aquel que cree en Él. Jesús canceló la deuda de nuestro pecado (Ro 6.23; Col 2.13, 14). Él se llevó nuestro pecado y recibió la ira divina que nosotros merecemos como pecadores. A cambio de ello, nos dio su justicia, para que podamos tener una relación íntima con Él.

➢ ***20 — Sí, hermano, tenga yo algún provecho de ti en el Señor; conforta mi corazón en el Señor.***

Damos gozo a los demás en el Señor cuando actuamos en obediencia a Él. Confortamos sus corazones cuando el amor de Jesús brilla a través de nosotros y tomamos decisiones piadosas. Ver nuestro progreso en la fe no solamente deleita a quienes nos enseñan, sino que también anima a otros creyentes para que de igual manera puedan obedecer al Señor, en plena confianza y fe.

LA EPÍSTOLA A LOS HEBREOS

Muchos judíos que confiaron en Jesucristo como su Mesías y Salvador se vieron en poco tiempo perseguidos por sus compatriotas. Algunos quisieron retroceder para escapar del sufrimiento por su identificación con Cristo. El escritor de Hebreos les responde declarando «retengamos nuestra profesión» (He 4.14), y exhorta a sus lectores: «vamos adelante a la perfección» (He 6.1).

El autor hace su llamado con base en la superioridad de Cristo sobre el antiguo sistema judaico. Cristo es superior a los ángeles, pues ellos lo adoran. Él está por encima de Moisés, pues lo creó y lo capacitó para servir. Él tiene más alto rango que el sacerdocio de Aarón pues ministra por la eternidad, y ofrece el infinitamente valioso sacrificio de sí mismo. Él es el cumplimiento de la ley, pues es fiador de un mejor pacto. Hay muchísimo que ganar abrazando la fe en Cristo, mientras que la vida se pierde yendo en pos de la vanidad de este mundo. Vivir la vida para Jesucristo produce una fe probada, disciplina personal, amor piadoso y recompensas divinas que valen absolutamente mucho más que cualquier cosa que este mundo ofrezca.

El libro de Hebreos nos recuerda cuál es la mejor manera de perseverar en la fe: «puestos los ojos en Jesús, el autor y consumador de la fe… Considerad a aquel que sufrió tal contradicción de pecadores contra sí mismo, para que vuestro ánimo no se canse hasta desmayar» (He 12.2, 3).

Ninguna evidencia de los manuscritos antiguos nombra el autor de este libro en el título, aunque la tradición asigna su autoría al apóstol Pablo. El título más antiguo y más confiable es simplemente *Pros Ebraíous*, «A los Hebreos».

Tema: Puesto que Jesucristo es superior en todo sentido al antiguo pacto, lo único que tiene sentido es perseverar en Él, y de ese modo cosechar las recompensas asombrosas que Él ofrece a los creyentes fieles.

Autor: Desconocido. Algunos concluyen que ciertas diferencias estilísticas y temáticas significativas con las cartas conocidas del apóstol Pablo hacen poco probable que él mismo haya escrito el libro. Muchos eruditos creen que Lucas, Bernabé y Apolos son los mejores candidatos.

Fecha: Lo más probable es que se escribió antes de 70 d.C., pues si el templo ya hubiera sido destruido, el autor seguramente habría aludido a este hecho histórico (véase He 8.3, 4).

Estructura: El libro tiene tres secciones principales. En la primera sección (1.1—10.39), Cristo es presentado como superior y mejor que los elementos del antiguo pacto. La segunda sección (11.1—12.29) constituye un llamado enérgico a los creyentes para que perseveren en su fe cristiana. La última sección (13.1–25) concluye el libro y da algunas exhortaciones finales.

A medida que lea Hebreos, fíjese en los principios de vida que juegan un papel importante en este libro:

28. Ningún creyente ha sido llamado a transitar solitario en su peregrinaje de fe. *Véase Hebreos 3.13; 10.24, 25; páginas 1406; 1418.*

3. La Palabra de Dios es ancla inconmovible en las tormentas. *Véase Hebreos 4.12; página 1407.*

5. Dios no nos demanda que entendamos su voluntad, sino que la obedezcamos aunque nos parezca poco razonable. *Véase Hebreos 11.6; página 1419.*

9. Confiar en Dios quiere decir ver más allá de lo que podemos, hacia lo que Dios ve. *Véase Hebreos 11.13; página 1420.*

15. El quebrantamiento es el requisito de Dios para que seamos útiles al máximo. *Véase Hebreos 12.6; página 1421.*

Dios ha hablado por su Hijo

1 DIOS, habiendo hablado muchas veces y de muchas maneras en otro tiempo a los padres por los profetas,
2 en estos postreros días nos ha hablado por el Hijo, a quien constituyó heredero de todo, y por quien asimismo hizo el universo;
3 el cual, siendo el resplandor de su gloria, y la imagen misma de su sustancia, y quien sustenta todas las cosas con la palabra de su poder, habiendo efectuado la purificación de nuestros pecados por medio de sí mismo, se sentó a la diestra de la Majestad en las alturas,
4 hecho tanto superior a los ángeles, cuanto heredó más excelente nombre que ellos.

El Hijo, superior a los ángeles

5 Porque ¿a cuál de los ángeles dijo Dios jamás:

Mi Hijo eres tú,
Yo te he engendrado hoy,[a]

y otra vez:

Yo seré a él Padre,
Y él me será a mí hijo?[b]

6 Y otra vez, cuando introduce al Primogénito en el mundo, dice:

Adórenle todos los ángeles de Dios.[c]

7 Ciertamente de los ángeles dice:

El que hace a sus ángeles espíritus,
Y a sus ministros llama de fuego.[d]

8 Mas del Hijo dice:

Tu trono, oh Dios, por el siglo del siglo;
Cetro de equidad es el cetro de tu reino.
9 Has amado la justicia, y aborrecido la maldad,
Por lo cual te ungió Dios, el Dios tuyo,
Con óleo de alegría más que a tus compañeros.[e]

10 Y:

Tú, oh Señor, en el principio fundaste la tierra,
Y los cielos son obra de tus manos.
11 Ellos perecerán, mas tú permaneces;
Y todos ellos se envejecerán como una vestidura,
12 Y como un vestido los envolverás, y serán mudados;
Pero tú eres el mismo,
Y tus años no acabarán.[f]

13 Pues, ¿a cuál de los ángeles dijo Dios jamás:

Siéntate a mi diestra,
Hasta que ponga a tus enemigos por estrado de tus pies?[g]

14 ¿No son todos espíritus ministradores, enviados para servicio a favor de los que serán herederos de la salvación?

Una salvación tan grande

2 POR tanto, es necesario que con más diligencia atendamos a las cosas que hemos oído, no sea que nos deslicemos.
2 Porque si la palabra dicha por medio de los ángeles fue firme, y toda transgresión y desobediencia recibió justa retribución,
3 ¿cómo escaparemos nosotros, si descuidamos una salvación tan grande? La cual, habiendo

a. 1.5 Sal 2.7. **b. 1.5** 2 S 7.14; 1 Cr 17.13. **c. 1.6** Dt 32.43 (Gr.). **d. 1.7** Sal 104.4. **e. 1.8-9** Sal 45.6-7. **f. 1.10-12** Sal 102.25-27. **g. 1.13** Sal 110.1.

LECCIONES DE VIDA

1.2 — en estos postreros días nos ha hablado por el Hijo.

Hebreos va dirigido a cristianos judíos que enfrentaban una persecución terrible dentro de sus comunidades a causa de su confesión de Cristo. El autor afirma que ellos no están siguiendo una religión *diferente*, sino la *consumación de la fe verdadera* en el Señor. Dios siempre ha hablado a su pueblo a través de los profetas y otros individuos fieles que han comunicado su mensaje. Sin embargo, cuando se trató de proveer y explicar la salvación que Él nos ha dado en la cruz, el Señor mismo vino en persona.

1.3 — el cual, siendo el resplandor de su gloria, y la imagen misma de su sustancia... habiendo efectuado la purificación de nuestros pecados por medio de sí mismo, se sentó a la diestra de la Majestad en las alturas.

Existe sólo *un* Dios. Los creyentes en Jesucristo nunca deberían abandonar esta creencia fundamental, sino entenderla a un nivel cada vez más profundo. Jesús es mucho más que sólo un gran maestro o un profeta admirable. Él es el Señor mismo. De hecho, es «Dios con nosotros» (Mt 1.23). Si quiere saber cómo es Dios, mire a Jesús (Jn 1.1, 14–18; 14.9). Además, mientras Jesús está sentado a la diestra de la Majestad, que es el lugar de honor, Él nos representa fielmente (He 2.17, 18; 4.14–16).

1.8 — Tu trono, oh Dios, por el siglo del siglo; cetro de equidad es el cetro de tu reino.

Al contrastar la manera como Dios se refiere a los ángeles y se dirige a Jesús, el autor muestra la posición superior y exaltada de nuestro Salvador. En reiteradas ocasiones, el Señor mismo identifica a Cristo como una Persona integral de la Deidad (Dt 32.43; Sal 2.7; 45.6, 7; 102.25–27; 110.1; Is 61.1–3, etc.). Jesús es Dios en la carne (Jn 10.30; Fil 2.5–11). Él debe ser adorado como el Señor, alabado como el Creador, reconocido como el Rey y glorificado como nuestro único Salvador.

1.14 — ¿No son todos espíritus ministradores, enviados para servicio a favor de los que serán herederos de la salvación?

En griego, la palabra *ángel* significa «un mensajero, un enviado, uno que es enviado por Dios». Tal vez no veamos en gran parte su actividad, pero el Señor ha asignado a sus ángeles la labor de ministrarnos, de traernos su mensaje, su gracia y su protección. Tal vez nunca sabremos cuántas veces nos ha librado un ángel de salir lastimados, o nos ha guiado hacia un lugar seguro, o nos ha dirigido hacia obtener algún éxito. Sin embargo, podemos saber que lo hicieron como instrumentos de la provisión perfecta de Dios para nosotros (Sal 103.19–21). Por lo tanto, ellos no son quienes reciben la gloria sino solamente *Él*.

sido anunciada primeramente por el Señor, nos
fue confirmada por los que oyeron,
4 testificando Dios juntamente con ellos, con
señales y prodigios y diversos milagros y
repartimientos del Espíritu Santo según su
voluntad.

El autor de la salvación

5 Porque no sujetó a los ángeles el mundo
venidero, acerca del cual estamos hablando;
6 pero alguien testificó en cierto lugar,
diciendo:

¿Qué es el hombre, para que te acuerdes
de él,
O el hijo del hombre, para que le
visites?
7 Le hiciste un poco menor que los
ángeles,
Le coronaste de gloria y de honra,
Y le pusiste sobre las obras de tus
manos;
8 Todo lo sujetaste bajo sus pies.[a]

Porque en cuanto le sujetó todas las cosas,
nada dejó que no sea sujeto a él; pero todavía
no vemos que todas las cosas le sean sujetas.
9 Pero vemos a aquel que fue hecho un poco
menor que los ángeles, a Jesús, coronado de
gloria y de honra, a causa del padecimiento de
la muerte, para que por la gracia de Dios gustase la muerte por todos.
➤ 10 Porque convenía a aquel por cuya causa
son todas las cosas, y por quien todas las cosas
subsisten, que habiendo de llevar muchos
hijos a la gloria, perfeccionase por aflicciones
al autor de la salvación de ellos.
11 Porque el que santifica y los que son santificados, de uno son todos; por lo cual no se
avergüenza de llamarlos hermanos,
12 diciendo:

Anunciaré a mis hermanos tu nombre,
En medio de la congregación te
alabaré.[b]

13 Y otra vez:

Yo confiaré en él.[c]

Y de nuevo:

He aquí, yo y los hijos que Dios me dio.[d]

14 Así que, por cuanto los hijos participaron ➤
de carne y sangre, él también participó de lo
mismo, para destruir por medio de la muerte
al que tenía el imperio de la muerte, esto es,
al diablo,
15 y librar a todos los que por el temor de la
muerte estaban durante toda la vida sujetos a
servidumbre.
16 Porque ciertamente no socorrió a los ánge- ✱
les, sino que socorrió a la descendencia de
Abraham.
17 Por lo cual debía ser en todo semejante a ➤
sus hermanos, para venir a ser misericordioso
y fiel sumo sacerdote en lo que a Dios se refiere, para expiar los pecados del pueblo.
18 Pues en cuanto él mismo padeció siendo ➤
tentado, es poderoso para socorrer a los que
son tentados.

a. 2.6-8 Sal 8.4-6. **b. 2.12** Sal 22.22. **c. 2.13** Is 8.17. **d. 2.13** Is 8.18.

LECCIONES DE VIDA

➤ ***2.3 — ¿cómo escaparemos nosotros, si descuidamos una salvación tan grande?***

Nuestra salvación es el regalo de la vida eterna para nosotros a través de Cristo. Cada pecado que hayamos cometido ha sido perdonado. No obstante, habrá ocasiones en las que vamos a apartarnos del Señor porque momentáneamente fallamos al caminar en el centro de su voluntad. Si nos enfocamos en *cualquier cosa* aparte de Dios, nos alejaremos de su propósito para nosotros e iremos rumbo a la destrucción. Al hacerlo, descuidamos el gran regalo que Él nos ha dado y la sabiduría que está a nuestra disposición como creyentes.

➤ ***2.10 — convenía a aquel por cuya causa son todas las cosas, y por quien todas las cosas subsisten, que habiendo de llevar muchos hijos a la gloria, perfeccionase por aflicciones al autor de la salvación de ellos.***

Jesús ya era perfecto como nuestro Señor, y como nuestro Salvador sin pecado, Él era completamente sin defecto. ¿Cómo podría entonces ser mejorado a través del sufrimiento? En realidad, aunque Él posee conocimiento y sabiduría totales, fue a través de su dolor y su tristeza que Cristo fue perfeccionado en su entendimiento de cuán limitados somos, cuán difíciles pueden ser nuestras vidas, cuán miserables somos cuando nos falta algo que necesitamos, y cuán desesperanzadora es en verdad nuestra separación de Dios. Él sabe cuál es la mejor manera de santificarnos y transformarnos en su imagen, y Él mismo se ha convertido en el ejemplo ideal para que nosotros lo sigamos (Is 53.3–5).

➤ ***2.14 — para destruir por medio de la muerte al que tenía el imperio de la muerte, esto es, al diablo.***

La consecuencia del pecado es la muerte, que es la separación eterna de Dios (Ro 6.23). Para pagar el precio requerido por el pecado, Jesús murió en la cruz. Él fue el sacrificio perfecto de Dios y la expiación total de nuestras transgresiones. Por medio de su muerte, Él derrotó al enemigo y triunfó sobre la muerte (Stg 1.15). Tenemos vida eterna y la oportunidad de gozar una relación íntima con Dios porque Jesús murió por nosotros.

➤ ***2.17 — debía ser en todo semejante a sus hermanos, para venir a ser misericordioso y fiel sumo sacerdote.***

En el Antiguo Testamento, el pueblo de Dios contaba con sacerdotes imperfectos para ser representados delante de su trono. Estos sacerdotes estaban limitados porque no entendían plenamente la misericordia, la gracia ni el perdón de Dios. Jesucristo se hizo hombre para poder identificarse con nosotros como nuestro fiel Sumo Sacerdote. Jesús dejó el cielo y se volvió un hombre, no solamente para convertirse en el sacrificio perfecto por nuestros pecados, sino también para experimentar lo que nosotros sentimos y para saber exactamente lo que significa ser uno de nosotros. Eso es lo que hace de Él nuestro gran abogado y nuestro representante absolutamente perfecto en el trono de la gracia.

LO QUE LA BIBLIA DICE ACERCA DE SU IDENTIDAD EN CRISTO

He 3.1

Hebreos 3.1 nos dice: «Por tanto, hermanos santos, participantes del llamamiento celestial, considerad al apóstol y sumo sacerdote de nuestra profesión, Cristo Jesús». Este versículo rebosa de esperanza y seguridad para el creyente.

En primer lugar, note que se dirige a «hermanos santos». Esto se refiere a cualquier persona que haya confiado en Jesucristo como su Señor y Salvador. La palabra *santo* significa que los creyentes han sido separados para Dios. En virtud de la persona que usted es en Cristo, Dios le ama. Ni su carrera profesional, ni su salario, ni su apariencia física, ni su nacionalidad le definen. Sólo su condición de hijo o hija de Dios le da la identidad especial que usted ahora disfruta.

Ya que usted es uno de los «participantes del llamamiento celestial», su destino final es en el cielo. Su corazón reside con Cristo, donde pertenece su hogar celestial. Saber cuál es su hogar significa que usted ya no está buscando que la tierra, esta habitación temporal, le satisfaga. Sin importar qué suceda a su alrededor, puede regocijarse porque esta vida no le sostiene, sino Dios.

Al saber quién es en Cristo, usted puede negar todos los mensajes falsos del mundo. Muchas voces estridentes tratarán de convencerle que usted no es lo suficientemente atractivo(a) al modo de belleza cultural demandante, o lo suficientemente inteligente o lo suficientemente exitoso. Pero solamente su identidad en Cristo le completa de una manera plena. Usted no le puede añadir nada, y los detractores de este mundo no pueden quitarle nada.

Su corazón reside con Cristo, donde pertenece su hogar celestial.

La frase final de Hebreos 3.1 nos recuerda que Jesús es nuestro «Apóstol» y «Sumo Sacerdote». El primer título del Señor Jesús se usa para describir su relación con Dios para nosotros. Cuando queremos saber cómo es Dios o cómo actuaría en cierta situación, miramos a Jesús. El segundo título significa que Jesús nos representa a nosotros ante Dios. Dios ve a sus hijos a través de los ojos de su Hijo santo y sin mancha.

El mandato en este versículo ordena a los creyentes que «consideren a Jesús». La palabra *considerar* significa «percibir en la manera de pensar» o «ser plenamente conscientes» al observar al Apóstol y Sumo Sacerdote de nuestra confesión, esto es Jesucristo, para meditar en su Palabra e imitar lo que veamos en Él.

Deje que la seguridad de su identidad personal, de su hogar y de su Señor le inspire a explorar nuevas profundidades de Dios y servirlo con todo su corazón. ¡Él no le decepcionará!

Para un estudio más a fondo, véase el Índice de Principios de vida:

12. La paz con Dios es fruto de nuestra unidad con Él.

20. Las decepciones son inevitables; el desánimo es por elección nuestra.

Jesús es superior a Moisés

3 POR tanto, hermanos santos, participantes del llamamiento celestial, considerad
al apóstol y sumo sacerdote de nuestra profesión, Cristo Jesús;
2 el cual es fiel al que le constituyó, como también lo fue Moisés en toda la casa de Dios.[a]
➤ 3 Porque de tanto mayor gloria que Moisés es
estimado digno éste, cuanto tiene mayor honra que la casa el que la hizo.
4 Porque toda casa es hecha por alguno; pero
el que hizo todas las cosas es Dios.
5 Y Moisés a la verdad fue fiel en toda la casa
de Dios, como siervo, para testimonio de lo
que se iba a decir;
➤ 6 pero Cristo como hijo sobre su casa, la cual
casa somos nosotros, si retenemos firme hasta el
fin la confianza y el gloriarnos en la esperanza.

El reposo del pueblo de Dios

7 Por lo cual, como dice el Espíritu Santo:
Si oyereis hoy su voz,
8 No endurezcáis vuestros corazones,
Como en la provocación, en el día de la
tentación en el desierto,
9 Donde me tentaron vuestros padres; me
probaron,
Y vieron mis obras cuarenta años.
10 A causa de lo cual me disgusté contra
esa generación,
Y dije: Siempre andan vagando en su
corazón,
Y no han conocido mis caminos.
11 Por tanto, juré en mi ira:
No entrarán en mi reposo.[b]
12 Mirad, hermanos, que no haya en ningu- ➤
no de vosotros corazón malo de incredulidad
para apartarse del Dios vivo;
13 antes exhortaos los unos a los otros cada ➤
día, entre tanto que se dice: Hoy; para que ninguno de vosotros se endurezca por el engaño
del pecado.
14 Porque somos hechos participantes de
Cristo, con tal que retengamos firme hasta el
fin nuestra confianza del principio,
15 entre tanto que se dice:
Si oyereis hoy su voz,
No endurezcáis vuestros corazones,
como en la provocación.[c]
16 ¿Quiénes fueron los que, habiendo oído, le
provocaron? ¿No fueron todos los que salieron de Egipto por mano de Moisés?
17 ¿Y con quiénes estuvo él disgustado cuarenta años? ¿No fue con los que pecaron,
cuyos cuerpos cayeron en el desierto?
18 ¿Y a quiénes juró que no entrarían en su ➤
reposo, sino a aquellos que desobedecieron?[d]

a. 3.2 Nm 12.7. **b. 3.7-11** Sal 95.7-11. **c. 3.15** Sal 95.7-8. **d. 3.16-18** Nm 14.1-35.

LECCIONES DE VIDA

➤ ***2.18 — Pues en cuanto él mismo padeció siendo tentado, es poderoso para socorrer a los que son tentados.***

Jesús sabe lo que se siente ser tentado. Él entiende nuestras debilidades, nuestros dolores e inseguridades, y nuestros temores, y quiere ayudarnos a liberarnos de ellos y de la falta de perdón que sentimos hacia nosotros mismos. Nunca podemos decirle «Tú no sabes lo que se siente ser como yo», porque Él lo sabe. De hecho, nosotros sabemos menos del dolor de la tentación que el Señor, porque Él nunca cedió a la tentación.

➤ ***3.3 — de tanto mayor gloria que Moisés es estimado digno éste.***

Moisés fue uno de los líderes más célebres en la historia bíblica. Dios obró a través de él para libertar a los israelitas de Egipto y luego conducirlos al umbral de la tierra prometida. No obstante, Jesús es mayor que Moisés porque Él es Dios en la carne. Él existió antes que Moisés. Él lo formó y lo invistió de poder para triunfar sobre Faraón. Jesús es exaltado sobre Moisés porque la liberación que Él ofrece es eterna.

➤ ***3.6 — si retenemos firme hasta el fin la confianza y el gloriarnos en la esperanza.***

Aquellos que aceptan de veras a Jesucristo como su Salvador y Señor deben perseverar en su fe hasta el fin, sin importar qué suceda. Una de las características definitivas de una relación genuina con Dios es el compromiso a permanecer fieles a Él en todas las circunstancias, como resultado de tener la convicción que Él es soberano y capaz de hacer que todas las cosas obren para el bien de quienes creen en Él, sin importar cuál sea la situación del momento.

➤ ***3.12 — Mirad, hermanos, que no haya en ninguno de vosotros corazón malo de incredulidad para apartarse del Dios vivo.***

El escritor nos recuerda las consecuencias graves de la incredulidad, aludiendo a la generación de israelitas que murieron en el desierto por rehusar antes que confiar en Dios para que les diera la tierra prometida (Nm 13.25—14.38; Dt 1.21–38; Sal 95.7–11). Aunque la incredulidad no nos lleve a perder la salvación una vez hayamos aceptado a Cristo como nuestro Salvador, ésta sí hará que nos perdamos lo mejor que Dios tiene para nosotros. Tarde o temprano, nuestra falta de confianza en Él entorpecerá nuestro crecimiento y obstaculizará nuestra relación con el Señor, y en últimas esto resultará en frustración y profunda tristeza.

➤ ***3.13 — exhortaos los unos a los otros cada día, entre tanto que se dice: Hoy; para que ninguno de vosotros se endurezca por el engaño del pecado.***

Ningún creyente ha sido llamado a transitar solitario en su peregrinaje de fe. Ninguno de nosotros puede progresar en su relación con el Señor ni mantenerse fiel a Él, sin la ayuda y el ánimo de nuestros hermanos en la fe. Necesitamos el apoyo de los demás y también ser responsables en rendirnos cuentas los unos a los otros, para que el pecado no encuentre un asidero en nuestros corazones. De hecho, necesitamos esta clase de interacción saludable todos los días, porque requerimos recordatorios constantes del amor infalible de Dios para nosotros.

➤ ***3.18 — ¿Y a quiénes juró que no entrarían en su reposo, sino a aquellos que desobedecieron?***

Existe una clara conexión entre la incredulidad y la desobediencia. Cuando rehusamos someternos al llamado

19 Y vemos que no pudieron entrar a causa de
incredulidad.

4 TEMAMOS, pues, no sea que permaneciendo aún la promesa de entrar en su
reposo, alguno de vosotros parezca no haberlo alcanzado.
2 Porque también a nosotros se nos ha anunciado la buena nueva como a ellos; pero no les
aprovechó el oír la palabra, por no ir acompañada de fe en los que la oyeron.
3 Pero los que hemos creído entramos en el
reposo, de la manera que dijo:

Por tanto, juré en mi ira,
No entrarán en mi reposo;[a]

aunque las obras suyas estaban acabadas desde la fundación del mundo.
4 Porque en cierto lugar dijo así del séptimo
día: Y reposó Dios de todas sus obras en el
séptimo día.[b]
5 Y otra vez aquí: No entrarán en mi reposo.[c]
➤ 6 Por lo tanto, puesto que falta que algunos
entren en él, y aquellos a quienes primero se
les anunció la buena nueva no entraron por
causa de desobediencia,
7 otra vez determina un día: Hoy, diciendo
después de tanto tiempo, por medio de David,
como se dijo:

Si oyereis hoy su voz,
No endurezcáis vuestros corazones.[d]

8 Porque si Josué les hubiera dado el reposo,[e]
no hablaría después de otro día.
9 Por tanto, queda un reposo para el pueblo *
de Dios.
10 Porque el que ha entrado en su reposo,
también ha reposado de sus obras, como Dios
de las suyas.[f]
11 Procuremos, pues, entrar en aquel reposo,
para que ninguno caiga en semejante ejemplo
de desobediencia.
12 Porque la palabra de Dios es viva y eficaz, ≺
y más cortante que toda espada de dos filos;
y penetra hasta partir el alma y el espíritu, las
coyunturas y los tuétanos, y discierne los pensamientos y las intenciones del corazón.
13 Y no hay cosa creada que no sea manifiesta en su presencia; antes bien todas las cosas

a. 4.3 Sal 95.11. **b. 4.4** Gn 2.2. **c. 4.5** Sal 95.11.
d. 4.7 Sal 95.7-8. **e. 4.8** Dt 31.7; Jos 22.4. **f. 4.10** Gn 2.2.

LECCIONES DE VIDA

de Dios, siempre es porque no creemos sus promesas de bendición o sus advertencias en contra de la rebelión.

➤ ***4.6 — falta que algunos entren en él, y aquellos a quienes primero se les anunció la buena nueva no entraron por causa de desobediencia.***

El autor coloca en la misma condición de quienes dudan de la provisión del Señor del día de reposo (Éx 20.10), aquellos que rehúsan descansar por su incredulidad, a los que rechazan aceptar su regalo perfecto de salvación. Esta infidelidad se deriva de la noción errónea de que si trabajamos más duro, llegaremos a ser más aceptables al Señor y tendremos mejores resultados. Sin embargo, Dios es claro: «Ciertamente el obedecer es mejor que los sacrificios» (1 S 15.22). Entienda que Él valora su obediencia, su sometimiento y su fe por encima de su servicio.

➤ ***4.12 — la palabra de Dios es viva y eficaz, y más cortante que toda espada de dos filos… y discierne los pensamientos y las intenciones del corazón.***

La Biblia vive, tanto porque el Señor la trajo a la existencia como porque su Espíritu incorpora su mensaje de vida a nuestros corazones. Ella posee su poder divino para transformar nuestras vidas y mantenernos firmemente anclados en Él cuando arremeten las tormentas de la vida. Ningún otro libro en la historia tiene la inspiración, la verdad y el poder de la Palabra de Dios.

➤ ***4.14 — teniendo un gran sumo sacerdote que traspasó los cielos, Jesús el Hijo de Dios, retengamos nuestra profesión.***

No tenemos razón para dudar de Jesús como nuestro Gran Sumo Sacerdote, porque Él ha pasado por todo y ya ha visto lo que todavía nos espera en la vida eterna. Mientras que otros sacerdotes sólo pueden hacer conjeturas acerca de cómo es el cielo, Jesús no solamente vivió en el reino venidero sino que lo creó. Él es Dios. Su conocimiento, su poder, su sabiduría, su presencia y su amor por nosotros son perfectos. Mientras que otros sacerdotes fueron meramente una sombra de su advenimiento y tenían que cumplir la ley para mantener su posición correcta delante de Dios, Jesús nos hace aceptables ante Él y es el ejemplo perfecto para nosotros de cómo tener una relación con el Padre.

➤ ***4.15 — no tenemos un sumo sacerdote que no pueda compadecerse de nuestras debilidades, sino uno que fue tentado en todo según nuestra semejanza, pero sin pecado.***

¿Se da cuenta del privilegio que tenemos de poder acudir a Dios en oración? Como creyentes, tenemos la libertad absoluta de acercarnos al Señor en cualquier momento para pedir su sabiduría, su consuelo y su poder, y todo gracias a que Jesús es nuestro Gran Sumo Sacerdote, nuestro Salvador y representante fiel. Gracias a que Jesús sabe lo que se siente ser tentado en todo, al igual que nosotros, Él es compasivo con nosotros y sabe cómo ayudarnos a avanzar hacia la madurez. Su deseo es guiarnos a través de nuestros problemas de una manera que lo glorifique y nos haga embajadores eficaces para su reino.

➤ ***4.16 — Acerquémonos, pues, confiadamente al trono de la gracia, para alcanzar misericordia y hallar gracia para el oportuno socorro.***

Misericordia significa que Dios *no nos da lo que merecemos*. Nuestra pecaminosidad amerita su juicio, pero en virtud de Jesucristo, Él es compasivo y perdonador hacia nosotros (Ro 8.1). *Gracia* significa que Él *nos da lo que no merecemos*. No somos dignos del amor, el favor ni la salvación del Señor, pero Él nos ha dado todo esto gratuitamente por causa de Cristo. Dios quiere que acudamos con confianza a su presencia, no tímidamente ni con ansiedad, ni tampoco atemorizados de cómo pudiera reaccionar. Él *quiere* ayudarnos, y tiene todo lo que necesitamos para superar cualquier reto que podamos enfrentar. Por eso, *nunca* tenga miedo de acercarse al Padre en oración. Él le ama y quiere que usted se acerque, y a consecuencia de su gran misericordia y su gracia admirable, usted puede hacerlo.

RESPUESTAS A PREGUNTAS DE LA VIDA

¿Cómo puedo ser la clase de persona fiel que Dios honra?

HE 6.11, 12

¿Quiere ver el favor de Dios florecer en su vida? Si es así, el escritor del libro de Hebreos tiene algunos consejos para usted: «que cada uno de vosotros muestre la misma solicitud hasta el fin, para plena certeza de la esperanza, a fin de que no os hagáis perezosos, sino imitadores de aquellos que por la fe y la paciencia heredan las promesas» (He 6.11, 12).

Él tiene en mente a alguien como Abraham, el santo del Antiguo Testamento, quien demostró gran fe y paciencia. Cuando Dios llamó a Abraham (entonces Abram) a dejar su patria para irse a un lugar desconocido, él se fue y siguió al Señor. No sabía a dónde iba, sólo sabía que se había comprometido a obedecer a Aquel que lo había llamado. Génesis 12.4 describe su diligencia: «Y se fue Abram, como Jehová le dijo».

Dios le dijo a Abraham que tendría un hijo, aunque su esposa Sara ya tenía 90 años (Gn 17.17–19). ¡Nada es imposible para el Señor! Un año después, Dios cumplió fielmente su promesa, y Sara le dio un hijo a Abraham.

Cuando ese hijo era apenas un jovencito, Dios dirigió a Abraham para que le sacrificara al hijo por quien había esperado 25 años. ¡Qué momento tan angustioso debió pasar Abraham al recibir aquella orden! ¿Había oído Abraham al Señor correctamente? Este hombre amaba a su hijo más que a cualquier cosa o persona en la tierra, pero sabía que la prueba más grande de todas era su nivel de fidelidad y devoción a Dios. Abraham estuvo resuelto a obedecer al Señor, pero Dios lo detuvo antes que pudiera hacer el sacrificio, y proveyó a cambio un carnero. Esta fue la prueba definitiva de la fe y Abraham la pasó con éxito rotundo. Como resultado, Dios lo bendijo por su devoción (Gn 22.1–18).

Debemos imitar la fidelidad de Abraham. En nuestros intentos por seguir a Dios con diligencia, necesitamos evaluar *todo* lo que hacemos.

- *Fijarnos metas claras.* Los atletas olímpicos no empiezan con un sueño vago de convertirse en campeones. Cada paso del recorrido requiere que se esfuercen y trabajen por quitarle unas fracciones al cronómetro, saltar un par de milímetros más alto, o mejorar cada detalle de su técnica.
- *Ser pacientes.* Cuando Pablo Casals llegó a la edad de 95 años, un joven reportero le preguntó, «Sr. Casals, usted tiene 95 años y es el más grande intérprete de violonchelo que haya existido en la historia. ¿Por qué practica todavía seis horas diarias?» Casals contestó, «¿cómo piensa usted que yo avanzo?» Él nunca dejó de practicar ni de aspirar a la excelencia.
- *Estar dispuestos a correr riesgos.* Dios pide que confiemos en Él a pesar de nuestro entendimiento limitado. Según reza la sabiduría popular, la tortuga sólo avanza cuando estira el cuello.
- *Ser persistentes.* Si Dios le ha dado una meta claramente definida y cree sinceramente que es su voluntad, no se deje derrotar por la duda ni el desánimo. Siga confiando y creyendo. ¡Nunca se rinda!
- *Ser flexibles.* Recuerde que cada etapa del proceso es la mayor experiencia de aprendizaje que tendrá. Aprenda de sus errores y reanude la marcha. La flexibilidad le capacita para hacer ajustes en su vida a medida que Dios le transforma.

Si quiere que Dios le honre, sea la clase de persona que lo honra a Él, actuando de manera consecuente con su fe.

Para un estudio más a fondo, véase el Índice de Principios de vida:

21. *La obediencia siempre trae bendición consigo.*
9. *Confiar en Dios quiere decir ver más allá de lo que podemos, hacia lo que Dios ve.*

están desnudas y abiertas a los ojos de aquel a quien tenemos que dar cuenta.

Jesús el gran sumo sacerdote

14 Por tanto, teniendo un gran sumo sacer- ➤
dote que traspasó los cielos, Jesús el Hijo de
Dios, retengamos nuestra profesión.

➤ 15 Porque no tenemos un sumo sacerdote que
no pueda compadecerse de nuestras debilidades, sino uno que fue tentado en todo según
nuestra semejanza, pero sin pecado.
➤ 16 Acerquémonos, pues, confiadamente al
trono de la gracia, para alcanzar misericordia
y hallar gracia para el oportuno socorro.

5 PORQUE todo sumo sacerdote tomado de
entre los hombres es constituido a favor
de los hombres en lo que a Dios se refiere,
para que presente ofrendas y sacrificios por
los pecados;
2 para que se muestre paciente con los ignorantes y extraviados, puesto que él también
está rodeado de debilidad;
3 y por causa de ella debe ofrecer por los
pecados, tanto por sí mismo como también
por el pueblo.[a]
➤ 4 Y nadie toma para sí esta honra, sino el que
es llamado por Dios, como lo fue Aarón.[b]
➤ 5 Así tampoco Cristo se glorificó a sí mismo haciéndose sumo sacerdote, sino el que
le dijo:

Tú eres mi Hijo,
Yo te he engendrado hoy.[c]

6 Como también dice en otro lugar:

Tú eres sacerdote para siempre,
Según el orden de Melquisedec.[d]

➤ 7 Y Cristo, en los días de su carne, ofreciendo
ruegos y súplicas con gran clamor y lágrimas
al que le podía librar de la muerte,[e] fue oído a
causa de su temor reverente.
8 Y aunque era Hijo, por lo que padeció apren- ➤
dió la obediencia;
9 y habiendo sido perfeccionado, vino a ser ➤
autor de eterna salvación para todos los que
le obedecen;
10 y fue declarado por Dios sumo sacerdote
según el orden de Melquisedec.

Advertencia contra la apostasía

11 Acerca de esto tenemos mucho que decir, y
difícil de explicar, por cuanto os habéis hecho
tardos para oír.
12 Porque debiendo ser ya maestros, después
de tanto tiempo, tenéis necesidad de que se os
vuelva a enseñar cuáles son los primeros rudimentos de las palabras de Dios; y habéis llegado a ser tales que tenéis necesidad de leche,
y no de alimento sólido.
13 Y todo aquel que participa de la leche es
inexperto en la palabra de justicia, porque es
niño;[f]
14 pero el alimento sólido es para los que han ➤
alcanzado madurez, para los que por el uso
tienen los sentidos ejercitados en el discernimiento del bien y del mal.

a. 5.3 Lv 9.7. **b. 5.4** Éx 28.1. **c. 5.5** Sal 2.7. **d. 5.6** Sal 110.4. **e. 5.7** Mt 26.36-46; Mr 14.32-42; Lc 22.39-46. **f. 5.12-13** 1 Co 3.2.

LECCIONES DE VIDA

➤ ***5.4 — nadie toma para sí esta honra, sino el que es llamado por Dios.***

Servir a Dios en algún área específica nunca es algo que podamos elegir por nuestra cuenta. Él debe llamarnos, y nosotros debemos responder en obediencia. El autor de Hebreos cita el ejemplo de Aarón, quien perteneció a la tribu de Leví (Nm 3). Solamente miembros de su linaje familiar específico podían servir como sacerdotes del Señor. Cuando otras tribus trataron de usurpar este honor, hicieron enojar mucho al Señor (1 R 12.31—13.5; 14.7–11).

➤ ***5.5, 6 — tampoco Cristo se glorificó a sí mismo haciéndose sumo sacerdote, sino el que le dijo... Tú eres sacerdote para siempre, según el orden de Melquisedec.***

¿Cómo puede Jesús ser nuestro Sumo Sacerdote si Él es de la tribu de Judá y no Leví (He 7.14)? Porque Él es escogido y nombrado, tal como Aarón lo fue. De todas maneras, su sacerdocio es superior al de Aarón porque Él también es nuestro Rey y no tiene sucesores terrenales, de manera similar a Melquisedec el rey de Salem (Gn 14.18–20; He 7).

➤ ***5.7 — ofreciendo ruegos y súplicas con gran clamor y lágrimas al que le podía librar de la muerte, fue oído.***

Este versículo nos recuerda de inmediato la petición de Jesús en el huerto de Getsemaní. Con gran pasión, Él participó de nuestra humanidad, no queriendo sufrir el dolor y la desgracia que le esperaban (Lc 22.39–43). Pero en ese momento, Él también demuestra su obediencia perfecta, hasta la muerte en la cruz (Fil 2.8). Debido a su fidelidad, Él triunfó sobre la muerte (1 Co 15.54, 55).

➤ ***5.8 — aunque era Hijo, por lo que padeció aprendió la obediencia.***

Ser obediente no es difícil cuando no cuesta. Sin embargo, cuando requiere el sacrificio de todo lo que tenemos y somos, o si llega a requerir nuestra propia vida, es otro asunto. En el cielo, como parte de la Deidad, Jesús nunca experimentó carencia alguna. No había razón alguna para que Él sufriera o temiera, pues todas las cosas existían para su complacencia. Pero cuando Él «se despojó a sí mismo, tomando forma de siervo, hecho semejante a los hombres» (Fil 2.7), Jesús aceptó todo el dolor, toda la aflicción y toda las necesidades que nosotros experimentamos. Fue en el padecimiento que su obediencia fue perfeccionada. Él lo sacrificó todo y lo sufrió todo por nosotros.

➤ ***5.9 — vino a ser autor de eterna salvación para todos los que le obedecen.***

¿Nos hace nuestra obediencia acreedores a un Salvador? No. *Nada* que hagamos jamás podrá hacer que ganemos nuestra salvación. Sin embargo, todos los que verdaderamente crean en Él *obedecerán* su señorío y su dirección.

➤ ***5.14 — el alimento sólido es para los que han alcanzado madurez, para los que por el uso tienen los sentidos ejercitados en el discernimiento del bien y del mal.***

La madurez espiritual no viene meramente como resultado de oír la Palabra de Dios, sino de ponerla en práctica. A medida que obedecemos a Dios y Él transforma nuestro carácter en la semejanza del suyo, nuestro discernimiento espiritual se hace cada vez más fuerte. Pensamos más como Él piensa. Lo oímos con mayor claridad, obedecemos cada vez mejor las indicaciones de su Espíritu, y progresivamente estamos en mayor capacidad de tomar decisiones que lo honran.

6 POR tanto, dejando ya los rudimentos de
la doctrina de Cristo, vamos adelante a la
perfección; no echando otra vez el fundamento del arrepentimiento de obras muertas, de
la fe en Dios,
2 de la doctrina de bautismos, de la imposición de manos, de la resurrección de los muertos y del juicio eterno.
3 Y esto haremos, si Dios en verdad lo
permite.
4 Porque es imposible que los que una vez fueron iluminados y gustaron del don celestial, y
fueron hechos partícipes del Espíritu Santo,
5 y asimismo gustaron de la buena palabra de
Dios y los poderes del siglo venidero,
6 y recayeron, sean otra vez renovados para
arrepentimiento, crucificando de nuevo para
sí mismos al Hijo de Dios y exponiéndole a
vituperio.
7 Porque la tierra que bebe la lluvia que
muchas veces cae sobre ella, y produce hierba
provechosa a aquellos por los cuales es labrada, recibe bendición de Dios;
8 pero la que produce espinos y abrojos es
reprobada, está próxima a ser maldecida,[a] y
su fin es el ser quemada.
9 Pero en cuanto a vosotros, oh amados, estamos persuadidos de cosas mejores, y que pertenecen a la salvación, aunque hablamos así.
* 10 Porque Dios no es injusto para olvidar
➤ vuestra obra y el trabajo de amor que habéis
mostrado hacia su nombre, habiendo servido
a los santos y sirviéndoles aún.
11 Pero deseamos que cada uno de vosotros
muestre la misma solicitud hasta el fin, para
plena certeza de la esperanza,
➤ 12 a fin de que no os hagáis perezosos, sino
imitadores de aquellos que por la fe y la
paciencia heredan las promesas.
13 Porque cuando Dios hizo la promesa a
Abraham, no pudiendo jurar por otro mayor,
juró por sí mismo,
14 diciendo: De cierto te bendeciré con abundancia y te multiplicaré grandemente.[b]
15 Y habiendo esperado con paciencia, alcanzó la promesa.
16 Porque los hombres ciertamente juran por
uno mayor que ellos, y para ellos el fin
de toda controversia es el juramento para
confirmación.
17 Por lo cual, queriendo Dios mostrar más
abundantemente a los herederos de la promesa la inmutabilidad de su consejo, interpu-
so juramento;
18 para que por dos cosas inmutables, en las ➤
cuales es imposible que Dios mienta, tengamos un fortísimo consuelo los que hemos
acudido para asirnos de la esperanza puesta
delante de nosotros.
19 La cual tenemos como segura y firme ➤
ancla del alma, y que penetra hasta dentro
del velo,[c]
20 donde Jesús entró por nosotros como precursor, hecho sumo sacerdote para siempre
según el orden de Melquisedec.[d]

El sacerdocio de Melquisedec

7 PORQUE este Melquisedec, rey de Salem, ➤
sacerdote del Dios Altísimo, que salió a
recibir a Abraham que volvía de la derrota de
los reyes, y le bendijo,
2 a quien asimismo dio Abraham los diezmos ➤
de todo;[a] cuyo nombre significa primeramente
Rey de justicia, y también Rey de Salem, esto
es, Rey de paz;

a. 6.8 Gn 3.17-18. b. 6.14 Gn 22.16-17. c. 6.19 Lv 16.2.
d. 6.20 Sal 110.4. a. 7.1-2 Gn 14.17-20.

LECCIONES DE VIDA

➤ ***6.10 — Dios no es injusto para olvidar vuestra obra y el trabajo de amor que habéis mostrado hacia su nombre.***

Dios *nunca* olvida lo que usted haga en obediencia a Él. De hecho, un día usted comparecerá ante el tribunal de Cristo que también se conoce como la silla *Bēma o silla del juicio*, y allí será recompensado(a) por todas las cosas que haya hecho por amor y obediencia a Él (1 Co 3.11–15; 2 Co 5.10).

➤ ***6.12 — a fin de que no os hagáis perezosos, sino imitadores de aquellos que por la fe y la paciencia heredan las promesas.***

Su herencia es la misma de aquellos santos fieles de la antigüedad, pero usted debe confiar que Dios le ayudará a superar todos los obstáculos en su camino, tal como ellos lo hicieron. Al igual que los creyentes de tiempos bíblicos que nos han precedido, usted descubrirá que ningún desafío se equipara al poder asombroso de Dios. Hay grandes bendiciones que le esperan si usted hace con diligencia todo lo que Él dice.

➤ ***6.18 — es imposible que Dios mienta.***

Podemos estar absolutamente seguros de las promesas de Dios para nosotros, en virtud de su carácter santo e infalible (Nm 23.19; Tit 1.2). Él nunca nos llevará por camino de maldad sino que siempre será fiel y veraz para guiarnos por el mejor camino posible.

➤ ***6.19 — [esta esperanza que] tenemos como segura y firme ancla del alma, y que penetra hasta dentro del velo.***

En el templo, un velo muy grueso y pesado se mantenía como una barrera permanente entre los sacerdotes y la presencia de Dios. Sólo el sumo sacerdote tenía permitido pasar en medio del santuario detrás del velo durante el día de la expiación (Lv 16). Sin embargo, cuando Jesús murió en la cruz, aquel velo inmenso fue rasgado por completo, de arriba abajo (Mt 27.51; Mr 15.38; Lc 23.45), mostrando así que la barrera entre Él mismo y nosotros había sido quitada de en medio (2 Co 3.16; He 10.19, 20). Como creyentes, ésta es la seguridad que mantiene estable nuestra alma. Pase lo que pase, disfrutamos la presencia permanente y eterna de nuestro Dios, y nada jamás puede volver a separarnos de Él (Ro 8.38, 39).

3 sin padre, sin madre, sin genealogía; que
ni tiene principio de días, ni fin de vida, sino
hecho semejante al Hijo de Dios, permanece
sacerdote para siempre.
4 Considerad, pues, cuán grande era éste, a
quien aun Abraham el patriarca dio diezmos
del botín.
5 Ciertamente los que de entre los hijos de
Leví reciben el sacerdocio, tienen mandamiento de tomar del pueblo los diezmos
según la ley,[b] es decir, de sus hermanos, aunque éstos también hayan salido de los lomos
de Abraham.
6 Pero aquel cuya genealogía no es contada
de entre ellos, tomó de Abraham los diezmos,
y bendijo al que tenía las promesas.
7 Y sin discusión alguna, el menor es bendecido por el mayor.
8 Y aquí ciertamente reciben los diezmos
hombres mortales; pero allí, uno de quien se
da testimonio de que vive.
9 Y por decirlo así, en Abraham pagó el diezmo también Leví, que recibe los diezmos;
10 porque aún estaba en los lomos de su padre
cuando Melquisedec le salió al encuentro.
➤ 11 Si, pues, la perfección fuera por el sacerdocio levítico (porque bajo él recibió el pueblo la ley), ¿qué necesidad habría aún de que
se levantase otro sacerdote, según el orden de
Melquisedec, y que no fuese llamado según el
orden de Aarón?
12 Porque cambiado el sacerdocio, necesario
es que haya también cambio de ley;
13 y aquel de quien se dice esto, es de otra tribu, de la cual nadie sirvió al altar.
14 Porque manifiesto es que nuestro Señor
vino de la tribu de Judá, de la cual nada habló
Moisés tocante al sacerdocio.
15 Y esto es aun más manifiesto, si a semejanza de Melquisedec se levanta un sacerdote distinto,
16 no constituido conforme a la ley del mandamiento acerca de la descendencia, sino
según el poder de una vida indestructible.
17 Pues se da testimonio de él:

> Tú eres sacerdote para siempre,
> Según el orden de Melquisedec.[c]

18 Queda, pues, abrogado el mandamiento
anterior a causa de su debilidad e ineficacia
19 (pues nada perfeccionó la ley), y de la ≺
introducción de una mejor esperanza, por la
cual nos acercamos a Dios.
20 Y esto no fue hecho sin juramento;
21 porque los otros ciertamente sin juramento fueron hechos sacerdotes; pero éste, con el
juramento del que le dijo:

> Juró el Señor, y no se arrepentirá:
> Tú eres sacerdote para siempre,
> Según el orden de Melquisedec.[d]

22 Por tanto, Jesús es hecho fiador de un
mejor pacto.
23 Y los otros sacerdotes llegaron a ser
muchos, debido a que por la muerte no podían
continuar;
24 mas éste, por cuanto permanece para siempre, tiene un sacerdocio inmutable;
25 por lo cual puede también salvar perpe- ✻
tuamente a los que por él se acercan a Dios, ≺
viviendo siempre para interceder por ellos.

b. 7.5 Nm 18.21. **c. 7.17** Sal 110.4. **d. 7.21** Sal 110.4.

LECCIONES DE VIDA

➤ ***7.1 — Melquisedec, rey de Salem, sacerdote del Dios Altísimo, que salió a recibir a Abraham… y le bendijo.***

Este versículo se refiere al relato en Génesis 14.18–20, cuando Melquisedec bendijo a Abraham y le recordó que su victoria era de Dios y no por su propia estrategia militar, tal como lo es nuestra salvación. Existen paralelos importantes entre Melquisedec y Cristo. Melquisedec era sacerdote y rey antes que la nación de Israel fuera establecida. Además, era procedente de Salem, que después se convirtió en Jerusalén. De igual modo, Jesús es nuestro Gran Sumo Sacerdote y el Rey de reyes. Su ministerio terrenal tuvo lugar en Jerusalén, donde también murió en la cruz para salvarnos de nuestros pecados.

➤ ***7.2 — a quien asimismo dio Abraham los diezmos de todo; cuyo nombre significa primeramente Rey de justicia, y también Rey de Salem, esto es, Rey de paz.***

Cuando los israelitas daban sus diezmos y ofrendas, lo hacían por cumplir la ley (Lv 27.30–32). En cambio, Abraham lo hizo antes que la ley fuera establecida, así que actuó motivado por la gratitud y de su propio libre albedrío. En este sentido la ofrenda a Melquisedec tiene paralelos con nuestra relación con Cristo, puesto que ya no estamos bajo la ley. Nos sometemos a Él por amor sincero y gratitud de corazón, por la gracia que Él nos ha dado mediante su muerte en la cruz.

➤ ***7.11 — Si, pues, la perfección fuera por el sacerdocio levítico (porque bajo él recibió el pueblo la ley), ¿qué necesidad habría aún de que se levantase otro sacerdote?***

La razón por la que el antiguo sistema de sacrificios y el sacerdocio no pudieron traernos a la perfección, fue que no eran sacrificios permanentes. La gente tenía que seguir acudiendo al sacerdote para presentar sus ofrendas, ya que siempre volvían a pecar. Sin embargo, Cristo vino a perdonar nuestros pecados «una vez para siempre» (He 10.10). En la cruz, Jesucristo perdonó todos los pecados que ya hayamos cometido o que vayamos a cometer, y así redimió nuestro pasado, nuestro presente y nuestro futuro (2 Co 5.21; He 7.22–28; 9.24–28; 10.12, 14).

➤ ***7.19 — (pues nada perfeccionó la ley), y de la introducción de una mejor esperanza, por la cual nos acercamos a Dios.***

La ley sólo puede mostrarnos las demandas justas de Dios, pero carece de poder para ayudarnos a cumplir con sus parámetros de santidad (Ro 7.7). Nuestra única esperanza de salvación es por la fe en Cristo, quien es el cumplimiento total de la ley a favor de nosotros y nos limpia de todo pecado.

26 Porque tal sumo sacerdote nos convenía: santo, inocente, sin mancha, apartado de los pecadores, y hecho más sublime que los cielos;
27 que no tiene necesidad cada día, como aquellos sumos sacerdotes, de ofrecer primero sacrificios por sus propios pecados, y luego por los del pueblo;[e] porque esto lo hizo una vez para siempre, ofreciéndose a sí mismo.
28 Porque la ley constituye sumos sacerdotes a débiles hombres; pero la palabra del juramento, posterior a la ley, al Hijo, hecho perfecto para siempre.

El mediador de un nuevo pacto

8 AHORA bien, el punto principal de lo que venimos diciendo es que tenemos tal sumo sacerdote, el cual se sentó a la diestra del trono de la Majestad en los cielos,[a]
2 ministro del santuario, y de aquel verdadero tabernáculo que levantó el Señor, y no el hombre.
3 Porque todo sumo sacerdote está constituido para presentar ofrendas y sacrificios; por lo cual es necesario que también éste tenga algo que ofrecer.
4 Así que, si estuviese sobre la tierra, ni siquiera sería sacerdote, habiendo aún sacerdotes que presentan las ofrendas según la ley;
5 los cuales sirven a lo que es figura y sombra de las cosas celestiales, como se le advirtió a Moisés cuando iba a erigir el tabernáculo, diciéndole: Mira, haz todas las cosas conforme al modelo que se te ha mostrado en el monte.[b]
6 Pero ahora tanto mejor ministerio es el suyo, cuanto es mediador de un mejor pacto, establecido sobre mejores promesas.
7 Porque si aquel primero hubiera sido sin defecto, ciertamente no se hubiera procurado lugar para el segundo.
8 Porque reprendiéndolos dice:

He aquí vienen días, dice el Señor,
En que estableceré con la casa de Israel
y la casa de Judá un nuevo pacto;
9 No como el pacto que hice con sus padres
El día que los tomé de la mano para sacarlos de la tierra de Egipto;
Porque ellos no permanecieron en mi pacto,
Y yo me desentendí de ellos, dice el Señor.
10 Por lo cual, éste es el pacto que haré con la casa de Israel
Después de aquellos días, dice el Señor:
Pondré mis leyes en la mente de ellos,
Y sobre su corazón las escribiré;
Y seré a ellos por Dios,

e. 7.27 Lv 9.7. **a. 8.1** Sal 110.1. **b. 8.5** Éx 25.40.

LECCIONES DE VIDA

➤ ***7.25 — puede también salvar perpetuamente a los que por él se acercan a Dios, viviendo siempre para interceder por ellos.***

Cada año, cuando el sumo sacerdote se presentaba delante de Dios para hacer expiación por sus pecados, los israelitas sentían incertidumbre sobre si lograría mantenerse de pie en el lugar santísimo. Unas campanillas en el borde de sus vestiduras indicaban si el sacerdote había sobrevivido estar ante la presencia santa de Dios. Si las campanas dejaban de sonar, el pueblo sabía que el sacerdote había muerto, y que no había podido presentar el sacrificio aceptable. Gracias a Dios, nosotros nunca tenemos que dudar si hemos o no sido aceptados. Jesucristo siempre nos representa perfectamente ante el trono de Dios.

➤ ***7.26 — tal sumo sacerdote nos convenía: santo, inocente, sin mancha, apartado de los pecadores, y hecho más sublime que los cielos.***

Siendo nuestro perfecto Sumo Sacerdote, Jesús nunca falla. Él sabe exactamente cómo ministrarnos de la manera que más nos beneficie, y cómo llevarnos con eficacia a la madurez en Él. Jesús no comete errores y siempre tiene los mejores propósitos para nosotros.

➤ ***7.27 — esto lo hizo una vez para siempre, ofreciéndose a sí mismo.***

Los sacerdotes del sistema antiguo eran pecadores que tenían que hacer sacrificios continuos por ellos mismos. Ninguno de ellos se acercaba a la ayuda que Cristo proveyó para nosotros. Jesús no tuvo que expiar su propio pecado porque Él nunca pecó. A causa de esto, Él solamente necesitó hacer expiación por nosotros una vez, y no varias veces. Él es nuestro Salvador viviente, eterno y plenamente suficiente, quien entregó su vida voluntariamente en la cruz. Él nos salva una sola vez y para siempre.

➤ ***8.1 — tenemos tal sumo sacerdote, el cual se sentó a la diestra del trono de la Majestad en los cielos.***

Estar sentado «a la diestra del trono de la Majestad en los cielos» equivale a ocupar la posición más poderosa en todo el universo, y es el lugar de honor absoluto. Jesús intercede por nosotros como nuestro Salvador, Señor, Amigo y Coheredero, y Él nos ministra perfectamente para siempre.

➤ ***8.5 — figura y sombra de las cosas celestiales.***

El tabernáculo y el templo del Antiguo Testamento, así como todas las fiestas, ceremonias, celebraciones y conmemoraciones solemnes, nos fueron dados como una visión preliminar de lo que Cristo haría. Ninguno de los requisitos bíblicos que los israelitas de la antigüedad observaron fue insignificante, pues todos señalaban lo que Jesús llevó a cabo. Además, su propósito fue animarnos en nuestra fe, no esclavizarnos en lo ritual.

➤ ***8.6 — ahora tanto mejor ministerio es el suyo, cuanto es mediador de un mejor pacto, establecido sobre mejores promesas.***

El antiguo pacto que recibió Moisés en el Monte Sinaí (Éx 19.1—24.3) era condicional. A fin de recibir las promesas de Dios, el pueblo tenía que obedecer al Señor y guardar sus mandamientos (Dt 28). Sin embargo, el Señor estableció un Nuevo Pacto y escribió sus leyes en los corazones de aquellos que aceptaron a su Hijo como Salvador. Jesús decretó este pacto nuevo y mejor por medio de su muerte en la cruz y su resurrección.

RESPUESTAS A PREGUNTAS DE LA VIDA

¿Cómo puedo reclamar las promesas de Dios?

HE 10.23

Según algunos cálculos, Dios ha pronunciado más de cuarenta mil promesas en la Biblia. ¡Ese es *un montón* de promesas! Sin embargo, a veces nos puede resultar difícil determinar cuál debería sería nuestra respuesta apropiada a cada uno de los compromisos del Señor.

Lo primero que debemos tener en cuenta es que la Biblia contiene dos clases de promesas divinas.

❶ *Promesas limitadas*

Dios ha hecho muchas promesas a personas específicas que vivieron en circunstancias particulares, con propósitos específicos. Estas promesas definitivamente «no son las que se aplican a todos por igual». Si usted trata de «reclamar» estas promesas, puede terminar con muchos problemas.

Por ejemplo Jesús, después de haber resucitado, dijo a sus discípulos que esperaran en Jerusalén «la promesa del Padre», y que mientras lo hicieran iban a ser «bautizados con el Espíritu Santo» (Hch 1.4, 5). Sería insensato que usted viajara a Jerusalén y esperara allí hasta recibir esta promesa, pues Jesús ya la cumplió en el primer Pentecostés. Hoy día, el Espíritu bautiza a todo creyente para incorporarlo al cuerpo de Cristo y establece su residencia dentro de nosotros desde el instante mismo que confiamos en Cristo. Jesús dio esta promesa a un grupo específico de personas en un tiempo particular y para un propósito explícito, y no debería ser reclamada por nadie más.

❷ *Promesas generales*

Dios ha hecho muchas promesas universales que se han aplicado a todos sus hijos a lo largo de la historia. Por ejemplo, Él ha prometido que jamás nos dejará ni nos desamparará (He 13.5). También prometió muchas veces que volvería por nosotros (Jn 14.3). Estas promesas pertenecen a todos los creyentes de todas las épocas. Sin embargo, las promesas generales también pueden ser de dos tipos:

(a) *Promesas condicionales.* Textos como Salmo 37.4, Filipenses 4.19 y otros contienen promesas condicionales; para recibir el beneficio ofrecido, usted debe cumplir cierta condición. Estas promesas requieren algo del creyente.

En Filipenses 4.19, la condición es que estemos «en Cristo Jesús»; el creyente debe estar viviendo para Él y en total sumisión a su voluntad. Lo mismo se aplica a «deleitarnos» en el Señor, como se establece en Salmo 37.4. Claramente, la relación personal es el prerrequisito de cualquier petición nuestra.

(b) *Promesas incondicionales.* Estas promesas no requieren nada del creyente. Las promesas mencionadas arriba, de Hebreos 13.5 y Juan 14.3, son de este tipo. Dios cumplirá estas promesas porque Él ha prometido realizarlas en nuestras vidas. Nada que haga cualquier persona podrá alterar su compromiso ni cambiar sus planes. Él cumplirá estas promesas, no porque nosotros hagamos algo sino en virtud de su propia fidelidad.

Para un estudio más a fondo, véase el Índice de Principios de vida:

21. La obediencia siempre trae bendición consigo.

3. La Palabra de Dios es ancla inconmovible en las tormentas.

Y ellos me serán a mí por pueblo;
11 Y ninguno enseñará a su prójimo,
Ni ninguno a su hermano, diciendo:
Conoce al Señor;
Porque todos me conocerán,
Desde el menor hasta el mayor de ellos.
12 Porque seré propicio a sus injusticias,
Y nunca más me acordaré de sus
pecados y de sus iniquidades.[c]
13 Al decir: Nuevo pacto, ha dado por viejo al
primero; y lo que se da por viejo y se envejece, está próximo a desaparecer.

9 AHORA bien, aun el primer pacto tenía
ordenanzas de culto y un santuario terrenal.
2 Porque el tabernáculo[a] estaba dispuesto así:
en la primera parte, llamada el Lugar Santo,

c. 8.8-12 Jer 31.31-34. **a. 9.2** Éx 26.1-30.

estaban el candelabro,[b] la mesa y los panes de
la proposición.[c]
3 Tras el segundo velo estaba la parte del
tabernáculo llamada el Lugar Santísimo,[d]
4 el cual tenía un incensario de oro[e] y el arca
del pacto cubierta de oro por todas partes,[f] en
la que estaba una urna de oro que contenía el
maná,[g] la vara de Aarón que reverdeció,[h] y las
tablas del pacto;[i]
5 y sobre ella los querubines de gloria que
cubrían el propiciatorio;[j] de las cuales cosas
no se puede ahora hablar en detalle.
6 Y así dispuestas estas cosas, en la primera parte del tabernáculo entran los sacerdotes continuamente para cumplir los oficios del culto;[k]
➤ 7 pero en la segunda parte, sólo el sumo
sacerdote una vez al año, no sin sangre, la
cual ofrece por sí mismo y por los pecados de
ignorancia del pueblo;[l]
8 dando el Espíritu Santo a entender con esto
que aún no se había manifestado el camino al
Lugar Santísimo, entre tanto que la primera
parte del tabernáculo estuviese en pie.
9 Lo cual es símbolo para el tiempo presente,
según el cual se presentan ofrendas y sacrificios que no pueden hacer perfecto, en cuanto a
la conciencia, al que practica ese culto,
10 ya que consiste sólo de comidas y bebidas,
de diversas abluciones, y ordenanzas acerca de la carne, impuestas hasta el tiempo de
reformar las cosas.
11 Pero estando ya presente Cristo, sumo
sacerdote de los bienes venideros, por el más
amplio y más perfecto tabernáculo, no hecho
de manos, es decir, no de esta creación,
12 y no por sangre de machos cabríos ni de
becerros, sino por su propia sangre, entró
una vez para siempre en el Lugar Santísimo,
habiendo obtenido eterna redención.
13 Porque si la sangre de los toros y de los
machos cabríos,[m] y las cenizas de la becerra[n]
rociadas a los inmundos, santifican para la
purificación de la carne,
14 ¿cuánto más la sangre de Cristo, el cual ➤
mediante el Espíritu eterno se ofreció a sí mismo sin mancha a Dios, limpiará vuestras conciencias de obras muertas para que sirváis al
Dios vivo?
15 Así que, por eso es mediador de un nuevo
pacto,[1] para que interviniendo muerte para la
remisión de las transgresiones que había bajo
el primer pacto, los llamados reciban la promesa de la herencia eterna.
16 Porque donde hay testamento,[1] es necesario que intervenga muerte del testador.
17 Porque el testamento con la muerte se confirma; pues no es válido entre tanto que el testador vive.
18 De donde ni aun el primer pacto fue instituido sin sangre.
19 Porque habiendo anunciado Moisés todos
los mandamientos de la ley a todo el pueblo, tomó la sangre de los becerros y de los
machos cabríos, con agua, lana escarlata e
hisopo, y roció el mismo libro y también a
todo el pueblo,
20 diciendo: Ésta es la sangre del pacto que
Dios os ha mandado.[o]
21 Y además de esto, roció también con la
sangre el tabernáculo y todos los vasos del
ministerio.[p]

1 La misma palabra griega significa tanto *pacto* como *testamento*.
b. 9.2 Éx 25.31-40. **c. 9.2** Éx 25.23-30. **d. 9.3** Éx 26.31-33.
e. 9.4 Éx 30.1-6. **f. 9.4** Éx 25.10-16. **g. 9.4** Éx 16.33.
h. 9.4 Nm 17.8-10. **i. 9.4** Éx 25.16; Dt 10.3-5. **j. 9.5** Éx 25.18-22.
k. 9.6 Nm 18.2-6. **l. 9.7** Lv 16.2-34. **m. 9.13** Lv 16.15-16.
n. 9.13 Nm 19.9, 17-19. **o. 9.19-20** Éx 24.6-8. **p. 9.21** Lv 8.15.

LECCIONES DE VIDA

➤ ***8.13 — Al decir: Nuevo pacto, ha dado por viejo al primero; y lo que se da por viejo y se envejece, está próximo a desaparecer.***

En el tiempo que se escribió Hebreos, parece que el templo en Jerusalén todavía seguía en pie. Sin embargo, en el año 70 d.C. los romanos destruyeron Jerusalén y el templo, lo cual significó que los judíos ya no pudieron cumplir con los requisitos del antiguo sistema (Dt 12.5–9; 16.6).

➤ ***9.7 — sólo el sumo sacerdote una vez al año, no sin sangre, la cual ofrece por sí mismo y por los pecados de ignorancia del pueblo.***

El día de la expiación (Lv 23.26–32; Nm 29.7–11) era el único día del año en que el sumo sacerdote hacía un sacrificio por los pecados de Israel. Tomaba dos machos cabríos y sacrificaba el primero sobre el altar como expiación, a fin de cubrir las transgresiones de ellos. El segundo animal era convertido simbólicamente en el que llevaría la maldición de los pecados de la nación de Israel. Estos sacrificios solamente cubrían los pecados cometidos de manera *no intencional*, en ignorancia de la ley. *Los pecados cometidos deliberadamente no tenían expiación*. En cambio, cuando Jesucristo murió en la cruz, se convirtió en nuestro sustituto, cubriendo *todas* nuestras transgresiones, tanto las intencionales como todas las demás (Is 53.4, 5).

➤ ***9.14 — ¿cuánto más la sangre de Cristo, el cual mediante el Espíritu eterno se ofreció a sí mismo sin mancha a Dios, limpiará vuestras conciencias de obras muertas para que sirváis al Dios vivo?***

La sangre de Cristo no solamente nos limpia desde nuestra apariencia externa, cubriendo nuestras transgresiones como lo hacían ceremonialmente los sacrificios del Antiguo Testamento. Ella purifica nuestra naturaleza misma, haciéndonos completamente libres del dominio del pecado y transformándonos desde nuestro interior (Ro 6.5–18). Cuando aceptamos a Cristo como nuestro Salvador, ya no tenemos que vivir con la culpa no resuelta. Jesús limpia por completo nuestras conciencias con su sangre, capacitándonos para servirlo con gozo y sin el mínimo rastro de vergüenza.

➤ ***9.22 — casi todo es purificado, según la ley, con sangre; y sin derramamiento de sangre no se hace remisión.***

La sangre es sagrada porque es la vida misma de los seres humanos hechos en la imagen de Dios. Sin embargo, debido a nuestro vínculo con el pecado original a través de Adán y Eva, nuestra sangre quedó contaminada y Dios nos

22 Y casi todo es purificado, según la ley, con sangre; y sin derramamiento de sangre no se hace remisión.[q]

El sacrificio de Cristo quita el pecado

23 Fue, pues, necesario que las figuras de las cosas celestiales fuesen purificadas así; pero las cosas celestiales mismas, con mejores sacrificios que éstos.
24 Porque no entró Cristo en el santuario hecho de mano, figura del verdadero, sino en el cielo mismo para presentarse ahora por nosotros ante Dios;
25 y no para ofrecerse muchas veces, como entra el sumo sacerdote en el Lugar Santísimo cada año con sangre ajena.
26 De otra manera le hubiera sido necesario padecer muchas veces desde el principio del mundo; pero ahora, en la consumación de los siglos, se presentó una vez para siempre por el sacrificio de sí mismo para quitar de en medio el pecado.
27 Y de la manera que está establecido para los hombres que mueran una sola vez, y después de esto el juicio,
28 así también Cristo fue ofrecido una sola vez para llevar los pecados de muchos; y aparecerá por segunda vez, sin relación con el pecado, para salvar a los que le esperan.

10 PORQUE la ley, teniendo la sombra de los bienes venideros, no la imagen misma de las cosas, nunca puede, por los mismos sacrificios que se ofrecen continuamente cada año, hacer perfectos a los que se acercan.
2 De otra manera cesarían de ofrecerse, pues los que tributan este culto, limpios una vez, no tendrían ya más conciencia de pecado.
3 Pero en estos sacrificios cada año se hace memoria de los pecados;
4 porque la sangre de los toros y de los machos cabríos no puede quitar los pecados.
5 Por lo cual, entrando en el mundo dice:
Sacrificio y ofrenda no quisiste;
Mas me preparaste cuerpo.
6 Holocaustos y expiaciones por el
pecado no te agradaron.

q. 9.22 Lv 17.11.

LECCIONES DE VIDA

sentenció a muerte (Gn 3; Ro 5.12–15; 1 Co 15.22). Por otro lado, la sangre libre de pecado, perfecta y eterna de Cristo fue derramada por la salvación del mundo. Esto lo cambió todo. Mediante la sangre de Cristo, nuestras iniquidades son borradas por completo, y recibimos vida eterna (Lv 17.11; Ro 3.25; 5.9; Ef 1.7; 2.13; Col 1.20).

➤ *9.24 — no entró Cristo en el santuario hecho de mano, figura del verdadero, sino en el cielo mismo.*

Cuando el tabernáculo y el templo fueron construidos, la gloria de Dios descendió sobre ellos, y Él dio a conocer su presencia al pueblo de Israel (Éx 40; 2 Cr 5). Sin embargo, su gloria no permaneció siempre allí porque esos lugares nunca fueron su verdadera morada. Eran meras copias del santuario verdadero que habrá de venir, aquel que está en el cielo. La presencia de Cristo en el Reino garantiza que un día nosotros también estaremos allí con Él (Sal 15; Jn 14.1–3; Ap 21.1—22.7).

➤ *9.26 — en la consumación de los siglos, se presentó una vez para siempre por el sacrificio de sí mismo.*

Ya no es necesario que alguien haga sacrificios por nuestros pecados año tras año. Ahora estamos completamente perdonados del castigo de nuestras ofensas, mediante la muerte substitutiva y suficiente de Jesucristo. A causa de su amor por nosotros, Jesús nos quita de encima la carga de nuestras transgresiones y la pone sobre Él mismo, anulando por completo los yugos del pecado y el aguijón de la muerte.

➤ *9.27 — está establecido para los hombres que mueran una sola vez, y después de esto el juicio.*

Ninguno de nosotros puede evitar la muerte y el juicio. A no ser que estemos vivos cuando el Señor regrese, todos moriremos, y cada persona en la historia responderá a Él de acuerdo con la manera en que vivió. Cuando estemos ante su santidad absoluta, no seremos capaces de decir nada en nuestra propia defensa. Al igual que Isaías, caeremos en cuenta de nuestra completa pecaminosidad (Is 6.5). Entonces la única pregunta será si creímos en Jesús para aceptarlo como nuestro Salvador y para que perdonara nuestro pecado, o si elegimos pagar nuestra deuda de pecado por nuestra cuenta propia, para condenación eterna.

➤ *9.28 — así también Cristo fue ofrecido una sola vez para llevar los pecados de muchos.*

La carga más grande de todas es nuestro pecado, ya que nos mantiene en esclavitud, divide nuestro pensamiento, nos enceguece a la verdad, nos desanima y nos impide llegar a ser todo aquello para lo cual Dios nos creó. Nuestro pecado nos esclaviza, trátese del que sea y así no incluya la adicción al mismo. También nos separa del Señor porque Él es santo y aborrece la impiedad. Pero Cristo es nuestro sustituto, y por medio de Él tenemos perdón y libertad de nuestro pecado.

➤ *10.1 — la ley, teniendo la sombra de los bienes venideros, no la imagen misma de las cosas, nunca puede... hacer perfectos a los que se acercan.*

Sin la ley, no sabríamos qué es el pecado ni entenderíamos nuestra necesidad de la gracia y el perdón de nuestro Salvador, Jesús. Sin embargo, la ley sólo fue una sombra de lo verdadero y figura de la salvación total que Jesús quiso llevar a cabo dentro de nosotros, y nunca tuvo el propósito de ser nuestra meta final.

➤ *10.4 — la sangre de los toros y de los machos cabríos no puede quitar los pecados.*

Dios instituyó el sistema de sacrificios y el sacerdocio para demostrar cuán santo es Él y el carácter mortífero del pecado. Después que Adán y Eva lo desobedecieron en el huerto, los ojos de ellos fueron abiertos a la naturaleza del pecado, y decidieron ocultar su desnudez cubriendo sus cuerpos con hojas de higuera. Mediante el derramamiento de sangre de animales, Dios en su gracia proveyó túnicas de pieles para cubrirlos (Gn 3). Antes que Jesús viniera, una cantidad innumerable de animales fueron inmolados en sacrificio por los pecados de la gente. Pero sólo la muerte de Cristo Jesús como el sacrificio obediente y perfecto de Cristo, el Cordero de Dios, proveyó una cobertura eterna.

PRINCIPIO DE VIDA 28

NINGÚN CREYENTE HA SIDO LLAMADO A TRANSITAR SOLITARIO EN SU PEREGRINAJE DE FE.

HE 10.24, 25

El escritor de Hebreos sabía que su auditorio, compuesto principalmente por creyentes judíos que llevaban poco tiempo en la fe, luchaba al intentar incorporar su herencia judía a su andar con Cristo. Por ende, el autor dedica una gran cantidad de tiempo a explicar que Jesucristo preparó el camino para un compañerismo ininterrumpido con el Padre. Él es nuestro Gran Sumo Sacerdote. Su muerte proveyó la única vía para que los individuos tengan acceso personal a Dios sin la mediación de un agente humano.

A veces este era un principio difícil de aceptar para los judíos cristianos. Ellos estaban acostumbrados a participar en una variedad de lavamientos y ofrendas ceremoniales para sentirse limpios de sus pecados; el acceso inmediato a Dios prescindiendo de esas cosas era algo nuevo. Pero el escritor les aseguró que, gracias a que Cristo murió por sus pecados y se levantó de los muertos, ellos ahora podían ir directamente al Padre con sus oraciones y necesidades. El autor también conocía las dificultades que enfrentaban estos conversos para permanecer fieles a su nueva fe, y por eso exhortó a cada uno de ellos que mantuvieran la profesión de su esperanza «firme, sin fluctuar» (He 10.23)

El autor instruyó a sus lectores a *ayudarse unos a otros* para permanecer firmemente anclados a su fe en Dios. Sabía que serían tentados por las pruebas y las persecuciones, a apartarse de la verdad y el plan que Dios tenía para sus vidas. Por eso les dijo: «considerémonos unos a otros para estimularnos al amor y a las buenas obras» (He 10.24). El término griego que se traduce «estimularnos» significa literalmente «irritar», y se refiere aquí al aguzamiento de las buenas acciones y el apremio del amor mutuo, para que cada creyente considere lo que el Señor ha hecho en el pasado. Él es fiel y no abandona la obra de sus manos. Nosotros somos su creación, y cuando enfrentamos dificultades, tristezas, rechazos y otros problemas, podemos saber sin lugar a dudas que Dios proveerá la sabiduría y los recursos que necesitamos. Hasta en los tiempos gozosos, Él es quien nos bendice con la dicha y el contentamiento. En esencia, el autor instruye a sus lectores, y a nosotros, que nos estimulemos mutuamente a las buenas obras, rehusando caer en la trampa del negativismo y asumiendo la responsabilidad por nuestras vidas en Cristo, así como por nuestros hermanos en la fe.

Teniendo estos principios en cuenta, el autor dejó en claro que ellos no deberían dejar de reunirse por ninguna razón (He 10.25). Se necesitaban los unos a los otros, tanto como en la actualidad nosotros necesitamos a los demás creyentes. Dejar de congregarse sería un desastre porque le daría a Satanás una oportunidad para alejarlos del Señor. Era congregándose como un solo cuerpo, que ellos encontraban el ánimo mutuo que precisaban para seguir adelante. Esto mismo se aplica hoy a nosotros.

Dios quiere que nos juntemos con regularidad con otros creyentes. ¡Él quiere a su pueblo reunido en la iglesia! Hay muchos creyentes que no toman en serio esta admonición porque no ven la razón detrás de ella. En demasiadas ocasiones, he oído frases como ésta: «Yo puedo adorar a Dios en mi casa; no necesito ir a la iglesia». Muchos creyentes creen que la única razón por la cual nos congregamos es para

Jesucristo preparó el camino para un compañerismo ininterrumpido con el Padre.

rendir culto a Dios, y esto es comprensible. Al fin y al cabo, lo llamamos «culto de adoración».

Ahora bien, si la adoración fuera la única razón por la que tenemos mandado congregarnos, quienes afirman que pueden adorar en sus casas tendrían un argumento de peso. Pero la adoración no es la única razón, como tampoco lo es, el que podamos ser enseñados sobre las verdades de Dios. Lo cierto es que hoy día podemos encender nuestros radios y televisores para recibir buenas enseñanzas bíblicas. En la superficie, parecería que todo lo que hacemos en la iglesia también lo podemos hacer en nuestras casas, totalmente solos.

¿Por qué entonces nos es impuesto el congregarnos? ¿Por qué tenemos que «ir a la iglesia»?

El escritor de Hebreos nos dice que es para protegernos de quedar a la deriva. Somos el cuerpo de Cristo, y cuando estamos con otros creyentes estamos haciendo lo que es natural y justamente lo que haremos por la eternidad: estar juntos en la presencia del Señor. Conformamos la iglesia, y juntos nos suministramos fuerzas los unos a los otros a través de la oración, el compañerismo y el ánimo.

Las fuerzas del enemigo siempre están trabajando activamente a nuestro alrededor, procurando sacarnos del rumbo correcto. El férreo compromiso individual no basta para que nos mantengamos firmes en el camino de la fe. Necesitamos contar con la presencia de otros creyentes, así como la responsabilidad de rendir cuentas a hermanos que nos amen y estén dispuestos a reír y llorar con nosotros, y también que estén al tanto de lo que sucede en nuestra vida. A veces, cuando sentimos que nuestra fe es en vano o no vemos fruto en nuestras vidas y pensamos que nuestro testimonio es irrelevante, lo cierto es todo lo contrario. Cuando rendimos nuestras vidas a Cristo, Él nos usa de maneras incontables que no habríamos podido prever.

Su participación en una iglesia local protege su compañerismo personal con Dios.

En la atmósfera de adoración y compañerismo en la casa de Dios, descubrimos que no estamos solos al oír a otros hablar de cómo el Señor ha provisto milagrosamente para ellos. Tal vez un hermano describa el dolor que padeció como resultado de una pérdida. Una nueva creyente podría contar su historia de redención, regocijándose en la gracia de Dios. A medida que nos escuchamos unos a otros relatando la obra de Dios en nuestras vidas, algo sucede en nuestro interior: somos estimulados a la fidelidad y motivados a alabar a Dios con mucha más intensidad por sus hechos bondadosos en nuestras vidas.

La responsabilidad de rendirnos cuentas los unos a los otros y el ánimo que encontramos en la iglesia nos anclan en medio de las corrientes que pueden arrastrarnos y dejarnos a la deriva. Si descuidamos el congregarnos regularmente con otros cristianos, vamos a perdernos este elemento esencial en el desarrollo de nuestra fe.

A lo largo de la Biblia, encontramos que uno de los deseos principales de Dios es tener una relación estrecha con cada uno de nosotros. Si usted se vuelve activo(a) en una iglesia local, se protege del riesgo de perderse todo lo que Dios le tiene reservado. Su participación en un cuerpo conformado por otros creyentes salvaguarda su compañerismo personal con Dios. Recuerde, cada vez que usted se aleja de la familia de Dios y queda a la deriva, sólo es cuestión de tiempo para que pierda su compañerismo con su Padre celestial.

Asistir regularmente a la iglesia jamás debería verse como algo que uno hace para ganar méritos con Dios. Nadie se salva por buenas obras. Más bien, debería servir como un catalizador para nuestro crecimiento espiritual. Cerciórese que la iglesia a la que usted asiste enseña la Palabra de Dios sin transigir ni adulterar su verdad. En caso que no lo haga, le recomiendo que visite otra iglesia. Encuentre una que enseñe con precisión los principios de las Escrituras al mismo tiempo que demuestre el amor, el perdón y la gracia de Dios. Recuerde que usted también tiene la responsabilidad de usar activamente sus dones espirituales para el beneficio de otros creyentes.

Para un estudio más a fondo véase el Índice de Principios de vida.

7 Entonces dije: He aquí que vengo, oh
Dios, para hacer tu voluntad,
Como en el rollo del libro está escrito
de mí.[a]
8 Diciendo primero: Sacrificio y ofrenda y
holocaustos y expiaciones por el pecado no
quisiste, ni te agradaron (las cuales cosas se
ofrecen según la ley),
9 y diciendo luego: He aquí que vengo, oh
Dios, para hacer tu voluntad; quita lo primero, para establecer esto último.
➤10 En esa voluntad somos santificados
mediante la ofrenda del cuerpo de Jesucristo
hecha una vez para siempre.
11 Y ciertamente todo sacerdote está día tras
día ministrando y ofreciendo muchas veces
los mismos sacrificios, que nunca pueden quitar los pecados;[b]
12 pero Cristo, habiendo ofrecido una vez
para siempre un solo sacrificio por los pecados, se ha sentado a la diestra de Dios,
13 de ahí en adelante esperando hasta que sus
enemigos sean puestos por estrado de sus pies;[c]
➤14 porque con una sola ofrenda hizo perfectos
para siempre a los santificados.
15 Y nos atestigua lo mismo el Espíritu Santo;
porque después de haber dicho:
16 Éste es el pacto que haré con ellos
Después de aquellos días, dice el Señor:
Pondré mis leyes en sus corazones,
Y en sus mentes las escribiré,[d]
17 añade:
Y nunca más me acordaré de sus
pecados y transgresiones.[e]
18 Pues donde hay remisión de éstos, no hay
más ofrenda por el pecado.
19 Así que, hermanos, teniendo libertad para ➤
entrar en el Lugar Santísimo por la sangre de
Jesucristo,
20 por el camino nuevo y vivo que él nos abrió
a través del velo, esto es, de su carne,
21 y teniendo un gran sacerdote sobre la casa
de Dios,
22 acerquémonos con corazón sincero, en plena certidumbre de fe, purificados los corazones[f] de mala conciencia, y lavados los cuerpos
con agua pura.[g]
23 Mantengamos firme, sin fluctuar, la pro- ➤
fesión de nuestra esperanza, porque fiel es el
que prometió.
24 Y considerémonos unos a otros para esti- ➤
mularnos al amor y a las buenas obras;
25 no dejando de congregarnos, como algunos tienen por costumbre, sino exhortándonos; y tanto más, cuanto veis que aquel día
se acerca.

Advertencia al que peca deliberadamente

26 Porque si pecáremos voluntariamente después de haber recibido el conocimiento de la

a. 10.5-7 Sal 40.6-8. **b. 10.11** Éx 29.38. **c. 10.12-13** Sal 110.1. **d. 10.16** Jer 31.33. **e. 10.17** Jer 31.34. **f. 10.22** Lv 8.30. **g. 10.22** Lv 8.6.

LECCIONES DE VIDA

➤ ***10.10 — somos santificados mediante la ofrenda del cuerpo de Jesucristo hecha una vez para siempre.***

El sacrificio voluntario y más eficiente que Jesús logró en la cruz fue suficiente para salvarnos. Nada tiene que añadirse a su obra ni se requiere que lo aceptemos en múltiples ocasiones como nuestro Salvador. Jesús nos ha redimido «una vez para siempre». Así que deje de preocuparse acerca de perder su salvación o tener que ganársela, pues Jesús ya dijo: «Consumado es» (Jn 19.30).

➤ ***10.14 — con una sola ofrenda hizo perfectos para siempre a los santificados.***

Nuestra salvación es tanto un hecho culminado como un proceso continuo. Por medio de la fe en Jesús, somos *justificados* o puestos en la relación correcta con Él tras haber sido perdonados de nuestro pecado (Ro 5.1). Además, por el poder de su espíritu, Él nos capacita para ser más semejantes a Aquel cuya justicia hemos recibido (Ro 8.29).

➤ ***10.19, 20 — teniendo libertad para entrar en el Lugar Santísimo por la sangre de Jesucristo, por el camino nuevo y vivo que él nos abrió a través del velo, esto es, de su carne.***

La importancia de lo que Cristo ha logrado en la cruz no puede subestimarse. Antes de su muerte estábamos completamente alejados de Dios. Nadie se acercaba a Él en el lugar santísimo, excepto el sumo sacerdote y solamente en el momento indicado, pues de lo contrario caían muertos al instante (Éx 33.20). Jesús ha abolido el velo (Mt 27.51; Mr 15.38; Lc 23.45) que nos separaba de Dios. Además, Él provee un camino para que seamos reconciliados con Él (Jn 1.1, 14–18; 14.9; He 1.3). Ahora no solamente vemos al Señor, sino que podemos habitar en su presencia (1 Co 6.19, 20; Ef 1.13; 4.30).

➤ ***10.23 — Mantengamos firme, sin fluctuar, la profesión de nuestra esperanza, porque fiel es el que prometió.***

La comunidad judía tenía un fuerte vínculo anclado en su ascendencia, su tierra y sus tradiciones. Sin embargo, cuando muchos de ellos empezaron a creer en Jesús como su Salvador y Mesías, fueron desheredados y perseguidos por sus seres queridos y sus vecinos. Los nuevos creyentes vieron cómo les fallaron por completo sus relaciones patriarcales y sus recursos de seguridad personal. El autor del libro a los Hebreos, los animó con el hecho de que así todos los demás se hubieran puesto en contra de ellos, Dios es fiel, constante, digno de confianza y además nunca cambia. Por lo tanto, *siempre* podemos vivir confiados en nuestra esperanza, sabiendo que Él no nos abandonará.

➤ ***10.24, 25 — considerémonos unos a otros para estimularnos al amor y a las buenas obras; no dejando de congregarnos.***

Es crucial que los creyentes se reúnan como un solo cuerpo para rendir culto al Señor, así como para recibir instrucción, ánimo y practicar el servicio en comunidad. Dios no nos diseñó para «transitar solitarios» en nuestra fe cristiana ni para crecer en aislamiento. Nuestra participación en una iglesia local no sólo protege nuestro compañerismo personal con el Señor (He 3.13), sino que es un aspecto vital de la manera como Él nos madura y transforma a su imagen.

verdad, ya no queda más sacrificio por los
pecados,
27 sino una horrenda expectación de juicio,
y de hervor de fuego que ha de devorar a los
adversarios.[h]
28 El que viola la ley de Moisés, por el testimonio de dos o de tres testigos muere
irremisiblemente.[i]
➤ 29 ¿Cuánto mayor castigo pensáis que merecerá el que pisoteare al Hijo de Dios, y tuviere por inmunda la sangre del pacto[j] en la cual
fue santificado, e hiciere afrenta al Espíritu
de gracia?
30 Pues conocemos al que dijo: Mía es la venganza, yo daré el pago, dice el Señor.[k] Y otra
vez: El Señor juzgará a su pueblo.[l]
31 ¡Horrenda cosa es caer en manos del Dios
vivo!
32 Pero traed a la memoria los días pasados,
en los cuales, después de haber sido iluminados, sostuvisteis gran combate de padecimientos;
33 por una parte, ciertamente, con vituperios
y tribulaciones fuisteis hechos espectáculo; y
por otra, llegasteis a ser compañeros de los
que estaban en una situación semejante.
34 Porque de los presos también os com-
padecisteis, y el despojo de vuestros bienes
sufristeis con gozo, sabiendo que tenéis en
vosotros una mejor y perdurable herencia en
los cielos.
➤ 35 No perdáis, pues, vuestra confianza, que
tiene grande galardón;
36 porque os es necesaria la paciencia, para
que habiendo hecho la voluntad de Dios,
obtengáis la promesa.
37 Porque aún un poquito,
Y el que ha de venir vendrá, y no
tardará.
38 Mas el justo vivirá por fe;
Y si retrocediere, no agradará a mi
alma.[m]
39 Pero nosotros no somos de los que retroceden para perdición, sino de los que tienen fe
para preservación del alma.

La fe

11 ES, pues, la fe la certeza de lo que se ≺
espera, la convicción de lo que no se
ve.
2 Porque por ella alcanzaron buen testimonio
los antiguos.
3 Por la fe entendemos haber sido constituido el universo por la palabra de Dios,[a] de
modo que lo que se ve fue hecho de lo que no
se veía.
4 Por la fe Abel ofreció a Dios más excelente
sacrificio que Caín, por lo cual alcanzó testimonio de que era justo, dando Dios testimonio de sus ofrendas; y muerto, aún habla por
ella.[b]
5 Por la fe Enoc fue traspuesto para no ver
muerte, y no fue hallado, porque lo traspuso
Dios; y antes que fuese traspuesto, tuvo testimonio de haber agradado a Dios.[c]
6 Pero sin fe es imposible agradar a Dios; por- *
que es necesario que el que se acerca a Dios ≺
crea que le hay, y que es galardonador de los
que le buscan.
7 Por la fe Noé, cuando fue advertido por Dios
acerca de cosas que aún no se veían, con temor
preparó el arca en que su casa se salvase;[d] y

h. 10.27 Is 26.11. **i. 10.28** Dt 17.6; 19.15. **j. 10.29** Éx 24.8. **k. 10.30** Dt 32.35. **l. 10.30** Dt 32.36. **m. 10.37-38** Hab 2.3-4. **a. 11.3** Gn 1.1. **b. 11.4** Gn 4.3-10. **c. 11.5** Gn 5.21-24. **d. 11.7** Gn 6.13-22.

LECCIONES DE VIDA

➤ ***10.29 — ¿Cuánto mayor castigo pensáis que merecerá el que pisoteare al Hijo de Dios?***

Las personas pisotean a Cristo e insultan el Espíritu de la gracia con su incredulidad (Mt 12.30–32; Jn 3.16–18; Ro 2.8). Esto *no* se refiere a los momentos débiles de un creyente en los que siente duda, ni a un cristiano que tropieza en el pecado. Este versículo se refiere más bien a incrédulos que completamente rechazan el sacrificio de Cristo en la cruz como la provisión de Dios para la salvación.

➤ ***10.35, 36 — No perdáis, pues, vuestra confianza, que tiene grande galardón; porque os es necesaria la paciencia, para que habiendo hecho la voluntad de Dios, obtengáis la promesa.***

Satanás quiere que usted dude de su seguridad eterna en Cristo y de la fidelidad de Cristo para cumplir sus promesas, a fin que usted pierda el rumbo. Puesto que el adversario no puede interferir en la pérdida de su eterna salvación, si tratará de impedirle que haga la voluntad de Dios y reciba su recompensa. No se lo permita. Sea fiel al Señor porque la obediencia a Él siempre trae bendición consigo.

➤ ***11.1 — la fe [es] la certeza de lo que se espera, la convicción de lo que no se ve.***

Fe es tener la firme confianza que el Señor hará lo que ha prometido. No es desear simplemente que algo suceda. Es tener convicción absoluta que Dios no sólo está dispuesto sino es capaz de llevar a cabo todo lo que se ha comprometido hacer con nosotros, sin importar cómo nuestras circunstancias puedan parecer o qué obstáculos tengamos que superar. Como aprendieron los santos de la antigüedad, su confianza en Él nunca es en vano porque «fiel es el que prometió» (He 10.23).

➤ ***11.6 — sin fe es imposible agradar a Dios; porque es necesario que el que se acerca a Dios crea que le hay, y que es galardonador de los que le buscan.***

¿Por qué es necesaria la fe para agradar a Dios? Porque no podemos servirlo a no ser que estemos convencidos, no solamente que Él existe, sino también que sus planes para nosotros son «la buena voluntad de Dios, agradable y perfecta» (Ro 12.2). Debemos confiar en el Señor lo suficiente como para andar en el centro de su voluntad, incluso si sus mandatos parecieran poco razonables, imposibles, o sin sentido para nosotros. Como los héroes bíblicos de la antigüedad, debemos contar con Él hasta para las decisiones más pequeñas, sabiendo que nos guiará por el mejor camino.

por esa fe condenó al mundo, y fue hecho heredero de la justicia que viene por la fe.
8 Por la fe Abraham, siendo llamado, obedeció
para salir al lugar que había de recibir como
herencia; y salió sin saber a dónde iba.[e]
9 Por la fe habitó como extranjero en la tierra
prometida como en tierra ajena, morando en
tiendas con Isaac y Jacob, coherederos de la
misma promesa;[f]
10 porque esperaba la ciudad que tiene fundamentos, cuyo arquitecto y constructor es Dios.
11 Por la fe también la misma Sara, siendo
estéril, recibió fuerza para concebir; y dio a
luz aun fuera del tiempo de la edad,[g] porque
creyó que era fiel quien lo había prometido.
12 Por lo cual también, de uno, y ése ya casi
muerto, salieron como las estrellas del cielo en multitud,[h] y como la arena innumerable
que está a la orilla del mar.[i]
➤ 13 Conforme a la fe murieron todos éstos sin
haber recibido lo prometido, sino mirándolo
de lejos, y creyéndolo, y saludándolo, y confesando que eran extranjeros y peregrinos
sobre la tierra.[j]
14 Porque los que esto dicen, claramente dan
a entender que buscan una patria;
15 pues si hubiesen estado pensando en aquella de donde salieron, ciertamente tenían
tiempo de volver.
* 16 Pero anhelaban una mejor, esto es, celestial; por lo cual Dios no se avergüenza de llamarse Dios de ellos; porque les ha preparado
una ciudad.
17 Por la fe Abraham, cuando fue probado,
ofreció a Isaac; y el que había recibido las promesas ofrecía su unigénito,[k]
18 habiéndosele dicho: En Isaac te será llamada descendencia;[l]
19 pensando que Dios es poderoso para levantar aun de entre los muertos, de donde, en sentido figurado, también le volvió a recibir.
20 Por la fe bendijo Isaac a Jacob y a Esaú respecto a cosas venideras.[m]
21 Por la fe Jacob, al morir, bendijo a cada
uno de los hijos de José, y adoró apoyado
sobre el extremo de su bordón.[n]
22 Por la fe José, al morir, mencionó la salida
de los hijos de Israel, y dio mandamiento acerca de sus huesos.[o]
23 Por la fe Moisés, cuando nació, fue escondido por sus padres por tres meses,[p] porque le
vieron niño hermoso, y no temieron el decreto del rey.[q]
24 Por la fe Moisés, hecho ya grande, rehusó
llamarse hijo de la hija de Faraón,[r]
25 escogiendo antes ser maltratado con el ➤
pueblo de Dios, que gozar de los deleites temporales del pecado,
26 teniendo por mayores riquezas el vituperio ➤
de Cristo que los tesoros de los egipcios; porque tenía puesta la mirada en el galardón.
27 Por la fe dejó a Egipto,[s] no temiendo la ➤
ira del rey; porque se sostuvo como viendo al
Invisible.
28 Por la fe celebró la pascua y la aspersión
de la sangre, para que el que destruía a los primogénitos no los tocase a ellos.[t]
29 Por la fe pasaron el Mar Rojo como por tierra seca; e intentando los egipcios hacer lo
mismo, fueron ahogados.[u]

e. 11.8 Gn 12.1-5. **f. 11.9** Gn 35.27. **g. 11.11** Gn 18.11-14; 21.2. **h. 11.12** Gn 15.5. **i. 11.12** Gn 22.17. **j. 11.13** Gn 23.4. **k. 11.17** Gn 22.1-14. **l. 11.18** Gn 21.12. **m. 11.20** Gn 27.27-29, 39-40. **n. 11.21** Gn 47.31—48.20. **o. 11.22** Gn 50.24-25; Éx 13.19. **p. 11.23** Éx 2.2. **q. 11.23** Éx 1.22. **r. 11.24** Éx 2.10-12. **s. 11.27** Éx 2.15. **t. 11.28** Éx 12.21-30. **u. 11.29** Éx 14.21-31.

LECCIONES DE VIDA

➤ ***11.13 — Conforme a la fe murieron todos éstos sin haber recibido lo prometido, sino mirándolo de lejos, y creyéndolo, y saludándolo.***

Abraham murió habiendo visto algunas, pero no todas las promesas de Dios, cumplidas. Recibió al hijo que el Señor le había prometido en Isaac (Gn 15.4; 21.1–5), pero no pudo ver el cumplimiento de este juramento de Dios: «En tu simiente serán benditas todas las naciones de la tierra» (Gn 22.18). Este pacto se hizo realidad por medio de Jesús (Hch 3.25, 26; Ap 5.9; 7.9, 10). Gracias a Cristo, cada persona en el mundo tiene la bendición de poder conocer a Dios. Como Abraham, debemos ver más allá de lo que podemos, hacia lo que el Señor ve, porque Él ciertamente cumplirá *todas* sus promesas a nosotros.

➤ ***11.25 — escogiendo antes ser maltratado con el pueblo de Dios, que gozar de los deleites temporales del pecado.***

Moisés se vio enfrentado a un reto difícil cuando eligió obedecer a Dios. La opulencia de Egipto ofrecía múltiples ventajas y placeres. Sin embargo, Moisés aprendió que cualquier deleite del pecado pasa rápidamente y deja al pecador sintiéndose más vacío e insatisfecho que antes. También vemos las terribles aflicciones que Moisés padeció por mantenerse obediente al Señor. Sin embargo, él descubrió que la recompensa por la piedad siempre sobrepasa cualquier deleite en el pecado.

➤ ***11.26 — teniendo por mayores riquezas el vituperio de Cristo que los tesoros de los egipcios; porque tenía puesta la mirada en el galardón.***

Moisés no vio a Cristo antes de morir, así como tampoco Noé, Abraham, José, Josué ni David. No obstante, todos ellos eligieron a Dios por encima de las riquezas de este mundo. Confiaron en el Señor y recibieron con brazos abiertos sus promesas, incluida la seguridad de su salvación, «mirándolo de lejos… y confesando que eran extranjeros y peregrinos sobre la tierra» (He 11.13).

➤ ***11.27 — se sostuvo como viendo al Invisible.***

Tal como Él lo hizo con Moisés, Dios a veces estira nuestras capacidades al máximo al no permitirnos ver cómo nos librará de ciertas dificultades y de ésa manera acrecentar nuestra confianza en Él. Mejor dicho, puede permitir que nuestro campo de visión se llene de problemas y obstáculos para que quede revelado nuestro nivel de fe en Él. Durante esos tiempos, espere pacientemente y persevere, sosteniéndose con firmeza en su fe.

30 Por la fe cayeron los muros de Jericó después de rodearlos siete días.[v]
31 Por la fe Rahab la ramera no pereció juntamente con los desobedientes,[w] habiendo recibido a los espías en paz.[x]
32 ¿Y qué más digo? Porque el tiempo me
faltaría contando de Gedeón,[y] de Barac,[z] de
Sansón,[a] de Jefté,[b] de David,[c] así como de
Samuel[d] y de los profetas;
33 que por fe conquistaron reinos, hicieron
justicia, alcanzaron promesas, taparon bocas
de leones,[e]
34 apagaron fuegos impetuosos,[f] evitaron filo
de espada, sacaron fuerzas de debilidad, se
hicieron fuertes en batallas, pusieron en fuga
ejércitos extranjeros.
35 Las mujeres recibieron sus muertos
mediante resurrección;[g] mas otros fueron
atormentados, no aceptando el rescate, a fin
de obtener mejor resurrección.
36 Otros experimentaron vituperios y azotes,
y a más de esto prisiones y cárceles.[h]
37 Fueron apedreados,[i] aserrados, puestos a
prueba, muertos a filo de espada; anduvieron
de acá para allá cubiertos de pieles de ovejas y
de cabras, pobres, angustiados, maltratados;
38 de los cuales el mundo no era digno; erran-
do por los desiertos, por los montes, por las
cuevas y por las cavernas de la tierra.
➤ 39 Y todos éstos, aunque alcanzaron buen testimonio mediante la fe, no recibieron lo prometido;
40 proveyendo Dios alguna cosa mejor para
nosotros, para que no fuesen ellos perfeccio-
nados aparte de nosotros.

Puestos los ojos en Jesús

➤ 12 POR tanto, nosotros también, teniendo
en derredor nuestro tan grande nube
de testigos, despojémonos de todo peso y
del pecado que nos asedia, y corramos con
paciencia la carrera que tenemos por delante,
2 puestos los ojos en Jesús, el autor y con- ➤
sumador de la fe, el cual por el gozo puesto
delante de él sufrió la cruz, menospreciando el oprobio, y se sentó a la diestra del trono de Dios.
3 Considerad a aquel que sufrió tal contradicción de pecadores contra sí mismo, para que
vuestro ánimo no se canse hasta desmayar.
4 Porque aún no habéis resistido hasta la
sangre, combatiendo contra el pecado;
5 y habéis ya olvidado la exhortación que
como a hijos se os dirige, diciendo:

> Hijo mío, no menosprecies la disciplina
> del Señor,
> Ni desmayes cuando eres reprendido
> por él;

6 Porque el Señor al que ama, disciplina, ➤
> Y azota a todo el que recibe por hijo.[a]

7 Si soportáis la disciplina, Dios os trata
como a hijos; porque ¿qué hijo es aquel a
quien el padre no disciplina?
8 Pero si se os deja sin disciplina, de la cual
todos han sido participantes, entonces sois
bastardos, y no hijos.
9 Por otra parte, tuvimos a nuestros padres
terrenales que nos disciplinaban, y los vene-
rábamos. ¿Por qué no obedeceremos mucho
mejor al Padre de los espíritus, y viviremos?

v. 11.30 Jos 6.12-21. **w. 11.31** Jos 6.22-25.
x. 11.31 Jos 2.1-21. **y. 11.32** Jue 6.11—8.32.
z. 11.32 Jue 4.6—5.31. **a. 11.32** Jue 13.2—16.31.
b. 11.32 Jue 11.1—12.7. **c. 11.32** 1 S 16.1—1 R 2.11.
d. 11.32 1 S 1.1—25.1. **e. 11.33** Dn 6.1-27.
f. 11.34 Dn 3.1-30. **g. 11.35** 1 R 17.17-24; 2 R 4.25-37.
h. 11.36 1 R 22.26-27; 2 Cr 18.25-26; Jer 20.2; 37.15; 38.6.
i. 11.37 2 Cr 24.21. **a. 12.5-6** Job 5.17; Pr 3.11-12.

LECCIONES DE VIDA

➤ ***11.39 — todos éstos, aunque alcanzaron buen testimonio mediante la fe, no recibieron lo prometido.***

Los santos mencionados en Hebreos 11 perseveraron en su fe a pesar que nunca vieron cumplida su mayor esperanza, la salvación a través del Mesías prometido, mientras estuvieron en la tierra. Cada uno de ellos pudo haber perdido la esperanza por incredulidad o dudas, pero no la perdieron. Ellos tenían una confianza inquebrantable en Dios porque «[creyeron] que era fiel quien lo había prometido» (He 11.11). El Señor siempre honra nuestra confianza en Él. Es por eso que podemos anticipar con alegría nuestro encuentro con Abraham, José, Moisés y los otros santos hombres y mujeres fieles de Dios en el cielo (Ro 4).

➤ ***12.1 — nosotros también, teniendo en derredor nuestro tan grande nube de testigos, despojémonos de todo peso y del pecado que nos asedia, y corramos con paciencia la carrera que tenemos por delante.***

Hebreos 11 está lleno de ejemplos excelentes de fe para nosotros, de los cuales podemos extraer fuerzas y valor cuando nuestro andar con el Señor se torne difícil. Al igual que ellos, debemos desprendernos de todo lo que estorbe nuestra relación con Dios, y apropiarnos de estas palabras de Pablo: «ciertamente, aun estimo todas las cosas como pérdida por la excelencia del conocimiento de Cristo Jesús» (Fil 3.8). No podemos triunfar en esta carrera, con las pasiones de este mundo pesando sobre nosotros. Debemos correr de todo corazón para Cristo, pues de cualquier otra forma ni siquiera vale la pena intentarlo.

➤ ***12.2 — puestos los ojos en Jesús, el autor y consumador de la fe, el cual por el gozo puesto delante de él sufrió la cruz, menospreciando el oprobio.***

Jesús soportó el dolor, el escarnio, la pena, el rechazo y la traición de la cruz por el gozo puesto delante de Él. Ese gozo bastó para mantenerlo enfocado e impedirle contestar a sus acusadores. ¿Cuál fue este gozo tan preponderante? *Nosotros*. Jesús anticipaba con expectación cumplir el propósito para el cual vino, que fue restaurar nuestra relación con Él mismo.

➤ ***12.6 — el Señor al que ama, disciplina.***

A veces el Señor permite las dificultades en nuestra vida para que profundicemos más en Él, para entrenarnos y para fortalecer áreas débiles que requieren ser trabajadas. El quebrantamiento es el requisito de Dios para que seamos útiles al máximo. Él nos disciplina porque Él nos ama y quiere que experimentemos lo mejor de la vida cristiana abundante.

* 10 Y aquéllos, ciertamente por pocos días nos
disciplinaban como a ellos les parecía, pero
éste para lo que nos es provechoso, para que
participemos de su santidad.
➤ 11 Es verdad que ninguna disciplina al presente parece ser causa de gozo, sino de tristeza; pero después da fruto apacible de justicia
a los que en ella han sido ejercitados.

Los que rechazan la gracia de Dios

12 Por lo cual, levantad las manos caídas y las
rodillas paralizadas;[b]
13 y haced sendas derechas para vuestros
pies,[c] para que lo cojo no se salga del camino,
sino que sea sanado.
14 Seguid la paz con todos, y la santidad, sin
la cual nadie verá al Señor.
➤ 15 Mirad bien, no sea que alguno deje de
alcanzar la gracia de Dios; que brotando alguna raíz de amargura,[d] os estorbe, y por ella
muchos sean contaminados;
16 no sea que haya algún fornicario, o profano, como Esaú, que por una sola comida vendió su primogenitura.[e]
17 Porque ya sabéis que aun después, deseando heredar la bendición, fue desechado, y no
hubo oportunidad para el arrepentimiento,
aunque la procuró con lágrimas.[f]
18 Porque no os habéis acercado al monte
que se podía palpar, y que ardía en fuego, a la
oscuridad, a las tinieblas y a la tempestad,
19 al sonido de la trompeta, y a la voz que
hablaba, la cual los que la oyeron rogaron que
no se les hablase más,[g]
20 porque no podían soportar lo que se orde-
naba: Si aun una bestia tocare el monte, será
apedreada, o pasada con dardo;[h]
21 y tan terrible era lo que se veía, que Moisés
dijo: Estoy espantado y temblando;[i]
22 sino que os habéis acercado al monte de
Sion, a la ciudad del Dios vivo, Jerusalén la
celestial, a la compañía de muchos millares
de ángeles,
23 a la congregación de los primogénitos que
están inscritos en los cielos, a Dios el Juez
de todos, a los espíritus de los justos hechos
perfectos,
24 a Jesús el Mediador del nuevo pacto, y a la
sangre rociada que habla mejor que la de Abel.[j]
25 Mirad que no desechéis al que habla. Porque si no escaparon aquellos que desecharon
al que los amonestaba en la tierra,[k] mucho
menos nosotros, si desecháremos al que amonesta desde los cielos.
26 La voz del cual conmovió entonces la tie- *
rra, pero ahora ha prometido, diciendo: Aún
una vez, y conmoveré no solamente la tierra,
sino también el cielo.[l]
27 Y esta frase: Aún una vez, indica la remoción de las cosas movibles, como cosas hechas,
para que queden las inconmovibles.
28 Así que, recibiendo nosotros un reino ➤
inconmovible, tengamos gratitud, y mediante
ella sirvamos a Dios agradándole con temor
y reverencia;
29 porque nuestro Dios es fuego consumidor.[m]

Deberes cristianos

13 PERMANEZCA el amor fraternal.
2 No os olvidéis de la hospitalidad, porque por ella algunos, sin saberlo, hospedaron
ángeles.[a]
3 Acordaos de los presos, como si estuvierais
presos juntamente con ellos; y de los maltratados, como que también vosotros mismos
estáis en el cuerpo.

---

b. 12.12 Is 35.3. **c. 12.13** Pr 4.26. **d. 12.15** Dt 29.18.
e. 12.16 Gn 25.29-34. **f. 12.17** Gn 27.30-40.
g. 12.18-19 Éx 19.16-22; 20.18-21; Dt 4.11-12; 5.22-27.
h. 12.20 Éx 19.12-13. **i. 12.21** Dt 9.19.
j. 12.24 Gn 4.10. **k. 12.25** Éx 20.19. **l. 12.26** Hag 2.6.
m. 12.29 Dt 4.24. **a. 13.2** Gn 18.1-8; 19.1-3.

LECCIONES DE VIDA

➤ ***12.11 — ninguna disciplina al presente parece ser causa de gozo, sino de tristeza; pero después da fruto apacible de justicia a los que en ella han sido ejercitados.***

A nadie le gusta ser disciplinado. Nunca es agradable porque requiere un cambio en nuestra perspectiva, nuestras metas, nuestra conducta y nuestra actitud. Es necesario que la pecaminosidad enraizada en lo profundo de nuestro ser, así como nuestros hábitos destructivos sean cortados de raíz, y que nuestras fuentes terrenales de seguridad sean eliminadas. Todo esto es muy doloroso y difícil, pero si cooperamos con Dios cuando Él nos corrige, llegaremos a ser como Él y todo redundará en grandes bendiciones.

➤ ***12.15 — Mirad bien, no sea que alguno deje de alcanzar la gracia de Dios; que brotando alguna raíz de amargura, os estorbe, y por ella muchos sean contaminados.***

Somos responsables de mostrar la gracia de Dios a todas las personas que conozcamos, librándonos de cualquier falta de perdón, soltando nuestros sentimientos de resentimiento, renunciando a nuestro «derecho» a desquitarnos, y dejando que Dios trate con la persona que nos ha hecho daño. Debemos escoger el perdón. No queremos hacer que alguien se aleje de Dios ni tampoco construir un muro de amargura y remordimiento entre nuestros corazones y el Señor. Siempre debemos optar por mostrar su misericordia a otros, para que verdaderamente podamos ser representantes suyos en el mundo.

➤ ***12.28 — Así que, recibiendo nosotros un reino inconmovible, tengamos gratitud, y mediante ella sirvamos a Dios agradándole con temor y reverencia.***

Toda seguridad terrenal sobre la que nos apoyemos puede ser sacudida. Por eso, Dios quiere que dejemos de confiar en las defensas transitorias de este mundo y que nos encomendemos de todo corazón a Él. Nuestro Señor es completamente firme, invariable e inconmovible, y a Él pertenece el único reino que perdurará. Cuando edificamos nuestras vidas sobre el fundamento de su amor, su verdad y su fidelidad, Él nos mantendrá firmes y todos nuestros temores se desvanecerán.

4 Honroso sea en todos el matrimonio, y el
lecho sin mancilla; pero a los fornicarios y a
los adúlteros los juzgará Dios.
* 5 Sean vuestras costumbres sin avaricia, contentos con lo que tenéis ahora; porque él dijo:
No te desampararé, ni te dejaré;[b]
6 de manera que podemos decir confiadamente:
El Señor es mi ayudador; no temeré
Lo que me pueda hacer el hombre.[c]
7 Acordaos de vuestros pastores, que os
hablaron la palabra de Dios; considerad cuál
haya sido el resultado de su conducta, e imitad su fe.
8 Jesucristo es el mismo ayer, y hoy, y por los
siglos.
9 No os dejéis llevar de doctrinas diversas
y extrañas; porque buena cosa es afirmar el
corazón con la gracia, no con viandas, que
nunca aprovecharon a los que se han ocupado de ellas.
10 Tenemos un altar, del cual no tienen derecho de comer los que sirven al tabernáculo.
11 Porque los cuerpos de aquellos animales
cuya sangre a causa del pecado es introduci-
da en el santuario por el sumo sacerdote, son
quemados fuera del campamento.[d]
12 Por lo cual también Jesús, para santificar
al pueblo mediante su propia sangre, padeció
fuera de la puerta.
13 Salgamos, pues, a él, fuera del campamento, llevando su vituperio;
14 porque no tenemos aquí ciudad permanente, sino que buscamos la por venir.
15 Así que, ofrezcamos siempre a Dios, por
medio de él, sacrificio de alabanza, es decir,
fruto de labios que confiesan su nombre.
16 Y de hacer bien y de la ayuda mutua no os
olvidéis; porque de tales sacrificios se agrada Dios.
17 Obedeced a vuestros pastores, y sujetaos a
ellos; porque ellos velan por vuestras almas,
como quienes han de dar cuenta; para que lo
hagan con alegría, y no quejándose, porque
esto no os es provechoso.
18 Orad por nosotros; pues confiamos en que
tenemos buena conciencia, deseando conducirnos bien en todo.
19 Y más os ruego que lo hagáis así, para que
yo os sea restituido más pronto.

Bendición y salutaciones finales

20 Y el Dios de paz que resucitó de los muertos a nuestro Señor Jesucristo, el gran pastor
de las ovejas, por la sangre del pacto eterno,
21 os haga aptos en toda obra buena para que
hagáis su voluntad, haciendo él en vosotros lo
que es agradable delante de él por Jesucristo; al cual sea la gloria por los siglos de los
siglos. Amén.
22 Os ruego, hermanos, que soportéis la palabra de exhortación, pues os he escrito brevemente.
23 Sabed que está en libertad nuestro hermano Timoteo, con el cual, si viniere pronto, iré
a veros.
24 Saludad a todos vuestros pastores, y a
todos los santos. Los de Italia os saludan.
25 La gracia sea con todos vosotros. Amén.

b. 13.5 Dt 31.6, 8; Jos 1.5. **c. 13.6** Sal 118.6.
d. 13.11 Lv 16.27.

LECCIONES DE VIDA

➤ *13.5 — él dijo: No te desampararé, ni te dejaré*

Nada en el mundo puede darle la confianza y la seguridad que usted necesita. Sólo Dios puede hacerlo. Él es el único que puede prometer que su presencia estará eternamente con usted, sin importar dónde vaya ni qué haga. Por lo tanto, no tema ninguna prueba que pueda venir. Mantenga su mirada en Él, pues Él ciertamente le guiará por el mejor camino posible.

➤ *13.8 — Jesucristo es el mismo ayer, y hoy, y por los siglos.*

Jesús es inmutable. Esto significa que Él es completamente consecuente y nunca cambia. Él es «el eterno Dios» (Dt 33.27), cuyos «caminos son eternos» (Hab 3.6), y quien dice: «yo Jehová no cambio» (Mal 3.6). Jesús permanece el mismo para siempre. Esta es la razón por la que podemos tener confianza total en Él, pues tal como fue fiel a Moisés, David y Pablo, obrará poderosamente por nosotros si confiamos en Él y lo obedecemos.

➤ *13.13 — Salgamos, pues, a él, fuera del campamento, llevando su vituperio.*

En el Día de la Expiación (Lv 23.26–32; Nm 29.7–11), el sumo sacerdote sacrificaba un macho cabrío como expiación por las transgresiones de Israel, y expulsaba al desierto un segundo macho cabrío como el portador simbólico del pecado de la nación. De igual modo, Jesús se convirtió en nuestro sustituto al salir de la ciudad para morir en la cruz. Pero su muerte no fue vergonzosa. Más bien, fue un sacrificio noble y una ocasión de gran regocijo espiritual. Entienda que su identidad verdadera está en Él, en Aquel que llevó su vergüenza en el Calvario. Por eso, represéntelo bien y cada vez que sufra a causa de su obediencia a Él, alégrese de poder identificarse también con Él (Mr 13.13; Jn 15.18–20; Hch 5.41; Fil 3.10, 11; 1 P 4.12, 13; 1 Jn 3.13).

➤ *13.17 — Obedeced a vuestros pastores, y sujetaos a ellos; porque ellos velan por vuestras almas, como quienes han de dar cuenta.*

En cada aspecto de nuestras vidas somos confrontados con algún tipo de autoridad. Esto se debe a que es por medio de nuestros líderes espirituales que Dios nos enseña a obedecerlo.

➤ *13.20, 21 — el Dios de paz... os haga aptos en toda obra buena para que hagáis su voluntad, haciendo él en vosotros lo que es agradable delante de él.*

Es *Dios* obrando *en nosotros* quien nos capacita para hacer todo lo que valga la pena para su reino. Así es como obedecemos al Señor, nos sometemos a su voluntad y su propósito, nos apoyamos en su Espíritu Santo que mora dentro de nosotros para cada necesidad que tengamos, y lo agradamos dándole todo el honor y la gloria.

LA EPÍSTOLA DE

SANTIAGO

La fe sin obras no puede llamarse fe. Santiago nos dice que «la fe sin obras está muerta», y tener una fe muerta es peor que la ausencia absoluta de fe (Stg 2.26). El apóstol tiene toda la razón. Nada le hace más daño al cuerpo de Cristo que un creyente que rehúsa ejercer su fe en el poder infinito de Dios.

La fe debe obrar, debe producir y debe hacerse visible para los demás. La fe verbal no basta y la fe mental es insuficiente. La fe genuina inspira y dinamiza la acción piadosa. A lo largo de su carta, Santiago integra la fe verdadera y la experiencia cotidiana práctica, recalcando que la fe verdadera debe manifestarse en obras de fe. De otro modo, no es una fe verdadera en lo absoluto.

La fe genuina soporta las pruebas. Las pruebas son procesos de la vida que habrán de venir, pero la persona que tenga una fe firme las enfrentará sin temor y desarrollará perseverancia en el proceso.

La fe genuina sabe manejar las tentaciones. Nunca consentirá nuestras lujurias ni permitirá que resbalemos en el pecado. Cristo ha quebrantado el poder del pecado mediante su muerte y su resurrección. Somos nuevas criaturas, y nuestras vidas están escondidas en Él. Esto significa que cuando Dios nos ve, ve a su Hijo. El pecado no puede gobernar nuestras vidas. Tal vez podamos darle acceso, pero hemos sido libertados de la esclavitud que nos ataba.

La fe genuina no alberga prejuicios. Para Santiago, la fe y el favoritismo no pueden coexistir. Dios también nos llama a amarnos los unos a los otros, tal como Él nos ama. El odio y la amargura contra los demás no tienen lugar en el reino de Dios.

La fe genuina tiene el poder para controlar la lengua. Esta pequeña pero inmensamente poderosa parte del cuerpo debe ser mantenida bajo control, y sólo la gracia, obrando por medio de la fe, puede lograrlo. Las palabras tienen poder, y las palabras de gracia traen vida y ánimo.

La fe genuina actúa sabiamente. Nos da la capacidad de escoger entre la sabiduría de lo alto que trae vida, y evitar la sabiduría terrenal que trae muerte.

La fe genuina produce separación del mundo y sometimiento a Dios. Nos capacita para resistir al diablo y acercarnos a Dios con humildad.

Por último, *la fe genuina espera con paciencia la venida del Señor.* Aunque los problemas y las pruebas nos causen aflicción, la fe en el regreso de Cristo extingue las quejas.

El nombre *Iákobos* (Santiago) in 1.1 es la base para el título original, *Iakóbou Epistolé*, «Epístola de Santiago». *Iákobos* es la forma griega del nombre hebreo común Jacobo.

Tema: La fe genuina obra diariamente según el poder de Dios.

Autor: El acuerdo general es que Santiago, el «hermano del Señor» (Gá 1.19), y líder en la iglesia en Jerusalén, es el escritor de esta carta.

Fecha: Probablemente fue escrito antes del Concilio de Jerusalén en 50 d.C., por lo cual podría ser el libro más antiguo del Nuevo Testamento, con la posible excepción de Gálatas.

Estructura: Santiago saluda brevemente a sus oyentes (1.1), luego les instruye acerca de las pruebas (1.2–20), la naturaleza de la fe verdadera (1.21—2.26), la lengua indomable (3.1–12), la sabiduría que procede de Dios (3.13–18), el orgullo frente a la humildad (4.1–17), advertencias a los ricos (5.1–6), la paciencia que persevera (5.7–12), y asuntos misceláneos (5.13–18). Luego ofrece una breve conclusión (5.19, 20).

A medida que lea Santiago, fíjese en los principios de vida que juegan un papel importante en este libro:

29. Aprendemos más en nuestras experiencias por el valle de lágrimas que en las de la cumbre del éxito. *Véase Santiago 1.2; 5.10; páginas 1425; 1434.*

27. No hay nada como la oración para ahorrar tiempo. *Véase Santiago 1.5; página 1426.*

2. Obedezcamos a Dios y dejemos las consecuencias en sus manos. *Véase Santiago 1.22; página 1426.*

16. Todo lo que adquirimos fuera de la voluntad de Dios termina convirtiéndose en cenizas. *Véase Santiago 4.2; página 1431.*

Salutación

1 SANTIAGO,[a] siervo de Dios y del Señor Jesucristo, a las doce tribus que están en la dispersión: Salud.

La sabiduría que viene de Dios

2 Hermanos míos, tened por sumo gozo cuando os halléis en diversas pruebas,
3 sabiendo que la prueba de vuestra fe produce paciencia.
4 Mas tenga la paciencia su obra completa, para que seáis perfectos y cabales, sin que os falte cosa alguna.
5 Y si alguno de vosotros tiene falta de sabiduría, pídala a Dios, el cual da a todos abundantemente y sin reproche, y le será dada.
6 Pero pida con fe, no dudando nada; porque el que duda es semejante a la onda del mar, que es arrastrada por el viento y echada de una parte a otra.
7 No piense, pues, quien tal haga, que recibirá cosa alguna del Señor.
8 El hombre de doble ánimo es inconstante en todos sus caminos.
9 El hermano que es de humilde condición, gloríese en su exaltación;
10 pero el que es rico, en su humillación; porque él pasará como la flor de la hierba.
11 Porque cuando sale el sol con calor abrasador, la hierba se seca,[b] su flor se cae, y perece su hermosa apariencia; así también se marchitará el rico en todas sus empresas.

Soportando las pruebas

12 Bienaventurado el varón que soporta la tentación; porque cuando haya resistido la prueba, recibirá la corona de vida, que Dios ha prometido a los que le aman.
13 Cuando alguno es tentado, no diga que es tentado de parte de Dios; porque Dios no puede ser tentado por el mal, ni él tienta a nadie;
14 sino que cada uno es tentado, cuando de su propia concupiscencia es atraído y seducido.
15 Entonces la concupiscencia, después que ha concebido, da a luz el pecado; y el pecado, siendo consumado, da a luz la muerte.
16 Amados hermanos míos, no erréis.
17 Toda buena dádiva y todo don perfecto desciende de lo alto, del Padre de las luces, en el cual no hay mudanza, ni sombra de variación.
18 Él, de su voluntad, nos hizo nacer por la palabra de verdad, para que seamos primicias de sus criaturas.

Ejemplos de vida

SANTIAGO

Un hombre transformado

STG 1.1

Al principio, Santiago se rehusó a creer en la deidad de Jesús, su hermano y por ende, a tomar en serio su ministerio (Jn 7.5). La incredulidad de Santiago perduró a lo largo de la vida terrenal de Jesús. Sólo fue después de su resurrección que finalmente le aceptó por fe.

En 1 Corintios 15.5–8, Pablo menciona las personas a quienes se apareció el Cristo resucitado. Hace mención especial de Jacobo (nombre en hebreo de Santiago), junto a los demás discípulos. Poco tiempo después de la resurrección, Santiago y sus hermanos se unieron a los discípulos en oración ferviente, mientras esperaban la llegada del Espíritu Santo (Hch 1.14).

Santiago, no Pedro ni alguno de los otros discípulos, fue quien dirigió a la iglesia de Jerusalén en sus primeros días. Los misioneros que rendían informes de sus actividades a esta iglesia se reportaban a Santiago, su guía y representante (Hch 15.12–21; 21.18).

Santiago demuestra que hasta cuando nos sentimos más familiarizados con el Señor y creemos que ya lo conocemos a perfección, Él todavía puede sorprendernos y cambiar nuestro mundo.

Para un estudio más a fondo, véase el Índice de Principios de vida:

1. *Nuestra intimidad con Dios, que es su prioridad para nosotros, determina el impacto que causen nuestras vidas.*

a. 1.1 Mt 13.55; Mr 6.3; Hch 15.13; Gá 1.19.

LECCIONES DE VIDA

1.1 — *a las doce tribus que están en la dispersión.*

Santiago está escribiendo a los cristianos judíos que huían de Jerusalén debido a la persecución por parte de las autoridades judías (Hch 8.1–4). Lejos de sus hogares y rechazados por sus familias, tampoco fueron recibidos con brazos abiertos por sus nuevas comunidades y enfrentaban terrible adversidad. En estas páginas el apóstol los anima a mantenerse firmes en su fe.

1.2 — *Hermanos míos, tened por sumo gozo cuando os halléis en diversas pruebas.*

Las pruebas en sí mismas no tienen nada que produzca gozo. La clave para hallar gozo en la adversidad, va de la mano con aquello en lo cual nos enfocamos. Si nos

Hacedores de la palabra

19 Por esto, mis amados hermanos, todo hombre sea pronto para oír, tardo para hablar, tardo para airarse;
20 porque la ira del hombre no obra la justicia de Dios.
21 Por lo cual, desechando toda inmundicia
y abundancia de malicia, recibid con mansedumbre la palabra implantada, la cual puede
salvar vuestras almas.
➤ 22 Pero sed hacedores de la palabra, y no tan
solamente oidores, engañándoos a vosotros
mismos.
23 Porque si alguno es oidor de la palabra
pero no hacedor de ella, éste es semejante al
hombre que considera en un espejo su rostro
natural.
24 Porque él se considera a sí mismo, y se va,
y luego olvida cómo era.
25 Mas el que mira atentamente en la perfecta ley, la de la libertad, y persevera en ella, no
siendo oidor olvidadizo, sino hacedor de la
obra, éste será bienaventurado en lo que hace.
26 Si alguno se cree religioso entre vosotros,
y no refrena su lengua, sino que engaña su
corazón, la religión del tal es vana.
27 La religión pura y sin mácula delante de ➤
Dios el Padre es ésta: Visitar a los huérfanos y
a las viudas en sus tribulaciones, y guardarse
sin mancha del mundo.

Amonestación contra la parcialidad

2 HERMANOS míos, que vuestra fe en ➤
nuestro glorioso Señor Jesucristo sea sin
acepción de personas.

b. 1.10-11 Is 40.6-7.

LECCIONES DE VIDA

concentramos en nuestras circunstancias, vamos a terminar descorazonados y desalentados. En cambio, si fijamos la mirada en Jesús, aprendemos a regocijarnos en nuestras dificultades porque Dios ha prometido obrar por medio de ellas para fortalecer nuestra fe, atraernos a una intima comunión con Él y enseñarnos a perseverar.

➤ ***1.3 — la prueba de vuestra fe produce paciencia.***

Cada vez que enfrentemos pruebas, podemos saber que una cosa es absolutamente cierta: Dios está produciendo algo excelente en nosotros. De hecho, hay ocasiones en las que Él permite que no tengamos ninguna comodidad terrenal para que dependamos de Él por completo y experimentemos su gozo, su consuelo, su poder y su seguridad. De este modo, Él nos enseña a no reaccionar emocionalmente ante las pruebas sino a responder con fe y confianza en su provisión perfecta. Si aprendemos esta lección, podemos soportar lo que sea porque nuestro carácter está fortalecido y nuestro enfoque está en Él, antes que en nuestras circunstancias.

➤ ***1.5 — si alguno de vosotros tiene falta de sabiduría, pídala a Dios, el cual da a todos abundantemente y sin reproche, y le será dada.***

Los creyentes en la dispersión estaban viviendo bajo una gran presión. Tuvieron obstáculos increíbles que superar en sus nuevas comunidades, y probablemente se sintieron indefensos e incapaces de hallarle sentido a los retos que enfrentaban. De igual modo, nosotros encontramos situaciones que nos confunden. Santiago nos exhorta a pedirle a Dios sabiduría. La sabiduría es la capacidad de ver la vida desde el punto de vista de Dios, y esta es una petición que Él honra porque apela directamente a conocerlo mejor. No hay nada como la oración para ahorrar tiempo, así que no se quede en la confusión. Pídale a Dios su sabiduría.

➤ ***1.13 — Cuando alguno es tentado, no diga que es tentado de parte de Dios; porque Dios no puede ser tentado por el mal, ni él tienta a nadie.***

Aunque el Señor nos *prueba* para fortalecer nuestra fe, Él no nos conducirá a hacer algo que sea contrario a su voluntad. Dios es santo y jamás tentaría a una persona a hacer el mal, porque eso es totalmente inconsecuente a su carácter. Por lo tanto, no podemos culpar a Dios por nuestra mala conducta ni por nuestra lujuria. Como creyentes, tenemos su Espíritu Santo viviendo dentro de nosotros, guiándonos a hacer lo que es correcto. Más bien, nosotros experimentamos la tentación a causa de nuestra propia naturaleza caída y las fortalezas de pecado que hemos cedido a Satanás, no debido a Dios (Ro 7.15–25; Stg 1.14, 15).

➤ ***1.14, 15 — cada uno es tentado, cuando de su propia concupiscencia es atraído y seducido. Entonces la concupiscencia, después que ha concebido, da a luz el pecado; y el pecado, siendo consumado, da a luz la muerte.***

La razón por la que el enemigo le tienta a pecar es para impedirle obedecer a Dios y apartarle de experimentar las bendiciones del Señor. El diablo odia al Señor y quiere desalentar y destruir tanto a su pueblo como a su obra. Por eso hará todo lo que pueda con tal de mantenerle esclavizado(a) a las cosas que acaban con su eficacia para el reino de Dios y que tarde o temprano acarrearán su destrucción. Pero usted, a través de Jesucristo, cuenta con el poder para decir «no» a las artimañas perversas del enemigo.

➤ ***1.17 — Toda buena dádiva y todo don perfecto desciende de lo alto, del Padre de las luces, en el cual no hay mudanza, ni sombra de variación.***

Dios es la fuente de todo lo bueno que tenemos. Cuando reconocemos su papel en nuestras bendiciones, nos apropiamos de la mejor defensa contra el orgullo y el temor, que es la dependencia humilde en Él. ¿Por qué podemos contar con la provisión segura del Señor? Porque no hay en Él la más mínima sombra de variación. Él fue amoroso y fiel para proveer todo lo que usted ya tiene, así que puede tener por cierto que Él sigue siendo el mismo por siempre.

➤ ***1.22 — sed hacedores de la palabra, y no tan solamente oidores, engañándoos a vosotros mismos.***

Obedecer la Palabra de Dios no siempre es fácil. Muchos de sus mandatos requieren sacrificio y hasta sufrimiento. Esto fue cierto para aquellos en la comunidad judía que confesaron a Jesús como su Salvador. Tuvieron que dejar sus hogares y sufrir persecución por sus testimonios. El Señor entiende la dificultad implícita en someternos a Él, pero de todas maneras nos llama a obedecerlo y dejar que Él se encargue de las consecuencias. Debemos aplicar sus principios a nuestra vida porque esa es la única manera como hallaremos victoria verdadera sobre el pecado y la muerte: en Él.

2 Porque si en vuestra congregación entra un
hombre con anillo de oro y con ropa espléndida, y también entra un pobre con vestido
andrajoso,
3 y miráis con agrado al que trae la ropa
espléndida y le decís: Siéntate tú aquí en buen
lugar; y decís al pobre: Estate tú allí en pie, o
siéntate aquí bajo mi estrado;
4 ¿no hacéis distinciones entre vosotros mismos, y venís a ser jueces con malos pensamientos?
➤5 Hermanos míos amados, oíd: ¿No ha elegido Dios a los pobres de este mundo, para que
sean ricos en fe y herederos del reino que ha
prometido a los que le aman?
6 Pero vosotros habéis afrentado al pobre.
¿No os oprimen los ricos, y no son ellos los
mismos que os arrastran a los tribunales?
7 ¿No blasfeman ellos el buen nombre que fue
invocado sobre vosotros?
8 Si en verdad cumplís la ley real, conforme
a la Escritura: Amarás a tu prójimo como a ti
mismo,[a] bien hacéis;
9 pero si hacéis acepción de personas, cometéis pecado, y quedáis convictos por la ley
como transgresores.
➤10 Porque cualquiera que guardare toda la
ley, pero ofendiere en un punto, se hace culpable de todos.
11 Porque el que dijo: No cometerás adulterio,[b]
también ha dicho: No matarás.[c] Ahora bien, si
no cometes adulterio, pero matas, ya te has
hecho transgresor de la ley.
12 Así hablad, y así haced, como los que
habéis de ser juzgados por la ley de la libertad.
13 Porque juicio sin misericordia se hará con
aquel que no hiciere misericordia; y la misericordia triunfa sobre el juicio.

La fe sin obras es muerta

14 Hermanos míos, ¿de qué aprovechará si
alguno dice que tiene fe, y no tiene obras?
¿Podrá la fe salvarle?
15 Y si un hermano o una hermana están des- ➤
nudos, y tienen necesidad del mantenimiento de cada día,
16 y alguno de vosotros les dice: Id en paz,
calentaos y saciaos, pero no les dais las cosas
que son necesarias para el cuerpo, ¿de qué
aprovecha?
17 Así también la fe, si no tiene obras, es
muerta en sí misma.
18 Pero alguno dirá: Tú tienes fe, y yo tengo ➤
obras. Muéstrame tu fe sin tus obras, y yo te
mostraré mi fe por mis obras.

a. 2.8 Lv 19.18. **b. 2.11** Éx 20.14; Dt 5.18. **c. 2.11** Éx 20.13; Dt 5.17.

LECCIONES DE VIDA

➤ ***1.27 — La religión pura y sin mácula delante de Dios el Padre es esta: Visitar a los huérfanos y a las viudas en sus tribulaciones, y guardarse sin mancha del mundo.***

Ser transformados en la imagen de Cristo significa que reflejamos cada vez más su carácter amoroso y compasivo en nuestra conducta. Por lo tanto, si no llegamos a amar a los demás en acciones, en especial a los más indefensos en nuestra sociedad, nos hemos desviado en algún punto del recorrido. Una de dos: o bien hemos descuidado nuestra relación con el Señor, o hemos desobedecido sus órdenes.

➤ ***2.1 — que vuestra fe en nuestro glorioso Señor Jesucristo sea sin acepción de personas.***

¿Juzga a las personas por su riqueza, su apariencia, su posición en la sociedad o su capacidad para ayudarle a alcanzar sus propias metas? Esta nunca fue la voluntad del Señor para quienes creen en Él. Todas las personas que usted conoce son amadas por Dios. Cada persona que se cruza en su camino es alguien por quien Jesucristo se sacrificó a sí mismo en la cruz para salvar. El amor del Señor hacia ellos es incondicional, y el suyo también debería serlo, si de veras cree en Él (1 Jn 4.20).

➤ ***2.5 — ¿No ha elegido Dios a los pobres de este mundo, para que sean ricos en fe y herederos del reino que ha prometido a los que le aman?***

Así como las riquezas terrenales no son comparables a las riquezas espirituales, de igual manera la limitación económica no es un indicador de pobreza espiritual. Quienes aman a Dios, sin importar cuál sea su situación financiera en la tierra, son ricos en fe y herederos del reino a causa de su relación con Él. Al contrario, quienes están perdidos, sin importar lo opulentas que parezcan sus vidas, no logran entender cuán empobrecidos y miserables son en realidad (Lc 16.19–31).

➤ ***2.10 — cualquiera que guardare toda la ley, pero ofendiere en un punto, se hace culpable de todos.***

Santiago advirtió a los creyentes que si renunciaban a Cristo, volverían a ser esclavos de la ley, la cual no tenía ningún poder verdadero en sus vidas. Ni siquiera si cumplían cada mandamiento, podrían librarse de los pecados que ya hubieran cometido. Esto también se aplica a nosotros. Nunca podremos ser «lo suficientemente buenos» como para ganar la salvación o la gracia que Dios nos ha dado de manera tan generosa y gratuita. O bien somos por completo obedientes a Dios aceptando a Cristo, quien es el cumplimiento perfecto de la ley, o somos desobedientes. No podemos vivir de ambas formas.

➤ ***2.15, 16 — si un hermano o una hermana están desnudos, y tienen necesidad del mantenimiento de cada día... pero no les dais las cosas que son necesarias para el cuerpo, ¿de qué aprovecha?***

La motivación para dar a otros alimento para comer y agua para beber, para vestir al desnudo y alojar al forastero, y para visitar a los enfermos y a los prisioneros, es el amor de Dios. La fe en Él transforma nuestro carácter y nuestra conducta. Si usted conoce a Jesús como su Señor y Salvador, ya es salvo(a). No se gana su salvación haciendo estas cosas, más bien expresa su amor a Dios que desborda en obediencia a Él y servicio a los demás.

➤ ***2.18 — yo te mostraré mi fe por mis obras.***

Las buenas obras hechas en obediencia a Dios son la *evidencia* de nuestra fe. Ellas no nos hacen acreedores ni merecedores de nuestra salvación. Si una persona dice que conoce a Jesucristo como su Salvador, debe haber prueba de

RESPUESTAS A PREGUNTAS DE LA VIDA

¿Cómo puedo enriquecer mi tiempo a solas con Dios?

STG 4.8

Se ha sentado alguna vez en un lugar tranquilo con su Biblia, listo(a) para tener un tiempo devocional con el Señor, pero sintió que no sabía por dónde empezar? Tal vez abrió su Biblia y después de ojear varias páginas se quedó en un salmo, pero luego se acordó de otro compromiso que tenía, así que oró rápidamente y se propuso que después sacaría más tiempo para orar en otra ocasión, lo cual nunca sucedió.

Usted no es la única persona que siente frustración con la calidad de su tiempo devocional. Por mucho que usted desee tener intimidad verdadera con su Salvador personal, es Él quien realmente lo anhela. Santiago 4.8 promete: «Acercaos a Dios, y él se acercará a vosotros».

A continuación, le ofrezco cuatro pasos que le ayudarán a crecer en su vida de oración.

Primero, póngase la meta de pasar tiempo a solas con Dios todos los días. Sin importar cuán apretadas estén nuestras agendas, no podemos darnos el lujo de no hacerlo. Él sabe qué enfrentaremos hoy, mañana y en el futuro. Él es amoroso, bondadoso, benigno, cuidadoso, omnisciente, santo y digno de toda nuestra adoración y alabanza (Sal 18.3). Empezar el día sin reconocer su bondad y su amor debería ser lo último que quisiéramos hacer. Antes que nuestros pies toquen el piso cada mañana, necesitamos darle gracias por su cuidado y su protección, por amarnos y por ser el Dios soberano del universo.

Además, necesitamos orar y vestirnos de «toda» la armadura de Dios cada día (Ef 6.10–20). Vivimos en un tiempo de guerra espiritual extrema, cuando el diablo procura alejarnos de la verdad de Dios por todos los medios. No caeremos en sus tretas engañosas ni seguiremos sus planes malvados, siempre y cuando atesoremos la Palabra de Dios en nuestros corazones. Jesús pasó tiempo a solas en oración, y nosotros necesitamos seguir su ejemplo.

Segundo, comprométase a orar y a leer la Biblia todos los días. Incluso cuando no sienta ganas, saque tiempo para expresarle su corazón. Luego pídale que le muestre pasajes en su Palabra que le ayuden a clarificar su situación desde la perspectiva divina. También necesitamos orar sin cesar, sabiendo que Aquel que tiene la respuesta a todos los problemas, nos ama incondicionalmente y tiene un plan maravilloso.

Si usted tuviera la oportunidad de experimentar el mayor nivel de paz y seguridad posibles, ¿lo pasaría por alto? Ninguno de nosotros lo haría. ¿Por qué entonces hay tantos que nunca sacan tiempo para orar? Cada vez que dejamos de pasar tiempo con Él, nos hacemos daño a nosotros mismos. En el proceso, nos perdemos sus ricas bendiciones, una tras otra. Si necesitamos sabiduría, Él ha prometido proveerla. Si necesitamos ánimo, esperanza, guía y provisión, Él es quien nos concede cada uno de estos favores. En consecuencia, si no pasamos tiempo con Él, desconoceremos los beneficios que tenemos a nuestra disposición.

Tercero, lleve un diario de su peregrinaje espiritual. Mantenga cuaderno y lápiz a la mano, para consignar por escrito todo lo que Dios le muestre. Escriba sus oraciones diarias, dejando un espacio para detallar más adelante cómo han sido contestadas. Usted podría transcribir primero un versículo especial y comentar brevemente cómo le impactó. Si ha llevado un diario en el pasado, sabe cuán exquisito es ver un recordatorio detallado de su trayecto espiritual.

Cuarto, comprométase a obedecer al Señor. La obediencia siempre conduce a la bendición. Revela nuestro nivel de confianza en Él y nuestra disposición a hacer lo que Él requiere. Miqueas escribió: «Oh hombre, él te ha declarado lo que es bueno, y qué pide Jehová de ti: solamente hacer justicia, y amar misericordia, y humillarte ante tu Dios» (Mi 6.8). No podemos vivir en armonía con Dios si no estamos de acuerdo con Él, y no hay acuerdo alguno sin obediencia. De igual modo, tampoco puede haber paz ni gozo duradero si estamos en oposición a Él.

¿Está listo(a) para tener una relación con Jesús sin fronteras? Entonces ábrale su corazón, entréguele su vida y su tiempo, y sepa sin lugar a dudas que Él saldrá a su encuentro.

Para un estudio más a fondo, véase el Índice de Principios de vida:

13. *Escuchar a Dios es esencial para andar con Él.*

3. *La Palabra de Dios es ancla inconmovible en las tormentas.*

19 Tú crees que Dios es uno; bien haces. También los demonios creen, y tiemblan.
20 ¿Mas quieres saber, hombre vano, que la fe sin obras es muerta?
21 ¿No fue justificado por las obras Abraham nuestro padre, cuando ofreció a su hijo Isaac sobre el altar?[d]
22 ¿No ves que la fe actuó juntamente con sus obras, y que la fe se perfeccionó por las obras?
23 Y se cumplió la Escritura que dice: Abraham creyó a Dios, y le fue contado por justicia,[e] y fue llamado amigo de Dios.[f]
24 Vosotros veis, pues, que el hombre es justificado por las obras, y no solamente por la fe.
25 Asimismo también Rahab la ramera, ¿no fue justificada por obras, cuando recibió a los mensajeros y los envió por otro camino?[g]
26 Porque como el cuerpo sin espíritu está muerto, así también la fe sin obras está muerta.

La lengua

3 HERMANOS míos, no os hagáis maestros muchos de vosotros, sabiendo que recibiremos mayor condenación.
2 Porque todos ofendemos muchas veces. Si alguno no ofende en palabra, éste es varón perfecto, capaz también de refrenar todo el cuerpo.
3 He aquí nosotros ponemos freno en la boca de los caballos para que nos obedezcan, y dirigimos así todo su cuerpo.
4 Mirad también las naves; aunque tan grandes, y llevadas de impetuosos vientos, son gobernadas con un muy pequeño timón por donde el que las gobierna quiere.
5 Así también la lengua es un miembro pequeño, pero se jacta de grandes cosas. He aquí, ¡cuán grande bosque enciende un pequeño fuego!
6 Y la lengua es un fuego, un mundo de maldad. La lengua está puesta entre nuestros miembros, y contamina todo el cuerpo, e inflama la rueda de la creación, y ella misma es inflamada por el infierno.
7 Porque toda naturaleza de bestias, y de aves, y de serpientes, y de seres del mar, se doma y ha sido domada por la naturaleza humana;
8 pero ningún hombre puede domar la lengua, que es un mal que no puede ser refrenado, llena de veneno mortal.
9 Con ella bendecimos al Dios y Padre, y con ella maldecimos a los hombres, que están hechos a la semejanza de Dios.[a]
10 De una misma boca proceden bendición y maldición. Hermanos míos, esto no debe ser así.
11 ¿Acaso alguna fuente echa por una misma abertura agua dulce y amarga?
12 Hermanos míos, ¿puede acaso la higuera producir aceitunas, o la vid higos? Así también ninguna fuente puede dar agua salada y dulce.

La sabiduría de lo alto

13 ¿Quién es sabio y entendido entre vosotros? Muestre por la buena conducta sus obras en sabia mansedumbre.
14 Pero si tenéis celos amargos y contención en vuestro corazón, no os jactéis, ni mintáis contra la verdad;
15 porque esta sabiduría no es la que desciende de lo alto, sino terrenal, animal, diabólica.
16 Porque donde hay celos y contención, allí hay perturbación y toda obra perversa.

d. 2.21 Gn 22.1-14. **e. 2.23** Gn 15.6. **f. 2.23** 2 Cr 20.7; Is 41.8. **g. 2.25** Jos 2.1-21. **a. 3.9** Gn 1.26.

LECCIONES DE VIDA

ello y confirmación de que el Espíritu Santo está moldeando aquel individuo a la semejanza de Cristo. Esto no se refiere a un cambio artificial en la conducta, sino uno que proviene de la transformación de su carácter mismo.

➤ *2.19 — Tú crees que Dios es uno; bien haces. También los demonios creen, y tiemblan.*

Creer en una deidad no es lo mismo que tener fe en Dios. Los demonios creen que Él existe. De hecho, habitaron con Él en el cielo pero fueron expulsados a causa de su rebelión en su contra (Is 14.12–15; Lc 10.17, 18; 2 P 2.4; Ap 12.9). Además vieron a Cristo resucitar del sepulcro y están bien conscientes de la realidad espiritual. Sin embargo, ellos no se someten ni obedecen al Señor de manera voluntaria. Persisten en su soberbia, y eso mismo hace la persona que se niega a creer en Cristo para salvación (Jn 3.17, 18; Ef 4.18; 2 P 3.9).

➤ *3.1 — no os hagáis maestros muchos de vosotros, sabiendo que recibiremos mayor condenación.*

Cuando nosotros como creyentes comparezcamos para ser juzgados ante el tribunal de Cristo, llamada «la silla *Bēma*» *o silla del juicio*, tendremos que rendir cuentas por tres cosas: la verdad que entendimos, las oportunidades que Él nos dio para compartir esa verdad, y cómo respondimos en obediencia a Él (1 Co 3.12–15; 2 Co 5.9). Por supuesto, los maestros tendrán grandes oportunidades para amonestar a las personas a crecer en el Señor. Si ellos los conducen al extravío, como lo estaban haciendo en aquel tiempo los falsos maestros, o si actúan motivados por la ambición egoísta antes que por la obediencia, *serán* tenidos por responsables.

➤ *3.5 — la lengua es un miembro pequeño, pero se jacta de grandes cosas. He aquí, ¡cuán grande bosque enciende un pequeño fuego!*

Una persona puede hacer buenas obras aparentemente desinteresadas, abnegadas y carentes de egoísmo, y a pesar de eso sus palabras engañosas hacen evidente las intenciones verdaderas de su corazón: orgullo, lujuria y deshonestidad. La lengua y las palabras dichas tienen poder, y pueden determinar el rumbo de su vida. Aunque usted trate de suprimir la pecaminosidad y esconder las ambiciones egoístas que lleve por dentro, estas casi siempre son reveladas por lo que usted dice. Por esa razón, usted necesita que Jesús le santifique y transforme desde adentro hacia fuera.

LO QUE LA BIBLIA DICE ACERCA DE PRINCIPIOS PARA LA INTERCESIÓN EFICAZ

Stg 5.15, 16

Cada uno de nosotros ha orado por otros sin ver resultados. Cuando eso sucede, es fácil que nos desanimemos. En lugar de rendirnos, deberíamos revisar nuestras vidas para ver si necesitamos cambiar algo.

1. Nuestras oraciones deben fluir de un corazón rebosante de Dios y sincronizado con Él. Esto significa que si queremos que nuestras oraciones sean eficaces, debemos ser abiertos a su Espíritu. También debemos tener un deseo de ser compasivos, perdonadores y sinceros al interceder o buscar la guía de Dios para nuestras vidas y las de quienes amamos y conocemos. La amargura, el resentimiento y el enojo impiden que Dios obre en nuestra vida. Por lo tanto, pídale al Señor que usted tenga su amor y su compasión por los demás, y que perdone completamente como Él le ha perdonado (Ef 4.32).

2. Nuestras oraciones son un enlace entre la necesidad de la otra persona y los recursos inagotables de Dios. Pídale al Señor que le revele las verdaderas necesidades de la persona, que usted observa que ellos tienen; en lugar de orar por peticiones superficiales dichas por ellos desde su propia opinión. Pídale también que revele la grandeza de su amor y su poder para encontrar cómo satisfacer esas necesidades, de tal modo que usted pueda interceder con fe y animar a la persona por quien está orando.

3. Identifíquese con la necesidad de la otra persona. Para ser verdaderamente compasivos en nuestra súplica, debemos sentir empatía por la necesidad del otro en toda su magnitud. Es por eso que debemos ver a los demás a través de los ojos de Jesús. Cuando nos damos cuenta que la gente realmente está herida y agoniza en su interior, nuestra misericordia por ellos se activa y podemos interceder por ellos con mayor celo, comprensión y emoción.

Para ser verdaderamente compasivos en nuestra súplica, debemos sentir empatía por la necesidad del otro en toda su magnitud.

4. Desee el mayor bien para la persona. Dios puede no revelarnos su plan perfecto para otra persona. Sin embargo, podemos orar para que él o ella se mantenga en el centro de la voluntad de Dios. A veces la adversidad llega a la vida de una persona y no entendemos por qué. La prueba puede tener el propósito de profundizar su relación con el Señor, aumentar su fe o liberarles de un hábito pecaminoso. Sea cual sea su propósito, es crucial para ellos y para nosotros confiar en Dios y orar que se haga su voluntad. Él sabe lo que es absolutamente mejor para cada persona y lo que se requerirá para atraerlos a Él. Su voluntad siempre es «buena… agradable y perfecta» (Ro 12.2).

5. Esté dispuesto(a) a encargarse de la necesidad de la persona. ¿Está usted dispuesto(a) a dejarse usar por Dios para satisfacer la necesidad de la otra persona? ¿Le permitirá a Dios glorificarse a través de usted? Jesús no retrocedió frente aquellos que sufrían, y tampoco deberíamos hacerlo nosotros. Debemos seguir su ejemplo y recordar siempre que Dios nos bendice para que nosotros podamos bendecir a otros.

6. Persevere. Debemos seguir orando, bien sea que veamos o no resultados inmediatos, porque cuanto más intercedamos por una persona, será más fuerte nuestro vínculo espiritual con esa persona. Eso en sí mismo es un consuelo para los que están necesitados. La oración estrecha el amor cristiano y el compañerismo, en una fraternidad espiritual que no puede ser quebrantada. Llegamos a invertir nuestras vidas en la vida de otros y en lo que Dios está haciendo en ellos y a través de ellos. Tal vínculo trasciende hacia la eternidad y ciertamente seguirá siendo de bendición, tanto para nosotros como para los demás.

Por lo tanto, persevere en sus súplicas compasivas, amorosas y esperanzadoras por los demás, y tenga siempre la plena certeza que «la oración eficaz del justo puede mucho» (Stg 5.16). Dios *sí* está escuchando, mi estimado(a) amigo(a). Confíe en Él.

Para un estudio más a fondo, véase el Índice de Principios de vida:

8. *Libremos nuestras batallas de rodillas y siempre obtendremos la victoria.*
13. *Escuchar a Dios es esencial para andar con Él.*

➤ 17 Pero la sabiduría que es de lo alto es primeramente pura, después pacífica, amable, benigna, llena de misericordia y de buenos frutos, sin incertidumbre ni hipocresía.
18 Y el fruto de justicia se siembra en paz para aquellos que hacen la paz.

La amistad con el mundo

4 ¿DE dónde vienen las guerras y los pleitos entre vosotros? ¿No es de vuestras pasiones, las cuales combaten en vuestros miembros?
➤ 2 Codiciáis, y no tenéis; matáis y ardéis de envidia, y no podéis alcanzar; combatís y lucháis, pero no tenéis lo que deseáis, porque no pedís.
3 Pedís, y no recibís, porque pedís mal, para gastar en vuestros deleites.
➤ 4 ¡Oh almas adúlteras! ¿No sabéis que la amistad del mundo es enemistad contra Dios? Cualquiera, pues, que quiera ser amigo del mundo, se constituye enemigo de Dios.
5 ¿O pensáis que la Escritura dice en vano: El Espíritu que él ha hecho morar en nosotros nos anhela celosamente?
6 Pero él da mayor gracia. Por esto dice: Dios resiste a los soberbios, y da gracia a los humildes.[a]
* ➤ 7 Someteos, pues, a Dios; resistid al diablo, y huirá de vosotros.
8 Acercaos a Dios, y él se acercará a vosotros. Pecadores, limpiad las manos; y vosotros los de doble ánimo, purificad vuestros corazones. *
9 Afligíos, y lamentad, y llorad. Vuestra risa se convierta en lloro, y vuestro gozo en tristeza.
10 Humillaos delante del Señor, y él os exaltará. ➤

Juzgando al hermano

11 Hermanos, no murmuréis los unos de los otros. El que murmura del hermano y juzga a su hermano, murmura de la ley y juzga a la ley; pero si tú juzgas a la ley, no eres hacedor de la ley, sino juez.
12 Uno solo es el dador de la ley, que puede salvar y perder; pero tú, ¿quién eres para que juzgues a otro?

No os gloriéis del día de mañana

13 ¡Vamos ahora! los que decís: Hoy y mañana iremos a tal ciudad, y estaremos allá un año, y traficaremos, y ganaremos;
14 cuando no sabéis lo que será mañana.[b] Porque ¿qué es vuestra vida? Ciertamente es neblina que se aparece por un poco de tiempo, y luego se desvanece.

a. 4.6 Pr 3.34. **b. 4.13-14** Pr 27.1.

LECCIONES DE VIDA

➤ ***3.16 — donde hay celos y contención, allí hay perturbación y toda obra perversa.***

Cada vez que sentimos envidia de los demás, el enemigo acierta cambiando nuestro enfoque de Dios y alejándolo a nuestras propias circunstancias. Nos volvemos distraídos, orgullosos y codiciosos. Nuestros ojos se fijan en nuestra propia situación y en los derechos que creemos merecernos, y terminamos tomando decisiones imprudentes. Esto nos impide disfrutar las bendiciones de Dios.

➤ ***3.17 — la sabiduría que es de lo alto es primeramente pura, después pacífica, amable, benigna, llena de misericordia y de buenos frutos, sin incertidumbre ni hipocresía.***

La sabiduría de Dios lleva a la armonía y a la paz, mientras que el razonamiento humano conduce a la arrogancia y la disensión. ¿Cuál de estos caracteriza su vida? Puede contestar esa pregunta evaluando sus relaciones personales. Cuando usted no busca al Señor, eso se refleja.

➤ ***4.2 — Codiciáis, y no tenéis; matáis y ardéis de envidia, y no podéis alcanzar; combatís y lucháis, pero no tenéis lo que deseáis, porque no pedís.***

Si vivimos tratando de alcanzar metas en nuestras propias fuerzas, casi siempre entraremos en conflicto con los demás. Competimos por sobresalir y tener éxito, así nos cueste perder nuestras relaciones interpersonales. Este es el resultado del orgullo en nuestra vida, y es la razón por la que no le pedimos a Dios que nos ayude: queremos lograrlo todo por nuestras propias fuerzas. También nos damos cuenta que si le pedimos que nos dé lo que queremos, Él podría negárnoslo pues no siempre lo que hemos pedido es lo mejor que nos tiene reservado, y esto es algo que consideramos inaceptable. No obstante, recuerde que todo lo que adquirimos fuera de la voluntad de Dios termina convirtiéndose en cenizas.

➤ ***4.4 — ¿No sabéis que la amistad del mundo es enemistad contra Dios?***

Los caminos de Dios y los del mundo son totalmente incompatibles. ¿Por qué? Juan 3.19 lo explica: «los hombres amaron más las tinieblas que la luz, porque sus obras eran malas». Si vivimos tratando de agradar a los demás o a nosotros mismos, estaremos en desacuerdo permanente con el Señor. En cambio, si vivimos para Él, brillando su luz, el mundo será hostil hacia nosotros porque nuestra presencia los condena del pecado que ellos quieren seguir cometiendo (Jn 3.16–21; 7.7; 12.25; 15.18–22; 17.14; 1 Jn 3.13).

➤ ***4.7 — Someteos, pues, a Dios; resistid al diablo, y huirá de vosotros.***

Al enemigo le fascina tentar a los cristianos a llenarse de orgullo y creer que son responsables por su propio éxito, en lugar de Dios. Podemos resistir la influencia terrible del diablo sometiéndonos a Cristo. Esto significa que aceptamos la sabiduría y la voluntad de Dios; confiamos en su poder y su amor; y obedecemos sus mandatos. Nada desarma más rápidamente al enemigo que mantener un corazón humilde delante del Señor.

➤ ***4.10 — Humillaos delante del Señor, y él os exaltará.***

Esta es otra manera de decir, como Dios lo dijo a través del profeta Samuel: «yo honraré a los que me honran, y los que me desprecian serán tenidos en poco» (1 S 2.30). Cuando nos sometemos totalmente al Señor, Él obra a través de nosotros para llevar a cabo su voluntad. Es entonces que su gloria resplandece en nosotros y somos capaces de lograr cosas que nunca serían posibles por medio de nuestra propia prudencia y fuerza.

PRINCIPIO DE VIDA 29

APRENDEMOS MÁS EN NUESTRAS EXPERIENCIAS POR EL VALLE DE LÁGRIMAS QUE EN LAS DE LA CUMBRE DEL ÉXITO.

STG 5.10

La adversidad, la angustia, las pruebas, las tribulaciones y los quebrantos funcionan como lecciones en la escuela de la vida. Nos colocan en posición para recibir nuevo aprendizaje y entendimiento. Pueden alterar nuestra percepción del mundo y nuestra visión de Dios, así como llevarnos a cambiar nuestra conducta. Por supuesto, el Señor es el Maestro por excelencia. Él es Aquel a quien debemos recurrir para hallarle sentido a cualquier lección relacionada con la adversidad.

Dios permite la adversidad, al menos por tres razones:

1. Dios usa la adversidad para captar nuestra atención.

El Señor usa una variedad de métodos para que le prestemos atención cuando resulta necesario, y la adversidad es uno de ellos. Una de las mejores maneras que conozco de responder a la adversidad que nos golpea de repente y que, obviamente, contiene un mensaje que Dios nos quiere comunicar, es leer el Salmo 25 y apropiarlo como nuestra oración personal:

> A ti, oh Jehová, levantaré mi alma. Dios mío, en ti confío; no sea yo avergonzado, no se alegren de mí mis enemigos. Ciertamente ninguno de cuantos esperan en ti será confundido; serán avergonzados los que se rebelan sin causa. Muéstrame, oh Jehová, tus caminos; enséñame tus sendas. Encamíname en tu verdad, y enséñame, porque tú eres el Dios de mi salvación; en ti he esperado todo el día. Acuérdate, oh Jehová, de tus piedades y de tus misericordias, que son perpetuas. De los pecados de mi juventud, y de mis rebeliones, no te acuerdes; conforme a tu misericordia acuérdate de mí, por tu bondad, oh Jehová. (vv. 1–7)

No tarde en responder al Señor cuando Él actúe para captar su atención. Responda de inmediato y con humildad. Oiga lo que Él tenga que decirle.

2. La adversidad nos lleva a examinarnos.

En ocasiones, Dios permite la adversidad para motivarnos a hacer una introspección. Los vientos de la adversidad soplan llevándose los asuntos superficiales, y nos obligan a enfrentarnos con las realidades en un nivel más profundo. Nada tiene la capacidad de conducirnos más cerca a Dios que la tribulación. Ella nos impide negar la realidad y revela quiénes somos realmente, así como lo que creemos acerca de Dios, acerca de su deidad y acerca de su fidelidad.

Necesitamos examinar tanto nuestra fe como nuestros niveles de disciplina. ¿Estamos

No tarde en responder al Señor cuando Él actúe para captar su atención.

comprometidos a permanecer firmes en nuestra confianza en Cristo, o somos desviados del rumbo por cualquier viento adverso que sople en nuestra dirección? Pablo animó a los corintios a hacer esto: «pruébese cada uno a sí mismo» (1 Co 11.28). En otras palabras: «Examínese interiormente y descubra qué le impulsa, qué le motiva y qué le atrae». Si es todo lo demás menos Dios, entonces no es bueno. Él debe ser su factor motivador en cada situación de la vida.

Quienes hemos aceptado a Cristo como Salvador somos templo del Espíritu Santo, y Él quiere que seamos vasos limpios que Él pueda utilizar. No tenemos razón alguna para dejar que la basura del mundo o nuestros fracasos del pasado sigan aflorando en nuestra vida. El Señor desea que nos libremos de cualquier cosa que pueda mantenernos atados interiormente en esclavitud, bien sea en lo mental, lo emocional, lo psicológico o lo espiritual. Cuando nos volvemos complacientes y aceptamos las heridas del pasado como si fueran parte de nuestra identidad, hemos aceptado la perspectiva errónea, la definición errónea y el plan de acción erróneo. Somos nuevas criaturas en Cristo. No existe un solo punto en el que debamos estar separados de Él. El Señor nos ha sellado con su Espíritu. Lo viejo queda atrás, lo nuevo ha llegado. Es precisamente esa novedad de vida lo que nos da esperanza en tiempos de angustia.

3. La lección eficaz conduce a un cambio en la conducta.

Cuando actuamos como Cristo, nuestra identidad verdadera emerge. Los profesores con frecuencia se proponen objetivos conductistas con sus charlas en el salón de clase. Estos objetivos denotan de manera concreta y conmensurable las conductas que el maestro desea que un estudiante exhiba, como prueba de que ha aprendido la lección. Las lecciones que el Señor nos enseña por medio de la adversidad son en últimas para ese mismo propósito: un cambio en la conducta, que incluye un cambio en la creencia que promovió la conducta.

Permítale a Dios sacar a la superficie la basura interna de su vida.

No es suficiente que Dios desee captar nuestra atención ni que saquemos tiempo para examinar nuestras vidas con veracidad. Debemos permitir libre acceso a su Espíritu en cada área. Así aprendemos a observar, escuchar y buscar su guía y dirección. Podemos ver un problema o sentir un arranque de ira y pensar: ¿Cómo debería responder? Tal vez tomemos la decisión equivocada, digamos algo indebido o no hagamos caso de lo que sabemos que Él nos está diciendo que hagamos. A no ser que cambiemos nuestras reacciones y nuestra conducta, nunca nos beneficiaremos de la adversidad ni creceremos como resultado de ella. Dios provee un reto, y nosotros tenemos una oportunidad de obedecerlo o desobedecerlo. La decisión es nuestra, y sus consecuencias también nos pertenecen.

Jesús vino para soportar las cargas que plagan nuestras vidas. Él nos ayudará a llevar nuestras cargas a la cruz y lidiar allí con ellas, de una vez y para siempre. Él siempre lo hace todo para nuestro bien, y sólo Él sabe cómo el dolor abre el camino hacia la sanidad completa y la restauración espiritual.

Si está dispuesto(a) a permitir que Dios saque a la superficie la basura interna de su vida, y quiere cambiar lo que necesita ser cambiado, usted saldrá de cada adversidad más apegado(a) a Cristo, más maduro(a) como su hijo(a), y con mucho más potencial para reflejar el amor de Dios al mundo que le rodea.

Para un estudio más a fondo véase el Índice de Principios de vida.

---

15 En lugar de lo cual deberíais decir: Si el
Señor quiere, viviremos y haremos esto o
aquello.
16 Pero ahora os jactáis en vuestras soberbias. Toda jactancia semejante es mala;
17 y al que sabe hacer lo bueno, y no lo hace,
le es pecado.

Contra los ricos opresores

5 ¡VAMOS ahora, ricos! Llorad y aullad por
las miserias que os vendrán.
2 Vuestras riquezas están podridas, y vuestras
ropas están comidas de polilla.
3 Vuestro oro y plata están enmohecidos; y su
moho testificará contra vosotros, y devorará
del todo vuestras carnes como fuego. Habéis
acumulado tesoros para los días postreros.[a]
4 He aquí, clama el jornal de los obreros
que han cosechado vuestras tierras, el cual
por engaño no les ha sido pagado por vosotros; y los clamores de los que habían segado han entrado en los oídos del Señor de los
ejércitos.[b]
5 Habéis vivido en deleites sobre la tierra,
y sido disolutos; habéis engordado vuestros
corazones como en día de matanza.
6 Habéis condenado y dado muerte al justo, y
él no os hace resistencia.

Sed pacientes y orad

7 Por tanto, hermanos, tened paciencia hasta la venida del Señor. Mirad cómo el labrador espera el precioso fruto de la tierra,
aguardando con paciencia hasta que reciba la
lluvia temprana y la tardía.
8 Tened también vosotros paciencia, y afirmad vuestros corazones; porque la venida del
Señor se acerca.
9 Hermanos, no os quejéis unos contra otros,
para que no seáis condenados; he aquí, el juez
está delante de la puerta.
10 Hermanos míos, tomad como ejemplo de
aflicción y de paciencia a los profetas que
hablaron en nombre del Señor.
11 He aquí, tenemos por bienaventurados a
los que sufren. Habéis oído de la paciencia
de Job,[c] y habéis visto el fin del Señor, que el
Señor es muy misericordioso y compasivo.[d]
12 Pero sobre todo, hermanos míos, no juréis,
ni por el cielo, ni por la tierra, ni por ningún
otro juramento; sino que vuestro sí sea sí,
y vuestro no sea no, para que no caigáis en
condenación.[e]
13 ¿Está alguno entre vosotros afligido? Haga
oración. ¿Está alguno alegre? Cante alabanzas.
14 ¿Está alguno enfermo entre vosotros? Llame a los ancianos de la iglesia, y oren por
él, ungiéndole con aceite[f] en el nombre del
Señor.
15 Y la oración de fe salvará al enfermo, y
el Señor lo levantará; y si hubiere cometido
pecados, le serán perdonados.

a. 5.2-3 Mt 6.19. **b. 5.4** Dt 24.14-15. **c. 5.11** Job 1.21-22; 2.10. **d. 5.11** Sal 103.8. **e. 5.12** Mt 5.34-37. **f. 5.14** Mr 6.13.

LECCIONES DE VIDA

➤ ***4.17 — al que sabe hacer lo bueno, y no lo hace, le es pecado.***

A veces pensamos que el pecado es aquello que hacemos en violación de la ley de Dios. Sin embargo, las Escrituras enseñan con claridad que pecamos contra Dios cada vez que dejamos de hacer su voluntad, lo cual incluye saber lo que deberíamos hacer y no hacerlo. La obediencia parcial es desobediencia. Por lo tanto, cada vez que Dios nos motive a servirlo de alguna manera, jamás deberíamos ignorarlo. Deberíamos más bien obedecerlo, sabiendo que Él ciertamente bendecirá nuestra obediencia.

➤ ***5.7 — hermanos, tened paciencia hasta la venida del Señor.***

En el Nuevo Testamento hay dos palabras que se refieren a la *paciencia*. La primera (Stg 1.3, 4) tiene que ver con circunstancias difíciles y significa «mantener el rumbo o la fortaleza en el sufrimiento». La segunda es más personal porque se aplica a nuestra manera de relacionarnos con los demás. Significa «ser pacientes para soportar las ofensas y los perjuicios de otros y mantenernos libres del rencor». Los creyentes de la dispersión pudieron haber arremetido contra sus perseguidores, pero Santiago los exhortó a ser pacientes y confiar en Dios, sabiendo que serían la luz de la salvación a aquellos a su alrededor (Mt 5.14–16).

➤ ***5.10 — tomad como ejemplo de aflicción y de paciencia a los profetas que hablaron en nombre del Señor.***

Al igual que los santos de la antigüedad, nosotros aprendemos más en nuestras experiencias por el valle de lágrimas que en las de la cumbre del éxito. Maduramos más con el sufrimiento que con el éxito. Cada vez que experimente adversidad, es porque Dios quiere mostrarle su poder y su amor. Puede ser que Él le esté liberando de ataduras emocionales o hábitos destructivos, o quizás haya alguna cualidad valiosa que Él quiera desarrollar en usted a través del sufrimiento. Sea cual sea la razón, Dios nunca tiene la intención de hacerle daño. Más bien, es para su beneficio, de tal manera que usted pueda llegar a ser todo lo que fue creado(a) para ser, y experimente las bendiciones abundantes del Señor.

➤ ***5.11 — Habéis oído de la paciencia de Job, y habéis visto el fin del Señor, que el Señor es muy misericordioso y compasivo.***

Job tuvo que pasar por días muy sombríos y dolorosos, pero Dios nunca lo abandonó. Nos conviene siempre recordar la compasión inmutable del Señor cuando sufrimos.

➤ ***5.16 — Confesaos vuestras ofensas unos a otros, y orad unos por otros, para que seáis sanados.***

Ningún creyente ha sido llamado a transitar «solitario» en su peregrinaje de fe. No podemos obedecer a Dios sin tener compañerismo habitual y cercano con otros creyentes. Él nos ha diseñado para que muchas de nuestras necesidades sólo puedan ser satisfechas por medio de la interdependencia mutua.

➢ 16 Confesaos vuestras ofensas unos a otros, y
orad unos por otros, para que seáis sanados.
La oración eficaz del justo puede mucho.
➢ 17 Elías era hombre sujeto a pasiones semejantes a las nuestras, y oró fervientemente
para que no lloviese, y no llovió sobre la tierra por tres años y seis meses.[g]
18 Y otra vez oró, y el cielo dio lluvia, y la tierra produjo su fruto.[h]
19 Hermanos, si alguno de entre vosotros se
ha extraviado de la verdad, y alguno le hace
volver,
20 sepa que el que haga volver al pecador
del error de su camino, salvará de muerte un
alma, y cubrirá multitud de pecados.[i]

g. 5.17 1 R 17.1; 18.1. **h. 5.18** 1 R 18.42-45. **i. 5.20** Pr 10.12.

LECCIONES DE VIDA

➢ ***5.17 — Elías era hombre sujeto a pasiones semejantes a las nuestras, y oró fervientemente para que no lloviese, y no llovió sobre la tierra por tres años y seis meses.***

Para ilustrar que «la oración eficaz del justo puede mucho» (Stg 5.16), Santiago cita al profeta Elías, quien fue llevado al cielo en un torbellino (1 R 17.1; 18.1, 41–45; 2 R 2.11). Cuando venimos al punto fundamental, este hombre no era diferente a cualquier otro creyente. No poseía fuerzas especiales ni ejercía control sobre la naturaleza. Más bien, el poder radicaba en Aquel a quien Elías oraba. Y fue porque el profeta confió de todo corazón en el Señor, que vio grandes respuestas a sus peticiones. Esto mismo puede ser cierto en nuestras vidas.

LA PRIMERA EPÍSTOLA DE

PEDRO

La persecución puede causar crecimiento o amargura en la vida cristiana. Nuestra respuesta es lo que determina el resultado.

En su primera carta, Pedro anima a creyentes que luchan con la persecución a comportarse con valentía para Cristo. Habiendo nacido de nuevo a una esperanza viva, ellos deben imitar al único Santo, quien los ha llamado a mantener irreprochable su carácter y su conducta intachable. Ellos también deben estar resueltos a vivir en piedad, honor y humilde sumisión: como ciudadanos hacia el gobierno, como siervos hacia sus amos, como esposas hacia sus maridos, como maridos hacia sus esposas, y como cristianos los unos hacia los otros.

Es sólo después que Pedro explica el significado de la sumisión, que aborda el tema difícil de la adversidad. El apóstol advierte a los cristianos perseguidos que no deben sorprenderse «del fuego de prueba que os ha sobrevenido, como si alguna cosa extraña os aconteciese» (1 P 4.12). Más bien, deberían regocijarse como copartícipes del sufrimiento de Cristo. De hecho, «los que padecen según la voluntad de Dios, encomienden sus almas al fiel Creador, y hagan el bien» (1 P 4.19). Sólo aquellos que someten gozosamente sus vidas a la mano bondadosa de Dios serán capaces de perseverar y glorificarlo en esta vida que tantas veces es dolorosa.

Pedro escribió esta carta a cristianos en el norte de Asia menor, quienes al parecer enfrentaban una severa persecución a causa de su fe. Pedro quería que ellos supieran que no deberían sorprenderse ni desmayar si enfrentaban oposición, pues Jesús mismo ciertamente la sufrió. En realidad, los creyentes deben sentir esperanza y gozo cada vez que sean tenidos por dignos de padecer afrenta por causa de su Nombre (Hch 5.41). El apóstol escribe: «gozaos por cuanto sois participantes de los padecimientos de Cristo, para que también en la revelación de su gloria os gocéis con gran alegría» (1 P 4.13).

La epístola empieza con la frase *Pétros, apóstolos Iēsoû Cristoû*, «Pedro, apóstol de Jesucristo». Esta es la base para el título antiguo *Pétrou A*, «Primera de Pedro».

Tema: El sufrimiento es parte de andar en armonía con Dios y de servir a Cristo Jesús, y no debe ser visto con temor sino acogido como un privilegio.

Autor: El apóstol Pedro.

Fecha: Lo más probable es que fuese escrita desde Roma entre 62 y 64 d.C., antes de la gran persecución de los cristianos por parte de Nerón. Este fue el emperador que mandó ejecutar a Pedro.

Estructura: Pedro saluda a los destinatarios (1.1, 2), alaba a Dios por su salvación (1.3–12), y luego anima a sus lectores a honrar al Señor viviendo piadosamente (1.13—5.12). Termina su carta con una breve salutación final (5.13, 14).

A medida que lea 1 Pedro, fíjese en los principios de vida que juegan un papel importante en este libro:

26. La adversidad es un puente que nos conduce a una relación más profunda con Dios. *Véase 1 Pedro 1.6, 7; 4.12; páginas 1438; 1442.*

7. Los momentos sombríos durarán solo el tiempo necesario para que Dios lleve a cabo su propósito en nosotros. *Véase 1 Pedro 1.8; 5.10; páginas 1438; 1443.*

24. Vivir la vida cristiana es permitir al Señor Jesús vivir su vida en y por medio de nosotros. *Véase 1 Pedro 1.15; 3.4, 15; páginas 1438; 1441.*

2. Obedezcamos a Dios y dejemos las consecuencias en sus manos. *Véase 1 Pedro 4.19; página 1442.*

Salutación

1 PEDRO, apóstol de Jesucristo, a los expatriados de la dispersión en el Ponto, Galacia, Capadocia, Asia y Bitinia,
2 elegidos según la presciencia de Dios Padre en santificación del Espíritu, para obedecer y ser rociados con la sangre de Jesucristo: Gracia y paz os sean multiplicadas.

Una esperanza viva

3 Bendito el Dios y Padre de nuestro Señor Jesucristo, que según su grande misericordia nos hizo renacer para una esperanza viva, por la resurrección de Jesucristo de los muertos,
4 para una herencia incorruptible, incontaminada e inmarcesible, reservada en los cielos para vosotros,
5 que sois guardados por el poder de Dios mediante la fe, para alcanzar la salvación que está preparada para ser manifestada en el tiempo postrero.
6 En lo cual vosotros os alegráis, aunque ahora por un poco de tiempo, si es necesario, tengáis que ser afligidos en diversas pruebas,
7 para que sometida a prueba vuestra fe, mucho más preciosa que el oro, el cual aunque perecedero se prueba con fuego, sea hallada en alabanza, gloria y honra cuando sea manifestado Jesucristo,
8 a quien amáis sin haberle visto, en quien creyendo, aunque ahora no lo veáis, os alegráis con gozo inefable y glorioso;
9 obteniendo el fin de vuestra fe, que es la salvación de vuestras almas.
10 Los profetas que profetizaron de la gracia destinada a vosotros, inquirieron y diligentemente indagaron acerca de esta salvación,
11 escudriñando qué persona y qué tiempo indicaba el Espíritu de Cristo que estaba en ellos, el cual anunciaba de antemano los sufrimientos de Cristo, y las glorias que vendrían tras ellos.
12 A éstos se les reveló que no para sí mismos, sino para nosotros, administraban las cosas que ahora os son anunciadas por los que os han predicado el evangelio por el Espíritu Santo enviado del cielo; cosas en las cuales anhelan mirar los ángeles.

Llamamiento a una vida santa

13 Por tanto, ceñid los lomos de vuestro entendimiento, sed sobrios, y esperad por completo en la gracia que se os traerá cuando Jesucristo sea manifestado;
14 como hijos obedientes, no os conforméis a los deseos que antes teníais estando en vuestra ignorancia;

LECCIONES DE VIDA

➤ *1.1 — a los expatriados de la dispersión en el Ponto, Galacia, Capadocia, Asia y Bitinia.*

Los creyentes habían sido dispersados en todas partes de Asia Menor por motivos de persecución y privación económica. Lejos del hogar, eludidos en sus nuevas comunidades, bajo oposición constante por parte del gobierno y los dirigentes religiosos, y con pocas posibilidades de sostener a sus familias y de tener seguridad financiera, los cristianos enfrentaban presiones tremendas. Sin embargo, aun en medio de sus circunstancias devastadoras, podían tener esperanza en Cristo Jesús.

➤ *1.3 — según su grande misericordia nos hizo renacer para una esperanza viva, por la resurrección de Jesucristo de los muertos.*

Pedro experimentó gran desesperanza al ver al Señor Jesús, su amado Maestro, Mesías y Amigo, clavado en la cruz. Cuando Cristo murió, Pedro sin lugar a dudas sintió que toda esperanza estaba perdida. Sin embargo, tres días después, la resurrección lo cambiaría todo. Porque nuestro Salvador vive, tenemos una esperanza viva. La resurrección de Jesús garantiza que Dios cumplirá todas sus promesas hechas a sus hijos fieles. Además, saber que Él está con nosotros y nunca nos abandona puede animarnos y mantenernos a paso firme, incluso en las épocas más sombrías.

➤ *1.6, 7— aunque… tengáis que ser afligidos en diversas pruebas, para que sometida a prueba vuestra fe, mucho más preciosa que el oro… sea hallada en alabanza, gloria y honra cuando sea manifestado Jesucristo.*

¿Cómo aprendería usted a confiar en Dios si nunca experimentara una situación en la que sólo Él pudiera ayudarle? Esta es la razón por la que la adversidad se constituye en un puente a una relación más profunda con el Señor. Él permite que su fe sea refinada por el fuego, tal como el oro lo es, para que toda impureza, duda, ansiedad y frustración emerjan a la superficie. De esa manera, cuando Él contesta a sus oraciones desesperadas, todos aquellos estorbos que le impedían creer en Él, podrán ser fácilmente removidos, dejando la confianza totalmente purificada a su manera santa.

➤ *1.8 — a quien amáis sin haberle visto, en quien creyendo, aunque ahora no lo veáis, os alegráis con gozo inefable y glorioso.*

La vida cristiana debería estar siempre caracterizada por el gozo, en virtud del poder, el amor y la sabiduría inextinguibles de nuestro Salvador Jesucristo. Aunque enfrentemos la adversidad y no podamos ver al Señor en ella, sabemos que Él puede redimir cualquier situación. Él usa todo lo que toca nuestras vidas para nuestro bien y para su gloria. Los momentos sombríos durarán solo el tiempo necesario para que Dios lleve a cabo su propósito en nosotros. ¿Cómo podríamos no tener gozo en nuestros corazones, cuando sabemos que Dios nos ama, está con nosotros, ha prometido ayudarnos, y quiere bendecirnos para siempre?

➤ *1.10 — Los profetas que profetizaron de la gracia destinada a vosotros, inquirieron y diligentemente indagaron acerca de esta salvación.*

Los escépticos pueden afirmar que el evangelio es algo inventado por los seguidores de Jesús, pero la venida del Mesías fue prometida desde el principio (Gn 3.15), cumplida a perfección en los pactos de Dios con Abraham (Gn 12.1–3) y David (2 S 7.12–16), y anunciada por la mayoría de los profetas del Antiguo Testamento.

RESPUESTAS A PREGUNTAS DE LA VIDA

¿Cómo manejo una prueba difícil que yo no provoqué?

1 P 1.6, 7

Ni siquiera los que mantienen una comunión estrecha e íntima con el Señor son inmunes a desilusiones, obstáculos, retos de la vida, luchas y sentimientos de desesperanza. De hecho, a veces Dios permite que enfrentemos circunstancias imposibles para someter a prueba nuestra fe. La adversidad es lo que nos motiva a buscarlo, y cuando lo hacemos, Él es fiel para fortalecernos y renovarnos.

Dios conoce cada emoción, cada necesidad y cada deseo que tenemos. Él se interesa cuando enfrentamos situaciones difíciles y nos cansamos. Él oye nuestros clamores y entiende exactamente lo que requerirá llevarnos a una relación más íntima con Él.

El apóstol Pedro dirigió sus dos cartas «a los expatriados de la dispersión en el Ponto, Galacia, Capadocia, Asia y Bitinia» (1 P 1.1; 2 P 3.1). Si hoy día el autor tuviera que elegir un título para sus cartas, podría considerar «Ánimo en tiempos de sufrimiento», o «Esperanza en medio del dolor», porque el ánimo y la esperanza son precisamente lo que Pedro comunicó a estos creyentes atribulados.

Aquellos cristianos enfrentaban toda suerte de persecución. Eran golpeados, calumniados, asaltados, y muchos de ellos perdieron sus vidas por su fe en Jesucristo. Pedro los llamó «expatriados» porque su ciudadanía no era de este mundo sino del reino de Dios. Sin embargo, estaban pasando por momentos de gran desánimo y de pérdidas, y por ello necesitaban la clase de valor que sólo se encuentra en Cristo. Pedro les explicó que podían regocijarse aún en tiempos de prueba porque Jesús, su Salvador y Señor resucitado, siempre sería la esperanza viva en su interior (1 P 1.3). Mientras tengamos al Señor Jesucristo, ninguna situación carece de esperanza.

¿Le gustaría tener esperanza eterna? Entonces enfoque su corazón en Jesús (1 Ti 4.10). Él quiere hacer que su voluntad y su beneplácito tengan fruto perfecto en su vida. Así usted se halle en una situación aparentemente imposible, recuerde que Él tiene una visión totalmente diferente de los detalles. Y si usted se lo permite, Él tomará su vida, sin importar cuán golpeada y resquebrajada esté, y hará de ella algo hermoso.

¿Acaso la esperanza no consiste precisamente en que Dios pueda cambiar nuestras cenizas por hermosura, nuestras tristezas por gozo, y nuestro espíritu angustiado por un manto de alegría (Is 61.1–3)? *Este* es el ministerio continuo de Jesucristo en su vida. Por lo tanto, tráigale sus aflicciones y sus desilusiones. Cuéntele sus tristezas, y Él restaurará su esperanza.

Para un estudio más a fondo, véase el Índice de Principios de vida:

26. *La adversidad es un puente que nos conduce a una relación más profunda con Dios.*
7. *Los momentos sombríos durarán solo el tiempo necesario para que Dios lleve a cabo su propósito en nosotros.*

15 sino, como aquel que os llamó es santo,
sed también vosotros santos en toda vuestra
manera de vivir;
16 porque escrito está: Sed santos, porque yo
soy santo.[a]
17 Y si invocáis por Padre a aquel que sin
acepción de personas juzga según la obra de
cada uno, conducíos en temor todo el tiempo
de vuestra peregrinación;
18 sabiendo que fuisteis rescatados de vuestra vana manera de vivir, la cual recibisteis
de vuestros padres, no con cosas corruptibles,
como oro o plata,
19 sino con la sangre preciosa de Cristo, como de un cordero sin mancha y sin
contaminación,
20 ya destinado desde antes de la fundación
del mundo, pero manifestado en los postreros
tiempos por amor de vosotros,
21 y mediante el cual creéis en Dios, quien le
resucitó de los muertos y le ha dado gloria,

a. 1.16 Lv 11.44-45; 19.2.

para que vuestra fe y esperanza sean en
Dios.
22 Habiendo purificado vuestras almas por la
obediencia a la verdad, mediante el Espíritu,
para el amor fraternal no fingido, amaos unos
a otros entrañablemente, de corazón puro;
23 siendo renacidos, no de simiente corruptible, sino de incorruptible, por la palabra de
Dios que vive y permanece para siempre.
24 Porque:

Toda carne es como hierba,
Y toda la gloria del hombre como flor
de la hierba.
La hierba se seca, y la flor se cae;
25 Mas la palabra del Señor permanece
para siempre.[b]

Y ésta es la palabra que por el evangelio os ha
sido anunciada.

2 DESECHANDO, pues, toda malicia, todo
engaño, hipocresía, envidias, y todas las
detracciones,
2 desead, como niños recién nacidos, la leche
espiritual no adulterada, para que por ella
crezcáis para salvación,
3 si es que habéis gustado la benignidad del
Señor.[a]

La piedra viva

4 Acercándoos a él, piedra viva, desechada
ciertamente por los hombres, mas para Dios
escogida y preciosa,
5 vosotros también, como piedras vivas, sed
edificados como casa espiritual y sacerdocio
santo, para ofrecer sacrificios espirituales
aceptables a Dios por medio de Jesucristo.
6 Por lo cual también contiene la Escritura: *

He aquí, pongo en Sion la principal
piedra del ángulo, escogida, preciosa;
Y el que creyere en él, no será
avergonzado.[b]

7 Para vosotros, pues, los que creéis, él es precioso; pero para los que no creen,

La piedra que los edificadores
desecharon,
Ha venido a ser la cabeza del ángulo;[c]

8 y:

Piedra de tropiezo, y roca que hace caer,[d]

porque tropiezan en la palabra, siendo desobedientes; a lo cual fueron también destinados.

El pueblo de Dios

9 Mas vosotros sois linaje escogido, real sacerdocio, nación santa,[e] pueblo adquirido por
Dios,[f] para que anunciéis las virtudes de aquel
que os llamó de las tinieblas a su luz admirable;
10 vosotros que en otro tiempo no erais pueblo, pero que ahora sois pueblo de Dios; que en
otro tiempo no habíais alcanzado misericordia,
pero ahora habéis alcanzado misericordia.[g]

Vivid como siervos de Dios

11 Amados, yo os ruego como a extranjeros
y peregrinos, que os abstengáis de los deseos
carnales que batallan contra el alma,

b. 1.24-25 Is 40.6-9. **a. 2.3** Sal 34.8. **b. 2.6** Is 28.16. **c. 2.7** Sal 118.22. **d. 2.8** Is 8.14-15. **e. 2.9** Éx 19.5-6. **f. 2.9** Dt 4.20; 7.6; 14.2; 26.18; Tit 2.14. **g. 2.10** Os 2.23.

LECCIONES DE VIDA

1.15 — como aquel que os llamó es santo, sed también vosotros santos en toda vuestra manera de vivir.

Se requiere que guardemos nuestra manera piadosa de andar y mantengamos nuestra llenura del Espíritu Santo para que honremos a Dios y lo glorifiquemos. Esto no significa que adoptemos una determinación rígida y fatídica en la realización de todos los rituales beatos y religiosos que le quiten todo el deleite a la vida. Más bien, significa que vivimos en la práctica de la santidad que Cristo nos ha dado, obedeciéndolo e imitando su carácter.

2.1 — Desechando… toda malicia, todo engaño, hipocresía, envidias, y todas las detracciones.

Debemos librarnos de cualquier cosa que estorbe nuestra armonía con el Señor. Debemos arrepentirnos de ello, lo cual significa que nos pongamos a cuentas con Dios en cualquier conducta que esté en contra de su voluntad, y nos encaminemos en la dirección correcta. Debemos tratar con nuestra pecaminosidad de manera radical, para que las bendiciones del Señor puedan fluir y podamos experimentar la vida en su mejor expresión.

2.2 — desead, como niños recién nacidos, la leche espiritual no adulterada, para que por ella crezcáis para salvación.

Así como cada bebé ansía la leche de su madre que tanto lo nutre, nosotros debemos anhelar la Palabra de Dios que nos vivifica. Crecer en Cristo requiere que pasemos tiempo en su Palabra, aprendiendo sus caminos y siendo transformados en su imagen mediante la obra del Espíritu Santo.

2.9 — vosotros sois linaje escogido, real sacerdocio, nación santa, pueblo adquirido por Dios.

Pedro usa las descripciones maravillosas que fueron aplicadas originalmente a Israel, para ilustrar la posición que ahora gozamos como creyentes en Cristo (Éx 19.5, 6). Nosotros, siendo la iglesia, no reemplazamos a Israel como el pueblo de Dios. Más bien, hemos sido «injertados» a su familia por medio de Cristo (Ro 11.17). Tal como Israel fue llamada a ser una bendición a las demás naciones (Gn 28.14), nosotros también lo somos. El Señor nos ha convertido en linaje escogido, real sacerdocio y nación santa, y tenemos la oportunidad de representarlo a un mundo perdido y agonizante.

2.11 — Amados, yo os ruego como a extranjeros y peregrinos, que os abstengáis de los deseos carnales que batallan contra el alma.

Cuando enfrentamos oposición y terminamos queriendo «adaptarnos», la tentación a ceder en nuestras convicciones se intensifica. Este problema ocurre cada vez que olvidamos que este mundo no es nuestro hogar. Por lo tanto, debemos tener una perspectiva eterna y recordar que tan solo somos extranjeros y peregrinos aquí. Nuestro hogar verdadero está en el cielo con Dios, pero incluso aquí Él está en control de todo lo concerniente a nosotros.

12 manteniendo buena vuestra manera de
vivir entre los gentiles; para que en lo que
murmuran de vosotros como de malhechores,
glorifiquen a Dios en el día de la visitación, al
considerar vuestras buenas obras.
13 Por causa del Señor someteos a toda institución humana, ya sea al rey, como a superior,
14 ya a los gobernadores, como por él enviados para castigo de los malhechores y alabanza de los que hacen bien.
15 Porque ésta es la voluntad de Dios: que
haciendo bien, hagáis callar la ignorancia de
los hombres insensatos;
16 como libres, pero no como los que tienen
la libertad como pretexto para hacer lo malo,
sino como siervos de Dios.
17 Honrad a todos. Amad a los hermanos.
Temed a Dios. Honrad al rey.
➤ 18 Criados, estad sujetos con todo respeto a
vuestros amos; no solamente a los buenos y
afables, sino también a los difíciles de soportar.
19 Porque esto merece aprobación, si alguno a
causa de la conciencia delante de Dios, sufre
molestias padeciendo injustamente.
➤ 20 Pues ¿qué gloria es, si pecando sois abofeteados, y lo soportáis? Mas si haciendo lo bueno sufrís, y lo soportáis, esto ciertamente es
aprobado delante de Dios.
➤ 21 Pues para esto fuisteis llamados; porque
también Cristo padeció por nosotros, dejándonos ejemplo, para que sigáis sus pisadas;
22 el cual no hizo pecado, ni se halló engaño
en su boca;[h]
23 quien cuando le maldecían, no respondía
con maldición; cuando padecía, no amenaza-
ba, sino encomendaba la causa al que juzga
justamente;
24 quien llevó él mismo nuestros pecados en ➤
su cuerpo sobre el madero, para que nosotros,
estando muertos a los pecados, vivamos a la
justicia; y por cuya herida fuisteis sanados.[i]
25 Porque vosotros erais como ovejas
descarriadas,[j] pero ahora habéis vuelto al Pastor y Obispo de vuestras almas.

Deberes conyugales

3 ASIMISMO vosotras, mujeres, estad sujetas a vuestros maridos;[a] para que también
los que no creen a la palabra, sean ganados
sin palabra por la conducta de sus esposas,
2 considerando vuestra conducta casta y
respetuosa.
3 Vuestro atavío no sea el externo de peina- ➤
dos ostentosos, de adornos de oro o de vestidos lujosos,[b]
4 sino el interno, el del corazón, en el inco- ➤
rruptible ornato de un espíritu afable y apacible, que es de grande estima delante de Dios.
5 Porque así también se ataviaban en otro
tiempo aquellas santas mujeres que esperaban en Dios, estando sujetas a sus maridos;
6 como Sara obedecía a Abraham, llamándole señor;[c] de la cual vosotras habéis venido a

h. 2.22 Is 53.9. **i. 2.24** Is 53.5. **j. 2.25** Is 53.6.
a. 3.1 Ef 5.22; Col 3.18. **b. 3.3** 1 Ti 2.9. **c. 3.6** Gn 18.12.

LECCIONES DE VIDA

➤ ***2.18 — Criados, estad sujetos con todo respeto a vuestros amos; no solamente a los buenos y afables, sino también a los difíciles de soportar.***

La tercera parte del imperio romano era conformado por esclavos que eran considerados herramientas humanas. Aunque muchos eran doctores, maestros, mayordomos, secretarios, músicos y artistas, no tenían derechos sobre su propia vida. No obstante, Pedro enseñó que ellos siempre podían elegir la manera de responder a sus amos. Lo mismo es cierto para nosotros. Aunque nuestro empleador quizá no nos dé muchas opciones y hasta pueda ser irrazonable, nosotros tenemos la capacidad de elegir cómo responderemos a su trato. Si usted trata a su jefe con respeto, Dios es glorificado.

➤ ***2.20 — si haciendo lo bueno sufrís, y lo soportáis, esto ciertamente es aprobado delante de Dios.***

Durante este tiempo en la historia de la iglesia, muchos que se mantuvieron firmes para Cristo fueron perseguidos y maltratados en gran manera, aún al punto de ser sentenciados a muerte. Sin embargo, sus testimonios nunca fueron en vano. Cada vez que usted hace lo que sabe es conforme a la voluntad de Dios, pero es castigado por ello, no se angustie. Usted ha agradado al Señor y Él bendecirá su fidelidad. Sea paciente durante esos tiempos difíciles. No se queje ni se descorazone, sino persevere con ánimo pronto porque el Señor le reivindicará y recompensará a su debido tiempo.

➤ ***2.21 — también Cristo padeció por nosotros, dejándonos ejemplo, para que sigáis sus pisadas.***

Jesús es nuestro ejemplo supremo en todas las cosas, incluso en el sufrimiento. Cuando fue acusado falsamente, Él guardó silencio (Mt 26.59–63; Mr 14.55–61). Cuando fue sentenciado a morir, no se opuso (Jn 19.10, 11). En lugar de ello, siempre exhibió su amor perfecto y su perdón divino (Lc 23.34). De igual modo, cuando nos sometemos humildemente a la voluntad de Dios, aunque pueda significar sufrimiento para nosotros (Lc 22.42), demostramos nuestro amor a Dios. Y a través de nuestro ejemplo, muchos serán atraídos a Él (Jn 12.32).

➤ ***2.24 — llevó él mismo nuestros pecados en su cuerpo sobre el madero, para que nosotros, estando muertos a los pecados, vivamos a la justicia; y por cuya herida fuisteis sanados.***

Pedro cita a Isaías para recordarles a los creyentes el gran regalo que Cristo nos ha dado: «Él herido fue por nuestras rebeliones… y por su llaga fuimos nosotros curados» (Is 53.5). En la cruz, Jesús pagó la deuda de pecado de cada ser humano en la historia. Y en el momento mismo que lo aceptamos como nuestro Salvador personal, su provisión es aplicada a nuestra vida y el castigo pleno de nuestras transgresiones es removido para siempre.

➤ ***3.3 — Vuestro atavío no sea el externo de peinados ostentosos, de adornos de oro o de vestidos lujosos…***

Hasta en la iglesia primitiva, los creyentes eran tentados a ceder a su vanidad, y cuando se vestían de una manera inmodesta, seguían las costumbres culticas paganas en lugar de buscar la semejanza a Cristo. Por eso Pedro les enseñó que no se obsesionaran con su apariencia sino en lo que es de gran estima delante de Dios. Los creyentes deberían esmerarse por hacer lo mejor, lucir lo mejor y ser lo mejor, pero la belleza siempre debería ir más allá del aspecto externo.

ser hijas, si hacéis el bien, sin temer ninguna amenaza.
➤ 7 Vosotros, maridos, igualmente, vivid con ellas sabiamente,[d] dando honor a la mujer como a vaso más frágil, y como a coherederas de la gracia de la vida, para que vuestras oraciones no tengan estorbo.

Una buena conciencia

8 Finalmente, sed todos de un mismo sentir, compasivos, amándoos fraternalmente, misericordiosos, amigables;
9 no devolviendo mal por mal, ni maldición por maldición, sino por el contrario, bendiciendo, sabiendo que fuisteis llamados para que heredaseis bendición.
10 Porque:

El que quiere amar la vida
Y ver días buenos,
Refrene su lengua de mal,
Y sus labios no hablen engaño;
11 Apártese del mal, y haga el bien;
Busque la paz, y sígala.
12 Porque los ojos del Señor están sobre
los justos,
Y sus oídos atentos a sus oraciones;
Pero el rostro del Señor está contra
aquellos que hacen el mal.[e]

13 ¿Y quién es aquel que os podrá hacer daño, si vosotros seguís el bien?
14 Mas también si alguna cosa padecéis por causa de la justicia, bienaventurados sois.[f] Por tanto, no os amedrentéis por temor de ellos, ni os conturbéis,
➤ 15 sino santificad a Dios el Señor en vuestros corazones,[g] y estad siempre preparados para presentar defensa con mansedumbre y reverencia ante todo el que os demande razón de la esperanza que hay en vosotros;
16 teniendo buena conciencia, para que en lo que murmuran de vosotros como de malhechores, sean avergonzados los que calumnian vuestra buena conducta en Cristo.
17 Porque mejor es que padezcáis haciendo el bien, si la voluntad de Dios así lo quiere, que haciendo el mal.
18 Porque también Cristo padeció una sola vez por los pecados, el justo por los injustos, para llevarnos a Dios, siendo a la verdad muerto en la carne, pero vivificado en espíritu;
19 en el cual también fue y predicó a los espíritus encarcelados,
20 los que en otro tiempo desobedecieron, cuando una vez esperaba la paciencia de Dios en los días de Noé, mientras se preparaba el arca, en la cual pocas personas, es decir, ocho, fueron salvadas por agua.[h]
21 El bautismo que corresponde a esto ahora nos salva (no quitando las inmundicias de la carne, sino como la aspiración de una buena conciencia hacia Dios) por la resurrección de Jesucristo,
22 quien habiendo subido al cielo está a la diestra de Dios; y a él están sujetos ángeles, autoridades y potestades.

Buenos administradores de la gracia de Dios

4 PUESTO que Cristo ha padecido por nosotros en la carne, vosotros también armaos del mismo pensamiento; pues quien ha padecido en la carne, terminó con el pecado,
2 para no vivir el tiempo que resta en la carne, conforme a las concupiscencias de los hombres, sino conforme a la voluntad de Dios. ➤
3 Baste ya el tiempo pasado para haber hecho lo que agrada a los gentiles, andando

d. 3.7 Ef 5.25; Col 3.19. **e. 3.10-12** Sal 34.12-16. **f. 3.14** Mt 5.10. **g. 3.14-15** Is 8.12-13. **h. 3.20** Gn 6.1—7.24.

LECCIONES DE VIDA

➤ ***3.4 — …sino el interno, el del corazón, en el incorruptible ornato de un espíritu afable y apacible, que es de grande estima delante de Dios.***

Uno de los problemas en los días de Pedro consistía en que las mujeres en las religiones místericas eran bulliciosas e irreverentes. Por eso los cristianos siempre debían abstenerse de imitar a los paganos, tanto en el culto como en la vida diaria. Cuando servimos a Dios, no deberíamos comportarnos extravagantemente. Más bien, necesitamos ser humildes en someternos a Él y reconocerlo por ser quien Él es, en todos los aspectos de nuestra vida. Esto no significa que los cristianos deban ser débiles, inexpresivos o poco atractivos, sino que nuestra prioridad es dejar que Cristo sea glorificado en nosotros.

➤ ***3.7 — Vosotros, maridos, igualmente, vivid con ellas sabiamente, dando honor a la mujer… para que vuestras oraciones no tengan estorbo.***

¿Por qué estorbaría las oraciones de un esposo el no esforzarse por entender y honrar a su esposa? Todos los creyentes son coherederos de las promesas de Dios, y Él quiere que nos tratemos unos a otros como lo trataríamos a Él en persona. Si no honramos a nuestro prójimo, menoscabamos nuestro testimonio acerca del amor y la salvación del Señor que transforman la vida de las personas (Jn 13.35).

➤ ***3.15 — estad siempre preparados para presentar defensa con mansedumbre y reverencia ante todo el que os demande razón de la esperanza que hay en vosotros.***

Si alguien le preguntara por qué es cristiano, ¿qué diría? ¿Cómo explicaría su creencia en la resurrección o les presentaría el plan de salvación sobre la fe en Jesucristo? Si está dejando que el Señor Jesús obre a través de usted, la gente lo notará y querrán saber qué es lo que le hace diferente de los demás. Así que con toda amabilidad, explíqueles todo lo que Jesús significa para usted y lo que Él ha hecho también por amor a ellos.

➤ ***4.2 — para no vivir el tiempo que resta en la carne, conforme a las concupiscencias de los hombres, sino conforme a la voluntad de Dios.***

Si hubiera elegido hacerlo, Dios habría podido llevarnos de inmediato al cielo cuando pusimos nuestra fe en Cristo. Pero no lo hizo. ¿Por qué? Él quiere que alcancemos a otros para Él, mostrándoles cómo su poder ha cambiado nuestras vidas.

en lascivias, concupiscencias, embriagueces,
orgías, disipación y abominables idolatrías.
4 A éstos les parece cosa extraña que vosotros no corráis con ellos en el mismo desenfreno de disolución, y os ultrajan;
5 pero ellos darán cuenta al que está preparado para juzgar a los vivos y a los muertos.
6 Porque por esto también ha sido predicado
el evangelio a los muertos, para que sean juzgados en carne según los hombres, pero vivan
en espíritu según Dios.
7 Mas el fin de todas las cosas se acerca; sed,
pues, sobrios, y velad en oración.
8 Y ante todo, tened entre vosotros ferviente amor; porque el amor cubrirá multitud de
pecados.[a]
9 Hospedaos los unos a los otros sin murmuraciones.
10 Cada uno según el don que ha recibido,
minístrelo a los otros, como buenos administradores de la multiforme gracia de Dios.
11 Si alguno habla, hable conforme a las palabras de Dios; si alguno ministra, ministre conforme al poder que Dios da, para que en todo
sea Dios glorificado por Jesucristo, a quien
pertenecen la gloria y el imperio por los siglos
de los siglos. Amén.

Padeciendo como cristianos

12 Amados, no os sorprendáis del fuego de
prueba que os ha sobrevenido, como si alguna
cosa extraña os aconteciese,
13 sino gozaos por cuanto sois participantes
de los padecimientos de Cristo, para que también en la revelación de su gloria os gocéis
con gran alegría.
14 Si sois vituperados por el nombre de Cris- *
to, sois bienaventurados, porque el glorioso
Espíritu de Dios reposa sobre vosotros. Ciertamente, de parte de ellos, él es blasfemado,
pero por vosotros es glorificado.
15 Así que, ninguno de vosotros padezca
como homicida, o ladrón, o malhechor, o por
entremeterse en lo ajeno;
16 pero si alguno padece como cristiano, no se
avergüence, sino glorifique a Dios por ello.
17 Porque es tiempo de que el juicio comience por la casa de Dios; y si primero comienza
por nosotros, ¿cuál será el fin de aquellos que
no obedecen al evangelio de Dios?
18 Y:

Si el justo con dificultad se salva,
¿En dónde aparecerá el impío y el
pecador?[b]

19 De modo que los que padecen según la
voluntad de Dios, encomienden sus almas al
fiel Creador, y hagan el bien.

Apacentad la grey de Dios

5 RUEGO a los ancianos que están entre
vosotros, yo anciano también con ellos,
y testigo de los padecimientos de Cristo, que

a. 4.8 Pr 10.12. b. 4.18 Pr 11.31.

LECCIONES DE VIDA

➤ ***4.4 — A éstos les parece cosa extraña que vosotros no corráis con ellos en el mismo desenfreno de disolución, y os ultrajan.***

Las personas que nos conocían antes que pusiéramos nuestra fe en Cristo a veces no entienden por qué ya no queremos participar en las actividades impías que realizábamos antes de haber aceptado el amor de Dios. Pero no deberíamos ceder a su presión ni a su insistencia en que volvamos a aquel estilo de vida pecaminoso. Ahora tenemos la oportunidad única de ser una luz para ellos. A fin de aprovecharla bien, debemos permitir que Cristo brille a través de nosotros, y no volver a la esclavitud que una vez nos mantuvo cautivos en el pasado.

➤ ***4.8 — ante todo, tened entre vosotros ferviente amor; porque el amor cubrirá multitud de pecados.***

¿Cómo es que el amor logra cubrir multitud de pecados? Impidiendo que una transgresión pueda multiplicarse. Por ejemplo, si alguien le ofende, usted puede sentirse tentado(a) a reaccionar con ira o con sentimientos de venganza, e incluso a chismear con otros sobre el asunto. En ese caso, la iniquidad ha logrado reproducirse. En cambio, si usted responde con el amor de Dios y perdona a la persona, no sólo evita que el pecado avance su marcha, también puede conducir al ofensor a la restauración que tanto necesita (Pr 10.12; 17.9; Stg 5.16, 20).

➤ ***4.10 — Cada uno según el don que ha recibido, minístrelo a los otros, como buenos administradores de la multiforme gracia de Dios.***

¿Cómo servimos a Dios? Sirviendo a los demás (Mt 25.31–40). Cada uno de nosotros ha recibido dones y talentos especiales, y es responsabilidad nuestra el usarlos para conducir a otras personas a una relación de crecimiento personal con Jesucristo (1 Co 12.4–7).

➤ ***4.12 — no os sorprendáis del fuego de prueba que os ha sobrevenido, como si alguna cosa extraña os aconteciese,***

Sin lugar a duda, los creyentes en la iglesia primitiva se sentían confundidos por el sufrimiento y la persecución que estaban padeciendo. A veces nos pasa lo mismo. En nuestro razonamiento terrenal, pensamos que porque Dios es todopoderoso y nos ama con amor perfecto, debería impedir que las penalidades afecten nuestra vida. No recordamos que el Señor también es absolutamente sabio, y que Él usa la adversidad para profundizar nuestra relación con Él y mostrar su gloria al mundo.

➤ ***4.19 — los que padecen según la voluntad de Dios, encomienden sus almas al fiel Creador, y hagan el bien.***

El Señor puede llamarle a hacer y decir cosas que son difíciles e impopulares. Así sucedió con los primeros creyentes. Cuando ellos confesaban su creencia en Jesús como su Salvador, con frecuencia eran perseguidos por su testimonio. Sin embargo, esto valía la pena para ellos porque estaban asiéndose de la vida eterna que Jesús les proveyó (1 Ti 6.12–19). De igual modo, debemos obedecer a Dios incluso cuando sea difícil, y dejar en sus manos todas las consecuencias, porque Él ciertamente recompensará nuestra fidelidad en hacer lo correcto.

soy también participante de la gloria que será revelada:
2 Apacentad la grey de Dios[a] que está entre vosotros, cuidando de ella, no por fuerza, sino voluntariamente; no por ganancia deshonesta, sino con ánimo pronto;
3 no como teniendo señorío sobre los que están a vuestro cuidado, sino siendo ejemplos de la grey.
4 Y cuando aparezca el Príncipe de los pastores, vosotros recibiréis la corona incorruptible de gloria.
5 Igualmente, jóvenes, estad sujetos a los ancianos; y todos, sumisos unos a otros, revestíos de humildad; porque:

Dios resiste a los soberbios,
Y da gracia a los humildes.[b]

6 Humillaos, pues, bajo la poderosa mano de Dios, para que él os exalte cuando fuere tiempo;[c]
7 echando toda vuestra ansiedad sobre él, porque él tiene cuidado de vosotros.
8 Sed sobrios, y velad; porque vuestro adversario el diablo, como león rugiente, anda alrededor buscando a quien devorar;
9 al cual resistid firmes en la fe, sabiendo que los mismos padecimientos se van cumpliendo en vuestros hermanos en todo el mundo.
10 Mas el Dios de toda gracia, que nos llamó a su gloria eterna en Jesucristo, después que hayáis padecido un poco de tiempo, él mismo os perfeccione, afirme, fortalezca y establezca.
11 A él sea la gloria y el imperio por los siglos de los siglos. Amén.

Salutaciones finales

12 Por conducto de Silvano,[d] a quien tengo por hermano fiel, os he escrito brevemente, amonestándoos, y testificando que ésta es la verdadera gracia de Dios, en la cual estáis.
13 La iglesia que está en Babilonia, elegida juntamente con vosotros, y Marcos[e] mi hijo, os saludan.
14 Saludaos unos a otros con ósculo de amor. Paz sea con todos vosotros los que estáis en Jesucristo. Amén.

a. 5.2 Jn 21.15-17. **b. 5.5** Pr 3.34. **c. 5.6** Mt 23.12; Lc 14.11; 18.14. **d. 5.12** Hch 15.22, 40. **e. 5.13** Hch 12.12, 25; 13.13; 15.37-39; Col 4.10; Flm 24.

LECCIONES DE VIDA

➢ *5.2 — Apacentad la grey de Dios que está entre vosotros, cuidando de ella, no por fuerza, sino voluntariamente.*

Dios se deleita en el servicio voluntario, no en el cumplimiento quejoso, como si le estuviéramos haciendo un favor al someternos a sus instrucciones. La obediencia entusiasta revela un corazón enamorado de Aquel que dio la orden.

➢ *5.5 — todos... revestíos de humildad; porque: Dios resiste a los soberbios, y da gracia a los humildes.*

¿Está dispuesto(a) a hacer todo lo que Dios le llame a hacer, bien sea dictar una clase, ministrar a personas recluidas, trabajar en el estacionamiento, o irse de misionero(a) a otro continente? No podemos ser arrogantes y decirle al Señor qué es lo que estamos dispuestos a hacer para Él, pensando que sabemos qué es lo mejor. Él aborrece esa clase de actitud soberbia. Más bien, debemos someternos humildemente a lo que Él nos llame a hacer, confiando siempre que su plan para nosotros es lo mejor.

➢ *5.6 — Humillaos, pues, bajo la poderosa mano de Dios, para que él os exalte cuando fuere tiempo.*

Cuando Pedro empezó a seguir a Jesús, creyó que Cristo conduciría a Israel a la victoria sobre el imperio romano. Por eso cuando el Señor fue a la cruz, sus sueños de grandeza fueron destrozados. Sin embargo, la resurrección de Jesús le mostró que su vida tendría un propósito más importante de lo que él hubiera concebido alguna vez. Había todo un reino eterno por construir, y Dios obró poderosamente a través de este discípulo en el avance de sus buenas nuevas. Lo mismo es cierto en su caso. Tal vez no entienda por qué el Señor haya permitido que sus sueños fracasen, pero acepte humildemente su voluntad, sabiendo que el plan de Dios para usted es mucho mejor de lo que usted se podría imaginar.

➢ *5.7 — echando toda vuestra ansiedad sobre él, porque él tiene cuidado de vosotros.*

Una y otra vez en las Escrituras, somos exhortados con la orden: «no temáis» (Dt 3.22; Jl 2.21; también Dt 31.6; Sal 56.4; Is 35.4; 41.10, 13; Jer 1.8; Jn 14.27). ¿Por qué? Porque el Señor puede encargarse de cualquier problema o dificultad que podamos enfrentar en la vida, y Él se ha comprometido a ayudarnos con tal que lo obedezcamos. Sin importar qué sea lo que nos afecte o nos preocupe, Dios quiere que lo traigamos a Él. El Señor siempre quiere lo mejor para nosotros y siempre nos ayudará a convertirnos en las personas que fuimos creadas para llegar a ser.

➢ *5.8 — Sed sobrios, y velad; porque vuestro adversario el diablo, como león rugiente, anda alrededor buscando a quien devorar.*

Nunca debemos olvidar que estamos en una guerra espiritual, contra un enemigo que siempre busca nuestros puntos débiles, nunca deberíamos darle cabida ni oportunidad. Sin importar cuán bien parezcan marchar las cosas en nuestra vida, siempre debemos mantener nuestros corazones y nuestras mentes enfocados en Cristo, viviendo en obediencia a sus mandatos y fieles a sus propósitos (Ef 6.10–17).

➢ *5.10 — el Dios de toda gracia, que nos llamó a su gloria eterna en Jesucristo, después que hayáis padecido un poco de tiempo, él mismo os perfeccione, afirme, fortalezca y establezca.*

Aunque tengamos algún sufrimiento que puede parecernos interminable, si entendemos que Dios tiene un propósito con el mismo, para perfeccionarnos, afirmarnos, fortalecernos y establecernos, seremos capaces de reconocer la actividad del Señor y acoger su trato amoroso con nosotros. Tome la iniciativa en su fe en lo que se refiere a buscar a Dios y obedecer su voluntad. Así Él le dará esperanza, y le conformará a su imagen. Los momentos sombríos durarán solo el tiempo necesario para que Dios lleve a cabo su propósito en y a través de nosotros.

LA SEGUNDA EPÍSTOLA DE PEDRO

En su segunda carta, Pedro advierte a creyentes en todo lugar contra los falsos maestros que intentaban distorsionar la verdad del evangelio. Así como 1 Pedro anima a los creyentes a mantenerse firmes y fuertes a pesar de la persecución por causas externas, 2 Pedro amonesta a los cristianos a permanecer fieles a pesar de aquellas personas dentro de la iglesia que predican una doctrina impía e ilegítima.

Pedro comienza apremiando a los creyentes a cuidar su vida personal y mantenerse en obediencia al Señor. La vida cristiana exige diligencia en la búsqueda de la excelencia moral, el conocimiento, el dominio propio, la perseverancia, la piedad, la bondad fraternal y el amor abnegado. Tal vida piadosa redunda en grandes bendiciones: «si estas cosas están en vosotros, y abundan, no os dejarán estar ociosos ni sin fruto en cuanto al conocimiento de nuestro Señor Jesucristo» (2 P 1.8).

En el extremo opuesto, los falsos maestros trataban de seducir a los creyentes y alejarlos de la fe, promoviendo la sensualidad, la arrogancia, la avaricia y la codicia. Ellos desdeñaban la realidad de un juicio futuro y vivían como si la prosperidad del momento fuera a durar para siempre. Pedro les recordó a sus lectores que aunque Dios es amoroso, magnánimo y tardo para la ira, en últimas juzgará al mundo. Además, los falsos maestros que han hecho desviar a los creyentes «perecerán en su propia perdición, recibiendo el galardón de su injusticia» (2 P 2.12, 13).

Nosotros como creyentes, jamás deberíamos olvidar que el Señor Jesús ciertamente volverá a la tierra en poder y gran gloria, trayendo con Él tanto su juicio como sus recompensas. En vista de ese hecho asombroso, deberíamos ser diligentes y vivir de una manera piadosa, irreprensible y sin mancha (2 P 3.11–15).

Para distinguir esta epístola de la primera carta escrita por Pedro, se le dio en griego el título *Pétrou B*, «Segunda de Pedro».

Tema: Los falsos maestros pueden esparcir doctrinas que apelan a la carne, pero encararán el gran juicio temible de Dios, al igual que todos aquellos que adopten sus enseñanzas.

Autor: El apóstol Pedro.

Fecha: Probablemente se escribió entre 65–67 d.C.

Estructura: Pedro se presenta (1.1, 2), anima a sus amigos a crecer en la piedad (1.3–11), explica su propósito al escribir y su autoridad para hacerlo (1.12–21), advierte en contra de los falsos maestros (2.1–22), les recuerda el regreso de Jesús (3.1–16), y termina con algunos comentarios (3.17, 18).

A medida que lea 2 Pedro, fíjese en los principios de vida que juegan un papel importante en este libro:

24. Vivir la vida cristiana es permitir al Señor Jesús vivir su vida en y por medio de nosotros. *Véase 2 Pedro 1.3, 4; página 1445.*

21. La obediencia siempre trae bendición consigo. *Véase 2 Pedro 2.9; página 1446.*

14. Dios actúa a favor de quienes esperan en Él. *Véase 2 Pedro 3.4, 8; página 1448.*

30. El deseo ferviente del regreso del Señor nos mantiene viviendo productivamente. *Véase 2 Pedro 3.10–13; páginas 1448-1449.*

Salutación

1 SIMÓN Pedro, siervo y apóstol de Jesucristo,
a los que habéis alcanzado, por la justicia
de nuestro Dios y Salvador Jesucristo, una fe
igualmente preciosa que la nuestra:
2 Gracia y paz os sean multiplicadas, en el
conocimiento de Dios y de nuestro Señor
Jesús.

Partícipes de la naturaleza divina

➤ 3 Como todas las cosas que pertenecen a la vida
y a la piedad nos han sido dadas por su divino
poder, mediante el conocimiento de aquel que
nos llamó por su gloria y excelencia,
* 4 por medio de las cuales nos ha dado preciosas
➤ y grandísimas promesas, para que por ellas llegaseis a ser participantes de la naturaleza divina, habiendo huido de la corrupción que hay
en el mundo a causa de la concupiscencia;
5 vosotros también, poniendo toda diligencia
por esto mismo, añadid a vuestra fe virtud; a
la virtud, conocimiento;
6 al conocimiento, dominio propio; al dominio propio, paciencia; a la paciencia, piedad;
7 a la piedad, afecto fraternal; y al afecto fraternal, amor.
➤ 8 Porque si estas cosas están en vosotros, y
abundan, no os dejarán estar ociosos ni sin
fruto en cuanto al conocimiento de nuestro
Señor Jesucristo.
9 Pero el que no tiene estas cosas tiene la vista muy corta; es ciego, habiendo olvidado la
purificación de sus antiguos pecados.
10 Por lo cual, hermanos, tanto más procurad *
hacer firme vuestra vocación y elección; porque haciendo estas cosas, no caeréis jamás.
11 Porque de esta manera os será otorgada
amplia y generosa entrada en el reino eterno
de nuestro Señor y Salvador Jesucristo.
12 Por esto, yo no dejaré de recordaros siempre estas cosas, aunque vosotros las sepáis, y
estéis confirmados en la verdad presente.
13 Pues tengo por justo, en tanto que estoy en
este cuerpo, el despertaros con amonestación;
14 sabiendo que en breve debo abandonar el
cuerpo, como nuestro Señor Jesucristo me ha
declarado.
15 También yo procuraré con diligencia que
después de mi partida vosotros podáis en todo
momento tener memoria de estas cosas.

Testigos presenciales dela gloria de Cristo

16 Porque no os hemos dado a conocer el poder ➤
y la venida de nuestro Señor Jesucristo siguiendo fábulas artificiosas, sino como habiendo visto con nuestros propios ojos su majestad.
17 Pues cuando él recibió de Dios Padre honra y gloria, le fue enviada desde la magnífica
gloria una voz que decía: Este es mi Hijo amado, en el cual tengo complacencia.
18 Y nosotros oímos esta voz enviada del ➤
cielo, cuando estábamos con él en el monte santo.[a]

a. 1.17-18 Mt 17 1-5; Mr 9.2-7; Lc 9.28-35.

LECCIONES DE VIDA

➤ ***1.3 — todas las cosas que pertenecen a la vida y a la piedad nos han sido dadas por su divino poder, mediante el conocimiento de aquel que nos llamó.***

En ocasiones podemos frustrarnos porque queremos crecer en nuestra fe, pero se nos dificulta entender qué es lo que Dios quiere que hagamos. Sin embargo, vivir la vida cristiana significa dejar que Jesús viva su vida a través de nosotros, y ya hemos recibido todo lo que necesitamos para ser más semejantes a Él. Así que no se angustie. Aquel que le salvó es capaz de enseñarle cómo vivir una vida que le agrade.

➤ ***1.4 — por medio de las cuales nos ha dado preciosas y grandísimas promesas, para que por ellas llegaseis a ser participantes de la naturaleza divina, habiendo huido de la corrupción que hay en el mundo a causa de la concupiscencia.***

Como creyentes, somos participantes de una vida totalmente nueva (2 Co 5.17), que es una naturaleza divina por medio de la cual Jesús mora en nosotros. Esto hace posible cualquier cosa por el poder de Cristo. También hemos recibido promesas asombrosas mediante las cuales Él desarrolla su carácter en nosotros. A medida que esperamos en fe que estas promesas sean cumplidas, aprendemos a huir del pecado, apoyarnos en Él, obtener consuelo de su Palabra, y oír su voz. Es cuando Cristo reina en nosotros que llegamos a ser tal como Él quiso que fuésemos al crearnos.

➤ ***1.8 — si estas cosas están en vosotros, y abundan, no os dejarán estar ociosos ni sin fruto en cuanto al conocimiento de nuestro Señor Jesucristo.***

¿Se pregunta si está madurando en su andar con el Señor? Pedro ofrece una manera certera de saber si su relación está creciendo, profundizándose y dando más y más fruto. No es por las obras ni por los sacrificios que usted haga, sino por la calidad de su carácter, y según esté o no reflejando cada vez en mayor medida la gloria de Dios (Ro 8.29).

➤ ***1.16 — no os hemos dado a conocer el poder y la venida de nuestro Señor Jesucristo siguiendo fábulas artificiosas, sino como habiendo visto con nuestros propios ojos su majestad.***

Los falsos profetas afirmaban que el evangelio era meramente un mito, una herramienta más para enseñar doctrina, en el mismo nivel que las historias ficticias que otras religiones habían usado a través de las edades. Por esa razón, Pedro afirmó que él era un testigo presencial de la vida, la transfiguración, la muerte y la resurrección de Jesucristo. A diferencia de las deidades de otros cultos, Jesús es real y redime a aquellos que creen en Él. Pedro perseveró y nunca dejó de predicar el evangelio, porque conocía la verdad: Jesús es el único camino a la salvación.

➤ ***1.18 — nosotros oímos esta voz enviada del cielo, cuando estábamos con él en el monte santo.***

Aquí Pedro se refiere a la ocasión cuando él, Jacobo y Juan fueron testigos de la transfiguración de Jesús y oyeron la proclamación del Padre (Mt 17.1–8; Mr 9.1–8; Lc 9.28–36). Ellos pudieron ver a Jesús como el Mesías glorificado y como el cumplimiento de la ley y de los profetas (Mt 5.17, 18; Lc 24.44–47). Ellos sabían con conocimiento de hecho que Él no era un simple líder más de su época.

19 Tenemos también la palabra profética más
segura, a la cual hacéis bien en estar atentos
como a una antorcha que alumbra en lugar
oscuro, hasta que el día esclarezca y el lucero
de la mañana salga en vuestros corazones;
➤20 entendiendo primero esto, que ninguna
profecía de la Escritura es de interpretación
privada,
21 porque nunca la profecía fue traída por
voluntad humana, sino que los santos hombres de Dios hablaron siendo inspirados por
el Espíritu Santo.

Falsos profetas y falsos maestros

(Jud 3-13)

➤2 PERO hubo también falsos profetas entre el pueblo, como habrá entre vosotros falsos maestros, que introducirán encubiertamente herejías destructoras, y aun negarán
al Señor que los rescató, atrayendo sobre sí
mismos destrucción repentina.
2 Y muchos seguirán sus disoluciones, por
causa de los cuales el camino de la verdad
será blasfemado,
3 y por avaricia harán mercadería de vosotros
con palabras fingidas. Sobre los tales ya de
largo tiempo la condenación no se tarda, y su
perdición no se duerme.
4 Porque si Dios no perdonó a los ángeles que
pecaron, sino que arrojándolos al infierno los
entregó a prisiones de oscuridad, para ser
reservados al juicio;
5 y si no perdonó al mundo antiguo, sino que
guardó a Noé, pregonero de justicia, con otras
siete personas, trayendo el diluvio sobre el
mundo de los impíos;[a]
6 y si condenó por destrucción a las ciudades de Sodoma y de Gomorra, reduciéndolas
a ceniza[b] y poniéndolas de ejemplo a los que
habían de vivir impíamente,
7 y libró al justo Lot, abrumado por la nefanda conducta de los malvados[c]
8 (porque este justo, que moraba entre ellos,
afligía cada día su alma justa, viendo y oyendo los hechos inicuos de ellos),
9 sabe el Señor librar de tentación a los piadosos, y reservar a los injustos para ser castigados en el día del juicio; *≺
10 y mayormente a aquellos que, siguiendo la
carne, andan en concupiscencia e inmundicia, y desprecian el señorío. Atrevidos y contumaces, no temen decir mal de las potestades
superiores,
11 mientras que los ángeles, que son mayores
en fuerza y en potencia, no pronuncian juicio
de maldición contra ellas delante del Señor.
12 Pero éstos, hablando mal de cosas que no
entienden, como animales irracionales, nacidos para presa y destrucción, perecerán en su
propia perdición,
13 recibiendo el galardón de su injusticia, ya
que tienen por delicia el gozar de deleites
cada día. Éstos son inmundicias y manchas,
quienes aun mientras comen con vosotros, se
recrean en sus errores.
14 Tienen los ojos llenos de adulterio, no se
sacian de pecar, seducen a las almas inconstantes, tienen el corazón habituado a la codicia, y son hijos de maldición.
15 Han dejado el camino recto, y se han extraviado siguiendo el camino de Balaam hijo de
Beor, el cual amó el premio de la maldad,
16 y fue reprendido por su iniquidad; pues
una muda bestia de carga, hablando con voz
de hombre, refrenó la locura del profeta.[d]
17 Éstos son fuentes sin agua, y nubes empujadas por la tormenta; para los cuales la más
densa oscuridad está reservada para siempre.
18 Pues hablando palabras infladas y vanas,
seducen con concupiscencias de la carne y
disoluciones a los que verdaderamente habían
huido de los que viven en error.
19 Les prometen libertad, y son ellos mismos ≺
esclavos de corrupción. Porque el que es vencido por alguno es hecho esclavo del que lo
venció.
20 Ciertamente, si habiéndose ellos escapa- ≺
do de las contaminaciones del mundo, por el

a. 2.5 Gn 6.1—7.24. **b. 2.6** Gn 19.24. **c. 2.7** Gn 19.1-16. **d. 2.15-16** Nm 22.4-35.

LECCIONES DE VIDA

➤ ***1.20, 21 — ninguna profecía de la Escritura es de interpretación privada, porque nunca la profecía fue traída por voluntad humana, sino que los santos hombres de Dios hablaron siendo inspirados por el Espíritu Santo.***

En un tiempo, Pedro pensó que la misión de Cristo era libertar a Israel del yugo opresor de Roma (Mt 16.13–23; Jn 18.10, 11). No obstante, el propósito de Jesús era de mucho mayor alcance. Él vino a libertar a la humanidad del pecado y de la muerte. Así como nadie habría podido predecir de qué manera Dios salvaría al mundo, tampoco deberíamos presumir que sabemos de qué manera cumplirá sus promesas a nosotros.

➤ ***2.1 — hubo también falsos profetas entre el pueblo, como habrá entre vosotros falsos maestros, que introducirán encubiertamente herejías destructoras.***

La mejor manera de reconocer la doctrina falsificada es familiarizarse por completo con la verdad. Una persona que ande diariamente con el Señor y ha sido enseñada en la Palabra por su Espíritu Santo, no se dejará desviar fácilmente por las falsas enseñanzas.

➤ ***2.9 — sabe el Señor librar de tentación a los piadosos, y reservar a los injustos para ser castigados en el día del juicio.***

La obediencia trae bendición, mientras que la rebelión conlleva condenación. En este pasaje, Pedro muestra las consecuencias de seguir a los falsos profetas, enumerando las múltiples ocasiones a lo largo de la historia, cuando el Señor juzgó a los malvados pero salvó a los íntegros.

LO QUE LA BIBLIA DICE ACERCA DE
EL CRECIMIENTO ESPIRITUAL

2 P 1.2–12

No son muchas las personas que pueden decir que el mismo día en que fueron salvos, alguien les explicó los pasos necesarios para el crecimiento espiritual. Lamentablemente, algunos creyentes *nunca* se enteran de cómo deben desarrollar su relación con el Señor. Puesto que ninguno de nosotros madura como cristiano sin emprender acción, Pedro instruye a los creyentes: «creced en la gracia y el conocimiento de nuestro Señor y Salvador Jesucristo» (2 P 3.18).

¿Cómo entonces hemos de crecer? Segunda de Pedro 1.3 nos promete que «todas las cosas que pertenecen a la vida y a la piedad nos han sido dadas por su divino poder». Es Dios quien nos transforma en su imagen, pero es responsabilidad nuestra poner en práctica todo lo que Él nos enseña. Segunda de Pedro 1.5–7 continúa: «vosotros también, poniendo toda diligencia por esto mismo, añadid a vuestra fe virtud; a la virtud, conocimiento; al conocimiento, dominio propio; al dominio propio, paciencia; a la paciencia, piedad; a la piedad, afecto fraternal; y al afecto fraternal, amor».

La Biblia nos da principios poderosos para llevar esto a cabo.

Primero, somos responsables de renovar nuestra mente (Ro 12.2). Aunque Dios nos salva y nos da un nuevo espíritu, es nuestro deber controlar los pensamientos que albergamos y enfocar nuestras mentes en lo que honra al Señor, de tal modo que nuestra manera de pensar pueda ser transformada. Por lo tanto, debemos meditar en la Palabra, considerando su significado y aplicando a nuestras vidas la verdad que vayamos descubriendo, porque así es como el Espíritu Santo nos cambia y llegamos a tener «la mente de Cristo» (1 Co 2.16).

Algunos creyentes nunca se enteran de cómo crecer en la gracia.

Segundo, debemos estar dispuestos a reconocer nuestras fallas y asumir responsabilidad por ellas. Cuando negamos nuestro pecado, retrasamos nuestro crecimiento espiritual. En cambio, si confesamos nuestras transgresiones, sucede lo contrario y maduramos, porque admitimos nuestra dependencia de Dios. Juan nos dice: «Si confesamos nuestros pecados, él es fiel y justo para perdonar nuestros pecados, y limpiarnos de toda maldad» (1 Jn 1.9).

El tercer paso sigue naturalmente al segundo, ya que la confesión debe ser seguida por el arrepentimiento. Este paso consiste en algo más que reconocer que hicimos lo malo o prometer que nos esforzaremos más en el futuro. Arrepentirnos significa que nos comprometemos a dar un giro de 180 grados y encaminarnos en la dirección opuesta a nuestro pecado. Pablo enseñó a todos «que se arrepintiesen y se convirtiesen a Dios, haciendo obras dignas de arrepentimiento» (Hch 26.20). En lugar de una conducta indebida para un creyente, se produce en nosotros el fruto del Espíritu: «amor, gozo, paz, paciencia, benignidad, bondad, fe, mansedumbre, templanza» (Gá 5.22, 23).

La meta principal de Dios es que todos los creyentes lleguen a ser semejantes a Cristo. Esto sucede únicamente cuando, por medio de la fe, obedecemos sus mandatos y aplicamos sus principios a nuestra vida. De ese modo, en poco tiempo nuestra relación con Él comienza a hacerse más profunda en maneras que nunca pensamos posibles.

Para un estudio más a fondo, véase el Índice de Principios de vida:

2. *Obedezcamos a Dios y dejemos las consecuencias en sus manos.*

24. *Vivir la vida cristiana es permitir al Señor Jesús vivir su vida en y por medio de nosotros.*

1. *Nuestra intimidad con Dios, que es su prioridad para nosotros, determina el impacto que causen nuestras vidas.*

conocimiento del Señor y Salvador Jesucristo,
enredándose otra vez en ellas son vencidos, su
postrer estado viene a ser peor que el primero.
21 Porque mejor les hubiera sido no haber
conocido el camino de la justicia, que después
de haberlo conocido, volverse atrás del santo
mandamiento que les fue dado.
22 Pero les ha acontecido lo del verdadero
proverbio: El perro vuelve a su vómito,[e] y la
puerca lavada a revolcarse en el cieno.

El día del Señor vendrá

3 AMADOS, ésta es la segunda carta que os
escribo, y en ambas despierto con exhortación vuestro limpio entendimiento,
2 para que tengáis memoria de las palabras
que antes han sido dichas por los santos profetas, y del mandamiento del Señor y Salvador dado por vuestros apóstoles;
➤ 3 sabiendo primero esto, que en los postreros
días vendrán burladores, andando según sus
propias concupiscencias,[a]
➤ 4 y diciendo: ¿Dónde está la promesa de su
advenimiento? Porque desde el día en que los
padres durmieron, todas las cosas permanecen
así como desde el principio de la creación.
5 Éstos ignoran voluntariamente, que en el
tiempo antiguo fueron hechos por la palabra
de Dios los cielos, y también la tierra, que proviene del agua y por el agua subsiste,[b]
6 por lo cual el mundo de entonces pereció
anegado en agua;[c]
7 pero los cielos y la tierra que existen ahora,
están reservados por la misma palabra, guardados para el fuego en el día del juicio y de la
perdición de los hombres impíos.
8 Mas, oh amados, no ignoréis esto: que para ≺
con el Señor un día es como mil años, y mil
años como un día.[d]
9 El Señor no retarda su promesa, según ✱
algunos la tienen por tardanza, sino que es ≺
paciente para con nosotros, no queriendo que
ninguno perezca, sino que todos procedan al
arrepentimiento.
10 Pero el día del Señor vendrá como ladrón
en la noche;[e] en el cual los cielos pasarán con
grande estruendo, y los elementos ardiendo
serán deshechos, y la tierra y las obras que en
ella hay serán quemadas.

e. 2.22 Pr 26.11. **a. 3.3** Jud 18. **b. 3.5** Gn 1.6-8. **c. 3.6** Gn 7.11. **d. 3.8** Sal 90.4. **e. 3.10** Mt 24.43; Lc 12.39; 1 Ts 5.2; Ap 16.15.

LECCIONES DE VIDA

➤ ***2.19 — Les prometen libertad, y son ellos mismos esclavos de corrupción. Porque el que es vencido por alguno es hecho esclavo del que lo venció.***

Los falsos maestros ofrecen engañosamente placer inmediato sin castigo, pero la verdad es que cuando usted participa en tales actividades inmorales, pisa una trampa mortal y sufre terribles consecuencias. Santiago nos dice que «la concupiscencia, después que ha concebido, da a luz el pecado; y el pecado, siendo consumado, da a luz la muerte» (Stg 1.15). A menudo la gente nos anima a unirnos a ellos para pecar. No tenemos que ceder a la tentación ni enredarnos en la trampa de un estilo de vida destructivo. Sólo Jesús ofrece libertad verdadera (Jn 8.36).

➤ ***2.20 — si habiéndose ellos escapado de las contaminaciones del mundo, por el conocimiento del Señor y Salvador Jesucristo, enredándose otra vez en ellas son vencidos, su postrer estado viene a ser peor que el primero.***

Cuando Jesús preguntó a Pedro y a los demás discípulos si iban a dejarlo como otros ya lo habían hecho, el pescador le contestó: «Señor, ¿a quién iremos? Tú tienes palabras de vida eterna» (Jn 6.68). Nadie más las tiene. Por eso, es una condición terrible cuando una persona conoce la verdad y sigue esclavizada al pecado. Si usted es creyente, no hay razón alguna para que continúe bajo servidumbre en la inmoralidad, el temor, la falta de perdón, los celos o alguna adicción. Ninguna de estas cosas nos brinda satisfacción, en cambio Jesús sí. Confíe en Él para que le ponga en libertad y satisfaga su alma.

➤ ***3.3 — sabiendo primero esto, que en los postreros días vendrán burladores, andando según sus propias concupiscencias.***

¿Por qué Pedro quiere que estemos alerta a los burladores que vendrán? Si no estamos preparados, sus burlas pueden lograr lo que no puede el debate razonado. La burla puede motivar a los incautos que no están anclados en la fe, a transigir y dejarse llevar por la corriente en su imprudencia.

➤ ***3.4 — ¿Dónde está la promesa de su advenimiento? Porque desde el día en que los padres durmieron, todas las cosas permanecen así como desde el principio de la creación.***

El enemigo le dirá que como el Señor todavía no le ha cumplido alguna promesa específica, nunca lo hará. Esta es una mentira. Recuerde que Dios siempre actúa a favor de quienes esperan en Él. Así que sea paciente y confíe que *todo* lo que el Señor ha prometido dará su fruto en su tiempo perfecto (Jos 21.45; 23.15; 1 R 8.56).

➤ ***3.8 — no ignoréis esto: que para con el Señor un día es como mil años, y mil años como un día.***

Definitivamente, Dios no opera este mundo según nuestro calendario. Su perspectiva del tiempo es intrínsecamente diferente al nuestro. Lo que sentimos como una tardanza es justo a tiempo en su agenda. Con frecuencia Él nos hace esperar, no para frustrarnos sino para profundizar nuestra confianza en Él.

➤ ***3.9 — El Señor no retarda su promesa, según algunos la tienen por tardanza, sino que es paciente para con nosotros, no queriendo que ninguno perezca, sino que todos procedan al arrepentimiento.***

Algunos creen que por cuanto Dios no quiere que nadie perezca, no permitirá que una sola persona sea condenada al infierno. Sin embargo, el Señor nos dio a cada uno el libre albedrío, para elegir o rechazar el camino que Él ha provisto para la salvación. El sacrificio de Cristo en la cruz fue suficiente para salvar a toda la humanidad, pero Juan 3.18 nos dice que «el que no cree, ya ha sido condenado, porque no ha creído en el nombre del unigénito Hijo de Dios».

11 Puesto que todas estas cosas han de ser
deshechas, ¡cómo no debéis vosotros andar en
santa y piadosa manera de vivir,
12 esperando y apresurándoos para la venida del día de Dios, en el cual los cielos, encen-
diéndose, serán deshechos, y los elementos,
siendo quemados, se fundirán!
13 Pero nosotros esperamos, según sus promesas, cielos nuevos y tierra nueva, en los
cuales mora la justicia.[f]
14 Por lo cual, oh amados, estando en espera de estas cosas, procurad con diligencia ser
hallados por él sin mancha e irreprensibles,
en paz.
15 Y tened entendido que la paciencia de
nuestro Señor es para salvación; como también nuestro amado hermano Pablo, según la
sabiduría que le ha sido dada, os ha escrito,
16 casi en todas sus epístolas, hablando en
ellas de estas cosas; entre las cuales hay
algunas difíciles de entender, las cuales los
indoctos e inconstantes tuercen, como también las otras Escrituras, para su propia
perdición.
17 Así que vosotros, oh amados, sabiéndolo de antemano, guardaos, no sea que arrastrados por el error de los inicuos, caigáis de
vuestra firmeza.
18 Antes bien, creced en la gracia y el conocimiento de nuestro Señor y Salvador Jesucristo. A él sea gloria ahora y hasta el día de la
eternidad. Amén.

f. 3.13 Is 65.17; 66.22; Ap 21.1.

LECCIONES DE VIDA

➤ ***3.12 — esperando y apresurándoos para la venida del día de Dios.***

En el tiempo de Pedro, los creyentes que experimentaban persecución estaban ansiosos que Cristo regresara para librarlos del sufrimiento y la opresión. Sin embargo, esta profecía de los últimos tiempos no fue dada meramente para aliviarlos sino para estimularlos a vivir de una manera piadosa. El deseo ferviente del regreso del Señor nos mantiene viviendo productivamente. Saber lo que nos espera debería motivarnos a agradar a Dios, ante Quien compareceremos y daremos cuenta de nuestra vida (1 Co 3.11–15).

➤ ***3.16 — entre las cuales hay algunas difíciles de entender.***

No deberíamos desanimarnos ni sorprendernos al encontrar pasajes bíblicos o principios espirituales de difícil comprensión. Pedro tuvo la misma dificultad en ciertas ocasiones, y Dios obró a través de él para consignar las Sagradas Escrituras. Deberíamos seguir su ejemplo de acudir al Señor para recibir entendimiento. Aquel que nos salva es fiel para enseñarnos sus caminos cuando lo buscamos.

➤ ***3.18 — creced en la gracia y el conocimiento de nuestro Señor y Salvador Jesucristo.***

Dios quiere que sigamos creciendo espiritual, mental y emocionalmente, y Él ha provisto la manera para que lo logremos, mediante la lectura y el estudio de su Palabra. (Ro 8.29; Ro 12.2). Así es como renovamos nuestras mentes y aprendemos aun más acerca de Él y su verdad.

LA PRIMERA EPÍSTOLA DE

JUAN

Dios es luz, amor y vida. Juan disfrutó una comunión gozosa con el Señor y quería que todos los creyentes experimentaran lo mismo. Tristemente, se infiltraron en la iglesia falsos maestros quienes trastornaban los corazones de sus miembros a alejarse de Dios. La iglesia estaba empezando a dividirse por la herejía, la cual se debía a la fuerte influencia del gnosticismo, y por esa razón Juan les recordó a los hermanos los fundamentos de la fe:

Dios es luz. Para poder disfrutar la comunión con el Señor, debemos andar en su resplandor y en su verdad. A fin de hacer esto, debemos estar dispuestos a confesar nuestros pecados y permitir que la sangre de Cristo nos limpie continuamente de toda iniquidad. También debemos abstenernos de seguir las costumbres impías del mundo y de creer las mentiras seductoras de los falsos maestros.

Dios es amor. Puesto que somos sus hijos, debemos andar en su amor incondicional. El amor es más que sólo palabras; requiere acción. El amor incondicional de Dios debería caracterizar nuestras vidas. Como personas que tenemos su amor viviendo en nosotros, necesitamos representar con autenticidad la bondad y el perdón de Cristo a los demás.

Dios es vida. Quienes creen en Jesucristo poseen vida eterna, y esto se evidencia en nuestra obediencia fiel a Él. Nos sometemos a la dirección de su Espíritu en plena confianza, pues sabemos que Él proveerá todo lo que necesitemos.

La segunda epístola de Juan recuerda a «la señora elegida y a sus hijos» (2 Jn 1) que deberían amarse los unos a los otros, pero también les advierte que sus relaciones con otros debían estar enraizadas en el discernimiento piadoso. Cuando los falsos maestros viajaban de pueblo en pueblo, los creyentes fueron advertidos de no ofrecerles hospedaje. Pues aquellos que no reconocían que Cristo ha venido en la carne abundaban, y era necio abrir la puerta a sus doctrinas engañosas.

En 3 Juan, el apóstol elogia a un hombre llamado Gayo por ser buen anfitrión de los misioneros que la iglesia de Juan había enviado, y por mantenerse fuerte en la fe. Por otro lado, también reprende a Diótrefes por negarles el alojamiento, y por dividir a la congregación divulgando con malicia chismes sobre aquellos que ocupan posiciones de autoridad.

Aunque el nombre del apóstol Juan no se encuentra en ninguno de estos textos sagrados, les fueron asignados los títulos de *Iōánnou A*, *B* y *C*, o «Primera de Juan», «Segunda de Juan» y «Tercera de Juan».

Tema: Por su mismo carácter, Dios es amor, y conocerlo es extender su amor a quienes nos rodean. Sin embargo, también debemos ser cuidadosos y andar en su verdad, reconociendo que «Jesucristo el justo… es la propiciación por nuestros pecados; y no solamente por los nuestros, sino también por los de todo el mundo» (1 Jn 2.1, 2).

Autor: El apóstol Juan.

Fecha: Se cree que estas cartas fueron escritas desde Éfeso, casi al final del siglo primero, y que estuvieron en circulación a través de las provincias romanas de Asia.

Estructura: Primera Juan empieza por recordar a los creyentes la encarnación de Cristo (1.1–4), luego les imparte instrucción sobre cómo vivir en comunión con el Señor (1.5—2.28) y sobre su vida como hijos de Dios (2.29—5.17). El libro termina con la mejor manera de identificar al Dios verdadero y rechazar a los maestros falsos (5.18–21). Segunda Juan anima a los creyentes a andar en los mandamientos de Cristo (vv. 1–6) y tener cuidado con los engañadores (vv. 7–13), mientras Tercera Juan pondera la hospitalidad (vv. 1–8) y la vida piadosa (vv. 9–15).

A medida que lea las epístolas de Juan, fíjese en los principios de vida que juegan un papel importante en este libro:

3. La Palabra de Dios es ancla inconmovible en las tormentas. *Véase 1 Juan 1.3; página 1451.*

21. La obediencia siempre trae bendición consigo. *Véase 1 Juan 1.4; página 1451.*

1. Nuestra intimidad con Dios, que es su prioridad para nosotros, determina el impacto que causen nuestras vidas. *Véase 1 Juan 2.6; 4.8; páginas 1452; 1455.*

17. De rodillas somos más altos y más fuertes. *Véase 1 Juan 5.14; página 1456.*

La palabra de vida

1 LO que era desde el principio,[a] lo que
hemos oído, lo que hemos visto con nuestros ojos, lo que hemos contemplado, y palparon nuestras manos tocante al Verbo de vida
2 (porque la vida fue manifestada, y la hemos
visto,[b] y testificamos, y os anunciamos la vida eterna, la cual estaba con el Padre, y se nos manifestó);
3 lo que hemos visto y oído, eso os anunciamos,
para que también vosotros tengáis comunión con nosotros; y nuestra comunión verdaderamente es con el Padre, y con su Hijo Jesucristo.
4 Estas cosas os escribimos, para que vuestro
gozo sea cumplido.

Dios es luz

5 Éste es el mensaje que hemos oído de él, y
os anunciamos: Dios es luz, y no hay ningunas tinieblas en él.
6 Si decimos que tenemos comunión con él, y
andamos en tinieblas, mentimos, y no practicamos la verdad;
7 pero si andamos en luz, como él está en
luz, tenemos comunión unos con otros, y la sangre de Jesucristo su Hijo nos limpia de todo pecado.
8 Si decimos que no tenemos pecado, nos
engañamos a nosotros mismos, y la verdad no está en nosotros.
9 Si confesamos nuestros pecados, él es fiel y
justo para perdonar nuestros pecados, y limpiarnos de toda maldad.
10 Si decimos que no hemos pecado, le hace-
mos a él mentiroso, y su palabra no está en nosotros.

Cristo, nuestro abogado

2 HIJITOS míos, estas cosas os escribo
para que no pequéis; y si alguno hubiere pecado, abogado tenemos para con el Padre, a Jesucristo el justo.
2 Y él es la propiciación por nuestros pecados;
y no solamente por los nuestros, sino también por los de todo el mundo.
3 Y en esto sabemos que nosotros le conoce-
mos, si guardamos sus mandamientos.

a. 1.1 Jn 1.1. b. 1.2 Jn 1.14.

LECCIONES DE VIDA

1.2 — la vida fue manifestada, y la hemos visto, y testificamos, y os anunciamos la vida eterna, la cual estaba con el Padre, y se nos manifestó.

Ciertos maestros falsos en la iglesia decían que Jesucristo no había venido realmente en la carne. Esto se conoce como la *herejía gnóstica*, una creencia según la cual todo lo físico es malo y por eso Dios no habría podido asumir forma humana. Por eso Juan relató el testimonio de su relación personal con Jesús, quien sin lugar a dudas «fue hecho carne, y habitó entre nosotros» (Jn 1.14).

1.3 — lo que hemos visto y oído, eso os anunciamos, para que también vosotros tengáis comunión con nosotros; y nuestra comunión verdaderamente es con el Padre, y con su Hijo Jesucristo.

Todo en la Biblia ha sido dado con el propósito ayudarnos y capacitarnos para disfrutar una relación íntima con Dios (Ro 15.4). La prioridad máxima del Señor para nuestra vida es que andemos en comunión estrecha con Él, y por eso Él mismo se asegura que tengamos todo lo que necesitamos para «la vida y la piedad» (2 P 1.3). Esto incluye ejemplos de la fe para animarnos, y principios que nos mantienen firmes en tiempos tempestuosos.

1.4 — Estas cosas os escribimos, para que vuestro gozo sea cumplido.

Los falsos maestros atraían con nuevas doctrinas a los creyentes alejándoles de la verdadera fe, por eso Juan les recordó las palabras de Jesús: «Estas cosas os he hablado, para que mi gozo esté en vosotros, y vuestro gozo sea cumplido» (Jn 15.11). Cuando obedecemos al Señor, su gozo permanece en nosotros sin importar las circunstancias. Esta es una de las muchas bendiciones de la obediencia, que no se puede hallar en ningún otro lugar. Además, nuestro gozo queda completo cuando las personas que conducimos a Jesús se someten a Él y experimentan ese mismo gozo profundo que perdura.

1.5 — Dios es luz, y no hay ningunas tinieblas en él.

Dios es luz, esto significa que Él es absolutamente glorioso, completamente verdadero y moralmente puro. Debido a que somos limitados y Él es infinito, apenas podemos imaginarnos hasta cierto grado su santidad perfecta, pero podemos saber que en Él no hay nada que se haya corrompido de algún modo. El Señor vive absolutamente libre de toda mancha y de todo pecado en todo momento, sin importar cuál sea la situación o la condición. Él está separado de todo mal, toda falsedad, todo engaño y toda oscuridad.

1.6 — Si decimos que tenemos comunión con él, y andamos en tinieblas, mentimos, y no practicamos la verdad.

Siempre que haya luz, las tinieblas se disipan. De igual modo, cuando tenemos una relación con el Señor, el pecado no puede continuar en nuestras vidas (Is 6.5–7). Somos reconciliados con Él mediante la sangre de Jesús que nos limpia, y continuamos en comunión con Él cuando reconocemos nuestras transgresiones, nos apartamos de nuestro pecado y lo seguimos en justicia (Gá 5).

1.9 — Si confesamos nuestros pecados, él es fiel y justo para perdonar nuestros pecados, y limpiarnos de toda maldad.

Cuando usted derrama su corazón en confesión y arrepentimiento genuino, ¿cómo le responde Dios? Él dice que usted ha sido completamente perdonado(a), y le recuerda cómo el sacrificio de Jesús en la cruz pagó el castigo por *todas* sus transgresiones. Dios mismo declara que usted ha sido justificado(a), y por lo tanto ya no es culpable ante sus ojos. El Señor entiende sus luchas, y quiere que usted encuentre victoria en ellas, no que siga sintiendo vergüenza a causa de ellas (He 2.14–18). Él es misericordioso y amoroso, razón por la cual usted tan pronto confiesa y se arrepiente, es *absolutamente* perdonado(a).

4 El que dice: Yo le conozco, y no guarda sus
mandamientos, el tal es mentiroso, y la verdad
no está en él;
5 pero el que guarda su palabra, en éste verdaderamente el amor de Dios se ha perfeccionado; por esto sabemos que estamos en él.
➤ 6 El que dice que permanece en él, debe andar
como él anduvo.

El nuevo mandamiento

7 Hermanos, no os escribo mandamiento
nuevo,[a] sino el mandamiento antiguo que
habéis tenido desde el principio; este mandamiento antiguo es la palabra que habéis oído
desde el principio.
8 Sin embargo, os escribo un mandamiento
nuevo, que es verdadero en él y en vosotros,
porque las tinieblas van pasando, y la luz verdadera ya alumbra.
9 El que dice que está en la luz, y aborrece a
su hermano, está todavía en tinieblas.
10 El que ama a su hermano, permanece en la
luz, y en él no hay tropiezo.
11 Pero el que aborrece a su hermano está en
tinieblas, y anda en tinieblas, y no sabe a dónde
va, porque las tinieblas le han cegado los ojos.
12 Os escribo a vosotros, hijitos, porque vuestros pecados os han sido perdonados por su
nombre.
13 Os escribo a vosotros, padres, porque conocéis al que es desde el principio. Os escribo a
vosotros, jóvenes, porque habéis vencido al
maligno. Os escribo a vosotros, hijitos, porque
habéis conocido al Padre.
➤ 14 Os he escrito a vosotros, padres, porque
habéis conocido al que es desde el principio.
Os he escrito a vosotros, jóvenes, porque sois
fuertes, y la palabra de Dios permanece en
vosotros, y habéis vencido al maligno.
15 No améis al mundo, ni las cosas que están
en el mundo. Si alguno ama al mundo, el amor
del Padre no está en él.
16 Porque todo lo que hay en el mundo, los
deseos de la carne, los deseos de los ojos, y la
vanagloria de la vida, no proviene del Padre,
sino del mundo.
17 Y el mundo pasa, y sus deseos; pero el que ✻
hace la voluntad de Dios permanece para
siempre.

El anticristo

18 Hijitos, ya es el último tiempo; y según
vosotros oísteis que el anticristo viene, así
ahora han surgido muchos anticristos; por
esto conocemos que es el último tiempo.
19 Salieron de nosotros, pero no eran de
nosotros; porque si hubiesen sido de nosotros, habrían permanecido con nosotros; pero
salieron para que se manifestase que no todos
son de nosotros.
20 Pero vosotros tenéis la unción del Santo, y
conocéis todas las cosas.
21 No os he escrito como si ignoraseis la verdad, sino porque la conocéis, y porque ninguna mentira procede de la verdad.
22 ¿Quién es el mentiroso, sino el que niega ➤
que Jesús es el Cristo? Éste es anticristo, el
que niega al Padre y al Hijo.

a. 2.7 Jn 13.34.

LECCIONES DE VIDA

➤ ***2.1 — estas cosas os escribo para que no pequéis; y si alguno hubiere pecado, abogado tenemos para con el Padre, a Jesucristo el justo.***

Cuando nos apoyamos en el Espíritu que mora dentro de nosotros, tenemos todo lo que necesitamos para evitar el pecado (Gá 5.16). Sin embargo, cuando pecamos ocasionalmente, el Señor Jesús nos perdona y nos ayuda a volver al rumbo correcto.

➤ ***2.2 — él es la propiciación por nuestros pecados.***

Propiciación es otra palabra usada para *sacrificio*. Antes de Cristo, las personas tenían que hacer una ofrenda por cada pecado que cometían, buscando que Dios fuera propicio al oferente. Sin embargo, la muerte de Jesús en la cruz nos perdona perfectamente de *todo* nuestro pecado, cuando lo aceptamos como nuestro Salvador (Ro 3.24–26; He 2.17, 18; 9.11–28). Él es nuestro Defensor, y estamos cubiertos totalmente por su justicia.

➤ ***2.6 — El que dice que permanece en él, debe andar como él anduvo.***

Una relación íntima con Cristo hace posible que lo obedezcamos. Recuerde que debemos ser conformados a su imagen (Ro 8.29; Ef 5.1, 2), y que Jesús oró: «como tú, oh Padre, en mí, y yo en ti, que también ellos sean uno en nosotros; para que el mundo crea que tú me enviaste» (Jn 17.21). Él está obrando activamente en nosotros para que lleguemos a ser como Él, y cuando nos sometemos al Señor por el poder de su Espíritu, no solamente lo agradamos y disfrutamos del compañerismo estrecho con Él, sino que también se afianzan nuestros corazones y vivimos confiados porque verdaderamente le pertenecemos (2 P 1.5–8).

➤ ***2.14 — Os he escrito a vosotros, jóvenes, porque sois fuertes, y la palabra de Dios permanece en vosotros, y habéis vencido al maligno.***

Si hay algo que pretende ser la verdad pero en realidad está en conflicto con la Palabra de Dios y por lo tanto desafía abiertamente al Señor, deberíamos rechazarlo totalmente. A través de Cristo tenemos libertad, pero cuando dejamos que el enemigo nos convenza de algo que es contrario a las Escrituras, volvemos a estar «otra vez sujetos al yugo de esclavitud» (Gá 5.1).

➤ ***2.22 — ¿Quién es el mentiroso, sino el que niega que Jesús es el Cristo? Este es anticristo, el que niega al Padre y al Hijo.***

El espíritu de anticristo se opone completamente al Señor Jesucristo, y es exhibido por aquellos que exigen, litigan y legislan para que se elimine toda mención del evangelio en la sociedad. El anticristo mismo es una persona poderosa que vendrá un día y fomentará en toda la tierra la rebelión en contra de Dios Todopoderoso. Sin embargo, hasta que él aparezca, hay muchos en todo el mundo que se dedican a preparar las condiciones para su gobierno breve, pero destructivo (Mt 24.4, 5, 15–24; 2 Ts 2.3–12; 2 Jn 7).

23 Todo aquel que niega al Hijo, tampoco tiene al Padre. El que confiesa al Hijo, tiene también al Padre.
24 Lo que habéis oído desde el principio, permanezca en vosotros. Si lo que habéis oído
desde el principio permanece en vosotros,
también vosotros permaneceréis en el Hijo y
en el Padre.
* 25 Y ésta es la promesa que él nos hizo, la
vida eterna.
26 Os he escrito esto sobre los que os engañan.
27 Pero la unción que vosotros recibisteis de
él permanece en vosotros, y no tenéis necesidad de que nadie os enseñe; así como la
unción misma os enseña todas las cosas, y es
verdadera, y no es mentira, según ella os ha
enseñado, permaneced en él.
28 Y ahora, hijitos, permaneced en él, para
que cuando se manifieste, tengamos confianza, para que en su venida no nos alejemos de
él avergonzados.
29 Si sabéis que él es justo, sabed también que
todo el que hace justicia es nacido de él.

Hijos de Dios

3 MIRAD cuál amor nos ha dado el Padre,
para que seamos llamados hijos de Dios;[a]
por esto el mundo no nos conoce, porque no
le conoció a él.
➤ 2 Amados, ahora somos hijos de Dios, y aún
no se ha manifestado lo que hemos de ser;
pero sabemos que cuando él se manifieste,
seremos semejantes a él, porque le veremos
tal como él es.
3 Y todo aquel que tiene esta esperanza en él,
se purifica a sí mismo, así como él es puro.
4 Todo aquel que comete pecado, infringe
también la ley; pues el pecado es infracción
de la ley.
5 Y sabéis que él apareció para quitar nuestros pecados,[b] y no hay pecado en él.
➤ 6 Todo aquel que permanece en él, no peca;
todo aquel que peca, no le ha visto, ni le ha
conocido.
7 Hijitos, nadie os engañe; el que hace justicia
es justo, como él es justo.
8 El que practica el pecado es del diablo; porque el diablo peca desde el principio. Para
esto apareció el Hijo de Dios, para deshacer
las obras del diablo.
9 Todo aquel que es nacido de Dios, no practica el pecado, porque la simiente de Dios permanece en él; y no puede pecar, porque es
nacido de Dios.
10 En esto se manifiestan los hijos de Dios, y ➤
los hijos del diablo: todo aquel que no hace
justicia, y que no ama a su hermano, no es
de Dios.
11 Porque éste es el mensaje que habéis oído
desde el principio: Que nos amemos unos a
otros.[c]
12 No como Caín, que era del maligno y mató
a su hermano.[d] ¿Y por qué causa le mató? Porque sus obras eran malas, y las de su hermano justas.
13 Hermanos míos, no os extrañéis si el mundo os aborrece.
14 Nosotros sabemos que hemos pasado de
muerte a vida,[e] en que amamos a los hermanos. El que no ama a su hermano, permanece en muerte.
15 Todo aquel que aborrece a su hermano es
homicida; y sabéis que ningún homicida tiene
vida eterna permanente en él.
16 En esto hemos conocido el amor, en
que él puso su vida por nosotros; también
nosotros debemos poner nuestras vidas por
los hermanos.
17 Pero el que tiene bienes de este mundo
y ve a su hermano tener necesidad, y cierra
contra él su corazón, ¿cómo mora el amor de
Dios en él?
18 Hijitos míos, no amemos de palabra ni de
lengua, sino de hecho y en verdad.
19 Y en esto conocemos que somos de la
verdad, y aseguraremos nuestros corazones
delante de él;
20 pues si nuestro corazón nos reprende, ➤
mayor que nuestro corazón es Dios, y él sabe
todas las cosas.
21 Amados, si nuestro corazón no nos reprende, confianza tenemos en Dios;

a. 3.1 Jn 1.12. **b. 3.5** Jn 1.29. **c. 3.11** Jn 13.34.
d. 3.12 Gn 4.8. **e. 3.14** Jn 5.24.

LECCIONES DE VIDA

➤ ***3.2 — sabemos que cuando él se manifieste, seremos semejantes a él, porque le veremos tal como él es.***

Un día cambiaremos nuestros cuerpos desgastados, débiles y propensos al pecado por unos nuevos, modelados según el cuerpo resucitado de Jesús, los cuales no envejecerán sino que serán fuertes, libres de pecado y totalmente a gusto en la santa presencia de Dios (1 Co 13.12; 15.42–57).

➤ ***3.6 — Todo aquel que permanece en él, no peca.***

Jesús dijo que aquellos que permanecen en Cristo, que se acercan a Él, que oyen sus palabras y lo obedecen, llevarán mucho fruto y lo glorificarán (Jn 15.1–8). El Señor nunca le llevará a pecar (Ro 8.1–13; Stg 1.13–15). Por el contrario, si usted anda en el centro de su voluntad, Él le mostrará qué hacer y le enseñará cómo servirlo y cumplir el propósito para el cual le creó.

➤ ***3.10 — todo aquel que no hace justicia... no es de Dios.***

Juan no está diciendo que si usted peca ya no es un hijo o una hija de Dios. Aunque hagamos nuestros mejores esfuerzos para no infringir su voluntad, es posible que pequemos de vez en cuando, y Él está presto, dispuesto y en plena capacidad de perdonarnos. Sin embargo, cuando su estilo de vida se caracteriza por vivir en desobediencia al Señor, usted muestra que verdaderamente no le pertenece (Lc 6.43, 44).

RESPUESTAS A PREGUNTAS DE LA VIDA

¿Cómo puede Dios usar a una persona imperfecta como yo?

1 JN 4.7–21

En Juan 14.12, Jesús hizo esta afirmación asombrosa: «El que en mí cree, las obras que yo hago, él las hará también; y aun mayores hará». ¿No le parece esto algo asombroso? Nosotros como creyentes haremos obras *mayores* que las hechas por el mismo Salvador del mundo. Si esto es algo difícil de creer para usted, créame que no está solo(a). Esta verdad parece imposible cuando la consideramos a la luz de nuestras faltas, nuestros pecados y nuestras debilidades.

Tal vez usted se haya mantenido al margen porque ha cedido al pecado, y la vergüenza le ha desalentado por completo. Siente que Dios no le puede usar debido a los errores que ha cometido, o a las faltas que ha incurrido. Quizás se sienta tan apocado(a) en su espíritu que no cree que pueda volver a serle útil al Señor. Esto no es cierto en lo absoluto. Cuando confesamos nuestros pecados, Dios nos perdona y nos restaura.

El problema no es que usted sea inadecuado(a) ni que sea imperfecto(a), es que ha permitido que sus sentimientos opaquen la verdad de la Palabra de Dios. El Señor siempre puede usarle para mostrar su amor a otros (1 Jn 1.9; 2 Co 1.3–7).

Una vez haya confesado sus pecados y se haya apartado de ellos, usted queda limpio(a) de manera *permanente* (Sal 103.12; Is 43.25; Jer 31.34). El Señor le purifica y le equipa para su servicio. La pregunta ya no es «¿merezco servir al Señor?» ni «¿tengo talento suficiente para representarlo?» Estas preguntas ya no importan, porque el Señor se encarga por completo de esos asuntos. Más bien, esta es la pregunta que se debe hacer: «¿Obedeceré a Dios y confiaré en que Él muestre su amor a otros por medio de mí?»

Tan pronto aceptamos a Jesucristo como nuestro Señor y Salvador, su Espíritu Santo vive en nosotros. Él nos capacita para hacer *todo* lo que pida de nosotros, haciendo así que las posibilidades de nuestro servicio a Dios sean ilimitadas. Así que, cuando Jesús dijo que haríamos cosas mayores que las hechas por Él, es porque *Él* obraría a través de nosotros de una manera poderosa, capacitándonos para ser testigos poderosos de su nombre. *Él* es quien nos hace adecuados, y Él obra a través de nosotros para mostrar a otros su amor.

El apóstol Juan explica: «En esto consiste el amor: no en que nosotros hayamos amado a Dios, sino en que él nos amó a nosotros, y envió a su Hijo en propiciación por nuestros pecados. Amados, si Dios nos ha amado así, debemos también nosotros amarnos unos a otros» (1 Jn 4.10, 11).

No servimos al Señor porque seamos perfectos, lo hacemos porque estamos agradecidos por lo que Él ha hecho por nosotros. Y la obra que hacemos es mayor porque cada vez que le mostramos su amor eterno a otra persona, ese amor se multiplica y crece.

Así que no se preocupe por sus debilidades, imperfecciones, faltas o insuficiencias. El Señor obrará a través de todas ellas (1 Co 1.27; 2 Co 12.9, 10). Confiese sus pecados, reciba el amor de Dios, y permítale demostrar su gracia y su perdón maravillosos, por medio de usted. Comparta su amor que salva con los demás, y acoja las cosas grandes que Él quiere hacer a través suyo.

Para un estudio más a fondo, véase el Índice de Principios de vida:

9. *Confiar en Dios quiere decir ver más allá de lo que podemos, hacia lo que Dios ve.*
4. *Estar conscientes de la presencia de Dios nos da energías para desempeñar nuestro trabajo.*
1. *Nuestra intimidad con Dios, que es su prioridad para nosotros, determina el impacto que causen nuestras vidas.*

22 y cualquiera cosa que pidiéremos la recibiremos de él, porque guardamos sus mandamientos, y hacemos las cosas que son agradables delante de él. *
23 Y éste es su mandamiento: Que creamos en el nombre de su Hijo Jesucristo, y nos amemos unos a otros como nos lo ha mandado.[f]

f. 3.23 Jn 13.34; 15.12, 17.

24 Y el que guarda sus mandamientos, permanece en Dios, y Dios en él. Y en esto sabemos que él permanece en nosotros, por el Espíritu que nos ha dado.

El Espíritu de Dios y el espíritu del anticristo

4 AMADOS, no creáis a todo espíritu, sino probad los espíritus si son de Dios; porque muchos falsos profetas han salido por el mundo.
2 En esto conoced el Espíritu de Dios: Todo espíritu que confiesa que Jesucristo ha venido en carne, es de Dios;
3 y todo espíritu que no confiesa que Jesucristo ha venido en carne, no es de Dios; y éste es el espíritu del anticristo, el cual vosotros habéis oído que viene, y que ahora ya está en el mundo.
4 Hijitos, vosotros sois de Dios, y los habéis vencido; porque mayor es el que está en vosotros, que el que está en el mundo.
5 Ellos son del mundo; por eso hablan del mundo, y el mundo los oye.
6 Nosotros somos de Dios; el que conoce a Dios, nos oye; el que no es de Dios, no nos oye. En esto conocemos el espíritu de verdad y el espíritu de error.

Dios es amor

7 Amados, amémonos unos a otros; porque el amor es de Dios. Todo aquel que ama, es nacido de Dios, y conoce a Dios.
8 El que no ama, no ha conocido a Dios; porque Dios es amor.
9 En esto se mostró el amor de Dios para con nosotros, en que Dios envió a su Hijo unigénito al mundo, para que vivamos por él.
10 En esto consiste el amor: no en que nosotros hayamos amado a Dios, sino en que él nos amó a nosotros, y envió a su Hijo en propiciación por nuestros pecados.
11 Amados, si Dios nos ha amado así, debemos también nosotros amarnos unos a otros.
12 Nadie ha visto jamás a Dios.[a] Si nos amamos unos a otros, Dios permanece en nosotros, y su amor se ha perfeccionado en nosotros.
13 En esto conocemos que permanecemos en él, y él en nosotros, en que nos ha dado de su Espíritu.
14 Y nosotros hemos visto y testificamos que el Padre ha enviado al Hijo, el Salvador del mundo.
15 Todo aquel que confiese que Jesús es el Hijo de Dios, Dios permanece en él, y él en Dios.
16 Y nosotros hemos conocido y creído el amor que Dios tiene para con nosotros. Dios es amor; y el que permanece en amor, permanece en Dios, y Dios en él.
17 En esto se ha perfeccionado el amor en nosotros, para que tengamos confianza en el día del juicio; pues como él es, así somos nosotros en este mundo.

a. 4.12 Jn 1.18.

LECCIONES DE VIDA

➤ *3.20 — si nuestro corazón nos reprende, mayor que nuestro corazón es Dios, y él sabe todas las cosas.*

Esta es la razón por la que muchos no oran, porque saben que cuando se postren delante del Dios santo, el pecado que hay en su vida será sacado a la luz (Is 6.5), y el Espíritu Santo los convencerá de cualquier pecado que hayan venido ocultando. Como creyentes, deberíamos tener el deseo de obedecer y agradar al Señor, y en virtud de ello, deberíamos alegrarnos cuando nuestras conciencias sean sensibles a Él. Aunque el Espíritu pueda traspasar nuestro corazón con «la tristeza que… produce arrepentimiento» (2 Co 7.10), nos gozamos porque Él también «da testimonio… de que somos hijos de Dios» (Ro 8.16).

➤ *4.1 — Amados, no creáis a todo espíritu, sino probad los espíritus si son de Dios; porque muchos falsos profetas han salido por el mundo.*

Lucas llamó a los judíos de Berea «más nobles» porque después que Pablo les predicó, ellos «recibieron la palabra con toda solicitud, escudriñando cada día las Escrituras para ver si estas cosas eran así» (Hch 17.11). De igual manera, nosotros hemos recibido esta amonestación: «Examinadlo todo; retened lo bueno» (1 Ts 5.21).

➤ *4.2 — Todo espíritu que confiesa que Jesucristo ha venido en carne, es de Dios.*

Esta es la verdad central de todo lo que creemos: Jesucristo es Dios encarnado. Muchos pueden decir que Él fue un gran maestro o profeta, pero a no ser que reconozcan que Él es «Dios con nosotros» (Mt 1.23) y que ha salvado «a su pueblo de sus pecados» (Mt 1.21), en realidad no creen en Él.

➤ *4.4 — Hijitos, vosotros sois de Dios, y los habéis vencido; porque mayor es el que está en vosotros, que el que está en el mundo.*

El Espíritu Santo está dentro de nosotros desde el instante de la salvación, y nos capacita para decirle «no» a la tentación. Por eso cada vez que resistimos alguna tentación, superamos algún reto espiritual o triunfamos en una batalla de la fe, lo hacemos porque el Espíritu de Dios vive en nosotros. Avanzamos en nuestro andar de fe con el Señor apoyándonos en su poder, no en el nuestro.

➤ *4.8 — El que no ama, no ha conocido a Dios; porque Dios es amor.*

El que ama conoce a Dios, y cada vez que refleja el carácter de Cristo va siendo transformando a su imagen. Sin embargo, una persona puede ser nacida de Dios, y no obedecerle. Tiene fe y una nueva vida pero no demuestra amor porque no conoce a Dios íntimamente. De esa manera, no podría atribuir su falta de amor a Dios porque Dios es amor.

➤ *4.20 — el que no ama a su hermano a quien ha visto, ¿cómo puede amar a Dios a quien no ha visto?*

El Señor a menudo pondrá personas en nuestras vidas para madurar nuestra fe (Pr. 27.17). Este proceso no siempre es agradable, y si no evaluamos la situación desde el punto de vista de Dios, la decepción y la amargura podrán albergarse en nuestros corazones. En cambio, si entendemos que *todo* lo que afecta nuestra vida puede ser usado por el Señor para nuestro bien y para su gloria (Ro 8.28), aprendemos que cada relación es una oportunidad para el crecimiento y una ocasión para que Dios exprese su amor hacia nosotros.

18 En el amor no hay temor, sino que el perfecto amor echa fuera el temor; porque el temor lleva en sí castigo. De donde el que teme, no ha sido perfeccionado en el amor.
19 Nosotros le amamos a él, porque él nos amó primero.
➢ 20 Si alguno dice: Yo amo a Dios, y aborrece a su hermano, es mentiroso. Pues el que no ama a su hermano a quien ha visto, ¿cómo puede amar a Dios a quien no ha visto?
21 Y nosotros tenemos este mandamiento de él: El que ama a Dios, ame también a su hermano.

La fe que vence al mundo

5 TODO aquel que cree que Jesús es el Cristo, es nacido de Dios; y todo aquel que ama al que engendró, ama también al que ha sido engendrado por él.
2 En esto conocemos que amamos a los hijos de Dios, cuando amamos a Dios, y guardamos sus mandamientos.
➢ 3 Pues éste es el amor a Dios, que guardemos sus mandamientos;[a] y sus mandamientos no son gravosos.
* 4 Porque todo lo que es nacido de Dios vence al mundo; y ésta es la victoria que ha vencido al mundo, nuestra fe.
5 ¿Quién es el que vence al mundo, sino el que cree que Jesús es el Hijo de Dios?

El testimonio del Espíritu

6 Éste es Jesucristo, que vino mediante agua y sangre; no mediante agua solamente, sino mediante agua y sangre. Y el Espíritu es el que da testimonio; porque el Espíritu es la verdad.
7 Porque tres son los que dan testimonio en el cielo: el Padre, el Verbo y el Espíritu Santo; y estos tres son uno.
8 Y tres son los que dan testimonio en la tierra: el Espíritu, el agua y la sangre; y estos tres concuerdan.
9 Si recibimos el testimonio de los hombres, mayor es el testimonio de Dios; porque éste es el testimonio con que Dios ha testificado acerca de su Hijo.
10 El que cree en el Hijo de Dios, tiene el testimonio en sí mismo; el que no cree a Dios, le ha hecho mentiroso, porque no ha creído en el testimonio que Dios ha dado acerca de su Hijo.
11 Y éste es el testimonio: que Dios nos ha dado vida eterna; y esta vida está en su Hijo.[b]
12 El que tiene al Hijo, tiene la vida; el que no tiene al Hijo de Dios no tiene la vida. ➢

El conocimiento de la vida eterna

13 Estas cosas os he escrito a vosotros que creéis en el nombre del Hijo de Dios, para que sepáis que tenéis vida eterna, y para que creáis en el nombre del Hijo de Dios.
14 Y ésta es la confianza que tenemos en él, que si pedimos alguna cosa conforme a su voluntad, él nos oye. ➢
15 Y si sabemos que él nos oye en cualquiera cosa que pidamos, sabemos que tenemos las peticiones que le hayamos hecho. *
16 Si alguno viere a su hermano cometer pecado que no sea de muerte, pedirá, y Dios le dará vida; esto es para los que cometen pecado que no sea de muerte. Hay pecado de muerte, por el cual yo no digo que se pida.
17 Toda injusticia es pecado; pero hay pecado no de muerte.
18 Sabemos que todo aquel que ha nacido de Dios, no practica el pecado, pues Aquel que fue engendrado por Dios le guarda, y el maligno no le toca.
19 Sabemos que somos de Dios, y el mundo entero está bajo el maligno.
20 Pero sabemos que el Hijo de Dios ha venido, y nos ha dado entendimiento para conocer al que es verdadero; y estamos en el verdadero, en su Hijo Jesucristo. Éste es el verdadero Dios, y la vida eterna. ➢
21 Hijitos, guardaos de los ídolos. Amén.

a. 5.3 Jn 14.15. **b. 5.11** Jn 3.36.

LECCIONES DE VIDA

➢ ***5.3 — este es el amor a Dios, que guardemos sus mandamientos; y sus mandamientos no son gravosos.***

Sólo si tratamos de obedecer a Dios en nuestras propias fuerzas, sus mandatos se sienten gravosos. Cuando nos apoyamos en su Espíritu para que nos capacite para hacer lo que no podemos, experimentamos gran gozo y deleite en la obediencia.

➢ ***5.12 — El que tiene al Hijo, tiene la vida; el que no tiene al Hijo de Dios no tiene la vida.***

¿Le ha pedido al Señor Jesucristo que entre a su corazón por medio de la fe, que le perdone sus pecados y le dé un hogar eterno en el cielo? Si lo ha hecho, usted tiene la vida; si no lo ha hecho, no la tiene (Mr 8.35).

➢ ***5.14 — esta es la confianza que tenemos en él, que si pedimos alguna cosa conforme a su voluntad, él nos oye.***

Nuestra confianza en la oración no se basa en nuestro entusiasmo ni en nuestra pasión, sino en nuestra relación con Dios. Tenemos seguridad inamovible en toda circunstancia de la vida gracias a su poder, su sabiduría y su amor (Mt 19.26). Podemos confrontar cualquier dificultad con plena confianza, porque el Señor nos ha prometido la victoria cuando clamamos a Él y lo obedecemos (Mt 7.7, 8; Jn 14.13; 1 Jn 3.22).

➢ ***5.20 — sabemos que el Hijo de Dios ha venido, y nos ha dado entendimiento para conocer al que es verdadero.***

Dios nos ayuda a atesorar su Palabra en nuestros corazones, no para que podamos acumular un montón de conocimiento religioso que impresione a los demás, sino para que podamos crecer, adorar, obedecer y disfrutar al Señor del universo, quien nos creó y tiene un propósito maravilloso para nuestras vidas.

LA SEGUNDA EPÍSTOLA DE

JUAN

Salutación
1 El anciano a la señora elegida y a sus hijos,
a quienes yo amo en la verdad; y no sólo yo,
sino también todos los que han conocido la
verdad,
➤ 2 a causa de la verdad que permanece en
nosotros, y estará para siempre con nosotros:
3 Sea con vosotros gracia, misericordia y paz,
de Dios Padre y del Señor Jesucristo, Hijo del
Padre, en verdad y en amor.

Permaneced en la doctrina de Cristo
4 Mucho me regocijé porque he hallado a
algunos de tus hijos andando en la verdad,
conforme al mandamiento que recibimos del
Padre.
➤ 5 Y ahora te ruego, señora, no como escribiéndote un nuevo mandamiento, sino el que
hemos tenido desde el principio, que nos amemos unos a otros.[a]
6 Y éste es el amor, que andemos según sus
mandamientos. Éste es el mandamiento: que
andéis en amor, como vosotros habéis oído
desde el principio.
7 Porque muchos engañadores han salido por
el mundo, que no confiesan que Jesucristo ha
venido en carne. Quien esto hace es el engañador y el anticristo.
8 Mirad por vosotros mismos, para que no ➤
perdáis el fruto de vuestro trabajo, sino que
recibáis galardón completo.
9 Cualquiera que se extravía, y no persevera
en la doctrina de Cristo, no tiene a Dios; el que
persevera en la doctrina de Cristo, ése sí tiene
al Padre y al Hijo.
10 Si alguno viene a vosotros, y no trae esta
doctrina, no lo recibáis en casa, ni le digáis
¡Bienvenido!
11 Porque el que le dice: ¡Bienvenido! participa en sus malas obras.

Espero ir a vosotros
12 Tengo muchas cosas que escribiros, pero
no he querido hacerlo por medio de papel y
tinta, pues espero ir a vosotros y hablar cara a
cara, para que nuestro gozo sea cumplido.
13 Los hijos de tu hermana, la elegida, te saludan. Amén.

a. 5 Jn 13.34; 15.12,17.

LECCIONES DE VIDA

➤ 2 — a causa de la verdad que permanece en nosotros, y estará para siempre con nosotros.

Ni la Palabra de Dios que hemos recibido, ni el Salvador y Señor quien la inspiró y vive en nosotros, cambiarán ni nos abandonarán jamás (He 13.8). La verdad de Dios no varía ni envejece de una época a otra, y Él tampoco.

➤ 5 — ahora te ruego, señora, no como escribiéndote un nuevo mandamiento, sino el que hemos tenido desde el principio, que nos amemos unos a otros.

Amar a Dios y amar a los demás como nos amamos a nosotros mismos. Es el mandamiento central del cielo, y ha permanecido el mismo a partir de los tiempos del Antiguo Testamento (Lv 19.18; Dt 6.5; 10.12), hasta los días del Nuevo Testamento (Mt 22.36–40; Jn 13.34, 35; 15.9–17), y en la actualidad.

➤ 8 — Mirad por vosotros mismos, para que no perdáis el fruto de vuestro trabajo, sino que recibáis galardón completo.

Dios desea bendecirnos en todo sentido, dándonos la máxima cantidad y calidad de recompensas posibles, pero nosotros determinamos qué clase de galardón vamos a recibir, basado en qué tan estrechamente andamos en armonía con nuestro Señor, y qué tan atentos estamos para escuchar su voz y obedecerla.

LA TERCERA EPÍSTOLA DE

JUAN

Salutación
1 El anciano a Gayo,[a] el amado, a quien amo
en la verdad.
➤2 Amado, yo deseo que tú seas prosperado en
todas las cosas, y que tengas salud, así como
prospera tu alma.
3 Pues mucho me regocijé cuando vinieron
los hermanos y dieron testimonio de tu verdad, de cómo andas en la verdad.
➤4 No tengo yo mayor gozo que éste, el oír que
mis hijos andan en la verdad.

Elogio de la hospitalidad de Gayo
5 Amado, fielmente te conduces cuando pres-
tas algún servicio a los hermanos, especialmente a los desconocidos,
6 los cuales han dado ante la iglesia testimonio de tu amor; y harás bien en encaminarlos
como es digno de su servicio a Dios, para que
continúen su viaje.
7 Porque ellos salieron por amor del nombre
de Él, sin aceptar nada de los gentiles.
8 Nosotros, pues, debemos acoger a tales personas, para que cooperemos con la verdad.

La oposición de Diótrefes
➤9 Yo he escrito a la iglesia; pero Diótrefes, al
cual le gusta tener el primer lugar entre ellos,
no nos recibe.
10 Por esta causa, si yo fuere, recordaré las
obras que hace parloteando con palabras
malignas contra nosotros; y no contento con
estas cosas, no recibe a los hermanos, y a
los que quieren recibirlos se lo prohibe, y los
expulsa de la iglesia.

Buen testimonio acerca de Demetrio
11 Amado, no imites lo malo, sino lo bueno. El ➤
que hace lo bueno es de Dios; pero el que hace
lo malo, no ha visto a Dios.
12 Todos dan testimonio de Demetrio, y aun
la verdad misma; y también nosotros damos
testimonio, y vosotros sabéis que nuestro testimonio es verdadero.

Salutaciones finales
13 Yo tenía muchas cosas que escribirte, pero
no quiero escribírtelas con tinta y pluma,
14 porque espero verte en breve, y hablaremos cara a cara.
15 La paz sea contigo. Los amigos te saludan.
Saluda tú a los amigos, a cada uno en particular.

a. 1 Hch 19.29; Ro 16.23; 1 Co 1.14.

LECCIONES DE VIDA

➤ ***2 — yo deseo que tú seas prosperado en todas las cosas, y que tengas salud, así como prospera tu alma.***

Las oraciones por nuestro bienestar físico son tan legítimas como las oraciones por nuestra salud espiritual (Stg 5.13–16). Dios quiere que progresemos en todas las disciplinas espirituales que acercan nuestros corazones a Él y a nuestros hermanos creyentes en Cristo.

➤ ***4 — No tengo yo mayor gozo que este, el oír que mis hijos andan en la verdad.***

Andar en la verdad significa creer la Palabra de Dios y obedecer de buena gana la instrucción del Señor, apoyándonos en el poder del Espíritu Santo. Esta clase de vida produce gran gozo, tanto para nosotros como para quienes siguen al Señor por nuestro testimonio compartido y aprenden de nuestro ejemplo.

➤ ***9 — Yo he escrito a la iglesia; pero Diótrefes, al cual le gusta tener el primer lugar entre ellos, no nos recibe.***

Una actitud de «primero yo» es el polo opuesto de lo que Jesús prometió que les traería salud y gozo a sus hijos: «Si alguno quiere ser el primero, será el postrero de todos, y el servidor de todos» (Mr 9.35).

➤ ***11 — Amado, no imites lo malo, sino lo bueno. El que hace lo bueno es de Dios; pero el que hace lo malo, no ha visto a Dios.***

Llegamos a ser aquello en lo que más enfoquemos nuestra atención. Si nos concentramos constantemente en cosas negativas, nos volveremos pesimistas y destructivos. Si nos enfocamos en prácticas pecaminosas, le daremos cabida al enemigo en nuestra vida y tropezaremos en nuestra fe. Es por eso que Dios quiere que lo busquemos, que expresemos nuestro amor por Él y que tengamos comunión íntima con Él. Así es como nuestro carácter es transformado en su semejanza, y es la mejor manera de vivir la vida.

LA EPÍSTOLA DE JUDAS

Cuando surge la apostasía, cuando emergen falsos maestros y la verdad de Dios es atacada, llega el momento de pelear por la fe, y sólo creyentes que sean espiritualmente fuertes y maduros estarán equipados para dar la batalla.

Al inicio de su breve carta, Judas expresa su intención inicial de profundizar en la enseñanza de la iglesia sobre el gran regalo de salvación que hemos recibido a través de Cristo. Pero casi de inmediato el autor confiesa: «Amados, por la gran solicitud que tenía de escribiros… me ha sido necesario escribiros exhortándoos que contendáis ardientemente por la fe que ha sido una vez dada a los santos» (Jud 3). Muchos maestros falsos se habían infiltrado en la iglesia convirtiendo la gracia de Dios en una invitación a pecar y al pervertirla negaban a «Dios el único soberano, y a nuestro Señor Jesucristo» (Jud 4). El peligro era real, y Judas estaba haciendo un llamado urgente a los fieles para que se levantaran a defender la verdad del evangelio.

Judas les recuerda a sus lectores los juicios santos de Dios sobre el pueblo incrédulo de Israel, los ángeles desobedientes, y las ciudades perversas de Sodoma y Gomorra. Por cuanto Él es un Dios de gracia, dará a los pecadores el tiempo necesario para que se arrepientan; pero si rehúsan hacerlo, sufrirán un juicio decisivo y devastador. Por lo tanto, ante el grave peligro generado por los dirigentes falsos y la condenación que aguarda a los pecadores que no se arrepienten, los cristianos no pueden darse el lujo de bajar la guardia. No sólo deben conservarse «en el amor de Dios» (Jud 21), también deben asegurarse que los hermanos en la fe no caigan en el engaño ni en los estragos del pecado. Sí, el reto es inmenso, pero más grande todavía es Dios, quien es capaz de guardar a sus hijos sin caída.

El título griego, «De Judas», se deriva del nombre *Ioúdas*, que aparece en el versículo 1. Este nombre, que es *Judah* en hebreo y puede traducirse de las dos maneras Judá y Judas, era popular en el primer siglo debido a la fama de Judas Macabeo, quien murió en 160 a.C. y fue un líder de la resistencia judía contra Siria durante la revuelta de los Macabeos.

Tema: Los creyentes deben cuidarse de los falsos maestros, vivir para el Señor y depender de la gracia de Dios, a fin de «guardaros sin caída, y presentaros sin mancha delante de su gloria con gran alegría» (Jud 24).

Autor: Probablemente fue Judas, el hermano de Jacobo el Justo y hermano del Señor Jesús (Mt 13.55; Mr 6.3).

Fecha: Probablemente entre 65–80 d.C.

Estructura: Judas saluda a sus lectores (1, 2), los insta a contender por la fe (3, 4), les advierte sobre los maestros falsos (5–19), los anima a vivir para Dios (20–23), y concluye su carta con unas palabras hermosas de bendición (24, 25).

A medida que lea Judas, fíjese en los principios de vida que juegan un papel importante en este libro:

11. Dios asume toda la responsabilidad en cuanto a nuestras necesidades, si lo obedecemos. *Véase Judas 6, 7; página 1460.*

30. El deseo ferviente del regreso del Señor nos mantiene viviendo productivamente. *Véase Judas 18; página 1461.*

Salutación

1 Judas,[a] siervo de Jesucristo, y hermano de
Jacobo, a los llamados, santificados en Dios
Padre, y guardados en Jesucristo:
2 Misericordia y paz y amor os sean
multiplicados.

Falsas doctrinas y falsos maestros
(2 P 2.1-17)

➢ 3 Amados, por la gran solicitud que tenía de
escribiros acerca de nuestra común salvación,
me ha sido necesario escribiros exhortándoos
que contendáis ardientemente por la fe que ha
sido una vez dada a los santos.
4 Porque algunos hombres han entrado encubiertamente, los que desde antes habían sido
destinados para esta condenación, hombres
impíos, que convierten en libertinaje la gracia de nuestro Dios, y niegan a Dios el único
soberano, y a nuestro Señor Jesucristo.
➢ 5 Mas quiero recordaros, ya que una vez lo
habéis sabido, que el Señor, habiendo salvado
al pueblo sacándolo de Egipto,[b] después destruyó a los que no creyeron.[c]
➢ 6 Y a los ángeles que no guardaron su dignidad, sino que abandonaron su propia morada,
los ha guardado bajo oscuridad, en prisiones
eternas, para el juicio del gran día;
7 como Sodoma y Gomorra y las ciudades
vecinas, las cuales de la misma manera que
aquéllos, habiendo fornicado e ido en pos
de vicios contra naturaleza, fueron puestas
por ejemplo, sufriendo el castigo del fuego
eterno.[d]
8 No obstante, de la misma manera también
estos soñadores mancillan la carne, rechazan la autoridad y blasfeman de las potestades superiores.
9 Pero cuando el arcángel Miguel[e] contendía
con el diablo, disputando con él por el cuerpo de Moisés,[f] no se atrevió a proferir juicio
de maldición contra él, sino que dijo: El Señor
te reprenda.[g]
10 Pero éstos blasfeman de cuantas cosas no
conocen; y en las que por naturaleza conocen,
se corrompen como animales irracionales.
11 ¡Ay de ellos! porque han seguido el camino
de Caín,[h] y se lanzaron por lucro en el error
de Balaam,[i] y perecieron en la contradicción
de Coré.[j]
12 Estos son manchas en vuestros ágapes,
que comiendo impúdicamente con vosotros se
apacientan a sí mismos; nubes sin agua, llevadas de acá para allá por los vientos; árboles otoñales, sin fruto, dos veces muertos y
desarraigados;
13 fieras ondas del mar, que espuman su propia vergüenza; estrellas errantes, para las cuales está reservada eternamente la oscuridad
de las tinieblas.

a. 1 Mt 13.55; Mr 6.3. **b. 5** Éx 12.51. **c. 5** Nm 14.29-30. **d. 7** Gn 19.1-24. **e. 9** Dn 10.13, 21; 12.1; Ap 12.7. **f. 9** Dt 34.6. **g. 9** Zac 3.2. **h. 11** Gn 4.3-8. **i. 11** Nm 22.1-35. **j. 11** Nm 16.1-35.

LECCIONES DE VIDA

➢ 3 — que contendáis ardientemente por la fe que ha sido una vez dada a los santos.

El evangelio de Jesucristo no cambia. Él es el mismo ayer, hoy y para siempre (He 13.8), y su salvación es eternamente segura para aquellos que creen. Por eso, vale la pena luchar por la verdad del evangelio, y por eso también debemos contender por la fe, sin importar qué reto enfrentemos.

➢ 5 — el Señor, habiendo salvado al pueblo sacándolo de Egipto, después destruyó a los que no creyeron.

Aquí vemos tanto el amor como la justicia de Dios. El Señor mostró su bondad al rescatar a los israelitas de la esclavitud egipcia, pero hizo manifiesta su santidad al castigar la incredulidad y la desobediencia obstinada que le costó a la nación de Israel cuarenta años de muerte, enfermedad, duda, guerra y deambular sin rumbo en el desierto, porque el pueblo dudó que Dios realmente iba a darles la tierra prometida, y se rebelaron contra Él (Nm 13—14).

➢ 6, 7 — los ángeles que no guardaron su dignidad, sino que abandonaron su propia morada... como Sodoma y Gomorra... fueron puestas por ejemplo, sufriendo el castigo del fuego eterno.

Tanto los ángeles que fueron expulsados del cielo (Gn 6.1–5; Is 14.12–15) como el pueblo de Sodoma y Gomorra (Gn 19), cayeron a causa de su soberbia y su lujuria. El orgullo es la base de toda forma de pecado pues por él la persona se niega a admitir su necesidad de Dios. La persona soberbia trata de satisfacer sus propios deseos en cualquier cantidad de maneras, lo cual lleva por lo general a pecados sexuales, adicciones y otros hábitos destructivos. En últimas, estas personas terminan devastadas en sentido espiritual, emocional y mental. Únicamente el Señor tiene la capacidad de satisfacer los anhelos de nuestros corazones, y Él asume plena responsabilidad por nuestras necesidades si lo obedecemos.

➢ 8 — de la misma manera también estos soñadores mancillan la carne, rechazan la autoridad y blasfeman de las potestades superiores.

Los falsos maestros querían convertir la gracia del Señor en una excusa para el orgullo, la lujuria y la vida inmoral. También negaban que Jesucristo era Dios encarnado y el Salvador. Estaban contaminando y destruyendo a la iglesia con su doctrina pérfida. Sin embargo, donde haya desobediencia e incredulidad, también habrá juicio.

➢ 11 — han seguido el camino de Caín, y se lanzaron por lucro en el error de Balaam, y perecieron en la contradicción de Coré.

Caín se negó a honrar a Dios como era debido, y fue el primer homicida del mundo (Gn 4). Balaam hizo desviar al pueblo de Israel, provocando que cayeran en la idolatría por su propio lucro egoísta (Nm 22—25; 31.16; 2 P 2.15, 16). Coré por su parte encabezó una rebelión en contra de Moisés y Aarón, desafiando a los dirigentes ungidos del Señor (Nm 16). De igual modo, los falsos maestros estaban destruyendo las almas de los hombres por ganancia propia, y su intención era usurpar toda la autoridad.

14 De éstos también profetizó Enoc,[k] séptimo
desde Adán, diciendo: He aquí, vino el Señor
con sus santas decenas de millares,
15 para hacer juicio contra todos, y dejar convictos a todos los impíos de todas sus obras
impías que han hecho impíamente, y de todas
las cosas duras que los pecadores impíos han
hablado contra él.
16 Éstos son murmuradores, querellosos, que
andan según sus propios deseos, cuya boca
habla cosas infladas, adulando a las personas
para sacar provecho.

Amonestaciones y exhortaciones

17 Pero vosotros, amados, tened memoria de
las palabras que antes fueron dichas por los
apóstoles de nuestro Señor Jesucristo;
➤ 18 los que os decían: En el postrer tiempo
habrá burladores, que andarán según sus malvados deseos.[l]
19 Éstos son los que causan divisiones; los
sensuales, que no tienen al Espíritu.
20 Pero vosotros, amados, edificándoos sobre
vuestra santísima fe, orando en el Espíritu
Santo,
21 conservaos en el amor de Dios, esperando la misericordia de nuestro Señor Jesucristo para vida eterna.
22 A algunos que dudan, convencedlos.
23 A otros salvad, arrebatándolos del fuego; y de otros tened misericordia con temor,
aborreciendo aun la ropa contaminada por
su carne.

Doxología

24 Y a aquel que es poderoso para guardaros ➤
sin caída, y presentaros sin mancha delante
de su gloria con gran alegría,
25 al único y sabio Dios, nuestro Salvador, sea
gloria y majestad, imperio y potencia, ahora y
por todos los siglos. Amén.

k. 14 Gn 5.21-24. **l. 18** 2 P 3.3.

LECCIONES DE VIDA

➤ *18 — En el postrer tiempo habrá burladores, que andarán según sus malvados deseos.*

A medida que se acerca el regreso de Jesús, veremos aumentar el número de los que hacen mofa de la fe genuina en Jesús. Se burlarán cruelmente de los creyentes y los someterán al ridículo, haciendo lo mismo que los enemigos de Jesús hicieron contra Él. Sin embargo, el juicio de ellos viene en camino, y debemos aferrarnos firmemente a la fe porque el Señor nos vindicará a su debido tiempo (Dn 7.10–14; Mt 25.31–46; Ap 20.11–15).

➤ *24 — a aquel que es poderoso para guardaros sin caída, y presentaros sin mancha delante de su gloria con gran alegría.*

Mientras que Dios nos pide que cooperemos con Él en el proceso de la santificación, es Él quien nos conforma a la imagen de Jesús por su poder y su sabiduría infinita. Él es quien nos hace santos y perfectos para siempre, y esta es la razón por la cual podemos anticipar con gozo nuestra transformación total.

El Apocalipsis

Así como Génesis es el libro de los comienzos, Apocalipsis es el libro de la gran culminación. En él vemos cómo Dios finaliza el programa divino de redención y reivindica su santo nombre ante toda la creación.

Aunque los evangelios y las epístolas contienen numerosas profecías, de todos los libros del Nuevo Testamento, Apocalipsis es el único que se enfoca primordialmente en eventos proféticos. Toma un gran préstamo de los símbolos y pasajes del Antiguo Testamento, y parece tener una conexión especial con el libro de Daniel. Debido a sus imágenes tan portentosas, a menudo resulta difícil saber en Apocalipsis cuándo el autor habla literalmente y cuándo habla simbólicamente.

Apocalipsis también incluye varias escenas sublimes de adoración en las que los residentes del cielo y los santos de Dios alaban al Señor por su carácter santo y sus justos juicios. Estas ocasiones extraordinarias de adoración se presentan por lo general como cánticos gozosos de alabanza (Ap 4.8–11; 5.8–14; 7.9–12; 11.15–18; 15.2–4; 16.5–7; 19.1–7).

El título de este libro en el texto griego es *Apokálupsis Iōánnou*, «Apocalipsis de Juan». La palabra *apokálupsis* significa «correr el velo, exponer un secreto o revelación de cosas que estaban ocultas». Este libro descubre aquello que de otro modo no podría ser conocido. Un mejor título proviene del primer versículo, «la revelación de Jesucristo». Se puede tomar como una revelación «perteneciente a», tanto como «relativa a» Cristo. Ambas perspectivas son correctas.

Apocalipsis fue escrito originalmente para siete iglesias locales en Asia menor (Turquía actual), pero su mensaje se aplica a todos los cristianos en todo lugar. Jesús volverá de nuevo en gran poder y gloria, y su regreso inminente debería motivarnos cada día a realizar acciones llenas de amor y de su Espíritu, por su causa.

Tema: Apocalipsis se desarrolla en torno a visiones asombrosas y símbolos extraordinarios del Cristo resucitado, quien es el único que posee la autoridad para juzgar la tierra, rehacerla y regirla en justicia.

Autor: El apóstol Juan escribió Apocalipsis durante su exilio en la isla de Patmos.

Fecha: La mayoría de los eruditos creen que el libro se escribió cerca del año 95 d.C.

Estructura: Apocalipsis empieza con una visión de Jesucristo (1.1–20), seguida por un mensaje directo de parte suya a las siete iglesias en Asia menor (2.1—3.22), y luego otra visión de Jesús (4.1—5.14). El resto del libro emplea simbolismo de difícil interpretación e imágenes pasmosas para describir el triunfo final del bien sobre el mal (6.1—22.21).

A medida que lea Apocalipsis, fíjese en los principios de vida que juegan un papel importante en este libro:

19. Todo aquello a lo que nos aferremos, lo perderemos. *Véase Apocalipsis 3.16; 9.6; páginas 1467; 1472.*

16. Todo lo que adquirimos fuera de la voluntad de Dios termina convirtiéndose en cenizas. *Véase Apocalipsis 6.17; página 1470.*

10. Si es necesario, Dios moverá cielo y tierra para mostrarnos su voluntad. *Véase Apocalipsis 10.7; página 1473.*

30. El deseo ferviente del regreso del Señor nos mantiene viviendo productivamente. *Véase Apocalipsis 22.12; página 1486.*

La revelación de Jesucristo

1 LA revelación de Jesucristo, que Dios le
dio, para manifestar a sus siervos las cosas
que deben suceder pronto; y la declaró enviándola por medio de su ángel a su siervo Juan,
2 que ha dado testimonio de la palabra de
Dios, y del testimonio de Jesucristo, y de todas las cosas que ha visto.
✻ 3 Bienaventurado el que lee, y los que oyen las
➤ palabras de esta profecía, y guardan las cosas
en ella escritas; porque el tiempo está cerca.

Salutaciones a las siete iglesias

➤ 4 Juan, a las siete iglesias que están en Asia:
Gracia y paz a vosotros, del que es y que era
y que ha de venir,[a] y de los siete espíritus que
están delante de su trono;[b]
➤ 5 y de Jesucristo el testigo fiel, el primogénito
de los muertos, y el soberano de los reyes de
la tierra.[c] Al que nos amó, y nos lavó de nuestros pecados con su sangre,
➤ 6 y nos hizo reyes y sacerdotes para Dios, su
Padre;[d] a él sea gloria e imperio por los siglos
de los siglos. Amén.
➤ 7 He aquí que viene con las nubes,[e] y todo ojo
le verá, y los que le traspasaron;[f] y todos los
linajes de la tierra harán lamentación por él.[g]
Sí, amén.
8 Yo soy el Alfa y la Omega,[h] principio y fin,
dice el Señor, el que es y que era y que ha de
venir,[i] el Todopoderoso.

Una visión del Hijo del Hombre

9 Yo Juan, vuestro hermano, y copartícipe ➤
vuestro en la tribulación, en el reino y en la
paciencia de Jesucristo, estaba en la isla llamada Patmos, por causa de la palabra de Dios
y el testimonio de Jesucristo.
10 Yo estaba en el Espíritu en el día del Señor,
y oí detrás de mí una gran voz como de
trompeta,
11 que decía: Yo soy el Alfa y la Omega, el primero y el último. Escribe en un libro lo que
ves, y envíalo a las siete iglesias que están en
Asia: a Éfeso, Esmirna, Pérgamo, Tiatira, Sardis, Filadelfia y Laodicea.
12 Y me volví para ver la voz que hablaba conmigo; y vuelto, vi siete candeleros de oro, ➤
13 y en medio de los siete candeleros, a uno
semejante al Hijo del Hombre,[j] vestido de una
ropa que llegaba hasta los pies, y ceñido por
el pecho con un cinto de oro.[k]

a. 1.4 Éx 3.14. **b. 1.4** Ap 4.5. **c. 1.5** Sal 89.27. **d. 1.6** Éx 19.6; Ap 5.10. **e. 1.7** Dn 7.13; Mt 24.30; Mr 13.26; Lc 21.27; 1 Ts 4.17. **f. 1.7** Zac 12.10; Jn 19.34, 37. **g. 1.7** Zac 12.10-14; Mt 24.30. **h. 1.8** Ap 22.13. **i. 1.8** Éx 3.14. **j. 1.13** Dn 7.13. **k. 1.13** Dn 10.5.

LECCIONES DE VIDA

➤ ***1.3 — Bienaventurado el que lee, y los que oyen las palabras de esta profecía, y guardan las cosas en ella escritas; porque el tiempo está cerca.***

Muchos ignoran el libro de Apocalipsis porque creen que es demasiado difícil de entender. Sin embargo, hay una bienaventuranza para aquellos que tanto leen las Escrituras como las ponen en práctica, haciendo todos los ajustes necesarios para obedecer lo que Dios requiera de nosotros en su Palabra. ¿Por qué Apocalipsis nos ofrece una bendición especial? Porque no existe otro libro que exalte con tanta exuberancia al Señor Jesucristo.

➤ ***1.4 — Gracia y paz a vosotros, del que es y que era y que ha de venir, y de los siete espíritus que están delante de su trono.***

Gracia era un saludo griego típico del primer siglo, mientras que *paz* servía como el típico saludo hebreo. Este libro es para todos, tanto judíos como gentiles por igual. Juan también explica que se trata de un mensaje especial para los creyentes por parte del Dios trino, Aquel «que es y que era y que ha de venir». El remitente de Apocalipsis es Dios el Padre o «*Yo soy*» (Éx 3.14), el Espíritu Santo representado por los siete espíritus (Is 11.1, 2), y por supuesto, «Jesucristo… que nos amó, y nos lavó de nuestros pecados con su sangre» (Ap 1.5).

➤ ***1.5 — Jesucristo… el primogénito de los muertos.***

Varios individuos en la Biblia (antes de Jesús) han sido levantado de los muertos, pero todos ellos volvieron a morir: el hijo de la sunamita (2 R 4.35), la hija de Jairo (Mr 5.42) y Lázaro (Jn 11.44). En cambio, Jesús conquistó la muerte por toda la eternidad, y todo aquel que crea en Él vivirá para siempre.

➤ ***1.6 — nos hizo reyes.***

En 70 d.C., los romanos destruyeron la ciudad de Jerusalén y el templo, subyugando y persiguiendo a los judíos. Muchos creyentes se preguntaron qué había sucedido, ¿acaso el Señor Jesús les había fallado? La promesa que Dios les había dado, de restaurarlos plenamente como nación en la tierra prometida, parecía estar muy lejos de cumplirse (Ez 36.24–30). Juan escribió para recordarles que aunque el Señor cumpliría sus promesas específicas a Israel, su reino verdadero no era de este mundo (Jn 18.36). Él vendría otra vez en gloria para redimir a los suyos para siempre, independientemente de la situación en la tierra.

➤ ***1.7 — He aquí que viene con las nubes, y todo ojo le verá, y los que le traspasaron; y todos los linajes de la tierra harán lamentación por él.***

La segunda venida de Cristo seguirá el período de tribulación de siete años, que está marcado por el juicio sobre la tierra (Zac 12.10). Durante la tribulación, el Señor derramará su ira sobre aquellos que lo rechazan, y aunque muchos serán destruidos, multitudes de personas serán salvas. Entonces, la tierra entera atestiguará su regreso como el Rey de reyes. Él terminará de limpiar la tierra de toda impiedad y establecerá su reino milenial.

➤ ***1.9 — Yo Juan… estaba en la isla llamada Patmos, por causa de la palabra de Dios y el testimonio de Jesucristo.***

Ubicada en el mar Egeo, cerca a la costa de Asia al sur de Éfeso, Patmos era usada por los romanos como una colonia penitenciaria. Juan fue desterrado allí por el emperador Domiciano alrededor del año 95 d.C., cuando tenía casi noventa años de edad. Dios usó este encarcelamiento como una oportunidad para darle una asombrosa mirada del futuro, así como del reino celestial venidero.

14 Su cabeza y sus cabellos eran blancos
como blanca lana, como nieve;[l] sus ojos como
llama de fuego;
15 y sus pies semejantes al bronce bruñido,[m]
refulgente como en un horno; y su voz como
estruendo de muchas aguas.[n]
16 Tenía en su diestra siete estrellas; de su
boca salía una espada aguda de dos filos; y
su rostro era como el sol cuando resplandece en su fuerza.
➢17 Cuando le vi, caí como muerto a sus pies.
Y él puso su diestra sobre mí, diciéndome:
No temas; yo soy el primero y el último;[o]
18 y el que vivo, y estuve muerto; mas he aquí
que vivo por los siglos de los siglos, amén. Y
tengo las llaves de la muerte y del Hades.
19 Escribe las cosas que has visto, y las que
son, y las que han de ser después de éstas.
20 El misterio de las siete estrellas que has
visto en mi diestra, y de los siete candeleros
de oro: las siete estrellas son los ángeles de las
siete iglesias, y los siete candeleros que has
visto, son las siete iglesias.

Mensajes a las siete iglesias: El mensaje a Efeso

2 ESCRIBE al ángel de la iglesia en Éfeso:
El que tiene las siete estrellas en su diestra, el que anda en medio de los siete candeleros de oro, dice esto:
➢2 Yo conozco tus obras, y tu arduo trabajo
y paciencia; y que no puedes soportar a los
malos, y has probado a los que se dicen ser
apóstoles, y no lo son, y los has hallado mentirosos;
3 y has sufrido, y has tenido paciencia, y has ≺
trabajado arduamente por amor de mi nombre, y no has desmayado.
4 Pero tengo contra ti, que has dejado tu pri- ≺
mer amor.
5 Recuerda, por tanto, de dónde has caído, y
arrepiéntete, y haz las primeras obras; pues
si no, vendré pronto a ti, y quitaré tu candelero de su lugar, si no te hubieres arrepentido.
6 Pero tienes esto, que aborreces las obras
de los nicolaítas, las cuales yo también
aborrezco.
7 El que tiene oído, oiga lo que el Espíritu ✻
dice a las iglesias. Al que venciere, le daré
a comer del árbol de la vida,[a] el cual está en
medio del paraíso de Dios.

El mensaje a Esmirna

8 Y escribe al ángel de la iglesia en Esmirna:
El primero y el postrero,[b] el que estuvo muerto y vivió, dice esto:
9 Yo conozco tus obras, y tu tribulación, y tu ≺
pobreza (pero tú eres rico), y la blasfemia de
los que se dicen ser judíos, y no lo son, sino
sinagoga de Satanás.
10 No temas en nada lo que vas a padecer. He
aquí, el diablo echará a algunos de vosotros

l. 1.14 Dn 7.9. **m. 1.14-15** Dn 10.6. **n. 1.15** Ez 1.24.
o. 1.17 Is 44.6; 48.12; Ap 2.8; 22.13. **a. 2.7** Gn 2.9; Ap 22.2.
b. 2.8 Is 44.6; 48.12; Ap 1.17; 22.13.

LECCIONES DE VIDA

➢ *1.12, 13 — vi siete candeleros de oro, y en medio de los siete candeleros, a uno semejante al Hijo del Hombre.*

Los siete candeleros de oro son siete congregaciones (Ap 1.20). Jesús está en medio de sus iglesias llamando al arrepentimiento, enviando el mensaje del evangelio y ofreciendo esperanza, paz, perdón y redención a todo aquel que crea en Él. Vivir la vida cristiana es permitirle al Señor Jesús vivir su vida en y por medio de nosotros. Es sólo cuando Él es visto y glorificado en nosotros y en nuestras iglesias que llegamos a ser eficaces.

➢ *1.17 — Cuando le vi, caí como muerto a sus pies.*

Aquí el Señor Jesús está vestido como el Rey, el Sumo Sacerdote, el Protector, el Proveedor y el Juez de toda la humanidad. La manifestación majestuosa y gloriosa del Cristo revelado abrumó tanto a Juan que se desmayó. Cuando estemos en su presencia a la hora del juicio, no seremos capaces de decir una sola palabra. Nos veremos a nosotros mismos como Él nos ve, y estaremos en acuerdo absoluto con Él. Por lo tanto, debemos vivir nuestras vidas en reverencia a Él y no olvidar jamás que nuestro Salvador y Amigo también es nuestro Señor, Amo y Soberano.

➢ *2.2 — Yo conozco tus obras, y tu arduo trabajo y paciencia.*

A veces podemos sentir como si trabajáramos duro en el anonimato y que nuestras labores pasan desapercibidas y son poco apreciadas por los demás. Sin embargo, debemos recordar primero que no existimos para gloriarnos a nosotros mismos sino a Aquel que nos ha redimido para que otros sean salvos (Mt 5.16; Jn 12.32). En segundo lugar, debemos recordar que Jesús se da cuenta de todo. Él ve tanto nuestro trabajo como el amor y la obediencia que expresamos por Él a medida que servimos (He 6.10). Él lo recuerda todo fielmente, y nos recompensa cuando llega el tiempo apropiado (1 Co 3.11–15; 2 Co 5.9, 10; He 11.6).

➢ *2.3 — has tenido paciencia, y has trabajado arduamente por amor de mi nombre, y no has desmayado.*

La obra que Jesús nos da para hacer puede sentirse impuesta y casi interminable. Para completar nuestra tarea tenemos que apoyarnos completamente en Él y perseverar. Sólo si trabajamos en sus fuerzas podemos evitar el cansancio total (Gá 6.9).

➢ *2.4 — tengo contra ti, que has dejado tu primer amor.*

¿Cómo es posible que algo anduviese mal en una iglesia donde la gente servía al Señor? Éfeso era una ciudad portuaria con muchas riquezas e influencia en Asia menor, por lo cual tenía potencial para convertirse en un gran centro para la propagación del cristianismo. Tristemente, los creyentes en esa ciudad estaban poniendo más fe en sus riquezas y sus obras terrenales que en las bendiciones espirituales que el Señor les daba. Se mantenían ocupados *para* Él, pero no vivían obedientes *a* Él. Dios nos creó para una relación íntima con Él, y desarrollar esa relación siempre debe ser nuestra máxima prioridad. Servir al Señor debe hacerse por obediencia, no por ritual ni tradición, y jamás debe sustituir el amar al Señor (1 S 15.22; Jer 7.23; Os 6.6; Mr 12.33).

en la cárcel, para que seáis probados, y tendréis tribulación por diez días. Sé fiel hasta la muerte, y yo te daré la corona de la vida.
11 El que tiene oído, oiga lo que el Espíritu dice a las iglesias. El que venciere, no sufrirá daño de la segunda muerte.[c]

El mensaje a Pérgamo

12 Y escribe al ángel de la iglesia en Pérgamo: El que tiene la espada aguda de dos filos dice esto:
➤ 13 Yo conozco tus obras, y dónde moras, donde está el trono de Satanás; pero retienes mi nombre, y no has negado mi fe, ni aun en los días en que Antipas mi testigo fiel fue muerto entre vosotros, donde mora Satanás.
➤ 14 Pero tengo unas pocas cosas contra ti: que tienes ahí a los que retienen la doctrina de Balaam, que enseñaba a Balac a poner tropiezo ante los hijos de Israel, a comer de cosas sacrificadas a los ídolos, y a cometer fornicación.[d]
15 Y también tienes a los que retienen la doctrina de los nicolaítas, la que yo aborrezco.
➤ 16 Por tanto, arrepiéntete; pues si no, vendré a ti pronto, y pelearé contra ellos con la espada de mi boca.
17 El que tiene oído, oiga lo que el Espíritu dice a las iglesias. Al que venciere, daré a comer del maná escondido,[e] y le daré una piedrecita blanca, y en la piedrecita escrito un nombre nuevo, el cual ninguno conoce sino aquel que lo recibe.

El mensaje a Tiatira

18 Y escribe al ángel de la iglesia en Tiatira: El Hijo de Dios, el que tiene ojos como llama de fuego, y pies semejantes al bronce bruñido, dice esto:
19 Yo conozco tus obras, y amor, y fe, y servicio, y tu paciencia, y que tus obras postreras son más que las primeras.
20 Pero tengo unas pocas cosas contra ti: que ➤
toleras que esa mujer Jezabel,[f] que se dice profetisa, enseñe y seduzca a mis siervos a fornicar y a comer cosas sacrificadas a los ídolos.
21 Y le he dado tiempo para que se arrepienta, pero no quiere arrepentirse de su fornicación.
22 He aquí, yo la arrojo en cama, y en gran tribulación a los que con ella adulteran, si no se arrepienten de las obras de ella.
23 Y a sus hijos heriré de muerte, y todas las ➤
iglesias sabrán que yo soy el que escudriña la mente y el corazón;[g] y os daré a cada uno según vuestras obras.[h]

c. 2.11 Ap 20.14; 21.8. **d. 2.14** Nm 25.1-3; 31.16.
e. 2.17 Éx 16.14-15. **f. 2.20** 1 R 16.31; 2 R 9.22, 30.
g. 2.23 Sal 7.9; Jer 17.10. **h. 2.23** Sal 62.12.

LECCIONES DE VIDA

➤ ***2.9, 10 — Yo conozco... tu tribulación, y tu pobreza... No temas en nada lo que vas a padecer... para que seáis probados.***

El Señor Jesús no tuvo nada negativo que decir acerca de la iglesia de Esmirna. Él entendió la persecución que estaban enfrentando por parte de «la sinagoga de Satanás», un grupo de judíos que eran diabólicamente hostiles hacia los cristianos, pero les dijo que esto era para probar y perfeccionar su fe. La obediencia puede traer sufrimiento, pero esto se debe a que el quebrantamiento es el requisito de Dios para que seamos útiles al máximo. Las tristezas y las pruebas nos mantienen cercanos al Señor, que es el mejor lugar para servirlo.

➤ ***2.13 — moras... donde está el trono de Satanás; pero retienes mi nombre, y no has negado mi fe.***

Los creyentes en Pérgamo vivían donde estaba el trono de Satanás porque era un centro de culto a muchos ídolos paganos, incluidos tres Césares romanos y las cuatro deidades principales de los griegos: Zeus, Dionisio, Escolapio y Atenea. Cuando un creyente confesaba a Cristo como Salvador y afirmaba la existencia del único Dios verdadero, esto le acarreaba gran persecución y opresión. A pesar de esto, los cristianos en Pérgamo se negaron a renunciar a su fe en Jesús.

➤ ***2.14, 15 — tienes ahí a los que retienen la doctrina de Balaam... también tienes a los que retienen la doctrina de los nicolaítas.***

Balaam aconsejó al rey moabita Balac, que para derrotar a Israel debía inducirse a su pueblo a abandonar a Dios por medio de la iniquidad sexual y la idolatría (Nm 22—25). Los nicolaítas eran una secta licenciosa cuyos miembros también practicaban la inmoralidad sexual y participaban en fiestas paganas. Aunque los creyentes en Pérgamo confesaban a Cristo como su Salvador, no habían renunciado a tales prácticas paganas.

➤ ***2.16 — arrepiéntete; pues si no, vendré a ti pronto, y pelearé contra ellos con la espada de mi boca.***

Nadie debería imaginar que en vista de su amor incondicional por nosotros, Dios no nos disciplinará cuando pequemos. Jesús emplea un lenguaje fuerte en contra de la iglesia en Pérgamo para recordarnos que espera de nosotros que lo representemos bien.

➤ ***2.20 — toleras que esa mujer Jezabel, que se dice profetisa, enseñe y seduzca a mis siervos.***

La iglesia en Tiatira permitió que una falsa profetisa llamada Jezabel desviara a los creyentes a prácticas idólatras y doctrinas impías. Lo más probable es que esta congregación había empezado a combinar las ideas de las religiones paganas propias de la comunidad secular de Tiatira con su doctrina cristiana, en una fusión dañina que se conoce como *sincretismo*.

➤ ***2.23 — todas las iglesias sabrán que yo soy el que escudriña la mente y el corazón.***

Jesús sabe exactamente qué pensamientos albergamos en nuestras mentes y nuestros corazones. No podemos aparentar ser cristianos y mantener una creencia en dioses falsos. Dios no tolerará nuestra lealtad dividida. Con frecuencia, si tal dualismo está presente en nosotros, Él permitirá que experimentemos pruebas para que sepamos que Él es el único Señor y que no hay ningún otro.

24 Pero a vosotros y a los demás que están en
Tiatira, a cuantos no tienen esa doctrina, y no
han conocido lo que ellos llaman las profundidades de Satanás, yo os digo: No os impon-
dré otra carga;
25 pero lo que tenéis, retenedlo hasta que yo
venga.
26 Al que venciere y guardare mis obras
hasta el fin, yo le daré autoridad sobre las
naciones,
27 y las regirá con vara de hierro, y serán quebradas como vaso de alfarero;[i] como yo también la he recibido de mi Padre;
28 y le daré la estrella de la mañana.
29 El que tiene oído, oiga lo que el Espíritu
dice a las iglesias.

El mensaje a Sardis

➤ 3 ESCRIBE al ángel de la iglesia en Sardis:
El que tiene los siete espíritus de Dios, y
las siete estrellas, dice esto: Yo conozco tus
obras, que tienes nombre de que vives, y estás
muerto.
2 Sé vigilante, y afirma las otras cosas que
están para morir; porque no he hallado tus
obras perfectas delante de Dios.
3 Acuérdate, pues, de lo que has recibido
y oído; y guárdalo, y arrepiéntete. Pues si
no velas, vendré sobre ti como ladrón, y no
sabrás a qué hora vendré sobre ti.[a]
4 Pero tienes unas pocas personas en Sardis
que no han manchado sus vestiduras; y andarán conmigo en vestiduras blancas, porque
son dignas.
✱ 5 El que venciere será vestido de vestiduras
➤ blancas; y no borraré su nombre del libro de
la vida,[b] y confesaré su nombre delante de mi
Padre, y delante de sus ángeles.[c]
6 El que tiene oído, oiga lo que el Espíritu dice
a las iglesias.

El mensaje a Filadelfia

7 Escribe al ángel de la iglesia en Filadelfia:
Esto dice el Santo, el Verdadero, el que tiene la
llave de David, el que abre y ninguno cierra, y
cierra y ninguno abre:[d]
8 Yo conozco tus obras; he aquí, he puesto ➤
delante de ti una puerta abierta, la cual nadie
puede cerrar; porque aunque tienes poca fuerza, has guardado mi palabra, y no has negado mi nombre.
9 He aquí, yo entrego de la sinagoga de Satanás a los que se dicen ser judíos y no lo son,
sino que mienten; he aquí, yo haré que vengan y se postren a tus pies,[e] y reconozcan que
yo te he amado.
10 Por cuanto has guardado la palabra de mi ➤
paciencia, yo también te guardaré de la hora
de la prueba que ha de venir sobre el mundo entero, para probar a los que moran sobre
la tierra.
11 He aquí, yo vengo pronto; retén lo que tienes, para que ninguno tome tu corona.
12 Al que venciere, yo lo haré columna en el
templo de mi Dios, y nunca más saldrá de allí;
y escribiré sobre él el nombre de mi Dios, y
el nombre de la ciudad de mi Dios, la nueva
Jerusalén, la cual desciende del cielo,[f] de mi
Dios, y mi nombre nuevo.
13 El que tiene oído, oiga lo que el Espíritu
dice a las iglesias.

i. 2.26-27 Sal 2.8-9. **a. 3.3** Mt 24.43-44; Lc 12.39-40; Ap 16.15.
b. 3.5 Éx 32.32-33; Sal 69.28; Ap 20.12.
c. 3.5 Mt 10.32; Lc 12.8. **d. 3.7** Is 22.22. **e. 3.9** Is 60.14.
f. 3.12 Ap 21.2.

LECCIONES DE VIDA

➤ 3.1 — Escribe al ángel de la iglesia en Sardis… Yo conozco tus obras, que tienes nombre de que vives, y estás muerto.

La iglesia en Sardis tenía buena reputación en la comunidad, pero sus miembros habían perdido el poder de Dios. El Señor ya no estaba siendo glorificado en medio de ellos. Cuando una congregación pierde su conexión con Dios, a menudo cambia de una relación personal con Él por mero formalismo. Esta congregación tenía una forma superficial de cristianismo, y carecía de una relación personal e íntima con Jesucristo (2 Ti 3.1–7).

➤ 3.5 — El que venciere será vestido de vestiduras blancas; y no borraré su nombre del libro de la vida, y confesaré su nombre delante de mi Padre.

Aquellos que en verdad tienen una relación con el Salvador, quiénes no llevan puesto simplemente su cristianismo como un signo exterior de prestigio social ni sirven a Dios de labios para afuera (Mt 7.21–23), seremos vestidos con vestiduras blancas, las cuales representan nuestra pureza, rectitud y santificación en Él (Sal 51.7; Is 1.18; Ap 7.14; 19.14). Además, nuestros nombres permanecerán para siempre escritos en el libro de la vida del Cordero (Ap 20.12–15; 21.27).

➤ 3.8 — he puesto delante de ti una puerta abierta, la cual nadie puede cerrar; porque aunque tienes poca fuerza, has guardado mi palabra, y no has negado mi nombre.

La iglesia en Filadelfia fue una congregación fiel y ejemplar. Sin embargo, los creyentes allí eran perseguidos por sus hermanos judíos que estaban convencidos que serían ellos, y no los cristianos, quienes heredarían el reino de David (2 S 7.12–16). De hecho, en el año 90 d.C. en el Concilio de Jamnia, los judíos mandaron expulsar a todos los creyentes de la sinagoga. No obstante, Jesús les aseguró que la puerta de salvación que Él les había abierto, nadie la podría cerrar (Ro 8.38, 39). Esto mismo es cierto para nosotros.

➤ 3.10 — yo también te guardaré de la hora de la prueba que ha de venir sobre el mundo entero, para probar a los que moran sobre la tierra.

¿Cómo sabemos que la iglesia del Señor Jesucristo no sufrirá en la tribulación de los siete años? Porque el Señor no nos ordenó para ira, y ninguna de las profecías concernientes a la tribulación en Apocalipsis 4—18 hace mención de la iglesia.

El mensaje a Laodicea

14 Y escribe al ángel de la iglesia en Laodicea: He aquí el Amén, el testigo fiel y verdadero, el principio de la creación de Dios,[g] dice esto:

15 Yo conozco tus obras, que ni eres frío ni caliente. ¡Ojalá fueses frío o caliente!

16 Pero por cuanto eres tibio, y no frío ni caliente, te vomitaré de mi boca.

17 Porque tú dices: Yo soy rico, y me he enriquecido, y de ninguna cosa tengo necesidad; y no sabes que tú eres un desventurado, miserable, pobre, ciego y desnudo.

18 Por tanto, yo te aconsejo que de mí compres oro refinado en fuego, para que seas rico, y vestiduras blancas para vestirte, y que no se descubra la vergüenza de tu desnudez; y unge tus ojos con colirio, para que veas.

19 Yo reprendo y castigo a todos los que amo;[h] sé, pues, celoso, y arrepiéntete.

20 He aquí, yo estoy a la puerta y llamo; si alguno oye mi voz y abre la puerta, entraré a él, y cenaré con él, y él conmigo.

21 Al que venciere, le daré que se siente conmigo en mi trono, así como yo he vencido, y me he sentado con mi Padre en su trono.

22 El que tiene oído, oiga lo que el Espíritu dice a las iglesias.

La adoración celestial

4 DESPUÉS de esto miré, y he aquí una puerta abierta en el cielo; y la primera voz que oí, como de trompeta, hablando conmigo, dijo: Sube acá, y yo te mostraré las cosas que sucederán después de éstas.

2 Y al instante yo estaba en el Espíritu; y he aquí, un trono establecido en el cielo, y en el trono, uno sentado.

3 Y el aspecto del que estaba sentado era semejante a piedra de jaspe y de cornalina; y había alrededor del trono un arco iris, semejante en aspecto a la esmeralda.[a]

4 Y alrededor del trono había veinticuatro tronos; y vi sentados en los tronos a veinticuatro ancianos, vestidos de ropas blancas, con coronas de oro en sus cabezas.

5 Y del trono salían relámpagos y truenos[b] y voces; y delante del trono ardían siete lámparas de fuego,[c] las cuales son los siete espíritus de Dios.[d]

6 Y delante del trono había como un mar de vidrio semejante al cristal;[e] y junto al trono, y alrededor del trono, cuatro seres vivientes llenos de ojos delante y detrás.

g. 3.14 Pr 8.22. **h. 3.19** Pr 3.12. **a. 4.2-3** Ez 1.26-28; 10.1. **b. 4.5** Éx 19.16; Ap 8.5; 11.19; 16.18. **c. 4.5** Ez 1.13. **d. 4.5** Ap 1.4. **e. 4.6** Ez 1.22.

LECCIONES DE VIDA

3.15 — Yo conozco tus obras, que ni eres frío ni caliente. ¡Ojalá fueses frío o caliente!

Laodicea era conocida por su lana negra de calidad excepcional, su escuela de medicina y su sector bancario. También fue la imagen de las transigencias impías. Para ilustrar el compromiso indiferente de aquella iglesia con Él, Jesús aludió a las dos fuentes de agua que tenían disponibles: las corrientes heladas de Hierápolis y los manantiales minerales calientes al sur. Después que el agua atravesaba la ciudad por el acueducto romano de ocho kilómetros, se entibiaba y se volvía insalubre, no apta para beber. Los creyentes tibios que se habían acomodado a la sociedad secular también habían llegado a ser igualmente repelentes para el Señor.

3.16 — por cuanto eres tibio, y no frío ni caliente, te vomitaré de mi boca.

Laodicea era una ciudad muy opulenta, y los creyentes del lugar eran complacientes, satisfechos consigo mismos y en esencia inútiles para el reino de Dios. Habían escogido la comodidad en lugar de la batalla espiritual y la cooperación con la cultura secular en lugar del compromiso de todo corazón con Jesucristo. La obediencia parcial siempre es desobediencia, la cual es aborrecible para el Señor. Además, cualquier riqueza a la que uno se aferre en oposición a la voluntad de Dios, la terminará perdiendo.

3.19 — Yo reprendo y castigo a todos los que amo.

A nadie le gusta ser disciplinado porque requiere un cambio en nuestra perspectiva, nuestras metas, nuestra conducta y nuestra actitud. La disciplina hace que la pecaminosidad fuertemente arraigada, las concesiones morales y los hábitos destructivos sean arrancados de raíz, y que nuestros recursos terrenales de seguridad sean destruidos. Todo esto es muy doloroso y difícil, pero si cooperamos con Dios cuando Él nos corrige, llegaremos a ser más como Él, lo cual siempre redundará en grandes bendiciones.

3.20 — yo estoy a la puerta y llamo; si alguno oye mi voz y abre la puerta, entraré a él, y cenaré con él, y él conmigo.

Jesús toma la iniciativa en llamarnos a una relación de salvación con Él. Sin embargo, Él no nos hará responder a la fuerza. Su deseo es que le respondamos con obediencia (Lc 12.36). Por eso, cada vez que sintamos que nos esté acercando a Él, deberíamos disponernos a abrirle gustosamente la puerta de nuestra vida.

4.1 — Sube acá, y yo te mostraré las cosas que sucederán después de estas.

De aquí en adelante no se menciona la iglesia en la tierra hasta la segunda venida de Cristo, y hay razón para ello. Únicamente *santos de la tribulación*, personas que aceptan a Jesús como su Salvador después del arrebatamiento, están presentes durante este tiempo de sufrimiento y juicio. La iglesia no está presente para la ira de Dios (1 Ts 5.9). En lugar de ello, la iglesia es arrebatada en el aire para estar con Él (1 Co 15.51–57; 1 Ts 4.15–17).

4.5 — del trono salían relámpagos y truenos y voces.

Mientras Juan observa el trono del Señor en el cielo, se da cuenta que está siendo testigo de lo que ocurrirá cuando venga el juicio de Dios, tal como es demostrado por los relámpagos y truenos. También ve los siete espíritus, que son un símbolo del Espíritu Santo (Is 11.2), y los cuales indican que la ira del Señor está perfectamente informada por los hechos y que proviene de una perspectiva infalible.

7 El primer ser viviente era semejante a un
león; el segundo era semejante a un becerro;
el tercero tenía rostro como de hombre; y el
cuarto era semejante a un águila volando.[f]
➤ 8 Y los cuatro seres vivientes tenían cada
uno seis alas, y alrededor y por dentro estaban llenos de ojos;[g] y no cesaban día y noche
de decir: Santo, santo, santo es el Señor Dios
Todopoderoso,[h] el que era, el que es, y el que
ha de venir.
9 Y siempre que aquellos seres vivientes dan
gloria y honra y acción de gracias al que está
sentado en el trono, al que vive por los siglos
de los siglos,
10 los veinticuatro ancianos se postran delante del que está sentado en el trono, y adoran
al que vive por los siglos de los siglos, y echan
sus coronas delante del trono, diciendo:
➤ 11 Señor, digno eres de recibir la gloria y
la honra y el poder; porque tú creaste todas
las cosas, y por tu voluntad existen y fueron
creadas.

El rollo y el Cordero

5 Y vi en la mano derecha del que estaba
sentado en el trono un libro escrito por
dentro y por fuera,[a] sellado con siete sellos.
2 Y vi a un ángel fuerte que pregonaba a gran
voz: ¿Quién es digno de abrir el libro y desatar sus sellos?
3 Y ninguno, ni en el cielo ni en la tierra ni
debajo de la tierra, podía abrir el libro, ni aun
mirarlo.
➤ 4 Y lloraba yo mucho, porque no se había
hallado a ninguno digno de abrir el libro, ni
de leerlo, ni de mirarlo.
5 Y uno de los ancianos me dijo: No llores. He ➤
aquí que el León de la tribu de Judá,[b] la raíz
de David,[c] ha vencido para abrir el libro y desatar sus siete sellos.
6 Y miré, y vi que en medio del trono y de
los cuatro seres vivientes, y en medio de los
ancianos, estaba en pie un Cordero como
inmolado,[d] que tenía siete cuernos, y siete
ojos,[e] los cuales son los siete espíritus de Dios
enviados por toda la tierra.
7 Y vino, y tomó el libro de la mano derecha
del que estaba sentado en el trono.
8 Y cuando hubo tomado el libro, los cuatro
seres vivientes y los veinticuatro ancianos se
postraron delante del Cordero; todos tenían
arpas, y copas de oro llenas de incienso, que
son las oraciones de los santos;[f]
9 y cantaban un nuevo cántico, diciendo: Digno eres de tomar el libro y de abrir sus sellos; ➤
porque tú fuiste inmolado, y con tu sangre nos
has redimido para Dios, de todo linaje y lengua y pueblo y nación;
10 y nos has hecho para nuestro Dios reyes y
sacerdotes,[g] y reinaremos sobre la tierra.
11 Y miré, y oí la voz de muchos ángeles alrededor del trono, y de los seres vivientes, y de
los ancianos; y su número era millones de
millones,[h]
12 que decían a gran voz: El Cordero que
fue inmolado es digno de tomar el poder, las
riquezas, la sabiduría, la fortaleza, la honra, la
gloria y la alabanza.

f. 4.6-7 Ez 1.5-10; 10.14. **g. 4.8** Ez 1.18; 10.12. **h. 4.8** Is 6.2-3.
a. 5.1 Ez 2.9-10. **b. 5.5** Gn 49.9-10. **c. 5.5** Is 11.1.
d. 5.6 Is 53.7. **e. 5.6** Zac 4.10. **f. 5.8** Sal 141.2.
g. 5.10 Éx 19.6; Ap 1.6. **h. 5.11** Dn 7.10.

LECCIONES DE VIDA

➤ ***4.8 — Santo, santo, santo es el Señor Dios Todopoderoso, el que era, el que es, y el que ha de venir.***

Este es el tema del libro de Apocalipsis: Dios gobierna la tierra y cada individuo en ella sobre la base de su santidad eterna y su juicio perfecto. Él evalúa cada situación y puede decirnos qué viene a continuación, porque habita en la eternidad y porque no tiene principio ni fin. Nadie es como Él, y sólo Él es digno de alabanza.

➤ ***4.11 — Señor, digno eres de recibir la gloria y la honra y el poder; porque tú creaste todas las cosas.***

Como nuestro Creador, Dios es digno de toda alabanza y adoración. Nosotros meramente somos un reflejo de su gloria. Esto quedará abundantemente claro cuando lleguemos al cielo. Todos, quienes conocen al Señor, quienes lo han visto en toda su belleza, su santidad, su poder y su majestad, lo adorarán y postrándose echaran sus coronas a sus pies en gratitud total, dándole la gloria y el honor que merece.

➤ ***5.4 — Y lloraba yo mucho, porque no se había hallado a ninguno digno de abrir el libro, ni de leerlo, ni de mirarlo.***

¿Quién es digno de sostener en sus manos la vida eterna y la condenación perpetua? El quinto capítulo de Apocalipsis revela que ningún líder, figura religiosa o gobernante en la historia pudo abrir este rollo definitivo que contiene el juicio justo de Dios. Sólo una Persona, el Salvador resucitado, quien se sacrificó a sí mismo por toda la humanidad, pudo abrirlo. Jesús es único y superior a todos.

➤ ***5.5 — No llores. He aquí que el León de la tribu de Judá, la raíz de David, ha vencido.***

Esto es cierto para nosotros en *toda* situación porque Jesús prevalece cuando nadie más puede. Él es el Cordero de Dios, (1 Co 5.7), quien tomó sobre sí nuestros pecados, dando su vida en la cruz para que pudiéramos ser salvos. Él es el León de Judá (Gn 49.9, 10; Os 5.14, 15), quien viene como el guerrero conquistador y el Mesías a traer justicia a la tierra. Finalmente, Jesús es la raíz de David (Is 11.1–10; Ro 15.12; Ap 22.16, 17), por eso cumple las promesas hechas al rey David e instaura su reino sempiterno (2 S 7.10–16).

➤ ***5.9 — tú fuiste inmolado, y con tu sangre nos has redimido para Dios, de todo linaje y lengua y pueblo y nación.***

Dios no tiene favoritismos. Él ofrece su regalo de salvación a personas de todos los grupos étnicos, todas las razas y todas las lenguas a lo largo y ancho del mundo. Él es verdaderamente el Dios de toda la tierra. Además, en el cielo habrá personas de toda tribu, lengua y nación como evidencia de ello.

13 Y a todo lo creado que está en el cielo, y
sobre la tierra, y debajo de la tierra, y en el
mar, y a todas las cosas que en ellos hay, oí
decir: Al que está sentado en el trono, y al Cordero, sea la alabanza, la honra, la gloria y el
poder, por los siglos de los siglos.
14 Los cuatro seres vivientes decían: Amén; y
los veinticuatro ancianos se postraron sobre
sus rostros y adoraron al que vive por los
siglos de los siglos.

Los sellos

6 VI cuando el Cordero abrió uno de los
sellos, y oí a uno de los cuatro seres vivientes decir como con voz de trueno: Ven y mira.
2 Y miré, y he aquí un caballo blanco;[a] y el que
lo montaba tenía un arco; y le fue dada una
corona, y salió venciendo, y para vencer.
3 Cuando abrió el segundo sello, oí al segundo
ser viviente, que decía: Ven y mira.
4 Y salió otro caballo, bermejo;[b] y al que lo
montaba le fue dado poder de quitar de la tierra la paz, y que se matasen unos a otros; y se
le dio una gran espada.
5 Cuando abrió el tercer sello, oí al tercer ser
viviente, que decía: Ven y mira. Y miré, y he
aquí un caballo negro;[c] y el que lo montaba
tenía una balanza en la mano.
6 Y oí una voz de en medio de los cuatro seres
vivientes, que decía: Dos libras de trigo por un
denario, y seis libras de cebada por un denario; pero no dañes el aceite ni el vino.
7 Cuando abrió el cuarto sello, oí la voz del
cuarto ser viviente, que decía: Ven y mira.
8 Miré, y he aquí un caballo amarillo, y el que
lo montaba tenía por nombre Muerte, y el
Hades le seguía; y le fue dada potestad sobre
la cuarta parte de la tierra, para matar con
espada, con hambre, con mortandad, y con las
fieras de la tierra.[d]
9 Cuando abrió el quinto sello, vi bajo el altar
las almas de los que habían sido muertos por
causa de la palabra de Dios y por el testimonio que tenían.
10 Y clamaban a gran voz, diciendo: ¿Hasta
cuándo, Señor, santo y verdadero, no juzgas
y vengas nuestra sangre en los que moran en
la tierra?
11 Y se les dieron vestiduras blancas, y se
les dijo que descansasen todavía un poco de
tiempo, hasta que se completara el número de
sus consiervos y sus hermanos, que también
habían de ser muertos como ellos.
12 Miré cuando abrió el sexto sello, y he aquí
hubo un gran terremoto;[e] y el sol se puso
negro como tela de cilicio, y la luna se volvió
toda como sangre;
13 y las estrellas del cielo cayeron sobre la
tierra,[f] como la higuera deja caer sus higos
cuando es sacudida por un fuerte viento.

a. 6.2 Zac 1.8; 6.3. **b. 6.4** Zac 1.8; 6.2. **c. 6.5** Zac 6.2, 6. **d. 6.8** Jer 15.3; Ez 5.12, 17; 14.21. **e. 6.12** Ap 11.13; 16.18. **f. 6.12-13** Is 13.10; Ez 32.7; Jl 2.31; Mt 24.29; Mr 13.24-25; Lc 21.25.

LECCIONES DE VIDA

5.13 — Al que está sentado en el trono, y al Cordero, sea la alabanza, la honra, la gloria y el poder, por los siglos de los siglos.

Mientras llega el momento solemne en que el Cordero abre los siete sellos del juicio, toda la creación lo adora (Is 45.23; Ro 14.11; Fil 2.10, 11). Aquí podemos ver la unidad de la Deidad, pues tanto el Padre como el Hijo son adorados como Uno solo. Él es el Rey soberano del universo. Él es nuestro Creador y merece toda nuestra alabanza.

6.2 — Y miré, y he aquí un caballo blanco; y el que lo montaba tenía un arco; y le fue dada una corona, y salió venciendo, y para vencer.

Cuando el Cordero abre el primer sello de juicio, el anticristo sale a escena con respuestas engañosas para los infortunios del mundo, y es catapultado a un lugar de autoridad (2 Ts 2.3–12; 1 Jn 2.22). Lidera al mundo en oposición a Dios, y a través de él, el Señor somete a prueba lo que hay realmente en los corazones de los seres humanos.

6.4 — salió otro caballo, bermejo; y al que lo montaba le fue dado poder de quitar de la tierra la paz.

Cuando es soltado el caballo con el color de la sangre, estallará la guerra como nunca se ha experimentado en la historia. La guerra se ve como un instrumento del juicio de Dios a lo largo del Antiguo Testamento (Ez 21). Romanos 1.28, 29 explica: «como ellos no aprobaron tener en cuenta a Dios, Dios los entregó a una mente reprobada…estando atestados de toda injusticia, fornicación, perversidad, avaricia, maldad; llenos de envidia, homicidios, contiendas, engaños y malignidades».

6.5 — un caballo negro; y el que lo montaba tenía una balanza en la mano.

El caballo negro representa lo que normalmente sigue a la guerra: hambre y pobreza. Las economías y las cosechas serán destruidas, y la gente en todo el mundo sufrirá un hambre terrible.

6.8 — un caballo amarillo, y el que lo montaba tenía por nombre Muerte.

El caballo de la muerte recibe poder sobre la cuarta parte de la población, más personas de las que cualquiera de nosotros podría imaginarse. Sin embargo, el propósito de ello es que las otras tres cuartas partes de la población mundial reconozcan su propia pecaminosidad, se arrepientan y acepten a Cristo.

6.9 — vi bajo el altar las almas de los que habían sido muertos por causa de la palabra de Dios y por el testimonio que tenían.

Esta no es una referencia a la iglesia, sino a los *santos de la gran tribulación*. Después del arrebatamiento, quedarán algunos que se lamentarán de cuánta razón tenían los creyentes, reconocerán que Jesucristo *es* el único Salvador, y aceptarán su salvación. Ellos predicarán el evangelio, y muchas personas se salvarán debido a su testimonio. Sin embargo, también enfrentarán la gran persecución. Dios no los olvidará, aunque esperará para honrarlos hasta que todo lo que Él ha prometido se haya completado.

14 Y el cielo se desvaneció como un pergamino que se enrolla;[g] y todo monte y toda isla se
removió de su lugar.[h]
15 Y los reyes de la tierra, y los grandes, los
ricos, los capitanes, los poderosos, y todo siervo y todo libre, se escondieron en las cuevas y
entre las peñas de los montes;[i]
16 y decían a los montes y a las peñas: Caed
sobre nosotros, y escondednos[j] del rostro de
aquel que está sentado sobre el trono, y de la
ira del Cordero;
➤ 17 porque el gran día de su ira ha llegado; ¿y
quién podrá sostenerse en pie?[k]

Los 144.000 sellados

7 DESPUÉS de esto vi a cuatro ángeles en
pie sobre los cuatro ángulos de la tierra,
que detenían los cuatro vientos[a] de la tierra,
para que no soplase viento alguno sobre la
tierra, ni sobre el mar, ni sobre ningún árbol.
2 Vi también a otro ángel que subía de donde
sale el sol, y tenía el sello del Dios vivo; y clamó a gran voz a los cuatro ángeles, a quienes
se les había dado el poder de hacer daño a la
tierra y al mar,
➤ 3 diciendo: No hagáis daño a la tierra, ni
al mar, ni a los árboles, hasta que hayamos
sellado en sus frentes a los siervos de nuestro Dios.[b]
➤ 4 Y oí el número de los sellados: ciento cuarenta y cuatro mil sellados de todas las tribus
de los hijos de Israel.
5 De la tribu de Judá, doce mil sellados. De la
tribu de Rubén, doce mil sellados. De la tribu
de Gad, doce mil sellados.
6 De la tribu de Aser, doce mil sellados. De la
tribu de Neftalí, doce mil sellados. De la tribu
de Manasés, doce mil sellados.
7 De la tribu de Simeón, doce mil sellados. De
la tribu de Leví, doce mil sellados. De la tribu
de Isacar, doce mil sellados.
8 De la tribu de Zabulón, doce mil sellados.
De la tribu de José, doce mil sellados. De la
tribu de Benjamín, doce mil sellados.

La multitud vestida de ropas blancas

9 Después de esto miré, y he aquí una gran ➤
multitud, la cual nadie podía contar, de todas
naciones y tribus y pueblos y lenguas, que
estaban delante del trono y en la presencia del
Cordero, vestidos de ropas blancas, y con palmas en las manos;
10 y clamaban a gran voz, diciendo: La salvación pertenece a nuestro Dios que está sentado en el trono, y al Cordero.
11 Y todos los ángeles estaban en pie alrededor del trono, y de los ancianos y de los cuatro
seres vivientes; y se postraron sobre sus rostros delante del trono, y adoraron a Dios,
12 diciendo: Amén. La bendición y la gloria y
la sabiduría y la acción de gracias y la honra
y el poder y la fortaleza, sean a nuestro Dios
por los siglos de los siglos. Amén.
13 Entonces uno de los ancianos habló, diciéndome: Estos que están vestidos de ropas blancas, ¿quiénes son, y de dónde han venido?

g. 6.13-14 Is 34.4. **h. 6.14** Ap 16.20. **i. 6.15** Is 2.10.
j. 6.16 Os 10.8; Lc 23.30. **k. 6.17** Jl 2.11; Mal 3.2.
a. 7.1 Zac 6.5. **b. 7.3** Ez 9.4.

LECCIONES DE VIDA

➤ ***6.17 — el gran día de su ira ha llegado; ¿y quién podrá sostenerse en pie?***

Note que los impíos son quienes hacen esta declaración. Ellos reconocen la mano de Dios en sus circunstancias, y a pesar de ello rehúsan arrepentirse. El juicio siempre es el resultado cuando la gente se niega a ser humilde ante el Señor. En aquel día la gente descubrirá que ni las riquezas, ni el poder ni las conexiones sociales podrán salvarlos. Aunque se aferren a estas cosas para sentirse seguros, en el día del Señor todo eso terminará convertido en cenizas.

➤ ***7.3 — hasta que hayamos sellado en sus frentes a los siervos de nuestro Dios.***

Dios marca a sus hijos con un sello permanente que muestra su pertenencia a Él (Ez 9.4–6; 2 Co 1.22; Ef 1.13; 4.30). Durante los últimos días, esto será revelado por una marca en la frente que distingue a los creyentes de aquellos que han rechazado totalmente al Señor y de los que adoran al anticristo (Ap 13.15–17; 14.1–5).

➤ ***7.4 — oí el número de los sellados: ciento cuarenta y cuatro mil sellados de todas las tribus de los hijos de Israel.***

Estas ciento cuarenta y cuatro mil personas de las tribus de Israel son judíos mesiánicos que irán por todo el mundo compartiendo el evangelio y conduciendo a la gente a una relación personal y madura con Jesucristo. La promesa de salvación de Dios a los creyentes no niega ni sustituye su amor por la nación de Israel (Ro 11). Por el contrario, aquí vemos la manera como Él está tratando nuevamente de traer a su pueblo a una relación correcta con Él.

➤ ***7.9 — una gran multitud... de todas naciones y tribus y pueblos y lenguas, que estaban delante del trono y en la presencia del Cordero, vestidos de ropas blancas.***

Dios redime a multitudes de personas de cada pueblo, nación, y trasfondo cultural (Mt 24.14). Su gracia llega a todos los rincones del mundo, y su salvación es ofrecida a todos (2 P 3.9).

➤ ***7.14 — Estos son los que han salido de la gran tribulación, y han lavado sus ropas, y las han emblanquecido en la sangre del Cordero.***

Esta multitud de santos de la tribulación no aceptó el evangelio antes que la iglesia fuera llevada al cielo (1 Co 15.51–57; 1 Ts 4.15–17). Sin embargo, en algún momento después del rapto entendieron la verdad y recibieron a Jesucristo como su Señor y Salvador. La sangre del Cordero quita nuestro pecado y nos hace puros y santos cuando creemos en Él (Is 1.18; He 9.14; 1 Jn 1.7).

14 Yo le dije: Señor, tú lo sabes. Y él me dijo: Éstos son los que han salido de la gran tribulación,[c] y han lavado sus ropas, y las han emblanquecido en la sangre del Cordero.
15 Por esto están delante del trono de Dios, y le sirven día y noche en su templo; y el que está sentado sobre el trono extenderá su tabernáculo sobre ellos.
16 Ya no tendrán hambre ni sed, y el sol no caerá más sobre ellos, ni calor alguno;[d]
17 porque el Cordero que está en medio del trono los pastoreará,[e] y los guiará a fuentes de aguas de vida;[f] y Dios enjugará toda lágrima de los ojos de ellos.[g]

El séptimo sello

8 CUANDO abrió el séptimo sello, se hizo silencio en el cielo como por media hora.
2 Y vi a los siete ángeles que estaban en pie ante Dios; y se les dieron siete trompetas.
3 Otro ángel vino entonces y se paró ante el altar,[a] con un incensario de oro; y se le dio mucho incienso para añadirlo a las oraciones de todos los santos, sobre el altar de oro que estaba delante del trono.
4 Y de la mano del ángel subió a la presencia de Dios el humo del incienso con las oraciones de los santos.
5 Y el ángel tomó el incensario, y lo llenó del fuego del altar,[b] y lo arrojó a la tierra;[c] y hubo truenos, y voces, y relámpagos, y un terremoto.[d]

Las trompetas

6 Y los siete ángeles que tenían las siete trompetas se dispusieron a tocarlas.
7 El primer ángel tocó la trompeta, y hubo granizo y fuego[e] mezclados con sangre, que fueron lanzados sobre la tierra; y la tercera parte de los árboles se quemó, y se quemó toda la hierba verde.
8 El segundo ángel tocó la trompeta, y como una gran montaña ardiendo en fuego fue precipitada en el mar; y la tercera parte del mar se convirtió en sangre.
9 Y murió la tercera parte de los seres vivientes que estaban en el mar, y la tercera parte de las naves fue destruida.
10 El tercer ángel tocó la trompeta, y cayó del cielo una gran estrella,[f] ardiendo como una antorcha, y cayó sobre la tercera parte de los ríos, y sobre las fuentes de las aguas.
11 Y el nombre de la estrella es Ajenjo. Y la tercera parte de las aguas se convirtió en ajenjo; y muchos hombres murieron a causa de esas aguas, porque se hicieron amargas.
12 El cuarto ángel tocó la trompeta, y fue herida la tercera parte del sol, y la tercera parte de la luna, y la tercera parte de las estrellas, para que se oscureciese la tercera parte de ellos,[g] y no hubiese luz en la tercera parte del día, y asimismo de la noche.
13 Y miré, y oí a un ángel volar por en medio del cielo, diciendo a gran voz: ¡Ay, ay, ay, de los que moran en la tierra, a causa de los otros toques de trompeta que están para sonar los tres ángeles!

c. 7.14 Dn 12.1; Mt 24.21; Mr 13.19. **d. 7.16** Is 49.10. **e. 7.17** Sal 23.1; Ez 34.23. **f. 7.17** Sal 23.2; Is 49.10. **g. 7.17** Is 25.8. **a. 8.3** Éx 30.1. **b. 8.5** Lv 16.12. **c. 8.5** Ez 10.2. **d. 8.5** Ap 11.19; 16.18. **e. 8.7** Éx 9.23-25. **f. 8.10** Is 14.12. **g. 8.12** Is 13.10; Ez 32.7; Jl 2.10.

LECCIONES DE VIDA

7.17 — Dios enjugará toda lágrima de los ojos de ellos.

Este mundo está lleno de dolor y sufrimiento, en especial para los santos de la tribulación, quienes padecen el juicio de Dios sobre el mundo y la persecución del anticristo. Pero en el cielo no habrá más dolor, hambre, tristeza ni temor. Dios también enjugará todas las lágrimas que brotaron de nuestros ojos por las dificultades que tuvimos aquí en la tierra (Is 25.8; Mt 5.4; Ap 21.4). «En tu presencia hay plenitud de gozo; delicias a tu diestra para siempre» (Sal 16.11).

8.1 — Cuando abrió el séptimo sello, se hizo silencio en el cielo como por media hora.

Cada criatura en el cielo que observa el despliegue del plan de Dios queda tan absolutamente asombrada por lo que está sucediendo, que hay un silencio total. Nadie habla. No se entona ningún canto. Todos esperan en quieta reverencia el siguiente pronunciamiento del Señor a través de los juicios de las siete trompetas. Algunas de las obras de Dios son tan imponentes que la única respuesta apropiada es silencio reverente: «Jehová está en su santo templo; calle delante de él toda la tierra» (Hab 2.20).

8.4 — de la mano del ángel subió a la presencia de Dios el humo del incienso con las oraciones de los santos.

Nos inspira asombro pensar que el silencio del cielo también sea en honor a las oraciones de los santos de la tribulación que piden consuelo, liberación, reivindicación y justicia. El Padre acepta las oraciones de sus fieles como sacrificios fragantes y ofrendas que lo honran. En la oración, admitimos nuestra debilidad y declaramos nuestra confianza en su sabiduría y fortaleza.

8.5 — el ángel tomó el incensario, y lo llenó del fuego del altar, y lo arrojó a la tierra.

El ángel toma el mismo incensario que llevó las oraciones de los santos y lo lanza de vuelta a la tierra con la respuesta de Dios: juicio sobre los malvados. Es por esta misma razón que de rodillas somos más altos y más fuertes, porque el Señor contesta nuestras oraciones de maneras que están más allá de la imaginación.

8.13 — ¡Ay, ay, ay, de los que moran en la tierra, a causa de los otros toques de trompeta que están para sonar los tres ángeles!

Los juicios descritos en Apocalipsis crecen en intensidad y escala con el paso del tiempo. Dios emplea típicamente juicios que se intensifican para motivar al arrepentimiento en cada fase, demostrando que Él es el Señor y que no hay otro (Éx 9.14; Dt 4.35, 39; 32.39; Is 43.10–12; 44.6–8; 45.5–7). Dios elimina todo aquello de lo cual depende la gente, con la esperanza de que se arrepientan, crean en Jesucristo y sean salvos (Ez 18.32; Jn 3.16–18; 2 P 3.9).

9 EL quinto ángel tocó la trompeta, y vi una
estrella que cayó del cielo a la tierra; y se
le dio la llave del pozo del abismo.
2 Y abrió el pozo del abismo, y subió humo
del pozo como humo de un gran horno; y se
oscureció el sol y el aire por el humo del pozo.
3 Y del humo salieron langostas sobre la
tierra;[a] y se les dio poder, como tienen poder
los escorpiones de la tierra.
➤ 4 Y se les mandó que no dañasen a la hierba
de la tierra, ni a cosa verde alguna, ni a ningún árbol, sino solamente a los hombres que
no tuviesen el sello de Dios en sus frentes.[b]
5 Y les fue dado, no que los matasen, sino que
los atormentasen cinco meses; y su tormento
era como tormento de escorpión cuando hiere al hombre.
➤ 6 Y en aquellos días los hombres buscarán la
muerte, pero no la hallarán; y ansiarán morir,
pero la muerte huirá de ellos.[c]
7 El aspecto de las langostas era semejante a caballos preparados para la guerra;[d] en
las cabezas tenían como coronas de oro; sus
caras eran como caras humanas;
8 tenían cabello como cabello de mujer; sus
dientes eran como de leones;[e]
9 tenían corazas como corazas de hierro; el
ruido de sus alas era como el estruendo de
muchos carros[f] de caballos corriendo a la
batalla;
10 tenían colas como de escorpiones, y también aguijones; y en sus colas tenían poder
para dañar a los hombres durante cinco
meses.
11 Y tienen por rey sobre ellos al ángel del
abismo, cuyo nombre en hebreo es Abadón, y
en griego, Apolión.[1]
12 El primer ay pasó; he aquí, vienen aún dos
ayes después de esto.
13 El sexto ángel tocó la trompeta, y oí una
voz de entre los cuatro cuernos del altar de
oro[g] que estaba delante de Dios,
14 diciendo al sexto ángel que tenía la trompeta: Desata a los cuatro ángeles que están
atados junto al gran río Éufrates.
15 Y fueron desatados los cuatro ángeles que ➤
estaban preparados para la hora, día, mes y
año, a fin de matar a la tercera parte de los
hombres.
16 Y el número de los ejércitos de los jinetes
era doscientos millones. Yo oí su número.
17 Así vi en visión los caballos y a sus jinetes,
los cuales tenían corazas de fuego, de zafiro y
de azufre. Y las cabezas de los caballos eran
como cabezas de leones; y de su boca salían
fuego, humo y azufre.
18 Por estas tres plagas fue muerta la tercera
parte de los hombres; por el fuego, el humo y
el azufre que salían de su boca.
19 Pues el poder de los caballos estaba en su
boca y en sus colas; porque sus colas, semejantes a serpientes, tenían cabezas, y con
ellas dañaban.
20 Y los otros hombres que no fueron muertos ➤
con estas plagas, ni aun así se arrepintieron
de las obras de sus manos, ni dejaron de adorar a los demonios, y a las imágenes de oro,
de plata, de bronce, de piedra y de madera, las
cuales no pueden ver, ni oír, ni andar;[h]
21 y no se arrepintieron de sus homicidios, ni
de sus hechicerías, ni de su fornicación, ni de
sus hurtos.

a. 9.3 Éx 10.12-15. **b. 9.4** Ez 9.4. **c. 9.6** Job 3.21.
d. 9.7 Jl 2.4. **e. 9.8** Jl 1.6. **f. 9.9** Jl 2.5. **g. 9.13** Éx 30.1-3.
h. 9.20 Sal 115.4-7; 135.15-17; Dn 5.4.

LECCIONES DE VIDA

➤ ***9.4 — solamente a los hombres que no tuviesen el sello de Dios en sus frentes.***

Sólo se les permite a las langostas atormentar a los siervos del anticristo, y no tienen permiso de tocar al pueblo de Dios. Así como el Señor protegió a los israelitas de muchas de sus plagas en contra de Faraón (Éx 8.22; 9.6, 26; 10.23; 12.27), Él salvaguarda su pueblo de muchos de los juicios en contra de los malvados durante la tribulación.

➤ ***9.6 — en aquellos días los hombres buscarán la muerte, pero no la hallarán; y ansiarán morir, pero la muerte huirá de ellos.***

Jesús dijo: «todo el que quiera salvar su vida, la perderá; y todo el que pierda su vida por causa de mí, la hallará» (Mt 16.25). Mucha gente se niega a creer en Cristo porque no quieren renunciar al control en sus vidas. Sin embargo, todo aquello a lo que nos aferremos, lo perderemos. En los últimos tiempos, la gente se desesperará de la vida que con tanta fuerza han luchado por preservar. Dios no desea que ninguno perezca, así que usará hasta el dolor severo para captar nuestra atención y apremiarnos a volver a Él.

➤ ***9.15 — fueron desatados los cuatro ángeles que estaban preparados para la hora, día, mes y año.***

A pesar del caos en la tierra que describe el libro de Apocalipsis, Dios permanece en control absoluto de la situación (Sal 103.19). El Señor ha preparado a estos ángeles para esta obra específica en este tiempo preciso. De igual modo, Dios ha elegido sus circunstancias particulares, el período histórico y la ubicación exacta en que vive y los talentos específicos que tiene, para el propósito de servirlo a Él. Por esa razón, estar conscientes de la presencia de Dios en cada situación, nos da energías para desempeñar nuestro trabajo y demostrar si confiaremos en Dios.

➤ ***9.20 — los otros hombres que no fueron muertos con estas plagas, ni aun así se arrepintieron de las obras de sus manos.***

¿Por qué el libro de Apocalipsis nos dice repetidamente que los malos no se arrepintieron? En primer lugar, porque así demuestra cuán justo y necesario es el juicio de Dios. Segundo, porque muestra cuánto desea el Señor que cada uno de ellos se arrepienta y viva (Ez 18.32; 2 P 3.9). No obstante, sus corazones están tan endurecidos contra Dios que en lugar de arrepentirse, su rebelión se intensifica (Pr 28.14; Lm 3.64–66; Jn 12.37–43; Ro 1.18–32; Ef 4.18–19).

El ángel con el librito

10 VI descender del cielo a otro ángel
fuerte, envuelto en una nube, con el
arco iris sobre su cabeza; y su rostro era como
el sol, y sus pies como columnas de fuego.
2 Tenía en su mano un librito abierto; y puso
su pie derecho sobre el mar, y el izquierdo
sobre la tierra;
3 y clamó a gran voz, como ruge un león; y
cuando hubo clamado, siete truenos emitie-
ron sus voces.
➤ 4 Cuando los siete truenos hubieron emitido
sus voces, yo iba a escribir; pero oí una voz del
cielo que me decía: Sella las cosas que los siete truenos han dicho, y no las escribas.
5 Y el ángel que vi en pie sobre el mar y sobre
la tierra, levantó su mano al cielo,
6 y juró por el que vive por los siglos de los
siglos, que creó el cielo y las cosas que están
en él, y la tierra y las cosas que están en ella, y
el mar y las cosas que están en él, que el tiempo no sería más,
➤ 7 sino que en los días de la voz del séptimo
ángel, cuando él comience a tocar la trompeta, el misterio de Dios se consumará, como
él lo anunció a sus siervos los profetas.[a]
8 La voz que oí del cielo habló otra vez conmigo, y dijo: Ve y toma el librito que está abierto
en la mano del ángel que está en pie sobre el
mar y sobre la tierra.
➤ 9 Y fui al ángel, diciéndole que me diese el
librito. Y él me dijo: Toma, y cómelo; y te
amargará el vientre, pero en tu boca será dulce como la miel.
10 Entonces tomé el librito de la mano del
ángel, y lo comí; y era dulce en mi boca como
la miel, pero cuando lo hube comido, amargó
mi vientre.[b]
11 Y él me dijo: Es necesario que profetices
otra vez sobre muchos pueblos, naciones, lenguas y reyes.

Los dos testigos

11 ENTONCES me fue dada una caña
semejante a una vara de medir, y se me
dijo: Levántate, y mide el templo de Dios,[a] y el
altar, y a los que adoran en él.
2 Pero el patio que está fuera del templo déjalo aparte, y no lo midas, porque ha sido entregado a los gentiles; y ellos hollarán la ciudad
santa[b] cuarenta y dos meses.
3 Y daré a mis dos testigos que profeticen por
mil doscientos sesenta días, vestidos de cilicio.
4 Estos testigos son los dos olivos, y los dos
candeleros que están en pie delante del Dios
de la tierra.[c]
5 Si alguno quiere dañarlos, sale fuego de la
boca de ellos, y devora a sus enemigos; y si
alguno quiere hacerles daño, debe morir él de
la misma manera.
6 Estos tienen poder para cerrar el cielo, a fin ➤
de que no llueva en los días de su profecía;[d] y
tienen poder sobre las aguas para convertirlas
en sangre,[e] y para herir la tierra con toda plaga, cuantas veces quieran.
7 Cuando hayan acabado su testimonio, la ➤
bestia que sube del abismo[f] hará guerra contra ellos, y los vencerá[g] y los matará.
8 Y sus cadáveres estarán en la plaza de la
grande ciudad que en sentido espiritual se

a. 10.5-7 Dn 12.7. **b. 10.8-10** Ez 2.8—3.3. **a. 11.1** Ez 40.3. **b. 11.2** Lc 21.24. **c. 11.4** Zac 4.3, 11-14. **d. 11.6** 1 R 17.1. **e. 11.6** Éx 7.17-19. **f. 11.7** Dn 7.3; Ap 13.5-7; 17.8. **g. 11.7** Dn 7.21.

LECCIONES DE VIDA

➤ ***10.4 — Sella las cosas que los siete truenos han dicho, y no las escribas.***

Dios nos revela las cosas que Él quiere que sepamos. Él no muestra detalles acerca del futuro para satisfacer nuestra curiosidad sino para motivarnos y equiparnos a vivir hoy para Él con pasión, santidad y gozo. También deja sin dar a conocer ciertos aspectos particulares para que nos aferremos a Él y lo busquemos, a fin de recibir sabiduría y dirección.

➤ ***10.7 — el misterio de Dios se consumará, como él lo anunció a sus siervos los profetas.***

Dios moverá cielo y tierra para mostrarnos su voluntad, y a lo largo de la historia nos ha hablado acerca de lo que va a suceder a través de sus profetas (1 P 1.10–13). Sin embargo, es posible que no lo entendamos por completo hasta que se haya cumplido, de la misma manera que los discípulos no comprendieron todas las profecías acerca de Jesús hasta que lo vieron como el Mesías resucitado (Jn 2.19–22; 12.12–16).

➤ ***10.9 — Toma, y cómelo; y te amargará el vientre, pero en tu boca será dulce como la miel.***

Siempre es un gozo leer y proclamar la Palabra de Dios. No obstante, algunas partes de las Escrituras, como estos pasajes que describen un juicio divino catastrófico, no producen placer alguno ni a los profetas ni al Señor (Jer 15.16, 17, 19; Ez 2.8—3.15). No participamos solamente de la Palabra de Dios para nuestra propia edificación, sino que una vez la hayamos leído, tenemos la responsabilidad de advertir a otros sobre lo que ha de sobrevenir si ellos no se arrepienten y creen en el Señor Jesús.

➤ ***11.6 — Estos tienen poder para cerrar el cielo… y tienen poder sobre las aguas para convertirlas en sangre, y para herir la tierra con toda plaga.***

Los milagros descritos aquí pueden recordarnos los prodigios realizados a través de Elías (1 R 17.1) y Moisés (Éx 7.14–12.42). El mismo Dios que los invistió de poder a ellos demostrará su poder una vez más, para que muchos puedan ser salvos.

➤ ***11.7 — Cuando hayan acabado su testimonio, la bestia que sube del abismo hará guerra contra ellos, y los vencerá y los matará.***

No dejaremos esta tierra hasta que el Padre lo juzgue conveniente (Lc 12.6–8; 21.17–19). Los dos testigos que se describen aquí no podrán ser tocados por sus enemigos hasta que hayan completado todas las tareas que Dios les asigne.

llama Sodoma[h] y Egipto, donde también nuestro Señor fue crucificado.
9 Y los de los pueblos, tribus, lenguas y naciones verán sus cadáveres por tres días y medio,
y no permitirán que sean sepultados.
10 Y los moradores de la tierra se regocijarán sobre ellos y se alegrarán, y se enviarán
regalos unos a otros; porque estos dos profetas habían atormentado a los moradores de
la tierra.
11 Pero después de tres días y medio entró en
ellos el espíritu de vida enviado por Dios, y se
levantaron sobre sus pies,[i] y cayó gran temor
sobre los que los vieron.
12 Y oyeron una gran voz del cielo, que les
decía: Subid acá. Y subieron al cielo en una
nube;[j] y sus enemigos los vieron.
➤ 13 En aquella hora hubo un gran terremoto,[k]
y la décima parte de la ciudad se derrumbó, y
por el terremoto murieron en número de siete
mil hombres; y los demás se aterrorizaron, y
dieron gloria al Dios del cielo.
14 El segundo ay pasó; he aquí, el tercer ay
viene pronto.

La séptima trompeta

➤ 15 El séptimo ángel tocó la trompeta, y hubo
grandes voces en el cielo, que decían: Los reinos del mundo han venido a ser de nuestro
Señor y de su Cristo; y él reinará por los siglos
de los siglos.[l]
16 Y los veinticuatro ancianos que estaban
sentados delante de Dios en sus tronos, se postraron sobre sus rostros, y adoraron a Dios,
17 diciendo: Te damos gracias, Señor Dios
Todopoderoso, el que eres y que eras y que
has de venir, porque has tomado tu gran
poder, y has reinado.
18 Y se airaron las naciones, y tu ira ha venido, y el tiempo de juzgar a los muertos, y de
dar el galardón a tus siervos los profetas, a
los santos, y a los que temen tu nombre, a los
pequeños y a los grandes,[m] y de destruir a los
que destruyen la tierra.
19 Y el templo de Dios fue abierto en el cie- ➤
lo, y el arca de su pacto se veía en el templo. Y
hubo relámpagos, voces, truenos, un terremoto[n] y grande granizo.[o]

La mujer y el dragón

12 APARECIÓ en el cielo una gran señal:
una mujer vestida del sol, con la luna
debajo de sus pies, y sobre su cabeza una
corona de doce estrellas.[a]
2 Y estando encinta, clamaba con dolores de
parto, en la angustia del alumbramiento.[b]
3 También apareció otra señal en el cielo: he
aquí un gran dragón escarlata, que tenía siete
cabezas y diez cuernos,[c] y en sus cabezas siete diademas;
4 y su cola arrastraba la tercera parte de las ➤
estrellas del cielo, y las arrojó sobre la tierra.[d]
Y el dragón se paró frente a la mujer que estaba para dar a luz, a fin de devorar a su hijo tan
pronto como naciese.
5 Y ella dio a luz un hijo varón,[e] que regirá con
vara de hierro a todas las naciones;[f] y su hijo
fue arrebatado para Dios y para su trono.
6 Y la mujer huyó al desierto, donde tiene
lugar preparado por Dios, para que allí la sus-
tenten por mil doscientos sesenta días.
7 Después hubo una gran batalla en el cielo:
Miguel[g] y sus ángeles luchaban contra el dragón; y luchaban el dragón y sus ángeles;
8 pero no prevalecieron, ni se halló ya lugar
para ellos en el cielo.

h. 11.8 Is 1.9-10. **i. 11.11** Ez 37.10. **j. 11.12** 2 R 2.11.
k. 11.13 Ap 6.12; 16.18. **l. 11.15** Dn 7.14, 27.
m. 11.18 Sal 115.13. **n. 11.19** Ap 8.5; 16.18.
o. 11.19 Ap 16.21. **a. 12.1** Gn 37.9. **b. 12.2** Mi 4.10.
c. 12.3 Dn 7.7. **d. 12.4** Dn 8.10. **e. 12.5** Is 66.7.
f. 12.5 Sal 2.9. **g. 12.7** Dn 10.13, 21; 12.1; Jud 9.

LECCIONES DE VIDA

➤ ***11.13 — por el terremoto murieron en número de siete mil hombres; y los demás se aterrorizaron, y dieron gloria al Dios del cielo.***

Esta es la única vez en Apocalipsis que una tragedia motiva a quienes la sobreviven a dar gloria a Dios. Las tragedias como este terremoto devastador son terribles, pero el Señor puede usarlas para mostrar a la gente lo mucho que necesitan su gracia y redención.

➤ ***11.15 — Los reinos del mundo han venido a ser de nuestro Señor y de su Cristo; y él reinará por los siglos de los siglos.***

Se acerca el tiempo en que cada centímetro de este planeta será iluminado por la gloria de nuestro Rey, el Señor Jesucristo (Sal 2). «La tierra será llena del conocimiento de Jehová, como las aguas cubren el mar» (Is 11.9). Él reina triunfantemente sobre el mundo para siempre.

➤ ***11.19 — el templo de Dios fue abierto en el cielo, y el arca de su pacto se veía en el templo.***

El arca del pacto simbolizaba la relación de Dios con Israel (Éx 25.22). Normalmente permanecía en el lugar santísimo, y su presencia aparecía sobre ella, por lo cual era uno de los elementos más sagrados del culto en Israel. No obstante, el arca no había sido vista en Israel desde la destrucción del primer templo en 586 a.C. (2 R 25.8, 9). Aquí vemos que el arca se mantiene segura bajo el cuidado del Señor, como su señal para Israel de que Él honrará sus pactos con ellos (Gn 12.1–3; 2 S 7.12–16) y que su provisión de salvación también es para ellos.

➤ ***12.4 — su cola arrastraba la tercera parte de las estrellas del cielo, y las arrojó sobre la tierra.***

Algunos creen que las estrellas representan a ángeles, y que el enemigo convenció a la tercera parte de ellos a rebelarse contra Dios. La meta del diablo es desviarnos de una relación íntima con el Señor Dios, y puesto que el enemigo tiene poder para hacer un mal terrible en nuestra vida, debemos resistirlo y estar firmes en nuestra fe (1 P 5.9).

➢ 9 Y fue lanzado fuera el gran dragón, la serpiente antigua,[h] que se llama diablo y Satanás, el cual engaña al mundo entero; fue
arrojado a la tierra,[i] y sus ángeles fueron arrojados con él.
➢ 10 Entonces oí una gran voz en el cielo, que
decía: Ahora ha venido la salvación, el poder,
y el reino de nuestro Dios, y la autoridad de su
Cristo; porque ha sido lanzado fuera el acusador de nuestros hermanos,[j] el que los acusaba
delante de nuestro Dios día y noche.
➢ 11 Y ellos le han vencido por medio de la sangre del Cordero y de la palabra del testimonio de ellos, y menospreciaron sus vidas hasta
la muerte.
12 Por lo cual alegraos, cielos, y los que
moráis en ellos. ¡Ay de los moradores de la
tierra y del mar! porque el diablo ha descendido a vosotros con gran ira, sabiendo que tiene poco tiempo.
13 Y cuando vio el dragón que había sido arrojado a la tierra, persiguió a la mujer que había
dado a luz al hijo varón.
14 Y se le dieron a la mujer las dos alas de la
gran águila, para que volase de delante de la
serpiente al desierto, a su lugar, donde es sustentada por un tiempo, y tiempos, y la mitad
de un tiempo.[k]
15 Y la serpiente arrojó de su boca, tras la
mujer, agua como un río, para que fuese arrastrada por el río.
16 Pero la tierra ayudó a la mujer, pues la tierra abrió su boca y tragó el río que el dragón
había echado de su boca.
17 Entonces el dragón se llenó de ira contra
la mujer; y se fue a hacer guerra contra el resto de la descendencia de ella, los que guardan
los mandamientos de Dios y tienen el testimonio de Jesucristo.

Las dos bestias

13 ME paré sobre la arena del mar, y vi
subir del mar una bestia[a] que tenía
siete cabezas y diez cuernos; y en sus cuernos
diez diademas; y sobre sus cabezas, un nombre blasfemo.[b]
2 Y la bestia que vi era semejante a un leopardo, y sus pies como de oso, y su boca como
boca de león.[c] Y el dragón le dio su poder y su
trono, y grande autoridad.
3 Vi una de sus cabezas como herida de muer- ➢
te, pero su herida mortal fue sanada; y se
maravilló toda la tierra en pos de la bestia,
4 y adoraron al dragón que había dado autoridad a la bestia, y adoraron a la bestia,
diciendo: ¿Quién como la bestia, y quién
podrá luchar contra ella?
5 También se le dio boca que hablaba grandes ➢
cosas y blasfemias; y se le dio autoridad para
actuar cuarenta y dos meses.
6 Y abrió su boca en blasfemias contra Dios,[d]
para blasfemar de su nombre, de su tabernáculo, y de los que moran en el cielo.

h. 12.9 Gn 3.1. **i. 12.9** Lc 10.18. **j. 12.10** Job 1.9-11; Zac 3.1. **k. 12.14** Dn 7.25; 12.7. **a. 13.1** Dn 7.3. **b. 13.1** Ap 17.3, 7-12. **c. 13.2** Dn 7.4-6. **d. 13.5-6** Dn 7.8, 25; 11.36.

LECCIONES DE VIDA

➢ ***12.9 — la serpiente antigua, que se llama diablo y Satanás, el cual engaña al mundo entero; fue arrojado a la tierra.***

El diablo cayó de su posición encumbrada en el reino del Señor por razón de su orgullo; quiso hacerse «semejante al Altísimo» (Is 14.14). Por supuesto, Dios siempre ha sido y siempre será superior al enemigo. El Señor triunfa sobre el mal y en últimas enviará al adversario a condenación eterna (Ap 20.10).

➢ ***12.10 — El reino de nuestro Dios, y la autoridad de su Cristo [ha venido]; porque ha sido lanzado fuera el acusador de nuestros hermanos.***

Romanos 8.34 nos dice: «¿Quién es el que condenará? Cristo es el que murió; más aun, el que también resucitó, el que además está a la diestra de Dios, el que también intercede por nosotros». Nadie tiene el derecho de condenar a quienes hemos confiado en Cristo como nuestro Salvador, porque el Señor Jesús mismo testifica a favor nuestro (Ro 8.1). Además, en el momento indicado, Jesús nos librará para siempre del enemigo que tanto nos ha tentado y atormentado.

➢ ***12.11 — ellos le han vencido por medio de la sangre del Cordero y de la palabra del testimonio de ellos.***

No podemos ganar nuestras batallas contra Satanás con espadas, balas ni bombas (2 Co 10.3–6; Ef 6.10–18). Más bien, nuestras armas invencibles son la salvación por medio de Jesucristo y la Palabra de Dios. Cuando aceptamos a Jesucristo como nuestro Salvador, la capacidad del diablo para destruir nuestras almas es quitada (Jn 10.27–30). Por eso el enemigo empieza a obrar de otras maneras, procurando entorpecer nuestra eficacia para el reino de Dios. Es por esto que debemos obedecer lo que el Señor nos enseña a través de su Palabra. Los principios de su Palabra son anclas que nos mantienen firmes en tiempos de tempestad (Pr 30.5; Ro 15.4; 2 Ti 3.16, 17; He 4.12; 1 P 1.22–25).

➢ ***13.3 — su herida mortal fue sanada; y se maravilló toda la tierra en pos de la bestia.***

La bestia o anticristo tratará de engañar al mundo organizando una resurrección falsa. Sin embargo, el Señor Jesucristo es el único que puede dar vida eterna. Aunque el enemigo falsificará la obra de Cristo, nunca podrá escapar de la condenación perpetua que le aguarda (Ap 19.20). Tampoco lo logrará *nadie* que rechace a Jesús (Ap 20.11–15).

➢ ***13.5 — se le dio boca que hablaba grandes cosas y blasfemias; y se le dio autoridad para actuar cuarenta y dos meses.***

La bestia se opone al Señor y trata de destruir todo lo que Dios ama, y ningún horror en la historia se comparará con el régimen de terror del anticristo. Sin embargo, el tiempo de la bestia es breve. Dios controlará estrictamente la duración de su poderío y hasta lo que pueda hacer. El Señor sigue siendo soberano, sin importar qué haga el enemigo.

➤ 7 Y se le permitió hacer guerra contra los santos, y vencerlos.[e] También se le dio autoridad sobre toda tribu, pueblo, lengua y nación.
➤ 8 Y la adoraron todos los moradores de la tierra cuyos nombres no estaban escritos en el libro de la vida[f] del Cordero que fue inmolado desde el principio del mundo.
9 Si alguno tiene oído, oiga.
10 Si alguno lleva en cautividad, va en cautividad;[g] si alguno mata a espada, a espada debe ser muerto. Aquí está la paciencia y la fe de los santos.
➤ 11 Después vi otra bestia que subía de la tierra; y tenía dos cuernos semejantes a los de un cordero, pero hablaba como dragón.
12 Y ejerce toda la autoridad de la primera bestia en presencia de ella, y hace que la tierra y los moradores de ella adoren a la primera bestia, cuya herida mortal fue sanada.
13 También hace grandes señales, de tal manera que aun hace descender fuego del cielo a la tierra delante de los hombres.
14 Y engaña a los moradores de la tierra con las señales que se le ha permitido hacer en presencia de la bestia, mandando a los moradores de la tierra que le hagan imagen a la bestia que tiene la herida de espada, y vivió.
15 Y se le permitió infundir aliento a la imagen de la bestia, para que la imagen hablase e hiciese matar a todo el que no la adorase.
➤ 16 Y hacía que a todos, pequeños y grandes, ricos y pobres, libres y esclavos, se les pusiese una marca en la mano derecha, o en la frente;
17 y que ninguno pudiese comprar ni vender, sino el que tuviese la marca o el nombre de la bestia, o el número de su nombre.
18 Aquí hay sabiduría. El que tiene entendimiento, cuente el número de la bestia, pues es número de hombre. Y su número es seiscientos sesenta y seis.

El cántico de los 144.000

14 DESPUÉS miré, y he aquí el Cordero ➤
estaba en pie sobre el monte de Sion, y con él ciento cuarenta y cuatro mil, que tenían el nombre de él y el de su Padre escrito en la frente.[a]
2 Y oí una voz del cielo como estruendo de muchas aguas, y como sonido de un gran trueno; y la voz que oí era como de arpistas que tocaban sus arpas.
3 Y cantaban un cántico nuevo delante del trono, y delante de los cuatro seres vivientes, y de los ancianos; y nadie podía aprender el cántico sino aquellos ciento cuarenta y cuatro mil que fueron redimidos de entre los de la tierra.
4 Éstos son los que no se contaminaron con mujeres, pues son vírgenes. Éstos son los que siguen al Cordero por dondequiera que va. Éstos fueron redimidos de entre los hombres como primicias para Dios y para el Cordero;
5 y en sus bocas no fue hallada mentira,[b] pues son sin mancha delante del trono de Dios.

El mensaje de los tres ángeles

6 Vi volar por en medio del cielo a otro ángel, que tenía el evangelio eterno para predicarlo a los moradores de la tierra, a toda nación, tribu, lengua y pueblo,
7 diciendo a gran voz: Temed a Dios, y dadle ➤
gloria, porque la hora de su juicio ha llegado;

e. 13.7 Dn 7.21. **f. 13.8** Sal 69.28. **g. 13.10** Jer 15.2.
a. 14.1 Ez 9.4; Ap 7.3. **b. 14.5** Sof 3.13.

LECCIONES DE VIDA

➤ ***13.7 — se le permitió hacer guerra contra los santos, y vencerlos.***

¿Por qué Dios permitiría que el anticristo le haga daño a su pueblo? Jesús dijo: «si el grano de trigo no cae en la tierra y muere, queda solo; pero si muere, lleva mucho fruto» (Jn 12.24). A través del ejemplo de un pueblo fiel aún ante la muerte, otros conocerán a Cristo como Salvador.

➤ ***13.8 — la adoraron todos los moradores de la tierra cuyos nombres no estaban escritos en el libro de la vida del Cordero que fue inmolado desde el principio del mundo.***

Antes de la fundación del mundo, Dios nos creó con libre albedrío para que pudiéramos elegir amarlo y obedecerlo. Sabiendo que el pecado entraría al mundo, Él preparó un plan de salvación que incluye perdón eterno, redención y reconciliación. Todo esto fue provisto en la cruz. En los últimos días, la bestia manipulará a los perdidos falsificando la obra de Dios y engañándolos para que le rindan culto a él. Pero aquellos que conozcan al Señor Jesús como su Salvador no serán engañados por el enemigo.

➤ ***13.11— vi otra bestia que subía de la tierra.***

Esta segunda bestia es el falso profeta. Al lado del dragón, que es Satanás, y de la primera bestia que es el anticristo, estos tres forman un triunvirato del mal que se opone a Dios.

➤ ***13.16 — hacía que a todos... se les pusiese una marca en la mano derecha, o en la frente.***

En Apocalipsis 7.3, Dios marca a sus hijos con un sello permanente para demostrar que le pertenecen a Él. Este sello aparece a medida que la gente acepta a Cristo como su Salvador. En cambio, la bestia *obliga* al resto de las personas a recibir su marca tan solo para comprar y vender mercancías. Aquellos que aceptan la marca de la bestia, se someten a ser propiedad suya para siempre.

➤ ***14.1 — el Cordero estaba en pie sobre el monte de Sion, y con él ciento cuarenta y cuatro mil, que tenían el nombre de él y el de su Padre escrito en la frente.***

Mientras la tribulación ocurre en la tierra, el Señor Jesús se establece triunfalmente sobre el monte de Sion, que es la Jerusalén celestial. Con Él están los ciento cuarenta y cuatro mil misioneros que proclamaron fielmente el evangelio (Ap 7.3–8).

➤ ***14.7 — Temed a Dios, y dadle gloria, porque la hora de su juicio ha llegado.***

Tres ángeles llegan con los tres mensajes finales de advertencia. El primero proclama el evangelio. El segundo declara la caída del reino de la bestia. El tercero advierte que la ira de Dios está sobre todo aquel que haya adorado a la bestia y recibido su marca. El juicio del Señor

y adorad a aquel que hizo el cielo y la tierra,
el mar y las fuentes de las aguas.
8 Otro ángel le siguió, diciendo: Ha caído, ha
caído Babilonia,[c] la gran ciudad, porque ha
hecho beber a todas las naciones del vino del
furor de su fornicación.
9 Y el tercer ángel los siguió, diciendo a gran
voz: Si alguno adora a la bestia y a su imagen,
y recibe la marca en su frente o en su mano,
10 él también beberá del vino de la ira de Dios,
que ha sido vaciado puro en el cáliz de su ira;[d]
y será atormentado con fuego y azufre[e] delante de los santos ángeles y del Cordero;
➤ 11 y el humo de su tormento sube por los
siglos de los siglos.[f] Y no tienen reposo de día
ni de noche los que adoran a la bestia y a su
imagen, ni nadie que reciba la marca de su
nombre.
12 Aquí está la paciencia de los santos, los
que guardan los mandamientos de Dios y la
fe de Jesús.
* 13 Oí una voz que desde el cielo me decía:
Escribe: Bienaventurados de aquí en adelante
los muertos que mueren en el Señor. Sí, dice
el Espíritu, descansarán de sus trabajos, porque sus obras con ellos siguen.

La tierra es segada

14 Miré, y he aquí una nube blanca; y sobre
la nube uno sentado semejante al Hijo del
Hombre,[g] que tenía en la cabeza una corona
de oro, y en la mano una hoz aguda.
➤ 15 Y del templo salió otro ángel, clamando a gran voz al que estaba sentado sobre la
nube: Mete tu hoz, y siega; porque la hora de
segar ha llegado, pues la mies de la tierra está
madura.[h]
16 Y el que estaba sentado sobre la nube metió
su hoz en la tierra, y la tierra fue segada.
17 Salió otro ángel del templo que está en el
cielo, teniendo también una hoz aguda.
18 Y salió del altar otro ángel, que tenía poder
sobre el fuego, y llamó a gran voz al que tenía
la hoz aguda, diciendo: Mete tu hoz aguda, y
vendimia los racimos de la tierra, porque sus
uvas están maduras.
19 Y el ángel arrojó su hoz en la tierra, y ven-
dimió la viña de la tierra, y echó las uvas en el
gran lagar de la ira de Dios.
20 Y fue pisado el lagar[i] fuera de la ciudad, y
del lagar salió sangre hasta los frenos de los
caballos, por mil seiscientos estadios.

Los ángeles con las siete postreras plagas

15 VI en el cielo otra señal, grande y admirable: siete ángeles que tenían las siete
plagas postreras; porque en ellas se consuma-
ba la ira de Dios.
2 Vi también como un mar de vidrio mezclado con fuego; y a los que habían alcanzado la
victoria sobre la bestia y su imagen, y su marca y el número de su nombre, en pie sobre el
mar de vidrio, con las arpas de Dios.
3 Y cantan el cántico de Moisés[a] siervo de
Dios, y el cántico del Cordero, diciendo: Grandes y maravillosas son tus obras, Señor Dios
Todopoderoso; justos y verdaderos son tus
caminos, Rey de los santos.
4 ¿Quien no te temerá, oh Señor, y glorifica- ➤
rá tu nombre?[b] pues sólo tú eres santo; por lo
cual todas las naciones vendrán y te adorarán,[c]
porque tus juicios se han manifestado.
5 Después de estas cosas miré, y he aquí fue
abierto en el cielo el templo del tabernáculo
del testimonio;[d]
6 y del templo salieron los siete ángeles que
tenían las siete plagas, vestidos de lino limpio y resplandeciente, y ceñidos alrededor del
pecho con cintos de oro.
7 Y uno de los cuatro seres vivientes dio a los
siete ángeles siete copas de oro, llenas de la ira
de Dios, que vive por los siglos de los siglos.

---

c. 14.8 Is 21.9; Ap 18.2. **d. 14.10** Is 51.17. **e. 14.10** Gn 19.24. **f. 14.11** Is 34.10. **g. 14.14** Dn 7.13. **h. 14.15** Jl 3.13. **i. 14.20** Is 63.3; Ap 19.15. **a. 15.3** Éx 15.1. **b. 15.4** Jer 10.7. **c. 15.4** Sal 86.9. **d. 15.5** Éx 40.34.

LECCIONES DE VIDA

está a punto de empezar, pero Él quiere que todos se salven y por eso sigue llamando a los incrédulos al arrepentimiento (Ez 18.32; Jn 3.16–18; 2 P 3.9).

➤ ***14.11 — el humo de su tormento sube por los siglos de los siglos. Y no tienen reposo de día ni de noche.***

El infierno es un lugar de sufrimiento eterno. Las almas no redimidas de los perdidos quedarán para siempre separadas de Dios, el único que habría podido restaurarlas (Ap 20.15). «No hay paz para los malos, dijo Jehová» (Is 48.22).

➤ ***14.15 — la mies de la tierra está madura.***

Jesús enviará a sus ángeles a separar el trigo de la cizaña, los justos de los malos, tal como dijo que lo haría (Mt 13.24–30, 36–43).

➤ ***15.4 — ¿Quién no te temerá, oh Señor, y glorificará tu nombre?***

Un día, toda rodilla se doblará y toda lengua confesará que Jesús es el Señor (Ro 14.11; Fil 2.10). Algunos se postrarán voluntariamente ante Él movidos por amor, gozo, adoración y respeto. Otros doblarán su rodilla ante Él por puro terror. Pero *todos* caerán de rodillas.

➤ ***15.8 — el templo se llenó de humo por la gloria de Dios, y por su poder; y nadie podía entrar en el templo.***

Cuando Dios corra el velo para dejar ver toda su majestad y santidad, su esplendor conmueve hasta al corazón más duro y el resultado es adoración. Así sucedió con Isaías (Is 6.4, 5), y también en las dedicaciones del tabernáculo (Éx 40.34, 35) y del templo en Jerusalén (1 R 8.10, 11). Esto será especialmente cierto durante el tiempo de juicio, cuando su poder estremecedor y su justicia imponente se manifiesten por toda la tierra.

8 Y el templo se llenó de humo[e] por la gloria
de Dios, y por su poder; y nadie podía entrar
en el templo hasta que se hubiesen cumplido
las siete plagas de los siete ángeles.

Las copas de ira

16 OÍ una gran voz que decía desde el templo a los siete ángeles: Id y derramad
sobre la tierra las siete copas de la ira de
Dios.
2 Fue el primero, y derramó su copa sobre la
tierra, y vino una úlcera maligna y pestilente[a]
sobre los hombres que tenían la marca de la
bestia, y que adoraban su imagen.
3 El segundo ángel derramó su copa sobre el
mar, y éste se convirtió en sangre como de muerto; y murió todo ser vivo que había en el mar.
4 El tercer ángel derramó su copa sobre los
ríos, y sobre las fuentes de las aguas, y se convirtieron en sangre.[b]
5 Y oí al ángel de las aguas, que decía: Justo eres tú, oh Señor, el que eres y que eras, el
Santo, porque has juzgado estas cosas.
6 Por cuanto derramaron la sangre de los santos y de los profetas, también tú les has dado
a beber sangre; pues lo merecen.
7 También oí a otro, que desde el altar decía:
Ciertamente, Señor Dios Todopoderoso, tus
juicios son verdaderos y justos.
8 El cuarto ángel derramó su copa sobre el
sol, al cual fue dado quemar a los hombres
con fuego.
9 Y los hombres se quemaron con el gran
calor, y blasfemaron el nombre de Dios, que
tiene poder sobre estas plagas, y no se arrepintieron para darle gloria.
10 El quinto ángel derramó su copa sobre
el trono de la bestia; y su reino se cubrió de
tinieblas,[c] y mordían de dolor sus lenguas,
11 y blasfemaron contra el Dios del cielo por
sus dolores y por sus úlceras, y no se arrepintieron de sus obras.
12 El sexto ángel derramó su copa sobre el
gran río Éufrates; y el agua de éste se secó,
para que estuviese preparado el camino a los
reyes del oriente.[d]
13 Y vi salir de la boca del dragón, y de la boca
de la bestia, y de la boca del falso profeta, tres
espíritus inmundos a manera de ranas;
14 pues son espíritus de demonios, que hacen
señales, y van a los reyes de la tierra en todo
el mundo, para reunirlos a la batalla de aquel
gran día del Dios Todopoderoso.
15 He aquí, yo vengo como ladrón.[e] Bienaventurado el que vela, y guarda sus ropas, para
que no ande desnudo, y vean su vergüenza.
16 Y los reunió en el lugar que en hebreo se
llama Armagedón.[f]
17 El séptimo ángel derramó su copa por el
aire; y salió una gran voz del templo del cielo,
del trono, diciendo: Hecho está.
18 Entonces hubo relámpagos y voces y truenos, y un gran temblor de tierra, un terremoto[g] tan grande, cual no lo hubo jamás desde
que los hombres han estado sobre la tierra.
19 Y la gran ciudad fue dividida en tres partes, y las ciudades de las naciones cayeron;
y la gran Babilonia vino en memoria delante
de Dios, para darle el cáliz del vino del ardor
de su ira.[h]
20 Y toda isla huyó, y los montes no fueron
hallados.[i]
21 Y cayó del cielo sobre los hombres un
enorme granizo[j] como del peso de un talento;
y los hombres blasfemaron contra Dios por la
plaga del granizo; porque su plaga fue sobremanera grande.

Condenación de la gran ramera

17 VINO entonces uno de los siete ángeles
que tenían las siete copas, y habló conmigo diciéndome: Ven acá, y te mostraré la
sentencia contra la gran ramera, la que está
sentada sobre muchas aguas;[a]

e. 15.8 1 R 8.10-11; 2 Cr 5.13-14; Is 6.4. **a. 16.2** Éx 9.10.
b. 16.4 Éx 7.17-21. **c. 16.10** Éx 10.21. **d. 16.12** Is 11.15-16.
e. 16.15 Mt 24.43-44; Lc 12.39-40; Ap 3.3. **f. 16.16** 2 R 23.29;
2 Cr 35.22. **g. 16.18** Ap 8.5; 11.13, 19. **h. 16.19** Is 51.17.
i. 16.20 Ap 6.14. **j. 16.21** Éx 9.23; Ap 11.19. **a. 17.1** Jer 51.13.

LECCIONES DE VIDA

16.2 — Fue el primero, y derramó su copa sobre la tierra, y vino una úlcera maligna y pestilente sobre los hombres que tenían la marca de la bestia.

Dios tiene control completo y absoluto sobre la totalidad de la tierra, las aguas (Ap 16.3, 4), el sol (Ap 16.8), y cada elemento de la creación (Job 38.4—41.34; Sal 103.19; Lc 8.25). De estas siete copas de ira proceden los últimos y peores de todos los juicios.

16.15 — He aquí, yo vengo como ladrón. Bienaventurado el que vela, y guarda sus ropas, para que no ande desnudo, y vean su vergüenza.

Debemos vivir preparados para el regreso de Cristo, *sea cuando sea*. Hemos de permanecer fieles y cumpliendo todas las tareas que nos asigne, «para que cuando se manifieste, tengamos confianza, para que en su venida no nos alejemos de él avergonzados» (1 Jn 2.28).

16.16 — los reunió en el lugar que en hebreo se llama Armagedón.

Este es el valle de Meguido, que se encuentra en un corredor estratégico entre Egipto y Mesopotamia. Es aquí donde los reyes y los ejércitos del mundo se juntan para su guerra contra Jerusalén, donde enfrentarán al Señor Jesús en la última gran batalla, justo antes que Él dé inicio a su reinado milenario (Ap 19.11—20.6).

17.1, 2 — te mostraré la sentencia contra la gran ramera, la que está sentada sobre muchas aguas; con la cual han fornicado los reyes de la tierra.

La gran ramera es la iglesia apóstata, compuesta por aquellos que afirman ser religiosos y observan rituales aparentemente piadosos, pero que nunca aceptan a Jesucristo como su Salvador. Estas son las sectas que pervierten a la persona de Cristo y lo que Él ha hecho por nosotros. Son religiones falsas que añaden requisitos para la salvación o

2 con la cual han fornicado los reyes de la
tierra, y los moradores de la tierra se han
embriagado con el vino de su fornicación.[b]
3 Y me llevó en el Espíritu al desierto; y vi a
una mujer sentada sobre una bestia escarlata
llena de nombres de blasfemia, que tenía siete cabezas y diez cuernos.[c]
4 Y la mujer estaba vestida de púrpura y
escarlata, y adornada de oro, de piedras preciosas y de perlas, y tenía en la mano un cáliz
de oro[d] lleno de abominaciones y de la inmundicia de su fornicación;
5 y en su frente un nombre escrito, un misterio:
Babilonia la grande, la madre de las rameras
y de las abominaciones de la tierra.
➤ 6 Vi a la mujer ebria de la sangre de los santos, y de la sangre de los mártires de Jesús;
y cuando la vi, quedé asombrado con gran
asombro.
7 Y el ángel me dijo: ¿Por qué te asombras?
Yo te diré el misterio de la mujer, y de la bestia que la trae, la cual tiene las siete cabezas
y los diez cuernos.
8 La bestia que has visto, era, y no es; y está
para subir del abismo[e] e ir a perdición; y los
moradores de la tierra, aquellos cuyos nombres no están escritos desde la fundación del
mundo en el libro de la vida,[f] se asombrarán
viendo la bestia que era y no es, y será.
9 Esto, para la mente que tenga sabiduría: Las
siete cabezas son siete montes, sobre los cuales se sienta la mujer,
10 y son siete reyes. Cinco de ellos han caído;
uno es, y el otro aún no ha venido; y cuando
venga, es necesario que dure breve tiempo.
11 La bestia que era, y no es, es también el octavo; y es de entre los siete, y va a la perdición.
12 Y los diez cuernos que has visto, son diez
reyes,[g] que aún no han recibido reino; pero
por una hora recibirán autoridad como reyes
juntamente con la bestia.
13 Éstos tienen un mismo propósito, y entregarán su poder y su autoridad a la bestia.
14 Pelearán contra el Cordero, y el Cordero ➤
los vencerá, porque él es Señor de señores y
Rey de reyes; y los que están con él son llamados y elegidos y fieles.
15 Me dijo también: Las aguas que has visto donde la ramera se sienta, son pueblos,
muchedumbres, naciones y lenguas.
16 Y los diez cuernos que viste en la bestia,
éstos aborrecerán a la ramera, y la dejarán
desolada y desnuda; y devorarán sus carnes,
y la quemarán con fuego;
17 porque Dios ha puesto en sus corazones el ➤
ejecutar lo que él quiso: ponerse de acuerdo, y
dar su reino a la bestia, hasta que se cumplan
las palabras de Dios.
18 Y la mujer que has visto es la gran ciudad
que reina sobre los reyes de la tierra.

La caída de Babilonia

18 DESPUÉS de esto vi a otro ángel descender del cielo con gran poder; y la
tierra fue alumbrada con su gloria.
2 Y clamó con voz potente, diciendo: Ha caí- ➤
do, ha caído la gran Babilonia,[a] y se ha hecho
habitación de demonios y guarida de todo
espíritu inmundo, y albergue de toda ave
inmunda y aborrecible.[b]
3 Porque todas las naciones han bebido del
vino del furor de su fornicación;[c] y los reyes
de la tierra han fornicado con ella, y los mercaderes de la tierra se han enriquecido de la
potencia de sus deleites.

b. 17.2 Jer 51.7. **c. 17.3** Ap 13.1. **d. 17.4** Jer 51.7. **e. 17.8** Dn 7.3; Ap 11.7. **f. 17.8** Sal 69.28. **g. 17.12** Dn 7.24. **a. 18.2** Is 21.9. **b. 18.2** Is 13.21; Jer 50.39. **c. 18.3** Jer 51.7.

LECCIONES DE VIDA

niegan por completo al Señor. La iglesia idólatra casi siempre es utilizada por el gobierno humano para controlar a las masas. Después que los creyentes sean llevados al Señor en el rapto, la iglesia apóstata seguirá existiendo y será usada como mero instrumento por el anticristo.

➤ ***17.6 — Vi a la mujer ebria de la sangre de los santos, y de la sangre de los mártires de Jesús.***

La iglesia apóstata persigue a los creyentes en Cristo con sed de venganza homicida, completamente intolerante de la verdad. En la actualidad hay muchos más mártires cristianos que en el tiempo de la iglesia primitiva, y a medida que nos acercamos a los últimos tiempos, ese número irá en aumento a nivel mundial.

➤ ***17.14 — Pelearán contra el Cordero, y el Cordero los vencerá, porque él es Señor de señores y Rey de reyes; y los que están con él son llamados y elegidos y fieles.***

Estos reyes terminarán guerreando contra el Señor en su segunda venida (Ap 19.19–21). Siempre es necio aquel que se cree capaz de oponerse abiertamente al Señor soberano del universo, o a quienes Él ama. Sin embargo, esto es exactamente lo que harán los reyes que siguen a la bestia. Su derrota aplastante será para toda la eternidad (Ap 20.10–15).

➤ ***17.17 — Dios ha puesto en sus corazones el ejecutar lo que él quiso: ponerse de acuerdo, y dar su reino a la bestia, hasta que se cumplan las palabras de Dios.***

Aunque el Señor dará a los malos «una mente reprobada, para hacer cosas que no convienen» (Ro 1.28), no significa que les vaya a entregar todo el control. En últimas, nadie puede hacer nada fuera de la voluntad permisiva de Dios, y Él puede usar hasta la alianza de los gobernantes inicuos para cumplir sus propósitos eternos y ser glorificado.

➤ ***18.2 — Ha caído, ha caído la gran Babilonia.***

El imperio original de Babilonia fue responsable por la destrucción de Jerusalén y el templo, al igual que la deportación y la cautividad de su población en 586 a.C. (2 R 25.8, 9; 2 Cr 36.16–21). Fue un imperio decadente, pervertido e idólatra. El nombre *Babilonia* llegó a representar el malvado sistema del mundo que el enemigo emplea para oponerse a Dios. Pero el tiempo llegará, cuando Babilonia dejará de ser.

RESPUESTAS A PREGUNTAS DE LA VIDA

¿Será que el diablo puede obligarme a hacer algo?

AP 18.23

El difunto comediante Flip Wilson hizo popular la frase «El diablo me obligó», pero este tipo de excusa siempre ha existido. Culpamos a Satanás porque sabemos que tiene algo que ver con el proceso de la tentación.

La realidad del asunto es que el diablo no puede *obligarnos* a hacer nada. La Biblia llama a Satanás un engañador (Gn 3.13; 2 Co 11.3; Ap 18.23) y el «padre de mentira» (Jn 8.44). El único poder que Satanás ejerce sobre nosotros consiste en la manipulación y el engaño.

Si el diablo realmente pudiera *obligarnos* a hacer cosas, no tendría que tomarse la molestia de engañarnos. Cada vez que bate su carnada frente a nosotros en el momento oportuno, la dinámica de nuestros deseos carnales podría hacernos creer que algo nos atrae inevitablemente hacia el pecado, pero lo cierto es que este poder externo no nos controla. En cada caso, somos nosotros quienes *elegimos* desobedecer.

Piense en el asunto de la siguiente manera. Imagine que está al borde de un precipicio que tiene un desfiladero profundo y rocoso. Ahora suponga que yo me acerco a usted y le digo: «Hemos secuestrado a un miembro de su familia. Si no salta, su pariente será brutalmente maltratado y después lo vamos a matar». ¿Acaso yo le estoy obligando a saltar? Si usted cree lo que yo le digo y cree además que podría salvar a su pariente saltando al vacío, yo tal vez le haya incitado a *disponerse* a saltar o incluso a *angustiarse* al punto de saltar. Pero yo no le *hice* saltar. Incluso si usted saltara y se diera cuenta durante la caída que todo lo que le he dicho, ha sido una gran mentira, de todas maneras yo en ningún momento le *obligué* a saltar. Simplemente le engañé para que usted saltara por decisión propia. En cambio, si yo me coloco detrás de usted y le empujo, entonces sí fui la causa que le hizo hacer algo contrario de lo que usted habría hecho, de lo que se hubiera sentido inclinado(a) a hacer, o de lo que apenas alcanzó a considerar como una posibilidad.

Ahora piense en la última vez que se sintió tentado(a) a pecar. ¿Se sorprendió al darse cuenta de repente que estaba pecando o acababa de pecar? ¿Estaba ya en medio del proceso de caer en pecado antes de que usted lo hubiera siquiera pensado? O, ¿empezó todo en sus pensamientos, seguido por un sentimiento en su interior, quizá después por un poco de indecisión y lucha de su parte, hasta que finalmente cometió el pecado?

Así como nadie tomó a Eva y la forzó a comer del fruto del árbol, nadie le toma a usted a la fuerza y le obliga a pecar. Satanás no puede *obligarle* a hacer nada, pero sí hará todo lo que pueda para engañarle de tal manera que usted no honre a Dios.

Para un estudio más a fondo, véase el Índice de Principios de vida:

2. *Obedezcamos a Dios y dejemos las consecuencias en sus manos.*

4 Y oí otra voz del cielo, que decía: Salid de ella,
pueblo mío,[d] para que no seáis partícipes de
sus pecados, ni recibáis parte de sus plagas;

d. 18.4 Is 48.20; Jer 50.8.

LECCIONES DE VIDA

➤ ***18.4 — Salid de ella, pueblo mío, para que no seáis partícipes de sus pecados, ni recibáis parte de sus plagas.***

Durante los últimos días, Babilonia será una sociedad con riquezas excesivas que además será totalmente perversa y demoníaca. Aunque los cristianos de la tribulación puedan verse tentados a participar en su opulencia y su maldad, tienen advertido que la eviten a toda costa porque «será quemada con fuego; porque poderoso es Dios el Señor, que la juzga» (Ap 18.8). De igual modo, los creyentes pueden ser tentados a transigir en sus creencias a cambio de una vida que al parecer les promete un placer inmediato sin mayor castigo. Sin embargo, el pecado siempre tiene consecuencias, y por lo general son peores de lo que nos podemos imaginar.

5 porque sus pecados han llegado hasta el
cielo,[e] y Dios se ha acordado de sus maldades.
6 Dadle a ella como ella os ha dado,[f] y pagadle
doble según sus obras; en el cáliz en que ella
preparó bebida, preparadle a ella el doble.
7 Cuanto ella se ha glorificado y ha vivido
en deleites, tanto dadle de tormento y llanto;
porque dice en su corazón: Yo estoy sentada
como reina, y no soy viuda, y no veré llanto;
8 por lo cual en un solo día vendrán sus
plagas;[g] muerte, llanto y hambre, y será quemada con fuego; porque poderoso es Dios el
Señor, que la juzga.
9 Y los reyes de la tierra que han fornicado
con ella, y con ella han vivido en deleites, llorarán y harán lamentación sobre ella, cuando
vean el humo de su incendio,
10 parándose lejos por el temor de su tormento, diciendo: ¡Ay, ay, de la gran ciudad
de Babilonia, la ciudad fuerte; porque en una
hora vino tu juicio![h]
11 Y los mercaderes de la tierra lloran y hacen
lamentación sobre ella, porque ninguno compra más sus mercaderías;
12 mercadería de oro, de plata, de piedras preciosas, de perlas, de lino fino, de púrpura, de
seda, de escarlata, de toda madera olorosa, de
todo objeto de marfil, de todo objeto de madera preciosa, de cobre, de hierro y de mármol;
13 y canela, especias aromáticas, incienso,
mirra, olíbano, vino, aceite, flor de harina, trigo, bestias, ovejas, caballos y carros, y esclavos, almas de hombres.
14 Los frutos codiciados por tu alma se apartaron de ti, y todas las cosas exquisitas y esplén-
didas te han faltado, y nunca más las hallarás.
15 Los mercaderes de estas cosas, que se
han enriquecido a costa de ella, se pararán
lejos por el temor de su tormento, llorando y
lamentando,
16 y diciendo: ¡Ay, ay, de la gran ciudad, que
estaba vestida de lino fino, de púrpura y de
escarlata, y estaba adornada de oro, de piedras preciosas y de perlas!
17 Porque en una hora han sido consumidas
tantas riquezas. Y todo piloto, y todos los que
viajan en naves, y marineros, y todos los que
trabajan en el mar, se pararon lejos;
18 y viendo el humo de su incendio, dieron
voces, diciendo: ¿Qué ciudad era semejante a
esta gran ciudad?
19 Y echaron polvo sobre sus cabezas, y dieron
voces, llorando y lamentando, diciendo: ¡Ay, ay
de la gran ciudad, en la cual todos los que tenían
naves en el mar se habían enriquecido de sus
riquezas; pues en una hora ha sido desolada![i]
20 Alégrate sobre ella, cielo,[j] y vosotros, santos, apóstoles y profetas; porque Dios os ha
hecho justicia en ella.
21 Y un ángel poderoso tomó una piedra,
como una gran piedra de molino, y la arrojó
en el mar, diciendo: Con el mismo ímpetu será
derribada Babilonia,[k] la gran ciudad, y nunca
más será hallada.[l]
22 Y voz de arpistas, de músicos, de flautistas
y de trompeteros no se oirá más en ti;[m] y ningún artífice de oficio alguno se hallará más en
ti, ni ruido de molino se oirá más en ti.
23 Luz de lámpara no alumbrará más en ti, ni
voz de esposo y de esposa se oirá más en ti;[n]
porque tus mercaderes eran los grandes de la
tierra; pues por tus hechicerías fueron engañadas todas las naciones.
24 Y en ella se halló la sangre de los profetas
y de los santos, y de todos los que han sido
muertos en la tierra.[o]

Alabanzas en el cielo

19 DESPUÉS de esto oí una gran voz de
gran multitud en el cielo, que decía:
¡Aleluya! Salvación y honra y gloria y poder
son del Señor Dios nuestro;
2 porque sus juicios son verdaderos y justos;
pues ha juzgado a la gran ramera que ha corrompido a la tierra con su fornicación, y ha vengado la sangre de sus siervos de la mano de ella.[a]
3 Otra vez dijeron: ¡Aleluya! Y el humo de ella
sube por los siglos de los siglos.[b]
4 Y los veinticuatro ancianos y los cuatro
seres vivientes se postraron en tierra y adoraron a Dios, que estaba sentado en el trono, y
decían: ¡Amén! ¡Aleluya!
5 Y salió del trono una voz que decía: Alabad
a nuestro Dios todos sus siervos, y los que le
teméis, así pequeños como grandes.[c]

e. 18.5 Jer 51.9. **f. 18.6** Sal 137.8; Jer 50.29.
g. 18.7-8 Is 47.8-9. **h. 18.9-10** Ez 26.16-18.
i. 18.11-19 Ez 27.25-36. **j. 18.20** Jer 51.48.
k. 18.21 Jer 51.63-64. **l. 18.21** Ez 26.21. **m. 18.22** Ez 26.13.
n. 18.22-23 Jer 25.10. **o. 18.24** Jer 51.49.
a. 19.2 Dt 32.43. **b. 19.3** Is 34.10. **c. 19.5** Sal 115.13.

LECCIONES DE VIDA

➤ ***18.24 — en ella se halló la sangre de los profetas y de los santos, y de todos los que han sido muertos en la tierra.***

La reivindicación puede no venir de la manera que esperamos, pero tarde o temprano el juicio del Señor caerá sobre todos los que persigan a sus siervos fieles (Ro 12.19; Ap 19.2).

➤ ***19.1 — ¡Aleluya! Salvación y honra y gloria y poder son del Señor Dios nuestro.***

Apocalipsis 19 empieza con la alabanza y la adoración gloriosas del Señor Jesús por parte de la gran multitud del cielo. Estas declaraciones de su gloria marcan su segunda venida.

➤ ***19.5 — Alabad a nuestro Dios todos sus siervos, y los que le teméis, así pequeños como grandes.***

Mientras muchas diferencias pueden separarnos aquí en la tierra, cuando adoremos juntos al Señor en el cielo, nos acercaremos a su trono con unidad de corazón, mente y alma. Aclamaremos juntos la hermosura de su gloria y lo

6 Y oí como la voz de una gran multitud,
como el estruendo de muchas aguas,[d] y como
la voz de grandes truenos, que decía: ¡Aleluya, porque el Señor nuestro Dios Todopoderoso reina!
7 Gocémonos y alegrémonos y démosle gloria; porque han llegado las bodas del Cordero,
y su esposa se ha preparado.
8 Y a ella se le ha concedido que se vista de lino fino, limpio y resplandeciente; porque el lino fino es las acciones justas de los santos.

La cena de las bodas del Cordero

9 Y el ángel me dijo: Escribe: Bienaventurados los que son llamados a la cena de las bodas[e] del Cordero. Y me dijo: Éstas son palabras verdaderas de Dios.
10 Yo me postré a sus pies para adorarle. Y él me dijo: Mira, no lo hagas; yo soy consiervo tuyo, y de tus hermanos que retienen el testimonio de Jesús. Adora a Dios; porque el testimonio de Jesús es el espíritu de la profecía.

El jinete del caballo blanco

11 Entonces vi el cielo abierto;[f] y he aquí un caballo blanco, y el que lo montaba se llamaba Fiel y Verdadero, y con justicia juzga y pelea.
12 Sus ojos eran como llama de fuego,[g] y
había en su cabeza muchas diademas; y tenía un nombre escrito que ninguno conocía sino él mismo.
13 Estaba vestido de una ropa teñida en sangre; y su nombre es: EL VERBO DE DIOS.
14 Y los ejércitos celestiales, vestidos de lino finísimo, blanco y limpio, le seguían en caballos blancos.
15 De su boca sale una espada aguda, para herir con ella a las naciones, y él las regirá con vara de hierro;[h] y él pisa el lagar del vino del furor y de la ira del Dios Todopoderoso.[i]
16 Y en su vestidura y en su muslo tiene escrito este nombre: REY DE REYES Y SEÑOR DE SEÑORES.
17 Y vi a un ángel que estaba en pie en el sol,
y clamó a gran voz, diciendo a todas las aves que vuelan en medio del cielo: Venid, y congregaos a la gran cena de Dios,
18 para que comáis carnes de reyes y de capitanes, y carnes de fuertes, carnes de caballos y de sus jinetes, y carnes de todos, libres y esclavos, pequeños y grandes.[j]
19 Y vi a la bestia, a los reyes de la tierra y a sus ejércitos, reunidos para guerrear contra el que montaba el caballo, y contra su ejército.
20 Y la bestia fue apresada, y con ella el falso profeta que había hecho delante de ella las

d. 19.6 Ez 1.24. **e. 19.9** Mt 22.2-3. **f. 19.11** Ez 1.1. **g. 19.12** Dn 10.6. **h. 19.15** Sal 2.9. **i. 19.15** Is 63.3; Jl 3.13; Ap 14.20. **j. 19.17-18** Ez 39.17-20.

LECCIONES DE VIDA

alabaremos por su justicia y por todo lo que ha hecho a través de su misericordia y su gracia.

➤ *19.7 — han llegado las bodas del Cordero.*

La relación entre Cristo como el novio y su novia, la iglesia, se ve reflejada en la ceremonia nupcial judía que ocurre en tres fases generales. Primero, el contrato matrimonial es aprobado por ambas partes, de la misma manera que nuestra relación con Cristo empieza con el acuerdo que establecemos con Él en la salvación. Segundo, el novio se va a preparar una casa para su futura esposa y regresa en un momento no especificado, para llevársela a su nuevo hogar. Esto se cumple en el arrebatamiento (Mt 25.1–13; Jn 14.2). El paso final es la cena de bodas, que es la celebración propiamente dicha de las nupcias, y la cual se describe en Apocalipsis 19.7–9 y 21.9–27.

➤ *19.9 — Bienaventurados los que son llamados a la cena de las bodas del Cordero.*

Si la iglesia es la novia, ¿quiénes son los invitados al banquete de bodas? Lo más probable es que se trate de los santos del Antiguo Testamento que fueron justificados por su fe (Ro 4), los santos de la tribulación y las huestes angelicales del cielo.

➤ *19.10 — Yo me postré a sus pies para adorarle. Y él me dijo: Mira, no lo hagas; yo soy consiervo tuyo… Adora a Dios.*

Los ángeles tienen tal majestad y poder que los seres humanos a veces se sienten tentados a adorarlos, incluso un creyente tan maduro y piadoso como Juan. Pero los ángeles saben cuál es su lugar. ¡Dios es el único que merece nuestra adoración!

➤ *19.11 — se llamaba Fiel y Verdadero, y con justicia juzga y pelea.*

Cuando Jesús regrese, no entrará en escena como un cordero manso. Se manifestará como el Rey imponente e imperante, nuestro gran guerrero poderoso, y el juez justo de todos los vivos y los muertos. Jesús regresa con sus ejércitos para hacer cumplir todas las profecías y los pactos restantes de su Palabra, estableciendo su reino en la tierra y destruyendo el mal. Él es llamado Fiel y Verdadero porque ninguna de sus promesas queda sin cumplirse.

➤ *19.13 — su nombre es: EL VERBO DE DIOS.*

Jesús es Dios (Jn 1.1, 2; 10.30). Él también es el Verbo, la expresión hablada y encarnada de Dios mismo (Jn 1.18; He 1.2, 3). Cuando el Señor anunció que nos salvaría (Mt 1.21, 23), su «Verbo fue hecho carne, y habitó entre nosotros» (Jn 1.14).

➤ *19.16 — en su vestidura y en su muslo tiene escrito este nombre: REY DE REYES Y SEÑOR DE SEÑORES.*

En última instancia, la guerra sobre el valle de Meguido (Armagedón) es la culminación de las batallas que Dios ha librado en todas las edades, en cada corazón y contra todo aquel que ha servido a su propia voluntad soberbia, reemplazándolo a Él en el trono de su vida con algo o alguien distinto (Éx 20.2–5; Jos 24.14, 15; 1 R 18.21; Sal 14.1, 2; Is 14.13, 14; Mt 6.24; Ro 1.21). El Señor Jesús veló su majestad real durante sus años de ministerio terrenal (Fil 2.5–11), pero revelará su gloria cuando regrese, para que no quede duda alguna que Él es quien ejerce dominio absoluto sobre todo lo que existe (Sal 103.19).

señales con las cuales había engañado a los
que recibieron la marca de la bestia, y habían
adorado su imagen.[k] Estos dos fueron lanzados vivos dentro de un lago de fuego que arde
con azufre.
21 Y los demás fueron muertos con la espada
que salía de la boca del que montaba el caballo, y todas las aves se saciaron de las carnes
de ellos.

Los mil años

20 VI a un ángel que descendía del cielo,
con la llave del abismo, y una gran
cadena en la mano.
➤ 2 Y prendió al dragón, la serpiente antigua,[a]
que es el diablo y Satanás, y lo ató por mil años;
➤ 3 y lo arrojó al abismo, y lo encerró, y puso
su sello sobre él, para que no engañase más a
las naciones, hasta que fuesen cumplidos mil
años; y después de esto debe ser desatado por
un poco de tiempo.
4 Y vi tronos, y se sentaron sobre ellos los que
recibieron facultad de juzgar;[b] y vi las almas
de los decapitados por causa del testimonio
de Jesús y por la palabra de Dios, los que no
habían adorado a la bestia ni a su imagen, y
que no recibieron la marca en sus frentes ni
en sus manos; y vivieron y reinaron con Cristo mil años.
➤ 5 Pero los otros muertos no volvieron a vivir
hasta que se cumplieron mil años. Ésta es la
primera resurrección.
* 6 Bienaventurado y santo el que tiene parte en la primera resurrección; la segunda
muerte no tiene potestad sobre éstos, sino
que serán sacerdotes de Dios y de Cristo, y
reinarán con él mil años.
7 Cuando los mil años se cumplan, Satanás
será suelto de su prisión,
8 y saldrá a engañar a las naciones que están
en los cuatro ángulos de la tierra, a Gog y
a Magog,[c] a fin de reunirlos para la batalla; el número de los cuales es como la arena del mar.
9 Y subieron sobre la anchura de la tierra, y
rodearon el campamento de los santos y la
ciudad amada; y de Dios descendió fuego del
cielo, y los consumió.
10 Y el diablo que los engañaba fue lanzado ➤
en el lago de fuego y azufre, donde estaban la
bestia y el falso profeta; y serán atormentados día y noche por los siglos de los siglos.

El juicio ante el gran trono blanco

11 Y vi un gran trono blanco y al que esta- ➤
ba sentado en él, de delante del cual huyeron
la tierra y el cielo, y ningún lugar se encontró para ellos.
12 Y vi a los muertos, grandes y pequeños, ➤
de pie ante Dios; y los libros fueron abiertos, y otro libro fue abierto, el cual es el libro
de la vida; y fueron juzgados los muertos por
las cosas que estaban escritas en los libros,
según sus obras.[d]

k. 19.20 Ap 13.1-18. **a. 20.2** Gn 3.1 **b. 20.4** Dn 7.9, 22.
c. 20.8 Ez 38.1-16. **d. 20.11-12** Dn 7.9-10.

LECCIONES DE VIDA

➤ ***19.20 — Estos dos fueron lanzados vivos dentro de un lago de fuego que arde con azufre.***

Después de su completa victoria, el Señor envía al anticristo y al falso profeta a condenación eterna en el lago de fuego, que es el infierno. Algunos imaginan que quienes están en el infierno terminan siendo aniquilados, pero eso no es cierto. La Escritura es clara: «serán atormentados día y noche por los siglos de los siglos» (Ap 20.10).

➤ ***20.2 — prendió al dragón, la serpiente antigua, que es el diablo y Satanás, y lo ató por mil años.***

Tratamos de culpar al enemigo y al sistema de este mundo por muchos de nuestros problemas, pero cuando esos agentes de maldad sean quitados, ¿cómo le responderemos al Señor? Durante el reinado milenario de Cristo, lo vamos a descubrir. Un ángel ata a Satanás y lo encierra durante mil años para que no pueda engañar más a la gente. Así es como Dios le da a la humanidad la prueba definitiva, para mostrarnos en definitiva que el mayor adversario que tenemos está realmente dentro de nosotros mismos.

➤ ***20.3 — después de esto debe ser desatado por un poco de tiempo.***

¿Por qué Satanás tiene que ser soltado tras su prolongado encarcelamiento? ¿Por qué Dios no lo juzga de inmediato? Por medio de la rebelión del enemigo, los corazones de aquellos que solamente aparentan servir al Señor serán revelados (Ap 20.7–9). Y es entonces que el diablo es sometido a su juicio final.

➤ ***20.5 — los otros muertos no volvieron a vivir hasta que se cumplieron mil años. Esta es la primera resurrección.***

La primera resurrección es la de aquellos santos de la tribulación que reinarán con Cristo durante su reinado milenario. El resto de los muertos, quienes serán resucitados al final de los mil años, son todos los incrédulos desde el principio del mundo.

➤ ***20.10 — el diablo que los engañaba fue lanzado en el lago de fuego y azufre.***

Jesús dijo: «edificaré mi iglesia; y las puertas del Hades no prevalecerán contra ella» (Mt 16.18). Aquí vemos la victoria final de Cristo sobre el enemigo. Satanás es un enemigo derrotado. Aunque sigamos luchando en contra suya y él seguirá tratando de menoscabar la verdad del evangelio, sabemos con certeza que en últimas él perderá la batalla.

➤ ***20.11 — vi un gran trono blanco y al que estaba sentado en él.***

Algunos creen que en el juicio ante el Gran Trono Blanco, podrán presentarle sus quejas y sus excusas a Dios. Sin embargo, ese no es el caso. Menos mal, nosotros que creemos en Jesucristo como nuestro Salvador tenemos nuestros nombres escritos en el libro de la vida del Cordero, y no tenemos en absoluto razón para temer. Tenemos asegurado que disfrutaremos el cielo con Él, para siempre.

13 Y el mar entregó los muertos que había
en él; y la muerte y el Hades entregaron los
muertos que había en ellos; y fueron juzgados
cada uno según sus obras.
14 Y la muerte y el Hades fueron lanzados al
lago de fuego. Esta es la muerte segunda.
➤ 15 Y el que no se halló inscrito en el libro de
la vida fue lanzado al lago de fuego.

Cielo nuevo y tierra nueva

➤ 21 VI un cielo nuevo y una tierra nueva;[a]
porque el primer cielo y la primera tierra pasaron, y el mar ya no existía más.
2 Y yo Juan vi la santa ciudad,[b] la nueva Jerusalén, descender del cielo, de Dios[c], dispuesta
como una esposa ataviada para su marido.[d]
➤ 3 Y oí una gran voz del cielo que decía: He
aquí el tabernáculo de Dios con los hombres,
y él morará con ellos; y ellos serán su pueblo,[e]
y Dios mismo estará con ellos como su Dios.
* 4 Enjugará Dios toda lágrima de los ojos de
➤ ellos; y ya no habrá muerte,[f] ni habrá más
llanto, ni clamor, ni dolor;[g] porque las primeras cosas pasaron.
5 Y el que estaba sentado en el trono dijo: He
aquí, yo hago nuevas todas las cosas. Y me
dijo: Escribe; porque estas palabras son fieles
y verdaderas.
6 Y me dijo: Hecho está. Yo soy el Alfa y la
Omega, el principio y el fin. Al que tuviere
sed, yo le daré gratuitamente[h] de la fuente del
agua de la vida.
➤ 7 El que venciere heredará todas las cosas, y
yo seré su Dios, y él será mi hijo.[i]
8 Pero los cobardes e incrédulos, los abominables y homicidas, los fornicarios y hechiceros,
los idólatras y todos los mentirosos tendrán su
parte en el lago que arde con fuego y azufre,
que es la muerte segunda.

La nueva Jerusalén

9 Vino entonces a mí uno de los siete ángeles
que tenían las siete copas llenas de las siete
plagas postreras, y habló conmigo, diciendo:
Ven acá, yo te mostraré la desposada, la esposa del Cordero.
10 Y me llevó en el Espíritu a un monte grande y alto, y me mostró la gran ciudad santa de
Jerusalén, que descendía del cielo, de Dios,[j]
11 teniendo la gloria de Dios. Y su fulgor
era semejante al de una piedra preciosísima,
como piedra de jaspe, diáfana como el cristal.
12 Tenía un muro grande y alto con doce puertas; y en las puertas, doce ángeles, y nombres
inscritos, que son los de las doce tribus de los
hijos de Israel;
13 al oriente tres puertas; al norte tres puertas; al sur tres puertas; al occidente tres
puertas.[k]
14 Y el muro de la ciudad tenía doce cimientos, y sobre ellos los doce nombres de los doce
apóstoles del Cordero.

---

a. 21.1 Is 65.17; 66.22; 2 P 3.13. **b. 21.2** Is 52.1.
c. 21.2 Ap 3.12. **d. 21.2** Is 61.10. **e. 21.3** Ez 37.27.
f. 21.4 Is 25.8. **g. 21.4** Is 65.19. **h. 21.6** Is 55.1.
i. 21.7 2 S 7.14; 1 Cr 17.13. **j. 21.10** Ez 40.2.
k. 21.12-13 Ez 48.30-34.

LECCIONES DE VIDA

➤ ***20.12 — vi a los muertos, grandes y pequeños, de pie ante Dios; y los libros fueron abiertos... y fueron juzgados los muertos... según sus obras.***

En el Gran Trono Blanco todos son juzgados de acuerdo a si aceptaron o no a Cristo como su Salvador, y si su nombre está o no escrito en el libro de la vida del Cordero. Aquellos que han sido redimidos son bienvenidos en el cielo. Aquellos que rehúsan creer en Cristo deben soportar el castigo de su pecado y son lanzados al lago de fuego (Jn 3.18; Ro 6.23). En el cielo no hay corte de apelaciones. Una vez comparezcamos ante Cristo, nuestro carácter y nuestro destino eterno quedan fijados para siempre.

➤ ***20.15 — el que no se halló inscrito en el libro de la vida fue lanzado al lago de fuego.***

Todo juicio ha sido dado a Jesucristo (Jn 5.22) porque Él nos conoce perfectamente y es justo, santo, honesto y fidedigno. Aquellos que ponen su fe en Él nunca serán defraudados. Por el contrario, sus nombres están escritos de forma permanente e irrevocable en el libro de la vida del Cordero (Ap 21.27). En cambio, aquellos que dependen de sus propios esfuerzos para alcanzar el cielo terminarán en el lago de fuego, separados eternamente de Dios.

➤ ***21.1 — Vi un cielo nuevo y una tierra nueva.***

El cielo y la tierra no son aniquilados, sino completa y perfectamente limpiados y renovados, como fueron en el huerto de Edén, antes de la caída de Adán y Eva (Ap 21.5).

➤ ***21.3 — He aquí el tabernáculo de Dios con los hombres, y él morará con ellos; y ellos serán su pueblo.***

Lo mejor de la Nueva Jerusalén no serán las calles de oro ni las puertas de perla; ni siquiera las gratas reuniones que disfrutaremos con aquellos creyentes que amamos de manera especial. Lo mejor del cielo es la presencia amorosa de Dios mismo.

➤ ***21.4 — Enjugará Dios toda lágrima de los ojos de ellos; y ya no habrá muerte, ni habrá más llanto, ni clamor, ni dolor; porque las primeras cosas pasaron.***

Nuestro hogar eterno no se parece a nada que hayamos experimentado, porque es un lugar libre de pecado, muerte, temor, culpa y tristeza. Nunca jamás experimentaremos las consecuencias de nuestra naturaleza caída, como separación de nuestros seres queridos, pérdida, preocupación, enfermedad, delincuencia, dolor o injusticia. Más bien, seremos completamente libres para ser y alcanzar todo aquello para lo cual Dios nos creó, para su alabanza y su gloria. Y lo mejor de todo es que vamos a disfrutar un compañerismo pleno y maravilloso con nuestro Señor y Salvador, para siempre.

➤ ***21.7 — El que venciere heredará todas las cosas, y yo seré su Dios, y él será mi hijo.***

Como hijos adoptivos de Dios (Ef 1.5), somos «también herederos; herederos de Dios y coherederos con Cristo» y vencemos cuando «padecemos juntamente con él, para que juntamente con él seamos glorificados» (Ro 8.17).

Lo que la Biblia dice acerca de CÓMO DIOS JUZGA Y RECOMPENSA NUESTRO TRABAJO

Ap 22.12

Aunque consideramos al apóstol Pablo el misionero más grande en la historia, él recibió más latigazos y pedradas que banquetes honoríficos, y pasó más tiempo en prisiones que en mansiones. ¿Cómo pudo perseverar bajo tales condiciones? Anticipando con grandes ansias la recompensa de Dios: «me está guardada la corona de justicia, la cual me dará el Señor, juez justo, en aquel día» (2 Ti 4.8).

¿Por qué Moisés estuvo dispuesto a dejar los lujos en el palacio de Faraón por la inclemencia del desierto? Porque tuvo «por mayores riquezas el vituperio de Cristo que los tesoros de los egipcios; porque tenía puesta la mirada en el galardón» (He 11.26). Servir a Dios le produjo a Moisés un depósito inmenso de galardones celestiales, aunque significó para él toda una vida de lucha.

Cada acto, cada palabra y cada pensamiento será reconocido por Cristo, pues «cada uno recibirá su recompensa conforme a su labor» (1 Co 3.8). Si buscamos glorificar a Dios con un espíritu diligente y humilde, nuestros laureles se multiplicarán. Si meramente buscamos complacer a los demás y cosechar sus elogios, nuestros galardones se achicarán.

Las recompensas no están limitadas al más allá. Cada vez que seguimos los principios de las Escrituras, disfrutamos las bendiciones de la obediencia: «el que teme el mandamiento será recompensado» (Pr 13.13).

Pedro le recordó a Jesús que lo había dejado todo atrás para seguir al Mesías, y Cristo respondió: «no hay nadie que haya dejado casa, o padres, o hermanos, o mujer, o hijos, por el reino de Dios, que no haya de recibir mucho más en este tiempo, y en el siglo venidero la vida eterna» (Lc 18.29, 30).

Cuando uno conoce y sirve a Dios, cada producto de su vida será recompensado, bien sea en esta vida o en el cielo. Dios vigila todos nuestros caminos, y ha prometido recompensarnos de manera justa y perfecta. Todos los que sirven «a Cristo el Señor» (Col 3.24) serán recompensados en el día del juicio del creyente. El cristiano que procura agradar a Dios acumula tesoros que jamás pierden valor ni merman.

Dios vigila todos nuestros caminos.

Para un estudio más a fondo, véase el Índice de Principios de vida.

21. *La obediencia siempre trae bendición consigo.*
6. *Cosechamos lo que sembramos, más de lo que sembramos, después de sembrarlo.*

15 El que hablaba conmigo tenía una caña de
medir, de oro, para medir la ciudad, sus puertas y su muro.[l]
16 La ciudad se halla establecida en cuadro, y
su longitud es igual a su anchura; y él midió la
ciudad con la caña, doce mil estadios; la longitud, la altura y la anchura de ella son iguales.
17 Y midió su muro, ciento cuarenta y cuatro codos, de medida de hombre, la cual es
de ángel.
18 El material de su muro era de jaspe; pero
la ciudad era de oro puro, semejante al vidrio
limpio;
19 y los cimientos del muro de la ciudad estaban adornados con toda piedra preciosa. El
primer cimiento era jaspe; el segundo, zafiro;
el tercero, ágata; el cuarto, esmeralda;
20 el quinto, ónice; el sexto, cornalina; el séptimo, crisólito; el octavo, berilo; el noveno,
topacio; el décimo, crisopraso; el undécimo,
jacinto; el duodécimo, amatista.
21 Las doce puertas eran doce perlas;[m] cada una
de las puertas era una perla. Y la calle de la ciudad era de oro puro, transparente como vidrio.
22 Y no vi en ella templo; porque el Señor
Dios Todopoderoso es el templo de ella, y el
Cordero.
➤ 23 La ciudad no tiene necesidad de sol ni de
luna que brillen en ella; porque la gloria de
Dios la ilumina,[n] y el Cordero es su lumbrera.
24 Y las naciones que hubieren sido salvas
andarán a la luz de ella; y los reyes de la tierra traerán su gloria y honor a ella.
25 Sus puertas nunca serán cerradas de día,
pues allí no habrá noche.
26 Y llevarán la gloria y la honra de las naciones a ella.[o]
27 No entrará en ella ninguna cosa inmunda,[p]
o que hace abominación y mentira, sino solamente los que están inscritos en el libro de la
vida del Cordero.

22 DESPUÉS me mostró un río limpio de
agua de vida,[a] resplandeciente como cristal, que salía del trono de Dios y del Cordero.
2 En medio de la calle de la ciudad, y a uno y
otro lado del río, estaba el árbol de la vida,[b]
que produce doce frutos, dando cada mes su
fruto; y las hojas del árbol eran para la sanidad de las naciones.
3 Y no habrá más maldición;[c] y el trono de ≺
Dios y del Cordero estará en ella, y sus siervos le servirán,
4 y verán su rostro, y su nombre estará en sus
frentes.
5 No habrá allí más noche; y no tienen necesidad de luz de lámpara, ni de luz del sol, porque Dios el Señor los iluminará;[d] y reinarán
por los siglos de los siglos.[e]

La venida de Cristo está cerca

6 Y me dijo: Estas palabras son fieles y verdaderas. Y el Señor, el Dios de los espíritus de
los profetas, ha enviado su ángel, para mostrar a sus siervos las cosas que deben suceder pronto.
7 ¡He aquí, vengo pronto! Bienaventurado el
que guarda las palabras de la profecía de este
libro.
8 Yo Juan soy el que oyó y vio estas cosas. Y
después que las hube oído y visto, me postré
para adorar a los pies del ángel que me mostraba estas cosas.
9 Pero él me dijo: Mira, no lo hagas; porque yo
soy consiervo tuyo, de tus hermanos los profetas, y de los que guardan las palabras de este
libro. Adora a Dios.
10 Y me dijo: No selles las palabras de la profecía de este libro, porque el tiempo está cerca.
11 El que es injusto, sea injusto todavía; y el
que es inmundo, sea inmundo todavía; y el
que es justo, practique la justicia todavía; y el
que es santo, santifíquese todavía.[f]
12 He aquí yo vengo pronto, y mi galar- *
dón conmigo,[g] para recompensar a cada uno ≺
según sea su obra.[h]

l. 21.15 Ez 40.3. **m. 21.18-21** Is 54.11-12. **n. 21.23** Is 60.19. **o. 21.25-26** Is 60.11. **p. 21.27** Is 52.1. **a. 22.1** Ez 47.1; Zac 14.8. **b. 22.2** Gn 2.9. **c. 22.3** Zac 14.11. **d. 22.5** Is 60.19. **e. 22.5** Dn 7.18. **f. 22.11** Dn 12.10. **g. 22.12** Is 40.10; 62.11. **h. 22.12** Sal 28.4.

LECCIONES DE VIDA

➤ ***21.23 — La ciudad no tiene necesidad de sol ni de luna que brillen en ella; porque la gloria de Dios la ilumina, y el Cordero es su lumbrera.***

Génesis 1.3 nos dice que había luz en este mundo mucho antes que existieran el sol, la luna y las estrellas (Gn 1.16). De igual modo, 1 Juan 1.5 nos dice que «Dios es luz, y no hay ningunas tinieblas en él». Los creyentes disfrutarán nuevamente la luz pura e ininterrumpida del Señor en la Ciudad Santa, la Nueva Jerusalén, porque Él estará con nosotros siempre y nunca más volveremos a estar separados de Él.

➤ ***22.3 — sus siervos le servirán.***

¿Qué van a hacer los creyentes en el cielo? Las Escrituras indican que serviremos al Señor, pero ¿qué implica esto? Dios nos ha dado a cada uno dones y talentos para usar, y lo más probable es que los vamos a emplear de alguna manera que nos producirá un gozo indescriptible. Una cosa sí es cierta, y es que sea lo que sea que hagamos, será muchísimo mejor que todo lo que nos podamos imaginar para la alabanza y la gloria de su nombre (1 Co 2.9; Ef 3.20).

➤ ***22.12 — He aquí yo vengo pronto, y mi galardón conmigo, para recompensar a cada uno según sea su obra.***

Juan nos recuerda que Jesús puede regresar en cualquier momento, y reitera que quienes oyen las palabras de Apocalipsis y se comprometen a obedecer piadosamente por el poder del Espíritu Santo, serán bendecidos en gran manera (Ap 1.3). Por lo tanto, una anticipación anhelante del regreso de Cristo debería mantenernos viviendo de manera

13 Yo soy el Alfa y la Omega,[i] el principio y el
fin, el primero y el último.[j]
14 Bienaventurados los que lavan sus ropas,
para tener derecho al árbol de la vida,[k] y para
entrar por las puertas en la ciudad.
15 Mas los perros estarán fuera, y los hechiceros, los fornicarios, los homicidas, los idólatras, y todo aquel que ama y hace mentira.
16 Yo Jesús he enviado mi ángel para daros
testimonio de estas cosas en las iglesias. Yo
soy la raíz y el linaje de David,[l] la estrella resplandeciente de la mañana.
17 Y el Espíritu y la Esposa dicen: Ven. Y el
que oye, diga: Ven. Y el que tiene sed, venga; y el que quiera, tome del agua de la vida
gratuitamente.[m]
18 Yo testifico a todo aquel que oye las palabras de la profecía de este libro: Si alguno
añadiere a estas cosas, Dios traerá sobre él las
plagas que están escritas en este libro.
19 Y si alguno quitare de las palabras del libro
de esta profecía,[n] Dios quitará su parte del
libro de la vida, y de la santa ciudad y de las
cosas que están escritas en este libro.
20 El que da testimonio de estas cosas dice:
Ciertamente vengo en breve. Amén; sí, ven,
Señor Jesús.
21 La gracia de nuestro Señor Jesucristo sea
con todos vosotros. Amén.

i. 22.13 Ap 1.8. **j. 22.13** Is 44.6; 48.12; Ap 1.17; 2.8.
k. 22.14 Gn 2.9; 3.22. **l. 22.16** Is 11.1. **m. 22.17** Is 55.1.
n. 22.18-19 Dt 4.2; 12.32.

LECCIONES DE VIDA

productiva. Deberíamos estar motivados y gozosos, sabiendo que Jesús ha preparado grandes recompensas y un hogar maravilloso para nosotros en el cielo. Un día, pronto, veremos a nuestro Señor cara a cara.

➤ ***22.14 — Bienaventurados los que lavan sus ropas, para tener derecho al árbol de la vida, y para entrar por las puertas en la ciudad.***

A través de toda la Biblia, desde Génesis hasta Apocalipsis, aprendemos que la obediencia a los mandatos de Dios trae gran bendición. Hemos lavado nuestras ropas en la sangre del Cordero y por cuanto nos hemos sometido en esto al Señor, estamos invitados a comer del árbol de la vida, el mismo árbol al que Adán y Eva les fue impedido tener acceso después que pecaron (Gn 3.22–24).

➤ ***22.17 — el Espíritu y la Esposa dicen: Ven. Y el que oye, diga: Ven. Y el que tiene sed, venga.***

Jesús dijo: «el que bebiere del agua que yo le daré, no tendrá sed jamás; sino que el agua que yo le daré será en él una fuente de agua que salte para vida eterna» (Jn 4.14). Él siempre está invitando a personas a venir y participar del gran regalo de la vida eterna que Él ha dado. Y nosotros como la novia de Cristo, la iglesia, debemos extender la misma invitación.

➤ ***22.20 — Ciertamente vengo en breve. Amén; sí, ven, Señor Jesús.***

¿Cuándo volverá Jesús? Nadie lo sabe, pero lo cierto es que el regreso de Cristo no debería ser una esperanza lejana para usted. Más bien, debería ser un recordatorio diario de que Dios *siempre* está activo en su vida. Él le deja en la tierra después que usted recibe la salvación, para que crezca espiritualmente en unidad con Él, y para que conduzca a otros a un conocimiento salvador de Jesucristo. ¿Es esto lo que usted se ha mantenido ocupado(a) haciendo? ¿Ha estado buscando al Señor y sirviéndolo, acordándose de la recompensa maravillosa que le espera en el cielo? Cuando usted se encuentre con Jesús, sabrá y entenderá que las riquezas más grandes de este mundo caído no pueden ser comparadas con la gloria de estar en su presencia. Todo palidece en comparación ante la presencia del Señor.

PRINCIPIO DE VIDA 30

EL DESEO FERVIENTE POR EL REGRESO DEL SEÑOR NOS MANTIENE VIVIENDO PRODUCTIVAMENTE.

AP 22.12

A lo largo de las Escrituras encontramos tres amonestaciones para nosotros en cuanto al regreso del Señor:

Velar fielmente.

Trabajar diligentemente.

Esperar apaciblemente.

1. Debemos velar. El Señor dijo en repetidas ocasiones que debemos velar por su venida porque no sabemos el día ni la hora de su regreso (Mt 24.42; 25.13). En Lucas 21.36, Jesús dio esta instrucción específica: «Velad, pues, en todo tiempo orando que seáis tenidos por dignos de escapar de todas estas cosas que vendrán, y de estar en pie delante del Hijo del Hombre».

Debemos hacer más que orar en tanto que velamos. Debemos estar firmes en la fe, con valentía y fortaleza (1 Co 16.13). Debemos velar sobriamente, armándonos de fe, amor y salvación (1 Ts 5.8). Mientras velamos, debemos mantenernos especialmente alerta a falsos profetas. Hemos de discernir los espíritus y rechazar de plano a todos aquellos que no confiesan que Jesucristo es Dios hecho carne (2 P 2.1; 1 Jn 4.1–2).

Jesús le habló a Juan en una visión y le dio esta gran promesa para aquellos que permanecen vigilantes: «He aquí, yo vengo como ladrón. Bienaventurado el que vela» (Ap 16.15).

2. Debemos trabajar. ¿Por qué Jesús después de salvarnos nos deja aquí en la tierra? ¿Por qué no somos llevados de inmediato a la presencia del Señor apenas nacemos de nuevo? ¡Porque aún nos queda trabajo por hacer!

En primer lugar, Dios nos llama a ganar almas. Hemos de ser los testigos del Señor, hablando acerca del amor de Dios y la muerte expiatoria de Jesucristo. Debemos testificar de lo que Él ha hecho en nuestras propias vidas, tanto con nuestras palabras como por nuestro ejemplo. Mientras quede una sola alma en la tierra que no haya escuchado el evangelio de nuestro Señor Jesucristo, ¡tenemos trabajo que hacer!

Segundo, hemos de crecer espiritualmente, desarrollando una intimidad cada vez más profunda con el Señor. Ninguno de nosotros vive a la altura de su potencial espiritual. *Todos* tenemos la posibilidad de crecer más. En aquellas áreas donde descubrimos que no somos semejantes a Cristo, debemos

No sabemos el día ni la hora de su regreso.

trabajar con el Espíritu para llegar a ser conformados a su semejanza. Nuestras mentes deben ser renovadas (Ro 12.1). Nuestras heridas internas y nuestras emociones deben ser sanadas. Debemos crecer en el discernimiento espiritual y en la sabiduría de Dios. Nuestra fe debe ser fortalecida y usada para que nuestras oraciones y nuestras acciones contribuyan con más eficacia al reino del Señor.

3. Debemos esperar. Esperar no es fácil. La impaciencia lleva a menudo a la frustración. Esperar también puede incrementar nuestro temor. Cuanto más tarda en ocurrir algo que anticipamos, mayor es nuestra preocupación sobre lo que sucederá, y esto puede degenerar en ansiedad por lo que pudiera suceder. El temor está tan solo a un paso de distancia.

Los ángeles declararon paz a la tierra en la primera venida de Jesús (Lc 2.14). Más de trescientas veces en las Escrituras, el Señor dice que no hemos de temer sino gozar de paz. El profeta Isaías se refirió a Jesús como el Príncipe de paz (Is 9.6). A lo largo de su ministerio, el Señor Jesús declaró paz. A la mujer con el flujo de sangre le dijo «vé en paz»; al mar tempestuoso lo calmó diciendo «calla, enmudece»; y a los discípulos les dijo «mi paz os doy». El Señor nos llama a la paz en tanto que aguardamos su regreso.

Aparte de Jesús, no hay paz, ni dentro de cada corazón humano ni entre los seres humanos o las naciones. Con Jesús, podemos experimentar paz que rebasa nuestra capacidad de comprensión y que se arraiga en lo profundo de nuestro ser (Fil 4.7). Debemos buscar y hallar esta paz mientras aguardamos el regreso del Señor.

Cuando el Señor vuelva, ¿le hallará a usted entre aquellos que lo aman y lo llaman su Salvador y Señor?

Cuando el Señor venga, ¿le encontrará haciendo lo que Él le ha mandado hacer?

Cuando el Señor regrese, ¿le hallará deseoso de verlo?

Cuando el Señor venga, ¿le encontrará preparado(a) para su manifestación gloriosa?

Cuando el Señor le llame con un grito desde el cielo, ¿se levantará usted al instante para ir al encuentro con Él?

Cuando el Señor aparezca en las nubes, ¿se regocijará su corazón con sumo gozo tan grande e inexplicable?

Usted es perfectamente capaz de dar una respuesta afirmativa a estas preguntas. ¿Cómo elegirá responder a los retos del Señor sobre su vida?

La realidad, es que ¡Él viene otra vez!

Cuando el Señor regrese, ¿le hallará deseoso de verlo?

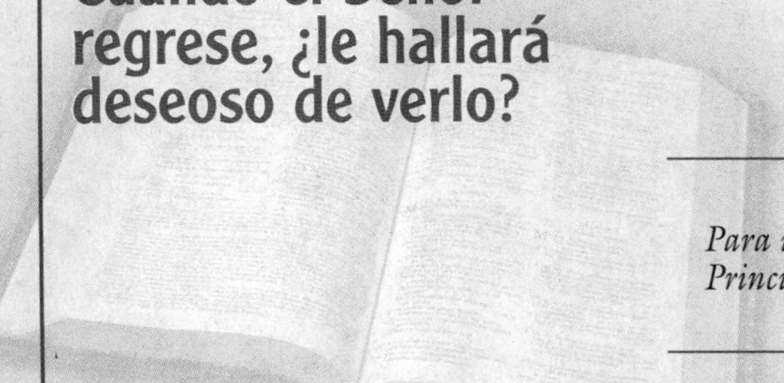

Para un estudio más a fondo, véase el Índice de Principios de vida.

CONCORDANCIA

AARÓN
Hermano de Moisés, Éx 4.14; 7.1;
encomiado por su elocuencia, Éx 4.14;
ayudante de Moisés, Éx 4.14–16, 27;
caudillo junto con Moisés, Éx 5.1; 8.25;
sostiene los brazos de Moisés, Éx 17.12;
apartado como sacerdote, Éx 28; He 5.4;
hace un becerro de oro, Éx 32; Hch 7.40;
murmura contra Moisés, Nm 12;
su vara florece, Nm 17; He 9.4;
muere, Nm 20.22–29.

ABOMINACIÓN
Gn 46.34 para los egipcios es *a* todo pastor
Lv 11.10 no tienen aletas … los tendréis en *a*
11.13 de las aves … tendréis en *a* … serán *a*
18.22 no te … con varón como con mujer; es *a*
Dt 18.9 no aprenderás a hacer según las *a* de
25.16 *a* es a Jehová … cualquiera que hace
1 R 14.24 hicieron … todas las *a* de las naciones
Pr 11.1 el peso falso es *a* a Jehová; mas la
12.22 los labios mentirosos son *a* a Jehová
15.9 *a* es a Jehová el camino del impío; mas
15.26 *a* son a … los pensamientos del malo
21.27 el sacrificio de los impíos es *a*
29.27 *a* es al impío el de caminos rectos
Is 1.13 el incienso me es *a*; luna nueva y día
41.24 obras vanidad; *a* es el que os escogió
44.19 ¿haré del resto de él una *a*?
66.3 propios caminos, y su alma amó sus *a*
Jer 6.15; 8.12 avergonzado de haber hecho *a*?
Ez 7.3 juzgaré … pondré sobre ti todas tus *a*
8.9 entra, y ve las malvadas *a* que éstos hacen
11.18 y quitarán de ella … todas sus *a*
16.51 multiplicaste tus *a* más que ellas
33.29 convierta la tierra en soledad … las *a*
37.23 con sus *a* y con todas sus rebeliones
Dn 9.27 con la … de las *a* vendrá el desolador
11.31 tropas … y pondrán la *a* desoladora
12.11 hasta la *a* desoladora, habrá 1.290 días
Mal 2.11 y en Jerusalén se ha cometido *a*
Mt 24.15; Mr 13.14 veáis … la *a* desoladora
Lc 16.15 por sublime, delante de Dios es *a*
Ap 21.27 no entrará … que hace *a* y mentira

ABRAHAM (Abram)
Nace, Gn 11.26;
se casa con Sarai, Gn 11.29;
emigra de Ur a Harán, Gn 11.31;
es llamado por Dios, Gn 12.1–5;
viaja a Egipto, Gn 12.10–20;
se separa de Lot, Gn 13.7–11;
rescata a Lot, Gn 14.13–16;
pacto de Dios con él, Gn 15.18; 17.1–22;
recibe a los ángeles, Gn 18.1–21;
intercede por Sodoma, Gn 18.22–33;
despide a Agar e Ismael, Gn 21.9–21;
ofrece a Isaac, Gn 22.1–14;
entierra a Sara en la cueva de Macpela, Gn 23;
se casa con Cetura, Gn 25.1;
muere y es sepultado, Gn 25.8–9.
Mt 3.9; Lc 3.8 Dios puede levantar hijos a *A*
8.11 se sentarán con *A* e Isaac y Jacob en
Mr 12.26 soy el Dios de *A*, el Dios de Isaac
Lc 13.28 cuando veáis a *A* … en el reino de Dios

16.22 llevado por los ángeles al seno de *A*
Jn 8.39 fueseis hijos de *A*, las obras de *A* haríais
8.58 os digo: Antes que *A* fuese, yo soy
Hch 7.2 Dios … apareció a nuestro padre *A*
Ro 4.3; Gá 3.6; Stg 2.23 creyó *A* a Dios
4.16 sino … para la que es de la fe de *A*
9.7 ni por ser descendientes de *A* son … hijos
Gá 3.7 los que son de fe, éstos son hijos de *A*
He 11.8 por la fe *A* … obedeció para salir al
Stg 2.21 ¿no fue justificado por las obras *A*

ABSTENERSE
Lv 22.2 que se *abstengan* de las cosas santas
Dt 23.22 cuando te *abstengas* de prometer, no
Hch 21.25 se *abstengan* de lo sacrificado a los
1 Co 9.25 aquel que lucha, de todo se *abstiene*
1 Ts 5.22 *absteneos* de toda especie de mal
1 Ti 4.3 mandarán *abstenerse* de alimentos que
1 P 2.11 que os *abstengáis* de los deseos carnales

ABUNDAR
Dt 30.9 te hará Jehová … *abundar* en toda obra
Ro 3.7 la verdad de Dios *abundó* para su gloria
5.15 *abundaron* … para los muchos la gracia y
5.20 cuando el pecado *abundó*, sobreabundó
6.1 ¿perseveraremos … que la gracia *abunde*?
15.13 para que *abundéis* en esperanza por el
1 Co 14.12 *abundar* en ellos para edificación de
2 Co 1.5 *abundan* en nosotros las aflicciones de
4.15 que *abundando* la gracia por medio de
8.2 *abundaron* en riquezas de su generosidad
9.8 hacer que *abunde* en vosotros toda gracia
Fil 1.9 pido … vuestro amor *abunde* aun más
1 Ts 3.12 el Señor os haga … *abundar* en amor
4.10 rogamos … que *abundéis* en ello más y
2 P 1.8 estas cosas están en vosotros, y *abundan*

ACEPCIÓN
Dt 10.17 no hace *a* de personas, ni toma cohecho
Job 32.21 no haré ahora *a* de personas, ni usaré
34.19 a aquel que no hace *a* de personas
Pr 24.23; 28.21 hacer *a* de personas no es bueno
Mal 2.9 y en la ley hacéis *a* de personas
Hch 10.34; Ro 2.11; Gá 2.6; Ef 6.9; Col 3.25 Dios no hace *a* de personas
Stg 2.1 vuestra fe … sea sin *a* de personas
2.9 si hacéis *a* de personas, cometéis pecado
1 P 1.17 sin *a* de personas juzga según la obra

ACEPTAR *v.* Recibir
Sal 20.3 haga memoria … *acepte* tu holocausto
82.2 *aceptaréis* las personas de los impíos?
Mal 1.10 ni de vuestra mano *aceptaré* ofrenda

ACEPTO/A
Gn 32.20 después veré su rostro; quizá le seré *a*
Lv 22.20 cosa en que haya defecto … no será *a*
1 S 2.26 joven Samuel … era *a* delante de Dios
18.5 y era *a* a los ojos de todo el pueblo
Ro 15.31 la ofrenda de mi servicio … sea *a*
2 Co 8.12 será *a* según lo que uno tiene, no según
Ef 1.6 con la cual nos hizo *a* en el Amado

ACONSEJAR
Éx 18.19 oye ahora mi voz; yo te *aconsejaré*
1 R 12.6; 2 Cr 10.9 ¿cómo *aconsejáis* vosotros que responda a este pueblo?
Sal 16.7 bendeciré a Jehová que me *aconseja*
Ec 8.2 te *aconsejo* que guardes el mandamiento
Is 40.13 ¿quién … le *aconsejó* enseñándole?
Ap 3.18 yo te *aconsejo* que de mí compres oro

ACUERDO *v.* Pacto
Am 3.3 ¿andarán dos juntos, si no … de *a*?
Mt 18.19 dos … se pusieran de *a* en la tierra
Hch 15.25 habiendo llegado a un *a*, elegir
Ap 17.17 ponerse de *a*, y dar su reino a la bestia

ACUSAR *v.* Condenar
Pr 30.10 no *acuses* al siervo ante su señor

Dn 3.8 vinieron y *acusaron* … a los judíos
Mt 12.10; Mr 3.2 sanaría … de poder *acusarle*
27.12 siendo *acusado* por … nada respondió
Mr 15.4 ¿nada … Mira de cuántas cosas te *acusan*
Lc 6.7 para ver … a fin de hallar de qué *acusarle*
11.54 cazar alguna palabra … para *acusarle*
16.1 *acusado* … como disipador de sus bienes
23.10 estaban … *acusándole* con … vehemencia
Jn 5.45 yo voy a *acusaros* … hay quien os *acusa*
8.10 ¿dónde están los que te *acusaban*?
Hch 24.2 Tértulo comenzó a *acusarle*, diciendo
24.19 debieran comparecer … y *acusarme*
26.7 por esta esperanza … soy *acusado* por
Ro 2.15 y *acusándoles* o defendiéndoles sus
3.9 ya hemos *acusado* a judíos y a gentiles
8.33 ¿quién *acusará* a los escogidos de Dios?
Ap 12.10 el que los *acusaba* delante de … Dios

ADÁN *v.* Hombre
Gn 1.26–5.5.
Ro 5.14 reinó la muerte desde *A* hasta Moisés
1 Co 15.22 porque así como en *A* todos mueren
15.45 fue hecho el primer … *A* alma viviente
1 Ti 2.13 *A* fue formado primero, después Eva

ADIVINAR
Gn 44.15 un hombre como yo sabe *adivinar*?
1 S 28.8 te ruego … *adivines* por el espíritu de
Ez 22.28 *adivinándoles* mentira, diciendo: Así

ADMINISTRADOR *v.* Mayordomo
1 Co 4.1 de Cristo, y *a* de los misterios de Dios
4.2 se requiere de los *a*, que cada uno sea
Tit 1.7 obispos sea irreprensible, como *a* de Dios
1 P 4.10 buenos *a* de la multiforme gracia de

ADOPCIÓN
Ro 8.15 habéis recibido el espíritu de *a*, por el cual
8.23 gemimos … esperando la *a*, la redención
9.4 son israelitas, de los cuales son la *a*
Gá 4.5 a fin de que recibiésemos la *a* de hijos

ADORAR *v.* Alabar, Honrar, Servir
Gn 22.5 yo y el muchacho iremos … *adoraremos*
Éx 34.8 bajó la cabeza hacia el suelo y *adoró*
1 S 1.3 aquel varón subía … para *adorar* y para
2 R 17.16 *adoraron* … el ejército de los cielos
2 Cr 33.3 *adoró* a todo el ejército de los cielos
Neh 9.6 los ejércitos de los cielos te *adoran*
Sal 5.7 *adoraré* hacia tu santo templo en tu temor
22.27 las familias de … *adorarán* delante de ti
29.2; 96.9 *adorad* a Jehová en la hermosura
66.4 toda la tierra te *adorará*, y cantará
86.9 todas … vendrán y *adorarán* delante de ti
95.6 venid, *adoremos* y postrémonos
Is 27.13 *adorarán* a Jehová en el monte santo
36.7 dijo … Delante de este altar *adoraréis*?
44.15 hace además un dios, y lo *adora*
66.23 vendrán todos a *adorar* delante de mí
Dn 3.5 *adoréis* la estatua de oro que el rey
3.18 tampoco *adoraremos* la estatua que has
Zac 14.17 los … que no subieren … para *adorar*
Mt 2.2 hemos visto en el … y venimos a *adorarle*
4.9; Lc 4.7 te daré, si postrado me *adorares*
4.10; Lc 4.8 al Señor tu Dios *adorarás*
28.17 cuando le vieron, le *adoraron*; pero
Jn 4.20 nuestros padres *adoraron* en este monte
4.22 vosotros *adoráis* lo que no sabéis
4.24 los que le *adoran*, en espíritu y en verdad
9.38 él dijo: Creo, Señor; y le *adoró*
12.20 que habían subido a *adorar* en la fiesta
Hch 8.27 había venido a Jerusalén para *adorar*
10.25 Cornelio … postrándose a sus pies, *adoró*

17.23 al que … *adoráis,* pues, sin conocerle
1 Co 14.25 así, postrándose … *adorará* a Dios
He 1.6 *adórenle* todos los ángeles de Dios
Ap 4.10; 5.14 *adoran* al que vive por los siglos
13.4 *adoraron* al dragón … y *a* a la bestia
13.8 la *adoraron* todos los moradores de la
14.7 *adorad* a aquel que hizo el cielo y la
14.9 alguno *adora* a la bestia y a su imagen
15.4 las naciones vendrán y te *adorarán*
19.4 se postraron en tierra y *adoraron* a Dios
19.10; 22.8 me postré a sus pies para *adorarle*
20.4 los que no habían *adorado* a la bestia

ADULTERIO *v.* Fornicación
Éx 20.14, Dt 5.18 no cometerás *a*
Lv 20.10 si un hombre cometiere *a* con la mujer
Pr 6.32 que comete *a* es falto de entendimiento
Jer 13.27 tus *a*, tus relinchos, la maldad de tu
Os 2.2 aparte, pues … sus *a* de entre sus pechos
Mt 5.27 oísteis que fue dicho: No cometerás *a*
5.32 se casa con la repudiada, comete *a*
15.19; Mr 7.21 del corazón salen … los *a*
Mr 10.11 que se casa con otra, comete *a* contra
Jn 8.3 le trajeron una mujer sorprendida en *a*
Gá 5.19 las obras de la carne, que son: *a*
Stg 2.11 el que dijo: No cometerás *a*, también

ADVERSIDAD *v.* Dolor, Tribulación
Sal 35.15 pero ellos se alegraron en mi *a*, y se
Pr 12.21 ninguna *a* acontecerá al justo; mas los
Ec 7.14 del bien; y en el día de la *a* considera
Is 45.7 que hago la paz y creo la *a*. Yo Jehová

AGUA
Gn 1.2 Espíritu … se movía sobre la faz de las *a*
21.15 y le faltó el *a* del odre, y echó al
24.11 la hora en que salen las doncellas por *a*
Éx 4.9 tomarás de las *a* del río y las derramarás
7.20 todas las *a* … se convirtieron en sangre
15.22 tres días por el desierto sin hallar *a*
17.6 golpearás la peña, y saldrán de ella *a*
Nm 19.9 las guardará … para el *a* de purificación
20.2 no había *a* … se juntaron contra Moisés
Dt 8.15 él te sacó *a* de la roca del pedernal
1 S 26.12 y la vasija de *a* de la cabecera de Saúl
2 S 14.14 morimos, y somos como *a* derramadas
22.17; Sal 18.16 me sacó de las muchas *a*
1 R 22.27; 2 Cr 18.26 pan … y con *a* de aflicción
2 R 2.8 y golpeó las *a*, las cuales se apartaron
2.21 sané estas *a*, y no habrá más en ellas
3.17 este valle será lleno de *a*, y beberéis
Job 14.19 las piedras se desgastan con el *a*
22.7 no diste de beber *a* al cansado, y … pan
26.8 ata las *a* en sus nubes, y las nubes no se
29.19 mi raíz estaba abierta junto a las *a*
Sal 23.2 junto a *a* de reposo me pastoreará
58.7 sean disipados como *a* que corren
69.1 sálvame, oh Dios, porque las *a* han
78.20 he aquí ha herido la peña, y brotaron *a*
114.8 cambió … en fuente de *a* la roca
124.4 entonces nos habrían inundado las *a*
Pr 20.5 como *a* profundas es el consejo en el
25.21 pan, y si tuviere sed, dale de beber *a*
25.25 como el *a* fría al alma sedienta, así son
27.19 como en el *a* el rostro corresponde al
30.4 ¿quién ató las *a* en un paño?
Ec 11.1 echa tu pan sobre las *a* … lo hallarás
11.3 si las nubes fueren llenas de *a*, sobre
Is 11.9 será llena … como las *a* cubren el mar
12.3 sacaréis con gozo *a* de las fuentes de la
32.20 dichosos … sembráis junto a todas las *a*

33.16 se le dará su pan, y sus *a* serán seguras
35.6 porque *a* serán cavadas en el desierto
41.17 afligidos … buscan las *a*, y no las hay
43.2 cuando pases por las *a*, yo estaré contigo
Is 43.20 daré *a* en el desierto, ríos en la soledad
44.3 yo derramaré *a* sobre el sequedal, y ríos
54.9 juré que nunca más las *a* de Noé pasarían
55.1 a todos los sedientos: Venid a las *a*
Jer 3.3 las *a* han sido detenidas, y faltó la lluvia
9.1 ¡oh, si mi cabeza se hiciese *a*, y mis ojos
14.3 enviaron sus … al *a* … y no hallaron *a*
47.2 suben *a* del norte, y se harán torrente
Ez 36.25 esparciré sobre vosotros *a* limpia
47.1 *a* que salían de debajo del umbral de la
Am 5.24 corra el juicio como las *a*, y la justicia
Zac 14.8 saldrán de Jerusalén *a* vivas, la mitad
Mt 3.11; Mr 1.8; Lc 3.16; Jn 1.26 yo a la verdad os bautizo en *a*
10.42 que dé a uno de estos … un vaso de *a*
Mr 9.41 os diere un vaso de *a* en mi nombre
Lc 16.24 que moje la punta de su dedo en *a*
Jn 2.7 Jesús les dijo: Llenad estas tinajas de *a*
3.23 en Enón … porque había allí muchas *a*
4.10 tú le pedirías, y él te daría *a* viva
5.3 que esperaban el movimiento del *a*
7.38 de su interior correrán ríos de *a* viva
19.34 lanza, y al instante salió sangre y *a*
Hch 1.5; 11.16 Juan ciertamente bautizó con *a*
8.36 llegaron a cierta *a* … Aquí hay *a*; ¿qué
10.47 alguno impedir el *a*, para que no sean
1 P 3.20 pocas … ocho, fueron salvadas por *a*
2 P 2.17 son fuentes sin *a*, y nubes empujadas
3.5 proviene del *a* y por el *a* subsiste
1 Jn 5.6 *a* y sangre; no … *a* solamente, sino … *a*
Ap 7.17 y los guiará a fuentes de *a* de vida
17.15 las *a* que has visto donde la ramera se
21.6 le daré … de la fuente del *a* de la vida
22.1 me mostró un río limpio de *a* de vida
22.17 tome del *a* de la vida gratuitamente

ALABAR, *v.* Adorar, Honrar
Éx 15.2 Jehová … éste es mi Dios, y lo *alabaré*
Dt 32.43 *alabad*, naciones, a su pueblo, porque
Jue 7.2 no sea que se *alabe* Israel contra mí
1 R 20.11 no se *alabe* tanto el que se ciñe las
1 Cr 16.8 *alabad* a Jehová, invocad su nombre
29.13 *alabamos* y loamos tu Gáorioso nombre
Job 38.7 *alababan* todas las estrellas del alba
Sal 6.5 porque … en el Seol, ¿quién te *alabará*?
7.17 *alabaré* a Jehová conforme a su justicia
9.1; 138.1 te *alabaré* … con todo mi corazón
30.12 Jehová Dios mío, te *alabaré* para
42.5, 11; 43.5 espera en Dios; porque aún he de *alabarle*
43.4 y te *alabaré* con arpa, oh Dios … mío
57.9 te *alabaré* entre los pueblos, oh Señor
67.3, 5 oh Dios; todos los pueblos te *alaben*
71.22 te *alabaré* con instrumento de salterio
79.13 tu prado, te *alabaremos* para siempre
92.1 bueno es *alabarte*, oh Jehová, y cantar
99.3 *alaben* tu nombre grande y temible
100.4 entrad … *alabadle*, bendecid su nombre
105.1 *alabad* a Jehová, invocad su nombre
106.1; 107.1; 118.1 *alabad* a Jehová, porque él es bueno
107.8, 15, 21, 31 *alaben* la misericordia de
111.1 *alabaré* a Jehová con todo el corazón
113.1; 135.1 *alabad*, siervos de Jehová, *a* el

117.1 *alabad* a Jehová, naciones … *alabadle*
118.21 te *alabaré* porque me has oído, y me
119.7 te *alabaré* con rectitud de corazón
119.62 me levanto para *alabarte* por tus
119.164 siete veces al día te *alabo* a causa
136.2 *alabad* al Dios de los dioses, porque
140.13 los justos *alabarán* tu nombre
146.1 *alaba*, oh alma mía, a Jehová
146.2 *alabaré* a Jehová en mi vida; cantaré
147.12 *alaba* a Jehová … *a* a tu Dios, oh
148.2 *alabadle*, vosotros todos sus ángeles
148.13 *alaben* el nombre de Jehová, porque
150.6 todo lo que respira *alabe* a JAH

Pr 12.8 según su sabiduría es *alabado* el hombre
20.14 dice … mas cuando se aparta, se *alaba*
25.6 no te *alabes* delante del rey, ni estés
27.2 *alábete* el extraño, y no tu propia boca

Ec 8.15 por tanto, *alabé* yo la alegría; que no

Is 38.18 el Seol no te … ni te *alabará* la muerte
61.7 *alabarán* en sus heredades; por lo cual

Jer 9.23 así dijo Jehová: No se *alabe* el sabio
9.24 mas *alábese* en esto el que … de *alabar*

Mt 11.25; Lc 10.21 te *alabo*, Padre, Señor del

Lc 16.8 *alabó* el amo al mayordomo malo por
24.53 *alabando* y bendiciendo a Dios. Amén

Hch 5.13 mas el pueblo los *alababa* grandemente

Ro 15.11 *alabad* al Señor todos los gentiles

2 Co 10.12 algunos que se *alaban* a sí mismos
10.18 no es aprobado el que se *alaba* a sí

Ef 5.19 *alabando* al Señor en vuestros corazones

He 2.12 en medio de la congregación te *alabaré*

Ap 19.5 *alabad* a nuestro Dios todos sus siervos

ALIANZA *v.* Pacto

Éx 23.32 no haráis *a* con ellos, ni con sus dioses

Jos 9.6 haced, pues, ahora *a* con nosotros

1 R 15.19 *a* entre nosotros … y rompe tu pacto

2 R 11.4 hizo con ellos *a*, juramentándolos en

2 Cr 16.3 haya *a* entre tú y yo, como la hubo
23.1 se animó Joiada, y tomó consigo en *a* a

ALIENTO *v.* Espíritu

Gn 2.7 Dios … sopló en su nariz *a* de vida, y fue

1 R 17.17 fue tan grave que no quedó en él *a*

Is 30.28 su *a*, cual torrente que inunda; llegará
42.5 que da *a* al pueblo que mora sobre ella

Hch 17.25 él es quien da a todos vida y *a*

Ap 13.15 infundir *a* a la imagen de la bestia, para

ALMA *v.* Corazón, Espíritu, Vida

1 S 18.1 *a* de Jonatán quedó ligada con … David

Job 12.10 en su mano está el *a* de todo viviente
27.3 todo el tiempo que mi *a* esté en mí

Sal 16.10 porque no dejarás mi *a* en el Seol, ni
23.3 confortará mi *a*; me guiará por sendas
25.1 a ti, oh Jehová, levantaré mi *a*
42.1 aguas, así clama por ti, oh Dios, el *a* mía
42.5, 11; 43.5 ¿por qué te abates, oh *a* mía
62.1 en Dios … está acallada mi *a*; de él
103.1, 22; 104.1 bendice, *a* mía, a Jehová
121.7 Jehová te guardará … él guardará tu *a*
143.8 hazme oír … porque a ti he elevado mi *a*

Pr 11.30 árbol de vida; y el que gana *a* es sabio
19.16 que guarda el mandamiento guarda su *a*

Jer 31.12 su *a* será como huerto de riego, y nunca

Ez 3.19 él morirá … pero tú habrás librado tu *a*
13.20 vendas … con que cazáis las *a* al vuelo
18.4 todas las *a* son mías; como el *a* del padre

Mt 10.28 no temáis a los … el *a* no pueden matar

16.26; Mr 8.36 si ganare … y perdiere su *a*?
22.37; Mr 12.30; Lc 10.27 amarás al Señor tu Dios … con toda tu *a* y con toda tu mente
26.38; Mr 14.34 dijo: Mi *a* está muy triste
Lc 12.19 diré a mi *a*: *A*, muchos bienes tienes
12.20 esta noche vienen a pedirte tu *a*; y lo
21.19 vuestra paciencia ganaréis vuestras *a*
Hch 2.27 porque no dejarás mi *a* en el Hades, ni
1 Co 15.45 fue hecho el primer … Adán *a* viviente
1 Ts 5.23 ser, espíritu, *a* y cuerpo, sea guardado
He 4.12 penetra hasta partir el *a* y el espíritu
Stg 1.21 palabra … la cual puede salvar vuestras *a*
1 P 1.9 fin, que es la salvación de vuestras *a*
1.22 habiendo purificado vuestras *a* por la
2.11 los deseos … que batallan contra el *a*
2.25 habéis vuelto al … Obispo de vuestras *a*
4.19 encomienden sus *a* al fiel Creador
3 Jn 2 que tengas salud, así como prospera tu *a*
Ap 20.4 y vi las *a* de los decapitados por causa de

ALTAR *v.* Casa, Ofrenda, Sacrificio, Templo
Gn 8.20 y edificó Noé un *a* a Jehová, y tomó de
13.18 Abram, pues … y edificó allí *a* a Jehová
22.9 edificó allí Abraham un *a* … y ató a Isaac
26.25 edificó allí un *a*, e invocó el nombre de
33.20 erigió … un *a*, y lo llamó El-Elohe-Israel
35.1 sube a Bet-el … y haz allí un *a* al Dios
Éx 17.15 Moisés edificó un *a*, y llamó su nombre
20.24 *a* de tierra harás para … y sacrificarás
27.1 harás también un *a* de madera de acacia
29.12 pondrás sobre los cuernos del *a* con
30.1 asimismo un *a* para quemar el incienso
34.13; Dt 7.5 derribaréis sus *a* … sus estatuas
38.1 hizo de madera … el *a* del holocausto
Nm 23.1 Balaam dijo … Edifícame aquí siete *a*
Dt 12.27 ofrecerás … sobre el *a* de Jehová tu
27.5 edificarás allí un *a* … *a* de piedras; no
Jos 8.30 Josué edificó un *a* a Jehová Dios de
22.10 edificaron allí un *a* junto al Jordán
Jue 6.24 y edificó allí Gedeón *a* a Jehová, y lo
1 S 14.35 edificó Saúl *a* a Jehová; este *a* fue el
2 S 24.25; 1 Cr 21.26 edificó allí David un *a*
1 R 1.50 se fue, y se asió de los cuernos del *a*
13.1 y estando Jeroboam junto al *a* para
16.32 hizo *a* a Baal, en el templo de Baal
18.30 Elías … arreGáó el *a* de Jehová que
19.10, 14 han derribado tus *a*, y han matado a
2 R 16.10 vio … el *a* que estaba en Damasco
21.3 lenantó *a* a Baal, e hizo una imagen de
23.15 el *a* que estaba en Bet-el … destruyó
2 Cr 1.6 subió, pues, Salomón … al *a* de bronce
4.1 hizo … un *a* de bronce de veinte codos
28.24 Acaz … se hizo *a* en Jerusalén en todos
33.3 levantó *a* a los baales, e hizo imágenes
Esd 3.2 edificaron el *a* del Dios de Israel, para
Sal 43.4 entraré al *a* de Dios, al Dios de mi
84.3 sus polluelos, cerca de tus *a*, oh Jehová
Is 6.6 carbón … tomado del *a* con unas tenazas
19.19 habrá *a* para Jehová en … Egipto, y
36.7 dijo … Delante de este *a* adoraréis?
Jer 11.13 los *a* de ignominia, *a* para … Baal
Lm 2.7 desechó el Señor su *a*, menospreció su
Ez 43.13 estas son las medidas del *a* por codos
Os 8.11 multiplicó … *a* para pecar, tuvo *a* para
10.1 multiplicó también los *a*, conforme a la
Am 9.1 vi al Señor que estaba sobre el *a*, y dijo
Mal 2.13 cubrir el *a* de Jehová de lágrimas, de

Mt 5.23 si traes tu ofrenda al *a*, y allí te acuerdas
23.18 si alguno jura por el *a*, no es nada
23.35 quien matasteis entre el templo y el *a*
Lc 1.11 ángel del Señor … a la derecha del *a* del
Hch 17.23 hallé también un *a* en el cual estaba
Ro 11.3 y tus *a* han derribado, y sólo yo he
1 Co 9.13 que sirven al *a*, del *a* participan?
10.18 que comen … ¿no son partícipes del *a*?
He 13.10 tenemos un *a*, del cual no tienen
Ap 6.9 vi bajo el *a* las almas de los que habían
11.1 mide el templo de Dios, y el *a*, y a los

ALTIVEZ *v.* Soberbia
Job 20.6 aunque subiere su *a* hasta el cielo
Sal 10.4 el malo, por la *a* de su rostro, no busca
Pr 21.4 *a* de ojos, y orgullo de … son pecado
Is 2.11 la *a* de los ojos del hombre será abatida
2.17 la *a* del hombre será abatida, y la soberbia
13.11 que cese … abatiré la *a* de los fuertes
Ez 30.6 la *a* de su poderío caerá; desde Migdol
2 Co 10.5 derribando … toda *a* que se levanta

AMAR
Gn 25.28 *amó* Isaac a Esaú … mas Rebeca *amaba*
29.20 como pocos días, porque la *amaba*
37.3 *amaba* Israel a José más que a todos sus
Éx 20.6; Dt 5.10 hago … a los que me *aman*
Lv 19.18 *amarás* a tu prójimo como a ti mismo
Dt 6.5; 11.1 *amarás* a Jehová tu Dios de todo tu
7.9 guarda … a los que le *aman* y guardan sus
10.19 *amaréis*, pues, al extranjero; porque
11.13 *amando* a Jehová … y sirviéndole
13.3 saber si *amáis* a Jehová vuestro Dios
30.16 yo te mando hoy que *ames* a Jehová tu
1 S 18.1; 20.17 lo *amó* Jonatán como a sí mismo
20.17 hizo jurar a David … porque le *amaba*
2 S 19.6 *amando* a los que te aborrecen, y
1 R 3.3 Salomón *amó* a Jehová, andando en los
5.1 Hiram siempre había *amado* a David
11.1 Salomón *amó* … mujeres extranjeras
2 Cr 19.2 *amas* a los que aborrecen a Jehová?
Job 33.26 orará a Dios, y éste le *amará*, y verá
Sal 18.1 te *amo*, oh Jehová, fortaleza mía
31.23 *amad* a Jehová, todos vosotros sus
45.7 has *amado* la justicia y aborrecido la
52.3 *amaste* el mal más que el bien, la mentira
97.10 los que *amáis* a Jehová, aborreced el mal
102.14 tus siervos *aman* sus piedras, y del polvo
116.1 *amo* a Jehová, pues ha oído mi voz y mis
119.97 ¡oh, cuánto *amo* yo tu ley! Todo el día
119.165 mucha paz tienen los que *aman* tu ley
145.20 Jehová guarda a todos los qu le *aman*
Pr 3.12 Jehová al que *ama* castiga, como el padre
4.6 no la dejes … *ámala*, y te conservará
8.17 yo *amo* a los que me *aman*, y me hallan
12.1 el que *ama* la instrucción *a* la sabiduría
16.13 los reyes … *aman* al que habla lo recto
22.11 el que *ama* la limpieza de corazón, por
27.6 fieles son las heridas del que *ama*
29.3 el hombre que *ama* la sabiduría alegra a
Ec 3.8 tiempo de *amar*, y tiempo de aborrecer
5.10 el que *ama* el mucho tener, no sacará fruto
Is 48.14 aquel a quien Jehová *amó* ejecutará su
Jer 31.3 con amor eterno te he *amado*; por tanto
Os 14.4 los *amaré* de pura gracia; porque mi ira
Am 5.15 aborreced el mal, y *amad* el bien, y

4.21 el que *ama* a Dios, *ame* también a su
5.1 aquel que *ama* al que engendró, *a* … al que
5.2 *amamos* a los hijos de … cuando *a* a Dios
Ap 1.5 al que nos *amó*, y nos lavó de nuestros
3.19 reprendo y castigo a todos los que *amo*

AMARGURA
Gn 26.35 *a* de espíritu para Isaac y para Rebeca
Rt 1.20 en … *a* me ha puesto el Todopoderoso
1 S 1.10 ella con *a* de alma oró a Jehová, y lloró
15.32 dijo Agag … ya pasó la *a* de la muerte
22.2 los que se hallaban en *a* de espíritu
Job 21.25 y este otro morirá en *a* de ánimo, y sin
23.2 hoy también hablaré con *a*; porque es
Sal 73.21 se llenó de *a* mi alma, y en mi corazón
Lm 3.5 contra mí, y me rodeó de *a* y de trabajo
3.15 me llenó de *a*, me embriagó de ajenjos
Hch 8.23 porque en hiel de *a* y … veo que estás
Ro 3.14 su boca está llena de maldición y de *a*
Ef 4.31 quítense de vosotros toda *a*, enojo, ira
He 12.15 brotando alguna raíz de *a*, os estorbe

AMIGO/A
2 S 15.37 vino Husai *a* de David a la ciudad
Job 2.11 tres *a* de Job … vinieron cada uno de su
16.20 disputadores son mis *a*; mas ante Dios
Sal 88.18 has alejado de mí al *a* y al compañero
Pr 17.17 en todo tiempo ama el *a*, y es como un
18.24 tiene *a* ha de mostrarse *a*; y *a* hay más
19.4 riquezas traen muchos *a*; mas el pobre
27.10 no dejes a tu *a*, ni al *a* de tu padre
Cnt 1.15; 4.1 he aquí que tú eres hermosa, *a* mía
Is 41.8 Jacob … descendencia de Abraham mi *a*
Lm 1.2 todos sus *a* le faltaron, se le volvieron
Mi 7.5 no creáis en *a*, ni confiéis en principe
Mt 11.19; Lc 7.34 *a* de publicanos y de pecadores
20.13 dijo a uno de … *A*, no te hago agravio
26.50 Jesús le dijo: *A*, ¿a qué vienes?
Lc 14.12 no llames a tus *a*, ni a tus hermanos
15.6 al llegar a casa, reúne a sus *a* y vecinos
16.9 ganad *a* por medio de las riquezas
23.12 se hicieron *a* Pilato y Herodes aquel día
Jn 3.29 el *a* del esposo, que está a su lado y le oye
15.13 amor … que uno ponga su vida por sus *a*
15.14 vosotros sois mis *a*, si hacéis lo que yo
Hch 27.3 Julio … le permitió que fuese a los *a*
Stg 2.23 creyó a Dios … fue llamado *a* de Dios

AMO *v.* Señor
Gn 39.3 vio su *a* que Jehová estaba con él, y que
Lc 16.8 alabó el *a* al mayordomo malo por haber
Ef 6.5; Col 3.22 siervos, obedeced a vuestros *a*
Col 4.1 sabiendo que … tenéis un *A* en los cielos
1 Ti 6.1 tengan a sus *a* por dignos de todo honor
Tit 2.9 que se sujeten a sus *a*, que agraden en
1 P 2.18 criados, estad sujetos … a vuestros *a*

AMONESTACIÓN
Sal 2.10 prudentes; admitid *a*, jueces de la tierra
Pr 15.31 el oído que escucha las *a* de la vida
Ef 6.4 criadlos en disciplina y *a* del Señor
Tit 3.10 después de una y otra *a* deséchalo

AMPARAR *v.* Defender
Lv 25.35 hermano empobreciere … lo *ampararás*
2 R 19.34; Is 37.35 *ampararé* esta ciudad para
Sal 57.1 en la sombra de tus alas me *ampararé*
Is 31.5 como las aves … *amparará* … a Jerusalén
Zac 9.15 Jehová de los ejércitos … los *amparará*

ANATEMA *v.* Maldición
Jos 6.18 ni toquéis, ni toméis alguna cosa del *a*
7.1 una prevaricación en cuanto al *a* … Acán
Ro 9.3 deseara yo mismo ser *a* … de Cristo
1 Co 12.3 nadie que hable por … llama *a* a Jesús
16.22 no amare al Señor Jesucristo, sea *a*
Gá 1.8 os anunciare otro evangelio … sea *a*

ÁNGEL *v.* Espíritu, Mensajero, Querubín
Gn 19.1 llegaron, pues, los dos *á* a Sodoma a la
21.17 *á* de Dios llamó a Agar desde el cielo
22.11 el *á* de Jehová le dio voces desde el
24.7 Jehová … él enviará su *á* delante de ti
28.12 *á* de Dios que subían y descendían
32.1 y le salieron al encuentro *á* de Dios
48.16 el *Á* que me liberta de todo mal, bendiga
Éx 3.2 se le apareció el *Á* de Jehová en una llama
14.19 y el *á* de Dios que iba delante del
23.20 he aquí yo envío mi *á* delante de ti
Nm 22.23 y el asna vio el *á* de Jehová, que
Jue 2.1 el *á* de Jehová subió de Gilgal a Boquim
6.11 vino el *á* de Jehová, y se sentó debajo
13.3 a esta mujer apareció el *á* de Jehová
1 S 29.9 bueno ante mis ojos, como un *á* de Dios
2 S 19.27 mi señor el rey es como un *á* de Dios
24.16 el *á* extendió su mano sobre Jerusalén
1 R 13.18 un *á* me ha hablado por palabra de
19.5 un *á* le tocó, y le dijo: Levántate, come
2 R 1.3 el *á* de Jehová habló a Elías tisbita
19.35; Is 37.36 salió el *á* de Jehová, y mató
1 Cr 21.15 envió Jehová el *á* a Jerusalén para
Sal 8.5 le has hecho poco menor que los *á*, y lo
34.7 el *á* de Jehová acampa alrededor de los
35.5 sean como … y el *á* de Jehová los acose
91.11 pues a sus *á* mandará acerca de ti, que
103.20 bendecid a Jehová, vosotros sus *á*
148.2 alabadle, vosotros todos sus *á*
Ec 5.6 ni digas delante del *á*, que fue ignorancia
Is 63.9 y el *á* de su faz los salvó; en su amor
Dn 3.28 bendito sea el Dios … que envió su *á*
6.22 mi Dios envió su *á*, el cual cerró la
Os 12.4 venció al *á*, y prevaleció; lloró, y le
Zac 1.9 y me dijo el *á* que hablaba conmigo
3.1 Josué … estaba delante del *á* de Jehová
4.5 el *á* que hablaba … me dijo: ¿No sabes
Mal 3.1 vendrá … el *á* del pacto, a quien deseáis
Mt 1.20 un *á* del Señor le apareció en sueños
4.6; Lc 4.10 a sus *á* mandará acerca de ti
4.11 le dejó; y he aquí vinieron *á* y le servían
13.39 fin del siGáo; y los segadores son los *á*,
13.41 enviará el Hijo del Hombre a sus *á*
16.27 vendrá en la gloria de … con sus *á*, y
18.10 sus *á* … ven siempre el rostro de mi
22.30; Mr 12.25 serán como los *á* de Dios
24.31 enviará sus *á* con gran voz de trompeta
24.36 ni aun los *á* de los cielos, sino sólo mi
25.31 el Hijo … y todos los santos *á* con él
26.53 no me daría más de doce legiones de *á*?
28.2 un *á* del Señor descendiendo del cielo
Mr 1.13 estaba con las fieras; y los *á* le servían
Lc 1.11 y se le apareció un *á* del Señor puesto en
2.9 he aquí, se les presentó un *á* del Señor
15.10 hay gozo delante de los *á* de Dios por
16.22 murió … y fue llevado por los *á* al seno
20.36 pues son iguales a los *á*, y son hijos de
22.43 y se le apareció un *á* del cielo para
24.23 visión de *á*, quienes dijeron que él vive
Jn 1.51 los *á* de Dios que suben y descienden

5.4 un *á* descendía de tiempo en tiempo al
12.29 otros decían: Un *á* le ha hablado
20.12 y vio a dos *á* con vestiduras blancas
Hch 5.19 un *á* del Señor, abriendo de noche las
6.15 vieron su rostro como el rostro de un *á*
7.53 recibisteis la ley por disposición de *á*
8.26 un *á* del Señor habló a Felipe, diciendo
10.3 vio … que un *á* de Dios entraba donde él
12.7 se presentó un *á* del Señor, y una luz
23.8 dicen que no hay … ni *á*, ni espíritu
27.23 ha estado conmigo el *á* del Dios de
Ro 8.38 ni *á*, ni principados, ni potestades, ni lo
1 Co 4.9 ser espectáculo al mundo, a los *á* y a los
6.3 ¿o no sabéis que hemos de juzgar a los *á*?
2 Co 11.14 Satanás se disfraza como *á* de luz
Gá 1.8 nosotros, o un *á* … os anunciare otro
Col 2.18 afectando humildad y culto a los *á*
2 Ts 1.7 se manifieste … con los *á* de su poder
1 Ti 3.16 Dios fue … visto de los *á*, predicado a
5.21 te encarezco delante de Dios y … sus *á*
He 1.4 hecho tanto superior a los *á*, cuanto
1.7 el que hace a sus *á* espíritus, y a sus
2.2 si la palabra dicha por … los *á* fue firme
2.7 le hiciste un poco menor que los *á*; le
2.16 porque ciertamente no socorrió a los *á*
12.22 a la compañía de muchos millares de *á*
13.2 algunos, sin saberlo, hospedaron *á*
1 P 1.12 cosas en las cuales anhelan mirar los *á*
3.22 y a él están sujetos *á*, autoridades y
2 P 2.4 si Dios no perdonó a los *á* que pecaron
2.11 *á* … no pronuncian juicio de maldición
Jud 6 a los *á* que no guardaron su dignidad, sino
Ap 1.20 las siete estrellas son los *á* de las siete
5.2 a un *á* fuerte que pregonaba a gran voz
5.11 oí la voz de muchos *á* alrededor del trono
7.1 después de esto vi a cuatro *á* en pie sobre
7.2 vi … a otro *á* que subía de donde sale el
7.11 los *á* estaban en pie alrededor del trono
8.2 los siete *á* que estaban en pie ante Dios
9.14 desata a los cuatro *á* que están atados
10.1; 18.1; 20.1 vi descender del cielo a otro *á*
12.7 Miguel y sus *á* … contra … dragón y sus *á*
14.6 vi volar … otra *á*, que tenía el evangelio
15.1 vi … siete *á* que tenían las siete plagas
15.6 del templo salieron los siete *á* que tenían
16.5 oí al *á* de las aguas, que decía: Justo eres
18.21 y un *á* poderoso tomó una piedra, como
19.17 vi a un *á* que estaba en pie en el sol
21.12 y en las puertas, doce *á*, y nombres
22.8 me postré para adorar a los pies del *á*
22.16 he enviado mi *á* para daros testimonio

ANGUSTIAR

Éx 22.21; 23.9 al extranjero no … *angustiarás*
Jue 10.16 *angustiado* a causa de la aflicción de
Job 19.2 ¿hasta cuándo *angustiaréis* mi alma
Sal 129.1 me han *angustiado* desde mi juventud
142.3 mi espíritu se *angustiaba* dentro de mi
Is 63.9 en toda angustia de ellos él fue *angustiado*
Lm 1.12 Jehová me ha *angustiado* en el día de
Mt 26.37; Mr 14.33 comenzó … a *angustiarse*
Lc 12.50 ¡cómo me *angustio* hasta que se cumpla!
Fil 2.26 se *angustió* porque habíais oído que

ANSIEDAD

Sal 119.28 se deshace mi alma de *a*; susténtame
Ez 12.18 come tu pan … y bebe tu agua … con *a*

1 P 5.7 echando toda vuestra *a* sobre él, porque

ANTICRISTO

1 Jn 2.18 el *a* viene … han surgido muchos *a*
4.3 este es el espíritu del *a*, el cual vosotros
2 Jn 7 quien esto hace es el engañador y el *a*

AÑO *v.* Día, Tiempo

Dt 15.9 cerca está el *a* séptimo, el de la remisión
26.12 en el *a* tercero, el *a* del diezmo, darás
Job 10.5 ¿son … tus *a* como los tiempos humanos
36.26 ni se puede seguir la huella de sus *a*
Sal 90.4 mil *a* delante de tus ojos son como el
90.10 los días de nuestra edad son setenta *a*
102.24 generación de generaciones son tus *a*
102.27 eres el mismo, y tus *a* no se acabarán
Pr 4.10 oye … y se te multiplicarán *a* de vida
10.27 los *a* de los impíos serán acortados
Is 61.2 a proclamar el *a* de la buena voluntad de
63.4 y el *a* de mis redimidos ha llegado
Dn 9.2 el número de los *a* de que habló Jehová
Zac 14.16 subirán de *a* en *a* para adorar al Rey
Lc 4.19 a predicar el *a* agradable del Señor
He 1.12 tú eres el mismo, y tus *a* no acabarán
9.25 como entra el sumo … cada *a* con sangre
2 P 3.8 un día es como mil *a*, y mil *a* como un día
Ap 20.2 prendió al dragón … lo ató por mil *a*
20.4 vivieron y reinaron con Cristo mil *a*

APÓSTOL *v.* Discípulo, Embajador, Mensajero

Mt 10.2 los nombres de los doce *a* son estos
Mr 6.30 los *a* se juntaron con Jesús, y le contaron
Lc 6.13 doce de … a los cuales también llamó *a*
11.49 les enviaré profetas y *a*; y de ellos
22.14 se sentó a la mesa, y con él los *a*
24.10 María … dijeron estas cosas a los *a*
Hch 1.2 dado … por el Espíritu Santo a los *a*
4.35 y lo ponían a los pies de los *a*; y se
5.12 por la mano de los *a* se hacían muchas
5.18 y echaron mano a los *a* y los pusieron en
6.6 a los cuales presentaron ante los *a*, a quienes
8.1 todos fueron esparcidos … salvo los *a*
8.18 por la imposición de las manos de los *a*
9.27 Bernabé … lo trajo a los *a*, y les contó
11.1 oyeron los *a* ..que estaban en Judea, que
15.2 que subiesen … a los *a* y los ancianos
15.22 pareció bien a los *a* y a los ancianos, con
16.4 ordenanzas que habían acordado los *a*
Ro 1.1; 1 Co 1.1 Pablo … llamado a ser *a*
11.13 por cuanto yo soy *a* a los gentiles
16.7 y a Junias … muy estimados entre los *a*
1 Co 9.1 ¿no soy *a*? ¿No soy libre? ¿No he visto
1 Co 12.28 puso … primeramente *a*, luego profetas
15.7 apareció a Jacobo; después a todos los *a*
2 Co 1.1; Ef 1.1; Col 1.1; 1 Ti 1.1; 2 Ti 1.1 Pablo, *a* de Jesucristo por la voluntad
11.5; 12.11 en nada he sido inferior a … *a*
11.13 porque éstos son falsos *a*, obreros
Gá 1.1 Pablo, *a* (no de hombres ni por hombre
1.17 ni subí … a los que eran *a* antes que yo
Ef 2.20 sobre el fundamento de los *a* y profetas
3.5 como ahora es revelado a sus santos *a*
4.11 él mismo constituyó a unos, *a*; a otros
1 Ts 2.6 podíamos seros carga como *a* de Cristo
1 Ti 2.7 para esto yo fui constituido … *a* (digo
2 Ti 1.11 fui constituido … *a* y maestro de los
Tit 1.1 Pablo, siervo de Dios y *a* de Jesucristo
He 3.1 considerad al *a* y sumo sacerdote de
1 P 1.1; 2 P 1.1 Pedro, *a* de Jesucristo, a los
2 P 3.2 del mandamiento … dado por vuestros *a*

ARREPENTIRSE

Gn 6.6 *arrepintió* Jehová de haber hecho hombre
Éx 13.17 no se *arrepienta* el pueblo cuando vea la
32.14; 2 S 24.16; 1 Cr 21.15 Jehová se *arrepintió* del mal
Nm 23.19; 1 S 15.29 no es hombre para que se *arrepienta*
Jue 21.6 los hijos de Israel se *arrepintieron*
1 S 15.35 y Jehová se *arrepentía* de … a Saúl
Job 42.6 y me *arrepiento* en polvo y ceniza
Jer 8.6 no hay hombre que se *arrepienta* de su
18.8; 26.3, 13 me *arrepentiré* del mal que
42.10 estoy *arrepentido* del mal que os he
Jl 2.14 se *arrepentirá* y dejará bendición tras
Am 7.3 se *arrepintió* Jehová de esto: No será
Jon 3.9 ¿quién sabe si se … *arrepentirá* Dios
Mt 3.2; 4.17 *arrepentíos* … el reino de los cielos
11.20 las ciudades … no se habían *arrepentido*
11.21; Lc 10.13 se hubieran *arrepentido* en
12.41; Lc 11.32 se *arrepintieron* a … de Jonás
Mt 21.29 no quiero … después, *arrepentido*, fue
21.32 no os *arrepentisteis* … para creerle
Mr 1.15 *arrepentíos*, y creed en el evangelio
6.12 predicaban que los … se *arrepintiesen*
Lc 13.3 si no os *arrepentís*, todos pereceréis
15.7 gozo … por un pecador que se *arrepiente*
16.30 alguno fuere a ellos … se *arrepentirán*
17.3 pecare …, y si se *arrepintiere*, perdónale
Hch 2.38 dijo: *Arrepentíos*, y bautícese cada uno
3.19 *arrepentíos* … para que sean borrados
8.22 *arrepiéntete*, pues, de esta tu maldad
17.30 manda a todos los … que se *arrepientan*
2 Ti 2.25 Dios les conceda que se *arrepientan*
Ap 2.5 y *arrepiéntete*, y haz las primeras obras
2.16 *arrepiéntete*; pues si no, vendré a ti
2.21 he dado tiempo para que se *arrepienta*
3.3 guárdalo, y *arrepiéntete*. Pues si no velas
3.19 que amo; sé, pues, celoso, y *arrepiéntete*
9.20 ni aun así se *arrepintieron* de las obras de
16.9 no se *arrepintieron* para darle gloria

ATAR

Jue 15.13 le *ataron* con dos cuerdas nuevas
16.7 si me *ataren* con siete mimbres verdes
Job 38.31 ¿podrás tú *atar* los lazos de las Pléyades
Pr 3.3 *átalas* a tu cuello, escríbelas en la tabla
6.21 *átalos* siempre en tu corazón … tu cuello
Mt 12.29; Mr 3.27 bienes, si primero no le *ata*?
16.19; 18.18 *atares* … será *atado* en los cielos
22.13 *atadle* de pies y manos, y echadle en
23.4 porque *atan* cargas … difíciles de llevar
Mr 5.3 nadie podía *atarle*, ni aun con cadenas
9.42 mejor … se le *atase* una piedra de molino
Lc 13.16 esta hija de … que Satanás había *atado*
Hch 21.11 Pablo, y *atándose* los pies y las manos
22.25 le *ataron* con correas, Pablo dijo al

AUTORIDAD *v.* Poder, Potestad, Reino

Mt 7.29; Mr 1.22 enseñaba como quien tiene *a*
8.9; Lc 7.8 también yo soy hombre bajo *a*
10.1; Mr 3.15; 6.7; Lc 9.1 les dio *a* sobre los espíritus inmundos
21.23; Mr 11.28; Lc 20.2 ¿con qué *a* … ¿y quién te dio esta *a*?
Mr 13.34 dejó su casa, y dio *a* a sus siervos
Lc 4.32 se admiraban … su palabra era con *a*
19.17 fiel, tendrás *a* sobre diez ciudades
22.25 que sobre ellas tienen *a* son llamados
Jn 5.27 le dio *a* de hacer juicio, por cuanto es
19.11 ninguna *a* tendrías contra mí, si no te
Hch 9.14 aun aquí tiene *a* de los principales

Ro 13.1 sométase ... a las *a* ... no hay *a* sino de
2 Co 10.8 aunque me Gáoríe algo ... de nuestra *a*
Tit 2.15 esto habla, y exhorta ... con toda *a*
1 P 3.22 a él están sujetos ... *a* y potestades
Ap 13.12 ejerce toda la *a* de la primera bestia

AYUNAR

1 S 7.6 sacaron agua ... y *ayunaron* aquel día
2 S 12.16 David rogó a Dios ... y *ayunó* David
Est 4.16 *ayunad* por mí, y no comáis ni bebáis
Is 58.3 ¿por qué, dicen, *ayunamos*, y no ... caso?
58.4 que para contiendas y debates *ayunáis*
Jer 14.12 cuando *ayunen*, yo no oiré su clamor
Zac 7.5 cuando *ayunasteis* ... *ayunado* para mí?
Mt 4.2 después de haber *ayunado* 40 días y 40
6.16 cuando *ayunéis*, no seáis austeros, como
9.14; Mr 2.18 *ayunamos* ... tus ... no *ayunan*?
Lc 5.33 discípulos de Juan *ayunan* muchas veces
5.34 hacer que los que están de bodas *ayunen*
18.12 *ayuno* dos veces a la semana, doy

BATALLA *v.* Guerra

Gn 14.8 ordenaron contra ellos *b* en el valle de
Nm 21.14 dice en el libro de las *b* de Jehová
Jue 8.13 Gedeón hijo de Joás volvió de la *b*
1 S 4.1 Israel a encontrar en *b* a los filisteos
4.16 dijo ... hombre a Elí: Yo vengo de la *b*
17.47 de Jehová es la *b*, y él os entregará en
1 S 18.17 con tal que ... pelees las *b* de Jehová
25.28 cuanto mi señor pelea las *b* de Jehová
29.4 no venga ... a la *b*, no sea que en la *b* se
2 S 2.17 la *b* fue muy reñida aquel día, y Abner
10.9 se puso en orden de *b* contra los sirios
11.15 poned a Urías ... en los más recio de la *b*
17.11 arena ... y que tú en persona vayas a la *b*
18.8 la *b* se extendió por todo el país, y fueron
22.35; Sal 18.34; 144.1 quien adiestra mis manos para la *b*
1 R 8.44 si tu pueblo saliere en *b* contra sus
20.14 ¿quién comenzará la *b*? ... respondió: Tú
2 Cr 35.22 a darle *b* en el campo de Meguido
Job 39.25 ¡ea! y desde lejos huele la *b*, el grito
1 Co 14.8 incierto, ¿quién se preparará para la *b*?
1 Ti 6.12 pelea la buena *b* de la fe, echa mano
2 Ti 4.7 he peleado la buena *b*, he acabado la
He 11.34 se hicieron fuertes en *b*, pusieron en
Ap 12.7 después hubo una gran *b* en el cielo
16.14 van a los reyes ... para reunirlos a la *b*
20.8 saldrá ... a fin de reunirlos para la *b*

BAUTIZAR

Mt 3.6 y eran *bautizados* por él en el Jordán
3.11; Lc 3.16; Jn 1.26 os *bautizo* en agua
3.13; Lc 3.21 Jesús vino ... para ser *bautizado*
Mt 20.22; Mr 10.38 ser *bautizados* con el bautismo con que yo soy *b*?
28.19 *bautizándolos* en el nombre del Padre
Mr 1.4 *bautizaba* Juan en el desierto, y predicaba
16.16 creyere y fuere *bautizado*, será salvo
Lc 12.50 de un bautismo tengo que ser *bautizado*
Jn 3.23 Juan *bautizaba* también en Enón, junto a
4.1 Jesús hace y *bautiza* más discípulos que
Hch 1.5; 11.16 Juan ... *bautizó* con agua, mas
2.38 *bautícese* cada uno de vosotros en el
8.12 se *bautizaban* hombres y mujeres
8.36 agua; ¿qué impide que yo sea *bautizado*?
9.18 la vista; y levantándose, fue *bautizado*
10.47 para que no sean *bautizados* éstos que
16.15 cuando fue *bautizada*, y su ... nos rogó
16.33 se *bautizó* él con todos los suyos
18.8 muchos ... creían y eran *bautizados*
19.3 ¿en qué, pues, fuisteis *bautizados*?
22.16 levántate y *bautízate*, y lava tus pecados

Ro 6.3 hemos sido *bautizados* en su muerte?
1 Co 1.13 ¿o fuisteis *bautizados* en … de Pablo?
1.17 no me envió Cristo a *bautizar*, sino a
10.2 y todos en Moisés fueron *bautizados* en
12.13 fuimos todos *bautizados* en un cuerpo
15.29 ¿qué harán los que se *bautizan* por los
Gá 3.27 todos los que habéis sido *bautizados* en

BEBER

Gn 19.32 demos a *beber* vino … durmamos con él
21.19 llenó el … y dio de *beber* al muchacho
Éx 17.1 no había agua … que el pueblo *bebiese*
Jue 4.19 te ruego me des de *beber* … de agua
1 S 1.15 no he *bebido* vino ni sidra, sino que
2 S 23.16; 1 Cr 11.18 mas él no la quiso *beber*
1 R 17.6 cuervos le traían … y *bebía* del arroyo
Neh 8.10 id, comed grosuras, y *bebed* vino dulce
Est 3.15 el rey y Amán se sentaron a *beber*; pero
Job 15.16 vil, que *bebe* la iniquidad como agua?
21.20 y *beberá* de la ira del Todopoderoso
Sal 60.3 nos hiciste *beber* vino de aturdimiento
75.8 lo *beberán* todos los impíos de la tierra
110.7 del arroyo *beberá* en el camino, por lo
Pr 5.15 *bebe* el agua de tu misma cisterna, y los
Ec 2.24 cosa mejor … sino que coma y *beba*, y
9.7 gozo, y *bebe* tu vino con alegre corazón
Ec 10.17 reponer sus fuerzas y no para *beber*
Cnt 5.1 comed … *bebed* en abundancia, oh amados
Is 5.22 ¡ay de los … valientes para *beber* vino
43.20 para que *beba* mi pueblo, mi escogido
51.22 el cáliz de mi ira; nunca más lo *beberás*
65.13 mis siervos *beberán*, y vosotros … sed
Jer 25.17 di de *beber* a todas las naciones, a las
Lm 5.4 nuestra agua *bebemos* por dinero … leña
Dn 5.4 *bebieron* vino, y alabaron a los dioses de
Am 4.8 venían dos o tres … para *beber* agua, y no
Abd 16 de la manera que … *bebisteis* en mi
Hab 2.15 ¡ay del que da de *beber* a su prójimo!
Mt 6.25; Lc 12.29 o qué habéis de *beber*; ni por
11.18; Lc 7.33 Juan, que ni comía ni *bebía*
11.19 que come y *bebe*, y dicen: He aquí un
20.22; Mr 10.38 *beber* del vaso que yo he de *b*
24.38; Lc 17.27 comiendo y *bebiendo* … hasta
25.35 comer; tuve sed, y me disteis de *beber*
26.27; Mr 14.23 copa … *bebed* de ella todos
26.29; Mr 14.25; Lc 22.18 hasta aquel día en que lo *beba* nuevo
26.42 si no puede pasar … sin que yo lo *beba*
27.34; Mr 15.23 le dieron a *beber* vinagre
Mr 16.18 si *bebieren* cosa mortífera, no les *hará*
Jn 2.10 cuando ya han *bebido* mucho … el inferior
4.7 sacar agua; y Jesús le dijo: Dame de *beber*
4.14 el que *bebiere* del agua que yo le daré
7.37 si alguno tiene sed, venga a mí y *beba*
18.11 la copa que … dado, ¿no la he de *beber*?
Ro 14.21 bueno es no … *beber* vino, ni nada en
1 Co 10.4 *bebieron* … porque *bebían* de la roca
11.25 haced … todas las veces que la *bebiereis*
11.27 *bebiere* esta copa del Señor indignamente
12.13 se nos dio a *beber* de un mismo Espíritu
15.32 y *bebamos*, porque mañana moriremos
1 Ti 5.23 ya no *bebas* agua, sino usa de un poco
Ap 14.10 *beberá* del vino de la ira de Dios, que ha

BEELZEBÚ *v.* Diablo, Satanás

Mt 10.25 si al padre de familia llamaron *B*

12.24; Lc 11.15 echa … demonios sino por *B*

BENDICIÓN

Gn 12.2 y engrandeceré tu nombre, y serás *b*
27.38 ¿no tienes más que una sola *b*, padre
49.25 con *b* de los cielos … con *b* del abismo
Éx 32.29 para que él dé *b* hoy sobre vosotros
Dt 11.26 yo pongo hoy delante de vosotros la *b*
16.17 conforme a la *b* que Jehová tu Dios te
28.2 y vendrán sobre ti todas estas *b*, y te
30.19 la *b* y la maldición; escoge, pues, la
Jos 8.34 leyó … de la ley, las *b* y las maldiciones
Job 1.10 al trabajo de sus manos has dado *b*
29.13 la *b* del que se iba a perder venía sobre
Sal 3.8 es de Jehová; sobre tu pueblo sea tu *b*
21.3 le has salido al encuentro con *b* de bien
24.5 él recibirá *b* de Jehová, y justicia del
Pr 10.6 hay *b* sobre la cabeza del justo; pero
10.22 la *b* de Jehová es la que enriquece
11.11 por la *b* de los rectos la ciudad será
24.25 los que … sobre ellos vendrá gran *b*
28.20 el hombre de verdad tendrá muchas *b*
Is 19.24 Israel será tercero con Egipto … para *b*
44.3 derramaré … y mi *b* sobre tus renuevos
Ez 34.26 daré *b* a ellas … lluvias de *b* serán
44.30 para que repose la *b* en vuestras casas
Zac 8.13 de Israel, así os salvaré y seréis *b*
Mal 3.10 derramaré sobre vosotros *b* hasta que
Ro 15.29 llegaré con … de la *b* del evangelio
Gá 3.14 la *b* de Abraham alcanzase a los gentiles
He 12.17 deseando heredar la *b*, fue desechado
Stg 3.10 una misma boca proceden *b* y maldición
1 P 3.9 fuisteis llamados para que heredaseis *b*

BESTIA

Gn 37.20 y diremos: Alguna mala *b* lo devoró
Éx 22.19 cualquiera que cohabitare con *b*, morirá
Job 18.3 ¿por qué somos tenidos por *b* … viles?
Sal 49.12 en honra; es semejante a las *b* que perecen
104.14 el hace producir el heno para las *b*
147.9 él da a la *b* su mantenimiento, y a los
Pr 12.10 el justo cuida de la vida de su *b*
Ec 3.18 vean que ellos … son semejantes a las *b*
Dn 4.25 con las *b* del campo será tu morada
7.3 y cuatro *b* grandes, diferentes la una de
1 Co 15.39 otra carne la de las *b*, otra la de los
Tit 1.12 los cretenses … malas *b*, Gáotones
Stg 3.7 toda naturaleza de *b* … se doma y ha
2 P 2.16 una muda *b* … hablando con voz de
Ap 11.7 la *b* que sube del abismo hará guerra
13.1 vi subir del mar una *b* que tenía siete
13.11 vi otra *b* que subía de la tierra; y
15.2 habían alcanzado la victoria sobre la *b*
17.8 la *b* que has visto, era, y no es; y está
19.20 la *b* fue apresada, y con ella el falso

BLASFEMIA

Sal 139.20 porque *b* dicen ellos contra ti
Dn 3.29 nación … que dijere *b* contra el Dios de
Mt 12.31 todo pecado y *b* será perdonado a los
26.65; Mr 14.64 ahora … habéis oído su *b*
Mr 2.7; Lc 5.21 ¿por qué habla éste así? *B* dice
Jn 10.33 por la *b*; porque tú, siendo hombre, te
Ap 2.9 la *b* de los que se dicen ser judíos, y no
13.5 se le dio boca que hablaba grandes *b*
17.3 una bestia … llena de nombres de *b*, que

BOCA *v.* Lengua

Éx 4.11 ¿quién dio la *b* al hombre? ¿o quién
Dt 30.14 cerca está … en tu *b* y en tu corazón
2 R 4.34 poniendo su *b* sobre la *b* de él, y sus
Job 40.4 soy vil … mi mano pongo sobre mi *b*
Sal 8.2 de la *b* de los niños y de los que maman
10.7 llena está su *b* de maldición … engaños

35.21 ensancharon contra mí su *b*; dijeron
49.3 *b* hablará sabiduría, y el pensamiento
63.11 la *b* de los que hablan mentira será
109.2 *b* de impío y *b* de engañador se han
141.3 pon guarda a mi *b*, oh Jehová; guarda

Pr 10.31 la *b* del justo producirá sabiduría; mas
13.3; 21.23 el que guarda su *b* guarda su alma
15.7 la *b* de los sabios esparce sabiduría
18.7 *b* del necio es quebrantamiento para sí
19.24 su mano ... y ni aun a su *b* la llevará

Ec 6.7 todo el trabajo del hombre es para su *b*

Is 29.13 este pueblo se acerca a mí con su *b*

Jer 12.2 cercano estás tú en sus *b*, pero lejos de

Dn 7.20 este mismo cuerno tenía ojos, y *b* que

Mal 2.6 ley de verdad estuvo en su *b*, e iniquidad

Lc 6.45 de la abundancia del corazón habla la *b*
19.22 mal siervo, por tu propia *b* te juzgo

Ro 3.14 *b* está llena de maldición y de amargura
3.19 que toda *b* se cierre, y todo el mundo
10.8 cerca de ti ... en tu *b* y en tu corazón

Ef 4.29 ninguna palabra ... salga de vuestra *b*

Tit 1.11 a los cuales es preciso tapar la *b*

Stg 3.10 de una misma *b* proceden bendición y

Jos 6.4 siete *b* ... y los sacerdotes tocarán las *b*

Dn 3.5 que al oír el son de la *b* ... os postréis y

BODA

Mt 9.15; Mr 2.19; Lc 5.34 los que están de *b*
22.2 a un rey que hizo fiesta de *b* a su hijo
25.10 las ... preparadas entraron con él a las *b*

Lc 12.36 a que su señor regrese de las *b*, para
14.8 cuando fueres convidado ... a *b*, no te

Jn 2.1 se hicieron unas *b* en Caná de Galilea

Ap 19.7 porque han llegado las *b* del Cordero
19.9 llamados a la cena de las *b* del Cordero

BRAZO *v.* Poder

Éx 15.16 a la grandeza de tu *b* enmudezcan como

Dt 33.27 tu refugio, y acá abajo los *b* eternos

Job 22.9 los *b* de los huérfanos fueron quebrados
40.9 ¿tienes tú un *b* como el de Dios?

Sal 37.17 los *b* de los impíos serán quebrados
44.3 ni su *b* los libró; sino tu diestra, y tu *b*
77.15 con tu *b* redimiste a tu pueblo, a los
89.13 tuyo es el *b* potente; fuerte es tu mano
89.21 mi mano ... mi *b* también lo fortalecerá
98.1 su diestra lo ha salvado, y su santo *b*

Is 33.2 tú, *b* de ellos en la mañana, sé también
40.11 en su *b* llevará los corderos, y en su
49.22 traerán en *b* a tus hijos, y tus hijas
51.5 mis *b* juzgarán a los pueblos; a mí me
52.10 Jehová desnudó su santo *b* ante los
53.1 quién se ha manifestado el *b* de Jehová?
63.5 y me salvó mi *b*, y me sostuvo mi ira
63.12 los guió por la ... con el *b* de su gloria

Mr 10.16 tomándolos en los *b* ... los bendecía

CABEZA *v.* Príncipe

Éx 29.10 pondrán ... manos sobre la *c* del becerro

Dt 28.13 te pondrá Jehová por *c*, y no por cola

1 S 17.51 lo acabó de matar, y le cortó ... la *c*
31.9 le cortaron la *c*, y le despojaron de las

2 S 4.8 y trajeron la *c* de Is-boset a David en
18.9 se le enredó la *c* en la encina, y Absalón
20.21 su *c* te será arrojada desde el muro

2 R 4.19 dijo y ... a su padre: ¡Ay, mi *c*, mi *c*!

1 Cr 10.10 colgaron la *c* en el templo de Dagón

Sal 7.16 su iniquidad volverá sobre su *c*, y su
27.6 levantará mi *c* sobre mis enemigos
60.7; 108.8 Efraín es la fortaleza de mi *c*
68.21 Dios herirá la *c* de sus enemigos, la
109.25 miraban, y burlándose meneaban su *c*

118.22 piedra … ha venido a ser *c* del ángulo
140.7 tú pusiste a cubierto mi *c* en el día de
Pr 25.22 porque ascuas amontonarás sobre su *c*
Ec 2.14 el sabio tiene sus ojos en su *c*, mas el
Cnt 7.5 tu *c* encima de ti, como el Carmelo
Is 1.5 toda *c* está enferma, y todo corazón
2.2 confirmado … como *c* de los montes, y
9.14 Jehová cortará de Israel *c* y cola, rama
Lm 2.15 movieron despectivamente sus *c* sobre
Dn 2.38 dominio … tú eres aquella *c* de oro
Mt 5.36 ni por tu *c* jurarás, porque no puedes
8.20; Lc 9.58 no tiene donde recostar su *c*
14.8; Mr 6.24 dame … la *c* de Juan el Bautista
21.42; 1 P 2.7 ha venido a ser *c* del ángulo
27.39 pasaban le injuriaban, meneando la *c*
Jn 13.9 Señor, no sólo mis pies, sino … la *c*
Ro 12.20 ascuas de … amontonarás sobre su *c*
1 Co 11.3 que Cristo es la *c* de todo varón, y el
11.4 ora … con la *c* cubierta, afrenta su *c*
Ef 1.22 lo dio por *c* sobre todas las cosas a la
4.15 crezcamos en todo en Aquel que es la *c*
5.23 el marido es *c* de la … Cristo es *c* de la
Col 1.18 él es la *c* del cuerpo que es la iglesia
2.10 en él, que es la *c* de todo principado y
2.19 y no asiéndose de la *C*, en virtud de
Ap 9.7 en las *c* tenían como coronas de oro
12.3 tenía siete *c* y diez cuernos, y en sus *c*
17.9 las siete *c* son siete montes, sobre los

CAER

Éx 21.33 un pozo … y *cayere* allí buey o asno
2 S 1.19 gloria … ¡cómo han *caído* los valientes!
3.38 un príncipe … ha *caído* hoy en Israel
17.12 *caeremos* sobre él, como cuando el rocío
24.14; 1 Cr 21.13 *caigamos* ahora en mano de Jehová
1 R 22.20; 2 Cr 18.19 suba y *caiga* en Ramot
2 R 14.10; 2 Cr 25.19 *caigas* tú y Judá contigo?
Sal 7.15 cavado ha … en el hoyo que hizo *caerá*
37.24 cuando … *cayere*, no quedará postrado
38.17 pero yo estoy a punto de *caer*, y mi
91.7 *caerán* a tu lado mil, y diez mil a tu
141.10 *caigan* los impíos a una en sus redes
145.14 sostiene Jehová a todos los que *caen*
Pr 24.16 siete veces *cae* el justo, y vuelve a
24.17 *cayere* tu enemigo, no te regocijes
25.26 es el justo que *cae* delante del impío
26.27 el que cava foso *caerá* en él; y al que
Ec 4.10 porque si *cayeren*, el uno levantará a su
10.18 por la pereza se *cae* la techumbre
11.3 lugar que el árbol *cayere*, allá quedará
Is 8.14 por tropezadero para *caer*, y por lazo
9.8 el Señor envió palabra … *cayó* en Israel
10.4 sin mí se … entre los muertos *caerán*
14.12 ¡cómo *caíste* del cielo, oh Lucero, hijo
21.9 y dijo: *Cayó*, *c* Babilonia; y todos los
22.25 el clavo … será quebrado y *caerá*, y la
24.4 *cayó* la tierra; enfermó, *c* el mundo
24.20 ella … *caerá*, y nunca más se levantará
31.8 *caerá* Asiria por espada no de varón
34.4 *caerá* … como se *cae* la hoja de la parra
40.30 se cansan, los jóvenes flaquean y *caen*
64.6 *caímos* todos nosotros como la hoja
Jer 8.13 no quedarán uvas en … se *caerá* la hoja
23.19 tempestad … *caerá* sobre la cabeza de
50.32 y el soberbio tropezará y *caerá*, y no
51.8 en un momento *cayó* Babilonia, y se
Ez 47.12 sus hojas nunca *caerán*, ni faltará su

Os 4.5 *caerás* … y *caerá* … contigo el profeta de
4.14 tanto, el pueblo sin entendimiento *caerá*
14.1 vuelve … porque por tu pecado has *caído*
Mi 7.8 no te … porque aunque *caí*, me levantaré
Mt 5.29; 18.9; Mr 9.47 tu ojo … ocasión de *caer*
5.30; 18.8; Mr 9.43 tu mano … ocasión de *caer*
7.25 golpearon contra aquella casa; y no *cayó*
10.29 ni uno de ellos *cae* a tierra sin vuestro
12.11 si ésta *cayere* en un hoyo en día de
15.14 si el ciego guiare … *caerán* en el hoyo
21.44; Lc 20.18 que *cayere* sobre esta … sobre quien ella *c*
24.29; Mr 13.25 las estrellas *caerán* del cielo
Lc 2.34 he aquí, éste está puesto para *caída* y
5.8 *cayó* de rodillas ante Jesús, diciendo
6.49 luego *cayó*, y fue grande la ruina de
10.18 a Satanás *caer* del cielo como un rayo
23.30; Ap 6.16 *caed* sobre nosotros; y
Jn 12.24 si el grano de trigo no *cae* en la tierra
18.6 yo soy, retrocedieron, y *cayeron* a tierra
Hch 1.18 *cayendo* de cabeza, se reventó por la
9.4 *cayendo* en tierra, oyó una voz que le
20.9 vencido del sueño *cayó* del tercer piso
Ro 14.4 para su propio señor está en pie, o *cae*
1 Co 8.13 si la comida le es … ocasión de *caer*
1 Co 10.12 piensa estar firme, mire que no *caiga*
Gá 5.4 de Cristo os … de la gracia habéis *caído*
He 4.11 que ninguno *caiga* en semejante ejemplo
10.31 ¡horrenda cosa es *caer* en manos del Dios
11.30 por la fe *cayeron* los muros de Jericó
Stg 1.11 la hierba se seca, su flor se *cae*, y perece
2 P 1.10 haciendo estas cosas, no *caeréis* jamás
3.17 arrastrados por el error … *caigáis* de
Ap 1.17 cuando le vi, *caí* como muerto a sus pies
2.5 recuerda, por tanto, de dónde has *caído*
6.16 decían a … montes: *Caed* sobre nosotros, y
14.8; 18.2 ¡ha *caído*, ha *c* Babilonia, la gran
16.19 las ciudades de las naciones *cayeron*

CAÍN
Gn 4.1–25.
He 11.4 Abel … más excelente sacrificio que *C*
1 Jn 3.12 no como *C*, que era del maligno y
Jud 11 porque han seguido el camino de *C*, y se

CALUMNIAR
Lv 6.2 bien robare o *calumniare* a su prójimo
1 S 12.3 atestiguad … si he *calumniado* a alguien
Sal 15.3 el que no *calumnia* con su lengua, ni
109.29 vestidos de … los que me *calumnian*
Lc 3.14 no hagáis extorsión … ni *calumniéis*
Ro 3.8 como se nos *calumnia*, y como algunos
1 P 3.16 sean avergonzados los que *calumnian*

CALLAR
Nm 13.30 Caleb hizo *callar* al pueblo delante de
2 R 7.9 hoy es día de buena nueva, y … *callamos*
Neh 8.11 los levitas, pues, hacían *callar* a todo
Job 29.21 me oían … y *callaban* a mi consejo
33.33 óyeme … *calla*, y te enseñaré sabiduría
Sal 8.2 hacer *callar* al enemigo y al vengativo
32.3 mientras *callé*, se envejecieron mis
39.2 me *callé* aun respecto de lo bueno
Pr 17.28 aun el necio, cuando *calla*, es contado
Ec 3.7 tiempo de *callar*, y tiempo de hablar
Is 42.14 desde el siGáo he *callado*, he guardado
47.5 siéntate, *calla*, y entra en tinieblas, hija
62.1 por amor de Sion no *callaré*, y por amor
Am 5.13 el prudente en tal tiempo *calla*, porque
Hab 2.20 *calle* delante de él toda la tierra

Zac 2.13 *calle* toda carne delante de Jehová
Mt 22.34 había hecho *callar* a los saduceos
Mr 4.39 dijo al mar: *Calla*, enmudece, Y cesó el
Lc 19.40 si éstos *callaran*, las piedras clamarían
Hch 18.9 dijo … no temas, sino habla, y no *calles*
1 Co 14.28 si no hay intérprete, *calle* en la
14.34 mujeres *callen* en las congregaciones

CAMINO

Éx 18.20 muéstrales el *c* por donde deben andar
Dt 8.2 te acordarás de todo de el *c* … te ha traído
8.6 tu Dios, andando en sus *c*, y temiéndole
26.17 que andarás en sus *c*, y guardarás sus
Jos 23.14 entrar hoy por el *c* de toda la tierra
Jue 5.6 quedaron abandonados los *c*, y los que
2 S 22.22 porque yo he guardado los *c* de Jehová
22.33 Dios es el que me … quien despeja mi *c*
1 R 2.3 andando en sus *c*, y observando sus
8.36 enseñándoles el buen *c* en que anden
2 R 7.15 que todo el *c* estaba lleno de vestidos
Job 8.13 tales son los *c* de … que olvidan a Dios
16.22 y yo iré por el *c* de donde no volveré
19.8 cercó de vallado mi *c*, y no pasaré
26.14 estas cosas son … los bordes de sus *c*
28.23 Dios entiende el *c* de ella, y conoce
31.4 ¿no ve él mis *c*, y cuenta todos mis
38.19 ¿por dónde va el *c* a la … de la luz
Sal 1.1 que no … ni estuvo en *c* de pecadores
18.21 porque yo he guardado los *c* de Jehová
18.32 Dios es … quien hace perfecto mi *c*
27.11; 86.11 enséñame, oh Jehová, tu *c*
32.8 te enseñaré el *c* en que debes andar
37.5 encomienda a Jehová tu *c*, y confía en
49.13 este su *c* es locura; con todo, sus
50.23 al que ordenare su *c*, le mostraré la
67.2 para que sea conocido en la tierra tu *c*
68.24 vieron tus *c* … los *c* de mi Dios, de mi
77.19 en el mar fue tu *c*, y tus sendas en las
Sal 84.5 hombre … en cuyo corazón están tus *c*
95.10 que divaga … y no han conocido mis *c*
103.7 sus *c* notificó a Moisés, y a los hijos
119.5 ¡ojalá fuesen ordenados mis *c* para
Pr 3.6 reconócelo en todos tus *c*, y él enderezará
3.17 *c* son *c* deleitosos, y todas sus veredas
4.26 de tus pies, y todos tus *c* sean rectos
10.29 el *c* de Jehová es fortaleza al perfecto
13.15 mas el *c* de los transgresores es duro
14.12; 16.25 hay *c* que al hombre le parece
15.19 *c* del perezoso es como seto de espinos
15.24 el *c* de la vida es hacia arriba al
16.17 su vida guarda el que guarda su *c*
18.16 la dádiva del hombre le ensancha el *c*
22.6 instruye al niño en su *c*, y aun cuando
Is 2.3 venid, y subamos … nos enseñará sus *c*
11.16 habrá *c* para el remanente de su pueblo
30.21 este es el *c*, andad por él; y no echéis
35.8 habrá allí *c* … llamado *C* de Santidad
40.3 preparad *c* a Jehová; enderezad calzada
40.27 mi *c* está escondido de Jehová, y de mi
43.16 el que abre *c* en el mar, y senda en las
49.11 convertiré en *c* todos mis montes
51.10 transformó en *c* las profundidades del
55.7 deje el impío su *c*, y el hombre inicuo
55.8 no son … vuestros *c* mis *c*, dijo Jehová
57.10 en la multitud de tus *c* te cansaste, pero
58.2 me buscan cada … y quieren saber mis *c*
Jer 4.18 tu *c* y tus obras te hicieron esto; esta
6.16 las sendas antiguas, cuál sea el buen *c*
7.3; 26.13 mejorad vuestros *c* y vuestras obras

Sal 38.3 nada hay sano en mi *c*, a causa de tu ira
78.20 ¿podrá … ¿dispondrá *c* para su pueblo?
78.27 hizo llover sobre ellos *c* como polvo
78.39 se acordó de que eran *c*, soplo que va
Is 40.6 toda *c* es hierba, y toda su gloria como
44.16 con parte de él come *c*, prepara un
Ez 11.19 quitaré el … y les daré un corazón de *c*
Mt 16.17 porque no te lo reveló *c* ni sangre, sino
19.5; Mr 10.8; 1 Co 6.16; Ef 5.31 y los dos serán una sola *c*
26.41; Mr 14.38 velad y orad … la *c* es débil
Lc 24.39 porque un espíritu no tiene *c* ni huesos
Jn 1.14 aquel Verbo fue hecho *c*, y habitó entre
3.6 lo que es nacido de la *c*, *c* es; y lo que es
6.51 el pan que yo daré es mi *c*, la cual yo
6.55 mi *c* es verdadera comida, y mi sangre
6.63 que da vida; la *c* para nada aprovecha
8.15 vosotros juzgáis según la *c*; yo no juzgo
Ro 7.18 yo sé que en … en mi *c*, no mora el bien
8.1 los que no andan conforme a la *c*, sino
8.3 en semejanza de *c* de pecado y a causa del
8.5 son de la *c* piensan en las cosas de la *c*
8.6 el ocuparse de la *c* es muerte, pero el
8.7 designios de la *c* son enemistad contra
8.9 vosotros no vivís según la *c*, sino según
8.12 no a la *c* … que vivamos conforme a la *c*
8.13 hacéis morir las obras de la *c*, viviréis
13.14 no proveáis para los deseos de la *c*
1 Co 15.39 una *c* es la de los hombres, otra *c*
15.50 que la *c* … no pueden heredar el reino
2 Co 5.16 aun si a Cristo conocimos según la *c*
10.2 tienen como si anduviésemos según la *c*
12.7 me fue dado un aguijón en mi *c*, un
Gá 1.16 no consulté en seguida con *c* y sangre
3.3 el Espíritu, ahora vais a acabar por la *c*?
5.13 la libertad como ocasión para la *c*
5.16 andad … no satisfagáis los deseos de la *c*
5.17 el deseo de la *c* es contra el Espíritu, y el
5.24 han crucificado la *c* con sus pasiones
6.8 el que siembra para su *c*, de la *c* segará
Ef 2.15 aboliendo en su *c* las enemistades, la ley
5.30 somos miembros … de su *c* y de sus
6.12 no tenemos lucha contra sangre y *c*
Fil 3.3 espíritu … no teniendo confianza en la *c*
He 2.14 los hijos participaron de *c* y sangre, él
9.10 sólo de … ordenanzas acerca de la *c*
10.20 abrió a través del velo, esto es, de su *c*
1 P 1.24 porque: Toda *c* es como hierba, y toda
4.1 Cristo ha padecido por nosotros en la *c*
2 P 2.10 aquellos que, siguiendo la *c*, andan en
1 Jn 2.16 los deseos de la *c* … no proviene del
4.2; 2 Jn 7 que Jesucristo ha venido en *c*
Ap 19.18 que comáis *c* de reyes … y *c* de fuertes

CASA *v.* Familia, Templo
Gn 28.17 no es otra cosa que *c* de Dios, y puerta
43.16 lleva a *c* a esos hombres, y deguella
Éx 12.30 no había *c* donde no hubiese un muerto
Nm 22.18 Balac me diese su *c* llena de plata
Dt 8.12 edifiques buenas *c* en que habites
Jos 24.15 pero yo y mi *c* serviremos a Jehová
2 S 7.11; 1 Cr 17.10 hace saber que él te hará *c*
17.23 después de poner su *c* en orden, se ahorcó
1 R 5.5 he determinado … edificar *c* al nombre
8.43; 2 Cr 6.33 nombre es invocado sobre … *c*
2 R 25.9 quemó la *c* de Jehová, y la *c* del rey
1 Cr 17.5 no he habitado en *c* alguna desde el
29.1 la *c* no es para hombre, sino para Jehová
2 Cr 3.1 comenzó … a edificar la *c* de Jehová
7.1; Ez 43.5 y la gloria de Jehová llenó la *c*

8.16 hasta que la *c* de Jehová fue acabada
24.4 Joás decidió restaurar la *c* de Jehová
29.5 santificad la *c* de Jehová el Dios de
29.31 presentad sacrificios … en la *c* de Jehová
34.15 he hallado el libro … en la *c* de Jehová
Neh 13.11 ¿por qué … la *c* de Dios abandonada?
Job 21.9 sus *c* están a salvo de temor, ni viene
22.18 les había colmado de bienes sus *c*
Sal 26.8 la habitación de tu *c* he amado, y el
27.4 esté yo en la *c* de Jehová todos los días
42.4 de cómo … la conduje hasta la *c* de Dios
49.11 pensamiento es que sus *c* serán eternas
122.1 que me decían: A la *c* de Jehová iremos
Pr 2.18 su *c* está inclinada a la muerte, y sus
9.1 la sabiduría edificó su *c*, labró sus siete
19.14 la *c* y las riquezas son herencia de los
24.3 con sabiduría se edificará la *c*
Is 2.3 subamos al … a la *c* del Dios de Jacob
5.8 ¡ay de los que juntan *c* a *c*, y añaden
6.4 del que clamaba, y la *c* se llenó de humo
38.1 dice así: Ordena tu *c*, porque morirás
Is 56.7 mi *c* será llamada *c* de oración para
60.7 mi altar, y Gáorificaré la *c* de mi gloria
65.21 edificarán *c*, y morarán en ellas … viñas
66.1 ¿dónde está la *c* que me habréis de
Jer 16.5 no entres en *c* de luto, ni vayas a
29.5 edificad *c*, y habitadlas; y plantad huertos
52.13 quemó la *c* de Jehová, y la *c* del rey
Ez 3.17 te he puesto por atalaya a la *c* de Israel
Am 3.15 las *c* de marfil perecerán; y muchas *c*
Mi 4.2 y subamos al … a la *c* del Dios de Jacob
Hag 1.9 mi *c* está desierta … corre a su propia *c*
Mt 10.36 enemigos del hombre serán los de su *c*
12.25; Mr 3.25; Lc 11.17 *c* dividida contra
21.13; Mr 11.17; Lc 19.46 mi *c*, *c* de oración será llamada
23.14 porque devoráis las *c* de las viudas, y
23.38; Lc 13.35 *c* os es dejada desierta
26.18 en tu *c* celebraré la pascua con mis
Mr 1.29 vinieron *c* de Simón y Andrés, con
2.26; Lc 6.4 cómo entró en la *c* de Dios
5.19 dijo: Vete a tu *c*, a los tuyos, y cuéntales
5.38 vino a *c* del principal de la sinagoga
6.10 que entréis en una *c*, posad en ella hasta
Lc 4.38 Jesús … salió … y entró en *c* de Simón
6.48 al hombre que al edificar una *c*, cavó y
9.4; 10.5 en cualquier *c* donde entréis
9.61 me despida … de los que están en mi *c*
10.7 posad … misma *c* … no os paséis de *c* en *c*
14.23 fuérzalos a entrar … que se llene mi *c*
15.8 barre la *c*, y busca con diligencia hasta
19.5 hoy es necesario que pose yo en tu *c*
19.9 dijo: Hoy ha venido la salvación a esta *c*
Jn 2.16 no hagáis … *c* de mi Padre *c* de mercado
2.17 escrito: El celo de tu *c* me consume
4.53 entendió que … y creyó él con toda su *c*
12.3 la *c* se llenó del olor del perfume
14.2 en la *c* de mi Padre muchas moradas hay
Hch 2.46 partiendo el pan en las *c*, comían
4.34 todos los que poseían … *c*, las vendían
5.42 en el templo y por las *c*, no cesaban de
7.49 ¿qué *c* me edificaréis? dice el Señor
10.2 piadoso y temeroso de Dios con toda su *c*
28.30 Pablo permaneció … en una *c* alquilada
Fil 4.22 especialmente los de la *c* de César
1 Ti 3.15 cómo debes conducirte en la *c* de Dios
5.8 si alguno no provee para los … de su *c*
2 Ti 3.6 de éstos son los que se meten en las *c* y

He 3.3 tiene mayor honra que la *c* el que la hizo
1 P 4.17 que el juicio comience por la *c* de Dios

CASAMIENTO
Mr 12.25 ni se casarán, ni se darán en *c*, sino
1 Co 7.38 y el que no la da en *c* hace mejor

CASAR *v.* Esposo, Marido, Mujer
Nm 36.6 *cásense* como a ellas les plazca, pero
Dt 25.5 la mujer del muerto no se *casará* fuera
Mal 2.11 Judá … se casó con hija de dios extraño
Mt 5.32; 19.9 el que se *casa* con la repudiada
19.10 así … con su mujer, no conviene *casarse*
22.25 siete … el primero se *casó*, y murió
22.30; Mr 12.25 ni se *casarán* ni se darán en
24.38; Lc 17.27 *casándose* y dando en
Mr 10.11; Lc 16.18 repudia a su … y se *casa*
Lc 14.20 y otro dijo: Acabo de *casarme*, y por
20.35 ni se *casan*, ni se dan en casamiento
1 Co 7.9 cásense, pues mejor es *casarse* que
7.27 ¿estás libre de … No procures *casarte*
7.28 si te *casas*, no pecas, y si la doncella se
7.36 haga lo que quiera, no peca; que se *case*
1 Ti 4.3 prohibirán *casarse*, y mandarán
5.11 se rebelan contra … quieren *casarse*
5.14 que las viudas jóvenes se *casen*, críen

CASTIGO
Gn 4.13 dijo Caín a Jehová: Grande es mi *c*
Éx 32.34 el día del *c*, yo castigaré … su pecado
Job 31.23 porque temí el *c* de Dios, contra cuya
34.31 he llevado ya *c*, no ofenderé ya más
Sal 39.11 con *c* por el pecado corriges al hombre
149.7 ejecutar venganza … *c* entre los pueblos
Pr 3.11 no menosprecies, hijo mío, el *c* de Jehová
13.24 el que detiene el *c*, a su hijo aborrece
19.5 el testigo falso no quedará sin *c*, y el
Is 10.3 ¿y qué haréis en el día del *c*? ¿A quién
Jer 11.15 ¿crees que los … pueden evitarte el *c*?
11.23; 48.44 yo traeré mal … el año de su *c*
17.16 yo no he ido … para incitarte a su *c*
23.34 yo enviaré *c* sobre tal hombre y sobre
Lm 4.22 se ha cumplido tu *c*, oh hija de Sion
Os 9.7 vinieron los días del *c*, vinieron los días
Am 1.3, 6, 9 por el cuarto, no revocaré su *c*
Mi 7.4 tu *c* viene … ahora será su confusión
Mt 25.46 éstos al *c* eterno, y los justos a la vida
Ro 3.5 ¿será injusto Dios que da *c*? (Hablo como
13.5 sujetos, no solamente por razón del *c*
He 10.29 ¿cuánto mayor *c* … el que pisoteare al
Jud 7 por ejemplo, sufriendo el *c* del fuego eterno

CIELO *v.* Tierra
Gn 1.1 en el principio creó Dios los *c* y la tierra
1.8 llamó Dios a la expansión *c*. Y fue la
11.4 una torre, cuya cúspide llegue al *c*
28.12 escalera … y su extremo tocaba en el *c*
Éx 20.22 he hablado desde el *c* con vosotros
Dt 10.14 de Jehová … son los *c*, y los *c* de los *c*
30.12 no está en el *c*, para que digas: ¿Quién
1 R 8.27; 2 Cr 2.6; 6.18 los *c* y los *c* de los *c* no te pueden contener
Neh 9.6 hiciste los *c*, y los *c* de los *c*, con todos
Job 15.15 ni aun los *c* son limpios delante de sus
22.12 ¿no está Dios en la altura de los *c*?
22.14 y por el circuito del *c* se pasea
26.11 columnas del *c* tiemblan, y se espantan
37.18 ¿extendiste tú con él los *c*, firmes como
38.33 ¿supiste tú las ordenanzas de los *c*?
Sal 8.3 cuando veo tus *c*, obra de tus dedos
11.4 templo; Jehová tiene en el *c* su trono
19.1 los *c* cuentan la gloria de Dios, y el
33.6 por la palabra de … fueron hechos los *c*
50.6 y los *c* declararán su justicia, porque
73.25 ¿a quién tengo yo en los *c* sino a ti?

89.6 ¿quién en los *c* se igualará a Jehová?
102.19 Jehová miró desde los *c* a la tierra
102.25 tierra, y los *c* son obra de tus manos
103.11 como la altura de los *c* sobre la tierra
104.2 que extiende los *c* como una cortina
108.4 más grande … y hasta los *c* tu verdad
115.16 los *c* son los *c* de Jehová; y ha dado
139.8 si subiere a los *c*, allí estás tú; y si en
146.6 el cual hizo los *c* y la tierra, el mar
Ec 5.2 porque Dios está en el *c*, y tú sobre la
Is 34.4 se enrollarán los *c* como un libro; y caerá
40.12 ¿quién midió las … los *c* con su palmo
40.22 él extiende los *c* como una cortina, los
51.6 los *c* serán deshechos como humo, y la
55.9 como son más altos los *c* que la tierra
64.1 ¡oh, si rompieses los *c*, y descendieras
65.17 que yo crearé nuevos *c* y nueva tierra
66.1 Jehová dijo así: El *c* es mi trono, y la
66.22 como los *c* nuevos y la nueva tierra que
Jer 10.2 ni de las señales del *c* tengáis temor
23.24 ¿no lleno yo, dice … el *c* y la tierra?
31.37 si los *c* arriba se pueden medir, y
Ez 32.7 cubriré los *c* … sol cubriré con nublado
Mt 3.16 he aquí los *c* le fueron abiertos, y vio
5.12 vuestro galardón es grande en los *c*
5.18 hasta que pasen el *c* y la tierra, ni una
5.34 ni por el *c*, porque es el trono de Dios
6.9; Lc 11.2 Padre nuestro que estás en los *c*
11.23 tú … que eres levantada hasta el *c*
16.1 pidieron que les mostrase señal del *c*
16.2 decís: Buen tiempo … el *c* tiene arreboles
16.19 lo que atares en … será atado en los *c*
19.21 tendrás tesoro en el *c*; y ven y sígueme
21.25; Mr 11.30; Lc 20.4 el bautismo de Juan … ¿del *c*, o de los hombres?
24.29 oscurecerá … las estrellas caerán del *c*
24.29; Mr 13.25; Lc 21.26 las potencias de los *c* serán conmovidas
24.30 aparecerá la señal del Hijo del … en el *c*
24.35; Mr 13.31; Lc 21.33 el *c* y la tierra pasarán, pero mis palabras no pasarán
28.18 toda potestad me es dada en el *c* y en
Mr 1.10; Lc 3.21 vio abrirse los *c*, y al Espíritu
16.19 después … fue recibido arriba en el *c*
Lc 4.25 cuando el *c* fue cerrado por tres años
9.54 descienda fuego del *c*, como hizo Elías
10.20 vuestros nombres están escritos en los *c*
12.33 haceos … tesoro en los *c* que no se agote
12.56 sabéis distinguir el aspecto del *c* y de la
15.7 habrá más gozo en el *c* por un pecador
16.17 más fácil es que pasen el *c* y la tierra
24.51 se separó de … y fue llevado arriba al *c*
Jn 1.51 veréis el *c* abierto, y a los ángeles de Dios
3.13 subió al *c*, sino el que descendió del *c*
6.31 está escrito: Pan del *c* les dio a comer
6.32 mi Padre os da el verdadero pan del *c*
Hch 3.21 a quien es … necesario que el *c* reciba
4.12 no hay otro nombre bajo el *c*, dado a los
7.49 el *c* es mi trono, y la tierra el estrado de
7.56 veo los *c* abiertos, y al Hijo del Hombre
22.6 de repente me rodeó mucha luz del *c*
2 Co 5.1 tenemos … una casa … eterna, en los *c*
12.2 que … fue arrebatado hasta el tercer *c*
Ef 1.10 así las que están en los *c*, como las que
3.15 toma nombre toda familia en los *c* y en
4.10 subió por encima de todos los *c* para
Fil 3.20 mas nuestra ciudadanía está en los *c*, de
Col 1.16 las que hay en los *c* y las que hay en la
1 Ts 1.10 y esperar de los *c* a su Hijo, al cual
4.16 voz … y con trompeta … descenderá del *c*
He 1.10 la tierra, y los *c* son obra de tus manos

9.24 en el *c* mismo para presentarse ahora por
10.34 mejor y perdurable herencia en los *c*
12.23 de los … que están inscritos en los *c*
Stg 5.12 no juréis, ni por el *c*, ni por la tierra
1 P 1.4 reservada en los *c* para vosotros
3.22 quien habiendo subido al *c* está a la
2 P 3.10 los *c* pasarán con grande estruendo, y
3.13 nosotros esperamos … *c* nuevos y tierra
1 Jn 5.7 tres son … los que dan testimonio en el *c*
Ap 6.14 el *c* se desvaneció como un pergamino
12.7 después hubo una gran batalla en el *c*
21.1 vi un *c* nuevo y una tierra nueva; porque
21.3 y oí una gran voz del *c* que decía: He

CIRCUNCISIÓN
Jn 7.22 por cierto, Moisés os dio la *c* (no porque
Hch 11.2 disputaban con él los que eran de la *c*
Ro 2.26 ¿no será … su incircuncisión como *c*?
2.29 la *c* es la del corazón, en espíritu, no en
3.1 ¿qué ventaja … ¿o de qué aprovecha la *c*?
3.30 justificará por la fe a los de la *c*, y por
4.11 recibió la *c* como señal, como sello de la
4.12 padre de la *c*, para los que no … de la *c*
15.8 Cristo Jesús vino a ser siervo de la *c*
1 Co 7.19 la *c* nada es, y la incircuncisión nada es
Gá 2.7 encomendado … como a Pedro el de la *c*
5.6; 6.15 en Cristo … ni la *c* vale algo, ni la
Fil 3.3 porque nosotros somos la *c*, los que en
Col 2.11 con *c* no hecha a mano … la *c* de Cristo
3.11 donde no hay … *c* ni incircuncisión
Tit 1.10 contumaces … mayormente los de la *c*

CIZAÑA
Mt 13.25 vino su enemigo y sembró *c* entre el
13.38 del reino, y la *c* son los hijos del malo

CLAMAR *v.* Invocar
Gn 4.10 de la sangre de tu hermano *clama* a mí
27.34 cuando Esaú oyó las palabras … *clamó*
41.55 el pueblo *clamó* a Faraón por pan … Id
Éx 22.23 ellos *clamaren* a mí … oiré yo su clamor
Jue 10.14 *clamad* a los dioses … habéis elegido
1 S 8.18 *clamaréis* aquel día a causa de … rey
2 S 22.7; Sal 18.6 invoqué a Jehová, y *clamé* a
2 R 18.28 el Rabsaces se puso en pie y *clamó* a
Job 35.12 *clamarán*, y él no oirá, por la soberbia
Sal 3.4; 77.1 con mi voz *clamé* a Jehová, y él me
Sal 4.1 respóndeme cuando *clamo*, oh Dios de mi
34.6 este pobre *clamó*, y le oyó Jehová, y lo
34.17 *claman* los justos, y Jehová oye, y los
42.1 así *clama* por ti, oh Dios, el alma mía
55.2 *clamo* en mi oración, y me conmuevo
55.16 en cuanto a mí, a Dios *clamaré*; y
86.3 Jehová; porque a ti *clamo* todo el día
88.1 Jehová … día y noche *clamo* delante de ti
107.6 *clamaron* a Jehová en su angustia, y los
119.145 *clamé* con todo mi corazón … Jehová
130.1 de lo profundo, oh Jehová, a ti *clamo*
141.1 Jehová, a ti he *clamado*; apresúrate a mí
Is 58.1 *clama* a voz en cuello, no te detengas
59.4 no hay quien *clame* por la justicia, ni
65.14 vosotros *clamaréis* por el dolor del
65.24 y antes que *clamen*, responderé yo
Jer 11.11 he aquí … *clamarán* a mí, y no los oiré
33.3 *clama* a mí, y yo te responderé, y te
Os 7.7 no hay entre ellos quien a mí *clame*
Jon 1.6 levántate, y *clama* a tu Dios; quizá él
Hab 1.2 ¿hasta cuándo … *clamaré* y no oirás
2.11 la piedra *clamará* desde el muro, y la
Mt 20.31 ellos *clamaban* más, diciendo: ¡Señor
27.50; Mr 15.34; Lc 23.46 Jesús, habiendo … *clamado* a gran voz

Mr 1.3; Jn 1.23 voz del que *clama* en el desierto
10.48; Lc 18.39 pero él *clamaba* mucho más
Lc 18.7 escogidos, que *claman* a él día y noche?
19.40 si éstos callaran, las piedras *clamarían*
Ro 8.15 por el cual *clamamos*: ¡Abba, Padre!
Gá 4.6 Espíritu ... el cual *clama*: ¡Abba, Padre!
Stg 5.4 *clama* el jornal de los obreros que han
Ap 7.10 *clamaban* a gran voz ... La salvación

CODICIAR
Éx 20.17; Dt 5.21 no *codiciarás* la mujer de tu
Dt 7.25 no *codiciarás* plata ni oro de ellas para
Jos 7.21 un lingote de oro ... lo cual *codicié*
Pr 6.25 no *codicies* su hermosura en tu corazón
21.26 hay quien todo el día *codicia*; pero
23.3 no *codicies* sus manjares delicados
Mi 2.2 *codician* las heredades, y las roban; y casas
Hab 2.9 ¡ay del que *codicia* injusta ganancia
Mt 5.28 que mira a una mujer para *codiciarla*
Hch 20.33 plata ni oro ... de nadie he *codiciado*
Ro 7.7 si la ley no dijera: No *codiciarás*
1 Co 10.6 no *codiciemos* ... como ellos *codiciaron*
1 Ti 6.10 al dinero, el cual *codiciando* algunos
Ap 18.14 los frutos *codiciados* por tu alma

COMPRAR
Gn 25.10 heredad que *compró* ... de los hijos de
41.57 de toda ... venían a Egipto para *comprar*
42.2 descended allá, y *comprad* de allí para
47.19 *cómpranos* a nosotros y a nuestra tierra
Lv 25.33 el que *comprare* de los levitas saldrá de
2 S 24.24 David *compró* la era y los bueyes por
Pr 23.23 *compra* la verdad, y no la vendas; la
Ec 2.7 *compré* siervos y siervas, y tuve siervos
Is 24.2 como al que *compra*, al que vende; como
55.1 los que no tienen dinero venid, *comprad*
Jer 32.7 *cómprame* mi heredad que está en Anatot
32.15 aún se *comprarán* casas, heredades y
Os 3.2 la *compré* ... para mí por quince siclos de
Am 8.6 para *comprar* los pobres por dinero, y los
Mt 13.44 vende todo lo ... y *compra* aquel campo
14.15 vayan por las aldeas y *compren* de comer
21.12; Mr 11.15; Lc 19.45 echó fuera a ... los que *compraban* en el templo
25.9 id a los ... y *comprad* para vosotras mismas
Mr 6.37 ¿que ... *compremos* pan por 200 denarios
15.46 *compró* una sábana, y ... lo envolvió en
Lc 17.28 comían, bebían, *compraban*, vendían
22.36 espada, venda su capa y *compre* una
1 Co 6.20; 7.23 habéis sido *comprados* por precio
Ap 18.11 ninguno *compra* más sus mercaderías

COMUNIÓN
Sal 25.14 la *c* íntima de Jehová es con los que le
Pr 3.32 mas su *c* íntima es con los justos
Hch 2.42 perseveraban ... en la *c* unos con otros
1 Co 1.9 por el cual fuisteis llamados a la *c*
10.16 ¿no es la *c* de la sangre de Cristo?
2 Co 13.14 la *c* del Espíritu Santo sean con todos
Fil 1.5 por vuestra *c* en el evangelio, desde el
1 Jn 1.3 que también tengáis *c* con nosotros
1.6 decimos que tenemos *c* con él, y andamos

CONCIENCIA *v.* Alma, Corazón
Sal 16.7 aun en las noches me enseña mi *c*
Jn 8.9 acusados por su *c*, salían uno a uno
Hch 23.1 con toda buena *c* he vivido delante de
24.16 por esto procuro tener ... *c* sin ofensa
Ro 2.15 la ley escrita ... dando testimonio su *c*
9.1 mi *c* me da testimonio en el Espíritu Santo
13.5 castigo, sino también por causa de la *c*

1 Co 4.4 aunque de nada tengo mala *c*, no por
8.7 y su *c*, siendo débil, se contamina
8.12 hiriendo su débil *c*, contra Cristo pecáis
10.25 sin preguntar nada por motivos de *c*
10.29 ha de juzgar mi libertad por la *c* de otro?
2 Co 5.11 espero … también lo sea a vuestras *c*
1 Ti 1.5 es el amor nacido de … buena *c*, y de fe no
1.19 manteniendo la fe y buena *c*, desechando
4.2 mentirosos que, teniendo cauterizada la *c*
Tit 1.15 hasta su mente y su *c* están corrompidas
He 9.9 hacer perfecto, en cuanto a la *c*, al que
9.14 limpiará vuestras *c* de obras muertas
13.18 pues confiamos en que tenemos buena *c*
1 P 2.19 si alguno a causa de la *c* delante de Dios
3.16 teniendo buena *c*, para que en lo que
3.21 la aspiración de una buena *c* hacia Dios

CONCUPISCENCIA *v.* Deseo, Pasión
Ro 6.12 de modo que le obedezcáis en sus *c*
1 Ts 4.5 no en pasión de *c*, como los gentiles
Tit 3.3 extraviados, esclavos de *c* y deleites
Stg 1.14 cuando de su propia *c* es atraído y
1 P 4.2 para no vivir … conforme a las *c* de los
2 P 1.4 la corrupción que hay … a causa de la *c*
2.18 hablando … seducen con *c* de la carne

CONDENAR *v.* Juzgar
Dt 25.1 absolverán al … y *condenarán* al culpable
Job 9.20 me justificare, me *condenaría* mi boca
40.8 ¿me *condenarás* a mí para justificarte tú?
Sal 34.22 no serán *condenados* … en él confían
37.33 ni lo *condenará* cuando le juzgaren
94.21 del justo, y *condenan* la sangre inocente
Pr 12.2 mas él *condenará* al hombre de malos
17.26 no es bueno *condenar* al justo, ni herir
Is 50.9 me ayudará; ¿quién hay que me *condene*?
Mt 12.37 y por tus palabras serás *condenado*
12.41; Lc 11.32 levantarán … y la *condenarán*
20.18; Mr 10.33 y le *condenarán* a muerte
Mr 7.2 comer pan … no lavadas, los *condenaban*
16.16 mas el que no creyere, será *condenado*
Lc 6.37 no *condenéis*, y no seréis *condenados*
Jn 3.17 no envió Dios … para *condenar* al mundo
3.18 el que en él cree, no es *condenado*; pero
8.11 Jesús le dijo: Ni yo te *condeno*; vete, y no
Ro 8.3 Dios … *condenó* al pecado en la carne
8.34 ¿quién es el que *condenará*? Cristo es el
14.23 el que duda … es *condenado*, porque no
1 Co 11.32 no seamos *condenados* con el mundo
Gá 2.11 resistí cara a … porque era de *condenar*
2 Ts 2.12 sean *condenados* … los que no creyeron
Tit 3.11 y está *condenado* por su propio juicio
He 11.7 por esa fe *condenó* al mundo, y fue hecho
Stg 5.9 no os quejéis … que no seáis *condenados*

CONFESAR
Lv 26.40 y *confesarán* su iniquidad, y … sus padres
Nm 5.7 aquella persona *confesará* el pecado que
2 S 22.50; Sal 18.49 yo te *confesaré* entre las
Neh 9.2 *confesaron* sus pecados, y las iniquidades
Job 40.14 y yo también te *confesaré* que podrá
Sal 32.5 *confesaré* mis transgresiones a Jehová
38.18 por tanto, *confesaré* mi maldad, y me
Pr 28.13 el que los *confiesa* y se aparta alcanzará
Mt 3.6 eran bautizados … *confesando* sus pecados
10.32; Lc 12.8 que me *confiese* … le *confesaré*
Jn 1.20 *confesó*, y no negó, sino *c*: Yo no soy el

9.22 si alguno *confesare* que Jesús era el
Hch 19.18 venían, *confesando* y dando cuenta de
Ro 10.9 si *confesares* con tu boca que Jesús es el
10.10 con la boca se *confiesa* para salvación
14.11 rodilla, y toda lengua *confesará* a Dios
15.9 te *confesaré* entre los gentiles, y cantaré
Fil 2.11 toda lengua *confiese* que Jesucristo es el
Stg 5.16 *confesaos* vuestras ofensas unos a otros
1 Jn 1.9 si *confesamos* nuestros pecados, él es fiel
2.23 el que *confiesa* al Hijo, tiene también al
4.2 todo espíritu que *confiesa* que Jesucristo
4.15 aquel que *confiese* que Jesús es el Hijo de
2 Jn 7 no *confiesan* que Jesucristo ha venido en
Ap 3.5 *confesaré* su nombre delante de mi Padre

CONFIAR *v.* Creer, Fe
2 S 22.3; Sal 18.2 fortaleza mía, en él *confiaré*
Job 15.31 no *confíe* el iluso en la vanidad, porque
Sal 2.12 bienaventurados … los que en él *confían*
4.5 ofreced sacrificios … y *confiad* en Jehová
5.11 alégrense todos los que en ti *confían*
7.1 Jehová Dios mío, en ti he *confiado*
9.10 en ti *confiarán* los que conocen tu
11.1 en Jehová he *confiado*; ¿cómo decís a mi
13.5 mas yo en tu misericordia he *confiado*
16.1 guárdame, oh Dios … en ti he *confiado*
20.7 éstos *confían* en carros, y aquéllos en
21.7 por cuanto el rey *confía* en Jehová, y en
25.2 mío, en ti *confío*; no sea yo avergonzado
26.1 he *confiado* asimismo en Jehová sin
31.1 en ti, oh Jehová, he *confiado*; no sea yo
31.14 mas yo en ti *confío*, oh Jehová; digo
33.21 en su santo nombre hemos *confiado*
34.8 dichoso el hombre que *confía* en él
34.22 no serán condenados … en él *confían*
37.3 *confía* en Jehová, y haz el bien; y
37.5 encomienda a … y *confía* en él; y él hará
44.6 no *confiaré* en mi arco, ni mi espada me
49.6 los que *confían* en sus bienes, y de la
52.7 sino que *confió* en … sus riquezas, y se
52.8 yo … en la misericordia de Dios *confío*
55.23 de sus días; pero yo en ti *confiaré*
56.4, 11 en Dios he *confiado*; no temeré
78.22 ni habían *confiado* en su salvación
91.2 castillo mío; mi Dios, en quien *confiaré*
115.9 oh Israel, *confía* en Jehová; él es tu
118.8 es *confiar* en Jehová que *c* en el hombre
125.1 los que *confían* en Jehová son como el
143.8 hazme oír … porque en ti he *confiado*
146.3 no *confiéis* en los príncipes, ni en hijo
Pr 11.28 el que *confía* en sus riquezas caerá; mas
16.20 que *confía* en Jehová es bienaventurado
28.25 mas el que *confía* en Jehová prosperará
28.26 el que *confía* en su propio corazón es
29.25 el que *confía* en Jehová será exaltado
Is 26.3 tú guardarás … porque en ti ha *confiado*
26.4 *confiad* en Jehová perpetuamente, porque
30.18 bienaventurados todos los que *confían*
36.7 decís: En Jehová nuestro Dios *confiamos*
37.10 no te engañe tu Dios en quien tú *confías*
42.17 confundidos los que *confían* en ídolos
47.10 te *confiaste* en tu maldad, diciendo
48.2 en el Dios de Israel *confían*; su nombre
50.10 el que … *confíe* en el nombre de Jehová

57.13 el que en mí *confía* tendrá la tierra por
59.4 *confían* en vanidad, y hablan vanidades
Jer 13.25 olvidaste … y *confiaste* en la mentira
17.5 maldito el varón que *confía* en el hombre
17.7 bendito el varón que *confía* en Jehová
Os 10.13 *confiaste* en tu camino y en la multitud
12.6 vuélvete … en tu Dios *confía* siempre
Mi 7.5 no creáis en … ni *confiéis* en príncipe
Nah 1.7 Jehová … conoce a los que en él *confían*
Sof 3.12 el cual *confiará* en el nombre de Jehová
Mt 27.43 *confió* en Dios; líbrele ahora si le
Mr 10.24 a los que *confían* en las riquezas!
Lc 18.9 a unos que *confiaban* en sí mismos como
Jn 16.33 pero *confiad*, yo he vencido al mundo
Hch 27.25 porque yo *confío* en Dios que será así
Ro 2.19 *confías* en que eres guía de los ciegos
3.2 les ha sido *confiada* la palabra de Dios
2 Co 1.9 que no *confiásemos* en nosotros mismos
2.3 *confiando* … que mi gozo es el de todos
Gá 5.10 *confío* … en el Señor, que no pensaréis
Fil 3.4 yo tengo … de qué *confiar* en la carne
He 2.13 otra vez: Yo *confiaré* en él. Y de nuevo
13.18 *confiamos* en que … buena conciencia

CONFLICTO *v.* Batalla
Sal 20.1 Jehová te oiga en el día de *c*; el nombre
2 Co 7.5 sino … de fuera *c*; de dentro, temores
Fil 1.30 teniendo el mismo *c* que habéis visto en

CONFUSIÓN *v.* Vergüenza
1 S 20.30 para *c* tuya, y para *c* … de tu madre?
Sal 35.26 vístanse de vergüenza y de *c* los que se
44.15 cada día … y la *c* de mi rostro me cubre
109.29 sean cubiertos de *c* como con manto
132.18 a sus enemigos vestiré de *c*; mas sobre
Is 22.5 día es de alboroto, de angustia y de *c*
61.7 en lugar de vuestra doble *c*, y de
Jer 3.24 *c* consumió el trabajo de nuestros padres
3.25 yacemos en nuestra *c*, y nuestra afrenta
7.19 ¿no obran más bien ellos … su propia *c*?
Ez 16.54 para que lleves tu *c*, y te avergüences
Dn 9.7 tuya … justicia, y nuestra la *c* de rostro
12.2 y otros para vergüenza y *c* perpetua
Mi 7.4 día de tu castigo viene … ahora será su *c*
Hch 19.29 la ciudad se llenó de *c*, y a una se
1 Co 14.33 Dios no es Dios de *c*, sino de paz

CONGREGACIÓN *v.* IGáesia
Lv 4.13 si toda la *c* de Israel hubiere errado
8.3 reúne toda la *c* a la puerta del tabernáculo
Nm 14.5 Moisés y … se postraron delante de la *c*
16.3 toda la *c*, todos ellos son santos, y en
Sal 7.7 te rodeará *c* de pueblos, y sobre ella
22.22 anunciaré … en medio de la *c* te alabaré
26.12 en rectitud; en las *c* bendeciré a Jehová
89.7 Dios temible en la gran *c* de los santos
107.32 exáltenlo en la *c* del pueblo, y en la
Hch 7.38 aquel Moisés que estuvo en la *c* en el
13.43 despedida la *c*, muchos de los judíos
1 Co 14.34 vuestras mujeres callen en las *c*
14.35 indecoroso que una mujer hable en la *c*
He 2.12 tu nombre, en medio de la *c* te alabaré
12.23 a la *c* de los primogénitos que están
Stg 2.2 en vuestra *c* entra un hombre con anillo

CONSAGRAR *v.* Santificar
Éx 13.2 *conságrame* todo primogénito … mío es
29.9 así *consagrarás* a Aarón y a sus hijos
29.35 así … por siete días los *consagrarás*
32.29 hoy os habéis *consagrado* a Jehová
Lv 8.33 porque por siete días seréis *consagrados*
27.32 el diezmo será *consagrado* a Jehová
Nm 6.12 *consagrará* para Jehová los días de su

Dt 15.19 *consagrarás* a Jehová … primogénito
Jos 6.19 la plata y el oro … sean *consagrados* a
1 Cr 26.27 de lo que habían *consagrado* de las
Is 23.18 negocios … serán *consagrados* a Jehová

CONSOLAR

Gn 37.35 para *consolarlo*; mas él no quiso recibir
Job 2.11 en venir juntos para … y para *consolarle*
6.14 atribulado es *consolado* por su compañero
10.20 déjame, para que me *consuele* un poco
21.34 ¿cómo, pues, me *consoláis* en vano
Sal 71.21 mi grandeza, y volverás a *consolarme*
86.17 Jehová, me ayudaste y me *consolaste*
Is 40.1 *consolaos*, *c*, pueblo mío, dice … Dios
49.13; 52.9 Jehová ha *consolado* a su pueblo
51.3 *consolará* Jehová a Sion; *c* todas sus
61.2 el año … a *consolar* a todos los enlutados
66.13 *consuela* su madre, así os *consolaré* yo
Jer 31.13 los *consolaré*, y los alegraré de su dolor
31.15 Raquel que … y no quiso ser *consolada*
Lm 1.2 no tiene quien la *consuele* de todos sus
Ez 14.22 seréis *consolados* del mal que hice venir
Zac 1.17 *consolará* Jehová a Sion, y escogerá
Lc 16.25 pero ahoraéste es *consolado* aquí, y tú
Jn 11.19 judíos habían venido a … *consolarlas*
Hch 16.40 hermanos, los *consolaron*, y se fueron
2 Co 1.4 nos *consuela* en todas … tribulaciones
7.6 pero Dios, que *consuela* a … nos *consoló*
7.13 sido *consolados* en vuestra consolación
Ef 6.22 y que *consuele* vuestros corazones
Col 2.2 para que sean *consolados* sus corazones
1 Ts 3.7 fuimos *consolados* de vosotros por … fe

CONTAMINAR *v.* Profanar

Lv 11.44 no *contaminéis* vuestras personas con
19.29 no *contaminarás* a tu hija … fornicar
21.1 que no se *contaminen* por un muerto en
Nm 19.13 el tabernáculo de Jehová *contaminó*
35.34 no *contaminéis*, pues, la tierra donde
Ez 20.7 no os *contaminéis* con los ídolos de Egipto
20.43 vuestros hechos en que os *contaminasteis*
22.3 y que hizo ídolos … para *contaminarse*
22.26 mi ley, y *contaminaron* mis santuarios
33.26 *contaminasteis* cada cual a la mujer
36.17 la *contaminó* con sus caminos y con
37.23 ni se *contaminarán* ya más con sus
Dn 1.8 no *contaminarse* con la porción de la
Sof 3.4 sacerdotes *contaminaron* el santuario
Mt 15.11, 18; Mr 7.15, 23 lo que sale de la boca esto *contamina* al hombre
Jn 18.28 no entraron en … para no *contaminarse*
1 Co 8.7 conciencia, siendo débil, se *contamina*
He 12.15 por ella muchos sean *contaminados*
Stg 3.6 la lengua … *contamina* todo el cuerpo

CONVERTIR

Dt 30.2 te *convirtieres* a Jehová tu Dios … su voz
1 R 8.47 si se *convirtieren*, y oraren a ti en la
2 Cr 6.24 se *convirtiere*, y confesare tu nombre
7.14 se *convirtieren* de sus malos caminos
Sal 19.7 la ley de Jehová … que *convierte* el alma
51.13 y los pecadores se *convertirán* a ti
90.3 dices: *Convertíos*, hijos de los hombres
Is 6.10 ni se *convierta*, y haya para él sanidad
19.22 se *convertirán* a Jehová … será clemente
Jer 15.19 así dijo Jehová: Si te *convirtieres*, yo
18.8 si … se *convirtieren* de su maldad contra
18.11; Jon 3.8 *conviértase* ahora cada uno de su mal camino
23.14 que ninguno se *convirtiese* de su maldad
31.18 *conviérteme*, y seré *convertido*, porque

Ez 14.6 *convertíos*, y volveos de vuestros ídolos
18.30 dice … *Convertíos*, y apartaos de todas
Os 11.5 su rey, porque no se quisieron *convertir*
Jl 2.12 *convertíos* a mí con todo vuestro corazón
Mt 13.15; Mr 4.12; Jn 12.40; Hch 28.27 y se *conviertan*, y yo les sane
Lc 1.16 hará que muchos … Israel se *conviertan*
Hch 3.19 *convertíos*, para que sean borrados
3.26 que cada uno se *convierta* de su maldad
14.15 os *convirtáis* al Dios vivo, que hizo el
26.18 se *conviertan* de las tinieblas a la luz
1 Ts 1.9 os *convertisteis* de los ídolos a Dios

CORAZÓN *v.* Alma, Espíritu
Gn 6.5 todo designio … del *c* de ellos era … mal
50.21 miedo … Así los consoló, y les habló al *c*
Nm 15.39 no miréis en pos de vuestro *c* y de
Dt 4.29 si lo buscares de todo *c* y de toda tu alma
6.5 amarás a Jehová tu Dios de todo tu *c*, y de
32.46 aplicad vuestro *c* a todas las palabras
Jue 5.15 de Rubén hubo grandes resoluciones del *c*
1 S 10.9 aconteció luego que … mudó Dios su *c*
13.14 se ha buscado un varón conforme a su *c*
16.7 el hombre mira … pero Jehová mira el *c*
24.5 después de esto se turbó el *c* de David
1 S 25.37 desmayó su *c* en él, y se quedó como
1 R 3.9 da, pues, a tu siervo *c* entendido para
11.4 su *c* no era perfecto con Jehová su Dios
2 R 5.26 ¿no estaba también allí mi *c*, cuando
1 Cr 22.7 en mi *c* tuve el edificar templo al
28.9 porque Jehová escudriña los *c* de todos
29.17 yo sé, Dios mío, que tú escudriñas los *c*
Job 22.22 de su boca, y pon sus palabras en tu *c*
23.16 Dios ha enervado mi *c*, y me ha turbado
32.19 de cierto mi *c* está como el vino que no
Sal 7.9 el Dios justo prueba la mente y el *c*
14.1; 53.1 dice el necio en su *c*: No hay Dios
24.4 el limpio de manos y puro de *c*; el que
33.15 formó el *c* de todos ellos; atento está
37.31 ley de su Dios está en su *c*; por tanto
45.1 rebosa mi *c* palabra buena; dirijo al rey
57.7 pronto está mi *c* … mi *c* está dispuesto
66.18 si en mi *c* hubiese yo mirado a la
78.37 pues sus *c* no eran rectos con él, ni
108.1 mi *c* está dispuesto, oh Dios; cantaré
119.11 en mi *c* he guardado tus dichos, para
141.4 no dejes que se incline mi *c* a cosa mala
Pr 2.2 atento … si inclinares tu *c* a la prudencia
4.23 sobre toda cosa guardada, guarda tu *c*
6.21 átalos siempre en tu *c*, enlázalos a tu
14.10 el *c* conoce la amargura de su alma
16.9 el *c* del hombre piensa su camino; mas
17.22 el *c* alegre constituye buen remedio
21.2 todo camino … pero Jehová pesa los *c*
23.26 dame, hijo mío, tu *c*, y miren tus ojos
24.12 no lo entenderá el que pesa los *c*?
27.19 así el *c* del hombre al del hombre
Ec 7.2 el fin … el que vive lo pondrá en su *c*
7.4 el *c* de los sabios está en la casa del luto
10.2 el *c* del sabio está a su mano derecha
Is 51.7 oídme … pueblo en cuyo *c* está mi ley
Jer 4.14 lava tu *c* de maldad, oh Jerusalén, para
12.2 estás tú en sus bocas, pero lejos de sus *c*
17.9 engañoso es el *c* más que todas las cosas
20.9 había en mi *c* como un fuego ardiente
31.33 daré mi ley en … y la escribiré en su *c*

Ez 11.19; 36.26 quitaré el *c* … les daré un *c* de
18.31 haceos un *c* nuevo y un espíritu nuevo
Os 2.14 la llevaré al desierto, y hablaré a su *c*
Jl 2.13 rasgad vuestro *c*, y no vuestros vestidos
Mal 4.6 volver el *c* de los padres hacia los hijos
Mt 5.8 bienaventurados los de limpio *c*, porque
5.28 que mira … ya adulteró con ella en su *c*
6.21; Lc 12.34 allí estará también vuestro *c*
12.35; Lc 6.45 del buen tesoro del *c* saca
12.40 estará el Hijo del … en el *c* de la tierra
13.15; Hch 28.27 el *c* de este pueblo se ha
13.19; Mr 4.15; Lc 8.12 arrebata lo que fue sembrado en su *c*
15.8; Mr 7.6 honra; mas su *c* está lejos de mí
15.19; Mr 7.21 del *c* salen los … pensamientos
19.8; Mr 10.5 por la dureza de vuestros *c*
22.37; Mr 12.30; Lc 10.27 amarás al Señor tu Dios con todo tu *c*
Mr 6.52 por cuanto estaban endurecidos sus *c*
8.17 ¿aún tenéis endurecido vuestro *c*?
Lc 2.19, 51 María guardaba … cosas en su *c*
16.15 mas Dios conoce vuestros *c*; porque lo
24.32 ¿no ardía nuestro *c* en nosotros
Jn 14.1 no se turbe vuestro *c*; creéis en Dios
Hch 2.37 se compungieron de *c*, y dijeron a Pedro
2.46 comían juntos con … y sencillez de *c*
4.32 los que habían creído eran de un *c* y un
7.54 oyendo estas … se enfurecían en sus *c*
8.37 dijo: Si crees de todo *c*, bien puedes
13.22 a David … varón conforme a mi *c*, quien
16.14 el Señor abrió el *c* de ella para que
Ro 2.5 y por tu *c* no arrepentido, atesoras … ira
2.15 mostrando la … de la ley escrita en sus *c*
2.29 y la circuncisión es la del *c*, en espíritu
5.5 ha sido derramado en nuestros *c* por el
8.27 el que escudriña los *c* sabe cuál es la
10.10 con el *c* se cree para justicia, pero con
2 Co 3.2 cartas sois … escritas en nuestros *c*
3.3 de piedra, sino en tablas de carne del *c*
3.15 el velo está puesto sobre el *c* de ellos
5.12 glorían en las apariencias, y no en el *c*
6.12 pero sí sois estrechos en vuestro propio *c*
7.3 ya he dicho antes que estáis en nuestro *c*
Ef 4.18 ajenos de la vida … por la dureza de su *c*
5.19 y alabando al Señor en vuestros *c*
6.6 sino … de *c* haciendo la voluntad de Dios
Fil 1.7 por cuanto os tengo en el *c*; y en mis
4.7 la paz de Dios … guardará vuestros *c* y
Col 3.16 cantando con gracia en vuestros *c* al
3.23 todo lo que hagáis, hacedlo de *c*, como
He 3.8 no endurezcáis vuestros *c*, como en la
4.7 si oyereis … no endurezcáis vuestros *c*
4.12 discierne los pensamientos y las … del *c*
8.10 pondré mis … y sobre su *c* las escribiré
10.22 acerquémonos con *c* sincero, en plena
10.22 purificados los *c* de mala conciencia
Stg 4.8 los de doble ánimo, purificad vuestros *c*
1 P 3.4 el interno, el del *c*, en el incorruptible
3.15 santificad a Dios el Señor en vuestros *c*
1 Jn 3.20 mayor que nuestro *c* es Dios, y él sabe
Ap 2.23 yo soy el que escudriña la mente y el *c*

CORDERO
Gn 22.8 Dios se proveerá de *c* para … hijo mío
Éx 29.39 ofrecerás uno de los *c* por la mañana
Lv 4.32 por su ofrenda por el pecado trajere *c*
1 S 7.9 Samuel tomó un *c* de leche y lo sacrificó
Is 11.6; 65.25 morará el lobo con el *c*, y el
Is 40.11 en su brazo llevará los *c*, y en su seno
53.7 como *c* fue llevado al matadero; y como
Jer 11.19 yo era como *c* inocente que llevan a

Lc 10.3 yo os envío como *c* en medio de lobos
Jn 1.29, 36 dijo: He aquí el *C* de Dios
21.15 que te amo. El le dijo: Apacienta mis *c*
Hch 8.32 *c* mudo delante del que lo trasquila
1 P 1.19 un *c* sin mancha y sin contaminación
Ap 5.6 estaba en pie un *C* como inmolado, que
5.12 *C* que fue inmolado es digno de tomar
6.16 y escondednos del … y de la ira del *C*
7.10 la salvación pertenece a … Dios … y al *C*
12.11 vencido por medio de la sangre del *C*
13.8 en el libro de … del *C* que fue inmolado
14.1 miré … *C* estaba en pie sobre el monte
14.4 son los que siguen al *C* por dondequiera
17.14 pelearán contra el *C*, y el *C* los vencerá
19.7 porque han llegado las bodas del *C*
21.9 ven acá, yo te mostraré … esposa del *C*
21.23 Dios la ilumina, y el *C* es su lumbrera
22.3 el trono de Dios y del *C* estará en ella

CORONA
2 S 1.10 tomé la *c* que tenía en su cabeza, y la
2 R 11.12; 2 Cr 23.11 le puso la *c* y el testimonio
Sal 21.3 *c* de oro fino has puesto sobre su cabeza
89.39 has profanado su *c* hasta la tierra
Pr 4.9 adorno de … *c* de hermosura te entregará
12.4 la mujer virtuosa es *c* de su marido
14.24 las riquezas de los sabios son su *c*
27.24 será la *c* … perpetuas generaciones?
Is 28.1 ¡ay de la *c* de soberbia de los ebrios de
28.5 Jehová … será por *c* de gloria y diadema
62.3 serás *c* de gloria en la mano de Jehová
Jer 13.18 la *c* de vuestra gloria ha caído de
Lm 5.16 cayó la *c* de nuestra cabeza; ¡ay ahora
Ez 21.26 depón la tiara, quita la *c*; esto no será
Zac 6.11 tomarás, pues, plata y oro, y harás *c*
Mt 27.29; Mr 15.17; Jn 19.2 una *c* … de espinas
1 Co 9.25 ellos … para recibir una *c* corruptible
Fil 4.1 así que, hermanos míos … gozo y *c* mía
1 Ts 2.19 ¿cuál es … gozo, o *c* de que me Gáoríe?
2 Ti 4.8 está guardada la *c* de justicia, la cual
Stg 1.12 haya resistido … recibirá la *c* de vida
1 P 5.4 recibiréis la *c* incorruptible de gloria
Ap 2.10 sé fiel hasta … yo te daré la *c* de la vida
3.11 retén lo … para que ninguno tome tu *c*
6.2 le fue dada una *c*, y salió venciendo
12.1 sobre su cabeza una *c* de doce estrellas
14.14 que tenía en la cabeza una *c* de oro

CREACIÓN
Mr 10.6 al principio de la *c*, varón y hembra los
Ro 1.20 se hacen … visibles desde la *c* del mundo
8.19 anhelo ardiente de la *c* es el aguardar
8.21 también la *c* misma será libertada de
8.22 sabemos que toda la *c* gime a una, y a
Gá 6.15 ni la incircuncisión, sino una nueva *c*
He 9.11 no hecho de … es decir, no de esta *c*
2 P 3.4 así como desde el principio de la *c*
Ap 3.14 el principio de la *c* de Dios, dice esto

CREER *v.* Confiar, Fe
Gn 15.6 *creyó* a Jehová, y le fue contado por
Éx 4.1 no me *creerán*, ni oirán mi voz; porque
4.31 el pueblo *creyó*; y oyendo … adoraron
14.31 el pueblo temió a Jehová, y *creyeron*
19.9 también para que te *crean* para siempre
Nm 14.11 ¿hasta cuándo no me *creerán*, con
20.12 no *creísteis* en mí, para santificarme
Dt 1.32 aun con esto no *creísteis* a Jehová
9.23 no le *creísteis*, ni obedecisteis a su voz
2 R 17.14 cuales no *creyeron* en Jehová su Dios
2 Cr 20.20 *creed* en Jehová … *c* a sus profetas
Job 9.16 aún no *creeré* que haya escuchado mi voz

15.22 él no *cree* que volverá de las tinieblas
29.24 si me reía con ellos, no lo *creían*
Sal 27.13 si no *creyese* que veré la bondad de
78.22 por cuanto no habían *creído* a Dios, ni
116.10 *creí*; por tanto hablé, estando afligido
119.66 porque tus mandamientos he *creído*
Pr 14.15 el simple todo lo *cree*; mas el avisado
26.25 hablare amigablemente, no le *creas*
Is 7.9 si vosotros no *creyereis*, de cierto no
28.16 piedra … el que *creyere*, no se apresure
43.10 que me conozcáis y *creáis*, y entendáis
53.1 ¿quién ha *creído* a nuestro anuncio?
Jer 12.6 no los *creas* cuando bien te hablen
Jon 3.5 y los hombres de Nínive *creyeron* a Dios
Mt 8.13 dijo … Ve, y como *creíste*, te sea hecho
9.28 les dijo: ¿*Creéis* que puedo hacer esto?
21.22 que pidiereis … *creyendo*, lo recibiréis
21.25; Lc 20.5 ¿por qué … no le *creísteis*?
21.32 publicanos y las rameras le *creyeron*
21.32 no os arrepentisteis después para *creerle*
24.23; Mr 13.21 mirad, allí está, no lo *creáis*
27.43; Mr 15.32 descienda … y *creeremos*
Mr 1.15 arrepentíos, y *creed* en el evangelio
9.23 si puedes *creer*, al que *cree* todo es
9.24 y dijo: *Creo*; ayuda mi incredulidad
11.24 *creed* que lo recibiréis, y os vendrá
16.11 oyeron que vivía … no lo *creyeron*
16.16 el que *creyere* … será salvo; mas el que
Lc 1.20 por cuanto no *creíste* mis palabras, las
8.12 quita de … para que no *crean* y se salven
8.50 no temas; *cree* solamente, y será salva
22.67 les dijo: Si os lo dijere, no *creeréis*
24.11 les parecía locura … y no las *creían*
24.25 tardos … para *creer* todo lo que los
Jn 1.7 vino … a fin de que todos *creyesen* por él
1.12 a los que *creen* en su nombre, les dio
2.11 Caná … y sus discípulos *creyeron* en él
2.22 y *creyeron* la Escritura y la palabra que
2.23 muchos *creyeron* en su nombre, viendo
3.12 ¿cómo *creeréis* si os dijere las celestiales?
3.16 para que todo aquel que en él *cree*, no se
3.18 el que en él *cree* no es condenado; pero
3.36 el que *cree* en el Hijo tiene vida eterna
4.42 ya no *creemos* solamente por tu dicho
4.48 dijo: Si no viereis señales … no *creeréis*
4.53 el padre … *creyó* él con toda su casa
5.24 *cree* al que me envió, tiene vida eterna
5.46 si *creyeseis* a Moisés me *creeríais* a mí
6.29 Dios, que *creáis* en el que él ha enviado
6.35 el que en mí *cree*, no tendrá sed jamás
6.64 hay algunos de vosotros que no *creen*
6.69 nosotros hemos *creído* y conocemos que
7.5 porque ni aun sus hermanos *creían* en él
7.31; 8.30 muchos … *creyeron* en él, y decían
Jn 7.38 el que *cree* en mí, como dice la Escritura
7.48 ¿acaso ha *creído* en él alguno de los
8.24 si no *creéis* que yo soy, en vuestros
Jn 8.45 porque digo la verdad, no me *creéis*
9.35 le dijo: ¿*Crees* tú en el Hijo de Dios?
10.26 no *creéis*, porque no sois de mis ovejas
10.38 no me *creáis* a mí, *creed* a las obras
11.15 me alegro por vosotros … para que *creáis*
11.25 el que *cree* en mí … esté muerto, vivirá
11.27 yo he *creído* que tú eres el Cristo, el
11.45 vieron lo que hizo Jesús, *creyeron* en él
11.48 si le dejamos así, todos *creerán* en él
12.36 *creed* en la luz, para que seáis hijos de
12.37 hecho tantas señales … no *creían* en el
12.38 ¿quién ha *creído* a nuestro anuncio?

12.42 aun de los gobernantes ... *creyeron* en él
12.44 el que *cree* en mí, no *c* en mí, sino en
13.19; 14.29 para que cuando suceda, *creáis*
14.1 *creéis* en Dios, *creed* también en mí
14.10 ¿no *crees* que yo soy en el Padre, y el
16.9 de pecado, por cuanto no *creen* en mí
16.27 habéis *creído* que yo salí de Dios
17.8 ellos ... han *creído* que tú me enviaste
17.20 que han de *creer* en mí por la palabra
17.21 que el mundo *crea* que tú me enviaste
20.8 entró también el otro ... y vio, y *creyó*
20.25 y metiere mi mano en su ... no *creeré*
20.29 porque me has visto, Tomás, *creíste*
20.31 éstas se han escrito para que *creáis* que
Hch 4.32 los que habían *creído* era de un corazón
8.12 pero cuando *creyeron* a Felipe, que
8.37 si *crees* ... *Creo* que Jesucristo es el Hijo
9.42 notorio ... y muchos *creyeron* en el Señor
10.43 que todos los que en él *creyeren*
11.21 número *creó* y se convirtió al Señor
13.39 en él es justificado todo aquel que *cree*
13.48 *creyeron* ... los que estaban ordenados
14.1 que *creyó* una gran multitud de judíos
16.31 dijeron: *Cree* en el Señor Jesucristo
17.4, 34 algunos ... *creyeron*, y se juntaron con
Hch 18.8 Crispo ... *creyó* en el Señor con toda su
19.2 el Espíritu Santo cuando *creísteis*?
23.21 tú no les *creas*; porque más de cuarenta
24.14 *creyendo* todas las cosas que en la ley
26.27 ¿*crees*, oh rey Agripa, a los profetas?
Ro 1.16 para salvación a todo aquel que *cree*
4.3; Stg 2.23 *creyó* Abraham a Dios, y le fue
4.5 al que no obra, sino *cree* en aquel que
4.18 él *creyó* en esperanza contra esperanza
9.33 que *creyere* en él, no será avergonzado
10.4 para justicia a todo aquel que *cree*
10.9 y *creyeres* en tu corazón que Dios le
10.11 todo aquel que en él *creyere*, no será
10.14 ¿cómo, pues, invocarán ... no han *creído*?
10.16 ¿quién ha *creído* a nuestro anuncio?
14.2 uno *cree* que se ha de comer de todo lo
1 Co 13.7 todo lo *cree*, todo lo espera, todo
2 Co 4.13 *creí*, por lo cual hablé ... *creemos*, por
Gá 6.3 el que se *cree* ser algo, no siendo nada
Ef 1.13 oído la palabra ... y habiendo *creído* en él
1.19 de su poder para con ... los que *creemos*
Fil 1.29 no sólo que *creáis* en él, sino también
2 Ts 1.10 ser admirado en todos los que *creyeron*
2.12 condenados todos los que no *creyeron*
1 Ti 3.16 *creído* en el mundo, recibido arriba
2 Ti 1.12 yo sé a quién he *creído*, y estoy seguro
He 4.3 que hemos *creído* entramos en el reposo
11.6 el que se acerca a Dios *crea* que le hay
11.13 de lejos, y *creyéndolo*, y saludándolo
Stg 1.26 si alguno se *cree* religioso entre vosotros
2.19 tú *crees* que Dios es uno; bien haces
1 P 1.8 en quien *creyendo* ... os alegráis con gozo
1.21 mediante el cual *creéis* en Dios, quien le
1 Jn 3.23 que *creamos* en el nombre de su Hijo
4.1 amados, no *creáis* a todo espíritu, sino
4.16 hemos ... *creído* el amor que Dios tiene
5.10 el que *cree* en el Hijo de Dios, tiene el
5.13 he escrito a vosotros que *creéis* en el

CRISTO *v.* Cristo Jesús, Jesucristo, Jesús, Mesías, Señor, Señor Jesucristo, Señor Jesús, Verbo
Mt 2.4 les preguntó dónde había de nacer el *C*

16.16; Mr 8.29; Lc 9.20 tú eres el *C*, el Hijo
16.20 que a nadie dijesen que él era Jesús el *C*
22.42 ¿qué pensáis del *C*? ¿De quién es hijo?
23.8 uno es vuestro Maestro, el *C*, y todos
24.5; Mr 13.6; Lc 21.8 nombre, diciendo: Yo soy el *C*
24.23; Mr 13.21 mirad, aquí está el *C*, o mirad
24.24 porque se levantarán falsos *C*, y falsos
26.63; Mr 14.61; Lc 22.67; Jn 10.24 si eres tú el *C*
27.17 a Barrabás, o a Jesús, llamado el *C*?

Mr 9.41 un vaso de agua en … porque sois de *C*
12.35; Lc 20.41 que el *C* es hijo de David?
15.32 el *C*, Rey de Israel, descienda ahora de

Lc 2.11 nacido … un Salvador, que es *C* el Señor
23.2 diciendo que él mismo es el *C*, un rey
23.39 si tú eres el *C*, sálvate a ti mismo y a
24.46 así fue necesario que el *C* padeciese, y

Jn 1.20 no negó, sino confesó: Yo no soy el *C*
3.28 de que dije: Yo no soy el *C*, sino que soy
4.29 venid, ved a un … ¿No será éste el *C*?
4.42 éste es el Salvador del mundo, el *C*
6.69 conocemos que tú eres el *C*, el Hijo de
7.26 ¿habrán reconocido … que éste es el *C*?
11.27 he creído que tú eres el *C*, el Hijo de Dios
20.31 para que creáis que Jesús es el *C*, el Hijo

Hch 2.30 de su descendencia … levantaría al *C*
2.36 a este … Dios le ha hecho Señor y *C*
3.18 cumplido … que su *C* había de padecer
4.26 se juntaron en uno … y contra su *C*
9.20 seguida predicaba a *C* en las sinagogas
17.3 Jesús, a quien yo os anuncio … es el *C*
18.5, 28 a los judíos que Jesús era el *C*
26.23 el *C* había de padecer, y ser el primero

Ro 5.6 *C*, cuando aún éramos débiles, a su tiempo
5.8 en que siendo aún pecadores, *C* murió por
8.9 si alguno no tiene el Espíritu de *C*, no es
8.10 si *C* está en vosotros, el cuerpo en verdad
8.34 *C* es el que murió; más aún, el que
8.35 ¿quién nos separará del amor de *C*?
9.3 separado de *C*, por amor a mis hermanos
10.4 el fin de la ley es *C*, para justicia a todo
12.5 así nosotros … somos un cuerpo en *C*
15.3 porque ni aun *C* se agradó a sí mismo
15.7 también *C* nos recibió, para gloria de

1 Co 1.23 predicamos a *C* crucificado, para los
1.24 mas para los llamados … *C* poder de Dios
2.16 mas nosotros tenemos la mente de *C*
3.23 vuestro, y vosotros de *C*, y *C* de Dios
5.7 porque nuestra pascua, que es *C*, ya fue
6.15 vuestros cuerpos son miembros de *C*?
8.12 pecando contra los … contra *C* pecáis
11.3 *C* es la cabeza … y Dios la cabeza de *C*
15.17 si *C* no resucitó, vuestra fe es vana; aún

2 Co 1.5 abundan en nosotros las aflicciones de *C*
3.14 el mismo velo … el cual por *C* es quitado
5.14 el amor de *C* nos constriñe, pensando
5.16 si a *C* conocimos según la carne, ya no
5.17 si alguno está en *C*, nueva criatura es
5.18 nos reconcilió consigo mismo por *C*, y
5.19 Dios estaba en *C* reconciliando consigo

2 Co. 6.15 ¿y qué concordia *C* con Belial? ¿O qué
10.5 llevando cautivo … a la obediencia a *C*
10.7 como él es de *C* … nosotros somos de *C*
11.3 extraviados de la sincera fidelidad a *C*

Gá 2.20 con *C* estoy … crucificado, y ya no vivo
3.13 *C* nos redimió de la maldición de la ley

3.27 bautizados en *C*, de *C* estáis revestidos
3.29 si … sois de *C* … linaje de Abraham sois
4.19 hasta que *C* sea formado en vosotros
Ef 1.10 de reunir todas las cosas en *C*, en la
1.12 nosotros los que … esperábamos en *C*
2.12 en aquel tiempo estábais sin *C*, alejados
3.17 que habite *C* por la fe en … corazones
4.15 en aquel que es la cabeza, esto es, *C*
4.20 vosotros no habéis aprendido así a *C*
4.32 como Dios también os perdonó … en *C*
Ef 5.2 andad en amor, como … *C* nos amó, y se
5.23 así como *C* es la cabeza de la iglesia, la
6.5 obedeced a vuestros amos … como a *C*
Fil 1.18 pretexto o por verdad, *C* es anunciado
1.20 magnificado *C* en mi cuerpo, o por vida
1.21 porque para mí el vivir es *C*, y el morir
1.23 deseo de partir y estar con *C*, lo cual es
3.7 he estimado como pérdida por amor de *C*
4.13 todo lo puedo en *C* que me fortalece
Col 1.27 *C* en vosotros, la esperanza de gloria
3.3 vuestra vida está escondida con *C* en Dios
3.11 libre, sino que *C* es el todo, y en todos
3.13 de la manera que *C* os perdonó, así
3.24 la herencia, porque a *C* el Señor servis
He 3.6 pero *C* como hijo sobre su casa, la cual
5.5 así tampoco *C* se Gáorificó a sí mismo
9.28 *C* fue ofrecido una sola vez para llevar
1 P 2.21 *C* padeció por nosotros, dejándonos
3.18 *C* padeció una sola vez por los pecados
1 Jn 2.22 sino el que niega que Jesús es el *C*?
5.1 todo aquel que cree que Jesús es el *C*
Ap 11.15 reinos … de nuestro Señor, y de su *C*
20.4 y vivieron y reinaron con *C* mil años

CRISTO JESÚS *v.* Cristo, Jesucristo, Jesús, Mesías, Señor, Señor Jesucristo, Señor Jesús, Verbo
Ro 6.3 los que hemos sido bautizados en *C J*
8.1 ninguna condenación hay para los … en *C J*
8.39 del amor de Dios, que es en *C J* Señor
1 Co 1.30 mas por él estáis vosotros en *C J*
2 Co 2.14 nos lleva siempre en triunfo en *C J*
Gá 3.28 porque todos vosotros sois uno en *C J*
Ef 3.11 al propósito eterno que hizo en *C J*
Fil 2.5 haya … este sentir que hubo … en *C J*
3.12 para lo cual fui también asido por *C J*
1 Ti 1.15 *C J* vino al mundo para salvar a los
2 Ti 3.12 que quieren vivir piadosamente en *C J*
He 3.1 el apóstol … de nuestra profesión, *C J*

CRUCIFICAR
Mt 20.19 azoten, y le *crucifiquen*; más al tercer
23.34 a unos mataréis y *crucificaréis*, y
26.2 será entregado para ser *crucificado*
27.22 todos le dijeron: ¡Sea *crucificado*!
27.31; Mr 15.20 le llevaron para *crucificarle*
27.38; Mr 15.27; Lc 23.33; Jn 19.18 *crucificaron* con él a dos ladrones
28.5; Mr 16.6 a Jesús, el que fue *crucificado*
Mr 15.13, 14; Lc 23.21 a dar voces: ¡*Crucifícale*
Lc 24.20 cómo le entregaron … y le *crucificaron*
Jn 19.10 que tengo autoridad para *crucificarte*
Hch 2.23 a éste … matasteis … *crucificándole*
2.36; 4.10 a quien vosotros *crucificasteis*
Ro 6.6 nuestro viejo hombre fue *crucificado*
1 Co 1.13 ¿fue *crucificado* Pablo por vosotros?
1.23; 2.2 predicamos a Cristo *crucificado*
2.8 nunca habrían *crucificado* al Señor de
2 Co 13.4 aunque fue *crucificado* en debilidad
Gá 2.20 con Cristo estoy … *crucificado*, y ya no
3.1 fue ya presentado … como *crucificado*

5.24 han *crucificado* la carne con sus pasiones
6.14 el mundo me es *crucificado* a mí, y yo al
He 6.6 *crucificando* de nuevo … al Hijo de Dios
Ap 11.8 donde … nuestro Señor fue *crucificado*

CRUZ
Mt 10.38; Lc 14.27 el que no toma su *c* y sigue
16.24; Mr 8.34 niéguese a sí … y tome su *c*
27.32; Mr 15.21 obligaron a que llevase la *c*
Mr 10.21 te falta … ven, sígueme, tomando tu *c*
15.30 sálvate a ti mismo, y desciende de la *c*
Lc 9.23 niéguese … tome su *c* cada día, y sígame
Jn 19.17 él, cargando su *c*, salió al lugar llamado
1 Co 1.17 para que no se haga vana la *c* de Cristo
1.18 la palabra de la *c* es locura a los que se
Gá 5.11 tal caso se ha quitado el tropiezo de la *c*
6.12 no padecer persecución a causa de la *c*
6.14 gloriarme, sino en la *c* de nuestro Señor
Ef 2.16 mediante la *c* reconciliar con Dios a
Fil 2.8 obediente hasta la muerte, y muerte de *c*
3.18 que son enemigos de la *c* de Cristo
Col 1.20 la paz mediante la sangre de su *c*
2.14 quitándola de en … y clavándola en la *c*
He 12.2 sufrió la *c*, menospreciando el oprobio

CUARENTA
Éx 16.35 comieron los … de Israel maná *c* años
Nm 14.33 pastoreando en el desierto *c* años
Dt 9.18 me postré delante de … *c* días y *c* noches
Jon 3.4 de aquí a *c* días Nínive será destruida
Lc 4.2 por *c* días, y era tentado por el diablo

CUERPO *v.* Carne
Gn 47.18 nada ha quedado … sino nuestros *c*
Dt 21.23 no dejaréis que su *c* pase la noche sobre
1 S 31.12 quitaron el *c* de Saúl y los *c* de sus
Sal 139.15 no fue encubierto de ti mi *c*, bien que
Is 50.6 di mi *c* a los heridores, y mis mejillas a
Jer 7.33 los *c* muertos de este pueblo para comida
Dn 10.6 su *c* era como de berilo, y su rostro
Mt 5.29 y no que todo tu *c* sea echado al infierno
6.22 la lámpara del *c* es el ojo; así que, si tu
6.25 ni por vuestro *c*, qué habéis de vestir
10.28; Lc 12.4 no temáis a los que matan el *c*
24.28; Lc 17.37 estuviere el *c* muerto, allí se
26.26; Mr 14.22; Lc 22.19; 1 Co 11.24 dijo: Tomad, comed; esto es mi *c*
27.52 muchos *c* de santos que habían dormido
27.58; Mr 15.43; Lc 23.52 fue a Pilato y pidió el *c* de Jesús
Mr 6.29 vinieron y tomaron su *c*, y lo pusieron
Lc 24.3 y entrando, no hallaron el *c* del Señor
Jn 2.21 mas él hablaba del templo de su *c*
19.31 de que los *c* no quedasen en la cruz
Ro 1.24 que deshonraron entre sí sus propios *c*
7.4 habéis muerto a la ley mediante el *c* de
7.24 ¿quién me librará de este *c* de muerte?
8.10 el *c* en verdad está muerto a causa del
8.11 vivificará también vuestros *c* mortales
8.23 esperando la … redención de nuestro *c*
12.1 presentéis vuestros *c* en sacrificio vivo
12.5 así nosotros … somos un *c* en Cristo
1 Co 6.13 *c* … para el Señor, y el Señor para el *c*
6.15 que vuestros *c* son miembros de Cristo?
6.19 ¿o ignoráis que vuestro *c* es templo del
6.20 Gáorificad, pues, a Dios en vuestro *c* y
7.4 la mujer no tiene potestad sobre su … *c*
7.34 para ser santa así en *c* como ne espíritu
9.27 golpeo mi *c*, y lo pongo en servidumbre
10.16 ¿no es la comunión del *c* de Cristo?

10.17 nosotros, con ser muchos, somos un *c*
11.27 culpado del *c* y de la sangre del Señor
12.27 vosotros, pues, sois el *c* de Cristo, y
13.3 si entregase mi *c* para ser quemado, y no
15.35 pero dirá alguno ... ¿Con qué *c* vendrán?
15.40 y hay *c* celestiales, y *c* terrenales; pero

2 Co 4.10 llevando en el *c* ... la muerte de Jesús
5.6 entre tanto que estamos en el *c*, estamos
12.2 en el *c*, no lo sé; si fuera del *c*, no lo sé

Gá 6.17 yo traigo en mi *c* las marcas del Señor

Ef 1.23 la cual es su *c*, la plenitud de Aquel que
2.16 reconciliar con ... a ambos en un solo *c*
3.6 los gentiles son ... miembros del mismo *c*
4.4 un *c*, y un Espíritu, como fuisteis también
4.16 de quien todo el *c* ... recibe su crecimiento
5.28 amar a sus mujeres como a sus mismos *c*

Fil 3.21 el cual transformará el *c* de la humillación

Col 1.18 él es la cabeza del *c* que es la iglesia
2.23 en humildad y en duro trato del *c*; pero

1 Ts 5.23 todo ... espíritu, alma y *c* sea guardado

He 10.5 ofrenda no quisiste; mas me preparaste *c*
10.10 la ofrenda del *c* de Jesucristo hecha una

Stg 2.26 como el *c* sin espíritu está muerto, así
3.2 es capaz también de refrenar todo el *c*

2 P 1.13 por justo, en tanto que estoy en este *c*

Jud 9 disputando con él por el *c* de Moisés, no

CULPA

Gn 44.10 será mi siervo, y vosotros seréis sin *c*

Lv 7.1 esta es la ley del sacrificio por la *c*

Dt 21.9 tú quitarás la *c* de la sangre inocente

Jos 2.19 será sobre su cabeza, y nosotros sin *c*

Pr 28.20 el que se apresura a ... no será sin *c*

Mt 12.5 en el templo profanan ... y son sin *c*?

CHISMOSO/A

Pr 16.28 y el *ch* aparta a los mejores amigos
26.20 donde no hay *ch*, cesa la contienda

1 Ti 5.13 también *ch* y entremetidas, hablando

DADOR

2 Co 9.7 cada uno ... porque Dios ama al *d* alegre

Stg 4.12 uno solo es el *d* de la ley, que puede

DANIEL

Educado en el palacio del rey, Dn 1.1—7; firme en su propósito, Dn 1.8—16; interpreta el sueño de Nabucodonosor, Dn 2.1445; lee la escritura en la pared, Dn 5.17—29; librado del foso de los leones, Dn 6.10–24; sueños y visiones, Dan. 7, 8, 10—12; ora por su pueblo, Dn 9.1—19.

DANZAR

2 S 6.14 y David *danzaba* con toda su fuerza
6.21 por tanto, *danzaré* delante de Jehová

Mt 14.6; Mr 6.22 la hija de Herodías *danzó* en

DAÑAR *v.* Herir

Is 11.9 no ... ni *dañarán* en todo mi santo monte

Lc 10.19 so doy potestad de ... y nada os *dañará*

Flm 18 y si en algo te *dañó*, o te debe, ponlo a

Ap 9.4 se les mandó que no *dañasen* a la hierba
11.5 si alguno quiere *dañarlos*, sale fuego

DAR *v.* Pagar

Gn 3.12 la mujer que me *diste* ... me *dio* del
29.26 que se *dé* la menor antes de la mayor

Éx 12.36 egipcios, y les *dieron* cuanto pedían

Lv 12.2 la mujer, cuando conciba y *dé* a luz

Dt 15.10 *darás*, y no serás de mezquino corazón

Jos 15.19 me has *dado* tierra del Neguev, *dame*

1 R 5.12 Jehová, pues, *dio* a Salomón sabiduría
10.13 Salomón *dio* a la reina de Sabá todo lo

1 Cr 16.18; Sal 105.11 *daré* la tierra de Canaán
16.28; Sal 96.7 *dad* a Jehová gloria y poder
29.14 de lo recibido de tu mano te *damos*

2 Cr 1.7 pídeme lo que quieras que yo te *dé*
Esd 2.69 según sus fuerzas *dieron* al tesorero de
7.20 te sea necesario *dar*, lo *darás* de la casa
Job 1.21 dijo ... Jehová *dio*, y Jehová quitó; sea
39.13 ¿*diste* tú hermosas alas al pavo real
Sal 28.4 *dales* conforme a su obra, y conforme
85.12 Jehová *dará* también el bien, y nuestra
119.34 *dame* entendimiento, y guardaré tu ley
Pr 10.24 a los justos les será *dado* lo que desean
19.6 cada uno es amigo del hombre que *da*
21.26 pero el justo *da*, y no detiene su mano
23.26 *dame*, hijo mío, tu corazón, y miren tus
24.12 él ... *dará* al hombre según sus obras
28.27 el que *da* al pobre no tendrá pobreza
30.15 tiene dos hijas que dicen: ¡*Dame*! ¡*D*!
Is 26.12 Jehová, tú nos *darás* paz, porque también
42.24 ¿quién *dio* a Jacob en botín, y entregó
43.3 Egipto he *dado* por tu rescate, a Etiopía
49.6 te *di* por luz de las naciones, para que
66.9 yo que hago *dar* a luz, ¿no haré nacer?
Jer 17.10 para *dar* a cada uno según su camino
32.39 les *daré* un corazón, y un camino, para
Mt 4.9 todo esto te *daré*, si postrado me adorares
5.42; Lc 6.30 al que te pida, *dale*.; y al que
6.11; Lc 11.3 el pan nuestro ... *dánoslo* hoy
7.11 siendo malos, sabéis *dar* buenas dádivas
10.8 de gracia recibisteis, *dad* de gracia
13.12 a cualquiera que tiene, se le *dará*, y
14.7 le prometió ... *darle* todo lo que pidiese
14.16 les dijo ... *Dadles* vosotros de comer
15.36; Mr 6.41 partió y *dio* a sus discípulos
20.23; Mr 10.40 sentaros ... no es mío *darlo*
20.28 para *dar* su vida en rescate por muchos
21.23; Lc 20.2 ¿y quién te *dio* ... autoridad?
25.29; Mr 4.25; Lc 8.18; 19.26 al que tiene se le *dará*
Mr 8.37 ¿o qué recompensa *dará* ... por su alma?
12.14 lícito *dar* tributo ... ¿*daremos*, o no *d*?
12.17; Lc 20.25 *dad* a César lo que es de
15.45 informado ... *dio* el cuerpo a José por el
Lc 3.11 que tiene dos túnicas *dé* al que no tiene
4.6 esta potestad ... y a quien quiero la *doy*
6.38 *dad*, y se os *dará*; medida buena ... *darán*
11.8 levantará y le *dará* todo lo que necesita
11.9 yo os digo: Pedid, y se os *dará*; buscad
11.13 *dará* el Espíritu Santo a los que se lo
12.32 Padre le ha placido *daros* el reino
22.19 es mi cuerpo, que por vosotros es *dado*
Jn 4.7 sacar ... y Jesús le dijo: *Dame* de beber
5.27 *dio* autoridad de hacer juicio, por cuanto
6.32 Padre os *da* el verdadero pan del cielo
6.51 la cual yo *daré* por la vida del mundo
6.65 puede venir a mí, si no le fuere *dado*
10.28 yo les *doy* vida eterna, y no perecerán
14.16 yo rogaré ... y os *dará* otro Consolador
14.27 mi paz os *doy* ... yo no os la *d* como el mundo la *da*
15.16 que todo lo que pidiereis al ... os lo *dé*
16.21 la mujer cuando *da* a luz, tiene dolor
17.2 que *dé* vida ... a todos los que le *diste*
17.24 que me has *dado*, quiero que donde yo
Hch 3.6 pero lo que tengo te *doy*; en el nombre
20.35 más bienaventurado es *dar* que recibir
Ro 8.32 ¿cómo no nos *dará* ... todas las cosas?
11.35 ¿o quién le *dio* a él primero, para que

14.12 cada uno de ... *dará* a Dios cuenta de sí
2 Co 5.5 nos ha *dado* las arras del Espíritu
8.5 a sí mismos se *dieron* ... al Señor, y luego
9.7 cada uno *dé* como propuso en su corazón
Gá 1.4 se *dio* a sí mismo por nuestros pecados
Ef 3.16 para que os *dé*, conforme a las riquezas
Fil 4.15 en razón de *dar* y recibir sino vosotros
1 Ts 4.8 Dios, que también nos *dio* su Espíritu
1 Ti 6.17 nos *da* todas las cosas en abundancia
He 7.2 a quien ... *dio* Abraham los diezmos de
Stg 2.16 no les *daís* las cosas que son necesarias
Ap 12.5 ella *dio* a luz un hijo varón, que regirá
18.6 *dadle* a ella como ella os ha *dado*

DARDO
Zac 9.14 su *d* saldrá como relámpago; y Jehová
Ef 6.16 con que podáis apagar todos los *d* de

DAVID 1 S 16.13-1 R 2.11; 1 Cr 11.1–29.30.
Ungido por Samuel, 1 S 16.1–13;
toca el arpa ante Saúl, 1 S 16.14–23;
mata a Goliat, 1 S 17.1–58;
hace pacto con Jonatán, 1 S 18.1–5;
Saúl tiene celos de él, 1 S 18.6–9;
se casa con Mical, 1 S 18.20–29;
se gana la amistad de Jonatán, 1 S 20.1–42;
huye de Saúl, 1 S 19.1–24; 21.1–22.5;
habita en el desierto, 1 S 23.1–29;
perdona a Saúl en En-gadi, 1 S 24.1–22;
David y Abigail, 1 S 25.1–44;
perdona a Saúl en Zif, 1 S 26.1–25;
vive entre los filisteos, 1 S 27.1–28.2;
los filisteos desconfían de él, 1 S 29.1–11;
derrota a los amalecitas, 1 S 30.1–31;
endecha a Saúl y a Jonatán, 2 S 1.1–27;
hecho rey de Judá, 2 S 2.1–7;
hecho rey de Israel, 2 S 5.1–16; 1 Cr 11.1–9;
trae el arca a Jerusalén, 2 S 6.1–23; 1 Cr 15.1–16.6;
pacto de Dios con David, 2 S 7.1–29; 1 Cr 17.1–27;
extiende sus dominios, 2 S 8.1–18; 1 Cr 18.1–17;
David y Betsabé, 2 S 11.1–12.25;
huye ante la rebelión de Absalón, 2 S 15.1–16.23;
vuelve a Jerusalén, 2 S 19.1–43;
cántico de David, 2 S 22.1–23.7;
hace el censo de Israel y Judá, 2 S 24.1–25; 1 Cr 21.1–27;
da instrucciones a Salomón, 1 R 2.1–9; 1 Cr 28.1–21;
muere, 1 R 2.10–12; 1 Cr 29.26–30.
Sal 78.70 eligió a *D* su siervo, y lo tomó de las
Jer 23.5; 33.15 levantaré a *D* renuevo justo, y
Ez 34.23 sobre ellas a un pastor ... mi siervo *D*
Os 3.5 buscarán a Jehová su Dios, y a *D* su rey
Am 9.11 yo levantaré el tabernáculo caído de *D*
Zac 12.8 entre ellos fuere débil ... será como *D*
Mt 9.27 misericordia de nosotros. Hijo de *D*!
12.3; Mr 2.25; Lc 6.3 leísteis lo que hizo *D*
21.9 ¡Hosanna al Hijo de *D*! ¡Bendito el que
22.43 cómo *D* en el Espíritu le llama Señor?
Lc 1.32 Dios le dará el trono de *D* su padre
2.11 os ha nacido hoy, en la ciudad de *D*, un
Jn 7.42 del linaje de *D* ... ha de venir el Cristo?
Hch 2.25 *D* dice de él: Veía al Señor siempre
15.16 el tabernáculo de *D*, que está caído
Ro 1.3 que era del linaje de *D* según la carne
4.6 *D* habla de la bienaventuranza del hombre
Ap 5.5 el León de la ... la raíz de *D*, ha vencido
22.16 soy la raíz y el linaje de *D*, la estrella

DECLARAR *v.* Predicar
Éx 25.22 de allí me *declararé* a ti, y hablaré contigo
Dt 1.5 Moab, resolvió Moisés *declarar* esta ley
26.17 has *declarado* ... hoy que Jehová es tu
Jos 4.22 *declararéis* ... diciendo: Israel pasó en
7.19 y *declárame* ahora lo que has hecho

Jue 14.14 no pudieron *declararle* el enigma en
Sal 32.5 mi pecado te *declaré*, y no encubrí mi
50.6 y los cielos *declararán* su justicia
Jer 38.15 y Jeremías dijo … Si te lo *declarare*
Mt 13.35 *declararé* cosas escondidas desde la
Mr 4.34 a sus discípulos … les *declaraba* todo
Lc 24.27 les *declaraba* … lo que de él decían
Jn 4.25 cuando él venga nos *declarará* todas las
Hch 17.3 *declarando* … que era necesario que el
Ro 1.4 que fue *declarado* Hijo de Dios con poder
1 Co 14.25 *declarando* que … Dios está entre

DEFENDER *v.* Amparar
Éx 2.17 Moisés se levantó y las *defendió*, y dio
2.19 un varón egipcio nos *defendió* de mano
Dt 32.38 levántense … os ayuden y os *defiendan*
Job 13.15 *defenderé* delante de él mis caminos
Sal 5.11 den voces de júbilo … los *defiendes*
20.1 el nombre del Dios de Jacob te *defienda*
82.3 *defended* al débil y al huérfano; haced
Pr 31.9 y *defiende* la causa del pobre y del
Jer 15.20 yo estoy contigo … para *defenderte*
Hch 25.16 pueda *defenderse* de la acusación
Ro 2.15 y acusándoles o *defendiéndoles* sus

DEMONIO *v.* Espíritu inmundo
Lv 17.7 y nunca más sacrificarán sus … a los *d*
Dt 32.17 sacrificaron a los *d*, y no a Dios
Sal 106.37 sacrificaron sus hijos y sus … a los *d*
Mt 7.22 dirán … en tu nombre echamos fuera *d*
8.16 con la palabra echó fuera a los *d*, y sanó
9.34; 12.24; Mr 3.22; Lc 11.15 por el príncipe de los *d* echa fuera *d*
11.18; Lc 7.33 vino Juan … y dicen: *D* tiene
12.28; Lc 11.20 por el Espíritu … echo … *d*
15.22 mi hija es … atormentada por un *d*
17.18 reprendió Jesús al *d*, el cual salió del
Mr 1.34 echó … *d*; y no dejaba hablar a los *d*
3.15; Lc 9.1 autoridad … para echar fuera *d*
5.12 y le rogaron todos los *d*, diciendo
7.29 le dijo … Ve; el *d* ha salido de tu hija
9.38; Lc 9.49 en tu nombre echaba fuera *d*
16.9 a María … de quien había echado siete *d*
16.17 en mi nombre echarán fuera *d*; hablarán
Lc 4.33 un hombre que tenía un espíritu de *d*
4.41 también salían *d* de muchos, dando voces
9.42 *d* le derribó y le sacudió con violencia
11.14 estaba Jesús echando fuera un *d* … mudo
Jn 7.20 *d* tienes; ¿quién procura matarte?
8.48 que tú eres samaritano, y que tienes *d*?
10.20 decían: *D* tiene, y está fuera de sí
1 Co 10.20 a los *d* lo sacrifican, y no a Dios
1 Ti 4.1 escuchando a … y a doctrinas de *d*
Stg 2.19 crees … también los *d* creen, y tiemblan
Ap 9.20 ni dejaron de adorar a los *d*, y a las
18.2 y se ha hecho habitación de *d* y guarida

DESAMPARAR
Dt 12.19 ten cuidado de no *desamparar* al levita
31.6 Jehová, … no te dejará, ni te *desamparará*
Jue 6.13 ahora Jehová nos ha *desamparado*, y nos
1 S 12.22 Jehová no *desamparará* a su pueblo
2 R 21.14 *desampararé* el resto de mi heredad
Sal 9.10 no *desamparaste* a los que te buscaron
22.1 Dios mío, ¿por qué me has *desamparado*?
37.28 Jehová ama … no *desampara* a sus santos
71.11 diciendo: Dios lo ha *desamparado*
94.14 a su pueblo, ni *desamparará* su heredad
141.8 he confiado; no *desampares* mi alma
Jer 12.7 *desamparé* mi heredad, he entregado lo

Mt 27.46; Mr 15.34 ¿por qué me has *desamparado*?
2 Ti 4.10 Demas me ha *desamparado*, amando este
4.16 todos me *desampararon*; no les sea tomado
He 13.5 él dijo: No te *desampararé*, ni te dejaré

DESCANSAR

Éx 34.21 el séptimo día *descansarás*; aun en la
Dt 28.65 ni aun entre estas naciones *descansarás*
Jos 11.23 y la tierra *descansó* de la guerra
Rt 3.18 hombre no *descansará* hasta que concluya
Job 17.16 juntamente *descansarán* en el polvo
Sal 23.2 en lugares de … pastos me hará *descansar*
55.6 alas … paloma! Volaría yo, y *descansaría*
94.13 para hacerle *descansar* en los días de
Mt 11.28 venid a mí … y yo os haré *descansar*
Mr 6.31 venid … aparte … y *descansad* un poco
14.41 y les dijo: Dormid ya, y *descansad*
Lc 23.56 *descansaron* el día de reposo, conforme
Ap 6.11 se les dijo que *descansasen* … un poco
14.13 *descansarán* de sus trabajos, porque

DESEO *v.* Concupiscencia, Pasión

2 S 23.5 florecer toda mi salvación y mi *d*
Sal 10.17 el *d* de los humildes oíste, oh Jehová
20.4 te dé conforme al *d* de tu corazón, y
38.9 Señor, delante de ti están todos mis *d*
59.10 Dios hará que vea en mis enemigos mi *d*
112.10 lo verá … el *d* de los impíos perecerá
145.19 cumplirá el *d* de los que le temen
Pr 11.23 el *d* de los justos es solamente el bien
13.19 el *d* cumplido regocija el alma; pero
Ec 6.9 más vale vista de ojos que *d* que pasa
Jn 8.44 los *d* de vuestro padre queréis hacer
Ro 13.14 no proveáis para los *d* de la carne
Fil 1.23 teniendo *d* de partir y estar con Cristo
2.26 porque él tenía gran *d* de veros a todos
1 P 1.14 no os conforméis a los *d* que antes
2.11 que os abstengáis de los *d* carnales que
1 Jn 2.16 los *d* de la carne, los *d* de los ojos
2.17 el mundo pasa, y sus *d*; pero el que hace
Jud 18 habrá … que andarán según sus malvados *d*

DESHONRAR

Gn 34.2 tomó, y se acostó con ella, y la *deshonró*
Sal 79.12 su infamia, con que te han *deshonrado*
Os 2.5 la que los dio a luz se *deshonró*, porque
Mi 7.6 porque el hijo *deshonra* al padre, la hija
Sof 2.8 las afrentas … con que *deshonraron* a mi
Mal 1.7 ¿en qué te hemos *deshonrado*? En que
Ro 1.24 *deshonraron* entre sí sus propios cuerpos
2.23 ¿con infracción de … *deshonras* a Dios?

DESIGNIO

Est 9.25 perverso *d* que aquél trazó contra los
Job 5.13 prende … y frustra los *d* de los perversos
37.12 por sus *d* se revuelven las nubes en
Lm 3.62 los dichos … su *d* contra mí todo el día
Lc 7.30 desecharon los *d* de Dios respecto de sí
Ro 8.7 *d* de la carne son enemistad contra
Ef 1.11 todas las cosas según el *d* de su voluntad

DESMAYAR

Dt 1.21; Jos 1.9; 8.1 no temas ni *desmayes*
7.21 no *desmayes* delante de ellos, porque
1 S 17.32 no *desmaye* el corazón de ninguno a
Sal 27.13 hubiera yo *desmayado*, si no creyese
61.2 clamaré … cuando mi corazón *desmayare*
Is 41.10 no *desmayes*, porque yo soy tu Dios
42.4 no se cansará ni *desmayará*, hasta que
Jer 38.4 hace *desmayar* las manos de los hombres

Am 8.13 doncellas … jóvenes *desmayarán* de sed
Jon 4.8 el sol hirió a Jonás … y se *desmayaba*
Mt 15.32; Mr 8.3 sea que *desmayen* en el camino
Lc 18.1 la necesidad de orar … y no *desmayar*
2 Co 4.1 teniendo … ministerio … no *desmayamos*
4.16 por tanto, no *desmayamos*; antes aunque
Gá 6.9 a su tiempo segaremos, si no *desmayamos*
Ef 3.13 pido que no *desmayéis* a causa de mis
He 12.3 ánimo no se canse hasta *desmayar*

DESOBEDIENCIA *v.* Rebeldía
Ro 5.19 como por la *d* de un hombre los muchos
11.30 alcanzado misericordia por la *d* de
Ro 11.32 Dios sujetó a todos en *d*, para tener
2 Co 10.6 estando prontos para castigar toda *d*
Ef 2.2 espíritu que ahora opera en los hijos de *d*
5.6; Col 3.6 viene la ira … sobre los … de *d*
He 4.6 aquellos … no entraron por causa de *d*

DEUDA
Neh 10.31 año séptimo … remitiríamos toda *d*
Pr 22.26 ni de los que salen por fiadores de *d*
Mt 6.12 perdónanos nuestras *d*, como también
Mt 18.27 el señor … le soltó y le perdonó la *d*
Ro 4.4 no se le cuenta … como gracia, sino como *d*

DÍA *v.* Año, Tiempo
Gn 1.5 llamó Dios a la luz *D*, y a las tinieblas
Gn 8.22 no cesarán … invierno, y el *d* y la noche
24.55 espere la doncella … a lo menos diez *d*
Dt 33.25 cerrojos, y como tus *d* serán tus fuerzas
Neh 8.10 porque *d* santo es a nuestro Señor; no os
Job 3.1 abrió Job su boca, y maldijo su *d*
3.4 sea aquel *d* sombrío, y no cuide de él
14.5 ciertamente sus *d* están determinados
Sal 19.2 un *d* emite palabra a otro *d*, y una noche
39.5 diste a mis *d* término corto, y mi edad
74.16 tuyo es el *d*, tuya también es la noche
84.10 mejor es un *d* en tus atrios que mil
102.11 mis *d* son como sombra que se va, y me
118.24 este es el *d* que hizo Jehová; nos
145.2 cada *d* te bendeciré, y alabaré tu
Pr 3.16 largura de *d* está en su mano derecha
Cnt 2.17 hasta que apunte el *d*, y huyan las
Is 2.12 *d* de Jehová de los … vendrá sobre todo
13.6; Ez 30.3; Jl 1.15; Abd 15; Sof 1.7, 14 cerca está el *d* de Jehová
49.8 te oí, y en el *d* de salvación te ayudé
Jer 30.7 ¡ah, cuán grande es aquel *d*! tanto, que no
Jl 2.11 porque grande es el *d* de Jehová, y muy
2.31 antes que venga el *d* grande … de Jehová
Am 5.18 ¡ay de los que desean el *d* de Jehová!
Zac 14.1 el *d* de Jehová viene, y en medio de
Mal 4.5 Elías, antes que venga el *d* de Jehová
Mt 24.36; Mr 13.32 del *d* y la hora nadie sabe
28.20 estoy con vosotros todos los *d*, hasta
Lc 17.30 así será el *d* en que el Hijo del Hombre
Hch 2.20 antes que venga el *d* del Señor, grande
5.42 todos los *d*, en el templo y por las casas
Ro 13.13 andemos como de *d*, honestamente; no
14.5 uno hace diferencia entre *d* y *d*; otro
2 Co 6.2 he aquí ahora el *d* de salvación
Gá 4.10 guardáis los *d*, los meses, los tiempos y
Fil 1.6 la perfeccionará hasta el *d* de Jesucristo
1 Ts 5.2 sabéis … que el *d* del Señor vendrá así
5.5 vosotros sois hijos de luz e hijos del *d*
He 7.27 que no tiene necesidad cada *d*, como
10.25 más, cuanto veis que aquel *d* se acerca
2 P 1.19 que alumbra … hasta que el *d* esclarezca
3.8 con el Señor un *d* es como mil años, y mil

3.10 el *d* del Señor vendrá como ladrón en
Ap 6.17 porque el gran *d* de su ira ha llegado

DIABLO *v.* Beelzebú, Satanás
Mt 4.1; Lc 4.2 fue … para ser tentado por el *d*
13.39 el enemigo que la sembró es el *d*
25.41 al fuego eterno preparado para el *d* y
Lc 8.12 luego viene el *d* y quita de su corazón la
Jn 6.70 vosotros los doce, y uno de vosotros es *d*?
8.44 vosotros sois de vuestro padre el *d*
13.2 el *d* ya había puesto en el corazón de
Hch 10.38 sanando a … los oprimidos por el *d*
13.10 hijo del *d*, enemigo de toda justicia
Ef 4.27 ni deis lugar al *d*
6.11 estar firmes contra las asechanzas del *d*
1 Ti 3.6 no sea … caiga en la condenación del *d*
2 Ti 2.26 escapen del lazo del *d*, en que están
He 2.14 que tenía el imperio de la muerte … al *d*
Stg 4.7 resistid al *d*, y huirá de vosotros
1 P 5.8 el *d*, como … anda alrededor buscando
1 Jn 3.8 el que practica el pecado es del *d*
3.10 en esto se manifiestan … los hijos del *d*
Jud 9 el arcángel Miguel contendía con el *d*
Ap 2.10 el *d* echará a algunos de … en la cárcel
12.9; 20.2 serpiente … se llama *d* y Satanás
20.10 el *d* … fue lanzado en el lago de fuego

DIÁCONO/A
Ro 16.1 Febe … *d* de la iglesia en Cencrea
Fil 1.1 están en Filipos, con los obispos y *d*
1 Ti 3.8 los *d* … deben ser honestos, sin doblez

DIEZMAR
Dt 14.22 *diezmarás* todo el producto del grano
26.12 cuando acabes de *diezmar* … tus frutos
1 S 8.15 *diezmará* vuestro grano y vuestras viñas
Mt 23.23; Lc 11.42 ¡ay de … *diezmáis* la menta

DIEZMO *v.* Ofrenda
Gn 14.20 y le dio Abram los *d* de todo
28.22 de todo lo que me dieres, el *d* apartaré
Lv 27.30 el *d* de la … es cosa dedicada a Jehová
Nm 18.21 dado a los hijos de Leví todos los *d*
Dt 12.17 ni comerás … el *d* de tu grano, de tu
2 Cr 31.5 trajeron … los *d* de todas las cosas
Neh 10.37 el *d* de nuestra tierra para los levitas
10.38 levitas llevarían el *d* del *d* a la casa de
Am 4.4 traed de mañana … *d* cada tres días
Mal 3.8 qué te hemos robado? En vuestros *d*
3.10 traed todos los *d* al alfolí y haya
Lc 18.12 ayuno … doy *d* de todo lo que gano
He 7.2 a quien … dio Abraham los *d* de todo
7.5 mandamiento de tomar … *d* según la ley
7.9 pagó el *d* también Leví, que recibe los *d*

DINERO *v.* Oro, Plata, Riqueza
Gn 42.25 devolviesen el *d* de cada uno de ellos
47.14 recogió José todo el *d* que había en la
Éx 30.16 tomarás de … el *d* de las expiaciones
2 R 12.11 daban el *d* … a los que … reparaban
22.4 dile que recoja el *d* que han traído a la
2 Cr 24.11 cuando veían que había mucho *d*
Ec 5.10 el que ama el *d*, no se saciará de *d*; y el
7.12 escudo es el *d*; mas la sabiduría excede
10.19 alegra a los vivos; y el *d* sirve para todo
Is 55.1 los que no tienen *d* … Venid, comprad sin *d*
Mt 25.18 cavó en la … y escondió el *d* de su señor
28.12 consejo, dieron mucho *d* a los soldados
Mr 6.8 no … ni alforja, ni pan, ni *d* en el cinto
14.11; Lc 22.5 ellos … prometieron darle *d*
Hch 8.20 Pedro le dijo: Tu *d* perezca contigo
24.26 esperaba … que Pablo le diera *d* para
1 Ti 6.10 raíz de todos los males es el amor al *d*

Mt 1.23 que traducido es: *D* con nosotros
3.9 *D* puede levantar hijos a Abraham aun de
5.8 los de limpio corazón … ellos verán a *D*
6.24; Lc 16.13 no podéis servir a *D* y a las
19.17; Mr 10.18; Lc 18.19 ninguno hay bueno sino uno: *D*
19.26; Mr 10.27 mas para *D* todo es posible
22.21; Lc 20.25 dad … y a *D* lo que es de *D*
22.32; Mr 12.27; Lc 20.38 *D* no es *D* de muertos, sino de vivos
27.46; Mr 15.34 *D* mío, *D* mío, ¿por qué me
Mr 12.30 amarás al Señor tu *D* con todo tu
Mr 12.32 verdad has dicho, que uno es *D*, y no
Lc 8.39 cuán grandes cosas ha hecho *D* contigo
16.15 sois … mas *D* conoce vuestros corazones
18.13 diciendo: *D*, sé propicio a mí, pecador
18.27 imposible … hombres, es posible para *D*
20.37 *D* de Abraham, *D* de Isaac y *D* de Jacob
Jn 1.1 y el Verbo era con *D*, y el Verbo era *D*
1.13 ni de voluntad de varón, sino de *D*
1.18 *D* nadie le vio jamás; el unigénito Hijo
4.24 *D* es Espíritu; y los que le adoran, en
5.18 *D* era su … Padre, haciéndose igual a *D*
8.42 porque yo de *D* he salido, y he venido
10.34 ¿no está escrito en … Yo dije, *d* sois?
13.3 Jesús … que había salido de *D*, y a *D* iba
14.1 creéis en *D*, creed también en mí
20.17 diles … Subo … a mi *D* y a vuestro *D*
20.28 respondió … ¡Señor mío, y *D* mío!
Hch 5.29 obedecer a *D* antes que a los hombres
7.40 haznos *d* que vayan delante de nosotros
10.34; Ro 2.11 que *D* no hace acepción de
14.11 *d* bajo la semejanza de hombres han
17.23 esta inscripción: Al *D* no conocido
19.26 que no son *d* los que se hacen con las
19.37 sin ser … blasfemadores de vuestra *d*
28.6 cambiaron de … y dijeron que era un *d*
Ro 3.29 ¿es *D* solamente *D* de los judíos? ¿No
5.8 *D* muestra su amor para con nosotros, en
8.31 si *D* es por nosotros, ¿quién contra
13.1 no hay autoridad sino de parte de *D*
15.5 el *D* de la paciencia y de la consolación
15.13 y el *D* de esperanza os llene de todo
1 Co 1.9 fiel es *D*, por el cual fuisteis llamados a
1.24 Cristo poder de *D*, y sabiduría de *D*
2.10 pero *D* nos las reveló a nosotros por el
8.5 aunque haya algunos que se llamen *d*, sea
8.6 para nosotros … sólo hay un *D*, el Padre
10.13 fiel es *D*, que no os dejará ser tentados
11.3 Cristo es la cabeza … y *D* la … de Cristo
14.33 *D* no es *D* de confusión, sino de paz
15.57 gracias … a *D*, que nos da la victoria
2 Co 1.3 Padre de … y *D* de toda consolación
3.5 que nuestra competencia proviene de *D*
4.4 el *d* de este siGáo cegó el entendimiento
5.19 *D* estaba en Cristo reconciliando consigo
6.16 y seré su *D*, y ellos serán mi pueblo
7.10 la tristeza que es según *D* produce
11.2 porque os celo de *D*; pues os
13.11 y el *D* de paz … estará con vosotros
Gá 4.8 a los que por naturaleza no son *d*
6.7 *D* no puede ser burlado: pues todo lo que
Ef 2.4 pero *D*, que es rico en misericorida, por
2.12 sin esperanza y sin *D* en el mundo
4.6 un *D* y Padre de todos, el cual es sobre
Fil 2.6 el cual, siendo en forma de *D*, no estimó
2.13 *D* es el que en vosotros produce así el

3.19 cuyo *d* es el vientre, y cuya gloria es su
4.7 y la paz de *D*, que sobrepasa todo
4.19 mi *D* … suplirá todo lo que os falta
Col 1.25 para que anuncie … la palabra de *D*
2 Ts 2.4 que se sienta en el templo de *D* como *D*
1 Ti 2.5 un solo *D*, y un solo mediador entre *D* y
3.16 el misterio … *D* fue manifestado en carne
Tit 2.13 y la manifestación Gáoriosa de … gran *D*
He 6.10 porque *D* no es injusto para olvidar
6.18 en las cuales es imposible que *D* mienta
8.10 seré a ellos por *D*, y ellos me serán a mí
10.31 cosa es el caer en manos del *D* vivo!
12.29 porque nuestro *D* es fuego consumidor
Stg 1.5 si … tiene falta de sabiduría, pídala a *D*
1.13 es tentado … de *D* … *D* no puede ser tentado
4.4 amigo del … se constituye enemigo de *D*
4.8 acercaos a *D*, y él se acercará a vosotros
1 Jn 4.8 no ama, no ha conocido a *D* … *D* es amor
4.12 *D* permanece en nosotros, y su amor se
5.20 éste es el verdadero *D*, y la vida eterna
Jud 25 al único y sabio *D*, nuestro Salvador
Ap 4.8 santo es el Señor *D* Todopoderoso, el que
21.3 *D* mismo estará con ellos como su *D*

DISCERNIR *v.* Entender
Lv 10.10 para poder *discernir* entre lo santo y lo
1 R 3.9 para *discernir* entre lo bueno y lo malo
Job 6.30 ¿acaso no puede mi paladar *discernir* las
Ec 8.5 el corazón del sabio *discierne* el tiempo
Jon 4.11 que no saben *discernir* entre su mano
Mal 3.18 *discerniréis* la diferencia entre el justo
1 Co 2.14 se han de *discernir* espiritualmente
11.29 el que come … sin *discernir* el cuerpo

DISCIPLINAR
He 12.6 porque el Señor al que ama, *disciplina*
12.9 padres terrenales que nos *disciplinaban*

DISCÍPULO *v.* Apóstol
Mt 5.1 subió … y sentándose, vinieron a él sus *d*
9.14; Mr 2.18 ¿por qué … tus *d* no ayunan?
10.1; Lc 9.1 llamando a sus doce *d*, les dio
10.24; Lc 6.40 el *d* no es más que su maestro
10.42 agua fría … por cuanto es *d* … no perderá
11.2 al oír Juan, en la … le envió dos de sus *d*
14.26 los *d*, viéndole andar sobre el mar, se
16.13 preguntó a sus *d*: ¿Quién … es el Hijo
17.16; Mr 9.18; Lc 9.40 lo he traído a tus *d*
19.25 sus *d*, oyendo esto, se asombraron en
21.1; Mr 11.2 vinieron … Jesús envió dos *d*
22.16 le enviaron los *d* de ellos con los
24.3 los *d* se le acercaron aparte, diciendo
26.8 los *d* se enojaron, diciendo: ¿Para qué
26.56 todos los *d*, dejándole, huyeron
27.57; Jn 19.38 José … había sido *d* de Jesús
27.64 que vengán sus *d* de noche, y lo hurten
28.7 id ..y decid a sus *d* que ha resucitado
28.19 id, y haced *d* a todas las naciones
Mr 2.23; Lc 6.1 sus *d* … comenzaron a arrancar
4.34 aunque a sus *d* en … les declaraba todo
6.41; 8.6; Lc 9.16; Jn 6.11 partió los panes, y dio a sus *d*
9.31 enseñaba a sus *d*, y les decía: El Hijo del hombre
Mr 10.13; Lc 18.15 los *d* reprendían a los que
10.24 los *d* se asombraron de sus palabras
16.7 a sus *d*, y a Pedro, que él va delante de
Lc 6.13 llamó a sus *d*, y escogió doce de
7.18 los *d* de Juan le dieron las nuevas de
11.1 uno de sus *d* le dijo: Señor, enséñanos a

14.26 no aborrece … vida, no puede ser mi *d*
14.33 que no renuncia a … no puede ser mi *d*
19.37 multitud de los *d* … comenzó a alabar
Jn 1.37 oyeron … los dos *d*, y siguieron a Jesús
2.11 hizo Jesús en … y sus *d* creyeron en él
4.1 que Jesús hace y bautiza más *d* que Juan
6.66 muchos de sus *d* volvieron atrás, y ya no
8.31 permaneciereis en mi palabra … mis *d*
9.28 eres su *d*; pero nosotros, *d* de Moisés
13.5 comenzó a lavar los pies de los *d*, y a
13.23 uno de sus *d*, al cual Jesús amaba
13.35 en esto conocerán todos que sois mis *d*
15.8 llevéis mucho fruto, y seáis así mis *d*
18.17 ¿no eres tú … de los *d* de este hombre?
19.26 vio Jesús a … y al *d* a quien él amaba
20.2 corrió, y fue a Simón Pedro y al otro *d*
20.18 para dar a los *d* las nuevas de que
21.4 playa; mas los *d* no sabían que era Jesús
21.7 *d* a quien Jesús amaba dijo a Pedro: ¡Es
21.23 este dicho … que aquel *d* no moriría
Hch 6.1 como creciera el número de los *d*, hubo
9.1 Saulo … amenazas … contra los *d* el Señor
9.26 trataba de juntarse con los *d*; pero todos
11.26 a los *d* se les llamó cristianos por
13.52 *d* estaban llenos de gozo y del Espíritu
18.23 de Frigia, confirmando a todos los *d*
21.4 hallados los *d*, nos quedamos allí siete
21.16 vinieron … de los *d*, trayendo consigo a

DOLOR *v.* Adversidad, Tribulación
Gn 3.16 los *d* en tus preñeces; con *d* darás a
42.38 descender mis canas con *d* al Seol
Éx 15.14 se apoderará *d* de la … de los filisteos
Job 6.10 si me asaltase con *d* sin dar más tregua
15.20 sus días, el impío es atormentado de *d*
15.35 concibieron *d*, dieron a luz iniquidad
33.19 castigado con *d* … en todos sus huesos
Sal 16.4 se multiplicarán los *d* de aquellos que
31.10 porque mi vida se va gastando de *d*, y
32.10 muchos *d* habrá para el impío; mas el
41.3 Jehová lo sustentará sobre el lecho del *d*
127.2 por demás es … y que comáis pan de *d*
Pr 14.13 aun en la risa tendrá *d* el corazón
19.13 *d* es para su padre el hijo necio
23.29 para quién … el ay? ¿para quién el *d*?
Ec 1.18 molestia; y quien añade ciencia, añade *d*
2.23 porque todos sus días no son sino *d*
5.17 comerá … con mucho afán y *d* y miseria
Is 13.8 *d* se apoderarán de ellos; tendrán *d* como
21.3 por tanto, mis lomos se han llenado de *d*
26.18 concebimos, tuvimos *d* de parto, dimos
50.11 os vendrá esto; en *d* seréis sepultados
51.11 gozo y alegría, y el *d* y el gemido huirán
53.3 varón de *d*, experimentado en quebranto
53.4 sufrió nuestros *d*; y nosotros le tuvimos
66.7 antes que le viniesen *d*, dio a luz hijo
Jer 8.18 de mi fuerte *d*, mi corazón desfallece
13.21 ¿no te darán *d* como de mujer que está
20.18 ¿para ver trabajo y *d*, y que mis días
30.15 incurable es tu *d* … por la grandeza
Lm 1.12 mirad, y ved si hay *d* como mi *d* que
Ez 23.33 será llena … de *d* por el cáliz de soledad
Os 13.13 *d* de mujer que da a luz le vendrán
Mt 24.8 y todo esto será principio de *d*
Ro 8.22 y a una está con *d* de parto hasta ahora
9.2 que tengo … y continuo *d* en mi corazón

3.3 tiempo de destruir, y tiempo de *edificar*
Is 9.10 cayeron, pero *edificaremos* de cantería
58.12 los tuyos *edificarán* las ruinas antiguas
66.1 está la casa que me habréis de *edificar*
Jer 31.4 te *edificaré*, y serás *edificada*, oh virgen
42.10 tierra, os *edificaré*, y no os destruiré
Dn 9.25 se volverá a *edificar* la plaza y el muro
Am 9.11 lo *edificaré* como en el tiempo pasado
Mi 3.10 que *edificáis* a Sion con sangre, y a
Hab 2.12 ¡ay del que *edifica* la … con sangre
Zac 6.12 Renuevo … *edificará* el templo de Jehová
Mal 1.4 pero volveremos a *edificar* lo arruinado
Mt 7.24 prudente … *edificó* su casa sobre la roca
23.29; Lc 11.47 *edificáis* los sepulcros de los
Mr 14.58 y en tres días *edificaré* otro hecho sin
Lc 14.30 comenzó a *edificar*, y no pudo acabar
Jn 2.20 en 46 años fue *edificado* este templo, ¿y tú
Hch 7.49 ¿qué casa me *edificaréis*? dice el Señor
9.31 eran *edificadas*, andando en el temor del
Ro 15.20 para no *edificar* sobre fundamento ajeno
1 Co 8.1 él … envanece, pero el amor *edifica*
10.23 todo me es lícito, pero no todo *edifica*
14.4 habla en lengua … a sí mismo se *edifica*
Gá 2.18 las cosas que destruí … vuelvo a *edificar*
Ef 2.20 *edificados* sobre el fundamento de los
1 Ts 5.11 *edificaos* unos a otros, así como lo
1 P 2.5 sed *edificados* como casa espiritual y
Jud 20 *edificándoos* sobre vuestra santísima fe

EJÉRCITO

Éx 7.4 sacaré a mis *e*, mi pueblo, los hijos de
Nm 33.1 que salieron … de Egipto por sus *e*
Jos 5.14 Príncipe del *e* de Jehová he venido
2 R 21.3; 2 Cr 33.3 adoró a todo el *e* de los
25.5 el *e* de los caldeos siguió al rey, y lo
1 Cr 12.22 hacerse un gran *e*, como *e* de Dios
14.15 Dios … herirá el *e* de los filisteos
19.10 Joab … ordenó su *e* contra los sirios
2 Cr 25.7 rey, no vaya contigo el *e* de Israel
Job 25.3 ¿tienen sus *e* número? ¿Sobre quién no
Sal 44.9 avergonzar; y no sales con nuestros *e*
148.2 ángeles; alabadle, vosotros todos sus *e*
Is 10.28 vino hasta … en Micmas contará su *e*
40.26 él saca y cuenta su *e*; a todas llama
Jer 37.5 cuando el *e* … había salido de Egipto
39.5; 52.8 pero el *e* de los caldeos los siguió
Ez 37.10 y vivieron … un *e* grande en extremo
Jl 2.11 Jehová dará su orden delante de su *e*
Zac 4.6 no con *e*, ni con fuerza, sino con mi
Lc 21.20 cuando viereis a Jerusalén rodeada de *e*
Hch 7.42 entregó a que rindiesen culto al *e* del cielo
He 11.34 fuertes … pusieron en fúga *e* extranjeros
Ap 19.14 y los *e* celestiales, vestidos … le seguían

ELÍAS

1 R 17.1–19.21; 2 R 1.1–2.11.
Predice la sequía, 1 R 17.1;
alimentado por los cuervos, 1 R 17.2–7;
alimentado por la viuda de Sarepta, 1 R 17.8–16;
revive al hijo de la viuda, 1 R 17.17–24;
regresa adonde Acab, 1 R 18.1–19;
Elías y los profetas de Baal, 1 R 18.20–40;
ora por la lluvia, 1 R 18.41–46; huye a Horeb, 1 R 19.1–8;
oye la voz de Dios, 1 R 19.9–18;
llama a Eliseo, 1 R 19.19–21;
reprende a Acab, 1 R 21.17–29;
pide que caiga fuego del cielo, 2 R 1.3–16;
arrebatado al cielo, 2 R 2.1–11.
Mal 4.5 yo os envío el profeta *E*, antes que venga
Mt 11.14 y si … él es aquel *E* que había de venir
16.14; Mr 8.28; Lc 9.19 otros, *E* … o alguno de los profetas

17.3; Mr 9.4; Lc 9.30 aparecieron Moisés y *E* hablando con él
17.12; Mr 9.13 mas os digo que *E* ya vino
27.47; Mr 15.35 decían, al … A *E* llama éste
Mr 6.15; Lc 9.8 otros decían: Es *E*. Y otros
Lc 1.17 irá delante de él con el espíritu … de *E*
9.54 descienda fuego del cielo, como hizo *E*
Jn 1.21 le preguntaron … ¿Eres tú *E*? Dijo: No
Ro 11.2 ¿o no sabéis qué dice de *E* la Escritura
Stg 5.17 *E* era hombre sujeto a pasiones … y oró

ELISEO

Llamado, 1 R 19.19–21;
sucede a Elías, 2 R 2.1–15;
sana las aguas, 2 R 2.19–22;
maldice a los muchachos, 2 R 2.23–25;
multiplica el aceite de la viuda, 2 R 4.1–7;
revive al hijo de la sunamita, 2 R 4.8–37;
purifica la olla, 2 R 4.38–41;
alimenta a los profetas, 2 R 4.42–44;
sana la lepra de Naamán, 2 R 5.1–27;
Eliseo y los sirios, 2 R 6.8–23;
promete alimentos en tiempo de sitio, 2 R 6.24–7.2;
predice la victoria sobre Siria, 2 R 13.14–19;
muere y es enterrado, 2 R 13.20;
los huesos de Eliseo, 2 R 13.21.

EMBAJADOR *v.* Apóstol, Discípulo, Mensajero
Jos 9.4 se fingieron *e*, y tomaron sacos viejos
Is 33.7 he aquí que sus *e* darán voces afuera; los
57.9 enviaste tus *e* lejos, y te abatiste hasta
Ez 17.15 pero se rebeló … enviando *e* a Egipto
2 Co 5.20 así que, somos *e* en nombre de Cristo
Ef 6.20 por el cual soy *e* en cadenas; que con

ENEMIGO *v.* Diablo
Gn 22.17 tu … poseerá las puertas de sus *e*
Éx 15.6 diestra, oh Jehová, ha quebrantado al *e*
23.22 si … oyeres su voz … seré *e* de tus *e*, y
Lv 26.8 mil, y vuestros *e* caerán a filo de espada
Nm 10.35 sean dispersados tus *e*, y huyan de tu
35.23 él no era su *e*, ni procuraba su mal
Dt 28.48 servirás … a tus *e* que enviare Jehová
32.41 yo tomaré venganza de mis *e*, y daré
Jos 7.12 Israel no podrán hacer frente a sus *e*
Jue 5.31 así perezcan todos tus *e*, oh Jehová
1 S 12.11 y os libró de mano de vuestros *e* en
18.29 tuvo más temor de David; y fue Saúl *e*
20.15 Jehová haya cortado … los *e* de David
24.19 ¿quién hallará a su *e* y lo dejará ir sano
2 S 24.13 ¿o que huyas tres meses … de tus *e*
1 R 8.44 si tu pueblo saliere en … contra sus *e*
Esd 4.1 oyendo los *e* de Juda, y de Benjamín que
Est 7.6 el *e* y adversario es este malvado Amán
8.13 preparados … para vengarse de sus *e*
9.22 en que los judíos tuvieron paz de sus *e*
Job 13.24 escondes tu … y me cuentas por tu *e*?
Sal 6.10 se avergonzarán y se turbarán … mis *e*
27.2 los malignos, mis angustiadores y mis *e*
72.9 se prostrarán … y sus *e* lamerán el polvo
74.3 el mal que el *e* ha hecho en el santuario
74.4 *e* vociferan en medio de tus asambleas
89.42 has exaltado la diestra de sus *e*; has
92.9 perecerán tus *e*; serán esparcidos todos
97.3 fuego irá … y abrasará a sus *e* alrededor
110.1 ponga a tus *e* por estrado de tus pies
136.24 y nos rescató de nuestros *e*, porque
139.22 los aborrezco por … los tengo por *e*
Pr 16.7 aun a sus *e* hace estar en paz con él
24.17 cuando cayere tu *e*, no te regocijes
Is 9.11 Jehová levantará los *e* de Rezín contra él
11.13 Efraín, y los *e* de Judá serán destruidos
59.18 como para retribuir con ira a sus *e*
59.19 vendrá el *e* como río, mas el Espíritu
63.10 por lo cual se les volvió *e*; y él mismo

Lm 2.5 el Señor llegó a ser como *e*, destruyó a
Am 3.11 *e* vendrá por todos lados de la tierra
Mi 7.6 los *e* del hombre son los de su casa
Zac 8.10 ni hubo paz para el que … a causa del *e*
Mt 5.44; Lc 6.27, 35 os digo: Amad a vuestros *e*
10.36 y los *e* del hombre serán los de su casa
13.25 mientras dormían … vino su *e* y sembró
13.28 él les dijo: Un *e* ha hecho esto. Y los
22.44; Mr 12.36; Lc 20.43; Hch 2.35; He 1.13 hasta que ponga a tus *e* por estrado
Lc 19.27 aquellos mis *e* que no querían que yo
19.43 tus *e* te rodearán con vallado, y te
Ro 5.10 siendo *e*, fuimos reconciliados con Dios
11.28 cuanto al evangelio, son *e* por causa de
12.20 si tu *e* tuviere hambre, dale de comer
1 Co 15.25 haya puesto a todos sus *e* debajo de
Gá 4.16 ¿me he hecho … *e*, por deciros la verdad?
Fil 3.18 digo … que son *e* de la cruz de Cristo
Col 1.21 erais … extraños y *e* en vuestra mente
2 Ts 3.15 no lo tengáis por *e*, sino … hermano
Stg 4.4 quiera ser amigo del mundo … *e* de Dios

ENFERMEDAD

Éx 15.26 ninguna *e* de las que envié a los egipcios
Dt 7.15 quitará Jehová de ti toda *e*; y todas las
2 R 1.2; 8.8 consultad … he de sanar de esta mi *e*
2 Cr 21.18 lo hirió con una *e* incurable en los
Sal 41.3 de dolor; mullirás toda su cama en su *e*
77.10 dije: *E* mía es esta; traeré, pues, a la
Pr 18.14 el ánimo del hombre soportará su *e*
Is 53.4 ciertamente llevó él nuestras *e*, y sufrió
Jer 10.19 dije … *e* mía es esta, y debo sufrirla
16.4 de dolorosas *e* morirán; no … plañidos ni
Os 5.13 verá Efraín su *e*, y Judá su llaga; irá
Mt 4.24 los afligidos por diversas *e* … los sanó
8.17 dijo: El mismo tomó nuestras *e*, y llevo
10.1; Mr 3.15 dio … para sanar toda *e* y toda
Mr 1.32 le trajeron todos los que tenían *e*, y a
Lc 4.40 enfermos de diversas *e* los traían a él
5.15; 6.17 oírle, y para que les sanase de sus *e*
7.21 misma hora sanó a muchos de *e* y plagas
13.11 una mujer que … tenía espíritu de *e*
Jn 5.4 quedaba sano de cualquier *e* que tuviese
11.4 *e* no es para muerte, sino par la gloria
Hch 28.9 que … tenían *e*, venían, y eran sanados
Gá 4.13 a causa de una *e* del cuerpo os anuncié
1 Ti 5.23 vino por causa de … tus frecuentes *e*

ENGENDRAR *v*. Dar, Hijo

Sal 2.7 dicho: Mi hijo eres tú; yo te *engendré* hoy
Pr 17.21 el que *engendra* al insensato, para su
Is 45.10 dice al padre: ¿Por qué *engendraste*?
49.21 y dirás … ¿Quién me *engendró* éstos?
Mt 1.20 porque lo que en ella es *engendrado*, del
Hch 13.33; He 1.5; 5.5 yo te he *engendrado* hoy
1 Co 4.15 en Cristo Jesús yo os *engendré* por
1 Jn 5.1 aquel que ama al que *engendró*, ama
5.18 Aquel que fue *engendrado* por Dios le

ENOJAR

Gn 18.30 no se *enoje* ahora mi Señor, si hablare
30.2 Jacob se *enojó* contra Raquel, y dijo
Éx 4.14 Jehová se *enojó* contra Moisés, y dijo
16.20 hedió; y se *enojó* contra ellos Moisés
Lv 10.16 Moisés … *enojó* contra Eleazar e Itamar
Dt 1.34 oyó Jehová la voz … palabras, y se *enojó*
3.26; 4.21 Jehová se había *enojado* contra mí
31.20 me *enojarán*, e invalidarán mi pacto
1 R 14.22 y le *enojaron* más que todo lo que sus
Sal 2.12 honrad al Hijo, para que no se *enoje*, y
78.40 ¡cuántas veces … lo *enojaron* en el yermo!
78.56 tentaron y *enojaron* al Dios Altísimo

Pr 14.17 que fácilmente se *enoja* hará locuras
Ec 7.9 no te apresures … a *enojarte*; porque el
Is 12.1 pues aunque te *enojaste* contra mí, tu
47.6 me *enojé* contra mi pueblo, profané mi
54.9 he jurado que no me *enojaré* contra ti
57.16 contenderé … ni para siempre me *enojaré*
63.10 e hicieron *enojar* su santo espíritu; por
64.9 no te *enojes* sobremanera, Jehová, ni
Jer 44.8 haciéndome *enojar* con las obras … manos
Ez 16.26 y aumentaste tus … para *enojarme*
Dn 11.30 se *enojará* contra el pacto santo, y hará
Jon 4.1 pero Jonás se apesadumbró … y se *enojó*
4.4 dijo: ¿Haces tú bien en *enojarte* tanto?
Zac 1.2 *enojó* Jehová … contra vuestros padres
Mt 5.22 que se *enoje* contra su hermano, será
18.34 señor, *enojado*, le entregó a los verdugos
20.24; Mr 10.41 los diez oyeron … se *enojaron*
22.7 al oírlo el rey, se *enojo*; y enviando sus
26.8; Mr 14.4 los discípulos se *enojaron*
Lc 14.21 *enojado* el padre de familia, dijo a su
15.28 se *enojó*, y no quería entrar. Salió por
Jn 7.23 *enojáis* porque en el día de reposo sané
Hch 12.20 Herodes estaba *enojado* contra los de

ENRIQUECER

1 S 17.25 le *enriquecerá* con grandes riquezas
Sal 49.16 no temas cuando se *enriquece* alguno
65.9 en gran manera la *enriqueces*; con el río
Pr 28.20 el que se apresura a *enriquecerse* no será
1 Co 1.5 porque … fuisteis *enriquecidos* en él, en
2 Co 6.10 pobres, mas *enriqueciendo* a muchos
9.11 que estéis *enriquecidos* en todo para
1 Ti 6.9 los que quieren *enriquecerse* caen en
Ap 18.3 se han *enriquecido* de la potencia de sus

ENSEÑAR

Éx 4.12 vé … y te *enseñaré* lo que hayas de hablar
18.20 *enseña* a ellos las ordenanzas y las leyes
Lv 10.11 *enseñar* a los hijos de … los estatutos
Dt 4.5 yo os he *enseñado* estatutos y decretos
4.9 las *enseñarás* a tus hijos, y a los hijos de
4.36 desde … hizo oír su voz, para *enseñarte*
11.19 *enseñaréis* a vuestros hijos, hablando
1 R 8.36 *enseñándoles* el buen camino en que
2 R 17.28 *enseñó* cómo habían de temer a Jehová
2 Cr 6.27 les *enseñarás* el buen camino para que
17.9 *enseñaron* en Judá … el libro de la ley
Neh 9.20 enviaste tu … Espíritu para *enseñarles*
Job 4.3 tú *enseñabas* a muchos, y fortalecías las
6.24 *enseñadme*, y yo callaré; hacedme entender
21.22 ¿*enseñará* alguien a Dios sabiduría
27.11 yo os *enseñaré* en cuanto a la mano de
34.32 *enséñame* tú lo que yo no veo; si hice
35.11 nos *enseña* más que a las bestias de la
Sal 16.7 en las noches me *enseña* mi conciencia
25.4 Jehová, tus caminos; *enséñame* tus sendas
25.8 él *enseñará* a los pecadores el camino
27.11; 86.11 *enséñame*, oh Jehová, tu camino
51.13 entonces *enseñaré* a los transgresores
71.17 oh Dios, me *enseñaste* desde mi juventud
90.12 *enséñamos* … modo a contar nuestros días
94.10 ¿no sabrá el que *enseña* al hombre la
119.12, 26, 64, 124, 135 *enséñame* tus estatutos
119.33 *enséñame* … el camino de tus estatutos
119.66 *enséñame* buen sentido y sabiduría
143.10 *enséñame* a hacer tu voluntad, porque

Pr 9.9 *enseña* al justo, y aumentará su saber
Is 2.3 subamos al … y nos *enseñará* sus caminos
28.9 ¿a quién se *enseñará* ciencia, o a quién
40.13 *enseñó* al … o le aconsejó *enseñándole*?
40.21 ¿no habéis sido *enseñados* desde que la
48.17 yo soy Jehová Dios tuyo, que te *enseña*
54.13 tus hijos serán *enseñados* por Jehová
Jer 31.34 no *enseñará* más ninguno a su prójimo
33.3 te *enseñaré* cosas grandes y ocultas que
Ez 44.23 *enseñarán* … a hacer diferencia entre lo
Dn 12.3 los que *enseñan* la justicia a la multitud
Os 7.15 aunque yo los *enseñé* y fortalecí sus brazos
11.3 yo … *enseñaba* a andar al mismo Efraín
Mi 3.11 sus sacerdotes *enseñan* por precio, y sus
4.2 subamos a … y nos *enseñará* en sus caminos
Zac 1.9 me dijo … Yo te *enseñaré* lo que son éstos
Mt 3.7 ¿quién os *enseñó* a huir de la ira venidera?
4.23; 9.35; 13.54; Lc 4.15 *enseñando* en las singagogas de ellos
5.2 abriendo su boca les *enseñaba*, diciendo
5.19 así *enseñe* a los hombres, muy pequeño
7.29; Mr 1.22 *enseñaba* como quien tiene autoridad
11.1 se fue de allí a *enseñar* y a predicar en
15.9; Mr 7.7 *enseñando* … mandamientos de
22.16; Mr 12.14 *enseñas* con verdad el camino de Dios
26.55; Mr 14.49 cada día … *enseñando* en el
28.20 *enseñándoles* que guarden todas las cosas
Mr 6.2 comenzó a *enseñar* en la sinagoga; y
9.31 *enseñaba* a sus discípulos, y les decía: El
Lc 11.1 *enséñanos* a orar, como … Juan *enseñó* a
12.12 Espíritu … *enseñará* … lo que debáis decir
Lc 13.10 *enseñaba* Jesús en una sinagoga en el
13.26 bebido, y en nuestras plazas *enseñaste*
19.47 y *enseñaba* cada día en el templo; pero
20.21 sabemos que dices y *enseñas*, rectamente
Jn 6.45 y serán todos *enseñados* por Dios. Así que
7.14 fiesta subió Jesús al templo, y *enseñaba*
8.28 que según me *enseñó* el Padre, así hablo
14.26 Espíritu … os *enseñará* todas las cosas
Hch 1.1 que Jesús comenzó a hacer y a *enseñar*
4.18 ni *enseñasen* en el nombre de Jesús
5.28 ¿no os mandamos … que no *enseñaseis* en
7.22 fue *enseñado* Moisés en toda la sabiduría
8.31 ¿y cómo podré, si alguno no me *enseñare*?
15.1 de Judea *enseñaban* a los hermanos: Si no
15.35 Pablo y … *enseñando* la palabra del Señor
18.25 y *enseñaba* … lo concerniente al Señor
20.35 os he *enseñado* que, trabajando así, se
21.28 este es el hombre que … *enseña* a todos
Ro 2.21 tú … que *enseñas* a otro, ¿no te *enseñas* a
12.7 servir; o el que *enseña*, en la enseñanza
1 Co 2.13 hablamos, no con palabras *enseñadas*
11.23 recibí del Señor lo que … he *enseñado*
14.19 cinco palabras … para *enseñar* … a otros
15.3 he *enseñado* lo que … recibí: que Cristo
Gá 6.6 el que es *enseñado* en la palabra, haga
Ef 4.21 si … oído, y habéis sido por él *enseñados*
Fil 4.12 en todo y por todo estoy *enseñado*, así
Col 1.28 y *enseñando* a todo hombre en toda
3.16 *enseñándoos* y exhortándoos unos a otros
1 Ti 1.3 que mandases a algunos que no *enseñen*
2.12 porque no permito a la mujer *enseñar*
3.2 decoroso, hospedador, apto para *enseñar*

4.6 si esto *enseñas* a los hermanos, serás buen
4.11 esto manda y *enseña*
5.17 los que trabajan en predicar y *enseñar*
6.2 su buen servicio. Esto *enseña* y exhorta
6.3 alguno *enseña* otra cosa, y no se conforma
2 Ti 2.2 que sean idóneos para *enseñar* … a otros
2.24 amable … apto para *enseñar*, sufrido
3.16 útil para *enseñar*, para redargüir, para
Tit 1.9 palabra fiel tal como ha sido *enseñada*
1.11 *enseñando* por ganancia deshonesta lo
2.4 *enseñen* a las mujeres jóvenes a amar a
He 5.12 se os vuelva a *enseñar* cuáles son los
8.11 y ninguno *enseñará* a su prójimo, ni
1 Jn 2.27 no tenéis necesidad de que … os *enseñe*

ENTENDER
Gn 11.7 para que ninguno *entienda* el habla de su
Dt 29.4 no os ha dado corazón para *entender*, ni
Jos 22.31 hoy hemos *entendido* que Jehová está
1 S 3.8 *entendió* Elí que Jehová llamaba al joven
Neh 6.12 *entendí* que Dios no lo había enviado
8.7 hacían *entender* al pueblo la ley; y el
Job 6.24 hacedme *entender* en qué he errado
13.23 hazme *entender* mi transgresión y mi
18.2 ¿cuándo … *Entended*, y después hablemos
23.5 sabría … y *entendería* lo que me dijera
28.23 Dios *entiende* el camino de ella, y
32.8 y el soplo del … le hace que *entienda*
33.14 habla Dios; pero el hombre no *entiende*
Sal 19.12 ¿quién podrá *entender* sus … errores?
32.8 te haré *entender*, y te enseñaré el camino
50.22 *entended* … esto, los que os olvidáis de
73.22 tan torpe era yo, que no *entendía*; era
82.5 no saben, no *entienden*, andan en
94.7 no verá JAH, ni *entenderá* el Dios de Jacob
107.43 *entenderá* las misericordias de Jehová?
119.27 hazme *entender* el camino de tus
119.99 más que … enseñadores he *entendido*
119.130 alumbra; hace *entender* a los simples
Pr 2.5 entonces *entenderás* el temor de Jehová
8.5 *entended*, oh simples, discreción … necios
14.8 la ciencia del … en *entender* su camino
20.24 ¿cómo, pues, *entenderá* … su camino
28.5 los hombres malos no *entienden* el juicio
29.19 porque *entiende*, mas no hace caso
Ec 3.11 a *entender* la obra que ha hecho Dios
3.14 he *entendido* que todo lo que Dios hace
Is 1.3 Israel no *entiende*, mi pueblo no tiene
6.9 y di … oíd bien, y no *entendáis*; ved por
32.4 el corazón de los necios *entenderá* para
36.11 en arameo … nosotros lo *entendemos*
44.18 no saben ni *entienden* … no *entender*
52.15 *entenderán* lo que jamás habían oído
56.11 los pastores mismos no saben *entender*
Jer 9.12; Os 14.9 ¿quién es … que *entienda* esto?
Dn 8.17 *entiende* … es para el tiempo del fin
9.22 y me hizo *entender*, y habló conmigo
12.10 ninguno de los impíos *entenderá*, pero
Mt 13.14 oído oiréis, y no *entenderéis*; y viendo
13.19 oye la palabra … y no la *entiende*, viene
13.51 ¿habéis *entendido* todas estas cosas?
21.45 *entendieron* que hablaba de ellos
24.15; Mr 13.14 el que lee, *entienda*
Mr 4.12 y oyendo, oigan y no *entiendan*

6.52 aún no habían *entendido* lo de los panes
8.17 ¿no *entendéis* ni comprendéis? ¿Aún
Lc 9.45 mas ellos no *entendían* estas palabras
Jn 12.40 no vean … ni *entiendan* con el corazón
20.9 aún no habían *entendido* la Escritura
Hch 8.30 Felipe … Pero ¿*entiendes* lo que lees?
28.26 oído oiréis, y no *entenderéis*; y viendo
Ro 3.11 no hay quien *entienda*, no hay quien
11.34 ¿quién *entendió* la mente del Señor?
15.21 los que nunca han oído de él *entenderán*
1 Co 2.14 son locura, y no las puede *entender*
Ef 3.4 leyendo lo cual podéis *entender* cuál sea
1 Ti 1.7 sin *entender* ni lo que hablan ni lo que
He 9.8 dando … a *entender* con esto, que aún no
11.3 la fe *entendemos* haber sido constituido
11.14 dan a *entender* que buscan una patria
2 P 2.12 hablando mal de cosas que no *entienden*
3.16 algunas difíciles de *entender*, las cuales

ENVIAR

Gn 45.5 vida me *envió* Dios delante de vosotros
Éx 3.10 ven … y te *enviaré* a Faraón, para que
3.14 así dirás … YO SOY ne *envió* a vosotros
4.13 *envía* … por medio del que debes *enviar*
Nm 13.2 *envía* tú hombres que reconozcan la
Jue 6.14 salvarás a Israel de … ¿No te *envío* yo?
Sal 57.3 él *enviará* desde los cielos, y me salvará
144.7 *envía* tu mano desde lo alto … sácame
Is 6.8 ¿a quién *enviaré*, y quién irá por nosotros?
6.8 respondí yo: Heme aquí, *envíame* a mí
48.16 ahora me *envió* Jehová el Señor, y su
Jer 1.7 a todo lo que te *envíe* irás tú; y dirás
14.14 no los *envié*, ni les mandé, ni les hablé
23.21 no *envié* yo aquellos profetas, pero ellos
26.12 Jehová me *envió* a profetizar contra esta
Mt 9.38; Lc 10.2 rogad al … que *envíe* obreros
10.16 yo os *envío* como a ovejas en medio de
11.2; Lc 7.19 Juan … *envió* dos … discípulos
11.10; Mr 1.2 *envío* mi mensajero delante de
15.24 no soy *enviado* sino a las … perdidas de
21.1; Mr 14.13; Lc 19.29 Jesús *envió* dos discípulos
21.34; Lc 20.10 *envió* … siervo a los labradores
Mr 5.12 *envíanos* a los cerdos para que entremos
6.7 comenzó a *enviarlos* de dos en dos; y les
Lc 9.48; Jn 13.20 recibe … recibe al que me *envió*
24.49 *enviaré* la promesa de mi Padre sobre
Jn 5.30; 6.38 sino la voluntad del que me *envió*
6.57 como me *envió* el Padre viviente, y yo
16.7 si no … mas si me fuere, os lo *enviaré*
17.8 de ti, y han creído que tú me *enviaste*
17.18 como tú me *enviaste* … los he *enviado*
20.21 como me *envió* el Padre … yo os *envío*
Hch 7.34 ahora, pues, ven, te *enviaré* a Egipto
10.5; 11.13 *envía*, pues … a Jope, y haz venir a
13.4 ellos … *enviados* por el Espíritu Santo
15.30 los … *enviados* descendieron a Antioquía
Ro 8.3 *enviando* a su Hijo en semejanza de carne
10.15 cómo predicarán si no fueren *enviados*?
1 Co 1.17 no me *envió* Cristo a bautizar, sino a
Gá 4.4 Dios *envió* a su Hijo, nacido de mujer y
2 Ts 2.11 Dios les *envía* un poder engañoso, para
1 Jn 4.9 que Dios *envió* a su Hijo … al mundo
4.14 Padre ha *enviado* al Hijo, el Salvador

ESCRITURA

Ez 32.16 eran obra de Dios, y la *e* era *e* de Dios

Dn 5.25 la *e* que trazó es: Mene, Mene, Tekel
Mt 22.29; Mr 12.24 ignorando las *E* y el poder de
Mr 12.10 ¿ni aun esta *e* habéis leído: La piedra
Lc 4.21 hoy se ha cumplido esta *E* delante de
24.27 en todas las *E* lo que de él decían
24.32 ¿no ardía … cuando nos abría las *E*?
24.45 abrió el … para que comprendiesen las *E*
Jn 2.22 creyeron la *E* y la palabra que Jesús había
5.39 escudriñad las *E*; porque a vosotros os
10.35 si … (y la *E* no puede ser quebrantada)
20.9 porque aún no habían entendido la *E*
Hch 8.35 comenzando desde esta *e*, la anunció
17.11 escudriñando cada día las *E* para ver si
18.24 varón elocuente, poderoso en las *E*
18.28 demostrando por las *E* que Jesús era
Ro 15.4 por la … de las *E*, tengamos esperanza
1 Co 15.3 que Cristo murió … conforme a las *E*
Gá 3.8 la *E* … dio de antemano la buena nueva
3.22 la *E* lo encerró todo bajo pecado, para
2 Ti 3.15 la niñez has sabido las Sagradas *E*
3.16 toda la *E* es inspirada por Dios, y útil

ESCUDO
Gn 15.1 diciendo: No temas, Abram; yo soy tu *e*
Dt 33.29 *e* de tu socorro, y espada de tu triunfo?
2 S 1.21 allí fue desechado el *e* de los valientes
22.3; Sal 18.2 *e*, y el fuerte de mi salvación
22.31; Sal 18.30 *e* es a todos los que en él
22.36; Sal 18.35 me diste asimismo el *e* de tu
Job 41.15 la gloria de su vestido son *e* fuertes
Sal 3.3 mas tú, Jehová, eres *e* alrededor de mí
5.12 como con un *e* lo rodearás de tu favor
7.10 mi *e* está en Dios, que salva a los rectos
28.7 Jehová es mi fortaleza y mi *e*; en él
33.20 Jehová; nuestra ayuda y nuestro *e* es él
47.10 porque de Dios son los *e* de la tierra
84.11 sol y *e* es Jehová Dios; gracia y gloria
89.18 Jehová es nuestro *e*, y nuestro rey es
91.4 estarás seguro; *e* y adarga es su verdad
115.9, 10, 11 Jehová; él es tu ayuda y tu *e*
119.114 mi escondedero y mi *e* eres tú; en tu
Pr 2.7 él … es *e* a los que caminan rectamente
30.5 es limpia; él es *e* a los que en él esperan
Ec 7.12 *e* es la ciencia, y *e* es el dinero; mas la
Ef 6.16 tomad el *e* de la fe, con que podáis

ESCUDRIÑAR
Job 13.9 ¿sería bueno que él os *escudriñase*?
Sal 139.3 has *escudriñado* mi andar y mi reposo
Pr 20.27 *escudriña* lo más profundo del corazón
25.2 pero honra del rey es *escudriñarlo*
Jer 11.20; 17.10 que *escudriñas* la mente y el
Lm 3.40 *escudriñemos* nuestros caminos, y
Sof 1.12 *escudriñaré* a Jerusalén con linterna
Jn 5.39 *escudriñad* las Escrituras; porque a
7.52 *escudriña* y ve que de Galilea nunca se ha
Hch 17.11 *escudriñando* cada día las Escrituras
Ro 8.27 el que *escudriña* los corazones sabe cuál
1 Co 2.10 el Espíritu todo lo *escudriña*, aun lo
Ap 2.23 sabrán que yo soy el que *escudriña* la

ESPADA *v.* Arma
Gn 3.24 puso … querubines, y una *e* encendida
Nm 22.29 ¡ojalá tuviera *e* … ahora te mataría!
Dt 32.25 por fuera desolará la *e*, y dentro de las
32.41 si afilare mi reluciente *e*, y echare mano
33.29 escudo de tu socorro, y *e* de tu triunfo!
Jos 5.13 un varón … tenía una *e* desenvainada
24.12 tábanos … no con tu *e*, ni con tu arco
Jue 7.20 ¡por la *e* de Jehová y de Gedeón!
1 S 22.10 también le dio la *e* de Goliat el filisteo
2 S 2.26 ¿consumirá la *e* perpetuamente?

12.9 a Urías heteo heriste a *e*, y tomaste
Neh 4.17 con una mano … en la otra tenían la *e*
Sal 44.3 no se apoderaron de la tierra por su *e*
55.21 suaviza sus … mas ellas son *e* desnudas
57.4 son lanzas y saetas, y su lengua *e* aguda
149.6 con sus … y *e* de dos filos en sus manos
Pr 12.18 hombres cuyas palabras son como … *e*
Is 2.4 y volverán sus *e* en rejas de arado, y sus
34.5 porque en los cielos se embriagará mi *e*
49.2 y puso mi boca como *e* aguda, me cubrió
66.16 juzgará con … con su *e* a todo hombre
Jer 9.16 y enviaré *e* en pos de ellos, hasta que
12.12 porque la *e* de Jehová devorará desde
15.2 así ha dicho Jehová … el que a *e*, a *e*
18.21 hambre, dispérsalos por medio de la *e*
50.35 *e* contra los caldeos, dice Jehová, y
Ez 7.15 fuera *e*, de dentro pestilencia y hambre
21.9 di: La *e*, la *e* está afilada, y también
Jl 3.10 forjad *e* de vuestros azadones, lanzas de
Mi 4.3 y martillarán sus *e* para azadones, y sus
Zac 13.7 levántate, oh *e*, contra el pastor, y
Mt 10.34 no he venido para traer paz, sino *e*
26.47; Mr 14.43 y con él mucha gente con *e*
26.51; Mr 14.47 sacó su *e*, e hiriendo a un
26.52 todos los que tomen *e*, a *e* perecerán
Lc 2.35 y una *e* traspasará tu misma alma
22.38 ellos dijeron: Señor, aquí hay dos *e*
Jn 18.11 dijo a Pedro: Mete tu *e* en la vaina
Ef 6.17 la *e* del Espíritu, que es la palabra de
He 4.12 más cortante que toda *e* de dos filos
Ap 1.16; 19.15 de su boca salía una *e* aguda de
13.10 alguno mata a *e*, a *e* debe ser muerto
19.21 los demás fueron muertos con la *e* que

ESPERANZA

2 R 18.5 en Jehová Dios de Israel puso su *e*
Job 7.6 mis días fueron más … y fenecieron sin *e*
8.13 los caminos … y la *e* del impío perecerá
11.18 tendrás confianza, porque hay *e*
14.7 árbol fuere cortado, aún queda de él *e*
14.19 de igual manera haces tú perecer la *e*
17.15 ¿dónde … ahora mi *e*? Y mi *e*, ¿quién la
19.10 me … y ha hecho pasar mi *e* como árbol
31.24 si puse en el oro mi *e*, y dije al oro
Sal 9.18 porque … ni la *e* de los pobres perecerá
14.6 del … se han burlado, pero Jehová es su *e*
39.7 Señor, ¿qué esperaré? Mi *e* está en ti
62.5 alma mía … reposa, porque de él es mi *e*
71.5 porque tú, oh Señor Jehová, eres mi *e*
91.2 diré yo a Jehová: *E* mia, y castillo mío
91.9 porque has puesto a Jehová, que es mi *e*
119.116 no quede yo avergonzado de mi *e*
142.5 dije: Tú eres mi *e*, y mi porción en la
Pr 10.28 alegría; mas la *e* de los impíos perecerá
11.23 bien; mas la *e* de los impíos es el enojo
13.12 *e* que se demora es tormento del corazón
14.26 fuerte confianza; y *e* tendrán sus hijos
14.32 mas el justo en su muerte tiene *e*
23.18; 24.14 fin, y tu *e* no será cortada
26.12; 29.20 más *e* hay del necio que de él
Ec 9.4 hay *e* para todo … que está entre los vivos
Is 20.5 turbarán … de Etiopía su *e*, y de Egipto
30.2 y poner su *e* en la sombra de Egipto
Jer 14.8 oh *e* de Israel, Guardador suyo en el
23.16 os alimentan con vanas *e*; hablan visión
31.17 *e* hay también para tu porvenir, dice
Lm 3.18 perecieron mis … y mi *e* en Jehová
Ez 37.11 pereció nuestra *e*, y somos del todo
Os 2.15 daré … el valle de Acor por puerta de *e*

Jl 3.16 pero Jehová sera la *e* de su pueblo, y la
Zac 9.12 volveos a la … oh prisioneros de *e*
Jn 5.45 acusa, Moisés, en quien tenéis vuestra *e*
Hch 2.26 lengua, y aun mi carne descansará en *e*
16.19 que había salido la *e* de su ganancia
23.6 acerca de la *e* y de la … se me juzga
24.15 teniendo *e* en Dios, la cual ellos también
27.20 habíamos perdido toda *e* de salvarnos
28.20 por la *e* de Israel estoy sujeto con esta
Ro 4.18 él creyó en *e* contra *e*, para llegar a ser
5.2 nos gloriamos en la *e* de la gloria de Dios
5.5 y la *e* no avergüenza; porque el amor de
8.24 en *e* … salvos; pero la *e* que se ve, no es *e*
12.12 gozosos en la *e*; sufridos … tribulación
15.13 el Dios de *e* os llene de todo gozo y paz
1 Co 9.10 porque con *e* debe arar el que ara, y el
13.13 ahora permanencen la fe, la *e* y el amor
2 Co 1.7 y nuestra *e* respecto de vosotros es firme
1.8 aun perdimos la *e* de conservar la vida
3.12 teniendo tal *e*, usamos de … franqueza
Gá 5.5 aguardamos por fe la *e* de la justicia
Ef 2.12 ajenos a … sin *e* y sin Dios en el mundo
4.4 en una misma *e* de vuestra vocación
Col 1.5 la *e* que os está guardada en los cielos
1.23 sin moveros de la *e* del evangelio que
1.27 es Cristo en vosotros, la *e* de gloria
1 Ts 1.3 de vuestra constancia en la *e* en nuestro
2.19 ¿cuál es nuestra *e*, o gozo, o corona de
4.13 no os entristezcáis como … no tienen *e*
5.8 amor, y con la *e* de salvación como yelmo
2 Ts 2.16 nos dio consolación eterna y buena *e*
1 Ti 1.1 Dios … y del Señor Jesucristo nuestra *e*
6.17 ricos … ni pongan la *e* en las riquezas
Tit 1.2 en la *e* de la vida eterna, la cual Dios, que
2.13 aguardando la *e* bienaventurada, y la
3.7 herederos conforme a la *e* de la vida
He 6.11 hasta el fin, para plena certeza de la *e*
6.18 para asirnos de la *e* puesta delante de
7.19 la introducción de una mejor *e*, por la
10.23 sin fluctuar, la profesión de nuestra *e*
1 P 1.3 nos hizo renacer para una *e* viva, por la
1.21 para que vuestra fe y *e* sean en Dios
3.15 que os demande razón de la *e* que hay
1 Jn 3.3 aquel que tiene esta *e* en él, se purifica

ESPERAR

Gn 49.18; Sal 119.166 tu salvación *esperé*, oh
2 S 22.31; Sal 18.30 escudo es a … en él *esperan*
Job 6.11 ¿cuál es mi fuerza para *esperar* aún?
13.15 aunque él me matare, en él *esperaré*
29.23 me *esperaban* como a la lluvia y abrían
30.26 cuando *esperaba* yo el bien, entonces
Sal 22.4 en ti *esperaron* … *e*, y tú los libraste
25.3 ninguno de cuantos *esperan* en ti será
31.6 ilusorias, mas yo en Jehová he *esperado*
31.24 esforzaos … los que *esperáis* en Jehová
32.10 al que *espera* en Jehová, le rodea la
33.18 sobre los que *esperan* en su misericordia
33.20 alma *espera* a Jehová; nuestra ayuda y
33.22 sea … oh Jehová … según *esperamos* en ti
37.7 guarda silencio ante Jehová, y *espera* en
37.9 los que *esperan* en Jehová … heredarán
37.34 *espera* en Jehová, y guarda su camino
38.15 porque en ti, oh Jehová, he *esperado*
39.7 Señor, ¿qué *esperaré*? Mi esperanza
40.1 *esperé* a Jehová, y se inclinó a mí, y oyó
42.5, 11; 43.5 *espera* en Dios … aún he de
52.9 *esperaré* en tu nombre, porque es bueno

62.8 *esperad* en él en todo tiempo, oh pueblos
71.14 mas yo *esperaré* siempre, y te alabaré
104.27 todos ellos *esperan* en ti, para que les
119.81 tu salvación, mas *espero* en tu palabra
130.5 *esperé* yo a Jehová, *esperó* mi alma; en
130.7 *espere* Israel a Jehová, porque en
131.3 *espera*, oh Israel, en Jehová, desde
145.15 los ojos de todos *esperan* en ti, y tú

Pr 20.22 vengaré; *espera* a Jehová, y él te salvará
30.5 él es escudo a los que en él *esperan*

Is 8.17 *esperaré*, pues, a Jehová … en él confiaré
25.9 Dios, le hemos *esperado*, y nos salvará
26.8 Jehová, te hemos *esperado*; tu nombre
30.18 Jehová *esperará* para tener piedad de
33.2 oh Jehová, ten … a ti hemos *esperado*
40.31 pero los que *esperan* en Jehová tendrán
42.4 justicia; y las costas *esperarán* su ley
49.23 no se avergonzarán … que *esperan* en mí
64.4 ti, que hiciese por el que en él *espera*

Jer 14.22 en ti, pues, *esperamos*, pues tú hiciste

Lm 3.25 bueno es Jehová a los que en él *esperan*
3.26 bueno es *esperar* … salvación de Jehová

Mi 7.7 yo … *esperaré* al Dios de mi salvación

Hab 2.3 aunque tardare, *espéralo*, porque sin

Sof 3.8 por tanto, *esperadme*, dice Jehová, hasta

Mt 11.3; Lc 7.19 ¿eres … o *esperaremos* a otro?
12.21 en su nombre *esperarán* los gentiles
24.50; Lc 12.46 en día que éste no *espera*

Mr 15.43 José de … *esperaba* el reino de Dios

Lc 2.25 este hombre … *esperaba* la consolación de
6.35 bien, y prestad, no *esperando* de ello nada

Hch 1.4 *esperasen* la promesa del Padre, la cual
24.26 *esperaba* … que Pablo la diera dinero

Ro 8.23 gemimos dentro … *esperando* la adopción

1 Co 1.7 *esperando* la manifestación de nuestro
11.33 os reunís a comer, *esperaos* unos a
13.7 lo cree, todo lo *espera*, todo lo soporta
15.19 si en … solamente *esperamos* en Cristo

Ef 1.12 primeramente *esperábamos* en Cristo

Fil 2.23 a éste *espero* enviaros, luego que yo vea
3.20 de donde también *esperamos* al Salvador

1 Ts 1.10 y *esperar* de los cielos a su Hijo, al cual

1 Ti 4.10 *esperamos* en el Dios viviente, que es el

He 10.13 *esperando* hasta que sus enemigos sean
11.1 es … la fe la certeza de lo que se *espera*

Stg 5.7 el labrador *espera* el precioso fruto de la

1 P 1.13 *esperad* por completo en la gracia que os

2 P 3.12 esperando … la venida del día de Dios

ESPÍRITU *v.* Aliento, Alma, Demonio, Espíritu de Dios, Espíritu de Jehová, Espíritu inmundo, Espíritu Santo

Gn 6.3 no contenderá mi *E* con el hombre para

Nm 11.17 tomaré del *e* que está en ti, y pondré
27.18 varón en el cual hay *e*, y pondrás tu

Jue 9.23 un mal *e* entre Abimelec y … Siquem

1 S 16.15 un *e* malo de … de Dios te atormenta
19.9 *e* malo de parte de Jehová vino … Saúl
28.7 una mujer que tenga *e* de adivinación

1 R 22.21; 2 Cr 18.20 salió un *e* y se puso

2 R 2.9 una doble porción de tu *e* sea sobre mí
19.7; Is 37.7 pondré yo en él un *e*, y oirá

Neh 9.20 enviaste tu buen *E* para enseñarles

Job 4.15 al pasar un *e* por delante de mí, hizo que
15.13 que contra Dios vuelvas tu *e*, y saques
32.8 ciertamente *e* hay en el hombre, y el soplo
38.36 puso … ¿o quién dio al *e* inteligencia?

Sal 31.5 en tu mano encomiendo mi *e*; tú me has

51.10 crea … renueva un *e* recto dentro de mí
51.11 no me … y no quites de mí tu santo *e*
51.12 vuélveme el gozo … y *e* noble me sustente
51.17 sacrificios de Dios son el *e* quebrantado
78.8 su corazón, ni fue fiel para con Dios su *e*
104.30 envías tu *E*, son creados, y renuevas la
139.7 ¿a dónde me iré de tu *E*? ¿Y a dónde
143.10 tu buen *e* me guíe a tierra de rectitud
Pr 1.23 he aquí yo derramaré me *e* sobre vosotros
16.2 son limpios … pero Jehová pesa los *e*
16.32 mejor … el que se enseñorea de su *e* que
20.27 lámpara de Jehová es el *e* del hombre
25.28 es el hombre cuyo *e* no tiene rienda
Ec 3.21 ¿quién sabe que el *e* de … sube arriba?
8.8 tenga potestad sobre el *e* para retener el *e*
12.7 el polvo … y el *e* vuelva a Dios que lo dio
Is 4.4 con *e* de juicio y con *e* de devastación
11.2 *e* de consejo y de … *e* de conocimiento y
32.15 hasta … sea derramado el *E* de lo alto
42.1 aquí mi siervo … he puesto sobre él mi *E*
44.3 mi *E* derramaré sobre tu generación, y
63.10 hicieron enojar su santo *e*; por lo cual
Ez 1.12 hacia donde el *e* les movía que anduviesen
1.20 el *e* de los seres … estaba en las ruedas
8.3 y el *E* me alzó entre el cielo y la tierra
10.17 el *e* de los seres vivientes estaba en
11.19 daré un corazón, y un *e* nuevo pondré en
36.26 y pondré *e* nuevo dentro de vosotros
36.27 pondré dentro de vosotros mi *E*, y haré
37.10 profeticé … entró *e* en ellos, y vivieron
37.14 pondré mi *E* en vosotros, y viviréis, y os
Dn 4.9 he entendido que hay en ti *e* de los dioses
5.11 hombre en el cual mora el *e* de los dioses
Os 9.7 insensato es el varón de *e*, a causa de la
Jl 2.28 de esto derramaré mi *E* sobre toda carne
Hag 2.5 así mi *E* estará en medio de vosotros
Zac 4.6 ejército, ni con fuerza, sino con mi *E*
Mt 4.1; Mr 1.12; Lc 4.1 fue llevado por el *E* al
5.3 bienaventurados los pobres en *e*, porque
10.1 les dio autoridad sobre los *e* inmundos
12.18 pondré mi *E* sobre él, y … anunciará
12.31 la blasfemia contra el *E* no les será
12.45; Lc 11.26 toma consigo otros siete *e*
26.41; Mr 14.38 el *e* … está dispuesto, pero
27.50 Jesús, habiendo … clamado … entregó el *e*
Mr 1.10 *E* como paloma que descendía sobre él
9.26 entonces el *e*, clamando … salió; y él
Lc 1.47 mi *e* se regocija en Dios mi Salvador
1.80 el niño crecía, y se fortalecía en *e*
4.18 el *E* del Señor está sobre mí, por cuanto
9.55 vosotros no sabéis de qué *e* sois
23.46 Padre, en tus manos encomiendo mi *e*
24.37 espantados y … pensaban que veían *e*
Jn 1.32 vi al *E* que descendía del cielo como
3.5 el que no naciere del agua y del *E*, no
3.6 carne es; y lo que es nacido del *E*, *e* es
3.34 habla; pues Dios no da el *E* por medida
4.23 adorarán al Padre en *e* y en verdad
4.24 Dios es *E*; y los que le adoran, en *e* y en
6.63 el *e* es el que da vida; la carne para nada
7.39 esto dijo del *E* que habían de recibir los
14.17 *E* de verdad, al cual el mundo no puede
15.26 *E* de verdad, el cual procede del Padre
19.30 y … inclinado la cabeza, entregó el *e*
Hch 2.17 derramaré de mi *E* sobre toda carne

5.9 qué convinisteis en tentar al *E* del Señor?
7.59 y decía: Señor Jesús, recibe mi *e*
8.29 el *E* dijo a Felipe: Acércate y júntate a
8.39 el *E* del Señor arrebató a Felipe; y él
10.19 le dijo el *E* … tres hombres te buscan
16.7 ir a Bitinia, pero el *E* no se lo permitió
20.22 he aquí, ligado yo en *e*, voy a Jerusalén
23.8 dicen que no hay … ni ángel, ni *e*; pero

Ro 1.4 declarado Hijo … según el *E* de santidad
2.29 en *e*, no en letra; la alabanza del cual
7.6 bajo el régimen nuevo del *E*, y no bajo
8.1 conforme a la carne, sino conforme al *E*
8.2 la ley del *E* … me ha librado de la ley de
8.5 pero los que son del *E*, en las cosas del *E*
8.6 pero ocuparse del *E* es vida y paz
8.9 y si alguno no tiene el *E* de … no es de él
8.10 mas el *e* vive a causa de la justicia
8.11 el *E* de aquel que levantó de los muertos
8.13 si por el *E* hacéis morir las obras de la
8.15 habéis recibido el *e* de adopción, por el
8.16 el *E* mismo da testimonio a nuestro *e*
8.26 el *E* nos ayuda en nuestra debilidad; pues
8.26 el *E* mismo intercede por nosotros con
8.27 el que … sabe cuál es la intención del *E*

1 Co 2.4 sino con demostración del *E* y de poder
2.10 Dios nos las reveló a nosotros por el *E*
2.10 porque el *E* todo lo escudriña, aun lo
2.12 no hemos recibido el *e* del mundo, sino
2.13 no con … sino con las que enseña el *E*
5.5 de que el *e* sea salvo en el día del Señor
12.4 hay … de dones, pero el *E* es el mismo
12.10 profecía; a otro, discernimiento de *e*
12.13 por un solo *E* fuimos todos bautizados
14.14 porque si yo oro en lengua … mi *e* ora
15.45 fue hecho … postrer Adán, *e* vivificante

2 Co 1.22 nos ha dado las arras del *E* en nuestros
3.3 no con tinta, sino con el *E* del Dios vivo
3.6 sino del *e* … la letra mata, mas el *e* vivifica
3.17 donde está el *E* del Señor … hay libertad
4.13 teniendo el mismo *e* de fe, conforme a
11.4 o si recibís otro *e* que el que habéis

Gá 3.2 ¿recibisteis el *E* por las obras de la ley
3.5 aquel, pues, que os suministra el *E*, y hace
3.14 por la fe recibiésemos la promesa del *E*
4.6 Dios envío a vuestros corazones el *E* de su
5.5 nosotros por el *E* aguardamos, por fe la
5.16 andad en el *E*, y no satisfagáis los deseos
5.17 la carne es contra el *E*, y el del *E* contra la
5.22 mas el fruto del *E* es amor, gozo, paz
5.25 si vivimos por el *E*, andemos … por el *E*
6.8 mas el que siembra para el *E*, del *E* segará

Ef 2.2 el *e* … opera en los hijos de desobediencia
2.18 tenemos entrada por un mismo *E* al
3.16 ser fortalecidos con poder … por su *E*
4.4 un cuerpo, y un *E*, como fuisteis también
4.23 y renovaos en el *e* de vuestra mente
5.9 porque el fruto del *E* es en toda bondad
5.18 con vino … antes bien sed llenos del *E*
6.17 espada del *E*, que es la palabra de Dios

Fil 1.27 oiga … que estáis firmes en un mismo *e*
2.1 si alguna comunión del *E*, si algún afecto
3.3 que en *e* servimos a Dios y nos gloriamos

1 Ts 5.19 no apaguéis al *E*
5.23 todo vuestro ser, *e*, alma … sea guardado

1 Ti 4.1 el *E* dice … que en los postreros tiempos

He 1.7 hace a sus ángeles *e*, y a sus ministros

1.14 ¿no son todos *e* ministradores, enviados
10.29 el que … hiciere afrenta al *E* de gracia?
12.23 a los *e* de los justos hechos perfectos
Stg 2.26 como el cuerpo sin *e* está muerto, así
4.5 el *E* que él ha … nos anhela celosamente?
1 P 3.19 fue y predicó a los *e* encarcelados
4.6 en carne … pero vivan en *e* según Dios
4.14 el … *E* de Dios reposa sobre vosotros
1 Jn 3.24 él permanece en nosotros, por el *E* que
4.1 no creáis a todo *e*, sino probad los *e* si
4.13 conocemos … en que nos ha dado de su *E*
5.6 el *E* … da testimonio … el *E* es la verdad
Jud 19 éstos son … sensuales, que no tienen al *E*
Ap 1.4 de los siete *e* que están delante de su trono
1.10 estaba en el *E* en el día del Señor, y oí
2.7 oído, oiga lo que el *E* dice a las iglesias
4.5; 5.6 las cuales son los siete *e* de Dios
22.17 y el *E* y la Esposa dicen: Ven. Y el que

ESPÍRITU DE DIOS *v.* Espíritu, Espíritu de Jehová, Espíritu Santo
Gn 1.2 el *E* de *D* se movía sobre … de las aguas
41.38 a otro hombre … en quien esté el *e* de *D*?
Éx 31.3 lo he llenado del *E* de *D*, en sabiduría
1 S 10.10 el *E* de *D* vino sobre él … y profetizó
11.6 el *E* de *D* vino sobre él con poder; y él
19.20 vino el *E* de *D* sobre los mensajeros de
Job 33.4 el *e* de *D* me hizo, y el soplo … dio vida
Mt 3.16 al *E* de *D* que descendía como paloma
12.28 por el *E* de *D* echo fuera los demonios
Ro 8.14 todos los que son guiados por el *E* de *D*
15.19 en el poder del *E* de *D*; de manera que
1 Co 2.11 nadie conoció las … sino el *E* de *D*
3.16 ¿no sabéis … el *E* de *D* mora en vosotros?
7.40 pienso que también yo tengo el *E* de *D*
12.3 que nadie que hable por el *E* de *D* llama
1 Jn 4.2 conoced el *E* de *D*: Todo espíritu que
Ap 3.1 el que tiene los siete *E* de *D* … dice esto

ESPÍRITU DE JEHOVÁ *v.* Espíritu, Espíritu de Dios, Espíritu Santo
Jue 13.25 el *E* de *J* comenzó a manifestarse en él
14.6 y el *E* de *J* vino sobre Sansón, quien
1 S 16.13 ungió … el *E* de *J* vino sobre David
2 S 23.2 *E* de *J* ha hablado por mí, y su palabra
Is 11.2 reposará sobre él el *E* de *J*; espíritu de
40.13 ¿quién enseñó al *E* de *J*, o le aconsejó
61.1 el *E* de *J* el Señor está sobre mí, porque
Ez 11.5 y vino sobre mí el *E* de *J*, y me dijo: Di
Mi 2.7 casa de Jacob, ¿se ha acortado el *E* de *J*?
3.8 mas yo estoy lleno del poder del *E* de *J*

ESPÍRITU INMUNDO *v.* Demonio, Espíritu
Mt 10.1; Mr 6.7 les dio autoridad sobre los *e i*
12.43; Lc 11.24 cuando el *e i* sale del hombre
Mr 1.23 había en la sinagoga … un hombre con *e i*
3.11 *e i*, al verle, se postraban delante de él
3.30 porque ellos habían dicho: Tiene *e i*
5.2 de los sepulcros, un hombre con un *e i*
7.25 una mujer, cuya hija tenía un *e i* … vino
9.25; Lc 9.42 reprendió al *e i*, diciéndole
Lc 4.36 con … poder manda a los *e i*, y salen?
6.18 los … atormentados de *e i* eran sanados
Hch 5.16 venían … trayendo … atormentados de *e i*
8.7 de muchos que tenían *e i*, salían éstos
Ap 16.13 vi salir de la boca del dragón … tres *e i*
18.2 y se ha hecho … y guarida de todo *e i*

ESPÍRITU SANTO *v.* Espíritu, Espíritu

de Dios, Espíritu de Jehová
Mt 1.18 se halló que había concebido del *E S*
3.11; Mr 1.8; Lc 3.16 él os bautizará en *E S*
28.19 nombre del Padre, y del Hijo, y del *E S*
Mr 12.36 porque el mismo David dijo por el *E S*
13.11 no sois vosotros ... habláis, sino el *E S*
Lc 1.15 será lleno del *E S*, aun desde el vientre
1.35 el *E S* vendrá sobre ti, y el poder del
1.41 aconteció ... y Elisabet fue llena del *E S*
3.22 y descendió el *E S* sobre él en forma
4.1 Jesús, lleno del *E S*, volvió del Jordán
11.13 dará el *E S* a los que se lo pidan?
12.12 *E S* os enseñará ... lo que debáis decir
Jn 1.33 me dijo ... ése es el que bautiza con el *E S*
7.39 aún no había venido el *E S*, porque Jesús
14.26 el *E S*, a quien el Padre enviará en mi
20.22 esto, sopló, y les dijo: Recibid el *E S*
Hch 1.2 de haber dado mandamientos por el *E S*
1.5; 11.16 seréis bautizados con el *E S* dentro
2.4; 4.31 y fueron todos llenos del *E S*, y
2.33 recibido del Padre la promesa del *E S*
4.8 entonces Pedro, lleno del *E S*, les dijo
5.3 para que mintieses al *E S*, y sustrajeses
5.32 y también el *E S*, el cual ha dado Dios
6.3 buscad ... a siete varones ... llenos del *E S*
7.51 vosotros resistís siempre al *E S*; como
8.15 oraron por ellos ... que recibiesen el *E S*
9.31 acrecentaban fortalecidas por el *E S*
10.38 Dios ungió con el *E S* y ... a Jesús de
10.44 el *E S* cayó sobre todos los que oían
11.15 cayó el *E S* sobre ellos también, como
11.24 era varón bueno, y lleno del *E S* y de
13.2 dijo el *E S*: Apartadme a Bernabé y a
13.52 los ... estaban llenos de gozo y del *E S*
16.6 les fue prohibido por el *E S* hablar la
19.2 ¿recibisteis el *E S* cuando creísteis?
Ro 5.5 ha sido derramado en ... por el *E S* que
14.17 sino justicia, paz y gozo en el *E S*
15.13 abundéis en ... por el poder del *E S*
1 Co 6.19 que vuestro cuerpo es templo del *E S*
12.3 llamar a Jesús Señor, sino por el *E S*
2 Co 13.14 la comunión del *E S* sean con todos
Ef 1.13 fuisteis sellados con el *E S* de la promesa
4.30 no contristéis al *E S* de Dios, con el cual
1 Ts 1.6 recibiendo la palabra ... gozo del *E S*
4.8 sino a Dios, que también nos dio su *E S*
Tit 3.5 por el ... y por la renovación en el *E S*
He 2.4 milagros y repartimientos del *E S* según
6.4 don ... y fueron hechos partícipes del *E S*
10.15 nos atestigua lo mismo el *E S*; porque
1 P 1.12 los que os han predicado ... por el *E S*
2 P 1.21 hablaron siendo inspirados por el *E S*
1 Jn 5.7 porque tres ... el Padre, el Verbo y el *E S*
Jud 20 vosotros, amados ... orando en el *E S*

ESPIRITUAL

Ro 1.11 para comunicaros algún don *e*, a fin de
7.14 porque sabemos que la ley es *e*; mas yo
15.27 hechos participantes de sus bienes *e*
1 Co 2.13 hablamos ... acomodando lo *e* a lo *e*
2.15 el *e* juzga todas las cosas; pero él no es
3.1 no pude hablaros como a *e*, sino como a
9.11 si ... sembramos entre vosotros lo *e*, ¿es
10.3 y todos comieron el mismo alimento *e*
12.1 no ... que ignoréis acerca de los dones *e*
14.12 que anheláis dones *e*, procurad abundar
14.37 alguno se cree profeta, o *e*, reconozca
15.44 se siembra cuerpo ... resucitará cuerpo *e*

15.46 mas lo *e* no es primero, sino lo animal
Gá 6.1 que sois *e*, restauradle con … mansedumbre
Ef 1.3 nos bendijo con toda bendición *e* en los
Col 1.9 llenos … en toda sabiduría e inteligencia *e*
1 P 2.5 sed edificados como casa *e* y sacerdocio

ESPOSO/A *v.* Marido, Mujer, Varón
Éx 4.25 a la verdad tú me eres un *e* de sangre
21.8 si no agradare a su … no la tomó por *e*
Sal 19.5 éste, como *e* que sale de su tálamo, se
Pr 18.22 el que halla *e* halla el bien, y alcanza
Cnt 4.8 ven conmigo desde el Líbano, oh *e* mía
Is 62.5 como el gozo del *e* con la *e*, así se gozará
Jer 3.14 convertíos … porque yo soy vuestro *e*; y os
3.20 pero como la *e* infiel abandona a su
Mt 9.15; Mr 2.19; Lc 5.34 entre tanto que el *e* está con ellos?
25.1 diez vírgenes que … salieron a recibir al *e*
Mr 12.20; Lc 20.29 el primero tomó *e*; y murió
Jn 2.9 probó el agua hecha vino … llamó al *e*
3.29 el que tiene la *e*, es el *e*; mas el amigo
1 Co 7.29 que los que tienen *e* sean como si no
2 Co 11.2 pues os he desposado con un solo *e*
1 Ts 4.4 que cada uno … sepa tener su propia *e*
Ap 19.7 llegado las bodas del Cordero, y su *e* se
21.2 nueva Jerusalén … dispuesta como una *e*
21.9 ven acá … te mostraré … la *e* del Cordero
22.17 el Espíritu y la *E* dicen: Ven. Y el que

ESTEBAN
Hch 6.5–8.2.
Hch 11.19 persecución que hubo con motivo de *E*
22.20 se derramaba la sangre de *E* tu testigo

ESTÉRIL
Gn 11.30 mas Sarai era *e*, y no tenía hijo
25.21 oró Isaac … por su mujer, que era *e*
29.31 Lea … le dio hijos; pero Raquel era *e*
Jue 13.2 se llamaba Manoa; y su mujer era *e*
Job 24.21 a la mujer *e*, que no concebía, afligió
Sal 107.34 tierra fructífera en *e*, por la maldad
113.9 él hace habitar en familia a la *e*, que se
Is 54.1 regocíjate, oh *e*, la que no daba a luz
Lc 1.7 pero no tenían hijo, porque Elisabet era *e*
23.29 en que dirán: Bienaventuradas las *e*, y

ETERNIDAD
Sal 103.17 es desde la *e* y hasta la *e* sobre los
Ec 3.11 ha puesto *e* en el corazón de ellos, sin
Mi 5.2 sus salidas son … desde los días de la *e*

EVANGELIO *v.* Palabra, Promesa
Mt 4.23; Mr 1.14 predicando el *e* del reino
11.5; Lc 7.22 a los pobres es anunciado el *e*
24.14 será predicado este *e* del reino en todo
26.13; Mr 14.9 predique este *e* … se contará
Mr 1.1 principio del *e* de Jesucristo, Hijo de
8.35 pierda su vida por causa de mí y del *e*
10.29 haya dejado … por causa de mí y del *e*
13.10 necesario que el *e* sea predicado antes
16.15 id por todo el mundo y predicad el *e*
Lc 8.1 predicando y anunciando el *e* del reino
Hch 8.25 en muchas poblaciones … anunciaron el *e*
13.32 os anunciamos el *e* de aquella promesa
20.24 testimonio del *e* de la gracia de Dios
Ro 1.1 a ser apóstol, apartado para el *e* de Dios
1.16 no me avergüenzo del *e*, porque es poder
2.16 en que Dios juzgará … conforme a mi *e*
15.19 todo lo he llenado del *e* de Cristo
1 Co 1.17 no … a bautizar, sino a predicar el *e*

9.12 por no poner … obstáculo al *e* de Cristo
9.14 los que anuncian el *e*, que vivan del *e*
9.18 predicando el *e* … gratuitamente el *e*
15.1 os declaro … el *e* que os he predicado
2 Co 2.12 cuando llegué a Troas para predicar el *e*
4.3 si nuestro *e* está aún encubierto, entre los
11.4 otro *e* que el que habéis aceptado, bien
Gá 1.6 alejado del … para seguir un *e* diferente
1.11 que el *e* anunciado por mí, no es según
Ef 1.13 la palabra … el *e* de vuestra salvación
3.8 gracia de anunciar entre los gentiles el *e*
6.15 calzados los pies con el apresto del *e* de paz
6.19 para dar a conocer … el misterio del *e*
Fil 1.7 en la defensa y confirmación del *e*, todos
1.12 han redundado … para el progreso del *e*
1.17 que estoy puesto para la defensa del *e*
1.27 que os comportéis como es digno del *e*
Col 1.23 sin moveros de la esperanza del *e* que
1 Ts 1.5 pues nuestro *e* no llegó a vosotros en
2.4 por Dios para que se nos confiase el *e*
2 Ts 2.14 a lo cual os llamó mediante nuestro *e*
1 Ti 1.11 según el Gáorioso *e* del Dios bendito
2 Ti 1.10 sacó a luz … la inmortalidad por el *e*
1 P 1.25 es la palabra que por el *e* os ha sido
Ap 14.6 vi … a otro ángel, que tenía el *e* eterno

EXPIACIÓN *v.* Propiciación, Redención
Éx 29.33 aquellas cosas con las cuales se hizo *e*
30.10 sobre sus cuernos hará Aarón *e* una
Lv 1.4 su mano … y será aceptado para *e* suya
4.3 ofrecerá … un becerro sin defecto para *e*
4.20 así hará el sacerdote *e* por ellos
5.6 para su *e* traerá a Jehová por su pecado
8.14 manos sobre la cabeza del becerro de la *e*
16.30 en este día se hará *e* por vosotros, y
23.27 diez días de este mes será el día de *e*
25.9 día de la *e* haréis tocar la trompeta
Nm 8.12 por *e* … para hacer *e* por los levitas
15.25 sacerdote hará *e* por … la congregación
25.13 celo … e hizo *e* por los hijos de Israel
31.50 hacer *e* por nuestras almas delante
Dt 32.43 hará *e* por la tierra de su pueblo
Is 53.10 haya puesto su vida en *e* por el pecado
Ez 45.20 así harás el … y harás *e* por la casa

FAMILIA *v.* Casa, Hijo
Gn 12.3; 28.14 serán benditas en ti todas las *f* de
1 S 9.21 mi *f* … la más pequeña de todas las *f*
18.18 ¿quién soy yo … o la *f* de mi padre en
Sal 68.6 hace habitar en *f* a los desamparados
Pr 31.21 toda su *f* está vestida de ropas dobles
Jer 31.3 yo seré por Dios a todas las *f* de Israel
Am 3.2 a vosotros … he conocido de todas las *f*
Mt 13.52 es semejante a un padre de *f*, que saca
Gá 6.10 hagamos bien … a los de la *f* de la fe
Ef 2.19 de los santos, y miembros de la *f* de Dios
3.15 de quien toma nombre toda *f* en los cielos
1 Ti 5.4 a ser piadosos para con su propia *f*, y a

FAVOR *v.* Gracia
Dt 33.23 Neftalí, saciado de *f*, y lleno de la
Est 2.15 ganaba Ester el *f* de todos los que la
Job 20.10 sus hijos solicitarán el *f* de los pobres
29.4 el *f* de Dios velaba sobre mi tienda
Sal 5.12 como con un escudo lo rodearás de tu *f*
30.5 será su ira, pero su *f* dura toda la vida
103.4 el que te corona de *f* y misericordias
141.5 que el justo me castigue, será un *f*
Pr 11.27 el que procura el bien buscará *f*; mas al
12.2 el bueno alcanzará el *f* de Jehová; mas el
19.6 muchos buscan el *f* del generoso, y cada

21.10 el mal; su prójimo no halla *f* en sus ojos
29.26 muchos buscan el *f* del príncipe; mas de
Hch 2.47 alabando a Dios, y teniendo *f* con todo
Gá 1.10 ¿busco ahora el *f* de los hombres, o el

FE *v.* Creer, Fidelidad, Seguridad
Hab 2.4 he aquí … mas el justo por su *f* vivirá
Mt 6.30; Lc 12.28 ¿no hará mucho más … hombres de poca *f*?
8.10; Lc 7.9 ni aun en Israel he hallado … *f*
8.26 ¿por qué teméis, hombres de poca *f*?
9.2; Mr 2.5; Lc 5.20 al ver Jesús la *f* de ellos
9.22; Mr 5.34; Lc 8.48 tu *f* te ha salvado
14.31 ¡hombre de poca *f*! ¿Por qué dudaste?
15.28 oh mujer, grande es tu *f*; hágase contigo
17.20 si tuviereis *f* como un grano de mostaza
21.21 os digo, que si tuviereis *f*, y no dudareis
Mr 4.40 así amedrentados? ¿Cómo no tenéis *f*?
10.52; Lc 18.42 dijo: Vete, tu *f* te ha salvado
11.22 Jesús, les dijo: Tened *f* en Dios
Lc 7.50 la mujer: Tu *f* te ha salvado, vé en paz
8.25 y les dijo: ¿Dónde está vuestra *f*?
17.5 dijeron los … al Señor: Auméntanos la *f*
18.8 cuando venga … ¿hallará *f* en la tierra?
22.32 yo he rogado por ti, que tu *f* no falte
Hch 3.16 por la *f* en su nombre, a éste, que … veis
6.5 Esteban, varón lleno de *f* y del Espíritu
11.24 porque era varón bueno, y lleno … de *f*
14.9 Pablo … viendo que tenía *f* para ser sanado
14.22 exhortándoles … permaneciesen en la *f*
16.5 que las iglesias eran confirmadas en la *f*
17.31 dando *f* a todos con haberle levantado
24.24 viniendo Félix … le oyó acerca de la *f*
Ro 1.5 la obediencia a la *f* en todas las naciones
1.8 vuestra *f* se divulga por todo el mundo
1.17 justicia de Dios se revela por *f* y para *f*
1.17; Gá 3.11; He 10.38 mas el justo por la *f* vivirá
3.22 la justicia de Dios por medio de la *f* en
3.25 como propiciación por medio de la *f* en
3.26 que justifica al que es de la *f* de Jesús
3.27 de las obras? No, sino por la ley de la *f*
3.28 hombre es justificado por *f* sin las obras
4.5 no obra … su *f* le es contada por justicia
4.14 vana resulta la *f*, y anulada la promesa
4.16 por *f*, para que sea por gracia, a fin de
4.16 para la que es de la *f* de Abraham, el
4.19 y no se debilitó en la *f* al considerar
5.1 justificados, pues, por la *f*, tenemos paz
5.2 tenemos entrada por la *f* a esta gracia
9.30 justicia, es decir, la justicia que es por *f*
9.32 porque iban tras ella no por *f*, sino como
10.6 pero la justicia que es por la *f* dice así
10.8 esta es la palabra de *f* que predicamos
10.17 así que la *f* es por el oír, y el oír por
12.3 conforme a la medida de *f* que Dios da
14.22 ¿tienes tú *f*? Tenla para contigo mismo
14.23 todo lo que no proviene de *f*, es pecado
1 Co 2.5 para que vuestra *f* no esté fundada en la
12.9 a otro, *f* por el mismo Espíritu; y a otro
13.2 y si tuviese toda la *f*, de tal manera que
13.13 permanecen la *f*, la esperanza y el amor
15.14 si Cristo no … vana es también vuestra *f*
16.13 velad, estad firmes en la *f*; portaos
2 Co 1.24 no que nos enseñoreemos de vuestra *f*
4.13 pero teniendo el mismo espíritu de *f*
5.7 porque por *f* andamos, no por vista
10.15 conforme crezca vuestra *f* seremos muy
13.5 examinaos a vosotros … si estáis en la *f*
Gá 2.16 no es justificado por … sino por la *f* de

3.2 por las obras de la ley, o por el oír con *f*?
3.14 que por la *f* recibiésemos la promesa
3.26 pues todos sois hijos de Dios por la *f* en
5.6 vale … sino la *f* que obra por el amor
6.10 y mayormente a los de la familia de la *f*

Ef 1.15 habiendo oído de vuestra *f* en el Señor
2.8 por gracia sois salvos por medio de la *f*
3.12 con confianza por medio de la *f* en él
3.17 que habite Cristo por la *f* en vuestros
4.5 un Señor, una *f*, un bautismo
4.13 que todos lleguemos a la unidad de la *f*
6.16 el escudo de la *f*, con que podáis apagar

Fil 1.27 combatiendo … por la *f* del evangelio
3.9 sino … la justicia que es de Dios por la *f*

Col 1.4 habiendo oído de vuestra *f* en Cristo
1.23 en verdad permanecéis … firmes en la *f*
2.5 mirando … firmeza de vuestra *f* en Cristo

1 Ts 1.3 acordándonos … de la obra de vuestra *f*
1.8 lugar vuestra *f* en Dios se ha extendido
5.8 vestido con la coraza de *f* y de amor, y

2 Ts 1.3 por cuanto vuestra *f* va creciendo, y el
1.11 y cumpla … toda obra de *f* con su poder
3.2 librados de … porque no es de todos la *f*

1 Ti 1.2 Timoteo, verdadero hijo en la *f*: Gracia
1.5 amor nacido de … buena conciencia y de *f*
1.19 manteniendo la *f* y buena conciencia
2.15 pero se salvará … si permaneciere en *f*
3.9 que guarden el misterio de la *f* con limpia
3.13 ganan … mucha confianza en la *f* que es
4.1 dice … que … algunos apostatarán de la *f*
4.12 sé ejemplo de … en palabra … *f* y pureza
5.8 si alguno no provee para … ha negado la *f*
6.10 el cual codiciando … extraviaron de la *f*
6.12 pelea la buena batalla de la *f*, echa mano
6.21 la cual profesando … desviaron de la *f*

2 Ti 1.5 trayendo a la memoria la *f* no fingida
2.18 desviaron … y trastornan la *f* de algunos
3.8 corruptos de … réprobos en cuanto a la *f*
3.15 hacer sabio para la salvación por la *f*
4.7 he acabado la carrera, he guardado la *f*

Tit 1.1 conforme a la *f* de los escogidos de Dios
1.4 a Tito, verdadero hijo en la común *f*
1.13 repréndelos … que sean sanos en la *f*
2.2 sean sobrios … sanos en la *f*, en el amor

Flm 5 oigo del amor y de la *f* que tienes hacia

He 4.2 por no ir acompañada de *f* en los que la
6.1 dejando … rudimentos … de la *f* en Dios
6.12 de aquellos que por la *f* … heredan las
10.22 en plena certidumbre de *f*, purificados
10.39 que tienen *f* para preservación del alma
11.1 es, pues, la *f* la certeza de lo que se
11.6 pero sin *f* es imposible agradar a Dios
11.13 conforme a la *f* murieron todos éstos
11.33 que por *f* conquistaron reinos, hicieron
11.39 alcanzaron buen testimonio mediante la *f*
12.2 en Jesús, el autor y consumador de la *f*
13.7 resultado de su conducta, e imitad su *f*

Stg 1.6 pida con *f*, no dudando nada; porque
2.1 vuestra *f* en nuestro Gáoriosos Señor sea
2.5 para que sean ricos en *f* y herederos del
2.14 alguno dice que tiene *f*, y no tiene obras
2.18 tu *f* sin tus obras … mi *f* por mis obras
2.20 saber … la *f* sin las obras es muerta?
2.22 la *f* actuó … con sus obras, y que la *f*

1 P 1.5 que sois guardados por … mediante la *f*
1.7 para que sometida a prueba vuestra *f*
1.9 obteniendo el fin de vuestra *f*, que es la
5.9 al cual resistid firmes en la *f*, sabiendo
2 P 1.1 una *f* igualmente preciosa que la nuestra
1.5 por esto mismo, añadid a vuestra *f* virtud
1 Jn 5.4 la victoria que ha vencido … nuestra *f*
Jud 3 contendáis ardientemente por la *f* que ha
20 edificándoos sobre vuestra santísima *f*
Ap 2.19 conozco tus obras, y amor y *f*, y servicio
13.10 está la paciencia y la *f* de los santos
14.12 los que guardan los … y la *f* de Jesús

FIDELIDAD *v.* Fe, Verdad
2 Cr 34.12 hombres procedían con *f* en la obra
Sal 33.4 recta … y toda su obra es hecha con *f*
36.5 Jehová … tu *f* alcanza hasta las nubes
40.10 he publicado tu *f* y tu salvación; no
89.1 de … en … haré notoria tu *f* con mi boca
89.8 poderoso eres, Jehová, y tu *f* te rodea
92.2 por la mañana tu misericordia, y tu *f*
117.2 y la *f* de Jehová es para siempre
119.75 y que conforme a tu *f* me afligiste
119.90 de generación en generación es tu *f*
Is 11.5 de sus lomos, la *f* ceñidor de su cintura
Jer 2.2 me he acordado de … la *f* de tu juventud
Lm 3.23 nuevas son cada mañana; grande es tu *f*
Os 2.20 y te desposaré conmigo en *f*, y conocerás
Ro 3.3 su … habrá hecho nula la *f* de Dios?
2 Co 11.3 extraviados de la sincera *f* a Cristo

FORNICACIÓN *v.* Adulterio
Jer 3.2 con tus *f* … has contaminado la tierra
Ez 16.29 multiplicaste asimismo tu *f* en la tierra
23.5 Ahola cometió *f* aun estando en mi poder
Os 4.11 *f*, vino y mosto quitan el juicio
Nah 3.4 de la multitud de las *f* de la ramera de
Mt 5.32; 19.9 a no ser por causa de *f*, hace que
Hch 15.20; 21.25 de *f*, de ahogado y de sangre
Ro 1.29 estando atestados de toda injusticia, *f*
1 Co 5.1 cierto se oye que hay entre vosotros *f*
6.13 el cuerpo no es para la *f*, sino para el
6.18 huid de la *f*. Cualquier otro pecado que
7.2 pero a causa de las *f*, cada uno tenga su
2 Co 12.21 y no se han arrepentido de la … *f*
Gá 5.19 son: adulterio, *f*, inmundicia, lascivia
Ef 5.3 *f* … o avaricia, ni aun se nombre entre
Col 3.5 *f*, impureza, pasiones desordenadas
1 Ts 4.3 santificación; que os apartéis de *f*
Ap 2.14 que enseñaba a … Israel, a cometer *f*
18.3 naciones han bebido del vino … de su *f*

FUEGO
Gn 19.24 Jehová hizo llover sobre … azufre y *f* de
22.7 habló Isaac … Padre mío … He aquí el *f* y
Éx 9.23 tronar … y el *f* se descargó sobre la tierra
13.21 en una columna de *f* para alumbrarles
22.6 el que encendió el *f* pagará lo quemado
32.24 lo eché en el *f*, y salió este becerro
35.3 no encenderéis *f* en … vuestras moradas
40.38 nube … y el *f* estaba de noche sobre él
Lv 9.24; 10.2 salió *f* de delante de Jehová y
18.21 no des hijo tuyo para … por *f* a Moloc
Nm 9.16 nube … y de noche la apariencia del *f*
11.1 oyó … y se encendió en ellos *f* de Jehová
Dt 4.11 el monte ardía en *f* hasta en medio de los
4.24 Jehová tu Dios es *f* consumidor, Dios
9.3 Jehová tu … pasa delante de ti como *f*
18.10 quien haga pasar a su hijo … por el *f*
32.22 *f* se ha encendido en mi ira, y arderá
Jos 8.19 tomaron … y se apresuraron a prenderle *f*

Jue 6.21 subió *f* de la peña … consumió la carne
9.15 si no, salga *f* de la zarza y devore a los
9.49 prendieron *f* con ellas a la fortaleza, de
2 S 14.30 prendedle *f*. Y … prendieron *f* al campo
1 R 18.24 el Dios que respondiere por … *f*, ése es
18.38 entonces cayó *f* de Jehová, y consumió
19.12 un *f*; pero Jehová no estaba en el *f*
2 R 1.10 si yo soy varón de Dios, descienda *f* del
2.11 un carro de *f* con caballos de *f* apartó a
6.17 y de carros de *f* alrededor de Eliseo
17.17; 21.6; 2 Cr 33.6 hicieron pasar a sus hijos … por *f*
2 Cr 7.1 descendió *f* de los cielos, y consumió el
Job 1.16 *f* de Dios cayó del cielo, que quemó las
Sal 18.8 humo subió … de su boca *f* consumidor
66.12 pasamos por el *f* y por el agua, y nos
74.7 han puesto a *f* tu santuario … profanado
83.14 como *f* que quema el monte, como llama
148.8 el *f* y el granizo, la nieve y el vapor
Pr 6.27 ¿tomará el hombre *f* en su seno sin que
30.16 el Seol … y el *f* que jamás dice: ¡Basta!
Is 4.5 de noche resplandor de *f* que eche llamas
5.24 como la lengua del *f* consume el rastrojo
9.18 porque la maldad se encendió como *f*
33.14 ¿quién … morará con el *f* consumidor?
43.2 cuando pases por el *f*, no te quemarás
44.16 ¡oh! me he calentado, he visto el *f*
64.2 como *f* abrazador de … *f* que hace hervir
66.15 que Jehová vendrá con *f*, y sus carros
66.24 su … nunca morirá, ni su *f* se apagará
Jer 5.14 yo pongo mis palabras en tu boca por *f*
20.9 había en mi corazón como un *f* ardiente
23.29 ¿no es mi palabra como *f*, dice Jehová
Lm 1.13 desde … envió *f* que consume mis huesos
Ez 15.4 es puesta en el *f* para ser consumida; sus
21.32 serás pasto del *f*, se empapará la tierra
Dn 3.25 varones … que se pasean en medio del *f*
7.10 un río de *f* procedía … de delante de él
Os 8.14 mas yo meteré *f* en sus ciudades, el cual
Jl 2.3 delante de él consumirá *f*, tras de él … llama
2.30 daré … sangre, y *f*, y columnas de humo
Am 4.11 fuisteis como tizón escapado del *f*; mas
5.6 que acometa como *f* a la casa de José y
7.4 Jehová el Señor llamaba para juzgar con *f*
Hab 2.13 los pueblos, pues, trabajarán para el *f*
Zac 2.5 yo seré para el … muro de *f* en derredor
Mal 3.2 él es como *f* purificador, y como jabón
Mt 3.10; Lc 3.9 es cortado y echado en el *f*
3.11; Lc 3.16 os bautizará en Espíritu … y *f*
5.22 fatuo, quedará expuesto al infierno de *f*
13.40 arranca la cizaña, y se quema en el *f*
17.15; Mr 9.22 muchas veces cae en el *f*, y
18.8 teniendo dos manos … ser echado en el *f*
25.41 al *f* eterno preparado para el diablo y
Mr 9.44 gusano … no muere, y el *f* nunca se apaga
14.54 estaba sentado … calentándose al *f*
Lc 3.17 quemará la … en *f* que nunca se apagará
9.54 que mandemos que descienda *f* del cielo
12.49 *f* vine a echar en la tierra; ¿y qué quiero
17.29 llovió del cielo *f* y azufre, y los destruyó
22.56 verle sentado al *f*, se fijó en él, y dijo
Hch 28.2 encendiendo un *f*, nos recibieron a

Ro 12.20 ascuas de *f* amontonarás sobre su cabeza
1 Co 3.13 por el *f* será revelada; y la obra de
2 Ts 1.8 en llama de *f*, para dar retribución a los
He 1.7 el que hace … a sus ministros llama de *f*
10.27 de juicio y de hervor de *f* que ha de
11.34 apagaron *f* impetuosos, evitaron filo de
12.18 que ardía en *f*, a la oscuridad, a las
12.29 porque nuestro Dios es *f* consumidor
Stg 3.5 ¡cuán grande … enciende un pequeño *f*!
3.6 la lengua es un *f*, un mundo de maldad
1 P 1.7 oro … aunque perecedero se prueba con *f*
2 P 3.7 guardados para el *f* en el día del juicio
Jud 7 ejemplo, sufriendo el castigo del *f* eterno
23 a otros salvad, arrebatándolos del *f*; y de
Ap 8.8 como una gran montaña ardiendo en *f*
20.9 y de Dios descendió *f* del cielo, y los
20.14 y el Hades fueron lanzados al lago de *f*
21.8 en el lago que arde con *f* y azufre, que es

GABRIEL

Dn 8.16 gritó y dijo: *G*, enseña a éste la visión
9.21 el varón *G* … vino a mí como a la hora
Lc 1.19 yo soy *G*, que estoy delante de Dios; y
1.26 al sexto mes el ángel *G* fue enviado por

GALARDÓN

Gn 15.1 no temas, Abram … soy tu escudo, y tu *g*
Job 31.2 ¿qué *g* me daría de arriba Dios, y qué
Sal 19.11 con ellos; en guardarlos hay grande *g*
58.11 dirá … Ciertamente hay *g* para el justo
Mt 5.12; Lc 6.23 vuestro *g* es grande en los
Lc 6.35 será vuestro *g* grande, y seréis hijos del
He 10.35 vuestra confianza, que tiene grande *g*
11.26 porque tenía puesta la mirada en el *g*
2 Jn 8. no perdáis … sino que recibáis *g* completo
Ap 22.12 yo vengo pronto, y mi *g* conmigo, para

GENEALOGÍA

Neh 7.5 hallé el libro de la *g* de los que habían
1 Ti 1.4 ni presten atención a fábulas y *g*
He 7.3 sin padre, sin madre, sin *g*; que ni tiene
7.6 pero aquel cuya *g* no es contada de entre

GENEROSIDAD

Is 32.8 generoso pensará *g*, y por *g* será exaltado
2 Co 8.2 pobreza abundaron en riquezas de su *g*
9.5 preparasen … vuestra *g* antes prometida

GENTIL

Mt 6.32 porque los *g* buscan todas estas cosas
10.5 por camino de *g* no vayáis, y en ciudad
12.21 y en su nombre esperarán los *g*
18.17 si no oyere … tenle por *g* y publicano
20.19; Mr 10.33; Lc 18.32 entregarán a los *g*
Lc 2.32 luz para revelación a los *g*, y gloria de
21.24 Jerusalén será hollada por los *g*, hasta
21.24 que los tiempos de los *g* se cumplan
Hch 9.15 llevar mi nombre en presencia de los *g*
10.45 que también sobre los *g* se derramase
11.18 a los *g* ha dado Dios arrepentimiento
13.42 los *g* les rogaron que … les hablasen
13.46; 18.6 he aquí, nos volvemos a los *g*
14.27 había abierto la puerta de la fe a los *g*
15.3 ellos … contando la conversión de los *g*
15.7 escogió que los *g* oyesen por mí boca
15.14 visitó … a los *g*, para tomar de ellos
22.21 vé, porque yo te enviaré lejos a los *g*
Ro 1.13 algún fruto, como entre los demás *g*
2.14 cuando los *g* que no tienen ley, hacen
2.24 Dios es blasfemado entre los *g* por causa
3.9 pues ya hemos acusado a judíos y a *g* que

3.29 ¿no … Dios de los *g*? … también de los *g*
9.24 no sólo de los judíos, sino … de los *g*
11.11 por su transgresión vino salvación a los *g*
11.13 por cuanto yo soy apóstol a los *g*, honro
11.25 que haya entrado la plenitud de los *g*
15.9 para que los *g* Gáorifiquen a Dios por su
1 Co 12.2 que cuando erais *g*, se os extraviaba
Gá 1.16 para que yo le predicase entre los *g*
2.9 que nosotros fuésemos a los *g*, y ellos a
3.8 Dios había de justificar por la fe a los *g*
3.14 la bendición de Abraham alcanzase a los *g*
Ef 2.11 de que en otro tiempo vosotros, los *g*
3.6 que los *g* son coherederos y miembros del
4.17 no andéis como los otros *g*, que andan
Col 1.27 dar a conocer … este misterio entre los *g*
2 Ti 1.11 yo fui constituido … maestro de los *g*
1 P 2.12 buena vuestra manera de vivir entre los *g*
Ap 11.2 no lo midas … ha sido entregado a los *g*

GETSEMANÍ

Mt 26.36; Mr 14.32.

GLORIA

Éx 16.10 la *g* de Jehová apareció en la nube
24.16 la *g* de Jehová reposó sobre el monte
33.18 dijo: Te ruego que me muestres tu *g*
40.34 la *g* de Jehová llenó el tabernáculo
Lv 9.23 *g* de Jehová se apareció a todo el pueblo
Nm 14.21 vivo yo, y mi *g* llena toda la tierra
1 S 4.21 diciendo: ¡Traspasada es la *g* de Israel!
15.29 el que es la *G* de Israel no mentirá, ni
1 R 3.13 te he dado … no pediste, riquezas y *g*
8.11; 2 Cr 5.14; Ez 43.5 la *g* de Jehová había llenado la casa
1 Cr 16.24 cantad entre las gentes su *g*, y en
29.11 tuya es, oh Jehová … el poder, la *g*
29.25 a Salomón … le dio tal *g* en su reino
2 Cr 1.11 no pediste riquezas, bienes o *g*, ni la
Esd 10.11 *g* a Jehová Dios de vuestros padres
Job 19.9 me ha despojado de mi *g*, y quitado la
Sal 8.5 le has … lo coronaste de *g* y de honra
19.1 los cielos cuentan la *g* de Dios, y el
29.2 dad a Jehová la *g* debida a su nombre
49.16 cuando aumenta la *g* de su casa
62.7 en Dios está mi salvación y mi *g*; en
63.2 para ver tu poder y tu *g*, así como te he
66.2 cantad la *g* de su nombre; poned *g* en
72.19 toda la tierra sea llena de su *g*. Amén
85.9 para que habite la *g* en nuestra tierra
89.17 porque tú eres la *g* de su potencia, y por
90.16 aparezca en tus … tu *g* sobre sus hijos
96.3 proclamad entre las naciones su *g*, en
97.6 justicia, y todos los pueblos vieron su *g*
104.1 Jehová Dios mío … te has vestido de *g*
104.31 sea la *g* de Jehová para siempre
111.3 *g* y hermosura es su obra, y su justicia
115.1 no a nosotros, sino a tu nombre da *g*
145.11 la *g* de tu reino digan, y hablen de tu
Pr 14.28 en la multitud del … está la *g* del rey
25.2 *g* de Dios es encubrir un asunto; pero
25.27 es bueno, ni el buscar la propia *g* es *g*
Is 5.14 descenderá la *g* de ellos, y su multitud
24.16 oímos cánticos: *G* al justo. Y yo dije
35.2 *g* del Líbano le será dada, la … de Sarón
40.5 se manifestará la *g* de Jehová, y toda
40.6 hierba, y toda su *g* como flor del campo
42.8 y a otro no daré mi *g*, ni mi alabanza
43.7 para *g* mía los he creado, los formé
58.8 y la *g* de Jehová será tu retaguardia
60.1 y la *g* de Jehová ha nacido sobre ti
60.15 haré que seas una *g* eterna, el gozo de

1.24 y toda la *g* del hombre como flor de la
2.20 ¿qué *g* es, si pecando sois abofeteados
4.13 en la revelación de su *g* os gocéis con
5.1 participante de la *g* que será revelada
5.4 recibiréis la corona incorruptible de *g*
5.10 mas el Dios de … que nos llamó a su *g*
2 P 1.3 que nos llamó por su *g* y excelencia
1.17 le fue enviada desde la … *g* una voz que
Jud 24 presentaros sin mancha delante de su *g*
25 al único y sabio Dios … sea *g* y majestad
Ap 4.11 digno eres de recibir la *g* y la honra
7.12 la *g* … sean a nuestro Dios por los siglos
14.7 temed a Dios, y dadle *g*, porque la hora
19.7 gocémonos y alegrémonos y démosle *g*
21.23 la *g* de Dios la ilumina, y el Cordero

GOBERNAR

1 S 8.20 y nuestro rey nos *gobernará*, y saldrá
9.17 éste es el … éste *gobernará* a mi pueblo
1 S 23.3 habrá un justo que *gobierne* entre los
1 R 3.9; 2 Cr 1.10 ¿quién podrá *gobernar* a este
2 Cr 7.18 no te faltará … que *gobierne* en Israel
Job 34.17 ¿*gobernará* el que aborrece juicio?
Sal 112.5 *gobierna* sus asuntos con juicio
Jer 40.7 había puesto a Gedalías … para *gobernar*
Col 3.15 la paz de Dios *gobierne* en … corazones
1 Ti 3.4 que *gobierne* bien su casa, que tenga
5.14 se casen, críen hijos, *gobiernen* su casa
5.17 los ancianos que *gobiernan* bien, sean
Stg 3.4 por donde el que las *gobierna* quiere

GRACIA *v.* Favor, Misericordia

Gn 39.21 Jehová estaba con José … y le dio *g* en
Éx 3.21 daré a este pueblo *g* en los ojos de los
Nm 11.11 ¿y por qué no he hallado *g* en tus ojos
Dt 33.16 la *g* del que habitó en la zarza venga
Rt 2.10 ¿por qué he hallado *g* en tus ojos para
1 S 16.22 David … pues ha hallado *g* en mis ojos
Est 5.2 cuando vio a la reina … ella obtuvo *g* ante
Sal 45.2 la *g* se derramó en tus labios; por tanto
84.11 sol y escudo … *g* y gloria dará Jehová
Pr 1.9 adorno de *g* serán a tu cabeza, y collares
3.4 hallarás *g* y buena opinión ante los ojos
3.22 y serán vida a tu alma, y *g* a tu cuello
13.15 el buen entendimiento da *g*; mas el
31.30 engañosa es la *g*, y vana la hermosura
Ec 10.12 las palabras … del sabio son llenas de *g*
Dn 1.9 puso Dios a Daniel en *g* … con el jefe de
Os 14.4 los amaré de pura *g*; porque mi ira se
Zac 4.7 sacará … con aclamaciones de: *G*, *g* a ella
11.7 dos cayados: al uno puse por nombre *G*
12.10 derramaré … espíritu de *g* y de oración
Mt 10.8 sanad … de *g* recibisteis, dad de *g*
Lc 1.30 porque has hallado *g* delante de Dios
2.40 el niño crecía … la *g* de Dios era sobre él
2.52 Jesús crecía … en *g* para con Dios y los
4.22 las palabras de *g* que salían de sus labios
Jn 1.14 vimos su gloria … lleno de *g* y de verdad
1.16 de su … tomamos todos, y *g* sobre *g*
1.17 la *g* y la verdad vinieron por … Jesucristo
Hch 4.33 abundante *g* era sobre todos ellos
7.10 y le dio *g* y sabiduría delante de Faraón
7.46 halló *g* delante de Dios, y pidió proveer
13.43 a que perseverasen en la *g* de Dios
15.11 por la *g* del Señor Jesús seremos salvos

Ro 1.5 por quien recibimos la *g* y el apostolado
3.24 siendo justificados gratuitamente por su *g*
4.4 no se le cuenta el salario como *g*, sino
4.16 es por fe, para que sea por *g*, a fin de que
5.2 tenemos entrada por la fe a esta *g* en la
5.15 abundaron … *g* … por la *g* de un hombre
5.17 reinarán en vida … los que reciben la … *g*
5.20 el pecado abundó, sobreabundó la *g*
5.21 así también la *g* reine por la justicia para
6.1 ¿perseveraremos … para que la *g* abunde?
6.14 pues no estáis bajo la ley, sino bajo la *g*
11.6 y si por *g*, ya no es por obras; de otra
12.6 diferentes dones según la *g* que nos es
16.24; 2 Co 13.14 la *g* de nuestro Señor
1 Co 15.10 pero por la *g* de Dios soy lo que soy
2 Co 1.15 ir a … para que tuvieseis una segunda *g*
4.15 que abundando la *g* por medio de muchos
6.1 a que no recibáis en vano la *g* de Dios
8.1 os hacemos saber la *g* de Dios que se ha
8.9 conocéis la *g* de nuestro Señor Jesucristo
9.8 hacer que abunde entre vosotros toda *g*
12.9 ha dicho: Bástate mi *g*; porque mi poder
Gá 2.21 no desecho la *g* de Dios; pues si por la
5.4 los que por la ley … de la *g* habéis caído
Ef 1.7 perdón de … según las riquezas de su *g*
2.7 abundantes riquezas de su *g* en su bondad
2.8 por *g* sois salvos por medio de la fe, y
3.8 me fue dada esta *g* de anunciar entre los
4.7 a cada uno … fue dada la *g* conforme a
4.29 sea buena … a fin de dar *g* a los oyentes
6.24 *g* sea con todos los que aman a nuestro
Fil 1.7 todos … sois participantes conmigo de la *g*
1 Ti 1.14 *g* de nuestro Señor fue más abundante
2 Ti 2.1 esfuérzate en la *g* que es en Cristo Jesús
Tit 2.11 la *g* de … manifestado para salvación
3.7 que justificados por su *g*, viniesemos a ser
He 4.16 y hallar *g* para el oportuno socorro
12.15 alguno deje de alcanzar la *g* de Dios
13.9 buena cosa es afirmar el corazón con la *g*
Stg 4.6 Dios resiste a los … y da *g* a los humildes
1 P 1.13 esperad por completo en la *g* que se os
3.7 como a coherederas de la *g* de la vida
4.10 como buenos administradores de la … *g*
5.12 que esta es la verdadera *g* de Dios, en la
2 P 3.18 creced en la *g* y el … de nuestro Señor
Jud 4 convierten en libertinaje la *g* de nuestro

GUERRA *v.* Batalla
Gn 14.2 hicieron *g* contra Bera rey de Sodoma
Éx 15.3 Jehová es varón de *g*; Jehová es su nombre
Nm 32.20 si os disponéis para ir delante … a la *g*
Dt 20.1 cuando salgas a la *g* … no tengas temor
24.5 alguno fuere recién casado, no saldrá a la *g*
Jos 11.23 sus tribus; y la tierra descansó de la *g*
Jue 5.8 nuevos dioses, la *g* estaba a las puertas
1 S 17.1 filisteos juntaron sus ejércitos para la *g*
19.8 hubo de nuevo *g*; y salió David y peleó
2 S 11.1; 1 Cr 20.1 que salen los reyes a la *g*
1 R 14.30; 15.6 hubo *g* entre Roboam y Jeroboam
2 R 3.7 ¿irás tú conmigo a la *g* contra Moab?
2 Cr 6.34 si tu pueblo saliere a la *g* contra sus
13.2 reinó … y hubo *g* entre Abías y Jeroboam
16.9 aquí en adelante habrá más *g* contra ti
20.1 Moab … vinieron contra Josafat a la *g*
20.15 porque no es vuestra la *g*, sino de Dios

Sal 46.9 hace cesar las *g* hasta los fines de la
55.18 él redimirá en paz mi alma de la *g*
68.30 esparce a … que se complacen en la *g*
120.7 mas ellos, así que hablo, me hacen *g*
144.1 adiestra mis … y mis dedos para la *g*
Pr 20.18; 24.6 con dirección sabía se hace la *g*
Ec 3.8 de amar … tiempo de *g*, y tiempo de paz
Is 2.4; Mi 4.3 ni se adiestrarán más para la *g*
41.12 serán como nada … que te hacen la *g*
Jer 6.23 como hombres dispuestos para la *g*
42.14 de Egipto, en la cual no veremos *g*, ni
50.22 estruendo de *g* en la tierra … grande
Dn 7.21 y veía yo que este cuerno hacía *g* contra
Mi 2.8 quitasteis … como adversarios de *g*
Mt 24.6; Mr 13.7; Lc 21.9 oiréis de *g* y rumores de *g*
Lc 14.31 qué rey, al marchar a la *g* contra otro
Stg 4.1 ¿de dónde vienen las *g* y los pleitos entre
Ap 9.7 a caballos preparados para la *g*, en las
11.7 la bestia … hará *g* contra ellos, y los
12.17 fue a hacer *g* contra … descendencia de
13.7 y se le permitió hacer *g* contra los santos

HADES *v.* Infierno, Seol
Mt 11.23 Capernaum … hasta el *H* serás abatida
16.18 puertas del *H* no prevalecerán contra
Lc 16.23 en el *H* alzó sus ojos … en tormentas
Hch 2.27, 31 porque no dejarás mi alma en el *H*
Ap 1.18 tengo las llaves de la muerte y del *H*
6.8 por nombre Muerte, y el *H* le seguía
20.14 el *H* fueron lanzados al lago de fuego

HECHICERÍA
Mi 5.12 asimismo destruiré de tu mano las *h*
Gá 5.20 idolatría, *h*, enemistades, pleitos, celos
Ap 9.21 ni de sus *h*, ni de su fornicación, ni de
18.23 por tus *h* fueron engañadas todas las

HEREDAR *v.* Recibir, Tener
Dt 1.39 allá, y a ellos la daré, y ellos la *heredarán*
21.16 en el día que hiciere *heredar* a sus hijos
Jue 11.2 no *heredarás* en la casa de nuestro padre
Sal 37.9 esperan en Jehová … *heredarán* la tierra
37.29 los justos *heredarán* la tierra, y vivirán
82.8 porque tú *heredarás* todas las naciones
105.44 las labores de los pueblos *heredaron*
Pr 14.18 los simples *heredarán* necedad; mas los
Is 49.8 para que *heredes* asoladas heredades
54.3 y tu descendencia *heredará* naciones, y
60.21 y tu … para siempre *heredarán* la tierra
Mt 25.34 venid … *heredad* el reino preparado para
Mr 10.17; Lc 10.25 ¿qué haré para *heredar* la vida
1 Co 15.50 no pueden *heredar* el reino de Dios
Gá 4.30 no *heredará* el hijo de la esclava con el
5.21 los que practican tales cosas no *heredarán*
He 6.12 que por la fe y la … *heredan* las promesas
1 P 3.9 llamados para que *heredaseis* bendición
Ap 21.7 el que venciere *heredará* todas las cosas

HERIR *v.* Matar
Gn 3.15 ésta te *herirá* en la cabeza, y tú le *h* en
Éx 21.12 el que *hiriere* a alguno, haciéndole así
21.22 e *hirieren* a mujer embarazada, y ésta
32.35 Jehová *hirió* al pueblo, porque habían
1 S 4.3 ¿por qué nos ha *herido* hoy Jehová delante
18.7; 21.11 Saúl *hirió* a sus miles, y David a
Job 5.18 la vendará; él *hiere*, y sus manos curan
16.10 *hirieron* mis mejillas con afrenta; contra

Sal 3.7 *heriste* a todos mis enemigos en la mejilla
64.7 mas Dios los *herirá* con saeta; de repente
68.21 Dios *herirá* la cabeza de sus enemigos
78.20 ha *herido* la peña, y brotaron aguas
78.66 *hirió* a sus enemigos por detrás; les dio
Pr 23.35 y dirás: Me *hirieron*, mas no me dolió
26.10 como arquero que a todos *hiere*, es el
Ec 10.9 quien corta piedras, se *hiere* con ellas
Is 5.25 extendió contra él su mano, y le *hirió*
27.7 acaso … *herido* como quien lo *hirió*
51.9 ¿no eres tú el que … *hirió* al dragón?
53.5 mas él *herido* fue por nuestras rebeliones
Jer 21.6 *heriré* a los moradores de esta ciudad
Dn 2.34 piedra … *hirió* a la imagen en sus pies
Os 9.16 Efraín fue *herido*, su raíz está seca, no
Hag 2.17 os *herí* con viento solano, con tizoncillo
Mt 5.39 a cualquiera que te *hiera* en la mejilla
26.51; Mr 14.47; Lc 22.50; Jn 18.10 *hirió* a un siervo del sumo sacerdote
Mr 12.4 otro siervo … le *hirieron* en la cabeza
14.27 escrito esta: *Heriré* al pastor, y las
Lc 10.30 e *hiriéndole*, se fueron, dejándole medio
Hch 12.23 un ángel del Señor le *hirió*, por cuanto

HIJO/A *v.* Casa, Familia
Gn 6.2 viendo los *h* de Dios que las *h* de los
15.2 ¿qué me darás, siendo así que ando sin *h*
18.10 he aquí que Sara tu mujer tendrá un *h*
18.19 yo sé que mandará a sus *h* y a su casa
19.30 habitó en una cueva él y sus dos *h*
20.12 *h* de mi padre, mas no *h* de mi madre
21.7 Sara … pues le he dado un *h* en su vejez
21.10 el *h* de esta sierva no … con Isaac mi *h*
22.2 dijo: Toma ahora tu *h*, tu único, Isaac
24.23 dijo: ¿De quién eres *h*? Te ruego que
27.46 si Jacob toma mujer de las *h* de Het
Éx 1.16 es *h*, matadlo; y si es *h*, entonces viva
2.5 la *h* de Faraón descendió a lavarse al río
4.22 Jehová ha dicho así: Israel es mi *h*, mi
20.5; Nm 14.18; Dt 5.9 la maldad de los padres sobre los *h*
21.7 vendiere su *h* por sierva, no saldrá ella
Nm 27.1 vinieron las *h* de Zelofehad *h* de Hefer
27.8 alguno muriere sin *h* … herencia a su *h*
36.2 dé la posesión de Zelofehad … a sus *h*
Dt 4.9 las enseñarás a tus *h*, y a los *h* de tus *h*
6.7 las repetirás a tus *h*, y hablarás de ellas
14.1 *h* sois de Jehová vuestro Dios; no os
21.18 alguno tuviere un *h* contumaz y rebelde
24.16 los padres no morirán por los *h*, ni los *h*
25.5 no tuviere *h*, la mujer del muerto no se
Jos 4.22 declararéis a vuestros *h*… Israel pasó en
Jue 11.34 su *h* que salía a recibirle con panderos
21.7 no les daremos nuestras *h* por mujeres
Rt 1.12 volveos, *h* mías, e idos; porque yo ya soy
1 S 1.5 Jehová no le había concedido tener *h*
1.11 sino que dieres a tu sierva un *h* varón
8.13 tomará … vuestras *h* para … perfumadoras
2 S 12.3 sola corderita … la tenía como a una *h*
1 R 3.1 tomo la *h* de Faraón, y la trajo a la
3.19 el *h* de … murió … ella se acostó sobre él
2 R 4.16 por este tiempo. abrazarás un *h*
6.28 da acá tu *h*, y comámoslo hoy, y mañana
Job 1.6; 2.1 delante de Jehová los *h* de Dios
Sal 2.7 Jehová me ha dicho: Mi *h* eres tú; yo te
2.12 honrad al *H*, para que no se enoje, y
45.9 *h* de reyes están entre tus ilustres; está
106.37 sacrificaron sus *h* y sus *h* a … demonios
127.3 he aquí, herencia de Jehová son los *h*

128.3 tus *h* como plantas de olivo alrededor de
144.12 nuestras *h* como esquinas labradas
Pr 10.1; 15.20 el *h* sabio alegra al padre, pero el *h*
13.1 el *h* sabio recibe el consejo del padre
17.25 el *h* necio es pesadumbre de su padre
19.18 castiga a tu *h* en tanto que hay esperanza
29.17 corrige a tu *h*, y te dará descanso, y
Is 3.16 por cuanto las *h* de Sion se ensoberbecen
7.14 la virgen concebirá, y dará a luz un *h*
8.18 yo y los *h* que me dio Jehová somos por
9.6 *h* nos es dado, y el principado sobre su
43.6 no detengas; trae de lejos mis *h*, y mis *h* de
54.1 más son los *h* de la desamparada que los
54.13 todos tus *h* serán enseñados por Jehová
57.3 vosotros llegaos acá, *h* de la hechicera
60.4 tus *h* vendrán de lejos, y tus *h* serán
63.8 mi pueblo son, *h* que no mienten; y fue
66.7 antes que le viniesen dolores, dio a luz *h*
66.8 Sion estuvo de parto, dio a luz sus *h*
Jer 3.14 convertíos, *h* rebeldes, dice Jehová
8.21 quebrantado estoy por … la *h* de mi pueblo
16.2 mujer, ni tendrás *h* ni *h* en este lugar
31.29; Ez 18.2 los dientes de los *h* tienen la
Ez 2.1 me dijo: *H* de hombre, ponte sobre tus pies
3.17; 33.7 *h* de hombre, yo te he puesto por
5.10 padres comerán a los *h* … *h* comerán a sus
18.20 el *h* no llevará el pecado del padre; ni
23.39 habiendo sacrificado sus *h* a sus ídolos
Dn 3.25 del cuarto es semejante a *h* de los dioses
7.13 venía uno como un *h* de hombre, que
Os 1.10 los será dicho: Sois *h* del Dios viviente
11.1 yo lo amé, y de Egipto llamé a mi *h*
Jl 1.3 a vuestros *h* … *h* a sus *h*, y sus *h* a la otra
2.28 y profetizarán vuestros *h* y vuestras *h*
Mi 7.6 *h* deshonra al padre, la *h* se levanta contra
Sof 3.14 canta, oh *h* de Sion; da voces de júbilo
Mal 4.6 volver el corazón de los … hacia los *h*
Mt 3.17; 17.5; Mr 1.11; 9.7; Lc 3.22; 9.35; 2 P 1.17 éste es mi *H* amado
4.3; Lc 4.3 si eres *H* de Dios, di que estas
5.9 porque ellos serán llamados *h* de Dios
5.45 para que seáis *h* de vuestro Padre que
7.9; Lc 11.11 si su *h* le pide pan, le dará una
7.11; Lc 11.13 buenas dádivas a vuestros *h*
8.12 *h* del reino serán echados a las tinieblas
8.20; Lc 9.58 *H* del Hombre no tiene donde
9.6; Mr 2.10; Lc 5.24 para que sepáis que el *H* del Hombre tiene potestad
9.18; Mr 5.23 mi *h* acaba de morir … pon tu
10.21; Mr 13.12 los *h* se levantarán contra
10.23 no acabaréis … antes que venga el *H* del
10.35 *h* contra la madre, y a la nuera contra
10.37 el que ama a *h* o *h* más que a mí, no es
11.19; Lc 7.34 el *H* del Hombre, que come y
11.19 pero la sabiduría es justificada por sus *h*
11.27; Lc 10.22 nadie conoce al *H*, sino el
12.8; Mr 2.28; Lc 6.5 el *H* del Hombre es Señor del día de reposo
12.23 y decía: ¿Será éste aquel *H* de David?
12.27 los demonios … por quién los echan … *h*?
13.37 el que siembre la buena semilla es el *H*
13.38 la buena semilla son los *h* del reino, y la
14.33 verdaderamente eres *H* de Dios
15.22 mi *h* es gravemente atormentada por un
15.26; Mr 7.27 no … tomar el pan de los *h*, y

16.13 ¿quién dicen … es el *H* del Hombre?
16.16 eres el Cristo, el *H* del Dios viviente
16.27 el *H* del Hombre vendrá en la gloria de
17.26 Jesús le dijo: Luego los *h* están exentos
19.28 cuando el *H* del Hombre se siente en el
21.15 y diciendo: ¡Hosanna al *H* del David!
21.37 envió su *h* … Tendrán respeto a mi *h*
22.24; Mr 12.19; Lc 20.28 si alguno muriere sin *h*, su hermano
22.42 ¿de quién es *h*? Le dijeron: De David
24.30; Mr 13.26; Lc 21.27 verán al *H* del Hombre viniendo
25.31 cuando el *H* del Hombre venga en su
26.24; Mr 14.21; Lc 22.22 el *H* del Hombre va
26.63; Mr 14.61 si eres tú … el *H* de Dios
27.40 si eres *H* de Dios, desciende de la cruz
27.43 líbrele ahora … ha dicho: Soy *H* de Dios
27.54; Mr 15.39 este hombre era *H* de Dios
28.19 en el nombre del Padre, y del *H*, y del

Mr 3.11; Lc 4.41 diciendo: Tú eres el *H* de Dios
5.7; Lc 8.28 ¿qué tienes conmigo … *H* del Dios
7.26 le rogaba que echase fuera de su *h* al
8.38; Lc 9.26 el *H* … se avergonzará … de él
12.6 teniendo aún un *h* suyo, amado, lo envió

Lc 1.13 y tu mujer Elisabet te dará a luz un *h*
1.17 volver los corazones de los padres a los *h*
1.31 darás a luz un *h*, y llamarás su nombre
1.32 será grande, y … llamado *H* del Altísimo
3.8 Dios puede levantar *h* a Abraham a aun de
4.3 si eres *H* de Dios, di a esta piedra que se
5.10 Jacobo y Juan, *H* de Zebedeo, que eran
6.35 y seréis *h* del Altísimo: porque él es
8.42 tenía una *h* única, como de doce años
9.38 ruego que veas a mi *h*, pues es el único
9.44 *H* del Hombre será entregado en manos
10.6 si hubiere allí algún *h* de paz, vuestra
12.8 el *H* del Hombre le confesará delante
12.53 el padre contra el *h*, y el *h* contra el
15.19 ya no soy digno de ser llamado tu *h*
16.8 los *h* de este siGáo … que los *h* de luz
17.24 así … será el *H* el Hombre en su día
19.9 por cuanto él también es *h* de Abraham
20.13 ¿qué haré? Enviaré a mi *h* amado
20.36 *h* de Dios, al ser *h* de la resurrección
20.44 llama Señor; ¿cómo entonces es su *h*?
22.70 ¿luego eres tú el *H* de Dios? Y él les

Jn 1.12 les dio potestad de ser hechos *h* de Dios
1.18 el unigénito *H*, que está en el seno del
1.34 testimonio de que éste es el *H* de Dios
1.49 Rabí, tú eres el *H* de Dios; tú eres el Rey
3.14 así es … el *H* del Hombre sea levantado
3.16 que ha dado a su *H* unigénito, para que
3.35 el Padre ama al *H*, y todas las cosas ha
4.49 Señor, desciende antes que mi *h* muera
4.50 Jesús le dijo: Vé, tu *h* vive. Y él … creyó
5.20 el Padre ama al *H*, y le muestra todas las
5.22 juzga, sino que todo el juicio dio al *H*
6.40 que todo aquel que ve al *H* y cree en él
6.69 tú eres el Cristo, el *H* del Dios viviente
8.35 el esclavo no … *h* sí queda para siempre
8.36 así … si el *H* os libertare, seréis … libres
8.39 si fueseis *h* de Abraham, las obras de
9.35 le dijo: ¿Crees tú en el *H* de Dios?
10.36 decís … porque dije: *H* de Dios soy?
11.4 para que el *H* de Dios sea Gáorificado
12.15 no temas, *h* de Sion; he aquí tu Rey
12.36 creed en la luz, para que seáis *h* de luz
19.7 porque se hizo a sí mismo *H* de Dios

19.26 dijo a su madre: Mujer, he ahí tu *h*
Hch 2.17 vuestros *h* y vuestras *h* profetizarán
2.39 para … es la promesa, y para vuestros *h*
3.13 el Dios de … ha Gáorificado a su *H* Jesús
3.26 Dios, habiendo levantado a su *H*, lo
4.27 se unieron en … contra tu santo *H* Jesús
7.56 veo … y al *H* del Hombre que está a la
13.33 mi *h* eres tú, yo te he engendrado hoy
21.9 éste tenía cuatro *h* … que profetizaban
Ro 5.10 reconciliados … por la muerte de su *H*
8.3 enviando a su *H* en semejanza de carne
8.14 guiados por el Espíritu ... son *h* de Dios
8.16 da testimonio … de que somos *h* de Dios
8.21 a la libertad Gáoriosa de los *h* de Dios
8.29 hechos conformes a la imagen de su *H*
8.32 el que no escatimó ni a su propio *H*
9.7 ni por ser descendientes … son todos *h*
9.8 que los que son *h* según la promesa son
9.26 allí serán llamados *h* del Dios viviente
1 Co 7.14 de otra manera … *h* serían inmundos
15.28 entonces … el *H* mismo se sujetará al
Gá 3.7 los que son de fe … son *h* de Abraham
3.26 todos sois *h* de Dios por la fe en Cristo
4.4 Dios envió a su *H*, nacido de mujer y
4.5 fin de que recibiésemos la adopción de *h*
4.6 por cuanto sois *h*, Dios envió a vuestros
4.7 ya no eres … sino *h*; y si *h* … heredero de
4.27 más son los *h* de la desolada, que de la
4.28 como Isaac, somos *h* de la promesa
Ef 1.5 para ser adoptados *h* suyos por medio de
2.3 éramos por naturaleza *h* de ira, lo mismo
4.13 la fe y del conocimiento del *H* de Dios
5.1 sed, pues, imitadores de Dios como *h*
5.8 ahora sois luz … andad como *h* de luz
6.1; Col 3.20 *h*, obedeced a vuestros padres
6.4 padres, no provoquéis a ira a vuestros *h*
Fil 2.15 *h* de Dios sin mancha en medio de una
1 Ts 2.11 como el padre a sus *h*, exhortábamos
1 Ti 1.2 a Timoteo, verdadero *h* en la fe: Gracia
2.15 salvará engendrando *h*, si permaneciere
3.4 que tenga a sus *h* en sujeción con toda
5.4 pero si alguna viuda tiene *h*, o nietos
2 Ti 1.2 amado *h*: Gracia, misericordia y paz, de
Tit 1.6 tenga *h* creyentes que no estén acusados
2.4 enseñen … amar a sus maridos y a sus *h*
He 1.2 ha hablado por el *H*, a quien constituyó
1.5; 5.5 mi *H* eres tú, yo te he engendrado
1.5 yo seré a él Padre, y él me será a mí *h*
2.13 he aquí, yo y los *h* que Dios me dio
3.6 Cristo como *h* sobre su casa, la cual casa
5.8 y aunque era *H* … aprendió la obediencia
6.6 crucificando de nuevo … al *H* de Dios y
7.28 la palabra del juramento … al *H*, hecho
10.29 merecerá el que pisoteare al *H* de Dios, y
11.24 por la fe Moisés … rehusó llamarse *h* de
12.5 *h* mío, no menosprecies la disciplina del
12.6 ama … azota a todo el que recibe por *h*
12.7 Dios os trata como *h*; porque ¿qué *h* es
1 P 3.6 de la cual vosotras … habéis venido a ser *h*
1 Jn 1.3 comunión … es con el Padre, y con su *H*
2.22 anticristo, el que niega al Padre y al *H*
3.1 que seamos llamados *h* de Dios; por esto
3.8 para esto apareció el *H* de Dios, para
3.10 en esto se manifiestan los *h* de Dios, y
3.23 que creamos en el nombre de su *H*, y

4.10 nos amó ... y envió a su *H* en propiciación
4.14 el Padre ha enviado al *H*, el Salvador
4.15 que confiese que Jesús es el *H* de Dios
5.2 en esto conocemos que amamos a los *h* de
5.5 sino el que cree que Jesús es el *H* de Dios?
5.11 ha dado vida ... y esta vida está en su *H*
5.12 el que tiene al *H*, tiene la vida; el que no
5.20 sabemos que le *H* de Dios ha venido
2 Jn 9 de Cristo, ése sí tiene al Padre y al *H*
Ap 1.13; 14.14 uno semejante al *H* del Hombre
21.7 venciere ... seré su Dios, y él será mi *h*

HIPOCRESÍA
Mt 23.28 pero por dentro estáis llenos de *h* e
Mr 12.15 él, percibiendo la *h* de ellos, les dijo
Lc 12.1 guardaos de la levadura de ... que es la *h*
Gá 2.13 también arrastrado por la *h* de ellos
1 Ti 4.2 por la *h* de mentirosos que, teniendo
Stg 3.17 pura ... benigna ... sin incertidumbre ni *h*
1 P 2.1 *h*, envidias, y todas las detracciones

HOMBRE *v.* Adán, Varón
Gn 1.26 dijo ... Hagamos al *h* a nuestra imagen
2.5 ni había *h* para que labrase la tierra
Jos 10.14 atendido Jehová a la voz de un *h*
1 S 4.9 esforzaos, oh filisteos, y sed *h*, para que
2 S 12.7 dijo Natán a David: Tú eres aquel *h*
Job 4.17 ¿será el *h* más justo que Dios? ¿Será el
7.1 ¿no es acaso brega la vida del *h* sobre la
7.17; Sal 8.4; 144.3 ¿qué es el *h*, para que lo
14.1 el *h* nacido de mujer, corto de días, y
14.10 el *h* morirá, y será cortado; perecerá
33.12 responderé que mayor es Dios que el *h*
Sal 9.20 conozcan las naciones que no son sino *h*
56.4, 11 no temeré; ¿qué puede hacerme el *h*?
60.11; 108.12 porque vana es la ayuda de los *h*
90.3 vuelves al *h* hasta ser quebrantado, y
Pr 30.19 del mar, y el rastro del *h* en la doncella
Ec 3.18 es así, por causa de los hijos de los *h*
3.19 ni tiene más el *h* que la bestia, porque
Is 2.22 dejaos del *h*, cuyo aliento está en su
31.3 los egipcios *h* son, y no Dios; y sus
45.12 hice la tierra, y creé sobre ella al *h*
Jer 10.23 ni del *h* que ... es el ordenar sus pasos
17.5 maldito el varón que confía en el *h*
Ez 28.2 yo soy un dios ... siendo tú *h* y no Dios
Mt 4.4; Lc 4.4 no sólo de pan vivirá el *h*, sino
4.19 en pos de mí, y os haré pescadores de *h*
12.12 ¿cuánto más vale un *h* que una oveja?
16.13 ¿quién dicen los *h* que es el Hijo del *H*?
18.7 ¡ay de ... *h* por quien viene el tropiezo
21.25; Mr 11.30 ¿era del cielo, o de los *h*?
Mr 2.27 hecho por causa del *h*, y no el *h* por
Lc 12.8 aquel que me confesare delante de los *h*
Jn 2.25 testimonio del *h* ... lo que había en el *h*
7.46 jamás *h* alguno ha hablado como este *h*
10.33 porque tú, siendo *h*, te haces Dios
12.43 amaban más la gloria de los *h* que la
19.5 salió ... y Pilato les dijo: ¡He aquí el *h*!
Hch 5.38 esta obra es de los *h*, se desvanecerá
10.26 levántate, pues yo mismo ... soy *h*
14.11 dioses bajo la semejanza de *h* han
Ro 1.27 cometiendo hechos vergonzosos *h* con *h*
5.12 el pecado entró en el mundo por un *h*
1 Co 2.11 ¿quién de los *h* sabe las cosas del *h*
3.3 ¿no sois carnales, y andáis como *h*?
3.21 así que, ninguno se Gáoríe en los *h*
15.21 por cuanto la muerte entró por un *h*
Fil 2.7 que se despojó ... hecho semejante a los *h*
1 Ts 2.4 no como para agradar a los *h*, sino

1 Ti 2.5 mediador entre Dios y los *h*, Jesucristo *h*
6.11 tú, oh *h* de Dios, huye de estas cosas
2 Ti 3.17 a fin de que el *h* de Dios sea perfecto
He 2.6 ¿qué es el *h*, para que te acuerdes de él
9.27 está establecido para los *h* que mueran
13.6 no temeré lo que me pueda hacer el *h*

HONRAR *v.* Alabar
Éx 20.12; Dt 5.16 *honra* a tu padre y a tu madre
Lv 19.32 *honrarás* el rostro del anciano, y de tu
Nm 22.17 te *honraré* mucho, y haré todo lo que
1 S 2.30 porque yo *honraré* a los que me *honran*
2 R 17.33 temían a … y *honraban* a sus dioses
Sal 2.12 *honrad* al Hijo, para que no se enoje
15.4 pero *honra* a los que temen a Jehová
50.23 el que sacrifica alabanzas me *honrará*
Pr 3.9 *honra* a Jehová con tus bienes, y con las
4.8 te *honrará*, cuando tú la hayas abrazado
Is 29.13 sus labios me *honran*, pero su corazón
43.23 ni a mí me *honraste* con tus sacrificios
60.13 y yo *honraré* el lugar de mis pies
Dn 11.38 mas *honrará* … al dios de las fortalezas
Mal 1.6 el hijo *honra* al padre, y el siervo a su
Mt 15.4; 19.19; Mr 7.10; 10.19; Ef 6.2 *honra* a tu padre y a tu madre
15.8; Mr 7.6 este pueblo de labios me *honra*
15.9 pues en vano me *honran*, enseñando como
Jn 5.23 *honren* al Hijo como *honran* al Padre
8.49 yo no tengo demonio … *honro* a mi Padre
12.26 alguno me sirviere, mi Padre le *honrará*
Hch 18.13 hombres a *honrar* a Dios contra la ley
28.10 nos *honraron* con muchas atenciones
Ro 1.25 *honrando* … a las criaturas antes que al
11.13 soy apóstol a los … *honro* mi ministerio
1 P 2.17 *honrad* a todos. Amad a los … *h* al rey

HUÉRFANO/A *v.* Viuda
Éx 22.22 a ninguna viuda ni *h* afligiréis
Dt 10.18 que hace justicia al *h* y a la viuda; que
24.17 no torcerás el derecho del … ni del *h*
Est 2.7 había criado a … Ester … porque era *h*
Job 22.9 los brazos de los *h* fueron quebrados
24.9 quitan el pecho a los *h*, y de sobre
29.12 libraba … al *h* que carecía de ayudador
31.17 si comí mi … y no comió de él el *h*
Sal 10.14 el desvalido; tú eres el amparo del *h*
68.5 padre de *h* y defensor de viudas es Dios
82.3 defended al débil y al *h*; haced justicia
109.9 sean sus hijos *h*, y su mujer viuda
146.9 Jehová … al *h* y a la viuda sostiene, y
Pr 23.10 lindero … ni entres en la heredad de los *h*
Is 1.17 haced justicia al *h*, amparad a la viuda
Jer 5.28 no juzgaron la causa, la causa del *h*
22.3 no engañéis ni robéis al … ni al *h* ni a la
49.11 deja tus *h*, yo los criaré … tus viudas
Lm 5.3 *h* somos sin padre; nuestras madres son
Os 14.3 porque en ti el *h* alcanzará misericordia
Jn 14.18 no os dejaré *h*; vendré a vosotros
Stg 1.27 visitar a los *h* y a las viudas en sus

IDOLATRÍA *v.* Abominación, Fornicación
Ez 11.18 y quitarán de ella todas sus *i* y todas
Hch 17.16 viendo la ciudad entregada a la *i*
1 Co 10.14 por tanto, amados míos, huid de la *i*
Gá 5.20 *i*, hechicerías, enemistades, pleitos
1 P 4.3 andando en … orgías … y abominables *i*

ÍDOLO *v.* Dios, Imagen
Gn 31.19 y Raquel hurtó los *í* de su padre
Lv 19.4 no os volveréis a los *í*, ni haréis para
26.1 no haréis para vosotros *í*, ni escultura
2 R 21.11 ha hecho pecar a Judá con sus *í*
2 Cr 15.8 quitó los *í* … de toda la tierra de Judá
34.7 destruido … los *í* … volvió a Jerusalén
Sal 96.5 todos los dioses de los pueblos son *í*

115.4; 135.15 los *í* de ellos son plata y oro
Is 2.8 además su tierra está llena de *í*, y se han
2.18 y quitará totalmente los *í*
31.7 arrojará el hombre sus *í* de plata y sus *í*
42.17 confundidos los que confían en *í*, y dicen
48.5 que no dijeras: Mi *í* lo hizo, mis imágenes
57.5 os enfervorizáis con los *í* debajo de todo
66.3 quema incienso, como si bendijese a un *í*
Jer 16.18 con los cadáveres de su *í*, y de sus
51.17 porque mentira es su *í*, no tiene espíritu
Ez 14.4 hombre … que hubiere puesto sus *í* en su
20.18 no andéis … ni os contaminéis con sus *í*
Os 4.17 Efraín es dado a *í*; déjalo
8.4 de su plata y de su oro hicieron *í* para sí
14.8 ¿qué más tendré ya con los *í*? Yo lo oiré
Mi 1.7 asolaré todos sus *í*; porque de dones de
Hch 15.20; 21.25 se aparten de … *í* … de sangre
Ro 2.22 abominas de los *í*, ¿cometes sacrilegio?
1 Co 8.4 sacrifican a los *í* … *í* nada es en el mundo
8.10 te ve … sentado a la mesa en un lugar de *í*
10.28 dijere: Esto fue sacrificado a los *í*; no lo
12.2 llevándoos, como se os llevaba, a los *í*
2 Co 6.16 entre el templo de Dios y los *í*? Porque
1 Ts 1.9 y cómo os convertisteis de los *í* a Dios
1 Jn 5.21 hijitos, guardaos de los *í*. Amén
Ap 2.14 a comer de cosas sacrificadas a los *í*, y a

IGLESIA *v.* Congregación, Templo
Mt 16.18 y sobre esta roca edificaré mi *i*; y las
18.17 dilo a la *i*; y si no oyere a la *i*, tenle
Hch 2.47 el Señor añadía cada día a la *i* los que
5.11 vino gran temor sobre toda la *i*, y sobre
8.3 Saulo asolaba la *i*, y entrando casa por
9.31 las *i* tenían paz por toda Judea, Galilea
11.22 llegó … a oídos de la *i* que estaba en
11.26 congregaron allí todo un año con la *i*
12.1 Herodes echó mano a algunos de la *i*
12.5 la *i* hacía sin cesar oración a Dios por él
14.23 y constituyeron ancianos en cada *i*
14.27 reunido a la *i*, refirieron cuán grandes
15.4 y llegados a … fueron recibidos por la *i*
16.5 así que las *i* eran confirmadas en la fe
20.28 para apacentar la *i* del Señor, la cual él
Ro 16.5 saludad también a la *i* de su casa
1 Co 10.32 no seáis tropiezo … ni a la *i* de Dios
11.18 cuando os reunís como *i*, oigo que hay
11.22 ¿o menospreciáis la *i* de Dios, y
12.28 a unos puso Dios en la *i* … apóstoles
14.4 pero el que profetiza, edifica a la *i*
2 Co 8.1 gracia de Dios que se ha dado a las *i*
8.23 mensajeros de las *i*, y gloria de Cristo
11.8 he despojado a otras *i* … para serviros
Gá 1.13 perseguía … a la *i* de Dios, y la asolaba
Ef 1.22 por cabeza sobre todas las cosas a la *i*
3.21 a él sea gloria en la *i* en Cristo Jesús por
5.23 como Cristo es cabeza de la *i*, la cual es
5.27 una *i* Gáoriosa, que no tuviese mancha ni
Fil 3.6 en cuanto a celo, perseguidor de la *i*; en
Col 1.18 y él es la cabeza del cuerpo que es la *i*
4.15 saludad … a Ninfas y a la *i* … en su casa
1 Ti 3.5 casa, ¿cómo cuidará de la *i* de Dios?
3.15 la casa de Dios, que es la *i* del Dios
5.16 no sea gravada la *i*, a fin de que haya lo
3 Jn 10 se lo prohibe, y los expulsa de la *i*
Ap 1.4 Juan, a las siete *i* que están en Asia

IMAGEN *v.* Dios, Ídolo
Gn 1.26 dijo … Hagamos al hombre a nuestra *i*

Éx 20.4; Dt 5.8 no te harás *i*, ni … semejanza
Dt 4.16 *i* de figura alguna, efigie de varón o
Jue 17.3 hacer una *i* de talla y una de fundición
Sal 78.58 le provocaron a celo con sus *i* de talla
97.7 todos los que sirven a las *i* de talla, los
Is 40.18 ¿a qué, pues … o que *i* le compondréis?
41.29 viento y vanidad son sus *i* fundidas
44.9 los formadores de *i* … ellos son vanidad
Jer 8.19 ¿por qué me hicieron airar con sus *i* de
Dn 2.31 veías … una gran *i*. Esta *i*, que era muy
Zac 13.2 quitaré de la … los nombres de las *i*
Mt 22.20; Lc 20.24 dijo: ¿De quién es esta *i*, y
Hch 19.35 es guardiana … de la *i* venida de
Ro 1.23 en semejanza de *i* de hombre corruptible
8.29 hechos conformes a la *i* de su Hijo, para
1 Co 11.7 el varón … es *i* y gloria de Dios; pero
15.49 así como hemos traído la *i* del terrenal
2 Co 3.18 somos transformados … en la misma *i*
Col 1.15 es la *i* del Dios invisible, el primogénito
He 1.3 siendo … la *i* misma de su sustancia
Ap 14.11 no tienen reposo … que adoran … su *i*

INCREDULIDAD *v.* Dudar
Mt 13.58 no hizo … milagros, a causa de la *i* de
Mr 6.6 estaba asombrado de la *i* de ellos
9.24 padre … clamó y dijo: Creo; ayuda mi *i*
16.14 les reprochó su *i* y dureza de corazón
Ro 3.3 su *i* habrá hecho nula la fidelidad de Dios?
4.20 tampoco dudó, por *i*, de la promesa de
11.20 por su *i* fueron desgajadas, pero tú por
1 Ti 1.13 porque lo hice por ignorancia, en *i*
He 3.12 no haya en ninguno … corazón malo de *i*

INFIERNO *v.* Hades, Seol
Mt 5.22 fatuo, quedará expuesto al *i* de fuego
5.29 no que todo tu cuerpo sea echado al *i*
10.28 destruir el alma y el cuerpo en el *i*
18.9 teniendo dos ojos ser echado en el *i* de
23.15 le hacéis dos veces más hijo del *i* que
23.33 ¿cómo escaparéis … condenación del *i*
Lc 12.5 temed … tiene poder de echar en el *i*
Stg 3.6 y ella misma es inflamada por el *i*
2 P 2.4 arrojándolos al *i* los entregó a prisiones

INMORTALIDAD *v.* Vida, Vida Eterna
Ro 2.7 a los que … buscan gloria y honra e *i*
1 Co 15.53 necesario que … mortal se vista de *i*
1 Ti 6.16 el único que tiene *i*, que habita en luz

INOCENTE
Gn 20.4 Abimelec … Señor, ¿matarás también al *i*?
Éx 20.7; Dt 5.11 no dará por *i* Jehová al que
23.7 no matarás al *i* y justo; porque yo no
Dt 19.10 para que no sea derramada sangre *i* en
1 S 26.9 su mano contra el ungido de … y será *i*?
2 S 3.28 *i* soy yo y mi reino, delante de Jehová
Job 4.7 recapacita ahora; ¿qué *i* se ha perdido?
9.23 si azote … se ríe del sufrimiento de los *i*
9.28 mis dolores; sé que no me tendrás por *i*
17.8 esto, y el *i* se levantará contra el impío
22.19 verán los justos … y el *i* los escarnecerá
33.9 soy limpio … soy *i*, y no hay maldad en mí
Sal 10.8 en acecho … en escondrijos mata al *i*
Jer 2.35 soy *i*, de cierto su ira se apartó de mí
19.4 y llenaron este lugar de sangre de *i*
Dn 6.22 mi Dios … porque ante él fui hallado *i*
Mi 6.11 ¿daré por *i* al que tiene balanza falsa
Nah 1.3 Jehová es … no tendrá por *i* al culpable
Mt 12.7 si supieseis qué … no condenarías a los *i*
27.4 yo he pecado entregando sangre *i*

27.24 *i* soy yo de la sangre de este justo; allá
He 7.26 *i*, sin mancha, apartado de los pecadores

INTEGRIDAD
Jos 24.14 temed a Jehová, y servidle con *i* y en
Jue 9.16 si con verdad y con *i* habéis procedido
1 R 9.4 si tú anduvieres … en *i* de corazón y en
Job 2.3 todavía retiene su *i*, aun cuando tú me
4.6 ¿no es tu esperanza la *i* de tus caminos?
27.5 hasta que muera, no quitaré de mí mi *i*
31.6 péseme Dios en balanzas … conocerá mi *i*
Sal 15.2 el que anda en *i* y hace justicia, y habla
25.21 *i* y rectitud me guarden, porque en ti
26.1 júzgame … porque yo en mi *i* he andado
26.11 mas yo andaré en mi *i*; redímeme, y ten
41.12 cuanto a mí, en mi *i* me has sustentado
101.2 en la *i* de mi corazón andaré en medio
Pr 10.9 el que camina en *i* anda confiado; mas
11.3 la *i* de los rectos los encaminará; pero
19.1; 28.6 mejor es el pobre que camina en *i*
20.7 camina en su *i* el justo; sus hijos son
28.18 el que en *i* camina será salvo; mas el
Tit 2.7 ejemplo … en la enseñanza mostrando *i*

INTÉRPRETE *v.* Maestro
Mt 22.35; Lc 10.25 uno de ellos, *i* de la ley
Lc 7.30 los *i* de la ley desecharon los … de Dios
11.46, 52 ¡ay de vosotros … *i* de la ley!

INVOCAR *v.* Clamar
Gn 4.26 comenzaron a *invocar* el … de Jehová
2 S 22.4; Sal 18.3 *invocaré* a Jehová, quien es
1 Cr 16.8 *invocad* su nombre, dad a conocer en
2 Cr 7.14 sobre el cual mi nombre es *invocado*
Sal 17.6 yo te he *invocado* … me oirás, oh Dios
31.17 no … oh Jehová, ya que te he *invocado*
50.15 e *invócame* en el día de la angustia
53.4 devoran a mi … y a Dios no *invocan*?
80.18 nos darás, e *invocaremos* tu nombre
99.6 *invocaban* a Jehová, y él les respondía
105.1 alabad a Jehová, *invocad* su nombre
116.2 por tanto, le *invocaré* en todos mis días
118.5 desde la angustia *invoqué* a JAH, y me
145.18 cercano está … a los que le *invocan* de
Is 41.25 nacimiento de sol *invocará* mi nombre
64.7 nadie hay que *invoque* tu nombre, que
65.1 dije a gente que no *invocaba* mi nombre
Jer 44.26 no será *invocado* más en … Egipto por
Jl 2.32; Hch 2.21; Ro 10.13 todo aquel que *invocare* el nombre
Zac 13.9 él *invocará* mi nombre, y yo le oiré
Ro 10.14 ¿cómo … *invocarán* a aquel en el cual no
11.2 Elías … cómo *invoca* a Dios contra Israel
2 Ti 2.19 apártese de iniquidad … que *invoca* el

ISAÍAS
Su llamamiento, Is 6; su matrimonio, Is 8.3; padre de dos hijos, Is 7.3; 8.3; profetiza durante los reinados de Uzías, Jotam, Acaz y Ezequías, Is 1.1; consejero de Acaz, Is 7; consejero de Ezequías, 2 R 19–20; Is 37–39.
Mt 3.3 es aquel de quien habló el profeta *I*
15.7; Mr 7.6 bien profetizó de vosotros *I*
Mr 1.2; Lc 3.4 escrito en el … del profeta *I*
Lc 4.17 y se le dio el libro del profeta *I*
Hch 8.28 volvía sentado … leyendo al profeta *I*
Ro 9.27 también *I* clama tocante a Israel: Si fuere

ISRAEL *v.* Jacob, Judá
Gn 32.28 no se dirá más tu nombre Jacob, sino *I*
35.10 *I* será tu nombre; y llamó su nombre *I*
Dt 6.4 oye, *I*: Jehová nuestro Dios … uno es

1 R 12.19 se apartó *I* de la casa de David hasta
Am 2.6 por tres pecados de *I*, y por el cuarto, no
Mt 8.10 digo, que ni aun en *I* he hallado tanta fe
10.6 sino id antes a las ovejas perdidas … de *I*
Mr 12.29 oye, *I*; el Señor nuestro Dios, el Señor
Ro 9.6 no todos los que descienden de *I* son
11.26 todo *I* será salvo, como está escrito
Gá 6.16 paz y misericordia sea … al *I* de Dios
Fil 3.5 del linaje de *I*, de la tribu de Benjamín

JABES
1 Cr 4.9–10.

JACOB *v.* Israel
Gn 25.26–49.33.
Nace, Gn 25.19–26;
compra la primogenitura de Esaú, Gn 25.27–34;
recibe la bendición de Isaac, Gn 27.1–19;
huye de Esaú, Gn 27.41–28.5;
su sueño y su voto en Bet-el, Gn 28.10–22;
sirve a Labán por Raquel y Lea, Gn 29.1–30;
tretas de Jacob y Labán, Gn 30.25–43;
huye de Labán, Gn 31.17–55;
lucha con el ángel, Gn 32.22–32;
se reconcilia con Esaú, Gn 33.1–20;
bendecido por Dios en Bet-el, Gn 35.1–15;
emigra a Egipto, Gn 46.1–47.31;
bendice a Efraín y a Manasés, Gn 48.1–22;
bendice a sus hijos, Gn 49.1–27;
su muerte y sepelio, Gn 49.28–50.14.
Mt 8.11 se sentarán con … *J* en el reino de los
Jn 4.6 y estaba allí el pozo de *J*. Entonces Jesús
4.12 ¿acaso eres tú mayor que nuestro padre *J*
Ro 9.13 como está escrito: a *J* amé, mas a Esaú
He 11.21 por la fe *J*, al morir, bendijo a cada uno

JEHOVÁ *v.* Dios, Jehová de los ejércitos, Señor
Gn 4.26 comenzaron a invocar el nombre de *J*
12.7 y apareció *J* a Abram, y le dijo: A tu
28.16 *J* está en este lugar, y yo no lo sabía
Éx 5.2 Faraón respondió: ¿Quién es *J*, para que
6.3 mas en mi nombre *J* no me di a conocer a
6.7; 20.2; Sal 81.10; Ez 20.19 yo soy *J* … Dios
14.4 y sabrán los egipcios que yo soy *J*
14.14 *J* peleará por vosotros, y vosotros
15.11 ¿quién como tú, oh *J*, entre los dioses?
15.26 enfermedad … porque yo soy *J* tu sanador
17.15 un altar, y llamó su nombre *J*-nisi
18.11 ahora conozco que *J* es más grande que
23.25 mas a *J* vuestro Dios serviréis, y él
34.6 ¡*J*! ¡*J*! fuerte, misericordioso y piadoso
Dt 4.35 que *J* es Dios, y no hay otro fuera de él
6.4 oye, Israel: *J* nuestro Dios *J* uno es
10.17 porque *J* vuestro Dios es Dios de dioses
Jos 13.33 *J* Dios de Israel es la heredad de ellos
22.24 ¿qué tenéis vosotros con *J* Dios de
24.24 el pueblo respondió … a *J* serviremos
Jue 11.27 *J*, que es el juez, juzgue hoy entre los
1 S 3.4 *J* llamó a Samuel; y él respondió: Heme
3.18 dijo: *J* es; haga lo que bien le pareciere
2 S 1.14 tu mano para matar al ungido de *J*?
1 R 8.12; 2 Cr 6.1 *J* ha dicho que él habitaría
18.21 si *J* es Dios, seguidle; y si Baal, id en
19.11 sal … y ponte en el monte delante de *J*
2 R 5.17 tu siervo no sacrificará … sino a *J*
2 Cr 13.10 *J* es nuestro Dios, y no le hemos
30.8 someteos a *J*, y venid a su santuario
Sal 8.1, 9 ¡oh *J*, Señor nuestro, cuán Gáorioso es
18.2 *J* roca mía y castillo mío, y mi libertador
18.31 ¿quién es Dios sino sólo *J*? ¿Y qué roca
20.7 del nombre de *J* … tendremos memoria
24.8 *J* el fuerte y … *J* el poderoso en batalla

29.10 *J* preside en el diluvio, y se sienta *J*
34.11 venid, hijos … el temor de *J* os enseñaré
89.8 oh *J* … ¿quién como tú? Poderoso eres, *J*
93.4 *J* en las alturas es más poderoso que el
105.7 él es *J* nuestro Dios; en toda la tierra
118.8 mejor es confiar en *J* que confiar en
118.23 de parte de *J* es esto, y es cosa
118.27 *J* es Dios, y nos ha dado luz; atad
121.2 mi socorro viene de *J*, que hizo los
124.1, 2 a no haber estado *J* por nosotros
126.3 grandes cosas ha hecho *J* con nosotros
Is 42.8 yo *J*; este es mi nombre; y a otro no daré
43.3 porque yo *J*, Dios tuyo … soy tu Salvador
43.11 yo *J*, y fuera de mí no hay quien salve
Jer 3.23 en *J* … Dios está la salvación de Israel
10.10 mas *J* es el Dios verdadero … Dios vivo
23.6 será su nombre … *J*, justicia nuestra
31.34 no enseñará … diciendo: Conoce a *J*
Ez 48.35 el nombre de la ciudad … será *J*-sama
Jl 3.16 *J* será la esperanza de su pueblo, y la
Mi 1.3 he aquí, *J* sale de su lugar, y descenderá
2.13 su rey pasará … y a la cabeza de ellos *J*
Hab 3.19 *J* el Señor es mi fortaleza, el cual hace
Sof 3.5 *J* en medio de ella es justo, no hará
3.17 *J* está en medio de ti, poderoso, él

JEHOVÁ DE LOS EJÉRCITOS *v.* Dios, Jehová
1 S 17.45 vengo a ti en el nombre de *J* de los *e*
1 Cr 11.9 David iba … *J* de los *e* estaba con él
17.24 *J* de los *e* … es Dios para Israel, es
Sal 46.7 *J* de los *e* está con nosotros; nuestro
Is 6.3 santo, santo, santo, *J* de los *e*; toda la
8.13 a *J* de los *e*, a él santificad; sea él
14.27 *J* de los *e* lo ha determinado, ¿y quién
47.4 *J* de los *e* es su nombre, el Santo de

JEREMÍAS
Su llamamiento, Jer 1.4–10;
profetiza durante los reinados de Josías, Joacim y Sedequías, Jer 1.2–3;
amenazado de muerte, Jer 11.21; 26.8; 38.4;
maldice de su nacimiento, Jer 20.7–18;
aconseja a Sedequías, Jer 21.3–7; 34.1–7; 38.14–28; apresado, Jer 32.2; 37.16–21;
sacado de la mazmorra, Jer 38.6–13;
capturado por los caldeos, Jer 39.8–10;
protejido por Nabucodonosor, Jer 39.11–14;
libertado en Ramá, Jer 40.1–6;
llevado a Egipto, Jer 43.1–7. Mt. 16.14 y otros, *J*, o alguno de los profetas

JERUSALÉN
Jos 15.63 ha quedado el jebuseo en *J* con los hijos
Jue 1.8 combatieron los hijos de Judá a *J* y la
1.21 el jebuseo habitó con … Benjamín en *J*
2 S 5.6 marchó el rey con sus hombres a *J* contra
24.16 el ángel extendió su mano sobre *J* para
1 R 14.25; 2 Cr 12.2 subió Sisac rey … contra *J*
2 R 24.10 en aquel tiempo subieron contra *J* los
25.10; Jer 52.14 derribó los muros … de *J*
1 Cr 21.15 envió Jehová el ángel a *J* … destruirla
2 Cr 36.23; Esd 1.2 que le edifique casa en *J*
Neh 2.17 veis … que *J* está desierta, y sus puertas
Sal 51.18 haz bien con … edifica los muros de *J*
79.1 las naciones … redujeron a *J* a escombros
122.6 pedid por la paz de *J* … los que te aman
Is 7.1 subieron contra *J* para combatirla; pero no
52.1 vístete tu ropa hermosa, oh *J*, ciudad
62.7 ni le deis tregua, hasta que restablezca a *J*
Jer 26.18; Mi 3.12 *J* vendrá a ser … de ruinas
Lm 1.8 pecado cometió *J* … ha sido removida
Ez 5.5 así ha dicho Jehová el Señor: Esta es *J*
16.2 hijo de … notifica a *J* sus abominaciones
Dn 9.16 apártese … ira y tu furor de sobre … *J*

Mr 1.16–20; 2.13–14; Lc 5.27–28; 6.12–16; Jn 1.35–51;
comisiona a los doce, Mt 10.1–4; Mr 3.13–19; Lc 6.12–16;
el sermón del monte. Mt 5–7;
envía a los discípulos de dos en dos, Mt 9.35–11.1; Mr 6.6–13; Lc 9.1–6;
predice su muerte y resurrección, Mt 16.21–26; 17.22–23; 20.17–28; Mr 8.31–37; 9.30–32; 10.32–45; Lc 9.22–25, 43–45; 18.31–34;
la transfiguración, Mt 17.1–8; Mr 9.2–8; Lc 9.28–36;
envía a los setenta, Lc 10.1–24.;
su entrada triunfal a Jerusalén, Mt 21.1–11; Mr 11.1–11; Lc 19.29–44; Jn 12.12–19;
instituye la Cena del Señor, Mt 26.17–29; Mr 14.12–25; Lc 22.7–23; Jn 13.21–30; 1 Co 11.23–26;
traicionado, arrestado y abandonado, Mt 26.47–56; Mr 14.43–52; Lc 22.47–53; Jn 18.2–11;
crucificado, Mt 27.31–56; Mr 15.20–41; Lc 23.26–49; Jn 19.16–30;
aparece después de la resurrección, Mt 28.9–20; Mr 16.9–18; Lc 24.13–50; Jn 20.11–29; Hch 1.3–8; 1 Co 15.5–8;
asciende al cielo, Mr 16.19–20; Lc 24.50–53; Hch 1.9–11.

Hch 1.11 este mismo *J*, que ha sido tomado de
2.22 *J* … aprobado por Dios entre vosotros
2.32 a este *J* resucitó Dios, de lo cual todos
2.36 este *J* a quien vosotros crucificasteis
4.13 les reconocían que habían estado con *J*
7.55 la gloria … y a *J* … a la diestra de Dios
8.35 Felipe … le anunció el evangelio de *J*
9.5; 22.8; 26.15 soy *J*, a quien tú persigues
10.38 ungió … con poder a *J* de Nazaret
17.3 y que *J*, a quien yo os anuncio … es el
17.18 les predicaba el evangelio de *J*, y de la
18.5, 28 testificando … que *J* era el Cristo
19.15 a *J* conozco, y sé quien es Pablo; pero
Ro 3.26 y el que justifica al que es de la fe de *J*
1 Co 12.3 nadie puede llamar a *J* Señor, sino por
Fil 2.10 en el nombre de *J* se doble toda rodilla
1 Ts 4.14 si creemos que *J* murió y resucitó, así
He 2.9 vemos … a *J*, coronado de gloria y de honra
4.14 un gran sumo sacerdote … *J* el Hijo de
6.20 *J* entró por nosotros como precursor
12.2 puestos los ojos en *J*, el autor … de la fe
1 Jn 5.1 todo aquel que cree que *J* es el Cristo
Ap 22.16 yo *J* he enviado mi ángel para daros

JESÚS llamado Justo, Col 4.11.

JORDÁN
Gn 13.11 Lot escogió … toda la llanura del *J*
32.10 pues con mi cayado pasé este *J*, y ahora
Dt 4.22 voy a morir en esta … y no pasaré el *J*
Jos 1.2 levántate y pasa este *J*, tú y todo
3.17 los sacerdotes … firmes en medio del *J*
2 S 19.15 Judá vino a … para hacerle pasar el *J*
2 R 2.7 lejos; y ellos dos se pararon junto al *J*
5.10 vé y lávate siete veces en el *J*, y tu carne
6.4 cuando llegaron al *J*, cortaron la madera
Sal 114.3 mar lo vio, y huyó; el *J* se volvió atrás
Jer 49.19 como león subirá de la espesura del *J*
Zac 11.3 porque la gloria del *J* es destruida
Mt 3.6; Mr 1.5 y eran bautizados por él en el *J*

JOSÉ hijo de Jacob. Gn 37.2–50.26.
Nace, Gn. 30.22–24;
sus hermanos lo envidian a causa de sus sueños, Gn 37.5–11;
vendido para Egipto, Gn 37.12–28;
rechaza a la mujer de Potifar, Gn 39.1–18;
encarcelado, Gn 39.19–23;
interpreta sueños de los presos, Gn 40.1–23;
interpreta el sueño de Faraón, Gn 41.1–36;
hecho gobernador de Egipto, Gn 41.37–57;

se encuentra con sus hermanos, Gn 42.1–43.34;
se da a conocer, Gn 45.1–28;
ve de nuevo a su padre, Gn 46.28–34;
muerto y embalsamado, Gn 50.22–26;
sepultado en Siquem, Jos 24.32.

Éx 1.8; Hch 7.18 nuevo rey que no conocía a *J*
Dt 33.13 a *J* dijo: Bendita de Jehová sea tu tierra
Jos 17.14 y los hijos de *J* hablaron a Josué
Sal 105.17 delante de ellos; a *J*, que fue vendido
Am 6.6 no se afligen por el quebrantamiento de *J*
Hch 7.9 vendieron a *J* para Egipto; per Dios
He 11.22 por la fe *J*, al morir, mencionó la salida

JOSÉ esposo de María madre de Jesús.
Desposado con María, Mt 1.18; Lc 1.27;
se le aparece un ángel, Mt 1.20–21;
va a Belén, Lc 2.4;
huye a Egipto, Mt 2.13–19;
regresa a Nazaret, Mt 2.19–23.

Jn 6.42 ¿no es éste Jesús, el hijo de *J*, cuyo padre

JOSÉ de Arimatea, Mr 15.43; Lc 23.50; Jn 19.38.

JOSUÉ
Derrota a los amalecitas, Éx 17.8–13;
permanece en el tabernáculo, Éx 33.11;
enviado con los espías, Nm 14.6–9;
escogido como sucesor de Moisés, Nm 27.18–23; Dt 3.28;
investido por Moisés, Dt 31.23; 34.9;
animado por el Señor, Jos 1.1–9;
manda espías a Jericó, Jos 2.1–23;
pasa el Jordán, Jos 3;
toma a Jericó, Jos 6;
socorre a Gabaón, Jos 10.6–27;
reyes derrotados por él, Jos 12.7–24;
reparte la tierra, Jos 13–22;
exhorta al pueblo, Jos 23.1–24.13;
renueva el pacto, Jos 24.14–27;
muere, Jos 24.29.

Hch 7.45 el cual … introdujeron con *J* al tomar
He 4.8 si *J* les hubiera dado el reposo, no hablaría

JOVEN
Dt 22.15 el padre de la *j* y su madre tomarán y
Rt 2.5 Booz dijo a su … ¿De quién es esta *j*?
2 S 17.18 vistos por un *j* … hizo saber a Absalón
1 R 12.8; 2 Cr 10.8 pidió consejo de los *j* que se
1 Cr 29.1 es *j* y tierno de edad, y la obra grande
Job 30.1 pero ahora se ríen de mí los más *j* que yo
Sal 37.25 *j* fui, y he envejecido, y no he visto
119.9 ¿con qué limpiará el *j* su camino? Con
Is 40.30 fatigan y se cansan, los *j* flaquean y caen
Am 2.7 el hijo y su padre se llegan a la misma *j*
Mr 14.51 cierto *j* le seguía, cubierto el cuerpo con
Jn 21.18 cuando era más *j*, te ceñías, e ibas a
1 Ti 5.11 pero viudas más *j* no admitas; porque
1 P 5.5 *j*, estad sujetos a los ancianos; y todos

JUAN el apóstol.
Su llamamiento, Mt 4.21;
Mr 1.19–20; Lc 5.10;
enviado con los doce, Mt 10.2; Mr 3.17;
reprendido por su espíritu vengativo, Lc 9.51–56;
Jesús rechaza su petición egoísta, Mt 20.20–24; Mr 10.35–41;
sana y predica en el templo, Hch 3.1–4.22.

JUAN el Bautista.
Su nacimiento predicho, Lc 1.5–25;
nace, Lc 1.57–66;
predica y bautiza, Mt 3.1–12; Mr 1.4–11; Lc 3.1–18;
encarcelado, Mt 14.3–4; Mr 6.17–18; Lc 3.19–20;
envía mensajeros a Jesús, Mt 11.1–6; Lc 7.18–23;
encomiado por Jesús, Mt 11.7–15; Lc 7.24–35;
decapitado y enterrado, Mt 14.6–12; Mr. 6.19–29.

Hch 1.5; 11.16 *J* ciertamente bautizó con agua, mas

18.25 solamente conocía el bautismo de *J*

JUDÁ *v.* Israel, Judea
Nace, Gn 29.35; salva la vida a José, Gn 37.26–28; Judá y Tamar, Gn 38; intercede por Benjamín, Gn 44.14–34; bendecido por Jacob, Gn 49.8–12.
Dt 33.7 esta bendición profirió para *J*. Dijo así
Jue 1.2 Jehová respondió: *J* subirá; he aquí que
2 S 19.15 *J* vino a Gilgal para recibir al rey y para
1 R 14.22 *J* hizo lo malo ante los ojos de Jehová
2 R 25.21 fue llevado cautivo *J* de sobre su tierra
Jer 52.27 así *J* fue transportada de su tierra
Am 2.4 por tres pecados de *J*, y por el cuarto, no
He 7.14 nuestro Señor vino de la tribu de *J*, de la
Ap 5.5 el León de la tribu de *J* ... ha vencido para

JUDAS Iscariote
Mt 10.4; Mr 3.19; Lc 6.16 *J* ... el que le entregó
26.14; Mr 14.10 uno de los doce ... llamaba *J*
26.47; Mr 14.43; Lc 22.47 vino *J* ... y con él
Jn 6.71 hablaba de *J* Iscariote, hijo de Simón
13.26 y mojando el pan, lo dio a *J* Iscariote
18.2 *J*, el que le entregaba, conocía aquel lugar
Hch 1.16 habló ... por boca de David acerca de *J*

JUDAS hermano de Jesús, Mt 13.55; Mr 6.3; Jesús, Jud 1.

JUDAS hermano de Jacobo. Tadeo, Lc 6.16; Jn 14.22.

JUDAS el galileo, Hch 5.37.

JUDAS de Damasco, Hch 9.11.

JUDAS Barsabás, Hch 15.22.

JUDEA *v.* Israel, Judá
Esd 5.8 fuimos a la provincia de *J*, a la casa del
Jn 3.22 Jesús con sus discípulos a la tierra de *J*
11.7 dijo a los discípulos: Vamos a *J* otra vez
Hch 1.8 seréis testigos en Jerusalén, en toda *J*
Gá 1.22 no era conocido de ... a las iglesias de *J*

JURAR
Gn 21.23 *júrame* ... que no faltarás a mí, ni a mi
21.31 Beerseba; porque allí *juraron* ambos
22.16 por mí mismo he *jurado*, dice Jehová
Lv 5.4 si alguno *jurare* ... hacer mal o hacer bien
19.12 no *juraréis* falsamente por mi nombre
Dt 6.13 a Jehová tu ... y por su nombre *jurarás*
Jos 14.9 Moisés *juró* ... la tierra ... será para ti
Jue 21.7 *jurado* por Jehová que no les daremos
1 S 19.6 *juró* Saúl: Vive Jehová, que no morirá
24.21 *júrame* ... por Jehová, que no destruirás
1 R 1.17 *juraste* a tu sierva por Jehová tu Dios
2 Cr 15.14 *juraron* a Jehová con gran voz y
Neh 10.29 *jurar* que andarían en la ley de Dios
Sal 15.4 el que aun *jurando* en daño suyo, no por
95.11 *juré* en mi ... no entrarían en mi reposo
110.4 *juró* Jehová, y no se arrepentirá: Tú
119.106 *juré* ... que guardaré tus justos juicios
132.2 de cómo *juró* a Jehová, y prometió al
132.11 en verdad *juró* Jehová a David, y no
Is 19.18 cinco ciudades ... que *juren* por Jehová
48.1 oíd esto ... los que *juran* en el nombre
65.16 el que *jurare* ... por el Dios de ... *jurará*
Jer 4.2 *jurares*: Vive Jehová, en verdad, en juicio
5.7 dejaron, y *juraron* por lo que no es Dios
22.5 he *jurado* ... que esta casa será desierta
44.26 he aquí he *jurado* por mi grande nombre
Dn 12.7 *juró* por el que vive por los siglos, que

Os 10.4 *jurando* en vano al hacer pacto; por
Am 4.2 Jehová el Señor *juró* por su santidad: He
Sof 1.5 *jurando* por Jehová y *j* por Milcom
Zac 5.3 todo aquel que *jura* … será destruido
Mt 5.34; Stg 5.12 no *juréis*, ni por el cielo
23.16 si alguno *jura* por el templo, no es nada
23.22 el que *jura* por el cielo, *j* por el trono de
26.74; Mr 14.71 él comenzó a … y a *jurar*
Mr 6.23 le *juró*: Todo lo que me pidas te daré
Hch 2.30 con juramento Dios le había *jurado* que
He 3.11 por tanto, *juré* en mi ira: No entrarán
6.13 no pudiendo *jurar* por otro … *juró* por sí
7.21 *juró* el Señor, y no se arrepentirá: Tú
Ap 10.6 *juró* por el que vive por los siglos de los

JUSTIFICACIÓN

Ro 4.25 el cual fue … resucitado para nuestra *j*
5.16 el don vino a causa de muchas para *j*
5.18 por la justicia de uno vino … la *j* de vida
1 Co 1.30 el cual nos ha sido hecho por Dios … *j*
2 Co 3.9 abundará en gloria el ministerio de *j*

JUZGAR *v.* Acusar, Condenar

Gn 15.14 a la nación a la cual servirán, *juzgaré*
Éx 18.13 se sentó Moisés a *juzgar* al pueblo; y el
18.22 ellos *juzgarán* al pueblo en todo tiempo
Nm 35.24 la congregación *juzgará* entre el que
Dt 1.16 *juzgad* justamente entre el hombre y su
32.36 Jehová *juzgará* a su pueblo, y por amor
Jue 11.27 Jehová … *juzgue* hoy entre … y … Amón
1 S 7.16 *juzgaba* a Israel en todos estos lugares
1 R 8.32 oirás desde el cielo … y *juzgarás* a tus
1 Cr 16.33 Jehová, porque viene a *juzgar* la tierra
2 Cr 6.23 *juzgarás* a tus siervos, dando la paga
19.6 porque no *juzgáis* en lugar de hombre
Job 22.13 ¿cómo *juzgará* a través de la oscuridad?
Sal 7.8 Jehová *juzgará* a los pueblos; *júzgame*
9.8 él *juzgará* el mundo con justicia, y a los
10.18 para *juzgar* al huérfano y al oprimido
26.1 *júzgame*, oh Jehová, porque yo en mi
35.24 *júzgame* conforme a tu justicia, Jehová
37.33 ni lo condenará cuando le *juzgaren*
43.1 *júzgame*, oh Dios, y defiende mi causa
58.11 ciertamente hay Dios que *juzga* en la
67.4 porque *juzgarás* los pueblos con equidad
72.2 él *juzgará* a tu pueblo con justicia, y a
76.9 cuando te levantaste … para *juzgar*, para
82.1 Dios … en medio de los dioses *juzga*
96.13; 98.9 vino a *juzgar* … *juzgará* al mundo
110.6 *juzgará* entre las naciones, las llenará
135.14 porque Jehová *juzgará* a su pueblo, y
Ec 3.17 al justo y al impío *juzgará* Dios; porque
11.9 sobre todas estas cosas te *juzgará* Dios
Is 2.4 *juzgará* entre las naciones, y reprenderá
11.3 no *juzgará* según la vista de sus ojos
66.16 Jehová *juzgará* con fuego y con su espada
Jer 5.28 la causa de los pobres no *juzgaron*
11.20 oh Jehová de … que *juzgas* con justicia
Ez 7.3, 8 te *juzgaré* según tus caminos; y pondré
18.30 *juzgaré* a cada uno según sus caminos
33.20 *juzgaré*, oh casa de Israel, a cada uno
36.19 y conforme a sus obras los *juzgué*
44.24 para *juzgar*; conforme a mis … *juzgarán*
Jl 3.12 me sentaré para *juzgar* a … las naciones
Mi 4.3 y él *juzgará* entre muchos pueblos, y
7.3 el juez *juzga* por recompensa; y el grande

Zac 7.9 *juzgad* conforme a la verdad, y haced
8.16 *juzgad* según la verdad y lo … a la paz
Mt 7.1; Lc 6.37 no *juzgéis* … no seáis *juzgados*
19.28; Lc 22.30 para *juzgar* a las doce tribus
Lc 7.43 más. Y él le dijo: Rectamente has *juzgado*
19.22 mal siervo, por tu propia boca te *juzgo*
Jn 5.22 el Padre a nadie *juzga*, sino que todo el
7.24 no *juzguéis* … *juzgad* con justo juicio
7.51 ¿*juzga* acaso nuestra ley a un hombre si
8.15 *juzgáis* según la carne; yo no *juzgo* a
8.26 muchas cosas tengo que decir y *juzgar* de
12.47 yo no le *juzgo* … no he venido a *juzgar*
16.11 el príncipe de … ha sido ya *juzgado*
Hch 7.7 yo *juzgaré*, dijo Dios, a la nación de la
15.19 *juzgo* que no se inquiete a los gentiles
17.31 un día … *juzgará* al mundo con justicia
24.8 al *juzgarle*, podrás informarte de todas
Ro 2.1 tú que *juzgas*; pues en lo que *j* a otro
2.12 han pecado, por la ley serán *juzgados*
2.16 día en que Dios *juzgará* … los secretos de
3.4 para que … venzas cuando fueres *juzgado*
3.6 otro modo, ¿cómo *juzgaría* Dios al mundo?
14.3 el que no come, no *juzgue* al que come
14.10 pero tú ¿porqué *juzgas* a tu hermano?
14.13 no nos *juzguemos* más los unos a los
1 Co 2.15 el espiritual *juzga* … él no es *juzgado*
4.3 yo en muy poco tengo el ser *juzgado* por
4.4 pero el que me *juzga* es el Señor
5.3 como presente he *juzgado* al que tal cosa
5.12 ¿qué razón tendría yo para *juzgar* a los
6.2 que los santos han de *juzgar* al mundo?
6.3 ¿o no sabéis que hemos de *juzgar* a los
1 Co 11.31 examinásemos … no seríamos *juzgados*
14.29 profetas hablen … y los demás *juzguen*
Col 2.16 nadie os *juzgue* en comida o en bebida
2 Ti 4.1 que *juzgará* a los vivos y a los muertos
He 10.30 y otra vez: El Señor *juzgará* a su pueblo
13.4 a los fornicarios y a … los *juzgará* Dios
Stg 2.12 como los que habéis de ser *juzgados* por
4.11 el que … *juzga* a su hermano … *j* a la ley
4.12 tú, ¿quién eres para que *juzgues* a otro?
1 P 4.5 al que está preparado para *juzgar* a los
4.6 para que sean *juzgados* en carne según los
Ap 6.10 no *juzgas* y vengas nuestra sangre en los
11.18 el tiempo de *juzgar* a los muertos, y de
20.4 los que recibieron facultad de *juzgar*
20.12 *juzgados* los muertos por las cosas que

LÁMPARA

1 S 3.3 antes que la *l* de Dios fuese apagada
2 S 22.29 eres mi *l*, oh Jehová; mi Dios alumbrará
1 R 11.36 mi siervo David tenga *l* … delante de mí
15.4 por amor a David, Jehová … le dio *l* en
Job 21.17 veces la *l* de los impíos es apagada
Sal 18.28 tú encenderás mi *l*; Jehová mi Dios
119.105 *l* es a mis pies tu palabra, y lumbrera
132.17 de David; he dispuesto *l* a mi ungido
Pr 6.23 el mandamiento es *l*, y la enseñanza
13.9; 24.20 mas se apagará la *l* de los impíos
20.27 *l* de Jehová es el espíritu del hombre
31.18 sus negocios; su *l* no se apaga de noche
Zac 4.2 siete *l* encima del candelabro, y siete
Mt 6.22; Lc 11.34 la *l* del cuerpo es el ojo
25.1 que tomando sus *l*, salieron a recibir al
Lc 12.35 estén ceñidos y vuestras *l* encendidas

Hch 20.8 había muchas *l* en el aposento alto
Ap 4.5 delante del trono ardían siete *l* de fuego
18.23 luz de *l* no alumbrará más en ti, ni voz
22.5 no tienen necesidad de luz de *l*, ni de luz

LENGUA *v.* Boca
Gn 11.1 tenía … toda la tierra una sola *l* y unas
Neh 13.24 la mitad de sus hijos hablaban la *l* de
Job 5.21 del azote de la *l* serás encubierto
Sal 10.7 debajo de su *l* hay vejación y maldad
34.13 guarda tu *l* del mal, y tus labios de
35.28 y mi *l* hablará de tu justicia y de tu
39.1 dije: Atenderé … para no pecar con mi *l*
55.9 oh Señor, confunde la *l* de ellos; porque
73.9 ponen su boca … y su *l* pasea la tierra
120.3 ¿qué te dará, o qué te … oh *l* engañosa?
140.3 aguzaron su *l* como la serpiente … áspid
Pr 10.20 plata escogida es la *l* del justo; mas el
10.31 la boca … mas la *l* perversa será cortada
12.18 mas la *l* de los sabios es medicina
15.4 la *l* apacible es árbol de vida; mas la
18.21 muerte y la vida están en poder de la *l*
25.15 y la *l* blanda quebranta los huesos
31.26 y la ley de clemencia está en su *l*
Is 19.18 cinco ciudades … hablen la *l* de Canaán
28.11 *l* de tartamudos, y en extraña *l* hablará
33.19 de *l* difícil de entender, de *l* tartamuda
35.6 el cojo saltará … cantará la *l* del mudo
45.23 que a mí se doblará … y jurará toda *l*
50.4 Jehová el Señor me dio *l* de sabios, para
54.17 condenarás toda *l* que se levante contra
Jer 9.8 saeta afilada es la *l* de ellos; engaño habla
18.18 venid e hirámoslo de *l*, y no atendamos
Ez 3.5 no eres enviado a pueblo … de *l* difícil
Mr 7.35 se desató la ligadura de su *l*, y hablaba
16.17 a los que creen … hablarán nuevas *l*
Lc 1.64 al momento fue … suelta su *l*, y habló
Hch 2.4 y comenzaron a hablar en otras *l*, según
2.6 cada uno les oía hablar en su propia *l*
1 Co 12.10 géneros de *l* … interpretación de *l*
13.1 si yo hablase *l* humanas y angélicas, y no
13.8 y cesarán las *l*, y la ciencia acabará
14.2 el que habla en *l* no habla a los hombres
14.13 que habla en *l* extraña, pida en oración
14.18 doy gracias a Dios que hablo en *l* más
14.21 en otras *l* y con … hablaré a este pueblo
14.22 las *l* son por señal, no a los creyentes
Stg 1.26 y no refrena su *l*, sino que engaña su
3.5 la *l* es un miembro pequeño, pero se jacta
3.8 ningún hombre puede domar la *l*, que es
1 P 3.10 refrene su *l* de mal, y sus labios no
Ap 7.9 todas las naciones y tribus y pueblos y *l*
16.10 derramó su … y mordían de dolor sus *l*

LEY *v.* Mandamiento
Gn 47.26 entonces José lo puso por *l* hasta hoy
Éx 13.9 para que la *l* de Jehová esté en tu boca
Nm 6.13 esta es, pues, la *l* del nazareo el día que
15.16 misma *l* y un mismo decreto tendréis
Dt 1.5 de Moab, resolvió Moisés declarar esta *l*
4.8 juicios justos como es toda esta *l* que yo
27.3 y escribirás … todas las palabras de esta *l*
31.9 escribió Moisés esta *l*, y la dio a los
33.2 con la *l* de fuego a su mano derecha
Jos 1.8 nunca se apartará de … este libro de la *l*
2 R 10.31 Jehú no cuidó de andar en la *l* de
2 Cr 22.8; 2 Cr 34.15 he hallado el libro de la *l*
2 Cr 12.1 Roboam … dejó la *l* de Jehová, y todo
Esd 7.10 su corazón para inquirir la *l* de Jehová
Neh 8.8 en el libro de la *l* de Dios claramente
9.13 les diste … *l* verdaderas, y estatutos y

Est 1.19 y se escriba entre las *l* de Persia y de
Job 22.22 toma ahora la *l* de su boca, y pon sus
28.26 cuando él dio *l* a la lluvia, y camino al
Sal 1.2 en la *l* de … está su delicia … su *l* medita
19.7 la *l* de Jehová es perfecta, que … el alma
37.31 la *l* de su Dios está en su corazón; por
40.8 y tu *l* está en medio de mi corazón
119.18 ojos, y miraré las maravillas de tu *l*
119.70 sebo, mas yo en tu *l* me he regocijado
119.72 mejor me es la *l* de tu boca que … oro
119.77, 174 viva, porque tu *l* es mi delicia
148.6 les puso *l* que no será quebrantada
Pr 13.14 la *l* del sabio es manantial de vida para
28.7 el que guarda la *l* es hijo prudente; mas
Is 2.3; Mi 4.2 de Sion saldrá la *l*, y de Jerusalén
5.24 porque desecharon la *l* de Jehová de los
8.16 ata el … sella la *l* entre mis discípulos
10.1 ¡ay de los que dictan *l* injustas, y
42.4 justicia; y las costas esperarán su *l*
42.21 en magnificar la *l* y engrandecerla
51.7 pueblo en cuyo corazón está mi *l*
58.2 que no hubiese dejado la *l* de su Dios
Jer 31.33 daré mi *l* en su mente, y … su corazón
31.35 que da … las *l* de la luna y las estrellas
Ez 43.12 esta es la *l* de la casa: Sobre la cumbre
Dn 3.10 rey, has dado una *l* que todo hombre
6.8 conforme a la *l* de Media y de Persia
Os 8.12 le escribí las grandezas de mi *l*, y fueron
Mi 4.2 de Sion saldrá la *l*, y de Jerusalén
Mal 2.6 la *l* de verdad estuvo en su boca, e
3.7 os habéis apartado de mis *l*, y no las
3.14 ¿qué aprovecha que guardemos su *l*
Mt 5.17 no … he venido para abrogar la *l* o los
7.12 ellos; porque esto es la *l* y los profetas
11.13; Lc 16.16 la *l* profetizaron hasta Juan
22.40 de estos dos … depende toda la *l* y los
Lc 10.26 ¿qué está escrito en la *l*? ¿Cómo lees?
16.17 fácil … que se frustre una tilde de la *l*
24.44 todo lo que está escrito de mí en la *l*
Jn 7.19 os dio … la *l*, y ninguno … cumple la *l*?
7.51 ¿juzga acaso nuestra *l* a un hombre si
12.34 hemos oído de la *l*, que el Cristo
19.7 tenemos una *l*, y según … *l* debe morir
Hch 7.53 que recibisteis la *l* por … ángeles, y no
13.39 que por la *l* de Moisés no pudisteis ser
15.5 y mandarles que guarden la *l* de Moisés
18.15 pero si son cuestiones … de vuestra *l*
21.20 han creído; y todos son celosos por la *l*
Ro 2.12 que bajo la *l* han pecado, por la *l* serán
2.14 éstos, aunque no tengan *l*, son *l* para sí
3.20 por medio de la *l* es el conocimiento del
3.27 ¿por cual *l*? … No, sino por la *l* de la fe
3.28 justificado por fe sin las obras de la *l*
3.31 ¿luego por la fe invalidamos la *l*?
4.15 la *l* produce ira; pero donde no hay *l*
5.13 antes de la *l*, había pecado en el mundo
5.13 donde no hay *l*, no se inculpa de pecado
6.14 no estáis bajo la *l*, sino bajo la gracia
7.4 habéis muerto a la *l* mediante el cuerpo
7.7 ¿qué diremos, pues? ¿La *l* es pecado?
7.7 pero yo no conocí el pecado sino por la *l*
7.12 de manera que la *l* a la verdad es santa, y el
7.14 sabemos que la *l* es espiritual
7.16 esto hago, apruebo que la *l* es buena
7.21 bien, hallo esta *l*: que el mal está en mí
7.22 según el … me deleito en la *l* de Dios
8.2 *l* del Espíritu … me ha librado de la *l* del
10.4 porque el fin de la *l* es Cristo, para
13.10 que el cumplimiento de la *l* es el amor

1 Co 9.21 a los que están sin *l*, como si … sin *l*
15.56 el pecado, y el poder del pecado, la *l*
Gá 2.19 porque yo por la *l* soy muerto para la *l*
3.10 los que dependen … de la *l* están bajo
3.10 en el libro de la *l*, para hacerlas
3.13 nos redimió de la maldición de la *l*
3.19 ¿para qué sirve la *l*? Fue añadida a
3.21 porque si la *l* dada pudiera vivificar, la
3.24 la *l* ha sido nuestro ayo, para llevarnos
4.4 Hijo, nacido de mujer y nacido bajo la *l*
5.14 toda la *l* en esta sola palabra se cumple
5.23 templanza; contra tales cosas no hay *l*
6.2 las cargas … y cumplid así la *l* de Cristo
Fil 3.6 en cuanto a la justicia que es en la *l*
1 Ti 1.8 pero sabemos que la *l* es buena, si uno
1.9 la *l* no fue dada para el justo, sino para
He 7.19 (pues nada perfeccionó la *l*) y de la
8.10; 10.16 pondré mis *l* en sus corazones
10.1 la *l*, teniendo la sombra de los bienes
10.28 el que viola la *l* de Moisés, por el
Stg 1.25 el que mira … en la perfecta *l*, la de la
2.8 si en verdad cumplís la *l* real, conforme
2.10 cualquiera que guardare toda la *l*, pero
4.11 murmura de la *l* y juzga a la *l*; pero si
1 Jn 3.4 comete pecado, infringe también la *l*

LIBERACIÓN

Est 4.14 respiro y *l* vendrá de alguna otra parte
Sal 32.7 tú … con cánticos de *l* me rodearás
Fil 1.19 por vuestra oración … resultará en mi *l*

LIBRAR *v.* Salvar

Gn 32.11 *líbrame* … de la mano de mi hermano
Éx 3.8 he descendido para *librarlos* de … egipcios
6.6 yo … os *libraré* de su servidumbre, y os
Nm 35.25 la congregación *librará* al homicida de
Dt 32.39 no hay quien pueda *librar* de mi mano
Jos 2.13 que *libraréis* nuestras vidas de la muerte
Jue 10.14 os *libren* ellos en el tiempo de vuestra
1 S 4.8 ¿quién nos *librará* de la mano de estos
17.37 me *librará* de la mano de este filisteo
2 S 22.20; Sal 18.19 me *libró* … se agradó de mí
22.49; Sal 18.48 *libraste* del varón violento
2 R 20.6 te *libraré* a ti y a esta ciudad de mano
2 Cr 32.13; Is 37.12 ¿pudieron los … *librar* su
Neh 9.28 los oías … muchas veces los *libraste*
Job 5.15 *libra* de la espada al pobre, de la boca
5.19 en seis tribulaciones te *librará*, y en la
10.7 que no hay quien de tu mano me *libre*?
29.12 yo *libraba* al pobre que clamaba, y al
36.15 al pobre *librará* de su pobreza, y en la
Sal 6.4 vuélvete, oh Jehová, *libra* mi alma
17.13 sal … *libra* mi alma de los malos con tu
18.17 me *libró* de mi poderoso enemigo, y de
19.12 *líbrame* de los que me son ocultos
22.4 en ti … esperaron, y tú los *libraste*
22.20 *libra* de la espada mi alma, del poder
31.2 inclina a mí tu oído, *líbrame* pronto
33.19 para *librar* sus almas de la muerte
34.4 me oyó, y me *libró* de todos mis temores
34.6 clamó … lo *libró* de todas sus angustias
35.10 *libras* al afligido del más fuerte que él
37.40 Jehová los ayudará y los *librará*; los
39.8 *líbrame* de todas mis transgresiones; no
41.1 pobre; en el día malo lo *librará* Jehová
54.7 él me ha *librado* de toda angustia, y mis
56.13 has *librado* mi alma de la muerte, y mis
59.1; 143.9 *líbrame* de mis enemigos, oh Dios
59.2 *líbrame* de los que cometen iniquidad, y

68.20 y de Jehová … es el *librar* de la muerte
69.18 acércate … *líbrame* a causa de … enemigos
71.2 socórreme y *líbrame* en tu justicia
72.12 él *librará* al menesteroso que clamare
81.7 en la calamidad clamaste, y yo te *libré*
82.4 *librad* al afligido y al necesitado; *libradlo*
91.3 él te *librará* del lazo del cazador, de la
106.43 muchas veces los *libró*; mas ellos se
107.6, 13 Jehová los *libró* de sus aflicciones
109.31 *librar* su alma de los que le juzgan
116.4 invoqué … Jehová, *libra* ahora mi alma
116.8 tú has *librado* mi alma de la muerte
119.134 *líbrame* de la violencia de los hombres
119.170 de ti; *líbrame* conforme a tu dicho
140.1 *líbrame*, oh Jehová, del hombre malo

Pr 2.12 *librarte* del mal camino, de los hombres
23.14 con vara, y *librarás* su alma de Seol
24.11 *libra* a los que son llevados a la muerte
28.26 el que camina en sabiduría será *librado*

Is 36.18 engañe … diciendo: Jehová nos *librará*
38.6 te *libraré* a ti y a esta … del rey de Asiria
38.17 mas a ti agradó *librar* mi vida del hoyo
43.13 yo era; y no hay quien de mi mano *libre*
44.17 ruega … *Líbrame*, porque mi dios eres tú
50.2 ¿no hay en mí poder para *librar*?

Jer 1.8 porque contigo estoy para *librarte*, dice
2.28 a ver si te podrán *librar* en el tiempo de
14.9 ¿por qué eres como … que no puede *librar*?
30.7 angustia para Jacob; pero … será *librado*
39.17 yo te *libraré* … de aquellos … tú temes

Ez 3.19 impío … pero tú habrás *librado* tu alma
7.19 ni su oro podrá *librarlos* en el día del
33.12 la justicia del justo no lo *librará* el día
34.10 yo *libraré* mis ovejas de sus bocas, y no

Dn 3.17 Dios … puede *librarnos* del horno de
6.14 le pesó en … y resolvió *librar* a Daniel
6.20 ¿te ha podido *librar* de los leones?

Os 14.3 no nos *librará* el asirio; no montaremos

Mt 6.13; Lc 11.4 *líbranos* del mal, porque tuyo
27.43 *líbrele* ahora si le quiere; porque ha

Hch 7.34 oído … y he descendido para *librarlos*
12.11 el Señor … me ha *librado* de la mano de

Ro 7.24 ¿quién me *librará* de este cuerpo de
8.2 la ley del Espíritu … me ha *librado* de la

Gá 1.4 para *librarnos* del presente siGáo malo

Col 1.13 nos ha *librado* de la potestad de las

2 Ts 3.2 seamos *librados* de hombres perversos

2 Ti 3.11 y de todas me ha *librado* el Señor
4.18 el Señor me *librará* de toda obra mala

He 2.15 *librar* a todos los que por el temor de la
5.7 al que le podía *librar* de la muerte, fue

2 P 2.7 y *libró* al justo Lot, abrumado por la
2.9 sabe el Señor *librar* de tentación a los

LUTO

Dt 34.8 los días del lloro y del *l* de Moisés

2 S 11.27 pasado el *l*, envió David y la trajo a
19.2 y se volvió aquel día la victoria en *l*

Est 4.3 tenían los judíos gran *l*, ayuno, lloro y

Ec 7.2 mejor es ir a la casa del *l* que a la casa del

Is 60.20 perpetua, y los días de tu *l* serán acabados
61.3 óleo de gozo en lugar de *l*, manto de

Jer 6.26 ponte *l* como por hijo único, llanto

Lm 5.15 el gozo … nuestra danza se cambió en *l*

Ez 24.17 reprime el … no hagas *l* de mortuorios

Mt 9.15 tener *l* entre tanto que el esposo está

LLAMAMIENTO *v.* Vocación

Ro 11.29 irrevocables son los dones y el *ll* de Dios
Fil 3.14 premio del supremo *ll* de Dios
2 Ts 1.11 Dios os tenga por dignos de su *ll* en Cristo
2 Ti 1.9 salvó y llamó con *ll* santo, no conforme
He 3.1 participantes del *ll* celestia, considerad

LLORAR

Gn 21.16 sentó … el muchacho alzó su voz y *lloró*
27.38 bendíceme … y alzó Esaú su voz, y *lloró*
33.4 se echó sobre su cuello … y *lloraron*
37.35 no quiso recibir consuelo … y lo *lloró*
43.30 José … entró en su cámara, y *lloró* allí
45.2 se dio a *llorar* a gritos; y oyeron los
45.14 y *lloró*; y también Benjamín *ll* sobre
46.29 José … *lloró* sobre su cuello largamente
50.17 ruego … Y José *lloró* mientras hablaban
Éx 2.6 la abrió … y he aquí que le niño *lloraba*
Nm 11.4 los hijos de Israel … volvieron a *llorar*
25.6 *lloraban* … a la puerta del tabernáculo
Dt 21.13 *llorará* a su padre y a su madre un mes
Jue 2.4 de Israel, el pueblo alzó su voz y *lloró*
20.23 y *lloraron* delante de Jehová hasta la
1 S 1.8 dijo: Ana, ¿por qué *lloras*? ¿por qué no
11.5 Saul: ¿Qué tiene el pueblo, que *llora*?
16.1 Jehová … ¿Hasta cuando *llorarás* a Saúl
24.16 ¿no es … Y alzó Saúl su voz y *lloró*
30.4 David y la … alzaron su voz y *lloraron*
30.4 que les faltaron las fuerzas para *llorar*
2 S 1.24 hijas de Israel, *llorad* por Saúl, quien
12.21 por el niño, viviendo aún … *llorabas*
15.30 David subió la … y la subió *llorando*
19.1 el rey *llora*, y hace duelo por Absalón
2 R 8.11 le miró … luego *lloró* el varón de Dios
20.3; Is 38.3 *lloró* Ezequías con gran lloro
Esd 3.12 viendo echar los cimientos … *lloraban*
Neh 1.4 cuando oí estas palabras me … y *lloré*
8.9 ni *lloréis*; porque todo el pueblo *lloraba*
Job 30.25 ¿no *lloré* yo al afligido? Y mi alma, ¿no
Sal 69.10 *lloré* afligiendo con ayuno mi alma
126.6 irá andando y *llorando* el que lleva la
137.1 allí nos sentábamos, y aun *llorábamos*
Is 15.2 subió a Bayit … lugares altos, a *llorar*
22.4 dejadme, *lloraré* amargamente; no os
33.7 mensajeros de paz *llorarán* amargamente
Jer 13.17 en secreto *llorará* mi alma a causa de
22.10 no *lloréis* al muerto … *llorad* … por el
Lm 1.2 amargamente *llora* en la noche, y sus
1.16 por esta causa *lloró*; mis ojos, mis ojos
Jl 1.5 despertad, borrachos, y *llorad*; gemid
1.8 *llora* tú como joven vestida de cilicio por
2.17 entre la … y el altar *lloren* los sacerdotes
Zac 12.10 *llorarán* como se *llora* por hijo unigénto
Mt 2.18 Raquel que *llora* a sus hijos, y no quiso
5.4; Lc 6.21 bienaventurados los que *lloran*
26.75; Mr 14.72; Lc 22.62 saliendo … *lloró*
Mr 5.38 vio … a los que *lloraban* y lamentaban
Lc 7.13 compadeció de ella, y le dijo: No *llores*
7.32 dicen … os endechamos, y no *llorasteis*
7.38 y estando detrás de él a sus pies, *llorando*
8.52 no *lloréis*; no está muerta … que duerme
19.41 de la ciudad, al verla, *lloró* sobre ella
23.28 no *lloréis* por mí, sino *llorad* por
Jn 11.31 diciendo: Va al sepulcro a *llorar* allá
11.35 Jesús *lloró*
16.20 que vosotros *lloraréis* y lamentaréis
20.11 María estaba fuera *llorando* junto al
20.15 Jesús le dijo: Mujer, ¿por qué *lloras*?
Hch 9.39 le rodearon todas las viudas, *llorando*

21.13 ¿qué hacéis *llorando* y quebrantándome
Ro 12.15 gozaos con … *llorad* con los que *lloran*
1 Co 7.30 los que *lloran*, como si no *llorasen*
2 Co 12.21 quizá tenga que *llorar* por muchos
Stg 5.1 *llorad* y aullad por las miserias que os
Ap 5.4 *lloraba* yo … porque no se había hallado
18.9 *llorarán* y harán lamentación sobre ella

MADRE *v.* Padre
Gn 3.20 cuanto ella era *m* de todos los vivientes
17.16 y vendrá a ser *m* de naciones; reyes
Éx 20.12; Dt 5.16 honra a tu padre y a tu *m*
Jue 5.7 yo Débora me levanté … como *m* en
1 S 2.19 y le hacía su *m* una túnica pequeña
2 S 20.19 destruir una ciudad que es *m* en Israel
Sal 113.9 estéril, que se goza en ser *m* de hijos
Pr 23.22 tu *m* envejeciere, no la menosprecies
Is 66.13 como aquel a quien consuela su *m*, así
Ez 16.44 refrán que dice: Cual la *m*, tal la hija
Mt 10.35 hija contra su *m*, y a la nuera contra
12.48; Mr 3.33 ¿quién es mi *m*, y quiénes
15.4 diciendo: Honra a tu padre y a tu *m*
19.5; Ef 5.31 dejará padre y *m*, y se unirá a
Lc 8.21 mi *m* y mis hermanos son los que oyen
Jn 19.25 estaban junto a la cruz de Jesús su *m*
19.27 después dijo al discípulo: He ahí tu *m*
Gá 4.26 la cual es *m* de todos nosotros, es libre
1 Ti 5.2 ancianas, como a *m*; a las jovencitas
2 Ti 1.5 la fe … la cual habitó … en tu *m* Eunice

MAESTRO *v.* Señor
Is 30.20 tus *m* nunca más te serán quitados, sino
55.4 lo di … por jefe y por *m* a las naciones
Mt 10.24; Lc 6.40 no es más que su *m*, ni el
19.16; Mr 10.17 *M* bueno, ¿qué bien haré
23.8, 10 porque uno es vuestro *M*, el Cristo
Jn 3.2 sabemos que has venido de Dios como *m*
3.10 ¿eres tú *m* de Israel, y no sabes esto?
11.28 llamó a … El *M* está aquí y te llama
13.13 vosotros me llamáis *M*, y Señor; y decís
20.16 dijo: ¡Raboni! (que quiere decir, *M*)
Ro 2.20 *m* de niños, que tienes en la ley la forma
1 Co 12.29 ¿todos *m*? ¿hacen todos milagros?
Ef 4.11 constituyó a … a otros, pastores y *m*
1 Ti 2.7 y *m* de los gentiles en fe y verdad
2 Ti 1.11 yo fui constituido … *m* de los gentiles
4.3 amontonarán *m* conforme a sus propias
He 5.12 debiendo ser ya *m*, después de tanto
Stg 3.1 míos, no os hagáis *m* muchos de vosotros
2 P 2.1 como habrá entre vosotros falsos *m*, que

MALDICIÓN *v.* Anatema
Gn 27.13 su madre … Hijo mío, sea sobre mí tu *m*
Dt 11.26; 30.19 pongo hoy … la bendición y la *m*
27.13 estos estarán … para pronunciar la *m*
28.15 vendrán sobre ti todas estas *m*, y te
Job 31.30 mi lengua, pidiendo *m* para su alma
Sal 10.7 llena está su boca de *m*, y de engaño
109.17 amó la *m*, y ésta le sobrevino; y no
Pr 3.33 la *m* de Jehová está en la casa del impío
26.2 como el … así la *m* nunca vendrá sin causa
Jer 23.10 a causa de la *m* la tierra está desierta
25.18 para ponerlos en ruinas … burla y en *m*
29.22 todos harán de ellos una *m*, diciendo
Zac 8.13 que como fuisteis *m* entre las naciones
14.11 morarán en ella, y no habrá más *m*
Mal 4.6 que yo venga y hiera la tierra con *m*
Hch 23.21 juramentado bajo *m*, a no comer ni
Ro 3.14 su boca está llena de *m* y de amargura
Gá 3.10 bajo *m*, pues escrito está: Maldito todo
3.13 nos redimió de la *m* de la ley, hecho … *m*
1 P 2.23 cuando le maldecían, no respondía con *m*

3.9 no devolviendo mal por mal, ni *m* por *m*
2 P 2.11 ángeles … no pronuncian juicio de *m*
2.14 no se sacian de pecar … son hijos de *m*
Jud 9 no se atrevió a proferir juicio de *m* contra
Ap 22.3 no habrá más *m*; y el trono de Dios

MANDAMIENTO *v.* Ley
Éx 20.6; Dt 5.10 que me aman y guardan mis *m*
34.28 escribió en tablas … pacto, los diez *m*
Lv 26.14 si no … ni hiciereis todos estos mis *m*
Dt 4.13 os anunció su pacto … los diez *m*, y los
6.17; 10.13 guardad … los *m* de Jehová y sus
11.22 si guardareis cuidadosamente … estos *m*
11.27 la bendición, si oyereis los *m* de Jehová
30.11 porque este *m* que yo te ordeno hoy no
1 R 18.18 dejando los *m* de Jehová, y … baales
2 R 17.16 dejaron todos los *m* de Jehová su Dios
Neh 9.14 les prescribiste *m*, estatutos y la ley
Est 9.32 *m* de Ester confirmó estas celebraciones
Sal 19.8 los *m* de Jehová son rectos, que alegran
71.3 tú has dado *m* para salvarme, porque tú
89.31 si profanaren … y no guardaren mis *m*
119.4 encargaste que sean … guardados tus *m*
119.15 en tus *m* meditaré; consideraré tus
119.35 guíame por la senda de tus *m*, porque
119.45 en libertad, porque busqué tus *m*
119.47 me regocijaré en tus *m*, los cuales he
119.69 mas yo guardaré de todo corazón tus *m*
119.86 todos tus *m* son verdad; sin causa me
119.93 nunca jamás me olvidaré de tus *m*
119.104 de tus *m* he adquirido inteligencia
119.127 por eso he amado tus *m* más que el oro
119.128 por eso estimé rectos todos tus *m*
119.151 oh Jehová, y todos tus *m* son verdad
119.159 mira, oh Jehová, que amo tus *m*
119.172 porque todos tus *m* son justicia
Pr 6.20 guarda, hijo mío, el *m* de tu padre, y no
7.2 guarda mis *m* y vivirás, y mi ley como las
10.8 el sabio de corazón recibirá los *m*; mas
19.16 el que guarda el *m* guarda su alma; mas
Is 28.10 *m* tras *m*, mandato sobre mandato
Mi 6.16 los *m* de Omri se han guardado, y toda
Mt 5.19 quebrante uno de estos *m* muy pequeños
15.6 así habéis invalidado el *m* de Dios por
15.9; Mr 7.7 como doctrinas, *m* de hombres
19.17 quieres entrar en la vida, guarda los *m*
22.38; Mr 12.30 es el primero y grande *m*
Mr 10.19; Lc 18.20 los *m* sabes: No adulteres
Jn 12.49 él me dio *m* de lo que he de decir, y de
13.34 un *m* nuevo os doy: Que os améis unos
14.15 si me amáis, guardad mis *m*
14.21 el que tiene mis *m*, y los guarda, ése es
15.10 si guardareis mis *m* permaneceréis en
Hch 1.2 después de haber dado *m* … apóstoles
Ro 7.12 la ley … y el *m* santo, justo y bueno
13.9 cualquier otro *m* … se resume: Amarás a
1 Co 7.6 dijo por vía de concesión, no por *m*
7.25 en cuanto a las vírgenes no tengo *m* del
14.37 que lo que os escribo son *m* del Señor
Ef 6.2 honra … que es el primer *m* con promesa
Col 2.22 en conformidad a *m* y doctrinas de
1 Ti 1.5 pues el propósito de este *m* es el amor
6.14 guardes el *m* sin mácula ni reprensión
He 7.5 tienen *m* de tomar … diezmos según la ley

9.19 anunciado Moisés todos los *m* de la ley
2 P 2.21 volverse atrás del santo *m* que les fue
1 Jn 2.3 que … le conocemos, si guardamos sus *m*
2.7 no os escribo *m* nuevo, sino el *m* antiguo
3.22 guardamos sus *m*, y hacemos las cosas
4.21 tenemos este *m* de él: El que ama a Dios
5.3 guardemos sus *m*; y sus *m* no son gravosos
2 Jn 4 conforme al *m* que recibimos del Padre
6 que andemos según sus *m*. Este es el *m*
Ap 14.12 los que guardan los *m* de Dios y la fe

MANSEDUMBRE
Ec 10.4 porque la *m* hará cesar grandes ofensas
Sof 2.3 buscad justicia, buscad *m*; quizás seréis
1 Co 4.21 con vara, o con amor y espíritu de *m*?
2 Co 10.1 yo Pablo os ruego por la *m* … Cristo
Gá 5.23 *m*, templanza; contra tales cosas no hay
6.1 si alguno … restauradle con espíritu de *m*
Ef 4.2 toda … *m*, soportándoos con paciencia
Col 3.12 vestíos … humildad, de *m*, de paciencia
1 Ti 6.11 sigue … el amor, la paciencia, la *m*
Tit 3.2 mostrando toda *m* para con … hombres
Stg 1.21 recibid con *m* la palabra implantada
3.13 muestre por la … sus obras en sabia *m*
1 P 3.15 presentar defensa con *m* y reverencia

MARÍA la hermana de Moisés. Su cántico, Éx 15.20–21; hecha leprosa por criticar a Moisés, y sanada, Nm 12.1–15; muere en Cades, Nm 20.1.

MARÍA la madre de Jesús. Desposada con José, Mt 1.18; Lc 1.27; se le anuncia el nacimiento de Jesús, Lc 1.26–38; visita a Elisabet, Lc 1.39–45; su canto de alabanza, Lc 1.46–55; va a Belén, Lc 2.4–5; da a luz a su primogénito, Mt 1.25; Lc 2.6–7; otros hijos, Mt 13.55–56; Mr 6.3; encuentra a Jesús en el templo, Lc 2.41–51; asiste a las bodas de Caná, Jn 2.1–5; "¿Quién es mi madre y mis hermanos?", Mt 12.46–50; Mr 3.31–35; Lc 8.19–21; junto a la cruz, Jn 19.25–27; en el aposento alto, Hch 1.14.

MARÍA la madre de Jacobo. Mt 27.56; Jn 19.25.

MARÍA Magdalena. Sanada por Jesús, Lc 8.2; sirve a Jesús, Lc 8.3; junto a la cruz, Mt 27.55–56; Mr 15.40; Jn 19.25; presencia el sepelio de Jesús, Mt 27.61; Mr 15.47; viene de mañana al sepulcro, Mt 28.1; Mr 16.1; Lc 24.10; Jn 20.1; ve al Señor resucitado, Mt 28.9; Mr 16.9; Jn 20.11–18.

MARÍA de Betania. Escucha las enseñanzas de Jesús, Lc 10.38–42; en la resurrección de Lázaro, Jn 11.1–44; unge los pies de Jesús, Jn 12.1–8.

MARÍA la madre de Marcos. Hch 12.12.

MARIDO *v.* Esposo, Mujer, Varón
Gn 3.16 tu deseo será para tu *m*, y él … de ti
2 S 3.16 su *m* fue con ella, siguiéndola y llevando
Est 1.17 ellas tendrán en poca estima a sus *m*
Pr 31.11 corazón de su *m* está en ella confiado
Is 54.5 porque tu *m* es tu Hacedor; Jehová de
Jer 31.32 fui yo un *m* para ellos, dice Jehová
Mt 1.16 Jacob engendró a José, *m* de María, de
Jn 4.18 cinco *m* has tenido, y el … no es tu *m*
Ro 7.2 está sujeta … al *m* … pero si el *m* muere
1 Co 7.2 mujer, y cada una tenga su propio *m*
7.14 porque el *m* incrédulo es santificado en
7.16 ¿qué sabes … si quizá harás salvo a tu *m*?
7.34 tiene cuidado … de cómo agradar a su *m*
14.35 quieren aprender algo, pregunten … sus *m*
Col 3.18; 1 P 3.1 estad sujetas a vuestros *m*

1 Ti 3.2; Tit 1.6 el obispo sea ... *m* de una sola
Tit 2.4 enseñen ... a amar a sus *m* y a sus hijos
1 P 3.7 vosotros, *m* ... vivid con ellas sabiamente
Ap 21.2 como una esposa ataviada para su *m*

MATAR *v.* Herir

Gn 4.8 Caín se levantó contra ... Abel, y lo *mató*
4.14 cualquiera que me hallare, me *matará*
4.23 un varón *mataré* por mi herida, y un
20.4 Señor, ¿*matarás* también al inocente?
20.11 y me *matarán* por causa de mi mujer
27.41 dijo ... yo *mataré* a mi hermano Jacob
37.21 Ruben oyo ... y dijo: No lo *matemos*
Éx 2.12 *mato* al egipcio y lo escondió en la arena
2.14 *matarme* como *mataste* al egipcio?
2.15 oyendo Faraón ... procuró *matar* a Moisés
4.23 voy a *matar* a tu hijo, tu primogénito
20.13; Dt 5.17 no *matarás*
21.14 y lo *matare* ... de mi altar lo quitarás
Nm 25.5 *matad* ... se han juntado con Baal-peor
31.17 *matad* ... *m* también a toda mujer que
35.27 y el vengador de la sangre *matare* al
Jue 16.30 los que *mató* al morir fueron muchos
1 S 2.6 Jehová *mata*, y él da vida ... y hace subir
17.36 fuese león ... oso, tu siervo lo *mataba*
17.50 hirió al filisteo y lo *mató*, sin tener
19.1 habló Saúl a ... para que *matasen* a David
20.33 padre estaba resuelto a *matar* a David
2 S 1.16 diciendo: Yo *maté* al ungido de Jehová
1 R 20.20 *mató* cada uno al que venía contra él
21.19 ¿no *mataste*, y también has despojado?
2 R 6.21 dijo a Eliseo: ¿Los *mataré*, padre mío?
19.35 *mató* en el campamento de los asirios a
1 Cr 11.22 descendió y *mató* a un león en medio
Neh 9.26 *mataron* a tus profetas que protestaban
Est 3.13 orden de destruir, *matar* y exterminar
Job 13.15 aunque él me *matare*, en él esperaré
Sal 34.21 *matará* al malo la maldad, y los que
44.22 pero por causa de ti nos *matan* cada día
Ec 3.3 tiempo de *matar*, y tiempo de curar
Is 37.36 *mató* a 185,000 en el campamento de los
66.3 el que sacrifica buey es como si *matase* a
Jer 7.9 *matando*, adulterando, jurando en falso
26.15 sabed ... si me *matáis*, sangre inocente
41.3 asimismo *mató* Ismale a todos los judíos
Ez 9.8 cuando ellos iban *matando* y quedé yo solo
Dn 2.12 mandó que *matasen* a todos los sabios
Os 6.5 con las palabras de mi boca los *maté*
6.9 una compañía de ... *mata* en el camino de
Mt 2.13 Herodes buscará al niño para *matarlo*
2.16 mandó *matar* a todos los niños menores
5.21 no *matarás*; y cualquiera que *matare*
10.28; Lc 12.4 no temáis a los que *matan* el
14.5 Herodes quería *matarle*; pero temía al
19.18; Mr 10.19; Lc 18.20; Ro 13.9 no *matarás*; no adulterarás; no hurtarás
21.35; Mr 12.5 golpearon, a otro *mataron*
21.38; Lc 20.15 heredero; venid, *matémosle*
23.31 sois hijos de aquellos que *mataron* a
23.34 yo os envío profetas ... a unos *mataréis*
23.35 Zacarías ... a quien *matasteis* entre el
23.37; Lc 13.34 que *matas* a los profetas, y
Mr 11.18; Lc 19.47 buscaban cómo *matarle*
12.8 le *mataron*, y le echaron fuera de la viña
13.12 hijos contra los padres, y los *matarán*
14.1 cómo prenderle por engaño y *matarle*

Lc 15.27 tu padre ha hecho *matar* el becerro
Jn 5.16 perseguían a … y procuraban *matarle*
5.18 los judíos aun más procuraban *matarle*
8.22 ¿acaso se *matará* a si mismo, que dice
16.2 la hora cuando cualquiera que os *mate*
Hch 3.15 *matasteis* al Autor de la vida, a quien
5.30 a Jesús, a quien vosotros *matasteis*
5.33 esto, se enfurecían y querían *matarlos*
7.28 ¿quieres tú *matarme*, como *mataste* al
10.13; 11.7 levántate, Pedro, *mata* y come
16.27 sacó la espada y se iba a *matar*
Ro 7.11 pecado … me engañó, y por él me *mató*
2 Co 3.6 la letra *mata*, mas el Espíritu vivifica
Ef 2.16 cruz … *matando* en ella las enemistades
1 Ts 2.15 los cuales *mataron* al Señor Jesús y a
2 Ts 2.8 aquel inicuo, a quien el Señor *matará*
Stg 2.11 dijo … también ha dicho: No *matarás*
4.2 *matáis* y ardéis de envidia, y no podéis
1 Jn 3.12 no como Caín, que era … y *mató* a su
Ap 9.15 a fin de *matar* a la tercera parte de los

MAYORDOMO *v.* Administrador
Neh 13.13 puse por *m* … al sacerdote Selemías
Mt 20.8 el señor de la viña dijo a su *m*: Llame
Lc 16.1 había un hombre rico que tenía un *m*

MEDICINA
Pr 3.8 porque será *m* a tu cuerpo, y refrigerio a
4.22 porque son vida … y *m* a todo su cuerpo
12.18 hay … mas la lengua de los sabios es *m*
16.24 suavidad al alma y *m* para los huesos
20.30 azotes que hieren son *m* para el malo
Jer 46.11 por demás multiplicarás las *m*; no hay
Ez 47.12 fruto será para comer, y su hoja para *m*
Nah 3.19 no hay *m* para tu quebradura; tu

MEDITAR
Gn 24.63 había salido Isaac a *meditar* al campo
Jos 1.8 que de día y de noche *meditarás* en él
1 R 18.27 quizá está *meditando*, o tiene algún
Sal 1.2 y en su ley *medita* de día y de noche
4.4 *meditad* en vuestro corazón estando en
36.4 *medita* maldad sobre su cama; está en
63.6 cuando *medite* en ti en las vigilias de la
77.12 *meditaré* en todas tus obras, y hablaré
119.15, 78 en tus mandamientos *meditaré*
119.23 mas tu siervo *meditaba* en tus estatutos
119.27 para que *medite* en tus maravillas
119.48 que amé, y *meditaré* en tus estatutos
119.148 noche, para *meditar* en tus mandatos
143.5 me acordé … *meditaba* en todas tus obras
145.5 y en tus hechos maravillosos *meditaré*
Hag 1.5 *meditad* bien sobre vuestros caminos
Lc 2.19 guardaba … *meditándolas* en su corazón

MENSAJERO/A *v.* Apóstol, Embajador
Gn 32.3 envió Jacob *m* delante de sí a Esaú su
Jue 11.12 envió Jefté *m* al rey de los amonitas
1 S 11.3 que enviemos *m* por todo el … de Israel
19.20 vino el Espíritu de Dios sobre los *m* de
2 Cr 32.31 en lo referente a los *m* … de Babilonia
35.21 Necao le envió *m*, diciendo: ¿Qué tengo
36.16 ellos hacían escarnio de los *m* de Dios
Sal 104.4 el que hace a los vientos sus *m*, y a
Pr 13.17 el mal *m* acarrea desgracia; mas el *m*
16.14 la ira del rey es *m* de muerte; mas el
25.13 como … así es el *m* fiel a los que lo envían
Is 18.2 que envía *m* por el mar, y en naves de
42.19 ¿quién es … sordo, como mi *m* que envíe?

44.26 el que … cumple el consejo de sus *m*
Jer 49.14 de Jehová había sido enviado *m* a las
Ez 30.9 saldrán *m* de … en naves, para espantar a
Abd 1 y *m* ha sido enviado a las naciones
Mal 2.7 porque *m* es de Jehová de los ejércitos
3.1; Mt 11.10; Mr 1.2; Lc 7.27 yo envío mi *m*, el cual preparará el camino
Lc 9.52 envió *m* delante de él, los cuales fueron
2 Co 8.23 *m* de las iglesias, y gloria de Cristo
12.7 un *m* de Satanás que me abofetee, para
Fil 2.25 *m*, y ministrador de mis necesidades
Stg 2.25 cuando recibió a los *m* y los envió por

MENTIR

Lv 19.11 no engañaréis ni *mentiréis* el uno al otro
Nm 23.19 Dios no es hombre, para que *mienta*
Jos 24.27 para que no *mintáis* contra vuestro Dios
1 R 13.18 le dijo, *mintiéndole*: Yo … soy profeta
Sal 89.35 he jurado por … y no *mentiré* a David
Is 59.13 prevaricar y *mentir* contra Jehová, y el
63.8 mi pueblo son, hijos que no *mienten*
Zac 13.4 nunca más vestirán el manto … *mentir*
Mt 5.11 digan toda clase de mal … *mintiendo*
Hch 5.3 para que *mintieses* al Espíritu Santo
Col 3.9 no *mintáis* los unos a los otros
Tit 1.2 la cual Dios, que no *miente*, prometió
He 6.18 las cuales es imposible que Dios *mienta*
Stg 3.14 no os jactéis, ni *mintáis* contra la verdad
1 Jn 1.6 y andamos en tinieblas, *mentimos*, y no

MESÍAS *v.* Cristo

Dn 9.26 después de las … se quitará la vida al *M*
Jn 1.41 dijo: Hemos hallado al *M* (que traducido
4.25 sé que ha de venir el *M*, llamado el Cristo

MILAGRO

Éx 7.9 mostrad *m*; dirás a Aarón: Toma tu vara
Jue 13.19 el ángel hizo *m* ante los ojos de Manoa
Mt 7.22 dirán … en tu nombre hicimos muchos *m*?
11.20 ciudades en las cuales había hecho … *m*
13.54; Mr 6.2 ¿de dónde tiene éste … estos *m*?
13.58; Mr 6.5 no hizo allí muchos *m*, a causa
Mr 9.39 ninguno hay que haga *m* en mi nombre
Hch 19.11 hacía Dios *m* extraordinarios por mano
1 Co 12.10 otro, el hacer *m*; a otro profecía
12.19 ¿son … todos maestros? ¿hacen todos *m*?
He 2.4 diversos *m* y repartimientos del Espíritu

MINISTERIO *v.* Sacerdocio

Hch 6.4 en la oración y en el *m* de la palabra
20.24 que acabe … el *m* que recibí del Señor
21.19 cosas que Dios había hecho … por su *m*
Ro 11.13 cuanto yo soy apóstol … honro mi *m*
1 Co 12.5 hay diversidad de *m*, pero el Señor es
2 Co 3.7 si el *m* de muerte grabado con letras
3.8 ¿cómo no será … gloria el *m* del espíritu?
4.1 por lo cual, teniendo nosotros este *m*
5.18 y nos dio el *m* de la reconciliación
6.3 para que nuestro *m* no sea vituperado
Ef 4.12 perfeccionar a los … para la obra del *m*
Col 4.17 que cumplas el *m* que recibiste en el
1 Ti 1.12 me tuvo por fiel, poniéndome en el *m*
2 Ti 4.5 haz obra de evangelista, cumple tu *m*
4.11 Marcos … tráele … me es útil para el *m*
He 8.6 ahora tanto mejor *m* es el suyo, cuanto

MISERICORDIA *v.* Gracia

Gn 19.16 según la *m* de Jehová para con él; y lo
24.12 Jehová … haz *m* con mi señor Abraham
24.49 si vosotros hacéis *m* y verdad con mi
32.10 menor soy que todas las *m* y … la verdad
43.14 Dios Omnipotente os dé *m* delante de

Éx 15.13 condujiste en tu *m* a este pueblo que
20.6; Dt 5.10; 7.9 hago *m* a millares, a los
33.19 y tendré *m* del que tendré *m*, y seré
34.6; Nm 14.18; Sal 103.8; Jl 2.13 tardo para la ira, y grande en *m*
Nm 6.25 haga resplandecer su … y tenga de ti *m*
Dt 30.3 tendrá *m* de ti, y volverá a recogerte
Jos 2.12 como he hecho *m* con vosotros, así la
Jue 2.18 Jehová era movido a *m* por sus gemidos
Rt 1.8 Jehová haga con vosotras *m*, como la
1 S 15.6 mostrasteis *m* a … los hijos de Israel
20.14 harás conmigo *m* de Jehová, para que no
2 S 2.6 Jehová haga con vosotros *m* y verdad
7.15 mi *m* no se apartará de él como … de Saúl
9.1 a quien haga yo *m* por amor de Jonatán?
24.14 sus *m* son muchas, mas no caiga yo en
2 R 13.23 mas Jehová tuvo *m* de ellos, y se
1 Cr 17.13 no quitaré de él mi *m*, como la quité
Esd 3.11 porque para siempre es su *m* sobre
Neh 9.17 y grande en *m* … no los abandonaste
9.31 mas por tus muchas *m* no los consumiste
13.14 no borres mis *m* que hice en la casa de
13.22 perdóname según la grandeza de tu *m*

Job 10.12 vida y *m* me concediste, y tu cuidado
Sal 13.5 yo en tu *m* he confiado; mi corazón
17.7 muestra tus maravillosas *m* tú que
18.50 y hace *m* a su ungido, a David y a su
23.6 bien y la *m* me seguirán todos los días
25.16 mírame, y ten *m* de mí, porque estoy
26.3 porque tu *m* está delante de mis ojos, y
31.21 hecho maravillosa su *m* para conmigo
32.10 al que espera en Jehová, le rodea la *m*
33.5; 119.64 de la *m* de Jehová está llena la
36.5 Jehová, hasta los cielos llega tu *m*, y tu
36.7 ¡cuán preciosa, oh Dios, es tu *m*! Por eso
36.10 extiende tu *m* a los que te conocen, y
37.21 y no paga; mas el justo tiene *m*, y da
40.10 no oculté tu *m* y tu verdad en grande
41.4; 86.3 ten *m* de mí, oh Jehová
42.8 de día mandará Jehová su *m*, y de noche
52.1 oh poderoso? La *m* de Dios es continua
57.10 porque grande es hasta los cielos tu *m*
63.3 mejor es tu *m* que la vida; mis labios te
67.1 Dios tenga *m* de nosotros, y nos bendiga
72.13 tendrá *m* del pobre y del menesteroso
77.9 ¿ha olvidado Dios el tener *m* … piedades?

85.7 muéstranos, oh Jehová, tu *m*, y danos tu
85.10 la *m* y la verdad se encontraron; la
86.5 grande en *m* para con todos los que te
89.1 las *m* de Jehová cantaré perpetuamente
89.14 *m* y verdad van delante de tu rostro
89.33 mas no quitaré de él mi *m*, ni falsearé
90.14 mañana sácianos de tu *m*, y cantaremos
92.2 anunciar por la mañana tu *m*, y … noche
94.18 decía … tu *m*, oh Jehová, me sustentaba
100.5; 106.1; 107.1; 118.1; 136.1, 2, etc., porque para siempre es su *m*
101.1 *m* y juicio cantaré; a ti cantaré yo, oh
102.13 porque es tiempo de tener *m* de ella
103.4 el que te corona de favores y *m*, el que
103.17 la *m* de Jehová es desde la eternidad
106.7 padres en … no se acordaron … de tus *m*
107.8 alaben la *m* de Jehová, y sus maravillas
108.4 más grande que los cielos es tu *m*, y
112.5 el hombre de bien tiene *m*, y presta
117.2 ha engrandecido sobre nosotros su *m*
119.41 venga a mí tu *m*, oh Jehová … tu dicho
119.76 sea ahora tu *m* para consolarme

119.88 vivifícame conforme a tu *m*, y guardaré
123.3 ten *m* de ... oh Jehová, ten *m* de nosotros
143.8 hazme oír por la mañana tu *m*, porque
144.2 *m* mía y mi castillo, fortaleza mía y mi
145.9 bueno ... y sus *m* sobre todas sus obras
Pr 3.3 nunca se aparten de ti la *m* y la verdad
14.21 mas el que tiene *m* de los pobres es
16.6 con *m* y verdad se corrige el pecado, y
19.22 contentamiento es a los hombres hacer *m*
21.21 el que sigue la justicia y la *m* ... vida
Is 16.5 se dispondrá el trono en *m*; y sobre él se
33.2 Jehová, ten *m* de nosotros, a ti hemos
49.13 a su pueblo, y de sus pobres tendrá *m*
54.7 por un ... pero te recogeré con grandes *m*
54.8 con *m* eterna tendré compasión de ti
54.10 no se apartará de ti mi *m*, ni el pacto
60.10 mas en mi buena voluntad tendré de ti *m*
63.7 de las *m* de Jehová haré memoria, de las
Jer 12.15 volveré y tendré *m* de ellos, y los haré
31.3 he amado; por tanto, te prolongué mi *m*
31.20 Efraín ... tendré de él *m*, dice Jehová
32.18 haces *m* a millares, y castigas la maldad
42.12 y tendré ... *m*, y él tendrá *m* de vosotros
Lm 3.22 por la *m* de ... nunca decayeron sus *m*
Ez 5.11 no perdonará, ni tampoco tendré yo *m*
7.4 mi ojo no te perdonará, ni tendré *m*
Dn 9.9 de Jehová nuestro Dios es el tener *m* y el
9.18 no ... confiados en ... sino en tus muchas *m*
Os 6.6 *m* quiero, y no sacrificio; y conocimiento
12.6 guarda *m* y juicio, y en tu Dios confía
14.3 porque en ti el huérfano alcanzará *m*
Mi 6.8 y amar *m*, y humillarte ante tu Dios
7.18 no retuvo para ... porque se deleita en *m*
Hab 3.2 oh Jehová ... en la ira acuérdate de la *m*
Zac 1.16 yo me he vuelto a Jerusalén con *m*
7.9 haced *m* y piedad cada ... con su hermano
Mt 5.7 los misericordiosos ... ellos alcanzarán *m*
9.13; 12.7 significa: *M* quiero, y no sacrificio
9.27; 15.22; 20.30; Mr 10.47; Lc 18.38 ¡ten *m* de nosotros, Hijo de David!
18.27 movido a *m*, le soltó, y le perdonó la
23.23 importante de la ley: la justicia, la *m* y la
Mr 1.41 Jesús, teniendo *m* de él, extendió la mano
Lc 1.50 su *m* es de generación en generación a los
1.72 para hacer *m* con nuestros padres, y
10.33 samaritano ... viéndole, fue movido a *m*
10.37 él dijo: El que usó de *m* con él ... Vé, y
15.20 lejos, lo vio su padre, y fue movido a *m*
16.24 padre Abraham, ten *m* de mí, y envía a
Ro 9.15 dice: Tendré *m* del que yo tenga *m*, y me
11.30 pero ahora habéis alcanzado *m* por la
12.8 el que reparte ... que hace *m*, con alegría
2 Co 1.3 Padre de *m* y Dios de toda consolación
4.1 ministerio según la *m* que hemos recibido
Ef 2.4 Dios, que es rico en *m* por su gran amor
Col 3.12 de entrañable *m*, de benignidad, de
1 Ti 1.13 mas fui recibido a *m*, porque lo hice
2 Ti 1.18 concédale el Señor que halle *m* cerca
Tit 3.5 nos salvó, no por obras ... sino por su *m*
He 4.16 acerquémonos, pues ... para alcanzar *m*
Stg 2.13 juicio sin *m* se hará con aquel que no
3.17 benigna, llena de *m* y de buenos frutos

1 P 1.3 según su grande *m* nos hizo renacer
2.10 en otro tiempo no habíais alcanzado *m*
Jud 21 esperando la *m* de nuestro Señor
23 del fuego, y de otros tened *m* con temor

MOISÉS
Éx 2.1—Dt 34.12; Hch 7.20–44.
Nace, Éx 2.1–4;
adoptado por la hija de Faraón, Éx 2.3–10;
educado en la corte egipcia, Hch 7.22;
mata a un egipcio, Éx 2.11–12;
huye a Madián, Éx 2.15–20;
se casa con Séfora, Éx 2.21–22;
llamado por Dios, Éx 3.1–4.17;
vuelve a Egipto, Éx 4.18–31;
Moisés y Faraón, Éx 5–11;
cruza el Mar Rojo, Éx 14.1–31;
su cántico de triunfo, Éx 15.1–18;
nombra jefes, Éx 18.13–26;
habla con Dios en Sinaí, Éx 19.3–13; 24.9–18;
construye el tabernáculo, Éx 25–31; 36–40;
airado por la idolatría del pueblo, Éx 32;
habla con Jehová, Éx 33–34;
hace un censo del pueblo, Nm 1;
criticado por Aarón y María, Nm 12.1–8;
manda espías a Canaán, Nm 13.1–20;
consagra a Josué como su sucesor, Nm 27.18–23; Dt 31.23;
relata la historia de Israel, Dt 1–3;
exhorta a Israel a la obediencia, Dt 4.1–40;
cántico de Moisés, Dt 32.1–43;
ve la tierra de Canaán, Dt 3.25–27; 32.48–52; 34.1–4;
bendice a cada tribu, Dt 33.1–29;
muere y es enterrado en Moab, Dt 34.5–7.

Jos 1.5 como estuve con *M*, estaré contigo; no te
Sal 77.20 condujiste a tu pueblo … mano de *M*
103.7 sus caminos notificó a *M*, y … sus obras
105.26 envió a su siervo *M*, y a Aarón, al cual
106.23 no haberse interpuesto *M* su escogido
Jer 15.1 *M* y Samuel se pusieran delante de mi
Mi 6.4 envié delante de ti a *M*, a Aarón y a
Mt 17.3; Mr 9.4; Lc 9.30 *M* y Elías, hablando
19.8; Mr 10.4 *M* os permitió repudiar a
Lc 16.29 Abraham le dijo: A *M* y a los … tienen
16.31 dijo: Si no oyen a *M* y a los profetas
24.27 comenzando desde *M*, y siguiendo por
Jn 1.17 la ley por medio de *M* fue dada, pero la
3.14 como *M* levantó la serpiente en el desierto
5.46 si creyeseis a *M*, me creeríais a mí
6.32 no os dio *M* el pan del cielo, mas mi
9.29 sabemos que Dios ha hablado a *M*; pero
Hch 3.22 porque *M* dijo a los padres: El Señor
7.22 fue enseñado *M* en … la sabiduría de los
21.21 enseñas a … judíos … a apostatar de *M*
Ro 5.14 reinó la muerte desde Adán hasta *M*
10.5 justicia que es por la ley *M* escribe así
1 Co 10.2 y todos en *M* fueron bautizados en la
2 Co 3.7 no pudieron fijar la vista en el … de *M*
3.15 cuando se lee a *M*, el velo está puesto
2 Ti 3.8 que Janes y Jambres resistieron a *M*, así
He 3.3 de tanto mayor gloria que *M* es estimado
7.14 Judá, de la cual nada habló *M* tocante
9.19 anunciando *M* … mandamientos de la ley
11.23 por la fe *M*, cuando nació … escondido
Jud 9 disputando con él por el cuerpo de *M*
Ap 15.3 y cantan el cántico de *M*, siervo de Dios

MUERTE *v.* Hades, Infierno, Seol
Nm 11.15 y si así lo … te ruego que me des *m*
16.41 habéis dado *m* al pueblo de Jehová
Dt 30.15 puesto … la vida y el bien, la *m* y el mal
Rt 1.17 sólo la *m* hará separación entre nosotras
1 S 5.11 consternación de *m* en toda la ciudad

20.3 que apenas hay un paso entre mí y la *m*
22.21 Saúl había dado *m* a los sacerdotes de
26.16 vive Jehová, que sois dignos de *m*
2 S 22.5 me rodearon ondas de *m*, y torrentes de
2 R 4.40 ¡varón de Dios, hay *m* en esa olla!
Job 3.21 que esperan la *m*, y ella no llega, aunque
7.15 mi alma … quiso la *m* más que mis huesos
30.23 porque yo sé que me conduces a la *m*
33.22 alma … y su vida a los que causan la *m*
38.17 sido descubiertas las puertas de la *m*
Sal 13.3 alumbra mis ojos … que no duerma de *m*
18.4 me rodearon ligaduras de *m*, y torrentes
23.4 aunque ande en valle de sombra de *m*
33.19 para librar sus almas de la *m*, y para
116.15 estimada es a los … la *m* de sus santos
118.18 me castigó … mas no me entregó a la *m*
Pr 2.18 por la cual su casa está inclinada a la *m*
5.5 sus pies descienden a la *m*, sus pasos
18.21 la *m* y la … están en poder de la lengua
24.11 libra a los que son llevados a la *m*
Ec 7.1 mejor el día de la *m* que … del nacimiento
8.8 que tenga … potestad sobre el día de la *m*
Cnt 8.6 fuerte es como la *m* el amor; duros como
Is 9.2 los que moraban en tierra de sombra de *m*
25.8 destruirá a la *m* para siempre … Jehová
53.12 por cuanto derramó su vida hasta la *m*
Jer 8.3 y escogerá la *m* antes que la vida todo
26.11 en pena de *m* ha incurrido este hombre
Ez 18.23; 33.11 que no quiero la *m* del impío
Os 13.14 oh *m*, yo seré tu *m*; y seré tu destrucción
Jon 4.3 porque mejor me es la *m* que la vida
Hab 2.5 y es como la *m*, que no se saciará; antes
Mt 16.28; Mr 9.1; Lc 9.27 que no gustarán la *m*
20.18; Mr 10.33 entregado … condenarán a *m*
26.38; Mr 14.34 mi alma … triste, hasta la *m*
26.59; Mr 14.55 buscaban falso testimonio … para entregarle a la *m*
26.66; Mr 14.64 dijeron: ¡Es reo de *m*!
Mr 13.12 el hermano entregará a la *m* al hermano
Lc 1.79 luz a los que habitan en … sombra de *m*
2.26 no vería la *m* antes que viese al Ungido
Jn 5.24 no vendrá … mas ha pasado de *m* a vida
8.51 el que guarda mi palabra, nunca verá *m*
11.4 esta enfermedad no es para *m*, sino para
12.10 los … acordaron dar *m* también a Lázaro
12.33; 21.19 dando a entender de qué *m* iba a
18.31 no nos está permitido dar *m* a nadie
Hch 8.32 como oveja a la *m* fue llevado; y como
9.1 Saulo, respirando aún amenazas y *m* contra
22.20 consentía en su *m*, y guardaba las ropas
23.12 no … hasta que hubiesen dado *m* a Pablo
23.29 que ningún delito tenía digno de *m* o de
Ro 1.32 practican tales cosas son dignos de *m*
5.10 reconciliados con Dios por la *m* de su
5.12 por el pecado la *m*, así la *m* pasó a
5.14 reinó la *m* desde Adán hasta Moisés, aun
6.3 sabéis … hemos sido bautizados en su *m*?
6.5 fuimos plantados … en la semejanza de su *m*
6.9 no muere; la *m* no se enseñorea más de él
6.16 esclavos … sea del pecado para *m*, o sea
6.23 la paga del pecado es *m*, mas la dádiva

7.13 el pecado … produjo en mí la *m* por medio
7.24 ¿quién me librará de este cuerpo de *m*?
8.2 librado de la ley del pecado y de la *m*
8.6 porque el ocuparse de la carne es *m*, pero
8.38 de que ni la *m*, ni la vida, ni ángeles, ni
11.3 Señor, a tus profetas han dado *m*, y tus

1 Co 3.22 sea la vida, sea la *m*, sea lo presente
11.26 la *m* del Señor anunciáis hasta que él
15.21 por cuanto la *m* entró por un hombre
15.26 el postrer enemigo … destruido es la *m*
15.54 está escrita: Sorbida es la *m* en victoria
15.55 ¿dónde está, oh *m*, tu aguijón? ¿Dónde

2 Co 1.9 tuvimos en nosotros … sentencia de *m*
2.16 a éstos … olor de *m* para *m*, y a aquéllos
4.11 entregados a *m* por causa de Jesús, para
7.10 pero la tristeza del mundo produce *m*

Fil 1.20 será magnificado … o por vida o por *m*
2.8 obediente hasta la *m*, y *m* de cruz
3.10 llegando a ser semejante a él en su *m*

2 Ti 1.10 el cual quitó la *m* y sacó a luz la vida

He 2.9 del padecimiento de la *m* … gustase la *m*
2.14 para destruir por medio de la *m* al que
9.15 para que interviniendo *m* para la remisión
11.5 la fe Enoc fue traspuesto para no ver *m*

Stg 1.15 el pecado; y el pecado … da a luz la *m*
5.6 habéis condenado y dado *m* al justo, y el
5.20 salvará de *m* un alma, y cubrirá … pecados

1 Jn 3.14 no ama a su hermano, permanece en *m*
5.16 viere a … cometer pecado que no sea de *m*

Ap 1.18 y tengo las llaves de la *m* y del Hades
2.11 venciere no sufrirá daño de la segunda *m*
6.8 y el que lo montaba tenía por nombre *M*
9.6 buscarán la *m* … pero la *m* huirá de ellos
12.11 menospreciaron sus vidas hasta la *m*
13.3 vi una de sus cabezas como herida de *m*
20.6 segunda *m* no tiene potestad sobre éstos
20.14 la *m* … lanzados … Este es la *m* segunda
21.4 ya no habrá *m*, ni habrá más llanto, ni
21.8 el lago que arde … que es la *m* segunda

MUJER *v.* Esposo, Hombre, Varón

Gn 2.22 de la costilla … del hombre, hizo una *m*
3.12 la *m* que me diste por compañera me dio
24.4 irás a … y tomarás *m* para mi hijo Isaac
26.9 he aquí ella es de cierto tu *m*. ¿Cómo
39.7 la *m* de su amo puso sus ojos en José

Nm 5.12 si la *m* de alguno se descarriare, y le

Jue 14.3 ¿no hay *m* … a tomar *m* de las filisteos

Rt 3.8 volvió … una *m* estaba acostada a sus pies

1 S 18.7 cantaban las *m* que danzaban, y decían
25.39 envió David … Abigail … tomarla por *m*

2 S 12.9 a Urías heteo tomaste por *m* a su *m*

1 R 11.1 Salomón amó … a muchas *m* extranjeras

Esd 10.2 tomamos *m* extranjeras de los pueblos

Neh 13.23 judíos que habían tomado *m* de Asdod

Est 1.20 todas las *m* darán honra a sus maridos

Job 14.1 el hombre nacido de *m*, corto de días

Sal 128.3 tu *m* será como vid que lleva fruto a

Pr 2.16 serás librado de la *m* extraña, de la ajena
5.18 y alégrate con la *m* de tu juventud
6.29 es el que se llega a la *m* de su prójimo
9.13 *m* insensata es alborotadora; es simple
19.13 gotera continua las contiendas de la *m*
19.14 la casa … mas de Jehová la *m* prudente

31.3 no des a las *m* tu fuerza ni tus caminos a
31.30 *m* que teme a Jehová ésa será alabada
Ec 7.26 amarga … la *m* cuyo corazón es lazos y
9.9 goza de la vida con la *m* que amas, todos
Is 3.12 mi pueblo … *m* se enseñorearon de él
4.1 echarán mano de un hombre siete *m* en
19.16 aquel día los egipcios serán como *m*
Jer 18.21 queden sus *m* sin hijos, y viudas; y sus
31.22 una cosa nueva … la *m* rodeará al varón
Lm 4.10 las manos de *m* … cocieron a sus hijos
Ez 24.18 y a la tarde murió mi *m*; y a la mañana
Zac 5.7 una *m* estaba sentada en medio de … efa
Mal 2.15 no seáis desleales para con la *m* de
Mt 5.28 que mira a una *m* para codiciarla, ya
9.20 he aquí una *m* enferma de flujo de sangre
24.41; Lc 17.35 dos *m* estarán moliendo en
27.55; Mr 15.40; Lc 23.49 estaban allí muchas *m* mirando de lejos
Mr 10.7; Ef 5.31 dejará … y se unirá a su *m*
Lc 7.28 entre los nacidos de *m*, no hay mayor que
16.18 que repudia a su *m*, y se casa con otra
Jn 2.4 Jesús le dijo: ¿Qué tienes conmigo, *m*?
19.26 dijo a su madre: *M*, he ahí tu hijo
Hch 13.50 los judíos instigaron a *m* piadosas y
17.4 de … gran número, y *m* nobles no pocas
Ro 1.27 hombres, dejando el uso natural de la *m*
1 Co 7.1 bueno le sería al hombre no tocar *m*
7.2 cada uno tenga su propia *m*, y cada una
7.4 la *m* no tiene potestad sobre su … cuerpo
7.27 ¿estás ligado a *m*? … ¿estás libre de *m*?
9.5 traer con nosotros una hermana por *m*
11.7 de Dios; pero la *m* es gloria del varón
11.15 a la *m* … crecer el cabello le es honroso
14.34 vuestras *m* callen en las congregaciones
Ef 5.28 los maridos deben amar a sus *m* como
5.33 a sí mismo; y la *m* respete a su marido
1 Ti 2.11 la *m* aprenda en silencio, con toda
3.11 las *m* … sean honestas, no calumniadoras
He 11.35 las *m* recibieron sus muertos mediante
1 P 3.1 *m*, estad sujetas a vuestros maridos; para
3.7 honor a la *m* como a vaso más frágil
Ap 12.1 una *m* vestida del sol, con la luna debajo
17.3 vi a una *m* sentada sobre una bestia

MUNDO *v.* Tierra
1 Cr 16.30 el *m* será aún establecido, para que
Sal 19.4 hasta el extremo del *m* sus palabras
50.12 a ti; porque mío es el *m* y su plenitud
93.1; 96.10 afirmó … el *m*, y no se moverá
Mt 5.14 vosotros sois la luz del *m*; una ciudad
13.38 el campo es el *m*; la buena semilla son
16.26; Mr 8.36; Lc 9.25 si ganare todo el *m*
24.14 será predicado este … en todo el *m*
Mr 16.15 por todo el *m* y predicad el evangelio
Jn 1.10 en el *m* estaba, y el *m* por él fue hecho
3.16 de tal manera amó Dios al *m*, que ha
7.7 no puede el *m* aborreceros a vosotros
8.12 yo soy la luz del *m*; el que me sigue, no
8.23 sois de este *m*, yo no soy de este *m*
9.5 tanto que estoy en el *m*, luz soy del *m*
9.39 para juicio he venido yo a este *m*; para
12.19 ya veis que … Mirad, el *m* se va tras él
12.25 el que aborrece su vida en este *m*, para
12.31 ahora es el juicio de este *m*; ahora el
13.1 amado a los suyos que estaban en el *m*
14.17 al cual el *m* no puede recibir, porque
14.27 paz … yo no os la doy como el *m* la da
14.31 para que el *m* conozca que amo al Padre

15.18 si el *m* os aborrece, sabed que a mí me
15.19 no sois del *m*, antes yo os elegí del *m*
17.14 no son del *m* … tampoco yo soy del *m*
17.21 para que el *m* crea que tú me enviaste
18.36 no es de este *m*; si … fuera de este *m*

Hch 17.6 éstos que trastornan el *m* … han
17.24 Dios que hizo el *m* y todas las cosas
17.31 en el cual juzgará al *m* con justicia

Ro 5.12 el pecado entró en el *m* por un hombre

1 Co 1.21 el *m* no conoció a Dios mediante la
4.9 hemos llegado a ser espectáculo al *m*, a

2 Co 5.19 en Cristo reconciliando consigo al *m*

Gá 6.14 el *m* me es crucificado a mí, y yo al *m*

Ef 2.2 siguiendo la corriente de este *m*, conforme

2 Ti 4.10 me ha desamparado, amando este *m*

He 11.38 de los cuales el *m* no era digno

Stg 1.27 viudas … y guardarse sin mancha del *m*
4.4 que la amistad del *m* es enemistad contra

2 P 2.5 y si no perdonó al *m* antiguo, sino que

1 Jn 2.2 no … sino también por los de todo el *m*
2.15 no améis al *m*, ni las cosas … en el *m*
2.17 y el *m* pasa, y sus deseos; pero el que
3.1 por esto el *m* no nos conoce, porque no
3.13 míos, no os extrañéis si el *m* os aborrece
4.1 falsos profetas han salido por el *m*
4.5 son del *m* … hablan del *m*, y el *m* les oye
5.19 Dios, y el *m* entero está bajo el maligno

Ap 11.15 los reinos del *m* han venido a ser de

MURMURAR

Éx 15.24; 16.2; Nm 16.41 el pueblo *murmuró*

Nm 14.27 multitud que *murmura* contra mí, las
16.11 Aarón, ¿qué es … contra él *murmuréis*?

Dt 1.27 y *murmurasteis* en vuestras tiendas

Sal 41.7 *murmuran* contra mí todos los que me
106.25 antes *murmuraron* en sus tiendas, y no

Mt 20.11 *murmuraban* contra el padre de familia

Mr 14.5 a los pobres. Y *murmuraban* contra ella

Lc 5.30 los … *murmuraban* contra los discípulos
15.2 escribas *murmuraban*, diciendo: Este
19.7 al ver esto, todos *murmuraban*, diciendo

Jn 6.41 *murmuraban* entonces de él los judíos
6.61 sabiendo … sus discípulos *murmuraban*

1 Co 10.10 ni *murmuréis*, como … *murmuraron*

Stg 4.11 no *murmuréis* los unos de los otros

1 P 2.12; 3.16 en lo que *murmuran* de vosotros

NABUCODONOSOR

Triunfa en Carquemis, 2 R 24.7; Jer 46.2;
conquista a Judá, 2 R 24.10–13; 25.1–10; 2 Cr 36.6–21; Jer 39.1–8; 52.1–27;
lleva cautivo al pueblo, 2 R 24.14–16; 25.11–21; Jer 39.9–10; 52.28–30;
proteje a Jeremías, Jer 39.11–14;
busca revelación de sus sueños, Dn 2.1–13; 4.4–18;
erige una estatua de oro, Dn 3.1–7;
es castigado por su orgullo, Dn 4.31–33;
recobra la razón, Dn 4.34.

NACER

Job 5.7 aire, así el hombre *nace* para la aflicción

Sal 87.5 se dirá: Este y aquél han *nacido* en ella

Ec 3.2 tiempo de *nacer*, y tiempo de morir

Is 60.1 y la gloria de Jehová ha *nacido* sobre ti
66.8 ¿*nacerá* una nación de una vez? Pues en

Mt 1.16 María, de la cual *nació* Jesús … el Cristo
2.1 cuando Jesús *nació* en Belén de Judea
11.11 entre los que *nacen* de mujer no se ha

26.24; Mr 14.21 bueno … no haber *nacido*
Lc 2.11 os ha *nacido* hoy en la ciudad de David
Jn 3.3 el que no *naciere* de nuevo, no puede ver
16.21 el gozo de que haya *nacido* un hombre
Gá 4.4 a su Hijo, *nacido* de mujer y *n* bajo la ley
4.29 había *nacido* según la carne perseguía
Stg 1.18 nos hizo *nacer* por la palabra de verdad
1 Jn 3.9; 5.18 todo aquel que es *nacido* de Dios
4.7 todo aquel que ama, es *nacido* de Dios
5.1 todo aquel que cree … es *nacido* de Dios
5.4 lo que es *nacido* de Dios vence al mundo

NECESIDAD

Pr 6.11; 24.34 vendrá tu *n* como caminante, y tu
13.25 mas el vientre de los impíos tendrá *n*
Mt 6.8, 32; Lc 12.30 vuestro Padre sabe de qué cosas tenéis *n*
Lc 23.17 tenía *n* de soltarles uno en cada fiesta
Jn 2.25 no … *n* de que nadie le diese testimonio
Hch 2.45; 4.35 repartían … según la *n* de cada
1 Co 7.26 tengo … por bueno a causa de la *n*
2 Co 9.7 no con tristeza, ni por *n*, porque Dios
11.9 tuve *n*, a ninguno fui carga, pues lo que
Ef 4.28 tenga qué compartir con el que padece *n*
Fil 4.12 tener abundancia como para padecer *n*
4.16 pues aun a … me enviasteis … para mis *n*
1 Ts 1.8 nosotros no tenemos *n* de hablar nada
3.7 en medio de toda … *n* … fuimos consolados
4.12 a fin de que os … y no tengáis *n* de nada
Flm 14 que tu favor no fuese como de *n*, sino
He 7.11 ¿qué *n* habría aún de que se levantase
Stg 2.15 tienen *n* del mantenimiento de cada día
1 Jn 3.17 que tiene … y ve a su hermano tener *n*
Ap 3.17 y de ninguna cosa tengo *n*; y no sabes

NIÑO/A *v.* Joven

Éx 1.17 sino que preservaron la vida a los *n*
2.6 cuando la abrió, vio al *n* … el *n* lloraba
1 S 1.27 por este *n* oraba, y Jehová me dio lo
1 R 17.21 se tendió sobre el *n* tres veces, y clamó
2 R 4.18 el *n* creció. Pero aconteció un día, que
Sal 8.2 de la boca de los *n* y de los que maman
Pr 7.2 guarda … mi ley como las *n* de tus ojos
22.6 instruye al *n* en su camino, y aun cuando
Is 9.6 porque un *n* nos es nacido, hijo nos es
11.6 león y la bestia … un *n* los pastoreará
13.16 sus *n* serán estrellados delante de ellos
65.20 no habrá … *n* que muera de pocos días
65.20 el *n* morirá de cien años, y el pecador
Jer 1.6 he aquí, no sé hablar, porque soy *n*
Jl 3.3 vendieron las *n* por vino para beber
Mt 2.8 dijo: Id allá y averiguad … acerca del *n*
11.25; Lc 10.21 y las revelaste a los *n*
18.2; Mr 9.36; Lc 9.47 llamando … a un *n*
18.3 si no os volvéis … como *n*, no entraréis
19.13; Mr 10.13; Lc 18.15 le fueron presentados unos *n*
21.16 la boca de los *n* y de los que maman
Mr 9.37 el que recibe en mi nombre a un *n* como
10.14; Lc 18.16 dejad a los *n* venir a mí, y
10.15; Lc 18.17 recibe el reino … como un *n*
Lc 1.66 ¿quién, pues, será este *n*? Y la mano del
1.76 *n*, profeta del Altísimo serás llamado
1.80 y el *n* crecía y se fortalecía en espíritu
2.12 señal: Hallaréis al *n* envuelto en pañales
1 Co 3.1 como a carnales, como a *n* en Cristo
13.11 cuando yo era *n*, hablaba como *n* … dejé
14.20 no seáis *n* en el … sed *n* en la malicia
Gá 4.1 entre tanto que el heredero es *n*, en nada
Ef 4.14 para que ya no seamos *n* fluctuantes

He 5.13 que es inexperto en la palabra ... es *n*
1 P 2.2 desead, como *n* ... la leche espiritual no

NOMBRE *v.* Invocar, Nombre de Jehová
Gn 2.20 puso Adán *n* a toda bestia y ave de los
11.4 un *n*, por si fuéremos esparcidos sobre la
17.5 no ... más tu *n* Abram ... será tu *n* Abraham
32.28; 35.10 tu *n* es Jacob ... Israel será tu *n*
32.29 ¿por qué me preguntas por mi *n*? Y lo
Éx 3.13 si ellos me pregunten: ¿Cuál es su *n*?
9.16 que mi *n* sea anunciado en toda la tierra
20.24 lugar donde ... esté la memoria de mi *n*
23.21 oye su voz ... porque mi *n* está en él
33.12 tú dices: Yo te he conocido por tu *n*
33.19 proclamaré el *n* de Jehová delante de ti
Dt 12.5 para poner allí su *n* para su habitación
28.58 temiendo este *n* Gáorioso y temible
Jos 6.27 Jehová con Josué, y su *n* se divulgó por
7.9 entonces, ¿qué harás tú a tu grande *n*?
Jue 13.17 ¿cuál es tu *n*, para que ... te honremos?
2 S 7.13; 1 R 8.19; 2 Cr 6.9 él edificará casa a mi *n*
1 R 8.43; 2 Cr 6.33 los pueblos ... conozcan tu *n*
1 Cr 16.29; Sal 96.8 dad la honra debida a su *n*
2 Cr 7.14 pueblo, sobre el cual mi *n* es invocado
Sal 8.1, 9 cuán Gáorioso es tu *n* en toda la tierra
9.10 en ti confiarán los que conocen tu *n*, por
20.1 oiga ... el *n* del Dios de Jacob te defienda
20.5 y alzaremos pendón en el *n* de ... Dios
23.3 me guiará por sendas ... por amor de su *n*
33.21 porque en su santo *n* hemos confiado
34.3 a Jehová conmigo, y exaltemos a una su *n*
61.8 así cantaré tu *n* para siempre, pagando
72.17 será su *n* para siempre ... dure el sol
83.18 conozcan que tu *n* es Jehová; tú solo
103.1 Jehová, y bendiga todo mi ser su santo *n*
111.9 su pacto; santo y temible es su *n*
115.1 no a nosotros, sino a tu *n* da gloria, por
Pr 10.7 bendita; mas el *n* de los impíos se pudrirá
22.1 de más estima es el buen *n* ... riquezas
Is 42.8 yo Jehová; éste es mi *n*; y a otro no daré
43.1 yo te redimí; te puse *n*, mío eres tú
43.7 todos los llamados de mi *n*; para gloria
48.9 por amor de mi *n* diferiré mi ira, y para
52.6 mi pueblo sabrá mi *n* por esta causa en
55.13 será a Jehová por *n*, por señal eterna
56.5 *n* mejor que el de ... *n* perpetuo les daré
62.2 te será puesto un *n* nuevo, que la boca de
Jer 10.6 grande eres tú, y grande tu *n* en poderío
15.16 tu *n* se invocó sobre mí, oh Jehová Dios
23.27 hacen que mi pueblo se olvide de mi *n* con
44.26 mi *n* no será invocado más en ... Egipto
Ez 20.9 con todo, a causa de mi *n*, para que no
36.21 al ver mi santo *n* profanado por la casa
39.25 y me mostraré celoso por mi santo *n*
Os 12.5 Jehová es Dios de los ... Jehová es su *n*
Am 6.10 no podemos mencionar el *n* de Jehová
Zac 14.9 aquel día Jehová será uno, y uno su *n*
Mal 1.11 es grande mi *n* entre las naciones; y en
4.2 a vosotros los que teméis mi *n*, nacerá
Mt 1.23 a luz un hijo, y llamarás su *n* Emanuel
6.9 Padre nuestro que ... santificado sea tu *n*
7.22 dirán ... ¿no profetizamos en tu *n*, y en
10.22; 24.9; Mr 13.13; Lc 21.17 seréis aborrecidos ... por causa de mi *n*

18.5; Mr 9.37 el que reciba en mi *n* a un niño
18.20 tres congregados en mi *n*, allí estoy yo
19.29 haya dejado casas … por mi *n*, recibirá
Mt 21.9; 23.39; Mr 11.9; Lc 13.35; 19.38; Jn 12.13 bendito el que viene en el *n* del Señor
28.19 bautizándolos en el *n* del Padre, y del
Mr 6.14 oyó el rey … su *n* se había hecho notorio
9.38; Lc 9.49 uno que en tu *n* echaba fuera
Lc 1.61 no hay nadie en … que se llame con ese *n*
Jn 1.12 a los que creen en su *n*, les dio potestad
12.28 Padre, Gáorifica tu *n*. Entonces vino una
14.13; 15.16; 16.23 lo que pidiereis … en mi *n*
17.11 guárdalos en tu *n*, para que sean uno
Hch 3.16 la fe en su *n*, a éste, que vosotros veis
4.12 no hay otro *n* bajo el cielo, dado a los
8.16 habían sido bautizados en el *n* de Jesús
9.15 llevar mi *n* en presencia de los gentiles
10.43 recibirán perdón de pecados por su *n*
15.17 sobre los cuales es invocado mi *n*
26.9 hacer muchas cosas contra el *n* de Jesús
Ro 2.24 el *n* de Dios es blasfemado entre los
9.17 para que mi *n* sea anunciado por toda la
10.13 que invocare el *n* del Señor, será salvo
2 Co 5.20 como si … os rogamos en *n* de Cristo
Ef 1.21 y sobre todo *n* que se nombra, no sólo en
Fil 2.9 lo sumo, y le dio un *n* que es sobre todo *n*
Col 3.17 hacedlo todo en el *n* del Señor Jesús
He 2.12 anunciaré a mis hermanos tu *n*; en medio
Stg 2.7 ¿no blasfeman ellos el buen *n* que fue
1 P 4.14 si sois vituperados por el *n* de Cristo
1 Jn 5.13 a vosotros que creéis en el *n* del Hijo
Ap 2.3 has trabajado … por amor de mi *n*, y no
2.13 retienes mi *n*, y no has negado mi fe
2.17 y en la piedrecita escrito un *n* nuevo, el
3.5 no borraré su *n* del libro … confesaré su *n*
3.12 escribiré … *n* de mi Dios … y mi *n* nuevo
14.1 *n* de él y el de su Padre … en la frente
19.13 vestido de … y su *n* es: El Verbo de Dios
22.4 su rostro, y su *n* estará en sus frentes

NOMBRE DE JEHOVÁ

Gn 16.13 llamó el *n* de *J* que con ella hablaba
26.25 edificó allí un altar, e invocó el *n* de *J*
Éx 20.7; Dt 5.11 no tomarás el *n* de *J* … en vano
Lv 24.16 blasfemare el *n* de *J*, ha de ser muerto
Dt 28.10 que el *n* de *J* es invocado sobre ti, y te
32.3 el *n* de *J* proclamaré; engrandeced a
Jos 9.9 han venido … por causa del *n* de *J* tu Dios
Job 1.21 y Jehová quitó; sea el *n* de *J* bendito
Sal 124.8 nuestro socorro está en el *n* de *J*, que
Pr 18.10 torre fuerte es el *n* de *J*; a él correrá el
Is 56.6 que amen el *n* de *J* para ser sus siervos
Jl 2.32 aquel que invocare el *n* de *J* será salvo
Mi 4.5 andaremos en el *n* de *J* nuestro Dios

OBEDECER

Éx 24.7 haremos todas las cosas… y *obedeceremos*
Nm 27.20 toda la congregación de … le *obedezca*
Dt 17.12 no *obedeciendo* al sacerdote que está
28.62 no *obedecisteis* a la voz de Jehová tu
30.10 cuando *obedecieres* a la voz de Jehová
Jos 1.17 de la manera que *obedecimos* a Moisés
5.6 cuanto no *obedecieron* a la voz de Jehová
24.24 serviremos, y a su voz *obedeceremos*
1 S 15.22 *obedecer* es mejor que los sacrificios
2 S 22.45; Sal 18.44 al oír de mí, me *obedecerán*
Jer 11.3 no *obedeciere* las palabras de este pacto

17.24 si … me *obedeciereis*, dice Jehová, no
35.8 hemos *obedecido* a la voz de … Jonadab
42.6 a la voz de Jehová … *obedeceremos*
43.4 no *obedeció*, pues, Johanán … a la voz de
Dn 7.27 y todos los dominios le … *obedecerán*
9.6 no hemos *obedecido* a tus siervos los
Mt 8.27; Mr 4.41; Lc 8.25 aun los vientos y el mar le *obedecen*?
Mr 1.27 manda aun a los espíritus … le *obedecen*?
Lc 17.6 decir … Desarráigate … y os *obedecería*
Hch 4.19 *obedecer* a vosotros antes que a Dios
5.29 es necesario *obedecer* a Dios antes que a
5.32 cual ha dado Dios a los que le *obedecen*
6.7 muchos de los sacerdotes *obedecían* a la fe
7.39 nuestros padres no quisieron *obedecer*
Ro 2.8 no *obedecen* a la verdad, sino que *o* a la
6.16 si os sometéis a … para *obedecerle*, sois
10.16 mas no todos *obedecieron* al evangelio
16.26 a conocer … para que *obedezcan* la fe
Gá 3.1; 5.7 os … para no *obedecer* a la verdad?
Ef 6.1; Col 3.20 *obedeced* a vuestros padres
6.5; Col 3.22 siervos, *obedeced* a vuestros
2 Ts 1.8 ni *obedecen* al evangelio de … Señor
3.14 si alguno no *obedece* a lo que decimos
Tit 3.1 que *obedezcan*, que estén dispuestos a
He 5.9 salvación para todos los que le *obedecen*
11.8 Abraham … *obedeció* para salir al lugar
12.9 ¿por qué no *obedeceremos* mucho mejor
13.17 *obedeced* a vuestros pastores, y sujetaos
Stg 3.3 freno en la boca … para que nos *obedezcan*
1 P 1.2 elegidos … para *obedecer* y ser rociados
3.6 como Sara *obedecía* a Abraham llamándole
4.17 el fin de aquellos que no *obedecen* al

OFENSA *v.* Pecado, Transgresión
Pr 19.11 furor, y su honra es pasar por alto la *o*
Ec 10.4 la mansedumbre hará cesar grandes *o*
Mt 6.14; 18.35 no perdonáis a los hombres sus *o*
Hch 24.16 una conciencia sin *o* ante Dios y ante
Stg 5.16 confesaos vuestras *o* unos a otros, y

OFRENDA *v.* Sacrificio
Gn 4.4 miró Jehová con agrado a Abel y a su *o*
Éx 25.2 di a los de … Israel que tomen para mi *o*
30.15 la *o* a Jehová para hacer expiación por
35.29 todos … trajeron *o* voluntaria a Jehová
36.3 ellos seguían trayéndole *o* voluntaria
Lv 1.2 ofrece *o* a Jehová, de ganado vacuno u
6.14 esta es la ley de la *o*: La ofrecerán los
7.38 mandó … que ofreciesen sus *o* a Jehová
Nm 7.3 trajeron sus *o* … seis carros cubiertos
31.50 hemos ofrecido a Jehová *o*, cada uno
Dt 16.17 cada uno con la *o* de su mano, conforme
1 Cr 16.29 dad a … traed *o*, y venid delante de él
29.5 ¿quién quiere hacer hoy *o* voluntaria a
2 Cr 24.6 la *o* que Moisés siervo … impuso a la
Esd 3.5 además de … toda *o* voluntaria a Jehová
Sal 20.3 haga memoria de todas tus *o*, y acepte
96.8 dad a … traed *o*, y venid a sus atrios
Is 1.13 no me traigáis más vana *o*; el incienso me
18.7 será traída *o* a Jehová de … del pueblo
66.20 traerán a … hermanos … por *o* a Jehová
Ez 20.40 demandaré vuestras *o*, y las primicias
44.30 toda *o* de todo … será de los sacerdotes
Am 4.5 publicad *o* voluntarias, pues que así lo
Mal 1.10 yo no … ni de vuestra mano aceptaré *o*

3.3 afinará ... traerán a Jehová *o* en justicia
Mt 5.23 si traes tu *o* al altar, y allí te acuerdas
8.4 y presenta la *o* que ordenó Moisés, para
15.5; Mr 7.11 es mi *o* a Dios todo aquello
23.18 si alguno jura por la *o* que está sobre
Mr 12.41 Jesús sentado delante del arca de la *o*
Lc 21.1 que echaban sus *o* en el arca de las *o*
21.4 echaron para las *o* ... lo que les sobra
Jn 8.20 cosas habló Jesús en el lugar de las *o*
Hch 21.26 cuando había de presentarse la *o* por
24.17 vine a hacer limosnas ... presentar *o*
Ro 15.26 Acaya tuvieron a bien hacer una *o*
1 Co 16.1 en cuanto a la *o* para los santos, haced
Ef 5.2 *o* y sacrificio a Dios en olor fragante
He 5.1 para que presente *o* ... por los pecados
8.3 todo ... está constituido para presentar *o*
10.10 mediante la *o* del cuerpo de Jesucristo
10.18 donde hay ... no hay más *o* por el pecado

OÍR

Gn 16.11 porque Jehová ha *oído* tu aflicción
21.17 *oyó* Dios la voz del muchacho; y el
Éx 2.24 *oyó* Dios el gemido de ellos, y se acordó
3.7 he *oído* su clamor a causa de sus exactores
6.30 ¿cómo, pues, me ha de *oír* Faraón?
Nm 14.27 ¿hasta cuándo *oiré* esta depravada
Dt 4.1 Israel, *oye* los estatutos y decretos que yo
4.12 *oísteis* la voz de sus palabras, mas a
4.33 ¿ha *oído* pueblo alguno la voz de Dios
6.4 *oye*, Israel; Jehová nuestro Dios ... uno es
11.27 bendición, si *oyereis* los mandamientos
18.15 profeta ... levantará Jehová ... a él *oiréis*
30.17 si ... no *oyeres*, y te dejares extraviar
Jos 6.5 así que *oigáis* el sonido de la bocina, todo
1 S 7.9 clamó Samuel a Jehová ... Jehová le *oyó*
2 S 5.24; 1 Cr 14.15 *oigas* ruido como de marcha
15.3 no tienes quien te *oiga* de parte del rey
1 R 8.30 *oye*, pues, la oración de tu siervo, y de
8.42 *oirán* de tu gran nombre, de tu mano
2 R 19.25 ¿nunca has *oído* que desde tiempos
20.5; Is 38.5 he *oído* tu oración, y he visto
2 Cr 6.21 que *oigas* el ruego de tu siervo, y de
7.12 he *oído* tu oración, y he elegido para mí
Neh 6.16 y cuando lo *oyeron* ... nuestros enemigos
9.17 no quisieron *oír*, ni se acordaron de tus
12.43 el alborozo de Jerusalén fue *oído* de
Job 15.8 ¿*oíste* tú el secreto de Dios, y está
26.14 ¡cuán leve es el susurro que hemos *oído*
31.35 ¡quién me diera quien me *oyese*!
35.12 clamarán, y él no *oirá*, por la soberbia
36.11 si *oyeren*, y le sirvieren, acabarán sus
42.5 di oídas te había *oído*; mas ahora mis
Sal 4.3 sí; Jehová *oirá* cuando yo a él clamare
6.9 Jehová ha *oído* mi ruego; ha recibido mi
10.17 deseo de los humildes *oíste*, oh Jehová
17.1 *oye*, oh Jehová, una causa justa; está
17.6 yo te he invocado, por cuanto tú me *oirás*
20.1 Jehová te *oiga* en el día de conflicto
27.7 *oye* ... Jehová, mi voz con que a ti clamo
34.4 busqué a Jehová, y él me *oyó*, y me libró
34.17 claman los justos, y Jehová *oye*, y los
49.1 *oíd* esto, pueblos todos; escuchad
51.8 hazme *oír* gozo y alegría, y se recrearán
61.1 *oye*, oh Dios, mi clamor ... a mi oración
65.2 *oyes* la oración; a ti vendrá toda carne
81.8 *oye*, pueblo mío ... Israel, si me *oyeres*
94.9 el que hizo el oído, ¿no *oirá*? ... no verá?
102.20 para *oír* el gemido de los presos, para
115.6; 135.17 orejas tienen, mas no *oyen*
116.1 pues ha *oído* mi voz y mis súplicas
Pr 1.8 *oye*, hijo mío, la instrucción de tu padre

1.33 el que me *oyere*, habitará confiadamente
18.13 al que responde palabra antes de *oír*
22.17 inclina tu oído y *oye* las palabras de
23.22 *oye* a tu padre, a aquel que te engendró

Ec 5.1 acércate más para *oír* que para ofrecer el
7.5 mejor es *oír* la reprension del sabio que

Is 1.2 *oíd*, cielos, y escucha tú, tierra; porque
1.19 si … *oyereis*, comeréis el bien de la
6.9 y di … *oíd* bien, y no entendáis; ved por
6.10 ni *oiga* con sus oídos, ni su corazón
33.13 *oíd*, los que estáis lejos, lo que he hecho
34.1 acercaos, naciones, juntaos para *oír*
37.26 ¿no has *oído* decir que … yo lo hice
40.21 ¿no habéis *oído*? ¿Nunca os lo han dicho
50.10 que teme … y *oye* la voz de su siervo?
51.1 *oídme*, los que seguis la justicia, los que
55.2 *oídme* atentamente; y comed del bien
55.3 inclinad … *oíd*, y vivirá vuestra alma
64.4 nunca *oyeron*, ni oídos percibieron, ni
65.24 mientras aún hablan, yo habré *oído*
66.8 ¿quién *oyó* cosa semejante? ¿quién vio

Jer 6.10 ¿a quién … amonestaré, para que *oigan*?
7.24; 11.8 no *oyeren* ni inclinaron su oído
12.17 mas si no *oyeren*, arrancaré esa nación
13.10 pueblo malo, que no quiere *oír* mis
18.2 vete a … y allí te haré *oír* mis palabras
18.10 no *oyendo* mi voz, me arrepentiré del
26.13 *oíd* la voz de Jehová vuestro Dios

Ez 3.17 *oirás*, pues, tú la palabra de mi boca, y
3.27 que *oye*, *oiga* … no quiera *oír*, no *oiga*
33.7 *oirás* la palabra de mi boca, y los
33.31 *oirán* tus … y no los pondrán por obra

Dn 12.8 yo *oí*, más no entendí. Y dije: Señor

Am 8.11 hambre … de *oír* la palabra de Jehová

Jon 2.2 desde el … Seol clamé, y mi voz *oíste*

Mi 1.2 *oíd*, pueblos todos; está atenta, tierra, y
7.7 esperaré al Dios … el Dios mío me *oirá*

Zac 8.23 hemos *oído* que Dios está con vosotros

Mt 11.4 haced saber a Juan las cosas que *oís* y
13.9; 13.43; Mr 4.9; Lc 8.8 el que tiene oídos para *oír*, *oiga*
13.15 con los oídos *oyen* pesadamente, y han
13.17; Lc 10.24 *oír* lo que *oís*, y no lo *oyeron*
13.19 cuando alguno *oye* la palabra del reino
17.5; Lc 9.35 es mi Hijo amado … a él *oíd*
18.16 si no te *oyere*, toma aún contigo a uno
26.65; Mr 14.64 habéis *oído* su blasfemia

Mr 4.12; Lc 8.10 y *oyendo*, *oigan* y no entiendan
6.14; Lc 9.7 *oyó* … Herodes la fama de Jesús
12.37 gran multitud … le *oía* de buena gana

Lc 1.13 tu oración ha sido *oída*, y tu mujer
2.18 todos los que *oyeron*, se maravillaron de
2.46 en medio de … *oyéndoles* y preguntándoles
5.1 se agolpaba … para *oír* la palabra de Dios
10.16 el que a vosotros *oye*, a mí me *o*; y el

Jn 4.42 hemos *oído*, y sabemos que … éste es el
6.60 dura es esta palabra; ¿quién la puede *oír*?
7.51 ¿juzga acaso … si primero no le *oye*
8.47 las palabras de Dios *oye* … no las *oís*
9.31 sabemos que Dios no *oye* a los pecadores
11.41 Padre, gracias te doy por haberme *oído*
12.47 que *oye* mis palabras, y no las guarda

Hch 2.8 ¿cómo … les *oímos* … hablar cada uno en
4.4 muchos de los que habían *oído* la palabra
7.2 varones hermanos … *oíd*: El Dios de la
7.34 he *oído* su gemido, y he descendido para
7.37 profeta os levantará el Señor … a él *oiréis*
9.7 *oyendo* a … la voz, mas sin ver a nadie

10.44 el Espíritu ... cayó sobre los que *oían*
13.16 varones ... y los que teméis a Dios, *oíd*
14.14 cuando lo *oyeron* los ... Bernabé y Pablo
15.12 calló, y *oyeron* a Bernabé y a Pablo
16.25 cantaban himnos ... los presos los *oían*
17.21 sino en decir o en *oír* algo nuevo
17.32 cuando *oyeron* lo de la resurrección de
19.2 ni siquiera hemos *oído* si hay Espíritu
28.26 diles: De oído *oiréis*, y no entenderéis
28.27 con los oídos *oyeron* pesadamente, y sus

Ro 10.17 la fe es por el *oír*, y el *o*, por la palabra
10.18 pero digo: ¿No han *oído*? Antes bien
15.21 los que nunca han *oído* ... entenderán

2 Co 12.4 donde *oyó* palabras inefables que no

Ef 1.13 vosotros, habiendo *oído* la palabra de
4.21 si en verdad le habéis *oído*, y habéis

Fil 4.9 lo que ... *oísteis* y visteis en mí, esto haced

1 Ti 4.16 te salvarás a ti ... y a los que te *oyeren*

2 Ti 2.2 lo que has *oído* de mí ... esto encarga a
4.3 teniendo comezón de *oír*, se amontonarán

Flm 5 *oigo* del amor y de la fe que tienes hacia

He 2.1 atendamos a las cosas que hemos *oído*
4.2 pero no les aprovechó el *oír* la palabra

Stg 1.19 todo hombre sea pronto para *oír*, tardo

2 P 1.18 *oímos* esta voz enviado del cielo, cuando

1 Jn 1.1 lo que hemos *oído*, lo que hemos visto
4.6 el que conoce a Dios, nos *oye*; el que no
5.14 que si pedimos alguna cosa ... él nos *oye*

Ap 1.3 los que *oyen* las palabras de esta profecia
2.7 oído, *oiga* lo que el Espíritu dice a las
22.8 yo Juan soy el que *oyó* y vio estas cosas

OJO

Gn 3.5 serán abiertos vuestros *o*, y seréis como
29.17 *o* de Lea eran delicados, pero Raquel

Éx 21.24; Lv 24.20; Dt 19.21 *o* por *o*, diente por

Nm 10.31 conoces ... nos serás en lugar de *o*

Dt 11.12 están sobre ella los *o* de Jehová tu Dios
28.54 mirará con malos *o* a su hermano, y a
32.10 trajo ... guardó como a la niña de su *o*

Jue 16.21 mas los filisteos ... le sacaron los *o*

1 S 11.2 a cada uno de ... saque el *o* derecho
18.9 Saúl no miró con buenos *o* a David

1 R 8.29; 2 Cr 6.20 estén tus *o* abiertos de noche

2 R 25.7; Jer 39.7 a Sedequías le sacaron los *o*

2 Cr 16.9 los *o* de Jehová contemplan toda la

Esd 9.8 a fin de alumbrar ... Dios nuestros *o*

Job 7.8 fijarás en mí tus *o*, y dejaré de ser
19.27 mis o lo verán, y no otro, aunque mi
28.10 ríos, y sus *o* vieron todo lo preciado
29.11 los *o* que me veían me daban testimonio
29.15 yo era *o* al ciego, y pies al cojo
34.21 porque sus *o* están sobre los caminos

Sal 6.7 mis *o* están gastados de sufrir; se han
17.8 guárdame como a la niña de tus *o*
33.18 el *o* de Jehová sobre los que le temen
34.15 los *o* de Jehová están sobre los justos
94.9 ¿no oirá? El que formó el *o*, ¿no verá?
119.18 abre mis *o*, y miraré las ... de tu ley
121.1 alzaré mis *o* a los montes; ¿de dónde
123.1 a ti alcé mis *o*, a ti que habitas en los
141.8 a ti, oh Jehová, Señor, miran mis *o*

Pr 15.3 los *o* de Jehová están en todo lugar
20.12 el oído que oye, y el *o* que ve, ambas
22.9 el *o* misericordioso será bendito, porque
27.20 así los *o* del ... nunca están satisfechos

Ec 1.8 nunca se sacia el *o* de ver, ni el oído de
2.14 el sabio tiene sus *o* en su cabeza, mas

6.9 más vale vista de *o* que deseo que pasa
Cnt 4.1 *o* entre tus guedejas como de paloma
Is 6.10 agrava sus oídos, y ciega sus *o*, para que
29.10 cerró los *o* de vuestros profetas, y puso
32.3 no se ofuscarán … los *o* de los que ven
52.8 *o* a *o* verán que Jehová vuelve a traer
Jer 5.21; Ez 12.2 que tiene *o* y no ve, que tiene
9.1 y mis *o* fuentes de lágrimas, para que
16.17 mis *o* están sobre todos sus caminos
24.6 pondré mis *o* sobre ellos para bien, y
Am 9.4 y pondré sobre ellos mis *o* para mal
9.8 los *o* de Jehová … están contra el reino
Zac 2.8 el que os toca, toca a la niña de su *o*
4.10 siete son los *o* de Jehová, que recorren
8.6 será maravilloso delante de mis *o*? dice
Mt 5.29; 18.9 si tu *o* derecho te es ocasión de caer
5.38 oísteis que fue dicho: *O* por *o*, y diente
6.22; Lc 11.34 lámpara … es el *o* … si tu *o* es
7.3; Lc 6.41 la paja que está en el *o* de tu
13.15 y han cerrado sus *o*, para que no vean
20.33 Señor, que sean abiertos nuestros *o*
Mr 8.18 ¿teniendo *o* no veis, y teniendo oídos
10.25 pasar un camello por el *o* de una aguja
Lc 4.20 los *o* de todos en … estaban fijos en él
18.13 no quería ni aun alzar los *o* al cielo
Hch 7.55 Esteban … puestos los *o* en el cielo, vio
28.27 sus *o* han cerrado, para que no vean
Ro 11.8 Dios les dio … *o* con que no vean y
1 Co 2.9 cosas que *o* no vio, ni oído oyó, son
12.16 porque no soy *o*, no soy del cuerpo
15.52 en un abrir y cerrar de *o*, a la final
Gá 4.15 os hubierais sacado vuestros … *o* para
Ef 6.6; Col 3.22 no sirviendo al *o*, como los que
1 P 3.12 los *o* del Señor están sobre los justos
2 P 2.14 tienen los *o* llenos de adulterio, no se
Ap 4.6 cuatro seres … llenos de *o* delante y detrás

OLVIDAR

Gn 27.45 tu hermano … *olvide* lo que le has hecho
40.23 no se acordó de José, sino que le *olvidó*
41.51 Dios me hizo *olvidar* todo mi trabajo
Dt 4.9 no te *olvides* de las cosas que tus ojos
4.23 no os *olvidéis* del pacto de Jehová
4.31 ni se *olvidará* del pacto que les juró a
6.12 cuidate de no *olvidarte* de Jehová, que
8.14 y te *olvides* de Jehová tu Dios, que te
24.19 siegues … y *olvides* alguna gavilla en el
32.18 de la roca que te creó te *olvidaste*; te
Jue 3.7 *olvidaron* a Jehová su … y sirvieron a los
Job 8.13 caminos de todos los que *olvidan* a Dios
9.27 yo dijere: *Olvidaré* mi queja, dejaré mi
19.14 y mis conocidos se *olvidaron* de mí
Sal 9.17 todas las gentes que se *olvidan* de Dios
9.18 no para … será *olvidado* el menesteroso
10.11 dice en su corazón: Dios ha *olvidado*
13.1 Jehová? ¿Me *olvidarás* para siempre?
31.12 he sido *olvidado* de su corazón como
42.9 a Dios … ¿Por qué te has *olvidado* de mí?
44.17 no nos hemos *olvidado* de ti, y no hemos
44.24 te *olvidas* de nuestra aflicción, y de la
45.10 *olvida* tu pueblo, y la casa de tu padre
50.22 los que os *olvidáis* de Dios, no sea que
74.19 no *olvides* … la congregación de tus
77.9 ¿ha *olvidado* Dios el tener misericordia?
78.7 no se *olviden* de las obras de Dios
103.2 no *olvides* ninguno de sus beneficios

106.13 bien pronto *olvidaron* sus obras; no
106.21 *olvidaron* al Dios de su salvación, que
119.61 mas no me he *olvidado* de tu ley
119.93 jamás me *olvidaré* de tus mandamientos
119.141 no … he *olvidado* de tus mandamientos
137.5 me *olvidare* de ti, oh Jerusalén, pierda
Pr 3.1 hijo mío, no te *olvides* de mi ley, y tu
31.5 no sea que bebiendo *olviden* la ley, y
31.7 beban, y *olvidense* de su necesidad, y de
Is 17.10 te *olvidaste* del Dios de tu salvación
49.15 ¿se *olvidará* la mujer de … dio a luz
49.15 aunque *olvide* … yo nunca me *olvidaré*
51.13 te has *olvidado* de Jehová tu Hacedor
65.11 que *olvidáis* mi santo monte, que ponéis
65.16 las angustias primeras serán *olvidadas*
Jer 2.32; 18.15 mi pueblo se ha *olvidado* de mi
3.21 Israel … Jehová su Dios se han *olvidado*
13.25 te *olvidaste* de mí y confiaste en la
23.27 hacen que … se *olvide* de mi nombre con
30.14 todos tus enamorados te *olvidaron*; no
44.9 ¿os habéis *olvidado* de las maldades de
50.6 collado, y se *olvidaron* de sus rediles
Lm 3.17 mi alma se alejó … me *olvidé* del bien
5.20 ¿por qué te *olvidas* … de nosotros, y nos
Ez 22.12 te *olvidaste* de mí, dice Jehová el Señor
23.35 por cuanto te has *olvidado* de mí, y me
Os 2.13 iba tras sus amantes y se *olvidaba* de mí
4.6 y porque *olvidaste* la ley de tu Dios
8.14 *olvidó*, pues, Israel a su Hacedor, y
13.6 por esta causa se *olvidaron* de mí
Am 8.7 no me *olvidaré* … de todas sus obras
Mi 7.18 *olvida* el pecado del remanente de su
Mt 16.5; Mr 8.14 habían *olvidado* de traer pan
Lc 12.6 ni uno … está *olvidado* delante de Dios
Fil 3.13 *olvidando* ciertamente lo que queda atrás
He 6.10 no es injusto para *olvidar* vuestra obra y
12.5 habéis ya *olvidado* la exhortación que
Stg 1.24 mismo, y se va, y luego *olvida* cómo era
2 P 1.9 habiendo *olvidado* la purificación de sus

OPRESIÓN

Dt 26.7 aflicción, nuestro trabajo y nuestra *o*
Sal 12.5 por la *o* de los pobres, por el gemido de
42.9; 43.2 enlutado por la *o* del enemigo?
55.3 la voz del enemigo, por la *o* del impío
Ec 5.8 si *o* de pobres … vieres en la provincia
7.7 la *o* hace entontecer al sabio, y las dádivas
Is 54.14 estarás lejos de *o*, porque no temerás
58.6 soltar las cargas de *o*, y dejar ir libres
Os 12.7 en su mano peso falso, amador de *o*
Am 3.9 ved las muchas *o* en medio de ella, y las

ORAR *v.* Pedir

Éx 8.8 *orad* a Jehová para que quite las ranas de
32.11 Moisés *oró* en presencia de Jehová su
Dt 3.23 *oré* a Jehová en aquel tiempo, diciendo
9.26 *oré* a Jehová, diciendo: Oh Señor Jehová
1 S 1.10 ella con amargura de alma *oró* a Jehová
1.27 por este niño *oraba*, y Jehová me dio lo
7.5 reunid a todo Israel … *oraré* por vosotros
8.6 pero no agradó a … y Samuel *oró* a Jehová
1 R 8.33 *oraren* y te rogaren y te … en esta casa
13.6 te pido … *ores* por mí para que mi mano
2 R 6.17 *oró* Eliseo, y dijo … que abras sus ojos
13.4 mas Joacaz *oró* en presencia de Jehová
19.15; Is 37.15 *oró* Ezequías delante de Jehová
20.2 él volvió su rostro a la … y *oró* a Jehová

1 Cr 17.25 ha hallado tu siervo motivo para *orar*
2 Cr 33.12 luego que fue puesto en angustias, *oró*
Esd 10.1 mientras *oraba* Esdras y hacía confesión
Neh 1.4 ayuné y *oré* delante del Dios de los cielos
4.9 *oramos* a nuestro Dios, y por causa de
Job 21.15 qué nos aprovechará que *oremos* a él?
22.27 *orarás* a él, y él te oirá; y … tus votos
33.26 *orará* a Dios, y éste le amará, y verá su
42.10 cuando él hubo *orado* por sus amigos
Sal 5.2 está atento a la voz … porque a ti *oraré*
32.6 *orará* a ti todo santo en el tiempo en
69.13 yo a ti *oraba*, oh Jehová, al tiempo de
72.15 y se *orará* por él continuamente; todo
109.4 me han sido adversarios; mas yo *oraba*
Is 16.12 Moab … venga a su santuario a *orar*
53.12 llevado … y *orado* por los transgresores
Jer 7.16; 11.14 tú, pues, no *ores* por este pueblo
29.12 vendréis y *oraréis* a mí, y yo os oiré
Dn 6.10 *oraba* y daba gracias delante de su Dios
9.4 *oré* a Jehová mi Dios e hice confesión
Jon 2.1 *oró* Jonás a Jehová su Dios desde el

Mal 1.9 pues, *orad* por el favor de Dios, para que
Mt 5.44 *orad* por los que os ultrajan … persiguen
6.5 cuando *ores*, no seas como los hipócritas
6.9; Lc 11.2 *oraréis* así: Padre nuestro que
14.23; Mr 6.46 subió al monte a *orar* aparte
19.13 pusiese las manos sobre ellos, y *orase*
24.20; Mr 13.18 *orad* … que vuestra huida no
26.36; Mr 14.32 entre tanto que voy … y *oro*
26.39; Mr 14.35; Lc 22.41 se postró sobre su rostro, *orando*
26.41; Mr 14.38; Lc 22.40 velad y *orad*, para
26.53 ¿acaso piensas que no puedo … *orar* a
Mr 1.35 se fue a un lugar desierto, y allí *oraba*
11.24 pidiereis *orando*, creed … y os vendrá
11.25 estéis *orando*, perdonad, si tenéis algo
13.33 *orad*, porque no sabéis cuándo será el
Lc 3.21 fue bautizado; y *orando*, el cielo se abrió
6.12 fue … a *orar*, y pasó la noche *orando* a
6.28 bendecid … *orad* por los que os calumnian
9.29 entre tanto que *oraba*, la apariencia de
18.1 una parábola sobre la necesidad de *orar*

18.11 fariseo, puesto en pie, *oraba* consigo
22.44 en agonía, *oraba* más intensamente
Hch 1.24 *orando*, dijeron: Tú, Señor, que conoces
4.31 cuando hubieron *orado*, el lugar … tembló
8.15 *oraron* … para que recibiesen el Espíritu
9.11 a uno llamado Saulo … he aquí, él *ora*
9.40 todos, Pedro se puso de rodillas y *oró*
10.2 muchas limosnas … y *oraba* a Dios siempre
10.9 Pedro subió a la azotea para *orar*, cerca
12.12 donde muchos estaban reunidos *orando*
13.3 habiendo ayunado y *orado*, les impusieron
14.23 y habiendo *orado* con ayunos, los
20.36 se puso de rodillas, y *oró* con todos
21.5 puestos de rodillas en la playa, *oramos*
28.8 después de haber *orado*, le impuso las
Ro 15.30 ruego … que me ayudéis *orando* por mí
1 Co 11.5 toda mujer que *ora* o profetiza con la
11.13 que la mujer *ore* a Dios sin cubrirse la
14.15 *oraré* con el espíritu, pero o … con el
2 Co 13.7 *oramos* … que ninguna cosa mala hagáis
Ef 6.18 *orando* en todo tiempo con toda oración

Col 1.3 *orando* por vosotros, damos gracias a
1.9 no cesamos de *orar* por vosotros, y de
4.3; 1 Ts 5.25; 2 Ts 3.1; He 13.18 *orando* también … por nosotros
1 Ts 3.10 *orando* … que veamos vuestro rostro
5.17 *orad* sin cesar
2 Ts 1.11 *oramos* siempre por vosotros, para que
1 Ti 2.8 pues, que los hombres *oren* en todo lugar
Stg 5.14 llame a los ancianos de … y *oren* por él
5.16 *orad* unos por otros, para que seáis
5.17 Elías … *oró* … para que no lloviese, y no
Jud 20 vosotros … *orando* en el Espíritu Santo

ORO *v.* Dinero, Plata
Éx 25.17 harás un propiciatorio de *o* fino, cuya
32.24 respondí: ¿Quién tiene *o*? Apartadlo
1 R 7.48 un altar de *o*, y una mesa también de *o*
9.28 fueron a Ofir y tomaron de allí *o*, 420
20.3 tu plata y tu *o* son míos, y tus mujeres
2 R 18.16 Ezequías quitó el *o* de las puertas del
2 Cr 1.15 acumuló el rey plata y *o* en Jerusalén
8.18 tomaron de allá 450 talentos de *o*, y los
Job 22.24 tendrás más *o* que tierra … *o* de Ofir
23.10 mas él … me probará, y saldré como *o*
28.1 la plata … y el *o* lugar donde se refina
28.15 no se dará por *o*, ni su precio será a
31.24 si puse en el *o* mi esperanza, y dije al
Sal 19.10 deseables son más que el *o* … *o* afinado
72.15 vivirá, y se le dará del *o* de Sabá, y se
Pr 16.16 mejor es adquirir sabiduría que *o*
25.11 manzana de *o* con … es la palabra dicha
Is 13.12 haré más precioso que el *o* … al varón
60.6 *o* en incienso, y publicarán alabanzas
60.17 en vez de bronce traeré *o*, y por hierro
Lm 4.1 ¡cómo se ha enzegrecido el *o*! … el buen *o*
Dn 2.38 sobre todo; tú eres aquella cabeza de *o*
Sof 1.18 ni su *o* podrá librarlos en el día de la
Hag 2.8 es la plata, y mío es el *o*, dice Jehová
Zac 13.9 y los probaré como se prueba el *o*
Mt 2.11 le ofrecieron presentes: *o*, incienso y
10.9 no os proveáis de *o*, ni plata, ni cobre
23.16 pero si alguno jura por el *o* del templo
Hch 17.29 que la Divinidad sea semejante a *o*
20.33 ni plata ni *o* … de nadie he codiciado
1 Co 3.12 si sobre este fundamento … edificare *o*
1 Ti 2.9 no con peinado ostentoso, ni *o*, ni perlas, ni
2 Ti 2.20 no solamente hay utensilios de *o* y de
Stg 5.3 vuestro *o* y plata están enmohecidos
1 P 1.7 vuestra fe, mucho más preciosa que el *o*
1.18 no con cosas corruptibles, como *o* o
3.3 no … de adornos de *o* o de vestidos lujosos
Ap 3.18 yo te aconsejo que de mí compres *o*
17.4 adornada de *o*, de piedras preciosas
21.18 la ciudad era de *o* puro, semejante al
21.21 la calle de la ciudad era de *o* puro

OSCURIDAD *v.* Tinieblas
Gn 15.12 el temor de una grande *o* cayó sobre él
Éx 20.21 se acercó a la *o* en la cual estaba Dios
Dt 4.11 monte ardía … con tinieblas, nube y *o*
Jos 24.7 él puso *o* entre vosotros y los egipcios
1 R 8.12; 2 Cr 6.1 Jehová … él habitaría en la *o*
Job 10.22 tierra de *o*, lóbrega, como sombra de
29.3 lámpara, a cuya luz yo caminaba en la *o*
Sal 97.2 nubes y *o* alrededor de él; justicia y
Pr 4.19 el camino de los impíos es como la *o*; no
Is 8.22 tribulación y tinieblas, *o* y angustia
9.1 mas no habrá siempre *o* para la que está
60.2 tinieblas cubrirán la … y *o* las naciones

Lm 3.6 me dejó en *o*, como los ya muertos de
Jl 2.2; Sof 1.15 día de tinieblas y de *o*, día de
Mi 3.6 por tanto ... se os hará ... *o* del adivinar
2 P 2.4 los entregó a prisiones de *o*, para ser
2.17 los cuales la más densa *o* está reservada
Jud 6 ha guardado bajo *o*, en prisiones eternas
13 está reservada ... la *o* de las tinieblas

PABLO

Hch 7.58–28.31. Nacido en Tarso, Hch 22.3; educado con Gamaliel, Hch 22.3; consiente en la muerte de Esteban, Hch 7.58; 8.1; 22.20; persigue a la iglesia, Hch 8.3; 9.1–2; 22.4–5; 26.9–11; 1 Co 15.9; Gá 1.13; Fil 3.6; convertido cerca de Damasco, Hch 9.1–19; 22.6–16; 26.12–20; en Arabia, Gá 1.17; predica en Damasco, Hch 9.20–22; Gá 1.17; visita Jerusalén, Hch 9.26–28; Gá 1.18–19; vive en Cilicia, Gá 1.21–23; obra misionera, Hch 13–14; 15.36–21.17; en el concilio de Jerusalén, Hch 15.1–29; Gá 2.1–10; arrestado en Jerusalén, Hch 21.27–40; encarcelado en Cesarea, Hch 23.23–35; su defensa ante Félix, Hch 24; apela a César, Hch 25.10–12; su defensa ante Agripa, Hch 26.1–32; viaja a Roma, Hch 27.1–28.16; predica durante su prisión, Hch 28.17–31.

1 Co 1.13 ¿fue crucificado *P* por vosotros?
3.4 diciendo el uno: Yo ... soy de *P*; y el otro
2 P 3.15 nuestro amado hermano *P* ... ha escrito

PACTO *v.* Alianza, Arca

Gn 9.9 yo establezco mi *p* con vosotros, y con
15.18 aquel día hizo Jehová un *p* con Abram
17.2 mi *p* entre mi y ti, y te multiplicaré
21.27 Abraham ... Abimelec ... hicieron ... *p*
26.28 haya ... juramento ... haremos *p* contigo
31.44 ven, pues, ahora, y hagamos *p* tú y yo
Éx 2.24 se acordó de su *p* con Abraham, Isaac y
6.4 también establecí mi *p* con ellos, de darles
19.5 si ... guardareis mi *p*, vosotros seréis
24.8 la sangre del *p* que Jehová ha hecho
31.16 por sus generaciones por *p* perpetuo
34.10 yo hago *p* delante de todo tu pueblo
Lv 26.9 os haré ... y afirmaré mi *p* con vosotros
Nm 18.19 *p* de sal ... delante de Jehová para ti
25.12 aquí yo establezco mi *p* de paz con él
Dt 4.23 no os olvidéis del *p* de Jehová ... Dios
5.2 Jehová ... Dios hizo *p* con nosotros en
9.15 con las tablas del *p* en mis dos manos
29.1 las palabras del *p* que Jehová mandó a
Jos 24.25 entonces Josué hizo *p* con el pueblo
Jue 2.1 no invalidaré jamás mi *p* con vosotros
2.2 no hagáis *p* con los moradores de esta
1 S 18.3 hicieron *p* Jonatán y David ... le amaba
20.16 hizo Jonatán *p* con la casa de David
23.18 ambos hicieron *p* delante de Jehová
2 S 3.12 envió Abner ... a David ... haz *p* conmigo
5.3 el rey David hizo *p* con ellos en Herón
23.5 embargo, él ha hecho conmigo *p* perpetuo
1 R 8.23 que guardas el *p* y la misericordia a tus
15.19 rompe tu *p* con Baasa rey de Israel
19.10, 14 los hijos de Israel han dejado tu *p*
2 R 11.17 Joiada hizo *p* entre Jehová y el rey
23.3 hizo *p* delante de Jehová, de que irían
1 Cr 16.15 hace memoria de su *p* perpetuamente
16.17 confirmó ... a Israel por *p* sempiterno
2 Cr 34.31 hizo ... *p* de caminar en pos de Jehová
Esd 10.3 ahora ... hagamos *p* con nuestro Dios

Neh 9.8 hiciste *p* con él para darle la tierra del
Job 5.23 con las piedras del campo tendrás tu *p*
31.1 hice *p* con mis ojos; ¿cómo, pues, había
Sal 50.5 los que hicieron conmigo *p* con sacrificios
89.3 hice *p* con mi escogido; muré a David
89.34 no olvidaré mi *p*, ni mudaré lo que ha
105.8; 111.5 se acordó para siempre de su *p*
106.45 y se acordaba de su *p* con ellos, y se
Is 28.18 será anulado vuestro *p* con la muerte
33.8 ha anulado el *p*, aborreció las ciudades
42.6 te pondré por *p* al pueblo, por luz de
49.8 y te daré por *p* al pueblo, para que restaures
54.10 no … ni el *p* de mi paz se quebrantará
55.3 venid a mí … haré con vosotros *p* eterno
59.21 este será mi *p* con ellos, dijo Jehová
61.8; Jer 32.40 y haré con ellos *p* perpetuo
Jer 11.10 y la casa de Judá invalidaron mi *p*, el
31.31 días … en los cuales haré nuevo *p* con
33.20 mi *p* con el día y mi *p* con la noche
50.5 juntémonos a Jehová con *p* eterno que
Ez 16.8 y te di juramento y entré en *p* contigo
16.60 tendré memoria de mi *p* que concerté
17.14 que guardando el *p*, permaneciese en pie
34.25 y estableceré con ellos *p* de paz, y
37.26 haré con ellos *p* de paz, *p* perpetuo será
Dn 9.27 otra semana confirmará el *p* con muchos
11.28 y su corazón será contra el *p* santo
11.32 con … seducirá a los violadores del *p*
Os 6.7 mas ellos, cual Adán, traspasaron el *p*
Am 1.9 y no se acordaron del *p* de hermanos
Mal 2.5 mi *p* con él fue de vida y de paz, las
Mt 26.68; Mr 14.24; Lc 22.20; 1 Co 11.25 esto es mi sangre del nuevo *p*
Lc 1.72 misericordia … y acordarse de su santo *p*
Hch 3.25 del *p* que Dios hizo con nuestros padres
Ro 11.27 y este será mi *p* con ellos, cuando yo
2 Co 3.6 nos hizo ministros … de un nuevo *p*
Gá 3.15 un *p* … ratificado, nadie lo invalida
3.17 que el *p* previamente ratificado por Dios
4.24 pues estas mujeres son los dos *p*; el uno
Ef 2.12 ajenos a los *p* de la promesa … sin Dios
He 7.22 Jesús es hecho fiador de un mejor *p*
8.6 el suyo, cuanto es mediador de un mejor *p*
8.8 estableceré con la casa de … un nuevo *p*
9.15 por eso es mediador de un nuevo *p*, para
9.20 esta es la sangre del *p* que Dios os ha
10.16 este es le *p* que haré con ellos después
12.24 a Jesús el Mediador del nuevo *p*, y a
13.20 pastor de … por la sangre del *p* eterno

PADRE *v.* Dios, Madre
Gn 2.24 dejaré el hombre a su *p* y a su madre
17.5 te he puesto por *p* de muchedumbre de
43.27 ¿vuestro *p*, el anciano … lo pasa bien?
Éx 20.5; 34.7; Nm 14.18; Dt 5.9 la maldad de los *p* sobre los hijos
20.12; Dt 5.16 honra a tu *p* y a tu madre
Lv 20.9 hombre que maldijere a su *p* o … morirá
Dt 24.16; 2 R 14.6; 2 Cr 25.4 los *p* no morirán por los hijos, ni los hijos por los *p*
Jue 17.10 le dijo … serás para mi *p* y sacerote
2 S 7.14; 1 Cr 17.13 le seré a él *p*, y él me será
2 R 2.12 Eliseo, clamaba: *P* mío, *p* mío, carro
Job 29.16 a los menesterosos era *p*; y de la causa
Sal 27.10 aunque mi *p* y mi madre me dejaran
68.5 *p* de huérfanos y defensor de viudas es
95.9 donde me tentaron vuestros *p* … probaron
103.13 como el *p* se compadece de los hijos
Pr 4.1 oíd, hijos, la enseñanza de un *p*, y estad

6.20 guarda … el mandamiento de tu *p*, y no
10.1; 15.20 el hijo sabio alegra al *p*, pero el
13.1 el hijo sabio recibe el consejo del *p*; mas
17.21 el que … y el *p* del necio no se alegrará
23.24 mucho se alegrará el *p* del justo, y el
Is 63.16; 64.8 tú, oh Jehová, eres nuestro *p*
Jer 3.4 ¿no me llamarás a mí, *P* mío, guiador de
31.9 porque soy a Israel por *p*, y Efraín es mi
31.29; Ez 18.2 los *p* comieron las uvas agrias
Ez 18.20 el hijo no llevará el pecado del *p*
Mal 1.6 si, pues, soy yo *p*, ¿dónde está mi honra?
2.10 ¿no tenemos todos un mismo *p*? ¿No nos
4.6 volver es corazón de los *p* hacía los hijos
Mt 5.48 sed, pues … perfectos, como vuestro *P*
6.6 cerrada la puerta, ora a tu *P* que está en
6.9; Lc 11.2 *P* nuestro que estás en los cielos
6.15; Mr 11.26 tampoco vuestro *P* os perdonará
7.11 ¿cuanto más vuestro *P* que está en los
7.21 sino el que hace la voluntad de mi *P*
8.21; Lc 9.59 que vaya … y entierre a mi *p*
10.21 entregará a la muerte … y el *p* al hijo
10.32 también le confesaré delante de mi *P*
10.37 el que ama a *p* o madre más que a mí
11.27 las cosas me fueron entregadas por mi *P*
11.27; Lc 10.22 nadie conoce al … sino el *P*
12.50 aquel que hace la voluntad de mi *P* que
15.4; Mr 7.10 honra a tu *p* … maldiga al *p*
16.27 vendrá en la gloria de su *P* con sus
18.10 ven … el rostro de mi *P* que está en los
18.14 no es la voluntad de vuestro *P* que se
18.35 así … mi *P* celestial hará con vosotros
19.5; Mr 10.7; Ef 5.31 dejará *p* y madre, y
19.19; Mr 10.19; Lc 18.20; Ef 6.2 honra a tu *p* y a tu madre
21.33 hubo un hombre, *p* de familia, el cual
23.9 no llaméis *p* vuestro a nadie en la tierra
24.36; Mr 13.32 nadie sabe … sino sólo mi *P*
28.19 bautizándolos en el nombre del *P*, y del
Mr 13.12; Lc 12.53 y el *p* al hijo … contra los *p*
14.36 Abba, *P*, todas las cosas son posibles
Lc 1.17 volver los corazones de los *p* a los hijos
2.27 cuando los *p* del niño Jesús lo trajeron
2.49 ¿no sabíais que en los negocios de mi *P*
6.36 sed … como … vuestro *P* es misericordioso
11.11 ¿qué *p* de vosotros, si su hijo le pide
11.13 ¿cuánto más vuestro *P* celestial dará el
12.32 a vuestro *P* le ha placido daros el reino
13.25 que el *p* de familia se haya levantado
15.12 menor … dijo a su *p*: *P*, dame la parte
22.42 *P*, si quieres, pasa de mí esta copa
23.34 Jesús decía: *P*, perdónalos, porque no
23.46 *P*, en tus manos encomiendo mi espíritu
24.49 la promesa de mi *P* sobre vosotros
Jn 2.16 no hagáis de la casa de mi *P* casa de
3.35 el *P* ama al Hijo, y todas las cosas ha
4.23 adorarán al *P* en espíritu y en verdad
5.17 mi *P* hasta ahora trabaja, y yo trabajo
5.20 el *P* ama al Hijo, y le muestra todas
5.37 el *P* que me envió ha dado testimonio
5.43 yo he venido en nombre de mi *P*, y no
6.37 todo lo que el *P* me da, vendrá a mí
6.46 no que alguno haya visto al *P*, sino
6.65 venir a mí, si no le fuere dado del *P*
8.16 sólo, sino yo y el que me envió, el *P*
8.39 y le dijeron: Nuestro *p* es Abraham
8.49 yo no tengo demonio, antes honro a mi *P*

8.54 mi *P* es el que me Gáorifica, el que
10.30 yo y el *P* uno somos
12.26 si alguno me sirviere, mi *P* le honrará
12.49 el *P* … me dio mandamiento de lo que
14.10 ¿no … que yo soy en el *P*, y el *P* en mí?
14.20 vosotros conoceréis que yo estoy en mi *P*
14.28 voy al *P*; porque el *P* mayor es que yo
15.1 yo soy la vid … y mi *P* es el labrador
15.10 he guardado los mandamientos de mi *P*
15.23 el que me aborrece … a mi *P* aborrece
16.3 harán esto porque no conocen al *P* ni a
16.15 todo lo que tiene el *P* es mío; por eso
16.16 y no me veréis … porque yo voy al *P*
16.23 cuanto pidiereis al *P* en mi nombre, os
20.21 como me envió el *P*, así también yo os

Ro 4.17 te he puesto por *p* de muchas gentes
8.15; Gá 4.6 el cual clamamos: ¡Abba, *P*!

1 Co 8.6 el *P*, del cual proceden todas las cosas

2 Co 1.3 *P* de misericordias y Dios de toda
6.18 y seré para vosotros por *P*, y vosotros me
12.14 no deben atesorar los hijos para los *p*, sino los *p* para los hijos

Ef 2.18 entrada por un mismo Espíritu al *P*
4.6 un Dios y *P* de todos, el cual es sobre
6.1; Col 3.20 hijos, obedeced … a vuestros *p*
6.4; Col 3.21 *p*, no provoquéis a ira … hijos

1 Ts 2.11 como el *p* a sus hijos, exhortábamos

1 Ti 5.4 y a recompensar a sus *p*; porque esto

He 1.5 yo seré a él *P*, y él me será a mi hijo
3.9 me tentaron vuestros *p*; me probaron
7.3 sin *p*, sin madre, sin genealogia; que ni
12.9 tuvimos a nuestros *p* terrenales que nos

Stg 1.17 desciende de lo alto, del *P* de las luces

1 P 1.17 invocáis por *P* a aquel que sin acepción

1 Jn 1.2 estaba con el *P*, y se nos manifestó
1.3 nuestra comunión … es con el *P*, y con
2.1 abogado tenemos … con el *P*, a Jesucristo
2.13 escribo a vosotros, *p*, porque conocéis
2.15 ama al mundo, el amor del *P* no está en
5.7 *P*, el Verbo y el Espíritu Santo; y estos

2 Jn 9 persevera … ése sí tiene al *P* y al Hijo

Ap 3.5 confesaré su nombre delante de mi *P*

PAGAR *v.* Dar

Dt 23.21 voto a Jehová … no tardes en *pagarlo*
32.6 ¿así *pagáis* a Jehová, pueblo loco e

1 S 24.17 has *pagado* con bien.. yo *p* con mal
26.23 y Jehová *pague* a cada uno su justicia

2 R 4.7 vende el aceite, y *paga* a tus acreedores

Job 34.11; Sal 62.12; Pr 12.14 él *pagará* al hombre según su obra

Sal 37.21 el impío toma prestado, y no *paga*; mas el
66.13 entraré en tu … te *pagaré* mis votos
76.11 prometed, y *pagad* a Jehová vuestro Dios
103.10 ni nos ha *pagado* conforme a nuestros
116.12 ¿qué *pagaré* a Jehová por todas sus

Pr 19.17 y el bien … hecho, se lo volverá a *pagar*
22.27 si no tuvieres para *pagar*, ¿por qué han

Jer 16.18 primero *pagaré* al doble su iniquidad y
50.29 *pagadle* según su obra; conforme a todo

Ez 23.49 *pagaréis* los pecados de … idolatría

Os 4.9 le … y le *pagaré* conforme a sus obras

Jon 2.9 *pagaré* lo que prometí. La salvación

Mt 17.24 ¿vuestro Maestro no *paga* las dos
18.25 como no pudo *pagar*, ordenó … venderle
18.26 ten paciencia … y yo te lo *pagaré* todo

Lc 7.42 no teniendo ellos con qué *pagar*, perdonó
10.35 de más, yo te lo *pagaré* cuando regrese

Hch 21.24 *paga* … para que se rasuren la cabeza

Ro 12.17 no *paguéis* a nadie mal por mal

12.19 mía es la venganza, yo *pagaré*, dice el
13.7 *pagad* a todos lo que debéis: al que
1 Ts 5.15 que ninguno *pague* a otro mal por mal
2 Ts 1.6 es justo … Dios *pagar* con tribulación
2 Ti 4.14 Señor le *pague* conforme a sus hechos
He 7.9 en Abraham *pagó* el diezmo … Leví, que
Ap 18.6 y *pagadle* doble según sus obras

PALABRA *v.* Palabra de Dios, Palabra de Jehová
Éx 4.10 Señor! nunca he sido hombre de fácil *p*
Nm 22.35 pero la *p* que yo te diga, esa hablarás
Dt 11.18 pondréis... mis *p* en vuestro corazón
18.18 mis *p* en su boca, y él les hablará
30.14 porque muy cerca de ti está la *p*, en tu
Jos 21.45; 23.14 no faltó *p* de todas las buenas
Job 6.10 que yo no he escondido las *p* del Santo
6.25 ¡cuán eficaces son las *p* rectas! Pero
15.11 y las *p* que con dulzura se te dicen?
35.16 por eso … multiplica *p* sin sabiduría
Sal 68.11 el Señor daba *p*; había grande multitud
105.42 acordó de su santa *p* dada a Abraham
107.20 envió su *p*, y los sanó, y los libró de
119.57 es Jehová ; he dicho que guardaré tus *p*
119.82 desfallecieron mis ojos por tu *p*
119.89 para siempre … permanece tu *p* en los
119.130 la exposición de tus *p* alumbra; hace
119.140 sumamente pura es tu *p*, y la ama tu
119.160 la suma de tu *p* es verdad, y eterno
Pr 6.1 si has empeñado tu *p* a un extraño
10.19 en las muchas *p* no falta pecado; mas
17.27 el que ahorra sus *p* tiene sabiduría
30.5 toda *p* de Dios es limpia; él es escudo a
Is 5.24 abominaron la *p* del Santo de Israel
40.8 la *p* del Dios nuestro permanece para
55.11 así será mi *p* que sale de mi boca, no
Jer 7.27 tú, pues, les dirás todas estas *p*, pero
15.16 fueron halladas tus *p*, y yo las comí
18.18 la ley no faltará al … ni la *p* al profeta
23.28 aquel a quien fuere mi *p*, cuente mi *p*
44.28 la *p* de quién ha de permanecer; si la
Hab 3.2 oh Jehová, he oído tu *p*, y temí
Mt 4.4; Lc 4.4 de toda *p* que sale de la boca de
8.8; Lc 7.7 di la *p*, y mi criado sanará
22.15 fariseos … cómo sorprenderle en alguna *p*
24.35; Mr 13.31 tierra pasarán, pero mis *p*
Mr 4.14 el sembrador es el que siembra la *p*
8.38 el que se avergonzare de mí y de mis *p*
16.20 confirmando la *p* con las señales que
Lc 12.10 que dijere alguna *p* contra el Hijo del
24.19 poderoso en obra y en *p* delante de Dios
Jn 5.24 el que oye mi *p*, y cree al que me envió
5.38 ni tenéis su *p* morando en vosotros
6.68 Señor, ¿a… Tú tienes *p* de vida eterna
8.31 si vosotros permaneciereis en mi *p*
8.37 porque mi *p* no halla cabida en vosotros
8.51 el que guarda mi *p*, nunca verá muerte
12.48 no recibe mis *p* … la *p* … ella le juzgará
14.24 la *p* que habéis oído no es mía, sino del
15.3 ya vosotros estáis limpios por la *p* que
Jn 17.6 eran, y me los diste, y han guardado tu *p*
Hch 5.20 anunciad al pueblo todas las *p* de esta
6.7 crecía la *p* del Señor, y el número de los
7.38 Moisés … recibió *p* de vida que darnos
12.24 la *p* del Señor crecía y se multiplicaba
19.10 todos … Asia … oyeron la *p* del Señor
Ro 3.2 que les ha sido confiada la *p* de Dios
10.8 cerca de ti está la *p*, en tu boca y en tu
1 Co 2.1 no fui con excelencia de *p* o de
4.20 porque el reino de Dios no consiste en *p*

2 Co 11.6 aunque sea tosco en la *p*, no lo soy en
Fil 2.16 asidos de la *p* de vida, para que en el día
Col 3.16 la *p* de Cristo more en abundancia en
3.17 todo lo que hacéis, sea de *p* o de hecho
4.6 sea vuestra *p* siempre con gracia … con sal
1 Ts 1.5 evangelio no llegó a … en *p* solamente
1.8 ha sido divulgada la *p* del Señor, no sólo
2 Ts 3.1 la *p* del Señor corra y sea Gáorificada
2 Ti 2.15 obrero … que usa bien la *p* de verdad
Tit 1.9 retenedor de la *p* fiel tal como ha sido
2.8 *p* sana e irreprochable, de modo que el
Stg 1.21 recibid con mansedumbre la *p* implantada
1 P 1.25 la *p* del Señor permanece para siempre
2 P 1.19 tenemos … la *p* profética más segura
1 Jn 1.10 si decimos … su *p* no está en nosotros
2.5 el que guarda su *p* … el amor de Dios se
3.18 no amemos de *p* ni de lengua, sino de
Ap 3.8 has guardado mi *p*, y no has negado mi
22.19 si alguno quitare de las *p* del libro de

PALABRA DE DIOS *v.* Palabra, Palabra de Jehová
1 S 9.27 espera tú … que te declare la *p* de *D*
Mr 7.13 invalidando la *p* de *D* con vuestra
Lc 3.2 vino *p* de *D* a Juan, hijo de Zacarías, en el
5.1 se agolpaba sobre él para oír la *p* de *D*
8.11 es … la parábola: La semilla es la *p* de *D*
8.21 son los que oyen la *p* de *D*, y la hacen
11.28 bienaventurados los que oyen la *p* de *D*
Hch 4.31 y hablaban con denuedo la *p* de *D*
6.2 no es justo que … dejemos la *p* de *D*, para
8.14 que Samaria había recibido la *p* de *D*
11.1 los gentiles habían recibido la *p* de *D*
13.7 éste, llamando a … deseaba oír la *p* de *D*
13.44 se juntó … la ciudad para oír la *p* de *D*
13.46 que se os hablase primero la *p* de *D*
Ro 9.6 no que la *p* de *D* haya fallado; porque no
10.17 es por el oír, y el oír, por la *p* de *D*
1 Co 14.36 ha salido de vosotros la *p* de *D*
2 Co 2.17 que medran falsificando la *p* de *D*
Ef 6.17 y la espada del Espíritu, que es la *p* de *D*
Col 1.25 que anuncie cumplidamente la *p* de *D*
1 Ts 2.13 que cuando recibisteis la *p* de *D* que
2 Ti 2.9 prisiones … mas la *p* de *D* no está presa
Tit 2.5 para que la *p* de *D* no sea blasfemada
He 4.12 porque la *p* de *D* es viva y eficaz, y más
6.5 asimismo gustaron de la buena *p* de *D*
11.3 sido constituido el universo por la *p* de *D*
13.7 pastores, que os hablaron la *p* de *D*
1 P 1.23 siendo renacidos … por la *p* de *D* que
4.11 si … habla, hable conforme a las *p* de *D*
2 P 3.5 fueron hechos por la *p* de *D* los cielos
1 Jn 2.14 y la *p* de *D* permanece en vosotros
Ap 1.2 que ha dado testimonio de la *p* de *D*, y del
1.9 estaba en … Patmos, por causa de la *p* de *D*
20.4 almas de los decapitados por … la *p* de *D*

PALABRA DE JEHOVÁ *v.* Palabra, Palabra de Dios
Nm 15.31 por cuanto tuvo en poco la *p* de *J*
1 S 3.1 la *p* de *J* escaseaba en aquellos días; no
1 R 12.22 vino *p* de *J* a Semaías varón de Dios
2 R 20.19; Is 39.8 la *p* de *J* que has hablado es
Sal 33.4 recta es la *p* de *J*, y toda su obra es
Is 1.10 príncipes de Sodoma, oíd la *p* de *J*
2.3 Sion saldrá la ley, y de Jerusalén la *p* de *J*
38.4 entonces vino *p* de *J* a Isaías, diciendo
66.5 oíd *p* de *J*, vosotros los que tembláis a su
Jer 1.2 *p* de *J* que le vino en los días de Josías
8.9 he aquí que aborrecieron la *p* de *J*; ¿y qué
17.15 ellos me dicen: ¿Dónde está la *p* de *J*?

20.8 porque la *p* de *J* me ha sido para afrenta
42.7 al ... de diez días vino *p* de *J* a Jeremías
Ez 1.3 vino *p* de *J* al sacerdote Ezequiel hijo de
Os 1.1 *p* de *J* que vino a Oseas hijo de Beeri, en
Jl 1.1 *p* de *J* que vino a Joel, hijo de Petuel
Am 8.12 irán errantes ... buscando *p* de *J*, y no
Jon 1.1 vino *p* de *J* a Jonás hijo de Amitai
Mi 1.1 *p* de *J* que vino a Miueas ... en días de
Sof 1.1 *p* de *J* que vino a Sofonías hijo de Cusi
2.5 la *p* de *J* es contra vosotros, oh Canaán
Hag 2.1 vino *p* de *J* por medio del profeta Hageo
Zac 1.1 vino *p* de *J* al profeta Zacarías hijo de
Mal 1.1 profecia de la *p* de *J* contra Israel, por

PARAÍSO *v.* Cielo
Is 51.3 y cambiará su desierto en *p*, y su soledad
Lc 23.43 te digo que hoy estarás conmigo en el *p*
2 Co 12.4 que fue arrebatado al *p*, donde oyó
Ap 2.7 árbol de la vida ... en medio del *p* de Dios

PASCUA
Éx 12.11 y lo comeréis así ... es la *P* de Jehová
Nm 9.5 celebraron la *p* en el mes primero, a los
28.16 a los 14 días del mes ... la *p* de Jehová
Dt 16.1 el mes de Abib, y harás *p* a Jehová tu
Jos 5.10 los hijos de Israel ... celebraron la *p*
2 R 23.21 haced la *p* a Jehová vuestro Dios
2 Cr 30.1 para celebrar la *p* a Jehová Dios de
35.1 Josías celebró la *p* a Jehová en Jerusalén
Esd 6.19 hijos de la cautivida celebraron la *p*
Mt 26.2 que dentro de los días se celebra la *p*
26.19; Mr 14.16; Lc 22.13 prepararon la *p*
Lc 22.1 la fiesta de los panes ... que e llama la *p*
22.15 comer con ... esta *p* antes que padezca!
Jn 2.23 en la fiesta de la *p*, muchos creyeron en
13.1 antes de la fiesta de la *p*, sabiendo
18.39 costumbre de que os suelte uno en la *p*
Hch 12.4 sacarle al pueblo después de la *p*
1 Co 5.7 *p*, que es Cristo, ya fue sacrificada
He 11.28 por la fe celebró la *p* y la aspersión de

PASIÓN *v.* Concupiscencia, Deseo
Ro 1.26 Dios los entregó a *p* vergonzosas; pues
2 Ti 2.22 huye también de las *p* juveniles, y sigue
Stg 4.1 ¿no es de vuestras *p*, las cuales combaten
5.17 Elías era hombre sujeto a *p* ... y oró

PASTOR
Gn 4.2 y Abel fue *p* ... y Caín fue labrador de la
13.7 contienda entre los *p* del ... y los *p* del
Nm 27.17 congregación ... no sea como ... sin *p*
1 R 22.17; 2 Cr 18.16 ovejas que no tienen *p*
Sal 23.1 Jehová es mi *p*; nada me faltará
80.1 *P* de Israel, escucha; tú que pastoreas
Is 40.11 como *p* apacentará su rebaño; en su
44.28 es mi *p*, y cumplirá todo lo que yo
56.11 los *p* mismos no saben entender; todos
Jer 2.8 *p* se rebelaron contra mí, y los profetas
3.15 y os daré *p* según mi corazón, que os
10.21 los *p* se infatuaron, y no buscaron a
23.1 ¡ay de los *p* que destruyen y dispersan
23.4 y pondré sobre ellas *p* que las apacienten
25.34 aullad, *p*, y clamad; revolcaos en el
31.10 lo reunirá y guardará, como el *p* a su
Ez 34.2 profetiza contra los *p*... y di a los *p*
34.5 y andan errantes por falta de *p*, y son
34.23 levantaré sobre ellas a un *p*, y él las
37.24 ellos, y todos ellos tendrán un solo *p*
Am 1.1 palabras de Amós, que fue uno de los *p*
3.12 de la manera que el *p* libra de la boca
Zac 10.2 pueblo vaya ... sufre porque no tiene *p*
11.16 yo levanto ... a un *p* que no visitará las
13.7 hiere al *p*, y serán dispersadas las ovejas

Mt 9.36; Mr 6.34 como ovejas que no tienen *p*
26.31; Mr 14.27 heriré al *p*, y las ovejas del
Lc 2.8 había *p* en la misma región, que velaban
Jn 10.2 el que entra por la … el *p* de las ovejas es
10.11 yo soy el buen *p*; el buen *p* su vida da
10.12 el asalariado, y que no es el *p* … huye
10.16 y oirán … y habrá un rebaño, y un *p*
Ef 4.11 constituyó a … a otros, *p* y maestros
He 13.7 acordaos de vuestros *p*, que os hablaron
13.17 obedeced a vuestros *p*, y sujetaos a
13.20 el gran *p* de las ovejas, por la sangre
1 P 2.25 habéis vuelto al *P* y Obispo de vuestras
5.4 cuando aparezca el Príncipe de los *p*

PAZ *v*. Reposo, Sacrificio
Lv 3.1 si su ofrenda fuere sacrificio de *p*, si
7.11 esta es la ley del sacrificio de *p* que se
26.6 yo daré *p* en la tierra, y dormiréis, y no
Nm 6.26 Jehová alce … su rostro, y ponga en ti *p*
Dt 20.10 cuando te acerques … le intimarás la *p*
29.19 tendré *p*, aunque ande en la dureza de
Jue 6.23 Jehová le dijo: *P* a ti; no tengas temor
1 R 2.13 le dijo: ¿Es tu venida de *p*? … Sí, de *p*
2 R 18.31; Is 36.16 haced conmigo *p*, y salid a
20.19; Is 39.8 habrá … *p* y seguridad en mis
1 Cr 12.17 si habéis venido a mí para *p* y para
22.9 daré *p* y reposo sobre Israel en sus días
22.18 Dios … os ha dado *p* por todas partes?
2 Cr 14.6 había *p* en … Jehová le había dado *p*
Neh 9.28 una vez que tenían *p*, volvían a hacer
Job 3.26 no he tenido *p*, no me aseguré, ni estuve
22.21 vuelve ahora en amistad … y tendrás *p*
25.2 están con él; él hace *p* en sus alturas
Sal 4.8 en *p* me acostaré, y asimismo dormiré
28.3 los cuales hablan *p* con sus prójimos
29.11 Jehová bendecirá a su pueblo con *p*
34.14 mal, y haz el bien; busca la *p*, y síguela
35.20 no hablan *p*; y contra los mansos de la
35.27 Jehová, que ama la *p* de su siervo
41.9 el hombre de mi *p*, en quien yo confiaba
72.3 los montes llevarán *p* al pueblo, y los
72.7 justicia, y … *p*, hasta que no haya luna
85.8 hablará *p* a su pueblo y a sus santos
119.165 mucha *p* tienen los que aman tu ley
122.6 pedid por la *p* de Jerusalén; sean
125.5 mas a los que … *p* sea sobre Israel
Pr 3.2 largura de días … vida y *p* te aumentarán
3.17 son … deleitosos, y todas sus veredas *p*
Cnt 8.10 desde que fui … como la que halla *p* en
Is 9.6 su hombro; y se llamará … Príncipe de *p*
9.7 dilatado de su imperio y la *p* no tendrán
26.3 guardarás en completa *p* a aquel cuyo
26.12 Jehová, tú nos darás *p*, porque también
27.5 haga conmigo *p*; sí, haga *p* conmigo
32.17 el efecto de la justicia será *p*; y la
38.17 amargura grande me sobrevino en la *p*
39.8 lo menos, haya *p* y seguridad en mis días
45.7 que hago la *p* y creo la adversidad
48.18 fuera entonces tu *p* como un río, y tu
48.22; 57.21 no hay *p* para los malos, dijo
52.7 que anuncia la *p*, del que trae nuevas
53.5 el castigo de nuestra *p* fue sobre él, y
54.13 y se multiplicará la *p* de tus hijos
55.12 alegría saldréis, y con *p* seréis vueltos
57.2 entrará en la *p*; descansarán en sus
57.19 *p*, *p* al que está lejos y al cercano
59.8 no conocieron camino de *p*, ni hay
60.17 y pondré *p* por tu tributo, y justicia

66.12 yo extiendo sobre ella *p* como un río
Jer 6.14; 8.11 curan … diciendo: *P*, *p*; y no hay *p*
8.15; 14.19 esperamos *p*, y no hubo bien
14.13 y en este lugar os daré *p* verdadera
16.5 yo he quitado mi *p* de este pueblo, dice
28.9 el profeta que profetiza de *p*, cuando
29.7 y procurad la *p* de la ciudad a la cual
29.11 pensamientos de *p*, y no de mal, para
33.6 revelaré abundancia de *p* y de verdad
38.4 no busca la *p* de este pueblo, sino el
Ez 7.25 viene; y buscarán la *p*, y no la habrá
13.10 engañaron … diciendo: *P*, no habiendo *p*
34.25; 37.26 haré con ellos pacto de *p*
Mi 3.5 claman: *P*, cuando tienen algo que comer
5.5 y éste será nuestra *p*. Cuando el asirio
Nah 1.15 los pies del que … del que anuncia la *p*
Hag 2.9 daré *p* en este lugar, dice Jehová de los
Zac 8.12 porque habrá simiente de *p*; la vid dará
9.10 hablará *p* a las naciones, y su señorío
Mt 10.13 si la casa fuere digna, vuestra *p* vendrá
10.34; Lc 12.51 no he venido para traer *p*
Mr 9.50 mismos; y tened *p* los unos con los otros
Lc 1.79 encaminar nuestros pies por camino de *p*
2.14 en la tierra *p*, buena voluntad para con
10.6 hijo de *p*, vuestrá *p* reposará sobre él
14.32 le envía … y le pide condiciones de *p*
19.38 *p* en el cielo, y gloria en las alturas
19.42 si … conocieses … lo que es para tu *p*
24.36; Jn 20.19 Jesús … dijo: *P* a vosotros
Jn 14.27 la *p* os dejo, mi *p* os doy; yo no os la doy
16.33 os he hablado para que en mí tengáis *p*
Hch 9.31 las iglesias tenían *p* por toda Judea
10.36 anunciando el evangelio de la *p* por
Ro 3.17 y no conocieron camino de *p*
5.1 justificados, pues, por la fe, tenemos *p*
8.6 pero el ocuparse del Espíritu es vida y *p*
10.15 son los pies de los que anuncian la *p*
12.18 si es … estad en *p* con todos los hombres
14.17 sino justicia, *p* y gozo en el Espíritu
14.19 sigamos lo que contribuye a la *p* y a la
15.13 Dios … os llene de todo gozo y *p* en el
1 Co 1.3; 2 Co 1.2; Ef 1.2; Fil 1.2: Col 1.2; 1 Ts 1.1; 2 Ts 1.2; 2 Ti 1.2; Tit 1.4; Flm 3 gracia y *p* a vosotros
7.15 no está … sino que a *p* nos llamó Dios
14.33 Dios no es Dios de confusión, sino de *p*
2 Co 13.11 vivid en *p*; y el Dios de *p* y de amor
Gá 5.22 gozo, *p*, paciencia, benignidad, bondad
6.16 *p* y misericordia sea a ellos, y al Israel
Ef 2.14 él es nuestra *p*, que de ambos … hizo uno
2.17 vino y anunció las buenas nuevas de *p*
4.3 la unidad del … en el vínculo de la *p*
6.23 *p* sea a los hermanos, y amor con fe
Fil 4.7 y la *p* de Dios, que sobrepasa todo
4.9 haced; y el Dios de *p* estará con vosotros
Col 1.20 haciendo la *p* mediante la sangre de su
3.15 y la *p* de Dios gobierne en vuestros
1 Ts 5.3 cuando digan: *P* y seguridad, entonces
5.13 de su obra. Tened *p* entre vosotros
2 Ts 3.16 el mismo Señor de *p* os dé siempre *p*
2 Ti 2.22 y sigue la justicia, la fe, el amor y la *p*
He 12.14 seguid la *p* con todos, y la santidad
Stg 3.18 se siembra en *p* para … que hacen la *p*
1 P 1.2 gracia y *p* os sean multiplicadas
3.11 y haga el bien; busque la *p*, y sígala
5.14 *p* sea con todos vosotros los que estáis
2 P 3.14 ser hallados por él … irreprensibles, en *p*
Ap 6.4 dado poder de quitar de la tierra la *p*

PECADO *v.* Culpa, Ofensa, Ofrenda, Transgresión
Éx 29.14 quemarás a fuego … es ofrenda por el *p*

32.30 vosotros habéis cometido un gran *p*
Lv 4.3 ofrecerá a Jehová, por su *p* … un becerro
Nm 5.6 cometiere alguno de todos los *p* con que
32.23 sabed que vuestro *p* os alcanzará
Dt 9.27 no mires a … ni a su impiedad ni a su *p*
24.16; 2 R 14.6; 2 Cr 25.4 cada uno morirá por su propio *p*
2 Cr 7.14 y perdonaré sus *p*, y sanaré su tierra
28.13 tratáis de añadir sobre nuestros *p* y
28.22 Acaz … añadió mayor *p* contra Jehová
Esd 10.6 se entristeció a causa del *p* de los del
Neh 9.2 confesaron sus *p*, y las iniquidades de
Job 14.16 cuentas los … y no das tregua a mi *p*
Sal 25.7 *p* de mi juventud, y de mis rebeliones
32.1 ha sido perdonada, y cubierto su *p*
51.5 formado, y en *p* me concibió mi madre
51.9 esconde tu rostro de mis *p*, y borra todas
130.3 si mirares a los *p*, ¿quién, oh Señor
Pr 5.22 retenido será con las cuerdas de su *p*
14.9 los necios se mofan del *p*; mas entre los
14.34 mas el *p* es afrenta de las naciones
20.9 podrá decir: Yo … limpio estoy de mi *p*?
24.9 el pensamiento del necio es *p*, y
Is 1.18 si vuestros *p* fueren como la grana, como
3.9 como Sodoma publican su *p*, no lo
5.18 y el *p* como con coyundas de carreta
6.7 tocó … y es quitada tu culpa, y limpio tu *p*
30.1 hijos que se apartan … añadiendo *p* a *p*!
38.17 echaste tras tus espaldas todos mis *p*
40.2 *p* es perdonado, que doble ha recibido
53.5 él herido fue … molido por nuestros *p*
53.6 mas Jehová cargó en él el *p* de todos
53.10 puesto su vida en expiación por el *p*
59.2 y vuestros *p* han hecho ocultar … rostro
Jer 5.25 vuestros *p* apartaron de vosotros el bien
17.1 el *p* de Judá escrito está con cincel de
51.5 su tierra fue llena de *p* contra el Santo
Lm 1.8 *p* cometió Jerusalén, por lo cual ella ha
Ez 33.14 si él se convirtiere de su *p*, e hiciere
39.23 de Israel fue llevada cautiva por su *p*
Dn 4.27 mi consejo: tus *p* redime con justicia, y
Os 13.2 ahora añadieron a su *p*, y de su plata se
Am 1.3 por tres *p* de Damasco, y por el cuarto
Mi 7.18 olvida el *p* del remanente de su heredad?
Zac 13.1 la purificación del *p* y de la inmundicia
Mt 9.2; Mr 2.5; Lc 5.20 tus *p* te son perdonados
26.28 es derramada para remisión de los *p*
Mr 1.4 predicaba el bautismo … perdón de *p*
3.28 todos los *p* serán perdonados a … hombres
4.12 conviertan, y les sean perdonados los *p*
Lc 11.4 perdónanos nuestros *p*, porque también
Jn 1.29 el Cordero de … que quita el *p* del mundo
8.7 de vosotros esté sin *p* sea el primero en
8.24 por eso os dije que moriréis en … *p*
8.34 todo aquel que hace *p*, esclavo es del *p*
8.46 ¿quién de vosotros me redarguye de *p*?
9.41 si fuerais ciegos, no tendríais *p*; mas ahora
15.22 ni les hubiera hablado, no tendrían *p*
16.8 él venga, convencerá al mundo de *p*, de
20.23 a quienes remitiereis los *p*, les son
Hch 2.38 bautícese cada … para perdón de los *p*
3.19 para que sean borrados vuestros *p*; para
22.16 y lava tus *p*, invocando su nombre
Ro 3.9 hemos acusado … que todos están bajo *p*
3.20 medio de la ley es el conocimiento del *p*
4.7 bienaventurados … cuyos *p* son cubiertos
4.8 el varón a quien el Señor no inculpa de *p*
5.12 el *p* entró en el mundo por un hombre

5.13 pues antes de la ley, había *p* en el mundo
5.13 donde no hay ley, no se inculpa de *p*
5.20 mas cuando el *p* abundó, sobreabundó la
5.21 que así como el *p* reinó para muerte, así
6.1 ¿perseveraremos en el *p* para que la gracia
6.2 que hemos muerto al *p*, ¿cómo viviremos
6.6 destruido … que no sirvamos más al *p*
6.10 en cuanto murió, al *p* murió una vez
6.11 consideraos muertos al *p*, pero vivos
6.14 el *p* no se enseñoreará de vosotros; pues
6.23 porque la paga del *p* es muerte, mas la
7.7 ¿qué diremos, pues? ¿La ley es *p*? En
7.7 pero yo no conocí el *p* sino por la ley
7.13 el *p*, para mostrarse *p*, produjo en mí
7.13 *p* llegase a ser sobremanera pecaminoso
7.14 la ley … mas yo soy carnal, vendido al *p*
7.23 me lleva cautivo a la ley del *p* que está
8.2 ha librado de la ley del *p* y de la muerte
8.3 semejanza de carne de *p* y a causa del *p*
8.10 el cuerpo … está muerto a causa del *p*
11.27 pacto con ellos, cuando yo quite sus *p*
14.23 todo lo que no proviene de fe, es *p*

1 Co 15.17 fe es vana; aún estáis en vuestros *p*
15.56 el aguijón … es el *p*, y el poder del *p*

2 Co 5.19 no tomándoles en cuenta a los … sus *p*
5.21 que no conoció *p*, por nosotros lo hizo *p*

Gá 1.4 el cual se dio a sí mismo por nuestros *p*
2.17 ¿es por eso Cristo ministro de *p*? En
3.22 mas la Escritura lo encerró todo bajo *p*

Ef 2.5 aún estando … muertos en *p*, nos dio vida

Col 2.13 a vosotros, estando muertos en *p* y en
2.13 vida … con él, perdonándoos todos los *p*

2 Ts 2.3 se manifieste el hombre de *p*, el hijo de

1 Ti 5.22 a ninguno, ni participes en *p* ajenos
5.24 los *p* de algunos … se hacen patentes

2 Ti 3.6 cautivas a las mujercillas cargadas de *p*

He 1.3 efectuado la purificación de nuestros *p*
4.15 fue tentado en todo según … pero sin *p*
5.1 para que presente ofrendas … por los *p*
7.27 de ofrecer … sacrificios por sus propios *p*
8.12; 10.17 nunca más me acordaré de sus *p*
9.7 la cual ofrece por sí mismo y por los *p* de
9.26 de sí mismo para quitar de en medio el *p*
10.3 en … cada año se hace memoria de los *p*
10.18 donde hay … no hay más ofrenda por el *p*
11.25 gozar de los deleites temporales del *p*
12.1 despojémonos de … y del *p* que nos asedia
12.4 aún no habéis resistido … contra el *p*

Stg 1.15 da a luz el *p*; y el *p* … da a luz la muerte
4.17 hacer lo bueno, y no lo hace, le es *p*
5.20 salvará … alma, y cubrirá multitud de *p*

1 P 2.22 el cual no hizo *p*, ni se halló engaño en
2.24 llevó él mismo nuestros *p* en su cuerpo
2.24 estando muertos a los *p*, vivamos a la
3.18 Cristo padeció una sola vez por los *p*
4.1 quien ha padecido en … terminó con el *p*
4.8 porque el amor cubrirá multitud de *p*

1 Jn 1.8 si decimos que no tenemos *p*, nos
2.2 él es la propiciación por nuestros *p*; y no
2.12 vuestros *p* os han sido perdonados por
3.4 la ley; pues el *p* es infracción de la ley
3.5 que él apareció para quitar nuestros *p*
3.8 el que practica el *p* es del diablo; porque
3.9; 5.18 es nacido de Dios, no practica el *p*
5.16 viere a su hermano cometer *p* que no sea
5.17 injusticia es *p*; pero hay *p* no de muerte

Ap 1.5 y nos lavó de nuestros *p* con su sangre

18.4 para que no seáis partícipes de sus *p*

PEDIR *v.* Orar

Éx 3.22; 11.2 *pedirá* cada mujer a su vecina y a
12.35 *pidiendo* de los egipcios alhajas de plata

Dt 10.12 ¿qué *pide* Jehová tu Dios de ti, sino

1 S 1.20 Samuel … por cuanto lo *pedí* a Jehová
1.27 oraba, y Jehová me dio lo que le *pedí*
12.13 aquí el rey … eligido, el cual *pedisteis*

1 R 3.5; 2 Cr 1.7 *pide* lo que quieras que yo te

Esd 8.23 ayunamos … y *pedimos* a nuestro Dios

Sal 2.8 *pídeme*, y te daré por herencia las
137.3 los que … nos *pedían* que cantásemos

Pr 20.4 *pedirá*, pues, en la siega, y no hallará

Is 7.11 *pide* para ti señal de Jehová tu Dios

Dn 1.8 Daniel … *pidió* … que no se le obligase a

Mi 6.8 qué *pide* Jehová de ti: solamente hacer

Zac 10.1 *pedid* a Jehová lluvia en la estación

Mt 5.42; Lc 6.30 al que te *pida*, dale; y al que
6.8 Padre sabe … antes que vosotros le *pidáis*
7.7; Lc 11.9 *pedid*, y se os dará; buscad, y
21.22; Mr 11.24 lo que *pidiereis* en oración
27.58; Lc 23.52 y *pidió* el cuerpo de Jesús

Mr 6.22 *pídeme* lo que quieras, y yo te lo daré
10.38 no sabéis lo que *pedís.* ¿Podéis beber

Lc 11.13 Espíritu Santo a los que se lo *pidan*?

Jn 4.9 tú, siendo judío, me *pides* a mí de beber
14.13; 15.16 lo que *pidiereis* al Padre en mi
15.7 *pedid* todo lo que queréis, y os será
16.24 nada habéis *pedido* en mi nombre; *pedid*

Ro 8.26 qué hemos de *pedir* … no lo sabemos

2 Co 8.4 *pidiéndonos* … que les concediésemos el

Ef 3.20 más abundantemente de lo que *pedimos*

Fil 1.9 esto *pido* en oración, que vuestro amor

Stg 1.5 tiene falta de sabidruía, *pídala* a Dios
4.2 no tenéis lo que deseáis, porque no *pedís*
4.3 *pedís*, y no recibís, porque *p* mal, para

1 Jn 3.22 cosa que *pidiéremos* la recibiremos de
5.14 si *pedimos* alguna cosa conforme a su
5.16 hay … por el cual yo no digo que se *pida*

PEDRO

Tenía esposa y suegra, Mt 8.14; Mr 1.30; Lc 4.38; 1 Co 9.5;
es llamado, Mt 4.18–20; Mr 1.16–18; Jn 1.41–42;
pescador de hombres, Lc 5.1–11;
enviado con los doce, Mt 10.2; Mr 3.16;
camina sobre el mar, Mt 14.28–32;
confiesa que Jesús es el Cristo, Mt 16.13–20;
Mr 8.27–33; Lc 9.18–20;
Jesús ruega por él, Lc 22.31–32;
corta la oreja de Malco, Jn 18.10–11;
niega a Jesús tres veces, Mt 26.69–75;
Mr 14.66–72; Lc 22.54–62; Jn 18.15–18, 25.27:
"apacienta mis ovejas", Jn 21.15–19;
se dirige a los discípulos, Hch 1.15–26;
predica el día de Pentecostés, Hch 2.14–42;
sana a un cojo, Hch 3.1–10;
su discurso en el pórtico de Salomón, Hch 3.11–26;
habla ante el concilio, Hch 4.1–22;
es perseguido con Juan, Hch 5.17–42;
reprende a Simón el mago, Hch 8.14–24;
visita a Cornelio después de tener una visión, Hch 10.1–48;
informa a la iglesia de Jerusalén, Hch 11.1–18;
es encarcelado y libertado, Hch 12.1–19;
en el concilio de Jerusalén, Hch 15.6–14;
visitado por Pablo, Gá 1.18;
reprendido por Pablo, Gá 2.11–14.

PENTECOSTÉS
Hch 2.1 cuando llegó el día de *P*, estaban todos
20.16 se apresuraba por estar el día de *P*, si
1 Co 16.8 pero estaré en Efeso hasta *P*

PERDICIÓN
Sal 55.23 Dios, harás descender … al pozo de *p*
Mt 7.13 y espacioso el camino que lleva a la *p*
Jn 17.12 ninguno … se perdió, sino el hijo de *p*
Fil 1.28 para ellos ciertamente es indicio de *p*
2 Ts 1.9 los cuales sufrirán pena de eterna *p*
2 Ti 2.14 sino que es para *p* de los oyentes
He 10.39 no somos de los que retroceden para *p*
2 P 2.3 la condenación no se tarda, y su *p* no se
2.12 pero éstos … perecerán en su propia *p*
3.16 los indoctos … tuercen … para su propia *p*
Ap 17.8 está para subir del abismo e ir a *p*; y los

PERDÓN *v.* Remisión
Lv 4.20 hará … expiación por ellos, y obtendrán *p*
Sal 130.4 pero en ti hay *p*, para que seas
Mr 3.29 blasfeme contra el … no tiene jamás *p*
Lc 1.77 salvación a su … para *p* de sus pecados
3.3 del arrepentimiento para *p* de pecados
24.47 que se predicase en … el *p* de pecados
Hch 5.31 para dar a Israel arrepentimiento y *p*
10.43 recibirán *p* de pecados por su nombre
13.38 que por medio de él se os anuncia *p* de
26.18 que reciban, por la fe … *p* de pecados
Ef 1.7 el *p* de pecados según las riquezas de su
Col 1.14 en quien tenemos … *p* de pecados

PEREZA
Pr 19.15 la *p* hace caer en profundo sueño, y el
Ec 10.18 por la *p* se cae la techumbre, y por la

PERFUME
Éx 30.35 un *p* según el arte del pefumador
Lv 16.13 pondrá el *p* sobre el fuego delante de
Pr 27.9 el ungüento y el *p* alegran el corazón
Ec 10.1 heder y dar mal olor al *p* del perfumista
Mt 26.7; Mr 14.3 un vaso … de *p* de gran precio
Lc 7.37 trajo un frasco de alabastro con *p*
7.38 besaba sus pies, y los ungía con el *p*
Jn 11.2 María … fue la que ungió al Señor con *p*
12.3 María tomó una libra de *p* de nardo puro

PERSEGUIR
Lv 26.8 ciento de vosotros *perseguirán* a diez mil
Dt 1.44 os *persiguieron* como hacen las avispas
Jos 23.10 un varón de vosotros *perseguirá* a mil
Jue 8.4 cansados, mas todavía *persiguiendo*
2 S 22.38 *perseguiré* a mis enemigos, y … destruiré
Job 19.22 ¿por qué me *perseguís* como Dios, y ni
19.28 decir: ¿Por qué le *perseguimos*? Ya que
30.21 con el poder de tu mano me *persigues*
Sal 7.1 sálvame de todos los que me *persiguen*
10.2 con arrogancia el malo *persigue* al pobre
10.15 *persigue* la maldad del malo hasta que
18.37 *perseguí* a mis enemigos, y los alcancé
55.3 porque sobre mí … con furor me *persiguen*
69.26 *persiguieron* al que tú heriste, y cuenten
71.11 *perseguidle* y tomadle, porque no hay
83.15 *persíguelos* así con tu tempestad, y
109.16 y *persiguió* al … afligido y menesteroso
119.84 juicio contra los que me *persiguen*?
119.161 príncipes me han *perseguido* sin causa
142.6 líbrame de los que me *persiguen*, porque
143.3 ha *perseguido* el enemigo mi alma; ha
Is 14.6 el que hería … las *perseguía* con crueldad
Jer 29.18 los *perseguiré* con espada, con hambre
Lm 3.66 *persíguelos* en tu furor, y quebrántalos

Mt 5.11 por mi causa os vituperen y os *persigan*
5.44 y orad por los que os ... y os *persiguen*
10.23 cuando os *persigan* en esta ciudad, huid
23.34 unos ... *perseguiréis* de ciudad en ciudad
Lc 11.49 de ellos, a unos matarán ... *perseguirán*
21.12 os echarán mano, y os *perseguirán*, y os
Jn 5.16 judíos *perseguían* a Jesús, y procuraban
15.20 si ... me han *perseguido* ... os *perseguirán*
Hch 7.52 ¿a cual de ... no *persiguieron* vuestros
9.4; 22.7; 26.14 Saulo, ¿por qué me *persigues*?
22.4 *perseguía* yo este Camino hasta la muerte
26.11 y enfurecido ... los *perseguí* hasta en las
Ro 12.14 bendecid a los que os *persiguen*
1 Co 15.9; Gá 1.13 *perseguí* a la iglesia de Dios
Gá 1.23 aquel que ... nos *perseguía*, ahora predica
4.29 *perseguía* al que había nacido según el
Ap 12.13 dragón ... *persiguió* a la mujer que había

PERSEVERAR
Mt 10.22; 24.13; Mr 13.13 el que *persevere* hasta el fin, éste será salvo
Hch 1.14 éstos *perseveraban* unánimes en oración
2.42 *perseveraban* en la doctrina ... apóstoles
13.43 a que *perseverasen* en la gracia de Dios
26.22 *persevero* hasta el día de hoy, dando
Ro 2.7 a los que, *peseverando* en bien hacer
6.1 ¿*perseveraremos* en el pecado para que la
Col 4.2 *perseverad* en la oración, velando en ella
Stg 1.25 ley ... y *persevera* en ella, no siendo oidor

PERVERSIDAD *v.* Pecado
Nm 23.21 no ... en Jacob, ni ha visto *p* en Israel
Sal 18.4 muerte, y torrentes de *p* me atemorizaron
125.5 a los que se apartan tras sus *p*, Jehová
139.24 ve si hay en mí camino de *p*, y guíame
Pr 2.12 librarte ... de los hombres que hablan *p*
4.24 aparta de ti la *p* de la boca, y aleja de ti
6.12 depravado, es el que anda en *p* de boca
6.14 *p* hay en su corazón; anda pensando el
15.4 mas la *p* de ella es quebrantamiento de
23.33 cosas extrañas, y tu corazón hablará *p*
Ez 9.9 llena de sangre, y la ciudad está llena de *p*

PETICIÓN *v.* Oración, Ruego, Súplica
1 R 2.20 una pequeña *p* pretendo de ti; no me la
Est 5.3, 6; 7.2 ¿qué ... reina Ester, y cuál es tu *p*?
Job 6.8 ¡quién me diera que viniese mi *p*, y que
Sal 21.2 deseo ... no le negaste la *p* de sus labios
37.4 y él te concederá las *p* de tu corazón
Dn 6.7 demande *p* de cualquiera dios u hombre
Fil 4.6 sino sean conocidas vuestras *p* delante de
1 Ti 2.1 *p* y acciones de gracias, por todos los
1 Jn 5.15 que tenemos las *p* que le hayamos hecho

PIEDAD *v.* Misericordia
Sal 25.6 acuérdate, oh Jehová, de tus *p* y de tus
51.1 ten *p* de mí, oh Dios, conforme a tu
Is 14.1 tendrá *p* de Jacob, y todavía escogerá a
26.10 mostrará *p* al malvado, y no aprenderá
30.18 Jehová esperará para tener *p* de vosotros
Os 6.4 la *p* vuestra es como nube de la mañana
Am 5.15 quizá Jehová ... tendrá *p* del remanente
Jon 4.11 ¿y no tendré yo *p* de Nínive, aquella
Zac 7.9 haced ... y *p* cada cual con su hermano
Hch 3.12 como si por nuestro ... *p* hubiésemos
1 Ti 2.2 que vivamos ... en toda *p* y honestidad
2.10 corresponde a mujeres que profesan *p*

Is 25.4 porque fuiste fortaleza al *p*, fortaleza al
29.19 *p* de … se gozarán en el Santo de Israel
40.20 el *p* escoge … madera que no se apolille
58.7 a los *p* errantes albergues en casa; que
66.2 pero miraré a aquel que es *p* y humilde
Jer 5.4 pero yo dije: Ciertamente éstos son *p*
52.16 de los *p* del país dejó Nabuzaradán
Am 2.6 vendieron … al *p* por un par de zapatos
4.1 que oprimís a los *p* y quebrantáis a los
8.6 para comprar los *p* por dinero, y los
Zac 11.7 apacenté pues … a los *p* del rebaño
Mt 5.3 bienaventurados los *p* en espíritu, porque
11.5; Lc 7.22 *p* es anunciado el evangelio
19.21; Mr 10.21; Lc 18.22 y dalo a los *p*, y
26.9; Mr 14.5; Jn 12.5 haberse dado a los *p*
26.11; Mr 14.7; Jn 12.8 siempre tendréis *p*
Mr 12.43; Lc 21.3 esta viuda *p* echó más que
Lc 4.18 ungido para dar buenas nuevas a los *p*
6.20 bienaventurados vosotros los *p*, porque
14.13 cuando hagas banquete, llama a los *p*
19.8 la mitad de mis bienes doy a los *p*; y si
Ro 15.26 hacer una ofrenda para los *p* que hay
1 Co 13.3 mis bienes para dar de comer a los *p*
2 Co 6.10 como *p*, mas enriqueciendo a muchos
8.9 por amor a vosotros se hizo *p*, siendo
9.9 dio a los *p*; su justicia permanece para
Gá 2.10 que nos acordásemos de los *p*; lo cual
Stg 2.2 si … y también entra un *p* con vestido
2.5 ha elegido Dios a los *p* de este mundo
Ap 3.17 y no sabes que tú eres un … *p*, ciego y

PODER *v.* [sust.] Autoridad, Reino

Éx 9.16 yo te he puesto para mostrar en ti mi *p*
Nm 14.17 que sea magnificado el *p* del Señor
Dt 4.37 te sacó de Egipto con … y con su gran *p*
8.18 él te da el *p* para hace las riquezas
1 Cr 16.27 alabanza … *p* y alegría en su morada
29.12 en tu mano está la fuerza y el *p*, y en
Job 12.13 con Dios está la sabiduría y el *p*; suyo
Sal 29.11 dará *p* a su pueblo; Jehová bendecirá
59.16 yo cantaré de tu *p*, y alabaré de mañana
62.11 he oído esto: Que de Dios es el *p*
63.2 para ver tu *p* y tu gloria, así como te he
66.3 por la grandeza de tu *p* se someterán a
68.34 atribuid *p* a Dios; sobre Israel es su
75.10 pero el *p* del justo será exaltado
84.7 irán de *p* en *p*; verán a Dios en Sion
106.8 él los salvó … para hacer notorio su *p*
145.6 del *p* de tus hechos … hablarán los
147.5 grande es el Señor nuestro, y de mucho *p*
Is 10.13 dijo: Con el *p* de mi mano lo he hecho
63.1 éste … que marcha en la grandeza de su *p*?
Jer 48.25 cortado es el *p* de Moab, y su brazo
Ez 29.21 haré retoñar el *p* de la casa de Israel
30.18 cuando quebrante yo allí el *p* de Egipto
Mi 3.8 yo estoy lleno de *p* del Espíritu de Jehová
5.4 él estará, y apacentará con *p* de Jehová
Mt 6.13 tuyo es el reino, y el *p*, y la gloria, por
14.2; Mr 6.14 por eso actúan en él estos *p*
22.29; Mr 12.24 ignorando las … y el *p* de Dios
24.30; Mr 13.26; Lc 21.27 viniendo … con *p*
Mr 5.30 conociendo … el *p* que había salido de él
Lc 1.35 *p* del Altísimo te cubrirá con su sombra
4.14 volvió en el *p* del Espíritu a Galilea, y se
5.17 el *p* del Señor estaba con él para sanar
6.19 porque *p* salía de él y sanaba a todos
8.46 yo he conocido que ha salido *p* de mí
12.5 temed a … tiene *p* de echar en el infierno
22.69 se sentará a la diestra del *p* de Dios

24.49 hasta que seáis investidos de *p* desde lo
Jn 10.18 tengo *p* para ponerla … *p* para volverla
Hch 1.8 recibiréis *p*, cuando haya venido sobre
3.12 como si por nuestro *p* … hubiésemos hecho
4.33 con … *p* los apóstoles daban testimonio
6.8 y Esteban, lleno de gracia y de *p*, hacía
8.10 a éste oían … Este es el gran *p* de Dios
8.19 dadme también a mí este *p*, para que
10.38 Dios ungió con … *p* a Jesús de Nazaret
Ro 1.4 fue declarado Hijo de Dios con *p*, según
1.16 no me avergüenzo del … es *p* de Dios para
1.20 invisibles de él, su eterno *p* y deidad, se
9.17 para mostrar en ti mi *p*, y para que mi
15.13 que abundéis en esperanza por el *p* del
15.19 señales … en el *p* del Espíritu de Dios
1 Co 1.18 pero a los que se salvan … es *p* de Dios
1.24 Cristo *p* de Dios, y sabiduría de Dios
2.4 sino con demostración del Espíritu y de *p*
4.20 reino … no consiste en palabras, sino en *p*
6.14 Dios … a nosotros nos levantará con su *p*
15.56 el aguijón de … y el *p* del pecado, la ley
2 Co 4.7 para que la excelencia del *p* sea de Dios
6.7 *p* de Dios, con armas de justicia a diestra
12.9 mi *p* se perfecciona en la debilidad
12.9 para que repose sobre mí el *p* de Cristo
13.4 en debilidad, vive por el *p* de Dios
Ef 1.19 la grandeza de su *p* para con nosotros
3.20 hacer … según el *p* que actúa en nosotros
6.10 fortaleceos en … y en el *p* de su fuerza
Col 1.11 fortalecidos con todo *p*, conforme a la
2.12 mediante la fe en el *p* de Dios que le
1 Ts 1.5 también en *p*, en el Espíritu Santo y en
2 Ts 2.9 *p* y señales y prodigios mentirosos
2 Ti 1.7 sino de *p*, de amor y de dominio propio
He 6.5 gustaron de … y los *p* del siGáo venidero
7.16 según el *p* de una vida indestructible
1 P 1.5 que sois guardados por el *p* de Dios
4.11 ministre conforme al *p* que Dios da
2 P 1.3 nos han sido dadas por su divino *p*
Ap 5.12 el Cordero … es digno de tomar el *p*
7.12 la honra y el *p* … sean a nuestro Dios

PREDESTINAR
Ro 8.29 los *predestinó* para que fuesen hechos
1 Co 2.7 la cual Dios *predestinó* antes de los
Ef 1.5 en amor habiéndonos *predestinado* para
1.11 *predestinados* conforme al propósito del

PREDICAR *v*. Declarar, Proclamar
Is 61.1 me ha enviado a *predicar* buenas nuevas
Mt 3.1 vino Juan … *predicando* en el desierto de
4.17 comenzó Jesús a *predicar*, y a decir
4.23 y *predicando* el evangelio del reino
9.35 enseñando … y *predicando* el evangelio
10.7 yendo, *predicad*, diciendo: El reino de
11.1 se fue … a *predicar* en las ciudades de
26.13 que dondequiera que se *predique* este
Mr 1.4 bautizaba Juan … *predicaba* el bautismo
1.38 vamos … para que *predique* también allí
2.2 ya no cabían … y les *predicaba* la palabra
6.12 *predicaban* … hombres se arrepintiesen
16.15 id por todo el … *predicad* el evangelio
16.20 saliendo, *predicaron* en todas partes
Lc 3.3 fue por toda la … *predicando* el bautismo
8.1 Jesús iba … *predicando* … el evangelio del
9.2 los envió a *predicar* el reino de Dios, y a

24.47 que se *predicase* en su nombre … perdón
Hch 5.42 de enseñar y *predicar* a Jesucristo
8.5 Felipe … Samaria les *predicaba* a Cristo
9.20 *predicaba* a Cristo en las sinagogas
10.42 nos mandó que *predicásemos* al pueblo
17.18 porque les *predicaba* el evangelio de
28.31 *predicando* el reino de … y enseñando
Ro 2.21 tú que *predicas* que no se ha de hurtar
10.14 cómo oirán sin … quien les *predique*?
10.15 cómo *predicarán* si no fueren enviados?
15.20 me esforcé a *predicar* el evangelio, no
1 Co 1.17 sino a *predicar* el evangelio; no con
1.23 nosotros *predicamos* a Cristo crucificado
2 Co 4.5 no nos *predicamos* a nosotros mismos
11.4 viene … *predicando* a otro Jesús que el
Gá 1.23 nos perseguía, ahora *predica* la fe que en
5.11 aún *predico* la circuncisión, ¿por qué
Fil 1.15 algunos … *predican* a Cristo por envidia
1 Ts 2.9 os *predicamos* el evangelio de Dios
1 Ti 3.16 Dios fue … *predicado* a los gentiles
5.17 los que trabajan en *predicar* y enseñar
2 Ti 4.2 *prediques* la palabra, que instes a tiempo
1 P 1.12 los que os han *predicado* el evangelio
3.19 en el cual … fue y *predicó* a los espíritus
4.6 también ha sido *predicado* el evangelio a

PRESENCIA
Éx 33.14 me *p* irá contigo, y te daré descanso
Sal 16.11 la vida; en tu *p* hay plenitud de gozo
139.7 tu Espíritu? ¿Y a dónde huiré de tu *p*?
Jer 23.39 arrancaré de mi *p* a vosotros y a la
Jon 1.3 para irse … lejos de la *p* de Jehová
Sof 1.7 calla en la *p* de Jehová el Señor, porque
Lc 1.76 porque irás delante de la *p* del Señor
Hch 10.33 estamos aquí en la *p* de Dios, para oír
2 Co 10.10 mas la *p* corporal débil, y la palabra
Fil 1.26 gloria … por mi *p* otra vez entre vosotros

PRÍNCIPE
Nm 7.2 los *p* de Israel … los *p* de … ofrecieron
16.2 se levantaron contra Moisés con … *p* de
25.4 toma a … los *p* del pueblo, y ahórcalos
Jos 5.14 como *p* del ejército de Jehová he venido
1 S 25.30 de ti, y te establezca por *p* sobre Israel
Pr 8.15 por mí reinan … *p* determinan justicia
28.15 es el *p* impío sobre el pueblo pobre
Is 1.23 tus *p*, prevaricadores y compañeros de
3.4 les pondré jóvenes por *p*, y muchachos
9.6 un niño … se llamará su nombre … *P* de paz
22.3 tus *p* juntos huyeron del arco, fueron
Jer 26.10 los *p* de Judá oyeron estas cosas
Ez 28.2 hijo de hombre, di al *p* de Tiro: Así ha
45.9 así ha dicho … ¡Basta ya, oh *p* de Israel!
Mi 7.3 el *p* … y el juez juzga por recompensa
Mt 9.34; 12.24; Mr 3.22; Lc 11.15 por el *p* de los demonios echa fuera
Jn 12.31 el *p* de este mundo será echado fuera
14.30 porque viene el *p* de este mundo, y él
16.11 el *p* de este mundo ha sido ya juzgado
Hch 5.31 Dios ha exaltado … por *P* y Salvador
23.5 está: No maldecirás a un *p* de tu pueblo
1 Co 2.8 ninguno de los *p* de este siGáo conoció
Ef 2.2 conforme al *p* de la potestad del aire

PROCLAMAR *v.* Declarar, Predicar
Éx 33.19 y *proclamaré* el nombre de Jehová
Sal 96.3 *proclamad* entre las naciones su gloria
Pr 20.6 *proclaman* cada una su propia bondad
Is 61.2 *proclamar* el año de la buena voluntad de
Jer 7.2 y *proclama* allí esta palabra, y di: Oíd

Jl 3.9 *proclamad* … entre las naciones, *p* guerra
Jon 3.2 *proclama* en ella el mensaje que yo te
Mt 10.27; Lc 12.3 al oído, *proclamadlo* desde

PROFANAR *v.* Contaminar
Lv 19.12 *profanando* así el nombre de tu Dios
21.6 y no *profanarán* el nombre de su Dios
Dt 22.30 ninguno … *profanará* el lecho de su padre
2 R 23.8 *profanó* los lugares altos donde los
Neh 13.17 ¿qué … hacéis, *profanando* así el día de
Sal 74.7 *profanado* el tabernáculo de tu nombre
79.1 oh Dios … han *profanado* tu santo templo
89.31 si *profanaren* mis estatutos, y no
Is 30.22 *profanarás* la cubierta de tus esculturas
43.28 yo *profané* los príncipes del santuario
47.6 me enojé contra … *profané* me heredad
56.2 que guarda el día … para no *profanarlo*
Ez 5.11 haber *profanado* mi santuario con todas
7.22 entrarán en él invasores y lo *profanarán*
20.39 no *profanéis* más mi santo nombre con
22.8 y mis días de reposo has *profanado*
22.26 yo he sido *profanado* en medio de ellos
23.38 día, y *profanaron* mis días de reposo
36.20 *profanaron* mi santo nombre, diciéndose
39.7 nunca más dejaré *profanar* mi … nombre
Dn 11.31 tropas que *profanarán* el santuario y la
Mal 1.12 y vosotros lo habéis *profanado* cuando
2.10 *profanando* el pacto de nuestros padres?
2.11 Judá ha *profanado* el santuario de Jehová
Mt 12.5 en el templo *profanan* el día de reposo
Hch 21.28 templo, y ha *profanado* este santo lugar
24.6 intentó también *profanar* el templo

PROFECÍA *v.* Palabra, Visión
Neh 6.12 sino que hablaba aquella *p* … sobornado
Pr 29.18 sin *p* el pueblo se desenfrena: mas el que
Is 15.1 *p* sobre Moab. Cierto, de noche fue
17.1 *p* sobre Damasco. He aquí que Damasco
19.1 *p* sobre Egipto. He aquí que Jehová
21.1 *p* sobre el desierto del mar. Como
22.1 *p* sobre el valle de la visión. ¿Qué tienes
23.1 *p* sobre Tiro. Aullad, naves de Tarsis
Jer 23.34 dijere: *P* de Jehová, yo enviaré castigo
Os 12.10 y aumenté la *p*, y por medio de los
Nah 1.1 *p* sobre Nínive. Libro de la visión de
Hab 1.1 la *p* que vio el profeta Habacuc
Ro 12.6 si el de *p*, úsese conforme a la medida de
1 Co 12.10 a otro, el hacer milagros; a otros, *p*
13.2 si tuviese *p*, y entendiese todos los
13.8 las *p* se acabarán, y cesarán las lenguas
14.22 la *p*, no a los incrédulos, sino a los
1 Ts 5.20 no menospreciéis las *p*
1 Ti 1.18 que conforme a las *p* que se hicieron
4.14 el don … que te fue dado mediante *p* con
2 P 1.20 esto, que ninguna *p* de la Escritura es de
Ap 19.10 testimonio de Jesús es el espíritu de la *p*
22.7 que guarda las palabras de la *p* de este
22.18 oye las palabras de la *p* de este libro

PROMESA *v.* Pacto, Voto
Neh 9.38 hacemos fiel *p*, y la escribimos
Ec 5.4 a Dios haces *p*, no tardes en cumplirla
Lc 24.49 aquí, yo enviaré la *p* de mi Padre sobre
Hch 1.4 que esperasen la *p* del Padre, la cual
2.33 habiendo recibido del Padre la *p* del
2.39 porque para vosotros es la *p*, y para
7.17 se acercaba el tiempo de la *p*, que Dios
13.23 conforme a la *p*, Dios levantó a Jesús
13.32 anunciamos el evangelio de aquella *p*

26.6 por la esperanza de la *p* que hizo Dios a
Ro 4.13 no por la ley fue dada a Abraham … la *p*
4.14 si … vana resulta la fe, y anulada la *p*
4.16 a fin de que la *p* sea firme para toda su
9.8 los que son hijos según la *p* son contados
15.8 para confirmar las *p* hechas a los padres
2 Co 1.20 las *p* de Dios son en él Sí, y en él Amén
7.1 así … amados, puesto que tenemos tales *p*
Gá 3.14 por la fe recibiésemos la *p* del Espíritu
3.16 a Abraham fueron hechas las *p*, y a su
3.17 ley … no lo abroga, para invalidar la *p*
3.21 ¿luego la ley es contraria a las *p* de Dios?
3.22 que la *p* … fuese dada a los creyentes
3.29 linaje de … sois, y herederos según la *p*
4.23 la carne, mas el de la libre, por la *p*
4.28 así que … como Isaac, somos hijos de la *p*
Ef 1.13 sellados con el Espíritu Santo de la *p*
2.12 ajenos a los pactos de la *p*, sin esperanza
3.6 y copartícipes de la *p* en Cristo Jesús
6.2 que es el primer mandamiento con *p*
1 Ti 4.8 tiene *p* de esta vida presente, y de la
He 4.1 que permaneciendo aún la *p* de entrar en
6.12 aquellos que por la fe y … heredan las *p*
6.13 cuando Dios hizo la *p* a Abraham, no
8.6 mejor pacto, establecido sobre mejores *p*
9.15 los llamados reciban la *p* de la herencia
10.36 hecho la voluntad de … obtengáis la *p*
11.33 alcanzaron *p*, taparon bocas de leones
2 P 1.4 nos ha dado preciosas y grandísimas *p*
3.4 ¿dónde está la *p* de su advenimiento?
3.9 el Señor no retarda su *p*, según algunos
3.13 esperamos, según sus *p*, cielos nuevos
1 Jn 2.25 es la *p* que él nos hizo, la vida eterna

PROPICIACIÓN *v.* Expiación, Sacrificio
Ro 3.25 a quien Dios puso como *p* por medio de
1 Jn 2.2 y él es la *p* por nuestros pecados; y no
4.10 él … envió a su Hijo en *p* por nuestros

PROSPERIDAD
Job 15.21 en la *p* el asolador vendrá sobre él
21.13 pasan sus días en *p*, y en paz … descienden
30.15 como viento mi … y mi *p* pasó como nube
Sal 30.6 en mi *p* dije yo: No seré … conmovido
73.3 tuve envidia … viendo la *p* de los impíos
Pr 1.32 la *p* de los necios los echará a perder
17.8 adondequiera que se vuelve, halla *p*
Jer 22.21 te he hablado en tus *p*; mas dijiste

PRUEBA *v.* Tentación
Dt 7.19 de las grandes *p* que vieron tus ojos, y de
Dn 1.12 te ruego que hagas la *p* con tus siervos
Lc 8.13 éstos … en el tiempo de la *p* se apartan
22.28 habéis permanecido conmigo en mis *p*
Hch 1.3 padecido, se presentó vivo con muchas *p*
Ro 5.4 y la paciencia, *p*; y la *p*, esperanza
2 Co 2.9 para tener la *p* de si … sois obedientes
8.2 en grande *p* de tribulación, la abundancia
8.8 no hablo como quien … sino para poner a *p*
8.24 mostrad, pues … la *p* de vuestro amor
13.3 buscáis una *p* de que habla Cristo en mí
Gá 4.14 ni desechasteis por la *p* que tenía en mi
6.4 así … cada uno someta a *p* su propia obra
1 Ti 3.10 éstos también sean sometidos a *p*
Stg 1.2 por sumo gozo cuando os halléis en … *p*
1.3 que la *p* de vuestra fe produce paciencia
1 P 1.6 tengáis que ser afligidos en diversas *p*
1.7 para que sometida a *p* vuestra fe, mucho

4.12 no os sorprendáis del fuego de *p* que os
Ap 3.10 te guardaré de la hora de la *p* que ha de

PURIFICAR *v.* Consagrar, Santificar
Neh 12.30 y se *purificaron* los sacerdotes y los
Sal 51.7 *purifícame* con hisopo, y seré limpio
Is 48.10 te he *purificado*, y no como a plata; te
52.11 salid ... *purificaos* los que lleváis los
Dn 8.14 luego el santuario será *purificado*
Hch 21.26 habiéndose *purificado* con ellos, entró
24.18 me hallaron *purificado* en el templo
Ef 5.26 habiéndola *purificado* ... por la palabra
He 10.22 *purificados* los corazones de mala
1 Jn 3.3 se *purifica* a sí mismo, así como él es

QUERUBÍN *v.* Ángel
Gn 3.24 puso al oriente del huerto de Edén *q*
Éx 25.18; 37.7 dos *q* de oro, labrados a martillo
1 S 4.4 trajeron ... el arca ... moraba entre los *q*
2 S 22.11; Sal 18.10 cabalgó sobre un *q*, y voló
1 R 6.23; 2 Cr 3.10 en el lugar santísimo dos *q*
8.7 los *q* ... las alas ... cubría, los *q* el arca
Ez 10.3 los *q* estaban a la mano derecha de la
28.16 te eché ... y te arrojé ... oh *q* protector
He 9.5 y sobre ella los *q* de gloria que cubrían

QUIETUD
Ec 9.17 las palabras del sabio escuchadas en *q*
Is 30.15 en *q* y en confianza será vuestra fortaleza

RABÍ *v.* Maestro
Mt 23.7 y que los hombres los llamen: *R*, *R*
Jn 1.38 ¿qué buscáis? ... *R* ... ¿dónde moras?

RAÍZ
Dt 29.18 haya en ... *r* que produzca hiel y ajenjo
2 R 19.30; Is 37.31 volverá a echar *r* abajo, y
Job 5.3 yo he visto al necio que echaba *r*, y en la
18.16 abajo se secarán sus *r*, y arriba serán
19.28 ya que la *r* del asunto se halla en mí
29.19 mi *r* estaba abierta junto a las aguas
Pr 12.3 mas la *r* de los justos no será removida
12.12 mas la *r* de los justos dará fruto
Is 5.24 así será su *r* como podredumbre, y su flor
11.10 en aquel tiempo que la *r* de Isaí, la cual
27.6 días vendrán cuando Jacob echará *r*
53.2 cual renuevo y como *r* de tierra seca
Dn 4.15 mas la cepa de sus *r* dejaréis en la tierra
Mr 4.6 se quemó; y porque no tenía *r*, se secó
Lc 3.9 el hacha está puesta a la *r* de los árboles
8.13 no tienen *r*; creen por algún tiempo
Ro 11.16 si la *r* es santa ... lo son las ramas
11.18 que no sustentas tú a la *r*, sino la *r* a ti
1 Ti 6.10 *r* de todos los males es el amor al
Ap 5.5 el León de ... la *r* de David, ha vencido
22.16 la *r* y el linaje de David, la estrella

REBELDÍA
Job 34.37 porque a su pecado añadió *r*; bate palmas
Jer 2.19 te castigará, y tus *r* te condenarán; sabe
8.5 ¿por qué es ... rebelde con *r* perpetua?
Tit 1.6 no estén acusados de disolución ni de *r*

RECIBIR *v.* Aceptar
Gn 14.17 salió el rey de Sodoma a *recibirlo* al
19.1 viéndolos Lot, se levantó a *recibirlos*
32.6 también viene a *recibirte*, y 400 hombres
46.29 Gosén a *recibir* a Israel su padre en
Éx 4.27 vé a *recibir* a Moisés al desierto. Y él
Dt 33.11 *recibe* con agrado la obra de sus manos
1 S 30.21 salieron a *recibir* a David y al pueblo
Job 2.10 ¿*recibiremos* de Dios el bien, y el mal
Sal 73.24 has ... y después me *recibirás* en gloria
Pr 2.1 hijo mío, si *recibieres* mis palabras, y mis
Am 5.22 si me ofreciereis ... no los *recibiré*

Mt 7.8; Lc 11.10 todo aquel que pide, *recibe*
10.40; Mr 9.37; Lc 9.48; Jn 13.20 a vosotros *recibe*, a mí me *r* … *r* a mí, *r* al que me envió
10.41 recompensa de profeta *recibirá*; y el que
13.20; Mr 4.16; Lc 8.13 oye la palabra, y … la *recibe* con gozo
18.5; Mr 9.37 *reciba* … a un niño … me *recibe*
19.12 sea capaz de *recibir* esto, que lo *reciba*
19.29; Mr 10.30 *recibirá* cien veces más, y
20.10 pensaron que habían de *recibir* mas
21.22 que pidiereis … creyendo, lo *recibiréis*
21.34; Mr 12.2 para que *recibiesen* sus frutos
Mr 6.11; Lc 9.5; 10.10 si en algún lugar no os *recibieren*
11.24 creed que lo *recibiréis*, y os vendrá
Lc 8.40 le *recibió* la multitud con gozo; porque
9.53 no le *recibieron*, porque su aspecto era
10.38 llamada Marta le *recibió* en su casa
16.4 haré para que … me *reciban* en sus casas
18.30 que no haya de *recibir* mucho más en
Jn 1.11 a lo suyo vino, y los suyos no le *recibieron*
3.11 te digo … y no *recibís* nuestro testimonio
3.27 hombre *recibir* nada, si no le fuere dado
4.45 cuando vino a Galilea … le *recibieron*
5.43 no me *recibís*; si otro … a ése *recibiréis*
14.17 Espíritu … el mundo no puede *recibir*
16.24 pedid, y *recibiréis*, para que vuestro
20.22 y les dijo: *Recibid* el Espíritu Santo
Hch 3.5 atento, esperando *recibir* de ellos algo
3.21 es necesario que el cielo *reciba* hasta los
10.25 Pedro entró, salió Cornelio a *recibirle*
17.11 *recibieron* la palabra con toda solicitud
22.18 no *recibirán* tu testimonio acerca de mí
28.15 salieron a *recibirnos* hasta el Foro de
Ro 5.17 reinarán … los que *reciben* la abundancia
14.1 *recibid* al débil en la fe, pero no para
15.7 *recibíos* los … como … Cristo nos *recibió*
16.2 la *recibáis* en el Señor, como es digno
1 Co 4.7 ¿qué tienes que no hayas *recibido*? Y si
9.10 y el que trilla, con esperanza de *recibir*
11.23; 15.3 *recibí* … lo que … os he enseñado
2 Co 5.10 para que cada uno *reciba* según lo que
6.1 que no *recibáis* en vano la gracia de Dios
Gá 1.12 yo ni lo *recibí* ni lo aprendí de hombre
3.2 ¿*recibisteis* el Espíritu por las obras de
4.5 que *recibiésemos* la adopción de hijos
4.14 me *recibisteis* como a un ángel de Dios
Ef 6.8 ése *recibirá* del Señor, sea siervo o sea
Fil 2.29 *recibidle* … con todo gozo, y tened en
Col 2.6 la manera que habéis *recibido* al Señor
3.25 el que … *recibirá* la injusticia que hiciere
1 Ts 2.13 cuando *recibisteis* la palabra de Dios
4.17 las nubes para *recibir* al Señor en el aire
Flm 12, 17 tú, pues, *recíbele* como a mí mismo
He 7.1 salió a *recibir* a Abraham que volvía de
7.5 los que de … Leví *reciben* el sacerdocio
11.39 aunque … fe, no *recibieron* lo prometido
Stg 1.7 no piense … que *recibirá* cosa alguna del
4.3 pedís, y no *recibís*, porque pedís mal
1 P 1.18 la cual *recibisteis* de vuestros padres
1 Jn 3.22 cosa que pidiéremos la *recibiremos* de
2 Jn 10 no trae esta doctrina, no lo *recibáis* en
3 Jn 9 escrito … pero Diótrefes … no nos *recibe*

RECOMPENSAR *v.* Pagar
Rt 2.12 Jehová *recompense* tu obra, y … cumplida

2 S 22.25; Sal 18.24 me ha *recompensado* Jehová
Pr 11.31 el justo será *recompensado* en la tierra
13.13 el que teme el … será *recompensado*
Is 65.6 *recompensaré*, y daré el pago en su seno
Lc 14.12 te vuelvan a … y seas *recompensado*
1 Ti 5.4 a *recompensar* a sus padres; porque esto
Ap 22.12 para *recompensar* a … según sea su obra

RECONCILIAR
Lv 8.15 y lo santificó para *reconciliar* sobre él
Mt 5.24 *reconcíliate* primero con tu hermano
Ro 5.10 *reconciliados* con Dios por la muerte
5.10 estando *reconciliados*, seremos salvos por
1 Co 7.11 *reconcíliese* con su marido; y que el
2 Co 5.18 Dios, quien nos *reconcilió* consigo
5.19 en Cristo *reconciliando* consigo al mundo
5.20 os rogamos en … *Reconciliaos* con Dios
Ef 2.16 *reconciliar* con Dios a ambos en un solo
Col 1.20 por medio de él *reconciliar* consigo todas
1.21 y a vosotros … ahora os ha *reconciliado*

RECORDAR
Nm 10.9 seréis *recordados* por Jehová … Dios
Est 9.28 y que estos días serían *recordados* y
Sal 79.8 no *recuerdes* contra … las iniquidades
Jn 14.26 os *recordará* todo lo que yo os he dicho
Hch 20.35 *recordar* las palabras del Señor Jesús
1 Ts 3.6 y que siempre nos *recordáis* con cariño
2 P 1.12 yo no dejaré de *recordaros* siempre estas
Jud 5 mas quiero *recordaros*, ya que una vez lo
Ap 2.5 *recuerda*, por tanto, de dónde has caído

RECHAZAR
Jn 12.48 el que me *rechaza*, y no recibe mis palabras
Hch 7.35 este Moisés, a quien habían *rechazado*
Jud 8 *rechazan* la autoridad y blasfeman de las

REDARGÜIR
Job 32.12 que no hay de … quien *redarguya* a Job
Jn 8.46 ¿quién de … me *redarguye* de pecado?
2 Ti 4.2 *redarguye*, reprende, exhorta con toda

REDENCIÓN *v.* Salvación
Éx 8.23 yo pondré *r* entre mi pueblo y el tuyo
Job 33.24 que lo libró de descender … que halló *r*
Sal 49.8 porque la *r* de su vida es de gran precio
111.9 *r* ha enviado a su pueblo … su pacto
130.7 hay misericordia, y abundante *r* con él
Lc 21.28 cabeza, porque vuestra *r* está cerca
Ro 3.24 mediante la *r* que es en Cristo Jesús
1 Co 1.30 justificación, santificación y *r*
Ef 1.7; Col 1.14 en quien tenemos *r* por su
1.14 hasta la *r* de la posesión adquirida, para
4.30 cual fuisteis sellados para el día de la *r*
He 9.12 una vez … habiendo obtenido eterna *r*

REDIMIR *v.* Rescatar, Salvar
Éx 6.6 os *redimiré* con brazo extendido, y con
13.13; 34.20 *redimirás* al primogénito de tus
13.15 y *redimo* al primogénito de mis hijos
15.13 condujiste … este pueblo que *redimiste*
Rt 2.20 es … uno de los que pueden *redimirnos*
3.13 si él te *redimiere*, bien, *redímate*; mas
2 S 4.9; 1 R 1.29 vive Jehová, que ha *redimido*
1 Cr 17.21 Dios fuese y se *redimiese* un pueblo
Neh 1.10 los cuales *redimiste* con tu gran poder
Job 6.23 *redimidme* del poder de los violentos?
33.28 *redimirá* su alma para que no pase al

Sal 25.22 *redime*, oh Dios, a Israel de todas sus
34.22 Jehová *redime* el alma de sus siervos
44.26 *redímenos* por causa de tu misericordia
49.7 ninguno de … podrá … *redimir* al hermano
49.15 Dios *redimirá* mi vida del poder del Seol
55.18 él *redimirá* en paz mi alma de la guerra
69.18 acércate a mi alma, *redímela*; líbrame
77.15 con tu brazo *redimiste* a tu pueblo, a
130.8 *redimirá* a Israel de todas sus pecados
144.7 *redímeme* … de las muchas aguas, de la
Is 43.1 no temas, porque yo te *redimí*; te puse
44.22 vuélvete a mí, porque yo te *redimí*
48.20 decid: *Redimió* Jehová a Jacob su siervo
Is 50.2 ha acortado mi mano para no *redimir*?
Jer 15.21 te *redimiré* de la mano de los fuertes
31.11 Jehová *redimió* a Jacob, lo *r* de mano
Os 7.13 los *redimí*, y ellos … mentiras contra mí
13.14 de la mano del Seol los *redimiré*, los
Mi 6.4 de la casa de servidumbre te *redimí*; y
Zac 10.8 los reuniré, porque los he *redimido*
Lc 24.21 que era el que había de *redimir* a Israel
Gá 3.13 Cristo nos *redimió* de la maldición de la
Col 4.5 andad sabiamente … *redimiendo* el tiempo
Tit 2.14 quien se dio … para *redimirnos* de toda
Ap 5.9 con tu sangre nos has *redimido* para Dios

REFUGIO

Nm 35.11 ciudades de *r* tendréis, donde huya el
Dt 33.27 el eterno Dios es tu *r*, y acá abajo los
Jos 20.2 diles: Señalaos las ciudades de *r*, de los
1 S 2.2 fuera de ti, y no hay *r* como el Dios nuestro
2 S 22.3 el fuerte de mi salvación, mi alto *r*
Sal 9.9 Jehová será *r* del pobre, *r* para el tiempo
32.7 eres mi *r*, me guardarás de la angustia
46.7 Jehová … nuestro *r* es el Dios de Jacob
48.3 en sus palacios Dios es conocido por *r*
61.3 tú has sido mi *r*, y torre fuerte contra
62.2 salvación; es mi *r*, no resbalaré mucho
62.7 en Dios está mi roca fuerte, y mi *r*
62.8 esperad en él en … Dios es nuestro *r*
71.3 para mí una roca de *r*, adonde recurra
90.1 Señor, tú nos has sido *r* de generación
94.22 Jehová me ha sido por *r*, y mi Dios por
Is 4.6; 25.4 para *r* … contra el turbión y contra el
28.15 hemos puesto nuestro *r* en la mentira
28.17 granizo barrerá el *r* de la mentira
33.16 fortaleza de rocas será su lugar de *r*
Jer 16.19 *r* mío en el tiempo de la aflicción, a ti
17.17 no me … pues mi *r* eres tú en el día malo

REINO

Éx 19.6 vosotros me seréis un *r* de sacerdotes
1 S 10.25 Samuel recitó luego … las leyes del *r*
18.8 a David … no le falta más que el *r*
28.17 Jehová ha quitado el *r* de tu mano, y lo
2 R 19.19 sepan todos los *r* … que sólo tú, Jehová
1 Cr 17.11 uno de entre tus hijos, y afirmaré su *r*
29.11 tuyo, oh Jehová, es el *r*, y tú eres
Sal 22.28 porque de Jehová es el *r*, y él regirá
45.6 cetro de justicia es el cetro de tu *r*
103.19 su trono, y su *r* domina sobre todos
145.13 tu *r* es *r* de todos los siglos, y tu
Dn 2.37 el Dios del cielo te ha dado *r*, poder
4.3 su *r*, *r* sempiterno, y su señorío de
4.17 Altísimo gobierna el *r* de los hombres
4.31 se te dice… El *r* ha sido quitado de ti

7.18 recibirán el *r* los santos del Altísimo
8.22 cuatro *r* se levantarán de esa nación
11.4 su *r* será quebrantado y repartido hacia
11.21 pero vendrá sin aviso y tomará el *r*

Abd 21 subirán salvadores ... *r* será de Jehová

Hag 2.22 trastornaré el trono de los *r*, y destruiré

Mt 3.2; 4.17; 10.7 *r* de los cielos se ha acercado
4.8 le mostró todos los *r* del mundo y la
5.3 los pobres ... de ellos es el *r* de los cielos
5.19 muy pequeño será llamado en el *r* de los
6.10; Lc 11.2 venga tu *r*. Hágase tu voluntad
6.13 tuyo es el *r*, y el poder, y la gloria, por
6.33 buscad primeramente el *r* de Dios y su
7.21 no todo el ... entrará en el *r* de los cielos
8.11 se sentarán con ... en el *r* de los cielos
11.12 el *r* de los cielos sufre violencia, y los
12.28 ha llegado a vosotros el *r* de Dios
13.11; Mr 4.11; Lc 8.10 os es dado saber los misterios del *r*
13.19 cuando alguno oye la palabra del *r* y no
13.38 la buena semilla son los hijos del *r*, y
16.19 a ti te daré las llaves del *r* de los cielos
18.3 niños, no entraréis en el *r* de los cielos
19.14; Mr 10.14; Lc 18.16 de los tales es el *r*
19.23; Mr 10.23; Lc 18.24 ¡cuán difícilmente entrará un rico en el *r*
21.43 el *r* de Dios será quitado de vosotros
24.7; Mr 13.8; Lc 21.10 se levantará nación contra nación y *r* contra *r*
25.34 venid ... heredad el *r* preparado para
26.29; Mr 14.25 lo beba nuevo en el *r* de mi

Mr 11.10 ¡bendito el *r* de nuestro padre David
12.34 le dijo: No estás lejos del *r* de Dios

Lc 1.33 reinará sobre la ... y su *r* no tendrá fin
6.20 pobres, porque vuestro es el *r* de Dios
9.62 hacia atrás, es apto para el *r* de Dios
10.9; 11.20 se ha acercado ... el *r* de Dios
11.17 todo *r* dividido contra sí mismo, es
12.31 mas buscad el *r* de Dios, y todas estas
12.32 vuestro Padre le ha placido daros el *r*
13.29 se sentarán a la mesa en el *r* de Dios
16.16 desde entonces el *r* de ... es anunciado
17.20 el *r* de Dios no vendrá con advertencia
17.21 aquí el *r* de Dios está entre vosotros
19.12 se fue a ... para recibir un *r* y volver
21.31 cosas, sabed que está cerca el *r* de Dios
22.29 os asigno un *r*, como mi Padre me lo
23.42 acuérdate de mí cuando vengas en tu *r*

Jn 3.3 no naciere de ... no puede ver el *r* de Dios
18.36 mi *r* no es de este mundo; si mi *r* fuera

Hch 1.3 días y hablándoles acerca del *r* de Dios
1.6 ¿restaurarás el *r* a Israel en este tiempo?
14.22 muchas tribulaciones entremos en el *r*
19.8 y persuadiendo acerca del *r* de Dios
28.23 y les testificaba el *r* de Dios, desde la

Ro 14.17 el *r* de Dios no es comida ni bebida

1 Co 4.20 el *r* de Dios no consiste en palabras
6.9 los injustos no heredarán el *r* de Dios?
15.24 cuando entregue el *r* al Dios y Padre

Gá 5.21 tales cosas no heredarán el *r* de Dios

Ef 5.5 idólatra, tiene herencia en el *r* de Cristo

Col 1.13 y trasladado al *r* de su amado Hijo

1 Ts 2.12 de Dios, que os llamó a su *r* y gloria

2 Ts 1.5 que seáis tenidos por dignos del *r* de

He 1.8 siGáo; cetro de equidad es el cetro de tu *r*
11.33 que por fe conquistaron *r*, hicieron
12.28 recibiendo nosotros un *r* inconmovible

Stg 2.5 y herederos del *r* que ha prometido a los
2 P 1.11 será otorgada amplia ... entrada en el *r*
Ap 11.15 los *r* del mundo han venido a ser de
12.10 ahora ha venido ... el *r* de nuestro Dios
16.10 su *r* se cubrió de tinieblas y mordían
17.17 y dar su *r* a la bestia, hasta que se

RELIGIÓN
Hch 25.19 ciertas cuestiones acerca de su *r*, y de
26.5 a la más rigurosa secta de nuestra *r*
Stg 1.27 la *r* pura y sin mácula delante de Dios

RELIGIOSO
Hch 17.22 dijo ... en todo observo que sois muy *r*
Stg 1.26 si alguno se cree *r* entre vosotros, y no

REMISIÓN *v.* Perdón
Dt 15.1 cada siete años harás *r*
15.9 cerca está el año séptimo, el de la *r*
Mt 26.28 es derramada para *r* de los pecados
He 9.15 para la *r* de las transgresiones que había
9.22 y sin derramamiento de ... no se hace *r*
10.18 pues donde hay *r* de éstos, no hay más

RENUNCIAR
Lc 14.33 cualquiera ... que no *renuncia* a todo lo
Tit 2.12 que, *renunciando* a la impiedad y a los

REPOSO *v.* Paz
Éx 16.26; 20.10; 35.2; Lv 23.3; Dt 5.14 el séptimo día es día de *r*
20.8 acuérdate del día de *r* para santificarlo
31.13; Lv 19.30 guardaréis mis días de *r*
35.2 el día séptimo os será santo, día de *r*
Lv 23.24 al primero del mes tendréis día de *r*
25.4 la tierra tendrá descanso, *r* para Jehová
26.2 guardad mis días de *r*, y ... mi santuario
Dt 3.20 que Jehová dé *r* a vuestros hermanos
5.12 guardarás el día de *r* para santificarlo
12.10 os dará *r* de todos vuestros enemigos
Jos 1.13 Jehová vuestro Dios os ha dado *r*, y os
21.44 Jehová les dio *r* alrededor, conforme a
Neh 10.31 trajesen a vender ... en el día de *r*
13.17 hacéis, profanando así el día de *r*?
Sal 95.11 juré en mi ... que no entrarían en mi *r*
116.7 vuelve, oh alma mía, a tu *r*, porque
132.8 levántate, oh Jehová, al lugar de tu *r*
Is 28.12 este es el *r*; dad *r* al cansado; y este
32.17 será paz, y la labor de la justicia, *r* y
56.2 guarda el día de *r* para no profanarlo
58.13 si retrajeres del día de *r* tu pie, de
Jer 17.21 de llevar carga en el día de *r*, y de
Ez 20.12 les di también mis días de *r*, para que
44.24 fiestas ... y santificarán mis días de *r*
Mt 12.2; Lc 6.2 es lícito hacer en el día de *r*
12.10 ¿es lícito sanar en el día de *r*?
12.43; Lc 11.24 lugares secos, buscanso *r*
24.20 vuestra huida no sea ... ni en día de *r*
28.1 pasado el día de *r*, al amanecer del
Mr 2.27 día de *r* ... hecho por causa del hombre
3.4 ¿es lícito en los días de *r* hacer bien, o
16.1 cuando pasó el día de *r* ... para ungirle
Lc 4.16 en el día de *r* entró en la sinagoga
6.5 el Hijo del ... es Señor aun del día de *r*
6.7 para ver si en el día de *r* lo sanaría, a fin
13.16 ¿no se le debía desatar ... en el día de *r*?
14.1 un día de *r* ... habiendo entrado para
23.56 descansaron el día de *r*, conforme al
Jn 5.18 porque no sólo quebrantaba el día de *r*
7.23 recibe ... la circuncisión en el día de *r*
2 Co 7.5 ningún *r* tuvo nuestro cuerpo, sino que
Col 2.16 días de fiesta, luna nueva o días de *r*
2 Ts 1.7 a vosotros que ... daros *r* con nosotros
He 3.11 juré en mi ira: No entrarán en mi *r*
4.3 los que hemos creído entramos en el *r*
4.9 queda un *r* para el pueblo de Dios

4.11 procuremos, pues, entrar en aquel *r*
Ap 14.11 no tienen *r* de día ni de noche los que

REPUTACIÓN
Gá 2.2 expuse en privado a los que tenían cierta *r*
2.6 los que tenían *r* … los de *r* nada nuevo me
Col 2.23 tienen … cierta *r* de sabiduría en culto

RESCATAR *v.* Redimir, Salvar
Éx 15.16 haya pasado este pueblo que tú *rescataste*
21.8 que se *rescate*, y no la podrá vender a
Lv 25.25 vendrá y *rescatará* lo que su hermano
25.48 podrá ser *rescatado*; uno … lo *rescatará*
27.13 y si lo quisiere *rescatar*, añadirá sobre
Dt 7.8 os ha *rescatado* de servidumbre, de la mano
24.18 que de allí te *rescató* Jehová tu Dios
28.31 ovejas … no tendrás quien te las *rescate*
2 S 7.23 fue Dios para *rescatarlo* por pueblo suyo
Neh 5.8 según nuestras posibilidades *rescatamos*
Sal 35.17 *rescata* mi alma de sus destrucciones
103.4 el que *rescata* del hoyo tu vida, el que
136.24 y nos *rescató* de nuestros enemigos
Is 52.3 por tanto, sin dinero seréis *rescatados*
1 P 1.18 *rescatados* de vuestra vana manera de

RESPETAR
Job 34.19 ni *respeta* más al rico que al pobre
Dn 11.37 ni *respetará* a dios alguno, porque sobre
Ef 5.33 ame a … y la mujer *respete* a su marido

RESTAURAR
1 R 13.6 mí, para que mi mano me sea *restaurada*
2 Cr 24.4 Joás decidió *restaurar* la casa de Jehová
Esd 9.9 *restaurar* sus ruinas, y darnos protección
Neh 3.32 la puerta … *restauraron* los plateros y
Sal 80.3, 7, 19; 85.4 oh Dios, *restáuranos*; haz
Ec 3.15 ser, fue ya; y Dios *restaura* lo que pasó
Is 1.26 y *restauraré* tus jueces como al principio
49.8 por pacto … para que *restaures* la tierra
61.4 *restaurarán* las ciudades arruinadas, los
Dn 9.25 de la orden para *restaurar* … a Jerusalén
Mt 12.13; Mr 3.5; Lc 6.10 la mano le fue *restaurada*
Hch 1.6 ¿restaurarás el reino a Israel en este
Gá 6.1 *restauradle* con espíritu de mansedumbre

RESTITUIR *v.* Restaurar
Gn 40.13 te *restituirá* a tu puesto, y darás la copa
Lv 6.4 habiendo pecado … *restituirá* aquello que
Job 9.12 ¿quién le hará *restituir*? Quién le dirá
20.18 *restituirá* el trabajo conforme a los bienes
Is 1.17 *restituid* al agraviado, haced justicia al
Ez 33.15 el impío *restituyere* la prenda … vivirá
Jl 2.25 os *restituiré* los años que comió la oruga

RESUCITAR
Neh 4.2 ¿*resucitarán* de los montones del polvo
Is 26.19 muertos vivirán … cadáveres *resucitarán*
Os 6.2 el tercer día nos *resucitará*, y viviremos
Mt 10.8 *resucitad* muertos, echad … demonios fuera
11.5; Lc 7.22 los muertos son *resucitados*, y
14.2; Mr 6.14; Lc 9.7 Juan el Bautista ha *resucitado* de los muertos
16.21; 17.23; 20.19; 27.63; Mr 8.31; 9.31; 10.34; Lc 9.22; 18.33; 24.7 ser muerto, y *resucitar* al tercer día
17.9; Mr 9.9 que … *resucite* de los muertos
26.32; Mr 14.28 después que haya *resucitado*
27.64 digan … *Resucitó* de entre los muertos
28.6; Mr 16.6; Lc 24.6 no está aquí, pues ha *resucitado*
Mr 9.10 sería aquello de *resucitar* de los muertos

Lc 24.34 que decían: Ha *resucitado* el Señor
24.46 *resucitase* de los muertos al tercer día
Jn 6.40 vida … y yo le *resucitaré* en el día postrero
11.23 Jesús le dijo: Tu hermano *resucitará*
20.9 que era necesario que él *resucitase* de
Hch 2.32 a este Jesús *resucitó* Dios, de lo cual
3.15; 4.10 a quien Dios ha *resucitado* de los
17.3 *resucitase* de los muertos; y que Jesús
26.8 increíble … Dios *resucite* a los muertos?
Ro 4.25 fue … *resucitado* para nuestra justificación
14.9 Cristo para esto murió y *resucitó*, y
1 Co 15.4 y que *resucitó* al tercer día, conforme a
15.13 si no hay … tampoco Cristo *resucitó*
15.15 hemos testificado de Dios que él *resucitó*
15.16 si los muertos no *resucitan*, tampoco
15.20 Cristo ha *resucitado* de los muertos
15.42 siembra en … *resucitará* en incorrupción
Ef 1.20 en Cristo, *resucitándole* de los muertos y
2.6 con él nos *resucitó*, y … nos hizo sentar
Col 2.12 en el cual fuisteis también *resucitados*
3.1 si, pues, habéis *resucitado* con Cristo
1 Ts 4.16 muertos en Cristo *resucitarán* primero
2 Ti 2.8 *resucitado* de los muertos conforme
He 13.20 el Dios de paz que *resucitó* de los

RETRIBUCIÓN
Dt 32.35 mía es la venganza y la *r*; a su tiempo
Is 34.8 es día de … año de *r* en el pleito de Sion
35.4 que vuestro Dios viene con *r*, con pago
47.3 haré *r*, y no se librará hombre alguno
Jer 51.56 porque Jehová, Dios de *r*, dará la paga
Os 9.7 vinieron los días de la *r*; e Israel lo
Lc 21.22 porque estos son días de *r*, para que se
Ro 1.27 recibiendo en sí mismos la *r* debida a su
11.9 sea vuelto su … en tropezadero y en *r*
2 Ts 1.8 dar *r* a los que no conocieron a Dios
He 2.2 toda transgresión y … recibió justa *r*

REVELACIÓN *v.* Venida
1 R 14.6 he aquí yo soy enviado a ti con *r* dura
Lc 2.32 luz para *r* a los gentiles, y gloria de tu
Ro 16.25 según la *r* del misterio que … oculto
1 Co 14.6 no os hablare con *r*, o con ciencia
2 Co 12.1 vendré a las … y a las *r* del Señor
12.7 y para que la grandeza de las *r* no me
Gá 1.12 ni lo recibí … sino por *r* de Jesucristo
2.2 pero subí según una *r*, y para no correr
Ef 1.17 Padre de gloria, os dé espíritu … de *r*
3.3 que por *r* me fue declarado el misterio
1 P 4.13 en la *r* de su gloria os gocéis con gran
Ap 1.1 la *r* de Jesucristo, que Dios le dio, para

REY *v.* Autoridad, Príncipe, Señor
Gn 17.6 haré naciones de ti, y *r* saldrán de ti
Éx 1.8 se levantó sobre Egipto un nuevo *r* que
Nm 23.21 Dios está con él, y júbilo de *r* en él
Dt 17.15 por *r* … al que Jehová … escogiere
33.5 y fue *r* en Jesurún … con las tribus de
Jos 10.16 los cinco *r* huyeron, y se escondieron
Jue 9.8 fueron una vez los árboles a elegir *r*
17.6; 21.25 en aquellos días no había *r* en
1 S 2.10 dará poder a su *r*, y exaltará el poderío
8.5 constitúyenos ahora un *r* que nos juzgue
8.11 así hará el *r* que reinará sobre vosotros
10.24 el pueblo clamó … diciendo: ¡Viva el *r*!
12.12 sino ha de reinar sobre nosotros un *r*
12.12 Jehová vuestro Dios era vuestro *r*
21.8 por cuanto la orden del *r* era apremiante
2 S 5.3; 1 Cr 11.3 ungieron a David por *r*
2 R 9.13 tocaron corneta, y dijeron: Jehú es *r*
11.12 y batiendo las … dijeron: ¡Viva el *r*!
2 Cr 23.11 al hijo del *r* … y lo proclamaron *r*

Job 41.34 cosa alta; es *r* sobre todos los soberbios
Sal 2.2 se levantarán los *r* de la tierra … unidos
2.6 he puesto mi *r* sobre Sion, mí santo monte
5.2 está atento a la voz … *R* mío y Dios mío
10.16 Jehová es *R* eternamente y para siempre
20.9 el *R* nos oiga en el día que lo invoquemos
24.7, 9 oh puertas … y entrará el *R* de gloria
29.10 se sienta Jehová como *r* para siempre
33.16 el *r* no se salva por la multitud de
44.4 oh Dios, eres mi *R*; manda salvación a
45.1 rebosa mi corazón … dirijo al *r* mi canto
47.7 porque Dios es el *R* de toda la tierra
72.1 oh Dios, da tus juicios al *r*, y tu justicia
74.12 pero Dios es mi *r* desde tiempo antiguo
89.18 Jehová es nuestro escudo, y nuestro *r*
102.15 temerán … los *r* de la tierra tu gloria
138.4 te alabarán … todos los *r* de la tierra
144.10 tú, el que da victoria a los *r*, el que
Pr 20.26 el *r* sabio avienta a los impíos, y sobre
24.21 teme a Jehová, hijo mío, y al *r*; no te
29.14 *r* que juzga con verdad a los pobres
30.31 cabrío; y el *r*, a quien nadie resiste
31.4 no es de los *r* … no es de los *r* beber vino
Ec 8.4 pues la palabra del *r* es con potestad
10.16 ¡ay de ti … cuando tu *r* es muchacho, y
10.20 ni aun en tu … digas mal del *r*, ni en lo
Cnt 1.4 el *r* me ha metido en sus cámaras; nos
Is 6.5 porque han visto mis ojos al *R*, Jehová de
32.1 he aquí que para justicia reinará un *r*
33.17 tus ojos verán al *R* en su hermosura
33.22 Jehová es nuestro *R*; él … nos salvará
49.23 *r* serán tus ayos, y sus reinas tus
62.2 entonces verán … todos los *r* tu gloria
Jer 10.7 no te temerá, oh *R* de las naciones?
10.10 él es Dios vivo y *R* eterno; a su ira
23.5 David renuevo justo, y reinará como *R*
30.9 servirán a Jehová su … y a David su *r*
Dn 2.37 tú, oh *r*, eres *r* de *r*; porque el Dios del
7.17 estas cuatro … bestias con cuatro *r* que
7.24 los diez cuernos significan que … diez *r*
11.2 aún habrá tres *r* en Persia, y el cuarto
Os 3.4 muchos días estarán los hijos de … sin *r*
13.10 ¿dónde está tu *r*, para que te guarde
Mi 2.13 su *r* pasará delante de ellos, y a la cabeza
Zac 9.9 he aquí tu *r* vendrá a ti, justo y salvador
14.9 Jehová será *r* sobre toda la tierra. En
14.16 subirán de año en año para adorar al *R*
Mal 1.14 porque yo soy Gran *R*, dice Jehová
Mt 2.2 ¿dónde está el *r* de los judíos … nacido?
5.35 ni por Jerusalén … la ciudad del gran *R*
10.18; Mr 13.9; Lc 21.12 aun ante … *r* seréis llevados
17.25 los *r* de la tierra, ¿de quiénes cobran
18.23; 22.2 el reino de … es semejante a un *r*
21.5 he aquí, tu *R* viene a tí, manso, y sentado
25.34 el *R* dirá a los de su derecha: Venid
27.11; Mr 15.2; Lc 23.3; Jn 18.33 ¿eres tú el *R* de los judíos?
27.29; Jn 19.3 ¡salve, *R* de los judíos!
27.37; Mr 15.26; Lc 23.38; Jn 19.19 éste es Jesús, el *r* de los judíos
Lc 14.31 ¿o qué *r*, al marchar a … contra otro
19.38 ¡bendito el *r* que viene en el nombre
Jn 1.49 el Hijo de Dios; tú eres el *R* de Israel
6.15 venir para apoderarse de él y hacerle *r*
12.13 ¡bendito el que viene … el *R* de Israel!
12.15 he aquí tu *R* viene, montado sobre un

19.14 entonces dijo a … ¡He aquí vuestro *R*!
Hch 4.26 se reunieron los *r* de la tierra, y los
7.18 que se levantó en Egipto otro *r*, que no
17.7 de César, diciendo que hay otro *r*, Jesús
1 Ti 1.17 al *R* de los siglos, inmortal, invisible
6.15; Ap 17.14; 19.16 *R* de *r* y Señor de
Ap 1.6 y nos hizo *r* y sacerdotes para Dios, su
15.3 justos … tus caminos, *R* de los santos
16.12 preparado el camino a los *r* del oriente
17.12 diez cuernos que has visto son diez *r*

RIQUEZA *v.* Dinero
Dt 8.17 mi poder y la … me han traído esta *r*
1 R 3.11; 2 Cr 1.11 ni pediste para ti *r*, ni
10.23 excedía el rey … en *r* y en sabiduría
1 Cr 29.12 las *r* y la gloria proceden de ti, y tú
2 Cr 32.27 tuvo Ezequías *r* y gloria, muchas en
Job 20.15 devoró *r*, pero las vomitará; de su
31.25 si me alegré … mis *r* se multiplicasen
36.19 ¿hará él estima de tus *r*, del oro, o de
Sal 39.6 se afana; amontona *r*, y no sabe quién
49.6 de la muchedumbre de sus *r* se jactan
52.7 sino que confió en la multitud de sus *r*
62.10 si se aumentan las *r*, no pongáis el
73.12 he aquí, estos impíos … alcanzaron *r*
Pr 8.18 *r* y la honra están conmigo; *r* duraderas
10.15; 18.11 *r* del rico son su ciudad fuerte
11.4 no aprovecharán las *r* en el día de la ira
11.16 tendrá honra, y los fuertes tendrán *r*
11.28 el que confía en sus *r* caerá; mas los
13.7 pretenden ser pobres, y tienen muchas *r*
13.11 las *r* de vanidad disminuirán; pero el
13.22 la *r* del pecador está guardada para el
14.24 las *r* de los sabios son su corona; pero
19.4 las *r* traen muchos amigos; mas el pobre
22.1 de más estima es el … que las muchas *r*
23.5 ¿has de poner tus ojos en las *r*, siendo
27.24 porque las *r* no duran para siempre
30.8 no me des pobreza ni *r*; manténme del
Ec 5.13 *r* guardadas por sus dueños para su mal
5.19 todo hombre a quien Dios da *r* y bienes
9.11 ni de los prudentes las *r*, ni de los
Is 60.5 las *r* de las naciones hayan venido a ti
Jer 15.13 tus *r* y tus tesoros entregaré a la rapiña
17.11 es el que injustamente amontona *r*; en
Ez 28.5 a causa de tus *r* se ha enaltecido tu
Mt 6.24 no podéis servir a Dios y a las *r*
13.22; Mr 4.19 el engaño de las *r* ahogan la
Mr 10.23; Lc 18.24 difícilmente entrarán en el reino … los que tienen *r*
Lc 16.9 ganad amigos por medio de las *r* injustas
Hch 19.25 que de este oficio obtenemos nuestra *r*
Ro 2.4 ¿o menosprecias las *r* de su benignidad
9.23 para hacer notorias las *r* de su gloria
11.12 si su transgresión es la *r* del mundo
11.33 ¡oh profundidad de las *r* de … de Dios!
Ef 1.18 y cuáles las *r* de la gloria de su herencia
2.7 mostrar … las abundantes *r* de su gracia
3.8 anunciar … evangelio de … *r* de Cristo
3.16 que os dé, conforme a las *r* de su gloria
Fil 4.19 suplirá todo lo que … conforme a sus *r*
Col 1.27 Dios quiso dar a conocer las *r* de la gloria
2.2 alcanzar todas las *r* de … entendimiento
1 Ti 6.17 ni pongan la esperanza en las *r*, las
He 11.26 teniendo por mayores *r* el vituperio de
Stg 5.2 vuestras *r* están podridas, y … ropas
Ap 5.12 Cordero … digno de tomar el poder, las *r*

18.17 en una hora han sido consumidas tantas *r*

SABIDURÍA

Gn 3.6 era … árbol codiciable para alcanzar la *s*

Dt 4.6 es vuestra *s* y vuestra inteligencia ante los

34.9 Josué … fue lleno del espíritu de *s*

1 R 3.28 vieron que había en él *s* de Dios para

4.29 Dios dio a Salomón *s* y prudencia muy

10.4; 2 Cr 9.3 reina de Sabá vio toda la *s*

10.7 es mayor tu *s* y bien, que la fama que yo

10.23; 2 Cr 9.22 excedía … en riquezas y en *s*

2 Cr 1.10 dame ahora *s* y ciencia … gobernar a

Job 12.2 el pueblo, y con vosotros morirá la *s*

12.13 con Dios está la *s* y el poder; suyo es

13.5 ojalá callarais … porque esto os fuera *s*

15.8 ¿oíste tú el … y está limitada a ti la *s*?

21.22 ¿enseñará alguien a Dios *s*, juzgando él

28.12 ¿dónde se hallará la *s*? ¿Dónde está

28.28; Sal 111.10; Pr 1.7; 9.10 el temor del Señor es la *s*

32.7 y la muchedumbre de años declarará *s*

35.16 por eso Job … multiplica palabras sin *s*

38.36 ¿quién puso la *s* en el corazón? ¿O

Sal 19.2 días, y una noche a otra noche declara *s*

37.30 la boca del justo habla *s*, y su lengua

49.3 mi boca hablará *s*, y el pensamiento de

51.6 en lo secreto me has hecho comprender *s*

90.12 enséñanos … que traigamos al corazón *s*

119.66 enséñame buen sentido y *s*, porque tus

Pr 1.2 para entender *s* y doctrina, para conocer

1.20 la *s* clama en las calles, alza su voz en

2.6 Jehová da la *s*, y de su boca viene el

3.13 bienaventurado el hombre que halla la *s*

4.5 adquiere *s*, adquiere inteligencia; no te

4.7 *s* ante todo; adquiere *s*; y sobre todas

5.1 está atento a mi *s*, y a mi inteligencia

7.4 di a la *s*: Tú eres mi hermana, y a la

8.1 ¿no clama la *s* … su voz la inteligencia?

8.11 mejor es la *s* que las piedras preciosas

8.12 yo, la *s*, habito con la cordura, y hallo

9.1 la *s* edificó su casa, labró sus … columnas

10.23 mas la *s* recrea al … de entendimiento

10.31 la boca del justo producirá *s*; mas la

11.2 viene … mas con los humildes está la *s*

14.6 busca el escarnecedor la *s* y no la halla

15.2 la lengua de los sabios adornará la *s*

16.16 mejor es adquirir *s* que oro preciado

18.15 el corazón del entendido adquiere *s*

21.30 no hay *s* … ni consejo, contra Jehová

24.7 alta está para el insensato la *s*; en la

29.3 hombre que ama la *s* alegra a su padre

29.15 la vara y la corrección dan *s*; mas el

Ec 1.16 y he crecido en *s* sobre todos los que

1.18 en la mucha *s* hay mucha molestia

8.1 la *s* del hombre ilumina su rostro, y la

9.10 no hay obra, ni trabajo, ni ciencia, ni *s*

9.16 mejor es la *s* que la fuerza, aunque la

10.10 pero la *s* es provechosa para dirigir

Is 11.2 espíritu de *s* y de inteligencia, espíritu de

29.14 porque perecerá la *s* de sus sabios, y se

33.6 reinarán en tus tiempos la *s* y la ciencia

47.10 tu *s* y tu misma ciencia te engañaron

Jer 9.23 no se alabe el sabio en su *s*, ni en su

49.7 ¿no hay más *s* en Temán? ¿Se ha acabado

Dn 1.20 todo asunto de *s* … el rey les consultó

5.11 se halló en él … *s*, como *s* de los dioses

9.22 Daniel, ahora he salido para darte *s* y

Mt 11.19; Lc 7.35 la *s* es justificada por sus hijos

12.42; Lc 11.31 para oír la *s* de Salomón

13.54; Mr 6.2 ¿de dónde tiene éste esta *s*

Lc 2.40 el niño crecía … y se llenaba de *s*
2.52 Jesús crecía en *s* y en estatura, y en
21.15 os daré palabra y *s*, la cual no podrán
Hch 6.10 no podían resistir a la *s* y al Espíritu
Ro 11.33 de las riquezas de la *s* y de la ciencia
1 Co 1.17 a predicar el evangelio; no con *s*
1.19 está escrito: Destruiré la *s* de los sabios
1.20 ¿no ha enloquecido Dios la *s* … mundo?
1.22 piden señales, y los griegos buscan *s*
1.24 mas … Cristo poder de Dios, y *s* de Dios
1.30 el cual nos ha sido hecho por Dios *s*
1 Co 2.6 hablamos *s* entre … y *s*, no de este siGáo
2.7 hablamos *s* de Dios en … la *s* oculta, la
3.19 la *s* de este mundo es insensatez para
12.8 porque a éste es dada … palabra de *s*
2 Co 1.12 no con *s* humana, sino con la gracia
Ef 1.8 sobreabundar … en toda *s* e inteligencia
1.17 Padre de gloria, os dé espíritu de *s*
3.10 la multiforme *s* de Dios sea ahora dada
Col 1.9 conocimiento de su voluntad en toda *s*
2.3 escondidos todos los tesoros de la *s* y del
3.16 exhortándoos unos a otros en toda *s*
Stg 1.5 si alguno … tiene falta de *s*, pídala a
3.17 pero la *s* que es de lo alto es … pura
Ap 13.18 aquí hay *s* … el número de la bestia
17.9 esto, para la mente que tenga *s*; Las

SACERDOCIO *v.* Ministerio
Nm 18.7 tú y tus hijos … guardaréis vuestro *s*
25.13 y tendrá él … el pacto del *s* perpetuo
Os 4.6 te echaré del *s*; y porque olvidaste la ley
Lc 1.8 ejerciendo Zacarías el *s* delante de Dios
He 7.11 si, pues, la perfección fuera por el *s*
7.24 éste … para siempre, tiene un *s* inmutable
1 P 2.9 mas vosotros sois linaje … real *s*, nación

SACRIFICIO *v.* Expiación, Ofrenda, Paz, Propiciación
Gn 46.1 ofreció *s* al Dios de su padre Isaac
Éx 3.18 que ofrezcamos *s* a Jehová nuestro Dios
5.17 decís … Vamos y ofrezcamos *s* a Jehová
22.20 ofreciere *s* a dioses excepto … Jehová
29.28 sus *s* de paz, porción de ellos elevada
34.15 y te invitarán, y comerás de sus *s*
1 S 1.21 ofrecer a Jehová el *s* acostumbrado
2.29 ¿por qué habéis hollado mis *s* y mis
15.22 el obedecer es mejor que los *s*, y el
16.2 y di: A ofrecer *s* a Jehová he venido
1 R 3.15 sacrificó holocaustos y ofreció *s* de
12.32 en Bet-el, ofreciendo *s* a los becerros
2 R 10.19 porque tengo un gran *s* para Baal
2 Cr 7.5 ofreció el rey Salomón en *s* … bueyes
29.31 presentad *s* y alabanzas en la casa de
Sal 40.6 *s* y ofrenda no te agrada; has abierto
50.8 no te reprenderé por tus *s*, ni por tus
51.16 porque no quieres *s*, que yo lo daría
106.28 se … y comieron los *s* de los muertos
107.22 ofrezcan *s* de alabanza, y publiquen
119.108 sean agradables los *s* … de mi boca
Pr 15.8; 21.27 *s* de los impíos es abominación
Ec 5.1 más para oír que para ofrecer el *s* de los
Is 43.23 ni a mí me honraste con tus *s*; no te
Jer 6.20 aceptables, ni vuestros *s* me agradan
17.26 *s* de alabanza a la casa de Jehová
Ez 39.17 *s* grande sobre los montes de Israel
Dn 8.11 y por él fue quitado el continuo *s*, y el
11.31 profanarán … y quitarán el continuo *s*
Os 6.6 porque misericordia quiero, y no *s*
8.13 en los *s* de mis … sacrificaron carne, y
Am 4.4 traed de mañana vuestros *s*, y vuestros
Jon 1.16 ofrecieron *s* a Jehová, e hicieron votos
2.9 mas yo con voz de alabanza te ofreceré *s*

Sof 1.7 Jehová ha preparado *s*, y ha dispuesto
Mt 9.13; 12.7 misericordia quiero, y no *s*
Mr 12.33 amarle … es más que todos los … *s*
Lc 13.1 Pilato había mezclado con los *s* de ellos
Hch 14.13 el sacerdote de Júpiter … ofrecer *s*
Ro 12.1 que presentéis vuestros cuerpos en *s* vivo
Fil 2.17 sea derramado en libación sobre el *s* y
He 5.1 presente ofrendas y *s* por los pecados
7.27 de ofrecer primero *s* por sus propios
8.3 constituido para presentar ofrendas y *s*
9.26 presentó una vez … por el *s* de sí mismo
10.1 nunca puede, por los mismos *s* que se
10.5 dice: *S* y ofrenda no quisiste; mas me
10.12 habiendo ofrecido … un solo *s* por los
10.26 ya no queda más *s* por los pecados
11.4 Abel ofreció … más excelente *s* que Caín
13.16 hacer bien … de tales *s* se agrada Dios
1 P 2.5 ofrecer *s* espirituales aceptables a Dios

SALARIO

Gn 29.15; 30.28 Labán … Dime cuál será tu *s*
31.7 y me ha cambiado el *s* diez veces; pero
Lv 19.13 no retendrás el *s* del jornalero en tu
Jer 22.13 balde, y no dándole el *s* de su trabajo!
31.16 *s* hay para tu trabajo, dice Jehová, y
Zac 11.12 dadme mi *s* … y pesaron por mi *s*
Lc 3.14 les dijo … contentaos con vuestro *s*
Jn 4.36 el que siega recibe *s*, y recoge fruto para
Ro 4.4 al que obra, no se le cuenta el *s* como
2 Co 11.8 recibiendo *s* para serviros a vosotros
1 Ti 5.18 trilla; y: Digno es el obrero de su *s*

SALOMÓN

Nace, 2 S 12.24;
ungido rey, 1 R 1.32–40;
afirma su reino, 1 R 2.12–46;
se casa con la hija de Faraón, 1 R 3.1;
pide sabiduría, 1 R 3.5–15;
juzga sabiamente, 1 R 3.16–28;
su pacto con Hiram, 1 R 5.1–18;
construye el templo, 1 R 6.1–38; 7.13–51;
construye su casa, 1 R 7.1–12;
dedica el templo, 1 R 8.1–66;
pacto de Dios con él, 1 R 9.1–9; le
visita la reina de Sabá, 1 R 10.1–13;
su apostasía y dificultades, 1 R 11.1–40;
muere, 1 R 11.41–43.

Pr 1.1 los proverbios de *S*, hijo de David, rey
Mt 6.29; Lc 12.27 ni aun *S* con toda su gloria
12.42; Lc 11.31 para oír la sabiduría de *S*
Jn 10.23 Jesús andaba en … por el pórtico de *S*
Hch 3.11 concurrió a ellos al pórtico … de *S*

SALVACIÓN *v.* Redención

Gn 49.18 tu *s* esperé, oh Jehová
Éx 14.13 no temáis; estad firmes, y ved la *s* que
15.2 Jehová es … mi cántico, y ha sido mi *s*
1 S 2.1 Ana oró … por cuanto me alegré en tu *s*
11.13 porque hoy Jehová ha dado *s* en Israel
19.5 y Jehová dio gran *s* a todo Israel
2 R 13.17 saeta de *s* de Jehová, y saeta de *s*
1 Cr 16.23 tierra; proclamad de día en día su *s*
Job 13.16 él mismo será mi *s*, porque no entrará
Sal 3.2 dicen de mí: No hay para él *s* en Dios
3.8 la *s* es de Jehová; sobre tu pueblo sea tu
13.5 mas yo … mi corazón se alegrará en tu *s*
14.7 ¡oh, que de Sion saliera la *s* de Israel!
18.2 y la fuerza de mi *s*, mi alto refugio
27.1 Jehová es mi luz y mi *s*; ¿de quién
35.3 la lanza … di a mi alma: Yo soy tu *s*
37.39 pero la *s* de los justos es de Jehová
40.10 he publicado tu fidelidad y tu *s*; no
42.5, 11; 43.5 espera en … *s* mía y Dios mío
44.4 oh Dios, eres mi Rey; manda *s* a Jacob
62.2 él solamente es mi roca y mi *s*; es mi
62.7 en Dios está mi *s* y mi gloria; en Dios
74.12 el que obra *s* en medio de la tierra

85.7 oh Jehová, tu misericordia, y danos tu *s*
91.16 lo saciaré … vida, y le mostaré mi *s*
96.2 cantad a … anunciad de día en día su *s*
98.2 ha hecho notoria su *s*; a vista de las
98.3 la tierra han visto la *s* de nuestro Dios
116.13 tomaré la copa de la *s*, e invocaré el
118.14 cántico es JAH, y él me ha sido por *s*
119.123 mis ojos desfallecieron por tu *s*
119.155 lejos está de los impíos la *s*, porque
132.16 vestiré de *s* a sus sacerdotes, y sus
149.4 hermoseará a los humildes con la *s*

Is 12.2 he aquí Dios es *s* mía; me aseguraré
25.9 gozaremos y nos alegraremos en su *s*
26.1 *s* puso Dios por muros y antemuro
33.2 nuestra *s* en tiempo de la tribulación
45.8 ábrase … prodúzcanse la *s* y la justicia
45.17 será salvo en Jehová con *s* eterna; no
46.13 y mi *s* no se detendrá. Y pondré *s* en
49.6 para que seas mi *s* hasta lo postrero de
49.8 en el día de *s* te ayudé; y te guardaré
51.6 pero mi *s* será para siempre, mi justicia
52.10 los confines de … verán la *s* del Dios
54.17 siervos de Jehová, y su *s* de mí vendrá
58.8 como el alba, y tu *s* se dejará ver pronto
59.17 coraza, con yelmo de *s* en su cabeza
60.18 tus muros llamarás *S*, y a tus puertas
61.10 porque me vistió con vestiduras de *s*

Lm 3.26 bueno es esperar en … la *s* de Jehová

Jl 2.32 porque en el monte de Sion … habrá *s*

Jon 2.9 pagaré lo que … La *s* es de Jehová

Mal 4.2 sol de justicia, y en sus alas traerá *s*

Lc 1.77 para dar conocimiento de *s* a su pueblo
2.30 porque han visto mis ojos tu *s*
3.6 y verá toda carne la *s* de Dios
19.9 le dijo: Hoy ha venido la *s* a esta casa

Jn 4.22 sabemos; porque la *s* viene de los judíos

Hch 4.12 y en ningún otro hay *s*, porque no hay
13.26 a vosotros es enviada la … de esta *s*
13.47 seas para *s* hasta lo último de la tierra
16.17 quienes os anuncian el camino de *s*
28.28 que a los gentiles es enviada esta *s* de

Ro 1.16 es poder … para *s* a todo aquel que cree
10.1 mi oración a Dios por Israel, es para *s*
10.10 pero con la boca se confiesa para *s*
11.11 por su … vino la *s* a los gentiles, para
13.11 está más cerca de nosotros nuestra *s*

2 Co 1.6 o si … es para vuestra consolación y *s*
6.2 en día de *s*… he aquí ahora el día de *s*
7.10 produce arrepentimiento para *s*, de que

Ef 1.13 habiendo oído … evangelio de vuestra *s*
6.17 tomad el yelmo de la *s*, y la espada del

Fil 2.12 ocupaos en vuestra *s* con temor y

1 Ts 5.8 y con la esperanza de *s* como yelmo
5.9 para ira, sino para alcanzar *s* por medio

2 Ts 2.13 escogido desde el principio para *s*

2 Ti 2.10 para que ellos también obtengan la *s*
3.15 hacer sabio para la *s* por la fe que es en

Tit 2.11 se ha manifestado para *s* a todos los

He 2.3 cómo … si descuidamos una *s* tan grande?
2.10 perfeccionase … al autor de la *s* de ellos
5.9 a ser autor de eterna *s* para todos los que
6.9 cosas mejores, y que pertenecen a la *s*

1 P 1.5 alcanzar la *s* que está preparada para ser
1.9 fin de vuestra fe, que es la *s* de … almas

2 P 3.15 paciencia de nuestro Señor es para *s*

Jud 3 de escribiros acerca de nuestra común *s*

Ap 7.10 la *s* pertenece a nuestro Dios que está
12.10 ahora ha venido la *s*, y el poder, y el
19.1 *s* y honra y gloria y poder son del Señor

SALVAR *v.* Librar, Redimir

Éx 14.30 *salvó* Jehová aquel día a Israel de

Dt 20.4 Dios va con vosotros ... par *salvaros*
Jue 6.15 señor mío, ¿con qué *salvaré* yo a Israel?
7.7 con estos 300 hombres que ... os *salvaré*
1 S 10.27 ¿cómo nos ha de *salvar* éste? Y le
14.6 no es difícil para Jehová *salvar* con
14.23 así *salvó* Jehová a Israel aquel día
17.47 que Jehová no *salva* con espada y con
2 S 22.28; Sal 18.27 tú *salvas* al pueblo afligido
22.42; Sal 18.41 y no hubo quien los *salvase*
1 Cr 16.35 decid: *Sálvanos*, oh Dios, salvación
2 Cr 32.22 así *salvó* Jehová a Ezequías y a los
Job 5.20 en el hambre te *salvará* de la muerte
22.29 y Dios *salvará* al humilde de ojos
40.14 te confesaré que podrá *salvarte* tu
Sal 3.7 levántate, Jehová; *sálvame*, Dios mío
6.4 libra mi ... *sálvame* por tu misericordia
7.10 mi escudo está en Dios, que *salva* a
12.1 *salva*, oh Jehová, porque se acabaron
17.7 tú que *salvas* a los que se refugian a tu
20.6 conozco que Jehová *salva* a su ungido
28.9 *salva* a tu pueblo, y bendice a tu
33.16 el rey no se *salva* por la multitud del
34.18 y *salva* a los contritos de espíritu
54.1 oh Dios, *sálvame* por tu nombre, y con
55.16 a Dios clamaré; y Jehová me *salvará*
59.2 y *sálvame* de hombres sanguinarios
69.1 *sálvame*, oh Dios, porque las aguas han
69.35 Dios *salvará* a Sion, y reedificará las
72.4 *salvará* a los hijos del menesteroso
86.2 *salva* tú ... a tu siervo que en ti confía
98.1 diestra lo ha *salvado*, y su santo brazo
106.8 él los *salvó* por amor de su nombre
106.10 los *salvó* de mano del enemigo, y los
106.47 *sálvanos* ... Dios nuestro, y recógenos
109.26 *sálvame* conforme a tu misericordia
119.94 tuyo soy yo, *sálvame*, porque he
138.7 enemigos ... y me *salvará* tu diestra
145.19 oirá ... clamor de ellos, y los *salvará*
Is 25.9 Dios, le hemos esperado, y nos *salvará*
33.22 porque Jehová ... él mismo nos *salvará*
35.4 pago; Dios mismo vendrá, y os *salvará*
37.35 ampararé a esta ciudad para *salvarla*
43.11 yo ... y fuera de mí no hay quien *salve*
45.17 *salvo* en Jehová con salvación eterna
45.22 mirad a mí, y sed *salvos*, todos los
47.15 cada uno irá ... no habrá quien te *salve*
49.25 le defenderé, y yo *salvaré* a tus hijos
50.8 cercano está de mí el que me *salva*
63.1 hablo en justicia, grande para *salvar*
63.5 me *salvó* mi brazo, y me sostuvo mi ira
63.9 y el ángel de su faz los *salvó*; en su
64.5 pecados ... ¿podremos acaso ser *salvos*?
Jer 4.14 lava tu corazón ... para que sea *salva*
8.20 pasó ... y nosotros no hemos sido *salvos*
11.12 clamarán a los ... no los podrán *salvar*
17.14 *sálvame*, y seré *salvo*; porque tú eres
23.6 en sus días será *salvo* Judá, e Israel
30.10 yo soy el que te *salvo* de lejos a ti y a
30.11 porque yo estoy contigo para *salvarte*
31.7 Jehová, *salva* a tu pueblo, el remanente
33.16 Judá será *salvo*, y Jerusalén habitará
42.11 estoy yo para *salvaros* y libraros de
46.27 he aquí yo te *salvaré* de lejos, y a tu
Ez 34.22 yo *salvaré* a mis ovejas, y nunca más
Os 1.7 *salvaré* por Jehová ... no los *s* con arco
Abd 17 de Sion habrá un remanente que se *salve*
Sof 3.17 Jehová está en medio de ti ... él *salvará*
Zac 8.7 *salvo* a mi pueblo de la tierra del oriente
9.16 los *salvará* en aquel día Jehová su Dios
Mt 1.21 él *salvará* a su pueblo de sus pecados
8.25 ¡Señor, *sálvanos*, que perecemos!

9.22; Lc 8.48 hija, tu fe te ha *salvado*
10.22; 24.13; Mr 13.13 el que persevere hasta el fin, éste será *salvo*
14.30 dio voces, diciendo: ¡Señor, *sálvame*!
16.25; Mr 8.35; Lc 9.24; 17.33 el que quiera *salvar* su vida
18.11; Lc 19.10 ha venido para *salvar* lo que
19.25; Mr 10.26 ¿quién … podrá ser *salvo*?
24.22; Mr 13.20 acortados, nadie sería *salvo*
27.40; Mr 15.30 *sálvate* a ti mismo; si eres
27.42; Mr 15.31; Lc 23.35 a otros *salvó*, a sí mismo no se puede *salvar*

Mr 3.4; Lc 6.9 lícito... *salvar* la vida, o quitarla?
5.23 y pon las manos … para que sea *salva*
5.28 decía … Si tocare … su manto, seré *salva*
5.34 hija, tu fe te ha hecho *salva*; vé en paz
16.16 creyere y fuere bautizado, será *salvo*

Lc 9.56 no … para perder … sino para *salvarlas*
13.23 ¿son pocos los que se *salvan*? Y él les
18.42 le dijo: Recíbela, tu fe te ha *salvado*

Jn 3.17 sino para que el mundo sea *salvo* por él
5.34 mas digo esto, para que … seáis *salvos*
10.9 el que por mí entrare, será *salvo*; y
12.27 diré? ¿Padre, *sálvame* de esta hora?
12.47 no … a juzgar … sino a *salvar* al mundo

Hch 2.21; Ro 10.13 que invocare el … será *salvo*
2.40 sed *salvos* de esta perversa generación
2.47 añadía … los que habían de ser *salvos*
4.12 otro nombre … que podamos ser *salvos*
15.1 os circuncidáis … no podéis ser *salvos*
15.11 que por la gracia del … seremos *salvo*?
16.30 dijo … ¿qué debo hacer para ser *salvo*?
16.31 cree en el … y serás *salvo*, tú y tu casa
27.43 centurión, queriendo *salvar* a Pablo, les

Ro 5.9 sangre, por él seremos *salvos* de la ira
5.10 reconciliados, seremos *salvos* por su
8.24 porque en esperanza fuimos *salvos*
9.27 mar, tan solo el remanente será *salvo*
10.9 creyeres en tu corazón … serás *salvo*
11.14 por si … hacer *salvos* a algunos de ellos
11.26 Israel será *salvo*, como está escrito

1 Co 1.21 *salvar* a los creyentes por la locura
3.15 él mismo será *salvo*, aunque así como
5.5 que el espíritu sea *salvo* en el día del
7.16 mujer, si quizá harás *salvo* a tu marido?
9.22 que de todos modos *salve* a algunos
10.33 el de muchos, para que sean *salvos*
15.2 por el cual asimismo … sois *salvos*, si

2 Co 2.15 grato olor de … en los que se *salvan*

Ef 2.8 por gracia sois *salvos* por medio de la fe

1 Ts 2.16 hablar a … para que éstos se *salven*

1 Ti 1.15 Cristo … vino al mundo para *salvar* a
2.4 quiere que todos … sean *salvos* y vengan
2.15 pero se *salvará* engendrando hijos, si
4.16 persiste en ello, pues … te *salvarás* a

2 Ti 1.9 nos *salvó* y llamó con llamamiento

Tit 3.5 nos *salvó*, no por obras de justicia que

He 7.25 *salvar* … a los que por él se acercan a
11.7 el arca en que su casa se *salvase*; y por

Stg 1.21 la cual puede *salvar* vuestras almas
2.14 no tiene obras? ¿Podrá la fe *salvarle*?
4.12 el dador de la ley, que puede *salvar* y
5.15 la oración de fe *salvará* al enfermo
5.20 *salvará* de muerte un alma, y cubrirá

1 P 3.20 pocas personas … fueron *salvadas* por
4.18 si el justo con dificultad se *salva*, ¿en

Jud 5 que el Señor, habiendo *salvado* al pueblo
23 a otros *salvad*, arrebatándolos del fuego

Ap 21.24 las naciones que hubieren sido *salvas*

SAMUEL

Nace, 1 S 1.19–20; es dedicado a Jehová, 1 S 1.21–28;

ministra ante Jehová, 1 S 2.11, 18–21;
es llamado, 1 S 3.1–21;
juzga a Israel, 1 S 7.3–17;
amonesta a Israel por haber pedido rey, 1 S 8.10–18;
unge rey a Saúl, 1 S 10.1–8;
habla a Israel, 1 S 12.1–25;
reprende a Saúl, 1 S 13.8–15; 15.10–31;
corta en pedazos a Agag, 1 S 15.32–33;
unge a David, 1 S 16.1–13;
muere, 1 S 25.1; 28.3.

Jer 15.1 si Moisés y *S* se pusieran delante

Hch 3.24 los profetas desde *S* … han anunciado
13.20 años, les dio jueces hasta el profeta *S*

SANGRE *v.* Expiación, Propiciación, Vida

Gn 4.10 la voz de la *s* de tu hermano clama a mí
9.4 pero carne con su vida, que es su *s*, no
9.6 que derramare *s* … su *s* será derramada

Éx 4.9 cambiarán aquellas aguas … y se harán *s*
7.20 todas las aguas … se convirtieron en *s*
12.7 tomarán de la *s*, y la pondrán en los dos
24.8 Moisés tomó la *s* y roció sobre el pueblo
29.12 de la *s* del becerro tomarás y pondrás
30.10 con la *s* del sacrificio por el pecado
34.25 no ofrecerás cosa leudada … con la *s* de

Lv 1.5 sacerdotes hijos de Aarón ofrecerán la *s*
3.17 ninguna grosura ni ninguna *s* comeréis
4.5 el sacerdote … tomará de la *s* del becerro
16.14 tomará luego de la *s* del becerro, y la
17.11 misma *s* hará expiación de la persona
19.26 no comeréis cosa alguna con *s*
20.9 a su madre maldijo; su *s* será sobre él

Nm 35.33 porque esta *s* amancillará la tierra, y la

Dt 12.16 solamente que *s* no comeréis; sobre la
32.43 porque él vengará la *s* de sus siervos

Jos 2.19 su *s* será sobre su cabeza, y nosotros

1 S 14.32 ovejas y … el pueblo los comió con *s*
19.5 ¿por qué … pecarás contra la *s* inocente

2 S 1.16 David le dijo: Tu *s* sea sobre tu cabeza

1 R 21.19 lugar donde lamieron los perros la *s*

2 R 21.16 derramó Manasés mucha *s* inocente en

1 Cr 22.8 has derramado mucha *s*, y has hecho

Job 16.18 ¡oh tierra! no cubras mi *s*, y no

Sal 78.44 volvió sus ríos en *s*, y sus corrientes
79.3 derramaron su *s* como agua en los
105.29 volvió sus aguas en *s*, y mató … peces
106.38 derramaron la *s* … la *s* de sus hijos

Pr 6.17 las manos derramadoras de *s* inocente

Is 1.11 no quiero *s* de bueyes, ni de ovejas, ni de
1.15 no oiré; llenas están de *s* vuestras manos
4.4 limpie la *s* de Jerusalén de en medio de
49.26 con su *s* serán embriagados como con
59.3 vuestras manos están contaminadas de *s*
59.7 pies … se apresuran para derramar la *s*
63.3 y su *s* salpicó mis vestidos, y manché

Jer 2.34 en tus faldas se halló la *s* de los pobres
19.4 y llenaron este lugar de *s* de inocentes

Lm 4.13 derramaron en medio de ella la *s* de los

Ez 9.9 pues la tierra está llena de *s*, y la ciudad
18.13 de cierto morirá, su *s* será sobre él
22.4 en tu *s* que derramaste has pecado, y te
33.5 oyó, y no se apercibió; su *s* será sobre él
33.25 ¿comeréis con *s*, y a … y derramaréis *s*
45.19 sacerdote tomará … *s* de la expiación

Jl 2.30 daré … *s*, y fuego, y columnas de humo

Hab 2.12 ¡ay del que edifica la ciudad con *s*, y

Sof 1.17 *s* de ellos será derramada como polvo

Zac 9.11 también por la *s* de tu pacto serán salva
Mt 9.20; Mr 5.25; Lc 8.43 una mujer enferma de flujo de *s*
16.17 porque no te lo reveló carne ni *s*, sino
23.30 sus cómplices en la *s* de los profetas
26.28; Mr 14.24; Lc 22.20 esto es mi *s* del nuevo pacto
27.6 no es lícito echarlas en ... es precio de *s*
27.24 inocente soy yo de la *s* de este justo
27.25 su *s* sea sobre nosotros, y sobre
Lc 11.51 la *s* de Abel hasta la *s* de Zacarías
13.1 galileos cuya *s* Pilato había mezclado
22.44 era su sudor como grandes gotas de *s*
Jn 1.13 los cuales no son engendrados de *s*, ni
19.34 una lanza, y al instante salió *s* y agua
Hch 1.19 Acéldama ... quiere decir, Campo de *s*
2.20 la luna en *s*, antes que venga el día del
5.28 queréis echar sobre nosotros la *s* de ese
15.20 de fornicación, de ahogado y de *s*
17.26 de una *s* ha hecho todo el linaje de los
18.6 vuestra *s* sea sobre vuestra propia
20.26 hoy, que estoy limpio de la *s* de todos
21.25 se abstengan ... ídolos, de *s*, de ahogado
Ro 3.15 sus pies se apresuran para derramar *s*
3.25 Dios puso ... por medio de la fe en su *s*
5.9 más, estando ya justificados en su *s*, por
1 Co 10.16 ¿no es la comunión de la *s* de Cristo?
11.27 culpado del cuerpo y de la *s* del Señor
Gá 1.16 no consulté en seguida con carne y *s*
Ef 1.7 en quien tenemos redención por su *s*, el
2.13 habéis sido hechos cercanos por la *s* de
6.12 no tenemos lucha contra *s* y carne, sino
Col 1.20 haciendo la paz mediante la *s* de su cruz
He 9.12 y no por *s* de ... sino por su propia *s*
9.22 y sin derramamiento de *s* no se hace
10.4 la *s* de los toros ... no puede quitar los
10.29 y tuviere por inmunda la *s* del pacto
12.4 porque aún no habéis resistido hasta la *s*
12.24 la *s* rociada que habla mejor que la de
13.20 gran pastor ... por la *s* del pacto eterno
1 P 1.2 para ser rociados con la *s* de Jesucristo
1.19 sino con la *s* preciosa de Cristo, como de
1 Jn 1.7 la *s* de Jesucristo su Hijo nos limpia de
5.6 es Jesucristo, que vino mediante agua y *s*
Ap 1.5 nos lavó de nuestros pecados con su *s*
5.9 y con tu *s* nos has redimido para Dios
6.12 el sol ... y la luna se volvió toda como *s*
7.14 han emblanquecido en la *s* del Cordero
8.8 la tercera parte del mar se convirtió en *s*
11.6 poder sobre las ... para convertirlas en *s*
12.11 y le han vencido por medio de la *s* del
16.3 su copa sobre el mar ... se convirtió en *s*
17.6 mujer ebria de la *s* ... la *s* de los mártires
19.2 y ha vengado la *s* de sus siervos de la

SANIDAD

Is 6.10 no vea ... ni se convierta y haya para él *s*
Jer 33.6 yo les traeré *s* y medicina; y los curaré
Ez 47.8 entradas en el mar, recibirán *s* las aguas
Hch 3.16 la fe ... ha dado a éste esta completa *s*
4.30 extiendes tu mano para que se hagan *s*
1 Co 12.9 a otro, dones de *s* por el mismo
Ap 22.2 hojas del árbol eran para la *s* de las

SANSÓN

Jue 13.24–16.31.

SANTIDAD *v.* Santificación

Éx 28.36 grabarás en ella como ... *S* a Jehová
39.30 y escribieron en ella ... *S* a Jehová
1 Cr 16.29; Sal 29.2 en la hermosura de la *s*
Sal 93.5 la *s* conviene a tu casa, oh Jehová, por
Is 35.8 camino, y será llamado Camino de *S*
57.15 yo habito en la altura y la *s*, y con el

Zac 14.20 estará grabado sobre … *S* a Jehová
Lc 1.75 en *s* … delante de él … nuestros días
2 Co 7.1 perfeccionando la *s* en el temor de Dios
Ef 4.24 creado … en la justicia y *s* de la verdad
1 Ts 3.13 irreprensibles en *s* delante de Dios
He 12.10 éste … para que participemos de su *s*
12.14 seguid la paz con todos, y la *s*, sin la

SANTIFICACIÓN

Ro 6.19 servir a … iniquidad, así ahora para *s*
6.22 tenéis por vuestro fruto la *s*, y como fin
1 Ts 4.3 pues la voluntad de Dios es vuestra *s*
4.7 pues no nos ha llamado Dios a … sino a *s*
2 Ts 2.13 para salvación, mediante la *s* por
1 P 1.2 elegidos según la … en *s* del Espíritu

SANTIFICADO

Hch 20.32 para … daros herencia con todos los *s*
1 Co 1.2 a los *s* en Cristo Jesús, llamados a ser
Jud 1 Judas … a los llamados, *s* en Dios Padre

SANTIFICAR *v.* Consagrar, Purificar, Separar

Gn 2.3 bendijo Dios el día séptimo, y lo *santificó*
Éx 29.37 *santificarás*, y será un altar santísimo
29.43 el lugar será *santificado* con mi gloria
31.13 que yo soy Jehová que os *santifico*
Lv 8.10 ungió el tabernáculo y … y las *santificó*
10.3 en los que … se acercan me *santificaré*
20.7 *santificaos*, pues, y sed santos, porque yo
21.8 le *santificaras*, por … santo será para ti

SANTÍSIMO

Éx 26.33 separación entre el lugar santo y el *s*
1 R 6.27 puso estos querubines … en el lugar *s*
Pr 9.10 el conocimiento del *S* es la inteligencia

SANTO/A

Éx 3.5 porque el lugar en que tú estás, tierra *s* es
19.6 seréis un reino de sacerdotes, y gente *s*
22.31 me seréis varones *s*. No comeréis carne
26.33 velo … entre el lugar *s* y el santísimo
Lv 10.10 poder discernir entre lo *s* y lo profano
11.44; 19.2; 20.26 y seréis *s*, porque yo soy *s*
21.6 *s* serán a su Dios, y no profanarán el
Nm 6.5 el tiempo … de su nazareato … será *s*
Dt 7.6; 14.2, 21 tú eres pueblo *s* para Jehová tu
23.14 por tanto, tu campamento ha de ser *s*
26.19 que seas un pueblo *s* a Jehová tu Dios
33.2 vino de entre diez millares de *s*, con la
Jos 5.15 quita el calzado de … donde estás es *s*
24.19 porque él es Dios *s*, y Dios celoso
1 S 2.2 no hay *s* como Jehová; porque no hay
2 R 19.22; Is 37.23 ¿contra quien … el *S* de Israel
Esd 8.28 son *s* los utensilios, y la plata y el oro
Neh 8.10 porque día *s* es a nuestro Señor; no os
Job 5.1 ahora, pues … a cuál de los *s* te volverás?
15.15 he aquí, en sus *s* no confía, y ni aun
Sal 16.10 ni permitirás que tu *s* vea corrupción
22.3 pero tú eres *s*, tú que habitas entre las
30.4 cantad a Jehová, vosotros sus *s*, y
34.9 temed a Jehová, vosotros sus *s*, pues
50.5 juntadme mis *s* … que hicieron pacto
77.13 oh Dios, *s* en tu camino: ¿qué dios es
79.2 carne de tus *s* a las bestias de la tierra
132.9 vistan de justicia, y se regocijen tus *s*
145.10 te alaben … obras, y tus *s* te bendigan
Is 6.3 daba voces, diciendo: *S*, *s*, *s*, Jehová de
12.6 grande es en medio de ti el *S* de Israel
41.14 Jehová; el *S* de Israel es tu Redentor
65.5 no te acerques a mí … soy más *s* que tú
Jer 2.3 *s* era Israel a Jehová, primicias de sus
31.23 oh morada de justicia, oh monte *s*
Dn 4.9 que hay en ti espíritu de los dioses *s*

7.18 recibirán el reino los *s* del Altísimo

7.21 este cuerno hacía guerra contra los *s*

8.13 a un *s* que hablaba; y otro … *s* preguntó

8.24 destruirá a los … y al pueblo de los *s*

Os 11.9 el *S* en medio de ti; y no entraré en la

Zac 14.5 vendrá Jehová mi … y con el todos los *s*

Mt 4.5 el diablo le llevó a la *s* ciudad, y le puso

7.6 no deis lo *s* a los perros, ni … perlas

27.52 muchos cuerpos de *s* que habían dormido

Mr 1.24; Lc 4.34 sé quien eres, el *S* de Dios

Lc 1.35 el *S* Ser que nacerá, será llamado Hijo

2.23 abriere la matriz será llamado *s* al Señor

Hch 2.27; 13.35 ni permitirás … *S* vea corrupción

3.14 negasteis al *S* y al Justo, y pedisteis

4.30 mediante el nombre de tu *s* Hijo Jesús

7.33 porque el lugar en que estás es tierra *s*

9.13 males ha hecho a tus *s* en Jerusalén

26.10 encerré en cárceles a muchos de los *s*

Ro 1.7 que estáis en Roma … llamados a ser *s*

8.27 conforme a … Dios intercede por los *s*

12.13 compartiendo … necesidades de los *s*

15.25 voy a Jerusalén para ministrar a los *s*

1 Co 1.2 llamados a ser *s* con todos los que en

3.17 el templo … el cual sois vosotros, *s* es

6.2 ¿o no sabéis que los *s* han de juzgar al

7.14 vuestros hijos serían inmundos … son *s*

7.34 ser *s* así en cuerpo como en espíritu

16.1 cuanto a la ofrenda para los *s*, haced

16.15 se han dedicado al servicio de los *s*

2 Co 9.1 cuanto a la ministración para los *s*, es

9.12 no solamente suple lo que a los *s* falta

Ef 1.4 fuésemos *s* y sin mancha delante de él

1.18 las riquezas … de su herencia en los *s*

2.21 creciendo para ser un templo *s* en el

3.8 menos que el más pequeño de todos los *s*

3.18 comprender con todos los *s* cuál sea la

4.12 fin de perfeccionar a los *s* para la obra

5.3 ni aun se nombre … como conviene a *s*

5.27 una iglesia … que fuese *s* y sin mancha

6.18 con toda … y súplica por todos los *s*

Fil 4.21 saludad a todos los *s* en Cristo Jesús

Col 1.12 para participar de la herencia de los *s*

1.22 presentaros *s* y sin mancha … delante

1 Ts 2.10 sois testigos … de cuán *s*, justa e

3.13 la venida de nuestro … con todos sus *s*

2 Ts 1.10 para ser Gáorificado en sus *s* y ser

1 Ti 5.10 si ha lavado los pies de los *s*; si ha

2 Ti 1.9 nos salvó y llamó con llamamiento *s*

He 13.24 saludad a … pastores, y a todos los *s*

1 P 1.15 sed … *s* en toda vuestra manera de

1.16 escrito está: Sed *s*, porque yo soy *s*

2.5 sed edificados como casa … sacerdocio *s*

2.9 nación *s*, pueblo adquirido por Dios

2 P 1.18 oímos esta voz … con él en el monte *s*

3.11 debéis … andar en *s* y piadosa manera de

Jud 3 por la fe que ha sido una vez dada a los *s*

Ap 4.8 día y noche de decir: *S*, *s*, *s* es el Señor

5.8 copas de oro … son las oraciones de los *s*

6.10 ¿hasta cuándo, Señor, *s* … no juzgas y

8.3 para añadirlo a las oraciones de … los *s*

13.7 se le permitió hacer guerra contra los *s*

14.12 aquí está la paciencia de los *s*, los que

16.6 derramaron la sangre de los *s* y de los

17.6 la mujer ebria de la sangre de los *s*, y de

20.6 bienaventurado y *s* el que tiene parte en

22.11 y el que es *s*, santifíquese todavía

SARA (Sarai)

Mujer de Abraham, Gn 11.29;

era estéril, Gn 11.30;

Sarai y Hagar, Gn 16.1–6;

Abraham la hace aparecer como su hermana,

Gn 12.10–20; 20.1–18;
llamada Sara, Gn 17.15;
se ríe de la promesa de Dios, Gn 18.9–15;
da a luz a Isaac, Gn 21.1–8;
tiene celos de Ismael, Gn 21.9–11;
muere en Herón, Gn 23.2;
sepultada en Macpela, Gn 23.19.
Ro 4.19 cuerpo … o la esterilidad de la matriz de *S*
9.9 por este tiempo vendré, y *S* tendrá un hijo
He 11.11 por la fe … la misma *S*, siendo estéril
1 P 3.6 como *S* obedecía a Abraham, llamándole

SATANÁS *v.* Beelzebú, Diablo
Job 1.6; 2.1 los hijos de Dios … vino también *S*
2.7 *S*... hirió a Job con una sarna maligna
Sal 109.6 pon sobre él … y *S* esté a su diestra
Zac 3.1 y *S* estaba a su mano derecha para
Mt 4.10; Lc 4.8 vete, *S*, porque escrito está: Al
12.26; Mr 3.23 si *S* echa fuera a *S*, contra
16.23; Mr 8.33 ¡quítate de delante de mí, *S*!
Mr 1.13 estuvo allí … días, y era tentado por *S*
4.15 viene *S*, y quita la palabra que se sembró
Lc 10.18 yo veía a *S* caer del cielo como un rayo
11.18 si … *S* está dividida contra sí mismo
13.16 esta hija … que *S* había atado 18 años
22.3 entró *S* en Judas … era uno … de los doce
22.31 *S* os ha pedido para zarandearos como
Hch 5.4 por qué llenó *S* tu corazón para que
26.18 a la luz, y de la potestad de *S* a Dios
Ro 16.20 el Dios de paz aplastará … a *S* bajo
1 Co 5.5 sea entregado a *S* para destrucción
7.5 juntaros en uno, para que no os tiente *S*
2 Co 2.11 que *S* no gane ventaja alguna sobre
11.14 mismo *S* se disfraza como ángel de luz
12.7 un mensajero de *S* que me abofetee, para
1 Ts 2.18 quisimos ir a … pero *S* nos estorbó
2 Ts 2.9 inicuo cuyo advenimiento es por … de *S*
1 Ti 1.20 a quienes entregué a *S* para que
5.15 algunos se han apartado en pos de *S*
Ap 2.9 dicen … y no lo son, sino sinagoga de *S*
2.13 donde moras, donde está el trono de *S*
2.24 no han conocido … las profundidades de *S*
3.9 yo entrego de la sinagoga de *S* a los que
12.9 la serpiente … que se llama diablo y *S*
20.2 prendió al … *S*, y lo ató por mil años
20.7 los mil años se cumplan, *S* será suelto

SAÚL
Hijo de Cis, 1 S 9.1–2;
su encuentro con Samuel, 1 S 9.3–27;
ungido por Samuel, 1 S 10.1–8;
"¿también Saúl entre los profetas?" 1 S 10.9–13; 19.19–24;
escogido por rey en Mizpa, 1 S 10.20–24;
derrota a los amonitas, 1 S 11.5–11;
hecho rey en Gilgal, 1 S 11.12–15;
reprendido por ofrecer sacrificios, 1 S 13.8–14;
construye un altar, 1 S 14.35;
desechado como rey, 1 S 15.10–30;
aliviado cuando David toca el arpa, 1 S 16.14–23;
tiene celos de David, 1 S 18.6–30;
procura matar a David, 1 S 19.1–17;
mata a los sacerdotes de Nob, 1 S 22.6–19;
perdonado por David, 1 S 24.1–7; 26.1–25;
consulta a la adivina de Endor, 1 S 28.3–25;
muere y es sepultado; 1 S 31.1–13.
Hch 13.21 pidieron rey, y Dios les dio a *S* hijo

SECRETO
Dt 29.29 las cosas *s* pertenecen a Jehová … Dios
Jue 3.19 rey, una palabra *s* tengo que decirte
Job 11.6 te declarara los *s* de la sabiduría, que
15.8 ¿oíste tú el *s* de Dios, y está limitada a
Sal 31.20 lo *s* de tu presencia los esconderás
44.21 porque él conoce los *s* del corazón

55.14 que juntos comunicábamos … los *s*, y
Pr 11.13 el que anda en chismes descubre el *s*
25.9 tu causa … y no descubras el *s* a otro
Is 45.19 no hablé en *s*, en un lugar oscuro de la
48.16 desde el principio no hablé en *s*; desde
Jer 23.18 ¿quién estuvo en el *s* de Jehová, y vio
Ez 7.22 será violado mi lugar *s*; pues entrarán
Am 3.7 revele su *s* a sus siervos los profetas
Mt 2.7 Herodes, llamando en *s* a los magos
6.4 sea tu … en *s*; y tu Padre que ve en lo *s* te
Jn 7.4 que procura darse a conocer hace algo en *s*
7.10 él también subió a la fiesta … como en *s*
Ro 2.16 que Dios juzgará … hombres *s* de los
Ef 5.12 vergonzoso es aun hablar … hacen en *s*

SEGAR

Lv 19.9; 23.22 *siegues* la mies de tu … no *segarás*
1 S 6.13 los de Bet-semes *segaban* el trigo en
Job 4.8 que aran … y siembran injuria, la *siegan*
Sal 126.5 lágrimas, con regocijo *segarán*
Os 10.12 *segad* para vosotros en misericordia
Mi 6.15 sembrarás, mas no *segarás*; pisarás
Mt 6.26; Lc 12.24 que no siembran, ni *siegan*
25.24; Lc 19.21 *siegas* donde no sembraste
Jn 4.36 que *siega* recibe salario, y recoge fruto
4.37 uno … siembra, y otro es el que *siega*
1 Co 9.11 ¿es gran cosa si *segáremos* de vosotros
2 Co 9.6 el que siembra escasamente … *segará*
Gá 6.7 lo que el hombre sembrare, eso… *segará*
6.9 su tiempo *segaremos*, si no desmayamos
Stg 5.4 los clamores de los que habían *segado*
Ap 14.15 tu hoz, y *siega*; porque la hora de *segar*

SEGURIDAD

2 R 20.19; Is 39.8 al menos paz y *s* en mis días
Job 5.4 sus hijos estarán lejos de la *s*; en la
24.23 él les da *s* y confianza; sus ojos están
Sal 71.5 mi esperanza, *s* mía desde mi juventud
78.53 los guio con *s*, de modo que no … temor
Ez 34.27 su fruto, y estarán sobre su tierra con *s*
Ef 3.12 tenemos *s* y aceso con confianza por
1 Ts 5.3 cuando digan: Paz y *s*, entonces vendrá

SELLO

Gn 38.18 ella respondió: Tu *s*, tu cordón, y tu
Ro 4.11 como *s* de la justicia de la fe que tuvo
1 Co 9.2 el *s* de mi apostolado sois vosotros
2 Ti 2.19 teniendo este *s*: Conoce el Señor a los
Ap 5.1 un libro escrito … y sellado con siete *s*
6.1 vi cuando … abrió uno de los *s*, y oí a
8.1 séptimo *s*, se hizo silencio en el cielo
9.4 los hombres que no tuviesen el *s* de Dios
20.3 encerró, y puso su *s* sobre él, para que

SEMBRAR

Gn 26.12 *sembró* Isaac en aquella tierra, y
Job 4.8 que aran … y *siembran* injuria, la siegan
31.8 *siembre* yo, y otro coma … mi siembra
Sal 107.37 *siembran* campos, y plantan viñas
126.5 los que *sembraron* con lágrimas, con
Pr 11.18 que *siembra* justicia tendrá galardón
22.8 el que *sembrare* iniquidad, iniquidad
Ec 11.4 el que al viento observa, no *sembrará*
11.6 por la mañana *siembra* tu semilla, y a la
Is 32.20 dichosos … los que *sembráis* junto a
Jer 4.3 arad campo … no *sembréis* entre espinos
31.27 *sembraré* la casa de Israel y la casa de
Os 8.7 *sembraron* viento, y torbellino segarán
10.12 *sembrad* … vosotros en justicia, segad
Mi 6.15 *sembrarás*, mas no segarás; pisarás
Hag 1.6 *sembráis* mucho, y recogéis poco
Mt 6.26; Lc 12.24 las aves … que no *siembran*
13.3; Lc 8.5 el sembrador salió a *sembrar*

13.27 señor, ¿no *sembraste* buena semilla en tu
25.26 sabías que siego donde no *sembré*, y
Lc 19.21 pusiste, y siegas lo que no *sembraste*
Jn 4.36 que *siembra* goce juntamente con el que
4.37 uno es el que *siembra*, y otro es el que
1 Co 9.11 si … *sembramos* entre vosotros lo
15.36 lo que tú *siembras* no se vivifica, si no
15.42 se *siembra* en corrupción, resucitará en
2 Co 9.6 el que *siembra* escasamente … segará
9.10 el que da semilla al que *siembra*, y pan
Gá 6.7 lo que el hombre *sembrare*, eso … segará
Stg 3.18 el fruto de justicia se *siembra* en paz

SEMILLA
Gn 1.11 produzca la tierra … hierba que dé *s*
Éx 16.31 llamó Maná; y era como *s* de culantro
Dt 22.9 no sembrarás tu viña con *s* diversas
Sal 126.6 y llorando el que lleva la preciosa *s*
Ec 11.6 por la mañana siembra tu *s*, y a la tarde
Is 55.10 da *s* al que siembra, y pan al que come
Mt 13.24 que sembró buena *s* en su campo
13.32; Mr 4.31 más pequeña de todas las *s*
13.38 la buena *s* son los hijos del reino, y la
Mr 4.26 cuando un hombre echa *s* en la tierra
Lc 8.11 la parábola: La *s* es la palabra de Dios
1 Co 15.38 le da … a cada *s* su propio cuerpo
2 Co 9.10 el que da *s* al que siembra, y pan al que

SEÑOR/A *v.* Amo, Cristo, Dios, Jehová, Jesús, Maestro, Señor Jesucristo, Señor Jesús
Gn 18.12 tendré deleite, siendo … mi *s* ya viejo?
42.6 José era el *s* de la tierra, quien le vendía
45.9 Dios me ha puesto por *s* de todo Egipto
45.26 José vive aún; y él es *s* en la tierra de
Éx 21.5 yo amo a mi *s*, a mi mujer y a mis hijos
Jue 8.22 sé nuestro *s*, tú, y tu hijo, y tu nieto
1 S 26.16 porque no habéis guardado a vuestro *s*
29.4 ¿con qué … volvería … a la gracia de su *s*
Est 1.18 dirán esto las *s* de Persia y de Media que
Sal 8.1, 9 ¡oh Jehová, *S* nuestro, cuán Gáorioso es
136.3 alabad al *S* de los *s*, porque para siempre
Pr 30.10 no acuses al siervo ante su *s*, no sea que
Is 6.1 vi yo al *S* sentado sobre un trono alto y
26.13 otros *s* … han enseñoreado de nosotros
Dn 2.47 es Dios de dioses, y *S* de los reyes
5.29 de oro, y proclamar que él era el tercer *s*
Mi 5.2 de ti me saldrá el que será *S* en Israel
Mal 1.6 y si soy *s*, ¿dónde está mi temor? dice
Mt 4.10; Lc 4.8 al *S* tu Dios adorarás, y a él solo
6.24; Lc 16.13 ninguno puede servir a dos *s*
7.21 no todo el que me dice: *S*, *S*, entrará en
9.38; Lc 10.2 rogad, pues, al *S* de la mies, que
10.24 no es más … ni el siervo más que su *s*
11.25 te alabo, Padre, *S* del cielo y de la tierra
12.8; Mr 2.28; Lc 6.5 el Hijo del Hombre es *S* del día de reposo
21.42; Mr 12.11 el *S* ha hecho esto, y es cosa
22.44; Mr 12.36; Lc 20.42; Hch 2.34 dijo el *S* a mi *S*: Siéntate a mi diestra
24.42 no sabéis … hora ha de venir vuestro *S*
26.22 comenzó cada … a decirle: ¿Soy yo, *S*?
28.6 venid, ved el lugar donde fue puesto el *S*
Mr 5.19 cuéntales cuán grandes cosas el *S* ha
12.29 oye, Israel; el *S* nuestro Dios, el *S* uno es
13.35 no sabéis cuándo vendrá el *s* de la casa
16.20 ayudándoles el *S* y confirmando la
Lc 1.46 María dijo: Engrandece mi alma al *S*
2.11 hoy … un Salvador, que es Cristo el *S*
6.46 ¿por qué me llamáis, *S*, *S*, y no hacéis lo

14.23 dijo el *s* al siervo; Vé por los caminos
23.34 ha resucitado el *S* verdaderamente, y ha
Jn 11.21, 32 dijo … *S*, si hubieses estado aquí, mi
13.13 vosotros me llamáis … *S*; y decís bien
13.16; 15.20 el siervo no es mayor que su *s*, ni
15.15 el siervo no sabe lo que hace su *s*; pero
20.20 discípulos se regocijaron viendo al *S*
20.28 Tomás respondió … *S* mío, y Dios mío
21.7 Pedro, cuando oyó que era el *S*, se ciñó
Hch 2.25 veía al *S* siempre delante de mí; porque
2.36 este Jesús … Dios le ha hecho *S* y Cristo
9.5; 22.8; 26.15 ¿quién eres, *S*? … soy Jesús
11.21 gran número creó y se convirtió al *S*
16.14 el *S* abrió el corazón de ella para que
17.24 *S* del cielo y de la tierra, no habita en
Ro 10.9 confesares con tu boca que Jesús es el *S*
10.12 el mismo que es *S* de todos, es rico para
14.8 pues si vivimos, para el *S* vivimos; y si
14.9 para ser *S* así de los muertos como de los
1 Co 1.31 que … el que se gloría, gloríese en el *S*
7.12 a los demás yo digo, no el *S*: Si algún
7.32 el soltero tiene cuidado de la cosas del *S*
8.5 como hay muchos dioses y muchos *s*
11.20 os reunís … esto no es comer la cena del *S*
12.3 nadie puede llamar a Jesús *S*, sino por el
15.47 el segundo hombre, que es el *S*, es del
Gá 4.1 en nada difiere del … aunque es *s* de todo
Ef 4.5 un *S*, una fe, un bautismo
6.7 sirviendo … como al *S* y no a los hombres
6.9 sabiendo que el *S* … está en los cielos
Fil 2.11 toda lengua confiese que Jesucristo es el *S*
4.5 de todos los hombres. El *S* está cerca
1 Ts 4.6 porque el *S* es vengador de todo esto
4.17 para recibir al *S* en … siempre con el *S*
2 Ts 2.2 el sentido de que el día del *S* está cerca
3.3 fiel es el *S*, que os afirmará y guardará
3.16 y el mismo *S* de paz os dé siempre paz
1 Ti 6.15 solo Soberano, Rey de reyes, y *S* de *s*
2 Ti 3.11 sufrido, y de todas me ha librado el *S*
4.17 pero el *S* estuvo a mi lado, y me dio
He 8.11 enseñará a su … diciendo: Conoce al *S*
13.6 el *S* es mi ayudador; no temeré lo que
Stg 5.11 *S* es muy misericordioso y compasivo
1 P 2.3 es que habéis gustado la benignidad del *S*
2 P 2.1 que … aun negarán al *S* que los rescató
3.9 el *S* no retarda su promesa, según algunos
Jud 14 he aquí, vino el *S* con sus santas decenas
Ap 1.10 yo estaba en el Espíritu en el día del *S*
16.5 justo eres tú, oh *S*, el que eres y eras
17.14 los vencerá, porque él es *S* de *s* y Rey
19.16 este nombre: Rey de reyes, y *S* de *s*

SEÑORÍO *v.* Autoridad, Poder
Job 25.2 el *s* y el temor está con él; él hace paz en
Sal 103.22 sus obras, en todos los lugares de su *s*
114.2 vino a ser su santuario, e Israel su *s*
145.13 siglos, y tu *s* en todas las generaciones
Dn 4.3 reino … su *s* de generación en generación
Zac 9.10 su *s* será de mar a mar, y desde el río
Ef 1.21 sobre todo … autoridad y poder y *s*
1 P 5.3 no como teniendo *s* sobre los que están
2 P 2.10 siguiendo la carne … desprecian el *s*

SEÑOR JESUCRISTO *v.* Cristo, Cristo Jesús, Jesucristo, Jesús, Mesías, Señor, Señor Jesús
Hch 15.26 vida por el nombre de nuestro *S J*

16.31 dijeron: Cree en el *S J*, y serás salvo, tú
28.31 predicando … enseñando acerca del *S J*
Ro 5.1 tenemos paz … por medio de nuestro *S J*
13.14 sino vestíos del *S J*, y no proveáis para
1 Co 1.7 esperando la manifestación de nuestro *S J*
15.57 da la victoria por medio de nuestro *S J*
2 Co 8.9 ya conocéis la gracia de nuestro *S J*, que
Col 2.6 que habéis recibido al *S J*, andad en él
1 Ts 3.13 en la venida de nuestro *S J* con todos
5.9 alcanzar salvación por medio de … *S J*
2 Ts 1.12 nombre de nuestro *S J* sea Gáorificado
1 Ti 6.14 hasta la aparición de nuestro *S J*
2 P 1.16 conocer el poder y la venida de … *S J*

SEÑOR JESÚS *v.* Cristo, Cristo Jesús, Jesucristo, Jesús, Mesías, Señor, Señor Jesucristo
Hch 1.21 todo el tiempo que el *S J* entraba y salía
7.59 invocaba y decía: *S J*, recibe mi espíritu
15.11 que por la gracia del *S J* seremos salvos
19.5 fueron bautizados en el nombre del *S J*
19.17 y era magnificado el nombre del *S J*
21.13 aun a morir … por el nombre del *S J*
1 Co 11.23 que el *S J*, la noche que fue entregado
Gá 6.17 traigo en mi cuerpo las marcas del *S J*
Col 3.17 hecho, hacedlo todo en el nombre del *S J*
1 Ts 2.15 los cuales mataron al *S J*, y a sus propios
2 Ts 1.7 cuando se manifieste el *S J* desde el
Ap 22.20 vengo en breve. Amén; sí, ven, *S J*

SEOL *v.* Hades, Infierno
Nm 16.33 descendieron vivos al *S*, y los cubrió la
Dt 32.22 arderá hasta las profundidades del *S*
2 S 22.6; Sal 18.5 ligaduras del *S* me rodearon
Job 17.13 si yo espero, el *S* es mi casa; haré mi
24.19 nieve; así también el *S* a los pecadores
26.6 el *S* está descubierto delante de él, y el
Sal 6.5 porque en … en el *S*, ¿quién te alabará?
9.17 los malos serán trasladados al *S*, todas
16.10 porque no dejarás mi alma en el *S*, ni
49.15 Dios redimirá mi vida del poder del *S*
55.15 desciendan vivos al *S* … hay maldades
86.13 has librado mi alma de las … del *S*
88.3 mi alma está … y mi vida cercana al *S*
Pr 5.5 pies … a la muerte; sus pasos conducen al *S*
9.18 convidados están en lo profundo del *S*
15.11 S y el Abadón están delante de Jehová
27.20 el *S* y el Abadón nunca se sacian; así
30.16 el *S*, la matriz estéril, la tierra que no se
Is 5.14 por eso ensanchó su interior el *S*, y sin
14.9 el *S* abajo se espantó de ti; despertó
14.15 derribado eres hasta el *S*, a los lados
28.15 hicimos convenio con el *S*; cuando pase
38.10 a la mitad de mis días iré a las … del *S*
38.18 el *S* no te exaltará, ni te alabará la
57.9 y te abatiste hasta la profundidad del *S*
Ez 32.21 en medio del *S* hablarán a él los fuertes
Os 13.14 la mano del *S* los redimiré, los libraré
Am 9.2 aunque cavasen hasta el *S*, de allá los
Jon 2.2 desde el seno del *S* clamé, y mi voz oíste

SEPARACIÓN
Éx 9.4 hará *s* entre los ganados de Israel y los
26.33 aquel velo os hará *s* entre el lugar santo

SEPARAR *v.* Consagrar, Santificar
Gn 1.4 buena; y *separó* Dios la luz de las tinieblas

2 S 1.23 tampoco en su muerte fueron *separados*
Esd 9.1 no se han *separado* de los pueblos de las
Neh 13.3 *separaron* … a todos los mezclados con
Mt 19.6; Mr 10.9 los que Dios juntó, no lo *separe*
Lc 24.51 se *separó* de ellos, y fue llevado arriba
Hch 15.39 se *separaron* el uno del otro; Bernabé
Ro 8.35 ¿quién nos *separará* del amor de Cristo?
8.39 ni … nos podrá *separar* del amor de Dios
1 Co 7.10 que la mujer no se *separe* del marido
7.15 pero si el incrédulo se *separa*, *sepárese*
1 Ts 2.17 *separados* de vosotros por un poco de

SÉPTIMO

Éx 20.10; Dt 5.14 el *s* día es reposo para Jehová

SERVIR *v.* Adorar, Obedecer

Gn 25.23 fuerte … y el mayor *servirá* al menor
25.32 Esaú … ¿para qué, pues, me *servirá* la
27.29 *sírvante* pueblos, y naciones se … a ti
29.18 yo te *serviré* siete años por Raquel tu
Éx 1.13 los egipcios hicieron *servir* a … Israel
3.12 señal … *serviréis* a Dios sobre este monte
4.23 dejes ir a mi hijo, para que me *sirva*
14.12 mejor nos fuera *servir* a los egipcios
21.2 si comprares siervo … seis años *servirá*
23.25 a Jehová vuestro Dios *serviréis*, y él
Lv 25.39 a ti, no le harás *servir* como esclavo
Dt 4.28 *serviréis* allí a dioses hechos de manos
5.9 no te inclinarás a ellas ni las *servirás*
6.13 tu Dios temerás, y a él solo *servirás*
7.16 ni *servirás* a sus dioses, porque te será
10.12 *sirvas* a Jehová tu Dios con todo tu
11.16 os apartéis y *sirváis* a dioses ajenos
13.4 Jehová … a él *serviréis*, y a él seguiréis
15.12 hubiere *servido* seis años, al séptimo
28.48 *servirás*, por tanto, a tus enemigos que
Jos 22.5 él, y le *sirváis* de todo vuestro corazón
24.15 pero yo y mi casa *serviremos* a Jehová
24.18 *serviremos* a Jehová … es nuestro Dios
Jue 3.6 dieron sus hijas … *sirvieron* a sus dioses
10.13 habéis *servido* a dioses ajenos; por
1 S 7.3 Jehová, y sólo a él *servid*, y os librará
12.20 sino *servidle* con todo vuestro corazón
2 S 22.44; Sal 18.43 yo no conocía me *servirá*
1 R 9.6; 2 Cr 7.19 y *sirviereis* a dioses ajenos
12.7 buenas palabras … ellos te *servirán* para
1 Cr 28.9 *sírvele* con corazón perfecto, y con
10.4 ahora alivia algo de … y te *serviremos*
Job 21.15 ¿quién es el … para que le *sirvamos*?
34.9 ha dicho: De nada *servirá* al hombre
Sal 2.11 *servid* a Jehová con temor, y … temblor
22.30 la posteridad le *servirá*; esto será
72.11 reyes … todas las naciones le *servirán*
100.2 *servid* a Jehová con alegría; venid
101.6 el que ande en el camino … me *servirá*
106.36 *sirvieron* a sus ídolos, los cuales
Ec 10.19 los vivos; y el dinero *sirve* para todo
Is 60.10 muros, y sus reyes te *servirán*; porque
60.12 nación o el reino que no te *sirviere*
Jer 25.11 *servirán* estas naciones al rey de
27.7 todas las naciones le *servirán* a él, a su
30.9 *servirán* a Jehová su Dios y a David su
34.14 le *servirá* seis años, y lo enviará libre
Dn 3.17 Dios a quien *servimos* puede librarnos
3.18 no *serviremos* a tus dioses, ni tampoco
6.20 a quien tú continuamente *sirves*, ¿te ha
7.10 fuego … millares de millares le *servían*
7.14 que todos los pueblos … le *sirvieran*

7.27 eterno, y todos los dominios le *servirán*
Hab 2.18 ¿de qué *sirve* la escultura que esculpió
Sof 3.9 que le *sirvan* de común consentimiento
Mal 3.14 dicho: Por demás es *servir* a Dios
3.18 el que *sirve* a Dios y el que no le *s*
Mt 4.10 tu Dios adorarás, y a él solo *servirás*
4.11 he aquí vinieron ángeles y le *servían*
5.13 no *sirve* más para nada, sino para ser
6.24; Lc 16.13 ninguno puede *servir* a dos
8.15; Mr 1.31; Lc 4.39 ella se levantó, y les *servía*
20.28; Mr 10.45 no vino para ser *servido*
25.44 o en la cárcel, y no te *servimos*?
Lc 15.29 tantos años te *sirvo*, no habiéndote
22.26 sea … el que dirige, como el que *sirve*
22.27 estoy entre vosotros como el que *sirve*
Jn 12.26 si alguno me *sirve*, sígame; y donde yo
Hch 6.2 dejemos la palabra de Dios, para *servir*
20.19 *sirviendo* al Señor con toda humildad
24.23 no impidiese a … *servirle* o venir a él
Ro 6.6 a fin de que no *sirvamos* más al pecado
7.6 *sirvamos* bajo el régimen … del Espíritu
9.12 se le dijo: El mayor *servirá* al menor
12.7 si de servicio, en *servir*; o el que enseña
12.11 fervientes en … *sirviendo* al Señor
14.18 el que en esto *sirve* a Cristo, agrada
1 Co 9.13 y que los que *sirven* al altar, del altar
2 Co 11.8 recibiendo salario para *serviros* a
Gá 4.8 *servíais* a los que por … no son dioses
5.13 *servíos* por amor los unos a los otros
Ef 6.7 *sirviendo* de buena voluntad, como al
Fil 2.22 como hijo … ha *servido* conmigo en el
3.3 los que en espíritu *servimos* a Dios y nos
Col 3.24 herencia … a Cristo el Señor *servís*
1 Ti 6.2 sino *sírvanles* mejor, por cuanto son
He 6.10 *servido* a los santos y *sirviéndoles* aún
9.14 muertas para que *sirváis* al Dios vivo
12.28 y mediante ella *sirvamos* a Dios
Ap 7.15 le *sirven* día y noche en su templo; y el

SIEGA

Éx 23.16 la fiesta de la *s*, los primeros frutos
Jos 3.15 suele desbordarse … el tiempo de la *s*
Rt 1.22 llegaron a Belén al comienzo de la *s* de
1 S 12.17 ¿no es ahora la *s* del trigo?
Pr 6.8 en el tiempo de la *s* su mantenimiento
10.5 el que duerme en el tiempo de la *s* es
25.13 como frío de nieve en tiempo de la *s*
Jer 5.24 da … y nos guarda los tiempos … de la *s*
8.20 pasó la *s*, terminó el verano, y nosotros
Mt 13.3[illegible] tiemp[illegible]
13.39 [illegible]
siGáo; [illegible]
Mr 4.29 se [illegible] porque l[illegible]
Jn 4.35 falta[illegible] meses par[illegible] la *s*?

SIETE

Gn 4.15 que ma[illegible] Caín, *s* veces [illegible] castigado
41.6 después [illegible] salían otras *s* esp[illegible] menudas
41.27 las *s* espigas … años serán de hambre
Lv 26.18 castigaros *s* veces más por … pecados
Jos 6.4 al séptimo día daréis *s* vueltas a la ciudad
Dn 9.25 desde … la orden … habrá *s* semanas
Mt 22.25; Mr 12.20; Lc 20.29 hubo … entre nosotros *s* hermanos
Lc 17.4 *s* veces al día pecare … y *s* veces al día
Hch 6.3 buscad … *s* varones de buen testimonio
Ap 1.4 Juan, a las *s* iglesias que están en Asia

SINAÍ

Éx 19.1 mismo día llegaron al desierto de *S*
Lv 7.38 mandó Jehová a Moisés en el monte de *S*
Nm 1.1 habló Jehová a Moisés en el desierto de *S*
Dt 33.2 dijo: Jehová vino de *S*, y de Seir les
Jue 5.5; Sal 68.8 aquel *S*, delante de Jehová Dios

SOBERBIA ... Altivez
... quebrantaré la *s*
... estro orgullo
Lv ... 0 mas la persona
... hiciere algo con *s*
... .28 yo conozco tu *s*
la malicia de tu
15.25 se portó con *s* contra el Todopoderoso
33.17 para quitar … y apartar del varón la *s*
Sal 19.13 preserva también a tu siervo de las *s*
31.23 Jehová … paga … al que procede con *s*
59.12 sean ellos presos en su *s*, y por la
73.6 por tanto, la *s* los corona; se cubren de
Pr 8.13 la *s* y la arrogancia, el mal camino, y la
11.2 cuando viene la *s*, viene también la
13.10 la *s* concebirá contienda; mas con los
14.3 en la boca del necio está la vara de la *s*
16.18 antes del quebrantamiento es la *s*; y
29.23 *s* del hombre le abate; pero al humilde
Is 10.12 castigará el fruto de la *s* del corazón del
14.11 descendió al Seol tu *s*, y el sonido de
16.6; Jer 48.29 hemos oído la *s* de Moab; muy
25.11 abatirá su *s* y la destreza de sus manos
Jer 13.9 podrir la *s* de Judá, y la … *s* de Jerusalén
13.17 llorará mi alma a causa de vuestra *s*
Ez 7.10 ha florecido la vara, ha reverdecido la *s*
7.24 haré cesar la *s* de los poderosos, y sus
32.12 destruirán la *s* de Egipto, y toda su
33.28 en soledad, y cesará la *s* de su poderío
Dn 4.37 puede humillar a los que andan con *s*
Os 5.5 la *s* de Israel le desmentirá en su cara
7.10 la *s* de Israel testificará contra él en
Abd 3 la *s* de tu corazón te ha engañado, tu
Sof 2.10 les vendrá por su *s*, porque afrentaron
Stg 4.16 pero ahora os jactáis en vuestras *s*

SOBORNO *v.* Don
Dt 16.19 ni tomes *s*; porque el *s* ciega los ojos
Job 15.34 y fuego consumirá las tiendas de *s*
Sal 26.10 está el mal, y su diestra está llena de *s*
Pr 15.27 mas el que aborrece el *s* vivirá
17.8 piedra preciosa es el *s* para el que lo
17.23 el impío toma *s* del seno para pervertir
Is 1.23 aman el *s*, y van tras las recompensas

SOLTAR
Gn 43.14 y os *suelte* al otro vuestro hermano
Job 7.19 no me *soltarás* … hasta que trague mi
Mt 27.15; Mr 15.6 *soltaba* un preso, cualquiera
27.21 ¿a cuál de los dos queréis que os *suelte*?
Lc 23.16 le *soltaré*, pues, después de castigarle
23.25 les *soltó* a aquel que había sido echado
Jn 18.39 la costumbre de que os *suelte* uno en
19.10 ¿no … tengo autoridad para *soltarte*?
19.12 si a éste *sueltas*, no eres amigo de César
1 Co 7.27 ¿estás ligado a … No procures *soltarte*

SOMETER
2 S 22.45; Sal 18.44 los hijos de … se *someterán*
Sal 47.3 él *someterá* a los pueblos debajo de
66.3 tu poder se *someterán* a ti tus enemigos
68.30 que todos se *sometan* con sus piezas de
Ro 13.1 *sométase* toda persona a las autoridades
Gá 2.5 ni … un momento accedimos a *someternos*
Ef 1.22 *sometió* todas las cosas bajo sus pies, y
5.21 *someteos* unos a … en el temor de Dios
Col 2.20 ¿por qué … os *sometéis* a preceptos
Stg 4.7 *someteos*, pues, a Dios; resistid al diablo
1 P 2.13 *someteos* a toda institución humana

SOPORTAR
Nm 11.14 no puedo yo solo *soportar* a todo este
Neh 9.30 les *soportaste* por muchos años, y les
Sal 55.12 un enemigo, lo cual habría *soportado*
Jl 2.11 día de Jehová … ¿quién podrá *soportarlo*?
Mal 3.2 ¿y quién podrá *soportar* el tiempo de su

Mr 9.19 dijo: ¿Hasta cuándo os he de *soportar*?
Ro 9.22 *soportó* con mucha paciencia los vasos
1 Co 10.13 la salida, para que podáis *soportar*
13.7 cree, todo lo espera, todo lo *soporta*
Ef 4.2; Col 3.13 *soportándoos* … los unos a los
1 Ts 3.1 por lo cual, no pudiendo *soportarlo* más
2 Ti 2.10 lo *soporto* por amor de los escogidos
He 12.7 si *soportáis* la disciplina, Dios os trata
Stg 1.12 bienaventurado el varón que *soporta* la
1 P 2.18 sino también a los difíciles de *soportar*
2.20 pecando sois abofeteados, y lo *soportáis*?

SUEÑO *v.* Sueño(s)
Gn 2.21 Dios hizo caer *s* profundo sobre Adán
15.12 mas a la … sobrecogió el *s* a Abraham
Jue 4.21 pues él estaba cargado de *s* y cansado
1 S 26.12 profundo *s* enviado de Jehová había
Job 4.13 cuando el *s* cae sobre los hombres
Sal 127.2 pues que a su amado dará Dios el *s*
132.4 no daré *s* a mis ojos ni a mis párpados
Pr 3.24 sino que te acostarás, y tu *s* será grato
6.4 no des *s* a tus ojos, ni a tus párpados
6.10; 24.33 un poco de *s*, un poco de dormitar
20.13 no ames el *s* … que no te empobrezcas
23.21 porque … el *s* hará vestir vestidos rotos
Ec 5.3 de la mucha ocupación viene el *s*, y de la
5.12 dulce es el *s* del trabajador, coma mucho
Is 29.10 derramó sobre vosotros espíritu de *s*, y
Jer 51.39, 57 duerman eterno *s* y no despierten
Dn 6.18 se fue a su palacio … y se le fue el *s*
10.9 caí … en un profundo *s*, con mi rostro
Mt 26.43; Mr 14.40 ojos de ellos … cargados de *s*
Hch 20.9 Eutico … rendido de un *s* profundo
Ro 13.11 que es ya hora de levantarnos del *s*

SUJECIÓN
1 Ti 2.11 mujer aprenda en silencio, con toda *s*
3.4 su casa, que tenga a sus hijos en *s* con

SUMO SACERDOTE
Lv 21.10 el *s s* entre … no descubrirá su cabeza
Zac 3.1 me mostró el *s s* Josué, el cual estaba
Mt 26.3 se reunieron en el patio del *s s* llamado
26.57; Mr 14.53; Lc 22.54 le llevaron al *s s*
Jn 11.49 Caifás, uno de ellos, *s s* aquel año, les
18.19 el *s s* preguntó a Jesús acerca de sus
18.22 le dio … diciendo: ¿Así respondes al *s s*?
Hch 5.17 entonces levantándose el *s s* y todos los
7.1 el *s s* dijo entonces: ¿Es esto así?
Hch 9.1 Saulo, respirando … amenazas … vino al *s s*
23.4 dijeron: ¿Al *s s* de Dios injurias?
He 2.17 misericordioso y fiel *s s* en lo que a Dios
3.1 considerad al apóstol y *s s* de nuestra
4.14 teniendo un gran *s s* que traspasó los
5.1 todo *s s* tomado de entre los hombres es
5.10 declarado por Dios *s s* según el orden de
6.20 donde Jesús entró … *s s* para siempre
7.26 tal *s s* nos convenía: santo, inocente, sin
7.28 la ley constituye *s s* a débiles hombres
8.1 que tenemos tal *s s*, el cual se sentó a la
9.7 sólo el *s s* una vez al año, no sin sangre
9.11 ya presente Cristo, *s s* de los bienes
9.25 entra el *s s* en el Lugar Santísimo

TEMER *v.* Adorar, Obedecer, Servir
Gn 15.1 Jehová a Abraham en visión … No *temas*
22.12 ya conozco que *temes* a Dios, por cuanto
42.18 haced esto, y vivid: Yo *temo* a Dios
Éx 14.10 los hijos de Israel *temieron* en gran manera
14.31 el pueblo *temió* a Jehová, y creyeron a

Nm 14.9 con nosotros está Jehová; no los *temáis*
Dt 1.21 toma posesión … no *temas* ni desmayes
1.29 dije: No *temáis*, ni tengáis miedo de ellos
4.10 para *temerme* todos los días que vivieran
5.29 quién diera … me *temiesen* y guardasen
6.13 a Jehová tu Dios *temerás*, y a él sólo
10.12 sino que *temas* a Jehová tu Dios, que
13.11 para que todo Israel oiga, y *tema*, y no
28.58 *temiendo* este nombre Gáorioso y
Jos 1.9 no *temas* ni desmayes; porque Jehová tu
8.1 dijo a Josué: No *temas* ni desmayes; toma
24.14 ahora, pues, *temed* a Jehová, y servidle
Jue 6.10 no *temáis* a los dioses de los amorreos
7.3 quien *tema* y se estremezca, madrugue y
1 S 12.14 si *temiereis* a Jehová y le sirviereis
15.24 *temí* al pueblo y consentí a la voz de
2 R 17.33 *temían* a Jehová, y honraban a … dioses
1 Cr 16.25 de ser *temido* sobre todos los dioses
Esd 9.4 se me juntaron todos los que *temían* las
Neh 6.16 *temieron* todas las naciones que estaban
Job 1.9 Satanás … dijo: ¿Acaso *teme* Job a Dios
3.25 y me ha acontecido lo que yo *temía*
11.15 limpio... y serás fuerte, y nada *temerás*
31.23 porque *temí* el castigo de Dios, contra
36.18 por lo cual *teme*, no sea que en su ira
37.24 lo *temerán* por tanto los hombres; él no
Sal 3.6 no *temeré* a diez millares de gente, que
23.4 no *temeré* mal alguno, porque tú estarás
25.12 ¿quién es el hombre que *teme* a Jehová?
27.1 Jehová es mi luz y … ¿de quién *temeré*?
31.19 es tu bondad … para los que te *temen*
33.8 *tema* a Jehová toda la tierra; *teman*
33.18 el ojo de Jehová sobre los que le *temen*
34.7 acampa alrededor de los que le *temen*, y
34.9 *temed* a Jehová, vosotros sus santos, pues
46.2 por tanto, no *temeremos*, aunque la tierra
52.6 verán los justos, y *temerán*; se reirán de
56.3 en el día que *temo*, yo en ti confío
56.4, 11; 118.6 no *temeré* … hacer el hombre
65.8 habitantes de … *temen* de tus maravillas
66.16 venid, oíd todos los que *teméis* a Dios
72.5 te *temerán* mientras duren el sol y la luna
85.9 cercana … su salvación a los que le *temen*
91.5 no *temerás* el terror nocturno, ni saeta
103.11 su misericordia sobre los que le *temen*
111.5 ha dado alimento a los que le *temen*
112.1; 128.1 bieneventurado el … que *teme* a
115.11 que *teméis* a Jehová, confiad en Jehová
119.38 confirma tu … a tu siervo, que te *teme*
119.74 que te *temen* me verán, y se alegrarán
147.11 se complace... en los que le *temen*, y
Pr 14.16 el sabio *teme* y se aparta del mal; mas
24.21 *teme* a Jehová, hijo mío, y al rey; no
31.30 la mujer que *teme* a Jehová, ésa será
Ec 5.7 las muchas palabras; mas tú, *teme* a Dios
7.18 porque aquel que a Dios *teme*, saldrá bien
12.13 *teme* a Dios, y guarda sus mandamientos
Is 7.4 no *temas*, ni se turbe tu corazón a causa de
7.16 la tierra … que tú *temes* será abandonada
8.12 ni *temáis* lo que ellos *temen*, ni … miedo
25.3 por esto … te *temerá* la ciudad de gentes
35.4 no *temáis*; he aquí … vuestro Dios viene

41.10; 43.5 no *temas*, porque yo estoy contigo
41.14 no *temas*, gusano de Jacob, oh … Israel
43.1 no *temas*, porque yo te redimí; te puse
50.10 ¿quién hay … que *teme* a Jehová, y oye
51.7 no *temáis* afrenta de hombre … ultrajes
Jer 1.8, 17 no *temas* delante de ellos, porque
5.22 ¿a mí no me *temeréis*? dice Jehová
5.24 *temamos* ahora a Jehová Dios nuestro
23.4 no *temerán* más, ni se amedrentarán, ni
Ez 3.9 no los *temas*, ni tengas miedo delante de
Dn 6.26 *teman* … ante la presencia del Dios de
Os 3.5 ¿temerán a Jehová y a su bondad en el fin
Jl 2.21 tierra, no *temas*; alégrate y gózate, porque
Jon 1.9 respondió: Soy Hereo, y *temo* a Jehová
Sof 3.7 me *temerá*; recibirá corrección, y no será
Mal 3.16 los que *temían* a Jehová hablaron cada
4.2 mas a vosotros los que *teméis* mi nombre
Mt 1.20 José … no *temas* recibir a María tu mujer
8.26 ¿por qué *teméis*, hombres de poca fe?
10.28 *temed*... a aquel que puede destruir el
10.31 no *temáis*; más valéis vosotros que
14.5 quería matarle, pero *temía* al pueblo
14.27; Mr 6.50; Jn 6.20 yo soy, no *temáis*!
21.26 si decimos, de los hombres, *tememos* al
27.54 *temieron* en gran manera, y dijeron
28.5 ángel … dijo … No *temáis* vosotras
28.10 Jesús les dijo: No *temáis*: id, dad las
Mr 4.41 entonces *temieron* con gran temor, y se
5.36; Lc 8.50 dijo … No *temas*, cree solamente
6.20 Herodes *temía* a Juan … y le guardaba
Lc 1.30 María, no *temas*, porque has hallado
1.50 su misericordia es … a los que le *temen*
2.10 el ángel les dijo: No *temáis*; porque he
12.4 no *temáis* a los que matan el cuerpo, y
12.32 no *temáis*, manada pequeña, porque a
18.2 había … un juez, que ni *temía* a Dios, ni
23.40 ¿ni aun *temes* tú a Dios, estando en la
Jn 12.15 no *temas*, hija de Sion; he aquí tu Rey
Hch 10.35 agrada del que le *teme* y hace justicia
13.16 varones … y los que *teméis* a Dios, oíd
18.9 dijo … No *temas*, sino habla, y no calles
27.24 diciendo: Pablo, no *temas*; es necesario
Ro 11.20 en pie. No te ensoberbezcas, sino *teme*
2 Co 12.20 me *temo* … no os halle tales como quiero
Gá 4.11 me *temo* … que haya trabajado en vano
Col 3.22 con corazón sincero, *temiendo* a Dios
1 Ti 5.20 para que los demás también *teman*
He 4.1 *temamos*, pues, no sea que permaneciendo
11.23 padres … no *temieron* el decreto del rey
13.6 no *temeré* lo que me pueda hacer el
1 P 2.17 amad a … *Temed* a Dios. Honrad al rey
2 P 2.10 no *temen* decir mal de las potestades
Ap 1.17 no *temas*; yo soy el primero y el último
2.10 no *temas* en nada lo que vas a padecer
14.7 *temed* a Dios, y dadle gloria, porque la
15.4 ¿quién no te *temerá* … y Gáorificará tu
19.5 alabad a nuestro Dios … los que le *teméis*

TEMPESTAD

Sal 55.8 escapar del viento borrascoso, de la *t*
58.9 vivos, así airados, los arrebatará él con *t*
107.29 cambia la *t* en sosiego, y … sus ondas
Jer 23.19 aquí que la *t* de Jehová saldrá con furor
25.32 *t* se levantará de los fines de la tierra
Nah 1.3 Jehová marcha en la *t* y el torbellino
Mt 8.24; Mr 4.37; Lc 8.23 se levantó … una *t*
16.3 por la mañana: Hoy habrá *t*; porque

Hch 27.18 siendo combatidos por una furiosa *t*
He 12.18 al monte … que ardía en fuego … y a la *t*

TEMPLO *v.* Casa, IGáesia
2 R 23.4 que sacasen del *t* de Jehová todos los
Esd 4.1 edificaban el *t* de Jehová Dios de Israel
Sal 5.7 casa; adoraré hacia tu santo *t* en tu temor
11.4; Hab 2.20 Jehová está en su santo *t*
48.9 nos acordamos de tu … en medio de tu *t*
65.4 saciados del bien de tu casa, de tu santo *t*
138.2 me postraré hacia tu santo *t*, y alabaré
Is 6.1 alto y sublime, y sus faldas llenaban el *t*
44.28 serás edificada; y al *t*: Serán fundado
Jer 7.4 *t* de Jehová, *t* de … *t* de Jehová es este
Ez 41.1 me introdujo luego en el *t*, y midió los
Os 8.14 Israel … y edificó *t*, y Judá multiplicó
Hag 2.18 el día que se echó el cimiento del *t* de
Zac 6.12 el Renuevo … edificará el *t* de Jehová
Mal 3.1 y vendrá súbitamente a su *t* el Señor
Mt 4.5; Lc 4.9 le puso sobre el pináculo del *t*
12.6 os digo que uno mayor que el *t* está aquí
21.12; Mr 11.15; Lc 19.45 entró Jesús en el *t* de Dios
23.16 si alguno jura por el *t*, no es nada; pero
24.1 discípulos … mostrarle los edificios del *t*
26.55; Mr 14.49; Lc 22.53 cada día estaba con vosotros enseñando en el *t*
26.61; Mr 14.58; Jn 2.19 puedo derribar el *t* de Dios
27.40; Mr 15.29 tú que derribas el *t*, y en tres
Lc 2.27 movido por el Espíritu, vino al *t*
2.46 le hallaron en el *t*, sentado en medio de
18.10 dos hombres subieron al *t* a orar: uno
21.5 que hablaban de que el *t* estaba adornado
24.53 estaban siempre en el *t*, alabando y
Jn 2.14 halló en el *t* a los que vendían bueyes
7.14 de la fiesta subió Jesús al *t*, y enseñaba
Hch 2.46 unánimes … en el *t*, y partiendo el pan
3.2 la puerta del *t* que se llama la Hermosa
4.1 el jefe de la guardia del *t*, y los saduceos
5.20 id, y puestos en pie en el *t*, anunciad al
7.48; 17.24 no habita en *t* hechos de mano
21.28 además … ha metido a griegos en el *t*
22.17 orando en el *t* me sobrevino un éxtasis
24.6 intentó también profanar el *t*; y
1 Co 3.16 ¿no sabéis que sois *t* de Dios, y que
6.19 que vuestro cuerpo es *t* del Espíritu Santo
2 Co 6.16 ¿y qué acuerdo hay entre el *t* de Dios
Ef 2.21 va creciendo para ser un *t* santo en el
Ap 7.15 y le sirven día y noche en su *t*; y el
11.1 mide el *t* de Dios, y el altar, y a los
11.19 el *t* de Dios fue abierto en el cielo
15.8 el *t* se llenó de humo por la gloria de
21.22 no vi en ella *t* … el Señor … es el *t*

TENTACIÓN *v.* Prueba
Mt 6.13; Lc 11.4 no nos metas en *t* … líbranos
26.41; Mr 14.38; Lc 22.40 orad, para que no entréis en *t*
Lc 4.13 cuando el diablo hubo acabado toda *t*
1 Co 10.13 no os ha sobrevenido ninguna *t* que
1 Ti 6.9 quieren enriquecerse caen en *t* y lazo, y
He 3.8 como … en el día de la *t* en el desierto
Stg 1.12 bienaventurado el … que soporta la *t*
2 P 2.9 sabe el Señor librar de *t* a los piadosos

TESORO *v.* Riqueza
Éx 19.5 mi especial *t* sobre todos los pueblos
Dt 28.12 te abrirá Jehová su buen *t*, el cielo
33.19 mares, y los *t* escondidos de la arena
Jos 6.19 toda la plata … entren en el *t* de Jehová
1 R 14.26; 2 Cr 12.9 tomó los *t* de la casa de
2 R 20.13 mostró … todo lo que había en sus *t*
24.13 sacó … todos los *t* de la casa de Jehová
Esd 7.20 dar, los darás de la casa de los *t* del rey

Job 38.22 ¿has entrado tú en los *t* de la nieve
Pr 2.4 la buscares, y la escudriñares como a *t*
8.21 que los que me aman ... yo llene sus *t*
21.6 amontonar *t* con lengua mentirosa es
21.20 *t* precioso y ... hay en la casa del sabio
Ec 2.8 me amontoné ... *t* preciados de reyes y de
Is 33.6 salvación; el temor de Jehová será su *t*
39.2 mostró ... todo lo que se hallaba en sus *t*
45.3 te daré los *t* escondidos, y los secretos
Jer 15.13 tus *t* entregaré a la rapiña sin ningún
41.8 porque tenemos en el campo *t* de trigos
Dn 11.43 se apoderará de los *t* de oro y plata
Mi 6.10 ¿hay aún en casa del impío *t* de
Zac 11.13 dijo Jehová: Echalo al *t*; hermoso
Mal 3.17 serán para mí especial *t*, ha dicho
Mt 6.19 no os hagáis *t* en la tierra, donde la
6.21; Lc 12.34 donde esté vuestro *t*, allí ... vuestro corazón
12.35 el hombre bueno, del buen *t* del corazón
13.44 reino de los cielos es semejante a un *t*
13.52 que saca de su *t* cosas nuevas y cosas
19.21; Mr 10.21; Lc 18.22 tendrás *t* en el cielo; y ven, sígame
27.6 dijeron: No es lícito echarlas en el *t* de
Lc 12.21 así es el que hace para sí *t*, y no es
2 Co 4.7 tenemos este *t* en vasos de barro, para
Col 2.3 en quien están escondidos todos los *t* de la
He 11.26 el vituperio de Cristo que los *t* de los
Stg 5.3 acumulado *t* para los días postreros

TESTIFICAR *v.* Declarar

Dt 32.46 las palabras que yo os *testifico* hoy
Job 15.6 boca ... y tus labios *testificarán* contra ti
31.35 que el Omnipotente *testificará* por mí
Sal 50.7 escucha, Israel, y *testificaré* contra ti
Is 3.9 apariencia de su rostro *testifica* contra
Jer 14.7 aunque nuestras iniquidades *testifican*
Os 7.10 Israel *testificará* contra él en su cara
Mt 27.13 ¿no oyes ... cosas *testifican* contra ti?
Lc 16.28 les *testifique*, a fin de que no vengan
Jn 3.11 y lo que hemos visto, *testificamos*; y no
3.32 lo que vio y oyó, esto *testifica*; y nadie
7.7 me aborrece ... yo *testifico* de él, porque
Hch 2.40 *testificaba* ... diciendo: Sed salvos de
8.25 habiendo *testificado* ... se volvieron a
10.42 *testificásemos* que él es el que Dios ha
18.5 *testificando* a ... que Jesús era el Cristo
20.21 *testificando* a judíos y a gentiles acerca
23.11 es necesario que *testifiques* ... en Roma
28.23 les *testificaba* el reino de Dios desde
Gá 5.3 *testifico* a todo hombre que se circuncida
He 2.4 *testificando* Dios juntamente con ellos
Stg 5.3 oro ... su moho *testificará* contra vosotros
1 P 5.12 *testificando* que esta es la ... gracia de
1 Jn 1.2 y la hemos visto, y *testificamos*, y os
4.14 *testificamos* que el Padre ha enviado
5.9 el testimonio con que Dios ha *testificado*

TIEMPO *v.* Día, Eternidad

2 R 21.6; 2 Cr 33.6 se dio a observar los *t*, y fue
Job 24.1 no son ocultos los *t* al Todopoderoso
Sal 31.15 en tu mano están mis *t*; líbrame de la
34.1 bendeciré a Jehová en todo *t* ... mi boca
119.126 *t* es de actuar, oh Jehová, porque han
Pr 15.23 y la palabra a su *t*, ¡cuán buena es!
Ec 3.1; 8.6 tiene su *t*, y todo ... tiene su hora
9.11 sino que *t* y ocasión acontecen a todos
9.12 el hombre tampoco conoce su *t*; como
Is 40.2 decidle a voces que su *t* es ya cumplido
Dn 7.25 en su mano hasta *t*, y *t*, y medio *t*
8.19 de la ira; porque eso es para el *t* del fin
12.7 que será por *t*, *t*, y la mitad de un *t*

Mt 16.2 dijo: Cuando anochece, decís: Buen *t*
16.3 ¡mas las señales de los *t* no podéis!
26.18 el Maestro dice: Mi *t* está cerca; en tu
Mr 13.33 orad … no sabéis cuando será el *t*
Lc 9.51 se cumplió el *t* en que él había de ser
21.8 vendrán … diciendo … El *t* está cerca
21.24 que los *t* de los gentiles se cumplan
Jn 7.6 mi *t* aún no ha llegado, mas vuestro *t*
14.9 ¿tanto *t* hace que estoy con vosotros
Hch 1.6 ¿restaurarás el reino a Israel en este *t*?
17.26 y les ha prefijado el orden de los *t*
Ro 13.11 conociendo el *t*, que es ya hora de
1 Co 7.29 esto digo, hermanos, que el *t* es corto
2 Co 6.2 he aquí ahora el *t* aceptable, he aquí
Gá 4.4 pero cuando vino el cumplimiento del *t*
4.10 guardaís los días … los *t* y los años
Ef 5.16 aprovechando bien el *t*, porque los días
1 Ts 5.1 acerca de los *t* y de las ocasiones, no
2 Ts 2.6 fin de que a su debido *t* se manifieste
2 Ti 4.2 que instes a *t* y fuera de *t*; redarguye
4.3 vendrá *t* cuando no sufrirán la … doctrina
Tit 1.3 a su debido *t* manifestó su palabra por
He 1.1 hablado … en otro *t* a los padres por los
1 Jn 2.18 ya es el último *t*; y según … oísteis
Ap 1.3 bienaventurado … porque el *t* está cerca
6.11 descansasen todavía un poco de *t*, hasta
12.12 el diablo ha descendido … tiene poco *t*
12.14 sustentada por un *t*, y *t*, y la mitad de
22.10 no selles las palabras … el *t* está cerca

TIERRA *v.* Mundo
Gn 1.1 en el principio creó Dios los cielos y la *t*
1.10 llamó Dios a lo seco *T*, y a la … Mares
3.17 maldita será la *t* por tu causa; con dolor
11.1 tenía … toda la *t* una sola lengua y unas
12.1 vete de tu *t* y … a la *t* que te mostraré
12.7; 27.4 dijo … a tu descendencia daré esta *t*
Éx 3.5 porque el lugar en que tú estás, *t* santa es
3.8 sacarlos de aquella *t* a una *t* buena y
6.8 os meteré en la *t* por la cual alcé mi mano
9.29 para que sepas que de Jehová es la *t*
Lv 25.4 pero el séptimo año la *t* tendrá descanso
25.23 la *t* no se venderá … porque la *t* mía es
26.20 porque vuestra *t* no dará su producto
Nm 14.7 la *t* por donde pasamos … es *t* … buena
16.30 si … la *t* abriere su boca, y los tragare
35.33 y la *t* no será expiada de la sangre que
Dt 1.8 he entregado la *t*; entrad, y poseed la *t*
8.10 bendecirás a Jehová tu … por la buena *t*
11.21 vuestros días … numerosos sobre la *t*
26.9 nos trajo a este lugar, y nos dio esta *t*
26.15 *t* que nos has dado … *t* que fluye leche
34.4 dijo: Esta es la *t* de que juré a Abraham
Jos 1.11 poseer la *t* que Jehová … Dios os da en
19.51 y Josué … acabaron de repartir la *t*
24.13 os di la *t* por la cual nada trabajasteis
2 S 24.25 Jehová oyó las súplicas de la *t*, y cesó
1 R 8.27 ¿es verdad que Dios morará sobre la *t*?
2 R 5.17 ¿de esta *t* no se dará a tu siervo la
2 Cr 6.18 Dios habitará con el hombre en la *t*?
Neh 9.35 en la *t* espaciosa y … no te sirvieron
Job 9.6 remueve la *t* de su lugar, y hace temblar
9.24 la *t* es entregada en manos de los impíos
26.7 él extiende el … cuelga la *t* sobre nada
38.4 ¿dónde estabas tú cuando yo fundaba la *t*?
41.33 no hay sobre la *t* quien se le parezca
Sal 19.4 por toda la *t* salió su voz, y hasta el
24.1 de Jehová es la *t* y su plenitud; el mundo
72.19 toda la *t* sea llena de su gloria. Amén
73.25 a ti? Y fuera de ti nada deseo en la *t*

75.3 se arruinaban la *t* y sus moradores; yo
89.11 tuyos son los cielos, tuya también la *t*
90.2 antes que... formases la *t* y el mundo
98.3 todos los términos de la *t* han visto la
102.25 tú fundaste la *t*, y los cielos son obra
104.24 la *t* está llena de tus beneficios
115.16 dado la *t* a los hijos de los hombres
119.64 de tu misericordia … está llena la *t*
Pr 3.19 Jehová con sabiduría fundó la *t*; afirmó
Ec 1.4 va … viene; mas la *t* siempre permanece
Is 6.3 santo … toda la *t* está llena de su gloria
11.9 *t* será llena del conocimiento de Jehová
14.7 toda la *t* está en reposo y en paz; se
40.22 él está sentado sobre el círculo de la *t*
45.12 hice la *t*, y creé sobre ella al hombre
51.6 la *t* se envejecerá como ropa de vestir
60.21 tu pueblo … para siempre heredarán la *t*
65.17 que yo crearé nuevos cielos y nueva *t*
66.22 los cielos nuevos y la nueva *t* que yo hago
Jer 22.29 ¡*t*, *t*, *t*! oye palabra de Jehová
51.15 él es el que hizo la *t* con su poder, el
Am 8.9 sol … y cubriré de tinieblas la *t* en el día
Sof 3.8 por el fuego … será consumida toda la *t*
Hag 2.6 yo haré temblar los cielos y la *t*, el mar
Zac 14.9 y Jehová será rey sobre toda la *t*
Mt 5.5 los mansos … recibirán la *t* por heredad
5.13 vosotros sois la sal de la *t*; pero si la
5.35 ni por la *t*, porque es el estrado de sus
6.10; Lc 11.2 en el cielo, así también en la *t*
6.19 no os hagáis tesoros en la *t*, donde la
12.40 estará el Hijo … en el corazón de la *t*
13.8; Mr 4.8; Lc 8.8 parte cayó en buena *t*
13.57; Mr 6.4; Lc 4.24; Jn 4.44 no hay profeta sin honra sino en su propia *t*
16.19; 18.18 lo que atares en la *t* será atado
23.9 y no llaméis padre … a nadie en la *t*
24.35; Lc 21.33 el cielo y la *t* pasarán, pero mis
28.18 toda potestad me es dada en … en la *t*
Mr 6.1 salió Jesús de allí y vino a su *t*, y le
Lc 12.49 fuego vine a echar en la *t*; ¿y qué
13.7 córtala; ¿para qué inutiliza … la *t*?
16.17 más fácil es que pasen el cielo y la *t*
Jn 8.6 pero Jesús … escribía en *t* con el dedo
Hch 7.3 sal de tu *t* y de … y ven a la *t* que yo te
Ro 10.18 por toda la *t* ha salido la voz de ellos
1 Co 10.26, 28 del Señor es la *t* y su plenitud
15.47 el primer hombre es de la *t*, terrenal
Ef 3.15 toma nombre toda familia en … y en la *t*
4.9 descendido a las partes más bajas de la *t*
Col 1.16 que hay en la *t*, visibles e invisibles
3.2 poned la mira en las … no en las de la *t*
He 1.10 tú Señor, en el principio fundaste la *t*
6.7 *t* que bebe la lluvia que … cae sobre ella
8.4 que, si estuviese sobre la *t*, ni siquiera
11.9 en la *t* prometida como en *t* ajena
12.26 conmoveré no solamente la *t* … el cielo
2 P 3.7 los cielos y la *t* … están reservados por
3.10 la *t* y las obras que … serán quemadas
3.13 esperamos … y *t* nueva, en los cuales
Ap 6.4 fue dado poder de quitar de la *t* la paz
7.3 no hagáis daño a la *t*, ni al mar, ni a los
21.1 vi un cielo nuevo y una *t* nueva; porque

TIMOTEO

"Hijo amado" de Pablo, 1 Co 4.17; 1 Ti 1.2, 18; 2 Ti 1.2;
hijo de padre griego y madre judía, Hch 16.1;
creció en una familia piadosa, 2 Ti 1.5; 3.14–15;
vive en Listra (o Derbe), Hch 16.1;
circuncidado, Hch 16.3;
acompaña a Pablo en su segundo viaje misionero, Hch

16.1–4; 17.15; 18.5; 1 Ts 3.2–6;
es ordenado, 1 Ti 4.14; 2 Ti 1.6;
enviado a la iglesia de Corinto, 1 Co 4.17; 16.10–11;
acompaña a Pablo en su tercer viaje misionero, Hch 20.4;
a cargo de la iglesia de Efeso, 1 Ti 1.3;
Pablo le pide que lo visite en la prisión, 2 Ti 4.9–13;
apresado y libertado, He 13.23.

TINIEBLAS *v.* Oscuridad

Gn 1.2 las *t* estaban sobre la faz del abismo
Éx 10.21 que haya *t* sobre la tierra de Egipto
14.20 nube y *t* para … y alumbraba a Israel
1 S 2.9 los impíos perecen en *t*; porque nadie
2 S 22.10; Sal 18.9 había *t* debajo de sus pies
Job 5.14 de día tropiezan con *t*, y a mediodía
10.21 a la tierra de *t* y de sombra de muerte
10.22 tierra de … cuya luz es como densas *t*
12.22 él descubre las profundidades de las *t*
15.22 él no cree que volverá de las *t*, y
37.19 no podemos … las ideas a causa de las *t*
38.19 de la luz, y dónde está el lugar de las *t*
Sal 88.6 has puesto … en *t*, en lugares profundos
88.12 ¿serán reconocidas en las *t* tus maravillas
104.20 pones las *t*, y es la noche; en ella
107.10 algunos moraban en *t* y sombra de
112.4 resplandeció en las *t* luz a los rectos
139.12 las *t* no encubren de ti, y la noche
Ec 2.14 el sabio tiene … mas el necio anda en *t*
Is 5.20 que hacen de la luz *t*, y de las *t* luz
5.30 he aquí *t* de tribulación, y en sus cielos
8.22 y angustia; y serán sumidos en las *t*
9.2 el pueblo que andaba en *t* vio gran luz
42.16 delante de ellos cambiaré las *t* en luz
49.9 digas … a los que están en *t*: Mostraos
50.10 el que anda en *t* y carece de luz, confíe
58.10 si dieres tu pan … en las *t* nacerá tu luz
Jer 13.16 dad gloria a … antes que haga venir *t*
Jl 2.2 día de *t* y de oscuridad, día de nube y de
2.31 el sol se convertirá en *t*, y la luna en
Am 5.20 ¿no será el día de Jehová *t*, y no luz
8.9 y cubriré de *t* la tierra en el día claro
Mt 4.16 el pueblo asentado en *t* vio gran luz
6.23 luz que en ti hay es *t*, ¿cuántas no serán
8.12 serán echados a las *t* de afuera; allí será
10.27; Lc 12.3 lo que os digo en *t*, decidlo en
22.13; 25.30 y echadle en las *t* de afuera; allí
27.45; Mr 15.33; Lc 23.44 desde la hora sexta hubo *t*
Lc 1.79 para dar luz a los que habitan en *t*
11.34 tu ojo es maligno … tu cuerpo está en *t* y
22.53 es vuestra hora, y la potestad de las *t*
Jn 1.5 la luz en las *t* resplandece, y las *t* no
3.19 los hombres amaron más las *t* que la luz
8.12 el que me sigue, no andará en *t*, sino que
12.35 luz, para que no os sorprendan las *t*
12.46 aquel que cree en mí no permanezca en *t*
Hch 2.20 el sol se convertirá en *t*, y la luna en
13.11 cayeron sobre él oscuridad y *t*; y
26.18 se conviertan de las *t* a la luz, y de la
Ro 13.12 desechemos, pues, las obras de las *t*
1 Co 4.5 cual aclarará también lo oculto de las *t*, y
2 Co 4.6 mandó que de las *t* resplandeciese la
6.14 ¿y qué comunión la luz con las *t*?
Ef 5.8 en otro tiempo erais *t*, mas ahora sois
5.11 en las obras infructuosas de las *t*, sino
6.12 contra los gobernadores de las *t* de este
Col 1.13 nos ha librado de la potestad de las *t*, y
1 Ts 5.4 mas vosotros … no estáis en *t*, para que
He 12.18 ardía en fuego, a la oscuridad, a las *t*
1 P 2.9 que os llamó de las *t* a su luz admirable

1 Jn 1.5 Dios es luz, y no hay ningunas *t* en él
2.8 las *t* van pasando, y la luz verdadera ya
2.9 aborrece a su hermano, está todavía en *t*
Ap 16.10 su reino se cubrió de *t*, y mordían de

TITO
2 Co 2.13 reposo … por no haber hallado a … *T*
7.6 Dios … nos consoló con la venida de *T*
8.6 que exhortamos a *T* para que tal como
8.16 en el corazón de *T* la misma solicitud
8.23 en cuanto a *T*, es mi compañero y
12.18 rogué a *T*, y envié con él al hermano
Gá 2.1 subí … llevando también conmigo a *T*
Tit 1.4 a *T*, verdadero hijo en la común fe

TRADICIÓN
Mt 15.2; Mr 7.5 quebrantan la *t* de los ancianos
15.6 habéis invalidado el … por vuestra *t*
Mr 7.3, 8 los judíos, aferrándose a la *t* de los
Gá 1.14 mucho más celoso de las *t* de mis padres
Col 2.8 según las *t* de los hombres, conforme a

TRAICIÓN
1 S 24.11 y ve que no hay mal ni *t* en mi mano
2 R 9.23 Joram … huyó, y dijo … ¡*T*, Ocozías!
11.14; 2 Cr 23.13 Atalía … clamó … ¡*T*, *t*!

TRANSGRESIÓN *v.* Ofensa, Pecado
Jos 22.16 ¿qué *t* es esta con que prevaricáis contra
Job 31.33 si encubrí como hombre mis *t* … seno
Sal 5.10 por la multitud de sus *t* échalos fuera
17.3 he resuelto que mi boca no haga *t*
39.8 líbrame de todas mis *t*; no me pongas
Ez 18.22 *t* que cometió, no le serán recordadas
18.30 apartaos de … vuestras *t*, y no os será
Ro 4.15 pero donde no hay ley, tampoco hay *t*
4.25 fue entregado por nuestras *t*, y resucitado
5.14 no pecaron a la manera de la *t* de Adán
5.15 pero el don no fue como la *t*; porque si
5.15 si por la *t* de aquel uno murieron los
11.11 por su *t* vino la salvación a los gentiles
Gá 3.19 fue añadida a causa de las *t*, hasta que
1 Ti 2.14 mujer, siendo engañada, incurrió en *t*
He 2.2 firme, y toda *t* … recibió justa retribución
9.15 para la remisión de las *t* que había bajo

TRIBULACIÓN *v.* Adversidad, Dolor
2 Cr 15.4 en su *t* se convirtieron a Jehová Dios
Neh 9.27 en el tiempo de su *t* clamaron a ti, y tú
Job 5.19 en seis *t* te librará, y en la séptima no te
15.24 *t* y angustia le turbarán … como un rey
Pr 1.27 cuando sobre vosotros viniere *t* y angustia
11.8 el justo es librado de la *t*; mas el impío
12.13 el impío … mas el justo saldrá de la *t*
Is 8.22 aquí *t* y tinieblas, oscuridad y angustia
26.16 Jehová, en la *t* te buscaron … castigaste
Mt 24.9 entonces os entregarán a *t*, y os matarán
24.21 porque habrá entonces gran *t*, cual no
24.29; Mr 13.24 después de la *t* de aquellos
Mr 4.17 cuando viene la *t* o la … luego tropiezan
13.19 aquellos días serán de *t* cual nunca ha
Hch 14.22 a través de muchas *t* entremos en el
Ro 5.3 nos gloriamos en las *t*, sabiendo que la *t*
8.35 ¿*t*, o angustia, o persecución, o hambre
12.12 sufridos en la *t*; constantes en la oración
2 Co 1.4 el cual nos consuela en todas nuestras *t*
1.4 podamos … consolar a los que están en … *t*
2.4 por la mucha *t* … os escribí con … lágrimas
4.17 porque esta leve *t* momentánea produce
6.4 como … en *t*, en necesidades, en angustias

7.4 sobreabundo de gozo en todas nuestras *t*
8.2 en grande prueba de *t*, la abundancia de
Ef 3.13 pido que no desmayéis a causa de mis *t*
Fil 4.14 bien hicisteis en participar … en mi *t*
1 Ts 1.6 recibiendo la palabra en … de gran *t*
3.3 a fin de que nadie se inquiete por estas *t*
Stg 1.27 visitar a los … y a las viudas en sus *t*
Ap 1.9 y copartícipe vuestro en la *t*, en el reino
2.22 en gran *t* a los que con ella adulteran
7.14 éstos son los que han salido de la gran *t*

TRISTEZA *v.* Adversidad, Dolor, Tribulación
Dt 28.65 pues allí te dará Jehová … *t* de alma
Pr 10.1 padre, pero el hijo necio es *t* de su madre
10.22 la que enriquece, y no añade *t* con ella
Is 35.10 gozo y alegría, y huirán la *t* y el gemido
Lc 22.45 los halló durmiendo a causa de la *t*
Jn 16.6 estas cosas, *t* ha llenado vuestro corazón
16.20 pero … vuestra *t* se convertirá en gozo
Ro 9.2 que tengo gran *t* y continuo dolor en mi
2 Co 2.1 conmigo, no ir otra vez a vosotros con
2.3 que cuando llegue no tenga *t* de parte de
7.10 porque la *t* que es según Dios produce
9.7 cada uno dé … no con *t*, ni por necesidad
Fil 2.27 de mí, para que yo no tuviese *t* sobre *t*
He 12.11 parece ser causa de gozo, sino de *t*

TRONO
Gn 41.40 solamente en el *t* seré yo mayor que tú
1 R 1.13 Salomón tu hijo … él se sentará en mi *t*?
1.37 haga mayor su *t* que el *t* de mi señor
9.5; 2 Cr 7.18 afirmaré el *t* e tu reino sobre
10.18; 2 Cr 9.17 hizo … el rey un gran *t* de
1 Cr 29.23 se sentó Salomón por rey en el *t* de
Sal 9.7 Jehová … ha dispuesto su *t* para juicio
11.4 Jehová tiene en el cielo su *t*; sus ojos
45.6 tu *t*, oh Dios, es eterno y para siempre
47.8 reinó … se sentó Dios sobre su santo *t*
89.14 justicia y juicio son el cimiento de tu *t*
93.2 firme es tu *t* desde entonces; tú eres
94.20 ¿se juntará contigo el *t* de iniquidades
103.19 Jehová estableció en los cielos su *t*, y
122.5 allá están … los *t* de la casa de David
132.11 tu descendencia pondré sobre tu *t*
Pr 16.12 porque con justicia será afirmado el *t*
25.5 del rey, y su *t* se afirmará en justicia
Is 6.1 vi yo al Señor sentado sobre un *t* alto y
14.13 en lo alto, junto a las … levantaré mi *t*
66.1 Jehová dijo así: El cielo es mi *t*, y la
Jer 3.17 llamarán a Jerusalén: *T* de Jehová
17.12 *t* de gloria, excelso desde el principio
43.10 pondré su *t* sobre estas piedras que
Lm 5.19 tu *t* de generación en generación
Dn 7.9 mirando hasta que fueron puestos *t*
Mt 5.34 ni por el cielo, porque es el *t* de Dios
19.28; 25.31 se siente en el *t* de su gloria
19.28; Lc 22.30 os sentaréis sobre doce *t*
23.22 jura por el *t* de Dios, y por aquel que
Lc 1.32 Dios le dará el *t* de David su padre
Hch 2.30 al Cristo para que se sentase en su *t*
7.49 el cielo es mi *t*, y la tierra el estrado de
He 1.8 tu *t*, oh Dios, por el siGáo del siGáo; cetro
4.16 acerquémonos, pues … al *t* de la gracia
8.1; 12.2 se sentó a la diestra del *t* de Dios
Ap 2.13 dónde moras, donde está el *t* de Satanás
3.21 le daré que se siente conmigo en mi *t*
4.2 un *t* … en el cielo, y en el *t*, uno sentado
4.4 alrededor del *t* había 24 *t*; y vi … en los *t*
7.9 estaban delante del *t* y en la presencia del

7.17 el Cordero que está en medio del *t* los
20.4 vi *t*, y se sentaron sobre ellos los que
20.11 vi un gran *t* blanco y al que estaba
21.5 el que estaba sentado en el *t* dijo
22.1 un río limpio … que salía del *t* de Dios
22.3 el *t* de Dios y del … estará en ella, y sus

UNCIÓN

Éx 30.25 harás de ello el aceite de la santa *u*
Sal 89.20 hallé a David … lo ungí con mi santa *u*
1 Jn 2.20 pero vosotros tenéis la *u* del Santo, y
2.27 pero la *u* que … permanece en vosotros

UNGIR

Éx 30.26; 40.9 *ungirás* el tabernáculo de reunión
Lv 8.12 de Aarón, y lo *ungió* para santificarlo
Dt 28.40 tendrás olivos … mas no te *ungirás* con
Rt 3.3 te lavarás … te *ungirás*, y... irás a la era
1 S 9.16 al cual *ungirás* por príncipe sobre mi
10.1 ¿no te ha *ungido* Jehová por príncipe
16.13 Samuel tomó el cuerno del … y lo *ungió*
2 S 2.4 vinieron … de Judá y *ungieron* allí a David
12.7 yo te *ungí* por rey sobre Israel, y te libré
1 R 1.39 tomando … aceite del … *ungió* a Salomón
19.16 a Jehú hijo de Nimsi *ungirás* por rey
2 R 9.3 dijo … Yo te he *ungido* por rey sobre Israel
11.12 le puso la … y le hicieron rey *ungiéndole*
2 Cr 23.11 lo *ungieron*, diciendo … ¡Viva el rey!
Sal 23.5 *unges* mi cabeza con aceite; mi copa
45.7 por tanto, te *ungió* Dios, el Dios tuyo
Is 61.1 porque me *ungió* Jehová; me ha enviado
Mt 6.17 pero tú, cuando ayunes, *unge* tu cabeza
Mr 6.13 *ungían* con aceite a muchos enfermos
14.8 se ha anticipado a *ungir* mi cuerpo para
16.1 compraron especias … para ir a *ungirle*
Lc 4.18 me ha *ungido* para dar buenas nuevas a
Jn 11.2 María … fue la que *ungió* al Señor con
12.3 *ungió* los pies de Jesús, y los enjugó con
Hch 4.27 tu santo Hijo Jesús, a quién *ungiste*
2 Co 1.21 el que nos confirma … *ungió*, es Dios
He 1.9 por lo cual te *ungió* Dios, el Dios tuyo
Stg 5.14 *ungiéndole* con … en el nombre del Señor
Ap 3.18 *unge* tus ojos con colirio, para que veas

UNIGÉNITO *v.* Hijo

Jn 1.14 vimos su gloria … como del *u* del Padre
3.16 que ha dado a su Hijo *u*, para que todo
He 11.17 por la fe Abraham … ofrecía su *u*
1 Jn 4.9 en que Dios envió a su Hijo *u* al mundo

UN, UNO

Gn 11.6 el pueblo es *u*, y … *u* solo lenguaje
Jn 10.30 yo y el Padre *u* somos
17.11 guárdalos en tu nombre … que sean *u*
17.21 todos sean *u* … también ellos sean *u* en
1 Co 8.6 sólo hay *u* Dios, el Padre … y *u* Señor
Gá 3.28 todos vosotros sois *u* en Cristo Jesús

URIM

Éx 28.30 pondrás en el pectoral del juicio *U* y
1 S 28.6 Jehová no le respondió ni … ni por *U*
Esd 2.63; Neh 7.65 sacerdote … con *U* y Tumim

VARÓN *v.* Hombre, Varón de Dios

Gn 1.27 y creó Dios al hombre … *v* y hembra los
2.23 ésta será llamada Varona, porque del *v* fue
Lv 18.22 no te echarás con *v* como con mujer
1 S 13.14 Jehová se ha buscado un *v* conforme a
Is 13.12 haré más precioso que el oro fino al *v*
Hch 13.22 a David … *v* conforme a mi corazón
17.31 juzgará … por aquel *v* a quien designó

1 Co 11.8 el *v* no procede de la mujer, sino la
Ap 12.5 dio a luz un hijo *v*, que regirá con vara

VARÓN DE DIOS
Jos 14.6 dijo a Moisés, *v* de *D* ... tocante a mí
Jue 13.6 un *v* de *D* vino a mí, cuyo aspecto era
1 S 2.27 y vino un *v* de *D* a Elí, y le dijo: Así ha
9.6 hay en esta ciudad un *v* de *D*, que es
1 R 13.1 que un *v* de *D* ... vino de Judá a Bet-el
17.24 ahora conozco que tú eres *v* de *D*, y que
20.28 vino ... el *v* de *D* al rey de Israel, y le
2 R 1.10 si yo soy *v* de *D*, descienda fuego del
4.9 éste que siempre pasa por ... es *v* ... de *D*
2 Cr 25.7 un *v* de *D* vino a él, y le dijo: Rey, no

VEJEZ
Job 5.26 vendrás en la *v* a la sepultura, como la
Sal 71.9, 18 no me deseches en tiempo de la *v*
92.14 aun en la *v* fructificarán; estarán
Pr 16.31 corona de honra es la *v* que se halla en
20.29 la hermosura de los ancianos es su *v*
Is 46.4 y hasta la *v* yo mismo ... os soportaré yo

VELO
Gn 24.65 ella entonces tomó el *v*, y se cubrió
38.14 se cubrió con un *v*, y se arrebozó, y se
Éx 26.31 también harás un *v* de azul, púrpura
34.33 Moisés ... puso un *v* sobre su rostro
Lv 16.2 no ... entre en el santuario detrás del *v*
Mt 27.51; Mr 15.38; Lc 23.45 el *v* del templo se rasgó en dos
2 Co 3.14, 15 cuando leen ... queda el mismo *v*
He 6.19 alma, y que penetra hasta dentro del *v*
9.3 tras el segundo *v* estaba la parte del
10.20 que él nos abrió a través del *v*, esto es

VENCER
Gn 32.28 has luchado con Dios y ... has *vencido*
1 S 17.50 así *venció* David al filisteo con honda
1 R 20.23 nos han *vencido*; mas si peleáremos
Job 32.13 lo *vence* Dios, no el hombre
Jer 1.19 pelearán contra ti, pero no te *vencerán*
Os 12.3, 4 con su poder *venció* al ángel. *V* al
Lc 11.22 viene otro ... y le *vence*, le quita todas
Jn 16.33 pero confiad, yo he *vencido* al mundo
Ro 12.21 no seas *vencido* ... *vence* con el bien el
2 P 2.19 el que es *vencido* por alguno es hecho
1 Jn 4.4 sois de Dios, y los habéis *vencido*
5.4 lo que es nacido de Dios, *vence* al mundo
Ap 2.7 al que *venciere*, le daré a comer del árbol
3.5 el que *venciere* será vestido de ... blancas
3.12 al que *venciere*, yo lo haré columna en
3.21 al que *venciere*, le daré que se siente
5.5 el León ... ha *vencido* para abrir el libro
6.2 corona, y salió *venciendo*, y para *vencer*
12.11 le han *vencido* por medio de la sangre
17.14 pelearán ... y el Cordero los *vencerá*
21.7 el que *venciere* heredará todas las cosas

VENGAR *v.* Pagar
Gn 4.24 si siete veces será *vengado* Caín, Lamec
Lv 19.18 no te *vengarás*, ni guardarás rencor a
Dt 32.43 él *vengará* la sangre de sus siervos
Jue 15.7 dijo ... juro que me *vengaré* de vosotros
1 S 24.12 entre tú y yo, y *véngueme* de ti Jehová
25.26 venir a ... *vengarte* por tu propia mano
2 S 22.48; Sal 18.47 Dios que *venga* mis agravios
Est 8.13 aquel día, para *vengarse* de sus enemigos
Pr 20.22 no digas: Yo me *vengaré*: espera a
Is 1.24 enemigos, me *vengaré* de mis adversarios
Jer 5.29 de tal gente no se *vengará* mi alma?
15.15 visítame, y *véngame* de mis enemigos
Jl 3.4 ¿queréis *vengaros* ... y si de mí os *vengáis*
Ro 12.19 no os *venguéis* vosotros mismos, amados
Ap 6.10 no juzgas y *vengas* nuestra sangre en
19.2 ha *vengado* la sangre de sus siervos de

VENIDA *v.* Revelación
Mal 3.2 quién podrá soportar el tiempo de su *v*?
Mt 24.3 qué señal habrá de tu *v*, y del fin del
24.27 así será … la *v* del Hijo del Hombre
1 Co 15.23 luego los que son de Cristo, en su *v*
1 Ts 2.19 corona … lo sois vosotros … en su *v*?
4.15 habremos quedado hasta la *v* del Señor
2 Ts 2.1 con respecto a la *v* de nuestro Señor
2 Ti 4.8 también a todos los que aman su *v*
Stg 5.8 paciencia … la *v* del Señor se acerca
2 P 1.16 hemos dado a conocer el poder y la *v* de
3.12 esperando … la *v* del día de Dios, en el
1 Jn 2.28 para que en su *v* no nos alejemos de él

VERBO *v.* Cristo, Jesucristo, Jesús
Jn 1.1 en el principio era el *v* … y el *v* era Dios
1.14 aquel *v* fue hecho carne, y habitó entre
1 Jn 1.1 palparon … manos tocante al *v* de vida
5.7 Padre, el *v* y el Espíritu Santo; y estos
Ap 19.13 sangre; y su nombre es: El *v* de Dios

VERDAD *v.* Fidelidad
Gn 32.10 menor soy que … toda la *v* que has
Éx 18.21 temerosos de Dios, varones de *v*, que
Dt 32.4 Dios de *v*, y sin ninguna iniquidad en él
1 R 17.24 la palabra de Jehová es *v* en tu boca
2 Cr 9.5 *v* es lo que había oído en mi tierra
Sal 25.5 encamíname en tu *v*, y enséñame, porque
40.11 tu misericordia y tu *v* me guarden
43.3 envía tu luz y tu *v*; éstas me guiarán
51.6 he aquí, tú amas la *v* en lo íntimo, y en
60.4 has … bandera que alcen por causa de la *v*
85.10 la misericordia y la *v* se encontraron
86.11 enséñame … caminaré yo en tu *v*; afirma
89.24 mi *v* y mi misericordia estarán con él
91.4 estarás seguro; escudo y adarga es su *v*
98.3 acordado de … de su *v* para con la casa
100.5 Jehová … su *v* por todas las generaciones
111.7 las obras de sus manos son *v* y juicio
119.30 escogí el camino de la *v*; he puesto
119.86 todos tus mandamientos son *v*; sin
Pr 8.7 mi boca hablará *v* … impiedad abominan
12.17 el que habla *v* declara justicia; mas el
20.6 pero hombre de *v* ¿quién lo hallará?
22.21 la certidumbre de las palabras de *v*
23.23 compra la *v*, y no la vendas; la
28.20 hombre de *v* tendrá muchas bendiciones
Is 25.1 tus consejos antiguos son *v* y firmeza
42.3 caña … por medio de la *v* traerá justicia
48.1 hacen memoria del Dios … mas no en *v*
59.14 la *v* tropezó en la plaza, y la equidad
Jer 4.2 vive Jehová, en *v*, en juicio y en justicia fue
7.28 pereció la *v*, y de la boca de ellos
9.3 no se fortalecieron para la *v* en la tierra
33.6 les revelaré abundancia de paz y de *v*
Dn 8.12 echó por tierra la *v* e hizo cuanto quiso
Os 4.1 porque no hay *v*, ni misericordia, ni
Zac 7.9 diciendo: Juzgad conforme a la *v*, y haced
8.3 y Jerusalén se llamará Ciudad de la *v*
8.16 hablad *v* cada cual … juzgad según la *v*
Mt 22.16 sabemos que eres amante de la *v*, y que
Lc 1.4 para que conozcas bien la *v* de las cosas
Jn 1.14 vimos su gloria … lleno de gracia y de *v*
1.17 y la *v* vinieron por medio de Jesucristo
3.21 el que practica la *v* viene a la luz, para
4.24 en espíritu y en *v* es necesario que adoren
5.33 a Juan, y él dio testimonio de la *v*
8.32 conoceréis la *v*, y la *v* os hará libres
8.40 matarme a mí … que os he hablado la *v*
8.46 si digo la *v*, ¿por qué vosotros no me

10.41 pero todo lo que Juan dijo de éste, era *v*
14.6 yo soy el camino, y la *v*, y la vida; nadie
16.13 el Espíritu de *v*, él os guiará a toda la *v*
17.17 santifícalos en tu *v*; tu palabra es *v*
18.38 le dijo Pilato: ¿Qué es la *v*? Y cuando
Hch 26.25 que hablo palabras de *v* y de cordura
Ro 1.25 cambiaron la *v* de Dios por la mentira
2.2 el juicio de Dios contra los … es según *v*
2.8 ira y enojo a los que … no obedecen a la *v*
3.7 si por mi mentira la *v* de Dios abundó para
9.1 *v* digo en Cristo, no miento, y mi
1 Co 5.8 sino con panes … de sinceridad y de *v*
13.6 no … de la injusticia, mas se goza de la *v*
2 Co 4.2 no … sino por la manifestación de la *v*
6.7 en palabra de *v*, en poder de Dios, con
7.14 nuestro gloriarnos con Tito resultó *v*
13.8 nada podemos … contra la *v*, sino por la *v*
Gá 2.5 para que la *v* del evangelio permaneciese
3.1; 5.7 ¿quién … para no obedecer a la *v*
4.16 vuestro enemigo, por deciros la *v*?
Ef 1.13 vosotros, habiendo oído la palabra de *v*
4.15 siguiendo la *v* en amor, crezcamos en
4.21 oído … conforme a la *v* que está en Jesús
4.25 desechando la mentira, hablad *v* cada uno
5.9 el fruto del Espíritu es en … justicia y *v*
6.14 firmes, ceñidos vuestros lomos con la *v*
2 Ts 2.12 condenados … que no creyeron a la *v*
1 Ti 2.4 salvos y vengan al conocimiento de la *v*
2.7 digo *v* … maestro de los gentiles en fe y *v*
3.15 la iglesia … columna y baluarte de la *v*
6.5 disputas … de hombres … privados de la *v*
2 Ti 3.7 nunca … llegar al conocimiento de la *v*
3.8 así también éstos resisten a la *v*; hombres
4.4 apartarán de la *v* el oído y se volverán a
He 10.26 haber recibido el conocimiento de la *v*
Stg 5.19 si alguno de … se ha extraviado de la *v*
1 P 1.22 por la obediencia de la *v*, mediante el
2 P 1.12 las sepáis, y estéis confirmados en la *v*
2.2 cuales el camino de la *v* será blasfemado
1 Jn 1.6 si … mentimos, y no practicamos la *v*
1.8 si decimos que … la *v* no está en nosotros
2.4 dice … es mentiroso, y la *v* no está en él
2.21 no os he escrito como si ignoraseis la *v*
2.21 porque ninguna mentira procede de la *v*
3.18 no amemos de palabra ni de … sino … en *v*
3.19 en esto conocemos que somos de la *v*
4.6 en esto conocemos el espíritu de *v* y el
2 Jn 2 a causa de la *v* que permanece en nosotros
4 he hallado a algunos de … andando en la *v*
3 Jn 4 gozo … el oír que mis hijos andan en la *v*

VERGÜENZA

Sal 44.15 cada día mi *v* está delante de mí, y la
Pr 19.26 roba a su padre … es hijo que causa *v*
Is 3.17 Señor raerá … y Jehová descubrirá sus *v*
Lm 1.8 han menospreciado, porque vieron su *v*
Ez 7.18 en todo rostro habrá *v*, y todas sus
Dn 12.2 y otros para *v* y confusión perpetua
Sof 3.5 justo … pero el perverso no conoce la *v*
Lc 14.9 comiences con *v* a ocupar el último
16.3 cavar, no puedo; mendigar, me da *v*
1 Co 15.34 no conocen … para *v* vuestra lo digo
Fil 3.19 y cuya gloria es su *v*; que sólo piensan
Jud 13 ondas del mar, que espuman su propia *v*
Ap 3.18 que no se descubra la *v* de tu desnudez

VÍBORA
Job 20.16 veneno de … lo matará lengua de *v*
Is 11.8 niño … su mano sobre la caverna de la *v*
Mt 3.7; 12.34; 23.33; Lc 3.7 ¡generación de *v*!
Hch 28.3 una *v*, huyendo del calor, se le prendió

VÍCTIMA *v*. Sacrificio
Éx 12.27 es la *v* de la pascua de Jehová, el cual
Ez 39.17 de todas partes a mi *v* que sacrifico

VICTORIA
2 S 8.6; 1 Cr 18.6 Jehová dio la *v* a David por
19.2 se volvió aquel día la *v* en luto para
23.10 aquel día Jehová dio una gran *v*, y se
Sal 144.10 tú, el que da *v* a los reyes, el que
Pr 21.31 el caballo … Jehová es el que da la *v*
24.6 en la multitud de consejeros está la *v*
Mt 12.20 caña … hasta que saque a *v* el juicio
1 Co 15.54 escrita: Sorbida es la muerte en *v*
15.55 tu aguijón? ¿Dónde, oh sepulcro, tu *v*?
15.57 da la *v* por medio de nuestro Señor
1 Jn 5.4 esta es la *v* que ha vencido al mundo
Ap 15.2 habían alcanzado la *v* sobre la bestia

VIDA *v*. Inmortalidad, Sangre, Vida Eterna
Gn 2.7 Dios … sopló en su nariz aliento de *v*
2.9 el árbol de vida en medio del huerto, y el
44.30 como su *v* está ligada a la *v* de él
Lv 17.11 la *v* de la carne en la sangre está, y yo
Dt 12.23 la sangre es la *v*, y no comerás la *v*
30.15 he puesto delante de ti hoy la *v* y el
30.20 es *v* para ti, y prolongación de tus días
Jos 2.13 salvaréis la *v* a mi padre y a mi madre
1 S 2.6 Jehová mata, y él da *v*; él hace
Job 2.4 todo lo que el hombre tiene dará por su *v*
2.6 él está en tu mano; mas guarda su *v*
3.23 ¿por qué se da *v* al hombre que no sabe
7.1 ¿no es acaso brega la *v* del hombre sobre
7.7 acuérdate que mi *v* es un soplo y que
11.17 la *v* te será más clara que el mediodía
33.4 y el soplo del Omnipotente me dio *v*
36.6 no otorgará *v* al impío, pero a los
Sal 16.11 me mostrarás la senda de la *v*; en tu
21.4 la *v* te demandó, y se la diste; largura de
30.3 me diste *v*, para que no descendiese a la
34.12 ¿quién es el hombre que desea *v*, que
63.3 porque mejor es tu misericordia que la *v*
64.1 voz … guarda mi *v* del temor del enemigo
71.20 tú, que … volerás a darme *v*, y de nuevo
85.6 ¿no volverás a darnos *v*, para que tu
103.4 el que rescata del hoyo tu *v*, el que te
Pr 3.22 serán *v* a tu alma, y gracia a tu cuello
4.22 son *v* a los que las hallan, y medicina
4.23 guarda tu corazón … de él mana la *v*
6.23 y camino de *v* las reprensiones que te
8.35 porque el que me halle, hallará la *v*
11.19 como la justicia conduce a la *v*, así
12.28 en el camino de la justicia está la *v*
14.27 el temor de Jehová es manantial de *v*
14.30 el corazón apacible es *v* de la carne
18.21 la muerte y la *v* están en poder de la
19.23 el temor de Jehová es para *v*, y con él
Ec 2.17 aborrecí, por tanto, la *v*, porque la obra
7.12 la sabiduría … da *v* a sus poseedores
Is 53.12 cuanto derramó su *v* hasta la muerte
Jer 21.8 pongo delante … camino de *v* y camino
Lm 3.58 abogaste, Señor … alma; redimiste mi *v*
Dn 9.26 después de … se quitará la *v* al Mesías
12.2 serán despertados, unos para *v* eterna, y
Os 6.2 dará *v* después de dos días; en el tercer
Jon 4.3 oh Jehová, te ruego que me quites la *v*
Mt 6.25; Lc 12.22 no os afanéis por vuestra *v*

7.14 angosto el camino, que lleva a la *v*
10.39 halla su *v* … pierde su *v* por causa de
Mr 8.35; Lc 9.24; 17.33 que quiera salvar su *v*
9.43 mejor te es entrar en la *v* manco, que
10.45 y para dar su *v* en rescate por muchos
Lc 12.15 la *v* … no consiste en la abundancia de
14.26 no aborrece … su propia *v*, no puede
Jn 1.4 en él estaba la *v*, y la *v* era la luz de los
5.21 también el Hijo a los que quiere da *v*
5.24 el que oye … ha pasado de muerte a *v*
5.26 como el Padre tiene *v* en sí mismo, así
6.35 Jesús les dijo: Yo soy el pan de *v*; el que
6.53 si no … bebéis su sangre, no tenéis *v* en
8.12 el que me sigue … tendrá la luz de la *v*
10.10 yo he venido para que tengan *v*, y para
10.11 el buen pastor su *v* da por las ovejas
10.15 al Padre; y pongo mi *v* por las ovejas
10.17 me ama el Padre, porque yo pongo mi *v*
11.25 yo soy la resurrección y la *v*; el que cree
12.25 aborrece su *v* … para *v* eterna la guardará
13.37 ¿por qué no te puedo … *v* pondré por ti
15.13 este, que uno ponga su *v* por sus amigos
20.31 que creyendo, tengáis *v* en su nombre
Hch 7.38 que recibió palabras de *v* que darnos
11.18 ha dado Dios arrepentimiento para *v*
15.26 que han expuesto su *v* por el nombre
17.25 él es quien da a todos *v* y aliento y
20.24 ni estimo preciosa mi *v* para mí mismo
Ro 5.10 reconciliados, seremos salvos por su *v*
5.17 mucho más reinarán en *v* por uno solo
6.4 así también nosotros andemos en *v* nueva
7.10 el mismo mandamiento que era para *v*
8.6 pero ocuparse del Espíritu es *v* y paz
16.4 expusieron su *v* por mí; a los cuales no
1 Co 15.19 si en esta *v* … esperamos en Cristo
2 Co 2.16 muerte, y a aquéllos olor de *v* para *v*
4.10 también la *v* de Jesús se manifieste en
4.12 la muerte actúa en … y en vosotros la *v*
5.4 para que lo mortal sea absorbido por la *v*
Ef 2.5 nos dio *v* juntamente con Cristo (por
4.18 ajenos de la *v* de Dios por la ignorancia
6.3 para que … seas de larga *v* sobre la tierra
Fil 1.20 magnificado … o por *v* o por muerte
4.3 cuyos nombres están en el libro de la *v*
Col 2.13 a vosotros … os dio *v* juntamente con él
3.3 vuestra *v* está escondida con Cristo en
3.4 cuando Cristo, vuestra *v*, se manifieste
1 Ti 4.8 pues tiene promesa de esta *v* presente y
2 Ti 1.10 sacó a luz la *v* y la inmortalidad por el
Stg 2.12 recibirá la corona de *v*, que Dios ha
4.14 ¿qué es vuestra *v*? Ciertamente es
1 P 3.10 que quiere amar la *v* y ver días buenos
2 P 1.3 todas las cosas que pertenecen a la *v* y a
1 Jn 1.2 la *v* fue manifestada, y la hemos visto
3.14 sabemos que hemos pasado de muerte a *v*
3.16 amor, en que él puso su *v* por nosotros
3.16 poner nuestras *v* por los hermanos
5.11 dado *v* eterna; y esta *v* está en su Hijo
5.12 el que tiene al Hijo, tiene la *v*; el que no
5.16 alguno viere … pedirá, y Dios le dará *v*
Ap 2.7 le daré a comer del árbol de la *v*, el cual
3.5 no borraré su nombre del libro de la *v*
11.11 entró en ellos el espíritu de *v* enviado
12.11 menospreciaron sus *v* hasta la muerte
21.6 le daré … de la fuente del agua de la *v*

22.1 me mostró un río limpio de agua de *v*
22.2 en medio de la calle … el árbol de la *v*
22.17 tome del agua de la *v* gratuitamente

VIDA ETERNA *v*. Inmortalidad, Vida
Mt 19.16; Mr 10.17; Lc 10.25; 18.18 ¿qué bien haré para tener la *v e*?
19.29 haya dejado casas, o … heredará la *v e*
25.46 al castigo eterno … justos a la *v e*
Mr 10.30; Lc 18.30 y en el siGáo venidero la *v e*
Jn 3.15, 16 en él cree, no se pierda, mas tenga *v e*
3.36 el que cree en el Hijo tiene *v e*; pero el
4.14 una fuente de agua que salte para *v e*
4.36 el que siega … recoge fruto para *v e*
5.24 el que … cree … tiene *v e*; y no vendrá a
5.39 os parece que en ellas tenéis la *v e*
6.27 sino por la comida que a *v e* permanece
6.40 que ve al Hijo, y cree en él, tenga *v e*
6.47 os digo: El que cree en mí, tiene *v e*
6.54 el que come mi carne, y bebe … tiene *v e*
6.68 quién iremos? Tú tienes palabras de *v e*
10.28 yo les doy *v e*; y no perecerán jamás
12.25 el que aborrece … para *v e* la guardará
12.50 y sé que su mandamiento es *v e*
17.2 potestad … para que dé *v e* a todos los
17.3 y esta es la *v e*: que te conozcan a ti, el
Hch 13.46 y no os juzgáis dignos de la *v e*, he
13.48 los que estaban ordenados para *v e*
Ro 2.7 *v e* a los que, perseverando en bien hacer
5.21 así también la gracia reine … para *v e*
6.22 la santificación, y como fin, la *v e*
6.23 mas la dádiva de Dios es *v e* en Cristo
Gá 6.8 que siembra … del Espíritu segará *v e*
1 Ti 6.12 batalla de la fe, echa mano de la *v e*
Tit 1.2 en la esperanza de la *v e*, la cual Dios
1 Jn 1.2 os anunciamos la *v e*, la cual estaba
2.25 es la promesa que él nos hizo, la *v e*
3.15 ningún homicida tiene *v e* permanente
5.11 Dios nos ha dado *v e*; y esta vida está
5.13 para que sepáis que tenéis *v e*, y para
5.20 éste es el verdadero Dios, y la *v e*
Jud 21 esperando la misericordia de … para *v e*

VIEJO/A
Gn 18.11 y Abraham y Sara eran *v*, de edad
Job 32.4 porque los otros eran más *v* que él
Is 65.20 no habrá … ni *v* que sus días no cumpla
Mt 9.16; Mr 2.21 paño nuevo en vestido *v*
Lc 5.36 pone en un vestido *v*; pues si lo hace
Jn 3.4 ¿cómo puede un hombre nacer siendo *v*?
Ro 6.6 que nuestro *v* hombre fue crucificado
2 Co 5.17 las ocsas *v* pasaron; he aquí todas son
Ef 4.22 despojaos del *v* hombre, que está viciado
Col 3.9 habiéndoos despojado del *v* hombre con
He 8.13 al decir: Nuevo pacto, ha dado por *v* al

VIRGEN *v*. Joven
Lv 21.14 tomará de su pueblo una *v* por mujer
Dt 22.17 diciendo: No he hallado *v* a tu hija
1 R 1.2 busquen para mi señor el rey una joven *v*
Est 2.2 busquen para el rey jóvenes *v* de buen
Job 31.1 ¿cómo, pues, había yo de mirar a una *v*?
Is 7.14 he aquí que la *v* concebirá, y dará a luz
Jer 2.32 ¿se olvida la *v* de su atavío, o la
14.17 es quebrantada la *v* hija de mi pueblo
Lm 2.13 ¿a quién te compararé … oh *v* hija de
Am 5.2 cayó la *v* … no podrá levantarse ya más
Mt 1.23 una *v* concebirá y dará a luz un hijo
25.1 el reino de los … será semejante a diez *v*
Lc 1.27 a una *v* desposada con un varón que se
1 Co 7.25 cuanto a las *v* no tengo mandamiento
7.36 es impropio para su hija *v* que pase ya

2 Co 11.2 presentaros como una *v* pura a Cristo
Ap 14.4 que no se contaminaron … pues son *v*

VISIÓN *v*. Sueño
Gn 15.1 vino la palabra de Jehová a Abram en *v*
46.2 y habló Dios a Israel en *v* de noche, y
Éx 3.3 iré yo ahora y veré esta grande *v*, por qué
Nm 12.6 le apareceré en *v*, en sueños hablaré con
24.4 dijo … el que vio la *v* del Omnipotente
1 S 3.1 escaseaba en … no había *v* con frecuencia
3.15 y Samuel temía descubrir la *v* a Elí
2 S 7.17; 1 Cr 17.15 conforme … esta *v*, así habló
2 Cr 26.5 el los días de Zacarías, entendido en *v*
Job 4.13 en imaginaciones de *v* nocturnas, cuando
7.14 asustas con sueños, y me aterras con *v*
33.15 *v* nocturna, cuando el sueño cae sobre
Sal 89.19 hablaste en *v* a tu santo, y dijiste
Is 1.1 *v* de Isaías hijo de Amoz, la cual vio en
29.11 os será toda *v* como palabras de libro
Jer 23.16 hablan *v* de su propio corazón, no de la
Lm 2.9 profetas tampoco hallaron *v* de Jehová
Ez 1.1 los cielos se abrieron, y vi *v* de Dios
8.3 me llevó en *v* de Dios a Jerusalén, a la
11.24 me levantó el Espíritu … a llevar en *v*
12.22 van … los días, y desaparecerá toda *v*?
40.2 en *v* de … me llevó a la tierra de Israel
Dn 1.17 Daniel tuvo entendimiento en toda *v*
2.19 el secreto fue revelado a Daniel en *v* de
4.5 vi un sueño … *v* de mi cabeza me turbaron
7.2 Daniel dijo: Miraba yo en mi *v* de noche
8.1 en el año tercero … me apareció una *v*
8.16 gritó y dijo: Gabriel, enseña a éste la *v*
8.26 la *v* de … es verdadera; y tú guarda la *v*
10.7 yo, Daniel, vi aquella *v*, y no la vieron
Jl 2.28 soñarán sueños, y vuestros jóvenes verán *v*
Abd 1 *v* de Abdías. Jehová el Señor ha dicho
Nah 1.1 libro de la *v* de Nahum de Elcos
Hab 2.2 escribe la *v*, y declárala en tablas, para
Mt 17.9 no digáis a nadie la *v*, hasta que le Hijo
Lc 1.22 comprendieron que había visto *v* en el
Hch 2.17 vuestro jóvenes verán *v*, y vuestros
9.10 a quien el Señor dijo en *v*: Ananías
10.3 éste vio claramente en una *v*, como a la
11.5 vi en éxtasis una *v*: algo semejante a un
12.9 ángel, sino que pensaba que veía una *v*
16.9 Pablo … *v* de noche; un varón macedonio
18.9 el Señor dijo a Pablo en *v* de noche
26.19 oh rey … no fui rebelde a la *v* celestial
2 Co 12.1 pero vendré las *v* y a las … del Señor
Ap 9.17 así vi en *v* los caballos y a sus jinetes

VIUDA *v*. Huérfano
Gn 38.11 Judá dijo a Tamar su … Quédate *v* en
Éx 22.22 a ninguna *v* ni huérfano afligiréis
Dt 10.18 que hace justicia al huérfano y a la *v*
2 S 14.5 yo a la verdad soy una mujer *v* y mi
1 R 17.9 he dado orden allí a una mujer *v* que te
Job 22.9 las *v* enviaste vacías, y los brazos de los
24.3 asno … y toman en prenda el buey de la *v*
29.13 mí, y al corazón de la *v* yo daba alegría
Sal 94.6 a la *v* y al extranjero matan, y a los
109.9 sean sus hijos huérfanos, y su mujer *v*
146.9 guarda … al huérfano y a la *v* sostiene
Pr 15.25 Jehová … afirmará la heredad de la *v*
Is 1.17 haced justicia al huérfano, amparad a la *v*
Jer 49.11 yo los criaré; y en mí confiarán tus *v*

Lm 1.1 la grande entre las … se ha vuelto como *v*
Zac 7.10 no oprimáis a la *v*, al huérfano … pobre
Mt 23.14; Mr 12.40; Lc 20.47 devoráis las casas de las *v*
Mr 12.42; Lc 21.2 vino una *v* pobre, y echó dos
Lc 2.37 era *v* hacía ochenta y cuatro años; y no
4.26 sino a una mujer *v* en Sarepta de Sidón
7.12 hijo único de su madre, la cual era *v*
18.3 había también … una *v*, la cual venía a
Hch 6.1 de que las *v* … eran desatendidas en la
1 Ti 5.3 honra a las *v* que en verdad lo son
5.9 sea puesta en la lista sólo la *v* no menor
5.14 quiero, pues, que las *v* jóvenes se casen
Stg 1.27 visitar a … y a las *v* en sus tribulaciones
Ap 18.7 como reina, y no soy *v*, y no veré llanto

VOCACIÓN *v*. Llamamiento
1 Co 1.26 mirad, hermanos, vuestra *v*, que no
Ef 4.4 en una misma esperanza de vuestra *v*
2 P 1.10 hacer firme vuestra *v* y elección; porque

VOLAR
2 S 22.11; Sal 18.10 cabalgó sobre un … y *voló*
Job 39.26 ¿*vuela* el gavilán por tu sabiduría, y
Sal 55.6 alas … paloma! *volaría* yo, y descansaría
Is 6.2 con dos cubrían sus pies, y con dos *volaban*
6.6 y *voló* hacia mí uno de los serafines
11.14 *volarán* sobre los hombros de los filisteos
60.8 ¿quiénes son éstos que *vuelan* como
Dn 9.21 Gabriel … *volando* con presteza, vino a
Os 9.11 la gloria de Efraín *volará* cual ave, de
Ap 8.13 oí a un ángel *volar* por en medio del

VOLUNTAD DE DIOS *v*. Voluntad
Mr 3.35 todo aquel que hace la *v* de *D*, ése es mi
Jn 7.17 el que quiere hacer la *v* de *D*, conocerá
Ro 1.10 tenga al fin, por la *v* de *D*, un próspero
12.2 la buena *v* de *D*, agradable y perfecta
2 Co 8.5 y luego a nosotros por la *v* de *D*
Ef 6.6 como … de corazón haciendo la *v* de *D*
1 Ts 4.3 pues la *v* de *D* es vuestra santificación
5.18 dad gracias en todo … esta es la *v* de *D*
He 10.36 habiendo hecho la *v* de *D*, obtengáis
1 P 2.15 esta es la *v* de *D*: que haciendo bien
3.17 mejor es … si la *v* de *D* así lo quiere
4.2 no vivir el … sino conforme a la *v* de *D*
4.19 padecen según la *v* de *D*, encomienden
1 Jn 2.17 el que hace la *v* de *D* permanece para

VOTO *v*. Pacto, Promesa
Gn 28.20 hizo Jacob *v* … Si fuere Dios conmigo
31.13 ungiste la piedra, y … me hiciste un *v*
Lv 27.2; Nm 30.2 alguno hiciere … *v* a Jehová
Nm 30.4 su padre oyere su *v*, y … callare a ello
Dt 23.21 *v* a Jehová tu … no tardes en pagarlo
Jue 11.30 y Jefté hizo *v* a Jehová, diciendo: Si
1 S 1.11 hizo *v*, diciendo: Jehová de … ejércitos
2 S 15.7 pagar mi *v* que he prometido a Jehová
Job 22.27 y él te oirá; y tú pagarás tus *v*
Sal 22.25 *v* pagaré delante de los que le temen
50.14 sacrifica … y paga tus *v* al Altísimo
56.12 sobre mí, oh Dios, están tus *v*; te
61.5 porque tú, oh Dios, has oído mis *v*; me
116.14 ahora pagaré mis *v* a Jehová delante
Pr 20.25 lazo es … hacer … *v* de consagración
Is 19.21 harán *v* a Jehová, y los cumplirán
Nah 1.15 celebra, oh … tus fiestas, cumple tus *v*
Hch 18.18 rapado la cabeza … tenía hecho *v*
21.23 que tienen obligación de cumplir *v*

VOZ
Gn 3.8 oyeron la *v* de … Dios … en el huerto
22.11 ángel de Jehová le dio *v* desde el cielo
27.22 la *v* es la *v* de Jacob; pero las manos
Éx 15.26 si oyeres atentamente la *v* de Jehová

23.21 guárdate delante de él, y oye su *v*
24.3 todo el pueblo respondió a una *v*, y dijo
Nm 7.89 oía la *v* que le hablaba de encima del
Dt 4.12 a excepción de oír la *v*, ninguna figura
8.20 no habréis atendido a la *v* de Jehová
13.4 a él temeréis ... y escucharéis su *v*, a él
Jos 10.14 habiendo atendido Jehová a la *v* de un
1 S 24.16; 26.17 ¿no es esta la *v* tuya, hijo mío
Sal 18.13 tronó ... Jehová, y el Altísimo dio su *v*
19.4 por toda la tierra salió su *v*, y hasta el
68.33 al que cabalga ... dará su *v*, poderosa *v*
95.7 él es nuestro Dios ... si oyeres hoy su *v*
Pr 1.20 en las calles, alza su *v* en las plazas
Cnt 2.8 ¡la *v* de mi amado! He aquí él viene
2.14 hazme oír tu *v* ... dulce es la *v* tuya, y
5.2 es la *v* de mi amado que llama: Abreme
Is 6.8 *v* del Señor, que decía: ¿A quién enviaré
30.30 Jehová hará oír su potente *v*, y hará ver
40.3 *v* que clama en el desierto: Preparad
40.9 levanta ... fuertemente tu *v*, anunciadora
42.2 no alzará su *v*, ni la hará oír en las calles
66.6 *v* de ... *v* del templo, *v* de Jehová que da
Jer 7.34 cesar ... la *v* de gozo y la *v* de alegría
25.10 que desaparezca ... la *v* de gozo y la *v* de
31.15 *v* fue oída en Ramá, llanto y lloro
42.6 a la *v* de Jehová ... obedeceremos, para
Mi 6.9 la *v* de Jehová clama a la ciudad; es sabio
Mt 3.3; Lc 3.4; Jn 1.23 *v* del que clama en el
3.17; Mr 1.11; Lc 3.22 una *v* de los cielos
12.19 no ... ni nadie oirá en las calles su *v*
17.5; Mr 9.7; Lc 9.35 una *v* desde la nube
Lc 23.23 las *v* de ellos y de los ... prevalecieron
Jn 3.29 el amigo ... se goza ... de la *v* del esposo
5.25 los muertos oirán la *v* del Hijo de Dios
5.37 nunca habéis oído su *v*, ni habéis visto
7.37 fiesta, Jesús se puso en pie y alzó la *v*
10.3 ovejas oyen su *v*; y a sus ovejas llama
10.16 oirán mi *v*; y habrá un rebaño, y un
10.27 mis ovejas oyen mi *v*, y yo las conozco
12.30 no ha venido esta *v* por causa mía, sino
18.37 aquel que es de la verdad, oye mi *v*
Hch 7.31 acercándose ... vino a él la *v* del Señor
9.7 oyendo a la verdad la *v*, mas sin ver a
10.13; 11.7 una *v*: Levántate, Pedro, mata y
12.22 gritando: ¡*V* de Dios, y no de hombre!
22.7; 26.14 y oí una *v* que me decía: Saulo
Ro 10.18 por toda la tierra ha salido la *v* de ellos
He 3.7; 4.7 si oyereis hoy su *v*, no endurezcáis
12.19 a la *v* que hablaba, la cual los que la
2 P 1.17 fue enviada ... una *v* que decía: Este es
2.16 muda bestia ... hablando con *v* de hombre
Ap 1.10 y oí ... una gran *v* como de trompeta
1.15 y su *v* como estruendo de muchas aguas
3.20 si alguno oye mi *v* y abre la puerta
10.4; 12.10; 18.4; 21.3 oí una *v* del cielo que
11.15 *v* en el cielo, que decían: Los reinos de
19.1 una gran *v* de gran multitud en el cielo

YELMO *v.* Escudo
Is 59.17 con *y* de salvación en su cabeza; tomó
Ef 6.17; 1 Ts 5.8 tomad el *y* de la salvación

YUGO
Gn 27.40 que descargarás su *y* de tu cerviz
Lv 26.13 rompí las coyundas de vuestro *y*, y os
Nm 19.2 vaca ... sobre la cual no se haya puesto *y*
Dt 28.48 él pondrá *y* de hierro sobre tu cuello
1 R 12.4; 2 Cr 10.4 tu padre agravó nuestro *y*
Is 9.4 porque tú quebraste su pesado *y*, y la vara

10.27 su *y* de tu cerviz, y el *y* se pudrirá a
14.25 su *y* será apartado de ellos, y su carga
58.6 dejar ir libres … y que rompáis todo *y*?
Jer 2.20 porque desde muy atrás rompiste tu *y* y
27.2 hazte coyundas y *y*, y ponlos sobre tu
28.2 quebranté el *y* del rey de Babilonia
30.8 yo quebraré su *y* de tu cuello, y romperé
Lm 1.14 el *y* de mis rebeliones ha sido atado por
Os 11.4 y fui … como los que alzan el *y* de sobre
Nah 1.13 quebraré su *y* de sobre ti, y romperé
Mt 11.29 llevad mi *y* sobre vosotros, y aprended
11.30 mi *y* es fácil, y ligera mi carga
Hch 15.10 poniendo … *y* que ni nuestros padres
2 Co 6.14 no os unaís en *y* desigual con los
Gá 5.1 no … otra vez sujetos al *y* de esclavitud

ZACARÍAS rey de Israel, 2 R 15.8–11.

ZACARÍAS el sacerdote, 2 Cr 24.20–22.
Mt 23.35; Lc 11.51 la sangre de *Z* hijo de

ZACARÍAS padre de Juan el Bautista, Lc 1.5–23; 59–64; 69–79.

ZARZA
Éx 3.2 que la *z* ardía … y la *z* no se consumía
Dt 33.16 la gracia del que habitó en la *z* venga
Jue 9.14 dijeron … todos los árboles a la *z*
Is 55.13 en lugar de la *z* crecerá ciprés, y en
Mr 12.26 Moisés cómo le habló Dios en la *z*
Lc 20.37 aun Moisés lo enseñó en el … de la *z*
Hch 7.30 Sinaí, en la llama de fuego de una *z*

ZURDO
Jue 3.15 a Aod hijo de Gera ... el cual era *z*
20.16 setecientos hombres escogidos ... *z*

ÍNDICE DE MAPAS

MAPA 1. Las naciones según Génesis 10
MAPA 2. La salida de Egipto
MAPA 3. La conquista de Canaán
MAPA 4. Los años del reinado
MAPA 5. Jerusalén: Desde el tiempo de David a Jesucristo
MAPA 6. Palestina durante el tiempo de Jesucristo
MAPA 7. Primer y segundo viajes de Pablo
MAPA 8. Tercer y cuarto viajes de Pablo
MAPA 9. La Tierra Santa en tiempos modernos

MAPA 5 Jerusalén: Desde el tiempo de David a Jesucristo

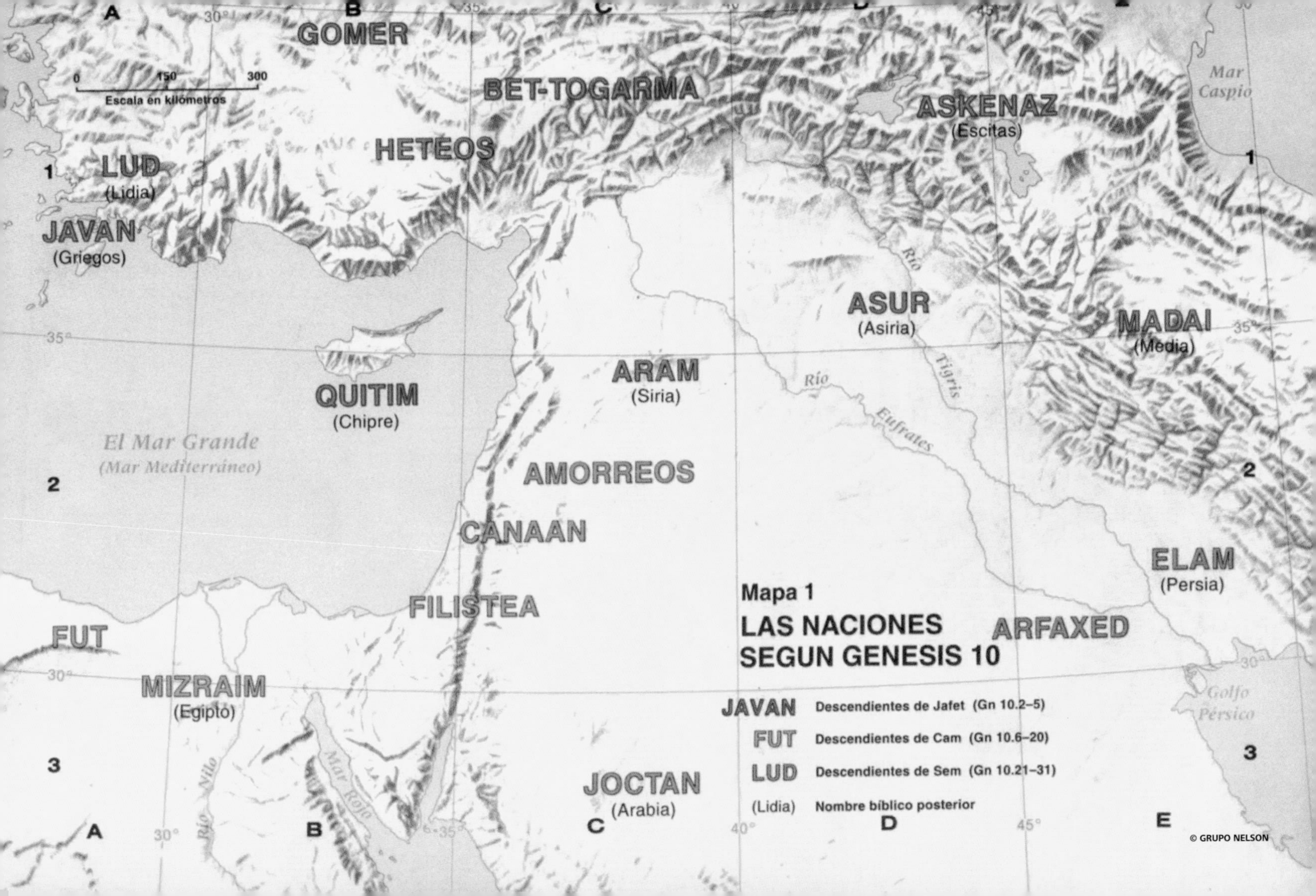
Mapa 1
LAS NACIONES
SEGUN GENESIS 10
JAVAN Descendientes de Jafet (Gn 10.2–5)
FUT Descendientes de Cam (Gn 10.6–20)
LUD Descendientes de Sem (Gn 10.21–31)
(Lidia) Nombre bíblico posterior
GOMER
BET-TOGARMA
ASKENAZ
(Escitas)
HETEOS
LUD
(Lidia)
JAVAN
(Griegos)
ASUR
(Asiria)
MADAI
(Media)
ARAM
(Siria)
QUITIM
(Chipre)
El Mar Grande
(Mar Mediterráneo)
AMORREOS
CANAAN
FILISTEA
ELAM
(Persia)
ARFAXED
FUT
MIZRAIM
(Egipto)
JOCTAN
(Arabia)
Mar Caspio
Río Tigris
Río Eufrates
Río Nilo
Mar Rojo
Golfo Pérsico
0 150 300
Escala en kilómetros
© GRUPO NELSON

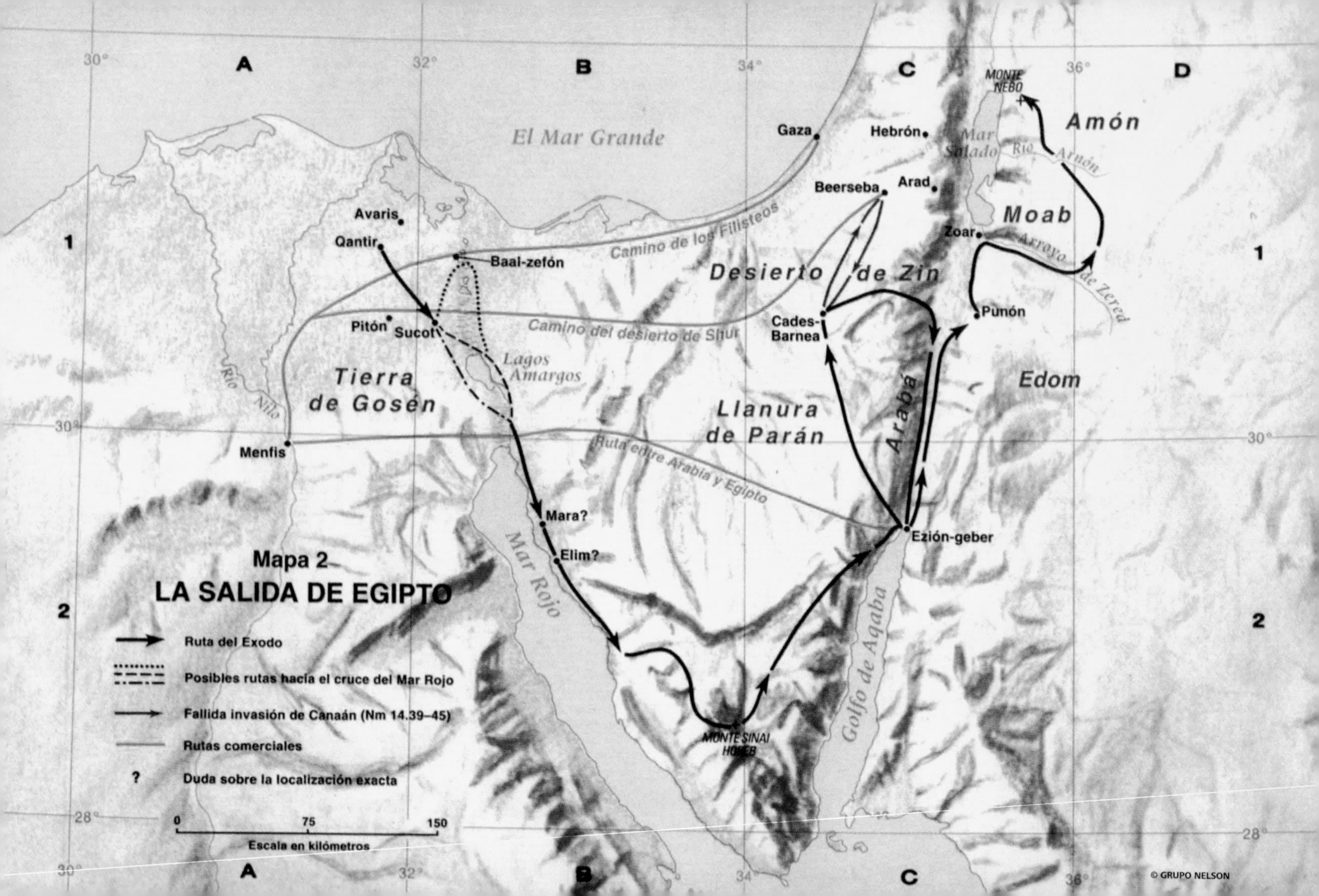
Mapa 2
LA SALIDA DE EGIPTO
Ruta del Exodo
Posibles rutas hacia el cruce del Mar Rojo
Fallida invasión de Canaán (Nm 14.39–45)
Rutas comerciales
?
Duda sobre la localización exacta
0
75
150
Escala en kilómetros
El Mar Grande
Gaza
Hebrón
Beerseba
Arad
Mar Salado
Monte Nebo
Amón
Río Arnón
Moab
Zoar
Arroyo de Zered
Punón
Edom
Desierto de Zin
Cades-Barnea
Arabá
Ezión-geber
Golfo de Aqaba
Llanura de Parán
Camino de los Filisteos
Camino del desierto de Shur
Ruta entre Arabia y Egipto
Avaris
Qantir
Baal-zefón
Pitón
Sucot
Lagos Amargos
Tierra de Gosén
Río Nilo
Menfis
Mara?
Elim?
Mar Rojo
Monte Sinai Horeb
A
B
C
D
1
2
30°
32°
34°
36°
28°
© GRUPO NELSON

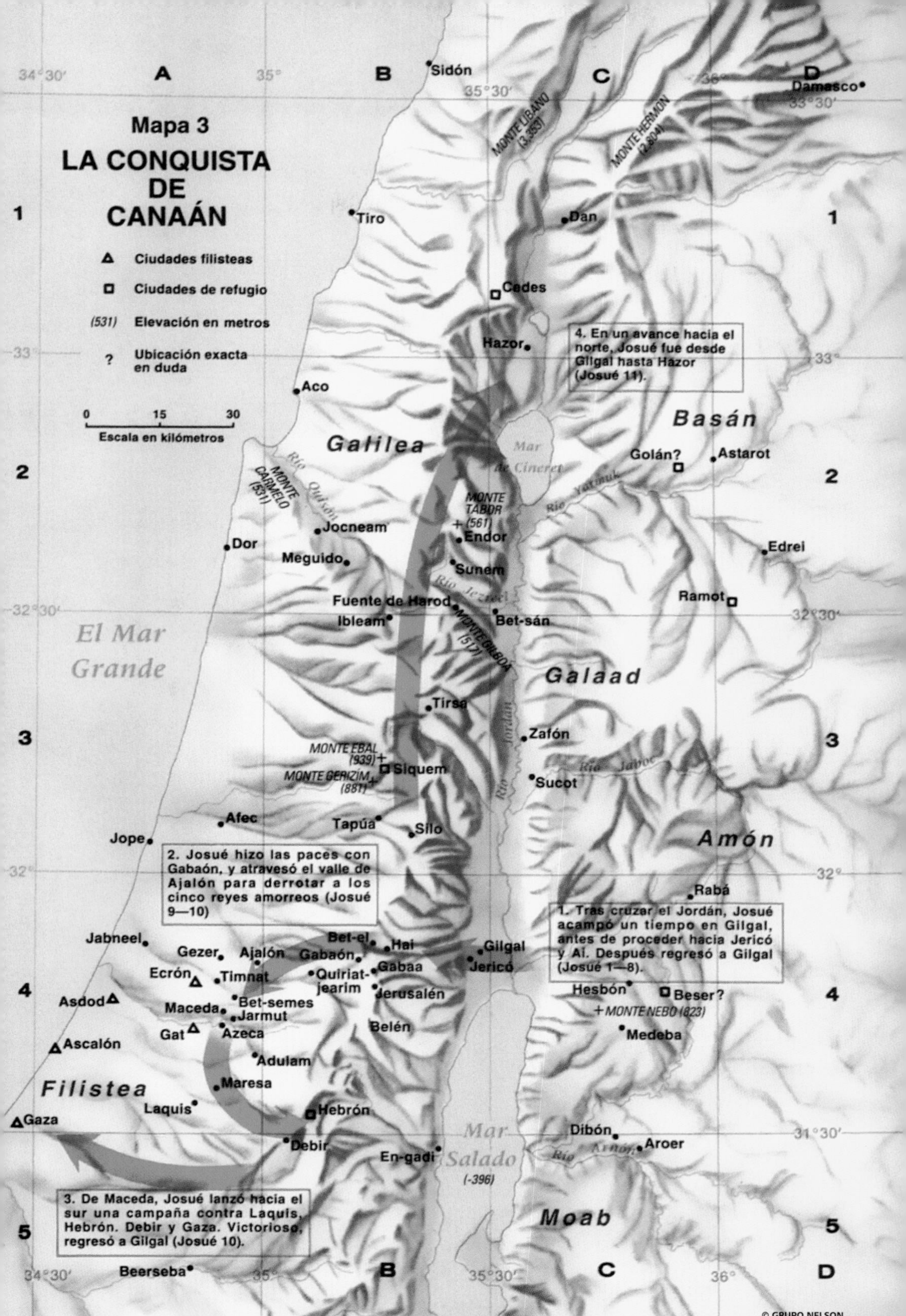
Mapa 3
LA CONQUISTA DE CANAÁN
Ciudades filisteas
Ciudades de refugio
(531) Elevación en metros
? Ubicación exacta en duda
0 15 30
Escala en kilómetros
34°30′
A
35°
B
35°30′
C
36°
D
33°30′
33°
32°30′
32°
31°30′
1
2
3
4
5
Sidón
Damasco
MONTE LÍBANO (3.353)
MONTE HERMÓN (2.804)
Tiro
Dan
Cedes
Hazor
4. En un avance hacia el norte, Josué fue desde Gilgal hasta Hazor (Josué 11).
Aco
Basán
Galilea
Mar de Cineret
Golán?
Astarot
Río Quisón
MONTE CARMELO (531)
MONTE TABOR (561)
Río Yarmuk
Jocneam
Endor
Dor
Meguido
Sunem
Edrei
Río Jezreel
Fuente de Harod
Ramot
Ibleam
Bet-sán
MONTE GILBOA (517)
El Mar Grande
Galaad
Tirsa
Río Jordán
Zafón
MONTE EBAL (939)
Siquem
MONTE GERIZÍM (881)
Río Jaboc
Sucot
Afec
Tapúa
Silo
Jope
Amón
2. Josué hizo las paces con Gabaón, y atravesó el valle de Ajalón para derrotar a los cinco reyes amorreos (Josué 9—10)
Rabá
1. Tras cruzar el Jordán, Josué acampó un tiempo en Gilgal, antes de proceder hacia Jericó y Aí. Después regresó a Gilgal (Josué 1—8).
Jabneel
Bet-el
Hai
Gilgal
Gezer
Ajalón
Gabaón
Jericó
Ecrón
Timnat
Quiriat-jearim
Gabaa
Jerusalén
Hesbón
Beser?
Asdod
Bet-semes
Maceda
Jarmut
MONTE NEBO (823)
Gat
Azeca
Belén
Medeba
Ascalón
Adulam
Filistea
Maresa
Laquis
Hebrón
Gaza
Mar Salado (-396)
Dibón
Debir
Río Arnón
Aroer
En-gadi
3. De Maceda, Josué lanzó hacia el sur una campaña contra Laquis, Hebrón. Debir y Gaza. Victorioso, regresó a Gilgal (Josué 10).
Moab
Beerseba

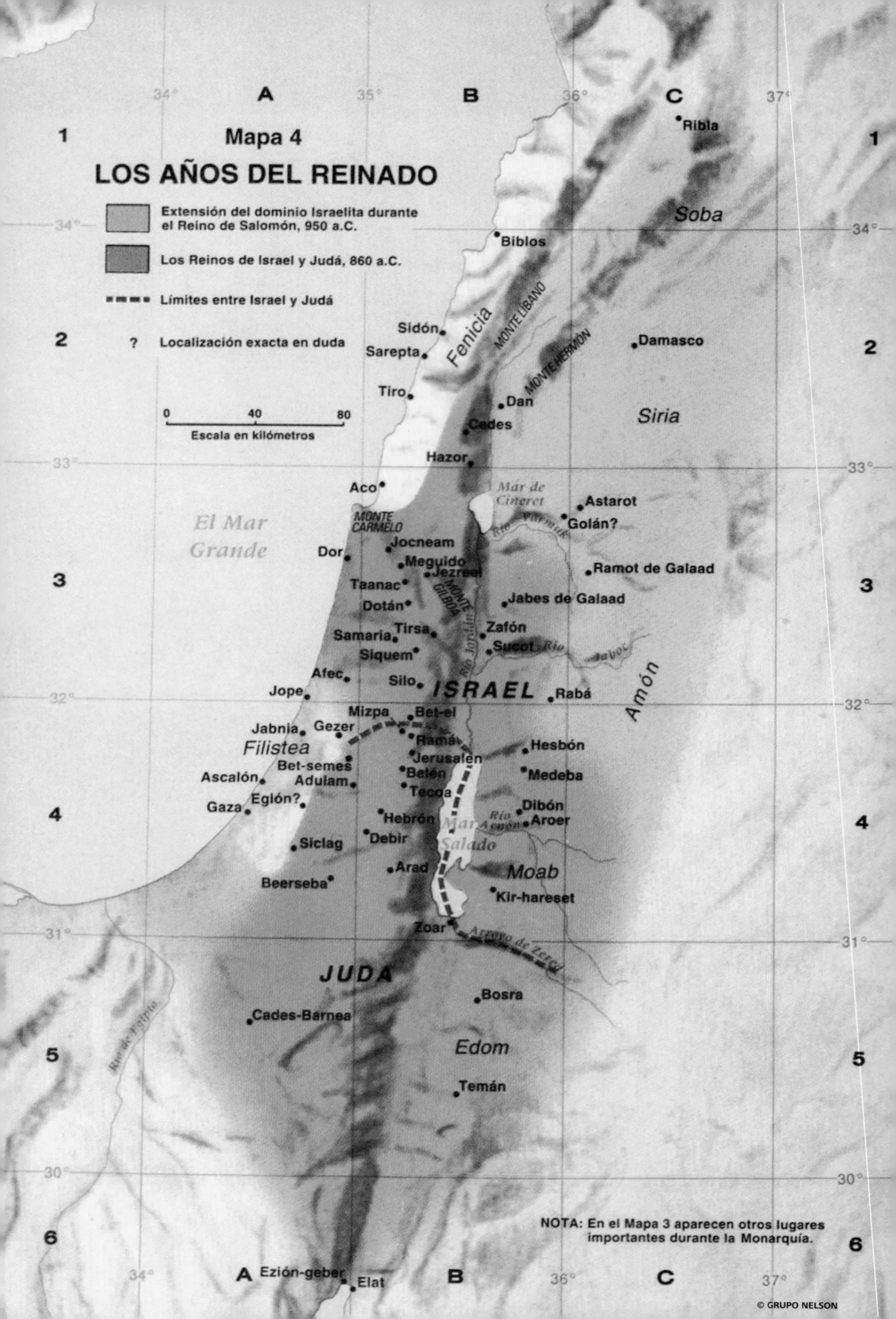
Mapa 4
LOS AÑOS DEL REINADO
Extensión del dominio Israelita durante el Reino de Salomón, 950 a.C.
Los Reinos de Israel y Judá, 860 a.C.
Límites entre Israel y Judá
? Localización exacta en duda
0 40 80
Escala en kilómetros
A B C
1 2 3 4 5 6
34° 35° 36° 37°
33° 32° 31° 30°
Ribla
Soba
Biblos
Fenicia
MONTE LIBANO
MONTE HERMÓN
Sidón
Sarepta
Damasco
Tiro
Dan
Siria
Cedes
Hazor
Aco
Mar de Cineret
Astarot
Golán?
Río Yarmuk
El Mar Grande
MONTE CARMELO
Jocneam
Dor
Meguido
Jezreel
Ramot de Galaad
Taanac
MONTE GILBOA
Dotán
Jabes de Galaad
Samaria
Tirsa
Zafón
Sucot
Río Jaboc
Siquem
Río Jordán
Afec
Silo
ISRAEL
Rabá
Amón
Jope
Mizpa
Bet-el
Jabnia
Gezer
Ramá
Hesbón
Filistea
Jerusalén
Bet-semes
Medeba
Ascalón
Belén
Adulam
Tecoa
Gaza
Eglón?
Dibón
Hebrón
Río Arnón
Aroer
Mar Salado
Siclag
Debir
Arad
Moab
Beerseba
Kir-hareset
Zoar
Arroyo de Zered
JUDÁ
Bosra
Cades-Barnea
Río de Egipto
Edom
Temán
NOTA: En el Mapa 3 aparecen otros lugares importantes durante la Monarquía.
Ezión-geber
Elat

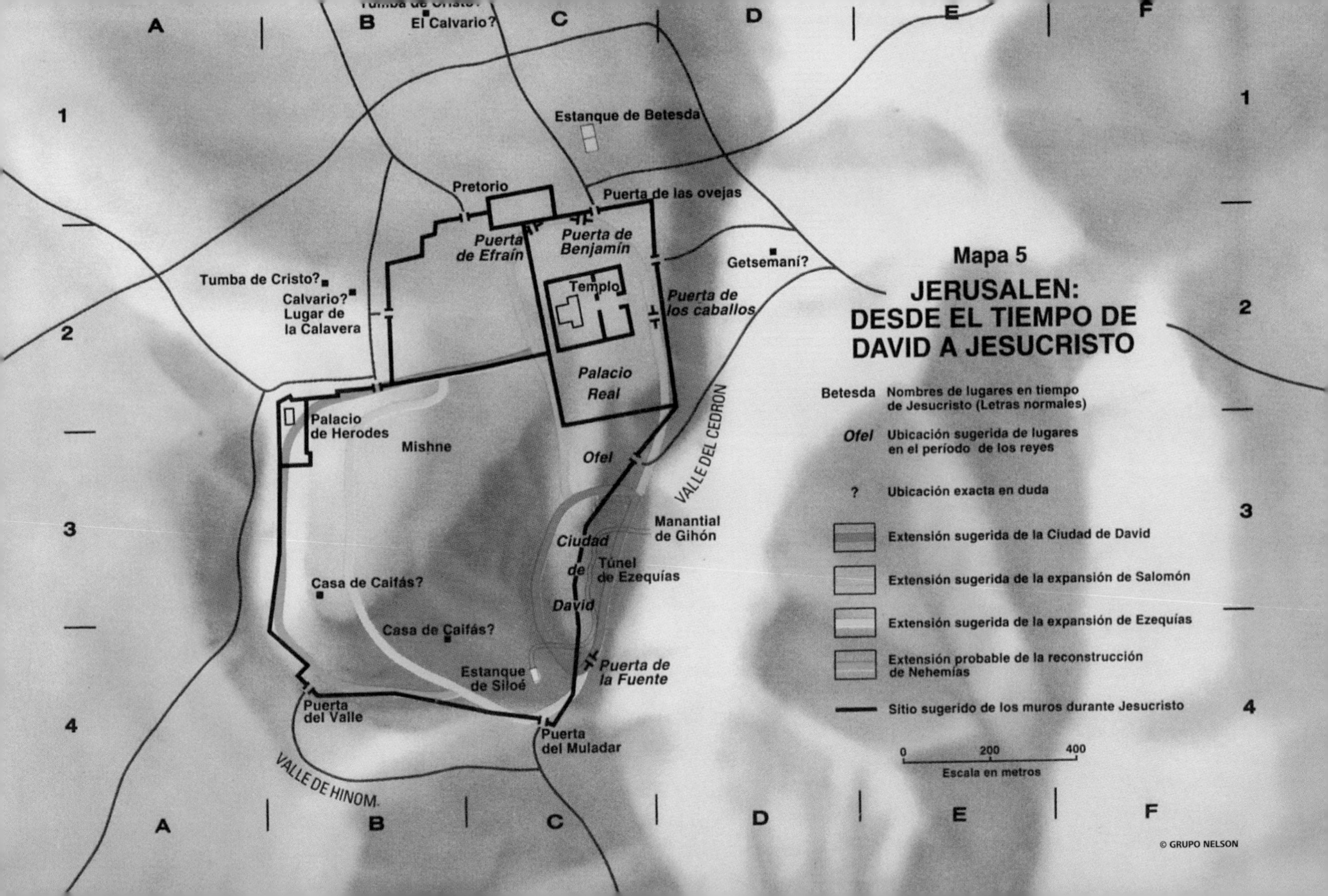
Mapa 5
JERUSALEN: DESDE EL TIEMPO DE DAVID A JESUCRISTO
Betesda Nombres de lugares en tiempo de Jesucristo (Letras normales)
Ofel Ubicación sugerida de lugares en el período de los reyes
? Ubicación exacta en duda
Extensión sugerida de la Ciudad de David
Extensión sugerida de la expansión de Salomón
Extensión sugerida de la expansión de Ezequías
Extensión probable de la reconstrucción de Nehemías
Sitio sugerido de los muros durante Jesucristo
0
200
400
Escala en metros
El Calvario?
Estanque de Betesda
Pretorio
Puerta de las ovejas
Puerta de Efraín
Puerta de Benjamín
Getsemaní?
Tumba de Cristo?
Calvario? Lugar de la Calavera
Templo
Puerta de los caballos
Palacio Real
Palacio de Herodes
Mishne
Ofel
VALLE DEL CEDRON
Manantial de Gihón
Ciudad de David
Túnel de Ezequías
Casa de Caifás?
Casa de Caifás?
Estanque de Siloé
Puerta de la Fuente
Puerta del Valle
Puerta del Muladar
VALLE DE HINOM
A
B
C
D
E
F
1
2
3
4
© GRUPO NELSON

Mapa 6
PALESTINA DURANTE EL TIEMPO DE JESUCRISTO
(531) Elevación en metros
? Ubicación exacta en duda
0 15 30
Escala en kilómetros
A
B
C
D
1
2
3
4
5
34°30′
35°
35°30′
36°
33°30′
33°
32°30′
32°
31°30′
Sidón
Damasco
Sarepta
MONTE LÍBANO (3,353)
MONTE HERMÓN (2,804)
Fenicia
Iturea
Tiro
Panias (Cesarea de Filipo)
Traconite
Galilea
Tolemaida
Corazín
Betsaida?
Capernaum
Mar de Galilea
Magdala
Gergesa
Caná
Tiberias
Río Quisón
MONTE CARMELO (531)
Río Yarmuk
Nazaret
+ MONTE TABOR (561)
Gadara?
Naín
Esdraelón
Cesarea
MONTE GILBOA (517)
Escitópolis
El Mar Grande
Decápolis
Samaria
Samaria
Gerasa
Sicar
Río Jaboc
MONTE GERIZIM (881)
Río Jordán
Antípatris
Jope
Perea
Arimatea
Gadara?
Lida
Efraín
Filadelfia
Emaús
Jericó
Quiriat-jearim
Betábara
Jerusalén
Azoto
Bet-haquerem
Betania
Qumrán
Belén
Medeba
Ascalón
Herodium
Judea
Macarios
Hebrón
Gaza
Mar Salado (-396)
Río Arnón
Masada
Idumea
Beerseba

Mapa 7

PRIMER Y SEGUNDO VIAJES DE PABLO

(Hechos 13–14; 15.39–18.22)

Mapa 8

TERCER Y CUARTO VIAJES DE PABLO

(Hechos 18.23–21.16; 27–28.16)

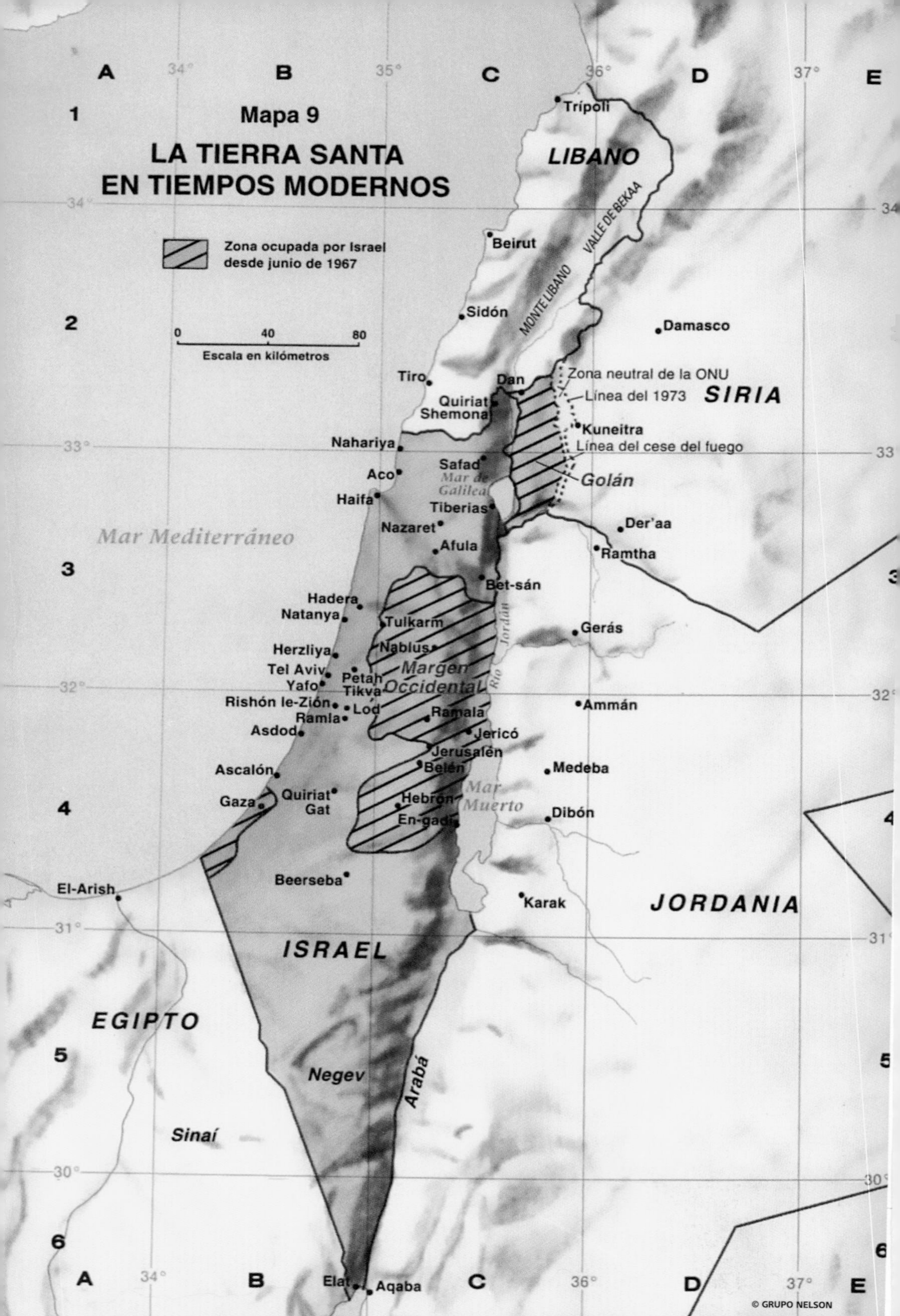
Mapa 9
LA TIERRA SANTA
EN TIEMPOS MODERNOS
Zona ocupada por Israel
desde junio de 1967
0
40
80
Escala en kilómetros
A
B
C
D
E
34°
35°
36°
37°
1
2
3
4
5
6
Trípoli
LIBANO
VALLE DE BEKAA
MONTE LIBANO
Beirut
Sidón
Damasco
Tiro
Dan
Zona neutral de la ONU
Línea del 1973
SIRIA
Quiriat
Shemona
Kuneitra
Línea del cese del fuego
Nahariya
Safad
Golán
Aco
Mar de
Galilea
Haifa
Tiberias
Nazaret
Der'aa
Mar Mediterráneo
Afula
Ramtha
Bet-sán
Hadera
Natanya
Tulkarm
Gerás
Nablus
Herzliya
Tel Aviv
Yafo
Petah
Tikva
Margen
Occidental
Río Jordán
Rishón le-Zión
Lod
Ramla
Ramala
Ammán
Asdod
Jericó
Jerusalén
Ascalón
Belén
Medeba
Quiriat
Gat
Gaza
Mar
Muerto
Hebrón
En-gadi
Dibón
Beerseba
El-Arish
Karak
JORDANIA
ISRAEL
EGIPTO
Negev
Arabá
Sinaí
Elat
Aqaba